머 리 말 (초판)

  국어사전이 한갓 '말의 곳집'이던 시대는 지났다. 사전은 결코 박물관에 진열된 유물들처럼 꺼져 버린 생명들의 소리 없는 집합체이어서는 안 되는 것이다. 현대의 국어사전은 현대라는 삶의 광장에서 함께 나고 죽고 변하며 발전하는 생명체의 대합창의 마당이어야 한다. 서가(書架) 속에 저만치 떨어져 꽂혀 있는 '남'이 아니라, 항상 내 곁에서 나의 언어생활을 안내하고 조언하는 '나의 동반자'일 것을 우리는 염원한다.

  지금까지의 국어사전의 경향이, 단순한 자해적(字解的) 설명과 유의어(類義語)끼리의 대치(代置)에 머물러 있었다면, 이제부터의 국어사전의 방향은, 말의 깊은 뜻과 다기(多岐)한 기능을 제시하고 언어 구조에 있어서의 호응과 대응의 관계를 예시(例示)해 줌으로써 합리적이고 어법적인 현대적 언어 구사를 돕는 데 있다 하겠다.

  그러기 위해서는 우선 우리말의 살아 움직이는 모습의 포착이 무엇보다 선행되어야 하며, 그것은 또한 모방과 추종을 뛰어넘은 창의성이 뒤따라야 함은 두말할 나위도 없다. 현대에 살아 있는 말의 포착은 현대적 해석으로써만 가능하기 때문이다.

  사전 편찬에 대한 이러한 편자의 소신은, 1982년 5월에 이 사전을 처음 기획하던 당초부터 편찬의 기본 방침으로 구체화되어, 그 뒤 여러 번의 변동과 곡절을 겪는 가운데서도, 시종이 여일하게 편찬 내용면에 주류(主流)로서 반영(反映)되어 왔음을 자부한다.

  본격적 편찬 작업에 몰두하기 6년여, 많은 난관과 애로를 신념으로써 극복하고, 요원 여러분의 건강상 장애 또한 의지로써 이겨 내면서, 이제 드디어 교료(校了)의 마지막 장을 넘김에 있어, 자자 신고(字字辛苦)의 어려움을 긍지와 기쁨으로 승화시킨 노고들을 생각할 때, 참으로 만감이 교차함을 금치 못하겠다.

  이 책의 편찬상의 창의성과 활용상의 기여도(寄與度)가 과연 어느 정도 여러분의 언어생활에서 그 '동반자' 구실을 다해 줄 것인지는 오직 여러분의 판단에 맡길 일이다. 편자로서는 다만 보다 많은 이의 사랑 어린 활용을 바라는 한편, 가차 없는 질정(叱正)을 빌어, 앞으로의 쉼 없는 수정 보완(修訂補完)에 도움을 얻고자 할 따름이다.

                                        1989년 1월 5일

                                        편 찬 주 간 씀

동아
새국어사전
제5판
문학 박사 이기문 감수

동아출판

제 5 판을 기리며

이 사전은 지난 1989년에 초판을 낸 뒤에 연이어 개정판을 내어 왔는데 이제 제5판을 내게 되었다. 이렇게 자주 개정판을 내기는 전례가 드문 일이다.

이 사전의 간행을 처음 계획했을 때의 목표는, 초간본 머리말에 적힌 바와 같이, 온 국민의 언어 문자 생활의 좋은 '동반자'가 되었으면 하는 것이었다. 우리 편찬 진용이 그동안 개정 작업에 심혈을 기울여 온 것도 이 사전을 우리 국민의 더욱 친근한 벗이 되게 하려는 일념에서였다.

그동안의 개정판들이 다 그러했지만, 그중에서도 특히 제4판은 중요한 의미를 지닌 것이었다. 국어와 맞춤법의 새로운 표준화가 이루어졌음을 계기로 해서 이 사전의 내용을 전반적으로 새롭게 다듬은 것이었다. 그런데 이 제4판을 낸 뒤에 사전 편찬은 참으로 끝이 없는 일임을 새삼 깨닫게 되었다. 그렇게 온 정성을 다하였는데도 다시 손을 대고 싶은 부분들이 있음을 깨닫게 된 것이다. 이 제5판을 준비하면서 힘들인 부분들을 들면 다음과 같다. 첫째, 이 사전의 특징으로 신어, 전문어를 많이 실은 점을 들 수 있는데, 이 부분을 더욱 보강하였다. 그리고 복합어도 적잖이 추가하였다. 그 결과, 새로 2500여의 표제어가 늘게 되었다. 둘째, 흔히 표준어로 잘못 알고 쓰는 말들을 골라 표제어로 실었다. 표준어에 관한 그릇된 지식을 고쳐 주고 이 사전의 이용도를 더 높였으면 하는 바람에서였다. 여러 방언의 단어들을 싣고 표준어를 표시해 주고 싶었지만 중사전으로서는 감당하기 어려운 일이었음을 밝혀 둔다. 셋째, 뜻풀이를 전면적으로 다시 검토하여 쉽고 명확한 말로 고쳤다. 본디 뜻 외에 바뀐 뜻, 파생된 뜻도 덧붙이기에 힘썼다. 넷째, 예문을 될 수 있는 대로 많이 보태었다. 중사전으로서는 새로운 시도라 할 수 있다. 다섯째, 띄어쓰기에 ∩표를 새로 썼다. 띄어 쓰는 것이 원칙이지만 붙여 쓸 수도 있는 전문 용어 등의 경우에 이 표시를 붙였다. 이 밖에도 눈길이 닿는 곳마다 고치고 다듬고 보태기에 힘쓰기는 지난 개정판들을 준비할 때와 다름이 없었다.

언어와 문자는 그 나라의 모든 문화의 기반을 이루는 것이다. 올바른 언어생활, 문자 생활의 기반 위에서만 문화는 꽃을 피울 수 있는 것이다. 그런데 언어 문자 생활을 바르게 이끄는 가장 중요한 기둥은 국어사전이다. 국어사전을 얼마나 잘 이용하느냐는 데 그 나라 문화의 성쇠가 달려 있는 것이다. 특히 초등학교, 중고등학교에서 과 잘 사귀는 일이 매우 중요하다. 그래야 나중에 성인이 되어서도 늘 국어사전과 이 하게 되는 것이다.

이 제5판의 간행에 즈음하여 이 사전이 온 국민의 참된 벗이 되어 생활 속에 자리 잡기를 바라 마지않는다.

2003년 8월

이 기

제 3 판을 내면서

이 사전의 첫 개정판을 낸 것이 지난 94년 정초였는데, 이제 다시 새로운 개정판을 내게 되었다. 옥은 갈아야 빛이 나고 그릇은 닦아야 윤이 난다. 사전도 마찬가지다. 끊임없이 갈고닦아 속을 더욱 알차게 해야 싱싱한 생명력을 지니게 된다. 이번 개정 작업은 이 사전 전체에 걸친 것으로 구석구석까지 손이 미치지 않은 곳이 없다. 몇 해 안 되는 짧은 동안에 이 큰일을 한 편집부 여러분의 노고는 이루 말로 다 할 수 없다. 그 결과, 이 사전의 면목이 이처럼 새롭게 되었음을 적어, 이분들의 노고를 치하하는 바이다.

나의 오랜 소원의 하나는 우리나라의 어린 학생을 비롯한 온 국민이 말과 글에 많은 관심을 가지고 국어사전을 늘 책상머리에 놓아두고 자주 펴 보게 되었으면 하는 것이다. 표준어와 맞춤법이 확립되어 있는 현대 사회에서 국어사전에 기대지 않고 올바른 언어·문자 생활을 하기란 사실상 불가능한 것이다. 이에 가장 요긴한 것이 온 국민의 믿음직하고 정다운 벗이 될 수 있는 사전이다. 이 사전은, 초판 머리말에 적힌 바와 같이, 바로 이런 벗이 되려는 간절한 염원 속에서 만들어진 것이다. 지금까지 이 사전이 여러 판을 거듭함을 지켜보면서, 위에 적은 나의 소원이 조금씩 이루어지고 있는 듯하여 가슴 뿌듯함을 느끼기도 했지만, 참으로 좋은 책을 만들어야겠다고 마음속 깊이 굳은 다짐을 하기도 하였다.

이번 개정이 진행되는 동안 감수자로서 일을 거들면서 나는 참으로 많은 것을 깨달았다. 무엇보다도 우리나라의 사전 편찬의 역사가 길지 않은 탓으로 아직도 많은 문제들이 널려 있음을 다시금 깨달은 것이다. 과거의 국어사전들로부터 물려받은 것 중에는 참으로 보배로운 것들이 많지만 고치고 보태야 할 것들도 적지 않아서 처음부터 끝까지 다시 검토하지 않으면 안 되었다. 그 두드러진 예로서 옛말 부분에 크고 작은 문제들이 있음이 드러나 큰 폭으로 손을 댄 사실을 들 수 있다. 그러나 우리는 결코 이번 개정에 만족하지 않고 앞으로도 좀 더 좋은 사전을 만들기 위하여 개정의 일손을 쉬지 않을 것임을 여기에 밝혀 둔다.

끝으로 이 개정판이 온 국민 곁으로 한 걸음 더 가까이 갈 수 있게 되기를, 그리하여 온 나라에 국어를 사랑하는 기운이 넘치게 되기를 바라 마지않는다.

1997년 한글날에

감 수 자 씀

제 4 판을 기리며

이 제4판의 간행은 각별한 의미를 지니고 있다. 이것은 지난 두 차례의 개정판의 뒤를 이어 마련된 또 하나의 개정판이 아니다. 이 제4판에 이르러 이 사전은 비로소 진정한 의미의 표준어 사전의 면모를 갖추게 된 것이다. 최근에 국립국어연구원에 의하여 확정된 국어의 표준화가 이 사전에 전폭적으로 반영된 것이다.

돌이켜 보면, 국어의 표준화 작업은 1945년 이전으로 거슬러 올라간다. 이때 애국적 선각자들의 피땀 어린 노력으로 맞춤법(1933), 표준어(1936), 외래어 표기법(1941)이 정해졌던 것이다. 광복 이후에 우리나라의 국어 교육이 아무 혼란 없이 이루어질 수 있은 것은 이 선각자들의 정성 덕분이었다. 그런데 세월이 흐르는 동안에 고쳐야 할 점, 보태야 할 부분들이 적잖이 드러나게 되어 문교부는 국어연구소를 설치하여 1986년에 「외래어 표기법」을, 1988년에 「한글 맞춤법」과 「표준어 규정」을 고시하기에 이르렀다. 이들은 10여 년에 걸친 여러 학자의 연구와 논의를 거친 결과였다. 그러나 국어 표준화의 완성을 위해서는 더욱 많은 일을 하지 않으면 안 되었다. 국어연구소의 뒤를 이은 국립국어연구원이 이 일을 맡아서 하게 되었는데 최근에 「표준국어대사전」(3권)의 편찬을 마침으로써 이 일을 마무리한 것이다.

이 제4판은 이 표준화를 전폭적으로 반영한 최초의 중형 사전이다. 마침 국립국어연구원의 「표준국어대사전」의 간행을 우리 편집 진용이 도맡게 되어 이 제4판의 개정이 매우 순조롭게 이루어질 수 있었음을 밝혀 둔다.

이처럼 각별한 뜻을 지닌 제4판의 개정에 즈음하여 우리는 처음부터 끝까지 이 사전을 다시 찬찬히 살피면서 그 내용을 더욱 새롭고 올바르게 만들기에 정성을 다하였다. 이 사전의 어느 한 구석도 수정의 손길이 미치지 않은 곳이 없다. 사전 편찬은 끝이 없는 작업이며, 사전은 판을 거듭할수록 좋아진다는 사실을 우리는 이 제4판을 준비하면서 새삼 뼈저리게 느낄 수 있었다. 이 어려운 일을 맡아 밤낮없이 애쓰신 편집부 여러분께 진심으로 감사를 드린다.

이제 이 제4판을 바라보는 감수자의 마음은 참으로 흐뭇하다. 언제 어디서나 믿고 사귈 수 있는 국어사전을 국민 여러분께 드리고 싶었던 평생의 소원이 이제야 비로소 성취된 듯하여 가슴 뿌듯한 감격을 누를 길이 없다.

현대 국가에서 올바른 언어·문자 생활을 하는 일은 국민 된 사람의 가장 기본적인 의무의 하나인바, 이 일은 믿음직한 국어사전에 기대지 않고는 불가능하다. 이 제4판이 우리나라 온 국민의 정다운 벗이 되고 친절한 길잡이가 될 것임을 믿어 의심치 않는다.

1999년 11월

감 수 자 씀

동아
새국어사전

제5판

문학 박사 이기문 감수

동아출판

제 5 판을 기리며

이 사전은 지난 1989년에 초판을 낸 뒤에 연이어 개정판을 내어 왔는데 이제 제5판을 내게 되었다. 이렇게 자주 개정판을 내기는 전례가 드문 일이다.

이 사전의 간행을 처음 계획했을 때의 목표는, 초간본 머리말에 적힌 바와 같이, 온 국민의 언어 문자 생활의 좋은 '동반자'가 되었으면 하는 것이었다. 우리 편찬 진용이 그동안 개정 작업에 심혈을 기울여 온 것도 이 사전을 우리 국민의 더욱 친근한 벗이 되게 하려는 일념에서였다.

그동안의 개정판들이 다 그러했지만, 그중에서도 특히 제4판은 중요한 의미를 지닌 것이었다. 국어와 맞춤법의 새로운 표준화가 이루어졌음을 계기로 해서 이 사전의 내용을 전반적으로 새롭게 다듬은 것이었다. 그런데 이 제4판을 낸 뒤에 사전 편찬은 참으로 끝이 없는 일임을 새삼 깨닫게 되었다. 그렇게 온 정성을 다하였는데도 다시 손을 대고 싶은 부분들이 있음을 깨닫게 된 것이다. 이 제5판을 준비하면서 힘들인 부분들을 들면 다음과 같다. 첫째, 이 사전의 특징으로 신어, 전문어를 많이 실은 점을 들 수 있는데, 이 부분을 더욱 보강하였다. 그리고 복합어도 적잖이 추가하였다. 그 결과, 새로 2500여의 표제어가 늘게 되었다. 둘째, 흔히 표준으로 잘못 알고 쓰는 말들을 골라 표제어로 실었다. 표준어에 관한 그릇된 지식을 고쳐 주고 이 사전의 이용도를 더 높였으면 하는 바람에서였다. 여러 방언의 단어들을 싣고 표준어를 표시해 주고 싶었지만 중사전으로서는 감당하기 어려운 일이었음을 밝혀 둔다. 셋째, 뜻풀이를 전면적으로 다시 검토하여 쉽고 명확한 말로 고쳤다. 본디 뜻 외에 바뀐 뜻, 파생된 뜻도 덧붙이기에 힘썼다. 넷째, 예문을 될 수 있는 대로 많이 보태었다. 중사전으로서는 새로운 시도라 할 수 있다. 다섯째, 띄어쓰기에 ∧표를 새로 썼다. 띄어 쓰는 것이 원칙이지만 붙여 쓸 수도 있는 전문 용어 등의 경우에 이 표시를 붙였다. 이 밖에도 눈길이 닿는 곳마다 고치고 다듬고 보태기에 힘쓰기는 지난 개정판들을 준비할 때와 다름이 없었다.

언어와 문자는 그 나라의 모든 문화의 기반을 이루는 것이다. 올바른 언어생활, 문자 생활의 기반 위에서만 문화는 꽃을 피울 수 있는 것이다. 그런데 언어 문자 생활을 올바르게 이끄는 가장 중요한 기둥은 국어사전이다. 국어사전을 얼마나 잘 이용하느냐 하는 데 그 나라 문화의 성쇠가 달려 있는 것이다. 특히 초등학교, 중고등학교에서 사전과 잘 사귀는 일이 매우 중요하다. 그래야 나중에 성인이 되어서도 늘 국어사전과 가까이 하게 되는 것이다.

이 제5판의 간행에 즈음하여 이 사전이 온 국민의 참된 벗이 되어 생활 속에 깊이 자리 잡기를 바라 마지않는다.

2003년 8월

이 기 문

머 리 말 (초판)

국어사전이 한갓 '말의 곳집'이던 시대는 지났다. 사전은 결코 박물관에 진열된 유물들처럼 꺼져 버린 생명들의 소리 없는 집합체이어서는 안 되는 것이다. 현대의 국어사전은 현대라는 삶의 광장에서 함께 나고 죽고 변하며 발전하는 생명체의 대합창의 마당이어야 한다. 서가(書架) 속에 저만치 떨어져 꽂혀 있는 '남'이 아니라, 항상 내 곁에서 나의 언어생활을 안내하고 조언하는 '나의 동반자'일 것을 우리는 염원한다.

지금까지의 국어사전의 경향이, 단순한 자해적(字解的) 설명과 유의어(類義語)끼리의 대치(代置)에 머물러 있었다면, 이제부터의 국어사전의 방향은, 말의 깊은 뜻과 다기(多岐)한 기능을 제시하고 언어 구조에 있어서의 호응과 대응의 관계를 예시(例示)해 줌으로써 합리적이고 어법적인 현대적 언어 구사를 돕는 데 있다 하겠다.

그러기 위해서는 우선 우리말의 살아 움직이는 모습의 포착이 무엇보다 선행되어야 하며, 그것은 또한 모방과 추종을 뛰어넘은 창의성이 뒤따라야 함은 두말할 나위도 없다. 현대에 살아 있는 말의 포착은 현대적 해석으로써만 가능하기 때문이다.

사전 편찬에 대한 이러한 편자의 소신은, 1982년 5월에 이 사전을 처음 기획하던 당초부터 편찬의 기본 방침으로 구체화되어, 그 뒤 여러 번의 변동과 곡절을 겪는 가운데서도, 시종이 여일하게 편찬 내용면에 주류(主流)로서 반영(反映)되어 왔음을 자부한다.

본격적 편찬 작업에 몰두하기 6년여, 많은 난관과 애로를 신념으로써 극복하고, 요원 여러분의 건강상 장애 또한 의지로써 이겨 내면서, 이제 드디어 교료(校了)의 마지막 장을 넘김에 있어, 자자 신고(字字辛苦)의 어려움을 긍지와 기쁨으로 승화시킨 노고들을 생각할 때, 참으로 만감이 교차함을 금치 못하겠다.

이 책의 편찬상의 창의성과 활용상의 기여도(寄與度)가 과연 어느 정도 여러분의 언어생활에서 그 '동반자' 구실을 다해 줄 것인지는 오직 여러분의 판단에 맡길 일이다. 편자로서는 다만 보다 많은 이의 사랑 어린 활용을 바라는 한편, 가차 없는 질정(叱正)을 빌어, 앞으로의 쉼 없는 수정 보완(修訂補完)에 도움을 얻고자 할 따름이다.

1989년 1월 5일

편 찬 주 간 씀

일 러 두 기

◘ 편찬 방침(編纂方針)

(1) 백과사전적 편향을 버리고, 순 국어사전으로서의 어휘 사전을 지향하였다.

(2) 적절한 예문을 많이 넣어, 살아 숨 쉬는 현실적 언어 상태의 포착에 주력하였다.

(3) 급변하는 현대 언어생활에 대처하여, 단어 하나하나의 풀이에 있어 선인들에의 맹목적 답습을 배제하고, 현대적·독창적인 새로운 개념 정립에 힘썼다.

(4) 우리말의 맛과 멋이, 조사·어미·접사 등의 형식 형태소나 상징어 등에서 유래함이 많다는 특징을 감안하여, 이전에 소홀히 다루어졌던 점을 드러내어, 그 다양한 갈래를 발굴하고 정리하는 데 주력하였다.

◘ 표제어(標題語)

Ⅰ 표제어의 수록 범위

(1) 생활 백반에 분포하는 단어〔곧, 고유어·한자어·신어(新語)·시사어(時事語)·학술어·전문어·외래어·고어(古語) 등〕를 한 단어 한 표제어 원칙으로, 각각의 품사 표시 아래 분류·수록하였다.

〔그러나 일부 준 말은 [준]의 약호 아래, 독립 표제어로 수록한 것도 있다.〕

(2) 속담·관용구 등은 그 첫 단어의 표제어 항에, 표제어보다 한 자 들여 수록하였다.

(3) 접두사·접미사·선어말 어미·어말 어미·서술격 조사의 활용형 등, 형식 형태소도 각각의 어법적 약호 아래 독립 표제어로 수록하였다.

(4) 고유 명사는 배제함을 원칙으로 하였으나, 국어 생활의 주체적 발전에 특히 밀접한 관련이 있었던 국어 국문학 관계 사항에 대하여서는 이를 선별 수록하였다.

(5) 흔히 쓰이는 비표준어는, 1988년 1월 19일에 고시한 '표준어 규정'과 1990년 9월에 발표한 '표준어 모음'에 근거하여 선별 수록하였다.

Ⅱ 표제어의 배열(排列)

(1) 자모(字母)의 배열 순서

초성(初聲) : ㄱ ㄲ ㄴ (ㄸ) ㄷ ㄸ ㄹ (ㅭ) ㅁ (ㅱ) ㅂ (ㅲ) (ㅳ) ㅃ (ㅄ) (ㅴ) (ㅵ) (ㅶ) (ㅷ) (ㅸ) ㅅ (ㅺ) (ㅼ) (ㅽ) ㅆ (ㅉ) (△) ㅇ (ㆁ) (ㆀ) ㅈ ㅉ ㅊ ㅋ ㅌ ㅍ (ㆄ) ㅎ (ㆅ) (ㆆ)

중성(中聲) : ㅏ ㅐ ㅑ ㅒ ㅓ ㅔ ㅕ ㅖ ㅗ ㅘ ㅙ ㅚ ㅛ (ㆍ) ㅜ ㅝ ㅞ ㅟ ㅠ (ㆌ) ㅡ ㅢ ㅣ ㅣ 丶 ㆎ

종성(終聲) : ㄱ ㄲ ㄳ ㄴ (ㅅ) (ㅿ) ㄵ ㄶ ㄷ ㄹ ㄺ (ㄽ) ㄻ ㄼ ㄽ (ㅀ) ㄾ ㄿ ㅀ (ㅀ) ㅁ (ㅱ) (ㅭ) ㅂ ㅄ ㅅ (ㅺ) (ㅼ) ㅆ (△) ㅇ (ㆁ) ㅈ ㅊ ㅋ ㅌ ㅍ ㅎ

(2) 표제어의 배열

① 자모의 배열순에 따르되 고유어를 우선하고, 한자어·외래어의 차례로 벌여 놓았으며, 자립 형태소를 의존 형태소에 우선하였다.

② 표기가 같고 뜻이 다른 단어가 여럿일 경우에는 표제어의 오른쪽 어깨에 번호를 붙여 구별하였다.

③ 한 표제어 안에 품사가 둘 이상일 경우에는 원칙적으로 본디 뜻을 우선하고, 바뀐 뜻, 파생된 뜻, 변한 뜻의 차례로 벌여 놓았으며 뜻의 전이 정도에 차이가 없을 경우에는 품사 배열 차례에 따랐다.

〈예〉대:개(大概) Ⅰ명 풀이…….

                     Ⅱ부 풀이…….

Ⅲ 표제어의 구성(構成)

표제어의 구성을 보이기 위한 붙임표의 사용은 대개 다음의 기준에 따랐다.

(1) 붙임표를 붙이는 경우

① 실질 형태소와 형식 형태소가 어우러진 복합어의 경우.

〈예〉한-집안명

② 실질 형태소끼리 어우러진 복합어라도 한쪽이 의존 관계일 경우.

〈예〉강-물(江-)명 / 땀-나다자

③ 실질 형태소끼리 어우러진 복합어라도, 그것들이 단독으로는 잘 쓰이지 않는 단어끼리 어우러진 경우와 이미 굳어져 한 개념을 뜻하는 경우.

〈예〉동서-고금(東西古今)명 / 노른-자위명

④ 접두사·접미사·선어말 어미·어말 어미 등에도 그 앞이나 뒤, 또는 앞뒤에 붙임표를 붙였다.

〈예〉가-(假)접두 / -가(價)접미 / -다어미

⑤ 중·고등학교의 교과서에 나오는 전문어는 문교부에서 펴낸 편수 자료(인문·사회 과학, 기초 과학:1987.11.17. 간행, 응용 과학:1988.6.25. 간행)에 따라 붙임표를 붙였다.

〈예〉이:산화-규소(二酸化硅素)명 / 종자-식물(種子植物)[-싱-]명

(2) 붙임표를 붙이지 않는 경우

실질 형태소끼리 어우러진 복합어에서, 홀로 쓰이는 단어끼리 어우러진 말은 붙임표를 붙이지 않고 띄어 쓰는 것으로 대신하였다. 다만, 한글 맞춤법에서 띄어 쓰는 것이 원칙이나 붙여 쓰는 것도 허용한 전문 용어 등에는 ^표를 하여 붙여 쓸 수 있음을 밝혔다.

〈예〉인적 자원(人的資源)[-쩍짜-]/재단^법인(財團法人)명/방향^탐지기(方向探知機)명

Ⅳ 표제어의 생략 또는 간략 처리

(1) 일부 명사에 접미사 '-하다'·'-되다'·'-스럽다'가 붙어서 동사나 형용사로 되는 단어는 따로 표제어로 내세우지 않고 품사 표시 자리에 하자·되자·하타·하자타·하형·스형으로만 표시하였다.

〈예〉운:동(運動)명하자 / 처:리(處理)명하타되자 / 만족(滿足)명하형스형

(2) '-하다'·'-스럽다' 등의 접미사와 결합한 형태로만 쓰이는 한자어는 '-하다'·'-스럽다'형을 표제어로 올리고, 어근 형태를 표제어로 따로 제시하였다.

〈예〉민망(憫惘) '민망하다'의 어근.

　　　　민망-스럽다(憫惘-) [-따] [~스러우니·~스러워] 형ㅂ 풀이……. 민망스레 부.

　　　　민망-하다(憫惘-) 형어 풀이……. 민망-히 부.

　(3) 형용사의 어근에 부사화 접미사 '-이'·'-히'·'-스레'가 붙어서 부사로 된 단어
　　　는 따로 표제어로 내세우지 않고 해당 표제어의 풀이 끝에 그 형태만 보였다.

　　　〈예〉 깨끗-하다[-끄타-] 형어 풀이……. 깨끗-이 부.

　　　　달금-하다 형어 풀이……. 달금-히 부.

　　　　다정(多情) 명 하형 스형 풀이……. 다정-히 부. 다정스레 부.

　(4) 일부 명사에 접미사 '-당하다'·'-받다'가 붙어서 딴 말을 이루는 경우가 있으나
　　　그러한 어형은 표제어로 내세우지 않았다.

▣ 표기법(表記法)

　(1) 한글 표기 : 모든 한글 표기는 1988년 1월 19일에 문교부에서 고시한 '한글 맞
　　　춤법'에 따랐다.

　(2) 외래어 표기 : 외래어 표기는 1986년 1월 7일에 문교부에서 고시한 '외래어 표
　　　기법'에 따랐다.

　(3) 전문어 : 중·고등학교의 교과서에 나오는 전문어는 문교부에서 펴낸 편수 자료
　　　(1987.11.17 간행)에 따라 정리하되 동의어(同義語)도 아울러 수록하였다.

　(4) 한자 표기 : 한자는 원칙적으로 정자(正字)를 쓰되 속자(俗字)로 관용되는 것은
　　　속자를 쓰고, 병용되는 것은 병용되는 대로 보였다.

　　　〈예〉 암석(岩石) 명 / 훈·련(訓鍊·訓練) [훌-] 하자 되자 / 창황(蒼黃·蒼皇) 하형

　(5) 외래어의 약어 : 약어로 관용되는 것은 약어로써 표제어로 삼고, 풀이 끝에 정
　　　식 표기를 보였다.

　　　〈예〉 시:오:디:(COD) 명 화학적 산소 요구량. [chemical oxygen demand]

　(6) 외래어의 조어(造語) : 외래어 가운데서 조어는 그 구성을 보이기 위하여 어원
　　　(語源)의 단어 사이에 + 기호를 질러 조어임을 밝혔다.

　　　〈예〉 백-미러(back+mirror) 명 풀이…….

　　　　하이-칼라(high+collar) 명 풀이…….

　(7) 고어(古語)의 표기 : 고어는 출전(出典)의 표기대로 실음을 원칙으로 삼고 일부
　　　용언의 활용형을 기본형으로 고치어 실었다. 방점은 생략하였으며, 예문은 편의
　　　상 띄어쓰기를 적용하였다.

▣ 발음(發音) 및 어원(語源) 표시

I 장모음(長母音) 표시

　(1) 표제어의 장모음 표시는 그 글자의 오른편에 ː로 나타내었으며, '표준 발음
　　　법'에 따라 원칙적으로 단어의 첫 음절에만 긴소리를 인정하였다.

　　　〈예〉 가:-없다[-업따] 형 /영:원(永遠) 명

　　　＊ 다만, 한자어로 된 합성어 가운데서 띄어 쓴 경우나 ∧표를 한 경우에는 뒤에
　　　　오는 단어의 첫 음절에도 긴소리를 인정하였다.

　　　〈예〉 모:두∧진:술(冒頭陳述) 명

　　　　전:신∧부:호(電信符號) 명

(2) 비표준어·방언·고어·형식 형태소에서는 장음을 밝히지 않는 것을 원칙으로 하였다.

Ⅱ 발음 표시

(1) 표제어 가운데서 본디 음과 다르게 발음되는 음은 1988년 1월 19일에 문교부에서 고시한 '표준어 규정'의 제2부 '표준 발음법'을 따르되, '표준국어대사전'(국립국어연구원 1999)을 많이 참고하였다.

〈예〉〔같은 계열의 대표음으로 나는 경우〕   웃-옷[우돋]몡

〔유성음 아래에서의 무성음의 된소리되기〕   밤-길[-낄]몡

〔ㄴ 음이 덧나는 경우〕   솜:-이불[-니-]몡

이죽-이죽[-중니-/-주기-]뿐한자

〔ㄹ음이 덧나는 경우〕   물-약(-藥)[-략]몡

〔구개음화〕   굳이[구지]뿐

〔자음 동화〕   칼-날[-랄]몡

* 다만, 순수히 연음화 현상만 적용되는 경우는 발음 표기를 따로 하지 않았다.〔(4)항의 체언과 주격 조사 '이'와의 결합형 제외〕

(2) 비표준어·방언·고어·외래어·어근에서는 발음을 밝히지 않는 것을 원칙으로 하였다.

(3) 표준어 규정에 따라 발음이 둘 이상으로 될 경우에 '/'을 이용하여 병기하되, 왼쪽에는 원칙적인 발음을, 오른쪽에는 허용되는 발음을 제시하였다.

〈예〉강:의(講義)[-의/-이]몡하타 / 회전(回傳)[회-/훼-]몡하타되자

(4) 표제어 가운데서 체언 또는 용언(단일어) 어간의 끝 음절의 발음 표기가 대표음으로 끝나는 경우, 모음으로 시작되는 조사 또는 어미와 어울리게 되면 그 대표음으로 이어 나지 않고, 자음으로 시작하는 조사 또는 어미와 어울리게 되면 자음 동화 등이 일어나는 현상을 보이기 위한 정보는 풀이 끝에 실례를 들었다.

〈예〉구레-나룻[-룯]몡 풀이…… * 구레나룻이[-루시]·구레나룻만[-룬-]

꽃-밭[꼳빧]몡 풀이……. * 꽃밭이[꼳빠치]·꽃밭을[꼳빠틀]·꽃밭만[꼳빤-]

밟:다[밥따]타 풀이……. * 밟아·밟:고[밥꼬]·밟:는[밤-]

찾다[찯따]타 풀이……. * 찾아·찾는[찬-]

* 다만, 불규칙 용언은 표제어부에 활용 예가 제시됨에 따라 따로 실례를 들지 않았다.

Ⅲ 어원(語源)

(1) 한자어에는 한자, 외래어에는 그 원어를 표기하되, 한자와 영어 이외의 것은 그 언어명을 밝혔다.

〈예〉가교(架橋)몡 / 레코:드(record)몡

레제드라마(Lesedrama 독)몡 / 보리(←菩提.Bodhi 범)몡

(2) 한자어에서 온 말 가운데서 실제 음과 많이 달라진 말은 그 한자 앞에 ← 표를 하였다.

〈예〉관디(←冠帶)몡 / 추렴(←出斂)몡하타

(3) 한자어 가운데서 본음(本音)으로도 읽고 속음(俗音)으로도 읽는 것은 각각 그 소리에 따라 적었다.

〈예〉 승낙(承諾) 명 하자타 / 수락 (＊受諾) 명 하타 되자

만ː난(萬難) 명 / 곤ː란 (＊困難) [골ー] 명 하형 스형

(4) 외래어 가운데서 어원은 분명하나 본디의 발음에서 크게 바뀌거나 본디 어형을 줄여 쓰는 것은 본딧말 앞에 ← 표를 하였다.

〈예〉 남포 (←lamp) 명 / 노깡 (←どかん〔土管〕일) 명

에어컨 (←air conditioner) 명 / 인플레 (←inflation) 명

◘ 어법(語法) 표시

(1) 문법 체계와 용어는 1985학년도부터 시행된 '통일 학교 문법'에 따랐다.

(2) 품사 표시, 형태소 표시, 불규칙 용언의 갈래 표시 등은 모두 약호로 나타내었다.

〈예〉 걷ː다² [ー따] [걸으니·걸어] 자타ㄷ / 날름 부 하타

(3) 용언 가운데서 불규칙 용언 및 '으'·'르' 탈락 용언은 그 활용 예를 들었다.

〈예〉 굽ː다¹ [ー따] [구우니·구워] 타ㅂ / 하ː얄다 [ー야타] [하야니·하얘] 형ㅎ

(4) 명사나 부사에 접미사 '-하다'가 붙어서 자동사·타동사·형용사 등으로 되는 경우도 모두 약호로 나타내었다.

〈예〉 가공(加工) 명 하타 되자 / 감감 부 하형

(5) 접두사·접미사·선어말 어미·어말 어미 등에는 붙임표로써 형태소의 구실을 나타내었다.

〈예〉 가-(假) 접두 / -사 (士) 접미 / -시- 선어 / -다 어미

(6) 단어 가운데는 그 본디의 품사와는 달리 다른 품사의 구실을 하는 경우가 있다. 그 경우 〖의존 명사적 용법〗 등으로 갈래를 달리하여 풀이하거나 용례로써 구별해 보였다.

〈예〉 단ː¹ 명 ①짚·땔나무·푸성귀 따위의 묶음. ②〖의존 명사적 용법〗 짚·땔나무·푸성귀 따위의 묶음을 세는 단위. ¶ 짚 열 단.

◘ 어의(語義) 풀이

(1) 뜻 갈래 : 말뜻의 갈래가 여럿일 경우에는 원칙적으로 본디 뜻을 먼저 풀이한 다음, 바뀐 뜻, 파생(派生)된 뜻, 변한 뜻의 차례로 나타내었다.

〈예〉 봉ː사 (奉仕) 명 하자 ①(나라나 사회 또는 남을 위하여) 자신의 이해를 돌보지 아니하고 몸과 마음을 다하여 일함. ¶ 봉사 활동. /사회에 봉사하다. ②장수가 물건을 싼값으로 파는 일. ¶ 재고품 처분을 위한 봉사 판매.

(2) 본디 뜻과 바뀐 뜻 : 본디 뜻으로는 거의 쓰이지 않고, 그 바뀐 뜻이나 변한 뜻이 널리 쓰이는 단어는, 본디 뜻을 〔 〕로 묶고 바뀐 뜻 또는 변한 뜻을 내세웠다.

〈예〉 빙탄 (氷炭) 명 ①〔얼음과 숯이라는 뜻으로〕 '성질이 서로 상반되거나 크게 차이가 나는 것'을 비유하여 이르는 말. ②……

(3) 고사 성어(故事成語)나 성구(成句)는 그 말의 유래·어원 등의 대강을 밝혀 개념 파악에 깊이와 적확성을 더하게 하였다.

　〈예〉 **어부지리(漁父之利·漁夫之利)**명 둘이 다투고 있는 사이에 엉뚱한 사람이 이익을 얻게
　　됨, 또는 그 이익. 〔도요새와 조개가 싸우고 있는 사이에 어부가 쉽게 둘을 다 잡았다는 고
　　사에서 유래함.〕 어인지공(漁人之功).

(4) 용례(用例) : 뜻풀이 다음에는 될 수 있는 대로 적절한 용례를 들어 그 말의
　　생동하는 모습을 보였다.

　〈예〉 **나-가다** Ⅰ짜 ①버티다. 한결같은 태도를 취하다. ¶계속 강경한 태도로 나가다. ②……
　　Ⅱ짜타 ①안에서 밖으로, 뒤에서 앞으로, 속에서 겉으로 가다(옮기다). ¶방에서 뜰로 나가
　　다. /한 걸음씩 앞으로 나가다. ②딸렸던 조직체 등에서 물러나다. 있던 데서 물러나다(떠
　　나다). ¶그 사람은 그 회사에서 나갔다네. /집을 비워 주고 나가다. /아버지는 조금 전에
　　나가셨어요. ③……

(5) 동의어(同義語)의 풀이 : 동의어가 여럿인 경우 일일이 풀이하지 않고 그 대표
　　적인 표제어에서 풀이하였다.

　〈예〉 **송심(松蕈)**명 ☞송이(松栮).

　　　송이-버섯(松栮-)[-선]명 ☞송이(松栮). *송이버섯이[-서시]·송이버섯만[-선-]

　　　송이(松栮)명 풀이…… 송심(松蕈). 송이버섯.

(6) 순화어 : 순화 대상이 된 말에서는 뜻풀이를 순화 정보로 대신하여 순화된 말
　　을 참고하게 하였다.

　〈예〉 **닉네임(nickname)**명 '별명'·'애칭'으로 순화.

(7) 분야 또는 시기 표시 : 표제어나 말뜻의 갈래가 어떤 특수한 분야(부문)나 시
　　대(시기)에 국한될 경우에는 풀이 앞에 그것을 밝혔다.
　　〔곧, '조선 시대에, 고려 시대에, 지난날, 불교에서, 기독교에서, 한방에서' 따위.〕

　〈예〉 **우:-의정(右議政)**[-의-/-이-]명 조선 시대, 의정부(議政府)의 정일품 벼슬. 旭우상
　　　(右相)·우정승(右政丞).

(8) 관련어(關聯語) : 뜻풀이 끝에 여러 가지 관련어(동의어·유사어·상대어·큰말·작은
　　말 등)를 보여 사전의 활용도를 높였다.

　〈예〉 **곡식(穀食)**[-씩]명 풀이…… 곡물.

　　　전반(前半)명 풀이…… ↔후반(後半).

　　　도란-도란부하자 풀이…… 쿤두런두런.

(9) 보충 설명과 참고 : 말뜻 이해에 도움이 되게 하기 위하여 보충 설명과 참고
　　부분을 ( )나 〔 〕로, 어법·문형 정보를 《 》로 묶고, 특히 말뜻의 핵심 부분
　　을 보일 때에는 ' '표로 나타내었다.

　〈예〉 **가친(家親)**명 (남 앞에서) '자기의 아버지'를 일컫는 말. 가부(家父). 가엄(家嚴).

　　　뭉치다 Ⅰ짜 ①(여럿이 합쳐지거나 어울려서) 자그맣게 한 덩어리가 되다. ¶이불솜이
　　　뭉치다. /근육이 뭉치다. ②…. ¶전 사원이 한마음으로 똘똘 뭉치다. 쿤뭉치다.

　　　하간(何間)명 어느 때. 어느 겨를. 어느 틈. 《주로, '하간에'·'하간을'의 꼴로 쓰임.》 ¶하
　　　간에 천자문을 다 떼겠느냐?/하간을 막론하고 마음을 놓지 못하다.

　　　한:우충동(汗牛充棟)명 〔짐으로 실으면 소가 땀을 흘리고, 쌓으면 들보까지 가득 찬다는
　　　뜻으로〕 '장서(藏書)가 매우 많음'을 이르는 말.

(10) 원소 기호·원자 번호·원자량 : 화학 원소의 풀이 끝에는 〔 〕 안에 원소 기
　　호·원자 번호·원자량을 차례로 보이었다.

❏ 약호(略號) · 약어(略語)

Ⅰ 품사(品詞) 기타

자모	자모	조동	보조 동사
명	명사	조형	보조 형용사
의	의존 명사	접두	접두사
대	대명사	접미	접미사
수	수사	선미	선어말 어미
자	자동사	어미	어말 어미
타	타동사	하자	하다형 자동사
형	형용사	하타	하다형 타동사
관	관형사	하자타	하다형 자동사
부	부사		하다형 타동사
감	감탄사	하형	하다형 형용사
조	조사	되자	되다형 자동사
준	준 말	스형	스럽다형
속담	속담		형용사
관용	관용구	〈옛〉	옛말

Ⅱ 불규칙 활용(不規則活用)

- ㄷ ㄷ 불규칙 활용
- ㅂ ㅂ 불규칙 활용
- ㅅ ㅅ 불규칙 활용
- ㅎ ㅎ 불규칙 활용
- 러 러 불규칙 활용
- 르 르 불규칙 활용
- 여 여 불규칙 활용
- 우 우 불규칙 활용
- 거라 거라 불규칙 활용
- 너라 너라 불규칙 활용

Ⅲ 관련어(關聯語)

본	본딧말	여	여린말
준	준말	높	높임말
비	비슷한말	예	예사말
큰	큰말	낮	낮춤말
작	작은말	변	변한말
센	센말	↔	상대어
거	거센말	참	참고

Ⅳ 주요 기호(主要記號)

( )	원어(표제어)
〔 〕	일본어 한자(훈독) 원어
[ ]	발음 표시
〔 〕	불규칙 용언, '으'·'ㄹ' 탈락 활용 예
〈 〉	관련 표제어
〔 〕	어원, 유래, 보충 설명, 참고
〚 〛	어법(용법·품사 규정)에 대한 단서
《 》	어법, 문형 정보
☞	동의어 앞에(그 말에 풀이가 있음)
^	띄어 쓰는 것이 원칙이나 붙여 쓸 수 있는 전문 용어 등에
←	원음, 어원 앞에
ˇ	속음으로 읽는 한자(漢字)
+	외래어 조어(造語), 특히 일본식 조어

Ⅴ 언어 약어(言語略語)

그	그리스 어	아	아랍 어
네	네덜란드 어	이	이탈리아 어
독	독일어	일	일본어
라	라틴 어	중	중국어
러	러시아 어	포	포르투갈 어
몽	몽골 어	프	프랑스 어
범	범어	히	히브리 어
스	스페인 어		

Ⅵ 고어 출전 약어(古語出典略語)

鷄 類	鷄林類事
癸 丑	癸丑日記
古時調	古時調
救 簡	救急簡易方
救 解	救急方諺解
救 荒	救荒撮要
金 剛	金剛經諺解
金 三	金剛經三家解
龜 鑑	禪家龜鑑諺解
南 明	南明集諺解
內 訓	內訓諺解
蘆 溪	蘆溪集

老	解	老乞大諺解	續	三	續三綱行實圖
論	語	論語	詩	解	詩傳諺解
論	解	論語諺解	新	語	捷解新語
楞	解	楞嚴經諺解	心	經	般若波羅蜜多心經
大	明	大明律直解	阿	彌	佛說阿彌陀經諺解
同	文	同文類解	樂	範	樂學軌範
東	醫	東醫寶鑑	樂	詞	樂章歌詞
杜	重	杜詩諺解重刊本	語	錄	語錄解
痘	瘡	痘瘡經驗方	呂	約	呂氏鄕約諺解
杜	初	杜詩諺解初刊本	譯	補	譯語類解補
孟	解	孟子諺解	譯	語	朝鮮館譯語
牧	牛	牧牛子修心訣	譯	解	譯語類解
蒙	法	蒙山和尙法語略錄諺解	永	嘉	禪宗永嘉集諺解
武	藝	武藝諸譜	靈	驗	靈驗藥草
無	冤	增修無冤錄諺解	王	郞	王郞返魂傳
物	名	物名考(柳僖)	五	倫	五倫行實圖
朴	新	朴通事新釋諺解	龍	歌	龍飛御天歌
朴	解	朴通事諺解	圓	覺	大方廣圓覺修多羅了義經諺解
方	藥	重訂方藥合編	月	釋	月印釋譜
翻	老	翻譯老乞大	月	印	月印千江之曲
翻	朴	翻譯朴通事	類	合	新增類合
翻	小	翻譯小學	六	祖	六祖法寶壇經諺解
法	語	法語(四法語)	恩	重	佛說父母恩重經諺解
法	華	妙法蓮華經諺解	二	倫	二倫行實圖
分	瘟	分門瘟疫易解方	字	恤	字恤典則
佛	頂	佛頂心陀羅尼經諺解	才	物	才物譜
四	解	四聲通解	正	俗	正俗諺解
常	解	常訓諺解	靑	丘	靑丘永言
三	綱	三綱行實圖	漢	淸	漢淸文鑑
三	解	三譯總解	海	東	海東歌謠
書	解	書傳諺解	鄕	樂	時用鄕樂譜
釋	譜	釋譜詳節	訓	蒙	訓蒙字會
石	千	石峯千字文	訓	諺	訓民正音諺解
小	解	小學諺解	訓	解	訓民正音解例

ㄱ

ㄱ[자모] 기역. ①한글 자모의 첫째. ②자음의 하나. 혀뿌리를 높여 뒷입천장에 붙였다가 떼면서 내는 무성 파열음. 모음 사이에서는 울림소리로 소리 나고, 받침의 경우에는 혀뿌리를 입천장에서 떼지 않음.

ㄱ[조]〈옛〉15세기 국어 표기의 관형격 조사의 하나. 주로 한자음의 'ㆁ' 받침 뒤에 붙어, 관형격적 기능을 지님. ¶穰(양)ㄱ字ᄌᆞᆼ(訓諺). /讓(양)ㄱ뜯(龍歌99章).

-ㄱ[접미]〈옛〉어미 '-아'·'-어'·'-고' 등에 붙어, 어세(語勢)를 더하는 구실을 함. ¶어드뤄 空이 ᄃᆞ외아(楞解2:18).

ㄱㄴ-순(-順)[기영니은-][명] 어떤 차례를 매길 때, 한글 자모의 차례에 따라 매긴 순서. [ㄱㄴㄷㄹㅁㅂㅅㅇㅈㅊㅋㅌㅍㅎ의 차례.] ¶출석자의 이름을 ㄱㄴ순으로 적어 나간다. 囲가나다순·기역니은순.

ㄱ-자(-字)[기역짜][명] 'ㄱ' 자처럼 생긴 모양.

ㄱ자-자(-字-)[기역짜-][명]〔주로 목공(木工)에서 쓰이는〕 'ㄱ' 자 모양으로 만드는 자. 곱자. 곡척(曲尺). 기역자자.

ㄱ자-집(-字-)[기역짜-][명] 종마루를 'ㄱ' 자 모양으로 꺾어 지은 집. 기역자집.

ㄱ자-홈(-字-)[기역짜-][명] 나무 그릇을 짜기 위하여, 'ㄱ' 자 모양으로 파낸 홈.

가¹[명] 서양 음계의 칠음 체계에서, 여섯 번째 음이름. 계이름 '라'와 같음.

가²[명] ①넓이를 가진 물건의 가장 바깥쪽 부분. ¶책상 가. ②어떤 것을 중심으로 한 그 둘레. 주변. 주위. ¶건물 가. ③그릇의 한 가리 쪽 언저리. ¶꿀단지 가에 묻은 꿀. ④《일부 명사 뒤에 붙어》'주변'의 뜻을 나타내는 말. ¶호숫가. /강가. /냇가. /우물가.

가³[조] ①모음으로 끝난 체언에 붙는 격조사. ㉠앞말이 주어의 자격을 가지게 하는 주격 조사. ¶아기가 웃는다. ㉡('되다'를 뒤따르게 하여)'무엇이 변하여 그것으로 됨'을 뜻하는 보격 조사. ¶강물이 모여 바다가 된다. ㉢('아니다'를 뒤따르게 하여)그 말이 부정의 대상임을 뜻하는 보격 조사. ¶고래는 물고기가 아니다. ②일부 어미에 붙어, 그 말의 뜻을 강조하는 보조사. ¶어쩐지 처음부터 예사롭지가 않더라니. ㉥이⁶.

가[조]〈옛〉인가. ¶주려 죽을망뎡 採薇(채미)도 ᄒᆞᆫ것가(古時調).

가:[의][명] ①옳음. 좋음. ¶비리에 연루된 공직자는 구속 수사하는 것이 가하다. ②[형] 어떤 행위가 허용되거나 가능함을 이르는 말. ¶분할 상환 가. /연소자 관람 가. /대형차 통행 가. ↔불가(不可). ③(회의 따위에서의) 안건에 대한 찬성. ¶이번 안건에 대하여 대의원 여러분의 가와 부(否)를 묻겠습니다. ↔부(否). ④성적을 매길 때의 '수·우·미·양·가' 다섯 등급 중의 가장 아래 등급.

가(家)[명] 같은 호적에 등록된 친족 집단. ¶분가하여 한 가를 이루다.

가-(假)[접두]《일부 명사 앞에 붙어》①'임시의'·'정식이 아닌'·'일시적인'의 뜻을 나타냄. ¶가계약. /가건물. /가수요. /가석방. ②'가짜'·'거짓'의 뜻을 나타냄. ¶가성명(假姓名). /가어사(假御史).

-가(家)[접미]《일부 명사 뒤에 붙어》①'그 방면의 일을 전문으로 하는 사람'을 뜻함. ¶소설가. /은행가. ②'그 방면의 일을 능란하게 하는 사람'을 뜻함. ¶전략가. /사교가. ③'그러한 것을 많이 가지고 있는 사람'을 뜻함. ¶장서가. /자산가. ④'그러한 성질이나 경향이 두드러진 사람'을 뜻함. ¶노력가. /정열가. /애주가. ⑤'그러한 집안'을 뜻함. ¶명문가. /세도가.

-가(哥)[접미]《성(姓) 뒤에 붙어》①그 성임을 나타냄. ¶김가(金哥). /박가(朴哥). ②그 성을 가진 사람을 낮추어 일컫는 말. ¶야, 이가 아냐. /전가가 한 짓. ㉥-씨(氏).

-가(街)[접미]《일부 명사 뒤에 붙어》①(대도시에서) 큰 행정 구역을 다시 몇으로 나눈 작은 단위의 구역임을 나타냄. ¶종로 5가. /을지로 3가. ②'그러한 것이 주로 모인 거리', 또는 '그러한 특색을 띤 거리'임을 나타냄. ¶상점가. /환락가. /번화가.

-가(歌)[접미]《일부 명사 뒤에 붙어》'노래 이름이나 노래 종류'를 나타냄. ¶애국가. /응원가.

-가(價)[접미]《일부 명사 뒤에 붙어》'값'을 뜻함. ¶기준가. /생산가. /판매가. ②〈숫자 뒤에 붙어〉원자가(原子價)를 나타냄. ¶3가(三價) 알코올.

가:가(可呵)[명] '웃을 노릇임'의 뜻으로, 흔히 편지 글에서 쓰는 말.

가:가(假家)[명] ①임시로 지은 집. 가건물(假建物). ②〈가게〉의 본딧말.

가:가-대소(呵呵大笑)[명][하자] 껄껄거리며 한바탕 크게 웃음.

가가-례(家家禮)[명] 집안에 따라 저마다 다른 집안 예법(禮法).

가가-문전(家家門前)[명] 집집의 문 앞. ¶가가문전 다니면서 구걸하다.

가가호호(家家戶戶)[Ⅰ][명] 집집. 한 집 한 집. ¶가가호호에 태극기가 게양되어 있다. [Ⅱ][부] 집집마다. ¶가가호호 찾아다니며 물건을 팔다.

가각(街角)[명] 길모퉁이.

가각-본(家刻本)[-뽄][명] 개인이나 민간에서 사사로이 펴낸 책. 사가판(私家版). 사각본(私刻本). ↔관본.

가간-사(家間事)[명] 집안일. ¶대소 가간사에 영일이 없으실 줄 아오나….

가감(加減)[명][하자][되자] ①더하거나 뺌. 보태거나 덞. ¶수요(需要)에 따라 공급량을 가감하다. ②더하기와 빼기.

가감-례(加減例)[-녜][명] 형벌을 가중(加重)하거나 경감(輕減)하는 경우에, 그 정도의 기준이 되는 원칙.

가감-법(加減法)[-뻡][명] 가법(加法)과 감법(減法). 더하기와 빼기.

가감부득(加減不得)[명]〈가부득감부득〉의 준말.

가감승제(加減乘除)[명] '더하기·빼기·곱하기·나누기'를 아울러 이르는 말.

가:감지인(可堪之人)[명] (어려운 일 따위를) 감당해 낼 만한 사람.

가:객(佳客)[명] 반가운 손. 귀한 손. 가빈(佳賓).

가객(歌客)[명] 시조 따위를 잘 짓거나 창(唱)을 잘하는 사람. 유객(律客). 비가인(歌人).

가가 뒷자[뒷다리]**도 모른다**[속담] ①아주 무식하다는 말. ②속내를 전혀 모르고 있다는 말.

가가거〔한글이 '가갸거겨…'로 시작되는 데에서〕'한글'을 이르는 말.

가거(家居)[명][하자] ①(벼슬살이를 하지 아니하고) 집에서 지냄. ②(시집가지 아니하고) 친부모 집에서 지냄.

가거(假居)[명][하자] ☞가우(假寓).

가:-거(街渠)[명][길바닥의 물이 잘 빠지도록] 길 양쪽에 만들어 놓은 도랑.

가:거지지(可居之地)[명] 머물러 살 만한 곳. 살기 좋은 곳.

가:-건물(假建物)[명] (허가가 난 건물이 아닌) 임시로 지은 건물. 가가(假家).

가:-검물(可檢物)[명] 병원균의 유무를 검사하기 위하여 거두는 환자의 배설물 따위. ¶설사 환자의 가검물에서 콜레라균이 검출되었다.

가:게(←假家)[명] ①작은 규모의 상점. 가겟방. 가겟집. 전방(廛房). 점방(店房). ¶채소 가게. ②장터나 길거리 따위에서 물건을 벌여 놓고 파는 곳. 본가게.

가게 기둥에 입춘[주련][속담] '격에 어울리지 않음'을 이르는 말.

가:게-채[명] 가게로 쓰는 집채.

가:겟-방(-房)[-빵/-껟빵] ①가게로 차려 쓰는 방. ②가게.

가:겟-집[-게찝/-껟찝][명] ①가게를 벌이고 장사하는 집. 가게. ②가게로 쓰는 집.

가격(加擊)[명][하타] ①때림. 침. ¶복부를 가격하다. ②공격을 함. ¶미사일로 적의 진지를 가격하다.

가격(家格)[명] ①그 집안의 대대로 이어 온 품격. ②한집안으로서의 자격.

가격(價格)[명] (돈으로 나타낸 상품의) 값. 금².

가격^경기(價格景氣)[-껑-][명] 물가가 오르는 데 자극되어 생산량이나 거래량이 늘어나 경기가 좋아지는 일. ↔수량 경기.

가격^연동제(價格連動制)[-껸-][명] 상품 가격을, 생산비의 증감에 따라 조정하는 제도. 〔원유가(原油價) 인상에 따라 석유 제품의 가격을 인상 조정하는 따위.〕

가격^자유화(價格自由化)[-짜-][명] 물가를 국가에서 직접 통제하지 아니하고 시장 기능에 맡기는 일.

가격^지수(價格指數)[-찌-][명] 어떤 시기의 가격을 100으로 하여, 다른 시기의 가격의 변동을 지수로 나타낸 수치.

가격^차익(價格差益)[명] 물품을 사고팔 때, 값의 차에서 생기는 이익.

가격^카르텔(價格Kartell)[명]〈가격 협정 카르텔〉의 준말.

가격^탄:력성(價格彈力性)[-딸-썽][명] 가격의 변동에 따라 어떤 재화(財貨)의 수요·공급량이 달라지는 정도. 가격의 변화율(變化率)에 대한 수량 변화율의 비로 나타낸다.

가격-표(價格表)[명] 가격의 값을 적은 일람표.

가격-표(價格票)[명] 상품의 값을 적어, 그 상품에 매달거나 일정한 자리에 둔 쪽지.

가격^표기^우편물(價格表記郵便物)[명] 분실이나 손상에 대한 배상(賠償)을 받을 수 있는 특수 우편물의 한 가지. 현금·유가 증권(有價證券)·귀중품 따위의 우편물을 발송할 때, 겉봉에 그 금액을 적는 우편물.

가격^협정^카르텔(價格協定Kartell)[-겨컵쩡-][명] 동업자끼리의 경쟁 방지와 시장 독점을 목적으로, 상품 판매 가격의 최저한도를 관계 기업자끼리 협정하여 규제하는 일. 준가격 카르텔.

가결(加結)[명][하자] 조선 말기에, 토지에 매기는 세율을 올리던 일, 또는 그 올린 결복(結卜). 가복(加卜). ↔감결(減結).

가:결(可決)[명][하타][되자] 제출된 의안(議案)을 좋다고 인정하여 결정함. ¶만장일치로 가결하다. ↔부결(否決).

가:-결의(假決議)[-겨리/-겨리][명][하타][되자] (회의에서, 결의 성립 요건이 갖추어지지 않은 경우) 뒤에 승인을 받기로 하고 우선 임시로 하는 결의.

가경(可驚)'가경하다'의 어근.

가:경(佳景)[명] 좋은 경치. 비승경(勝景)·절경(絶景)·호경(好景).

가:경(佳境)[명] ①경치가 좋은 곳. ¶골마다 가경이다. ②재미있는 고비 또는 장면. ¶이야기는 차차 가경으로 접어들었다.

가경-자(嘉慶子)[명] '자두'를 이르는 말.

가경-전(加耕田)[명] 조선 시대에, 새로 일구어서 아직 토지 대장(土地臺帳)에 올라 있지 않은 논밭을 이르던 말.

가경-절(嘉慶節)[명] 대종교(大倧敎)에서, '한가위'를 달리 이르는 말.

가:경-지(可耕地)[명] 일구어서 농사를 지을 만한 땅.

가:경-하다(可驚-)[형여] 가히 놀랄 만하다.《주로, '가경할'의 꼴로 쓰임.》 ¶가경할 대사건.

가계(加計)[-게][명][하타] ①통화(通貨)의 액면과 시가(時價)가 다를 때, 그 차액을 계산하는 일. ②가산(加算).

가계(加階)[-게][명][하타][되자] 지난날, 벼슬아치의 품계(品階)를 올리던 일.

가계(加髻)[-게][명][하자] 지난날, 부녀가 쪽을 찔 때 다리를 덧드리어 땋던 일.

가계(家系)[-게][명] 대대로 이어 온 한집안의 계통. 가통(家統). ¶지손(支孫)을 입양하여 가계를 이었다.

가계(家戒)[-게][명] ☞가규(家規).

가계(家計)[-게][명] ①집안 살림을 꾸려 나가는 수지(收支)의 상태. ②살아가는 방도나 형편. 살림살이. 가도(家道). 생계(生計). ¶쪼들리던 가계가 차차 퍼지다.

가계(家契)[-게][명] 대한 제국 때, 관에서 발급(發給)한 집문서.

가계(家鷄)[-게][명] 집에서 기르는 닭. ←멧닭·야계(野鷄).

가계^경제(家計經濟)[-게-][명] ☞가정 경제.

가계^보:험(家計保險)[-게-][명] 개인 생활의 안정을 꾀하는 인보험(人保險)과 재산 보험 등을 통틀어 이르는 말.

가계-부(家計簿)[-게-][명] 집안 살림의 수입과 지출을 적는 장부.

가계-부기(家計簿記)[-게-][명] 집안 살림의 수입과 지출을 기록하는 부기.

가계-비(家計費)[-게-][명] 집안 살림에 드는 돈. ¶가계비 지출을 줄이다.

가계^수표(家計手票)[-게-][명] 가계 종합 예금 계좌를 가진 사람이, 그 은행 앞으로 발행하는 소액(少額) 수표.

가:-계약(假契約)[-게-][명][하타][되자] 정식 계약을 맺기에 앞서, 임시로 맺는 계약.

가:-계정(假計定)[-계-/-게-]圀 부기에서, 아직 확정되지 않은 계정을 장부 정리상 임시로 기장해 두는 계정 과목(計定科目). [가수금(假受金)·가불금(假拂金)·미결산 계정 따위.]

가계^조사(家計調査)[-계-/-게-]圀 가계의 수지 구조를 알아보기 위한 조사. [수입과 지출의 명세나 균형을 측정하는 조사.]

가계^종합^예:금(家計綜合預金)[-계-합녜-/-게-합녜-]圀 은행 예금의 한 가지. 공무원이나 봉급 생활자 또는 소상인 등이 가계 수표를 발행할 수 있는 조건으로 예입한 요구불 예금.

가계-주(-紬)[-계-/-게-]圀 지난날 중국에서 나던, 아롱아롱한 뇌문(雷紋)이 있는 비단.

가고(可考)圀 '가고하다'의 어근.

가고(家故)圀 집안에 일어난 사고.

가:고-하다(可考-)혱예 ①참고할 만하다. ¶가고할 문헌. ②생각해 볼 만하다. (주로, '가고할'의 꼴로 쓰임.) ¶가고할 가치도 없는 의견.

가곡(歌曲)圀 ①시가(詩歌) 등을 가사(歌詞)로 한 성악곡. ②예술적인 의도로 창작된 독창용의 소곡(小曲). 리트(Lied). ¶슈만의 가곡. ③우리 나라 재래 음악의 한 가지로, 시조에 곡을 붙여 부르는 노래의 가락.

가곡-원류(歌曲源流)[-고궐-]圀 조선 고종 13(1876)년에, 박효관과 안민영이 편찬한 시조 중심의 시가집. ['청구영언'·'해동가요'와 함께 3대 가집(歌集)으로 꼽힘.]

가곡-집(歌曲集)[-찝]圀 가곡을 모아 엮은 책이나 음반.

가:골(假骨)圀 뼈가 부러진 자리에 새로 생긴 불완전한 골조직(骨組織).

가공(加工)[-]하타되자 원료나 재료에 손을 더 대어 새로운 물건을 만드는 일. ¶목재 가공. / 우유를 가공하여 치즈를 만든다.

가공(可恐)圀 '가공하다'의 어근.

가공(架空)[-]圀 ①어떤 시설물을 공중에 설치함. ②근거 없는 일. ¶가공의 사실. ③사실이 아니고 상상으로 지어낸 일. ¶가공의 이야기. / 가공의 인물. ③비허구(虚構).

가공-망상(架空妄想)圀 터무니없는 상상. 근거 없는 망령된 생각.

가공^무:역(加工貿易)圀 가공비를 벌 목적으로, 원자재(原資材)나 반제품(半製品)을 수·가공하여 다시 수출하는 무역. 가공 수출(加工輸出).

가공^배상(加工賠償)圀 (재화로써 배상할 수 없는 경우에) 기술이나 노력을 상대편에게 제공하는 배상.

가공-비(加工費)圀 가공을 하는 데 드는 비용.

가공-사(加工絲)圀 원사(原絲)에 화학적·기계적으로 특수한 가공을 하여 변화시킨 실. [금실·은실·실켓 따위.]

가공^삭도(架空索道)[-또]圀 공중에 건너질러 놓은 강삭(鋼索)에 차량을 매달아 사람이나 짐을 나르는 설비. 가공 케이블. 고가 삭도. 공중 삭도. ⓒ삭도(索道).

가공-선(架空線)圀 공중에 건너질러 매어 놓은 전선이나 전화선 따위. ⓒ가선(架線).

가공^수입(加工輸入)圀 가공하여 판매·수출할 목적으로 원자재나 반제품을 수입하는 일.

가공^수출(加工輸出)圀 ⊂가공 무역.

가공^식품(加工食品)圀 농산물·축산물·수산물 등을 인공적으로 처리하여 보다 맛있고, 먹기 편하고, 저장성이 좋게 만든 식품. [잼·햄·마늘 장아찌 따위.]

가공^유지(加工油脂)[-뉴-]圀 유지(油脂)에 화학적·물리적 처리를 가하여 만든 여러 가지 제품. [버터·마가린 따위.]

가공^의:치(架工義歯)圀 빠진 이의 좌우에 있는 이를 기둥으로 삼아 그 사이에 다리를 놓듯이 걸쳐 놓는 틀니. 브리지(bridge). ⓒ가공의(架工歯).

가공-적(架空的)관目 터무니없는 (것). 근거 없는 (것). 사실이 아닌 (것). ¶가공적 인물. / 가공적인 공간.

가공-지(加工紙)圀 가공(加工)을 하여 본디의 성질·빛깔 등을 변화시킨 종이. [아트지·인화지 따위.]

가공-치(架工歯)圀 〈가공 의치〉의 준말.

가공^케이블(架空cable)圀 가공 삭도.

가공-품(加工品)圀 (천연물이나 반제품에) 가공을 한 제품.

가:공-하다(可恐-)혱예 두려워할 만하다. 놀랄 만하다. (주로, '가공할'의 꼴로 쓰임.) ¶핵무기(核武器)의 가공할 파괴력.

가:과(佳果)圀 맛이 좋은 과실. 가실(佳實).

가:과(假果)圀 ⊂헛열매.

가곽(街郭)圀 가로(街路)와 가로와의 사이를 차지하는 한 구역.

가관(加冠)[-]하자 지난날, 관례(冠禮)를 치른 이에게 갓을 씌우던 일.

가:관(可觀)圀 ①볼 만함. ¶설악산의 단풍이 가관이다. ②(하는 짓이나 몰골 따위가) 꼴불견임. ¶그 자식, 젠체하는 꼴이 정말로 가관이더라.

가:관(假官)圀 ①왕조 때, 정원(定員) 외에 임시로 채용하던 벼슬아치. ②⊂사변가주서.

가:관-스럽다(可觀-)[-따]혱目 볼 만하다. 꼴불견이다. ¶가관스러우니 ~스러워. 가관스레튀.

가:-관절(假關節)圀 ⊂위관절(僞關節).

가괴(可怪)圀 '가괴하다'의 어근.

가:괴-하다(可怪-)[-괴-/-궤-]혱예 괴이하게 여길 만하다. (주로, '가괴할'의 꼴로 쓰임.) ¶대낮에 도깨비라니, 그것 참으로 가괴할 일이로세.

가교(可敎)圀 '가교하다'의 어근.

가교(架橋)[-]하자 ①다리를 놓음. ¶가교 공사. ②건너질러 놓은 다리. ¶계곡 사이에 놓인 기다란 철제(鐵製) 가교. ③서로 떨어져 있는 것을 이어 주는 사물이나 사실. ¶사랑의 가교역할을 하다.

가:교(假橋)圀 임시로 놓은 다리.

가:교(駕轎)圀 ①조선 시대에, 임금이 타던 가마의 한 가지. 두 필의 말이 가마 앞뒤에서 채끝을 안장 좌우에 걸고 감. ②⊂쌍가마2.

가:교-마(駕轎馬)圀 가교(駕轎)를 메는 말.

가:교-봉도(駕轎奉導)圀 가교(駕轎)를 편안히 모시라고, 별감(別監)들이 큰 소리로 외치며 주의시키는 일.

가:-교사(假校舍)圀 임시로 쓰는 교사.

가:-교실(假教室)圀 임시로 쓰는 교실.

가:교-하다(可敎-)혱예 가르칠 만하다. (주로, '가교할'의 꼴로 쓰임.)

가구(佳句)[-꾸]圀 잘 지은 글귀.

가구(家口)圀 ①[혈연관계와는 상관없이] 주거와 생계를 같이하는 사람. 각살림을 하는 생계 단위. ②[의존 명사적 용법] 주거와 생계를 같이하는 사람의 집단을 세는 단위. ¶이 골목 안에 열두 가구가 산다. 세대(世帶).

가구(家具)몡 가정 살림에 쓰이는 온갖 세간. 〔특히, 옷장·탁자 등 목제품을 가리키는 경우가 많음.〕 집물(什物).

가구(街衢)몡 ~길거리.

가구-경행(街衢經行)몡 고려 시대에, 중들이 음력 이월에 개경(開京) 거리를 돌아다니며 불경을 외어 백성의 복을 빌던 일.

가구-물(架構物)몡 여러 재료를 얽어 맞추어 만든 구조물.

가구-자(家韭子)몡 한방에서 '부추의 씨'를 약재로 이르는 말.

가구-장이(家具-)몡 가구 만드는 일을 업으로 삼는 사람.

가구-재(家具材)몡 가구를 만드는 데 쓰이는 재료.

가구-점(家具店)몡 가구를 파는 가게.

가구-주(家口主)몡 한 가구의 주장이 되는 사람을 이르는 말.

가:국(佳局)몡 매우 흥미 있는 국면(局面). ¶ 이야기는 점점 가국으로 접어든다.

가국(家國)몡 ①집안과 나라. 가방(家邦). ②고향.

가군(家君)몡 ①남 앞에서 '자기의 아버지'를 일컫는 말. 가부(家父). ②남 앞에서 '자기의 남편'을 일컫는 말. ②가부(家夫).

가권(家券)[-꿘]몡 집문서.

가권(家眷)몡 ①가족. ②남 앞에서 '자기의 아내'를 겸손하게 일컫는 말. 가속(家屬). 권속(眷屬).

가권(家權)[-꿘]몡 집안을 거느리는 권리.

가:귀-노름[허자] ☞가귀대기.

가:귀-대기[허자] 투전 노름에서, 열다섯 끗을 뽑기로 하는 노름. ¶가귀노름.

가규(家規)몡 집안의 규율. 가계(家戒).

가그기[부] 〔옛〕갑자기. ¶가그기 브레 뾔면 즉재 주그리라(救簡1:77). ❀가그기.

가극(加棘)[허자] 조선 시대에, 귀양살이하는 중죄인(重罪人)의 거처 주위에 가시나무를 둘러치던 일. 천극(栫棘).

가:극(暇隙)몡 여가. 짬. 겨를.

가극(歌劇)몡 가수의 가창(歌唱)을 중심으로 전개되는 극. 오페라.

가극-단(歌劇團)[-딴]몡 가극을 상연하기 위하여 조직된 단체.

가:근(假根)몡 ~헛뿌리.

가금(家禽)몡 집에서 기르는 날짐승. 〔닭·오리·거위 따위.〕 ↔야금(野禽).

가:금(假金)몡 가짜 금.

가금(價金)몡 값. 가격. 대금.

가급(加給)몡하타 되자 (품삯 따위를) 정한 액수 외에 더 줌. ↔감급(減給).

가-급유(加給由)몡하자 지난날, 벼슬아치의 휴가 기간이 다 찼을 때, 휴가를 더 늘려 주던 일. 준가유(加由).

가급인족(家給人足)몡하형 집집마다 생활 형편이 부족함이 없이 넉넉함.

가급^임:금(加給賃金)몡 기본 임금 외에 더 지급하는 임금. 〔시간 외 수당 따위.〕

가:급-적(可及的)[-쩍] Ⅰ몡 할 수 있는 것, 또는 형편이 닿는 것. 《주로, '가급적이면'·'가급적으로'의 꼴로 쓰임.》¶가급적이면 이 일은 하지 않는 게 좋겠다. Ⅱ부 될 수 있는 대로. 되도록. ¶가급적 빨리 돌아오너라.

가긍(可矜)몡 '가긍하다'의 어근.

가:긍-스럽다(可矜-)[-따] [~스러우니·~스러워] 혱 보기에 가긍한 데가 있다. 가긍스레부.

가:긍-하다(可矜-)혱여 불쌍하고 가엾다. ¶정상(情狀)이 참으로 가긍하다. 가긍-히부.

가:기(可期)몡 '가기하다'의 어근.

가:기(佳氣)몡 (자연의) 상서롭고 좋은 기운. ¶가기 서린 지리산. 비서기(瑞氣).

가:기(佳期)몡 ①좋은 계절. 가절(佳節). 양신(良辰). ②(이성과의 사랑을 처음 알게 되는) 좋은 때.

가:기(佳器)몡 ①좋은 그릇. ②'훌륭한 인재(人材)'를 비유하여 이르는 말.

가기(家忌)몡 자기 조상의 기제사(忌祭祀).

가기(家基)몡 집터.

가기(嫁期)몡 시집가기에 알맞은 나이. 비혼기.

가기(歌妓)몡 소리를 잘하는 기생.

가:기-하다(可期-)타여 기대(기약)할 만하다. 《주로, '가기할'의 꼴로 쓰임.》¶이번 경기는 승리를 가기할 만하다.

가그기부 〔옛〕갑자기. ¶가그기 주거(救解上24). ❀가그기.

가극흐다혱 〔옛〕급하다. ¶흐다가 모숨 뿌미 가극흐면(蒙法7).

가까스로[부] ①애써서 겨우. 간신히. ¶냉장고를 혼자서 가까스로 주방까지 옮겨 놓았다. ②겨우 빠듯하게. ¶가까스로 제 시각에 가 닿았다.

가까이 Ⅰ몡 가까운 곳. ¶학교 가까이에 살다. Ⅱ부 ①한 지점에서 거리가 조금 떨어져 있는 상태로. ¶어린아이 곁으로 가까이 다가가다. ②일정한 때를 기준으로, 그때에 약간 못 미치는 상태로. ¶다섯 시간 가까이 기다리다. ③사람과 사람의 사이가 친밀한 상태로. ¶세탁소 주인과 가까이 지낸다. ↔멀리.

가까이-하다 Ⅰ자타여 허물없이 사귀다. ¶여자 친구를 가까이하다. ↔멀리하다. Ⅱ타여 늘 대하거나 즐기다. ¶책을 가까이하다. /담배와 술을 가까이하다. ↔멀리하다.

가깝다[-따] [가까우니·가까워]혱ㅂ ①거리가 짧다. ¶바다에 가까운 마을. ②(시간상으로) 동안이 짧다. ¶가까운 장래. ③교분이 두텁다. 서로 정을 느끼는 사이다. ¶두 사람은 퍽 가까운 사이다. ④촌수 따위가 멀지 아니하다. ¶가까운 친척. ⑤(성질·모양·내용·상태 따위가) 거의 비슷하다. ¶생김새가 늑대에 가깝다. /그는 하는 짓이 철부지에 가깝다. ⑥어떤 기준이나 수준·수치에 미칠 듯하다. ¶10만에 가까운 군중이 모였다. /칠십에 가까워 보이는 노인. ⑦(생활 주변에서) 멀지 않다. ¶가까운 예를 든다면…. ①~④↔멀다.

가까운 남이 먼 일가보다 낫다속담 이웃끼리 서로 가까이 지내다 보면, 먼 데 있는 일가보다 더 친하여 된다는 말. 먼 사촌보다 가까운 이웃이 낫다.

가까운 데 집은 깎이고 먼 데 절[집]은 비친다속담 늘 대하거나 가까이 있는 눈에 익어서 예사롭게 보이지 않고, 먼 데 것은 훌륭해 보인다는 말.

가깝디-가깝다[-따-따] [~가까우니·~가까워]혱ㅂ 매우 가깝다. ↔머나멀다.

가꾸다타 ①식물이 잘 자라도록 보살피다. ¶장미를 가꾸다. /난초를 가꾸다. ②(좋은 상태로 만들려고) 잘 보살피다. ¶우리 고유의 문화를 잘 가꾸다. ③(몸이나 차림새를) 잘 매만져 꾸미다. ¶얼굴을 예쁘게 가꾸다. ④(쓸모 없거나 버려진 땅을) 쓸모 있게 바꾸다. ¶황무지를 옥토로 가꾸었다.

가꾸러-뜨리다[타] 가꾸러지게 하다. 가꾸러트리
다. 囹거꾸러뜨리다. 쎈까꾸러뜨리다.

가꾸러-지다[자] ①가꾸로 넘어지거나 엎어지다.
¶친구가 돌에 걸려 가꾸러졌다. ②힘을 잃고
무너지다. ¶부패한 정권은 언젠가는 가꾸러
지게 마련이다. ③<죽다>의 속된 말. ¶곰이
총에 맞아 가꾸러졌다. 囹거꾸러지다. 쎈까꾸
러지다.

가꾸러-트리다[타] 가꾸러뜨리다. 囹거꾸러트리
다. 쎈까꾸러트리다.

가꾸로[부] 차례나 방향, 또는 형편 따위가 반대
로 되게. ¶일의 순서가 가꾸로 되다. 囹거꾸
로. 쎈까꾸로.

가꾸로 박히다[관용] 머리가 바닥을 향한 채 떨
어지다.

가끔[부] 어쩌다가. 드문드문. 때때로. 이따금. 종
종. ¶지나다가 가끔 만나는 사람.

가끔-가끔[부] '가끔'의 힘줌말. ¶잊지 말고 가
끔가끔 찾아 주게.

가끔-가다[부] <가끔가다가>의 준말.

가끔-가다가[부] 어쩌다가 가끔. ¶가끔가다가 네
꿈을 꾼다. 준가끔가다.

가나(かな. 假名 일)[명] 일본 문자. 〔한자(漢字)
의 일부를 따거나 한자의 초서체를 이용한 음
절 문자(音節文字)임.〕

가나다(加那陀)[명] '캐나다(Canada)'의 한자음
표기.

가나다-순(-順)[명] 한글의 '가·나·다…'의 차례
에 따라 매긴 순서. 가나다차례. ¶이름을 가나
다순으로 배열하다. 囝ㄱㄴ-순/ㄱ의닉은순.

가나다-차례(-次例)[명] ☞가나다순.

가나안(←Canaan)[명] 팔레스타인의 요르단 강
서쪽 땅의 옛 이름. 〔여호와가 아브라함에게
약속한 이상향(理想鄕)으로, '젖과 꿀이 흐르
는 곳'이라고 함.〕

가나-오나[부] 어디를 가나 마찬가지로 늘. 어디
나 다름없이 항상. 오나가나. ¶동생은 가나오
나 말썽만 피운다.

가난[명][하](재산이나 수입이 적어서) 살림살이
가 넉넉하지 못하고 조들림, 또는 그런 상태.
빈곤(貧困). ¶가난에 쪼들리다. /가난에서 벗
어나다. 囝간난(艱難). 가난-히[부]

가난 구제는 나라(나라님)도 못한다[속담] '하고
많은 가난한 사람을 다 구제한다는 것은 나라
의 힘으로도 어려운 일인데, 하물며 개인의 힘
으로 되겠느냐'는 말.

가난도 비단 가난[속담] 아무리 가난해도 체통을
잃지 않고 견딘다는 말.

가난이 원수[속담] 가난하기 때문에 고통을 당하
게 되니 가난이 원수처럼 느껴진다는 말.

가난한 양반 씻나락 주무르듯[속담] '어떤 일에
닥쳐 우물쭈물하기만 하면서 선뜻 결정을 내리
지 못하고 있는 모양'을 비꼬아 하는 말.

가난한 집 신주 굶듯[속담] 줄곧 굶기만 한다는 말.

가난한 집 제사[제삿날] 돌아오듯[속담] 치르기
어려운 일만 자꾸 닥친다는 말.

가난(이) 들다[관용] ①가난하게 되다. ②필요한
것이 귀해져서 구하기 어렵게 되다. ¶인재(人
材)가 가난이 들다. ③농작물의 수확이 여느 해
보다 아주 적게 되다. ¶가물에 가난이 든 농
가 형편.

가난(家難)[명] 집안의 재난(불행).

가난-뱅이[명] '가난한 사람'을 얕잡아 이르
는 말.

가난-살이[명][하] 가난한 살림살이.

가납(加納)[명][하][되](자) 왕조 때, 조세나 공물 따
위를 정해진 수량보다 더 바치던 일.

가:납(假納)[명][하][되](자) ①임시로 납입(納入)함.
②피고인이 법원의 명령에 따라, 판결이 확정
되기 전에 벌금이나 과료 또는 추징에 상당하
는 돈을 미리 내는 일.

가납(嘉納)[명][하][되](자) (윗사람이 아랫사람의
충고나 의견, 바치는 물품 따위를) 기꺼이 받
아들임.

가:납사니[-싸-][명] 되는 소리 안 되는 소리로
쓸데없이 말수가 많은 사람.

가:납-세(假納稅)[-쎄][명] 납세자가 고지된 세
액에 대하여 이의를 제기했을 때, 그에 대한
당국의 재정(裁定)이 내리기 전에 우선 세금을
내는 일.

가내(家內)[명] ①집의 안. 가정 안. ¶가내 수공
업. 囲가족. ¶가내 두루 안녕하신지요? ③가
까운 일가. 집안. ¶가내 여러 어른.

가내^공업(家內工業)[명] 자기의 살림집을 일터
로 삼아 소규모로 운영하는 공업.

가내^노동(家內勞動)[명] 업자로부터 필요한 기
구·재료·자금 등을 제공받아 가정에서 제품을
제조 또는 가공하여 업자에게 납품하고 임금을
받는 노동 형태.

가내-사(家內事)[명] 집안일. 가사(家事).

가내^수공업(家內手工業)[명] 집 안에서 소규모
로 생산하는 수공업.

가냘프다[가냘프니·가냘파][형] ①몸매가 호리호
리하고 연약하다. ¶소녀의 가냘픈 허리. ②목
소리 따위가 가늘고 약하다. ¶가냘픈 목소리.
가녀리다.

가녀리다[형] 가냘프다. ¶해쓱한 얼굴에다 가녀
린 몸매.

가년(加年)[명][하](자) ①나이를 속여 올림. ②☞가
령(加齡).

가년-스럽다[-따][~스러우니·~스러워][형][비]
보기에 몹시 궁상스럽다. ¶굶주림과 추위에
지친 이재민들이 가년스러워 성금을 기탁하였
다. 囹거년스럽다. 가년스레[부]

가노(家奴)[명] 사내종. ☞가복(家僕).

-가뇨[어미] (옛) -았는가.¶외오 혀다가 짜콜 삼
게 흐가뇨(杜初16:1).

가누다[타] ①(기운·정신·숨결 따위를) 가다듬어
차리다. ¶가쁜 숨결을 가까스로 가누다. /장내
가 너무 소란하여 정신을 가눌 수가 없다.
②(몸의 자세를) 바로 가지다. ¶몸을 가눌 기
력이 없다. ③(일 따위를) 다잡아 처리해 내다.
¶혼잣손으로 힘겨운 농사일을 잘도 가누어 낸
다. 가는-다랗다[- 라타][~다랗니·~다래][형][ㅎ]
①무척 가늘다. ¶가느다란 실버들 가지. ②약
하거나 여린 느낌이 있다. ¶입가에 감도는 가
느다란 미소. /남몰래 짓는 가느다란 한숨.
↔굵다랗다.

가느스름-하다[형][여] 조금 가늘다. ¶눈을 가느스
름하게 뜨다. 가느스름-히[부]

가:-늑골(假肋骨)[-꼴][명] 흉골(胸骨)에 붙지
않은, 아래쪽 좌우 다섯 쌍의 늑골. 부늑골(浮
肋骨). ☞진늑골(眞肋骨).

가는-귀[명] 작은 소리를 잘 듣지 못하는 귀.

가는귀-먹다[-따][자] 작은 소리를 잘 듣지 못하
게 되다. 귀가 조금 먹다. ¶가는귀먹었는지 초
인종 소리를 듣지 못했다.

가는-눈[명] 조금만 뜬 눈. 실눈. ¶가는눈을 뜨고
기억을 더듬는다.

가는-대명 ①☞아기살. ②지난날, 적진에 격서 (檄書)를 날려 보낼 때 쓰던 화살.

가는-베명 가는 올로 촘촘히 짠 고운 베. ↔굵은베.

가는베 낳겠다[속담] '솜씨가 거칠고 무딤'을 비웃는 말.

가는-소금명 정제를 여러 번 하여, 보드랍고 하얀 소금. ↔굵은소금.

가는-체명 가는 올로 된, 구멍이 촘촘한 체. 참어레미.

가는-허리명 ☞잔허리.

가늘다[가느니·가늘어]형 ①기다란 것이 둘레가 작거나 너비가 좁다. ¶가는 다리. /가는 명주실. /눈을 가늘게 뜨다. ②(가루 따위의) 낱알이 매우 잘다. ¶가는 고춧가루. ③소리가 낮고 약하거나, 움직임이 미약하다. ¶가는 목소리. /소녀는 어깨를 가늘게 떨고 있었다. /가늘게 이어지는 병자의 숨소리. ④빛이나 연기 따위가 희미하고 약하다. ¶창문의 틈새로 가는 햇살이 들어왔다. /담배 연기가 가늘게 피어올랐다. ⑤(베나 천 따위의 바탕이) 곱고 촘촘하다. ¶올이 가는 세모시. /가는 챗물. ↔굵다.

가늘디-가늘다[~가느니·~가늘어]형 몹시 가늘다. ¶가늘디가는 다리.

가늠명하타 ①목표나 기준에 맞고 안 맞음을 헤아리는 일, 또는 헤아려 보는 대중. ¶아무 능도 없이 사업에 뛰어들다. ②시세 따위의 기미를 헤아리는 데 대중 잡을 만한 짐작. ¶도무지 물가 가늠을 가늠할 수 없다.

가늠(을) 보다[잡다][관용] ①목표를 겨누어 거기에 맞도록 하다. ¶한 쪽 눈을 감고 가늠을 보아 방아쇠를 당기다. ②시에나 형편 등을 헤아리다. ¶상대편의 속마음을 가늠 보다. ③(물건을 달 때에) 저울눈의 바르고 아니 바름을 보다.

가늠-구멍[-꾸-]명 가늠자 따위에 뚫어 놓은 작은 구멍. 가늠쇠와 함께 조준선 정렬에 쓰임. 조문(照門).

가늠-쇠[-쇠-쒜]명 총의 가늠을 보는 장치의 하나. 총구 끝머리에 뾰족하게 내민 삼각형의 작은 쇳조각. 가늠구멍과 함께 조준선을 정렬하는 데 쓰임. 조성(照星).

가늠-자명 총의 가늠을 보기 위하여 총열 앞쪽의 윗부분에 붙여 놓고 가늠구멍을 만들어 놓은 장치. 조척(照尺).

가늠-좌(-座)명 총이나 포(砲)의 가늠자가 달린 밑바탕 부분.

가ː능(可能)명하형 할(될) 수 있음. ¶네 힘으로도 가능한 일이다. ↔불가능.

가ː능-성(可能性)[-썽]명 할(될) 수 있는 성질. ¶성공할 가능성이 엿보인다.

-가니어미 (옛)-거니. ¶내 너희 호 가지 反터 아니후가니 엇뎨 날 아니 주기눈다(三綱).

가닐-가닐부하자 가볍고 자릿자릿한 느낌이 잇달아 일어나는 모양. 큰그닐그닐.

가닐-거리다자 자꾸 가닐가닐하다. 가닐대다. 큰그닐거리다.

가닐-대다자 ☞가닐거리다.

가다[가거라] Ⅰ자타[거] ①이곳에서 저곳으로 옮아 움직이다. ¶학교에 가다. ②(있던 자리를) 떠나다. ¶나 보기가 역겨워 가실 때에는 말없이 고이 보내 드리오리다. ③(직업·학업·복무 따위로 해서) 몸 둘 곳을 옮기다. ¶대학 교수로 가다. /군대에 가다. /조카가 벌써 학교를 갈 나이가 되었나? ①③→오다.

Ⅱ자[거] ①(정보·기별·소식 따위가) 전하여지다. ¶기별이 가다. ②(움직이는 성질의 자연물이) 흘러 움직이다. ¶구름에 달 가듯이 가는 나그네. ③(어떤 지경이나 처지에) 이르다. ¶임종에 가서야 입을 열다. /사람들은 어려운 지경에 가서야 잘못을 깨닫는다. ④뒤로 돌아가다. ¶나한테는 세 개가 왔는데, 너에게는 다섯 개나 갔구나. ⑤(바로 서야 할 것이) 한쪽으로 쏠리다. ¶기둥이 왼쪽으로 좀 갔다. ⑥(시간·세월·계절 따위가) 지나다. ¶날이 가고 달이 가고 봄이 오다. ⑦(어떤 시기·처소·경우에) 이르다. 다다르다. ¶끝판에 가서는 비극으로 바뀐다. ⑧(어떤 통로나 목적지로) 다다르다. ¶통밀로 가는 길. /비상 통로로 가는 길. ⑨(어느 시기·지경까지) 이어지다. 견디다. ¶이 구두라면 3년은 가겠지. /오래 못 갈 목숨. ⑩(손해·이익 등의 말에 이어 쓰이어) 입다. ¶손해가 가다. ⑪(금·얼룩·구김살·주름 따위 말에 이어 쓰이어) 생기다. ¶바지에 주름이 가다. /잔주름이 많이 간 얼굴. ⑫(맛·입맛·음식 이름 따위 말에 이어 쓰이어) 상하다. 변하다. ¶김치 맛이 갔다. ⑬(얼룩이나 때가) 지워지다. 빠지다. ¶이 비누를 쓰면 때가 잘 간다. ⑭(별·등불·전기 따위가) 꺼지다. ¶전깃불이 가다. ⑮(눈길·관심·짐작 따위 말에 이어 쓰이어) 그 방향으로 돌려지다. ¶자꾸 눈길이 가다. ⑯(품이나 손질이) 들다. ¶손이 많이 가는 제품. ⑰(죽다)의 속된 말. ¶송 영감도 이젠 가고 없대네. ⑱(까무러치다)의 속된 말. ¶상대 선수의 어퍼컷 한 방을 맞고 완전히 갔다. ⑲(값이나 무게가) 그 정도에 이르다. ¶체중이 100㎏이나 가는 거구. /이 물건은 시가로 얼마나 가나? ⑳(차례나 등급 따위가) 그만한 정도가 되다. ¶동생은 성적이 중간은 간다. ①③④⑥⑨→오다.

Ⅲ타[거] ①어떤 곳을 옮아 움직이다. ¶들길을 가다. ②(어떤 일을 하려고) 어디로 옮아 움직이다. ¶문병을 가다. /북극을 가다. ③내기나 노름에서 얼마의 액수를 판돈으로 걸다. ¶한 판에 만원을 갔다. ②→오다.

가는 날이 장날[속담] 우연히 갔다가 공교로운 일을 만났을 때 이르는 말.

가는 말에 채찍질한다[속담] ☞닫는 말에 채질한다.

가는 말이 고와야 오는 말이 곱다[속담] 자기가 먼저 남에게 잘 대해 주어야 남도 자기에게 잘 대해 준다는 말.

가는 방망이 오는 홍두깨[속담] 남에게 해를 끼치면 그보다 더 큰 화가 돌아온다는 말.

가자니 태산이요, 돌아서자니 숭산이라[속담] 이러지도 저러지도 못할 난처한 처지에 있음을 이르는 말. 진퇴유곡(進退維谷).

가다²어미 (보조적 연결 어미인 '-아'·'-어'·'-여' 뒤에 쓰이어) 동작이나 상태가 앞으로 진행됨을 나타내는 말. ¶사과가 붉게 익어 가다. /날이 저물어 가다.

가다가부 이따금. 《주로, '간혹 가다가', '가끔 가다가' 따위의 꼴로 쓰임.》 ¶반공도 간혹 가다가 지각을 하기도 한다. /가끔 가다가 돌아가신 아버님이 생각난다.

가다-가다부 ('가다가'보다 조금 동안이 뜨게) 이따금. ¶가다가다 고향 생각이 떠오른다.

가다귀명 (참나무 따위의) 땔나무로 쓰이는 잔가지.

가다드리다타 (옛) 거두어들이다. ¶封事롤 가다드려든(杜初21:11).

가다듬다[-따]国 ①흐트러진 정신이나 마음·생각 따위를 바로 차리거나 다잡다. ¶정신을 가다듬어 어려움에 대처하자. /느즈러진 마음을 가다듬다. ②(목소리를 제대로 내려고) 목소리를 고르다. ¶목청을 가다듬다. ③숨을 안정되게 고르다. ¶호흡을 가다듬다. ④(몸가짐이나 옷맵시를) 바르게 하다. ⑤(느슨해진 조직이나 대오를) 다잡아 다스리다. ¶전열을 가다듬다.

가다랑어圄 고등엇과의 바닷물고기. 몸길이 1 m가량. 몸은 물렛가락 모양이고 주둥이가 뾰족하며, 등 쪽은 검은 청자색, 배 쪽은 은백색임.

가:-루다[国 논밭을 갈아서 다루다.

가:다리圄[하자] 모낼 논을, 삯을 받고 갈아서 써레질해 주는 일.

가닥圄 ①(하나로 묶이었거나 하나에서 갈려 나온) 하나하나의 올이나 줄(줄기). ¶가닥을 내다. /가닥이 지다. ②〔의존 명사적 용법〕 하나하나의 올이나 줄(줄기) 따위를 세는 단위. ¶가지런히 두 가닥으로 땋은 머리. ③아주 약간. 《주로, '한 가닥' 구성으로 쓰임.》 ¶한 가닥 기대를 걸다. /한 가닥의 희망.

가닥-가닥[-까-]團 ①가닥마다 따로따로. ¶가닥가닥 잘 풀리다. ②여러 가닥으로. ¶가닥가닥 갈리어 나간 물줄기. **가닥가닥-이**團.

가닥-가닥[-까-]團[하영] 물기나 풀기가 있는 것의 거죽이 거의 말라 있는 모양. ¶가뭄이 들어 논바닥이 심하게 가닥가닥 말라 있다. ⓑ거덕거덕. 옌까닥까닥.

가단(家團)圄 가족이라는 공동체를 법률상 하나의 단체로 보고 이르는 말.

가단(歌壇)圄 가인(歌人)들의 사회, 또는 그 모임. ¶경정산(敬亭山) 가단.

가:-단-성(可鍛性)[-썽]圄 쇠붙이를 두드려 다른 모양으로 만들 때, 금이 가거나 하지 않는, 질긴 성질.

가-단조(-短調)[-쪼]圄 '가' 음을 으뜸음으로 하는 단조.

가:단-주철(可鍛鑄鐵)圄 열처리를 하여 탄소 함유량을 줄여서 가단성(可鍛性)이 있게 만든 주철. 가단철.

가:단-철(可鍛鐵)圄 ☞가단주철(可鍛鑄鐵).

가담(加擔)圄[하자][되자] 한편이 되어 힘을 보탬. ¶반핵 운동에 가담하다.

가담(街談)圄 거리의 뜬소문. 가담항설. 가담항의. 가설(街說). 항설(巷說).

가담-범(加擔犯)圄 ☞방조범(幇助犯).

가담-항설(街談巷說)圄 ☞가담(街談).

가담-항의(街談巷議)[-의/-이]圄 ☞가담(街談).

가당(可當)圄 '가당하다'의 어근.

가당-연유(加糖煉乳)[-녀유]圄 우유에 10%가량의 설탕을 넣고 가열하여, 본디 용량의 3분의 1에서 5분의 1 정도로 졸인 것. 당유.

가:당찮다(可當-)[-찬타]圄['가당하지 아니하다'가 줄어서 된 말.] ①도무지 사리에 맞지 않고 엉뚱하다. 당찮다. ¶가당찮은 변명만 자꾸 늘어놓는다. ②(쉽사리 감당할 수 없을 만큼) 대단하다. ¶가당찮은 상대를 맞아 겨루게 되었다. **가당찮-이**團. *가:당찮소[-찬쏘]·가:당찮소[-찬쏘]

가:당-하다(可當-)圄어 ①합당하다. 걸맞다. ¶나에게는 그곳이 참으로 가당한 취직자리일세. ②(주로 '가당하지'·'가당키'의 꼴로, 부정·반문의 말을 뒤따르게 하여) 정도·수준·사실 등이 비슷함을 뜻함. ¶네가 고시를 본다니 가당치도 않은 일이다. **가당-히**團.

가대(架臺)圄 ①물건을 얹어 놓기 위하여 시렁처럼 만든 것. ②교량이나 교량 등을 받치는 시설물. ③(높은 곳에서 공사를 하기 위하여) 발판이 되도록 만들어 놓은 구조물. ④화학 실험 등에서, 레토르트 같은 것을 받치는 기구.

가대(家垈)圄 ①집터. ②집터와 그에 딸린 논밭이나 산림 등을 통틀어 이르는 말.

가:대(假貸)圄[하타] ①(물건 따위를) 빌려 줌. ②(과오나 죄를) 너그럽게 용서함.

가대기團[하다] 《주로 '치다'와 함께 쓰이어》 인부들이 한 손에 쥔 갈고리로 쌀가마니 따위의 윗부분을 찍어 당기어 어깨에 메고 나르는 일.

가-대인(家大人)圄 ☞가부(家父).

가댁-질[-찔]圄[하자] 아이들이 서로 잡으려고 쫓고, 쫓기어 달아나고 하며 뛰노는 놀이.

가덕(嘉德)圄 훌륭한 덕.

가덕-대부(嘉德大夫)[-때-]圄 조선 시대에, 종일품 종친(宗親)의 품계.

가덕-치(加德-)圄 지난날, 가덕도에서 만들던 탕건(宕巾).

가도(加賭)圄[하타] 지난날, 도조(賭租)의 부과율을 올려서 매기던 일.

가도(呵導)圄 ☞갈도(喝道).

가도(家道)圄 ①집안의 도덕이나 규율. ②집안 살림을 꾸려 가는 방도. ☞가계(家計).

가:도(假渡)圄[하타][되자] 운송업자나 창고업자가 선하 증권(船荷證券) 또는 창고 증권과 교환하지 않고 운송품이나 수탁물(受託物)을 우선 내주는 일.

가:도(假道)圄[하자] ①토목 공사 따위에서, 필요에 따라 임시로 낸 길. ②제삼국으로 가기 위하여 중간에 있는 나라의 길을 임시로 빌림, 또는 그 길. ③어떤 방법을 일시적으로 빌려서 씀.

가:도(假賭)圄 〈가도조(假賭租)〉의 준말.

가:도(街道)圄 ①도시의 큰 도로. 가로(街路). ②도시와 도시를 잇는 큰 도로. ¶경인 가도. /경춘 가도. ③'막힘이 없이 탄탄한 진로'를 비유하여 이르는 말. ¶출세 가도를 달리다.

가:-도관(假導管)圄 ☞헛물관.

가도-교(架道橋)圄 도로나 철도 위를 높게 가로질러 놓은 다리. 구름다리. 육교(陸橋).

가도다国 〔옛〕①거두다. 걷다. ¶늦므를 쓰려머 能히 가도디 몯호니(杜初24:47). ②가두다. ¶獄은 罪지슨 사롬 가도는 싸히니(月釋1:28). /가돌 슈:囚(類合下21).

가:-도련(-刀鍊)圄[하타] 종이의 가장자리를 가지런하게 벰.

가:-도밋국(假-)[-미꾹/-믿꾹]圄 도미를 넣지 않고 쑥갓만 넣어 도밋국 맛이 나게 끓인 국.

가:-도조(假賭租)圄 지난날, 농작물을 수확하기 전에 수확량을 어림하여 미리 거두어들이던 도조. ⊛가도(假賭).

가독(家督)圄 그 집안의 대를 이을 사람, 또는 대를 이을 맏아들의 신분.

가:독-성(可讀性)[-썽]圄 인쇄물의 활자 따위를 쉽게 읽히는 정도.

가돈(家豚)圄 (남 앞에서) 자기의 아들을 '변변치 못한 자식'이란 뜻으로 이르는 말. 〔흔히, 편지 글 따위에 씀.〕 가아(家兒). 돈아(豚兒). 미돈(迷豚).

가돌리늄(gadolinium)圄 희토류 원소의 하나. 사마르스키석(石)에서 발견된 흰빛의 금속으로, 화합물의 대부분이 무색임. 은과의 합금은 충치의 구멍을 메우는 데 쓰이며, 텔레비전 화면의 형광체로도 쓰임. 〔Gd/64/157.25〕

가:동(可動)몡 《주로 관형어적으로 쓰이어》 움직일 수 있음. 이동할 수 있음. ¶가동 구조로 된 교량(橋梁).

가동(呵凍)몡하타 언 것을 입김으로 녹임.

가동(家僮)몡 [지난날]①집안에서 심부름을 하던 아이. ②한 집안의 남자 종을 이르던 말.

가동(街童)몡 거리에서 노는 아이.

가동(歌童)몡 조선 시대에, 장악원(掌樂院)에 딸리어 정재(呈才) 때 노래를 부르던 아이.

가동(稼動)몡하자타 ①일을 함. ¶가동 인구. ②일을 하기 위하여 기계를 움직임. ¶모든 기계를 가동하여 생산량을 늘렸다.

가동-가동 Ⅰ몡하타 어린아이의 겨드랑이를 잡고 쳐들었다 내렸다 하며 어를 때 아이가 다리를 오그렸다 폈다 하는 모양.
Ⅱ갑 어린아이에게 가동질을 시키며 어를 때 하는 말.

가:동가:서(可東可西)몡 〈가이동가이서(可以東可以西)〉의 준말.

가동-거리다타 자꾸 가동가동하다. 가동대다.

가:동^관절(可動關節)몡 움직일 수 있는 관절. 곧, 동물체의 운동 기능을 맡은 관절. ↔부동관절(不動關節).

가:동-교(可動橋)몡 다리의 일부 또는 전부를 움직여서 아래로 배가 지나갈 수 있게 만든 다리. 〔선개교·승개교·도개교 따위.〕 개폐교.

가동-대다타 가동거리다.

가:동^댐(可動dam)몡 ☞가동언(可動堰).

가동-력(稼動力)[-녁]몡 (사람이나 기계 따위가) 일할 수 있는 능력.

가동-률(稼動率)[-뉼]몡 ①가동할 수 있는 시간과 실제로 가동한 시간과의 비율. ②생산 능력에 대한 실제 생산량의 비율. ③설비의 총수에 대한 실제 가동 설비의 비율.

가:동-성(可動性)[-썽]몡 (일정한 조건 아래서) 움직일 수 있는 성질.

가:동-언(可動堰)몡 가동 장치를 갖추어, 필요에 따라 수량(水量)이나 유량(流量)을 조절할 수 있게 만든 둑. 가동 댐. 가동 언제. 가동제언.

가:동^언제(可動堰堤)몡 ☞가동언(可動堰).

가동이-치다자타 힘차게 가동거리다.

가:동^제언(可動堤堰)몡 ☞가동언(可動堰).

가동-주졸(街童走卒)몡 ①거리에서 노는 철없는 아이. ②주견 없이 떠돌아다니는 무리.

가동-질몡하타 어린아이의 겨드랑이를 잡고 쳐들었다 내렸다 하며 어를 때 아이가 다리를 오그렸다 폈다 하는 짓.

가:두(假痘)몡 ①종두(種痘)를 맞은 사람이 천연두에 걸렸을 때 아주 가볍게 앓고 넘어가는 일. ②☞작은마마.

가:두(街頭)몡 거리. 시가지의 길거리. ¶가두로 몰려나온 환영 인파.

가두다타 ①사람이나 짐승을 일정한 곳에 있게 하고 나다니지 못하게 하다. ¶죄수를 감방(監房)에 가두다. ②(물·공기 또는 그 밖의 물질을) 일정한 곳에 머물러 있게 하다. ¶빗물을 못에 가두어 두다.

가:-두리몡 물건 가에 둘린 언저리. ¶가두리를 따라 무늬가 그려져 있다.

가:두리^양:식(-養殖)몡 그물로 물에 구획을 지어, 그 안에서 물고기 따위를 양식하는 방법.

가:두-모금(街頭募金)몡 (사회봉사 등을 목적으로) 거리를 오가는 사람들로부터 성금을 모으는 일.

가:두-선전(街頭宣傳)몡 (확성기 등을 이용하여) 거리에 나서서 하는 선전.

가:두-시위(街頭示威)몡 거리에 모이거나 거리를 행진하며 하는 시위.

가:두-연설(街頭演說)몡 (어떤 선전이나 선동을 위하여) 거리에서 하는 연설.

가:두-판매(街頭販賣)몡하타되자 상품을 거리에 벌이어 놓고 팔거나 거리를 다니면서 파는 일. ㉠가두판(販賣).

가둥-가둥뷔하타 (몸집이 작은 사람이) 자꾸 엉덩잇짓을 하는 모양.

가둥-거리다자타 자꾸 가둥가둥하다. 가둥대다.

가둥-대다자타 가둥거리다.

가:드(guard)몡 ①농구에서, 상대편이 자기편 바스켓에 공을 넣지 못하도록 막는 일, 또는 그 사람. ②미식 축구에서, 스크럼을 짤 때 센터의 양쪽에 있는 사람. ③권투·펜싱·총검술 따위에서, 방어하는 일, 또는 그 자세.

가드락-가드락[-까-]뷔하자 경솔하고 버릇없이 행동하며 잘난 체하는 모양. ㉠가들가들. ㉢거드럭거드럭. ㉣까드락까드락·까뜨락까뜨락.

가드락-거리다[-까-]자 자꾸 가드락가드락하다. 가드락대다. ㉠가들거리다. ㉢거드럭거리다. ㉣까드락거리다·까뜨락거리다.

가드락-대다[-때-]자 가드락거리다.

가:드-레일(guardrail)몡 ①철로의 보조 궤조(軌條). ②차도 가장자리에 쳐 놓은 시설물.

가:드-펜스(guard fence)몡 차도와 보도 사이, 또는 고속도로의 중앙 분리대에 쳐 놓은 철망 따위의 시설물.

가득뷔하형 (그릇이나 어떤 공간 따위에) 한껏 차 있는 모양. ¶바구니에 가득 담긴 과일. /광장을 가득 메운 군중. ㉢그득. ㉣가뜩. 가득-히뷔. 가득-가득뷔하형. 가득가득-히뷔.

가득(嘉得)몡하타 벌어들임.

가득-률(稼得率)[-뉼]몡 가공 무역에서, 순이익으로 얻게 되는 외화 획득 비율.

가든-가든뷔하형 여럿이 다 가든한 모양. ¶모두 가든가든하게 차려입고 소풍 길에 나섰다. ㉢거든거든. ㉣가뜬가뜬. 가든가든-히뷔.

가든-뜨리다타 '가든그리다'의 힘줌말. 가든그트리다. ㉢거든그트리다.

가든-그리다타 가든하게 거두어 싸다. ¶옷 보따리를 가든그리다. ㉢거든그리다.

가든그-트리다타 가든그뜨리다. ㉢거든그트리다.

가:든-파:티(garden party)몡 정원 등 건물 바깥에서 베푸는 연회. 원유회(園遊會).

가든-하다형여 ①(물건이나 차림 따위가) 알맞게 가볍고 단출하다. ②마음이 가분하고 상쾌하다. ¶집안에 우환이 사라지니 마음이 가든하다. ㉢거든하다. ㉣가뜬하다. 가든-히뷔.

가들-가들뷔하자 〈가드락가드락〉의 준말. ㉢거들거들. ㉣까들까들.

가들-거리다자 〈가드락거리다〉의 준말. 가들대다. ㉢거들거리다. ㉣까들거리다.

가들-대다자 가들거리다.

가들막-가들막[-까-]뷔하자 젠체하면서 경망스레 행동하는 모양. ㉢거들먹거들먹. ㉣까들막까들막.

가들막-거리다[-꺼-]자 자꾸 가들막가들막하다. 가들막대다. ¶아무 데서나 가들막거리는 품이 정말 꼴불견이다. ㉢거들먹거리다. ㉣까들막거리다.

가들막-대다[-때-]자 가들막거리다.

가들막-이다째 젠체하면서 경망스레 행동하다. 큰거들먹이다.

가들막-하다[-마카-]혱 거의 가득하다. ¶무엇을 넣었는지 양쪽 주머니가 가들막하다. 큰그들먹하다. 가들막-이튀.

가등(加等)명하타 ①등급을 높임. ②조선 시대에, 형벌의 등급을 본디 정한 것보다 무겁게 매기던 일.

가등(街燈)명 〈가로등〉의 준말.

가:-등기(假登記)명하타 (본등기를 할 요건이 갖추어지지 않았을 때) 그 근거를 분명하게 하기 위하여 임시로 하는 등기. ↔본등기.

가디건(cardigan)명 '카디건'의 잘못.

가디록명 갈수록. ¶이어 聖恩이야 가디록 罔極하다(鄭澈.關東別曲).

가뜩튀 ①〈가뜩이〉·〈가뜩이나〉의 준말. ②하형 〈가득〉의 센말. ②그득.

가뜩-에튀 가뜩이나.

가뜩-이튀 〈가뜩이나〉의 준말. 준가뜩.

가뜩-이나튀 (힘에 겹거나 어려운 형편인데) 그 위에 또. 그렇잖아도. 가뜩에. ¶가뜩이나 어려운 처지인데 또 객식구를 떠맡게 되다니. 준가뜩이.

가뜩-한데[-뜨칸-]튀 그렇잖아도 힘에 겹거나 견디기 어려운데 그 위에 더. ¶병충해만도 가뜩한데 풍수해마저 겹쳤으니 설상가상이다.

가뜬-가뜬튀하형 〈가든가든〉의 센말. 큰거뜬거뜬.

가뜬-하다혱 〈가든하다〉의 센말. ¶푹 잤더니 몸이 아주 가뜬하다. 큰거뜬하다.

가라(加羅·伽羅·駕羅)명 ☞가야(伽倻).

-가라어미 〈옛〉-거라. ¶이는 恩을 알아라 하니야 恩을 갑가라 하니야(蒙法31).

가라-간쟈-쇠족빅이-물명 〈옛〉이마와 네 발이 흰 가라말. ¶가라간쟈쇠족빅이물:五明馬(老解下8).

가라-말(加羅馬)명 ☞가라말.

가라-말(加羅馬)명 털빛이 검은 말. 가라마(加羅馬).

가라물명 〈옛〉가라말. 가라물:黑馬(譯語下28. 老解下8).

가라-빈가(迦羅頻伽)명 ☞가릉빈가(迦陵頻伽).

가라사대째 말씀하시기를. 말씀하시되. ¶공자님 가라사대.

가라-앉다[-안따]째 ①(액체 위에 떠 있거나 섞여 있는 것이) 바닥으로 내려앉다. ¶폭풍에 배가 가라앉다. /녹말이 물에 가라앉다. ↔뜨다. ②(아픔·괴로움·흥분 따위가 가시어) 마음이 안정되다. ¶통증이 가라앉다. /노여움이 가라앉다. ③(시끄럽던 것이) 조용해지다. ¶소란이 가라앉다. (기침·숨결 따위가) 잔잔해지다. ¶딸꾹질이 가라앉다. (바람·물결 따위가) 잠잠해지다. ¶파도가 가라앉다. ⑥(부기·종기 따위가) 삭다. ¶부기가 가라앉다. ⑦(성하던 것이) 활기를 잃은 상태로 되다. ¶목소리. /경기(景氣)가 가라앉다. 준갈앉다.

가라앉-히다[-안치-]타 『'가라앉다'의 사동』가라앉게 하다.

가라오케(からオケ.←から+orchestra)명 (반주에 맞추어 노래 부를 수 있도록) 반주만 녹음된 음반이나 테이프, 또는 그것을 트는 장치.

가라지[1]명 ①밭에 난 강아지풀. 준가랏. ②성서(聖書)에서 '독보리'를 달리 이르는 말.

가라지[2]명 전갱잇과의 바닷물고기. 몸길이 40 cm가량. 등은 녹색이고 배는 회색며, 지느러미는 연한 황색임. 난바다의 난류에서 삶.

가라치명 조선 시대에, 정이품 이상의 벼슬아치가 출입할 때에 중요한 문서를 담아 가지고 다니던 제구. 또는 그것을 끼고 앞서 가던 하인.

가라테(からて〔唐手〕일)명 일본 특유의 권법(拳法). 지르기·막기·차기를 기본기로 하는 호신술의 한 가지. 당수(唐手).

가라-한(駕羅韓)명 ☞변한(弁韓).

가락[1]명 ①소리의 고저장단, 또는 고저장단이 이루는 조화. ¶국악의 아름다운 가락. ②춤이나 몸짓의 일정한 움직임. ¶춤의 가락. ③(몸에 밴) 솜씨. 기분. ¶옛날 가락이 되살아나네. 〔한자를 빌려 '加樂'으로 적기도 함.〕

가락(을) 떼다관용 (흥이 나는 일의) 첫 몸놀림을 시작하다. ②노래나 풍악을 시작하다. ¶자네가 먼저 가락을 떼게.

가락(이) 나다관용 (일을 해 나가는 데) 능률이 오르다.

가락(이) 맞다관용 ①율동이나 장단이 잘 어울리다. ②하는 일이 서로 척척 들어맞다.

가락[2]명 ①(물레로 실을 자을 때) 실이 감기는 쇠꼬챙이. 가락꼬치. 물렛가락. ②꼬챙이에 감긴 실꾸리. ③가늘고 길게 도막을 낸 물건의 낱개. ¶엿의 가락. /엿의 가락. ④써아에서, 톱니처럼 마주 돌아가게 된 두 개의 둥근 나무 중에서 위의 나무. ⑤『의존 명사적 용법』 가늘고 길게 도막을 낸 물건을 세는 단위. ¶엿 한 가락.

가락을 내다관용 윷을 놀 때, 윷가락을 잘 던져 마음먹은 대로 엎어지게 하기도 하고 잦혀지게 하기도 하다.

가락-가락[-까-]튀 한 가락 한 가락씩. 가락가락이.

가락가락-이[-까-]튀 ☞가락가락.

가락-고동[-꼬-]명 물레의 괴머리 기둥에 가락을 걸 수 있게 만들어 박은 고리.

가락-국(駕洛國)[-꾹]명 ①☞가야(伽倻). ②☞금관가야(金官伽倻).

가락-국수[-꾹쑤]명 가락을 굵게 뽑은 국수의 한 가지. 또는, 그것을 삶아서 맑은장국에 만 음식.

가락-꼬치명 ☞가락[2].

가락-엿[-럳]명 가래엿. * 가락엿이[-렁니]·가락엿만[-렁-].

가락-옷[-락옫]명 (물레로 실을 자을 때) 가락의 아랫몸에 끼워, 실을 감아 내는 댓잎이나 종이·지푸라기 따위. * 가락옷이[-라고시]·가락옷만[-라곤-].

가락-윷[-락윧]명 둥글고 곧은 나무토막을 반으로 쪼개어 네 개의 가락으로 만든 윷짝. * 가락윷이[-라뉴치]·가락윷만[-라뉸-].

가락-잡이[-짜비]명 ①굽은 물렛가락을 곧게 바로잡아 주는 사람. ②'애꾸눈이'를 조롱조로 이르는 말.

가락-지[-찌]명 ①치장으로 손가락에 끼는 두 짝의 고리. 〔대개, 귀금속이나 옥 따위로 만듦.〕지환(指環). 왕반지. ②건축에서, 꼬챙이·막대기·기둥 등에 끼우는 쇠테. 편철(片鐵).

가락짓-벌[-찌뻘-~-찓뻘]명 상투를 틀 때, 감아서 넘기는 가장 큰 고.

가락-토리명 (물레로 실을 겹으로 드릴 때) 가락의 두 고동 사이에 끼우는 대통.

가란(家亂)명 ①집안의 분란(풍파). ②하형집안이 어지러움.

가람(伽藍)명 〈승가람마(僧伽藍摩)〉의 준말.

가람-당(伽藍堂)명 가람신을 모신 집.

가람-신(伽藍神)圓 절의 수호신(守護神).

가랍나모(-南)圓(옛) 떡갈나무. ¶가랍나모:柞木(四解上34).

가:랑(佳郞)圓 훌륭한 신랑. 참한 총각.

가람-가람[圓하재 ①목구멍 안에 가래가 끓는 모양, 또는 가래가 끓어 숨을 쉴 때마다 나는 소리. 큰그렁그렁¹. ②숨결이 곧 끊어질 듯한 모양, 또는 그러한 숨결 소리. ¶가랑가랑하며 않는 소리를 내다.

가람-가람²[閉하재 ①액체가 그릇에 넘칠 듯 말 듯 차 있는 모양. ¶그릇에 가랑가랑 담긴 물. ②눈에 눈물이 가득 괸 모양. ¶눈에 눈물이 가랑가랑하며 금방 목이 멘다. ③[국 따위가] 건더기는 적고 국물이 많아서 어울리지 않는 모양. ④물을 많이 마셔 배 속이 가득 찬 듯한 느낌. 큰그렁그렁².

가람-거리다재 가래가 끓는 소리가 자꾸 나다. 가랑대다. 큰그렁거리다.

가람-눈圓 가루처럼 포슬포슬 잘게 내리는 눈. 분설(粉雪). 세설(細雪).

가람-니圓 서캐에서 갓 깬 새끼 이.

가람-대다재 가랑거리다.

가람-머리圓 가랑이지게 갈라 땋아 늘인 머리.

가람-무圓 (제대로 굵게 자라지 못하고) 밑동이 가랑이진 무.

가람-비圓 (이슬비보다는 좀 굵은) 가늘게 내리는 비. 세우(細雨).

가랑비에 옷 젖는 줄 모른다(속담) 아무리 사소한 것이라도 거듭되면 무시하지 못할 정도로 된다는 말.

가람-이圓 ①끝이 갈라진 부분. ¶무 가랑이. ②다리의, 몸에서 갈라진 안쪽 부분. ③('바지 가랑이'의) 준말. ④('다리¹'의 속된 말.

가랑이(가) 찢어지다[관용] ①살림살이가 몹시 군색하다. ②몹시 바쁘거나 하는 일이 힘에 부치다.

가람이-지다재 (아래쪽이나 한끝이) 가랑이로 갈라지다.

가람이-표(-標)圓 문장에서는 큰말표로 쓰이고, 수식(數式)에서는 부등호로 쓰이는 부호, 곧 '<' 표의 이름.

가람-잎[-닙]圓 ①활엽수에서 떨어진 마른 잎, 또는 가을에 잎이 진 뒤에도 더러 붙어 있는 마른 잎. ②떡갈잎. 준갈잎. ¶가랑잎이[-니피]·가랑잎만[-님-]

가랑잎에 불 붙듯(속담) '성미가 급하고 도량이 좁은 사람이 걸핏하면 발끈 화를 내는 짓'을 이르는 말.

가랑잎이 솔잎더러 바스락거린다고 한다(속담) '자기의 허물이 더 많으면서 허물이 적은 사람을 나무라거나 흉보는 경우'를 이르는 말.

가랑[-랑]圓〈가라지〉의 준말. *가랗이[-라지]·가랑만[-란-]

가래¹圓 ①흙을 파헤치거나 떠서 던지는 데 쓰는 농구. 쇠날로 된 넓죽한 몸에 자루를 박고, 몸 양편 구멍에 줄을 매어 한 사람이 자루를 잡고 두 사람이 줄을 당기어 흙을 퍼 던짐. ②[의존 명사적 용법] 흙을 떠서 세는 단위. ¶흙 두 가래.

가래 터 종놈 같다(속담) (가래질하는 마당의 종처럼) 무뚝뚝하고 거칠며 예의범절이라고는 도무지 모른다는 말.

가래²圓 허파에서 후두에 이르는 사이에서 생기는 회백색이나 황록색의 끈적끈적한 분비물. 담(痰). 가래침.

가래³圓 ①둥글고 길게 늘이어 만든 것의 도막. ¶떡을 가래로 뽑았다. ②《(주로 '떡'·'엿' 따위의 뒤에 쓰이어) 약간의 그것이라는 뜻을 나타내는 말. ¶떡 가래라도 준비하자. ③[의존 명사적 용법] 둥글고 길게 된 도막의 수를 세는 말. ¶떡 열 가래. /엿 다섯 가래.

가래⁴圓 가래나무의 열매. 호두 비슷하나 먹지 못함.

가:래⁵圓 가냇과의 다년초. 논이나 늪에서 흔히 자라며, 뿌리줄기가 진흙 속을 옆으로 뻗어 번식함. 잎은 길둥글고, 7~8월에 황록색 꽃이 이삭 모양으로 핌. 민간에서 포기 전체를 해독제로 씀. 준갈¹.

가래圓(옛) 넉가래. ¶가래 홈:杴(訓蒙中17).

가래-꾼圓 가래질하는 사람. 가래질꾼.

가래-나무圓 가래나뭇과의 낙엽 활엽 교목. 산기슭에 나는데, 높이는 20m가량. 5월에 꽃이 피고 열매는 핵과로 10월에 익음. 재목은 '추목(楸木)'이라 하는데 가구재·조각재 등으로 쓰이고, 뿌리의 껍질은 한방에서 약재로 쓰임.

가래다타 옳으니 그르니 따지며 맞서다. ¶철없는 아이를 가래서 어찌 하겠소?

가래-단속곳[-꼳]圓 두 가랑이로 된 속치마. [통치마를 두 가닥으로 갈라 꿰매어 바지가랑이처럼 다리를 꿰어 입게 만든 것.] *가래단속곳이[-꼬시]·가래단속곳만[-꼰-]

가래-떡圓 둥글고 길게 뽑아 알맞은 길이로 자른 흰떡.

가래-뢰(-耒)[-뢰/-뤠]圓 한자 부수의 한 가지. '耕'·'耗' 등에서의 '耒'의 이름.

가래-바대圓 단속곳·속곳 따위의 밑을 달 때에 곁에 덧대는 천.

가래-상어圓 가래상엇과의 바닷물고기. 상어 무리와 달리 아가미구멍이 배 쪽에 있어 가오리 무리에 딸림. 몸길이 1m가량. 몸빛은 황갈색이며, 지느러미는 중화요리의 재료로 쓰임.

가래-엿[-엳]圓 가늘고 길게 뽑은 엿. 가락엿. *가래엿이[-여시]·가래엿만[-연-]

가래-질圓하재 가래로 흙을 떠서 던지는 일.

가래질-꾼圓 ☞가래꾼.

가래-침圓 ①가래가 섞인 침. 담연. ②☞가래².

가래-톳[-톧]圓 허벅다리와 불두덩 사이의 림프샘이 부어 생긴 멍울. ¶가래톳이 서다. *가래톳이[-토시]·가래톳만[-톤-]

가래-날[-날]圓 가래 끝에 끼우는, 삽 모양으로 된 둥글넓적한 날.

가랫-바닥[-래빠/-래빠-]圓 가래의 넓죽한 판.

가랫-밥[-래빱/-랟빱]圓 가래질할 때 가래로 떠내는 흙덩이.

가랫-장¹[-래짱/-랟짱]圓 고싸움에서, 고를 어깨에 메고 두 손으로 받칠 때 쓰는 나무.

가랫-장²圓 '가랫밥'의 잘못.

가랫-장부[-래짱-/-랟짱-]圓 가랫바닥과 거기에 박힌 자루를 아울러 이르는 말.

가랫-줄[-래쭐/-랟쭐]圓 (잡아당길 수 있도록) 가랫바닥의 양옆에 매는 줄.

가랑(佳良)圓 '가량하다'의 어근.

가:량(假量)圓《주로 부정하는 말과 함께 쓰이어》어림짐작. ¶비용이 얼마나 더 들지 가량이 서지 않는다.

-가량(假量)[점미]《(수량을 나타내는 명사 또는 명사구 뒤에 붙어) 정도의 뜻을 더함. 쯤. ¶한 시간가량. /30세가량.

가량가량-하다[형여] 보기에는 야윈 듯하면서도 부드럽고 탄탄하다. ¶가량가량한 몸매에 싹싹한 마음씨. **가량가량-히**[부].

가량-맞다[-맏따][형] 조촐하지 않아서 격에 어울리지 아니하다. 가량스럽다. 준거령맞다.

가량-스럽다[-따][~스러우니·~스러워][형ㅂ] 가량맞다. 준거령스럽다. **가량스레**[부].

가:량-없다(假量-)[-업따][형] ①어림이 없다. 대중함이 없다. ¶네가 감히 그 사람을 이기려고 덤비다니, 가량없는 노릇이다. ②(그 정도가) 어림짐작할 수 없을 정도다. **가량없-이**[부] ¶가량없이 높은 하늘.

가:량-통(假量-)[명] 지난날, 벼를 평말로 대두 열 말을 넣어 섬으로 만들던 섬통. ↔마당통.

가:량-하다(佳良-)[형여] 아름답고 착하다.

가려(可慮) '가려하다'의 어근.

가:려(佳麗)[명][하형] ①(자연의 경치가) 아름답고 새뜻함. ②(여자의 모습이) 곱고 아름다움.

가려-내다[타] ①추려 내다. 골라내다. ¶불량품을 가려내다. ②잘잘못을 밝혀내다. ¶시시비비(是是非非)를 가려내다.

가려-듣다[-따][~들으니·~들어][타ㄷ] 내용을 분간하여 알다. ¶항간에 떠도는 이야기는 잘 가려들어야 한다.

가려-보다[타] ①분간하여 알아보다. ¶그 개는 주인을 가려볼 줄 안다. ②문제의 본질을 판단하여 알다. ③세상 물정을 살펴보다.

가려워-하다[자여] 가려움을 느끼다.

가려-잡다[-따][타] 여럿 중에서 마땅한 것을 골라 잡다. ¶마음에 드는 것을 가려잡아라.

가:려-하다(可慮-)[형여] 걱정스럽다. 염려스럽다. 《주로, '가려할'의 꼴로 쓰임.》¶실로 가려할 일이로다.

가력(家力)[명] 집안 살림의 형편과 정도. 터수.

가력-되다[-뙤-/-뛔-][자] 사태(沙汰) 따위에 덮이어서 묻히다.

가련(可憐) '가련하다'의 어근.

가:련-하다(可憐-)[형여] ①가엾고 불쌍하다. 딱하다. ¶늙고 병든 노인. ②(모습 따위가) 저절로 동정심이 갈 만큼 애틋하다. ¶가련하게 내민 거지 아이의 손길. **가련-히**[부].

가렴(加斂)[명] 조세(租稅) 따위를 정한 액수보다 더 거두던 일.

가:렴(苛斂)[명] 조세(租稅) 따위를 가혹하게 거두어들임.

가:렴-주구(苛斂誅求)[명] 조세 따위를 가혹하게 거두어들여, 백성을 못살게 들볶음.

가렵다[-따][가려우니·가려워][형ㅂ] 살가죽을 긁고 싶은 느낌이 있다.

가려운 데를[곳을] 긁어 주듯[주다][관용] 괴로움이나 불편한 점, 소망 따위를 잘 알아서 풀어 줌을 이르는 말.

가령(加齡)[명][하자] 새해를 맞이하여 나이를 한 살 더 먹음. 가년(加年).

가:령(苛令)[명] 가혹한 명령.

가령(家令)[명] ①지난날, 대갓집에 딸려 그 집안의 고용인을 부리며 집안일을 관리하던 사람. ②가법(家法).

가:령(假令)[부] '가정하여 말한다면', '예컨대'의 뜻을 나타내는 접속 부사. 가사(假使). ¶내가 가령 큰 부자였다면….

가례(家禮)[명] 한 집안의 예법.

가례(嘉禮)[명] ①왕의 즉위나 성혼, 왕세자·왕세손의 탄생이나 책봉 또는 성혼 등의 예식. ②경사스러운 예식.

가례-색(嘉禮色)[명] 왕·왕세자·왕세손의 가례에 즈음하여 두던 벼슬아치.

가례-언해(家禮諺解)[명] '주자가례(朱子家禮)'를 국문으로 번역한 책. 조선 인조 10(1632)년에 신식(申湜)이 간행한 10권 4책의 목판본.

가로[명] (위에서 아래로 나 있는 방향에 대해) 왼쪽에서 오른쪽으로 나 있는 방향, 또는 그 길이. ¶이 널빤지의 가로는 10 cm, 세로는 15 cm이다. ↔세로.

가로 뛰고 세로 뛰다[관용] 감정이 북받쳐 이리저리 날뛰다.

가로 지나 세로 지나[관용] 이렇게 되든지 저렇게 되든지 결과는 같음을 이르는 말.

가로(街路)[명] 도시의 넓은 길. 가도(街道).

가로-거치다[자] 이리저리 아무렇게나 놓여서 일에 방해가 되다. ¶길에 전봇대가 넘어져 있어 다니기에 가로거친다.

가로-결[명] (널빤지나 종이 따위의) 가로로 난 결. ↔세로결.

가로-금[명] 가로로 그은 금. 가로줄. 횡선(橫線). ↔세로금.

가로-길이[명] 불교에서, 자기 힘과 남의 힘. 횡수(橫竪).

가로-꿰지다[자] ①물건이 옆으로 꿰지다. ②터져서 속의 것이 밖으로 드러나다. ③(말이나 하는 짓 따위가) 빗나가다. ¶착하던 아이가 어쩌다 저토록 가로꿰졌을까. ④(제대로 되어 나가던 일이) 중도에서 잘못되다. ¶사업이 잘 되는가 했더니, 그만 가로꿰지고 말았다.

가로-나비[명] (피륙 따위의) 가로의 길이. 횡폭(橫幅). 폭(幅).

가로-놓다[-노타][타] 가로의 방향이 되게 놓다.

가로-놓이다[-노-][자] ①'가로놓다'의 피동] 가로의 방향으로 놓이다. ¶좁은 개울에 가로놓인 외나무다리. ②(어려움이나 장애가 앞에 닥치거나 일 따위가) 맞버티고 있어 거치적거리다. ¶앞길에 가로놓인 어려운 문제들.

가로누이다[타] [『가로눕다'의 사동] 가로의 방향이 되도록 눕게 하다. ¶환자를 가로누이다.

가로-눕다[-따][~누우니·~누워][자ㅂ] ①가로의 방향으로 눕다. ¶침대에 가로누워 잠을 자다. ②(기다란 물건이) 누운 것처럼 길게 놓여 있다. ¶바람에 넘어진 가로수가 보도에 가로누워 있다.

가로되[자] 말하다. 이르다. 『'가로되'·'가론'의 꼴로만 쓰이는 불완전 동사.』

가로-다지[명] ①가로로 된 방향. ¶가로다지로 옷을 마르다. ②가로지른 물건.

가로-닫이[-다지][명] 가로의 방향으로 여닫게 된 창이나 문. 참내리닫이[1].

가로-대[명] ①가로축. ↔세로대. ②가로지른 막대기. 가로장. ③천칭(天秤)의 가로토막 저울대.

가로-등(街路燈)[명] 길거리를 밝히기 위하여 가설한 등. 준가등(街燈).

가로-딴죽[명] 씨름이나 태권도에서, 발로 상대의 다리를 옆으로 쳐서 쓰러뜨리는 기술.

가로-띠[명] 가로로 두르거나 뻗친 띠. 횡대(橫帶). ↔세로띠.

가로-막(-膜)[명] ☞횡격막(橫膈膜).

가로-막다[-따][타] ①앞을 가로질러 막다. ¶가는 길을 가로막다. ②(어떤 일을) 못하게 방해하다. ¶회의 진행을 가로막다. ③앞이 보이지 않도록 가리다. ¶그의 시야를 가로막았다.

가로막-히다[-마키-][자] 『'가로막다'의 피동』 가로막음을 당하다.

가로-맡다[-맏따]團 ①남이 할 일을 대신 맡다. ¶남의 일을 가로맡아 어려움을 겪고 있다. ②남의 일에 참견하다. ¶네가 왜 이 일을 가로맡고 나서느냐?

가로-무늬[-니]圄 가로로 난 무늬. 횡문(橫紋). ↔세로무늬.

가로무늬-근(-筋)[-니-]圄 근섬유(筋纖維)에 가로무늬가 있는 근육. 척추동물의 골격근과 심장근, 곤충의 날개를 움직이는 근육 등이 이에 해당함. 가로무늬살. 횡문근(橫紋筋).

가로무늬-살[-니-]圄 ☞가로무늬근.

가로-변(街路邊)圄 도시의 큰길가.

가로-새다困 ①도중에 몰래 빠져나가다. ¶회의 도중에 몇 사람은 가로새 버렸다. ②(비밀 따위가) 밖으로 알려지다. ¶새로 개발한 기계 설계도가 가로새다. ③(이야기 따위가) 본디 줄거리에서 딴 방향으로 빗나가다. ¶이야기가 자꾸만 가로새어 갈피를 잡을 수가 없다.

가로-서다困 ①가로 방향으로 나란히 서다. ②몹시 놀라거나 화가 나서 눈동자가 한쪽으로 쏠리다.

가로-세로圄 가로와 세로를 아울러 이르는 말. ¶직사각형은 가로세로의 길이가 다르다. /가는 줄무늬가 가로세로로 있는 옷감.

가로-수(街路樹)圄 (거리의 미관과 주민의 보건을 위하여) 큰길의 양쪽 가에 줄지어 심은 나무.

가로쓰-기圄㘚 글줄이 가로로 되게 글을 써 나가는 방식. 횡서(橫書). ↔세로쓰기.

가로-왈(-曰)圄 한자 부수의 한 가지. '書'·'曾' 등에서의 '曰'의 이름.

가로-장圄 ☞가로대.

가로-젓다[-젇따][~저으니·~저어]困ㅅ ①가로 방향으로 젓다. ②(거절하거나 부정하거나 의심스럽다는 뜻으로) 손이나 고개를 가로 방향으로 젓다. ¶그는 고개를 가로저으며 싫다고 하였다.

가로^좌:표(-座標)圄 좌표 평면 위의 어느 점에서 가로축에 내리그은 수선과 가로축이 만나는 점의 좌표. 엑스좌표.

가로-줄圄 ①가로금. 횡선(橫線). ↔세로줄. ②(모를 심을 때) 가로로 치는 못줄.

가로-지圄 닥나무를 뜬 자국이 가로로 된 종이의 결, 또는 그 종이. (피륙이나 종이 따위의) 가로로 넓은 조각. ↔세로지.

가로-지르다[~지르니,~질러]團ㄹ ①가로로 건너지르다. ¶빗장을 가로지른 솟을대문. ②가로로 지나가다. ¶운동장을 가로질러 뛰어가다.

가로질리다困 『'가로지르다'의 피동』 가로지름을 당하다.

가로-짜기圄 조판(組版)에서, 글줄이 가로로 되게 짜는 방식. 횡조(橫組). ↔세로짜기.

가로-차다團 가로채다.

가로-채다團 ①남이 가진 것을 옆에서 빼앗다. ¶공을 가로채어 넣아가다. ②남의 것을 옳지 않은 방법으로 자기 것으로 만들다. ¶인감을 위조하여 남의 토지를 가로채다. ③남이 하는 말을 중간에서 가로맡아 하다. ¶그의 말이 마저 끝나기도 전에 가로챘다. 가로차다.

가로채-이다困 『'가로채다'의 피동』 가로챔을 당하다. ¶상대편 선수에게 공을 가로채이다.

가로-축(-軸)圄 평면상의 직교 좌표에서 가로로 잡은 좌표축. 가로대. 엑스축. ↔세로축.

가로-타다團 ①몸을 모로 하여 타다. ¶소 등을 가로타고 가다. ②(길 따위를) 가로질러 가다.

가로-퍼지다困 ①옆으로 자라다. ¶가로퍼진 가지. ②살이 쪄 뚱뚱해지다. ¶엉덩이가 가로퍼지다.

가로-획(-畫)[-획/-훽]圄 글자의 가로로 긋는 획. ↔세로획.

가로-흔들다[~흔드니·~흔들어]團 ①좌우로 흔들다. ②손이나 머리를 좌우로 흔들어 응하지 않거나나 부정하다.

가록(加錄)圄㘚㘚 ①(장부를 정리할 때, 금액 따위를) 추가로 적어 넣는 일. ②조선 시대에, 홍문관의 관원을 추천할에 빠진 사람을 의정부에서 추가로 적어 넣던 일.

가록(家祿)圄 대대로 물려받는 녹. 세록(世祿).

가:롱성진(假弄成眞)圄 장난삼아 한 것이 진심으로 한 것같이 됨. 농가성진(弄假成眞).

가뢰[-뢰/-뤠]圄 ①가뢰과의 곤충을 통틀어 이르는 말. 광택이 있는 깊푸른 갑충으로 날개가 없음. 농작물의 해충임. 〔먹가뢰·왕가뢰·목람가뢰 따위.〕 ②☞길앞잡이.

가료(加療)圄㘚 병이나 상처를 치료하는 것. ¶4주의 입원 가료를 요함.

가루圄 아주 잘게 부스러진 낱알. 분말(粉末). ¶분필 가루.

가루는 칠수록 고와지고 말은 할수록 거칠어진다[속담] 말이 많으면 해되는 일만 많으니, 말을 삼가라고 경계하는 말.

가루(家累)圄 ①집안의 근심(걱정). ②집안의 일에 생기는 번거로운 일.

가루-눈圄 가루처럼 잘고 보드라운 눈.

가루다困困 ①(자리를 같이) 서로 나란히 하다. ¶둘이 가루어 서니 쌍둥이 같군. ②맞서 견주다. ¶누가 더 큰가 어깨를 가루어 보자.

가루라(迦樓羅=Garuda 범)圄 불경에 나오는 상상의 새. 팔부중의 하나임. 〔머리는 새, 몸은 사람을 닮고, 날개는 금빛인데 부리로는 불꽃을 내뿜으며, 용을 잡아먹고 산다 함.〕 금시조(金翅鳥). 묘시조(妙翅鳥). ㉠가릉빈가(迦陵頻伽).

가루-받이[-바지]圄㘚 ☞수분(受粉).

가루-분(-粉)圄 가루로 된 분. ¶물분.

가루-붙이[-부치]圄 ①가루로 만든 음식. ②음식물의 재료가 되는 갖가지 가루.

가루-비누圄 ①가루로 된 비누. ②'합성 세제(合成洗劑)'를 흔히 이르는 말.

가루-약(-藥)圄 가루로 된 약. 산약(散藥).

가루-우유(-牛乳)圄㘚 수분을 증발시켜 가루로 만든 우유. 분유(粉乳).

가루-자반圄 메밀가루에 밀가루를 섞어 소금물로 반죽하여, 갓가루·후춧가루·석이(石栮) 따위를 이기어 소로 넣고, 넓적하게 빚어 기름에 지진 짠 반찬.

가루-좀圄 삭은 나무나 메주 따위에 구멍을 뚫으며 가루를 내는 벌레.

가루-즙(-汁)圄 곡식 가루를 묽게 푼 물.

가루지기-타령圄 신재효가 개작한 판소리 여섯 마당 중의 하나. 〔옹녀가 동티가 나 죽은 서방 변강쇠를 장사 지내는 과정에서 생기는 괴이한 일을 판소리로 엮은 내용.〕 변강쇠가. 변강쇠타령. 횡부가(橫負歌).

가루-집圄 곡식 가루나 약재에서 생기는 벌레가, 거미줄 같은 것을 분비하여 가루를 묻히어 놓고 그 속에서 사는 집.

가루-체圄 가루를 치는 데 쓰이는 체.

가류(加硫)圄㘚困 ☞가황(加黃).

가류^고무(加硫-)圄 ☞가황 고무.

가르다 [가르니·갈라] **타르** ①따로따로 나누다. ¶편을 셋으로 가르다. /수박을 두 조각으로 갈랐다. ②날이 선 연장으로 베다. 쪼개다. ¶광선의 배를 가르다. ③물체가 공기나 물을 양쪽으로 열며 움직이다. ¶새벽 공기를 가르며 날아가는 비행기. ④승패를 정하다. ¶승부를 가르는 홈런을 치다.

가르랑 **부** 목구멍에 가래가 걸려 숨 쉴 때마다 가치작거려 나는 소리. **큰**그르렁. **가르랑-가르랑** **하자**.

가르랑-거리다 **자** 자꾸 가르랑가르랑하다. 가르랑대다. **큰**그르렁거리다.

가르랑-대다 **자** 가르랑거리다.

가르마 **명** 이마에서 정수리까지의 머리털을 갈라 빗을 때 생기는 금. ¶가르마를 타다.

가르마-꼬챙이 **명** 가르마를 탈 때에 쓰는 가느다란 꼬챙이.

가르새 **명** 베틀의 양쪽 채 중간쯤에 맞춘 나무.

가르치다 **타** ①(지식·기능 따위를) 일깨워서 알게 하다. 교육하다. ¶외국어를 가르치다. /운전 기술을 가르치다. ②(사람의 도리나 바른길을) 깨닫게 하다. ¶자식으로서의 도리를 가르치다. ③(그릇된 것을) 올바르게 바로잡다. (('버릇'·'버르장머리' 따위 말과 함께 쓰임.)) ¶버르장머리를 가르치다. ④교육을 받게 하다. ¶가난 때문에 자식을 중학교밖에 못 가르쳤다. ⑤'가리키다'의 잘못.

가르친-사위 **명** '남이 시키는 대로만 하는 어리석은 사람'을 놀아 이르는 말.

가르침 **명** ①가르치는 일. ②가르치는 내용. 교훈(敎訓). ¶선인(先人)들의 가르침. ③종교에서 깨우치는 내용. ③교의(敎義).

가르키다 **타** ①'가르치다'의 잘못. ②'가리키다'의 잘못.

가름 **명·하타** ①따로따로 갈라놓는 일. ②서로 다름. ¶아내와 남편의 도리가 저마다 가름이 있다.

가름-끈 **명** ☞보람줄.

가름-대 [-때] **명** 수판의 윗알과 아래알을 갈라 가로지른 나무. 횡대.

가름-솔 [-쏠] **명** 솔기를 중심으로 하여 시접을 좌우 양쪽으로 갈라 붙인 솔기.

가름-장 [-짱] **명** (하인방·장여 따위) 기둥에 넣는 촉을 두 갈래지게 다듬은 촉.

가릉-빈가(迦陵頻伽←Kalavinka 범) **명** 불교에서, 극락정토에 살고 있다는 새. [미녀의 얼굴 모습에 목소리가 아름답다고 함.] 가라빈가(迦羅頻伽). 묘음조(妙音鳥). 선조(仙鳥). **(준)**빈가. **(참)**가루라(迦樓羅).

가리 **명** ①(단으로 묶은 곡식이나 땔나무 따위를) 차곡차곡 쌓아 둔 큰 더미. ②〖의존 명사적 용법〗곡식이나 땔나무 따위의 더미를 세는 단위. ¶장작 두 가리.

가리² **명** '갈비'의 잘못.

가리³ **명** 물고기를 잡는 기구의 한 가지. [대나무를 결어 만든 것으로, 통발과 비슷하나 밑이 없음.]

가리⁴ **명** ①벗긴 삼을 말리기 위하여 몇 꼭지씩 모아 한 줌 남짓하게 엮은 것. ②〖의존 명사적 용법〗삼을 몇 꼭지씩 묶어 엮은 것을 세는 단위. ¶삼 열 가리를 걷었다.

가리⁵ **명** 〈가리새⁵〉의 준말.

가리(加里) **명** '칼리움(Kali)'의 한자음 표기.

가:리(苛吏) **명** 가혹한 관리. 무자비하고 횡포가 심한 관리. 혹리(酷吏).

가:리(假吏) **명** (제 고장에서 대를 이은 아전이 아닌) 다른 고을에서 온 아전.

가리-가리 **부** 여러 가닥으로 찢어진 모양. **(준)**갈가리. ¶신문지를 가리가리 찢다. **(비)**갈기갈기.

가리-개 **명** 두 폭으로 꾸민 병풍. 곡병(曲屛).

가리끼다 **타** 사이에서 거치적거리다.

가리-나무 **명** 땔나무로 긁어모은 솔가리.

가리다¹ **자** 가려지다. 막히다. 가림을 당하다. ¶자욱한 안개에 시계(視界)가 가리다.

가리다² **타** (바로 보이거나 통하지 않게) 막다. ¶커튼으로 창문을 가리다. /보지 않으려고 손으로 두 눈을 가리다.

가리다³ **타** ①(여럿 가운데서) 골라내거나 구별해 내다. ¶쌀에 섞인 뉘를 가리다. ②마음에 드는 것만 좋아하고 나머지는 싫어하다. ¶음식을 가려 먹는다. /진일 마른일 가리지 않고 일하다. ③(아이가) 낯선 사람을 대하기 싫어하다. ¶아이가 낯을 가려 업마가 힘들겠다. ④(어린아이가) 똥오줌을 스스로 알아서 누게 되다. ¶동생은 아직도 똥오줌을 못 가리고 바지에 싼다. ⑤옳고 그름을 따져서 분간하다. ¶시비를 가리다. /흑백을 가리다. ⑥자기의 일을 스스로 처리하다. ¶자기 앞도 못 가리면서 처자식을 어떻게 책임질 수 있겠나?

가리다⁴ **타** (곡식단·나뭇단 따위를) 차곡차곡 쌓아 더미를 만들다. ¶볏가리를 가리다.

가리다⁵ **타** ①빚·외상값 따위를 갚다. ¶외상값을 가리다. ②헝클어진 머리털을 대강 빗다. ¶미처 머리를 가릴 겨를도 없다.

가리다 **자** 〖옛〗갈리다. ¶프리 가리여 나(圓覺上一之二三).

가리륵(訶梨勒←Haritaki 범) **명** 사군자과의 낙엽 교목. 줄기 높이 30m가량. 길둥근 잎이 마주나며 이삭 모양의 흰 꽃이 피고, 초가을에 치자와 비슷한 열매를 맺음. 열매는 한방에서 '가자(訶子)'라 하여 이질 등에 약재로 쓰임.

가리마¹ **명** 지난날, 부녀들이 예복을 갖추어 입을 때, 큰머리 위에 덮어쓰던 검은 헝겊. 차액(遮額).

가리마² **명** '가르마'의 잘못.

가리-맏 **명** 〖옛〗가리맛. ¶가리맏 명:蟶(訓蒙上20).

가리-맛 [-맏] **명** 작죽콩가리맛조갯과의 바닷조개. 길이 10cm, 폭 2cm가량의 길쭉한 모양. 썰물 때 드러나는 만(灣) 안의 모래땅 속에서 삶. 먹을 수 있음. 토화. **(준)**맛살. * 가리맛이 [-마시] /가리맛도 [-맏또] /가리맛만 [-만-]

가리맛-살 [-맏쌀] **명** 가리맛의 속에 들어 있는 회백색의 살. **(참)**맛살.

가리-부피 **명** 곡식 가리나 나무 가리의 부피.

가리비 **명** 가리빗과에 딸린 바닷조개를 통틀어 이르는 말. 조가비는 부채 모양으로 둥글넓적한데 한쪽은 판판하고 다른 한쪽은 볼록함. 해안의 모래나 자갈밭에 사는데, 조갯살은 먹고 껍데기는 세공에 쏨. [큰가리비·국자가리비 따위]. 해선(海扇).

가리사니 **명** 사물을 가리어 헤아릴 실마리. ¶일이 너무 얽히고설키어 도저히 가리사니를 잡을 수가 없다.

가리산-지리산 **하자** 갈피를 못 잡아 갈팡질팡하는 모양. ¶암흑 속에서 가리산지리산 헤매다.

가리-새¹ **명** 일의 갈피와 조리. **(준)**가리⁵.

가리-새² **명** (도자기를 만들 때) 도자기 겉을 긁어서 모양을 내는 데 쓰는 꾸부라진 쇠.

가리-새[3]명 ㄷ노랑부리저어새.

가리-새김명 '갈비새김'의 잘못.

가리어-지다[-어-/-여-]자 무엇이 사이에 가리게 되다. ㈜가려지다.

가리온명 털이 희고 갈기가 검은 말. 낙(駱).

가리-우다[타] '가리다²'의 피동.

가리운-몰명 〈옛〉가리온. ¶가리운 물:海驑馬(譯語下28).

가리-이다자 『'가리다²'의 피동』 가림을 당하다.

가리-질하자 가리로 물고기를 잡는 일.

가리키다[타] ①(말·표정·동작 따위로) 집어서 이르다. 알리다. ¶마을 어귀의 초가집을 손가락으로 가리키다. ②(기호나 기구 따위로) 방향이나 시각 따위를 나타내어 알리다. ¶시곗바늘이 정각 12시를 가리키다. ③(주로 '-을(를)·가리켜'의 꼴로 쓰이어) '-을(를) 두고', '-을(를) 놓고'의 뜻을 나타냄. ¶공자를 가리켜 성인이라 일컫는다.

가리쎠명 〈옛〉갈비뼈. ¶가리쎠:肋條骨(同文上16).

가린(←慳吝) '가린하다'의 어근.

가린갋길명 〈옛〉갈림길. ¶가린길 맛나디 아니콰뎌 실(楞解1:22).

가린-나무명 건축의 자재로서 쓰임에 따라 알맞게 켜 놓은 나무.

가린-병아리명 암수를 구별해 놓은 병아리. 감별추(鑑別雛).

가린-스럽다(←慳吝-)[-따][~스러우니·~스러워][형][ㅂ] 다랍게 인색하다. ¶저 노인은 참으로 가린스럽다. 가린스레부.

가린-주머니(←慳吝-)[-주-]명 '가린스러운 사람'을 조롱조로 이르는 말.

가린-하다(←慳吝-)[형]어 욕심이 많고 몹시 인색하다. 본갈린하다.

가림[명] 〈옛〉갈림. ¶가림 기:岐(類合下54).

가림-담명 ㄷ차면담.

가림-색(-色)[-쌕]명 ㄷ보호색(保護色).

가롤명 〈옛〉①갈래. ¶그 보비… 열네 가로리니(月釋8:13). ②가랑이. ¶드러 내 자리롤 보니 가리리 네히로새라(樂範.處容歌).

가마[1]명 ①사람의 머리에 머리털이 소용돌이 모양으로 난 자리. ②소·말 따위 짐승의 대가리에 털이 소용돌이 모양으로 난 자리. 선모(旋毛).

가마[2]명 질그릇·기와·벽돌·숯 따위를 구워 내는, 아궁이와 굴뚝이 있는 시설. 요(窯).

가마[3]명 〈가마솥〉의 준말.

가마가 솥더러 검정아 한다[속담] 제 흉이 더 많은 주제에 남의 흉을 본다는 말. 가마솥 밑이 노구솥 밑을 검다 한다.

가마[4]명 〈가마니〉의 준말.

가:마[5]명 지난날의 탈것의 한 가지. 한 사람 또는 두 사람이 메고 다니게 된 것. 교군(轎軍). 승교(乘轎).

가마 타고 시집가기는 (다) 틀렸다[속담] 일이 잘못되어 제대로의 격식을 차릴 수 없게 되었다는 말.

가마(를) 태우다[관용] 얼렁뚱땅 넘어가거나 속일 목적으로 상대편을 추어올리다.

가마[6]의 갈모·쌈지 따위의 백 개를 단위로 이르는 말. ¶갈모 한 가마.

가마(加麻)하자 소렴(小殮) 때에 상제가 처음으로 수질(首絰)을 머리에 쓰는 일.

가마괴명 〈옛〉까마귀. ¶다섯 가마괴 디고(龍歌86章).

가마귀명 〈옛〉까마귀. ¶가마귀 검다 ᄒ고 白鷺야 웃지 마라(古時調). 참가마괴.

가마노르께-하다[형]어 감은빛을 띤 데다 노르께한 빛이 돈다. 큰거머누르께하다.

가마니(←かます 일)명 ①짚으로 쳐서 울이 깊게 섬 모양으로 만든 멱서리. 곡식·소금 따위를 담는 데 씀. ②[의존 명사적 용법] 곡식·소금 따위를 담은 가마니를 세는 단위. ¶쌀 열 가마니. 준가마⁴.

가마니-때기명 헌 가마니 조각, 또는 낡은 가마니의 낱개를 속되게 이르는 말. 준가마때기.

가마득-하다[-드카-][형]어 〈가마아득하다〉의 준말. 센까마득하다. 가마득-히부.

가마-때기명 〈가마니때기〉의 준말.

가:마-뚜껑명 가마 위에 씌우 덮개.

-가마리접미 (일부 명사 뒤에 붙어) 그 말이 뜻하는 대상임을 나타냄. ¶걱정가마리. /욕가마리. /웃음가마리.

가:마-멀미명 가마를 타면 일어나는 어질증.

가마무트름-하다[형]어 얼굴이 가무스름하고 보기 좋게 토실토실하다. ¶건강미가 넘쳐 보이는 가마무트름한 얼굴. 큰거머무트름하다. 센까마무트름하다. 가마무트름-히부.

가마반드르-하다[형]어 가맣고 반드르르하다. 큰거머번드르하다. 센까마반드르하다.

가마반지르-하다[형]어 가맣고 반지르르하다. 큰거머번지르하다. 센까마반지르하다.

가마-솥[-솓]명 크고 우묵한 솥. 준가마³. ＊가마솥이[-소치]·가마솥을[-소틀]·가마솥만[-손-]

가마솥 밑이 노구솥 밑을 검다 한다[속담] ㄷ가마가 솥더러 검정아 한다.

가마솥에 든 고기[관용] 꼼짝없이 죽게 된 신세를 이르는 말.

가마솥-더위[-솓떠-]명 '달구어진 가마솥의 뜨거운 기운처럼 몹시 더운 날씨'를 비유하여 이르는 말.

가마아득-하다[-드카-][형]어 ①(거리가) 아주 멀어서 아득하다. ¶저 멀리 가마아득한 수평선. ②(시간이) 매우 오래되어 아득하다. ¶가마아득한 옛날. ③어떻게 해야 할지 막막하다. ¶살아갈 길이 가마아득하다. ④전혀 모르는 것이거나 생각이 나지 않아 막막하다. ¶소꿉친구 얼굴이 가마아득하다. 준가마득하다. 센까마아득하다. 가마아득-히부.

가마오디명 〈옛〉가마우지. ¶鸕밧긔 가마오디 오래 오디 아니ᄒ더니(杜初25:25).

가마우지명 가마우짓과의 물새. 몸길이는 31∼35cm. 목이 길고, 부리 끝이 갈고랑이처럼 굽어 있으며, 발가락 사이에 물갈퀴가 있음. 물속으로 들어가서 물고기를 잡아먹음. 준우지¹.

가마조시명 〈옛〉까마종이. ¶가마조싯 불휘:龍葵根(救簡6:23).

가:마-채명 가맛바탕의 양쪽 밑에 앞뒤로 지른 기다란 나무. 가마를 멜 때 멜빵을 걸고 손으로 들게 되어 있음.

가마-터명 (질그릇·사기그릇·기와 따위를 굽는) 가마가 있던 자리.

가마-통명 ①한 가마니에 드는 곡식의 분량. 〔대부(大斗) 닷 말 분량임.〕 ②빈 가마니.

가마푸르레-하다[형]어 조금 감은 듯이 푸르다.

가마-호수(-戶首)명 도자기를 굽는 가마에 불을 때는 일을 맡아보는 사람.

가막가치명 〈옛〉까막까치. ¶오놄 아춤 가막가치 깃비 우루믄(杜重5:11).

가막-베도라치[-뻬-]圈 먹도라칫과의 바닷물고기. 암초가 많은 연안에 사는데, 몸길이 6cm가량. 세 개의 등지느러미와 큰 빗비늘이 특징. 수컷은 검고 암컷은 엷은 회색임.

가막-부리[-뿌-]圈 제도(製圖) 기구의 한 가지. 끝을 강철로 까마귀 부리 모양으로 만들어, 먹물이나 물감 따위를 찍어 줄을 긋는 데 씀. 강필(鋼筆). 오구(烏口).

가막사리[-싸-]圈 국화과의 일년초. 키는 20~150cm. 8~10월에 노란 꽃이 피며, 열매에는 갈고리 같은 가시털이 있어 다른 물체에 잘 달라붙음. 낭파초(狼把草).

가막-소(←監獄署)圈 '감옥'의 방언.

가막-쇠[-쐬/-쒜]圈 ①한쪽 끝을 감아 고리못을 달고, 다른 한 끝을 갈고랑쇠 모양으로 걸어 꼬부리어 배목에 걸도록 만든 쇠. 〔문짝을 잠그거나 움직이지 못하게 할 때 걸어 끼움.〕 ②편경(編磬)이나 편종(編鐘)을 거는 틀에 경쇠를 걸기 위해 박아 놓은 쇠고리.

가막-조개[-쪼-]圈 ☞재첩.

가만Ⅰ圈 ①(건드리거나 손을 쓰거나 상관하지 아니하고) 그냥 그대로. ¶그는 남의 딱한 처지를 가만 보고만 있다. ②〈가만히〉의 준말. Ⅱ圈 남의 말이나 행동을 제지할 때 하는 말. ¶가만, 그 말에 가시가 있군. /가만, 저 소릴 들어 보게. 무슨 소리지?

가만-가만圈圀 조용조용. 살그머니. ¶어둠 속에서 가만가만 다가갔다. 가만가만-히圈.

가만-두다围 (손을 대지 않고) 그대로 두어두다. (상관하지 않고) 버려 두다. ¶지금 손을 써야지, 가만두면 큰일 나겠다. /또 싸우면 가만두지 않겠다.

가만-있다[-마닏따]困 ①조용히 있다. 잠자코 있다. ¶떠들지 말고 가만있어! /집안 살림을 축내지 말고 이젠 좀 가만있어라. ②기억이나 생각을 떠올리려고 머뭇거릴 때 별다른 뜻이 없이 하는 말. 《주로, '가만있자'·'가만있어'·'가만있어라'의 꼴로 쓰임.》 ¶가만있자, 그게 언제 적 일이더라. /가만있어라, 그 사람이 누구더라?

가만-하다围 움직임 따위가 매우 조용하여 잘 드러나지 않다. 《주로, '가만한'의 꼴로 쓰임.》 ¶입가에 가만한 미소가 번진다.

가만-히圈 ①꼼짝 않고 말없이. ¶엄살 부리지 말고 가만히 있어라. /그녀는 미동도 없이 가만히 앉아 있었다. ②표나지 않게 조용히. ¶가만히 시골에 묻혀 여생을 보내고 싶소. ③남몰래 살그머니. ¶가만히 회의장을 빠져나왔다. ④곰곰이. 차분히. ¶지난 10년을 가만히 되새겨 본다. ⑤아무 대책 없이. 활동 없이. 노력 없이. ¶이대로 그냥 가만히 당하고만 있을 것인가. /가만히 앉아서 헛되이 세월만 보낸다. 匬가만.

가-말다[가마니·가말아]围 잘 헤아려 처리하다.

가맛-바가지[-마빠-/-맏빠-]圈 쇠죽을 푸는 데 쓰는, 자루가 달린 큰 나무바가지.

가-맛바탕[-마빠-/-맏빠-]圈 (사람이 들어가 앉게 된) 가마의 밑바탕. 승교(乘轎)의 바탕.

가-맛-방석(-方席)[-마빵-/-맏빵-]圈 가맛바탕에 까는 방석.

가:망圈 무당이 열두 거리 가운데서 둘째 거리를 할 때 무당이 부르는 노래.

가망(加望)围囻 조선 시대에, 벼슬아치를 뽑을 때, 그 벼슬에 해당하는 품계(品階)보다 한 품계 낮은 사람을 삼망(三望)이나 삼망 밖에 더하여 추천하던 일.

가:망(可望)圈 될성부른 희망. ¶합격될 가망이 충분히 있다.

가:망-성(可望性)[-썽]圈 가망이 있는 상태나 정도. ¶가망성이 많다.

가:-말다[-마타]围 [가마니·가매]圈 ①(빛깔이) 짙게 감다. 圄검다. ②(시간이나 거리가) 오래되었거나 멀어서 아득하다. ¶가맣게 먼 하늘가. 가맣게 오랜 옛일. ③(('가맣게'의 꼴로, '잊다'와 함께 쓰이어)) '완전히'의 뜻을 나타냄. ¶신신당부하였는데도 가맣게 잊고 있다니. ④(내용, 소식 따위를) 전혀 모르다. ¶그 사람은 일에 대해서는 아주 가맣다. ⑤((주로 '가맣게'의 꼴로 쓰이어)) 헤아릴 수 없이 많다. ¶시청 앞에 사람들이 가맣게 모여 있었다. 센까맣다.

가:매(假埋)围囻 임시로 묻음.

가:매(假寐)围囻 ①잠자리를 제대로 차리지 아니하고 짧은 동안을 잠, 또는 그러한 잠. ②거짓으로 자는 체함. 가수(假睡). ③'낮잠'의 궁중말.

가:-매장(假埋葬)围囻囻 ①(시체를) 임시로 묻음. ②행려병사자의 시체를 인수해 갈 사람이 없을 때, 관청에서 임시로 묻는 일.

가:매-지다困 빛깔이 가맣게 되다. 圄거메지다. 센까매지다.

가맹(加盟)圈囻囻 동맹이나 연맹에 듦.

가맹-점(加盟店)圈 어떤 조직이나 기관에 가맹한 가게나 상점. 카드 가맹점.

가:면(假面)圈 ①(나무·종이·흙·박 따위로) 사람이나 짐승의 얼굴 모양을 본떠 만든 것. ②본마음이나 참모습을 감춘, 거짓 꾸밈을 비유하여 이르는 말. 탈.
가면(을) 벗다慣冊 거짓된 모습을 버리고 본마음이나 참모습을 그대로 드러내다.
가면(을) 쓰다慣冊 본마음이나 참모습을 감추고, 거짓 꾸민 말이나 행동을 하다.

가:면-극(假面劇)圈 연기자가 가면을 쓰고 하는 극. 가면희(假面戲). 탈놀음.

가:면-무(假面舞)圈 ☞탈춤.

가:면-무도회(假面舞蹈會)[-회/-훼]圈 ☞가장무도회(假裝舞蹈會).

가:면-적(假面的)冠 속마음과는 다르게, 태도나 행동을 거짓으로 하는 (것). ¶겉 다르고 속 다른 가면적 언행. /가면적인 행동.

가:-면제(假免除)圈囻囻 법률에서, 어떠한 조건 아래에서 의무와 부담을 면제하는 일.

가:-면허(假免許)围囻 정식으로 면허받기까지 임시로 인정하는 면허.

가:면-회(假面戲)[-히]圈 ①가면을 쓰고 하는 놀이. ②☞가면극.

가:멸다[가머니·가멸어]冠 재산이 많다. 살림이 넉넉하다.

가:멸-차다冠 재산이 매우 많고 살림이 풍족하다.

가명(佳名)圈 ①좋은 이름. ②좋은 평판이나 명성. 가명(嘉名).

가명(家名)圈 집안의 명성(명예). 가성(家聲). ¶가명을 빛내다.

가:명(假名)圈 ①(본이름이 아닌) 가짜 이름. ↔본명·실명(實名). ②임시로 지어 부르는 이름. ③불교에서, 실체가 없는 것에 임시로 붙여진 이름을 이르는 말.

가명(嘉名)圈 ☞가명(佳名).

가모(家母)围 ①한 집안의 주부. ②(남 앞에서) '자기의 어머니'를 겸손하게 이르는 말.

가:모(假冒)몡)ᄒ다) 남의 이름을 제 이름인 것처럼 거짓으로 댐.

가모(嫁母)몡) 개가(改嫁)한 어머니.

가모(嘉謨·嘉謨)몡) 임금에게 아뢰는 좋은 의견.

가:모-기(家母器)몡) (겨울에) 어미 닭 없이 병아리를 기르는 장치.

가모티몡)(옛) 가물치. ¶가모티:火頭魚(四解上28).

가목(榎木·�梗木)몡) ☞개오동나무.

가묘(家廟)몡) 한집안의 사당(祠堂).

가:묘(假墓)몡) 묏자리에 시신(屍身)을 묻지 않고 임시로 만들어 놓은 무덤.

가무(家務)몡) 집안의 일. 가사(家事).

가무(歌舞)몡)ᄒ다) 노래와 춤, 또는 노래하고 춤을 춤. ¶가무를 즐기다.

가무끄름-하다몡여) 조금 짙게 가무스름하다. 큰거무끄름하다. 센까무끄름하다. **가무끄름-히**분).

가무대대-하다몡여) 새뜻한 느낌이 없이 가무스름하다. ¶가무대대한 얼굴에 유난히 흰 이. 큰거무데데하다. 센까무대대하다.

가무댕댕-하다몡여) 새뜻한 느낌도 없고 어울리지도 않게 가무스름하다. 큰거무뎅뎅하다. 센까무댕댕하다.

가무-뜨리다탸) 아주 가무려 버리다. 가무트리다.

가무라기몡) ☞가무락조개.

가무락-조개[-쪼-]몡) 백합과(白蛤科)의 바닷조개. 길이 3cm가량의 둥근 모양으로, 껍데기의 빛깔은 자색이고 가장자리는 자색임. 대개 내해(內海)의 개펄 속에 삶. 가무라기. 모시조개.

가무러-지다자) ①정신이 가물가물 흐려지다. ②기력이 없어지다. ③(촛불 따위의) 불빛이 차차 약해지면서 꺼질 듯 말 듯 하게 되다. 센까무러지다.

가무러-치다자) 한때 정신을 잃고 죽은 상태처럼 되다. 기절하다. 센까무러치다.

가무레-하다몡여) 엷게 가무스름하다. 큰거무레하다. 센까무레하다.

가무리다탸) ①가뭇없이 먹어 버리다. ¶딸기를 따는 족족 가무리다. ②감추다. ¶손에 들고 있던 것을 얼른 치마폭에 가무리다. ③남의 물건을 슬그머니 제가 가지다.

가무-별감(歌舞別監)몡) 조선 시대에, 가무에 관한 일을 맡아보던 액정서(掖庭署)의 별감.

가무-보살(歌舞菩薩)몡) 극락정토에서 부처의 공덕을 찬양하며, 극락왕생한 사람을 가무로 기쁘게 해 준다는 보살.

가무숙숙-하다[-쑤카-]몡여) 수수하게 가무스름하다. 큰거무숙숙하다. 센까무숙숙하다. **가무숙숙-히**분).

가무스레-하다몡여) 가무스름하다. 큰거무스레하다. 센까무스레하다.

가무스름-하다몡여) 조금 감다. 가무스레하다. 준가뭇하다. 큰거무스름하다. 센까무스름하다. **가무스름-히**분).

가무-연(歌舞宴)몡) 노래와 춤으로 흥겹게 즐기며 노는 잔치.

가무음곡(歌舞音曲)몡) 노래와 춤과 음악.

가무잡잡-하다[-짜파-]몡여) (얼굴 빛깔이) 깨끗한 맛이 없이 가무스름하다. 센까무잡잡하다.

가무족족-하다[-쪼카-]몡여) (빛깔이) 고르게 맑지 못하고 가무스름하다. 큰거무죽죽하다. 센까무족족하다. **가무족족-히**분).

가무칙칙-하다[-치카-]몡여) (빛깔이) 칙칙하게 감다. 큰거무칙칙하다. 센까무칙칙하다.

가무퇴퇴-하다[-퇴퇴-/-퉤퉤-]몡여) (빛깔이) 탁하게 가무스름하다. 큰거무퇴퇴하다. 센까무퇴퇴하다.

가무-트리다탸) 가무뜨리다.

가문(家門)몡) ①집안. 문중(門中). ¶김씨 가문./훌륭한 가문에서 태어나다. ②대대로 이어 오는 그 집안의 사회적 지위.
　가문 덕에 대접받는다속담) 좋은 가문에 태어난 덕분에 변변하지 못한 사람이 좋은 대우를 받는다는 말.
　가문을 흐리다관용) 집안이나 문중의 명예를 욕되게 하다.

가문(家紋)몡) 한 가문의 표지(標識)로 삼는 문장(紋章). (옛날, 유럽의 귀족 사회나 일본에서 볼 수 있음.)

가문비몡) 〈가문비나무〉의 준말.

가문비-나무몡) 소나뭇과의 상록 교목. 높이가 30 m 이상 자람. 잎은 바늘 모양. 한대성이며, 암수한그루로 6월에 황갈색 수꽃과 자홍색 암꽃이 핌. 건축재, 펄프 용재 등으로 쓰임. 준가문비.

가:-문서(假文書)몡) 가짜 문서.

가물몡) (땅의 물기가 마를 정도로) 오래도록 비가 내리지 않는 상태, 또는 그러한 날씨. 가뭄. 염발(炎魃). 한기(旱氣). 한발(旱魃). ¶가물을 타다./가물이 들다.
　가물 끝은 있어도 장마 끝은 없다속담) 〔가물은 아무리 심한 경우라도 농작물의 다소의 소출은 있지만 큰물이 지면 모든 것을 쓸어가 버리므로 이로 인한 소출을 없다는 뜻으로〕 가뭄의 재난보다 장마로 인한 재난이 더 무섭다는 말.
　가물에 단비속담) 기다리고 바라던 일이 마침내 이루어짐을 이르는 말.
　가물에 돌 친다속담) 〔가물어서 물이 없을 때에 강바닥에 있는 돌을 미리 치워서 큰물 피해를 막는다 뜻으로〕 무슨 일이든지 미리 대비하는 것이 하기도 쉽고 효과도 크다는 말.
　가물에 콩(씨) 나듯속담) 무슨 일이나 물건이, 어쩌다가 하나씩 드문드문 나타난다는 말.

가물-가물분)ᄒ자) ①작은 불빛 따위가 사라질 듯 말 듯 약하게 움직이는 모양. ¶가물가물 흔들리는 등잔불. ②멀리 있는 물체가 보일 듯 말 듯 희미하게 움직이는 모양. ¶수평선 위에 가물가물 움직이는 고깃배. ③정신이나 기억이 오락가락하는 상태. ¶기억이 가물가물하다. 센까물까물. 큰거물거물.

가물-거리다자) 자꾸 가물가물하다. 가물대다. 큰거물거리다. 센까물거리다.

가물다(가무니·가물어)몡자) 땅의 물기가 바싹 마를 정도로 오래도록 비가 내리지 않다. ¶오래 가물어 저수지 바닥이 거북의 등처럼 갈라졌다.

가물-대다자) 가물거리다.

가물음몡) '가뭄'의 잘못.

가물-철몡) ①가물이 계속되는 때. ②(일년 절기 중에서) 해마다 으레 가뭄이 드는 계절. ¶우리나라에 대개 초봄과 늦가을이 가물철이다.

가물치몡) 가물칫과의 민물고기. 몸길이 60 cm가량. 몸이 둥글며, 등은 짙은 암청갈색, 배는 백색 또는 황백색이고 비늘은 뱀의 비늘 비슷함. 육식성이며, 번식기에는 물가의 얕은 곳으로 옮아 삶. 산부(産婦)의 보혈(補血)에 약으로 쓰임. 우리나라·일본·아시아 동남부 등지에 분포함. 동어(鮦魚).

가뭄몡) ☞가물.

가뭄-더위[명] 여름날에 가뭄으로 말미암아 더 덥게 느껴지는 더위.

가뭄-못자리[-모짜-/-몯짜-][명] ①가물 때에 겨우 물을 실어 만든 못자리. ②마르기 쉬운 못자리.

가뭇-가뭇[-묻가묻][부][하형] 군데군데 감은 점이 있는 모양. ¶온 볼에 가뭇가뭇한 주근깨. [큰]거뭇거뭇. [센]까뭇까뭇.

가뭇-없다[-묻업따][형] ①(사라져서) 찾을 길이 없다. ¶수평선에 아른거리던 배가 가뭇없게 사라졌다. ②눈에 띄지 않게 감쪽같다. **가뭇 없-이**[부] ¶천지를 진동하는 폭발 소리와 함께 바위산이 가뭇없이 사라져 버렸다.

가뭇-하다[-무타-][형여]〈가무스름하다〉의 준말. [큰]거뭇하다. [센]까뭇하다.

가미(加味)[명][하타][되자] ①음식에 다른 식료품이나 양념 따위를 넣어 맛을 더하는 일. ②한방에서, 본디의 약방문의 약 외에 다른 약재를 더 넣는 일. ¶가미 대보탕. ③어떤 것에 다른 것의 요소를 덧붙이거나 곁들이는 일. ¶대통령제에 의원 내각제를 가미하다.

가-미(佳味・嘉味)[명] ①좋은 맛. ②맛이 좋은 음식. 진미(珍味).

가-박(假泊)[명][하자] 항해 중이던 배가 어떠한 사정으로 목적지가 아닌 항구 등에 임시로 머무름. ¶부산 외항에 가박하다.

가반(加飯)[명][하자] (정한 몫 외에) 밥을 더 받음, 또는 그 밥. ②☞더도리.

가:반-교(可搬橋)[명] 미리 만들어 놓은 부분품으로 현장에서 맞추어 가설하기도 하고, 해체하기도 하는 응급용 다리. 흔히, 군대의 도하 작전에 씀.

가:발(假髮)[명] (대머리를 감추거나 분장・치레를 위하여) 머리에 덧얹어 쓰는, 본래의 자기 머리가 아닌 가짜 머리. ¶가발을 쓰다. [참]덧머리.

가방[명] (가죽・비닐・천 따위로 만들어) 물건을 넣고 다니는데 만든 용구.

가방(加枋)[명]〈가지방(加地枋)〉의 준말.

가:방(佳芳)[명] 좋은 향기. 방향(芳香).

가방(家邦)[명] 집안과 나라. 가국(家國).

가:방(假房)[명] (주로 겨울에 외풍을 막기 위하여) 방 안에 장지를 들이어 조그맣게 막은 아랫방. 매.

가:-방면(假放免)[명][하타][되자] 유죄의 증거가 불충분할 때, 일시적으로 방면했다가 새로운 증거가 나타나면 다시 공소를 제기함, 또는 그런 제도.

가:배(佳配)[명] 좋은 배필.

가배(嘉俳・嘉排)[명] 신라 유리왕 때, 음력 7월 16일부터 8월 14일까지 궁중에서 하던 놀이. 길쌈으로 겨루어, 진 편에서 추석에 음식을 내고 여러 가지 놀이를 하였음.

가배-일(嘉俳日)[명] ☞가윗날.

가배-절(嘉俳節)[명] 한가위. 가위3.

가백(家伯)[명] (남 앞에서) '자기의 만형'을 겸손하게 일컫는 말. 사백(舍伯).

가-백작약(家白芍藥)[-짜걍][명] 한방에서, 집에서 가꾼 백작약의 뿌리를 약재로 이르는 말.

가벌(家閥)[명] ☞문벌(門閥).

가법(加法)[-뻡][명] 덧셈. ↔감법(減法).

가:법(苛法)[명] 가혹한 법령.

가법(家法)[명] 한집안의 법도 또는 법식. 가령(家令). 가헌(家憲).

가:-변(可變)[명][하자]《주로 일부 명사 앞에 쓰이어》변할 수 있음. ↔불변(不變).

가변(家變)[명] 집안의 변고(變故)나 재앙(災殃).

가:-변^비:용(可變費用)[명] ☞변동비(變動費).

가:-변-성(可變性)[-썽][명] 일정한 조건 아래에서 변할 수 있는 성질.

가:-변익-기(可變翼機)[-끼][명] 비행 중에 주익(主翼)의 넓이나 각도를 바꿀 수 있게 설계된 비행기.

가:변^자본(可變資本)[명]《생산에 들인 자본 가운데서》노동력에 대한 임금 등으로 지급되는 자본. ↔불변 자본.

가:변^저(可變抵抗器)[명] 전기 저항의 값을 연속적 또는 단속적으로 바꿀 수 있는 저항기. [전류・전압의 조정에 이용.]

가:변-적(可變的)[관][명] 변할 수 있는 (것). ¶가변적 상황. /가변적인 정세.

가:변^차로(可變車路)[명] 도로의 효율적 이용을 위해 시간이나 상황에 따라 가변적으로 운용되는 차로.

가:변^축전기(可變蓄電器)[-전-][명] 전극의 한 쪽을 움직여서 전기 용량을 바꿀 수 있는 축전기. 가변 콘덴서. 바리콘.

가:변^콘덴서(可變condenser)[명] ☞가변 축전기.

가볍다(-따)[형][가벼우니・가벼워][형변] ①무게가 적다. ¶손에 든 짐이 가볍다. ②(성미나 성질이) 진득하지 못하다. 경솔하다. ¶사내가 그렇게 가벼워서 무엇에 쓰겠나? ③닿는 정도가 약하다. ¶어깨를 가볍게 치다. ④병세나 병증이 대단하지 아니하다. ¶병세가 가벼워지다. / 가벼운 중독 증세. ⑤(비중이나 값어치 등이) 대단하지 아니하다. ¶죄가 가볍다. ⑥몸직임이 날렵하다(재다). ¶가벼운 손놀림. /가볍게 도는 바람개비. ⑦(기분・감정・옷차림 따위가) 가뿐하다. ¶가벼운 마음. /가벼운 차림새. ⑧정도가 대수롭지 않고 예사롭다. ¶가벼운 농담. ⑨(다루기가) 힘들지 아니하고 손쉽다. ¶상대 선수를 가볍게 물리치다. ⑩소리나 움직임이 약하다. ¶코를 가볍게 골다. /볼에 가볍게 와 닿는 산들바람. [큰]거볍다. ↔무겁다. **가벼-이**[부] ¶결코 가벼이 볼 상대가 아니다. /질문을 가벼이 받아 넘기다.

가볍디-가볍다[-띠-따][~가벼우니・~가벼워][형] 매우 가볍다. 거볍디거볍다.

가보[명] 민어의 부레 속에 쇠고기・오이・두부 같은 것으로 소를 넣고, 끝을 실로 잡아매어 삶아 익힌 음식.

가보(家譜)[명] 한 집안의 혈통을 적은 책. 가첩(家牒). 족보(族譜).

가보(家寶)[명] (대를 이어 전해 내려오는) 한 집안의 보물.

가보(←かぶ 일)[명] 화투 따위로 하는 끗수 노름에서 '아홉 끗'을 이르는 말. ¶가보를 잡다.

가보-낭청(—廳)[명] 화투 따위로 하는 가보잡기 노름에서, 아홉 끗을 내놓으면서 하는 말.

가보-잡기[-끼][명][하자] 화투 따위로 아홉 끗 잡기를 내기하는 노름.

가보트(gavotte 프)[명] 2분의2 또는 4분의2 박자의 경쾌하고 아름다운 느낌의 춤곡, 또는 그 곡에 맞추어 추는 춤. [17세기에 프랑스에서 유행했다.]

가:복(加卜)[명][하타][되자] ①조선 시대에, 정승을 천거할 때 임금의 마음에 드는 이가 없을 경우 다른 한두 사람을 더 천거하던 일. ②☞가결(加結).

가복(家僕)[명] 지난날, 사삿집에서 부리던 사내종. 가노(家奴).

가:본(假本)**명** 고본(古本)·고서화(古書畫) 따위를 가짜로 만든 것. ↔진본(眞本).

가보오다[터] [옛] 까부르다. ¶ 가볼올 파:簸(訓蒙下6).

가봉(加俸)**명하타** 정한 봉급 외에 특별히 더 주는 일, 또는 그 봉급. ↔감봉(減俸).

가봉(加捧)**명하타되자** 정한 액수 외에 돈이나 곡식을 더 거두어들임.

가:봉(假縫)**명하타** 시침바느질.

가봉-녀(加捧女)**명** 의붓딸.

가봉-자(加捧子)**명** 의붓아들.

가:부(可否)**명** ①옳고 그름의 여부. 가불가(可不可). ¶가부를 가리다. /처리 결과에 대하여 가부를 논하다. ②찬성과 반대. 찬부(贊否). ¶상정(上程)된 의안의 가부를 묻다.

가부(家父)**명** (남 앞에서) '자기의 아버지'를 겸손하게 일컫는 말. 가군(家君). 가대인(家大人). 가친(家親).

가부(家夫)**명** ①(남 앞에서) '자기의 남편'을 일컫는 말. 가군(家君). ②남편이 아내와 이야기할 때, '자기 자신'을 일컫는 말.

가부(跏趺)**명** 〈가부좌(跏趺坐)〉의 준말.

가부(葭莩)**명** ☞갈대청.

가:부-간(可否間)**부** 옳건 그르건. 찬성이건 반대건, 좌우간. 하여간. ¶가부간 일단 시작을 해 놓고 봅시다.

가부득-감부득(加不得減不得)[−깜−]**명** 더할 수도 덜할 수도 없음. ⑥가감부득.

가부-장(家父長)**명** (고대 로마에서) 가장권(家長權)의 주체가 되어, 가족에 대하여 절대권을 가지던 사람. [반드시 아버지가 가부장이 되는 것은 아니었음.]

가부장-제(家父長制)**명** ①가부장이 가족의 지배권(支配權)을 행사하는 가족 형태. ②가부장이 중심이 된 가족 체계를 바탕으로 하는 사회의 지배 형태.

가부-좌(跏趺坐)**명하자** ☞결가부좌. ⑥가부.

가부지친(葭莩之親)**명** 촌수가 먼 친척.

가:부-취결(可否取決)**명하타** (회의에서) 절차에 따라 가부를 결정함.

가부키(かぶき.歌舞伎 일)**명** 일본의 전통적인 민중 연극.

가분(可分)**명** 나눌 수 있음. ↔불가분(不可分).

가:분(假扮)**명하타** 거짓으로 꾸미어 차림.

가분-가분(부)(형) ①(몸놀림 따위가) 매우 가분한 모양. ¶날아갈 듯이 가분가분 언덕을 내려 가다. ②여럿이 다 가분한 모양. ¶모두들 가분가분 흥겹게 춤을 춘다. ⑤거분거분. ⑩가뿐가뿐. **가분가분-히**(부).

가:분^급부(可分給付)[−뿌]**명** 성질이나 가치를 상하게 함이 없이 나눌 수 있는 급부. 〔돈이나 곡식으로 하는 급부 따위.〕↔불가분 급부.

가:분-물(可分物)**명** 성질이나 가치를 상하게 함이 없이 나눌 수 있는 물건. 〔돈·곡식·토지 따위.〕↔불가분물.

가:분-성(可分性)[−썽]**명** 아주 미세한 형태로까지 나눌 수 있는 물질의 성질.

가:-분수(假分數)[−쑤]**명** ①수학에서, 분모와 분자가 같거나 분모보다 큰 수. ↔진분수(眞分數). ②'몸집에 비하여 머리가 유난히 큰 사람'을 조롱조로 이르는 말.

가분-하다(형여) ①알맞게 가볍다. ¶가분한 모피 외투. ②마음에 짐이 되지 아니하고 편안하다. ¶잘못을 털어놓고 나니 마음이 가분하다. ⑤거분하다. ⑩가뿐하다. **가분-히**(부).

가:불(假拂)**명하타** 가지급.

가:불(可不)**명** ①옳음과 그름. 가부. ②가함과 불가함. ¶시행 여부에 대한 가불가가 빨라서 좋다.

가불-가불(부)(하자타) 가볍게 자꾸 까부는 모양. ⑩거불거불. ⑩까불까불.

가불-거리다(자타) 자꾸 가불가불하다. 가불대다. ⑩거불거리다. ⑩까불거리다.

가:불-금(假拂金)**명** ☞가지급금.

가불-대다(자타) 가불거리다.

가붓-가붓[−붇−]**부**(하여) 여럿이 모두 가붓한 모양. ⑩거붓거붓. ⑩가뿟가뿟. **가붓가붓-이**(부).

가붓-하다[−부타−]**형여** 가분한 듯하다. ¶할 말을 다 하고 나니 마음이 아주 가붓하다. ⑩거붓하다. ⑩가뿟하다. **가붓-이**(부).

가:빈(佳賓·嘉賓)**명** (기꺼이 맞이할) 반가운 손. 귀한 손. 가객(嘉客).

가빈(家貧)**명하자** 집이 가난함.

가빈(家殯)**명하자** 집 안에 빈소(殯所)를 차림, 또는 그 빈소.

가비야비(부)(형) 가벼이. ¶네 미친 마롤 가비야비 發하야(牧牛9).

가비야불(부) [옛] 〔'가비얍다'의 활용형〕 가벼운. ¶ 입시울 가비야불소리:脣輕音(訓諺).

가비얍다(형) [옛] 가볍다. ¶ㅂ 눈매 가비야오니 힌 나비 짓거호고(杜初21:6).

가빠-지다(자) (힘에 겨워) 숨 쉬기가 어려워지다. ¶ 숨이 가빠지다.

가뿐-가뿐(부)(형) 〈가분가분〉의 센말. ¶ 발걸음들이 가뿐가뿐하다. ⑤거뿐거뿐.

가뿐-하다(형여) 〈가분하다〉의 센말. ¶ 짐을 가뿐하게 들다. /몸놀림이 가뿐하다. ⑤거뿐하다.

가뿟-가뿟[−뿓까뿓]**부**(하형) 〈가붓가붓〉의 센말. ⑤거뿟거뿟.

가:뿟-하다[−뿌타−]**형여** 〈가붓하다〉의 센말. ¶ 일을 다 끝내니 마음이 가뿟하다. ⑤거뿟하다.

가쁘다(형) 〈거쁘다·가쁘다〉 ①숨이 몹시 차다. ¶ 고개를 오르자니 숨이 가쁘다. ②힘에 겹다. ¶ 힘 드는 일을 가쁘지 않고 거뜬히 해내다.

가쁘(부) 가쁘게. ¶ 숨을 가쁘 쉬다.

가봊덤(명) [옛] 가운데. ¶ 짒 가봊뎜(月釋14:80).

가:사(佳詞)**명** 좋은 말. 아름다운 글귀.

가사(家舍)**명** 사람이 들어 사는 집.

가사(家事)**명** ①집안 살림에 관한 일. ¶ 가사에 매인 몸. ②한 집안의 내부의 일. 가내사. 가무(家務).

가사(袈裟←kaṣāya 범)**명** 중이 입는 법의(法衣). 장삼 위에, 왼쪽 어깨에서 오른쪽 겨드랑이 밑으로 걸쳐 입음.

가:사(假死)**명** 한동안 의식이 없어지고 호흡과 맥이 멎어, 죽은 것같이 된 상태. ¶ 가사 상태에 빠지다.

가사(歌詞)**명** ①(가극·가요곡·가곡 따위의) 노래 내용이 되는 글. 노랫말. ②☞가사(歌辭).

가사(嘉事)**명** 좋은 일. 경사스러운 일.

가사(歌辭)**명** 고려 말기부터 나타난, 3·4조 또는 4·4조의 운문(韻文)으로 된 긴 시가 형식. 가사(歌詞). ¶ 송강(松江)가사.

가사(稼事)**명** 농사일.

가:사(假使)**부** ☞가령(假令).

가사^경제(家事經濟)**명** ☞가정 경제.

가사리(명) ①〈우뭇가사리〉의 준말. ②〈풀가사리〉의 준말.

가사-불사(袈裟佛事)[−싸]**명** 절에서, 가사 짓는 일을 이르는 말.

가사^사:건(家事事件)[-껀]명 가정 법원에서 가사 심판법에 따라 조정·심판하게 되는, 가사에 관한 사건이나 분쟁.

가사-시주(袈裟施主)명 가사를 짓는 데 드는 비용을 내는 사람, 또는 그 일.

가사-심:판(家事審判)명 가족이나 친족 간의 소송 사건에 대한 가정 법원의 심판.

가사-일(家事-)명 '가사(家事)'의 잘못.

가사^조정(家事調停)명 가족이나 친족 간의 분쟁에 대한 가정 법원의 조정.

가사-체(歌辭體)명 가사의 문체. 〔4·4조를 기본으로 하되 산문에 가까운 문체임.〕

가산(加算)명 ①더하기. 가법(加法). 덧셈. 덧셈법. ②하타되자더함. 더 보태어 셈함. 가계(加計). ¶금융 비용을 가산한 제작 비용을 산출하다. ↔감산(減算).

가산(家山)명 ①(자기 집이 있는) 고향 산천. ②한 집안의 묘지. ③선산(先山).

가산(家産)명 집안의 재산. 가자(家資). ¶가산을 탕진하다.

가:산(假山)명 〈석가산(石假山)〉의 준말.

가산^국가(家産國家)[-까]명 영토와 국민을 군주의 소유물로 보고, 국가의 재정과 군주의 재정을 하나로 보는 국가.

가산-금(加算金)명 세금이나 공공 요금 따위를 납부 기한까지 내지 아니한 때에, 그 세금이나 요금에 더 보태어 내게 하는 돈.

가산-세(加算稅)[-쎄]명 납세 신고 의무자가 신고를 아니하거나, 과세 표준액을 사실보다 적게 신고하였을 때, 본디 세금에 더 보태어 내는 세금.

가산-점(加算點)[-쩜]명 (특정한 조건을 갖춘 사람에 한해 부여되는) 취득한 점수 외에 더 부여되는 점수. ¶국가 유공자 자녀에게 가산점이 주어지다.

가산^제:도(家産制度)명 생활의 기반인 주거와 그 밖의 부동산을 특별 재산으로 하여, 채권자의 압류나 소유자의 처분을 금지하는 법률 제도. 〔미국과 유럽의 일부 국가에서 채택되기도 하였음.〕

가:살명 간사하고 얄미운 태도. ¶가살을 떨다. /가살을 부리다. /가살을 피우다.

가살(을) 빼다관용 거만하게 가살스러운 태도를 보이다.

가:살-스럽다[-따][~스러우니·~스러워]형있 보기에 간사하고 얄미운 데가 있다. ¶생긴 건 득직한데 하는 짓은 영 가살스럽다. 가살스레부.

가:살-이명 〈가살쟁이〉의 준말.

가:살-쟁이명 가살스러운 사람. 준가살이.

가:살-지다자 가살 부리는 태도가 있다.

가삼(家蔘)명 '밭에서 가꾼 인삼'을 산삼과 구별하여 이르는 말.

가상(家相)명 음양오행설에 바탕을 두어) 길흉과 관계가 있는 것으로 보는 집의 위치·방위·구조 따위. 또는, 그러한 것을 보고 집의 길흉을 판단하는 일.

가:상(假像)명 ①불교에서, 현세의 덧없고 헛된 모습을 이르는 말. ②실재가 아닌 물상(物象). ↔실상.

가:상(假象)명 주관으로 그렇게 보일 뿐, 실제로는 존재하지 않는 거짓 모습. ↔실재(實在).

가:상(假想)명하자타 꼭 그렇지 않거나 또는 그런지 아닌지 확실하지 않은 것을 그러하다고 정하여 생각함. ¶가상의 세계. /외계인이 존재한다고 가상하여 만든 영화.

가:상(假像)명 ①거짓 현상. ②어떤 광물이 다른 광물의 결정형으로 되어 있는, 그 겉모양.

가상(街上)명 길거리. 노상(路上).

가상(嘉尙)명하형 ①(흔히 윗사람이 아랫사람을 칭찬할 때 쓰이어) 착하고 기특함. ¶세계에 국위를 떨친 너의 공이 참으로 가상하구나. ②동사적 용법 착하고 기특하게 여김. ¶나라에서 그의 공을 가상하여 크게 포상하였다.
가상-히부 왕은 신하의 공로를 가상히 여겨 상을 내렸다.

가상(嘉祥)명 경사(慶事)스러운 징조(徵兆).

가상(嘉賞)명하타 칭찬하여 기림. 가상-히부.

가:상-계(可想界)[-계/-게]명 (감성적 경험으로는 인식할 수 없는) 오직 사유(思惟)될 뿐인 이념적 존재의 세계. ↔감성계(感性界).

가:상-극(假想劇)명 가상적인 내용의 희곡, 또는 그러한 연극.

가:상^운:동(假象運動)명 실제로는 움직이지 아니하는 대상이, 마치 움직이고 있는 것처럼 보이는 현상. 〔전광 뉴스 따위.〕

가:상-적(假想敵)명 전투나 경기 따위의 연습에서 적으로 간주한 모형이나 사람.

가:상^적국(假想敵國)[-꾹]명 국방 정책이나 작전 계획을 세울 때, 전쟁 상대국으로 가정한 나라.

가-상지상(加上之上)명 지난날, 시문(詩文)을 끊을 때 상지상 위에 특별히 하나 더 두었던 등급(等級).

가:상-현실(假想現實)명 컴퓨터를 이용하여 어떤 상황을 실제로 겪는 것처럼 모의 실험(模擬實驗)을 할 수 있는 가상의 세계. 곧, 컴퓨터와 사람의 공유 영역.

가새-모춤명 네 움큼을 가위다리 모양으로 어긋매기게 하여 묶은 모춤.

가새-뽕나무명 뽕나뭇과의 낙엽 활엽 교목. 잎의 양옆이 가위다리의 살 모양으로 갈라지며, 6월에 꽃이 핌. 7~8월에 달걀 모양의 핵과를 맺으며, 산이나 마을 부근에서 자람.

가새-염(-簾)명 한시의 염의 한 가지. 안짝과 바깥짝의 각 우수(偶數) 글자의 음운(音韻)의 높낮이가 가위다리 모양으로 서로 어긋매끼어 섞바뀌게 되도록 하는 법.

가새-주뢰(-周牢)[-뢰/-뤠]명 〈가새주리〉의 본딧말.

가새-주리(← -周牢)명 지난날, 죄인(罪人)을 다루던 형벌의 한 가지. 두 다리를 동여매고 정강이 사이에 두 개의 주릿대를 꿰어, 가새다리처럼 벌려 가며 잡아 젖히던 형벌. 전도주리(剪刀周牢). 본가새주리.

가새-지르다[~지르니·~질러]타르 어긋매끼어 엇갈리게 걸치다.

가새-표(-標)명 ☞가위표.

가:색(假色)명 (광물 본래의 빛깔이 아닌) 광물에 함유된 다른 물질로 말미암아 나타나는 빛깔. 〔수정의 빛깔 따위.〕

가색(稼穡)명 곡식 농사.

가삼명〔옛〕 가심. 〈'가시다'의 명사형〕 ¶가삼 겨샤매 오늘 다리리잇가(龍歌26章).

가서캅 〈가설랑은〉의 준말.

가서(加敍)명하자타 ①계급이 오름. ②계급을 올림.

가:서(佳壻)명 (흠잡을 데 없이) 좋은 사위.

가서(家書)명 ①자기 집에서 온 편지. 가신(家信). ②자기 집으로 보내는 편지. ③집에 간직하고 있는 책.

가서-만금(家書萬金)〔가서(家書)는 만금의 값어치가 있다는 뜻으로〕집에서 온 편지의 반갑고 소중함을 이르는 말.

가석(可惜) '가석하다'의 어근.

가:-석방(假釋放)[-빵] 명 하타 되자 징역이나 금고형을 치르는 사람으로서, 개전의 정이 뚜렷한 사람을 형기가 끝나기 전에 행정 처분으로 미리 석방하는 일.

가:-석하다(可惜-)[-서카-]형여 애틋하게 아깝다. 안타깝다. ¶가석하게도 대단히 좋은 기회를 놓쳤다. 가석-히튀.

가:-선(-縇)〔옷 따위의〕가장자리를 다른 헝겊으로 좁게 싸서 돌린 선. ¶치마에 가선을 두르다. ②눈시울의 쌍꺼풀진 금. ¶두 눈에 가선이 지다.

가선(加線)명 악보에서, 오선으로는 부족할 때에, 오선의 위나 아래에 더 긋는 짧은 선. 덧줄.

가선(架線)명 ①송전선·전화선·삭도 따위의 선을 가설하는 일. ②〈가공선(架空線)〉의 준말.

가선-대부(嘉善大夫) 조선 시대에, 종이품인 종친(宗親)·의빈(儀賓)·문무관의 품계.

가설(加設)명하타 되자 더 설치함.

가설(架設)명하타 되자 (전선·다리·선로 따위를) 건너질러 시설함. ¶전선을 가설하다. /우리나라에서 최초로 가설된 철제 교량.

가:설(假設)명하타 되자 ①임시로 설치함. ②실제 없는 것을 있는 것으로 침. 가정(假定).

가:설(假說)명 경험 과학에 있어서, 어떤 현상을 설명하거나 어떤 이론을 구체적으로 펴 나가기 위하여 우선 이용하는, 아직 증명되지 아니한 이론.〔가정이 관찰이나 증명 등으로 실증이 되면, 가설의 범위를 벗어나 보편타당한 진리가 됨.〕가언. 가정. ¶가설을 검증하다. /가설을 세우다.

가설(街說)명 사회에 떠도는 소문(평판). 가담(街談). 항설(巷說).

가:설^공사(假設工事)명 어떤 축조물의 공사에 앞서, 그 공사의 진행을 위한 임시 시설물(사무소·창고 따위)을 세우는 공사.

가:설-극장(假設劇場)[-짱]명 (영구 시설이 아닌) 임시로 꾸며 놓은 극장.

가설랑캄〈가설랑은〉의 준말.

가설랑-은캄 글을 읽거나 수를 소리 내어 세다가 잘 내려가지 않고 막힐 때에 내는 뜻 없는 군말. ¶백이요, 백하나요, 백둘이요, 가설랑은 백셋이요…. ㈜가서·가설랑.

가성(苛性)명 동식물의 조직이나 여러 가지 물질을 깎아 내거나 삭게 하는 성질.

가성(家聲)명 한 집안의 명성. 가명(家名).

가:성(假性)명〔어떤 병명(病名) 앞에 쓰이어〕병인(病因)은 그것과 다르면서 증세는 비슷한 성질임을 나타내는 말. ↔진성(眞性).

가:성(假聲)명 ①남성(男聲)이 소리 낼 수 있는 범위에서 가장 높은 목소리. ②일부러 만들어 내는 거짓 목소리.

가성(歌聲)명 노랫소리.

가:성^가리(苛性加里)명 '가성 칼리'의 한자음 표기.

가:성-근:시(假性近視)명 책을 읽거나 하여 모양체근의 긴장 상태가 오래 계속되었을 때 일어나는 가벼운 근시 상태. 위근시(僞近視).

가:-성대(假聲帶)명 진성대(眞聲帶) 위에 좌우 한 쌍으로 있는 점막.〔소리는 내지 않고, 분비액을 내어 성대를 축촉하게 하는 구실을 함.〕㈜진성대.

가:-성명(假姓名)명 가짜 이름.

가:-성문(假聲門)명 좌우의 가성대(假聲帶) 사이에 있는 틈.

가:성^석회(苛性石灰)[-서쾨/-서퀘]명 '수산화칼슘'의 딴 이름.

가:성^소:다(苛性soda)명 '양잿물'·'수산화나트륨'으로 순화.

가:성^알칼리(苛性alkali)명 알칼리 금속의 수산화물을 통틀어 이르는 말.〔수산화나트륨·수산화칼륨 등으로, 물에 잘 녹으며 강한 침식성을 가진 하얀 고체.〕

가:성^알코올(苛性alcohol)명 98% 이상의 알코올에 금속 나트륨을 섞어 만든 흰 고형체(固形體). 부식제로 쓰임.

가:성^칼리(苛性kali)명 '수산화칼륨'의 딴 이름.

가:성^크루:프(假性croup)명 (주로 어린이들이 홍역을 앓을 때 많이 걸리는 병으로) 목이 부어올라 숨 쉬기가 어려워지고, 개 짖는 소리와 같은 기침을 하는 병.

가성^화:합물(加成化合物)[-핳-]명 어떤 화합물의 구조에 분자 또는 이온이 덧붙은 화합물.

가세(加勢)명하자 힘을 보탬. 거듦. ¶원군(援軍)이 가세하다. /조무래기 싸움에 어른들이 가세하여 큰 싸움으로 번졌다.

가세(苛細) '가세하다'의 어근.

가:세(苛稅)명 가혹하게 매긴 조세(租稅).

가세(家貰)명 ☞집세.

가세(家勢)명 집안 살림의 형편. 터수. ¶가세가 기울다. /가세가 빈한하다. /가세가 펴다.

가세(嫁稅)명하자 지난날, 천재지변 등으로 논밭이 물에 잠기어 세를 물릴 수 없게 되었을 때, 다른 논밭에 그만큼 더 물리던 일.

가:세-하다(苛細-)형여 성미가 까다롭고 하는 짓이 잘다.

가:소(佳宵)명 ①경치가 아름다운 저녁. ②기분이 상쾌(爽快)한 저녁. ③가인(佳人)을 만나는 좋은 저녁.

가소(苛小) '가소하다'의 어근.

가:소(假笑)명하자 거짓 웃음.

가:소-롭다(可笑-)[-따]〔-로우니·-로워〕형여〔갈잖아서〕우습다. ¶뭐, 날 이기겠다고? 정말 가소롭기 짝이 없구나. 가소로이튀.

가:소-물(可塑物)명〈가소성 물질〉의 준말.

가:소-사(可笑事)명 우스운 일. 웃음거리가 될 만한 일.

가:소-성(可塑性)[-썽]명 고체에 어떤 한도 이상의 힘을 가하면 늘어나, 고체가 부서지지 않고 모양이 달라져서 그 힘을 없애도 달라진 모양 그대로 있는 성질. 소성(塑性).

가:소성-물질(可塑性物質)[-썽-찔]명 가소성을 가진 물질.〔합성수지나 셀룰로이드 따위.〕㈜가소물(可塑物).

가:소-제(可塑劑)명 플라스틱 등에 가소성을 가지게 하거나 또는 가소성을 더하게 하는 데 쓰는 화학 재료.

가:소-하다(苛小-)형여 썩 작다.

가속(加速)명하자 속도를 더함. ¶내리막길에서는 자전거에 가속이 붙어 위험하다. ↔감속(減速).

가속(家屬)명 ①☞가족(家族). ¶딸린 가속이 많아 씀씀이도 크다. ②〈아내〉의 낮춤말. 가권.

가속-도(加速度)[-또]명 ①물리학에서, 단위 시간 사이에 속도가 변화하는 비율을 이르는 말. ②시간이 갈수록 속도가 더해지는 일, 또는 더해지는 그 속도. ¶일에 가속도가 붙다.

가속도-계 (加速度計) [-또계/-또게]**명** (운동하는 물체의) 가속도를 재는 계기.

가속도-병 (加速度病) [-또뼝]**명** 갑작스러운 속도의 변화와 동요 때문에 일어나는 몸의 이상 상태. 〔뱃멀미·차멀미·비행기 멀미 따위.〕

가속^운·동 (加速運動)명 시간이 갈수록 속도가 더해지는 운동. ↔감속 운동.

가속^입자 (加速粒子) [-짜]**명** 가속 장치로서 가속된 입자. 〔양자·중성자·전자 따위.〕

가속^장치 (加速裝置) [-짱-]**명** 전기를 띤 입자를 인공적으로 가속하여 높은 에너지 입자가 생기도록 하는 장치. 〔사이클로트론·싱크로사이클로트론·베타트론 따위.〕

가속^펌프 (加速pump)명 내연 기관에서, 급격한 가속 운전 때 연료 보급의 부족이 일어나지 않게 하기 위하여 자동적으로 작동하는 기화기 (氣化器)의 부속품.

가속^페달 (加速pedal)명 ☞액셀러레이터.

가속-화 (加速化) [-쏘콰]**명[하자타][되자]** (일의 진행이나 현상의 변화가) 점점 빨라짐, 또는 빨라지게 함. ¶정계 개편을 가속화하다.

가솔 (家率)명 집안 식구.

가솔린 (gasoline)명 휘발유 (揮發油).

가솔린^기관 (gasoline機關)명 가솔린을 연료로 하는 내연 기관. 자동차 등에 널리 이용됨. 가솔린 발동기. 가솔린 엔진.

가솔린^발동기 (gasoline發動機) [-똥-]**명** ☞가솔린 기관.

가솔린^엔진 (gasoline engine)명 ☞가솔린 기관.

가솔린-차 (gasoline車)명 가솔린 기관으로 움직이는 차량.

가솔-송 (- 철쭉과의 상록 교목. 줄기는 가로 벋으며, 잎은 선형(線形)으로 빽빽하게 나고 뒤로 말림. 7월에 자홍색 꽃이 묵은 가지의 잎겨드랑이에서 여러 개가 피고, 동글납작한 삭과가 가을에 익음. 우리나라의 동북부, 일본, 중국 동북 지방, 북미 동부, 시베리아 등지에 자람.

가쇄 (枷鎖)명 조선 시대에, 목에 씌우던 칼과 발목에 채우던 쇠사슬, 또는 그렇게 하던 형벌.

가:쇄 (假刷)명 교정용으로 임시로 찍음, 또는 그 인쇄물. 교정쇄(校正刷).

가수 (加數)[1]명[하타] (돈이나 물품의) 액수나 수효를 늘림. ↔감수(減數).

가수 (加數)[2] [-쑤]**명** 어떤 수에 더 보태는 수. 덧수. ↔피가수(被加數).

가수 (枷囚)명[하자][되자] 죄인의 목에 칼을 씌워 옥에 가둠.

가수 (家數)명 ①집안의 사회적 지위. 문벌(門閥). ②집안의 운수. 가운(家運).

가:수 (假受)명[하타][되자] (물건이나 돈 따위를) 임시로 받아 둠.

가:수 (假睡)명[하자] ☞가매(假寐).

가:수 (假需)명 ☞가수요의 준말. ↔실수(實需).

가:수 (假數)명 로그의 값에서 소수점 아랫부분의 수. ↔정수(整數).

가수 (歌手)명 노래 부르는 일을 직업으로 삼는 사람. 〔흔히, 대중 가수를 일컬음.〕

가:수-금 (假受金)명 임시로 받아 두는 돈.

가수^분해 (加水分解)명 ①무기 염류가 물의 작용으로 산과 알칼리로 분해되는 일. ②유기 화합물이 물과 반응하여 알코올과 유기산(有機酸)으로 분해되는 일. 가수 해리(加水解離).

가수^분해^효·소 (加水分解酵素)명 생체(生體) 내의 가수 분해 반응의 촉매로서 작용하는 효소를 통틀어 이르는 말.

가수알-바람명 '서풍(西風)'의 뱃사람 말.

가:-수요 (假需要)명 (실지로 당장 쓰기 위한 것이 아니고) 물가가 오를 것을 예상하고 미리 마련해 두려는 수요. 준가수. ↔실수요.

가수^해·리 (加水解離)명 ☞가수 분해.

가숙 (家塾)명 개인이 사사로이 설립하여 경영하는 글방. 사숙(私塾).

가:-숭어명 숭엇과의 바닷물고기. 등 쪽은 회청색, 배 쪽은 회백색이며 온몸에 검은 가로띠가 있음. 9~10월경 산란기를 맞아 강어귀에 모임. 우리나라와 일본·중국 근해에 분포하는데, 식용함.

가스 (gas)명 ①(일반적으로) '기체(氣體)'로 된 물질을 통틀어 이르는 말. ②연료로 쓰이는 기체. ¶가스가 누출되다. ③연료가 탈 때에 나오는 유독성 기체. ¶연탄 가스. ④(독가스)의 준말. ⑤음식 따위가 배 속에서 부패·발효하여 생기는 기체. 〔항문을 통하여 몸 밖으로 나온 것을 '방귀'라 함.〕 ¶가스가 찼는지 속이 더부룩하다.

가스-계량기 (gas計量器) [-계-/-게-]**명** 가스의 소비량을 재는 계기(計器).

가스-관 (gas管)명 가스를 보내는 관(管).

가스^괴저 (gas壞疽) [-괴-/-궤-]**명** 흙 속의 가스 괴저균이 상처에 침입하여 일어나는 괴저. 환부에 가스가 발생하며 심장이 약해짐.

가스^기관 (gas機關)명 가스를 연료로 하는 내연 기관. 가스 발동기. 가스 엔진.

가스-난로 (gas煖爐) [-날-]**명** 가스를 연료로 쓰는 난로. 가스스토브.

가스-등 (gas燈)명 석탄 가스 따위로 불을 켜는 등. 가스램프. 와사등(瓦斯燈).

가스라기명 '가시랭이'의 잘못.

가스-라이터 (gas-lighter)명 액화 가스를 연료로 쓰는 라이터.

가스라이트-지 (gaslight紙)명 염화은의 유제(乳劑)를 바른 인화지. 〔발명 당시 가스등으로 인화한 데서 붙여진 이름.〕

가스-램프 (gas lamp)명 ☞가스등.

가스러-지다[1][자] ①성질이 거칠어지다. ¶장돌뱅이 생활 십 년에 성질만 가스러졌다. ②잔털 따위가 거칠게 일어나다. [큰거스러지다.

가스-레인지 (gas range)명 가스를 연료로 쓰는 조리용 가열 기구.

가스-로 (gas爐)명 가스를 연료로 쓰는 노(爐). 화학 실험이나 시금술(試金術)에서 쓰임.

가스^마스크 (gas mask)명 ☞방독면(防毒面).

가스-맨틀 (gas mantle)명 가스등의 점화구(點火口)에 씌워 강한 빛을 내게 하는, 그물 모양의 통. 맨틀.

가스^발동기 (gas發動機) [-똥-]**명** ☞가스 기관.

가스^발생로 (gas發生爐) [-쌩노]**명** 석탄·숯·코크스 등을 불완전 연소시켜 일산화탄소를 주성분으로 하는 가연성 가스를 발생시키는 장치.

가스-버·너 (gas burner)명 가스를 연료로 쓰는 버너.

가스-봄베 (Gasbombe 독)명 의료용 가스 따위를 넣는 원통형 용기(容器). 가스통.

가스상 성운 (gas狀星雲) ☞가스 성운.

가스^성운 (gas星雲)명 주로 발광성(發光性) 기체로 이루어진 은하계 내의 성운을 통틀어 이르는 말. 〔오리온 성운 따위.〕 가스상 성운. 산광 성운.

가스-스토·브 (gas stove)명 ☞가스난로.

가스-실(gas-)圓 ☞주란사실.

가스-실(gas室)圓 ①(방독면이나 가스 병기를 점검하거나, 군인을 훈련시키기 위하여) 독가스를 가득 채워 둔 방. ②독가스를 넣어 사람을 처형하는 방.

가스-액(gas液)圓 석탄 가스를 냉각·응축할 때 생기는 수용액. 암모니아를 함유하고 있으므로 황산암모니아를 만드는 데 쓰임.

가스^엔진(gas engine)圓 ☞가스 기관.

가스^연료(gas燃料) [-열-]圓 (천연가스, 석탄 가스, 프로판 가스 따위와 같이) 가스난로나 가스 기관 같은 데에 쓰는 기체 연료.

가스^온도계(gas溫度計) [-계/-게]圓 가스의 팽창 또는 압력의 변화에 따라 온도를 헤아릴 수 있게 한 온도계. 가스 한란계.

가스-전(gas田)圓 천연가스가 생산되는 곳.

가스^전:구(gas電球)圓 (높은 온도에서 필라멘트가 승화하는 것을 막기 위하여) 전구 속에 질소·아르곤 따위를 넣은 전구.

가스^전:지(gas電池)圓 (산소·염소 따위의 전극(電極)을 만들 수 있는) 기체의 전극 두 개를 맞추어 만든 전지. 기체 전지(氣體電池).

가스-정(gas井)圓 천연가스가 나는 유정(油井).

가스-중독(gas中毒)圓 유독 가스, 특히 일산화탄소를 들이마심으로써 일어나는 중독.

가스-지지미(gas+ちぢみ 일)圓 주란사실로 쭈글쭈글하게 짠 직물.

가스-총(gas銃)圓 최루 가스 따위의 자극성 가스를 분사하는 총.

가스^카:본(gas carbon)圓 석탄 가스를 만들 때, 가스의 일부가 열로 말미암아 분해되어 레토르트 안에 고착되는 탄소. 전극에 쓰임.

가스^코:크스(gas cokes)圓 석탄을 건류(乾溜)하여 석탄 가스를 만들 때 부산물로서 생기는 코크스.

가스-탄(gas彈)圓 〈독가스탄〉의 준말.

가스-탱크(gas tank)圓 도시가스나 원료 가스를 저장하는 큰 통.

가스^터:빈(gas turbine)圓 고온과 고압의 연소 가스로 터빈을 회전시키는 원동기.

가스-통(gas桶)圓 ①프로판 가스나 부탄가스를 넣는 용기. ②☞가스봄베.

가스펠(gospel)圓 ①복음(福音). ②신약 성서에 실린 네 복음서를 통틀어 이르는 말.

가스펠^송(gospel song)圓 복음 성가.

가스^폭탄(gas爆彈)圓 독가스와 화약을 함께 넣어 만든 폭탄.

가스-풍로(gas風爐) [-노]圓 가스를 연료로 쓰는 풍로.

가스^한란계(gas寒暖計) [-할-계/-할-게]圓 ☞가스 온도계.

가스-히터(gas heater)圓 가스를 연료로 쓰는 히터.

가슬-가슬튀하옝 ①(성질이나 성미가) 까다로운 모양. ②물체의 거죽이나 살결이 윤기가 없고 거친 모양. ¶입술이 가슬가슬하게 트다. 큰거슬거슬. 셴까슬까슬.

가슴圓 ①(척추동물, 특히 포유류에서) 몸의 앞쪽, 배와 목 사이의 부분. ¶가슴에 반달 모양의 흰 털이 있는 곰. /떡 벌어진 가슴. ②(절지동물, 특히 곤충에서) 머리와 배 사이의 부분. ③마음. 생각. ¶가슴에 사무치는 한(恨). /선인들의 교훈을 가슴 깊이 간직하다. /가슴에 맺히다. ④심장 또는 폐. ¶가슴이 두근거리다. / 방 안이 환기가 안 되어 그런지 가슴이 답답하

다. ⑤〈옷가슴〉의 준말. ¶속옷이 안 보이도록 가슴을 여미다. ⑥'젖'을 에둘러 이르는 말. ¶가슴이 봉곳한 게 제법 처녀티가 난다.

가슴에 못(을) 박다판용 마음속 깊이 원한이 맺히게 하다. ¶부모님 가슴에 못을 박은 불효 자식.

가슴에 불붙다판용 가슴속에 불이라도 붙은 듯이 감정이 격해지다.

가슴에 새기다판용 잊지 않도록 단단히 기억하다. ¶아버지 말씀을 가슴에 새기다.

가슴(을) 앓다판용 (후회나 원한이 맺혀) 마음이 편할 날이 없다.

가슴을 짓찧다판용 (가슴을 공이 같은 것으로 찧는 듯한 아픔을 느낄 정도로) 마음에 심한 고통을 받다.

가슴(을) 태우다판용 몹시 애태우다.

가슴이 내려앉다판용 (갑자기 불안한 일이나 위태로움을 당해서) 놀라서 맥이 탁 풀리다. ¶갑작스러운 비명 소리에 가슴이 내려앉았다.

가슴이 뜨끔하다판용 (나쁜 일을 하다가 들켰거나 비밀이 드러났거나 하였을 때) 양심에 찔리다.

가슴이 미어지다판용 (가슴이 꽉 막히는 듯한) 심한 고통이나 슬픔을 느끼다.

가슴(이) 벅차다판용 기쁨이나 자부심이 가슴에 가득하여 넘치는 듯하다.

가슴(이) 아리다판용 마음이 쓰라리다. 딱하고 애틋하다.

가슴-걸이圓 ①말의 가슴에 걸어 안장에 매는 가죽 끈. ②소의 가슴에 걸어 길마나 멍에에 매는 끈.

가슴검은-도요圓 도욧과의 새. 날개 길이 17 cm, 꽁지 6 cm, 부리 2 cm가량. 등은 흑갈색에 회백색의 무늬가 있고, 가슴과 배는 검으나 겨울에는 흰빛으로 변함. 철새로, 여름에는 시베리아·알래스카 등지에서 번식하고, 우리나라·일본·중국 남부·인도 등지에서 겨울을 남. 보호조임.

가슴-관(-管)圓 파충류 이상의 척추동물의 가슴을 지나는 림프관의 주된 줄기.

가슴-동[-똥]圓 활터에서, '가슴통'을 이르는 말.

가슴-둘레圓 젖가슴 자리에서 등을 둘러 잰 길이. 흉위(胸圍).

가슴-등뼈圓 ☞흉추(胸椎).

가슴-살[-쌀]圓 가슴에 붙은 살.

가슴-샘圓 가슴 한가운데의 위쪽 부분에 있는 내분비샘. 어릴 때의 신체 발육을 촉진하며, 4~5세 때부터 퇴화함. 흉선.

가슴-속[-쏙]圓 마음속. 심중(心中). 흉중(胸中). ¶가슴속에 있는 말을 다 털어놓다.

가슴-앓이[-스마리]圓 ①(위카타르나 신경 쇠약 따위가 원인이 되어) 가슴이 이따금 켕기고 쓰리며 아픈 증세. ②안타까워 마음속으로만 애달파하는 일.

가슴-지느러미圓 물고기의 가슴에 붙은 지느러미. 〔유영(游泳) 또는 몸의 균형을 잡는 데 쓰임.〕 협지(頰鰭).

가슴츠레튀하옝 (술에 취하거나 졸리거나 하여) 눈에 정기가 풀리어 하리망당한 모양. ¶술기운 탓인지, 가슴츠레 감긴 눈에 세상사 온갖 풍상(風霜)이 하릴없이 이어진다. 큰거슴츠레.

가슴-통圓 ①가슴 부분의 앞뒤 전체, 곧 가슴둘레의 크기. ②앞가슴의 너비.

가슴-팍뗑☞가슴패기. ¶아이가 엄마의 가슴팍
을 파고들며 안겼다.

가슴-패기뗑 '가슴의 평평한 부분'을 속되게 이
르는 말. 가슴팍.

가습-기(加濕器) [-끼]뗑 수증기를 내어 실내의
습도를 알맞게 조절하는 전기 기구.

가승(加升)하자되자 지난날, 세곡(稅穀)을 거
둘 때, 나중에 축날 것을 예상하여 한 섬에 석
되씩 더 받던 일.

가승(家乘)뗑 ①한 집안의 사적(事績)에 관한
기록. ②한 집안의 보첩(譜牒). 가첩(家牒). 족
보(族譜).

가:승(假僧)뗑 가짜 중.

가식뗑〔옛〕가시. ¶혼 손에 막다 잡고 쏘 혼 손
에 가식 쥐고(古時調).

가싀다자〔옛〕가시다. 변하다. ¶님 向혼 一片丹
心이야 가싈 줄이 이시랴(古時調). 魯가싀다.

가시¹뗑 ①바늘처럼 뾰족하게 돋친 것. 침(針).
¶철조망의 가시에 찔려 피가 났다. ②식물의
줄기나 잎에 바늘처럼 뾰족하게 돋아난 것.
¶장미 가시에 찔리다. ③동물의 몸에 바늘처럼
뾰족하게 돋아난 것. ¶고슴도치는 적을 만나면
가시를 세운다. ④물고기의 잔뼈. ¶꽁치 가시
가 목에 걸렸다. ⑤나무나 대 따위의 거스러미
가 살에 박힌 것. ¶손톱 밑에 큰 가시가 박혀
아프다. ⑥(비유적 표현으로) 남의 마음을 찌르
는, 나쁜 뜻을 품은 표현. ¶가시 돋친 말. /언
중유골이라더니, 그 말엔 가시가 있는 듯하다.

가시(가) 박히다판용 (하는 말 속에) 남의 감
정을 건드리는 날카로운 뜻이 담겨 있다. ¶가
시가 박힌 반문(反問).

가시(가) 세다판용 앙칼지고 고집이 세다.

가시²뗑 가시나무의 열매. 도토리와 비슷함.

가시³뗑 된장 등 음식물에 생기는 구더기.

가:시(可視)뗑 《주로 일부 명사 앞에 쓰이어》
볼 수 있음. ¶가시 현상. /가시 상태.

가:시-거리(可視距離) [-꺼-]뗑 ①맨눈으로 목표물을
볼 수 있는 수평 거리. ②방송 전파가 방해를 받
지 않고 텔레비전 수상기에 도달할 수 있는 거리.

가시-고기뗑 큰가시고깃과의 바닷물고기. 등지
느러미 앞쪽에 세 개의 가시와, 배지느러미
가 퇴화하여 생긴 한 개의 가시가 있음. 등은
암회색이고, 배는 흼. 몸길이 7 cm가량. 수컷
은 번식기에 아름다운 홍색을 띰. 집을 짓고
알을 낳는 습성이 있음. 우리나라 북부와 일본
중부 이북의 해역에 분포함.

가:시-관(冠)뗑〈가시 면류관〉의 준말.

가:시-광선(可視光線)뗑 맨눈으로 볼 수 있는
보통 광선. 준가시선. ↔비가시광선.

가:시-권(可視圈) [-꿘]뗑 보이는 범위. 볼 수
있는 범위. ¶가시권에 들어오다.

가시-나무뗑 ①가시가 돋친 나무를 통틀어 이
르는 말. ②돌가시나무·북가시나무·종가시나
무·참가시나무 등을 통틀어 이르는 말. ③참나뭇
과의 상록 활엽 교목. 높이가 10~20 m까지 자
람. 잎은 긴 타원형에 톱니가 있고, 겉면은 녹
색으로 반드러우며 뒷면은 흰색. 암수한그루
로, 봄에 황갈색 단성화(單性花)가 피고, '가
시'라고 하는 도토리 비슷한 열매는 10월에 익
는데 먹을 수 있음. 재목은 가구재로 씀.

가시내뗑 '계집아이'의 방언.

가시-눈뗑 날카롭게 쏘아보는 눈. ¶자식놈 흉
을 좀 봤다고 가시눈을 하고 대들더라.

가시다¹자 변하거나 달라지거나 없어지다. ¶더
위가 싹 가시다. /통증이 가시다. /이젠 제법

소녀티가 가시고 처녀티가 난다.

가시다²卧 깨끗이 씻다. 부시다. ¶숭늉으로 입
안을 가시다. /그릇들을 물로 가시다.

가시-덤불뗑 ①가시가 많은 덤불. ¶가시덤불이
우거져 길을 찾기가 어렵다. ②☞가시밭.

가시-딸기뗑 장미과의 낙엽 활엽 관목. 높이는
0.5~2 m가량. 잎은 세 조각의 겹잎으로 손바
닥 모양인데, 가장자리에 톱니가 있고, 뒷면은
흰 솜털 같은 것으로 덮여 있음. 줄기와 잎에
갈색의 깔깔한 털과 가시가 있음. 산지에 나
며, 수분이 많은 빨간 열매가 열리며 식용함.

가시랭이뗑 초목의 가시 부스러기.

가시리뗑 작자·연대 미상의 고려 가요. 이별의
애틋함을 노래한 네 연의 서정시임. 〔'악장가
사'에 실려 전함.〕귀호곡(歸乎曲).

가:시^면:류관(-冕旒冠) [-멸-]뗑 예수가 십자
가에 못 박힐 때, 로마 병정이 예수를 조롱하
기 위하여 가시나무로 만들어 씌웠던 관. 형관
(荊冠). 준가시관.

가시-밭 [-받]뗑 ①가시덤불이 뒤얽혀 있는 곳.
②'장애나 어려움이 거듭되는 험한 처지'를 비
유하여 이르는 말. 가시덤불. ¶가시밭 같은 헤
맬지라도 그에 대한 신의를 저버릴 수는 없다.
* 가시밭이[-바치]·가시밭을[-바틀]·가시밭
만[-반-]

가시밭-길 [-받낄]뗑 ①가시덤불이 뒤얽혀 있는
길. ②'장애나 어려움이 거듭되는 험한 과정,
또는 그러한 경로'를 비유하여 이르는 말. ¶겨
레를 위한 길이라면 가시밭길이라도 내 마
다하지 않으리.

가시-버시뗑 '부부(夫婦)'를 속되게 일컫는 말.

가시-복뗑 가시복과의 바닷물고기. 몸길이
40 cm가량. 몸이 짧고 둥글며, 갈색 무늬가 흩
어져 있고, 온몸이 센 가시로 덮여 있는데, 배
를 불리면 밤송이 모양으로 둥글게 됨. 우리
나라 서남부, 일본 중부 이남 등 온대와 열대
연해에 두루 분포함.

가시-새뗑 벽 속을 얽을 때, 중깃에 가로 대는
가는 나무오리.

가:시-선(可視線)뗑〈가시광선〉의 준말.

가시-성(-城)뗑 탱자나무 등으로 된 '가시나무
울타리'를 성에 비유하여 이르는 말.

가시-섶 [-섭]뗑 가시가 있는 땔감. * 가시섶이
[-서피]·가시섶만[-섬-]

가:시^스펙트럼(可視spectrum)뗑 가시광선의
스펙트럼.

가:시-신호(可視信號)뗑 기(旗)나 신호등 따위
로 눈에 보이게 하는 신호. 참음향 신호.

가시-아비뗑 '장인(丈人)'을 속되게 일컫는 말.

가시-어미뗑 '장모(丈母)'를 속되게 일컫는 말.

가시-연(-蓮)뗑 수련과의 일년초. 못이나 늪에
서 자라며, 온몸에 가시가 있음. 잎은 둥그스
름한 방패 모양인데, 앞면에는 주름이 있고 광
택이 나며, 뒷면은 암자색을 띰. 7~8월에 자
줏빛 꽃이 피는데, 낮에 피고 밤에는 오므리
며, 열매는 장과(漿果)로 공 모양임. 땅속줄기
는 먹고 열매는 약으로 씀.

가시연-밥(-蓮-) [-빱]뗑 가시연의 열매.

가:시-적(可視的)관뗑 눈으로 직접 확인할 수 있
는 (것). ¶가시적 성과. /가시적인 조치를 취하다.

가시-줄뗑☞가시철사.

가시-철(-鐵)뗑 가시철사를 꿀 때 끼우는, 가
시 모양의 쇠.

가시-철사(-鐵絲) [-싸]뗑 가시철을 끼워서 꼰
철사. 철조망으로 쓰임. 가시줄.

가:시-화 (可視化)图하자타되자 (어떤 현상이나 상태 등이) 실제로 드러나게 됨. 또는 드러나게 함. ¶그동안 은밀히 진행되어 온 작업이 가시화되었다.

가:식 (假植)图하타 (모종 따위를 제자리에 심기 전에) 임시로 심음. 한때심기. ↔정식(定植).

가:식 (假飾)图하타 (말이나 행동을) 속마음과는 달리 거짓으로 꾸밈. ¶가식이 없는 인품.

가:식-적 (假飾的)[-쩍]图图 (말이나 행동을) 속마음과는 달리 거짓으로 꾸미는 (것). ¶가식적 언행. /가식적인 웃음을 짓다.

가:신 (可信)─하다图 '가신하다'의 어근.

가:신 (佳辰·嘉辰)图 경사스러운 날. 좋은 날. 가절(佳節).

가신 (家臣)图①봉건 시대에, 공경대부의 집에 딸려 그들을 섬기던 사람. 배신(陪臣). ②영향력 있는 정치 지도자를 추종하여 측근에서 공적·사적 일을 보좌하는 정치인. ¶가신 정치.

가신 (家信)图 자기 집에서 보내온 편지나 소식. 가서(家書).

가신 (家神)图 집을 지킨다는 귀신. 〔성주·지신(地神)·조왕(竈王)·문신(門神)·측신(廁神)·조상신(祖上神)·삼신(三神) 따위.〕

가신-제 (家神祭)图 가신(家神)에 드리는 제사.

가:신-하다 (可信-)─图여 믿을 만하다.

가:실 (佳實)图 ⇨가과(佳果).

가실 (家室)图①한 집안. 한 가정. ②한 집에 사는 사람. ③(남 앞에서) '자기의 아내'를 점잖게 일컫는 말.

가심하타 (깨끗하지 않은 것을) 가시는 일.

가심-끌图 나무에 뚫은 구멍을 다듬는 데 쓰는, 날이 길고 얇은 끌.

가심-질图하타 ①깨끗하게 가시어 내는 일. ②(나무에 구멍을 뚫을 때) 가심끌로 구멍 안을 깨끗이 다듬는 일.

가십 (gossip)图 (신문·잡지 등에서) 유명한 사람에 대한 소문이나 험담 따위를 흥미 본위로 다룬 기사. ¶가십 기사(記事).

가슴图〔옛〕가슴. ¶설믜 모도와 有德호신 가슴매(樂範.處容歌).

가식다困〔옛〕가시다. ¶千村萬落애 가식 남기 낫도다(杜重4:2).

가시다困〔옛〕가시다. 변하다. ¶물곤 性이 가시디 아니호야(月釋1:50).

가식야閉〔옛〕다시. ¶하눐 비치 가식야 물가 가는 줄을 울어러보고(杜重1:7).

가까비閉〔옛〕가까이. 가깝게. ¶갓가비.

가쏘라타〔옛〕〔깎다'의 활용형〕깎아라. ¶머리롤 가쏘라 호야시놀(月釋7:8). ¶갓다.

가솓멸다困〔옛〕가멸다. ¶벼슬도 노프며 가솓멸며(月釋2:23).

가아 (家兒)图 (남 앞에서) 자기의 '아들'을 겸손하게 일컫는 말. 가돈(家豚). 돈아(豚兒).

가:아 (假我)图 불교에서, 오온 화합(五蘊和合)으로 된 육신(肉身)인 '나'를 이르는 말.

가악 (歌樂)图 노래와 풍악.

가안 (家雁)图 ⇨집오리.

가압 (加壓)图하자 압력을 가함. ↔감압(減壓).

가압 (家鴨)图 ⇨집오리.

가압-기 (加押機)图 제본 공정에서, 접지(摺紙)된 인쇄물을 밀착시키기 위하여 압력을 가하는 기계.

가:-압류 (假押留)[-암뉴]图하타되자 법원이 채무자의 재산에 대한 강제 집행을 보전하기 위하여 그 재산을 임시로 확보하는 일.

가애 (加愛)图하자 〔편지 글 같은 데서 상대편을 높이어〕'스스로 몸을 돌봄'을 이르는 말.

가애 (可愛)─'가애하다'의 어근.

가애 (嘉愛)图하자 가상히 여기어 사랑함.

가:애-하다 (可愛-)─图여 사랑할 만하다.

가액 (加額)[图₁]하타 돈의 액수를 더함. 또는 더한 그 돈. ↔감액(減額).

가액 (加額)[图₂]하타 〔이마에 손바닥을 차양처럼 얹는다는 뜻으로〕'사람을 몹시 기다림'을 이르는 말.

가액 (價額)图 값.

가야 (伽倻)图①우리나라의 고대 부족 국가. 낙동강 하류에 있던 변한의 열두 나라를 통합하여 일어난 여섯 나라. 금관가야, 대가야, 고령가야, 소가야, 아라가야, 성산가야의 여섯 가야로 이루어졌음. 가라(加羅). 가락국(駕洛國). 가야국(伽倻國). 육 가야(六伽倻). ②⇨금관가야.

가야-국 (伽倻國)图 ⇨가야(伽倻).

가야-금 (伽倻琴)图 가야의 우륵(于勒)이 만들었다는, 우리나라 고유의 현악기. 오동나무로 길게 만든 공명판(共鳴管) 위에 열두 줄을 세로로 매어, 각 줄마다 기러기발로 받친 구조임.

가야미图〔옛〕개미. ¶가야미 머구du를 免호야(法華6:154).

가야지图〔옛〕버들개지. ¶霏霏히 블근 곳과 흰 가야지 가비얍도다(杜初10:5).

가:약 (可約)图 약분(約分)할 수 있음.

가:약 (佳約)图①아름다운 언약. ②가인(佳人)과 만날 약속. ③부부가 되기로 한 약속. 혼약(婚約). ¶가약을 맺다.

가얏-고 (伽倻-)[-야꼬/-얃꼬]图 '가야금'을 달리 이르는 말.

가양 (家釀)图①하타 집에서 술을 빚음. ②〈가양주〉의 준말.

가양-주 (家釀酒)图 집에서 빚은 술. ㊤가양.

가:-어사 (假御史)图 〔거짓으로 어사 행세를 하는〕가짜 어사.

가언 (嘉言·佳言)图 (본받을 만한) 좋은 말. 훌륭한 말. 창언(昌言).

가:언 (假言)图① ⇨가설(假說). ②거짓말.

가:언-적 (假言的)[-쩍]图 어떤 조건이나 가정 아래에서 말하는 (것). ㊤선언적·정언적.

가:언적 명:령 (假言的命令)[-녕] 논리학에서, 어떤 목적을 달성하기 위한 수단으로서 내리는 조건부의 명령. 〔'부자가 되고 싶거든 열심히 일을 해라.' 따위.〕가언적 명법. ㊤정언적 명령.

가:언적 명:법 (假言的命法)[-뻡] ⇨가언적 명령.

가:언적 명:제 (假言的命題)[-정-] 가언적 판단을 나타내는 명제. ㊤선언적 명제·정언적 명제.

가:언적 삼단^논법 (假言的三段論法)[-쌈-뻡] 가언적 판단을 전제로 하는 삼단 논법. 〔'A가 B라면 C는 D다. A는 B다. 그러므로 C는 D다.'하는 따위의 논법.〕

가:언적 판단 (假言的判斷) 조건 또는 원인과, 귀결 또는 결과와의 관계를 나타내는 판단. 〔'A가 B라면 C는 D다.'와 같은 판단.〕㊤선언적 판단·정언적 판단.

가엄 (苛嚴)─'가엄하다'의 어근.

가엄 (家嚴)图 ⇨가친(家親).

가엄-하다 (苛嚴-)─图여 가혹하고 엄격하다.

가업 (家業)图①그 집안의 직업. ②대대로 물려받은 직업. 세업(世業). ¶가업을 잇다.

가업 (街業)图 길거리에서 하는 영업.

가업 (稼業)图하자타 ⇨가행(稼行).

가:-없다[-업따]**혱** 끝이 없다. 한이 없다. 다함이 없다. ¶ 가없는 하늘. **가없-이旲** ¶ 가없이 넓은 바다.

가여(駕輿)**圐** 왕세자나 황태자가 타는 가마.

가:역(可逆)**圐** 《일부 명사 앞에 쓰이어》 다시 본디의 상태로 돌이킬 수 있는 것.

가역(家役)**圐** (개인이) 집을 짓거나 고치는 일.

가:역(假驛)**圐** 임시로 마련한 철도 정거장.

가:역^반:응(可逆反應)**圐** 화학 반응에서, 역(逆)으로 진행할 수 있는 반응.〔암모니아와 염화수소가 화합하여 염화암모늄이 생기는데, 이에 열을 가하면 다시 암모니아와 염화수소로 나뉘는 따위.〕

가:역^변:화(可逆變化)[-뼌-]**圐** 어떤 물체가 A의 상태에서 B의 상태로 되었다가 다시 B에서 A의 상태로 돌아갈 때, 주위의 상태가 최초의 상태와 똑같은 상태로 있는 성질의 변화.〔진공에서의 진자의 진동 따위.〕↔불가역 변화.

가:역^전:지(可逆電池)[-쩐-]**圐** 충전에 의하여 다시 원래의 상태로 되돌아갈 수 있는 전지. 축전지.

가:연(可燃)**圐** 불에 탈 수 있음.〔주로, 다른 말과 어울려 복합어를 이루어 쓰임.〕

가:연(佳宴)**圐** 경사스러운 연회. 좋은 잔치.

가:연(佳緣)**圐** ①좋은 인연. ②서로 사랑하게 되는 남녀 간의 연분.

가:연-물(可燃物)**圐** 불에 탈 수 있는 물건. 가연성 물질.

가:연-성(可燃性)[-썽]**圐** 불에 타는 성질. ↔불연성.

가열圐 남사당패의 재주를 익히는 수련생.

가열(加熱)**圐하다되다** ①(어떤 물체에) 열을 가함. ②어떤 일에 열기를 더함. ¶ 선거 유세가 한창 가열되고 있다.

가열(苛烈)**圐** '가열(苛烈)하다'의 어근.

가:열(假熱)**圐** 한방에서, 몸에 열이 있어 양증(陽症) 같으나 양증이 아니고, 더운 성질의 약을 써야 내리는 열을 이르는 말.

가열(嘉悅)**圐** '가열(嘉悅)하다'의 어근.

가열-기(加熱器)**圐** (증기·가스·전기 따위로) 열을 가하는 기구. 히터.

가:열-하다(苛烈-)**혱여** 가혹하고 맹렬하다. **가열-히旲**.

가열-하다(嘉悅-)**재여** (손아랫사람의 좋은 일이나 착한 일에 대하여) 대견해하고 기뻐하다.

가:엽(假葉)**圐** 잎꼭지가 잎처럼 납작하게 변하여 잎의 작용을 하는 것. 헛잎.

가:엽다[-따]**혱B**〔가여우니·가여워〕**형** ☞가엾다.

가:엾다[-엽따]**혱** 불쌍하다. 딱하다. 가엽다. ¶ 어미를 잃어버린 어린 새끼가 가엾다. **가없-이旲** ¶ 가엾이 여겨 보살펴 주다.

가:-영업소(假營業所)[-쏘]**圐** 임시로 차린 영업소.

가:-예산(假豫算)**圐** 예산안 심의가 늦어져 새 회계 연도가 시작될 때까지 통과가 불가능할 때, 연도 시작 후 일정한 기간 동안 잠정적으로 편성하는 예산. 잠정 예산.

가오리圐 가오릿과의 바닷물고기를 통틀어 이르는 말. 몸이 가로로 넓적한 마름모꼴이고 꼬리가 긺. 근해어(近海魚)임.

가오리-연(-鳶)**圐** 가오리 모양으로 만들어 꼬리를 단 연. 꼬빡연.

가옥(家屋)**圐** (사람이 사는) 집. ¶ 전통 가옥.

가:옥(假玉)**圐** (인공으로 만든) 가짜 옥.

가:옥(假屋)**圐** (판잣집·오두막집 따위와 같이) 임시로 지은 허술한 집.

가옥-대장(家屋臺帳)[-때-]**圐** 가옥의 소재·번호·종류·면적·소유주 등을 적은 공용 문서.

가옥-세(家屋稅)[-쎄]**圐** 가옥의 소유자에게 부과하던, 지방세의 한 가지.〔재산세에 통합됨.〕

가온딧圐 (옛) 가운데. ¶ 中은 가온딛라(訓諺).

가온딧-소리圐 (옛) 중성(中聲). 홀소리. ¶ ㆍ는 쥬ㅎㄷ字 가온딧소리 ㄱㅌ니라(訓諺).

가외(加外)[-외/-웨]**圐** 일정한 표준이나 한도의 밖. ¶ 가외로 하나 더 얹어 드리겠습니다.

가:외(可畏)[-외/-웨]**圐** 가히 두려워할 만함. ¶ 후생(後生)이나 가외로구나.

가욋-돈(加外-)[-외똔/-웯똔]**圐** 가외로 드는 돈. 예상외로 드는 돈.

가욋-사람(加外-)[-외싸-/-웯싸-]**圐** 필요한 사람 이외의 사람. 필요 없는 사람.

가욋-일(加外-)[-왼닐/-웬닐]**圐** 필요 밖의 일, 또는 일정한 일 외에 하는 다른 일.

가요(歌謠)**圐** ①민요·동요·속요·유행가 따위를 통틀어 이르는 말. 〈교방가요(敎坊歌謠)〉의 준말. ③〈대중가요〉의 준말.

가요-계(歌謠界)[-계/-게]**圐** 대중가요의 작사자·작곡자 및 가수(歌手)들의 사회.

가요-곡(歌謠曲)**圐** ①지난날, 악장(樂章)에 맞추어 부르던 속요(俗謠)의 곡조. ②☞대중가요(大衆歌謠).

가요-문(哥窯紋)**圐** 이리저리 잘게 갈라진 금처럼 나타난, 도자기의 무늬.

가요-제(歌謠祭)**圐** 새 가요의 발표나 가수의 노래 경연 등을 베푸는 연예 행사.

가:용(可用)**圐** 《일부 명사 앞에 쓰이어》 사용할 수 있음. ¶ 가용 인력. /가용 자원.

가:용(可溶)**圐** 액체에 잘 녹음.〔주로, 다른 말과 어울려 복합어를 이루어 쓰임.〕

가:용(可鎔)**圐** (금속이) 열에 잘 녹음.〔주로, 다른 말과 어울려 복합어를 이루어 쓰임.〕

가용(家用)**圐하다** ①집에서 필요하여 씀, 또는 그 물건. ¶ 가용하기 위해 냉장고를 들여놓다. ②집안 살림살이에 쓰는 비용. ¶ 가용을 줄이다.

가:용-금(可鎔金)**圐** 열에 잘 녹는 합금. 가융금(可融金).

가:용-물(可溶物)**圐** 액체에 잘 녹는 물질.

가:용-성(可溶性)[-썽]**圐** 액체에 잘 녹는 성질. ↔불용성(不溶性).

가:용-인구(可容人口)**圐** (식량 소비면에서 본) 부양 가능한, 지구상의 인구 총수.

가:우(假寓)**圐재** 임시로 거처함, 또는 그곳. 가거.

가우스(gauss)**의** (독일의 물리학자 가우스가 제창한) 자기 유도(磁氣誘導)의 강도를 나타내는 전자 단위(電磁單位).〔기호는 G〕

가운(家運)**圐** 집안의 운수. 가수(家數). ¶ 가운이 걸려 있는 사업이다.

가운(gown)**圐** ①의사·간호사·과학자들이 입는 위생복. ②판검사·변호사들이 법정에서 입는 법복(法服). ③교수·학생들이 예식 때 입는 예복. ④신부(神父)·목사가 미사나 예배 때 입는 예복. ⑤실내에서 입는 긴 겉옷.

가운데圐 ①평면이나 선의 가장자리나 곁이 아닌 부분. 속. ¶ 호수 가운데로 노를 저어 가다. /깊은 물 가운데로 가라앉았다. ②둘의 사이. ¶ 두 사람 가운데로 파고들어가 서 싸움을 말리다. ③선으로 된 것의 양 끝에서 같은 거리에 해당하는 부분. ¶ 막대기의 가운데를 잘라 두 도막을 내다. ④일정한 무리의 안. ¶여러분 가운데 아는 사람은 손을 들어요. ⑤《(관형사형 '-ㄴ'·'-는' 다음에 쓰이어》)일정한 상태 따위가 진행되는 범위의 안. ¶그는 어려운 가운데서도 남을 돕는다. ⑥순서에서, 처음이나 마지막이 아닌 중간. ¶성적이 반에서 가운데다. /아들 셋 중에 가운데 아이가 제일 똑똑하다. 图한가운데.

가운데-골명 ☞중뇌(中腦).

가운데-귀명 ☞중이(中耳).

가운데-뜰명 집채로 에워싸여 있는 뜰. 집채와 집채 사이의 뜰에 있는 뜰.

가운데-톨명 세톨박이 밤송이의 한가운데에 박혀 있는 밤톨. 图가톨.

가운뎃-발가락[-떼빨가-/-뗀빨가-]명 (다섯 발가락 중) 한가운데의 발가락.

가운뎃-소리[-떼소-/-뗀쏘-]명 한 음절에서 가운데 나는 모음. 〔'첫'의 'ㅓ' 따위.〕 중성(中聲)

가운뎃-손가락[-떼손까-/-뗀손까-]명 (다섯 손가락 중) 한가운데의 손가락. 장지. 중지.

가운뎃-점[-떼쩜/-뗀쩜]명 대등한 관계의 단어나 같은 계열의 단어를 늘어놓을 때 그 사이에 찍는 점, 곧 '·'의 이름. 중점(中點).

가운뎃-줄[-떼쭐/-뗀쭐]명 ①여러 줄 가운데서) 한복판에 있는 줄. ②연(鳶)의 귀·꽁수·허리의 세 달이 교차되는 중심에 하나 더 맨 줄.

가운뎃-집[-떼찝/-뗀찝]명 (각살림하는 삼 형제의) 둘째 사람의 집.

-가웃[-운]접미 《수량을 나타내는 말 뒤에 붙어》 되·말·자 따위로 되거나 잴 때, 그 단위의 절반가량에 해당하는, 남는 분량을 이르는 말. ¶두 말가웃. /석 자가웃.

가:-웅예(假雄蕊)명 수술이 꽃잎처럼 변형되어 꽃밥이 생기지 아니한 것. 헛수술.

가:-월(佳月)명 아름다운 달. 명월(明月).

가월(嘉月)명 '음력 삼월'을 달리 이르는 말. 도월(桃月).

가위¹명 ①옷감·종이·가죽·머리털 따위를 자르거나 오리는 데 쓰는 쇠붙이 연장. 전도(剪刀). 협도(鋏刀). ②가위바위보에서, 집게손가락과 가운뎃손가락(또는 엄지손가락)을 벌려 내민 것. '보'에는 이기고 '바위'에는 짐.

가위²명 잠을 자다가(잠결에) 무서운 꿈에 질려서 몸이 마음대로 움직여지지 않고 답답한 상태. ¶가위에 눌리다.

가위³명 음력 팔월 보름의 명절. 한가위. 추석(秋夕). 가배절. 图가배(嘉俳).

가:위(可謂)图 ①가히 말한다면. ②(흔히) 일러 오는 그대로. 말 그대로 과연. ¶가위 천하의 절색이다.

가위-눌리다자 자다가 무서운 꿈에 질려서 몸을 마음대로 움직이지 못하고 답답함을 느끼다.

가위-다리[-따-]명 ①가위의 손잡이. ②길이가 있는 두 물건을 '×' 모양으로 서로 어긋매껴 걸친 형상.
　가위다리(를) 치다관용 '×'모양으로 서로 어긋매끼게 걸쳐 놓다.

가위다리-양자(-養子)[-따-]명하 두 형제 중 하나만 외아들이 있고, 그 외아들이 두 사람을 낳았을 때, 그중의 하나가 종조(從祖)의 양손(養孫)으로 들어가는 일, 또는 그 양손.

가위다리-차(-車)명 장기에서, 상대편 궁(宮)에 대하여 연거푸 장군을 부를 수 있는 자리에 놓인 두 차(車).

가위바위보명 순서나 승부를 정할 때, 서로 손을 내밀어 그 손 모양으로 정하는 방법. 图가위·바위·보.

가위-벌명 가위벌과의 곤충. 꿀벌과 비슷하나 더 크고 몸빛이 짙음. 장미 따위의 잎을 뜯어 집을 짓고 삶.

가위-벌레명 '집게벌레'의 잘못.

가위-좀명 줄점팔랑나비의 유충. 볏잎을 갉아먹는 해충으로, 한 해에 두 번 발생하여 유충으로 겨울을 남. 아시아 각지에 분포함.

가위-질하자타 ①가위로 자르거나 오리는 일. ②'보도나 영화 따위를 검열하여 그 일부분을 삭제하는 일'을 비유하여 이르는 말.

가위-춤명 가위를 장단에 맞추어 벌렸다 오므렸다 하는 짓.

가위-톱명 ☞가회톱.

가위-표(-標)명 '×' 표의 이름. 문장에서 알면서도 일부러 드러내지 않음을 나타낼 때, 또는 틀린 것을 나타낼 때 씀. 가새표. 횡십자. 图숨김표.

가윗-날¹[-윈-]명 가배일. 한가윗날. 추석날.

가윗-날²[-윈-]명 가위의 날. 물건을 자르는 부분임.

가윗-밥[-위빱/-윋빱]명 가위질할 때 생기는 부스러기.

가유(加由)하자 〈가급유(加給由)〉의 준말.

가:유(假有)명 불교에서, 인연 화합(因緣和合)에 의하여 현실로 나타나 있는 만유(萬有)를 이르는 말. ↔실유(實有).

가유호세(家諭戶說)명하자 집집마다 깨우쳐 일러 알아듣게 함.

가율(加律)명하자 ☞가형(加刑).

가:융-금(可融金)명 ☞가용금(可鎔金).

가:융합금(可融合金)[-끔]명 ☞이융 합금.

가으-내囷 온 가을 동안 줄곧. ¶가으내 시골에서 농사일을 거들었다.

가을¹명 한 해의 네 철 가운데 셋째 철. 여름과 겨울 사이의 계절로 입추에서 입동 전까지를 이름. 图갈².
　가을에는 부지깽이도 덤빈다(덤벙인다)속담 추수하는 가을에는 매우 바쁘다는 말.
　가을 중 싸대듯(싸다니듯)속담 '여기저기 분주하게 돌아다님'을 비유하여 이르는 말.

가을²명자 가을걷이를 함.

가을-갈이명하 가을에 논을 미리 갈아 두는 일. 추경(秋耕). 图갈갈이. ↔봄갈이.

가을-걷이[-거지]명하 가을에 곡식을 거두는 일. 추수(秋收). 图갈걷이.

가을-꽃[-꼳]명 가을에 피는 꽃. 추화. ◆가을꽃이[-꼬치]·가을꽃만[-꼰-]

가을-날[-랄]명 가을철의 날.

가을-내명 '가으내'의 잘못.

가을-누에[-루-]명 가을에 치는 누에. 추잠(秋蠶). ↔봄누에.

가을-맞이명하자 가을을 맞이함. 영추.

가을-바람[-빠-]명 가을에 부는 선선하고 서늘한 바람. 추풍. 图갈바람².

가을-밤[-빰]명 가을철의 밤. 추야(秋夜). 추소(秋宵).

가을-보리 가을에 씨를 뿌리어 이듬해 초여름에 거두어들이는 보리. 추맥(秋麥). 图갈보리. ↔봄보리.

가을-봄명 가을과 봄을 아울러 이르는 말. 图갈봄.

가을-비[-삐]명 가을철에 오는 비. 추우.

가을-빛[-삗]**명** 가을 기운. 가을철임을 느낄 수 있게 하는 자연의 현상. 추색(秋色). **참**봄빛. *가을빛이[-삐치]·가을빛만[-삔-]

가을-살이명 가을에 입는 옷.

가을-심기[-끼]**명하타** 가을에 작물을 심는 일.

가을-일[-릴]**명하자** 가을걷이하는 일.

가을-장마[-짱-]**명** 가을에 여러 날 줄곧 내리는 비. 추림(秋霖).

가을-철명 가을인 철. 추계. 추기(秋期). 추절.

가을-카리명하타 '가을갈이'의 방언.

가의(加衣)[-의/-이]**명** ☞책가위.

가의(加意)[-의/-이]**명하자** 특별히 마음에 새겨 주의함.

가의(可疑) '가의하다'의 어근.

가의(歌意)**명** 노래의 뜻.

가의-대부(嘉義大夫)[-의-/-이-]**명** 조선 시대, 종이품(從二品) 문무관의 품계.

가:의-하다(可疑-)[-의-/-이-]**형여** 의심할 만하다.

가이거^계:수관(Geiger計數管)[-계-/-게-]**명** [방사선의 입자(入射)로 일어나는 기체 방전(放電)을 이용하여] 방사능을 검출하는 장치.

가:이동가이서(可以東可以西)**명** 이렇게 할 만도 하고 저렇게 할 만도 함. **참**가동가서.

가이드(guide)**명** ①인도자. 안내자. ②가이드북.

가이드-라인(guideline)**명** 정책이나 시책(施策) 따위의 지표(指標). 지침(指針).

가이드-북(guidebook)**명** 여행 안내서. 관광 안내서. 가이드.

가이슬러-관(Geissler管)**명** 진공 방전 실험이나 내부 기체의 발광 스펙트럼을 얻는 데에 쓰이는 이극 방전관(二極放電管).

가이아(Gaea)**명** 그리스 신화에 나오는, 대지(大地)의 여신. 게(Ge).

가이-없다형 '가없다'의 잘못.

가:인(佳人)**명** ①아름다운 여자. 미인. ②사랑의 대상자인 이성(異性).

가인(家人)1**명** ①한집안 사람. ②집안에 딸린 사람. ③(남 앞에서) '자기의 아내'를 일컫는 말.

가인(家人)2**명** 〈가인괘(家人卦)〉의 준말.

가인(歌人)**명** 노래를 잘 짓거나 잘 부르는 사람. **¶**조선 말기의 가인 박효관. **비**가객(歌客).

가인-괘(家人卦)**명** 육십사괘의 하나. 손괘(巽卦)와 이괘(離卦)가 거듭된 괘. 바람이 불에서 남을 상징함. **준**가인(家人)2.

가:인-박명(佳人薄命)[-빵-]**명** 아름다운 여자는 수명이 짧음. [소식(蘇軾)의 '박명가인시(薄命佳人詩)'에서 유래함.] 미인박명.

가:인-재자(佳人才子)**명** 아름다운 여자와 재주 있는 남자. 재자가인(才子佳人).

가:일(佳日·嘉日)**명** 경사스러운 날. 좋은 날. 가신(佳辰). **¶**양춘(陽春) 가일.

가:일(暇日)**명** 한가한 날.

가-일과(加一瓜)**명하타되자** 지난날, 임기가 다 찬 벼슬아치를 중임(重任)시키던 일.

가-일층(加一層)**[I]명하타** 정도 따위가 한층 더함. **¶**여러분의 가일층의 분발을 촉구하는 바입니다.
[II]부 한층 더. 더욱더. **¶**국력 배양에 가일층 매진하다.

가임(家賃)**명** ☞집세.

가입(加入)**명하자되자** 단체나 조직 따위에 들어감. **¶**이 여성 단체는 주부들의 가입을 환영합니다. /보험에 가입하다. **↔**탈퇴(脫退).

가입^전:신(加入電信)[-전-]**명** 전신국에서 특정인과 계약하여 설치하는 전신. 텔렉스(telex).

가입^전:화(加入電話)[-전-]**명** 전화국에서 특정인과 계약하여 설치하는 전화.

가웃멸다형 〈옛〉 가멸다. **¶**가옷멸며 貴호모 내게 뜬 구름 곤호니라 너기놋다(杜重16:25). **참**가수멸다.

가자(加資)**명하타되자** 조선 시대, 정삼품 통정대부(通政大夫) 이상인 당상관의 품계, 또는 그 품계를 올리던 일.

가자(架子)**명** ①나뭇가지가 처지지 않도록 받치어 세운 시렁. ②편종(編鐘)·편경(編磬) 따위 악기를 달아 놓는 틀. ③☞갸자.

가자(家資)**명** 집안의 자산(資産). 가산(家産).

가자(家慈)**명** (남 앞에서) '자기의 어머니'를 일컫는 말. 자친(慈親).

가:자(假子)**명** ①양아들. ②의붓자식.

가자(嫁資)**명** 시집갈 때 드는 비용.

가자(歌者)**명** 정재(呈才)의 한 가지, 또는 그 정재에서 춤을 추고 노래를 부르던 사람.

가자미명 넙치과와 붕넙칫과의 넙치가자미 따위를 통틀어 이르는 말. 몸이 위아래로 납작하여 타원형에 가까우며, 두 눈은 다 오른편에 몰려 붙었음. 근해에 삶. 접어(鰈魚).

가자미-눈명 '화가 나서 옆으로 흘겨보는 눈'을 가자미의 눈에 비유하여 이르는 말. **¶**가자미눈으로 노려보다.

가:-자제(佳子弟)**명** [훌륭한 자제'란 뜻으로] 남을 높이어, 그의 '아들'을 일컫는 말.

가자-체(加資帖)**명** '가자(加資)를 내릴 때 주는 교지(敎旨)'를 이르던 말.

가:작(佳作)**명** ①잘된 작품. 가편(佳篇). ②(현상 모집 등에서) 당선에 버금가는 작품. **참**선외가작(選外佳作).

가작(家作)**명하타** (남에게 소작을 주지 아니하고) 손수 농사를 짓는 일. 자작(自作).

가:작(假作)**명하타되자** ①거짓 행동을 함. 또는 그런 행동. ②우선 임시로 만들어 보는 일. ③다른 작품을 그대로 베끼거나 모방함, 또는 그렇게 만든 작품.

가-작약(家芍藥)**명** 한방에서, 집에서 심어 가꾼 작약의 뿌리를 약재로 이르는 말.

가잠(家蠶)**명** ☞집누에. **↔**작잠(柞蠶).

가잠-나룻[-룯]**명** 짧고 성기게 난 구레나룻. *가잠나룻이[-루시]·가잠나룻만[-룬-]

가장부 (여럿 중에서) 으뜸으로. 첫째로. 제일로. **¶**내가 가장 좋아하는 꽃.

가장(架藏)**명하타** 시렁 위에 간직함. [주로, 책을 서가(書架)에 간직하여 둠을 이름.]

가장(家長)**명** ①집안의 어른. 호주(戶主). 가구주(家口主). ②가족의 생활을 맡아 다스리는 사람. ③'남편'을 달리 일컫는 말.

가장(家狀)**명** 한 집안 조상의 행적(行跡)에 관한 기록.

가장(家藏)**명하타되자** 집에 간직함, 또는 간직하고 있는 그 물건.

가:장(假葬)**명하타되자** ①임시로 장사 지냄, 또는 그 장사. ②(시체를 정식으로 매장하기에 앞서) 임시로 묻음. ③어린아이 시체를 묻는 일.

가:장(假裝)**명하자타** ①거짓으로 꾸밈. **¶**손님을 가장하다. ②(자기의 정체를 감추기 위하여) 얼굴이나 옷차림을 딴 모습으로 차림. **¶**중세기의 무사로 가장하고 무도회에 나갔다.

가장(嘉奬)**명하타되자** 칭찬하여 권장함.

가장-권(家長權) [-꿘] 圀 가장이 가족에게 행사하는 지배권(支配權).

가장귀 圀 나뭇가지의 아귀.

가장귀-지다 圂 나뭇가지가 갈라져서 가장귀가 생기다.

가:장-무도(假裝舞蹈) 圀 ①제각기 가장을 하고 추는 춤. ②탈춤.

가:장-무도회(假裝舞蹈會) [-회/-훼] 圀 가장무도를 하는 사교 모임. 가면무도회.

가:-장비(假張飛) 〔중국 삼국 시대 촉(蜀)나라의 맹장 장비와 닮았다는 뜻으로〕 '용모와 태도가 우악스러운 사람'을 가리켜 이르는 말.

가장이 圀 나뭇가지의 몸.

가:장-자리 圀 물건의 둘레와 그에 가까운 부분. ¶ 책상의 가장자리에 놓인 꽃병.

가:장^자본(假裝資本) ☞의제 자본.

가장^제:도(家長制度) 圀 가장이 절대적인 권력을 가지고 그 가족을 다스리는 대가족 제도.

가-장조(-長調) [-쪼] 圀 '가' 음을 으뜸음으로 하는 장조.

가장-질(假裝-) 圀困 노름판에서 패를 속이는 짓.

가장-집물(家藏什物) [-찜-] 圀 집에 있는 온갖 세간. ⬮가집(家什).

가:장-행렬(假裝行列) [-녈] 圀 (흔히, 운동회나 축제 따위에서) 여러 사람이 갖가지 모습으로 가장하고 줄지어 가는 일, 또는 그 행렬.

가:장-행위(假裝行爲) 圀 제삼자를 속이기 위하여 상대편과 짜고 거짓으로 의사 표시를 함으로써 성립되는 법률 행위. 〔실제로는 증여(贈與)한 것을 매매(賣買)로 가장하는 따위.〕

가:재(-) 圀 가잿과의 절지동물. 새우와 게의 중간형으로, 앞의 큰 발은 집게발로 되어 있으며 긴 촉각이 있고, 몸길이는 3~6 cm. 개울 상류의 돌 밑에 살며 뒷걸음질을 잘하는 특성이 있음. 우리나라, 일본의 홋카이도 등지에 분포함. 페디스토마의 중간 숙주임. 석해(石蟹).

가재는 게 편이라똔톄 됨됨이나 형편이 비슷한 사람끼리 어울리게 되어 서로 사정을 보아줌을 이르는 말.

가재(家財) 圀 집안의 재물이나 재산.

가:재-걸음 圀 ①뒤로 걷는 걸음. ⬮게걸음. ②'퇴보'를 비유하여 이르는 말.

가재기 圀 튼튼하게 만들지 못한 물건.

가재-기물(家財器物) 圀 집안에서 쓰는 여러 가지 물건. 가재도구.

가재다 圂 (옛) 가져다가. ¶ 소니 가재다 므ᄅ욥노이다(樂範. 動動).

가재-도구(家財道具) ☞가재기물.

가적(家嫡) 圀 집안의 적자(嫡子).

가전(加錢) 圀 웃돈.

가전(家傳) 圀 ①한 집안의 사적(事績)을 적은 기록. ②囷 집안에 대대로 전해 내려옴, 또는 그 물건.

가전(家電) 〈가전제품〉의 준말.

가전(嘉典) 圀 경사스러운 의례(儀禮).

가전(駕前) 圀 ①임금의 수레 앞에 서던 시위병. ↔가후(駕後). ②임금의 행차 앞.

가전(價錢) 圀 값.

가전-기(駕前旗) 圀 가전별초(駕前別抄)를 지휘하는 데 쓰던 기. 기의 바탕은 붉고, 가장자리는 누런색임.

가전-별초(駕前別抄) 圀 임금의 행차 앞에, 가전(駕前) 이외에 따로 앞서던 군대.

가전-비방(家傳秘方) 圀 그 집안에서만 대대로 전하여 내려오는 약의 처방.

가:전-성(可展性) [-썽] 圀 ☞전성(展性).

가전자(價電子) 圀 원자의 가장 바깥쪽의 궤도에 있는 전자. 화학 결합 등에 관여함.

가전-제품(家電製品) 圀 가정용 전기 제품. 〔냉장고·선풍기·전기세탁기·텔레비전 따위.〕 ⬮가전(家電).

가:전-체(假傳體) 圀 사물을 의인화(擬人化)하여 전기(傳記) 형식으로 적은 문학 양식. 〔고려 중기 이후부터 나타남.〕

가:전체 소:설(假傳體小說) 圀 가전체로 쓴 소설. 〔'국부인전(竹夫人傳)'·'국순전(麴醇傳)'·'정시자전(丁侍者傳)' 따위.〕

가절(佳絕) 圀 '가절하다'의 어근.

가:절(佳節) 圀 ①좋은 때(시절). 가기(佳期). 양신. ②좋은 명절. 가신(佳辰).

가절(價折) 圀困띄困 ①값을 깎음. ②받을 물품 대신 다른 물품을 받게 될 때, 그 값을 어림하여 대신 받을 물품의 수량을 정함. 절가.

가:절-하다(佳絕-) 圂 빼어나게 아름답다.

가점(加點) [-쩜] 圀困띄困 ①점수를 더함, 또는 그 점수. ↔감점(減點). ②(특별히 드러내기 위하여) 글이나 글자에 점을 찍음, 또는 그 점.

가정(加定) 圀困 (물품·비용·인원 따위를) 정한 수 이상으로 늘림.

가:정(苛政) 圀 가혹한 정치. 학정(虐政). ↔관정(寬政).

가정(家丁) 圀 집에서 부리는 남자 일꾼.

가정(家政) 圀 집안 살림을 다스려 나가는 일.

가정(家庭) 圀 가족이 함께 생활하는, 사회의 가장 작은 집단. ¶ 결혼하여 한 가정을 이루다.

가:정(假定) 圀困띄困띄困 ①임시로 정함. ②논리를 진행시키기 위하여, 어떤 조건을 임시로 설정하는 일, 또는 그 조건. ③☞가설(假設).

가:정(假晶) 圀 광물이 결정의 외형은 제 본디의 결정형을 유지하면서 내부는 다른 결정을 나타내는 것.

가정(駕丁) 圀 가마를 메는 사람.

가정^경제(家政經濟) 圀 집안 살림을 합리적으로 꾸리어 나가기 위한 경제. 가계 경제(家計經濟). 가사 경제.

가정-과(家政科) [-꽈] 圀 가정생활의 합리화를 위한 지식과 기술·태도 등의 습득을 목적으로 하는, 학교 교과의 하나.

가:-정관(假定款) 圀 주주 총회의 의결을 거치지 아니한 회사의 정관.

가정-교:사(家庭敎師) 圀 (일정한 보수를 받고) 남의 집에 가서 그 집의 자녀에게 학문·기예 등을 가르치는 사람.

가정-교:육(家庭敎育) 圀 가정에서 알게 모르게 집안 어른들로부터 받는 가르침.

가정-교훈(家庭敎訓) 圀 ☞가훈(家訓).

가정-극(家庭劇) 圀 가정의 일상생활을 소재로 한, 연극·영화·방송극 따위. 홈드라마.

가정-란(家庭欄) [-난] 圀 (신문·잡지 등에서) 가정생활에 관한 기사를 다룬 특정 지면.

가:정맹어호(苛政猛於虎) 〔가혹한 정치는 호랑이보다 더 무섭다는 뜻으로〕 '혹독한 정치의 폐가 큼'을 비유하여 이르는 말. 〔'예기(禮記)'의 '단궁편(檀弓篇)'에 나오는 말임.〕

가정^방:문(家庭訪問) 圀 (학교의 교사나 소년 보호 기관의 직원이) 교육 목적으로 가정을 방문하는 일.

가:정-법(假定法) [-뻡] 圀 말하는 내용이 가정(假定) 또는 요망(要望)·원망(願望)임을 나타내는 문법 범주.

가정^법원(家庭法院)[명] (이혼·상속·재산 관리·소년 범죄 등) 주로 관계되는 사건을 심판·조정하는 하급 법원.

가정-부(家政婦)[명] (일정한 보수를 받고) 남의 집 살림을 돌보아 주는 여자.

가:-정부(假政府)[명] 임시 정부.

가정-부인(家庭婦人)[명] (직업을 가진 부인에 대하여) '가정에서 살림하는 부인'을 이르는 말.

가정-불화(家庭不和)[명] 한집안의 가족끼리 화목하지 않음.

가정-생활(家庭生活)[명] 가정을 이루어 그 안에서 사는 생활.

가정^소:설(家庭小說)[명] 가정생활을 소재(素材)로 한 소설.

가정-오랑캐(家丁-)[명] ①지난날, 청나라의 사신을 따라온 하인을 낮추어 이르던 말. ②'행패를 잘 부리는 사람'을 비유하여 이르는 말.
가정오랑캐 맞듯[관용] '행패를 부리다가 되게 매를 맞는 일'을 비유하여 이르는 말.

가정-의(家庭醫)[-의/-이][명] 가족의 건강에 관한 사항을 지속적으로 진료·상담하는 의사.

가정-의례(家庭儀禮)[-의/-이][명] 가정에서 치르는 의례. 〔혼인·장사·제사 따위.〕

가정의례^준:칙(家庭儀禮準則)[-의/-이][명] '가정의례에 관한 법률'에 따라서 의식 과 정이나 절차의 허례허식과 낭비를 규제한 규칙. 〔1973년에 공포.〕

가정^쟁의(家庭爭議)[-의/-이][명] 가족 간의 불화로 생기는 분쟁. 가족 쟁의.

가정-적(家庭的)[관명] ①가정에서 같은 (것). 가정에서 있음 직한 (것). ¶가정적 분위기. ②가정생활에 성실한 경향. ¶가정적인 사람.

가정-주부(家庭主婦)[명] ☞주부(主婦).

가정-집(家庭-)[명] 개인의 살림집.

가정^통신(家庭通信)[명] (교육 효과를 높이기 위하여) 교사와 학부모 간에 주고받는 통신.

가정-학(家政學)[명] (사회생활과의 관계 아래에서) 합리적·과학적인 가정생활을 영위하기 위한 모든 문제를 연구하는 학문.

가정-학습(家庭學習)[-습][명] 학교에서 배웠거나 앞으로 배울 교과 내용을 가정에서 복습 또는 예습하는 일.

가정-환경(家庭環境)[명] 태어나서 자란 집안의 분위기나 조건. ¶어려운 가정환경 때문에 학업을 계속할 수 없었다.

가제(加除)[하:타] ①보탬과 뺌. ¶내용을 가제 정정(訂正)하다. ②가법(加法)과 제법(除法).

가제(家弟)[명] (남 앞에서) '자기 아우'를 일컫는 말. 사제(舍弟).

가:-제(假製)[명][하타] (정식으로 만들기에 앞서) 임시로 만듦.

가:제(假諦)[명] 불교의 삼제(三諦)의 하나. 만물은 모두 실체(實體)가 없는 공(空)이나, 그 형상은 뚜렷하다는 진리.

가:제(假題)[명] 임시로 붙인 제목.

가제(歌題)[명] 노래의 제목.

가:제(Gaze 독)[명] (소독하여 의료용으로 쓰는) 부드럽고 성긴 외올 무명베. 거즈.

가:-제본(假製本)[명] (정식으로 제본하기에 앞서) 임시로 해 보는 제본, 또는 그 책.

가제-식(加除式)[명] 공책이나 장부 따위의 낱장을 필요에 따라 자유로이 끼웠다 뺐다 할 수 있도록 제본하는 방식.

가져-가다[-저-][타] ①무엇을 한 지점에서 다른 지점으로 옮겨 가다. ②(어떠한 결과나 상태로) 끌고 가다. ¶공적인 문제를 감정적으로 가져가서는 안 된다.

가져다-주다[-저-][타] ①무엇을 가지고 와서, 또는 가지고 가서 주다. ¶동생에게 도시락을 가져다주었다. ②(어떠한 결과나 상태를) 일어나게 하다. ¶오늘의 피땀 어린 노력이 내일의 영광을 가져다줄 것이다.

가져-오다[-저-][타] ①무엇을 한 지점에서 다른 지점으로 옮겨 오다. ②(어떠한 결과를) 나타내다. 생기게 하다. ¶끈질긴 노력이 마침내 성공적인 결과를 가져오다. /행복을 가져오다.

가:조(佳兆·嘉兆)[명] 좋은 조짐. 경사스러운 일이 있을 조짐. 길조(吉兆). ↔흉조(凶兆).

가:-조각(假爪角)[명] 비파(琵琶)를 탈 때, 줄을 짚기 위하여 오른손의 둘째·셋째·넷째 손가락에 끼우는, 뿔로 만든 두겁.

가:-조기[명] 배를 갈라 넓적하게 펴서 말린 조기. 건석어(乾石魚).

가:조-시(可照時)[명] ☞가조시간.

가:조-시간(可照時間)[명] 해가 떠서 질 때까지의 시간. 가조시. ⁂일조 시간(日照時間).

가:-조약(假條約)[명] (비준이나 재가를 거치지 아니하고) 임시로 체결한 조약. 잠정 조약.

가:-조인(假調印)[명][자타] 약정된 문서에 정식으로 조인하기에 앞서, 그 초안(草案)에 우선 임시로 하는 조인.

가족(家族)[명] ①(어버이와 자식, 형제자매, 부부 등) 혈연과 혼인 관계 등으로 한집안을 이룬 사람들의 집단. 가권(家眷). 가내. 가속(家屬). 권속(眷屬). ②한집안의 친족. 일가. 일문(一門). ③'이해관계나 뜻을 같이하여 맺어진 사람들'을 비유하여 이르는 말. ¶우리 회사에 입사하신 여러분은 이제 한 가족입니다.

가족^경제(家族經濟)[-경-][명] 생산과 소비까지의 모든 경제 행위가 한 가족 안에서 이루어지는 경제 상태. ⁂국민 경제.

가족-계획(家族計畫)[-계/-계/][명] 부부, 특히 아내의 건강과 집안의 경제를 생각하여 자식의 수와 터울을 계획적으로 조절하는 일.

가족^관계^등록부(家族關係登錄簿)[-관계-/-관게-녹뿌][명] 등록 기준지, 개인의 성명·생년월일 등 신분에 관한 사항, 가족 관계에 관한 사항 따위를 기록한 공문서. 2008년 호적법 폐지에 따라 호적을 대체하기 위해 마련한 문서임.

가족^국가(家族國家)[-꾸까][명] 국가는 하나의 큰 가정이라는 주장 아래 가정을 국가 지배의 바탕으로 하는 국가 유형.

가족-묘(家族墓)[-종-][명] 한집안 식구들의 여러 무덤이 같은 장소에 있는 형태의 묘지.

가족-법(家族法)[-뻡][명] 민법의 '친족법'과 '상속법'을 흔히 이르는 말.

가족-사진(家族寫眞)[-싸-][명] 가족이 함께 찍은 사진.

가족-석(家族席)[-썩][명] (극장이나 어떤 모임 같은 데서) 가족끼리 모여 앉도록 마련된 자리.

가족^수당(家族手當)[-쑤-][명] (근로자의 생활비 보조를 위하여) 부양가족의 수에 따라, 본봉 이외에 따로 더 지급되는 수당.

가족^쟁의(家族爭議)[-쟁이/-쟁이][명] ☞가정쟁의.

가족-적(家族的)[-쩍][관명] 한 가족에 관한 (것). 한 가족처럼 친근한 (것). ¶가족적 분위기.

가족^제:도(家族制度)[-쩨-][명] 사회 제도에 따라서 규정되는 가족의 형태. 〔대가족 제도·소가족 제도 따위.〕

가족-탕(家族湯)圐 (영업용 목욕탕에서) 한 가족끼리만 함께 쓰도록 되어 있는 목욕탕.

가족-회의(家族會議)[-조의/-조헤이]圐 가족에 관련된 문제를 논의하기 위한 가족의 모임.

가존(家尊)圐 〈아버지〉의 높임말.

가좌(家座)圐 집터의 위치와 경계.

가죄(加罪)[-죄/-줴]圐하자타되자 ①죄에 죄가 더함. ②죄를 더하여 매김.

가죄(嫁罪)[-죄/-줴]圐하자 죄를 남에게 덮어 씌움.

가:주(佳酒·嘉酒)圐 좋은 술. 미주(美酒).

가주(家主)圐 집주인.

가:주(假主)圐 ①신주(神主) 대신으로 만든 신위(神位). ②지난날, 국상(國喪) 때 쓰던, 뽕나무로 만든 임시 신주를 이르던 말.

가:주(假株)圐 〈가주권〉의 준말.

가:주권(假株券)[-꿘]圐 (나중에 본주권과 바꾸어 주기로 하고) 임시로 주는 주권 증서. ㈜가주.

가:-주소(假住所)圐 ①임시 주소. ②거짓으로 대는 주소. ③법률에서, 어떤 특정 행위의 당사자가 그 행위에 대하여 주소에 대신할 것으로 선정한 처소를 이르는 말.

가죽圐 ①동물의 몸의 껍질을 이룬 질긴 물질. ②짐승의 몸의 껍질을 다루어서 정제(精製)한 것. 피혁(皮革). ¶가죽 가방. /가죽 제품. ③《주로 합성어의 꼴로 쓰여》 사람의 피부를 얕잡아 이르는 말. ¶뱃가죽. /살가죽.

가죽-나무[-죽-]圐 소태나뭇과의 낙엽 활엽 교목. 잎은 깃 모양의 겹잎. 6월경에 연두색 꽃이 피고, 선상(線狀)의 시과(翅果)가 열림. 뿌리껍질은 약재로 쓰임. 저목(樗木).

가죽-숫돌[-쑫똘]圐 면도칼의 날을 세우는 데쓰는 가죽 띠. 혁지(革砥).

가죽-신[-씬]圐 가죽으로 만든 신. 갖신.

가죽-위(-韋)圐 한자 부수(部首)의 한 가지. '韌'·'韜' 등에서의 '韋'의 이름. 다룸가죽위.

가죽-피(-皮)圐 한자 부수(部首)의 한 가지. '皰'·'皴' 등에서의 '皮'의 이름.

가죽-혁(-革)[-주혁]圐 한자 부수(部首)의 한 가지. '靴'·'鞋' 등에서의 '革'의 이름.

가중(加重)圐하타되자 ①더 무겁게 함. 더 무거워짐. ¶부담이 가중되다. ②누범(累犯) 등의 경우에 법정형(法定刑)의 범위를 넘어서 형벌을 더 무겁게 함.

가중(苛重)圐 '가중하다'의 어근.

가중(家中)圐 온 집안. 한 가정의 안.

가중-감경(加重減輕)圐 법정형을 법률상 또는 재판상 더 무겁게 하거나 가볍게 하는 일.

가중^산:술^평균(加重算術平均)圐 각 수치(數値)에 가중치(加重値)를 가하여 얻은 평균. ㈜가중 평균. ↔단순 산술 평균.

가중^처:벌(加重處罰)圐〔형(刑)의 선고에 있어서〕형량을 더 보태어 선고하는 처벌.

가중-치(加重値)圐 ①평균치를 산출할 때, 개별치(個別値)에 부여되는 중요도. ②어떤 상품의 경제생활에서 차지하는 중요도.

가중^평균(加重平均)圐〈가중 산술 평균〉의 준말.

가:중-하다(苛重-)휑 부담이 가혹하게 무겁다. ¶세금이 가중하다. 가중-히튀.

가중-형(加重刑)圐 법정 사유에 따라 법에서 정한 범위를 넘어 더 무겁게 지우는 형벌.

가즈런-하다튀 '가지런하다'의 잘못.

가즈럽다[-따][가즈러우니·가즈러워]휑ㅂ 아무 것도 없으면서 온갖 것을 다 가진 체하며 빼기는 태도가 있다.

가즉이튀〈옛〉정제(整齊)하게. 가지런히. ¶禮義廉恥로 가즉이 녜여시니(古時調).

가증(加症)圐①하자 어떤 병이 있는데 딴 증세가 또 일어남. ②하타 되자 어떤 병이 이제까지와는 다른 증세를 보임.

가증(加增)圐하자타 되자 더 보탬. 더 보태어짐.

가증(可憎)圐 '가증하다'의 어근.

가증-률(加增率)[-늘]圐 증권(有價證券)의 매매 가격이 액면 가격이나 불입 금액을 초과하였을 때, 그 초과분의 전체 금액에 대한 비율.

가:증-맞다(可憎-)[-맏따]휑 몹시 괘씸하고 얄밉다. ¶가증맞게도 그가 우리를 배반하다니.

가:증-스럽다(可憎-)[-따][~스러우니·~스러워]휑ㅂ 보기에 가증한 데가 있다. 가증스레튀.

가:증-하다(可憎-)휑 괘씸하고 얄밉다. 밉살스럽다. ¶생각할수록 원통하고 가증한 일이다.

가지¹圐 ①식물의 원줄기에서 갈라져 벋은 줄기. ¶감나무 가지 끝에 달린 까치밥. ②'근원에서 갈라져 나간 것'을 비유하여 이르는 말. ¶대수학은 수학의 한 가지.

가지 많은 나무에 바람 잘 날이 없다[속] 자식을 많이 둔 어버이에게는 근심이 끊일 때가 없다는 말.

가지(를) 치다[관용] 하나의 근본에서 딴 갈래가 생기다.

가지²圐 ①가짓과의 일년초. 줄기의 높이는 60~100 cm. 줄기와 잎은 자줏빛이고, 잎은 어긋맞게 나며 달걀 모양임. 잎겨드랑이에서 담자색·남색·백색 등의 꽃이 피며 흑자색의 길둥근 열매를 맺음. 원산지는 인도. 세계 여러 나라에서 식용으로 널리 재배되며 품종이 많음. ②가지의 열매.

가지 나무에 목을 맨다[속] 워낙 딱하고 서러워서 목맬 나무의 크고 작음을 가리지 않고 죽으려고만 한다는 뜻으로, 이것저것 가릴 처지가 아니라는 말.

가:지³圐 남을 천대하고 업신여기는 뜻으로 욕하는 말. ¶나 원, 별 가지 같은 놈을 다 보겠구나. ㈜-꺼지.

가지⁴의 ①사물을 종류별로 구별하여 헤아릴 때 하는 말. ¶세 가지 방법. /예를 몇 가지 들어 설명하다. ②제기차기를 할 때, 차기 시작하고서 땅에 떨어지기까지의 동안. ¶이번 가지에는 스무 번을 넘게 찼다.

가지(加持)圐〔부처의 가호(加護)를 받아〕중생과 부처가 하나가 되는 경지(境地)에 들어가는 일. ②민간에서, 병이나 재난을 면하려고 부처에게 올리는 기도. ¶가지 기도.

가:지(可知)圐 알 만함. 알 수 있음. ¶만인 가지의 평범한 질문. /불문(不問)가지.

가지-가지¹圐 여러 종류. 가지각색. 각양각색. 각가지. ¶사람의 성격도 가지가지다. ㈜갖가지.

가지-가지²圐 낱낱의 나뭇가지. ¶대추가 가지가지에 열려 있다.

가지-각색(-各色)[-쌕]圐 여러 가지. 각양각색. 종종색색. 형형색색. ¶세상에는 인종도 가지가지요, 풍습도 가지각색이다.

가지-고비고사리圐 고사릿과의 다년생 양치류. 고비고사리와 비슷하나, 잎이 단단하고 그물맥이 있음. 줄기 높이 50~60 cm. 잎 뒷면에 홑씨주머니가 배열되어 있음. 산이나 들의 나무 그늘에서 자라는데, 우리나라·일본·중국 등지에 분포함.

가지-굴〖명〗 꼼칫과의 바닷물고기. 몸이 가늘고 긴데, 양쪽 턱에 큰 구멍이 있으며, 몸빛은 자줏빛. 등지느러미와 뒷지느러미는 폭이 넓고 가에 흰빛이 둘리어 있음. 제주도·일본·동인도 제도 등의 근해에 분포함.

가:-지급(假支給)〖명〗〖하타〗〖되자〗 (정식으로 치르거나 내어 주기로 정한 날보다 앞당겨) 임시로 미리 하는 지급. 가불.

가:지급-금(假支給金)〔-끔〕〖명〗 가지급한 돈. 가불금.

가지기〖명〗 이혼녀로서 정식 혼인은 아니고 다른 남자와 사는 여자. 가직(家直).

가지-김치〖명〗 가지에 두세 갈래의 칼집을 내고 살짝 데치어 칼집 꼭 짠 뒤, 파·마늘·고추 고추 다진 것을 소금으로 간한 소를 넣어 차곡차곡 담고 국물을 해 부은 김치.

가지다[태] ①손에 쥐다. 몸에 지니다. ¶네 손에 가진 게 뭐냐? ②마음속에 두다. 마음먹다. ¶소년이여, 대망(大望)을 가져라. ③자기 것이 되게 하다. 소유하다. ¶인간은 법 앞에 평등한 권리를 가지고 있다. ④(알·새끼·아이 등을) 배 속에 지니다. 잉태하다. ¶개가 새끼를 가지다. ⑤거느리다. 세력(관할) 아래에 두다. ¶100여 개의 지점을 가진 큰 회사. ⑥(어떤 일을 나타내는 말 뒤에 쓰이어) 그러한 일을 하다. 벌이다. 베풀다. ¶모임을 가지다. /상담회를 가지다. ⑦관계(연계)를 맺다. ¶깊은 유대를 가진 두 나라 사이. ⑧('-을(를) 가지고'의 꼴로 쓰이어) ㉠'-을 써서'·'-으로'·'-으로써'의 뜻을 나타냄. ¶낮을 가지고 풀을 벤다. ㉡'-을 대상으로 하여'의 뜻을 나타냄. ¶왜 나를 가지고 모두들 이렇게 야단이냐? 㽷갖다.

가지다²[조동]《용언 어미 '-아'·'-어' 뒤에서 '가지고'의 꼴로 쓰이어》 앞말이 뜻하는 동작이나 상태가 그대로 유지되거나, 또는 그럼으로써 뒷말의 동작이나 상태가 유발됨을 뜻함. ¶책을 사 가지고 왔다. /저 사람은 워낙 약아 가지고 손해 보는 짓은 절대 안 한다.

가지런-하다[형] 〔들쭉날쭉하지 않고〕 끝이 고르다. ¶하얀 이가 가지런하다. **가지런-히**[부].

가지런할-제(-齊)〖명〗 한자 부수의 한 가지. '齊'·'齋' 등에서의 '齊'의 이름.

가지무늬^토기(-土器)〔-니-〕〖명〗 겉면에 검은 빛 가지 무늬가 둘려 있는 청동기 시대의 토기. 채문 토기.

가-지방(加地枋)〖명〗 문설주 안으로 덧댄 문지방. 㽷가방(加枋).

가지-번호(-番號)〖명〗 일정한 차례로 매긴 번호에서 다시 가지를 치듯 갈라져 나가는 차례에 매겨 나간 번호. 〔1, 2, 3, 4-1, 4-2, 5…에서 '4-1·4-2' 따위.〕

가지-접(-椄)〖명〗 접가지를 접붙이는 일.

가지-줄〖명〗 낚싯줄의 본줄에서 가지를 내어 낚시 바늘을 매는 줄.

가지-치기〖명〗〖하타〗 과수 등 재배 식물의 나무 모양을 고르고, 웃자람을 막으며, 결실을 조절하기 위하여 곁가지 따위를 자르고 다듬는 일. 전정(剪定). 전지(剪枝).

가직(家直)〖명〗 ☞가지기.

가직다〔-따〕[형] 〈가직하다〉의 준말.

가직-하다〔-지카-〕[형] 거리가 조금 가깝다. 㽷가직다. ↔멀찍하다. **가직-이**[부].

가질(家秩)〖명〗 지난날, 벼슬아치의 집에 내리던 녹봉(祿俸).

가:-질(假質)〖명〗 (병자호란 이후에) 대신들의 아들

가:집(佳什)〖명〗 아름답게 잘 지은 시가(詩歌).

가집(家什)〖명〗〈가장집물〉의 준말.

가집(家集)〖명〗 한집안 사람들의 시문(詩文) 따위를 모아 엮은 책.

가집(歌集)〖명〗 시가(詩歌)를 모아 엮은 책.

가:-집행(假執行)〔-짜행〕〖명〗〖하타〗〖되자〗 민사 소송에서, 승소자의 불이익을 막기 위하여 법원이 직권으로 또는 소송 관계자의 신청에 따라 미확정인 판결의 취지를 우선 집행하는 일.

가:짓-말〔-진-〕〖명〗〖하자〗 사실과 다르게 꾸며서 하는 말. 㲩거짓말.

가:짓말-쟁이〔-진-〕〖명〗 가짓말을 잘하는 사람. 㲩거짓말쟁이.

가:짓-부렁〔-짇뿌-〕〖명〗〈가짓부렁이〉의 준말. 㲩거짓부렁.

가:짓-부렁이〔-짇뿌-〕〖명〗〈가짓말〉의 속된 말. 㽷가짓부령. 㲩거짓부렁이.

가:짓-부리〔-짇뿌-〕〖명〗〈가짓말〉의 속된 말. 㽷가짓부렁. 㲩거짓부리.

가:짓-불〔-짇뿔〕〖명〗〈가짓부리〉의 준말. 㲩거짓불.

가짓-수(-數)〔-지쑤/-짇쑤〕〖명〗 여러 가지의 수효. ¶반찬의 가짓수가 많은 한정식.

가징(加徵)〖명〗〖하타〗〖되자〗 (처음에 정한 수량보다) 더 징수함.

가졸비다[태]〈옛〉비교하다. 견주다. ¶가졸벼 니르시니(月印125章).

가:짜(假-)〖명〗 ①거짓으로 만든 것. 위조한 것. ¶가짜 수표. ②참이 아닌 것을 참인 체한 것. 사이비(似而非). ¶가짜 사장. ↔진짜.

가:차(假借)〖명〗 ①〖하타〗 임시로 빌리거나 꿈. ②《주로 '없다'와 함께 쓰이어》 사정을 보아 줌. ¶법을 어긴 사람을 가차 없이 처단하다. ③한자의 육서(六書)의 하나. 어떤 뜻을 나타내는 한자가 없을 때, 뜻은 다르나 음이 같은 글자를 빌려 쓰는 방법. 〔본디 '세상을 떠난 아버지'를 뜻하는 '考'자를 '생각하다'의 글자로 쓰는 따위.〕

가:-찬(佳饌·嘉饌)〖명〗 맛 좋은 반찬(음식).

가:-찰(苛察)〖명〗〖하타〗 까다롭게 따지어 살핌.

가찹다[형] 〈가깝다〉의 방언.

가창(街娼)〖명〗 길거리에서 호객 행위를 하는 창녀.

가창(歌唱)〖명〗〖하자〗 노래를 부름. 창가(唱歌).

가창-력(歌唱力)〔-녁〕〖명〗 노래를 부르는 능력.

가창-오리〖명〗 오릿과의 물새. 몸길이 30 cm, 날개 길이 20 cm가량. 특히, 수컷의 얼굴빛은 황색과 녹색이 반반인데 검은색의 띠가 경계를 이루어 아름다우며, 암수 사이가 매우 좋음. 시베리아 중동부에 살며, 가을에 우리나라·중국·일본으로 날아옴.

가:채(可採)〖명〗《일부 명사 앞에 쓰이어》 채굴하거나 채취할 수 있음. ¶가채 광석.

가:채-점(假採點)〔-쩜〕〖명〗〖하타〗〖되자〗 임시로 하는 채점. ¶가채점 결과 작년보다 평균이 10점 정도 오를 것으로 예상된다.

가:책(呵責)〖명〗〖하타〗〖되자〗 (잘못을) 꾸짖어 나무람. ¶양심의 가책을 받다.

가:책(苛責)〖명〗 몹시 심하게 꾸짖음.

가:-처분(假處分)〖명〗〖하타〗〖되자〗 ①임시로 어떤 사물을 처분함. ②〖법〗에서, 금전 채권 이외의 받을 권리가 있는 특정물을 계쟁(係爭) 중에 있을 때, 장차의 강제 집행을 보전하기 위하여, 법원의 결정에 따라 그 동산·부동산을 상대편이 처분하지 못하도록 금지하는 잠정적 처분.

가:처분^소:득(可處分所得)圓 어떤 해의 개인의 전 소득액에서 모든 세금을 뺀 소득. 곧, 개인의 의사에 따라 자유로이 쓸 수 있는 소득.

가척(歌尺)圓 └노래자이.

가:철(假綴)圓하타 (서류 따위를) 임시로 책처럼 매어 둠.

가:철-본(假綴本)圓 (완전하게 만든 책이 아닌) 임시로 대강 매어 놓은 책.

가첨(加添)圓하타되자 덧붙임. 첨가(添加).

가첨-밥(加添-) [-빱]圓 먹을 만큼 먹은 위에 또 더 먹는 밥.

가첨-석(加檐石)圓 비석 위에 지붕 모양으로 만들어 얹는 돌. 개두(蓋頭). 개석(蓋石). 비개석(碑蓋石).

가첨-잠(加添-) [-짬]圓 잘 만큼 잔 다음에 또 더 자는 잠.

가첩(家牒)圓 한 집안의 보첩(譜牒). 가보(家譜). 가승(家乘).

가:청(可聽)圓 들을 수가 있음. ¶가청 지역. / 가청 주파수.

가:청-음(可聽音)圓 사람의 귀로 들을 수 있는 범위의 음. 〔주파수 20~2만 헤르츠(Hz), 음의 크기 0~130폰(phon)의 소리.〕

가체(加髢)圓하타 지난날, 부인이 성장(盛装)할 때 머리에 큰머리나 어여머리를 얹던 일.

가촌(街村)圓 큰길가를 따라 집들이 길게 늘어서 있는 마을.

가:추(假椎)圓 척추 끝과 미저골(尾骶骨).

가-추렴(─加出斂)圓하타되자 (추렴한 금품이 모자랄 때) 다시 더하는 추렴. 본가출렴.

가축하타圓 ①알뜰하게 매만져서 간직하는 일. ¶할머님이 쓰시던 반닫이를 잘 가축하여 가보처럼 아낀다. ②잘 매만져 가꿈. ¶옷맵시는 가축하기에 달렸다.

가축(家畜)圓 집에서 기르는 짐승. 〔소·말·개·돼지·닭·거위 따위.〕집짐승.

가축^법정^전염병(家畜法定傳染病) [-쩡-] 圓 가축 전염병 예방법에 따라서 특별히 지정한 가축의 전염병. 〔우역(牛疫)·광견병(狂犬病) 따위.〕

가:축-성(可縮性) [-썽]圓 오그라들거나 줄어들 수 있는 성질.

가출(家出)圓하자 (정신 질환이나 가정불화, 그 밖의 불평·불만 등으로 해서) 자기 집을 뛰쳐나감. ¶가출 소년.

가:-출렴(加出斂)圓 〈가추렴〉의 본딧말.

가:-출소(假出所) [-쏘]圓하자 교도소에서 가석방되어 나옴.

가:-출옥(假出獄)圓하자되자 '가석방'의 구용어.

가취(加取)圓하타 물건을 살 때 덤으로 더 받음, 또는 그 물건.

가취(可取)圓 '가취하다'의 어근.

가:취(佳趣)圓하자 ①좋은 취미. ②재미있는 흥취.

가취(嫁娶)圓하자 시집가는 일과 장가드는 일. 취가(娶嫁).

가취(歌吹)圓하자 노래를 부르고 관악기를 붊.

가취지례(嫁娶之禮)圓 혼인의 예식. 혼례.

가:취-하다(可取-)形예 취할 만하다. 쓸 만하다. 《주로, '가취할'의 꼴로 쓰임.》 ¶사람이 좀 고지식하지만 성실한 점만은 가취할 만하다.

가:측-치(可測値)圓 실제로 측정(測定)할 수 있는 수치.

가치圓 〈옛〉까치. ¶ㄷ리 ㄱ느라 가치 ㄴ디 아니ㅎ놋다(杜初11:46).

가:치(假齒)圓 └의치(義齒).

가치(價値)圓 ①값. 값어치. ②어떤 사물이 지니고 있는 의의나 중요성. ¶이용 가치가 있다. / 생각해 볼 가치도 없다. ③〔철학에서〕㉠인간의 감정이나 요구나 관심의 대상이 되는 것. 〔호오(好惡)·선악 따위.〕㉡인간 정신의 목표가 되는 보편타당의 당위. 〔진·선·미 따위.〕 ¶예술적 가치. ④경제학에서, 어떠한 욕망을 채워 주는 정도에 따라 그 물건에 대하여 인정되는 의의. 사용 가치와 교환 가치가 있음.

가치^감:정(價値感情)圓 (쾌·불쾌·미·추·선·악 따위의) 가치 인식에 따라 일어나는 감정.

가치-관(價値觀)圓 사람이 자신을 포함한 세계나 만물에 대하여 가지는 평가의 근본적인 태도, 또는 견해. ¶가치관의 혼란. /낡은 가치관.

가치-노올(옛) 까치놀. ¶天地 寂寞 가치노올 썟느디(古時調).

가치-론(價値論)圓 ①└가치 철학. ②재화(財貨)의 가치, 특히 재화의 교환 가치를 다루는 경제학의 한 영역.

가치^법칙(價値法則)圓 마르크스 경제학에서, 상품의 가치를 결정하는 경제 법칙.

가치^분석(價値分析)圓 제품의 기능이나 사용 가치를 높이면서, 제조 비용을 되도록 줄이기 위한 조직적인 분석 방법.

가치^생산물(價値生產物)圓 경제학에서, 생산 과정에서 새로 형성된 가치. 〔생산 과정에서 들인 노동력 가치의 보상 부분과 잉여 가치 부분을 합한 것.〕

가치-설(價値說)圓 └가치 학설.

가치작-가치작圓뭐하자 일에 방해가 되게 이리저리 자꾸 걸리는 모양. 관거치적거치적. 셈까치작까치작.

가치작-거리다圓 [-꺼-]자 자꾸 가치작가치작하다. 가치작대다. ¶가치작거리지 말고 저리 비켜라. 관거치적거리다. 셈까치작거리다.

가치작-대다[-때-]자 └가치작거리다.

가치^척도(價値尺度) [-또]圓 상품 가치를 재는 기준. 〔화폐가 그 대표적인 것임.〕

가치^철학(價値哲學)圓 철학적 인식의 대상을 사실(事實)의 문제가 아니고, 당위(當爲) 또는 보편타당적 가치의 탐구·확립에 있다고 보는 관점(觀點). 가치론(價値論).

가치^판단(價値判斷)圓 ①어떤 사물의 값어치를 정하는 일. ②철학에서, 대상에 대한 주관의 시인(是認) 또는 배척(排斥)을 나타내는 판단. 〔'이 꽃은 아름답다.', '도둑질은 나쁘다.' 하는 따위.〕

가치^학설(價値學說) [-썰]圓 경제학에서, 경제 가치의 본질 및 그 결정을 설명하는 학설. 가치설(價値說).

가치^형태(價値形態)圓 경제학에서, 어떤 상품의 가치를 다른 상품의 가치로 나타내는 것. 〔구두 한 켤레 값을 쌀 몇 말로 나타내는 따위.〕

가친(家親)圓 (남 앞에서) '자기의 아버지'를 일컫는 말. 가부(家父). 가엄(家嚴).

가칠(加漆)圓하타되자 칠한 위에 더 칠함.

가:칠(假漆)圓하타 ①(옻나무의 진으로 만든 칠이 아니고) 다른 물질로 만든 칠. ②(건물의 단청에서) 애벌로 우선 채색함, 또는 그 채색.

가칠-가칠뭐하타 여러 군데가 가칠한 모양. ¶면도를 하지 못해 얼굴이 가칠가칠하다. 관거칠거칠. 셈까칠까칠.

가칠-하다形예 (살갗 따위가) 거칠고 윤기가 없다. ¶며칠을 앓고 나더니 얼굴이 가칠하다. 관거칠하다. 셈까칠하다.

가칫-가칫[-친까칫] 𝐅𝐡자 살갗 따위에 자꾸 조금씩 가볍게 걸리고 닿는 모양. ¶손바닥으로 턱을 문지르니, 조금 자란 수염이 가칫가칫한다. ②거칫거칫. 젠까칫까칫.

가칫-거리다[-친-]자 자꾸 가칫가칫하다. 가칫대다. ②거칫거리다. 젠까칫거리다.

가칫-대다[-친-]자 가칫거리다.

가칫-하다[-치-]형 야위고 윤기가 없어 좀 거친 느낌이 있다. ②거칫하다. 젠까칫하다.

가:칭(假稱)명하타되자 ①임시로 이름 지어 부름, 또는 그 이름. ②거짓으로 일컬음.

가쾌(家儈)명 ☞집주름.

가타(伽陀←Gāthā 범)명 부처의 공덕을 찬미하거나 교리를 나타낸 운문(韻文). 게(偈).

가:타-부타(可-否-)명 옳다거나 그르다거나, 찬성한다거나 반대한다거나 함. ¶그는 가타부타 말이 없었다.

가:탁(假託)명하타 ①거짓 핑계를 댐. ¶몸이 아프다고 가탁하여 조퇴하다. ②표현법의 한 가지로, 다른 사물을 끌어다 사상·감정을 나타내는 일. ¶자기의 외로운 마음을 접동새에 가탁하여 노래한 '정과정곡'.

가탄(可歎)명 '가탄하다'의 어근.

가탄(嘉歎)명하타 가상(嘉尙)히 여기어 감탄함.

가:탄-가탄(可歎可歎)명 매우 탄식할 만함.

가:탄-스럽다(可歎-)[-따-][~스러우니·~스러워]형 탄식할 만한 데가 있다.

가:탄-하다(可歎-)형 어떤 일이나 상황이 잘 못되어 탄식할 만하다. 《주로, '가탄할'의 꼴로 쓰임.》 ¶조금만 서둘렀어도 아내를 만날 수 있었는데…. 참으로 가탄할 일이다.

가탈 ①일이 순편하게 나아가지 못하게 방해가 되는 일. ¶첫 사업이라 가탈도 많다. ②억지 트집을 잡아 까다롭게 구는 일. ¶가탈을 부리다. 젠까탈.

가탈-가탈 𝐅𝐡자 말이 자꾸 가탈걸음을 걷는 모양.

가탈-거리다자 자꾸 가탈가탈하다. 가탈대다. ¶말이 어찌나 가탈거리는지 차라리 걷는 편이 낫겠다.

가탈-걸음명 불안정하게 비틀거리며 걷는 말의 걸음걸이.

가탈-대다자 가탈거리다.

가탈-스럽다형 ①조건이 복잡하고 엄격하여 적용하기에 어려운 데가 있다. ②성미가 원만하지 않고 별스러워 맞춰 주기 어려운 데가 있다.

가탈-지다자 가탈이 생기다. 젠까탈지다.

가택(家宅)명 사람이 사는 집. ¶가택 연금.

가택^수색(家宅搜索)[-쑤-]명 압수 수색 영장을 발부받은 경찰관 등이, 형사 사건의 범인이나 증거물을 찾기 위하여 집 안에 들어가 뒤지는 일.

가택^침:입(家宅侵入)명 '주거 침입'의 구용어.

가택^침:입죄(家宅侵入罪)[-쬐/-쮀]명 '주거 침입죄(住居侵入罪)'의 구용어.

가:터-뜨기(garter-)명 뜨개질에서, 대바늘뜨기의 한 가지. 겉뜨기 한 줄, 안뜨기 한 줄을 반복하여, 안팎이 없이 뜨는 방법.

가토(加土)명하타 ①초목의 밑동에 흙을 북돋아 줌, 또는 그 흙. 북주기. ②무덤 위에 흙을 더 얹음, 또는 그 흙.

가토(家兎)명 ☞집토끼.

가토리명 (옛) 까투리. ¶매게 쫓긴 가토리 안과 …(古時調).

가:톨명 세톨박이 밤송이의 양쪽 가에 박혀 있는 밤톨. ⓝ가운데톨.

가톨릭(Catholic)명 ①가톨릭교. ②가톨릭교 교회, 또는 신자(信者).

가톨릭-교(Catholic敎)명 ①(개신교에 대하여) '로마 가톨릭교'를 이르는 말. 천주교(天主敎). ②(넓은 뜻으로) 로마 가톨릭교와 그리스 정교(正敎)를 아울러 이르는 말. 구교(舊敎).

가통(可痛)명하다형자 나아 가던 병이 다시 더쳐서 딴 증상이 나타나거나, 열이 다시 올라서 몹시 앓음.

가통(可痛)명 '가통하다'의 어근.

가통(家統)명 한 집안의 계통. 가계(家系).

가:통-하다(可痛-)형 통분할 만하다. 《주로, '가통할'의 꼴로 쓰임.》 ¶실로 가통할 일이로다. 가통-히𝐅.

가투(歌鬪)명하자 시조나 노래를 적은 딱지, 또는 그것을 가지고 하는 놀이.

가트(GATT)명 관세 및 무역에 관한 일반 협정. 세계 무역 기구의 출범으로 1995년 소멸됨. [General Agreement on Tariffs and Trade]

가티노올명 (옛) 사나운 바닷물결. ¶가티노올: 白頭波(物譜下編).

가파르다[가파르니·가팔라]형르 몹시 비탈지다. 강파르다. ¶가파른 고갯길.

가판(架版)명하타되자 인쇄하기 전에 연판을 쪽 순서대로 인쇄기 판 위에 벌여 놓아, 인쇄할 수 있도록 하는 일.

가:판(街販)명하타되자 〈가두판매〉의 준말.

가:판-대(街販臺)명 가두판매하는 물건을 올려 놓기 위하여 설치한 대.

가팔-막명 〈가풀막〉의 본딧말.

가:편(可便)명 (의안 따위를 표결할 때) 찬성하는 편. ↔부편(否便).

가편(加鞭)명하자 걸음을 재촉하느라고 채찍질을 더함. ¶주마(走馬)가편.

가편(佳篇)명 잘된 작품. 가작(佳作).

가:평(苛評)명하타 가혹한 비평. 혹평(酷評).

가평(嘉平)명 '섣달'을 달리 이르는 말. 극월.

가평-절(嘉平節)명 '납일(臘日)'을 명절로 이르는 말.

가:표(可票)명 찬성표. ↔부표(否票).

가표(加標票)명 '덧셈 부호'의 구용어.

가풀막명 가파르게 비탈진 곳. 본가팔막.

가풀막-지다[-찌-]형 땅이 가파르게 비탈져 있다. ¶가풀막진 언덕.

가풀-지다형 '가풀막지다'의 잘못.

가:품(佳品)명 품질이 썩 좋은 물건.

가품(家品)명 ①☞가풍(家風). ②한집안 사람들의 공통된 성품.

가풍(家風)명 한 집안에 전하여 내려오는 풍습이나 범절(凡節). 가품(家品). ¶사람마다 개성이 다르듯이 가정마다 가풍도 다르다.

가풍(歌風)명 (어떤 작가 또는 어떤 시대의) 시가(詩歌)에서 풍기는 일관된 특징이나 품격.

가풀-밍[명] ¶가풀 쇼: 鞘(訓蒙中18).

가피(加被)명하타 부처나 보살이 자비를 베풀어 중생(衆生)을 이롭게 함.

가피(痂皮)명 부스럼 딱지.

가피-력(加被力)명 부처나 보살이 중생에게 자비를 베푸는 힘.

가피-병(痂皮病)[-뼝]명 부스럼 딱지가 앉는 피부병.

가필(加筆)명하자타되자 ①문서를 고치거나 보충하거나 함. ②글이나 그림 등의 일부를 지우거나 보태거나 하여 고침.

가필(呵筆)**명하자** 언 붓을 입김으로 녹임.

가하(加下)**명하타** ①돈을 정한 액수보다 더 내어 줌. ②돈을 정한 액수보다 더 씀. ③공금을 사사로이 씀.

가-하다(加-)**타어** ①(수량이나 정도 따위를) 더하다. 보태다. ¶주행 속도를 가하다. ↔감하다. ②(어떤 동작이나 작용을) 다른 것에 미치게 하다. ¶열을 가하다./압력을 가하다./제재를 가하다. ③(병이나 결함을) 손을 써서 고치다. ¶수술을 가하다.

가:-하다(可-)**형어** (안건 따위가) 자기의 뜻과 맞아 좋다. ¶그 안건은 나도 가하다고 생각한다.

가하-지다(加下-)**자** 돈을 정한 액수보다 더 쓰게 되어 빚을 지다.

가학(加虐)**명하타** 학대를 함.

가:학(苛虐)**명하타** 가혹하게 학대함.

가학(家學)**명** ①집안에 대대로 전하여 오는 학문. ②집에서 배운 학문.

가학^성애(加虐性愛)[-썽-]**명** ⇨사디즘.

가학-애(加虐愛)**명** ⇨사디즘.

가합(加合)**명하타** 더하여 합침.

가합(可合)**명** '가합하다'의 어근.

가-합하다(可-)[-하파-]**형어** 마음에 맞다. ¶가합한 혼처(婚處)가 나타났다. 가합-히**부**.

가:항(可航)**명** 운항할 수 있음.

가항(街港)**명** 갈거리.

가:항-성(可航性)[-썽]**명** 선박이 다닐 수 있는 가능성.

가해(加害)**명하자** 남의 생명·신체·재산·명예 따위에 해를 끼침. ¶가해 행위. ↔피해(被害).

가해-자(加害者)**명** 남의 생명·신체·재산·명예 따위에 해를 끼친 사람. ↔피해자.

가행(加行)**명** 불교에서, 힘을 더하여 계행(戒行)을 닦음.

가행(家行)**명** 한 집안의 품행.

가행(嘉行)**명** 갸륵한 행동.

가행(稼行)**명하타자** 광산에서, 채광 작업을 함. 가업(稼業).

가행^탄:전(稼行炭田)**명** 현재 채광 작업을 하는 탄전. ↔봉쇄 탄전(封鎖炭田).

가:향(佳香)**명** 좋은 향기. ¶매화꽃은 청초하면서도 가향이 그윽한 꽃이다.

가향(家鄕)**명** 자기 집이 있는 고향.

가헌(家憲)**명** ⇨가법(家法).

가:현(假現)**명하자** 신이나 부처가 사람의 형상으로 잠시 이 세상에 나타남.

가:현-설(假現說)**명** 〈기독 가현설〉의 준말.

가:현^운:동(假現運動)**명** 심리학에서, 실지로는 움직이지 않는 대상이 어떤 조건 아래에서 움직이는 것같이 보이는 현상.

가형(加刑)**명하자타되자** 형벌을 더함. 가율(加律).

가형(家兄)**명** (남 앞에서) '자기의 형'을 일컫는 말. 사형(舍兄). **참**사백(舍伯).

가형-토기(家形土器)**명** 집토기.

가호(加號)**명** '덧셈 부호'의 구용어.

가호(加護)**명하타되자** ①보살피고 돌봄. ②신불(神佛)이 돌보아 줌. ¶신의 가호가 있기를 빕니다.

가호(家戶)① **명** 호적상의 집.
②**의** 세대를 세는 단위. ¶스무 가호.

가:-호적(假戶籍)**명** 임시로 본적지(本籍地)를 설정하여 만든 호적(戶籍).

가:혹(苛酷)**명하형** 매우 모질고 독함. ¶가혹 행위./가혹한 처사. 가혹-히**부**.

가홀오다(**타**)〔옛〕거우르다. ¶낯과 바미 곳다온 酒樽을 가홀오노라(杜初8:25). **참**거후르다.

가:화(佳話)**명** 좋은 이야기. 재미있는 이야기. 아름다운 이야기.

가화(家禍)**명** 집안의 재앙.

가:화(假花)**명** ⇨조화(造花).

가화(嫁禍)**명하자** 화(禍)를 남에게 넘겨씌움.

가화(嘉禾)**명** 낟알이 많이 달린 벼. 〔상서로운 것으로 여겼음.〕 대화(大禾).

가:-화류(假樺榴)**명** 화류의 빛과 같게, 붉게 칠한 목재.

가화-만:사성(家和萬事成)**명** 집안이 화목하면 모든 일이 다 잘되어 나간다는 뜻.

가환(家患)**명** 집안의 우환.

가:환(假鬟)**명** ⇨어여머리.

가:-환부(假還付)**명하타** 법원에서 압수한 물건을, 소유자나 보관자의 청구에 따라, 법의 결정에 의하여 임시로 돌려줌.

가:-환지(假換地)**명** 토지 구획 정리 사업을 하는 과정에서, 임시로 하는 환지.

가황(加黃)**명하자** ①생고무에 황을 섞어서 가열하여, 고무의 탄성과 저항력을 크게 하고, 용매(溶媒)에도 용해되지 않게 하는 일. ②면실유·어유 등의 유지(油脂)에 황을 가하여 열처리를 하는 일. 가류(加硫).

가황^고무(加黃-)**명** 생고무에 황을 넣어서 열처리함으로써 탄성도를 높인 고무. 가류 고무.

가:회(佳會·嘉會)[-회/-훼]**명** 즐거운 모임. 좋은 모임.

가회-톱[-회/-훼]**명** 포도과의 낙엽 활엽 다년생 만목(蔓木). 잎은 겹잎이며, 잎자루에 날개 같은 살이 붙어 있음. 5~6월에 황록색꽃이 피고, 열매는 장과(漿果임). 우리나라와 중국 동북 지방 등지에 분포함. 뿌리는 '백렴(白蘞)'이라 하여 한약재로 쓰임. 가위톱.

가획(加畫)**명** ①-획 글자의 원 획 이외의 획수를 더함. ↔감획(減畫).

가:효(佳肴·嘉肴)**명** 맛 좋은 안주. 미효(美肴). ¶옥반(玉盤) 가효는 만성고(萬姓膏)라(烈女春守節歌).

가후(駕後)**명** 임금의 행차 때 수레 뒤를 따르던 시위병.

가훈(家訓)**명** ①집안 어른이 그 자녀들에게 주는 교훈. 가정교훈. ②선대부터 그 집안의 도덕적 실천 기준으로 삼은 가르침. ¶우리 집안의 가훈은 '경천애인(敬天愛人)'이다.

가휘(家諱)**명** 자기 조상의 이름을 직접 부르는 일을 불경(不敬)하다 하여 꺼리는 일. 또는, 그렇게 하는 조상의 이름.

가:흥(佳興)**명** 좋은 흥취.

가:희(佳姬)[-히]**명** 아름다운 아가씨. 미희(美姬).

가희(歌姬)[-히]**명** 여자 가수.

가희톱**명**〔옛〕가회톱. ¶가회톱:白蘞(方藥24).

가히**명**〔옛〕개. ¶가히도 佛性이 잇ᄂᆞ니잇가(蒙法11).

가:히(可-)**부** ①(주로 '-ㄹ 만하다', '-ㄹ 수 있다', '-ㅁ직하다' 따위와 호응하여)'능히', '넉넉히', '크게 틀림없이'의 뜻을 나타냄. ¶한글의 우수성은 가히 세계에 자랑할 만하다./자식 잃은 父母 슬픔은 가히 짐작할 수 있겠네. ②(주로 '못하다'·'없다'·'아니하다' 따위 부정하는 말과 함께 쓰이어)'마땅히'의 뜻을 나타냄. ¶이런 즐거운 날에 어찌 가히 한잔 술이 없을쏘냐.

각(角)¹명 ①뿔. ②뿔로 만든, 옛날의 피리.

각(角)²명 ①모. ②각이 진 모자. ③〈각도〉의 준말. ③수학에서, 한 점에서 벋어 나간 두 반직선이 이루는 도형.

각(角)³명 〈각성(角星)〉의 준말.

각(角)⁴명 동양 음악의 오음(五音) 음계의 셋째 음. 참궁상각치우.

각(刻)¹명하 (나무·돌·쇠붙이 따위에) 글자나 그림을 새기는 일.

각(刻)²명 시헌력에서 하루의 12분의 1인 한 시(時)를 여덟으로 나눈 하나. 곧, 15분.

각(脚)명 잡은 짐승의 몸을 몇 부분으로 가를 때의 그 한 부분.

각(을) 뜨다관용 잡은 짐승의 몸을 몇 부분으로 가르다.

각(殼)명 껍데기.

각(閣)명 높고 큰 집.

각(覺)명 불법(佛法)의 본체(本體)와 마음의 본원(本源)을 깨달아 아는 경지. ¶각을 얻다. /각에 이르다.

각(各)관 각각의. 따로따로의. 낱낱의. ¶다음 문장의 각 낱말은 띄어 쓴다.

-각(閣)접미 《일부 명사 뒤에 붙어》 '높다랗게 지은 큰 집'임을 나타냄. ¶임해각(臨海閣).

각-가속도(角加速度) [-까-또] 물리학에서, 각속도가 단위 시간에 변하는 정도.

-가지(各-) [-까-]명 ☞가지가지¹. 각종(各種). 갖가지.

각각(各各) [-깍] Ⅰ명 사람이나 물건의 하나하나. ¶회의 참석자들은 각각의 의견을 자유롭게 이야기했다. Ⅱ부 제각기. 따로따로. 몫몫이. ¶자기의 물건은 각각 챙겨라.

각각(刻刻) [-깍]명 매 시각. 낱낱의 시각. ¶시험 날짜가 임박해지자 각각으로 초조한 마음이 생겼다.

각간(角干) [-깐] ☞이벌찬(伊伐湌).

각감(閣監) [-깜] 조선 시대에, 규장각에서 임금의 글·글씨·초상화 및 고명(顧命) 등을 지키던 잡직(雜職)의 한 가지.

각개(各個) [-깨]명 하나하나. 낱낱. 각기. 각자. ¶이천만 각개가 인(人)마다 방촌(方寸)의 인(刃)을 회(懷)하고….

각개^격파(各個擊破) [-깨-]명하타 적을 분산시켜 낱낱을 따로따로 상대하여 쳐부숨.

각개-약진(各個躍進) [-깨-찐]명 지형(地形) 등을 이용하여 병사가 개별적으로 돌진함.

각개^전투(各個戰鬪) [-깨-]명 각 개인의 전투력을 기준으로 하는 전투.

각개^점호(各個點呼) [-깨-]명 군대에서, 각 개인을 상대로 하는 점호. 주로, 정확한 인원을 파악하기 위하여 실시함.

각거(各居) [-꺼]명하자 (가족 관계에 있는 사람이) 따로따로 거처함. ¶부부가 각거하다.

각-거리(角距離) [-꺼-]명 물리학에서, 관측자로부터 두 물체에 이르는 두 직선이 이루는 각도를 이름.

각건(角巾) [-껀]명 ①정재(呈才) 때 무동(舞童)이 쓰던 건(巾). ②향교 같은 데 딸린 사내종이 행례(行禮) 때 쓰던 건.

각경-증(脚硬症) [-껑쯩]명 한방에서, 다리가 냉하여 운동이 부자유스럽게 되는 증세를 이르는 말. 참각연증(脚軟症).

각계(各界) [-꼐/-꼐]명 사회의 여러 분야. ¶각계의 저명인사들.

각계-각층(各界各層) [-꼐-/-꼐-]명 사회의 여러 분야와 여러 계층. ¶각계각층을 망라한 모임.

각고(刻苦) [-꼬]명하자 고생을 견디며 몹시 애씀. ¶각고의 노력을 기울이다.

각고-면려(刻苦勉勵) [-꼬멸-]명하자 고생을 무릅쓰고 열심히 노력함.

각고-정려(刻苦精勵) [-꼬-녀]명 고생을 무릅쓰고 정성을 다하여 힘씀.

각골(刻骨) [-꼴]명하자 ①남으로부터 입은 은혜가 마음속 깊이 새겨짐. ②원한 따위가 마음속 깊이 새겨짐.

각골(脚骨) [-꼴]명 ☞다리뼈.

각골-난망(刻骨難忘) [-꼴란-]명하타 (입은 은혜에 대한 고마움이) 뼈에 사무쳐야 결코 잊히지 아니함. ¶그동안 보살펴 주신 은혜는 실로 각골난망입니다.

각골-명심(刻骨銘心) [-꼴-]명하타 뼈에 새기고 마음에 새겨 영원히 잊지 않음.

각골지통(刻骨之痛) [-꼴찌-]명 ☞각골통한.

각골-통한(刻骨痛恨) [-꼴-]명하타 뼈에 사무치도록 마음속 깊이 맺힌 원한. 각골지통. ¶비복 등이 천대함을 각골통한하여 심사를 정치 못하더니…(洪吉童傳).

각공(刻工) [-꽁]명 ☞각수(刻手).

각과(殼果) [-꽈]명 ☞견과(堅果).

각-괄호(角括弧) [-꽐-]명 꺾쇠묶음. 대괄호.

각광(脚光) [-꽝]명 무대의 앞면 아래쪽에서 배우를 환하게 비추는 조명(照明).

각광을 받다관용 널리 대중적인 찬사나 기대로 주목을 받다. ¶연극계에서 각광을 받고 있는 배우.

각국(各國) [-꾹]명 각 나라. ¶세계 각국의 정상들이 한곳에 모였다.

각궁(角弓) [-꿍]명 쇠뿔이나 양뿔·물소뿔 같은 것으로 장식한 활.

각궁-반장(角弓反張) [-꿍-]명 ①물건이 뒤틀어진 형태. ②척추가 가슴 쪽으로 휘어들어 반듯이 누울 때 머리와 발뒤축만 바닥에 닿고 등이 들리는 증상. 경풍·파상풍·뇌염 따위로 인하여 나타남.

각근(恪勤) [-끈]명하타 정성을 다하여 부지런히 일함. 각근-히부.

각근(恪謹) [-끈]명하타 조심함. 삼감.

각근-면려(恪勤勉勵) [-끈멸-]명하자 정성을 다하여 부지런히 힘씀.

각급(各級) [-끕]명 여러 급으로 되어 있는 조직체의 각각의 급, 또는 여러 급. ¶각급 학교.

각기(各其) [-끼] Ⅰ명 저마다의 사람이나 사물. ¶각기의 소망을 말하라. Ⅱ부 각각. 저마다. ¶준비물은 각기 챙겨라.

각기(角旗) [-끼]명 조선 시대의 대기치(大旗幟)의 한 가지. 진중(陣中)에서 방위를 표시하던 군기(軍旗).

각기(刻期) [-끼]명하자 기한을 정함. 각한(刻限).

각기(脚氣) [-끼]명 비타민 비 원(B₁)의 부족에서 오는 영양실조 증세의 한 가지로, 다리가 붓고 마비되어 걸음을 제대로 걷지 못하게 되는 병증. 각질(脚疾).

각-기둥(角-) [-끼-]명 한 직선에 평행하는 셋 이상의 평면과 이 직선과 만나는 두 개의 평행 평면으로 둘러싸인 다면체.

각기-병(脚氣病) [-끼뼝]명 ☞각기(脚氣).

각기소장(各其所長) [-끼-]명 저마다 지니고 있는 장기(長技).

각기-입복(脚氣入腹) [-끼-뽁]圏 한방에서, 각기가 심해져 해로운 독이 심장을 범하게 된 병을 이르는 말.

각기-충심(脚氣衝心) [-끼-]圏 한방에서, 각기로 말미암은 급성 심장 장애를 이르는 말. 〔가슴이 답답하고 치미는 것 같은 증세.〕

각내ㅅ내-각(閣內內閣) [강-]圏 전시나 비상사태 아래서, 내각의 주요 각료 몇몇 사람이 선출되어 최고 정책을 심의·결정하는 형태.

각다귀 [-따-]圏 ①각다귓과의 곤충. 몸길이 20 mm가량. 모기와 비슷하나 더 크며 몸빛은 대체로 회색. 유충(幼蟲)은 '머루'라 하는데, 크기나 모양이 구더기 비슷함. 벼나 보리의 뿌리를 잘라 먹는 해충. 꾸정모기. ②'남의 것을 착취하는 사람'을 비유하여 일컫는 말.

각다귀-판 [-따-]圏 서로 남의 것을 사정없이 뜯어먹으려는 사람이 모여드는 곳.

각다분-하다 [-따-]혱옌 일을 해 나가기가 몹시 힘들고 고되다.

각단 [-딴]圏 사물의 갈피와 실마리. ¶사세가 복잡하여 각단을 잡을 수가 없다.

각단(角端) [-딴]圏 ①하루에 만 리를 가고, 사람의 말이 통한다는 전설상의 동물. ②뿔의 끝.

각담 [-땀]圏 논밭의 돌이나 풀을 추려 쌓아 놓은 무더기.

각담(喀痰) [-땀]圏혱쟈 ☞객담(喀痰).

각대(角帶) [-때]圏 ☞각띠.

각대(角臺) [-때]圏 〈각뿔대〉의 준말.

각대(脚帶) [-때]圏 ①다리에 동여매는 띠. ②다른 것과 구별하기 위하여, 가금류(家禽類)나 날짐승의 발에 두르는 띠. 〔대개, 얇은 알루미늄 판을 씀.〕

각도(角度) [-또]圏 ①각의 크기. 〔원둘레의 360분의 1을 1°로, 1°의 60분의 1을 1′으로 함.〕 㽂각(角)². ②사물을 보거나 생각하는 방향. 관점(觀點). ¶여러 각도로 검토해 보다.

각도(角墻) [-또]圏 '각기둥'의 구용어.

각도(刻刀) [-또]圏 ☞새김칼.

각도(閣道) [-또]圏 ☞복도(複道).

각도-계(角度計) [-또계/-또계]圏 ①각도를 재는 데 쓰는 기계. ②천체(天體)의 고도(高度)를 재는 데 쓰는 기구.

각도-기(角度器) [-또-]圏 각도를 재는 기구.

각-도장(角圖章) [-또-]圏 ①뿔로 만든 도장. ②네모난 도장.

각동(閣童) [-똥]圏 조선 시대에, 규장각(奎章閣)에서 심부름하는 아이를 이르던 말.

각두(殼斗) [-뚜]圏 깍정이.

각두-정(角頭釘) [-뚜-]圏 대가리가 둥글지 아니하고 모가 난 못.

각-둘(各-) [-뚤]圏 윷놀이에서, 양편이 다 두 동임을 이르는 말.

각득(覺得) [-뜩]圏혱 깨달아서 앎.

각등(角燈) [-뜽]圏 들고 다니게 만든 네모진 등. 랜턴.

각-띠(角-) [-]圏 지난날, 벼슬아치가 예복에 두르던 띠를 통틀어 이르는 말. 각대(角帶).

각려(刻勵) [-려]圏혱쟈 고생을 무릅쓰고 부지런히 힘씀. ¶각려 십 년의 성과.

각력(角力) [강녁]圏 ①혱쟈 서로 힘을 겨룸. ②☞씨름.

각력(脚力) [강녁]圏 ①다리의 힘. 다릿심. ②건는 힘. ③☞각부(脚夫).

각력-암(角礫岩) [강녁감]圏 모난 자갈이 많이 들어 있는 역암(礫岩).

각령(閣令)¹ [강녕]圏 내각(內閣)에서 발포(發布)한 법규(法規)인 명령.

각령(閣令)² [강녕]圏 지난날, 도자기를 만드는 일을 맡아보던 공방(工房). 도자기를 굽는 일터.

각로(却老)¹ [강노]圏혱쟈 늙음을 물리침. 젊어지려고 노력함.

각로(却老)² [강노]圏 ☞구기자나무.

각로(脚爐) [강노]圏 (이불 밑에 넣어) 다리를 따뜻하게 하는 화로.

각론(各論) [강논]圏 〔논설문 따위에서〕 각각의 부문이나 항목에 대한 논설. ↔총론(總論).

각료(閣僚) [강뇨]圏 내각의 구성원인 각부 장관. 각원(閣員).

각루(刻漏) [강누]圏 ①☞물시계. ㊀누(漏).

각루(刻鏤) [강누]圏혱쟈 ①쇠붙이 따위에 글자나 그림을 파서 새김.

각리(各離) [강니]圏혱쟈 뿔뿔이 갈라져 흩어짐.

각리(榷利) [강니]圏 정부가 물품을 전매(專賣)하여 그 이익을 독차지하는 일.

각립(各立) [강닙]圏혱쟈 ①서로 갈라져 따로 섬. ②지난날, 관아의 하례(下隷)들이나 한 도중(都中)을 이루던 사람들이 불평을 품고 떼를 지어 탈퇴하던 일.

각립(角立) [강닙]圏혱쟈 ①유별나게 나타남. 뛰어남. ②서로 버티고 굴복하지 않음.

각립-대좌(角立對坐) [강닙때-]圏혱쟈 서로 굴복하지 않고 맞서서 버팀.

각립-독행(各立獨行) [강닙또캥]圏혱쟈 (무슨 일을) 저마다 따로따로 함.

각-막(各-) [강-]圏 윷놀이에서, 양편이 각각 막동임을 이르는 말.

각막(角膜) [강-]圏 눈알의 앞쪽 중앙에 있는, 둥근 접시 모양의 투명한 막(膜). 안막(眼膜).

각막(殼膜) [강-]圏 곡식의 낟알을 덮고 있는 아주 얇은 꺼풀.

각막^궤:양(角膜潰瘍) [강-꿰-]圏 삼눈의 한 가지. 각막의 겉껍질이 헐어 뿌옇게 되고 그 언저리가 충혈되는 눈병.

각막^백반(角膜白斑) [강-빽빤]圏 각막에 생기는, 광선이 전혀 통하지 못할 정도의 흰 얼룩점.

각막-염(角膜炎) [강망념]圏 삼눈의 한 가지. 각막에 염증이 생겨 각막이 흐려지는 눈병.

각막-예(角膜翳) [강망녜]圏 각막이 뿌옇게 흐려지는 눈병.

각막^이:식(角膜移植) [강-]圏 각막이 흐려져서 시력 장애가 심한 사람에게 다른 사람의 성한 각막을 이식하는 일.

각명(刻銘) [강-]圏혱탸 ①나무나 돌·쇠붙이 따위에 글자나 그림을 새김, 또는 새긴 그 글자나 그림. 명각(銘刻). ②화살의 깃과 깃 사이에 임자의 이름을 쓰거나 새김, 또는 그 이름.

각모(角帽) [강-]圏 〈사각모자〉의 준말.

각목(角木) [강-]圏 네모지게 켠 나무.

각목(刻木) [강-]圏혱쟈 나무에 새김.

각목^문자(刻木文字) [강몽-짜]圏 간단한 수효 따위를 나무에 새기어 나타낸, 원시 시대에 쓰던 글자의 한 가지.

각문(閣門) [강-]圏 ☞합문(閤門).

각물(各物) [강-]圏 갖가지 물건.

각물(殼物) [강-]圏 연체동물 가운데 조가비를 갖춘 동물.

각박(刻薄) '각박하다'의 어근.

각박-성가(刻薄成家) [-빡썽-]圏혱쟈 몰인정하게 인색한 짓을 해서 부자가 됨.

각박-하다(刻薄-) [-빠카-] [형여] 모질고 박정하다. ¶ 각박한 세상. /인심이 각박하다. **각박-히**[부].

각반(各般) [-빤] [명] 여러 범위에 걸쳐 빠짐이 없는 하나하나.

각반(脚絆) [-빤] [명] (걸음을 걸을 때 아랫도리를 가든하게 하기 위하여) 무릎 아래 다리에 감는, 헝겊으로 만든 띠. ¶ 각반을 차다. /각반을 풀다. ⓦ행전.

각반-병(角斑病) [-빤뼝] [명] 식물의 잎에 갈색 또는 회색의 다각형 병반(病斑)이 생기는 병. 〔주로, 오이·우엉·감나무·강낭콩·보리 따위에 생김.〕

각방(各方) [-빵] [명] ① 여러 방면. ¶ 각방의 의견을 수렴하다. ② 각각의 편. ¶ 각방의 이해를 따지다.

각방(各房) [-빵] [명] 각각의 방. 여러 방. ¶ 각방을 쓰다.

각방-거처(各房居處) [-빵-] [명] (부부 또는 가족이) 각각 딴 방에서 거처함.

각-배(各-) [-빼] [명] ① 동물의 한 암컷이 때를 달리하여 낳았거나 깐 새끼들. ② 배다른 형제 또는 자매. 곧, '이복(異腹)'을 속되게 일컫는 말. ↔한배1.

각배(各拜) [-빼] [명][하자] ① 여러 사람에게 따로따로 절함. ② 불교에서, 시왕(十王)이나 나한(羅漢)의 각위(各位)에게 따로따로 절함.

각배(角杯) [-빼] [명] 짐승의 뿔로 만든 잔.

각-벌(各-) [-뻘] [명] (의복이나 서류 따위에서) 각각의 한 벌.

각별(各別) [-뻘] [명][하자] ① 유달리 특별함. ¶ 각별한 사이. /각별한 당부. ② 깍듯함. ¶ 손님을 맞는 태도가 각별하다. **각별-히**[부] ¶ 각별히 유념하라.

각보(却步) [-뽀] [명][하자] ☞퇴보(退步).

각본(刻本) [-뽄] [명] 새긴 판목(板木)으로 인쇄한 책. 판각본(板刻本).

각본(脚本) [-뽄] [명] ① 영화·연극 등의 대사·동작·무대 장치 등을 자세히 적은 대본(臺本). ② '어떤 일을 위해 미리 꾸며 놓은 계획'을 비유하여 이르는 말. ¶ 일이 각본대로 잘되어 간다.

각본-가(脚本家) [-뽄-] [명] 각본을 쓰는 사람. 각본 작가.

각봉(各封) [-뽕] [명][하타] 따로따로 봉함, 또는 그 봉한 것. ↔동봉(同封).

각봉투(角封套) [-뽕-] [명] 네모진 봉투. ¶ 계약서를 각봉투에 넣다.

각부(各部) [-뿌] [명] ① 각각의 부분. ② 불교에서, 시왕과 나한을 각각 하나씩 그린 탱화.

각부(刻符) [-뿌] [명] 한자의 팔체서(八體書)의 하나. 중국 진(晉)나라 때 부신(符信)에 쓰던 글씨체임.

각부(脚夫) [-뿌] [명] 품삯을 받고 먼 길을 걸어서 심부름하는 사람. 각력(脚力).

각부(脚部) [-뿌] [명] (동물의) 다리 부분.

각분(各分) [-뿐] [명][하타][되자] 각각 나눔. ¶ 짐을 각분해서 들다.

각분(角粉) [-뿐] [명] 뿔을 찐 다음, 말려서 부순 가루. 비료로 쓰임.

각불-때다(各-) [-뿔-] [자] 〔따로따로 아궁이에 불을 지핀다는 뜻에서〕 각기 따로 살림을 하다.

각-뿔(角-) [명] 다각형과 그 각 변을 밑변으로 하고, 다각형의 평면 밖에 있는 한 점을 공통의 꼭짓점으로 삼는 여러 삼각형으로 에워싸인 다면체. 모뿔.

각뿔-대(角-臺) [명] 각뿔을 그 밑면에 평행된 평면으로 잘라 버리고 난 나머지의 입체. 모뿔대. ⓦ각대.

각사(各司) [-싸] [명] 〈경각사(京各司)〉의 준말.

각-사탕(゚角沙糖) [-싸-] [명] 설탕을 조그만 육면체의 덩어리로 굳힌 것. 각설탕. 모당. 모사탕.

각삭(刻削) [-싹] [명][하타] ① 새기고 깎음. ② 남에게 몹시 가혹하게 함.

각산(各産) [-싼] [명] ☞각살림.

각산(各散) [-싼] [명][하자] 저마다 뿔뿔이 흩어짐.

각산-진비(各散盡飛) [-싼-] [명][하자] 저마다 뿔뿔이 흩어져 버림.

각-살림(各-) [-쌀-] [명][하자] (한가족이면서) 각기 따로 차린 살림. 각산(各産). ¶ 각살림을 내다.

각상(各床) [-쌍] [명] ① 한 사람분씩 따로 차린 음식상. ⓗ독상(獨床). ⓦ겸상(兼床). ② 육류(肉類)·채류(菜類) 따위를 각각 따로 차린 음식상.

각색(各色) [-쌕] [명] ① 여러 가지 빛깔. ② 여러 가지. 온갖 종류. 각종(各種). ¶ 각색 식료.

각색(脚色) [-쌕] [명][하타][되자] 시·소설·실화 따위를 각본으로 고쳐 쓰는 일.

각색-가(脚色家) [-쌕까] [명] 각색을 업으로 하는 사람.

각색-각양(各色各樣) [-쌕까걍] [명] ☞각양각색.

각생(各生) [-쌩] [명] 바둑에서, 다투던 양편의 말이 다 같이 삶.

각생-약(脚生藥) [-쌩냑] [명] 수꽃술의 줄기 끝에 붙어 있는 꽃밥. 〔갓갓사초의 꽃밥 같은 것.〕 ↔정자형 약(丁字形葯).

각서(覺書) [-써] [명] ① 약속을 지키겠다는 내용을 적은 문서. ¶ 각서를 받다. ② 상대국에 대하여 자기 나라의 희망이나 의견 따위를 적은 약식의 외교 문서. ¶ 양해 각서.

각-석(各-) [-쌕] [명] 윷놀이에서, 양편이 다 석 동씩을 이르는 말.

각석(角石) [-쌕] [명] 사각형으로 떠내거나 잘라 낸 석재.

각석(刻石) [-쌕] [명][하타] 글자나 그림 따위를 돌에 새김, 또는 그 돌.

각-선(脚線) [-썬] [명] 다리의 윤곽을 나타내는 선.

각선-미(脚線美) [-썬-] [명] 주로, 여자의 다리 곡선에서 느끼는 아름다움.

각설(各設) [-썰] [명][하타][되자] ① 따로따로 베풂. ② 따로따로 설치함.

각설(却說) [-썰] [Ⅰ] [명][하자] 화제(話題)를 돌림. 《주로, '각설하고'의 꼴로 쓰임.》 ¶ 자, 각설하고 본론으로 들어갑시다. [Ⅱ] 주로 소설 따위에서, 화제를 돌려 다른 줄거리로 접어들려고 할 때 그 첫머리에 쓰는 말. 차설(且說). 화설.

각설-이(却說-) [-써리] [명] 〈장타령꾼〉의 속된 말.

각설이^타:령(却說-) [-써리-] [명] ☞장타령.

각-설탕(゚角雪糖) [-썰-] [명] ☞각사탕.

각섬-석(角閃石) [-썸-] [명] 화강암·안산암 따위에 들어 있는 규산염 광물. 흑갈색 또는 녹색의 길쭉한 결정체를 이루며, 쪼갠 단면은 진주 광택이 강함.

각성(各姓) [-썽] [명] ① 각각 다른 성씨(姓氏). ② 각성받이.

각성(角星) [-썽] [명] 이십팔수의 하나. 동쪽의 첫째 별자리. ⓦ각(角)3.

각성(覺醒)[-썽]圈<u>하자타되자</u> 〔깨어나 정신을 차린다는 뜻에서〕①정신적 방황에서 자기의 갈 바를 깨달음. ¶지금이야말로 민족적 각성이 요구되는 때다. ②잘못을 깨달아 정신을 차림. ¶자기의 과오를 각성하고 성실하게 살아갔다.

각성-바지(各姓-)[-썽-]圈 ①어머니는 같으나 아버지가 각각 다른 형제. 각아비자식. ②성(姓)이 각각 다른 사람. 각성(各姓). ¶각성바지들이 모여 사는 동네.

각성-제(覺醒劑)[-썽-]圈 중추 신경계를 흥분시켜 잠이 오는 것을 억제하고 피로를 느끼지 못하게 하는 약물.

각-세공(角細工)[-쎄-]圈 뿔로 여러 가지 물품을 만드는 세공.

각소(各所)[-쏘]圈 ①여러 군데. 각처(各處). ②<u>하자</u>형제가 서로 다른 과장(科場)에서 과거를 치르던 일.

각소(角素)[-쏘]圈 ☞케라틴(keratin).

각-속도(角速度)[-쏙또]圈 원운동을 하고 있는 물체의 속도를 나타내는 양. 운동하는 물체의 한 점과 회전의 중심을 연결한 직선이 단위 시간에 회전하는 각도로 나타냄. 〔단위는 라디안/초.〕

각수(刻手)[-쑤]圈 조각을 업으로 하는 사람. 각공(刻工). 조각사(彫刻師).

각수(角數)[-쑤]圈 돈을 셀 때, 원으로 세어서 남는 몇 전이나 몇십 전을 이르는 말. ¶오 원 각수.

각수-장(刻手匠)[-쑤-]圈 ☞각수장이.

각수-장이(刻手-)[-쑤-]圈 '각수(刻手)'를 속되게 이르는 말. 각수장.

각승(角勝)[-씅]圈<u>하자</u> 승부를 겨룸.

각시[-씨]圈 ①'아내'를 달리 이르는 말. 한자를 빌려 '閣氏'로 적기도 함. ②새색시. ③새색시 모양으로 조그맣게 만든 인형.

각시[옛]圈 ①어린 여자. ¶이 각시 당다이 轉輪聖王올 나호시리로다 ᄒ야놀(月釋2:23). ②각의 씨(氏). ¶각시 시:氏(訓蒙上32).

각시-노리[-씨-]圈 가래의 양편 군둣구멍을 꿴 군두새끼가 가랫장부의 목을 감아 돌아간 부분.

각시-놀음[-씨-]圈<u>하자</u> (주로 여자 아이들이) 각시 인형을 가지고 노는 놀음.

각시-방(-房)[-씨-]圈 ①새색시가 거처하는 방. ②조그맣게 만든 여자 인형을 두는 곳.

각시-붓꽃[-씨붇꼳]圈 붓꽃과의 다년초. 높이 10～15 cm. 우리나라 산야에 흔히 나며, 잎은 두세 조각으로 폭이 좁고 끝이 뾰족함. 꽃은 자주색 또는 황색으로 봄에 피며, 열매는 작은 공 모양의 삭과임. 관상용으로 가꾸기도 함. 산난초. *각시붓꽃이[-씨붇꼬치]·각시붓꽃만[-씨붇꼰-].

각시-씨(-氏)[-씨-]圈 한자 부수의 한 가지. '民'·'氏' 등에서의 '氏'의 이름. 성씨(姓氏)[2].

각-시차(角視差)[-씨-]圈 물체가 있는 실제의 방향과 눈에 보이는 방향과의 사이에 생기는 각(角). 〔광선의 굴절로 말미암아 생김.〕

각식^기뢰(角式機雷)[-씩끼뢰]-[-씩끼뤠]圈 여러 개의 뿔이 달려 있어서, 함선이 이에 닿으면 뿔이 부러지면서 폭발하도록 되어 있는 기뢰.

각신(閣臣)[-씬]圈 조선 시대에, 규장각(奎章閣)의 벼슬아치를 일컫던 말.

각심(各心)[-씸]圈 ①각자의 마음. ②<u>하자</u>각각 마음을 달리함. ¶각심을 먹다.

각심-소원(各心所願)[-씸-]圈 사람마다 원하는 바가 다름. 사람마다 지니고 있는 소망.

각심-소위(各心所爲)[-씸-]圈 사람마다 딴마음으로 하는 행동.

각아비-자식(各-子息)圈 어머니는 같으나 아버지가 각각 다른 형제. 각성바지.

각안(擱岸)圈<u>하자</u> 배가 해안의 암초에 얹힘.

각암(角岩)圈 규암의 한 가지. 석영질의 갈색 또는 짙은 회색의 단단하고 치밀한 수성암.

각암(擱岩)圈 선박이 잘못되어 좌초(坐礁)함. 각좌(擱坐).

각양(各樣)圈 갖가지 모양. 여러 가지.

각양-각색(各樣各色)[-쌕]圈 여러 가지. 가지가지[1]. 가지각색. 각색각양. ¶각양각색의 사람들. /각양각색.

각양-각식(各樣各式)[-씩]圈 갖가지 양식 또는 방식. ¶각양각식의 건축물.

각역(刻役)圈<u>하자</u> 조각하는 일. 각수(刻手)가 하는 일.

각연-증(脚軟症)[-쫑]圈 다리의 힘이 풀려 걸음걸이에 어려움을 느끼는 증세. 행지증(行遲症). <u>한</u>각경증(脚硬症).

각-연초(刻煙草)[-쪼]圈 ☞살담배.

각염-법(榷鹽法)[-뻡]圈 고려 시대에, 소금을 전매(專賣)하던 법.

각영(各營)圈 조선 시대, 서울 안의 각 군영.

각오(覺悟)圈<u>하자타</u> ①번뇌에서 벗어나 불교의 도리를 깨달음. ②(앞으로 닥칠 일에 대비하여) 마음의 준비를 함, 또는 그 준비. ¶죽을 각오로 싸워라. /고생을 각오하여라.

각왕(覺王)圈 '불타(佛陀)'를 달리 일컫는 말.

각외^협력(閣外協力)[-녁] 〔가릐협녁/가뤄협녁〕 (각료 아닌 사람이) 내각 밖에서 정부의 일에 협력함.

각우(角隅)圈 에워싼 구역의 모퉁이. 구석.

각운(脚韻)圈 시가(詩歌)에서, 시구(詩句)의 끝에 다는 동일한 운(韻). ↔두운(頭韻).

각-운동(角運動)圈 물체가 한 정직선(定直線)의 주위로 언제나 같은 거리를 지속하면서 도는 운동.

각운동-량(角運動量)[-냥]圈 물체가 각운동(角運動)을 할 때, 그의 질량과 원의 중심으로부터의 거리와 속도를 서로 곱한 것으로 나타내는 물리학적 양.

각원(各員)圈 (어느 모임이나 단체에 딸린) 각각의 사람. 각인(各人).

각원(閣員)圈 내각을 구성하는 각 장관. 각료.

각위(各位)圈 ①(〔주로 '무리'를 뜻하는 일부 명사와 함께 쓰이어〕 여러분. ¶회원 각위께서는 빠짐없이 참석해 주십시오. ②각각의 신위(神位). ③각각의 자리 또는 직위.

각유소장(各有所長)圈 사람마다 장점이나 장기(長技)를 지니고 있음.

각유일능(各有一能)[-릉]圈 사람마다 한 가지씩의 재주를 가지고 있음.

각응(角鷹)圈 ☞매[6].

각의(閣議)[가긔/가기]圈 내각(內閣)이 그 직무와 직권을 행하기 위한 회의. ¶각의를 소집하다.

각이(各異)圈 '각이하다'의 어근.

각이-하다(各異-)圈<u>여</u> 각각 다르다. ¶나라마다 생활과 풍습이 각이하다.

각인(各人)圈 각각의 사람. 각원(各員).

각인(刻印)圈<u>하자</u> ①도장을 새김. 새긴 도장. ②<u>되자</u>(마음속이나 머릿속에 뚜렷하게 기억되어) 오래 잊히지 않게 됨.

각인-각색(各人各色)[-쌕]명 사람마다 각각 다름. 각인각양.

각인-각설(各人各說)[-쎌]명 사람마다 주장하는 바가 서로 다름.

각인-각성(各人各姓)[-쎙]명 사람마다 각각 성이 다름.

각인-각양(各人各樣)[-썅] ☞각인각색.

각-일각(刻一刻)부 시간의 흐름에 따라 점점. 시시각각으로. ¶결전의 때는 각일각 다가오고 있었다.

각자(各自)[-짜] I 명 각각의 자기. 제각기. ¶각자가 맡은 업무. II 부 저마다 따로따로. ¶도시락은 각자 준비할 것.

각자(刻字)[-짜]명하자 글자를 새김.

각자(覺者)[-짜]명 불교에서, 우주와 인생의 진리를 깨달은 사람, 곧 부처를 이름.

각자-도생(各自圖生)[-짜-]명하자 제각기 살아 나갈 방도를 피함.

각자-무치(角者無齒)[-짜-]명 '뿔이 있는 짐승은 날카로운 이가 없다는 뜻에서' '한 사람이 모든 재주나 복을 다 가질 수 없음'을 이르는 말.

각자^병:서(各自竝書)[-짜-]명 같은 자음을 가로로 나란히 쓰는 법. 〔'ㄲ·ㄸ·ㅃ·ㅆ·ㅉ' 따위.〕↔합용 병서(合用竝書).

각자-위심(各自爲心)[-짜-]명하자 제각기 딴 마음을 먹음. 서로 다른 생각을 함.

각잠(刻簪)[-짬]명 무늬를 아로새긴 비녀.

각장(各葬)[-짱]명하자 죽은 부부를 각각 딴 곳에 매장함. ↔합장(合葬).

각장(角壯)[-짱]명 보통 것보다 두꺼운 장판지.

각재(角材)[-째]명 네모지게 켠 재목.

각저(角觝·角抵)[-쩌]명하자 씨름. 각회(角戲).

각적(角笛)[-쩍]명 뿔로 만든 피리.

각전(角錢)[-쩐]명 지난날, 큰돈이 아닌 일 전짜리나 십 전짜리 따위의 잔돈을 이르던 말.

각-전궁(各殿宮)[-쩐-]명 왕과 왕비·동궁(東宮)·제빈(諸嬪) 등을 두루 일컫던 말.

각종(各種)[-쫑]명 여러 가지 종류. 여러 가지. 각가지. 갖가지. 색색(各色). ¶각종 도서. /각종 운동 경기.

각-좆(角-)[-쫃]명 뿔이나 가죽 따위로 남자의 성기처럼 만든 장난감. *각좆이[-쪼지]·각좆만[-쫀-]

각좌(擱坐)[-좌]명하자 ☞각암(擱岩).

각주(角柱)[-쭈]명 ①네모진 기둥. ②'각기둥'의 구용어.

각주(脚註·脚注)[-쭈]명 본문의 어떤 부분을 설명하거나 보충하기 위하여 본문의 아래쪽에 따로 베푼 풀이. 주각(註脚). ¶각주를 달다. ↔두주(頭註).

각주구검(刻舟求劍)[-쭈-]명 '어리석고 미련하여 융통성이 없음'을 비유하여 이르는 말. 〔'여씨춘추(呂氏春秋)'의 '찰금편(察今篇)'에 나오는 말로, 배에서 물속에 빠뜨린 칼을 찾을 속셈에서, 빠뜨린 자리를 뱃전에 표시해 놓았다가 나중에 그 표시를 보고 칼을 찾으려 했다는 고사(故事)에서 유래함.〕

각죽(刻竹)[-쭉]명 무늬를 새긴 담뱃대.

각준(恪遵)[-쭌]명하자 정성껏 좇아서 지킴.

각지(各地)[-찌]명 각 지방. 여러 곳. 각처. ¶전국 각지를 여행하다.

각지(各紙)[-찌]명 각 신문. 여러 신문. ¶각지에 널리 보도된 사건.

각지(各誌)[-찌]명 각 잡지. 여러 잡지.

각지(却之)[-찌]명 '각지하다'의 어근.

각지(角指)[-찌]명 ☞깍지2.

각지(覺知)[-찌]명하자 깨달아 앎.

각-지기(閣-)[-찌-]명 조선 시대에, 규장각(奎章閣)에서 심부름하던 사람. 각직(閣直).

각지-하다(却之-)[-찌-]타여 주는 것을 받지 아니하고 물리치다. ¶하찮은 것이지만 저희들의 성의이오니 각지하지 말고 거두어 주십시오.

각직(閣直)[-찍]명 ☞각지기.

각질(角質)[-찔]명 동물의 몸을 보호하는 비늘·털·뿔·손톱·발톱·등딱지 따위를 이루는, 각소(角素)로 된 물질.

각질(脚疾)[-찔]명 ①다리가 아픈 병. ②☞각기(脚氣).

각질-층(角質層)[-찔-]명 각질화한 편평 세포로 이루어진 피부 맨 위층의 얇은 켜. ㉜각층(角層).

각질-판(角質板)[-찔-]명 각질로 이루어진 판.

각질^해:면(角質海綿)[-찔-]명 뼈라고 할 만한 것이 없고, 해면질(海綿質)의 섬유만으로 발달한 해면동물. 〔주로, 열대 지방의 바다에서 남.〕

각질-화(角質化)[-찔-]명하자되자 ☞각화(角化).

각찬(角粲)[-찬]명 ☞이벌찬(伊伐飡).

각처(各處)[-처]명 여러 곳. 모든 곳. 각지. 방방곡곡(坊坊曲曲). ¶각처에서 몰려온 지원자들.

각체(各體)[-체]명 〔자체(字體)·문체(文體)·서체(書體) 따위〕 여러 가지 체(體).

각추(角錐)[-추]명 '각뿔'의 구용어.

각추-대(角錐臺)[-추-]명 '각뿔대'의 구용어.

각-추렴(←各出斂)[-추-]명하자 (모임이나 놀이 따위의 비용으로) 각 사람에게서 돈이나 물품을 거둠. ¶각추렴으로 비용을 마련하다.

각축(角逐)[-축]명하자 (서로 이기려고) 맞서 다툼. ¶선수들이 우승을 놓고 각축을 벌이다. ㉣축록(逐鹿).

각축-장(角逐場)[-축-]명 각축을 벌이는 곳. 승부를 겨루는 곳. ¶강대국의 각축장.

각축-전(角逐戰)[-축-]명 승부를 겨루는 싸움.

각출(各出)[-출]명 ①하자 각각 나옴. ②하자 각각 내놓음. ¶불우 이웃 돕기 성금을 각출하다.

각출(刻出)[-출]명 '각추렴'의 잘못.

각출-물(略出物)[-출-]명 (내어 뱉는) '침'이나 '가래' 따위를 이르는 말.

각층(各層)[-층]명 각각의 계층. 여러 계층. ¶사회 각층의 인사.

각층(角層)[-층]명 〈각질층(角質層)〉의 준말.

각치다[-치-] ①(손톱 따위로) 할퀴다. ②남에게 이러니저러니 마음에 거슬리는 말을 하여 화를 내게 만들다.

각칙(各則)[-칙]명 ①여러 가지 법칙. 온갖 법칙. ②(법률·명령·규칙·조약 따위에서) 다른 부분에는 적용되지 아니하고, 특정한 경우에만 적용되는 것으로 규정한 부분. ↔총칙(總則).

각침(角針·刻針)[-침]명 ☞분침(分針).

각타(覺他)[-타]명하자 불교에서, 스스로 깨달은 불법을 남에게 가르쳐 남도 깨닫게 하는 일. ↔자각.

각태(角胎)[-태]명 뿔 속의 살.

각-테(角-)[-테]명 뿔로 만든 안경테. ¶각테 안경.

각통(各通)[-통]명 (문서나 편지 따위의) 각별.

각통(脚痛)[-통]명 다리의 아픔.

각통-질[-통-]명하자 소 장수가 소를 크게 보이려고 소에게 억지로 풀과 물을 먹이는 짓.

각퇴(角槌)[-퇴/-퉤]똉 (편종·편경 따위의) 악기를 치는 데 쓰는 뿔방망이.

각파(各派)똉 각각의 유파(流派)나 계파(系派), 또는 당파.

각파(脚婆)똉 ☞탕파(湯婆).

각판(刻板)똉 ①판각(板刻)하는 데 쓰는 널조각. ②하타 판각(板刻).

각판-본(刻版本)똉 〈각판본(刻板本)〉의 준말.

각판-본(刻板本)똉 서화(書畫) 따위를 목판에 새겨서 인쇄한 책. 판각본(板刻本). ㉣각판.

각패(角牌)똉 조선 시대에, 정삼품 이하의 문무관이 차던, 검은 뿔로 만든 호패(號牌).

각피(角皮)똉 표피 세포(表皮細胞)의 거죽을 싸고 있는 얇고 단단한 막.

각피-소(角皮素)똉 각피(角皮)의 주성분.

각필(閣筆·擱筆)똉하짜 (편지 따위를) 다 쓰고 붓을 놓음. ¶ 이만 각필합니다.

각하(却下)[가카][똉하타 되카] ①관청이나 공공 단체에서, 원서(願書)나 신청을 받지 않고 물리침. ②민사 소송에서, 형식이 법규에 맞지 않다 하여 소장이나 신청을 물리침, 또는 그 처분. 찰기각(棄却).

각하(刻下)[가카]똉 시각을 다투는 이때.

각하(閣下)[가카]똉 특정한 고급 관료에 대한 경칭. ¶ 대통령 각하.

각하-성(脚下聲)[가카-]똉 ☞다리아랫소리.

각한(刻限)[가칸]똉하짜 ①각 항목. 각 사항. ②각 가지.

각해(覺海)[가캐]똉 불교의 세계.

각행(却行)[가캥]똉 뒤로 물러남. 뒷걸음질 침.

각행(覺行)[가캥]똉 불교에서, 스스로 깨닫고 남으로 하여금 깨닫게 하는 보살의 불도 수행을 이름.

각혈(咯血)[가결]똉하짜 ☞객혈(喀血).

각형(角形)[가켱]똉 ①각(角)이 진 모양. ②〈사각형(四角形)〉의 준말.

각호(各戶)[가코]똉 ①각 집. ②각 가구(家口).

각-혼(各-)[가콘]똉 윷놀이에서, 양편이 다 혼동임을 이르는 말.

각혼(覺魂)[가콘]똉 가톨릭에서, 동물의 감각 기능을 이르는 말.

각화(角化)[가콰]똉하짜 되콰 ①동물 조직의 일부, 특히 표층(表層)의 세포가 각질(角質)로 이루는 현상. 각질화(角質化). ②식물의 잎·줄기·열매 따위의 껍질이 굳어지는 현상.

각화(刻花)[가콰]똉하짜 도자기에 꽃무늬를 새김, 또는 그 새긴 꽃무늬.

각화-증(角化症)[가콰쯩]똉 (손바닥에 생기는 티눈이나 못처럼) 피부의 각질층이 두껍고 단단하게 굳어지는 피부병.

각희(角戲)[가키]똉하짜 ☞각저(角觝).

각희(脚戲)[가키]똉 서로 상대편의 다리를 한 발로 차서 넘어뜨리는 경기. 태껸. ②☞씨름.

간¹똉 ①음식의 짠맛을 내는 데 쓰이는 재료. 〔소금·간장 따위.〕 ②(음식의) 짠맛의 정도. ¶ 간을 보다. /간을 맞추다.

간도 모르다관용 일의 속내에 대해서 짐작도 못하다.

간²똉 〈칸〉의 본딧말.

간(干)똉 ①(지난날, 간척무(干戚舞)나 일무(佾舞)에서〕 악생(樂生)들이 무무(武舞)를 출 때 왼손에 들던, 널조각에 용(龍)을 그린 방패 모양의 기구. ②방패. ③한방에서, 약방문(藥方文)이나 약봉지에 '새앙'이란 뜻으로 쓰는 말.

④오행(五行)을 음양(陰陽)으로 가른 십간(十干). ⑤고대 부족 사회에서, 족장이나 국왕을 이르던 말.

간(刊)똉 〈간행(刊行)〉의 준말. ¶ 2004년 간 백과사전.

간:(艮)똉 ①〈간괘(艮卦)〉의 준말. ②〈간방(艮方)〉의 준말. ③〈간시(艮時)〉의 준말.

간:(肝)똉 ①〈간장(肝臟)〉의 준말. ②(회를 쳐서 먹거나 요리 재료로 하는) 짐승의 간장.

간 빼 먹고 등치다쇽담 겉으로는 잘해 주는 척하면서 남의 재산을 옳지 못한 방법으로 빼앗다.

간에 붙었다 쓸개에 붙었다 하다쇽담 자기에게 미치는 이익에 따라 줏대 없이 이편에 붙었다 저편에 붙었다 하다.

간이 뒤집혔나 허파에 바람이 들었나쇽담 ① '아무 까닭 없이 웃기만 하는 사람'을 나무라는 말. ②'하는 짓이나 말이 허랑한 사람'을 나무라는 뜻으로 이르는 말.

간이라도 빼어[뽑아] 먹이겠다쇽담 아주 친하여서 아무리 소중한 것을 주어도 아깝지 않다는 말.

간에 기별도 안 가다관용 먹은 음식의 양이 매우 적어서 먹은 것 같지 않다. 간에 차지 않다.

간(에) 바람 들다관용 쓸데없이 자꾸 웃다. 행동이 싱겁다. 허파에 바람 들다.

간에 차지 않다관용 ①☞간에 기별도 안 가다. ②흡족하다는 느낌을 전혀 느끼지 못하다.

간을 녹이다관용 ①몹시 애를 태우다. ②사람을 홀딱 반하게 하다.

간(이) 떨어지다관용 (간이라도 떨어질 만큼) 몹시 놀라다. ¶ 깜짝이야! 간 떨어지겠네.

간(이) 붓다관용 (언행이 넘칠 정도로) '대담해지다'를 속되게 이르는 말.

간이 오그라들다관용 ☞간이 콩알만 해지다.

간이 콩알만 해지다관용 몹시 두려워지다. 간이 오그라들다. ¶ 요란한 천둥소리에 간이 콩알만 해진다.

간(이) 크다관용 매우 대담하다. ¶ 어린애가 간도 크지, 어떻게 그 먼 길을 혼자 왔을까.

간(間)¹똉 '칸'의 잘못.

간(間)²똉 ①한 대상에서 다른 대상까지의 사이. ¶ 서울과 광주 간 열차. ②《일부 명사 뒤에 쓰이어》들의 사이(읡을 뜻함. ¶ 부모 자식 간. ③어느 경우든지 관계없이.《주로, '-고 -고 간에', '-거나 -거나 간에', '-든지 -든지 간에'의 꼴로 쓰임.》¶ 이러나저러나 간에. /습도를 다 먹든지 말든지 간에 돈은 내야 한다. ④여섯 자를 단위로 한 길이를 세는 말.〔여섯 자는 1.82m에 해당함.〕

간(澗)주밀 구(溝)의 1만 배, 정(正)의 1만분의 1이 되는 수(의). 곧, 10^{36}.

-간(間)젭미 《접미사처럼 쓰이어》①《기간을 나타내는 일부 명사 뒤에 붙어》'동안'을 뜻함. ¶ 다년간. /이틀간. /삼십 일간. ②《일부 명사 뒤에 붙어》'장소'를 뜻함. ¶ 대장간. /마구간. /방앗간.

간가(間架)똉 ①집의 칸살의 얽이. ②글자 획의 짜임새.

간각똉 사물을 깨닫는 힘.

간각(刊刻)똉하짜 글자나 그림을 새김.

간간(侃侃)'간간(侃侃)하다'의 어근.

간:**간**(衎衎)어렝 ①기쁘고 즐거움. ¶ 어화둥둥 내 사랑아, 어화 내 간간, 내 사랑이로구나〔烈女春香守節歌〕. ②강하고 날램. 간간-히튀.

간:**간**(間間)튀 〈간간이〉의 준말. ¶ 소식은 간간 듣고 있다.

간:간-대:소(衎衎大笑)**명하자** 크게 소리 내어 자지러지게 웃음.

간:간-이(間間-)**부** ①(시간적으로) 드문드문. 때때로. 이따금. ¶지나는 길에 간간이 들르곤 한다. ②(공간적으로) 듬성듬성. 띄엄띄엄. ¶대개가 양복 차림인데 한복을 입은 사람이 간간이 눈에 띈다. **준**간간(間間).

간간짭짤-하다명어 음식의 맛이 입에 맞게 조금 짭짤하다. ¶간간짭짤하게 조린 쇠고기. **롣**건건찝찔하다. **간간짭짤-히부**.

간간-하다¹형어 (음식이) 짭짤하여, 먹기에 알맞을 정도로 간이 배어 있다. ¶생선을 간간하게 조리다. **롣**건건하다. **간간-히부**.

간간-하다²형어 ①심심찮게 아기자기하고 재미 있다. ②아슬아슬하게 위태롭다. **간간-히부**.

간:간-하다(侃侃-)**형어** 성품이나 행실이 꼬장 꼬장하다. **간간-히부**.

간객(看客)**명** 구경꾼. 관객(觀客).

간:-거리다(間-)**[~거리니·~걸러]타르** 하나씩 사이를 거르다.

간:-거리(間-)**명하타** 일정한 사이를 거름. ¶사흘 간거리로 장을 보다.

간:거리-장사(間-)**명** 지난날, 정해진 때를 한 차례씩 걸러서 하는 장사를 이르던 말.

간:걸(懇乞)**명하자** 간절히 빎.

간검(看檢)**명하타** 두루 살펴 검사함.

간격(間隔)**명** ①공간적인 사이. 떨어진 거리. 틈. ¶두 팔을 벌린 간격으로 늘어서다. ②시간적으로 떨어진 사이. ¶간격을 두고 들려오는 종소리. ③사람 사이의 정분의 틈. ¶두 사람이 어딘지 모르게 서로 간격을 느꼈다.

간:격-범(間隔犯)**[-뻠]명** 행위와 결과의 사이에 장소나 시간의 간격이 있는 범죄.

간결(簡潔)'간결하다'의 어근.

간결-미(簡潔美)**명** (복잡하지 않고) 간결한 데서 느껴지는 아름다움. ¶석가탑의 아름다움은 간결미에 있다.

간결-성(簡潔性)**[-썽]명** 간단하고 깔끔한 성질. 간결한 특성.

간결-체(簡潔體)**명** 문장의 길이에 따라 분류한 문체의 한 가지. 요약된 표현으로 선명한 인상을 나타내는, 호흡이 빠른 문체. ↔만연체.

간결-하다(簡潔-)**형어** 간단하고 깔끔하다. ¶간결한 설명. /문장이 간결하다.

간경(刊經)**명하타** 불경을 간행함.

간:경(肝經)**명** ①간장(肝臟)에 붙은 인대(靭帶)를 통틀어 이르는 말. ②한방에서, 간장에 딸린 경락(經絡)을 이르는 말.

간경(看經)**명** 불경을 소리 내지 아니하고 읽음. ↔독경(讀經).

간경(間頃)**명** 이마적. 요사이.

간경(簡勁)'간경하다'의 어근.

간경-도감(刊經都監)**명** 조선 세조 7(1461)년, 불경을 언해해서 간행하기 위하여 설치한 기관.

간:경변-증(肝硬變症)**[-쯩]명** 간장의 실질 세포의 장애와 결체 조직(結締組織)의 증가에 따라 간장이 굳어지면서 커지거나 오그라드는 병.

간:경-풍(肝經風)**명** 한방에서, 간경의 열(熱)과 허(虛)로 말미암아 일어나는 병을 이르는 말. 손발이 뒤틀리고 눈이 뒤집히는 따위의 경련을 일으킴.

간경-하다(簡勁-)**형어** (글이나 글씨가) 간결하고 힘차다. ¶필치(筆致)가 간경하다.

간계(奸計)**[-계/-게]명** 간사한 꾀. 간교한 계략. 간모(奸謀). 간책(奸策). ¶간계를 꾸미다.

간:계(諫戒)**[-계/-게]명하타** 간(諫)하여 경계함. ¶임금에게 관리들의 비리를 간계하다.

간고(艱苦)**명형 스럽** 가난하고 고생스러움. 몹시 고생스러움. 고간(苦艱). ¶간고한 형편. **간고-히부**. **간고스레부**.

간곡(懇曲)'간곡하다'의 어근.

간:곡-하다(懇曲-)**[-고카-]형어** 간절하고 곡진(曲盡)하다. ¶하도 간곡히어 부탁해서 거절할 수가 없었다. **간곡-히부**.

간곡흐다형 (옛) 간사하다. ¶간곡흔 톳기롤 ᄉᆞ랑ᄒᆞ논(杜初16:45).

간곤(艱困)'간곤하다'의 어근.

간곤-하다(艱困-)**형어** 가난하고 어렵다. ¶간곤한 환경에서나 학문에 힘쓰다. **간곤-히부**.

간곳-없다[-곧-]형 [-고뎁따] 갑자기 자취를 감추어 온데간데없다. ¶예전의 울창하던 숲은 간곳없고, 대신에 고층 빌딩이 들어서 있었다. **비**간데없다. **간곳없이부**.

간:과(干戈)**명** 〔'방패와 창'이란 뜻에서〕 ①'병장기(兵仗器)'를 통틀어 이르는 말. ②전쟁(戰爭). ¶10년이나 계속되는 간과.

간과(看過)**명하타되자** ①대강 보아 넘김. ②깊이 관심을 두지 않고 예사로이 보아 내버려둠. ¶간과할 수 없는 문제.

간:과(諫果)**명** 〔충고의 말과 같은 과실이라는 뜻으로〕 '감람(橄欖)'을 기리어 이르는 말. 〔처음에는 맛이 쓰나, 오래 씹으면 단맛이 나는 것이, 흡사 간언(諫言)과 같다는 뜻에서 이르는 말.〕

간:관(肝管)**명** 간세포의 분비액을 쓸개로 나르는 간장 조직 안의 가는 관(管).

간관(間關)'간관하다'의 어근.

간:관(諫官)**명** 조선 시대에, 사간원(司諫院)과 사헌부(司憲府)의 벼슬아치를 통틀어 일컫던 말. 간신(諫臣). **종**언관(言官).

간:관-하다(間關-)**형어** ①(길이) 험하다. ②(새의 우짖는 소리가) 아름답다. ③(수레바퀴 소리가) 요란하다. ④(문장이) 부드럽지 못하고 딱딱하다.

간:괘(艮卦)**명** ①팔괘(八卦)의 하나. 상형(象形)은 'ᄐ'로 산(山)을 상징함. ②육십사괘의 하나. 상형은 'ᄐ'을 둘 포갠 것으로, 아래위에 산이 거듭됨을 상징함. **준**간(艮).

간교(刊校)**명하타** ↔교정(校正).

간교(奸巧)**명형 스럽** 간사하고 교활함. ¶사기꾼의 간교에 넘어가다. **간교-히부**. **간교스레부**.

간구(干求)**명하타** 구함. 바람.

간구(懇求)**명하타** 간절히 요구함.

간구(艱苟)'간구하다'의 어근.

간구-하다(艱苟-)**형어** 가난하고 구차하다. ¶살림이 간구하다. **간구-히부**.

간-국[-꾹]**명** 짠맛이 우러난 물. 간물.

간국(幹局)**명** (일을 능숙하게 처리하는) 재간과 국량. 재주와 도량.

간군(艱窘)'간군하다'의 어근.

간군-하다(艱窘-)**형어** 가난하고 군색하다.

간:권(諫勸)**명하타** 잘못을 간(諫)하여 옳은 일을 하도록 권함.

간균(桿菌)**명** 막대 모양이나 타원형으로 생긴, 분열하는 세균. 〔결핵균·티푸스균·대장균·디프테리아균·백일해균·페스트균 따위.〕

간:극(間隙)**명** ①사물 사이의 틈. ¶간극을 메우다. /간극이 생기다. ②시간 사이의 틈. ¶세월의 간극. ③사건이나 현상 사이의 틈. ¶이론과 현실 사이의 간극.

간근(幹根)**명** 줄기와 뿌리. 근간(根幹).

간:급(間級)**명** 규정되어 있는 급과 급 사이에 임시로 매겨 정한 중간의 급(級).

간-기(-氣)[-끼]**명** 간이 든 기운. 짠맛.

간기(刊記)**명** 간행물(刊行物)의, 간행 시일·간행처·간행자·편저자 등 간행에 관계되는 사항을 적은 부분.

간기(肝氣)**명** ①간의 정기(精氣). ②간의 기능. ③한방에서, 어린아이가 젖에 체하여, 얼굴이 해쓱해지면서 푸른 젖을 토하고 푸른 똥을 누는 증세를 이르는 말.

간:기(間氣)**명** 여러 세대를 통하여 드물게 있는 기품. 세상에 드문, 뛰어난 기품.

간:기(懇祈)**명** 간절히 빎.

간:기(癇氣)[-끼]**명** '지랄병'의 딴 이름.

간:기-인물(間氣人物)**명** 썩 뛰어난 기품을 타고난, 세상에 드문 인물.

간나위명 '간사한 사람'을 얕잡아 일컫는 말.

간나희명 (옛) 계집아이. ¶간나희 가는 길흐 스나희 에도도시(古時調). 참간나희.

간난(艱難)**명**[*하*] ①(하는 일이) 힘들고 고생스러움. ¶온갖 간난을 견디어 내다. ②〈가난〉의 본딧말. **간난-히명**

간난-신고(艱難辛苦)**명**[*하*] 어려움을 겪으며 고생함. 어려움과 괴로움. ¶간난신고 끝에 드디어 성공을 거두다.

간:납(干納·肝納)**명** (제사에 쓰는) 쇠간·처녑·어육(魚肉) 따위로 만든 저냐. 변간랍.

간녀(奸女)**명** 간악한 여자.

간:년(間年)**명**[*하*] 한 해를 거름.

간:년-경(間年耕)**명**[*하*] (일정한 논밭에, 일정한 작물을 한 해씩 걸러 경작하는 일.

간:념(懇念)**명** 간절한 생각.

간녕(奸佞)**명** '간녕하다'의 어근.

간녕-하다(奸佞-)**형여** 간교(奸巧)스럽고 아첨이 많다.

간:-농양(肝膿瘍)**명** 간장이 곪는 병.

간:뇌(肝腦)[-뇌-뇌]**명** ①간장과 뇌수. ②'육체와 정신'을 달리 이르는 말.

간:뇌(間腦)[-뇌-뇌]**명** 척추동물 뇌의 한 부분으로, 대뇌와 소뇌 사이에서 내장과 혈관의 활동을 조절하는 기관.

간:뇌-도지(肝腦塗地)[-뇌-/-뇌-]**명**[*하자*] (간장과 뇌수로 땅바닥을 칠한다는 뜻으로) ①'끔찍하게 죽은 모습'을 이르는 말. ②'나라를 위하여 목숨을 돌보지 아니하고 힘씀'을 이르는 말.

간능(幹能)**명** 재간과 능력.

간:능(幹能)2**명** 〈간릉〉의 본딧말.

간:-니명 젖니가 빠진 다음에 대신 나는 이. 대생치(代生齒). 영구치(永久齒). ↔젖니.

간다уŋ명 말 머리에서 고삐에 매는 끈.

간닥-간닥[-깐-]**부**[*하자타*] 가로로 조금씩 움직이거나 움직이게 하는 모양. 큰근덕근덕. 센간딱간딱·깐딱깐딱.

간닥-거리다[-꺼-]**자타** 자꾸 간닥간닥하다. 간닥대다. ¶고개를 간닥거리다. 큰근덕거리다. 센간닥거리다·깐딱거리다.

간닥-대다[-때-]**자타** 간닥거리다.

간닥-이다자타 가로로 조금씩 움직이다, 또는 그렇게 되게 하다. ¶바람에 나뭇가지가 간닥이다. 큰근덕이다.

간:단(間斷)**명**[*하자*] 계속되던 것이 한동안 끊김. 잠시 끊이는 동안. 참간단없다.

간단(簡單) '간단하다'의 어근.

간단명료(簡單明瞭) '간단명료하다'의 어근.

간단명료-하다(簡單明瞭-)[-뇨-]**형여** 간단하고 분명하다. ¶답변이 간단명료해서 좋구나. 준간명하다. **간단명료-히부**

간단-반응(簡單反應)**명** 단일한 자극에 대하여 단일한 동작을 하는 반응. (감각 반응·근육 반응·자연 반응의 세 가지가 있음.)

간단-스럽다(簡單-)[-따][~스러우니·~스러워]**형비** 간단한 듯하다. 간단스레부 ¶형은 복잡한 문제를 간단스레 풀었다.

간:단-없다(間斷-)[-따]**형** 끊임없다. ¶간단없는 노력. **간단없-이부** ¶간단없이 계속되다.

간단-하다(簡單-)**형여** ①(사물의 내용이나 얼개가) 까다롭지 않고 단순하다. 간략하다. ¶간단한 도형. /설명은 간단하게 해라. ②번거롭지 않고 손쉽다. 단출하다. ¶점심은 간단한 것으로 하자. /간단한 복장. **간단-히부**

간:담(肝膽)**명** ①간과 쓸개. ②'속마음'을 달리 이르는 말.

간담이 내려앉다관용 몹시 놀라다. 간담이 떨어지다.

간담이 떨어지다관용 ☞간담이 내려앉다.

간담이 서늘하다관용 몹시 놀라서 마음이 섬뜩해지다.

간:담(懇談)**명**[*하자*] 정답게 차근차근히 이야기를 나눔. ¶간담을 나누다.

간:담-상조(肝膽相照)**명**[*하자*] (서로의 간과 쓸개를 꺼내 보인다는 뜻으로) 속마음을 터놓고 가까이 사귐을 이르는 말. '한유(韓愈)'의 '유자후묘지명(柳子厚墓誌銘)'에 나오는 말임.

간:담-회(懇談會)[-회/-훼]**명** (어떤 일정한 주제를 가지고) 서로 터놓고 정답게 이야기를 나누는 모임. ¶기자 간담회를 열다.

간답다형어 (옛) 시원하다. ¶몱고 간다블 道理로(月釋1:18).

간당(奸黨)**명** 간사한 무리. 간도(奸徒). ¶간당의 모함.

간당(看堂)**명**[*하자*] 선실(禪室)에서 참선하는 사람들의 마음을 다잡으려고 행하는 의식.

간대(竿-)[-때]**명** '간짓대'의 준말.

간대명 (옛) 망령. ¶간대옛 禍福을 닐어든 곧 두 리본 쁘들 내야(月釋9:57).

간:대(懇待)**명**[*하자*] 후히 대접함. 환대(歡待).

간대로부 (주로 '아니다'·'않다' 따위 부정하는 말과 함께 쓰이어) 그리 쉽사리. ¶하늘의 먹구름을 보아하니, 간대로 비가 멎지는 않겠다.

간대로부 (옛) 함부로. 망령되이. ¶有志혼 士는 간대로 뜨들 앗기건마론(朴初23:33).

간댕-간댕부[*하자*] 가늘게 붙은 물체가 조금 찬찬히 흔들리는 모양. 큰근뎅근뎅.

간댕-거리다부[*하자*] 자꾸 간댕간댕하다. 간댕대다. ¶나뭇잎이 바람결에 간댕거린다. 큰근뎅거리다.

간댕-대다자 간댕거리다.

간댕-이다자 가늘게 붙은 물체가 조금 찬찬히 자꾸 흔들리다. 큰근뎅이다.

간:-덩이(肝-)[-떵-] '〈간(肝)〉의 속된 말.

간덩이(가) 붓다관용 격에 맞지 않게 배짱이 두둑하다. ¶간덩이가 부었나, 돈을 물 쓰듯 마구 써 버리네.

간덩이(가) 크다관용 웬만한 일에는 놀라지 아니하다. 배짱이 두둑하다.

간데라(カンデラ일.←kandelaar 네)**명** '촉'·'촉광'으로 순화.

간데-없다[-업따]〖혱〗 (지금까지 있던 것이) 어디로 갔는지 사라지고 없다. ⋓간곳없다. **간데없-이**〖뮈〗 ¶연필이 간데없이 사라졌네.

간데온데-없다[-업따]〖혱〗 어디로 갔는지 알 길이 없다. 온데간데없다. **간데온데없-이**〖뮈〗.

간도(奸徒)〖몡〗⇨간당(奸黨).

간도(奸盜)〖몡〗 간악한 도둑. 간적(奸賊).

간:도(間道)〖몡〗 샛길.

간:도(懇到)〖몡〗〖하재〗 갖은 정성을 다하여 빈틈없이 마음을 씀.

간독(奸毒)‘간독(奸毒)하다’의 어근.

간독(懇篤)‘간독(懇篤)하다’의 어근.

간:독(簡牘)〖몡〗 ①편지를. ②여러 가지 편지를 본보기로 모아 엮은 책. 서간문집.

간독-하다(奸毒-)[-도카-]〖혱여〗 간사하고 독살(毒殺)스럽다. **간독-히**〖뮈〗.

간:독-하다(懇篤-)[-도카-]〖혱여〗 정성스럽고 정이 도탑다. **간독-히**〖뮈〗.

간동-간동〖뮈하재〗 자꾸 간동그리는 모양. ¶옷장의 옷가지를 간동간동 정리했다. ⋐건둥건둥. ⋑깐동깐동.

간동-그리다〖타〗 간동하게 마무르다. ⋐건둥그리다. ⋑깐동그리다.

간:-동맥(肝動脈)〖몡〗 내장 동맥으로부터 오른편으로 꼬부라져 간장 안으로 들어간 동맥망.

간동-하다〖혱여〗 잘 정돈되어 단출하다. ⋐건둥하다. ⋑깐동하다. **간동-히**〖뮈〗.

간두(竿頭)〖몡〗 ①장대나 막대기의 끝. ②〈백척간두(百尺竿頭)〉의 준말.

간:-두다〖타〗〈그만두다〉의 준말. ¶장난 좀 간두지 못할까!

간두지세(竿頭之勢)〖몡〗 [막대기 끝에 선 형세라는 뜻으로] ‘매우 위태로운 지경에 놓인 형세’를 이르는 말.

간드랑-간드랑〖뮈하재〗 가늘게 달려 있는 물체가 가볍고 부드럽게 자꾸 흔들리는 모양. ⋐근드렁근드렁.

간드랑-거리다〖재〗 자꾸 간드랑간드랑하다. 간드랑대다. ⋐근드렁거리다.

간드랑-대다〖재〗 간드랑거리다.

간드러-지다〖혱〗 음성이나 몸놀림이 애교 있고 멋들어지다. 산드러지다. ¶웃음소리가 간드러지다. ⋐건드러지다.

간드작-간드작[-깐-]〖뮈〗 (무엇에 기대거나 걸려 있는 물체가) 자꾸 흔들리는 모양. ⋐근드적근드적.

간드작-거리다[-꺼-]〖재〗 자꾸 간드작간드작하다. 간드작대다. ⋐근드적거리다.

간드작-대다[-때-]〖재〗 간드작거리다.

간들-간들〖뮈〗〖하재〗 (작은 물체가) 좀 가볍게 흔들거리는 모양. ¶처마 끝에 달린 풍경이 산들바람에도 간들간들한다. ②〖하재〗바람이 보드랍고 가볍게 부는 모양. ¶간들간들 부는 봄바람. ③〖하재〗경망스럽게 자꾸 움직이는 모양. ⋐건들건들. ①깐들깐들.

간들-거리다〖재타〗 자꾸 간들간들하다. 간들대다. ⋐건들거리다.

간들-대다다〖재타〗 간들거리다.

간:-디스토마(肝distoma)〖몡〗〈간장디스토마〉의 준말.

간디즘(Gandhiism)〖몡〗 [인도의 간디가 반영(反英) 항쟁의 방법으로 내세웠던] 불복종·비협력·비폭력의 무저항주의.

간:랍(←干納·肝納)[-갈-]〖몡〗〈감납〉의 변한말.

간략(簡略)‘간략하다’의 어근.

간략-하다(簡略-)[-갈랴카-]〖혱여〗 간단하고 단출하다. ¶글의 요점을 간략하게 설명하다. **간략-히**〖뮈〗.

간련(干連)[-갈-]〖몡〗〖하재〗 남의 범죄에 관련됨.

간:로(間路)[-갈-]〖몡〗 샛길. 지름길.

간류(幹流)[-갈-]〖몡〗⇨주류(主流).

간:릉(←幹能)[-갈-]〖몡〗〖하혱〗〖스혱〗 (남의 환심을 사려고) 엉너리치는 솜씨가 좋음. ⋓간능². **간릉스레**〖뮈〗.

간리(奸吏)[-갈-]〖몡〗 간사한 관리.

간린-하다(慳吝-)[-갈-]〖혱〗〈가린하다〉의 본딧말.

-간마눈〖어미〗〖옛〗-건마는. ¶애긋븐 소리를 므더니 너기고져 흐간마눈(杜重5:27).

-간마론[-론]〖어미〗〖옛〗-건마는. ¶靑眼ᄋᆞ로 보간마론 오직 길히 窮迫ᄒᆞ애라(杜初8:61).

간막-국[-꾹]〖몡〗 소의 머리·꼬리·족·등·가슴·볼기·뼈·염통·처녑·간·처녑 따위를 한 도막이나 한 점씩 고루고루 넣어서 끓인 국.

간-막이(間-)〖몡〗‘칸막이’의 잘못.

간만(干滿)〖몡〗 간조(干潮)와 만조(滿潮). 밀물과 썰물. 만간(滿干). ¶간만의 차(差).

간:망(懇望)〖몡〗〖하재〗 간절히 바람. ¶조속히 해결해 주시길 간망합니다.

간:명(肝銘)〖몡〗〖하재〗 마음속에 깊이 새겨 잊지 아니함. 깊이 명심(銘心)함.

간명(簡明)‘간명하다’의 어근.

간명-하다(簡明-)〖혱여〗〈간단명료(簡單明瞭)하다〉의 준말. **간명-히**〖뮈〗.

간모(奸謀)〖몡〗⇨간계(奸計).

간목(刊木)〖몡〗⇨벌목(伐木).

간목-수생(乾木水生)[-쑤-]〖몡〗 [마른나무에서 물이 나게 한다는 뜻으로] ‘아무것도 없는 사람한테 무리한 것을 내라고 무리하게 요구함’을 이르는 말. 강목수생(剛木水生). 건목수생(乾木水生).

간:-무침(肝-)〖몡〗 쇠간을 저며 번철에 지진 뒤 깨소금을 넣고 무친 반찬.

간묵(簡黙)‘간묵하다’의 어근.

간:묵-하다(簡黙-)[-무카-]〖혱여〗 말수가 적고 몸가짐이 진득하다. ¶간묵한 사람이어서 믿음이 간다. **간묵-히**〖뮈〗.

간:-문맥(肝門脈)〖몡〗 척추동물의 위·장·쳬장·비장 등에서 나온 혈액을 모아 간장으로 보내는 혈관계.

간:-물〖몡〗 ①소금기가 섞인 물. ¶배추에 간물이 고루 스며들었다. ②⇨간국.

간물(奸物)〖몡〗 간사한 인물. 간인(奸人).

간물(乾物)〖몡〗〈건물〉의 본딧말.

간물-때〖몡〗 썰물의 가장 낮은 때. ↔찬물때.

간박(簡朴·簡樸)‘간박하다’의 어근.

간박-하다(簡朴-·簡樸-)[-바카-]〖혱여〗 간소하고 꾸밈이 없다. ¶간박하게 지은 건축물. **간박-히**〖뮈〗.

간:-반(肝斑)〖몡〗 부녀자의 이마·볼·눈언저리 등 얼굴 양쪽에 마주 생기는, 갈색 또는 황갈색의 반점. [여성 호르몬의 이상이 원인임.] 기미.

간:-발(間髮)〖몡〗 아주 잠시 또는 아주 적음을 이르는 말.

간발의 차이〖관용〗 서로 엇비슷할 정도의 아주 작은 차이. ¶달리기에서 간발의 차이로 1위를 했다.

간:발(簡拔)〖몡〗〖하재〗〖되재〗 (여러 사람 가운데서) 골라 뽑음. 간탁(簡擢).

간-밤〖몡〗 지난밤. 어젯밤. ¶간밤에 내린 눈으로 나뭇가지마다 눈꽃이 만발했다.

간:방(艮方)몡 ①이십사방위의 하나. 북동을 중심으로 한 15도 범위 이내의 방위. 축방(丑方)과 인방(寅方)의 사이. ②팔방(八方)의 하나. 북동(北東)을 중심으로 한 45도 범위 이내의 방위. ㈜곤방(坤方).

간:방(間方)몡 정동·정남·정서·정북 네 방위의, 각각의 사이의 방위. 곧, 건(乾)·곤(坤)·간(艮)·손(巽)의 방위. ¶동남 간방. /서북 간방.

간:벌(間伐)몡하타 수풀의 주요한 나무를 잘 자라게 하기 위하여, 쓸모없는 나무를 솎아 베는 일. 솎아베기. ㈜선벌(選伐).

간벌찬(干伐湌)몡⇨이벌찬(伊伐湌).

간범(干犯)몡 ①하타 되자 남의 일에 간섭하여 그 권리를 침범함. ②간련(干連)된 범죄.

간:법(簡法)몡 ⇨ 삘방 간편한 방법.

간:벽(癎癖)몡 신경질을 잘 부리는 버릇.

간병(看病)몡하타 환자를 보살핌. 병구완. 시병(侍病). ㈜간호(看護).

간:병(癎病)몡하자 ⇨경풍(驚風).

간병-인(看病人)몡 환자를 보살피는 사람.

간본(刊本)몡 목판본과 활자본을 통틀어 이르는 말. 간행본. 인본(印本). 판본(版本). ↔필사본.

간:봉(杆棒)몡 몽둥이.

간부(奸婦)몡 간악한 여자. 독부(毒婦).

간:부(姦夫)몡 간통하는 남자.

간:부(姦婦)몡 간통하는 여자.

간:부(間夫)몡 ⇨샛서방.

간부(幹部)몡 회사나 단체 등 조직의 중심이 되는, 지도적인 자리에 있는 사람. ¶간부 회의. /학급 간부.

간부^후보생(幹部候補生)몡 〔정규 사관학교 이외의 교육 기관에서〕 군대의 장교가 되기 위해 일정한 교육을 받고 있는 생도.

간:불용발(間不容髮)〔머리카락 한 올이 들어갈 만한 틈이 없다는 뜻으로〕 ①'사태가 매우 급박함'을 이르는 말. ②'매우 치밀하여 조금도 빈틈이 없음'을 이르는 말.

간:빙-기(間氷期)몡 빙하기와 빙하기 사이에 기후가 온화해져서 빙하가 고위도(高緯度) 지방까지 물러났던 시기.

간:사(奸邪)'간사하다'의 어근.

간사(奸詐)몡하탄스탄 간교(奸巧)하여 남을 잘 속이는 일. ¶간사를 떨다. /간사를 부리다. 간사-히탄. 간사스레탄.

간사(幹事)몡 〔어떤 모임이나 단체에서〕 중심이 되어 사무를 맡아 처리하는 사람, 또는 그 직무. ¶종친회 간사.

간:사(諫死)몡하자 죽음을 각오하고 간(諫)함.

간사-성(幹事性)-쎵몡 일을 맡아서 처리하는 솜씨나 소질.

간사-스럽다(奸邪-)〔-따〕〔~스러우니·~스러위〕톙ㅂ 간교하고 바르지 않은 데가 있다. 간사스레튄.

간:사위몡 ①치밀하고 변통성 있는 수단. ②자신의 이익을 위하여 쓰는 교묘한 수단. ¶간사위가 좋다.

간사지(干潟地)몡 '간석지(干潟地)'의 잘못.

간사-하다(奸邪-)톙여 성질이 능갈치고 행실이 바르지 못하다. 간사-히튄.

간:삭(間朔)몡하자 ⇨격월(隔月).

간산(看山)몡하자 ①묏자리를 잡으려고 산을 돌아봄. ②성묘(省墓).

간살몡 간사스럽게 아양을 떠는 태도. ¶간살을 떨다.

간살(間-)몡 '칸살'의 잘못.

간살-부리다재 간사스럽게 아양을 떨다.

간살-스럽다〔-따〕〔~스러우니·~스러위〕톙 간사스럽게 아양을 부리는 태도가 있다. 간살스레튄.

간살-쟁이몡 '간살을 부리는 사람'을 놀림조로 이르는 말.

간삼-조이(干三召二)몡 〔한방에서, 약첩이나 약방문에 쓰는 말로〕 '생강 세 쪽과 대추 두 개'를 이르는 말.

간상(奸狀)몡 간사한 짓을 하는 모양.

간상(奸商)몡 간사한 방법으로 부당한 이익을 취하는 장사, 또는 그러한 행위.

간:-상련(艮上連)-년〕팔괘 중, 간괘(艮卦)는 위의 막대만 이어졌다는 뜻으로 '☶'의 모양을 이르는 말. ↔태상절(兌上絕).

간상-배(奸商輩)몡 간사한 방법으로 부당한 이익을 얻는 장사치의 무리.

간상-세포(杆狀細胞)몡 (명암을 식별하는 작용을 하는) 눈의 망막에 있는 막대 모양의 세포. 간상체(杆狀體). 간체(杆體).

간상-체(杆狀體)몡 ⇨간상세포.

간색(看色)몡 ①하탄 물건의 품질을 알아보기 위하여 본보기로 그 일부를 봄. 감색(監色). ②(전체 상품의) 본보기로 보이는 상품, 또는 그 일부. ③여러 가지를 두루 갖추어서 보이기 위해 구색으로 조금씩 내어 놓는 물건의 일부. ⇨견본(見本).

간:색(間色)몡 ①적·황·청·백·흑의 다섯 가지 색을 제외한 모든 색. ↔정색(正色). ②미술에서, 명암의 변화를 부드럽게 하여 화면의 조화를 꾀하려고 사용하는 중간색.

간색-대(看色-)〔-때〕몡 ⇨색대.

간서(刊書)몡하자 책을 간행함. 또는 간행한 책.

간서(看書)몡하자 소리 내지 않고 눈으로 책을 읽음.

간:서(簡書)몡 편지의 글.

간:-서리목(肝-)몡 쇠간을 넓게 저며서 꼬챙이에 꿰어 재었다가 구운 음식.

간서-벽(看書癖)몡 (지나칠 정도로) 글 읽기를 좋아하는 버릇.

간:석(竿石)몡 장명등(長明燈)의 밑돌과 가운데 돌 사이에 있는, 받침대 모양의 돌.

간:-석기(-石器)〔-끼〕몡 돌을 갈아서 만든 신석기 시대의 석기. 마제 석기.

간석-지(干潟地)〔-찌〕몡 바닷물이 드나드는 개펄.

간선(看-)몡하타 선을 봄.

간:선(間選)몡하타 〈간접 선거〉의 준말. ↔직선(直選).

간:선(揀選)몡하타 분간하여 뽑음. ㈜간택.

간선(幹線)몡 (도로·철도·수로·전신 따위에서) 중심이 되는 선. 본선. ↔지선(支線).

간선-거(幹線渠)몡 여러 하수관으로부터 흘러 드는 하수를 한목 흘려 보내는 큰 하수도.

간선^도로(幹線道路)몡 주요 지역을 잇는 중요한 도로.

간:선-제(間選制)몡 〈간접 선거 제도〉의 준말. ↔직선제(直選制).

간섭(干涉)몡 ①하자타 남의 일에 참견함. ¶간섭을 받다. /남의 일에 이래라저래라 간섭하는 것은 실례다. ②음파나 광파 등 둘 이상의 같은 종류의 파동이 한 지점에서 만날 때, 그 둘이 겹쳐져 서로 강해지기도 하고 약해지기도 하는 현상.

간섭-계(干涉計) [-께/-꼐]圀 광파(光波)의 간섭 현상을 이용하여, 빛의 파장이나 파장 분포, 물체의 길이나 굴절률 등을 재는 광학 기구.

간섭-굴절계(干涉屈折計) [-꿀쩔계/-꿀쩔꼐]圀 빛의 간섭 현상을 이용하여 빛의 굴절률을 측정하는 장치.

간섭-무늬(干涉-) [-섬-니]圀 단색광(單色光)을 이용하여 빛의 간섭을 실험할 때, 빛의 강도의 극대·극소에 따라 명암이 생겨 이루는 동심원(同心圓) 모양의 무늬.

간섭^분광기(干涉分光器) [-뿐-]圀 간섭무늬를 이용하여 분광(分光)하는 특수 분광기. [주로, 스펙트럼선의 미세 구조 연구에 이용됨.]

간섭-색(干涉色) [-쌕]圀 두 개의 백색광이 간섭할 때 광파(光波)의 조성(組成)이 변하기 때문에 나타나는 빛깔.

간성(干城)圀 [방패와 성벽이라는 뜻으로] '나라를 지키는 군인'을 이르는 말. ¶호국의 간성인 국군 용사.

간:성(間性)圀 ①암수딴몸, 또는 암수딴그루인 생물의 한 개체에서, 암수의 두 형질(形質)이 혼합되어 나타나는 일. ②종(種)이 다른 동물을 교배(交配)시켜 태어나게 한 동물. [노새 따위.] 중성(中性).

간:성(懇誠)圀혱 간곡하고 정성스러움.

간성지재(干城之材)圀 나라를 지킬 만한 믿음직한 인재.

간세(奸細)圀혱 간사하고 도량이 적음, 또는 그런 사람. 간세-히圀.

간:세(間世)圀 여러 세대를 통하여 드물게 있음. ¶간세의 영웅.

간:세(間稅)圀 <간접세(間接稅)>의 준말.

간세(簡細)圀혱 간략하고 세밀함. 간세-히圀.

간세지배(奸細之輩)圀 간사한 짓을 하는 사람의 무리.

간:세지재(間世之材)圀 여러 세대를 통하여 드물게 있는 인재.

간:-세포(間細胞)圀 동물체의 조직을 이루고 있는 조직 세포 사이에서, 저마다 별도의 기능을 지니는 특수 세포. [정소(精巢)의 정충(精蟲) 사이에서 내분비 작용을 하는 세포 따위.] 간질 세포(間質細胞). 중간 세포(中間細胞).

간:소(諫疏)圀혬 간(諫)하여 상소(上疏)함.

간소(簡素) '간소하다'의 어근.

간소-하다(簡素-)혱 (생활이나 차림새 따위가) 간략하고 소박하다. 간단하고 수수하다. ¶간소한 생활. /간소한 차림새. 간소-히圀.

간소-화(簡素化)圀혬되 복잡한 것을 간략하게 함. 복잡한 것이 간략해짐. ¶생활의 간소화. /사무 절차의 간소화.

간솔(簡率) '간솔하다'의 어근.

간솔-하다(簡率-)혱 단순하고 솔직하다. 꾸밈이 없이 솔직하다. 간솔-히圀.

간수圀혬 (물건을) 잘 거두어 돌봄. 건사. ¶소중한 물건이니 잘 간수해 두어라.

간수(-水)圀 소금이 습기에 녹아 저절로 흐르는 물. 두부의 응고제 따위로 쓰임. 고염(苦鹽). 노수(滷水).

간수(看守)圀혬되 ①보살피고 지킴. ②'교도관(矯導官)'의 구용어. ③철도의 건널목 안내원.

간:수(間數)圀 '칸수'의 잘못.

간:수(澗水)圀 산골짜기에 흐르는 물.

간슈ᄒ다혬 (옛) 간수하다. ¶保ᄒ야 가지며 두퍼 간슈ᄒ야(楞解9:8).

간:승(間繩)圀 일정한 간격으로 눈표를 붙인 긴 노끈. 모종을 하거나, 씨를 뿌리거나, 모를 심을 때 쓰임.

간-승법(簡乘法) [-뻡]圀 곱셈을 쉽게 하는 방법. 圀간제법(簡除法).

간:시(艮時)圀 이십사시의 넷째 시. 상오 2시 30분부터 3시 30분까지의 동안. 圀간(艮).

간:시(間時)圀 십이지(十二支)로 나타내는 십이시를 이십사시로 나눌 때, 십이지 사이사이에 들어가는 각 시. 곧, 계(癸)·간(艮)·갑(甲)·을(乙)·손(巽)·병(丙)·정(丁)·곤(坤)·경(庚)·신(辛)·건(乾)·임(壬)의 열두 시.

간:식(間食)圀혬되 끼니와 끼니 사이에 음식을 먹음, 또는 그 음식. ¶간식으로 삶은 고구마를 먹다.

간식(墾植)圀혬 개간하여 작물을 심음.

간:식-거리(間食-) [-꺼-]圀 끼니와 끼니 사이에 요기가 되도록 먹는 간단한 음식물.

간신(奸臣)圀 육사(六邪)의 하나. 간사(奸詐)한 신하.

간:신(諫臣)圀 ①임금에게 간(諫)하는 신하. ②☞간관(諫官).

간신(艱辛) '간신하다'의 어근.

간신-적자(奸臣賊子) [-짜]圀 간악(奸惡)한 신하와 어버이에게 거역하는 자식.

간신-하다(艱辛-)혱 힘들고 고생스럽다. 간신-히圀. ¶간신히 호구(虎口)를 빠져나오다.

간실-간실圀혬 남의 비위를 살살 맞추면서 간살을 부리는 모양. 쎈깐실깐실.

간심(奸心)圀 간악한 마음.

간심(看審)圀혬 자세히 살펴봄.

간악(奸惡)圀혱스혱 간사(奸邪)하고 악독함. ¶간악한 무리. /간악한 수법. 간악-히圀. 간악스레圀.

간:악(侃諤)圀혬되 성품이 꼿꼿하여 거리낌 없이 바른말을 함.

간:악-골(間顎骨) [-꼴]圀 위턱의 앞부분에 있는 한 쌍의 뼈.

간악-무도(奸惡無道) [가낭-]圀혱 간악하고 무지막지함. 간악하고 도리에 어긋남.

간암(肝癌)圀 '간에 생기는 암'을 통틀어 이르는 말.

간양-록(看羊錄) [-녹]圀 조선 중기의 학자 강항(姜沆)이 임진왜란 때 일본에 잡혀 가서 겪은 일과, 그때의 시편(詩篇)들을 모아 엮은 책.

간:어제초(間於齊楚)圀 '약한 이가 강한 이들 틈에 끼여 괴로움을 받는 일'을 이르는 말. [주나라 말기에, 등나라가 두 큰 나라인 제·초 사이에 끼여 괴로움을 받았다는 데서 유래함.]

간:언(間言)圀 이간(離間)하는 말. ¶간언을 놓다. **간언(이) 들다**관용 (잘되어 가는 참인데) 이간하는 말이 끼어들다.

간:언(諫言)圀혬되 간(諫)하는 말.

간여(干與)圀혬되 ☞관여.

간역(看役)圀혬되 건축·토목 공사 따위에서, 역사(役事)를 보살핌.

간:연(間然)圀혬되 남의 결점을 지적하여 비난함. 남의 실수를 들춤.

간:열(簡閱)圀혬되 (많은 수를) 낱낱이 검열함.

간:열(肝熱)圀 한방에서, 어린아이가 소화 불량으로 열이 나고 피부가 이완되는 증세를 이르는 말.

간염(肝炎)圀 간에 염증을 일으키는 병을 통틀어 이르는 말.

간:엽(肝葉)圀 ☞간잎.

간-엽(間葉)**명** 척추동물의 발생 과정에서 형성되어 기관의 사이를 채우는 조직. [중배엽(中胚葉)에서 생겨남.] 간충직(間充織).

간예(干預)**명하자** ☞관여.

간옹(肝癰)**명** 한방에서, 습열(濕熱)과 열독(熱毒)으로 간에 생긴 종기를 이르는 말.

간요(奸妖)**명하형스형** 간사하고 요망함. 간요-히**부**.

간요(肝要) '긴요하다'의 어근.

간요(簡要)**명** ①**하형** 간단하고 요령이 있음. ②간략한 요점. ⟶간요-히**부**.

간:요-하다(肝要-)**형여** 매우 긴요하다. 간요-히**부**.

간운보월(看雲步月)**명하자** '낮에는 구름을 바라보고 밤에는 달빛 아래 거닌다는 뜻에서〕'객지에서 가족이나 집 생각을 함'을 이르는 말.

간웅(奸雄)**명** 간사한 영웅.

간:원(諫院)**명** ⟨사간원(司諫院)⟩의 준말.

간:원(懇願)**명하자** 간절히 원함.

간:월(間月)**명하자** ☞격월.

간위(奸僞)**명하형** 간사하고 거짓됨.

간:^위축증(肝萎縮症)[-쯩]**명** 간의 조직이 갑자기 심하게 파괴되어 간의 용적이 줄어드는 병.

간-유(肝油)**명** (대구·명태·상어 따위) 생선의 간에서 뽑아낸 기름. 비타민 A·D가 많아 영양제로 쓰임. 어간유(魚肝油).

간:음(姦淫)**명하자** 부부가 아닌 남녀가 서로 성적(性的) 관계를 맺는 일. **준**간통.

간:음(間音)**명** ☞사잇소리.

간음(幹音)**명** (피아노·오르간의 흰 건반에 해당하는) '다·라·마·바·사·가·나'로 된 음. 원음(原音).

간:음-범(姦淫犯)**명** 간음죄에 해당하는 범행, 또는 그 범인.

간:음-죄(姦淫罪)[-쬐/-�줴]**명** 간음으로 인하여 성립되는 죄. 〔강간죄·준강간죄·간통죄 및 혼인 빙자 간음죄 따위.〕 **준**간죄(姦罪).

간:음-화(間音化)**명하자되자** 두 단어나 어절 안의 두 모음이 서로 영향을 주고받아 중간음으로 변하는 현상. ('사이'가 '새', '오이'가 '외'로 변하는 따위.〕

간:의(簡儀)[가늬/가니]**명** 조선 세종 때, 이천(李蕆)·장영실(蔣英實) 등이 만든, 천체의 운행과 현상을 관측하던 기계.

간:의-대(簡儀臺)[가늬-/가니-]**명** 조선 시대에, 간의를 설치하고 천체의 운행과 현상을 관측하던 대(臺).

간:이(簡易)《일부 명사 앞에 쓰이어》 간단하고 편리함. 간편함. ¶간이 진료소./간이 휴게소.

간:이-식당(簡易食堂)[-땅]**명** 간편한 시설에서, 간단한 음식을 파는 식당.

간:이-역(簡易驛)**명** 일반 역과는 달리 역무원이 없고 정차만 하는 역.

간:이-화(簡易化)**명하자되자** (복잡한 것을) 쉽고 간단하게 함. 쉽고 간단해짐.

간인(刊印)**명하자되자** 출판물을 인쇄함, 또는 간행함.

간인(奸人)**명** 간사한 사람. 간물(奸物).

간인(竿引)**명** 신라 지증왕 때, 천상욱개자(川上郁皆子)가 지었다는 노래. 〔가사는 전하지 않음.〕

간:인(間人)**명** ☞간첩(間諜).

간:인(間印)**명하자** 한데 맨 서류의 종잇장 사이에 걸쳐 도장을 찍음, 또는 그 도장.

간:일(間日)**명하자** ①며칠씩 거름. ②☞격일(隔日).

간-일학(間日瘧)**명** ☞하루거리.

간:-잎(肝-)[-닙]**명** 우엽(右葉)·좌엽(左葉)으로 나뉜 간장의 그 한쪽 부분. 간엽(肝葉). *간잎이[-니피]·간잎만[-님-].

간자(←간자)**명** ①어른을 높이어, 그의 '숟가락'을 이르는 말. ②⟨간자숟가락⟩의 준말.

간:자(間者)**1명** 이사이. 이마적.

간:자(間者)**2명** ☞간첩(間諜). 첩자(諜者).

간:자(諫子)**명** 어버이에게 옳지 못한 일을 고치도록 말하는 자식.

간자-말**명** 이마와 빰이 흰 말.

간자미**명** 가오리의 새끼.

간자-숟가락[-까-]**명** 두껍고 곱게 만든 숟가락. **준**간자. ↔잎숟가락.

간:-작(間作)**명하타** ①☞사이짓기. ②⟨간접 소작⟩의 준말.

간잔지런-하다**형여** ①(졸리거나 술에 취하여) 눈이 게슴츠레하여 눈시울이 맞닿을 듯하다. ②매우 가지런하다. 간잔지런-히**부**.

간잡이-그림(間-)**명** 건축의 설계도.

간장(-醬)**명** 음식의 간을 맞추는 데 쓰는, 짠맛이 있는 흑갈색의 액체. 소금물에 메주를 담가 30~40일 우려서 만듦. **준**장(醬).

간장(肝腸)**명** ①간과 창자. ②마음. 속.

간장을 끊다[관용] 간장이 끊어지는 듯이 몹시 괴롭고 슬프다.

간장을 녹이다[관용] ①무엇에 몹시 반하여 마음이 사그라지는 듯하다. ¶미모와 아양으로 뭇 남성의 간장을 녹이다. ②몹시 애가 타다.

간장을 태우다[관용] 애를 태우다. 조바심과 걱정으로 안절부절못하다.

간:장(肝臟)**명** 횡격막의 아래, 복강(腹腔)의 오른편 위쪽에 있는 장기(臟器). 〔담즙과 글리코겐의 생성, 양분의 저장, 해독 작용 따위를 하는 소화샘.〕 **준**간(肝).

간:장(諫長)**명** 〔간관(諫官)의 우두머리란 뜻으로〕'대사간(大司諫)'을 일컫던 말.

간:장-디스토마(肝臟distoma)**명** 후고흡충과의 편형동물. 몸길이 6~20 mm로 긴 나뭇잎 모양임. 사람·개·고양이·돼지 등의 간장에 기생하며, 유충은 우렁이·민물고기 따위의 중간 숙주(宿主)에 기생함. 우리나라를 비롯하여 동남아시아·중국·일본 등지에 분포함. 간흡충(肝吸蟲). **준**간디스토마.

간:장디스토마-병(肝臟distoma病)**명** 디스토마가 간장에 기생하여 일으키는 병. 간장의 비대, 조직의 파괴, 복수(腹水) 등의 증상을 보임. 간토질(肝土疾).

간장-비지(-醬-)**명** 간장을 달이고 남은 찌꺼기.

간:장^엑스(←肝臟extract)**명** 짐승이나 어류의 간장에서 유효 성분을 뽑아 만든 가루나 액체. 영양제로 쓰임. 간정(肝精).

간:장^제:제(肝臟製劑)**명** 동물의 간장을 낮은 온도에서 건조시켜 만든 가루. 빈혈 치료제·강장제 등으로 쓰임.

간:-장지(←間障子)**명** ☞샛장지.

간:-장지(簡壯紙)**명** 간지(簡紙)로 쓰이는, 두껍고 품질이 좋은 한지(韓紙).

간장-쪽박(-醬-)[-뿍]**명** (간장독 안에 늘 띄워 놓고) 간장을 떠낼 때 쓰는 쪽박. **준**장쪽박.

간재(奸才)**명** 간사한 재주, 또는 그런 재주를 지닌 사람.

간:쟁(諫爭·諫諍)**명하타** 강경하게 간(諫)함.

간자물**명** 〔옛〕 간자말. ¶간쟈몰:破驄馬(老解 下8).

간쟈수족빅명 〈옛〉 오명마(五明馬). ¶간쟈수족
빅:五明馬(譯語下28).
간적(奸賊)명 간악한 도적. 간도(奸盜).
간전(墾田)하자 개간(開墾)하여 밭을 만듦,
또는 그 밭.
간절(懇切) '간절하다'의 어근.
간:절-하다(懇切─)형여 지성스럽고 절실하다.
¶간절한 소망. /간절한 충고. 간절-히부.
간:점-선(間點線)명 (지도의 경계선 따위에 쓰
이는, ─·─·─·─나, +·+·+처럼) 직선이나
'十' 자 모양의 사이에 점(·)을 찍어 가면서
이은 선.
간:접(間接)명 사이에 든 다른 것을 통하여 연
결되는 관계. ¶간접 투자. ↔직접(直接).
간:접강:제(間接強制)[─깡─]명 (채무자가 채
무를 이행하지 아니하는 경우) 법원이, 일정
기간 안에 채무를 이행하지 아니하면 손해 배
상의 지불을 명령함으로써, 채무자를 심리적으
로 강제하여 채무를 이행하게 하는 일.
간:접경험(間接經驗)[─경─]명 언어나 문자,
또는 그 밖의 시청각을 통하여 간접으로 얻는
경험. ↔직접 경험.
간:접국세(間接國稅)[─꾹쎄]명 [주세(酒稅)·
물품세 등과 같이] 간접적으로 소비자에게 부
담시키는 국세. ↔직접 국세.
간:접군주제(間接君主制)[─꾼─]명 군주가 자
기의 대리인이나 대리 기관을 통하여 권능을
행사하는 군주 정치 체제. ↔직접 군주제.
간:접금융(間接金融)[─끔늉/─끔늉]명 자금의
수요자와 공급자 사이에 금융 기관이 개재하는
금융 방식.
간:접기관(間接機關)[─끼─]명 직접 기관으로
부터 위임된 권한을 행사하는 기관. ↔직접
기관.
간:접논증(間接論證)[─쯩]명 ☞귀류법(歸
謬法).
간:접높임말(間接─)[─쯩]명 높임말의 한 갈
래. 말하는 이가 듣는 이를 높이기 위하여, 그
인물과 관련되는 사람이나 사물을 높이는 말.
[`진지·말씀·치아·댁' 따위.] 참직접 높임말.
간:접대:리(間接代理)[─때─]명 (위탁 매매의
경우처럼) 다른 사람의 계산에 있어서, 자기의
이름으로 법률 행위를 하는 일.
간:접매매(間接賣買)[─쩜─]명 대리업자나 중
개자를 통하여 하는 매매.
간:접무:역(間接貿易)[─쩜─]명 제삼국의 중
개로 이루어지는 무역.
간:접민주정치(間接民主政治)[─쩜─]명 국
민의 정치 참여가 대표 기관을 통하여 이루어
지는 민주 정치.
간:접민주제(間接民主制)[─쩜─]명 국민이 선
출한 대표를 통하여 간접적으로 국민의 최고
권력을 행사하는 정치 형태. ↔직접 민주제.
간:접발생(間接發生)[─빨쌩]명 변태의 과정
을 거치는 발생. ↔직접 발생.
간:접발행(間接發行)[─빨─]명 주식이나 사채
(社債) 따위의 유가 증권을 발행함에 있어, 발행
자가 증권 회사 따위의 제삼자를 중개로 하여
응모자를 모집하는 일. ↔직접 발행.
간:접-범(間接犯)[─쩜─]명 스스로 범죄를 실행
하지 아니하고, 남을 이용하여 간접적으로 범
죄를 실행한 범죄 및 범죄자. [교사범·간접 정
범·공모에 의한 간접 정범 따위.]
간:접보:상(間接補償)[─뽀─]명 간접 손해에
대한 보상. ↔직접 보상.

간:접분석(間接分析)[─뿐─]명 화학 분석에
서, 시료(試料)와 시약(試藥)과의 화학 반응을
간접으로 관찰하거나 인위적인 조작 등으로 물
질을 분석·정량(定量)하는 일.
간:접분열(間接分裂)[─뿐녈]명 ☞유사 분열.
간:접-비(間接費)[─삐]명 몇 가지 종류의 제품
에 공통으로 드는 비용. 원가 계산 때 각 제품
에 배정됨. ↔직접비.
간:접비:료(間接肥料)[─삐─]명 (작물이 자라
는 데 직접적으로 양분이 되지는 않고) 땅속에
서 유기물의 분해를 빠르게 하거나, 양분의 흡
수를 촉진시켜 간접적으로 작물의 성장을 돕는
비료. [석회·소금·숯가루·망간·요오드 따위.]
↔직접 비료.
간:접사격(間接射擊)[─싸─]명 건조물이나 언
덕 따위의 장애물을 사이에 두고 그 너머에 있
는 목표물을 사격하는 일.
간:접사:인(間接死因)[─싸─]명 죽음에 관계
되는 간접적인 원인. ↔직접 사인.
간:접선:거(間接選擧)[─썬─]명 선거인이 선
출한 선거 위원에 의한 선거, 또는 그러한 제
도. [미국의 대통령 선거 따위.] 준간선(間選).
↔직접 선거.
간:접선:거제:도(間接選擧制度)[─썬─]명
간접 선거의 방식으로 피선거인을 뽑는 제도.
준간선제도. ↔직접 선거 제도.
간:접-세(間接稅)[─쎄]명 상품에 부과되는 세
금을 그 제조업자 또는 판매업자에게 부과하
되, 실제로는 그 상품의 소비자가 부담하게 하
는 조세. 준간세(間稅). ↔직접세.
간:접소권(間接訴權)[─쏘꿘]명 ☞채권자 대
위권(債權者代位權).
간:접소:작(間接小作)[─쏘─]명 소작권을 얻
은 사람한테서 다시 소작권을 얻어서 하는 소
작. 준간작(間作).
간:접손:해(間接損害)[─쏜─]명 화재나 그 밖
의 보험 사고로 인해 보험 계약자가 간접적으
로 입는 손해.
간:접심:리주의(間接審理主義)[─씸니─의/─
씸니─이]명 소송을 접수한 법원이 직접 변론
을 듣거나 증거를 조사하지 아니하고, 또 다
른 기관을 설치하여 심리하게 하고, 그 결과에
따라 재판을 하는 주의. ↔직접 심리주의.
간:접인:용(間接引用)[─쩜─]명 문장에서, 다른 사람의
말이나 글 따위를 자기의 말로 바꾸어 나타내
는 일. [`모두는 그곳은 경치가 좋다고 한다.'
의 `그곳은 경치가 좋다'가 간접 인용임.]
참직접 인용.
간:접-적(間接的)[─쩍]관명 바로 대하지 않고
매개를 통하여 연결하거나 그렇게 되는 (것).
¶간접적 표현. /간접적인 사과로는 피해자가
용서하지 않을 것이다. ↔직접적.
간:접전염(間接傳染)[─쩌념]명 (병원균의 전
염에서) 물·공기 따위를 매개(媒介)로 하는
전염.
간:접점유(間接占有)[─쩜뮤]명 소유자가 물
건의 점유를 이전하는 경우, 본 소유자에게 간접
적으로 인정되는 점유. ↔직접 점유.
간:접정:범(間接正犯)[─쩡─]명 형법상의 책
임 능력이 없거나 범의(犯意)가 없는 사람을
이용하여 범죄를 실행하는 일, 또는 그 범인.
↔직접 정범.
간:접조:명(間接照明)[─쪼─]명 빛을 천장이
나 벽에 비추어, 그 반사광을 이용하는 조명
방법. ↔직접 조명.

간:접^조:준(間接照準)[-쪼-]명 직접 바라볼
수 없는 목표물을 사격할 때, 조준점을 따로
정하여 하는 조준.

간:접^증명법(間接證明法)[-쯩-뻡]명 ☞귀류
법(歸謬法).

간:접^책임(間接責任)명 주식회사의 주주나 유
한 회사의 사원이 회사 자본에 대한 출자 의무
만을 지고, 채권자에 대해서는 간접적으로만
지게 되는 책임.

간:접^추리(間接推理)명 (삼단 논법에서와 같
이) 둘 또는 그 이상의 판단을 전제로 하여 그
들 상호 관계로부터 새로운 판단을 이끌어 내
는 추리.

간:접^침:략(間接侵略)[-냑]명 (무력에 의하지
아니하고) 간첩의 침투, 파괴적인 선동, 내란
의 책동 등 사회적인 혼란 조성에 의한 침략.
↔직접 침략.

간:접^화법(間接話法)[-저꽈뻡]명 (언어 표현
법에 있어서) 남의 말을 옮길 때, 그 말뜻을 풀
어서 자기의 말로 바꾸어 전하는 화법. 참직접
화법.

간:접-환(間接換)[-저꽌]명 두 나라 사이에 직
접 환거래(換去來)를 하지 아니하고, 다른 나
라와의 환거래를 거쳐서 그 두 나라의 대차(貸
借)를 결제하는 방법.

간:접^효:용(間接效用)[-쩌표-]명 화폐와 같
이, 사람의 욕망을 직접 만족시키지 못하고,
다른 것과 교환함으로써 욕망을 만족시킬 수
있는 재화(財貨)의 효용. ↔직접 효용.

간:접-흡연(間接吸煙)[-쩌프변]명 흡연자의
담배 연기를 비흡연자가 흡연자 주위에서 들이
마시게 되는 것.

간정명되자 앓던 병이나 소란하던 일이 가라앉
음. ¶병세가 간정되다. 참진정(鎭靜).

간:정(肝精)명 ☞간장 엑스.

간정(諫貞)명하자 어려움을 견디어 정절(貞節)
을 굳게 지킴.

간정(簡淨)'간정하다'의 어근.

간:-정맥(肝靜脈)명 간장에 분포된 정맥.

간정-하다(簡淨-)형여 간략하고 깨끗하다.

간-제법(簡除法)[-쩨-]명 나눗셈을 쉽게 하는
방법. 〔어떤 수를 72로 나눌 때, 먼저 8로 나
누고 다시 9로 나누는 따위.〕참간승법.

간조(干潮)명 썰물로 해면의 높이가 가장 낮아
진 상태. 저조(低潮). ↔만조(滿潮).

간조(乾燥)명 〈건조(乾燥)〉의 본딧말.

간조-선(干潮線)명 바다와 물과의
경계선. 저조선(低潮線). ↔만조선(滿潮線).

간종-간종부하자 자꾸 간종그리는 모양. 큰건
중건중중.

간종-그리다타 (흐트러진 사물을) 가닥가닥 골
라서 가지런하게 하다. 간종이다. ¶서랍 속의
서류들을 간종그렸다. 큰건중그리다.

간종-이다타 간종그리다. 큰건중이다.

간:좌(艮坐)명 (집터나 묏자리 따위가) 간방(艮
方)을 등진 좌향, 또는 그런 자리.

간:좌-곤향(艮坐坤向)명 (집터나 묏자리 따위
가) 간방(艮方)을 등지고 곤방(坤方)을 향한
좌향.

간:죄(姦罪)[-쬐/-쮀]명 〈간음죄〉·〈간통죄〉의
준말.

간주(看做)명하다타되자 《주로 '이라고'·'로
(으로)'·'다고' 뒤에 쓰이어》 그렇다고 봄. 그
렇게 여김. ¶무슨부로 간주하다. /참석하지 않
았으니 일단 기권으로 간주하겠다.

간:주(間柱)명 본디의 기둥 두 개 사이에 세우
는 조금 가는 기둥.

간:주(間奏)명 ①어떤 곡(曲)의 도중에 끼워 연
주하는 부분, 또는 그 연주. 〈간주곡〉의 준말.

간:주-곡(間奏曲)명 ①극이나 가극(歌劇)의 막
간에 연주하는 짧은 악곡. ②두 악곡 사이에
끼워 연주하는 짧은 기악곡. 간주악. 인테르메
조. 준간주(間奏). ☞간주곡.

간:주-악(間奏樂)명 ☞간주곡.

간:-주지(簡周紙)명 편지지로 쓰는 두루마리.

간:죽(竿竹/間竹/簡竹)명 담배설대.

간증(干證)명 ①지난날, 범죄에 관련된 증인을
뜻하던 말. ②하다되자 기독교에서, 자신의 종
교적 체험을 고백함으로써, 하나님의 존재를
증언하는 일.

간:증(肝蒸)명 기미.

간:증(癎症)[-쯩]명 ☞지랄병.

간지(干支)명 천간(天干)과 지지(地支). 십간
(十干)과 십이지(十二支).

간지(奸智)명 간사한 지혜.

간:지(間紙)명 ①장정이 접어서 맨 책의 종이가
얇아 힘이 없을 때, 접은 각 장 속에 넣어 받
치는 딴 종이. ②건조가 잘 안 된 인쇄면이 다
른 지면에 붙지 아니하게 책장과 책장 사이에
끼워 두는 종이. ③☞속장.

간:지(諫止)명하다타 (윗사람에게) 하지 말도록
말하여 말림.

간:지(懇志)명 간곡한 뜻.

간:지(簡紙)명 장지(壯紙)로 된 편지지.

간-지다형 ①붙은 데가 가늘어서 곧 끊어질 듯
하다. ¶토담 위 덩굴에 간지게 매달인 둥근
박. ②간드러진 멋이 있다. ¶간지게 넘어가는
노랫가락.

간지라기명 남의 몸이나 마음을 잘 간질이는
사람.

간지럼명 간지러운 느낌. ¶간지럼을 타다.

간지럽다[-따]형ㅂ 간지러우니·간지러워)형ㅂ
①(무엇이 살갗에 가볍게 닿아 살살 움직일
때) 몸이 옹송그려지도록 자리자리한 느낌이
있다. ¶발바닥이 간지럽다. /겨드랑이가 간지
럽다. ②(매우 위태롭거나 단작스러운 일을 볼
때) 마음에 자리자리함을 느끼다. ¶아침에 귀
가 간지럽다. ③어떤 일을 하고 싶어 참고 견
디기 어렵다. ¶입이 간지럽다.

간지럽-히다[-러피-]타 간질이다.

간지르다타 '간질이다'의 잘못.

간:지-봉(簡紙封)명 간지를 넣는 봉투.

간:지-석(間知石)명 석축을 쌓는 데 쓰이는, 방
추형(方錐形)의 돌. 견치석.

간지-순가락명 '간지숟가락'의 방언.

간직명하다타 ①잘 두어 간직해 둠. ¶귀중품을
금고 속에 간직하다. ②마음속에 새겨 둠. ¶아
픔을 간직하고 살다.

간:질(肝蛭)명 간질과의 편형동물. 암수한몸이
며 몸길이 20~30 mm, 폭 4~13 mm. 소·양·
염소 따위 초식 가축의 간장에 기생하는 디스
토마의 한 가지.

간:질(癎疾)명 ☞지랄병.

간질-간질뷔하자 ①간지러운 느낌이 있는 상
태. ¶목덜미가 간질간질하다. ②참기 어려울 정
도로 어떤 일을 자꾸 하고 싶어 하는 상태. ¶
놀고 싶어서 온몸이 간질간질하다. 큰근질근질.

간질간질-하다하자 ①무척 또는 매우 간지럽
다. ②어떤 일을 매우 하고 싶어 참기가 어렵
다. 큰근질근질하다.

간질-거리다(자타) 자꾸 간질간질하다. 자꾸 간질이다. 간질대다. (큰)근질거리다.

간질-대다(자타) ☞간질거리다.

간:질-병(肝蛭病) [-뼝] 명 간질(肝蛭)이 소나 양의 간에 기생하여 생기는 가축병. 〔간장 비대·빈혈·수종(水腫)·복수(腹水) 등의 증상이 나타남.〕

간:질^세:포(間質細胞) ☞간세포(間細胞).

간질-이다(타) (남의 살갗을 건드려) 간지럽게 하다. ¶겨드랑이를 간질이다.

간짓-대(竿-) [-지때/-짇때] 명 긴 대로 만든 장대. ¶깃발을 간짓대에 매달다. (춘)간대.

간:찰(簡札) 명 간지(簡紙)에 쓴 편지.

간책(奸策) 명 ☞간계(奸計).

간:책(簡策·簡冊) 명 옛날에, 글을 적는 데 쓰던 대쪽, 또는 그것으로 엮어 맨 책.

간-처녑(肝-) 명 (소나 양 따위의) 간과 처녑.

간척(干拓) 명[하타] 호수나 바닷가에 둑을 쌓아 그 안의 물을 빼내고 농경지 등으로 만드는 일. ¶서해안 간척 사업. (참)개간(開墾).

간척-지(干拓地) [-찌] 명 간척 공사를 하여 경작지로 만들어 놓은 땅.

간:첩(間諜) 명 적대(敵對) 관계에 있는 상대편의 내부에 침투하여 그 기밀을 알아내는 사람. 간자(間者)². 세인(細人). 세작(細作). 첩자(諜者). 스파이.

간첩(簡捷) '간첩하다'의 어근.

간:첩-죄(間諜罪) [-쬐/-쮀] 명 간첩 행위를 하거나, 간첩을 도와준 범죄.

간첩-하다(簡捷-) [-처파-] 형여 간편하고 빠르다. 간첩-히(부)

간:청(懇請) 명[하타자] 간곡히 청함, 또는 그러한 청. 간촉(懇囑). ¶간청을 들어주다.

간체(杆體) 명 ☞간상세포(杆狀細胞).

간체-자(簡體字) 명 중국의 문자 개혁에 따라 자형(字形)을 간략하게 고친 한자. 〔'雲'을 '云'으로 쓰는 따위.〕

간초(艱楚) '간초하다'의 어근.

간초-하다(艱楚-) 형여 고생이 심하다.

간:촉(懇囑) 명[하타] ☞간청(懇請).

간추(看秋) 명 지난날, 배메기를 할 때 지주가 소작인의 추수 상황을 살펴보던 일. (비)간평(看坪).

간-추리다(타) ①흐트러진 것을 가지런히 정돈하다. ¶흩어진 종이들을 간추려서 묶다. ②(글 등에서) 중요한 점만 따서 줄이다. 요약하다. ¶글의 요점을 간추려 적다. (비)추리다.

간출(刊出) 명[하타되자] (책을) 펴내.

간:출(簡出) 명[하타되자] 추려 냄. 가려냄.

간:충-직(間充織) 명 ☞간엽(間葉).

간취(看取) 명[하타되자] 보아서 그 속내를 알아차림. ¶음흉한 속셈을 재빨리 간취하다.

간측(懇惻) '간측하다'의 어근.

간:측-하다(懇惻-) [-츠카-] 형여 ①간절하고 지성스럽다. ②몹시 측은하다. ¶노숙자의 처지가 간측하다. 간측-히(부)

간:친(懇親) 명[하타] 서로 다정하고 친근하게 사귀며 지냄.

간:친-회(懇親會) [-회/-훼] 명 서로 다정하게 사귈 목적으로 조직한 모임. 친목회.

간:탁(簡擢) 명[하타되자] (여러 사람 가운데서) 가려 뽑아 씀. 간발(簡拔).

간:탄(懇歎) 명[하타] 간절히 탄원함.

간:태(杆太) 명 강원도 간성(杆城) 앞바다에서 잡히는 명태.

간:택(揀擇) 명[하타되자] ①분간하여 고름. ②왕이나 왕자, 왕녀의 배우자를 고르는 일. ¶세자빈으로 간택되다.

간:택(簡擇) 명[하타되자] (여럿 중에서) 골라냄.

간:-토질(肝土疾) 명 한방에서, '간장디스토마병'을 이르는 말.

간:통(姦通) 명[하자] 배우자가 있는 사람이 배우자 이외의 이성과 성적 관계를 가지는 일. 통간.

간:통^쌍벌주의(姦通雙罰主義) [-의/-이] 명 (남녀 평등의 관점에서) 간통한 남녀를 똑같이 처벌하는 법률상의 주의.

간:통-죄(姦通罪) [-죄/-쮀] 명 간통으로 성립되는 죄. 〔배우자의 고소로 구성되는 친고죄임.〕 (춘)간죄.

간:투-사(間投詞) 명 ☞감탄사.

간특-하다(奸慝) [-트카-] 형여 간사(奸邪)하고 사특하다. ¶간특한 무리. 간특-히(부)

간파(看破) 명[하타] (상대편의 속내를) 꿰뚫어 보아 알아차림. ¶약점을 간파하다.

간판(幹-) 명 일을 능숙하게 처리하는 배포.

간판(看板) 명 ①상점·영업소 따위에서, 상호·상품명·업종 따위를 써서 밖에 내건 표지(標識). ¶간판을 내리다. /간판을 떼다. ②(남에게 내세울 만한) '학벌'을 속되게 이르는 말. ¶명문대 출신이니 간판이야 좀 좋은가? ③'얼굴'·'생김새'를 속되게 이르는 말. ¶간판은 훤한데 속은 개차반이야. ④'내세울 만한 대표적인 사람이나 사물'을 비유하여 이르는 말. ¶우리 팀 간판 타자.

간:판(間判) 명 양지 건판의 한 가지. 가로 10 cm, 세로 12.7 cm 크기.

간:-팥[-판] 명 (밥에 넣어 먹으려고) 맷돌에 갈아 부순 팥. (활)동팥. *간:팥이[-파치]·간:팥만[-판-]

간편(簡便) '간편하다'의 어근.

간편-산(簡便算) 명 '간편셈'의 구용어.

간편-셈(簡便-) 명 간편하게 하는 셈.

간편-하다(簡便-) 형여 간단하고 편리하다. ¶간편한 옷차림. 간편-히(부)

간평(看坪) 명[하타] 〔지난날, 도조(賭租)를 매기기 위하여〕 지주가 추수 전에 농작물의 잘되고 못 됨을 실지로 살펴보던 일. 검견(檢見). (비)간추(看秋).

간평^도조(看坪賭租) 명 ☞잡을도조.

간포(刊布) 명[하타되자] 발간하여 세상에 널리 폄.

간품(看品) 명[하타] 품질의 좋고 나쁨을 살펴봄.

간:풍(癎風) 명 한방에서, 지랄병을 일으키는 풍증을 이르는 말.

간:필(簡筆) 명 편지 쓰기에 알맞은 크기의 붓. 〔초필(抄筆)보다 조금 굵음.〕

간핍(艱乏) '간핍하다'의 어근.

간핍-하다(艱乏-) [-피파-] 형여 몹시 가난하다.

간-하다(타여) ①음식에 짠맛을 내기 위하여 간을 치다. ¶알맞게 간한 국물. ②생선이나 채소 등을 간으로 절이다. ¶간한 조기.

간-하다(奸-) 형여 간사하다.

간:-하다(諫-) 자타여 (임금이나 윗사람에게) 옳지 못한 일을 고치도록 말하다.

간한(奸漢) 명 간악한 사나이.

간행(刊行) 명[하타되자] (책 따위를) 인쇄하여 펴냄. 공간(公刊). 인행(印行). 출판. ¶사보(社報)를 간행하다. (춘)간(刊). (참)상재(上梓).

간행(奸行)**명** 간사한 행동.

간-행(間行)**명하자** ☞미행(微行).

간행-물(刊行物)**명** 간행한 출판물.

간행-본(刊行本)**명** 간행한 책. 간본(刊本).

간-헐(間歇)**명하자** 그쳤다 이어졌다 함. 쉬었다 일어났다 함.

간:헐-동작(間歇動作)**명** 얼마 동안의 시간 간격을 두고 되풀이하여 행하였다 쉬었다 하는 동작.

간:헐-류(間歇流)**명** 큰비가 내려야만 물이 흐르는 내.

간:헐성^파행증(間歇性跛行症)[-썽-쯩]**명** (다리의 동맥 경화로 말미암아) 걸음을 좀 걸으면 아프고, 쉬면 곧 낫곤 하는 병. ❸간헐파행증.

간:헐-열(間歇熱)[-렬]**명** (말라리아열처럼) 간헐적으로 일어나는 신열(身熱).

간:헐^온천(間歇溫泉)**명** 일정한 기간을 두고 주기적으로 분출하는 온천. ❸간헐천.

간:헐^유전(間歇遺傳)**명** ☞격세 유전.

간:헐-적(間歇的)[-쩍]**관명** 얼마의 시간 간격을 두고 되풀이하는 것(을). ¶간헐적 사격. /멀리서 간헐적으로 들려오는 대포 소리. ↔연속적(連續的).

간:헐-천(間歇泉)**명** 〈간헐 온천〉의 준말.

간:헐^파행증(間歇跛行症)[-쯩]**명** 〈간헐성 파행증〉의 준말.

간험(奸險)**명** '간험(奸險)하다'의 어근.

간험(艱險)**명** '간험(艱險)하다'의 어근.

간험-하다(奸險-)**형여** 간악하고 음험하다.

간험-하다(艱險-)**형여** 몹시 험난하다.

간협(奸俠)**명** 간특한 무리의.

간호(看護)**명하타** 환자나 노약자를 보살펴 돌보아 줌. ⓑ간병(看病).

간호-법(看護法)[-뻡]**명** 간호하는 방법.

간호-사(看護師)**명** (일정한 법정 자격을 갖추고) 의사의 진료 보조와 환자의 간호에 종사하는 사람.

간호-원(看護員)**명** '간호사'의 이전 일컬음.

간호-장(看護長)**명** '수간호사(首看護師)'의 이전 일컬음.

간호^장:교(看護將校)**명** 위생과 간호에 종사하는 여군 장교.

간호-조무사(看護助務士)**명** (일정한 법정 자격을 갖추고) 의사나 간호사의 진료 보조와 환자의 간호에 종사하는 사람.

간호-학(看護學)**명** 간호에 관한 이론과 실기를 연구하는 학문.

간-혹(間或)**부** 이따금. 어쩌다가. 간간이. 혹간. ¶그런 일이 더러 있다. ❸혹(或).

간-혼(間婚)**명하자** 남의 혼사를 중간에서 이간질함.

간활(奸猾)**명** '간활하다'의 어근.

간활-하다(奸猾-)**형여** 간사하고 교활하다. 간활-히**부**.

간:회(諫誨)[-회/-훼]**명하타** 타일러 가르침.

간휼(奸譎)**명** '간휼하다'의 어근.

간휼-하다(奸譎-)**형여** 간사하고 음흉하다. ¶간휼한 술책.

간흉(奸凶)**명하형** 간사하고 흉악함, 또는 그런 사람.

간흘(間歇)**명** '간헐(間歇)'의 잘못.

간:-흡충(肝吸蟲)**명** ☞간장디스토마.

간힐(奸黠)**명** '간힐하다'의 어근.

간힐-하다(奸黠-)**형여** 간사하고 꾀바르다.

간-힘명 내쉬는 숨을 억지로 참으며 괴로움을 이겨 내려고 애쓰는 힘. ¶간힘을 쓰다.

갇(옛)**명** 갓. ☞笠(훈解26).

갇다(옛) 걷히다. ¶구루미 갇고 ᄆ리미 몱고(金三4:29).

갇히다[가치-]**자** 〚'가두다'의 피동〛 가둠을 당하다. ¶감옥에 갇히다. /승강기에 갇히다. /폭설에 갇히어 길을 떠날 수가 없다.

갈¹명 〈갈대〉의 준말.

갈:²명 〈가을〉의 준말. ¶산에는 꽃 피네. 꽃이 피네. 갈 봄 여름 없이 꽃이 피네.

갈:³명 기둥의 사개나 인방(引枋)의 가름장 따위의 갈래.

갈(을) 타다(관용) 기둥의 사개나 인방의 가름장의 갈을 만들다.

갈:⁴명 〈가래〉의 준말.

갈:⁵명 〈갈나무〉의 준말.

갈¹(옛)**명** 칼(刀). ¶갈: 刀(訓解). ❸갏.

갈²(옛)**명** 갈²(柳). ¶갈: 柳(訓蒙中5).

갈(碣)**명** 가첨석(加檐石)을 얹지 아니하고, 머리 부분을 둥글게 만든 작은 비석.

갈-(褐)**접투** 〚일부 명사 앞에 붙어〛 '갈색'의 뜻을 나타냄. ¶갈고등어. /갈도묘.

갈:-가리부 〈가리가리〉의 준말.

갈가마귀명 '갈까마귀'의 방언.

갈가위명 몹시 인색하게 굴며 제 실속만 차리려는 사람.

갈가치다자 '가치작거리다'의 잘못.

갈갈부하자 몹시 얌치가 없이 갈근거리는 모양. ❷걸걸.

갈갈-거리다자 자꾸 얌치가 없이 갈근거리다. 갈갈대다. ❷걸걸거리다.

갈갈-대다자 갈갈거리다.

갈:-갈이명 〈가을갈이〉의 준말.

갈갈-갈갈부하자 목구멍에서 가래가 끓는 소리. ❷글겅글겅. ❸갈그랑갈그랑.

갈강-거리다자 자꾸 갈강갈강하다. 갈강대다. ❷글겅거리다.

갈강-대다자 갈강거리다.

갈강-병(褐殭病)[-뼝]**명** 누에의 전염병의 한 가지. 병균이 붙은 자리가 거무스름해지면서, 입으로 수분을 흘리고 설사를 하다가 몸이 누렇게 되어 죽음.

갈개명 〚권 물을 빠지게 하거나, 어떤 경계를 짓거나 하기 위해서〛 얕게 판 작은 도랑.

갈개-꾼명 ①〈종이의 원료인〉 닥나무 껍질을 벗기는 사람. ②남의 일에 훼방 놓는 사람.

갈개-발명 ①연의 아래쪽 두 귀퉁이에 붙이는 쐐기 모양의 긴 종잇조각. ②'세도가(勢道家)에 붙어서 덩달아 권세를 부리는 사람'을 조롱조로 이르는 말.

갈갈강-하다형 (얼굴이나 몸이 야위었으나) 강기가 있고 단단해 보이다.

갈-거미명 갈게밋과의 절지동물. 몸길이 2cm 가량. 다리가 길며 넓적다리 마디에 잔털이 나 있음. 등은 황갈색이고 배는 황백색임. 인가 가까이에 둥글게 그물을 치고 곤충을 잡아먹고 삶.

갈건(葛巾)**명** 갈포로 만든 두건.

갈건-야복(葛巾野服)[-냐-]**명** 〔갈건과 베옷이라는 뜻으로〕 '처사(處士)나 은사(隱士)들의 소박한 옷차림'을 이르는 말.

갈:-거이[-거이]**명하타** 〈가을걷이〉의 준말.

갈-게명 갈대가 자라는 개펄이나 물가에 사는 방게.

갈겨니[명] 잉엇과의 민물고기. 피라미 비슷하나 비늘이 작고 눈이 크며, 몸 중앙에 희미한 세로띠가 있음. 몸길이 10∼16 cm. 5∼6월경 산란기(産卵期)가 되면 수컷의 혼인색(婚姻色)이 두드러지게 아름다워짐. 우리나라·일본·중국 등지에 분포함.

갈겨-먹다[−따][타] 남의 재물이나 음식을 가로채어 먹다.

갈겨-쓰다[∼쓰니·∼써][타] 글씨를 아무렇게나 마구 쓰다. ¶알아볼 수가 없도록 마구 갈겨쓴 편지.

갈고(羯鼓)[명] 아악(雅樂)의 타악기의 한 가지. 장구와 비슷하나, 양쪽 마구리를 다 말가죽으로 메어, 대(臺) 위에 올려놓고 좌우 두 개의 채로 치도록 되어 있음.

갈:고-닦다[−닥따][타] 학문이나 재주 따위를 힘써 배우고 익히다. ¶갈고닦은 실력을 발휘하다.

갈-고등어(褐−)[명] 전갱잇과의 바닷물고기. 몸 길이 40 cm가량. 몸은 둥근 통 모양이고, 몸빛은 등이 청록색, 배는 은백색이며 가운데에 적갈색의 세로띠가 있음. 일본과 우리나라 연해에 분포함.

갈고랑-막대기[−때−][명] 끝이 갈고랑이 모양으로 생긴 막대기.

갈고랑-쇠[−쇠/−쉐][명] ①끝이 갈고랑이 모양으로 된 쇠. ②'성질이 괴팍스러운 사람'을 비유하여 이르는 말.

갈고랑-이[명] ①끝이 뾰족하며 꼬부라진 물건. ②긴 나무 막대 끝에 갈고랑쇠를 박은 무기의 한 가지. ⓒ갈고리.

갈고리[명] 〈갈고랑이〉의 준말.

갈고리-궐(−亅)[명] 한자 부수의 한 가지. '了'·'事' 등에서의 '亅'의 이름.

갈고리-나방[명] 갈고리나방과의 곤충. 날개 길이 4 cm가량. 몸빛은 갈색이며 앞뒤 날개에 톱날 모양의 암갈색 가로줄이 다섯 개씩 있음. 유충은 오리나무 따위의 잎을 갉아 먹는 해충임.

갈고리-눈[명] 눈초리가 위로 치켜 올라간 눈.

갈고리-달[명] 〔갈고리처럼 생긴 달이란 뜻으로〕 '초승달'이나 '그믐달'을 이르는 말.

갈고리-촌충(−寸蟲)[명] '유구조충'의 구용어.

갈고쟁이[명] 가장귀진 나무의 옹이 밑과 우듬지를 잘라 버리고 만든 갈고리. ⓒ갈고지.

갈고지[명] 〈갈고쟁이〉의 준말.

갈골(渴泪)[명] '갈괄하다'의 어근.

갈골-하다(渴泪−)[형여] 일에 파묻혀 몹시 바쁘다.

갈공막대[명] 〈옛〉손잡이가 갈고랑이 모양으로 된 지팡이. ¶갈공막대 집는:枌(訓蒙中19).

갈구(渴求)[명][하타] 애타게 구함. ¶자유를 갈구하다.

갈-구슬(葛−)[명] 칡의 열매.

갈그랑-갈그랑[부][하자] 목구멍에서 가래가 자꾸 끓는 소리. ⓒ글그렁글그렁. ⓐ갈그랑갈그랑.

갈그랑-거리다[자] 자꾸 갈그랑갈그랑하다. 갈그랑대다. ¶숨을 쉴 때마다 가래가 갈그랑거린다. ⓒ글그렁거리다. ⓐ갈강거리다.

갈그랑-대다[자] 갈그랑거리다.

갈근(葛根)[명] 칡뿌리. 〔한방에서, 갈증·두통·요통 및 상한(傷寒) 등의 해열제로 쓰임.〕건갈.

갈근-갈근[부][하자] ①음식이나 남의 재물에 탐을 내어 자꾸 욕심 부리는 모양. ②목구멍에 가래가 걸리어 간질간질하게 자꾸 가치작거리는 모양. ⓒ걸근걸근.

갈근-거리다[자] 자꾸 갈근갈근하다. 갈근대다. ⓒ걸근거리다.

갈근-대다[자] 갈근거리다.

갈급(渴急)[명][하형] 부족하여 조급하게 몹시 바람. ¶돈에 갈급이 들다. 갈급-히[부].

갈급령-나다(渴急令−)[−녕−][자] 몹시 조급한 마음이 일어나다.

갈급-증(渴急症)[−쯩][명] (속이 탈 정도로) 무언가를 몹시 조급하게 바라는 마음. ¶갈급증을 내다. ⓒ갈증(渴症).

갈:기[명] 말이나 사자 따위 짐승의 목덜미에 난 긴 털.

갈기-갈기[부] 여러 가닥으로 찢어진 모양. ¶옷이 갈기갈기 찢기다. ⑪가리가리.

갈기다[타] ①후려치다. ¶회초리로 종아리를 세게 갈기다. /빰을 한 대 갈기다. ②총포 따위를 냅다 쏘다. ¶밀려오는 적을 향하여 소총을 냅다 갈기다. ③〔낫이나 칼 따위로〕후려쳐서 베다. ¶낫으로 덩굴을 갈겨 길을 내며 나아갔다. ④글씨를 아무렇게나 급하게 마구 쓰다. ¶갈긴 글씨라 잘 알아보지 못하겠다. ⑤똥오줌을 아무 곳에서나 마구 누다. ¶개가 전봇대에다 오줌을 갈기고 있다. ⑤⑪갈기다.

갈깃-머리[−긴−][명] ①(상투·낭자·딴머리 따위에서) 원머리에 껴 잡히지 아니하고 아래로 처지는 머리털. ②'갈기'의 방언.

갈-까마귀[명] 까마귓과의 새. 목과 배만 희고 그 밖의 부분은 검으며 까마귀보다 작음. 중국 동북 지방이나 시베리아에 살며 늦가을부터 봄까지 우리나라에서 겨울을 남. 곡식에 해를 끼침.

갈-꽃[−꼳][명] 〈갈대꽃〉의 준말. ＊갈꽃이[−꼬치]·갈꽃만[−꼰−]

갈-나무[−따][명] 〈떡갈나무〉의 준말. ⓒ갈5.

갈다[가니·갈아][타] 먼젓것 대신에 새것으로 바꾸다. ¶투수를 다른 선수로 갈다. /베갯잇을 새것으로 갈다.

갈다²[가니·갈아][타] ①어떤 물체를 다른 물체에 대고 문질러 닳게 하다. ¶먹을 벼루에다 갈다. /인조석 면을 갈아 매끄럽게 하다. ②낫·칼 같은 연장을 숫돌에 문질러 날이 서게 하다. ¶칼을 숫돌에 갈다. ③옥(玉) 같은 광석을 문질러 광택이 나게 하다. ¶옥도 갈아야만 빛이 난다네. ④잘게 부수기 위하여 단단한 물건에 대고 문지르거나 맷돌 같은 데 넣어 바수다. ¶무를 강판에 갈다. /콩을 갈아 두부를 만든다. ⑤윗니와 아랫니를 소리가 나도록 맞대어 세게 문지르다. ¶뽀도독뽀도독 이를 가는 소리.

갈:다³[가니·갈아][타] ①논밭을 쟁기 따위로 파서 흙을 뒤집은 뒤 고르게 해 놓다. ¶경운기로 밭을 갈다. ②곡식이나 채소를 심어 농사짓다. ¶뒷밭에는 보리를 갈고, 텃밭에는 약초를 심었다.

갈-대[−때][명] 볏과의 다년초. 습지나 냇가에 흔히 숲을 이루어 자람. 줄기는 곧고 단단하며 속이 비어 있음. 잎은 가늘고 긴데, 끝이 뾰족하며 억셈. 8∼9월에 줄기 끝에 회백색의 잔꽃이 핌. 줄기는 발·삿자·삿자리를 만드는 데 쓰이고, 뿌리줄기는 한방에서 약재로 쓰임. ⓒ갈1.

갈대-꽃[−때꼳][명] 갈대의 꽃. 흰 털이 많아 매우 부드러움. 노화(蘆花). ⓒ갈꽃. ＊갈대꽃이[−때꼬치]·갈대꽃만[−때꼰−]

갈대-발[−때−][명] 가는 갈대의 줄기를 질긴 노나 실로 엮어 만든 발.

갈대-밭[-때받]뗑 갈대가 우거진 벌. 노전(蘆田). ㈜갈밭. *갈대밭이[-때바치]·갈대밭을[-때바틀]·갈대밭만[-때반-]

갈대-청[-때-]뗑 갈대의 줄기 안쪽에 대청같이 붙어 있는 매우 얇고 흰 막. 가부(葭莩). ㈜갈청.

갈댓-잎[-때닙/-땐닙]뗑 갈대의 잎. ㈜갈잎. *갈댓잎이[-때니피/-땐니피]·갈댓잎만[-때님-/-땐님-]

갈데-없다[-떼업따]혭 오직 그렇게밖에는 달리 될 수 없다. 《주로, '갈데없는'의 꼴로 쓰임.》 ¶행색이 갈데없는 거지다. **갈데없-이**뮌.

갈도(喝道)[-또]뗑-㈜㈏지난날, 지체 높은 사람이 행차할 때, 구종(驅從)이 소리를 질러 일반인의 통행을 금하던 일, 또는 그 일을 맡은 하인. 지위가 높은 옥당(玉堂)의 관원이 출근할 때, 앞에 서서 길을 치우며 인도하기 하례. 가도(呵導). 㼄알도.

갈도-성(喝道聲)[-또-]뗑 갈도하는 소리.

갈-돔(褐-)뗑 갈돔과의 바닷물고기. 몸길이 50 cm가량. 몸빛은 노란빛을 띤 회갈색이고 배는 연한 갈색이며 머리와 지느러미는 황색임. 다른 물고기나 조개 따위를 잡아 먹으며 바위가 많은 곳에 삶. 일본의 오키나와·대만·우리 나라 등지의 연해에 분포함.

갈동(褐銅)[-똥] ⇨청동(靑銅).

갈등(葛藤)[-똥]뗑 ①[칡 덩굴과 등나무 덩굴이 서로 얽히는 것과 같이] 견해·주장·이해관계 따위가 서로 달라 적대시하거나 불화를 일으키는 상태. ¶계파 간의 갈등. ②정신 내부에서 일어나는, 서로 다른 두 가지의 욕구가 충돌하는 상태. ¶심리적인 갈등. /선과 악의 갈등. ③소설이나 희곡에서, 등장인물 사이의 대립과 충돌을 이르는 말.

갈라-내다㉻ 합쳐 있는 것을 따로 떼어 내다.

갈라-놓다[-노타]㉻ ①(어떤 관계 따위를) 떼어 놓다. ¶두 연인 사이를 갈라놓다. ②각각 떼어 둘 이상으로 구분하다. ¶우리 문법에서는 품사를 아홉 가지로 갈라놓았다.

갈라디아-서(←Galatia書)뗑 신약 성서 중의 한 편. 사도 바울이 기독교의 복음을 선교하려고 갈라티아 지방의 여러 교회에 보낸 6장으로 된 목회 서간(牧會書簡).

갈라-딸다[-따타]㉻ 머리채 따위를 갈라서 가닥을 내어 딸다. ¶머리를 두 갈래로 갈라딸다.

갈라-붙이다[-부치-]㉻ ①둘 또는 그 이상으로 갈라서 여기저기에 나누어 주다. ¶논밭을 갈라붙이다. ②함부로 나누어 주다.

갈라-서다㉻ ①둘 이상으로 갈려서 맞서다. ¶우리들은 청군과 백군으로 갈라섰다. ②(서로의 관계를 끊고) 각각 따로 되다. ¶부부가 남남으로 갈라섰다. ③서로 다른 방향으로 나뉘어 헤어지다. ¶친구와 교문 앞에서 갈라섰기 때문에 어디로 갔는지 알 수 없어요.

갈라-지다㉻ ①금이 가거나 쪼개지다. ¶지진으로 땅이 갈라지다. /발뒤꿈치가 갈라지다. ②둘 이상으로 나누어지다. ¶두 편으로 갈라져 응원을 한다. /휴전선을 경계로 해서 남북으로 갈라지다. ③서로의 관계에 금이 가서 멀어지다. ¶재산 분배 문제로 형제 사이가 갈라지다. ④목소리가 날카롭게 되거나 거칠게 되다. ¶감기에 걸려 목소리가 갈라졌다.

갈락토오스(galactose)뗑 단당류의 한 가지. 물에 잘 녹는, 빛깔이 없는 결정상 물질. 포도당과 결합하여 젖당을 만드는데, 젖이나 다당류 등의 성분으로 널리 있음.

갈래뗑 ①갈라져 나간 가닥(부분). ¶한국 문학의 갈래. ②[의존 명사적 용법] 갈라진 낱낱을 세는 단위. ¶저 모퉁이를 돌면 이 길은 두 갈래로 갈라진다.

갈래-갈래뮌 여러 가닥으로. ¶갈래갈래 흩어진 상투머리.

갈래-꽃[-꼳]뗑 꽃잎이 서로 떨어져 있는 꽃. 〔매화·벚꽃·뽕나무의 꽃 따위가 이에 딸림.〕 이판화(離瓣花). ↔통꽃. *갈래꽃이[-꼬치]·갈래꽃만[-꼰-]

갈래-꽃받침[-꼳빧-]뗑 꽃잎이 여러 가닥으로 갈라져 있는 꽃의 꽃받침. 이판화악(離瓣花萼). ↔통꽃받침.

갈래-꽃부리[-꼳뿌-]뗑 꽃잎이 서로 떨어져 갈려 있는 꽃부리. 〔벚꽃·살구꽃 따위가 이에 딸림.〕 이판화관(離瓣花冠). ↔통꽃부리.

갈래다㉻ ①정신이 섞갈려 종잡을 수가 없다. ②길이 섞갈려 바른 길을 찾기 어렵게 되다. ③짐승이 갈 바를 모르고 우왕좌왕하다.

갈력(竭力)㉻-㈒ 있는 힘을 다하여 애씀.

갈륨(gallium) 드물게 있는 금속 원소의 한 가지. 회백색의 무른 고체로, 성질은 알루미늄과 비슷함. 염화물의 전해(電解) 따위로 얻어짐. (Ga/31/69.72)

갈리다[1]㉻ 〖'가르다'의 피동〗①가름(나눔)을 당하다. ¶형제끼리 의(誼)가 갈리다. /길은 여기서 두 갈래로 갈린다. ②가른(나눈) 형편으로 되다. ¶두 파로 갈리다.

갈-리다[2]㉻ 〖'갈다'의 피동〗바뀌다. 교체되다. ¶반장이 갈리다.

갈-리다[3]㉻ 〖'갈다[2]'의 피동〗갊을 당하다. ¶분해서 이가 갈리다. /숫돌이 좋아서 칼이 잘 갈린다.

갈-리다[4]㉻ 〖'갈다[3]'의 피동〗흙이 뒤집어지다. ¶흙이 부드러워서 논이 잘 갈린다.

갈리다[5]㉻ 목이 잠기어 쉰 목소리가 나다. ¶목이 갈리도록 응원을 한다.

갈-리다[6]㉻ 〖'갈다'의 사동〗먼젓것 대신에 갈게 하다. ¶동생에게 연탄불을 갈리다.

갈-리다[7]㉻ 〖'갈다[2]'의 사동〗갈게 하다. ¶칼 장수에게 칼을 갈리다.

갈-리다[8]㉻ 〖'갈다[3]'의 사동〗논밭을 갈게 하다. ¶아들에게 밭을 갈리다.

갈-릭(garlic)뗑 마늘 가루로 만든 조미료.

갈림-길[-낄]뗑 ①갈라진 길. ②어느 한쪽을 선택해야 할 처지. ¶인생 행로의 갈림길. /전공 분야 선택의 갈림길. 기로(岐路).

갈림-목뗑 여러 갈래로 갈라지는 길목.

갈마(羯磨〈karma 범〉)뗑 〔불교에서〕①업(業). ②수계(受戒)나 참회(懺悔) 때의 의식.

갈마-들다[~드니·~들어]㉻ 갈음하여 들다. 번갈아 들다. ¶가뭄과 장마가 갈마들다.

갈마-들이다㉻ 〖'갈마들다'의 사동〗갈마들게 하다.

갈마-바람뗑 '남서풍'의 뱃사람 말.

갈마-보다㉻ 이것저것을 번갈아 보다. ¶그는 두 사람을 갈마보며 동의를 구하였다.

갈마-쥐다㉻ ①한 손에 쥔 것을 다른 손에 바꾸어 쥐다. ②쥐고 있던 것을 놓고 다른 것으로 갈아 쥐다.

갈-말뗑 ⇨학술어(學術語).

갈-맛[-맏]뗑 〈갈미맛〉의 준말. *갈맛이[-마시]·갈맛만[-만-]

갈망㉻-㈒ 일을 감당하여 해냄. ¶스스로 갈망도 못할 것을 왜 시작을 했던고.

갈망 (渴望) 명 하타 (목마른 이가 물을 찾듯이) 간절히 바람. 열망(熱望). ¶조국 통일을 갈망하는 온 겨레의 외침.

갈매 명 ①갈매나무의 열매. 팥알만 한데, 둥글고 짙은 초록빛으로 익고, 하제(下劑)로 쓰임. 서리자. ②짙은 초록빛. 심녹색(深綠色). 청록. ¶눈부신 햇빛 속에 갈매 등성이를 드러내는 여름 산.

갈매기 명 갈매깃과의 바닷새. 날개의 길이는 35~38 cm, 꽁지 길이 15 cm가량. 몸빛은 등과 날개가 푸른 회색, 부리와 다리는 연두색, 나머지는 흼. 물갈퀴가 있어 헤엄을 잘 치며 조개·물고기·해조(海藻) 따위를 먹고 삶. 백구(白鷗).

갈매기-살 명 돼지의 가로막 부위에 있는 살.

갈매-나무 명 갈매나뭇과의 낙엽 관목. 높이는 5 m 안팎이며 가지 끝이 가시로 변함. 5~6월에 황록색 꽃이 피고, 둥근 열매는 9~10월에 검은빛으로 익음. 골짜기나 개울가에 나는데, 열매는 하제(下劑), 나무껍질은 염료로 쓰임. 서리(鼠李). 저리(楮李).

갈매-빛 [-삗] 명 짙은 초록빛. 갈매. *갈맷빛이[-매삐치/-맫삐치]·갈맷빛만[-매삔/-맫삔].

갈-멍덕 명 갈대로 만든 삿갓의 한 가지.

갈모 (-帽) 명 기름종이로 만들어, 비가 올 때 갓 위에 덮어 쓰는 것. 〔접으면 렬부채처럼 되고, 펴면 고깔 비슷함.〕 입모(笠帽).
  갈모 형제라 속담 '동생이 잘나고 형이 동생만 못한 형제'를 이르는 말.

갈모-지 (-帽紙) 명 갈모를 만드는 종이. 환지.

갈모-테 (-帽-) 명 갓 없이 갈모를 쓸 때, 갓 대신 갈모를 받치기 위하여 머리에 쓰던 물건. 〔둥근 테 위에 붙인 네 개의 살이 꼭대기에서 모이도록 되어 있음.〕

갈-목 명 갈대의 이삭.

갈목-비 [-뼈] 명 갈목을 매어서 만든 비. 준갈비[3].

갈무리 명 하타 되자 ①장 챙기어 간수함. ¶도구들을 잘 갈무리하여 두다. ②마무리. ¶복잡한 일을 잘 갈무리하다.

갈-묻이 [-무지] 명 논밭을 갈아엎어 묵은 그루터기 따위가 묻히게 하는 일.

갈-물 명 떡갈나무 껍질에서 나는 물감. 〔빛깔이 검붉음.〕

갈-미 명 광삭과의 극피동물. 얕은 바다에 사는데, 해삼과 비슷하고 길둥근꼴임. 몸빛이 회갈색인데 불규칙한 갈색 무늬가 있음. 광릉(光蔆).

갈민대우 (渴民待雨) 명 〔가뭄을 만난 백성들이 비를 몹시 기다린다는 뜻으로〕 '아주 간절히 기다림'을 이르는 말. ¶칠 년 대한(七年大旱) 가문 날에 갈민대우 (烈女春香節歌).

갈바니^전:기 (Galvani電氣) 명 종류가 다른 금속끼리 또는 금속과 전해질 용액이 서로 맞닿을 때 일어나는 전기.

갈:-바람[1] [-빠-] 명 '남서풍' 또는 '서풍'의 뱃사람 말.

갈:-바람[2] [-빠-] 명 〈가을바람〉의 준말. ¶갈바람에 낙엽 지는 소리.

갈:-바래다 타 (흙 속의 벌레 알 따위를 죽이려고) 논밭을 갈아 햇볕과 바람에 바래다.

갈반 (褐斑) 명 갈색의 반점.

갈반-병 (褐斑病) [-뼝] 명 식물의 잎이나 줄기에 둥근 듯한 반점(斑點)이 생기는 병.

갈-밭 [-받] 명 〈갈대밭〉의 준말. *갈밭이[-바치]·갈밭을[-바틀]·갈밭만[-반-]

갈-범 (葛-) 명 '칡범'의 잘못.

갈변 (褐變) 명 하자 과일 따위를 칼로 깎았을 때, 그 부분이 갈색으로 변하는 일.

갈병 (暍病) [-뼝] 명 ⇒일사병(日射病).

갈보 명 '웃음과 몸을 팔며 천하게 행동하는 여자'를 속되게 이르는 말. 논다니. 매소부. 매음부. 매춘부. 유녀(遊女).

갈:-보리 (〈가을보리〉의 준말.

갈:-봄 명 〈가을봄〉의 준말.

갈분 (葛粉) 명 칡뿌리를 짓찧어 물에 앙금을 앉혀 말린 가루. 갈증과 주독을 풀며, 이뇨에도 효험이 있다 함.

갈분-죽 (葛粉粥) 명 멥쌀가루나 쌀무리에 갈분을 섞어 쑨 죽.

갈-붙이다 [-부치-] 타 남을 헐뜯어 이간 붙이다.

갈비[1] 명 ①☞늑골. ②'쇠갈비'를 요리의 재료로 이르는 말. ③☞갈비뼈.

갈비[2] 명 (앞 처녀 끝에서 뒤 처녀 끝까지의) 지붕의 넓이.

갈비[3] 명 〈갈목비〉의 준말.

갈비[4] 명 '솔가리'의 잘못.

갈비-구이 명 소나 돼지의 갈비를 도막을 쳐서 양념하여 구운 음식.

갈비-뼈 명 ☞늑골(肋骨). 갈비[1].

갈비-새김 명 소·돼지의 갈비뼈에서 발라낸 고기.

갈비-씨 (-氏) 명 '몸이 바싹 마른 사람'을 놀림조로 이르는 말. 갈비[1].

갈비-찜 명 쇠갈비를 양념하여 만든 찜.

갈비-탕 (-湯) 명 쇠갈비를 도막 내어 푹 삶아 청장을 친 국.

갈빗-대 [-비때/-빋때] 명 갈비의 낱낱의 뼈대.
  갈빗대가 휘다 관용 (갈빗대가 휘어질 정도로) 일이 힘에 겹다.

갈사 (暍死) [-싸] 명 하자 더위를 먹어 죽음.

갈-산 (←gallic酸) 명 배당체로서 식물계에 분포되어 있는 무색의 결정체. 몰식자산·오배자 등의 속에 산(酸) 또는 에스테르의 형태로 들어 있는데, 환원력이 강하며 잉크·사진 등의 제조, 염색 또는 피혁 가공에 쓰임.

갈-삿갓 [-삳깓] 명 쪼갠 갈대를 결어서 만든 삿갓. 노립(蘆笠). 우립(雨笠). *갈삿갓이[-삳까-]·갈삿갓만[-삳깐-].

갈색 (褐色) [-쌕] 명 거무스름한 주황빛. 다색(茶色). 밤색. ¶갈색 머리카락.

갈색-고미 (褐色苦味) [-쌕꼬-] 명 꿀벌이 유충의 먹이에 쓰려고, 벌집 안에 모아 재어 놓은 꽃가루.

갈색-목탄 (褐色木炭) [-쌕-] 명 아주 검어지기 전에 불을 꺼서 갈색이 되게 구운 숯. 갈색 화약의 원료로 쓰임.

갈색^인종 (褐色人種) [-쌕긴-] 명 살갗의 빛깔이 갈색인 인종. 머리털이 검고, 코가 납작하며 턱이 앞으로 나온 것이 특징임. 말레이인에 주로 딸림.

갈색-제비 (褐色-) [-쌕쩨-] 명 제빗과의 새. 여름새로 우리나라에서는 4~10월에 볼 수 있음. 편 날개 길이 10 cm가량. 깃은 갈색이고 꽁지와 어깨깃은 흼. 개천가의 흙벽이나 모래밭에 구멍을 뚫고 삶. 개천제비.

갈색^조류 (褐色藻類) [-쌕쪼-] 명 '갈조식물(褐藻植物)'을 통틀어 이르는 말. 준갈조·갈조류.

갈색-쥐 (褐色-) [-쌕쮜] 명 쥣과의 동물. 몸길이 15~23 cm, 꼬리 길이 15~25 cm. 몸빛은 적갈색이며, 등마루에는 검은 줄이 서고 배는 청회색임. 페스트균을 전염시키며, 세계 각지에 분포함. 〔'이집트쥐'라고도 함.〕

갈색^화:약(褐色火藥) [-쌔콰-몀] 초석·황·갈색 목탄을 혼합하여 만든 갈색의 화약.

갈-서다[자] 나란히 서다. ¶신랑과 신부가 갈서서 식장 안으로 들어왔다.

갈수(渴水)[-쑤]몀 가물어서 물이 마름.

갈수-기(渴水期)[-쑤-]몀 가뭄으로 하천의 물이 마르거나 가장 적어지는 시기. 〔우리나라에서는 겨울이 이에 해당함.〕↔풍수기(豊水期).

갈수록[-쑤-]몀 점점 더. 더욱더. ¶희망자가 갈수록 늘어난다.

갈수록 태산이다[관용] 점점 상황이 나빠짐을 이르는 말.

갈수-위(渴水位)[-쑤-]몀 한 해 중, 하천의 물이 가장 적게 흐를 때의 수면의 높이.

갈신-쟁이[몀] '걸신쟁이'의 잘못.

갈쌍[뷔][하자타] 눈에 눈물이 넘칠 듯이 가득하게 고이는 모양. ¶승리의 소식을 듣고 눈물이 갈쌍했다. 圈글썽. **갈쌍-갈쌍**[뷔][하자타].

갈쌍갈쌍-하다[형어] 눈에 눈물이 넘칠 듯이 자꾸 가득하다. 圈글썽글썽하다.

갈쌍-거리다[자타] 자꾸 갈쌍갈쌍하다. 갈쌍대다. 圈글썽거리다.

갈쌍-대다[자타] 갈쌍거리다.

갈쌍-이다[자타] 눈에 눈물이 가득하게 고이다. 또는 그렇게 되게 하다. 圈글썽이다.

갈쌍-하다[형어] 눈에 눈물이 넘칠 듯이 가득하게 고이다. 圈글썽하다.

갈씬-갈씬[뷔][하자] 겨우 닿을락 말락 하는 모양. 조금 닿을 듯한 모양. 圈걸씬걸씬.

갈씬-거리다[자타] 자꾸 갈씬갈씬하다. 갈씬대다. ¶발걸음을 옮길 때마다 치맛자락이 땅에 갈씬거리다. 圈걸씬거리다.

갈씬-대다[자] 갈씬거리다.

갈씬-하다[자어] 겨우 조금 닿고 말다. 圈걸씬하다.

갈아-대다[타] (묵은 것을 갈아 내고) 새것으로 대신 가져다 대다. ¶구두창을 갈아대다.

갈아-들다[~드니·~들어][자] 묵은 것이 나간 자리에 새것이 대신 들어오다.

갈아들-이다[타] 〔'갈아들다'의 사동〕 갈아들게 하다. ¶일꾼을 갈아들이다.

갈아-매다[타] 감거나 싸맸던 것을 풀고 새것으로 바꾸어서 매다.

갈아-먹다[-따][타] '농사짓다'를 비유하여 이르는 말. ¶감자나 옥수수를 갈아먹다.

갈아-붙이다[-부치-][타] 독한 마음으로 이를 바짝 갈다. ¶어디 두고 보자며 이를 갈아붙이다.

갈아-서다[자] 묵은 것이 나간 자리에 새것이 대신 들어서다.

갈아세우다[타] 〔'갈아서다'의 사동〕 갈아서게 하다. ¶회장을 갈아세우다.

갈아-엎다[-따][타] (논밭 따위를) 갈아서 흙을 뒤집어엎어 놓다. ¶논을 갈아엎다.

갈아-입다[-따][타] 다른 옷으로 바꾸어 입다. ¶철 따라 갈아입는 옷. /설빔으로 갈아입다.

갈아-주다[타] (장수에게 이익이 되도록) 물건을 사 주다. ¶피륙 장수에게 모시 한 필을 갈아주다.

갈아-타다[자타] (타고 있던 것에서 내려) 다른 것으로 바꾸어 타다. ¶지하철을 갈아타다.

갈앉다[가란따][자] 〈가라앉다〉의 준말.

갈앉-히다[가란치-][타] 〈가라앉히다〉의 준말.

갈앙(渴仰)[하타] ①목마르게 사모함. 우러러 사모함. ②불도를 깊이 숭상함.

갈애(渴愛)[몀][하타] ①애타게 사랑함. ②불교에서, 목이 말라 물을 찾듯이, 범부(凡夫)가 오욕(五慾)을 몹시 탐하여 집착함을 이름.

갈열(渴熱)[몀] (미숙아, 허약아에게 일과성으로 나타나는 병으로) 수분의 결핍으로 말미암은 발열 증세.

갈-웜[몀] 〔옛〕 침벙. ¶갈웜 호:虎(訓蒙上18).

갈음[몀][하타] (본디 것의 대신에) 다른 것으로 바꾸어 대신함. 대체(代替). ¶여러분의 가정에 행운이 가득하기를 기원하는 것으로 치사를 갈음할까 합니다.

갈음-옷[가르몯][몀] ①일한 뒤에 갈아입는 옷. ②나들이할 때나 특별히 차려입을 때를 위하여 따로 마련해 두는 옷. ＊갈음옷이[가르모시]·갈음옷만[가르몯-].

갈음-질[몀][하타] 연장 따위를 숫돌에 가는 일.

갈-이[몀] 다른 것으로 바꾸어 대는 일.

갈-이[2][몀] 갈이틀이나 갈이 기계 따위로, 나무 그릇 따위를 깎아 만드는 일.

갈-이[3] [I][몀] 논밭을 가는 일. ¶갈이를 마치다. [II]의 〔하루·이틀·사흘 따위 날말과 함께 쓰이어〕 한 마리 소가 하루에 갈 수 있는 논밭의 넓이. ¶하루 갈이. /사흘 갈이.

갈이-공장(-工場)[몀] 갈이틀이나 갈이 기계로 나무 그릇 따위를 깎아 만드는 공장.

갈이-그릇[-륻][몀] 갈이틀이나 갈이 기계로 깎아 만든 나무 그릇. ＊갈이그릇이[-르시]·갈이그릇만[-른-].

갈이^기계(-機械)[-게/-게][몀] 갈이틀을 개량하여 만든 공작 기계의 한 가지. 圈선반(旋盤).

갈이-박[몀] 갈이틀이나 갈이 기계로 깎아 만든 나무 바가지.

갈이-방(-房)[몀] 지난날, 갈이틀을 놓고 나무 그릇 따위를 깎아 팔던 집.

갈이-소리[몀] ☞마찰음(摩擦音).

갈이-장이[몀] 갈이틀로 나무 그릇 따위를 만들어 파는 일을 업으로 삼는 사람.

갈이-질[몀][하타] 논밭을 가는 일.

갈이-질[몀][하타] 갈이칼로 나무 기구를 깎아 만드는 일.

갈이-칼[몀] 갈이틀의 부속품의 한 가지. 나무를 갈이하는 데 쓰이는 쇠로 된 연장.

갈이-틀[몀] 굴레가 도는 대로 따라 돌면서 공작 재료가 갈리도록 하는 틀. 〔목기용 갈이틀, 도자기용 갈이틀 따위가 있음.〕 목선반.

갈:-잎[-립][몀] ①〈가랑잎〉의 준말. ②〈떡갈잎〉의 준말. ③〈갈댓잎〉의 준말. ＊갈:잎이[-리피]·갈:잎만[-림-].

갈:잎-나무[-립-][몀] ☞낙엽수.

갈:잎-떨기나무[-립-][몀] ☞낙엽 관목.

갈:잎-큰키나무[-립-][몀] ☞낙엽 교목.

갈장(渴葬)[-짱][몀][하타] 지난날, 예월(禮月)을 기다리지 아니하고 서둘러 장사 지내던 일.

갈-전갱이(褐-)[몀] 전갱잇과의 바닷물고기. 몸길이 40 cm가량. 몸은 길둥글고 옆으로 납작함. 몸빛은 등이 푸르고 배는 은백색임. 요릿감으로 많이 쓰임.

갈조(褐藻)[-쪼][몀] 〈갈색 조류〉의 준말.

갈조-류(褐藻類)[-쪼-][몀] 〈갈색 조류〉의 준말.

갈조-소(褐藻素)[-쪼-][몀] 갈색 조류의 색소체 속에 엽록소와 함께 많이 들어 있는 갈색의 색소. 광합성에 관여함.

갈조-식물(褐藻植物)[-쪼싱-][몀] (다시마·미역 따위와 같이) 엽록소 외에 갈색의 색소를 가진, 녹갈색 또는 담갈색을 띤 바닷말.

갈증 (渴症) [-쯩]**圏** ①〈갈급증〉의 준말. ②목이 말라 물을 마시고 싶은 느낌. ¶ 갈증이 나다.

갈-지개圏 사냥용으로 기르는 한 살 된 매. 갈색 바탕에 어두운 빛깔의 세로무늬가 있음.

갈지자-걸음(-之字-)[-찌짜-]**圏** ①좌우로 비틀거리며 걷는 걸음. ¶ 술에 취해서 갈지자걸음으로 걸어가다. ②발을 좌우로 내디디며 거만하게 걷는 걸음.

갈지자-형(-之字形)[-찌짜-]**圏** '之'자 모양으로 꺾여 나간 형상. 지그재그. ¶ 갈지자형으로 구불구불한 고갯길.

갈진 (竭盡) [-찐]**圏하囘** (바닥이 드러나게) 죄다 없어짐. 다하여 없어짐.

갈쭉-하다[-쭈카-]**형어** 액체가 묽지 아니하고 좀 걸다. ¶ 국이 갈쭉해서 좋다. ඬ걸쭉하다.
갈쭉-히튄.

갈-참나무圏 참나뭇과의 낙엽 활엽 교목. 산이나 들에 저절로 나는데, 높이는 25 m가량. 꽃은 5월경에 피고, 길둥근 삭과(蒴果)가 10월경에 익는데 먹을 수 있음. 나무는 건축재·가구재 등으로 쓰임.

갈채 (喝采)圏하囘 박수를 치거나 소리를 지르면서 찬양이나 환영의 뜻을 나타냄. ¶ 연주가 끝나자 청중은 일제히 일어서서 갈채를 보냈다.

갈철-광 (褐鐵鑛)圏 '갈철석'의 구용어.

갈철-석 (褐鐵石) [-썩] 〔제철 또는 채료(彩料) 원료로 쓰이는〕 황갈색 또는 흑갈색의 철.

갈-청圏 〈갈대청〉의 준말.

갈-초 (-草)圏 겨울 동안 마소에게 먹이려고, 초가을에 베어다 말린 풀. ඬ초(草)².

갈충-보국 (竭忠報國)圏하囘 충성을 다하여 나라의 은혜에 보답함. 진충보국(盡忠報國).

갈취 (喝取)圏하囘 으름장을 놓아 억지로 빼앗음. ¶ 금품을 갈취하다.

갈치圏 갈칫과의 바닷물고기. 몸길이 1.5 m가량. 몸이 가늘고 긴 띠 모양임. 배지느러미와 꼬리지느러미가 없고 비늘도 없음. 몸빛은 은백색. 圖도어(刀魚).

갈치-자반圏 소금에 절인 갈치를 도막 내어 찌거나 굽거나 한 반찬.

갈퀴圏 낙엽·검불 따위를 긁어모으는 데 쓰는 기구. 〔대쪽이나 굵은 철사 등의 끝을 갈고리지게 휘어, 부챗살 모양으로 펴서 긴 자루를 단 것.〕

갈퀴-나무圏 낙엽이나 검불 따위를 갈퀴로 긁어모은 땔나무.

갈퀴-나물圏 콩과의 다년생 만초. 높이 1.5 m가량. 깃 모양의 겹잎이 어긋맞게 나거나 마주나며, 끝에 갈라진 덩굴손이 있음. 6〜9월
 나비 모양의 자줏빛 꽃이 피고, 가을에 길둥근 협과(莢果)가 익음. 어린잎과 줄기는 먹을 수 있고, 가축의 먹이로도 씀.

갈퀴-눈圏 (화가 나서) 눈시울에 모가 난 험상궂은 눈. ¶ 갈퀴눈을 하고 노려보다.

갈퀴다囘 갈퀴로 긁어모으다.

갈퀴-덩굴圏 꼭두서닛과의 이년생 만초. 높이 90 cm가량. 가늘고 긴 잎이 6〜8개씩 돌려나고, 줄기는 가늘게 땅바닥으로 벋으며, 몸에 잔가시가 있어 다른 물건에 잘 엉기어 붙음. 5〜6월에 연둣빛의 꽃은 네잎꽃이 잎겨드랑이에서 피고, 길둥근 열매에는 갈고리 모양의 털이 나 있음.

갈퀴-질圏하囘 ①갈퀴로 낙엽이나 솔가리 따위를 긁어모으는 일. ②'토색질'을 비유하여 이르는 말.

갈퀴-코圏 갈퀴 자루의 앞 끝을 에어 원몸에 잡아맨 부분.

갈퀴-밑[-퀸믿]**圏** 갈퀴발의 꼬부라지지 않은 끝 부분. 곧, 자루에 매이는 부분. *갈퀴밑이
 [-퀸미치]·갈퀴밑을[-퀸믈]·갈퀴밑만[-퀸민-].

갈퀴-발[-퀴빨/-퀸빨]**圏** 갈퀴의 몸을 이룬, 갈고랑이진 하나하나의 살.

갈탄 (褐炭)圏 탄화(炭化) 작용이 불충분한 갈색의 유연탄.

갈탕 (葛湯)圏 칡가루와 설탕을 넣어 끓인 물.

갈-통 (-筒)圏 굵은 갈대 줄기로 걸어 만든 상자의 한 가지.

갈파 (喝破)圏하囘 ①큰 소리로 꾸짖음. ②잘못을 바로잡고 진실을 설파함.

갈-파래圏 ⇨청태(靑苔).

갈팡-질팡囘하囘 갈피를 잡지 못하여 이리저리 헤매는 모양. ¶ 길을 잃고 갈팡질팡하다./여러 사람이 다그치는 통에 대답이 갈팡질팡한다.

갈포 (葛布)圏 칡의 섬유로 짠 베. ¶ 갈포 벽지.

갈:-풀圏 모를 낼 논에 거름이 되도록 베어 넣는, 나뭇잎이나 풀 따위. ඬ풀³.

갈:-풀-하다囘어 ①갈풀로 쓰기 위하여 나뭇잎이나 풀을 베다. ②갈풀을 베어다가 논에 넣다. ඬ풀하다.

갈-품圏 (아직 피지 않은) 막 피려고 하는 갈꽃이나 갈목.

갈피圏 ①사물의 갈래가 구별되는 어름. ¶ 무슨 일부터 시작해야 할지 갈피를 못 잡겠다. ②겹쳐졌거나 포개어진 물건의 한 겹(장) 한 겹(장)의 사이. ¶ 책 갈피에 끼워 둔 꽃잎.

갈피 (葛皮)圏 칡의 껍질.

갈피-갈피 Ⅰ圏 낱낱의 여러 갈피. ¶ 내 일기장 갈피갈피에는 지나온 시절의 추억이 담겨 있다. Ⅱ囘 갈피마다. ¶ 갈피갈피 찢어져 나간 책.

갈-피리圏 갈대의 줄기나 잎을 말아서 만든 피리.

갈필 (渴筆)圏 ①빳빳한 털로 맨 붓. ②붓에 먹물을 많이 묻히지 아니하여 글씨를 쓰거나 그림을 그리는 일.

갈필 (葛筆)圏 칡뿌리를 잘라 끝을 두드려 붓 대신으로 쓰는 것.

갈-하다 (渴-)형어 목이 마르다.

갈호 (葛戶)圏 칡덩굴로 엮은 문짝을 단 집. 〔사냥꾼들이 머무르기 위하여 산속에 임시로 지어 놓은 집.〕

갈화 (葛花)圏 한방에서, '칡의 꽃'을 이르는 말. 〔주독을 풀고, 하혈을 멎게 하는 데 약으로 씀.〕

갉다 [각따]囘 ①날카롭고 뾰족한 끝으로, 바닥이나 거죽을 박박 문지르다. ¶ 칼끝으로 마룻바닥을 갉아 때를 벗기다. ②(갈퀴 따위로) 흩어진 것을 살살 긁어모으다. ¶ 갈퀴로 검불을 갉아 모아 태우다. ③남을 좀스럽게 헐뜯다. ④남의 재물을 더러운 방법으로 훑어 들이다. 圃긁다. *갉아·갉고[갑꼬]·갉는[강-].

갉아먹-기 [-끼] 돈치기를 할 때, 맞히는 대로 따먹는 내기. ↔모두먹기.

갉아-먹다 [-따]囘 ①사물이나 시간 따위를 헛되이 소모하다. ②남의 재물을 더러운 방법으로 빼앗아 가지다. ¶ 백성의 재물을 갉아먹는 탐관오리. 圃긁어먹다.

갉이圏 금속 세공을 할 때, 갉아서 광이 나게 하는, 쇠붙이로 만든 연장.

갉작-갉작 [각짝깍짝]囘하囘 잇달아 자꾸 갉는 모양. 圃긁적긁적.

갉작-거리다[각짝꺼-]目 자꾸 갉작갉작하다.
갉작대다. ¶쥐가 바가지를 갉작거리는 소리가
난다. 粵굵적거리다.

갉작-대다[각짝때-]目 갉작거리다.

갉죽-갉죽[각쭉깍쭉]튀하目 잇달아 둔하고 무
디게 갉는 모양. 粵굵죽굵죽.

갉죽-거리다[각쭉-]目 자꾸 갉죽갉죽하다.
갉죽대다. ¶멧돼지가 이를 갈기 위해 나무 밑
동을 갉죽거렸다. 粵굵죽거리다.

갉죽-대다[각쭉때-]目 갉죽거리다.

갉-히다[갈키-]재 『갉다』의 피동』 갉음을 당
하다. ¶손톱에 갉히어 살갗이 벗겨지다. 粵긁
히다.

갊다目〈옛〉①감추다. 간직하다. ¶鳳이 갈모니
불근 하늘 나조히오(杜初16:3). ②염습(殮襲)
하다. ¶갈을 렴: 殮(訓蒙中35).

갌명〈옛〉칼¹(刀). ¶白帝 호 갈해 주그니(龍歌
22章).

감¹명 감나무의 열매. 풋것은 푸르고 떫으나,
익으면 붉고 단맛이 남.

감²[釘]①일정한 물건을 만드는 데 본바탕으로
쓰이는 재료. ¶이 감은 여름옷을 짓는 데 알
맞겠다. ②《옷을 뜻하는 명사 뒤에 붙어》 '옷
을 만드는 재료'의 뜻을 나타내는 말. ¶한복
감. ③《일부 명사 뒤에 붙어》 '일정한 자격에
알맞은 대상자'의 뜻을 나타내는 말. ¶며느릿
감. ④《일부 명사 뒤에 붙어》 대상이 되는 도
구·사람·재료의 뜻을 나타내는 말. ¶웃
음감·안줏감. ⑤《의존 명사적 용법》 재료나
바탕으로서의 사물의 수량을 세는 단위. ¶저
고리 한 감. /두루마기 두 감.
감이 재간이다(속담) 재료가 좋아야 일의 성과가
좋다는 말.

감³명 ①〈감돌〉의 준말. ②〈감흙〉의 준말.

감(坎)명 ①감괘(坎卦)〉의 준말. ②〈감방(坎
方)〉의 준말.

감(疳)명 〈감병(疳病)〉의 준말.

감(疳)명 ①느낌. 생각. ¶이대로 헤어지면 영
영 못 만날 것 같은 감이 드오. ②〈감도(感
度)〉의 준말. ¶감이 멀다.
감(을) 잡다(관용) 눈치로 대충 알아채거나 확신
을 가지다.

감(監)명 ①통일 신라 시대의 관직. 〔17등 관제
중의 10~11등위.〕②고려 시대의 관직. 〔종삼
품과 정사품.〕③조선 시대의 관직. 〔종친부의
정육품과 숭의전(崇義殿)의 종육품.〕

감(龕)명 〈감실(龕室)〉의 준말.

-감(感)접미 《일부 명사 뒤에 붙어》 '느낌'을
뜻함. ¶의무감. /우월감. /생동감.

감가(坎坷·坎軻·轗軻)명 '감가하다'의 어근.

감:-가(減價)[-까]하目 값을 감(減)함.

감:가-상각(減價償却)[-까-]명 토지를 제외한
고정 자산에 생기는 가치의 소모를 각 회계 연
도에 할당해서 계산하여, 그 자산 가격을 감
(減)해 가는 일. 감가 소각. 粵상각(償却).

감:가^소각(減價消却)[-까-]명 감가상각.

감:가-하다(坎坷-·坎軻-·轗軻-)형目 ①일이
뜻대로 되지 않아 마음이 답답하다. ②길이 험
하여 다니기 고통스럽다.

감:각(減却)하目 덜어 버림. ¶예산 감각.

감:각(感覺)하目 ①되재눈·귀·코·혀·살갗 따위
를 통하여 어떤 자극을 알아차림. ¶손이 얼어
붙어 감각이 없다. /감각을 잃다. ②사물의
가치나 변화 등을 알아내는 정신 능력. ¶미적
(美的) 감각. /시대 감각.

감:각^감:정(感覺感情)[-깜-]명 감각에 따라
일어나는 상쾌함과 상쾌하지 않은 감정.

감:각-기(感覺器)[-끼]명 〈감각 기관〉의 준말.

감:각^기관(感覺器官)[-끼-]명 자극을 받아
의식을 일으키게 하는 신체 기관. 〔촉각 기관·
후각 기관·미각 기관 따위.〕감촉 기관. 粵감
각기·감관.

감:각^기능(感覺機能)[-끼-]명 감각하는 기능.

감:각-령(感覺領)[-깡녕]명 감각 작용을 일으
키는 대뇌 피질(大腦皮質)의 영역.

감:각-론(感覺論)[-깡논]명 일체의 인식의 원
천은 감각에 있으므로, 원래부터 감성(感性)
속에 없었던 것은 지성(知性) 속에 존재하지
않는다고 주장하는 철학적 학설.

감:각^마비(感覺痲痹)[-깡-]명 지각(知覺) 신
경의 장애로 일어나는 병.

감:각-모(感覺毛)[-깡]명 포유동물의 눈·입·
턱 등에 있는 털, 또는 식충 식물의 잎에 있는
털. 감각 작용을 예민함.

감:각^묘:사(感覺描寫)[-깡-]명 문학이나 미
술 등의 한 기법으로, 특히 감각에 의한 인상
에 중점을 두는 묘사.

감:각^상실(感覺喪失)[-깡-]명 자극을 받아도
감각이 일어나지 아니하는 상태.

감:각^세:포(感覺細胞)[-깡세-]명 여러 가지의
감각 자극에 반응을 나타내도록 특수화된 상피
세포.

감:각^식물(感覺植物)[-깡-]명 외계의 자극이
있으면 곧 반응 운동을 일으키는 기능이 있는
식물. 〔미모사 따위.〕

감:각^신경(感覺神經)[-깡-]명 감각 세포에서
여러 가지 자극을 감각 중추에 전달하는 신경.
지각 신경.

감:각^실어증(感覺失語症)[-깡써러쯩]명 언어
이해에 장애가 있는 실어증. 스스로는 말할 수
있으나, 남의 말뜻을 이해하지 못하는 언어 장
애 현상.

감:각^온도(感覺溫度)[-깡-]☞체감 온도.

감:각^잔류(感覺殘留)[-깡-]명 자극이 없어진
뒤에도 그 감각이 계속되는 현상. 〔잔상 현상
(殘像現象) 따위.〕

감:각-적(感覺的)[-깡-]관명 감각 기관을 자극
하는 (것). ¶감각적 소설. /감각적인 표현.

감:각적 인식(感覺的認識)[-깡-]명 감각 또는
감성에 의한 인식. 감관적(感官的) 인식.

감:각-점(感覺點)[-깡쩜]명 피부에 분포되어 압
력·온도·통증 등에 반응을 나타내는 점. 〔통
점·압점·온점·냉점 따위.〕

감:각^중추(感覺中樞)[-깡쭝-]명 (고등 동물의
대뇌 피질에 분포되어 있는) 감각의 바탕이 되
는 신경 중추(中樞).

감감튀하 ①아주 멀어서 아득한 모양. ¶감감
한 수평선. /감감하여 잘 보이지 않는다. ②《어
떤 일을》 전혀 모르거나 까맣게 잊어버리고 있
는 모양. ¶친구와의 점심 약속을 감감 잊고
있었다. ③응답이나 소식이 전혀 없는 모양.
¶벌써 열 해째 소식이 감감하다. ②③센깜깜.
감감-히튀.

감감-무소식(-無消息)명 소식이 아주 없음. 소
식이 감감함. 감감소식. ¶남편은 집을 떠난
지 닷새가 넘었는데도 감감무소식이다. 센깜깜
무소식.

감감-소식(-消息)명 소식이 아주 없음. 소식이
감감함. 감감무소식. 일무소식. 센깜깜소식.

감갑-창(嵌甲瘡)명 ☞갑저창(甲疽瘡).

감:개(感慨)몡하자 마음속에 사무치는 깊은
느낌. ¶오랜만에 고향에 돌아오니 감개가 새
롭다.

감:개-무량(感慨無量)하형 마음에 사무치는
느낌이 한이 없음. ¶그의 유작을 이렇게 직접
대하니 새삼 감개무량합니다.

감겨-들다[~드니·~들어]자 가까이로 바싹 감
기어 오다. ¶겨울바람이 그녀의 몸에 감겨
든다.

감:격(感激)몡하자 ①고마움을 깊이 느낌. ¶감
격의 눈물을 흘리다. ②마음속에 깊이 느껴 격
동됨. ¶조국 광복의 감격.

감:격-스럽다(感激-)[~쓰~따][~스러우니·~
스러워]형ㅂ 마음에 깊이 느끼어 크게 감동이
되는 듯하다. ¶합격 통지서를 받고 감격스러
워 눈물을 흘렸다. 감격스레부.

감:격-적(感激的)[~쩍]관몡 감격스러운 (것).
¶감격적 장면. /이산 가족의 감격적인 만남.

감결(甘結)몡 조선 시대에, 상급 관아에서 하급
관아에 보내던 공문.

감결(勘決)몡하타 잘 조사하여 결정함.

감:결(減結)몡하타 지난날, 결복(結卜)을
감하여 주던 일. ↔가결(加結).

감:경(減輕)몡하타되자 ①줄이어 가볍게 함.
경감(輕減). ②지난날, 본형(本刑)보다 더 가벼
운 형으로 처벌하던 일.

감계(鑑戒)[-계/-게]몡 지난 잘못을 거울삼아
다시는 그런 잘못을 되풀이하지 않도록 하는
경계(警戒). 본받을 만한 훈계.

감고(甘苦)몡〔'단맛과 쓴맛'이란 뜻에서〕①즐
거움과 괴로움. 고락(苦樂). ②고생을 달게 여
김. ¶감고의 노력.

감고(監考)몡 ①조선 시대에, 궁가(宮家)나 관
아에서 금은·곡물의 출납과 간수를 맡아보
던 관리. ②조선 시대에, 봉화간(烽火干)을 감
독하던 관원. ③〈말감고〉의 준말.

감공(嵌工)몡 상감 세공(象嵌細工), 또는 그것
을 업으로 하는 사람.

감공(嵌空)몡 ①깊게 뚫린, 속이 빈 굴. ②깊은
산골짜기.

감과(甘瓜)몡 ☞참외.

감과(坩堝)몡 ☞도가니2.

감과(柑果)몡 장과(漿果)의 한 가지. 내과피(內
果皮)의 일부가 주머니처럼 생기고, 그 속에
액즙(液汁)이 있으며, 외과피와 중과피가 해면
모양인 과실.〔귤·감자(柑子)·유자(柚子) 따위
가 이에 딸림.〕

감곽(甘藿)몡 ☞미역2.

감:관(感官)몡 ①외부로부터의 자극에 반응하는
생체의 기관. ②〈감각 기관〉의 준말.

감관(監官)몡 조선 시대에, 궁가(宮家)나 관아
에서 돈이나 곡식 따위의 출납을 맡아보던
관리.

감:관적 감:정(感官的感情)[-깜-]☞정조(情調).

감:관적 인식(感官的認識)☞감각적 인식.

감:관적^표상(感官的表象)몡 외계의 자극에 따라
직접 일어나는 의식적인 표상.

감:광(減光)몡하자타되자 지구의 대기(大氣)에
별이나 해의 빛이 흡수되는 현상.

감:광(感光)몡하자되자 물질이 빛을 받아 화학
적 변화를 일으키는 일.

감:광-계(感光計)[-계/-게]몡 감광 재료의 빛
에 대한 감도(感度)를 재는 기계.

감:광-도(感光度)몡 감광 재료의 감광 능력을
나타내는 수치(數値).

감:광-막(感光膜)몡 감광제의 얇은 막.〔사진
건판이나 인화지 겉면의 감광성 유제가 말라서
생긴 결과.〕

감:광-약(感光藥)[-냑]몡 빛을 받으면 화학적
변화를 일으키는 약품.〔요오드화은·염화은
따위.〕

감:광^유리(感光琉璃)[-뉴-]몡 감광성 금속인
금·은·구리 같은 콜로이드 착색제가 들어 있는
특수 유리.

감:광^유제(感光乳劑)[-뉴-]☞감광제.

감:광^재료(感光材料)몡 사진용 감광제를 발라
말린 제품.〔사진 건판·필름·인화지 따위.〕

감:광-제(感光劑)몡 사진의 건판이나 필름·인
화지 따위의 감광성을 높이거나 부여하는 약
제.〔감광제에 젤라틴이나 갖풀 따위를 섞은
것임.〕감광 유제. 사진 유제.

감:광-지(感光紙)몡 감광제를 바른 종이. 주로,
양화(陽畫)를 만드는 데 쓰임.

감:광-판(感光板)몡 감광제를 바른 유리판이나
셀룰로이드 판.〔사진의 건판·습판·필름 따위.〕

감:광^필름(感光film)몡 얇은 셀룰로이드 판에
감광제를 바른 사진 촬영용 필름.

감:괘(坎卦)몡 ①팔괘의 하나. 상형은 '☵'로,
물을 상징함. ②육십사괘의 하나. '☵'을 위아
래로 포개 놓은 괘. 물이 거듭됨을 상징함.
㉣감(坎).

감:구(感球)몡 하등 척추동물의 피부에 있는 감
각 세포의 집단. 촉각 영담.

감:구지회(感舊之懷)[-회/-훼]몡 지난 일을
회상하며 느끼는 회포. ¶고향 친구를 만나니
감구지회가 새롭다. ㉣감회.

감국(甘菊)몡 ①국화과의 다년초. 높이 60~
90cm. 줄기는 보통 검붉은 빛을 띠며, 잎은
어긋맞게 나고 깃 모양으로 깊이 갈라져 있음.
10~11월에 가지 끝에 향기로운 노란 꽃이 핌.
꽃은 약재·향료 및 국화주(菊花酒)를 만드는
데 쓰임. ②한방에서, '감국의 꽃'을 약재로
이르는 말.

감:군(減軍)몡하자 군사를 줄임. ↔증군(增軍).

감군(監軍)몡 조선 시대에, 밤중에 도성의 안팎
을 돌며, 군사의 순찰을 감독하던 임시 벼슬.

감:-군은(感君恩)몡 조선 초기의 악장. 임금의
은덕을 사해(四海)와 태산(泰山)에 비유하여
찬양한 내용. 작자와 연대는 분명하지 않음.
〔'악장가사'와 '고금가곡'에 실려 전함.〕

감:-궂다[-굳따]형 ①(태도나 외모 따위가) 불
량하고 험상궂다. ¶감궂은 사내 여러 명이 들
어와 행패를 부리고 있다. ②(논이나 밭 따위
가) 일하기 힘들 정도로 거칠고 험하다. ¶언
덕 위의 감궂은 밭.

감귤(柑橘)몡 '귤'과 '밀감'을 아울러 이르
는 말.

감금(監禁)몡하타되자 가두어서 신체의 자유를
속박함. ¶불법 감금.

감:급(減給)몡하타되자 (급료나 급여를) 정한
것보다 줄여서 줌. ↔가급(加給).

감기(感-)〈신감기〉의 준말.

감기(疳氣)몡 ☞감병(疳病).

감기(感氣)몡 몸이 오슬오슬 추워지며 열이 나
고, 기침 또는 콧물이 나는, '호흡기 계통의
염증성 질환'을 통틀어 이르는 말. 고뿔. 감모
(感冒). 감수(感嗽). ¶감기 기운이 있다. /감기
가 들다. /감기에 걸리다.

감기 고뿔도 남을 안 준다속 감기까지도 남
을 안 줄 정도로 몹시 인색하다는 말.

감-기다¹[자] 〖'감다¹'의 피동〗 눈이 감음을 당하다. 눈이 감아지다. ¶졸음에 겨워 눈이 자꾸만 감긴다.

감-기다²[자] ①〖'감다²'의 피동〗 실·끈 따위가 감음을 당하다. 감아지다. ¶실패에 감긴 실. ②(사람·동물 따위가) 곁을 떠나지 않고 잘 따르다. ¶어린 놈들이 어찌나 감기는지 문밖 출입을 못하겠다. ③음식 따위를 너무 먹어 몸을 잘 가누지 못하다. ¶술에 감기어 비틀거린다. ④(음식 따위가) 감칠맛이 있다. ¶조청이 혀에 착착 감긴다.

감-기다³[타] 〖'감다¹'의 사동〗 눈을 감게 하다.

감-기다⁴[타] 〖'감다²'의 사동〗 실·끈 따위를 감게 하다. ¶아이에게 실을 감기다.

감-기다⁵[타] ①〖'감다³'의 사동〗 감게 하다. 머리나 몸을 씻게 하다. ¶먹을 감기다. ②머리나 몸을 씻어 주다. ¶아기의 머리를 감기다.

감-꼬치[명] 곶감을 꿰는 나무 꼬챙이.

감꼬치 빼먹듯[관용] 모아 둔 재물을 (늘리기는커녕) '하나씩 하나씩 축내며 살아가는 모양'을 이르는 말.

감-나무[명] 감나뭇과의 낙엽 교목. 과실나무의 한 가지로 높이는 10 m가량. 5~6월에 황백색 꽃이 피고 열매는 10월에 주황색으로 익음. 단감과 떫은 감의 구별이 있으며, 홍시가 되기 전에 껍질을 벗겨 곶감을 만들기도 함. 재목은 조각·가구재로 쓰임.

감나무 밑에 누워도 삿갓 미사리를 대어라[속담] 아무리 좋은 기회라 하더라도 그것을 놓치지 않으려는 노력이 있어야 한다는 말.

감나무 밑에 누워서 홍시〔연시〕(입 안에) 떨어지기를 기다린다[바라다]**〕**[속담] 아무런 노력도 하지 않고 좋은 결과가 이루어지기만 바람을 비유하여 이르는 말.

감낙(甘諾)[명][하타] 기꺼이 승낙함.

감:납(減納)[명][하타] (세금·납부금 따위를) 정액보다 덜 냄.

감내(堪耐)[명][하타] 참고 견딤. ¶고통을 감내하다. /네가 능히 그 일을 감내할 수 있겠느냐?

감:-내기[명] 밭일을 할 때 부르는, 황해도 지방의 민요.

감:념(感念)[명] 느끼어 일어나는 생각. 사물에 대하여 느끼는 마음.

감:-노랗다[-라니·-노라니~-노래]**[형ㅎ]** 감은빛을 약간 띠면서 노랗다. ②검누렇다.

감:-노르다[~노르니·~노르러]**[형ㄹ]** 감은빛을 약간 띠면서 노르다. ②검누르다.

감농(監農)[명][하타] ①농사일을 보살피고 감독함. ②지주로부터 농사짓는 일을 감독하도록 위임받은 직책, 또는 그 직책을 맡은 사람. 농감(農監).

감능(堪能)[명][하여] 일을 잘 감당할 만한 능력(재능)이 있음.

감:-다¹[-따][타] 아래위의 눈시울을 한데 붙이다. ¶눈을 감고 생각에 잠기다. ↔뜨다7.

감:-다²[-따][타] ①실·끈 따위를 무엇에 두르다. ¶실을 실패에 감다. /밧줄을 허리에 감고 절벽을 타다. ②서리서리 사리다. ¶구렁이가 긴 몸을 상대편 다리에 걸다. ¶다리를 감아 보기 좋게 넘어뜨리다. ④'옷을 입다'를 속되게 이르는 말. ¶돈 많은 걸 자랑을 하나, 비단을 친친 감고 다녀.

감:-다³[-따][타] 머리나 몸을 물에 담그고 씻다. ¶먹을 감다. /머리를 창포물에 감다.

감:다⁴[-따][형] 빛깔이 새뜻하고 짙게 검다. ②검다2. 센감다.

감단(勘斷)[명][하타][되자] 죄를 심리(審理)하여 처단함. 감처(勘處).

감당(堪當)[명][하타] ①능히 맡아서 해냄. ¶맡은 일을 감당해 내다. ②능히 견디어 냄. ¶대부대의 막강한 공격력을 이런 소부대가 감당해 낼 수 있을까?

감:도(感度)[명] ①자극에 대하여 느끼는 정도. ②필름이나 전신기 따위가 빛이나 전파 등에 대하여 나타내는 반응의 정도. ¶필름의 감도가 아주 좋다. ③계측 기계(計測器械)의 민감한 정도. ②감(感).

감독(監督)[명] ①[하타] 보살피고 지도·단속함, 또는 그렇게 하는 사람. ②[하자] 법률에서, 어떤 사람이나 기관이 다른 사람이나 기관을 감시하고 지휘·명령하거나 제재를 가하는 일. ③감리교에서, 교회를 관할하고 신도를 보호하는 등의 일을 맡은 교직자. ④연극·영화에서, 배우의 연기·조명·진행 등을 지휘·관리하는 사람. ⑤운동 경기에서, 선수의 훈련과 실전(實戰)을 직접 지도·단속하는 사람. ⑥각종 공사장에서, 인부의 배치·지도와 작업 진행을 지휘하는 사람. ¶현장 감독.

감독-관(監督官)[-꽌][명] (감독관청의 한 사람으로) 감독의 직무를 맡은 관리.

감독-관청(監督官廳)[-꽌-][명] ①하급 관청에 대한 감독권을 가진 상급 관청. ②지방 자치 단체나 민간 단체에 대하여 감독권을 가진 행정 관청. ②감독청.

감독^교:회(監督敎會)[-꾜회/-꾜훼][명] (감리교나 성공회 등과 같이) 감독을 두어 교회를 관할하는 조직의 기독교회.

감독-권(監督權)[-꿘][명] ①감독하는 권리. ②(공법상으로) 상급 관청이 하급 관청을 지휘·명령하여 그 비위(非違)를 교정하는 권리. ③(사법상으로) 친권자나 후견인이 자식이나 피후견인에 대하여 감독하는 권리.

감독-청(監督廳)[명] 〈감독관청〉의 준말.

감돈-탈장(嵌頓脫腸)[-짱][명] 장이나 자궁 따위 복부의 기관 일부가 조직의 틈으로 빠져나온 채 제자리로 돌아가지 못하는 상태.

감:-돌[-똘][명] 유용 광물을 일정한 정도 이상 지닌 광석. ②감3. ↔버력2.

감:-돌다[~도니·~돌아][Ⅰ][자타] ①둘레를 여러 번 빙빙 돌다. ¶물이 수챗구멍으로 감돌려 빠져나간다. ②(기계나 기운 따위가) 가득 차서 떠돌다. ¶긴장이 감돌다. /전운이 감돌다. ③(생각 따위가) 마음속에서 사라지지 않고 자꾸 아른거리다. ¶귓가에 감도는 아름다운 음률. /불길한 예감이 머릿속을 감돌다. [Ⅱ][타] (길이나 물굽이 따위가) 모퉁이를 따라 돌다. ¶산기슭을 감돌아 흐르는 물줄기.

감:돌아-들다[~드니·~들어][타] 감돌아서 들어오다.

감:돌-이[명] '사소한 이익을 탐내어 덤벼드는 사람'을 얕잡아 일컫는 말.

감:동(感動)[명][하자] 깊이 느끼어 마음이 움직임. ¶감동을 받다. /감동을 자아내다.

감:동-사(感動詞)[명] ☞감탄사(感歎詞).

감동-유(-油)[-뉴][명] 콩깻이것에서 짜낸 기름.

감:동-적(感動的)[관][명] 감동할 만한 (것). ¶감동적인 사랑. /그 이야기는 매우 감동적이다.

감동-젓[-쩟][명] 푹 삭힌 곤쟁이젓. 감동해.

　• 감동젓이[-저시]·감동젓만[-전-]

감동-해 (甘冬醢)圄 ⇨감동젓.
감:득 (感得)圄하타되자 ①깊이 느끼어 앎. ②영감(靈感)으로 깨달아 얻음.
감:등 (減等)圄하타되자 ①등급을 낮춤. ②은전(恩典) 등으로 형벌을 감함.
감-사납다 [-따] [~사나우니·~사나워]휑ㅂ 몹시 감사납다. ¶통방울눈에 창대 같은 수염을 기른 감때사나운 모습.
감:-떡圄 찹쌀가루와 잘게 썬 곶감을 섞어 찐 다음, 잣과 호두를 으깨어 넣고 경단처럼 만들어서 꿀을 바른 떡.
감:-또개圄 꽃과 함께 떨어진 어린 감. ㉣감똑.
감:-똑圄 〈감또개〉의 준말.
감란 (戡亂)圄하타 난리를 평정(平定)함. 감이(戡夷). 감정(戡定).
감람 (甘藍)[-남]圄 '양배추'로 순화.
감:람 (橄欖)[-남]圄 감람나무의 열매. 푸른빛이 나는 타원형 핵과로, 맛이 좀 쓰고 떫은. 먹을 수 있으며 기름도 짬. 청과(靑果). 충과(忠果). (본)감람과(橄欖果). (참)간과(諫果).
감:람-과 (橄欖果)[-남-]圄 〈감람〉의 본딧말.
감:람-나무 (橄欖-)[-남-]圄 감람과의 상록 교목. 높이 40 m가량. 두툼하고 거칠거칠한 길둥근 잎이 어긋맞게 나고, 봄에 황백색의 꽃이 핌. 열매는 핵과(核果). 아시아 열대 지방에 분포함. 감람수(橄欖樹). ②성서(聖書)의 '올리브'를 번역한 이름.
감:람-녹색 (橄欖綠色)[-남-쎅]圄 ①(감람나무 잎의 빛깔과 같이) 약간 누른빛을 띤 녹색. ②올리브색. ㉣감람색.
감:람-색 (橄欖色)[-남-]圄 〈감람녹색〉의 준말.
감:람-석 (橄欖石)[-남-]圄 사방 정계(斜方晶系)의 철·마그네슘 따위의 규산염으로 된 광물. 감람색·백색·회색·황색 등이 있는데, 빛깔이 곱고 투명한 것은 보석으로 쓰임.
감:람-수 (橄欖樹)[-남-]圄 ⇨감람나무.
감:람-암 (橄欖岩)[-나맘]圄 감람석을 주성분으로 하는 암석.
감:람-원 (橄欖園)[-나뭔]圄 감람나무를 심은 밭.
감:람-유 (橄欖油)[-남뉴]圄 ①감람의 씨로 짠 기름. 식용·약용 및 기계유 등을 만드는 데에 쓰임. ②'올리브유'를 잘못 번역하여 쓰는 말.
감:량 (減量)[-냥]圄 하자타 분량이나 중량을 줄임. ¶쓰레기 감량. /체중 감량. ↔증량(增量). ②물건을 매매할 때, 전체 분량에서 빼야 할, 포장 따위의 분량이나 중량.
감:량 (感量)[-냥]圄 계기(計器)가 잴 수 있는 가장 작은 양.
감:량^경영 (減量經營)[-냥-]圄 기업체가 불황이나 경제 성장의 둔화에 따라 기업 규모를 알맞게 줄이어 조절하는 일.
감로 (甘露)[-노]圄 ①하늘이 상서(祥瑞)로 내린다는 이슬. ②도리천(忉利天)에 있다는 감미로운 영액(靈液). ③여름에 단풍나무·팽나무·떡갈나무의 나뭇잎에서 떨어지는 달콤한 즙. 〔진드기가 분비하는 것임.〕④〈감로수〉의 준말.
감로-다 (甘露茶)[-노-]圄 정(淨)하게 달여서 부처 앞에 올리는 차(茶).
감로-수 (甘露水)[-노-]圄 ①설탕을 타서 끓인 물. 감로. ②맛이 좋고 맑은 물. 감로수.
감로-주 (甘露酒)[-노-]圄 소주에 용안육·대추·포도·살구 씨·구기자·두충·숙지황 따위를 넣고 오래도록 우린 술.

감루 (疳瘻)[-누]圄 한방에서, 잔구멍이 나서 고름이 흘러 잘 낫지 않는 부스럼을 이르는 말. 누창(漏瘡).
감:루 (感淚)[-누]圄 마음에 깊이 느끼어 흘리는 눈물. 감격(感動)의 눈물.
감류 (柑榴)[-뉴]圄 밀감이나 등자나무 열매 따위의 종류.
감률 (甘栗)[-뉼]圄 ①맛이 단 밤. 단밤. ②구운 밤의 한 가지. 뜨겁게 달군 모래 안에 넣고 저어서 익힌 밤.
감리 (監吏)[-니]圄 감독하는 일을 맡은 아전.
감리 (監理)[-니]圄 ①하타 감독하고 관리함. ¶공사 감리. ②조선 시대, 감리서(監理署)의 으뜸 벼슬.
감리-교 (監理敎)[-니-]圄 개신교의 한 교파. 18세기 초 영국의 웨슬리가 자유 의지와 성결을 주창하여 창시함.
감리-사 (監理師)[-니-]圄 감리 교회의 교직(敎職)의 한 가지, 또는 그 직에 있는 사람. 〔한 지방의 여러 교회를 감독·관리함.〕
감리-서 (監理署)[-니-]圄 조선 말기에, 개항장이나 개시장의 통상(通商) 사무를 관리하던 관아.
감림 (監臨)[-님]圄 하자 감독의 임무를 띠고 현장에 나감, 또는 그 사람.
감:마 (減磨)[-]圄 하자 닳아서 줄어듦. ②하타 마찰을 적게 함.
감마 (gamma 그) [I]圄 ①그리스 어(語)의 셋째 자모(字母)인 'Γ(γ)'의 이름. ②(음·합금 따위의) 상(相)을 나타내는 기호. ③유기 화합물에서, 탄소 원자의 위치를 나타내는 기호. [II]의 100만분의 1 g을 나타내는 질량의 단위.
감마^글로불린 (gamma 그 globulin)圄 혈청(血淸) 중에 녹아 있는 단백질 성분의 한 가지. 항체가 풍부하여 홍역 따위의 예방에 쓰임.
감마-선 (gamma線)圄 방사성 물질에서 방출되는 방사선의 한 가지. X선보다 파장이 짧은 전자기파로 투과력은 X선보다 큼. 의료용으로, 또는 금속 재료의 결함을 탐지하는 데 이용됨.
감:마-유 (減磨油)圄 ⇨윤활유(潤滑油).
감:마-제 (減磨劑)圄 ⇨윤활제(潤滑劑).
감:마^합금 (減磨合金)[-끔]圄 주석이나 납을 주성분으로 하는 화이트 메탈, 또는 아연이나 구리를 주성분으로 하는 합금. 기계의 베어링 등 마찰이 심한 부분에 쓰임.
감:면 (減免)圄 하타되자 ①형벌이나 조세 따위를 감해 주거나 면제함. ¶세금을 감면하다. ②등급을 낮추어 면제함.
감:면^소:득 (減免所得)圄 중요 산물의 증산을 목적으로, 전액 또는 일부에 대하여 세금을 면제해 주는 소득.
감:명 (感銘)圄 하자되자 깊이 느끼어 마음에 새김. ¶위인 전기를 읽고 깊은 감명을 받다.
감:모 (減耗)圄 줄어듦. 닳아서 축이 남.
감:모 (感冒)圄 ⇨감기(感氣).
감:모 (感慕)圄 하타 마음에 느끼어 사모함.
감목 (監牧)圄 ①〈감목관〉의 준말. ②가톨릭에서, 정식 자립 교구로 설정되지 않은 임시 교구의 교구장(敎區長)을 일컫는 말.
감목-관 (監牧官)[-꽌]圄 조선 시대에, 종육품의 외직 무관으로 나라의 목장을 감목하던 벼슬아치. ㉣감목.
감목-법 (-法)[-]圄 ⇨자격법(資格法).
감무 (監務)圄 ①주지(住持) 밑에서, 절의 사무를 총감독하는 승직(僧職). ②고려 말기부터 조선 초기까지, '작은 현(縣)의 원'을 일컫던 말.

감:-물圏 날감의 떫은 즙. 섬유류의 방부제로
쓰임.
감미 (甘味)圏 단맛. ↔고미(苦味).
감미-롭다 (甘味-)[-따][~로우니·~로워]혱ㅂ
①단맛이 있다. 달콤하다. ¶감미로운 과일.
②(정서적으로) 달콤한 느낌이 있다. ¶감미로
운 선율. 감미로이!.
감미-료 (甘味料)圏 단맛을 내는 데 쓰이는 조
미료. [포도당·과당·맥아당·사카린 따위.]
감:바리圏〈감발저뀌〉의 준말.
감:-발圏 발감개, 또는 발감개를 한 차림새.
¶석 자 감발 새 짚신에 한삼 고의 산뜻 입고
(烈女春香守節歌).
감:발 (感發)圏혱困 감동(감격)하여 분발(奮發)
함. 감분(感奮).
감:발-저뀌圏 이익을 노리어 남보다 먼저 약빠
르게 달라붙는 사람. 준감바리.
감:방 (坎方)圏 팔방(八方)의 하나. 정북(正北)
을 중심으로 한 45도 범위 이내의 방위. 이십
사 방위의 임(壬)·자(子)·계방(癸方)을 합쳐
이르는 말. ↔이방(離方).
감방 (監房)圏 교도소(矯導所)에서 죄수를 가두
어 두는 방.
감:배 (減配)圏혱困 배당이나 배급을 정한 양보
다 줄여서 줌. ↔증배(增配).
감:법 (減法)[-뻡]圏 뺄셈. ↔가법(加法).
감벽 (紺碧)圏 검은빛을 띤 짙은 남빛.
감별 (鑑別)圏혱타困 잘 살펴보고 값어치, 참
과 거짓, 종류 등을 판단하여 구별함. ¶고서
화의 감별. /병아리 암수의 감별.
감별-사 (鑑別師)[-싸]圏 병아리의 암수를 가려
내거나 골동품·보석 따위의 가치를 가려내는
일을 전문적으로 하는 사람.
감별-추 (鑑別雛)圏 암수를 가려 놓은 병아리.
가린병아리.
감병 (疳病)[-뼝]圏 한방에서 이르는 어린아이
의 병의 한 가지. 얼굴이 누렇게 뜨고 몸이 여
위며, 목이 마르고, 영양 장애나 만성 소화 불
량 증세 따위가 나타나는 병. 감기(疳氣). 감
질(疳).
감:복 (感服)圏혱困 감동하여 진심으로 탄복함.
¶그의 지극한 정성에 감복했다.
감:-복숭아[-쏭-]圏 장미과의 낙엽 교목. 높이
6 m가량. 톱니가 있는 버들잎 모양의 잎이 어
긋맞게 나며, 이른 봄에 담홍색 꽃이 핌. 열매
는 납작감 비슷한데, 익으면 갈라지고 써가 드
러남. 씨는 기름을 짜서 화장품 원료나 기침약
등으로 씀. 지중해 지방이 원산지임. 고편도
(苦扁桃).
감:봉 (減俸)圏혱타困 ①봉급의 액수를 줄임.
↔가봉(加俸)·증봉(增俸). ②공무원에 대한 징
계 처분의 한 가지. 일정 기간 동안 봉급의 3
분의 1 이하를 줄여서 지급하는 일. 벌봉(罰
俸). ③군인·군속에 대한 중징계(重懲戒)의 한
가지. 1개월 이상 3개월 이내, 봉급의 3분의 2
를 줄여서 지급하는 일.
감:분 (感憤)圏혱困 분함을 느낌.
감:분 (感奮)圏혱困 감동(감격)하여 분발함. 감
발(感發).
감:불생심 (敢不生心)圏 감히 엄두를 내지 못
함. 감불생의(敢不生意). ¶그 병약한 몸으로
감불생심이니 어찌 저 험한 산을 오르려는가?
감:불생의 (敢不生意)[-의/-이]圏 ↔감불생심.
감:-빛[-삗]圏 익은 감과 같은 붉은 빛깔. 시색
(柿色). * 감:빛이[-삐치]·감:빛만[-삔-]

감:-빨다[~빠니·~빨아]타 ①감칠맛 있게 빨
다. 야무지게 먹다. ¶사탕을 감빨다. ②이익을
탐내다.
감:빨-리다困 ①['감:빨다'의 피동] 감빨림을
당하다. ②입맛이 당기다. ③이익을 탐하는 마
음이 생기다.
감사圏 '고추장'의 심마니말.
감사 (甘死)圏혱困 죽기를 달게 여김. 기꺼이
죽음.
감:사 (減死)圏혱困 지난날, 사형에 해당하
는 형벌을 감하여 주던 일.
감:사 (敢死)圏혱困〔충성이나 의(義)를 위하여〕
두려움 없이 기꺼이 죽음.
감:사 (感謝)圏 ①고마움을 나타내는 인사.
¶감사 편지. ②혱자타고맙게 여김, 또는 그런
마음. ¶감사의 뜻을 전하다. /감사하는 마음.
감사 (監史)圏 고려 시대에, 소부시(小府寺)·군
기시(軍器寺)에 딸려 있던 관원.
감사 (監司)圏 ↔관찰사(觀察使).
감사 덕분에 비장 나리 호사한다[속] 남의 덕
으로 엉뚱한 사람이 호강한다는 말.
감사 (監寺)圏 선종(禪宗)에서, 절의 사무를 도
맡아 보는 사람. 감주(監主).
감사 (監査)圏 ①공공 단체의 서무(庶務)를 맡아
보는 직책, 또는 그 직책의 사람. ②〔법률에
서〕㉠민법상, 법인의 감독 기관으로서 재산
상태나 업무 상태를 감사(監査)하는 임의(任
意) 기관, 또는 그 직책의 사람. ㉡상법상, 주
식회사의 회계 감사를 직무로 하는 상설 기관
이나, 유한 회사의 회계 및 업무 감시를 직무
로 하는 임의 기관, 또는 그 직책의 사람. ③절
에서의 삼직(三職)의 하나. 감무(監務)와 주지
(住持)를 도와 절의 재산을 관장하는 승직(僧
職). ④조선 시대, 춘추관(春秋館)의 정일품
벼슬.
감사 (監査)圏혱타 감독하고 검사함. ¶국정 감사.
감사 (瞰射)圏혱타〔총이나 활 따위를〕높은 데
서 내려다보고 쏨.
감사 (勘査)圏혱타 사물을 검사하여 그 우열·적
부(適否)·진위(眞僞) 따위를 가림. 감정(鑑定).
감사-관 (鑑査官)圏 물품을 검사하고 감정(鑑定)
하는 관리.
감사^기관 (監査機關)圏 ①행정 기관의 사무 집
행을 감독·검사하여 그 비위(非違)를 적발하고
시정하는 일을 임무로 하는 국가 기관. 〔감사
원(監査院) 따위.〕②법인의 재산 상황이나 업
무 집행에 대하여 감독하고 검사하는 기관.
〔감사(監事) 따위.〕
감:-사납다[-따][~사나우니·~사나워]혱ㅂ
①생김새나 성질이 휘어잡기 힘들게 억세고 사
납다. ¶일꾼이 너무 감사나워 부리기가 힘들
다. ②(논밭 따위가) 손을 대기 힘들 정도로
바닥이 거칠고 험하다. ¶잡초가 우거진 감사
나운 밭.
감:사^도배 (減死島配)圏 사형에 처할 죄인의
행을 감하여 귀양을 보냄. 감사 정배.
감사-만만 (感謝萬萬)圏 ↔감사천만.
감:사-무지 (感謝無地)圏 ↔감사천만.
감:사-심 (敢死心)圏〔충성이나 의(義)를 위하
여〕두려움 없이 죽기를 각오한 마음.
감사-역 (監査役)圏 (주식회사의) '감사(監事)'
의 구용어.
감사-원 (監査院)圏 대통령 직속의 정부 기관의
하나. 국가의 세입·세출의 결산 및 공무원의
직무에 대한 감사 등의 사무를 맡아봄.

감사-원(鑑査員)[명] 감사(鑑査)를 하는 사람.

감:사-일(感謝日)[명] ①기독교에서, 하나님의 은혜에 대하여 감사를 드리는 날. ②추수 감사절.

감:사-장(感謝狀)[-짱][명] (공이 있는 사람에게) 감사의 뜻을 적어 인사로 주는 글장. ¶감사장을 수여하다.

감:사-절(感謝節)[명] 〈추수 감사절〉의 준말. 감사일.

감:사^정:배(減死定配)[명] 사형에 처할 죄인의 형을 감하여 귀양을 보냄. 감사 도배.

감:사지졸(敢死之卒)[명] 죽기를 두려워하지 아니하는 용감한 병졸.

감:사-천만(感謝千萬)[명] 그지없이 감사함. 감사만만. 감사무지.

감:사-패(感謝牌)[명] (공이 있는 사람에게) 감사의 뜻을 쓰거나 새기어 인사로 주는 패.

감:사-하다(感謝—)[형여] 고마운 마음이 있다. ¶성원해 주셔서 감사합니다. **감사-히**[부] ¶감사히 받겠습니다.

감:삭(減削)[명][하타][되자] ☞삭감(削減).

감산(甘酸)[명] ①[하여] 맛이 달고 심. ②즐거움과 고통스러움.

감:산(減産)[명][하자타] 생산량이 줆, 또는 생산량을 줄임. ¶재고가 늘어나 감산이 불가피하다. ↔증산(增産).

감:산(減算)[명] ①빼기. 감법(減法). 뺄셈. 뺄셈법. ②[하타] 빼어 셈함. ↔가산(加算).

감:상(感想)[명] 마음에 느끼어 일어나는 생각. ¶외국을 둘러보고 온 감상이 어떻습니까?

감:상(感傷)[명][하자] ①대상에서 받은 느낌으로 마음 아파하는 일. ¶그것은 이지적 판단이 아니라, 하나의 감상일세. ②하찮은 사물에도 쉽게 슬픔을 느끼는 마음. ¶감상에 빠지다.

감:상(感賞)[명][하타] 감동하여 칭찬함.

감:상(監床)[명][하타] 귀한 사람에게 올릴 음식상을 미리 검사함.

감상(鑑賞)[명][하타] 예술 작품을 음미하여 이해하고 즐김. ¶그림을 감상하다.

감:상-록(感想錄)[-녹][명] 감상을 적은 기록.

감:상-문(感想文)[명] 감상을 적은 글.

감:상-벽(感傷癖)[명] 하찮은 일에도 쉬이 감동하고 슬퍼하는 버릇.

감상^비:평(鑑賞批評)[명] 감상을 바탕으로 하는, 문예 작품의 비평. 〔작품의 미적 특징·가치 등을 음미하는 것을 주로 함.〕

감상-안(鑑賞眼)[명] (예술 작품 따위를) 감상하는 안목(眼目).

감:상-적(感傷的)[관][명] 하찮은 일에도 쉽게 감동하고 슬퍼하는 경향인 (것). ¶감상적 기분. /감상적인 소녀.

감:상-주의(感傷主義)[-의/-이][명] 이성이나 의지보다 감정, 특히 슬픔의 감정을 서정(抒情)의 본질로서 표현하려는, 낭만주의적 문예 경향. 센티멘털리즘.

감-색(一色)[명] 잘 익은 감의 빛깔과 같이 붉은색.

감색(紺色)[명] ☞반물.

감:색(減色)[명][하자타][되자] 빛이 바램. 변색(變色).

감색(監色)[명] ①[하타] 간색(看色). ②조선 시대, 감관(監官)과 색리(色吏).

감:색-성(感色性)[-썽][명] 사진 건판이나 필름이, 파장이 각각 다른 여러 가지 빛에 대하여 감광(感光)하는 성질.

감:생(減省)[명][하타] (경비·물자 따위를) 덜어서 줄임.

감:선(減膳)[명][하자] 나라에 변고가 있을 때, 임금이 몸소 근신하는 뜻으로, 수라상에 오르는 음식의 가짓수를 줄이던 일.

감선(監膳)[명][하타] 임금에게 올릴 수라상을 미리 검사하던 일.

감:선^철악(減膳撤樂)[명] 나라에 변고가 있을 때, 임금이 몸소 근신하는 뜻으로, 수라상의 음식의 가짓수를 줄이고 음악과 춤 따위를 금지하던 일.

감성(減省)[명] '감생(減省)'의 잘못.

감:성(感性)[명] ①느낌을 받아들이는 성질. 감수성. ¶감성이 무디다. /감성이 섬세하다. ②(이성(理性)과 대립되는 말로) 대상으로부터 감각되고 지각되어 표상(表象)을 형성하게 되는, 인간의 인식 능력. ❷오성(悟性).

감:성-계(感性界)[-계/-게][명] '감성적 지각(知覺)을 통하여 얻어지는 사물'을 통틀어 이르는 말. ❷가상계(可想界).

감:성-돔(感性—)[명] 도밋과의 바닷물고기. 몸길이 40 cm 가량. 몸은 길둥근 모양이며 등 쪽이 약간 위로 솟음. 몸은 암회색이나 배 쪽은 조금 연함. 4년생까지는 암수한몸이고 5년이 지나면 암수딴몸이 됨. 우리나라의 중부 이남과 일본 및 중국 동남부 연안의 수심 40〜50 m 되는 만(灣)에 사는데, 식용함. 먹도미.

감:성-론(感性論)[-논][명] 감성적 인식에 관한 이론.

감:성-적(感性的)[관][명] 감성이 작용하는 (것). 감성이 예민한 (것). ¶감성적 사고방식. /감성적인 표현을 하다.

감:성^지수(感性指數)[명] 자기의 감정을 다스리고 남의 감정을 이해하는 능력을 수치로 나타낸 것. 이큐(EQ). ❷지능 지수.

감:세(減稅)[명][하자타] 세금이나 세액을 줄이거나 세율을 낮춤. 감조(減租). ↔증세(增稅).

감:세(減勢)[명][하자] 권세·병세(病勢)·풍세(風勢) 따위의 세력이 줄거나 약해짐.

감:세^국채(減稅國債)[명] 감세의 특전(特典)이 붙은 국채.

감:소(減少)[명][하자타][되자] ①줄어서 적어짐. ¶인구 감소. ②덜어서 적게 함. ¶충격을 감소하다. ↔증가(增加).

감:소-함수(減少函數)[-쑤][명] 독립 변수의 값이 증가함에 따라 이에 대응하는 함수의 값이 감소하는 함수, 또는 함수의 값이 증가하지 않는 함수.

감:속(減速)[명][하타] 속도를 줄임. ↔가속(加速)·증속(增速).

감:속-동(減速動)[-똥][명] 〈감속 운동〉의 준말.

감:속^운:동(減速運動)[명] 시간이 지날수록 속도가 점점 줄어드는 운동. ❷감속동(減速動). ↔가속 운동.

감:속^장치(減速裝置)[-짱-][명] 회전축의 회전 운동을 줄이는 장치.

감:속-재(減速材)[-째][명] 열중성자를 사용하는 원자로에서, 우라늄 235의 핵분열로 생긴 고속 중성자를 열중성자로까지 감속시키기 위한 물질. 〔흑연·경수(輕水)·중수(重水) 따위.〕 감속체. 완속(緩速) 물질. 완속재.

감:속-체(減速體)[명] ☞감속재.

감:속^톱니바퀴(減速—)[-톰—][명] 감속 장치에 사용하는 톱니바퀴.

감:손(減損)[명][하자타][되자] 줄어짐. 줄임.

감:쇄(減殺)[명][하자타][되자] 줄어서 없어짐. 덜어서 없앰.

감:쇠(減衰)[-쇠/-쉐]몡하자 (힘이나 세력 따위가) 점차 약해짐.

감:쇠-기(減衰器)[-쇠/-쉐-]몡 전압이나 전류를 일정한 비(比)만큼 작게 하는 측정용 장치.

감:쇠^전도(減衰傳導)[-쇠/-쉐-]몡 민무늬 근육나 무척추동물의 근육의 한 끝에 자극을 가할 때, 자극부에서 멀어질수록 흥분이 감쇠되어 전달되는 현상.

감:쇠^진:동(減衰振動)[-쇠/-쉐-]몡 시간이 지날수록 진폭이 차차 줄어드는 진동.

감수(甘水)몡 맛이 단 물. (정갈하고 맛이 좋은) 먹는 물.

감수(甘受)몡하자되자 (질책·고통·모욕 따위를) 군말 없이 달게 받음. ¶비난을 감수하다.

감수(甘邃)몡 대극과의 다년초. 높이 30 cm가량. 줄기는 홍자색을 띠는데, 자르면 흰 유즙이 나옴. 6~7월에 녹황색 꽃이 피고 열매는 삭과(蒴果)임. 뿌리는 부증·적취(積聚)의 외과(外科)의 약재로 쓰임. 개감수.

감수(淦水)몡 배의 바닥에 괴는 물.

감수(勘收)몡하자 문초(問招)하여 압수함.

감수(酣睡)몡하자 곤히 달게 잠, 또는 그렇게 자는 잠. 단잠.

감:수(減水)몡하자되자 강이나 호수의 물이 줄어듦. ¶가뭄으로 인한 감수. ↔증수(增水).

감:수(減收)몡하자되자 수입이나 수확이 줆. ¶태풍으로 인한 농작물의 감수. ↔증수(增收).

감:수(減壽)몡하자되자 수명이 줄어듦. ¶십년 감수. /지나친 흡연은 감수의 원인이 된다.

감:수(減數)몡하자 ①수를 줄임. ↔가수(加數). ②뺄셈에서, 빼내려는 수. 〔10-3=7에서 '3'이 감수임.〕↔피감수.

감:수(感受)몡하자 외부의 자극을 감각 신경을 통해 받아들임.

감:수(感嗽)몡 ☞감기(感氣).

감수(監守)몡하자 감독하고 지킴, 또는 그러한 일을 맡은 사람.

감수(監修)몡하자 책의 저술·편찬을 지도·감독하는 일, 또는 그러한 일을 맡은 사람.

감:수^분열(減數分裂)몡 생식 세포인 정자(精子)나 난자가 형성될 때, 염색체의 수가 반감(半減)되는 특수한 세포 분열.

감:수-성(感受性)[-썽]몡 외부의 자극을 받아 느낌을 일으키는 성질이나 능력. 감성. ¶풍부한 감수성. /감수성이 예민하다.

감숭-감숭뿌형 ①매우 감숭한 모양. ②군데군데 감숭한 모양. ¶젊은이의 턱에 감숭감숭하게 나 있는 수염. 옏검숭검숭.

감숭-하다형 (성기게 난 짧은 털 같은 것이) 가무스름하다. 옏검숭하다.

감시(甘柿)몡 ☞단감.

감시(監視)몡하자되자 경계하며 지켜봄. ¶감시를 받다. /감시를 당하다.

감시(監試)몡 ①〔국자감시〕의 준말. ②조선 시대에, 생원과 진사를 뽑던 과거. 사마시. 소과(小科).

감시(瞰視)몡하자 높은 데서 아래를 내려다봄. 부감(俯瞰).

감시-관(監試官)몡 고려·조선 시대에, 과장(科場)을 감독하던 관원.

감시-대(監視臺)몡 감시자가 그 위에 올라가서 감시하도록 만들어 놓은 높은 대.

감시-병(監視兵)몡 감시하는 병사.

감시-원(監視員)몡 감시하는 사람.

감시-초(監視哨)몡 감시를 위하여 마련된 초소, 또는 그 초소의 초병(哨兵).

감식(甘食)몡하자되자 음식을 맛있게 먹음.

감:식(減食)몡하자 음식의 양을 줄여 먹음.

감식(鑑識)몡하자되자 ①(사물의 가치나 진위 등을) 감정하여 식별함, 또는 그 식견. ②범죄 수사에서, 필적·지문·혈액 따위에 관한 감정(鑑定). ¶지문 감식을 의뢰하다. ③(항공기·선박·잠수함 따위의) 항적(航跡)에 관하여 보고된 첩보를 해석함, 또는 그 과정.

감식-력(鑑識力)[-녁]몡 사물을 감정하여 식별하는 능력.

감:식^요법(減食療法)[-뇨뻡]몡 (소화 불량이나 지방 과다증 등의 경우) 음식의 섭취량을 알맞게 줄여서 치료하는 방법.

감:식-주의(減食主義)[-주의/-주이]몡 (건강 유지 등을 위하여) 음식의 섭취량을 알맞게 줄이자는 주의.

감:실(芡實)몡 한방에서, '가시연밥'을 약재로 이르는 말. 흠감인.

감실(監室)몡 군에서, 참모 총장의 지휘를 받는 특별 참모 부서. 〔의무감실·법무감실 따위.〕

감:실(龕室)몡 ①사당 안의, 신주(神主)를 두는 장(欌). 옏감(龕). ②☞닫집. ③가톨릭에서, 제대(祭臺) 위에 성체를 모셔 두는 방.

감실-감실뿌 (어떤 물체가) 먼 곳에서 어렴풋이 자꾸 움직이는 모양. ¶언덕 너머에서 연기가 감실감실 피어올랐다. 옏검실검실1.

감실-감실2뿌 (잔털 따위가) 군데군데 약간 가뭇가뭇한 모양. 옏검실검실2.

감실-거리다자 먼 곳에서 어떤 물체가 자꾸 감실감실하다. 감실대다. ¶멀리서 감실거리는 고깃배. 옏검실거리다.

감실-대다자 감실거리다.

감심(甘心)몡하자 (괴로움·책망·모욕 따위를) 달게 여김, 또는 그런 마음.

감:심(感心)몡하자 감동을 받아 깊이 마음에 느낌.

감:-싸고-돌다[~도니·~돌아]타 흉허물이나 약점을 두둔하여 불리한 상황에서 벗어나도록 돕다. ¶막내라고 계속 감싸고돌면 버릇이 나빠진다.

감:-싸다[타 ①휘감아 싸다. ¶아기를 포대기로 감싸 안다. ②편들거나 두둔하다. ¶어머니는 언제나 막내만 감싼다. ③흉허물이나 약점 따위를 덮어 주다. ¶허물을 감싸다.

감:-썰다[-따][타 감칠맛이 나게 맛있게 씹다. ¶마른오징어를 질겅질겅 감썰며 먹다.

감아-쥐다[자 손이나 팔로 감듯이 움켜잡다. ¶두 사람은 머리채를 감아쥐었다.

감안(疳眼)몡 헐어서 짓무른 눈.

감안(勘案)몡하자되자 참작하여 생각함. 헤아려 살핌. ¶딱한 사정을 감안하다.

감:압(減壓)몡하자타자 압력이 줆. 압력을 줄임. ↔가압(加壓).

감:압^반:사(減壓反射)[-빤-]몡 신체 각 부분의 자극에 의하여 자동적·반사적으로 혈압이 내려가는 반사 작용.

감:압^증류(減壓蒸溜)[-쯩뉴]몡 1기압 이하의 낮은 압력에서 하는 증류. 진공 증류(眞空蒸溜).

감:액(減額)몡하자되자 액수를 줄임, 또는 그 줄인 액수. ↔가액(加額)1·증액(增額).

감언(甘言)몡 (남의 비위를 맞추기 위하여) 듣기 좋게 하는 달콤한 말. 첨밀(甜蜜). ¶감언으로 꾀어내다. 흠고언(苦言).

감언-이설(甘言利說)[-니-]몡 남의 비위를 맞추는 달콤한 말과 이로운 조건만 들어 그럴듯하게 꾸미는 말. ¶감언이설에 속아 넘어가다.

감:언지지(敢言之地)圀 거리낌 없이 말할 만한 자리. 거리낌 없이 말해야 할 자리.

감여(堪輿)圀 하늘과 땅. 천지. 건곤(乾坤).

감여-가(堪輿家)圀 풍수지리에 관한 학문을 연구한 사람.

감역(監役)圀 ①〈감역관〉의 준말. ②하자역사(役事)를 감독함.

감역-관(監役官)[-꽌]圀 조선 시대에, 선공감(繕工監)에 딸리어 건축에 관한 일을 맡아보던 종구품 벼슬, 또는 그런 벼슬아치. ㉣감역(監役).

감연(欲然)'감연(欲然)하다'의 어근.

감연(敢然)'감연(敢然)하다'의 어근.

감:연-하다(欲然-)휑예 마음에 차지 아니하여 좀 언짢다. 감연-히뷔

감:연-하다(敢然-)휑예 과단성이 있고 용감하다. 감연-히뷔 ¶ 감연히 맞서 싸우다.

감:열(感咽)圀하자 감동하여 목메어 욺.

감:열(感悅)圀하자 감동(감격)하여 기뻐함.

감:염(感染)圀하자되자 ①병원체가 몸에 옮음. ¶ 전염병에 감염되다. ②〈남의 나쁜 버릇이나 다른 풍습 따위가〉옮아서 그대로 따라 하게 됨. ¶ 퇴폐 풍조에 감염되다.

감:염^면:역(感染免疫)圀 동물이 그 몸 안에 병원체를 지니고 있는 동안, 그 병원체의 침입에 대하여 면역의 힘을 가지는 일.

감:염-식(減塩食)圀 (병의 치료를 위하여) 소금기를 줄인 음식물.

감:염식^요법(減塩食療法)[-싱뇨뻡]圀 환자에게 감염식을 먹게 함으로써 병을 다스리는 치료법. 신장병·고혈압증에 씀.

감:염-증(感染症)[-쯩]圀 병원체가 생물체에 정착하여 증식함으로써 일어나는 모든 증세를 통틀어 이르는 말.

감영(監營)圀 조선 시대에, 각 도(道)의 감사가 직무를 보던 관아. 영문(營門).

감영-도(監營道)圀 지난날, 감영이 있던 곳.

감:오(感悟)圀하자 마음에 느끼어 깨달음.

감옥(監獄)圀 ①조선 말기에, '감옥서(監獄署)'를 고친 이름. ②'교도소'를 이전에 이르던 말. 형옥(刑獄). ㉣옥(獄).

감옥-살이(監獄-)[-싸리]圀하자 ①감옥(교도소)에 갇히어 지내는 생활. 영어 생활(囹圄生活). ②'자유를 구속당하는 생활'을 비유하여 이르는 말. ㉣옥살이.

감옥-서(監獄署)[-써]圀 조선 말기에, 형벌의 집행에 관한 일을 맡아보던 관아.

감옥-소(監獄所)[-쏘]圀 〈감옥〉의 속된 말.

감우(甘雨)圀 때맞추어 알맞게 내리는 비. 단비. 뵈희우(喜雨)·호우(好雨).

감:원(減員)圀하자되자 (일정한 조직에 딸린) 인원을 줄임. ¶ 감원 대상자. ↔증원(增員).

감원(監院)圀 불교에서, 암자나 교당을 감찰하는 중을 일컫는 말.

감:위(敢爲)圀하자 과감히 함. 감행(敢行).

감:은(感恩)圀하자 은혜에 감사함.

감은-약(-藥)[-냑]圀 〈아편〉의 속된 말.

감음(酣飮)圀하자 한창 흥겹게 술을 마심.

감:-음정(減音程)圀 완전 음정이나 단음정에서 반음 낮춘 음정.〔감 1도에서 감 8도까지 여덟 가지가 있음.〕뵈완전 음정·단음정.

감:읍(感泣)圀하자 감격(감동)하여 욺. ¶ 은혜에 감읍하다. /성원에 감읍하다.

감:응(感應)圀하자되자 ①마음에 느끼어 반응함. ¶ 감응이 일어나다. ②신심(信心)이 부처나 신령에게 통함. ¶ 신불의 감응. ③유도(誘導).

감:응^기전기(感應起電機)圀 ☞유도 기전기.

감:응^기전력(感應起電力)[-쩔-]圀 ☞유도 기전력.

감:응^도:체(感應導體)圀 유도 전류가 통하는 도체.

감:응^유전(感應遺傳)圀 어떤 동물의 암컷이 다른 계통의 수컷과 교미하여 수태(受胎)한 경험이 있으면, 그 다음에 같은 계통의 수컷과 교미하더라도 먼젓번 수컷의 특징을 새끼에게 유전한다는 설(說).

감:응-전:기(感應電氣)圀 자장(磁場)의 변화에 따라 생기는 전기. 유도 전기.

감:응^전:동기(感應電動機)圀 ☞유도 전동기.

감:응^전:동력(感應電動力)[-녁]圀 전자(電磁) 감응에 따라 생기는 전동력.

감:응^전:류(感應電流)[-쩔-]圀 ☞유도 전류.

감:응^정:신병(感應精神病)[-뻥]圀 심인성 반응(心因性反應)의 한 가지. 지능이 낮거나 암시를 받기 쉬운 사람이 정신병자의 이상한 언동이나 환각·망상 따위는 종교적 광신 따위에 감응하여, 그와 같은 정신 상태에 빠져드는 병증.

감:응-초(感應草)圀 ☞미모사.

감:응^코일(感應coil)圀 ☞유도 코일.

감이(戡夷)圀하자 적을 물리치고 난리를 평정함. 감란(戡亂). 감정(戡定).

감이-상투圀 상투를 짜는 방법의 한 가지. 머리의 아랫부분부터 감아 올라가다가, 그 끝을 고속으로 넣어 아래로 빼내어 짠 상투.

감:인(芡仁)圀 한방에서, '가시연밥의 껍질을 벗긴 알맹이'를 약재로 이르는 말.〔요통(腰痛)·유정(遺精)·대하(帶下) 및 소변 불금(小便不禁) 등에 쓰임.〕㉣감실.

감입(嵌入)圀하자 〔장식 따위를〕박아 넣음.

감자圀 가짓과의 다년초. 식용 작물의 한 가지. 줄기 높이는 60~100 cm. 초여름에 흰빛 또는 자줏빛 꽃이 핌. 땅속의 덩이줄기를 '감자'라 하는데, 전분이 많아 널리 식용되며, 알코올 원료 등으로도 쓰임. 마령서(馬鈴薯). 북감저(北甘藷). 뵈감저(甘藷)·양저.

감자(甘蔗)圀 ☞사탕수수.

감자(柑子)圀 한방에서, '감자나무의 열매'를 약재로 이르는 말.〔주갈과 주독을 푸는 데 쓰임.〕

감:자(減資)圀하자되자 기업이 자본금의 액수를 줄이는 일. ↔증자(增資).

감자-나무(柑子-)圀 운향과(芸香科)의 상록 활엽 교목. 높이 2 m가량. 잎은 길둥근 모양인데 가에 톱니가 있음. 6월에 흰 꽃이 피며, 신맛이 나는 열매는 장과(漿果)로서 납작한 구형(球形)인데, 한방에서 약재로 씀. 홍귤(紅橘)나무.

감자-당(甘蔗糖)圀 사탕수수로 만든 설탕.

감자-밥圀 ①껍질을 벗기고 썬 감자를 쌀과 함께 섞어 지은 밥. ②껍질을 벗기어 통째로 삶은 감자를 뜸이 들기 시작하는 밥에 으깨어 넣으면서 고루 섞어 지은 밥.

감자-튀김圀 감자를 썰어 기름에 튀겨 낸 음식.

감:작(減作)圀하자 작물의 수확량이 줆.

감:작(感作)圀하자 생물체에 어떤 항원을 넣어 그 항원에 대해 예민한 상태로 만드는 일.〔말의 혈청을 기니피그에 주사하여 과민증의 상태로 되게 하는 따위.〕②항원(抗原)과 항체(抗體)가 특이하게 결합하는 일.

감작-감작[-깜-]뷔휑 검은 점이나 얼룩 따위가 여기저기 잘게 박혀 있는 모양. ㉦검적검적. 쎈깜작깜작.

감:작^백신(感作vaccine)图 배양한 세균을 죽이거나 독의 힘을 약하게 한 것에 면역 혈청을 가하여 만든 백신. 보통 백신보다 반응이 가볍고 작용이 빠르며 예방·치료의 효과도 높아서, 장티푸스·홍역 등에 쓰임.

감:-잡이¹图 ①기둥과 들보를 겹쳐 대고 못을 박는 쇳조각. ②대문의 문장부에 감아 박는 쇠. ③해금(奚琴)의 맨 아래 원산(遠山) 밑에 'ㄴ'자로 구부려 붙인 쇠붙이. ④'낫'의 심마니 말.

감:-잡이²图 방사(房事) 후에 쓰는 수건.

감:-잡히다[-자피-]困 남과 시비할 때, 약점을 잡히다. ¶상대편에게 감잡혀서 아무 말도 하지 못하다.

감장¹图困 (어떤 일을 하는 데) 남의 도움 없이 혼자 힘으로 꾸리어 나감. ¶이쪽 일은 내가 감장할 테니, 자네는 저쪽 일을 맡게.

감장²图 검은빛. 逊검정. 셉깜장.

감장(甘醬)图 맛이 단 간장.

감장(勘葬)图困 장사 지내는 일을 끝냄.

감장(監葬)图困 장사 지내는 일을 보살핌.

감장-이图 가만 물건. 逊검정이. 셉깜장이.

감저(甘藷)图 ①➝고구마. ②〈감자〉의 본딧말.

감적(疳積)图 한방에서 이르는, 감병(疳病)의 한 가지. 영양 불량이나 기생충으로 말미암아 생기는데, 소화가 잘 안 되고 얼굴이 푸르게 변하며, 열이 나고 배가 아픈 것이 주된 증세임.

감적(監的)图困 화살이나 총알이 과녁에 맞고 안 맞음을 살피는 일.

감적-관(監的官)[-꽌]图 ①지난날, 무과의 활쏘기 시험장에서, 화살이 과녁에 맞고 안 맞음을 검사하던 관원. ②군대에서, 감적수들을 지휘하거나 감독하는 장교나 부사관.

감적-수(監的手)[-쑤]图 군에서, 실탄 사격 연습 때 표적을 조정하고 통제하는 사람.

감적-호(監的壕)[-저코]图 군에서, 실탄 사격 연습 때 감적수가 들어가는 호(壕).

감전(酣戰)图 한창 치열하게 벌어진 싸움.

감:전(敢戰)图困困 죽음을 각오하고 싸움. 凷감투(敢鬪).

감:전(感傳)图困困困 감응(感應)하여 전달됨.

감:전(感電)图困困 전기가 통하고 있는 도체(導體)에 몸의 일부가 닿아 충격을 느끼는 일. ¶감전 사고.

감:전-사(感電死)图困 감전되어 죽음.

감:전^전:류(感電電流)[-절-]图 ➝유도 전류.

감:점(減點)[-쩜]图困困 점수를 줄임. 또는 줄인 그 점수. ↔가점(加點).

감:접(-椄)图 감나무 가지를 다른 나무의 그루에 접붙이는 일.

감접-이图 피륙을 짤 때, 처음과 끝의 올이 풀리지 아니하게 하는 부분.

감정(甘精)图 ➝사카린.

감정(戡定)图困困困 난리를 평정함. 감란(戡亂). 갑이(戡夷).

감:정(感情)图困 ①느끼어 일어나는 심정. 마음. 기분. ¶미묘한 감정의 변화. /감정에 호소하다. ②어떠한 대상이나 상태에 따라 일어나는, 기쁨·노여움·슬픔·두려움·쾌감·불쾌감 따위 마음의 현상. ¶불쾌한 감정을 얼굴에 드러내다.

감:정(憾情)图 언짢게 여기는 마음. 원망하거나 성내는 마음. ¶감정이 나다. /감정을 품다. /그는 그녀에게 감정이 있다. /감정을 풀고 화해하다.

감정(을) 사다[판용] 남의 감정을 언짢게 만들다. ¶서로 감정을 살 일은 삼가자.

감정(鑑定)图困困 ①사물의 값어치, 좋고 나쁨, 진짜와 가짜 등을 살펴서 판정함. 감사(鑑査). ¶보석 감정. /골동품 감정. ②소송 과정에서, 특수한 사실의 판정이 필요할 때, 법원의 명령에 따라 그 전문가로 하여금 사물의 진위·양부(良否)·가치 등에 대한 판단을 진술하게 하는 일.

감정-가(感情家)图 감정에 좌우되기 쉬운 사람. 감정을 쉬이 드러내는 사람.

감정-가(鑑定家)图 감정을 전문으로 하는 사람.

감정-가(鑑定價)[-까]图 〈감정 가격〉의 준말.

감정=가격(鑑定價格)[-까]图 ①은행이나 보험 회사 등에서 자금을 대여할 때, 담보가 될 물건에 대하여 매기는 가격. ②골동품 따위를 감정하여 매기는 가격. ☞감정가(鑑定價).

감:정^감:각(感情感覺)图 신체적인 감각에 따라 일어나는 쾌·불쾌 등의 정조(情調).

감:정^교:육(感情敎育)图 감정의 순화와 융화를 꾀하고, 심미적·도덕적 정조(情操)의 발달과 향상을 목적으로 하는 교육.

감:정^논리(感情論理)[-놀-]图 논리적인 듯하면서, 실제로는 감정에 따라서 생각이나 판단 등이 좌우되는 일.

감:정^능력(感情能力)[-녁]图 쾌·불쾌 따위를 느끼는 정신 능력. ➝인식 능력.

감:정^도:착(感情倒錯)图 슬퍼해야 할 때에 기뻐하는 경우처럼, 감정이 보통 때나 또는 보통 사람들과 다른 상태인 것.

감:정-론(感情論)[-논]图 (이성을 벗어나) 감정에 치우친 의론(議論).

감정-료(鑑定料)[-뇨]图 감정해 준 대가로 지급하는 수수료.

감:정^미:학(感情美學)图 미의식(美意識) 활동의 근원이 감정에 있다고 하는 학설.

감:정-서(鑑定書)图 ①골동품, 보석 따위의 진위나 품질을 보증하는 문서. ②감정을 의뢰받은 사람이 법원에 보고하기 위하여 감정의 경과 및 결과를 적은 문서.

감:정^수입(感情收入)图 ➝감정 이입.

감:정-실금(感情失禁)图 감정 조절 장애의 한 가지. 하찮은 외부의 자극에도 곧잘 울거나 웃거나 하는 따위.

감:정-싸움(感情-)图 서로 미워하는 마음으로 벌이는 싸움. ¶농담으로 건넨 말이 감정싸움으로 번졌다.

감:정-아이图 몸엣것 없이 밴 아이. 첫번 배란 때에 수정(受精)이 되어 밴 아이. ☞감정애.

감정-애图 〈감정아이〉의 준말.

감:정^이입(感情移入)图 예술 작품이나 자연물에 자신의 감정이나 정신을 투사(投射)하여 자기와 그 대상과의 융화를 의식하는 정신 작용. 감정 수입.

감정-인(鑑定人)图 ①감정하는 사람. ②소송(訴訟)에서, 법원의 명령에 따라 감정을 맡아 하는 전문가.

감:정-적(感情的)곤图 쉽게 감정에 좌우되는 (것). 감정에 치우친 (것). ¶감정적 처리. /감정적으로 행동하다. ↔이성적(理性的).

감정^평:가(鑑定評價)[-까]图 동산·부동산·기타 재산의 경제적 가치를 판단하여 그 결과를 가격으로 표시하는 일.

감제(監製)图困 감독하여 만듦.

감제-고지(瞰制高地)图 적의 활동을 살피기에 적합한 고지.

감제-풀图 ➝호장(虎杖).

감:조(減租)图困困困 ➝감세(減稅).

감:조^하천(感潮河川)[명] 밀물과 썰물의 영향을 받는 하천 및 그 부근.

감죄(勘罪)[-죄/-줴][명][하다][되자] 죄인을 심문하여 처분함.

감:죄(減罪)[-죄/-줴][명][하다][되자] 죄를 감함.

감주(甘酒)[명] ☞단술.

감주(監主)[명] ☞감사(監寺).

감죽(甘竹)[명] ☞솜대.

감:-중련(坎中連)[-년][명] 팔괘 중, 감괘(坎卦)는 가운데의 막대만 이어졌다는 뜻으로 '☵'의 모양을 이르는 말.

감:지(感知)[명][하다][되자] (직감적으로) 느끼어 앎. ¶지진이 일어날 것을 감지하다.

감:지-기(感知器)[명] 소리·빛·온도·압력 따위의 물리량을 검출하는 소자(素子), 또는 그 소자를 갖춘 기계 장치. 센서.

감:지덕지(感之德之)[-찌][부][하다][타] 분에 넘치는 듯싶어 매우 고맙게 여기는 모양. ¶그는 배가 고파 찬밥도 감지덕지 먹었다.

감:진-기(感震器)[명] 지진의 유무(有無)나 진동의 정도 등을 검사하는 기계.

감진-어사(監賑御使·監賑御史)[명] 조선 시대에, 흉년에 굶주리는 백성을 구휼하는 일을 감독하기 위하여 파견되던 어사.

감질(疳疾)[명] ①☞감병(疳病). ②먹고 싶거나 갖고 싶어 몹시 애타는 마음. ¶감질이 들다.

감질-나다(疳疾-)[-라-][자] ①그리 되어 가기를 바라는 마음으로 애가 타다. ¶감질나서 못 견디겠네. ②사물이 되어 나가는 꼴이나 정도가 성에 차지 아니하여 답답해지다. ¶비가 감질나게 내리는군.

감질-내다(疳疾-)[-래-][자] 감질을 일으키다. 감질나게 하다.

감주[명][옛] 감자(柑子). ¶감춧 감:柑(訓蒙上11).

감-쪼으다(鑑-)[~쪼으니·~쪼아][타] 감(鑑)하게 하다. 웃어른이 보시게 하다.

감쪽-같다[-깐따][형] (꾸민 일이나 고친 물건이) 전혀 알아차릴 수 없을 만큼, 아무 표가 없다. ¶모조품을 진품같이 만들어 내는 그의 솜씨가 감쪽같다. 감쪽-이[부] ¶감쪽같이 속아 넘어가다.

감차(甘茶)[명] '단술'을 절에서 이르는 말.

감:차(減差)[명] 병이 조금씩 나아져 차도가 있음, 또는 그 차도.

감찰[명][옛] 고동색. 다갈색.

감찰(監察)[명] ①[하다][타]감시하고 감독함, 또는 그 직무. ②[하다]공무원의 비위(非違)에 관한 조사와 정보 수집 및 고발 따위를 내용으로 하는 정부 감사 기관의 직무 행위. ③[하타]단체의 규율과 단원의 행동을 살피고 감독하는 일, 또는 그 직무. ④조선 시대, 사헌부의 정육품 벼슬.

감찰(鑑札)[명] 관청에서, 어떤 영업을 허가하는 표로 내어 주는 증표.

감찰(鑑察)[명][하다] (흔히, 한문 투의 편지 글에서 쓰는 말로) '살펴보심'의 뜻.

감찰-관(監察官)[명] 감찰의 임무를 맡은 관리.

감찰-료(鑑札料)[명] 감찰에 대한 수수료.

감찰-사(監察司)[-싸][명] 고려 시대에, '어사대(御史臺)'를 고친 이름.

감:-참외[-차뫼/-차풰][명] 참외의 한 가지. 속이 익은 감빛 같고 맛이 좋음.

감창(疳瘡)[명] ①[하다][자]매독으로 말미암아 음부(陰部)에 부스럼이 생기는 병. ②어린아이의 감병(疳病)의 한 가지. 결핵성 또는 피부 영양 장애로, 피부에 자꾸 헌데가 생기는 병증.

감창(感愴)[명] '감창하다'의 어근.

감:창-하다(感愴-)[형여] 느껍고 비창(悲愴)하다. ¶감창한 심회(心懷).

감채(甘菜)[명] ☞사탕무.

감:채(減債)[명][하다] 빚을 조금씩 갚아서 줄임.

감:채^기금(減債基金)[명] 국채나 사채를 갚기 위하여 적립하는 기금. 감채 적립금.

감:채^적립금(減債積立金)[-정닙끔][명] ☞감채 기금.

감처(勘處)[명][하다][되자] ☞감단(勘斷).

감천(甘泉)[명] 물맛이 썩 좋은 샘.

감:천(感天)[명][하다] (지극한 정성에) 하늘이 느껴 감동함. ¶지성이면 감천이라.

감청(紺靑)[명] 파랑과 남색의 중간색.

감청(敢請)[명][하다] (스스러움이나 어려움을 무릅쓰고) 감히 청함.

감:청(監聽)[명][하다][타] 수사·정보 기관에서 어떤 사람을 감시하거나 정보를 얻기 위하여 전화 통화 따위의 통신 내용을 몰래 듣는 일.

감:체(感涕)[명][하다][자] 감격(감동)하여 눈물을 흘림. 감읍(感泣).

감:체(感滯)[명] 감기와 겹쳐서 든 체증.

감쳐-물다[-처-][~무니·~물어][타] 아래위 두 입술을 조금 겹치도록 하면서 입을 꼭 다물다. ¶결의를 다지는 듯한 입술을 감쳐물었다.

감초(甘草)[명] ①콩과의 다년초. 시베리아·몽골·중국 북부 등지에서 나는 약용 식물의 한 가지. 줄기 높이 1m가량. 뿌리가 땅속 깊이 길게 벋는데, 빛깔이 누르고 단맛이 있음. ②한방에서, '감초의 뿌리'를 약재로 이르는 말. 비위를 돕거나 다른 약재의 작용을 순하게 하는 데 쓰임. ③(감초가 모든 약첩에 끼인다는 데서) '어떤 일에나 빠지지 않고 한몫 끼는 사람'을 비유하여 이르는 말.

감초(甘蕉)[명] ①☞파초(芭蕉). ②☞바나나.

감:촉(感觸)[명][하다][되자] 외부의 자극을 피부 감각으로 느끼는 일, 그런 느낌. 촉감(觸感). ¶감촉이 부드러운 털가죽.

감:촉^기관(感觸器官)[-끼-][명] ☞감각 기관.

감추다[타] ①찾지 못하도록 숨기다. ¶나무문이 선녀의 옷을 감추었다. ②남이 모르도록 비밀로 하다. ¶비위 사실을 감추다. ③어떤 사물이나 현상 따위가 없어지거나 사라지다. ¶자취를 감추다.

감:축(減縮)[명][하다][되자] 덜어서 줄임, 또는 덜리어서 줆. 축감(縮減). ¶예산 감축.

감:축(感祝)[명][하다] ①경사(慶事)를 축하함. ②(고마운 일에 대하여) 충심으로 감사함.

감춘(酣春)[명] 한창 무르익은 봄.

감출혜-몸[-□(-匚-)][-혜-/-헤-][명] 한자 부수의 한 가지. '匹'·'區' 등에서의 '匚'의 이름. 터진에운담.

감취(酣醉)[명][하다] 술에 몹시 취함.

감치(監置)[명][하다] 법정의 질서를 어지럽힌 사람을 법에 따라 구치소에 가두는 일.

감:치다[1][자] ①잊혔던지 아니하고 늘 마음속에 감돌다. ②음식의 맛이 맛깔스러워 당기다. ¶술맛이 입에 감칠 듯하다.

감:-치다[2][타] ①(홑것인 바느질감의 맨 가장자리를) 옷감의 올이 풀리지 아니하도록 용수철 모양으로 감아 꿰매다. ¶치맛단을 감치다. ②두 헝겊의 가장자리를 마주 대고 감아 매다. ¶치마를 감치며 일어서다.

감:칠-맛[-맏][명] ①음식을 먹은 뒤에까지도 혀에 감기듯이 남는 맛깔스러운 뒷맛. ¶알맞게 삭아 감칠맛 나는 어리굴젓. ②사람의 마음에

휘감기어 여운을 남기는, 사물에 담긴 묘미. ¶우리 고유의 감칠맛을 영절스럽게도 잘 살려 쓴 송강(松江)의 작품들. •감:칠맛이[-마시]·감:칠맛만[-만-]

감:**침-질**(感)몡하짜 바늘로 감치는 일.

감:**탄**(感歎)몡하짜 감동(감격)하여 찬탄함. 마음에 깊이 느끼어 탄복함. ¶놀라운 솜씨에 감탄하지 않는 사람이 없다.

감탄고토(甘呑苦吐)몡하짜 〔달면 삼키고 쓰면 뱉는다는 뜻으로〕'제 비위에 맞으면 좋아하고 틀리면 싫어함'을 이르는 말.

감:**탄기원설**(感歎起源說)몡 언어의 기원이 감탄사에 있다고 하는 학설.

감:**탄-문**(感歎文)몡 서술어에 따른 문장 갈래의 한 가지. 말하는 이가 듣는 이를 의식함이 없이 자기의 느낌을 나타낸 문장. 용언의 감탄형 종결 어미로 문장을 끝맺는 형식임. 〔'네가 벌써 고등학생이 되는구나!', '오늘은 달도 참 밝구나!' 따위.〕

감:**탄-법**(感歎法)[-뻡]몡 문장에서, 느낌을 감탄형 종결 어미로 나타내는 서술법. 〔'세월이 빨리도 흘러가는구나!' 따위.〕

감:**탄-부**(感歎符)몡 '감탄 부호'의 준말.

감:**탄**'**부**'**호**(感歎符號)몡 ⇒느낌표. 준감탄부.

감:**탄-사**(感歎詞)몡 ①말하는 이의 놀람·느낌·응답 등을 나타내는 말. 〔아아·아이고·얼씨구·야·에·그래·허허 따위.〕느낌씨. 간투사(間投詞). 감동사(感動詞). ②감동을 나타내는 말. ¶감탄사를 연발하다.

감:**탄-스럽다**(感歎-)[-따]〔-스러우니·-스러워〕혭비 마음속 깊이 느끼어 탄복할 만하다. ¶나는 그의 한없는 효성이 감탄스럽다.

감:**탄-형**(感歎形)몡 느낌을 나타내는, 용언의 종결 어미. 〔'-구나'·'-도다'·'-로다' 따위.〕느낌꼴.

감탕몡 ①새를 잡을 때나 나무쪽을 맞붙일 때 쓰는, 갖풀과 송진을 한데 끓여서 만든 풀. ②곤죽같이 된 진흙.

감탕(甘湯)몡 ①엿을 고아 낸 솥을 가시어 낸 단물. ②메주를 쑤어 낸 솥에 남은 진한 물.

감탕-나무(甘湯-)몡 감탕나뭇과의 상록 활엽 교목. 높이 10m가량. 잎은 길둥근 모양이며 혁질(革質) 3~4월에 황록색 꽃이 피며 열매는 둥근 핵과임. 재목이 단단하여 도장·조각 등 세공재로 쓰이며, 껍질에서는 끈끈이를 채취함.

감탕-밭[-받]몡 곤죽같이 된 진흙땅. •감탕밭이[-바치]·감탕밭을[-바틀]·감탕밭만[-반-]

감탕-질몡하짜 방사(房事)할 때, 여자가 음탕한 몸짓을 하며 울부짖는 짓.

감태(甘苔)몡⇒김3.

감태기〈감투〉의 속된 말.

감토(옛)감투. ¶감토:小帽(訓蒙中22).

감:**통**(感通)몡하짜 생각이나 느낌이 상대편에게 통함. ¶신령(神靈)의 감통.

감:**퇴**(減退)[-퉤]몡하짜 되짜 체력이나 의욕·기운·세력 따위가 줄어져 약해짐. ¶기력(氣力) 감퇴. ↔증진(增進).

감투①지난날, 벼슬하는 사람이 머리에 쓰던 것. 〔말총·가죽·헝겊 등으로 만드는데, 탕건과 비슷하되 뿔이 없음.〕②〈탕건〉의 속된 말. ③〈복주감투〉의 준말. ④벼슬이나 직위를 속되게 이르는 말. 〔한자를 빌려 '鹽頭'로 적기도 함.〕

감투(를) **쓰다**(관용) '벼슬자리나 높은 직위에 오름'을 속되게 이르는 말.

감:**투**(敢鬪)몡하짜 (운동 경기나 전투에서) 과감하게 싸움. ¶감투 정신. 비감전(敢戰).

감투-거리(房事)몡 방사(房事) 때, 남자가 아래에 눕고 여자가 위에 엎드리어 하는 짓.

감투-밥몡 그릇 위까지 올라오도록 수북하게 담은 밥.

감:**투-상**(敢鬪賞)몡 운동 경기에서, 감투 정신을 발휘하여 자기편이 승리하는 데 크게 기여한 선수에게 주는 상.

감투-싸움몡 벼슬자리를 서로 차지하려고 벌이는 다툼.

감투-쟁이몡 '감투를 쓴 사람'을 얕잡아 일컫는 말.

감투-해파리몡 감투해파릿과의 자포동물. 몸길이 10cm가량. 몸이 감투 모양인데, 몸 밑에 날개 모양의 돌기가 있음.

감:**파랗다**[-라타]〔~파라니·~파래〕혭ㅎ 감은 빛을 띠면서 파랗다. 센검꺼렇다.

감:**파르다**[~파르니·~파르러]혭러 약간 감은 빛을 띠면서 파랗다. 센검푸르다.

감:**파르잡잡-하다**[-짜푸-]혭여 감은빛을 띠면서 조금 파르스름하다. 센검푸르접접하다.

감:**파르족족-하다**[-쪼카-]혭여 감은빛을 띠면서 고르지 않게 파르스름하다. 센검푸르죽죽하다.

감패(甘霈)몡 때맞추어 흡족하게 내리는 비.

감:**패**(感佩)몡하짜 감사하여 잊지 않음.

감:**편**(一便)몡 침감의 껍질 속에 녹말과 꿀을 넣고 조리어 만든 떡. 시병(柿餠).

감:**편**(減便)몡하짜 (항공기·열차·버스 따위의) 정기 운항(운행) 횟수를 줄임. ↔증편(增便).

감:**표**(減票)몡하짜 표를 줄임. ¶부정 축재는 감표의 원인이 된다.

감:**표**(減標)몡 '뺄셈 부호'의 구용어.

감표(監票)몡하짜 투표·개표를 감시·감독함.

감표(鑑票)몡하짜 표의 진짜와 가짜를 감정함.

감표-인(監票人)몡 투표나 개표에서, 감표의 책임을 맡은 사람.

감풀몡 밀물 때는 보이지 않고 썰물 때만 보이는, 비교적 넓고 평평한 모래톱.

감피(柑皮)몡 밀감이나 감자(柑子)의 껍질. 한방에서 진피(陳皮) 대용으로 쓰며, 대변을 부드럽게 하고 기침과 담(痰)을 다스리는 데 쓰임.

감:**필**(減筆)몡하짜 한자를 쓸 때, 글자의 획 수를 줄여서 쓰는 일. ②수묵화(水墨畫)에서, 사물의 본질을 극도의 생략 수법으로 간결하게 그리는 화법(畫法).

감푸르다혭(옛)감파르다. 감파랗다. ¶눛ㅈ쇠 감프르며(月釋2:41).

감:**하**(減下)몡하짜 되짜 ①(분량·수량을) 줄여서 적게 함. ②지난날, 현직 관원의 수를 줄이던 일.

감:**하**(感荷)몡하짜 입은 은혜를 감사히 여김.

감하(瞰下)몡하짜 내려다봄.

감:**-하다**(減-)[I 자]여 줄다. 적어지다. [II 타]여 (수량이나 정도 따위를) 줄이다. 덜다. ¶1할을 감하다. ↔가하다.

감-하다(鑑-)타)여 〈살펴보다〉의 높임말.

감합(勘合)몡하짜 조선 시대에, 공문서를 발송할 때 그 한쪽 끝을 원부(原簿)에 대고 그 위에 얼러 찍던 도장.

감합(嵌合)몡하짜 되짜 기계 따위를 조립할 때 잘 맞물리도록 끼워 맞춤.

감항-능력(堪航能力) [-녁] 圐 선박이 안전한 항해(航海)를 위하여 인적·물적 준비를 갖추고 있는 능력.

감:-행(敢行) 圐하타 되자 (어려움을 무릅쓰고) 과감하게 실행함. 감위(敢爲). ¶ 빙벽 등반을 감행하다.

감:-형(減刑) 圐하타 되자 ①형벌을 감하여 가볍게 함. ②대통령의 사면권(赦免權)에 의하여 특정 범죄인의 확정된 형의 일부를 덜어 주는 일.

감:-호(減號) 圐 '뺄셈 부호'의 구용어.

감호(監護) 圐 ①하타 되자 감독하고 보호함. ②〈보호 감호〉의 준말.

감홍(甘汞) 圐 약학(藥學)에서, '염화 제일수은'을 흔히 이르는 말.

감홍-로(甘紅露) [-노] 圐 ①평양 특산의 소주. [내릴 때 지치 뿌리를 꽂고 꿀을 넣어 받은 것으로, 빛이 붉고 맛이 닮.] ②소주에 온갖 약재를 넣어 우린 술. 감홍주(甘紅酒).

감홍^전:극(甘汞電極) 圐 표준 전극의 한 가지. 유리그릇의 밑에 수은을 넣고, 그 위에 풀처럼 끈적한 감홍을 넣은 다음, 다시 그 위에 포화(飽和)시킨 염화칼륨을 채움. 칼로멜 전극.

감홍-주(甘汞酒) 圐 ☞감홍로(甘紅露).

감:화(感化) 圐하자타 되자 남에게서 받는 정신적 영향으로 마음이나 행동이 바람직하게 변화함, 또는 그렇게 남을 변화시킴. ¶선생님의 감화를 받다. /불량소년을 덕(德)으로 감화하다.

감:-화(鹼化) 圐하자 ☞비누화.

감:화^교:육(感化敎育) 圐 불량한 성벽(性癖)의 소년·소녀를, 일정한 시설에 수용하여 감화시켜 선도하는 교육.

감:화-력(感化力) 圐 감화하는 힘.

감화문-기(嵌花文器) 圐 꽃무늬 따위의 그림 무늬를 새긴 도자기.

감화보금 圐 농어나 숭어 같은 생선의 살을 잘게 썬 뒤, 그 위에 양념한 채소를 놓아 말아서 찐 것을, 가로로 토막토막 썰어 놓은 음식.

감:화-원(感化院) 圐 보호 처분을 받은 소년·소녀를 수용하여 감화·선도하는 시설.

감:환(感患) 圐 상대편을 높이어, 그가 앓는 '감기'를 이르는 말. ¶감환은 좀 어떠하신지요?

감:회(感懷) [-회/-훼] 圐 ①(지난 일을 회상할 때) 마음에 일어나는 회포. ¶고향에 온 감회가 깊다. /감회가 새롭다. ②〈감구지회(感舊之懷)〉의 준말.

감:회(憾悔) [-회/-훼] 圐하타 잘못을 한탄하고 뉘우침.

감:획(減畫) [-획/-훽] 圐하타 글자, 특히 한자의 획수를 줄임. ↔가획(加畫).

감:-흙(-黑) [-흑] 圐 (사금광 따위에서 파낸) 금이 섞인 흙. 圙감³. *감[흙이]~[흘기]·감[감만]~[흥].

감흥(酣興) 圐 한껏 즐거워진 흥취.

감:흥(感興) 圐 느끼어 일어나는 흥취. ¶색다른 감흥이 일다.

감:-희(感喜) [-히] 圐하자 고맙게 여기며 기뻐함.

감:-하다(感喜-) [-히] 圐 고맙고 기쁘다.

감:-히(敢-) 閏 ①두려움(송구함)을 무릅쓰고. ¶소인이 죽기를 각오하고 감히 아뢰옵니다. ②(흔히 '어찌'를 수반하여) 주제넘게. 분수도 모르게. ¶제가 어찌 감히 어른을 속이리까?/뉘 앞이라고 감히 거짓말을 하느냐? ③(주로 '못하다'·'없다'와 함께 쓰이어) 함부로. 만만하게. ¶감히 대들지 못하다.

값돌-다困 [옛] 감돌다. ¶울흔 녀그로 세볼 값돌습고(釋譜6:21).

갑(甲) 圐 ①십간(十干)의 첫째. ②(십간의 차례로 등급이나 차례를 매길 때) '첫째'를 뜻하는 말. ③〈갑방(甲方)〉의 준말. ④〈갑시(甲時)〉의 준말. ⑤〈갑옷〉의 준말. ⑥〈갑각(甲殼)〉의 준말. ⑦둘 이상의 사람(사물)이 있을 때, 그 하나의 이름에 대신하여 이르는 말. ¶이하, 가옥주를 갑, 입주자를 을(乙)이라 칭한다.

갑(匣) 圐 Ⅰ①작은 상자. ②형체가 다 만들어진 도자기를 구울 때 담아 넣는 큰 그릇. Ⅱ의 작은 상자를 세는 단위. ¶담배 두 갑. / 성냥 한 갑.

갑(岬) 圐 ☞곶.

갑가(甲家) [-까] 圐 문벌이 높은 집안.

갑각(甲殼) [-깍] 圐 게·새우 따위의 단단한 껍데기. 圙갑각.

갑각-류(甲殼類) [-깡뉴] 圐 절지동물의 한 강(綱). 몸이 많은 마디로 되어 있고, 대체로 물에서 삶. 아가미로 숨 쉬며, 자라면서 갑데기를 여러 번 벗어서 바꿈. [게·가재·새우·거북다리·갯강구 따위.]

갑각-소(甲殼素) [-깍쏘] 圐 갑충·갑각류 따위의 껍데기를 이룬 주성분. 키틴(chitin).

갑각-질(甲殼質) [-깍찔] 圐 갑각소로 이루어진 물질.

갑갑궁금-하다 [-깝꿍-] 圐 갑갑하고도 궁금하다.

갑갑-증(-症) [-깝쯩] 圐 가슴속이 갑갑한 증세. ¶집 안에만 있으니 갑갑증이 나서 견딜 수가 없다.

갑갑-하다 [-까파-] 圐 ①(시원스럽게 트이지 아니하고) 비좁아서 답답하다. ¶방은 넓은데 마당이 좀 갑갑한 편이다. ②(옷 따위가) 여유 없이 달라붙거나 압박하여 답답하다. ¶옷이 작아서 갑갑하다. ③너무 더디거나 지루하여 견디기 힘들다. ¶기다리기가 몹시 갑갑하다. ④(소식·결과 따위를 몰라서) 궁금하다. ¶합격했는지를 몰라 갑갑하다. ⑤(속이 언짢거나 체하거나 하여) 배 속이 무겁고 답답하다. ¶체증으로 배 속이 갑갑하다. ⑥지능이 모자라서 상대하기에 지겹다. ¶그것도 모르다니, 정말 갑갑한 친구로군. 갑갑-히閏.

갑계(甲契) [-계/-게] 圐 〈동갑계〉의 준말.

갑골(甲骨) [-꼴] 圐 거북의 등딱지와 짐승의 뼈.

갑골(胛骨) [-꼴] 圐 〈견갑골〉의 준말.

갑골^문자(甲骨文字) [-꼴-짜] 圐 거북의 등딱지나 짐승의 뼈에 새긴, 중국 고대의 상형 문자. 은허 문자(殷墟文字).

갑골-학(甲骨學) [-꼴-] 圐 갑골 문자를 연구하는 학문.

갑과(甲科) [-꽈] 圐 조선 시대에, 과거의 복시(覆試) 합격자에게 전시(殿試)를 보여, 성적순에 따라 갑·을·병으로 분류하던 중의 첫째 등급. 圙을과(乙科)·병과(丙科).

갑근-세(甲勤稅) [-끈쎄] 圐 〈갑종 근로 소득세(甲種勤勞所得稅)〉의 준말.

갑남-을녀(甲男乙女) [감-려] 圐 (신분이나 이름이 특별히 알려지지 아니한) '평범한 보통 사람들'을 일컫는 말. 장삼이사(張三李四). 圖필부필부(匹夫匹婦).

갑년(甲年) [감-] 圐 예순한 살이 되는 해. 회갑(回甲)이 되는 해.

갑노다 困 [옛] 값이 비싸다. ¶ 갑노다:價貴(同文下27).

갑론을박(甲論乙駁) [감노뉼-] 圐하자 서로 자기의 주장을 내세워 상대편의 주장을 반박함.

갑리(甲利)[갑니]圀 곱쳐서 받는 이자. 갑변(甲邊).

갑문(閘門)[갑-]圀 운하나 선거(船渠) 등에서, 선박을 통과시키기 위하여 수위(水位)를 조절하는 장치.〔파나마 운하 따위.〕

갑문식^운:하(閘門式運河)[갑-]圀 갑문 장치로 수위(水位)를 조절하여 선박을 통행시키는 방식의 운하.〔파나마 운하 따위.〕

갑문-항(閘門港)[갑-]圀 갑문 시설이 되어 있는 항구.〔인천항 따위.〕

갑반(甲班)[-빤]圀 ▷갑족(甲族).

갑방(甲方)[-빵]圀 이십사방위의 하나. 동북동에서 동쪽으로 15도까지의 방위. 인방(寅方)과 묘방(卯方)의 사이. 춴갑(甲). ↔경방(庚方).

갑배(甲褙)[-빼]圀하다 배접한 종이로 바름.

갑번(甲番)[-뻔]圀 지난날, 두 편이 번갈아 일할 때 먼저 일을 맡던 번. 彅을번(乙番).

갑번(甲燔)[-뻔]圀 지난날, 왕실에 바치려고 특별히 굽던, 특제 버금가는 도자기를 이르던 말.

갑변(甲邊)[-뻔]圀 ▷갑리(甲利).

갑병(甲兵)[-뼝]圀 갑옷을 입은 병사. 갑사(甲士). 갑졸.

갑부(甲部)[-뿌]圀 ▷경부(經部).

갑부(甲富)[-뿌]彅 첫째가는 큰 부자. 수부(首富). ¶한양 갑부. /당대의 갑부.

갑사(甲士)[-싸]圀 ①▷갑병(甲兵). ②조선 시대에, 각 고을에서 뽑혀 와 서울의 수비(守備)를 맡던 의흥위(義興衛)의 군사.

갑사(甲紗)[-싸]圀 품질이 좋은, 얇고 성긴 비단.

갑사-댕기(甲紗-)[-싸-]圀 갑사로 만든 댕기.

갑-삼지(甲衫紙)[-쌈-]圀 쌈지를 만드는 데 쓰는 두꺼운 종이.

갑-삼팔(甲三八)[-쌈-]圀 품질이 아주 좋은 삼팔주(三八紬).

갑상(甲狀)[-쌍]圀 갑옷과 같은 형상.

갑상-선(甲狀腺)[-쌍-]圀 내분비샘의 한 가지. 후두(喉頭)의 앞쪽 아랫부분, 기관(氣管)의 양쪽에 있으며, 신진대사에 필요한 호르몬인 티록신을 분비함. 목밑샘.

갑상선-암(甲狀腺癌)[-쌍-]圀 갑상선에 생기는 암.

갑상선-염(甲狀腺炎)[-쌍-념]圀 갑상선에 생기는 염증.〔후두·상기도의 감염으로 일어남.〕

갑상선-종(甲狀腺腫)[-쌍-]圀 갑상선이 붓는 병.

갑상^연:골(甲狀軟骨)[-쌍년-]圀 후두(喉頭)의 앞쪽 부분과 좌우의 벽(壁)을 이루는, 넓적하고 모난 연골. 후두 결절(喉頭結節).

갑-생초(甲生綃)[-쌩-]圀 ▷곡생초(曲生綃).

갑석(-石)[-썩]圀 돌 위에 뚜껑처럼 포개어 얹어 놓은 납작한 돌.

갑술(甲戌)[-쑬]圀 육십갑자의 열한째.

갑시(甲時)[-씨]圀 이십사시(二十四時)의 여섯째 시.〔상오 4시 30분부터 5시 30분까지의 동안.〕 춴갑(甲).

갑시다[-씨-]困 물이나 바람이 갑자기 목구멍으로 들어갈 때, 숨이 막히다. ¶바람에 갑시어 얼굴이 붉어졌다.

갑신(甲申)[-씬]圀 육십갑자의 스물한째.

갑신-정변(甲申政變)[-씬-]圀 조선 고종 21(1884.갑신)년에, 김옥균·박영효 등의 개화당이 민씨(閔氏) 일파의 사대당(事大黨)을 물리치고 혁신 정부를 세우기 위해 일으킨 정변.

갑야(甲夜)圀 하루의 밤을 갑·을·병·정·무의 다섯으로 나눈 첫째 시각. 하오 8시경. 일경(一更). 초경(初更).

갑연(甲宴)〈회갑연(回甲宴)〉의 준말.

갑엽(甲葉)圀 ▷갑옷미늘.

갑오(甲午)圀 육십갑자의 서른한째.

갑오-개혁(甲午改革)圀 조선 고종 31(1894.갑오)년에, 김홍집 등의 개화파(開化派) 정권이 민씨(閔氏) 일파의 사대(事大) 정권을 물리치고 정치 제도를 근대적으로 개혁한 일.

갑오-경장(甲午更張)圀 '갑오개혁'의 구용어.

갑오-혁신(甲午革新)[-씬]圀 '갑오개혁'의 구용어.

갑-옷(甲-)[가본]圀 지난날, 적과 싸울 때 창검이나 화살을 막기 위하여 입던 옷.〔가죽이나 쇳조각으로 만든 미늘을 거죽에 입힌 옷.〕 갑의(甲衣). 개갑(介甲). 혁갑(革甲). 춴갑(甲). ＊갑옷(가보시)·갑옷만[가본-]

갑옷-미늘(甲-)[가본-]圀 갑옷에 입힌, 비늘 모양의 가죽 조각이나 쇳조각. 갑엽(甲葉). 춴미늘.

갑을(甲乙)圀 ①십간(十干)의 이름으로서의 갑(甲)과 을(乙). ②(순서나 우열을 나타낼 때의) 첫째와 둘째. ③(이름을 모르는 사람을 지칭할 때나, 사물을 가정해서 말할 때의) 이 사람 저 사람, 또는 이것저것. ¶갑을을 가리지 않고 거두어들인다.

갑의(甲衣)[가븨/가비]圀 ▷갑옷.

갑-이별(-離別)[갑니-]圀하자 서로 사랑하다가 갑자기 하는 이별.

갑인(甲寅)圀 육십갑자의 쉰한째.

갑인-자(甲寅字)圀 조선 세종 16(1434.갑인)년에 만든 구리 활자.〔이전 것보다 한결 다듬어진 필서체(筆書體)임.〕

갑일(甲日)圀 ①일진(日辰)의 천간(天干)이 갑(甲)으로 된 날.〔갑자(甲子)·갑술(甲戌) 따위.〕 ②회갑(回甲) 날.

갑자(甲子)[-짜]圀 육십갑자의 첫째.

갑자기[-짜-]囘 별안간. 급히. 뜻하지 아니하게. 불시로. ¶갑자기 소나기가 쏟아졌다. /갑자기 배가 아프다. 춴급자기.

갑자-사화(甲子士禍)[-짜-]圀 조선 연산군(燕山君) 10(1504.갑자)년에 일어난 사화.〔연산군이 어머니 윤 씨의 폐위(廢位) 사실을 알고, 성종의 후궁들과 왕자, 그리고 김굉필, 윤필상 등 십여 명의 신하를 죽인 사건.〕

갑작-스럽다[-짝쓰-따][-스러우니·~스러워]彅ㅂ 매우 급하게 일어났거나 이루어진 느낌이다. ¶갑작스러운 죽음. 彅급작스럽다. 갑작스레囘.

갑잡-골[-짭꼴]圀 골패로 하는 가보잡기 노름.

갑장(甲仗)[-짱]圀 ▷병갑(兵甲).

갑장(甲長)[-짱]圀 ▷동갑(同甲).

갑-장지문(←甲障子門)[-짱-]圀 장지문의 덧문으로, 안팎을 아무렇게나 바른 장지.

갑저-창(甲疽瘡)[-쩌-]圀 손톱눈이나 발톱눈이 상하여 곪는 부스럼. 감갑창(嵌甲瘡).

갑절[-쩔]圀 어떤 수나 양을 두 번 합친 것. 배(倍). ¶8은 4의 갑절이다. 彅곱절.

갑제(甲第)[-쩨]圀 ▷제일(第一). 아주 잘 지은 큰 집.

갑족(甲族)[-쪽]圀 문벌이 좋은 집안. 가계(家系)가 아주 훌륭한 집안. 갑반(甲班).

갑졸(甲卒)[-쫄]圀 ▷갑병(甲兵).

갑종(甲種)[-쫑]명 갑·을·병 등으로 차례나 등급을 매길 때, 그 첫째 종류. ¶갑종 합격.

갑종^근로^소:득(甲種勤勞所得)[-쫑글-]명 근로의 대가로 받는 소득.〔봉급·급료·보수·수당·상여금·연금·퇴직금 등과 이와 비슷한 성질의 급여에서, 근로 소득세를 원천 징수(源泉徵收) 하는 근로 소득.〕

갑종^근로^소:득세(甲種勤勞所得稅)[-쫑글-쎄]명 갑종 근로 소득에 대하여 원천 징수(源泉徵收) 하는 세금. ⓒ갑근세(甲勤稅).

갑좌(甲坐)[-좌]명 (집터나 묏자리 따위가) 갑방(甲方)을 등진 좌향, 또는 그런 자리.

갑좌-경향(甲坐庚向)[-좌-]명 (집터나 묏자리 따위가) 갑방을 등지고 경방을 향한 좌향.

갑주(甲冑)[-쭈]명 갑옷과 투구.

갑주(甲紬)[-쭈]명 품질이 썩 좋은 명주.

갑주어(甲胄魚)[-쭈-]명 고생대의 데본기에 번성했던 화석 어류.〔머리와 몸통 부분이 갑옷과 같은 외골격(外骨格)으로 덮였음.〕

갑진(甲辰)[-찐]명 육십갑자의 마흔한째.

갑찰(甲刹)[-찰]명 으뜸가는 큰 절.

갑창(甲窓)[-창]명 (찬바람이나 강한 빛을 막기 위하여) 안팎으로 두껍게 발라, 미닫이 안쪽에 덧끼워 다는 미닫이.

갑철(甲鐵)명 ①물건의 겉에 덮어, 화살이나 탄환을 막는 철판. ②☞병갑(兵甲).

갑철-판(甲鐵板)명 '장갑판'의 구용어.

갑철-함(甲鐵艦)명 '장갑함'의 구용어.

갑충(甲蟲)명 딱정벌레목에 딸린 곤충을 통틀어 이르는 말. 온몸이 딱딱한 껍데기로 덮여 있음.〔개똥벌레·딱정벌레·풍뎅이 따위.〕개충(介蟲).

갑판(甲板)명 (군함·기선 따위) 큰 배 위의, 나무나 철판으로 깔아 놓은 넓은 바닥.

갑판-실(甲板室)명 갑판 위에 있는 방들을 통틀어 이르는 말.

갑판-원(甲板員)명 갑판 위의 잡일을 맡아 하는 선원(船員).

갑판-장(甲板長)명 갑판원을 지휘·감독하여 갑판 작업을 책임지고 하는 선원(船員).

갑피(甲皮)명 창을 대지 아니한 구두의 울.

갑피-병(甲皮餅)명 '개피떡'의 잘못.

갑화(-火)명 '도깨비불'의 잘못.

갑회(甲膾)[가푀/가풰]명 소의 내포(內包)로 만든 회.

값[갑]명 ①사고팔기 위하여 정한 금액. 가격. 가액(價額). 금². ¶값이 비싸다. /값이 내리다. ②어떤 사물·사실과 바꿀 만한 것. 대가(代價). ¶금메달은 피나는 노력이라는 값을 치른 결과다. /《價値). 의의. ¶그는 참으로 값이 있는 죽음을 택하였소. ④물건을 사고팔 때에 주고받는 돈. 가전(價錢). 대가(代價). ¶피륙을 팔고 값을 받았다. ⑤수 또는 수량. ¶56은 8에 7을 곱한 값이다. /방정식의 값을 구하다. * 값이[갑씨]·값만[감만]

값도 모르고 싸다 한다[속담] 속내도 잘 모르면서 이러니저러니 참견을 하려 든다.

값(을) 놓다[관용] (주로, 살 사람이) 값을 정하여 말하다. ¶값 놓는 사람은 간혹 있을 뿐이지, 정작 살 사람은 없네.

값(을) 보다[관용] 사려는 물건의 값을 어림하여 보다. ¶값 보아 가며 적당하거든 사 오너라.

값(을) 부르다[관용] 사거나 팔기에 알맞다고 생각되는 값을 말하다.

값(이) 닿다[관용] 기대할 만한 값에 이르다. ¶값 닿으면 팔겠죠.

값-나다[갑-]자 〈값나가다〉의 준말.

값-나가다[갑까-]자 값이 많은 액수에 이르다. ¶값나가는 물건을 선물로 받다. ⓒ값가다.

값-비싸다[갑삐-]형 ①값이 비싸다. 값이 높다. ¶값비싼 냉장고. ↔값싸다. ②(무슨 일의) 뜻이나 값어치가 크다. 또는, 들이는 노력이나 공이 적지 아니하다. ¶값비싼 교훈. /값비싼 경험. /값비싼 대가를 치르다.

값-싸다[갑-]형 ①값이 싸다. 헐하다. ¶값싼 물건. ↔값비싸다. ②(무슨 일의) 뜻이나 값어치가 적고 보잘것없다. ¶값싼 동정. /값싼 눈물.

값싼 갈치자반 (맛 좋다)[속담] 값이 싸서 좋을 뿐더러 쓰기에도 괜찮다는 말.

값-어치[가버-]명 일정한 값에 해당하는 분량이나 정도. 가치. ¶돈을 받았으면 받은 만큼의 값어치를 해야지. /이 물건은 만 원 값어치는 있다.

값-없다[가법따]형 ①너무 천하거나 흔하여 값어치가 없다. ¶허랑방탕하여 값없는 삶을 살아간다. ②너무 훌륭하거나 고귀하여 그 값어치를 헤아릴 수가 없다. ¶세상에 하나밖에 없는 값없는 물건. ③보람이나 의의가 없다. ¶값없는 일로 시간을 보내다. 값없-이튀.

값-있다[가빋따]형 ①물건 따위가 상당히 가치가 있다. ¶시계가 값있어 보인다. ②보람이나 의의가 있다. ¶값있는 시간을 보내다.

값-지다[갑찌-]형 ①값이 많이 나갈 만한 가치가 있다. ¶값진 보석. /집 안에 값진 것이라고는 하나도 없다. ②어떤 일에 보람이나 의의가 있다. ¶값진 희생.

값-하다[가파-]형여 그 값어치에 어울리는 일을 하다. ¶은혜에 값하는 행동.

갓¹[갇]명 ①지난날, 어른이 된 남자가 머리에 쓰던, 말총으로 만든 쓰개의 한 가지. 입자(笠子). ②갓 모양으로 된 물건.〔등이나 전등의 갓 따위.〕 * 갓이[가시]·갓만[간-]

갓²[갇]명 십자화과의 이년초. 채소의 한 가지로 줄기 높이 1m가량. 잎은 자줏빛인데 약간 매운맛이 있음. 씨는 겨자씨처럼 쓰나, 매운맛은 겨자씨보다 덜함. * 갓이[가시]·갓만[간-]

갓³[갇]명 〈말림갓〉의 준말. * 갓이[가시]·갓만[간-]

갓⁴[갇]의 비웃·굴비 같은 것의 열 마리, 또는 고사리·고비 같은 것의 열 모숨을 한 줄로 엮어 놓은 것을 셀 때 이르는 단위. ¶굴비 한 갓. /고사리 두 갓. * 갓이[가시]·갓만[간-]

갓⁵[갇]튀 이제 막. 금방. 갓 태어난 아기. / 산지(産地)에서 갓 올라온 신선한 채소.

갓 마흔에 첫 보살(菩薩)[속담] 오래 기다리던 일이 뒤늦게 이루어졌을 때 이르는 말.

갓¹명 (옛) 아내. ¶妻는 가시라(月釋1:12).

갓²명 (옛) 가죽. ¶갓과 솔페 보드랍고 빗빗ᄒᆞ야(月釋2:40). 참갖.

갓³명 (옛) 물건. 것. ¶갓 믈:物(訓蒙下2).

갓가비튀 (옛) 가까이. ¶王이 맛드러 갓가비 ᄒᆞ거시늘(月釋2:5). 참갓가비.

갓가수로튀 (옛) 가까스로. ¶쉽고 애쁜른 뜨들 머거 갓가수로 사니노니(釋譜6:5).

갓갑다형비 (옛) 가깝다. ¶즘승에 갓가오릴씬(小解1:9).

갓갓관 (옛) 가지가지. 여러 가지. ¶샹녜 갓갓 奇妙ᄒᆞ 雜色鳥](月釋7:66).

갓고로[튀]〈옛〉거우로. 반대로. ¶邪曲올 信ㅎ야 갓고로 불쎄(月釋9:57).

갓고로디다[재]〈옛〉거꾸러지다. ¶서리엔 半만 모샛 蓮이 갓고로뎻도다(杜初9:24).

갓-골[갈꼴]圆 갓을 만드는 데 쓰는 골.

갓골다[재]〈옛〉거꾸러지다. ¶어즈러이 뗏논 긴 소리 갓골고(杜初6:2). 웹갓골다.

갓-길[가낄/가낄]圆 고속도로나 자동차 전용 도로 등의 양쪽 가장자리 부분. ¶갓길 운행.

갓-김치[갇낌-]圆 갓의 잎과 줄기로 담근 김치.

갓ㄱ로[튀]〈옛〉거우로. ¶이 무수맨 오히려 오슬 갓ㄱ로 닙놋다(杜初24:48).

갓ㄱ롤다[재]〈옛〉거꾸러지다. 거꾸로 되다. ¶衆生이 닐며 갓ㄱ로몰 므던히 너기고(金三5:48). / 웃 對答은 갓ㄱ롤이 이 對答은 正ㅎ니(楞解4:127).

갓ㄱ로오다[타]〈옛〉거꾸러뜨리다. ¶곳다온 酒樽을 갓ㄱ로오리로다(杜初21:23).

갓-끈[갇-]圆 갓에 달린 끈. 입영(笠纓).

갓-나무[간-]圆 의자 뒷다리의 맨 위에 가로질러 댄 나무.

갓나히圆〈옛〉계집아이. ¶그 갓나히도 양지 ㄱ장고와(翻朴上45).

갓-난것[간-건]圆〈갓난아이〉의 속된 말. * 갓난것이[간-거시]·갓난것만[간-건-]

갓-난아기[간-]圆 '갓난아이'를 귀엽게 이르는 말.

갓-난아이[간-]圆 낳은 지 얼마 되지 아니한 아이. 갓난이. 웹갓난애.

갓-난애[간-]圆〈갓난아이〉의 준말.

갓-난이[간-]圆〈갓난아이〉의 준말.

갓대[갇때]圆 볏과의 다년생 목본. 줄기 높이 1~2 m. 잎은 버들잎과 비슷한 모양인데 표면은 광택이 있고 뒷면은 흰빛을 띰. 지리산의 특산종으로, 죽세공 특히 조리를 만드는 데 쓰임.

갓-두루마기[갇뚜-]圆 ①갓과 두루마기. ②[하자]갓을 쓰고 두루마기를 입음, 또는 그런 차림의 사람.

갓-망건(-網巾)[간-]圆 ①갓과 망건. ②[하자]갓과 망건을 씀.

갓-머리[간-]圆 한자 부수의 한 가지. '守'·'宋'·'家' 등에서의 '宀'의 이름.

갓모[간-]圆 사기그릇을 만들 때 쓰는 물레의 밑구멍에 끼우는, 자기(瓷器)로 된 고리.

갓-모자(-帽子)[간-]圆 갓양태 위로 불쑥 나온 부분. 웹모자(帽子).

갓-무[간-]圆 잎은 갓잎처럼 생기고, 뿌리는 배추 뿌리 비슷한 무의 한 가지.

갓-밝이[갇빨기]圆 날이 막 밝을 무렵. 여명.

갓-방(-房)[갇빵]圆 갓을 만들어 파는 집.

갓-버섯[갇뻐섣]圆 송이과의 버섯. 자루가 긴 우산 모양임. 갓의 표면은 열은 갈색이며, 줄기는 가늘고 속이 비었는데 아래쪽이 굵음. 늦여름부터 가을에 걸쳐 산과 들에 나는데, 먹을 수 있음. * 갓버섯이[갇뻐서시]·갓버섯만[갇뻐선-]

갓-벙거지[갇뻥-]圆 [융복(戎服)을 입을 때 쓰던 것으로서 벙거지처럼 둥글게 된 갓.

갓붑圆〈옛〉가죽으로 만든 북. ¶갓붑 소리 쇠붑 소리 바옰 소리(釋譜19:14).

갓블圆〈옛〉갖풀. ¶膠는 갓브리라(月釋21:85).

갓-상자(-箱子)[갇쌍-]圆 갓을 넣는 상자. 갓집.

갓쎌圆〈옛〉갖풀. ¶갓쎌 교:膠(訓蒙中12).

갓-싸개[간-]圆[하타] 갓의 겉을 바르는 얇은 모시베, 또는 그것으로 바르는 일.

갓-양[간냥]圆〈갓양태〉의 준말.

갓-양태[간냥-]圆 갓모자가 박힌 둥글넓적하게 된 부분. 갓양(笠檐). 웹갓양·양태1.

갓옷圆〈옛〉갖옷. 가죽옷. ¶프른 묏쇠 갓오시로다(杜初22:38).

갓-장이[갇짱-]圆 갓을 만드는 일을 업으로 하는 사람.

갓-쟁이[갇쨍-]圆 '갓 쓴 사람'을 낮추어 일컫는 말.

갓-전(-廛)[갇쩐]圆 갓을 파는 가게.

갓-집[갇찝]圆 ☞갓상자.

갓-창옷(-氅-)[갇-옫]圆 ①갓과 소창옷. ②[하자]갓을 쓰고 소창옷을 입음. * 갓창옷이[갇-오시]·갓창옷만[갇-온-]

갓-철대[갇-때]圆 갓양태의 테두리에 두른 테. 웹철대.

갓-털[간-]圆 ①새의 대가리에 난 길고 더부룩한 털. ¶꿩이 갓털을 세우고 싸운다. ②씨방의 맨 끝에 붙어 있는 솜털 같은 것. [꽃받침이 변해서 된 것으로, 민들레·버들개지 따위에서 볼 수 있음.] 관모(冠毛).

갓ㄱ타[타]〈옛〉깎다. ¶머리롤 가ㅿ라 ㅎ야시놀(月釋7:8).

강(江)圆 넓고 길게 흐르는 내.

강 건너 불구경[관용] '자기에게 직접 이해관계가 되지 아니하다 하여 방관함'을 이르는 말.

강(炕)圆 중국의 가옥 구조에서, 우리의 온돌과 비슷한 난방 장치.

강(腔)圆 ①몸 안에서 비어 있는 곳. [구강(口腔)·복강(腹腔) 따위.] ②옛 악곡에서, 하나의 단락·가락·장단 등을 뜻하는 말. [전강(前腔)·후강(後腔) 따위.]

강(綱)圆 생물 분류상의 한 단계. 문(門)의 아래, 목(目)의 위. [척추동물문의 포유강(哺乳綱)·파충강(爬蟲綱) 따위.]

강(鋼)圆 ☞강철(鋼鐵).

강:(講)圆[하타] ①지난날의 서당식 교육에서, 배운 글을 선생 앞에서 욈. ②〈강의〉의 준말.

강-(接튀) ①〔(일부 명사 앞에 붙어) '억지의'·'부자연스러운'의 뜻을 나타냄. ¶강주정. /강다짐. ②〔(일부 명사 앞에 붙어) '호된'·'그것만으로 이루어진'의 뜻을 나타냄. ¶강보리밥. /강조밥. ③〔(일부 명사나 형용사 앞에 붙어) '호된'·'심한'의 뜻을 나타냄. ¶강마르다. /강추위.

강-(强)[접튀] 〔(일부 명사 앞에 붙어) '매우 센'·'무리함을 무릅쓴' 등의 뜻을 나타냄. ¶강타자. /강편치. /강행군.

강-가(江-)圆 강의 가장자리에 잇닿아 있는 땅. 강반(江畔). 강변.

강:가(降嫁)圆[하자] 지체 높은 집의 처녀가 그만 못한 이에게 시집감.

강:간(强姦)圆[하타] 폭행·협박 그 밖의 불법 수단으로 부녀의 몸을 뺏는 일. 강음(强淫). 겁간(劫姦). 겁탈(劫奪). 웹화간(和姦).

강:간(强姦)圆[하타] 강력하게 간함.

강:간-죄(强姦罪)[-쬐/-쮀]圆 부녀자를 강간함으로써 성립되는 죄. [친고죄(親告罪)임.]

강강(剛剛)'강강하다'의 어근.

강강-수월래(强光水越來)圆 '강강술래'의 잘못.

강강-술래圆 전라도 지방에 전해 내려오는 민속 춤, 또는 그 노래. 마을 부녀자들이 손을 잡고 원을 그려 돌며 '강강술래'를 부르면서 추는 춤.

강강-하다(剛剛-)[혱어] ①성정이나 기력이 굽힘이 없이 곧곧하다. ¶강강한 기개. ②(겨울의) 날씨가 매우 차다. ③풀기가 너무 세어 빳빳하다. ④목소리가 높고 날카롭다. ¶화가 난 누나의 강강한 소리에 동생은 겁에 질려 있었다. **강강-히**[부].

강:개(慷慨)[명][형] (불의나 불법을 보고) 의기가 북받치어 원통하고 슬픔, 또는 그 마음. ¶강개를 이기지 못하다.

강:개-무량(慷慨無量)[형] 한탄하고 분개함이 끝이 없음.

강:개지사(慷慨之士)[명] (불의에 대하여) 의분을 느끼어 한탄하고 분개하는 사람.

강건(剛健)[명] '강건(剛健)하다'의 어근.

강건(剛蹇)[명] '강건(剛蹇)하다'의 어근.

강건(剛蹇)[명] '강건(剛蹇)하다'의 어근.

강건(康健)[명] '강건(康健)하다'의 어근.

강건(強健)[명] '강건(強健)하다'의 어근.

강건-체(剛健體)[명] 표현의 강유(剛柔)에 따라 나눈 문체의 한 가지. 웅혼(雄渾)·침중(沈重)·호방(豪放)·강직(剛直) 등을 특징으로 하는 남성적 문체. ↔우유체(優柔體).

강건-하다(剛健-)[형어] ①기상이나 기개가 곧곧하고 굳세다. ¶강건한 성품. ②필력(筆力)이나 문세(文勢)가 강하고 씩씩하다. ¶강건한 문체(文體). **강건-히**[부].

강건-하다(剛蹇-)[형어] 강직하고 입바르다. **강건-히**[부].

강건-하다(剛蹇-)[형어] 성품이 곧곧하여 급히지 아니하다. ¶강건한 성품. **강건-히**[부].

강건-하다(康健-)[형어] 〔대개 나이 지긋한 윗사람에게 쓰는 말로〕 기력(氣力)이 좋고 몸이 건강하다. ¶옥체 강건하신지요? **강건-히**[부].

강건-하다(強健-)[형어] 몸이 튼튼하고 굳세다. ¶강건한 체력. ↔병약(病弱)하다. **강건-히**[부].

강견(剛堅)[명] '강견하다'의 어근.

강견(強肩)[명] 어깨의 힘이 셈. 〔특히, 야구에서 공을 멀리 그리고 세게 던질 수 있는 어깨를 이르는 말.〕

강견-하다(剛堅-)[형어] 굳세고 단단하다. 세고 탄탄하다. **강견-히**[부].

강경(剛勁·剛硬)[명] '강경(剛勁)하다'의 어근.

강경(剛勁·剛硬)[형어] 〔일부 명사 앞에 쓰이어〕 굳세게 버티어 굽히지 않음. ¶강경 대응. /강경 발언. /강경한 주장. **강경-히**[부].

강:경(講經)[명][하자] ①지난날, 강경과에 응시한 사람이 시관(試官) 앞에서 경서 가운데의 지정된 몇 구절을 강송(講誦)하던 일. 명경(明經). ②불경(佛經)을 강독함.

강경(疆境)[명] ⇨강계(疆界).

강:경-과(講經科)[-꽈][명] 조선 시대에, 경서(經書)에 통달한 선비를 뽑기 위하여 시행하던 과거. ㈜강과(講經科)·경과(經科).

강:경-급제(講經及第)[-쩨][명] 강경과(講經科)에 급제하는 일.

강:경-꾼(講經-)[명] '강경생(講經生)'을 흘하게 일컫는 말.

강:경-문관(講經文官)[명] 강경과에 급제하여 임명된 문관.

강:경-생(講經生)[명] 강경과의 과거를 보는 유생(儒生). ㈜강생(講生).

강경-책(強勁策)[명] 강경한 방책이나 대책. ¶범법자는 다 잡아들이겠다는 강경책을 쓰다.

강경-파(強勁派)[명] 강경하게 나가자고 주장하는 파. 경파(硬派). ↔온건파(穩健派).

강경-하다(剛勁-·剛硬-)[형어] 성품이 단단하고 곧곧하다. **강경-히**[부].

강:계(降階)[-게/-게][명][하타][자] 벼슬의 품계(品階)를 낮춤. 강자(降資).

강계(疆界)[-게/-게][명] 강토의 경계. 강경(疆境).

강고(強固)[명] '강고하다'의 어근.

강고도리[명] 물치의 살을 오이 모양으로 뭉쳐서 말린 식료품.

강고-하다(強固-)[형어] 굳세고 단단하다. ↔연약(軟弱)하다. ¶결심이 강고하다. **강고-히**[부].

강골(強骨)[명] ①굳세고 단단한 기골(氣骨). ②〈강골한〉의 준말. ↔약골.

강골-한(強骨漢)[명] 기골이 단단하고 굳센 사나이. ㈜강골(強骨).

강공(強攻)[명][하타] (희생을 무릅쓰고) 적극적으로 공격함.

강공-책(強攻策)[명] 적극적 공격으로 나가는 방책. ¶소극적인 수비 위주의 경기 운영에서 벗어나 강공책을 쓰다.

강과(剛果)[명] '강과하다'의 어근.

강:과(講科)[명] 〈강경과〉의 준말.

강과-하다(剛果-)[형어] 굳세고 과감하다. ¶배수진(背水陣)을 친 강과한 결정. **강과-히**[부].

강관(鋼管)[명] 강철로 된 관(管). 강철관.

강:관(講官)[명] 지난날, 경연(經筵)에서 임금에게 경서를 강론하던 벼슬아치.

강괴(鋼塊)[-괴/-궤][명] 녹인 강철을 거푸집에 부어서 굳힌 덩어리.

강교(江郊)[명] 강이 흐르는, 도시의 변두리.

강:교-점(降交點)[-쩜][명] 행성·위성·혜성이 북에서 남으로 향하여 황도면을 지나는 점. 중교점(中交點). ↔승교점(昇交點).

강구(江口)[명] ①강물이 바다로 흘러 들어가는 어귀. 강어귀. 하구(河口). ¶낙동강의 강구. ②나루.

강구(江鷗)[명] 강에서 노는 갈매기.

강구(康衢)[명] 사방팔방으로 통하는 번화한 큰 거리.

강:구(強求)[명][하타][자] ①(구하기 어려운 것을) 억지로 구함. ②⇨강요(強要).

강구(鋼球)[명] 강철로 된 알.

강:구(講究)[명][하타][자] 알맞은 방법이나 방책을 연구함. ¶비상 대책을 강구하다.

강구-연월(康衢煙月)[명] 〔번화한 큰 길거리에서 달빛이 연기에 은은하게 비치는 모습을 나타내는 말로〕 태평한 시대의 평화로운 거리 풍경을 이르는 말. ¶강구연월 동요 듣던 요임금 성덕이라(烈女春香守節歌).

강국(強國)[명] 세력이 강한 나라. 강대국(強大國). 강방(強邦) ↔약국(弱國).

강군(強軍)[명] 강한 군대.

강-굴(물을 타지 아니한) 순수한 살만을 모은 굴.

강궁(強弓)[명] ①탄력이 매우 세고 큰 활. ↔연궁(軟弓). ②(활의 세기에서) 탄력이 가장 센 등급의 각궁. ㈜실궁(實弓).

강:권(強勸)[명][하자][타] 억지로 권함. ¶부모의 강권에 못이겨 법대에 갔다.

강권(強權)[-꿘][명] ①강한 권력. ②국가가 행사할 수 있는 강력한 권력.

강권`발동(強權發動)[-꿘-똥][명] 〔법령이 제대로 시행되지 아니할 때에〕 강제적으로 사법권이나 행정권을 행사하는 일.

강권-주의(強權主義)[-꿘-의/-꿘-이]圐 강권으로 모든 일을 처리하려는 주의.

강근지족(強近之族)圐 ☞강근지친.

강근지친(強近之親)圐 (도움을 줄만한) 가까운 일가 친척(親戚). 강근지족.

강기(剛氣)圐 굳센 기상.

강기(強記)圐 오래도록 잘 기억함. 기억력이 뛰어남.

강기(綱紀)圐 법강(法綱)과 풍기(風紀). 나라의 법규와 사회의 도덕. 기강(紀綱). ¶나라의 강기를 세우다.

강기-숙정(綱紀肅正)[-쩡]圐하짜 법강(法綱)과 풍기를 바로잡음.

강-기슭(江-)[-끼슥]圐 강 양편의 가장자리 땅. 강반(江畔). 강안(江岸). 하안(河岸). *강기슭이[-끼슬기]·강기슭만[-끼슝-]

강-나루(江-)圐 배가 건너다니는, 강가의 일정한 곳. 강두(江頭). 나루.

강남(江南)圐 ①강의 남쪽. ②(중국의) 양쯔 강(揚子江) 이남 지역. ③(서울의) 한강의 남쪽 지역. ↔강북(江北).

강남-상어(江南-)圐 강남상엇과의 바닷물고기. 몸무게 75 kg 이상. 주로 일본 근해에 분포함. 지느러미는 요리의 재료로 쓰임.

강남조圐 개맨드라미의 씨. 한방에서 '청상자(青葙子)'라 하여 강장제로 쓰임.

강남-콩(江南-)圐 '강낭콩'의 잘못.

강낭-콩(←江南-)圐 콩과의 일년초. 줄기는 넌출지며, 잎은 세 개의 작은 잎으로 된 겹잎. 여름에 나비 모양의 흰빛 또는 자줏빛 꽃이 피고, 열매는 긴 깍지 속에서 흰빛이나 황갈색, 또는 검은빛으로 익음.

강냉이圐

강녕(康寧)圐 '강녕하다'의 어근.

강녕-하다(康寧-)휑어 [대개 나이 지긋한 윗사람에게 쓰는 말로] 몸이 건강하고 마음이 편안하다. ¶그동안 할머님께서도 강녕하신지요? 강녕-히튀

강노(強弩)圐 센 쇠뇌.

강-놈(江-)圐 지난날, 서울 주변의 '강가 마을에 사는 사람'을 얕잡아 일컫던 말.

강:님-도령(-道令)圐 무당이 섬기는 신(神)의 한 가지. [숙례문의 돌을 도편수의 이름이라 함.]

강다리[Ⅰ]圐 ①물건이 넘어지지 아니하도록 곳 맞게 괴는 나무. ②도리 바깥쪽으로 내민 추녀 끝이 처지지 않도록, 추녀 안쪽 위의 끝에 비녀장을 하는 단단한 나무.
[Ⅱ]의 쪼갠 장작을 셀 때, 백 개비를 단위로 이르는 말. ¶장작 다섯 강다리.

강-다짐圐하타 ①밥을 먹을 때, 술적심이 없이 그냥 먹음. ②까닭 없이 남을 억누르며 꾸짖음. ③곡삯도 주지 않고 남을 억눌러 마구 부리는 일. ④억지로 또는 강압적으로 함. ¶강다짐으로 한 일이라 무리가 많았음.

강:단(降壇)圐하짜 단(壇)에서 내려옴. 하단(下壇). ↔등단(登壇).

강단(剛斷)圐 ①강기 있게 결단하는 힘. ②어려움을 꿋꿋이 견디어 나가는 힘. ¶강단 있게 일을 처리하다.

강:단(講壇)圐 강의·연설·설교 때 올라서도록 약간 높게 만든 자리.
강단에 서다관용 교직 생활을 하다.

강단-성(剛斷性)[-썽]圐 강단이 있는 성질.

강단-지다(剛斷-)휑 강단성이 있다.

강달어(江達魚)圐 ☞강달이.

강달-이(江達-)圐 민어과의 바닷물고기. 몸길이 10 cm가량. 눈이 크고 등이 밋밋함. 산란기에는 강을 거슬러 올라감. 서해안에 분포하는데, 어유(魚油)는 눈병에 효험이 있음. 강달어.

강-담(-膽)圐 흙을 쓰지 않고 돌로만 쌓은 담.

강담(剛膽)圐하휑 담력이 강함.

강:담(講談)圐하짜 강의나 강연하는 말투로 이야기함, 또는 그런 이야기.

강담-돔圐 돌돔과의 바닷물고기. 몸길이 40 cm가량. 몸 전체에 검은 무늬가 배게 덮여 있음. 우리나라 중남부, 특히 ҂남산에 흔함.

강:당(講堂)圐 ①학교 등에서 강연·강의·의식 등을 하기 위하여 특별히 마련한 큰 방. ②불교에서, 경(經)·논(論)을 연구·학습하는 곳을 이르는 말.

강-대(江-)圐 지난날, 서울 주변의 '강가에 있는 마을'을 이르던 말.

강대(強大)圐 '강대하다'의 어근.

강대-국(強大國)圐 ☞강국(強國). ↔약소국.

강대-하다(強大-)휑여 조직이나 나라의 세력이 강하고 판도(版圖)가 넓다. ¶강대한 나라. 강대-히튀

강-더위圐 오랫동안 비는 내리지 않고 볕만 내리쬐는 심한 더위. 강추위.

강도(剛度)圐 쇠붙이가 따위가 끊어지지 않고 버티는 힘의 정도.

강도(強度)圐 ①강한 정도. ¶빛의 강도. ②☞경도(硬度). ③전장·전류·방사능 따위의 양의 세기.

강:도(強盜)圐 폭행·협박 등 강제 수단으로 남의 금품을 빼앗는 일, 또는 그러한 도둑.

강:도(講道)圐하타 ①도(道)를 강설함. ②교리(教理)를 강설함.

강-도끼장이(江-)圐 지난날, 강대에서 뗏목을 젓거나 장작을 패어 주는 일을 업으로 삼던 사람.

강-도래(江-)圐 ①메추리강도래·민강도래 따위를 통틀어 이르는 말. ②강도랫과의 곤충. 몸길이 14~18 mm, 몸빛은 흑갈색인데 머리에 황갈색 무늬가 두 개 있음. 촉각은 앞부분이 흑갈색, 뒷부분은 황색임. 6~7월에 성충이 되며, 유충은 시냇물의 돌 틈에서 사는데, 낚시의 미끼로 쓰임.

강:도-범(強盜犯)圐 강도질을 한 범인, 또는 그 범죄.

강:도-사(講道師)圐 개신교에서, 교회를 관리할 권한은 없이 전도에만 종사하는 교직.

강:도-상(講道床)[-쌍]圐 강도할 때, 책이나 원고를 놓고 보기 위하여 앞에 놓는 상.

강:독(講讀)圐하타 글을 읽고 그 뜻을 밝힘. ¶원서(原書) 강독.

강동-강동튀하짜 ①짧은 다리로 자꾸 가볍게 뛰는 모양. ②(침착하지 못하고) 채신없이 경솔하게 행동하는 모양. 象경둥경둥. 셴깡동깡동.

강동-거리다짜 자꾸 강동강동하다. 강동대다. 象경둥거리다. 셴깡동거리다.

강동-대다짜 강동거리다.

강동-하다휑어 (입은 옷이) 아랫도리가 드러날 정도로 짧다. 象경둥하다. 셴깡동하다.

강두(江頭)圐 강나루. 나루 근처.

강-둑(江-)[-뚝]圐 강물이 넘치지 않도록 쌓은 둑.

강:등(降等)圐하짜타퇴짜 등급이나 계급이 내려감, 또는 등급이나 계급을 낮춤. ¶사고의 책임을 물어 1계급을 강등하다. 쀤낙등(落等).

강-똥圐 몹시 된 똥.

강락(康樂)[-낙]명하형 편안하고 즐거움.
강력(強力)'강력하다'의 어근.
강력-범(強力犯)[-녁뺌]명 폭행이나 협박으로 수단으로 하는 범죄, 또는 그 범인.〔살인범·강도범·폭력범 따위.〕실력범.
강력-분(強力粉)[-녁뿐]명 글루텐의 함량에 따라 나눈 밀가루 종류의 한 가지. 찰기가 강한 밀가루로, 주로 빵이나 국수 따위를 만드는 데 쓰임. �聖박력분·중력분.
강력-인견(強力人絹)[-녀긴-]명 비스코스 레이온의 섬유 가운데서 그 강도가 특히 큰 화학 섬유의 한 가지. 타이어 코드·낙하산·벨트·선막 따위를 만드는 데 쓰임.
강력-하다(強力-)[-녀카-]형여 ①힘이 굳세다. ¶강력한 발동기. ②(약 따위의) 효과나 작용이 강하다. ¶강력한 접착제. /강력한 대책. ③가능성이 크다. ¶강력한 우승 후보. ①②강력-히부 ¶강력히 주장하다.
강렬(強烈)'강렬하다'의 어근.
강렬-비료(強烈肥料)[-녈-]명 효력이 강한 비료.〔황산암모늄 따위.〕
강렬-하다(強烈-)[-녈-]형여 강하고 세차다. ¶강렬한 자극. /강렬한 첫인상. 강렬-히부.
강:령(降靈)[-녕]명하자 신(神)의 영(靈)이 인간에게 내림.
강령(綱領)[-녕]명 ①일의 으뜸이 되는 줄거리. ②정당·단체 따위가 그 기본 목표·정책·운동 규범 등을 정한 것. ¶행동 강령.
강:론(講論)[-논]명하타되자 ①학술이나 종교 등에 관한) 어떤 문제를 강설(講說)하고 토론함. ②가톨릭에서, '신자에게 교리를 설명하여 가르치는 일'을 이르는 말.
강류(江流)[-뉴]명 강물의 흐름. 하류(河流).
강류-석부전(江流石不轉)[-뉴-뿌-]명〔강물은 흘러도 돌은 구르지 않는다는 뜻으로〕'환경의 변화에 함부로 휩쓸리지 아니함'을 비유하여 이르는 말.
강:류어(降流魚)[-뉴-]명 ☞강하어(降河魚).
강리(江籬)[-니]명 강리과의 홍조류(紅藻類). 높이 30cm가량. 몸빛은 암적색. 가느다란 실 모양의 수많은 가지가 있으며, 삶으면 녹색으로 변함. 난해(暖海)의 얕은 바다에 나며, 우무를 만들 때 우뭇가사리와 섞어서 씀.
강린(強隣)[-닌]명 강한 이웃 나라.
강:림(降臨)[-님]명하자 신불(神佛)이 인간 세상에 내려옴. 하림(下臨).
강:림-절(降臨節)[-님-]명 ☞대림절.
강:마(講磨·講劘)명하타 학문을 강구하고 지식과 덕성을 연마함. 학문이나 지식을 익힘.
강-마르다[~마르니·~말라]형 ①(물기나 윤기가 없이) 바싹 마르다. ¶오랜 가뭄으로 강마른 논바닥. ②성미가 부드럽지 못하고 드세다. ¶강마른 성미. ③살이 없이 몹시 마르다. ¶강마른 얼굴. ⓒ깡마르다.
강만(江灣)[-] 명 강과 만.
강만(岡巒)명 언덕과 산. 구산(丘山).
강:매(強買)명하타되자 (남의 물건을) 억지로 삼. 늑매(勒買). 억매(抑買).
강:매(強賣)명하타되자 (남에게 물건을) 억지로 팖. 늑매(勒賣). 억매(抑賣).
강:멱(降冪)명 '내림차'의 구용어. ↔승멱.
강명(剛明)'강명하다'의 어근.
강:명(講明)명하타되자 강구(講究)하여 밝힘.
강명-하다(剛明-)형여 성품이 강직하고 두뇌가 명석하다. 강명-히부.

강-모명 마른논을 호미나 꼬챙이로 파서 심는 모. 호미모·꼬창모.
강모(剛毛)명 ①포유동물의 털 가운데서 단단하고 빳빳한 털. ②환형동물이나 절지동물에 있는, 털 모양의 빳빳한 돌기. ③식물체에서, 표피 세포가 변하여 생긴, 끝이 뾰족하고 빳빳한 털. 센털2.
강-모래(江-)명 강에서 나는 모래. 강사(江沙).
강-모음(強母音)명 ☞양성 모음. ↔약모음.
강목(講目)명 ①광석을 캘 때, 감돌이 나오지 아니하여 소득이 없게 된 작업. ②'소득이 없이 헛물만 켬'을 비유하여 이르는 말.
강목(을) 치다관용 ①광석을 캘 때, 감돌이 나오지 아니하여 헛일만 하다. ②아무 소득이 없이 헛물만 켜다.
강목(綱目)명 사물의 대강(大綱)과 세목(細目).
강:목(講目)명 불교에서, 강독(講讀)하는 경전의 제목(名目).
강목-수생(剛木水生)[-쑤-]명 ☞간목수생.
강:무(講武)명하자 ①무예를 강습함. ②조선 시대에, 1년에 서울에서는 네 번, 시골에서는 두 번, 임금의 주관 아래 사냥을 하며 무예를 닦던 행사.
강-물(江-)명 강에 흐르는 물. 강수(江水).
강물도 쓰면 준다속담 많다고 헤프게 쓰지 말고 아껴 쓰라는 말.
강미(江蚌)명 강구미.
강:미(講米)명 지난날, 글방 선생에게 보수로 주는 곡식을 이르던 말. 공량(貢糧). 학세(學稅).
강:밋-돈(講米-)[-미똔/-믿똔]명 지난날, 글방 선생에게 강미 대신으로 내던 돈.
강-바닥(江-)[-빠-]명 강의 밑바닥. ¶가뭄으로 강바닥이 드러났다.
강-바람(비는 몰아오지 아니하고) 심하게 불어 대는 바람.
강-바람(江-)[-빠-]명 강물 위에서 부는 바람, 또는 강에서 불어오는 바람. 강풍(江風).
강:박(強迫)명하자타 ①남의 뜻을 무리하게 꺾거나, 자기 뜻에 억지로 따르게 함. ②남에게 해를 끼칠 것 같은 언행으로 공포심을 일으키게 하는 일.
강박(強迫)'강박하다'의 어근.
강:박-감(強迫感)[-깜]명 마음을 짓누르거나 쫓기는 느낌. ¶일류 대학에 들어가야 한다는 강박감에 시달리다.
강:박^관념(強迫觀念)[-관-]명 아무리 떨쳐 버리려 해도 자꾸 마음에 떠오르는 불쾌하거나 불안한 생각. 강박 사고.
강:박^사고(強迫思考)[-싸-]명 ☞강박 관념.
강:박^상태(強迫狀態)[-쌍-]명 어떤 불쾌한 생각이 마음속에 박혀 있어, 그것을 생각하지 아니하려고 하면 할수록 더욱 의식에 떠오르는 정신 상태.
강:박^신경증(強迫神經症)[-씬-쯩]명 신경증의 한 가지. 스스로도 알 수 있는 불합리한 생각이 머리에 떠올라서, 떨쳐 버리려 해도 자꾸 강박 관념에 사로잡히게 되는 증세.
강박-하다(強薄-)[-바카-]형여 강포하고 야박하다. ¶인심이 강박하다.
강반(江畔)명 강기슭. 강가.
강-밥(江-)[국이나 찬이 없이) 맨밥으로 먹는 밥.
강방(强邦)명 ☞강국(強國).
강-발다[-받따]형 몹시 야박하고 인색하다.
강변(江邊)명 강가. 하반(河畔).

강:변(強辯)[하자타] (논리에 어긋나는 것을) 억지 주장을 하거나 굳이 변명함. ¶정의를 위하여 한 짓이라고 강변하다.

강변-도로(江邊道路)[명] 강가로 난 큰길. 준강변로.

강변-로(江邊路)[-노][명] 〈강변도로〉의 준말.

강-병(-病)[명] 꾀병.

강병(强兵)[명] 굳센 군사. 강병(强兵).

강병(强兵)[명] 굳센 병정. 강한 군대. 부병(富兵). 강병(剛兵). ¶강병을 물리치다.

강보(襁褓)[명] 포대기. ¶강보에 싸인 아이.

강보-유아(襁褓幼兒)[명] 아직 포대기에 싸여 자라는 시기에 있는 어린아이.

강-보합(强保合)[명] 주가 따위의 시세가 약간 상승하여 보합 상태를 유지하는 일. ↔약보합.

강:복(降服)[하자타] 복제(服制)에 규정된 복보다 복을 입는 등급이 낮아짐, 또는 그 복(服). 〔양자로 간 아들이나 시집간 딸이 생가 부모에 대하여 입는 복 따위〕.

강:복(降福)[하자] 가톨릭에서, 천주(天主)가 인간에게 복을 내리는 일을 이름.

강복(康福) '강복하다'의 어근.

강복-하다(康福-)[-보카-][형여] 건강하고 행복하다.

강북(江北)[명] ①강의 북쪽. ②(중국의) 양쯔 강(揚子江) 이북 지역. ③(서울의) 한강의 북쪽 지역. ↔강남(江南).

강분(薑粉)[명] 생강즙을 가라앉혀 그 앙금을 말린 가루. 양념으로 씀.

강비(糠粃)[명] 〔겨와 쭉정이라는 뜻에서〕 '거친 음식'을 이르는 말.

강사(江沙)[명] ☞강모래.

강:사(講士)[명] 강연하는 사람.

강:사(講師)[명] ①학교의 촉탁을 받아 강의를 하는 교원. 〔시간 강사와 전임 강사의 구별이 있음.〕 ②모임에서 강의를 맡은 사람. ③학원(學院)에서 수업을 맡은 사람. ④☞경스승.

강:사-포(絳紗袍)[명] 임금이 조하(朝賀) 때 입던 붉은빛의 예복. 홍포(紅袍).

강삭(鋼索)[명] 여러 가닥의 강철 소사를 꼬아서 만든 굵고 튼튼한 줄. 삭조(索條). 와이어로프.

강삭^철도(鋼索鐵道)[-또][명] ☞케이블카.

강산(江山)[명] ①강과 산이라는 뜻에서] 자연의 경치를 이르는 말. ¶아름다운 강산. ②☞강토.

강산(强酸)[명] 전리도(電離度)가 크고, 산(酸)의 특성인 수소 이온을 많이 내는 산. ↔약산(弱酸).

강산지조(江山之助)[명] 산수의 아름다운 풍경이 사람의 시정(詩情)을 북돋움.

강산-풍월(江山風月)[명] 자연의 아름다운 풍경.

강살(降殺)[명] '강쇄(降殺)'의 잘못.

강삼(江蔘)[명] 강원도에서 생산되는 인삼.

강상(江上)[명] ①강의 위. ②강의 기슭.

강:상(降霜)[하자] 서리가 내림, 또는 내린 그 서리.

강상(綱常)[명] 삼강(三綱)과 오상(五常). 곧, 사람이 지켜야 할 근본적인 도리. ¶강상을 바로잡다. /강상을 지키다.

강:상(講床)[명] 〔-쌍〕[명] 절에서, 불경을 강독할 때에 쓰는 책상.

강상-죄인(綱常罪人)[-죄-/-줴-][명] 삼강(三綱)과 오상(五常)에 어긋나는 행위를 한 사람.

강상지변(綱常之變)[명] 삼강(三綱)과 오상(五常)의 도리에 어그러진 변고.

강색(鋼色)[명] 〈강청색〉의 준말.

강-샘[하자] (부부간이나 서로 사랑하는 이성 사이에서, 상대자가 자기 아닌 다른 이성을 사랑하는 데 대한) 강한 샘. 질투. 투기(妬忌). ¶강샘이 나다. /강샘을 부리다. 비샘2.

강:생(降生)[하자] 신(神)이 인간으로 태어남. 강세(降世). 강탄(降誕). ¶예수 그리스도의 강생.

강:생(講生)[명] 〈강경생(講經生)〉의 준말.

강:생^구속(降生救贖)[명] 예수 그리스도가 인류 사회에 강생하여, 십자가의 보혈(寶血)로 인류의 죄악을 대속(代贖)함으로써 인류를 구제한 일.

강:서(講書)[명][하자] 글의 뜻을 강론함.

강:서-원(講書院)[명] 〈세손강서원〉의 준말.

강석(講席)[명] 강연·설교·설교 등을 하도록 마련한 자리. 강연(講筵). 강좌(講座).

강:석(講釋)[명][하타] 글의 뜻을 강론하여 알기 쉽게 풀이함.

강선(腔線·腔綫)[명] (탄알이 회전하면서 나가게 하기 위하여) 총신(銃身)이나 포신(砲身) 내면에 나사 모양으로 판 홈. 강조는 홈.

강선(鋼船)[명] 강철로 만든 배.

강선(鋼線)[명] 강철로 만든 철사.

강선-포(鋼線砲)[명] 강선(鋼腔)에서 발생한 가스의 압력에 견딜 수 있도록, 강철선으로 포신(砲身)을 감은 포(砲).

강설(降雪)[명] 눈이 내림, 또는 내린 눈.

강설(强雪)[명] 세차게 내리는 눈.

강:설(講說)[명][하타][되자] 강론하여 설명함.

강:설-량(降雪量)[降雪量][명] (일정한 곳에, 일정한 동안) 내린 눈의 분량. 눈을 녹여 측정함. 〔단위는 mm임.〕

강-섬(江-)[명] 강에 있는 섬.

강성(剛性)[명] 물체가 외부의 압력에 대하여 그 모양이나 부피가 변하지 아니하고 견디는 성질, 또는 그 정도. 고성(固性).

강성(剛性) 강한 성질. ¶강성 발언.

강:성(强盛) '강성하다'의 어근.

강:성(講聲)[명] 글을 강하는(외는) 소리.

강성-률(剛性率)[-뉼][명] 물질의 탄성률(彈性率)의 한 가지. 외부의 압력에 대한 물질의 저항 크기를 수치로 나타낸 것.

강성-하다(强盛-)[형여] (세력이) 강하고 왕성하다. ¶국력이 강성한 나라.

강:성^헌:법(剛性憲法)[-뻡][명] ☞경성 헌법.

강세(降世)[명] [하자] ☞강생(降生).

강세(强勢)[명] ①강한 세력이나 기세. ②물가나 시세가 올라가는 기세. ¶원유가(原油價)가 강세를 보이다. ③⑦한 낱말에서, 어떤 음절의 발음에 특히 힘을 주는 일. ⓑ어떤 낱말의 뜻을 더 강하게 하기 위하여 음절이나 음소를 첨가하는 일. ④악센트. ↔약세.

강세-어(强勢語)[명] ☞힘줌말.

강성황[명] 〔옛〕 감국(甘菊). ¶강성황:甘菊花(東醫).

강-소주(-燒酒)[명] 안주 없이 먹는 소주. ¶강소주를 마셨더니 속이 쓰리다.

강-소풍(强素風)[명] ☞강쇠바람.

강-속구(强速球)[-꾸][명] 야구에서, 투수가 던지는 강하고 빠른 공.

강:송(強送)[명][하타][되자] 강제로 보냄.

강:송(講誦)[명][하타] 글의 뜻을 밝히며 읽음.

강:쇄(降殺)[명][하자][되자] 등급을 깎아내림.

강:쇠(降衰)[-쇠/-쉐][명][하자][되자] (국력·문화·체력 따위가) 차차 쇠하여 감.

강쇠-바람[-쇠-/-쉐-]图 초가을에 부는 동풍. 강소풍.

강수(江水)图 강물.

강:수(降水)图 비·눈 또는 안개·우박 따위로 지상(地上)에 내린 물.

강:수(講修)图하타되자 연구하여 몸과 마음을 닦음.

강:수(講授)图하타 강의하여 가르침.

강:수-량(降水量)图 비·눈·우박 따위가 일정 기간 동안 일정한 곳에 내린 것을 물로 환산(換算)한 총량. 〔단위는 mm임.〕

강:술 안주 없이 마시는 술. ¶생때같은 자식을 잃고 허구한 날 강술을 마셨다.

강:술(講述)图하타되자 강의하여 설명함.

강습(強襲)图하타 세차게 습격함. 습격을 강행함. ¶적의 진지를 강습하다. /태풍의 강습으로 큰 피해를 입다.

강:습(講習)图하타 일정 기간, 학문·기예·실무 따위를 배우고 익힘, 또는 그 지도를 하는 일. ¶서예 강습.

강:습-생(講習生)[-쎙]图 강습을 받는 사람.

강:습-소(講習所)[-쏘]图 강습을 하는 곳.

강:습-회(講習會)[-스푀/-스훼]图 강습을 하기 위한 모임. ¶요리 강습회. /× 英상의 강습회.

강:시(僵屍·殭屍)图 얼어 죽은 송장. 동시(凍屍).
　강시(가) **나다**(관용) 날씨가 추워 얼어 죽은 사람이 생기다.

강:식(強食)图하타 (건강이나 기력을 돕기 위하여) 억지로 먹음.

강:신(降神)图 ①제사 절차의 한 가지. 신이 내리게 한다는 뜻으로, 초헌(初獻)에 앞서 향을 피우고 술을 잔에 따라 모사(茅沙) 위에 붓는 일. ②(기도나 주문으로) 신을 청하여 내리게 함.

강:신-굿(降神-)[-굳]图하자 ☞내림굿. *강:신굿이[-구시]·강:신굿만[-군-]

강:신-론(降神論)[-논]图 육체가 없어진 뒤에도 영혼은 남아, 여러 가지 방법으로 그 존재를 알린다고 하는 설(說). 심령론(心靈論).

강:신-술(降神術)(기도나 주문 등으로) 몸에 신이 내리게 하는 술법.

강심(江心)图 강의 한가운데. 하심(河心).

강심-수(江心水)图 조선 시대에, 한강의 한가운데서 길어다가 대궐에 바치던 물.

강심-장(強心臟)图 (여간 일에는 겁을 먹거나 부끄러워하는 일이 없는) 배짱 좋고 유들유들한 성격, 또는 그런 사람. ¶강심장의 사나이.

강심-제(強心劑)图 심장 기능이 병 따위로 쇠약해졌을 때 그 기능을 강하게 하는 데 쓰는 약제. 〔디기탈리스·캄퍼·아드레날린 따위.〕

강아지 ①개의 새끼. ②어린 자식이나 손자를 귀엽게 이르는 말. ¶우리 강아지, 밥은 먹었니?
　강아지 똥은 똥이 아닌가(속담) 다소의 차이는 있을지라도 그 본질은 다를 것이 없다는 말.

강아지-풀图 볏과의 일년초. 높이 30~70 cm. 잎은 가늘고 길며, 여름에 강아지 꼬리 모양의 초록색 꽃이 핌. 구미초(狗尾草)·낭미초(狼尾草).

강악(強惡) '강악하다'의 어근.

강악-하다(強惡-)[-아카-]혬여 억세고 악하다.

강안(江岸)图 강기슭. 하안(河岸).

강-알칼리(強alkali)图 강염기(強塩基).

강:압(強壓)图하타되자 전압을 낮춤. ↔승압(昇壓).

강:압(強壓)图하타되자 ①강한 힘으로 누름, 또는 그 압력. ②함부로 억누름.

강:압-설(強壓說)[-썰] 강자가 약자를 억눌러 강제로 따르게 하는 것이 사회의 한 법칙이라는 설(說).

강:압-적(強壓的)[-쩍]관图 억눌러 강제로 따르게 하는 (것). ¶강압적 수사.

강애(江艾)图 한방에서, '강화도에서 나는 약쑥'을 이르는 말.

강약(強弱)图 ①강함과 약함. ¶진동의 강약을 측정하다. ②강자와 약자.

강약부동(強弱不同)[-뿌-]图혬 (두 편의 힘이나 역량이) 강하고 약한 정도가 같지 아니함. ¶강약부동이라 서로 상대가 되지 않는다.

강약^부:호(強弱符號)[-뿌-] ☞셈여림표.

강어(江魚)图 강에서 나는 고기.

강-어귀(江-)图 ☞강구(江口).

강역(疆域)图 한 나라의 통치권이 미치는 지역. ☜영역(領域).

강:연(講筵)图 ①☞강석(講席). ②지난날, 임금 앞에서 경서(經書)를 강의하던 일.

강:연(講演)图하타 ①☞강의(講義). ②일정한 주제로 많은 청중 앞에서 연설을 함, 또는 그 연설.

강연사(強撚絲)图 면이나 양털 따위를 원료로 하여 특별히 많이 꼬아 깔깔하고 딱딱하게 뽑은 실.

강:연-회(講演會)[-회/-훼]图 강연을 하기 위한 모임.

강염(薑鹽)图 한방에서, 강즙(薑汁)에 버무리어 볶은 소금을 약제로 이르는 말. 〔곽란에 쓰임.〕

강-염기(強塩基)[-넘-]图 전리도(電離度)가 크고, 같은 농도에서 수산화 이온을 많이 내는 염기. 〔가성 소다 따위.〕 ☞강알칼리.

강옥(鋼玉)图〈강옥석〉의 준말.

강옥-석(鋼玉石)[-썩]图 육방 정계(六方晶系)의 광물로, 천연의 산화알루미늄. 경도(硬度)가 금강석에 버금감. 붉은 것을 루비, 푸른 것을 사파이어, 녹·황·흑색의 것을 에머럴라 하며, 보석으로 또는 정밀 기계의 연마재로 쓰임. ☜강옥(鋼玉).

강왕(康旺) '강왕하다'의 어근.

강왕-하다(康旺-)혬여 건강하고 기력이 왕성하다. 강왕-히틘.

강:요(強要)图하자타되자 무리하게 요구함. 강구(強求). ¶기부금을 내도록 강요하다.

강요(綱要)图 강령(綱領)이 되는 요점.

강-요주(江瑤珠)图 ①☞꼬막. 살조개. ②☞건강요주(乾江瑤珠).

강용(江茸)图 한방에서, '강원도에서 나는 녹용'을 이르는 말.

강용(剛勇) '강용(剛勇)하다'의 어근.

강용(強勇) '강용(強勇)하다'의 어근.

강용-하다(剛勇-)혬여 굳세고 용맹하다.

강용-하다(強勇-)혬여 강하고 용맹하다.

강:우(降雨)图 비가 내림, 또는 내린 비.

강:우-기(降雨期)图 (일 년 중) 비가 많이 내리는 시기.

강:우-량(降雨量)图 (일정한 곳에, 일정한 동안) 내린 비의 분량. 〔단위는 mm임.〕

강운(強韻)图〔'강(江)' 자에 딸린 운(韻)이라는 뜻으로, 한시(漢詩)에 이러한 글자를 다 외어야 되는 데서〕'하기 어려운 일'을 비유하여 이르는 말.

강-울음图 억지로 우는 울음.

강:원(講院)명 불경(佛經)을 학습하거나 연구하는 도량.

강월(江月)명 강물에 비친 달.

강유(剛柔)명 굳셈과 부드러움.

강유-겸전(剛柔兼全)명 굳셈과 부드러움을 아울러 지니고 있음.

강-유전체(強誘電體)[-뉴-]명 전장(電場)을 가하지 아니하여도 자연의 상태로 이미 분극(分極)을 일으키고 표면 상의 전하(電荷)가 일어나는 물질.〔인산칼륨 따위.〕

강음(強音)명 ①세게 내는 음. ②경음(硬音)과 격음(激音).〔ㄲ·ㄸ·ㅃ·ㅆ·ㅉ·ㅊ·ㅋ·ㅌ·ㅍ 따위.〕

강:음(強淫)명하타 ☞강간(強姦).

강:음(強飮)명하타〔술〕억지로 마심.

강의(剛毅) '강의하다'의 어근.

강:의(講義)[-의/-이]명하타 학문·기술 따위를 설명하여 가르침. 강연. ¶철학 강의.

강:의-록(講義錄)[-의/-이]명 ①강의의 내용을 모아 엮은 책. ②통신 교육용 재료로, 마치 강의실에서 강의하는 것과 같은 내용으로 엮어 낸 교재.

강:의-실(講義室)[-의/-이]명 강의를 하는 방(교실).

강의-하다(剛毅-)[-의/-이-]형여 강직(剛直)하여 굽힘이 없다. 강의-히甼.

강인(剛忍) '강인하다'의 어근.

강:인(強忍)명하타 억지로 참음.

강인-성(強靭性)[-썽]명 굳세고 질긴 성질. ¶고난을 견디어 온 그의 강인성.

강인-하다(剛忍-)[-의/-이-]형여 굳세고 질기다. ¶강인한 정신력. 강인-히甼.

강일(剛日)명 일진(日辰)의 천간(天干)이 갑(甲)·병(丙)·무(戊)·경(庚)·임(壬)인 날.〔양(陽)의 날이라 하여 바깥일은 이날에 하는 것이 좋다고 함.〕척일(隻日).

강:잉(降孕)명하자 가톨릭교에서, 성자(聖子)가 마리아의 배 속에 잉태됨을 이름.

강:잉(強仍)명하자 마지못하여 그대로 함. 강잉-히甼 마지못하여. 부득이.

강:자(降資)명하타되자 ☞강계(降階).

강자(強者)명 힘이나 세력이 강한 사람(생물·집단).↔약자(弱者).

강-자성(強磁性)명 자장(磁場) 내에서 강하게 자화(磁化)하여, 자장이 없어진 뒤에도 그대로 자성을 띠는 성질.

강자성-체(強磁性體)명 자계에 의하여 강하게 자화되어, 자계를 없애도 자기가 남는 물체.

강:작(強作)명하타 억지로 함(지음).

강장(強壯)명하다 심신이 튼튼하고 기력이 왕성함. ¶강장 식품.

강장(強將)명 강한 장수. 凹맹장(猛將).

강장(腔腸)명 자포동물의 체강(體腔). 두 층의 세포층으로 둘러싸인, 주머니 모양의 빈 곳.〔고등 동물의 체강과 소화관을 겸한 것.〕

강:장(絳帳)명 ①붉은 빛깔의 휘장. ②〔후한(後漢)의 학자인 마음(馬融)이 붉은 휘장을 둘러 놓고 제자들을 가르쳤다는 데서〕 스승의 자리, 또는 학자의 서재.

강장-강장甼하자 짧은 다리를 모으고 가볍게 자꾸 뛰는 모양. ¶아이들이 강장강장 뛰며 놀고 있었다. 倔겅정겅정.

강장-거리다자 자꾸 강장강장하다. 강장대다. 倔겅정거리다.

강장-대다자 강장거리다.

강장-동물(腔腸動物)명 '자포동물'의 구용어.

강장-제(強壯劑)명 쇠약한 체질을 좋은 상태로 만들고, 체력을 돕는 약제.〔소화제·보혈제·자양제 따위.〕

강장지년(強壯之年)명 원기가 한창 왕성한, 삼사십대의 나이.

강재(江材)명 한방에서, '강원도에서 나는 약재'를 이르는 말.

강재(鋼材)명 공업 제품 따위의 재료로 쓰기 위하여 판자 모양, 막대 모양, 관 모양 등으로 가공한 강철.

강재(鋼滓)명 강철을 제련할 때에 생기는 광물의 찌꺼기.

강재♩반:성품(鋼材半成品)명 강괴(鋼塊)를 압연하여 일정한 크기로 잘라 놓은 것.

강적(強敵)명 강한 적(상대). 만만찮은 적(상대). 경적(勁敵). ¶초반에 강적을 만나다.

강전(強電)명 발전기·전동기·변압기 등 비교적 강한 전류를 다루는 전기 부문을 두루 이르는 말. ↔약전(弱電).

강-전해질(強電解質)명 수용액 중에서 전부 또는 대부분이 이온으로 전리(電離)되는 전해질.〔소금·염산 따위.〕↔약전해질.

강:-절도(強竊盜)[-또]명 강도와 절도.

강:점(強占)명하타되자〔남의 영토나 물건 따위를〕강제로 빼앗아 차지함. ¶남의 땅을 강점하다.

강점(強點)[-쩜]명 남보다 우세한(유리한) 점. ¶어려움에도 흔들리지 않음이 그의 강점이다. ↔약점.

강-점결탄(強粘結炭)명 경도(硬度)가 높고, 황(黃)·인(燐)·회분 따위의 함량이 적은 석탄. 주로, 제철 공업용으로 쓰임.

강정명 ①찹쌀가루에 술을 치고, 끓는 물로 반죽하여 길이 4 cm, 폭 2 cm가량으로 썰어 말린 다음, 기름에 튀겨서 꿀이나 조청을 바르고, 깨·콩가루·잣가루·송화가루 따위를 묻힌 만든 재래식 과자. 한자를 빌려 '光飥'으로 적기도 함. ②깨·콩·잣 따위를 조청에 버무려 만든 재래식 과자.

강정(江亭)명 강가의 정자.

강:정(降定)명하타되자 지난날, 무관에 대한 징벌의 한 가지. 벼슬을 낮추어 군역(軍役)을 시키던 일.

강정-밥명 강정을 만들기 위하여 찹쌀을 찐 지에밥.

강정-속[-쏙]명 가루를 묻히기 전의 강정.

강정-제(強精劑)명 (남성의) 정력(精力)을 강하게 하는 약제.

강:제(強制)명하타되자 본인의 의사를 무시하고 우격으로 따르게 함. ¶강제 노역.

강제(鋼製)명 강철로 만든 제품.

강:제♩가격(強制價格)[-까-]명 수요자나 공급자 중의 어느 한쪽이 강제적으로 결정한 가격.〔공정 가격 따위.〕

강:제♩격리(強制隔離)[-경니]명 전염병의 예방을 목적으로, 환자의 주거의 자유를 제한하여 일반인으로부터 격리시키는 일.

강:제♩경:매(強制競賣)명 부동산에 대한 강제 집행의 한 가지. 채무자의 부동산을 경매하여, 그 대가를 채권자에 대한 판제(辦濟)에 충당하는 방법.

강:제♩경제(強制經濟)명 국가나 지방 자치 단체가 법적 강제력으로 징수한 세금을 재원(財源)으로 하여 영위하는 경제.

강:제^공채(强制公債)圏 국가의 비상시나 재정
악화의 상황에서나, 국가가 강제로 모집하는
공채. 교부 공채(交付公債). ↔임의 공채·자유
공채.

강:제^관리(强制管理)[-괄-]圏 부동산에 대한
강제 집행의 한 가지. 법원이 임명한 관리인이
채무자의 부동산을 관리하여 얻은 수익으로 채
무를 판제하는 방법.

강:제-권(强制權)[-꿘]圏 강제 수단을 쓰는 행
정상의 권리.

강:제-력(强制力) ①강제하는 힘. ②상대가
의무를 이행하지 않을 때 행정청에서 의무를
이행하게 할 수 있는 힘.

강:제-매:매(强制賣買)圏 법률의 규정이나 행
정 처분에 따라 강제적으로 하는 매매.

강:제-변:호(强制辯護)圏 형사 사건에서, 피고
인의 의사와 상관없이, 법원이 직권으로 국선
(國選) 변호인을 선정하여 시키는 변호. 필요
적 변호.

강:제-보:험(强制保險)圏 법률 규정에 따라 일
정한 사람들에게 의무적으로 가입시키는 보험.
[의료 보험·자동차 보험 등의 사회 보험이 이
에 딸림.]

강:제-소각(强制消却)圏 회사가, 주주의 의사
와 관계없이 일방적으로 행하는 주식의 소각.
↔임의 소각.

강:제-송:환(强制送還)圏 밀입국자나 범법 외
국인을 강제로 특정 국가로 돌려보내는 일.

강:제-수사(强制搜査)圏 강제 처분으로 행하여
지는 수사. ↔임의 수사.

강:제-수용(强制收用)圏 ☞공용 수용.

강:제-수용(强制收容)圏 ①환자·광인(狂人)·중
독자·부랑인(浮浪人) 등을 일정한 기관에 강제
적으로 수용하는 일. ②정치적 반대파나 교전 상
대국의 국민을 일정한 구역 안에 수용하는 일.

강:제-이:행(强制履行)圏 채무자가 자발적으로
채무 판제(辦濟)를 하지 아니할 경우, 채권자
의 고소를 받아들인 법원이 강제적으로 채무를
이행하게 하는 일.

강:제-적(强制的)圏圓 강제로 하는 (것). ¶강
제적 제재. /강제적으로 이루어진 계약.

강:제-절차(强制節次)圏 강제 처분에 관한 절
차. [사람에 대한 구류나 물건에 대한 압수·수
색 등의 절차.]

강:제-조정(强制調停)圏 분쟁 당사자에게 조정
에 응해야 할 의무를 지우거나, 쟁의 조정 기
관이 작성한 조정안에 따라야 할 의무를 지워,
강제적으로 분쟁 해결을 꾀하는 조정. ↔임의
조정.

강:제-조합(强制組合)圏 국가가 일정한 국민에
대하여 그 설립이나 가입을 강제하는 공공 조
합의 한 가지. [토지 개량 조합 따위.]

강:제-집행(强制執行)[-찝행]圏 ①민사 소송
법에서, 판결로써 확정된 사법상(私法上)의 청
구권을 국가 권력에 의하여 강제적으로 실행시
키는 절차. ②행정법에서, 행정의 불이행에 대
하여 행정 주체가 권력으로써 강제적으로 그
의무를 이행시키는 일. ㉣집행.

강:제-징수(强制徵收)圏 공법상의 금전 급부
의무가 이행되지 않을 경우, 그것을 강제로 징
수하는 행정상의 집행 방법.

강:제-처:분(强制處分)圏 ①형사 소송 절차에
서, 법원이나 수사 기관이 증거 또는 피고인의
보전(保全)을 위하여 소환·구류·압수 등의 강
제적인 처분을 하는 일. ②☞집행 처분.

강:제^추행죄(强制醜行罪)[-쬐/-쮀]圏 폭행·
협박으로 남에게 추행을 함으로써 성립되는 죄.

강:제^카르텔(强制Kartell)圏 법률로써 그 성립
을 강제하는 카르텔.

강:제^통용력(强制通用力)[-녁]圏 법률로 제
정한 화폐가, 유통 수단으로서 통용될 수 있는
힘. [우리나라의 경우, 지급 수단으로서 한국
은행권을 사용하며, 수취인은 그것을 거절할
수 없음.]

강:제^통화(强制通貨)圏 금(金)의 태환(兌換)
준비가 없거나, 표기된 만큼의 실제 가치가 없
으면서, 국가에 의하여 강제 통용력을 가지게
된 통화.

강:조(强調)圏하자타됙자 ①어떤 부분을 특별
히 힘주어 주장함. ¶평화적인 통일을 강조하
다. ②음악이나 그림 등에서, 어떤 부분을 특
히 두드러지게 표현함. ¶명암(明暗)을 강조
하다.

강-조밥 좁쌀로만 지은 밥.

강:조-법(强調法)[-뻡]圏 수사법의 한 가지.
표현하려는 내용을 강하고 뚜렷하게 나타내어
읽는 이에게 뚜렷한 인상이 느껴지게 하는 표
현 방법. [과장법·반복법·영탄법 등이 이에
딸림.]

강졸(强卒)圏 강한 병졸. ↔약졸(弱卒).

강:종(强從)圏하자 마지못하여 따름.

강:좌(講座)圏 ①대학에서, 각 교수가 맡아 강
의하는 학과목. ②일정한 주제에 따른 강의 형
식을 취하여, 체계적으로 편성한 강습회나 출
판물·방송 따위. ¶동호인들을 위한 꽃꽂이 강
좌. ③☞강석(講席).

강주(强酒)圏 독한 술.

강주(薑酒)圏 생강주.

강-주정(-酒酊)圏하자 일부러 술에 취한 체하
며 부리는 주정. 건주정(乾酒酊).

강죽(糠粥)圏 ☞겨죽.

강-줄기(江-)[-쭐-]圏 강물이 뻗어 흐르는 선.
¶굽이굽이 흘러가는 강줄기.

강중(江中)圏 ①강의 가운데. ②강물 속.

강중-강중 짧은 다리를 모으고 자꾸 위
로 솟구어 뛰면서 가는 모양. ㈜경중경중.

강중-거리다재 자꾸 강중강중하다. 강중대다.
㈜경중거리다.

강중-대다재 강중거리다.

강중-증(江中症)[-쯩]圏 한방에서, 지나친 성
교(性交)나 방광성 약제의 중독 등으로 말미
암아 몸이 여위고, 오줌이 걸어지며, 가끔 정
액(精液)이 저절로 흘러나오는 병증을 이르
는 말.

강즙(薑汁)圏 생강즙.

강:지(降旨)圏하자됙자 교지(敎旨)를 내림.

강:지(剛志)圏 굳센 의지.

강직(江直)圏 강원도에서 생산되는 직삼(直蔘).

강:직(降職)圏하자됙자 직위를 낮춤. 직위가
낮아짐. ↔승직(昇職).

강직(剛直)圏 '강직하다'의 어근.

강직(强直)圏 관절의 움직임이나 근육이 뻣뻣해
지는 일. 경직(硬直).

강직-성경련(剛直性痙攣)[-썽-년]圏 오랜 시
간 동안 계속되는 심한 경련. [간질이나 파상
풍 등에서 볼 수 있음.]

강직-하다(剛直-)[-지카-]囹어 굳세고 꼿꼿하
다. 항직(亢直)하다. ¶청렴하고 강직한 인물.
강직-히用.

강진(强陣)圏 튼튼한 진지.

강진(強震)**명** ①강한 지진. ②진도 5의 지진. 벽이 갈라지고, 비석 등이 넘어지며, 돌담이 무너질 정도의 지진.

강진-계(強震計)[-계/-게]**명** 지진동(地震動)의 폭이 큰 진동을 기록할 수 있도록 특별히 설계하여 만든 지진계.

강집(薑什)**명** '강즙'의 잘못.

강짜[하자] 〈강샘〉의 속된 말. ¶강짜를 부리다.

강:착(降着)**명**[하자][되자] 비행기나 비행체가 착륙함.

강-참숯[-숟]**명** 다른 나무의 숯이 조금도 섞이지 아니한 참숯. *강참숯이[-수치]·강참숯만[-순-]

강천(江天)**명** 강물과 하늘이 맞닿아 보이는 곳.

강철(鋼鐵)**명** ①무쇠를 열처리하여 강도(強度)와 인성(靭性)을 높인 쇠. [무쇠보다 탄소량이 훨씬 적음.] 강(鋼). 철강(鐵鋼). ②'심신이 단단하고 굳셈'을 비유하여 이르는 말. ¶강철 같은 투지.

강철-관(鋼鐵管)**명** ☞강관(鋼管).

강철-봉(鋼鐵棒)**명** 강철 막대기.

강철-사(鋼鐵絲)[-싸]**명** ☞강철선.

강철-선(鋼鐵線)[-썬]**명** 강철로 만든 철사. 강철사(鋼鐵絲).

강철-이(強鐵-)**명** 지나가기만 하면 초목이 다 말라 죽는다는 상상(想像)의 용.

강철이 간 데는 가을도 봄(이라)**[속담]** '운이 나빠 하는 일마다 실패를 거듭함'을 이르는 말.

강철-차(鋼鐵車)**명** 강철로 만든 차량.

강철-판(鋼鐵板)**명** 강철로 만든 철판. 강판(鋼板).

강:청(強請)**명**[하타] 무리하게 청함.

강철-색(鋼鐵色)**명** 강철색과 같은 검푸른 색. 준강색(鋼色).

강체(剛體)**명** 어떠한 힘을 가하여도 그 모양이나 부피가 변하지 아니하는 가상(假想)의 고체.

강체^역학(剛體力學)[-여칵]**명** 강체에 작용하는 힘과 그 운동과의 관계를 연구하는 역학(力學)의 한 부문.

강체^진:자(剛體振子)**명** ☞복진자(複振子).

강촌(江村)**명** 강가의 마을.

강촌-별곡(江村別曲)**명** 조선 선조 때 차천로(車天輅)가 지은 가사. 자연 속에서의 한가로운 생활을 노래한 내용. ['청구영언(靑丘永言)'에 실려 전함.]

강-추위[명] 눈도 오지 않고 바람도 불지 않으면서 몹시 매운 추위.

강-추위(強-)**명** 눈이 오고 매운바람이 부는 심한 추위.

강충이명 줄강충잇과의 곤충을 통틀어 이르는 말. 몸길이 6~7 mm. 몸빛은 대체로 담황색임. 매미와 비슷하며 볏과 곡식의 진을 빨아 먹는 해충임.

강:취(強取)**명**[하타][되자] 강탈(強奪).

강치명 강칫과의 바다짐승. 수컷의 몸길이는 3 m가량이고, 암컷은 조금 작음. 몸빛은 흑갈색이나 배와 가슴은 연한 갈색임. 물고기·오징어·낙지 따위를 잡아먹음. 태평양 서남 근해에 분포함. 해려(海驢). 해룡(海龍).

강타(強打)**명**[하타] ①세게 침. ¶도전자가 챔피언의 턱을 강타하다. ②큰 타격을 끼침. ¶태풍이 남해안을 강타하다. ③야구·배구 등에서, 타자나 공격수가 공을 세게 침. ¶직구를 강타하다.

강-타자(強打者)**명** 〔야구에서〕①장타를 잘 치는 선수. 슬러거. ②타율이 높은 타자.

강:탄(降誕)**명**[하자][되자] 거룩한 분이 태어남. 강생(降生). 탄강(誕降).

강:탄-일(降誕日)**명** 거룩한 분이 태어난 날.

강:탄-절(降誕節)**명** 부처님 오신 날.

강:탄-제(降誕祭)**명** ①거룩한 분의 생일을 축하하는 잔치. ②☞크리스마스.

강:탈(強奪)**명**[하타][되자] 남의 것을 강제로 빼앗음. 강취(強取). 늑탈(勒奪).

강태(江太)**명** 강원도 앞바다에서 잡히는 명태.

강-태공(姜太公)**명** '낚시질을 유난히 좋아하는 사람'을 비유하여 이르는 말. 〔태공망(太公望)의 고사에서 유래함.〕

강태공이 세월 낚듯 한다[속담] '어떤 일을 매우 느리게 함'을 비유하여 이르는 말.

강토(疆土)**명** 나라의 영토. 국경 안에 있는 땅. 강산(江山). 경토(境土).

강파(江波)**명** 강물의 물결.

강파르다[강파르니·강팔라]**형르** ①몸에 살이 적고 파리하다. ②성미가 깔깔하다. ¶강파른 성미. ③☞가파르다.

강파리-하다[형여] (몸이나 성미 따위가) 강파른 듯하다.

강:판(降板)**명**[하자][되자] 야구에서, 투수가 상대 타자들에게 맹타를 당하거나 하여 경기 도중에 투수판에서 내려오는 일. ↔등판(登板).

강판(鋼板)**명** ①☞강철판. ②☞줄판.

강판(鋼版)**명** 강철판에 새긴 인쇄용 요판(凹版).

강판(薑板)**명** 생강·과일·무의 즙(汁)을 내거나 잘게 가는 데 쓰는 부엌용 기구.

강팔-지다[형] 성미가 까다롭고 고집이 세며 너그럽지 못하다.

강곽(剛愎)**명** '강곽하다'의 어근.

강곽-하다(剛愎-)[-파카-]**형여** 성미가 깔깔하고 고집이 세다. 강곽-히**무**.

강:평(講評)**명**[하타] ①강습·실습·훈련 따위가 끝난 뒤, 그 성과를 강론하고 비평함, 또는 그 비평. ②문예 작품이나 연기·연출 등을 심사자가 총괄하여 비평함, 또는 그 비평.

강포(江布)**명** 강원도에서 나는 베.

강포(強暴)'강포하다'의 어근.

강포-하다(強暴-)[형여] 우악스럽고 포악하다. ¶강포한 행동. 강포-히**무**.

강폭(江幅)**명** 강의 너비.

강-풀명 물을 타서 개지 아니한 풀. 된풀.

강풀(을) 치다[관용] 풀을 먹인 위에 또 된풀을 칠하다.

강풍(江風)**명** 강바람.

강풍(強風)**명** ①세차게 부는 바람. ②☞센바람.

강-피명 피의 한 가지. 가시랭이가 없고 빛깔이 붉음.

강피-밥명 강피쌀로 지은 밥.

강피-쌀명 강피의 껍질을 벗기어 낸 쌀.

강피-죽(-粥)**명** 강피쌀로 쑨 죽.

강필(鋼筆)**명** ☞가막부리.

강하(江河)**명** ①강과 큰 내. ②중국에서, '양쯔 강(揚子江)'과 '황허 강(黃河江)'을 아울러 이르는 말.

강:하(降下)**명**[하자타][되자] ①위에서 아래로 내림, 또는 내려감. 높은 데서 낮은 데로 내려감, 또는 내려옴. ¶비행기가 강하하다. ②공중에서 아래로 뛰어내림. ¶낙하산 강하 훈련. ③(기온 따위가) 내려감. 하강(下降). ¶기온이 강하하다.

강-하다(剛-)[형] ①(지조 따위가) 굳다. ¶겉 보기보다 성격이 강한 편이다. ②(물질 따위가) 억세고 단단하다. ↔유(柔)하다.

강-하다(強-)[형] ①힘이 세다. 세력이 크다. ¶체력이 강하다. /상대가 우리보다 강하다. ②튼튼하다. ¶몸이 강하다. ③의지 따위가 굳세다. ¶강한 정신력. ④잘하다. ¶접근전에 강하다. ⑤견디는 힘이 크다. ¶더위에 강하다. ↔약(弱)하다.

강:-하어(降河魚)[명] 민물에서 살다가 알을 낳을 때 바다로 내려가는 물고기를 통틀어 이르는 말. 바다에서 깬 새끼는 다시 강으로 올라emb다. [뱀장어·숭어 따위.] 강하어. ↔소하어(遡河魚).

강:학(講學)[명][하자] (사제나 동배들이 모여) 학문을 닦고 연구함.

강한(強悍)[어] '강한하다'의 어근.

강한-하다(強悍-)[형어] 성품이 매우 굳세고 강하다. 강한-히[부]

강항(江港)[명] 강가 또는 강어귀에 있는 항구. 하항(河港).

강항(強項)[어] '강항하다'의 어근.

강항-령(強項令)[-녕] 〔올곧은 현령(縣令)이란 뜻으로〕 '올곧은 사람'을 일컫는 말. 목곧이.

강항-하다(強項-)[형어] 올곧아 여간하여서는 굽힘이 없다.

강해(江海)[명] 강과 바다. 하해(河海).

강:해(講解)[명][하타][되자] (문장·학설 따위를) 강론하여 해석함. 또는 그 해석.

강:행(強行)[명][하타][되자] ①힘들거나 어려움을 무릅쓰고 실행함. ¶국토 종단을 강행하다. /혹한에도 행사를 강행하다. ②강제로 시행함. 억지로 함. ¶무허가 건물의 철거를 강행하다.

강:-행군(強行軍)[명][하자] ①무리함을 무릅쓰고 하는 먼 거리의 행군. ②'어떤 일을 기한 안에 기어이 끝내려고 무리하게 함'을 비유하여 이르는 말.

강:행규정(強行規定)[명] 당사자의 의사를 불문하고 강제적으로 시행할 수 있는 법의 규정. 〔헌법·형법 따위의 규정.〕 ↔임의 규정(任意規定).

강:행-법(強行法)[-뻡][명] 〔헌법·형법 등과 같이〕 공익(公益)을 위하여 절대 복종을 요구하는 법규. 강행 법규. ↔임의법(任意法).

강:행법규(強行法規)[-뀨][명] ⇨강행법. ↔임의 법규(任意法規).

강혈(腔血)[명] 몸 안에 들어 있는 피.

강호(江湖)[명] 〔강과 호수라는 뜻에서〕 ①은자(隱者)나 시인 또는 현실을 도피하여 지내던 자연이나 시골. ¶강호에 묻혀 살다. ②세상. 일반 사회. 호해(湖海). ¶강호 제현(諸賢).

강호(強豪)[명] 굳세고 강함. 세력(실력)이 뛰어남, 또는 그런 사람(집단). ¶세계 강호들과 실력을 겨루다.

강호-가(江湖歌)[명] 속세를 떠나 자연에 묻혀 사는 삶을 읊은 시조나 가사.

강호-객(江湖客)[명] '각처를 방랑하는 사람'을 풍류스럽게 일컫는 말.

강-호령(-號令)[명][하자] 까닭 없이 하는 호령. 함부로 지르는 호령. 생호령.

강호리(江湖-)[명] ⇨강활(羌活).

강호-사시가(江湖四時歌)[명] 조선 세종 때 맹사성(孟思誠)이 지은 연시조. 모두 4수로, 강호의 생활을 네 절기로 나누어 읊은 내용. 사시한정가(四時閑情歌).

강호-연군가(江湖戀君歌)[명] 조선 선조 때 장경세(張經世)가 지은 연시조. 모두 12수로, 전

(前) 6수는 임금을, 후(後) 6수는 성현(聖賢)을 경모(敬慕)하는 내용.

강호-연파(江湖煙波)[명] ①강이나 호수 위에 안개처럼 보얗게 이는 기운, 또는 그 수면의 잔물결. ②자연의 풍치.

강호지락(江湖之樂)[명] 자연을 벗 삼아 살아가는 즐거움.

강호지인(江湖之人)[명] 벼슬하지 아니하고 은거하는 사람.

강:혼(降婚)[명][하자] 지체가 높은 집이 지체가 낮은 집과 하는 혼인. 낙혼(落婚). ↔앙혼(仰婚).

강:화(降火)[명][하자] 한방에서, 몸 안의 화기(火氣)를 약을 써서 풀어 내리는 요법.

강:화(降話)[명] 천도교에서, '한울님이 세상 사람들에게 내리는 말씀'을 이르는 말.

강화(強化)[명][하타][되자] 모자라는 점을 보완하여 이제까지보다 더 튼튼하게 함, 또는 튼튼하여짐. ¶군사력을 강화하다. ↔약화(弱化).

강화(強火)[명] 불길이 센 불.

강:화(講和)[명][하자] 서로 전쟁 상태에 있던 나라가 전투를 중지하고, 조약을 맺어 평화로운 상태로 되돌아가는 일. 구화(媾和). ¶강화 협상.

강:화(講話)[명][하타] (어떤 주제의 내용에 대하여) 강의하듯이 쉽게 풀어서 이야기함, 또는 그 이야기. ¶문장 강화.

강:화^담판(講和談判)[명][하자] 전쟁 상태에 있던 나라끼리 서로 강화하기 위하여 담판함, 또는 그 담판.

강화도^조약(江華島條約)[명] 운요호(雲揚號) 사건을 계기로, 조선 고종 13(1876)년에 우리나라와 일본 사이에 맺어진 12개 항목의 조약. 〔일본의 강압으로 맺어진 불평등 조약임.〕 병자수호조규. 병자수호조약.

강화-목(強化木)[명] 베니어합판에 베이클라이트 액(液)을 침투시켜 가열한 뒤, 수천 톤의 무거운 압력을 가하여 만든 목재(木材). 가벼우면서 단단하여 정밀 기계 기구 부품 따위에 쓰임.

강화-미(強化米)[명] 인조미의 한 가지. 비타민이나 무기질 따위를 첨가하여 영양가를 높인 쌀.

강화-식품(強化食品)[명] 칼슘이나 비타민 따위의 영양소를 인공적으로 첨가하여 영양가를 높인 식품.

강화^유리(強化琉璃)[명] 판유리를 연화(軟化) 온도인 500~600℃로 가열한 뒤 급히 식혀, 충격이나 급격한 온도 변화에 대한 강도를 높인 유리.

강:화^조약(講和條約)[명] 전쟁 상태에 있던 나라끼리 전쟁의 종료와 평화의 회복을 선언하며, 포로의 인도, 영토의 할양, 배상금 지급 등의 강화 조건을 내용으로 체결하는 조약.

강:화^회:의(講和會議)[-회의/-훼이][명] 전쟁 상태에 있던 나라끼리 강화 조약을 맺기 위하여 당사국의 전권 대사가 모여서 여는 회의.

강활(羌活)[명] ①산형과의 다년초. 산골짜기에 절로 나는데, 줄기 높이 2m가량. 잎이 멧미나리 비슷하며, 8~9월에 흰 꽃이 피고, 날개가 있는 길둥근 열매를 맺음. 뿌리는 도라지와 비슷함. 강호리. ②한방에서, '강활의 뿌리'를 약재로 이르는 말.

강활-채(羌活菜)[명] 강활의 순을 데치어 소금과 기름으로 무친 나물.

강황(薑黃)[명] ①생강과의 다년초. 높이 1m가량. 늦은 봄에 싹이 트면서 15~20cm의 꽃줄기가 나오고, 약간 불그스름한 흰빛의 꽃이 이삭 모양으로 핌. ②한방에서, '강황의 뿌리줄기'를 약재로 이르는 말.

강황-지 (薑黃紙)[명] 강황의 뿌리줄기를 말려서 만든 종이. 알칼리를 만나면 붉은 갈색으로 변하므로 화학 실험용 시험지로 쓰임.

강회 (-膾)[-회-훼][명] 미나리나 파를 데쳐서 상투 모양으로 감아 초고추장에 찍어 먹는 회.

강:회 (剛灰)[-회-훼][명] 생석회(生石灰).

강:회 (講會)[-회-훼][명] 불교에서, 신도들이 모여서 여는 법회(法會).

강희-자전 (康熙字典)[-히-][명] 중국 청(淸)나라 제4대 성조(聖祖)가, 장옥서(張玉書)·진정경(陳廷敬) 등에 명하여 만들게 한 자전. [강희 55(1716)년 간행. 총 4만 9030자 수록. 42권.]

갖[명][옛] 가지1. ¶ 즐겁 가재 연즈니(龍歌7章).

갖가지[갇까-][명] 《가지가지1》의 준말. 각가지. ¶ 갖가지 음식. /갖가지를 다 준비하다.

갖-갖[갇깓][명] 《가지가지1》의 준말.

갖다1[갇따][타] 《가지다》의 준말. ¶ 새로운 직업을 갖다. /손에 갖고 있는 것이 무엇이냐?

갖다2[갇따][준] '가지어다가'가 줄어든 말. ¶ 갖다 맞추어 보다.

갖-두루마기[갇뚜-][명] 짐승의 털가죽으로 안을 댄 두루마기.

갖-바치[갇빠-][명] 지난날, 가죽신을 만드는 일을 업으로 삼던 사람.

   갖바치 내일 모레[속담] '약속한 날짜를 자꾸 미룸'을 이르는 말.

갖-신[갇씬][명] 가죽신.

갖-옷[가돋][명] 가죽이나 털가죽으로 지은 옷. 모의(毛衣). • 갖옷이[가도시] • 갖옷만[가돈-]

갖은[가든][관] 고루 다 갖은. 온갖. 가지가지의. ¶ 갖은 심부름. /갖은 고생.

갖은 황아다(황아다)[속담] 〔여러 가지를 다 갖추어 가지고 다니는 황아장수라는 뜻으로〕 '나쁜 성격이나 질병 따위를 많이 지녔음'을 이르는 말.

갖은-것[-걷][명] 고루고루 다 갖춘 것. 온갖 것. • 갖은것이[-거시] • 갖은것만[-건-]

갖은-그림씨[명] ☞완전 형용사. ↔안갖은그림씨.

갖은-남움직씨[명] ☞완전 타동사. ↔안갖은남움직씨.

갖은돼지시-변(-豸邊)[명] 한자 부수의 한 가지. '豹'·'豹' 따위의 '豸'의 이름.

갖은-등글월문(-文)[명] 한자 부수의 한 가지. '段'·'殺'·'殿' 등에서의 '殳'의 이름.

갖은-떡[명] 격식과 모양을 갖추어 잘 만든 산병(散餠).

갖은-삼거리(-三-)[명] 말안장에 꾸민 가슴걸이와 그에 딸린 물건. 준삼거리.

갖은-색떡(-色-)[명] 갖가지 물건의 모양을 만들어 붙인 색떡. ↔민색떡.

갖은-소리[명] ① 온갖 말. ¶ 갖은소리를 다 해 가며 보채는 아이를 달래다. ② 가즈런한 말. 고루고루 다 갖추고 있는 체하는 말. ¶ 빌려 쓰는 주제에 무슨 갖은소리냐?

갖은-움직씨[명] ☞완전 동사. ↔안갖은움직씨.

갖은-자(-字)[명] 한자에서, 흔히 쓰이는 글자보다 획이 더 많고 구성을 달리한 글자를 이르는 말. ['一'에 대한 '壹', '三'에 대한 '參' 따위.]

갖은-제움직씨[명] ☞완전 자동사. ↔안갖은제움직씨.

갖은-책받침(←-辵-)[-빧-][명] 한자 부수의 한 가지. 책받침 '辶'의 갖은자인 '辵'의 이름.

갖은-풋집(-包-)[-포찝·-폳찝][명] 재래식 한옥에서, 공포(栱包)를 여러 겹으로 받친 집.

갖-저고리[갇쩌-][명] 짐승의 털가죽으로 안을 대어 지은 저고리.

갖추[갇-][부] 갖게. 고루고루 다 갖추어. 빠짐없이 갖추어. ¶ 음식을 갖추 장만하다.

갖추-갖추[갇-][부] 여럿이 모두 있는 대로. ¶ 혼수를 갖추갖추 다 준비하다.

갖추다[갇-][타] ①(필요한 것들을) 고루고루 지니거나 차려 가지다. ¶ 예복을 갖추어 입다. / 회원의 자격을 갖춘 사람. /제물(祭物)을 갖추어 차려 놓다. ②자세를 바로잡다. ¶ 자세를 갖추다.

갖추-쓰다[갇-][~쓰니·~써][타] 한자(漢字)를 쓸 때, 약자(略字)로 쓰지 않고 정자(正字)로 쓰다.

갖춘-꽃[갇-꼳][명] 꽃받침·꽃부리·암수의 꽃술을 두루 갖춘 꽃. [벚꽃·무궁화 따위.] 완전화(完全花). ↔안갖춘꽃. • 갖춘꽃이[갇-꼬치] • 갖춘꽃만[갇-꼰-]

갖춘-마디[갇-][명] 첫 마디에서 끝 마디까지 정해진 박자 수가 모두 들어 있는 마디. ↔못갖춘마디.

갖춘-잎[갇-닙][명] 잎몸·잎자루·턱잎의 세 가지를 두루 갖춘 잎. [벚꽃·제비꽃 따위.] 완전엽(完全葉). ↔안갖춘잎. • 갖춘잎이[갇-니피] • 갖춘잎만[갇-님-]

갖-풀[갇-][명] 쇠가죽을 진하게 고아서 식혀 굳힌 것. 목재를 붙이는 접착제로 쓰임. 아교(阿膠). 아교풀.

갗[명][옛] 가죽. ¶ 영의 갗:狐皮(訓解).

같다[갇따][형] ①다르지 아니하다. ¶ 형과 아우의 키가 같다. /너와 나는 고향이 같다. ↔다르다. ②(변동이나 변화가 없이) 한결같다. ¶ 그가 어머니 섬기는 정성은 10년이 하루 같다네. ③((조사가 붙지 않은 체언에 바로 이어지거나, '-ㄴ(은·는) 것', 또는 '-ㄹ(을·를) 것'에 이어져)) 추측이나 불확실한 단정을 나타냄. ¶ 저기 가는 저분이 김 선생 같습니다. /내일이면 다 마칠 것 같다. /지금 비가 내리고 있는 것 같다. /이제 다 올라온 것 같다. ④((서술성이 없는 관형사형 '같은'의 꼴로 쓰이어) '다르지 않은', '동일한'의 뜻을 나타냄. ¶ 같은 배를 타고 가는 나그네들. /같은 또래의 소년들. ⑤(('같은'의 꼴로 쓰이어) 비교·비유의 뜻을 나타냄. ¶ 찌짐과 같은 목소리. /성자 같은 인품. ⑥(('같은'의 꼴로, 같은 명사 사이에 끼이어) 어떤 기준을 나타냄. ¶ 어디, 사람 같은 사람이라야 상대를 하지. /물건 같은 물건이 있어야 값이라도 물어보지. ⑦(('같으면'·'같다면'의 꼴로 쓰이어) 조건이나 가정을 나타냄. ¶ 그런 상황에서 너 같으면 어떻게 하겠느냐?/외국 같다면 그런 인사법이 통할지 모르지. ⑧(('같으니(라고)'의 꼴로 쓰이어) ㉠혼잣말 투로 남을 욕하거나, 손아랫사람을 꾸짖는 뜻으로 명사에 붙여 쓰는 말. ¶ 나쁜 놈 같으니. /후레자들 같으니라고. ㉡(친한 사이에서) 가볍게 핀잔을 주거나, 농하여 놀리는 뜻으로 명사에 붙여 쓰는 말. ¶ 지키지 못할 약속을 하긴 왜 했는가! 실없는 사람 같으니라고. ⑨(('같아서(는)'의 꼴로, '마음'·'생각' 따위의 명사나 시간을 나타내는 일부 명사 뒤에 쓰이어) '지금의 마음이나 형편에 따르자면'의 뜻으로, 실제로는 그렇지 못하다는 것을 나타내는 말. ¶ 마음 같아서는 술 한잔 하고 싶었지만, 그럴 처지가 아니었다. /생각 같아서는 오늘 이 일을 끝내고 싶지만, 무리하지 않기로 했다.

같은 값이면 과부 집 머슴살이[속] 이왕이면 조건이 좋은 쪽 일을 하는 것이 낫다는 말.

같은 값이면 다홍치마[속] 이왕이면 더 좋은 쪽을 택하는 것이 낫다는 말.

같은 값에[관용] 이왕 할 바에. 이러나저러나 마찬가지인 경우. ¶ 같은 값에 우리말로 된 상품명을 쓰지, 왜 외국말을 쓸까?

같은 값이면[관용] 이왕이면. 이왕 할 바에는. 이러나저러나 마찬가지일 것 같은면. ¶ 배를 타고 가느니 같은 값이면 비행기를 타고 갑시다.

같아-지다[자] 같게 되다. 닮게 되다. 동화(同化)하다. ¶ 부부가 오래 함께 살다 보면 성격뿐 아니라 얼굴 모습까지 같아지기 마련이다.

같은-자리[명] ☞동격(同格).

같음-표(─標)[명] ☞등호(等號).

같이¹[가치][부] ①같게. 한 모양으로. ¶ 이 그림과 같이 그려 보아라. /이 서식(書式)을 보고 나서 이와 같이 쓰시오. ②(시간적·공간적으로) 함께. ¶ 한집에서 같이 사는 한 식구. /3년 동안 같이 고생하였다. /셋이 같이 먹어라. ③(어떤 사실과) 어긋남이 없이. 그대로. ¶ 예상했던 바와 같이 사태는 심각하다.

같이²[가치][조] ①체언에 붙어, '그 정도로'의 뜻을 나타냄. ¶ 꽃같이 아름다운 얼굴. /성인같이 착한 인품. ②특히, 시간에 관계되는 일부 명사에 붙어, 그 시간성을 강조하는 뜻을 가짐. ¶ 새벽같이 떠나다. /기별을 듣고 벼락같이 달려왔다.

같이-하다[가치][타여] 함께하다. 같은 사정에 처하다. ¶ 나와 일생을 같이할 사람. /생사를 같이한 전우(戰友). /선장이 배와 운명을 같이하다. ↔달리하다.

같잖다[갇짠타][형] 〔'같지 아니하다'가 줄어서 된 말.〕 ①하는 짓이나 꼴이 어이없다. 눈꼴사납다. ¶ 그 주제에도 같잖게 구네. /노는 양이 아주 같잖다. ②너무 사소하여 상대할 거리가 못 된다. 《주로, '같잖은'의 꼴로 쓰임.》 ¶ 그런 같잖은 일로 입씨름할 시간이 없다네. **같잖-이**[부].

같-지다[같찌─][자] 씨름에서, 겨루던 두 사람이 같이 넘어지다.

갚다[갑따][타] ①빌리거나 꾸거나 한 금품을 돌려주다. ¶ 빚을 갚다. ②입은 은혜 등에 대하여 상대에게 행동이나 사물로써 고마움의 뜻을 나타내다. ¶ 은혜를 갚다. ③몹쓸 짓을 한 상대에게, 그 원한을 풀기 위한 어떤 행동을 하다. ¶ 나라의 원수를 갚다. *갚아-지다[감─]

갚음[명][하타] (은혜·원한 따위를) 갚는 일. 대갚음. ¶ 남의 신세를 졌으면 마땅히 그 갚음을 해야지.

개¹[명] 강어귀의 바닷물이 드나드는 곳.

개²[명] ①윷놀이에서, 윷짝이 두 개는 엎어지고, 두 개는 잦혀진 경우를 이름. 〔말밭을 두 자리 갈 수 있음.〕 ②윷판의 둘째 자리, 곧 도와 걸의 사이.

개³[명] ①갯과의 동물. 사람을 잘 따라, 예부터 가축으로 길름. 용맹스럽고 영리하며 냄새를 잘 맡고 귀가 밝아, 사냥용·경비용·수색용·목양용(牧羊用)·애완용 따위로 쓰임. ②'권력자나 부정한 사람의 앞잡이'를 비유하여 이르는 말. 주구(走狗). ③'성질이 못된 사람이나 함부로 몸을 굴리는 사람'을 비유하여 이르는 말. ¶ 술만 먹으면 개가 되는 친구.

개가 똥을 마다한다[속] '평소에 좋아하던 것을 짐짓 사양함'을 보고 비꼬아 이르는 말.

개가 웃을 일이다[속] 말 같지도 않은 같잖은 일이다.

개같이 벌어서 정승같이 산다[속] 돈을 벌 때에는 궂은일을 가리지 않고 벌고, 번 돈을 쓸 때에는 어엿하고 보람 있게 쓴다는 말.

개 꼬락서니 미워서 낙지 산다[속] 자기가 미워하는 사람이 좋아할 일은 하지 않는다는 말.

개 꼬리 삼 년 묵어도〔두어도〕 황모 못 된다[속] 본디 질이 나쁜 것은 아무리 오래 두어도 끝내 좋아지지 않는다.

개 눈에는 똥만 보인다[속] ①평소에 가까이하고 좋아하던 것이 먼저 눈에 띄는 법이다. ②질이 낮은 사람에게는 질이 낮은 것밖에 보이지 않는다.

개도 나갈 구멍을 보고 쫓아라[속] 남을 너무 되게 몰아세우면, 도리어 해를 입게 됨을 이르는 말.

개도 닷새가 되면 주인을 안다[속] 배은망덕한 사람을 개만도 못하다고 비꼬아 이르는 말.

개도 무는 개를 돌아본다[속] 온순하기만 해서는 오히려 대접을 못 받고, 당당히 요구를 하고 나서야 정당한 대접을 받는다는 말.

개도 손 들 날이 있다[속] ☞거지도 손 볼 날이 있다.

개 머루〔약과〕 먹듯[속] ①'뜻도 모르면서 아는 체함'을 이르는 말. ②'내용이 틀리거나 건성건성 일을 해치움'을 이르는 말.

개 못된 것은 들에 가서 짖는다[속] '제 할 일도 못하면서 쓸데없는 짓만 하고 다니는 사람'을 비꼬아 이르는 말.

개 못된 것은 부뚜막에 올라간다[속] 제 구실도 제대로 못하는 사람이 오히려 미운 짓만 골라서 한다.

개 발에 (주석) 편자[속] 〔개 발에 주석으로 만든 편자를 단다는 뜻으로〕 '제격에 어울리지 않게 호사스러운 것을 즐기는 꼴'을 비꼬아 이르는 말.

개 보름 쇠듯(─한다)[속] 잘 먹고 잘 입을 명절 같은 때에도 잘 먹지 못하고 지낼 때 이르는 말.

개 뼈다귀 은(銀) 올린다[속] '쓸데없는 데에 돈을 들여 치레함'을 이르는 말.

개 쇠 발괄 누가 알꼬[속] 개와 소의 발괄인 양 '두서없이 마구 지껄여 대는 이'를 두고 빈정대어 이르는 말.

개 팔자가 상팔자[속] 놀고 있는 개가 부럽다는 뜻으로, 분주하고 고생스러울 때 하는 말.

개하고 똥 다투랴[관용] 상대하여 말할 가치도 없을 때, 멸시하는 투로 이르는 말.

개 발싸개 같다[관용] 보잘것없다. 아무 가치도 없다.

개 방귀 같다[관용] 있는지조차 알 수 없을 정도로 작고 시시하다.

개 콧구멍으로 알다[관용] 상대할 가치도 없는 시시한 것으로 치다.

개 패듯 하다[관용] 함부로 몹시 때리다.

개:⁴[명] ①음식 그릇의 뚜껑. ②지난날, 사(紗)로 양산(陽繖)같이 만들어 쓰던 의장(儀仗)의 한 가지.

개(個·介·箇)[명] 낱으로 된 물건을 셀 때, 수란형사 뒤에 쓰는 말. ¶ 사과 한 개. ②지금(地金) 열 냥쭝을 한 단위로 이르는 말. ¶ 지금 두 개.

개-⁵[접두] 《(일부 명사 앞에 붙어)》 '참 것이 아닌', '좋은 것이 아닌', '함부로 된', '값어치 없는' 등의 뜻을 나타냄. ¶ 개꿈. /개꽃. /개떡. /개머루. /개죽음.

-개(절미) ①《일부 동사 어근 뒤에 붙어》 그다지 크지 아니한 기구임을 뜻함. ¶ 깔개. /덮개. /지우개. /가리개. ②어떤 사람임을 놀리어 이르거나 낮추어 이르는 말. ¶ 오줌싸개. /졸개.

개:가(改嫁)몡하자 시집갔던 여자가, 남편이 죽거나 남편과 이혼하거나 하여 다른 남자에게 다시 시집가는 일. 재가. 후가(後嫁). 후살이.

개:가(開架)몡하타 도서관이나 도서실에서, 열람자가 자유로이 도서를 열람할 수 있도록 서가를 개방하는 일.

개:가(凱歌)몡 ①〈개선가〉의 준말. ②경기 등에서 이겼을 때 터져 나오는 환성.
  개가를 올리다관용 큰 성과를 거두다. ¶ 원정 경기에서 전승의 개가를 올리다.

개가-식(開架式)몡 ⇨개가제.

개가-제(開架制)몡 도서관에서, 서가를 개방하는 제도. 개가식. ↔폐가제.

개:-가죽몡 〈낯가죽〉의 속된 말.

개:-각(介殼)몡 연체동물의 외투막(外套膜)에서 분비된 석회질이 단단하게 굳어져 될 겉껍데기. 〔굴·전복·조개 따위의 껍데기.〕

개:각(改刻)몡하타 (도장·판각·조각 따위를) 다시 고치어 새김.

개:각(改閣)몡하자 내각(內閣)을 개편함.

개:-각-충(介殼蟲)몡 ⇨깍지벌레.

개:간(改刊)몡하타되자 책 따위의 원판을 다시 고쳐서 발간함. 개판(改版).

개간(開刊)몡하타되자 책을 처음으로 펴냄.

개간(開墾)몡하타되자 버려 둔 거친 땅을 새로 일구어 논밭을 만듦. 기간(起墾). ¶ 척박한 황무지를 개간하다.

개간-지(開墾地)몡 개간한 땅. ↔미개간지.

개:-감수(-甘遂)몡 ⇨감수(甘遂).

개감-스럽다[-따][-스러우니·-스러워]혱ㅂ 음식물을 욕심 사납게 마구 먹어 대는 꼴이 보기에 흉하다. 큰게검스럽다. 개감스레튀

개:갑(介甲)몡 (게·거북 따위의) 단단한 겉껍데기. ☞갑옷.

개:갑(鎧甲)몡 쇠로 된 미늘을 단 갑옷.

개강(開講)몡하자타 강의·강좌 따위를 시작함. ↔종강(終講)·폐강(閉講).

개:-개(個個·箇箇)몡 하나하나. 낱낱. ¶ 국민 개개가 경각심을 가지자.

개:개^고찰(個個考察) ①낱낱이 살핌. ②지난날, 죄인을 매질할 때, 형리를 엄중히 닦달하여 낱낱이 살펴 가며 몹시 치게 하던 일.

개개다짜 ①서로 맞닿거나 닳거나 해지거나 하다. ②성가시게 달라붙어 손해를 끼치다.

개개비몡 휘파람샛과의 새. 날개 길이 9 cm가량. 몸빛은 담갈색이고 꽁지 끝은 회백색임. 5월경부터 물가의 갈대밭에서 살며 '개개개'하고 욺.

개개비-사촌(-四寸)몡 개개비사촌과의 작은 새. 개개비와 비슷하나 몸이 매우 작고, 날개 길이는 4.5∼5.7 cm, 꽁지는 5.5 cm가량임. 몸빛은 대체로 담갈색이고 꽁지의 끝은 흰며, 여름에는 머리가 검게 변함.

개개-빌다[∼비니·∼빌어]짜 (자기가 저지른) 잘못을 용서하여 달라고 간절히 빌다.

개:개-승복(個個承服)몡하타 죄를 낱낱이 자백함.

개:개-인(個個人)몡 하나하나의 사람. 한 사람 한 사람. ¶ 사회 구성원 개개인이 자기가 맡은 바 임무를 다하다.

개:개-풀리다짜 개개풀어지다.

개:개-풀어지다짜 ①끈끈하던 것이 녹아서 다 풀어지다. ②(술에 취하거나 졸음이 와서) 눈에 정기가 없이 흐리멍덩해지다. ②개개풀리다.

개갱(開坑)몡하자 광산에서, 광물을 파내기 위하여 굴을 뚫는 일.

개거(開渠)몡 위를 덮지 아니하고 터놓은 수로(水路). 명거(明渠). ↔암거(暗渠).

개:-걸(丏乞)몡 ①하자 동냥질함. ②거지.

개:-견(-犬)몡 한자 부수의 한 가지. '狀'·'獸' 등에서의 '犬'의 이름. 〔이를 변으로 쓸 때는 '犭(개사슴록변)'이 됨.〕

개:견(概見)몡하타 대충 살펴봄.

개:결(介潔) '개결하다'의 어근.

개:결-하다(介潔-)혱여 성질이 아주 꼿꼿하고 깔끔하다. 개결-히튀

개경(開京)몡 '개성(開城)'의 고려 시대 이름.

개:고(改稿)몡하타 원고를 고치어 씀, 또는 고치어 쓴 원고.

개:-고기몡 ①개의 고기. 구육(狗肉). ②'성질이 검질기고, 체면을 모르는 막된 사람'을 낮잡아 일컫는 말.

개:-골몡 '공연스레 내는 성'을 조롱조로 이르는 말. ¶ 싱겁게 무슨 개골이야?

개골-개골튀하자 개구리가 우는 소리. 큰개굴개굴.

개골-산(皆骨山) [-싼]몡 겨울철의 '금강산(金剛山)'을 이르는 이름. 참봉래산·풍악산.

개-골창몡 수채 물이 흐르는 작은 도랑. 구거(溝渠).

개:과(改過)몡하자 잘못을 고침. 잘못을 뉘우침.

개:과(蓋果)몡 과피(果皮)가 익으면 수평으로 갈라져, 위쪽에 모자 모양으로 떨어지는 열매. 〔채송화·쇠비름 따위.〕 개열과(開裂果). 건조열과. 열과(裂果). ↔폐과(閉果).

개:과-자신(改過自新)몡하자 잘못을 고치어 스스로 새로워짐. 비개과천선.

개:과-천선(改過遷善)몡하자 잘못을 고치어 착하게 됨. ¶ 천하에 둘도 없던 망나니가 개과천선하여 자선 사업가가 되었다. 비개과자신.

개:-관(改棺)몡하타 이장(移葬)하기 위하여 관을 새것으로 바꿈.

개관(開棺)몡하타 시체를 들어내려고 관의 뚜껑을 엶.

개관(開管)몡 양쪽 끝의 마구리가 열리어 있고, 속이 빈 관(管).

개관(開館)몡하자타되자 ①(도서관·박물관·영화관·회관 따위) '관(館)' 자가 붙는 기관이나 시설을 신설하여 그 업무를 시작함. ¶ 개관 10주년. ↔폐관(廢館). ②'관(館)' 자가 붙는 기관이나 시설이 그날의 업무를 시작함. ②↔폐관(閉館).

개:-관(蓋棺)몡하자 시체를 관에 넣고 관의 뚜껑을 덮음.

개관(槪觀)몡 ①하타 전체를 대강 살펴봄. ¶ 고려사 개관. ②그림에서, 색채·윤곽·명암·구도 등의 대체적인 모양.

개:관-사정(蓋棺事定)몡 시체를 관에 넣고 관 뚜껑을 덮은 뒤에야 비로소 그 사람의 인간적 가치를 알 수 있다는 말.

개괄(槪括)몡하타되자 ①대강을 간추려, 요점이나 줄거리를 뭉뚱그림. ¶ 책 전체를 개괄하다. ②논리학에서, 어떤 개념의 외연(外延)으로 확대하여, 보다 많은 사물을 포괄하는 개념을 만드는 일. 〔감나무·밤나무·미루나무 등에 공통된 성질을 추상(抽象)하여 '나무'라는 개념을 만드는 따위.〕 ②↔한정(限定).

개광 (開鑛)圓하자 광산에서, 채굴을 시작함.
개:교 (改敎)圓하자 ⇨개종(改宗).
개교 (開校)圓하자타 새로 학교를 세워 교육 업무를 처음 시작함. ↔폐교(廢校).
개교-기념일 (開校記念日)圓 매해 개교일과 같은 날짜에 맞추어 개교를 기념하는 날.
개:구 (改構)圓하타 ①(구조물을) 다시 구축함. ②(단체나 조직을) 다시 구성함.
개구 (開口)圓하타 ①입을 벌림. ②입을 열어 말함. ↔겸구(箝口)·함구(緘口).
개구-도 (開口度)圓 발음할 때 입을 벌리는 정도.
개구리圓 양서강(兩棲綱) 개구리목의 참개구리과·청개구리과·무당개구릿과·송장개구릿과·맹꽁잇과 등의 동물을 통틀어 이르는 말. 올챙이가 자란 것으로서, 발가락 사이에 물갈퀴가 있으며 피부로 호흡함. 수컷은 울음주머니를 부풀려 소리를 냄. 주로 논이나 못·늪 등에서 삶.
개구리 낯짝에 물 붓기[속담]〔물에 사는 개구리의 낯에 물을 끼얹어 보아야 개구리가 놀랄 일이 아니라는 뜻으로〕'어떤 자극을 주어도 그 자극이 조금도 먹혀들지 않음'을 이르는 말.
개구리도 옴쳐야 뛴다[속담]'아무리 급하더라도 일을 이루려면 마땅히 그 일을 위하여 준비할 시간이 있어야 함'을 이르는 말.
개구리 올챙이 적 생각 못한다[속담](잘되고 나서) '지난날의 미천하거나 어렵던 때의 일을 생각지 않고 행동하는 경우'를 경계하여 이르는 말.
개구리-미나리圓 미나리아재빗과의 이년초. 줄기 높이 70 cm가량. 줄기는 곧고 가지를 치며, 줄기 아래에 나는 잎은 세 가닥으로 갈라지는데, 끝에 성긴 톱니가 있음. 6~7월에 가지 끝에서 노란 꽃이 핌. 유독(有毒) 식물임.
개구리-밥圓 개구리밥과의 다년생 수초(水草). 늪이나 연못의 물 위에 떠서 자라는 풀. 몸은 둥글거나 길둥근 세 가닥의 잎으로 이루어져 있는데, 윗면은 녹색이고 아랫면은 자줏빛임. 물속으로 실 같은 뿌리를 많이 드리워 떠 있음. 여름에 담녹색의 작은 꽃이 핌. 뿌리는 한방에서 강장제·발한제·이뇨제·해독제 등으로 쓰임. 부평초(浮萍草). 수평(水萍).
개구리-자리圓 미나리아재빗과의 이년초. 줄기 높이가 50 cm가량. 근생엽(根生葉)은 무더기로 나고 잎자루가 길며, 깊게 갈라진 줄기잎은 어긋맞게 나고 잎자루가 짧음. 6월경에 노란 다섯잎꽃이 핌. 유독(有毒) 식물임.
개구리-젓[-쩐]圓 개구리의 다리 살로 담근 젓. *개구리젓이[-저시]·개구리젓만[-전-]
개구리-참외[-차뫼/-차뭬]圓 박과의 일년초. 참외와 비슷한데, 줄기에 털이 있음. 살이 감참외같이 붉고 맛이 좋음. 껍질 겉죽은 개구리 등처럼 푸른 바탕에 얼룩얼룩한 무늬가 많음.
개구리-헤엄圓 (개구리가 헤엄치듯) 두 다리를 함께 오므렸다 폈다 하며 치는 헤엄. 평영.
개:-구멍圓 담이나 울타리 또는 대문짝 밑에 개가 드나들도록 터놓은 작은 구멍.
개구멍에 망건 치기[속담]'남이 빼앗을까 봐 겁을 내어 막고 조심하다, 막던 그 물건까지 잃게 됨'을 이르는 말.
개구멍으로 통량갓을 굴려 내다[속담]'교묘한 수단으로 남을 잘 속이는 것'을 두고 이르는 말.
개:구멍-바지圓 (오줌이나 똥을 누기에 편하도록) 밑을 터서 만든 어린아이의 바지.
개:구멍-받이[-바지]圓〔남이 개구멍으로 들이민 것을 받았다는 뜻으로〕 버려진 것을 거두어 기른 아이.

개:구멍-서방 (-書房)圓 (떳떳이 예식을 치르지 아니하고) 남몰래 드나들면서 여자와 부부처럼 지내는 남자.
개구쟁이圓 '지나치게 짓궂은 장난을 하는 아이'를 일컫는 말.
개국 (開局)圓하자타 ①방송국·우체국 등이 사무소를 설치하여 업무를 처음 시작함. ②바둑 대국(對局)을 시작함.
개국 (開國)圓하자타 ①나라를 처음으로 세움. 건국(建國). ②외국과 처음으로 국교를 시작함. ②↔쇄국(鎖國).
개국^공신 (開國功臣)[-꽁-]圓 나라를 새로 세울 때 공훈이 많은 신하.
개국^공신전 (開國功臣田)[-꽁- 쩐]圓 조선 태조가 44명의 개국 공신에게 준 논밭.
개국-시조 (開國始祖)[-씨-]圓 나라를 처음으로 세운 시조.
개국-주의 (開國主義)[-쭈의/-쭈이]圓 나라의 문호(門戶)를 열고 외국과의 통상과 교류를 주장하는 주의. ↔쇄국주의(鎖國主義).
개굴 (開掘)圓하타 (광물 따위를) 헤쳐서 파냄.
개굴-개굴튀하자 개구리가 우는 소리. ㉝개골개골.
개권 (開卷)圓하타 책을 폄.
개:귀-쌈지圓 아가리를 접으면 개의 귀 모양의 넓적한 조각이 앞으로 넘어와 덮이게 된 쌈지.
개그 (gag)圓 (연극·영화·텔레비전 등에서) 관객을 웃기려고 하는 말이나 우스갯짓.
개그-맨 (gagman)圓 개그를 직업적으로 하는 사람. 익살꾼.
개근 (皆勤)圓하자타 (일정 기간에) 휴일 이외에는 하루도 빠짐없이 출석하거나 출근함.
개근-상 (皆勤賞)圓 개근한 사람에게 주는 상.
개:금 (改金)圓하타 불상에 다시 금칠을 올림.
개금 (開金)圓 열쇠.
개금 (開襟)圓하자 ①속마음을 털어놓음. ②옷섶을 열어 가슴을 헤쳐 놓음.
개:금-불사 (改金佛事)[-싸]圓 절에서, 개금(改金)할 때에 올리는 의식.
개-금정 (開金井)圓하타 금정틀을 놓고, 관을 묻을 구덩이를 팜.
개기 (開機)圓 〈개기식〉의 준말.
개기 (開基)圓하타 ①터를 닦기 시작함. ②절을 새로 세우거나, 한 종파를 일으킬 기틀을 마련함.
개기다자 시키는 말을 듣지 않고 버티거나 반항함.
개:-기름圓 얼굴에 번질번질하게 끼는 기름. ¶개기름이 번지르르 흐르다.
개기-식 (皆旣蝕)圓 '개기 일식' 또는 '개기 월식'을 이르는 말. ㉛개기(皆旣). ↔부분식(部分蝕).
개기^월식 (皆旣月蝕)[-씩]圓 달이 지구의 그림자에 완전히 가리어 햇빛을 전혀 받지 못하게 되는 월식 현상. ↔부분 월식(部分月蝕).
개기^일식 (皆旣日蝕)[-씩]圓 해가 달의 그림자에 완전히 가리어져 보이지 않게 되는 일식 현상. ↔부분 일식(部分日蝕).
개:-꽃[-꼳]圓 ①국화과의 일년초. 높이는 30~60 cm. 잎은 깃 모양으로 갈라진 겹잎이고, 줄기는 가지가 많이 갈라져 나며, 7~8월에 흰 꽃이 줄기 끝에 핌. ②('진달래'를 '참꽃'이라 하는 데 대하여) '철쭉'을 달리 이르는 말. *개:꽃이[-꼬치]·개:꽃만[-꼰-]

개:-꿀명 벌집에 들어 있는 그대로의 꿀. 소밀
(巢蜜).

개:-꿈명 '대중할 수 없는 어수선한 꿈'을 하찮
게 여기어 이르는 말.

개:-나리①명 물푸레나뭇과의 낙엽 활엽 관목.
높이 3 m가량. 이른 봄에 노란 꽃이 잎보다 먼
저 핌. 관상용으로 많이 심으며, 씨는 한방에
서 '연교(連翹)'라 하여 연주창이나 부스럼 등
에 약재로 쓰임. 망춘(望春). 연교(連翹).

개:-나리②명 ('참나리'에 상대되는 말로) 야생
(野生)하는 나리'를 통틀어 이르는 말.

개나리-봇짐명 '괴나리봇짐'의 잘못.

개:-나무좀명 개나무좀과의 곤충. 몸길이는
5~6 mm. 몸빛은 검고, 촉각·수염·날개 끝·발
목마디는 적갈색이며, 촉각의 끝 세 마디는 나
뭇잎 모양임. 감나무의 해충임.

개:-나발(←喇叭)명 '사리에 전혀 맞지 않는
허튼소리'를 욕으로 이르는 말.

개:-날명 ☞술일(戌日).

개납(皆納)명하다되자 (세금 따위를) 남김없이
다 냄. 완납(完納).

개년(個年)의 《숫자 다음에 쓰이어》 '햇수'를
나타내는 말. ¶경제 개발 5개년 계획.

개:념(槪念)명 ①여러 관념 속에서 공통적 요소
를 뽑아 종합하여 얻은 하나의 보편적인 관념.
②어떤 사물에 대한 대강의 뜻이나 내용. ¶개
념을 파악하다.

개:념^도:구설(槪念道具說)명 개념은 환경에의
적응 수단으로서 도구와 같은 구실을 하며, 불
변적·선천적인 것이 아니라 생활 경험에 따라
변화한다는 인식 이론. 기구주의(器具主義).

개:념-력(槪念力)[-녁]명 여러 관념 속에서 공
통적 요소를 추려 뽑아, 하나의 개념으로 종합
할 수 있는 능력.

개:념-론(槪念論)[-논]명 ①개념에 대한 논리
학상·인식론상의 이론. ②스콜라 철학의 보편
논쟁(普遍論爭)에서, 유명론(唯名論)과 실념론
(實念論)과의 중간 처지를 취하여 보편의 문제
를 해명하려 하는 이론.

개:념^법학(槪念法學)[-버팍]명 제정법(制定
法)의 무결함성(無缺陷性)과 형식적 논리의 완
결성을 예정하고, 법률학의 임무를 형식 논리
에 의한 법률 개념 체계의 구성으로 보는 법
학. ↔자유 법학(自由法學).

개:념^실재론(槪念實在論)[-째-]명 ☞실념론.

개:념^인식(槪念認識)명 개념에 의하여 깨치게
되는 인식.

개:념-적(槪念的)관대 ①(실제가 아니라) 순이
론적인 것. ②개념적·현실적이 아니라) 개략
적인 (것). ¶개념적 이해. /개념적으로 파악하다.

개:념적 판단(槪念的判斷) ①개념을 주사(主
辭)로 하는 판단. ②개념과 개념 사이의 관계
에 관한 판단.

개:-놈명 악감정이 있는 사람이나 아주 못된 사
람을 욕하여 이르는 말. ¶개놈의 자식.

개:다①자 ①흐리거나 궂은 날씨가 맑아지다. 청
명(淸明)해지다. ¶날씨가 개다. ②'우울하거나
언짢은 마음이 홀가분해지다'를 비유하여 이르
는 말. ¶마음이 활짝 개다.

개:다②타 (흙이나 밀가루 따위) 가루 모양의 것
에 액체를 쳐서 으깨거나 이기다. ¶가루약을
물에 개어 먹이다.

개:다③타 (종이·옷·이부자리 따위를) 접치거나
포개어 접다. ¶이불을 개어 장 속에 넣었다.
본개키다.

개:-다래명 개다래나무의 열매. 먹기도 하고 약
으로도 씀.

개:다래-나무명 다래나뭇과의 낙엽 활엽 만목.
잎은 길둥근 꼴로 톱니가 있으며, 6~7월에 흰
꽃이 핌. 장과(漿果)는 8~9월에 적황색으로 익
는데, '개다래'라고 하여 먹기도 하고 약으로도
쓰며, 나무는 관상용으로 심기도 함.

개다리-밥상(-床)명 '개다리소반'의 잘못.

개:다리-상제(-喪制)명 '예절에 벗어난 행동을
하는 상제'를 욕하여 일컫는 말.

개:다리-소반(-小盤)명 다리를 개의 다리처럼
구부정하게 만든, 원형이나 사각형 또는 다각
형의 막치 소반.

개:다리-질명하자 '채신없이 방정맞고 얄밉게
행동하는 짓'을 욕으로 이르는 말.

개:다리-참봉(-參奉)명 지난날, '돈으로 참봉
벼슬을 사서 거드름 피우는 사람'을 욕으로 일
컫던 말.

개:다리-출신(-出身)[-씬]명 지난날, '총 쏘
는 기술로 무과에 급제한 사람'을 하찮게 일컫
던 말.

개:다리-헌함(-軒檻)명 살을 곧게 세우지 아니
하고 구부정한 받침대를 대어 윗부분이 기둥
밖으로 나가게 한 난간.

개답(開畓)명하다 ☞논풀이.

개더(gather)명 호아서 만든 주름.

개더-스커트(←gathered skirt)명 허리 둘레 부
분을 호아서 주름을 잡은 스커트.

개도(開道)명하자 ☞개로(開路).

개도(開導)명하자 깨우쳐 인도함.

개도-국(開途國)명 '개발도상국'의 준말.

개독(開櫝)명하다 제사 지낼 때, 신주를 모신
독을 여는 일. 계독(啓櫝).

개동(開冬)명 ①초겨울. ②'음력 시월'을 달리
이르는 말.

개동(開東)명하자 먼동이 틈.

개동-군령(開東軍令)[-굴-]명 ①지난날, 군대
에서 이른 새벽에 내리던 행동 명령. ②'새벽
부터 시작하는 일'을 비유하여 이르는 말.

개:-돼지명 ①(개나 돼지 같다는 뜻으로) '사람
답지 않은 사람'을 욕할 때 이르는 말. 견돈(犬豚).

개:-두(蓋頭)명 ①☞가첨석(加檐石). ②☞너울¹.
③왕조 때, 국상을 당하여 왕비 이하 나인들이
머리에 쓰던 쓰개의 한 가지. 여립모(女笠帽).

개:-두량(改斗量)명하타 말이나 되로 한 번 된
곡식을 다시 됨.

개:-두릅명 엄나무 가지에 돋은 새순. 〔나물로
만들어 먹음.〕

개:두-포(蓋頭布)명 가톨릭에서, 사제(司祭)가
미사 때 입는 제의(祭衣) 밑에, 목이나 어깨에
걸치는 긴 네모꼴의 흰 아마포(亞麻布). 〔초기
에는 머리에 썼음.〕

개:두환면(改頭換面)명하자 일의 근본은 고치
지 아니하고, 사람만 갈아서 그 일을 그대로
시킴.

개듕나모명 〈옛〉 가죽나무. ¶개듕나모 뎌:樗(訓
蒙上10).

개:-떡명 ①노깨나 메밀의 속나깨 또는 거친 보
리 싸라기 따위를 반죽하여 아무렇게나 반대기를
지어 밥 위에 얹어 찐 떡. ②'못생기거나 나쁘
거나 마음에 들지 않는 것'을 비유하여 이르는
말. ¶어디서 개떡 같은 것만 사 가지고 오니?

개:떡-수제비[-수-]명 노깨나 보릿겨를 반죽
하여 만든 수제비.

개:-똥명 ①개의 똥. ②'보잘것없는 것'을 비유하여 이르는 말.

개똥도 약에 쓰려면 없다속담 아주 흔하던 것도 정작 필요해서 찾으려니까 구하기가 어렵다.

개:똥-갈이명해자 ①개똥 거름을 주어 밭을 가는 일. ☞개똥밭.

개:똥-밭[-받]명 ①땅이 건 밭. 개똥갈이. ②개똥이 여기저기 많이 널려 있는 더러운 땅.
  *개:똥밭이[-바치]·개:똥밭을[-바틀]·개:똥밭만[-반-]

개똥밭에 굴러도 이승이 좋다속담 천하고 고생스럽게 살더라도 죽는 것보다는 사는 것이 낫다는 말.

개똥밭에도 이슬 내릴 날이 있다속담 역경에 처해 있는 사람도 좋은 때를 만날 때가 있다는 말. 쥐구멍에도 볕 들 날이 있다.

개똥밭에서 인물 난다속담 변변하지 못한 집안에서도 훌륭한 인물이 난다는 말. 개천에서 용 난다.

개:똥-번역(-飜譯)명 '이중(二重) 번역' 또는 '엉터리 번역'을 속되게 이르는 말.

개:똥-벌레명 개똥벌레과의 곤충. 몸길이는 12~18 mm. 몸빛은 등판이 검고, 앞가슴판은 붉음. 대부분의 성충은 배 끝에 발광기(發光器)가 있어, 여름 밤에 날아다니며 빛을 냄. 물가의 풀숲에 삶. 반디. 반딧불이.

개:똥-불명 ①'반딧불'의 방언. ②'개똥벌레'의 방언.

개:똥-상놈(-常-)명 '말이나 행실이 버릇없고 고약한 사람'을 욕으로 이르는 말.

개:똥-지빠귀명 딱샛과의 새. 날개 길이는 12~14 cm, 꽁지 길이 8~10 cm. 암수가 같은 몸빛인데, 등 쪽은 암갈색이고 가슴은 담갈색이며, 날갯죽지 밑으로 얼룩무늬가 많음. 10월경에 남쪽으로 날아와 낮은 산·평지·풀밭에서 곤충·식물의 씨 따위를 먹고 삶. 백설조(百舌鳥). 티티새. 준지빠귀.

개:똥-참외[-차뫼/-차뭬]명 길가나 들 같은 데에 저절로 자라서 열린 참외.

개똥참외는 먼저 맡는 이가 임자라속담 임자 없는 물건은 먼저 발견한 사람이 차지하게 마련이라는 말.

개:똥-철학(-哲學)명 대수롭지 아니한 생각을 철학인 듯 내세우는 것을 낮잡아 이르는 말.

개:-띠명 ☞술생(戌生).

개:략(槪略)명 대강 간추려 줄임, 또는 간추려 줄인 것. 개요(槪要). ¶사업 계획의 개략을 설명해 주다.

개:략-적(槪略的)[-쩍]관명 대강 간추려 간략하게 줄인 (것). ¶개략적 설명. /개략적인 내용.

개:량(改良)명하타되자 (질이나 성능 따위를) 고치어 좋게 함. ¶농기구 개량. /품종 개량. / 농사 방법의 개량에 힘쓰다. 개선(改善).

개:량(改量)명하타되자 (토지를) 다시 측량함, 또는 그 일.

개:량^목재(改良木材)[-째]명 천연의 나무에 어떤 기계적·화학적 처리를 한 목재를 통틀어 이르는 말.

개:량-저(改良苧)명 무명실로 모시처럼 성기게 짠 여름 옷감.

개량-조개명 개량조개과의 바닷조개. 겉모양은 대합과 비슷한데, 누른 갈색 바탕에 굵고 둥근 바퀴살 모양의 띠가 여러 개 있으며 안쪽이 휨.

개:량-종(改良種)명 (종래의) 농작물이나 가축 따위를) 개량한 품종. ↔재래종.

개:량-주의(改良主義)[-의/-이]명 (자본주의의 테두리 안에서) 급격한 변혁을 피하고 점진적으로 사회를 개혁·개량하려고 하는 주의. 사회 개량주의.

개:량-책(改良策)명 나쁜 점을 고치어 좋게 하기 위한 방책(方策).

개:량-품(改良品)명 (종래의 것을) 개량한 물품.

개:량^행위(改良行爲)명 재산의 성질을 바꾸지 아니하는 범위 안에서, 재산의 가치를 증가시키는 관리 행위. 〔황무지를 개간하여 기름진 땅으로 만드는 따위.〕

개런티(guarantee)명 출연할 때에 계약에 따라 받는 금액. 사례금. ¶개런티가 높은 배우.

개:력(改曆)명해자 ①역법(曆法)을 고침. ②묵은해를 보내고 새해를 맞음. ③환세(換歲).

개력-하다[-려카-]자여 산천이 무너지고 변하여 옛 모습이 없어지다.

개:렴(改殮)명하자 다시 염(殮)을 함. ¶육진 장포 개렴하여 조출한 상여 위에 덩그렇게 실은 후에…(烈女春香守節歌).

개:수(改수)명하타 한 번 내렸던 명령을 다시 고치어 내림, 또는 고치어 내린 그 명령.

개로(皆勞)명하자 모두 다 일함. ¶국민 개로의 기풍을 진작하자.

개로(開路)명하타 ①길을 틈(냄). ②어떤 사업이나 일을 새로 트기 시작함. 개도(開道).

개:론(槪論)명하타 내용을 대강 간추리어 논설함, 또는 그 논설. ¶문학 개론. /법학 개론. ㈜개설(槪說).

개:르다[개르니·갤러]형르 〈게으르다〉의 준말. 준게르다.

개:름명 〈게으름〉의 준말. 준게름.

개:름-뱅이명 〈개으름뱅이〉의 준말. 준게름뱅이.

개:름-쟁이명 〈개으름쟁이〉의 준말. 준게름쟁이.

개리명 오릿과의 새. 기러기만 하며, 편 날개 길이는 140 cm가량. 뒷목과 날개는 적갈색이고 가슴은 얕은 살색이며, 배는 흼. 겨울에 우리 나라·해안·풀밭·습지·논밭 등에 떼 지어 살며 풀·조개 등을 먹음. 우리나라에서는 10월에서 이듬해 4월에 볼 수 있는 새임.

개:린(介鱗)명 ①갑각(甲殼)과 비늘. ②조개와 물고기.

개:립(介立)명하자 ①(남의 도움 없이) 혼자의 힘으로 일을 함. ¶몇 차례 실패하고 난 뒤에 스스로 개립하다. ②☞개재(介在).

개립(開立)명하타 〈개입방(開立方)〉의 준말.

개:마(介馬·鎧馬)명 갑옷을 입힌 말. 무장(武裝)한 말.

개막(開幕)명하자타되자 ①(연극·음악회 따위를 시작할 때) 막을 열거나 엶. ②(회의나 행사 따위를) 시작함. ¶전국 체전의 개막이 며칠 앞으로 다가왔다. ③'어떤 시대나 상황이 시작됨'을 비유하여 이르는 말. ¶정보화 시대의 개막. /21세기가 개막되다. ↔폐막(閉幕).

개막-식(開幕式)[-씩]명 일정 기간 동안 행사를 치를 때 그 행사의 시작을 알리기 위해 베푸는 의식. ¶올림픽 개막식. ↔폐막식.

개:-망나니명 '하는 짓이나 성질이 아주 못된 사람'을 욕으로 이르는 말.

개:-망신(-亡身)명하자 아주 심한 망신. 개코망신. ¶개망신을 당하다.

개:-맨드라미명 비름과의 일년초. 줄기는 40~80 cm로 곧게 자람. 잎은 버들잎 모양이고 7~8월에 가지 끝에 연붉은 작은 꽃이 핌. 씨는 '강남조' 또는 '청상자'라 하여 약재로 쓰임.

개맹이圈 똘똘한 기운이나 정신. 〔소극적·부정적으로만 쓰임.〕¶개맹이가 없다.

개:-머루圈 포도과의 낙엽 활엽 만목. 산이나 들에 절로 남. 가지에 털이 없고 나무껍질은 갈색. 6~7월에 녹색의 꽃이 피고 열매는 가을에 푸른색으로 익음.

개:-머리圈 총의 밑동을 이룬, 나무나 플라스틱 따위로 된 넓적한 부분. 개머리판.

개:머리-쇠[-쇠/-쉐]圈 총의 개머리 밑바닥에 댄 쇠.

개:머리-판(-板)圈 ☞개머리.

개:-먹圈 나쁜 먹. ↔참먹.

개-먹다[-따]囨 개개어서 닳거나 상하다. ¶삭고 개먹은 밧줄.

개면(開綿)圈 면사 방적 공정에서, 면화(棉花)의 섬유를 펴서 짧은 섬유와 티끌을 떨어 내는 일.

개:명(改名)圈하타囨 이름을 고침, 또는 고친 이름.

개명(開明)圈하囨 사람의 지혜가 열리고 문화가 발달함. 개화(開化). ¶개명 천지.

개명-꾼(開明-)圈 개화기에, 개명한 사람을 이르던 말.

개명-먹(開明-)圈 향료를 섞어서 먹통이나 병에 넣어 파는 먹물. 개명묵(開明墨).

개명-묵(開明墨)圈 ☞개명먹.

개모(開毛)圈 소모(梳毛) 방적 공정에서, 덩어리 모양으로 되어 있는 원모(原毛)를 풀어서 토사(土砂)나 불순물을 없애는 일.

개:모(槪貌)圈 대강의 겉모양, 또는 형편.

개-모음(開母音)圈 ☞저모음(低母音).

개무(皆無)圈 '개무하다'의 어근.

개무-하다(皆無-)圈囨 조금도 없다. 전혀 없다. 절무(絕無)하다. 働전무(全無).

개문(開門)圈¹ 술가(術家)의 팔문(八門) 가운데 길한 문의 하나.

개문(開門)圈²하자타 문을 엶. ↔폐문(閉門).

개문-납적(開門納賊)[-쩍]圈하囨 〔문을 열어 도둑이 들어오게 한다는 뜻으로〕 '제 스스로 화를 불러들임'을 비유하여 이르는 말.

개문-영입(開門迎入)[-녕-]圈하囨 문을 열어 (손을) 반가이 맞아들임.

개:물(個物)圈 ☞개체(個體). 個體).

개물-성무(開物成務)圈하囨 만물의 뜻을 깨달아 모든 일을 이룸.

개미圈¹ (연줄을 질기고 세게 하려고 먹이는) 사기나 유리의 고운 가루를 부레풀에 탄 것.

개:미圈² 개밋과의 곤충을 통틀어 이르는 말. 몸길이 1 mm인 작은 것에서부터 13 mm 이상인 것 등 종류가 많음. 몸빛은 검거나 갈색이고, 머리·가슴·배로 구분되며, 허리가 잘록함. 여왕개미를 중심으로 질서 있는 집단적 사회생활을 이루며, 땅 또는 썩은 나무 속에 삶.

개미가 정자나무 건드린다[솜] '힘없는 이가 큰 세력에 맞서 덤빔'을 비유하여 이르는 말.

개미 금탑 모으듯[솜] '재물 따위를 조금씩 조금씩 알뜰하게 모음'을 이르는 말.

개미 메 나르듯[솜] 〔개미가 먹이를 물어 나르 듯 한다는 말로〕 '조금씩 가져다 나른 일이 마침내는 매우 많은 것을 가져다 모은 결과가 되었음'을 이르는 말.

개미 쳇바퀴 돌듯[솜] 변화나 진보가 없이 늘 제자리에 머무르고 있다는 말.

개미 새끼 하나도 얼씬 못하다[관용] 〔경계가 삼엄하거나 출입·접근이 금지되어 있어〕 아무

도 가까이 다가갈 수 없다.

개미 새끼 하나 볼 수 없다[관용] 아무도 찾아 볼 수 없다.

개미(開眉)圈 눈살을 폄. 곧 근심을 풀고 마음을 놓음.

개:미-구멍圈 ①개미가 뚫은 구멍. ②☞개미집.

개:미-굴(-窟)圈 ①개미가 뚫은 굴. 의혈(蟻穴). ②개미집.

개:미-귀신(-鬼神)圈 명주잠자리의 유충. 모래밭에 깔때기 모양의 함정을 파 놓고, 그 밑에 숨어 있다가 미끄러져 떨어지는 개미 따위의 작은 곤충을 큰 턱으로 물어 잡아먹음.

개:미-누에圈 알에서 갓 깨어난 누에. 털누에. 의잠(蟻蠶).

개:미-붙이[-부치]圈 개미붙잇과의 곤충. 몸빛은 검고 배는 적갈색이며 겉날개에 흰 털이 나 있음. 나무굼벵이 따위의 해충을 잡아먹으므로 임업에 도움을 줌. 곽공충.

개:미-산(-酸)圈 ☞포름산.

개:미살이-좀벌圈 개미살이좀벌과의 곤충. 몸길이 5~6 mm. 몸빛은 검거나 금속광택이 나는 청록색임. 불개미의 유충에 기생하는데, 우리나라·일본 등지에 분포함.

개:미-손님圈 개미집에서 개미의 유충이나 분비물을 먹으며 기생하는 곤충을 통틀어 이르는 말.

개:미-자리圈 석죽과의 이년초. 밭이나 길가의 볕이 잘 드는 곳에 절로 남. 줄기는 무더기로 나고 잎은 버들잎 모양이며, 6~8월에 흰 꽃이 핌. 한방에서 온 포기를 약재로 씀.

개:미-지옥(-地獄)圈 개미귀신이 마루 밑이나 양지바른 모래땅에 파 놓고 숨어 있는 깔때기 모양의 구멍.

개:미-집圈 개미가 모여 사는 굴. 개미구멍. 개미굴.

개:미-취圈 국화과의 다년초. 산지에 절로 나는데 관상용으로도 가꿈. 높이는 1.5~2 m. 잎은 버들잎과 비슷한 모양이거나 길둥근 모양임. 7~10월에 자줏빛 꽃이 핌. 뿌리는 약용, 어린 잎은 식용함.

개:미-탑(-塔)圈 ①개미탑과의 다년초. 줄기 높이 10~25 cm. 잎은 갸름하게 둥근 모양이며, 7~8월에 황갈색의 잔꽃이 이삭 모양으로 피고, 반들반들한 열매를 맺음. ②개미나 흰개미가 개미집 어귀에 흙과 낙엽 따위를 이용하여 높이 1 m가량의 원추형 탑을 쌓아 놓은 것. 열대 지방에는 높이 3~4 m나 되는 것도 있음.

개:미¹-투자자(-投資者)圈 주식 시장에서, '개인 투자자'를 비유하여 이르는 말.

개:미-핥기(-핥기)圈 개미핥깃과의 포유동물. 머리가 길고 뾰족함. 몸길이 1.5 m가량. 회흑색의 털로 덮여 있고, 특히 꼬리에는 긴 털이 많아 몸에 붙은 벌레를 쓸기도 함. 앞발톱으로 개미집을 파헤쳐 긴 혀로 개미를 잡아먹음. 중앙아메리카 및 남아메리카에 분포함.

개:미-허리¹圈 개미의 허리처럼 가는 허리.

개:미-허리²圈 한자 부수의 한 가지. '巡'·'巢' 등에서의 '巛'의 이름. 〔'巛'은 '川'의 고자(古字).〕

개:-밀圈 볏과의 다년초. 높이 70 cm가량. 밀과 비슷하나 줄기와 잎이 붉은 갈색을 띠고 잎에는 털이 없음. 들이나 길가에 절로 나는데, 5~6월에 적자색 또는 녹색의 꽃이 핌.

개:밋-둑[-미뚝/-믿뚝]圈 개미가 땅속에 집을 짓기 위하여 땅 위로 날라 놓은 흙가루가 쌓여서 된 둑. 의봉(蟻封).

개-바자똉 갯버들 가지로 엮어 만든 바자.

개:-박하(-薄荷)[-빠카]똉 꿀풀과의 다년초. 산과 들에 절로 나는데, 높이는 60~90 cm. 회백색 잔털로 덮여 있고 향기가 있음. 잎은 달걀 모양인데 톱니가 있음. 7월경에 백자색(白紫色) 꽃이 피며, 열매는 수과(瘦果)임.

개발(開發)똉하타되자 ①천연자원 따위를 인간 생활에 도움이 되게 하는 일. ¶수자원 개발. ②새로운 것을 생각해 내어 실용화(實用化)하는 일. ¶신제품의 개발. ③산업이나 경제 따위를 발전하게 함. ¶첨단 산업을 개발하고 육성하다. ④잠재된 재능 등을 살리어 발달하게 함. ¶능력 개발.

개발^교:육(開發敎育)똉 학습자가 본래 지니고 있는 능력을 자력에 의하여 개발하도록 하는 교육. 계발 교육(啓發敎育). ↔주입 교육.

개:발-나물[-라-]똉 산형과의 다년초. 높이는 1 m가량. 미나리와 비슷하나 잎과 줄기가 더 크고 털이 없음. 잎은 깃모양 겹잎이며, 8월에 흰 꽃이 줄기 끝에 핌. 유독 식물임.

개발도상-국(開發途上國)똉 경제 발전이 선진 공업국보다 뒤떨어진 상태에 있는 나라. 발전 도상국. 저개발국. 쥰개도국.

개발-비(開發費)똉 기업이 새 기술의 도입, 새 경영 조직의 개발, 자원 개발, 시장 개척 등을 위하여 들인 비용.

개:발-사슴똉 발이 개의 발처럼 생긴 큰 고라니.

개:발-새발튄 개의 발과 새의 발이라는 뜻으로) 글씨를 되는대로 아무렇게나 써 놓은 모양.

개발-은행(開發銀行)똉 개발에 필요한 자금을 대어 주는 은행.

개발-주의(開發主義)[-의/-이]똉 개발 교육의 방법에 의하여 아이들의 지능을 열어 주자는 교육상의 주의. ↔주입주의.

개:발-코똉 개의 발처럼 너부죽하고 뭉툭하게 생긴 코.

개:-밥똉 개의 먹이.

개밥에 도토리즉단 '축에 끼지 못하고 따돌림을 당하는 외로운 처지'를 두고 이르는 말.

개:밥-바라기[-빠-]똉 저녁때 서쪽 하늘에 보이는 '금성(金星)을 속되게 이르는 말. 어둠별.

개방(開方)똉하자 제곱근이나 세제곱근을 계산하여 구함, 또는 그 자수.

개방(開房)똉하자 교도소에서, 아침에 일을 시키기 위하여 모든 재소자를 감방에서 내보내는 일.

개방(開放)똉하타되자 ①문을 열어 놓음. ¶고궁(古宮)의 개방 시간. ②금하던 것을 풀고 열어 놓음. ¶문호 개방. /시장을 개방하다. ↔폐쇄.

개방^경제(開放經濟)똉 외국과의 상품·환(換)·자본 따위의 거래에 있어, 아무 제한이 없는 자유로운 경제.

개방^대:학(開放大學)똉 대학 교육을 받지 못한 사람에게 재교육 및 평생 교육의 기회를 주기 위해 설치한 대학.

개방^도시(開放都市)똉 (국제법상 공격이 금지된 도시라는 뜻으로) 방비 시설이 없는 도시. 무방비 도시. ↔방수 도시(防守都市).

개방-법(開方法)[-뻡]똉 제곱근이나 세제곱근을 계산하여 그 답을 구하는 방법. 쥰개법(開法).

개방성^결핵(開放性結核)[-썽-]똉 환자의 배설물 속에 결핵균이 섞이어 나오는 결핵증. [전염 가능성이 큼.] ↔폐쇄성 결핵.

개방^요법(開放療法)[-뇨뻡]똉 정신병 환자를 가두지 아니하고, 병원 안에서 자유로이 생활

하도록 하면서 치료하는 방법.

개방-적(開放的)관똉 있는 그대로를 남에게 보이는 (것). 숨기지 않는 (것). ¶개방적 운영. /개방적인 성격.

개방^정책(開放政策)똉 외국과 수교하여 문호를 개방하는 정책. ↔쇄국 정책.

개방-주의(開放主義)[-의/-이]똉 금제(禁制)되던 것을 자유롭게 개방하자는 주의.

개방^혈관계(開放血管系)[-계/-게]똉 동맥이 정맥으로 이어지지 않아 혈액이 근육 조직 속으로 들어가게 되어 있는 혈관계. 절지동물·연체동물 등 하등 동물의 혈관계가 이에 딸림. ↔폐쇄 혈관계.

개방-화(開放化)똉하자타되자 금하던 것을 풀고 열게 됨, 또는 그렇게 함. ¶개방화 시대. /금융 시장의 개방화.

개:-백장[-짱]똉 ①개를 잡는 일을 업으로 삼는 사람. ②'언행이 막된 사람'을 욕으로 이르는 말. 개백정.

개:-백정(-白丁)[-쩡]똉 ☞개백장.

개버딘(gaberdine)똉 날에 소모사(梳毛絲), 씨에 소모사나 면사를 써서 능직으로 짠, 광택이 있는 모직물. 춘추복이나 레인코트 감으로 쓰임.

개벌(皆伐)똉하타되자 산림의 나무를 한꺼번에 모두 베어 냄.

개벌(開伐)똉하타 산림의 나무를 베어 냄, 또는 베어 내기 시작함.

개범(開帆)똉하자 ☞출범(出帆).

개법(開法)[-뻡]똉 〈개방법(開方法)〉의 준말.

개:-벼룩똉 벼룩과의 곤충. 몸길이 1~3 mm. 벼룩과 비슷하나 뛰는 힘이 약함. 개의 몸에 붙어삶.

개벽(開闢)¹똉하자 ①천지가 처음 열림. ¶세상이 개벽하다. ②천지가 어지럽게 뒤집힘. ③'새로운 시대가 시작됨' 또는 '새로운 큰 상황이 비롯됨'을 비유하여 이르는 말.

개벽(開闢)²똉 1920년에 김기진(金基鎭)·박영희(朴英熙) 등이 참여한 최초의 월간 종합지. 천도교 기관지로 출발하여 신경향파 작가들이 주로 활약했음. 1949년 3월까지 통권 81호를 내고 간행됨.

개:벽(蓋甓)똉 전각(殿閣)의 바닥에 까는 벽돌.

개:변(改變)똉하타되자 ☞변혁(變革).

개:별(個別)똉 따로따로임. 하나하나 따로의 것. ¶개별 학습. /개별 심사.

개:별^개:념(個別槪念)똉 한 사물에만 적용되는, 낱낱으로 구별된 개념. (사람·집·책 따위의 개념.) 개체 개념. 개체 명사(個體名辭). 단독 개념. ↔일반 개념·집합 개념.

개:-별꽃[-꼳]똉 석죽과의 다년초. 숲 속에 절로 나는데, 가는 줄기가 한두 개 곧게 자람. 잎은 마주나며 밑 부분이 좁아 마치 잎꼭지처럼 보임. 5월에 작은 꽃잎 다섯 끝에 흰 꽃이 한 송이씩 핌. 어린순은 나물로 먹을 수 있고, 다 자란 것은 한방에서 간장약(肝臟藥)으로 쓰임. *개:별꽃이[-꼬치] ·개:별꽃만[-꼰-]

개:별^링크제(個別link制)똉 특정 물자의 수출에 대하여, 그에 관련되는 특정 물자의 수입을 허가하는 링크제의 한 형태. 면사·면직물의 수출에 대하여, 면화의 수입을 허가하는 따위. 상품별 링크제. ↔종합 링크제.

개:별-적(個別的)[-쩍]관똉 하나씩 따로 나뉘어 있는 (것). ¶개별적 문제. /개별적으로 만나다.

개:별^지도(個別指導)똉 피교육자의 처지나 특성에 따라 개별적으로 가르치는 일.

개병(皆兵)圀 국민 모두가 병역의 의무를 가지는 것. ¶국민 개병 제도.

개병-주의(皆兵主義)[-의/-이]圀 국민 모두가 병역의 의무를 주게 하자는 주의.

개:-보수(改補修)圀하타되자 개수(改修)와 보수(補修)를 아울러 이르는 말. ¶아파트 개보수 공사.

개:-복(-福)圀 '남의 식복(食福)'을 욕으로 이르는 말. ¶개복이 터진다.

개:복(改服)圀하자 ①지난날, 의식(儀式) 때에 관복을 바꿔 입던 일. ②☞변복(變服).

개복(開腹)圀하타 복강 안의 기관을 수술하려고 배를 쨈.

개:복(蓋覆)圀하타 덮개를 덮음, 또는 덮개로 덮음.

개복^수술(開腹手術)[-쑤-]圀 배를 째고 복강(腹腔) 안에 있는 기관(器官)을 치료하거나 혹 따위를 제거하는 수술. ☞개복술.

개복-술(開腹術)[-쑬]圀〈개복 수술〉의 준말.

개:복-청(改服廳)圀 지난날, 의정(議政)이나 감사(監司) 등을 만나려고 찾아간 사람이 옷을 갈아입던 곳.

개:-복치圀 개복칫과의 바닷물고기. 몸길이 2~4 m. 몸은 길둥근 모양이고 납작함. 몸빛은 등쪽은 푸르고 배 쪽은 흼. 바다의 표면 가까이를 헤엄쳐 다님.

개:봉(改封)圀하타 ①봉한 것을 고쳐 다시 봉함. ②고대 중국에서, 제후(諸侯)의 영지(領地)를 바꾸어 봉하던 일.

개봉(開封)圀하타되자 ①봉한 것을 떼어 엶. 개탁. 탁봉. ¶편지를 개봉하다. /봉서(封書)를 개봉하다. ②새로 만들거나 새로 수입한 영화를 처음으로 상영함. ¶개봉 박두. /영화는 개봉을 앞두고 마무리 작업이 한창이다. ↔함봉(緘封).

개봉-관(開封館)圀 새로 만들거나 새로 수입한 영화만을 상영하는 영화관. ¶시내 주요 개봉관에서 절차리에 상영되고 있는 영화.

개:-봉축(改封築)圀하타 무덤의 봉분을 고치어 쌓음.

개-부심圀하자 장마로 큰물이 난 뒤, 한동안 멎었다가 다시 비가 내려 명개를 부시어 냄, 또는 그 비.

개:-불圀 개불과의 환형동물(環形動物). 몸길이 10~30 cm. 주둥이는 짧은 원뿔 모양이고, 몸빛은 황갈색을 띰. 바다 밑의 모래 속에 'U' 자 모양의 구멍을 파고 삶. 우리나라 중부 이남이나 태평양 연안에 분포함.

개:-불상놈(-常-)圀 '언행이 아주 고약한 사람'을 욕으로 이르는 말.

개:-불알-꽃[-꼳]圀 난초과의 다년초. 산속의 풀밭에 나는데, 줄기는 40 cm가량 자라며 성긴 털이 있음. 길둥근 잎은 끝이 뾰족하고 어긋맞게 남. 5~7월에 연한 홍자색 꽃이 꽃줄기 끝에 한 송이씩 핌. * 개:불알꽃이[-꼬치]·개:불알꽃만[-꼰-].

개비¹圀 ①가늘게 쪼갠 나무토막이나 기름한 토막의 낱개. ②[의존 명사적 용법] 가늘고 짤막하게 쪼개진 도막을 세는 단위. ¶성냥 다섯 개비. /담배 한 개비.

개비²圀 도자기를 구울 때, 가마 문 앞에 놓아 그릇을 덮는 물건. 개피(蓋皮).

개:비(改備)圀하타 헌것을 버리고 새것을 장만하여 갖춤. ¶새로 이사하면서 가구 일체를 개비하다.

개:-비름圀 비름과의 일년초. 높이 30 cm가량. 밑둥에서 가지가 갈라지고, 달걀 모양의 잎이 어긋맞게 나는데 잎자루가 긺. 6~7월에 녹색의 잔꽃이 이삭 모양으로 피며, 열매는 포과(胞果)임. 논밭이나 길가에 나는데, 어린잎은 먹을 수 있음.

개:-비자나무(-榧子-)圀 주목과의 상록 침엽 관목. 높이는 2 m가량. 가늘고 긴 잎은 양옆에 흰 줄이 있으며 마주남. 암수딴그루로 4월에 꽃이 피며, 길둥근 열매가 10월경에 붉게 익음. 우리나라의 특산종임. 열매는 먹거나 기름을 짬.

개빙(開氷)圀하자 지난날, 봄이 되어 빙고(氷庫)를 처음 열던 일.

개빙^사한제(開氷司寒祭)圀 지난날, 음력 이월 춘분날에, 빙고(氷庫)를 처음 열면서 지내던 제사. 개빙제(開氷祭).

개빙-제(開氷祭)圀하자 ☞개빙 사한제.

개:-뼈다귀圀 ①개의 뼈다귀. ②별 볼 일 없으면서 끼어드는 사람을 경멸하여 속되게 이르는 말. ¶이건 또 어디서 굴러먹던 개뼈다귀야?

개:-뿔圀 '아무 가치도 없는 것'을 속되게 이르는 말. ¶개뿔 같은 소리.

개뿔도 모르다관용 '아무것도 모르다'를 속되게 이르는 말.

개뿔도 없다관용 돈이나 명예·능력 따위가 전혀 없음을 비유하여 이르는 말.

개사(開士)圀 불법을 열어 중생을 인도하는 것. 곧, '보살'의 딴 이름.

개사(開肆)圀하자타 가게를 엶.

개:-사망圀 남이 뜻밖에 이득을 보거나 재수가 생겼을 때 욕하여 이르는 말.

개:-사슴록-변(-鹿邊)[-녹뼌]圀 한자 부수의 한 가지. '狂'·'狗' 등에서의 'ㅥ'의 이름.

개:-사초(改莎草)圀하타 (흙이 드러난 무덤의) 떼를 갈아입힘.

개:산(改刪)圀하타 문장의 잘못된 곳을 고침.

개산(開山)圀 ①하자타 절을 처음으로 세움. ②〈개산조사(開山祖師)〉의 준말.

개:산(槪算)圀하타 어림으로 계산함. ↔정산(精算).

개산-기(開山忌)圀 개산조사(開山祖師)의 기일(忌日), 또는 그날의 법회(法會).

개산-날(開山-)圀 절을 처음으로 세운 날. 개산일.

개산-당(開山堂)圀 개산조사(開山祖師)의 초상이나 위패를 모신 곳.

개산^법회(開山法會)[-버푀/-버풰]圀 개산날을 기념하여 베푸는 법회.

개산-일(開山日)圀 ☞개산날.

개산-조사(開山祖師)圀 새로운 종파를 처음 열었거나, 어떤 절을 처음으로 세운 사람. ㉥개산(開山)·개조(開祖).

개산-탑(開山塔)圀 개산조사(開山祖師)의 뼈나 사리(舍利)를 넣어 둔 탑.

개살구도 맛 들일 탓속담 [시고 떫은 개살구도 자꾸 맛을 들이면 그런대로 먹을 수 있게 된다는 뜻에서] 모든 일은 자기가 하기 나름이라는 말.

개살구 지레 터진다속담 능력도 없고 되지 못한 사람이 오히려 먼저 나서려 하려고 덤빈다는 말.

개:-살구-나무圀 장미과의 낙엽 활엽 교목. 높이 5~7 m. 잎은 달걀 모양인데 가장자리에 톱니가 있고, 꽃은 4월에 잎보다 먼저 불그스름하

게 피며, 살구와 비슷한 열매가 6월에 누렇게
익음. 열매는 '개살구'라 하여 더러 먹기도 하
는데 맛은 시고 떫음. 씨는 한방에서 약재로
쓰임.

개:-살이(改-)똉〈개가(改嫁)〉의 속된 말.

개:상(-床)똉하자 볏단을 태질하는 데 쓰는 농기구.
굵은 서까래 같은 통나무 네댓 개를 가로 대어
엮고 다리를 박은 것.

개:상-질(-床-)똉하자 벼·보리·밀 등의 단을
태질하여 낟알을 떠는 일. 개자식.

개:-새끼똉 '성질이나 행실이 못된 사람'을 욕
으로 이르는 말. 개자식.

개:색(改色)똉하자타 ①빛깔을 마음에 드는 것
으로 바꿈. ②물건을 같은 종류 가운데서 마음
에 드는 것으로 바꿈.

개:서(改書)똉하타 쓴 글이나 글씨를 다시 고쳐
서 씀.

개서(開書)똉하타 편지의 겉봉을 뜯음.

개석(開析)똉 풍화 작용이나 침식 작용으로 지
표의 일부가 깎이어 여러 가지 새로운 지형으
로 바뀌는 일.

개:석(蓋石)똉 ①무덤의 석실(石室) 위에 덮는
돌. ②☞가첨석(加檐石).

개석^대지(開析臺地)[-때-]똉 침식 작용으로
말미암아 여러 개의 골짜기가 생긴 대지.

개석^삼각주(開析三角洲)[-쌈-쭈]똉 하천의
침식을 받아 부챗살 모양으로 팬 삼각주.

개:선(改善)똉하타되자 부족하거나 잘못된 점
을 고치어 잘 되게 함. 좋은 방향으로 고침.
¶체질 개선. /처우를 개선하다. ↔개악(改惡).

개:선(改選)똉하타되자 새로 선출함.

개:선(疥癬)똉 ☞옴.

개:선(凱旋)똉하자 (전쟁이나 경기에서) 이기고
돌아옴. ¶개선 장병. /개선 행진.

개:선-가(凱旋歌)똉 개선의 노래. 승리의 노래.
준개가(凱歌).

개-선거(開船渠)똉 (조수가 자유로이 드나들도
록) 출입구를 터놓은 선거.

개:선-관(改善觀)똉 인간이 노력함으로써 추악
을 개선하고 선미(善美)를 실현하며 점차 이상
(理想) 세계에 이를 수 있다고 보는 인생관.

개:선-론(改善論)[-논]똉 개선관(改善觀)을 주
장하는 이론.

개:선-문(凱旋門)똉 전쟁에 이긴 일을 기념하
거나 개선군을 환영하기 위하여 세운 문.

개:선-장군(凱旋將軍)똉 ①전쟁에서 이기고 돌
아온 장군. ②'어떤 일에 크게 성공한 사람'을
비유하여 이르는 말.

개:선-책(改善策)똉 잘못된 점을 고치어 더 좋
게 하는 방법. ¶입시 제도에 대한 개선책을
강구하다.

개:선-충(疥癬蟲)똉 옴진드깃과의 절지동물. 몸
길이 0.3~0.4 mm. 몸빛은 유백색. 사람의 피
부에 파고 들어가 살면서 옴을 일으킴. 전 세
계에 분포함. 옴벌레.

개:설(改設)똉하타 (시설이나 기구 따위를) 고
치어 설치함.

개설(開設)똉하타되자 ①(어떤 시설을) 새로 설
치하여 업무를 시작함. ¶특약점 개설. /영어
강좌를 개설함. ②은행 등에서, 새로운 계좌
(計座)를 마련함. ¶예금 계좌를 개설하다.

개:설(槪說)똉하타 내용을 개략적으로 설명함,
또는 그런 내용의 글이나 책. 범설. ¶고전 문
학 개설. 町개론.

개:성(改姓)똉하자 성(姓)을 바꿈.

개:성(個性)똉 ①사람마다 지닌, 남과 다른 특
성. 개인성(個人性). ¶개성이 뚜렷한 인물.
②개체(個體)가 지닌 고유의 특성.

개성(開城)똉하자 ①성문을 엶. ②(성문을 열
고) 적에게 항복함.

개:성^교:육(個性敎育)똉 피교육자의 개성을
존중하고, 그 타고난 재질을 계발하려는 교육.
↔획일 교육.

개성^부:기(開城簿記)똉 ☞사개다리부기.

개성-불도(皆成佛道)[-또]똉 누구든지 삼생(三
生)을 통하여 불법(佛法)을 행하고 불도(佛道)
를 닦으면 부처가 될 수 있다는 말.

개:성^심리학(個性心理學)[-니-]똉 ☞차이 심
리학(差異心理學). ↔일반 심리학.

개:성-적(個性的)관똉 개성이 두드러진 (것).
¶개성적 문제. /개성적인 표현.

개세(改歲)똉하자 ☞환세(換歲).

개세(開歲)똉 '음력 정월'을 달리 이르는 말.

개:세(慨世)똉 세상 형편을 개탄함.

개:세(蓋世)똉 기개(氣槪)나 기력(氣力)이 온
세상을 뒤덮을 만큼 왕성함. ¶개세의 영웅.

개:세(槪勢)똉 대강의 형세(形便).

개:세지재(蓋世之才)똉 온 세상을 뒤덮을 만큼
뛰어난 재능, 또는 그런 재능을 가진 인물.

개:세지풍(蓋世之風)똉 온 세상을 뒤덮을 만큼
뛰어난 풍모.

개소(開所)똉하자타되자 (연구소·사무소·연락
소·출장소 등) 이름에 '소(所)'자가 붙는 업
소나 기관을 새로 설치하여 처음으로 업무를
시작함.

개소(開素)똉하자 소식(素食)만 하던 사람이 육
식(肉食)을 하기 시작함.

개소(個所·箇所)의 군데. 곳. ¶이 부근에 놀이
터가 몇 개소나 있습니까?

개:-소년(改少年)똉 ☞갱소년(更少年).

개:-소리똉하자 '허투루 지껄여 대는, 당치 않
은 소리나 쓸데없는 말'을 욕으로 이르는 말.

개소리(를) 치다관용 조리도 없는 당치 않은
말을 마구 지껄여 대다.

개:소리-괴소리[-괴/-궤-]똉 '조리 없이 아
무렇게나 지껄여 대는 말'을 욕으로 이르는 말.

개:-소주(-燒酒)똉 개를 잡아 여러 가지 약재
를 넣고 고아서 짠 물.

개숫-물〈개숫물〉의 준말.

개:수(改修)똉하타되자 (길·제방·건물 따위를)
고치어 닦거나 지음. ¶고궁(古宮)의 개수 공사.

개수(個數·箇數)[-쑤]똉 낱으로 셀 때의 물건
의 수. ¶트럭에 실은 짐의 개수.

개수-대(-臺)똉 설거지하는 작업대.

개:-수염(-鬚髯)똉 곡정초과의 일년초. 가늘고
긴 잎이 뿌리에서 무더기로 나며, 줄기는 없
음. 여름에 잎보다 길게 뻗은 10~30 cm의 꽃
줄기 끝에 홍백색의 동글동글한 꽃이 핌.

개:-수작(-酬酢)똉 '사리에 맞지 않는 쓸
데없는 말이나 행동'을 욕으로 이르는 말.

개수-통(-桶)똉 개숫물을 담는 통. 설거지를
할 때 쓰는 그릇. 설거지통.

개:술(概述)똉하타 줄거리만 대강 말함, 또는
대강의 진술. ↔상술(詳述).

개숫-물[-순-]똉 설거지하는 물. 음식 그릇을
씻을 때 쓰는 물. 설거지물. 준개수.

개시(開市)똉하자타 ①시장을 처음 열어 거래가
시작됨. ↔폐시(閉市). ②그날 처음으로, 또는
가게 문을 연 뒤 처음으로 이루어지는 거래.
마수걸이.

개시(開示)**명**[하타] ①열어 보임. ②가르쳐 타이름. ③분명히 나타냄.

개시(開始)**명**[하타] 행동이나 일 따위를 처음 시작함. ¶ 행동 개시. /공격을 개시하다.

개시(皆是)**부** 모두. 다. 죄다.

개시-장(開市場)**명** 고려·조선 시대에, 다른 나라와의 통상을 허가하던 시장.

개식(開式)**명**[하타] 의식(儀式)을 시작함. ↔폐식.

개식-사(開式辭)[-싸]**명** 의식을 시작할 때에 하는 인사말. ↔폐식사.

개:신(改新)**명**[하자][되자] (제도·관습 따위를) 고치어 새롭게 함. ¶교육 제도의 개신.

개신(開申)**명**[하타] ①일의 내용이나 사정을 밝혀 말함. ②자기가 한 일을 윗사람에게 보고함.

개신-개신**[하자]** 개으르거나 가냘픈 사람이 힘없이 움직이는 모양. ¶아직도 병 끝이라 가까스로 개신개신 움직인다. **(큰)**기신기신.

개신-거리다**[자]** 자꾸 개신개신하다. 개신대다. **(큰)**기신거리다.

개:신-교(改新敎)**명** 16세기에, 종교 개혁의 결과로 가톨릭에서 갈라져 나온 기독교의 여러 파를 통틀어 이르는 말. 신교(新敎). 프로테스탄트. ↔구교.

개신-대다**[자]** 개신거리다.

개:심(改心)**명**[하자] 마음을 바르게 고침. ¶개심하여 좋은 사람이 되기로 맹세하다.

개심(開心)**명**[하타] 지혜를 일깨워 줌.

개-싸리**명** 각산호류의 자포동물. 군체(群體)의 높이 7~20 cm. 침엽수와 비슷하며, 줄기와 가지는 흑갈색이고 작은 가지는 흼. 만(灣)의 안쪽 얕은 바위에 붙어삶. 줄기는 파이프·비녀 등의 세공 재료로 쓰임.

개-싸움**명** ①투견(鬪犬). ②'옳지 못한 행동으로 더러운 욕망을 채우려는 싸움'을 욕으로 이르는 말.

개:-씨바리**명** 핏발이 서고 눈곱이 끼며 눈이 몹시 부신 눈병을 속되게 이르는 말.

개:-씹-단추[-딴-]**명** 헝겊 오리를 좁게 접어 감친 다음, 여자의 쪽 찐 머리 모양과 비슷하게 걸어 만든 단추. 적삼 같은 데에 닮.

개:씹-머리[-씸-]**명** 양즙(羊汁)에 쓰는, 양(胖)에 붙은 고기의 한 가지.

개:씹-옹두리**명** 소의 옹두리뼈.

개:아(個我)**명** 개인으로서의 자아(自我).

개:악(改惡)**명**[하타][되자] (좋게 고친다는 것이) 본디보다 더 나쁘게 고침. ↔개선.

개안(開眼)**명**[하자] ①먼눈이 보이게 됨. ②(불교에서) ㉠불상을 만들어, 처음 불공을 드리는 의식. ㉡불도의 진리를 깨달아 앎. ¶불도의 개안.

개안^수술(開眼手術)**명** 각막 이식 따위로 먼눈을 볼 수 있게 하는 수술.

개안-처(開眼處)**명** (먼눈이 번쩍 뜨일 정도로) 몹시 반가운 지경.

개암¹**명** (속살이 찌지 않게 하려고) 매의 먹이 속에 넣는 솜뭉치.

개암(을) 도르다**관용** 매가, 먹었던 먹이에서 고기는 삭이고 넣어 두었던 개암만 뱉어 내다.

개암(을) 지르다**관용** 매의 먹이에 솜뭉치를 넣어 주다.

개암²**명** 개암나무의 열매. 진자(榛子).

개암-나무**명** 자작나뭇과의 낙엽 관목. 산이나 들에 절로 자라는데, 높이 2~3 m. 잎은 둥근 납작하고, 꽃은 3월경에 잎보다 먼저 핌. 둥근 열매는 가을에 갈색으로 익는데 먹을 수 있음.

개암-들다[~드니·~들어]**자** 해산 뒤에 후더침이 생기다.

개암-사탕(*-沙糖)**명** 개암에 밀가루와 설탕을 발라 만든 과자.

개암-장(-醬)**명** 개암을 넣어서 오래 묵혔다가 먹는 진간장.

개암-죽(-粥)**명** 개암을 갈아 만든 즙에 쌀가루를 넣고 쑨 죽.

개야미(옛) 개미. ¶그듸 이 굼긧 개야미 보라 (釋譜6:37). **참**가야미.

개양(開陽)**명** 북두칠성에 딸린 별의 한 가지. 자루 쪽에서 둘째 별. 2등성임.

개:-양귀비(-楊貴妃)**명** 양귀비과의 이년초. 높이 50~60 cm로 전체에 털이 있고, 잎은 깃 모양인데 어긋맞게 나며, 5월에 붉은색·자주색·흰색 등의 꽃이 핌. 열매는 삭과. 유럽 원산이며 관상용으로도 심음. 우미인초(虞美人草).

개-어귀**명** 강물이나 냇물이 바다로 흘러 들어가는 어귀.

개:언(槪言)**명**[하타] 내용을 대강 간추려서 말함, 또는 그 말.

개업(開業)**명** ①[하자타]영업을 처음 시작함. ¶개업을 축하하다. ↔폐업(廢業). ②[하자]영업을 하고 있음. ¶식당이 개업 중이다. ②→폐업(閉業).

개업-의(開業醫)[-어비/-어비]**명** 의사 면허증을 가지고, 자기의 의원이나 병원을 경영하는 의사.

개-여뀌**명** 여뀟과의 일년초. 높이가 40~60 cm. 홍자색 가지가 많이 갈라져 나며, 버들잎 모양의 잎이 어긋맞게 남. 6~9월에 홍자색 꽃이 피며, 열매는 수과(瘦果)임. 마료(馬蓼). 말여뀌.

개:역(改易)**명**[하타][되자] 딴 것으로 고치어 바꿈.

개:역(改譯)**명**[하타][되자] (번역한 것을) 다시 고치어 번역함, 또는 그 번역.

개:연(開演)**명**[하타] 연극·연설·연주 따위를 시작함.

개:연(蓋然)**명** 확실하지는 않으나 대개 그럴 것 같음을 이르는 말. **참**필연.

개:연-량(蓋然量)[-냥]**명** 확률.

개:연-론(蓋然論)[-논]**명** 철학에서, 인간의 지식은 절대적인 확실성에 도달할 수 없으므로, 개연적인 지식으로 만족해야 한다는 생각.

개:연-성(蓋然性)[-썽]**명** 절대적으로 확실하지는 않으나 대개 그럴 것으로 생각되는 성질. ¶개연성이 많다. /개연성이 없다. /개연성이 크다.

개:연-율(蓋然率)[-뉼]**명** 확률(確率).

개:연-적(蓋然的)**관형** (어떤 일이나 판단이) 개연성을 가진 (것).

개:연적 판단(蓋然的判斷) 주개념(主概念)과 빈개념(賓槪念)의 관계가 다만 가능하다는 사실만을 나타내는 판단. ('A는 B일 수 있다.' 하는 따위.) **참**실연적 판단(實然的判斷)·필연적 판단.

개열(開裂)**명**[하자타] (열매 따위가) 벌어져 터짐. 터뜨려 옮.

개열-과(開裂果)**명** ☞개과(蓋果).

개염**명** 시새워서 탐내는 욕심. ¶개염이 나다. /개염을 내다. /개염을 부리다. **(큰)**게염.

개염-스럽다[-따][~스러우니·~스러워]**형**[비] 개염 내는 마음이 있어 보이다. **(큰)**게염스럽다.
개염스레**부**.

개-영역(開塋域)**명**[하타] 묏자리를 만들기 위하여 산을 파헤침.

개:오(改悟)**명**[하자] 잘못을 뉘우쳐 깨달음. 개전(改悛). ¶개오의 정.

개오(開悟)명하자 지혜를 열어 불도(佛道)를 깨달음. 해오(解悟).

개오다타 〈옛〉게우다. ¶개올 구:嘔(訓蒙中32).

개:-오동(-梧桐)명 〈개오동나무〉의 준말.

개:-오동나무(-梧桐-)명 능소화과의 낙엽 활엽 교목. 마을 부근에 흔히 심는데, 높이는 6~9 m. 잎은 넓은 달걀 모양. 초여름에 황백색 꽃이 피고, 열매는 가을에 익음. 열매와 나무껍질은 한방에서 약재로 쓰임. 가목(榎木). 노나무. 준개오동.

개-올리다타 ①상대편을 높이어 대하다. ¶손님을 개올리다. ②몸을 낮추어 말하다.

개옴명 〈옛〉개암. ¶개옴 진:榛(訓蒙上11).

개:-옻나무[-온-]명 단풍나뭇과의 낙엽 활엽 교목. 높이 3~5 m. 잎은 깃모양 겹잎인데, 양면에 가는 털이 있음. 6~7월에 황록색 꽃이 피며, 10월에 억센 털이 빽빽이 난 핵과(核果)가 익음. 즙액은 약으로 쓰임.

개:와(蓋瓦)명하다 기와로 지붕을 임.

개:와-장(蓋瓦匠)명 ☞기와장이. 준와장(瓦匠).

개:요(概要)명 대강의 요점. 개략. 대략. ¶사건의 개요를 설명하다.

개:요-도(概要圖)명 구조나 내용 등의 개요를 나타낸 도면.

개운(開運)명하자 운수가 트임. 행운이 옴.

개운-하다형여 ①(기분이나 몸이) 상쾌하고 가볍다. ¶잠을 푹 잤더니 몸이 개운하다. ②(음식 따위에서 느끼는) 입맛이 산뜻하다. ¶조개탕 맛이 개운하다. ③(바람이나 공기 따위가) 깨끗하고 맑아 상쾌하다. ¶개운한 공기. 개운-히투.

개울명 골짜기나 들에 흐르는 작은 물줄기. ¶개울에서 가재를 잡다. 환시내·도랑.

개울-가[-까]명 개울의 언저리.

개울-물명 개울의 물. 개울에 흐르는 물.

개:원(改元)명하자 ①연호(年號)를 고침. 개호(改號). ②왕조나 임금이 바뀜.

개원(開院)명하자타 ①(병원·학원 등) 그 이름에 '원(院)' 자가 붙는 일손이나 기관을 새로 설립하여 처음으로 업무를 시작함. ②국회(國會)의 회의를 엶. ↔폐원(閉院).

개원(開園)명하자타 ①(동물원·식물원·유치원 등) 그 이름에 '원(園)' 자가 붙는 시설이나 기관을 새로 설립하여 처음으로 업무를 시작함. ②이름에 '원(園)' 자가 붙는 기관이나 시설에서, 업무를 시작함.

개원-의(開院醫)[-워늬/-워니]명 병원을 개원한 의사.

개월(個月)의 《숫자 뒤에 쓰이어》 달의 수를 나타내는 말. ¶3년 10개월 만에 준공되다.

개위(開胃)명하자 한방에서, 약을 써서 위의 활동을 도와 식욕이 나게 함을 이르는 말.

개유(開論)명하타 알아듣도록 깨우쳐 타이름. ¶그 형상을 보고 측은히 여겨 개유하여 가로되…(洪process童傳).

개으르다[개으르더·개으를러]형르 일하기 싫어하는 버릇이 있다. 준개르다. 큰게으르다.

개으름명 일하기 싫어하는 태도나 버릇. ¶개으름을 부리다. /개으름을 피우다. 준개름. 큰게으름.

개으름-뱅이명 ☞개으름쟁이. 준개름뱅이. 큰게으름뱅이.

개으름-쟁이명 개으른 사람. 개으름뱅이. 준개름쟁이. 큰게으름쟁이.

개을러-빠지다형 몹시 개으르다. 개을러터지다. 준갤러빠지다. 큰게을러빠지다.

개을러-터지다형 개을러빠지다. 준갤러터지다. 큰게을러터지다.

개을리투 개으르게. ¶일을 개을리 하다. 준갤리. 큰게을리.

개-음절(開音節)명 모음으로 끝나는 음절. 〔'아'·'워'·'위' 따위.〕↔폐음절.

개:의(介意)[-의/-이]명하자타 (언짢은 일 따위를 마음에 두어 생각함. ¶당신과는 상관없는 일이니 개의하지 마시오.

개:의(改衣)[-의/-이]명하자 옷을 갈아입음. 개착(改着).

개:의(改議)[-의/-이]명하자타 ①고치어 논의함. ②회의에서, 발의(發議)된 의안(議案)이나 동의(動議)를 수정함, 또는 그 의안이나 동의.

개의(開議)[-의/-이]명하자타 의안(議案)의 토의를 시작함. 회의를 엶.

개:의(概意)[-의/-이]명 내용의 개략적인 뜻.

개:-이명 개잇과의 기생 곤충. 몸길이 1.5~2 mm, 개의 몸에 붙어삶.

개이다타 '개다1'의 잘못.

개:인(改印)명하자 ①도장을 고쳐 새김. ②신고된 인감(印鑑)을 바꿈.

개:인(個人)명 집단(전체)의 구성 요소로서의 한 사람. 개체(個體). ¶사회는 개인의 집합체다.

개:인(蓋印)명하자 (문서 등에) 관인(官印)을 찍음. 답인(踏印).

개:인-경:기(個人競技)명 개인의 기량이나 힘으로 승패나 우열을 겨루는 경기. ↔단체 경기. 활개인전(個人戰).

개:인-교:수(個人敎授)명 개인을 대상으로 하여 가르치는 일, 또는 그 사람. ¶개인 교수를 받다.

개:인-기(個人技)명 개인 기술, 특히 단체 경기에서의 개인의 기량. ¶개인기가 뛰어나다./개인기가 좋다.

개:인^기업(個人企業)명 개인이 자금을 들여 경영하는 기업.

개:인^단위설(個人單位說)명 개인이 사회의 기본적인 구성단위임을 주장하는 학설.

개:인-상(個人賞)명 개인에게 주는 상. ↔단체상.

개:인-성(個人性)[-썽]명 ☞개성.

개:인-세(個人稅)[-쎄]명 소득세와 개인에 한 영업세 따위를 흔히 이르는 말.

개:인-소:득(個人所得)명 개인이 번 소득. 〔임금·이윤·이자·지대(地代)·연금 따위〕

개:인^신고(改印申告)명 (신고된 인감을 잃어버리거나 하여) 새 인감으로 바꿀 때 하는 신고.

개:인^어음(個人-)명 ①개인이 은행 또는 다른 개인 앞으로 발행하는 어음. 상업 어음. ↔은행 어음. ②외국환 거래에서, 신용장(信用狀)에 의하지 아니하고 발행한 어음.

개:인-연금(個人年金)[-년-]명 생명 보험 회사나 신탁 은행이 개인을 대상으로 취급하는 연금 지급형의 보험이나 신탁.

개:인-영업(個人營業)[-녕-]명 한 사람의 기업독으로 경영하는 영업.

개:인용 컴퓨터(個人用computer)[-뇽-] (사무실이나 가정 등에서) 개인이 이용하기에 편리하게 만든 소형 컴퓨터. 퍼스널 컴퓨터. 피시(PC).

개:인-위생(個人衛生)명 개인을 대상으로 하는 위생. ↔공중위생.

개:인^윤리(個人倫理)[-뉼-]圀 도덕 원리가 개인적 생활에 적용되었을 때의 윤리. ↔사회 윤리.

개:인-적(個人的)관圀 개인을 중심으로 한 (것). 공적(公的)이 아니고 사적(私的)인 (것). ¶개인 적 의견. /개인적으로는 싫어하는 음식이다.

개:인적 쾌락설(個人的快樂說)[-썰-] 圀 행위의 목적은 개인의 쾌락에 있으며, 개인의 보존·이 익·쾌락이 모든 행위의 표준이라고 주장하는 학설.

개:인-전(個人展)圀 한 개인의 작품만을 모아 서 전시하는 전람회. ¶개인전을 열다.

개:인-전(個人戰)圀 개인끼리 하는 운동 경기. ↔단체전.

개:인-주의(個人主義)[-의/-이]圀 ①(모든 면 에서) 국가나 사회·단체보다 개인을 우선으로 하는 주의. ↔전체주의. ②개인의 생활을 남으 로부터 침해받지 않으려는 주의.

개:인-차(個人差)圀 개인 사이의 정신적·신체 적 능력이나 특질의 차이.

개:인-택시(個人taxi)圀 회사 조직에 딸리지 않 은 개인이 영업 목적으로 부리는 택시.

개:인^표상(個人表象)圀 개인이 가지고 있는 의식 내용. 《개인적 표상이 융합하여 집단 표상 을 이룸.》 ↔집단 표상·집합 표상.

개:인-플레이(個人play)圀 (전체의 조화를 생 각지 아니하고) 각 개인이 저마다 제 마음대로 행동하는 일.

개:인-행동(個人行動)圀 단체 경기나 조직에서 개인의 목적이나 용무를 위하여 전체에서 떨어 져 혼자 따로 하는 행동. ¶단체 생활에서 개 인행동은 금물이다.

개:인^회:사(個人會社)[-회-/-훼-]圀 회사 자본이나 주식의 대부분이 개인 소유로 되어 있는 회사.

개인^휴대^통신^서:비스(個人携帶通信service)圀 음성·데이터·화상 정보를 전달하는 이 동 통신 서비스. 피시에스(PCS).

개:입(介入)圀하자되자 어떤 일에 끼어들어 관 계함. ¶두 나라의 분쟁에 제삼국이 개입한다.

개:입-권(介入權)[-꿘-]圀 ①상업 사용인이 경 업(競業) 금지 의무를 위반한 거래 행위를 하 였을 때, 영업주나 회사가 자기를 위하여 행한 것으로 간주하여, 이득의 양도를 청구할 수 있 는 권리. ②위탁을 받은 위탁 매매인이 위탁 사무를 처리하는 방법으로, 스스로 거래의 상 대편이 될 수 있는 권리.

개-입방(開立方)[-빵]圀하타 ☞세제곱근 풀이. ㉰개립(開立).

개자(芥子)圀 ①'겨자씨와 갓 씨'를 이르는 말. ②'겨자'의 잘못.

개-자리¹圀 ☞거여목.

개-:자리²圀 ①(불기를 빨아들이고, 연기를 머 무르게 하기 위하여) 방구들 윗목에 깊이 파 놓은 고랑. ②(사람이 들어앉아 화살이 맞고 안 맞음을 살필 수 있도록) 과녁 앞에 파 놓은 구덩이. ③강이나 내의 바닥에 푹 패어 깊 은 곳.

개자리(가) 지다관용 모날 낼 때, 한쪽은 성기 게 심어지고, 한쪽은 배게 심어져 층이 지다.

개:-자식(子息)圀 ☞개새끼.

개자-유(芥子油)圀 겨자씨나 갓 씨로 짠 기름.

개자-정(芥子精)圀 개자유를 알코올과 1:9의 비율로 섞은 피부 자극제.

개:자-하다형여 〈개제(愷弟)하다〉의 변한말.

개:작(改作)圀하타되자 (작품이나 원고 따위를) 고치어 새로 지음(만듦), 또는 그 작품. ¶원작 을 개작하다.

개:-잘량圀 (방석처럼 쓰기 위하여) 털이 붙은 채로 손질하여 편 개 가죽. ㉰잘량.

개:-잠(-)圀 ①(개가 자는 모습처럼) 머리와 팔다 리를 오그리고 옆으로 누워 자는 잠. ②'깊이 잠들지 못하고 설치는 잠'을 비유하여 이르 는 말.

개-:잠(改-)圀 아침에 깨었다가 다시 자는 잠. ㉰두벌잠.

개:-잠-자다자 (개가 자는 모습처럼) 머리와 팔 다리를 오그리고 옆으로 누워 자다.

개-:잠-자다(改-)자 아침에 깨었다가 다시 잠을 자다.

개:-잡년(-雜-)[-잠-]圀 '행실이 아주 더럽고 못된 여자'를 욕으로 이르는 말.

개:-잡놈(-雜-)[-잠-]圀 '행실이 아주 더럽고 못된 남자'를 욕으로 이르는 말.

개:-장(-醬)圀〈개장국〉의 준말.

개:장(改葬)圀하타 장사 지냈던 이의 무덤을 옮 기어 다시 장사 지냄. 이장(移葬).

개:장(改裝)圀하타되자 ①꾸밈새를 다시 함. ¶건물의 개장 공사. /장정(裝幀)을 개장하다. ②군함 등의 장비를 새롭게 고침.

개장(開仗)圀하자 전쟁을 개시함. 개전(開戰).

개장(開張)圀하자 넓게 벌여 놓음.

개장(開場)圀하자타되자 ①[이름에 '장(場)' 자가 붙는 사업체나 시설물·처소 등의] ㉠업무 를 처음 시작함(처음 공개함). ¶수영장을 개장 하다. ㉡그날의 업무를 시작함. ¶개장 시간. ②증권 거래소나 시장을 열어 업무(장사)를 시 작함. ③과거(科擧)를 보임. ①②↔폐장(閉場).

개:-장국(-醬-)[-꾹]圀 개고기를 고아 끓인 국. 구장(狗醬). ㉰개장. ㉲보신탕.

개장-마니圀 '계집'의 심마니 말.

개:-장수圀 개를 사고파는 사람.

개장수도 올가미가 있어야 한다속담 무슨 일에 나 거기에 필요한 준비와 기구가 있어야 한다.

개:-재(-)圀하타 사이에 끼여 있음. 개재. 개 립. ¶공적인 인사에 정실이 개재되면 안 된다.

개:-전(改悛)圀하자 잘못을 뉘우치고 마음을 바 르게 고쳐먹음. 개오(改悟). 전개(悛改). ¶개 전의 정이 보이다. ㉰회전(悔悛).

개전(開戰)圀하자되자 ①전쟁을 시작함. 싸움의 개시. 개장(開仗). ↔종전(終戰). ②구세군에서, 전도(傳道) 등의 사업을 시작함을 이르는 말.

개전-법(開展法)[-뻡]圀 ☞원통 도법.

개:절(開切)'개절하다'의 어근.

개:절-하다(開切)형여 꼭 알맞다. 아주 적절 하다.

개점(開店)圀하자되자 ①가게를 내어 영업을 처 음 시작함. ¶개점 인사. ②그날의 영업을 하 려고 가게의 문을 엶. ¶평일은 10시에 개점한 다. ↔폐점(閉店).

개점-휴업(開店休業)〔장사를 하고 있으나 휴업 상태라는 뜻으로〕'장사가 잘 안되거나, 사무(업무)가 별로 없는 상태'를 비유하여 이 르는 말.

개:정(改正)圀하타되자 (그르거나 알맞지 않은 것을) 고치어 바르게 함. ¶헌법 개정. /악법의 개정에 힘쓰다. /회칙을 개정하다.

개:정(改定)圀하타되자 (한번 정한 것을) 고치 어 다시 정함. ¶개정 요금.

개:정(改訂)명하타되자 책의 잘못된 내용을 바로잡음. ¶ 개정 신판.

개정(開廷)명하자되자 〔법정을 연다는 뜻으로〕 재판을 시작함. ↔폐정(閉廷). 참휴정(休廷).

개:정-안(改正案)명 개정한(할) 안(案).

개:정-판(改訂版)명 전에 출판한 책의 내용을 개정하여 다시 낸 책. 개판(改版).

개:정-표(改正表)명 내용이 바뀌었거나 틀린 곳을 바르게 고친 표.

개:정-하다(介淨-)형여 산뜻하고 깨끗하다.

개:제(改題)명하타되자 제목을 달리 고침, 또는 그 고친 제목.

개제(皆濟)명하타 ①갚아야 할 것을 죄다 갚음. ②모든 일이 깨끗이 정리됨.

개제(開除)명하타 ①〔장애물 따위를〕 열어서 헤침. ②헤치어 없앰.

개제(愷悌·豈弟)명 '개제하다'의 어근.

개:-제비쑥명 ☞맑은대쑥.

개:-제주(改題主)명하자 신주(神主)의 글자를 고쳐 씀.

개제-하다(愷悌-·豈弟-)형여 (용모나 기상이) 단아하고 화락하다. 변개제자다.

개:조(改造)명하타되자 고치어 나시 만듦. ¶ 의식의 개조. /군함을 개조한다.

개:조(改組)명하타되자 조직이나 구성을 다시 짬. ¶ 내각(內閣) 개조.

개:조(個條·箇條)의 낱낱의 조목을 셀 때의 단위. ¶ 열두 개조로 된 법조문.

개조(開祖)명 ①어떤 일을 처음 시작하여 그 일파의 원조(元祖)가 된 사람. ②〈개종조(開宗祖)〉의 준말. ③〈개산조사(開山祖師)〉의 준말.

개:종(改宗)명하자 믿던 종교를 바꾸어 다른 종교를 믿음. 개교(改敎).

개종(開宗)명하자 불교에서, 한 종파를 처음으로 세워 여는 일을 이름. 개산(開山).

개종-자(改宗者)명 개종한 사람.

개종-조(開宗祖)명 불교에서, 한 종파를 처음으로 세워 연 사람. 준개조(開祖).

개:좌(介胄·鎧胄)명 갑옷과 투구.

개:주-지사(介胄之士)명 갑옷과 투구로 무장한 병사(兵士).

개:-죽(-粥)명 죽같이 만든 개의 먹이.

개:-죽음명 아무 보람 없이 죽는 죽음. 낭사(浪死). ¶ 개죽음을 당하다.

개준(改悛)명 '개전(改悛)'의 잘못.

개:중(個中·箇中)명 여럿 가운데. 그 가운데. 《주로, '개중에'의 꼴로 쓰임.》 ¶ 개중에 쓸 만한 물건이 더러 있다.

개:지(-紙)명 ①〈버들피리〉의 준말. ②사월 초파일에 다는 등(燈)에, 모양을 내기 위하여 모서리나 밑에 달아 늘어뜨리는 색종이 조각.

개:지(改紙)명 종이에 쓴 글씨나 그림이 잘 못되어, 새 종이에 다시 쓰거나 그림.

개지(開地)명 개간한 땅.

개:-지네명 지넷과의 벌레. 몸길이 4 cm가량. 몸은 23마디로 되어 있고, 각 마디에 한 쌍씩의 발이 있음. 몸빛은 황갈색. 마을 가까이나 그늘진 곳에 살며 작은 곤충을 잡아먹음.

개:-지랄명하자 〔개가 하는 지랄이라는 뜻으로〕 '남이 하는 미운 짓'의 욕으로 이르는 말.

개:진(改進)명하자타되자 ①개선되어 발전함. ②낡은 것을 고치어 문명을 발전시킴.

개진(開陳)명하타 자기의 의견이나 생각 등을 말함. ¶ 여러 사람 앞에서 소신을 개진한다.

개진(開進)명하자 개화하여 진보함. 문물이 발달하고 사람의 지혜가 열림.

개:진(凱陣)명하자 싸움에 이기고 자기의 진영으로 돌아옴. 참개선(凱旋).

개짐명 월경을 할 때, 헝겊 따위로 기저귀처럼 만들어 샅에 차는 것. 생리대. 월경대.

개:-짐승명 〔개 따위 짐승이라는 뜻으로〕 '언행이 몹시 좋지 않은 사람'을 비유하여 이르는 말. ¶ 하는 짓이 개짐승만도 못하다.

개:-집명 ①개가 들어가 사는 작은 집. ②아주 작고 누추한 집을 비유하여 이르는 말.

개:-찜명 개고기의 찜. 구증(狗蒸).

개:차(改差)명하타 벼슬아치를 갊.

개:차(蓋車)명 지붕이 있는 차(車). 유개차(有蓋車. ↔무개차(無蓋車).

개:-차반명 〔개가 먹는 차반, 곧 '똥'이라는 뜻으로〕 '언행이 더럽고 막된 사람'을 욕으로 이르는 말.

개:착(改着)명하타 ☞개의(改衣).

개착(開鑿)명하타 (도로나 운하 따위를 내기 위하여) 산을 뚫거나 땅을 팜.

개:찬(改撰)명하타 책이나 글을 고쳐서 다시 엮거나 지음.

개:찬(改竄)명하타되자 《흔히 일부러 하는 경우에 쓰이어》 글자나 문의(文意) 따위를 뜯어 고침. ¶ 증서(證書)를 개찬한다.

개:찰(改札)명하타 승차권이나 입장권 따위를 들어가는 입구에서 확인함. 참개표(改票).

개찰(開札)명하타 입찰(入札) 결과를 조사함.

개:찰-구(改札口)명 '개표소'의 구용어.

개:창(疥瘡)명 ☞옴.

개창(開倉)명하자 지난날, 관아의 창고를 열고 공곡(公穀)을 내던 일.

개창(開創·開刱)명하타 처음으로 창설함.

개창-지(開創地)명 처음으로 개척한 땅.

개창-지(開敞地)명 앞이 훤하게 트이어 전망이 좋은 땅.

개:채(改彩)명하타 불상(佛像)에 채색을 다시 올림.

개:채(芥菜)명 겨자와 갓.

개척(開拓)명하타되자 ①거친 땅을 일구어 논밭을 만듦. ¶ 황무지를 개척하다. ②아무도 손대지 않은 새로운 분야를 열어 그 부문의 길을 닦음. ¶ 해외 시장 개척. ③(어려움을 이기고) 나아갈 길을 헤쳐 넓. ¶ 진로를 개척하다.

개척-민(開拓民)[-청-]명 개척을 목적으로 일정 지역에 거주지를 옮긴 사람.

개척-사(開拓史)[-싸]명 개척의 역사.

개척-자(開拓者)[-짜]명 개척한 사람.

개천(-川)명 ①개골창 물이 흘러가도록 길게 판 내. ②☞내3.

개천에 나도 제 날 탓이라속담 미천한 집안에 태어나더라도 저만 잘나면 훌륭한 사람이 될 수 있다는 말.

개천에 내다 버릴 종 없다속담 아무리 못난 사람도 다 쓰일 데가 있다는 말.

개천에서 용 난다속담 미천한 집안이나 변변하지 못한 부모에게서 훌륭한 인물이 난다는 말.

개천-가(-川-)[-까]圏 개천이 흐르는 부근.

개천-절(開天節)圏 단군의 고조선 건국을 기념하는 국경일. [10월 3일.]

개천-제비(開川-)圏 ⇨갈색제비.

개청(開廳)圏하타 관청을 새로 설립하여 첫 업무를 시작함.

개:체(個體·箇體)圏하타 ①따로따로 떨어진 낱낱의 물체. 개물(個物). ↔집합체. ②생명 현상을 영위하는 데 필요한 기관을 완전히 갖추고 독립하여 생활하는 최소 단위의 생물체. ②↔군체(群體).

개체(開剃)圏하타 고려 말기에, 머리의 둘레는 깎고 정수리 부분의 머리털만 남겨 땋아 늘이던 머리 모양새. [몽고의 풍속임.]

개:체^개:념(個體槪念)圏 ⇨개별 개념.

개:체-군(個體群)圏 같은 곳에서 함께 살아가는 생물 개체의 집단.

개:체^명사(個體名辭)圏 ⇨개별 개념.

개:체^발생(個體發生)[-쌩]圏 생물의 개체가 알에서 발생하여 완전한 개체로 되기까지의 과정. ↔계통 발생.

개:체^변:이(個體變異)圏 같은 종류의 생물의 각 개체 사이에 일어나는, 유전하지 않는 변이. 방황 변이(彷徨變異).

개:체^접합(個體接合)[-쩌팝]圏 단세포 생물에서, 영양체가 그대로 생식 세포가 되어 서로 접합하는 일. ↔배우자 접합.

개:체-주의(個體主義)[-의/-이]圏 개체를 실체적(實體的)·제일의적(第一義的)인 것으로 보고, 보편 또는 전체를 비본질적·제이의적인 것으로 보는 주장. ↔보편주의.

개:초(蓋草)圏 ①하타 이엉으로 지붕을 임. ❀와(蓋瓦). ②⇨이엉.

개:초-장이(蓋草-)圏 개초하는 일을 업으로 삼는 사람.

개최(開催)[-최/-췌]圏하타되자 어떤 모임이나 행사 따위를 엶. ❡회의를 개최하다.

개:축(改築)圏하타되자 (축조물을) 새로 고치어 쌓거나 지음. ❡낡은 건물의 개축 공사.

개:춘(改春)圏 ①봄이 다시 돌아옴, 또는 돌아온 그 봄. ②새해.

개춘(開春)圏하타되자 봄철이 시작됨. 봄이 됨. ❡지금은 너무 추우니 개춘이나 하면 그때 이사하자.

개:충(介蟲)圏 ⇨갑충(甲蟲).

개:치(改置)圏하타되자 ⇨대치(代置).

개치네-쒜캄 재채기를 한 뒤에 외치는 소리. [이 소리를 외치면 고뿔이 물러간다고 함.]

개:칙(槪則)圏 개략의 규칙.

개:칠(改漆)圏하타 ①한 번 칠한 것을 다시 고치어 칠함. ②(붓글씨를 쓸 때) 한 번 그은 획에 다시 붓을 대어 더 칠함. ❀개획(改畫).

개:칭(改稱)圏하타되자 칭호(稱號)를 고침, 또는 그 고친 칭호.

개컬-간(-間)圏 윷놀이에서, 개나 걸 중의 어느 것. ❡개컬간에 다 좋다.

개컬-뜨기圏 윷놀이에서, 개나 걸로 상대편 말을 잡을 수 있는 판세.

개:코-같다[-갇따]❀ '하찮고 보잘것없다'를 속되게 이르는 말. ❡글씨가 개코같다. 개코같-이㈜.

개:코-망신(-亡身)圏하자 형편없는 망신. 개망신. ❡이기면 본전이고 지면 개코망신이다.

개:코-원숭이圏 ⇨비비(狒狒).

개키다타 (옷·이부자리·넓은 천이나 종이 따위를) 접어서 포개다. ❡옷장에 옷을 개켜 넣었다. /이불을 개켜 놓았다. ❀개다.

개탁(開坼)圏하타 (주로 손아랫사람에게 보내는 편지 따위의 겉봉에 쓰는 말로) 봉한 것을 뜯어 봄. 개봉(開封) ❡봉투에는 '김철수 개탁'이라고 쓰여 있다.

개:탄(慨歎·慨嘆)圏하타하자타스형 분하여 여기어 탄식함, 또는 그 탄식. ❡도덕성의 쇠퇴를 개탄하다.

개탕(開鐋)圏 ①장지·빈지·판자 따위를 끼우기 위하여 낸 홈. ②〈개탕대패〉의 준말.

개탕(을) 치다[관용] 개탕을 만들다.

개탕-대패(開鐋-)圏 개탕을 치는 데에 쓰는 대패. ❀개탕.

개:-털圏 ①개의 털. ②죄수들의 은어로, 돈이나 뒷줄이 없는 사람을 이르는 말.

개:-털-니[-리]圏 짐승털닛과의 기생 곤충. 몸길이 1.5 mm가량. 잔털이 난 육각형의 머리가 달려 있음. 개에 붙어사는데, 전 세계에 분포함.

개토(開土)圏하자 (뫼를 쓰거나 집을 짓거나 할 때) 땅을 파기 시작함.

개토-제(開土祭)圏 개토하기 전에 토신(土神)에게 올리는 제사.

개통(開通)圏하타되자 새로 시설(건설)한 도로·교량·항로·전신·전화 따위가 처음으로 이용할 수 있는 상태로 됨. ❡중부 고속도로의 개통.

개통-식(開通式)圏 개통을 기념하기 위하여 베푸는 의식(儀式).

개:-판(-)[행동·상태·진행 따위가] 몹시 난잡하고 무질서하여 엉망인 상태. ❡개판을 치다. /회의라는 게 질서도 없이 온통 개판이다.

개:-판(改-)[(씨름 등의 경기에서) 승부가 나지 않거나 불분명할 때, 다시 판을 벌여 겨루는 일, 또는 그 다시 하는 판.

개:판(改版)圏하타 ①조판을 다시 함. ②책의 내용을 고치어 다시 출판함, 또는 그 책. 개간(改刊). 개정판.

개판(開版)圏하타 (지난날의 목판 인쇄에서) 책을 처음으로 찍어 냄.

개:판(蓋板)圏 ①서까래·목반자·부연(附椽) 따위의 위에 까는 널빤지. ②(모양을 내기 위하여) 책장·옷장 따위의 맨 위에 대는 나무로 된 판.

개:판-널(蓋板-)圏 개판으로 쓰는 널빤지.

개펄圏 갯가의 개흙이 깔린 벌. ❀펄. ❀갯벌.

개:편(改編)圏하타되자 ①(책 따위를) 다시 엮어서 냄. ❡교과서를 개편하다. ②(인적 기구나 조직 따위를) 고치어 다시 짬. ❡인사 개편. /기구를 개편하다.

개편(開片)圏 〈개편문〉의 준말.

개편-문(開片紋)[-넌]圏 도자기 거죽에 올린 잿물에 잘게 난 금. ❀개편(開片).

개평圏 (노름이나 내기 따위에서) 남이 가지게 된 것 중에서 공으로 조금 얻어 가지는 것. 개평(을) 떼다[관용] 개평을 얻어 가지다. 개평(을) 뜯다[관용] 졸라서 억지로 개평을 받아 내다.

개평(開平)圏하타 〈개평방〉의 준말.

개:평(槪評)圏하타 개략적으로 비평함, 또는 그렇게 하는 비평.

개평-근(開平根)圏 ⇨제곱근풀이.

개평-꾼(開平-)圏 개평을 떼는 사람.

개평-방(開平方)圏하타 ⇨제곱근풀이. ❀개평.

개평방-법(開平方法)[-뺑]**명** 개법(開法)의 한 가지. 제곱근을 계산하여 그 답을 구하는 방법. ⑥개평법(開平法).

개평-법(開平法)[-뻡]**명** 〈개평방법〉의 준말.

개:폐(改廢)[-폐-페]**명**하타 고치는 일과 아주 없애는 일. ¶규정의 개폐를 심의하다.

개폐(開閉)[-폐-페]**명**하타되자 열거나 닫거나 하는 일. 여닫음. ¶개합(開闔). ¶개폐 장치.

개폐-교(開閉橋)[-폐-/-페-]**명** ☞가동교.

개폐-기(開閉器)[-폐-/-페-]**명** 전기 회로를 이었다 끊었다 하는 장치. 스위치.

개폐-문(開閉門)[-폐-/-페-]**명**하타 조선 시대에, 감영(監營)과 각 고을의 삼문(三門)을 날마다 파루(罷漏)에 열고 인정(人定)에 닫던 일.

개폐^세:포(開閉細胞)[-폐-/-페-]**명** ☞공변 세포.

개폐^운:동(開閉運動)[-폐-/-페-]**명** (식물체 안의 물기를 조절하는) 공변세포의 내압(內壓)의 변화에 따라서 일어나는, 기공(氣孔)의 여닫는 운동.

개:표(改票)**명**하타 차표나 입장권 따위를 입구에서 검사하는 일. 📵개찰(改札).

개:표(改標)**명**하타자 ①증서를 고쳐 씀. ②표지(標紙)를 고쳐 씀.

개표(開票)**명**하타 투표함을 열고, 투표의 결과를 점검하는 일. ¶개표 상황. ¶개표 장소.

개표-구(開票區)**명** 개표하기 위하여 정해 놓은 단위 구역.

개표-소(改標所)**명** 개표(改標)를 하는 장소.

개표-소(開票所)**명** 개표(開票)를 하는 장소.

개-풀(명) 갯가에 난 풀.

개:-나무[명] 볏과의 이년초. 높이 30~60cm. 잎은 넓은 선형(線形)으로 끝이 뾰족함. 4~5월에 꽃이 피고, 길둥근 영과(穎果)를 맺음. 열매는 먹을 수 있음.

개피2**명** '개비1'의 잘못.

개피(蓋皮)**명** ☞개비2.

개피-떡[명] 콩소나 팥소를 넣고 반달 모양으로 빚은 떡.

개학(開學)**명**하자 학교에서 방학·휴교 따위로 한동안 쉬었다가 수업을 다시 시작함.

개함(開函)**명**하타 함(函)을 엶.

개합(開闔)**명**하타되자 ☞개폐(開閉).

개항(開港)**명**하자타되자 ①(외국과 통상하기 위하여) 항구를 외국에 개방함. ②항구(또는 공항)로서의 구실을 처음으로 시작함. ③〈개항장〉의 준말.

개항-장(開港場)**명** 외국과 통상하기 위하여 개방한 항구. 개항지. ⑥개항.

개항-지(開港地)**명** ☞개항장.

개:항-포(蓋項布)**명** '개두포(蓋頭布)'의 구용어.

개:-해(명) ☞술년(戌年).

개:헌(改憲)**명**하타되자 헌법을 고침.

개:헌-안(改憲案)**명** 고치려 하는 헌법의 초안(草案). ¶국회에 개헌안을 내다.

개:-헤엄(명) (개가 헤엄치듯이) 팔을 앞쪽으로 내밀고 손바닥을 엎어 물을 끌어당기면서 나아가는 헤엄.

개:혁(改革)**명**하타되자 (정치 체제나 사회 제도 등을) 새롭게 고침. ¶교육 개혁. /의식 개혁. /종교 개혁. ⑪개혁은 제도를 개혁하다.

개:혁파^교:회(改革派敎會)[-회/-훼]**명** 종교 개혁의 결과로 유럽 각국에서 일어난 '신교(新敎) 교회'를 통틀어 이르는 말.

개:혈(改血)**명**하타 (가축 품종 개량의 한 방법으로) 품종이 다른 동물을 교배하여 혈통을 개량함.

개:호(改號)**명**하타되자 ①호(號)를 고침, 또는 고친 그 호. ②☞개원(改元).

개호(開戶)**명**하자 지게문을 엶.

개호주(명) 범의 새끼.

개혼(開婚)**명**하자 (여러 명의 자녀가 있는 집안에서) 자녀의 혼인을 처음으로 치름, 또는 그 혼인. 초혼. ↔필혼(畢婚).

개화(開化)**명**하자되자 사람들의 지식이 깨어 문화가 진보함. 개명(開明).

개화(開花)**명**하자되자 ①꽃이 핌. ②'문화의 발달'을 비유하여 이르는 말. ¶영·정 시대에 이르러 평민 문학이 개화하였다.

개화-경(開化鏡)**명** 개화기(開化期)에, '안경'을 이르던 말.

개화-기(開化期)**명** 강화도 조약 체결 이후, 서구 문물의 영향으로 봉건적인 사회 질서에서 벗어나 근대적인 사회로 개화하던 시기.

개화-기(開花期)**명** ①꽃이 피는 시기. ②'학문이나 예술 등 문화가 한창 발달한 시기'를 비유하여 이르는 말.

개화-당(開化黨)**명** 조선 고종 때, 민씨(閔氏) 일족의 수구파에 대항하여 개혁을 주장하던 당파. 〔김옥균을 중심으로 갑신정변을 일으켰으나 삼일천하(三日天下)로 끝남.〕 ↔수구당.

개화-사상(開化思想)**명** 낡은 제도나 풍습 등을 물리치고, 새롭고 진보된 제도나 문물을 받아들여 근대화를 꾀하려는 사상.

개화^운:동(開化運動)**명** 조선 고종 때, 개화당이 주동이 되어, 종래의 봉건적 사상과 풍속 따위를 타파하고 새로운 문화를 일으키고자 한 정치적·사회적 운동.

개화-인(開化人)**명** 개화한 사람.

개화-장(開化杖)**명** 개화기에 '단장(短杖)'을 이르던 말.

개화-파(開化派)**명** 조선 말기에, 개혁을 주장하던 사람들의 집단.

개활(開豁)'개활하다'의 어근.

개활-지(開豁地)[-찌]**명** 앞이 시원하게 탁 트인 너른 땅.

개활-하다(開豁-)**형**여 ①앞이 탁 트이어 시원하게 넓다. ②도량이 넓고 솔직하다.

개황(開荒)**명**하타 황무지를 개척함.

개:황(概況)**명** 대략의 상황. ¶사건 당시의 개황 설명. /일기(日氣) 개황.

개:회(改悔)[-회/-훼]**명**하타 ☞개개(悔改).

개회(開會)[-회/-훼]**명**하자타되자 회의나 회합 따위를 시작함. ¶개회를 선언하다. ↔폐회.

개회-사(開會辭)[-회/-훼-]**명** 개회할 때에 그 모임의 취지·성격·목적 따위를 곁들이어 하는 인사말. ↔폐회사.

개회-식(開會式)[-회/-훼-]**명** 개회할 때에 거행하는 의식. ↔폐회식.

개:획(改劃)[-획/-훽]**명**하타 (붓글씨를 쓸 때) 한 번 그은 획에 다시 붓을 대어 고침. ⑪개칠.

개흉(開胸)**명**하자 흉곽과 외과 등에서 흉강 안의 기관 등을 수술하려고 가슴을 째어 여는 일.

개흉-술(開胸術)[-쑬]**명** 가슴을 째어 하는 수술.

개:-흘레(명) (칸살을 늘리거나 벽장을 달아 낼 때처럼) 집의 벽 밖으로 새로 물리어 조그맣게 달아 낸 칸살.

개-흙[-흑]**명** 갯가나 늪 바닥 등에 있는 거무스름하고 미끈미끈한 흙. *개흙이[-흘기]·개흙만[-흥-]

객(客)[명] ①찾아온 사람. 손². ¶ 낯선 객이 찾아오다. ☞주인. ②나그네.

-객(客)[접미]《일부 명사 뒤에 붙어》 '그러한 사람'임을 나타냄. ¶ 관람객. /풍류객. /불청객.

객거(客居)[-꺼][명][하자] 객지에 머물러 있음. 객지에서 삶. 여우(旅寓).

객고(客苦)[-꼬][명][하자] ①객지에서 겪는 고생. ②공연히 겪게 되는 고생. ¶ 객고를 치르다.

객공(客工)[-꽁][명] ①임시로 일하는 직공. ②<객공잡이>의 준말.

객공-잡이(客工-)[-꽁-][명] 시간에 따라, 또는 능률에 따라 얼마씩 정한 임금을 받으며 일하는 직공. ☞객공.

객관(客官)[-꽌][지난날] ①관아의 사무에 직접적인 책임을 지지 않던 벼슬아치. ②다른 관아에서 임시로 와서 일을 보던 벼슬아치.

객관(客館)[-꽌][명] ☞객사(客舍).

객관(客觀)[-꽌][명] ①인식 주체에 대한 인식 내용이나 대상. ②정신적·육체적 자아(自我)에 대한 공간적 외계(外界).〔세계·자연 따위.〕 ③자기 혼자만의 생각에서 벗어나, 제삼자의 처지에서 사물을 보거나 생각하는 일. ↔주관(主觀).

객관^가치설(客觀價値說)[-꽌-][명] 상품의 가치는 그 상품을 생산하는 데 필요한 노동량에 는 노동 시간에 따라서 결정된다는 가치 학설(價値學說). ↔주관 가치설.

객관^묘:사(客觀描寫)[-꽌-][명] 대상을 있는 그대로 관찰하여 사실적(寫實的)으로 묘사하는, 문예 창작상의 한 수법.

객관-성(客觀性)[-꽌썽][명] 주관의 작용이나 영향을 받지 아니한 보편타당성. 제삼자적 처지에 서는 성질. ↔주관성.

객관-식(客觀式)[-꽌-][명]〈객관식 고사법〉의 준말. ↔주관식.

객관식 고:사법(客觀式考査法)[-꽌-꼬-뻡] 진위법·결합법·선택법 등과 같이 채점자의 주관에 좌우됨이 없이 기계적으로 채점될 수 있도록 하는 시험 방법. 객관적 테스트. ☞객관식. ↔주관식 고사법.

객관-적(客觀的)[-꽌-][관명] ①(개인적 주관을 떠나) 보편타당성을 가진 (것). ¶ 객관적 시각. /객관적으로 판단하다. ②객관으로 존재하는 (것). ¶ 객관적 대상. /객관적인 사실. ↔주관적.

객관적 가치(客觀的價値)[-꽌-까-] (주관적 의사와는 관계없이) 객관적으로 결정되는 재화(財貨)의 가치. ↔주관적 가치.

객관적 관념론(客觀的觀念論)[-꽌-논] 세계의 본질을 주관적 의식과는 독립하여 존재하는 정신적·관념적인 것으로 보고, 모든 현상(現象)은 이 관념의 나타남이라고 보는 형이상학적 인식론. ↔주관적 관념론.

객관적 도:덕(客觀的道德)[-꽌-또-] ①(개인의 도덕적 자각과 대비하여) 기성 도덕에 가치를 두는 도덕. ②(주관적 도덕에 대하여) 행위의 결과에 가치를 두는 도덕.

객관적 비:평(客觀的批評)[-꽌-뻬-] 예술 작품에 대하여 일정한 표준을 정하고, 그 객관적 기준에 따라서 작품의 가치를 판단하는 비평. ↔주관적 비평.

객관적 타:당성(客觀的妥當性)[-꽌-썽] 어떤 판단이 한 개인의 주관을 초월하여 보편적 가치를 가지는 것. 모든 것(사람)에 두루 미쳐 옳다고 인정되는 성질.

객관적 테스트(客觀的的test)[-꽌-] ☞객관식 고사법.

객관-주의(客觀主義)[-꽌-의/-꽌-이][명] ①실재(實在)·가치·진리는 주관적 인식과 독립하여 존재하거나 실현된다고 보는 주장. ②실험·통계 등의 객관적 방법으로 개인의 독단적 견해를 배제해야 한다는 생각. ③형법 이론에서, 범죄의 본질적 의의를 외부적 행위 및 결과로 판단하고, 행위는 행위자를 떠나 그 자체가 독자적 가치를 가진다고 하는 주장.〔고전학파의 사상임.〕↔주관주의.

객관-화(客觀化)[-꽌-][명][하타][되자] ①주관적인 것을 객관적인 것이 되게 하는 일. ②경험을 조직하고 통일하여 보편타당성을 가지는 지식을 만드는 일.

객귀(客鬼)[-뀌][명] ①객지에서 죽은 사람의 혼령. ②잡귀.

객금(客衾)[-끔][명] 손을 위하여 마련해 둔 이부자리. 참객침(客枕).

객기(客氣)[-끼][명] 객쩍게 부리는 혈기. 분수를 모르는 협기(俠氣). ¶ 객기를 부리다.

객-꾼(客-)[-][명]《어떤 모임 따위에》관계도 없으면서 참석한 사람.

객년(客年)[갱-][명] 지난해. 객세(客歲).

객-님(客-)[갱-][명] 절에서, '객승(客僧)'을 높이어 일컫는 말.

객담(客談)[-땀][명][하자] 실없는 말. 객적은 말. 객소리. 객론(客論). 객설(客說). ¶ 객담이나 하며 시간을 보내다.

객담(喀痰)[-땀][명][하자] 담을 뱉음. 각담(略痰).

객동(客冬)[-똥][명] 지난겨울. 거동(去冬).

객랍(客臘)[갱납][명] ☞구랍(舊臘).

객려(客慮)[갱너][명] 쓸데없는 생각(근심). 잡념.

객례(客禮)[갱녜][명] 손에 대한 예의.

객로(客路)[갱노][명] ☞여로(旅路).

객론(客論)[갱논][명][하자] ☞객담(客談).

객리(客裏)[갱니][명] 객중(客中).

객몽(客夢)[갱-][명] 객지에서 꾸는 꿈.

객-물(客-)[갱-][명] ①뜨거운 물에 타는 찬물. ②죽이나 미음 같은 것의 위에 따로 떠도는 물. 군물. ③국이나 찌개 따위에 덧타는 맹물. ¶ 국이 짜서 객물을 탔더니 감칠맛이 없어졌다.

객미(客味)[명] 객지에서 겪는 쓰라린 맛.

객반위주(客反爲主)[-빠뉘-][명][하자] 손이 도리어 주인 행세를 함. 주객전도(主客顚倒).

객방(客房)[-빵][명] 손이 묵는 방.

객병(客兵)[-뼝][명] 다른 곳에서 온 병졸.

객비(客費)[-삐][명] ①안 써도 될 일에 쓰는 돈. ②객지에서 쓰는 비용.

객사(客死)[-싸][명][하자] 객지에서 죽음.

객사(客舍)[-싸][명] ①나그네를 치거나 묵게 하는 집. 객관. ②고려·조선 시대에, 궐패를 모시어 두고, 왕명으로 내려오는 벼슬아치를 묵게 하던 집.

객사(客思)[-싸][명] 객지에서 느끼는 생각.

객상(客床)[-쌍][명] ①본디 식구 것 이외에 따로 차린 밥상. ②손을 위해 차린 상.

객상(客狀)[-쌍][명] 객지에서 지내는 형편.

객상(客商)[-쌍][명] 제 고장을 떠나, 다른 고장에 가서 장사하는 장수.

객석(客席)[-썩][명] 연극·영화·운동 경기 따위를 구경하는 사람들이 앉는 자리.

객선(客船)[-썬][명] ①여객을 실어 나르는 배. 여객선. ②다른 나라(지방)에서 온 배.

객설(客說)[-썰][명][하자] ☞객담(客談).

객설-스럽다(客設-)[-썰-따][~스러우니·~스러워]〖형ㅂ〗객쩍은 말과 다를 바 없다. **객설스레**甲.

객성(客星)[-썽]〖명〗(항성이 아닌) 한때 잠깐 나타나는 별. 〖혜성·신성(新星) 따위〗.

객세(客歲)[-쎄]〖명〗지난해. 객년(客年).

객-소리(客-)[-쏘-]〖명〗〖하자〗객담(客談).

객수(客水)[-쑤]〖명〗①바라지 않는 때에 내리는 비. ②다른 데서 들어온 곁물. ③끼니때 이외에 마시는 물.

객수(客愁)[-쑤]〖명〗객지에서 느끼게 되는 쓸쓸한 느낌. 객한(客恨). 여수(旅愁). ¶객수를 달래다.

객-숟가락(客-)[-쑫까-]〖명〗①손을 접대할 때 쓰기 위하여 마련한 숟가락. ②남의 음식을 빼앗아 먹으려고 들이미는 숟가락. **준**객숟.

객-술(客-)[-쑬]〖명〗〈객숟가락〉의 준말.

객-스럽다(客-)[-쓰-따][~스러우니·~스러워]〖형ㅂ〗보기에 객쩍다. **객스레**甲.

객승(客僧)[-씅]〖명〗다른 절에서 손으로 와 있는 중. **윤**객납.

객-식구(客食口)[-씩꾸]〖명〗본디 식구 이외에 같은 집에서 함께 지내는 딴 식구. 더부살이하는 사람. 군식구.

객신(客神)[-씬]〖명〗☞잡귀.

객실(客室)[-씰]〖명〗①(집에서) 손을 접대하거나 거처하게 하려고 마련한 방. ②(여관·선박·열차 따위에서) 손이 드는(타는) 칸이나 방.

객심(客心)[-씸]〖명〗①나그네의 쓸쓸한 마음. ②엉뚱한 생각. 딴마음. ¶괜스레 객심 품다가 혼나지 말고 시키는 대로 해라.

객심-스럽다(客甚-)[-씸-따][~스러우니·~스러워]〖형ㅂ〗보기에 매우 객쩍다. ¶가끔가다 객심스러운 말을 해서 주위 사람들을 민망하게 한다. **객심스레**甲.

객아(客我)〖명〗의식(意識)하는 자아(自我)의 대상이 되는 객관적인 자기. ↔자아.

객어(客語)〖명〗①목적어. ②빈사(賓辭).

객연(客演)〖명〗〖하자〗전속이 아닌 배우가 임시로 고용되어 출연함.

객열(客熱)〖명〗객증(客症)으로 말미암아 일어나는 신열(身熱).

객요(客擾)〖명〗손의 출입이 잦아서 몹시 바쁘고 마음이 어수선함.

객용(客用)〖명〗손에게 쓰임, 또는 그런 물건.

객우(客寓)〖명〗〖하자〗①남의 집 손이 되어 지냄. ②손이 되어 한동안 거처하는 집.

객우(客遇)〖명〗〖하자〗손으로 대우함.

객원(客員)〖명〗①직접적인 관계없이 참석한 사람. ②어떤 기관이나 모임에서, 거기에 딸린 직원이나 회원이 아니고, 손으로 대우를 받으며 참여한 사람. ¶객원 지휘자.

객원^교:수(客員敎授)〖명〗☞초빙 교수.

객월(客月)〖명〗지난달. 거월(去月). 작월(昨月).

객유(客遊)〖명〗〖하자〗객지로 돌아다니며 노닒.

객의(客意)[개긔/개기]〖명〗☞객회(客懷).

객인(客人)〖명〗①손². 나그네. ②객적은 사람.

객장(客裝)[-짱]〖명〗여행하기 위한 몸차림.

객장(客場)[-짱]〖명〗여행이나 증권사 따위의 점포에서 고객이 업무를 볼 수 있도록 마련한 공간.

객-적다(客-)〖형〗'객쩍다'의 잘못.

객점(客店)[-쩜]〖명〗지난날, 길손이 음식이나 술 따위를 사 먹고 쉬어 가거나 묵어 가는 집을 이르던 말. 여점(旅店).

객정(客情)[-쩡]〖명〗☞객회(客懷).

객정(客程)[-쩡]〖명〗☞여정(旅程).

객좌(客座)[-쫘]〖명〗손의 좌석.

객주(客主)[-쭈]〖명〗조선 시대에, 상인의 물품을 맡아 팔거나, 매매를 거간하기도 하며, 또 그 상인들을 치기도 하던 영업, 또는 그런 영업을 하던 사람.

객주(客酒)[-쭈]〖명〗손을 접대하기 위해 마련한 술.

객주리(客-)[-쭈-]〖명〗쥐칫과의 바닷물고기. 몸길이 60 cm가량. 몸은 길둥근꼴이며 몸빛은 엷은 회색. 우리나라 남해안 및 세계 각지의 난해(暖海)에 분포함.

객죽(客竹)[-쭉]〖명〗손을 위하여 마련해 둔 담뱃대. 공죽(空竹).

객줏-집(客主-)[-쭈찝/-쭌찝]〖명〗지난날, 객주 영업을 하던 집. 여각(旅閣).

객줏집 칼도마 같다〖속담〗'이마와 턱이 툭 불거져 나오고 코 부근이 움푹 들어간 얼굴'을 비유하여 이르는 말.

객중(客中)[-쭝]〖명〗여행하는 동안. 객지에 있는 동안. 객리(客裏). 교중(僑中). 여중(旅中).

객중(客衆)[-쭝]〖명〗많은 손.

객중-보체(客中寶體)[-쭝-]〖명〗〔주로 한문 투의 편지 글에서, 여행 중에 있는 귀한 몸이란 뜻으로〕'객지에 있는 사람'을 높이어 일컫는 말.

객증(客症)[-쯩]〖명〗본래의 병에 더하여 일어나는 다른 병. 합병증.

객지(客地)[-찌]〖명〗자기가 살던 고장을 떠나 임시로 머무르는 곳. 한창(寒窓). ⑪객향(客鄕)·타향.

객지-살이(客地-)[-찌-]〖명〗〖하자〗객지에서 살아가는 생활. ¶객지살이를 오래 해서 살림도 곧잘 한다.

객-쩍다(客-)[-따]〖형〗말이나 하는 짓이 실없고 싱겁다. 객적다. ¶객쩍은 소리 그만 하고 속마음을 털어놓아라. **객쩍-이**甲.

객차(客車)〖명〗여객을 실어 나르는 철도 차량. ↔화차(貨車).

객창(客窓)〖명〗〔객사(客舍)의 창이란 뜻에서〕나그네가 객지에서 묵는 방. 여창(旅窓).

객청(客廳)〖명〗제사 때, 손이 거처하도록 마련해 놓은 대청이나 방.

객체(客體)〖명〗①객지에 있는 몸. 〔편지 글에서 흔히 쓰는 말〕여체(旅體). ②법률에서, 의사(意思)나 행위가 미치는 목적물을 이르는 말. ③철학에서, 작용의 대상이 되는 것을 이르는 말. ②③↔주체.

객체-계(客體界)[-계/-게]〖명〗☞현상계.

객체^높임법(客體-法)[-뻠]〖명〗문장의 주어의 행위가 미치는 대상을 높이는 법. 〔'보다'·'주다'·'말하다' 따위에 대하여 '뵙다'·'드리다'·'여쭈다'를 씀.〕

객초(客草)〖명〗손을 대접하기 위해 마련해 둔 담배. ¶손님에게 객초를 권하다.

객추(客秋)〖명〗지난가을. 거추(去秋).

객춘(客春)〖명〗지난봄. 거춘(去春).

객출(喀出)〖명〗〖하자〗뱉어 냄.

객침(客枕)〖명〗①손을 위해 마련해 둔 베개. 〔참〕객금(客衾). ②객지에서의 외로운 잠자리.

객토(客土)〖명〗〖하자〗토질을 개량하기 위하여 성질이 다른 흙을 다른 곳에서 가져다가 논밭에 섞는 일, 또는 그 흙. ¶객토로 땅심을 높이다.

객하(客夏)[개카]〖명〗지난여름. 거하(去夏).

객한(客恨)[개칸]〖명〗☞객수(客愁).

객한(客寒)[개칸]〖명〗객증(客症)으로 말미암아 일어나는 오한(惡寒).

객향(客鄕)[개캉]〖명〗☞타향(他鄕).

객혈(喀血·㗛血)[개켤][명]하자 (결핵이나 폐암 따위로) 피를 토함, 또는 그 피. 각혈(喀血). 폐출혈.

객호(客戶)[개코][명] 다른 고장에서 옮아와서 사는 사람의 집.

객화(客火)[개콰][명] 병중에 생기는 울화.

객-화차(客貨車)[객콰-][명] 객차(客車)와 화차(貨車)를 아울러 이르는 말.

객황(客況)[개쾅][명] 객지에서 지내는 형편.

객회(客懷)[개쾨/개쾌][명] 객지에서 느끼는 외롭고 쓸쓸한 심정. 객의(客意). 객정(客情). 여정(旅情). 여회(旅懷).

갤러리(gallery)[명] ①화랑(畫廊). ②골프장에서 골프 경기를 관람하는 사람.

갤:러-빠지다[형]〈개을러빠지다〉의 준말.

갤:러-터지다[형]〈개을러터지다〉의 준말.

갤런(gallon)[의] 액체 용적의 단위. [영국 1갤런은 약 4.54 *l*, 미국 1갤런은 약 3.785 *l*.]

갤럽(gallop)[명] 마술(馬術)에서, 말이 걸음마다 네 발을 모두 땅에서 떼고 뛰는 일. [가장 빨리 달리는 방법임.] 습보(襲步).

갤럽(galop)[명] 4분의2 박자의 경쾌하고 빠른 춤곡, 또는 그 춤.

갤:리[명]〈개을리〉의 준말.

갬-대[-때][명] (풀·나물 따위를 캐는 데 쓰는) 나무로 만든 조그만 칼.

갬-상추[쌈-][명] (쌈을 싸 먹을 수 있게) 잎이 다 자란 상추.

갭(gap)[명] ①서로 다른 차이. ¶세대 간의 갭이 크다. ②산등성이 사이의 깊이 갈라져 들어간 골짜기.

갭직-갭직[-찍껙찍][부][하자] ①몹시 갭직한 모양. ②모두가 다 갭직한 모양. **갭직갭직-이**[부]

갭직-하다[-찌카-][형][여] (생각만큼 무겁지 아니하고) 조금 가볍다. ¶무거워 보였는데, 들어 보니 갭직하다. 참묵직하다. **갭직-이**[부].

갯[개까/갣까][명] ①바닷물이 드나드는 강이나 내의 가. 포변(浦邊). ②물이 흐르는 가장자리.

갯-가재[개까/갣까][명] 갯가잿과의 절지동물. 새우와 비슷하나 더 납작하고 머리와 배 쪽 모양의 다리 한 쌍이 있음. 몸길이 15 cm가량. 몸빛은 잿빛 바탕에 푸른 빛깔을 띰. 얕은 바다의 모래흙에 구멍을 파고 삶.

갯:-값[개깝/갣깝][명] '아주 싼 값'을 속되게 이르는 말. 똥값. ¶갯값으로 넘기다. * 갯:값이[개까씨/갣깝씨] ·갯:값만[개깜-/갣깜-]

갯-강구[개깡/갣깡][명] 갯강굿과의 절지동물. 몸길이 3 cm가량. 몸빛은 황갈색 또는 암갈색. 제2촉각이 특히 길고 채찍 모양이며, 가슴 쪽의 다리가 잘 발달하였음.

갯-고동[개꼬/갣꼬][명] 갯고둥과의 고동. 몸길이는 큰 것이 33 mm, 작은 것이 20 mm 이하인데, 몸빛은 대체로 회색임. 염분이 적은 자갈밭이나 진흙 속에 사는데, 식용하며, 으깨어서 닭의 모이나 비료로도 씀.

갯-고랑[개꼬/갣꼬][명] 갯가의 고랑. 준갯골.

갯-골[개꼴/갣꼴][명]〈갯고랑〉의 준말.

갯-나리[갠-][명] 용골갯고사릿과의 극피동물. 모양이 나리 비슷함. 160~400 m 깊이의 깨끗한 바다 밑의 바위에 붙어사는데, 더러는 자유로이 헤엄치는 것도 있음. 고생대에 많이 번성한 원시 동물임.

갯-내[갠-][명] 갯가에서 나는 비릿하고 짭조름한 냄새.

갯-논[갠-][명] 개펄에 만든 논.

갯다[재]〈옛〉가 있다. 갔다. 돌아가 있다. 돌아갔다. ¶호번 주거 하놀해 갯다가 또 人間애 노려오면(月釋2:19).

갯-다슬기[명] '갯고둥'의 잘못.

갯-대[개때/갣때][명] 저인망(底引網)을 끌 때, 벼리와 활개 끝점이 엉키지 않도록 대는 나무.

갯-돌[개똘/갣똘][명] ①개천에 있는 큼직하고 둥근 돌. ②재래종 벌의 벌통 밑을 받치는 돌.

갯-둑[개뚝/갣뚝][명] 바닷물을 막기 위해 바닷가에 쌓아 놓은 둑.

갯-마을[갠-][명] 갯가에 있는 마을. 어촌. 포촌(浦村).

갯-물[갠-][명] 바닷물이 드나드는 곳에 흐르는 물.

갯-바닥[개빠-/갣빠-][명] 개천이나 개의 바닥.

갯-바람[개빠-/갣빠-][명] 바다에서 육지로 향해 부는 바람. 바닷바람.

갯-바위[개빠-/갣빠-][명] 갯가에 있는 바위.

갯-밭[개빤/갣빤][명] 옻받의 도�• 다음인 둘째의 받. * 갯밭이[개빠치/갣빠치]·갯밭을[개빠틀/갣빠틀]·갯밭만[개빤-/갣빤-]

갯-버들[개뻐/갣뻐][명] 버드나뭇과의 낙엽 활엽 관목. 들이나 물가에 흔히 나는데 높이 2 m가량. 뿌리 근처에서 많은 가지가 나오고 길둥근 잎이 어긋맞게 남. 꽃은 이른 봄에 잎보다 먼저 피는데, 비늘로 둘러싸여 있음. 땅버들.

갯-벌[개뻘/갣뻘][명] 바닷물이 드나드는 모래톱. 참개펄.

갯-보리[개뽀/갣뽀][명] 볏과의 다년초. 줄기높이 50 cm가량. 바닷가에 절로 나는데, 잎은 길이 30 cm, 폭 1 cm 안팎의 갸름한 잎임. 6~8월에 꽃이 피며, 열매는 길둥근 모양인데 까끄라기가 있음.

갯-사상자(-蛇床子)[개싸-/갣싸-][명] 산형과의 이년초. 높이 30~60 cm가량. 바닷가의 모래땅에 절로 나는데, 뿌리잎은 무더기로 나고, 줄기잎은 깃 모양으로 어긋맞게 남. 8월경에 흰 꽃이 줄기 끝과 가지 끝에서 피며, 열매는 납작하고 길둥근 모양임. 뿌리는 한방에서 강장제로 씀.

갯-산호(-珊瑚)[개싼-/갣싼-][명] 산호류의 자포동물. 몸빛은 붉은빛 또는 노란빛임. 골축(骨軸)은 나뭇가지 모양을 이루고 있으며, 바위가 많은 해안 바위에 붙어서 삶. 몸이 말라도 빛깔이 변하지 않아 관상용으로 쓰임.

갯-솜[개쏨/갣쏨][명]☞해면(海綿).

갯솜^조직(-組織)[개쏨-/갣쏨-][명]☞해면 조직(海綿組織).

갯-완두(-豌豆)[개완-/갣완-][명] 콩과의 다년초. 길이 60 cm가량. 완두와 비슷하나 좀 작으며, 줄기는 땅 위에 깔리고, 잎은 덩굴손이 있는 깃 모양의 겹잎임. 5~6월에 자줏빛 꽃이 피며, 열매는 협과(莢果)임. 바닷가 모래땅에 남. 어린 싹은 약으로 쓰임.

갯-장어(-長魚)[개짱-/갣짱-][명] 갯장어과의 바닷물고기. 길이 1.2~2 m. 뱀장어처럼 주둥이가 길고 입은 크며 앞쪽에 날카로운 송곳니가 있음. 배지느러미와 비늘이 없으며, 등은 회갈색, 배는 은백색임. 자라면서 탈바꿈을 함. 주로 밤에 활동하는 야행성 어류인데, 허리 아픈 데 약으로도 쓰임.

갯-지네[개찌-/갣찌-][명]☞갯지렁이.

갯-지렁이[개찌-/갣찌-]圓 갯지렁잇과의 환형 동물. 몸길이 5~12 cm. 지렁이와 비슷하나 몸 양쪽에 지네 다리 같은 강모(剛毛)가 많음. 몸 빛은 담홍색이고 잔등과 배에 굵은 혈관이 뻗 어 있으며 피의 순환이 드러나 보임. 바닷가의 개펄 속에 사는데, 낚시의 미끼로 쓰임. 갯지 네. 사잠(沙蠶).

갯-질경이[개찔-/갣찔-]圓 질경잇과의 이년초. 높이 30~60 cm. 길둥근 잎이 뿌리에서 무더기 로 남. 9~10월에 위는 노랗고 아래는 흰 원뿔 모양의 꽃이 핌. 바닷가 모래땅에 남.

갱(坑)圓 ①구덩이. ②〈갱도(坑道)〉의 준말. ③사 금광에서, 퍼낸 물을 빼기 위하여 만든 도랑.

갱(羹)圓 제사 지낼 때, 메 옆에 놓는 국. 〔무 와 다시마 따위를 넣고 끓임.〕 메탕.

갱(gang)圓 강도. 강도의 무리.

갱구(坑口)圓 갱도(坑道)의 들머리. 굿문.

갱기圓〈신갱기〉의 준말.

갱:기(更起)圓[하자타] ①다시 일어남. 재기(再 起). ②다시 일으킴.

갱:기(羹器)圓 ⇨갱지미.

갱내(坑內)圓 갱 속. 굴속. ↔갱외.

갱내-부(坑內夫)圓 광산 노동자 가운데서 갱내 에서 일하는 인부. ↔갱외부.

갱내^채:굴(坑內採掘)圓 갱도를 파고 그 안에 들어가서 광물을 캐내는 일.

갱:년-기(更年期)圓 사람의 몸이 노년기로 접 어드는 시기. 〔보통 마흔에서 쉰 살 무렵인데, 여성의 경우는 이 시기에 월경이 폐쇄됨.〕

갱:년기^장애(更年期障礙)圓 갱년기에 일어나 는 신체적·생리적 장애. 〔이명(耳鳴)·발한(發 汗)·두통·신경통 따위의 증상이 나타남.〕

갱:단(gang團)圓 범죄를 목적으로 조직된 폭력 조직.

갱도(坑道)圓 ①땅속으로 뚫은 길. 지도(地道). ②광산에서, 갱내에 뚫은 길. 갱로(坑). ㉣갱(坑).

갱도(杭稻·粳稻)圓 ⇨메벼.

갱:독(更讀)圓[하타] 다시 읽음.

갱동(坑洞)圓 ⇨방고래.

갱로(坑路)[-노]圓 ⇨갱도(坑道).

갱목(坑木)圓 ①〈갱이 무너지지 않도록〉갱내나 갱도에 버티어 대는 통나무. 동바리. ②철로를 놓을 때, 밑에 까뭉어 철로를 고정시키는 나무.

갱무(更無)圓 '갱무하다'의 어근.

갱:무-꼼짝(更無-)圓[하형] ⇨갱무도리.

갱:무-도리(更無道理)圓[하형] 다시는 더 어찌할 도리가 없음. 갱무꼼짝.

갱:무-하다(更無-)[형][어] 그 이상 더는 없다.

갱문(坑門)圓 ⇨굿문.

갱:문(更問)圓[하타] 다시 물음.

갱:문(更聞)圓[하타] 다시 들음.

갱미(杭米·粳米)圓 '멥쌀'로 순화.

갱:발(更發)圓[하자] 다시 발생함.

갱:봉(更逢)圓[하자] 다시 만남.

갱부(坑夫)圓 갱내에서 채굴 작업에 종사하는 인부. 광부.

갱사(坑舍)圓 ⇨굿막.

갱살(坑殺)圓[하타] 구덩이에 산 채로 넣고 묻어 서 죽임.

갱:생(更生)圓[하자] ①〈거의 죽은 상태에서〉다 시 살아남. 갱소(更蘇). ②〈죄악의 구렁에서 벗 어나〉바른 삶을 되찾음. ¶ 갱생의 길을 걷다. ③소용없게 된 물건을 다시 쓸 수 있도록 만듦. ①②⒝재생.

갱:생-고무(更生-)圓 ⇨재생고무.

갱:생^보:호(更生保護)圓 전과자에 대하여, 선 행을 장려하고 재범의 방지와 자활을 위한 직 업 지도 및 취업을 알선하는 직접 보호 등을 베푸는 일.

갱:생-사위(更生-)圓 죽을 고비를 벗어나서 다 시 살아날 수 있는 운명의 기회.

갱:생^지도(更生指導)圓 신체장애자나 범죄자 가 사회에서 잘 적응할 수 있도록 물리적·의학 적·심리적·경제적인 지도를 베푸는 일.

갱:선(更選)圓[하타][되자] 다시 선출(선거)함.

갱소(更蘇)圓[하자] ⇨갱생(更生).

갱:-소년(更少年)圓[하자] 늙은이의 몸과 마음이 다시 젊어짐. 개소년(改少年).

갱신圓[하타] 〔주로 '없다'·'못하다' 등의 부정적 인 말과 어울려 쓰이어〕몸을 가까스로 움직이 는 일. ¶ 기운이 없어 갱신을 못하다.

갱:신(更新)圓[하타][되자] ①다시 새로워짐, 또는 다시 새롭게 함. ¶ 해어진 도서 목록을 갱신하 다. ②법률에서, 계약 기간이 만료되었을 때, 그 기간을 연장하는 일. ¶ 면허 갱신. /비자 갱 신. /주택 임대 계약을 갱신하다. ㉣경신(更新).

갱연(鏗然)圓 '갱연하다'의 어근.

갱연-하다(鏗然-)[형][어] 쇠붙이 따위의 부딪는 소리나 거문고 따위를 타는 소리가 짜랑짜랑하 게 맑고 곱다. **갱연-히**[부]

갱-엿[-녇]圓⇨검은엿. * 갱엿이[-녀시]·갱엿 만[-녇-]

갱외(坑外)[-외/-웨]圓 갱의 밖. ↔갱내(坑內).

갱외-부(坑外夫)[-외/-/-웨-]圓 광산 노동자 가운데서 갱 밖에서 일하는 인부. ↔갱내부(坑 內夫).

갱:위(更位)圓[하자] 〈왕좌에서 물러났던 임금이〉 다시 왕위에 오름.

갱유(坑儒·阬儒)圓[하자] 진(秦)나라 시황제(始皇 帝)가 수많은 학자를 산 채로 구덩이에 묻어 죽인 일. ㉣분서갱유(焚書坑儒).

갱유-분서(坑儒焚書)圓 ⇨분서갱유.

갱정(坑井)圓 〔광석의 운반이나 통풍 등을 위하 여〕수평 갱도와 연결되도록 판 수직 갱도.

갱:정(更正)圓[하타] '경정(更正)'의 잘못.

갱:정(更定)圓[하타] '경정(更定)'의 잘못.

갱:정(更訂)圓[하타] '경정(更訂)'의 잘못.

갱:죽(羹粥)圓 시래기 따위 채소류를 넣고 멀겋 게 끓은 죽.

갱:즙(羹汁)圓 국의 국물.

갱:지(更紙)圓 〔주로 신문지·시험지 따위에 쓰 이는〕면이 좀 거칠고 빛깔이 약간 거무스름한 양지(洋紙). ㉣백로지(白鷺紙).

갱-지미(羹-)圓 놋쇠로 만든, 반병두리보다 좀 작은 그릇. 갱기(羹器).

갱:진(更進)圓 ①[하자] 다시 앞으로 나아감. ②[하타] 다시 드림(바침).

갱:짜(更-)圓 ①한 논다니와 두 번째 관계를 가지는 일. ㉣도짓기. ②두 번째, 또는 두 번째 에 해당하는 일.

갱참(坑塹)圓 깊고 길게 판 구덩이.

갱충-맞다[-맏따]혱 ⇨갱충적다.

갱충-쩍다[-따]혱 아둔하고 조심성이 없다. 갱 충맞다.

갱:탕(羹湯)圓 국.

갱판(坑-)圓 광산에서, 배수를 위하여 파 놓은 수로(水路).

갱함(坑陷)圓 땅이 꺼져서 생긴 구덩이.

갸기圓 얄미울 만큼 교만한 태도. 교기(驕氣). ¶ 갸기를 부리다.

갸:륵-하다[-르카-]〔형어〕 하는 일이 착하고 장하다. 기특하다. ¶갸륵한 마음씨. **갸륵-히**〔부〕¶그의 효성을 갸륵히 여기지 않는 이가 없었다.

갸름-갸름〔부〕〔하형〕 여럿이 다 보기 좋을 정도로 조금 가늘고 긴 듯한 모양. 〔큰〕기름기름.

갸름-하다〔형어〕 보기 좋을 정도로 조금 가늘고 긴 듯하다. ¶갸름한 얼굴. 〔큰〕기름하다.

갸스〔명〕〔옛〕 그릇붙이. 세간. ¶가스를 몯 다 설어젓더이다(月釋23:74). 〔중국어의 '家事'에서 유래함.〕

갸우듬-하다〔형어〕 조금 갸웃하다. ¶고개를 갸우듬하게 숙이며 인사하다. 〔큰〕기우듬하다. 〔세〕꺄우듬하다. **갸우듬-히**〔부〕.

갸우뚱〔부〕①〔하자타〕갸우듬히 기울이는 모양. ¶고개를 갸우뚱한다. ②〔하형〕한쪽으로 갸우듬히 기울어진 모양. ¶갸우뚱하게 매달려 있다. 〔큰〕기우뚱. 〔세〕꺄우뚱. **갸우뚱-갸우뚱**〔부〕〔하자타〕〔하형〕.

갸우뚱-거리다〔자타〕 자꾸 갸우뚱갸우뚱하다. 갸우뚱대다. 〔큰〕기우뚱거리다.

갸우뚱-대다〔자타〕 갸우뚱거리다.

갸울다[갸우니·갸울어]①〔자〕 한쪽으로 처지거나 내려앉다. 갸울다. 〔세〕꺄울다. ②〔형〕 반듯하지 않고, 한쪽이 조금 낮다. ¶석탑이 좀 갸울다. 〔큰〕기울다. 〔세〕꺄울다.

갸울어-뜨리다〔타〕 갸울어지게 하다. 갸울어트리다. 〔큰〕기울어뜨리다. 〔세〕꺄울어뜨리다.

갸울어-지다〔자〕 한쪽으로 갸울게 되다. 〔큰〕기울어지다. 〔세〕꺄울어지다.

갸울어-트리다 갸울어뜨리다. 〔큰〕기울어트리다. 〔세〕꺄울어트리다.

갸울-이다〔타〕〔'갸울다'의 사동〕 갸울게 하다. 〔큰〕기울이다. 〔세〕꺄울이다.

갸웃[-욷]〔부〕①〔타〕(무엇을 보려고) 고개나 몸을 조금 갸울이는 모양. ¶고개를 갸웃 숙이다. ②〔하형〕조금 갸운 모양. 〔큰〕기웃. 〔세〕꺄웃. **갸웃-이**〔부〕. **갸웃-갸웃**〔부〕〔타〕〔하형〕.

갸웃-거리다[-욷꺼-]〔타〕 자꾸 갸웃갸웃하다. 갸웃대다. ¶아이는 잘 모르겠다는 듯이 고개를 갸웃거린다. 〔큰〕기웃거리다.

갸웃-대다[-욷때-]〔타〕 갸웃거리다.

가자(←架子)〔명〕 (두 사람이 앞뒤에서 들도록 된) 음식을 나르는 들것. 가자.

갸즈다〔옛〕선반. 시렁. ¶매 가즈:鷹架(同文下12). 〔중국어의 '架子'에서 유래함.〕

갸품〔명〕〔옛〕솔기를 꾸미는 오라기. ¶금션 람비단 가품 삐고(翻朴上26).

약금(醵金)[-끔]〔명〕〔하자타〕 여러 사람이 저마다 돈을 얼마씩 냄, 또는 그 돈. 거금(醵金). 〔비〕갹출. 〔참〕추렴.

약음(醵飲)〔명〕〔하자〕 술추렴.

약출(醵出)〔명〕〔하자타〕 한 가지 목적을 위하여 여러 사람이 저마다 얼마씩 금품을 냄. ¶야유회 비용을 갹출하다. 거출(醵出). 〔비〕갹금.

갈갈〔부〕〔하형〕①암탉이 알겯는 소리. ②갈매기가 우는 소리.

갈쭉-갈쭉[-깔-]〔부〕〔하형〕 여럿이 모두가 갈쭉한 모양. 〔큰〕길쭉길쭉.

갈쭉스름-하다[-쓰-]〔형어〕 보기 좋을 만큼 알맞게(조금) 갈쭉하다. 〔큰〕길쭉스름하다.

갈쭉-하다[-쭈카-]〔형어〕 너비보다 길이가 좀 길다. 〔큰〕길쭉하다. **갈쭉-이**〔부〕.

갈쭉막-하다[-마카-]〔형어〕 좀 넉넉히 갈쭉하다. 〔큰〕길쭉막하다.

갈쯤-갈쯤〔부〕〔하형〕 모두가 한결같이 갈쯤한 모양. 〔큰〕길쯤길쯤.

갈쯤-하다〔형어〕 꽤 갸름하다. 〔큰〕길쯤하다. **갈쯤-이**〔부〕.

갈찍-갈찍[-깔-]〔부〕〔하형〕 모두 한결같이 갈찍한 모양. 〔큰〕길찍길찍.

갈찍-하다[-찌카-]〔형어〕 (길이가) 알맞게 긴 듯하다. 〔큰〕길찍하다. **갈찍-이**〔부〕.

걔〔준〕 '그 아이'가 줄어든 말. ¶걔가 뭐라고 그러더냐?

거[[1]]〔것〕의 준말. ¶가진 거라고 아무것도 없는 빈털터리다.

거[[2]]①거기. ¶문밖에 거 뉘시오? ②그것. ¶거 좀 보여 주게.

거〔갑〕 생각이 얼른 떠오르지 않을 때 뜻 없이 하는 말. ¶거, 누구더라.

거(距)〔명〕①(봉숭아꽃·제비꽃 따위의) 꽃잎 뒷면에 있는, 닭의 며느리발톱같이 생긴 것. ②☞며느리발톱.

거:가(巨家)〔명〕①문벌이 높은 집안. ②☞거가대족.

거가(車駕)〔명〕①임금이 타는 수레. 왕가(王駕). ②임금의 행차. 거동.

거가(居家)〔명〕〔하자〕 자기 집에 있음.

거:가(擧家)〔명〕 온 집안. 전가(全家).

거:가-대족(巨家大族)〔명〕 대대로 번창한, 높은 문벌의 집안. 거가. 거실(巨室). 거실세족(巨室世族). 대가. 〔준〕거족.

거가지락(居家之樂)〔명〕 집에서 시서(詩書) 등을 벗삼아 세월을 보내는 즐거움.

거:각(去殼)〔명〕〔하타〕 껍데기를 벗김.

거:각(巨閣)〔명〕 크고 높은 집. 웅장한 집.

거:각(拒却)〔명〕〔하타〕〔되자〕 거절하여 물리침.

거:간(巨奸)〔명〕 큰 죄를 지은 간악한 사람.

거간(居間)〔명〕①〔하자〕사이에 들어 흥정을 붙임. ②☞거간꾼의 준말.

거간-꾼(居間-)〔명〕 거간하는 일을 업으로 삼는 사람. 아쾌(牙儈). 중매인(仲買人). 〔준〕거간.

거갑(居甲)〔명〕①으뜸의 자리를 차지함. 거괴(居魁). 거수(居首).

거:개(擧皆)①〔명〕 거의 모두. 대부분. ¶이 동네 사람들은 거개가 농민이다. ②〔부〕 대체로 모두. ¶큰불이 나서 거개 불타 버렸다.

거거(車渠·硨磲)〔명〕 거거과의 바닷조개. 길이 1 m가량. 무게가 300 kg에 이르는 것도 있어, 조개 가운데서 가장 큼. 껍데기는 부채를 펼쳐 놓은 모양인데, 겉은 회백색이고 속은 광택이 있는 젖빛임. 껍데기는 그릇 또는 어항으로 쓰이거나, 여러 가지 장식품으로 쓰이며 예부터 칠보(七寶) 중의 하나로 침. 산호 군락에 사는데, 태평양이나 인도양의 난해에 분포함.

거:거-년(去去年)〔명〕 ☞그러께.

거:거-번(去去番)〔명〕 ☞지지난번.

거:거-월(去去月)〔명〕 ☞지지난달.

거:거-익심(去去益甚)[-씸]〔명〕〔하형〕 갈수록 더욱 심함. 거익심언(去益甚焉).

거:거-일(去去日)〔명〕 ☞그저께.

거:경(巨鯨)〔명〕 큰 고래.

거:골(距骨)〔명〕 ☞복사뼈.

거:공(擧公)〔명〕〔하타〕 공적(公的)인 규칙에 따라 드러내어 처리함.

거:관(巨款)〔명〕 ☞거액(巨額).

거:관(巨觀)〔명〕 큰 구경거리나 썩 좋은 경치.

거관(居官)〔명〕〔하자〕 벼슬살이를 하고 있음.

거:관-포(擧棺布)〔명〕 (출구하거나 하관할 때) 관을 걸어서 드는 베.

거:괴(巨魁)[-괴/-궤]명 거물인 괴수(魁首). 큰 악당(惡黨)의 두목.

거괴(居塊)[-괴-]명하자 ☞거갑(居甲).

거:구(巨軀)명 큰 몸뚱이. 거체(巨體).

거:국(去國)명하자 자기 나라를 떠남. 왕도(王都)를 떠남 ¶ 쇼양강 느린 물이 어드러로 든 단 말고. 고신거국(孤臣去國)에 빅발도 하도 슈샤…(鄭澈.關東別曲).

거:국(擧國)명 온 나라. 전국.

거:국^내:각(擧國內閣)[-궁-]명 특정한 정당·정파를 배경으로 하지 않는 내각. 중립 내각. 초연내각.

거:국-일치(擧國一致)명하자 온 국민이 한마음 한뜻으로 뭉침.

거:국일치^내:각(擧國一致內閣)명 전쟁이나 경제 공황 따위 국가적 위기를 극복하기 위해 모든 당파를 초월하여 구성하는 내각.

거:국-적(擧國的)[-쩍]관명 온 국민이 함께 참여하는 (것). ¶거국적 환영 행사. /거국적인 화해.

거:근(去根)명하타 ①(식물의) 뿌리를 뽑아 없앰. ②(병·근심 따위의) 근원을 없앰.

거:근(擧筋)명 (무엇을) 들어 올리는 작용을 하는 근육.

거:금(巨金)명 많은 돈. 큰돈. ¶거금을 들여 학교를 세우다.

거:금(醵金)명하자 ☞갹금(醵金).

거:금(距今)관 《시간을 나타내는 말 앞에 쓰이어》 '지금으로부터 거슬러 올라가서'의 뜻을 나타냄. ¶거금 300년 전.

거긔¹대 (옛)거기. ¶거긔나 가 잇눈가(鄭澈.關東別曲).

거긔²조 (옛)게. 에게. ¶ᄒ나 아닌 거긔 둘 아닌 고돌 불길씨(月釋8:30). 劉게에².

거기대 ①(앞에서 가리킨) 그곳. 그것. 그 점. ¶거기에는 없는 것이 없다. /거기에 대해 해명하라. ②듣는 이를 조금 낮잡아 이르는 말. ¶나는 이 마을 이장인데, 거기는 어디서 온 뉘시오. 劉게¹. 劉고기².

거:기(倨氣)명 거만한 태도. 거드름.

거꾸러-뜨리다타 거꾸러지게 하다. 거꾸러트리다 劉가꾸러뜨리다. 劉꺼꾸러뜨리다.

거꾸러-지다자 ①거꾸로 넘어지거나 엎어지다. ②(세력이나 집단 따위가) 꺾이거나 무너지다. ③〈죽다〉의 속된 말. 劉가꾸러지다. 劉꺼꾸러지다.

거꾸러-트리다타 거꾸러뜨리다. 劉가꾸러트리다. 劉꺼꾸러트리다.

거꾸로부 차례나 방향, 또는 형편 따위가 반대로 바뀌게. ¶신발을 거꾸로 신다. /기습 공격을 하려다가 거꾸로 기습을 당하고 말았다. 劉가꾸로.

거꾸로 박히다관용 머리를 바닥으로 향한 상태로 떨어지다.

거꿀-가랑이표(-標)명 '>' 표의 인쇄 용어. 〔문장에서는 '작은말표'이고 수식(數式)에서는 부등호(不等號)임.〕劉부등호.

거꿀-달걀꼴명 달걀을 거꾸로 세운 꼴. 도란형(倒卵形).

거꿀-삼발점(-三-點)[-쩜]명 문장·수식(數式)·인쇄에서 '왜냐하면'의 뜻으로 쓰이는 '∵'의 이름. 까닭표. 이유표.

거나조 모음으로 끝난 체언에 쓰이되, 둘 이상 열거된 체언마다 붙어서 그중 어느 것(쪽)이든 가리지 아니함을 나타내는 연결형 서술격 조사. 〔강조할 때에는 '간에'와 어울려 쓰이기도

하며, 체언이 '아무'·'어느' 따위일 때는 다른 체언이 열거되지 않기도 함.〕¶우유거나 음료 수거나 마실 것 좀 다오. 麗이거나.

-거나어미 용언의 어간 또는 높임의 '-시-'나 시제의 '-았(었)-' 등에 붙는 종속적 연결 어미. '-든지'의 뜻으로, 어느 것(쪽)이 되든 가리지 아니함을 나타냄. 〔뜻을 강조하기 위하여, '간에'를 덧붙여 쓰기도 함.〕¶가거나 오거나 내버려 두어라. /크거나 작거나 간에 다 가져오너라. 麗-건.

거나-하다형여 술에 취한 정도가 기분이 좋을 만큼 알맞다. ¶거나하게 취하여 흥겹게 노래하다. 麗건하다. 거나-히부.

거:납(拒納)명하타 세금 따위를 내기를 거부함.

거:냉(←去冷)명하타자 약간 데워서 찬 기운을 가시게 함. ¶거냉한 술. 本거랭(去冷).

거:년(去年)명 지난해. 구년(舊年). 작년(昨年).

거년-스럽다[-따][~스러우니·~스러워]형ㅂ 보기에 몹시 궁상스럽다. 劉가년스럽다. 거년 스레부.

-거뇨어미 (옛)-었느냐. -으냐. -느냐. ¶어듸사 됴호 ᄯ리 양즈 ᄀᆞᆺ니 잇거뇨(釋譜6:13).

거두다타 ①(기운이나 정신 따위를) 가다듬어 차리다. ②(휘청거리거나 떨리는 몸을) 겨우 바로 가지다. ¶취해서 몸을 거누지 못하다. 劉가누다.

거느니다타 (옛)데리다. 통솔하다. ¶거느닐 통:統(訓蒙下32).

거느리다타 ①손아래에 데리고 있다. ¶처자(妻子)를 거느리다. ②(부하나 군대 따위를) 통솔하여 이끌다. 지배 아래 두다. ¶백만 대군을 거느리다. /부하를 거느리다. ③짐승이 새끼를 데리고 있다(살다). ¶암탉이 병아리를 거느리다.

거느리다타 (옛)건지다. 구제하다. ¶거느릴 제:濟(訓蒙下32).

거느리치다타 (옛)건지어 내다. 구제하다. ¶乾坤을 고텨 時世ᄂᆞᆯ 거느리츄믈 못도다(杜重4:17).

거느림-채명 원채나 사랑채에 딸려 있는 작은 집채.

거늑-하다[-느카-]형여 흡족하고 느긋하다.

거늘조 모음으로 끝난 체언에 붙는 연결형 서술격 조사. ①'사실이 이러이러하기에 그에 따라서'의 뜻을 나타냄. ¶뜻밖의 해후였는 이대로 헤어질 수야 있나? ②앞의 사실로 미루어 뒤의 사실이 마땅하다는 뜻을 나타냄. 〔반어 의문의 말이 따름.〕¶ 피를 나눈 형제거늘 그 정도 돈이야 빌려 주지 않겠느냐. 麗이 거늘.

-거늘어미 용언의 어간 또는 높임의 '-시-'나 시제의 '-았(었)-'·'-겠-' 등에 붙는 종속적 연결 어미. ①'사실이 이러이러한데 그와는 판판으로'의 뜻을 나타냄. ¶그리하라 일렀거늘 왜 하지 않았느냐? ②'사실이 이러이러하기에 그에 응하여'의 뜻을 나타냄. ¶문득 들으니 가마귀 세 번 울고 가거늘, 길동이 괴이히 여겨…(洪吉童傳). ③앞의 사실로 미루어 뒤의 사실이 마땅함을 되묻는 투로 끝맺게 하는 말. ¶새도 제집을 찾거늘, 하물며 사람이 어찌 제 고향을 모른다 하겠느냐.

-거늘어미 (옛)①-거늘. -(으)매. -(으)므로. ¶ᄀᆞ룸배 믿 업거늘(龍歌20章). ②-거늘. -ㄴ(는)데. -(으)나. ¶앗은 뜯 다ᄅᆞ거늘 나라해 도라오시고(龍歌24章).

거니조 모음으로 끝난 체언에 붙는 연결형 서술격 조사. ①'사실이 이러이러한데'의 뜻을 나타냄.〔대개 반어적 의문의 말이 뒤따름.〕¶그는 실력자거니 무슨 일인들 못하랴. ②혼자 속으로 추측하는 뜻을 나타냄. ¶다정스레 배웅하기에 그의 아내거니 했는데. 鄭이거니.

-거니어미 용언의 어간 또는 높임의 '-시-'나 시제의 '-았(었)-'·'-겠-' 등에 붙는 종속적 연결 어미(또는 종결 어미). ㉠이미 그러한 조건임을 나타냄.〔대개 반어적 의문의 말이 뒤따름.〕¶우리는 젊었거니 돌인들 무거우랴. ㉡상태나 동작이 반복되거나 잇달음을 나타냄. ¶듣거니 보거니 느낄 일도 많구나. /주거니 받거니 술잔을 비우다. ②〔종결 어미〕경험한 사실에 바탕한 인정 또는 추측의 뜻을, 스스로에게 다짐하듯이 나타냄. ¶핏줄의 정이란 다 그러하거니.

-거니옛 -았느냐. ¶어즈버 이 江山風月을 누들 주고 가거니(古時調).

거니와조 모음으로 끝난 체언에 붙는 연결형 서술격 조사. ①서로 맞서거나 상반되는 사실을 이어 줌. ¶이것은 내 시계거니와 저것은 누가 풀어 놓은 시계인고. ②이미 있는 사실(현상)을 인정하되, 그보다 더하거나 그와 다른 사실이 있음을 나타냄. ¶나는 멍청이거니와 너는 더한 천치다. 鄭이거니와.

-거니와어미 용언의 어간 또는 높임의 '-시-'나 시제의 '-았(었)-'·'-겠-' 등에 붙는 종속적 연결 어미. '-지마는'의 뜻. ①대립 또는 상반되는 사실을 이어 줌. ¶장마철이라 비야 으레 내리겠거니와 바람은 또 무슨 일인고. ②이미 있는 사실(현상)을 인정하되, 그보다 더하거나 그와 다른 사실이 있음을 나타냄. ¶산수도 좋거니와 인심 또한 그만일세. /보기도 탐스럽거니와 맛도 좋다.

거니-채다자 기미를 알아채다.

거:닐다[거니니·거닐어]자타 이리저리 한가로이 걷다. ¶공원을 거닐며 사색에 잠기다.

거느리다타 옛 거느리다. ¶쳐구름 거느리고 눈조차 모라오니(鄭澈.星山別曲).

-거늘어미 옛 -거늘. ¶니락거늘 듣노니(杜重 2:2).

-거다어미 옛 -았다. ¶오늘도 다 새거다 호미 메오 가쟈스라(古時調).

거:담(祛痰·去痰)명하자되자 가래를 없앰.

거:담-제(祛痰劑)명 가래를 삭게 하는 약.

거:당(擧黨)명 한 정당의 전체.

거:대(巨大)명하형〔일부 명사 앞에 쓰이어〕엄청나게 큼. ¶거대 규모. /거대 기업. /조직이 거대하다(⇔微小).

거:대^도시(巨大都市)명 인구 수백만에서 천만 정도에 이르는 현대적인 큰 도시. 한 나라의 정치·경제·문화 등에 결정적인 영향력을 미치는 지역을 이름. 메트로폴리스.

거:대^분자(巨大分子)명 ①유기 화합물 중, 분자량이 1만 이상인 분자. ②화학 결합에 의하여 거의 무한 개수(無限個數)의 원자가 집합한 분자. 고분자(高分子).

거:대-증(巨大症)[-쯩] 명 발육기의 어린이가 뇌하수체의 항진(亢進)으로 말미암아 팔다리, 특히 하반신이 비정상으로 발육하여 커대해지는 병.

거덕-거덕[-꺼-]부하형 거죽의 풀기나 물기가 조금 마른 모양. ¶빨래가 거덕거덕 마르기 시작한다. 鄭가닥가닥². 쎈꺼덕꺼덕.

거덕-치다형 (모양·차림새 따위가) 상스럽거나 거칠어 어울리지 아니하다. 쎈꺼덕치다.

거덜명〔주로 '나다'·'내다'와 함께 쓰이어〕①재산이나 살림 따위가 여지없이 허물어지거나 없어지는 것. ¶노름으로 살림이 거덜 났다. ②하던 일이나 결만이 나는 것. ¶사업을 거덜 내다. ③(옷·신 따위가) 다 해지거나 닳아 떨어지는 것. ¶양말이 거덜 나다.

거덜²명 조선 시대에, 사복시(司僕寺)에서 말을 맡아 거두던 하인.〔한자를 빌려 '거달(巨達)'로 적기도 함.〕

거덜-거덜부하형 살림이나 사업 따위가 금방 거덜 날 듯 위태위태한 모양. ¶빚더미에 눌리어 살림이 거덜거덜하다.

거덜-마(-馬)명 ①조선 시대에, 거덜이 타던 말. ②걸을 때에 몸을 몹시 흔드는 말.

거:도(巨盜)명 큰 도둑. 거적(巨賊). 대도(大盜).

거:도(巨濤)명 큰 파도.

거:도(鋸刀)명 (혼자서 켜도록) 자루를 한쪽에만 박은 톱. 톱칼.

거도-선(居刀船·艍舠船)명 ①지난날, 거룻배 모양으로 만든 작고 빠른 병선. ②☞거룻배.

거:독(去毒)명하타되자 한방에서, 약재(藥材)의 독기를 없애는 일.

거:동(去冬)명 지난겨울. 객동. 작동(昨冬).

거:동(擧動)명하자 ①몸을 움직이는 짓이나 태도. 행동거지(行動擧止). 동지(動止). ¶거동이 불편한 노인. /저 낯선 사람의 거동이 수상쩍다. ②〈거둥〉의 본딧말.

거-동궤(車同軌)명 〈거동궤서동문〉의 준말.

거동궤-서동문(車同軌書同文)명〔각 지방의 수레의 너비가 같고, 글도 같은 글자를 쓴다는 뜻으로〕'여러 지방을 하나로 통일함'을 이르는 말. ㉜거동궤·동문동궤·서동문.

거:동-범(擧動犯)명 결과의 발생 유무에 관계없이 외부적 거동만으로 성립되는 범죄.〔위증죄·주거 침입죄 따위.〕형식범. ↔결과범(結果犯).

거두부 옛 거두어. 걷어. ¶朔風이 거두 부러(鄭澈.星山別曲).

거:두(巨頭)명 어떤 방면에서 큰 힘을 가진 지도급 인물. 유력한 우두머리. ¶낭만파의 거두. /정계의 거두. /거두 회담.

거:두(去頭)명하타 머리를 잘라 없앰.

거:두(擧頭)명하자 ①머리를 듦. ②굽죄임이 없이 머리를 들고 태연히 남을 대함.

거두다타 ①(널리거나 흩어져 있는 것을) 모으다. ¶시험지를 거두다. ②(기르거나 가꾸거나 하여 뒤를 보살피다. ¶자식들을 거두어 먹이다. /돼지를 잘 거두다. ③어떤 결과나 성과 따위를 얻거나 올리다. ¶성과를 거두다. /승리를 거두다. ④(몸이나 신변의 일을) 손질하고 보살피다. ¶집안일을 알뜰히 거두다. ⑤하던 일을 그만두기로 하고 정리하다. ¶객지 살림을 거두어 고향으로 내려갔다. ⑥(숨·말·웃음·생각 따위를) 멈추어 끝내거나 그만두다. ¶끝내 숨을 거두다. /웃음을 거두고 정색을 하다. /제발 떠나시겠다는 말씀만은 거두어 주십시오. ⑦(곡식이나 열매 따위를) 수확하다. ¶벼를 거두다. /고추를 거두다. ⑧(여러 사람으로부터 돈이나 물건 따위를) 받아들이다. ¶기부금을 거두다. /세금을 거두다. ⑨(시체·유해 따위를) 수습하다. ¶시신을 거두다. ①⑤⑧㉰걷다.

거:두-대면(擧頭對面)명 머리를 들어 서로 얼굴을 마주함. 또는 그런 만남.

거두들다〔타〕〈옛〉'거어 들다.' ¶오솔 거두드러 춘 비롤 봄노누다(杜初9:9).

거두어-들이다〔타〕①(널리거나 흩어져 있는 것을) 모아 들이다. ¶노획품을 거두어들이다. ②기르거나 가꾸어서 하여 되를 보살피다. ¶고아를 거두어들이다. ③어떤 결과나 성과 따위를 얻어 내다. ¶만족할 만한 성과를 거두어들였다. ④벌여 놓거나 내놓은 것을 거두다. ¶손을 거두어들이다. ⑤하던 일을 멈추거나 끝내다. ¶발길질을 거두어들이다. ⑥말·생각·제안 따위를 취소하다. ¶내뱉은 말은 거두어들일 수 없다. ⑦(곡식이나 열매 따위를) 모으거나 수확하다. ¶오이를 거두어들이다. ⑧(여러 사람으로부터 돈이나 물건 따위를) 받아서 들여오다. ¶세금을 거두어들이다. ⑨(시체·유해 따위를) 수습하여 들이다. 준거둬들이다.

거:두-절미(去頭截尾)〔명〕〔하타〕〔머리와 꼬리를 잘라 버린다는 뜻으로〕요점만을 남기고 앞뒤의 사설을 빼어 버림. 《주로, '거두절미하고'의 꼴로 쓰임.》 ¶거두절미하고 요점만 말하다.

거두쥐다〔타〕〈옛〉오그라들다. 죄어들다. ¶쏘 우 흐로 거두쥐디 아니ᄒᆞ며(月釋17).

거둠-질〔명〕농작물을 거두어들이는 일.

거:둥(←擧動)〔명〕〔하자〕임금의 나들이. 임금의 행차. 거가(車駕). 본거동.

거둥에 망아지(새끼) 따라다니듯〔속담〕'요긴하지 않은 사람이 쓸데없이 이곳저곳 따라다님'을 빈정대는 말.

거둥-그리다〔타〕'거든그리다'의 잘못.

거:둥-길(←擧動-)〔-낄〕〔명〕임금이 거둥하는 길. 어로(御路).

거둥길 닦아 놓으니까 깍정이가(미천년이) 먼저 지나간다〔속담〕①애써서 이루어 놓은 공이 하찮은 일로 하여 전혀 보람 없이 되었을 때 이르는 말. ②간절히 기다리던 사람은 오지 않고 반갑지도 않은 사람이 나타나 기분을 망쳐 놓는 경우를 이르는 말.

거둬-들이다〈거두어들이다〉의 준말.

-거드란〔어미〕〈옛〉-거들랑. -거들랑은. ¶草堂에 곳지 픠거드란 나도 자네를 請ᄒᆞ욤셰(古時調).

거드럭-거드럭〔-꺼-〕〔부〕〔하자〕자꾸 잘난 체하며 거드름 부리는 모양. 준거뜨럭거뜨럭. 작가드락가드락. 쎈꺼드럭꺼드럭·끄뜨럭꺼뜨럭.

거드럭-거리다〔-꺼-〕자〕자꾸 거드럭거드럭하다. 거드럭대다. 준거뜨럭거리다. 작가드락거리다. 쎈꺼드럭거리다·끄뜨럭거리다.

거드럭-대다〔-때-〕자〕거드럭거리다.

거:드림이〔명〕장기를 둘 때의 약속의 하나로, 한 번 집어 들었거나 만진 장기짝은, 도로 놓지 못하고 꼭 써야 한다는 규정.

거:드름〔명〕거만스러운 태도. 거기(倨氣). ¶거드름을 부리다. /거드름을 빼다. /거드름을 피우다.

거:드름-스럽다〔-따〕〔~스러우니·~스러워〕〔형〕〔ㅂ〕보기에 거드름 부리는 데가 있다. **거드름스레**〔부〕

거:드름-쟁이〔명〕'거드름 부리는 사람'을 얕잡아 이르는 말.

-거드면〔어미〕'-거든'과 '-으면'이 합쳐진 말. 용언의 어간 또는 높임의 '-시-'나 시제의 '-았(었)-'·'-겠-' 등에 붙어, 그리 추측함을 나타내는 종속적 연결 어미. ¶조자룡(趙子龍)의 월강(越江)하던 청총마(靑驄馬)가 있거드면 금일로 가련마는(烈女春香守節歌).

거든〔조〕모음으로 끝난 체언에 붙는 서술격 조사. ①㉠가정하여 말하는 내용이 뒷말의 조건이 됨을 나타내는 연결형 서술격 조사. ¶빈털터리거든 들어갈 생각일랑 아예 마라. ㉡앞말을 인정함으로써, 뒷말이 앞말에 매이는 뜻을 나타내는 연결형 서술격 조사. 《흔히, '-거든 어찌 ~랴'와 같은 반어적 의문문의 꼴로 쓰임.》 ¶닭도 새거든 어찌 급하면 날지 못하랴. ②신기하거나 이상함을 스스로 영탄하는 투로 나타내는 종결형 서술격 조사. ¶도대체 어찌 된 영문인지 알 수 없는 경우거든. 참이거든.

-거든〔어미〕①용언의 어간 또는 높임의 '-시-'나 시제의 '-았(었)-'·'-겠-' 등에 붙는 종속적 연결 어미. ㉠가정하여 말하는 내용이 뒤의 말의 조건이 됨을 뜻함. ¶작거든 큰 것으로 바꾸어라. /오시거든 방으로 모셔라. /청소를 다 하였거든 돌아가거라. 준-건. ㉡그것을 인정함으로써 '다만 게나 그것에 구속됨을 뜻하는 '-는데'의 뜻. 《흔히, '-거든 어찌 ~랴'와 같은 반어적 의문문의 형식을 취하기도 함.》 ¶어린 학생이 해냈거든, 어찌 큰 학생이 못할까. ②용언의 어간 또는 높임의 '-시-'나 시제의 '-았(었)-'·'-겠-' 등에 붙는 종결 어미. ㉠까닭을 밝히거나 다짐하는 뜻을 나타냄. ¶왜 밥을 안 먹느냐고 조금 아까 떡을 많이 먹었거든. ㉡이상하거나 납득할 수 없다는 느낌을 나타냄. ¶아무리 생각해도 그 까닭을 알 수 없거든.

-거든〔어미〕〈옛〉①-매. -므로. -지라. -는데. ¶商德이 衰ᄒᆞ거든 天下를 맛디시릴ᄊᆞ(龍歌6章). ②-에도 불구하고. ¶사ᄅᆞ미 구지즈며 티거든 ᄎᆞ마 佛道 求ᄒᆞᄂᆞᆫ 양도 보며(釋譜13:22).

거든-거든〔부형〕여럿이 모두 거든한 모양. 작가든가든. 쎈꺼든꺼든. **거든거든-히**〔부〕

거든그-뜨리다〔타〕'거든그리다'의 힘줌말. 거든그트리다. 작가든그뜨리다.

거든-그리다〔타〕거든하게 거두어 싸다. 작가든그리다.

거든그-트리다〔타〕거든그뜨리다. 작가든그트리다.

거든-하다〔형〕①(물건 따위가) 생각보다 가볍고 쓰기에 간편하다. ②기분이나 몸이 상쾌하고 개운하다. 작가든하다. 쎈꺼든하다. **거든-히**〔부〕

거:들(girdle)〔명〕배와 허리의 몸매를 예쁘게 보이기 위해 입는 여자용 속옷의 한 가지.

거들-거들〔부〕〔하자〕〈거드럭거드럭〉의 준말. 작가들가들. 쎈꺼들꺼들.

거들-거리다〔자〕〈거드럭거리다〉의 준말. 거들대다. 작가들거리다. 쎈꺼들거리다.

거:들다〔거드니·거들어〕〔타〕①남이 하는 일을 도와주다. ¶어머니가 하시는 일을 거들다. ②남의 일에 참견하다. ¶자네가 거들고 나설 일이 아닐세.

거들-대다〔자〕거들거리다.

거들떠-보다〔타〕《주로 부정어 앞에 쓰이어》눈을 크게 뜨고 아는 체하거나 관심 있게 보다.

거들떠보지도 않다〔관용〕①(거만한 태도로) 아는 체도 하지 아니하다. ②무관심하다.

거들-뜨다〔~뜨니·~떠〕〔타〕눈을 위로 크게 치켜뜨다.

거들랑〔조〕'거든'과 '올랑'이 합쳐진 말. 모음으로 끝난 체언에 붙어, 뒷말의 전제 조건이 됨을 나타내는 연결형 서술격 조사. ¶혼자거들랑 친구들과 함께 와라. 참이거들랑. 준걸랑2.

-**거들랑**〈어미〉'-거든'과 '올랑'이 합쳐서 된 말. 용언의 어간 또는 높임의 '-시-'나 시제의 '-았(었)-'·'-겠-' 등에 붙는 종속적 연결 어미. '-거든','-(으)면'의 뜻. ¶꽃이 피거들랑 꽃놀이를 함께 갑시다. /마음에 드시거들랑 가지세요. 준-걸랑.

거들먹-거들먹[-꺼-]甼하자 신이 나서 도도하게 행동하는 모양. 장가들막가들막. 센꺼들먹꺼들먹.

거들먹-거리다[-꺼-]자 자꾸 거들먹거들먹하다. 거들먹대다. ¶칭찬 좀 받았다고 거들먹거리는 꼴이라니! 장가들막거리다. 센꺼들먹거리다.

거들먹-대다[-때-]자 거들먹거리다.

거들먹-이다자 신이 나서 잘난 체하며 함부로 거만하게 행동하다. 장가들막이다.

거듬-거듬甼하타 (흩어지거나 널려 있는 것을) 대강대강 거두어 나가는 모양. ¶벌레 먹지 않은 낙과(落果)만을 거듬거듬 주워 바구니에 담았다.

거듭甼 되풀이하여. ¶거듭 말하거나 다시는 그런 일이 없도록 해라.

거듭-거듭[-꺼-]甼 다시(여러 번) 되풀이하여. ¶거듭거듭 사과하다. /그는 같은 말을 거듭거듭 되뇌었다.

거듭-나다[-듬-]자 ①새사람이 되다. ¶매일 술만 마시던 삼촌이 거듭날 수 있었던 것은 할머니의 헌신적인 사랑이 있었기 때문이다. ②원죄 때문에 죽었던 영이 예수를 믿음으로써 영적으로 새사람이 되다.

거듭-남[-듬-]명 ☞중생(重生).

거듭-닿소리[-따쏘-]명 복자음(複子音).

거듭-되다[-뙤-/-뛔-]자 자꾸 되풀이되다. ¶실수가 거듭되다. /거듭된 실패를 극복하다.

거듭-월명 ☞중문(重文).

거듭-제곱[-께-]명하타 같은 수나 식을 거듭 곱함, 또는 그 값. 〔세제곱·네제곱 따위.〕멱(冪).

거듭-제곱근[-끈-](-根)명 〔-께-끈〕명 제곱근·세제곱근·네제곱근 따위를 통틀어 이르는 말. 멱근(冪根).

거듭-하다[-드파-]타 자꾸 되풀이하다. ¶해를 거듭할수록 두고 온 고향 생각이 간절하다.

거듭-홀소리[-드플쏘-]명 ☞이중 모음.

거든甼[-]甼〈거든거든〉의 센말. 장가든가든.

거뜬-거뜬甼-히甼.

거뜬-하다형어〈거든하다〉의 센말. ¶한잠 푹자고 나니 몸이 아주 거뜬하다. 장가든하다. 거뜬-히甼.

-**거라**〈어미〉'오다'를 제외한 동사 어간에 붙는 해라체의 명령형 종결 어미. '-어라'보다 예스러운 느낌. ¶학교에 빨리 가거라. /그만 물러가거라.

거라^벗어난끝바꿈[-끝빠-]명 ☞거라 불규칙 활용.

거라^변:칙^활용(-變則活用)[-치콰룡]명 ☞거라 불규칙 활용.

거라^불규칙^활용(-不規則活用)[-치콰룡]명 동사의 명령형 어미로, '-아라'나 '-어라'로 되어야 할 말이 '-거라'로 되는 불규칙 활용. 〔가아라→가거라 따위.〕 거라 벗어난끝바꿈. 거라 변칙 활용.

거란(←契丹)명 5세기 중엽부터 내몽골 시라무렌 강 유역에 살았던 몽골계와 퉁구스계의 유목 민족.

거:란지명〈거란지뼈〉의 준말.

거:란지-뼈명 소의 꽁무니뼈. 준거란지.

거랑명하자 남의 광구(鑛區)나 버력탕 같은 데서 감돌을 고르거나 사금을 채취하여 조금씩 돈을 버는 일. 본걸량(乞糧).

거랑-금(-金)[-끔]명 거랑하여 모은 금. 본걸량금.

거랑^금점(-金店)[-끔-]명 거랑꾼이 모여들어 채굴하는 금광. 본걸량금점.

거랑-꾼명 거랑하는 사람. 본걸량꾼.

거:래(去來)[명]①하타되자 상품을 사고파는 일. 돈을 주고받는 일. ¶상품 거래. /거래가 이루어지다. ②하자 오고가는 일. 왕래. ¶이웃과 거래가 잦다. ③하자 지난날, 사건이 일어나는 대로 아랫사람이 윗사람이나 관아에 가서 알리던 일. ¶거래를 드리다.

거:래(去來)[2]명 불가(佛家)에서, 과거와 미래를 아울러 이르는 말.

거:래금(去來今)명 불가(佛家)에서, 과거·미래·현재를 아울러 이르는 말.

거:래-법(去來法)[-뻡]명 경제 거래에 관한 모든 법을 통틀어 이르는 말.

거:래-선(去來先)명 ☞거래처.

거:래-소(去來所)명 상품·유가 증권 따위를 대량으로 거래하는 상설 기관.

거:래-처(去來處)명 계속적으로 거래하는 상대 쪽. 거래선.

거:랭(去冷)명하타〈거냉(去冷)〉의 본딧말.

거:량(巨量)명 ①매우 많은 분량. ②음식을 먹는 양이 대단함.

거:량(←擧揚)명하타 불가에서, 설법할 때 죽은 사람의 영혼을 부르는 일. 청혼(請魂).

거러치〈옛〉가라치. 종. 하인(下人). ¶거러치예:隷(訓蒙中1).

거:레명하자 괜히 어정거리면서 느리게 움직이는 일. ¶빨리 하지 않고 무슨 거레를 이리도 하는고?

거려(居廬)명하자 지난날, 상제(喪制)가 여막(廬幕)에서 거처하던 일.

거령-맞다[-맏따]형 조촐하지 못하여 격에 어울리지 아니하다. 거령스럽다. 장가량맞다.

거령-스럽다[-따]〔-스러우니·-스러워〕형田 거령맞다. 장가량스럽다. 거령스레甼.

거:례-법(擧例法)[-뻡]명 자기의 이론을 증명하기 위하여 실례를 들어 설명하는 문장 수사법.

거:로(去路)명 떠나가는 길.

거:론(擧論)명하타되자 어떤 사항을 논제(論題)로 삼기 위하여 초들어 말함. ¶행락철을 맞아 자연보호 문제를 거론하다.

거루명〈거룻배〉의 준말.

거루-다타 배를 강(내)의 기슭에 대다.

거:룩-하다[-루카-]형어 성스럽고 위대하다. 위대하고 훌륭하다. ¶거룩하신 하느님. /열사의 거룩한 뜻. 거룩-히甼.

거룻-배[-루뻬/-룯뻬]명 돛을 달지 아니한 작은 배. 거도선(居刀船). 소선(小船). 준거루.

거:류(去留)명 ①떠남과 머무름. ②죽음과 삶. ③일을 되고 아니 됨.

거류(居留)명하자 ①(어떤 곳에) 임시로 머물러 삶. ②외국의 거류지에 삶. ¶해외 거류 동포.

거류-민(居留民)명 임시로 머물러 살고 있는 외국인. 재류민(在留民).

거류민-단(居留民團)명 남의 나라에서 사는 같은 민족끼리 조직한 자치 단체. 준민단.

거류-지(居留地)명 (조약이나 관례에 따라) 한 나라가 그 영토의 일부를 한정하여, 외국인의 거주와 영업을 허가한 지역.

거르다¹[거르니·걸러][타르] 건더기나 찌꺼기 따위가 섞인 액체를 체 따위에 밭쳐서 액체만 받다. ¶ 술을 체에 거르다.

거르다²[거르니·걸러][타르] 정해진 차례를 빼고 그 다음 차례로 건너뛰다. ¶끼니를 거르다.

거름[명] 땅을 걸게 하거나 식물이 잘 자라도록 하기 위하여 땅에 뿌리거나 흙에 섞거나 하는 영양 물질. 비료. ¶거름을 주어 지력을 높이다.

거름[명] (옛) 걸음. ¶거름 보:步(訓蒙下27).

거름-기(-氣)[-끼][명] 거름의 기운. ¶땅에 거름기가 없어 곡식이 더디 자란다.

거름-발[-빨][명] (식물에 나타나는) 거름의 효과 또는 기운.

  거름발 나다[관용] 거름의 효과가 나타나다.

거름-종이[명] 찌꺼기나 건더기가 있는 액체를 거르는 종이. 여과지(濾過紙).

거름-통(-桶)[명] 거름을 퍼 나르는 데 쓰는 통.

거름-풀[명] 거름으로 쓸 풀이나 나뭇잎.

거름-하다[자타] 거름을 주다. 시비(施肥)하다.

거름-흙[-흑][명] ①기름진 흙. 비토(肥土). ②거름 더미 밑이나 거름을 놓았던 자리에서 그러모은 흙. *거름흙이[-흘기]·거름흙만[-흥-]

거리¹⟨길거리⟩의 준말.

거리²[의] ①《명사 뒤에 붙거나 어미 '을' 뒤에 쓰이어》 내용이 될 만한 재료. ¶매운탕 거리. /반찬을 만들 거리. ②《주로 수를 나타내는 말 뒤에 쓰이어》 제시한 수가 처리할 만한 것. ¶한 사람 거리. /한 입 거리밖에 안 되는 과일. ③《주로 시간의 길이를 나타내는 명사 뒤에 쓰이어》 제시한 시간 동안 해낼 만한 일. ¶한 시간 거리도 안 되는 일.

거리³[의] ①무당의 굿의 한 장을 이루는 단위. 〔대감 거리·성주 거리 따위.〕 ②남사당놀이에서, 한 마당을 다시 몇 부분으로 나눈, 그 부분을 이르는 단위. ③지난날의 연극 용어로, 극의 한 막, 또는 그 막의 각본을 이르는 단위.

거리⁴[의] 오이·가지 따위의 수효를 셀 때 50개를 한 단위로 이르는 말. 〔두 거리가 한 접, 곧 100개가 됨.〕

거:리(巨利)[명] 많은 이익. 큰 이익.

거:리(距離)[명] ①서로 떨어져 있는 두 곳 사이의 길이. ¶거리가 멀다. /십 리 거리를 쉬지 않고 달려왔다. ②수학에서, 두 점을 잇는 직선의 길이. ③인간관계에서, 서먹한 사이. 친밀하지 못한 사이. ¶요즘 그들 부부는 서로 어떤 거리를 느끼는 것 같았다. ④어떤 기준에서 본 서로의 차이나 구별. ¶두 사람의 견해에는 상당한 거리가 있다. ⑤《시간의 길이를 나타내는 명사 뒤에 쓰이어》 일정한 시간 동안 이동할 만한 공간적 간격. ¶집에서 10분 거리. /한 시간 거리.

-거리[접미] 날·달·해 등을 뜻하는 말 뒤에 붙어, 그 시간 단위를 주기(週期)로 하여 일어남을 뜻함. ¶달거리. /해거리. /하루거리.

거:리-감(距離感)[명] 사이가 뜬 느낌. ¶거리감을 느끼다.

거리-거리[명] 여러 길거리, 또는 각각의 길거리. ¶거리거리를 청소하다.

거:리^경주(距離競走)[명] 스키에서, 노르딕 경기 종목의 한 가지. 일정한 거리를 경주하여 시간을 측정함으로써 승부를 가리는 스키 경기를 통틀어 이르는 말.

거:리-계(距離計)[-계/-게][명] (사진기·측량기 따위에 쓰이는) 거리를 재는 광학 기계.

거리끼다[자타] ①거치적거려 방해가 되다. ¶사업을 하자니 거리끼는 것이 많다. ②꺼림칙하게 마음에 걸리다. ¶양심에 거리끼는 일은 하지 말자.

거리다[타] (옛) 건지다. ¶撈는 므레 거릴 써오(月釋序8).

-거리다[접미] 의성어·의태어 뒤에 붙어, 같은 동작을 잇달아 되풀이함을 뜻함. -대다. ¶소곤거리다. /출렁거리다.

거리씨다[자] (옛) 거리끼다. ¶긴 길히 ᄆᅀᅡ매 거리씨니(杜初7:3).

거리-제(-祭)[명] ①음력 정월에, 길거리의 장승에게 지내는 제사. ②운상(運喪) 도중에, 친척이나 친지가 상여 옆에 제상(祭床)을 차려 놓고 거리에서 지내는 제사. ②노전(路奠)·노제(路祭).

거리치다[타] (옛) 구제하다. 건지다. ¶주으린 사ᄅᆞ몰 거리치며(月釋2:31).

거:리-표(距離標)[명] ①철도 선로의 기점(起點)으로부터의 거리를 나타내는 표지. ②☞이정표.

거림씰[명] (옛) 갈림길. ¶거림셸:岐路(譯語上6).

거:ᄅᆞ다[타] (옛) 구제하다. 건지다. ¶天下ㅅ 이룰 經綸ᄒᆞ야 屯難흔 時節을 거리츨씨라(月釋17:18).

거릿-송장[-리쏭-/-릳쏭-][명] 길거리에서 죽은 이의 송장.

거룸[명] (옛) 걸음. ¶즉시 발을 년ᄒᆞ야 흔 거룸 나아가(武藝圖譜1).

거마(車馬)[명] 수레와 말.

거마-비(車馬費)[명] 〔차나 말을 타는 비용이라는 뜻으로〕 '교통비'를 달리 이르는 말.

거:막(痼瘼)[명] ①고치기 어려운 큰 병. ②큰 폐해.

거:만(巨萬·鉅萬)[명] 매우 많은 액수 또는 재산.

거:만(倨慢)[명][하다][형] 잘난 체하며 남을 업신여기는 데가 있음. 교만. 오만(傲慢). ¶거만을 떨다. /거만을 부리다. ↔겸손(謙遜). **거만-히**[부] 거만스레.

거:만-대금(巨萬大金)[명] 매우 많은 액수의 돈.

거:맥(去脈)[명][하다][타] 한방에서, 복령(茯苓) 따위의 살 속에 박힌 누르스름한 줄기를 긁어 냄을 이르는 말.

거망[명] ⟨거망빛⟩의 준말.

거망-빛[-삣][명] 매우 검붉은 빛깔. 짙은 적갈색. ⓜ거망. *거망빛이[-삐치]·거망빛만[-삔-]

거머누르께-하다[형여] 검은빛을 띠면서 누르스름하다. ⓜ가마노르께하다.

거머-당기다[타] 힘차게 휘감아 당기다. ¶머리채를 거머당기다. /그물을 거머당기다.

거머-들이다[타] 힘차게 휘몰아 들이다.

거:머리¹[명] 어린아이의 두 눈썹 사이의 살 속에 파랗게 내비치는 힘줄.

거:머리²[명] ①거머릿과의 환형동물. 몸길이 3~4cm. 몸은 가늘고 길며 많은 주름이 잡혀 있음. 몸의 양 끝에 빨판이 있어 동물의 살에 붙어 피를 빨아 먹음. 거머리의 침에서 나오는 헤파린(heparin)은 의약품으로 쓰임. 수질(水蛭). ②'바짝 달라붙어 남을 괴롭히는 사람'을 비유하여 이르는 말.

거:머리-말[명] 거머리말과의 다년초. 얕은 바다에서 자라는데, 땅속줄기는 길게 벋으며 마디에서 수염뿌리가 내림. 가늘고 긴 잎은 어긋맞게 나고, 4~5월에 녹색 꽃이 핌.

거머-먹다[-따]配 욕심스럽게 급히 걷어 먹다.
거머두트름-하다형어 (얼굴이) 거무스름하고
살이 쪄서 투실투실하다. 图가마무트름하다.
셈꺼머두트름하다. **거머두트름-히**閉.
거머번드르-하다형어 거멓고 번드르르하다.
图가마반드르하다. 셈꺼머번드르하다.
거머번지르-하다형어 거멓고 번지르르하다.
图가마번지르하다. 셈꺼머번지르하다.
거머-삼키다配 욕심스럽게 마구 휘몰아 삼키다.
¶ 저렇게 거머삼키다가는 탈이 나지.
거머-안다[-따]配 힘 있게 마구 휘몰아 안다.
¶ 뺏앗기지 않으려고 공을 거머안다.
거머-잡다[-따]配 힘 있게 움키어 잡다. ¶ 머
리채를 거머잡다. /덜미를 거머잡다. 图검잡다.
거머-쥐다配 힘 있게 싸잡아 쥐다. ¶ 옷자락을
세게 거머쥐다. 图검쥐다.
거머-채다配 힘차게 잡아채다.
거:멀하자[되 〈거멀장〉의 준말.
거:멀-못[-몯]명 나무 그릇 따위의 벌어지거나
금 간 데에 거멀장처럼 걸쳐 박는 못. *거:멀
못이[-모시] /거:멀못만[-몬-]
거:멀-쇠[-쇠/-쉐]명 목재를 한데 대어 붙일
때, 더 단단하게 하기 위하여 걸쳐 박는 쇠.
거:멀-장명 ①나무 그릇 따위의, 사개를 맞추어
짠 모퉁이에 걸쳐 대는 쇳조각. ②하자타두물
건 사이를 연결시키어 벌어지지 않게 쇳조각을
대는 일. ②≒거멀.
거:멀-장식(-裝飾)명 나무 그릇 따위의, 사개
나 연귀를 맞춘 자리가 벌어지지 않도록 걸쳐
대는 쇠 장식. 참거멀·거멀장.
거:멀-접이명 찹쌀수수 가루를 물에 반죽하여, 반
대기를 지어 끓는 물에 익혀 낸 것에 팥고물을
묻힌 떡.
거:멓다[-머타][거머니·거메]형合 조금 검다.
图가맣다. 셈꺼멓다.
거:메-지다자 빛이 거메지다. 图가매지다.
셈꺼메지다.
거:명(舉名)명하자 되자 어떤 사람의 이름을 쳐
들어 말함. ¶ 대출 압력을 행사한 인물로 고위
공무원이 거명되고 있다.
거:목(巨木)명 ①매우 큰 나무. ②'큰 인물'을
비유하여 이르는 말. ¶ 경제계의 거목.
거:목(去目)명 한약재로 쓰는 산초 따위의
알맹이를 발라내는 일.
거무끄름-하다형어 조금 짙게 거무스름하다.
图가무끄름하다. 셈꺼무끄름하다. **거무끄름-**
히閉.
거무데데-하다형어 지저분하게 거무스름하다.
图가무데데하다. 셈꺼무데데하다.
거무뎅뎅-하다형어 보기에 칙칙하도록 거무스
름하다. 图가무뎅뎅하다. 셈꺼무뎅뎅하다.
거무레-하다형어 엷게 거무스름하다. 图가무레
하다. 셈꺼무레하다.
거무숙숙-하다[-쑤카-]형어 수수하게 거무스
름하다. 图가무숙숙하다. 셈꺼무숙숙하다. **거무**
숙숙-히閉.
거무스레-하다형어 거무스름하다. 图가무스레
하다. 셈꺼무스레하다.
거무스름-하다형어 짙지 않고 조금 검다. 거무
스레하다. 图꺼뭇하다. 图가무스름하다. 셈꺼
무스름하다. **거무스름-히**閉.
거무숙-하다형어 '거뭇하다'의 잘못.
거무접접-하다형어 (얼굴 빛깔이) 칙
칙하게 거무스름하다. 图가무잡잡하다. 셈꺼무
접접하다.

거무죽죽-하다[-쭈카-]형어 (빛깔이) 우중충
하게 거무스름하다. 图가무족족하다. 셈꺼무죽
죽하다. **거무죽죽-히**閉.
거무충충-하다형어 (빛깔이) 맑지 않고 검으면
서 우중충하다.
거무칙칙-하다[-치카-]형어 (빛깔이) 우중충
하게 검다. 图가무칙칙하다. 셈꺼무칙칙하다.
거무튀튀-하다형어 (빛깔이) 탁하고 거칠게 거
무스름하다. 图가무퇴퇴하다. 셈꺼무튀튀하다.
거무하(居無何)명 있은 지 얼마 아니 됨. (《주
로, '거무하에'의 꼴로 쓰임.》) ¶ 사랑으로 안
내하자, 거무하에 백발이 성성한 주인이 들어
섰다.
거문-고명 밤나무 판 위에 오동나무의 긴 널을
속이 비게 짜 넣고, 그 위에 여섯 줄을 걸어
놓은 우리나라 전래의 현악기. 현학금.
거문고 인 놈이 춤을 추면 칼 쓴 놈도 춤을 춘
다속담 자기는 도저히 할 만한 처지가 아닌데
도 남이 하는 짓을 덩달아 흉내 내다가 웃음거
리가 됨을 비유적으로 이르는 말.
거:문불납(拒門不納) [-람]명하타 (사람이나
물건 따위를) 문에서 물리치어 안으로 들이지
아니함.
거:문-성(巨門星)명 구성(九星) 가운데 둘째 별.
거:물(巨物)명 ①거창한 물건. ②사회적으로 큰
영향력을 가진 뛰어난 인물. ¶ 정계의 거물. /
거물 경제인.
거물-거리다자 자꾸 거물거물하다. 거물대다.
图가물거리다. 셈꺼물거리다.
거물-거물[-꺼물]閉하자 ①희미한 불빛 같은 것이 사
라질락 말락 하며 자꾸 일렁이는 모양. ②멀리
있는 물체가 희미하게 보일 듯 말 듯 어른거리
는 모양. ¶ 먼 바다 위에 거물거물 움직이는
돛배들. ③의식이 희미하여 정신이 들었다 나
갔다 하는 모양. ¶ 정신이 거물거물하다. 图가
물가물. 셈꺼물거물.
거:물-급(巨物級)[-끕]명 거물의 수준. 거물이
라 일컬을 만한 사람. ¶ 그는 재계(財界)에서
는 거물급에 속한다.
거물-대다자 거물거리다.
거뭇-거뭇[-문거뭇]閉형 군데군데가 거뭇한
모양. 图가뭇가뭇. 셈꺼뭇꺼뭇. **거뭇거뭇-이**閉.
거뭇-하다[-무타-]형 〈거무스름하다〉의 준
말. 图가뭇하다. 셈꺼뭇하다.
거른고명[옛] 거문고. ¶ 훤앤 뭇父의 거른괴 빗
노랫도다(杜初21:35).
거믜명[옛] 거미. ¶ 거믜 줄이 얼것고(杜初
21:4). /거믜 듀:蛛(訓蒙上21).
거미명 거미목의 절지동물을 통틀어 이르는 말.
몸길이 5~15mm. 머리와 가슴은 한몸이나,
길둥근 배와 잘록하게 경계를 이루고 있음. 가
슴에는 양옆으로 각각 4개의 긴 다리가 붙어
있으며, 몸빛은 검음. 배의 밑면에 있는 두세
쌍의 방적 돌기에서 실을 뽑아 그물을 치고,
그 그물에 걸리는 곤충을 잡아먹고 삶. 지주
(蜘蛛).
거미도 줄을 쳐야 벌레를 잡는다속담 준비가
있어야 결과를 얻을 수 있다는 말.
거미 새끼 흩어지듯[헤어지듯]관용 '많은 사람
이나 물건이 순식간에 사방으로 흩어지는 모
양'을 형용하는 말.
거미-발명 (노리개·반지·비녀 따위에서) 보석이
나 진주의 알이 빠지지 않도록 물리고 겹쳐서
오그리게 된, 거미의 발처럼 생긴 삐죽삐죽한
부분.

거미-줄圀 ①거미가 뽑아내는 가는 줄, 또는 그 줄로 친 그물. 지주망(蜘蛛網). ②방구들을 놓을 때, 구들장과 구들장 사이의 틈을 진흙으로 발라 나간 줄. ③'범인을 잡기 위하여 쳐 놓은 수사망'을 비유하여 이르는 말.

거미줄(을) 누르다판용 방구들을 놓을 때, 구들장 사이의 틈을 진흙으로 바르다.

거미줄(을) 늘이다판용 범인을 잡기 위하여 여러 곳에 수사망(搜査網)을 펴다.

거미줄(을) 치다판용 범인을 잡기 위하여 수사망을 펴다.

거미-집圀 거미가 알을 슬거나 들어 사는 보금자리.

거미-치밀다[-치미-]재 게염스러운 욕심이 치밀어 오르다.

거민(居民)圀 그 지방에 살고 있는 사람. 주민.

거:반(去般)圀 지난번.

거반(居半)Ⅰ圀 〈거지반(居之半)〉의 준말. ¶ 그 말은 거반이 거짓이다.

Ⅱ부 〈거지반(居之半)〉의 준말. ¶ 올해도 거반 다 가버렸다.

거:방-지다형 ①허우대가 큼직하다. ②점잖고 무게가 있다. ③매우 푸지다. ¶ 거방지게 놀다.

거:배(擧杯)-하자 잔을 듦. 술을 마심.

거:백(去白)圀하타 한방에서, 귤껍질 따위의 안쪽의 흰 부분을 긁어 버리는 일.

거:번(去番)圀 지난번. 저번.

거:베圀 부대(負袋) 따위를 만드는, 발이 아주 굵은 베.

거:베라(gerbera)圀 국화과의 다년생 숙근초(宿根草). 땅속에 있는 단축된 줄기에서 짙은 녹색의 근생엽(根生葉)이 생기는데, 뒷면에는 긴 털이 있음. 5~9월에 적·황·백색의 꽃이 핌. 남아프리카 원산임.

거:벽(巨擘)圀 학식이나 전문 기술 따위가 매우 뛰어난 사람. ¶문단의 거벽.

거:-스럽다(巨擘-)[-쓰-따][~스러우니~스러워]형비 드레지고 기승스럽다. 거벽스레부.

거볍다[-따][거벼우니·거벼워]형비 ①무겁지 않다. ②점잖지 못하다. 경솔하다. ¶ 거볍게 행동하지 마라. ③별로 대단하지 않다. 가치가 적다. ④부담이 적어 홀가분하다. ¶ 거벼운 마음으로 여행을 하다. 거벼-이부.

거볍디-거볍다[-따-따][~거벼우니~거벼워]형비 아주 거볍다. 준가볍디가볍다.

거:병(擧兵)圀하자 군사를 일으킴.

거:보(巨步)圀 ①위대한 업적의 자취. ¶신문화 개척사에 거보를 남기다. ②일정한 목표를 향하여 크고 힘차게 내딛는 걸음. ¶ 새 역사 창조의 거보를 내디디다.

거:봉(巨峯)圀 ①크고 높은 봉우리. ②'크고 뛰어난 인물'을 비유하여 이르는 말. ¶ 언어학계의 거봉.

거-봐감 〈거봐라〉의 준말.

거-봐라감 '그것 보아라'가 줄어든 말. 일이 자기 말대로 되었음을 아랫사람에게 하는 소리. ¶ 거봐라, 내가 말한 대로지. 준거봐.

거:부(巨富)圀 아주 대단한 부자. 장자(長者).

거:부(拒否)圀하타 요구하지 않음. 동의하지 아니하고 물리침. ¶ 합병 제의를 거부하다. ⑪거절. ↔수락(受諾)·승인(承認).

거:부-감(拒否感)圀 어떤 대상을 선선히 받아들이지 못하고 꺼리거나 싫어하는 마음. ¶ 거부감을 갖다. / 거부감을 느끼다.

거:부-권(拒否權)[-꿘]圀 ①거부할 수 있는 권리. ¶ 거부권을 행사하다. ②입법부인 국회나 의회에서 가결한 법률안에 대하여, 행정부인 대통령이나 군주가 거부할 수 있는 권리. ③유엔 안전 보장 이사회의 5개 상임 이사국에 부여된, 결의 성립을 방해·거부할 수 있는 권한. 비토(veto).

거:부'반(응)(拒否反應)圀 조직이 잘 맞지 않는 장기(臟器)가 이식(移植)되었을 때, 그것을 배제하려고 일어나는 생체 반응. 거절 반응.

거:-부형(擧父兄)圀하자 (나쁜 마음에서) 남의 부형을 들추어 화제에 올림.

거북圀 파충류 거북목을 통틀어 이르는 말. 몸은 거의 타원형으로 납작하고 딱딱한 등딱지에 싸여 있음. 짧은 머리·꼬리와 네 다리를 등딱지 안으로 움츠려 감출 수 있음. 이는 없고 발은 지느러미 모양임. 바다 또는 뭍에서 물고기·조개·식물 따위를 먹고 삶.

거북-귀(-龜)圀 한자 부수의 한 가지. '穐'·'鑫' 등에서의 '龜'의 이름.

거북-놀이[-놀-]圀 ①추석날 밤에 어린이들이 하는 민속놀이의 한 가지. 장수·무병을 축원하고 잡귀를 쫓는 뜻에서, 어린이들이 수숫대를 벗겨 거북 모양을 만들고, 서너 사람이 그 속에 들어가서 집집마다 찾아다니며 노는 놀이. ②안성(安城) 지방에서, 상원(上元)날 또는 입춘날이나 추석날 하던 농경 의례의 한 가지. 수신(水神)인 거북을 즐겁게 해 줌으로써 흡족한 비를 내리를 해 달라고 비는 의식.

거북-다리[-따-]圀 부처손과의 절지동물. 바닷가의 바위틈에 떼를 지어 삶. 몸길이 4 cm가량. 몸의 외쪽은 거북의 다리 모양으로 생겼는데, 삼각뿔 같은 자루에 연결되어 있음. 자루의 겉껍질은 비늘 모양이며 석회질로 덮여 있음. 석회질의 비료로 쓰이고, 먹기도 함. 거북손. 석겁(石蛣).

거북-딱지[-찌]圀 거북의 등과 배에 붙어 있는 단단한 딱지.

거북-복(-鰒)[-뽁]圀 거북복과의 바닷물고기. 몸길이 40 cm가량. 몸은 사각형인데 노란 갈색이며, 표면에 거북딱지 무늬가 있고 살아 있음. 식용하지 않음. 흔히 수족관의 관상용으로 쓰임.

거:북살-스럽다[-쌀-따][~스러우니~스러워]형비 매우 거북스럽다. ¶창피해서 더 이상 앉아 있기가 거북살스러웠다. 거북살스레부.

거북-선(-船)[-썬]圀 조선 시대에, 거북 모양을 본떠 만들었다는, 세계 최초의 철갑선(鐵甲船). 귀선(龜船).

거북-손[-쏜]圀 ➞거북다리.

거:북-스럽다[-쓰-따][~스러우니~스러워]형비 거북한 느낌이 있다. ¶점심을 많이 먹었더니 저녁까지 속이 거북스럽다. 거북스레부.

거북-이圀 '거북'을 흔히 이르는 말.

거북이 잔등의 털을 긁는다속담 '도저히 구할 수 없는 것을 애써 구하려 하는 어리석음'을 이르는 말.

거북이-걸음圀 ①'거북이처럼 아주 느리게 걷는 걸음'을 비유하여 이르는 말. ②'매우 느리고 굼뜨게 진행되는 일이나 그 속도'를 비유하여 이르는 말. ¶ 폭설로 차들이 거북이걸음을 하다.

거북-점(-占)[-쩜]圀 ①거북딱지를 불에 태워 그 갈라지는 금을 보고 길흉을 판단하는 점. ②거북패로 길흉을 판단하는 점. 귀점(龜占).

거북-패(-牌)圀 골패 서른두 짝을 다 엎어 거북 모양으로 벌여 놓고, 혼자 젖히어 패를 맞추어 보는 놀이.

거:북-하다[-부카-]〖형어〗①몸이 찌뿌드드하고 괴로워 움직임이 자유롭지 못하다. 불편하다. ¶다리를 다쳐 걷기가 거북하다. /어른 앞이라 행동이 거북하다. ②마음이 겸연쩍어 어색하고 불편하다. ¶옛 애인을 만나기가 거북해 동창회에 나가지 않았다. ③말이나 행동을 하기가 딱하다. ¶부탁을 거절하기가 거북하다.

거분-거분〖부어〗①말이나 동작이 매우 가분한 모양. ¶발걸음이 아주 거분하다. ②여럿이 다 조금 거볍거나, 또는 매우 거벼운 모양. 〔큰〕가분가분. 〔센〕거뿐거뿐. **거분거분-히**〖부〗.

거분-하다〖형어〗①알맞게 조금 거볍다. ②마음에 짐이 되지 아니하고 편안하다. 〔큰〕가분하다. 〔센〕거뿐하다. **거분-히**〖부〗.

거불-거리다〖자타〗자꾸 거불거불하다. 거불대다. 〔큰〕가불거리다. 〔센〕꺼불거리다.

거불-거불〖부〕〔하자타〕거볍게 자꾸 까부는 모양. 〔큰〕가불가불. 〔센〕꺼불꺼불.

거불-대다〖자타〗거불거리다.

거불-지다〖자〗둥글고 불룩하게 나오다. ¶거불진 아랫배.

거붑〖옛〗거북. ¶거부븨 터리와 톳기 쓸 곤거니(楞解1:17).

거붓-거붓[-붇거붇]〖부어〗여럿이 다 거붓하거나, 또는 매우 거붓한 모양. 〔큰〕가붓가붓. 〔센〕거뿟거뿟. **거붓거붓-이**〖부〗.

거붓-하다[-부타-]〖형어〗거붓한 듯하다. 〔큰〕가붓하다. 〔센〕거뿟하다. **거붓-이**〖부〗.

거:비(巨費)〖명〗많은 비용.

거뿐-거뿐〖부어〕〈거분거분〉의 센말. 〔큰〕가뿐가뿐.

거뿐-하다〖형어〕〈거분하다〉의 센말. 〔큰〕가뿐하다.

거뿟-거뿟[-뿓거뿓]〖부어〕〈거붓거붓〉의 센말. 〔큰〕가뿟가뿟.

거뿟-하다[-뿓타-]〖형어〕〈거붓하다〉의 센말. 〔큰〕가뿟하다.

거:사(←乞士)〖명〗지난날, 창기(娼妓)를 데리고 다니며 소리와 춤과 재주를 팔던 사람.

거:사(巨事)〖명〗매우 거창한 일.

거사(居士)〖명〗①벼슬하지 아니하고 일반 사회를 멀리하여 살아가는 선비. 처사(處士). ②(俗人)으로서 불교의 법명(法名)을 가진 남자. 우바새(優婆塞). 신사(信士).

거:사(去沙)〖명자〗(큰물이 지거나 하여 논이나 밭에 덮인) 모래를 걷어 냄.

거:사(擧事)〖명하자〗큰일을 일으킴. ¶거사를 모의하다.

거:사-비(去思碑)〖명〗지난날, 감사(監司)나 원(員)이 갈려 간 뒤에, 지방민들이 그 선정(善政)을 기리어 세운 비.

거:산(巨山)〖명〗크고 높은 산.

거:산(居山)〖명하자〗산속에서 삶. 산에서 지냄.

거:산(擧散)〖명하자〗가족이나 집단원이 뿔뿔이 흩어짐. 이산(離散).

거:상(巨商)〖명〗①규모가 거창한 장사. ②거래 규모가 대단한 장수.

거상(居常)〖명〗평상시(平常時).

거:상(居喪)〖명〗①〔하자〕상중(喪中)에 있음. 준상(喪). ②〔상복〕의 속된 말. ¶거상을 입다.

거:상(擧床)〖명〗지난날, 잔치 때나 귀한 손을 접대할 때, 큰상을 올리기에 앞서 풍류와 가무를 먼저 아뢰던 일.

거상(擧床)〖명자〕〔치다〕거상하는 풍악을 아뢰다.

거생(居生)〖명하자〗일정한 곳에 머물러 살아감.

거서간(居西干)〖명〗신라 시조 박혁거세(朴赫居世)의 왕호. 거슬한(居瑟邯).

거:석(巨石)〖명〗매우 큰 돌덩이.

거:석-렬(巨石列)[-녈]〖명〗선돌 따위가 엇비슷한 간격으로 몇 줄씩 길게 늘어선 거석 기념물.

거:석-문화(巨石文化)[-성-]〖명〗고인돌·선돌 등 거대한 돌덩이를 사용한 건축물을 특징으로 하는 선사 시대의 문화.

거:선(巨船)〖명〗매우 큰 배.

거:설(鋸屑)〖명〗톱밥.

거:성(巨姓)〖명〗☞대성(大姓).

거:성(巨星)〖명〗①지름과 광도가 큰 항성(恒星). 〔카펠라·미라·베텔규스 따위.〕↔왜성(矮星). ②(어떤 방면에 큰 업적을 남긴) '위대한 인물'을 비유하여 이르는 말. ¶문단의 거성.

거:성(去姓)〖명〗조선 시대에, 대역죄(大逆罪)를 지은 사람을 부를 때, 성은 빼고 이름만을 부르던 일.

거:성(去聲)〖명〗①사성(四聲)의 하나. 가장 높은 소리. ②15세기 국어의 사성(四聲)의 하나. 훈민정음 등에서 글자 왼쪽에 점 하나로 나타내었음. ¶文字‧쫑‧와‧로(訓正1). 〔참〕방점.

거:성(拒性)〖명〗☞애친성(碍齒性).

거:성명(擧姓名)〖명하자〗성(姓)과 이름을 초들어서 말함.

거:섶[-섭]〖명〗①(물이 둑에 바로 스쳐서 개개지 못하도록) 냇둑의 가에 말뚝을 박고 가로로 결은 나뭇가지. ②삼굿 위에 덮는 풀. ③비빔밥에 섞는 갖은 나물. *거:섶이[-서피]·거:섶만[-섬].

거:세(巨細)〖명〗거대함과 작으소함. 크고 작음.

거:세(巨勢)〖명〗매우 큰 세력.

거:세(去勢)〖명하타되자〗①동물의, 수컷의 불알을 발라내거나 암컷의 난소를 들어내어 생식을 못하게 하는 일. ②저항하거나 반대하는 세력을 꺾어 버림. ¶반대파를 거세하다.

거:세(去歲)〖명〗지난해. 거년(去年).

거:세(擧世)〖명〗온 세상.

거세다〖형〗몹시 거칠고 세차다. ¶거센 항의. /불길이 거세게 타오르다.

거:-세사(巨細事)〖명〗큰 일과 작은 일. 크고 작은 온갖 일.

거세-차다〖형〗몹시 세차다. ¶바람이 거세차게 분다.

거센-말〖명〗뜻은 같으나 어감을 거세게 하기 위하여 거센소리를 쓰는 말. 〔'가랑가랑'에 대한 '카랑카랑', '두덜두덜'에 대한 '투덜투덜', '뱅뱅'에 대한 '팽팽' 따위.〕

거센-소리〖명〗거세게 소리나는 자음. 파열음인 'ㅋ·ㅌ·ㅍ'과 파찰음인 'ㅊ'이 이에 딸림. 격음(激音)·기음(氣音)·유기음(有氣音).

거센소리-되기[-되-]〖명〗예사소리(ㄱ·ㄷ·ㅂ·ㅈ)가 거센소리(ㅋ·ㅌ·ㅍ·ㅊ)로 바뀌는 현상. 〔'곶→꽃(ㅈ→ㅊ)', '녁→녘(ㄱ→ㅋ)' 따위.〕격음화.

거소(居所)〖명〗①거주하는 처소. 거처. ②법률에서, 생활의 본거지는 아니고, 다만 '얼마 동안 머물러 있는 곳'을 이르는 말.

거:송(巨松)〖명〗매우 큰 소나무.

거:수(巨樹)〖명〗매우 큰 나무.

거수(居首)〖명〗☞거갑(居甲).

거:수(擧手)〖명하자〗회의에서, 어떤 의안에 대한 찬성의 표시로, 또는 경례의 한 방법으로 손을 위로 듦.

거:수-가결(擧手可決)〖명〗표결에서, 투표 대신에 손을 들어 가부(可否)를 결정하는 일. ¶안건을 거수가결로 결정하다.

거:수-경례(擧手敬禮) [-녜] 명 하자 오른손을 모자챙의 끝, 모자를 벗었을 때는 눈썹 높이까지 올려서 하는 경례의 한 가지. 준거수례(擧手禮).

거:수-기(擧手機) 명 〔손을 드는 기계라는 뜻으로〕 표결에서, '일정한 주견(主見)이 없이 남이 시키는 대로 손을 드는 사람'을 비꼬아 이르는 말.

거:수-례(擧手禮) 명 하자 〈거수경례〉의 준말.

거스러미 명 ①손톱의 뿌리가 박힌 자리에 가시처럼 얇게 터져 일어난 것. ②나뭇결 같은 것이 얇게 터져 일어나서 가시처럼 된 것. ③기계 부품 따위에서, 가공 후에 그대로 제품에 붙어 있는 쇳날.

거스러-지다[재] ①성질이 거칠어지다. ②잔털 따위가 거슬려 일어나다. 짜가스러지다.

거스르다¹[거스르니·거슬러][타르] ①자연스러운 형세나 흐름에 반대되는 방향을 취하다. 불어오는 바람을 거슬러 가다. /그것은 민주주의의 흐름을 거스르는 행위다. ②자연의 뜻이나 남의 뜻을 거역하다. ¶ 명령을 거스르다. /천리(天理)를 거스르다. ③('비위'·'신경' 따위의 명사와 함께 쓰이어) 남의 마음을 언짢게 하거나 기분을 상하게 하다. ¶ 할아버지의 비위를 거스르다.

거스르다²[거스르니·거슬러][타르] 셈한 돈을 빼고 나머지 돈을 돌려주거나 돌려받다. 만 원에서 물건 값 팔천 원을 제하고 이천 원을 거슬러 받다.

거스름 명 〈거스름돈〉의 준말.

거스름-돈[-똔] 명 거슬러 주거나 받는 돈. 우수리. 잔돈. 준거스름.

거스리 부 〈옛〉 거슬러. 거스르게. ¶ 브리미 거스리 부니 짓과 터리왜 하야디놋다(杜初7:15).

거스리왇다[타] 〈옛〉 거스르다. 어기다. ¶ 捍은 거스리와돌 씨라(法華5:13).

거슬-거슬 부 하형 ①성질이 거친 모양. ②(물건의 표면이나 살결 따위가) 윤기가 없어 곱거나 부드럽지 못한 모양. 짜가슬가슬. 쎄꺼슬꺼슬.

거슬다[재] 〈옛〉 거슬리다. ¶ 天意를 小人이 거스러(龍歌74章). 거스디 아니하노니(月釋1:12).

거슬리다[재] 마음에 맞지 않아 기분이 상하다. ¶ 이 귀에 거슬리다. /남의 눈에 거슬리는 행동. /비위에 거슬리다.

거슬쯔다[타] 〈옛〉 거스르다. ¶ 하늘과 싸롯 스싀예 順호마 거슬쯔면 이리 잇도다(杜初7:25).

거슬한(居瑟邯) 명 ☞거서간(居西干).

거슳쯔다[재] 〈옛〉 거슬리다. ¶ 거슳쯘 일 맛나도 怒티 아니하야(月釋9:24).

거슴츠레[하형] 눈에 정기가 풀리어 흐리멍덩한 모양. 게슴츠레. 짜가슴츠레.

거:승(巨僧) 명 불도를 깊이 닦은 높은 중.

거:시(巨視) 명 (주로 일부 명사 앞에 쓰이어) 어떤 대상을 전체적으로 크게 봄. ↔미시(微視).

거:시(擧示) 명 하타 구체적으로 예를 들어 보임.

거:시 경제학(巨視經濟學) 명 경제 사회의 구조를 거시적 이론과 분석에 따라 설명하려는 근대 경제학의 분야. ↔미시 경제학.

거시기 [Ⅰ]대 말하는 도중에, 사람이나 사물의 이름이 얼른 떠오르지 않거나 바로 말하기 곤란할 때, 그 이름 대신에 내는 말. ¶ 이 급한 때에 저 거시기는 어디 가고 없지? [Ⅱ]갑 말하는 도중에, 갑자기 말이 막힐 때 내는 군말. ¶ 방송을 듣는데, 저 거시기 뭐라더라….

-거시늘[어미] 〈옛〉 -시거늘. -으시거늘. ¶ 太子△位 다리거시늘(龍歌101章).

-거시니[어미] 〈옛〉 -시거니. ¶ 구믈구믈하는 衆生이 다 佛性이 잇거시니(蒙法13).

-거시니와[어미] 〈옛〉 -시거니와. -으시거니와. ¶ 受룔롬 아니하거시니와(月釋1:12).

-거시놀[어미] 〈옛〉 -시거늘. -으시거늘. ¶ 普光佛이 世界예 나거시놀(月釋1:8).

-거시든[어미] 〈옛〉 -시거든. -으시거든. ¶ 王이 보비룔 얻고져 하거시든(月釋1:27).

-거시든[어미] 〈옛〉 -시거든. -으시거든. ¶ 父母愛하거시든 喜호야 忘티 아니하고(孟解).

거시시-하다[형어] 눈이 흐리고 침침하다.

-거시아[어미] 〈옛〉 -시어야. -으야. ¶ 그 바미 우미 도다 삭 나거사아(樂詞.鄭石歌).

거:시-적(巨視的) 관[어] ①인간의 보통 감각으로 식별할 수 있는 정도의 크기를 가진 (것). ¶ 거시적 물체. /거시적인 현상. ②사회 현상이나 경제 현상 따위를 전체적·종합적으로 파악하려는 태도(방법). ¶ 거시적 안목으로 본 세계 경제 현황. /거시적인 차원. ↔미시적(微視的).

거:시적 분석(巨視的分析) [-뿐-] 경제 분석 방법의 한 가지. 국민 소득이나 소비·투자와 같은 사회 전체의 집단적, 총체적인 경제 법칙을 발견하여 경제 현상을 해명하려는 것. ↔미시적 분석.

거:시적 세:계(巨視的世界) [-쎄계/-쎄게] ① 인간의 감각으로 식별할 수 있는 현상계(現象界). ↔미시적 세계. ②전체를 포착하여 대국적(大局的)으로 바라본 세계.

거시키[대갑] '거시기'의 잘못.

거:식(擧式) 명 하자 식을 올림.

거:식-증(拒食症) [-쯩] 명 정신 분열증 환자에게 흔히 나타나는 정신 장애 현상의 한 가지. 음식 먹기를 극단적으로 거부하거나 두려워하는 증상.

거식-하다[-시카-] [Ⅰ]자 말하는 도중에, 표현하려는 알맞은 동사가 얼른 떠오르지 아니할 때 그 대신 쓰는 말. ¶ 그 일은 거식하면 안 되겠니? [Ⅱ]형어 말하는 도중에, 표현하려는 알맞은 형용사가 얼른 떠오르지 아니할 때 그 대신 쓰는 말. ¶ 저 꽃은 빛깔이 참 거식하지?

-거신[어미] 〈옛〉 -신. -으신. ¶ 紅桃花ㄱ티 붉거신 모야해(樂範.處容歌).

-거신지[어미] 〈옛〉 -신지. -으신지. ¶ 聖人 업거신디 오라면(月釋9:7).

-거신마론[어미] 〈옛〉 -시건마는. -으시건마는. ¶ 微妙ㅅ읏드미 추며 ㄅ거신마론(釋譜13:63).

거:실(居室) 명 ☞가규레호.

거:실(居室) 명 ①거처하는 방. 거처방. ②서양식 집에서 가족이 모여 생활하는 공간. ¶ 식구들이 모두 모여 거실에서 텔레비전을 보고 있다.

거:실(據實) 명 하자 일정한 사실에 근거를 둠.

거:실-세족(巨室世族) 명 ☞가대족.

거:심(去心) 명 한방에서, 약초의 줄기나 뿌리의 심을 발라 버리는 일을 이르는 말.

거스리 부 〈옛〉 거스르게. 거슬러. ¶ 萬古人物을 거스리 혜여호니(蘆溪.星山別曲).

거수[어미] 〈옛〉 -어야. -어서야. ¶ 니거사 즈모니이다(龍歌67).

거위 명 지렁이. ¶ 거위 곡: 蛔(訓蒙上21). 참것위.

거싁 부 〈옛〉 거의. ¶ 너비 濟渡호물 거싁 마초면(釋譜11:10).

거:악-생신(去惡生新)[-쌩-]圓한자 (종기에 고약 따위를 써서) 궂은살을 없애고 새살이 돋게 함.

거:안(擧案)圓한자 ①지난날, 공회(公會)에 참여하는 벼슬아치가 임금이나 상관에게 명함을 올리던 일, 또는 그 명함. ②밥상을 듦.

거:안-제미(擧案齊眉)圓한자 〔밥상을 눈썹 높이까지 들어 올려 남편에게 바친다는 뜻으로〕 '남편을 깍듯이 공경함'을 이르는 말. '후한서(後漢書)'의 '양홍전(梁鴻傳)'에 나오는 말임.

거암(巨岩)圓 썩 큰 바위.

거:애(擧哀)圓한자 ☞발상(發喪).

거:액(巨額)圓 많은 액수의 돈. 큰돈. 거관(巨款). ¶거액을 자선 사업에 희사하다. ↔소액.

거:야(去夜)圓 지난밤.

-거야어미 〈예〉-어야. -어서야. ¶늙거야 므슨 일로 외오 두고 그리는고(鄭澈.思美人曲).

거:약(距躍)圓하타 ①뛰어오름. ②뛰어넘음.

거:양(擧揚)圓하타 ①높이 들어 올림. ②칭찬하여 높임.

거:업(擧業)圓 과거를 보는 일.

거여목圓 콩과의 이년생초. 높이 30〜60 cm. 줄기는 땅으로 기거나 위로 비스듬히 뻗으며, 잎은 심장 모양인데 어긋맞게 남. 5월에 노란 꽃이 피며 열매는 협과임. 녹비나 사료용으로 재배하며, 나물로도 먹음. 개자리. 금지초. ㉾개목.

거:역(巨役)圓 거창한 역사(役事). 큰 공사.

거:역(拒逆)圓하자타 윗사람의 뜻이나 명령을 어기어 거스름. ¶상부의 지시를 거역하다.

거연(居然)圓하형 ①심심하고 무료한 상태. ②평안하고 조용한 상태.

거연-히(遽然-)튀 깊이 생각할 겨를도 없이. 문득. 갑자기. ¶거연히 일어나는 그리운 정.

거염-벌레圓 밤나방의 유충. 몸길이 3〜4 cm. 배추·양배추 등 채소의 해충으로, 낮에는 흙 속에 숨어 있다가 밤에 나와서 활동함.

거엽다圓 끔직하리고 너그럽고 끗끗하다. ¶光中에 金剛а 거여운 양ㅈ(楞解7:29).

거오(倨傲) '거오하다'의 어근.

거오다타 〈예〉대적(對敵)하다. 겨우다. ¶제 반ㄷ시 나를 거오리라 ᄒ여 잇더니(三解4:10). ⓟ거우다.

거:오-스럽다(倨傲-)[-따][-스러우니·-스러위]혭 거만하고 오만해 보이는 데가 있다. 거오스레튀.

거:오-하다(倨傲-)혭여 거드름을 피우고 남을 낮추보는 갸기가 많다.

거:용(擧用)圓하타 ☞등용(登用).

거우(居憂)圓 상중(喪中)에 있음. 기중(忌中).

거우다타 건드리어 성나게 하다.

거우다타 〈예〉건드리다. 겨우다. ¶ ᄂ출 거우ᄂ 불ᄃᆞᆯ(月印62章). /그릇ᄒ여 높쁜 얼굴을 거워시니(三解6:16).

거우-하다-하다형여 조금 기울어진 듯하다. ⓟ우울하다. 거우듬-히튀.

거우로圓 〈예〉거울. ¶ 늘게 ᄇ료므란 불군 거우로배 아노니(杜初21:41). ⓟ거우루.

거우로다타 〈예〉기울이다. ¶金樽에 가득흔 술을 거우려 노코(古時調). 徐(古時調)

거우루圓 〈예〉거울. ¶거우뤼 비취움 볻돗ᄒᆞ야(楞解10:1).

거우룻-집圓 〈예〉거울집. 경대(鏡臺). ¶거우룻집:鏡奩(四解下86).

거우르다[거우르니·거울러]타圓 (속에 든 물건이 쏟아지도록) 기울어지게 하다.

거우-법(擧隅法)[-뻡]圓 수사법의 한 가지. 제 유법과 환유법을 아울러 이르는 말.

거울-하다[-타]-형어 〈거우ㅣ하다〉의 준말.

거울圓 ①(빛의 반사를 이용하여) 얼굴이나 여러 가지 모습을 비추어 보는 기구. 〔옛날에는 구리나 쇠로 만들었으나, 오늘날은 유리로 만듦.〕 ②모범이나 교훈이 될 만한 사실. 귀감. ¶실패를 거울로 삼다.

거울-삼다[-따]타 어떤 일을 본보기로 하거나 교훈으로 삼다. ¶이번 사건을 거울삼아 다시는 이런 일이 일어나지 않도록 조치해야 한다.

거울^전:류계(-電流計)[-절-계/-절-계]圓 (전기 장치로 거울을 돌게 하여) 거울이 빛을 반사하는 각도로서 전류의 강약을 재는 전류계.

거울-집[-찝]圓 ①거울의 둘레와 뒷면을 막은 틀. ②거울을 넣어 두는 물건. ③거울을 만들거나 파는 집.

거웃¹[-욷]圓 ①논이나 밭을 쟁기로 갈아 넘긴 골. ②[의존 명사적 용법] 논이나 밭을 갈아 넘긴 골을 세는 단위. ¶두 거웃./네 거웃. *거웃이[-우시]·거웃만[-운-]

거웃²[-욷]圓 사람의 외부 생식기 주위, 곧 서부(陰部)에 난 털. 음모(陰毛). *거웃이[-우시]·거웃만[-운-]

거웃圓 〈예〉수염. ¶거웃 셤:髥(訓蒙上28).

거:월(去月)圓 지난달. 객월(客月). 작월(昨月).

거위¹圓 오릿과의 물새. 기러기의 변종(變種)으로, 몸빛은 희고 부리는 누르며, 목이 길고 이마에 혹이 있음. 발가락 사이에 물갈퀴가 있어 헤엄은 잘 치나 멀리 날지는 못함. 고기와 알을 먹음. 가안(家雁). 백아(白鵝). 아조(鵝鳥).

거위²圓 〈예〉지렁이. ¶거위 인:蚓(類合上15). ⓟ것위.

거위-걸음圓 거위가 걷는 것처럼 어기적어기적 걷는 걸음걸이.

거위-배圓 배 속의 회충으로 말미암아 일어나는 배앓이. 충복통(蟲腹痛). 회충증(蛔蟲症). 회통(蛔痛). 횟배.

거위-벌레圓 거위벌렛과의 곤충. 몸길이 1 cm 가량으로 온몸이 흑색임. 암컷은 나뭇잎을 말아 집을 짓고 그 안에 알을 낳음. 유충은 마른 밤을 파먹고 자람.

거위-영장圓 '몸이 여위고 목이 길며 키가 큰 사람'을 농으로 이르는 말.

거위-침圓圓 가슴 속이 느글거리며 목구멍으로 치밀어 오르는 군침.

거유圓 〈예〉거위¹. ¶거유 아:鵝(訓蒙上16).

거:유(去油)圓하자타 한방에서, 약물의 독성을 완화하기 위하여 약재의 기름기를 빼 버리는 일.

거:유(巨儒·鉅儒)圓 학문과 덕이 높은 이름난 선비. 대유(大儒). 석유(碩儒). 홍유(鴻儒). ¶퇴계(退溪) 선생은 동방(東方)의 거유이다.

거의[-의/-이] 〔Ⅰ〕圓 어느 한도에 매우 가까운 정도. 〔주로, '거의가'의 꼴로 쓰임.〕 ¶학생들 거의가 학원에 다닌다.
〔Ⅱ〕튀 어느 한도에 가까울 정도로. 거지반. ¶모 내기도 거의 끝나 간다./ 한 짓이 거의를 틀림없다. /형은 저녁때가 거의 다 되어서야 집으로 돌아왔다.

거:의(擧義)[-의/-이]圓하자 의병(義兵)을 일으킴.

거의-거의[-의-의/-이-이]튀 어느 한도에 매우 가깝게. ¶방학도 거의거의 끝나 간다.

-**거이고**[어미] 〈옛〉-것이냐. -것인가. ¶어와 더 디위롤 어이호면 알거이고(鄭澈.關東別曲)

거:익(巨益)[명] 매우 큰 이익.

거:익(去益)[부] 갈수록 더욱.

거:익-심언(去益深焉)[-씨먼][명][하형] ☞거거익심(去益甚).

거:익-심조(去益深造)[-썸-][명][하타] 갈수록 더욱 깊어짐, 또는 깊어지게 함. ¶영원히 화동(和同)할 수 없는 원구(怨溝)를 거익심조하다.

거:인(巨人)[명] ①보통 사람보다 몸이 유난히 큰 사람. 대인(大人). ②신화·전설·동화 등에 나오는, 초인간적인 힘을 가진 거대한 인물. ③품성(品性)·재학(才學)·기예(技藝) 따위가 뛰어난 인물. 위인. ¶유학계의 거인 면암(勉庵) 선생.

거:인(擧人)[명] 과거를 보는 사람. 거자(擧子).

거:일(去日)[명] '지난날'로 순화.

거:자(巨資)[명] 매우 많은 자본(자금). ¶거자가 투입된 대규모 공사.

거:자(擧子)[명] ☞거인(擧人).

거:자막추(去者莫追)[명] 떠나가는 사람은 붙잡지 말고 가도록 내버려 두라는 말. ↔내자물거(來者勿拒).

거자-수(-水)[명] 곡우(穀雨) 무렵에, 자작나무에 상처를 내어 받는 부유스름한 수액(樹液). 민간에서 관절이나 이뇨(利尿)에 쓰임.

거:자일소(去者日疎)[-쏘][명][죽은 사람에 대해서는 날이 갈수록 점점 잊게 되면서 '서로 멀리 떨어져 있으면 점점 사이가 소원해짐'을 이르는 말.

거:작(巨作)[명] ①규모가 웅대한 작품. ②뛰어나게 훌륭한 작품. ⑪대작(大作)[1].

거:장(巨匠)[명] 어떤 전문 분야에서 그 기능이 특히 뛰어난 사람. [주로, 예술에 대해서 이름.] 대가. ¶영화계의 거장.

거:재(巨材)[명] ①매우 큰 재목. ②위대한 재능을 가진 사람.

거:재(巨財)[명] 매우 많은 재물.

거:재(去滓)[명][하타][되자] 찌꺼기를 추려 버림.

거재(居齋)[명][하자] 지난날, 학업을 닦기 위하여 성균관이나 향교에서 생활하는 일을 이르던 말.

거재-두량(車載斗量)[명] 〔수레에 싣고 말로 된다는 뜻으로〕'물건이나 인재 따위가 아주 흔하여 귀하지 않음'을 이르는 말.

거재^유생(居齋儒生)[명] 지난날, 성균관이나 향교에서 생활하면서 학업을 닦던 선비. ㉿재유(齋儒)·재생(齋生).

거저[부] ①치르는 값이나 조건 없이. 힘들임이 없이. 공으로. 무료로. ¶값은 내지 말고 거저 가져라. ②아무것도 가지지 아니하고. 빈손으로. ¶돌 잔치에 거저 갈 수야 없지.

거저(居諸)[명] 〈일거월저(日居月諸)〉의 준말.

거저리[명] 거저릿과의 곤충. 딱정벌레와 비슷하며, 몸빛은 검되 광택이 있는 갈색을 띠고 있음. 유충은 썩은 나무 속이나 땅속에 사는데 곡물의 해충임.

거저먹-기[-끼][명] 힘들이지 않고 할 수 있거나 쉽게 이룰 수 있음, 또는 그런 일. ¶이런 일쯤은 거저먹기다.

거저-먹다[-따][타] (어떤 것을) 치르는 값이나 조건 없이 공으로 차지하다. 힘들이지 않고 차지하다. ¶남의 재산을 거저먹으려 든다.

거적[명] ①새끼로 날을 하여 짚으로 두툼하게 쳐서 자리처럼 만든 물건. ¶거적을 깔고 앉았다. ②〈섬거적〉의 준말.

거:적(巨跡·巨迹)[명] 큰 업적. 훌륭한 일을 해낸 자취. ¶거적을 남기다.

거:적(巨賊)[명] ☞거도(巨盜).

거적-눈[-쩍-][명] 윗눈시울이 축 처져 늘어진 눈.

거적-때기[명] 거적의 낱개, 또는 그 조각.

거적-문(-門)[-쩍-][명] 문짝 대신 거적을 친 문.

거적문에(국화) 돌쩌귀[속담] '제 격에 맞지 아니 어울리지 아니함'을 이르는 말.

**거적문에 (드나들던 버릇)[속담] 문을 드나들 때 문을 닫지 않고 다니는 나쁜 버릇을 이르는 말.

거적-송장[-쏭-][명] 널 대신에 거적으로 싼 송장. 거적시체. 거적주검.

거적-시체[-씨-][명] ☞거적송장.

거적-자리[-짜-][명] 깔개로 쓰는 거적, 또는 거적을 깔아 놓은 자리.

거적-주검[-쭈-][명] ☞거적송장.

거:전(拒戰)[명][하자] 적(敵)을 막아 싸움.

거:절(拒絶)[명][하타][되자] [남의 제의나 요구 따위를] 받아들이지 아니하고 물리침. ¶청탁을 거절하다. ⑪거부.

거:절^반:응(拒絶反應)[명] ☞거부 반응.

거:절-증(拒絶症)[-쯩][명] 정신 분열증 환자에게 흔히 나타나는 정신 장애 현상의 한 가지. 남의 명령이나 요구·제의 등에 대하여, 반항하는 태도를 나타내는 증상.

거:절^증서(拒絶證書)[명] 수표나 어음의 지급이나 인수(引受)를 거절당한 경우에, 그 사실을 증명하고 그 수표나 어음에 대한 권리 행사 및 보전(保全)을 위하여 공증인(公證人)이나 집행관에게 청구하여 작성하게 하는 공정 증서(公正證書).

거:점(據點)[-쩜][명] 활동의 근거지로 삼는 곳. ¶간첩들의 거점을 덮치다.

거접(居接)[명][하자] 임시로 머물러 지냄.

거접(巨接)[명] 조선 시대에, 글방 학생들이 여름철에 누대(樓臺)나 절에 모여 시문(詩文) 짓기를 겨루던 일, 또는 그렇게 모인 동아리. 〔관학(官學)에서의 거접은 과거의 일부이기도 하였음.〕 접(接).

거제(居第)[명] 들어 사는 집.

거:제(擧祭)[명][하자] 제사를 올림.

거:조(擧措)[명] ①말이나 행동의 태도. 《주로, '거조가'의 꼴로 쓰임.》행동거지. ¶거조가 달라지다. /요즈음 그의 거조가 좀 이상하다. ②큰일을 저지름.

거:조(擧條)[명] 임금에게 아뢰는 조항.

거:조(擧朝)[명] 온 조정(朝廷), 또는 조정의 모든 벼슬아치.

거:조-해망(擧措駭妄)[명] 행동거지가 해괴망측함.

거:족(巨族)[명] 〔발전·진보의〕두드러진 자취. 《주로, '거족의'의 꼴로 쓰임.》¶거족의 발전을 이룩하다.

거:족(巨族)[명] 〈거가대족(巨家大族)〉의 준말.

거:족(擧族)[명] 온 겨레. 민족 전체.

거:족-적(擧族的)[-쩍][관][명] 겨레 모두가 참가하거나 관계되는 (것). ¶거족적 행사. /3·1 운동은 거족적인 항일 독립 운동이었다.

거:종(巨鐘)[명] 매우 큰 종.

거:좌(踞坐)[명][하자] 걸터앉음.

거:죄(巨罪)[-쬐-]-[쮀][명] 큰 죄. 대죄(大罪).

거:주(去週)[명] 지난주.

거주(居住)[명][하자] 일정한 곳에 자리를 잡고 머물러 삶, 또는 그곳. 주거(住居). ¶거주 구역.

거:주(擧主)[명] 조선 시대에, 벼슬아치를 임명할 때에 삼망의 후보자를 천거하던 사람.

거주-민(居住民)명 일정한 곳에 자리를 잡고 사는 주민(국민). ⓐ주민(住民).

거주-소(居住所)명 ⇨거주지(居住地). ⓐ주소.

거주-자(居住者)명 일정한 곳에 자리를 잡고 사는 사람.

거주^제:한(居住制限)명 일정한 지역 밖에서는 거주하지 못하도록 제한하는 일.

거주-지(居住地)명 사람이 자리를 잡아 살고 있는 곳. 거주소. ⓐ거지(居地).

거죽-감[-깜]명 물체의 겉 부분.

거죽-감[-깜]명 옷이나 이불 따위의, 거죽으로 쓰이는 천(피륙).

거중(居中)명-하다 ①(두 편의) 중간에 들어 있음. ②고려·조선 시대에, 벼슬아치가 도목정사(都目政事)에서 중등(中等)을 맞은 일.

거:중-기(擧重器)명 지난날, 무거운 물건을 들어 올리는 데 쓰던 기중기.

거중-조정(居中調停)명 국제 분쟁에서, 제삼국이 사이에 들어 화해를 붙임.

거:즈(gauze)명 ⇨가제.

거즈막-질명-하다타 ¶다믄 거즈마믈 잘 니러 느니(初朴上35). ⓐ거즛말.

거즛명 (옛)거짓. ¶眞實와 거즛 이룰 글히시고(月釋2:71). /거즛 무:譌(訓蒙下29).

거즛말명 (옛)거짓말. ¶모던 말 아니ᄒᆞ며 거즛말 아니ᄒᆞ며(月釋9:7).

거:증(擧證)명-하다타-되타 증거를 듦. 사실을 들어 논증함. 입증(立證).

거:증^책임(擧證責任)명 소송에서, 자기에게 유리한 사실을 주장하기 위하여 법원을 설득할 만한 증거를 제출하는 책임. 입증 책임.

거:지명 ①남에게서 돈이나 음식을 얻어먹고 사는 사람. 개걸(丐乞). 걸개(乞丐). 걸인(乞人). ⓑ비렁뱅이. ②남을 업신여겨 욕하는 말. ⓒ가지3. ¶거지 같은 게 어디서 행패야.

거지가 도승지를 불쌍타 한다속담 불쌍한 처지에 있는 사람이 도리어 자기보다 나은 사람을 동정할 때 이르는 말.

거지가 말 얻은 격속담 〔먹이기 힘든 말까지 가지게 되었다는 뜻으로〕 괴로운 중에 더욱 괴로운 일이 겹쳐졌을 때 이르는 말.

거지끼리 자루 찢는다속담 〔서로 도와야 할 처지에 있는 사람끼리〕 대수롭지 않은 어떤 결과를 놓고 서로 그 공을 따지며 제각기 더 많이 차지하려고 다툴 때 이르는 말.

거지도 손 볼 날이 있다속담 〔아무리 가난한 집이라도 손님 맞을 때가 있다는 뜻으로〕 어렵게 지내더라도 깨끗한 옷가지를 준비해 두어야 한다는 말. 개도 손 들 날이 있다.

거지 옷(베 두루마기) **해 입힌 셈친다**속담 ①대가나 보답을 바라지 않고 은혜를 베풂을 이르는 말. ②마음에 없는 사람에게 무엇을 주었거나, 뜻하지 않은 손해를 보았을 때 자기 위안 삼아 이르는 말.

거:지(巨指)명 ⇨엄지손가락.

거지(居地)명 〈거주지(居住地)〉의 준말.

거:지(拒止)명 항거하여 막음.

거:지(擧止)명 〈행동거지〉의 준말.

거:지-게명 길마 양옆에 하나씩 덧얹어 새끼로 묶어 놓고 짐을 싣는 지게.

거:지-꼴명 〔거지와 같은〕 너절하고 지저분한 몰골. 몹시 초라한 몰골.

거:지-덩굴명 포도과의 다년생 만초. 땅속줄기가 벋으며 싹을 냄. 줄기는 자주색이고 잎은 어긋맞게 나며 덩굴손은 잎자루와 마주남.

7~8월에 황록색의 작은 꽃이 피며, 열매는 장과(漿果)로 까맣게 익음. 오렴매(烏蘞莓). 오룡초(五龍草).

거지반(居之半)Ⅰ명 거의 절반. ⓐ거반(居半). Ⅱ부 절반 이상. 거의. ¶모심기도 거지반 끝났다. ⓐ거반(居半).

거:지-발싸개명 '몹시 지저분하거나 너절한 물건이나 사람'을 낮잡아 이르는 말. ¶이 거지 발싸개 같은 놈아. 그렇게 굴어 좋으냐?

거:지-주머니명 '여물지 못한 과실의 헛껍데기'를 이르는 말.

거지중천(居之中天)명 ⇨허공(虛空).

거:진(巨鎭)명 조선 시대에, 절제사(節制使)와 첨절제사(僉節制使)의 진영(鎭營).

거:집(據執)명-하다타 거짓 꾸민 문서를 내세워 남의 것을 돌려주지 아니함.

거:짓[-짇]명 사실과 다른 것. 사실이 아닌 것을 사실같이 꾸민 것. 허위(虛僞). ¶이것이 참 /거짓을 아뢰다. ↔참1. ＊거:짓이[-지시]·거:짓만[-진-]

거:짓-되다[-짇뙤-/-짇뛔-]형 사실과 어긋남이 있다. 참되지 않다. ¶거짓된 정보. ↔참되다.

거:짓-말[-짇-]명-하다자 ①사실과 다르게 꾸며서 하는 말. 가언(假言). 망어(妄語). 허언(虛言). ↔정말·참말. ②전과 판판임. 《주로, '거짓말같이'·'거짓말처럼'의 꼴로 쓰임.》 ¶여드름이 거짓말같이 없어졌다. ⓐ가짓말.

거짓말도 잘만 하면 논 닷 마지기보다 낫다속담 거짓말도 잘하면 처세(處世)에 도움이 된다는 뜻.

거짓말을 밥 먹듯 하다관용 거짓말을 자주 하다.

거:짓말-쟁이[-진-]명 거짓말을 잘하는 사람. ⓐ가짓말쟁이.

거:짓말^탐지기(-探知機)[-진-]명 〔사람의 정서 상태에 따라 일어나는 생리적인 변화를 측정하여 거짓인지 아닌지를 알아내는 데 쓰이는 장치.

거:짓-부렁[-짇뿌-]명 〈거짓부렁이〉의 준말. ⓐ가짓부렁.

거:짓-부렁이[-짇뿌-]명 〈거짓말〉의 속된 말. ⓐ거짓부렁. ⓐ가짓부렁이.

거:짓-부리[-짇뿌-]명 〈거짓말〉의 속된 말. ⓐ거짓부리. ⓐ가짓부리.

거:짓-불[-짇뿔]명 〈거짓부리〉의 준말. ⓐ가짓불.

거:찰(巨刹)명 큰 절. 대찰(大刹).

거:참명 〈그것참〉의 준말. 탄식하거나 어이없을 때 먼저 나오는 말. ¶거참, 일이 딱하게 됐군.

거창(巨創)명 '거창하다'의 어근.

거:창-스럽다(巨創-)[-따]형 〔~스러우니·~스러워〕형ㅂ (사물의 모양이나 규모가) 엄청나게 큰 느낌이 있다. **거창스레**부.

거:창-하다(巨創-)형여 (사물의 모양이나 규모가) 엄청나게 크다. ¶거창한 규모의 공장 시설. /사업 계획이 거창하다. **거창-히**부.

거:처(去處)명 간 곳이나 갈 곳. ¶거처를 분명히 하다. 빗행방(行方).

거처(居處)명-하다자 ①⇨거소(居所). ②-하다자 한 군데 자리 잡고 삶, 또는 그곳. ¶여기가 내가 거처하는 방이오. /거처하시기 불편하지 않으십니까?

거처-방(居處房)[-빵]명 거처하는 방. 거실.

거:천(擧薦)명-하다타-되타 ①⇨천거(薦擧). ②무슨 일에 관계하기 시작함.

거:첨(去尖)**명**[하타]**되자** 한방에서, 약재로 쓰기 위하여 살구 씨나 복숭아씨 따위의 뾰족한 끝을 떼어 버리는 일.

거청-숫돌[-숟똘]**명** 거센 숫돌.

거:체(巨體)**명** 큰 몸뚱이. 거구(巨軀).

거초(据礁)**명** 섬 둘레를 에워싸듯이 발달한 산호초(珊瑚礁).

거:촉(巨燭)**명** 매우 큰 초.

거:촉(炬燭)**명** 횃불과 초불.

거:촉(擧燭)**명**[하다] 초에 불을 켜서 듦.

거촌(居村)**명** 살고 있는 마을.

거총(据銃)**Ⅰ명**[하자] 사격 자세에서, 목표를 겨누기 위하여 개머리판을 어깨에 댐, 또는 그렇게 하는 동작. **Ⅱ감** '거총'하라는 구령.

거:추(去秋)**명** 지난가을. 객추(客秋). 작추(昨秋).

거추-꾼명 일을 거추하여 주는 사람.

거추-없다[-업따]**형** 하는 짓이 싱거워 어울리지 아니하다. **거추없-이부**.

거:추장-스럽다[-따][~스러우니·~스러워]**형**ㅂ **①**물건 따위가 크거나 무겁거나 하여 다루기에 거북하다. ¶가방이 커서 거추장스럽다. **②**일 따위가 성가시고 귀찮다. **거추장스레부**.

거추-하다타여 보살펴 거두다. 도와서 주선하다. ¶보모(保姆)가 아이들을 거추했다.

거:춘(去春)**명** 지난봄. 객춘(客春). 작춘(昨春).

거:출(釀出)**명**[하다] ☞각출(釀出).

거춤-거춤부 일을 대강대강 하는 모양. ¶방 안을 거춤거춤 치우다. /거춤거춤 보고 다니다.

거충-거충부 쉽고 빠르게 대충대충 하는 모양. ¶거충거충 설거지를 마치다.

거:취(去取)**명** 버리기와 취하기. 버림과 취함.

거:취(去就)**명** **①**(사람이) 어디로 나다니는 움직임. ¶거취가 수상하다. **②**어떤 직무나 직위 등에 머무를 것인가 떠날 것인가에 관하여 자기의 처지를 정하는 태도. 진퇴(進退). ¶거취를 분명히 하다.

거치리부〈옛〉 거칠게. ¶所見을 거치리 보아(楞解4:27). /거츠리 아라(楞解1:3).

거츨다형〈옛〉 거칠다. ¶미햇 힛비츤 거츤덜 볼갯코(杜初10:4).

거치(据置)**명**[하다] **①**손을 대거나 변경하지 않고 그대로 둠. **②**공채·사채(社債)·저금·연금 따위를 일정 기간 동안 상환 또는 지급하지 아니함. ¶5년 거치, 10년 분할 상환.

거:치(鋸齒)**명** ☞톱니.

거치다 Ⅰ자 ①(무엇에) 걸려 스치다. ¶돌멩이에 거치어 넘어지다. **②**마음에 거리끼거나 꺼리다. ¶어려운 문제를 해결했으니 이제 거칠 것이 없다. **Ⅱ타 ①**어떤 처소를 지나거나 잠깐 들르다. ¶우체국을 거쳐서 학교로 가다. **②**어떤 일을 겪다. 경험하다. ¶수많은 병란을 거친 우리의 역사. **③**어떤 단계나 과정을 밟다. ¶서류 심사를 거치다. /대학을 거쳐 대학원에 진학하다.

거치렁이명 벼나 보리의 낟알에 붙어 있는 까끄라기.

거치^배:당금(据置配當金)**명** 일정 기간 동안 거치해 두었다가 지급하지 않는 이익 배당금.

거:치상-엽(鋸齒狀葉)**명** 가장자리가 톱니 모양으로 생긴 식물의 잎. [민들레의 잎 따위.]

거:치-연(鋸齒緣)**명** 잎의 가장자리가 톱니처럼 들쭉날쭉하게 생긴 것. **참**전연(全緣).

거치^예:금(据置預金)**명** 일정 기간 지급하지 않는 예금.

거치적-거리다[-꺼-]**자** 자꾸 거치적거치적하다. 거치적대다. ¶가로수가 넘어져 있어 다니기에 거치적거린다. **참**가치작거리다. **센**꺼치적거리다.

거치적-거치적[-꺼-]**부**[하자] 움직이는 데 방해가 되게 자꾸 걸리고 닿는 모양. ¶젖은 치마가 걸을 때마다 거치적거치적하다. **참**가치작거치작. **센**꺼치적꺼치적.

거치적-대다[-때-]**자** 거치적거리다.

거치^주권(据置株券)[-꿘]**명** 이익 배당을 일정 기간 정지하거나, 또는 보통 주권을 가진 이에게 소액의 배당을 주는 주권.

거친무늬^거울[-니-]**명** 무양이 거칠고 선이 굵은 청동 거울. 청동기 시대 초기에 사용되었음. 조문경(粗紋鏡).

거철-거철부 여러 군데가 (부드럽지 않고) 거친 모양. **참**가칠가칠. **센**꺼칠꺼칠.

거칠다[거치어·거칠어]**형 ①**(가루·모래·흙 따위의) 알갱이가 굵다. ¶가루가 매우 거칠다. **②**(베나 천의 결이) 성기고 굵다. ¶거친 삼베. **③**(살갗이나 판자 따위의) 겉면이 매끄럽지 아니하다. ¶손이 거칠다. **④**(하는 짓이나 일이) 차분하거나 꼼꼼하지 못하다. ¶솜씨가 거칠다. **⑤**(행동이나 성질, 말·글 따위가) 거세거나 막되다. 차분하거나 조용하지 못하다. ¶성미가 거칠다. /거친 문장. **⑥**(산야나 농토 따위가) 가꾸지 아니하여 메마르다. ¶거친 땅을 일구다. **⑦**(물결·바람·날씨 따위가) 사납다. ¶거친 파도. /거친 숨결. /날씨가 거칠다. **⑧**손버릇이 나쁘다. 물건을 훔치는 버릇이 있다. ¶손버릇이 거친 소년. **⑨**음식이나 먹이가 영양분이 적거나 부드럽지 아니하다. ¶거친 음식. **⑩**(숨소리나 기침 소리 따위가) 고르지 않고 세다. ¶거친 숨을 내쉬다. **①**~ㅂ굶다.

거칠-하다형여 (살갗이나 털이) 윤기가 없고 거칠다. ¶병고에 시달린 거칠한 모습. **참**가칠하다. **센**꺼칠하다.

거침-새명 일이 진행되는 도중에 막히거나 걸리는 상태. ¶숙련공의 거침새 없는 일솜씨.

거침-없다[-칩업따]**형 ①**거리끼거나 막히는 것이 없다. **②**거리낌 없다. **거침없-이부** ¶푸른 하늘을 거침없이 나는 항공기.

거칫-거리다[-친꺼-]**자** 자꾸 거칫거칫하다. 거칫대다. **참**가칫거리다. **센**꺼칫거리다.

거칫-거칫[-친칟-]**부**[하자] 살갗 따위에 자꾸 가볍게 걸리고 닿는 모양. **참**가칫가칫. **센**꺼칫꺼칫.

거칫-대다[-친때-]**자** 거칫거리다.

거칫-하다[-친타-]**형여** 여위고 윤기가 없어 보기에 부스스하고 거칠다. **참**가칫하다. **센**꺼칫하다.

거쿨-지다형 몸집이 크고, 언행이 시원시원하다. ¶사람이 거쿨져서 일하는 것도 시원스럽다.

거:탄(巨彈)**명 ①**큰 탄환(폭탄). **②**(주로 '던지다'와 함께 쓰이어) '큰 파문을 일으킬 만한 놀라운 의견이나 주장'을 비유하여 이르는 말. ¶그의 선언은 정계(政界)에 거탄을 던졌다.

거탈명 (실속이 아닌) 겉으로 드러난 태도. ¶사람을 볼 때는 거탈만 보지 마라.

거택(居宅)**명** ☞주택(住宅).

거:통명 ①당당하고 드레진 태도. **②**지위는 높으나 실권이 없는 처지.

거트(gut)**명** 장선(腸線).

거티다타〈옛〉**①**(다리를) 절다. ¶오직 앒 거티더라(初朴上63). /거틸 궐:蹶(訓蒙下27). **②**거리끼다. ¶거티다:礙(語錄5).

거:판(舉板)[명][하자][되자] 판들어 버림. 가산(家産)을 탕진(蕩盡)함.

거:편(巨篇)[명] ①무게 있는 내용을 담은 저술. ②내용이 방대한 작품.

거:폐(巨弊)[명] [-폐/-페][명] 매우 큰 폐해(弊害).

거:폐(去弊)[명][-폐][명][하자] 폐해(弊害)를 없앰.

거:폐-생폐(去弊生弊)[명][-폐-폐/-폐-페][명] 어떤 폐단을 없애려다가 도리어 다른 폐단(弊端)이 생김.

거:폐-스럽다(巨弊-)[명][-폐-따/-페-따][~스러우니·~스러워][형ㅂ] 큰 폐단이 됨직하다. 거폐스레[부].

거:포(巨砲)[명] ①매우 큰 대포. ②'야구나 배구 등에서, 강타자 또는 강력한 공격력을 가진 선수'를 비유하여 이르는 말.

거:포(巨逋)[명][하자] 벼슬아치가 거액의 공금(公金)을 사사로이 소비함.

거푸[부][자타] 잇달아 거듭. ¶큰 잔으로 거푸 두 잔을 마시다.

거푸-거푸[부] 여러 번 거푸. ¶맥주를 거푸거푸 마시다.

거푸-뛰기[명] 무용에서, 한 발을 들고 한 발로만 거푸 뛰는 동작.

거푸-집[명] ①주물(鑄物)을 만들 때, 녹인 쇠붙이를 부어 넣는 틀. 주형(鑄型). ②풀칠하여 붙인 종이나 천 따위에, 공기가 들어가 들떠 있는 자리. 콩풀. (참)압형. ③'몸의 겉모양'을 속되게 이르는 말. ¶거푸집 하나 큼직한 게 좋다.

거푼-거리다[자] 자꾸 거푼거푼하다. 거푼대다.

거푼-거푼[부][하자] (물체의 한 부분이) 바람에 떠들리어 가볍게 자꾸 날리는 모양.

거푼-대다[자] 거푼거리다.

거풀-거리다[자] 자꾸 거풀거풀하다. 거풀대다.

거풀-거풀[부][하자] (물체의 한 부분이) 바람에 떠들리어 좀 느리고 크게 자꾸 날리는 모양.

거풀-대다[자] 거풀거리다.

거품[명] ①액체 속에 공기가 들어가 둥글게 부푼 방울. 기포(氣泡). ¶비누 거품. ②입가로 비어져 나오는, 속이 빈 침방울. ¶입가에 거품을 물고 대든다. ③실체는 없는데도 가격이 상승하고 투기를 유발하는 등 거품처럼 부풀어오르는 경제 현상을 이르는 말. ¶금융권 일각에서 심상치 않은 거품이 조성되어 국민 경제 전반으로 퍼지고 있다.

거품(을) 물다[관용] 감정이 몹시 격해진 상태로 말하는. ¶입에 거품을 물고 대들다.

거품(을) 치다[관용] (찬 공기 따위를 쐬어) 거품을 없애다.

거품 °유리(-琉璃)[-뉴-][명] 유리 가루에 탄소와 같은 거품제를 넣고 높은 열을 가하여 부풀어오르게 한 유리. 방음(防音) 등에 쓰임.

거품-제(-劑)[명] 거품을 일어나게 하는 약제.

거풋-거리다[-푿꺼-][자] 자꾸 거풋거풋하다. 거풋대다.

거풋-거풋[-푿꿋][부][하자] (물체의 한 부분이) 바람에 떠들리어 가볍고 빠르게 자꾸 날리는 모양.

거풋-대다[-푿때-][자] 거풋거리다.

거:풍(巨風)[명] 팔풍(八風)의 하나.

거:풍(擧風)[명][하자][되자] (밀폐된 곳에 두었던 물건에) 바람을 쐼. ¶고서를 거풍하다.

거풀[명][옛] ①거풀. ¶차빳던 됴회와 나무 거풀을 섯거(五倫2:30). ②거푸집. ¶模는 鑄物ᄒᆞᄂᆞᆫ 거플이오(龜鑑上30).

거:피(去皮)[명][하자][되자] 껍질을 벗김.

거피(guppy)[명] 송사릿과의 민물고기. 몸길이는 암컷이 6cm, 수컷은 3cm가량. 몸은 가늘고 길며 송사리와 비슷함. 몸빛은 암컷이 담갈색이고 수컷은 여러 가지 빛깔을 띰. 관상용 열대어로, 형태와 색채가 다양한 품종이 인공적으로 많이 만들어지고 있음.

거:피-떡(去皮-)[명] 〈거피팥떡〉의 준말.

거:피-일본(去皮立本)[-뿐][명][하자] 병든 소를 잡아 그 가죽을 팔아서 송아지를 사는 일.

거:피-팥(去皮-)[-팓][명] ①검푸르고 아롱진 점이 있는 팥. (몸에 불러어) 껍질을 벗긴 팥. *거:피팥이[-파치]·거:피팥을[-파틀]·거:피팥만[-판-]

거:피팥-떡(去皮-)[-팓-][명] 껍질을 벗긴 팥으로 고물을 한 떡. (준)거피떡.

거:하(去夏)[명] 지난여름. 객하(客夏). 작하(昨夏).

거:-하다[형] ①산세(山勢)가 웅대하고 수목(樹木)이 무성하다. ¶산세가 거한 지리산.

거-하다(居-)[자여] (어떤 곳에) 살고 있다. 머물러 있다.

거:한(巨漢)[명] 몸집이 매우 큰 사나이.

거:할-마(巨割馬)[명] 주둥이가 흰 말.

거:함(巨艦)[명] 큰 군함.

거:해(巨海)[명] 큰 바다. 대해(大海).

거:해-궁(巨蟹宮)[명] ⇒게자리.

거:핵(去核)[명][하타] (과실·목과 따위의) 씨를 바름. ②씨를 발라낸 솜.

거:행(擧行)[명][하타][되자] ①명령에 따라 시행함. ②행사나 의식(예식)을 차리어 치름. ¶결혼식을 거행하다. /기념 행사를 거행하다. /장례식이 거행되다.

거:행지-법(擧行之法)[-뺍][명] 혼인(婚姻)을 거행한 것나라)의 법률. [국제 사법상 혼인의 형식적 성립 요건의 준거법(準據法)으로서 인정됨.]

거향(居鄕)[명][하자] 시골에서 삶.

거혈물[명][옛] 거할마(巨割馬). ¶거혈물:粉嘴馬(譯解下28).

거:화(炬火)[명] 횃불.

거:화(擧火)[명][하자] ①횃불을 켬. ②조선 시대에, 백성이 임금에게 직간(直諫)할 일이 있을 때 이를 알리는 뜻으로, 서울 남산 위에서 횃불을 켜던 일.

거후로다[타][옛] 기울이다. 기우리다. ¶滄海水 부어내여 적 먹고 날 머겨늘 서너 잔 거후로니(鄭澈.關東別曲).

거훔[명][옛] 잇몸. ¶거훔 악(齗蒙上26).

걱실-거리다[-썰-][자] 서글서글한 태도로 언행을 활발하게 하다. 걱실대다.

걱실-걱실[-썰-썰][부][하형] (성품·언동·생김생김 따위가) 서글서글하고 활발한 모양.

걱실-대다[-썰-][자] 걱실거리다.

걱정[-쩡][명][하타][되자] ①속을 태우거나 마음을 끓이는 일. 근심. ¶부모는 자나깨나 자식 걱정이다. ②아랫사람의 잘못을 나무라는 말. ¶나쁜 짓을 하면 할아버지께 걱정을 듣는다.

걱정도 팔자(다)[속담] 아니하여도 될 걱정을 하는 것을 농조로 이르는 말.

걱정이 태산이다[관용] 해결해야 할 일이 많거나 복잡하여 걱정이 큼을 이르는 말.

걱정-가마리[-쩡까-][명] 항상 꾸중을 들어 마땅한 사람.

걱정-거리[-쩡꺼-][명] 걱정이 되는 일. ¶걱정거리가 있으신지 어머니의 낯빛이 어둡다.

걱정-꾸러기[-쩡-]圓 ①늘 걱정거리가 많은 사람. ②늘 남에게 걱정을 많이 끼치는 사람. 걱정덩어리.

걱정-덩어리[-쩡떵-]圓 ①큰 걱정거리. ②걱정꾸러기.

걱정-스럽다[-쩡-따][-스러우니·-스러워]圓ㅂ 걱정이 되어 마음이 편하지 않다. ¶선생님의 건강이 걱정스럽다. 걱정스레튀.

건¹대 〈이거나〉의 준말. ¶우유건 음료수건 마실 것을 다오.

건²준 ①'것은'이 줄어든 말. ¶내 건 이것이고 네 건 저것이다. ②'그것은'이 줄어든 말. ¶건 분명히 잘못된 일이다.

건(巾)圓 ①헝겊 같은 것으로 만들어 머리에 쓰는 물건을 통틀어 이르는 말. ②〈두건〉의 준말.

건(件)圓 Ⅰ圓 사건. 조항. 안건. ¶그 건은 미해결로 남아 있다.
Ⅱ의 사건·안건·조항 따위의 수효를 세는 단위. ¶사고 두 건 발생. /서류 다섯 건 접수.

건(乾)圓 ①〈건괘(乾卦)〉의 준말. ②〈건방(乾方)〉의 준말. ③〈건시(乾時)〉의 준말.

건:(腱)圓 힘줄.

건:(健)圓 풍금·피아노 따위에서 손가락으로 치는 부분.

건:(蹇)圓 〈건괘(蹇卦)〉의 준말.

건-(乾)졉투 《일부 명사 앞에 붙어》 ①'마른'·'말린'의 뜻을 나타냄. ¶건어물. /건포도. ②'액체를 쓰지 않은'의 뜻을 나타냄. ¶건전지. 건삶이. ③'사실은 그렇지 않으면서 겉으로만 그러한 듯함'의 뜻을 나타냄. ¶건주정.

-건어미 ①〈-거나〉의 준말. ¶울건 말건 내가 알 바 아니다. ②〈-거든〉의 준말. ¶좋건 가지고, 싫건 버려라. /비가 멎건 떠나라.

-건어미〈옛〉-ㄴ. -은. 의 過去는 디나건 뉘오(月釋2:21).

건:가(建價)[-까]圓 거래소에서의 매매 약정 가격(約定價格).

건가(乾價)[-까]圓 일꾼들에게 술을 베풀 때에, 술을 못 먹는 이에게 술 대신 주는 돈.

건:각(健脚)圓 걸음을 잘 걷거나 잘 달릴 수 있는 튼튼한 다리, 또는 그런 다리를 가진 사람. ¶오 백의 건각들이 참가한 마라톤 대회.

건:각(蹇脚)圓 절뚝발이. 절름발이.

건-간-망(建干網)圓 바닷가에 말뚝을 박고 둘러치는 그물. 〔밀물 때에 들어온 고기가 썰물 때에 걸리도록 되어 있음.〕

건갈(乾葛)圓 한방에서, 칡의 뿌리, 곧 '갈근(葛根)'을 이르는 말.

건-갈이(乾-)圓하 '마른갈이'의 방언.

건강(乾薑)圓 한방에서, '새앙 말린 것'을 이르는 말.

건강(健剛) '건강하다'의 어근.

건:강(健康)圓하형 ①육체가 아무 탈 없이 정상적이고 튼튼함. ②의식(意識)이나 사상이 바르고 건실함. ¶몸도 건강, 마음도 건강. 건강-히튀.

건:강-관리(健康管理)[-괄-]圓 건강의 유지와 증진, 질병 예방 따위를 꾀하는 일. ¶건강할 때 건강관리에 힘써야 한다.

건강-말(乾薑末)圓 한방에서, '말린 새앙가루'를 이르는 말.

건:강-미(健康美)圓 (사람의) 건강한 육체에서 나타나는 아름다움. ¶건강미 넘치는 몸.

건:강^보:균자(健康保菌者)圓 병원체(病原體)에 감염되었으면서도 겉으로는 증세가 나타나지 않는 사람.

건:강^보:험(健康保險)圓 질병·상해(傷害)·분만(分娩) 등으로 말미암아 드는 비용이나 수입 감소에 대한 보상(補償)을 목적으로 하는 보험.

건:강-식(健康食)圓 건강의 유지·증진을 위하여 여러 가지 영양소나 칼로리를 알맞게 맞추어 마련한 음식(食品).

건:강-식품(健康食品)圓 사람의 건강 유지에 좋다는 여러 가지 식품을 두루 이르는 말. 〔농약을 쓰지 않고 가꾼 채소, 버섯·현미 따위.〕

건-강요주(乾江瑤珠)圓 꼬막의 살을 꼬챙이에 꿰어 말린 것. 강요주(江瑤珠).

건:강^진:단(健康診斷)圓 건강한 상태인지 아닌지를 의사가 자세히 검사하는 일.

건:강-체(健康體)圓 튼튼한 몸.

건:강-하다(健剛-)형여 몸과 마음이 다부지고 굳세다.

건개(乾疥)圓 □마른옴.

건건사사(件件事事)[-껀-]Ⅰ圓 □사사건건. Ⅱ튀 □사사건건.

건건-이圓 간단한 반찬.

건건-이(件件-)[-꺼니]튀 건(件)마다. 일마다. ¶건건이 끼어들어 간섭하다.

건건찝찔-하다형여 ①감칠맛이 없이 싱거운 듯하면서도 조금 찝찔하다. ②간간짭짤하다. ②촌수가 멀거나 관계가 가깝지 않은 사이를 농으로 이르는 말. ¶건건찝찔한 사이. 건건찝찔-히튀.

건건-하다형여 (음식에) 감칠맛이 없고 싱겁지나 않을 정도로 간이 배어 있다. ¶국물이 많아서인지 맛이 좀 건건하다. 巫간간하다. 건건-히튀.

건견(乾繭)圓하자 (저장이나 품질 향상 등을 위하여) 말린 누에고치, 또는 누에고치를 말리는 일. ↔생견(生繭).

건견-기(乾繭器)圓 누에고치를 말리는 기구.

건경(健勁) '건경하다'의 어근.

건경-하다(健勁-)형여 씩씩하고 굳세다.

건계(乾季)[-계/-게]圓 (강우량의 많고 적음에 따라 구별할 때의) 비가 적게 내리는 계절. ↔우계(雨季).

건고(建鼓)圓 조선 초기 이후, 조회나 연회 때에 쓰이던 아악기의 한 가지. 발 달린 받침 위에 통이 긴 북을 얹고, 그 위에 나무로 네모지게 이층을 꾸며, 꼭대기에 날아가는 학 모양의 장식을 세웠음.

건고(乾固)圓 말라서 굳어짐.

건고(乾枯)圓하자타 나무 따위의 물기가 마름, 또는 물기를 말림.

건곡(乾谷)圓 물이 마른 골짜기.

건곡(乾穀)圓 (제철에 거두어) 말린 곡식.

건곤(乾坤)圓 ①하늘과 땅. 천지. 감여(堪輿). ②하늘과 땅을 상징하는 '☰'과 '☷' 두 괘의 이름. ③음양(陰陽). ④남성과 여성. ⑤건방(乾方)과 곤방(坤方). ⑥지난날, 두 권으로 된 책의 순서를 매길 때, '상하(上下)'나 '기일(其一), 기이(其二)' 등의 뜻으로 쓰던 말.

건곤-가(乾坤歌)圓 '죽지사(竹枝詞)'의 잘못.

건곤-일색(乾坤一色)[-쌕]圓 (눈이 내려) 천지가 온통 같은 빛깔임.

건곤-일척(乾坤一擲)圓 〔주사위를 던져 숭패를 건다는 뜻으로〕 운명을 걸고 단판걸이로 숭부를 겨룸. 한유(韓愈)의 시 '과홍구(過鴻溝)'에 나오는 말임.

건:공(建功)圓하자 공을 세움.

건공(乾空)圓 〈건공중〉의 준말. 반공(半空).

건공-대매(乾空-)똉 ①아무 근거도 없이 무턱대고. 〔주로, '건공대매로'의 꼴로 쓰임.〕 ❷도망친 도둑을 어디 가 찾지? 건공대매로 나서 보아야 헛수고만 한다니까. ②겨루기 또는 내기의 결과가 무승부임.

건-공-장군(建功將軍)똉 ①나라에 공이 많은 장군. ②조선 초기, 종삼품 벼슬에 해당하던 무관(武官)의 품계(品階). 〔병마 첨절제사(兵馬僉節制使)·수군 첨절제사(水軍僉節制使) 등이 이에 해당하였음.〕

건-공중(乾空中)똉 ⇒반공중(半空中). ㉾건공.

건-공지신(建功之臣)똉 공을 세운 신하.

건과(乾果)똉 익으면 껍질이 마르는 과실. 〔콩·나팔꽃 열매 따위의 열과(裂果)와 보리·단풍 열매·호두 따위의 폐과(閉果)가 있음.〕 건조과(乾燥果). ↔액과(液果).

건과(愆過)똉 ⇒허물². 건우(愆尤).

건-곽란(乾霍亂)[-꽈-]똉 게우거나 설사 증세가 일어나는 곽란.

건괘(乾卦)똉 ①팔괘의 하나. 상형은 '≡', 하늘을 상징함. ②육십사괘의 하나. 상형은 건괘 '≡'을 위아래로 놓은 괘. 하늘 위에 하늘이 거듭됨을 상징함. ㉾건(乾). ↔곤괘(坤卦).

건괘(蹇卦)똉 육십사괘의 하나. 감괘(坎卦)와 간괘(艮卦)를 위아래로 놓은 괘. 산 위에 물이 있음을 상징함. ㉾건(蹇).

건-교자(乾交子)똉 마른 술안주를 주로 하여 차린 교자. ㉾식교자·얼교자.

건-교자상(乾交子床)[-쌍]똉 마른 술안주를 주로 하여 차린 교자상.

건-구(建具)똉 건축물에 쓰이는 문짝·장지 따위의 물건.

건구(乾球)똉 건습구 습도계의 두 개의 구부(球部) 중, 젖은 헝겊으로 싸지 않은 구부.

건구-상(建具商)똉 건구(建具)를 파는 일을 업으로 하는 사람, 또는 그러한 직업이나 가게.

건-구역(乾嘔逆)똉 헛구역.

건구^온도계(乾球溫度計)[-계/-게]똉 건습구 습도계의 두 개의 수은 온도계에서, 젖은 헝겊으로 구부(球部)를 싸지 않은 온도계.

건-국(建國)똉[하다자타][되자] 새로 나라가 세워짐, 또는 세움. 개국(開國). 조국(肇國). 창업(創業). ¶고구려의 건국.

건국(乾局)똉 (묏자리·집터 따위를 볼 때) '땅에 물기가 없는 판국'을 이르는 말.

건국^신화(建國神話)[-씬-]똉 국가의 기원(起源)에 대한 신화.

건국-이념(建國理念)똉 건국의 근본 정신.

건국^훈장(建國勳章)[-구쿤-]똉 대한민국의 건국에 공적이 뚜렷하거나, 국기(國基)를 튼튼히 하는 데 이바지한 공이 뚜렷한 사람에게 주는 훈장. 〔대한민국장·대통령장·독립장·애국장·애족장의 다섯 등급이 있음.〕

건-군(建軍)똉[하자] 군대를 창설함. 창군(創軍).

건-곤(建極)똉[하다][되자] 모든 사람이 따라야 할 도덕의 기준을 세우는 일.

건기(件記)[-끼]똉 ☞발기.

건기(乾期)똉 〈건조기〉의 준말. ↔우기(雨期).

건-기와(乾-)똉 재래식 한옥에서, 지붕을 일 때 밑에 흙을 깔지 않고 이는 일, 또는 그렇게 인 기와.

건-깡깡이(乾-)똉 ①일을 하는 데 아무 기술이나 기구도 없이 맨손으로 함, 또는 그런 사람. ②아무 목표도, 별다른 재주도 없이 건성건성 살아가는 사람.

건내뛰다[타] 〈옛〉 건너뛰다. ¶千古ㅅ 사ᄅ미게 건내뛰도소니(杜初25:48). ㉾건내뛰다.

건:너똉 ①(일정한 공간을 사이에 둔) 맞은편. 마주 보이는 쪽. ¶강 건너 마을. ②공간적으로나 시간적으로 뛰어넘은 장소나 때. ¶이틀 건너 한 번.

건:너-가다[자타] 일정한 공간을 건너서 맞은쪽으로 가다. ¶헤엄을 쳐서 강을 건너가다. ↔건너오다.

건:너-긋다[-귿따][~그으니·~그어][타ㅅ] 한쪽에서 맞은쪽까지 가로질러 죽 긋다.

건:너다[자타] ①㉠(내·강·바다, 그 밖의 공간을 지나서) 저편으로 가거나 이편으로 오다. ¶강을 건너다. /길을 건너다. /다리를 건너다. ㉡(끼니·당번·차례 따위를) 거르다. ¶배탈이 나서 두 끼를 건넜다. ㉢일정한 주기(週期) 따위를 지나다. 〔주로, '건너'의 꼴로 쓰임.〕 ¶사흘 건너 한 번씩 들르다. ②(입·손·사람 등을 통하여) 전하여지다. ¶소문은 한 입 건너고 두 입 건너 삽시간에 퍼져 나갔다.

건:너-다니다[자] 어떤 곳을 건너 왔다 갔다 하다. ¶매일 버스를 타고 한강을 건너다닌다.

건:너다-보다[타] ①(공간을 사이에 두고) 한쪽에서 맞은편 쪽을 바라보거나 살피다. ¶강 저편 마을을 건너다보다. ②남의 것을 탐내어 넘겨다보다. ¶남의 재산을 건너다보다. ㉾건너보다.

건너다보니 절터(라)[속담] ①욕심을 내보아야 자기 것이 될 수 없다는 뜻으로, 마음에는 있으나 불가능할 때 이르는 말. ②내용을 다 보지 않고 겉으로 대강 짐작할 수 있다는 말.

건:너-대다[타] 물을 건너서 맞은편에 (배를) 대다.

건:너-뛰다[자타] ①맞은편까지 뛰다. ¶도랑을 건너뛰다. ②거르다. ¶차례를 건너뛰다. ③중간 단계를 거치지 아니하고 오르거나 내리다. ¶그는 이번 공로로 5급에서 4급을 건너뛰어 3급으로 승진되었다.

건:너-막다[-따][타] 한쪽에서 다른 쪽까지 질러서 막다.

건:너-보다[타] 〈건너다보다〉의 준말.

건:너-서다[자] 건너어 맞은편에 서다. ¶큰길을 건너서서 작은 길로 접어들었다.

건:너-오다[자타] 건너서 이편으로 오다. ↔건너가다.

건:너-지르다[~지르니·~질러][타자] (긴 물건, 또는 길게 느껴지는 것을) 이쪽에서 저쪽에 이르게 가로놓다. ¶개천에 통나무를 건너질러 외나무다리를 놓다. /문틈으로 새어 나온 한 가닥 불빛이 마당을 건너질러 맞은편 담장을 비추다.

건:너-지피다[자] (강물이나 호수가) 이쪽에서 쪽 끝까지 꽉 얼어붙다. 건너질리다.

건:너-질리다[자] ①건너지피다. ②〔'건너지르다'의 피동〕 건너지름을 당하다.

건:너-짚다[-집따][타] ①(중간의 것을 건너거나 넘어서) 팔을 내밀어 짚거나 발로 디디다. ②(어떤 속내를) 앞질러서 짐작하다. ¶알지도 못하면서 괜히 건너짚어 말하지 마시오.

건:너-편(-便)똉 마주 향한 저쪽 편. 맞은편. 월편(越便).

건:넌-방(-房)똉 대청을 사이하여 안방의 맞은편에 있는 방.

건:널-목똉 ①철로와 도로가 엇걸린 곳. ¶철로의 건널목을 지날 때는 좌우를 잘 살펴라. ②(강·내·길 따위를) 건너다니게 된 일정한 곳.

건:넛-마을[-넌-]똉 건너편에 있는 마을.

건:녓-방(-房)[-너빵/-닏빵]**명** 건너편에 있는 방.

건:녓-산(-山)[-너싼/-닏싼]**명** 건너편에 있는 산.

건넛산 보고 꾸짖기[속담]'당자가 없는 데서 그를 헐뜯거나 욕하는 짓'을 이르는 말.

건:녓-집[-너찝/-닏찝]**명** 건너편에 있는 집.

건:네다[태] ①['건너다'의 사동] 건너게 하다. ②남에게 말을 붙이다. ¶농담을 건네다. ③(금품·책임·권리 따위를) 남에게 옮기어 주다. ¶소유권을 건네다. /중도금을 건네다.

건:-받다[-따][태] (돈·물건 따위를) 남으로부터 옮기어 받다. ↔건네주다.

건:네-주다[태] ①건너게 하여 주다. ¶나룻배로 손님을 건네주다. ②(돈·물건 따위를) 남에게 옮기어 주다. ↔건네받다.

건달(乾達)**명** ①하는 일 없이 빈둥거리고 돌아다니며, 남의 일에 트집잡기를 잘하는 짓, 또는 그런 사람. ②밑천을 다 잃고 빈털터리가 된 사람. ¶사업에 실패하고 하루아침에 건달이 되다.

건달-꾼(乾達-)**명** 늘 건달 노릇을 하는 사람.

건달-패(乾達牌)**명** 건달의 무리.

건:담(健啖)**명** 음식을 무엇이나 맛있게, 또 많이 먹음. 건식(健食).

건:담-가(健啖家)**명** 음식을 무엇이나 맛있게, 또 많이 먹는 사람. 건식가(健食家). 대식가.

건답(乾畓)**명** 조금만 가물어도 물이 잘 마르는 논. 마른논. ↔골답.

건답^직파(乾畓直播)[-찍-]**명** (볏모를 옮겨심지 않고) 건답에 볍씨를 바로 뿌리는 일.

건대(-袋)**명** 종이 동냥하는 네 쓰는 종이 주머니.

건대(巾帶)**명** 상복(喪服) 차림에 쓰는, 삼베로 만든 두건과 띠.

-건대[어미] 《주로 '보다'·'듣다'·'바라다' 따위의 동사 어간에 붙어》 뒤에서 하려는 말의 확실성을 다져 놓기 위하여, 자기의 견문한(또는, 바라던) 바를 미리 내세워 보이는 뜻을 나타내는 연결 어미. ¶내가 보건대 그 일은 이미 틀린 것 같다. /바라건대 부디 소원 성취하소서.

건-대구(乾大口)**명** 말린 대구.

-건대[어미] 〈옛〉'-ㄹ진대. -건대. ¶울워라 聿追롤 슈랑ᄒᆞ건대(月釋序17).

건더기 ①국·찌개 따위의 국물에 잠겨 있는 고기나 채소 따위. ②액체에서 풀리지 않은 덩어리. ③'내세울 만한 일의 내용'을 속되게 이르는 말. ¶말할 건더기가 없다. **[변]**건지².

건덕(乾德)**명** 임금의 덕. 성덕(聖德).

건데[부] 〈그런데〉의 준말. ¶건데, 이 소리는 또 무슨 소리냐?

건:도(建都)**명 -하다[자]** 나라의 수도(首都)를 세움, 또는 정함. 정도(定都).

건-독(乾dock)**명** 바닷물을 빼었다 들였다 할 수 있게 설비하여, 큰 배를 수리하거나 청소할 때에 그 배를 들여놓는 구조물. 수선거. 건선거. ↔습독(濕dock).

건둥-건둥[부]**-하다[형]** ①건둥그리는 모양. **㉒**간동간동. ②(일을 꼼꼼하게 하지 않고) 대충대충 빠르게 해치우는 모양. 건성건성. 건정건정. 건둥껑둥.

건둥-그리다[타] 건둥하게 정돈하다. **㉒**간동그리다. **[센]**껀둥그리다.

건둥-하다[형여] 흐트러짐이 없이, 정돈되어 단출하다. **㉒**간동하다. **[센]**껀둥하다. **건둥-히**[부].

건드러-지다[형] 음성이나 몸놀림이 홍겹고 신나도록 멋있다. ¶건드러지게 뽑아 넘기는 노랫가락. **㉒**간드러지다.

건드렁-타령[명] 술에 취하여 건들거리는 몸짓.

건드렁-타령[명] 서울 지방 민요의 한 가지. 처녀들이 돈벌이 나가는 내용임.

건드레-하다[형여] 술이 거나하게 취하여 정신이 흐릿하다. ¶건드레하여 술이 취한 젊은이 몇이 노래를 부르며 지나간다.

건:드리다[타] ①손이나 발 따위로 만지거나 대거나 하다. ¶머리를 건드리다. ②(말이나 행동으로) 남의 마음을 상하게 하다. ¶비위를 건드리다. /자존심을 건드리다. /아픈 상처를 건드리다. ③(어떤 일에) 손을 대어 관계하다. ¶여러 사업을 건드려서 어려움을 겪다. ④(부녀자를 꾀거나 하여) 육체관계를 맺다. **㉓**건드다.

건듯[부] 〈옛〉 문득. 잠깐. ¶東風이 건듯 부니 믉결이 고이 닌다(尹善道.漁父四時詞).

건듯-거리다[자타] 자꾸 건들거리다. 건들대다. **㉒**간드거리다. **㉓**큰들거리다.

건들-거리다[자타] ①(비교적 큰 물체가) 가볍게 흔들거리는 모양. ¶바람이 부는 대로 줄에 매달린 허수아비가 건들건들한다. ②바람이 가볍고 시원스럽게 부는 모양. ¶초여름의 훈풍이 건들건들 분다. ③(사람이 암팡지거나 찌따르지 못하고) 싱겁고 멋있게 구는 모양. ¶좀 건들건들하는 편이지만 본바탕은 더할 나위 없이 성실한 사람일세. ④(몸 따위를) 자꾸 움직이는 모양. ¶글을 소리 내어 읽으면서 몸을 건들건들하다. ⑤하는 일 없이 빈둥거리는 모양. ¶건들건들 놀지만 말고 일 좀 해라. **㉒**간들간들. **㉓**큰들큰들.

건:-들다[건드니·건드려][타] 〈건드리다〉의 준말.

건들-대다[자타] 건들거리다.

건들-마[명] 초가을에 남쪽에서 불어오는 시원한 바람. **㉒**건들바람.

건들-바람[명] ①초가을에 선들선들 부는 바람. **㉒**건들마. ②풍력 계급의 4등급에 해당하는 바람. 풍속 5.5~7.9 m. 〔먼지가 일고 종잇장이 날리며, 나무의 잔가지가 움직임.〕화풍(和風).

건들-장마[명] 초가을에 비가 내리다가는 개고, 또 내리다가는 개곤 하는 장마.

건들-팔월(-八月)[명] 〔건들건들하는 사이에 한 달이 지나간다는 뜻으로〕'음력 팔월'을 이르는 말. **㉒**어정칠월.

건듯[-듣][부] ①(정성을 들이지 않고) 대충 빨리 해치우는 모양. ②바람이 가볍게 슬쩍 부는 모양. ¶바람이 건듯 불다. **㉓**껀듯.

건듯[부] 〈옛〉 문득. 잠깐. ¶南風이 건듯 부러 綠陰을 헤텨내니(鄭澈.星山別曲). **㉒**건듯.

건듯-건듯[-듣껀듣][부] ①(정성 들여 하지 않고) 대충대충 빨리 해치우는 모양. ②바람이 가볍게 슬쩍슬쩍 부는 모양. ¶봄바람이 건듯건듯 불다. **[센]**껀듯껀듯.

건등[명] 광맥(鑛脈)이 지표 가까이에 있는 부분.

건등(乾等)[명] 산통계(算筒契)에서, 본래의 등수의 알을 뺀 다음에 덤으로 또 뽑는 알.

-건디[어미] 〈옛〉-ㄴ지. -은지. ¶하눌해 나건디 오눌 사ᄋᆞ리 다나니(月釋21:28). /軍을 조차 둔니건디 열히 나므니(杜重5:29).

건디다[타] 〈옛〉 건지다. ¶건딜 로:撈(訓蒙下23).

건디쥐다[타] 〈옛〉 속여 빼앗다. ¶マ장 놈의 것 건디쥐기 ᄒᆞᄂᆞ니(朴解中3).

건듯[부] 〈옛〉 문득. 잠깐. ¶和風이 건듯 부러 綠水롤 건너오니(丁克仁.賞春曲).

건:-땅뗑 흙이 기름진 땅.
건뜻[-뜯]뗑 〈건듯〉의 센말.
건뜻-건뜻[-뜯 뜯]뛷 〈건듯건듯〉의 센말.
건락(乾酪)[걸-]뗑 동물의 젖에 들어 있는 단백질을 응고시킨 식품. 치즈.
건락-소(乾酪素)[걸-쏘]뗑 동물의 젖의 주성분인 단백질. 카세인(casein). ⑧낙소(酪素).
건량(乾量)[걸-]뗑 곡물·과일 같은) 마른 물건의 양(量). ↔액량(液量).
건량(乾糧)[걸-]뗑 ①먼 길을 가는 데 지니고 다니기에 간편하게 만든 양식. ②지난날, 흉년에 가난한 사람들을 구호하기 위해 죽 대신에 주던 곡식. ③지난날, 중국에 가는 사신이 가지고 가던 양식.
건류(乾溜)[걸-]뗑하타 고체 유기물을, 공기를 차단하고 가열·분해하여 휘발성 물질과 비휘발성 물질로 가르는 처리. 〔석탄에서 석탄 가스·타르·코크스를 얻는 따위.〕
건:립(建立)[걸-]뗑하타되자 ①탑·동상·건물 따위를 만들어 세움. ¶마을 회관을 건립하다. ②기관·조직체 따위를 새로 조직함. ¶동창회 건립.
건마는조 모음으로 끝난 체언에 붙는 연결형 서술격 조사. 앞의 사실을 정하는 또는 당연한 사실로 인정하거나 미루어 짐작하면서, 뒤의 사실이 이와 어긋난다는 뜻을 나타냄. ¶힘은 장사건마는 꾀가 없다. ⑧건만. ⑪이건마는.
-건마는어미 용언의 어간이나 '이다'의 어간 또는 높임의 '-시-'나 시제의 '-았(었)-'·'-겠-' 등에 붙는 종속적 연결 어미. 앞의 사실을 기정 사실, 또는 당연한 사실로 인정하거나 미루어 짐작하면서, 뒤의 사실을 이에 맞서게 하는 뜻을 나타냄. ¶가진 돈은 많건마는 인색하기 짝이 없다. ⑧-건만.
-건마론어미 〔옛〕-건마는. ¶일홈도 업건마론(月釋2:53). ⑪-언마론.
건:막(腱膜)뗑 막처럼 얇고 넓은 힘줄.
건만조 〈건마는〉의 준말.
-건만어미 〈-건마는〉의 준말.
건망(乾網)뗑 〔바느질〕 미처 낯도 씻지 못하고 맨건을 씀. 또는 그 맨건.
건:망(健忘)뗑 ①잘 잊어버림. ②〈건망증(健忘症)〉의 준말.
건:망-증(健忘症)[-쯩]뗑 기억력이 부실하여, 잘 잊어버리는 병증. ¶건망증이 심하다. ⑧건망(健忘).
건면(乾麵)뗑 ☞마른국수.
건명(件名)뗑 ①일이나 물건의 이름. ②서류의 제목.
건명(乾命)뗑 ①불교에서, 축원문(祝願文)에 쓰는 '남자'를 이르는 말. ②'남자의 생년(生年)'을 이르는 말. ↔곤명(坤命).
건-명태(乾明太)뗑 말린 명태. 북어(北魚).
건-모(乾-)뗑 ①마른논에 못자리를 하였다가, 물을 대거나 비가 내린 뒤에 뽑아서 내는 모. ②마른논에 내는 모.
건목뗑 (정성 들여 다듬지 않고) 거칠게 대강 만드는 일, 또는 그렇게 만든 물건.
건목을 치다관용 대강 짐작하여 정하다.
건목(乾木)뗑 (베어서) 바짝 말린 재목.
건목-수생(乾木水生)[-쑤-]뗑 ☞간목수생.
건목-재(-材)[-째]뗑 산에서 도끼나 톱으로 대강 다듬은 거친 목재.
건몰(乾沒)뗑하타되자 ①남의 금품을 거저 빼앗음. ②법에 어긋나는 물건을 관청에서 몰수함.

건몰다[건모니·건몰아]타 어떤 일을 건성건성 빨리 해 나가다.
건-몸뗑 공연히 혼자서 헛애를 쓰며 안달하는 일.
건몸(을) 달다관용 공연히 혼자서 헛애를 쓰며 몸이 달다. ¶본인은 태연한데 네가 왜 건몸을 달아 하느냐?
건-물(乾-)〔유정(遺精)·몽정(夢精) 등의 병증으로 말미암아〕 성교(性交)하지 않는데도 저절로 나오는 정액(精液).
건-물(乾-)뗑 《주로 '건물로'의 꼴로 쓰이어》①쓸데없이. 공연히. ¶건물로 속을 썩이고 있다. ②힘을 안 들이고. ¶남의 재산을 건물로 삼키려 한다. ③까닭도 모르고 건으로. ¶건물로 날뛴다.
건:물(建物)뗑 '사람이 들어 살거나, 일을 하거나, 물건을 넣어 두기 위하여 지은 집'을 통틀어 이르는 말. 건축물(建築物).
건물(乾物)뗑 마른 식품. ⑪간물(乾物).
건-미역(乾-)뗑 '마른미역'으로 순화.
건:민(健民)뗑 건전한 국민. 굳센 국민.
건반(乾飯)뗑 마른밥. ↔수반(水飯).
건반(鍵盤)뗑 피아노·오르간 따위의 앞부분에 건(鍵)을 늘어놓은 면.
건:-반사(腱反射)뗑 건(腱)의 기계적 자극에 따라 근육이 연속(攣縮)을 일으키는 반사.
건:반 악기(鍵盤樂器)[-끼]뗑 피아노나 오르간과 같이 건반이 있는 악기'를 통틀어 이르는 말.
건-밤뗑 한숨도 자지 않고 뜬눈으로 새운 밤. ¶건밤을 새웠다.
건방뗑 젠체하는 주제넘은 태도. ¶건방을 떨다. /건방을 피우다.
건방(乾方)뗑 ①이십사방위의 하나. 북서(北西)를 중심으로 한 15도 범위 이내의 방위. 술방(戌方)과 해방(亥方)의 사이. ②팔방(八方)의 하나. 북서(北西)를 중심으로 한 45도 범위 이내의 방위. ⑧건(乾). ↔손방(巽方).
건방-지다뗑 당치 않게 젠체하며 주제넘은 데가 있다. ¶어른 앞에서 함부로 건방지게 굴지 마라.
건배(乾杯)뗑하자 여러 사람이 경사를 축하하거나 건강을 기원하면서 함께 술잔을 들어 술을 마시는 일. ¶건배를 들다. /승리를 축하하며 건배하다. ⑭거배(擧杯).
건:백(建白)뗑하타 지난날, 임금이나 조정에 대하여 의견을 진술하던 일. 건언(建言).
건:백-서(建白書)[-써]뗑 건백의 사유를 적은 문서.
건:보(健步)뗑 잘 걷는 걸음.
건복(乾鰒)뗑 〈건전복(乾全鰒)〉의 준말.
건부-병(乾腐病)[-뼝]뗑 저장 중의 알뿌리나 감자 따위가, 갈색으로 썩어서 건조·수축하는, 부패병의 한 가지.
건-부종(乾付種)뗑하타 ☞건파(乾播).
건:비(建碑)뗑하자 비(碑)를 세움.
건-빨래(乾-)뗑 '마른빨래'의 잘못.
건-빵(乾-)뗑 좀 오래 두거나 가지고 다니기에 편리하도록 딱딱하게 만든 밀가루 과자의 한 가지. 흔히, 군대의 야전 식량으로 쓰임.
건사뗑하타 ①일을 시킬 때, 일거리를 만들어 모아 내어 줌. ②자신의 일을 잘 돌보아 수습함. ¶제 몸 하나 건사도 못하면서 남의 일을 간섭하려 든다. ③잘 거두어 보호함. 간수. ¶귀중한 물건이라 건사하여 두어라.
건:삭(腱索)뗑 심장의 방실(房室) 입구의 판막에 붙어 있는 힘줄. 〔심실이 수축할 때 판막이 심방 쪽으로 밀리지 않게 하는 구실을 함.〕

건-살포(乾-)명 일도 하지 않으면서 살포만 가지고 다니는 사람.

건-삶이(乾-)명하타 써레로 썰거나, 나래로 고르거나 하여 물 없이 마른논을 삶는 일. ↔무삶이.

건삼(乾蔘)명 잔뿌리와 줄기를 자르고 겉껍질을 벗기어 말린 인삼. ↔수삼(水蔘).

건-삼련(乾三連) [-년]명 팔괘 중, 건괘(乾卦)는 세 막대가 모두 이어졌다는 뜻으로 '☰'의 모양을 이르는 말. ↔곤삼절(坤三絶).

건삽(乾澁)명 '건삽하다'의 어근.

건삽-하다(乾澁-) [-사파-]형여 말라서 윤기가 없다. 건삽-히[부]

건상(乾象)명 천체(天體)의 현상. 일월성신(日月星辰)이 돌아가는 이치. 천기(天氣). 천상(天象).

건-상어(乾-)명 말린 상어.

건색(乾色)명 ①☞건재(乾材). ②손질하거나 가공하지 아니한 본디 그대로의 재료. 《주로, '건색으로'의 꼴로 쓰임.》 ¶건색으로 지은 오두막집.

건생(乾生)명하자 (식물이) 건조한 곳에서 자람. 건성(乾性). ↔습생(濕生).

건생^식물(乾生植物) [-싱-]명 (사막·모래밭·바위·나무 위 등) 건조한 곳에서 잘 자라는 식물. 〔보리사초·선인장·석곡 따위.〕 건성 식물. ↔습생 식물.

건-석어(乾石魚)명 ①☞가조기. ②☞굴비.

건선(乾癬)명 ☞마른버짐.

건-선(健羨)명하타 몹시 부러워함.

건-선거(乾船渠)명 ☞건독.

건-선명(乾仙命)명 술수에서 이르는, 죽은 남자의 태어난 해. ↔곤선명(坤仙命).

건:설(建設)명하타되자 ①건물이나 그 밖의 시설물을 만들어 세움. ¶교량 건설. /건설 사업. ↔파괴. ②어떤 조직체를 이룩하여 꾸려 나감. ¶그는 우리 당 건설의 핵심 요원이었다.

건:설^공채(建設公債)명 철도·도로·항만의 건설이나 전원(電源) 개발 사업 같은, 건설 사업의 자금 마련을 위하여 발행하는 공채.

건설방명 지난날, 가진 돈도 없이 오입판 같은데 다니면서 '허랑한 짓이나 일삼는 추잡한 사람'을 이르던 말.

건:설-업(建設業)명 토목·건축에 관한 공사 및 그에 따르는 업무를 맡아 하는 사업.

건:설^이:자(建設利子)명 주식회사가 설립 등기(設立登記) 후 완전 개업까지 2년 이상이 걸릴 때, 정관(定款)의 약정에 따라, 영업에 의한 이익에 앞서서 특히 주주에게 배당하는 이자.

건:설-적(建設的) [-쩍]관명 어떤 일이 보다 잘되어 가도록 하려고 하는 (것). ¶건설적 비판. /건설적인 의견을 말하다. ↔파괴적.

건성명 ①진심에서 하지 아니하고 겉으로만 함. ¶너는 왜 그렇게 매사에 건성이니? ②진지한 자세나 성의 없이 대충하는 태도. 《주로, '건성으로'의 꼴로 쓰임.》 ¶건성으로 대답하다. /그는 건성으로 인사하였다. /그의 말을 건성으로 넘겨 버렸다.

건성(虔誠)명 경건한 정성.

건성(乾性)명 ①건조한 성질. 건조하기 쉬운 성질. ¶건성 피부. ↔습성(濕性). ②☞건생.

건성-건성명 잇달아 건성으로 하는 모양. 건둥건둥. 건정건정.

건성-꾼명 건성으로 아무 일에나 끼어들어 덤벙이는 사람.

건성^늑막염(乾性肋膜炎) [-능망념]명 늑막 사이에 섬유소가 스며 나와 하얀 혼탁을 남기고 늑막에 흡수되거나 붙는 늑막염. ↔습성늑막염.

건성드뭇-하다 [-무타-]형여 비교적 많은 수효의 것이 성기게 흩어져 있다.

건성^식물(乾性植物) [-싱-]명 ☞건생 식물.

건성-울음명 (정말 우는 것이 아니고) 건성으로 우는 울음. 건울음.

건성-유(乾性油) [-뉴]명 공기 중에 두면 산소를 빨아들여 말라서 굳는 식물성(植物性) 기름. 〔동유(桐油)·아마인유(亞麻仁油)·들기름 따위.〕 건조유. ㉘건유(乾油). ↔불건성유(不乾性油).

건성-지(乾性脂)명 공기 중에 두면 산소를 빨아들여 말라서 굳는 지방(脂肪).

건:송(健訟)명하자 대수롭지 않은 일을 가지고도 소송하기를 좋아함.

건수(件數) [-쑤]명 ①사물·사건 따위의 수(數). ¶신고 건수. ②'업적이나 실적 따위의 수'를 속되게 이르는 말. ¶건수를 올리다.

건수(乾水)명 (늘 솟는 물이 아니고) 비가 내린 뒤에만 땅속에 스몄던 물이 한때 솟아올라 괴는 물.

건수(乾嗽)명 마른기침.

건숙(虔肅)명 '건숙하다'의 어근.

건:숙-하다(虔肅-) [-수카-]형여 경건하고 엄숙하다. 건숙-히[부]

건순(乾脣)명 윗입술이 늘 다물려 있지 않고 들려 올라간 입술.

건순-노치(乾脣露齒)명 윗입술이 늘 들려 올라와 이가 드러남.

건습(乾濕)명 마름과 젖음. 건조와 습기.

건습-계(乾濕計) [-꼐/-꼐]명 〈건습구 습도계〉의 준말.

건습구^습도계(乾濕球濕度計) [-꾸-또계/-꾸-또꼐]명 물이 증발하는 정도의 차이를 재어, 공기 중의 습도를 알아낼 수 있도록, 건구(乾球)와 습구(濕球) 두 개의 수은 온도계를 나란히 장치한 습도계. ㉘건습계.

건습^운:동(乾濕運動)명 식물의 세포벽이 공기가 건조하거나 습함에 따라 부풀어지거나 움츠러드는 일. 〔콩깍지가 마르면 저절로 벌어지는 따위.〕

건:승(健勝)명하형 몸에 탈이 없이 건강함. 몸이나 마음이 건전함. ¶건승을 빕니다.

건시(乾柿)명 곶감.

건시(乾時)명 이십사시의 스물두째 시. 하오 8시 30분부터 9시 30분까지의 동안. ㉘건(乾).

건식(乾式)명 (어떤 작업 과정에서) 액체나 용제(溶劑)를 쓰지 않는 방식. ↔습식(濕式).

건식(乾食)명하자타 ①음식물을 말려서 먹음. ②[물이나 국이 없이] 마른반찬만으로 밥을 먹음.

건:식(健食)명하자 음식을 가리지 않고 잘(많이) 먹음. 건담(健啖).

건:식-가(健食家)명 음식을 잘(많이) 먹는 사람. 건담가(健啖家). 대식가(大食家).

건식^구조(乾式構造) [-꾸-]명 물이나 흙을 쓰지 않고 짜 맞추기만 하는 건축상의 구조. ↔습식 구조.

건실(健實)명 '건실하다'의 어근.

건:실-하다(健實-)형여 건전하고 착실하다. ¶건실한 청년. /재정이 건실한 회사. 건실-히[부]

건:아(健兒)명 씩씩하고 굳센 사나이. ¶용감한 대한의 건아들아, 힘차게 나아가 싸워 이기자!

건:양(建陽)圈 조선 시대에 처음 쓴 연호. 고종 33년부터 대한제국 수립 직전까지 1년 8개월 동안 씀. 〔1896~1897〕 ☞광무·융희.

건어(乾魚)圈 〈건어물〉의 준말.

건-어물(乾魚物)圈 말린 물고기. 훈건어.

건:언(建言)圈하타 ☞건백(建白).

건열(乾裂)圈하재 진흙 따위의 거죽이 말라서 거북의 등처럼 갈라져 터짐.

건용(健勇)圈 '건용하다'의 어근.

건:용-하다(健勇-)휑어 튼튼하고 용감하다.

건우(愆尤)圈 잘못. 허물. 건과(愆過).

건-울음圈 ☞건성울음.

건:원(建元)圈하재 나라의 연호를 정함.

건위(健位)圈 남자의 신주나 무덤. ↔곤위(坤位).

건:위(健胃)圈 ①튼튼한 위. ②하재위를 튼튼하게 함. ¶ 건위 소화제.

건:위-제(健胃劑)圈 소화를 돕고, 식욕이 나게 하며, 위의 기능을 촉진하는 약제.

건유(乾油)圈 〈건성유(乾性油)〉의 준말.

건육(乾肉)圈 말린 고기.

건율(乾栗)圈 말린 밤을 한방에서 이르는 말.

건-으로(乾-)튀 ①터무니없이. 턱없이. ¶ 이 일이 결코 건으로 그리된 것은 아닐 것이오. ②건깡깡이로. 매나니로. ¶ 아무 준비도 없이 건으로 하겠다는 거냐? ③공연히 실속이 없이 건성으로. ¶ 아버지는 어머니의 눈치를 살피며 건으로 동생을 야단치고 있었다.

건:의(建議)〔거늬/거니〕圈하타되재 (어떤 문제에 대하여) 의견이나 희망 사항을 냄, 또는 그 의견이나 희망 사항. ¶ 건의 사항. /건의를 받아들이다.

건:의-권(建議權)〔거늬�/거니꿘〕圈 의회가 정부에 대하여 건의할 수 있는 권리.

건:의-문(建議文)〔거늬-/거니-〕圈 ☞건의서.

건:의-서(建議書)〔거늬-/거니-〕圈 건의의 내용을 적은 문서. 건의문.

건:의-안(建議案)〔거늬-/거니-〕圈 건의하려는 초안(草案), 또는 의안(議案).

-건이어미 〔옛〕-았느냐. -었느냐. ¶ 門 밧긔 귀한 王孫이 三顧草廬ㅎ건이(古時調). ㉑-거니.

건:-자재(建資材)圈 ☞건축 자재.

건잠圈 곡식의 뿌리를 해치는 벌레의 한 가지.

건잠-머리(健-)圈하타 일을 시킬 때에, 일의 대강의 방법을 일러 주고, 그에 필요한 제반 도구를 준비하여 주는 일.

건장(健壯)圈 '건장하다'의 어근.

건장(乾醬)圈 마른장.

건:장-하다(健壯-)휑어 몸이 크고 굳세다. ¶ 건장한 사나이들. 건장-히튀.

건:재(建材)圈 〈건축 용재〉의 준말.

건:재(健在)圈하재 힘이나 능력이 약화되지 않고 그대로 있음. ¶ 건재를 과시하다. /할머니는 여든이 넘으셨지만 여전히 건재하시다.

건재(乾材)圈 〔한방에서〕 ①아직 조제하지 아니한 약재. ②법제(法製)하지 아니한 원료로서의 약재. 건색(乾色).

건재-국(乾材局)圈 조제하지 않은 약재를 파는 약국.

건:재-상(建材商)圈 건축 재료를 파는 장사나 장수, 또는 가게.

건:전(健全)圈하형 ①(몸이나 정신이) 튼튼하고 온전함. ¶ 건전한 정신은 건전한 신체에 깃든다. ②(조직 따위의 활동이나 상태가) 건실하고 정상임. ¶ 건전 가요. /기업을 건전하게 운영하다. 건전-히튀.

건-전복(乾全鰒)圈 말린 전복. 훈건복(乾鰒).

건:전-재정(乾全財政)圈 경상(經常) 세출입으로 운영되어 나가는 재정. 균형 재정. ↔적자 재정.

건-전지(乾電池)圈 탄소봉(炭素棒)을 양극, 아연을 음극으로 하고, 그 사이에 염화암모늄·이산화망간·탄소립 등을 섞어 넣은 전지. ↔습전지.

건정(乾淨)圈 대강. 대충. ¶ 설거지를 건정 해치우다.

건정(乾淨)圈 '건정하다'의 어근.

건정-건정튀하재 일을 대강대강 쉽고 빠르게 해치우는 모양. 건둥건둥. 건성건성.

건정-하다(乾淨-)휑어 ①깨끗하고 말끔하다. 빼정결(淨潔). ②일 처리를 잘하여 뒤끝이 깨끗하다. 건정-히튀.

건:제(建制)圈 설치하고 제정함.

건제(乾製)圈하타 물기 없이 제조함.

건제(乾劑)圈 〈건조제〉의 준말.

건제^비료(乾製肥料)圈 닭똥, 고기의 비늘이나 바다의 풀, 또는 게나 새우의 껍데기 따위를 말려서 만든 비료. 건조 비료(乾燥肥料).

건제-품(乾製品)圈 식품 따위를 오래 둘 수 있도록 말린 제품. 건조품.

건:조(建造)圈하타되재 건물이나 배 따위를 세우거나 만듦. ¶ 유조선(油槽船) 건조.

건조(乾棗)圈 말린 대추.

건조(乾燥)¹圈하형 ①습기나 물기가 없는 마른 상태. ¶ 공기가 건조하다. ②(분위기·정신·환경 등이) 여유나 윤기가 없이 메마름. 무미건조. ¶ 예술적인 흥취가 없는 건조한 작품. /리듬과 생기가 없는 건조한 생활. 훈간조.

건조(乾燥)²圈하재타 ①물기가 증발하여 없어짐. ②물기를 없앰. 말림. ¶ 목초를 건조하여 저장하다. 훈간조.

건조-과(乾燥果)圈 ①익으면 껍질이 단단해져 마르는 과실. 〔콩·나팔꽃 열매 따위의 열과(裂果) 종류와 보리·단풍 열매·호두·메밀 따위의 폐과(閉果) 종류가 있음.〕건과. ↔육과. ②햇볕이나 열에 말린 과실. 〔곶감·건포도 따위.〕

건조-기(乾燥期)圈 기후가 건조한 시기. 훈건기.

건조-기(乾燥器·乾燥機)圈 물기 있는 물건을 말리는 장치. 드라이어(dryer).

건조^기후(乾燥氣候)圈 기후형의 한 가지. 강우량이 증발량보다 적은 지방의 기후. 연 강수량은 500 mm 미만임. ↔습윤 기후(濕潤氣候). 빼열대 기후·온대 기후.

건조-란(乾燥卵)圈 달걀을 말려서 가루로 만든 것.

건조-롭다(乾燥-) 〔-따〕〔~로우니·~로워〕휑비 메마른 느낌이 있다.

건조-림(乾燥林)圈 기후·토질이 건조한 곳에 이루어진 숲. 〔회양목이나 야자의 숲 따위.〕

건조-맥아(乾燥麥芽)圈 부패균의 번식을 억제하기 위하여 바짝 말린 엿기름.

건조-무미(乾燥無味)圈 ☞무미건조.

건:조-물(建造物)圈 '지어 만든 건물'을 통틀어 이르는 말.

건:조-보험(建造保險)圈 선박 건조 중에 일어나는 여러 가지 위험에 대비하는 보험.

건조^비료(乾燥肥料)圈 ☞건제 비료.

건조-세탁(乾燥洗濯)圈 ☞드라이클리닝.

건조^엑스(←乾燥extract)圈 동물성·식물성의 유효 성분만 추출하여 바짝 말린 약제(藥劑).

건조-열과(乾燥裂果)圈 ☞개과(蓋果). ↔건조폐과(乾燥閉果).

건조-유(乾燥油)圈 ☞건성유(乾性油).

건조^윤회(乾燥輪廻)[-회/-훼]圀 건조 기후 지방에서 일어나는 지형의 윤회적 변화.〔주로, 온도의 급변과 풍력(風力)의 작용에 따름.〕웹지형 윤회·침식 윤회.

건조-장(乾燥場)圀 물건을 말리기 위하여 일정한 시설을 갖춘 곳.

건조-제(乾燥劑)圀 ①물기 있는 물질의 물기를 없애기 위하여 쓰는 흡습성이 강한 물질.〔오산화인, 짙은 황산, 수산화나트륨 따위.〕②건성유 또는 반건성유(半乾性油)의 공기 산화를 촉진시켜 건조성을 높이려고 섞는 물질.〔코발트·납·망간 따위.〕㉣건제(乾劑).

건조^주:의보(乾燥注意報)[-의-/-이-]圀 기상 주의보의 한 가지. 실효 습도가 50% 이하이고, 그날의 최소 습도가 30% 이하인 상태가 2일 이상 계속되리라고 예상될 때, 화재의 예방을 위하여 기상청에서 알리는 예보.

건조-증(乾燥症)[-쯩]圀 몸에 수분이 적어지며 땀·침·대소변 따위가 잘 나오지 않는 증세.

건조-지(乾燥地)圀 토질이 건조한 땅. 마른땅.

건조^지형(乾燥地形)圀 건조한 기후로 인하여 내륙 지방에 생기는 지형.

건조-채소(乾燥菜蔬)圀 날것 그대로 살균하여 말린 채소.

건조-체(乾燥體)圀 문장의 수식 정도에 따라 나눈 문체의 한 가지. 화려한 수식을 피하고, 오직 내용의 완전한 전달만을 목적으로 하는 이지적인 문체. ↔화려체(華麗體).

건조-폐과(乾燥閉果)[-폐/-폐]圀 ☞폐과(閉果). ↔건조열과(乾燥裂果).

건조-품(乾燥品)圀 ☞건제품(乾製品).

건조^혈장(乾燥血漿)[-짱]圀 여러 사람의 혈액을 섞어 가라앉혀서 위에 뜬 혈장을 냉동 건조시킨 뒤 가루로 만든 것.〔증류수에 녹여 주사하는데, 혈액형에 관계없이 수혈할 수 있음.〕

건조^효:모(乾燥酵母)圀 말린 효모. 담황색 또는 담갈색으로, 비타민 B가 풍부함. 영양제·정장제(整腸劑) 등으로 쓰임.

건:졸(健卒)圀 건강한 병졸.

건좌(乾坐)圀 (집터나 묏자리 따위가) 건방(乾方)을 등진 좌향, 또는 그런 자리.

건좌-손향(乾坐巽向)圀 (집터나 묏자리 따위가) 건방(乾方)을 등지고 손방(巽方)을 향한 좌향.

건:주(建株)圀 주식 거래에서, 현재 매매가 약정되어 있는 주(株), 또는 거래소에 상장(上場)된 주.

건:주·야:인(建州野人)圀 지난날, '여진족(女眞族)'을 일컫던 말.

건-주정(乾酒酊)圀㉣ ☞강주정.

건중-건중(꽤柯) 여중그리는 모양. ☝간종간종.

건중-그리다(티) (흐트러진 사물을) 대강 간추리어 가지런하게 하다. 건중이다. ☝간종그리다.

건중-이다(티) 건중그리다. ☝간종이다.

건즐(巾櫛)圀 ①수건과 빗. ②㉣세수하고 머리를 빗음.
건즐(을) 받들다(ᄀᆞᆫ용) 여자가 아내로서 남편을 받들다.

건지¹圀 물의 깊이를 재려고 돌을 매단 줄.

건지²圀 '건더기'가 줄어서 변한말.

건지다(티) ①(액체 속에 들어 있는 것을) 밖으로 집어내다. ¶국에서 건더기를 건지다. ②어려운 경우에 처한 것을 도와서 벗어나게 하다. ¶백성을 도탄에서 건지다. ③(투자한 것을) 날리지 않고 도로 거두다. ¶사업의 실패로 본전도 못 건지다. ④물에 빠진 사람의 원혼을 굿이나 푸닥거리 따위로 달래 주다. ¶원혼들의 넋을 건지다.

건-지황(乾地黃)〈생건지황〉의 준말.

건-직파(乾直播)圀㉣ ☞건파(乾播).

건짐-국수[-쑤]圀 삶아 건진 칼국수를 맑은장국에 만 음식.

건착-망(巾着網)[-창-]圀 고기잡이 그물의 한 가지. 고기 떼를 수직으로 둘러막고, 밑에 달린 금속 고리에 꿴 밧줄을 죄어서 차차 오그라들게 하여 배 옆에 바짝 붙이고 고기를 퍼내어 잡게 만든 그물.

건착-선(巾着船)[-썬]圀 건착망으로 고기를 잡도록 설비한 배.

건채(乾菜)圀 말린 나물과 채소를 통틀어 이르는 말.

건:책(建策)圀㉣ 방책(方策)을 세움.

건천(乾川)圀 조금만 가물어도 이내 물이 마르는 내.

건-청어(乾青魚)圀 말린 청어. 관목(貫目).

건체(愆滯)圀㉣㉣ ☞연체(延滯).

건초(乾草)圀 ①베어 말린 풀. 마른풀. ②말린 풀. ㉣초(草)². ↔생초(生草).

건:초(腱鞘)圀 칼집 모양으로 건(腱)을 둘러싸고 있는, 활막층(滑膜層)과 섬유층(纖維層)의 안팎 두 층으로 된 점액낭(粘液囊).

건초-열(乾草熱)圀 갑자기 나타나는 코 카타르의 증세.〔신열이 오르며 심한 재채기와 콧물이 남.〕

건:축(建築)圀㉣㉣ 건물을 만드는 일, 또는 그 건물. ¶석조 건축. /아파트를 건축하다.

건축(乾縮)圀 저장한 곡식 따위가 말라서 양이 축남, 또는 축난 양.

건:축-가(建築家)[-까]圀 건축 설계나 건축 공사의 지휘·감독 따위를 전문으로 하는 사람.

건:축^공학(建築工學)[-꽁-]圀 건축학(建築學)의 한 분야로서, 건축의 구조·자재·계획·시공법 따위를 연구하는 학문.

건:축^구조^역학(建築構造力學)[-꾸-여깍]圀 건축물의 뼈대에 생기는 응력(應力)이나 변형에 대하여 연구하는 학문.

건:축^면적(建築面積)[-층-]圀 ☞건평(建坪).

건:축-물(建築物)[-층-]圀 '건축한 구조물'을 통틀어 이르는 말. 건물(建物).

건:축-비(建築費)[-삐]圀 건축에 드는 비용.

건:축-사(建築士)[-싸]圀 (국가에서 인정하는 면허를 받아) 건축물의 설계와 공사 감리 등의 일을 맡아 하는 사람.

건:축-선(建築線)[-썬]圀 (공원·도로·광장 따위를 침범하지 못하도록 제정한) 건축물을 지을 수 있는 경선(境線).

건:축^설계(建築設計)[-썰계/-썰게]圀 건축에 관한 설계. 건축물을 도면 위에 표시하는 기술적·예술적 작업 행위.

건:축^설비(建築設備)[-썰-]圀 건축물의 효용을 완전하게 하기 위한 제반 설비.〔조명·난방·급수·배수 따위.〕↔건축 주체.

건:축^양식(建築樣式)[-층냥-]圀 건축물의 양식.〔시대별·지역별·국가별·효용별, 그 밖에 미적(美的)인 것 등 여러 가지 양식으로 구별됨.〕

건:축-업(建築業)圀 건축 공사를 맡아 하여 소득을 얻는 직업.

건:축^용:재(建築用材)[-층농-]圀 건축에 쓰이는 자재.〔시멘트·벽돌·석회·목재·철강재·유리·흙·자갈·모래 따위.〕건자재(建資材). ㉣건재(建材)·건축재(建築材).

건:축^의:장(建築意匠)圐 건축물 내부와 외부의 형태를 미적(美的)으로 특수하게 설계하는 고안(考案).

건:축-재(建築材)[-째]圐 〈건축 용재〉의 준말.

건:축^주체(建築主體)[-쭈-]圐 건축물 성립의 근간(根幹)이 되는 주체. 〔온돌·벽·기둥 따위〕. ↔건축 설비.

건:축-학(建築學)[-추칵]圐 건축물의 설계·건립 및 유지를 위한 이론과 기술적 체계를 과학적으로 연구하는 학문.

건치(乾雉)圐 신부가 시부모를 처음 뵐 때, 폐백으로 올리는 말린 꿩고기.

건칠(乾漆)圐 옻나무 즙(汁)을 말려 만든 약제. 한방에서 속병·기침·살충(殺蟲)·통경(通經) 등의 치료에 쓰임.

건침(乾-)圐 마른침.

건침(乾浸)圐ᄒᆞ困 생선에 소금을 쳐서 간을 하는 일. 또는 그 간.

건탕(巾宕)圐 망건과 탕건.

건토^효:과(乾土效果)圐 흙을 건조시킴으로써 식물의 발육이 좋아지고 수확이 느는 일.

건:투(健鬪)圐ᄒᆞ자 씩씩하게 잘해 나감. 씩씩하게 싸움. ¶건투를 빌다.

건파(乾播)圐ᄒᆞ困 마른논에 볍씨를 뿌리고 밭곡식처럼 가꾸다가 뒤에 물을 대어 주는 농사 방법. 건부종(乾付種). 건직파(乾直播).

건판(乾板)圐 ①사진에 쓰는 감광판(感光板)의 한 가지. 유리·셀룰로이드 따위의 투명한 판에 감광액을 얇게 발라 암실에서 말린 것. ↔습판(濕板). ②활판 인쇄용 지형(紙型)을 눌러 만드는 기계.

건:평(建坪)圐 건물이 자리잡은 터의 평수. 건축 면적. 圖대지(垈地)·연건평(延建坪).

건:폐-율(建蔽率)[-폐-/-폐-]圐 대지(垈地)의 면적에 대한 건평(建坪)의 비율. 圖용적률.

건포(乾布)圐 마른 수건(헝겊).

건포(乾脯)圐 고기를 얇게 저미어 말린 것. 〔육포(肉脯)·어포(魚脯) 따위.〕圖장포(醬脯).

건-포도(乾葡萄)圐 말린 포도.

건포-마찰(乾布摩擦)圐 〔혈액 순환을 돕기 위하여〕마른 수건(헝겊)으로 살갗을 고루 문지르는 일. 圖냉수마찰.

건풍(乾風)圐 습기가 없는 바람.

건피(乾皮)圐 말린 짐승 가죽.

건:필(健筆)圐 ①힘 있게 쓴 글씨, 또는 그런 글씨를 쓰는 사람. 건호(健毫). ②시문(詩文)을 잘 지음, 또는 그 사람.

건하(乾芐)圐 ☞생건지황(生乾地黃).

건하(乾蝦)圐 말린 새우.

건:-하다(형어) ①넉넉하다. ¶이젠 살림이 제법 건하게 되었다. ②〈거나하다〉의 준말. ③〈흥건하다〉의 준말. 건-히閈.

건-하다(乾-)혱어 〈한건(旱乾)하다〉의 준말. 건-히閈.

건:학(建學)圐ᄒᆞ자 학교를 일으켜 세움.

건학(乾涸)圐ᄒᆞ자 ①내나 못의 물이 좋아서 마름. ②(물건을) 말려서 굳게 함.

건:함(建艦)圐ᄒᆞ자 군함을 만듦.

건합육(乾蛤肉)圐 말린 조갯살.

건-해삼(乾海蔘)圐 말린 해삼.

건해-풍(乾亥風)圐 건방(乾方)이나 해방(亥方)에서 불어오는 바람. 〔북서풍이나 북북서풍을 이름.〕

건현(乾舷)圐 (배에 짐을 가득 실었을 때) 수면에서 상갑판까지의 수직 거리.

건현^갑판(乾舷甲板)圐 배가 짐을 실을 수 있는 최고 한계를 규정하는 데 기초로 삼는 갑판. 〔보통, 상갑판(上甲板)을 말함.〕

건혈(乾血)圐 짐승의 피를 모아 가열하여 혈병을 분리하고, 압축기로 수분을 없애어 말린, 흑갈색의 가루. 속효성 질소 비료로 쓰임.

건혈^비:료(乾血肥料)圐 비료로 쓰는 건혈.

건혜(乾鞋)[-혜/-혜]圐 마른신.

건:-호(健毫)圐☞건필.

건-호궤(乾犒饋)圐ᄒᆞ困 지난날, 군사들을 위로하기 위하여 음식을 베푸는 대신 돈을 주던 일.

건혼-나다(乾魂-)[-어/-해]困 (놀라지 아니할 일에) 괜히 놀라서 혼나다.

건-홍합(乾紅蛤)圐 말린 홍합의 살.

걸:-기[-끼]圐 ①일정한 규정에 따라 걷는 운동. ②무용에서, 발뒤꿈치로 내디디어 다리를 굽혔다 폈다 하면서 걷는 동작.

걷나가다[걷-](옛) 건너가다. ¶더녁 ᄀᆞ색 걷나가샤 일후미 너비 들여(釋譜13:4).

걷나다困(옛) 건너다. ¶므를 걷나샤도 므리뮈디 아니ᄒᆞ고(月釋1:28).

걷내뛰다[걷-](옛) 건너뛰다. ¶아홉 큰 劫을 걷내뛰여 成佛ᄒᆞ시니라(月釋1:52).

걷니다困(옛) 거닐다. ¶밧긔 나아 걷니더시니(釋6:20).

걷다[1][-따]困 ①①감아서 올리거나, 감아서 위에 걸다. ¶저고리 소매를 걷다 /늘어뜨렸던 발을 걷다. ②깔려 있는 것을 접거나 개키다. 또는, 주워 모아 정리하다. ¶마당에 깐 멍석을 걷다. /널려 있는 책을 다 걷어 가방에 챙겼다. ㉢늘어 있는 술 따위를 서리어 치우다. ¶빨랫줄을 걷어 치우다. ㉣흩어져 있는 무리를 한곳으로 모으다. ¶각지의 군사를 걷어서 본국으로 돌아가다. ㉤돈 따위를 받아들이다. ¶세금을 걷다. /회비를 걷다. ㉥하던 일을 끝내거나 그만두다. ¶벌여 놓은 사업들을 다 걷어 버렸다. ②〈거두다〉의 준말.

걷:다[2][-따] [걸으니·걸어]困困困 ①바닥에서 발을 번갈아 떼면서 나아가다. ¶술에 취해 비틀거리며 걷다. /좀 더 빨리 걸어라. ②일정한 방향으로 나아가다. ¶우리 경제는 이제 바야흐로 향상 일로를 걷기 시작하였다. ③전문직에 종사하다. ¶평생 군인의 길만 걸었다. / 걷기도 전에 뛰려고 한다(속담) 쉽고 작은 일도 못하면서 더 어렵고 큰일을 하려 한다.

걷:다[3][-따]困 ①구름이나 안개 따위가 흩어져 없어지다. ¶구름이 걷고 맑은 하늘이 보이기 시작했다. ②비가 그치고 맑게 개다. ¶장마가 걷고 햇빛이 내리쬐었다.

걷-몰다[걷-][~모니·~몰아]困 거듭거듭 빨리 몰다.

걷어-들다[~드니·~들어]困 ①늘어진 것을 추켜올려 들다. ¶바지를 걷어들다. ②흩어진 것을 거두어 들다. ¶그물을 걷어들다.

걷어-매다困 일을 중간에서 대충 끝맺다.

걷어-붙이다[-부치-] (소매나 바짓가랑이를) 걷어 올리다. ¶소매를 걷어붙이고 나서다.

걷어-안다[-따]困 거두어서 품에 안다. ¶아이를 품에 걷어안다.

걷어-입다[-따]困 옷을 되는대로 입다.

걷어-잡다[-따]困 ①걷어 올려서 잡다. ¶치맛자락을 걷어잡다. ②정신을 차려 마음을 다잡다. ¶황망한 경우이든 이럴 때일수록 마음을 걷어잡고 용기를 내길 바라네.

걷어-쥐다困 걷어서 단단히 쥐다.

걷어-지르다[~지르니·~질러]타ㄹ ①(길게 드 리워진 것을) 걸어 올려서 흘러내리지 않게 잡 아 놓다. ¶치맛자락을 걷어지르다. ②발로 내 질러 차다. ¶강아지를 걷어지르다.

걷어-질리다자 ①눈이 껄떡해지다. ②['걷어지르 다'의 피동] 걷어지름을 당하다. 차이다.

걷어-차다타 ①발길로 세게 차다. ¶덤벼드는 상대를 발길로 걷어차다. ②일방적으로 관계를 끊거나 저버리다. ¶실컷 이용하고는 걷어차다.

걷어채다자 ['걷어차다'의 피동] 걷어참을 당 하다. ¶말의 뒷발질에 걷어채다.

걷어-치다 '걷어치우다'의 잘못.

걷어-치우다타 ①(물건 따위를) 걷어서 다른 곳 으로 치우다. ¶빨랫줄에 널린 빨래를 걷어치 워라. ②(하던 일을) 중도에서 그만두다. ¶학 업을 걷어치우다.

걷-잡다[-짭따]타 《주로 '없다'·'못하다'와 함 께 쓰이어》 ①(잘못 치닫거나 기우는 형세 따 위를) 붙들어 바로잡다. ¶번지는 불길을 걷잡 지 못하다. ②진정하거나 억제하다. ¶쏟아지 는 눈물을 걷잡을 수 없다.

걷-히다[거치-]자 ①['걷다'의 피동] 걷음을 당하다. ¶외상값이 잘 걷히다. ②['걷다³'의 피동] 걷음을 당하다. ¶안개가 걷히다.

걸¹ ①윷놀이에서, 한 가락만 윷등을 보이고, 나머지 세 가락은 윷배를 보였을 경우를 이름. [윷판의 말을 세 밭을 나아가게 함.] ②윷판의 셋째 자리. [곧, 개와 윷의 사이.] ☞걸밭.

걸² '것을'이 줄어든 말. ¶거기 있는 걸 이리 다오. /그가 떠나는 걸 보지 못했다.

걸명〈옛〉개울. 도랑. ¶그의 能히 ㄱ는 돌호로 거를 밍ㄱ노니(杜初7:17).

걸가(乞暇)명하자 ①휴가를 얻음. ②휴가원을 제출함. ③물건을 빌려 씀.

걸개(乞丐)명 ①ㄱ거지. ②거지 노릇. 물건이나 돈을 빌리는 일.

걸:개-그림명 벽 따위에 걸 수 있도록 괘도(掛 圖) 비슷하게 꾸며 만든 그림.

걸객(乞客)명 지난날, 몰락한 양반으로서 의관 (衣冠)을 갖추고 다니며 얻어먹던 사람. ¶춘향 이 고개 들어 대상을 살펴보니 걸객으로 왔던 낭 군 어사또로 뚜렷이 앉았구나(烈女春香守節歌).

걸걸부하자 염치없이 걸근거리는 모양. ☞갈갈.

걸걸(傑傑) '걸걸(傑傑)하다'의 어근.

걸걸-거리다자 자꾸 염치없이 걸근거리다. 걸걸 대다. ☞갈갈거리다.

걸걸-대다자 걸걸거리다.

걸걸-하다형여 목소리가 좀 갈라진 듯하면서 우렁차다. 걸걸-히튀.

걸걸-하다(傑傑-)형여 외양이 헌칠하고 성격이 쾌활하다. ¶걸걸한 성격. 걸걸-히튀.

걸:고-넘어지다자 상관도 없는 사람을 옭 아 넣다. ¶사사건건 남을 걸고넘어지다.

걸과(乞科)명하자 지난날, 소과(小科)에 낙방한 나이 많은 선비가 자기의 실력을 믿고 시관(試 官) 앞에서 실력을 시험해 달라고 청하던 일.

걸교(乞巧)명하자 칠석날 저녁에, 부녀자들이 견우와 직녀성에게 길쌈과 바느질을 잘하게 해 달라고 비는 일.

걸구(乞求)명하타 ㄱ구걸(求乞).

걸구(傑句)[-꾸]명 썩 잘 지은 시구(詩句).

걸군(乞郡)명하자 조선 시대에, 문과에 급제한 선비가 임금에게 늙은 부모를 모신 가난한 처 지를 아뢰어, 고향의 수령(守令) 자리를 청하 던 일.

걸귀(乞鬼)명 ①새끼를 낳은 암퇘지. ②(새끼를 낳은 암퇘지가 음식을 탐하듯) '음식을 지나치 게 탐하는 사람'을 속되게 이르는 말. ¶걸귀 가 들린 듯이 밥을 먹다.

걸:-그물명 고기가 지나다니는 바다 속에 띠처 럼 길게 쳐서, 고기가 그물코에 걸리도록 장치 한 그물.

걸근-거리다자 자꾸 걸근걸근하다. 걸근대다. ☞갈근거리다.

걸근-걸근부하자 ①음식이나 재물 따위를 지나 치게 탐을 내어 자꾸 염치없이 욕심 부리는 모 양. ②(목구멍에 가래 따위가 걸리어) 근질근 질하게 자꾸 거치적거리는 모양. ☞갈근갈근.

걸근-대다자 걸근거리다.

걸:-기명 유도에서, 상대를 발로 걸어서 넘어뜨 리는 기술을 통틀어 이르는 말.

걸기(傑氣)[-끼]명 호걸스러운 기상.

걸-기대(乞期待)명 기대하기 바람. ¶개봉(開 封) 박두, 걸기대.

걸:기-질명하자 논밭의 바닥을 평평하게 고르 는 일.

걸까리-지다형 걸때가 크다. 몸이 크고 실팍 하다.

걸겅-쇠[-쇠/-쉐]명 보습의 쇠코 위에 둘러 대 어 앞면에 걸치도록 된 좁고 긴 쇠.

걸:낭(-囊)[-랑]명 ①(차고 다니지 아니하고) 걸어 두는 큰 주머니나 큰 담배쌈지. ②걸망. ③바랑.

걸:다¹[거니·걸어]타ㄹ ①물건을 걸쳐 놓거나 드 리워지게 하다. ¶모자를 벽에 걸다. /목도리를 목에 걸다. /안경다리를 귓바퀴에 걸다. ②문이 열리지 않도록 쇠·못·고리 따위를 꽂거나 지르 다. 잠그다. ¶자물쇠를 걸다. /문고리를 걸다. ③이용할 수 있도록 차려 놓다. ¶냄비를 걸다. /베틀을 걸다. ④계약이나 내기의 조건으로 내놓다. 담보로 맡기다. ¶승부에 금품을 걸 다. /현상금을 걸다. /목숨을 걸고 싸우다. ⑤의 논이나 토의의 내용으로 삼다. 상정(上程)하다. ¶문제를 전체 토의에 걸다. ⑥기대나 희망을 가지다. ¶국가의 장래를 청소년에게 걸다. ⑦상 대편에게 영향이 미치는 행동을 하다. ¶싸움 을 걸다. /농을 걸다. ⑧기계 따위에 올려 작업 이 되게 하다. ¶인쇄물을 윤전기에 걸다. ⑨기계 따위가 작동되도록 하다. ¶자동차의 시동을 걸다. ⑩어떤 단체에 소속되어 있다고 이름을 내세우다. ¶문단에 이름을 걸어 놓다. ⑪어떤 상태에 빠지도록 하다. ¶마술을 걸 다. /최면을 걸다. ⑫전화를 하다. ¶친구에게 전화를 걸다. ⑬(다리·발 따위를 이용하여) 상 대편을 넘어뜨리려는 동작을 취하다. ¶발을 걸어 넘어뜨리다. ⑭내걸다. 게양(揭揚)하다. ¶깃발을 걸다.

걸:다²[거니·걸어]형 ①흙에 영양분이 많다. ¶땅이 아주 걸어서 곡식이 잘된다. ↔메마르 다. ②액체가 묽지 않고 빽빽하다. ¶죽을 걸게 쑤다. /국물이 걸다. ③차려 놓은 음식의 가짓 수가 많아 푸짐하다. ¶잔칫상이 걸다. ④말씨 나 솜씨가 거리낌이 없고 푸지다. ¶말이 걸다.

걸:-대[-때]명 ①물건을 높이швы 걸 때에 쓰는 장 대. ②물건을 걸거나 매달도록 가로놓인 장대.

걸:-동[-똥]명 (갱도를 뚫을 때) 두 군데의 광구 덩이가 거의 통하게 되고도 아직 덜 통하고 남 은 부분.

걸때명 사람의 체격. 몸피의 크기. ¶동생은 형 보다 걸때가 커서 옷을 물려 입을 수 없다오.

걸:-뜨다[～뜨니·～떠]짜 (가라앉지도 않고, 물 위에 뜨지도 않고) 중간에 뜨다.

걸:랑명 소의 갈비를 싸고 있는 고기.

걸랑²조 〈거스랑〉의 준말. ¶누나한테 온 전화걸랑 안부를 전하여라.

-걸랑어미 〈-거들랑〉의 준말. ¶아프걸랑 쉬어라.

걸량(-兩)명 지난날, '엽전 꿰미에 백 문마다 짚으로 매듭을 지어 놓은 표'를 이르던 말.

걸량(乞糧)하짜 〈거랑〉의 본딧말.

걸량-걸다(-兩)[～거니·～걸어]타 걸량을 헤아려 보아, 돈의 액수를 짐작하다. 걸량짚다.

걸량-금(乞糧金)[-끔]명 〈거랑금〉의 본딧말.

걸량-금점(乞糧金店)[-끔-]명 〈거랑금점〉의 본딧말.

걸량-꾼(乞糧-)명 〈거랑꾼〉의 본딧말.

걸량-짚다(-兩)[-집따]타 걸량걸다.

걸러-내기명하타 ☞배설(排泄).

걸러-뛰다짜 차례를 다 거치지 않고 중간 단계를 걸러서 가다. ¶대리에서 부장으로 걸러뛰다.

걸레명 ①더러운 것을 닦거나 훔쳐 내는 데 쓰는 헝겊. ②〈걸레부정〉의 준말.

걸레-받이[-바지]명 걸레질을 할 때 굽도리가 더러워지지 않도록, 장판지 벽의 굽도리 밑으로 돌려 가며 좁게 오려 바른 장판지.

걸레-부정(-不淨)명 〔걸레처럼 더럽다는 뜻으로〕'너절한 물건이나 사람'을 비유하여 이르는 말. 준걸레.

걸레-질하타 걸레로 닦거나 훔치는 일.

걸레-쪽명 걸레의 찢어진 쪼가리.

걸레-통(-桶)명 걸레를 넣어 두거나 빠는 데 쓰는 통.

걸려-들다[～드니·～들어]짜 ①그물·낚시 등에 잡히다. ¶그물에 물고기가 걸려들다. ②꾸며 놓은 구렁에 빠지다. ¶덫에 걸려들다./계략에 걸려들다. ③붙들리다. ¶싸움패에 걸려들다.

걸력가(乞力枷)[-까]명 ☞백출(白朮).

걸로명 '것으로'가 줄어든 말. ¶이왕이면 다홍 치마라고 예쁜 걸로 골라라.

걸-리다¹짜 ①['걸다'의 피동] '걸음'을 당하다. ¶모자가 벽에 걸리다. ②어떤 것이 장애물 때문에 거기에 멈추어져 있다. ¶연이 전깃줄에 걸려 있다./생선뼈가 목에 걸리다./돌부리에 걸려 넘어지다./빗장이 걸린 대문. ③그물·낚시 따위에 잡히다. ¶고기가 낚시에 걸리다./산토끼가 덫에 걸리다. ④(미리 정하거나 꾸며진) 법·계략 따위의 테두리 안에 들어가게 되다. ¶음주 운전 단속에 걸리다./사기에 걸리다./계약에 걸리다./이놈, 내 손에 걸리기만 해 봐라. ⑤상대편의 행동 대상에 잡힌 바 되다. ¶깡패에게 걸리다. ⑥어떤 병이 들다. ¶감기에 걸리다. ⑦필요한 만큼 시간이 소요되다. ¶학교까지 20분 걸리다./대학을 졸업하기까지 십 년이 걸렸다. ⑧(주로 '체언+에' 형에 이어 쓰이어) 쉽사리 지워지지 않거나 마음이 편치 못하게 되다. ¶시집간 딸이 눈에 걸리다./빈정거리는 말이 귀에 걸려 꺼림칙하다./마음에 걸리다. ⑨(해·달 등이) 하늘에 떠 있다. ¶저녁 해가 서산마루에 걸려 있다./중천에 걸린 반달. ⑩(양심·체면·규칙 등에) 벗어나다. 어긋나다. ¶양심에 걸리는 부끄러운 짓.

걸리다²타 〔'걷다'의 사동〕①걸음을 걷게 하다. ¶두 아이는 걸리고 한 아이는 업었다. ②(잘 걷지 못하는 사람에게) 걸음 연습을 시키다.

걸리다³타 윷놀이에서, 돗밭이나 갯밭의 말을 걸밭으로 옮겨 놓다.

걸리적-거리다[-꺼-]짜 ①거추장스럽게 자꾸 여기저기 걸리거나 닿다. ②거추장스럽거나 성가시어 자꾸 거슬리거나 방해가 되다. 걸리적대다.

걸리적-대다[-때-]짜 걸리적거리다.

걸림-돌[-똘]명 〔발길에 거치적거리는 돌이라는 뜻으로〕'무슨 일의 진행을 가로막는 것 (일)'을 비유하여 이르는 말. ¶수교의 걸림돌.

걸림-씨[-씨]명 ☞관계언(關係言).

걸:립(乞粒)명 ①무당이 굿할 때 위하는 낮은 급의 귀신. 참주걸립. ②하짜 동네의 경비를 마련하기 위하여, 무리를 지어 집집마다 다니며 풍악을 울리고 전곡(錢穀)을 얻는 일, 또는 그 일행. ③하짜 (불사에 경비가 필요할 때) 중들이 집집을 돌아다니며 전곡을 탁발하는 일, 또는 그 일행. ③참시주걸립.

걸립(을) 놀다관용 ①걸립 귀신을 위하는 굿거리를 하다. ②'걸립'의 행사를 하다.

걸립(傑立)하짜 뛰어나게 우뚝 높이 솟음.

걸:립-굿(乞粒-)[-꾿]명 ①걸립패들이 노는 굿. 〔문굿·성줏굿·조왕굿·샘굿·마당굿 따위.〕②(무당굿 열두 거리의 하나로) 무당이 '걸립 귀신'을 위해 하는 굿. *걸:립굿이[-꾸시]·걸:립굿만[-꾼-]

걸:립-꾼(乞粒-)명 걸립패에 들어 있는 사람.

걸:립-상(乞粒床)[-쌍]명 무당굿 열두 거리 중 걸립굿을 할 때, 걸립 귀신을 위하여 차려 놓은 허름한 전물상(奠物床).

걸:립-짚신(乞粒-)[-찝씬]명 무당이 걸립굿을 할 때 걸립 귀신 앞에 내놓는 짚신.

걸:립-패(乞粒牌)명 걸립을 하는 패거리. 〔화주 (化主)를 정점으로 고사꾼·보살 등 15명 정도로 조직됨.〕

걸말(-)명 옛 횃대. ¶걸말 휘:檟(訓蒙中14).

걸:-망(-網)명 등에 걸머지고 다닐 수 있게, 망태기처럼 얽어 만든 바랑. 걸낭.

걸:-맞다[-맏따]형 ①두 편이 거의 비슷하다. ¶걸맞은 맞수. /부부가 걸맞다. ②격에 맞다. ¶분위기에 걸맞은 옷차림.

걸머-맡다[-맏따]타 (남의 일이나 채무 따위를) 대신 하기로 하거나 책임지기로 하다. ¶동생의 빚을 형이 걸머맡다.

걸머-메다타 짐을 줄로 걸어서 어깨에 메다. 준걸메다.

걸머메-이다[Ⅰ]짜 〔'걸머메다'의 피동〕걸머멤을 당하다. [Ⅱ]타 〔'걸머메다'의 사동〕걸머메게 하다.

걸머-잡다[-따]타 이것저것을 한데 걸치어 붙잡다.

걸머-쥐다타 걸치어 움켜잡다. ¶삼촌은 외투를 걸머쥐고 일어섰다.

걸머-지다타 ①줄로 짐을 걸어서 등에 지다. ¶배낭을 걸머지다. ②(임무·사명·책임 따위를) 맡아 지다. ¶무거운 책무를 두 어깨에 걸머진 우리 청년들. 짊어지다.

걸머지-우다타 〔'걸머지다'의 사동〕걸머지게 하다.

걸-먹다[-따]짜 〈언걸먹다〉의 준말.

걸-메다타 〈걸머메다〉의 준말.

걸물(傑物)명 ①뛰어난 사람. 〔비꼬는 투로 쓰이기도 함.〕②훌륭한 물건.

걸:방-석(-石)명 무덤의 상석(床石) 뒤를 괴어 놓은 긴 돌.

걸-밭[-빧]명 윷판에서, 돗밭으로부터 셋째의 말밭. 걸1. *걸밭이[-빠치]·걸밭을[-빠틀]·걸밭만[-빤-]

걸불병행(乞不竝行)**명** 〔비럭질은 여럿이 함께 하는 게 아니라는 뜻으로〕요구하는 사람이 많으면 얻기가 힘들다는 말.

걸사(乞士)[-싸]**명** '중'을 일컫는 말.

걸사(傑士)[-싸]**명** 뛰어난 인사(人士).

걸-상(-床)[-쌍]**명** ①〔여러 사람이 걸터앉을 수 있도록〕가로 길게 만든 의자. ②의자.

걸-쇠[-쐬/-쒜]**명** ①문을 걸어 잠글 때, 빗장으로 쓰는 'ㄱ'자 모양의 쇠. ②타자기의 단(段)을 바꿀 때 제1단·제2단을 걸어 놓는 건(鍵). ③☞들쇠. ④☞다리쇠.

걸:^스카우트(Girl Scouts)**명** 1912년 미국에서 창설되어 세계 각국에 보급되어 있는 국제적인 소녀 단체. 소녀단. **참**보이 스카우트.

걸식(乞食)[-씩]**명하자** 음식을 남에게 빌어먹음. ¶이집 저집 돌아다니며 걸식한다.

걸신(乞身)[-씬]**명하자** ☞해해(乞骸).

걸신(乞神)[-씬]**명** 〔빌어먹는 귀신이란 뜻으로〕'염치없이 음식을 지나치 탐하는 일'을 비유하여 이르는 말. ¶걸신이 나다.

걸신-들리다(乞神-)[-씬-]**자** 굶주리어 음식을 탐하는 마음이 나다. ¶그는 몹시 배가 고팠던지 걸신들린 듯이 밥을 먹어 치웠다.

걸신-스럽다(乞神-)[-씬-따][~스러우니·~스러워]**형ㅂ** 굶주리어 음식을 지나치 탐하는 듯하다. **걸신스레부**.

걸신-쟁이(乞神-)[-씬-]**명** 걸신들린 듯이 음식을 지나치게 탐하는 사람.

걸-싸다형 동작이 매우 날쌔다.

걸쌍-스럽다[-따][~스러우니·~스러워]**형ㅂ** ①일하는 품이 거룩지고 먹음새가 푸짐하다. ②성미가 별나고 억척스럽다. **걸쌍스레부**.

걸씬-거리다자 자꾸 걸씬걸씬한다. 걸씬대다. **참**갈씬거리다.

걸씬-걸씬부하자 닿을락 말락 하는 모양. 조금 닿을 듯한 모양. **참**갈씬갈씬.

걸씬-대다자 걸씬거리다.

걸씬-하다자어 (어떤 일이나 물건에) 조금 관계하거나 닿고 말다. ¶얼굴만 걸씬하고는 어디로 갔는지 없다. **참**갈씬하다.

걸:-앉다[거란따]**자** 〈걸어앉다〉의 준말.

걸앉다자 〈옛〉걸터앉다. ¶師子床애 걸안자(法華2:194).

걸어-앉다[-안따]**자** 높은 곳에 궁둥이를 대고 두 다리를 늘어뜨려 앉다. **준**걸앉다.

걸어앉-히다[-안치-]**타** 〔'걸어앉다'의 사동〕걸어앉게 하다. ¶아이를 의자 위에 걸어앉혔다.

걸어-오다[1](-)[1]**자** (뛰거나 탈것을 이용하지 아니하고) 다리를 번갈아 옮겨 이편으로 오다. ↔걸어가다. [2]**타** ①목적지에 이르기 위하여 어떤 길을 지나오다. ¶그는 먼 길을 걸어왔다. ↔걸어가다. ②지내 오거나 발전하여 오다. ¶국문학이 걸어온 길.

걸어-오다²타 상대편에서 먼저 말이나 수작 따위를 붙여 오다. ¶친구가 나에게 싸움을 걸어왔다. /상대편이 먼저 나에게 말을 걸어왔다.

걸어-총(-銃)[1]**명** 소총 세 자루를 세울 때, 한 자루를 기준 삼아 세우고 그 총의 멜빵 아래 고리와 조임쇠 사이에 나머지 총의 총열을 끼워 세모꼴로 벌여 세워 놓는 일. [2]**감** '걸어총'하라는 구령.

걸오(-)[옛] 거룻배. ¶총 걸오와 낙 걸오며(漢陽歌).

걸위다타 〈옛〉거리끼다. ¶解脫은 버슬 써니 아 모더도 마군 더 업서 든굷 쩍 걸위디 몯홀 써라(月釋序8).

걸음명 ①두 발을 번갈아 떼어 옮기는 동작. 발걸음. ②내왕하는 일. ¶걸음이 뜸하다. ③〔의존 명사적 용법〕발을 떼어 옮기는 동작의 횟수(回數)를 세는 단위. ¶두어 걸음 앞서서 가다.

걸음이 날 살려라관용 달아날 때, '조급한 마음으로 발걸음을 재촉함'을 이르는 말.

걸음을 떼다관용 걷기 시작하다. ¶돌이 지나면서 아기가 걸음을 떼었다.

걸음-걸음명 한 걸음 한 걸음, 또는 모든 걸음. ¶낙엽이 걸음걸음마다 밟힌다.

걸음걸음-이부 걸음을 걸을 때마다.

걸음-걸이명 걸음을 걷는 모양새. 걸음발. 걸음새. 보법(步法). ¶뒤뚱거리는 걸음걸이.

걸음-마[1]**명** 어린아이가 처음 걸음을 배울 때하는 동작. [2]**감** 어린아이에게 걸음을 익히게 할 때 발을 떼어 놓으라고 하는 말.

걸음마-찍찍감 어린아이에게 걸음을 익히게 할 때, 발을 떼어 놓으라고 재촉하는 말.

걸음-발[-빨]**명** ①걸음을 걷는 발. ②걸음걸이.

걸음발-타다[-빨-]**자** 어린아이가 처음으로 걸음을 익히기 시작하다.

걸음-새명 ①걸음걸이. ②우리나라의 민속 무용의 기본 동작이 되는 발 동작. 〔중진걸음·장진걸음·잔걸음 따위.〕

걸음-쇠[-쐬/-쒜]**명** ☞양각기(兩脚器).

걸음-장명 동자기둥을 들보 허리에 세울 때, 그 아래 촉을 대각(對角)의 두 가량으로 만드는 방식.

걸음-짐작하타 걸음으로 길이나 거리를 미루어 헤아림, 또는 그 일. 보측(步測).

걸-이명 씨름에서, 다리로 상대편의 오금을 걸어 내는 기술.

걸이다자 〈옛〉걸리다. ¶또 엇뎨 걸이료(永嘉下34).

걸인(乞人)**명** 거지. ¶네의 원전에 여쭈아라, 먼데 있는 걸인이 좋은 잔치에 당하였으니, 주회 좀 얻어먹자고 여쭈어라(烈女春香守節歌).

걸인(傑人)**명** 걸출(傑出)한 사람.

걸인-연천(乞人憐天)[-년-]**명** 〔거지가 하늘을 불쌍히 여긴다는 뜻으로〕'격에 맞지 않는 걱정을 함'을 이르는 말.

걸:-입다[-립따]**자** 〈언걸입다〉의 준말.

걸작(傑作)[-짝]**명** ①매우 뛰어난 작품. 달작(達作). **비**명작(名作). ↔졸작. ②'익살스럽고도 시원스러운 말이나 행동, 또는 그런 말이나 행동을 하는 사람'을 비꼬는 투로 이르는 말. ¶노는 꼴이 참으로 걸작이군.

걸-주(桀紂)[-쭈]**명** 〔중국 하나라의 걸왕(桀王)과 은나라의 주왕(紂王)을 일컫는 말로〕'천하의 폭군(暴君)'을 비유하여 이르는 말.

걸짜(傑-)**명** '걸작으로 노는 사람'을 속되이 이르는 말. ¶저 친구 참 걸짜야.

걸쩍-거리다[-꺼-]**자** 자꾸 걸쩍걸쩍하다. 걸쩍대다.

걸쩍-걸쩍[-껄-]**뷔하자** 성질이 쾌활하여, 어떤 일에나 시원스레 행동하는 모양.

걸쩍-대다[-때-]**재** 걸쩍거리다.

걸쩍지근-하다[-찌-]**형예** 음식을 닥치는 대로 먹거나 말을 함부로 하여, 입이 매우 걸다. ¶걸쩍지근하게 잘도 먹는다. /걸쩍지근한 사설을 늘어놓다. 걸쩍지근-히**뷔**.

걸쭉-하다[-쭈카-]**형예** ①(액체 속에 건더기가 많아서) 묽지 아니하고 매우 걸다. ¶걸쭉하게 쑨 팥죽. **짱**갈쭉하다. ②말 따위가 매우 푸지고 외설스럽다. ¶걸쭉한 농담. ③음식 따위가 매우 푸짐하다. ¶걸쭉한 잔칫판. ④노래 따위가 구성지고 분위기에 어울리다. ¶노랫가락이 걸쭉하다. 걸쭉-히**뷔**.

걸-차다[**형**] ①땅이 매우 걸다. ②다기지다. 다기차다.

걸-채[**명**] 소의 길마 위에 덧얹어 볏단이나 보릿단 등을 싣는 'ㅍ'자 모양의 기구.

걸-챗-불[-채뿔/-껠뿔]**명** 걸채의 앞뒤 마구리와 메리줄과 세장의 사방으로 대여섯 가닥씩 줄을 매어, 그 늘어뜨린 끝을 서로 엇걸어 짜서 방석같이 바닥이 되게 한 물건.

걸출(傑出)**하형** 남보다 훨씬 우뚝하게 뛰어남, 또는 그런 사람.

걸-치다 **Ⅰ재** ①긴 것의 양 끝이 높은 것에 얹히게 놓이다. ¶긴 장대가 가로 걸치어 있다. ②긴 것의 중간이 높은 데에 얹히고 그 긴 끝이 드리워지게 놓이다. ¶호박 넝쿨이 담에 걸치어 있다. ③지는 해·달, 또는 구름 따위가 산마루 위에 걸 있다. ¶달이 서산마루에 걸치어 있다. ④시간적으로 어느 시점에서 어느 시점까지 걸리다. ¶세 시간에 걸친 지루한 회의. ⑤공간적으로, 어느 범위에서 어느 범위까지 미치다. ¶독감이 전국에 걸쳐 번지고 있다. **Ⅱ타** ①긴 것의 양 끝을 높은 데에 올려놓다. ¶도랑에 긴 나무를 걸치어 사람이 건너가게 하다. ②긴 것의 중간을 높은 데 얹고, 그 양 끝을 늘어뜨리다. ¶빨랫줄에 빨래를 걸쳐 널다. ③옷·이불 따위를 아무렇게나 입고 덮고 하다. ¶누더기를 걸치다. ④일을 벌이다(손대다). ¶각 방면에 걸쳐 놓은 사업. ⑤바둑에서, 귀에 있는 상대편 돌을 공격하기 위해 돌을 놓다. ¶백이 화점에 놓자, 흑은 곧 날일 자로 걸쳐 들어갔다. ⑥'술을 마시다'를 속되게 이르는 말. ¶한잔 걸치다.

걸태-질(명)**하자** 탐욕스럽게 마구 재물을 긁어모으는 짓.

걸터-들이다(타) 걸터들어 휘몰아들이다.

걸터듬다[-따]**타** 무엇을 찾느라고 이것저것 되는 대로 마구 더듬다.

걸터-먹다[-따]**타** 이것저것 닥치는 대로 휘몰아 먹다. ¶저렇게 걸터먹으니 살이 찌지.

걸-터앉다[-안따]**재** 궁둥이를 걸쳐 앉다. ¶걸어앉다. ¶계단에 걸터앉다.

걸-터타다(재) (마소의 등이나 어떤 물체의 위에) 두 다리를 늘어뜨리고 모로 걸어앉아 타다.

걸티다[**옛**] 걸치다. ☞걸틸 탑:搭(訓蒙下20).

걸판-지다(형) ①매우 푸지다. ②동작이나 모양이 크고 어수선하다.

걸핏-하면[-피타-]**뷔** 조금이라도 무슨 일이 있기만 하면 이내. 툭하면. 쩍하면. ¶저 양숫들은 걸핏하면 싸움이다.

걸해(乞骸)(명)**하자** 지난날, 늙은 재상이 벼슬자리에서 물러나기를 임금에게 청원하던 일. 걸신(乞身). 걸해골(乞骸骨).

걸-해골(乞骸骨)(명)**하자** ☞걸해(乞骸).

걸행(傑行)(명) 남보다 뛰어난 행위.

검(명) ☞신(神). 신령(神靈).

검(劍)(명) (양쪽에 날이 있는) ①무기(武器)로 쓰이는 길고 큰 칼. ②지난날, 군인들이 허리에 차던 칼. 운검(雲劍).

검:객(劍客)(명) 검술에 능한 사람. 검사(劍士).

검:거(檢擧)(명)**하자**(타자) 수사 기관에서 범법 용의자를 잡아가는 일.

검:견(檢見)(명)**하자** ☞간평(看坪).

검:경(檢鏡)(명)**하자** 현미경으로 검사함.

검공(劍工)(명) 쇠붙이를 불리어 도검(刀劍)을 만드는 사람.

검:관(檢官)(명) 조선 시대에, 형조에 딸리어 시체를 검사하던 임시 벼슬.

검:광(劍光)(명) 칼날의 번쩍거리는 날카로운 빛. ¶자서(子胥)의 겸인지용(兼人之勇)도 검광에 죽어 있고:竝土簿傳).

검:극(劍戟)(명) 칼과 창.

검:극(劍劇)(명) 칼싸움을 내용으로 하는 극(劇).

검:기(劍工)(명) 향악(鄕樂)의 칼춤에 쓰는 말.

검:-기다(타) ①검게 더럽히다. ②그림을 그릴 때 윤곽에서부터 안쪽으로 차차 짙게 칠하여 들어오다.

검:-기무(劍器舞)(명) 칼춤.

검:-기울다[~기우니·~기울어]**재** 검은 구름이 퍼져 해를 가리고 날이 차차 어둑침침하여지다.

검:난(劍難)(명) 도검(刀劍)에 찔려 죽거나 다치거나 하는 재난.

검:납(檢納)(명)**하자** 검사하여 수납(收納)함.

검:뇨(檢尿)(명)**하자** 오줌을 검사함.〔오줌의 빛깔, 탁한 정도 및 단백질·당(糖)·세균·혈구(血球) 따위의 있고 없음을 검사하는 일.〕

검:-누렇다[-러타][~누러니·~누레]**형ㅎ** 검은빛을 띠면서 누렇다. **짱**감노랗다.

검:-누르다[~누르니·~누르러]**형러** 검은빛을 띠면서 누르다. **짱**감노르다.

검:다[-따]**타** 흩어져 있는 물건을, 손이나 갈퀴 따위로 긁어모으다.

검:다[-따]**형** ①빛깔이 숯빛이나 먹빛 같다. **짱**감다. **쎈**껌다. ↔희다. ②'마음이 정직하지 못하거나 엉큼하다'를 비유하여 이르는 말. ¶뱃속이 검다.

검은 고기 맛 좋다(있다) 한다(**속담**) '겉모양만 가지고 내용을 속단하지 마라'는 훈계의 말.

검은 고양이 눈 감은 듯(속담)〔검은 고양이가 눈을 떴는지 감았는지 얼른 알아보기 어렵듯이〕 '경계가 뚜렷하지 않아 분간하기 어려울 때'를 이르는 말.

검은 머리 파뿌리 되도록(될 때까지)(관용)〔검은 머리가 파뿌리처럼 허옇게 셀 때까지의 뜻으로〕 '부부가 의좋게 오래 삶'을 이르는 말.

검:담(檢痰)(명)**하자** 가래를 검사하여 균의 유무를 조사하는 일.

검:당-계(檢糖計)[-계/-게]**명** 용액 중의 당(糖)의 농도를 재는 계기. 사카리미터.

검:대(劍帶)(명) 군도(軍刀) 따위를 차기 위하여 허리에 두르는 띠.

검댕(명) 연기나 그을음 따위가 맺혀서 된 검은 빛깔의 물질.

검:덕(儉德)(명) 검소한 행실이나 마음가짐.

검:덕-귀신(-鬼神)[-뀌-]**명** '용모나 의복이 몹시 더럽고 지저분한 사람'을 얕잡아 이르는 말.

검:도(劍道)(명) ①검술(劍術)을 하나의 인간 수양(修養)의 도(道)로 보고 이르는 말. ②스포

츠의 한 가지. 죽도(竹刀)로 상대편의 머리·손목·허리를 치거나 찔러서 승부를 겨루는 경기. 검술. 격검.

검-독(檢督)명(하타 (어떤 일의 진행 상황을) 검사하고 도려(督勵)함.

검-독수리[-쑤-]명 수릿과의 새. 날개 길이 60 cm, 꽁지 길이 33 cm가량. 온몸이 암갈색이고 꽁지깃은 흰 바탕에 검은 가로무늬가 있음. 우리나라와 아시아·유럽·아프리카 등지에 분포함.

검둥-개명 털빛이 검은 개.

검둥개 돼지 편이다속당 인연이 있는 데로 따르게 마련이라는 말.

검둥개 멱 감듯속당 ①어떤 일의 보람이 나타나지 않을 때 이르는 말. ②'악인이 끝내 제 잘못을 뉘우치지 못함'을 이르는 말.

검-동이명 ①'흑인'을 속되게 이르는 말. ②'검둥개'를 귀엽게 이르는 말. ③'살빛이 검은 사람'을 속되게 이르는 말. 쇈검둥이.

검듸영명 (옛)검댕. ¶ 가마 미틧 검듸영(救解上 16).

검:-디-검다[-따-따]형 매우 검다.

검:-뜯다[-따]타 ①꺼머잡고 쥐어뜯다. ¶ 가슴을 검뜯다. ②바득바득 조르다.

검:-란(檢卵)[-난]명(하자 알이 부화(孵化)에 적합한지 어떤지를 가리는 일.

검:-량(檢量)[-냥]명(하타 공공 기관에서, 적하(積荷)의 양 또는 무게를 검사함. 참검수(檢數).

검:량-인(檢量人)[-냥-]명 (화물을 인도하거나 인수할 때) 화물의 중량이나 용량을 계산하고 증명하는 사람. 참검수인(檢數人).

검:룡(劍龍)[-농]명 중생대(中生代) 쥐라기(紀)의 공룡. 몸길이 6 m가량. 네 발로 걸으며 앞다리가 뒷다리에 비해 연약함. 등에 두 줄로 난 삼각 골판(骨板)과 꼬리에 긴 가시를 가진 초식 동물임.

검:루-기(檢漏器)[-누-]명 송전(送傳) 중인 전선의 누전(漏電) 유무와 그 정도를 검사하는 계기. 검지기(檢地器).

검:류(檢流)[-뉴]명(하타 전류(電流)나 조류(潮流) 따위의, 흐름의 속도나 세기 등을 측정·검사함, 또는 그러함.

검:류-계(檢流計)[-뉴계/-뉴계]명 전류의 유무(有無)나 전류의 세기를 재는 데 쓰는 실험용 계기.

검:류-의(檢流儀)[-뉴의/-뉴이]명 밀물·썰물의 흐르는 속도를 측정하는 계기(計器).

검:림-지옥(劍林地獄)[-님-]명 불교에서, 불효자나 무자비한 자가 떨어진다는 16소지옥의 하나. 〔시뻘겋게 단 쇠칼의 과실이 열리고, 잎이 칼로 된 숲 속에서 죄인이 단련을 받게 된다고 함.〕 검수지옥(劍樹地獄).

검:맥(檢脈)명(하자 한방에서, 맥을 짚어 보는 일. 진맥(診脈).

검:무(劍舞)명 칼춤. ¶ 검무를 추다.

검:문(檢問)명(하타 (범법자인가 아닌가를) 검사하고 심문함. ¶ 불심 검문에 걸리다.

검:문-검:색(檢問檢索)명 (경찰관·헌병 등이) 검사하기 위하여 따져 묻고 검사하여 찾아냄. ¶ 탈영병을 찾기 위해 검문검색을 철저히 하다.

검:문-소(檢問所)명 군경(軍警) 등이 통행인을 검문하도록 마련한 곳.

검박(儉朴) '검박하다'의 어근.

검:박-하다(儉朴-)[-바카-]형여 검소하고 질박(質朴)하다. 검박-히 부.

검:-버섯[-섣]명 늙은이의 살갗에 생기는 거무스름한 점. *검:버섯이[-서시]·검:버섯만[-선-]

검:법(劍法)[-뻡]명 검도에서, 칼을 쓰는 법식. 검술(劍術). ¶ 검법을 익히다.

검:-변(檢便)명(하자 (병균, 기생충의 알, 혈액 등의 유무를 알아보기 위해) 대변을 검사함.

검-보라색(-色)명 검은빛을 띤 보라색. 흑자색(黑紫色).

검:-복명 참복과의 바닷물고기. 몸길이 50 cm가량. 몸은 가시가 없고 매끄러우며 화가 나면 공기나 물을 마셔서 배를 부풀게 함. 몸빛은 등이 검은 녹색이며 좀 어린 고기는 흰 무늬가 있음. 복어 요리에 쓰임.

검:봉(劍鋒)명 칼의 뾰족한 끝. 칼날의 끝.

검:-봉(檢封)명(하타 ①내용물을 검사하여 그 봉투의 주리를 붙이는 일. ②봉투에 찍힌 봉인(封印)을 검사하는 일.

검:봉-금(劍鋒金)명 육십갑자의 임신(壬申)과 계유(癸酉)에 붙이는 납음(納音). 참산두화(山頭火).

검부-나무명 검불로 된 땔나무.

검부러기명 검불의 부스러기.

검부-잿불[-재뿔/-잳뿔]명 검불이 타고 난 뒤의 잿불.

검부저기명 먼지나 잡물이 섞인 검부러기.

검:-분(檢分)명(하타 입회하여 검사함.

검불명 마른 풀이나 낙엽·지푸라기 따위를 통틀어 이르는 말.

검불-덤불무 서로 한데 뒤섞이고 얼크러져 갈피를 잡을 수 없이 어수선한 모양. ¶ 사건이 검불덤불 뒤얽혀 실마리를 찾을 수가 없다.

검:-붉다[-북따]형 검은빛을 띠면서 붉다. ¶ 검붉은 피.

검:-붕장어(-長魚)명 붕장어과의 바닷물고기. 몸길이 1.4 m가량. 몸이 가늘고 길며 입이 큼. 몸빛은 흑갈색이고 생김새가 뱀장어와 비슷함. 일본 남부와 우리나라의 부산·제주도 연해에 분포함.

검:비(劍鼻)명 ☞칼코등이.

검:-뿌옇다[-여타][~뿌얘니·~뿌예]형ㅎ 검은빛을 띠면서 뿌옇다.

검:사(劍士)명 ☞검객(劍客).

검:사(檢事)명 검찰권을 행사하는 단독제 관청인 국가 사법 기관. 형사 소송의 원고로서, 형사 사건의 공소를 제기하여 법률의 적용을 청구하고, 형벌의 집행을 감독함.

검:사(檢查)명(하타 옳고 그름, 좋고 나쁨 따위의 사실을 살피어 검토하거나 조사하여 판정함, 또는 그런 일. 사검(査檢). ¶ 품질 검사. / 숙제 검사.

검:사-관(檢查官)명 (어떤 일에 관하여) 검사를 맡은 공무원.

검:사-소(檢查所)명 검사를 주관하는 곳. ¶ 농산물(農産物) 검사소.

검:사-원(檢查員)명 검사하는 사람.

검:사-인(檢查人)명 주식회사의 설립 절차, 또는 주식회사와 유한 회사의 업무 및 재산 상황에 관한 조사를 직무로 하는 임시적인 감사 기관.

검:사-장(檢查長)명 고등 검찰청과 지방 검찰청의 으뜸 직위.

검:사-필(檢查畢)명 검사를 다 마침.

검:사^항:소(檢事抗訴)명 검사가 제기(提起)하는 항소.

검:산(檢算)몡하타 계산의 맞고 안 맞음을 검사함, 또는 그 검사하는 계산. 험산(驗算).

검:상^돌기(劍狀突起)몡 앞가슴 아래쪽에 툭 불거진 돌기.

검새(鈐璽)몡하타 옥새를 찍음.

검:색(檢索)몡하타 ①검사하고 수색함. ¶가두(街頭) 검색. ②책이나 컴퓨터에서, 필요한 자료를 찾아내는 일.

검:색^엔진(檢索engine)몡 인터넷에서 원하는 정보를 검색하기 위한 프로그램. 찾고자 하는 주제의 키 워드를 입력하면 그 정보가 있는 사이트를 찾아 줌.

검-세다형 검질기고 억세다.

검:소(儉素)몡하형 치레하지 않고 수수함. 꾸밈이 없이 무던함. ¶검소와 절약의 미덕. /검소한 옷차림. 검소-히툰.

검:속(檢束)몡하타되자 예전에, 경찰권에 의하여 범법(犯法)의 혐의가 있는 사람의 신체의 자유를 속박하고, 경찰서 등의 일정한 곳에 가두어 두던 일.

검수(黔首)몡〔'관을 쓰지 않은, 검은 머리'라는 뜻에서〕일반 백성. 서민. 여민(黎民).

검:수(檢水)몡하자 수질(水質)이나 수량(水量) 등을 검사하는 일.

검:수(檢數)몡하타 (짐을 싣거나 부릴 때) 물건의 개수를 검사하고 헤아려 확인함, 또는 그 일. 참검량(檢量).

검:수-기(檢水器)몡 수질을 검사하는 기계.

검:수-인(檢數人)몡 (화물을 인수하거나 인도할 때) 화물의 개수를 검사하고 증명하는 사람. 참검량인(檢量人).

검:수-지옥(劍樹地獄)몡 ☞검림지옥.

검:술(劍術)몡 칼을 쓰는 기술. 검법. ②죽도(竹刀)로 승부를 겨루는 경기의 한 가지. 검도(劍道).

검술-사(劍術師)[-싸]몡 ☞검객(劍客).

검숭-검숭뷔형 ①매우 검숭한 모양. ②군데군데 검숭한 모양. 참감숭감숭.

검숭-하다형 (성기게 난 짧은 털 따위가) 거무스름하다. 참감숭하다.

검:습-기(檢濕器)[-끼]몡 ☞습도계(濕度計).

검:시(檢屍)몡하타 변사자(變死者)의 시체를 검사함.

검:시(檢視)몡하타 ①사실을 조사하여 봄. ②시력(視力)을 검사함. ③'검시(檢屍)'로 순화.

검:시-관(檢視官)몡 검시를 하는 관리.

검:시^조서(檢視調書)몡 검시관이 검시한 결과를 기록한 문서.

검실(芡實)몡 '감실(芡實)'의 잘못.

검실-거리다재 먼 곳에서 어떤 물체가 자꾸 어렴풋이 움직이다. 검실대다. 참감실거리다.

검실-검실¹뷔 (어떤 물체가) 먼 곳에서 자꾸 어렴풋이 움직임, 또는 그 모양. 참감실감실¹.

검실-검실²뷔형 (드물게 난 털 따위가) 군데군데 약간 거뭇거뭇한 모양. 참감실감실².

검실-대다재 검실거리다.

검:-쓰다[~쓰니·~써]형 ①(맛이) 비위에 거슬릴 만큼 몹시 거세고 쓰다. ②(일 따위가) 마음에 들지 아니하여 언짢고 씁쓰레하다.

검:안(檢案)몡하타 ①형적(形迹)이나 상황을 조사하고 따짐. ②형사 소송의 수사나 검증에 관하여, 검찰관이나 사법 경찰관의 의뢰에 의해서 특별한 지식·경험을 가진 사람이 임의로 하는 감정(鑑定).

검:안(檢眼)몡하타 시력(視力)을 검사함.

검:안-경(檢眼鏡)몡 시력 장애를 검사하기 위하여, 수정체나 안저(眼底)를 관찰하는 기구.

검:안-기(檢眼器)몡 시력을 검사하는 데 쓰이는 기기(器機).

검:안-서(檢案書)몡 의사의 치료를 받지 않고 죽은 사람의 사망을 확인하는 의사의 증명서.

검:압(檢壓)몡하자 압력의 정도를 검사함.

검:압-기(檢壓器)[-끼]몡 ①☞압력계. ②☞기압계(氣壓計). ③송전선의 전압을 검사하는 전기 계기의 한 가지.

검:약(儉約)몡하타 (낭비하지 않고) 검소하며 절약함. 절약(節約).

검:약-가(儉約家)[-까]몡 검약하는 사람.

검:역(檢疫)몡하타 (전염병의 예방을 하려고) 선박·항공기·차량 및 그 승객·승무원·짐 등에 대하여, 전염병의 유무를 검사하고 소독하는 일.

검:역-관(檢疫官)[-관]몡 검역에 관한 일을 맡아 처리하는 관리.

검:역-권(檢疫圈)[-꿘]몡 검역을 실시하는 구역의 범위.

검:역-기(檢疫旗)[-끼]몡 검역을 필요로 하는 선박이 검역항에 들어올 때 내거는 누른빛의 기.

검:역-선(檢疫船)[-썬]몡 검역항(檢疫港)에서 검역에 종사하는 배.

검:역-소(檢疫所)[-쏘]몡 검역에 관한 일을 맡아보는 기관.

검:역-원(檢疫員)몡 (검역관을 도와서) 검역에 종사하는 사람.

검:역-의(檢疫醫)[거머긔/거며기]몡 검역에 종사하는 의사.

검:역^전염병(檢疫傳染病)[-쩌념뼝]몡 검역의 대상이 되는 전염병. 〔콜레라·페스트·천연두·발진티푸스·재귀열·황열(黃熱) 따위.〕

검:역-항(檢疫港)[거머캉]몡 전염병이 유행하는 외지(外地)로부터 들어오는 선박·항공기 및 그 승객·승무원·짐 등에 대하여 검역과 소독을 하는 설비를 갖춘 항구나 공항(空港).

검:열(檢閱)¹[검녈/거멸]몡하타되자 ①검사하고 열람함. ¶위생 검열을 받다. ②사상 통제나 치안 유지 등의 목적으로, 언론·출판·보도·연극·영화·우편물 따위의 내용을 강권적으로 사전에 검사하여 그 발표를 통제함, 또는 그 일. ③군사상의 기강·교육·근무·작전 및 장비의 상태 따위를 점검함, 또는 그 일. ¶내무반 검열.

검:열(檢閱)²[검녈/거멸]몡 조선 시대, 예문관에서 사초(史草)를 맡아보던 정구품 벼슬.

검:염-기(檢鹽器)몡 물속의 염분 함유량을 검사하는 장치.

검:온(檢溫)몡하타 온도 또는 체온을 잼.

검:온-기(檢溫器)몡 체온을 재는 온도계. 체온계.

검:유-기(檢乳器)몡 젖의 좋고 나쁨이나 비중 따위를 측정·검사하는 장치.

검은가슴-물떼새몡 물떼샛과의 철새. 날개 길이 15~17 cm, 꽁지 길이 5~6 cm. 몸빛은 등 전체가 황갈색 얼룩이고, 가슴과 배는 검은색이며, 그 경계는 흰색임. 우리나라에서는 3~5월경과 8~11월경에 볼 수 있음. 논·밭·초원 등에서 삶.

검은-간토기(-土器)몡 겉면에 흑연 따위의 광물질을 발라 검고 반들반들하게 간 청동기 시대의 토기. 흑도(黑陶).

검은-그루몡 지난겨울에 아무 농작물도 심지 않은 땅. 참휴한지(休閑地).

검은-깨몡 검은 참깨. 흑임자(黑荏子). 흑호마.

검은꼬리-돈피(-獤皮)몡 낡담비의 털가죽.

검은-담비명 족제빗과의 산짐승. 족제비보다 좀 더 크며 다리가 짧음. 몸빛은 담갈색에서 자람에 따라 흑갈색으로 변하며, 목덜미에는 황갈색의 반점이 있음. 검정 가죽은 '잘'이라고 불림. 산달(山獺).

검은-데기명 조(粟)의 한 가지. 수염이 짧고 줄기가 붉으며 낟알이 검음.

검은-돈명 (뇌물 따위와 같이) 정당하지 못한 방법으로 주고받는 돈을 이르는 말. ¶ 검은돈의 출처를 조사하다.

검은-돌비늘[-삐-]명 ⇨흑운모(黑雲母).

검은등-할미새명 참새과의 새. 몸 크기는 참새만 하며 꽁지가 긺. 몸빛은 전체적으로 검고 이마와 가슴 아래는 흰색임. 날개는 흰색과 검은색의 얼룩으로 되어 있으며, 겨울에는 등이 잿빛으로 됨. 야산의 개울 가까이에 살며 벌레를 잡아먹음.

검은머리-물떼새명 물떼샛과의 새. 몸길이 40 cm, 부리 길이 7 cm가량. 머리·가슴·등은 짙은 흑청색, 날개·배·허리·꽁지의 일부는 흰색임. 바닷가의 모래밭이나 갯벌 등에 둥지를 틀고, 4, 5마리씩 떼를 지어 삶. 여름을 우리나라에서 지내는 철새로 시베리아·중국 북부 등에 분포함. 천연기념물 제326호.

검은머리-방울새[-쎄]명 되새과의 새. 날개 길이 7 cm, 꽁지 길이 4.5 cm가량. 등 쪽이 노란색을 띤 초록, 머리 쪽이 진노랑인데, 수컷은 머리가 검음. 울음소리가 아름다워 애완용으로도 기르는 익조(益鳥)임. 금시작(金翅雀).

검은목-두루미[-뚜-]명 두루밋과의 새. 날개 길이 50 cm, 꽁지 길이 20 cm가량. 몸빛은 엷은 회색이며, 머리 위와 눈 앞쪽은 벗겨져 있음. 논·호수 등지에 살며, 우리나라에는 11월에 와서 이듬해 3월에 날아가는 겨울새로 보호조임.

검은-빛[-빋]명 먹빛 같은 빛깔. 검은색. 흑색. ↔흰빛. *검은빛이[-비치]·검은빛만[-빈-]

검은-색(-色)명 검은빛.

검은-손명 남을 속이거나 해치는 음험한 손길. 마수(魔手). ¶ 검은손을 뻗치다. /검은손을 드러내다.

검은-약(-藥)[-냑]명 ①'아편(阿片)'의 변말. ②⇨고약.

검은-엿[-녇]명 검붉은 빛깔의 엿. 갱엿. *검은엿이[-녀시]·검은엿만[-년-]

검은-자명〈검은자위〉의 준말. ↔흰자.

검은-자위명 눈알의 검은 부분. 흑정(黑睛). ⑥검은자. ↔흰자위.

검은-지빠귀명 딱샛과의 새. 날개 길이는 10~12 cm, 꽁지 길이 7 cm가량. 등 쪽은 갈색 또는 흑색, 배 쪽은 흰빛에 검은 무늬가 있음. 일본 특산으로 우리나라에서는 4~10월에 볼 수 있는 여름새이며, 겨울철은 대만·인도 등지에서 남.

검은-콩명 낟알 껍질의 빛깔이 검은빛인 콩. 검정콩. 흑대두.

검은-팥[-팓]명 낟알 껍질의 빛깔이 검은빛인 팥. 흑두(黑豆). *검은팥이[-파치]·검은팥을[-파틀]·검은팥만[-판-]

검을-현(-玄)명 한자 부수의 한 가지. '玆'·'率' 등에서의 '玄'의 이름.

검을-흑(-黑)명 한자 부수의 한 가지. '默'·'黨' 등에서의 '黑'의 이름.

검인(芡仁)명 '감인(芡仁)'의 잘못.

검인(鈐印)명하자 관인(官印)을 찍음.

검:인(檢印)명 ①서류나 물건을 검사한 표시로 찍는 도장. ②저자(著者)가 자기 저서의 발행을 승인하는 뜻으로 판권장(版權張)에 찍는 도장.

검인-관(鈐印官)명 지난날, 과거(科擧)에서 부정을 막기 위하여, 글을 지어 올린 종이에 관인을 찍는 임무를 맡아보던 관원.

검:-인정(檢認定)명하타 검정(檢定)과 인정(認定).

검:-인정^교:과서(檢認定教科書)명 (교육 과학 기술부에서 실시하는 교과서 사열 과정에서) 검정이나 인정을 받은 교과서.

검:인정-필(檢認定畢)명 (교육 과학 기술부에서 실시하는 교과서 사열 과정에서) 검정이나 인정 과정을 마침.

검:-인-증(檢印證)[-쯩]명 검사하였다는 표시로 도장을 찍어 증명함, 또는 그런 도장을 찍은 증서.

검:-자(檢字)[-짜]명 (부수에 따르지 아니하고 획수만으로 찾아볼 수 있도록) 한자 자전(字典)에 수록된 모든 표제자(標題字)를 총획수(總畫數)에 따라 크게 가르고, 다시 부수순(部首順)으로 배열한 색인(索引).

검:-잡다[-따]用〈거머잡다〉의 준말.

검:-장(劍匠)명 도검(刀劍) 만드는 일을 업으로 하는 사람.

검적-검적[-껌-]부하형 검고 굵은 점이나 얼룩 따위가 여기저기 박혀 있는 모양. 잠감작감작. 쎈껌적껌적.

검:-전-기(檢電器)명 물체나 전기 회로 중의 전기의 유무나 전기량 따위를 검사하기 위하여 사용하는 계기나 장치를 통틀어 이르는 말. 〔검류계·금박 검전기·전기 진자 따위〕. 험전기(驗電器).

검:-점(檢點)명하타 ⇨점검(點檢).

검:-점-하다[-저파-]자여 검질기게 달라붙어 떨어지지 아니하다. 꼭 달라붙다.

검정명 검은빛, 또는 검은 물감. 잠감장². 쎈껌정. ↔하양.

검:정(檢定)명 ①하타 검사하여 그 자격을 정하는 일. ②〈검정고시〉의 준말. ③교과서(教科書)의 적부(適否)를 심사·판정하는 과정.

검:정-고:시(檢定考試)명 어떤 자격을 얻는 데 필요한 지식이나 기술의 유무를 검정하기 위하여 실시하는 시험. ⑥검정.

검정-말¹명 털 빛깔이 검은 말. 흑마(黑馬).

검정-말²명 자라풀과의 다년초. 늪이나 흐르는 물 가운데 모여남. 줄기는 무더기로 나고, 잎은 가늘고 길며, 잔 톱니가 있음. 8~9월에 물 위로 연한 자줏빛 꽃이 핌.

검정-말벌명 말벌과의 곤충. 몸길이 18~20 mm. 몸의 앞부분은 진한 적갈색, 뒷부분은 검정색이고, 날개는 갈색을 띰. 우리나라·일본 등지에 분포함.

검정-망둑명 망둑엇과의 물고기. 몸길이 8~12 cm. 머리와 볼 부분이 볼록하고, 몸빛은 흑색이며, 가슴지느러미의 몸 쪽 가까이에 엷은 황색 줄이 있음. 민물과 염분이 적은 바닷물에 삶.

검정-이명 검정 빛깔로 된 물건. 잠감장이. 쎈껌정이.

검:정-증(檢定證)[-쯩]명 검정에 합격하였다는 표로 주는 증서나 증표.

검정-콩명 ⇨검은콩.

검정-콩알명 '총알'의 변말.

검정-풍뎅이 검정풍뎅잇과의 곤충. 몸길이 20mm가량. 몸빛은 밤색 또는 흑갈색이고, 아래쪽 가슴에 긴 털이 많이 나 있음. 유충은 묘목(苗木)의 뿌리를 먹고, 성충은 벚나무·배나무·사과나무 따위의 잎을 먹음.

검:정-필(檢定畢)[명][하타] 검정 절차를 마침.

검정-하늘소[-쏘][명] 하늘솟과의 곤충. 몸길이 12~23mm. 겉날개는 원통 모양으로 끝이 둥긂. 다리와 촉각이 짧으며 염주 모양임. 몸빛은 까맣고 광택이 나며, 몸 아래쪽에는 황갈색 털이 많이 나 있음. 유충은 소나무·편백나무 따위의 해충임.

검:조-의(檢潮儀)[-의/-이][명] 밀물과 썰물에 따른 바다 수면의 오르내림을 재는 장치.

검:-쥐다[타] 〈거머쥐다〉의 준말.

검:증(檢證)[명][하자] ①검사하여 증명함. ¶사상 검증. ②법관이 직접 자기의 감각으로 물체의 성질과 모양 또는 사물의 현상을 조사하여 증거의 자료로 삼는 일. ②[한]현장 검증.

검:증^조서(檢證調書)[명] 법관이 검증의 과정과 결과를 적은 문서.

검:증^처:분(檢證處分)[명] 검증하는 데 따르는 법규상의 처분. 〔사체 해부·분묘 발굴 따위.〕

검:지(-指)[명] [집게손가락.

검:지(檢地)[명][하타] 전선(電線)과 땅과의 절연(絕緣) 상태를 검사함.

검:지(檢知)[명][하타] 검사하여 알아냄.

검:지-기(檢地器)[명] ☞검루기(檢漏器).

검:진(檢眞)[명][하타] 민사 소송에서, 사문서 성립의 진정(眞正)을 입증하기 위하여 필적·인영(印影) 따위의 대조로서 행하는 증거 조사.

검:진(檢診)[명][하타] 병의 유무를 검사하기 위한 진찰. ¶정기 검진.

검:진-기(檢震器)[명] ☞지진계(地震計).

검:-질기다[형] (성질·행동 따위가) 몹시 끈기 있게 질기다. ¶검질기다 달라붙다.

검:차(檢車)[명][하자] 차량의 고장 유무나 정비 상태를 검사함.

검:-차다[형] 검질기고 세차다.

검:찰(檢察)[명][하자] ①조사하여 사정을 밝힘. ②형사 사건에서, 범죄의 혐적을 수사하여 증거를 모으는 일. ③〈검찰청〉의 준말.

검:찰-관(檢察官)[명] ①군사 법원에서 검찰 직무를 맡아보는 법무 장교. ②'검사(檢事)'를 일반에서 이르는 말.

검:찰-청(檢察廳)[명] 법무부에 딸린 중앙 행정 기관의 하나. 검찰에 관한 사무를 통괄함. ㉰검찰.

검:찰^총:장(檢察總長)[명] 대검찰청의 사무를 총괄하고 하급 검찰청을 감독하는 대검찰청의 으뜸 직위.

검:척(劍尺)[명] 곱자 한 자 두 치를 8등분하여 나타낸 자. 불상(佛像)이나 도검(刀劍) 등을 잴 때 씀.

검:척(檢尺·撿尺)[명][하타] 윤척(輪尺)으로 통나무의 지름을 잼.

검:첨(劍尖)[명] 검(劍)의 앞 끝. 칼끝.

검:체(檢體)[명] 시험 재료로 쓰이는 생물.

검:출(檢出)[명][하자] ①검사하여 찾아냄. ②화학적 분석에서, 시료 속의 어떤 원소나 이온 화합물의 유무를 알아냄. ¶독이 검출되다.

검:측-스럽다[-쓰-따][-스러우니·-스러워][형][ㅂ] 검측하게 보이다. 검침하다. ¶검측스럽게 웃다. 검측스레[부].

검:측측-하다[-츠카-][형][여] 마음이 음침하고 흉측하다. 검측측-이[부].

검:측-하다[-츠카-][형][여] ①빛깔이 산뜻하게 밝지 않고 검다. ②마음이 음침하고 욕심이 많다. 검측-이[부].

검:치다[타] ①모서리를 중심으로 하여 좌우 양쪽으로 걸치게 휘거나 접어 붙이다. ②두 물체를 맞대어 걸치고 떨어지지 않게 붙이다.

검:침(檢針)[명][하타] 〔계량기 따위의 바늘이 가리키는 눈금을 검사한다는 뜻으로〕전기·수도·가스 따위의 사용량을 검사함.

검침(黔沈)[명] '검침하다'의 어근.

검침-하다(黔沈-)[여] 마음이 검고 음침하다. 검측스럽다.

검탄(黔炭)[명] 품질이 낮아 화력이 약한 숯. ↔백탄(白炭).

검:토(檢討)[명][하타][하자] 내용을 자세히 살펴 가면서 따져 봄. ¶안건을 하나하나 검토하다.

검:투-사(劍鬪士)[명] 고대 로마 때, 원형 경기장에서 칼 따위 무기를 가지고 상대편이나 맹수와 싸우던 사람.

검특(黔慝)[명] '검특하다'의 어근.

검특-하다(黔慝-)[-트카-][형][여] 마음이 음흉(陰凶)하고 간사하다. 검특-히[부].

검:파(劍把)[명] 칼자루.

검:파(檢波)[명][하타][하자] ①전파의 있고 없음을 검사함. ②고주파 전류에서 신호 전류나 음성 전류를 포착해 내는 일.

검:파-기(檢波器)[명] 검파(檢波)에 쓰이는 장치나 회로. 〔광석 검파기·진공관 검파기 따위가 있음.〕

검-팽나무[명] 느릅나뭇과의 낙엽 활엽 교목. 잎은 달걀 모양인데, 끝이 뾰족함. 5월에 꽃이 피며, 10월에 핵과(核果)가 검게 익음. 우리나라 특산종임. 과실은 먹을 수 있으며, 나무는 땔나무나 숯의 재료로 쓰임.

검:-퍼렇다[-러타][~퍼러니·~퍼레][형][ㅎ] 검은빛을 조금 띠면서 퍼렇다. ㉰감파랗다.

검:표(檢票)[명][하타][하자] 차표·배표·비행기표 따위를 검사함.

검:-푸르다[~푸르니·~푸르러][형][러] 검은빛이 나면서 푸르다. ¶검푸른 바다. ㉰감파르다.

검:푸레접접-하다[-쩌파-][형][여] 검은빛을 띠면서 약간 짙게 푸르스름하다. ㉰감파르잡잡하다.

검:푸르죽죽-하다[-쭈카-][형][여] 검은빛을 띠면서 고르지 않게 푸르다. ㉰감파르족족하다.

검:품(檢品)[명][하타] (상품·제품 따위의) 품질을 검사함.

검:험(檢驗)[명][하타] 조선 시대에, 검관이 현장에 가서 변사체를 검사하던 일.

검:협(劍俠)[명] 의협심이 있는 검객(劍客).

검:호(劍豪)[명] 검술에 통달한 사람.

검:화(劍花)[명] ☞백선(白蘚).

검:환(劍環)[명] ☞칼코등이.

검:-흐르다[~흐르니·~흘러][자][르] 물 따위가 언덕이나 그릇의 전을 넘쳐흐르다.

겁(劫)[명] 〔'천지가 한 번 개벽한 때부터 다음 번에 개벽할 때까지의 동안'이란 뜻으로〕 매우 길고 오랜 시간. ☞겁파(劫波). ↔찰나.

겁(怯)[명] 무서워하거나 두려워하는 마음. ¶겁을 내다. /겁이 많다. /겁을 먹다.

겁(怯)에 질리다[관용] 잔뜩 겁을 먹어서 기를 못 쓰다.

겁간(劫姦)[-깐][명][하타] 부녀자를 강제로 간음(姦淫)함. 강간(強姦).

겁겁(劫劫) '겁겁하다'의 어근.

겁겁-하다(劫劫-)[-꺼파-]휑Ⓞ①☞급급(汲汲)하다 ②성미가 급하고 참을성이 없다. **겁겁-히**튀.

겁-결(怯-)[-껼]튕 겁이 나서 어쩔 줄 몰라 당황하는 참.《주로, '겁결에'의 꼴로 쓰임.》¶겁결에 '악!'하고 소리를 질렀다.

겁기(劫氣)[-끼]튕①궁한 사람의 얼굴에 드러나는 언짢고 근심스러운 기색(氣色). ②험한 산의 무시무시하고 궂은 기운.

겁-꾸러기(怯-)튕 몹시 심한 겁쟁이.

겁나(怯懦)튕 '겁나하다'의 어근.

겁-나다(怯-)[검-]재 무섭거나 두려운 마음이 생기다. ¶그의 얼굴을 대하기가 겁나서 밖으로 나가기가 망설여진다.

겁나-하다(怯懦-)[검-]휑Ⓞ 겁이 많고 나약하다. 겁약(怯弱)하다. **겁나-히**튀.

겁-내다(怯-)[검-]타 무서워하거나 두려워하는 마음을 가지다. 겁을 집어먹다.

겁년(劫年)[검-]튕 액운이 닥친 해. 액년(厄年).

겁략(劫掠·劫略)[검냑]튕하다 위협하여 억지로 남의 것을 빼앗음. 약탈(掠奪).

겁-먹다(怯-)[검-따]재 무서워하는 마음을 가지다. ¶겁먹은 얼굴.

겁박(劫迫)[-빡]튕하다 위력으로 협박함.

겁-보(怯-)[-뽀]튕 겁쟁이.

겁부(怯夫)[-뿌]튕 겁이 많은 사내. 나부(懦夫).

겁살(劫煞)[-쌀]튕 삼살방(三煞方)의 한 방위에 끼는 독하고 모진 기운. 〔이 살(煞)이 낀 방위를 범하면 살해(殺害)의 변이 있다고 함.〕

겁성(怯聲)[-썽]튕 겁이 나서(겁결에) 지르는 소리.

겁수(劫水)[-쑤]튕 불교에서, 세상이 파멸할 때에 진다고 하는 큰물. 참겁풍(劫風)·겁화(劫火).

겁수(劫囚)[-쑤]튕☞겁옥(劫獄).

겁심(怯心)[-씸]튕 무서워하거나 두려워하는 마음.

겁약(怯弱)튕 '겁약하다'의 어근.

겁약-하다(怯弱-)[거뱌카-]휑Ⓞ 겁이 많고 마음이 약하다. 겁나(怯懦)하다. **겁약-히**튀.

겁옥(劫獄)튕하다 옥에 갇힌 죄수를 강제 수단으로 빼냄. 겁수(劫囚).

겁운(劫運)튕 겁살이 낀 액운(厄運). 겁회(劫會).

겁-쟁이(怯-)[-쩽]튕 겁(怯)이 많은 사람. 무서움을 잘 타는 사람. 겁보.

겁-주다(怯-)[-쭈]재타 겁을 먹도록 하다. ¶겁준다고 호락호락 꺾일 사람이 아니다.

겁질튕〈옛〉껍질. 튐 껍질이 열위(痘瘡44).

겁초(劫初)튕 불교에서 이르는, 세상의 시초.

겁탁(劫濁)튕 불교에서 이르는, 오탁(五濁)의 하나. 기근과 질병과 전쟁이 잇달아 덕than는 일.

겁탈(劫奪)튕하다되재①남을 위협하여 그 사람의 것을 함부로 빼앗음. ②☞강간(強姦).

겁파(劫簸←kalpa 범)튕☞겁(劫)의 본딧말.

겁풍(劫風)튕 불교에서, 세상이 파멸할 때에 인다고 하는 큰 바람. 참겁수(劫水)·겁화(劫火).

겁화(劫火)튕 불교에서, 세상이 파멸할 때에 난다고 하는 큰불. 참겁수·겁풍.

겁회(劫會)[거푀/거풰]튕☞겁운(劫運).

것[걷]의①사물·현상·사상·존재 등의 이름 대신으로 쓰는 말. ¶먹을 것이 있다. /모든 것은 하늘에 달렸다. /낡은 것을 버려라. ②'사람'을 얕잡아 일컫는 말. ¶젊은 것이 버릇이 없군. /저 따위 것이 될 안다고. ③소유물을 뜻함. 해3. ¶자네 것은 어느 것인가?/이 강토는 우리 모두의 것이다. ④내용·정도·수준을 뜻함. ¶생각

한다는 것이 고작 그 정도냐? ⑤확신·결심·결정을 뜻함. ¶고향이란 참으로 좋은 것이다./기어이 해내고야 말 것이다. ⑥전망·추측·예상을 뜻함. ¶이미 도착했을 것이다./내일은 비가 올 것이다. ⑦〔끝맺는 말로 쓰이어〕명령이나 부탁을 뜻함. ¶공사 중이니 주의할 것. /이곳에서 담배를 피우지 말 것. /점심은 각자 준비할 것. *것이〔거시〕·것만〔건-〕

것가준〈옛〉'것인가'가 줄어든 말. ¶山林에 묻쳐 이셔 至樂을 모를 것가(丁克仁.賞春曲).

것고재타〈옛〉〔'젓다'의 활용형〕젖고. ¶檻을 것고 雲臺로셔 나오라(朴解3:7). 참젓다.

것곶다타〈옛〉꺾꽂이하다.

것구러디다재〈옛〉거꾸러지다. ¶상 우희 것구러뎌 코코오오로 자거늘(박解上47).

것구리티다타〈옛〉거꾸러뜨리다. ¶엇디ᄒ여 것구리티리오(老解上32).

것그니〈옛〉〔'젓다'의 활용형〕꺾어지니. 꺾으니. ¶두 갈히 것그니(龍歌36章). 참젓다.

것다[걷따]조 모음으로 끝난 체언에 붙어, 원인이나 조건이 충분하다는 뜻을 나타내는 연결형 서술격 조사. ¶부자것다, 미남이것다, 뭐가 맘에 안 차서 마다느냐? 참이것다.

-것다[걷따]어미 용언의 어간 또는 높임의 '-시-'나 시제의 '-았(었)-' 등에 붙는 종결 어미. ①㉠인정된 사실을 다시 확인하는 뜻을 나타냄. ¶분명히 네가 그랬것다. ㉡과거의 경험으로 보아 사실이 응당 그러하거나 그리 됨을 추측하여 인정하는 뜻을 나타냄. ¶이맘때면 꼭 뻐꾸기가 와서 울것다. ②원인·조건 등이 충분함을 열거하는 뜻을 나타냄. ¶건강하것다, 돈도 있것다, 무엇이 걱정인가.

것ᄆᄅ죽다재〈옛〉까무러치다. 기절하다. ¶太子ㅣ 듣고 것ᄆᄅ주거 싸해 디엣더라(月釋21:215).

것바쉬튕〈옛〉거지. ¶太子ㅣ 것바쉬 ᄃᆞ외야(釋譜24:52).

것위튕〈옛〉지렁이. ¶것위는 기픈 지븨 오ᄅᆞ놋다(杜初13:42). 참거위.

것-지르다[걷찌-]〔~지르니·~질러〕타르 (아래에서 위로) 거슬러 지르다.

져다재타〈옛〉꺾어지다. 꺾다. ¶두 갈히 것그니(龍歌36章./雜草木 ᄃᆞ져다(月印62).

경그레튕 솥에 무엇을 찔 때, 찌려는 것이 바닥의 물에 닿지 않도록 솥 바닥에 놓는 댓조각이나 나뭇加시 따위.

경금튕 '황산 제일철(FeSO₄)'이 검정 물감의 매염제로 쓰일 때 이르는 말.

경더리-되다[-되/-뒈-]재 고생이나 병 따위로 몸이 몹시 파리하고 뼈가 앙상하게 드러나다. 쎈깽더리되다.

경둥-거리다재 자꾸 경둥경둥하다. 경둥대다. 쎈깽둥거리다.

경둥-경둥튀①긴 다리로 자꾸 가볍게 뛰는 모양. ②(침착하지 못하고) 치신없이 경솔하게 행동하는 모양. ¶계약서를 경둥경둥 보지 말고 꼼꼼하게 검토하라. 巹강동강동. 쎈깽둥깽둥.

경둥-대다재 경둥거리다.

경둥-하다어〔입거나 걸친 것이〕 아랫도리가 너무 드러날 정도로 짧다. 巹강둥하다. 쎈깽둥하다.

겅성드뭇-하다[-무타-]휑Ⓞ 많은 수효가 듬성듬성 흩어져 있다. ¶길가에 개나리가 겅성드뭇하게 피어 있다. **겅성드뭇-이**튀.

겅정-거리다[자] 자꾸 겅정겅정하다. 겅정대다. 函강장거리다.

겅정-겅정[부]函 긴 다리를 모으고 거볍게 자꾸 뛰는 모양. ¶ 기뻐서 겅정겅정 뛰다. 函강장강장.

겅정-대다[자] 겅정거리다.

겅중-거리다[자] 자꾸 겅중겅중하다. 겅중대다. 函강종거리다.

겅중-겅중[부]函 긴 다리를 모으고 자꾸 위로 솟구어 뛰면서 가는 모양. ¶ 사슴이 겅중겅중 달아나다. 函강종강종.

겅중-대다[자] 겅중거리다.

겆[명]〈옛〉겉. 거죽. ¶ 열본 썩 ㄱ돈 쫓 거치 나니(月釋1:43).

겉[겉][명] 밖으로 드러나 보이는 쪽의 면(面). 겉면. 외면(外面)1. 표면(表面). ↔속. *겉이[거치]·겉을[거틀]·겉만[건-]

겉 다르고 속 다르다[관용] 말과 행동이 같지 아니하다.

겉-[걷][접두] ①(양이나 정도를 나타내는 말 앞에 붙어) '건성으로 대강'의 뜻을 나타냄. ¶ 겉가량. /겉대중. /겉짐작. ②(일부 명사나 용언 앞에 붙어) '실속은 그렇지 않은데 겉으로만 그러함'의 뜻을 나타냄. ¶ 겉멋. /겉치레. /겉늙다. /겉바르다. /겉약다. ③(일부 동사나 명사 앞에 붙어) '어울리거나 섞이지 아니하고 따로'의 뜻을 나타냄. ¶ 겉놀다. /겉돌다. /겉물. ④(낟알이나 과실을 나타내는 말 앞에 붙어) '껍질을 벗기지 않은 채로 그냥'의 뜻을 나타냄. ¶ 겉밤. /겉보리. /겉수수.

겉-가량(−假量)[걷−]명函 겉만 보고 어림잡아 하는 셈. ¶ 겉가량으로 한 되 가웃은 되겠다. 函속가량.

겉-가루[걷까−]명 곡식이나 고추 따위를 빻을 때 먼저 나오는 가루. ↔속가루.

겉-가죽[걷까−]명 겉을 싸고 있는 가죽. 외피(外皮). 표피(表皮). ↔속가죽.

겉-갈이[걷까리]명函 추수 뒤에 잡초 등을 없애기 위하여 논밭을 갈아엎는 일.

겉-감[걷깜]명 (옷이나 이불 따위의) 겉에 대는 감. ↔안감.

겉-겨[걷껴]명 곡식의 겉에서 벗겨진 거칠고 굵은 겨. 函왕겨.

겉-고름[걷꼬−]명〈겉옷고름〉의 준말. ↔안고름.

겉-고삿[걷꼬삳]명 짚 따위로 지붕을 일 때 이엉 위에 걸쳐 매는 새끼. ↔속고삿. *겉고삿이[걷꼬사시]·겉고삿만[걷꼬산−]

겉-고추가루[걷꼬추까−/−걷꼬춤까−]명 ①고추를 빻을 때, 고추의 속살로서 맨 먼저 가루가 되는 것. ②(곱지 않게) 대강 빻은 고춧가루.

겉-곡(−穀)[걷꼭]명〈겉곡식〉의 준말.

겉-곡식(−穀−)[걷꼭씩]명 겉껍질을 벗겨 내지 아니한 곡식. 피곡(皮穀). 준겉곡. ↔속곡식.

겉-귀[걷뀌]명 ☞외이(外耳). ↔안귀.

겉-깃[걷낏]명 겉으로 드러난 옷깃. ↔안깃. *겉깃이[걷끼시]·겉깃만[걷낀−]

겉-꺼풀[걷−]명 겉으로 드러난 꺼풀. ↔속꺼풀.

겉-껍데기[걷−떼−]명 겉으로 드러난 껍데기. 외각(外殼). ↔속껍데기.

겉-껍질[걷−찔]명 겉을 싸고 있는 껍질. 외피(外皮). 표피(表皮). ↔속껍질.

겉-꾸미다[걷−][I]자 속의 언짢은 점을 숨기고 겉만을 잘 꾸미다.
　　[II]타 겉모양을 좋게 꾸미다. 겉치레하다.

겉-꾸림[걷−]명函타 겉만 그럴듯하게 꾸미는 일.

겉-나깨[걷−]명 메밀 껍질 속에 있는 거친 나깨. ↔속나깨.

겉-날리다[걷−]타 ¶ 바쁘다고 많은 일을 겉날려 하다.

겉-넓이[걷−]명 물체 겉면의 넓이. 표면적.

겉-놀다[걷−][~노니·~놀아]자 ①다른 것과 잘 어울리지 않고 따로 놀다. 비겉돌다. ②박아 놓은 나사나 못 따위가 꼭 맞지 않고 움직이다.

겉-눈[걷−]명 글자를 'ㄱ'자 형으로 반듯하게 놓았을 때, 위에서 보이는 쪽에 새겨져 있는 눈금. ↔속눈1.

겉-눈[걷−]명 조금 떴으나 겉으로 보기에는 감은 것처럼 보이는 눈. ¶ 겉눈을 감고 자는 체했다.

겉-눈썹[걷−]명 양쪽 눈두덩 위에 가로 난 눈썹. ↔속눈썹.

겉-늙다[걷늑따]자 ①나이에 비하여 더 늙은 티가 나다. ¶ 고생을 많이 해서 겉늙어 보인다. ②(보람 있는 일을 할 수 있는 것도 없이, 나이만 헛되이 많이 먹다. ¶ 육십 평생을 겉늙었다.

겉-대[걷때]명 ①푸성귀의 겉쪽에 있는 줄기나 잎. ②댓개비의 거죽을 이루고 있는 단단한 부분. ↔속대.

겉-대중[걷때−]명函타 겉으로만 보고 미루어 헤아리는 짐작. ¶ 겉대중으로도 만 명은 넘는다. 函속대중.

겉-더께[걷떠−]명 몹시 찌든 물체의 맨 겉에 앉은 때. ↔속더께.

겉-돌다[걷똘−][~도니·~돌아]자 ①서로 다른 액체·기체 따위를 섞어도 섞이지 아니하고 따로 있다. ¶ 물에 기름이 겉돌다. ②다른 사람과 서로 어울리지 못하고 따로 배돌다. 비겉놀다. ③기계·바퀴 따위가 제구실을 못하고 헛돌다. ¶ 진창에 빠진 차의 바퀴가 겉돌다.

겉-뜨기[걷−]명函타 뜨개질에서의 기초 뜨기의 한 가지. 메리야스의 겉쪽 모양과 같은 코가 겉으로 나오게 뜨는 법.

겉-뜨물[걷−]명 (쌀이나 보리 따위의) 곡식을 처음 씻은 부연 물. ↔속뜨물.

걸량(−兩)[걸−]명 '걸량'의 잘못.

걸량-걸다(−兩−)[걸−]타 '걸량걸다'의 잘못.

걸량-짚다(−兩−)[걸−]타 '걸량짚다'의 잘못.

겉-마르다[걷−][~마르니·~말라]자르 ①속에는 물기가 남아 있고 겉만 대강 마르다. ¶ 빨래가 겉마르다. ②(어떤 피해로) 식물·곡식 따위가 제대로 자라거나 여물기 전에 마르다. ¶ 날이 가물어서 그런지 벼가 겉마른다.

겉-마음[걷−]명 겉으로만 드러나는 진실되지 않은 마음. ↔속마음.

겉-막(−膜)[걷−]명 ☞표막(表膜).

겉-말[걷−]명 겉으로 꾸며서 하는 말. ↔속말.

겉-맞추다[걷맏−]타 속마음으로는 꺼리면서 겉으로만 슬슬 발라맞추다.

겉-멋[걷먿]명 실속은 없이 겉으로만 멋을 부리는 태도나 모습. ¶ 겉멋을 부리다. /겉멋이 들다. *겉멋이[걷머시]·겉멋만[걷먼−]

겉-면(−面)[걷−]명 겉으로 드러나 보이는 면(面). 겉. 외면(外面)1. 표면(表面).

겉-모습[걷−]명 겉에 나타난 모습이나 용모. 외모(外貌).

겉-모양(−模樣·−貌樣)[걷−]명 겉으로 드러나 보이는 모양. 외관(外觀). 외면(外面)1. 외양(外樣). 외형(外形). ¶ 겉모양을 보다.

겉-묻다[걷-따]자 (스스로 마음이 내켜서 하는 것이 아니고) 남이 하는 운김에 덩달아 하다.

겉-물[걷-]명 잘 섞이지 못하고 위로 떠서 겉도는 물. 웃물.

겉물(이) 돌다관용 (액체의 위에) 겉물이 떠서 따로 돌다. ¶죽이 상했는지, 겉물이 돈다.

겉-바르다[걷빠-][~바르니·~발라]타⑲ (속은 그대로 둔 채) 겉만 보기 좋게 하다.

겉-발림[걷빠-]명하 겉만 그럴듯하게 발라맞추는 일. ¶겉발림으로 하는 말에 솔깃해지다.

겉-밤[걷빰]명 껍질을 벗기지 아니한 밤. 피율 (皮栗). ↔속밤.

겉-버선[걷뻐-]명 솜버선을 신은 위에 덧신는 홑버선. ↔속버선.

겉-별[걷뼐]명 겉에 입는 옷의 각 별. ↔속별.

겉-벽(-壁)[걷뼉]명 겉으로 드러나 보이는 벽. 겉에 있는 벽. ↔안벽.

겉-보기[걷뽀-]명 겉으로 드러나 보이는 모양새. 외관(外觀). 외양(外樣). ¶겉보기와는 아주 딴판이다.

겉-보리[걷뽀-]명 ①까락이 길고, 찧어도 껍질이 잘 벗겨지지 않는 보리의 한 가지. ↔쌀보리. ②껍질을 벗기지 않은 보리. 피맥(皮麥).

겉보리 서 말만 있으면 처가살이 하랴속담 ①오죽하면 처가살이를 하겠느냐는 말. ②처가살이는 할 것이 못 됨을 이르는 말.

겉볼-안[걷뽀란]명 겉을 보면 속은 안 보아도 짐작할 수 있다는 말. ¶아무리 겉볼안이라지만, 사람은 사귀어 보아야 진심을 알 수 있다.

겉-봉(-封)[걷뽕]명 ①편지를 봉투에 넣은 다음 다시 싸서 봉한 종이. 외봉(外封). 피봉(皮封). ②봉투의 거죽.

겉-봉투(-封套)[걷뽕-]명 두 겹으로 된 봉투의 겉쪽 봉투. ↔안봉투.

겉-불꽃[걷뿔꼳]명 연소(燃燒)가 완전하며 온도가 가장 높은, 불꽃의 맨 바깥 부분. 산화염(酸化焰). 외염(外焰). ↔속불꽃. *겉불꽃이[걷뿔꼬치]·겉불꽃만[걷뿔꼰-]

겉-뼈대[걷-]명 ☞외골격(外骨格).

겉-사주(-四柱)[걷써-]명 혼인(婚姻)할 때 임시로 적어 보내는 신랑의 사주(四柱). ↔속사주.

겉-살¹[걷쌀]명 (얼굴이나 손과 같이) 옷에 가려지지 않고 늘 겉으로 드러나 있는 부분의 살. ↔속살.

겉-살²[걷쌀]명 쥘부채의 양쪽 가에 든든하게 댄 살. ↔속살.

겉-섶[걷썹]명 저고리나 두루마기의 겉자락에 댄 섶. ↔안섶. *겉섶이[걷써피]·겉섶만[걷썸-]

겉-수수[걷쑤-]명 겉껍질을 벗기지 않은 수수.

겉-수작(-酬酌)[걷쑤-]명 겉만으로 그럴듯하게 꾸며 발라맞추는 수작.

겉-싸개[걷-]명 여러 겹으로 싼 물건의 맨 겉을 싼 싸개. ↔속싸개.

겉-씨껍질[걷-질]명 씨를 싸고 있는 두 겹의 껍질 중 바깥쪽에 있는 두꺼운 껍질. 외종피(外種皮).

겉씨-식물(-植物)[걷-싱-]명 꽃식물에 딸리는 한 식물군(植物群). 밑씨가 씨방 안에 들어 있지 않고 드러나 있어, 꽃가루가 바로 밑씨 위에 붙음. [소나무류와 은행나무·소철 따위.] 나자식물(裸子植物). ↔속씨식물.

겉-아가미[거다-]명 겉에 있는 아가미. [올챙이 따위의 어릴 때, 머리 양쪽에 있으며, 차차 자람에 따라 속아가미로 탈바꿈함.] ↔속아가미.

겉-약다[걷냑따]형 겉보기에는 약으나 실상은 그러하지 아니하다.

겉-어림[거더-]명하 겉만 보고 하는 어림. 겉짐작. ↔속어림.

겉-언치[거던-]명 길마 양쪽에 붙인 짚방석.

겉-여물다[건녀-][~여무니·~여물어]자 곡식의 낟알이 속은 덜 여물고 겉보기로만 여물다.

겉-여물다²[건녀-][~여무니·~여물어]형 사람이 겉보기로는 올차고 여무진 것 같으나 실상은 무르다.

겉^열매껍질[건널-질]명 ☞외과피(外果皮).

겉-옷[거돋]명 겉에 입는 옷. 외의(外衣). 표의(表衣). ↔속옷. *겉옷이[거도시]·겉옷만[거돈-]

겉-옷고름[거돋꼬-]명 겉고를 여미어 매는 옷고름. 遜겉고름. ↔안옷고름.

겉-웃음[거두슴]명 마음에도 없이 겉으로만 웃는 웃음. ¶겉웃음을 치다.

겉-잎[건닙]명 나무나 풀의 우듬지 속잎의 겉에 붙은 잎. ↔속잎. *겉잎이[건니피]·겉잎만[건-]

겉-자락[걷짜-]명 ①기둥머리의 단청 따위에 그리는 무늬의 한 부분. ↔속자락. ②치마나 저고리 따위를 여몄을 때, 겉으로 나오는 옷자락. ↔안자락.

겉-잠[걷짬]명 ①잠눈을 감고 거짓으로 자는 체하는 일. ②선잠. 헛잠.

겉-잡다[걷짭따]타 ①겉가량으로 대강 어림잡다. ¶겉잡아 두 말은 되겠다. ②'겉잡다'의 잘못.

겉-잣[걷짣]명 껍질을 벗기지 않은 잣. ↔실백잣. *겉잣이[걷짜씨]·겉잣만[걷짠-]

겉-장(-張)[걷짱]명 ①포개거나 말아 놓은 여러 장 가운데의 맨 겉의 장. ②책의 맨 겉의 껍데기. 표지(表紙). ↔속장.

겉-재목(-材木)[걷째-]명 통나무의 심재(心材)를 둘러싼 겉의 흰 부분. 변재(邊材). ↔속재목.

겉-저고리[걷쩌-]명 (여자가 저고리를 껴입을 때) 맨 겉에 입는 저고리. ↔속저고리.

겉-절이[걷쩌리]명 배추나 열무 따위를 절여 두처서 바로 먹을 수 있게 만든 반찬.

겉-절이다[걷쩌리-]타 ①김치를 담글 때, 배추 따위의 억센 것을 부드럽게 하기 위하여 우선 소금을 뿌려 애벌로 절이다. ②겉절이를 하다.

겉-조[걷쪼]명 껍질을 벗기지 아니한 조.

겉-짐작(←-斟酌)[걷찜-]명하 겉으로만 보고 헤아리는 짐작. 겉어림. 遜속짐작.

겉-창(-窓)[걷-]명 영창(影窓) 겉에 덧대어 단 문짝. 덧문. 덧창.

겉-치레[걷-]명하 겉으로만 보기 좋게 꾸민 치레. 외면치레. 외식(外飾). 허식(虛飾). ¶겉치레만 번지르르하고 실속은 없다. ↔속치레.

겉-치마[걷-]명 맨 겉에 입는 치마. ↔속치마.

겉-치장(-治粧)[걷-]명하 겉을 꾸밈, 또는 그 꾸밈새. 분식(粉飾). ↔속치장.

겉-칠(-漆)[걷-]명하 겉에만 칠을 함, 또는 그 칠.

겉-켜[걷-]명 여러 켜로 된 것의 맨 겉을 이루고 있는 켜. 표층.

겉-탈명 '겉탈'의 잘못.

겉-포장(-包裝)[걷-]명 거죽을 싼 포장.

겉-할다[거탈따]타 내용을 제대로 파악하지 아니하고 겉만 대강 보다.

겉-허울[거터-]圏 겉으로 드러나 보이는 모양새.

겉-흙[거특]圏 땅의 맨 위층의 흙. 표토(表土).
*겉흙이[거틀기]·겉흙만[거틍-]

게:¹圏 갑각류(甲殼類) 십각목(十脚目)의 절지동물을 통틀어 이르는 말. 몸은 납작하며 길거나 세모난 등딱지로 덮여 있음. 몸의 양옆으로 각각 다섯 개의 발이 있는데 첫째 발은 집게발로 되어 있고, 딱지 안으로 옴츠릴 수 있는 겹눈이 있음. 물속에 살며 옆으로 김.〔꽃게·농게·칠게 따위.〕

게 새끼는 집고, 고양이 새끼는 할퀸다[속담] '천성(天性)이나 본능은 어쩔 수 없음'을 이르는 말.

게 잡아 물에 넣는다[놓는다]〔속담〕'소득도 없이 헛수고만 함'을 이르는 말.

게 눈 감추듯〔관용〕'음식을 허겁지겁 빨리 먹어 치움'을 비유하여 이르는 말.

게도 구럭도 다 잃었다[놓쳤다]〔관용〕소득을 얻기는커녕 가진 것마저 잃어버렸다는 말.

게²[대] ①〈거기〉의 준말. ¶게 누구 있느냐? ②상대를 조금 얕잡아 보고 일컫는 말. ¶게가 너를 만나고 싶다. /게가 어디 삽나(烈女春香守節歌).

게³[조] 내, 제 따위 모음으로 끝난 일부 체언에 붙어 '에게'의 뜻을 나타내는, 부사격 조사. ¶그 일은 네게 맡기겠다.

게⁴[준] '것'이 줄어든 말. ¶차린 음식은 많은 데 입에 맞는 게 없다.

게:(偈)圏 ⇨가타(伽陀).

게(Ge)圏 그리스 신화에 나오는 대지의 여신(女神). 가이아(Gaea).

게[부]〔옛〕그곳에. 거기. ¶게 가 몯 나시리라(月釋2:11). 참그에¹·그어긔.

게³[조]〔옛〕에게. 께. ¶몰게 바을이며(救簡1:79).

-게[어미] ①동사 어간이나 높임의 '-시-'에 붙는, 하게체의 명령형 종결 어미. ¶가까이 오게. /많이 먹게.(일부 형용사 뒤에서 쓰이기도 함.) ¶부디 침착하게. /좀 조용하게. ②용언이나 '이다'의 어간 또는 높임의 '-시-'나 시제의 '-았(었)-'에 붙는, 해서 또는 하게체의 의문형 종결 어미. ㉠앞의 사실에 따라 그러한 일이 응당 뒤따르게 됨을 나타냄. ¶그러다가는 나만 골탕먹게. ㉡그 사실이 그리되기 어렵다는, 또는 그러할 필요가 없다는 반어적인 뜻을 지님. ¶그걸 해서 무엇하게?/이제 떠나서 언제 닿게?/어느 천년에 다 읽게? ③용언의 어간에 붙어, '-도록'의 뜻을 나타내는 종속적 연결 어미. 그것이 뒤에 오는 동작(상태)에 대한 목표(이유·기준·조건)가 됨을 나타냄. ¶다 알아듣게 큰 소리로 읽어라. /모두가 다 먹을 수 있게 많이 만들자. ④용언의 어간에 붙어, 일의 진행(상태·성질)의 한계(정도)를 나타내는 보조적 연결 어미. ¶멋지게 해내다. /훌륭하게 되다.

게:-감정圏 게의 등딱지를 떼고, 그 속에 갖은 양념을 한 소를 넣어 찌거나 지진 음식.

게:-거품圏 ①게의 입에서 나오는 거품. ②사람이나 짐승이 괴롭거나 흥분했을 때, 입에서 부걱부걱 나오는 거품 같은 침. ¶입에다가 게거품을 물고 덤비다.

게걸圏 체면 없이 마구 먹으려 하거나 가지고 싶어 하여 탐내는 마음. ¶게걸이 들다.

게걸(을) 떼다〔관용〕마음껏 먹고 싶은 대로 먹게 되거나 하고 싶은 대로 하게 되어서 탐욕이 없어지게 되다.

게걸-거리다[자] 자꾸 게걸게걸하다. 게걸대다. ¶그렇게 게걸거리다가 선생님께 발각되면 어쩌려고 그래.

게걸-게걸[부]〔하〕천격스러운 말로 불평을 털어놓으며 자꾸 떠드는 모양.

게걸-대다[자] 게걸거리다.

게걸-들리다[자] 마구 먹고 싶거나 가지고 싶어 탐내는 마음이 일어나다.

게걸-스럽다[-따][~스러우니·~스러워][형ㅂ] 체면을 차림이 없이 마구 먹으려 하거나 가지고 싶어 하는 태도가 있다. 게걸스레[부].

게:-걸음圏 게처럼 옆으로 걷는 걸음. 해행(蟹行).

게걸음(을) 치다〔관용〕①게처럼 옆으로 걷다. ②걸음이 몹시 느리거나 하는 일이 잘 진척되지 아니하다.

게걸-쟁이圏 '몹시 게걸스러운 사람'을 얕잡아 이르는 말.

게검-스럽다[-따][~스러우니·~스러워][형ㅂ] 음식을 욕심사납게 마구 먹어 대는 꼴이 보기에 매우 흉하다. ¶밥을 게검스럽게 먹다. 참개감스럽다. 게검스레[부].

게게[부] ①침이나 콧물 따위를 보기 싫게 노상 흘리는 모양. ¶침을 게게 흘리다. ②(눈이나 몸에) 기운이 없이 축 늘어진 모양. ¶몸살이 나서 하루종일 게게 늘어져 있었다.

게:-구(偈句)[-꾸]圏 가타(伽陀)의 글귀.〔불경(佛經)에서 한 구 다섯 글자나 일곱 글자로 하고, 네 구를 한 게(偈)로 하여, 한시(漢詩)처럼 만든 글.〕

게:-구이圏 게딱지 속에서 긁어 낸 게장에 다진 게의 살을 한데 버무린 뒤에 갖은 양념을 하여 중탕한 음식.

게:기(揭記)圏[하]타 써서 붙이거나 걸어 두어서 여러 사람이 보게 함, 또는 그 기록.

게:-꽁지圏 '아주 보잘것없거나 몹시 짧은 것'을 비유하여 이르는 말. ¶게꽁지만 한 지식.

-게끔[어미] 연결 어미 '-게'의 힘줌말. ¶뒤탈이 없게끔 잘 다스려라.

-게나[어미] 하게체의 명령형 종결 어미 '-게'를 은근하게 이르는 말. ¶비록 하찮은 것이지만 성의로 주는 것이니 받아 두게나.

게나-예나[부] '거기나 여기나'가 줄어서 된 말. ¶게나예나 사람 살기는 마찬가지야.

게-네[대] 삼인칭 복수 대명사 '그네들'을 더 얕잡아 이르는 말. ¶게네가 한 짓일 거야.

게놈(Genom 독)圏 생물의 생존에 필요한 최소한의 염색체로서, 낱낱의 생물체가 가진 염색체의 한 조(組).

게:-눈圏 재래식 한옥의 박공(博栱)이나 추녀 끝에 장식으로 새기는 소용돌이 모양의 무늬.

게다¹[타] '게우다'의 잘못.

게다²[부]〈게다가〉의 준말.

게다(げた[下駄] 일)圏 ⇨왜나막신.

게다가[부] ①거기에다가. ¶가져온 짐은 게다가 두고 가거라. ②그런데다가. 그 위에. 또 더하여. ¶공부 잘하고, 게다가 품행까지 방정하다. 준게다².

게두덜-거리다[자] 자꾸 게두덜게두덜하다. 게두덜대다. ¶방이 차다고 게두덜거렸다.

게두덜-게두덜[부]〔하〕(굵고 거친 목소리로) 게걸거리며 두덜거리는 모양.

게두덜-대다[자] 게두덜거리다.

게:-딱지[-찌]圏 ①게의 등딱지. ②(집 따위가) 아주 허술하고 작다. ¶산비탈에는 게딱지만 한 판잣집들이 다닥다닥 붙어 있었다.

게뚜더기圐 헌데나 상처 따위로 말미암아 눈두덩 위의 살이 찍어맨 것처럼 된 눈, 또는 그런 눈을 가진 사람.

게라(ケラ일.←galley)圐 ①활판(活版) 인쇄에서, 조판해 놓은 활자판을 담아 두는 나무상자. 목판. ②'교정쇄'로 순화.

-게라어미 (옛)-어라.-겠네.

게레치圐 게레칫과의 바닷물고기. 몸길이 20 cm 가량. 몸은 길둥근꼴이며 입이 작음. 등지느러미의 아래 줄는 비늘에 싸여 있음. 몸빛이 은백색인데, 등 쪽은 회청색이고 배 쪽은 담황임. 우리나라·일본 등지에 분포함.

게:류(憩流)圐 전류(轉流)에 앞서 바닷물이 거의 흐르지 않을 때의 조수(潮水). 게조(憩潮).

게:르다(게르니·젤러)혱ㄹ 〈게으르다〉의 준말. ㉮개르다.

게르마늄(Germanium 독)圐 석탄을 태울 때 생기는 그을음이나 연기에서 얻는, 회백색의 푸슬푸슬한 희유(稀有) 금속 원소. 반도체로서 결정 정류기(結晶整流器)나 트랜지스터 따위의 주요 재료로 쓰임. [Ge/32/72.59]

게르만(German 독)圐 ①아리안 족(Aryan族)에 딸리는 백색 인종. ②독일 민족.

게르치圐 게르칫과의 바닷물고기. 몸길이 60 cm 가량. 몸이 가늘고 길며, 아래턱이 위턱보다 길고 입이 뾰족함. 몸빛은 담황색인데 자라면서 흑자색으로 변함. 깊은 바다에서 살다가 알을 낳기 위해 얕은 곳으로 나옴. 상피리.

게르트너-균(Gärtner菌)圐 식중독을 일으키는 병원균의 한 가지. 가축이나 야생 동물에 옮아 퍼짐. 장염균(腸炎菌).

게:름圐 〈게으름〉의 준말. ㉮개름.

게:름-뱅이圐 〈게으름뱅이〉의 준말. ㉮개름뱅이.

게:름-쟁이圐 〈게으름쟁이〉의 준말. ㉮개름쟁이.

게리맨더링(gerrymandering)圐 자기 정당에 유리하게 선거구 구분을 부자연스럽게 변경하는 일.

게릴라(guerrilla 스)圐 정규군이 아닌, 소규모의 무장 집단이 적의 후방을 교란하는 전법, 또는 그 부대. 유격대.

게릴라-전(guerrilla戰)圐 유격전(遊擊戰).

게마인샤프트(Gemeinschaft 독)圐 공동 사회. ↔게젤샤프트.

게-먹다[-따]짜 상대편에게 따지고 들다. ¶이 놈이 감히 누구한테 게먹는 거야.

게:목圐 〈거여목〉의 준말.

게:목-나물[-몽-]圐 거여목의 줄기를 살짝 데쳐 껍질을 벗기고 잘라서 양념하여 무친 나물.

개발-새발圐 '괴발개발'의 잘못.

게:발톱-점(-點)[-똠-]圐圐 큰따옴표.

게:발톱-표(-標)[-똠-]圐 큰따옴표.

게:방(揭榜)圐圐 방문(榜文)을 내걸어 붙임, 또는 내건 그 방문.

게:살圐 게의 살, 또는 게의 살을 말린 것.

게-서조 〈에게서〉의 준말. ¶내게서 빌려간 책을 다오.

게서준 '거기에서'가 줄어든 말. ¶방에 들어오지 말고 게서 놀아라.

게:성운(-星雲)圐 은하계 안에 있는 가스 성운의 한 가지. 팽창 속도가 매우 크고, 전질량이 태양의 15배나 됨.

게:송(偈頌)圐 부처의 공덕을 기린, 게구(偈句)로 된 노래.

게슈타포(Gestapo 독)圐 (반나치스 운동 단속을 담당하던) 나치스 독일의 비밀 경찰.

게스트(guest)圐 ①(모임 따위에) 초대받은 손객. 손2. ②(텔레비전 방송 등에 초대된) 특별 출연자.

게슴츠레圐혱 ☞거슴츠레.

게:시(揭示)圐圐ㅎㅏㅌㅏ 되짜 여러 사람에게 알리기 위하여 써서 내붙이거나 내걸어 두루 보게 함, 또는 그 글.

-게시리어미 '-게끔'의 잘못.

게:시-문(揭示文)圐 게시한 글.

게:시-판(揭示板)圐 게시하는 글·그림·사진 따위를 붙이는 판(板).

게:-아재비圐 장구애빗과의 곤충. 몸길이 4 cm 가량. 몸이 가늘고 길며, 앞다리는 낫 모양으로 생겼고, 배의 끝에 긴 숨관이 있음. 몸빛은 회갈색 또는 황갈색임. 늪의 물속에서 어린 물고기나 곤충의 유충 따위를 잡아먹음. 맑은 날에는 공중을 날기도 함.

게:알-젓[-전]圐 게의 알로 담근 것. * 게:알 젓이[-저시]·게:알젓만[-저-]

게:알-탕건(-宕巾)圐 아주 곱게 떠서 만든 탕건.

게:양(揭揚)圐圐ㅎㅏㅌㅏ되짜 높이 걺. ¶국경일에 국기를 게양하다.

게:양-대(揭揚臺)圐 기(旗) 따위를 게양하기 위하여 높이 만들어 놓은 대(臺).

게여목圐 (옛)거여목. ¶묽게여목 먹고 솔지니 (杜初21:24).

게염圐 시새워서 탐내는 마음. ㉮개염.

게염-나다짜 게염이 생기다. ¶나도 모르게 자꾸 친구의 자전거에 게염났다.

게염내다짜 『'게염나다'의 사동』 게염이 생기게 하다.

게염-스럽다[-따][~스러우니·~스러워]혱ㅂ 시새워서 탐내는 마음이 있다. ㉮개염스럽다.
   게염스레閉.

게엽다(옛) 큼직하고 너그럽고 꿋꿋하다. ¶雄毅는 게엽고 놀날써라(楞解8:70). ❀거엽다.

게우다타 ①먹은 것을 도로 입 밖으로 내어 놓다. ¶갓난아이가 젖을 게우다. ②부당하게 차지했던 금품·재물 따위를 도로 내어 놓다. ¶받았던 뇌물을 게우다. 토하다.

게으르다(게으르니·게을러)혱ㄹ 행동이 느리고 일하기 싫어하는 성미와 버릇이 있다. ¶게으른 생활. 게으르다. ↔부지런하다.

게으른 놈[일꾼] 밭고랑 세듯족 게으름을 피우며 그 일에서 빨리 벗어날 궁리만 한다는 말. 게으른 선비 책장 넘기기.

게으른 선비 책장 넘기기족 ☞게으른 놈[일꾼] 밭고랑 세듯.

게으름圐 일하기 싫어하는 성미나 버릇. ¶게으름을 부리다. ❀게름. ㉮개으름.

게으름-뱅이圐 게으름쟁이. ❀게름뱅이. ㉮개으름뱅이.

게으름-쟁이圐 게으른 사람. 게으름뱅이. ❀게름쟁이. ㉮개으름쟁이.

게으쭈루꾼갑 조선 시대에, 병조 판서나 각 영문(營門)의 대장·각 관찰사·병마절도사·수군절도사, 그 밖의 병권(兵權)이 있는 높은 벼슬아치의 행차 때에 호위하는 순령수(巡令手)가 지나는 길을 비키라고 외치던 소리.

게을러-빠지다혱 몹시 게으르다. 게으러터지다. ❀젤러빠지다. ㉮개을러빠지다.

게을러-터지다혱 게을러빠지다.

게을리團 게으르게. ¶공부를 게을리 하다. ㈜겔리. ㈜개을리.

게을이團 〔옛〕게을리. 게으르게. ¶두 하느군 너무 게을이 便安ㅎ고(釋譜6:36).

게이 (gay)團 남자를 사랑하는 남자. 남성 동성애자. ↔레즈비언.

게이뤼삭-탑 (Gay-Lussac塔)團 연실법(鉛室法)에 의한 황산 제조에서, 마지막 연실로부터의 가스 속의 질소 산화물을 회수하기 위하여 마련한, 납을 입힌 탑.

게이지 (gauge)團 ①표준 치수. 포(砲)의 표준 구경(口徑), 철판의 표준 두께, 철도의 표준 궤간(軌間) 따위. ②치수·용적·수량·압력 따위를 측정하는 계기. 〔우량계·유속계(流力計)·풍력계·압력계·각도계 따위.〕 ③편물에서, 일정한 치수 내에 있는 코와 단의 수. ④활자 조판에서, 조판의 치수를 결정하는 기준.

게이지ˆ글라스 (gauge glass)團 (증기 기관 따위) 용기 안에 들어 있는 액체의 수위를 알기 위하여 장치하는 유리로 된 관.

게이트 (gate)團 ①승마에서, 문 모양으로 된 장애물을 통틀어 이르는 말. ②경마에서, 출발 순간까지 말을 가두어 두는 공간. ③입력 단자, 출력 단자, 제어 단자를 하나씩 가지며, 제어 신호가 특정한 조건을 만족한 경우에만 입력 신호가 출력 단자에 나타나는 회로. ④일부 명사 뒤에 쓰이어, 그와 관련된 추문을 이르는 말. ¶○○○ 게이트로 정계가 시끄럽다.

게이트-볼 (gate+ball)團 크리켓을 바탕으로 고안된 구기의 한 가지. 두 편이 공을 나무망치로 쳐서 제한된 시간에 세 개의 문을 통과한 인원수 또는 통과한 문의 수를 겨룸.

게임 (game)團 ①놀이. 유희(遊戲). 오락. ②경기. ③〔의존 명사적 용법〕㉮경기의 횟수를 세는 단위. ¶당구 한 게임. ㉯테니스 경기에서, 승부에 이기기 위해 필요한 점수. 4점이 한 게임임.

게임-기 (game機)團 소형 컴퓨터를 이용하여 게임을 할 수 있도록 만든 전자 장치.

게임-메이커 (game maker)團 운동 경기 따위에서, 실마리를 풀어 가는 중심적인 선수를 이르는 말.

게임ˆ포인트 (game point)團 테니스 등의 경기에서, 한 게임의 승부를 결정짓는 마지막 점. ⛳매치 포인트.

게:-자리團 황도 십이궁의 하나. 쌍둥이자리와 사자자리 사이에 있는 별자리. 이른 봄에 보이며, 3월 하순에 자오선을 통과함. 거해궁. 게좌.

게:-장 (-醬)團 ①게젓. ②게찌을 담근 간장. ③암게의 딱지 속에 붙은 노란 장.

게:재 (揭載)團嘟㴾 신문·잡지 등에 글이나 그림 따위를 실음. 등재(登載). ¶월간지에 평론을 게재하다.

게:재비-구멍團 가래·보습 따위의 날에 나무 바탕을 끼워 맞추는 구멍. 위쪽으로 벌어져 홈처럼 되어 있음.

게저분-하다嘟嚘 몹시 지저분하다. 囘게주분하다. 게저분-히嚘.

게적지근-하다 [-찌-]嘟嚘 어딘지 모르게 게저분한 느낌이 있다. 약간 게저분하다. ¶대청소를 했는데도 집이 여전히 게적지근하다. 囘게적지근하다.

게접-스럽다 [-쓰-따][~스러우니·~스러워]嘟嚘 약간 지저분하고 더럽다. 조금 구접스럽다. 게접스레嚘.

게:-젓 [-젇-젇]團 끓어서 식힌 간장에 산 게를 넣어 삭힌 다음 양념을 하여 담근 젓. 게장. •게:젓이[-저시]·게:젓만[-전-]

게정團 불평을 품고 하는 말이나 짓. ¶게정을 부리다. /게정을 피우다.

게정-거리다珏 자꾸 게정게정하다. 게정대다.

게정-게정團珏 자꾸 불평스러운 말이나 짓을 하는 모양.

게정-꾼團 자꾸 게정을 부리는 사람.

게정-내다珏 불평스러운 말이나 행동을 나타내다.

게정-스럽다 [-따][~스러우니·~스러워]嘟嚘 게정을 부리는 티가 있다. 게정스레嚘.

게젤샤프트 (Gesellschaft 독)團 이익 사회. ↔게마인샤프트.

게:조 (憩潮)團 ☞게류(憩流).

게:-좌 (-座)團 ☞게자리.

게:-줄團 줄다리기에서, 여러 사람이 잡아당길 수 있도록, 굵은 줄의 양쪽에 맨 여러 가닥의 작은 줄.

게:-다리기團 게줄을 잡고 하는 줄다리기.

-게과라〔어미〕〔옛〕-게 하였노라. ¶내 前生래 여러 가짓 罪 이실써 아두리 이런 受苦를 흐게과라(月釋21:219).

게토 (ghetto)團 ①지난날, 유대 인의 강제 거주 구역. ②미국의 흑인 빈민 구역.

게:-트림嘟嚘 거드름을 피우며 하는 트림.

게:-판 (揭板)團 누각에 걸어 두는, 시문(詩文)을 새긴 나무 판.

게:휴 (憩休)團 ☞휴게(休憩).

겐〔준〕①'거기는'·'거기에는'이 줄어든 말. ¶겐 사정이 어떠한가? ②조사 '에게'와 '는'이 합하여 줄어든 말. ¶네겐 벅찬 상대다.

-겐〔준〕①접미사 '-게'와 조사 '는'이 합하여 줄어든 말. ¶그런 풍속은 내겐 없다. ②정도를 한정하는 어미 '-게'와 조사 '는'이 합하여 줄어든 말. ¶마음이 어떨지는 몰라도 예쁘겐 생겼다.

겔 (Gel 독)團 콜로이드 입자나 고분자 등이 유동성을 잃고 집합하여 고체나 반고체로 된 것. 〔우무·젤라틴·셀룰로이드·두부 같은 것.〕↔솔(Sol).

겔:러-빠지다嘟 〈게을러빠지다〉의 준말.

겔렌데 (Gelände 독)團 스키를 연습하는 곳.

겔:리團 〈게을리〉의 준말.

겟세마네 (-Gethsemane)團 예루살렘의 동쪽, 감람산의 서쪽 기슭에 있는 동산. 예수가 처형당하기 전날, 최후로 기도를 드리고 잡혀 간 곳임.

겟투 (get+two)團 ☞더블 플레이.

-겠-[-겓]〔선미〕①동사 어간이나 '이다'의 어간에 붙어, 미래 시제를 나타냄. ¶곧 시제품을 보시게 되겠습니다. ②용언 어간이나 '이다'의 어간 또는 높임의 '-시-'나 시제의 '-았(었)-' 등에 붙어, 추측을 나타냄. ¶아주 재미있었겠다. /내일은 비가 많이 오겠다. ③동사 어간이나 '이다'의 어간에 붙어, 일인칭 주체의 의지를 나타냄. ¶월말까지는 꼭 갚아 드리겠습니다. ④동사 어간이나 '이다'의 어간에 붙어, 가능성을 나타냄. ¶네 힘으로 그 일을 할 수 있겠나?

겨團 볏과의 곡식을 찧어서 벗겨 낸 껍질을 통틀어 이르는 말.

겨 묻은 개가 똥 묻은 개를 흉본다〔나무란다〕〔속담〕자기에게 결점이 있는 것은 모르고, 남의 결점만 흉본다(나무란다).

겨 주고 겨 바꾼다[속] '보람 없는(쓸데없는) 짓을 함'을 이르는 말.

겨끔-내기[명] 서로 번갈아 하기. 《주로, '겨끔내기로'의 꼴로 쓰임.》 ¶두 사람이 겨끔내기로 짐을 날랐다.

겨:냥[명] ①[하타]목적물을 겨눔. ②어떤 물건에 겨누어 정한 치수와 본새.

겨냥(을) 대다[관용] ①목적물을 겨누어 보다. ②(활이나 총 따위로) 겨누어서 목표에 맞도록 어림을 잡다.

겨냥(을) 보다[관용] ①목적물을 겨누어 어림을 보다. ②(치수·본새 따위를 정하기 위하여) 실물에 겨누어 맞추어 보다.

겨:냥-내다[타] 실물에 겨누어 치수와 본새를 정하다.

겨:냥-대[−때][명] 겨냥내는 데 쓰는 막대기.

겨:냥-도[−圖][명] 건물 따위의 모양·배치를 알기 쉽게 그린 그림.

겨누다[타] ①(활이나 총 따위를 쏠 때) 목적물의 방향과 거리를 똑바로 잡다. ¶적을 향하여 총을 겨누다. ②어떤 물체의 길이·넓이 따위를 알기 위하여, 다른 물체로써 마주 대어 보다. 견주다. ③'겨루다'의 잘못.

겨드랑[명] 〈겨드랑이〉의 준말.

겨드랑-눈[명] ☞곁눈2.

겨드랑이[명] ①가슴 양쪽 옆, 어깨 밑의 오목하게 들어간 부분. 액와(腋窩). ②옷의 겨드랑이에 닿는 자리. ⓜ겨드랑.

겨레[명] 한 조상의 피를 이어받은 자손들. 동포. 민족. ¶배달 겨레.

겨레-말[명] 한 겨레가 공통으로 쓰는 말.

겨레-붙이[−부치][명] 같은 겨레를 이룬 사람.

겨루기[명] 태권도에서, 기본 기술과 품세 기술을 바탕으로 두 사람이 서로 기량을 겨루는 일. 대련(對鍊).

겨루다[타] 서로 버티어 승부를 다투다. ¶팔씨름으로 힘을 겨루다.

겨룸[명][하타] 겨루는 일.

겨르로비[부] 〈옛〉한가로이. 한가롭게. ¶ㅎ오샤 겨르로비 이셔 經을 즐겨 외오리도 보며(釋譜13:20).

겨르로이[부] 〈옛〉한가로이. ¶괴외히 겨르로이 사라(法華2:143).

겨르룹다[형] 〈옛〉한가롭다. ¶빈 겨르룹빈 싸 히러나(釋譜19:1).

겨르룹외다[형] 〈옛〉한가롭다. ¶朝와 野왜 겨르룹왼 나리 적도다(杜重1:1). ⓜ겨르로빈다.

겨르룹다[형][ㅂ] 〈옛〉한가롭다. ¶阿蘭若논 겨르룹고 寂靜호 處所ㅣ라 혼 쓰디라(月釋7:6).

겨를[의] (어미 '-을' 뒤에 쓰이어) 바쁜 가운데서 달리 활용할 수 있는 시간이나 동안. 가극. 틈. 짬. 여가(餘暇). ¶눈코 뜰 겨를도 없다. ⓜ결4.

겨를[명] 〈옛〉결.

겨를ㅎ다[형] 〈옛〉한가하다. ¶겨를ㅎ다:迭當(漢淸1:20).

겨릅[명] 〈겨릅대〉의 준말.

겨릅-단[−딴][명] 겨릅대를 묶은 단.

겨릅-대[−때][명] 껍질을 벗긴 삼대. 마골(麻骨). ⓜ겨릅.

겨릅-문(−ᄆᆞᆫ)[−름−][명] 겨릅발 또는 겨릅을 엮어서 만든 사립문.

겨릅-발[−빨][명] 겨릅대를 엮어서 만든 발.

겨릅-이엉[−름니−][명] 겨릅대로 엮은 이엉.

겨릅-호두(←胡桃)[−르포−][명] 껍데기가 얇은 호두.

겨리[명] 소 두 마리가 끄는 큰 쟁기. ⓐ호리.

겨리-질[−질][하자타] 겨리로 논밭을 가는 일.

겨린(←切隣)[명] 지난날, 살인 사건이 났을 때 그 범인의 이웃에 사는 사람을 이르던 말.

겨린(을) 잡다[관용] 살인 사건이 났을 때, 겨린과 범죄 현장 근처를 지나던 사람까지 증인으로 데려가다.

겨린(을) 잡히다[관용] 살인 사건이 났을 때, 겨린과 범죄 현장 근처를 지나던 사람이 증인으로 불려 가다.

겨릿-소[−리쏘/−릳쏘][명] 겨리를 끄는 소.

겨르르외다[형] 〈옛〉한가하다. 한가롭다. ¶고온 노는 나비는 겨르르왼 帳ᄋᆞ로 디나가고(杜初11:11). ⓐ겨르르빈다.

겨-반지기[−半−][명] 겨가 많이 섞인 쌀.

겨-범벅[명] 쌀겨에 호박을 썰어 넣고 찐 음식.

겨시다[자] 〈옛〉계시다. ¶四祖ㅣ 便安히 몯 겨샤(龍歌110章).

겨슬[명] 〈옛〉겨울. ¶모미 겨스렌 덥고(月釋1:26).

겨우[부] ①어렵게 힘들이어. 가까스로. 근근(僅僅). ¶시험에 겨우 합격했다. /몸이 아파서 겨우 출근했다. ②넉넉하지 못하게. ¶그동안 한 일이 겨우 이거야?/한 시간 동안 겨우 두 장밖에 못 읽었다. ②[비]고작2·기껏. ①겨우-겨우[부] ¶학자금을 겨우겨우 마련하다.

겨우-내[부] 온 겨울 동안 죽. ¶겨우내 방에만 박혀 있었다.

겨우-살이[명] ①겨울 동안 입고 먹고 지낼 옷이나 양식 따위. ②[하자]겨울을 남. 겨울을 넘김. ⓜ과동(過冬)·월동(越冬).

겨우-살이[명] 겨우살잇과의 상록 기생 관목. 참나무·팽나무·밤나무·자작나무 등에 기생하여 새의 둥지 모양으로 둥글게 자람. 3월경에 가지 끝에 노란 꽃이 피고, 열매는 10월경에 노랗게 익음. 한방에서 잎과 줄기를 요통·동맥 경화·동상 등에 약재로 씀.

겨우살이-덩굴[명] ☞인동덩굴.

겨우살이-풀[명] ☞맥문동(麥門冬).

겨울[명] 한 해의 네 철 가운데 넷째 철. 가을과 봄 사이의 계절로 입동부터 입춘 전까지를 이름. ¶겨울을 나다. ⓐ겨을3.

겨울이 다 되어야 솔이 푸른 줄 안다[속] 사람은 위급하거나 어려운 때를 당해 보아야 비로소 어떤 사람인지를 알 수 있다는 말.

겨울이 지나지 않고 봄이 오랴[속] '급하다고 해서 무슨 일이나 억지로 할 수 없음'을 이르는 말.

겨울-나다[−라−][자] 월동하다.

겨울-날[−랄][명] 겨울철의 날이나 날씨. 동일(冬日). 동천(冬天).

겨울-눈[−룬][명] 가을에 나서 겨울을 넘기고 그 이듬해 봄에 싹이 트는 나무눈. 동아(冬芽). ↔여름눈.

겨울-딸기[명] 장미과의 낙엽 활엽 관목. 줄기는 땅 위로 뻗으며 곳곳에서 뿌리가 내리고, 온몸에 잔털이 많음. 잎은 꼭지가 길며 손바닥 모양임. 6~7월에 흰 꽃이 피고, 열매는 겨울에 빨갛게 익는데, 먹을 수 있음.

겨울-맞이[−마지][명] 다가올 겨울철을 맞는 일.

겨울-바람[−빠−][명] 겨울철에 부는 아주 맵고 찬 바람.

겨울바람이 봄바람보고 춥다 한다[속] '자기 허물을 생각지 않고 오히려 남의 작은 허물을 나무람'을 이르는 말.

겨울-밤[-빰]圀 겨울날의 긴 밤. 동야.

겨울^방:학(-放學)圀 학교에서, 겨울철의 한장 추운 시기에 일정 기간 수업을 쉬는 일. 동기 방학(冬期放學). ↔여름 방학.

겨울-비[-삐]圀 겨울에 내리는 비.

겨울-빛[-삗]圀 겨울의 기운. 겨울철임을 느낄 수 있게 하는 자연의 현상. ¶겨울빛이 완연하다. *겨울빛이[-삐치]·겨울빛만[-삔-]

겨울-새[-쌔]圀 가을철에 북쪽에서 날아와 우리나라에서 겨울을 나고 봄철에 다시 북쪽으로 날아가 번식하는 철새. [고니·기러기·물오리·두루미 따위.] 한금(寒禽). ↔여름새.

겨울-옷[-우론]圀 동복. *겨울옷이[-우로시]·겨울옷만[-우론-]

겨울-잠[-짬]圀 (양서류 따위의 냉혈 동물에서 보는 것처럼) 동물이 겨울철에 활동을 멈추고 봄이 올 때까지 땅속이나 물 밑에서 잠자는 상태로 있는 현상. 동면(冬眠). ↔여름잠.

겨울-철圀 겨울인 철. 동계(冬季). 동기(冬期). 동절(冬節).

겨울-털圀 계절에 따라 털을 가는 동물의 몸에, 가을에서 초겨울에 걸쳐 털갈이를 하고, 이듬해 봄까지 그대로 있는 털. 길고 촘촘함. 동모(冬毛). ↔여름털.

겨워-하다(目) 힘겹게 여기다. ¶자기가 겨워하는 벅찬 일을 남에게 억지로 맡기다.

겨월圀(옛) 겨울. ¶江湖에 겨월이 드니 눈 기픠 자히 남다(古時調).

겨월圀(옛) 겨울. ¶雪片이 흐 겨레 기뻤도다(杜初21:15). 魯겨슬.

겨-이삭圀 볏과의 이년초. 높이 30 cm가량. 잎은 실처럼 길며 빳빳함. 5월경 10 cm가량의 가는 이삭이 나와 여러 갈래로 갈라지며 열군자줏빛 혹은 푸른빛의 잔꽃이 피어, 마치 겨를 뿌린 것과 같이 보임. 가축 사료로 씀.

겨울圀(옛) 겨울. ¶겨울에 산곡기를 먹고져 ᄒ여(五倫1:29). 魯겨슬.

겨자圀 ①십자화과의 일년 또는 이년초. 재배 식물로, 높이 1∼2 m. 봄에 십자 모양의 노란 꽃이 핌. 씨는 매우면서도 향기가 있어 가루로 하여 양념이나 약재로 쓰며, 잎과 줄기는 채소로서 먹을 수 있음. ②겨자의 씨를 물에 불려 갈아서 만든 양념.

겨자-선(-膳)圀 배추·무·도라지·다시마·파·편육·돼지고기·전복·해삼·배·밤 등을 잘게 채쳐서 식초와 겨자와 갖은 양념을 하여 버무린 술안주.

겨자-씨圀 ①겨자의 씨. 양념·약재로 쓰임. ②'매우 작은 것'을 비유하여 이르는 말. ¶겨자씨만 한 게 까분다.

겨자-채(-菜)圀 겨자 양념을 한 냉채.

겨-죽(-粥)圀 쌀 속겨로 쑨 죽. 강죽(糠粥).

겨집圀(옛) ①여자. 계집. ¶女子는 겨지비라(月釋1:8). ②아내. ¶남진과 겨집쾌 글히요미 이시며(內訓序3).

겨집얼이다(目)(옛) 장가들이다. ¶겨집 남진얼이며 남진 겨집얼이노라(佛頂上3).

겨집흥다(自)(옛) 장가들다. ¶각각 겨집흥야도 서르 사랑ᄒ야(二倫9). ②계집질하다. ¶형 인운이 겨집흥기 ᄒ며(二倫21).

격(格)**[Ⅰ]**圀 ①환경(조건·사정)에 어울리는 분수나 품위. 격에 어울리다. '격'에 맞다. 걸장 속에서, 체언이나 용언의 명사형이 다른 말에 대하여 가지는 자격. 〔주격·서술격·목적격·보격·관형격·부사격·호격 따위.〕③삼단 논법에서, 대소 전제(前提)에 포함된 매개념(媒概念)의 위치에 따라 결정되는 형식.

[Ⅱ]의 ①((주로 어미 '-ㄴ·-ᆯ·-은'·'-는' 뒤에 쓰이어)) '셈'·'식'의 뜻을 나타냄. ¶칼 물고 뜀 뛰는 격이다. /소 잃고 외양간 고치는 격이네. ②화투나 윷놀이에서의 끗수. ¶다섯 격. /여섯 격. ③((일부 명사 뒤에 쓰이어)) 자격. 신분. 지위. ¶저이가 이 회사의 사장 격이지.

격(隔)圀 사이를 가로막는 간격.

격(을) 두다(관용) 일정한 간격을 두다. ¶사장은 최근에 직원들에게 격을 두고 대한다.

격(檄)圀 ☞격문(檄文).

격감(激減)[-깜]圀(하자)(되자) 급격하게 줆. ↔격증(激增).

격강(隔江)[-깡]圀(하자) 강을 사이에 두고 서로 떨어져 있음.

격강-천리(隔江千里)[-깡철-]圀 강 하나를 사이에 두고 있으나 자주 내왕을 할 수가 없어 천릿길이나 떨어져 있음과 다름없다는 뜻.

격검(擊劍)[-껌]圀 ①하자검(劍)을 쓰는 법을 익히는 일. ②☞검도(劍道).

격고(擊鼓)[-꼬]圀(하자) ①북을 침. ②지난날, 임금의 거둥 때에, 원통한 일을 직소하기 위하여 북을 쳐서 하문(下問)을 기다리던 일.

격고-명금(擊鼓鳴金)[-꼬-]圀 북을 치고 징을 울림. 〔옛날 전장에서, 북을 치면 앞으로 나아가고, 징을 울리면 물러났음.〕

격구(擊毬)[-꾸]圀 ①무예 이십사반의 하나. 말을 타고 달리며 작대기로 공을 치던 무예. 격방(擊棒). ②☞타구(打毬).

격기(隔期) '격기하다'의 어근.

격기-하다(隔期-)[-끼-]쪵어 기일까지의 동안이 가깝다.

격납-고(格納庫)[경-꼬]圀 비행기 따위를 넣어 두는 창고.

격년(隔年)[경-]圀(하자) ①(사람 사이의 접촉이) 한 해 이상을 서로 통하지 못함. ②한 해 또는 한 해씩을 거름. 해거리. ¶격년으로 행사를 치르다.

격년-결과(隔年結果)[경-]圀 ☞해거리.

격노(激怒)[경-]圀(하자) 격렬하게 성냄. 격분.

격단(激湍)[-딴]圀 빠르고 거세게 흐르는 여울.

격담(格談)[-땀]圀 격에 어울리는 말.

격담(膈痰)[-땀]圀 한방에서, 가래가 가슴에 차는 증세, 또는 그 가래를 이르는 말.

격돌(激突)[-똘]圀(하자) 격렬하게 부딪침. ¶적의 주력 부대와 격돌하다.

격동(激動)[-똥]圀(하자타) ①급격하게 변동함. ¶격동하는 세계 정세. ②몹시 흥분하고 감동함. ¶일본의 패망 소식을 들은 군중들은 격동하여 거리로 몰려 나왔다.

격-뜨기(格-)圀(하자) 골패나 화투 따위로, 끗수를 맞추어 승부를 내는 노름의 한 가지.

격랑(激浪)[경낭]圀 ①거센 물결. 격파(激波). ②'모진 시련'을 비유하여 이르는 말. ¶격랑을 헤치고 나온 반생(半生).

격려(激勵)[경녀]圀(하타)(되자) 남의 용기나 의욕을 북돋우어 힘을 내게 함. ¶격려의 편지. /격려를 아끼지 않다.

격려-문(激勵文)[경녀-]圀 격려하는 글.

격려-사(激勵辭)[경녀-]圀 격려하는 말.

격렬(激烈) '격렬하다'의 어근.

격렬-하다(激烈-)[경녈-]쪵어 몹시 세차다. ¶격렬한 논쟁을 벌이다. **격렬-히**傳.

격례(格例)[경녜]圀 오래전부터의 관례(慣例).

격론(激論)[경논][명][하자] 격렬히 논쟁함, 또는 그 논쟁. ¶격론을 벌이다.

격류(激流)[경뉴][명] ①빠르고 세차게 흐르는 물. ¶격류에 휩쓸리다. ②사조나 정세 따위의 '급격히 변하는 기세'를 비유하여 이르는 말. ¶시대 변화의 격류에 휩쓸리다.

격률(格率)[경뉼][명] ①준칙(準則). ②논리학이나 수학에서, '공리(公理)'를 이르는 말.

격리(隔離)[경니][명][하타][되자] ①서로 통하지 못하게 사이를 막거나 떼어 놓음. ②(전염병 환자 등을) 일정한 처소에 따로 옮겨 놓음. ¶콜레라 환자를 격리하다. ③(지리적 요인 등으로) 생물 개체의 생식(生殖)의 범위가 한정되어 있는 일.

격리^병:사(隔離病舍)[경니-][명] 전염병 환자를 격리해서 치료하기 위하여 특별히 시설한 병사(病舍).

격리^병:원(隔離病院)[경니-][명] 전염병 환자만을 따로 격리하여 치료하는 병원.

격리^처:분(隔離處分)[경니-][명] 전염병 환자나 범죄인을 강제적으로 격리시키는 행정 처분.

격린(隔隣)[경닌][명][하자] 가까이 이웃함, 또는 그러한 이웃.

격막(隔膜)[경-][명] 전기 분해에서 양극(兩極)의 반응물과 생성물의 혼합을 막기 위하여 두 극 사이에 놓인 막.

격막(膈膜)[경-][명] ⟨횡격막⟩의 준말. ⟨동물체의 기관이나 조직 따위를 가르는 있는 막.

격멸(擊滅)[경-][명][하타][되자] (적이나 상대편을) 쳐서 멸망시킴.

격몽-요결(擊蒙要訣)[경-뇨-][명] 조선 선조 10(1557)년에 이이(李珥)가 지은, 어린이용 학습서. 한문으로 된 2권 1책의 인본(印本).

격무(激務)[경-][명] 몹시 바쁘고 고된 직무. 극무(劇務). ¶격무에 시달리다.

격문(檄文)[경-][명] ①널리 세상 사람들을 선동하거나 의분을 고취시키려고 쓴 글. 격서(檄書). ②급히 여러 사람에게 알리려고 여러 곳에 보내는 글. ¶격문을 띄우다. ③군병을 모집하거나, 적을 달래거나 꾸짖기 위한 글. ¶적장에게 격문을 보내 항복을 권유했다.

격물(格物)[경-][명][하자] ①주자학에서, 사물의 이치를 철저히 연구하여 밝힘. ②양명학에서, 사물에 의지하지 않고 보아 그에 의하여 마음을 바로잡음을 이름.

격물-치지(格物致知)[경-][명][하자] 실제 사물의 이치를 연구하여 지식을 완전하게 함. '대학'의 '팔조목(八條目)'에 나오는 말. ⓒ격치(格致).

격발(激發)[-빨][명][하자타][되자] ①(기쁨·분노 따위의 감정이) 격렬하게 일어남. ②격동하여 일으킴.

격발(擊發)[-빨][명][하자타][되자] 총포의 탄환을 쏘려고 방아쇠를 당겨 화약에 점화함.

격방(擊棒)[-빵][명] ⟨격구(擊毬).

격벽(隔壁)[경-][명] ①벽을 사이에 두어 막히게 함. ②칸을 막은 벽.

격변(激變)[-뺀][명][하자] 급격하게 변함. ¶격변하는 세계.

격^변화(格變化)[-뺀-][명] ①인도 게르만 어족에서 볼 수 있는, 어미에 의한 격(格)의 변화. ②우리말에서, 체언에 여러 가지 격조사가 붙어 격(格)이 변하는 일. 곡용(曲用). 자리바꿈.

격분(激忿)[-뿐][명][하자] 몹시 성을 냄. 격렬한 분노. 격노(激怒).

격분(激憤)[-뿐][명][하자] 몹시 분개함. 격렬한 분개. 분격(憤激). ¶격분에 찬 목소리.

격분(激奮)[-뿐][명][하자] 몹시 흥분함. 격렬한 흥분.

격살(擊殺)[-쌀][명][하타][되자] 쳐 죽임.

격상(格上)[-쌍][명][하자타][되자] (자격·지위·품계 등의) 격(格)을 올림(높임). ↔격하(格下).

격상(擊賞)[-쌍][명][하자] ⟨격절탄상(擊節歎賞)⟩의 준말.

격색(隔塞)[-쌕][명][하자] 멀리 떨어져 왕래가 막힘.

격서(檄書)[-써][명] ☞격문(檄文).

격설(鴃舌)[-썰][명] [때까치의 혀놀림이라는 뜻으로] '외국인이나 야만인이, 알아들을 수 없이 지껄이는 말'을 얕잡아 이르는 말.

격성(激聲)[-썽][명] 몹시 흥분하여 외치는 소리.

격세(隔世)[-쎄][명][하자] ①세대(世代)를 거름. ②'많은 진보나 변화를 겪어서 딴 시대처럼 달라짐'을 비유하여 이르는 말.

격세(隔歲)[-쎄][명][하자] ①한 해를 거름. 해가 바뀜. ②해가 바뀌도록 서로 통하지 못함.

격세-안면(隔歲顔面)[-쎄-][명] 해가 바뀌도록 오래 만나지 못한 얼굴.

격세^유전(隔世遺傳)[-쎄-][명] 체질·성질 따위의 열성 형질(劣性形質)이, 한 대 또는 여러 대를 걸러서 후손에게 나타나는 현상. 간헐 유전(間歇遺傳). 잠복 유전(潛伏遺傳).

격세지감(隔世之感)[-쎄-][명] 많은 진보·변화를 겪어서 딴 세상처럼 여겨지는 느낌.

격쇄(擊碎)[-쇄][명][하타] 때려 부숨.

격수-벽(隔水壁)[-쑤-][명] 선박의 좌초·충돌에 의한 침수(浸水)를 최대한으로 막기 위하여, 배의 내부에 설치한 벽.

격식(格式)[-씩][명] 격에 어울리는 일정한 법식(法式). ¶격식을 갖추다. /격식을 제대로 차리다.

격실(隔室)[-씰][명] 따로 떨어져 있는 방.

격심(隔心)[-씸][명] ⟨격의(隔意).

격심(激甚)[-씸] '격심하다'의 어근.

격심-하다(激甚-)[-씸-][형여] 매우 심하다. ¶홍수로 격심한 피해를 입다. **격심-히**[부].

격안(隔岸)[-싼][명] 언덕을 사이에 두고 서로 떨어짐, 또는 그 언덕.

격앙(激昂)[-쌍][명][되자] 감정이 격해짐. 몹시 흥분함. ¶격앙된 말투.

격야(隔夜)[-쌰][명][하자] 하룻밤을 거름. ¶격야 근무.

격양(激揚)[-쌍][명][하자][되자] 감정·기운 따위가 세차게 일어남. ¶격양된 목소리.

격양(擊攘)[-쌍][명][하타][되자] ☞격퇴(擊退).

격양-가(擊壤歌)[-쌍-][명] [중국 상고의 요(堯)임금 때, 늙은 농부가 땅을 두드리며 천하가 태평함을 기리어 불렀다는 노래로] '세월이 태평함'을 기리는 노래.

격어(隔語)[-쌍][명] 몹시 격하여 하는 말.

격언(格言)[명] 사리에 꼭 맞아, 인생에 대한 교훈이나 경계가 되는 짧은 말. [속담이나 금언 따위).

격외(格外)[겨괴/겨궤][명] 격식이나 관례·규격에서 벗어남, 또는 그 사물.

격원(隔遠)[-원] '격원하다'의 어근.

격원-하다(隔遠-)[-원-][형여] (사이가) 동떨어져 있다. 절원(絕遠)하다.

격월(隔月)[-월][명] 한 달씩 거르거나 한 달을 거름. 간삭(間朔). 간월(間月). ¶격월로 모임을 갖다.

격월-간(隔月刊)[-월][명] 한 달씩 걸러, 두 달에 한 번 간행함, 또는 그 간행물.

격음(激音)[-][명] ⇨거센소리. 유기음(有氣音).
격음-화(激音化)[-][명] ⇨거센소리되기.
격의(隔意)[겨긔/겨기][명] 서로 털어놓지 않는 속마음. 격심(隔心). ¶격의 없는 대화를 나누다.
격일(隔日)[-][명][하] ①하루씩 거르거나 하루를 거름. ②⇨간일(間日).
격자(格子)[-짜][명] ①대나무 도막을 이어 만든 갓끈에서 도막 사이에 펜 둥근 구슬. ②대오리나 나무오리 또는 쇠 오리 따위를 가로세로 일정한 간격으로 직각이 되도록 성기게 짠 물건, 또는 그러한 형식. ③평면 또는 입체에서, 가로세로 같은 간격으로 규칙 있게 반복된 무늬나 구조. ④⇨결정격자(結晶格子). ⑤⇨회절격자(回折格子).
격자(擊刺)[-짜][명][하] (칼이나 창 따위로) 치거나 찌름.
격자-무늬(格子-)[-짜-늬][명] 바둑판처럼 가로세로의 선이 일정한 간격으로 직각이 되게 만든 무늬. 석쇠무늬.
격자-문(格子門)[-짜-][명] 문살을 격자로 짠 문.
격자-창(格子窓)[-짜-][명] 창살을 격자로 짠 창.
격장(隔墻)[-][명][하] 담을 사이에 두고 서로 이웃함.
격장(激奬)[-짱][명][하타] 크게 장려함.
격장-가(隔墻家)[-짱-][명] 담을 사이에 둔 이웃집.
격장지린(隔墻之隣)[-짱-][명] 담을 사이에 둔 가까운 이웃.
격쟁(擊錚)[-쨍][명][하자] ①징이나 꽹과리를 침. ②조선 시대에, 원통한 일이 있는 사람이 임금에게 하소연하기 위하여 거동하는 길에서 징이나 꽹과리 따위를 쳐서 하문(下間)을 기다리던 일.
격전(激戰)[-쩐][명][하자] 격렬하게 싸움, 또는 그런 전투. ¶격전의 싸움터. /격전을 벌이다.
격전-장(激戰場)[-쩐-][명] ⇨격전지.
격전-지(激戰地)[-쩐-][명] 격전이 벌어진 곳. 격전장.
격절(隔絶)[-쩔][명][하자] 서로 멀리 떨어져 있어 연락이 끊어짐.
격절(擊節)[-쩔][명][하자] 두드려 박자를 맞춤.
격절-칭상(擊節稱賞)[-쩔-][명][하타] ⇨격절탄상(擊節歎賞).
격절-탄상(擊節歎賞)[-쩔-][명][하타] 무릎을 치면서 탄복하며 칭찬함. 격절칭상(擊節稱賞). 逐격상(擊賞).
격정(激情)[-쩡][명] 격렬한 감정. ¶솟구치는 격정을 누르지 못하다.
격정-적(激情的)[-쩡-][관][명] 감정이 세차게 일어난 (것). ¶격정적 흥분. /격정적으로 울분을 토하다.
격조(格調)[-쪼][명] ①(예술 작품에서) 내용과 구성의 조화로 이루어지는 예술적 품위(운치). ¶격조 높은 작품. ②(사물·인품·분위기 따위의) 품격. ¶격조 있는 언행.
격조(隔阻)[-쪼][명][하자] ①멀리 떨어져 있어서 서로 통하지 못함. ②오랫동안 서로 소식이 끊김. 적조(積阻). ¶오랫동안 격조하였습니다. 그동안 평안하시었는지요? 격조-히[부].
격^조사(格助詞)[-쪼-][명] 체언 또는 용언의 명사형에 붙어, 그 말의 다른 말에 대한 자격을 나타내는 조사. [주격·서술격·목적격·보격·관형격·부사격·호격 조사 따위.] 자리토씨.
격주(隔週)[-쭈][명][하] 한 주일씩 거르거나 한 주일을 거름.

격증(激增)[-쯩][명][하][되] 갑자기 많아지거나 불어남. ¶도시 인구의 격증. ↔격감(激減).
격지[-찌][명] ①여러 겹으로 쌓이어 붙은 켜. ②몸돌에서 떼어 낸 돌 조각. ⑨박편(剝片).
격지오(옛) 나막신. ¶뫼홀 촛던 격지오(杜初 16:22).
격지(隔地)[-찌][명] 멀리 떨어져 있는 고장.
격지(隔紙)[-찌][명] 물건을 포개어 쌓을 때) 켜와 켜 사이에 끼우는 종이.
격지-격지[-찌-찌][부] ①여러 켜로. ②각 켜마다.
격-지다(隔-)[-찌-][자] 뜻이 맞지 않거나 틈이 나서 서로의 사이가 멀어지다.
격지-자(隔地者)[-찌-][명] 민법에서, 의사 표시가 전달되기까지에 시간이 걸리는 곳, 또는 그런 상태에 있는 사람. ↔대화자(對話者).
격진(激震)[-쩐][명] 진도 7의 지진. 집이 30% 이상 무너지고 산사태가 일어나며, 땅이 갈라지고 단층이 생길 정도의 격심한 지진. 극진(劇震).
격차(隔差)[명] 수준이나 품질·수량 따위의 차이. ¶소득 격차. /빈부의 격차가 심화되다.
격찬(激讚)[명][하타] 매우 칭찬함. ¶격찬을 받다. /격찬을 아끼지 않다.
격철(擊鐵)[명] 공이치기.
격추(擊追)[명][하타] ⇨추격(追擊).
격추(擊墜)[명][하타][되] (총포나 미사일 따위로) 비행 물체를 쏘아 떨어뜨림.
격치(格致)[명][하자] 〈격물치지(格物致知)〉의 준말. ¶품격(品格)과 운치(韻致).
격침(擊沈)[명][하타][되] 적의 함선(艦船)을 공격하여 가라앉힘.
격침(擊針)[명] 공이.
격탁(擊柝)[명] ①딱따기. ②[하자] 딱따기를 침.
격통(激痛)[명] 심한 통증. ¶복부에 격통을 느끼다.
격퇴(擊退)[-퇴/-퉤][명][하타][되] 적을 쳐서 물리침. 격양(擊攘).
격투(格鬪)[명][하자] 맨몸으로 맞붙어 치고받고 하며 싸움. ¶격투를 벌이다. /강도를 격투 끝에 체포하다.
격투(激鬪)[명][하자] 격렬하게 싸움.
격투-기(格鬪技)[명] 격투의 우열을 겨루는 경기. [권투·유도·레슬링·태권도 따위.]
격파(激波)[명] 거센 물결. 격랑(激浪).
격파(擊破)[명][하타][되] ①쳐부숨. ②벽돌·기왓장 따위를 맨손이나 머리로 쳐서 깨뜨리는 일.
격판(隔板)[명] 배에 실은 짐이 흔들려 움직이는 것을 막기 위하여 선창 안에 설치한 칸막이 판자.
격하(格下)[겨카][명][하자][되] 자격이나 등급·지위 따위를 낮춤. ↔격상(格上).
격-하다(激-)[겨카-][I][자] 갑작스럽게 화를 내다. 몹시 흥분하다. ¶격한 나머지 소리를 버럭 지르다. [II][형] (성질 따위가) 급하고 거세다. ¶격한 성격. /감정이 격하다.
격-하다(檄-)[겨카-][자] 격문(檄文)을 보내어 떨쳐 일어날 것을 호소하다.
격-하다(隔-)[겨카-][타] (시간적·공간적으로) 사이를 두다. ¶담장을 격한 이웃. /한 시간을 격하여 오는 기차.
격화(激化)[겨콰][명][하자][되] 격렬해짐. 격렬하게 됨. ¶무역 전쟁이 격화되다.
격화-소양(隔靴搔癢)[겨콰-][명] 〔신을 신은 위로 가려운 데를 긁는다는 뜻으로〕 어떤 일을 할 때, 그 정통을 찌르지 못하고 겉돌기만 하여 안타깝다는 뜻. 격화파양(隔靴爬癢).

격화-일로(激化一路)[겨콰-]**명** 자꾸 격렬해져 감. ¶ 격화일로에 있는 여야(與野)의 대립.

격화-파양(隔靴爬癢)[겨콰-]**명명**☞격화소양.

격회(隔灰)[겨뢰/겨퀘]**명[하자]** 관을 묻을 때에, 관을 앉힐 자리에 넣고 그 둘레를 석회로 메우는 일.

겪다[격따]**타** ①당하여 치르다. 경험하다. ¶ 그는 어려서부터 갖은 고생을 다 겪었다. ②사람들에게 음식을 차리어 대접하다. ¶ 손을 겪다. ③사람을 사귀어 지내다. ¶ 겪어 보니 성격이 호방한 사람이더군. * 겪어·겪는[경-]

겪이[명] 음식을 차리어 남을 대접하는 일.

견(絹)[명] ①얇고 성기게 짠 무늬 없는 깁에. 밑에 종이를 배접하여, 족자·병풍·부채 따위를 만드는 데 쓰임. ②〈견본(絹本)〉의 준말. ③누에고치에서 얻은 섬유.

견가(絹價)[-까][명] 누에고치의 값.

견ː각(見却)[명][하자][되자] 거절을 당함. 견퇴.

견갑(肩胛)[명] 어깨뼈가 있는 자리.

견갑(堅甲)[명] ①단단하게 만든 갑옷. ②(게나 새우 따위의) 단단한 겉껍데기.

견갑-골(肩胛骨)[-꼴][명]☞어깨뼈. ⓒ갑골·견골.

견갑²관절(肩胛關節)[-꽌-][명]☞견관절(肩關節).

견갑-근(肩胛筋)[-끈][명] 어깨뼈가 있는 자리에 붙어 있는 근육.

견갑-이병(堅甲利兵)[-감니-][명] ①튼튼한 갑옷과 날카로운 병기. ②강한 병력. 정병(精兵).

견강(堅剛·堅強)[명][하자] '견강하다'의 어근.

견강-부회(牽強附會)[-회/-훼][명][하자] 가당치도 않은 말을 억지로 끌어다 대어 자기에게 유리하도록 함.

견강-하다(堅剛-·堅強-)[형어] 성질이 매우 굳세고 단단하다. ¶ 견강한 나무. **견강-히**[부].

견개(狷介)[명] '견개하다'의 어근.

견개-하다(狷介-)[형어] 고집이 세고 지조가 굳다. ¶ 견개한 선비.

견결(堅決)[명] '견결하다'의 어근.

견결-하다(堅決-)[형어] (태도나 심성이) 결기 있고 굳세다. **견결-히**[부].

견ː경(見輕)[명][하자] 남에게 업신여김을 당함.

견경(堅勁·堅硬)[명] '견경하다'의 어근.

견경-하다(堅勁-·堅硬-)[형어] (물질이) 굳고 단단하다. **견경-히**[부].

견고(堅固)[명] '견고하다'의 어근.

견고-하다(堅固-)[형어] 굳고 튼튼하다. 공고(鞏固)하다. ¶ 견고한 요새. **견고-히**[부].

견ː곤(見困)[명][하자] 곤란(곤궁)을 당함.

견골(肩骨)[명]〈견갑골(肩胛骨)〉의 준말.

견공(犬公)[명] '개'를 사람 부르듯이 높여 이르는 말.

견과(堅果)[명] 건조폐과(乾燥閉果)의 한 가지. 단단한 껍데기에 싸여 보통 한 개의 씨가 들어 있는 나무 열매를 통틀어 이르는 말.〔밤·은행·호두·도토리 따위.〕각과(殼果).

견-관절(肩關節)[명] 견갑골과 상박골 사이에 있는 구관절(球關節). 견갑 관절(肩胛關節).

견광(狷狂)[명] (뜻만 커서 과장이 심하거나, 식견이 부족하여 의리만 고집하는 따위) 극단에 치우친 행동을 하는, 부족함이 있는 사람을 이르는 말. 광견(狂狷).

견권(繾綣)[명] '견권하다'의 어근.

견권지정(繾綣之情)[명] 마음속에 깊이 서리어 잊히지 않는 정.

견권-하다(繾綣-)[형어] 살뜰한 정의(情誼)가 못내 잊히지 아니하다.

견ː기(見機)[명][하자] ①(그 일의 기틀을 보아) 낌새를 알아챔. ②기회를 엿봄.

견ː기이작(見機而作)[명] (그 일의 기틀을 보아) 낌새를 알아채고 미리 조처함.

견ː기지재(見機之才)[명] 기회를 잘 알아채는 재주, 또는 그런 사람.

견대(肩帶)[명] ①전대. ②☞상지대(上肢帶).

견대미[명] 실꾸리를 겯을 때에, 실의 가락을 가로 걸치는 자그마한 틀.

견대-팔(肩帶-)[명] 어깻죽지와 팔꿈치 사이의 부분.

견돈(犬豚)[명] 개와 돼지. 개나 돼지. 개돼지.

견두(肩頭)[명] 어깨, 또는 어깨 끝.

견디다[자타] ①(기간을 나타내는 부사어와 함께 쓰이어) 열이나 압력 따위의 외부 작용을 받으면서도 원래의 상태를 잘 유지하다. 현재대로 지속하다. ¶ 나일론 양말이라 오래 견디겠다. ②사람이나 생물이 어려운 환경에 굴복하거나 죽지 않고 계속해서 버티는 상태가 되다. ¶ 벌이는 넉넉지 않으나 알뜰한 살림으로 잘 견디는 집이다. /더위를 견디다. /학정에 견디지 못하고 반란을 일으키다.

견딜-성(-性)[-썽][명] 잘 참아 견디어 내는 성질. 인내성.

견딜-힘[명] 잘 참아 견디어 내는 힘. 인내력.

견련(牽連·牽聯)[결-][명][하자타][되자] ①서로 얽히어 관련됨. ②서로 끌어당기어 관련시킴.

견련(을) **보다**[관용] ①서로가 은근히 꺼리거나 겁내다. ②서로가 원수처럼 미워하다.

견련-범(牽連犯)[결-][명] 범죄의 수단이나 결과 가 다른 죄명에도 관련되는 행위.

견리(堅牢)[명] '견뢰하다'의 어근.

견뢰-하다(堅牢-)[결뢰-/결뤠-][형어] 단단하여 쉽게 부서지지 아니하다.

견루(堅壘)[결-][명] 견고하여 쳐부수기 어려운 보루(堡壘).

견ː리-망의(見利忘義)[결-의/결-이][명][하자] 이 곳만 보고 의리를 생각지 아니함. ↔견리사의.

견ː리-사의(見利思義)[결-의/결-이][명][하자] 이 곳이 보일 때 의리를 먼저 생각함. ↔견리망의.

견마(犬馬)[명] ①개와 말. 개나 말. ②(개나 말처럼 천하고 보잘것없다는 뜻으로) 윗사람에 대하여 '자기 자신'을 낮추어 이르는 말.《주로, '견마의'의 꼴로 쓰임.》¶ 견마의 정성.

견마(牽馬)[명] '경마'의 잘못.

견마-배(牽馬陪)[명]☞견마부.

견마-부(牽馬夫)[명] 조선 시대, 사복시(司僕寺)에 딸리어 긴경마 또는 경마를 잡던 거덜. 견마배.

견마지년(犬馬之年)[명]☞견마지치(犬馬之齒).

견마지로(犬馬之勞)[명] (개나 말 정도의 하찮은 힘이란 뜻으로) '윗사람(임금 또는 나라)을 위하여 바치는 자기의 노력'을 겸손하게 이르는 말.

견마지류(犬馬之類)[명]〔개나 말 같은 부류란 뜻으로〕'비천한 사람들'을 비유하여 이르는 말.

견마지성(犬馬之誠)[명]〔개나 말의 정성이란 뜻으로〕'윗사람(임금 또는 나라)에게 바치는 자기의 정성'을 겸손하게 이르는 말.

견마지심(犬馬之心)[명]〔개나 말이 주인을 위하는 마음이란 뜻으로〕'임금(나라)에 대한 충성심'을 비유하여 이르는 말.

견마지치(犬馬之齒)명 〔개나 말의 나이라는 뜻으로〕남에게 '자기의 나이'를 겸손하게 이르는 말. 견마지년(犬馬之年).

견:맥(見脈)명하타 ①맥을 진찰함. ②보기만 하여 맥의 상태를 봄.

견면(繭綿)명 고치솜.

견:모(見侮)명하자되자 업신여김을 당함.

견모(絹毛)명 ①견사와 모사. ②견직물과 모직물.

견묘(犬猫)명 개와 고양이.

견:문(見聞)명 ①듣고 보고 들음. ¶외국에 나가 많은 것을 견문하다. ②보고 들어서 얻은 지식. 문견(聞見). ¶견문이 넓다. /견문을 쌓다.

견:문각지(見聞覺知)[-찌]명 불교에서, 보고 듣고 깨달아 앎을 이르는 말.

견:문-록(見聞錄)[-녹]명 보고 들은 것을 기록한 글.

견:문-발검(見蚊拔劍)명하자 〔모기를 보고 검을 빼든다는 뜻으로〕하찮은 일에 너무 거창하게 덤빈다는 말. 모기 보고 칼 빼기.

견:문-일치(見聞一致)명하자 보고 들은 바가 서로 꼭 같음.

견:물생심(見物生心)명 물건을 보면 그것을 가지고 싶은 욕심이 생김.

견박(肩膊)명 어깨의 바깥쪽, 상박(上膊)의 윗머리 부분.

견:반(見盤)명 지난날, 갱(坑) 속에서 사용하던 나침반.

견방(絹紡)명 〈견사 방적〉의 준말.

견백-동이(堅白同異)[-똥-]명 중국 전국 시대 공손룡(公孫龍)의 궤변. 〔단단하고 흰 돌은 눈으로 보아 희다는 것은 알 수 있으나 단단함은 알 수 없고, 손으로 만져 보아 단단하다는 것은 알 수 있으나 빛깔은 알 수 없으므로, 단단한 돌과 흰 돌은 동일물이 아니라는 것.〕

견:본(見本)명 〔전체 상품의 품질이나 상태 등을 알아볼 수 있도록〕본보기로 보이는 상품의 일부, 또는 그러한 목적으로 만든 물건. 간색(看色).

견본(絹本)명 서화(書畫)에 쓰는 깁, 또는 깁에 쓰거나 그린 서화. 준견(絹).

견:본-매매(見本賣買)명 견본을 보고서 상품을 사고팔 것을 결정하는 거래.

견:본-쇄(見本刷)명 견본으로 사용하기 위한 인쇄, 또는 그 인쇄물.

견:본-시(見本市)명 〈견본 시장〉의 준말.

견:본^시:장(見本市場)명 선전이나 소개를 위하여, 각종 상품의 견본을 전시하여 거래를 하는 임시 시장. 준견본시.

견:본^주:택(見本住宅)명 ☞모델 하우스.

견부(肩部)명 어깨 부분.

견:불(見佛)명 〔신앙의 힘으로 부처를 본다는 뜻으로〕불성(佛性)을 깨달음.

견:불-문법(見佛聞法)[-뻡]명 눈으로 대자대비한 부처를 보고, 귀로는 오묘한 교법(教法)을 들음.

견비(肩臂)명 어깨와 팔.

견비-통(肩臂痛)명 어깨에서 팔까지의 부분이 아프고 저린 신경통.

견빙(堅氷)명 단단한 얼음.

견사(絹紗)명 견(絹)과 사(紗).

견사(絹絲)명 비단을 짜는 명주실을 통틀어 이르는 말. 깁실. 비단실.

견사(繭絲)명 ①누에고치와 실. ②고치실. 생명주실.

견사^방적(絹絲紡績)명 지스러기 고치나 풀솜을 원료로 하여 실을 잣는 일. 준견방(絹紡).

견:사생풍(見事生風)명하자 〔일거리를 대하면 손바람이 난다는 뜻으로〕'일을 시원시원하게 빨리 처리해 냄'을 이르는 말.

견사-선(絹絲腺)명 나비·나방 따위의 곤충에 발달해 있는 한 쌍의 분비선. 고치나 집을 만들기 위해 실을 분비함.

견새(堅塞)명 방비가 튼튼한 요새.

견설고골(犬齧枯骨)명 〔개가 말라 빠진 뼈를 핥는다는 뜻으로〕'아무 맛도 없음'을 이르는 말.

견성(犬星)명 남쪽 하늘에 있는 큰개자리와 작은개자리의 두 별자리.

견:성(見成)명하자 ☞현성(現成).

견:성(見性)명하자 불교에서, '모든 망념과 미혹을 버리고 자기 본디의 타고난 불성(佛性)을 깨달음'을 이르는 말.

견:성성불(見性成佛)명 자기의 불성을 깨달아 불과(佛果)를 얻음.

견:성-성불(見性成佛)명 자기의 불성을 깨달아 부처가 됨.

견수(堅守)명하타 튼튼하게 지킴. 고수(固守).

견순(繭唇)명 한방에서, 입술이 오그라져서 마음대로 입을 벌리지 못하는 급성병을 이르는 말. 긴순(緊脣).

견:습(見習)명 '수습(修習)'으로 순화.

견:습-공(見習工)[-꽁]명 '수습공'으로 순화.

견:습-생(見習生)[-쌩]명 '수습생'으로 순화.

견:식(見識)명 ☞식견(識見).

견실(堅實)어 '견실하다'의 어근.

견실-주의(堅實主義)[-의/-이]명 모든 일을 견실하게 하려는 주의.

견실-하다(堅實-)형여 (사상이나 심성 따위가) 미덥고 확실하다. ¶견실한 생활을 하다. 견실-히튀.

견아(犬牙)명 ①〔개의 이빨이란 뜻에서〕'잘 맞지 않고 서로 어긋남'을 비유하여 이르는 말. ②낭아(狼牙).

견아^방해석(犬牙方解石)명 개의 이빨처럼 뾰족한 결정을 가진 방해석. 견아석(犬牙石).

견아-상제(犬牙相制)명하자 땅의 경계가 일직선이 되지 못하고, 개의 이빨처럼 들쑥날쑥 서로 어긋남. 견아상착(犬牙相錯).

견아-상착(犬牙相錯)명하자 ☞견아상제(犬牙相制).

견아-석(犬牙石)명 ☞견아 방해석(犬牙方解石).

견:양(見樣)명 '서식'·'보기'·'본보기'로 순화.

견양지질(犬羊之質)명 〔개나 양과 같은 소질이란 뜻으로〕'재능이 없는 바탕'을 비유하여 이르는 말.

견여-금석(堅如金石)명 〔언약·맹세 따위가〕금석같이 굳음.

견여-반석(堅如盤石)명 기초가 반석같이 튼튼함. 비완여반석(完如盤石).

견예(牽曳)명하타 ☞견인(牽引).

견:욕(見辱)명하자 욕(辱)을 당함. 봉욕(逢辱).

견용-동물(犬用動物)명 수레나 농구(農具) 등을 끄는 데 이용되는 소·말 따위의 동물.

견우(牽牛)명 ①〈견우성〉의 준말. ②☞나팔꽃.

견우-성(牽牛星)명 은하수 서쪽 가에 있는 독수리자리의 수성(首星)인 알타이르(Altair)의 딴 이름. 칠석(七夕)에 오작교 위에서 직녀성을 만난다는 전설이 있음. 준견우. 참하고(河鼓)·하고성(河鼓星).

견우-자(牽牛子)몝 한방에서, '나팔꽃의 씨'를 약재로 이르는 말.〔부종 등에 쓰임.〕 초금령(草金鈴)

견우-직녀(牽牛織女)[-녕-]몝 ①견우와 직녀. ②견우성과 직녀성.

견우-화(牽牛花)몝 ⇨나팔꽃.

견-운모(絹雲母)몝 명주실과 같은 윤이 나는 비늘 모양의 백운모(白雲母). 도자기·내화 벽돌·도료 등의 재료로 쓰임.

견원(犬猿)〔개와 원숭이라는 뜻으로〕'서로 사이가 나쁜 두 사람'을 비유하여 이르는 말.

견원지간(犬猿之間)몝〔개와 원숭이의 사이라는 뜻으로〕'서로 사이가 나쁜 두 사람의 관계'를 비유하여 이르는 말.

견:위치명(見危致命) 나라가 위태로울 때 자기의 목숨을 나라에 바침.

견유(犬儒)몝 ①키니크학파에 딸리는 사람. ②기성의 권위와 가치를 멸시하여, 세상을 냉소적으로 보는 학자.

견유-주의(犬儒主義)[-의/-이]몝 ⇨시니시즘.

견유-학파(犬儒學派)몝 ⇨키니크학파.

견:이불식(見而不食)[-씩]몝하타〔'보고도 못 먹는다'는 뜻으로〕아무리 탐나는 것이 있어도, 이용할 수 없거나 차지할 수 없음을 이르는 말.

견:이지지(見而知之)몝하타 실지로 보고 깨달아 앎.

견인(牽引)몝하타되자 끌어당김. 견예(牽曳).

견인(堅忍)몝하타 굳게 참고 견딤.

견인(堅靭) '견인하다'의 어근.

견인-력(牽引力)〔차량 등을〕끌어당기는 힘. ¶증기 기관차의 견인력.

견인불발(堅忍不拔)몝하자 굳게 참고 견디어 마음이 흔들리지 아니함.

견인-자동차(牽引自動車)몝 다른 차량을 끄는 원동력을 갖추고 있는 자동차. 견인차.

견인-주의(堅忍主義)[-의/-이]몝 온갖 욕정을 의지(意志)의 힘으로 억제하려는 도덕적·종교적 주의 주장. 금욕주의(禁慾主義).

견인-지구(堅忍持久)몝하타 굳게 참고 오래 버팀.

견인-차(牽引車)몝 ①짐을 실은 여러 대의 차량을 끄는 기관차. ②⇨견인자동차. ③'선두에 서서 여러 사람을 이끄는 사람'을 비유하여 이르는 말. ¶그는 우리 팀이 승리하는 데 견인차 역할을 했다.

견인-통(牽引痛)몝 근육이 켕기어 쑤시고 아픈 증세.

견인-하다(堅靭-)ᄒ여 단단하고 질기다.

견잠(繭蠶)몝 고치를 지은 누에.

견장(肩章)몝 (군인이나 경찰관 등이) 제복의 어깨에 붙여 관직의 종류나 계급 따위를 나타내는 표장(標章).

견:적(見積)몝하타 어떤 일을 하는 데 필요한 비용 등을 미리 어림잡아 계산함, 또는 그런 계산. ¶견적을 뽑다.

견:적-서(見積書)[-써]몝 견적 내용을 구체적으로 적은 서류.

견:전(遣奠)몝〔견전제(遣奠祭)〕의 준말.

견:전-제(遣奠祭)몝 발인(發靷)할 때, 문 앞에서 지내는 제사. 준견전(遣奠). 참거리제..

견제(牽制)몝하타되자 ①지나치게 세력을 펴거나 자유행동을 하지 못하도록 억누름. ¶견제를 당하다. ②군사 작전에서, 아군의 공격이 수월하도록 적을 특정한 곳에 묶어 두는 전술적 행동. 견철(牽掣).

견제-구(牽制球)몝 야구에서, 주자의 도루를 막거나 또는 주자를 아웃시키기 위해, 투수나 포수가 주자가 있는 베이스의 내야수에게 던지는 공. ¶견제구에 걸리다.

견족(繭足)몝 손바닥이나 발바닥이 꽈리처럼 부르터서 생긴 물집.

견주(繭紬)몝 ⇨산동주(山東紬).

견주다(둘 이상의 사물의 질·양 따위를) 서로 마주 대어 보다. 겨누다. ¶키를 견주다. / 수학 실력을 견주다.

견줄-비(-比)몝 한자 부수의 한 가지. '毘'·'毖' 등에서의 '比'의 이름.

견줌자리-토씨몝 ⇨비교격 조사.

견:중(見重)몝하자 남에게서 소중히 여김을 받음.

견:증(見憎)몝하자 남에게서 미움을 받음.

견지몝 낚싯줄을 감았다 풀었다 하는 데 쓰는 외짝 얼레.

견:지(見地)몝 사물을 관찰·판단하는 처지. 관점(觀點). ¶교육적 견지.

견지(堅持)몝하타 주의 주장이나 태도 따위를 굳게 지니거나 지킴. 견집(堅執). ¶자기 주장을 끝까지 견지하다.

견지(繭紙)몝 ①고려 시대에 사용하던, 매우 질긴 종이의 한 가지. ②누에가 알을 슬어 놓은 종이.

견지-낚시[-낙씨]몝 강에서, 견지를 사용하여 낚싯줄을 풀었다 감았다 하면서 낚는 낚시.

견지-질몝하타 견지로 물고기를 낚는 일.

견직(絹織)몝〈견직물〉의 준말.

견직-물(絹織物)[-징-]몝 명주실로 짠 피륙. 비단. 준견직(絹織).

견진(堅振)몝 ⇨견진 성사.

견진^성:사(堅振聖事)몝 가톨릭에서 이르는 칠성사의 하나. 영세받은 신자에게 주교가 성신(聖神)의 은총을 주기 위하여 그 신자의 이마에 성유(聖油)를 바르는 성사. 견진(堅振).

견집(堅執)몝하타 ①⇨견지(堅持). ②꽉 잡고 있음.

견짓-살[-지쌀-질쌀]몝 닭의 겨드랑이에 붙어 있는 살.

견:책(見責)몝하자 책망을 당함.

견책(譴責)몝 ①하타되자 허물이나 잘못을 꾸짖음. ¶직장 상사에게 견책을 당하다. ②공무원에 대한 징계 처분의 한 가지. 잘못을 꾸짖고, 다시 그런 일이 없도록 주의시키는 가벼운 벌.

견:척(見斥)몝하자되자 배척을 당함.

견철(牽掣)몝하타되자 ⇨견제(牽制).

견:축(見逐)몝하자되자 내쫓김을 당함.

견:출(見黜)몝하자되자 내쫓김.

견:출-지(見出紙)[-찌]몝 분류의 표지로 삼기 위하여, 책이나 서류 따위의 가장자리에 밖으로 뾰죽이 내밀도록 붙이는 작은 종이.

견치(犬齒)몝 ⇨송곳니.

견치-석(犬齒石)몝 ⇨간지석(間知石).

견:탁(見濁)몝 불교에서 이르는 오탁(五濁)의 하나. 보는 것으로 하여 생기는 더러움.

견:탈(見奪)몝하타 빼앗김.

견토지쟁(犬兎之爭)몝 두 사람의 싸움에서 제삼자가 이익을 봄을 이르는 말.〔'전국책(戰國策)'의 '제책(齊策)'에 나오는 말로, 개가 토끼를 쫓다가 둘 다 지쳐서 죽자 농부가 이것을 얻었다는 고사에서 유래함.〕 방휼지쟁(蚌鷸之爭).

견:퇴(見退)[-퇴/-퉤]몝하자 거절을 당함. 견각(見却).

견:파(譴罷)**명하타** 지난날, 관원을 징벌의 뜻으로 파면하던 일.

견:패(見敗)**명하자** 패배(실패)를 당함.

견폐성^해수(犬吠性咳嗽)[-폐썽-/-페썽-]**명** ['개가 짖는 것 같은 기침'이란 뜻으로] 목을 길게 빼고 목젖 아래서 나오는 듯하게 하는 기침.

견포(絹布)**명** ①비단과 포목. ②비단.

견:학(見學)**명하타** (구체적인 지식을 얻기 위하여) 실제로 보고 배움. ¶공장 견학.

견:해(見害)**명하자되자** 해를 입음. 손해를 봄.

견:해(見解)**명** 어떤 사물이나 현상에 대한 의견이나 생각. ¶개인적인 견해. /견해의 차이.

견:해-차(見解差)**명** 둘 이상의 사람 사이에서 나타나는 견해의 차이. ¶견해차가 크다.

견호다(타)**옛** ①겨누다. 재다. ¶五色線 플터 내여 금자히 견화이셔 님의 옷 지어 내니(鄭澈.思美人曲) ②견주다. ¶幽閑景致는 견홀디 뇌야 업시(朴仁老.獨樂堂).

견혼-식(絹婚式)**명** 결혼기념식의 한 가지. 서양 풍속으로, 결혼 45주년을 맞아서 부부가 비단 옷을 선물로 주고받으며 기념함. **⑪**금혼식.

견확(堅確) '견확하다'의 어근.

견확-하다(堅確-)[-화카-]**형여** 굳고 확실하다. 견확-히**뷔**.

견:회-요(遣懷謠)[-회-/-훼-]**명** 조선 광해군 때, 윤선도(尹善道)가 함경도 경원(慶源)에서 귀양살이하면서 지은 다섯 수의 연시조.

결(옛) 결. ¶누는 얇과 결과를 보고 뒤흘 보며(釋詳19:10).

겯거니-틀거니[-꺼-/-꺼-]**뷔** 서로 겨루느라고 이리저리 겯고틀고 하는 모양.

겯고-틀다[-꼬-][~트니·~틀어]**타** (시비나 승부를 다툴 때 지지 않으려고) 서로 버티어 겨루다.

겯:다¹[-따][겯으니·겯어]**재티** (일·기술 따위가) 손에 익다. 몸에 배다. ¶손에 결은 익숙한 솜씨.

[Ⅱ]**자타티** 기름 따위가 흠씬 배다. ¶땀에 결은 옷./장판지를 기름에 겯다.

겯:다²[-따][겯으니·겯어]**타티** ①(대·갈대·싸리 따위의 오리로) 어긋매끼게 엮어 짜다. ¶대오리로 바구니를 겯다. ②(실을) 어긋매끼게 감다. ¶실꾸리를 겯다. ③(풀어지거나 자빠지지 않도록) 서로 어긋매끼게 끼거나 걸치다. ¶둘이 서로 어깨를 겯다. /비계를 겯다.

겯다³[-따][겯으니·겯어]**재티** 암탉이 알을 낳을 무렵에 소리를 골골 내다.

겯아래명(옛) 겨드랑이. ¶겯아래 쏨 나며 뎡바기예 光明이 업스며(月釋2:13).

겯-지르다[-찌-][~지르니·~질러]**타르** ①서로 엇걸리게 걷다. ¶각목을 문을 겯질러 잠그다. ②엇걸어서 다른 쪽으로 지르다. ¶상자를 겯질러 묶다.

겯-질리다[-찔-]**자** ①어떤 일이 이리저리 엇걸리어 서로 거리끼다. ②한 일이 힘에 겨워 기운이 결리고 질리다. ③['겯지르다'의 피동] 겯지름을 당하다.

결¹(나무·돌·살갗 따위에서) 조직의 굳고 무른 부분이 모이어 켜를 이루면서 짜인 바탕의 상태. 또는, 바탕에 나타나 보이는 켜가 이루는 무늬. ¶결이 고운 비단. /나무의 결.

결²(몜) ①〈성결〉의 준말. ¶결이 고운 아가씨. ②〈결기〉의 준말. ¶결을 내며 대들다.

결(이) 바르다(관용) 성결이 곱다. 성미가 곧다.

마음씨가 바르다. ¶대쪽같이 결이 바른 선비.

결을 삭이다(관용) 성이 난 마음을 가라앉히다.

결³[-] 〈겨울〉의 준말.

결의 ①사이. 때. 참. 《주로, '결에'의 꼴로 쓰임.》 ¶어느 결에 그 많은 일을 다 했느냐? ②〈겨를〉의 준말. ¶머뭇거릴 결이 없다.

결(옛) ①물결. ¶바톨 므를 텨 겨를 니르완느니라(釋譜13:9). ②꿈결. 잠결. ③결의 니러 안자 窓을 열고 브라보니(鄭澈.續美人曲).

결(缺)**명** 빠져서 부족함. ¶60명 정원에 한 명 결이다. **⑧**결(缺)하다.

결(結)¹**명** 〈결전(結錢)〉의 준말.

결(結)²**명** 〈결구(結句)〉의 준말. **⑧**기승전결.

결(結)³**의** 지난날, 조세를 매기기 위한 논밭의 면적 단위. 목.

결가(決價)[-까]**명하타** 값을 결정함, 또는 결정한 값. 절가(折價).

결가(結跏)**명** 〈결가부좌(結跏趺坐)〉의 준말.

결가(結價)[-까]**명** ☞결금.

결-가부좌(結跏趺坐)**명하자** 불가의 앉는 법의 한 가지. 먼저 오른발의 발바닥을 위로 하여 왼편 넓적다리 위에 얹고, 왼발을 오른편 넓적다리 위에 얹는 앉음새. 연화좌. 가부좌. **⑨**결가.

결곡(缺刻)**명** (무·가새풀 따위의 잎처럼) 잎의 가장자리가 후미지게 깊이 패어 들어간 잎, 또는 그런 형상.

결강(缺講)**명하자타** 예정되어 있던 강의를 쉼. ②강의 시간에 빠짐.

결격(缺格)[-격]**명하자** 필요한 자격이 모자라거나 빠져 있음. ¶그는 색맹이기 때문에 자동차 운전사로는 결격이다. /결격 사유가 있어서 반품되었다. ↔적격(適格).

결결-이[-뷔] ①그때그때마다. ¶어른을 뵙는 결격이 부모님 생각이 난다. ②때때로.

결곡-하다[-고카-]**형여** 생김새나 마음씨가 빈틈이 없고 야무지다. **결곡-히**뷔.

결과(缺課)**명하자** ①과업을 쉼. ②수업(강의) 시간에 빠짐.

결과(結果)**명하자** ①열매를 맺음, 또는 그 열매. ②앞의 까닭으로 말미암아 이루어지는 결말이 생김, 또는 그 결말의 상태. ¶좋은 결과를 기대합니다. /시작이 좋아야 결과도 좋은 법이오. ②↔원인(原因).

결과(結裹)**명원인** ①꾸러미를 싸서 동여맴. ②줄기직 따위로 싼 관을 삼 껍질로 꼬아 만든 밧줄로 밥입이를 쳐서 동임. ②결관(結棺).

결과-기(結果期)**명** 열매를 맺는 시기.

결과-론(結果論)**명** 행위의 원인이나 경과는 생각하지 않고, 오직 결과만을 가지고 펼치는 의론(議論).

결과-범(結果犯)**명** 범죄의 구성 요건으로서, 실행된 일정한 외부적 행위뿐만 아니라 발생한 일정한 결과까지를 필요로 하는 범죄. [살인죄 따위.] 실질범(實質犯). ↔거동범.

결과-설(結果說)**명** (행위의 동기와는 상관없이) 행위의 결과나 그 행위가 다른 사람에게 미치는 영향을 도덕적 판단의 기준으로 삼는 도덕설. ↔동기설.

결과-적(結果的)**관명** 어떤 까닭으로 말미암아 결말의 상태로 되는 (것). ¶결과적으로 생태계 파괴의 근본적인 책임은 인류에게 있다.

결과적 가중범(結果的加重犯)[-까-] 일정한 범죄 행위에서, 행위자가 예견하지 못한 중한 결과를 발생시켰을 때, 그 중한 결과로 말미암아 형(刑)이 가중되는 범죄.

결과-지(結果枝)[명]☞열매가지.
결과-표(結果表)[명]☞귀결부(歸結符).
결관(結棺)[명][하타]☞결과(結裹).
결관-바(結棺-)[-빠][명] 관을 동일 때 쓰는 바. 〔갯물에 담갔다가 솔에 쪄 낸 삼 껍질로 굵게 꼬아 만듦.〕 결관삭(結棺索).
결관-삭(結棺索)[명]☞결관바.
결관-포(結棺布)[명] 결관바가 없을 때 대신 쓰는 외올베.
결궤(決壞)[-괴/-궤][명][하자]☞결궤(決潰).
결교(結交)[명][하자] 서로 교분을 맺음. 서로 사귐.
결구(結句)[-꾸][명] ①문장이나 편지 따위의 끝을 맺는 어구. 끝구. ②한시(漢詩)에서, 절구(絶句)의 끝인 넷째 구. 곧, '기승전결'의 결(結). 준결(結)².
결구(結球)[명][하자] 양배추 따위 채소의 잎이 여러 겹으로 겹쳐져 둥글게 속이 드는 상태. ¶결구한 배추.
결구(結構)[명] ①[하타]어떤 형태가 되도록 얽거나 짜서 만듦, 또는 그렇게 만든 것의 모양새. ②문학에서 이르는, 주요한 줄거리. 전체의 얼거리. 플롯(plot). ¶그 소설은 아름다운 결구로 끝을 맺는다.
결구-배추(結球-)[명] 배추의 한 품종. 자라면서 잎이 여러 겹으로 겹쳐서 둥글게 속이 드는 것이 특징임.
결국(結局)[명] ①일의 마무리 단계. 끝 판국. 결말. ¶결국은 마찬가지다. ②[하자]형국(形局)을 완전히 갖춤. ③[부사적 용법] 결말에 가서. 끝장에는. ¶결국 우리가 이겼다.
결권(結卷)[명] 경전(經典)이나 책의 마지막 권.
결궤(決潰)[명][하자][되자] 물에 밀리어 둑 따위가 터져 무너짐. 결괴(決壞). 궤결(潰決).
결근(缺勤)[명][하자][되자] 근무해야 할 날에 출근하지 않고 빠짐. ¶무단(無斷) 결근. ↔출근(出勤).
결근-계(缺勤屆)[명-게/-계][명] 결근의 사유를 적어 소속 기관에 제출하는 문서.
결금(結-)[-끔][명] 조선 시대의 조세 제도에서, 토지의 한 결(結)에 대하여 매기던 세금의 액수. 결가(結價).
결기(-氣)[-끼][명] ①발끈하기 잘하는 급한 기질. 몹시 급한 성질. ¶그만 일로 왜 결기를 내고 그래. ②부정·불의 따위를 보고만 있지 못하고 과단성 있게 맞서는 성미. ¶결기 있는 사나이. 준결².
결-나다[-라-][자] 결기가 일어나다. ¶저렇게 결나서 설치니 그냥 넘어갈 것 같지가 않다.
결-내다[-래-][자] 결기를 내다.
결뉴(結紐)[-류][명][하자] 얽어맴. 띠를 맴. ¶아(我)의 자족(自足)한 독창력을 결뉴할지로다…민족적 정화를 결뉴할지로다(己未獨立宣言書).
결단(決斷)[-딴][명][하자][하타] 딱 잘라 결정하거나 단안을 내림, 또는 그 결정이나 단안. 단결(斷決). ¶할 것이냐 안 할 것이냐의 결단을 내리다.
결단(結團)[-딴][명][하자][되자] 단체를 결성함. ¶결단식을 거행하다. ↔해단(解團).
결단-성(決斷性)[-딴썽][명] 결단을 내리는 성질. 맺고 끊는 듯한 성질.
결단-코(決斷-)[-딴-][부] 딱 잘라 말해서. 절대로. 《흔히, 부정하는 말이 뒤따름.》 ¶결단코 용서하지 않겠다. 참결코.
결당(結黨)[-땅][명][하자][되자] ①도당(徒黨)을 맺음. ②정당(政黨)을 결성함.

결-대전(結代錢)[-때-][명] 조선 말기에, 논밭의 조세로 곡식 대신에 내던 돈.
결두-전(結頭錢)[-뚜-][명] 조선 말기에, 경복궁을 다시 고치는 데 드는 비용을 채우기 위하여 논밭의 조세에 덧붙여 받던 돈.
결-딱지[-찌][명] 〈결증〉의 속된 말.
결딴[명] 어떤 일이나 물건이 완전히 망가져서 아주 쓸모 없이 된 상태.
결딴-나다[자] 어떤 일이나 물건 따위가 망가져서 아주 쓸모 없는 상태가 되다. ¶번창하던 사업이 결딴나다.
결딴내다[타] 〔'결딴나다'의 사동사〕 결딴나게 하다. 망치다. ¶노름으로 살림을 결딴낸다. / 네가 우리 집안을 아주 결딴낼 작정이냐?
결락(缺落)[명][하자][되자] (당연히 있어야 할) 한 부분이 없어짐.
결련(結連)[명][하자][되자] ①서로 맺어져 하나로 이어짐. ②연결(連結).
결련(結聯)[명]☞미련(尾聯).
결련-태(結連-)[명] 〈결련 태껸〉의 준말.
결련^태껸(結連-)[명] 여러 사람이 편을 갈라 승부를 겨루는 태껸. 준결련태.
결렬(決裂)[명][하자][되자] ①갈래갈래 찢어짐. ②교섭이나 회담 따위에서, 의견이 맞지 않아 서로 그간의 관계를 끊고 갈라짐. ¶남북 정상 회담이 결렬되다.
결렴(結斂)[명][하타] 조선 시대에, 결세(結稅)에 덧붙여 돈이나 곡식을 거두어들이던 일.
결렴(潔廉)[명] '결렴하다'의 어근.
결렴-하다(潔廉-)[형여] 결백하고 청렴하다.
결례(缺禮)[명][하자] 예의범절에 벗어남, 또는 그런 행동. 실례(失禮). ¶결례를 무릅쓰고 불쑥 찾아왔습니다.
결로(結露)[명] 이슬이 맺힘. 〔내부의 온도가 이슬점 이하로 떨어져, 물체의 거죽에 공기 중의 수증기가 물방울이 되어 달라붙는 현상.〕
결론(決論)[명][하타] 어떤 결론에 대하여 시비를 따지어 결정함, 또는 그 결정된 의론.
결론(結論)[명] ①말이나 글에서 끝맺는 부분. 맺음말. ¶결론을 맺다. ②[하자]판단을 내림, 또는 그 판단. ¶결론이 나다. /결론을 내리다. ③논리학에서, 어떤 판단 또는 가정으로부터 다른 판단을 이끌어 냈을 때, 이끌어 낸 판단. 귀결(歸結). 단안(斷案). ¶결론을 얻다.
결론-적(結論的)[관명] 말·글·판단 따위를 마무리하는 (것). ¶결론적으로 이야기하자면 자원을 아껴 써야 한다는 것이다.
결론-짓다(結論-)[-짇따][~지으니·~지어][타시] 결론을 내리다. 말이나 글을 끝맺다. ¶결론지어 당기어서 그 일은 실패했다.
결료(結了)[명][하타] 완전히 끝을 맺음. 뒤끝을 맺어 마무름. 종결(終結).
결루(缺漏)[명][하자][되자] (여럿 가운데 함께 들어 있던 것이) 빠져서 없어짐. 궐루(闕漏).
결리다[자] ①(숨을 크게 쉬거나 움직일 때) 몸의 어떤 부분이 당기어서 뜨끔한 아픔을 느끼다. ¶옆구리가 결리다. ②남에게 억눌리어 기를 펴지 못하다. ¶그 사람한테 뭐 결리는 데라도 있느냐.
결막(結膜)[명] 눈꺼풀 안과 눈알의 겉을 싸고 있는 무색투명한 얇은 막(膜).
결막^반사(結膜反射)[-빠-][명] 결막에 자극을 주면 눈꺼풀이 닫히는 반사.
결막-염(結膜炎)[-망념][명] 결막에 생기는 염증. 〔결막이 발갛게 붓고 눈곱이 낌.〕

결말(結末)명 어떤 일이 마무리되는 끝. 끝장. 결국(結局). 결미(結尾).

결말-나다(結末-)[-라-]자 끝장이 나다. 해결이 나다. ¶너무 쉽게 결말난 승부였다.

결말-내다(結末-)[-래-]타 끝장이 나게 하다. 해결이 나게 하다.

결말-짓다(結末-)[-짇따][~지으니·~지어]타🅢 끝장이 나도록 하다. 해결이 되도록 만들다.

결맹(結盟)명하자 ①맹약을 맺음. ②연맹이나 동맹을 맺음. 체맹(締盟).

결-머리〈결증〉의 속된 말.

결명-자(決明子)명 한방에서 '결명차의 씨'를 약재로 이르는 말.

결명-차(決明茶)명 콩과의 일년초. 북미가 원산지인 재배 식물로, 줄기 높이 1m가량. 잎은 깃 모양의 겹잎이며, 작은 잎은 2~4쌍으로 거꿀달걀꼴임. 여름에 노란 꽃이 피고, 꽃이 진 뒤에 길쭉한 꼬투리가 여는데, 그 속에 든 씨를 '결명자'라 하며, 한방에서 약재로 쓰임.

결목(結木)명 조선 시대에, 결세(結稅)로 거두어들이거나 바치던 무명.

결묵(結墨)명하타 목재를 다듬을 때, 먹으로 치수를 매기는 일.

결문(結文)명 문장의 끝을 맺는 글. 끝맺는 글. 말문.

결미(結米)명 조선 시대에, 결세(結稅)로 거두어들이거나 바치던 쌀.

결미(結尾)명 글·말·일 등의 끝. 결말(結末).

결박(結縛)명하타 몸이나 손 따위를 마음대로 움직이지 못하게 단단히 묶음.
    결박(을) 짓다관용 단단히 동이어 묶다.

결발(結髮)명하자 쪽을 찌거나 상투를 틂.

결발-부부(結髮夫婦)명 숫총각과 숫처녀가 혼인하여 맺은 부부.

결백(潔白)명하형 ①깨끗하고 흼. ②행동이나 마음 따위가 조촐하고 깨끗하여 허물이 없음. ¶결백한 인물./결백을 증명하다. **결백-히**튀

결번(缺番)명하자🅣 ①당번을 거름, 또는 그 거른 번(番). ②중간에서 번호가 빠짐, 또는 그 빠진 번호. ¶전학 간 학생이 있어 결번이 생겼다.

결벽(潔癖)명 ①남달리 깨끗함을 좋아하는 성벽(性癖). ②부정이나 악 따위를 극단적으로 미워하는 성질. ¶그는 결벽이 심해서 친구가 없다.

결벽-증(潔癖症)[-쯩]명 병적으로 깨끗한 것에 집착하는 증상.

결별(訣別)명하자 ①기약 없는 이별을 함, 또는 그런 이별. ②관계나 교제를 영원히 끊음. ¶결별을 선언하다.

결복(結卜)명 조선 시대에, 토지세 징수의 기준이 되는 논밭의 면적에 매기던 단위인 목·짐·뭇을 통틀어 이르던 말. 閔결부(結負).

결복(闋服)명하자 부모의 삼년상을 마침. 해상(解喪). 탈상(脫喪).

결본(缺本)명 질(帙)로 된 책 가운데서 낱권이 빠져 나감, 또는 그 빠져 나간 낱권. 궐본. 낙질.

결부(結付)명하타🅣 서로 관련지어 붙임. ¶나를 그 사건과 결부하여 말하지 마라.

결부(結負)명 〈결복(結卜)〉의 본딧말.

결빙(結氷)명하자 물이 얼어서 얼음이 됨. 얼어붙음. 동빙(凍氷). ↔해빙(解氷).

결빙-기(結氷期)명 물이 어는 시기.

결빙-점(結氷點)[-쩜]명 ☞빙점(氷點).

결사(決死)[-싸]명하자 (어떤 일을 위하여) 죽음을 각오함. ¶결사 항전.

결사(訣辭)[-싸]명 결별(訣別)의 말.

결사(結社)[-싸]명하타 여러 사람이 공동의 목적을 이루기 위하여 사회적인 결합 관계를 맺음, 또는 그 단체. ¶비밀 결사.

결사(結辭)[-싸]명 끝맺는 말.

결사-대(決死隊)[-싸-]명 (어떤 일을 위하여) 죽음을 각오한 사람들로 조직한 부대(무리). 정신대(挺身隊).

결사-반대(決死反對)[-싸-]명하자타 목숨을 내걸고 반대함. ¶신탁 통치 결사반대.

결사-보국(決死報國)[-싸-]명하자 목숨을 내걸고 나라의 은혜에 보답함.

결사-적(決死的)[-싸-]명 죽기를 각오하고 나서는 (것). ¶결사적 투쟁. /결사적으로 덤비다.

결사-죄(決社罪)[-싸쬐/-싸쮀]명 반국가적인 목적으로 결사를 조직·가입하거나 그 목적을 위해 벌이는 행위로 성립되는 죄.

결산(決算)[-싼]명하타 ①계산을 마감함. ②공공 기관이나 기업체에서, 일정 기간의 수입과 지출을 계산하는 일. ③일정 기간 동안의 활동이나 업적을 정리하거나 마무리하는 일. ¶올해 한국 영화의 결산.

결산-기(決算期)[-싼-]명 공공 기관이나 기업체 등에서, 결산을 하는 시기.

결산^보:고(決算報告)[-싼-]명 기업체 등이 결산 결과를 주주와 채권자 및 일반에게 보고하는 일, 또는 그 보고.

결산-서(決算書)[-싼-]명 기업체 등에서, 일정한 영업 기간의 영업 개황이나 재정 상태 등을 기록한 문서.

결상(結像)[-쌍]명하타 어떤 물체에서 나온 광선 따위가 반사·굴절한 다음 다시 모여 그 물체와 닮은꼴의 상(像)을 맺는 일.

결석(缺席)[-썩]명하자타 (출석해야 할 자리에) 출석하지 않음. 궐석. ↔출석(出席).

결석(結石)[-썩]명 몸 안의 장기(臟器) 속에 생기는 돌같이 단단한 고형물. [담석(膽石)·요석(尿石) 따위].

결석-계(缺席屆)[-썩께/-썩께]명 결석의 사유를 적어 제출하는 문서.

결석-신고(缺席申告)[-썩씬-]명 결석의 사유를 적어 제출하는 일.

결석^재판(缺席裁判)[-썩째-]명 결석 판결을 내리는 재판. 궐석 재판.

결석^판결(缺席判決)[-썩-]명 당사자의 한쪽이 구두 변론 기일에 결석했을 경우, 출석 당사자의 주장(신청)에 따라 하는 판결. 궐석 판결. ↔대석 판결.

결선(決選)[-썬]명하타 ①결선 투표로 당선자를 결정함, 또는 그 선거. ②일등 또는 우승자를 가리는 마지막 겨룸. ¶결선에 오르다. /결선에 진출하다. 閔본선·예선(豫選).

결선(結船)[-썬]명하타 여러 척의 배를 한데 잇달아 맴.

결선^투표(決選投票)[-썬-]명 재투표의 한 가지로, 처음의 투표에서 피선거인들이 당선에 필요한 표를 얻지 못했을 경우, 두 사람 이상의 상위(上位) 득표자를 대상으로 하여 다시 한 번 마지막으로 하는 투표.

결성(結成)[-썽]명하자타 (단체 따위를) 맺어 이룸. 짜서 만듦. ¶친목 단체를 결성하다.

결세(結稅)[-쎄]명 지난날, 토지의 결복에 따라서 매기던 조세.

결속(結束)[-쏙]圓하자타되자 ①출전(出戰)하거나 여행하기 위하여 몸을 단속하는 일, 또는 그 몸단속. ②뜻이 같은 사람끼리 하나로 뭉침. ¶회원의 결속을 다지다.

결손(缺損)[-쏜]圓 ①모자람. 한 부분이 없어서 불완전함. ¶자재의 결손을 채우다. /기계에 결손이 있다. ②수입보다 지출이 많아서 생기는 금전상의 손실. 흠손(欠損). ¶결손을 메우다.

결손^가정(缺損家庭)[-쏜-]圓 미성년자가 있는 가정에서 사망·이혼 등으로 말미암아 양친 또는 그중 어느 한쪽이 없는 가정.

결손-금(缺損金)[-쏜-]圓 일정한 기간 동안 수입보다 지출이 많아서 생긴 손실 금액.

결손-액(缺損額)[-쏘낵]圓 계산상으로 결손을 본 돈의 액수.

결수(結手)[-쑤]圓하자 ☞결인(結印).

결순(缺脣)[-쑨]圓 ☞언청이.

결승(決勝)[-�씅]圓하자 운동 경기 등에서, 이기고 짐을 마지막으로 가림. ②〈결승전〉의 준말. ¶결승에서 만나다. /결승에 오르다.

결승(結繩)[-�씅]圓 끈이나 새끼 따위로 매듭을 지음, 또는 그 매듭.

결승^문자(結繩文字)[-씅-짜]圓 끈이나 새끼 따위로 일정하게 매듭을 맺어 기호로 삼던 고대 문자.

결승-선(決勝線)[-씅-]圓 달리기 따위에서, 결승점에 가로 치거나 그은 선(線).

결승-전(決勝戰)[-씅-]圓 운동 경기 등에서, 이기고 짐을 판가름하기 위하여 마지막으로 겨루는 경기. ¶결승전에 진출하다. ②결승(決勝).

결승-점(決勝點)[-씅쩜]圓 ①달리기나 경영(競泳) 따위에서, 등수를 판가름하는 마지막 지점. ¶결승점에 1위로 들어오다. ②승부를 결정짓는 점수. ¶결승점을 뽑다.

결승지정(結繩之政)[-씅-]圓〔새끼의 매듭으로 의사소통을 하던 정치라는 뜻에서〕'유사(有史) 이전의 중국 고대 정치'를 이르는 말.

결시(缺試)[-씨]圓하자 시험에 빠짐.

결식(缺食)[-씩]圓하자 (살림이 어려워) 끼니를 거름. 궐식(闕食).

결식-아동(缺食兒童)[-씨가-]圓 (살림이 어려워) 끼니를 거르는 아동.

결신(潔身)[-씬]圓하자 몸을 더럽히지 않고 깨끗하게 지님.

결실(結實)[-씰]圓하자 ①열매를 맺음. ¶가을은 결실의 계절. ②일의 결과가 잘 맺어짐. ¶성공은 노력의 결실이다.

결실-기(結實期)[-씰-]圓 열매를 맺는 시기.

결심(決心)[-씸]圓하자타 (어떻게 하기로) 마음을 굳게 작정함, 또는 그 작정한 마음. 결의(決意). ¶굳은 결심. /결심이 서다. /담배를 끊기로 결심하다.

결심(結審)[-씸]圓하자되자 ①민사 소송에서, 구두 변론을 종결지음. ②형사 소송에서, 심리를 결말지음. ②예심(豫審).

결심^공판(結審公判)[-씸-]圓 소송 사건의 심리를 끝내는 공판.

결심-육력(結心戮力)[-씸늉녁]圓하자 마음으로 서로 돕고 힘을 합함.

결안(結案)圓 지난날, '사법(司法) 사건의 처리가 끝난 문서' 또는 '사형(死刑)을 결정한 문서'를 이르던 말.

결약(結約)圓하자 약속을 맺음.

결어(結語)圓 끝맺는 말. 맺음말.

결에(옛) 겨레. ¶결에 족:族(類合上13).

결여(缺如)圓하타되자《주로 추상적인 말과 함께 쓰이어》마땅히 있어야 할 것이 모자라거나 빠져서 없음. ¶객관성의 결여. /정신력의 결여.

결연(決然)'결연(決然)하다'의 어근.

결연(缺然)'결연(缺然)하다'의 어근.

결연(結緣)圓하자되자 ①인연을 맺음. ②불문(佛門)에 귀의하는 인연을 맺음.

결연-하다(決然-)혬예 (마음가짐이나 행동에) 결의에 찬 꿋꿋한 태도가 있다. **결연-히**튀 ¶정의를 위해 결연히 일어나다.

결연-하다(缺然-)혬예 모자라서 서운하다. **결연-히**튀

결옥(決獄)圓하자 지난날, '범죄인에 대한 형사 판결'을 이르던 말.

결원(缺員)圓하자되자 정원(定員)에서 사람이 빠져 모자람, 또는 그 모자라는 인원. ¶결원을 보충하다. /결원이 생기다.

결원(結圓)圓하자 ②활꼴.

결원(結怨)圓하자 서로 원수가 되거나 원한을 품음.

결은-신圓 (물이 스미지 못하게) 기름을 발라 결은 가죽신.

결의(決意)[겨릐/겨리]圓하자타 뜻을 정하여 굳게 가짐, 또는 그 뜻. 결심(決心). ¶꼭 해내고야 말겠다는 굳은 결의.

결의(決議)[겨릐/겨리]圓하타 회의에서, 의안이나 제의 등의 가부를 결정함, 또는 그 결정.

결의(結義)[겨릐/겨리]圓하자 남남끼리 의리로써 형제·자매·남매와 같은 관계를 맺음. ¶도원(桃園)의 결의.

결의-권(決議權)[겨릐꿘/겨리꿘]圓 ☞의결권.

결의^기관(決議機關)[겨릐-/겨리-]圓 ☞의결기관.

결의-문(決議文)[겨릐-/겨리-]圓 결의 사항을 적은 글.

결의-안(決議案)[겨릐-/겨리-]圓 결의에 붙일, 또는 붙인 의안. ¶결의안 심의.

결의-형제(結義兄弟)[겨릐-/겨리-]圓 남남끼리 의리로써 형제 관계를 맺음, 또는 그런 형제. ②의형제(義兄弟).

결인(結印)圓하자 진언종(眞言宗)에서, 수행자가 손가락을 여러 모양으로 구부려 불보살의 힘이나 깨달음을 상징적으로 나타내는 일, 또는 그 형식. 결수(結手).

결자(缺字)[-짜]圓 인쇄 교정지나 인쇄물 같은 데서 빠진 글자.

결-자웅(決雌雄)圓하자 자웅(雌雄)을 결함. 승부를 겨룸.

결자해지(結者解之)[-짜-]圓하자 〔맺은 사람이 풀어야 한다는 뜻으로〕'일을 저지른 사람이 그 일을 해결해야 함'을 이르는 말.

결장(決杖)[-짱]圓하타 지난날, 곤장의 형벌을 집행하던 일.

결장(缺場)[-짱]圓하자타 (운동 선수 등이) 으레 출장해야 할 자리에 나오지 않음. ¶결승전에 부상으로 결장하다.

결장(結腸)[-짱]圓 맹장과 직장을 잇는 큰창자의 한 부분. 작은창자에서 소화된 음식물에서 수분을 흡수하는 구실을 함.

결장-염(結腸炎)[-짱념]圓 결장에 생기는 염증.

결재(決裁)[-째]圓하타 상관이 부하가 제출한 의안을 헤아려 승인함. ¶부장의 결재를 받다.

결재-권(決裁權)[-째꿘]圓 결재(決裁)할 수 있는 권한.

결재-투표(決裁投票)[-째-]圓 ☞결정투표.

결전(決戰)[-쩐]圀하지 승부를 결판내는 싸움. ¶드디어 결전의 날이 왔다.

결전(結錢)[-쩐]圀 지난날, 전결(田結)의 부가세로 받던 돈. ⓒ준결(結)¹.

결절(結節)[-쩔]圀 ①맺힌 마디. ②도토리만 한 크기로 단단하게 맺혀지, 피부 위에 볼록하게 도드라진 것. 망울.

결점(缺點)[-쩜]圀 잘못되거나 완전하지 못한 점. 단점. 결함. ¶남을 헐뜯는 버릇이 그의 결점이다. ↔장점(長點).

결정(決定)[-쩡]圀하지타퇴자 결단을 내려 확정함, 또는 그 확정한 것이나 내용. ¶결정을 짓다. ②법원이 행하는, 판결 및 명령 이외의 재판.

결정(結晶)[-쩡]圀하자퇴자 ①일정한 평면으로 둘러싸인 물체 내부의 원자 배열이 규칙적으로 이루어짐, 또는 그렇게 이루어진 고체. ②'애써 노력하여 보람 있는 결과를 얻음'을 비유하여 이르는 말. ¶이 한 톨의 쌀도 농민이 흘린 땀의 결정이다.

결정-격자(結晶格子)[-쩡-짜]圀 결정 구조를 형성할 때, 같은 종류의 원자나 분자가 공간적으로 만드는 규칙적·주기적인 격자 모양의 배열 구조. 격자(格子).

결정-계(結晶系)[-쩡계/-쩡게]圀 결정체를 결정축의 수·위치·길이에 따라 종류별로 나눈 것. 〔등축(等軸)·정방(正方)·삼방(三方)·사방(斜方)·단사(單斜)·삼사(三斜)·육방(六方)의 일곱 정계(晶系)로 나뉨.〕⇒정계(晶系).

결정^광학(結晶光學)[-쩡-]圀 결정 내부의 빛의 전파 방법 및 그에 따른 결정의 광학적 성질을 연구하는 학문.

결정^구조(結晶構造)[-쩡-]圀 결정을 이루고 있는 원자나 분자 등의 배열 상태.

결정-권(決定權)[-쩡꿘]圀 ①결정할 수 있는 권한. ②합의체의 의결에서, 가부(可否)가 같은 수인 경우에 이를 결정하는 권한.

결정-도(結晶度)[-쩡-]圀 화성암이 암장(岩漿)으로부터 이루어질 때 냉각에 따라 결정되는 정도. 곧, 화성암 중의 결정질 광물과 유리질(琉璃質) 물질의 비율.

결정-론(決定論)[-쩡논]圀 자연의 현상이나 인간의 의지 등 모든 것은 반드시 일정한 인과 관계에 따른 법칙에 의하여 결정되는 것일 뿐, 선택의 자유가 있는 것이 아니라고 하는 이론. 규정론(規定論). 정도론(定道論). 필연론(必然論). ↔비결정론.

결정-립(結晶粒)[-쩡닙]圀 금속 재료에 있어서, 현미경으로나 볼 수 있는 크기의 불규칙한 형상의 집합으로 되어 있는 결정 입자.

결정-면(結晶面)[-쩡-]圀 결정의 바깥쪽을 이루는 면(面).

결정^삼극관(結晶三極管)[-쩡-꽌]圀 ☞트랜지스터.

결정-수(結晶水)[-쩡-]圀 염류(塩類)의 결정 속에 화합되어 들어 있는 물.

결정-시(結晶視)[-쩡-]圀하타 결정적인 것으로 봄(여김).

결정-적(決定的)[-쩡-]관圀 ①(일의 경과나 상황이) 움직일 수 없이 확실한 (것). ¶그것은 이미 결정적 사실이 되고 말았다. /이제 우리의 승리는 결정적이다. ②최후의 판가름이 나는 (것). ¶결정적 시기. /결정적인 순간.

결정^정:류기(結晶整流器)[-쩡-뉴-]圀 특수한 반도체(半導體)와 금속과의 접촉부가 정류 작용을 지니는 것을 이용한 정류기.

결정-질(結晶質)[-쩡-]圀 결정을 이루고 있는 물질.

결정-짓다(決定-)[-쩡짇따][~지으니·~지어] 자타A 결정되도록 만들다. 결정을 내리다. ¶계획대로 일을 밀고 나가기로 결정짓다.

결정-체(結晶體)[-쩡-]圀 ①결정하여 일정한 형체를 이룬 물체. ②'노력의 결과로 얻어진 훌륭한 보람'을 비유하여 이르는 말. ¶첨단 기술의 결정체.

결정-축(結晶軸)[-쩡-]圀 결정면의 위치를 나타내기 위하여 결정체의 중심을 뚫어 내부에 상정(想定)하는 좌표축.

결정-타(決定打)[-쩡-]圀 ①(적을 패배시킨) 결정적인 타격. ¶히로시마에 대한 원자탄 투하는 일본을 패배시킨 결정타였다. ②야구·배구 등에서, 승패를 판가름 낸 타구(打球). ③권투에서, 상대편을 재기 불능 상태로 빠뜨린 타격. ¶결정타 한 대에 나가떨어지다. ④'일의 결과에 결정적인 영향을 주는 행동이나 사건'을 비유하여 이르는 말. ¶결정타를 가하다.

결정-투표(決定投票)[-쩡-]圀 가부(可否)나 양쪽의 득표수가 같을 때, 의장(위원장) 또는 제삼자가 어느 한쪽에 더 보태어 결정짓는 투표. 결재투표(決裁投票). 캐스팅 보트.

결정-판(決定版)[-쩡-]圀 출판에서, 더 이상 수정(修正)·증보(增補)할 여지가 없도록 완벽하게 다듬어 내는 출판, 또는 그런 출판물. ¶법률 용어 사전의 결정판.

결정-형(結晶形)[-쩡-]圀 결정이 나타내는 겉모양. 정형(晶形).

결정-화(結晶化)[-쩡-]圀하자타퇴자 용액이나 융해물(融解物) 등으로부터 결정성 물질을 형성하거나 형성하게 함.

결제(決濟)[-쩨]圀하타퇴자 ①일을 처리하여 끝을 냄. ②증권 또는 대금의 수불(受拂)에 의하여 매매 당사자 간의 거래 관계를 끝냄. ¶납품 대금의 결제. /어음의 결제.

결제(結制)[-쩨]圀하자 불교에서, 안거를 시작하는 일을 이르는 말. 결하(結夏). ↔해제(解制).

결제(鴃鵯)[-쩨]圀 ①뻐새. ②걸음을 잘 걷는 잡종 말의 한 종류.

결제(闋制)[-쩨]圀하자 삼년상을 마침. 해상(解喪).

결제-금(決濟金)[-쩨-]圀 결제하는 데 쓰이는 돈.

결제^통화(決濟通貨)[-쩨-]圀 국제간 거래의 결제에 실제로 이용되는 통화.

결-증(-症)[-쯩]圀 걸기로 말미암아 일어나는 화증(火症).

결진(結陣)[-찐]圀하자 ①진(陣)을 침. ②많은 사람이 한곳에 모여 기세(氣勢)를 합침. ¶강 건너에 1만의 군사가 결진하고 있다.

결집(結集)[-찝]圀하자타퇴자 ①한데 모여 뭉침, 또는 모아 뭉치게 함. ②석가가 죽은 뒤에 제자들이 모여 석가의 언행을 결합·집성하여 경전(經典)을 만든 일.

결찌 어찌어찌하여 연분이 닿는 먼 친척.

결착(決着·結着)圀하자퇴자 완전히 결말이 남. ¶결착을 보다. /결착을 짓다.

결창 '내장(內臟)'을 상스럽게 이르는 말. ¶결창이 꼬이다.

　　결창(이) 터지다관용 ①'내장이 터지다'의 뜻으로, 욕할 때 하는 말. ②'몹시 분하여 속이 터지다'를 상스럽게 이르는 말.

결책(決策)圀하자 책략(策略)을 결정함.

결처(決處)**명하타되자** ①결정하여 조처함. 처결(處決). ②지난날, 형벌을 집행할 일.

결체(結滯)**명하타** 심장의 장애나 쇠약으로 말미암아 맥박이 불규칙하게 되거나 잠깐 동안 멈추는 증세.

결체(結縮)**명하타** 맺어서 졸라맴.

결체(結體)**명하자** 형체를 결합함, 또는 그 결합한 형체.

결체^조직(結締組織)**명** ☞결합 조직.

결체-질(結締質)**명** 내장의 각 기관에 널리 퍼져 있어, 그 기초가 되거나 간충직(間充織) 또는 지주(支柱)가 되는 조직.〔결체 조직·탄력 조직·지방 조직·연골 조직·경골 조직 등으로 나뉨.〕

결초-보은(結草報恩)**명하자** 죽어 혼령이 되어서라도 은혜를 잊지 않고 갚는다는 뜻.〔은혜를 입은 사람이 혼령이 되어, 풀포기를 묶어 놓아 적이 걸려 넘어지게 함으로써, 은인을 구해 주었다는 중국 춘추 시대, 진(晉)나라 위과(魏顆)의 고사에서 유래함.〕

결초-심(結草心)**명** 은혜를 잊지 않고 갚는 마음. **준**결초보은.

결친(結親)**명하자** ①친분을 맺음. 서로 사귐. ②사돈 관계를 맺음.

결-코(決-)**부**《'아니다'·'없다'·'못하다' 따위의 부정어와 함께 쓰이어》어떤 경우에도 절대로. ¶ 아무리 어려워도 결코 물러서지 않으리라. **준**결단코.

결탁(結託)**명하자되자** ①마음을 결합하여 서로 의탁함. ②(주로 부정적인 어떤 일을 꾸미려고) 서로 배가 맞아 한통속이 됨. ¶ 둘이 결탁하여 흉계를 꾸미다.

결투(決鬪)**명하자** ①승패를 결정하거나 상대편을 제압하기 위하여 하는 싸움. ¶ 경찰이 칼을 든 강도와 결투를 벌이다. ②서로의 원한이나 갈등을 풀기 어려울 때, 미리 합의한 방법으로 결판내는 일.

결투-장(決鬪狀)[-짱]**명** 결투를 신청하는 도전장(挑戰狀).

결판(決判)**명** 승부나 시비의 판정을 내림, 또는 그 판정. ¶ 너하고 나하고 누가 옳은지 당장 결판을 짓자.

결판-나다(決判-)**자** 승부나 시비의 결정이 끝나다.

결판-내다(決判-)**타** 승부나 시비의 결정이 나게 하다. ¶ 단판으로 결판내다.

결핍(缺乏)**명하자** ①축나서 모자람. ②있어야 할 것이 없거나 모자라거나 함. ¶ 비타민 B₁의 결핍 증세.

결하(結夏)**명**〔불교에서〕①☞결제(結制). ②하안거의 첫날인 음력 사월 보름을 이르는 말.

결-하다(決-)**타여**(가부·시비·승부 따위를) 결단하거나 결정하여. ¶ 최후의 승부를 결하다.

결-하다(缺-)**[1]타여** 빠지다. ¶ 강의를 결하다./근무를 결하다.
[2]자여(있어야 할 것이) 빠져 있다. 없다. 부족하다. ¶ 구비 조건을 결한 서류.

결하지세(決河之勢)**명**〔큰물이 둑을 터뜨리고 넘쳐흐르는 기세라는 뜻으로〕'걷잡을 수 없는 세찬 기세'를 비유하여 이르는 말.

결함(缺陷)**명** 부족하거나 완전하지 못하여 흠이 되는 점. 결점(缺點). 흠. ¶ 성격상의 결함.

결합(結合)**명하타되자** 둘 이상의 것이 서로 관계를 맺고 합쳐서 하나로 됨.

결합-률(結合律)[-합뉼]**명** ☞결합 법칙.

결합-범(結合犯)[-뻠]**명** 각각 독립하여 죄가 될 둘 이상의 행위를 결합하여, 법률상 하나의 죄로 다루는 범죄.〔폭행·협박과 강취(強取)를 결합한 강도죄 따위.〕

결합^법칙(結合法則)[-뻡-]**명** 덧셈이나 곱셈에서, 수나 식을 어떤 방식으로 묶어 셈하더라도 그 값은 같다는 법칙.〔$(a+b)+c = a+(b+c)$ 따위.〕결합률(結合律).

결합^생산(結合生産)**명** 서로 다른 두 종류 이상의 생산물이 동일한 공정(工程)에서 생산되는 일.

결합-선(結合線)[-썬]**명** 붙임줄.

결합-수(結合水)[-쑤]**명** 토양이나 생체에서 물질과 결합 상태에 있는 물.

결합^조직(結合組織)[-쪼-]**명** 동물체의 기관 및 조직의 사이에 있어, 이것들을 결합하고 받쳐 주는 조직. 결체 조직.

결합-체(結合體)**명** 둘 이상의 개체가 결합하여 이룬 하나의 조직체.

결항(缺航)**명하자** 비행기나 선박이 정기적인 운항(운행)을 거름.

결핵(結核)**명** ①〈결핵병〉의 준말. ②수성암이나 응회암의 용액이 핵(核) 주위에 침전하여 생긴 혹 모양 또는 불규칙한 모양의 덩이.

결핵-균(結核菌)[-꾼]**명** 결핵병을 일으키는 병원체.〔간균(杆菌)으로, 빛·열 등에는 약하나 저항력과 번식력이 셈.〕

결핵-병(結核病)[-뼝]**명** 결핵균의 감염으로 일어나는 만성 전염병.〔폐·콩팥·창자 따위 내장이나 뼈·관절·피부·후두 등에 감염되며, 결핵성 늑막염·복막염·늑막염 따위를 일으키고 온몸에 퍼지기도 함.〕**준**결핵.

결행(決行)**명하타되자** 결단하여 실행함. 단행(斷行). ¶ 암벽 등반을 결행하다.

결혼(結婚)**명하자** 남녀가 정식으로 부부 관계를 맺음. 혼인(婚姻). ↔이혼(離婚).

결혼-관(結婚觀)**명** 결혼에 관한 견해나 주장.

결혼-기념식(結婚紀念式)**명** 결혼 생활을 기념하는 의식.〔결혼한 뒤의 햇수에 따라 은혼식·금혼식 따위의 구별이 있음.〕

결혼-기념일(結婚紀念日)**명** 결혼한 날을 기념하며 함께 축하하는 날.

결혼-반지(結婚半指)**명** 결혼의 표상으로 결혼 상대에게 주는 반지.

결혼^비행(結婚飛行)**명** 곤충의 암컷과 수컷이 공중으로 날아올라서 교미하는 일.

결혼-사진(結婚寫眞)**명** 결혼을 기념하기 위하여, 결혼식 때 찍는 사진.

결혼-상담소(結婚相談所)**명** 결혼·중매 따위의 결혼에 관한 상담에 응하고, 그에 상당하는 보수를 받는 곳.

결혼-식(結婚式)**명** 남녀가 부부 관계를 맺는 서약을 하는 의식. 혼례식(婚禮式). 화촉지전.

결혼^연령(結婚年齡)[-녈-]**명** ①결혼할 자격이 있는 나이.〔우리나라의 민법에서는 남자 만 18세, 여자 만 16세 이상임.〕②결혼한 때의 나이.

결혼-정략(結婚政略)[-냑]**명** 결혼으로써 맺어지는 관계를 자기 쪽에 이롭게 이용하려는 정략.

결혼^행진곡(結婚行進曲)**명** 결혼식에서, 신랑·신부의 입장과 퇴장 때에 연주하는 행진곡.

결획(缺畫)[-획/-훽]**명하자되자** ①글자를 쓸 때, 획을 빠뜨림. ②임금이나 귀인의 이름을 함부로 쓸 때, 두려워하는 뜻으로, 글자의 마지막 한 획을 빠뜨리고 쓰던 일. 궐획(闕畫).

결효-미수범(缺效未遂犯)圐 ☞실행 미수범.
결효-범(缺效犯)圐 ☞실행 미수범.
결후(結喉)圐 성년 남자의 턱 아래, 목 중간쯤에 후두의 연골이 조금 튀어나온 부분. 울대뼈. 후골.
겸(謙)圐 〈겸괘(謙卦)〉의 준말.
겸(兼)⑨ ①둘 이상의 명사 사이에 쓰이어, 그 명사들이 나타내는 용도나 직무 따위를 아울러 지님을 뜻함. ¶이 방을 서재 겸 침실로도 쓴다. ②《어미 '-ㄹ' 뒤에 쓰이어》 두 가지 이상의 행위나 동작을 아울러 함을 뜻함. ¶임도 볼 겸 뽕도 딸 겸.
겸공(謙恭)圐ⓗ엉 남을 높이고 자기를 낮추는 태도가 있음. 凶겸손(謙遜).
겸관(兼官)圐ⓗ타 ①겸직(兼職). ②조선 시대에, 한 고을 원의 자리가 비어 있을 때, 이웃 고을의 원이 임시로 그 직무를 겸하여 맡아보던 일.
겸관(兼管)圐ⓗ타 맡고 있는 관직 이외에 다른 관직을 겸하여 주관함. 관섭(管攝).
겸괘(謙卦)圐 육십사괘의 하나. 곤괘(坤卦) '☷'과 간괘(艮卦) '☶'을 위아래로 놓은 괘. 〔땅 밑에 산이 있음을 상징함.〕 ⓐ겸(謙).
겸구(箝口·拑口·鉗口)圐ⓗ자 ☞함구(緘口). ↔개구(開口).
겸구-고장(箝口枯腸)圐 〔입에 재갈을 물리고 창자를 말린다는 뜻으로〕'궁지에 몰려 말을 못함'을 이르는 말.
겸구-물설(箝口勿說)〔-썰〕圐ⓗ타 입을 다물고 말하지 말라는 뜻. 함구물설(緘口勿說).
겸근(謙謹)圐ⓗ타 겸손하고 삼감.
겸금(兼金)圐 보통 금보다 값이 배가 나가는, 정제한 좋은 황금.
겸-내취(兼內吹)圐 조선 시대에, 궁중에서 군악을 연주하던 악대. 또는, 오군영(五軍營)에서 군악을 연주하던 사람. ⓐ내취.
겸년(歉年)圐 흉년(凶年).
겸노-상전(兼奴上典)圐 지난날, 종이 할 일까지 몸소 하는 가난한 양반을 이르던 말.
겸달(兼達)圐ⓗ타 어느 것에나 두루 익숙함.
겸대(兼帶)圐ⓗ타 〔한 사람이〕두 가지 이상의 일을 겸하여 봄. 겸임(兼任).
겸덕(謙德)圐 겸손하고 공손한 덕(德).
겸두-겸두圐 '겸사겸사(兼事兼事)'의 잘못.
겸렴(謙廉)圐 '겸렴하다'의 어근.
겸렴-하다(謙廉-)〔-념-〕ⓗ어 겸손하고 청렴하다.
겸령(兼領)〔-녕〕圐ⓗ타 한데 아울러 영유함.
겸무(兼務)圐ⓗ타 맡은 직무 외에 다른 직무를 겸하여 맡아봄, 또는 그 직무.
겸-방어사(兼防禦使)圐 ①조선 시대에, 수령(守令)으로서 방어사의 직무를 겸하여 맡아보던 일. ②'한 사람이 두 가지 일을 맡아 함'을 비유하여 이르는 말.
겸병(兼併)圐ⓗ타 둘 이상의 것을 한데 합침, 또는 합쳐 가짐.
겸보(兼補)圐ⓗ타 본디의 직책 이외에 다른 직책을 겸하여 맡김.
겸비(兼備)圐ⓗ타 두 가지 이상의 좋은 점을 함께 갖추어 가짐. ¶재색(才色)을 겸비하다.
겸비(謙卑)圐ⓗ자 제 몸을 겸손하게 낮춤. 겸하(謙下).
겸사(謙辭)圐 ①겸손한 말. 겸어(謙語). ¶아무 도움이 안 됐다는 말은 지나친 겸사다. ②ⓗ자타 겸손하게 사양함. ¶초대에 정중히 겸사하다.

겸사-겸사(兼事兼事)凰ⓗ자 한꺼번에 여러 가지 일을 아울러 하는 모양. ¶자네도 보고 볼일도 보고, 겸사겸사 왔다.
겸사-말(謙辭-)圐 ①☞겸양어. ②겸손하게 사양하는 말.
겸상(兼床)圐ⓗ자 한 상(床)에서 둘이 마주 앉아 먹도록 음식을 차린 상, 또는 그렇게 차려 먹음. ¶겸상을 차리다. ⓐ각상(各床)·독상(獨床)·외상.
겸섭(兼攝)圐ⓗ타 맡은 직무 이외의 다른 직무를 겸하여 처리함.
겸손(謙遜·謙巽)圐ⓗ엉 남을 높이고 자기를 낮추는 태도가 있음. ¶겸손한 몸가짐. 凶겸공(謙恭). ↔거만(倨慢)·교만. **겸손-히**凰.
겸손-법(謙遜法)〔-뻡〕圐 겸양법.
겸-수익(謙受益)圐 〔모든 일에〕겸손하면 이익을 보게 된다는 말.
겸애(兼愛)圐ⓗ타 〔자기 부모나 남의 부모나 차별 없이 또는 친하고 친하지 않은 구별이 없이〕모든 사람을 하나같이 두루 사랑함.
겸애-교리설(兼愛交利說)圐 중국 전국 시대의 사상가인 묵자(墨子)가 주장한 윤리설(倫理說). 만인을 차별 없이 사랑하고 이롭게 하자는 학설. 겸애설.
겸애-설(兼愛說)圐 ☞겸애교리설.
겸양(謙讓)圐ⓗ자타 겸손하게 사양함. 겸억(謙抑). ¶겸양의 미덕(美德).
겸양-법(謙讓法)圐 겸양함으로써 상대를 높이는 말법. 《공손 선어말 어미 '-잡-·-삽-·-옵-' 등을 써서, '받잡고'·'적삽고'·'가옵고'와 같이 쓰는 따위.》 겸손법. 공손법.
겸양-사(謙讓辭)圐 ☞겸양어.
겸양^선어말^어:미(謙讓先語末語尾)圐 ☞공손 선어말 어미.
겸양-어(謙讓語)圐 자기를 낮춤으로써 결과적으로 상대를 높이는 뜻의 말. 〔'저희·말씀·여쭈다' 따위.〕 겸사말. 겸어.
겸어(箝語)圐ⓗ타 입을 다물게 함. 입을 막고 말을 못하게 함.
겸어(謙語)圐 겸손한 말. 겸사(謙辭).
겸억(謙抑)圐ⓗ자타 ☞겸양(謙讓).
겸업(兼業)圐ⓗ타 본업(本業) 이외에 다른 업종을 겸하여 경영함, 또는 그 업종.
겸업-농가(兼業農家)〔겨멈-〕圐 농업 이외에 부업을 겸하여 가지고 있는 농가.
겸연·歉然圐 '겸연하다'의 어근.
겸연-스럽다(慊然-·歉然-)〔-따〕〔~스러우니·~스러워〕ⓗ엉 좀 겸연한 데가 있다. ¶겸연스러운지 해괴 웃기만 한다. **겸연스레**凰.
겸연-쩍다(慊然-·歉然-)〔-따〕ⓗ엉 몹시 미안하여 낯이 화끈거리는 느낌이 있다. ⓑ계면쩍다.
겸연쩍-이凰.
겸연-하다(慊然-·歉然-)ⓗ엉 미안하여 면목이 없다. ¶늦게 온 것이 겸연하여 술을 대접했다.
겸영(兼營)圐ⓗ타 본업(本業) 이외에 다른 사업을 겸하여 경영함.
겸-영장(兼營將)圐 조선 시대에, 수령(守令)이 겸하여 맡아보던 진영장(鎭營將).
겸용(兼用)圐ⓗ타 하나를 가지고 두 가지 이상의 목적에 사용함. ¶냉난방 겸용.
겸용(兼容)圐ⓗ엉 도량이 넓음.
겸용-종(兼用種)圐 가축·가금으로서 두 가지 이상의 용도를 겸할 수 있는 품종. 〔털과 고기를 겸하여 공급해 주는 면양 따위.〕
겸유(兼有)圐ⓗ타 여러 가지를 겸하여 가짐.

겸인지력(兼人之力)**명** 혼자서 능히 몇 사람을 당해 낼 만한 힘.

겸인지용(兼人之勇)**명** 혼자서 능히 몇 사람을 당해 낼 만한 용기. ¶자서(子胥)의 겸인지용도 검광(劍光)에 죽어 있고(鼇主簿傳).

겸임(兼任)**명** (한 사람이) 두 가지 이상의 직무를 겸하여 맡아봄, 또는 그 직무. 겸대(兼帶). ↔전임(專任).

겸임-국(兼任國)**명** 한 나라에 주재하는 외교관이 그 나라 외의 외교 업무를 겸하고 있는 나라.

겸임-지(兼任地)**명** 관리가 다른 지방의 직무를 겸임할 때의 그 지방.

겸자(鉗子)**명** 외과 수술 용구의 한 가지. 기관·조직·기물 따위를 고정시키거나 압박하는 데 쓰는, 가위 모양의 날이 없는 금속제 용구.

겸장(兼將)**명** 〈겸장군〉의 준말.

겸장(兼掌)**명하타** (한 사람이) 두 가지 이상의 일을 겸하여 맡아봄.

겸-장군(兼將軍)**명** 장기에서, 한 수를 두어 두 군데로 동시에 '장군'이 되게 하는 일. 겸장군. ⑤겸장(兼將).

겸전(兼全)**명** 이것저것을 온전히 갖춤.

겸전-하다(兼全-)**형여** 이것저것이 다 온전하다. ¶심신(心身)이 겸전하다.

겸제(箝制·拑制·鉗制)**명하타** 자유를 억누름. ¶이민족(異民族) 겸제의 통고(痛苦).

겸지-겸지(兼之兼之)**부하자** '겸사겸사(兼事兼事)'의 잘못.

겸지우겸(兼之又兼)**명하타** 둘 이상을 겸한 위에 또 더 겸함.

겸직(兼職)**명** 본직(本職) 이외에 다른 직무를 겸함, 또는 그 직무. 겸관(兼官). 겸함(兼衘). ¶그는 현재 서너 가지 일을 겸직하고 있다.

겸찰(兼察)**명하타** (한 사람이) 여러 가지 일을 겸하여 보살핌.

겸-치다(兼-) **I 자** (두 가지 이상의 일이) 함께 생기다. **II -타** ①(여러 개를) 겸하여 합치다. ②(두 가지 이상의 일을) 겸하여 하다.

겸칭(謙稱)**명하타** 겸손하게 일컬음, 또는 그런 뜻을 나타내는 말.

겸퇴(謙退)[-퇴/-퉤]**명하자** 겸손하게 사양하여 물러남.

겸하(謙下)**명하자** ⇨겸비(謙卑).

겸-하다(兼-)**타여** ①어떤 일 외에 다른 일을 함께 맡다. ¶코치가 선수를 겸하다. ②두 가지 이상의 것을 함께 지니다. ¶재색(才色)을 겸하다. /문무를 겸하다.

겸학(兼學)**명하타** 여러 가지 학문을 함께 배움.

겸함(兼衘)**명** ⇨겸직(兼職).

겸행(兼行)**명하타** ①여러 가지 일을 겸하여 함. ¶집안일과 회사일을 겸행하다. ②밤 시간이나 일할 시간을 가리지 않고 바쁘게 일함. ¶주야(晝夜)겸행.

겸허(謙虛)**명하형** 아는 체하거나 잘난 체하지 않고, 겸손하며 삼가는 태도가 있음. ¶정치가는 겸허하게 국민의 소리에 귀를 기울여야 한다. 겸허-히**부**

겹명 ①《주로 '겹으로'의 꼴로 쓰이어》㉠넓고 얇은 물건이 포개진 것, 또는 그러한 켜. ¶겹으로 지은 옷과 이불. /겹으로 싸다. ↔홑. ㉡사물이나 일이 거듭된 상태. ¶집안에 경사가 겹으로 생겼다. ②《의존 명사적 용법》'넓고 얇은 물건이 그 수만큼 거듭됨'을 나타내는 말. ¶여러 겹으로 접다.

겹-간통(-間通)[-깐-]**명** 겹으로 지은 집의 앞 칸과 뒤 칸이 서로 통하게 된 것.

겹-것[-껻]**명** ①겹으로 지은 옷을 통틀어 이르는 말. ②겹옷. * 겹것이[-꺼시]·겹것만[-껀-]

겹-겹[-껍]**명** 여러 겹. 《주로, '겹겹으로'의 꼴로 쓰임.》 ¶겹겹으로 에워싸다.

겹겹-이[-껴비]**부** 여러 겹으로 거듭된 모양. ¶겹겹이 쳐 놓은 경계망.

겹-경사(-慶事)[-경-]**명** 둘 이상 겹친 기쁜 일. ¶겹경사가 나다.

겹-글자(-字)[-글짜]**명** 같은 자가 겹쳐서 된 글자. 〔ㄲ·ㄸ·ㅃ·ㅆ 및 林·磊 따위.〕

겹-꽃[-꼳]**명** 수술이 꽃잎으로 변하여, 꽃잎이 여러 겹으로 겹쳐 피는 꽃. 중판화(重瓣花). ↔홑꽃. * 겹꽃이[-꼬치]·겹꽃만[-꼰-]

겹-낫표(-標)[겹낟-]**명** 따옴표의 한 가지. 세로쓰기에서 쓰이는 「 」 표의 이름.

겹-눈[겹-]**명** 많은 홑눈이 벌집 모양으로 모여서 이루어진 눈. 〔곤충이나 갑각류 따위에서 볼 수 있음.〕 복안(複眼). ↔홑눈.

겹-다[-따][겨우니·겨워]**형ㅂ** ①정도에 지나쳐 감당하기 어렵다. ¶힘에 겹다. ②어떤 감정이나 기분에 흠뻑 젖어 있다. ¶흥에 겹다.

겹-닿소리[-따쏘-]**명** 복자음(複子音).

겹-대패[-때-]**명** 날 위에 덧날을 끼운 대패. 〔나무가 매우 곱게 깎임.〕 ↔홑대패.

겹-도르래[-또-]**명** 몇 개의 고정 도르래와 움직 도르래를 결합시킨 도르래. 복활차(複滑車).

겹-말[겹-]**명** 같은 뜻의 말이 겹쳐서 된 말. 〔'양옥집'·'처갓집'·'고목나무' 따위.〕

겹-문자(-文字)[-짜]**명** 같은 뜻의 말이나 문자가 겹쳐서 이루어진 말. 〔'일락서산(日落西山) 해 떨어지다.' 하는 따위.〕

겹-문장(-文章)[겹-]**명** 홑문장이 다른 문장의 한 성분으로 들어 있는, 홑문장끼리 서로 이어진 문장. 〔안은문장과 이어진문장으로 나뉨.〕 복문(複文). ↔홑문장.

겹-바지[-빠-]**명** 솜을 두지 않고 겹으로 지은 바지. ↔홑바지.

겹-받침[-빧-]**명** 두 가지 자음으로 이루어진 받침. 〔ㄳ·ㄵ·ㄼ·ㄽ 따위.〕

겹-버선[-뻐-]**명** 솜을 두지 않고 겹으로 지은 버선. ↔홑버선.

겹-벚꽃[-뻗-]**명** 꽃잎이 여러 겹으로 피는 벚꽃. * 겹벚꽃이[-뻗꼬치]·겹벚꽃만[-뻗꼰-]

겹-사돈(-査頓)[-싸-]**명하자** 사돈 관계에 있는 사람끼리 또다시 사돈이 된 관계.

겹-사라지[-싸-]**명** 헝겊이나 종이를 겹쳐 만들어서 기름에 결은 담배쌈지.

겹-살림[-쌀-]**명하자** ①한 가족이 서로 나뉘어 따로 차리는 살림. ②본처와 살림을 하면서, 따로 첩을 얻어 겹으로 하는 살림.

겹-새끼[-쎄-]**명** 여러 겹으로 꼰 새끼.

겹-세로줄[-쎄-]**명** 오선(五線) 위에 겹으로 그은 세로줄. 굵기가 같은 박자나 조(調)가 바뀌는 곳을 표시하고, 오른쪽이 굵은 것은 마침을 표시함.

겹-소리[-쏘-]**명** ⇨복음(複音).

겹-손톱묶음표(-標)[-쏜톰-]**명** 이중 괄호(二重括弧)'《 》'의 이름.

겹-실[-씰]**명** 두 올 이상으로 드린 실. 복사(複絲).

겹-씨[-씨]**명** ⇨복합어(複合語).

겹-씨방(-房)[-씨-]**명** 여러 개의 방으로 된 합생(合生) 씨방. 〔난초·산나리 따위의 씨방.〕 복실자방(複室子房). 복자방(複子房). ↔홑씨방.

겹-옷[겨볻]뗑 솜을 두지 않고 겹으로 지은 옷. 겹것. ↔홑옷. * 겹옷이[겨보시]·겹옷만[겨본─]

겹-이불[겨니─]뗑 솜을 두지 않고 겹으로 지은 이불. ↔홑이불.

겹-잎[겨닙]뗑 한 잎꼭지에 여러 개의 낱잎이 붙어 이룬 잎. 복엽(複葉). ↔홑잎. * 겹잎이[겨니피]·겹잎만[겨님─]

겹-자락[─짜─]뗑 양복 윗옷의 앞여밈을 깊게 겹치게 하고, 두 줄로 단추를 단 상의나 외투. 더블브레스트. ↔홑자락.

겹-장군(─將軍)[─짱─]뗑 ☞겸장군(兼將軍).

겹-저고리[─쩌─]뗑 솜을 두지 않고 겹으로 지은 저고리.

겹점^음표(─點音標)[─쩌믐─]뗑 점음표에 또 한 개의 점이 붙은 음표. 복부점 음부(複附點音符).

겹-주름위(─胃)[─쭈─]뗑 반추위(反芻胃)의 제3실. 벌집위에서 입으로 되넘긴 것을 섞어 보내어 넣는 위. 중판위(重瓣胃).

겹-질리다[─찔─]재태 몸의 근육이나 관절이 제 방향대로 움직이지 않거나 너무 빨리 움직여서 다치다. ¶ 발목이 겹질리다.

겹-집[─찝]뗑 ①여러 채가 겹으로 된 집. ②한 개의 종마루 밑에 두 줄로 칸을 겹쳐서 지은 집. ↔홑집.

겹-집다[─찝따]태 여러 개를 겹쳐서 집다.

겹-창(─窓)[─짱]뗑 겹으로 된 창. 덧창을 단 창. 복창(複窓). ↔홑창.

겹-처마 처마 끝의 서까래 위에 짧은 서까래를 덧대어 달아낸 처마. ↔홑처마.

겹첩뗑 〈경첩〉의 본딧말.

겹-체뗑 두 올씩으로 짠 쳇불로 메운 체. ↔홑체.

겹쳐-지다[─쩌─]재 여럿이 서로 포개지거나 겹놓이다. ¶ 멀리 보이는 몇 개의 겹쳐진 능선 너머에 마을이 있다.

겹치-기뗑 두 가지 이상의 일을 한꺼번에 말아서 함. ¶세 편의 영화에 겹치기로 출연하다.

겹-치다[재태] Ⅰ재 ①여럿이 서로 포개지거나 덧놓이다. ②여러 가지 일이나 현상 따위가 한꺼번에 일어나다. Ⅱ태 둘 이상을 서로 포개거나 덧놓다. ¶신문지를 겹치다.

겹-치마뗑 안을 받쳐 겹으로 지은 치마. ↔홑치마.

겹-혼인(─婚姻)[겨포닌]뗑 사돈의 관계에 있는 사람끼리 다시 맺는 혼인. 圓덥불혼인.

겹-홀소리[겨폴쏘─]뗑 ☞이중 모음(二重母音). ↔홑홀소리.

겻구다[태]〈옛〉겨루다. ¶ 뎌와 지졸 겻구면(月釋2:71).

겻기뗑〈옛〉겨기. 손을 겻는 일. ¶그위예서 겻짓 虛費롤 免ᄒ고(杜初24:24).

겻-불[겨뿔/겯뿔]뗑 겨를 태우는 불.

겻-섬[겨썸/겯썸]뗑 겨를 담은 섬.

겻칼뗑〈옛〉장도(粧刀). ¶ 大緞 치마 蜜花珠 겻칼(古時調).

겨다[태]〈옛〉겪다. ¶ 無量衆을 주래 겻그니(月釋7:26). /날론 가난도 苦톨 겻더니(金三5:45).

경(更)뗑 하루의 밤을 5등분한 시각의 이름.〔초경(初更)·이경(二更) 따위.〕

경(庚)뗑 ①십간(十干)의 일곱째. ②〈경방(庚方)〉의 준말. ③〈경시(庚時)〉의 준말.

경(景)뗑 ①〈경치(景致)〉의 준말. ②〈경황(景況)〉의 준말.〔의존 명사적 용법〕 연극이나 그림 따위에서 장면을 세는 단위. ¶1막 2경.

경(卿) Ⅰ뗑 ①대한 제국 때, 궁내부에 속한 각 원(院)의 으뜸 벼슬. ②영국에서, 나이트(knight)의 작위(爵位)를 받은 이의 성 뒤에 붙여서 그를 높이어 일컫는 말. ¶이든 경. /처칠 경. Ⅱ대 임금이 이품(二品) 이상의 관원을 부를 때 일컫던 호칭.

경(經) [1] 뗑 ①〈경서(經書)〉의 준말. ②〈불경(佛經)〉의 준말. ③판수가 외는 기도문이나 주문.

경(經) [2] 뗑 ①베나 천의 날. ②〈경도(經度)[1]〉의 준말. ③〈경선(經線)〉의 준말. ↔위(緯).

경(境)뗑 지경. 경황.

경(磬)뗑 ☞경쇠.

경(黥)뗑 ①몹시 호된 꾸지람. ②지난날, 도둑을 다스리던 호된 형벌의 한 가지.

경(頃)뗑 ①☞경보(町步). ②중국의 지적(地積) 단위의 한 가지.〔100묘(畝)가 1경임.〕

경(京)[수]뗑 조(兆)의 1만 배, 해(垓)의 1만분의 1이 되는 수(의). 곧, 10의 16.

경(輕)[접투] (일부 명사 앞에 붙어) '가벼운'·'간편한' 등의 뜻을 나타냄. ¶경공업. /경금속. /경음악. /경양식. /경노동.

-경(頃)[접미] 《시간·날짜 따위를 나타내는 명사 뒤에 붙어》 '께'·'쯤'·'무렵'을 뜻함. ¶12시경. /초순경. /시월경.

-경(經)[접미] 《절차를 나타내는 한자어 뒤에 붙어》 '그 일에 걸리는 정도의 시간'을 뜻함. ¶일식경(一食頃). /탄지경(彈指頃).

경가(耕稼)뗑하태 ☞경작(耕作).

경가(鏡架)뗑 ☞경대(鏡臺).

경-가극(輕歌劇) 내용이나 형식이 단순하고 통속적인 가극. 오페레타.

경가-파산(傾家破産)뗑하재 재산을 모두 털어 없애어 집안 형편이 결단남.

경각(頃刻)뗑 아주 짧은 동안. 경각간(頃刻間). ¶경각을 다투는 일. /목숨이 경각에 달렸다.

경각(傾角)뗑 ①일정한 기준 방향에서 다른 방향으로의 기울기를 나타내는 각도. 편각(偏角). ②복각(伏角). ③기상학에서, 기압 경도(氣壓傾度)와 풍향이 이루는 각도.

경:각(警覺)뗑하태 ①(도리를) 스스로 깨달아 앎. ②깨우쳐 깨닫게 함.

경각-간(頃刻間)[─깐]뗑 ☞경각(頃刻).

경-각사(京各司)[─싸]뗑 조선 시대에, 서울에 있는 관아를 통틀어 이르던 말. ㉮각사(各司). /경사(京司).

경-각사(京各寺)[─싸]뗑 서울 가까이에 있는 절을 통틀어 이르는 말.

경:각-심(警覺心)[─씸]뗑 정신을 가다듬어 경계하는 마음. ¶경각심을 불러일으키다.

경간(徑間)뗑 건물이나 교량(橋梁) 따위의 기둥과 기둥 사이의 거리.

경간(耕墾)뗑하태 땅을 일구어 농사를 지음.

경간(驚癇)뗑 한방에서, 주로 어린아이들이 놀라 발작하는 간질(癎疾)을 이르는 말.

경감(輕勘)뗑 죄인을 가볍게 처분함.

경감(輕減)뗑하태되재 (부담이나 고통 따위를) 덜어서 가볍게 함. 감경. ¶세금을 경감하다. /사형이 종신형으로 경감되다.

경:감(警監)뗑 경찰 공무원 계급의 한 가지. 경정(警正)의 아래, 경위(警衛)의 위임.

경강(京江)뗑 ①지난날, 서울의 뚝섬에서 양화나루에 이르는 한강 일대를 이르던 말. ②경기도와 강원도를 아울러 이르는 말.

경강(硬鋼)뗑 탄소의 함유량이 0.5% 이상인 강철. 기계·공구·용수철·피아노선 따위의 제조에 쓰임.

경개(更改)图 채무를 변경하는 일. 이미 있는 채무를 소멸시키고 새로운 채무를 발생시키는 일. ¶채무 경개.

경개(耿介) '경개하다'의 어근.

경개(梗概)图 (소설·희곡 따위의) 전체의 내용을 간추린 대강의 줄거리.

경개(景槪)图☞경치(景致). ¶경개 무진(無盡) 좋을씨고.

경개(傾蓋)图働 우연히 만나는 일, 또는 잠시 만나고서도 곧 친근해지는 일을 뜻함.〔공자가 길에서 정본(程本)을 만나, 수레의 포장을 젖히고 정답게 이야기를 나누었다는 고사(故事)에서 유래함.〕

경개-여구(傾蓋如舊)働働 처음으로 잠시 만났는데도, 정답기가 오래 사귄 친구와 같음.

경:개-하다(耿介-)働 대세에 휩쓸리지 않고 지조가 굳다.

경거(輕擧)图働困 경솔하게 행동함, 또는 경솔한 행동.

경거-망동(輕擧妄動)图働困 (깊이 생각해 보지도 않고) 경솔하게 함부로 행동함, 또는 그런 행동. 조동(躁動). ¶경거망동을 삼가다.

경건(勁健) '경건(勁健)하다'의 어근.

경건(敬虔) '경건(敬虔)하다'의 어근.

경기-주의(敬虔主義)图—의/—이图 18세기 초에, 독일의 신교(新敎)가 교의(敎義)와 형식에 치우치는 것에 반대하여 일어난 신앙 운동. 경건한 생활을 통한 믿음을 높이고자 삼았음.

경건-하다(勁健-)働働 ①굳세고 건장하다. ②(글씨나 그림 따위의) 필력(筆力)이 매우 힘차다. 경건-히튀.

경:건-하다(敬虔-)働働 공경하는 마음으로 삼가며 조심성이 있다. ¶경건한 마음으로 옷깃을 여미다. 경건-히튀.

경겁(經劫)图働 액운이 지나감.

경겁(驚怯)图働困 놀라서 겁을 냄.

경:견(競犬)图働困 길들인 개들을 일정한 거리를 달리게 하여 그 빠르기를 겨루는 일.

경결(硬結)图働困 ①단단하게 굳음. ②의학에서, 염증이나 울혈(鬱血) 따위로 그 부분이 단단해지는 일.

경경(耕境)图 농작물의 경작이 가능한 지리적·경제적인 한계.

경:경(耿耿) ①불빛이 깜박거림. ②잊히지 않고 늘 걱정이 됨.

경경(輕輕) '경경하다'의 어근.

경:경-고침(耿耿孤枕)图 근심에 싸여 있는 외로운 잠자리.

경경열열(哽哽咽咽)图働困 슬픔으로 목메어 욺.

경경-하다(輕輕-)働働 말이나 행동이, 신중하지 못하고 아주 경솔하다. 경경-히튀.

경계(經界)[—계/—게]图 ①사물의 옳고 그름이 분간되는 한계. ②☞경계(境界).

경:계(敬啓)[—계/—게]图 〔편지 첫머리에 쓰는 말로〕 '삼가 말씀 드립니다.'의 뜻.

경계(境界)[—계/—게]图 ①지역이 갈라지는 한계. 임계. ¶이웃 나라와의 경계. ②사물이 어떠한 기준에 의하여 분간되는 한계. 경계(經界). ¶꿈과 현실의 경계. ③불교에서, 과보에 의하여 각자에게 주어진 지위나 처지를 이르는 말.

경:계(警戒)[—계/—게]图働困 ①범죄나 사고 따위 좋지 않은 일이 일어나지 않도록 미리 마음을 가다듬어 조심함. ¶간첩의 침투를 경계하다. ②잘못을 저지르지 않도록 미리 타일러 조심하게 함. ¶사치에 물들지 않도록 아이들에게 경계하다.

경:계(驚悸)[—계/—게]〔한방에서〕①걸핏하면 놀라는 증세. ②놀란 것처럼 가슴이 두근거리는 증세.

경:계-경보(警戒警報)[—계—/—게—]图 닥쳐오는 위험을 경계하라고 알리는 경보. 적기(敵機)의 공습(空襲)이 예측될 때 발령됨.

경:계-관제(警戒管制)[—계—/—게—]图働 적의 야간 공습에 대비하여, 불빛이 바깥에 비치지 않도록 하는 등화관제.

경:계-망(警戒網)[—계—/—게—]图 경계를 위하여 곳곳에 그물처럼 펼쳐 놓은 조직.

경:계-색(警戒色)[—계—/—게—]图 다른 동물이 함부로 자기를 해치지 못하도록 경계하기 위하여, 동물이 가지는 유난히 뚜렷한 몸 빛깔.〔나비나 독사의 몸 빛깔 따위.〕⇨보호색.

경계-석(境界石)[—계—/—게—]图 경계의 표지로 세운 돌.

경계-선(境界線)[—계—/—게—]图 경계가 되는 선. 경계를 나타내는 선.

경:계-선(警戒線)[—계—/—게—]图 ①하천에서, 홍수의 위험 수위(水位)를 나타내는 선. ②경계하기 위하여 설정한 지대나 지역. ¶경계선을 뚫다.

경:계-심(警戒心)[—계—/—게—]图 경계하여 조심하는 마음. ¶경계심을 늦추지 마라.

경계-인수(境界因數)[—계—/—게—]图 한 나라의 경계선의 길이를, 그 영토와 같은 넓이인 정사각형의 둘레의 길이로 나눈 몫.

경계-표(境界標)[—계—/—게—]图 경계를 나타내는 표지(標識).

경:계-표지(警戒標識)[—계—/—게—]图 도로 표지의 한 가지. 교차점, 공사 구간, 굴곡이 심한 곳, 차선이 좁아지는 곳 등에 대해 경계하라는 표지.

경고(更鼓)图 지난날, 초경(初更)에서 오경(五更)까지의 각 시각을 알리기 위하여 치던 북.

경고(硬膏)图 보통 온도에서는 녹지 않으나 체온에는 녹아서 붙게 되는 고약. 연고보다 굳은 고약.

경:고(警告)图 —图(하다)타 조심하거나 삼가도록 미리 주의를 줌, 또는 그 말. ¶접근하지 말라는 경고를 받다. ②운동 경기에서 반칙을 범했을 때, 심판이 주는 벌칙의 하나. ¶경고를 받다. /경고를 주다.

경골(脛骨)图 정강이뼈.

경골(硬骨)图 ①척추동물의 뼈 중 굳고 단단한 뼈. 굳뼈. ②'의지나 신념이 강하여 남에게 쉽사리 굽히지 않는 일, 또는 그런 사람'을 비유하여 이르는 말. ↔연골(軟骨).

경골(顴骨)图☞목뼈.

경골(鯨骨)图 물고기의 뼈.

경골(鯨骨)图 고래의 뼈.

경골-어류(硬骨魚類)图 뼈가 주로 경골로 이루어진 어류. 부레와 아감딱지가 있으며, 대부분의 물고기가 이에 딸림. ↔연골어류(軟骨魚類).

경골-한(硬骨漢)图 의지나 신념이 강하여 쉽사리 남에게 굽히지 않는 사람. 고집이 센 사람. ↔연골한(軟骨漢).

경-공양(經供養)图働困 불교에서, 경문(經文)을 베껴서 불전(佛前)에 바치고 법회를 여는 일.

경-공업(輕工業)图 섬유·식품·제지·잡화 등 주로 소비재를 생산하는 공업. ↔중공업(重工業).

경-공장(京工匠)몡 조선 시대에, 서울 안의 여러 궁(宮)이나 각사(各司)에 딸리어 병기나 귀족들의 장식품을 만들던 장인(匠人).

경과(京果) 중화요리에서, 맨 먼저 상에 오르는 호박씨·땅콩·호두 따위를 두루 이르는 말.

경과(京科)몡 〔지난날, 전시(殿試)·회시(會試) 등〕 서울에서 보이는 과거를 두루 이르던 말.

경과(經科)몡 〈강경과(講經科)〉의 준말.

경과(經過)몡 ①하자타 되자 ①지나감. ¶10년이 경과하다. ②하타 되자 어떤 곳이나 단계를 거침. ¶다리 앞을 경과하다. ③시간이 지남에 따라 진행되고 변화되는 상태. ¶수술 후의 경과가 매우 좋다.

경과(輕科)몡 ①가벼운 형벌. ②☞경죄(輕罪).

경:과(慶科)몡 조선 시대에, 나라에 경사가 있을 때 임시로 보이던 과거.

경과^규정(經過規定)몡 ☞경과법(經過法).

경과-법(經過法)몡 법령의 제정이나 개폐(改廢)가 있을 때, 구법(舊法)에서 신법(新法)으로 원활히 이행하기 위하여 필요한 과도적 조처를 정한 법률이나 규정. 경과 규정.

경과-보고(經過報告)몡 어떠한 일의 활동 상황이나 진행 상황 등에 대한 보고.

경-과실(經過失)몡 어떤 직업이나 직위에 있는 사람이, 일반적으로 요구되는 보통 정도의 주의를 게을리 함으로써 일어나는 가벼운 과실. ↔중과실(重過失).

경과-음(經過音)몡 ☞지남음.

경관(京官)몡 조선 시대에, 서울에 있던 각 관아의 관원 및 개성·강화·수원·광주(廣州) 등의 유수(留守). 경관직. ↔외관(外官).

경관(景觀)몡 ①경치(景致). ¶빼어난 경관. ②지표(地表) 위의 풍경을 특징짓는 여러 요소를 종합한 것. 〔자연 경관과 문화 경관으로 나뉨.〕

경:관(警官)몡 〈경찰관(警察官)〉의 준말.

경관-직(京官職)몡 ☞경관(京官). 준경직(京職).

경광(景光)몡 ①☞경치(景致). ②☞효상(爻象).

경교(京校)몡 ☞경포교(京捕校).

경교(景教)몡 당나라 때, 중국에 전해진 네스토리우스파의 기독교. 〔왕실의 보호로 융성했다가 당나라 말에 거의 소멸되었음.〕

경교(經敎)몡 경문(經文)의 가르침.

경-교육(硬敎育)몡 엄격한 훈련을 중시하고, 노력의 부족에 대해서는 체벌까지도 인정하는 교육 방법.

경구(耕具)몡 농경(農耕)에 쓰이는 기구.

경구(硬球)몡 야구나 테니스 따위에서 쓰는, 고무 또는 코르크 위에 펠트나 가죽을 씌운 단단한 공. ↔연구(軟球).

경구(經口)몡 ①약 따위를 입으로 먹는 일. ②세균 따위가 입을 통하여 몸속으로 들어가는 일.

경:구(敬具)몡 편지 글 끝에, '삼가 말씀 드립니다'의 뜻으로 덧붙이는 인사말. 〔경계(敬啓)·근계(謹啓)·배계(拜啓) 등과 대응해서 씀〕경백(敬白).

경:구(警句)[-꾸]몡 어떤 사상이나 진리를 간결하고도 날카롭게 나타낸 문구.

경구(驚句)[-꾸]몡 〈경인구(驚人句)〉의 준말.

경구^감:염(經口感染)몡 병원체가 입을 통해 몸속에 침입하여 일어나는 감염.

경-구개(硬口蓋)몡 입천장 앞쪽의, 속에 뼈가 있는 단단한 부분. 셑입천장. 谻연구개(軟口蓋).

경구개-음(硬口蓋音)몡 혓바닥과 경구개 사이에서 나는 소리. 〔ㅈ·ㅉ·ㅊ 따위가 이에 딸림.〕구개음. 셑입천장소리. 谻연구개음.

경구^면:역(經口免疫)몡 내복(內服) 백신을 복용함으로써 직접 장벽(腸壁)에서 얻는 면역. 〔소아마비의 백신 따위.〕

경:구-법(警句法)[-꾸뻡]몡 수사법상 변화법의 한 가지. 독자의 주의를 불러일으키는 속담·격언·금언 등을 인용하여 문장에 변화 효과를 나타내는 표현 방법. 〔'헤엄 잘 치는 놈이 물에 빠져 죽는다.' 하는 따위.〕

경구-비마(輕裘肥馬)몡 〔가벼운 가죽 옷과 살진 말이란 뜻으로〕 '부귀한 사람의 차림새'를 이르는 말.

경국(傾國)몡 〈경국지색〉의 준말. 경성(傾城).

경국(經國)몡 나라를 경영하는 일. 나라를 다스리는 일. ¶경국의 대업(大業).

경국-대전(經國大典)[-때-]몡 조선 시대에, 통치의 기준이 된 최고의 법전. 세조 때 최항(崔恒)을 중심으로 노사신(盧思愼)·강희맹(姜希孟) 등이 집필을 시작하여 성종 7(1476)년에 완성함. 6권 3책.

경국-제세(經國濟世)[-쩨-]몡하자 나라를 다스리고 백성을 구제함.

경국지색(傾國之色)[-찌-]몡 〔임금이 혹하여 국정을 게을리 함으로써 나라를 위태롭게 할 정도의〕 썩 뛰어난 미녀. 경성지색(傾城之色). 준경국(傾國).

경국지재(經國之才)[-찌-]몡 나랏일을 경영할 만한 능력, 또는 그런 능력을 가진 사람.

경군(京軍)몡 조선 시대에, 서울의 각 영문(營門)에 딸려 있던 군사.

경궁(勁弓)몡 센 활.

경궁지조(驚弓之鳥)몡 ☞상궁지조.

경권(經卷)몡 ①사서삼경(四書三經) 등의 경서(經書). 경전(經典). ②불교의 경문(經文)을 적은 두루마리.

경극(京劇)몡 중국 고전극의 한 가지. 호궁(胡弓)·월금(月琴)·징·저 등의 반주를 곁들인 음악극. 피황희(皮黃戱).

경:근(敬謹)몡하타 공경하여 삼감.

경근(頸筋)몡 목에 있는 근육을 통틀어 이르는 말.

경-금속(輕金屬)몡 비중이 4~5 이하인 비교적 가벼운 금속. 〔알루미늄·베릴륨·마그네슘 따위.〕 ↔중금속(重金屬).

경:급(警急)몡 경계해야 할 매우 급한 변(變).

경기(耕起)몡하타 땅을 갈아 일으킴.

경기(景氣)몡 매매나 거래 따위에 나타난 경제 활동의 상황. 〔호황(好況)·불황(不況) 따위.〕 ¶경기의 변동. /경기가 좋다.

경기(輕機)몡 〈경기관총(輕機關銃)〉의 준말.

경기(輕騎)몡 〈경기병(輕騎兵)〉.

경기(競技)몡하타 ①기술의 낫고 못함을 서로 겨루는 일. ¶암산과 주산으로 경기를 벌이다. ②운동이나 무예 등의 기술·능력을 겨루어 승부를 가리는 일. ¶마라톤 경기. /태권도 경기.

경기(競起)몡하자 서로 앞을 다투어 일어남.

경기(驚起)몡하자 놀라서 일어남. 놀라게 하여 일으킴.

경기(驚氣)[-끼]몡하자 ☞경풍(驚風). ¶경기를 일으키다.

경-기관총(輕機關銃)몡 혼자서 조작할 수 있고, 운반할 수 있는 소형 기관총. 엘엠지(LMG). 준경기(輕機). ↔중기관총(重機關銃).

경-기구(輕氣球)몡 ☞기구(氣球).

경기-까투리(京畿-)몡 경기 지방 사람을, 몹시 약다는 뜻으로 일컫는 말.

경기^변:동(景氣變動)몡 ☞경기 순환.

경-기병(輕騎兵)[명] 장비를 가볍게 차린 기병. 경기.

경기^순환(景氣循環)[명] 자본주의 경제 아래서, 경기가 호황(好況)·후퇴·불황(不況)·회복의 여러 국면을 순환적으로 되풀이하는 일. 경기 변동.

경기^예:측(景氣豫測)[명] 경기 변동에 관한 객관적 자료를 바탕으로 하여 장래의 경기 변동을 예측하는 일.

경기^입창(京畿立唱)[명] 서울·경기 지방을 중심으로 발전한 선소리.〔앞산 타령·뒷산 타령·도라지 타령 따위.〕

경:기-자(競技者)[명] 경기를 하는 사람.

경기^잡가(京畿雜歌)[−까][명] 조선 말기에, 서울·경기 지방을 중심으로 공예인·상인·기녀들 사이에서 즐겨 불리던 잡가.〔유산가(遊山歌)·적벽가(赤壁歌) 등 12곡으로 되어 있어 '십이 잡가'라고도 함.〕

경기-장(競技場)[명] 여러 가지 운동 경기를 하기 위한 시설.

경기적 실업(景氣的失業)[−써럽] 경기의 변동에 따른 경제 활동의 침체로 생기는 전형적인 실업 형태.

경기^정책(景氣政策)[명] 경기 변동을 인위적으로 조정하여 불황의 여러 가지 원인을 없애기 위한 국가 시책.

경기^좌:창(京畿坐唱)[명] 서울·경기 지방을 중심으로 발전한, 앉은소리인 민요나 잡가.

경기^지수(景氣指數)[명] 여러 가지 경제 통계를 이용하여, 경기를 파악하고 예측하기 위하여 작성되는 지수.

경기체-가(景幾體歌)[명] 고려 중기부터 조선 초기까지 학자들 사이에서 불려진 장가(長歌)의 한 형식. 끝에 '景幾何如' 또는 '景긔엇더하니잇고'란 후렴이 붙는 것이 특징임.〔한림별곡(翰林別曲)·죽계별곡(竹溪別曲) 따위.〕

경낙(輕諾)[명][하타] 너무 쉽게 승낙함.

경난(經難)[명][하자] 어려움을 겪음. ¶아버지는 오랜 세월 동안 경난을 겪으셨다.

경난(輕煖)'경난하다'의 어근.

경난-꾼(經難−)[명] 여러 가지 어려움을 겪어 낸 경험이 많은 사람.

경난-하다(輕煖−)[형][여] (옷 따위가) 가볍고 따뜻하다. 경난-히[부]

경내(境內)[명] 일정한 지경의 안. 구역의 안. ¶사찰(寺刹)의 경내. ↔경외(境外).

경년(頃年)[명] ☞근년(近年).

경년(經年)[명][하자] 해를 지냄.

경년-열세(經年閱歲)[−녈쎄][명] 여러 해를 지냄. 참세월. 참쇠뇌.

경노(勁弩)[명] 강한 쇠뇌. 참쇠뇌.

경:노-동(輕勞動)[명] 체력을 크게 필요로 하지 않는 비교적 가벼운 노동. ↔중노동.

경농(耕農)[명][하자] 논밭을 갈아 농사를 지음.

경농(經農)[명][하자] 농업을 경영함. 영농(營農).

경뇌-유(鯨腦油)[−뇌−/−눼−][명] 고래의 머릿골 기름기를 압축·냉각하여 뽑아낸 기름. 기계의 윤활유(潤滑油)로 쓰임.

경:단(瓊團)[명] 찹쌀·수수 따위의 가루를 반죽하여 밤톨만 한 크기로 둥글게 빚어, 끓는 물에 삶아 건져 고물을 묻힌 떡.

경-단백질(硬蛋白質)[−찔][명] 물이나 염류의 수용액에 잘 녹지 않고, 산·알칼리·효소 등에 의하여 잘 분해되지 않는 단순 단백질을 통틀어 이르는 말.

경달(驚怛)[명][하자] 남의 부모나 집안의 가까운 어른의 부고를 받고 깜짝 놀람.

경답(京畓)[명]〈경인답(京人畓)〉의 준말.

경당(扃堂)[명] 고구려 때, 각 지방에 두어 평민층의 자제들에게 경학(經學)·문학·무예 등을 가르치던 사학(私學).

경당(經堂)[명] ☞경장(經藏).

경:대(敬待)[명][하타] 공경하여 대접함.

경:대(鏡臺)[명] 거울을 달아 세운 화장대(化粧臺). 경가(鏡架). 장경(粧鏡). ¶세수하고 나서 경대 앞에 앉아 머리를 곱게 빗다.

경대-시(經帶時)[명] 지구 표면을 경도 15°로 나눈 각각의 지역에서 본초 자오선을 기준으로 하여 정한 표준시.

경도(京都)[명] 서울.

경도(硬度)[명] ①물체의 단단한 정도.〔특히, 금속이나 광물에 대하여 이름.〕강도(強度). 굳기. ¶니켈의 경도. ②물에 녹아 있는 칼슘염·마그네슘염의 함유량의 정도. ③엑스선이 물체를 투과하는 정도.

경도(經度)[명] ①지구상의 위치를 나타내는 좌표의 한 가지. 그리니치 자오선의 자오면과 다른 자오선의 자오면이 이루는 각도로 나타냄. 지구의 표면을 동서로 각각 180°로 나누고, 동경 몇 도, 서경 몇 도 따위로 부름.〕날도. 준경(經)[2]. ↔위도(緯度).

경도(經度)[2][명][하자] ☞월경(月經).

경도(傾度)[명] ☞경사도.

경도(傾倒)[명][하자][되자] ①기울어 넘어짐. ②어떤 일에 열중하여 온 정신을 쏟음. 또는, 어떤 인물이나 사상 따위에 마음을 기울여 열중함. ¶사르트르의 실존주의에 경도하다. /불교 철학에 경도하다.

경도(鯨濤)[명] 큰 물결. 큰 파도. 경랑(鯨浪). 경파(鯨波).

경:도(驚倒)[명][하자][되자] (까무러칠 정도로) 몹시 놀람. ¶엄청난 소식에 모두 경도였다.

경도-계(硬度計)[−계/−게][명] 광물(鑛物)의 경도를 재는 계기(計器).

경도-선(經度線)[명] ☞경선(經線).

경도-시(經度時)[명] 본초 자오선과 다른 지점과의 경도의 차를 시·분·초로 환산한 시간.

경도-풍(傾度風)[명] 공기 운동에 대한 저항이 없을 때 등압선(等壓線)에 따라서 부는 것으로 생각하는 이론상의 바람.

경독(耕讀)[명][하자] 농사를 지으면서 틈틈이 글을 읽음, 또는 농사짓기와 글 읽기.

경독(經讀)[명][하자] 불경(佛經)을 읽음.

경:-돌(磬−)[−똘][명] ☞경석(磬石).

경동(傾動)[명] 단층(斷層)에 의하여 땅덩이가 솟아오를 때, 그 정도가 고르지 못하여 땅덩이의 한쪽이 다른 쪽보다 심하게 올라옴으로써 일어나는 운동.〔가파른 단층애(斷層崖)와 그 뒤쪽으로 완만한 비탈이 이루어짐.〕

경동(輕動)[명][하자] 경솔하게 행동함.

경:동(鏡胴)[명] 망원경·사진기 따위의 몸통.

경:동(鏡銅)[명] 구리와 주석의 비율이 2:1로 된 합금인 청동의 한 가지.〔옛날에 거울로 사용하였음.〕

경:동(警動)[명][하타] 타이르고 격려함.

경동(驚動)[명][하타] (뜻밖의 일에) 놀라서 술렁거림.

경-동맥(頸動脈)[명] 척추동물의 목의 좌우에 있어, 얼굴이나 머리에 혈액을 보내는 동맥.

경동-성(傾動性)[−썽][명] 식물의 꽃이나 잎·덩굴 따위가 접촉하거나 빛·열·화학 물질 따위의 양적(量的)인 차로 자극을 받아 움직이는 현상.

경동^지괴(傾動地塊) [-괴/-궤]〖명〗땅덩이의 한쪽이 단층면을 따라서 솟아올라 가파른 단층애(斷層崖)를 이루고, 반대쪽은 완만한 비탈로 되어 있는 지형.〔우리나라는 동쪽이 솟아오르고, 서쪽으로 완만히 비탈진 경동 지괴임.〕

경라(輕羅) [-나]〖명〗얇고 가벼운 비단.

경:라(警邏) [-나]〖명〗〖하타〗순시하며 경계함.

경락(京洛) [-낙]〖명〗〔옛날 중국의 서울〔京〕이 낙양(洛陽)이었던 데서〕서울. 수도(首都).

경락(經絡) [-낙]〖명〗한의학에서, 침을 놓거나 뜸을 뜨는 자리인 경혈(經穴)과 경혈을 연결한 선을 이름.〔몸과 팔다리를 세로 방향으로 달리는 선으로, 좌우에 12쌍이 있다고 함.〕

경:락(競落) [-낙]〖명〗경매(競賣)에서, 그 목적물인 동산이나 부동산의 소유권을 차지하는 일.

경:락-물(競落物) [-낭-]〖명〗경매(競賣)에서, 경락이 결정된 물건.

경:락-인(競落人) [-나긴]〖명〗경락에 따라 목적물의 권리를 차지한 사람. 경락자.

경:락-자(競落者) [-낙짜]〖명〗☞경락인.

경랍(硬鑞) [-납]〖명〗구리·금·은·황동 등을 주성분으로 한, 융점(融點)이 높은 납땜용 합금을 통틀어 이르는 말. ㉮연랍(軟鑞).

경랍(鯨蠟) [-납]〖명〗고래의 머릿골에서 채취한 기름을 냉각·압착하여 만든 납(蠟). 양초·화장품 등의 원료로 쓰임.

경랑(鯨浪) [-낭]〖명〗☞경도(鯨濤).

경략(經略) [-냑]〖명〗〖하타〗①나라를 경영하여 다스림. ②(천하를 경영하기 위하여) 남의 나라 땅을 공략하여 다스림. ¶북방을 경략하다.

경략-사(經略使) [-냑싸]〖명〗조선 시대에, 함경북도와 평안북도의 국경 지방을 다스리기 위하여 임시로 둔 벼슬.

경량(輕量) [-냥]〖명〗가벼운 무게. ↔중량(重量).

경량-급(輕量級) [-냥끕]〖명〗체급에 따른 운동 경기에서의 가벼운 체급. ㉮중량급(重量級).

경량-품(輕量品) [-냥-]〖명〗①무게가 가벼운 물품. ②화물 수송에서, 부피에 비하여 무게가 가벼워서, 그 부피에 따라 운임이 계산되는 물품. ↔중량품(重量品).

경력(經力)〖명〗불교에서, '경전의 공력(功力)' 또는 '간경(刊經) 및 독경(讀經)의 공력'을 이르는 말.

경력(經歷) [-녁]〖명〗①이제까지 거쳐온 학업·직업·지위 따위의 내용. 열력(閱歷). 이력(履歷). ¶다양한 경력을 가진 사람. ②〖하타〗겪어 옴. 거쳐옴. ¶갖은 풍상을 경력하다.

경력-담(經歷談) [-녁땀]〖명〗이제까지 겪어 온 여러 가지 일에 대한 이야기.

경력-자(經歷者) [-녁짜]〖명〗어떤 경력(經歷)을 가진 사람. ¶경력자 우대.

경력직^공무원(經歷職公務員) [-녁쩡꽁-]〖명〗국가 공무원의 구분의 한 가지. 실적과 자격에 따라 임용되며 그 신분이 보장되는 공무원. 일반직·특정직·기능직으로 나뉨. ㉮특수 경력직 공무원.

경련(痙攣) [-년]〖명〗〖하자〗근육이 발작적으로 수축(收縮)하는 현상. ¶경련이 일어나다.

경련(頸聯) [-년]〖명〗한시의 율시(律詩)에서, 제5·6구, 곧 제3연. ㉮함련·미련.

경련-증(痙攣症) [-년쯩]〖명〗몸의 일부나 온몸에 경련을 일으키는 증세.

경:례(敬禮) [-네]〖명〗〖하자〗Ⅰ공경의 뜻을 나타내기 위하여 인사하는 일, 또는 그 인사. ¶경례를 받다. /경례를 붙이다. Ⅱ〖감〗군대에서, 상급자나 국기 등에 경의를 표하라는 구령.

경로(經路) [-노]〖명〗①지나는 길. ②사람이나 사물이 거쳐온 길, 또는 거쳐간 길. ¶범인이 달아난 경로를 알아내다.

경:로(敬老) [-노]〖명〗〖하자〗노인을 공경함.

경:로-당(敬老堂) [-노-]〖명〗노인을 공경하는 뜻에서, 노인들이 모여 여가를 선용할 수 있도록 지어 놓은 집.

경:로-석(敬老席) [-노-]〖명〗지하철이나 버스 등에서, 노인들을 위하여 마련한 좌석.

경:로-회(敬老會) [-노회/-노훼]〖명〗노인을 공경하고 위로하는 모임.

경론(硬論) [-논]〖명〗강경한 태도의 논의나 논설.

경론(經論) [-논]〖명〗불교에서, 삼장(三藏) 중의 경장(經藏)과 논장(論藏)을 이름.

경루(更漏) [-누]〖명〗조선 시대에, 밤 사이의 시간을 알리던 물시계.

경루(經漏) [-누]〖명〗월경이 그치지 않는 병.

경:루(瓊樓) [-누]〖명〗①'궁궐'을 아름답게 이르는 말. ②아름답게 지은 높은 전각(殿閣).

경륜(經綸) [-뉸]〖명〗〖하타〗①일정한 포부를 가지고 일을 조직적으로 계획함, 또는 그 계획. ¶경륜을 쌓다. ②나라를 다스림, 또는 그 방책.

경:륜(競輪) [-뉸]〖명〗직업 선수들에 의한 자전거 경주. 경주권을 발매하여 도착 순서를 맞힌 사람에게 환급금을 지불함.

경륜-가(經綸家) [-뉸-]〖명〗정치적·조직적인 일에 수완이 좋은 사람. 경륜지사.

경륜지사(經綸之士) [-뉸-]〖명〗☞경륜가.

경률-론(經律論) [-뉼-]〖명〗☞삼장(三藏).

경리(經理) [-니]〖명〗회계나 급여(給與)에 관한 사무, 또는 그러한 사무를 보는 부서나 사람.

경린(硬鱗) [-닌]〖명〗철갑상어 따위에서 볼 수 있는 단단한 비늘. 굳비늘.

경마(←牽馬)〖명〗남이 탄 말을 몰기 위하여 잡는 고삐.
경마를 잡다〖관용〗남이 탄 말의 고삐를 잡고 그 말을 몰다.
경마를 잡히다〖관용〗경마를 잡게 하다.

경마(耕馬)〖명〗논밭을 가는 데 부리는 말.

경:마(競馬)〖명〗〖하자〗사람이 탄 말이 일정 거리를 달려 그 순위를 겨루는 일. 마권을 발매하여 도착 순서를 맞힌 사람에게 환급금을 지불함.

경:마-장(競馬場)〖명〗일정한 시설을 갖추고 경마를 하는 경기장. 마장(馬場).

경망(輕妄)〖명〗〖하형〗〖스형〗언행이 가볍고 방정맞음. ¶경망을 떨다. **경망-히**〖부〗. **경망스레**〖부〗.

경:매(競買)〖명〗〖하타〗팔려는 사람이 많을 경우, 그들을 서로 경쟁시켜 가장 싸게 팔겠다는 사람에게서 물건을 사들이는 일.

경:매(競賣)〖명〗〖하타〗〖되자〗①사려는 사람이 많을 경우, 그들을 서로 경쟁시켜 가장 비싸게 사겠다는 사람에게 물건을 파는 일. 박매(拍賣). ¶경매에 붙이다. ②권리자의 신청에 따라 법원이나 집행관이 동산이나 부동산을 경쟁 체결 방식에 의하여 구두로 하는 매매.

경:-매매(競賣買)〖명〗물건을 사고파는 방법의 한 가지. 사는 쪽과 파는 쪽이 모두 복수로서 서로 경쟁하여 매매가 이루어지는 일.〔특히, 증권 거래소에서의 매매를 가리킴.〕

경:매-물(競賣物)〖명〗경매에 부친 물건.

경:매-인(競賣人)〖명〗경매를 하는 사람.

경맥(硬脈)〖명〗고혈압 등으로 긴장도가 높아진 맥박. ↔연맥(軟脈).

경:면(鏡面)圈 거울의 비치는 면.
경:면-지(鏡面紙)圈 경면처럼 반들반들하고 광택이 있는 종이.
경멸(輕蔑)圈하타 남을 깔보고 업신여김. ¶경멸의 눈길을 보내다.
경명(傾命) '경명하다'의 어근.
경:명(敬命)圈하타 삼가고 공경함.
경명-하다(傾命─)형어 너무 늙어 목숨이 얼마 남지 않다.
경명행수(經明行修)圈 경학(經學)에 밝고 행실이 착함. ㉰경행(經行).
경:모(景慕)圈하타 우러러 그리워함. 마음을 기울여 사모함. 경앙(景仰).
경모(傾慕)圈하타 마음을 다하여 사모함.
경:모(敬慕)圈하타 존경하고 사모함. 경앙(敬仰). ¶선생의 인격과 학문을 경모하다.
경모(輕侮)圈하타 남을 깔보아 업신여김.
경목(耕牧)圈 농경과 목축.
경:몽(警蒙)圈하타 어린아이나 어리석은 사람을 깨우쳐 줌.
경묘(輕妙) '경묘하다'의 어근.
경묘-하다(輕妙─)형어 (글이나 말 따위가) 경쾌하고 재치 있다. ¶경묘한 글 솜씨. 경묘-히튀.
경:무(警務)圈 경찰에 관한 사무.
경:무-관(警務官)圈 경찰 공무원 계급의 하나. 치안감의 아래, 총경의 위임.
경:무-호(警霧號)圈 바다 위에 안개가 짙을 때, 안개의 위치를 널리 알리기 위하여 울리는 음향 신호. ㉰무적(霧笛).
경:문(景門)圈 술가(術家)의 팔문(八門) 가운데 길한 문의 하나.
경문(經文)圈 ①민간에서, 고사를 지내거나 푸닥거리할 때 외는 주문. ②〔종교의〕 경전(經典)의 문장.
경:문(驚門)圈 술가(術家)의 팔문(八門) 가운데 흉한 문의 하나.
경-문학(硬文學)圈 표현이나 내용이 읽는 이에게 딱딱한 느낌을 주는, 논리성이나 사상성이 강한 문학. ↔연문학(軟文學).
경-문학(輕文學)圈 가벼운 마음으로 읽을 수 있는, 딱딱하지 않은 문학 작품.
경물(景物)圈 계절에 따라 달라지는 자연의 경치.
경물-시(景物詩)圈 계절에 따라 달라지는 경치를 읊는 시.
경미(粳米)圈 멥쌀.
경미(輕微) '경미하다'의 어근.
경미-토(粳米土)圈 모래흙.
경미-하다(輕微─)형어 정도가 가볍다. 아주 작다. 경소(輕小)하다. ¶피해가 경미하다.
경:민(警民)圈 '경민하다'의 어근.
경:민-가(警民歌)圈 ☞훈민가(訓民歌).
경박(輕薄) '경박하다'의 어근.
경박-부허(輕薄浮虛)〔─뿌─〕圈하형 ☞경조부박.
경박-스럽다(輕薄─)〔─쓰─따〕〔~스러우니·~스러워〕형ㅂ (언행이) 신중하지 못하고 가벼운 데가 있다. ¶경박스러운 행동.
경박-자(輕薄子)〔─짜〕圈 언행이 방정맞고 신실(信實)하지 못한 사람.
경박-재자(輕薄才子)〔─째─〕圈 재주는 있으나 경박한 사람.
경박-하다(輕薄─)〔─바카─〕형어 사람됨이 진중하지 못하다. ㉰경조부박. 경박-히튀.
경발(警拔) '경발하다'의 어근.
경:발-하다(警拔─)형어 ①뛰어나게 총명하다. ②문장이나 착상 따위가 기발하고 뛰어나다.

경방(庚方)圈 이십사방위의 하나. 서남서에서 서쪽으로 15도까지의 방위. 신방(申方)과 유방(酉方)의 사이. ㉰경(庚). ☞갑방(甲方).
경:방(警防)圈하타 위험이나 재해 따위를 경계하여 막음.
경:배(敬拜)圈 ①하자 공경하여 공손히 절함. ②하자 신불 등을 숭배함. ¶하나님을 경배하라. ③'공경하여 절합니다'의 뜻. 〔주로, 편지 끝에 쓰임.〕
경:백(敬白)圈 ☞경구(敬具).
경벌(輕罰)圈 가벼운 벌(罰). ↔중벌(重罰).
경범(輕犯)圈 〈경범죄〉의 준말.
경-범죄(輕犯罪)〔─쬐─꿰〕圈 가벼운 범죄. 경범죄 처벌법에 규정된 범죄. ㉰경범(輕犯).
경범죄^처:벌법(輕犯罪處罰法)〔─쬐─삘·─꿰─삘〕 비교적 가벼운 범죄 및 일상생활에 나타나는 반도의적(反道義的)인 침해 행위에 대한 처벌을 규정한 법률. 즉결 재판(卽決裁判)을 통하여 구류(拘留)나 과료(科料) 등 가벼운 형벌이 과해짐.
경법(經法)圈 ①〈대경대법(大經大法)〉의 준말. ②불경(佛經)에 나타난 석가의 가르침.
경변(硬便)圈 된똥.
경변(輕邊)圈 헐한 이자(利子). 저변(低邊).
경변-증(硬變症)〔─쯩〕圈 어떤 장기(臟器)가 만성적인 자극으로 딱딱하게 굳어지며 오그라드는 병증.
경보(頃步)圈 ☞반걸음.
경:보(競步)圈 육상 경기의 한 가지. 일정한 거리를 어느 한쪽 발이 늘 땅에 닿은 상태로 걸어서 빠르기를 겨루는 경기.
경:보(警報)圈 위험 또는 재해가 닥쳐올 때, 사람들에게 경계하도록 알리는 일. 또는 그 보도. ¶태풍 경보. /경보를 발하다.
경:보-기(警報器)圈 어떤 사고나 재해 등을 음향이나 광선 따위를 이용하여 알리는 기기. ¶도난 경보기. /경보기가 울리다.
경:복(景福)圈 크나큰 복. 경조(景祚).
경복(傾覆)圈하자타퇴자 〔'기울어져 쓰러짐' 또는 '뒤집어 엎음'의 뜻으로〕 '나라나 집안 등이 결딴나서 망하는 일, 또는 망하게 하는 일'을 흔히 이르는 말.
경:복(敬服)圈하자 존경하여 진심으로 복종함. ¶고결한 인품에 경복하다.
경:복(敬復·敬覆·敬朴)圈 〔한문 투의 편지 답장 첫머리에 쓰는〕 '공경하여 답장드림'의 뜻을 나타냄. 배복(拜復). 복계(復啓).
경복(輕服)圈 소공(小功)·시마(緦麻) 따위와 같은, 기간이 짧은 복상. ↔중복(重服).
경:복(慶福)圈 경사스럽고 복됨, 또는 그런 일.
경본(京本)圈 〔지난날〕 ①'서울에서 유행되는 차림새'를 이르던 말. ②'서울에서 간행된 책'을 이르던 말.
경부(京府)圈 서울. 수도(首都).
경부(經部)圈 중국 고전을 경(經)·사(史)·자(子)·집(集)의 사 부로 분류한 것 중에서 '경'에 딸린 부류. 〔사서삼경(四書三經) 따위.〕 갑부(甲部).
경부(輕浮)圈하형 〈경조부박(輕佻浮薄)〉의 준말. 경부-히튀.
경부(頸部)圈 ①목 부분. ②목처럼 가늘게 되어 있는 부분. ¶자궁 경부에 암이 생기다.
경:부(警部)圈 ①대한 제국 때, 경무청을 독립시켜 고친 이름. ②일제 강점기에, 경찰관리의 하나. 지금의 '경감'에 해당함.

경분(輕粉)몡 한방에서, ‘염화 제일수은’을 이르는 말. 매독이나 매독성 피부병, 또는 외과용 살충제 등으로 쓰임. 홍분(汞粉).

경:분(競奔)몡하자 앞을 다투어 달림.

경비(經費)몡 ①어떠한 일을 하는 데 드는 비용. ¶영업 활동에 필요한 경비. /많은 경비가 들다. ②일정하게 정해진 평소의 비용. ¶경비를 삭감하다.

경:비(警備)몡하타 만일에 대비하여 경계하고 지킴. ¶건물 둘레를 경비하다. ②〈경비원〉의 준말.

경:비-대(警備隊)몡 경비 임무를 수행하기 위하여 조직된 부대. ¶경비대를 파견하다.

경:비-망(警備網)몡 경비를 위하여 곳곳에 펴놓은 조직 체계. ¶특공대가 삼엄한 경비망을 뚫고 잠입하였다.

경:비-병(警備兵)몡 경비 임무를 맡은 병사. ¶경비병을 배치하다.

경비-사(經費司)몡 조선 시대에, 서울 각 관아(官衙)의 경비 지출 및 부산에 거주(居住)하는 왜인(倭人)에게 주는 양식 따위를 관리하던 호조(戶曹)의 한 분장.

경:비-선(警備船)몡 국토의 연안 해상을 경비하는 데 쓰이는 경찰 선박.

경:비-원(警備員)몡 경비 임무를 맡은 사람. ¶경비원을 고용하다. ⦿경비(警備).

경:비-정(警備艇)몡 국토의 연안 해상을 경비하는 소형의 함정.

경:비-함(警備艦)몡 국토의 연안 해상을 경비하는 군함.

경-비행기(輕飛行機)몡 스포츠나 연락·훈련 등에 쓰이는, 소형의 프로펠러 비행기.

경사(京司)몡 〈경각사(京各司)〉의 준말.

경사(京師)몡 서울. 수도(首都).

경사(經史)몡 경서(經書)와 사기(史記).

경사(經師)몡 ⇨경스승.

경사(經絲)몡 피륙의 날을 이루는 실. 날실l. ↔위사(緯絲).

경사(傾斜)몡 ①비스듬히 기울어짐, 또는 그 정도나 상태. ¶경사가 지다. /경사가 심하다. ②지층면과 수평면이 어떤 각도를 이룸, 또는 그 각도. ¶경사를 이루다.

경사(傾瀉)몡하타 화학에서, 침전물을 가라앉히고 웃물을 따라 버리는 일.

경:사(慶事)몡 매우 즐겁고 기쁜 일. 가사(嘉事). ¶경사가 나다.

경:사(警査)몡 경찰 공무원 계급의 하나. 경위의 아래, 경장의 위임.

경:사(競射)몡 활쏘기나 총 쏘기를 겨룸.

경사-계(傾斜計)[-게/-게]몡 ①항공기와 지면에 대한 경사나 가속 방향에 대한 경사도를 측정하는 계기. ②⇨클리노미터.

경-사대부(卿士大夫)몡 조선 시대에, 영의정·좌의정·우의정 이외의 모든 벼슬아치를 통틀어 이르던 말.

경사-도(傾斜度)몡 기울어진 정도. 경도(傾度). 기울기.

경:사-롭다(慶事-)[-따][~로우니·~로워]웡ㅂ 경사스럽다. 경사로이 분.

경사-면(傾斜面)몡 경사를 이루고 있는 면.

경사-생산(傾斜生産)몡 기초 산업의 생산을 회복한 뒤에 다른 산업의 생산을 피하는 방식. 원자재나 노동력이 부족할 때, 석탄·철·비료 따위의 기초 물자 생산을 우선적으로 확보한 다음 다른 부문의 물자를 생산하는 방식임.

경:사-스럽다(慶事-)[-따][~스러우니·~스러워]웡ㅂ 어떤 일이 즐겁고 기뻐할 만하다. 경사롭다. 경사스레 분.

경사^습곡(傾斜褶曲)[-꼭]몡 습곡을 만드는 좌우의 압력이 달라, 습곡 축면(軸面)이 어떤 각도로 기울어진 습곡.

경사-의(傾斜儀)[-의/-이]몡 ⇨클리노미터.

경사자집(經史子集)몡 중국 고전의 경서·사서·제자류(諸子類)·시문집을 통틀어 이르는 말.

경사-지(傾斜地)몡 비탈진 땅.

경사-지다(傾斜-)짜 한쪽으로 기울어지다. ¶경사진 땅.

경사-침(傾斜秤)몡 경사진 지레의 원리를 이용한 저울. 저울 끝에 달린 갈고리에 물건을 걸어 무게를 닮.

경산(經産)몡 아이를 낳은 경험이 있음. ⚘초산(初産).

경산-부(經産婦)몡 아이를 낳은 경험이 있는 산부(産婦). ⚘초산부(初産婦).

경산-절(京山-)[-쩔]몡 지난날, 서울 근처의 산에 있는 절을 이르던 말.

경산-중(京山-)[-쫑]몡 지난날, 서울 근처의 산에 있는 절의 중을 이르던 말.

경:삼(慶蔘)몡 경상도에서 생산되는 인삼.

경삼(驚蔘)몡 옮겨 심어서 기른 산삼.

경:삿-날(慶事-)[-산-]몡 경사가 있거나 경사가 있는 것처럼 기쁜 날.

경상(景狀)몡 좋지 못한 몰골이나 광경.

경상(卿相)몡 ①⇨재상. ②육경(六卿)과 삼상(三相).

경상(經常)몡 늘 일정하여 변함이 없는 일. ¶경상 사업비. →임시(臨時).

경상(輕傷)몡하짜 조금 다침, 또는 가벼운 상처. ¶경상을 입다. →중상(重傷).

경상^거:래(經常去來)몡 국제간의 거래에서, 자본 거래 이외의 거래. 〔상품의 수출입이나 서비스 요금의 수불(受拂) 따위.〕

경상^계:정(經常計定)[-게/-게]몡 기업 따위가, 일상적으로 반복해서 실시하는 거래의 수지(收支)를 나타내는 계정.

경상-비(經常費)몡 매년 계속해서 지출되는 일정한 경비. →임시비.

경상^수입(經常收入)몡 매년, 또는 매 회계 연도마다 일정하게 들어오는 수입.

경상^수지(經常收支)몡 국제간의 거래에서, 경상 거래에 의한 수지. 그밖의 경우 통상의 영업 활동 과정에서 계속적으로 생기는 수입과 지출의 차액을 이름.

경:상-참(境上斬)몡하타 지난날, 두 나라에 관계되는 죄인을 두 나라의 국경에서 처형하던 일.

경-새(更-)몡 밤마다 정한 시간에 우는 새.

경색(硬塞)몡하짜 지나치게 좁고 막힘.

경색(梗塞)몡하짜되자 ①응고된 혈액이나 이물질 따위로 혈관이 막혀서 조직의 일부가 괴사하는 일. ¶심근 경색. ②사물이 소통되지 못하고 막힘. ¶경색된 정국. /금융 시장이 경색되다. /분위기가 경색되다.

경색(景色)몡 ⇨경치(景致).

경서(經書)몡 사서오경 등 유교의 가르침을 적은 서적. 경적(經籍). 전경(典經). ⚙경(經)l.

경:서(慶瑞)몡 경사스러운 조짐. 상서(祥瑞).

경석(輕石)몡 ⇨속돌.

경:석(磬石)몡 경쇠를 만드는 데 쓰이는 안산암(安山岩)의 한 가지. 검은빛이 나고, 단단하여 정으로 치면 맑은 소리가 남. 경돌.

경-석고(硬石膏)[-꼬]圓 결정수(結晶水)를 함유하지 않은 석고. 흰색이나 회색을 띠며, 보통 석고보다 단단함.

경선(經線)圓 지구의 양극을 세로로 연결한 가상적인 선. 날금. 날줄. 경도선(經度線). 자오선(子午線). ⑥경(經)². ↔위선(緯線).

경선(徑先·輕先) '경선하다'의 어근.

경선(頸腺)圓 목 언저리의 림프샘.

경선(鯨船)圓 ⇨포경선(捕鯨船).

경-선(競選)圓 둘 이상의 후보가 경쟁하는 선거. ¶대통령 후보 경선에 나서다.

경선^벡터(徑線vector)圓 점의 위치를 나타낼 때, 기준점에서 그 점까지 그은 직선을 벡터로 사용한 것. 동경(動徑).

경선^종·창(頸腺腫脹)圓 여러 가지 병독으로 목에 있는 림프샘이 붓는 나력(瘰癧)의 한 가지. ⑥연주창(連珠瘡).

경선-하다(徑先-·輕先-)어 경솔하게 앞질러 하는 성질이 있다. 경선-히閂.

경성(京城)圓 ①도읍의 성. 서울. ②일제 강점기에, '서울'의 이름.

경성(硬性)圓 단단한 성질. ¶경성 세제. ↔연성(軟性).

경:성(景星)圓 ⇨서성(瑞星).

경성(傾性)圓 식물이 외부로부터 자극을 받았을 때, 그 자극 방향과 상관없이 일정한 방향으로 굽는 성질.

경성(傾城)圓 〈경성지색(傾城之色)〉의 준말. 경국.

경:성(警省)圓하타 (스스로) 깨치어 되살펴 봄. 깨달아 반성함.

경:성(警醒)圓하타 정신을 차려 그릇된 행동을 하지 않도록 타일러 깨닫게 함.

경-성분(硬成分)圓 방사선이나 우주선의, 물질을 투과하는 힘이 강한 부분. ↔연성분(軟成分).

경성지색(傾城之色)圓 ⇨경국지색(傾國之色). ⑥경성(傾城).

경성^하·감(硬性下疳)圓 매독균의 전염으로 음부(陰部)에 생기는 피부병. 단단하고 조그마한 종기가 생기어 차차 헐게 됨. ↔연성 하감(軟性下疳).

경성^헌:법(硬性憲法)[-뻡]圓 개정 절차가 보통 법률보다 까다롭게 되어 있는 헌법. 강성헌법(剛性憲法). ↔연성 헌법(軟性憲法).

경세(經世)圓하재 세상을 다스림.

경:세(警世)圓하재 세상 사람들을 경계(警戒)하여 깨우침.

경세-가(經世家)圓 세상을 다스리는 사람.

경세-제민(經世濟民)圓 세상을 다스리고 백성을 구제함. ⑥경제(經濟).

경세지재(經世之才)圓 세상을 다스릴 만한 재주, 또는 그런 인재(人材).

경세지책(經世之策)圓 세상을 다스려 나갈 만한 방책.

경세-치용(經世致用)圓 학문은 세상을 다스리는 데에 유용한 것이어야 한다는 유교의 한 주장.

경소(京所)圓 고려·조선 시대에, 각 지방에서 영향력 있는 사람을 서울로 불러들여 그 지방의 일을 주선하고 의논하게 하던 곳.

경소(輕少) '경소하다'의 어근.

경소(輕笑)圓하타 ①가볍게 웃음. ②대수롭지 않게 여겨 웃음.

경-소리(經-)[-쏘-]圓 불경(佛經)을 읽거나 외는 소리.

경소-하다(輕少-)형어 아주 적다. 경미(輕微)하다. ¶경소한 피해. 경소-히閂.

경속(粳粟)圓 ⇨메조. ↔나속(糯粟).

경솔(輕率)圓하형 언행이 조심성이 없고 가벼움. ¶저의 경솔을 용서하십시오./행동이 경솔하다. 경솔-히閂.

경:-쇠(磬-)[-쇠/-쉐]圓 ①옥이나 돌로 만든 아악기(雅樂器)의 한 가지. 경(磬). ⑥편경(編磬). ②판수가 경을 읽을 때 흔드는 작은 방울. ③예불(禮佛)을 드릴 때 흔드는 작은 종.

경수(硬水)圓 ⇨센물. ↔연수(軟水).

경수(經水)圓하재 한방에서, '월경(月經)'을 이르는 말.

경수(輕水)圓 보통의 물을 중수(重水)와 구별하여 이르는 말.

경수(輕囚)圓 죄가 가벼운 죄수. ↔중수(重囚).

경수(頸髓)圓 척수(脊髓)의 경부(頸部).

경수-로(輕水爐)圓 천연수를 감속재와 냉각재로 사용하는 원자로. ⑥중수로.

경:-수소(輕水素)圓 조선 시대에, 순라군(巡邏軍)이 밤에 거처하던 곳.

경-수필(輕隨筆)圓 잡다한 생각이 중심이 되고, 개인적 문제를 주로 다루며, 주관적·감성적 표현을 중심으로 다룬 수필. 연수필(軟隨筆). ⑥중수필.

경숙(經宿)圓하재 지난날, 임금이 대궐 밖에서 밤을 지내던 일.

경-순양함(輕巡洋艦)圓 소형의 순양함.

경술(庚戌)圓 육십갑자의 마흔일곱째.

경술(經術)圓 경서(經書)를 연구하는 학문.

경술-국치(庚戌國恥)圓 ⇨국권 피탈.

경-스승(經-)[-쓰-]圓 불경의 경문의 뜻을 풀어 가르치는 법사(法師). 강사(講師). 경사(經師).

경승(景勝)圓 경치가 좋음, 또는 그런 곳. ⑲명승(名勝).

경-승용차(輕乘用車)圓 작고 가벼운 승용차. 엔진 배기량 800cc 이하의 승용차를 이름. ⑥경차(輕車).

경승-지(景勝地)圓 경치가 좋은 곳. 경승지지(景勝之地). 보승지(保勝地).

경승지지(景勝之地)圓 ⇨경승지.

경시(更始)圓하타 고쳐 다시 시작함.

경시(庚時)圓 이십사시의 열여덟째 시. 하오 4시 30분부터 5시 30분까지의 동안. ⑥경(庚).

경시(京試)圓 조선 시대에, 3년마다 서울에서 보이던 소과(小科)의 초시(初試).

경시(輕視)圓하타퇴재 대수롭지 않게 여김. 가볍게 봄. ¶경쟁자를 경시하다. ↔중시(重視).

경:-시(警視)圓 ①대한 제국 때, 경시청과 각 도의 관찰부에 두었던 경찰관의 고등관. ②일제 강점기에, 지금의 총경(總警)에 해당하는 경찰관의 직위.

경시-관(京試官)圓 조선 시대에, 3년마다 각 도에서 과거를 보일 때에 서울에서 파견하던 시험관.

경시-서(京市署)圓 고려·조선 시대에, 서울의 시전(市廛)을 관리·감독하던 관아.

경:-시·종(警時鐘)圓 지정한 시각에 종을 울려 잠이 깨게 해 주는 시계. 성종(醒鐘). 파면종(破眠鐘).

경식(耕食)圓하재 농사를 지어 살아 나감.

경식(硬式)圓 야구·테니스 따위에서, 단단한 공을 사용하는 방식. ↔연식(軟式).

경식^야:구(硬式野球)[-싱냐-]圓 경구(硬球)를 사용하는 야구. ↔연식 야구(軟式野球).

경신(更新)〔명〕〔하타〕〔되자〕 ①[이제까지 있던 제도나 기구 따위를] 고쳐 새롭게 함, 또는 새롭게 고침. ②종전의 기록을 깨뜨림. ¶세계 기록을 경신하다. /수출 실적이 날로 경신되다. 〔참〕경신(更新).

경신(庚申)〔명〕 육십갑자의 쉰일곱째.

경신년 글강 외듯〔속담〕 ①'거듭 신신당부함'을 이르는 말. ②'하지 않아도 될 말을 거듭 되풀이함'을 이르는 말.

경신(을) 새다〔관용〕 경신일에 밤을 새우다.

경신(京信)〔명〕 지난날, '서울에서 온 편지나 소식'을 이르던 말.

경:신(敬信)〔명〕〔하타〕 존경하고 믿음.

경:신(敬神)〔명〕〔하자〕 신을 공경함.

경신(輕信)〔명〕〔하타〕 경솔히 믿음.

경:신-숭조(敬神崇祖)〔명〕 신을 공경하고 조상을 숭상하는 일.

경:실(苘實)〔명〕 한방에서, 어저귀의 씨를 약재로 이르는 말. 〔강장제로 쓰임.〕

경심(傾心)〔명〕 ①[배 따위의] 떠 있는 물체가 기울어진 상태에 있을 때의 중심(中心). 메타센터. ②〔하자〕마음을 기울임. 마음을 쏟음.

경아(驚訝)〔명〕〔하자〕 놀라고 의아하게 여김.

경-아리(京一)〔명〕 지난날, 서울 사람을 약고 간사하다 하여 욕으로 이르던 말.

경-아문(京衙門)〔명〕 지난날, 서울에 있는 각 관아를 이르던 말.

경-아전(京衙前)〔명〕 조선 시대에, 중앙 관아에 소속되었던 이속(吏屬).

경악(經樂)〔명〕〔➡〕경연(經筵).

경악(驚愕)〔명〕〔하자〕 깜짝 놀람. ¶경악을 금치 못하다. /급작스러운 비보(悲報)에 경악하다.

경악-스럽다(驚愕-)〔형ㅂ〕[~스러워/~스러우니/~스러워] 깜짝 놀랄 만하다. **경악스레**〔부〕.

경안(慶眼)〔명〕 불경(佛經)을 보고 이해할 만한 안목.

경:앙(景仰)〔명〕〔하타〕 덕망이 높은 사람을 우러러 따름. 경모(景慕).

경:앙(敬仰)〔명〕〔하타〕 존경하여 우러러봄. 경모(敬慕).

경:애(敬愛)〔명〕〔하타〕 존경하고 사랑함. 애경(愛敬). ¶경애하는 벗.

경애(境涯)〔명〕 살아가는 처지나 환경.

경:야(竟夜)〔명〕〔하자〕 밤을 새움. 달야(達夜).

경야(經夜)〔명〕〔하자〕 ①장사 지내기 전에, 근친이나 친구들이 관 옆에서 밤샘을 하는 일. ②밤을 지냄.

경-양식(輕洋食)〔명〕 간단한 서양식 일품요리.

경:어(敬語)〔명〕 듣는 사람이나 제삼자에게 존경의 뜻을 나타내기 위하여 사용하는 말. 공대말. 높임말. 존경어.

경언(鯁言)〔명〕 무서워하거나 거리낌이 없이 바르게 하는 말.

경:업(競業)〔명〕〔하자〕 영업상 경쟁함.

경:업-금:지(競業禁止)[-끔-]〔명〕 대리상이나 지배인 등 특정한 지위의 사람이 그 지위를 가지게 해 준 사람과 경쟁되는 성질의 영업을 하지 못하게 하는 일.

경-없다(景-)〔형〕 '경황없다'의 잘못.

경역(境域)〔명〕 ①경계 지역. ②어떤 범위 안의 지역. 〔준〕역(域).

경연(硬軟)〔명〕 단단함과 무름.

경연(硬鉛)〔명〕 5~10%의 안티몬을 섞어 만든 납의 합금. 납보다 굳고 강하며, 황산에 대한 저항이 큼.

경연(經筵)〔명〕 ①고려·조선 시대에, 임금 앞에서 경서를 강론하던 자리. 경악(經幄). ②〈경연청(經筵廳)〉의 준말.

경:연(慶宴)〔명〕 경사스러운 잔치.

경:연(慶筵)〔명〕 경사스러운 잔치를 벌인 자리.

경:연(競演)〔명〕〔하타〕 개인이나 단체가 모여서 연기나 기능 따위를 겨룸. ¶무용 경연 대회.

경연-관(經筵官)〔명〕 고려·조선 시대에, 경연에 참여하던 관원.

경-연극(輕演劇)〔명〕 오락과 풍자를 위주로 하는 대중 연극.

경연-원(經筵院)〔명〕 대한 제국 때, 경적(經籍)과 문한(文翰)을 보관하고, 시강(侍講)과 제찬(制撰)에 관한 일을 맡아보던 관아.

경연-청(經筵廳)〔명〕 조선 시대에, 경연의 일을 맡아보던 관아. 〔준〕경연(經筵).

경열(庚熱)〔명〕 삼복의 심한 더위. 복열(伏熱). 복염(伏炎). 경염(庚炎).

경열(哽咽)〔명〕〔하자〕 몹시 슬프거나 서러워 목이 메이도록 느껴 욺.

경염(庚炎)〔명〕〔➡〕경열(庚熱).

경염(硬鹽)〔명〕〔➡〕돌소금.

경:염(競艶)〔명〕〔하자〕 여자들이 모여 서로의 아름다움을 겨룸.

경-염불(經念佛)[-념-]〔명〕〔하자〕 경문을 읽으며 부처의 공덕을 생각함.

경엽(莖葉)〔명〕 줄기와 잎.

경엽^식물(莖葉植物)[-씽-]〔명〕 관다발이 발달하여 줄기와 잎이 분화된 식물. 유관 식물(有管植物). ↔엽상 식물(葉狀植物).

경영(京營)〔명〕 조선 시대에, 서울에 있던 훈련도감·금위영·어영청·수어청·총융청·용호영을 통틀어 이르던 말. 경영문(京營門).

경영(經營)〔명〕〔하타〕〔되자〕 ①방침 따위를 정하고 연구하여 일을 해 나감. ¶국가의 경영에 관여하다. ②[이익이 나도록 회사나 사업 따위를 운영함. ¶소유와 경영을 분리하다. /중소기업을 경영하다.

경:영(競泳)〔명〕〔하자〕 일정한 거리를 헤엄쳐 그 빠르기를 겨룸, 또는 그 경기.

경영^관리(經營管理)[-괄-]〔명〕 기업 경영에서, 최대의 이윤을 올릴 수 있도록 각종 업무의 수행 상태를 관리하는 일.

경영-권(經營權)[-꿘]〔명〕 기업의 경영자가 자기의 기업을 경영·관리하는 권리.

경영-난(經營難)〔명〕 기업이나 사업 따위의 경영상의 어려움. ¶경영난에 허덕이다. /경영난을 겪다.

경-영문(京營門)〔명〕〔➡〕경영(京營).

경영^분석(經營分析)〔명〕 대차 대조표나 손익 계산서 따위의 재무제표를 자료로 기업의 경영 상태를 분석·판단하는 일.

경영-자(經營者)〔명〕 기업을 경영하는 사람.

경영^전:략(經營戰略)[-쩐-]〔명〕 기업이 안정되게 성장하기 위해 기업 환경의 변화에 따라 능동적으로 대응하는 기본 지침.

경영-주(經營主)〔명〕 상점 또는 기업 따위를 경영하는 주인.

경영-진(經營陣)〔명〕 기업의 경영을 책임지고 있는 사람들의 진용(陣容).

경영^참가(經營參加)〔명〕 기업 경영의 의사 결정에, 그 기업의 근로자 또는 노동조합이 어떠한 형식으로 참가하는 일.

경영-학(經營學)〔명〕 합리적인 기업 경영 방법을 연구하는 학문.

경영^합리화 (經營合理化) [-함니-] **명** 경영 활동의 상태를 수익성(收益性)을 높이는 방향으로 개선하는 일.

경:영^환:각 (鏡映幻覺) 명 ☞자체 환각.

경오 (庚午) 명 육십갑자의 일곱째.

경옥 (硬玉) 명 알칼리 휘석의 한 가지. 규산·산화알루미늄·소다로 된 광물로, 보통 비취(翡翠)를 이름.

경:옥 (鏡玉) 명 사진기·망원경·안경 따위에 쓰이는 렌즈.

경:옥 (瓊玉) 명 아름다운 구슬.

경:옥-고 (瓊玉膏) [-꼬] **명** 한방에서, 혈액의 순환을 고르게 하는 데 쓰는 보약의 한 가지.

경외 (京外) [-외/-웨] **명** ①서울의 바깥. ②서울과 지방. 경향(京鄕).

경:외 (敬畏) [-외/-웨] **명하타** 공경하면서 두려워함. 외경(畏敬).

경외 (境外) [-외/-웨] **명** 어떤 경계의 밖. ↔경내.

경:외-감 (敬畏感) [-외/-/-웨-] **명** 공경하면서 두려워하는 감정.

경외-서 (經外書) [-외/-/-웨-] **명** 〈경외 성경 (經外聖經)〉의 준말.

경외^성:경 (經外聖經) [-외/-/-웨-] **명** 전거가 불확실하여 '성경'에 수록되지 못한 30여 편의 문헌. 위경(僞經). ☞경외서.

경:외-심 (敬畏心) [-외/-/-웨-] **명** 공경하면서 두려워하는 마음.

경외-장 (京外匠) [-외/-/-웨-] **명** 지난날, 서울과 지방에서 사기(沙器)를 만들던 장인(匠人).

경용 (經用) 명 정상적으로 늘 쓰는 비용.

경우 (耕牛) 명 논밭을 가는 데 부리는 소.

경우 (境遇) 명 ①놓이게 되는 조건이나 때, 또는 놓여 있는 사정이나 형편. ¶만약의 경우. /비가 올 경우에는 경기를 다음 날로 연기한다. /그의 경우는 우리의 그것과는 전혀 다르다. ②사리나 도리. ¶경우가 밝은 사람. /경우에 어긋나는 행동은 하지 마라.

경운 (耕耘) 명하타 논밭을 갈고 김을 맴.

경운-기 (耕耘機) 명 땅을 갈아 일구는 데 쓰이는 농업용 기계.

경원 (耕園) 명 경작하는 밭이나 과수원.

경원 (經援) 명 〈경제 원조〉의 준말.

경:원 (敬遠) 명하타 ①공경하되 가까이하지는 아니함. ¶감독관을 경원하다. ②(꺼리어) 멀리함. ¶서로 경원하는 사이. 경이원지(敬而遠之). ③야구에서, 투수가 고의로 사구(四球)를 던지는 일.

경:원-시 (敬遠視) 명하타 겉으로는 친한 체하면서 실제로는 꺼리어 멀리함. ¶잘난 척하는 반장을 경원시하다.

경위 (涇渭) 〔중국의 경수(涇水)는 항상 흐리고, 위수(渭水)는 항상 맑아 구별이 분명한 데서〕 '사리의 옳고 그름과 시비의 분간'을 이르는 말. ¶경위가 바르다.

경위 (經緯) 명 ①피륙의 날과 씨. ②〈경위도〉의 준말. ③〈경위선〉의 준말. ④일이 전개되어 온 과정. ¶사건의 경위를 알아보다.

경위 (頸圍) 명 목의 둘레.

경:위 (警衛) 명 ①경계하고 지킴, 또는 그렇게 하는 사람. ②경찰 공무원 계급의 하나. 경감의 아래, 경사의 위임.

경-위도 (經緯度) 명 경도와 위도. ☞경위(經緯).

경:위-병 (警衛兵) 명 지난날, 임금을 경위하던 병사.

경위-서 (經緯書) 명 ☞전말서(顚末書).

경-위선 (經緯線) 명 경선과 위선. ☞경위(經緯).

경:위-원 (警衛院) 명 대한 제국 때, 대궐 안팎의 경비를 맡아보던 관아.

경위-의 (經緯儀) [-의/-이] **명** 천체나 땅 위에 있는 물체의 고도·방위각·올려본각을 재는 기계.

경유 (經由) 명하타되자 거쳐 지나감. ¶대전 경유 부산행 열차.

경유 (輕油) 명 ①원유를 분류(分溜)할 때 나오는, 비점(沸點) 250~350°C의 기름. ②콜타르를 증류하여 얻게 되는, 비점 80~170°C의 기름. ☞중유(重油).

경유 (鯨油) 명 고래 고기나 고래 뼈를 짠 기름.

경유-지 (經由地) 명 거쳐 지나는 곳. ¶대전이 중간 경유지이다.

경육 (鯨肉) 명 고래의 고기.

경음 (硬音) 명 ☞된소리.

경음 (鯨飮) 명하타 (고래가 물을 들이마시듯) 술을 많이 마심.

경:음 (競飮) 명하자 (술 따위) 음료를 많이 마시기를 겨룸.

경-음악 (輕音樂) 명 악단의 연주에 의한, 가벼운 기분으로 즐길 수 있는 대중음악.

경음-화 (硬音化) 명 ☞된소리되기.

경읍 (京邑) 명 서울.

경의 (更衣) [-의/-이] **명하자** 옷을 갈아입음.

경의 (經義) [-의/-이] **명** 경서(經書)의 뜻.

경:의 (敬意) [-의/-이] **명** 존경의 뜻. 예의(禮意). ¶경의를 표하다.

경의 (輕衣) [-의/-이] **명** ①가벼운 옷. ②경쾌한 옷차림.

경의-비마 (輕衣肥馬) [-의/-/-이-] **명** 〔가벼운 비단옷과 살진 말이라는 뜻으로〕 '호사스러운 차림새'를 이르는 말.

**경이 (輕易) '경이하다'의 어근.

경이 (驚異) 명 놀라 이상스럽게 여김, 또는 놀라움. ¶자연계의 경이. /경이에 찬 눈.

경이-감 (驚異感) 명 경이로운 느낌.

경이-롭다 (驚異-) [-따] [~로우니·~로워] **형ㅂ** 놀랍고 이상스럽다. ¶경이로운 성과. **경이로이 부**

경:이원지 (敬而遠之) 명하타 ☞경원(敬遠).

경이-적 (驚異的) 명 놀랍고 이상스럽게 여길 만한 (것). ¶경이적 기록. /경이적인 사실.

경이-하다 (輕易-) 형어 매우 손쉽다. **경이-히 부**

경인 (京人) 명 서울 사람.

경인 (京仁) 명 서울과 인천. ¶경인 지방.

경인 (庚寅) 명 육십갑자의 스물일곱째.

경인-구 (驚人句) [-꾸] **명** 사람을 놀라게 할 만큼 뛰어나게 잘 지은 시구(詩句). ☞경구(警句).

경인-답 (京人畓) 명 지난날, 서울 사람이 시골에 가지고 있는 논을 이르던 말. ☞경답(京畓). ☞경인전.

경인-전 (京人田) 명 지난날, 서울 사람이 시골에 가지고 있는 밭을 이르던 말. ☞경전(京田). ☞경인답.

경:일 (敬日) 명 대종교(大倧敎)에서, 단군에게 경배하는 날을 이르는 말.

경:일 (慶日) 명 경사스러운 날.

경-입자 (輕粒子) [-짜] **명** 전자·중성미자·미크론 중간자·미크론 중성미자 및 그 반입자(反粒子) 등, 질량이 작은 소립자를 통틀어 이르는 말.

경자 (庚子) 명 육십갑자의 서른일곱째.

경자-마지 명 조의 한 가지. 줄기가 푸르고 이삭이 짧으며 까끄라기가 없음.

경자-자(庚子字)명 조선 세종 2(1420.경자)년에 만든 구리 활자.

경작(耕作)명하타되자 논밭을 갈아 농사를 지음. 경가(耕稼).

경작-권(耕作權)[-꿘]명 농민이 농지를 경작할 수 있는 권리. 보통, 소작인의 소작권을 이름.

경작^면:적(耕作面積)[-장-]명 실제로 경작하는 땅의 면적.

경작-물(耕作物)[-짱-]명 경작하는 농작물.

경작-자(耕作者)[-짜]명 논밭을 갈아 농사를 짓는 사람.

경작-지(耕作地)[-찌]명 경작하는 땅. ㉜경지(耕地).

경작^지주(耕作地主)[-찌-]명 직접 경작하는 지주.

경작^한:계지(耕作限界地)[-자칸계-/-자칸게-]명 생산액이 생산비와 거의 맞먹어 경작 가치가 없는 토지.

경장(更張)명하타 〔거문고 줄을 고쳐 팽팽하게 맨다는 뜻으로〕 ①사물이 해이(解弛)된 것을 고쳐 긴장하게 함. ②정치적·사회적으로 낡은 제도를 고쳐 새롭게 함.

경장(經藏)명 ①삼장(三藏)의 하나. 석가의 설법을 기록한 경전. ②절에서 불경을 넣어 두는 곳집. 경당(經堂).

경장(輕裝)명하자 홀가분하게 차려입음, 또는 그런 옷차림.

경:장(警長)명 경찰 공무원 계급의 하나. 경사의 아래, 순경의 위임.

경재(硬材)명 공예품 따위를 만드는 데 쓰이는, 느티나무나 계수나무 따위 단단한 목재.

경재(卿宰)명 ☞재상(宰相).

경재-소(京在所)명 조선 시대에, 지방 각 관아가 중앙에 두었던 출장소. ㉰경저리.

경:쟁(競爭)명하자 서로 앞서거나 이기려고 다툼. ¶생존 경쟁. /경쟁이 심하다.

경:쟁^가격(競爭價格)[-까-]명 ①시장에서, 수요와 공급 간의 경쟁에 따라 이루어지는 가격. ↔독점 가격. ②경쟁 입찰에서의 가격.

경:쟁^계:약(競爭契約)[-계-/-게-]명 계약을 체결할 때 여러 사람을 경쟁시켜 가장 좋은 조건을 제시한 사람과 맺는 계약. ↔수의 계약(隨意契約).

경:쟁-국(競爭國)명 국제적으로, 서로 우위에 서려고 다투는 상대국가.

경:쟁-력(競爭力)[-녁]명 경쟁할 만한 힘이나 능력. ¶경쟁력을 갖추다. /경쟁력을 키우다.

경:쟁-률(競爭率)[-뉼]명 경쟁의 비율. ¶50대 1의 치열한 경쟁률. /경쟁률이 높다.

경:쟁^매매(競爭賣買)명 경쟁 계약에 따라 이루어지는 매매. 〔입찰 매매·경매·경매매 따위.〕

경:쟁-사(競爭社)명 서로 경쟁하는 관계에 있는 회사.

경:쟁-시험(競爭試驗)명 많은 지원자 중에서 일정한 사람을 뽑는 시험.

경:쟁-심(競爭心)명 경쟁에서 이기려는 마음. ¶경쟁심을 불러일으키다.

경-쟁이(經-)명 지난날, 남의 집의 재앙을 물리치기 위하여 경을 읽어 주는 사람을 이르던 말.

경:쟁^입찰(競爭入札)명 여러 입찰자 가운데서 가장 적당한 조건을 제시한 사람에게 낙찰되는 입찰.

경:쟁-자(競爭者)명 ①경쟁하는 사람. ¶경쟁자가 많다. ②경쟁하는 상대자. ¶경쟁자를 물리치다. /새로운 경쟁자가 나타나다.

경:쟁-적(競爭的)관명 서로 앞서거나 이기려고 다투는 (것). ¶경쟁적 분위기. /경쟁적으로 신제품을 개발하다.

경:쟁 공:존(競爭의共存)[-꽁-]명 둘 이상의 세력이 경쟁을 하며 공존함.

경저-리(京邸吏)명 고려·조선 시대에, 서울에 머무르면서 지방 관아의 사무를 연락하고 대행하던 사람. 경주인(京主人). 공주인(貢主人).

경적(勁敵·勍敵)명 ☞강적(強敵).

경적(經籍)명 ☞경서(經書).

경적(輕敵)명하자타 적을 얕봄.

경:적(警笛)명 위험을 알리거나 경계를 위하여 울리는 고동, 또는 그 소리. ¶경적을 울리다.

경적-필패(輕敵必敗)명 적을 얕잡아 보면 반드시 패배함.

경전(京田) 〈경인전(京人田)〉의 준말.

경전(京錢)명 중국 제국 시대에, 서울에서 1전을 닷돈, 2전을 냥으로 셈하던 일.

경전(勁箭)명 센 화살.

경전(耕田)명하자 논밭을 갊.

경전(經典)명 〔영원히 변치 않는 법식과 도리를 적은 서적이라는 뜻으로〕 성인(聖人)의 가르침이나 행실, 또는 종교의 교리들을 적은 책을 이르는 말.

경전(經傳)명 ①경서(經書)와 경서를 주석한 책. ②〈성경현전(聖經賢傳)〉의 준말.

경전(輕箭)명 가벼운 화살.

경:전(慶典)명 경사스러운 식전(式典).

경:전(競傳)명하타 앞다투어 전함.

경-전기(輕電機)명 전기 기계나 기구의 편의적인 구별의 한 가지. 주로, 가정용 전기 기구를 이름. ↔중전기(重電機).

경전-착정(耕田鑿井)[-쩡]명 〔밭을 갈고 우물을 판다는 뜻으로〕 백성들이 생업에 종사하며 평화롭게 지냄을 이르는 말.

경-전철(輕電鐵)명 수송량과 운행 거리가 일반 지하철의 절반 수준의 경량 전철.

경:절(慶節)명 한 나라의 온 국민이 경축하는 날. ㉜국경일.

경점(更點)[-쩜]명 ①조선 시대에, 북과 징을 쳐서 시각을 알리던 경(更)과 점(點). 〔하루의 밤을 오경(五更)으로 나누고, 경(更)을 다시 다섯 점으로 나누어 경에는 북을, 점에는 징을 쳤음.〕 ②절에서, 초경·이경·삼경·사경·오경에 맞추어 치는 종(鐘).

경점 치고 문지른다속담 '일을 그르쳐 놓고 잘못을 얼버무리려 함'을 이르는 말.

경점^군사(更點軍士)[-쩜-]명 조선 시대에, 경(更)과 점(點)을 알리던 군사.

경정(更正)명하타 잘못된 내용을 바르게 고침. ¶기재 사항의 오류를 경정하다.

경정(更定)명하타 고치어 정함. 개정함.

경정(更訂)명하타되자 책의 내용 따위를 바르게 고침. ¶내용을 경정하다.

경:정(敬呈)명하타 공경하는 마음으로 드림.

경정(輕艇)명 가볍고 속력이 빠른 배.

경:정(警正)명 경찰 공무원 계급의 하나. 총경의 아래, 경감의 위임.

경:정(警政)명 〈경찰 행정〉의 준말.

경:정(競艇)명 ☞조정 경기(漕艇競技).

경-정맥(頸靜脈)명 목의 좌우에 있는 정맥.

경정^예:산(更正豫算)[-녜-]명 어떤 연도의 예산안이 국회에서 통과된 다음, 경비의 총액을 늘리지 않는 한도 내에서 필요에 따라 고치어 책정한 예산.

경정-직행(徑情直行) [-지캥] **명**하타 (예의범절에 구애되지 않고) 곧이곧대로 행동함. 직정경행(直情徑行). 준경행(徑行).

경제(經濟)**명**하자 ①인간이 공동생활을 하는 데에 필요한 재화(財貨)를 획득·이용하는 일을 함, 또는 이를 통하여 이루어지는 사회관계. ¶경제의 활성화. /경제 활동이 위축되다. ②비용이나 시간 따위를 적게 들이는 일. ③<경세제민(經世濟民)>의 준말.

경제-가(經濟家)**명** ①경제에 밝은 사람. ②돈이나 물건을 낭비하지 아니하고, 살림을 규모 있게 살아가는 사람.

경제-개발(經濟開發)**명** 산업을 일으켜 국가 경제를 발전시키는 일. ¶경제 개발 5개년 계획.

경제-객체(經濟客體)**명** 경제 활동의 대상이 되는 모든 재화(財貨) 및 용역. ↔경제 주체.

경제-계(經濟界) [-게/-게] **명** 사회에서 경제 활동이 활발히 이루어지고 있는 분야. 특히, 실업가들의 사회를 이름. ¶경제계의 실력자. /경제계 동향을 살피다. 비재계(財界).

경제-계:획(經濟計畫) [-계/-게획] **명** 한 나라의 경제를 어떤 목표에 도달하도록 하기 위하여 세우는 종합적인 계획.

경제-공:황(經濟恐慌)**명** 자본주의 경제 체제에서, 상품 생산의 과잉, 수요의 저하, 가격의 폭락, 실업의 격증, 기업의 도산 등으로 한때 모든 경제 활동이 혼란에 빠지는 상태. 준공황.

경제-관념(經濟觀念)**명** 재화나 노력·시간 따위를 경제적으로 쓰려는 생각. ¶경제관념이 희박하다.

경제-권(經濟圈) [-꿘] **명** 국제적·국내적으로 경제 활동이 뚜렷하게 교류(交流)되는 일정한 지역 범위. ¶동남아(東南亞) 경제권.

경제-권(經濟權) [-꿘] **명** 경제 행위를 맡아서 다루는 권리.

경제^기구(經濟機構)**명** 경제에 관한 여러 가지 문제를 맡아 다루는, 정치적·사회적 기구.

경제-난(經濟難)**명** 경제상의 어려움. ¶경제난에 허덕이는 후진국.

경제-단위(經濟單位)**명** 사회 전체의 경제 활동을 이루는 하나하나의 경제 주체.

경제-도시(經濟都市)**명** 경제가 중심이 되어 일어나고 발전한 도시.

경제-력(經濟力)**명** 개인이나 국가가 지닌 경제적인 힘. ¶경제력을 바탕으로 하는 과감한 투자.

경제-림(經濟林)**명** 주로, 임산물의 수익을 목적으로 가꾸는 산림. 공용림(供用林).

경제-면(經濟面)**명** ①경제에 관련되는 방면. ¶경제면에 있어서의 성장은 괄목할 만하다. ②신문 따위에서, 경제에 관한 기사를 싣는 지면. ¶신문의 경제면.

경제^백서(經濟白書) [-써] **명** 정부가 경제의 실태와 앞으로의 동향, 경제 정책의 방향 등을 국민에게 알리기 위하여 내놓는 연차(年次) 경제 보고서.

경제-범(經濟犯)**명** ☞경제 사범(經濟事犯).

경제-법(經濟法) [-뻡] **명** ①경제에 관한 모든 법. ②국가의 경제 정책 목표의 달성을 위한 모든 법.

경제^변:동(經濟變動)**명** 경제의 성장 과정에서 발생하는 경제 활동 수준의 상하 변동. [계절적인 것과 주기적인 것이 있음.]

경제^봉쇄(經濟封鎖)**명** 어떤 나라와의 경제상의 교류를 제한 또는 금지하는 일.

경제^블록(經濟bloc)**명** 경제적으로 관계가 특히 깊은 나라들로 이루어진 배타적인 경제권(經濟圈).

경제-사(經濟史)**명** 경제 현상의 역사적인 발전 과정을 연구하는 학문.

경제^사:범(經濟事犯)**명** 개인, 공공 단체 또는 국가의 경제적 법익을 침해하였거나 침해하려 함으로써 성립되는 죄, 또는 그런 죄를 범한 사람. 경제범.

경제^사:절(經濟使節)**명** 국가가 국제적으로 경제 문제를 해결하기 위하여 보내는 사절.

경제^사회^이:사회(經濟社會理事會) [-회-회/-훼-훼] **명** 국제 연합의 상설 기관의 하나. 국제적인 경제·사회·교육·위생 문제 등에 관한 연구·보고·제안 등을 함.

경제-성(經濟性) [-썽] **명** 경제의 목적을 합리적으로 추구하는 행위, 또는 경제상으로 본 합리성. ¶경제성이 떨어지다. /경제성이 있는 사업.

경제^성장(經濟成長)**명** 시간이 지남에 따라 국민 소득·국민 총생산 같은 국민의 경제 규모가 점점 확대되어 가는 일.

경제^성장률(經濟成長率) [-뉼] **명** 일정 기간의 국민 총생산(總生産) 또는 국민 소득의 실질적인 증가율.

경제-속도(經濟速度) [-또] **명** 항공기나 자동차·선박 등이 연료를 가장 적게 소비하여 가장 많은 거리를 갈 수 있는 속도. 경제속력.

경제-속력(經濟速力) [-송녁] **명** ☞경제속도.

경제^수역(經濟水域)**명** 연안국이 생물 자원 및 해저의 광물 자원 등을 보유·관할할 수 있는 해역. 보통 연안에서 200해리 까지임. 참전관수역(專管水域).

경제^순환(經濟循環)**명** 경제 활동에서의 생산·분배·지출의 순환.

경제^원:조(經濟援助)**명** 강대국이 약소국이나 개발도상국에 대하여 경제적으로 도와주는 일. 준경원(經援).

경제^원칙(經濟原則)**명** 가장 적은 비용으로 가장 큰 효과를 얻으려는 경제적 원칙.

경제-인(經濟人)**명** ①경제계에서 활약하는 사람. ②인간 유형의 한 가지. 순전히 자신의 경제적인 이득만을 위하여 행동하는 사람.

경제-재(經濟財)**명** 경제적 가치가 있으며 경제 행위의 대상이 되는 재화(財貨). ↔자유재(自由財).

경제-적(經濟的)**관명** ①경제에 관한 (것). ¶경제적 제재(制裁). /경제적인 기회균등. ②금전상의 융통에 관계되는 (것). ¶경제적 곤란. /경제적으로 어려움을 겪고 있다. ③비용이나 노력 따위가 더 적게 드는 (것). ¶경제적 투자. /경제적인 소비 생활을 합시다.

경제-전(經濟戰)**명** 국제간에 경제적인 문제로 벌이는 다툼.

경제^정책(經濟政策)**명** 정부나 지방 공공 단체 등이 국가나 지방의 경제적인 이익을 위하여 일정한 목표를 세우고 실시하는 정책.

경제^제:재(經濟制裁)**명** 특정 국가에 대하여 가하는 경제적인 압박 수단.

경제^주체(經濟主體)**명** 경제 활동을 하는 단위. [가계·기업·정부 따위]. ↔경제 객체.

경제^지리학(經濟地理學)**명** 경제 현상과 지리적인 자연 조건과의 관계를 비교·연구하는 학문.

경제^차:관(經濟借款)**명** 경제 개발 사업을 위한 차관.

경제^철학(經濟哲學)몡 경제학의 방법적인 전제를 명백히 하고 근본적으로 경제의 의미를 밝히는 과학 철학의 한 분야.

경제^통제(經濟統制)몡 국가가 필요에 따라, 개개의 경제 주체의 경제 활동에 대하여 규제하고 간섭하는 일.

경제^투쟁(經濟鬪爭)몡 근로자가 임금 인상이나 노동 조건 개선 등 경제적 이익을 얻기 위하여 벌이는 투쟁.

경제-특구(經濟特區)[−꾸]몡 (다른 지역과 달리) 경제적으로 특별 우대 정책이 적용되는 지역.

경제-학(經濟學)몡 경제 현상을 대상으로 하여 생산과 교환, 분배와 소비 등의 법칙을 연구하는 학문. 이재학(理財學).

경제학-사(經濟學史)[−싸]몡 경제 이론의 발생과 발전 과정을 기술한 역사.

경제^행위(經濟行爲)몡 (개인이나 국가 또는 기업이) 생산이나 교환에 의하여 재화(財貨)를 얻고 소비하는 일.

경제^협력(經濟協力)[−혐녁]몡 선진국이 개발도상국의 경제 개발을 돕기 위하여 연불 수출(延拂輸出)·차관 제공·기술 협력 등을 하는 일. ⓒ경협(經協).

경제^협력^개발^기구(經濟協力開發機構)[−혐녁깨−]몡 개발도상국의 원조, 경제 성장, 세계 무역의 확대 등을 1961년에 창설된 국제 협력 기구. 오이시디(OECD).

경조(京兆)몡 서울. 수도(首都).

경조(京造)〈경조치〉의 준말.

경조(京調)[−쪼]몡 ①서울의 풍습. ②서울 특유의 시조 창법. ⑭영조(嶺調)·완조(完調).

경조(景祚)몡 ☞경복(景福).

경조(硬調)[−쪼]몡 ①분위기나 어조(語調)·색조(色調) 따위가 딱딱한 것. ②사진의 원판이나 인화에서 흑백의 대조가 뚜렷한 일.

경조(敬弔)몡 삼가 조상함.

경조(輕佻) ‘경조(輕佻)하다’의 어근.

경조(輕燥) ‘경조(輕燥)하다’의 어근.

경조(輕躁) ‘경조(輕躁)하다’의 어근.

경조(慶弔)몡 ①경사스러운 일과 불행한(흉한) 일. ②하다 경축하는 것과 조문하는 일.

경조(慶兆)몡 경사가 있을 징조.

경:조(競漕)몡하다 ☞조정 경기(漕艇競技).

경조부박(輕佻浮薄)몡형어 사람됨이 진중하지 못하고 날리고 가벼움. 경박부허(輕薄浮虛). ⓒ경부(輕浮). 경박(輕薄)하다.

경:조-사(慶弔事)몡 경사스러운 일과 불행한 일.

경:조-상문(慶弔相問)몡하다 서로 경사에 축하하고 흉사에 위문함.

경조-윤(京兆尹)몡 ‘한성부 판윤’의 딴 이름.

경조-치(京造−)몡 지난날, 지방의 특산물을 서울에서 본떠서 만든 물건을 이르던 말. ⓒ경조(京造).

경조-토(輕燥土)몡 갈기에 별로 힘이 들지 않는 푸석푸석한 흙.

경조-하다(輕佻−)형어 언행이 신중하지 못하고 가볍다. 경조-히부.

경조-하다(輕燥−)형어 물기가 없고 가볍다.

경조-하다(輕躁−)형어 행동이 가볍고 성미가 급하다.

경종(京種)몡 ①서울에서 나는 채소의 종자. ②☞서울내기.

경종(耕種)몡하다 논밭을 갈고 씨를 뿌리거나 모를 내어 가꿈.

경종(經宗)몡 불교에서, 경전(經典)에 따라서 종지(宗旨)를 세운 종파를 이르는 말. 〔화엄종(華嚴宗)·천태종(天台宗)·법화종(法華宗) 등이 이에 딸림.〕

경:종(警鐘)몡 ①(비상사태나 위험 등을 알리어) 경계하기 위하여 치는 종. ②경계하기 위한 주의나 충고.
경종을 울리다관용 위험을 알리거나 잘못됨을 일깨우기 위하여 주의를 불러일으키다.

경종^방식(耕種方式)몡 농사에서, 작물의 선택이나 배치, 재배의 순서 등을 자연이나 경제적 조건에 맞추어 정하는 방식. 〔화전식(火田式)·혼작식(混作式) 따위.〕

경좌(庚坐)몡 (집터나 묏자리 따위가) 경방(庚方)을 등진 좌향, 또는 그런 자리.

경좌(鯨座)몡 ☞고래자리.

경좌-갑향(庚坐甲向)[−가퍙]몡 (집터나 묏자리 따위가) 경방(庚方)을 등지고 갑방(甲方)을 향한 좌향.

경죄(輕罪)[−죄/−�줴]몡 가벼운 죄. 경과(輕科). ⑭중죄(重罪).

경주(傾注)몡하다타 ①(액체가 들어 있는 그릇 따위를) 기울여 붓거나 쏟음. ②정신이나 힘을 한곳에만 기울임. ¶ 경제 발전에 국력을 경주하다.

경주(輕舟)몡 가볍고 작은 배.

경:주(競走)몡하다자 일정한 거리를 달음질하여 그 빠르기를 겨루는 운동. ¶단거리 경주. /100미터 경주.

경:주-로(競走路)몡 육상 경기·경마 따위에서, 달리거나 나아가는 길.

경:주-마(競走馬)몡 경마를 위해 특별히 훈련된 말.

경-주인(京主人)몡 ☞경저리(京邸吏).

경-중(京中)몡 서울 안.

경:중(敬重)몡하다 존경하고 중히 여김.

경중(輕重)몡 ①가벼움과 무거움, 또는 그 정도. ¶병세의 경중을 가려 치료한다. ②중요한 것과 중요하지 않은 것. ¶사안의 경중을 따지다. /일의 경중을 가리다.

경:중-미인(鏡中美人)몡 〔‘거울에 비친 미인’이라는 뜻으로〕 ‘실속 없는 일’을 비유하여 이르는 말.

경증(輕症)[−쯩]몡 가벼운 병의 증세. ¶경증 환자. /경증 당뇨병. ⑭중증(重症).

경증(驚症)[−쯩]몡 말이나 나귀의 깜짝깜짝 잘 놀라는 성질.

경지(京地)몡 서울이었던 자리.

경지(耕地)몡 〈경작지(耕作地)〉의 준말. ¶경지를 정리하다.

경지(境地)몡 ①경계 안의 땅. ②자신의 특성과 연구로 이룩한 독자적 방식이나 세계. ¶새로운 경지에 도달하다. ③처지나 환경. ¶매우 어려운 경지에 놓이다. ④어떠한 단계에 이른 상태. ¶무아(無我)의 경지.

경지^면:적(耕地面積)몡 경작지의 면적.

경지-산(硬脂酸)몡 ‘스테아르산’을 흔히 이르는 말.

경지-정:리(耕地整理)[−니]몡 토지의 이용 가치를 높이기 위하여, 경지의 구획 정리나 배수 시설·관개 시설·객토 작업·농로 개설 등을 공동으로 시행하는 일.

경직(京職)몡 〈경관직(京官職)〉의 준말.

경직(勁直·硬直) ‘경직하다’의 어근.

경직(耕織)圏하자 농사짓는 일과 길쌈하는 일.

경직(硬直)圏하자되자 ①굳어서 꼿꼿해짐. 강직(强直). ¶사후(死後) 경직. ②생각이나 태도 등이 융통성이 없고 엄격함. ¶경직된 사고. / 우스갯소리로 경직된 분위기를 풀다.

경직-성(硬直性)[-썽]圏 ①굳어서 꼿꼿해지는 성질. ②생각이나 태도 등이 융통성이 없고 엄격한 성질. ¶관료주의 체제의 경직성.

경직-하다(勁直-硬直-)[-지카-]圀여 의지가 굳고 곧다.

경진(庚辰)圏 육십갑자의 열일곱째.

경진(輕震)圏 진도(震度) 계급 2에 해당하는 지진. 몸으로 느낄 수 있고, 창문이 조금 흔들리는 정도의 가벼운 지진.

경:진(競進)圏하자 ①서로 다투어 앞으로 나아감. ②생산품이나 제품 따위의 우열(優劣)을 겨룸. ¶경진 대회.

경:진-회(競進會)[-회/-훼] ☞공진회.

경질(更迭·更佚)圏하타되자 어떤 직위에 있는 사람을 갈아 내고 다른 사람으로 바꿈.

경질(硬質)圏 단단하고 굳은 성질. ¶경질 고무. ↔연질(軟質).

경질^도기(硬質陶器)圏 1200℃ 정도의 열로 구운 다음에 유약을 입히어 다시 1000℃ 정도의 열로 구워 만든 도기. 〔위생 변기나 타일 따위.〕

경질-유(輕質油)[-류]圏 휘발유와 같이, 비중이 가볍고 품질이 좋은 기름. 비중 측정 단위가 35도 이상이어야 함.

경질^유리(硬質琉璃)[-류-]圏 규산이나 붕산을 많이 함유하여 보통 유리보다 경도(硬度)가 높은 유리. 이화학용(理化學用) 유리 기구로 쓰임. ↔연질 유리.

경질^자:기(硬質瓷器)圏 900℃ 정도의 열로 구운 다음 유약을 입히어 다시 1400℃ 정도의 열로 구워 만든 자기. 〔식기·장식물 따위.〕

경차(經差)圏 두 지점 사이의 경도(經度)의 차.

경차(傾差)圏 ☞복각(伏角).

경차(輕車)圏 〈경승용차〉의 준말. ¶경차에는 여러 혜택이 주어진다.

경:차-관(敬差官)圏 조선 시대에, 지방에 임시로 보내어 전곡(田穀)의 손실을 조사하고 민정을 살피게 하던 벼슬.

경-착륙(硬着陸)[-창뉵]圏하자되자 경기(景氣)의 하강이나 후퇴가 급격하게 이루어지는 현상. 주가 폭락, 실업자 급증 등이 일어남. ↔연착륙(軟着陸).

경:찰(警察)圏 ①사회 공공의 질서를 유지하고 국민의 안전과 재산을 보호하는 일, 또는 그런 일을 하는 조직. ②〈경찰관〉의 준말.

경:찰-견(警察犬)圏 경찰관이 범죄의 수사나 목표물의 수색 또는 순찰 등에 쓰는 개.

경:찰-관(警察官)圏 경찰에 관한 임무를 수행하는 공무원. ㊈경관(警官)·경찰(警察).

경:찰-관서(警察官署)圏 경찰 명령을 내리고 경찰 처분을 하는 권한을 가진 관청.

경:찰-국가(警察國家)[-까]圏 통치권자가 경찰권을 마음대로 행사하여 국민 생활을 감시하고 통제하는 국가.

경:찰-권(警察權)[-�]圏 공공의 질서 유지를 위하여, 경찰이 명령하고 강제하여 국민의 자유를 제한하는 공권력.

경:찰^명:령(警察命令)[-녕]圏 경찰 법규를 내용으로 하는 행정 명령.

경:찰-범(警察犯)圏 경찰 법규나 경찰 명령을 어기는 행위, 또는 그 사람.

경:찰^법규(警察法規)[-뀨]圏 경찰 행위의 목적을 위하여 제정된 법률과 규칙.

경:찰-봉(警察棒)圏 경찰이 실외 근무 때 지니고 다니는, 나무 따위로 만든 방망이.

경:찰-서(警察署)[-써]圏 일정한 구역 안의 경찰 사무를 맡아보는 관청. ㊈서(署).

경:찰-의(警察醫)[-차릐/-차리]圏 경찰에 소속되어 위생 사무나 검시 등의 일을 맡아보는 의사.

경:찰^처:분(警察處分)圏 경찰에 의해 행하여지는 명령이나 금지, 허가나 인가, 취소 등의 처분.

경:찰-청(警察廳)圏 행정 안전부에 딸린 중앙 행정 기관의 하나. 치안에 관한 사무를 총괄하는 중앙 경찰 기관.

경:찰^파출소(警察派出所)[-쏘]圏 경찰서의 관할 지역 안에 있는 동(洞)마다 경찰관을 파견하여 경찰 업무를 일차적으로 처리하도록 만든 곳. ㊈파출소.

경:찰^행정(警察行政)圏 경찰의 목적을 이루기 위한 행정. ㊈경정(警政).

경:찰^허가(警察許可)圏 경찰의 목적을 위한 일반적 금지를 해제하여 특정의 행위를 할 수 있게 하는 행정 처분.

경창(京倉)圏 조선 시대에, 서울의 한강 가에 있던 각종 창고(倉庫).

경창(京唱)圏 지난날, 서울에서 불리던 노래나 그 창법을 이르던 말.

경채(硬彩)圏 짙고 선명하게 나타낸, 도자기에 그린 그림의 빛깔. 오채(五彩). ↔연채(軟彩).

경채(莖菜)圏 주로 줄기 부분을 먹는 채소. 〔죽순·두릅·아스파라거스 따위.〕 줄기채소. ㊈근채(根菜)·엽채(葉菜).

경채-류(莖菜類)圏 주로 줄기 부분을 먹는 채소류를 통틀어 이르는 말. ㊈근채류(根菜類)·엽채류(葉菜類).

경책(輕責)圏하타 가볍게 꾸짖음.

경:책(警責)圏하타 정신을 차리도록 꾸짖음.

경치(景致)圏 경치가 뛰어나게 아름다운 곳.

경척(鯨尺)圏 피륙을 재는 자의 한 가지. 그 길이는 곡척(曲尺)의 한 자 두 치 닷 푼.

경:천(敬天)圏하자 하늘을 공경함.

경:천-근민(敬天勤民)圏하자 하늘을 공경하고 백성을 다스리기에 부지런함.

경천-동지(驚天動地)圏하자 〔하늘이 놀라고 땅이 흔들린다는 뜻으로〕 세상을 크게 놀라게 함. ¶경천동지의 대사건.

경:천-애인(敬天愛人)圏하자 하늘을 공경하고 사람을 사랑함.

경천-위지(經天緯地)圏하자 온 천하를 다스림.

경철(輕鐵)圏 〈경편 철도(輕便鐵道)〉의 준말.

경:철(鏡鐵)圏 15∼30% 의 망간을 함유한 선철(銑鐵). 〔절단면이 거울처럼 빛남.〕

경:철-석(鏡鐵石)[-썩]圏 ☞휘철석(輝鐵石).

경첩圏 돌쩌귀처럼 문짝을 다는 데 쓰는 장식. 두 쇳조각을 맞물려 만듦. ㊀갑첩.

경첩(驚蟄)圏 '경칩(驚蟄)'의 잘못.

경첩(勁捷)圏 '경칩(勁捷)하다'의 어근.

경첩(輕捷)圏 '경첩(輕捷)하다'의 어근.

경첩-하다(勁捷-)[-처파]圀여 굳세고 날래다.

경첩-하다(輕捷-)[-처파]圀여 ①가뿐하고 재빠르다. ②차림새가 단출하고 가볍다.

경:청(敬請)圏하타 삼가 청함.

경:청(敬聽)圏하타 공경하는 마음으로 들음.

경청(傾聽)圏하타 귀를 기울여 주의해 들음. 귀담아들음. ¶설법을 경청하다.

경청(輕淸)圏 '경청하다'의 어근.

경청-하다(輕淸-)〖형어〗①(빛깔이) 짙지 않고
산뜻하게 맑다. ¶경청한 가을 하늘. ②곡조 따
위가 맑고 가볍다. ¶경청한 가락. ③음식의 맛
이 깨끗하고 시원하다.

경체(徑遞)〖명〗〖하자〗 지난날, '임기가 차기 전에
다른 벼슬로 갈려 감'을 이르던 말.

경-체조(輕體操)〖명〗 가벼운 기구를 사용하거나
맨손으로 하는 체조.

경초(勁草)〖명〗〔눈이나 비바람에 견디는 억센 풀
이라는 뜻으로〕 어떠한 어려운 처지에서도 뜻
을 굽히지 않는, '사상이나 지조가 꿋꿋한 사
람'을 비유하여 이르는 말.

경추(頸椎)〖명〗⇨목등뼈.

경ː축(慶祝)〖하타〗 경사로운 일을 축하함. ¶광
복절 경축 행사. 田경하(慶賀).

경ː축-사(慶祝辭)〔-싸〕〖명〗 경사로운 일을 축하
하는 모임에서 공식적으로 하는 인사말.

경취(景趣)〖명〗 경치와 아취(雅趣).

경측(傾仄)〖명〗〖하자〗〖하형〗 (물건 따위가) 한쪽으로
기울어져 쏠림, 또는 쏠려 있음.

경치(景致)〖명〗 (산이나 강 따위의) 자연의 아름
운 모습. 경개(景概). 경관(景觀). 경광(景光).
경색(景色). 풍경(風景). 풍광(風光). 풍물(風
物)1. 田경(景).

경-치다(黥-)〖자〗①호되게 꾸지람을 듣다. 아주
단단히 벌을 받다. ②아주 심한 상태를 못마땅
하게 여겨 이르는 말. 《주로, '경치게'의 꼴로
쓰임.》 ¶날씨 한번 경치게 덥군.

  경치고 포도청 간다〖속담〗〔곤욕을 당하고 또 포
도청에 잡혀가 벌을 받는다는 뜻으로〕 매우 혹
독한 벌을 받음을 이르는 말.

경칩(驚蟄)〖명〗 이십사절기(二十四節氣)의 하나.
우수(雨水)와 춘분(春分) 사이로, 3월 5일경.
이 무렵에 땅속의 벌레들이, 겨울잠에서 풀리고 우
레가 울며 비가 오는 데 놀라 겨울잠에서 깨어
나 꿈틀거린다고 함.

경ː칭(敬稱)〖명〗 ①이름이나 관직명 따위에 붙여
그 사람에 대한 경의를 나타내는 말.〔폐하·각
하·귀하·씨 따위이며, 단독으로 쓰기도 함.〕
②〖하타〗존대하여 일컬음. 田존칭. ↔비칭.

경쾌(輕快)'경쾌하다'의 어근.

경쾌-하다(輕快-)〖형어〗①마음이 가뜬하고 상쾌
하다. ②몸놀림이 가볍고 날래다. ¶경쾌한 걸
음걸이. 경쾌-히〖부〗

경ː탄(敬歎)〖명〗〖하자〗 공경하고 탄복함.

경탄(驚歎)〖명〗〖하자〗〖되자〗 ①몹시 감탄함. ¶경탄해
마지 않다. ②놀라고 탄식함.

경탑(經塔)〖명〗①불경을 넣고 쌓은 탑. ②경문을
새긴 탑.

경토(耕土)〖명〗 농사짓기에 알맞은 땅.

경토(輕土)〖명〗 모래 성분이 많고 차진 기운이 적
어 갈기 쉬운 흙.

경토(境土)〖명〗⇨강토(疆土).

경통(經痛)〖명〗 한방에서, 월경 때 배와 허리가
아프고 몸이 고달픈 증세를 이르는 말.

경퇴(傾頹)〔-퇴/-퉤〕〖명〗〖하자〗〖되자〗 (건물 등이
낡고 헐어서) 기울어져 무너짐. 쏠리어 넘어짐.

경파(硬派)〖명〗 강경한 의견을 내세워 굽히지 않
는 사람, 또는 그런 사람의 무리. 강경파(強硬
派). ↔연파(軟派). 참매파.

경파(鯨波)〖명〗〔고래 같은 파도라는 뜻으로〕 큰
파도. 경도(鯨濤).

경판(京板)〖명〗 서울에서 판각(板刻)한 각판(刻
板). ¶경판 춘향전.

경판(經板)〖명〗 경서(經書)의 각판(刻板).

경판-각(經板閣)〖명〗 조선 시대에, 교서관(校書
館) 안에 두어, 경판을 보관하던 곳. 田판각각.

경판-본(京板本)〖명〗 조선 시대에, 서울에서 간행
된 목판본을 이르던 말. 참완판본(完板本).

경편(經-)〖명〗 판수가 경(經)을 읽을 때 차려 놓
는 떡.

경편(輕便)〖명〗〖하형〗 가든하여 쓰기에 손쉽고 편
함. 경편-히〖부〗

경편^철도(輕便鐵道)〔-또〕〖명〗 궤도(軌道)가 좁
고 규모가 작은 철도. 준경철(輕鐵).

경폐-기(經閉期)〔-폐/-페〕〖명〗 ⇨월경 폐쇄기.

경포(京捕)〖명〗〈경포교(京捕校)〉의 준말.

경포(輕砲)〖명〗 구경(口徑) 105 mm 이하의 야포
(野砲). ↔중포(重砲).

경ː포(警砲)〖명〗 경고나 위협을 하려고 쏘는 대포.

경포(驚怖)〖명〗 놀라고 두려워함.

경-포교(京捕校)〖명〗 조선 시대에, 좌우 포도청
(捕盜廳)의 포교. 준경교(京校)·경포(京捕).

경-포수(京砲手)〖명〗 조선 시대에, 서울의 각 군
영에 딸린 포수로서 시골에 나가 있던 사람.

경-폭격기(輕爆擊機)〔-격끼〕〖명〗 기체가 작고 행
동 반경이 1000마일 이하인 폭격기.〔주로, 전
술 폭격에 사용됨.〕

경품(景品)〖명〗①상품에 곁들여 고객에게 거저
주는 물건. ¶경품 제공. /경품을 걸다. ②어떤
모임의 여흥으로 참가한 사람에게 제비를 뽑거
나 하여 선물로 주는 물건.

경ː품-권(景品券)〔-꿘〕〖명〗 경품을 탈 제비를 뽑
는 표. 복권.

경품(京風)〖명〗 서울의 풍습.

경품(景風)〖명〗 ⇨마파람.

경품(輕風)〖명〗①가볍게 살살 부는 바람. ②⇨남
실바람.

경풍(驚風)〖명〗〖하자〗 한방에서, 어린아이가 경련을
일으키는 병을 이르는 말. 간병. 경기(驚氣).

경피^전염병(經皮傳染病)〔-뼝〕〖명〗 피부를 통하
여 병원체가 들어가는 전염병.

경필(勁筆)〖명〗 힘찬 필력(筆力).

경필(硬筆)〖명〗 모필에 대하여, 끝이 딱딱한 필기
용구를 이르는 말.〔철필·연필 따위〕.

경ː필(警蹕)〖명〗〖하타〗 지난날, 임금의 거둥 때 경
호를 위하여 통행을 금하던 일.

경ː하(慶賀)〖명〗〖하타〗 공경하여서 축하함.

경하(輕霞)〖명〗 (아침이나 저녁때의) 엷은 놀.

경ː하(慶賀)〖명〗〖하타〗 경사스러운 일을 축하함.
田경축(慶祝).

경-하다(輕-)〖형어〗①가볍다. ②대수롭지 아니
하다. ③말이나 행동이 침착하지 못하다. 진득
하지 못하다. ¶언행이 경한 사람. /사람됨이
좀 경하다. ④책임이나 부담이 적다. ⑤(죄나
병 따위가) 대단하지 않다. ¶증상이 경하다.
↔중하다. 경-히〖부〗

경학(經學)〖명〗 경서를 연구하는 학문, 곧 유교의
정통 학문.

경학-원(經學院)〖명〗 '성균관(成均館)'의 딴 이름.

경한(勁悍)'경한하다'의 어근.

경한(輕汗)〖명〗 조금 나는 땀. 미한(微汗). 박한
(薄汗).

경한(輕寒)〖명〗 가벼운 추위.

경한-하다(勁悍-)〖형어〗 군세고 사납다. 경한-히〖부〗

경ː합(競合)〖명〗①〖하자〗(실력이 비슷한 둘 이상
이) 맞서 겨룸. 경합을 벌이다. ②①사법(私
法)에서, 동일한 대상에 대해 같은 효력을 가
지는 권리 따위가 중복되는 일. ⓒ형법에서,
한 행위가 몇 가지 죄명에 해당하는 일.

경-합금(輕合金)[-끔]圓 마그네슘 합금이나 알루미늄 합금 등 경금속을 주성분으로 하는, 비중이 3.5 이하인 가벼운 합금.

경:합-범(競合犯)[-뺌]圓 판결이 확정되지 않은 몇 가지의 죄, 또는 판결이 확정된 죄와 그 판결 확정 전에 지은 죄.

경:해(警欬·謦咳)圓하자 (윗사람에게 뵙기를 청할 때) 자기가 있음을 알리는 헛기침.

경해(驚駭)圓하타 (뜻밖의 일로) 몹시 놀람.

경행(京行)圓하자 서울에 감.

경행(經行)圓[8]자 불도를 닦는 일. 행도(行道). ②〈경명행수(經明行修)〉의 준말.

경:행(慶幸)圓 경사스럽고 다행한 일.

경행(徑行)圓〈경정직행(徑情直行)〉의 준말.

경향(京鄕)圓 서울과 시골. 경외(京外). 도비(都鄙). ¶경향 각지(各地).

경향(傾向)圓 (마음이나 형세 따위가) 어떤 방향으로 기울어 쏠림, 또는 그런 방향. ¶인구가 차차 감소되는 경향을 나타내다.

경향-극(傾向劇)圓 어떤 주의(主義)나 사상을 선전하는 수단으로 상연하는 연극.〔흔히, 사회주의적인 연극을 이름.〕

경향^문학(傾向文學)圓 어떤 주의나 사상을 선전하려는 의도가 뚜렷한 문학.〔흔히, 사회주의적인 문학을 이름.〕

경향^소:설(傾向小說)圓 (순수 문학에서 벗어나) 의도적으로 어떤 주의나 사상을 중심 내용으로 다룬 소설.〔흔히, 사회주의적인 소설을 이름.〕

경험(經驗)圓 ①하타 실지로 보고 듣고 겪는 일, 또는 그 과정에서 얻는 지식이나 기능. ¶경험을 얻다. /풍부한 경험을 쌓다. ②감각이나 내성(內省)을 통하여 얻게 되는 주관적 의식(意識).

경험-가(經驗家)圓 경험이 많은 사람.

경험^과학(經驗科學)圓 경험적인 사실에 근거를 둔 과학. 곧, 자연 과학이나 사회 과학 등 모든 실증적인 과학.

경험-담(經驗談)圓 몸소 겪어 본 이야기.

경험-론(經驗論)[-논]圓 ①인식이나 지식의 근원을 경험에서 찾는 철학적 경향. 경험주의. ②경험을 중요시하는 견해.

경험-방(經驗方)圓 한방에서, 실지로 많이 써서 경험하여 본 약방문을 이르는 말.

경험-자(經驗者)圓 어떤 일에 경험이 있는 사람. 경험해 본 사람.

경험-적(經驗的)판圓 경험에 기초한 (것). ¶경험적 사실. /경험적 판단.

경험적 개:념(經驗的槪念)[-깨-]圓 순수 개념에 대하여, '사람'·'하늘' 등과 같이 감각적인 경험을 통해서 얻어지는 개념.

경험적 법칙(經驗的法則)[-뻭]圓 ①경험한 사실에 의하여 얻은 법칙. ②인과(因果)의 필연적 관계는 확실하지 않으나, 경험상으로 그러하다고 하는 법칙.

경험-주의(經驗主義)[-의/-이]圓 ①☞경험론. ②사물을 경험에 의하여서만 생각하려는 태도.

경험^철학(經驗哲學)圓 경험이 지식의 기초이며 유일한 근원이라고 주장하는 철학. ↔사변철학(思辨哲學).

경험^커리큘럼(經驗curriculum)圓 학생의 현실적 생활 경험을 기초로 하여 구성하는 교육 과정. ↔교과 커리큘럼.

경혈(經穴)圓 한방에서, 14경맥의 혈을 이르는 말. 경락(經絡)의 기혈이 신체 표면에 모여 통

과하는 부위로, 침을 놓거나 뜸을 뜨면 효과가 있는 자리. ㉜혈(穴).

경혈(經血)圓 한방에서, '피하 출혈(皮下出血)'을 이르는 말. 멍든 피.

경협(經協)圓〈경제 협력〉의 준말.

경형(黥刑)圓 지난날, 죄인의 살에 먹실로 죄명을 써 넣던 형벌.

경호(京湖)圓 ①경기도와 충청도를 아울러 이르는 말. ②경기도·충청도·전라도를 아울러 이르는 말. ¶경호 역전(驛傳) 마라톤 대회.

경:호(警號)圓 경계의 신호.

경:호(警護)圓하타 경계하고 보호함. ¶요인(要人)에 대한 경호.

경:호-원(警護員)圓 다른 사람의 신변의 안전을 도모하는 일을 임무로 하는 사람.

경혹(驚惑)圓하자 되자 놀라서 어찌할 바를 모름.

경혼(驚魂)圓 ①몹시 놀라서 얼떨떨해진 정신. ②죽은 사람의 넋.

경홀(輕忽) '경홀하다'의 어근.

경홀-하다(輕忽-)웸여 경박하고 소홀하다. 경홀-히(위)

경화(京華)圓 ①번화한 서울. ②서울의 번화함.

경화(硬化)圓하자 ①단단하게 굳어짐. ¶동맥 경화. ②(온건하던 의견이나 태도 따위가) 강경해짐. ↔연화(軟化).

경화(硬貨)圓 ①금속으로 주조한 화폐.〔금화·백동화 따위.〕②금이나 외국의 통화와 항시 바꿀 수 있는 통화.〔달러·마르크 따위.〕↔연화(軟貨).

경화-고무(硬化-)圓 ☞에보나이트.

경-화기(輕火器)圓 보병의 화기 중에서 비교적 무게가 가벼운 화기.〔소총·경기관총 따위.〕↔중화기.

경화-병(硬化病)[-뼝]圓 곤충류에 사상균(絲狀菌)이 기생하여 생기는 병. 죽으면 굳어짐.〔누에의 백강병(白殭病) 따위.〕

경:화-수월(鏡花水月)圓〔거울 속의 꽃이나 물에 비친 달처럼〕'눈에는 보이나 손으로 잡을 수는 없는 것'을 비유하여 이르는 말.

경화-유(硬化油)圓 액상(液狀)의 기름에 수소를 첨가하여 만든 고체의 인조 지방(人造脂肪). 마가린이나 비누 등의 원료로 쓰임.

경화-자제(京華子弟)圓〔번화한 서울에서 곱게 자란 젊은이라는 뜻으로〕주로, '부잣집 자녀들'을 이르는 말.

경환(輕患)圓 가벼운 질환. ↔중환(重患).

경-환자(輕患者)圓 가벼운 질환에 걸린 사람. ↔중환자(重患者).

경황(景況)圓 정신적·시간적인 여유나 형편. ¶경황이 없다. ㉜경(景).

경황(驚惶) '경황하다'의 어근. 놀라고 두려워함.

경황-망조(驚惶罔措)圓하자 놀라고 두려워서 어찌할 바를 모름.

경황-없다(景況-)[-업따]웸 몹시 바쁘거나 괴롭거나 하여 다른 일을 생각할 여유가 없다. 경황없이(위)

경훈(經訓)圓 경서의 뜻풀이다.

경-흘수(輕吃水)[-쑤]圓 화물이나 선원·연료·음료수 등을 싣지 않은 상태의 선박의 흘수.

경:희(慶喜)[-히]圓하자 ①경사스럽게 여기어 기뻐함. ②불법을 듣고 극락세계에 왕생할 것을 믿고 기뻐함.

경희(驚喜)[-히]圓하자 (뜻밖의 좋은 일로) 몹시 기뻐함.

경희-작약(驚喜雀躍)[-히-]명하자 뜻밖의 좋은 일로 날뛰며 기뻐함.

경-힘(經-)명 불교에서 이르는, 경문(經文)의 공덕(功德). 경을 읽은 힘.

결[곁]명 ①사람이나 사물에 딸린 어느 한쪽. 옆. ¶어머니 곁으로 바싹 다가왔다. ②가까이에서 보호해 주거나 도와줄 만한 사람. ¶곁이 없다. * 곁이[겨치]·곁을[겨틀]·곁만[견-]

곁(을) 비우다관용 보관하거나 보호해야 할 것의 곁을 떠나다.

곁(이) 비다관용 가까이 지켜 주거나 도와줄 사람이 없다.

곁-가닥[겯까-]명 원가닥에서 곁으로 갈라진 가닥.

곁-가지[겯까-]명 ①원가지에서 곁으로 돋은 작은 가지. ②(어떤 사물이나 일에서) 덜 중요하거나 덜 본질적인 부분. ¶토론이 곁가지로 흘렀다.

곁-간[결깐]명 ①집의 주체가 되는 칸에 딸려 붙은 칸살. ②☞곁방.

곁-간(-肝)[결깐]명 소의 간장 옆에 붙은 작은 간.

곁-고름[겯꼬-]명 저고리나 두루마기의 안쪽에 달려 있는 짧은 옷고름. 곁옷고름.

곁-길[결낄]명 ①큰길 옆에 곁으로 나 있는 좁은 길. ②기본 방향에서 벗어난 딴 방향. ¶이야기가 곁길로 빠지다.

곁-꾼[곁-]명 일하는 데 곁에서 거들어 주는 사람.

곁-노(-櫓)[겯-]명 배의 옆쪽에 걸고 젓는 노.

곁노-질(-櫓-)[겯-]명하자 곁노를 젓는 일.

곁-눈¹[겯-]명 (얼굴을 돌리지 아니하고) 눈알만 굴려서 보는 눈.

곁눈(을) 주다관용 곁눈으로 보며 상대에게 은밀한 뜻을 알리다.

곁눈(을) 팔다관용 엉뚱한 데를 보다. 관심을 딴 데로 쏟다. 한눈(을) 팔다.

곁-눈²[겯-]명 식물의 줄기나 가지의 겨드랑이에서 나는 싹. 겨드랑눈. 액아. 측아. ↔끝눈.

곁눈-질[겯-]명하타 ①곁눈으로 보는 짓. ②눈으로 뜻을 말하는 짓.

곁-다리[겯따-]명 ①덧붙어 딸린 것. ②그 일에 관계가 없는 사람. ¶곁다리들이 더 극성이다.

곁다리 끼다관용 곁다리(를) 들다.

곁다리(를) 들다관용 그 일에 관계가 없는 사람이 참견을 하다. 곁다리 끼다.

곁-달다[겯-]타[~다니·~달아]덧붙이어 달다.

곁-동[겯똥]명 활터에서, '겨드랑이'를 이르는 말.

곁-두리[겯뚜-]명 (농사일 등 힘든 일을 하는 사람이) 끼니 외에 참참이 먹는 음식. 사이참.

곁-들다[겯들-]타[~드니·~들어]자 ①어떤 공간이나 상황 따위에) 끼어들다. ¶사무실 구석에 간이 침실이 곁들어 있다.
Ⅱ타 ①곁에서 붙잡아 부축하여 들다. ②곁에서 거들어 주다.

곁들-이다[겯뜨리-]타 ①[`곁들다'의 사동] 곁에서 거들게 하다. ②주된 음식에 다른 음식을 서로 어울리게 내어 놓다. ¶고기에다 채소를 곁들이다. ③주로 하는 일 외에 다른 일을 겸하여 하다. ¶노래에 춤을 곁들이다.

곁-따르다[겯-]타[~따르니·~따라]자타 어떤 것에 덧붙어 곁을 따르다.

곁-땀[겯-]명 ①겨드랑이에서 나는 땀. ②겨드랑이에서 늘 땀이 나는 병. 액한(腋汗).

곁땀-내[겯-]명 '암내'의 잘못.

곁-마(-馬)[겯-]명 ①곁에 따라가는 말. ②장

기에서, 궁밭 안의 궁의 자리 좌우에 놓인 말.

곁-마기[겯-]명 ①삼회장저고리의 겨드랑이에 덧붙인 자주색의 천. ②☞삼회장저고리.

곁-마름[겯-]명 농토가 넓어서 마름이 혼자 관리하기 어려울 때 마름을 돕도록 두는 사람.

곁-마부(-馬夫)[겯-]명 원마부를 따라다니며 곁에서 도와주는 사람.

곁-말[겯-]명 말을 바로 하지 않고 다른 말로써 빗대어 하는 말. 〔'희떱다'를 '까치 배때기 같다'고 하는 따위.〕

곁-매[겯-]명 싸움판에서, 제삼자가 곁에서 한쪽을 편들어 치는 매.

곁매-질[겯-]명하타 곁매로 치는 짓.

곁-목밑샘[견몯밑샘]명☞부갑상선(副甲狀腺).

곁-바대[겯빠-]명 홑옷의 겨드랑이 안쪽에 덧대는 'ㄱ'자 모양의 헝겊 조각.

곁-반(-盤)[겯빤]명 수라상에 딸린, 물그릇 따위를 놓는 작은 상.

곁-방(-房)[겯빵]명 ①안방 또는 주가 되는 방에 딸린 방. 협방(夾房). 협실(夾室). ②(빌려 쓰는) 남의 집의 한 방. 곁간.

곁방-살이(-房-)[겯빵-]명하자 남의 곁방을 빌려 사는 살림.

곁-방석(-方席)[겯빵-]명 〔주인의 곁에 앉는 자리라는 뜻에서〕'세도 있는 사람에게 붙어다니는 사람'을 비유하여 이르는 말.

곁-부축[겯뿌-]명 ①겨드랑이를 붙들어 걸음을 돕는 일. 부액(扶腋). ⑤부축. ②곁에서 말이나 일을 거들어 줌.

곁-붙이[겯뿌치]명 촌수가 먼 일가붙이. ¶그 학생은 곁붙이조차 하나 없는 고아이다.

곁-뿌리[겯-]명 원뿌리에서 갈라져 나온 뿌리. 측근(側根).

곁-사돈(-査頓)[겯싸-]명 친사돈과 같은 항렬인 방계(傍系)의 사돈. 참친사돈.

곁-상(-床)[겯쌍]명 한 상에 다 차리지 못할 때에 그 곁에 덧붙여 차리는 작은 상.

곁-쇠[겯쇠/겯쉐]명 제짝의 열쇠가 아닌 대용 열쇠.

곁쇠-질[겯쇠-/겯쉐-]명하타 (자물쇠를) 곁쇠로 여는 일.

곁-수(-數)[겯쑤]명 〈게시〉의 본딧말.

곁-순(-筍)[겯쑨]명 식물의 원줄기 곁에서 돋아 나오는 순.

곁-쐐기[겯-]명 쐐기에 곁들여 박는 쐐기.

곁-옷고름[겯옫꼬-]명☞곁고름.

곁-자리[겯짜-]명 주가 되는 자리 곁의 자리.

곁-줄기[겯쭐-]명 원줄기 곁에서 벋은 줄기.

곁-집[겯찝]명 이웃하여 있는 집.

곁집 잔치에 낮을 낸다속담 제 물건은 쓰지 않고 남의 물건으로 생색을 낸다는 말.

곁-쪽[겯-]명 가까운 일가붙이.

곁-채[겯-]명 몸채 곁에 딸린 작은 집채.

곁-콩팥[겯-]명☞부신(副腎). * 곁콩팥이[겯-파치]·곁콩팥을[겯-파틀]·곁콩팥만[겯-판-]

곁-피(-皮)[겯-]명 활의 줌통을 싼 벚나무의 껍질.

계:(系)[계/게]명 수학에서, 어떤 정리(定理)로부터 바로 유도되는 명제를 본디의 정리에 대하여 이르는 말.

계:(戒·誡)[계/게]명 ①죄악을 범하지 못하게 하는 규정. ②불교에서, 불문에 귀의한 사람이 지켜야 할 모든 행동 규범을 이르는 말. 삼학(三學)의 하나임. ③한문 문체의 한 가지. 훈계를 목적으로 하는 글.

계:(界)[계/게]몡 생물 분류상의 한 단계. 문(門)의 위로 가장 큰 단위.

계:(計)[계/게]몡 〈합계〉·〈총계〉의 준말.

계:(係)[계/게]몡 과(課)를 나눈 사무 분담의 갈래, 또는 그 갈래를 맡은 사람.

계:(癸)[계/게]몡 ①십간(十干)의 열째. ②〈계방(癸方)〉의 준말. ③〈계시(癸時)〉의 준말.

계:(契)[계/게]몡 ①예로부터 있어 온 상호 협조 조직의 한 가지. 여럿이 일정한 목적 아래 돈이나 물품을 추렴하여 운용함. 〔상포계(喪布契)·혼인계 따위.〕 ②금전의 융통을 목적으로 일정한 인원으로 구성된 조직.
  계 타고 집 판다(束담) 처음에는 이(利)를 보았다가 나중에는 도리어 손해를 입는다는 말.
  계(를) 타다(관용) (계의 자기 차례가 되어서) 곗돈을 받다.

계:(啓)[계/게]몡 한문 문체의 한 가지. 윗사람에게 올리는 글.

계(階)[계/게]몡 벼슬의 등급, 또는 품계.

-계(系)[계/게]몓 《일부 명사 뒤에 붙어》 '같은 계통에 딸림'을 뜻함. ¶ 동양계. / 한국계. / 야당계. / 기독교계.

-계(屆)[계/게]몓 《일부 한자어 뒤에 붙어》 '신고(申告)하는 문서'를 뜻함. ¶ 결근계. / 결석계.

-계(係)[계/게]몓 《일부 명사 뒤에 붙어》 사무 작업 분담의 단위임을 뜻함. ¶ 서무계. / 인사계.

-계(界)[계/게]몓 일부 명사 뒤에 붙어, 그 사회나 그 분야임을 뜻함. ¶ 언론계. / 출판계.

-계(計)[계/게]몓 일부 한자어 뒤에 붙어, 그것을 재는 계기임을 뜻함. ¶ 습도계. / 온도계.

계:가(計家)[계-/게-]몡하타 바둑을 다 둔 뒤에, 집 수를 계산하는 일.

계:간(季刊)[계-/게-]몡 (잡지 따위를) 1년에 네 번, 철따라 발간하는 일, 또는 그 간행물.

계간(溪澗)[계-/게-]몡 산골짜기에 흐르는 시냇물.

계간(鷄姦)[계-/게-]몡 ☞비역.

계간^공사(溪澗工事)[계-/게-]몡 계곡의 침식을 막기 위하여 양쪽 기슭을 고정시키는 공사.

계:간-지(季刊誌)[계-/게-]몡 계간으로 펴내는 잡지. 계보(季報).

계:감(計減)[계-/게-]몡하타 셈을 따져 덜어낼 것을 덜어 냄. 계제(計除).

계:거-기(計距器)[계-/게-]몡 차바퀴에 장치하여, 달린 거리가 자동적으로 나타나도록 한 계기.

계견(鷄犬)[계-/게-]몡 닭과 개.

계견-상문(鷄犬相聞)[계-/게-]몡 〔닭이 우는 소리와 개가 짖는 소리가 여기저기서 들린다는 뜻으로〕'인가(人家)가 잇대어 있음'을 비유하여 이르는 말.

계:계승승(繼繼承承)[계계-/게게-]몡하자 ①자자손손이 대를 이어 감. ②앞사람이 하던 일을 뒷사람이 이어받음.

계:고(戒告)[계-/게-]몡 ①하타행정상의 의무 이행을 재촉하는 행정 기관의 통고. ②공무원의 의무 위반에 대한 징계 처분.

계:고(啓告)[계-/게-]몡 ☞상신(上申).

계고(階高)[계-/게-]몡 ①층계나 층단의 높이. ②건물의 층 사이의 높이. ③품계가 높음.

계:고(稽古)[계-/게-]몡하타 옛일을 자세히 알아봄.

계:고(稽考)[계-/게-]몡하타 자세히 알아봄.

계:고-장(戒告狀)[계-짱/게-짱]몡 행정상의 의무 이행을 촉구하는 문서.

계고-직비(階高職卑)[계-삐/게-삐]몡하형 품계는 높고 벼슬은 낮음. ↔계비직고(階卑職高).

계곡(溪谷)[계-/게-]몡 물이 흐르는 골짜기. 계학(溪壑).

계:관(桂冠)[계-/게-]몡 ☞월계관(月桂冠).

계관(鷄冠)[계-/게-]몡 ①닭의 볏. ②☞맨드라미. 계두.

계관-석(鷄冠石)[계-/게-]몡 비소(砒素)와 황(黃)과의 화합물로 된 붉은 광석. 불꽃놀이의 재료 또는 채색 따위에 쓰임.

계:관^시인(桂冠詩人)[계-/게-]몡 영국 왕실이 영국의 뛰어난 시인에게 내리는 명예 칭호.

계:관-없다(係關-)[계과넙따/게과넙따]혱 ①상관이 없다. 관계없다. ②거리낄 것이 없다.
  계관없-이튀

계관-초(鷄冠草)[계-/게-]몡 ☞맨드라미.

계관-화(鷄冠花)[계-/게-]몡 맨드라미의 꽃.

계:교(計巧)[계-/게-]몡 이리저리 생각하여 짜낸 꾀. ¶ 계교에 말려들다.

계:교(計較)[계-/게-]몡하타 비교하여 서로 견주어 봄. 교계(較計).

계:구(戒具)[계-/게-]몡 (죄인이나 수용자의 도주 또는 난동 따위를 막기 위하여) 몸을 구속하는 도구. 〔수갑이나 포승 따위.〕

계구(鷄口)[계-/게-]몡 〔닭의 부리라는 뜻으로〕'작은 단체의 우두머리'를 비유하여 이르는 말.

계구-우후(鷄口牛後)[계-/게-]몡 〔소의 꼬리보다는 닭의 부리가 되라는 뜻으로〕 큰 단체의 꼴찌보다는 작은 단체의 우두머리가 되는 편이 낫다는 말.

계군(鷄群)[계-/게-]몡 〔닭의 무리라는 뜻으로〕'범인(凡人)들'을 비유하여 이르는 말.

계군-일학(鷄群一鶴)[계-/게-]몡 ☞군계일학.

계:궁(計窮)[계-/게-]몡 계책이 다함.

계궁(階窮)[계-/게-]몡하타 〔당하관(堂下官)의 품계가 다시 더 올라갈 자리가 없다는 뜻으로〕'당하 정삼품(堂下正三品)이 됨'을 이르는 말.

계:궁-역진(計窮力盡)[계- 녁찐/게- 녁찐]몡하형 꾀와 힘이 다하여 더는 어찌할 도리가 없이 됨.

계:-그릇(戒-)[계-를/게-를]몡 불교에서, 계(戒)를 받을 자격을 갖춘 사람을 이르는 말. 계기(戒器). ＊그릇이[계-르시/게-르시]·계:그릇만[계-른/게-른]

계급(階級)[계-/게-]몡 ①지위나 관직 등의 등급. ¶ 계급이 한 단계 오르다. ②신분이나 직업·재산 등이 비슷한 사람들로 이루어지는 사회적 집단, 또는 그것을 기준으로 구분되는 계층. ¶ 지식 계급. /무산 계급.

계급^국가(階級國家)[계-꾹까/게-꾹까]몡 국가의 권력과 기능은 지배 계급의 이익을 위하여 존재한다고 보는 국가관.

계급^독재(階級獨裁)[계-똑째/게-똑째]몡 어떤 계급이 그 사회에서 특권을 가지고 그 사회를 지배하는 일.

계급^문학(階級文學)[계금-/게금-]몡 계급의식을 바탕으로 하는 문학.

계급-의식(階級意識)[계그븨-/게그비-]몡 ①일정한 계급에 딸리는 사람이 가지는 심리와 사고의 경향 및 관념의 형태. ②자기 계급의 지위나 성질·사명 따위에 대한 자각.

계급-장(階級章) [계-짱/게-짱]**명** 계급을 나타내는 표. ¶전투모에 계급장을 달다.

계급^제:도(階級制度) [계-쩨-/게-제-]**명** ①신분이나 지위 등 계급의 엄격한 구별에 의하여 조직이 움직여지는 제도. ②서로 대립하는 계급이 있어서 지배와 피지배, 착취와 피착취 등의 관계로 이루어지는 사회 제도.

계급-주의(階級主義) [계-쭈의/게-쭈이]**명** ①자신이 딸린 계급의 이념에만 충실하고 다른 계급에 대해서는 배타적인 태도. ②계급을 중시하는 사상이나 태도.

계급-투쟁(階級鬪爭) [계-/게-]**명하자** 계급 사회의 지배 계급과 피지배 계급 사이에서 이해 관계의 대립으로 일어나는 투쟁.

계:기(戒器) [계-/게-]**명** ☞계그릇.

계:기(計器) [계-/게-]**명** 길이·면적·무게·양 따위나 온도·속도·시간·강도(强度) 따위를 재는 기계나 기구를 통틀어 이르는 말.

계:기(契機) [계-/게-]**명** ①어떤 일이 일어나거나 변화·결정되도록 하는 근거나 기회. 동기. ¶사건의 계기. ②철학에서, 사물의 운동·변화·발전의 과정을 결정하는 본질적인 사정을 이르는 말.

계:기(繼起) [계-/게-]**명하자** (시간적으로) 잇달아 일어남. ¶같은 시기에 계기하는 복잡한 사건들.

계:기-반(計器盤) [계-/게-]**명** ☞계기판.

계:기^비행(計器飛行) [계-/게-]**명** 항공기가 계기(計器)에만 의존하여 비행하는 일. 맹목 비행(盲目飛行).

계:기^속도(計器速度) [계-또/게-또]**명** 항공기의 속도계에 나타난 속도.

계:기-판(計器板) [계-/게-]**명** 기계 장치의 작동 상태를 보이거나 재는, 눈금이 새겨진 판. 계기반.

계:녀(季女) [계-/게-]**명** 막내딸.

계:녀-가(誡女歌) [계-/게-]**명** 영남 지방에 전하는 작자·연대 미상의 가사의 한 가지. 외동딸을 시집보내는 어머니가 딸에게 시집살이에 대해 훈계를 하는 내용으로 되어 있음.

계다ㅿ다〈옛〉 지나다. 넘다. ¶흐 삐 계도록 긷다가 몯ᄒᆞ야(月釋7:9). /낫 계다:晌午到(譯解上5).

계:단(戒壇) [계-/게-]**명** 중이 계를 받는 단. 〔흔히, 흙과 돌로 쌓음.〕

계단(階段) [계-/게-]**명** ①층계. ②일을 하는 데 밟아야 할 순서. 단계(段階).

계단-갈이(階段-) [계-/게-]**명** ☞단 경작.

계단^경작(階段耕作) [계-/게-]**명** 비탈진 땅에 층층으로 논밭을 만들어 농사짓는 일. 계단 갈이.

계단^농업(階段農業) [계-/게-]**명** 비탈진 땅을 층(層)이 지게 만들어 짓는 농사.

계단^단:층(階段斷層) [계-/게-]**명** 같은 종류의 단층이 평행으로 발달하여, 지반(地盤)이 계단 모양을 이룬 것.

계단-만(階段灣) [계-/게-]**명** 침강 등의 원인으로 바다 밑이 계단 모양으로 된 만. ↔함몰만.

계단-석(階段席) [계-/게-]**명** 계단 모양으로, 뒤로 갈수록 높아지게 만든 좌석.

계단-식(階段式) [계-/게-]**명** ①계단 모양을 본뜬 방식. ¶계단식 논. ②계단을 오르듯이 한 단계씩 차례를 밟아서 하는 방식. ¶계단식 학습.

계단-참(階段站) [계-/게-]**명** 긴 층계의 중간쯤에 있는, 조금 넓은 공간. 층계참.

계단^채:굴(階段採掘) [계-/게-]**명** 광상(鑛床) 안을 계단형으로 파 들어가며 채광하는 일.

계:달(啓達) [계-/게-]**명하타** 임금에게 의견을 아룀. 계품(啓稟).

계:당-주(桂當酒) [계-/게-]**명** 계피와 당귀(當歸)를 소주에 담가 만든 술.

계:당-주(桂糖酒) [계-/게-]**명** 계피와 꿀을 소주에 넣어 만든 술.

계:대(繼代) [계-/게-]**명하타** 대를 이음. ¶계대를 세우다.

계:도(系圖) [계-/게-]**명** 대대의 계통을 나타낸 도표. 성계(姓系).

계:도(啓導) [계-/게-]**명하타** 깨우치어 이끌어 줌.

계:-도가(契都家) [계또-/게또-]**명** 계(契)의 일을 도맡아서 처리하는 집.

계:도^소:설(系圖小說) [계-/게-]**명** 한 가문(家門)이나 사회를 역사적·전기적(傳記的)으로 다룬 장편 소설.

계:독(啓牘) [계-/게-]**명하타** ☞개독(開牘).

계돈(鷄豚) [계-/게-]**명** ①닭과 돼지. ②가축.

계:동(季冬) [계-/게-]**명** ①늦겨울. 만동(晩冬). ②'섣달'의 딴 이름. 참중동(仲冬)·맹동(孟冬).

계두(鷄頭) [계-/게-]**명** ☞계관.

계:라(啓螺) [계-/게-]**명하타** 지난날, 임금의 거둥 때 취타(吹打)를 연주하던 일, 또는 그 음악.

계:라-차지(啓螺次知) [계-/게-]**명** 지난날, 임금이 거둥할 때 겸내취(兼內吹)를 영솔하던 선전관.

계:락(界樂) [계-/게-]**명** 계면조에 딸린 우리나라 고유 가곡의 한 가지.

계란(鷄卵) [계-/게-]**명** 달걀.

계란-골(鷄卵骨) [계-/게-]**명** 달걀처럼 이마와 뒤통수가 툭 튀어나온 머리뼈.

계란-덮밥(鷄卵-) [계-덥빱/게-덥빱]**명** 일본식 요리의 한 가지. 삶은 닭고기·버섯 따위에 달걀을 풀어 익혀서 밥 위에 씌운 음식.

계란-말이(鷄卵-) [계-/게-]**명** 계란을 부쳐서 돌돌 말아 놓은 음식.

계란-밥(鷄卵-) [계-/게-]**명** 밥이 끓을 때 달걀을 깨뜨려 넣고 익힌 밥.

계란-선(鷄卵膳) [계-/게-]**명** 푼 달걀과 다져서 볶은 쇠고기를 번갈아 여러 켜로 놓고 중탕하여 익힌 음식.

계란-유골(鷄卵有骨) [계-뉴-/게-뉴-]**명** 〔달걀에도 뼈가 있다는 뜻으로〕 늘 일이 잘 안 되는 사람이 모처럼 좋은 기회를 만났으나 역시 잘 안 될 때를 이르는 말.

계란-장(鷄卵醬) [계-/게-]**명** 달걀이나 오리알을 넣어 삭힌 간장.

계란-주(鷄卵酒) [계-/게-]**명** 술에 달걀을 풀고 설탕을 넣어, 달걀이 완전히 익지 않도록 약한 불에 데운 술. 〔몸이 허할 때 마심.〕

계란-지(鷄卵紙) [계-/게-]**명** 인화지의 한 가지. 달걀흰자와 염화암모니아의 혼합물을 발라 말린 양지(洋紙).

계란-포(鷄卵包) [계-/게-]**명** ☞알쌈.

계:략(計略) [계-/게-]**명** 계획과 책략. 계모(計謀). ¶계략에 걸리다. /계략에 빠지다.

계:량(計量) [계-/게-]**명하타** 분량이나 무게 따위를 잼. 참계측(計測).

계:량(繼糧) [계-/게-]**명하자** 그해에 추수한 곡식으로 다음 해 추수할 때까지 양식을 이어 나감.

계ː량-기(計量器)[계-/게-]圀 계량하는 데 쓰이는 여러 가지 기구. ¶ 수도 계량기.

계ː량-스푼ː(計量spoon)圀 조리를 할 때에, 가루나 조미료·액체 따위의 용량을 재는 기구.

계ː량-컵(計量cup)圀 조리를 할 때에, 가루나 조미료·액체 따위의 용량을 재는 컵.

계ː려(計慮)[계-/게-]圀하타 헤아려 생각함.

계ː련(係戀)[계-/게-]圀하타 몹시 그리워하며 잊지 못함.

계ː료(計料)[계-/게-]圀하타 헤아려 봄.

계ː루(繫累·係累)[계-/게-]圀 ①하자되자 어떤 사물에 얽매이어 누(累)가 됨. ¶ 송사에 계루되다. ②(양친·처자·형제 등) 딸린 식구로 말미암아 얽매이는 누(累).

계류(溪流·谿流)[계-/게-]圀 산골짜기에 흐르는 시냇물.

계ː류(稽留)[계-/게-]圀하타 머무르게 함.

계ː류(繫留)[계-/게-]圀하자타 ①붙잡아 매어 놓음. ②(어떤 사건이 해결되지 않고) 매이어 있음. 걸려 있음. ¶ 민사 소송에 계류된 사건.

계ː류-기구(繫留氣球)[계-/게-]圀 줄로 일정한 곳에 잡아매어 공중에 띄워 두는 경기구.

계ː류^기뢰(繫留機雷)[계-뢰/게-뤠]圀 강철줄로 일정한 곳에 매어 두는 기뢰. ↔부유 기뢰(浮遊機雷).

계ː류-부표(繫留浮標)[계-/게-]圀 일정한 곳에 매어 띄워 두는 부표.

계ː류-선(繫留船)[계-/게-]圀 ①부두나 잔교에 배를 대는 일을 돕는 배. ②부두나 바닷가에 매어 놓은 배.

계ː류-열(稽留熱)[계-/게-]圀 신열(身熱)이 날 때, 하루의 체온 고저 차가 1℃ 이하를 유지하며 계속되는 상태.

계ː류-장(繫留場)[계-/게-]圀 선박 따위를 대고 매어 놓는 곳.

계ː류-탑(繫留塔)[계-/게-]圀 비행선이나 기구를 매어 두기 위한 높은 탑.

계륵(鷄肋)[계-/게-]圀 ①'큰 소용은 못 되나 버리기는 아까운 사물'을 이르는 말. 〔'후한서(後漢書)'의 '양수전(楊修傳)'에 나오는 말로, 중국 후한 말 조조가 한중에서 철군하며, 그곳을 닭의 갈비처럼 먹을 거리는 못 되나 그냥 버리기도 아까운 곳이라고 한 고사에서 유래함.〕 ②'몹시 허약한 몸'을 비유하여 이르는 말. 〔'진서(晉書)'의 '유령전(劉伶傳)'에 나오는 말로, 중국 진(晉)나라 유령(劉伶)이 말다툼을 벌이던 중 상대가 주먹으로 치려 하자 자신을 닭의 갈비처럼 연약한 몸이라고 해 위기를 모면한 고사에서 유래함.〕

계ː리(計理)[계-/게-]圀하타 계산하여 정리함.

계ː리-사(計理士)[계-/게-]圀 '공인 회계사'의 구용어.

계ː림(桂林)[계-/게-]圀 ①계수나무의 숲. ②아름다운 숲. ③문인(文人)들의 사회.

계림(鷄林)[계-/게-]圀 ①'경주(慶州)'의 딴 이름. ②'신라'의 딴 이름. ③'우리나라'의 딴 이름.

계림-유사(鷄林類事)[계-뉴-/게-뉴-]圀 중국 송(宋)나라 손목(孫穆)이 지은 백과서(百科書). 〔이 책에 고려 시대의 우리말 356단어를 추려 한자로 그 음을 적어 놓은 것이 있음.〕

계림-잡전(鷄林雜傳)[계-쩐/게-쩐]圀 신라 성덕왕 때 김대문(金大問)이, 삼국 시대의 설화를 모아 엮은 책. 〔지금은 전하지 않음.〕

계림-팔도(鷄林八道)[계-또/게-또]圀 '우리나라 전토(全土)'를 달리 이르는 말. 삼천리강산.

계ː마(桂馬)[계-/게-]圀 바둑에서, 대각선 방향으로 한 칸 또는 두 칸을 건너띈 곳에 돌을 놓는 일. 〔'日'자로 놓는 것을 소계마(小桂馬), '目'자로 놓는 것을 대계마(大桂馬)라 함.〕

계ː말(桂末)[계-/게-]圀 ☞계핏가루.

계ː면(界面)[계-/게-]圀 ①경계를 이루는 면. ②<계면조(界面調)>의 준말.

계ː면(誡勉)[계-/게-]圀하타 훈계하고 격려함.

계ː면-놀이[계-/게-]圀 무당이 단골집이나 일반 가정을 상대로 계면돌며 하는 굿.

계ː면-돌다[계-/게-][~도니/~돌아]자 무당이 돈이나 쌀을 얻으려고 집집이 돌아다니다.

계ː면-떡[계-/게-]圀 굿이 끝난 뒤 무당이 구경꾼에게 나누어 주는 떡.

계ː면^반ː응(界面反應)[계-/게-]圀 두 상(相)의 계면에서 일어나는 화학 반응.

계ː면^장력(界面張力)[계-녁/게-녁]圀 ☞표면장력(表面張力).

계ː면-조(界面調)[계-쪼/게-쪼]圀 우리나라 속악 음계의 한 가지. 〔서양 음악의 단조(短調)에 가까움.〕⑧계면.

계면-쩍다[계-따/게-따]혱 〔'겸연쩍다'의 변한말.〕

계ː면^화ː학(界面化學)[계-/게-]圀 계면에 관한 현상과 성질을 연구하는 화학의 한 분과.

계ː면^활성제(界面活性劑)[계-쎙-/게-쎙-]圀 계면에 잘 달라붙어서 계면의 표면 장력(表面張力)을 크게 떨어뜨리는 작용을 하는 물질. 〔비누·합성 세제 따위.〕

계ː명(戒名)[계-/게-]圀 ①중이 계(戒)를 받을 때 스승에게서 받는 이름. ②불가에서 죽은 사람에게 지어 주는 이름. 법명(法名).

계명(階名)[계-/게-]圀 ①계급이나 품계의 이름. ②음계(音階)의 이름. ②계이름.

계ː명(誡命)[계-/게-]圀 도덕상 또는 종교상 지켜야 하는 규정. 〔기독교의 십계명 따위.〕

계명(鷄鳴)[계-/게-]圀 닭의 울음.

계명-구도(鷄鳴狗盜)[계-/게-]圀 '점잖은 사람이 배울 것이 못 되는 천한 기능', 또는 '그런 기능을 가진 사람'을 이르는 말. 〔'사기'의 '맹상군열전'에 나오는 말로, 중국 춘추 시대에 맹상군(孟嘗君)의 식객(食客)들이 닭 울음 소리와 좀도둑질로 맹상군을 위기에서 구했다는 고사에서 유래함.〕

계ː명-성(啓明星)[계-/게-]圀 새벽에 동쪽 하늘에 보이는 금성(金星). 샛별.

계명워리[계-/게-]圀 행실이 단정하지 못한 계집.

계명-주(鷄鳴酒)[계-/게-]圀 찐 차줍쌀로 빚은 술. 〔담근 다음 날, 닭이 우는 새벽녘이면 먹을 수 있게 된다 하여 붙여진 이름.〕

계명-창법(階名唱法)[계-뻡/게-뻡]圀 계이름에 의해 소리의 높이나 선율을 나타내는 방법. 계이름부르기.

계명-축시(鷄鳴丑時)[계-씨/게-씨]圀 첫닭이 울 무렵인 축시(丑時). 〔새벽 1시~3시.〕

계ː모(季母)[계-/게-]圀 맨 끝의 작은아버지의 아내. 계부(季父)의 아내.

계ː모(計謀)[계-/게-]圀 계획과 모책. 계략.

계ː모(繼母)[계-/게-]圀 아버지의 후처. 의붓어머니. 후모(後母).

계:목(繫牧)[계-/게-]명 가축의 목에 끈을 매어, 일정한 범위 안에서 먹이를 먹고 운동을 하게 하는 사육법. 매어기르기.

계:몽(啓蒙)[계-/게-]명하타되자 ①어린아이나 무식한 사람을 깨우쳐 줌. ②인습에 젖거나 바른 지식을 가지지 못한 사람을 깨우쳐, 새롭고 바른 지식을 가지도록 함. 계발(啓發).

계:몽-대(啓蒙隊)[계-/게-]명 계몽하기 위하여 나선 사람들로 조직된 무리.

계:몽^문학(啓蒙文學)[계-/게-]명 ①낡은 인습에서 벗어나도록 계발하여, 새로운 지식과 비평 정신을 길러 주려는 문학. ②18세기 유럽에서 일어난, 이지를 중히 여긴 합리주의 문학.

계:몽-사상(啓蒙思想)[계-/게-]명 18세기 영국·독일·프랑스 등의 사상계를 휩쓸었던 사상으로, 철리(哲理)를 쉽게 풀이하여 일반 민중을 교화하고 인문을 계발(啓發)하려던 사상.

계:몽^운-동(啓蒙運動)[계-/게-]명 ①전통적 낡은 인습을 깨뜨리고, 학술적인 견지에서 합리적인 판단력을 갖게 하려는 운동. ②계몽주의를 실천하는 운동.

계:몽^전제^군주(啓蒙專制君主)[계-/게-]명 계몽주의 사상에 따라 선정(善政)을 베풀려고 한 절대 전제 군주. [흔히, 프러시아의 프리드리히 대왕 등을 가리킴.]

계:몽-주의(啓蒙主義)[계-의/게-이]명 15세기 말에 네덜란드에서 영국에서 일어나, 18세기 후반에 프랑스에서 전성기를 이루었던 사상으로, 봉건적인 낡은 사상을 혁신적인 사상으로 유도하려던 주의.

계:몽^철학(啓蒙哲學)[계-/게-]명 17~18세기에 영국·독일·프랑스 등의 사상계를 휩쓸었던 철학적 경향으로, 심원한 철리(哲理)를 간단명료하게 풀어, 대중적인 보급과 교화(敎化)에 힘쓰던 철학.

계:묘(癸卯)[계-/게-]명 육십갑자의 마흔째.

계:무소출(計無所出)[계-/게-]명 [헤아려도 나오는 바가 없다는 뜻으로] 알맞은 계책이 없음을 이름. 백계무책(百計無策).

계:문(戒文)[계-/게-]명 계율(戒律)의 조문(條文).

계:문(契文)[계-/게-]명 계약의 내용을 적은 문서.

계:문(啓門)[계-/게-]명하자 제사 지낼 때에 유식(侑食) 뒤에 합문(闔門)한 것을 여는 일.

계:문(啓聞)[계-/게-]명 (관찰사·어사 등이) 임금에게 글로써 아룀.

계:문-왕생(戒門往生)[계-/게-]명 계율을 잘 지킨 공덕으로 극락에 태어남.

계:미(癸未)[계-/게-]명 육십갑자의 스무째.

계:미-자(癸未字)[계-/게-]명 조선 태종(太宗) 3(1403.계미)년에 만든 동활자(銅活字).

계:박(繫泊)[계-/게-]명하타 배를 매어 둠.

계:박(繫縛)[계-/게-]명하타 얽어맴. 결박.

계반(溪畔)[계-/게-]명 시냇가.

계:발(啓發)[계-/게-]명하타되자 ①지능을 깨우쳐 열어 줌. ¶창의력 계발. ②☞계몽(啓蒙). ③문답을 통하여 자발적으로 깨달아 알게 하고, 창의와 자발성을 길러 주는 교육 방법.

계:발^교:육(啓發敎育)[계-/게-]명 창의와 자발성을 자극하여, 자주적인 학습 태도와 습관을 길러 주려는 교육. [주로, 문답식을 활용함.] 개발 교육(開發敎育). ↔주입 교육.

계:방(季方)[계-/게-]명 남자 동생.

계:방(癸方)[계-/게-]명 이십사방위의 하나. 북북동에서 북쪽으로 15도까지의 방위. 자방(子方)과 축방(丑方)의 사이. 준계(癸). ↔정방(丁方).

계:방(契房)[계-/게-]명하타 [지난날] ①부역(賦役)의 면제를 받기 위하여 관아의 하리(下吏)에게 돈이나 곡식을 주던 일. ②나루 근처에 사는 이들이 뱃삯으로 사공에게 곡식을 거두어 주던 일.

계:방-형(季方兄)[계-/게-]명 남을 높이어 그의 '남자 동생'을 일컫는 말.

계:배(計杯)[계-/게-]명하타 (술잔을 세어) 술값을 계산함.

계:배(繼配)[계-/게-]명 ☞후실(後室).

계:법(戒法)[계-/게-]명 계율(戒律)의 규범.

계:변(計邊)[계-/게-]명하타 변리를 계산함.

계:보(系譜)[계-/게-]명 ①조상 때부터의 혈통이나 집안의 역사를 적은 책. 〇사람들의 관계(血緣關係)나 학문·사상 등의 계통 또는 순서의 내용을 나타낸 기록. ¶기호 학파(畿湖學派)의 계보.

계:보(季報)[계-/게-]명 ☞계간지.

계:보-기(計步器)[계-/게-]명 걸을 때의 걸음 수를 자동적으로 세는 기구. 측보기(測步器).

계:부(季父)[계-/게-]명 아버지의 막내아우.

계:부(繼父)[계-/게-]명 ☞의붓아버지.

계:부-모(繼父母)[계-/게-]명 계친자(繼親子)의 관계에 있는 아버지나 어머니.

계:분(契分)[계-/게-]명 ☞친분(親分).

계분(鷄糞)[계-/게-]명 닭똥. [질소·인산분이 많아 말려서 거름으로 씀.]

계:불입량(計不入量)[계부림냥/게부림냥]명하자 꾀나 계획이 들어맞지 아니함.

계:비(啓妃)[계-/게-]명 임금의 후취인 비(妃).

계비(鷄肥)[계-/게-]명 거름으로 사용하는 닭똥.

계비직고(階卑職高)[계-꼬/게-꼬]명하형 품계(品階)는 낮고 벼슬은 높음. ↔계고직비(階高職卑).

계:빈(啓殯)[계-/게-]명하자 발인할 때, 출구(出柩)하려고 빈소를 엶. 파빈(破殯).

계:-빠지다(契-)[계-/게-]자 ①계알을 뽑을 때, 곗돈을 탈 수 있는 알이 나오다. ②뜻하지 않은 횡재를 하다.

계:사(戒師)[계-/게-]명 불교에서 자기에게 계법을 준 중을 이르는 말.

계:사(癸巳)[계-/게-]명 육십갑자의 서른째.

계:사(啓事)[계-/게-]명하타 지난날, 임금에게 사실을 적어 올리던 일, 또는 그 서면(書面).

계:사(啓辭)[계-/게-]명 지난날, 죄를 논할 때 임금에게 올리던 글.

계:사(繫辭)[계-/게-]명 ①본문에 딸려 그것을 설명하는 말. [주역(周易)의 괘(卦) 아래에 써 넣은 설명의 말 따위.] ②명제(命題)의 주사(主辭)와 빈사(賓辭)를 연결하여 긍정이나 부정을 나타내는 말. ['사람은 동물이다.'에서 '이다'와 같은 말.] ②연사(連辭).

계:사(繼嗣)[계-/게-]명하자 ☞계후(繼後).

계사(鷄舍)[계-/게-]명 ☞닭의장.

계:삭(計朔)[계-/게-]명하타 달수를 셈. 계월(計月).

계:삭(繫索)[계-/게-]명 ①물건을 매어 두는 밧줄. ②물건을 붙들어 맴.

계:산(計算)[계-/게-]명하타되자 ①수량을 셈. ②식을 연산(演算)하여 수치를 구하여 내는 일. 셈. ③어떤 일을 예상하거나 고려함. ¶전

철로 갈아타는 시간을 계산에 넣고 도착 시간을 맞춰라. ④값을 치름. ¶계산을 치르고 나니 만 원이 남았다. ⑤이해득실을 따짐. ¶계산에 밝다. /계산이 빠르다.

계:산(桂酸)[계-/게-]**명** ☞계피산(桂皮酸).

계:산-기(計算器·計算機)[계-/게-]**명** 각종 계산을 빠르고 정확하게 할 수 있도록 만든 기기(機器).

계:산-대(計算臺)[계-/게-]**명** 은행이나 상점 등에서 계산을 위해 마련한 대.

계:산^도표(計算圖表)[계-/게-]**명** ☞노모그래프.

계:산-서(計算書)[계-/게-]**명** ①물건 값의 청구서. ②계산을 밝힌 서류. ¶세금 계산서.

계:산^서류(計算書類)[계-/게-]**명** 주식회사의 영업·수익 상태·재산 내용 등을 명백히 하기 위한 서류. 〔재산 목록·대차 대조표·손익 계산서 따위.〕

계:산-자(計算-)[계-/게-]**명** 대수(對數)의 원리를 이용하여 곱하기·나누기·제곱근풀이·세제곱근풀이 따위의 복잡한 계산을 기계적 조작으로 간단히 할 수 있는, 자 모양의 기구. 계산척(計算尺).

계:산-적(計算的)[계-/게-]**관** ①수를 셈하는 것에 관한 (것). ¶계산적 착오. ②이해득실을 따지는 (것). ¶계산적인 사람.

계:산-척(計算尺)[계-/게-]**명** ☞계산자.

계삼-탕(鷄蔘湯)[계-/게-]**명** 영계의 내장을 빼고 인삼을 넣어 곤 보양식. 삼계탕.

계:상(計上)[계-/게-]**명하타되타** ①예산 편성에 넣음. ②전체의 셈에 넣음.

계:상(啓上)[계-/게-]**명하타** 윗사람에게 말씀을 드림.

계상(階上)[계-/게-]**명** 층계 위. ↔계하(階下).

계:상(稽顙)[계-/게-]**명하자** ①〈겸손의 뜻으로〉 머리를 조아림. ②〈계상재배(稽顙再拜)〉의 준말. ঞ계수(稽首)·돈수(頓首).

계:상-금(計上金)[계-/게-]**명** 예산에 올린 금액.

계:상-재배(稽顙再拜)[계-/게-]**명** 머리를 조아려 두 번 절함. 〔거상(居喪) 중인 사람이 편지를 쓸 때, 글의 첫머리나 자기의 이름 다음에 쓰는 말.〕ঞ계상(稽顙).

계:색(戒色)[계-/게-]**명하자** 여색(女色)을 경계함. 색욕(色慾)을 삼감.

계:서(繼序)[계-/게-]**명하타** 뒤를 이음.

계서-야담(溪西野談)[계-/게-]**명** 조선 순조(純祖) 때, 이희준(李羲準)이 우리나라 고금의 기사(奇事)·이문(異聞)·잡설(雜說) 등을 모아 기록한 책. 6권 6책.

계:석(計石)[계-/게-]**명하타** 곡식의 섬 수를 셈함.

계:석(界石)[계-/게-]**명** 경계를 나타내기 위하여 세워 놓은 돌.

계:선(戒善)[계-/게-]**명하자** 계(戒)를 지켜 좋은 과보(果報)를 낳게 하는 일.

계:선(界線)[계-/게-]**명** 한계나 경계를 나타낸 선.

계:선(繫船)[계-/게-]**명하자** 배를 매어 둠.

계:선-거(繫船渠)[계-/게-]**명** ☞계선 독.

계:선^독(繫船dock)[계-/게-]**명** 간만(干滿)의 차가 큰 곳에 수문(水門)을 설치하고 둘레를 막아, 그 안에 배를 띄워 짐을 싣거나 부리며, 승객이 타고 내리는 데 편리하도록 만든 시설. 계선거. 습독. 습선거.

계:선-료(繫船料)[계-/게-]**명** 부두나 잔교에 선박을 대었을 때에 그 값으로 치르는 돈.

계:선^부표(繫船浮標)[계-/게-]**명** 항만 안에서 배가 닻을 내리지 않을 때 잡아매려고 바닷물에 띄운 부표. 부이(buoy).

계:선-안(繫船岸)[계-/게-]**명** 배를 매어 두는 강이나 바다의 기슭.

계:선-주(繫船柱)[계-/게-]**명** 배를 매어 두기 위하여 부두나 잔교·계선안 등에 마련해 둔 기둥. ঞ계주(繫柱).

계:선-환(繫船環)[계-/게-]**명** 배를 매어 두기 위해 안벽(岸壁)의 앞부분에 설비해 둔 쇠고리.

계설-향(鷄舌香)[계-/게-]**명** ☞정향(丁香).

계성(鷄聲)[계-/게-]**명** 닭의 울음소리. 계명.

계:성-사(啓聖祠)[계-/게-]**명** 공자(孔子)·안자(顔子)·자사(子思)·증자(曾子)·맹자(孟子)의 아버지를 모신 사당. 〔서울 문묘(文廟)에 있음.〕

계:세(季世)[계-/게-]**명** ☞말세(末世).

계:세-징인(戒世懲人)[계-/게-]**명하자** 세상 사람을 경계하고 징벌함.

계:속(繫屬·係屬)[계-/게-]**명하자되자** ①남에게 매이어 딸림. ②소송 사건의 처리가 법원에서 진행 중에 있음. 소송 계속.

계:속(繼續)[계-/게-] ①**명하자타되자** ①끊이지 아니하고 잇대어 나아감. ¶장마가 한 달 동안이나 계속되다. ②끊어졌던 행위나 상태를 다시 이어 나감. ¶중단했던 사업을 다시 계속하다. ②**부** 끊이지 않고 잇달아. ¶인구가 계속 감소하는 국가도 있다.

계:속-계:산(繼續計算)[계-께-/게-께-]**명** 상인이 단골과의 거래에서, 거래 내용을 장부에만 적어 두었다가 일정한 시일이 지난 뒤에야 그 꺼번에 계산하는 일.

계:속-범(繼續犯)[계-뻠/게-뻠]**명** 범죄 행위가 이미 이루어진 뒤에도 그 상태가 계속되는 것. 〔불법 감금죄 따위.〕

계:속-변:이(繼續變異)[계-뼈니/게-뼈니]**명** 일시 변이가 마치 유전처럼 여러 세대에 걸쳐 나타나는 현상. 영속 변이(永續變異).

계:속-비(繼續費)[계-삐/게-삐]**명** 여러 연도에 걸친 사업의 경비로, 최초 연도에 그 총액 및 연 지출액을 정해 일괄하여 국회의 의결을 얻어 계속 지출하는 경비.

계:속^심:의(繼續審議)[계-씨믜/게-씨믜]**명** 국회 등에서, 의결되지 않은 안건을 폐회(閉會)의 뒤에도 위원회 심의를 거쳐 다음 회기에 그대로 넘기는 일.

계:속-적(繼續的)[계-쩍/게-쩍]**관** 끊이지 않고 이어 나가는 (것).

계:속-치(繼續齒)[계-/게-]**명** 천연 치근을 기초로 하여 거기에 인공 치관(齒冠)을 씌운 의치.

계:속-회(繼續會)[계소쾨/게소쿼]**명** 주주 총회에서, 의사(議事)를 중지하고 뒷날에 다시 열 것을 결의한 경우, 그 다음에 계속하는 총회.

계:손(系孫)[계-/게-]**명** 먼 혈통의 손자. 말손(末孫). 원손(遠孫).

계:쇄(繫鎖)[계-/게-]**명하타** 쇠사슬로 매어 둠.

계수[계-/게-]**명** '이불'의 궁중말.

계:수(季嫂)[계-/게-]**명** 아우의 아내. 제수.

계:수(係數)[계-/게-]명 ①대수식의 기호 문자와 숫자로써 이루어지는 곱에서, 숫자를 기호 문자에 대하여 이르는 말. ②하나의 수량을 여러 다른 양의 함수(函數)로써 나타내는 관계식에서, 물질의 종류에 따라 달라지는 비례 상수(比例常數).

계:수(計數)[계-/게-]명 수를 계산함. 계산해서 얻은 값. ¶계수에 밝다.

계:수(桂樹)[계-/게-]명 ☞계수나무.

계수(溪水)[계-/게-]명 골짜기에 흐르는 물.

계:수(稽首)[계-/게-]명 (남을 공경하는 태도로) 머리를 조아림. ⑪계상(稽顙)·돈수(頓首).

계:수(繫囚)[계-/게-]명 옥에 갇힌 죄수.

계:수(繼受)[계-/게-]명 이어받음. 넘겨받음. ¶오래 과업의 계수.

계:수-관(計數管)[계-/게-]명 방사선을 검출하거나 재는 장치. [방사선의 전리 작용을 이용하는 가이거·뮐러 계수관 따위.]

계:수-기(計數器)[계-/게-]명 ①수의 기본 관념을 교육하기 위한 아동 학습 용구. ②(주화(鑄貨) 따위의) 수효를 측정하는 기계.

계:수-나무(桂樹-)[계-/게-]명 ①계수나뭇과의 낙엽 교목. 중국 남부, 동인도 등지에 나는데 높이는 7~10m. 길둥근 잎은 마주나고 나무껍질은 암갈색. 5~6월에 잎보다 먼저 희고 작은 꽃이 핌. 나무껍질은 계피(桂皮)라 하여 과자의 원료, 향료나 한약재로 씀. 계수(桂樹). ②전래 동화에서, 달 속에 있다고 하는 상상의 나무.

계:수-법(繼受法)[계-뻡/게-뻡]명 외국의 법률을 채용하거나, 그것에 의거하여 만든 법률. ↔고유법(固有法).

계수-변(溪水邊)[계-/게-]명 시냇가.

계:수-씨(季嫂氏)[계-/게-]명 '계수'를 대접하여 이르는 말. 제수씨.

계:수-재배(稽首再拜)[계-/게-]명하짜 머리를 조아려 두 번 절함. [흔히, 한문 투의 편지 첫머리에 쓰는 말.]

계:수-주인(界首主人)[계-/게-]명 조선 시대에, 서울에 있으면서 각 도 감영의 일을 맡아 보던 사람.

계:수^화:폐(計數貨幣)[계-폐/게-폐]명 일정한 순도(純度)·분량·모양으로 주조하여 그 표면에 가격을 표시한 화폐. ↔칭량(稱量) 화폐.

계:술(繼述)[계-/게-]명하짜되짜 ①조상의 하던 일이나 뜻을 이어 감. ②조상의 업적을 이어받아 그것을 바탕으로 서술함.

계숫-잇[계순닏/게순닏]명 '이불잇'의 궁중말. *계숫잇이[계순니시/게순니시]·계숫잇만[계순닌/게순닌-]

계:습(繼襲)[계-/게-]명하짜되짜 조상이나 선인(先人)의 뜻 또는 사업을 받아 이음.

계승(階乘)[계-/게-]명 수학에서, n이 하나의 자연수(自然數)일 때, 1에서 n까지의 모든 자연수의 곱을 n에 대하여 이르는 말. n!로 표시함.

계:승(繼承)[계-/게-]명하짜되짜 조상이나 선임자의 뒤를 이어받음. 수계(受繼).

계시[계-/게-]명 공장(工匠) 밑에서 일을 배우는 사람. 장색(匠色)의 제자. 본결수.

계:시(計時)[계-/게-]명하짜 경기나 바둑 따위에서, 경과한 시간을 잼, 또는 그 시간.

계:시(癸時)[계-/게-]명 이십사시의 둘째 시(時). 상오 0시 30분부터 1시 30분까지의 동안. ⓐ계(癸).

계:시(啓示)[계-/게-]명하짜 ①나아갈 길을 가르쳐 알려 줌. ②사람의 지혜로는 알 수 없는 진리를 신이 영감(靈感)으로 알려 줌. ¶신(神)의 계시를 받다. ②묵시(默示).

계:시다¹[계-/게-]재 ①〈있다〉의 높임말. ¶어머니는 방에 계시다. ②《연결 어미 '-(으)러'·'-(으)려' 등과 어울려 쓰이어》 목적 또는 의도하는 뜻을 나타냄. ¶할아버지는 작은집에 계시러 시골로 가셨다. ⓐ겝시다.

계:시다²[계-/게-] Ⅰ조동 〈있다〉의 높임말. (보조적 연결 어미 '-고' 뒤에 쓰이어, 그 동작이 현재 진행되고 있음을 뜻함.) ¶책을 읽고 계시다.
Ⅱ조형 〈있다²〉의 높임말. (보조적 연결 어미 '-아(어)' 뒤에 쓰이어, 본용언이 뜻하는 그대로의 상태임을 나타냄.) ¶할머니가 평상에 앉아 계시다. /자리에 누워 계시다.

계:시-록(啓示錄)[계-/게-]명 ☞요한 계시록.

계:시^문학(啓示文學)[계-/게-]명 후기 유대교 및 초기 가톨릭에서 이루어진 종교적 저작. [다니엘서·계시록 따위.]

계시-백(鷄屎白)[계-/게-]명 한방에서, '닭똥의 흰 부분'을 약재로 이르는 말.

계:시^종교(啓示宗敎)[계-/게-]명 신의 은총을 기초로 하는 종교. ↔자연 종교(自然宗敎).

계:신(戒愼)[계-/게-]명하짜 경계하여 삼감.

계신(鷄晨)[계-/게-]명 닭이 새벽을 알림.

계:실(繼室)[계-/게-]명 ☞후실(後室). ⑧후처(後妻).

계:심(戒心)[계-/게-]명 마음을 놓지 않고 경계함, 또는 경계하는 마음.

계:심(桂心)[계-/게-]명 한방에서, '계피의 겉껍질을 벗기고 남은 속의 얇은 부분'을 약재로 이르는 말. [허한증·종기·풍병 따위에 쓰임.]

계:심-통(悸心痛)[계-/게-]명 한방에서, 신경성으로 심장이 울렁거리고 가슴이 답답한 증세를 이르는 말.

계:씨(季氏)[계-/게-]명 '남의 아우'를 높이어 일컫는 말. 제씨(弟氏).

계안-창(鷄眼瘡)[계-/게-]명 한방에서, '티눈'을 이르는 말.

계:알(契-)[계-/게-]명 산통계(算筒契)나 자빠계에서 쓰는, 둥글게 깎아 만든 알. [그 위에 계원의 번호와 이름을 씀.]

계:약(契約)[계-/게-]명하짜되짜 ㉠약정(約定). 약속. ㉡사법상(私法上)의 일정한 법률적 효과의 발생을 목적으로 하는, 두 사람 이상의 의사의 합의에 따라 성립하는 법률 행위. ¶계약을 체결하다. ㉢하나님이 구령(救靈)의 업(業)을 이루려고 인간에게 표시한 특별한 의사. 언약(言約).

계:약-금(契約金)[계-끔/게-끔]명 〈계약 보증금(契約保證金)〉의 준말.

계:약-급(契約給)[계-끕/게-끕]명 근로자와 사용자 사이에 일정한 노동 조건에 따라 정한 임금.

계:약^농업(契約農業)[계양-/게양-]명 소비자·상사 등과 농민 사이에 생산이나 판매 계약을 맺고 그 계약에 따라 농산물을 생산하는 농업.

계:약^보증금(契約保證金)[계-끔/게-끔]명 계약 이행의 보장을 위하여 당사자의 한쪽이 상대편에게 미리 주는 돈. 약조금. ②계약금.

계:약-서(契約書)[계-써/게-써]명 계약의 조항들을 적은 서면(書面).

계:약-설(契約說)[계-썰/게-썰]團〈사회 계약설(社會契約說)〉의 준말. ❸민약설(民約說).

계:약^해:제(契約解除)[계야캐-/게야캐-]團 법률상 효력을 발생하고 있는 계약을 소멸시키는 행위.

계:엄(戒嚴)[계-/게-]團 전쟁이나 비상 사태가 발생하였을 때, 군대로써 어떤 지역을 경계하며, 그 지역의 사법권과 행정권을 계엄 사령관이 관할하는 일.

계:엄-령(戒嚴令)[계-녕/게-녕]團 국가 원수가 계엄 실시를 선포하는 명령.

계:엄-법(戒嚴法)[계-뻡/게-뻡]團 계엄의 선포 요건·종류·방법·효력·해제 등을 규정한 법률.

계:엄^사령관(戒嚴司令官)[계-/게-]團 계엄 지역 내의 계엄에 관한 모든 임무를 수행하는 사령관.

계:엄^지구(戒嚴地區)[계-/게-]團 계엄이 실시되는 지구.

계역(鷄疫)[계-/게-]團 닭의 돌림병.

계:열(系列)[계-/게-]團 ①서로 관계가 있거나, 공통되거나, 유사한 점에서 연결되는 계통이나 조직. ¶보수 계열의 정당. /실용주의 계열의 학파. ②대기업 상호간 또는 대기업과 중소 기업 사이에 맺어진 기업 결합.

계:열-금융(系列金融)[계-금늉/게-금늉]團 어떤 재벌 계열의 은행이 그 재벌의 계열 회사 중심으로 융자를 하고, 그 외의 기업에 대해서는 별로 융자를 하지 않는 일.

계:열^기업(系列企業)[계-/게-]團 같은 계열에 딸린 기업의 집단.

계:열-사(系列社)[계-싸/게-싸]團 특정 대기업과 긴밀한 관계를 갖고 특별한 거래를 하며, 그 지배하에 있는 회사.

계:열^융자(系列融資)[계-륭-/게-륭-]團 한 기업에 대한 융자의 효과를 다른 기업에도 미치게 하려고, 은행이 원자재의 구입처 또는 제품의 판매처 등을 지정하여 융자해 주는 일.

계:영(繼泳)[계-/게-]團困困 이어달리기식 수영 경기.

계:영-배(戒盈杯)[계-/게-]團 과음을 경계하기 위해, 술이 일정한 한도에 차면 구멍으로 새어 나가도록 만든 잔. 절주배(節酒杯).

계오閔(옛)겨우. ¶東洲밤 계오 새와 北寒亭의 올나하니(鄭澈.關東別曲).

계오다多困(옛)이기지 못하다. 힘에 넘치다. ¶處容 아비 즈이여 滿頭揷花 계오샤 기울어신 머리예(樂範.處容歌).

계:옥(桂玉)[계-/게-]團〔땔나무는 계수나무와 같고, 쌀은 옥과 같다는 뜻으로〕'땔나무와 쌀이 매우 귀함'을 이르는 말.

계:옥(繫獄)[계-/게-]團困困 옥에 가두어 둠.

계:옥지수(桂玉之愁)[게-찌-/게-찌-]團〔계옥으로 살아가는 근심이라는 뜻으로〕'타국에서 사는 괴로움'을 이르는 말.

계:-외가(繼外家)[계외-/게웨-]團 계모(繼母)의 친정.

계요閔(옛)겨우. ¶호간 방에 다쇼 사룸이 계요 안눈 거시여(朴解上37).

계우(溪友)[계-/게-]團 일반 사회를 멀리하여 산중에서 은거하는 벗.

계우다多困(옛)못 이기다. 지다. ¶藥이 하놀 계우니(龍歌90章)./春氣룰 못내 계위(丁亥仁.賞春曲).

계:원(係員)[계-/게-]團(사무를 갈라 맡은)계(係) 단위의 부서에서 일을 하는 사람.

계:원(契貝)[계-/게-]團 계에 든 사람. ¶계주가 계원들이 매달 낸 곗돈을 들고 도망갔다.

계:원필경(桂苑筆耕)[계-/게-]團 신라 말기, 최치원(崔致遠)이 여러 가지 글을 모아 엮은 시문집(詩文集). 20권 4책.

계:월(季月)[계-/게-]團 ①일 년의 마지막 달. 음력 십이월. ②각 계절의 마지막 달.〔음력 삼월·유월·구월·섣달을 두루 이르는 말.〕

계:월(計月)[계-/게-]團困困 달수를 셈함.

계:월(桂月)[계-/게-]團 ①'달'을 운치 있게 이르는 말. ②'음력 팔월'을 달리 이르는 말. ②계추.

계:위(繼位)[계-/게-]團困困 왕위를 계승함.

계:유(癸酉)[계-/게-]團 육십갑자의 열째.

계:유-정난(癸酉靖難)[계-/게-]團 조선 단종 원년(1453)에 수양 대군이 김종서(金宗瑞)·황보인(皇甫仁) 등 여러 고명(顧命) 대신을 없애고 정권을 잡은 사건.

계육(鷄肉)[계-/게-]團 닭고기.

계:율(戒律)[계-/게-]團 ①중이 지켜야 할 규율. ❸율(律). ②지난날, 불교의 각 종파 내의 질서를 유지하기 위하여, 교단 당국이 설정한 규칙과 처벌 조항. ❸율(律).

계:율-장(戒律藏)[계-짱/게-짱]團 불교의 삼장(三藏)의 하나인 율장(律藏).

계:율-종(戒律宗)[계-/게-]團 부처의 계율을 실천함을 주로 하는 불교의 한 종파. 남산종(南山宗). 율종(律宗).

계:음(戒飮)[계-/게-]團困困 술 마시기를 삼감. 계주(戒酒).

계:-이름(階-)[계-/게-]團 음악에서, 음(音)을 음계 중의 상대적인 위치로 규정한 이름.〔양악의 '도레미파솔라시'와 국악의 '궁상각치우'.〕 도례미.

계이름-부르기(階-)[계-/게-]團〔흔히 악곡의 정확한 음정을 익히기 위하여〕계이름으로 소리의 높낮이나 선율을 노래 부르는 일, 또는 그 방법. 계명창법(階名唱法). 솔파.

계:인(契印)[계-/게-]團困困 두 장의 지면에 걸쳐 찍어 그 관련을 증명하는, '계(契)'자를 새긴 도장. ❺할인(割印).

계:일(計日)[계-/게-]團困困 날수를 셈함.

계:일(癸日)[계-/게-]團 일진(日辰)의 천간(天干)이 '계(癸)'로 된 날.〔계유(癸酉)·계축(癸丑)·계해(癸亥) 따위.〕

계:자(季子)[계-/게-]團 막내아들.

계:자(界磁)[계-/게-]團 발전기나 전동기에서 자계(磁界)를 만드는 전자석.

계:자(啓字)[계-/게-]團〔계자(啓字)/계좌(啓좌)란〕'啓'자를 새긴 나무 도장.〔임금의 재가를 맡은 서류에 찍음.〕

계:자(繼子·系子)[계-/게-]團 ①⮕양자(養子). ②⮕의붓자식.

계:장(係長)[계-/게-]團(사무를 갈라 맡은)계(係) 단위의 부서의 책임자.

계:장(契長)[계-/게-]團 계의 사무를 맡아보는 책임자.

계:장(繼葬)[계-/게-]團困困 조상의 묘지 아래에 잇달아 자손의 묘를 씀.

계장-초(鷄腸草)[계-/게-]團 ⮕닭의장풀.

계:쟁(係爭)[계-/게-]團困困 소송에서 당사자 간에 다투는 일. 어떤 목적물의 권리를 얻기 위한 싸움.

계:쟁-물(係爭物)[계-/게-]團 소송에서 다툼의 대상이 되는 목적물.

계저주면(鷄猪酒麵) [계-/게-][명] 한방에서, 풍증(風症)에 금하는 네 가지 상극되는 음식물인 닭고기·돼지고기·술·밀가루 음식을 아울러 이르는 말.

계:적(繼蹟) [계-/게-][명][하타] 조상이나 부모의 훌륭한 업적과 행적을 이어나감.

계:전(契錢) [계-/게-][명] ☞곗돈.

계전(階前) [계-/게-][명] 층계의 앞. 뜰 앞.

계:전(繼傳) [계-/게-][명][하타] 이어 전함.

계:전-기(繼電器) [계-/게-][명] 어떤 회로의 전류의 단속(斷續)에 따라 회로를 여닫는 장치.

계절(季節) [계-/게-][명] 한 해를 날씨에 따라 나눈 그 한 철. [온대(溫帶)의 경우 봄·여름·가을·겨울의 네 철이 있고, 열대(熱帶)에는 건기(乾季)와 우계(雨季)가 있음.] 철.

계절(階節) [계-/게-][명] 무덤 앞의 평평하게 닦은 땅. 흰제절(除節).

계:절(繼絕) [계-/게-][명][하자] 끊어진 대(代)를 다시 이음.

계:절^관세(季節關稅) [계-/게-][명] (흔히 계절품에 대하여) 그 계절에 높은 세율을 매기는 관세.

계:절-노동(季節勞動) [계-로-/게-로-][명] 계절에 따라서 그 일의 바쁘고 한가함이 크게 차이가 있는 노동. [과수 재배·양잠 따위.]

계:절^변동(季節變動) [계-/게-][명] 해마다 계절적 원인으로 생기는 거의 규칙적인 물가 지수의 변동.

계:절-병(季節病) [계-뼝/게-뼝][명] 계절에 따라 정해진 것처럼 으레 잘 생기는 유행병.

계:절-상품(季節商品) [계-/게-][명] 일 년 중에서 특정한 계절에만 팔리는 물품.

계:절^예:보(季節豫報) [계-레-/게-레-][명] 천기 예보의 한 형식. 장기 예보로서, 다가오는 일정한 계절의 일기를 미리 헤아려서 알리는 일.

계:절-적(季節的) [계-쩍/게-쩍][관][명] 계절에 따라 영향을 받거나 변화하는 (것). ¶ 계절적 특성.

계:절적 실업(季節的失業) [계-쩍써럽/게-쩍써럽] 계절에 따라 상품의 생산이나 수요가 한정된 사업에서 생기는 실업. [제빙업 따위에서 생김.]

계:절적 취:락(季節的聚落) [계-쩍-/게-쩍-] 산업 관계로 한 해 동안의 어떤 계절에 한하여 사람이 모여 살게 되는 마을.

계:절-존망(繼絕存亡) [계-/게-][명][하자타] 대(代)를 이을 자식이 없는 집안에서, 양자를 얻어 대를 이음.

계:절-품(季節品) [계-/게-][명] 어떤 특정한 계절에만 시장에 나오는 상품.

계:절-풍(季節風) [계-/게-][명] 계절에 따라 일정한 지역에 일정한 방향으로 불어오는 바람. [여름에는 해양에서 대륙으로, 겨울에는 대륙에서 해양으로 방향을 바꾸어 붊.] 계후풍(季候風). 몬순(monsoon).

계:절풍^기후(季節風氣候) [계-/게-][명] 계절풍의 영향으로 특징지어지는 기후. [여름에는 덥고 강우량이 많아 습하며, 겨울에는 춥고 강우량이 적어 건조함.]

계:절풍-대(季節風帶) [계-/게-][명] 계절풍의 영향을 받는 지역.

계:절^회유(季節回游) [계-회-/게-훼-][명] 물의 온도가 철에 따라 변할 때, 물고기가 살기 좋은 온도의 물을 따라 옮겨 다니는 일.

계:정(計定) [계-/게-][명] 기업의 자산·부채·자본의 증감 변화와, 수익·비용의 발생을 종류별·성질별로 원장에 기록 계산하기 위하여 설정한 계산 단위.

계:정(啓程) [계-/게-][명][하자] 길을 떠남. 발정(發程).

계:정-계좌(計定計座) [계-계-/게-게-][명] 부기에서, 계정마다 금액의 증감을 차변과 대변으로 나누어 기록 계산하는 자리. 준계좌(計座).

계:정^과목(計定科目) [계-/게-][명] 부기 정리의 편의상, 여러 가지 계정을 종류에 따라 유별(類別)한 과목.

계:정-구좌(計定口座) [계-/게-][명] '계정계좌'의 구용어.

계:감(計減) [계-/게-][명][하타] ☞계감(計減).

계제(階梯) [계-/게-][명] [층계와 사다리라는 뜻에서] ①일이 되어 가는 순서나 절차. ¶ 공부는 밟아야 되는 계제가 있다. ②일의 좋은 기회. ¶ 이 계제에 다 해 버리자. /이것저것 가릴 계제가 아니다. ③스웨덴식 체조 기구의 한 가지. 천장의 들보에 수직으로 매단 사다리.

계제-직(階梯職) [계-/게-][명] 이력에 따라 계급이 차차 올라가는 벼슬.

계:종(繼蹤) [계-/게-][명][하타] 뒤를 이음.

계:좌(癸坐) [계-/게-][명] [집터나 묏자리 따위가] 계방(癸方)을 등진 좌향, 또는 그런 자리.

계:좌(計座) [계-/게-][명] ①<계정계좌>의 준말. ②<예금 계좌>의 준말.

계:좌-정향(癸坐丁向) [계-/게-][명] [집터나 묏자리 따위가] 계방(癸方)을 등지고 정방(丁方)을 향한 좌향.

계:주(戒酒) [계-/게-][명][하자] ☞계음(戒飮).

계:주(季主) [계-/게-][명] 무당이 단골집의 주부(主婦)를 부를 때 쓰는 호칭. ↔대주(大主).

계:주(契主) [계-/게-][명] 계를 조직하고 주관하는 사람.

계:주(禊酒) [계-/게-][명] 계의 모임에서 마시는 술. 곗술.

계:주(啓奏) [계-/게-][명] ☞계품(啓稟).

계:주(繫柱) [계-/게-][명] <계선주(繫船柱)>의 준말.

계:주(繼走) [계-/게-][명] <계주 경기>의 준말.

계:주^경기(繼走競技) [계-/게-][명] ☞이어달리기. 릴레이.

계:주-생면(契酒生面) [계-/게-][명][하자] [곗술로 생색을 낸다는 뜻으로] 여러 사람의 것으로 제 생색을 냄을 이름. 참곗술.

계:주-자(繼走者) [계-/게-][명] 이어달리기의 선수. 릴레이 선수.

계:중(契中) [계-/게-][명] ①계원 전체. ¶ 곗날을 계중에 알리다. ②계의 조직 안. ¶ 계중의 회칙.

계:지(季指) [계-/게-][명] 새끼손가락, 또는 새끼발가락.

계:지(繫止) [계-/게-][명][하타] 붙들어 매어 놓음.

계:지(繼志) [계-/게-][명][하자] 앞 사람의 뜻을 이음.

계:진-기(計塵器) [계-/게-][명] 대기 중에 떠 있는 먼지의 양을 재는 계기.

계:집 [계-/게-][명] ①'여자'를 속되게 이르는 말. ¶ 계집과 사내. ②'아내'를 속되게 이르는 말. 여편네. ¶ 제 계집 위할 줄도 모른다. ↔사내.

계:집-녀(女) [계-/게-][명] [계집/게집] 한자 부수의 한 가지. '妃'·'姿' 등에서의 '女'의 이름.

계:집-년[계짐-/게짐-]**명** '계집'을 욕으로 이르는 말.

계:집-붙이[계-뿌치/게-뿌치]**명** '모든 계층의 여자'를 속되게 이르는 말.

계:집-아이[계-/게-]**명** (시집가지 않은) 어린 여자. 여아(女兒). ㉰계집애. ㉲아이네.

계:집-애[계-/게-]**명** 〈계집아이〉의 준말.

계:집-자식(-子息)[계-짜-/게-짜-]**명** ①'처자(妻子)'를 속되게 이르는 말. ②'딸자식'을 속되게 이르는 말.

계:집-종[계-쫑/게-쫑]**명** 여자 종. 하녀. ↔사내종.

계:집-질[계-찔/게-찔]**명**하자 남자가 아내가 아닌 다른 여자와 정을 통하는 일. ↔서방질.

계차(階次)[계-/게-]**명** 계급의 차례.

계:착(係着)[계-/게-]**명**하타 ①늘 마음에 걸려 있음. ②마음에 두고 잊지 아니함.

계:책(戒責)[계-/게-]**명**하타 ①견책함. ②과오가 다시 없도록 경계하여 각성하도록 함.

계:책(計策)[계-/게-]**명** 꾀나 방책을 생각해 냄, 또는 그 꾀나 방책. ¶계책을 꾸미다.

계:처(繼妻)[계-/게-]**명** (아내가 죽거나 아내와 이혼한 뒤) 다시 맞아들인 아내.

계천(溪川)[계-/게-]**명** '시내'와 '내'를 아울러 이르는 말.

계천(溪泉)[계-/게-]**명** 골짜기에서 솟는 샘.

계:철(繼鐵)[계-/게-]**명** 주강(鑄鋼)으로 만든 전동기나 발전기의 기체를 이루는 부분.

계:첩(戒牒)[계-/게-]**명** 불교에서, 계(戒)를 받았다는 증명서를 이르는 말.

계:청(啓請)[계-/게-]**명**하타 임금에게 아뢰어 청함. 주청(奏請).

계:체(計體)[계-/게-]**명** ☞계체량.

계:체(稽滯)[계-/게-]**명**하자타 일이 밀리어 늦어지거나, 늦어지게 함.

계:체(繼體)[계-/게-]**명**하자 임금의 자리를 이음.

계:체-량(計體量)[계-/게-]**명** 체급 경기에서, 경기를 하기 전에 선수들의 몸무게를 재는 일, 또는 그 몸무게. 계체(計體).

계체-석(階砌石)[계-/게-]**명** 무덤 앞의 층계에 놓는, 길쭉하게 다듬은 돌.

계:촌(計寸)[계-/게-]**명**하타 촌수를 따짐.

계:추(季秋)[계-/게-]**명** ①늦가을. 만추(晩秋). ②'음력 구월'의 딴 이름. ㉰중추(仲秋)·맹추(孟秋).

계:추(桂秋)[계-/게-]**명** '음력 팔월'을 달리 이르는 말. ㉰수성(壽星).

계추리[계-/게-]**명** 삼 껍질의 겉을 긁어 버리고 뽑은 실로 짠 삼베의 한 가지. 황저포.

계:축(癸丑)[계-/게-]**명** 육십갑자의 쉰째.

계:축-일기(癸丑日記)[계-/게-]**명** 조선 광해군(光海君) 4(1613.계축)년에, 광해군이 어린 동생 영창 대군(永昌大君)을 역모로 몰아 죽일 때, 대군의 생모 인목 대비(仁穆大妃)가 겪은 정경들을 어느 궁녀가 일기체로 기록한 글. '서궁록(西宮錄)'이라고도 함.

계:축-자(癸丑字)[계-짜-/게-짜-]**명** 조선 성종(成宗) 24(1493.계축)년에 구리로 만든 활자. 〔중국에서 들어온 자체(字體)를 모방하여 만들었음.〕

계:춘(季春)[계-/게-]**명** ①늦봄. 만춘(晩春). ②'음력 삼월'의 딴 이름. ㉰중춘(仲春)·맹춘(孟春).

계:취(繼娶)[계-/게-]**명** ☞재취(再娶).

계:측(計測)[계-/게-]**명**하타 부피·무게·길이·속도·압력·온도·강도(强度) 따위를 기계나 기구로써 헤아려 봄. ㉯계량(計量).

계층(階層)[계-/게-]**명** 사회적 지위가 비슷한 사람들의 층. ㉰층(層).

계:칙(戒飭)[계-/게-]**명**하타 경계하고 타이름.

계:친(繼親)[계-/게-]**명** 계부(繼父) 또는 계모(繼母).

계:친-자(繼親子)[계-/게-]**명** 전처의 자식과 후처, 또는 전남편의 자식과 현재의 남편이 같은 적(籍)에 있을 때의 친자 관계(親子關係).

계:칩(啓蟄)[계-/게-]**명**하자 동면(冬眠)하던 벌레가 봄철을 맞아, 나와서 움직이게 됨.

계:칩(繫蟄)[계-/게-]**명**하자 자유를 구속당하여 집 안에 들어앉아 있음.

계탕(鷄湯)[계-/게-]**명** 닭국.

계:통(系統)[계-/게-]**명** ①일정한 체계에 따라 서로 관련되어 있는 부분들의 통일적 조직. ¶소화기 계통. ②하나의 공통적인 것에서 갈려 나간 갈래. ¶황인종 계통의 민족./몽골어와 만주어는 같은 계통의 언어이다. ③같은 방면이나 같은 종류 등에 딸려 있는 것. ¶행정 계통의 업무./만생종 계통의 법씨. ④일의 체계나 순서. ¶계통을 밟다. ⑤같은 조상에 같은 유전자형을 가진 개체의 모임.

계:통(繼統)[계-/게-]**명**하타 임금의 계통(系統)을 이음.

계:통-도(系統圖)[계-/게-]**명** 사물의 계통 관계를 나타낸 도표.

계:통^발생(系統發生)[계-쌩/게-쌩]**명** 어떤 생물이 원시 상태로부터 현재까지 거쳐온 진화의 과정. ↔개체 발생.

계:통^분류(系統分類)[계-불-/게-불-]**명** 생물의 종(種) 따위의 특성에 따라 유연(類綠) 관계를 연구하여 생물을 분류하는 일.

계:통-수(系統樹)[계-/게-]**명** 생물의 계통 발생의 관계(진화의 순서)를 한 그루의 나무에 비유하여 나타낸 그림. 〔1886년 독일의 헤켈이 처음으로 동물의 계통 나무를 만든 데서 비롯함.〕

계:통^재:배(系統栽培)[계-/게-]**명** 품종 개량법의 한 가지. 생물의 유전적 조성을 순수하게 하기 위하여, 교배를 관리해서 다른 계통의 생물과는 교배되지 않도록 재배하는 일.

계:통^출하(系統出荷)[계-/게-]**명** 농어민이 협동조합의 계통 조직을 통해 생산물을 판매하는 일. 〔농산물을 단위 농협, 농협 공판장, 슈퍼마켓의 유통 과정으로 출하하는 따위.〕

계:투(繼投)[계-/게-]**명**하자 야구에서, 이제까지 투구하던 투수가 물러나고, 다른 투수가 뒤를 이어 투구하는 일.

계:파(系派)[계-/게-]**명** 정당이나 조직 내부에서 출신이나 연고, 이런 등에 의해 결합된 배타적인 모임. ¶계파 사이의 갈등으로 당정이 마비되었다.

계:표(計票)[계-/게-]**명**하자 표를 정리하여 수를 셈.

계:표(界標)[계-/게-]**명** 경계(境界)를 나타낸 표지(標識). 경계 표지.

계:품(啓稟)[계-/게-]**명**하타 조선 시대에, 신하가 임금에게 글로 아뢰던 일. 계달(啓達). 계주(啓奏).

계:피(桂皮)[계-/게-]**명** 한방에서, '계수나무의 껍질'을 약재로 이르는 말.

계:피-말(桂皮末)[계-/게-]**명** ☞계핏가루.

계:피-산(桂皮酸)[계-/게-]圏 계피유를 산화
시켜 만든, 빛깔과 냄새가 없는 결정체로 된
산(酸). 계산(桂酸).

계:피-수(桂皮水)[계-/게-]圏 증류수(蒸溜水)
에 계피유를 탄 액체.

계:피-유(桂皮油)[계-/게-]圏 계피에 물을 붓
고 증류해 낸 무거운 휘발성 기름.

계:피-정(桂皮精)[계-/게-]圏 계피유와 알코
올의 혼합 액체. 건위제로 쓰임.

계피-학발(鷄皮鶴髮)[계-빨/게-빨]〔닭의
살갗, 학의 머리털이란 뜻으로〕'살갗이 주름
지고 머리털이 하얗게 센 노인'을 비유하여 이
르는 말.

계:핏-가루(桂皮-)[계핏까-/게핀까-]圏 육계
(肉桂)를 곱게 빻은 가루. 음식의 향료로 쓰임.
계말. 계피말.

계:하(季夏)[계-/게-]圏 ①늦여름. 만하(晩
夏). ②'음력 유월'의 딴 이름. 참중하(仲夏)·
맹하(孟夏).

계:하(啓下)[계-/게-]圏하타 임금의 재가(裁
可)를 받음.

계하(階下)[계-/게-]圏 층계 아래. ↔계상(階上).

계학(溪壑)[계-/게-]圏 ☞계곡(溪谷).

계:한(界限)[계-/게-]圏 땅의 경계. 한계.

계:합(契合)[계-/게-]圏하자 ☞부합.

계:해(癸亥)[계-/게-]圏 육십갑자의 맨 마지막
간지(干支).

계:행(戒行)[계-/게-]圏하자 불교에서, 계율을
지켜 닦는 일을 이르는 말.

계:행(啓行)[계-/게-]圏하자 ①여행길을 떠남.
②앞서서 인도함.

계:행(繼行)[계-/게-]圏하자 ①계속해서 감.
②하타 계속해서 행함.

계혈-석(鷄血石)[계-썩/게-썩]圏 ☞주자석(朱
子石).

계:호(戒護)[계-/게-]圏 ①하타 경계하여 지킴.
②하자 교도소 안의 치안을 유지하는 일.

계:화(桂花)[계-/게-]圏 계수나무의 꽃.

계:화상(戒和尙)[계-/게-]圏 출가자나 재가
불교도에게 계를 주는 중.

계:회(契會)[계-/게-/계훼]圏하자 계 모임.

계:획(計劃·計畫)[계획/게획]圏하타되자 어떤
일을 함에 앞서, 방법·차례·규모 등을 미리 생
각하여 얽이를 세움, 또는 그 세운 내용. ¶작
업 계획. /경제 개발 5개년 계획.

계:획^경제(計劃經濟)[계획경-/게훼경-]圏 정
부가 세운 계획에 따라서 생산 활동 및 생산물
의 분배가 행하여지는 경제 제도. ↔자유 경
제. 참시장 경제.

계:획-량(計劃量)[계획냥/게훼냥]圏 계획한
분량.

계:획-성(計劃性)[계획썽/게훼썽]圏 모든 일을
계획하여 처리하려는 성질.

계:획-안(計劃案)[계획안/게훼간]圏 계획에 대
한 구상. 계획을 적어 놓은 서류.

계:획^자본(計劃資本)[계획짜-/게훼짜-]圏 기
업가가 사업을 계획하고 실행할 때 필요로 하
는 자본.

계:획-적(計劃的)[계획쩍/게훼쩍]圏관 미리 세
워 놓은 계획에 따르는 (것). 계획을 세워서
하는 (것). ¶계획적 개발. /이 일은 처음부터
계획적이었다.

계:획-표(計劃表)[계획-/게훼-]圏 계획을 적
은 표.

계:후(季候)[계-/게-]圏 계절과 기후.

계:후(繼後)[계-/게-]圏하자 양자(養子)를 맞
아 뒤를 잇게 함. 계사(繼嗣).

계:후-풍(季候風)[계-/게-]圏 ☞계절풍.

계:-힘(戒-)[계-/게-]圏 불교에서, 계율(戒律)
에 공을 쌓은 힘을 이름.

곕:시다[곕씨-/곕쎄-]재 〈계시다〉의 높임말.

곗:-날(契-)[곈-/겐-]圏 계원들이 일정한 기
간마다 한 번씩 모여서 결산을 하는 날.

곗:-돈(契-)[곈-/겐똔]圏 ①계에 들어서 타거
나 내는 돈. ②계로써 소유하고 있는 돈. 계전
(契錢).

곗:-술(契-)[곈쑬/겐쑬]圏 계의 모임에서 마시
는 술. 계주(契酒).

곗술에 낯 내기(속담) 공동의 소유물을 가지고,
마치 자기가 내놓은 것처럼 생색을 낸다는 말.

고¹명 (옷고름이나 끈 따위를 서로 잡아맬 때)
매듭이 풀리지 않게 하기 위하여, 한 가닥을
고리 모양으로 잡아 맨 것. ②상투를 틀 때 머
리털을 고리처럼 감아 넘긴 것. ¶고를 틀다.

고²관 ①말하는 대상을 얕잡는 뜻으로 가리키거
나, 또는 귀엽게 여기는 뜻으로 가리킬 때 쓰
는 말. ¶고 자식, 참으로 발칙한 자식이군. /
고 녀석, 참으로 귀엽게 생겼구나. ②가리키는
범위를 좁혀 가리키거나, 확실한 범위를 밝히
지 않고 가리킬 때 쓰는 말. ¶겨우 고 정도
냐?/사건이 일어난 것은 고 며칠 전 일이다.

고³조 모음으로 끝난 체언에 붙는 조사. ①두 가
지 이상의 사실을 대등하게 벌여 놓는 뜻을 나
타내는 대등적 서술격 조사. ¶이것은 나무고,
저것은 꽃이다. ②물음이나 항의하는 뜻을 나
타내는 의문형 서술격 조사. ③두 가지 이상의
사물(사실)을 벌여 놓는 뜻을 나타내는 접속
조사. ¶사과고 배고 과일이라면 무엇이든지
좋다. 참나고.

고¹명 〈옛〉코. ¶고 버힐 의:劓(訓蒙下29). 참공.

고²명 〈옛〉공이. ¶고 져:杵(訓蒙中11).

고³명 〈옛〉금(琴). ¶고 금:琴(訓蒙中32).

고⁴명 〈옛〉휘. [곡식이 스무 말 또는 열닷 말 드
는 말.] ¶고 곡:斛(訓蒙中11).

고⁵조 인고. ¶그 일온 거슨 무스고(圓覺序
12). /賢良은 또 멋 사룸고(杜初19:10).

고(股)명 〈고본(股本)〉의 준말. ②직각 삼각
형에서, 직각을 긴 두 변 가운데서 긴 변. 참구
(勾)·현(弦).

고(苦)명 ①괴로움. ②불교에서, 전세에 지은 나
쁜 업으로 인하여 겪는 몸과 마음의 괴로움.
[심신이 괴로워 불안한 상태로, 사고(四苦) 또
는 팔고(八苦)가 있음.]

고(庫)명 곳간.

고(高)명 높이. ¶폭은 50 cm, 고는 2 m의 대리
석 비석.

고(鼓)명 ☞북1.

고(膏)명 식물을 끓여서 고아 엉기게 한 즙(汁).

고(蠱)명 〈고괘(蠱卦)〉의 준말.

고(孤)대 왕후(王侯)가 스스로를 일컬을 때 겸
양의 뜻으로 쓰던 말.

고(故)관 《죽은 사람의 성명 앞에 쓰이어》'이미
죽은'의 뜻을 나타냄. ¶고 진선미 선생의 유택.

고-(古)접두 《일부 한자어 앞에 붙어》'오래
된'·'헌'의 뜻을 나타냄. ¶고전장(古戰場). /고
문서(古文書).

고-(高)접두 《일부 한자어 앞에 붙어》'높은'·
'훌륭한'의 뜻을 나타냄. ¶고성능(高性能). /
고소득(高所得). /고금리(高金利).

-고(高)접미 -액(額).

-고(어미) ①용언 어간이나 높임의 '-시-' 등에 붙는 연결 어미. ㉠여러 가지 사실을 대등적으로 벌여 놓는 뜻을 나타냄. ¶먹고 마시고 하다. /하늘이 맑고 높다. /집이 깨끗하고 조용하다. ㉡상반되는 사실을 나란히 맞세우는 뜻을 나타냄. ¶크고 작은 사람들. /기차에 오르고 내리는 여행객. /길고 짧은 것은 대 봐야지. ㉢((문장이, 반문하는 투로 끝맺는 꼴을 취하여)) 뒤의 사실의 조건으로 됨을 나타냄. ¶그렇게 으름을 피우고 어찌 꾸중을 안 들었을까?/그렇게 사납게 굴고 어찌 무사하였을라고. ㉣'-고-ㄴ(은)'의 꼴로 쓰이어, 동사 뒤에서는 행동의 반복을 나타내고, 형용사 뒤에서는 그 성질이나 상태·상황을 강조하는 뜻을 나타냄. ¶오르고 또 오르면···./길고 긴 여름. /넓고 넓은 바다. ②동사 어간에 붙는 연결 어미. ㉠위의 사실이 뒤의 사실에 대하여 시간적으로 선행(先行)하는 조건이 됨을 나타냄. ¶시장한데 밥을 먹고 떠나자. /이불을 펴고 잠자리에 들다. ㉡아래 사실의 원인·이유가 됨을 나타냄. ¶상한 음식을 먹고 배탈이 났다. /그가 쓴 글을 읽고 생각이 달라졌다. ㉢앞의 동작의 상태를 유지한 채로 다음 동작이 진행됨을 나타냄. ¶비가 와서 우산을 쓰고 왔다. /책가방을 메고 학교에 간다. ㉣'-고 있다'·'-고 나다'·'-고 싶다'·'-고 보다' 등의 꼴로 쓰이어, '있다' 앞에서는 동작의 진행을, '나다' 앞에서는 동작의 끝남을, '싶다' 앞에서는 동작(상태)에의 바람을, '보다' 앞에서는 동작을 시험함을 나타냄. ¶원고를 쓰고 있다. /실컷 울고 나니 속이 시원하다. /시집간 누님이 보고 싶다. ③동사 어간에 붙어, '-고지고'·'-고지라' 등 예스러운 꼴로 쓰이어, 그렇게 됨을 염원하는 뜻을 나타내는 종결 어미. ¶천년만년 살고지고. /보고지라 보고지라 우리 임 보고지라. ㉣동사 어간에 붙어, 상대의 의사에 항변하는 투로 되묻는 뜻을 나타내는, 해체의 종결 어미. ¶다 떠나 버리면 남은 일은 누가 하고?

고:가(古家)명 지은 지 퍽 오래된 집. 고옥(古屋). 구옥(舊屋).

고:가(古歌)명 옛 노래. 옛 가사(가요).

고:가(告暇)명하자 휴가를 얻음. 휴가를 청함.

고:가(故家)명 여러 대(代)를 지체 높게 잘살아 온 집안.

고가(高架)명 (땅 위에) 높다랗게 건너질러 설치하는 것.

고가(高價)[-까]명 값이 비쌈. 비싼 값. ¶고가의 사치품. ↔저가(低價).

고가(雇價)[-까]명 품삯.

고가-교(高架橋)명 땅 위로 높다랗게 놓은 다리. 구름다리.

고가-대족(故家大族)명 대대로 벼슬과 재산·덕망 따위가 훌륭한 집안. 고가세족(故家世族).

고가^도:로(高架道路)명 땅 위에 높직이 지대(支臺)를 세우고, 그 위로 가설한 도로.

고가^삭도(高架索道)[-또]명 ☞가공 삭도.

고가-선(高架線)명 ☞고가 철도.

고가-세족(故家世族)명 ☞고가대족.

고가^철도(高架鐵道)[-또]명 땅 위에 높이 다리를 놓고, 그 위에 가설한 철도. 고가선(高架線).

고각(高角)명 ☞올려본각.

고각(高閣)명 높은 누각(집).

고각(鼓角)명 군중(軍中)에서 호령할 때 쓰던, 북과 나발.

고각-대루(高閣大樓)[-때-]명 높고 큰 누각. 고루거각(高樓巨閣).

고각-함성(鼓角喊聲)[-가쌍-]명 전쟁터에서 사기를 돋우려고 북을 치고 나발을 불며 아우성치는 소리.

고간(股間)명 ☞샅.

고간(固諫)명하자 기어이(굳이) 간함.

고간(苦諫)명하타 고충을 무릅쓰고 간절히 간함.

고간(苦艱)명하다 고생. 艱苦(간고).

고간(苦懇)명하타 몹시 간절히 청함.

고간(庫間)명 '곳간'의 잘못.

고:-간독(古簡牘)명 옛날 명현(名賢)들의 편지를 수록한 책.

고갈(枯渴)명되자 ①물이 말라서 없어짐. ¶식수가 고갈되다. ②물자나 자금이 달림. ¶지원금의 고갈. ③인정이나 정서 따위가 메마르게 됨. 메마름. ¶인정이 고갈되어 가는 현대인.

고:-갑자(古甲子)[-짜]명 옛적 간지(干支)의 이름. 곧, 알봉(閼逢;甲)·전몽(旃蒙;乙)·유조(柔兆;丙)·강어(強圉;丁)·저옹(著雍;戊)·도유(屠維;己)·상장(上章;庚)·중광(重光;辛)·현익(玄黓;壬)·소양(昭陽;癸), 곤돈(困敦;子)·적분약(赤奮若;丑)·섭제격(攝提格;寅)·단알(單閼;卯)·집서(執徐;辰)·대황락(大荒落;巳)·돈장(敦牂;午)·협흡(協洽;未)·군탄(涒灘;申)·작악(作噩;酉)·엄무(閹茂;戌)·대연헌(大淵獻;亥).

고개명 ①산이나 언덕의, 넘어 오르내리게 된 비탈진 곳. ②사람의 나이를 뜻하는 숫자 뒤에 쓰이어, 그 나이를 비탈진 언덕에 비유하는 말. ¶내 나이 40 고개를 넘어선 지도 오래됐네.

고개²명 ①목의 뒤쪽 부분. ②'머리'를 달리 이르는 말. ¶고개를 돌리다.

고개가 수그러지다(관용) 존경하는 마음이 생기다.

고개(를) 들다[처들다](관용) ①생각이나 의사가 떠오르다. ¶저것까지 전부 다 차지해야 되겠다는 욕심이 고개를 들다. ②차차 세력이 생겨 일어나다. 대두하다. ¶변두리로 밀려났던 잔당이 다시 고개를 들고 중앙을 넘보게 되었다.

고개(를) 숙이다(관용) 굴복하다. 항복하다. ¶치명타를 입은 적은 드디어 고개를 숙이고 들어왔다.

고개 하나 까딱하지 않다(관용) 꼼짝하지 않다. 조금도 놀라지 않다. 마음의 동요를 조금도 보이지 않다.

고개(孤介)명 '고개하다'의 어근.

고개-턱명 고개의 등성이 부분. 고갯마루.

고개-티명 고개를 넘는 비탈길.

고개-하다(孤介)혱여 절개가 굳어 속세에 물들지 않다.

고객(孤客)명 외로운 손.

고객(苦客)명 귀찮은(싫은, 미운) 손.

고객(顧客)명 영업을 하는 사람에게 대상자로 찾아오는 손(사람). 화객(華客).

고갯-길[-갯낄/-갠낄]명 고개를 오르내리는 길.

고갯-놀이[-갠-]명 농악(農樂)에서, 벙거지에 달린 상모를 돌리는 연기를 이르는 말.

고갯-마루[-갠-]명 고개의 고갯턱.

고갯-심[-갯씸/-갠씸]명 고개의 힘.

고갯-장단[-갯짱-/-갠짱-]명 고갯짓으로 맞추는 장단. ¶친구가 고갯장단을 맞추며 흥얼댄다.

고갯-짓[-갯찓/-갠찓]명하자 고개를 움직이는 짓. ¶고갯짓으로 찬성의 뜻을 나타내다. * 고갯짓이[-개찌시/-개찌시]·고갯짓만[-개찐-/-갠찐-]

고갱이뗑 ①초목의 줄기 속에 있는 연한 심. 목수(木髓). ¶배추 고갱이로 국을 끓이다. ②사물의 알짜가 되는 속내. ②回핵심(核心).

고-거떼 〈고것〉의 준말. ②그거.

고거(考據)뗑団団 참고하여 근거로 삼음.

고거리뗑 소의 앞다리에 붙은 살.

고:-건물(古建物)뗑 ①옛날의 건물. ②지은 지 오래된, 헌 건물.

고검(考檢)뗑団団 상고하여 조사함.

고검(高檢)뗑 〈고등 검찰청〉의 준말.

고-것[-건]떼 '그것'을 얕잡아, 또는 귀엽게 이르는 말. ¶고것도 말이라고 하는 거냐?/고것이 무얼 알겠니?/고것 참, 귀엽게 웃는구나. ②고거. ②그것. ＊고것이[-거시]·고것만[-건-]

고-게②준 '고것이'가 줄어든 말. ②그게.

고:격(古格)뗑 옛 격식.

고견(高見)뗑 ①훌륭한(뛰어난) 의견. 탁견(卓見). ②상대편을 높이어 그의 '의견'을 이르는 말. ¶귀하의 고견을 듣고 싶습니다.

고견(顧見)뗑団団 ①돌이켜 봄. 지난 일을 다시 생각하여 봄. ②☞고호(顧護).

고결(固結)뗑団団 뭉치어 굳어짐.

고결(高潔)뗑団혱 고상하고 깨끗함. ¶고결한 성품으로 제자들의 존경을 받다. 고결-히뿐.

고:경(古經)뗑 ①오래된 경전 또는 경문. ②가톨릭 교리와 '창세기'를 한글로 필사한 책.

고경(告更)뗑団団 조선 시대에, 대궐 안에서 밤에 누수기(漏水器)를 보고 시간을 알리던 일.

고경(苦境)뗑 괴로운 처지. ↔낙경(樂境).

고계(苦界)[-게/-게]뗑 불교에서, 괴로움이 있는 세계. 곧, 지옥·아귀·축생·수라·인간·천상의 육도 생사의 세계를 뜻함.

고고(考古)뗑団団 유물·유적에 의하여 옛일을 연구함.

고고(呱呱)뗑 아이가 막 태어나며 처음으로 우는 소리.

고고(孤高)뗑 '고고하다'의 어근.

고고(枯槁)뗑団혱 ①나무나 풀이 말라서 물기가 없음. ②야위고 파리함. ③신세 따위가 형편없게 됨. 고고-히뿐.

고고(苦苦)뗑 불교에서 이르는, 삼고(三苦)의 하나. 고(苦)의 인연으로 받는 괴로움.

고:고(go-go)뗑 록큰롤 음악에 맞추어 몸을 흔들며 열광적으로 추는 춤. ②디스코.

고고리뗑 〔옛〕 꼭지. ¶비논 불휘와 고고리 업고(杜初16:19).

고고지성(呱呱之聲)뗑 〔태어나면서 처음으로 우는 소리라는 뜻에서〕 '사물이 처음으로 이룩(시작)되는 기척'을 비유하여 이르는 말. ②고고(呱呱).

고고-하다(孤高-)혱여 홀로 세속에 초연(超然)하여 고상하다. ¶고고한 성품. 고고-히뿐.

고:고-학(考古學)뗑 유물·유적에 의하여 고대 인류에 관한 일을 연구하는 학문. ↔고현학.

고:곡(古曲)뗑 옛 가곡.

고골(枯骨)뗑 살이 썩어 없어진, 시체의 뼈.

고곰뗑 〔옛〕 고금(학질). ¶ㅣ고곰 학:瘧(訓蒙中34). ②고봄.

고공(高空)뗑 ①높은 공중. ↔저공(低空). ②높이 1500～2000 m 위의 하늘.

고공(雇工)뗑 ①머슴. ②품팔이. ③고용살이하는 직공(職工).

고공-가(雇工歌)뗑 조선 중종 때, 허전(許墺)이 지었다는 가사. 벼슬아치들의 부패상을 은유적으로 폭로한 내용.

고공-답주인가(雇工答主人歌)[-쭈-]뗑 조선 선조 때, 이원익(李元翼)이 허전(許墺)의 '고공가'에 답하여 지은 가사.

고공-병(高空病)[-뼝]뗑 고공 기상의 격변 및 산소의 결핍으로 말미암아 생기는 병증. 고도병(高度病). ②항공병(航空病).

고공-비행(高空飛行)뗑団団 비행기 따위로 지상(地上) 1만 5000～2만 m의 상공을 나는 일. ↔저공비행(低空飛行).

고공-사(考功司)뗑 고려·조선 시대에, 문관의 공과(功過)·근태(勤怠)·휴가(休暇) 등에 관한 사무를 맡아보던 관아.

고공-살이(雇工-)뗑団団 ①머슴살이. ②품팔이를 하는 생활.

고공-심리(高空心理)[-니-]뗑 비행하는 동안에 일어나는, 평상시와 다른 특수한 심리 상태.

고공-품(藁工品)뗑 짚이나 풀줄기 등으로 만든 수공품. 〔가마니·돗자리 따위.〕

고:과(考課)뗑団団 공무원이나 회사원의 근무 성적을 자세히 따져 우열을 정하는 일. 고적(考績). ¶인사 고과.

고과(告課)뗑団団 하급 관리가 자기의 상사나 상급 기관에 신고함.

고과(孤寡)Ⅰ뗑 ①고아와 과부. ②외로운 과부. Ⅱ떼 제후가 스스로를 일컬을 때, 겸손의 뜻으로 쓰던 말. ②과인(寡人).

고과(苦果)뗑 불교에서, 고뇌를 받는 과보, 또는 악업의 과보로서 받는 고뇌를 이르는 말.

고:과-장(考課狀)[-짱]뗑 은행·회사의 대차 대조표·손익 계산서·재산 목록 등을 포함한 영업 보고서.

고:과-표(考課表)뗑 고과에 관하여 기록한 표.

고관(考官)뗑 지난날, 무과와 강경과(講經科)를 주관하던 시관(試官).

고:관(告官)뗑団団 관청에 고함.

고관(苦觀)뗑団団 ①불교에서, 이 세상을 고(苦)의 세계로 보는 일을 이르는 말. ②염세관(厭世觀)을 가짐.

고관(高官)뗑 높은 벼슬 자리, 또는 그런 지위에 있는 관리. 달관(達官).

고관-대작(高官大爵)뗑 높고 큰 벼슬 자리, 또는 그 벼슬아치. ↔미관말직.

고-관절(股關節·髖關節)뗑 ☞비구관절.

고광-나무(高光-)뗑 범의귓과의 낙엽 활엽 관목. 산골짜기에 나는데 높이는 2～4 m. 잎은 끝이 뾰족한 달걀 모양이며 마주남. 늦봄에 흰 꽃이 피고, 둥근 열매는 초가을에 익음.

고괘(蠱卦)뗑 육십사괘의 하나. 간괘(艮卦)와 손괘(巽卦)를 위아래로 놓은 괘. 산 아래에 바람이 있음을 상징함. ②고(蠱).

고괴(古怪)뗑 '고괴하다'의 어근.

고:괴-하다(古怪-)[-괴/-궤]혱여 예스럽고 괴상하다. 고괴-히뿐.

고굉(股肱)[-굉/-굉]뗑 ①팔과 다리. ②〈고굉지신(股肱之臣)〉의 준말.

고굉지신(股肱之臣)[-굉/-/-궹-]뗑 〔다리와 팔같이 중요한 신하라는 뜻으로〕 임금이 가장 믿고 중히 여기는 신하. ②고굉(股肱).

고:교(古敎)뗑 ☞모세교.

고:교(故交)뗑 ☞고구(故舊).

고교(高校)뗑 〈고등학교〉의 준말.

고교(高敎)뗑 상대편을 높이어 그의 '가르침'을 이르는 말.

고:구(考究)뗑団団 자세히 살펴 연구함. 回참구(參究).

고:구(故舊)**명** 오래 사귀어 온 친구. 고교(故交). 고우(故友).

고구려(高句麗)**명** 우리나라 고대 왕국 중의 하나. 북부여의 주몽(朱蒙)이 한반도 북쪽과 중국 동북 지방 일대에 자리잡아 세운 나라로, 보장왕(寶藏王) 때 나당(羅唐) 연합군에게 패망함. 〔B.C.37~A.D.668〕

고구려^오:부(高句麗五部)**명** 고구려에 있던 다섯 부족. 곧, 계루부·순노부·소노부·관노부·절노부를 이르는 말.

고:구마**명** 메꽃과의 다년초. 줄기는 땅 위로 길게 벋고 땅속뿌리의 일부가 살이 쪄서 덩이뿌리를 이룸. 덩이뿌리는 달고 전분이 많아 식용이나 공업용으로 쓰임. 감저(甘藷).

고:구마-술**명** 고구마를 고아서 만든 소주.

고:구마-엿[-엳]**명** 고구마를 고아서 만든 엿. *고:구마엿이[-여시]·고:구마엿만[-연-]

고:구마-잎벌레[-입-]**명** 잎벌레과의 딱정벌레. 몸은 둥글고 길이 6 mm가량. 몸빛은 흑갈색. 고구마의 해충.

고:국(故國)**명** ①(남의 나라에 가 있는 사람의 처지에서) '자기 나라'를 이르는 말. 본국. 향국. ②역사가 오래된, 옛 나라. ③이미 망한 나라.

고:국-산천(故國山川)[-싼-]**명** 〔고국의 산과 내라는 뜻으로〕'고국'을 정겹게 이르는 말.

고군(孤軍)**명** 후원이 없는 고립된 군사.

고:군(故君)**명** ①죽은 군주. ②죽은 남편.

고:군(雇軍)**명** ➡삯꾼. ②용병(傭兵).

고군-분투(孤軍奮鬪)**명하자** ①수가 적고 후원이 없는 외로운 군대가, 힘에 겨운 적과 용감하게 싸움. ②적은 인원의 힘으로, 도움도 받지 않고 힘겨운 일을 그악스럽게 해냄.

고군-약졸(孤軍弱卒)[-냑쫄]**명** ①후원이 없고 고립된 약한 병사. ②'도움도 받을 수 없는 힘없고 약한 사람'을 비유하여 이르는 말.

고궁(古宮·故宮)**명** 옛 궁궐.

고궁(固窮)**명하자** 곤궁한 것을 본디의 분수로 여기어 잘 겪어 냄. 고궁-히**부**.

고궁(孤窮)**명** '고궁하다'의 어근.

고궁-독서(固窮讀書)[-써]**명하자** 가난함을 분수로 여기면서 글 읽기를 즐겨 함.

고궁-하다(孤窮-)**형여** 외롭고 곤궁하다. 고궁-히**부**.

고:귀(告歸)**명하자** 작별하고 돌아감.

고귀(高貴)'고귀하다'의 어근.

고귀-하다(高貴-)**형여** ①인품이나 지위가 높고 귀하다. ②값이 비싸다. ③훌륭하고 귀중하다. ¶고귀한 희생 정신. 고귀-히**부**.

고:규(古規)**명** 옛날의 법도나 규칙.

고규(孤閨)**명** (여자, 특히 젊은 과부가) 홀로 자는 방. 외로운 잠자리.

고극(苦劇)'고극하다'의 어근.

고극(高極)**명** 장기간에 걸쳐 나타난 기온이나 그 밖의 기상 요소의 최고치. ↔저극(低極).

고극-하다(苦劇-)[-그카-]**형여** 매우 심하다. 지독하다. 고극-히**부**.

고근(菰根)**명** 한방에서, '줄의 뿌리'를 약재로 이르는 말. 〔위장병·소갈(消渴) 등에 쓰임.〕

고근-약식(孤根弱植)[-냑씩]**명** 〔외로운 뿌리, 약한 식물이라는 뜻으로〕'친척이나 돌보아 주는 이가 없는 사람'을 비유하여 이르는 말.

고글(goggles)**명** 먼지나 강한 빛 따위로부터 눈을 보호하기 위하여 쓰는 안경. 주로, 오토바이나 스키를 타거나 등산을 할 때 씀.

고금**명** 한방에서, '말라리아'를 이르는 말.

고:금(古今)**명** 옛날과 지금을 아울러 이르는 말. 고왕금래(古往今來). 왕고내금(往古來今).

고금(孤衾)**명** 홀로 자는, 외로운 잠자리.

고:금-가곡(古今歌曲)**명** 조선 시대에, 송계연월옹(松桂煙月翁)이 편찬한 시조·가사집. 편찬 연대 미상. 〔가사 11편과 시조 294수가 실려 있음.〕

고:금-독보(古今獨步)[-뽀]**명** 〔고금을 통하여 홀로 나아간다는 뜻으로〕옛날부터 지금까지 따를 사람이 없을 만큼 뛰어남.

고:금-동서(古今東西)**명** 〔예와 이제, 동양과 서양의 뜻으로〕이제까지의 모든 시대와 모든 지역. ¶고금동서를 통하여 없었던 일이다.

고:금-동연(古今同然)**명** 예나 이제나 마찬가지임. 아무런 변동이나 변화가 없음.

고-금리(高金利)[-니]**명** 높은 금리(金利). 비싼 이자. 고리(高利).

고:금-상정예문(古今詳定禮文)[-녜-]**명** 고려 의종 때, 최윤의(崔允儀)가 고금의 예문(禮文)을 모아 편찬한 책. 〔오늘날에는 전하지 않으나 우리나라 최초의 활자본으로 추정됨.〕 ③상정예문(詳定禮文).

고:금-석림(古今釋林)[-성님]**명** 조선 정조 때, 이의봉(李義鳳)이 편찬한 사서(辭書). 〔약 1500종의 책에서 동방 여러 나라의 말 수만(數萬)을 뽑아 주석을 한, 모두 40권으로 된 사본(寫本).〕

고:금-주(古今注)**명** 중국 진(晉)나라 최표(崔豹)가 엮은 책. 〔여복(輿服)·도읍(都邑)·음악(音樂)·조수(鳥獸)·어충(魚蟲)·초목(草木)·잡주(雜注)·문답 석의(問答釋義)의 8편 3권으로 되어 있으며, 고조선(古朝鮮) 때의 '공무도하가(公無渡河歌)'에 대한 내용이 실려 있음.〕

고:금-천지(古今天地)**명** 옛날부터 지금까지의 온 세상.

고:급(告急)**명하자** 급함을 알림.

고급(高級)**명하형** ①신분·지위·수준 등이 높음. ¶고급 관리. /고급한 문화. ②품질이 뛰어나고 값이 비쌈. ¶고급 만년필. ↔저급.

고급(高給)**명** 많은 액수의 급료. 높은 봉급.

고급^개:념(高級概念)[-깨-]**명** ➡상위 개념. ↔하위 개념.

고급^상징(高級象徵)[-쌍-]**명** 작자의 높은 사상이나 깊은 정신 세계의 상징.

고급-스럽다(高級-)[-쓰-따][~스러우니·~스러워]**형ㅂ** 품질이 뛰어나고 값이 비싼 듯하다. ¶고급스러운 옷.

고급^언어(高級言語)**명** 컴퓨터에서, 사용자가 쉽게 이해하고 구사할 수 있는, 회화 언어에 가까운 프로그래밍 언어. 〔베이식·포트란·코볼 따위가 있음.〕

고:급-장:교(高級將校)[-짱-]**명** 군대의 영관급(領官級) 이상의 장교.

고기¹**명** ①(식품으로서의) 동물의 살. ¶고기 두 근. ②〈물고기〉의 준말.

고기는 씹어야 맛을 안다[속담] 겉으로 흥는 것처럼, 일을 건성 보아서는 그 참뜻을 모른다는 말.

고기는 씹어야 맛이요 말은 해야 맛이라[속담] 말도 할 일이면 시원히 해버려야 좋다는 말.

고기도 저 놀던 물이 좋다[속담] 낯익은 곳이 역시 좋다는 말.

고기 맛본 중[속담] 뒤늦게 쾌락을 맛본 사람이 제정신을 못 차리는 경우를 두고 하는 말.

고기 값을 하다[관용] 지니고 있는 힘이나 체격으로 제구실을 하다.

고기²**대** 고 곳. 고것 점. ¶고기에는 언제 갈거니?/고기에 대해서는 할 말이 없다. ⑥거기.

고기(古奇) '고기하다'의 어근.

고:기(古記)**명** 옛날 기록.

고:기(古氣)**명** 예스러운 기품(운치).

고:기(古基)**명** 오래된 터전. 옛터.

고:기(故基)**명** 예전에 자기가 살던 터.

고기-구이**명하타** 뒷일을 염려하고 꺼림.

고기-구이**명** (쇠고기·돼지고기 따위의) 고기를 구운 음식.

고기다**자타** ①고김살이 생기다. ②종이나 헝겊 따위를 비비어 잔금이 생기게 하다. ¶신문지를 고기다. **른**구기다. **센**꼬기다.

고기-닭[-닥]**명** (주로) 고기를 이용하려고 기르는 닭. 육계(肉鷄). * 고기닭이[-달기]·고기닭만[-당-]

고기-돼지**명** (주로) 고기를 이용하려고 기르는 돼지. 육돈(肉豚).

고기-반찬(-飯饌)**명** 고기로 만든 반찬.

고기-받이[-바지]**명** 장삿꾼이 고깃배에서 부리는 물고기를 두름으로 받는 일.

고기-밥**명** ①미끼. 고기낚시의 먹이.
고기밥(이) 되다**관용** 물에 빠져 죽다.

고기-붙이[-부치]**명** 먹을 수 있는 여러 가지 동물의 고기를 두루 이르는 말.

고기-서리목**명** 쇠고기 조각을 꼬챙이에 꿰고 양념을 발라 가며 구운 반찬.

고기-소[1]**명** 다진 고기에 두부·파 그 밖의 양념을 다져 섞어서 만든 소.

고기-소[2]**명** (주로) 고기를 이용하려고 기르는 소. 육우(肉牛). **참**비육우(肥肉牛).

고기-쌈**명** 얇게 저민 쇠고기와 넓게 썬 처념에 양념을 치고 주무른 것에 밥을 싸서 먹는 음식. 육포(肉包).

고-기압(高氣壓)**명** 주위의 기압보다 높은 기압. ↔저기압(低氣壓).

고기-육(-肉)**명** 한자 부수의 한 가지. '齒'·'膚' 등에서의 '肉'의 이름. **장**육달월.

고기작-거리다[-꺼-]**타** 자꾸 고기작고기작하다. 고기작대다. **른**구기적거리다. **센**꼬기작거리다.

고기작-고기작[-꼬-]**부하타** 고김살이 지게 자꾸 고기는 모양. **른**구기적구기적. **센**꼬기작꼬기작.

고기작-대다[-때-]**타** 고기작거리다.

고기-잡이**명** ①**하자**고기를 잡는 일. ②고기를 잡는 사람. ②어부(漁夫).

고기잡이-배**명** ▷어선.

고:기-하다(古奇-)**형여** 예스럽고 기이하다.

고김-살[-쌀]**명** 고겨져서 생긴 금. **른**구김살. **센**꼬김살.

고깃-간(-間)[-깐/-낀]**명** 쇠고기나 돼지고기를 파는 가게. 푸주. 푸줏간.

고깃-거리다[-낀-]**타** 자꾸 고깃고깃하다. 고깃대다. **른**구깃거리다. **센**꼬깃거리다.

고깃-고깃[-긴긴]**부**①**하타**고김살이 지게 자꾸 고기는 모양. ②**하형**고김살이 많이 져 있는 모양. **센**꼬깃꼬깃.

고깃-관(-館)**명** '고깃간'의 잘못.

고깃-국[-꾹/-낀꾹]**명** 고기를 넣어 끓인 국. 육탕(肉湯).

고깃-깃[-긴낀/-낀낀]**명** (잠을 고기가 그곳에 모여들도록) 물속에 넣어 두는 풀이나 나뭇가지 따위. * 고깃깃이[-긴끼시/-낀끼시]·고깃깃만[-긴낀-/-낀낀-]

고깃-대다[-낀때-]**타** 고깃거리다.

고깃-덩어리[-긴떵-/-낀떵-]**명** ①덩어리로 된 짐승의 고기. 육괴. ②'사람의 육체'를 속되게 이르는 말. 고깃덩이.

고깃-덩이[-긴떵-/-낀떵-]**명** 고깃덩어리.

고깃-배[-긴뻬/-낀뻬]**명** ▷어선.

고깃-점(-點)[-긴쩜/-낀쩜]**명** 고기의 작은 조각.

고:까**명** 꼬까. 때때.

고:까-신**명** 꼬까신. 때때신.

고:까-옷[-옫]**명** 꼬까옷. 때때옷. * 고:까옷이[-오시]·고:까옷만[-온-]

고까워-하다**타** 고깝게 여기다. ¶충고를 고까워하지 마라.

고-까지로**부** 겨우 고만한 정도로. ¶고까지로 할 바에는 그만두겠다. **른**그까지로.

고-까짓[-진]**관** 겨우 고만한 정도의. ¶고까짓 돈쯤이야 나도 낼 수 있다. **준**고깟. **른**그까짓.

고깔**명** 중이 쓰는 건(巾)의 한 가지. 베 조각으로 세모지게 접어 만듦.

고깔-모자(-帽子)**명** 고깔 모양으로 생긴 모자.

고깔-제비꽃[-꼳]**명** 제비꽃과의 다년초. 산에서 자라며 높이 10 cm가량. 봄에 붉은 자줏빛의 꽃이 핌. * 고깔제비꽃이[-꼬치]·고깔제비꽃만[-꼰-]

고깔-해파리**명** 고깔해파릿과의 해파리. 몸의 위쪽에 지름 10 cm가량 되는 두건 모양의 기포체가 달려 있어 물 위에 뜨고 아래쪽에는 관 모양의 줄기가 늘어짐. 난해(暖海)에서 삶.

고깝다[-따][고까우니·고까워]**형비** 섭섭하고 야속하다. ¶내 말을 고깝게 생각지 말게. 고까이**부**.

고-깟[-깓]**관** 〈고까짓〉의 준말. **른**그깟.

고꾸라-뜨리다**타** 고꾸라지게 하다. 고꾸라트리다. **센**꼬꾸라뜨리다.

고꾸라-지다**자** ①고부라져 쓰러지다. ②〈죽다〉의 속된 말. **센**꼬꾸라지다.

고꾸라-트리다**타** 고꾸라뜨리다. **센**꼬꾸라트리다.

-고나**어미** 〈옛〉-구나. ¶효회 거슬 모르눈듯호고나(翻朴上73).

고난(苦難)**명** 괴로움과 어려움. 고초(苦楚). ¶고난에 빠지다. /고난을 이겨 내다.

고-난도(高難度)**명** (피겨 스케이팅이나 체조 따위에서) 기술적으로 해내기가 매우 어려운 정도. ¶고난도의 기술. /고난도의 묘기.

고난-스럽다(苦難-)[-따][~스러우니·~스러워]**형비** 어지간히 고난이 많다. 고난스레**부**.

고내기**명** 자배기보다 운두가 높은 오지그릇의 한 가지.

고-냥**부**①고 모양 고대로. ¶고기에 고냥 두어라. ②고대로 줄곧. ¶아이는 아무 말 없이 고냥 있었다. **른**그냥.

고너리**명** 멸치과의 바닷물고기. 몸길이 20 cm가량. 정어리와 비슷하나 주둥이가 둥글지 않음. 기름이 많음.

고녀(高女)**명** 〈고등 여학교〉의 준말.

고녀(雇女)**명** 고용살이하는 여자.

고녀(鼓女)**명** 생식기가 완전하지 못한 여자.

고녀(瞽女)**명** 여자 소경. 눈이 먼 여자.

고녀(替女)**명** ▷남녀추니.

고-년**대** '그년'을 얕잡아, 또는 귀엽게 이르는 말. ¶고년 여간 독종이 아냐. /고년 참 예쁘게 생겼다.

고년(高年)**명** ▷고령(高齡).

고념(顧念)**명하타** ①보살펴 줌. 권념(眷念). ②남의 허물을 덮어 줌. 고시(顧視).

고-논[명] ①봇도랑에서 맨 먼저 물이 들어오는 물꼬가 있는 논. ②바닥이 깊고 물길이 좋아 기름진 논. 고래실.

고-놈[대] '그놈'을 얕잡아, 또는 귀엽게 이르는 말. ¶고놈 때문에 일이 엉망이 되었다.

고농(高農)¹[명] 고려 시대, 윷놀이의 한 가지.

고농(高農)²[명] 지난날, '고등 농림학교' 또는 '고등 농업학교'를 줄여서 이르던 말.

고농(雇農)[명] 고용살이하는 농민.

고뇌(苦惱)[-뇌/-눼][명][하타] 괴로워하고 번뇌함. 고환(苦患). ¶고뇌에 찬 표정. ⑪고민.

고누[명] 말밭을 그려 놓고 두 편으로 나뉘어 말을 많이 따거나 말길을 막는 것을 다투는 놀이의 한 가지.

고누-판(-板)[명] 고누의 말밭을 그린 판.

-고는¹[어미] 동사 어간이나 높임의 '-시-' 뒤에 붙어, 같은 동작을 자꾸 되풀이함을 뜻하는 연결 어미. ¶어렸을 때는 아버지와 일요일마다 공원에 가고는 하였다. 준-곤¹.

-고는²[어미] '-고'의 힘줌말. ¶책을 보고는 있지만 정신은 딴 데 있다. 준-곤².

고니[명] 오릿과의 물새. 날개 길이는 50~55 cm. 몸빛은 전체가 흰색이고 눈 밑으로는 노란색의 피부가 드러나 있다. 부리는 노란색이며 다리는 검은색임. 물속의 풀이나 곤충을 먹고 삶. 시베리아 동부에서 번식하며 겨울에 중국과 일본, 우리나라에 날아옴. 백조(白鳥). 천아(天鵝). 황곡(黃鵠).

고ː다[타] ①뭉그러지도록 푹 삶다. ¶고기를 고다. ②진액만 남도록 푹 끓이다. ¶엿을 고다. ③(술 따위를 얻기 위하여) 김을 내어 증류시키다.

고다리[명] 지겟다리 위에 내뻗친 가지.

고-다음[명] 고것에 뒤미쳐 오는 때나 자리. ¶고 다음 사람. 준고담. ㉪그다음.

고-다지[부] 고러하게까지. 고러하도록. ¶고다지도 철석같이 굴더냐. ㉪그다지.

고단(孤單)[명] '고단하다'의 어근.

고단(高段)[명] (유도·바둑·장기 등 단수가 있는 기예에서) 높은 단위(段位). [특히, 5단 이상을 이름.]

고-단수(高段數)[명] 수단이나 술수를 쓰는 재간의 정도가 높은 것, 또는 그런 사람.

고단-하다[형] (병이나 과로로) 몸이 나른하다. 피곤하다. 고단-히[부].

고단-하다(孤單-)[형] (집안이 번창하지 못하여) 외롭다. ¶처자식도 없는 고단한 처지.

고달¹[명] ①거만을 떠는 짓. ¶아들이 장관이 되었다고 고달이 대단하군. ②아직 말을 하지 못하는 어린아이가 몸을 내며 몸부림을 치는 짓.

고달²[명] ①칼·송곳 따위의 몸뚱이가 자루에 박힌 부분. ②대롱으로 된 물건의 부리. [물부리나 담뱃대 등의 대롱에 들어가는 부분과 같은 것.]

고-달이[명] 물건을 들거나 걸어 놓기 좋도록, 노끈 따위로 고리처럼 만들어 물건에 달아 놓은 것. ¶액자 고달이가 떨어지다.

고달프다[고달프니·고달파][형] 몸이나 처지가 몹시 고단하다. ¶고달픈 신세.

고달피[부] 고달프게. ¶고달피 살아온 지난날.

고-담[명] 〈고다음〉의 준말. ㉪그담.

고-담(古談)[명] 옛날이야기.

고담(枯淡)[명] '고담하다'의 어근.

고담(高談)[명] ①거리낌 없이 큰 소리로 말함. ②상대편을 높이어 그가 하는 '말'을 이르는 말. ¶선생의 고담을 경청하였습니다.

고담-방언(高談放言)[명][하자] 남을 꺼리거나 두려워하지 않고, 저 하고 싶은 대로 소리 높여 떠드는 말.

고담-준론(高談峻論)[-줄-][명][하자] ①고상하고 준엄한 언론. ②잘난 체하고 과장하여 떠벌리는 말.

고담-하다(枯淡-)[형] (글·그림·글씨·인품 따위가) 속되지 아니하고 아취가 있다. ¶세속에 물들지 아니한 고담한 인품.

고답(高踏)[명][하형] (지위나 명리를 바라지 않고) 속세에 초연함.

고답-적(高踏的)[-쩍][관][명] 실사회와 동떨어진 것을 고상한 것으로 여기는 태도를 가지거나, 그런 경향을 띠는 (것). ¶고답적 수단. /고답적인 자세에 거부감을 느끼다.

고답-주의(高踏主義)[-쭈의/-쭈이][명] 세상의 범속(凡俗)과 접촉을 피하려는 주의.

고답-파(高踏派)[명] 프랑스에서 비롯된 근대시의 한 유파. 1860년대, 낭만파 시에 대한 반동으로 생겨났으며, 형식을 중시함. 파르나시앙.

고ː당(高堂)[명] 남은 당(집).

고당(高堂)[명] ①아직 지은 좋은 집. ②남의 '부모'를 높여 일컫는 말. ¶고당의 건승을 기원합니다. ③상대편을 높이어 그의 '집'을 이르는 말. ¶고당의 만복을 비나이다.

고당-명기(高唐名妓)[명] 이름난 기생.

고대¹[명] 〈깃고대〉의 준말.

고대²[부] ①이제 막. 금방. ¶고대 왔다 갔다. ②바로 곧. ¶전화를 받고는 고대 나갔다.

고ː대(古代)[명] ①옛 시대. 고세(古世). ②역사의 시대 구분의 한 가지. 중세의 앞 시대. [국사에서는 통일 신라 시대까지가 이에 해당함.]

고대(苦待)[명][하타] 몹시 기다림.

고대(高大)[명][하형] 높고 큼.

고대(高臺)[명] 높이 쌓은 대.

고대-광실(高臺廣室)[명] 규모가 굉장히 크고 잘 지은 집.

고ː대^국가(古代國家)[-까][명] ①원시 공산 사회와 중세 봉건 사회의 중간에 해당하는 국가. ②역사상 첫 번째 출현한 중앙 집권적인 통일 국가.

고ː대^국어(古代國語)[명] (국어의 역사에서) 고려 건국 이전의 국어. 삼국 시대 및 통일 신라 시대의 국어. ㉮중세 국어·근대 국어.

고ː대-극(古代劇)[명] ①고대에 있었던 고전극. ②고대를 제재로 한 극.

고-대로[부] ①고것과 같이. 고 모양으로 변함없이. ¶책을 고대로 베끼다. /고대로 서 있어라. ㉪그대로.

고ː대^사회(古代社會)[-회/-훼][명] 원시 사회와 봉건 사회와의 중간 단계에 있는 사회.

고ː대^소ː설(古代小說)[명] 옛 시대에 쓰여진 소설. [국문학사상으로는 갑오개혁 이전까지의 소설을 이름.]

고덕(古德)[명] 덕행이 높은 옛 중. 옛 고승(高僧).

고덕(高德)[명][하형] 덕이 높음.

고데(こて[鏝] 일)[명] ①머리를 지져 다듬는 가위 모양의 기구. ②[하자] 고데를 사용하여 머리를 다듬는 일.

고도[명] '흰 접저고리'의 궁중말.

고ː도(古刀)[명] ①옛날에 만든 칼. ②헌 칼.

고ː도(古都)[명] 옛 도읍.

고ː도(古道)[명] ①옛날에 다니던 길. ②옛날의 도의(道義).

고도(孤島)[명] 외딴 섬.

고도(高度)명 ①높이의 정도. ¶비행 고도 3000 m. ②지평면에서 천체까지의 각거리(角距離). 천체에 대한 올려본각 또는 내려본각. ¶태양의 고도는 남중시에 가장 높다. ③하양수준이나 정도가 높거나 뛰어남, 또는 그런 정도. ¶고도의 기술.

고도(高跳)명하자 높이 뜀.

고도(高蹈)명하자 ①먼 곳으로 감. ②은거(隱居)함.

고도-계(高度計)[-계/-게]명 (항공기 등에서) 높낮이를 측정하는 계기.

고도리¹명 고등어의 새끼.

고도리²명 조선 시대에, 포도청에서 자리개미하는 일을 맡아 하던 사내종.

고도-병(高度病)[-뼝]명 ⇨고공병(高空病).

고도-성장(高度成長)명하자 발전의 규모나 속도가 높은 정도로 빨리 이루어짐.

고도^자본주의(高度資本主義)[-의/-이]명 중상주의 시대의 통제 보호 정책이 자유방임 정책으로 바뀌면서 생산력이 고도로 발달한 자본주의.

고도-화(高度化)명하자타되자 높은 정도로 되거나, 되게 함. ¶정보 통신 기술의 고도화.

고독(孤獨)명 외로움. 고독을 느끼다. ¶고독을 느끼다. ②어려서 부모를 여읜 아이와 자식 없는 늙은이.

고독(苦毒)명 □신고(辛苦).

고독(蠱毒)명 뱀·지네·두꺼비 따위의 독, 또는 그 독이 든 음식물을 먹고 생긴 병.

고독-감(孤獨感)[-깜]명 외로움을 느끼는 마음.

고독-경(孤獨境)[-꼉]명 외로운 경지.

고독-단신(孤獨單身)[-딴-]명 도와주는 사람이 없는 외로운 몸. 고종.

고독-지옥(孤獨地獄)[-찌-]명 지옥에 홀로 떨어짐과 같은 고독. 지독한 고독경.

고동명 ①일의 진행에 있어, 가장 요긴한 점이나 계기. ¶고동만 잘 잡으면 일은 순조롭게 진행된다. ②기계 따위를 움직여 활동시키는 장치. ③기적 따위의 소리. ¶고동 소리 아득히 멀어지는 배.

고동(을) 틀다관용 기계 따위를 움직이게 하는 장치를 돌리다. ¶수도 고동을 틀어 물을 받다.

고:동(古銅)명 낡은 구리쇠.

고동(鼓動)명 혈액 순환에 따라 심장이 뛰는 일. ¶심장의 고동.

고:동기(古銅器)명 구리쇠로 만든 옛날 그릇.

고-동맥(股動脈)명 □대퇴 동맥.

고동-색(古銅色)명 ①검누른 색. ②적갈색.

고동-치다(鼓動-)자 ①피의 급격한 순환으로 가슴이 뛰다(울리다). ②기쁨이나 희망이 가득 차 마음이 약동하다.

고-되다[-되-/-뒈-]형 하는 일이 힘에 겨워서 고단하다. ¶고된 훈련.

고두(叩頭)명하자 (경의를 나타내기 위해) 머리를 조아림. 고수(叩首).

고두리명 ①물건 끝의 뭉툭한 곳. ②〈고두리살〉의 준말. ③고두리살을 갖은 활.

고두리에 놀란 새속담 (고두리살에 맞은 새처럼) 놀랍고 두려워 어찌할 바를 모르고 떨고 있는 경우를 두고 이르는 말.

고두리-뼈명 넓적다리뼈의 머리뼈기.

고두리-살명 작은 새를 잡는 데 쓰는 화살. 준고두리.

고두-머리명 도리깨 머리에 가로질러, 도리깻열을 매는 짧은 나무.

고두-밥명 몹시 된 밥.

고두-사죄(叩頭謝罪)[-죄/-줴]명하자 머리를 조아려 사죄함. 고사(叩謝).

고두-쇠[-쇠/-쉐]명 ①작두나 협도 따위의 머리에 가로 끼우는 쇠. ②두 쪽으로 된 장식 위를 맞추어 끼우는 쇠. ③(명이 길기를 바라는 뜻으로) 어린아이의 주머니 끈에 다는, 은으로 만든 장식품.

고둥명 소라·우렁이 따위와 같이 생긴 복족강을 통틀어 이르는 말.

고드래명 〈고드랫돌〉의 준말.

고드래-뿡명 ①'일이 끝남'을 구어적으로 이르는 말. ¶진저리나던 일이 오늘에야 고드래뿡이다. ②술래잡기에서, 술래를 정할 때 세는 맨 끝말. ¶하날때, 두알때, 사마중, 날때, 육낭거지, 필때, 장군, 고드래뿡.

고드랫-돌[-래똘/-랫똘]명 발이나 돗자리 따위를 엮을 때, 날을 감아 매는 돌. 준고드래.

고드러-지다자 ①떡이 고드러져서 딱딱하다. 센꼬드러지다.

고드름명 물기가 위에서 아래로 흘러내리다가 땅에 떨어질 사이 없이 길게 얼어붙어 공중에 매달린 얼음. 빙주(氷柱).

고드름-똥명 고드름처럼 뾰족하게 눈 똥.

고드름똥 싸겠다[싸게 춥다]관용 고드름똥을 눌 만큼 방이 몹시 춥다.

고드름-장아찌명 '언행이 싱거운 사람'을 농조로 이르는 말.

고들개¹명 ①안장의 가슴걸이에 다는 방울. ②채찍의 열 끝에 굵은 매듭이나 추(錘)같이 달린 물건. ③말 굴레의 턱 밑으로 돌아가는, 방울이 달린 가죽.

고들개²명 소의 처녑에서, 너털너털하게 생긴 부분. 주로 회(膾)에 씀.

고들개-머리명 소의 처녑에서, 고들개가 두툼히 붙은 부분.

고들개-채찍명 고들개를 단 채찍.

고들개-철편(-鐵鞭)명 지난날, 포교(捕校)가 쓰던, 고들개가 달린 철편. 준철편(鐵鞭).

고들-고들명하자 ①밥알 따위가 속은 무른 채 겉이 오돌오돌하게 말라 있는 상태. ¶밥이 고들고들하다. 큰구들구들. 센꼬들꼬들.

고들-빼기명 국화과의 이년초. 씀바귀와 비슷한 풀이데 산이나 들에 절로 남. 줄기는 곧게 자라며 가지를 많이 치고, 씀바귀보다 잎이 좀 넓음. 어린순은 식용함. 고채(苦菜).

고듭-싸리명 싸리의 한 종류. 마디가 많고 잎이 자잘하며, 나무의 질이 단단하고 질김.

고등(孤燈)명 호젓한 곳에 외따로 켜 있는 등불.

고등(高等)명하자 (주로 명사 앞에 쓰이어) 등급이 높음. ¶고등 기술. /고등 지식. ↔하등(下等).

고등(高騰)명하자 물건 값이 뛰어오름.

고등^감각(高等感覺)명 여러 감각 중, 특히 '시각과 청각'을 이르는 말. 고등 감관(感官). ↔하등 감각.

고등^감관(高等感官)명 ⇨고등 감각.

고등^검찰청(高等檢察廳)명 고등 법원에 대응하여 설치한 검찰청. 준고검(高檢).

고등^고:시(高等考試)명 '사법 시험'·'행정 고등 고시'·'외무 고등 고시'·'기술 고등 고시'의 구용어. 준고시(高試).

고등^공민학교(高等公民學校)[-교]명 초등학교나 공민학교를 졸업하고 중학교에 진학하지 못한 사람에게 중학교 과정의 교육을 베푸는 학교. [수업 연한은 1~3년임.]

고등^교:육(高等敎育)**명** 정도가 높은 교육. 대학 이상의 교육. **참**보통 교육.

고등^군사^법원(高等軍事法院)**명** 군사 법원의 한 가지. 국방부 및 각군(各軍) 본부에 설치하며, 보통 군사 법원의 판결에 대한 항소·항고 사항을 심판함.

고등^동:물(高等動物)**명** 진화의 정도가 높은 동물. 일반적으로 무척추동물에 상대하여 척추동물을 이르는 말로, 대개 호흡기·소화기·순환기·생식기·신경·배설기 등 여러 기관이 분화되어 있음. ↔하등 동물.

고등-룸펜(高等Lumpen)**명** 지식층·부유층의 실직자. 고등유민.

고등^무:관(高等武官)**명** 일제 강점기에, 육·해·공군의 영관급(領官級) 이상의 군인.

고등^법원(高等法院)**명** 지방 법원의 위이고 대법원의 아래인 중급 법원. 지방 법원의 판결에 대한 항소·항고 사건을 다룸. 〔서울·부산·대전·대구·광주에 있음.〕 **준**고법(高法).

고등^보:통학교(高等普通學校) [-꾜]**명** 일제 강점기에, 한국인에게 중등 교육을 베풀던 4~5년제의 남자 중학교. **준**고보(高普).

고등^비행(高等飛行)**명** 특수한 기술로써 하는 비행. 〔급상승·급강하·경사 선회 따위.〕

고등^선원(高等船員)**명** 선장·항해사·기관장·기관사 등의 선박 직원.

고등^수:학(高等數學)**명** 고등 대수학·미적분·함수론·해석 기하학·추상 대수학 따위를 통틀어 이르는 말.

고등^식물(高等植物) [-씽-]**명** 뿌리·잎·줄기의 세부를 갖추어 체제가 복잡하게 발달한 식물. ↔하등 식물.

고등어명 고등엇과의 바닷물고기. 몸은 방추형(紡錘形)으로, 길이 40~50 cm임. 몸빛은 등 쪽이 녹색 바탕에 흑색의 물결 무늬가 있고, 배 쪽은 은백색임. 사할린·일본·중국·우리나라 근해에 분포함. 청어(鯖魚).

고등^여학교(高等女學校) [-녀-꾜]**명** 일제 강점기 때의 여자 중등 교육 기관. 〔지금의 여자 중·고등학교에 해당함.〕 **준**고녀(高女).

고등-유민(高等遊民) [-뉴-]**명** 고등 교육을 받고도 일자리가 없어서 놀며 지내는 사람.

고등^재:배(高等栽培)**명** 온실 등을 이용하여 품질이 좋고 값이 비싼 작물을 가꾸는 일.

고등^판무관(高等辦務官)**명** 피보호국·피점령국·종속국 등에 파견되어 특별한 외교 사무를 다루는 공무원. 〔외교 사절의 직무와 같은 일을 함.〕

고등-학교(高等學校) [-꾜]**명** 중학교 교육을 기초로 하여 중등 교육 및 실업 교육을 베푸는 학교. **준**고교.

고등-학생(高等學生) [-쌩]**명** 고등학교에 다니는 학생.

고디식ᄒ다(형) 〈옛〉 진실하다. ¶ 이제 고디식혼 갑술 네드려 니롤 써시니(翻老下10).

고딕(Gothic)**명** ①인쇄에서, 선이나 획의 굵기가 같고, 살을 굵게 만든 활자. 흑자체 활자(黑字體活字). ②→고딕체.

고딕²건:축(Gothic建築)**명** 12세기 중엽에 생긴 서양 건축 양식의 한 가지. 〔높은 첨탑(尖塔)으로 된 직선적 구성과, 창과 출입구의 위가 뾰족한 아치형으로 된 것이 특색임.〕

고딕-식(Gothic式)**명** 로마네스크에 이어 르네상스까지 프랑스를 중심으로 하여 유럽에서 유행하던 미술 양식. 고딕. **참**고딕 건축.

고딕-체(Gothic體)**명** 고딕으로 된 활자체(活字體).

고라명 〈고라말〉의 준말.

고라명 〈옛〉 소라. ¶ 고라 불고 바라 티고(朴解下42).

-고라어미 〈옛〉 -고자 하노라. -고 싶어라. ¶ 내 願을 일티 아니케 흐고라(月釋1:13).

고라니명 사슴과의 짐승. 노루와 비슷하나 암수 모두 뿔이 없고 덩은 거침. 등은 담황색, 배는 흰색, 앞다리는 적색임. 송곳 모양으로 길게 자란 견치로 나무뿌리를 캐어 먹음. 무성한 관목림에 살며 건조한 곳을 좋아함. 우리나라와 중국 동북부에 분포함. 마록(麀鹿).

고라리명 〈시골고라리〉의 준말.

고라-말명 등에 검은 털이 난, 누런 말. **준**고라.

-고라쟈어미 〈옛〉 -게 하고 싶구나. ¶ 뎌긔 섯는 뎌 소나모 길구믜 셜울엇디 겨근덧 드리혀 뎌 굴헝에 서ㄹ고라쟈(古時調).

고락명 ①낙지의 배. ②낙지 배 속의 검은 물, 또는 그 주머니. ②묵즙낭(墨汁囊).

고락(苦樂)**명** 괴로움과 즐거움. 감고(甘苦). ¶ 고락을 함께한 친구.

고락간-에(苦樂間-) [-까네]**부** 괴롭거나 즐겁거나 가릴 것 없이. ¶ 고락간에 참고 살자.

고란-초(皐蘭草)**명** 고란초과의 다년생 상록 양치식물. 그늘진 바위틈이나 낭떠러지에서 자람. 뿌리줄기는 가로 벋고, 잎은 홑잎이며 끝이 뾰족함. 홀씨주머니가 잎 뒤쪽에 두 줄로 벌여 있음.

고람(高覽)**명**하**어** 상대편을 높이어 그가 '보아 줌'을 이르는 말. ¶ 제 그림을 고람하여 주십시오.

고랑¹명 '뒷마루'의 궁중말.

고랑²명 ①〔받이나 논의〕 두둑과 두둑 한 두 땅 사이의 낮은 곳. **준**골5.
Ⅱ**의** 밭 따위를 세는 단위.

고랑³명 〈쇠고랑〉의 준말.

고랑-못자리 [-모짜-/-몯짜-]**명** 처음에는 물을 대다가 나중에는 고랑에만 물을 대어 모를 키우는 못자리.

고랑-배미 [-빼-] Ⅰ**명** 물길이나 고랑이 있는 논. Ⅱ**의** 밭고랑이나 논배미를 세는 단위. ¶ 보리밭 한 고랑배미를 매다.

고랑-창명 폭이 좁고 깊은 고랑. **준**골창.

고랑-틀명 〈차꼬〉의 속된 말.

고래¹명 ①고래류의 포유동물을 통틀어 이르는 말. 바다에 살며 물고기와 비슷한 모양임. 가끔 물 위에 떠서 폐호흡을 하며, 동물 중에서 가장 큼. ②'술을 많이 먹는 사람'을 비유하여 이르는 말.

고래 그물에 새우가 걸린다속담 큰 것을 목적하였는데 결국 얻은 것은 하찮은 것이었음을 뜻함.

고래 싸움에 새우 등 터진다속담 '세력 있거나 강한 자들의 싸움에 공연히 약한 자가 중간에 끼여 해를 입음'을 비유하여 이르는 말.

고래 등 같다관용 집이 크고 드높아 웅장하다.

고래²명 〈방고래〉의 준말.

고래³준 '고리하여' 또는 '고러하여'가 줄어든 말. ¶ 고래 가지고야 어찌 남을 따라가겠느냐? **큰**그래2.

고:래(古來)**명** 〈자고이래(自古以來)〉의 준말.

고래-고래부 화가 나서 큰 소리를 지르는 모양. ¶ 고래고래 아우성을 치다.

고래-답(-畓)**명** '고래실'의 잘못.

고래도㈜ '고리하여도' 또는 '고러하여도'가 줄어든 말. ¶아무리 고래도 편지 한 통 없니? ㈜그래도.

고:래-로(古來-)튀 예부터 지금까지(에). 恩자고이래로.

고래-상어團 고래상엇과의 바닷물고기. 몸길이 18 m가량, 몸무게 4500 kg으로 상어 가운데 가장 큼. 흑갈색 바탕에 흰 점이 있음.

고래서㈜ '고리하여서' 또는 '고러하여서'가 줄어든 말. ¶점잖은 사람이 고래서 되겠느냐? ㈜그래서.

고래-수염(-鬚髥)團 고래의 입 가장자리 양쪽에 빗살처럼 나란히 돋아 있는, 섬유성 각질판.

고래-실團 바닥이 깊숙하고 물길이 좋아 기름진 논. 고논.

고래-자리團 양(羊)자리와 물고기자리의 남쪽 춘분점 가까이에 있는 별자리. 경좌(鯨座). 廏미라성.

고래-작살[-쌀]團 던지거나 대포로 쏘아 고래를 잡는 작살.

고래-잡이[-자지]團 고래를 잡는 일. 포경(捕鯨).

고:래지풍(古來之風)團 예부터 전하여 내려오는 풍속.

고랫-당그래[-래땅-/-랟땅-]團 방고래의 재를 가르는 작은 고무래.

고랫-둥[-래뚱-/-랟뚱-]團 방고래의 두덩.

고랫-재[-래째-/-랟째-]團 방고래에 쌓여 있는 재.

고랭-증(痼冷症)[-쯩]團 장결핵·만성 장카타르 등을 통틀어 이르는 말.〔배 속에 뭉치가 있어 늘 배가 차고 아픈 증세.〕

고랭-지(高冷地)團 표고(標高)가 600 m 이상으로 높고 한랭한 지방.

고랭지^농업(高冷地農業)團 표고(標高)가 높은 고원(高原)이나 산지에서 하는 농업. 廏한랭지농업.

고량(考量)團하타 생각하여 헤아림.

고량(高粱)團⇨수수.

고량(膏粱)團〈고량진미(膏粱珍味)〉의 준말.

고량-목(-木)團 광석을 찧는 방아에 방앗공이가 서로 부딪치지 않도록 방앗공이 사이에 씌운 나무.

고량-미(高粱米)團⇨수수쌀.

고:량-밥團 옛죽 달력.

고량-자제(膏粱子弟)團 고량진미만 먹고 귀염을 받으며 자라서, 전혀 고생을 모르는 부귀한 집안의 젊은이.

고량-주(高粱酒)團 수수로 빚은 소주. 배갈.

고량-진미(膏粱珍味)團 기름진 고기와 곡식으로 만든 맛있는 음식. ㈜고량(膏粱).

고량-토(膏粱土)團⇨고령토(高嶺土).

고러고러-하다휑여 여럿이 모두 고러루하다. ㈜그러그러하다.

고러다째 '고리하다'가 줄어든 된 말. 고렇게 말하거나 행동하거나 생각하다. ¶대들지 마라. 고러다 나한테 맞는다. /자꾸 영화 보러 가자고 고러면 너랑 놀지 않겠다. ㈜그러다.

고러루-하다휑여 여럿이 모두 비슷비슷하다. ㈜그러루하다.

고러-하다휑여 고와 같다. ㈜고렇다. ㈜그러하다.

고렇다[-러타][고러니·고래]휑⑤ 상태·모양·성질 따위가 고와 같다. ¶고렇고 조렇고 간에. / 고 렇고고 고런 아이들만 모였다.

고려(考慮)團하타되째 생각하여 헤아림. ¶직업은 자기의 소질과 능력과 취향을 고려해서 선택해야 한다.

고려(苦慮)團하타되째 애써 생각함. 고심(苦心).

고려(高麗)團 상대편을 높이어, 그의 '생각함'을 이르는 말.

고려(高麗)團 우리나라 중세 왕조의 하나. 태봉의 장수 왕건(王建)이 개성(開城)에 도읍하여 세운 나라. 후백제를 멸하고 신라를 항복시켜 후삼국을 통일했으나 공양왕(恭讓王) 때 이성계(李成桂)에게 멸망함.〔918~1392〕

고려(顧慮)團하타되째 ①(이미 지난 일을) 다시 돌이켜 생각함. ②앞일을 잘 헤아림.

-고려(어미)(옛)-구려. ¶벗 지어 가고려(老解上7).

고려^가사(高麗歌詞)團⇨고려 가요.

고려^가요(高麗歌謠)團 고려 시대의 속요(俗謠). 구전(口傳)하여 오던 고려 평민의 노래.〔여러 절(節)로 나뉘고, 각 절마다 후렴이 붙는 것이 특징임. 한글이 제정된 후에 문자로 기록되어 전함.〕고려 속요(高麗俗謠). 고려 가사(高麗歌詞). ㈜여요(麗謠).

고려^대:장경(高麗大藏經)團 고려 시대에, 불교의 삼장(三藏)을 한역(漢譯)한 것. 경판이 합천 해인사에 보관되어 있는데, 모두 8만 1258판(板)임. 고려 장경. 팔만대장경.

고려-밤떡(高麗-)團 황밤가루와 쌀가루를 꿀에 반죽하여 찐 떡. 고려율병(高麗栗餠).

고려-사(高麗史)團 조선 세종 때, 정인지(鄭麟趾) 등이 편찬한 고려의 역사. 전 139권 100책.

고려-석(高麗石)團 괴석(怪石)의 한 가지. 좀먹은 것처럼 자디잔 구멍이 많음.

고려^속요(高麗俗謠)團⇨고려 가요.

고려-양(高麗樣)團 원(元)나라에서 유행되던 고려의 의복·음식·풍속 등을, 원나라에서 이르던 말.

고려-율병(高麗栗餠)團⇨고려밤떡.

고려-자기(高麗瓷器)團 고려 시대에 만든 자기.〔무늬와 빛깔 등이 다양한데, 그중 청자가 가장 유명함.〕

고려-장(高麗葬)團 ①하타고구려 때에, 늙어서 쇠약한 이를 산 채로 묘실(墓室)에 옮겨 두었다가, 죽은 뒤에 그곳에서 장사 지내던 풍습. ②〈고분〉의 속된 말.

고려^장경(高麗藏經)團⇨고려 대장경.

고:력(古曆)團 옛적 달력.

고력-자기(高力瓷器)[-짜-]團 유약을 입히지 않고 약간 구운 도기(陶器)에 합성수지를 스며들게 하여, 최고도의 열과 압력을 가해서 만든 경질(硬質)의 오지그릇.〔철관(鐵管)·연관(鉛管) 등에 대용함.〕

고련(苦楝)團⇨소태나무.

고련-근(苦楝根)團 한방에서, '소태나무의 뿌리'를 약재로 이르는 말.〔구충제·지혈제 등에 쓰임.〕

고련-실(苦楝實)團 한방에서, '소태나무의 열매'를 약재로 이르는 말.〔열성(熱性)의 병·방광병·산기 등에 쓰임.〕금령자(金鈴子).

고령(高嶺)團 높은 고개. ¶고령 준봉.

고령(高齡)團 나이가 많음. 많은 나이. 고년(高年). 고수(高壽). 퇴령(頹齡).

고령-가야(古寧伽倻)團 육가야(六伽倻)의 하나. 경상북도 상주(尙州)의 함창(咸昌) 부근에 자리했다는 고대 군장 국가(君長國家).

고령-자(高齡者)團 나이가 많은 사람.

고령-토(高嶺土)團 ①도자기를 만드는 데 쓰이는 흙. 카올린. ②장석(長石)이 분해되어 생긴 흙. 고량토(高粱土).

고령-화(高齡化)〔명〕(사회에서의) 노인의 인구 비율이 높은 상태로 나타난 것.

고령화 사회(高齡化社會)[-회/-훼] 총인구에서의 노인의 비율이 차차 높아져 가는 사회.

고:례(古例)〔명〕예로부터 내려오는 관례(慣例).

고:례(古隸)〔명〕〔한자 글씨체에서, 새로운 예서체(隸書體)인 팔분(八分)에 대하여〕보통의 예서를 이르는 말. ↔금례(今隸).

고:례(古禮)〔명〕옛날의 예절.

고로〔명〕(옛)능(綾). 비단의 한 가지. ¶고로 릉: 綾(訓蒙中30).

고:로(古老)〔명〕①많은 경험을 쌓아 옛일을 잘 아는 노인. ②그 지역에 오래 살아, 예부터의 그 지방 사정에 밝은 노인. ¶마을 고로의 말에 의하면, 옛날에는 여기에 연못이 있었다 한다. 고로(故老).

고로(孤老)〔명〕의지할 데 없는 외로운 늙은이.

고:로(故老)〔명〕①낡은 인습에 젖은 노인. ②☞고로(古老).

고로(高爐)〔명〕제철 공장에서 철광석을 제련하여 선철(銑鐵)을 만들어 내는, 지름 10~25m 크기의 원통형 용광로.

고-로(故-)〔부〕그러므로. ¶나는 생각한다. 고로 존재한다. ②〔의존 명사적 용법〕용언의 어미 '-ㄴ'·'-는' 뒤에 쓰이어, '때문에'·'까닭에'의 뜻. ¶눈이 어두운 고로 책을 읽을 수 없다.

고로롱-거리다〔자〕자꾸 고로롱고로롱하다. 고로 롱대다.

고로롱-고로롱〔부〕〔하자〕몸이 약하거나 늙어서 늘 골골하는 모양. ③고로롱고롱.

고로롱-대다〔자〕고로롱거리다.

고로롱-팔십(-八十)[-씹]〔명〕병으로 고로롱거리면서도 여든까지 삶을 이름. 〔곧, 예상보다 오래 산다는 뜻〕

고:로-상전(古老相傳)〔명〕〔하자〕늙은이들의 말에 의해 전함. ¶고로상전하여 오는 전설.

고로쇠-나무[-쇠-/-쉐-]〔명〕단풍나뭇과의 낙엽 활엽 교목. 산지의 숲 속에 나는데 높이는 20m 가량. 잎은 손바닥 모양으로 갈라지며 끝이 뾰족하고 마주남. 5월경에 담황색 꽃이 핌. 수액은 한방에서 위장병이나 폐병 등에 약으로 쓰임.

고로-여생(孤露餘生)〔명〕어려서 부모를 잃은 사람.

고로-재(高爐滓)〔명〕용광로에서 철광석을 철로 제련할 때에 생기는 광재(鑛滓).

고로케(←コロッケ 일)〔명〕'크로켓'으로 순화.

고로-표(故-標)〔명〕☞귀결부(歸結符).

고론(高論)〔명〕①정도나 내용이 높은 차원의 언론. ②상대편을 높이어 그의 '언론'을 이르는 말.

고롬〔명〕(옛)고름. ¶고롬: 膿水(訓蒙上30).

고롭다(苦-)〔형〕ㅂ〔옛〕괴롭다. 고생스럽다. ¶여 가지 고롭고 셜움을 받ᄂᆞ니라 흐ᄂᆞ니(小解 5:55).

고롱-고롱〔부〕〔하자〕〈고로롱고로롱〉의 준말.

고료(稿料)〔명〕〈원고료(原稿料)〉의 준말.

고루〔부〕더하고 덜하거나 많고 적음이 없이 고르게. ¶고루 나누다. /고루 부담하다.

고:루(古壘)〔명〕낡은 보루(堡壘).

고루(固陋)〔명〕'고루(固陋)하다'의 어근.

고루(孤陋)〔명〕'고루(孤陋)하다'의 어근.

고루(孤壘)〔명〕외따로 떨어져 있는 보루(堡壘).

고루(高樓)〔명〕높은 다락집. 높은 누각(樓閣).

고루(鼓樓)〔명〕절에서, 큰 북을 달아 놓은 다락집. 〔종루(鐘樓)와 마주 보고 있음.〕

고루-거각(高樓巨閣)〔명〕높고 큰 누각. 고각대루(高閣大樓).

고루-고루〔부〕여럿이 모두 고르게. ¶모든 과목에서 점수를 고루고루 잘 받았다. ③골고루.

고루-하다(固陋-)〔형〕어〕낡은 사상이나 풍습에 젖어 고집이 세고 변통성이 없다. ¶고루한 생각. 고루-히〔부〕.

고루-하다(孤陋-)〔형〕어〕세상과 동떨어져 자라거나 배우지 못하여, 보고 들은 것이 적고 마음이 좁다. 고루-히〔부〕.

고륜(苦輪)〔명〕불교에서, 생사(生死)에 대한 고뇌가 수레바퀴처럼 쉴 새 없이 굴러서 그침이 없음을 이르는 말.

고륜지해(苦輪之海)〔명〕불교에서, 고뇌가 끊임없이 돌고 있는 인간 세상을 이르는 말.

고르다[1][고르니·골라]〔타르〕여럿 중에서 가려내다. ¶돌을 고르다. /물건을 고르다.

고르다[2][고르니·골라]〔타르〕①울퉁불퉁한 것을 평평하게 하다. ¶길바닥을 고르다. ②(붓이나 악기 등이) 제 기능을 하도록 다듬거나 손질하다. ¶목소리를 고르다.

고르다[3][고르니·골라]〔형르〕①높고 낮거나 많고 적음이 한결같다. ¶생활 정도가 고르다. ②정상적이고 순조롭다. ¶엔진 소리가 고르다. /고르지 못한 날씨에 몸조심하여라.

고른-값[-깝]〔명〕평균값. * 고른값이[-값 씨]·고른값만[-갑-]

고른-쌀〔명〕돌이나 뉘 따위를 골라낸 쌀.

고름[1]〈옷고름〉의 준말.

고름[2]〔명〕곪은 곳에서 생기는 끈끈한 액체. 농(膿). 농액(膿液). 농즙(膿汁).

고름-소리[-리]〔명〕☞조음소(調音素).

고름-집[-찝]〔명〕곪아 고름이 생긴 곳.

고리[1]〔명〕①가늘고 긴 금속 따위를 굽혀서 동그랗게 만든 것. 〔문고리·귀고리 따위os.〕②'어떤 조직이나 현상을 서로 관련짓는 개개의 구성 부분이나 이음매'를 비유하여 이르는 말. ¶사건의 연결 고리.

고리[2]〔명〕①껍질을 벗겨 낸 고리버들의 가지. 고리나 키 따위를 만드는 데 쓰임. ②고리버들의 가지나 대오리 따위로 엮어서 만든 상자 같은 물건. 옷 등을 넣어 두는 데 쓰임. 고리 짝. 유기(柳器).

고리[3]〔명〕①〈소줏고리〉의 준말. ②〔의존 명사적 용법〕소주를 사발에 담은 것을 세는 단위. 한 고리는 소주 열 사발임. ¶소주 두 고리.

고리[4]〔부〕①〔'이다'의 어간이나 '-으리' 따위가 고려한 모양.(‘고리도’의 꼴로도 쓰임.)〕¶아니, 누가 고리도 못되게 구느냐?/고리하다가는 오늘 안에 못 끝낼걸. /고리되는 날에는 목숨을 부지하기 어려울 걸세. ③그리라.

고리[5]〔부〕그 곳으로. 고쪽으로. ¶고리 가시오. /고리 가면 시장이다. ③그리로.

고리(高利)〔명〕①비싼 이자. 법정 이자를 (法定利子)를 초과하는 높은 이자. ¶고리로 돈을 빌리다. ↔저리(低利). ②큰 이익.

고리-개〔명〕고리눈을 가진 개.

고리-눈〔명〕①눈동자의 둘레에 흰 테가 둘린 눈. ②동그랗게 생긴 눈. 환안(環眼).

고리눈-말〔명〕눈이 고리눈으로 된 말.

고리눈-이〔명〕고리눈을 가진 사람이나 짐승.

고리다〔형〕①깨끗하지 못한 발 따위에서 나는 고약한 냄새와 같다. ②마음씨나 하는 짓이 좀스럽고 다랍다. ¶일마다 미주알고주알 따지는 고린 성미.

고리-대(高利貸)囘〈고리대금〉의 준말.

고리-대금(高利貸金)囘①비싼 이자를 받는 돈놀이. ②이자가 비싼 돈. ㉣고리대.

고리대금-업(高利貸金業)囘 고리대금을 업으로 삼는 일.

고리대금업-자(高利貸金業者)[-짜]囘 고리대금업을 하는 사람.

고리대^자본(高利貸資本)囘 고리대금에 의하여 이득을 얻는 자본.

고리-마디囘 ⇨환절(環節).

고리-못[-몯]囘 대가리가 고리로 된 못. *고리못이[-모시]·고리못만[-몬-].

고리-받이[-바지]囘 기둥과 문설주 사이에 가로지른 나무. 〔문을 열어 젖힐 때 겉 문고리가 닿는 벽의 중턱.〕

고리-백장[-짱]囘①〈고리장이〉의 속된 말. ②'시기에 맞게 해야 할 것을 때가 지난 뒤까지 하고 있는 사람'을 조롱하여 이르는 말. 〔특히, 정월 보름을 지나서 연 날리는 사람을 이름.〕

고리-버들囘 버드나뭇과의 낙엽 관목. 냇가나 들의 축축한 땅에 자라 나는데, 가지의 껍질을 벗겨 버들고리나 키 따위를 만듦.

고리-삭다[-따]囘〔젊은이가〕마치 늙은이처럼 성미가 삭고 맥이 없다.

고리-잠(-簪)囘 부인들의 쪽찐 머리에 꽂는 뒤꽂이의 한 가지. 〔이쑤시개와 귀이개가 한데 달려 있음.〕

고리-장이囘 고리짝이나 키를 만들어 파는 것을 업으로 하는 사람. 유기장. 유기장이.

고리-점(-點)囘 세로쓰기 글에 찍는 마침표 '。'의 이름.

고리-짝囘①⇨고리2. ②(상자 모양으로 만든) 고리의 낱개.

고리-채(高利債)囘 고리로 얻은 빚. ↔저리채.

고리타분-하다囘囘①냄새가 고리고 타분하다. ②하는 짓이나 생각하는 것이 고리삭고 시원한 맛이 없이 하찮다. ¶젊은 사람의 생각이 왜 그리 고리타분하냐? ㉣고타분하다·골타분하다. ㉣구리타분하다.

고리탑탑-하다[-타파-]囘囘 매우 고리타분하다. ¶샌님처럼 고리탑탑한 사람. ㉣고탑탑하다·골탑탑하다. ㉣구리텁텁하다.

고린-내囘 고린 냄새.

고린도-서(←Korinthos書)囘 신약 성서 중의 한 편. 사도 바울이 고린도 지방의 신자들에게 보낸 목회 서간. 〔전서와 후서로 되어 있음.〕

고릴라(gorilla)囘 유인원과의 동물. 키는 2 m, 몸무게 250 kg가량으로 유인원 가운데서 가장 큼. 팔이 길고 다리는 짧음. 주로, 과실이나 나무뿌리 따위를 먹으며 30년가량 삶. 아프리카 적도 부근의 숲에 분포함. 대성성(大猩猩).

고립-보명(孤立-)囘①정直하지 못하여 늘 골골하는 사람. ②마음이 너그럽지 못하고 하는 짓이 푼푼하지 못한 사람.

고립(孤立)囘囘되자 ①홀로 외따로 떨어져 있음. ¶사회로부터 고립하여서는 살 수 없다. ②남과 어울리지 못하고 외톨이가 됨. ¶친구 사이에서 고립된다.

고립(雇立)囘囘타 남을 대신 보내어 공역(公役)을 치르게 함.

고립^경제(孤立經濟)[-경-]囘 국제간의 통상 무역이 없이 자급자족하는 경제. ↔사회 경제.

고립-꾼(雇立-)囘 남을 대신하여 공역(公役)을 치르는 사람.

고립-무원(孤立無援)[-림-]囘 고립되어 도움을 받을 데가 없음. ¶고립무원의 궁지에 빠지다.

고립-무의(孤立無依)[-림의/-림이]囘 고립되어 의지할 데가 없음.

고립-어(孤立語)囘 언어의 형태적 분류의 한 가지. 단어는 실질적 의미를 나타낼 뿐 어미 변화나 접사(接辭)가 없고, 문법적 기능은 주로 어순(語順)에 따라 나타내는 언어. 〔중국어·티베트 어·타이 어 등이 대표적임.〕

고립^의:무(孤立義務)囘 권리와 대립하지 않는 절대 의무. 곧, 병역·납세 등과 같은 의무. ↔대립 의무(對立義務).

고립-주의(孤立主義)[-쭈의/-쭈이]囘 다른 나라와 동맹 관계를 맺지 않고 자기 나라의 권리와 이익을 지키려는 주의. 〔먼로주의 등 미국의 전통적 외교 정책의 원칙이었음.〕

고립지세(孤立之勢)[-찌-]囘 고립되어 있는 형세.

고릿-적[-리쩍/-릳쩍]囘 옛날의 때. ¶왜 갑자기 고릿적 얘기는 꺼내니?

고르다(골아)囘囘 〔옛〕고르다3. ¶고를 균:均(類合下60). /情想이 고루 굳혀면(楞解8:74).

고마(雇馬)囘 조선 시대에, 지방 관아에서 백성으로부터 징발하여 쓰던 말.

고마(姑)囘 〔옛〕첩(妾). ¶고마 첩:妾(訓蒙上31).

고마리囘 여뀟과의 일년초. 각처의 물가나 개울가에 군생(群生)함. 줄기 높이 30~90 cm. 줄기에는 모서리가 나 있는데 작은 가시가 돋음. 가을에 가지 끝에 담홍색의 작은 꽃이 피고, 수과(瘦果)는 메밀과 비슷함. 줄기와 잎은 지혈제로 쓰임.

고마문령(瞽馬聞鈴)[-물-]囘 〔눈먼 망아지가 워낭 소리만 듣고 따라간다는 뜻으로〕'덮어놓고 남이 하는 대로 따라 함'을 이르는 말.

고:마워-하다囘囘 고맙게 여기다. ¶수재민들은 자원 봉사자들에게 무척 고마워했다.

고마-청(雇馬廳)囘 조선 말기에, 백성으로부터 징발한 말을 관리하던 관아.

고막囘 '꼬막'의 잘못.

고막(鼓膜)囘 청각 기관의 한 가지. 귓구멍 안쪽에 있는 갓 모양의 둥글고 얇은 막. 외이(外耳)와 중이(中耳)의 경계를 이루며, 공기의 진동에 따라 이 막이 울리어 소리를 내이(內耳) 쪽으로 전하여 듣게 함. 귀청.

고막(痼瘼)囘 ⇨고폐(痼弊).

고막-염(鼓膜炎)[-망념]囘 추위나 유행성 감기·약물 자극 등의 원인으로 일어나는 고막의 염증. 듣는 데는 큰 지장이 없으나 물집이 생기고 귀가 막힌 것 같은 느낌이 있음.

고-막이(-防)囘①화방(火防) 밑에 놓는 돌. ②囘囘마루 아래 터진 곳을 돌과 흙 따위로 쌓는 일, 또는 그렇게 쌓은 곳.

고-만1囘 '고마만'이 줄어서 된 말. ¶고만 일로 성을 내다니. ㉣그만1.

고-만2囘①고 정도까지만. ¶공부는 고만 하고 운동 좀 해라. ②고대로 곧. ¶시간이 없어 고만 가겠습니다. ③달리 어찌할 도리가 없이. ¶친구가 밀어서 고만 물에 빠지고 말았어요. ④자도 모르는 사이에. ¶너무 무서워서 고만 눈을 감고 말았다. ㉣그만2.

고만(高慢)囘囘하囘 건방짐.

고만고만-하다囘囘①서로 비슷비슷하다. ¶실력이 모두 고만고만하다. ②사실이나 내용이 고렇고 고렇다. ¶고만고만해서 늦었다. ㉣그만그만하다.

고만-두다[태] ①(하던 일을) 중도에서 그치다. ②(하려고 하던 일을) 안 하다. ㉰관두다. ㉰그만두다.

고만-이다[형] ①마지막이다. 그것뿐이다. ¶편지 한 장 보내더니 그것으로 고만이다. ②마음에 넉넉하다. ¶돈만 있으면 고만인 줄 아느냐? ③더할 나위 없이 좋거나 딱 알맞다. ¶맡머느릿감으로는 고만이다. ㉰그만이다.

고만-하다[형어] ①상태나 수량 따위의 정도가 그것만 하다. ②그 정도에 그치고 더 심하지 않다. ¶병이 고만하여 불행 중 다행이다. ㉰그만하다.

고-말고[조] 모음으로 끝난 체언에 붙어, 상대편의 물음에 대하여 긍정하는 뜻을 강조하여 나타내는 종결형 서술격 조사. ¶암, 부자고말고. ㉭이고말고.

-고말고[어미] 용언의 어간이나 높임의 '-시-'에 붙어, 상대편의 물음에 대하여 긍정하거나 자기의 의지를 강조하는 종결 어미. -다마다. ¶아, 좋고말고. /암, 꼭 하고말고. /암, 그렇고말고.

고맘-때[명] 꼭 고만큼 된 때. ¶작년 고맘때 비가 몹시 많이 내렸다. ㉰그맘때.

고:맙다[—따][고마우니·고마워][형ㅂ] 남의 은혜나 신세를 입어 마음이 느껍고 흐뭇하다. ¶고마워서 눈물을 흘리다.

고:매(故買)[명하타] 훔쳐낸 물건인 줄 알면서 사는 일. ¶장물(臟物) 고매.

고매(高邁) '고매하다'의 어근.

고매-하다(高邁)[형어] (품위·인격·학식 등이) 높고 뛰어나다. ¶고매한 인격.

고:면(故面)[명] ☞구면(舊面).

고면(顧眄)[명하타] 돌아다봄. 돌이켜 봄.

고명[명] 모양과 맛을 더하기 위하여 음식 위에 뿌리거나 덧놓는 것을 통틀어 이르는 말.

고:명(古名)[명] 옛날 이름.

고:명(告明)[명하자타] '고백'의 구용어.

고명(高名)[명] 상대편을 높이어 그의 '이름'을 이르는 말.

고명(高明)[①하형] 고상하고 현명함. ②[하형] 식견이 높고 사물에 밝음. ③(식견이 높고 사물에 밝은 사람이라는 뜻으로) 상대편을 높여 이르는 말.

고명(顧命)[명하타] (임금이 신하에게) 유언을 부탁함. 뒷일을 부탁함.

고명-대신(顧命大臣)[명] 고명을 받은 대신.

고명-딸[명] 아들이 많은 집의 외딸. (아들만 여럿 있는 집에 고명처럼 딸이 하나 섞여 있다는 데서 생긴 말.)

고명사의(顧名思義)[—의/—이][명하자] (어떤 일을 당하여) 명예를 더럽히는 일이 아닌지 돌이켜 보고, 의리에 어긋나는 일이 아닌지 생각함.

고명지신(顧命之臣)[명] 고명을 받은 신하.

고명-하다(高名-)[형어] 이름이나 평판이 높다. ¶고명한 학자.

고모(姑母)[명] 아버지의 누이.

고모도적[명] 〔옛〕좀도둑. 절도(竊盜). ¶고모도적:竊盜(同文下30. 漢淸7:59).

고모-부(姑母夫)[명] 고모의 남편. 고숙(姑叔). 인숙(姻叔).

고-모음(高母音)[명] 단모음의 한 갈래. 입을 조금 벌려 혀의 위치가 입천장에 가장 가까운 상태에서 발음되는 모음. 〔'ㅣ·ㅟ·ㅡ·ㅜ'가 이에 딸림.〕 폐모음(閉母音).

고:목(古木)[명] 오래 묵은 나무. 노수(老樹).

고목(枯木)[명] 말라죽은 나무.

고목-생화(枯木生花)[—쌩—][명] 〔고목에서 꽃이 핀다는 뜻으로〕'불우했던 사람이 뜻밖의 행운을 만나게 됨'을 비유하여 이르는 말.

고:묘(古墓)[명] 옛 무덤.

고:묘(古廟)[명] 옛 사당. 오래된 사당.

고:묘(告廟)[명하타] 나라나 왕실 또는 집안에 큰 일이나 변고가 있을 때, 이를 종묘나 사당에 아뢰는 일.

고묘(高妙) '고묘하다'의 어근.

고묘-하다(高妙-)[형어] 신묘(神妙)하리만큼 아주 교상하고 묘하다. 고묘-히[부].

고무(鼓舞)[명하타되자] 〔북을 쳐서 춤을 추게 한다는 뜻으로〕남을 격려하여 힘이 나게 함. ¶우레와 같은 박수로 선수들을 고무하다. /그의 말에 크게 고무되었다.

고무(←gomme 프)[명] ①고무나무에서 나오는 수액(樹液)으로 만든 물질. 탄력성이 강하며, 고무줄·타이어 등을 만듦. ②식물의 분비액에서 얻어지는 무정형(無定形)의 고분자 다당류. 〔아라비아고무 따위.〕 ③고무지우개.

고무-공[명] 고무로 만든 공.

고무-나무[명] 껍질에 칼자국을 내어 고무의 원료를 채취하는 열대 식물을 통틀어 이르는 말. 〔관상용으로도 널리 가꿈.〕

고무-다리[명] 고무로 만든 의족(義足).

고무-도장(—圖章)[명] 고무로 만든 도장.

고무-딸기[명] ☞복분자딸기.

고무-뜨기[명] 뜨개질의 기초 뜨기의 한 가지. 겉뜨기와 안뜨기를 한 단에서 번갈아 떠 나가 세로로 골이 지게 함. 신축성이 있어야 하는 옷단이나 주머니 단 등에 쓰임.

고무라기[명] 떡의 부스러기.

고무락-거리다[—꺼—][자] 자꾸 고무락고무락하다. 고무락대다. ¶발가락을 고무락거리다. ㉰구무럭거리다. ㉲꼬무락거리다.

고무락-고무락[—꼬—][부]하자타] 매우 느리게 조금씩 움직이는 모양. ㉰구무럭구무럭. ㉲꼬무락꼬무락.

고무락-대다[—때—][자] 고무락거리다.

고무래[명] 곡식을 그러모으거나 펴거나 또는 논밭의 흙을 고르거나 아궁이의 재를 긁어 내는 데 쓰는, 나무로 만든 기구. 'ㅜ'자 모양으로 되어 있음.

고무래-바탕[명] 고무래의 자루 끝에 끼우는 직사각형의 널빤지.

고무-보:트(—boat)[명] 속에 공기를 넣으면 물에 뜨도록 만든, 고무로 만든 작은 배.

고무-신[명] 고무로 만든 신.

고무-장갑(—掌匣)[명] 고무로 만든 장갑. 의료나 취사 또는 진일 등에 씀.

고무-적(鼓舞的)[관명] 힘을 내도록 격려하여 용기를 북돋우는 (것). ¶고무적 현상./고무적인 사건.

고무-종(—腫)[명] 제3기 매독에서 나타나는 증상으로 여러 장기(臟器)에 발생하는, 탄력성 있고 탄탄한 결정성(結晶性) 종양.

고무-줄[명] 고무로 만든 줄.

고무줄-놀이[—로리][명] 주로 여자 아이들이, 양쪽으로 잡은 고무줄을 노래에 맞추어 넘으며 하는 놀이.

고무-지우개[명] 연필 따위로 쓴 것을 지우는 데 쓰는 고무로 만든 지우개. 고무.

고무-창[명] 고무로 만든 구두의 창.

고무-총(—銃)[명] 고무줄로 만든 장난감 총.

고무-풀[명] 아라비아고무를 녹여서 만든 풀.

고무-풍선(-風船)**명** 탄력성이 강한 얇은 고무 주머니 속에 공기나 수소 가스를 넣어 부풀게 만든 장난감.

고무-호스(-hose)**명** 고무로 만든 호스. 또는, 강도를 높이기 위하여 고무 사이에 천 따위를 넣어서 만든 호스.

고-묵(古墨)**명** ①오래된 먹. ②옛날 먹.

고문(叩門)**명**[하자] 남을 방문하여 문을 두드림.

고:-문(古文)**명** ①옛 글. ↔현대문. ②고대 중국의 문자인 과두 문자. ③한문체(漢文體)의 한 가지. 진·한(秦漢) 이전의 실용적인 산문.

고문(拷問)**명**[하타] 피의자에게 여러 가지 신체적 고통을 주어 강제로 자백하게 하는 일. ¶ 전기 고문.

고문(高文)**명** ①격조(格調) 높은 문장. 알차고 고상한 글. ②상대편을 높이어 그의 '문장'을 이르는 말. ③일제 강점기 때의 '고등 문관 시험(高等文官試驗)'의 준말.

고문(高門)**명** 지체 높은 가문(家門). 이름 있는 집안. 좋은 가문.

고문(顧問)**명**[하타] ①의견을 물음. ②(어떤 분야에 전문적인 지식·경험 등을 가지고) 자문에 응하여 의견을 말하는 직책, 또는 그 직책에 있는 사람. ¶ 법률 고문. /고문 변호사.

고문-관(顧問官)**명** ①자문(諮問)에 응하여 의견을 말하는 직책을 가진 관직. ②[미 군정 때 파견 나온 미군 고문관들이 우리말을 못하고 어리숙하게 행동한 데서] 주로 군대에서, '어리숙한 사람'을 놀림조로 이르는 말.

고문-대책(古文大冊)**명** ①웅장한 문장. ②☞고문전책(高文大冊).

고:-문서(古文書)**명** 옛날의 문서.

고문-전책(高文大冊)**명** 임금의 명으로 지은 국가적인 귀중한 저술. 고문대책(高文大冊).

고문-치사(拷問致死)**명** 지나친 고문으로 사람을 죽게 함.

고:-문헌(古文獻)**명** 옛날의 문헌.

고물[1]**명** 배의 뒤쪽이 되는 부분. 꽁지부리. 선미(船尾). 선로(船尾).↔이물.

고물[2]**명** 인절미나 경단 따위의 겉에 묻히거나 시루떡의 켜와 켜 사이에 뿌리는 팥·콩·녹두·참깨 따위의 가루.

고물[3]**명** 우물마루의 귀틀 두 개 사이의 구역.

고:-물(古物·故物)**명** ①옛날 물건. ②낡고 헌 물건. ③'고물 자동차. ③'오래된 물건이나 사람'을 흘하게 이르는 말.

고물-거리다[자타] 자꾸 고물고물하다. 고물대다. 𝄐구물거리다. 𝄐꼬물거리다.

고물-고물[부][하자타] 몸을 좀스럽고 느리게 자꾸 움직이는 모양. 𝄐구물구물. 𝄐꼬물꼬물.

고물-대[-때]**명** 두대박이 배의 고물 쪽에 있는 돛대. ↔이물대.

고물-대다[자타] 고물거리다.

고:물-상(古物商)[-쌍]**명** ①고물을 사고파는 장사, 또는 그 장수. ②고물을 사고파는 가게.

고미명 반자의 한 가지. 고미받이를 걸어서 고미혀를 건너지르고, 그 위에 산자를 엮어 진흙을 두껍게 바른 것.

고미(를) 누르다[관용] 고미를 만들다.

고:미(古米)**명** '묵은쌀'로 순화.

고미(苦味)**명** 쓴맛. ←감미(甘味).

고미가-정책(高米價政策)[-까-]**명** 농촌 경제의 안정을 위하여 양곡의 수매 가격(收買價格)을 올리려는 정부의 정책.

고미-다락[명] 고미와 보꾹 사이의 빈 곳. 다락방.

고미-받이[-바지]**명** 고미를 만들기 위하여 천장 복판에 세로로 놓는 장여 같은 나무.

고미-장지(←-障子)**명** 고미다락의 맹장지.

고미-제(苦味劑)**명** 쓴맛이 나는 약제. 주로, 건위제(健胃劑)로 쓰임.

고미-집명 고미다락이 있는 집.

고미-혀명 고미받이와 월간보나 도리 사이에 걸쳐 놓는 평고대나 서까래.

고민(苦悶)**명**[하자타] 괴로워하고 속을 태움. ¶ 진학 문제로 고민이 많다. 𝄐고뇌.

고민-거리(苦悶-)[-꺼-]**명** 고민하게 하는 일. ¶ 친구는 무슨 고민거리가 있는지 얼굴이 어두워 보였다.

고민-스럽다(苦悶-)[-따][~스러우니·~스러워]**형**[ㅂ불] 고민하는 느낌이 있다. 고민이 되는 점이 있다. ¶ 진로 선택이 고민스럽다. **고민스레**부.

고밀도^집적^회로(高密度集積回路)[-또-찌뾔-/-또-찌꿰-]**명** 여러 개의 집적 회로를 한 장의 바탕에 모은 것. 엘에스아이(LSI).

고:물[옛] 고물(배의 꼬리 쪽). ¶ 빗고물 쵸:舳. 빗고물 특:軸(訓蒙中26).

고박(古朴·古樸) '고박하다'의 어근.

고:박-하다(古朴-·古樸-)[-바카-]**형여** 예스러운 맛이 있고 질박(質朴)하다. ¶ 고박한 질그릇. 고박-히부.

고:발(告發)**명**[하타][되자] ①세상에 알려지지 않은 잘못이나 비리 따위를 드러내어 알림. 발고. ②고소권자인 피해자 이외의 사람이, 수사 기관에 범죄 사실을 신고하여 수사 및 범인의 기소를 요구하는 일. ☞고소.

고:발^문학(告發文學)**명** 사회의 모순을 지적하는 데 주안(主眼)을 둔 문학.

고:발-인(告發人)**명** 범죄 사실을 고발한 사람.

고:발-장(告發狀)[-짱]**명** 범죄 사실을 고발하기 위하여 수사 기관에 제출하는 서류.

고:발-정신(告發精神)**명** 사회의 비리를 들추어 적극적으로 고발하려는 정신, 또는 그것을 널리 알리려는 태도로 문학을 실천하는 정신.

고:방(古方)**명** ①예부터 전하여 오는, 권위가 있는 약방문. ②옛날에 하던 방법.

고방(庫房)**명** 세간이나, 살림살이나 그 밖의 온갖 물건을 넣어 두는 방.

고배(苦杯)**명**[쓴 액체가 든 잔이란 뜻으로] '쓰라린 경험'을 비유하여 이르는 말.

고배를 들다[마시다]**관용** 쓰라린 경험을 하다. ¶ 낙선의 고배를 마시다.

고배(高排)**명** 과일·과자·떡 같은 음식을 그릇에 높이 올려서 굄.

고:백(告白)**명**[하자타] 마음속에 숨기고 있던 것을 털어놓음. ¶ 그녀에게 사랑한다고 고백했다.

고:백^문학(告白文學)[-뺑-]**명** 자기의 체험이나 마음속 같은 것을 숨김없이 털어놓는 문학.

고-백반(枯白礬)[-빤]**명** 불에 태워 결정수(結晶水)를 없앤 백반. 건조제로 씀.

고:백^성:사(告白聖事)[-썽-]**명** 가톨릭에서 이르는 칠성사의 하나. 세례 신자가 죄를 뉘우치고 고해하여 용서받는 일. 고해. 𝄐칠성사.

고:백-체(告白體)**명** 고백하는 형식의 문체.

고범(孤帆)**명** 외롭게 떠 있는 배. 고주(孤舟).

고:범(故犯)**명** 일부러 저지른 죄.

고법(古法)**명** 옛날의 법률 또는 법식.

고법(高法)**명** 〈고등 법원〉의 준말.

고벽(痼癖)**명** 아주 굳어져서 고치기 어려운 버릇. 인이 박힌 버릇.

고:변(告變)명하자타 ①변고(變故)를 알림. ②역모(逆謀)를 고발함.

고:별(告別)하자 서로 헤어지게 됨을 알림. ¶고별 기자 회견. /고별 잔치를 베풀다.

고:별-사(告別辭)[-싸]명 ①전근이나 퇴직 등으로 그 자리를 떠나는 사람의 인사말. ②죽은 사람의 영혼에 대하여 친척이나 친지 등이 영결(永訣)을 고하는 말.

고:별-식(告別式)명 ①전근(轉勤)이나 퇴직 등으로 작별을 고하는 의식. ②죽은 사람의 영혼에 대하여 친척이나 친지 등이 영결(永訣)을 고하는 의식. ②영결식.

고:병(古兵)명 ①경험과 무공(武功)이 많은 병사. ↔신병(新兵). ②경험이 많은 사람.

고병(雇兵)명 ☞용병(傭兵).

고보(高普)명〈고등 보통학교〉의 준말.

고복(皐復)명하자 (사람이 죽은 뒤에) 초혼(招魂)하고 발상(發喪)하는 의식.

고복(顧復)명하타 부모가 항시 자식에 대하여 걱정하며 마음을 쓰는 일.

고:본(古本)명 ①같은 책의 구판본. ②오래된 책. 옛 책.

고본(股本)명 공동으로 하는 사업에 각각 내던 밑천. ②고(股).

고본(稿本)명 초고(草稿) 또는 필사본(筆寫本).

고본-계(股本契)[-계/-게]명 여러 사람이 일정한 기간에 일정액을 나누어 내고, 그 돈으로 이자를 늘린 뒤 예정된 날짜에 나누어 갖는 저축계.

고본-금(股本金)명 밑천이 되는 돈.

고본-주(股本主)명 고본의 소유권을 가진 사람.

고봄명〈옛〉고금(학질). ¶나롤 隔호 고봄 ㄷ하니(楞解5:2). ☞고곰.

고봉(孤峰)명 외따로 떨어져 있는 산봉우리.

고봉(庫封)명하타되자 물건을 곳집에 넣고 문을 잠근 뒤에 남이 열지 못하도록 자물쇠 구멍에 종이를 붙여 도장을 찍는 일.

고봉(高峯)명 높은 산봉우리.

고봉(高捧)명 (그릇에 밥을 담거나 되질 따위를 할 때에) 전 위로 수북하게 담는 일.

고봉-밥(高捧-)[-빱]명 그릇에 수북이 담은 밥.

고봉-절정(高峯絶頂)[-쩡]명 높이 솟은 산봉우리의 맨 꼭대기.

고봉-준령(高峯峻嶺)[-줄-]명 높이 솟은 산봉우리와 험한 산마루.

고:부(告訃)명하타 사람의 죽음을 남에게 알림. 부고. 통부(通訃).

고부(姑婦)명 시어머니와 며느리. 고식(姑媳). 어이며느리.

고부-간(姑婦間)명 시어머니와 며느리 사이. ¶고부간의 갈등.

고:부-단사(告訃單使)명 지난날, 국상이 났을 때, 이를 알리기 위하여 중국에 보내던 사신.

고부라-들다[~드니·~들어]자 점점 안쪽으로 고붓하게 되다. ②구부러들다. ④꼬부라들다.

고부라-뜨리다타 '고부리다'의 힘줌말. 아주 고부라지게 하다. 고부라트리다. ②구부러뜨리다. ④꼬부라뜨리다.

고부라-지다자 한쪽으로 고붓하게 되다. ②구부러지다. ④꼬부라지다.

고부라-트리다타 고부라뜨리다. ②구부러트리다. ④꼬부라트리다.

고부랑-고부랑부형 여럿이 또는 여러 군데가 다 고부랑한 모양. ②구부렁구부렁. ④꼬부랑꼬부랑.

고부랑-이명 고부라진 물건. ②구부렁이. ④꼬부랑이.

고부랑-하다형어 한쪽으로 조금 고붓하다. ②구부렁하다. ④꼬부랑하다.

고부리다타 안쪽으로 고붓하게 굽히다. ②구부리다. ④꼬부리다.

고부스름-하다형어 조금 고부라진 듯하다. ②구부스름하다. ④꼬부스름하다. ⑩고부숨하다. 고부스름-히부.

고부숨-하다형어〈고부스름하다〉의 준말. ②구부숨하다. ④꼬부숨하다. 고부숨-히부.

고부장-고부장부형 여럿이 또는 여러 군데가 다 고부장한 모양. ②구부정구부정. ④꼬부장꼬부장.

고부장-하다형어 조금 휘움하게 고부라져 있다. ②구부정하다. ④꼬부장하다. 고부장-히부.

고-부조(高浮彫)명 입체의 조각처럼 썩 두껍게 도드라진 부조.

고부탕이명 피륙 따위의 필을 지을 때 꺾이어 겹쳐 넘어간 자리. ②고붙.

고:분(古墳)명 옛 무덤. ¶고분 발굴.

고분(鼓盆·叩盆)명 '아내를 여읨'을 이르는 말. 〔아내가 죽자, 물동이를 두드렸다는 '장자'의 고사에서 온 말.〕

고분-고분부형 ①시키는 대로 순순히 잘 듣는 모양. ¶아무 소리도 않고 고분고분 따라나섰다. ②말이나 태도가 공손하고 부드러운 모양. ¶말이 고분고분하다. 고분고분-히부.

고-분자(高分子)명 ☞거대 분자(巨大分子).

고분자°화:학(高分子化學)명 고분자 화합물을 연구 대상으로 하는 화학의 한 분야.

고분자°화:합물(高分子化合物)[-함-]명 분자량이 큰 화합물을 통틀어 이르는 말.〔녹말·단백질·합성수지 따위.〕 ↔저분자 화합물.

고분지탄(鼓盆之歎)명〔물동이를 두드리며 한탄한다는 뜻으로〕'아내를 여읜 한탄'을 이르는 말.

고분지통(鼓盆之痛)명〔물동이를 두드리며 서러워한다는 뜻으로〕'아내를 여읜 설움'을 이르는 말. 喪명상지통.

고:불(古佛)명 ①오래된 불상(佛像). ②나이 많고 덕이 높은 중, 곧 노장중을 높이어 일컫는 말. ③〈명사고불(名士古佛)〉의 준말.

고불-거리다자 요리조리 고부라지다. 고불대다. ②구불거리다. ④꼬불거리다.

고불-고불부하타 요리조리 고불거리거나 고부라져 있는 모양. ②구불구불. ④꼬불꼬불.

고불-대다자 고불거리다.

고:불-심(古佛心)[-씸]명〔오랜 부처의 마음이라는 뜻으로〕어린아이와 같이 아주 순진하고 참된 마음을 가진 사람의 도심(道心)을 이르는 말.

고불탕-고불탕부하형 여러 군데가 다 고불탕한 모양. ②구불텅구불텅. ④꼬불탕꼬불탕.

고불탕-하다형어 굽이가 나슨하게 고부라져 있다. ②구불텅하다. ④꼬불탕하다.

고불-통(-桶)명 흙으로 구워 만든 담배통.

고붓-고붓[-붇꼬붇]부하형 여러 군데가 다 고붓한 모양. ②구붓구붓. ④꼬붓꼬붓. 고붓고붓-이부.

고붓-하다[-붇-]형어 좀 곱은 듯하다. ②구붓하다. ④꼬붓하다. 고붓-이부.

고붙[-붇]명〈고부탕이〉의 준말. *고붙이[-부치]·고붙을[-부틀]·고붙만[-분-].

고붇-치다[-붇-]타 꺾인 자리가 나게 접다.

고블램(Gobelins 프)명 색실로 인물이나 풍경 따위를 나타낸 호화로운 장식용 직물(織物). 〔프랑스의 고블랭 공장에서 만드는데, 벽걸이 따위로 쓰임.〕

고비명 고빗과의 다년생 양치식물. 줄기 높이 1m가량. 산과 들에 절로 나는데, 보통의 잎 외에 포자엽(胞子葉)이 있음. 어린잎은 갈색 또는 담갈색의 솜털에 싸여 태엽 모양으로 감겨 있음. 어린잎과 줄기는 식용하고, 뿌리는 한약재로 쓰임.

고비명 편지 따위를 꽂아 두는 물건. 〔종이 따위로 만들어 벽에 붙임.〕

고비명 일이 되어 가는 데 있어서의 요긴한 기회, 또는 한창 막다른 때나 상황. ¶대한 때가 겨울 추위의 고비다. /죽을 고비를 여러 번 넘기다.

고비(叩扉)명하타 〔문을 두드린다는 뜻으로〕 남의 집을 '방문(訪問)함'을 이르는 말.

고:비(古碑)명 옛 비석.

고:비(考妣)명 돌아가신 아버지와 어머니.

고비(高批)명 상대편을 높이어 그의 '비평(批評)'을 이르는 말.

고비(高庇)명 상대편을 높이어 그의 '비호(庇護)'를 이르는 말.

고비(高卑)명 고귀함과 비천함.

고비(高飛)명자 높이 낢.

고비-고사리명 고사릿과의 다년생 양치식물. 줄기 높이 30cm가량. 깊은 산의 나무 그늘에 나는데, 우리나라와 일본 등지에 분포함.

고비-나물명 고비를 데쳐서 갖은 양념을 하여 볶은 나물. 미채(薇菜).

고비-늙다[-늑따]형 지나치게 늙다.

고비-원주(高飛遠走)명하자 (자취를 감추려고) 남몰래 멀리 달아남.

고비-판명 요긴한 고비 가운데서도 가장 아슬아슬한 때나 형세.

고빗-사위[-비싸-/-빗싸-]명 요긴한 고비 가운데서도 가장 아슬아슬한 순간.

고빙(雇聘)명하타되자 (학술이나 기술이 높은 이를) 예를 갖추어 모셔 옴.

고빔(雇聘)옛 골짜기. 멧잣기. ¶陵寢은 뷘 고비며 서리어시니(杜初6:25).

고뿔명 감기(感氣).

고삐명 소의 코뚜레나 말의 재갈에 매어, 몰거나 부릴 때 손에 잡고 끄는 줄.
  속담 **고삐 놓은**[풀린] **말**[망아지]관용 굴레 벗은 말. 줄굴레.
  속담 **고삐를 늦추다**관용 감독이나 감시의 정도를 느슨하게 늦추어 주다.

고롬명 옛 ('곱다'의 명사형) 고움. ¶내 겨지 비 고보미 사룸 中에도 짝 업스니(月釋7:11).

고비부 옛 고이. 곱게. ¶고비 너기면 당다이 제 모미 더러보며(月釋7:18).

고:사명 석간주(石間硃)에 먹을 섞어 만든 검붉은 색.

고:사(古史)명 옛날 역사.

고:사(古寺)명 오래된 절. 옛 절. 고찰(古刹).

고:사(古祠)명 옛 사당. 오래된 사당.

고:사(古楂)명 고목의 그루터기. 묵은 등걸.

고사(叩謝)명하자 고두사죄(叩頭謝罪).

고:사(考查)명 ①하타 자세히 생각하고 조사함. ②학교에서 학생의 학업 성적을 시험함, 또는 그 시험. ¶중간 고사.

고:사(告祀)명하자 (액운을 쫓고 행운을 맞게 해 달라고) 음식을 차려 놓고 신령에게 제사를 지냄, 또는 그 제사.

고:사(告詞·告辭)명 의식 때 글로 써서 읽어 축하하거나 훈유(訓諭)하는 말. 〔졸업식 때의 학교장 고사 따위.〕

고사(孤寺)명 (주민이 사는 마을에서 멀리 떨어져) 외딴 곳에 있는 절.

고사(固辭)명하타 굳이 사양함. ¶총선 출마 권유를 고사하다.

고사(枯死)명하자 나무나 풀이 말라 죽음.

고:사(故事)명 ①옛날의 일. 옛날에 있었던 일. ②옛날부터 전해 내려오는, 내력 있는 일, 또는 그것을 나타낸 어구(語句). ¶고사 성어.

고사(苦辭)명하타 간절히 사양함.

고:사(高士)명 ①고결한 선비. ②뜻이 높고 세속에 물들지 않은 사람. 고인(高人).

고사(庫舍)명 창고로 쓰는 집. 곳집.

고사(庫紗)명 감이 두껍고 깔깔하며 윤이 나는 사(紗)의 한 가지.

고사^기관총(高射機關銃)명 항공기를 쏘는 데 쓰이는 올려본각이 큰 기관총.

고:-사당(告祠堂)명하자 집안에 큰일이 있을 때 그 일을 사당에 고하는 일.

고사리명 고사릿과의 다년생 양치식물. 산이나 들의 양지바른 곳에 나는데, 줄기는 1m가량. 굵은 땅속줄기가 벋으면서 잎이 나오는데, 꼬불꼬불 말렸던 어린잎이 다 자라면 깃 모양의 겹잎이 됨. 어린잎은 삶아서 말렸다가 나물로 씀. 궐채(蕨菜).
  속담 **고사리 (같은) 손**관용 '어린아이의 여리고 포동포동한 손'을 비유하여 이르는 말.

고사리-삼명 고사리삼과의 다년생 양치식물. 산이나 나무 밑에 나는데, 보통 한 잎과 한 이삭이 함께 자람. 높이는 50cm가량. 황록색의 잎은 새의 깃 모양으로 갈라지며, 식용함.

고:사-반(告祀盤)명 걸립패(乞粒牌)에게 베풀어 주는 물건을 차려 놓은 소반.

고:-사본(古寫本)명 옛날의 필사본(筆寫本).

고사-새끼명 초가 지붕을 이을 때 미리 지붕 위에 매는 벌이줄.

고-사이명 (시간적으로) 어느 때로부터 다른 어느 때까지의 짧은 사이. ¶고사이를 못 참다니. /고사이 어디서 지냈니? 준고새. 참그사이.

고:사-장(考査場)명 시험을 보는 곳.

고사-지(-紙)명 굽도리를 바르는 종이.

고사-포(高射砲)명 항공기를 공격하는 데 쓰이는 올려본각이 큰 대공포(對空砲).

고사-하고(姑捨-)부 (주로 '-은'·'-기는' 뒤에 쓰이어) 그만두고. 더 말할 나위도 없고. ¶일 등은 고사하고 꼴찌나 면했으면.

고삭명 가구를 짤 때, 사개를 맞춘 구석을 더욱 튼튼하게 하려고 덧붙여 대는 나무.

고삭-부리[-뿌-]명 ①음식을 많이 먹지 못하는 사람'을 놀리어 이르는 말. ②늘 병치레를 하는 허약한 사람을 이르는 말.

고산(孤山)명 외따로 떨어져 있는 산.

고:산(故山)명 고향에 있는 산, 또는 고향.

고산(高山)명 높은 산.

고산-구곡가(高山九曲歌)[-까]명 조선 선조 11년에 이이(李珥)가 지은 10수의 연시조. 해주 수양산의 경치를 읊은 내용.

고산^기후(高山氣候)명 기후대의 한 가지. 표고가 높은 산악 지방의 기후로, 중위도 지방의 경우, 표고 2000m 이상의 산악 기후를 이름.

고산-대(高山帶)명 식물의 수직 분포(垂直分布)의 한 구역. 삼림 한계선(森林限界線) 이상의 지역으로, 고산 식물 등 한정된 식물만이 자람.

고산-병(高山病)[-뼝]圀 ☞산악병(山岳病).

고산=식물(高山植物)[-씽-]圀 고산대에 절로 자라는 식물. 낮은 기온과 강풍 등의 모진 환경 때문에 작은 다년초나 관목이 많음. 대체로 뿌리가 발달하고, 꽃은 또렷한 빛깔을 지님.

고산-유고(孤山遺稿)[-뉴-]圀 고산(孤山) 윤선도(尹善道)의 문집. 모두 6권으로 되어 있음.

고산-유수(高山流水)[-뉴-]圀 ①높은 산과 그곳에 흐르는 물. [맑은 자연을 형용하는 말.] ②[‘열자(列子)’에 나오는 고사(故事)에서] ㉠아주 미묘한 음악, 특히 거문고 소리를 비유하여 이르는 말. ㉡‘지기(知己)’를 비유하여 이르는 말.

고:살(故殺)圀하 고의로 사람을 죽임.

고살래(高-)圀 배의 품종의 한 가지. 모양이 기름하고 꼭지 부분이 뾰족함.

고삼(苦蔘)圀 한방에서, ‘말린 쓴너삼의 뿌리’를 약재로 이르는 말. 맛이 쓰고 성질이 찬데, 건위제·구충제 따위로 쓰임.

고삼-자(苦蔘子)圀 쓴너삼의 씨.

고삿[-삳]圀 지붕을 일 때에 쓰는 새끼. 蔘겉고삿·속고삿. *고삿이[-사시]·고삿만[-산-]

고:삿-고기(告祀-)[-사꼬-/-삳꼬-]圀 ‘여러 사람이 저지른 허물을 혼자 뒤집어쓰고 희생되는 억울한 사람’을 이르는 말.

고상(固相)圀 [물질이] 고체로 된 상태. 蔘기상(氣相)²·액상(液相).

고:상(故上)圀 죽은 귀족의 부인.

고상(苦狀)圀 고생스러운 형편.

고상(苦像)圀 <십자고상(十字苦像)>의 준말.

고상(高尙)圀 ‘고상하다’의 어근.

고상(高翔)圀하 높이 날아오름.

고상(翺翔)圀하 ①새가 하늘 높이 날아다님. ②‘하는 일 없이 놀며 돌아다님’을 비유하여 이르는 말.

고상-고상 튀하 잠이 오지 않아 누운 채로 이 생각 저 생각을 하며 애태우는 모양.

고상-하다(高尙-)혬 (인품이나 학문·취미·몸가짐 따위가) 정도가 높으며 품위가 있다. ¶고상한 인격. 고상-히튀.

고샅[-삳]圀 ①마을의 좁은 골목. 고샅길. ②좁은 골짜기 사이. *고샅이[-사치]·고샅을[-사틀]·고샅만[-산-]

고샅-고샅[-삳고삳]튀 고샅마다. 구석구석마다.

고샅-길[-삳낄]圀 ☞고샅.

고-새圀 <고사이>의 준말. ¶고새를 못 참아서 나와. /고새 가 버렸니?

고:색(古色)圀 ①[오랜 세월이 지나서] 낡은 빛깔. ②고풍스러운 정치(情致).

고색(枯色)圀 마른풀이나 나뭇잎의 빛깔.

고색(苦色)圀 싫어하는 눈치. 달갑게 여기지 않는 눈치.

고:색-창연(古色蒼然)圀혬 (퍽 오래되어) 예스러운 정치(情致)가 그윽함. ¶고색창연한 성벽. /고색창연한 산사(山寺).

고생(苦生)圀하되자 신혬 ①[가난이나 불행 따위로] 괴롭고 힘든 일을 겪음. ¶고생을 모르고 자라다. ②어렵고 힘드는 생활을 함, 또는 그런 생활. ¶객지에서 고생해 봐야 집이 좋은 줄을 안다. 고생스레튀.

고생 끝에 낙이 온다(있다)[관용] 괴롭고 힘드는 일을 겪은 뒤에는 반드시 즐겁고 좋은 일이 생긴다는 말.

고생-길(苦生-)[-낄]圀 고생스러운 생활. ¶고생길이 훤하다.

고:생-대(古生代)圀 지질 시대의 구분의 한 가지. 원생대(原生代)와 중생대(中生代) 사이의 시대로, 약 5억 7000만 년 전부터 2억 4000만 년 전까지임. 원생대에 나타난 생물이 급속히 번성하였으며, 육상 식물이 나타났음.

고생-문(苦生門)圀 ①고생을 당할 운명. ②고생의 시작. ¶고생문이 훤하다. /고생문이 열리다.

고:생-물(古生物)圀 화석으로 짐작할 수 있는 지질 시대의 생물. [공룡·매머드 따위].

고:생물-학(古生物學)圀 고생물을 연구 대상으로 하는 학문. 화석을 통하여 고생물의 구조·분포·계통·진화 등을 연구함.

고생-살이(苦生-)圀하자 고생스럽게 겨우 꾸려 가는 살림살이.

고생-주머니(苦生-)[-쭈-]圀 ‘늘 고생만 하는 사람이나 고생스러운 일이 많은 사람’을 속되게 이르는 말. ¶고생주머니를 차다.

고생-티(苦生-)圀 얼굴이나 몸에 배어 있는, 고생한 흔적.

고:서(古書)圀 ①옛 책. 고서적. ②헌 책.

고서(高書)圀 상대편을 높이어 그의 편지나 저서(著書)를 이르는 말.

-고서어미 동사 어간이나 높임의 ‘-시’에 붙어, 두 가지 이상의 동작이 차례로 이어질 때, 한 동작을 끝내고 다른 동작으로 이어 가는 뜻을 나타내는 연결 어미. ¶밥이나 먹고서 구경합시다. /하던 일을 다 마치고서 놀든지 해라.

고:-서적(古書籍)圀 ☞고서(古書).

고:-서화(古書畫)圀 옛날의 글씨와 그림.

고:석(古石)圀 ①이끼가 덮인 오래된 돌덩이. ②괴석(怪石).

고:석(古昔)圀 오랜 옛날. 옛적.

고석(鼓石)圀 ☞북석.

고석(蠱石)圀 ☞속돌.

고선(考選)圀하되자 고사(考查)하여 뽑음. 골라 뽑음.

고설(古說)圀 ①‘옛이야기’로 순화. ②옛적의 학설.

고설(高說)圀 ①훌륭한 의견이나 학설. ②상대편을 높이어 그의 ‘의견·학설’을 이르는 말.

고:성(古城)圀 옛 성.

고:성(古聖)圀 옛 성인.

고성(固性)圀 ☞강성(剛性).

고성(孤城)圀 ①외딴 곳에 떨어져 있는 성. ②적군에 포위되어 고립된 성.

고성(高聲)圀 높은 목소리. 큰 소리. ¶고성이 오가다. ↔저성(低聲).

고성(鼓聲)圀 북소리.

고성-기(高聲器)圀 ☞확성기(擴聲器).

고성-낙일(孤城落日)圀 [적군 속에 고립된 성과 서산으로 지는 해라는 뜻으로] ‘세력이 다하여 의지가지없이 된 외로운 처지’를 비유하여 이르는 말.

고-성능(高性能)圀 성능이 높음. 높은 성능. ¶고성능 폭약. /고성능 기계.

고성-대규(高聲大叫)圀하자 목청을 높여 크게 부르짖음. 고성대호.

고성-대독(高聲大讀)圀하 목청을 높여 큰 소리로 글을 읽음.

고성-대질(高聲大叱)圀하 목청을 높여 큰 소리로 꾸짖음.

고성-대호(高聲大呼)圀하 ☞고성대규.

고성-방가(高聲放歌)圀 거리에서 큰 소리를 지르거나 노래를 부르는 짓.

고:-성소(古聖所)圀 ☞림보.

고성-준론(高聲峻論)[-줄-]명[허자] 목청을 높여 날카롭게 따져 논함.

고섶[-섭]명 물건을 넣어 두는 곳이나 그릇 같은 것이 놓인 곳의 가장 앞쪽, 곧 손쉽게 찾을 수 있는 곳. ¶바로 고섶에 두고도 못 찾는다. *고섶이[-서피]·고섶만[-섬-]

고:세(古世)명 ☞고대(古代).

고세(庫稅)명 창고를 빌려 쓴 대가로 내는 돈.

고:소(古巢)명 ☞구소(舊巢).

고:소(告訴)명[하다][되자] 범죄의 피해자나 법정 대리인이 수사 기관에 범죄 사실을 신고하여 수사 및 범인의 소추(訴追)를 요구함.

고소(苦笑)명[하자] 쓴웃음. ¶고소를 금치 못하다.

고소(高所)명 높은 곳. 고처(高處).

고소^공:포즘(高所恐怖症)[-쯩]명 강박 신경증(强迫神經症)의 한 가지. 높은 곳에 오르면, 자기가 뛰어내리거나 떨어지는 것이 아닌가 하고 무서워하는 증세.

고:소권-자(告訴權者)[-꿘-]명 고소할 수 있는 권리를 가진 사람. 범죄의 피해자나 그의 법정 대리인을 이름.

고-소득(高所得)명 높은 소득. 벌이가 많음. ↔저소득(低所得).

고소원(固所願)명 본디 바라는 바.

고소원이나 불감청(不敢請)이라[관용] 본디부터 바라는 바이나, 감히 청하지는 못하는 터이라. 불감청이언정 고소원이라. [참]불감청.

고:소-인(告訴人)명 고소를 한 사람, 또는 그의 법정 대리인.

고:소-장(告訴狀)[-짱]명 고소인이 고소의 내용을 적어서 수사 기관에 제출하는 서류.

고소-하다[형](여) ①볶은 참깨나 땅콩 따위의 맛이나 냄새와 같다. ¶고소한 참기름. ②(미운 사람이 잘못되거나 할 때) 기분이 좋고 흐뭇하다. 속이 시원하고 재미있다.

고:속(古俗)명 옛 풍속.

고속(高速)명 〈고속도(高速度)〉의 준말. ¶고속 버스. ↔저속(低速).

고-속도(高速度)[-또]명 아주 빠른 속도. [준]고속(高速). ↔저속도(低速度).

고속도-강(高速度鋼)[-또-]명 금속을 고속도로 자르거나 깎거나 하는 공구의 재료로 쓰이는 특수강. [철에 텅스텐·코발트·크롬·몰리브덴 등을 함유하며, 보통의 강철보다 내열성이 강함.]

고속-도로(高速道路)[-또-]명 고속으로 달릴 수 있도록 만든 자동차 전용 도로.

고속도^영화(高速度映畫)[-또-]명 고속도로 촬영한 영화. [이 영화를 보통 속도로 상영하면 빠른 동작이나 운동도 느리게 보여 분석적으로 볼 수 있음.]

고속도^촬영(高速度撮影)[-또-]명 영화에서, 카메라의 회전 속도보다 몇 배에서 몇천 배 정도 빨리 회전시켜서 찍는 일.

고속-버스(高速bus)[-빠-]명 고속도로를 이용하여 빠른 속도로 운행하는 버스.

고:-속요(古俗謠)명 옛날의 속요.

고속-정(高速艇)[-쩡]명 작고 속력이 매우 빠른 배.

고속^철도(高速鐵道)[-또]명 전용 노선을 이용하여, 시속 200 km 이상으로 달리는 철도.

고손(高孫)명 ☞현손(玄孫).

고:송(膏松)명 약으로 제독(除毒)하여 다시 전염할 염려가 없는 매독(梅毒).

고:송(古松)명 오래 묵은 소나무. 노송(老松).

고송(孤松)명 외따로 서 있는 소나무.

고송(枯松)명 말라 죽은 소나무.

고수(叩首)명[하자] 머리를 조아림. 고두(叩頭).

고수(固守)명[하다][되자] 굳게 지킴. 단단히 지킴. 견수(堅守). ¶강경한 태도를 고수하다. [비]묵수.

고수(高手)명 수가 높음, 또는 그 사람. 상수(上手). ¶무예(武藝)의 고수.

고수(高壽)명 ☞고령(高齡).

고수(鼓手)명 북을 치는 사람.

고수-공사(高水工事)명 홍수를 막기 위한 하천(河川)의 제방 공사(堤防工事).

고수레[명][하자] 흰떡 따위를 만들기 위하여 반죽할 때, 쌀가루에 끓는 물을 뿌려 섞어서 물기가 고루 퍼지게 하는 일.

고수레[2][Ⅰ]감 들에서 음식을 먹을 때나 무당이 굿을 할 때, 귀신에게 먼저 바친다고 하여 음식을 조금 떼어 던지는 일. [Ⅱ]명 고수레를 할 때 외치는 소리.

고수레-떡[명] 고수레한 멥쌀가루를 시루에 안쳐 찐 떡. [메로 쳐서 흰떡을 만듦.] 섬떡.

고수련[명][하자] 병구완을 함, 또는 병후(病後)의 조리를 도와줌.

고-수로(高水路)명 큰물이 질 때에만 물이 흐르는, 높은 하천 바닥.

고수-머리[명] 곱슬곱슬 꼬부라진 머리, 또는 그런 머리를 가진 사람. 곱슬머리.

고수-부지(高水敷地)명 '둔치'로 순화.

고-수위(高水位)명 홍수 따위로 말미암아 높아진 하천의 수위.

고수-증(高水症)[-쯩]명 한방에서, 아랫배로부터 차차 위로 부어오르는 부종(浮腫)을 이르는 말.

고숙(姑叔)명 고모부.

고스란-하다[형](여) 축나거나 변하거나 하지 않고 그대로 온전하다. 고스란-히[부] ¶돈을 고스란히 저축하다. /옛모습을 고스란히 간직하고 있다.

고스러-지다[자] (거둘 때가 지난 벼·보리 등의) 이삭이 꼬부라져 앙상하게 되다.

고:-스톱(go+stop)명 화투 놀이의 한 가지. 주로, 세 사람이 어울려 하는데 일정한 점수를 얻은 사람에 의해 놀이의 계속 여부가 결정됨.

고슬-고슬[부][하자] (밥이) 질지도 되지도 않고 알맞게 된 모양. ☞구슬구슬.

고슴도치[명] 고슴도칫과의 짐승. 몸길이 20~30 cm. 짧고 뭉툭한 몸집인데, 얼굴과 배·꼬리·네 다리 이외는 짧고 굵은 가시로 덮여 있음. 몸빛은 암갈색이며 주둥이가 길고 꼬리는 짧음. 밤에만 활동하며 주로 곤충·지렁이·나무 열매 따위를 먹음.

고슴도치도 제 새끼가 함함하다면 좋아한다[속담] '칭찬 받을 만한 일이 못 되더라도 칭찬해 주면 기뻐함'을 이르는 말.

고슴도치도 제 새끼는 함함하다고 한다[속담] 누구나 제 자식은 귀여워한다는 뜻.

고슴도치 외 따 지듯[속담] '여기저기에서 빚을 많이 짊어짐'을 이르는 말. 고슴도치 외 걸머지듯.

고슴도치 외 걸머지듯[속담] ☞고슴도치 외 따 지듯.

고:습(故習)명 옛날부터의 습관. 오랜 습관.

고습(高濕)명[하자] 습도가 높음. 축축한 기운이 많음.

고승(高僧)명 ①학덕이 높은 중. ②지위가 높은 중.

고:시(古時)명 옛날. 옛적.

고:시(古詩)명 ①옛날의 시. ②〈고체시(古體詩)〉의 준말.

고:시(考試)**명** ①(공무원 따위의) 지원자의 학력이나 자격을 검사하여 그 합격 여부를 판정하는 시험. ②**하타**지난날, 과거(科擧)에서 성적을 끊아 등수를 매기던 일.

고:시(告示)**명타되자** 일반에게 널리 알림. 특히, 국가 기관 따위에서 어떤 일을 일반에게 널리 알리는 일. ¶행정 안전부 고시.

고시(高試)**명** 〈고등 고시(高等考試)〉의 준말.

고시(顧視)**명하타** ①돌아봄. ②⇨고념(顧念).

고:시-가(告示價)[-까]**명** ⇨고시 가격.

고:시^가격(告示價格)[-까-]**명** 정부에서 지정한 가격. 고시가.

-고시라어미〈옛〉-시라. -시오. ¶허고시라 밀오시라 鄭少年하(樂詞.翰林別曲).

고시랑-거리다자 자꾸 고시랑고시랑하다. 고시랑대다. **큰**구시렁거리다.

고시랑-고시랑부동 군소리를 좀스럽게 자꾸 늘어놓는 모양. **큰**구시렁구시렁.

고시랑-대다자 고시랑거리다.

고:-시조(古時調)**명** 옛시조. 〔국문학사상으로는 갑오개혁(甲午改革) 이전까지의 시조를 이름.〕

고:식(古式)**명** 옛날의 법식 또는 형식.

고식(姑息)**명** (근본적인 해결이 아닌) 일시적인 임시변통.

고식(姑媤)**명** ⇨고부(姑婦).

고식-적(姑息的)[-쩍]**관명** 일시적이며 임시변통인 (것). ¶고식적 방법. /고식적인 조처를 취하다.

고식지계(姑息之計)[-찌계/-찌게]**명** 근본적인 해결책이 아닌, 임시변통의 계책. 고식책.

고식-책(姑息策)**명** ⇨고식지계(姑息之計).

고:신(告身)**명** 지난날, 조정에서 내리던 벼슬아치의 임명장. 직명장(職帳).

고신(孤臣)**명** 임금의 사랑이나 신임을 얻지 못하는 신하. ¶고신원루(冤淚).

고신(孤辰)**명** 외로운 몸.

고신(苦辛)'고신하다'의 어근.

-고신던어미〈옛〉-건대. -니까. ¶雙花店에 雙花 사라 가고신던(樂詞.雙花店).

고신-얼자(孤臣孼子)[-짜]**명** 임금에게서 버림받은 신하와 자식 대접을 받지 못하는 서자(庶子). **준**고얼(孤孼).

고신-척영(孤身隻影)**명** 몸 부칠 곳 없이 떠도는 외로운 홀몸.

고신-하다(苦辛-)**형여** 괴롭고 쓰라리다.

고:실(故實)**명** ①예전에 있었던 일. ②옛 법으로서 후세에 본이 되는 것. 전고(典故).

고실(鼓室)**명** 중이(中耳)의 한 부분. 외벽이 고막으로 되어 있으며, 외이(外耳)가 받은 음향을 내이(內耳)로 전하는 작용을 함.

고심(苦心)**명하자타** 몹시 애씀. 몹시 마음을 태움. 고려(苦慮). ¶고심 끝에 내려진 결정. /방침을 세우느라 고심하다.

고:심-사단(故事事端)**명하자** 짐짓 말썽거리가 될 일을 일으킴.

고심-참담(苦心慘憺)**명하자** (어떤 일을 하거나 생각해 내기에) 몹시 마음을 썩이며 애를 쓰고 걱정함.

고-싸움명 ⇨고싸움놀이.

고싸움-놀이명 정월 대보름을 전후하여 전남에서 행하는 민속놀이의 한 가지. 양편으로 나뉘어 타원형의 고가 달린 굵은 줄을 여러 사람이 메고, 상대편 고를 짓눌러 먼저 땅에 닿게 한 편이 이김. 고싸움.

고아(古雅)'고아(古雅)하다'의 어근.

고아(孤兒)**명** 부모가 없는 아이. ¶고아를 입양하다./고아로 자라다.

고아(高雅)'고아(高雅)하다'의 어근.

고아-원(孤兒院)**명** ⇨보육원(保育院).

고:아-하다(古雅-)**형여** 예스럽고 우아하다. ¶고아한 정취를 풍기다. **고아-히부**.

고아-하다(高雅-)**형여** 고상하고 우아하다. ¶그분의 고아한 인품에 심취하다. **고아-히부**.

고:악(古樂)**명** 고대의 음악. 옛 풍류.

고악(高嶽)**명** 높고 험한 산.

고안(考案)**명하자** 새로운 방법이나 물건을 연구하여 생각해 냄, 또는 그것.

고안(孤雁)**명** 외기러기.

고안(苦顔)**명** 불쾌한 얼굴빛.

고압(高壓)**명** ①강한 압력. ②높은 전압. ¶고압의 전류. ↔저압(低壓).

고압-계(高壓計)[-계/-께]**명** 액체나 기체의 큰 압력을 재는 장치.

고압-선(高壓線)[-썬]**명** 고압의 전류를 보내는 전선. ↔저압선.

고압-적(高壓的)[-쩍]**관명** 위압하는 태도로 남을 억누르려고 하는 (것). ¶고압적 태도를 취하다. /고압적인 자세로 나서다.

고애-자(孤哀子)**대** 한문 투의 글에서, 부모를 모두 여읜, 바깥상제(喪制)가 자기를 가리켜 일컫는 말. **참**고자(孤子)·애자(哀子).

고액(高額)**명** 많은 금액. 큰돈. ¶고액 납세자. ↔저액(低額).

고액-권(高額券)[-꿘]**명** 액면 금액이 고액인 지폐. ↔소액권(小額券).

-고야어미 동사 어간이나 높임의 '-시-'에 붙어, 그 말의 뜻을 강조하는 연결 어미. ¶오늘 안으로 다 읽고야 말겠다.

-고야어미〈옛〉-구나. ¶白玉樓 남은 기동 다만 네히 셔 잇고야(鄭澈.關東別曲).

고약(膏藥)**명** 헌데나 곪은 데에 붙이는 끈끈한 약. 〔약제를 유지에 개어 만듦.〕 검은약.

고:약-스럽다[-쓰-따][~스러우니·~스러워]**형비** 고약한 데가 있다. **고약스레부**.

고:약-하다[-야카-]**형여** ①맛·냄새·소리·모양 따위가 비위에 거슬리고 좋지 않다. ¶고약한 냄새. /맛이 고약하다. ②성질·행동·인심 따위가 괴팍하거나 좋지 않다. ¶고약한 인심. /성질이 고약하다. ③일이 몹시 꼬이거나 빗나가다. ¶일이 고약하게 되어 가다. ④날씨가 고르지 못하고 사납다. ¶고약한 날씨. **고약-히부**.

고:안관'고약한'이 줄어서 된 말. ¶고안 녀석.

고양(羔羊)'어린양'의 구용어.

고양(高揚)**명하자되자** 정신이나 기분 따위를 드높임. ¶선수들의 사기를 고양하다.

고양(膏壤)**명** 기름진 땅.

고양-미(←供養米)**명** 〈공양미〉의 변한말.

고:양-생제(枯楊生稊)**명** 〔시들었던 버드나무에 다시 싹이 돋아난다는 뜻으로〕 '늙은 남자가 젊은 아내를 맞아서 능히 함께 살아갈 수 있음'을 비유하여 이르는 말.

고양이명 고양잇과의 동물. 몸길이 50 cm가량. 뒷발이 길어 뛰어오르거나 사뿐히 내려앉기를 잘 함. 눈동자가 낮에는 작아지고 밤에는 커지므로 어두운 곳에서도 물체를 잘 볼 수 있음. 흔히, 애완용으로 기름. **준**괭이2.

고양이 달걀 굴리듯속담 '어떤 일을 재치 있게 해 나감'을 이르는 말.

고양이 목에 방울 달기속담 '실행하기가 매우 어려운 일을 공연히 의논함'을 이르는 말.

고양이 보고 반찬 가게 지키라는 격(이다)〔속담〕 지켜 달라고 부탁했다가 도리어 도둑을 맞을 일이라는 뜻.

고양이 앞에 고기반찬〔속담〕'제가 워낙 좋아하는 것이라 남이 손댈 겨를도 없이 후딱 차지해 버림'을 이르는 말.

고양이 앞에 쥐걸음〔속담〕'강자 앞에서 꿈적도 못하는 약자의 모습'을 이르는 말.

고양이 쥐 생각〔속담〕'속으로는 해칠 생각이면서도 겉으로는 생각해 주는 척함'을 이르는 말.

고양이 낯짝만 하다〔관용〕'매우 좁음'을 비유하여 이르는 말. 고양이 이마빼기만 하다.

고양이 소리〔관용〕겉으로 발라맞추는 말.

고양이와 개〔관용〕서로 앙숙인 관계.

고양이 이마빼기만 하다〔관용〕☞고양이 낯짝만 하다.

고양이-소(-素)명 '욕심꾸러기가 청백한 체하거나, 나쁜 사람이 착한 체함'을 비유하여 이르는 말.

고양-주(←供養主)명〈공양주〉의 변한말.

고:어(古語)명 ①옛말. 고어 사전. ↔현대어. ②옛사람이 한 말. 고언(古言).

고어(苦語)명 ☞고언(苦言).

고:언(古言)명 옛사람이 한 말. 고어(古語). ¶고언에 이르기를….

고:언(古諺)명 예부터 전해 오는 속담.

고언(苦言)명 듣기에는 거슬리나, 유익한 충고의 말. 고어(苦語). ↔감언(甘言).

고연(高熱)명 뱃심 좋게 장담하는 큰소리.

고얼(孤孼)명〈고신얼자(孤臣孼子)〉의 준말.

고역(苦役)명 몹시 힘들고 고된 일. ¶고역을 치르다.

고연(固然)명 '고연하다'의 어근.

고연-하다(固然-)형여 본디부터 그러하다. 고연-히및.

고열(考閱)명하타 상고(詳考)하여 살펴봄.

고열(苦熱)명 매우 심한 더위. 고염(苦炎).

고열(高熱)명 ①높은 열. ↔저열(低熱). ②높은 신열(身熱). 대열(大熱). ¶독감에 걸려 며칠 동안 고열에 시달렸다.

고열^반:응(高熱反應)명 어떤 물질을 높은 온도로 가열하였을 때 일어나는 반응.

고염(固塩)명 굳어 덩어리진 소금.

고염(苦炎)명 ☞고열(苦熱).

고염(苦塩)명 ☞간수.

고엽(枯葉)명 마른 잎.

고엽-제(枯葉劑)[-쩨]명 식물의 잎을 일부러 떨어뜨리게 하려고 쓰는 약제를 통틀어 이르는 말.

고영(孤影)명 외롭고 쓸쓸한 그림자, 또는 그러한 모습.

고영(庫英)명 비단의 한 가지. 지난날, 중국에서 나던 영초(英綃)의 상등품으로 품질이 썩 좋았음.

고:옥(古屋)명 지은 지 오래되어 낡은 집. 고가(古家). 구옥(舊屋).

고온(高溫)명 높은 온도. ¶고온 다습한 열대 지방. ↔저온(低溫).

고온-계(高溫計)[-계/-게]명 높은 온도를 재는 데 쓰이는 온도계.

고:와(古瓦)명 ①옛 기와. ②오래되어 낡은 기와.

고와(高臥)명하자〔베개를 높이 하여 편히 눕는다는 뜻으로〕'세속을 떠나 은거하면서 마음 편히 지냄'을 이르는 말.

고:왕-금래(古往今來)[-내]명 ☞고금(古今).

고외담(古外)명〔옛〕아랫도리옷. 고의. ¶내 眞實로 옷고외 호오치로다(杜重1:19). ⓒ구외.

고요명 ①잠잠하고 조용한 상태. ¶깊은 고요 속에 잠기다. ②풍력 0급(級)에 해당하는 바람. 초속 0.0~0.2 m. 연기가 곧게 위로 올라감.

고:요(古謠)명 고대의 가요.

고요-하다형여 ①잠잠하고 조용하다. ¶고요한 바다. ②조용하고 평화롭다. ¶고요한 아침의 나라. 고요-히및 ¶고요히 귀를 기울이다.

고욕(苦辱)명 견디기 어려운 고통과 치욕. ¶고욕을 당하다.

고욤명 고욤나무의 열매. 소시(小柿).

고욤 일흔이 감 하나만 못하다〔속담〕자질구레한 것이 아무리 많아도 큰 것 하나만 못하다는 말.

고욤-나무명 감나뭇과의 낙엽 활엽 교목. 높이 10 m가량. 잎은 길둥글고 끝이 뾰족하며, 5~6월에 연녹색의 잔꽃이 핌. 감과 비슷한 작고 둥근 열매는 황색이나 암자색으로 익는데, 먹을 수 있음. 한방에서, 열매 말린 것을 '군천자(桾櫏子)'라 하여 약재로 씀.

고용(雇用)명하타되자 보수를 주고 사람을 부림. ¶근로자를 고용하다.

고용(雇傭)명하타되자 보수를 받고 남의 일을 하여 줌. ¶고용 계약을 맺다.

고용^보:험(雇傭保險)명 실직 근로자의 생활 안정 및 재취업을 지원하는 사회 보험 제도. 실업 예방·고용 촉진·근로자의 직업 능력 개발 등을 꾀함.

고용-살이(雇傭-)명하자 ①남에게 고용되어 지내는 생활. ②남의 집 일을 돌보아 주면서 그 집에서 함께 사는 일. 남의집살이. ¶고용살이에서 벗어나 독립하다.

고용-원(雇傭員)명 근로 계약에 따라 상대편에게 노무(勞務)를 제공하는 사람.

고용-인(雇傭人)명 보수를 주고 사람을 부리는 사람. 사용자(使用者).

고용-인(雇傭人)명 보수를 받고 남의 일을 해 주는 사람. 사용인(使用人). ¶고용인을 두고 가게를 운영하다.

고용^조건(雇傭條件)[-껀]명 일의 종류나 취업의 방법, 임금 등 근로 계약에서 규정한 당사자간의 권리·의무의 표시.

고용-주(雇傭主)명 보수를 주기로 하고 남을 채용하여 부리는 사람. 사용자(使用者). ⓒ고주(雇主).

고용-직(雇傭職)명 특수 경력직 공무원의 한 갈래. 단순한 노무(勞務)에 종사하는 공무원. 고원(雇員).

고용-체(固溶體)명 어떤 결정체에 다른 결정체가 녹아 고르게 섞인 상태에 있는 고체 혼합물. 운모·휘석 및 대부분의 합금 따위.

고우(苦雨)명〔사람을 괴롭히는 비라는 뜻으로〕'궂은비'나 '장마'를 달리 이르는 말.

고:우(故友)명 ①사귄 지 오래된 벗. 고인(故人). 구우(舊友). ②고인이 된 벗. 세상을 떠난 벗.

고우(膏雨)명 농작물이 잘 자라게 제때에 내리는 비.

고운(孤雲)명 ①외롭게 떠 있는 구름. ②'세속을 떠난 선비'를 비유하여 이르는 말.

고:운-대명 토란 줄기의 밑동 부분. 곤대.

고:운-때명 보기에 그리 흉하지 않게 조금 묻은 때. ¶고운때가 묻다.

고운-야학(孤雲野鶴)[-냐-]圀〔외롭게 떠 있는 구름과 무리에서 벗어난 학이라는 뜻으로〕'벼슬을 하지 않고 한가롭게 지내는 선비'를 이르는 말.

고:원(古園)圀 오래된 정원.

고:원(故園)圀 ①옛 뜰. ②☞고향(故鄕).

고원(高原)圀 높은 산지에 펼쳐진 넓은 벌판. 대지(臺地).

고원(雇員)圀 ☞고용직(雇傭職).

고원(高遠) '고원하다'의 어근.

고원-하다(高遠-)휑예 ①높고 멀다. ②뜻이 높고 원대하다.

고월(孤月)圀 외롭게 떠 있는 달.

고위(考位)圀 돌아간 아버지로부터 그 위의 각 대 할아버지의 위(位). ↔비위(妣位).

고위(高位)圀 '고위하다'의 어근.

고위(高位)圀 ①높은 지위. ¶고위 당직자. ②높은 위치. ↔저위(低位)·하위(下位).

고위-급(高位級)[-끕]圀 높은 지위에 해당하는 급, 또는 그 급에 해당되는 사람. ¶고위급 인사.

고-위도(高緯度)圀 위도가 높은 곳, 곧 남극과 북극에 가까운 곳.

고위-직(高位職)圀 높은 직급, 또는 그 직급에 해당되는 사람. ¶고위직 공무원.

고위-층(高位層)圀 높은 지위에 있는 층, 또는 그런 사람.

고위-하다(孤危-)휑예 고립되어 위태롭다.

고:유(告由)圀하타 사삿집에서나 나라에서, 큰 일이 있을 때 사당(또는 종묘나 신명)에 고하는 일.

고:유(告諭)圀하타 일러서 깨우쳐 줌.

고유(固有)圀하예 본디부터 지니고 있거나 그 사물에만 특별히 있음. ¶우리나라 고유의 문화. /거문고 고유의 음색.

고유(膏腴) '고유하다'의 어근.

고유=명사(固有名詞)圀 어떤 특정한 사람이나 사물의 이름을 나타내는 낱말.〔금강산·서울·김유신 따위.〕토박이말. ❸보통 명사.

고유=문자(固有文字)[-짜]圀 본디부터 그 나라 국민이나 그 민족만이 쓰는 문자.

고유-문화(固有文化)圀 어떤 나라나 민족만이 지닌 독특한 문화. ¶고유문화를 계승하고 발전시켜 나가다.

고유-법(固有法)[-뻡]圀 어떤 나라나 민족의 고유한 풍속·관습 등에 바탕을 두고 자연 발생적으로 발달해 온 법. ↔계수법(繼受法).

고유-색(固有色)圀 그 물체가 지닌 본디의 색.

고유-성(固有性)[-썽]圀 어떤 사물이나 겨레가 본디부터 가지고 있는 성질.

고유^식물(固有植物)[-씽-]圀 어떤 지방에서만 특별히 나서 자라는 식물.

고유-어(固有語)圀 ①그 나라나 민족의 역사와 함께 변천·발달해 온 고유의 언어.〔우리말의 나라·하늘·사람 따위.〕토박이말. 토착어. ②그 고장의 독특한 말.

고유^운:동(固有運動)圀 항성이 태양과의 상대 운동으로 인하여 각각 고유의 방향으로 위치를 바꾸는 운동.

고유^재:산(固有財産)圀 상속이나 양도 등으로 가지게 된 재산과 구별되는, 본디부터 자기가 가지고 있던 재산.

고유-종(固有種)圀 분포가 어떤 특정한 지역에만 국한되어 있는 동식물의 종류.

고유^진:동(固有振動)圀 ☞자유 진동.

고유-하다(膏腴-)휑예 ①살지고 기름지다. ②땅이 걸다.

고육(股肉)圀 넓적다리의 살.

고육지계(苦肉之計)[-찌게/-찌게]圀 적을 속이기 위해서, 또는 어려운 사태에서 벗어나기 위한 수단으로 제 몸을 괴롭히면서까지 짜내는 계책.〔일반적으로는 괴로운 나머지 어쩔 수 없이 쓰는 계책을 이름.〕고육지책. 고육책(苦肉策).

고육지책(苦肉之策)[-찌-]圀 ☞고육지계.

고육-책(苦肉策)圀 ☞고육지계(苦肉之計). ¶고육책을 써서 반발을 무마하다.

고율(高率)圀 (어떤 표준보다) 높은 비율. ¶고율의 수익을 보장하다. ↔저율(低率).

고은(孤恩)圀 은혜를 저버림. 배은(背恩).

고은(高恩)圀 큰 은혜. 홍은(鴻恩).

고을圀 ①조선 시대에, 주(州)·부(府)·군(郡)·현(縣) 등을 이르던 말. ②관아(官衙)가 있는 곳을 이르던 말. 성읍(城邑). ㉣꼴5.

고을-모둠圀하자 지난날, 글 읽는 아이들의 놀이의 한 가지. 주로, 책을 펴 놓고, 거기에 있는 글자가 들어가는 고을 이름을 누가 가장 많이 찾아내는가에 따라 승부를 겨루었음. ㉣골모둠.

고을-살이圀하자 고을의 원으로 지내는 생활. ㉣골살이.

고을-읍(-邑)圀 한자 부수의 한 가지. '邑'의 '邑'의 이름.〔'邑'이 '邦'·'郞' 따위와 같이 방으로 쓰일 때의 'β'는 '우부방'이라 함.〕

고음(高吟)圀하타 높은 소리로 읊음. ↔저음(低吟).

고음(高音)圀 높은 소리. 높은음. ¶고음 처리가 아주 능란한 가수. ↔저음(低音).

고-음계(高音階)[-계/-게]圀 높은 음계.

고음부^기호(高音部記號)圀 ☞높은음자리표. ↔저음부 기호.

고:읍(古邑)圀 옛 고을, 특히 군아(郡衙)가 있던 곳.

고의[-의/-이]圀 남자의 여름 홑바지. 한자를 빌려 '袴衣'로 적기도 함. 단고(單袴). 중의(中衣).

고:의(古義)[-의/-이]圀 옛 뜻.

고의(固意)[-의/-이]圀하자 뜻을 굳게 함, 또는 굳게 먹은 뜻.

고:의(故意)[-의/-이]圀 ①(딴 뜻을 가지고) 일부러 하는 생각이나 태도. ¶결코 고의는 아니다. ②법률에서, 남에게 대하여 권리 침해 행위를 하고자 하는 의사. ↔과실. ❸범의(犯意).

고:의(故誼)[-의/-이]圀 대를 이어서 오래 두고 사귀어 온 정의(情誼).

고의(苦衣)[-의/-이]圀 가톨릭에서, 수사(修士)가 고행의 수단으로 맨몸에 입는 옷.〔산양이나 낙타의 털로 짜서 만듦.〕

고의(高意)[-의/-이]圀 ①높은 뜻. ②상대편을 높이어 그의 '뜻'을 이르는 말.

고의(高誼)[-의/-이]圀 ①특별히 도타운 정의. ②상대편을 높이어 그의 '정의(情誼)'를 이르는 말.

고의믿圀 (옛) 속잠방이. ¶고의믿 당:褌(訓蒙中23).

고:의-범(故意犯)[-의/-이-]圀 죄를 범할 뜻을 가지고 저지른 행위에 의해 성립되는 범죄. 유의범(有意犯). ↔과실범.

고:의-적(故意的)[-의-/-이-]괜명 일부러 하는 (것). /고의적 반칙. /고의적으로 한 말.

고의-적삼[-의-쌈/-이-쌈]명 고의와 적삼.

고의-춤[-의-/-이-]명 고의의 접어 여민 허리 부분과 몸과의 사이. 준괴춤.

고:이튀 ①곱게. ¶어려서부터 고이 자라다. ②정성을 다하여. ¶고이 간직하다. ③그대로 고스란히. ¶고이 돌려보내다. ④편안히. ¶고이 잠드소서.

고:이-고이튀 '고이'의 힘줌말. ¶고이고이 기른 아들.

고이다¹자 ☞괴다¹.

고이다²타 ☞괴다³.

고이-댕기명 재래식 혼례 때 신부를 꾸미던, 십장생(十長生)을 수놓은 비단 댕기.

고이흥다형〈옛〉이상하다. ¶오르디 못하거니 느려가미 고이흘가(鄭澈.關東別曲).

고:인(古人)명 옛날 사람. 석인(昔人). ↔금인(今人).

고:인(故人)명 ①죽은 사람. ¶고인의 명복을 빌다. /고인이 되다. ②사귄 지 오래된 벗. ②고우(故友).

고인(高人)명 ①고결한 선비. 고사(高士). ②지위가 높은 사람.

고인(雇人)명 고용되어 품팔이하는 사람.

고인(賈人)명 장수.

고인(替人)명 죄수.

고인-돌명 선사 시대의 무덤의 한 가지. 빈속을 두서너 개 세우고, 그 위에 넓적한 돌을 얹었음. 지석묘(支石墓). 돌멘.

고일(高逸)명 '고일하다'의 어근.

고일-계(高日季)[-계/-게]명 적도 부근 지대의, 해가 높이 있을 때의 계절.

고일-하다(高逸-)형여 고상하고 뛰어나다.

고임명〈옛〉굄².

고임(苦任)명 힘들고 귀찮은 임무.

고-임금(高賃金)명 높은 임금.

고임-돌[-똘]명 ☞굄돌.

고임-목(-木)명 ☞굄목.

고임-새명 ☞굄새.

고임-질하자 ☞굄질.

고입(高入)명 '고등학교 입학'을 줄여 이르는 말. ¶고입 검정고시.

고입(庫入)명하타 화물을 보통 창고 또는 보세 창고(保稅倉庫)에 보관시키는 일.

고올명〈옛〉고을. ¶고올홀 브리고(翻小9:30). 참ᄀᆞᆯ.

고자¹명 ①〈활고자〉의 준말. ②〈고자잎〉의 준말.

고:자(古字)명 옛 체(體)의 글자.

고:자(告者)명 남의 잘못이나 비밀을 일러바치는 사람. 고자질하는 사람.

고자(孤子)대 한문 투의 글에서, 아버지는 세상을 떠나고 어머니만 살아 있는, 상중에 있는 바깥상제가 자기를 가리켜 일컫는 말. 참고애자(孤哀子)·애자(哀子).

고자(庫子)명 조선 시대에, 각 군아(郡衙)에서 물품을 둔 창고의 출납을 맡아보던 하급 관리.

고자(鼓子)명 생식기가 불완전한 남자. 화자(火者).

고자(瞽者)명 ☞소경.

-고자어미 동사 어간이나 '있다'·'없다', '계시다'의 어간 또는 높임의 '-시-'에 붙어, 소망의 뜻을 나타내는 연결 어미. ¶선생의 연구에 도움이 되어 드리고자 이 자료를 보내 드립니다. 참-려고.

고자누룩-하다[-루카-]형여 ①요란하거나 사납던 기세가 수그러져 잠잠하다. ¶한참 몰아치던 비바람이 좀 고자누룩해졌다. ②괴롭고 답답하던 병세가 좀 수그러든 듯하다. 고자누룩-이튀.

고자리명 '구더기'의 방언.

고-자세(高姿勢)명 상대편에게 도도하게 대하는 태도. ¶고자세로 나오다. ↔저자세.

고자-잎[-입]명 활의, 도고지에서 양냥고자까지의 부분. 준고자. *고자잎이[-이피]·고자잎만[-임-].

고:자-쟁이(告者-)명 고자질을 잘하는 사람. 고자쟁이가 먼저 죽는다속담 남에게 해를 입히려고 고자질을 하는 사람이 남보다도 먼저 해를 입게 된다는 말.

고자-좆(鼓子-)[-좀]명 바둑에서, 찌를 구멍이 있으나 찌르면 되잡히어 찌르지 못하는 경우의 말발. *고자좆이[-조지]·고자좆만[-존-]

고:자-질(告者-)[-찔]하자타 남의 잘못이나 비밀을 몰래 일러바치거나 헐뜯어 말하는 짓.

고작명 '상투'를 속되게 이르는 말.

고작²튀 기껏하여. ¶고작 한다는 소리가 그거야? ▸기껏·겨우.

고장명 ①사람이 많이 사는 일정한 지방. ¶낯선 고장. ②어떤 물건이 특징적으로 많이 나거나 있는 곳. ¶사과의 고장. /인삼의 고장.

고장(枯腸)명 빈창자. 빈속.

고장(苦杖)명 ☞호장(虎杖).

고장(苦障)명 불교에서 이르는, 지옥·아귀(餓鬼)·축생(畜生)의 괴로움.

고:장(故障)명 ①기계나 설비 따위의 기능에 이상이 생기는 일. ¶차가 고장이 나다. ②'몸에 탈이 생기는 일'을 비유하여 이르는 말. ¶팔이 고장이 나다.

고장(高張)명 어떤 용액의 삼투압이 딴 용액의 삼투압에 비하여 높은 것. ↔저장(低張).

고장(藁葬)명하타 시체를 거적에 싸서 장사 지냄. 또는 그렇게 지내는 장사.

고장-난명(孤掌難鳴)[-외손뼉은 울릴 수 없다는 뜻으로] ①'혼자서는 일을 이루지 못함'을 이르는 말. ②'맞서는 사람이 없으면 싸움이 되지 않음'을 이르는 말. 독장난명(獨掌難鳴).

고장-물명 ①무엇을 빨거나 씻거나 하여 더러워진 물. ¶고장물을 버리다. ②헌데에서 고름이 빠진 뒤에 흐르는 진물. 준구정물.

고-장애(高障礙)〈고장애물 경주〉의 준말.

고장애물^경:주(高障礙物競走)명 남자 육상 경기 종목의 한 가지. 110m의 코스에 높이 1.06m의 장애물 10개를 놓고 빨리 뛰어넘기를 겨루는 경기. 하이 허들(high hurdle). 준고장애. ↔저장애물 경주.

고재(高才)명 ①고재. 활고자. ¶고재 미:弭(訓蒙中28). /고재 려로다(老解下28).

고재(高才)명 뛰어난 재주. 또는 재주가 뛰어난 사람. 고재(高材).

고재(高材)명 ①☞고재(高才). ②키가 큰 사람.

고잿논타〈옛〉('곶다'의 활용형〕꽂아 놓은. 꽂은. ¶본 고잿논 架돛앤 窓앳 비 저지고(杜初7:31).

고쟁이명 한복에 입는 여자 속옷의 한 가지. 가랑이와 통이 넓으며, 속곳 위 단속곳 밑에 입음.

고쟈〈옛〉고자(鼓子). ¶고쟈 엄:閹, 고쟈 환:宦(訓蒙中2).

-고자〈옛〉-고자. ¶고국 산천을 써나고자 ᄒᆞ야ᄂᆞᆫ(古時調).
고저(高低)圀 높고 낮음. 높낮이. ¶고저가 심한 지형. /음의 고저와 장단.
고저(高著)圀 상대편을 높이어, 그의 '저서'를 이르는 말. ¶보내 주신 고저는 감명 깊게 읽었습니다.
-**고저** '-고자'의 잘못.
고저-각(高低角)圀 사격 목표와 사수(射手)를 이은 선이 지평선과 이루는 각.
고저-자(高低字)圀 평측자(平仄字).
고저-장단(高低長短)圀 높고 낮음과 길고 짧음. 높낮이와 길이.
고저-파(高低波)圀 ☞횡파(橫波).
고적(古跡·古蹟)圀 남아 있는 옛적 건물이나 시설물, 또는 그런 것이 있었던 터. 역사상의 유적. ¶고적 답사.
고적(考績)圀[하타] 관리의 성적을 상고(詳考)함. 고과(考課).
고적(孤寂)圀[하형] 외롭고 쓸쓸함. ¶고적한 나날을 보내다. 고적-히[부].
고적-대(鼓笛隊)[-때]圀 북과 피리로 이루어진 행진용의 악대.
고적-운(高積雲)圀 중층운(中層雲)의 한 가지. 잿빛이나 흰빛을 띠고 둥글둥글하게 덩어리져 비교적 하늘 높이 뜬 구름. 높쎈구름. 적권운(積卷雲).
고:전(古典)圀 ①옛날의 법식이나 의식. ②고대의 전적(典籍). ③시대를 대표하는 것으로서, 후세 사람들의 모범이 될 만한 가치를 지닌 작품. 특히, 문예 작품을 이름. ¶동양의 고전. /문학의 고전.
고:전(古殿)圀 옛 궁전.
고:전(古篆)圀 '전자(篆字)'를 달리 이르는 말.
고:전(古磚)圀 옛날의 벽돌이나 기와.
고:전(古錢)圀 옛날 돈.
고전(苦戰)圀[하자] 몹시 고생스럽고 힘들게 싸움, 또는 그 싸움. 고투(苦鬪). ¶보급로가 차단되어 고전하다. /자금난으로 고전을 하다.
고:전-극(古典劇)圀 ①고전의 내용을 주제로 하는 연극. ②고대 그리스·로마에서 발달한 연극. ③16~18세기에 이탈리아·프랑스 등지에서 일어난 고전주의 연극.
고:전-기(告傳旗)圀 활터의 과녁 가까이에서, 화살의 맞음과 떨어지는 방향을 알리는 기.
고:전^문학(古典文學)圀 ①고전주의의 문학. ②고전으로서 전하여 오는 문학 작품.
고:전^물리학(古典物理學)圀 양자론을 토대로 한 현대 물리학에 대하여, 뉴턴 역학 등 종래의 물리학을 이르는 말.
고:전-미(古典美)圀 고전적인 아름다움.
고:전^발레(古典ballet)圀 (모던 발레 등에 대하여) 유럽의 전통적 발레를 이르는 말.
고:전-어(古典語)圀 고전에 쓰이어, 후세 언어의 규범이 된 언어. 〔유럽의, 그리스 어·라틴 어 따위.〕
고:전^음악(古典音樂)圀 ①〔경음악(輕音樂)에 대하여〕 서양의 전통적·예술적인 음악을 이르는 말. ②서양의 고전파 음악. 클래식.
고:-전장(古戰場)圀 옛 싸움터.
고:전-적(古典的)관圀 ①고전을 중히 여기는 (것). ¶고전적 경향. /고전적인 기풍. ②고전으로서 가치가 있는 (것). ¶고전적 내용과 형식. /고전적인 작품. ③전통적이며 형식적인 (것). ¶고전적 창작 태도. /고전적 분위기.

고:전-주의(古典主義)[-의/-이]圀 고전을 중히 여기고, 그 형식을 규범으로 하는 예술상의 사조. 일반적으로는 17~18세기에 유럽에서 일어난 예술 사조를 이름. 의고주의.
고:전-파(古典派)圀 고전주의를 주장하고 실천하는 유파(流派), 또는 그러한 경향의 사람들.
고절(孤節)圀 고고(孤高)한 절개.
고절(苦節)圀 어려운 고난을 당해도 변하지 아니하고 끝내 지켜 나가는 굳은 절개.
고절(高絶)圀 '고절하다'의 어근.
고절(孤節)圀 높은 절개. 고결한 절개.
고절-하다(高絶-)[형][여] 더할 수 없이 높고 뛰어나다. 고절-히[부].
고점(高點)[-쩜]圀 높은 점수. 많은 점수.
고:정(考訂)圀 옛 문헌을 상고하고 정정함.
고정(固定)圀 ①[하타][되자] 일정한 곳이나 상태에서 변하지 아니함. ¶고정 인원. /시선을 고정하다. /벽에 고정된 액자. ②조직이나 세포 등을 관찰할 때, 가능한 한 살아 있는 상태로 보존하기 위하여 원형질(原形質)을 응고시키는 일.
고정(固精)圀[하타] 병자나 허약한 사람의 정력을 강하게 함.
고정(苦情)圀 괴로운 심정. 괴로운 사정.
고정(孤亭)圀 외따로 있는 정자.
고정(孤貞)圀 '고정(孤貞)하다'의 어근.
고:정(故情)圀 오랜 정분. 묵은 정의(情誼).
고정-간첩(固定間諜)圀 (교체되거나 이동하거나 하지 않고) 일정한 곳에 붙박여 임무를 수행하는 간첩.
고정-관념(固定觀念)圀 그 사람의 마음속에 늘 자리하여 흔들리지 아니하는 관념. 고착 관념. ¶고정관념을 깨다. /고정관념에서 벗어나다.
고정-급(固定給)圀 일의 성과나 근로 시간 등과는 상관없이 일정한 금액으로 고정적으로 지급되는 임금.
고정^도르래(固定-)圀 축이 고정되어 이동하지 않는 도르래. 고정 활차. ↔움직 도르래.
고정도^창법(固定do唱法)[-뻡]圀 계이름 부르기의 한 가지. 어떤 조(調)의 곡이든지 항상 '시' 음을 도(do)로 정하여 노래하는 방법.
고정-란(固定欄)[-난]圀 신문이나 잡지 따위에서, 어떤 종류의 비슷한 기사가 고정적으로 게재되는 난.
고-정맥(股靜脈)圀 ☞대퇴 정맥.
고정-배기(孤貞-)圀 '마음이 외곬으로 곧은 사람'을 낮잡아 이르는 말.
고정^부수(固定部數)圀 정기 간행물에서, 과거의 통계로 보아 틀림없이 팔려 나가는 최저의 부수.
고정불변(固定不變)圀[하형] 고정하여 변함이 없음. ¶고정불변의 규칙을 세우다.
고정-비(固定費)圀 조업도나 생산량의 증감과는 관계없이, 항상 일정하게 지출되는 비용. 고정 비용. 불변 비용. ↔변동비(變動費).
고정^비:용(固定費用)圀 ☞고정비.
고정-스럽다(孤貞-)[-따][형ㅂ] [~스러우니·~스러워] 마음이 외곬으로 곧은 데가 있다. 고정스레[부].
고정-식(固定式)圀 한곳에 붙박아 놓아 움직이지 않게 하는 방식.
고정^악상(固定樂想)[-쌍]圀 표제 음악에서, 어떤 고정된 관념을 나타내는 선율.
고정-액(固定液)圀 조직이나 세포 등을 살아 있는 상태대로 보존하기 위하여 원형질을 응고시키는 액체.

고정^자본(固定資本)圓 생산과 수익에 사용되며, 유통을 목적으로 하지 않는 자본. ↔유동자본(流動資本).

고정^자산(固定資産)圓 사업 경영의 활동 수단으로서, 기업 내부에서 장기간에 걸쳐 보유하고 사용되는 자본적인 자산. 고정 재산. ↔유동 자산.

고정^재산(固定財産)圓 ⇨고정 자산.

고정-적(固定的)관圓 고정하거나 고정되어 있는 (것). ¶고정적 상태. /고정적인 수입.

고정-주(固定株)圓 주주가 바뀌지 아니하고 고정되어 있는 주식. ↔부동주(浮動株).

고정-지(藁精紙)圓 귀리의 짚으로 만든 종이. 함경북도에서만 나며 옛날부터 우리나라의 명산임. 황지(黃紙).

고정-표(固定票)圓 선거 때에, 항상 어떤 특정 정당이나 후보자를 지지하는 사람의 표. ↔부동표(浮動票).

고정-하다자어 〔주로 윗사람에게 쓰이어〕 노여움이나 흥분 따위를 가라앉히다. ¶고정하시고 천천히 말씀하십시오.

고정-하다(孤貞-)혐어 마음이 외곬으로 곧다. 고정-히튀.

고정-화(固定化)圓하자타되자 (제도·사물 따위를) 고정시키거나 고정되게 함.

고정^환:율제(固定換率制) [-쩨-]圓 환율을 고정시켜, 평가(平價)의 상하 변동을 일정한 범위 안에서 억제하는 제도. ↔변동 환율제.

고정^활차(固定滑車)圓 ⇨고정 도르래.

고:제(古制)圓 옛 제도.

고:제(告祭)圓하자타 신에게 고하며 제사 지내는 일.

고제(苦諦)圓 불교에서 이르는 사제의 하나. 중생계의 과보가 모두 '고(苦)'라고 하는 이치.

고제(高弟)圓 〈고족제자(高足弟子)〉의 준말.

-고져어미 〈옛〉-고자. ¶내 무음 버혀내여 뎌 돌을 밍글고쟈 (古時調).

고조〈옛〉 술주자. ¶고조 조:槽(訓蒙中12).

고:조(古祖)圓 옛 조사(祖師).

고:조(古調)圓 ①예스러운 곡조. ②옛날부터 전해 내려오는 가락.

고조(枯凋)圓하자되자 ①마르고 시듦. ②사물이 쇠퇴함.

고조(苦潮)圓 플랑크톤이 갑자기 번식하여 바닷물이 변색하는 현상. 참적조(赤潮).

고조(高祖)圓 ①조부(祖父)의 조부모. ②〈고조부(高祖父)〉의 준말.

고조(高調)圓하자되자 ①가락이 높음, 또는 높은 가락. ②어떤 분위기나 감정 같은 것이 한창 무르녹거나 높아짐. ¶감정이 고조에 달했다. /분위기가 고조되다.

고조(高潮)圓 ①밀물이 들어차서 해면의 높이가 가장 높아지는 상태. 만조(滿潮). ②'감정이나 기세가 가장 고양된 상태'를 비유하여 이르는 말. ¶감동이 고조에 달하다. ↔저조(低潮).

고조(高燥)圓 '고조하다'의 어근.

고조(顧助)圓하타 보살피며 도와줌.

고-조고(高祖考)圓 돌아가신 고조부.

고-조모(高祖母)圓 고조할머니.

고-조부(高祖父)圓 고조할아버지. 준고조(高祖).

고-조비(高祖妣)圓 돌아가신 고조모.

고:-조선(古朝鮮)圓 우리나라 최초의 군장(君長) 국가. 한사군(漢四郡)이 설치되기 전까지 대동강 이북에 자리 잡아 단군(檀君)·위만(衞滿) 등의 자손이 다스렸음.

고조-선(高潮線)圓 ⇨만조선(滿潮線). ↔저조선(低潮線).

고조-시(高潮時)圓 만조(滿潮)가 절정에 이르렀을 때의 시각.

고조-파(高調波)圓 기본 주파수의 정수배(整數倍)의 진동수를 가진 사인파(sine波).

고조-하다(高燥-)혐어 땅이 높고 메마르다. ¶고조한 산간 지대라서 벼농사는 할 수 없다.

고조-할머니(高祖-)圓 할아버지의 할머니. 고조모.

고조-할아버지(高祖-)圓 할아버지의 할아버지. 고조부.

고족(孤族)圓혐어 일가가 적어서 외로움, 또는 그런 집안.

고족(高足)圓 〈고족제자(高足弟子)〉의 준말.

고족-사기(高足沙器) [-싸-]圓 굽이 높은 사기그릇.

고족-상(高足床) [-쌍]圓 (흔히 잔치 같은 때에 쓰이는) 다리가 높은 상.

고족-제자(高足弟子) [-쩨-]圓 많은 제자 가운데 특히 뛰어난 제자. 준고제(高弟)·고족(高足).

고졸(古拙)圓 '고졸하다'의 어근.

고졸(高卒)圓 '고등학교 졸업'을 줄여 이르는 말. ¶고졸 이상의 학력.

고:졸-하다(古拙-)혐어 치졸한 듯하면서도 고아한 멋이 있다. 고졸-히튀.

고종(古鐘)圓 옛 종.

고종(考終)圓하자 〈고종명(考終命)〉의 준말.

고종(姑從)圓 고모의 아들이나 딸. 고종 사촌. 내종(內從). 예종(姨從).

고종(孤宗)圓 자손이 번성하지 못한 종가(宗家).

고종(孤蹤)圓 ⇨고독단신(孤獨單身).

고:종(孤縱)圓 교도소에서 교도관이 고의로 죄수를 놓아줌.

고종-매(姑從妹)圓 자기보다 나이가 아래인, 고모의 딸. 내종매(內從妹).

고종-명(考終命)圓 오복(五福)의 하나. 제 명대로 살다가 편히 죽음. 영종(令終). 준고종(考終).

고종^사:촌(姑從四寸)圓 ⇨고종(姑從).

고종-시(高宗柿)圓 감의 한 가지. 보통 감보다 잘고 씨가 없으며 맛이 닮.

고종-씨(姑從氏)圓 상대편을 높이어, 그의 '고종 사촌'을 일컫는 말.

고종-자(姑從姉)圓 자기보다 나이가 위인, 고모의 딸. 내종자(內從姉).

고종-제(姑從弟)圓 자기보다 나이가 아래인, 고모의 아들. 내종제(內從弟).

고종-형(姑從兄)圓 자기보다 나이가 위인, 고모의 아들. 내종형(內從兄).

고좌(孤坐)圓하자 외로이(또는 외따로) 혼자 앉아 있음. 단좌(單坐).

고:죄(告罪) [-죄/-줴]圓하자 기독교에서, 자신이 지은 죄를 고백하는 일.

고:죄-경(告罪經) [-죄/-줴-]圓 '고백의 기도'를 이전에 이르던 말.

고주(古注·古註)圓 〈고주망태〉의 준말.

고:주(古注·古註)圓 옛 주석.

고주(孤主)圓 실권이 없는 외로운 임금.

고주(孤舟)圓 외롭게 떠 있는 배. 고범(孤帆).

고주(沽注)圓하타 노름꾼이 남은 밑천을 다 걸고 마지막 승부를 겨룸.

고:주(故主)圓 옛 주인.

고주(苦主)圓 가까운 일가가 살해당했을 때 이를 고소(告訴)하는 사람.

고주(苦酒)명 ①독한 술. ②[쓴 술이라는 뜻으로] 남에게 술을 권할 때 그 '권하는 술'을 겸손하게 이르는 말.

고주(高柱)명 한옥에서, 여러 기둥 가운데 특별히 높게 세운 기둥. [주로, 대청마루의 한가운데에 세운 것을 이름.]

고주(雇主)명 〈고용주〉의 준말.

고주^대:문(高柱大門)명 ☞솟을대문.

고주-망태(高柱-)명 술을 많이 마셔 정신을 차리지 못하는 상태. ¶고주망태가 되도록 마시다. ㉰고주.

고주알-미주알튀 속속들이 캐어묻는 모양. 미주알고주알. ¶고주알미주알 캐어묻다.

고주^오:량(高柱五樑)명 중간에 높은 기둥을 세우고 그것을 동자주(童子柱)로 삼아 짠 오량.

고-주파(高周波)명 주파수가 큰 전파나 전류. ¶고주파 변성기. ↔저주파(低周波).

고주파-로(高周波爐)명 고주파 전류를 이용한 전기로. 고주파 전기로.

고주파^발전기(高周波發電機)[-쩐-]명 고주파 전류를 발생하는 발전기.

고주파^요법(高周波療法)[-뺍]명 고주파 전류를 이용한 전기 요법. 신경통·관절통·근육통 등의 치료에 응용함.

고주파^전:기로(高周波電氣爐)명 ☞고주파로.

고죽(苦竹)명 참대.

고준(考準)명하타되자 필사본을 원본과 대조하여 봄.

고준(高峻) '고준하다'의 어근.

고준-하다(高峻-)형어 산이 높고 험하다. 고준-히튀.

고줏-집(高柱-)[-주찝·-줃찝]명 높은 기둥을 세워 지은 집. 한가운데가 한층 높음.

고즈넉-하다[-너카-]형어 ①잠잠하고 호젓하다. ¶고즈넉히 정적이 흐르다. ②잠잠하고 다소곳하다. ¶고즈넉하게 고개를 숙이고 앉아 있다. 고즈넉-이튀 ¶고즈넉이 앉아 있다가 조용히 입을 열기 시작하였다.

고증(考證)명하타되자 옛 문헌이나 유물 등을 상고하여 증거를 대어 설명함. ¶왕조 실록과 대비하여 일일이 고증하다.

고증-학(考證學)명 옛 문헌에서 확실한 증거를 찾아 실증적으로 연구하려고 하였던 학문. 송나라 때의 관념적인 학풍에 만족하지 못하여 명나라 말기에 일어나 청나라 때에 성행하였음.

고지¹명 호박이나 가지 따위를 납작하게 썰거나 길게 오려서 말린 것. ¶고구마 고지.

고지²명 누룩이나 메주 따위를 디디어 만들 때에 쓰는 나무틀.

고지³명 명태의 이리·알·내장을 아울러 이르는 말.

고지⁴명 논 한 마지기에 얼마의 값을 정하여, 모내기로부터 김매기까지의 일을 해 주기로 하고 미리 받아 쓰는 삯, 또는 그 일.
고지(를) **먹다**관용 고지를 해 주기로 하고 삯을 미리 받아 쓰다.

고:지(告知)명하타 어떤 사실을 관계자에게 알림. ¶세금 납부 기일을 고지하다.

고지(固持)명하타 자기의 의견이나 태도 등을 바꾸지 아니하고 굳게 지님. ¶자기의 의견을 계속 고지하다.

고지(枯枝)명 시들어 말라 죽은 가지.

고:지(故地)명 전에 살던 곳. 연고(緣故)가 있는 곳.

고:지(故址)명 옛날에 구조물이나 성곽 같은 것이 있었던 터, 또는 그 자취.

고지(高地)명 ①평지보다 높은 땅. ¶한랭한 고지에서 재배되는 채소. ↔저지(低地). ②전략적으로 유리한 높은 곳의 진지. ③이루고자 하는 목표, 또는 그 수준에 이른 단계. ¶100억 불 수출 고지.

고지(高志)명 ①고상한 뜻. ②상대편을 높이어 그의 '뜻'을 이르는 말.

고-지기(庫-)명 지난날, 관아의 창고를 보살피고 지키던 사람. 고직(庫直).

고지-논명 고지로 내놓은 논.

고지-대(高地帶)명 높은 지대. ↔저지대.

고지랑-물명 더러운 것이 섞여 깨끗하지 못한 물. 🈬구지렁물.

고지-새명 참샛과의 새. 참새보다 약간 큼. 몸빛은 전체적으로 갈색이고 허리와 날개 끝은 흼. 부리는 짧고 단단함. 봄부터 여름 사이에 우는데 울음소리가 고와 애완용으로 기름. 청작(靑雀). 청도.

고:지-서(告知書)명 관공서에서 일정한 일을 민간에게 알리는 서장(書狀). ¶납세 고지서.

고지식-하다[-시카-]형어 성질이 외곬으로 곧아 융통성이 없다. ¶고지식고 고지식한 인품.

고지-자리품명 논을 마지기로 떼어, 돈을 받고 농사를 지어 주는 일. ㉰자리품.

고지-혈증(高脂血症)[-쯩-]명 혈청 속에 지방질이 많아서 혈청이 뿌옇게 흐려진 상태. 동맥경화증을 촉진시키는 요인 가운데 하나임.

고진-감래(苦盡甘來)[-까-]명하자 [쓴 것이 다하면 단 것이 온다는 뜻으로] '고생 끝에 낙이 옴'을 이르는 말. 🏷흥진비래(興盡悲來).

고-진공(高眞空)명 진공의 정도가 높은 상태. [보통 10^{-6}~10^{-3}mmHg를 가리킨다.]

고질(姑姪)명 ☞인질(姻姪).

고질(固質)명 단단한 성질.

고질(痼疾)명 ①오래되어 고치기 어려운 병. 숙병(宿病). 지병(持病). 폐질. ¶고질인 해수(咳嗽)에 시달리다. ②오래되어 바로잡기 어려운 나쁜 버릇. ¶고질인 주벽(酒癖). 고질병.

고질-병(痼疾病)[-뼝]명 ☞고질(痼疾).

고질-적(痼疾的)[-쩍]관명 ①오래되어 고치기 어려운 (것). /고질적 질병. /고질적인 천식. ②오래되어 바로잡기 어려운 (것). ¶고질적인 교통 체증.

고집(固執)명하자타 자신의 생각이나 의견만을 내세워 굽히지 아니함, 또는 그러한 성질. ¶고집이 세다. /쓸데없이 고집을 부린다.

고집멸도(苦集滅道)[-짐-또]명 불교의 근본 교리를 나타내는 말. '고(苦)'는 인생의 괴로움인 사고팔고(四苦八苦), '집(集)'은 괴로움의 원인인 번뇌의 모임을, '멸(滅)'은 번뇌에서 벗어난 열반, '도(道)'는 깨달음의 경지에 이르는 방법인 팔성도(八聖道)를 이름. 사제(四諦).

고집불통(固執不通)[-뿔-]명 성질이 고집스럽고 융통성이 없음, 또는 그러한 사람. ¶고집불통인 영감을 겨우 설득하였다.

고집-스럽다(固執-)[-쓰-따][~스러우니·~스러워]형어 고집을 부리는 태도가 있다. ¶자신의 의견을 고집스럽게 내세우다.

고집-쟁이(固執-)[-쟁-]명 고집이 지나치게 센 사람. 고집통이.

고집통-머리(固執-)명 '고집통이'를 속되게 이르는 말.

고집통-이(固執-)명 ①고집만 내세우고 융통성이 없는 성질. ②☞고집쟁이.

고즈 圕 〔옛〕①먹통. ¶뭇 지위 고즈 자 들고 헤쓰다가 말려느다(古時調). ②기름틀. ¶기름 뽀는 고즈:油搾(譯語下14).

고즈기 圄 〔옛〕①골돌히. 극진히. ¶더 부텻 일후믈 고즈기 念호야 恭敬호야(釋譜9:25). ②반둣이. ¶모롤 고즈기 ᄒ야쇼모 간곡흔 톳기룰 스랑ᄒ는듯호(杜初16:45).

고족ᄒ다 圈 〔옛〕극진하다. 지극하다. ¶精誠이 고족ᄒ니 밤누니 번ᄒ거늘(釋譜6:19).

고-쪽 固 ①듣는 이에게 비교적 가까운 곳이나 방향을 가리키는 말. ¶고쪽 자리에 앉아라. ②말하는 이와 듣는 이가 이미 알고 있는 곳이나 방향을 가리키는 말. ⑱그쪽.

고-쯤 Ⅰ圕 고만한 정도. ¶고쯤은 우리도 할 수 있겠다.
Ⅱ團 고만한 정도로. ¶고쯤 하고 용서해 줘라. /고쯤 화의했으면 됐다.

고차 (高次) 圕 수학의 방정식에서 높은 차수(次數). 보통, 3차 이상의 차수를 이름.

고차^방정식 (高次方程式) 圕 차수가 높은 방정식. 보통, 3차 이상의 방정식을 이름.

고-차원 (高次元) 圕 정신적 또는 내용적으로 정도가 높은 것. 높은 차원. ¶고차원의 문제.

고차원-적 (高次元的) 觀圕 정신적·내용적으로 정도가 높은 (것). ¶고차원적 기술. /고차원적인 문제.

고차-적 (高次的) 觀圕 차원이 높은 (것). 정도가 높은 (것). ¶고차적인 인간. /고차적인 문제.

고착 (固着) 圕ᄒ자타圕자 ①(물건 같은 것이) 굳게 들러붙음. ②어떤 상황이나 현상이 굳어져 변하지 않음. ¶분단의 고착을 막아야 한다. /나쁜 생활 습관이 고착되다.

고착^관념 (固着觀念) 〔-꽌-〕圕 마음속에 잠재하여 있으면서 자주 의식에 떠올라, 그 사람의 정신 생활을 지배하는 관념. 고정관념.

고착^생활 (固着生活) 〔-쌩-〕圕 어떤 일정한 곳이나 물건, 또는 생물체(生物體)에 들러붙어 살아가는 생활.

고착-제 (固着劑) 〔-쩨〕圕 염색에서, 섬유에 염료나 매염제(媒染劑) 따위를 고착시키는 약제.

고착-화 (固着化) 〔-콰〕圕ᄒ자타圕자 (어떤 상황이나 현상이) 굳어져 변하지 않는 상태가 됨. ¶분단의 고착화.

고:찰 (古刹) 圕 ▷고사(古寺).

고찰 (考察) 圕ᄒ다圕자 사물을 뚜렷이 밝히기 위하여, 깊이 생각하여 살핌. ¶고찰하여 밝히다. /원주민의 생활양식을 고찰한다.

고찰 (高察) 圕 상대편을 높이어 그의 '헤아려 살피는 일'을 이르는 말.

고:참 (古參) 圕 오래전부터 그 일에 종사하여 온 사람. ¶고참 사원. ↔신참(新參).

고:참-병 (古參兵) 圕 군대에서 오래 복무한 병사.

고창 (高敞) 圕 '고창하다'의 어근.

고창 (高唱) 圕ᄒ다圕타 ①노래나 구호 따위를 큰 소리로 부르거나 외침. ②자신의 의견 등을 강하게 내세움.

고창 (鼓脹) 圕 '단복고창(單腹鼓脹)'의 준말.

고창-하다 (高敞-) 圈圀 지대가 높고 사방이 시원하게 탁 트이다. 고창-히튀.

고채 (苦菜) 圕 ①씀바귀. 고들빼기.

고채-목 圕 자작나뭇과의 낙엽 활엽 교목. 고산지대에 자라며 잎은 끝이 뾰족한 달걀 모양임. 이른 봄에 단성화(單性花)가 이삭 모양으로 핌.

고처 (高處) 圕 높은 곳. 고소(高所).

고:천 (告天) 圕ᄒ다타 하느님에게 아룀.

고:천-문 (告天文) 圕 예식 따위를 올릴 때, 하느님께 아뢰는 글.

고:천-자 (告天子) 圕 ▷종다리.

고:철 (古哲) 圕 옛 철인.

고:철 (古鐵) 圕 낡은 쇠. 헌쇠.

고:체 (古體) 圕 ①고문의 문체. ②한시에서, 절구(絕句)·율시(律詩) 등의 근체시(近體詩) 이전의 시체(詩體)를 이르는 말.

고체 (固滯) 圕 '고체하다'의 어근.

고체 (固體) 圕 일정한 모양과 부피를 가지고 있어 쉽게 변형되지 않는 물체. ⑱기체(氣體)·액체(液體).

고:체-시 (古體詩) 圕 한시에서, 절구(絕句)·율시(律詩) 따위 근체시(近體詩) 이전의 시를 이르는 말. ⑬근시. ▷근체시(近體詩).

고체-하다 (固滯-) 圈圀 성질이 고집스럽고 너그럽지 못하다.

고체-화 (固體化) 圕ᄒ자타圕자 액상(液狀)의 물질이 고체로 변함, 또는 변하게 함. 고화(固化).

고쳐-먹다 〔-처-따〕타 달리 생각하거나 다른 마음을 가지다. ¶그 사람은 생각을 고쳐먹고 새출발했다.

고초 튀 〔옛〕곧추. 아래위가 곧게. ¶고초 드듸여 셔셔(月釋1:52). /긴 바믈 고초 안자(鄭澈.思美人曲).

고초 (枯草) 圕 마른풀.

고초 (苦椒) 圕 〈고추〉의 본딧말.

고초 (苦楚) 圕 고난(苦難). ¶고초를 겪다.

고초 (藁草) 圕 볏짚.

고초-균 (枯草菌) 圕 간균과(桿菌科)의 막대 모양의 균. 자연계에 널리 분포하는 세균으로, 마른풀·하수(下水)·토양 등에서 볼 수 있음. 병을 일으키지는 않으나, 우유를 굳게 하고 전분을 당화(糖化)하며 유지 따위를 분해시킴.

고초다 타 〔옛〕①곧추세우다. ¶부터 向ᄒ숩바손 고초사(月釋1:52). ②지극히 하다. 한결같이 하다. ¶눈믈 흘려 精誠 고초아(楞解5:3).

고초-만상 (苦楚萬狀) 圕 갖은 고초.

고촉 (孤燭) 圕 쓸쓸히 켜 있는 촛불.

고촉 (高燭) 圕 도수(度數)가 높은 촉광(燭光).

고촌 (孤村) 圕 외딴 마을.

고:총 (古塚) 圕 오래된 무덤.

고총 (固寵) 圕ᄒ자 변함이 없는 총애를 받음.

고초 圕 〔옛〕후추. ¶고초 초:椒(訓蒙上12).

고추 (←苦椒) 圕 ①가짓과의 일년초. 줄기 높이 60~90cm로 가지가 많이 갈라짐. 잎은 긴 달걀 모양인데 여름에 흰 꽃이 잎겨드랑이에서 핌. 초록빛의 열매는 원뿔꼴로 익어 가면서 차차 빨갛게 변함. 매운맛이 있어 양념으로 쓰임. 열대와 온대에서 널리 재배됨. 당초(唐椒). 번초(蕃椒). ②〈고추자지〉의 준말. ⑱고초(苦椒).

고추는 작아도 맵다 圌 '몸집이 작아도 힘이 세거나 하는 짓이 야무진 사람'을 비유하여 이르는 말.

고추 먹은 소리 圌 못마땅하게 여겨 불만스러운 투로 하는 말.

고추 (考推) 圕ᄒ다타 살펴서 짐작함.

고추-감 圕 작은 팬주리감.

고추-기름 圕 ▷라유.

고추-나물 圕 물레나물과의 다년초. 각지의 산야에 나는데, 잎은 길둥근꼴로 마주나고, 여름철에 노란 꽃이 핌. 어린잎은 나물로 먹고 줄기와 잎은 약재로 씀.

고추-냉이[-] 십자화과의 다년초. 울릉도에 자라며, 잎자루는 밑 쪽이 넓고 줄기잎은 달걀 모양 또는 염통 모양임. 매운맛이 있어 향신료로 쓰임. 산규(山葵).

고추-바람[-] 몹시 찬 바람.

고추-박이[-] '미천한 여자의 남편'을 얕잡아 이르는 말.

고추-뿔[-] 양쪽 다 곧게 선 쇠뿔.

고추-상투[-] 고추같이 작은, 노인의 상투.

고추-씨[-] 고추의 씨.

고추-자지[-] (고추처럼 작은) '어린아이의 자지'를 귀엽게 이르는 말. ㉰고추.

고추-잠자리[-] 잠자릿과의 곤충. 수컷은 몸이 붉고 암컷은 누르스름함. 초가을에 볼 수 있음.

고추-장(-醬)[-] 메줏가루에 질게 지은 밥이나 떡가루를 익혀 버무리고, 고춧가루와 소금을 넣어서 담근 매운 장.

고추장-볶이(-醬-)[-] 찹쌀고추장에 참기름, 설탕 등을 섞어서 되직하게 볶은 반찬.

고추-짱아[-] '고추잠자리'의 어린이말.

고:축(告祝)[-][하타] 신명(神明)에게 고하며 빎.

고-출력(高出力)[-] 높은 출력.

고춧-가루[-추까-/-춘까-][-] 고추를 말려서 빻은 가루.

고춧-잎[-춘닙][-] 고추의 잎사귀. *고춧잎이[-춘니피]·고춧잎만[-춘님-]

고충(孤忠)[-] (동조하는 사람 없이) 혼자서 바치는 외로운 충성.

고충(苦衷)[-] ①괴로운 심정. ¶고충을 털어놓다. ②어려운 사정. ¶고충이 있다.

고취(鼓吹)[-][되자] ①[하자]북을 치고 피리를 붊. ②[하타](사상 따위를) 열렬히 주장하여 널리 알림. ¶애국심을 고취한다. /민족의식을 고취하다. ③[하타](용기를) 북돋움. ¶사기를 고취하다.

고층(高層)[-] ①(여러 층으로 높이 겹쳐 있는) 건물의 높은 층, 또는 그 건물. ¶고층 아파트. ②상공(上空)의 높은 곳.

고층^습원(高層濕原)[-] 무기 영류의 공급이 부족하며 춥고 습기가 많아 물이끼로 덮인 지대.

고층-운(高層雲)[-] 중층운(中層雲)의 한 가지. 2~7 km 상공에 널리 깔리는, 회색 또는 짙은 회색의 구름. 날씨가 크게 궂을 전조로 나타남. 높층구름. 층권운.

고치①[-] 누에가 실을 토하여 제 몸을 둘러싸서 만든 타원형의 집. 명주실을 뽑아내는 원료가 됨. 누에고치. 잠견(蠶繭).

고치②[-] 물레로 실을 자으려고 솜을 고칫대에 말아 뺀 솜 대롱.

고치(高値)[-] 비싼 값.

고치(膏雉)[-] 살진 꿩.

고치다[타] ①못 쓰게 된 것을 손질하여 쓸 수 있게 만들다. 수리하다. 수선하다. ¶시계를 고치다. ②병을 낫게 하다. ¶속병을 고치다. ③잘못된 일이나 마음을 바로잡다. ¶틀린 답을 고치다. /버릇을 고치다. ④바꾸다. 변경하다. ¶이름을 고치다. ⑤모양이나 위치를 바르게 하다. ¶비뚤어진 자세를 고치다.

고치-솜[-] 누에가 고치를 만들 때 토사공(吐絲孔)에서 토해 내는 물질. 견면(繭綿).

고치-실[-] 누에가 번데기로 변할 때, 머리의 토사공(吐絲孔)에서 토하여 제 몸을 둘러싸는 실. 생사의 원료가 됨.

고치-적(苦恥的)[-][관][-] 괴롭고 수치(羞恥)스러운 (것).

고치^틀기[-] 누에가 실을 토하여 고치를 만드는 짓.

고:친(故親)[-] 오래전부터 사귀어 온 친지 또는 친구. 옛 친구.

고침(孤枕)[-] (홀로 자는) 외로운 잠자리.

고침(高枕)[-] 높은 베개.

고침-단금(孤枕單衾)[-] (홀로 자는 젊은 여자의) 외로운 잠자리.

고침-단면(高枕短眠)[-] 베개를 높이 베면 오래 자지 못한다는 말.

고침-단명(高枕短命)[-] 베개를 높이 베면 오래 살지 못한다는 말.

고침-사지(高枕肆志)[-] 〔높은 베개를 베고 마음대로 한다는 뜻으로〕'편안히 누워 마음대로 즐기며 지냄'을 이르는 말.

고침-안면(高枕安眠)[-] '근심 없이 편안히 잘 지냄'을 이르는 말. 〔'사기'의 '장의열전(張儀列傳)'에 나오는 말로, 위나라 장의가 진나라를 섬기면 '베개를 높이 하여 편히 잘 수 있다'고 왕을 설득한 고사에서 유래함.〕

고침-한등(孤枕寒燈)[-] 〔외로운 베개와 쓸쓸한 등불이라는 뜻으로〕'홀로 자는 쓸쓸한 밤'을 이르는 말.

고칫-대[-치때/-칟때][-] 실을 자을 고치를 만드는 데 쓰는 수수깡.

고:칭(古稱)[-] 옛날에 일컫던 이름.

고코으다[-][자] 〈옛〉코 골다. ¶고코를 한:(訓蒙上30).

고콜[-] 관솔불을 올려놓을 수 있도록 방 안의 벽에 뚫어 놓은 구멍.

고콜-불[-뿔][-] 고콜에 켜는 관솔불.

고키리[-] 〈옛〉코끼리. ¶고키리 샹:象(訓蒙上18).

고타(拷打)[-][하타] 고문(拷問)하여 때림.

고타분-하다[-][형여] 〈고리타분하다〉의 준말. ㉰구터분하다. **고타분-히**[부].

고:탑(古塔)[-] 옛 탑.

고탑(高塔)[-] 높은 탑.

고탑지근-하다[-찌-][형여] 좀 고리탑탑하다. ㉰구텁지근하다. **고탑지근-히**[부].

고탑탑-하다[-타파-][형여] 〈고리탑탑하다〉의 준말. ㉰구텁텁하다. **고탑탑-히**[부].

고:태(古態)[-] 예스럽고 수수한 모습.

고:태(故態)[-] 옛 모습. 지난날의 자태.

고태의연(古態依然)[-] '고태의연하다'의 어근.

고:태의연-하다(古態依然-)[-의-/-이-][형여] 예스러운 모습 그대로이다. ㉰구태의연하다. **고태의연-히**[부].

고:택(古宅)[-] 오래된 집.

고:택(故宅)[-] 예전에 살던 집. ㉰구택(舊宅).

고택(膏澤)[-] ①남의 은택이나 덕택. ②비나 이슬의 혜택. ③☞고혈(膏血).

고터[부] 〈옛〉다시. 고쳐. ¶고텨 아니 볼 게이고. /고텨 올나 안존 마리(松江.關東別曲).

고토(苦土)[-] '산화마그네슘'을 이르는 말.

고:토(故土)[-] 고향의 땅. 고국(故國)의 땅.

고토(膏土)[-] 기름진 땅.

고통(苦痛)[-] (몸이나 마음이) 괴롭고 아픔. 통고(痛苦). ¶정신적 고통.

고통-스럽다(苦痛-)[-][따][~스러우니·~스러워][형비] (몸이나 마음이) 괴롭고 아픈 느낌이 있다. **고통스레**[부].

고투(苦鬪)[-][하자] 몹시 힘들게 싸우거나 일함. 고전(苦戰). ¶고투 끝에 얻은 성공.

고틀란드-기(Gottland紀)뗑 ☞실루리아기.

고티뗑 〔옛〕고치. ¶고티:繭(訓解).

고티다탄 〔옛〕고치다. ¶田制를 고티시니(龍歌73章).

고:판(古版)뗑 ①옛날에 간행한 책. ②오래된 판목.

고:판-본(古版本)뗑 ①지난날의 목판본(木版本)을 통틀어 이르는 말. ②신판본(新版本)에 대한, 그 이전의 판본.

고패뗑 (두레박이나 깃발 따위의) 물건을 높은 곳에 달아 올렸다 내렸다 하는 줄을 걸치는 도르래나 고리. 녹로(轆轤).

고팻-줄[-패쭐/-팯쭐]뗑 고패에 걸친 줄.

고팽이뗑 ①새끼 따위를 사리어 놓은 한 돌림. 사리. ②단청에서, 나선형 무늬를 이르는 말. ③『의존 명사적 용법』 (두 지점 사이의) 한 차례의 왕복. ¶시장까지 두 고팽이나 물건을 날랐소.

고편(苦鞭)뗑 수도자 등이 극기(克己)하기 위하여, 제 손으로 제 몸을 때리는 채찍.

고-편도(苦扁桃)뗑 ☞감복숭아.

고평(考評)뗑하탄 시문(詩文) 등의, 잘 짓고 못 지은 것을 평정(評定)함.

고평(高評)뗑 남을 높이어 그의 '비평'을 이르는 말. ¶고평을 듣고 싶습니다.

고폐(痼弊)[-폐/-폐]뗑 오래되어 바로잡기 어려운 폐단. 고막(痼瘼).

고푸리다탄 몸을 앞으로 고부리다. 侳구부리다. 셴꼬푸리다.

고:품(古品)뗑 낡은 물품. 옛 물품.

고:풍(古風)뗑 ①옛 풍속. ②예스러운 모습. ¶고풍이 배어 있는 전통 가옥. ③한시(漢詩)의 한 체(體).

고풍(高風)뗑 ①높은 곳의 바람. ②고상한 풍채나 품성. ③남을 높이어 그의 '풍채'를 이르는 말.

고:풍-스럽다(古風-)[-따][~스러우니·~스러워]혱비 고풍이 많이 있어 보이다. ¶고풍스러운 사찰(寺刹). **고풍스레**튄.

고프다[고프니·고파]혱 ('배'를 주어로 하여) 배 속이 비어 음식을 먹고 싶다. ¶배는 고픈데 밥맛은 없고….

고:필(古筆)뗑 ①오래된 붓. ②옛사람의 필적.

고하(高下)뗑 ①(지위나 등급·신분 등이) 높고 낮음이나 귀하고 천함. ¶지위의 고하를 막론하고…. ②(값의) 많고 적음. ¶값의 고하를 불문하고 사겠다. ③(내용이나 품질 따위의) 좋고 나쁨.

고하-간(高下間)뗑 《주로 '고하간에'의 꼴로 쓰이어》 ①(값의) 많고 적음을 따지지 아니함. ②(등급·신분의) 높고 낮음을 따지지 아니함. ③(내용이나 품질 따위의) 좋고 나쁨을 따지지 아니함.

고:-하다(告-)탄예 ①아뢰다. ¶어른께 사실대로 고하다. ②알리다. 말하다. ¶동포에게 고하는 글./청년 학생들에게 고함. ③(아퀴를) 짓다. ¶종말을 고하다.

고:-하다(誥-)탄예 (아랫사람에게) 일러 깨우쳐 주다. ¶자손 만대에 고하야 민족자존의 정권(正權)을 영유케 하노라.

고하-자(高下字)[-짜]뗑 ☞평측자(平仄字).

고학(苦學)뗑하짜 학비를 스스로 벌어 고생하며 배움.

고-학년(高學年)[-항-]뗑 높은 학년. ¶고학년 학생. ↔저학년.

고-학생(苦學生)[-쌩]뗑 (집안 사정이 어려워) 학비를 스스로 벌어 고생하며 공부하는 학생.

고한(枯旱)뗑하짜 가물어서 식물이 마름.

고한(苦寒)뗑 ①모진 추위. ②추위로 말미암은 괴로움.

고한^노동(苦汗勞動)뗑 좋지 않은 노동 조건 아래에서 혹사당하는 반노예적 노동.

고한^제:도(苦汗制度)뗑 고한 노동에 의한 극도의 노동 착취 제도.

고함(高喊)뗑 크게 외치는 목소리.

고함(鼓喊)뗑하짜 북을 울리며 여럿이 한꺼번에 소리를 지름.

고함-지르다(高喊-)[~지르니·~질러]짜르 큰 소리로 부르짖다.

고함-치다(高喊-)짜 크게 소리치다.

고항(高亢) '고항하다'의 어근.

고항-하다(高亢-)혱여 뜻이 높아 남에게 굽실거리지 않다.

고:해(告解)뗑하탄 ☞고백 성사.

고해(苦海)뗑 불교에서, '괴로움이 많은 속세(俗世)'를 바다에 비유하여 이르는 말.

고해뗑 〔옛〕고니. ¶고해 곡:鵠(訓蒙上15).

고:해-바치다(告-)탄 어떤 일을 윗사람에게 말하여 알려 바침.

고:해^성:사(告解聖事)뗑 '고백 성사'의 구용어.

고행(苦行)뗑하짜 불교에서, 깨달음에 이르기 위하여 육신을 고통스럽게 하면서 그것을 견디어 내는 수행을 함. ②(중이 되기 위하여) 절에서 심부름하는 일, 또는 그 사람.

고향(故鄕)뗑 ①태어나서 자란 곳. ②조상 때부터 대대로 살아온 곳. 가국(家國). 고원(故園). 시골. 향국(鄕國). 향리(鄕里).

고:허(古墟)뗑 오랜 세월을 지낸 폐허.

고:허(故墟)뗑 지난날에 성곽 따위가 있었던 자리. 참폐허1.

고:(苦歇)뗑 오래 앓는 중에, 병이 더했다 덜했다 하는 일.

고헐(高歇)뗑 ①(값의) 비쌈과 쌈. ②(값이) 올랐다 내렸다 함.

고험(考驗)뗑하탄 생각하여 조사함.

고험(高險)뗑하혱 높고 험함.

고:현(古賢)뗑 옛 현인. 석현(昔賢).

고현-학(考現學)뗑 현대의 풍속이나 세태를 계통적으로 조사·연구하여 현대의 진상을 구명함으로써 장래의 발전에 바탕이 되게 하려는 학문. ↔고고학(考古學).

고혈(孤孑) '고혈하다'의 어근.

고혈(膏血)뗑 〔사람의 '기름과 피'라는 뜻으로〕 고생하여 얻는 수익, 또는 그렇게 모은 재산을 이르는 말. 고택(膏澤).

고혈을 짜다(짜내다)관용 가혹하게 착취하거나 징수하다.

고혈-단신(孤孑單身)뗑 혈육(血肉)이 없는 외로운 몸.

고혈당-증(高血糖症)[-땅쯩]뗑 혈액 중에 포도당이 너무 많은 병증.

고-혈압(高血壓)뗑 혈압이 정상보다 높은 현상. ☞저혈압.

고혈압-증(高血壓症)[-쯩]뗑 심장이 수축할 때의 혈압과 확장할 때의 혈압이 정상보다 이상(異常) 상태로 높은, 심장 혈관계의 병적(病的)인 상태. 최고 혈압 160 mmHg 이상, 최저 혈압 95 mmHg 이상을 이름. 고혈압.

고혈-하다(孤孑-)혱여 가족이나 친척이 없어 외롭다. **고혈-히**튄.

고형(固形)閔 질이 단단하고, 일정한 모양과 부피를 가지고 있는 것. ¶고형 물질.

고형^사료(固形飼料)閔 비타민이나 무기 염류 등을 섞어 단단한 알갱이로 만든 사료.

고형^알코올(固形alcohol)閔 〔휴대용 연료 등으로 쓰기 위하여〕 비누 따위에 흡수시켜 굳힌 알코올.

고:호(古號)閔 (사람이나 땅 등의) 옛 이름.

고호(顧護)閔하타 돌보아 줌. 고견(顧見).

고혹(蠱惑)閔하자 (아름다움이나 요염한 자태 등으로) 호려서 마음이 쏠리게 함.

고혹-적(蠱惑的)[-쩍]閔관閔 아름다움이나 요염한 자태 따위에 호려서 마음이 쏠리는 (것). ¶고혹적인 여인의 자태.

고혼(孤魂)閔 의지할 곳 없는 외로운 넋.

고:화(古畫)閔 옛 그림.

고화(固化)閔하자타 ⇨고체화(固體化).

고화(枯花)閔 시든 꽃. 마른 꽃.

고화(鼓花)閔⇨인화(印花).

고-화질(高畫質)閔 (텔레비전 등의) 화면 바탕이 아주 섬세하고 선명한 것. ¶고화질 텔레비전.

고환(苦患)閔하타 ⇨고뇌(苦惱).

고환(睾丸)閔 불알.

고환-염(睾丸炎)[-념]閔 불알에 생기는 염증. 전염병에 걸려 쉽게 걸릴 수 있음.

고황(苦況)閔 고생스러운 상황.

고황(膏肓)閔 〔'고(膏)'는 심장의 아랫부분, '황(肓)'은 횡격막의 윗부분을 뜻하는 말로〕 '사람 몸의 가장 깊은 곳'을 이르는 말.

고황에 들다관용 병이 몸속 깊이 들어 고치기 어렵게 되다.

고황지질(膏肓之疾)閔 ('고황에 생긴 병'이란 뜻으로) 고치기 어려운 병. ⑪말증(末症).

고:훈(古訓)閔 옛사람의 교훈.

고훼(枯卉)閔 말라 죽은 풀.

고휼(顧恤)閔하타 불쌍히 여겨 돌봄.

고흥(高興)閔 ①한창 도도히 일어나는 흥. ②품위 있는 흥취.

고:희(古稀)[-히]閔 사람의 나이 '일흔 살' 또는 '일흔 살이 된 때'를 달리 이르는 말. 두보(杜甫)의 시 '곡강(曲江)'에 나오는 '人生七十古來稀(사람의 나이 일흔은 예부터 드문 일)'라는 말에서 유래함.

고:희-연(古稀宴)[-히-]閔 일흔 살이 되는 생일에 베푸는 잔치.

곡(曲)閔 ①〈곡조(曲調)〉의 준말. ②〔의존 명사적 용법〕악곡이나 노래를 세는 단위. ¶노래를 한 곡 부르다.

곡(哭)閔하자 (사람이 죽었을 때나 제사 때에) 소리 내어 우는 일, 또는 그 울음.

-곡어미 〔옛〕-고서. ¶그를 스콕 子細히 議論호미 됴토다(杜初21:6).

-곡졉미 '어떤 종류의 노래나 악곡임'을 나타냄. ¶합주곡./합창곡.

곡가(穀價)[-까]閔 곡식 값.

곡간(谷澗·谷磵)[-깐]閔 산골의 시내.

곡경(曲徑)[-꼉]閔 ①꼬불꼬불한 좁은 길. ②⇨사경(私徑).

곡경(曲境)[-꼉]閔 몹시 힘들고 어려운 처지.

곡곡(曲曲)[-꼭]閔 ①〈굴곡이 많은 산·내·길 따위의〉굽이굽이. ②〈방방곡곡〉의 준말.

곡관(曲管)[-꽌]閔 굽은 팔꿈치 모양의 관.

곡-괭이[-꽹-]閔 황새 부리처럼 한쪽 또는 양쪽으로 길게 날을 내고 가운데에 자루를 박은 괭이의 한 가지. 단단한 땅을 파는 데 쓰임.

곡괭이^버력[-꽹-]閔 화약을 쓰지 않고 곡괭이만으로 캐낼 수 있는 버력.

곡굉이침지(曲肱而枕之)[-굉-/-꾕-]閔〔팔을 구부려 베개 삼아 잠을 잔다는 뜻으로〕'가난한 생활', '간소한 생활'을 비유하여 이르는 말.

곡귀(穀貴)閔하자 '곡귀하다'의 어근.

곡귀-하다(穀貴-)[-뀌-]혱여 시장에서 곡식이 달리어 값이 비싸다. ↔곡천하다.

곡균(✱麴菌)[-뀬]閔⇨누룩곰팡이.

곡기(穀氣)[-끼]閔 '곡식으로 만든 음식'을 통틀어 이르는 말. 낟알기.

곡기를 끊다관용 음식을 먹지 아니하다. 음식을 먹지 못하다. ¶곡기를 끊은 지 여러 날이 되었다.

곡다(曲茶·穀茶·✱麴茶)[-따]閔 ⇨곡차(穀茶).

곡달(曲疸)[-딸]閔 한방에서, 곡류로 만든 음식만 주로 먹어서 생긴 황달을 이르는 말.

곡도(穀道)[-또]閔 대장(大腸)과 항문(肛門).

곡도별(옛) ①곡두. ¶幻도 곡되라(楞解2:7). ②꼭두각시. ¶곡도 노룻곧ᄒᆞ야(月釋10:14).

곡두[-뚜]閔 눈앞에 없는 사람이나 물건이 마치 있는 것처럼 보이다가 사라져 버리는 현상. 환영(幻影).

곡두-선(曲頭扇)[-뚜-]閔⇨꼽장선.

곡론(曲論)[-논]閔하자 이치에 어긋난 이론. 곡설(曲說).

곡류(曲流)[공뉴]閔하자 물이 굽이쳐 흘러감, 또는 그 흐름.

곡류(穀類)[공뉴]閔 쌀·보리·밀 따위의 곡식.

곡률(曲律)[공뉼]閔 악곡(樂曲)의 선율.

곡률(曲率)[공뉼]閔 곡선이나 곡면의 굽은 정도. 〔그 값은 곡률 반지름의 역수(逆數)임.〕

곡률^반:지름(曲率半-)[공뉼-]閔 곡률의 역수(逆數). 〔곡률원의 반지름과 같음.〕

곡률-원(曲率圓)[공뉼원]閔 평면 곡선에 접하는 접선을 공통 접선으로 하며, 이 접선에 대하여 곡선과 같은 쪽에 있고 곡률 반지름을 반지름으로 하는 원.

곡륭-산지(曲隆山地)[공늉-]閔 지각(地殼)의 만곡작용으로 말미암아 넓은 지역이 완만하게 높아진 산지.

곡림(哭臨)[공님]閔하자 지난날, 임금이 죽은 신하를 몸소 조문(弔問)하던 일.

곡마(曲馬)[공-]閔 말을 타고 부리는 여러 가지 재주. 서커스.

곡마-단(曲馬團)[공-]閔 곡마를 중심으로 여러 가지 곡예를 보여 주는 흥행 단체.

곡마-사(曲馬師)[공-]閔 곡마를 업으로 삼는 사람.

곡면(曲面)[공-]閔 ①평탄하지 아니하고 곡선으로 이루어진 면. 〔원기둥이나 공의 표면 따위.〕 ↔평면. ②해석 기하학에서, 평면을 포함한 일반적인 면을 이르는 말.

곡면^인쇄(曲面印刷)[공-]閔 연필이나 접시 따위 곡면체에 하는 인쇄.

곡면-체(曲面體)[공-]閔 표면의 일부가 곡면으로 된 입체 도형.

곡명(曲名)[공-]閔 악곡의 이름. 곡목(曲目).

곡목(曲目)[공-]閔 ①연주할 악곡 또는 곡명을 적어 놓은 목록. ②악곡(曲名).

곡물(穀物)[공-]閔 곡식.

곡물-상(穀物商)[공-쌍]閔 ①곡물을 매매하는 장사 또는 장수. ②곡물을 파는 가게. ⓒ미곡상.

곡물-식(穀物式)[공-]閔 주로, 곡물을 재배하는 경종(耕種) 방식. 주곡식(主穀式).

곡물^한:계(穀物限界)[공-계/공-게]圏 땅 위
에서 곡물을 재배할 수 있는 한계.

곡미(曲眉)[공-]圏 〔초승달 모양의 눈썹이란
뜻으로〕'미인의 눈썹'을 이르는 말.

곡반(哭班)[-빤]圏 지난날, 국상(國喪) 때 곡하
던 벼슬아치의 반열.

곡배(曲拜)[-빼]圏한자 임금을 뵐 때 하던 절.
¶곡배를 올리다.

곡법(曲法)[-뻡]圏한자 법의 본디 취지를 따르
지 않고, 법을 마음대로 왜곡함.

곡변(曲辯)[-뼌]圏한타 틀린 것을 옳다고 주장
함, 또는 곡론(曲論)으로 변명함.

곡병(曲屛)[-뼝]圏 ①머릿병풍. ②가리개.

곡보(曲譜)[-뽀]圏 ☞악보(樂譜).

곡복-사신(穀腹絲身)[-뽁씨-]圏 먹는 것과 입
는 것. 사신곡복(絲身穀腹).

곡분(穀粉)[-뿐]圏 곡물을 빻아서 만든 가루.

곡비(曲庇)[-삐]圏한타 ①힘껏 보호함. 곡호
(曲護). ②사실을 감추거나 굽새김하여 남을
편들고 감쌈.

곡비(哭婢)[-삐]圏 지난날, 장례 때 행렬 앞에
서 곡을 하며 가던 여자 종.

곡-빙하(谷氷河)[-삥-]圏 골짜기를 따라 흘러
내리는 빙하.

곡사(曲射)[-싸]圏한타 목표물을 가로막는 장
애물이 앞에 있을 때, 탄환이 굽은 탄도(彈道)
로 높이 올라갔다가 목표물에 떨어지게 하는
사격.

곡사-포(曲射砲)[-싸-]圏 곡사를 하는 데 쓰
이는 화포. 〔박격포 따위.〕

곡삼(曲蔘)[-쌈]圏 굵은 꼬리를 꼬부려서 말린
백삼. ☞직삼(直蔘).

곡상(穀商)[-쌍]圏 〈곡물상(穀物商)〉의 준말.

곡-생초(曲生綃)[-쌩-]圏 다른 두 가
지 흰 씨실로 절반씩 섞바꾸어 짠, 문채(文彩)
있는 명주붙이의 여름 옷감. 갑생초(甲生綃).

곡선(曲線)[-썬]圏 ①부드럽게 굽은 선. ↔직
선(直線). ②점이 평면 상이나 공간 내를 연속
적으로 움직일 때 생기는 선.

곡선-계(曲線計)[-썬계/-썬게]圏 지도 상의
교통로나 하천 등 곡선의 길이를 재는 기구.

곡선-미(曲線美)[-썬-]圏 ①건축이나 조각·회
화 등에서 곡선으로 표현된 아름다움. ②육체
의 곡선에서 나타나는 아름다움.

곡선-식(曲線式)[-썬-]圏 같은 표고(標高)를
연결하는 곡선을 써서 땅의 높낮이를 나타내어
지도를 그리는 법.

곡선^운:동(曲線運動)[-썬눈-]圏 〔물체 따위
가〕 곡선을 그리면서 움직이는 운동. 〔원운동
(圓運動) 따위.〕

곡선-자(曲線-)[-썬-]圏 곡선을 그리는 데 쓰
이는 자. 운형자.

곡선-표(曲線標)[-썬-]圏 철도 선로의 구부러
진 곳에 세우는 표지(標識).

곡설(曲說)[-썰]圏 편벽되고 그른 이론. 곡론
(曲論).

곡성(曲城)[-썽]圏 굽이지게 쌓은 성벽. 곱
은성.

곡성(哭聲)[-썽]圏 곡소리.

곡-소리(哭-)[-쏘-]圏 곡하는 소리. 곡성(哭聲).

곡-쇠(曲)[-쐬/-쒜]圏 ☞곡철(曲鐵).

곡수(曲水)[-쑤]圏 굽이굽이 휘돌아 흐르는 물.

　곡수(를) 놓다관용 곡수를 수놓다.

　곡수(를) 뜨다관용 곡수를 그리다.

곡수(谷水)[-쑤]圏 골짜기의 물.

곡수-연(曲水宴)[-쑤-]圏 지난날, 선비들이 정
원의 곡수에 술잔을 띄우고 시를 읊으며 즐기
던 잔치. ☞곡수유상.

곡수-유상(曲水流觴)[-쑤-]圏 〔곡수에 술잔을
띄워 보낸다는 뜻으로〕 '곡수연(曲水宴)'을 달
리 이르는 말. 유상곡수.

곡식(穀食)[-씩]圏 양식이 되는 쌀·보리·조·콩
따위를 통틀어 이르는 말. 곡물.

곡식-알(穀食-)[-씨갈]圏 곡식의 낱알.

곡신(穀神)[-씬]圏 곡식을 맡아본다는 신(神).

곡심(曲心)[-씸]圏한자 마음이 곱지 아니하고
비뚦.

곡연(曲宴)圏 지난날, 궁중(宮中)에서 베풀던
작은 규모의 잔치.

곡예(曲藝)圏 줄타기나 재주넘기·곡마·요술 따
위 신기한 재주를 부리는 연예(演藝). 서커스.

곡예-단(曲藝團)圏 곡예를 전문으로 하는 단체.

곡예^댄스(曲藝dance)圏 흥미 본위로 곡예를
섞어서 추는 춤.

곡예-비행(曲藝飛行)圏 공중에서 비행기로 하
는 여러 가지 재주.

곡예-사(曲藝師)圏 곡예를 업으로 하는 사람.

곡옥(曲玉)圏 상고 때에, 옥을 반달 모양으로
다듬어서 끈에 꿰어 장식으로 쓰던 구슬. 구옥
(勾玉).

곡용(曲用)圏 인도·유럽 어에서 나타나는 명사·
대명사·수사·형용사 등의 격(格)·수(數)·성(性)
에 의한 굴절. 국어에서는 체언에의 격 조사(格
助詞)가 붙어서 어형(語形)이 바뀌는 것을 가
리키기도 하지만, 학교 문법에서는 인정하지
않음. 격 변화. ☞활용설(活用).

곡우(穀雨)圏 이십사절기의 하나. 청명(淸明)과
입하(立夏) 사이로, 4월 20일께. 이 무렵에 곡식
이 자라는 데 이로운 비가 내리기 시작한다고 함.

곡읍(哭泣)圏한타 소리 내어 슬피 욺.

곡인(穀人)圏 '농민'을 달리 이르는 말.

곡일(穀日)圏 그해 농사를 점치는 날로, '음력
정월 초여드렛날'을 이르는 말.

곡자(曲子·*麴子)[-짜]圏 '누룩'으로 순화.

곡장(曲墻)[-짱]圏 능(陵)이나 원(園)의 무덤
뒤에 둘러쌓은 나지막한 담.

곡재아(曲在我)[-째-]圏 잘못이 나에게 있음.

곡재피(曲在彼)[-째-]圏 잘못이 남에게 있음.

곡적(穀賊)[-쩍]圏 한방에서, 곡식의 까끄라기
가 목구멍에 걸려 열이 나며 붓고 아픈 병증
(病症)을 이르는 말.

곡절(曲折)[-쩔]圏 ①복잡한 사연이나 내용.
¶많은 곡절을 겪다. /그가 우는 데는 무슨 곡
절이 있다. ②까닭. ¶곡절을 알아야지. ③〔문
맥 따위가〕 단조롭지 않고 변화가 많은 것.

곡절(曲節)[-쩔]圏 곡조의 마디.

곡정(曲釘)[-쩡]圏 대가리가 'ㄱ' 자처럼 꼬부
라진 못.

곡정(穀精)[-쩡]圏 곡식의 자양분.

곡정-수(穀精水)[-쩡-]圏 ①멥쌀을 고아서 밭
친 미음. ②밥물.

곡정-초(穀精草)[-쩡-]圏 곡정초과의 일년초.
얕은 연못이나 논밭에 나는데, 수염뿌리가 나
고 높이는 없음. 가늘고 긴 일이 뿌리에서 무
더기로 나며, 늦여름에 흰 꽃이 핌. 한방에서
줄기와 잎을 말려 약재로 씀.

곡제-화주(穀製火酒)[-쩨-]圏 곡식으로 만든
술. 〔위스키 따위.〕

곡조(曲調)[-쪼]圏 ①음악이나 가사의 가락.
¶흥겨운 곡조. ②〔의존 명사적 용법〕 음악적

통일을 이루는 음의 연속이나 노랫가락을 세는
단위. ¶시조 한 곡조. /가야금 몇 곡조를 뜯
다. ㉣곡(曲)·조(調).

곡종(穀種)[-쫑]명 ①곡식의 종류. ②곡식의
씨앗.

곡좌(曲坐)[-좌]명하자 〔윗사람 앞에 앉을 때
상대편을 공경하는 마음을 나타내는 뜻에서〕
마주 앉지 않고 옆으로 조금 돌아앉음.

곡주(穀酒)[-쭈]명 곡식으로 빚은 술.

곡직(曲直)[-찍]명 ①굽음과 곧음. ②사리의
옳고 그름. ¶곡직을 논하다.

곡진(曲盡)'곡진하다'의 어근.

곡진-기정(曲盡其情)[-찐-]명하자 앞뒤 사정
을 자세히 말함.

곡진-하다(曲盡-)[-찐-]형어 ①마음과 정성이
지극하다. ¶대접이 곡진하다. ②자세하고 간곡
하다. 곡진-히부.

곡차(穀茶·麪茶·曲茶)명 〔곡식으로 빚은 술이
라는 뜻으로〕불교에서, '술'을 이르는 말. 곡
다(穀茶). 반야탕.

곡창(穀倉)명 ①곡식을 쌓아 두는 창고. ②곡식
이 많이 나는 곳. 곡향(穀鄕). ¶곡창 지대.

곡창(穀脹)명 한방에서, 음식을 많이 먹어 소화
가 안 되고 헛배가 불러 오는 위장병을 이르
는 말.

곡척(曲尺)명 ☞곱자.

곡천(穀賤)'곡천하다'의 어근.

곡천-하다(穀賤-)형어 (생산이 많이 되어) 곡
식 값이 뚝 떨어져 헐하다. ↔곡귀하다.

곡철(曲鐵)명 ①직각형으로 된 쇳조각. 곡쇠.
②양금(洋琴)의 줄을 고르는 기구.

곡초(穀草)명 이삭을 떨어낸 곡식 풀의 줄기.
〔볏짚이나 밀짚 따위.〕

곡초-식(穀草式)명 땅심에 따라서 곡식과 목초
를 번갈아 가꾸는 영농 방식.

곡총(穀總)명 ①국고에 들어오는 곡식의 총액.
②곡식의 총수(總數).

곡출(穀出)명 추수한 곡식의 수량.

곡풍(谷風)명 ①골바람. ②☞동풍(東風).

곡피(穀皮)명 곡식의 껍질.

곡필(曲筆)명하타 (바른 대로 쓰지 않고) 사실
을 그릇되게 씀, 또는 그 글. ¶곡필과 과장을
일삼다. 참직필.

곡-하다(曲-)[고카-]형어 ①사리가 바르지 않
다. ②고깝다.

곡학(曲學)[고카]명 바른 길에서 벗어난 학문.

곡학-아세(曲學阿世)[고카가-]명하자 바른 길
에서 벗어난 학문으로 시세(時勢)나 권력자에
게 아첨하여 인기를 얻으려는 언행(言行)을
함. 〔'사기'의 '유림전(儒林傳)'에 나오는 말
로, 중국 한나라의 원고생(轅固生)이 공손홍
(公孫弘)의 학문의 정도(正道)는 학설을 굽
혀 세상 속물에 아첨하는 게 아니라고 한 고사
에서 유래함.〕

곡해(曲解)[고캐]명하타팀 사실을 본래의 뜻
과 다르게 잘못 해석하거나 이해함, 또는 그런
해석이나 이해. ¶동료의 호의를 곡해하다.

곡향(穀鄕)[고캉]명 곡식이 많이 나는 고장. 곡
창(穀倉).

곡형(曲形)[고켱]명 굽은 형상.

곡호(曲護)[고코]명하타 ☞곡비(曲庇).

곡호-대(曲號隊)[고코-]명 지난날, 곡호수만으
로 조직된 부대.

곡호-수(曲號手)[고코-]명 지난날, 군대에서
나팔을 불던 병정.

곡화(曲畫)[고콰]명 정상이 아닌 방법으로 그린
그림. 붓 대신 종이·손가락 등을 사용하거나
왼손이나 발·입 등으로 그린 것.

곤(옛)고니. ¶곤:天鵝(訓蒙上16).

곤(困)[명]〈곤괘(困卦)〉의 준말.

곤(坤)명 ①〈곤괘(坤卦)〉의 준말. ②〈곤방(坤
方)〉의 준말. ③〈곤시(坤時)〉의 준말.

-곤[어미]〈-고는1〉의 준말. ¶그는 경기 때마다
훈련을 치곤 했다.

-곤[어미]〈-고는2〉의 준말.

곤:갈(困竭·困渴)명하자 어렵고 가난하여 재물
이 다 없어짐. 비곤절.

곤:경(困境)명 곤란한 처지. 딱한 사정. ¶곤경
에 처하다. /곤경에 빠지다. /곤경을 딛고 일어
서다.

곤고(困苦)'곤고하다'의 어근.

곤고-하다(困苦-)형어 어렵고 고생스럽다.
곤고-히부.

곤곤(滾滾)'곤곤하다'의 어근.

곤:곤-하다(滾滾-)형어 많은 물이 넘실넘실 흘
러 세차다. 곤곤-히부.

곤골(滾汨)'곤골하다'의 어근.

곤:골-하다(滾汨-)형어 몹시 바쁘다. 곤골-히부.

곤:괘(困卦)명 육십사괘의 하나. 태괘(兌卦)와
감괘(坎卦)를 위아래로 놓은 괘. 못에 물이 없
음을 상징함. ㉣곤(困).

곤:괘(坤卦)명 팔괘(八卦)의 하나. 상형은
'☷'로 땅을 상징함. ②육십사괘의 하나. 곤괘
'☷'를 위아래로 놓은 괘. 땅 아래에 땅이 거
듭됨을 상징함. ㉣곤(坤). ↔건괘(乾卦).

곤군(困窘)'곤군하다'의 어근.

곤:군-하다(困窘-)형어 어렵고 군색(窘塞)하
다. 곤군-히부.

곤:궁(困窮)명하형스팀 ①가난하고 구차함. 궁
곤(窮困). ¶곤궁한 생활. ↔부유(富裕). ②처
지가 난처하고 딱함. ¶곤궁에 처하다. 곤
궁-히부. 곤궁스레부.

곤궁(坤宮)명 왕후의 궁전.

곤급(困急)'곤급하다'의 어근.

곤:급-하다(困急-)[-끄파-]형어 곤란하고 위
급하다. ¶곤급한 처지에 놓이다. 곤급-히부.

곤난(困難)명 '곤란'의 잘못.

곤뇌(困惱)'곤뇌하다'의 어근.

곤:뇌-하다(困惱-)[-뇌-/-눼-]형어 가난한
살림살이에 시달려서 고달프다. 곤뇌-히부.

곤:-대(困-)명 곤운대.

곤댓-짓[-대찓/-댇찓]명하자 뽐내어 하는 고
갯짓. *곤댓짓이[-대찌시/-댇찌시]·곤댓짓만
[-대찐-/-댇찐-]

곤돌라(gondola 이)명 ①(이탈리아의) 베네치
아의 명물인 작은 배. ②기구나 비행선 등에
매달린, 바구니 모양의 객실. ③고층 건물의
옥상에서 늘어뜨려 오르내리게 하는 하물 운
반기.

곤두명 ☞곤두박질.

곤:두-곤두감 어린아이를 손바닥 위에 세울 때
에 가락을 맞추기 위하여 하는 말.

곤두-박다[-따]자 높은 데서 거꾸로 떨어지다.

곤두-박-이다자 〔'곤두박다'의 피동〕곤두박음
을 당하다.

곤두박이-치다자 높은 데서 머리를 아래로 하
여 떨어지다.

곤두박-질[-찔]명하자 ①몸을 번드치어 갑자기
거꾸로 떨어지는 짓. 곤두. ②(수치 따위가) 좋
지 못한 단계로 급격히 떨어지는 일.

곤두박질-치다[-찔-]자 ①몸을 번드치어 갑자기 거꾸로 내리박히다. ②(수치 따위가) 좋지 못한 단계로 급격히 떨어지다. ¶ 주가가 곤두박질치다.

곤두-서다자 ①(수평을 이루거나 아래를 향하던 것이) 위쪽으로 꼿꼿이 서다. ¶ 머리카락이 곤두서다. ②(신경 따위가) 날카롭게 긴장하다. ¶ 신경이 곤두서다.

곤두세우다타 〖'곤두서다'의 사동〗 곤두서게 하다. ¶ 라디오 소리에 신경을 곤두세우다.

곤드기-장원(-壯元)명 노름판에서, 승부를 내지 못하고 서로 비긴 노름.

곤드라-지다자 ①술에 취하거나 몹시 지쳐서 정신없이 쓰러져 자다. ②곤두박질해 쓰러지다. 큰군드러지다.

곤드레-만드레부하자 (술이나 잠에 몹시 취하여) 정신을 차리지 못하고 몸을 가누지 못하는 모양.

곤들-매기명 연어과의 민물고기. 몸길이 30 cm 가량. 몸은 가늘고 길며 옆으로 납작함. 몸빛은 등 쪽이 황갈색이고 배 쪽은 회며 옆줄 밑에 작고 붉은 점이 섞여 있음. 우리나라·일본·미국 등지에 분포함.

곤:란(╳困難)[곤-]명하형스형 ①처리하기 어려움. 곤란한 질문. ②생활이 쪼들림. ¶ 살림이 곤란하다. ③괴로움. 곤란-히부. 곤란스레부.

곤로(ㄷんろ. 焜爐 일)명 '풍로(風爐)'로 순화.

곤:룡포(袞龍袍)[곤-]명 임금이 입던 정복. 곤복(袞服). 준용포(龍袍).

곤:마(困馬)명 ①(사람이 오래 타서) 지친 말. ②바둑에서, 살기 어렵게 된 돌.

곤명(坤命)명 ①불교의 축원문(祝願文)에서, '여자'를 이르는 말. ②'여자의 생년(生年)'을 이르는 말. →건명(乾命).

곤박(困迫) '곤박하다'의 어근.

곤:박-하다(困迫-)[-바카-]형어 (어찌할 수 없을 정도로) 사세(事勢)가 급하다. 사세가 절박하다. 곤박-히부.

곤방(坤方)명 ①이십사방위의 하나. 남서(南西)를 중심으로 한 15도 범위 이내의 방위. 미방(未方)과 신방(申方)의 사이. ②팔방(八方)의 하나. 남서(南西)를 중심으로 한 45도 범위 이내의 방위. ←간방(艮方).

곤방(棍棒)명 십팔기(十八技) 또는 무예 이십사반의 하나, 또는 그에 쓰이는 막대기.〔다섯 자 가량의 둥글고 단단한 막대기로 여러 가지 기술을 부림.〕

곤:보(困步)명 힘없이 걷는 걸음걸이.

곤복(悃愊) '곤복하다'의 어근.

곤:복(袞服)명 ☞ 곤룡포.

곤:복-하다(悃愊-)[-보카-]형어 참되고 정성스럽다.

곤봉(棍棒)명 ①짤막한 몽둥이. ②곤봉 체조(體操)에 쓰이는 운동 기구. 단단한 나무로, 길이는 35～60 cm, 무게 0.5～0.75 kg의 길둥근 병 모양으로 만듦.

곤봉^체조(棍棒體操)명 곤봉을 가지고 하는 체조. 양손에 곤봉을 쥐거나 손가락 사이에 끼고 전후 좌우로 휘두름.

곤비(困憊) '곤비하다'의 어근.

곤:비-하다(困憊-)형어 괴롭고 지치다. 곤궁하고 피로하다. 곤핍하다. ¶허비(虛憊)하다.

곤-삼절(坤三絕)명 팔괘 중, 곤괘(坤卦)는 세 막대 모두 끊어졌다는 뜻으로 '☷'의 모양을 이르는 말. ←건삼련(乾三連).

곤색(-色.こん〔紺〕일) '감색(紺色)'·'검남색'·'진남색'으로 순화.

곤색(困塞) '곤색하다'의 어근.

곤:색-하다(困塞-)[-새카-]형어 ①돈의 융통이 막힌다. ②운수가 막히어 살기가 어렵다. 곤색-히부.

곤-선명(困仙命)명 점술에서 이르는, 죽은 여자의 태어난 해. ←건선명(乾仙命).

곤손(昆孫)명 육대 손. 내손(來孫)의 아들. 현손(玄孫)의 손자.

곤쇠아비-동갑(-甲)[-쇠-/-쉐-]명 '나이 많고 흉측한 사람'을 속되게 이르는 말.

곤:수(困睡)명하자 곤히 잠. 곤히 든 잠.

곤신(坤時)명 이십사시의 열여섯째 시. 하오 2시 30분부터 3시 30분까지의 동안. 준곤(坤).

곤신-풍(坤申風)명 곤방(坤方)이나 신방(申方)에서 불어오는 바람. 곧 남서풍.

곤:액(困厄)명 뜻밖에 당하는 불행한 일.

곤약(蒟蒻)명 ①'구약나물'·'구약감자'로 순화. ②구약나물의 땅속줄기를 가루를 내어, 거기에 석회유를 섞어 끓여서 만든 식품.

곤:와(困臥)명하자 고단하여 드러누움. 또는 고단하여 깊이 든 잠.

곤:욕(困辱)명 심한 모욕. 또는 참기 힘든 일. ¶ 곤욕을 치르다.

곤:욕-스럽다(困辱-)[-쓰-따][～스러우니·～스러워]형비 곤욕을 느끼게 하는 데가 있다. ¶ 곤욕스러운 표정.

곤위(坤位)명 죽은 여자의 무덤, 또는 신주(神主). ←건위(乾位).

곤위(壺位·坤位)명 곤궁(壼宮), 또는 그 지위.

곤이(鯤鮞)명 ①물고기의 배 속에 있는 알. ②물고기의 새끼.

곤:이지지(困而知之)명 ☞곤지(困知).

곤자소니명 소의 창자 끝에 달린, 기름기가 많은 부분.

곤:작(困作)명하타 (글을) 힘들여 더디 지음.

곤:-잠(困-)명 고단하여 깊이 든 잠. ¶ 곤잠이 들다.

곤장(棍杖)명 지난날, 죄인의 볼기를 치던 형구(刑具).〔버드나무로 길고 넓적하게 만드는데, 대곤·중곤(中棍)·소곤·중곤(重棍)·치도곤의 다섯 가지가 있음.〕 형장(刑杖).

곤장(을) 내리다관용〔곤장을 치는 것처럼〕왕창 때려 부수다.

곤쟁이명 새우의 한 가지. 보리새우와 비슷하나 더 작고 몸이 부드러움. 자하(紫蝦).

곤쟁이-젓[-쩐]명 곤쟁이로 담근 것. 참감동젓. * 곤쟁이젓이[-저시]·곤쟁이젓만[-전-]

곤전(坤殿)명 '왕후(王后)'를 높이어 일컫던 말. 중궁전(中宮殿).

곤:절(困絕)명하형 가난하여 몹시 고생스러움. 비곤갈(困竭).

곤:정(壺政)명 지난날, '내전(內殿)'을 다스리는 일'을 이르던 말.

곤제(昆弟)명 ☞형제(兄弟).

곤좌(坤坐)명 (집터나 묏자리 따위가) 곤방(坤方)을 등진 좌향, 또는 그런 자리.

곤좌-간향(坤坐艮向)명 (집터나 묏자리 따위가) 곤방(坤方)을 등지고 간방(艮方)을 향한 좌향.

곤죽(-粥)명 ①매우 질어서 질척질척한 것. ¶ 장마로 곤죽이 된 길. ②일이 얽혀 갈피를 못 잡게 됨을 이르는 말. ③(주색에 빠지거나 몸이 상하여) '힘없이 늘어진 모양'을 비유하여 이르는 말. ¶ 술에 곤죽이 되다.

곤줄-박이[명] 박샛과의 새. 날개 길이는 8 cm가량. 몸빛은 짙은 회색이며 가슴과 배는 적갈색임. 뒷머리에 'V'자 모양의 검은 무늬가 있고 부리는 암갈색임. 우리나라와 동북아시아 일대에 널리 분포하는 익조로 보호조임. 산작(山雀).

곤지[명] (시집가는 새색시가 단장할 때) 이마에 연지로 찍는 붉은 점.

곤:지(困知)[명] 삼지(三知)의 하나. 도(道)를 애써서 깨침. 곤이지지(困而知之).

곤지-곤지 Ⅰ[명][하자] 젖먹이가 왼손 손바닥에 오른손 집게손가락을 댔다 뗐다 하는 동작. Ⅱ[감] 젖먹이에게 왼손 손바닥에 오른손 집게손가락을 댔다 뗐다 하라고 이르는 말.

곤:직(袞職)[명] ①임금의 직책. ②임금을 보좌하던 삼공(三公)의 직책.

곤충(昆蟲)[명] ①벌레를 흔히 이르는 말. ②곤충류에 딸린 동물.

곤충-류(昆蟲類)[—뉴][명] 절지동물의 한 강(綱). 몸은 많은 마디로 되어 있으며, 머리·가슴·배의 세 부분으로 나뉨. 날개가 있는 것과 없는 것의 두 종류가 있고, 암수딴몸으로 난생(卵生)하며 대개 탈바꿈함. 메뚜기목·딱정벌레목·파리목 따위로 나뉨.

곤:침(困寢)[명][하자] 고단하여 잠이 깊이 듦.

곤포(昆布)[명] ☞다시마.

곤:포(梱包)[명][하자] (거적이나 새끼로) 짐을 꾸려 포장함, 또는 그 짐.

곤핍(困乏)[명] '곤핍하다'의 어근.

곤:핍-하다(困乏—)[—피파][형여] ☞곤비(困憊)하다.

곤:-하다(困—)[형여] ①(힘을 많이 써서) 기운이 없이 느른하다. ②(졸음이 오거나 하여) 정신이 가물가물하다. ③(몹시 고단하여 든 잠이) 깊다. 곤-히[부] 곤히 자다.

곤형(棍刑)[명] ☞장형(杖刑).

곤:혹(困惑)[명][하자] (곤란한 일을 당하여) 어찌할 바를 몰라 난처해함. 쩔쩔맴.

곤:혹-스럽다(困惑—)[—쓰—따][—스러우니·—스러워][형ㅂ] 곤혹을 느끼게 하는 점이 있다. ¶곤혹스러운 질문. **곤혹스레**[부].

곧[부] ①즉시. 바로. 즉변(卽便). ¶곧 떠나라. ②머지않아서. ¶그도 곧 오겠지. ③즉시 말하면. ¶민심이 곧 천심이다. ④다름 아닌 바로. ¶이곳이 곧 천국이다.

곧²[조] 체언에 붙어, 앞말을 강조하는 뜻을 나타내는 보조사. ¶해곧 지면 우는 새. /날곧 새면 장난만 치오.

곧³[옛] 곳. ¶이 곧 다 고대(龍歌26章).

곧날-대패[곤—][명] 날을 90도로 곧게 끼워 단단한 나무를 깎는 대패.

곧다[—따][형] ①(휘지 않고) 똑바르다. ¶곧게 뻗은 고속도로. ②(마음이) 바르다. 정직하다. ¶곧은 절개.

　곧은 나무 쉬[먼저] 꺾인다[찍힌다][속담] 똑똑한 사람이 쉬 죽거나 먼저 따돌림을 당하는 는 말.

곧-바로[—빠—][부] ①즉시. ¶인부들은 일을 끝내자 곧바로 돌아갔다. ②바로 가면. ¶곧바로 가면 학교가 있다. ③다른 곳을 거치거나 들르지 않고 바로. ¶일이 끝나면 곧바로 집으로 와라. ④바로 가까이에. ¶학교 정문 옆에 곧바로 문방구가 있다.

곧-뿌림[명][하자] (옮겨 심지 않고) 씨앗을 논이나 밭에 바로 뿌리는 일. 직파(直播).

곧은-결[명] 결이 곧은 나무를 나이테와 직각으로 켠 판면에 나타난 결.

곧은-금[명] ☞직선(直線).

곧은-길[명] 곧게 뻗어나간 길.

곧은-바닥[명] 수직으로 파 내려가는 광 구덩이. 곧은쌤. 수갱(竪坑).

곧은-불림[명][하자] 자기의 죄상을 사실대로 말함. 직초(直招).

곧은-뿌리[명] 줄기에서 땅속으로 곧게 뻗은, 크고 긴 뿌리. 명근(命根). 직근(直根).

곧은-쌤[명] ☞곧은바닥.

곧은-줄기[명] 땅 위로 곧게 자라는 줄기. 직립경(直立莖).

곧은-창자[명] ①☞직장(直腸). ②고지식한 사람. ③'음식을 먹고서 바로 화장실에 가는 사람'을 농조로 이르는 말.

곧-이[고지][부] 바로 그대로. ¶곧이 여기다.

곧이-곧대로[고지—때—][부] 꾸밈이나 거짓이 없이. 바른 대로. 바로 그대로. ¶사실을 곧이곧대로 말하다. /그의 말을 곧이곧대로 믿다.

곧이-듣다[고지—따][—들으니·~들어][타ㄷ] (남의 말을) 그대로 믿다. ¶농담을 곧이듣다.

곧-이어[부] 바로 뒤따라. ¶곧이어 뉴스가 방송됩니다.

곧잘[—짤][부] ①제법 잘. ¶그는 운동도 곧잘 한다. ②가끔 잘. ¶곧잘 들르던 친구가 요즈음 발걸음을 않는다.

곧장[—짱][부] ①옆길로 빠지지 않고 곧바로. ¶곧장 집으로 가자. ②곧이어 바로. ¶연락받고 곧장 왔다.

곧추[부] (굽히거나 구부러지지 않고) 곧게.

곧추다[타] (굽은 것을) 곧게 하다.

곧추-들다[~드니·~들어][타] 위를 향하여 곧게 쳐들다.

곧추-뛰기[명] 그 자리에 선 채로 곧게 뛰어오르는 운동.

곧추-뜨다[~뜨니·~떠][타] ①눈이 위로 향하게 뜨다. ②눈을 부릅뜨다.

곧추-서다[자] 꼿꼿이 서다.

곧추-세우다[타] 『'곧추서다'의 사동』 꼿꼿이 서게 하다.

곧추-안다[—따][타] 어린아이를 곧게 세워서 안다.

곧추-앉다[—안따][자] 꼿꼿이 앉다.

골¹[명] ①(머릿골)의 준말. ¶골이 터지게 아프다. ②☞골수(骨髓).
　골(이) 비다[관용] 아는 것이 없거나 지능이 모자라다. 어리석다. ¶골 빈 사람.

골²[명] (무엇이 비위에 거슬리거나 하여) 벌컥 내는 성. ¶골을 잘 낸다.
　골(을) 올리다[관용] 골이 나게 하다.
　골(이) 오르다[관용] 화가 치밀어 오르다.
　골(을) 틀리다[관용] 마음이 비꼬여 부아가 나다.

골³[명] 만들려고 하는 물건의 모양을 잡거나 만든 물건의 모양을 바로잡는 틀. 〔망건골·짚신골·구둣골 따위.〕형틀.
　골(을) 박다[관용] ①일정한 범위 밖으로 나가지 못하게 하다. ②☞골(을) 치다.
　골(을) 치다[관용] 골을 박아서 제 모양으로 바로잡다. 골(을) 박다.

골⁴[명] (종이·피륙·얇은 나무 따위) 물건을 길이로 죽같이 나누어 오리거나 접는 금.

골:⁵[명] ①〈고을〉의 준말. ②〈골짜기〉의 준말. ③〈고랑〉의 준말. ④깊은 구덩이.
　골(을) 지르다[관용] 밭을 세 번째로 갈다.

골(을)켜다[관용] 나무를 통째 세로로 켜서 골을 만들다.

골(骨)[명] ①뼈. ②신라 때의 골품 제도에서 '혈연'을 이르던 말. [성골(聖骨)·진골(眞骨) 등.]

골(goal)[명] 축구·농구·하키 따위에서, 그곳에 공을 넣어야 득점이 되는 곳, 또는 그곳에 공을 넣어 득점하는 일. ¶연달아 골이 터지다.

골(옛)[명] 꼴. 모양. ¶뭀 곧 아라우히 샌디 아니ᄒᆞ샤(月釋2:41).

골각-기(骨角器)[-끼][명] 석기 시대에, 짐승의 뼈나 뿔·엄니로 만들어 쓰던 기구. [바늘·송곳·빗·화살촉·낚싯바늘·작살 따위가 있음.]⑪뼈연장.

골간(骨幹)[명] ①뼈대. 골격. ②사물의 중심이 되는 부분. ¶논문의 골간을 이루는 대목.

골:-감[명] 감의 한 종류. 꽃이 붙어 있던 배꼽자리에서 꼭지를 향해 네 갈래로 골이 진 감.

골강(骨腔)[명] 골수가 차 있는 관상골(管狀骨) 속의 빈 부분.

골갱이[명] ①물질 속에 있는 단단한 부분. ②말이나 일의 중심이 되는 요점이나 핵심.

골:-걷이[-거지][명][하다] 곡식을 심은 밭고랑의 풀을 뽑아 없애는 일.

골검(骨檢)[명] 지난날, 살인 사건의 수사 과정에서, 이미 백골(白骨)이 된 시체를 검시(檢屍)하던 일.

골'^게터(goal getter)[명] ⇨골잡이.

골격(骨格·骨骼)[명] ①고등 동물에서, 몸을 지탱하는 여러 가지 뼈의 조직. 뼈대. 골간(骨幹). ②사물의 주요 부분을 이루는 것. ¶고층 건물의 골격을 세우다.

골격-근(骨格筋)[-끈][명] (내장근에 상대하여) 골격을 움직이는 근육. 양쪽 끝은 건(腱)이 되어 골격에 붙어 있으며, 운동 신경의 지배에 따라 마음대로 움직일 수 있음. 가로무늬근임. 때근육.

골-결핵(骨結核)[명] 골조직이 결핵균에 감염되어 생기는 질환.

골경(骨鯁)[명] [목에 걸린 생선 가시라는 뜻으로] '임금에게 직간(直諫)을 서슴지 않는 강직한 신하'를 비유하여 이르는 말.

골계(滑稽)[-게/-게][명] ⇨익살.

골계-극(滑稽劇)[-게-/-게-][명] 익살스럽게 꾸민 연극.

골계-미(滑稽美)[-게-/-게-][명] (예술 작품 따위의) 익살스러움에서 느껴지는 아름다움.

골계^소:설(滑稽小說)[-게-/-게-][명] 익살스러운 이야기를 내용으로 한 소설.

골계-화(滑稽畫)[-게-/-게-][명] 익살스럽고 재치 있게 그리어, 보는 사람의 웃음을 자아내게 하는 그림.

골고다(←Golgotha)[명] (신약 성서에 나오는) 예루살렘 근교에 있는 언덕. 그리스도가 십자가에 못박힌 곳.

골:-고래[명] 불길이 몇 갈래로 갈라져서 따로따로 들게 놓은 방고래.

골고루[부] 〈고루고루〉의 준말.

골:-곡(-谷)[명] 한자 부수의 한 가지. '谿'·'豁' 등에서의 '谷'의 이름.

골골[부][하자] 오랜 병으로 시름시름 앓는 모양.

골골²[부][하자] 암탉이 알을 겯는 소리.

골골-거리다¹[자] 오랜 병으로 시름시름 자꾸 앓다. 골골대다¹.

골골-거리다²[자] 암탉이 자꾸 골골 소리를 내다. 골골대다².

골골-대다¹[자] ⇨골골거리다¹.

골골-대다²[자] ⇨골골거리다².

골골무가(汨汨無暇)[명] ⇨골몰무가.

골:골샅샅-이[-삳싸치][부] 한 군데도 빼놓지 않고 갈 수 있는 곳은 어디든지.

골-관절(骨關節)[명] 뼈의 관절. 뼈마디.

골-국[-꾹][명] ⇨골탕.

골기(骨氣)[명] ①뼈대와 기질. ②억센 기질(氣質). ③힘찬 필세(筆勢)를 이르는 말.

골기(骨器)[명] ①뼈로 만든 기물. ②⇨뼈연장.

골-김[-낌][명] 골이 난 김. 홧김. 《주로, '골김에'·'골김으로'의 꼴로 쓰임.》 ¶골김에 한대 쥐어박았다.

골-나다[-라-][자] 골이 나다. 성이 나다.

골-내다[-래-][자] 골을 내다. 성을 내다.

골:-네트(goal net)[명] 축구·하키 등에서, 골의 위·옆·뒤에 치는 그물.

골:[고니](①)[타] 잠을 잘 때에 숨이 콧구멍을 울려 드르렁거리는 소리를 내다. ¶코를 골며 자다.

골다공-증(骨多孔症)[-쯩][명] 뼈의 무기질과 단백질이 줄어들어 골조직이 엉성해지는 증상.

골담-초(-草)[명] 콩과의 낙엽 관목. 줄기는 가늘고 무더기로 나는데, 높이는 2m가량. 잎은 어긋맞게 나고, 봄에 나비 모양의 꽃이 황적색으로 피며, 꼬투리로 된 열매는 9월에 익음. 뿌리는 한약재로 씀.

골:-답(-畓)[명] 물이 흔하고 기름진 논. ↔건답.

골:-대(goal-)[명] ⇨골포스트(goalpost).

골덴[명] '코르덴'의 잘못.

골독-하다(汨篤-)[-또카-][형여] 〈골똘하다〉의 본딧말.

골동(骨董)[-똥][명] ①자질구레한 것을 한데 섞은 것. ②⇨골동품(骨董品).

골동-반(骨董飯)[-똥-][명] 비빔밥.

골동-탄(骨董炭)[-똥-][명] ⇨등걸숯.

골동-품(骨董品)[-똥-][명] ①희소가치(稀少價値)나 미술적인 가치가 있는, 오래된 세간이나 미술품. 골동(骨董). ②'오래되었을 뿐, 가치가 없고 쓸모도 없이 된 물건, 또는 그와 같은 사람'을 빗대어 이르는 말. ¶이젠 나도 골동품이야.

골:-든-골:(golden goal)[명] 축구의 서든 데스 방식에서, 상대 팀보다 먼저 넣는 골.

골:-든^디스크(golden disk)[명] 백만 장 이상 팔린 레코드. [미국 레코드 협회에서, 백만 장 이상 팔린 레코드에 대해 금빛 레코드를 기념으로 준 데서 유래함.]

골:-든-아워(golden+hour)[명] 라디오나 텔레비전 방송에서, 청취율이나 시청률이 가장 높은 시간.

골-딱지[-찌][명] 〈골²〉의 속된 말.

골-땅땅이[명] 골패 노름의 한 가지.

골똘-하다[형여] 어떤 한 가지 일이나 한 가지 생각에 푹 파묻혀 딴 일이나 생각을 할 겨를이 없다. ¶골똘하게 생각하다. 뿐골독(汨篤)하다.
골똘-히[부].

골:-라-내다[타] 여럿 가운데서 어떤 것을 골라 집어 내다.

골:-라인(goal line)[명] ①축구·하키 등에서, 골포스트를 따라 그은 선. ②결승선.

골:-라-잡다[-따][타] 여럿 가운데서 마음에 드는 것을 골라서 가지다.

골락-새[-쌔][명] ⇨크낙새.

골로새-서(←Colossae書)몡 신약 성서 중의 한 편. 사도 바울이 로마의 옥중(獄中)에서 골로새 지방의 초대 교회에 보낸 목회 서간(牧會書簡). 이단(異端) 사상을 논박한 내용임.

골류(骨瘤)몡 ☞골혹.

골리다타 상대편을 놀리어 약을 올리거나 골이 나게 하다. ¶그녀는 동생을 골려 놓고는 도망가기 일쑤였다.

골린(骨鱗)몡 경골어류(硬骨魚類)의 비늘.

골:-마루몡 ①(안방이나 건넌방에 딸린) 골방 모양의 좁은 마루. ②☞복도(複道).

골마지몡 (간장이나 술·김치 따위) 물기 있는 식료품의 겉면에 생기는 곰팡이 같은 흰 물질.

골막(骨膜)몡 뼈의 거죽을 싸고 있는 얇고 튼튼한 흰 막. 신경과 혈관이 분포하며, 뼈의 성장과 영양을 지배함.

골막-골막[-깔-]튀하 여러 그릇에 담긴 것이 다 골막한 모양. 큰굴먹굴먹.

골막-염(骨膜炎)[-깡념]몡 주로, 세균의 감염으로 일어나는 골막의 염증.

골-막이몡하타 도리 위의 서까래와 서까래 사이를 흙으로 막는 일, 또는 그 흙.

골막-하다[-마카-]혱 그릇에 다 차지 않고 좀 모자라는 듯하다. 큰굴먹하다.

골-머리몡 〈머릿골〉의 속된 말.
　골머리(를) 앓다관용 어찌해야 좋을지 몰라 머리가 아플 정도로 생각에 몰두하다. 골치를 앓다.

골:-모둠몡하 〈고삿모둠〉의 준말.

골-모판(-板)몡 골이 있는 모판.

골:-목몡 동네 가운데의 좁은 길. 큰길에서 동네로 들어가는 좁은 길. 골목길.

골:-목-골목[-꼴-]Ⅰ위 각각의 골목, 또는 모든 골목. ¶골목골목마다 쓰레기 천지다. Ⅱ몡 골목마다 모두. ¶골목골목 외치고 다니다.

골:-목-길[-낄]몡 ☞골목.

골:-목-대장(-大將)[-때-]몡 골목에서 노는 어린아이들 가운데서 우두머리 노릇을 하는 아이.

골목-자기몡 '골목쟁이'의 잘못.

골:목-쟁이[-쩽-]몡 골목에서 더 깊숙이 들어간 좁은 곳.

골몰(汩沒)몡하 다른 생각을 할 겨를이 없이 오로지 어떤 한 가지 일에만 파묻힘. ¶시험 공부에 골몰하다. 골몰-히위.

골몰-무가(汩沒無暇)몡 일에 파묻혀서 쉴 겨를이 없음. 골골무가(汩汩無暇).

골무몡 바느질할 때 손가락 끝에 끼는, 가죽이나 헝겊으로 만든 물건.

골무-떡몡 ①가락을 짧게 자른 흰떡. ②색떡의 밑받침으로 만든 흰떡.

골:-문(-goal門)몡 축구나 핸드볼 등에서, 골라인 위에 세운 골대와 크로스바 사이를 이르는 말.

골:-밀이몡 ①등에 골이 지게 골변탕으로 밀어서 만든 문살이나 미닫이 틀. ②☞골변탕.

골밑-샘[-믿쌤]몡 ☞뇌하수체(腦下垂體).

골:-바(-goal bar)몡 축구장의 골포스트 위에 가로지른, 나무나 쇠로 된 막대. 크로스바.

골:-바람[-빠-]몡 산기슭이나 산골짜기에서 산 위로 부는 바람. 곡풍(谷風).

골반(骨盤)몡 고등 척추동물의 허리 부분을 이루며 하복부의 장기(臟器)를 떠받치고 있는, 깔때기 모양의 크고 납작한 뼈. [엉치등뼈와 미골(尾骨), 좌우의 무명골(無名骨)로 이루어짐.] 엉덩뼈.

골:-방(-房)몡 (안방이나 건넌방 따위) 큰 방의 뒤쪽에 딸린 작은 방.

골:-배질몡하 나루터에서 얼음이 얼기 시작하거나 풀릴 때, 얼음을 깨고 통로를 만들어 배를 건너게 하는 일.

골-백번(-百番)[-뻔]몡 '여러 번'을 강조하여 이르는 말. ¶골백번도 넘게 일러 줘도 소용없다.

골뱅이몡 ①연체동물 복족강에 속하는, 몸이 나선형 껍데기 속에 들어 있는 동물을 통틀어 이르는 말. [고둥류·우렁이류·다슬기류 따위.] ②'@'를 가리키는 말. 인터넷 주소에서 'at' 표시로, 그 모양을 본뜬 것임.

골:-변탕(-邊鐋)몡 대패의 한 가지. 골을 파는 데 쓰는 변탕. 골밀이.

골-병(-病)몡 속으로 깊이 든 병.

골병-들다(-病-)[~드니·~들어]ᄌ 좀처럼 고치기 어렵게 속으로 깊이 병이 들다.

골-부림몡하 함부로 골을 내는 짓.

골분(骨粉)몡 ①지방을 뽑아낸 동물의 뼈로 만든 가루. 사료 또는 과일나무나 담배 따위의 인산 비료(燐酸肥料)로 쓰임. ②사람을 화장한 후 그 남은 뼈를 갈아 만든 가루. 뼛가루.

골분^비:료(骨粉肥料)몡 골분으로 만든 비료. 준골비(骨肥).

골비(骨肥)몡 〈골분 비료〉의 준말.

골:-뿌림몡하타 밭에 고랑을 치고 줄이 지게 씨를 뿌리는 일.

골산(骨山)[-싼]몡 (나무가 없고) 바위로만 이루어진 산.

골:-살이몡하 〈고을살이〉의 준말.

골상(骨相)[-쌍]몡 ①골격(骨格)의 모양. ②주로, 얼굴이나 두골(頭骨)에 나타난, 그 사람의 성질이나 운명.

골상-학(骨相學)[-쌍-]몡 얼굴이나 머리뼈의 모양을 보고 그 사람의 성질이나 운명 따위를 판단하는 학문.

골-샌님(骨-)몡 샌님 티가 몸에 밴 사람. 골생원.

골-생원(骨生員)몡 ①'옹졸하고 고리타분한 사람'을 농조로 이르는 말. 골샌님. ②'잔병치레로 늘 골골하는 사람'을 농조로 이르는 말.

골-선비(骨-)몡 선비 티가 몸에 밴 사람.

골-세포(骨細胞)몡 골조직(骨組織)을 이루고 있는 기본 세포.

골-속[-쏙]몡 ①머릿골의 속. ②골풀의 속. 〈왕골속〉의 준말.

골:-쇠[-쇠/-쉐]몡 골짜기의 밑바닥에 있는 사금(沙金)의 층.

골수(骨髓)[-쑤]몡 ①뼈의 내강(內腔)에 차 있는 누른빛 또는 붉은빛의 연한 조직. 골1. ¶골수 이식 수술. ②마음속. ¶원한이 골수에 맺히다. ③요점(要點) 또는 골자(骨子). ④(사상이나 종교 따위에) 철저히 빠져 있는 사람을 이르는 말. ¶골수 개혁파. ⑫뼛골·뼛속.
　골수에 맺히다관용 잊히지 않고 마음속에 깊이 맺히어 있다.
　골수에 사무치다관용 잊을 수 없을 만큼 마음속에 깊이 박히어 있다.

골수-분자(骨髓分子)[-쑤-]몡 조직체의 이념을 철저히 신봉하거나 조직의 상사에게 절대적인 충성을 바치는 사람을 속되게 이르는 말.

골수-염(骨髓炎)[-쑤-]몡 화농(化膿)을 일으키는 세균의 감염(感染)에 따라 일어나는 골수(骨髓)의 염증.

골습(骨濕)[-씁]圀 한방에서, 습기(濕氣)로 말미암아 정강이뼈 속이 저리고 아픈 병을 이르는 말.

골-싸다囮 피륙을 두 쪽 길이가 같게 접다.

골싹-골싹[-꼴-]囲(하) 여러 그릇에 담긴 것이 다 골싹한 모양. 圉굴썩굴썩.

골싹-하다[-싸카-]혱 좀 골막하다. 圉굴썩하다.

골:-안개圀 새벽에 골짜기에 보얗게 끼는 안개.

골없다혱(옛) 꼴사납다. ¶ 고오며 골업스며(圓覺上-之二13). /됴커나 골업거나(法華6:15).

골:^에어리어(goal area)圀 축구·하키 등에서, 골 앞에 네모지거나 반원으로 그은 일정한 구역.

골연-증(骨軟症)[-쯩]圀 석회분의 부족으로 뼈가 연화(軟化)하여 일어나는 가축병의 한 가지.

골연화-증(骨軟化症)[-런-쯩]圀 임산부(姙産婦)에게서 흔히 볼 수 있는, 비타민 D 결핍이나 신장 장애 따위로 일어나는 만성 질환. 뼈가 물러져 골격의 변형을 가져오게 됨.

골열(骨熱)圀 한방에서, 뼛속이 화끈거리는 증상을 이르는 말.

골오[옛] 고루. ¶ 等은 골오 니르실씨라(釋譜6:45).

골와라[옛] 소라고둥. ¶ 골와랏 소리 갓봄 소리(釋譜19:14).

골유(骨油)圀 골지(骨脂)를 냉각·압착하여 만든 액체의 기름. 비누·양초 등의 원료로 쓰임.

골육(骨肉)圀 ①뼈와 살. ②〈골육지친(骨肉之親)의 준말. ③혈육(血肉).

골육-상잔(骨肉相殘)[-쌍-]혱자 ①부자(父子)나 형제 등 혈연관계에 있는 사람끼리 서로 해치며 싸우는 일. ②같은 민족끼리 해치며 싸우는 일. 골육상쟁(骨肉相爭).

골육-상쟁(骨肉相爭)[-쌍-]圀혱자 ☞골육상잔(骨肉相殘).

골육-수(骨肉水)[-쑤]圀 무덤이 있는 산의 아래로 흐르는 물.

골-육종(骨肉腫)[-륙쫑]圀 뼈에 생기는 악성 종양.

골육지친(骨肉之親)[-찌-]圀 부모와 자식 또는 형제자매 등의 가까운 혈족. 준골육(骨肉).

골:인(goal+in)圀혱자 ①경주 등에서, 결승점에 들어섬. ¶ 1등으로 골인하다. ②'골(goal)'의 잘못.

골자(骨子)[-짜]圀 (일정한 내용에서) 가장 긴한 부분. 가장 중요한 곳. 요점(要點). ¶ 사설(社說)의 골자를 파악하다.

골:-잡이(goal-)圀 (축구·농구·하키 등에서) 득점을 많이 올리는 선수. 골 게터.

골재(骨材)[-째]圀 콘크리트나 모르타르에 쓰이는 모래나 자갈을 이르는 말.

골저(骨疽)[-쩌]圀 ☞카리에스.

골절(骨折)[-쩔]圀혱자 뼈가 부러짐. 절골.

골절(骨節)[-쩔]圀 뼈마디.

골절-상(骨折傷)[-쩔-]圀 뼈가 부러지는 부상, 또는 그 상처. 골절상으로 입원하다.

골조(骨彫)[-쪼]圀 동물의 뼈나 상아(象牙)에 새긴 조각.

골조(骨組)[-쪼]圀 건물의 주요 구조체가 되는 뼈대. ¶ 골조 공사.

골-조직(骨組織)圀 뼈를 구성하는 조직. 〔골세포(骨細胞)나 골질(骨質)로 이루어짐.〕

골조-풍(骨槽風)[-쪼-]圀 한방에서, 충치로 말미암아 잇몸 주위가 붓고 염증이 생겨 턱뼈까지 몹시 아프게 되는 병을 이르는 말.

골지(骨脂)[-찌]圀 소·말 따위의 뼈에서 골탄(骨炭) 같은 것을 만들 때 그 부산물로서 얻어지는 지방. 동물의 골수(骨髓) 속에 들어 있는데, 질이 낮은 비누의 원료나 윤활유 따위로 쓰임.

골질(骨質)[-찔]圀 ①동물의 뼈와 같은 단단한 물질, 또는 그와 같은 성질. ②동물의 경골(硬骨)을 구성하는 물질. 뼈 중에서 골막(骨膜)과 골수(骨髓)를 제외한 부분.

골-집圀 '순대'의 잘못.

골짜기圀 두 산 사이에 깊숙이 패어 들어간 곳. 준골·골짝.

골짝〈골짜기〉의 준말.

골창圀〈고랑창〉의 준말.

골-챙이圀 물갈이 물을 대기가 좋은 논.

골초(-草)圀 ①질이 낮은 담배. ②'담배를 심하게 피우는 사람'을 농조로 이르는 말. ③용고뚜리.

골치〈머릿골〉의 속된 말.

골치(가) 아프다관용 몹시 성가시고 귀찮다.

골치(를) 앓다관용 ☞골머리(를) 앓다.

골침(骨針)圀 석기 시대에 쓰던, 동물의 뼈로 만든 바늘.

골칫-거리[-치꺼-/-친꺼-]圀 ①성가신 일거리, 혹은 난처한 문제를 짜증스럽게 이르는 말. ②다루기가 귀찮고 걱정거리가 되는 사람을 이르는 말. 두통거리.

골칫-덩어리[-치떵-/-친떵-]圀 ☞골칫덩이.

골칫-덩이[-치떵-/-친떵-]圀 '애를 먹이는 일이나 사람'을 속되게 이르는 말. 골칫덩어리.

골:-키:퍼(goal keeper)圀 축구·하키 등에서, 골을 지키는 선수. 준키퍼.

골:-킥(goal kick)圀 ①축구에서, 상대편 선수가 골라인 밖으로 차낸 공을 자기편 에어리어에 갖다 놓고 차는 일. ②럭비에서, 트라이를 한 후 득점을 노리고 차는 일.

골타분-하다혱 〈고리타분하다〉의 준말. 골타분-히閇.

골탄(骨炭)圀 ①활성탄(活性炭)의 한 가지. 동물의 뼈를, 공기를 차단하고 가열하여 숯이 되게 한 것. 목탄보다 흡착성(吸着性)이 강하여 제당 공업(製糖工業)의 탈색제(脫色劑) 따위로 쓰임. 등겨숯. ②☞코크스.

골탑탑-하다[-타파-]혱 〈고리탑탑하다〉의 준말. 골탑탑-히閇.

골탕圀 되게 손해를 보거나 곤란을 당하는 일.

골탕(을) 먹다관용 되게 손해를 보거나 곤란을 받다.

골탕(을) 먹이다관용 되게 손해를 입히거나 곤란을 당하게 하다.

골-탕(-湯)圀 소의 등골이나 머릿골에 밀가루나 녹말을 묻혀 기름에 지진 다음 맑은장국에 넣어 끓인 국. 골국.

골통圀 ①〈머리1〉의 속된 말. ②'말썽꾸러기나 머리가 나쁜 사람'을 속되게 이르는 말.

골통(骨痛)圀 한방에서, 과로로 말미암아 열이 오르내리면서 뼈에 무지근한 아픔을 느끼는 병을 이르는 말.

골통-대圀 나무나 흙 따위로 대통을 만든 담뱃대의 한 가지. 대통이 약간 굵다랗고 길이가 몽톡함.

골:-파圀 파의 한 가지. 밑동이 마늘쪽처럼 붙고 잎이 여러 갈래로 남.

골판-문(骨板門)圀 문짝의 틀에 마루청을 끼워서 만든 문.

골:-판지(-板紙)圈 판지의 한쪽 또는 두 장의 판지 사이에, 골이 진 종이를 완충재(緩衝材)로 붙인 판지의 한 가지. 물품의 포장용 상자로 많이 쓰임.

골패(骨牌)圈 노름 기구의 한 가지. 납작하고 네모진 검은 나무 바탕에 흰 뼈를 붙여, 여러 가지 수효의 구멍을 새긴 것.

골패-하다(骨牌)-자여 골패로 노름을 하다.

골편(骨片)圈 뼈의 부스러진 조각.

골:-편사(-便射)圈 지난날, 구역 대항으로 하던 활쏘기. 동편사(洞便射).

골:-포스트(goalpost)圈 축구·럭비·핸드볼 등에서, 골 양쪽의 기둥. 골대.

골-풀圈 골풀과의 다년초. 들의 물가나 습지에 나는데, 줄기는 25~100 cm로 긴 송곳처럼 밋밋함. 5~7월에 녹갈색 꽃이 피고, 세모진 열매는 갈색으로 익음. 줄기는 돗자리의 재료로 쓰이고, 줄기의 속을 말린 것을 한방에서 '등심초(燈心草)'라 하여 이뇨제(利尿劑)로 씀.

골:-풀무圈 풀무의 한 가지. 땅바닥에 네모지게 골을 파서 중간에 굴대를 가로 박고, 그 위에 골에 맞는 널빤지를 걸쳐 놓는 것으로, 두 발로 번갈아 널빤지의 양 끝을 디디어서 바람을 일으킴. 발풀무.

골-풀이圈하자 화를 참지 못하고 아무에게나 풀어 버리는 짓.

골품(骨品)圈 신라 때의 신분 계급 제도. 〔성골(聖骨)·진골(眞骨)·육두품(六頭品)·오두품(五頭品) 따위가 있었음.〕

골프(golf)圈 골프장에서 경기자가 정해진 자리에서 공을 골프채(클럽)로 쳐서, 잔디밭에 배치된 18개의 구멍(홀)에 차례로 넣어 가는 구기. 〔공을 친 횟수가 적은 사람이 이김.〕

골프-장(golf場)圈 골프 경기를 하는 곳. 넓은 잔디밭에 언덕·나무·연못 따위를 배치해서 일정한 코스를 마련한 곳.

골프-채(golf-)圈 골프공을 치는 채. 클럽.

골필(骨筆)圈 끝이 동물의 뼈 따위로 된 필기 도구. 먹지를 용지 사이에 끼우고 여러 장을 한꺼번에 복사할 때 씀.

골프다(骨-)[골] 〈옛〉고프다. ¶ 골픈 비도 브르며(月釋8:95).

골:-함석圈 골이 죽죽 지게 만든 함석. 주로, 지붕용으로 쓰임.

골해(骨骸)圈 몸을 이루고 있는 온갖 뼈.

골-혹(骨-)圈 뼈에 생기는 혹. 해면같이 연한 것과 상아같이 단단한 것이 있음. 골류(骨瘤).

골화(骨化)圈하자 뼈나, 뼈와 비슷한 물질로 변함. 화골(化骨).

골화^연령(骨化年齡)[-열-]圈 뼈의 발달 정도에 따라서 정하는 연령.

골회(骨灰)[-회/-훼]圈 아교질이나 지방질을 채취하고 난 동물의 뼈를 태워서 하얀 가루로 만든 것.

골회圈〈옛〉고리. ¶ 골회 환:環(訓蒙中27).

곮기다자 '곪기다'의 잘못.

곪:-다[곪따]자 ①상처에 염증이 생겨 고름이 들다. ¶ 이가 아프더니 잇몸까지 곪았다. ②내부에 부패나 모순이 쌓이고 쌓여 터질 정도에 이르다. ¶ 갈등이 곪아 터진다. * 곪아·곪:고[곪꼬]·곪:는[곪-]

곬[골]圈 ①한쪽으로 틔어 나가는 방향이나 길. ¶ 마음을 한 곬으로 모으다. ②물고기가 물려다니는 일정한 길. ¶ 조기의 곬. * 곬이[골씨]·곬만[골-]

곯다¹[골타]자 ①속이 물크러져 상하다. ②(크게 드러나지는 않으나) 속으로 골병이 들다. * 곯아[고라]·곯는[골른]·곯소[골쏘]

곯다²[골타]타 음식을 양에 차게 먹지 못하거나 굶다. ¶ 배를 곯다. * 곯아[고라]·곯는[골른]·곯소[골쏘]

곯다³[골타] (그릇에 담긴 것이) 가득 차지 아니하고 좀 비다. 亩곪다. * 곯아[고라]·곯소[골쏘]

곯-리다¹[골-]타 〔'곯다¹'의 사동〕①속이 물크러져 상하게 하다. ②속으로 골병이 들게 하다.

곯-리다²[골-]타 〔'곯다²'의 사동〕먹는 것이 모자라 늘 배고프게 하다.

곯아-떨어뜨리다[고라-]타 곯아떨어지게 하다. 곯아떨어트리다.

곯아-떨어지다[고라-]자 술이나 잠에 몹시 취하여 정신을 잃고 자다.

곯아-떨어트리다[고라-]타 곯아떨어뜨리다.

곰:¹圈 '곰팡'·'곰팡이'의 준말. ¶ 믿는 나무에 곰이 핀다네.

곰:²圈 고기나 생선을 푹 삶은 국. ¶ 곰을 고다.

곰:³圈 곰과의 동물을 통틀어 이르는 말. 몸길이 1~3 m. 몸이 뚱뚱하며 네 다리는 짧음. 온몸이 긴 털로 덮여 있고, 눈은 작으며 귀는 짧고 둥금. 몸빛은 검음. 나무에 잘 오르고 굴을 잘 파며 헤엄도 잘 침. 산속에 살며 겨울에는 동굴 속에서 겨울잠을 잠. 전 세계에 분포함. ②'미련한 사람'을 농조로 이르는 말.

곰 가재 뒤듯[속] '느릿느릿하게 행동함'을 이르는 말.

곰이라 발바닥(을) 핥으랴[속] 먹을 것이라고는 아무것도 없다는 말.

곰 창날 받듯[속] '우둔하고 미련하여, 자기에게 해가 되는 일을 스스로 함'을 비유하여 이르는 말.

-곰圈미〈옛〉①-씩. ¶ 銀돈 ᄒ 낭곰 받ᄌ᣸ᄫ니ᅌᅡ(月釋1:9). ②((용언이나 부사 뒤에 붙어)) 소리 가락을 부드럽게 하고 뜻을 강조하는 말. ¶ 이 리곰 火災ᄒ호ᇙ 여듧 번 ᄒ면(月釋1:49). /둘하 노피곰 도ᄃᆞ샤(井邑詞).

곰:-거리[-꺼-]圈 곰국의 재료가 되는 고기나 뼈.

곰:곰圈 곰곰이.

곰:곰-이圈 여러모로 깊이 생각하는 모양. 곰곰. ¶ 앞일을 곰곰이 생각하다.

곰:-국[-꾹]圈 소의 뼈와 양지머리·사태·양·곱창 따위를 푹 곤 국. 곰탕.

곰기다자 곪은 자리에 딴딴한 멍울이 생기다.

곰바지런-하다[-따]여 (일을 시원스럽게 하지는 못하나) 꼼꼼하고 바지런하다. 쇘꼼바지런하다. 곰바지런-히튀.

곰방-대圈 짧은 담뱃대. 단죽(短竹). 짜른대.

곰방-메圈 흙덩이를 깨뜨리거나 씨를 묻는 데 쓰는 농기구. 둥근 나무토막에 긴 자루를 끼워 'T'자 모양으로 만든 것.

곰배圈〈곰배팔이〉의 준말.

곰배-말圈 등이 굽은 말.

곰배-팔圈 꼬부라져서 펼 수 없게 된 팔.

곰배팔-이圈 팔이 꼬부라져 붙어 펴지 못하거나 팔뚝이 없는 사람. 卷곰배.

곰:-보圈 얼굴이 얽은 사람.

곰:-보-딱지[-찌]圈 '곰보'를 조롱하여 이르는 말.

곰봇-대[-보때/-봗때]圈 뇌관을 다이너마이트 속에 넣을 때 다이너마이트의 한쪽에 구멍을 뚫는 나무 꼬챙이, 또는 다이너마이트를 남폿구멍 속으로 밀어 넣는 나무 꼬챙이.

곰빅님빅몜 〈옛〉자꾸자꾸. 계속하여. ¶곰빅님빅 님빅곰빅 천방지방 지방천방 즌듸 므른듸 ᄀᆞᆯ회 지 말고(古時調). 춀곰빅님빅.

곰비-임비몜 물건이 거듭 쌓이거나 일이 겹치는 모양. ¶경사스러운 일이 곰비임비 일어나다.

곰빅〈옛〉뒤. ¶德으란 곰빅예 받ᄌᆞᆸ고 福으란 림비예 받ᄌᆞᆸ고(樂範.動動).

곰빅님빅몜 〈옛〉자꾸자꾸. 계속하여. ¶ 날은 느져 가고 어서 내라 곰빅님빅 지ᄎᆞᆨ고(癸丑日記上98).

곰:-삭다[-따]재 ①오래된 옷 따위가 삭아서 푸슬푸슬해지다. ¶담가 둔 젓갈 따위가 오래되어 푹 삭다. ¶새우젓은 곰삭아야 제 맛이 난다.

곰:-살갑다[-따]혭[~살가우니·~살가워]혭ᄇ 성질이 싹싹하고 살갑다. 춼곰슬갑다.

곰-살곱다혭ᄇ '곰살갑다'의 잘못.

곰:-살궂다[-굳따]혭 ①성질이 싹싹하고 다정하다. ¶곰살궂게 굴다. ②꼼꼼하고 자세하다. ¶그는 곰살궂게 집안일에 참견한다.

곰상-곰상몜혤 성질이나 행동 따위가 잘고 꼼꼼한 모양.

곰상-스럽다[-따]혭[~스러우니·~스러워]혭ᄇ 성질이나 행동 따위가 잘고 꼼꼼하다. **곰상스레**몜.

곰:-솔몜 소나뭇과의 상록 침엽 교목. 우리나라 중부 이남의 바닷가에 나는데, 높이는 30 m가량. 껍질은 검은 회색이며 거북의 등처럼 갈라지고, 잎은 두 잎씩 붙어 남. 암수한그루로 5월경에 꽃이 핌. 정원수나 방풍림으로 심고, 나무는 건축재·토목재·펄프재 따위로 쓰임. 해송(海松). 흑송(黑松).

곰실-거리다재 자꾸 곰실곰실하다. 곰실대다. 큰굼실거리다. 쎈꼼실거리다.

곰실-곰실몜재 작은 벌레 같은 것이 느릿느릿 몸을 놀리는 모양. 큰굼실굼실. 쎈꼼실꼼실.

곰실-대다재 곰실거리다.

곰작몜혤재타 느린 몸짓으로 좀스럽게 움직이는 모양. 큰굼적. 쎈꼼짝. 큰쎈꿈쩍.

곰작-거리다[-꺼-]재타 자꾸 곰작곰작하다. 곰작대다. 큰굼적거리다.

곰작-대다[-때-]재타 곰작거리다.

곰-장어(-長魚)몜 ①'먹장어'로 순화. ②'갯장어'의 잘못.

곰지락몜혤재타 약하고 둔한 몸짓으로 천천히 움직이는 모양. 큰굼지럭. 쎈꼼지락. **곰지락-곰지락**몜혤재타.

곰지락-거리다[-꺼-]재타 자꾸 곰지락곰지락하다. 곰지락대다. 큰굼지럭거리다.

곰지락-대다[-때-]재타 곰지락거리다.

곰질몜혤재타 매우 여리고 느린 몸놀림으로 한 번 조금 움직이는 모양. 큰굼질. 쎈꼼질. **곰질-곰질**몜혤재타.

곰질-거리다재타 자꾸 곰질곰질하다. 곰질대다. 큰굼질거리다.

곰질-대다재타 곰질거리다.

곰:-탕(-湯)몜 ▷곰국.

곰틀몜혤재타 몸을 이리저리 고부리거나 비틀며 움직이는 모양. 큰굼틀. 쎈꼼틀. **곰틀-곰틀**몜혤재타.

곰틀-거리다재타 자꾸 곰틀곰틀하다. 곰틀대다. 큰굼틀거리다.

곰:-파다타 일의 내용을 알려고 꼼꼼하게 따져 보다.

곰:-팡몜 〈곰팡이〉의 준말. 춘곰¹.

곰:-팡-내몜 곰팡이에서 나는 매캐한 냄새. ¶눅눅한 곰팡내가 풍기다.

곰:팡-스럽다[-따][~스러우니·~스러워]혭ᄇ 생각이나 행동이 케케묵고 고리타분하다. **곰팡스레**몜.

곰:팡-이몜 하등 균류(下等菌類)에 딸린 미생물의 한 가지. 몸은 균사(菌絲)로 되어 있으며 일정한 형태가 없음. 동식물에 유해한 것과 발효(醱酵)나 약품 제조 등에 이용되는 것 등이 있음. 매기(霉氣). 춘곰¹·곰팡.

곰:팡이-류(-類)몜 ▷균류(菌類).

곰:-피다재 곰팡이 피다.

곱¹몜 〈곱절〉의 준말. ¶비용이 곱으로 들다. ¶수학에서, 둘 이상의 수나 식을 곱하여 얻은 수, 또는 식.

곱²몜 부스럼이나 헌데에 끼는 골마즈 모양의 물질. ¶곱이 끼다.

곱-걸다[-껄-][~걸거니·~걸어]타 ①두 번 겹치어 얽다. ②노름에서, 돈을 곱으로 걸다.

곱걸-리다[-껄-]재 『'곱걸다'의 피동』①두 번 겹치어 얽히다. ②노름에서 돈이 곱으로 걸리다.

곱-꺾다[-꺽따]타 ①뼈마디를 꼬부렸다 폈다 하다. ②(노래를 부를 때) 꺾이는 목에서 소리를 낮추었다 다시 돋우다.

곱꺾-이몜 ①뼈마디를 꼬부렸다 폈다 하는 일. ②소리를 꺾어 넘기는 일.

곱꺾-이다『'곱꺾다'의 피동』①뼈마디가 꼬부라졌다 펴지다. ②꺾이는 목에서 소리가 낮추어졌다 다시 돋아지다.

곱-끼다재 종기나 부스럼이 생기다.

곱-나들다[곰-][~나드니·~나들어]재 (종기나 부스럼 따위에) 자꾸 곪다.

곱-놓다[곰노타]타 노름에서, 돈을 곱절로 태우다.

곱다¹[-따]재 이익을 보려다가 도리어 손해를 보다. ¶주식에 손을 대었다가 곱고 말았다.

곱다²[-따]혭 한쪽으로 조금 휘어 있다. 고부라져 있다. ¶등이 곱은 할머니. 큰굽다.

곱다³[-따]혭 ①신 것이나 찬 것을 먹은 뒤에 이 뿌리가 저리다. ②추위 때문에 손가락이나 발가락이 차서 잘 움직여지지 아니하다. ¶손이 곱아서 글씨를 쓸 수 없어요.

곱다⁴[-따][고우니·고와]혭 ①보기에 또는 듣기에 아름답다. ¶고운 목소리./빛깔이 곱다. ↔밉다. ②부드럽고 순하다. ¶마음씨가 곱다. ③바탕이 보드랍다. ¶고운 살결. ④가루가 아주 잘고 보드랍다. ¶고운 소금. ⑤(피륙이나 국수 따위의) 발이 썩 가늘다. ¶세모시의 올이 곱다. ⑥다치거나 상하거나 하지 않고 온전하다. (주로, '곱게'의 꼴로 쓰임.)¶곱게 간직하다. ⑦편안하다. (주로, '곱게'의 꼴로 쓰임.)¶곱게 자라다. /곱게 잠들다. ②~⑤→거칠다.

곱다재 〈옛〉곱절이 되다. ¶倍느 고불씨라(月釋1:48). /구버 졌ᄀ 머더니 數를 혜면 千萬이 고ᄇ니이다(月釋21:54).

곱:-다랗다[-따라타][~다라니·~다래]혭 ①아주 곱다. ②축나거나 변하지 않고 그대로 온전하다. ¶처녀 시절의 얼굴을 곱다랗게 간직하다. 큰굽다랗다.

곱:다래-지다[-따-]재 곱다랗게 되다.

곱:다시[-따-]몜 ①무던히 곱게. ¶불만을 곱다시 듣고만 있다. ②그대로 고스란히. ¶곱다시 뜬눈으로 밤을 새웠다.

곱:-닿다[-따타][~다니·~다아]형ㅎ 〈곱닿다〉의 준말.

곱-돌[-똘]명 ⼾납석(蠟石).

곱돌-솥[-똘솥]명 곱돌로 만든 솥. *곱돌솥이[-똘쏘치]·곱돌솥을[-똘소틀]·곱돌솥만[-똘손-]

곱돌조대명 〈옛〉곱돌을 깎아서 만든 담뱃대. ¶곱돌조대 넌짓 들어…화로에 푹 질러 담배를 먹는데…(烈女春香守節歌).

곱-들다[-뜰][~드니·~들어]자 비용이나 재료가 갑절로 들다. 곱먹다. ¶차비가 곱들었다.

곱-디-곱다[-띠-][~고우니·~고와]형ㅂ 매우 곱다. ¶곱디고운 얼굴.

곱-디디다[-띠-]타 발을 접질리게 디디다. ¶발을 곱디뎌 넘어졌다.

곱-똥명 곱이 섞여서 나오는 똥.

곱-먹다[곰-따][Ⅰ]자 곱들다. [Ⅱ]타 곱절로 먹다.

곱-바[-빠]명 지게의 짐을 얽는 긴 밧줄.

곱-배기명 ‘곱빼기’의 잘못.

곱-빼기명 ①(음식의) 두 그릇 몫을 한 그릇에 담은 분량. ②두 번 거듭하는 것.

곱사[-싸]명 ①곱사등. ②곱사등이.

곱사-등[-싸-]명 뼈의 발육 장애로 말미암아, 등뼈가 고부라져 큰 혹과 같은 뼈가 불쑥 나온 등. 곱사.

곱사등-이[-싸-]명 곱사등인 사람. 곱사. 꼽추. 타배.

곱사등이-춤[-싸-]명 등에 방석을 넣거나 하여, 곱사등이 시늉을 하며 추는 춤.

곱-사위[-싸-]명 (산대놀음 따위에서) 장구 앞에서 뒷걸음치면서 추는 춤.

곱살-끼다[-쌀-]자 몹시 보채다.

곱:-살-스럽다[-쌀-따][~스러우니·~스러워]형ㅂ 얼굴 모습이 보기에 곱살하다. 곱살스레부.

곱:-살-하다[-쌀-]형여 생김새가 곱고 얌전하다. 곱살하다.

곱-삶다[-쌈따]타 거듭 삶다. 다시 삶다. ¶빨래를 곱삶다.

곱삶-이[-쌀미]명 ①두 번 삶아 짓는 밥. ②‘꽁보리밥’을 달리 이르는 말.

곱삿-병(-病)[-싸뺑·-쌀뺑]명 ⼾구루병.

곱:-상(-相)[-쌍]명 곱게 생긴 얼굴, 또는 그런 사람. ¶그렇게 밉상은 아니었지만 그렇다고 곱상도 아니었다. ↔밉상.

곱:-상-하다(-相-)[-쌍-]형여 곱살하다.

곱-새기다[-쌔-]타 ①되풀이하여 곰곰이 생각하다. ②남의 말이나 행동을, 그 본의(本意)대로 생각하지 않고 좋지 않게 꼬아 생각하다. 곡해(曲解)하다.

곱새-치기[-쌔-]명하타 돈을 곱걸어 하는 노름.

곱-셈[-쎔]명하타 둘 이상의 수를 곱함, 또는 그런 셈법. ↔나눗셈.

곱셈-법(-法)[-쎔뻡]명 곱셈을 하는 법. 승법(乘法). ↔나눗셈법.

곱셈-부호(-符號)[-쎔-]명 곱하기의 기호 ‘×’의 이름. 곱셈표.

곱셈-표(-標)[-쎔-]명 곱셈 부호. ↔나눗셈표.

곱-소리[-쏘-]명 가늘고 부드러운 코끼리의 꼬리털. 망건(網巾)이나 탕건 등을 떠서 만드는 데 쓰였음. 준곱솔.

곱솔¹[-쏠]명 〈곱소리〉의 준말.

곱-솔²[-쏠]명 꺾어 박은 솔기를 다시 한 번 더 꺾어 박는 일, 또는 그렇게 박은 솔기. 〔박이옷을 지을 때의 바느질법법.〕

곱송-그리다[-쏭-]타 놀라거나 겁이 나서 몸을 잔뜩 움츠리다. ¶절도범은 몸을 곱송그리며 경찰서로 들어왔다.

곱-수(-數)[-쑤]명 ⼾승수(乘數).

곱수-머리명 ‘곱슬머리’의 잘못.

곱슬-곱슬[-쓸-쓸]부하형 털이나 실 따위가 고불고불하게 말려 있는 모양. 큰굽슬굽슬.

곱슬-머리[-쓸-]명 고수머리.

곱실[-씰]부 ①하자남의 비위를 맞추려고 비굴하게 행동하는 모양. ②하타고개나 허리를 가볍게 고부렸다 펴는 모양. 큰굽실. 센꼽실. 곱실곱실부하자타.

곱실-거리다[-씰-]자타 자꾸 곱실곱실하다. 곱실대다. 큰굽실거리다.

곱실-대다[-씰-]자타 곱실거리다.

곱쌈-솔[-쏠]명 한 번 박은 솔기를, 시접이 싸이도록 접어 위에서 눌러 박은 솔기.

곱-써레질[-써-]명 써레질한 논밭을 가로로 한 번 더 써레는 일.

곱-씹다[-따]타 ①거듭해서 씹다. ②말이나 생각 따위를 거듭 되풀이하다. ¶곱씹어 생각하다.

곱은-성(-城)명 성문 밖으로 빙 둘러서 곱게 쌓은 성벽. 곡성(曲城).

곱이-곱이부 여러 굽이로 굽이진 모양. 큰굽이굽이.

곱-자[-짜]명 나무나 쇠로 ‘ㄱ’ 자 모양으로 만든 자. 그자자. 곡척(曲尺). 구(矩).

곱작[-짝]부하자 머리를 숙이고 몸을 고부리는 모양. 큰굽적. 센꼽작. 곱작곱작부하자.

곱작-거리다[-짝꺼-]타 자꾸 곱작곱작하다. 곱작대다. 큰굽적거리다.

곱작-대다[-짝때-]타 곱작거리다.

곱-잡다[-짬따]타 곱절로 쳐서 헤아리다. ¶공사 예산을 곱잡아 세웠다.

곱장-다리[-짱-]명 무릎은 밖으로 벌어지고, 정강이는 안으로 휜 다리.

곱-쟁이[-쨍-]명 곱절이 되는 수량.

곱-절[-쩔]명 ①하타같은 수량이나 분량을 몇 번이고 거듭 합치는 일, 또는 그 셈. ¶어떤 수를 곱절로 셈하는 셈법. ②『의존 명사적 용법』일정한 수나 양이 그 수만큼 거듭됨을 이르는 말. ¶소득이 세 곱절로 늘다. 준곱¹.

곱-창명 소의 작은창자(小腸).

곱추명 ‘꼽추’의 잘못.

곱-치다타 ①반으로 접어 합치다. ②곱절을 하다. 센꼽치다.

곱-하기[고파]명하타 곱셈을 하는 일. ↔나누기.

곱-하다[고파]타여 (어떤 수를) 곱으로 셈하다. ↔나누다.

곳[곧]명 ①어떤 한정된 공간. ¶높은 곳. /가려운 곳. /밝은 곳. ②추상적인 일정한 자리나 지역. ¶잘못된 곳. /아무 데도 의지할 곳이 없는 곳. ③『의존 명사적 용법』일정한 자리나 지역을 세는 단위. ¶한 곳. /다섯 곳. *곳이[고시]·곳만[곤-]

곳¹명〈옛〉꽃. ¶곳 디고 속잎 나니(古時調). 참곶.

곳²조〈옛〉만. 곧. ¶이 고대 흐다가 아는 무슴곳 내면(蒙法42).

곳간(庫間)[고깐/곧깐]명 물건을 간직하여 두는 곳.

곳간-차(庫間車)[고깐-/곧깐-]명 〈유개차(有蓋車)〉의 속된 말.

곳갈[명] 〈옛〉고깔. ¶ 힌 곳갈 스고(杜初22:57).
곳고리[명] 〈옛〉 꾀꼬리. ¶ 가지에서 우는 곳고리눈(杜初3:25).
곳-곳[곧꼳][명] 군데군데. 이곳저곳. 여기저기. 처처(處處). ¶곳곳에서 사고가 일어나다. * 곳곳이[곧꼬시]·곳곳만[곧꼰-]
곳곳-이[곧꼬시][부] 곳곳마다. ¶곳곳이 다 절경(絕景)이다. /곳곳이 만발한 개나리.
곳나모[명]〈옛〉꽃나무. ¶ 곳나모 가지마다 간더 쪽쪽 안니다가…(鄭澈.思美人曲).
곳답다[형]〈옛〉꽃답다. ¶ 비 저즌 블근 蓮스 고존 _ 珊珊히 곳답도다(杜初7:2).
곳디다[명]('곳다'의 활용형) 꽂지. ¶ 머리예 곳디 아니ᄒᆞ고(杜初8:66).
곳무ᄅᆞ[명]〈옛〉콧마루. ¶ 곳무ᄅᆞ 쥰:準(訓蒙上26).
곳-집(庫-)[고찝/곧찝][명] ①곳간으로 지은 집. 고사(庫舍). 창고(倉庫). 창름(倉廩). ②ᢙ엿집.
곳초[부]〈옛〉곧추. 똑바로. ¶啓明星 돗도록 곳초 안자 ᄇᆞ라보니 白蓮花 흔 가지ᄅᆞᆯ 뉘라셔 보내신고(鄭澈.關東別曲). 참고초.
공:[명]①고무나 가죽 따위로 둥글게 만들어 속에 공기 또는 다른 물질을 넣은 운동 기구. ¶구르는 공. /공을 던지다. ②ᢙ구(球). ③당구를 칠 때 사용하는, 상아로 만든 알.
공(工)[명] 〈공업(工業)〉의 준말.
공(公)[명] ①개인적인 것이 아니고, 사회 일반의 많은 사람에게 관계되는 것. ¶공과 사를 엄격히 구별한다. ↔사(私). ②〈공작(公爵)〉의 준말.
공(功)[명]①〈공로(功勞)〉의 준말. ¶공을 세우다. ②〈공력(功力)〉의 준말. ¶공을 들이다.
공(供)[명]ᢙ⇒불공(佛供). ¶공을 드리다.
공(空)[명]①속이 텅 빈 것. 아무것도 없는 것. ②불교에서, 세상의 모든 것은 인연(因緣)에 따라 생긴 가상(假相)이며, 영구불변의 실체(實體)가 없음을 이르는 말. 참무(無). ③아라비아 숫자 0(영)을 흔히 이르는 말. ④숫자 대신 쓰는 부호 '○'의 이름. ¶모집 인원 남녀 ○명.
공(貢)[명] 〈ᄒᆞ다〉〈공납(貢納)〉·〈공상(貢上)〉의 준말. ②〈공물(貢物)〉의 준말.
공(公)[Ⅰ][의] 주로 남자의 성이나 성명 뒤에 쓰이어, 그 사람을 높여 부르거나 이르는 말. ¶김 공. /김철수 공. [Ⅱ][대]①상대편 남자를 높여서 부르는 말. 당신. ¶공의 능력을 믿겠소. ②남자 삼인칭의 공대말. 그분. ¶공은 지성으로 임금을 섬겼다.
공(gong)[명] 권투에서, 경기의 시작과 종료를 알리는 종. ¶3라운드의 공이 울리다.
공-(空)[접두] 일부 명사 앞에 붙어, ㉠힘이나 돈을 들이지 아니함을 뜻함. ¶공것. /공돈. /공술. ㉡비어 있음을 나타냄. ¶공가교. ②《일부 동사 앞에서》 '헛'·'허탕'의 뜻을 나타냄. ¶공돌다. /공치다.
-공(工)[접미] 일부 명사 뒤에 붙어, 그 일에 종사하는 직공임을 나타냄. ¶인쇄공. /기능공. /용접공. /전기공.
-공(公)[접미]《고유 명사를 포함하는 일부 명사 뒤에 붙어》 남을 높여 부르는 칭호임을 나타냄. ¶충무공. /충정공(忠正公).
공가(工價)[-까][명]ᢙ⇒공전(工錢).
공가(公家)[명] 중이 '절'을 이르는 말.
공가(公暇)[명] (공무원에게) 공식으로 인정되어 있는 휴가.
공가(空家)[명] 빈집.

공:가(拱架)[명] 홍예문(虹霓門)을 쌓아 올릴 때, 석재(石材) 따위를 떠받치기 위하여 가설(架設)하는 아치형의 틀.
공-가교(空駕轎)[명] 거동 때, 임금이 탄 정가교(正駕轎)보다 앞서서 가게 하던 빈 가교.
공각(空殼)[명] 곡식이나 열매 따위의 빈 껍질이나 곡류 따위의 빈 껍데기.
공간(公刊)[명]〈ᄒᆞ다〉①공개적으로 간행함. ②공적으로 간행함. 간행(刊行).
공간(空間)[명] ①아무것도 없이 비어 있는 칸. ¶지면(紙面)의 공간. /건물의 공간. ②(어떤 물질이나 물체가 존재할 수 있거나 어떤 일이 일어날 수 있는) 물리적으로나 심리적으로 널리 퍼져 있는 범위. ¶우주 공간. /자유 공간. ③영역이나 세계를 이르는 말. ¶삶의 빈 공간을 채우다. ④물리학에서, 물질이 존재하고 여러 현상이 일어나는 장소. ⑤철학에서, 시간과 함께 세계를 성립시키는 기본 형식.
공간(空簡)[명] 지난날, 선물 또는 예물(禮物)이 딸리지 않은 편지를 이르던 말.
공간-격자(空間格子)[-짜][명] 결정체(結晶體)를 이루고 있는 원자·이온·분자 따위의 집단이 일정한 계열에 따라 공간에 배열(配列)된 것.
공간-도형(空間圖形)[명]⇒입체 도형.
공간-미(空間美)[명] 공간적으로 형성되는 조각·건축 따위의 미.
공간-역(空間閾)[-녁][명] 심리학에서, 감각 기관의 두 점에 동시에 주어진 두 가지 자극을 각각 분별하여 느낄 수 있는 최소의 거리를 이르는 말.
공간^예술(空間藝術)[-녜-][명] 그림·조각·건축 등 물질적인 소재로써 일정한 공간을 구성하여 형상화하는 예술. 조형 예술. ↔시간 예술.
공간-적(空間的)[관][명] ①공간에 관계되거나 그에 딸리는 (것). ②공간의 성질을 지닌 (것). ↔시간적.
공간^지각(空間知覺)[명] 상하·좌우·전후의 공간적 관계를 감각을 통하여 파악하는 지각. 시각·청각·촉각 등과의 공동 작용으로 위치·방향·크기·형태·거리 등을 느끼어 앎.
공간-파(空間波)[명] 송신 안테나로부터 나와, 땅에 닿지 않고 전리층(電離層)에서 반사되어 수신 안테나에 이르는 전파.
공:갈(恐喝)[명]〈ᄒᆞ다〉(금품을 뜯어내거나 하기 위하여) 남의 약점이나 비밀 따위를 이용하여 옥박지르고 을러댐. 공하(恐嚇). ②ᢙ〈거짓말〉의 속된 말.
공:갈-죄(恐喝罪)[-쬐/-쮀][명] 남을 공갈하여 금품을 뜯어내거나 재산상의 이익을 얻음으로써 성립하는 죄.
공:갈-치다(恐喝-)[자] 공갈을 하다.
공:감(共感)[명]〈ᄒᆞ다〉 (남의 생각이나 의견·감정 등에 대하여) 자기도 그러하다는 느낌, 또는 그런 감정. ¶누구나 공감할 수 있는 내용.
공:-감각(共感覺)[명] 어떤 자극에 응하여 일어나는 감각이, 동시에 다른 영역의 감각을 불러일으키는 일. 〔'푸른 종소리'라는 표현처럼, 종소리를 들었을 때 푸른 빛깔로도 감각되는 따위〕.
공:감-대(共感帶)[명] 서로 공감하는 부분. ¶국민적 공감대를 형성하다.
공개(公開)[명]〈ᄒᆞ다〉〈되다〉 마음대로 보거나 듣거나 할 수 있도록 일반에게 개방(開放)함. ¶고궁(古宮)을 공개하다. /비밀이 공개되다.
공개-경쟁(公開競爭)[명] 공개된 자리에서 같은 조건으로 서로 겨루는 일.

공개^방:송(公開放送)명 (방송국의 스튜디오나 극장·강당 등에서) 관객이나 방청객(傍聽客)을 모아 놓고, 방송 실황을 드러내 보이면서 제작하는 방송.

공개^법인(公開法人)명 주식(株式)을 주식 시장에 내놓고 있는 법인.

공개^선:거(公開選擧)명 공개 투표로 하는 선거. ↔비밀 선거.

공개-수사(公開搜査)명 (전국적 조직으로 수사할 필요가 있는 사건에 대하여) 범인의 사진 따위를 일반인에게 공개해서, 민간인의 협력을 얻으려는 경찰의 수사 방법.

공개^시:장(公開市場)명 누구나 자유로이 참가하여 유가 증권(有價證券)을 매매하며, 수급(需給)의 실세(實勢)가 반영되어 가격이 성립하는 상태에 있는 시장. [증권 시장 따위.]

공개^심리주의(公開審理主義) [-니-의/-니-이]명 ☞공개주의.

공개-장(公開狀) [-짱]명 어떤 개인이나 단체에게 알리는 사실이나 의견을 신문이나 잡지에 실어서 공중에게 널리 알리는 글. [일반의 비판을 구하기 위해서 함.]

공개^재판(公開裁判)명 재판의 과정을 일반에게 공개하여 누구나 방청할 수 있도록 허락되어 있는 재판. 공심판(公審判).

공개-적(公開的)관명 공개하거나 또는 공개하다시피 하는 (것). ¶공개적 방식. /공개적인 비난(非難).

공개-주의(公開主義) [-의/-이]명 ①무엇이나 비밀로 하지 않고 일반인에게 공개하는 주의. ②소송의 심리(審理)를 공개하여, 재판의 방청(傍聽)을 국민에게 인정하는 주의. ②공개 심리주의(公開審理主義).

공개^투표(公開投票)명 투표자의 투표 내용을 제삼자가 알 수 있는 투표 방법. [기명 투표(記名投票)나 기립(起立)·거수(擧手)·구두(口頭)에 의한 투표 따위.] ↔비밀 투표.

공개-회의(公開會議) [-회의/-훼이]명 누구에게나 방청을 허락하는 회의.

공:거(貢擧)명 지난날 중국에서, 제후나 지방 장관이 그 지방의 유능한 인재를 뽑아 천자에게 추천하던 제도.

공건(空件) [-껀]명 쓸데없는 물건.

공검(恭儉)명 '공검하다'의 어근.

공검-하다(恭儉-)형여 공손하고 검소하다. 공검-히튀.

공겁(空劫)명 불교의 사겁(四劫)의 하나. 이 세계가 파멸하여 일체가 공으로 돌아가 공허의 상태로 계속되어 있는 동안.

공-것(空-) [-껏]명 노력이나 대가 없이 거저 얻은 것. *공것이 [-꺼시]·공것만 [-껀-]

공것 바라기는 무당의 서방(이라) 속담 '공것이라면 무엇이든지 좋아하는 사람'을 빗대어 이르는 말.

공것이라면 양잿물도 먹는다 속담 [공짜라면, 먹으면 죽는 양잿물까지도 먹는다는 뜻으로] '공짜라면 무엇이든 가리지 않고 거두어들이는 것'을 비꼬아 이르는 말.

공:격(攻擊)명하타 ①나아가 적을 침. ②말로 상대편을 논박하거나 비난함. ③운동 경기 따위에서, 상대편을 수세에 몰아넣고 강하게 밀어붙임. ①③←방어 ↔수비.

공:격-력(攻擊力) [-경녁]명 공격하는 힘.

공:격-수(攻擊手) [-쑤]명 (주로 구기 등에서) 공격을 주로 맡고 있는 선수. ↔수비수.

공:격-적(攻擊的) [-쩍]관명 공격하는 태도를 취하는 (것). ¶공격적인 질문.

공:격-진(攻擊陣) [-찐]명 공격을 하는 편의 진, 또는 그 군사나 선수. ↔수비진.

공결(公決)명하타 되자 공정(公正)하게 결정함, 또는 그러한 결정.

공겸(恭謙)명하자 공손하고 겸손함.

공경(公卿)명 삼공(三公)과 구경(九卿)을 아울러 이르는 말.

공경(恭敬)명하타 공손히 받들어 섬김. ¶어른을 공경하다. 공경-히튀.

공경-대부(公卿大夫) [지난날] ①삼공(三公)과 구경(九卿) 및 대부(大夫)를 아울러 이르던 말. ②'벼슬이 높은 사람'을 이르던 말.

공-경제(公經濟)명 국가나 지방 공공 단체 등이 영위하는 경제. ↔사경제(私經濟).

공경제적 수입(公經濟的收入) [-쑤-] 국가나 지방 자치 단체가 사경제(私經濟)로부터 보상 없이 강제로 거두어들이는 수입.

공계(空界) [-계/-게]명 불교에서 이르는, 아무것도 없는 공의 세계.

공:계(貢契) [-계/-게]명 지난날, 나라에 공물을 바친 뒤에 값을 타 내는 계를 이르던 말.

공고(工高)명 '공업 고등학교'의 준말.

공고(公告)명하자타 되자 관청이나 공공 단체 등에서, 어떠한 일을 관보(官報)·신문·게시(揭示) 따위를 통하여 일반에게 널리 알리는 일. ¶선거일을 공고하다.

공고(鞏固)명 '공고하다'의 어근.

공고라(←qonqgor 몽)명 누른 빛깔에 주둥이가 검은 말.

공고-문(公告文)명 공고하는 내용의 글.

공고-하다(鞏固-)형여 굳고 흔들림이 없다. ¶공고한 의지. /공고한 방어벽. 공고-히튀.

공곡(公穀)명 나라 소유의 곡식. ↔사곡(私穀).

공곡-공음(空谷跫音) [-꽁-]명 [사람이 없는 빈 골짜기에 울리는 발자국 소리란 뜻으로] '쓸쓸할 때에 손이나 기쁜 소식이 오는 것, 또는 그 손이나 소식'을 비유하여 이르는 말. 공곡족음.

공곡-족음(空谷足音) [-쪼음]명 ☞공곡공음.

공골-말명 털 빛깔이 누른 말.

공골-차다형 '공골차다'의 잘못.

공공(公共)명 사회 일반이나 공중(公衆)에 관계되는 것. ¶공공 기관. /공공의 이익.

공공(空空)¹명하자 불교에서 이르는, 만유(萬有)는 공(空)이라는 사상. ②이름이나 숫자 대신으로 쓰는 부호 '○○'의 이름. ¶○○ 부대. /모집 인원은 남녀 ○○명.

공공(空空)² '공공하다'의 어근.

공공-건물(公共建物)명 공공용의 건물.

공공^기업체(公共企業體)명 국가나 지방 공공 단체의 소유 또는 지배 하에 있어, 공공의 복지와 밀접한 관계를 가진 기업체.

공공^단체(公共團體)명 국가의 감독 아래 공공의 업무를 수행하는 법인 단체. 공법인(公法人).

공공-물(公共物)명 공중(公衆)이 다 같이 사용하는 물건이나 공원·도로·기념물 따위.

공공^방:송(公共放送)명 공공을 위하여 하는 방송. [영리를 목적으로 하지 않음이 특색.] ↔민간 방송(民間放送).

공공-복지(公共福祉) [-찌]명 구성원 전체에 공통되는 복지.

공공-사업(公共事業)명 공공의 이익을 목적으로 하는 사업.

공공-성(公共性) [-썽] 圓 사회 일반이나 여러 단체에 두루 관련되거나 영향 따위를 미치는 성질.

공공-시설(公共施設) 圓 공공의 편의나 복지 따위를 위하여 베풀어 놓은 시설.

공공-심(公共心) 圓 공공의 행복과 이익을 위하는 마음. ↔이기심(利己心).

공공연(公公然) '공공연하다'의 어근.

공공연-하다(公公然-) 圐어 사실을 숨김없이 버젓하게 드러내 놓은 상태에 있다. ¶소문이 공공연하게 나돌다. **공공연-히**튀.

공공-요금(公共料金) [-뇨-] 圓 (철도·우편·전신·전화·수도·전기 따위) 공익사업(公益事業)에 대한 요금.

공공-물(公共用物) [-농-] 圓 (도로나 하천·공원 따위와 같이) 공중이 공동으로 사용하는 것. 공공물(公共物). 參공용물.

공공-장소(公共場所) 圓 공중(公衆)이 공동으로 이용하는 장소.

공공^재산(公共財産) 圓 공공 단체의 소유로 되어 있는 재산.

공공적적(空空寂寂) '공공적적하다'의 어근.

공공적적-하다(空空寂寂-) [-쩌카-] 圐어 〔불교에서〕①우주 만상은 실체(實體)가 없는 공(空)이며, 사유(思惟)를 초월해 있다. ②아무것에도 사로잡히지 아니하고 무아무심(無我無心)하다. **공공적적-히**튀.

공공^조합(公共組合) 圓 공공의 이익을 목적으로 특수한 사업을 하는 법인세의 조합.

공공-질서(公共秩序) [-써] 圓 국가나 공중(公衆)에 두루 관계되는 질서. ¶공공질서를 지키다.

공공^투자(公共投資) 圓 (도로·항만·교량 등) 공공적인 사회 시설을 정비하거나 확충하기 위하여 국가의 재정 자금으로 하는 투자(投資).

공공-하다(空空-) 圐어 아무것도 없이 텅 비어 있다.

공과(工科) [-꽈] 圓 공학에 관한 학문을 배우거나 연구하는 학과.

공과(工課) 圓 공부하는 과정.

공과(公課) 圓 국가나 지방 자치 단체에서 국민에게 부과하는 세금이나 그 밖의 공법상의 부담.

공과(功過) 圓 공로와 과실. 공죄. ¶공과를 따지다.

공과-금(公課金) 圓 관청에서 매긴 세금.

공과^대학(工科大學) [-꽈-] 圓 공학에 관한 전문적인 교육을 베푸는 대학. 준공대(工大).

공과-상반(功過相半) 圓 공로와 과실이 반반임.

공관(公館) 圓①공공의 건물. ②정부 고관의 관저(官邸). ¶총리 공관. ③대사관·공사관·영사관 등을 통틀어 이르는 말. ¶해외 공관.

공관(空館) 圓 조선 시대에, 성균관 유생들이 어떤 불평이 있을 때에 단결하여 일제히 관에서 물러나던 일.

공관(空罐) 圓 빈 깡통.

공^관^복음서(共觀福音書) 圓 신약 성서(新約聖書) 가운데서 마태복음·마가복음·누가복음의 세 복음서를 아울러 이르는 말.

공관-장(公館長) 圓 (대사·공사·영사 등) 해외에 주재하고 있는 공관의 장.

공교(工巧) '공교하다'의 어근.

공교-롭다(工巧-) [-따] [~로우니·~로워] 圐 생각지 않았던 우연한 사실과 마주치게 된 것이 이상하다. 공교하다. ¶공교롭게도 일이 그렇게 되었다. **공교로이**튀.

공-교육(公敎育) 圓 국가나 공공 단체 등이 베푸는 교육. ↔사교육.

공교-하다(工巧-) 圐어 ①솜씨 따위가 재치 있고 묘교하다. ¶공교한 솜씨. ②공교롭다. ¶일이 공교하게 되었다. **공교-히**튀.

공-교회(公敎會) [-회/-훼] 圓 '가톨릭 교회'를 달리 이르는 말.

공구(工具) 圓 기계 따위를 만들거나 분해·조립하는 데 쓰이는 기구.

공구(工區) 圓 공사를 하는 구역. ¶제1공구.

공:**구**(攻究) 圐団 학문·기예 따위를 연구함.

공:**구**(恐懼) 圐쟁 심히 두려움. ¶공구하여 몸둘 바를 모름. **공구-히**튀.

공구-강(工具鋼) 圓 기계 가공 용구의 재료가 되는, 경도·절삭력·내마모성이 높은 특수강.

공국(公國) 圓 유럽에서, 공(公)의 칭호를 가진 세습 군주가 통치하는 작은 나라. 〔리히텐슈타인·모나코 따위.〕

공군(空軍) 圓 항공기를 사용하여 공중 전투와 폭격 등의 공격·방어 임무를 맡은 군대. 參육군·해군.

공군-기(空軍機) 圓 공군에 딸린 항공기.

공군^본부(空軍本部) 圓 국방부에 딸린, 공군의 최고 통수 기관.

공군^사:관학교(空軍士官學校) [-�] 圓 공군의 초급 장교가 될 사람에게 필요한 정규 교육을 베푸는 군사 학교. 參공사(空士).

공권(公權) [-꿘] 圓 공법상 인정된 권리. 국가나 공공 단체가 가지는, 개인에 대한 국가적 공권〔납세·병역 의무를 이행시키는 권리 따위〕과 국가에 대한 개인적 공권〔참정권·수익권·자유권 따위〕이 있음. ↔사권(私權).

공권(空拳) 圓 맨주먹. 빈주먹.

공권-력(公權力) [-꿘녁] 圓 국가나 공공 단체가 국민에 대하여 명령·강제하는 권력, 또는 그 권력을 행사하는 국가. ¶공권력의 발동.

공권^박탈(公權剝奪) [-꿘-ᆯ] 圓 사형·무기형의 판결을 받은 자에 대해서 일체의 공권을 빼앗는 일.

공권적 해:석(公權的解釋) [-꿘저캐-] 圓 국가 기관이 공식적으로 내리는 법률 해석. 유권 해석.

공궐(空闕) 圓 임금이 없는 빈 대궐.

공:**궤**(供饋) 圐団 윗사람에게 음식을 드림.

공규(空閨) 圓 오랫동안 남편이 없이 여자 혼자 지내는 방. 공방(空房).

공그르다[공그르니·공글러] 囘흫 헝겊의 시접을 접어 맞대고 바늘을 번갈아 넣어 가며 실 땀이 겉으로 나오지 않도록 속으로 떠서 꿰매다.

공:**극**(孔隙) 圓 구멍. 빈틈.

공극(孔隙) '공극하다'의 어근.

공:**극**(空隙) 圓 빈틈. ¶공극을 메우다.

공:**극-하다**(孔隙-) [-그카-] 圐어 몹시 심하고 지독하다. **공극-히**튀.

공근(恭勤) '공근(恭勤)하다'의 어근.

공근(恭謹) '공근(恭謹)하다'의 어근.

공근-하다(恭勤-) 圐어 공손하고 부지런하다. **공근-히**튀.

공근-하다(恭謹-) 圐어 공손하고 삼가다. **공근-히**튀.

공글리다囘 ①(땅바닥 따위를) 단단하게 다지다. ¶바닥을 잘 공글리다. ②(일 따위를) 확실하게 매듭을 짓다. 틀림없이 마무리하다.

공금(公金) 圓 ①국가나 공공 단체의 소유로 되어 있는 돈. ②(개인의 돈이 아닌) 단체나 회사의 돈.

공금^유용(公金流用) [-뉴-] 圓 공금을 본디의 용도 외의 곳에 사사로이 돌려쓰는 일.

공금^횡령(公金橫領) [-횡녕/-휑녕]명 공금을 불법으로 가로채어 차지하는 일.

공:급(供給)명하자되자 ①요구나 필요에 따라 물품 따위를 제공하는 일. ¶식량을 공급하다. /공장에 자재를 공급하다. ②판매나 교환을 위하여 상품을 시장에 내놓음. ¶수요가 공급을 웃돈다. ↔수요(需要).

공:급^계:약(供給契約) [-계-/-께-]명 앞으로 일정 시기에 목적물의 소유권을 이전할 것을 약속하는 계약.

공:급-원(供給源)명 공급하는 원천이 되는 곳. ¶영양소의 공급원. /원료의 공급원이 막히다. ㉜급원(給源).

공:급^함수(供給函數) [-그팜쑤]명 재화(財貨)의 가격과 공급량과의 관계를 나타내는 함수.

공:기하자 ①다섯 개의 작은 돌을 땅바닥에 놓고, 일정한 규칙에 따라 집고 받고 하는 아이들의 놀이, 또는 그 돌. ②헝겊에 콩 따위를 싸서 만든 공 두 개 이상을 가지고, 땅에 떨어지지 않게 잇달아 올렸다 받았다 하는 계집아이들의 놀이, 또는 그 공.

공기(를) 놀다[관용] 공기를 가지고 놀다.

공기(를) 놀리다[놀리듯 하다][관용] 어떤 일이나 사람을 제멋대로 놀리거나 수월하게 다루다.

공기(工期)명 공사하는 기간. ¶공사를 단축하다.

공기(公器)명 ①공공의 물건. ②사회 개개인 모두에게 영향을 미치는, 공공성을 띤 기관.〔신문이나 방송 따위.〕

공기(空氣)명 ①지구 대기의 하층 부분을 이루고 있는 무색·투명한 기체.〔산소와 질소를 주성분으로 하여 소량의 아르곤·헬륨 등 불활성 가스와 이산화탄소가 포함되어 있음.〕대기(大氣). ②주위의 기분이나 상태. 분위기. ¶무거운 공기. /공기가 심상치 않다.

공기(空器)명 ①빈 그릇. ②위가 벌어지고 밑이 좁은 작은 그릇. 흔히, 밥을 덜어 먹는 데 씀. ③〔의존 명사적 용법〕밥 따위를 공기에 담아 그 분량을 세는 단위. ¶밥 세 공기.

공기-가스(空氣gas)명 공기에 적당한 양의 휘발유 증기 따위를 혼합하여 만든 가스.

공기^공구(空氣工具)명 압축 공기의 팽창력을 이용하는 공구.

공기-구멍(空氣-)명 흐린 공기를 빼고 맑은 공기로 바꾸기 위하여 만든 구멍. 통풍구.

공기^기관(空氣機關)명 공기를 매개로 하여 열에너지를 운동 에너지로 변화시키는 기관.〔증기 기관의 증기 대신 압축 공기를 사용함.〕

공기^냉:각(空氣冷却)명 내연 기관의 과열을 막기 위해 실린더와 공기와의 접촉 면적을 넓게 만들어 열을 발산·냉각시키는 것. ㉜공랭(空冷).

공:기-놀이하자 공기를 가지고 노는 아이들의 놀이.

공기^망치(空氣-)명 압축 공기를 동력으로 하여, 철판·못 따위를 내려치는 작업에 쓰는 망치.

공기^브레이크(空氣brake)명 ☞공기 제동기.

공기-뿌리(空氣-)명 기근(氣根).

공기^색전증(空氣塞栓症) [-쩐쯩]명 정맥으로 공기가 들어가서 발생하는 색전증.

공기^세:척기(空氣洗滌器) [-쩍-]명 공기 중에 물을 내뿜어 먼지를 없애는 기계.

공기-압(空氣壓)명 자동차 등의 타이어의 압력.

공기^압축기(空氣壓縮機) [-끼]명 공기를 대기압 이상의 압력으로 압축하여 압축 공기를 만드는 기계.

공기-액(空氣液)명 ☞액체 공기.

공기-기업(公企業)명 국가 또는 공공 단체 등이 경영하는 기업.〔철도·우편·수도 따위의 공익 사업까지.〕↔사기업(私企業).

공기^요법(空氣療法) [-뻡]명 호흡기 질환에 이용되는 요법의 한 가지. 신선한 자연 속에서 생활하는 대기 요법과 공기욕(空氣浴)이 있음.

공기-욕(空氣浴)명하자 공기 요법의 한 가지. 온몸을 대기 중에 노출시켜 일정 시간 동안 공기를 쐬는 일.

공기^저:항(空氣抵抗)명 공기 중에서의 물체의 운동에 대하여, 공기가 그것을 저지하는 현상.

공기^전염(空氣傳染)명 공기 중에 있는 병원체가 피부·점막 등에 붙거나 체내에 들어가거나 하여 일으키는 전염.

공기^제:동기(空氣制動機)명 압축 공기의 힘을 이용하여 차량의 속도를 조절하거나 멈추게 하는 장치. 공기 브레이크. 에어 브레이크.

공기-주머니(空氣-)명 조류의 가슴 속에 있어 폐와 통하는 얇은 막의 주머니. 기낭(氣囊).

공기^청정기(空氣淸淨器)명 공기 속의 먼지를 없애는 장치.

공기-총(空氣銃)명 압축 공기의 작용으로 탄환이 발사되도록 만든 총.

공기^컨베이어(空氣conveyer)명 고속(高速)으로 흐르는 공기의 힘으로 곡식 같은 입상물(粒狀物)을 관(管) 속에 운반할 수 있게 한 장치.

공기^펌프(空氣pump)명 ①용기 속의 공기를 뽑아내는 펌프. ②용기 같은 데에 공기를 압축하여 넣는 펌프.

공:깃-돌[-깃돌/-긷똘]명 공기할 때 쓰는, 밤톨만 한 돌.

공깃-밥(空器-) [-기빱/-긷빱]명 공기에 담은 밥.

공납(公納)명 국고로 들어가는 조세(租稅).

공납(貢納)명하자 지난날, 백성이 지방에서 나는 특산물을 현물로 조정에 바치던 일. 납공(納貢). ㉜공(貢).

공납-금(公納金) [-끔]명 ①관공서에 의무적으로 납부하는 돈. ②학생이 학교에 정기적으로 내는 돈. ¶공납금을 납부하다.

공낭(空囊)명 ①돈이 들어 있지 않은 빈 주머니. ②'몸에 돈을 지니고 있지 않음'을 비유하여 이르는 말.

공녀(工女)명 공장에서 일하는 여자. 여직공.

공:녀(貢女)명 고려·조선 시대에, 중국 원나라·명나라의 요구에 따라 여자를 바치던 일, 또는 그 여자.

공:노(共怒)명하자 함께 노함. ¶천인이 공노할 비인도적인 만행.

공-노비(公奴婢)명 지난날, 관아에서 부리던 사내종과 계집종.

공:-놀이명하자 공을 가지고 노는 놀이.

공능(功能)명 ①공적과 재능. ②공들인 보람을 나타내는 능력.

공다리명 무·배추의 씨를 떨고 남은 장다리.

공단(工團)명〈공업 단지〉의 준말. ¶구로 공단.

공단(公團)명 일정한 국가적 사업을 수행하기 위하여 설립된 특수 법인. ¶의료 보험 관리 공단.

공단(貢緞)명 감이 두껍고 무늬가 없는 비단.

공-담(空-)명 빈 터에 둘러막은 담.

공담(公談)명하자 ①공평(公平)한 말. ②공무(公務)에 관한 말. ↔사담(私談).

공담(空談)명하자 ①쓸데없는 이야기. ②실행이 불가능한 이야기.

공답(公畓)**명** 지난날, 나라 소유의 논을 이르던 말. ↔사답(私畓).

공당(公堂)**명** 지난날, 공무(公務)를 맡아보던 곳을 이르던 말.

공당(公黨)**명** 정치적 주의·주장을 만천하에 버젓이 밝히고 있는 정당. 사회적·국가적으로 인정을 받고 있는 정당.

공대(工大)**명** 〈공과 대학〉의 준말.

공대(空垈)**명** ①울 안의 빈 터. ②집을 지을 수 있는 터.

공대(恭待)**명**-하타 ①공손히 대접함. ②-하자 (상대편에게) 높임말을 씀. ¶오래 사귄 사이인데도 서로 공대를 하다. ↔하대(下待).

공-대공(空對空)**명** 공중에서 공중에 있는 것을 상대로 함.

공대공^미사일(空對空missile)**명** 항공기에 장착(裝着)한 대공 공격 미사일.

공대-말(恭待-)**명** 공대하는 말. 경어(敬語). ▷예사말.

공-대지(空對地)**명** 공중에서 지상에 있는 것을 상대로 함. ↔지대공(地對空).

공대지^미사일(空對地missile)**명** 항공기에 탑재한 지상 공격 미사일. ↔지대공 미사일.

공덕(公德)**명** 공중(公衆)을 위하는 도덕. 공중 도덕.

공덕(功德)**명** ①공적과 덕행. ¶공덕을 기리다. ②불교에서, 현재 또는 미래에 행복을 가져올 선행(善行)을 이르는 말. ¶공덕을 쌓다. /공덕을 베풀다. ⓒ덕(德).

공덕-문(功德文)[-떵-]**명** 시주를 받으려고 집집마다 돌리는, 종이로 만든 주머니나 부적. 공덕을 기린 글이 적혀 있음.

공덕-심(公德心)[-씸]**명** 공중 도덕을 존중하고 지키려는 마음.

공덕-심(功德心)[-씸]**명** 불교에서, 남을 위하여 좋은 일을 많이 하려는 마음을 이르는 말.

공도(公盜)**명** 공무원이 그 직권을 이용하여 사사로이 이익을 꾀하는 일, 또는 그런 사람. 공적(公賊).

공도(公道)**명** ①사회 일반에게 통하는 바른 도리. ②공중의 통행을 위하여 공공 단체 등에서 만들어, 관리·유지하는 길. 공로(公路). ↔사도(私道).

공도(公稻)**명** 지난날, 관아에서 수납하던 벼.

공-도(孔道)**명** 공자가 가르친 도(道).

공-도-동망(共倒同亡)**명**-하자 (넘어져도 같이 넘어지고, 망해도 같이 망한다는 뜻으로) '운명을 같이함'을 이르는 말.

공-돈(空-)[-똔]**명** 힘들이지 아니하고 공으로 생긴 돈. ¶공돈이 생기다.

공-돌다(空-)[~도니·~돌아]**자** ①쓰지 않고 남아서 이리저리 굴러다니다. ②성과 없이 헛돌다. ¶차바퀴가 빙판에서 공돌다.

공동(共同)**명**-하타 ①둘 이상의 사람이나 단체가 일을 같이함. ¶공동 제작. ②둘 이상의 사람이나 단체가 동등한 자격으로 결합함.

공-동(共動)**명** 〈공동 운동〉의 준말.

공동(空洞)**명** ①아무것도 없이 텅 빈 굴. ②염증이나 괴사(壞死)로 인하여 장기(臟器)의 어느 한 부분에 생긴 구멍. 허파에 공동이 생기다.

공-동(恐動)**명**-하타 위험한 말로 사람의 마음을 두렵게 함.

공-동^가입^전:화(共同加入電話)[-쩐-]**명** 두 사람 이상의 가입자가 한 개의 전화 회선을 공동으로 사용하는 방식의 전화.

공:동-격(共同格)[-껵]**명** '함께함'을 나타내는 조사가 붙는 자리. 〔'과·와·하고' 따위의 조사가 붙음.〕 여동격(與同格).

공:동-견(共同繭)**명** ☞쌍고치.

공:동^관리(共同管理)[-괄-]**명** 둘 또는 그 이상이 공동으로 하는 관리.

공:동^기업(共同企業)**명** 두 사람 이상이 공동으로 경영하는 기업.

공:동^담보(共同擔保)**명** ①동일한 채권의 담보로서 몇 개의 물건 위에 담보권을 설정하는 일. ②거래원(去來員)의 위약(違約) 행위로 인하여 발생한 손해의 배상을 공동으로 하는 담보. ❀특별 담보(特別擔保).

공:동-답(共同畓)**명** 두 사람 이상이 공동으로 부치고 있는 논.

공:동^대:리(共同代理)**명** 몇 사람의 대리인이 공동하여야만 비로소 대리권을 행사할 수 있는 대리.

공:동^대:표(共同代表)**명** 몇 사람이 공동(共同)하여야만 비로소 법인(法人)을 대표할 수 있는 경우의 대표.

공:동^모:의(共同謀議)[-의/-이]**명** 법률에서, 두 사람 이상이 공동으로 범죄의 실행을 모의하는 일을 이름. ⓒ공모(共謀).

공:동-못자리(共同-)[-못짜-/-몯짜-]**명** 몇 집 또는 한 마을에서 쓸 모를 공동으로 기르는 못자리.

공:동-묘지(共同墓地)**명** 일정한 곳에, 여러 사람이 공동으로 무덤을 쓸 수 있도록 마련한 묘지.

공:동^방위(共同防衛)**명** 공동의 적에 대하여 두 나라 이상이 공동으로 하는 방위.

공동^벽돌(空洞甎)[-똘]**명** 속이 비게 만든 벽돌. 〔무게가 가볍고, 방열·방습 효과가 있음.〕

공:동-변소(共同便所)**명** ☞공중변소.

공:동-보조(共同步調)**명** 공동의 목적을 위하여, 여러 사람이나 관계자들이 모두 뜻을 모아 행동을 함께하는 일. ¶공동보조를 취하다.

공:동^보증(共同保證)**명** 동일한 채무에 대하여 두 사람 이상이 공동으로 보증하는 일.

공:동^사회(共同社會)[-회/-훼]**명** 가족·촌락 등과 같이, 이해관계에 의해서가 아니라 혈연(血緣)·지연(地緣) 등에 의해서 자연적으로 맺어진 사회. 공동체(共同體). ↔이익 사회.

공:동^상속(共同相續)**명** 재산 상속에서, 동일한 순위에 있는 두 사람의 상속인이 공동으로 유산을 상속하는 일. ↔단독 상속.

공:동^상속인(共同相續人)**명** 공동 상속을 하는 사람.

공:동-생활(共同生活)**명** 두 사람 이상이 모여서 서로 협력하여 사는 생활.

공:동-선(共同線)**명** 하나의 회선에 둘 이상의 전화기를 접속하여 쓰는 전화선.

공:동^선언(共同宣言)**명** 둘 이상의 개인·국가·단체가 공동으로 발표하는 선언.

공:동^성명(共同聲明)**명** 둘 이상의 개인·국가·단체가 공동으로 내는 성명. ¶양국 국가 원수가 공동 성명을 발표하다.

공:동^소:유(共同所有)**명** 동일물에 대하여 두 사람 이상 또는 둘 이상의 법인이나 단체 따위가 공동으로 소유권을 가지는 일. ¶공동 소유로 되어 있는 임야.

공:동^영지(共同領地)[-녕-]**명** 두 나라 이상이 공동으로 소유하여 관리·통치하는 영지.

공:동^운:동(共同運動)몡 ①두 사람 이상이 어떤 목적을 달성하기 위하여 공동으로 하는 운동. ②의지의 작용에 따른 운동을 할 때에 덩달아 일어나는, 다른 무의식 운동. 준공동(共動).

공:동^원고(共同原告)몡 두 사람 이상이 같은 사건의 원고(原告)가 되었을 때의 그 원고. ↔공동 피고.

공:동^위원회(共同委員會)[-회/-훼]몡 한 문제를 공동으로 심의·검토하기 위하여, 두 단체 또는 두 국가 이상이 각각 위원을 내어 조직한 위원회. ¶미·소 공동 위원회. 준공위(共委).

공:동^의:무(共同義務)몡 동일한 일에 대하여 두 사람 이상이 공동으로 지는 의무.

공:동^작전(共同作戰)[-쩐]몡 ①둘 이상의 부대나 국가가, 또는 육해공군이 합동으로 벌이는 작전. ②서로 힘을 합하여 어떠한 일을 함께하는 일. ¶공동 작전을 펴다.

공:동^저:당(共同抵當)몡 동일 채권의 담보로서 몇 개의 부동산 위에 설정한 저당권.

공:동-전(共同栓)몡 공동으로 쓰는 수도전.

공:동^전:선(共同戰線)몡 ①몇 나라 이상이 공동으로 펴는 전선. ②둘 이상의 단체가 공통된 목적이나 이익을 위하여 펴는 협력 태세. ¶공동 전선을 펴다.

공:동^전:지식(共同電池式)몡 전화국의 전지 하나를 모든 가입자 전화기의 송화·신호용으로 공동 사용하는 식. 준공전식.

공:동^점유(共同占有)몡 하나의 물건을 몇 사람이 공동으로 점유하는 일. ↔단독 점유.

공:동^정:범(共同正犯)몡 두 사람 이상이 공모하여 공동으로 저지른 범죄, 또는 그 사람. 〔범행에 관여한 형식에 따라 공동 정범·교사범·종범(從犯)의 세 가지로 나뉨.〕준공범(共犯). ↔단독 정범. 愈공모범(共謀犯).

공:동^조계(共同租界)[-계/-게]몡 지난날, 중국에 있던 조계 가운데, 여러 나라가 공동으로 권리를 가지고 있던 지역. ↔전관 조계. 愈조계(租界).

공:동^주:택(共同住宅)몡 한 건물에 두 세대 이상이 각각 독립하여 살 수 있게 만들어진 주택. 愈단독 주택.

공:동-체(共同體)몡 ①공동 사회. ¶공동체 생활. ②생활이나 운명을 같이하는 조직체.

공:동^출자(共同出資)[-짜]몡 둘 이상의 자연인이나 법인체가 어떤 사업을 하기 위하여 공동으로 자본을 내는 일, 또는 그 자본.

공:동-탕(共同湯)몡 ☞대중목욕탕. ↔독탕.

공:동^판매(共同販賣)몡 ①판매 조합을 통하여 공동으로 하는 판매. ②기업체가 스스로 판매하지 않고 공동 판매장을 거쳐 하는 판매. 준공판(共販).

공:동^피:고(共同被告)몡 두 사람 이상이 같은 사건의 피고가 될 때의 그 피고. ↔공동 원고.

공:동^해:손(共同海損)몡 해난을 당했을 때, 선장이 선박과 화물에 대한 공동의 안전을 위하여 선박이나 화물을 고의로 처분함으로써 생긴 손해나 그 비용. ↔단독 해손.

공:동^행위(共同行爲)몡 두 사람 이상의 합치된 의사로 이루어진 행위.

공동-화(空洞化)몡하자되자 (으레 있어야 할 것이 없어져) 텅 비게 됨. ¶산업화로 인하여 농촌의 공동화 현상이 일어난다.

공득(空得)몡하타 힘들이지 아니하고 거저 얻음. 대가 없이 공으로 얻음.

공득지물(空得之物)[-찌-]몡 힘들이거나 대가를 치르지 아니하고 거저 얻은 것. 공것.

공-들다(功-)[-드니·~들어]짜 무엇을 이루는 데 정성과 노력이 많이 들다.

공든 탑이 무너지랴(속담) 정성을 기울여 이룩해 놓은 일은 그리 쉽게 무너지지 않는다는 말.

공-들이다(功-)짜 무엇을 이루는 데 정성과 노력을 많이 쓰다. ¶공들여 만든 작품.

공-떡(空-)〔공으로 생긴 떡이란 뜻으로〕대가를 치르거나 힘들이지 않고 거저 얻은 이익이나 물건을 이름. ¶공떡이 생기다.

공-뜨다(空-)[~뜨니·~떠]짜 ①어떤 것이 임자 없이 남다. ¶계획이 취소되어 차표가 공뜨다. ②말이나 소문 따위가 근거 없이 떠돌다. ¶공뜨는 소문. ③마음이 공연히 들뜨다. ¶공떠 있는 마음.

공:락(攻落)몡하타되자 성이나 성채 따위를 공격하여 함락시킴. ¶성채(城砦)를 공략하다.

공란(空欄)[-난]몡 지면(紙面)의 빈 난. 빈칸. ¶공란으로 비워 두다.

공랑(公廊)[-낭]몡 조선 시대에, 서울 종로 양쪽에 있던 시전(市廛).

공랭(空冷)[-냉]몡하타〈공기 냉각〉의 준말.

공랭-식(空冷式)[-냉-]몡 총포나 엔진 따위를 공기로 냉각시키는 방식. ¶공랭식 엔진. /공랭식 기관총. 愈수랭식(水冷式).

공:략(攻略)[-냑]몡하타되자 적의 영토 따위를 공격하여 빼앗음. ¶적의 후방을 공략하다.

공:략(攻掠)[-냑]몡하타되자 쳐들어가서 남의 것을 약탈함.

공:량(貢糧)[-냥]몡 ☞강미(糧米).

공력(工力)[-녁]몡 공부(工夫)를 하여 쌓은 실력, 또는 공부함으로써 갖게 되는 힘.

공력(公力)[-녁]몡 개인이나 단체를 강제로 복종시키는 국가나 사회의 권력.

공력(功力)[-녁]몡 ①애써 들인 힘. ¶공력을 들인 작품. /많은 공력이 들다. 준공(功). ②불교에서 이르는 공덕의 힘.

공력(空力)[-녁]몡 헛되이 들인 힘. 헛심.

공:력-근(共力筋)[-녁끈]몡 서로 같은 방향으로 움직이는 근육. ↔길항근(拮抗筋).

공:렬(孔裂)[-녈]몡 꽃밥의 정수리에 구멍이 뚫리어 꽃가루를 날리는 일.

공렬(功烈)[-녈]몡 뛰어난 공적. 공업(功業). 훈업(勳業).

공로(公路)[-노]몡 공중(公衆)이 다니는 길. 공도(公道).

공로(功勞)[-노]몡 어떤 일에 이바지한 공적과 노력. 공훈(功勳). ¶공로를 들이다. /그간의 공로를 치하하다. /건국에 이바지한 공로로 훈장을 받다. 준공(功).

공로(空老)[-노]몡하자 아무 일도 해 놓은 것 없이 헛되이 늙음.

공로(空路)[-노]몡〈항공로〉의 준말. ¶정상적인 공로를 이탈하다.

공로-주(功勞株)[-노-]몡 주식회사에서, 회사에 크게 공헌한 사람에게 무상 또는 평가(平價)로 주는 주(株).

공론(公論)[-논]몡 ①사회 일반의 여론. 세론(世論). ¶공론에 따라 문제를 해결하다. ②하타되자 공정하게 의논함, 또는 그 의논. 공의(公議). ③하타되자 여럿이 의논함, 또는 그 의논. ¶공론에 부치다. ↔사론(私論).

공론(空論)[-논]**명**하자 실제와는 동떨어진 쓸 데없는 논의. ¶공론만 되풀이하다.

공론-가(空論家)[-논-]**명** 공론만을 일삼는 사람.

공론-공담(空論空談)[-논-]**명** 쓸데없는 이야 기. 헛된 이야기. ¶공론공담으로 시간을 보내다.

공:룡(恐龍)[-농]**명** 중생대의 쥐라기에서 백악 기에 걸쳐 살았던 거대한 파충류를 통틀어 이 르는 말.

공루(空淚)[-누]**명** 슬픈 체하며 거짓으로 흘리 는 눈물.

공류(公流)[-뉴]**명** ①공공의 이해에 관계되는 유수(流水). ②여러 사람이 자유롭게 사용할 수 있는 유수.

공륜(空輪)[-뉸]**명** ①⌐상륜(相輪). ②불교에 서 이르는 사륜(四輪)의 하나. 삼륜(三輪)의 아래에 위치하여 이 세상을 떠받치는 허공(虛空).

공리(公吏)[-니]**명** ①관리가 아니면서 공무를 맡아보는 사람. 〔공증인·집행관 등.〕 ②공공 단체의 일을 맡아보는 사람.

공리(公利)[-니]**명** 공공의 이익. ↔사리(私利).

공리(公理)[-니]**명** ①널리 일반에 통용되는 도 리. ②수학이나 논리학 따위에서, 증명이 없이 자명한 진리로 인정되며, 다른 명제를 증명하 는 데 전제가 되는 원리. ②☆격률.

공리(功利)[-니]**명** ①어떤 행위에 의하여 얻어 지는 공명과 이익. ¶공리를 추구하다. ②철학 에서, 다른 목적을 실현하는 데 도움이 되는 것.

공리(空理)[-니]**명** 실제와는 동떨어진 쓸데없 는 이론.

공:리(貢吏)[-니]**명** 지난날, 공물(貢物)을 상납 하던 관리.

공리-공론(空理空論)[-니-논]**명** 실천이 뒤따르 지 않는 쓸데없는 이론. ¶공리공론을 일삼다.

공리-설(功利說)[-니-]**명** ⌐공리주의.

공리-성(功利性)[-니성]**명** ①딴 목적을 실현하 는 데 쓸모 있는 성질. ②이익만을 추구하는 성질.

공리-적(功利的)[-니-]**관**명 그 행위가 이익이 되는가 어떤가를 첫째로 생각하는 (것). ¶공리 적 태도. /공리적인 생각.

공리-주의(功利主義)[-니-의/-니-이]**명** ①자 신의 이익만을 추구하는 주의. ②쾌락·행복·이 익 따위를 가치의 기준, 도덕의 기초 또는 인생 의 지상 목표로 삼는 학설. 공리설. 실리주의.

공립(公立)[-닙]**명** 지방 공공 단체가 설립하여 운영하는 일, 또는 그 시설. ☆사립(私立).

공:립(共立)[-닙]**명**하자 나란히 섬. ②하타 공동으로 설립함.

공립-학교(公立學校)[-니팍꾜]**명** 지방 공공 단 체가 설립하여 운영하는 학교. ☆사립학교.

공막(空漠) '공막하다'의 어근.

공막(鞏膜)[-막]**명** 눈알의 바깥벽을 둘러싸고 있는 흰 섬유막. 눈의 흰자위. 백막(白膜).

공막-염(鞏膜炎)[-망념]**명** 눈의 흰자위에 생기 는 염증.

공막-하다(空漠-)[-마카-]**형**예 ①아무것도 없 이 아득히 넓다. ¶공막한 황야. ②(이론 따위 가) 막연하여 종잡을 수 없다.

공매(公賣)**명**하타 공공 기관이 압류한 재산이나 물건 따위를 경매나 입찰 등의 방법으로 일반 에게 공개하여 팖. ¶공매에 처하다.

공매^처:분(公賣處分)**명** 관공서에서 세금 체납 자(滯納者)의 재산을 강제 집행하여 공매(公 賣)에 부치는 처분.

공:맹(孔孟)**명** 공자와 맹자.

공:맹지도(孔孟之道)**명** 공자와 맹자의 가르침 인 인의(仁義)의 도.

공:맹-학(孔孟學)**명** ⌐유학(儒學).

공:멸(共滅)**명**하자 함께 사라지거나 멸망함. ¶공멸의 위기에 처하다.

공명(公明) '공명하다'의 어근.

공명(功名)**명** ①공을 세워 널리 알려진 이름. ¶공명을 떨치다. ②하자공을 세워 널리 이름 을 떨치는 일. ¶공명을 바라다.

공:명(共鳴)**명**하자 ①남의 사상이나 의견 따위 에 동감함. ¶공명하는 사람이 많다. ②발음체 가 외부로부터의 음파에 자극되어 그와 동일한 진동수의 소리를 냄, 또는 그러한 현상.

공명(空名)**명** 실제와 들어맞지 않는 명성. 실제 이상의 평판. 허명(虛名).

공:명-관(共鳴管)**명** 관 속에 들어 있는 공기를 진동시킴으로써 소리를 더 크게 하는 관.

공:명-기(共鳴器)**명** 공명의 원리를 응용하여, 특정한 주파수 소리에 공명시키는 장치.

공:명^상자(共鳴箱子)**명** 일정한 진동수를 가진 소리에만 공명(共鳴)하도록 만들어진, 속이 빈 상자.

공명-선거(公明選擧)**명** 부정이 없는, 공평하고 명백한 선거.

공명-심(功名心)**명** 공을 세워 이름을 떨치려는 데 급급한 마음.

공명-욕(功名慾)[-뇩]**명** 공을 세워 이름을 떨 쳐 보려는 욕심.

공명-장(空名帳)[-짱]**명** ⌐공명첩(空名帖).

공명정대(公明正大) '공명정대하다'의 어근.

공명정대-하다(公明正大-)**형**예 마음이 공명하 며, 조금도 사사로움이 없이 바르다. ¶공명정대 한 태도. /공명정대하게 처리하다. **공명정대-히**부.

공명-지(空名紙)**명** 지난날, 과거를 볼 때에 예 비로 가지고 가던 시험지.

공명-첩(空名帖)**명** 관직명과 성명을 적지 않은 사령장(辭令狀). 〔조선 시대에, 명예직의 증서 로 이용되었음.〕 공명장.

공명-하다(公明-)**형**예 사사로움이나 편벽됨이 없이 공정하고 명백하다. ¶공명한 판결. **공명-히**부.

공모(公募)**명**하타 일반에게 널리 공개하여 모집 함. ¶모니터를 공모하다.

공:모(共謀)**명**하자타 〈공동 모의〉의 준말.

공:모-범(共謀犯)**명** 두 사람 이상이 공동으로 범죄를 계획하고 그 가운데 한 사람에게 범죄 를 저지르게 하였을 경우의 공범.

공-모선(工母船)**명** 배 안에 수산물 가공 설비 를 갖춘 어선.

공:모-자(共謀者)**명** 범죄를 구성하는 행위에 공모한 사람.

공모-전(公募展)**명** 공개 모집한 작품의 전시회. ¶사진 공모전.

공모-주(公募株)**명** 일반에게 널리 투자자(投資 者)를 모집하여 발행하는 주식.

공목(空木·空目)**명** 활자 조판 때에 자간(字間) 이나 행간(行間) 따위를 메우기 위하여 끼우는 나무나 쇠 조각.

공몽(空濛·溕濛) '공몽하다'의 어근.

공몽-하다(空濛-·溕濛-)**형**예 이슬비가 많이 내리거나 안개가 몹시 끼어 보얗고 자욱하다. **공몽-히**부.

공:묘(孔廟)**명** 공자를 모신 사당.

공무(工務)**명** ①토목·건축에 관한 일. ②공장에 관한 사무.

공무(公務)명 ①공적인 일. ¶공무로 매우 바쁘다. ②국가나 공공 단체의 사무. 공무원의 직무. ¶사무 수행. ↔사무(私務).

공무-국(工務局) 신문사·출판사 등에서 인쇄 따위의 제작 일을 맡은 부서.

공무도하-가(公無渡河歌)명 고조선 때, 백수 광부(白首狂夫)의 아내가 지었다는, 4언 4구체의 노래. 물에 빠져 죽은 남편의 죽음을 애도하는 내용. 〔한문으로 적힌 가사가 '해동역사(海東繹史)'에 실려 전함.〕공후인(箜篌引).

공무-아문(工務衙門)명 조선 시대에, 공사(工事)에 관계된 모든 일을 맡아보던 관아.

공무-원(公務員)명 국가나 지방 공공 단체의 공무를 맡아보는 사람.

공무^집행^방해죄(公務執行妨害罪)[-지팽-쬐/-찝-쮀] 공무원의 공무 집행을 방해함으로써 성립되는 죄.

공문(公文)명 ☞공문서(公文書). ¶공문이 오다. /공문을 발송하다.

공:문(孔門)명 공자의 문하. 성문(聖門).

공:문(孔紋)명 생물의 세포막에 있는 구멍. 세포 상호 간의 연락을 함.

공문(空文)명 ①실생활에 아무 쓸모도 없는 글. ②실제로는 전혀 효력이 없는 법률이나 규칙의 조문. 지상공문(紙上空文).

공:문(拱門)명 윗부분을 반원형으로 만든 문. 참아치(arch).

공-문서(公文書)명 공무원이 직무상 작성한 문서. 공무에 관한 모든 서류. 공문(公文). 공첩(公貼). ¶공문서 발송. 존공서(公書). ↔사문서(私文書).

공문서^위조죄(公文書僞造罪)[-쬐/-쮀]명 공문서를 위조하거나 변조함으로써 성립되는 죄.

공물(公物)명 국가나 지방 공공 단체가 직접 제공하고 있는 공공용의 유체물(有體物).

공:물(供物)명 신불 앞에 바치는 물건.

공:물(貢物)명 봉성이 궁중이나 나라에 세금으로 바치던 지방의 특산물. 폐공. 존공.

공:물-방(貢物房)명 지난날, 공물을 바치는 일을 대신해 주고, 뒤에 그 값을 받을 때 이자까지 쳐서 받던 곳. 존공방(貢房).

공:물-지(貢物紙)명 지난날, 영남 지방에서 나라에 공물로 바치던 종이.

공:미(供米)명 신불(神佛)에게 바치는 쌀.

공:미(貢米)명 지난날, 공물로 바치던 쌀.

공미리명 ☞학꽁치.

공민(公民)명 ①국가의 일원으로서 독립 생활을 하는 자유민. ②지방 자치 단체의 구성원으로서 공민권을 가진 사람.

공민^교:육(公民敎育)명 공민으로서 필요한 교양을 가르치는 교육.

공민-권(公民權)[-꿘]명 공민으로서의 권리. 〔국회와 지방 자치 단체의 의회에 관한 선거권·피선거권을 통해, 정치에 참여할 수 있는 지위나 자격.〕

공민-학교(公民學校)[-꾜]명 학령이 지났거나 또는 그 밖의 사정으로 초등 교육을 받지 못한 사람에게 초등 교육을 베풀던 학교.

공바기명 씨도리배추를 가꾼 뿌리.

공박(公拍)하타 대한 제국 때, '경매(競賣)'의 뜻으로 쓰이던 말.

공:박(攻駁)하타 남의 잘못을 초들어 따지며 공격함.

공-밥(空-)[-빱]명 (마땅한 값을 치르지 않거나 일을 하지 않고) 거저먹는 밥.

공방(工房)명 ①조선 시대, 승정원과 지방 관아의 육방(六房)의 하나. 공전(工典)에 관한 일을 맡아보았다. ②조선 시대, 지방 관아의 공방의 아전. ③공예가의 작업실.

공:방(孔方)명 ☞공방형(孔方兄).

공:방(攻防)명하타 서로 공격하고 방어함. ¶공방을 벌이다.

공방(空房)명 ①비워 둔 방. ②(특히 여자의) 혼자 자는 방. 공규(空閨).

공:방(貢房)명 〈공물방(貢物房)〉의 준말.

공:방-살(空房煞)[-쌀] 부부간의 사이가 나쁜 살. ¶공방살이 들다.

공:방-전(孔方傳)명 고려 중기에 임춘(林椿)이 지은 가전체(假傳體) 작품. 돈을 의인화하여 인간 생활과 돈의 존재를 다룬 내용. 〔'동문선(東文選)'에 실려 전함.〕

공:방-전(攻防戰)명 서로 공격하고 방어하는 싸움. 공격과 방어가 뒤섞인 전투. ¶적과 치열한 공방전을 벌이다.

공:방-형(孔方兄)명 지난날, '엽전(葉錢)'을 달리 이르던 말. 공방(孔方).

공배(空排)명 바둑에서, 양편의 득점에 영향이 없는 빈 밭. ¶공배를 메우다.

공-배수(公倍數)명 두 개 이상의 정수(整數)나 정식(整式)에 공통되는 배수. 환공약수.

공백(空白)명 ①아무것도 없이 비어 있음. ②☞여백(餘白).

공백-기(空白期)[-끼]명 활동과 실적이 없는 기간.

공변되다명 〈옛〉공변되다. ¶妾이 능히 私로써 公번되음을 蔽티 못하우야(內訓2:19).

공:벌(攻伐)하타 공격하여 정벌함.

공:범(共犯)하자 〈공동 정범〉의 준말. ↔단독범.

공:범-자(共犯者)명 공모하여 함께 죄를 지은 사람.

공:범-죄(共犯罪)[-쬐/-쮀]명 두 사람 이상이 공모하여 범한 죄.

공법(工法)[-뻡]명 공사(工事)하는 방법.

공법(公法)[-뻡]명 ①국가의 조직이나 국가 간 또는 국가와 개인 간의 관계를 규정하는 법률. 〔헌법·형법·행정법·국제법 따위.〕↔사법(私法). ②기하학의 작도제(作圖題)의 기초가 되는 가장 단순한 작도법.

공법(空法)[-뻡]명 ☞항공법(航空法).

공-법인(公法人)[-뻬빈]명 공공의 사무를 처리할 목적으로 공법의 규정에 따라서 인격이 주어진 법인. 〔지방 자치 단체나 공공 조합 따위의 공공 단체(公共團體).〕↔사법인.

공법-학(公法學)[-뻡팍]명 공법의 법리(法理)나 본질을 연구하는 학문.

공변-되다[-뙤-/-뛔-]형 사사롭지 않고 정당하다. 치우침이 없이 공평하다. 공변되-이분.

공:변-세포(孔邊細胞)명 식물체 안의 기공(氣孔)을 개폐(開閉)하여 물기의 발산을 조절하고 내부를 보호하는, 반달 모양으로 된 두 개의 세포. 개폐 세포. 주변 세포.

공병(工兵)명 ①군대에서, 다리를 놓거나 길을 닦는 등 군사상의 토목 건축의 임무를 맡은 병과. ②공병대에 딸린 병사.

공:병(共病)명 아내가 임신하면 남편도 따라서 구토(嘔吐)·발한(發汗) 따위의 임신 증세를 일으키는 병. 아내가 해산하면 자연 낫게 됨.

공병(空瓶)명 빈 병.

공병-단(工兵團)명 육군의 건설 공병단과 야전 공병단을 아울러 이르는 말.

공병-대(工兵隊)**명** 공병으로 편성된 부대.

공-보(空-)[-뽀]**명** 기둥과 기둥 사이의 벽을 치지 아니한 곳에 댔는 보.

공보(公報)**명** ①관청에서 국민 일반에게 알리는 일. ↔사보(私報). ②관청끼리의 보고.

공보-관(公報館)**명** 국가 기관에서 국민 일반에게 알릴 각종 자료를 전시하거나 보도하는 건물.

공보-원(公報院)**명** 국가 또는 지방 자치 단체가 국민 일반에게 일정한 상황이나 정보를 알리기 위하여 마련한 기관.

공보지기(公輔之器)**명** 재상(宰相)이 될 만한 기량, 또는 그것을 갖춘 인재.

공복(公服)**명** 지난날, 벼슬아치의 제복. 관복(官服). 조의(朝衣).

공복(公僕)**명** 「국민에 대한 봉사자라는 뜻으로」 '공무원'을 달리 이르는 말.

공복(功服)**명** 상복(喪服)의 '대공(大功)'과 '소공(小功)'을 아울러 이르는 말.

공복(空腹)**명** ①아침에 아무것도 먹지 않은 배. ②빈속. ¶공복에 먹는 약. 쀠공장(空腸).

공부(工夫)**명하자타** 학문이나 기술을 배우거나 닦음.

공부(工部)**명** 고려 시대의 육부(六部) 하나. 산택(山澤)·공장(工匠)·영조(營造)에 관한 일을 맡아보았음.

공부(公簿)**명** 관공서가 법령의 규정에 따라 작성·비치하는 장부.

공:부(貢賦)**명** 지난날, 백성이 나라에 바치던 공물과 세금.

공부-방(工夫房)[-빵]**명** 공부를 하기 위하여 따로 마련해 놓은 방.

공부-승(工夫僧)**명** 불경을 배우는 중.

공:-부자(孔夫子)**명** '공자(孔子)'를 높이어 일컫는 말.

공분(公憤)**명** ①공적인 일로 느끼는 분노. ②공중(公衆)의 분노. ↔사분(私憤).

공:분(共分)**명하타되자** 여러 사람이 같이 분담하거나 나눔.

공-분모(公分母)**명** ☞공통분모.

공붓-벌레(工夫-)[-부뻬-/-뻘-]**명** '지나치게 공부를 하거나 열심히 하는 사람'을 빗대어 이르는 말. ¶반장은 전철 안에서도 책을 읽는 공붓벌레다.

공비(工費)**명** 공사비(工事費).

공비(公比)**명** 등비급수나 등비수열에서, 어떤 항의 그 앞의 항에 대한 비.

공비(公費)**명** 관청이나 공공 단체에서 쓰는 경비. 공용(公用). ↔사비(私費).

공:비(共沸)**명** 액체 혼합물을 증류할 때, 특정한 온도와 조성(組成)에서, 용액과 증기의 조성이 일치하여 비점(沸點)이 극대나 극소를 나타내는 현상.〔에탄올과 물 등에서 일어남.〕

공:비(共匪)**명** 「공산당의 지도 아래 활동하던 게릴라를 비적(匪賊)이라고 욕하던 데서」 '공산당의 유격대'를 이르는 말.

공비(空費)**명** 쓸데없는 비용.

공사(工事)**명하자** 토목이나 건축 등에 관한 일. 공역(工役).

공사(工師)**명** 공인(工人)이나 공장(工匠)의 우두머리.

공사(公私)**명** ①공적인 일과 사사로운 일. ¶공사를 분명히 하다. ②정부와 민간(民間).

공사(公舍)**명** 관아(官舍).

공사(公事)**명** 관청의 일, 또는 공공에 관계되는 일. ↔사사(私事).

공사(公使)**명** '특명 전권 공사(特命全權公使)'를 흔히 일컫는 말.

공사(公社)**명** 정부가 설립한 공공 기업체로서, 경제상 독립되어 있는 공법상의 법인. ¶한국 도로 공사./한국 방송 공사./수자원 공사.

공사(空士)**명** 〈공군 사관학교(空軍士官學校)〉의 준말. 쀏육사(陸士)·해사(海士).

공사(空事)**명** 헛일.

공:사(供辭)**명하타** 지난날, 범인이 범죄 사실을 진술하던 말. 초사(招辭).

공:사(貢使)**명** 지난날, 공물을 바치는 일을 맡아보던 사신.

공사-관(公使館)**명** 공사가 주재지에서 사무를 맡아보는 공관. 국제법상 본국의 영토로 인정되어 주재국의 주권이 미치지 못함.

공사-다망(公私多忙)**명하형** 공적·사적인 일 등으로 아주 바쁨.

공-사립(公私立)**명** 공립과 사립.

공사-비(工事費)**명** 공사를 하는 데 드는 비용. 공비(工費). ¶공사비가 과다하게 책정되다.

공사-장(工事場)**명** 공사를 하고 있는 곳. 공사가 벌어진 곳. 현장(現場).

공-사채(公社債)**명** '공채'와 '사채'를 아울러 이르는 말.

공-사천(公私賤)**명** 지난날, 관가와 사삿집의 종을 통틀어 일컫던 말.

공사-판(工事-)**명** ①공사가 진행되는 일판. ②공사에 종사하는 사람들의 사회.

공산(工産)**명** 〈공산물〉의 준말.

공산(公算)**명** 확실성의 정도. 확률. ¶시험에 합격할 공산이 크다.

공:산(共產)**명** ①재산을 공동으로 관리하고 소유함. ②〈공산주의〉의 준말.

공산(空山)**명** ①사람이 없는 산중. ②화투짝의 하나. 산을 그린, 8월을 상징하는 딱지.

공:산^국가(共產國家)[-까]**명** 공산주의를 신봉하고 그 주의에 따라 정치를 하는 나라.

공:산-군(共產軍)**명** 공산주의 국가의 군대, 또는 공산당으로 조직된 군대.

공:산-권(共產圈)[-꿘]**명** 제2차 세계 대전 이후 소련의 영향 밑에서 공산주의 정권을 세운 나라들.

공:산-당(共產黨)**명** 공산주의의 실현을 목표로 하는 정당.

공산-명월(空山明月)**명** ①사람이 없는 적적한 산에 외로이 비치는 밝은 달. ②'대머리'를 농조로 이르는 말.

공산-물(工産物)**명** 공업 생산물. 쀏공산.

공:산-주의(共產主義)[-의/-이]**명** 재산의 사유(私有)를 부인하고, 자본주의(資本主義)의 붕괴와 계급투쟁에 의한 프롤레타리아 혁명을 주장하는 주의. 쀏공산. 쀍마르크스주의.

공산-품(工産品)**명** 공업 생산품.

공:살(攻殺)**명하타** (적군을) 공격하여 죽임.

공:삼(貢蔘)**명** 지난날, 평안북도 강계(江界)에서 공물로 바치던 산삼.

공:삼-차사(貢蔘差使)**명** 지난날, 공삼을 거두기 위하여 보내던 차사.

공상(工商)**명** 공업과 상업. ¶공상을 일으키다. ②장인(匠人)과 장수.

공상(公相)**명** 삼공(三公)과 재상.

공상(公傷)**명** 공무 수행을 하다가 입은 부상. ↔사상(私傷).

공상(功狀)**명** 공적(功績)의 내용(실상).

공상(空床)**명** 등받이와 팔걸이가 없는 걸상.

공상(空相)**명** 불교에서, '모든 것이 공(空)인, 그 모습'을 이르는 말.

공상(空想)**명하타** (실행할 수 없거나 실현될 수 없는) 헛된 생각을 함, 또는 그런 생각. ¶공상에 빠지다./공상에 잠기다.

공:상(供上)**명하타** 조선 시대에, 토산물(土産物)을 진상하던 일. 진공(進供).

공:상-가(空想家)**명** 헛된 생각을 늘 하는 사람.

공상^**과학**^**소:설**(空想科學小說)[-쏘-]**명** 과학적 공상으로 상식을 초월한 세계를 그린 소설. 과학 소설. 에스에프(SF).

공상^**과학**^**영화**(空想科學映畫)[-항녕-]**명** 특수한 촬영법을 써서 지구의 미래나 천체에 관한 공상적인 세계를 사실처럼 나타낸 영화.

공상-**불기**(空想-)동무들끼리 모여 장난삼아 치는 불기.

공상-**적**(空想的)**관명** 현실에서 동떨어진 (것). 실현될 가망이 없는 (것).

공:상-**차사**(貢上差使)**명** 지난날, 공물(貢物)을 거두기 위하여 지방에 보내던 차사.

공:생(共生)**명하자** ①서로 도우며 함께 생활함. ②딴 종류의 생물이 서로 이익을 주고받으며 한곳에서 사는 일. 〔소라게와 말미잘의 관계 따위.〕③어떤 광물이 딴 광물과의 관련으로 형성되어 함께 산출되는 일. 〔웅황(雄黃)과 계관석(鷄冠石)의 관계 따위.〕

공:생^**식물**(共生植物)[-シ-]**명** 이익을 서로 주고받으며 함께 사는 식물. 〔콩과 식물과 뿌리혹박테리아 따위.〕

공:생애(公生涯)**명** 공인(公人)으로서의 생애. ↔사생애(私生涯).

공서(公書)〈공문서(公文書)〉의 준말.

공서(公署)**명** ①공공 단체가 그 직무를 맡아보는 사무소. 관서(官署). ②☞마을2.

공:서(共棲)**명하자** (종류가 서로 다른 동물이) 한곳에 모여 삶.

공서^**양속**(公序良俗)**명** (법률 행위를 판단하는 기준으로서의) 사회의 질서와 선량한 풍속.

공석(公席)**명** ①공무를 보는 자리. ②공적인 일로 모인 자리. ②☞사석(私席).

공:석(孔釋)**명** 공자와 석가모니.

공:석(共析)**명하자**〈공석 변태〉의 준말.

공석(空石)**명** (벼를 담지 않은) 빈 섬.

공석(空席)**명** 비어 있는 좌석이나 직위. 공위(空位). 빈자리.

공:석^**변:태**(共析變態)[-뺀-]**명** 고용체(固溶體)에서 두 종류 이상의 서로 다른 결정(結晶)을 분석하여 분리해 내는 일. ☺공석(共析).

공선(公船)**명** ①국가의 공권(公權)을 행사하는 배. 〔군함이나 경비선 따위.〕②공용(公用)에 쓰이는 배. ↔사선(私船).

공선(公選)**명** ①공평한 선거. ②하타되자일반 국민이 선거로 뽑음.

공선(空船)**명** (짐이나 여객을 싣지 않은) 빈배.

공설(公設)**명하타** 국가나 공공 단체에서 공중을 위하여 시설함. ¶공설 운동장. ↔사설(私設).

공:성(孔性)**명** 모든 물질의 분자(分子) 사이에 빈틈이 있는 성질.

공:성(孔聖)**명** '공자(孔子)'를 성인이라는 뜻으로 일컫는 말.

공성(功成)**명하자** 공이 이루어짐.

공:성(攻城)**명하자** 성을 공격함.

공성(空性)**명** 불교에서, 제법(諸法)이 공(空)이라는 이치를 체득할 때 나타나는 본성을 이르는 말.

공성(空城)**명** (사는 사람이나 지키는 군사가 없는) 빈 성.

공성-**명수**(功成名遂)**명하자** 공을 이루어 명성을 떨침.

공성-**신퇴**(功成身退)[-퇴/-퉤]**명하자** 공을 이룬 뒤에 그 자리에서 물러남.

공:성-**약지**(攻城略地)[-냑찌]**명하자** 성을 공격하고 땅을 빼앗음.

공세(公稅)**명** 나라에 바치는 조세.

공세(攻勢)**명** 공격하는 세력이나 태세. ¶공세를 취하다. ↔수세(守勢).

공세(貢稅)**명** ☞조세(租稅).

공소(公訴)**명하타** 검사가 형사 사건에 관하여 법원에 재판을 청구하는 일. ¶공소를 제기하다. ☺사소(私訴).

공소(空疎)'공소하다'의 어근.

공:소(控訴)**명하자** '항소(抗訴)'의 구용어.

공소-**권**(公訴權)[-꿘]**명** 검사가 법원에 대하여 공소를 제기할 수 있는 권리.

공소^**기각**(公訴棄却)**명** 법원이 공소를 부적당하다고 인정하여 이를 무효로 하는 재판이나 결정.

공소^**사:실**(公訴事實)**명** 검사가 공소장에 써넣어 심판을 구하는 범죄 사실.

공소^**시효**(公訴時效)**명** 일정한 기간이 지나면 검사의 공소권이 소멸되어 공소를 제기할 수 없는 시한(時限).

공-**소유권**(公所有權)[-꿘]**명** 공물(公物)에 대한 공법상의 지배권.

공소-**장**(公訴狀)[-짱]**명** 공소를 신청할 때 관할 법원에 내는 서면. 기소장.

공소-**하다**(空疎-)**형여** ①내용이 빈약하고 엉성하다. ¶보고 내용이 너무 공소하다. ②텅 비고 드문드문 떨어져 있다.

공손(公孫)**명** ①임금이나 제후의 손(孫). ②귀족의 혈통.

공손(恭遜)'공손하다'의 어근.

공손-**법**(恭遜法)[-뻡]**명** 공손 선어말 어미를 써서 상대를 높이는 법. 겸양법.

공손^**선어말**^**어:미**(恭遜先語末語尾)**명** 용언의 어간과 어미 사이에 쓰이어, 공손의 뜻을 나타내는 선어말 어미. '받잡고'·'읽삽고'·'가옵고'·'받자옵고'·'있사옵고' 따위에서 '-잡-'·'-삽-'·'-옵-'·'-자옵-'·'-사옵-' 따위. 〔주로, 문어체나 옛글에서 쓰임.〕겸양 선어말 어미.

공손-**수**(公孫樹)**명** ☞은행나무.

공손-**하다**(恭遜-)**형여** 예의 바르고 겸손하다. ¶공손한 태도. **공손**-**히**[**부**].

공수명 무당이, 죽은 사람의 넋이 말하는 것이라고 하여 전하는 말.

공수(公水)**명** 공공 목적으로 사용되는 물. ↔사수.

공수(公需)**명** 지난날, 지방 관아에서 쓰던 공적인 비용.

공:수(攻守)**명** 공격과 수비.

공수(空手)**명** 맨손. 빈손.

공수(空輸)**명하타**〈항공 수송〉의 준말.

공:수(供水)**명** 물의 공급.

공:수(供需)**명** 절에서, 손에게 거저 대접하는 음식.

공:수(拱手)**명하자** ①공경의 뜻을 나타내기 위하여 오른손 위에 왼손을 포개어 잡음. ②팔짱을 끼고 아무일도 하지 않고 있음. ๒차수(叉手).

공:수-**간**(供需間)[-깐]**명** 절에서, 음식을 만드는 곳을 이르는 말.

공:수^동맹(攻守同盟)명 제삼국과의 전쟁 때, 공격이나 방어를 공동으로 하기 위하여 나라 사이에 맺은 군사 동맹.

공수래-공수거(空手來空手去)〔빈손으로 왔다가 빈손으로 간다는 뜻으로〕불교에서, 재물에 대한 욕심을 부릴 필요가 없음을 이르는 말.

공수-받이[-바지]명 (무당으로부터) 공수를 받을 일.

공:수-병(恐水病)[-뼝]명 〔물을 보기만 해도 공포를 느끼는 증세가 발작한다는 데서〕사람에게 전염된 '광견병(狂犬病)'을 이르는 말.

공수^부대(空輸部隊)명 ①(항공기로 수송되어) 공중으로부터 낙하산을 타고 전투 지역이나 후방에 침투하여 작전하는 부대. 낙하산 부대. 공정 부대(空挺部隊). ②항공기로 병력이나 군수 물자 따위를 수송하기 위하여 편성한 수송기(輸送機) 부대.

공:수-립(拱手侍立)명하자 〔두 손을 맞잡고 옆에 선다는 뜻으로〕웃어른을 공손히 모심을 이르는 말.

공수^작전(空輸作戰)[-쩐]명 항공기로 병력과 물자를 수송하는 작전.

공수-전(公須田)명 지난날, 지방 관아의 여러 가지 경비에 충당할 수 있도록 나누어 주었던 토지.

공수^특전단(空輸特戰團)[-쩐-]명 항공기로부터 낙하산으로 적지에 내려 싸우는 특수 부대.

공-수표(空手票)명 ①부도 수표. ②빈말. ¶공수표만 뗀다.

공순(恭順)명 '공순하다'의 어근.

공순-하다(恭順-)형여 성격이 공손하고 고분고분하다. 공순-히甼.

공-술(空-)[-쑬]명 공으로 얻어먹는 술.

공:술(供述)명하타 ☞진술(陳述).

공:술-서(供述書)[-써]명 공술을 듣고 적은 문서.

공술-인(公述人)명 공청회에서, 이해관계가 있거나 학식·경험 등이 있어서 의견을 진술하는 사람.

공:습(攻襲)명하타 갑자기 공격하여 침. ¶적의 공습을 받다.

공습(空襲)명하타 군용 비행기로 적진이나 적의 영토를 공중에서 공격하는일.

공습-경보(空襲警報)[-경-]명 적의 공습이 있을 때 알리는 경보.

공시(公示)명하타 ①일반에게 널리 알림. ②공공 기관이 어떤 일에 이해관계가 있는 제삼자에게 그 사실을 알리는 일.

공시(公試)명하타 ①공개하여 실시하는 시험. ②국가에서 실시하는 시험.

공시-가(公示價)[-까]명 정부나 공공 기관에서 공시한 값.

공:시-당상(貢市堂上)명 조선 시대에, 각 공계(貢契)와 시전(市廛)에 관한 사무를 맡아보던 벼슬아치.

공시^송:달(公示送達)명 민사 소송에서, 서류를 송달하기 어려울 경우에 게시판이나 신문에 송달의 뜻을 게시하는 일.

공:시^언어학(共時言語學)명 어떤 특정한 시기에 있어서의 언어 요소간의 관계를 횡적으로 연구하는 언어학. 〔기술(記述) 문법이나 방언 연구 따위.〕↔통시 언어학.

공시^지가(公示地價)[-까]명 국토 해양부에서 공시한 표준지의 단위 면적당 가격.

공시^최고(公示催告)명 법원이 불분명한 이해관계자의 권리나 청구의 신고를 공고(公告)의 방법으로 최고하는 일. 기간 안에 신고를 하지 않으면 권리를 잃게 됨.

공식(公式)명 ①공적(公的)으로 규정한 형식. ¶공식 회담. ②틀에 박힌 방식. ③수학에서, 계산의 법칙 따위를 기호로써 나타낸 것. ③범식(範式).

공:식(共食)명 원시 종교의 의식에서, 제물로 바쳤던 희생(犧牲)을 공동으로 나누어 먹는 일.

공식(空食)명하타 ①힘들이지 않고 재물을 얻거나 음식을 먹음. ②절에서, 거저 손에게 음식을 먹임.

공:식-건축(拱式建築)[-껀-]명 출입문의 위를 반원형으로 만든 건축 양식.

공식-어(公式語)명 ①정치상 또는 국민 교육상 표준으로 삼는 말. ②여러 사람이 두루 쓰는 말.

공식-적(公式的)[-쩍]관명 ①공식의 방식을 취하는 (것). ②틀에 박힌 방식인 (것). ¶공식적 이해. /공식적인 질문.

공식-주의(公式主義)[-쭈의/-쭈이]명 〔공식적 원칙에 얽매여〕상황의 변화에 따른 적절한 조치를 취하지 않고 사물을 기계적으로 처리하려는 경향, 또는 그런 태도.

공식-화(公式化)[-시콰]명하타되자 공식적인 것으로 됨, 또는 그렇게 되게 함.

공신(公信)명 ①공공의 신용. ②공적으로 부여하는 신용.

공신(功臣)명 나라에 공로가 있는 신하.

공:신(貢臣)명 공물(貢物)을 바치는 신하.

공신-력(公信力)[-녁]명 ①공공의 신용을 널리 얻을 수 있는 힘. ¶공신력이 있는 기관. ②실제로는 권리관계가 없는데도, 있는 것으로 여겨지는 외형적 사실을 믿고 거래한 사람을 보호하기 위해 권리관계가 있는 것과 같은 법률 효과를 부여하는 효력.

공-신용(公信用)명 국가의 신용.

공신-전(功臣田)명 조선 시대에, 공신에게 주던 세습의 논밭.

공:신-포(貢身布)명 조선 시대에, 관아의 노비가 노역(勞役) 대신 바치던 베나 무명.

공실(空室)명 사람이 거처하지 않는 빈방.

공심(公心)명 공평한 마음. 공지(公志).

공심(空心)명 빈 배 속. 공복(空腹).

공-심판(公審判)명 ①공개 재판. ②가톨릭에서, '최후의 심판'을 이르는 말.

공아(公衙)명 ☞관아(官衙).

공안(公安)명 공공(公共)의 안녕질서.

공안(公案)명 ①공무에 관한 안(案). ②공론에 따라 결정된 안. ③불교에서, '석가모니의 언어와 행동'을 아울러 이르는 말. ④선종(禪宗)에서, '도를 깨치게 하기 위하여 내는 과제'를 이르는 말. ④화두.

공안(公眼)명 여럿이 공정하게 보는 눈.

공:안(供案)명 조선 시대에, '죄인을 문초한 내용을 적은 문서'를 이르던 말.

공:안(貢案)명 조선 시대에, '공물(貢物)의 내역을 적은 장부'를 이르던 말.

공안^소:설(公案小說)명 고대 소설의 한 가지. 억울한 일을 당한 백성이 관장(官長)의 올바른 처결로 구원받는다는 줄거리로 되어 있음. 〔장화홍련전 따위.〕

공:알명 ☞음핵(陰核).

공:액(共軛)명 ☞켤레1.

공:액-각(共軛角)[-깍]명 ☞켤레각.

공:액-점 (共軛點) [-쩜]명 ☞켤렛점.
공:액^초점 (共軛焦點) [-쩜]명 ☞켤레 초점.
공약 (公約) 명 ①하자타 사회 공중에 대한 약속을 함, 또는 그 약속. ¶ 선거 공약. ②공법에 있어서의 계약.
공약 (空約) 명하타 헛된 약속을 함, 또는 그런 약속.
공-약수 (公約數) [-쑤]명 둘 이상의 정수(整數) 또는 다항식에 공통되는 약수. ☞공배수(公倍數).
공:양 (供養) 명하타 ①웃어른에게 음식을 드림. ②[불교에서] ㉠부처나 보살에게 음식물이나 꽃 따위를 바치는 일. ㉡중이 하루 세 끼 음식을 먹는 일. ㉢절에서 식사하는 일.
공:양-드리다 (供養-) 자 '공양하다'의 높임말.
공:양-미 (供養米) 명 부처에게 공양으로 드리는 쌀. 뵌고양미. 춈마지쌀.
공:양-주 (供養主) 명 ①절에 시주하는 사람. ②절에서 밥을 짓는 사람. 뵌고양주.
공:양-탑 (供養塔) 명 부처에게 공양하는 뜻으로 세운 탑.
공언 (公言) 명 ①공개하여 말함, 또는 그런 말. ¶ 합격을 공언하기는 이르다. ②공평한 말. ③공식으로 하는 말.
공언 (空言) 명 ①근거나 현실성이 없는 빈말. ②실천이 따르지 않는 빈말.
공언-무시 (空言無施) 빈말만 하고 실행이 따르지 아니홈.
공-얻다 (空-) [-따]타 (힘들이거나 값을 치르거나 않고) 공으로 얻다. 거저 얻다.
공업 (工業) 명 원료에 인공을 가하여 새로운 물품을 만드는 산업. 춈공(工).
공업 (功業) 명 공적이 뚜렷한 큰 사업. 공렬(功烈). 훈업(勳業).
공업-계 (工業界) [-께/-께]명 공업 방면에 딸린 사회 분야(分野).
공업^고등학교 (工業高等學校) [-꾜-꾜]명 공업에 관한 학문과 기술을 전문으로 가르치는 실업 고등학교. 춈공고(工高).
공업-국 (工業國) [-꾹]명 공업이 발달하여 산업의 주를 이룬 나라.
공업^규격 (工業規格) [-뀨-]명 '산업 규격'의 구용어.
공업^단지 (工業團地) [-딴-]명 국가나 지방 자치 단체가 구획한 토지에 계획적으로 공장을 유치하여 만든 공장의 집단지. 춈공단.
공업^디자인 (工業design) 명 공업 제품의 기능적인 면과 미적인 면을 고루 만족시키기 위한 디자인. 산업 디자인.
공업^부:기 (工業簿記) [-뿌-]명 공업의 회계 처리에 쓰이는 부기.
공업^센서스 (工業census) 명 제조 공업에 관한 기본적인 사항을 전국적·장기적·주기적으로 실시하는 조사. 넓은 의미의 공업 통계에 속함.
공업^소:유권 (工業所有權) [-쏘-꿘]명 공업상의 의장(意匠)이나 발명 등을 독점하여 이용하는 권리. 특허권·의장권·실용신안권·상표권의 네 가지로 나뉨.
공업^약품 (工業藥品) [-엄뉴-]명 공업용으로 많이 쓰이는 약품. 〔황산·염산·수산화나트륨 따위.〕
공업-용 (工業用) [-엄뇽]명 공업에 쓰임.
공업-용수 (工業用水) [-엄농-]명 공업의 생산 과정에 쓰이는 물.
공업용 텔레비전 (工業用television) [-엄농-] 공장·병원·교통 기관 등에서 상황의 관찰이나

감시 등에 널리 이용되는 텔레비전. 대개, 유선으로 전송됨. 아이티브이(ITV).
공업^입지 (工業立地) [-찌]명 공업을 경영하는 곳의 자연적·사회적 조건, 또는 그것에 따라 지역을 선정하는 일.
공업^지대 (工業地帶) [-찌-]명 많은 공장이 집중적으로 모여, 공업 생산이 활발한 지역.
공업^표준^규격 (工業標準規格) 명 '산업 표준 규격'의 구용어.
공업-학교 (工業學校) [-어카꾜]명 ①공업에 종사하는 사람에게 필요한 지식과 기능을 가르치는 실업학교. ②지난날, 실업학교의 한 가지. 지금의 공업 고등학교에 해당함. ③'공업 고등학교'를 흔히 이르는 말.
공업-화 (工業化) [-어화]명 하자타 되자 산업의 중점이 농업이나 광업에서 제조 공업으로 발달하여 가는 현상.
공업^화:학 (工業化學) [-어꽈-]명 화학 제품의 공업화를 연구하는 응용 화학의 한 분야.
공:여 (供與) 명 어떤 물건이나 이익 따위를 상대편에게 제공함.
공역 (工役) 명하자 ☞공사(工事).
공역 (公役) 명 국가나 공공 단체가 부과하는 부역(賦役)이나 병역(兵役).
공:역 (共譯) 명하타 (두 사람 이상이) 공동으로 번역함, 또는 그 번역.
공역 (空域) 명 공중의 영역(領域).
공역^주권설 (空域主權說) [-쭌-]명 국토와 영해(領海)의 상공(上空)도 영토의 주권이 미친다고 주장하는 학설.
공연 (公然) '공연(公然)하다'의 어근.
공연 (公演) 명하타 되자 (연극이나 음악·무용 따위를) 공개된 자리에서 해 보임. 상연(上演).
공:연 (共演) 명하자 (연극이나 영화에) 함께 출연함. ¶ 외국 배우와 공연하다.
공연 (空然) '공연(空然)하다'의 어근.
공연-스럽다 (空然-) [-따] [~스러우니·~스러워]형비 까닭이나 필요가 없어 보이다. ¶ 공연스러운 걱정을 하다. 춈괜스럽다.
공연-장 (公演場) 명 (연극·콘서트 따위의) 공연을 하는 장소. ¶ 공연장을 가득 메운 관객.
공연-하다 (公然-) 형여 숨김없고 떳떳하다. 공연-히 부 ¶ 그는 누구에게나 공연히 대한다.
공연-하다 (空然-) 형여 까닭이나 필요가 없다. ¶ 공연한 트집을 잡다. 춈괜하다. **공연-히** 부.
공-염불 (空念佛) [-념-]명 ①신심(信心) 없이 입 끝으로만 외는 염불. ②아무리 타일러도 허사가 되는 말. ③실행이나 내용이 따르지 않는 주장이나 선전.
공영 (公營) 명하타 공공 단체 또는 지방 자치 단체에서 경영함. ↔사영(私營).
공:영 (共榮) 명하자 서로 함께 번영함. ¶ 민족 공영에 이바지하다.
공:영 (共營) 명하타 공동으로 경영함.
공영^기업 (公營企業) 명 지방 자치 단체가 경영하는 기업. 〔지하철 따위.〕
공영^방:송 (公營放送) 명 국가 기관으로부터 독립하여 방송 사업을 경영하되, 영리를 직접적인 목적으로 삼지 않는 방송 기관.
공영^선:거 (公營選擧) 명 ☞선거 공영.
공영^주:택 (公營住宅) 명 국가나 지방 자치 단체에서 지어 분양하거나 임대하는 주택.
공예 (工藝) 명 실용적인 물건에 본래의 기능을 살리면서 조형미를 조화시키는 솜씨, 또는 그 제품. 〔도자기 공예나 매듭 공예 따위.〕

공예-가(工藝家)**명** 공예에 관한 전문적인 기술
과 지식을 가진 사람.

공예^미:술(工藝美術)**명** 실용물에 예술적 가공
(加工)을 하는 기술, 또는 그 작품. 〔도예나 목
공예 따위.〕

공예^작물(工藝作物)[-짱-]**명** 제조 또는 가공
한 후에야 쓰이게 되는 작물. 〔삼이나 담배·차
(茶) 따위 작물.〕

공예-품(工藝品)**명** 예술적인 조형미를 조화시
켜서 만든 공작품. 〔도자기나 칠기 따위.〕

공:옥(攻玉)〔옥을 간다는 뜻으로〕'학덕을
닦음'을 이르는 말.

공용(公用)**명** ①관청이나 공공 단체의 비용. 공
비(公費). ②공적인 업무. 공무. ③**하타** 공공의
목적으로 사용함. ②③↔사용(私用).

공용(功用)**명** ⇨공효(功效).

공:용(共用)**명하타되자** 공동으로 씀. ↔전용.

공:용(供用)**명하타되자** 마련하여 두었다가 씀.

공:용-림(供用林)[-님]**명** 임산물의 이용 등 수
익을 목적으로 경영하는 산림. 경제림.

공용^면적(共用面積)**명** 공동 주택 따위에서, 각
가구가 공동으로 사용하는 부분의 바닥 면적.
〔계단·엘리베이터·출입구 따위.〕**참** 전용 면적.

공용-물(公用物)**명** 국가나 지방 자치 단체 자
체의 사용에 제공되는 공물(公物). 〔정부 청사
나 교사(校舍)·병사(兵舍)·교도소 따위.〕**참** 공
공용물.

공:용-물(共用物)**명** (두 사람 이상이) 공동으로
이용하는 물건.

공:용-벽돌(拱用甓)[-똘]**명** 홍예문에 쓰이는
쐐기 모양의 벽돌.

공용^부:담(公用負擔)**명** (공공사업의 목적을
달성하기 위한 행정 수단으로서) 국가가 국민
에게 부과하는 경제적 부담. 〔부담금 부과나
공용 수용·공용 제한 따위.〕

공용^수용(公用收用)**명** 공용 부담의 한 가지.
국가가 공익사업에 쓰기 위하여 배상을 하고
개인의 재산권을 강제로 국가에 귀속시키는
일. 강제 수용. 공용 징수.

공용-어(公用語)**명** ①국제회의나 기구에서 공
식으로 쓰이는 언어. ②(한 나라에 여러 언어
가 있을 때) 정식 국어로 인정되어 있는 공통
어(共通語).

공용^재산(公用財産)**명** 공용에 쓰이는 재산으
로, 국유인 공용물(公用物).

공용^제:한(公用制限)**명** 공용 부담의 한 가지.
국가가 공익사업을 위하여 특정물에 대한 개인
의 소유권을 제한하는 일.

공용-증(公用證)**명** 공용의 임무를 띠고
있음을 증명하는 서류.

공용^징수(公用徵收)**명** ⇨공용 수용.

공운(空運)**명** 항공기를 이용한 여객 및 화물의
운송. **참** 해운(海運)·육운(陸運).

공원(工員)**명** 공장의 노동자.

공원(公園)**명** 공중(公衆)의 휴식과 유락(遊樂)·
보건 등을 위한 시설이 되어 있는 큰 정원이나
지역.

공원-묘지(公園墓地)**명** 공원의 기능을 갖춘 집
단 묘지.

공위(功位)**명** ①공훈과 지위. ②공에 따라서 주
는 벼슬자리.

공:위(共委)**명** 〈공동 위원회〉의 준말.

공:위(攻圍)**명하타** 에워싸서 공격함.

공위(空位)**명** ①빈자리. 공석(空席). ②실권이
없고 이름뿐인 지위. 허위(虛位).

공유(公有)**명** 국가 또는 공공 단체의 소유. ↔사
유(私有).

공:유(共有)**명하타** (두 사람 이상이 한 물건을)
공동으로 소유함.

공유^결합(共有結合)**명** 화학 결합의 한 가지.
두 원자가 서로 원자가 전자(原子價電子)를 내
어, 그것을 공유함으로써 생기는 결합. 등극결
합(等極結合). 무극성 결합(無極性結合).

공유-권(公有權)[-꿘]**명** 유체물(有體物)을 공
법적으로 완전히 지배하는, 국가의 절대권.

공유-림(公有林)**명** 지방 자치 단체나 공공 단
체 소유의 산림. ↔사유림.

공유-물(公有物)**명** 국가나 공공 단체 소유의
물건. ↔사유물.

공:유-물(共有物)**명** (두 사람 이상이) 공동으로
소유하고 있는 물건. ↔전유물(專有物).

공유^수면(公有水面)**명** 공공의 용도에 쓰이는
국가 소유의 수면. 〔바다·호수·강 따위.〕

공유^재산(公有財産)**명** 국가나 공공 단체가 소
유하는, 공공의 목적에 쓰이는 재산.

공:유-지(公有地)**명** 국가 또는 공공 단체가 소
유하는 토지. 공유토(公有土). ↔사유지.

공:유-지(共有地)**명** (두 사람 이상이) 공동으로
소유하고 있는 토지.

공유-토(公有土)**명** ⇨공유지. **준** 공토(公土).

공:융-성(共融性)[-썽]**명** 한 용매(溶媒) 속에
서 다른 물질과 함께 용해되는 성질.

공:융^혼:합물(共融混合物)[-함-]**명** 혼합 액
체로부터 동시에 정출(晶出)되는 두 가지 이상
의 결정의 혼합물.

공-으로(空-)**부** 힘이나 돈을 들이지 않고 거저.
공짜로. ¶단골이라고 돈도 안 받고 공으로 수
리해 주었다.

공은(公恩)**명** 가톨릭에서, 모든 사람에게 베푸
는 천주(天主)의 은혜를 이르는 말.

공음(蚣音)**명** 귀뚜라미 소리. 벌레의 소리.

공음-전(功蔭田)**명** 고려 시대에, 공신과 오품
(五品) 이상의 벼슬아치에게 공을 따져 지급하
던 토지.

공의(公義)[-의/-이]**명** 선악의 제재를 공평하
게 하는 하느님의 적극 품성의 한 가지.

공의(公儀)[-의/-이]**명** 공적(公的)인 의식, 또
는 공개적인 의식.

공의(公醫)[-의/-이]**명** 지난날, 관청의 위탁으
로 일정한 지역의 진료와 전염병 예방에 종사
하던 의사.

공의(公議)[-의/-이]**명하타되자** ⇨공론(公論).

공의-롭다(公義-)[-의-따/-이-따]〔~로우
니·~로워〕**형田** 공평하고 의로움. 공의로이**부**.

공-의무(公義務)[-의-/-이-]**명** 개인이 국가
에 지는 의무. 〔국방·납세·교육·근로의 의무.〕
↔사의무.

공의-회(公議會)[-의회/-이훼]**명** 가톨릭에서,
교회를 사목(司牧)할 책임을 진 주교들이 신앙
과 도덕에 관한 교리 문제 등을 협의 결정하는
공식적인 종교 회의. 〔중요 사항의 결정에는
만장일치제를 택하는 것이 특징임.〕

공이**명** ①방아 찧는 기구. 절굿공이나 방앗공이.
②탄환의 뇌관을 쳐서 폭발하게 하는 송곳 모
양의 장치. ⇨격침(擊針).

공이-치기**명** 총이나 포의 격발 장치. 방아쇠를
당기면 용수철이 늘어나 공이를 치게 되어 있
음. 격철(擊鐵).

공익(公益)**명** 공공의 이익. ↔사익(私益).

공:익(共益)**명** 공동의 이익.

공익^광:고(公益廣告) [-꽝-]圓 (기업이나 단체 등에서) 공공의 이익을 목적으로 하는 광고.

공:익-권(共益權) [-꿘]圓 사원권(社員權)의 한 가지. 법인의 목적을 달성하기 위하여 법인의 목적 사업에 참여할 수 있는 사원의 권리. ↔자익권(自益權).

공익^근:무^요원(公益勤務要員) [-끈-]圓 군 복무를 대신하여 일정 기간 동안 공공의 이익을 위해 봉사하는 사람.

공익^단체(公益團體) [-딴-]圓 공공의 이익을 목적으로 하는 단체. [적십자사 따위.]

공익^법인(公益法人) [-뻐빈]圓 영리를 도모하지 않고 사회 공중을 위한 사업을 목적으로 하는 법인. 종교나 자선 및 학술 따위를 위한 법인. ↔영리 법인.

공:익-비(共益費) [-삐]圓 ①집단 주택 등에서, 공용(共用) 부분의 유지를 위하여 세대마다 내는 돈. ②☞공익 비용.

공:익^비:용(共益費用) [-삐-]圓 한 사람의 채무자에 대하여 채권자가 여럿일 때, 공동 이익을 위하여 쓴 비용.

공익-사업(公益事業) [-싸-]圓 공익을 위주로 하는 독점성이 강한 사업. [철도나 우편·수도 따위의 산업.]

공익^신:탁(公益信託) [-씬-]圓 종교나 자선·학술 등 공익을 위한 신탁. ↔사익 신탁.

공익^전:당포(公益典當鋪) [-쩐-]圓 (공중의 편의나 영세민의 편익을 위하여) 자치 단체나 공익 법인에서 운영하는 전당포.

공인(工人)圓 조선 시대에, 악기를 연주하던 사람. 악생(樂生)과 악공(樂工).

공인(公人)圓 ①국가 또는 사회를 위하여 일하는 사람. ②공직에 있는 사람. ↔사인(私人).

공인(公印)圓 관공서나 어떤 단체에서 공적인 일에 쓰는 도장.

공인(公認)圓一하타 되다 국가·공공 단체·사회 등이 인정함. ¶ 태권도 공인 3단.

공인(恭人)圓 조선 시대, 외명부의 한 품계. 정·종오품 문무관의 아내에게 내리던 봉작.

공인(貢人)圓 조선 후기 대동법 실시 이후, 대동미를 대가로 받고 중앙 관청에서 필요로 하는 물품을 사서 납품하던 상인.

공인-교(公認敎)圓 [불교·천주교·개신교 등과 같이] 국가로부터 공인을 받은 종교.

공인^노무사(公認勞務士)圓 국가가 인정하는 자격을 얻어, 기업의 노무 관리 업무를 맡아 하는 사람.

공-인수(公因數) [-쑤]圓 ☞공통 인수.

공인^중개사(公認仲介士)圓 부동산 거래의 중개를 업으로 하는 사람. 특별시장·광역시장·도지사가 시행하는 시험에 합격하여야 자격이 주어짐.

공인^회:계사(公認會計士) [-회계-/-훼계-]圓 국가가 인정하는 자격을 얻어, 위촉받은 회계 감사나 감정, 세무 대리 등의 업무를 맡아 하는 사람.

공-일(空-) [-닐]圓 ①품삯을 받지 않고 하는 일. ↔삯일. ②쓸데없는 일.

공일(空日)圓 쉬는 날, 곧 일요일.

공임(工貨)圓 ☞공전(工錢).

공임(公任)圓 공무에 관한 직임(職任).

공자(公子)圓 지체 높은 집안의 젊은 자제.

공자-왕손(公子王孫)圓 왕이나 높은 지위에 있는 사람들의 자손.

공작(工作)圓一하타 ①물건을 만드는 일. ②어떤 목적을 위하여 미리 일을 꾸밈. ¶ 공작을 펴다.

공작(公爵)圓 오등작(五等爵)의 첫째 작위. [후작(侯爵)의 위.] ⑤공(公).

공:작(孔雀)圓 꿩과의 새. 수컷은 머리에 10 cm 가량의 관모가 있고, 긴 꼬리를 펴면 부채 모양을 이루는데, 둥글고 자줏빛이 많음. 암컷은 그보다 좀 작고 꼬리가 짧음. 인도 원산으로 밀림의 물가에 즐겨 사는데, 나무 열매나 벌레를 먹음.

공작-금(工作金) [-끔]圓 어떤 일을 꾀하여 이루는 데 드는 돈.

공작^기계(工作機械) [-끼계/-끼게]圓 기계를 제작하거나 기계 부품을 가공하는 기계. [선반(旋盤)·연마반(研磨盤) 따위.]

공작-대(工作隊) [-때]圓 어떤 공작 임무를 수행하기 위하여 조직된 부대나 집단.

공:작-명왕(孔雀明王) [-장-]圓 불교의 밀교(密敎)에서, 모든 재앙을 물리치고 비를 오게 한다고 하여 높이 받드는 명왕. [머리 하나에 팔이 넷이며, 공작의 날개와 연꽃 등을 들고 공작의 등에 타고 있음.]

공작-물(工作物) [-장-]圓 ①재료에 기계적 가공을 하여 만든 물건. ②많 위나 땅속에 인공으로 만든 온갖 물건. [건물·교량·터널·철탑(鐵塔) 따위.]

공:작-부인(孔雀夫人) [-뿌-]圓 '양장(洋裝)으로 화려하게 꾸민 아름다운 여자'를 달리 이르는 말.

공:작-석(孔雀石) [-썩]圓 단사 정계의 광물. 대개 덩이 모양을 이루며, 산뜻한 초록색 광택이 있음. 장식용이나 안료로 쓰임. ⑪석록(石綠).

공작-선(工作船) [-썬]圓 ①☞공작함(工作艦). ②공작 임무를 수행하기 위하여 공작원이 쓰는 배.

공:작-선(孔雀扇) [-썬]圓 조선 시대의 의장(儀仗)의 한 가지. 붉은빛으로 공작을 화려하게 그린 큰 부채.

공작-실(工作室) [-씰]圓 간단한 기구나 물품을 만들 수 있는 시설을 갖추어 놓은 방.

공작-원(工作員)圓 (주로 정당이나 단체의 지령을 받아) 어떤 목적을 이루기 위하여 자기 쪽에 유리하도록 일을 미리 꾸미어 활동하는 사람.

공작-함(工作艦) [-자캄]圓 함대를 따라다니거나 전진 기지(前進基地)로 나아가 선체·기관·병기 등을 정비하거나 수리하는 군함. 공작선.

공장(工匠)圓 (공방에서 연장을 가지고) 물품 만드는 일을 전문으로 하는 사람.

공장(工場)圓 근로자가 기계 등을 사용하여 물건을 가공·제조하거나 수리·정비하는 시설, 또는 그 시설.

공장(公狀)圓 지난날, 수령이나 찰방(察訪)이 공식으로 감사·병사·수사를 만날 때 관직명을 적어서 내던 편지.

공장(公葬)圓 공공 단체나 기관에서 주관하는 장례식.

공장(空腸)圓 ①아무것도 먹지 않은 빈 창자. ⑪공복(空腹). ②십이지장에 이어지는 소장(小腸)의 일부로, 회장(回腸)까지의 부분을 이르는 말.

공장-공해(工場公害)圓 공장의 설치나 가동으로 말미암아 인근의 주민이나 자연환경에 끼치는 여러 가지 피해.

공장^관리(工場管理) [-괄-]圓 공장의 시설·기계·조직 등을 능률적으로 활용하여 생산 능력을 올리기 위한 체계적이고 합리적인 여러 세칙, 또는 그러한 운영.

공장^노동자(工場勞動者)圀 공장에서 생산에 종사하는 노동자.

공장-도(工場渡)圀 제품을 공장에서 거래자에게 직접 인도하는 거래 방식. ¶공장도 가격.

공장-법(工場法)[-뻡]圀 공장 노동자를 안전하게 보호하기 위하여 제정한 여러 법률을 통틀어 이르는 말.

공장-장(工場長)圀 공장의 책임자.

공장^재단(工場財團)圀 공장 저당법에 따라 공장에 딸린 토지·건물·기계 등을 일괄하여 담보로 등기함으로써 저당권의 설정이 인정되는 재단.

공장^진:단(工場診斷)圀 산업의 합리화와 통제 경제의 수행 등을 위하여, 공장의 실태를 조사하여 공장 경영 전반에 대한 비판과 지도를 하는 일.

공장^폐:쇄(工場閉鎖)[-폐-/-폐-]圀 ①공장의 문을 닫고 일을 쉼. ②쟁의 행위의 한 가지. 사용자가 공장을 폐쇄하고 근로자들의 주장을 거부하는 행위. [사용자가 취할 수 있는 유일한 쟁의 행위임.]

공장^폐:수(工場廢水)[-폐-/-폐-]圀 공장의 제품 생산 과정에서 생기는 더러운 물.

공:재(共在)圀하 두 가지 이상의 대등한 것이 함께 존재함. 구재(俱在).

공재(空財)圀 (밑천이나 특별한 힘을 들이지 않고) 공으로 얻은 재물.

공저(公邸)圀 고급 공무원이 그 직위에 있는 동안 머물러 살 수 있게 나라에서 제공한 저택. ↔사저(私邸).

공:저(共著)圀하 한 책을 두 사람 이상이 함께 지음, 또는 그렇게 지은 책. 합저(合著).

공적(公賊)圀 공금이나 공물(公物)을 훔친 도둑. 공도(公盜).

공적(公敵)圀 국가나 사회 또는 공공 대중의 적.

공적(功績)圀 쌓은 공로. 공로의 실적.

공적(空寂)圀하 불교에서, 만물이 모두 실체가 없어 생각하고 분별할 것도 없음을 이르는 말.

공-적(公的)[-쩍]관圀 ①국가나 소속된 단체, 또는 사회 일반에 관련된 (것). 공공(公共)에 관한 (것). ¶공적 임무. /공적인 처지에서 견해를 말하다. ②공변된 (것). ↔사적(私的).

공적 부조(公的扶助)[-쩍뿌-] 국가 또는 지방 자치 단체가 국민의 최저 한도의 생활을 보장하기 위하여 생활이 곤궁한 국민에게 생활비 보조나 공공 시설 이용의 편의를 제공하는 일. 국가 부조. 사회 부조.

공적 자금(公的資金)[-쩍짜-] 금융 기관이 기업에 빌려 준 돈을 회수하지 못해 부실해질 때, 국가가 금융 기관에 투입하는 자금.

공전(工錢)圀 물품을 만들거나 수리한 데 대하여 보수로 치르는 돈. 공가(工價). 공임(工賃).

공전(公田)圀 ①국유(國有)의 논밭. ↔사전(私田). ②중국의 옛 정전법(井田法)에서, 한복판에 위치해 있던 공유(公有)의 토지.

공전(公典)圀 공평하게 만든 법률.

공전(公電)圀 국가나 기관끼리 하는 전보. ↔사전(私電).

공전(公轉)圀하 한 천체가 다른 천체의 둘레를 주기적으로 도는 일. [행성이 일정한 주기로 태양 둘레를 도는 일 따위.] ↔자전.

공전(功田)圀 고려·조선 시대에, 나라에 훈공이 있는 사람에게 내리던 논밭.

공:전(攻戰)圀하 공격하여 싸움, 또는 그런 전투.

공전(空前)圀 비교할 만한 것이 전에는 없었음. (주로, '공전의'의 꼴로 쓰임.) ¶공전의 대성황을 이루다.

공전(空電)圀 대기 속의 방전 현상으로 생기는 잡음(雜音) 전파. [무선을 수신할 때 들리는 소음 따위.] 똥공중 전기.

공전(空戰)圀 <공중전(空中戰)>의 준말.

공전(空轉)圀하 ①바퀴나 기계 따위가 헛돎. ②일이나 행동이 헛되이 진행됨. ¶몇 차례의 회담이 공전을 거듭하다.

공전^법규(空戰法規)[-규]圀 공중전(空中戰)에 관한 국제법상의 법규를 통틀어 이르는 말.

공:전-식(共電式)<공동 전지식>의 준말.

공전-절후(空前絕後)圀혱 ☞전무후무(前無後無).

공전^주기(公轉週期)圀 공전 운동을 하는 천체가 한 바퀴 도는 데 걸리는 기간. ↔자전 주기(自轉週期).

공-절선(公切線)[-썬]圀 '공통 접선'의 구용어.

공-접선(公接線)[-썬]圀 '공통 접선'의 구용어.

공정(工程)圀 ①작업이 되어 가는 정도. ②근대 기계 공업에서, 계획적인 대량 생산을 위하여 여러 가지로 나눈 가공 단계의 하나하나.

공정(公正)圀하 공평하고 올바름. ¶공정한 거래. /공정한 관결. 공정-히圀.

공정(公定)圀하 ①일반의 공론(公論)에 따라 정함. ②관청에서 정함.

공정(空庭)圀 빈 뜰.

공정-가(公定價)[-까]圀 <공정 가격(公定價格)>의 준말.

공정^가격(公正價格)[-까-]圀 공평하고 정당한 가격.

공정^가격(公定價格)[-까-]圀 국민 생활의 안정을 위하여, 정부 또는 지방 자치 단체가 일정한 품목을 지정하여 결정하거나 통제하는 가격. [공공요금 등이 이에 딸림.] 똥공정가. 공정가격.

공정^거:래(公正去來)圀 독점 거래나 암거래가 아닌 공정한 거래.

공정^거:래^위원회(公正去來委員會)[-회/-훼]圀 국무총리 직속 기관의 하나. '독점 규제 및 공정 거래에 관한 법률'에 의거하여, 독과점 사업자의 시장 지배 행위, 경제력 집중, 불공정 거래 행위 등을 규제하며 경제 촉진 정책 등에 관한 사무를 맡아봄.

공정^관리(工程管理)[-괄-]圀 대량 생산 방식에서, 공정도(工程圖)나 공정표(工程表)에 따라 계획적으로 생산 공정을 관리하는 일.

공정^금리(公定金利)[-니-]圀 ☞공정 이율.

공정^기록(公正記錄)圀 법률상 공인된 효력이 있는 기록.

공정-도(工程圖)圀 한 공정에서 할 가공의 정도를 나타낸 도면.

공정^부대(空挺部隊)圀 ☞공수 부대. 낙하산 부대.

공정^이:율(公定利率)[-니-]圀 중앙은행이 거래처인 금융 기관에 어음 할인이나 대부 등을 해줄 때 적용하는 이자의 율(率). 공정 금리(公定金利).

공정^증서(公正證書)圀 ①공무원이 그 권한 내에서 작성하는 모든 문서. ②공증인이 법률 행위나 기타 사권(私權)에 대하여 작성하는 증서. [법률상 완전한 증거로 인정됨.] ↔사서 증서(私署證書).

공정^증서^유언(公正證書遺言)圀 증인 2인의 입회하에 공증인(公證人)이 작성한 유언서.

공정^지가(公正地價) [-까][명] 토지 대장에 등재된 토지의 가격.

공정-표(工程表)[명] 하나의 제품을 만들어 나가는 과정이나 일정을 나타낸 도표.

공정^환ː율(公定換率)[명] 정부가 인위적으로 정하여 고정시킨 환ː세율(換時勢). 〔주로, 국제 통화 기금의 평가와 관련된 외환율임.〕↔변동환율(變動換率).

공ː제(共濟)[명][하자] ①힘을 같이하여 일함. ②서로 힘을 합하여 도움.

공제(空諦)[명] 불교에서 이르는 삼제(三諦)의 하나. 만물은 모두 공(空)이며 고정불변의 것은 아무것도 없다고 하는 진리.

공ː제(控除)[명][하자타] 받을 금액이나 수량에서 물거나 덜어야 할 것을 빼어 냄. 뗌. ¶ 회비를 월급에서 공제하다.

공ː제^조합(共濟組合)[명] 같은 종류의 직업이나 사업에 종사하는 사람들이 상호 부조를 목적으로 출자하여 만든 조합.

공조(工曹)[명] 고려·조선 시대의 육조(六曹)의 하나. 산택(山澤)·공장(工匠)·영조(營造) 등에 관한 일을 맡아보던 관아. ⑪수부(水府).

공조(公租)[명] ⇨조세(租稅).

공ː조(共助)[명] 여러 사람이 함께 도와줌, 또는 서로 도움.

공ː조(貢租)[명] 공물(貢物)로 바치던 조세.

공ː조(貢調)[하자] 공물을 바침.

공조^판서(工曹判書)[명] 고려·조선 시대의 공조의 으뜸 벼슬. 품계는 정삼품·정이품.

공ː존(共存)[명][하자] (둘 이상의 서로 성질이 다른 것이) 함께 살아감. 함께 존재함. ¶ 신구 문화가 공존하다. /평화 공존을 모색하다.

공ː존-공영(共存共榮)[명] 함께 살고 함께 번영함. 함께 잘 살아감.

공ː존동생-권(共存同生權) [-꿘][명] 함께 살아가는 권리. ¶ 전 인류의 공존동생권.

공ː존^용액(共存溶液) [-농-][명] 두 종류의 액체를 충분히 섞어도 다시 두 가지의 액상(液相)으로 나누어지는 용액.

공ː존-의식(共存意識) [-조늬/-조니-][명] 공존하고 있는, 또는 공존하여야 한다는 의식.

공졸(工拙)[명] ⇨교졸(巧拙).

공죄(公罪) [-죄/-줴][명] 국가의 공익(公益)을 해친 죄. ↔사죄(私罪).

공죄(功罪) [-죄/-줴][명] (사람이 한 일이나 어떤 사물의 존재가 그 사회나 조직 등에 끼친) 잘한 일과 잘못한 일. 좋은 점과 나쁜 점. 공과(功過).

공죄-상보(功罪相補) [-죄/-줴-][명][하자] ①공적(功績)이 있으나 죄과(罪過)도 있어 서로 에낌. ②죄가 있으나 그것을 보충할 만큼 공이 있어 너그러이 용서해 줄 정도가 됨.

공주(公主)[명] 왕후가 낳은 임금의 딸. 碌옹주.

공주(空株)[명] 실제로 주고받지 않고 거래되는 주(株). ↔실주(實株).

공-주련(空柱聯)[명] 그림이나 글씨 없이 꾸민 주련(柱聯).

공ː-주인(貢主人)[명] ⇨경주리.

공죽(空竹)[명] ⇨객죽(客竹).

공준(公準)[명] 공리(公理)처럼 확실하는 않으나, 원리로 인정되어 어떤 이론 전개에 기초가 되는 근본 명제.

공중(公衆)[명] 사회의 여러 사람. 일반 사람들.

공중(空中)[명] 지구 표면을 둘러싸고 있는 공간. 하늘과 땅 사이의 빈 곳.

공중을 쏘아도 알과녘만 맞힌다[속담] 별로 애쓰

지 않고 한 일이 제대로 잘 이루어지게 됨을 이름.

공중-광ː고(空中廣告)[명] 공중에서 항공기로 광고 전단을 뿌리거나, 기구(氣球) 등을 올려서 하는 광고.

공중-권(空中權) [-꿘][명] 공간의 소유 권리. 〔토지 소유권의 범위를 넓힌 것으로, 햇빛·공기·광고 가치 등의 보호를 목적으로 함.〕

공중^급유(空中給油)[명] 비행 중인 항공기에 다른 항공기가 파이프를 통하여 연료를 보급하는 일. 공중 보급.

공중-누각(空中樓閣)[명] 근거나 현실적 토대가 없는 사물이나 생각을 이르는 말. 신기루.

공중-도덕(公衆道德)[명] 공중의 복리를 위하여 서로 지켜야 할 덕의(德義). 공덕(公德).

공중-물(空中-)[명] 한데에 놓은 그릇 같은 것에 괸 빗물.

공중^방ː전(空中放電)[명] 구름과 대지 사이의 심한 전위차(電位差)로 말미암아 일어나는 방전 현상. 〔번개와 천둥은 이 현상으로 일어남.〕

공중-변소(公衆便所)[명] 공중을 위하여 길거리나 공원 따위에 만들어 놓은 변소. 공동변소.

공중^보ː급(空中補給)[명] ①⇨공중 급유(空中給油). ②육상으로의 보급이 불가능한 장소에, 항공기로 물자를 투하하여 보급하는 일.

공중-분해(空中分解)[명][하자] ①비행 중인 항공기가 바람의 압력 또는 고장 따위의 원인으로 공중에서 분해·파괴되는 일. ②계획 따위가 진행 도중에 무산되는 일.

공중-사진(空中寫眞)[명] ⇨항공사진.

공중^삭도(空中索道) [-또][명] ⇨가공 삭도.

공중-선(空中線)[명] ⇨안테나.

공중^소추주의(公衆訴追主義) [-의/-이][명] 형사 사건의 소추권을 일반 공중에 맡기는 주의.

공중-위생(公衆衛生)[명] 공중의 건강을 위한 위생. ↔개인위생.

공중유사(公中有私) [-뉴-][명] 공적인 일에도 개인적인 정실(情實)이 있음.

공중-전(空中戰)[명] 공중에서 항공기끼리 벌이는 전투. 항공전(航空戰). ⸾공중전(空戰). ⸾지상전(地上戰)·해전(海戰).

공중^전ː기(空中電氣)[명] 대기 속에 있는 전장(電場)·이온·전류 등의 현상을 통틀어 이르는 말.

공중-전화(空中電話)[명] 공공의 요금을 내고 그때그때 쓸 수 있도록 사람의 왕래가 많은 곳에 설치해 놓은 전화.

공중^정찰(空中偵察)[명] 항공기로 적의 동태를 살피는 일. 항공 정찰.

공중-제비(空中-)[명] ①양손을 땅에 짚고 두 다리를 공중으로 쳐들어 반대쪽으로 넘어감, 또는 그런 재주. ②공중에서 거꾸로 나가떨어짐.

공중^청음기(空中聽音機)[명] 항공기가 내는 음파를 포착하여 그 위치나 향로 등을 탐지하는 장치. 〔레이더 발명 이전에 쓰였음.〕

공중^촬영(空中撮影)[명] 항공기를 타고 지상의 시설이나 지형 따위를 촬영하는 일.

공중^투하(空中投下)[명] 항공기에서 인원이나 물자를 지상에 투하하는 일.

공중파^방ː송(公衆波放送)[명] ⇨지상파 방송.

공중-폭격(空中爆擊) [-껵][명] 폭격기로 적진을 공중에서 폭격하는 일.

공중-회전(空中回轉) [-회-/-훼-][명] ①(체조·곡예 따위에서) 허공에서 한 바퀴 이상 재주를 넘는 일. ②(비행기 따위가) 비행 중에 회전하는 일.

공즉시색(空卽是色)[−써−]몡 '반야심경(般若心經)'에 나오는 말로, 이 세상의 모든 사물은 실체가 없는 현상에 불과하지만 그 현상의 하나 하나가 그대로 이 세상의 실체라는 말. 魯색즉시공(色卽是空).

공증(公證)몡하타 특정한 법률 사실이나 법률 관계의 존부(存否)를 공식으로 증명하는 일, 또는 그 증서.

공증^문서(公證文書)몡 문서 작성의 권한이 있는 국가나 공공 기관이 그 직권으로 어떤 사실을 증명하기 위하여 작성하는 문서. 〔공증인이 작성하는 공정 증서나 시·읍·면장이 발급하는 호적 등·초본 등이 이에 딸림.〕

공증-인(公證人)몡 당사자 또는 그 밖의 관계인의 의뢰에 따라 민사(民事)에 관한 공정 증서를 작성하거나, 사서 증서(私署證書)나 정관(定款)에 인증(認證)을 하는 권한을 가진 사람.

공지(公志)몡 ☞공심(公心).

공지(公知)몡하자타 세상 사람이 다 앎, 또는 알도록 함.

공:지(共知)하타 여러 사람이 다 같이 앎.

공지(空地)몡 ①빈 땅. 빈 터. 공처(空處). 공터. 공한지. ②하늘과 땅. 공중과 지상.

공지(空紙)몡 아무것도 쓰지 않은 종이. 백지(白紙).

공직(公直) '공직하다'의 어근.

공직(公職)몡 국가나 지방 공공 단체 등의 공적인 직무. ¶공직 생활.

공직-자(公職者)[−짜]몡 공직에 종사하는 사람. 〔공무원·국회의원 따위.〕

공직-하다(公直−)[−지카−]혱여 공변되고 정직하다.

공:진(共振)몡①하자 한 진동체가 다른 진동체에 이끌려 그와 같은 진동수로 진동함, 또는 그런 현상. ②전기 진동의 공명 현상.

공:진-소(供進所)몡 조선 시대에, 궁내부에 딸리어 식료품에 관한 일을 맡아보던 관서.

공:진-회(共進會)[−회/−훼]몡 산물이나 제품을 모아 진열하여 놓고 일반 공중에게 널리 관람시켜 그 우열을 품평·사정(査定)하는 모임. 경진회(競進會).

공:진^회로(共振回路)[−회/−훼−]몡 ☞동조회로(同調回路).

공-집합(空−)[−끼]몡하자 돈을 모아서 무엇을 사다 먹는 내기의 한 가지. 사람 수대로 쪽지에 금액을 적어서 섞어 놓고, 각자 집은 쪽지에 적힌 액수에 따라 돈을 내며, '○'표를 집은 사람은 돈을 내지 않음.

공-집합(空集合)[−지팝]몡 원소(元素)가 전혀 없는 집합. 영집합(零集合).

공징-이몡 귀신의 소리라 하여, 이상한 휘파람 소리를 내며 점을 치는 여자 점쟁이.

공짜(空−)몡 ①거저 생긴 물건. ②거저 얻는 일.

공짜-배기(空−)몡 '공짜'를 홀하게 이르는 말.

공차(公差)¹몡 지난날, 관아나 궁가(宮家)에서 파견하던 관원이나 사자(使者)를 일컫던 말.

공차(公差)²몡 ①등차급수나 등차수열에서 서로 이웃하는 두 항의 차. ②근삿값에 대한 오차의 한계나 범위. ③기계 부품이나 도량형기(度量衡器) 등을 제작할 때 설계상 치수에 대해 실용상 허용되는 범위의 오차.

공차(空車)몡 ①빈 차. ②〔요금을 내지 않고〕 공으로 타는 차.

공:-차반(供大飯)몡 절에서, '반찬'을 달리 이르는 말.

공:찬(供饌)몡하타 절에서, '음식을 신불에게 바치는 일'을 이르는 말.

공찰(公札)몡 ☞공함(公函). ↔사찰(私札).

공참(孔慘) '공참하다'의 어근.

공:참-하다(孔慘−)혱여 매우 참혹하다.

공창(工廠)몡 ①철공 제품을 만드는 공장. ②무기·탄약 따위의 군수품을 만드는 공장.

공창(公娼)몡 '관청의 허가를 얻어 매음 행위를 영업으로 하던 여자'를 이르는 말. ↔사창.

공:-채(共채)몡 ①공을 치는 채를 통틀어 이르는 말. 〔탁구나 테니스의 라켓 따위.〕 ②장치기할 때 쓰는 끝이 좀 구붓한 막대기.

공채(公採)몡 공개적인 방법으로 사람을 뽑아 씀.

공채(公債)몡 ①국가나 지방 자치 단체가 재정 자금을 마련하기 위하여 임시로 지는 부채(負債). ②〈공채증권(公債證券)〉의 준말.

공-채무(公債務)몡 공금 유용이나 공과금 미납 등으로 진 빚.

공채-비(公債費)몡 공채 모집이나 이자 지급 및 상환 등에 드는 비용.

공채-증권(公債證券)[−꿘]몡 국가나 지방 자치 단체가 공채의 채권자에게 발행 교부하는 증권. 공채증서. 준공채(公債).

공채-증서(公債證書)몡 ☞공채증권.

공책(空冊)몡 글씨를 쓸 수 있게 백지로 매어 놓은 책.

공처(空處)몡 ①임자가 없는 빈 땅. ②☞공지(空地).

공:처-가(恐妻家)몡 아내한테 쥐어(눌려) 지내는 사람. 처시하(妻侍下).

공천(公薦)몡하타 퇴자 ①여러 사람의 합의에 따라서 천거함. ②공변되고 정당하게 추천함. ③정당에서 공식적으로 후보자를 내세움. ¶당의 공천을 받다.

공첩(公貼)몡 ☞공문서(公文書).

공첩(公牒)몡 공사(公事)에 관한 편지나 서류.

공청(公廳)몡 〔관청 등을〕 '공무(公務)를 보는 집'이라는 뜻으로 이르는 말.

공청(空靑)몡 금동광(金銅鑛)에서 나는, 빛이 푸른 결정. 염료나 약제로 쓰임.

공청(空聽)몡 헛갓.

공청-회(公聽會)[−회/−훼]몡 국가나 공공 단체가 중요 안건을 의결함에 앞서, 일반 국민이나 이해 당사자 및 전문가 등으로부터 공개 석상에서 의견을 듣는 제도, 또는 그런 모임.

공:초(供招)몡하자타 조선 시대에, 죄인이 범죄 사실을 진술하던 일.

공총(倥偬) '공총하다'의 어근.

공총-하다(倥偬−)혱여 일이 많아서 몹시 바쁘다. 공총-히튀.

공:축(恭祝)몡하타 삼가 축하함.

공:축(恐縮)몡하자 〔몸이 움츠러들 만큼〕 황공히 여김. 죄송하여 여김. 비황축(惶蹙).

공:출(供出)몡하타 지난날, 일제(日帝)가 전쟁을 치를 목적으로 민간의 물자나 식량을 강제로 바치게 하던 일.

공출-물(供出物)몡하자 ①밑천이나 힘을 들이지 않고 남의 일에 거저 끼어듦. ②밑천이나 힘을 낼 필요가 없는데 공연히 냄.

공:취(攻取)몡하타 쳐서 차지함.

공:-치기(空−)몡하자 ①공을 치고 받는 운동을 통틀어 이르는 말. ②장치기.

공-치다(空−)자타 〔하려던 일을 못해서〕 허탕치다. ¶비가 와서 하루벌이를 공치다.

공-치사(功致辭)명[하자타] (남을 위하여 수고한 것을) 낯을 내려고 스스로 자랑함. ¶그는 거듭 자기 공치사를 늘어놓았다.

공-치사(空致辭)명[하자타] 빈말로 하는 치하의 말.

공칙-스럽다[-쓰-따][~스러우니·~스러워][형] 공교롭게 잘못된 데가 있다. 공칙스레[부].

공칙-하다[-치카-][형어] 공교롭게 잘못되다. 공칙-히[부].

공칭(公稱)명[하타] ①공적(公的)으로 이름, 또는 그런 이름. ②일반에 널리 터놓고 일컬음.

공칭^능력(公稱能力)[-녁]명 일반에 널리 알려진 기계나 병기 따위의 능력.

공칭^마:력(公稱馬力)명 기관(機關)이나 기관(汽罐) 따위를 과세(課稅)하거나 매매할 때 부르는 마력의 수.

공칭^자본(公稱資本)명 은행이나 회사 등이 정관(定款)에 기재하여 등기한 자본의 총액. 등기 자본(登記資本).

공-탁(供託)명[하타] ①물건을 맡김. ②법의 규정에 따라 금전·유가 증권 그 밖의 물품 따위를 지정된 은행이나 공탁소에 맡겨 두는 일.

공-탁-금(供託金)[-끔]명 공탁한 돈.

공-탁-물(供託物)[-탕-]명 공탁한 물건.

공-탁-법(供託法)[-뻡]명 공탁금의 이자, 공탁물의 수령과 회수, 보관료, 공탁 공무원의 처분 등에 관한 것을 규정한 법률.

공-탁-서(供託書)[-써]명 공탁물에 첨부하여 공탁소에 내는 서류.

공-탁-소(供託所)[-쏘]명 공탁 사무를 맡아보는 국가 기관. 〔지방 법원이나 지원(支院)의 소재지에 둠.〕

공-탈(攻奪)명[하타][되자] 무력을 써서 빼앗음.

공-터(空-)명 ⇨공지(空地).

공토(公土)명 〈공유토(公有土)〉의 준말.

공통(共通)명[하자][되자] 여럿 사이에 두루 통용되거나 관계됨. ¶공동의 목적.

공-통^내:접선(共通內接線)[-썬]명 두 원이 공통 접선에 대하여 서로 반대쪽에 있을 때의 접선. ↔공통 외접선.

공-통-분모(共通分母)명 ①분모가 다른 분수들을 통분한 분모(分母). 공분모(公分母). 준통분모(同分母). 활통분(通分). ②'둘 이상의 사람이나 사물 사이에 두루 통하는 점'을 비유하여 이르는 말. ¶형과 나는 비슷하지만 취미 생활에서는 공통분모가 없다.

공-통-성(共通性)[-썽]명 공통되는 성질.

공-통-어(共通語)명 ①여러 가지의 다른 언어가 쓰이는 지역에서 공통으로 통용되는 언어.

공-통^외:접선(共通外接線)[-외-썬/-웨-썬]명 두 원이 공통 접선에 대하여 같은 쪽에 있을 때의 접선. ↔공통 내접선.

공-통^인수(共通因數)[-쑤]명 둘 이상의 정수(整數)나 단항식 또는 다항식에 공통으로 포함되어 있는 인수. 공인수.

공-통-적(共通的)관 여럿 사이에 두루 통용되거나 관계되는 (것). ¶공통적 관심사. /공통적인 특징.

공-통-점(共通點)[-쩜]명 여럿 사이에 두루 통하는 점. ↔차이점(差異點).

공-통^접선(共通接線)[-썬]명 두 원이 공유(共有)하는 접선.

공-통-집합(共通集合)[-지팝]명 ⇨교집합.

공-통-항(共通項)명 ⇨공항(公項).

공-통-현(共通弦)명 두 원이 만날 때 생기는 교점(交點)을 이은 선분.

공-파(攻破)명[하타] 무력을 써서 쳐부숨.

공판(公判)명[하자] 법원이 공개된 법정에서 형사 사건의 재판을 하는 일, 또는 그 소송 절차.

공:판(共販)명 〈공동 판매〉의 준말.

공:판-인쇄(孔版印刷)명 형지(型紙)에 구멍을 뚫어 판을 만들고, 판의 구멍에서 잉크가 배어 나오게 하여 인쇄하는 방식. 〔등사판·스크린 인쇄 따위.〕

공:판-장(共販場)명 '공동 판매장'을 줄여 이르는 말. ¶농산물 공판장.

공판-정(公判廷)명 공판을 하는 법정.

공판^조서(公判調書)명 공판의 중요 사항에 관하여 법원 서기가 기록·작성하는 조서.

공편(公便) '공편하다'의 어근.

공편-하다(公便-)[형어] 공평하고 편리하다. 공편-히[부].

공평(公平)명[하형] 어느 한쪽에 치우치지 않고 공정함. 공평-히[부].

공평(公評)명[하타][되자] ①치우침이 없는 올바른 비평. ②일반 대중의 비평.

공평-무사(公平無私)명[하형] 공평하고 사사로움이 없음. 공평무사-히[부].

공포(公布)명[하자타][되자] ①널리 알림. ②새로 제정된 법령이나 조약 등을 국민에게 두루 알림, 또는 그 절차.

공포(功布)명 관(棺)을 묻을 때, 관을 닦는 데 쓰는 삼베 헝겊. 〔발인할 때 명정(銘旌)과 같이 들고 세우고 감.〕

공포(空包)명 실탄 대신에 나무나 종이로 마개를 하여 쏘는, 소리만 나게 만든 탄약(彈藥).

공포(空胞)명 식물의 원형질 안에 있는, 속이 빈 세포. 액포.

공포(空砲)명 ①실탄을 재지 않고 쏨. 헛총. ②위협하려고 공중에 대고 쏘는 총질.

공포(를) 놓다[관용] ①공포를 쏘다. ②공갈하다. 을러대다.

공:포(栱包·貢包)명 처마 끝의 무게를 받치려고 기둥머리 같은 데에 짜 맞추어 댄 나무쪽.

공:포(貢布)명 조선 시대에, 결세(結稅)로 바치던 베.

공포(恐怖)명 ①무서움. ¶공포에 떨다. ②장차 고통이나 재앙을 받을 것이라고 생각하는 데서 일어나는 정서적 반응.

공포-감(恐怖感)명 무서운(두려운) 느낌.

공포-심(恐怖心)명 무서워하는 마음.

공:포^정치(恐怖政治)명 ①폭력적인 수단으로 반대자를 탄압하여 정치상의 목적을 달성하는 정치. 공하 정치(恐嚇政治). ②프랑스 혁명 때, 과격파인 자코뱅당의 탄압 정치를 이르는 말.

공포-증(恐怖症)[-쯩]명 강박 신경증의 한 가지. 특정한 대상에 대하여 정부되어 행동을 저해하는 병증.

공포-탄(空砲彈)명 화약은 들어 있으나 탄알이 없는 탄약. 흔히, 신호·예포·훈련 등에 쓰임.

공표(公表)명[하자타][되자] 세상에 널리 알림.

공표(空票)명 ①(값을 치르지 않고) 거저 얻은 표. ②추첨 등에서 아무 벼름이 없는 표.

공표(空標)명 ⇨동그라미표.

공:피-병(鞏皮病)[-뼝]명 살갗이 굳어져서 딱딱해지는 피부병.

공:하(恭賀)명[하타] 삼가 축하함.

공:하(恐嚇)명[하타] ⇨공갈. 위협.

공:-하(貢-)명 공물(貢物)로 바치는 일.

공:하-신년(恭賀新年)명 ⇨근하신년(謹賀新年).

공:하^정치(恐嚇政治)명 ⇨공포 정치(恐怖政治).

공학(工學)[명] 자연 과학적 방법과 성과에 따라 공업 생산 기술을 연구하는 학문.

공:학(共學)[명][하자] 이성(異性) 또는 이민족(異民族)의 학생이 한 학교나 같은 학급에서 함께 공부하는 일. ¶ 남녀 공학.

공한(公翰)[명] 공적(公的)인 편지. ↔사한(私翰).

공한-지(空閑地)[명] ①공지(空地). ②(농사를 짓거나 건물을 지을 수 있는데도) 활용하지 않고 놀리는 땅.

공한지-세(空閑地稅)[-쎄][명] (도시의 토지 이용률을 높이기 위하여) 지상에 건조물이 없는 토지나 잡종지에 매기는 세금.

공함(公函)[명] 지난날, 공사(公事)에 관하여 주고받던 편지. 공찰(公札). ↔사함(私函).

공함(空函·空緘)[명] ①빈 상자나 빈 함. ②빈 봉투.

공항(空項)[명] 급수 일반에 공통되는 항. 공통항.

공항(空港)[명] 지상(地上) 또는 수상(水上)에 민간 항공기가 뜨고 내릴 수 있도록 여러 가지 시설을 갖춘 곳. 항공항. ⑪비행장.

공해(公害)[명] 산업 활동이나 교통량의 증가 등으로 말미암아 공중의 건강이나 생활환경에 미치는 여러 가지 해(害).

공해(公海)[명] 어느 나라의 주권에도 딸리지 않아 모든 나라가 공통으로 사용할 수 있는 바다.

공해(空海)[명] ①하늘처럼 가없는 바다. ②바다와 같은 창공(蒼空).

공해-병(公害病)[-뼝][명] 대기 오염이나 수질 오탁 등으로 말미암아 생기는 병.

공해^산:업(公害產業)[명] 공해의 주된 원인이 되는 산업.

공해^어업(公海漁業)[명] 공해에서 하는 어업.

공해-전(公廨田)[명] 고려·조선 시대에, 중앙의 여러 관아와 지방 관서의 경비를 충당하게 하기 위하여 나누어 주던 논밭.

공행(公行)[명] ①[하자]공무(公務)로 다님, 또는 그런 여행. ②[하타]거리낌 없이 공공연히 행함. ③[하타]널리 행함.

공행(空行)[명][하자] 헛걸음.

공허(公許)[명][하타] ⇨관허(官許).

공허(空虛)[명] '공허하다'의 어근.

공허-감(空虛感)[명] 텅 빈 듯한 허전한 느낌.

공허-하다(空虛-)[형여] ①아무것도 없이 텅 비다. ¶ 마음이 공허하다. ②헛되다.

공:(貢獻)[명][하자] ①지난날, 공물(貢物)을 나라에 바치던 일. ②이바지함. ¶ 지역 사회 발전에 공헌하다. ②비기여(寄與).

공현(空弦)[명] 시위에 화살을 메기지 않고 빈 활을 쏨, 또는 빈 활을 쏘아 놀라게 함.

공:혈(供血)[명][하자] 수혈에 쓰일 피를 제공함. 헌혈.

공형(公兄)[명] '삼공형(三公兄)'의 준말.

공-형벌(公刑罰)[명] 국가가 범죄에 대하여 사인(私人)의 법익(法益)을 박탈하는 형벌.

공:화(共和)[명] ①여러 사람이 함께 어울려 일함. ②두 사람 이상이 화합하여 공동으로 정무(政務)를 펴 나감. ③⇨공화제. ㉱전제(專制).

공:화(供華·供花)[명][하자] ①죽은 이에게 꽃을 바침, 또는 그 꽃. ②불전(佛前)에 그 계절에 핀 꽃을 바침, 또는 그 꽃.

공:화-국(共和國)[명] 주권이 다수의 국민에게 있는 나라. 공화제의 나라.

공:화^정체(共和政體)[명] 공화 정치를 하는 정치 체제. ㉱전제 정체.

공:화^정치(共和政治)[명] 국가의 주권이 국민에게 있고, 국민의 합의체 기관에서 국정(國政)을 다루는 정치. ㉱전제 정치.

공:화-제(共和制)[명] 국가의 의사가 다수의 국민에 의해 결정되는 정치 형태. 공화. 공화제도. ㉱군주제.

공:화^제:도(共和制度)[명] ⇨공화제(共和制).

공환(空還)[명][하자] (목적을 이루지 못하고) 헛되이 돌아옴.

공활(空豁) '공활하다'의 어근.

공활-하다(空豁-)[형여] 텅 비고 너르다. ¶ 가을 하늘 공활한데 ….

공:황(恐惶)[명] (웃어른에게 송구함을 느낄 때) 두려워서 어찌할 바를 모름.

공:황(恐慌)[명] ①(갑자기 닥치거나 변한 사태에) 놀랍고 두려워서 어찌할 바를 모름. ②〈경제 공황〉의 준말.

공회(公會)[-회/-훼][명] ①공사(公事)로 모이는 모임. ②공중(公衆)의 모임. ③중대 문제를 토의·의결하기 위하여 열리는 국제 회의.

공회-당(公會堂)[-회/-훼-][명] 공중의 모임을 위하여 지은 집.

공-회전(空回轉)[-회/-훼-][명] 기계 따위가 헛도는 일. ¶ 엔진의 공회전.

공효(功效)[명] 공을 들인 보람. 공용(功用).

공후(公侯)[명] ①제후(諸侯). ②'공작과 후작'을 아울러 이르는 말.

공후(箜篌)[명] 지난날, 동양 각국에서 쓰이던 현악기의 한 가지. 현(絃)이 열석 줄, 스물한 줄, 스물세 줄로 된 것 등이 있음.

공후-인(箜篌引)[명] ⇨공무도하가(公無渡河歌).

공훈(功勳)[명] (나라나 회사 등에) 드러나게 세운 공로. 훈공(勳功).

공휴(公休)[명] '공휴일'의 준말.

공휴-일(公休日)[명] ①공적(公的)으로 정해진 휴일. [국경일이나 일요일 따위.] ②동업자끼리 약속하여 정기적으로 쉬는 날. ㉰공휴.

공:희(供犧)[-히][명] 지난날, 신에게 희생물을 바치던 일.

공:-히(共-)[부] 다 같이. 모두. 함께. ¶ 명실 공히. / 남녀 공히.

공장바치[명] (옛) 장색. 기술자. ¶ 공장바치 공:工(訓蒙中3).

곶[명] (옛) 꽃. ¶ 곶 됴쿄 여름 하ᄂᆞ니(龍歌2章).

곶(串)[곧][명] 바다나 호수로 가늘게 뻗어 있는 육지의 끝 부분. 갑(岬). 지취(地嘴). *곶이[고지]·곶만[곤-]

-곶(串)[곧][접미] 《지명(地名) 뒤에 붙어》 바다로 뻗어 나온 곳임을 나타냄. ¶ 동외곶. /장기곶. /장산곶.

곶-감[곧깜][명] 껍질을 벗겨 꼬챙이에 꿰어 말린 감. 건시(乾柿). 관시(串柿). 백시.

곶감 꼬치에서 곶감 빼듯[속담] '애써 모아 둔 것을 조금씩 쉽게 헐어 써 버림'을 이르는 말.

곶다[타] 꽂다. ¶ 고즐 삽:揷(訓蒙下5). /芙蓉을 고잣난 듯(鄭澈.關東別曲).

골[명] (옛) 코. ¶ 고흐로 맏논 거슬(釋譜13:39). /이 쫑이 고해셔 낲더면(楞解3:24).

과조[조] 《자음으로 끝난 체언에 붙어》 ①비교되는 대상을 나타내는 부사격 조사. ¶ 다음과 같다. ②상대가 되는 대상을 나타내는 부사격 조사. ¶ 고난과 싸워 이기다. ③함께함의 뜻을 나타내는 부사격 조사. ¶ 형과 같이 놀다. ④둘 이상의 사물을 같은 자격으로 이어 주는 접속 조사. ¶ 하늘과 땅. 등등이.

과:(果)[명] ①결과. ↔인(因). ②불교에서, 인연으로 생긴 모든 법을 이르는 말.

과(科)명 ①생물 분류상의 한 단계. 〔목(目)의 아래, 속(屬)의 위에 둠.〕②학과. 과목. ¶우리 과는 전망이 아주 밝다. ③《일부 명사 뒤에 붙어》그것을 전문적으로 연구하거나 다루는 분야임을 나타냄. ¶국어과. /수학과. /내과. /소아과. ④《과거(科擧)의 준말.

과:(過)명 과실. 잘못됨. ¶過도 허물도 千萬 업소이다(樂範.鄭瓜亭).

과(課)명 ①교과서 따위의 내용상의 작은 구분. ¶첫째 과를 복습하다. ②관공서나 회사 등의 기구상(機構上)의 한 단위. 〔'국(局)·부(部)'의 아래, '계(係)'의 위에 해당함.

과-(過)접두 ①《일부 명사 앞에 붙어》'지나친', '너무한'의 뜻을 나타냄. ¶과보호(過保護). /과적재(過積載). ②화합물의 이름 앞에 붙어, 원소가 표준 또는 보통의 관계 이상의 비율로 결합하고 있음을 나타냄. ¶과산화수소.

-과(課)접미《일부 명사 뒤에 붙어》한 단위의 부서임을 나타냄. ¶총무과. /인사과.

과갈이부〔옛〕갑자기. 급히. ¶과갈이 남녀 엇기 어렵고(老解下56). 참과글이.

과감(果敢) '과감(果敢)하다'의 어근.

과감(過感) '과감(過感)하다'의 어근.

과:-스럽다(果敢-)〔-따〕〔-스러우니·~스러워〕형b 과감한 데가 있다. **과감스레**부.

과:감-하다(果敢-)형여 과단성이 있고 용감하다. ¶과감한 행동. **과감-히**부.

과:감-하다(過感-)형여 지나칠 정도로 고맙다. **과감-히**부.

과객(科客)명 과거를 보러 오거나 보고 돌아가는 선비.

과:객(過客)명 지나가는 나그네.

과:객-질(過客-)〔-찔〕명하자 노자 없이 먼 길을 나서서, 남의 집을 찾아다니며 끼니를 공으로 대접받거나 묵거나 하는 짓.

과거(科擧)명 왕조 때, 벼슬아치를 뽑기 위하여 보이던 시험. 과시(科試). 과제(科第). ¶과거를 보다. 춘과(科).

과:거(過去)명 ①지나간 때. 지난날. ②지난 일. 지난날의 생활. 지난 일을 돌이켜 생각하다. /과거를 청산하다. ③지나간 동작이나 상태를 나타내는 어법(語法). ③참과거 시제.

과거(가) 있다관용 (혼전의 이성 관계 등의) 복잡하고 어두운 경험을 가지고 있다.

과:거(寡居)명하자 과부로 지냄.

과거리부〔옛〕갑자기. ¶과거리 언제 또 除홈을 어드리오(朴解中46). 참과글이.

과:거^분사(過去分詞)명 영어·독일어·프랑스어 등의 동사 변화형의 한 가지. 형용사의 성질을 띠며, 완료형과 수동형을 만듦.

과:거-사(過去事)명 지나간 일. 이미 겪은 일. 과거지사(過去之事).

과:거-세(過去世)명 ⇨전세(前世).

과:거^시제(過去時制)명 활용어의 시제의 한 갈래. 사건이나 동작이 일어난 시간이, 말하는 이가 말한 시간보다 앞서 있는 시제. 〔활용어의 종결형 선어말 어미와 관형사형 어미로 나타냄.〕

과:거^완료(過去完了)〔-와-〕명 완료상(完了相) 시제(時制)의 한 가지. 완료되던 어떤 동작이 완료되었음을 나타내는 시제. 〔'(어) 있었다' 따위로 표현됨.〕지난적끝남.

과:거-장(過去帳)〔-짱〕명 절에서, 죽은 신도들의 법명·속명·죽은 날짜 등을 적어 두는 장부. 귀부(鬼簿). 귀적(鬼籍). 점귀부(點鬼簿).

과:거지사(過去之事)명 ⇨과거사(過去事).

과:거^진:행(過去進行)명 진행상(進行相) 시제(時制)의 한 가지. 과거 어느 때에 동작이 진행 중이었음을 나타냄. 〔'-고 있었다' 따위로 표현됨.〕지난적나아가기.

과:거^완료(過去完了)〔-왈-〕명 완료상(完了相) 시제(時制)의 한 가지. 진행되던 동작이 과거의 어느 때에 이미 끝났음을 보이는 시제. 〔'-고 있었다'의 꼴로 나타냄.〕

과걸리부〔옛〕갑자기. 별안간. 문득. ¶과걸리: 急且(譯解下49).

과격(過激)명 과격하다'의 어근.

과:격-파(過激派)명 극단에 치우친 과격한 방법으로 주의나 이상을 실현하려는 파.

과:격-하다(過激-)〔-겨카-〕형여 (말이나 행동이) 지나치게 격렬하다. ¶과격한 운동. **과격-히**부.

과겸(過謙)명 과겸하다'의 어근.

과:겸-하다(過謙-)형여 정도에 지나치게 겸손하다. **과겸-히**부.

과:경-에(過頃-)부 아까. 조금 전에.

과:계(過計)〔-계/-게〕명하자 계획을 잘못 세움. 실책함.

과골(踝骨)명 ⇨복사뼈.

과:공(科工)명 지난날, '과문(科文)에 대한 공부'를 이르던 말.

과:공(過恭)명형 정도에 지나치게 공손함. 과공-히부.

과:공(誇功)명하자 공로를 자랑함.

과공(課工)명 날마다 정해 놓고 규칙적으로 하는 공부.

과:구(科具)명 지난날, 과장(科場)에서 쓰던 여러 가지 도구.

과:군(寡君)명 지난날, 다른 나라 임금이나 고관에게 자기 나라 임금을 낮추어 일컫던 말.

과그르다형〔옛〕과격하다. 급하다. 심하다. ¶小人들이 과그른 ㄴㅊ 서러 보와서(老解上37).

과글이부〔옛〕갑자기. 급하게. ¶과글이 비록 알하 믄득 너러 안자(月釋10:24). 참과글이.

과:급-기(過給器)〔-끼〕명 내연 기관에서, 흡입 공기를 압축하여 기화기(氣化器)로 보내어 기관의 출력(出力)을 높이는 장치.

과:긍(誇矜)명하자 자랑함. 뽐냄.

과기(瓜期)명 ①기한이 참. ②여자의 15~16세 때 나이. ③지난날, '벼슬의 임기(任期)'를 이르던 말.

과:기(科期)명 과거를 보는 시기. 과시(科時).

과콜이부〔옛〕갑자기. 급히. ¶과콜이 色얼 變커늘(法華7:52).

과:-꽃명〔-꼳〕명 초가을에 하양·분홍·남자색 등의 꽃이 핌. 한랭한 지방의 산지에 나는데, 관상용으로도 재배함. 추금(秋錦). 추모란(秋牧丹). 취국. *과:꽃이〔-꼬치〕·과:꽃만〔-꼰-〕

과남-풀명 용담과의 다년초. 줄기 높이 30~80cm. 가을에 나팔 모양의 하늘색 꽃이 줄기 끝에 다닥다닥 핌. 산지에 나는데, 뿌리는 약재로 쓰임.

과:납(過納)명하자 (세금·요금 등을) 정하여진 액수보다 더 많이 냄.

과:-냉각(過冷却)명하타되자 ①액체가 응고점 이하의 온도에서도 고체화하지 않고 액상(液相) 그대로 있음. 또는 그런 현상. ②증기의 온도가 내려서 이슬점 이하로 되어도 액화(液化)하지 않고, 증기압이 포화 기압(飽和氣壓)보다 크게 됨. 또는 그런 현상. 과랭(過冷).

과:녀(寡女)몜 남편을 여의고 혼자 사는 여자. 과부.

과:녁멤 활이나 총 따위를 쏠 때 표적으로 삼는 물건. 사적(射的). (본)관혁(貫革).

과:녁-빼기몜 조금 먼 거리에 똑바로 건너다보이는 곳.

과:녁빼기-집몜 조금 먼 거리에 똑바로 건너다보이는 곳에 있는 집.

과년(瓜年)몜 ①여자가 혼기에 이른 나이. ②지난날, '벼슬의 임기(任期)가 다한 해'를 이르던 말.
　과년(이) 차다관용 여자가 혼인할 나이에 꽉 차다.

과:년(過年)몜[하]혬 여자의 나이가 보통의 혼기를 지남. ¶과년한 딸.

과년(課年)몜[하]자 해마다 빠짐없이 꼭꼭 함.

과:-년도(過年度)몜 지난 연도. 작년도.

과:년도^수입(過年度收入)몜 지난 연도의 수입으로서 금년도 예산에 편입되는 수입.

과:년도^지출(過年度支出)몜 지난 연도에 딸린 경비를 금년도 예산에서 치르는 일.

과:념(過念)몜[하]타 지나치게 염려함, 또는 그런 염려.

과논조 〈옛〉과는. ¶幅과 힘과논 하놀과 ㄱ토디(月釋1:14).

과:다(過多)몜[하]혬 지나치게 많음. ¶과다 노출./과다한 금전 지출. ↔과소(過少). 과다-히[하]튀 경비를 과다히 지출하다.

과다(夥多)몜[하]혬 퍽 많음. 과다-히튀.

과:다-증(過多症)[-쯩] 정도에 지나쳐 너무 많은 증상. ¶위산(胃酸) 과다증.

과:단(果斷)몜[하]타 일을 딱 잘라서 결정함.

과단(科斷)몜[하]타 지난날, 법에 비추어 죄를 판정하던 일.

과:단-성(果斷性)[-썽]몜 일을 딱 잘라서 결정하는 성질. ¶업무를 과단성 있게 처리하다.

과:당(果糖)몜 끓이는 다 과일 속에 들어 있는 당분. 〔흰 가루로 물에 잘 녹는데, 발효하면 알코올이 됨.〕

과:당(過當)몜[하]혬 정도가 보통보다 지나침. ¶과당한 요구.

과:당^경:쟁(過當競爭)몜 같은 업종의 기업 사이에 투자·생산·판매 등의 경쟁이 지나칠 정도로 치열해지는 일.

과:대(過大)몜[하]혬 지나치게 큼. ↔과소(過小). 과대-히튀.

과:대(誇大)몜[하]타 작은 것을 사실 이상으로 크게 불림.

과:대-광고(誇大廣告)몜 광고 대상물을 실제보다 과대하여 선전하는 광고.

과:대-망상(誇大妄想)몜 자기의 능력·용모·지위 등을 과대하게 평가하여 사실인 것처럼 믿는 일, 또는 그런 생각.

과:대-평가(誇大評價)[-까]몜[하]타[되]자 실제보다 높게 평가함. ¶자신의 실력을 과대평가하다. ↔과소평가.

과:대-황장(誇大皇張)몜[하]타 (사물을) 사실보다 지나치게 떠벌림.

과:댁(寡宅)[-땍]몜 〈과수댁〉의 준말.

과:덕(寡德)몜[하]혬 덕이 적음.

-과뎌어미 〈옛〉-고자. -고 싶어. ¶厄이 스러디과뎌 호노니(月釋序25).

과:도(果刀)몜 과일을 깎는 칼.

과:도(過度)몜[하]혬 정도에 지나침. ¶과도한 운동. 과도-히튀 ¶과도히 요구하다.

과:도(過渡)몜 〔어떤 단계에서 다른 단계로, 또는 묵은 것에서 새것으로〕 옮아가거나 바뀌어 가는 도중. ¶과도 내각.

과:도-기(過渡期)몜 ①어떤 단계에서 다른 단계로 옮아가는 시기. ②사회의 사상이나 제도·질서 등이 확립되지 않고, 인심이 안정되지 못한 시기. ¶과도기 현상.

과:도기-적(過渡期的)몜[관] 과도기의 특징을 나타내는 (것). ¶과도기적 병폐./과도기적인 사회 현상.

과:도^정부(過渡政府)몜 한 정치 체제에서 다른 정치 체제로 넘어가는 과정에 임시로 조직된 정부. (준)과정(過政).

과:동(過冬)몜[하]자 겨울을 남. 겨우살이1. 월동(越冬).

과:동-시(過冬柴)몜 겨울 땔감으로 쓸 나무.

과두(裹肚)몜 염할 때 시체의 배를 싸는 베.

과두(裹頭)몜 ①염할 때 시체의 머리를 싸는 베. ②중이 가사로 머리를 싸는 일.

과두(蝌蚪)몜 ☞올챙이.

과두^문자(蝌蚪文字)[-짜]몜 중국 고대의 전자(篆字). 〔글자의 모양이 올챙이 같다는 데서 붙여진 이름.〕

과두-시절(蝌蚪時節)몜 〔개구리가 올챙이였던 시절이라는 뜻으로〕 많이 발전되어 있는 현재로 보아, '아직 발전의 초기 단계였던 때'를 이르는 말.

과:두^정치(寡頭政治)몜 몇몇 사람이 국가의 지배권을 장악한 정치.

과두-체(蝌蚪體)몜 과두 문자의 글씨체.

과:-똑똑이(過-)몜 '지나치게 똑똑한 사람'을 농으로 이르는 말.

-과라어미 〈옛〉-았(었)노라. ¶다른 나래 싸해 보리과라(杜初7:15).

과락(科落)몜 〈과목낙제〉의 준말.

과란조 〈옛〉과는. ¶舍利와 經과 佛像과란(月釋2:73).

과:람(過濫)몜[하]혬 분수에 넘치게 큼. ¶과람한 칭찬.

과:랭(過冷)몜[하]타[되]자 ☞과냉각.

과:량(過量)몜[하]혬 양이 지나치게 많음, 또는 그런 양. ¶과량 섭취.

과:려(過慮)몜[하]타 지나치게 염려함.

과:로(過勞)몜[하]자 몸이 고달플 정도로 지나치게 일함, 또는 그로 인한 피로. ¶과로로 쓰러지다.

과:로-사(過勞死)몜[하]자 (주로 근로자가) 지나치게 일을 많이 하여 쌓인 피로 등이 빌미가 되어 갑자기 죽는 일.

과료(科料)몜 경범죄(輕犯罪)에 과하는 재산형(財産刑). ¶과료 처분.

과:료(過料)몜 '과태료(過怠料)'의 구용어.

과루(瓜蔞)몜 ☞하눌타리.

과:류(過謬)몜 잘못. 과실(過失).

과:린(果鱗)몜 솔방울 따위 구과(毬果)의 겉면의 비늘처럼 두툴두툴한 것.

과립(顆粒)몜 ①둥글고 잔 알갱이. ②한방에서, 마마나 홍역 등이 발반(發斑)하여 피부에 돋은 것을 이르는 말.

과롬조 〈옛〉과를. ¶香과 곳과롬(月釋1:37).

과만(瓜滿)몜[하]혬 ①여자가 혼인할 나이가 다 됨. ②벼슬의 임기가 다 참.

과:망(科望)몜 과거에 급제하리라는 여러 사람의 신망(信望).

과메기 명 겨울철에, 얼렸다 녹였다 하면서 말린 청어나 꽁치(방언).

과명(科名) 명 동식물 분류상의 '과(科)'의 이름.

과-목(果木) 명 과실나무. 과수(果樹).

과목(科目) 명 ①(분야별로 나눈) 학문의 구분, 또는 교과를 구성하는 단위. ¶ 전공 과목. ②☞과거(科擧)

과목-낙제(科目落第) [-몽-째] 명 (여러 과목 중에서) 어떤 과목의 점수가 기준 점수에 미치지 못하는 일. ㈜과락(科落).

과-목-묘(果木苗) [-몽-] 명 과실나무의 묘목.

과-목-밭(果木-) [-빤] 명 과수원(果樹園). * 과:목밭이[-빠치]·과:목밭을[-빠틀]·과:목밭만[-빤-]

과목^출신(科目出身) [-씬] 명 고려·조선 시대에, 과거에 급제하여 벼슬아치가 된 사람을 이르던 말.

과-묵(寡默) 명 하 말수가 적고 침착함. ¶ 과묵한 성품. 과묵-히 튀.

과문(科文) 명 지난날, 과거의 문과(文科)에서 보이던 여러 가지 문체(文體)의 글.

과-문(寡聞) 명 하 보고 들은 것이 적음. 견문이 좁음. ¶ 과문한 탓인지 잘 모르겠다. ↔다문(多聞).

과-문불입(過門不入) 명 하자 (아는 사람 집의) 문 앞을 지나면서도 들르지 않음.

과문^육체(科文六體) [-뉵-] 명 과거의 문과에서 짓게 하던 여섯 가지 문체. 〔시(詩)·부(賦)·표(表)·책(策)·의(義)·의(疑).〕

과-문-천식(寡聞淺識) 명 하 견문이 적고 학식이 얕음.

과-물(果物) 명 '과일'로 순화.

과-물-전(果物廛) 명 여러 가지 과일을 파는 가게. 모전(毛廛).

과-민(過敏) 명 하 지나치게 예민함. ¶ 신경이 과민하다. 과민-히 튀.

과-민성^체질(過敏性體質) [-썽-] 명 선천적으로 알레르기 현상이 두드러지게 나타나는 사람의 체질.

과-민-증(過敏症) [-쯩] 명 어떤 자극에 대하여 지나치게 예민한 반응을 일으키는 증세.

과-밀(過密) 명 하 (인구 따위가) 한곳에 지나치게 모여 있음. ¶ 과밀 학급. ↔과소(過疎).

과-밀^도시(過密都市) 명 인구와 산업이 지나치게 많이 몰리어 기업 활동이나 시민의 사회생활이 매우 불편한 상태에 이른 도시.

과박(寡薄) '과박하다'의 어근.

과:박-하다(寡薄-) [-바카-] 형 여 덕이 적고 열다.

과-반(果盤) 명 과일을 담는 쟁반.

과-반(過半) 명 반이 더 됨. 반을 넘음.

과-반(過般) 명 지난번. 접때.

과-반-수(過半數) 명 반이 넘는 수. ¶ 투표 인원의 과반수 찬성.

과-방(果房) 명 잔치 때 음식을 차리기 위하여 임시로 마련한 곳. 숙설간(熟設間).

과방(을) 보다관용 과방의 일을 맡아서 하다.

과방(科榜) 명 ☞금방(金榜).

과-방(過房) 명 일갓집 아이를 양자로 삼는 일.

과:방-자(過房子) 명 양자.

과-병(果柄) 명 열매의 꼭지.

과-병(寡兵) 명 적은 병력.

과보(果報) 명 〈인과응보(因果應報)〉의 준말.

과:-보호(過保護) 명 하 (피보호자를) 정도에 지나치게 감싸고 보호함. 과잉 보호.

과:부(寡婦) 명 남편이 죽어 혼자 사는 여자. 과녀. 과수. 홀어미. 미망인. ㈜과부댁.

과부 사정(설움)은 과부가 남의 사정은 그와 비슷한 처지에 있는 사람이라야 안다는 말.

과:부-댁(寡婦宅) [-땍] 〈과부〉의 높임말. 과수댁.

과:-부적(寡不敵衆) [-쭝] 명 하자 ☞중과부적.

과:-부족(過不足) 명 남음과 모자람.

과:-부하(過負荷) 명 전기의 규정량을 초과하는 부하. ¶ 과부하가 걸리다.

과분(過分) '과분하다'의 어근.

과:분-하다(過分-) 형 여 분수에 넘치다. ¶ 과분한 대접을 받다. 과분-히 튀.

과:-불(過拂) 명 하타 한도를 넘어서 지급함.

과:-불급(過不及) 명 하 지나치거나 모자람. 딱 맞지 아니함. ㈜과유불급(過猶不及).

과비(科費) 명 과거를 보는 데 드는 비용.

과:-산화(過酸化) 명 산소 화합물에서, 보통 것보다 산소가 다량(多量)으로 결합되어 있음을 나타내는 말.

과:산화-나트륨(過酸化Natrium) 명 나트륨의 과산화물. 물을 만나면 분해되어 산소가 생김. 산화제나 표백제로 쓰임.

과:산화-망간(過酸化Mangan) 명 ☞이산화망간.

과:산화-물(過酸化物) 명 여느 산화물보다 산소가 더 많은 화합물. 산을 작용시키면 과산화수소가 발생함. 〔과산화나트륨이나 과산화바륨 따위.〕

과:산화-바륨(過酸化barium) 명 바륨의 과산화물. 무색·무정형의 고체로 표백제와 과산화수소의 제조 등에 쓰임.

과:산화-소다(過酸化soda) 명 '과산화나트륨'을 흔히 이르는 말.

과:산화-수소(過酸化水素) 명 수소의 과산화물. 무색의 액체로 산화 작용(酸化作用)이 강하여 표백제나 소독제 또는 로켓의 연료 따위로 쓰임. 이산화수소.

과:산화수소-수(過酸化水素水) 명 과산화수소를 물에 푼 액체. 〔상품명은 옥시풀.〕

과산화-질소(過酸化窒素) 명 '이산화질소'의 잘못.

과:산화^효:소(過酸化酵素) 명 피산화성 기질(被酸化性基質)을 산화시키는 효소.

과:상(過賞) 명 하 지나친 상을 줌. 또는 그 상.

과:석(-石) 명 땅 위에 드러난 광맥에서 노출된 광석.

과:석(過石) 명 〈과인산 석회〉의 준말.

과:선-교(跨線橋) 명 철도 선로의 위를 건너질러서 놓은 다리.

과:세(過歲) 명 하자 설을 쇰.

과:세(寡勢) 명 적은 인원으로 편성된 미약한 군세(軍勢).

과세(課稅) 명 하타 되자 세금을 매김. 또는 그 세금.

과세^가격(課稅價格) [-까-] 명 과세하는 대상물(對象物)의 가격. ㈜과세 표준.

과세-권(課稅權) [-꿘] 명 통치권에 의하여 조세(租稅)를 부과·징수하는 권리.

과세^단위(課稅單位) 명 과세 표준의 일정한 수량 또는 일정한 액수.

과세^물건(課稅物件) 명 과세의 대상이 되는 것. 〔소득세에 있어서의 소득, 상속세에 있어서의 상속 재산 따위.〕

과세-율(課稅率) 명 과세 표준에 따라서 세액을 산정하는 법정 비율. ㈜과율·세율.

과세^표준(課稅標準)**명** 세액 산정의 기초가 되는 과세 물건의 수량·가격·품질 따위의 수치(數値). 〔지세(地稅)에 있어서의 땅값이나 소득세에 있어서의 소득액 따위.〕㉰과표.

과소(過小)**명형** 지나치게 작음. ↔과대(過大). **과소-히****부**.

과소(過少)**명형** 지나치게 적음. ↔과다(過多). **과소-히****부**.

과소(過疎)**명형** 지나치게 성김. ¶농촌 인구의 과소 현상. ↔과밀(過密). **과소-히****부**.

과소(寡少)**명형** 아주 적음. **과소-히****부**.

과소비(過消費)**명하자** 분에 넘치게 소비함. 씀씀이가 지나치게 헤픔.

과소-평가(過小評價) [-까]**명하타** 실제보다 작게 평가함. ↔과대평가.

과속(過速)**명** 속도를 너무 빠르게 함, 또는 그 속도. ¶과속 운전.

과송(果松)**명** ☞잣나무.

과수(果樹)**명** 과실나무. 과목(果木).

과수(過手)**명** 바둑이나 장기 등에서, 지나치게 욕심을 낸 수.

과수(過數)**명하자** 일정한 수를 넘음.

과수(寡守)**명** ☞과부. ㉰과수댁.

과수(夥數)**명** ☞다수(多數).

과수-댁(寡守宅) [-땍]**명** 〈과수(寡守)〉의 높임말. 과부댁. ㉰과대(寡宅).

과수-원(果樹園)**명** 과실나무를 재배하는 농원. 과원(果園). 과목밭.

과숙(過熟)**명하자** 지나치게 익음. 농익음.

과시(科時)**명** ☞과기(科期).

과시(科試)**명** ☞과거(科擧).

과시(科詩)**명** 과거에서 짓는 시.

과시(誇示)**명하타** ①자랑하여 보임. ¶수영 솜씨를 과시하다. ②실제보다 크게 나타내어 보임.

과시(課試)**명하자** 일정한 때에 보이는 시험.

과시(果是)**부** 과연. ¶과시 그 이름에 걸맞은 실력이로다.

과식(過食)**명하타** 지나치게 많이 먹음. ¶과식으로 배탈이 나다.

과신(過信)**명하타** 지나치게 믿음. ¶자기의 능력을 과신하다.

과실(果實)**명** ①열매. ②먹을 수 있는, 나무의 열매. 〔주로, 재배하는 식물의 열매를 이름.〕과일. ③원물(元物)에서 생기는 수익물. 〔과수의 열매 및 우유·양털 등의 천연 과실과, 집세·지대(地代)·이자 등의 법정 과실이 있음.〕

과실(過失)**명** ①잘못이나 허물. 과오. 과류(過謬). 허물². ②법률에서, 어떤 사실을 인식할 수 있었음에도 부주의로 말미암아 인식하지 못한 일을 이르는 말. ②↔고의(故意).

과실-나무(果實-) [-라-]**명** 과실이 열리는 나무. 과수. 과목.

과실-범(過失犯)**명** 과실로 말미암아 성립되는 범죄, 또는 그 범인. 무의범(無意犯). ↔고의범.

과실^상계(過失相計) [-계/-게]**명** 손해를 입은 사람에게도 과실이 있을 경우, 손해 배상의 정도와 범위를 줄이는 일.

과실-상규(過失相規)**명** 향약의 네 덕목 중의 하나. 나쁜 행실을 서로 규제함.

과실-주(果實酒) [-쭈]**명** 과실즙을 발효시켜 만들거나 소주 따위에 과실을 담가 우려서 만든 술.

과실-즙(果實汁)**명** 과실에서 짜낸 즙. 실과즙.

과실^책임(過失責任)**명** 과실로 말미암아 생긴 손해에 대하여 지는 배상 책임.

과실^치사(過失致死)**명** 과실 행위로 말미암아 사람을 죽임.

과실^치:사죄(過失致死罪) [-쬐/-쮀]**명** 과실로 말미암아 남을 죽음에 이르게 함으로써 성립되는 죄.

과심(果心)**명** 과실 속에 씨를 싸고 있는 딱딱한 부분. 열매 속.

과안(過雁)**명** 하늘을 날아가는 기러기.

과액(寡額)**명** 적은 액수. 소액.

과야(過夜)**명하자** 밤을 새움. 밤을 지냄.

과약(寡弱)**명형** 적고 약함.

과약기언(果若其言) [-끼-]**명** (어떤 사실이) 과연 미리 말한 바와 같음.

과언(過言)**명하자** 정도에 지나친 말. 일구(逸口). ¶제주의 금강산이라 해도 결코 과언이 아니다.

과언(寡言)**명** 말수가 적음. 과묵(寡默)함. ↔다언(多言).

과업(課業)**명** ①하여야 할 일. ¶민족적인 과업. ②정하여 놓은 업무 또는 학업.

과:연(果然)**부** ①알고 보니 정말. 과시(果是). ¶소문에 듣던 대로 경치가 뛰어나더군. ②결과에 있어서도 참으로. ¶과연 우리가 무사히 이곳을 빠져나갈 수 있을까?

과:열(過熱)**명하자되자** ①지나치게 뜨거워짐, 또는 그 열. ¶난로의 과열로 일어난 화재. ②액체 따위를 끓는점 이상으로 가열하여도 끓지 않음, 또는 그런 현상. ③경기(景氣)가 지나치게 상승함. ④경기(競技)나 선거 따위에서의 경쟁이 지나치게 치열해짐.

과:열-기(過熱器)**명** 보일러 안의 증기의 온도를 비등점 이상으로 높이는 장치.

과:열^증기(過熱蒸氣)**명** 불포화(不飽和) 증기 또는 비등점보다 높은 온도의 증기.

과-염소산(過鹽素酸)**명** 과염소산칼륨을 진한 황산과 함께 진공 중에서 증류하여 만든 물질. 산화력이 강하여 폭약 제조에 쓰임.

과:오(過誤)**명** 잘못. 허물². 과실(過失). ¶과오를 범하다.

과외(課外) [-외/-웨]**명** ①정하여진 교육 과정 밖. ¶과외 학습. ②정하여진 근무 시간 밖. ¶과외 근무. ③〈과외 수업〉의 준말.

과외^독본(課外讀本) [-외-뽄/-웨-뽄]**명** 교과서 이외의 보조 학습용 도서.

과외^수업(課外授業) [-외/-웨-]**명** 정한 과정 이외에 하는 수업. ㉰과외(課外).

과외^지도(課外指導) [-외/-웨-]**명** 정하여진 과정 이외의 학습이나 특별 활동 등을 지도하는 일.

과외^활동(課外活動) [-외-똥/-웨-똥]**명** 학교의 정규 학습 이외의 학생들의 활동.

과욕(科慾)**명** 과거에 급제하려는 욕망.

과:욕(過慾)**명형** 욕심이 지나침, 또는 지나친 욕심. ¶언제나 과욕이 화근이다.

과:욕(寡慾)**명형** 욕심이 적음, 또는 적은 욕심.

과:용(過用)**명하타** 지나치게 많이 씀. ¶약물을 과용하다.

과:우(寡雨)**명형** 비가 적게 옴, 또는 적게 오는 비. ↔다우(多雨).

과원(果園)**명** ☞과수원(果樹園).

과원(課員)**명** 과(課)의 직원.

과유(科儒)**명** 과거를 보는 선비.

과:유불급(過猶不及)**명** 〔지나침은 미치지 못함과 같다는 뜻으로〕 '중용(中庸)이 중요함'을 이르는 말. '논어'의 '선진편(先進篇)'에 나오는 말임. ㈜과불급(過不及).

과ː육(果肉)[명]①과실의 살. ②과실과 고기.
과율(課率)〈과세율(課稅率)〉의 준말.
과ː음(過淫)[명][하자] 성교를 지나치게 자주 함.
과ː음(過飮)[명][하타] 술을 지나치게 마심. 비다음(多飮).
과의(果毅)'과의하다'의 어근.
과ː의-하다(果毅-)[-의-/-이-][형어] 결단성이 있고 굳세다.
과인(過人)'과인하다'의 어근.
과ː인(寡人)[대] 〔덕이 적은 사람이란 뜻으로〕임금이 자신을 낮추어 일컫던 제일인칭 대명사.
과ː인산^석회(過燐酸石灰)[-서회/-쉐회][명] 인산을 주성분으로 하는 화학 비료의 한 가지. 산성 비료로, 인광석(燐鑛石) 가루에 황산을 반응시켜 만듦. 준과석(過石).
과ː인지력(過人之力)[명] 남보다 훨씬 센 힘.
과ː인-하다(過人-)[형어] 〔덕망이나 학식·힘 따위가〕보통 사람보다 훨씬 뛰어나다.
과ː일[명] 먹을 수 있는, 과실나무의 열매. 과실.
과일(科日)[명] 과거를 보는 날.
과ː일(過日)[명] 지난날.
과ː잉(過剩)[명][하자][하지] 〔필요 이상으로〕많음. 지나침. ¶과잉 보호. /과잉 친절.
과ː잉^방위(過剩防衛)[명] 정당방위로서 허용되는 정도를 넘어선 반격 행위.
과ː잉-보호(過剩保護)[명][하타]⇒과보호.
과ː잉^생산(過剩生産)[명] 수요(需要)의 정도를 넘어선 생산.
과ː잉-수(過剩數)[-쑤][명] 자체(自體)를 제외한 모든 약수의 합이 자체보다 큰 자연수. 〔12는 그 약수(1, 2, 3, 4, 6)의 합이 12보다 크므로 과잉수가 됨.〕↔부족수.
과ː잉^인구(過剩人口)[명] 지나치게 많은 인구.
과ː잉^투자(過剩投資)[명] 설비의 확장이나 신설에 한도 이상으로 투자하는 일.
과ː잉^피ː난(過剩避難)[명] 긴급 피난에서, 법률상 허용된 한도를 지나 남에게 손해를 끼치는 행위.
과자(菓子)[명] 밀가루·쌀가루·설탕·우유·버터 따위의 재료를 써서 만든 간식용 식품.
과ː작(寡作)[명][하타] (작품 등을) 양적으로 적게 제작함. ↔다작(多作).
과장(科場)[명] 과거를 보는 곳.
과장(科場)²[명] 탈놀음에서, 판소리의 '마당'의 뜻으로 쓰는 말. 참마당.
과ː장(誇張)[명][하타] 사실보다 지나치게 떠벌려 나타냄. ¶과장 선전.
과장(課長)[명] 과(課)의 책임자.
과ː장-법(誇張法)[-뻡][명] 수사법상 강조법의 한 가지. 어떤 사물을 실제보다 훨씬 더하거나, 또는 훨씬 덜하게 나타내는 표현 방법. 〔'눈물의 홍수', '쥐꼬리만 한 월급' 따위.〕
과ː장-증(誇張症)[-쯩][명] 병적(病的)으로 과장하는 증세.
-과저[어미] 〔옛〕-고자. 져. ¶님 계신 窓 밧게 불면서 쓰리과저(古時調).
과ː적(過積)[명][하타][하지] 〈과적재〉의 준말. ¶과적 차량.
과ː-적재(過積載)[-째][명][하타][하지] (화물의) 정량(定量)을 초과하여 실음. 준과적.
과전(瓜田)[명] 외밭.
과전(科田)[명] 지난날, 과전법(科田法)에 따라 관원에게 나누어 주던 토지.
과전-법(科田法)[-뻡][명] 고려 말기와 조선 초기에 시행되었던 토지 제도의 한 가지.

과전-불납리(瓜田不納履)[-람니][명] 〔남의 외밭에서 신을 고쳐 신으려고 몸을 구부리지 말라는 뜻으로〕남의 의심을 받기 쉬운 일은 하지 말라는 말. '문선(文選)'의 '고악부(古樂府)'에 나오는 말임.
과ː-전압(過電壓)[명] 전류가 흐르고 있을 때의 단순 전극 전위와, 전류가 흐르지 않아 전극 반응이 평형일 때의 전극 전위와의 차.
과ː점(寡占)[명] 어떤 상품 시장의 대부분을 소수의 기업이 독점하는 일. 참독점.
과ː정(過政)〈과도 정부〉의 준말.
과ː정(過程)[명] 일이 되어 가는 경로.
과정(課程)[명] ①과업(課業)의 정도. ②학년의 정도에 따른 과목.
과정-표(課程表)[명] 학년에 따라 배울 과정을 배당한 표.
과제(科第)[명] ①⇒과거(科擧). ②[하지] 과거에 급제함. ②등제(登第).
과제(課題)[명] 주어진 문제나 임무. ¶학교 과제.
과제-장(課題帳)[-짱][명] ①어떤 학과의 연구나 학습 등에 관한 문제를 실은 책. ②과제를 기록하는 공책.
과ː조(寡照)[명] 농작물에 일조 시간이 적은 일.
과조(課租)[명][하지] 조세를 부과함.
과족(裏足)[하지] ①〔발을 싸맨다는 뜻으로〕'앞으로 나가지 못함' 또는 '일의 진전이 없음'을 이르는 말. ②걸어서 멀리 여행함.
과종(瓜種)[명] 오이나 호박·참외 따위의 씨.
과ː종(果種)[명] 과실의 종류. 과일의 종류.
과종(踝腫·髁腫)[명] 발뒤축과 복사뼈 사이에 나는 종기.
과죄(科罪)[-죄/-줴][명][하타] 죄를 처단함.
과줄[명] ①약과·다식·강정·정과 따위를 통틀어 이르는 말. ②⇒약과(藥菓).
과줄-판(-板)[명] 과줄을 박는 데 쓰이는 기구.
과ː중(過中)[명] 도(度)를 넘음.
과중(過重)'과중하다'의 어근.
과ː중-하다(過重-)[형어] ①힘에 겹다. 벅차다. ¶과중한 부담. ②지나치게 무겁다. 과중-히[부].
과ː즙(果汁)[명] 과실의 즙.
과ː지(果枝)[명] 과수(果樹)의 가지.
과ː징(過徵)[명][하타] (세금 따위를) 지나치게 많이 거둠.
과징-금(課徵金)[명] 규약 위반에 대한 제재로 징수하는 돈. ¶과징금을 물다.
과차(科次)[명] 과거에 급제한 사람의 성적의 차례.
과ː차(過次)[명] 지나가는 길. 지날결.
과ː찬(過讚)[명][하타] 정도에 지나치게 칭찬함. 과칭(過稱).
과ː채(果菜)[명] 과실과 채소.
과채(課債)[명][하타] 과세를 받기 위하여 얻어 쓴 빚.
과ː채-류(果菜類)[명] 채소 가운데서 그 열매를 식생활에 이용하는 식물을 통틀어 이르는 말. 열매 채소. 〔오이·토마토·가지 따위.〕
과ː추(過秋)[명][하지] 가을을 남. 가을을 지냄.
과ː춘(過春)[명][하지] 봄을 남.
과ː취(過醉)[명][하지] 몹시 취함.
과ː칭(過稱)[명][하타] 지나친 칭찬. 과찬(過讚).
과ː칭(誇稱)[명][하타] ①뽐내어 말함. ②사실보다 더 낫게 말함. ¶세계 제일이라고 과칭하다.
과ː태-료(過怠料)[명] 공법상의 의무 이행, 질서의 유지 등을 위하여 위반자에게 과하는 금전상의 벌.

과:태^약관(過怠約款)[-꽌]圓 채권자와 채무자 사이에 손해 배상의 액수를 정하는 계약.

과:판(명) 여자의 머리에 꽂는, 국화 모양의 장식이 달린 꽂이. ⑨국화판.

과:판(-版)圓 국화 모양을 새긴 쇠나 나무의 판. 국화 모양을 찍어 내는 데 쓰임.

과폐(科弊)[-폐/-페]圓 과거로 말미암아 일어나는 여러 가지 폐단.

과:-포화(過飽和) ①용액이 어떤 온도에서, 용해도 이상의 용질을 함유하고 있는 상태. ②증기가 어떤 온도에서, 포화 증기압보다 큰 압력을 가진 상태.

과표(課標)〈과세 표준(課稅標準)〉의 준말.

과:품(果品)圓 여러 가지의 과실.

과:피(果皮)圓 과실의 껍질.

과:하(過夏)[하자] 여름을 남.

과-하다(科-)[타어] 형벌을 지우다.

과:-하다(過-)[형어] 정도에 지나치다. 분에 넘치다. ¶술이 과하신 것 같은데 그만 일어나시지요. 과-히(뮈)

과-하다(課-)[타어] ①세금 따위를 매겨서 내게 하다. ②일이나 책임 따위를 맡겨서 하게 하다.

과:하마(果下馬)圓 [몸집이 작아서 사람을 태우고서 과수나무 밑으로 지나갈 수 있는 말이라는 뜻으로] '키가 몹시 작은 말'을 이르는 말. ②제주도 조랑말의 한 품종. 천연기념물 제347호.

과:-하-시(過夏榮)圓 여름에 살 때나무.

과학(科學)圓 어떤 영역의 대상을 객관적인 방법으로, 계통적으로 연구하는 활동, 또는 그 성과의 내용. 특히, 자연 과학을 가리키는 경우가 많음.

과학-만능주의(科學萬能主義)[-항-의/-항-이]圓 모든 문제는 과학에 의해서만 해결할 수 있다는 주장.

과학-박물관(科學博物館)[-빵-]圓 자연 과학 또는 그 응용에 관한 표본이나 자료를 진열하여, 조사·연구 및 교육을 돕는 박물관.

과학^병기(科學兵器)[-뼝-]圓 현대 과학을 응용한 고성능의 병기를 통틀어 이르는 말.

과학^소:설(科學小說)[-쏘-]圓 ☞공상 과학 소설.

과학^수사(科學搜査)[-쑤-]圓 과학의 힘을 빌려 범죄 수사를 하는 일. [지문(指紋)의 감식, 컴퓨터의 이용 등.]

과학^위성(科學衛星)圓 지구 및 우주 공간의 과학적 관측을 목적으로 여러 가지 관측 기기와 송신 장치 등을 실어 궤도에 쏘아 올려 놓은 인공위성.

과학-자(科學者)[-짜]圓 과학, 특히 자연 과학을 전문으로 연구하는 사람.

과학-적(科學的)[-쩍]관명 ①과학의 면에서 본 정확성이나 타당성이 있는 (것). ¶과학적 설명. /과학적인 사고. ②과학의 본질에 근거한 (것).

과학적 사회주의(科學的社會主義)[-쩍-회의/-쩍-훼-이] 역사나 사회를 사회 과학적으로 분석하여 이끌어 낸 이론을 바탕으로 한 사회주의. [마르크스·엥겔스가 주장한 사회주의.]

과학-전(科學戰)[-쩐]圓 과학 병기를 가지고 싸우는 전쟁.

과학-화(科學化)[-화콰]圓하자타되자 과학적으로 체계화하는 일. ¶영농 기술의 과학화.

과:-한(過限)圓하자되자 기한이 지남.

과혁지시(裹革之屍)[-찌-]圓 [말가죽에 싼 시체라는 뜻으로] 전사자(戰死者)의 시체.

과혹(過酷) '과혹하다'의 어근.

과:혹-하다(過酷-)[-호카-]형어 지나치게 참혹하다.

과:화-숙식(過火熟食)[-씩]圓 [지나가는 불에 밥이 익는다는 뜻으로] '저절로 은혜를 입게 됨'을 이르는 말.

과흥다타(옛) 칭찬하다. ¶奇才롤 과흥슈넝니(龍歌57章).

곽(槨)圓 관(棺)을 넣는 궤. 외관(外棺).

곽공(郭公)[-꽁]圓 ☞뻐꾸기.

곽공-충(郭公蟲)[-꽁-]圓 ☞개미붙이.

곽란(癨亂·霍亂)[광난]圓 한방에서, 음식이 체하여 토하고 설사를 하는 급성 위장병을 이르는 말.

곽이(藿耳)圓 ☞미역귀.

곽전(藿田)[-쩐]圓 바닷가의 미역을 따는 곳.

곽:쥐(←郭走)[-쮜]圓 어린아이가 울거나 보챌 때, 을러서 달래는 말. [옛날에 세력을 떨쳤다는 곽준(郭趍) 등 여덟 형제의 별명.] ¶울지 마라, 저기 곽쥐 온다.

곽탕(藿湯)圓 미역국.

관(官)圓 국가나 정부, 또는 관청.

관(冠)圓 ①지난날, 검은 머리카락이나 말총으로 엮어 만든 머리쓰개. ②족보에서, 결혼한 남자를 달리 이르는 말. ②→동(童).

관(貫)[1]圓〈관향(貫鄕)〉·〈본관(本貫)〉의 준말.

관:(貫)[2]圓 과녁의 한가운데.

관:(棺)圓 시체를 넣는 궤. 관구(棺柩). 안접.

관:(款)圓 ①법률이나 조문(條文) 따위의 조목. ②예산서나 결산서의 한 과목. 장(章)의 아래, 항(項)의 위.

관(管)圓 ①속이 비고 둥글며 긴 물건. 기체나 액체를 보내는 데 쓰임. ②아악기의 한 가지인, 오죽(烏竹)으로 만든 피리.

관(館)圓 ①〈성균관(成均館)〉의 준말. ②지난날 서울에서, 쇠고기·돼지고기 따위를 파는 가게를 달리 이르던 말.

관(關)圓 지난날, 국경이나 국내 요지의 통로에 두어, 통행하는 사람과 물건 등을 조사하던 곳.

관(罐·鑵)圓 양철로 만든 작은 통.

관:(觀)[1]圓 ①〈관과(觀卦)〉의 준말. ②도교(道教)의 사원(寺院).

관(貫)[2]圓 무게의 단위. [1관은 3.75 kg.] 쾌.

-관(官)圓 [일부 명사 뒤에 붙어] '공적인 직책을 맡은 사람'의 뜻을 나타냄. ¶감독관. /소방관.

-관(館)절미 ①[한자어로 된 일부 명사 뒤에 붙어] 그러한 기관이나 건물의 이름을 나타냄. ¶도서관. /기념관. /체육관. /영화관. ②[일부 고유 명사 뒤에 붙어] '음식점'의 뜻을 나타냄. ¶한국관. /명월관.

-관(觀)절미 [한자어로 된 일부 명사 뒤에 붙어] '체계화된 나름대로의 견해'를 뜻함. ¶인생관. /역사관. /시국관.

관가(官家)[지난날] ①나랏일을 보던 집. ②지방에서, 그 고을의 원을 이르던 말.

관가 돼지 배 앓는 격(속담) '근심이 있으나 누구 하나 알아주는 사람이 없이 끙끙 앓음'을 비유하여 이르는 말.

관각(館閣)圓 조선 시대에, 홍문관(弘文館)·예문관(藝文館)·규장각(奎章閣)을 아울러 이르던 말.

관각(觀各)圓 ☞망루(望樓).

관각^당상(館閣堂上)[-땅-]圓 조선 시대에, 홍문관(弘文館)·예문관(藝文館)·규장각(奎章閣)의 대제학(大提學)과 제학(提學)을 아울러 이르던 말.

관감(觀感)圏하타 눈으로 보고 마음으로 느낌.
관:개(灌漑)圏하자 농사에 필요한 물을 논밭에 끌어 대는 일. 관수(灌水).
관:개-용수(灌漑用水)圏 관개하는 데 쓰이는 물.
관:개-지(灌漑地)圏 농사에 필요한 물을 수로(水路)를 이용하여 끌어 쓰는 땅.
관객(觀客)圏 구경하는 사람. 구경꾼. ¶관객이 꽉 차다.
관객-석(觀客席)[-썩] 구경꾼이 구경하는 자리. 객석(客席).
관건(關鍵)圏 ①문빗장과 자물쇠. ②문제를 해결하기 위하여 꼭 있어야 하는 것. ¶성공을 위한 관건.
관격(關格)圏 한방에서, 음식이 급하게 체하여 먹지도 못하고 대소변도 못 보며 정신을 잃는 위급한 병을 이르는 말.
관견(管見)〔대롱 구멍으로 사물을 본다는 뜻으로〕‘좁은 소견’이나 ‘자기의 의견’을 겸손하게 이르는 말. ‘장자’의 ‘추수편(秋水篇)’에 나오는 말임.
관결(官決)圏 관가의 처분.
관계(官界)[-계/-게]圏 국가의 각 기관, 또는 관리들로 이루어진 사회. ¶관계에 진출하다.
관계(官契)[-계/-게]圏 지난날, 관가에서 증명한 문서.
관계(官階)[-계/-게]圏 벼슬의 등급. 관등(官等). 관품(官品).
관계(關係)[-계/-게]圏 ①사람과 사람, 사람과 사물, 사물과 사물 등 둘 이상이 서로 관련을 맺거나 관련이 있음. ¶교우 관계. /선후배 관계. /관계를 맺다(끊다). ②어떤 것이 다른 것에 영향을 미치는 일. 《주로, ‘관계로’의 꼴로 쓰임.》 ¶기상 관계로 항공기의 이착륙이 불가능해지다. ③하자어떤 부분이나 방면에 관련이 있음, 또는 그 부분이나 방면을 뜻함. ¶건설 관계에 종사하다. /국문학 관계의 자료를 모으다. ④하자특히, 부부 아닌 남녀가 성적(性的) 접촉을 가지는 일.
관계-관(關係官)[-계-/-게-]圏 그 일에 관계되는 공무원.
관계^관념(關係觀念)[-계-/-게-]圏 ☞관계 망상.
관계^대:명사(關係代名詞)[-계-/-게-]圏 영어 등 구미(歐美) 언어에서, 접속사와 대명사의 구실을 겸한 말. 선행하는 어구를 받아 종속되는 문절(文節)을 접속시키는 일을 함. 〔영어의 who·that 따위.〕
관계-되다(關係-)[-계되-/-게돼-]자 연관되다. 영향을 미치다. ¶회사의 운명과 관계되다.
관계^망:상(關係妄想)[-계-/-게-]圏 자기 주위에서 일어나는 여러 가지 일을 모두 자기에게 관계 지으려는 생각. 〔남들이 자기 흉을 보고 있다고 생각하는 일 따위.〕 관계 관념.
관계^부:사(關係副詞)[-계-/-게-]圏 영어 등 구미(歐美) 언어에서, 접속사와 부사의 구실을 겸한 말. 뒤의 문절(文節)을 선행하는 어구에 접속시켜 곳·때·방법·이유 등의 관계를 나타냄. 〔영어의 when·how 따위.〕
관계-사(關係詞)[-계-/-게-]圏 ☞조사(助詞).
관계-식(關係式)[-계-/-게-]圏 수학 및 과학에서, 여러 대상 사이의 관계를 나타내는 식. 〔공식·조건식·등식·부등식·방정식 따위.〕
관계-어(關係語)[-계-/-게-]圏 ☞조사(助詞).

관계-언(關係言)[-계-/-게-]圏 문장에서, 자립 형태소에 붙어 그 말과 다른 말과의 문법적 관계를 나타내거나 뜻을 더하는 의존 형태소. 걸림씨. 母의존 형태소.
관계-없:다(關係-)[-계업따/-게업따]혱 ①서로 관계되는 것이 없다. ②염려할 것 없다. 상관 없다. 《주로, ‘-어도’ 절과 함께 쓰임.》 ¶돈은 얼마가 들어도 관계없다. 관계없-이母.
관계-있:다(關係-)[-계읻따/-게읻따]혱 서로 관계되는 것이 있다. 상관있다. ¶그 일은 나와 관계있다.
관계-자(關係者)[-계-/-게-]圏 어떤 일에 관계를 가진 사람. ¶관계자 외 출입 금지.
관고(官庫)圏 관가의 곳간.
관고(官誥)圏 ☞교지(敎旨).
관곡(官穀)圏 관가의 곡식.
관곡(款曲) ‘관곡하다’의 어근.
관:곡-하다(款曲-)[-고카-]혱여 정답고 친절하다. 관곡-히母.
관골(←顴骨)圏 ☞궁둥이뼈.
관골(顴骨)圏 ☞광대뼈.
관골-구(←顴骨臼)圏 ☞비구(脾臼).
관골-근(←顴骨筋)圏 궁둥이뼈를 덮고 넓적다리뼈의 위쪽에 붙은 근육.
관골-근(顴骨筋)圏 아래쪽 턱뼈의 뒤쪽에서 빰을 거쳐 입아귀에 이르는 근육의 다발.
관-공리(官公吏)[-니]圏 관리와 공리. 공무원.
관-공립(官公立)[-닙]圏 관립과 공립.
관-공서(官公署)圏 관청과 공서.
관곽(棺槨)圏 시체를 넣는 속 널과 겉 널.
관곽-장이(棺槨-)[-짱-]圏 관곽을 만들거나 파는 일을 업으로 삼는 사람.
관광(觀光)1圏하타 다른 지방이나 다른 나라에 가서 그곳의 풍물·풍속을 구경함.
관광(觀光)2圏하자 과거(科擧)를 보러 감.
관광-객(觀光客)圏 관광하러 다니는 사람.
관광-국(觀光國)圏 관광 사업에 의한 수입이 국가 수입의 주요 부분을 이루는 국가.
관광-단(觀光團)圏 관광을 목적으로 하여 짜여진 여행 단체.
관광-단지(觀光團地)圏 관광지를 중심으로 구획 조성된 지역.
관광-버스(觀光bus)圏 관광객을 태우고 다니는 버스.
관광^사:업(觀光事業)圏 관광에 관한 여러 가지 사업.
관광^산:업(觀光産業)圏 관광 자원을 바탕으로 하고, 서비스 부문을 중심으로 하는 여러 가지 산업.
관광^시:설(觀光施設)圏 관광에 필요한 교통이나 숙박·오락 따위의 모든 시설.
관광^자원(觀光資源)圏 관광객에게 보일 만한 아름다운 자연이나 문화적 대상물.
관광-지(觀光地)圏 명승지나 유적지가 많아 관광의 대상이 되는 곳.
관광-특구(觀光特區)[-꾸]圏 관광지 가운데서, 일정한 범위를 정하여 일반 관광지와 달리 특권을 부여하는 구역.
관광-호텔(觀光hotel)圏 관광지에 지어 놓은 호텔.
관괘(觀卦)圏 육십사괘의 하나. 손괘(巽卦)와 곤괘(坤卦)를 위아래로 놓은 괘. 바람이 땅 위로 행(行)함을 상징함. 준관(觀).
관교(官敎)圏 ☞교지(敎旨).
관구(棺柩)圏 ☞관(棺).
관구(管區)圏 〈관할 구역〉의 준말.

관국(觀菊)**명**하자 국화를 보고 즐김.

관군(官軍)**명** 정부의 군대. 관병(官兵). 정부군(政府軍). ↔적군(賊軍).

관권(官權)[-꿘]**명** ①정부의 권력. ②관청 또는 관리의 권한(權限). ¶관권을 행사하다.

관귀(官鬼)**명** 점괘의 육친(六親)의 하나. 〔관귀가 발동하면 재앙이나 궂은일이 생긴다 함.〕

관규(官規)**명** 관청의 규율. 관리에 대한 규칙.

관극(觀劇)**명**하자 연극을 관람함.

관금(官金)**명** 관청의 금전.

관금(官禁)**명**하타 관청에서 금지함.

관급(官給)**명**하타 관청에서 줌.

관기(官妓)**명** 지난날, 관청에 딸렸던 기생.

관기(官紀)**명** 관청의 규율. 관리가 복무상 지켜야 할 규율.

관기(官記)**명** 지난날, 임관된 벼슬아치에게 주던 사령.

관기-숙정(官紀肅正)[-쩡]**명**하자 (해이해진) 관청의 규율을 바로잡음.

관남(關南)**명** 마천령(摩天嶺)의 남쪽 지방, 곧 함경남도 일대를 이르는 말.

관납(官納)**명**하타되자 관청에 납품함.

관내(管內)**명** 관할 구역의 안. ↔관외(管外).

관념(觀念)**명** ①[어떤 일에 대한] 생각이나 견해. ¶시간 관념. ②현실과 동떨어진 추상적이고 공상적인 생각. ¶관념에 빠지다. ③대상을 나타내는 의식의 내용. 〔선악의 관념이나 죽음의 관념 따위.〕 ④하타 불교에서, 마음을 가라앉혀 제법(諸法)의 진리를 관찰하는 일.

관념-론(觀念論)[-논]**명** 이념이나 자아(自我) 따위 정신적 존재를 본원적인 존재로 보고, 물질적 존재는 오로지 그 현상이나 가상(假象)에 불과하다고 주장하는 철학적 견지. 관념주의(觀念主義). ↔실재론(實在論).

관념론-적(觀念論的)[-논-]**관명** 관념론 특유의 (것). 관념론에 근거한 (것).

관념-사(觀念詞)**명** 실질 형태소.

관념^소:설(觀念小說)**명** 주제의 예술적 형상화에 의하지 아니하고, 작가가 품고 있는 어떤 관념이나 사상을 뚜렷이 나타내는 유형의 소설.

관념-시(觀念詩)**명** 주관적 관념으로 이상과 감정을 읊은 시.

관념^연합(觀念聯合)[-년-]**명** 한 관념이 다른 관념을 상기시키는 작용. 연상(聯想).

관념-유희(觀念遊戱)[-뉴히]**명** 실질의 추구보다 관념적인 이론만으로 만족하는 일.

관념-적(觀念的)**관명** ①관념에 관한 (것). ②현실성이 없고 추상에 흐르는 (것). ¶관념적 사랑. /관념적인 표현. ↔현실적(現實的).

관념-주의(觀念主義)[-의/-이]**명** ①객관적인 대상을 주관적 가치에 따라 표현하려는 예술상의 주의. ②☞관념론.

관념^형태(觀念形態)**명** ☞이데올로기.

관노(官奴)**명** 〈관노비〉의 준말. ↔사노(私奴).

관-노비(官奴婢)**명** 지난날, 관가에서 부리던 노비. 준관노. ↔사노비(私奴婢).

관능(官能)**명** ①생물의 생명을 영위하는 여러 기관의 기능. ②생물의 감각기의 작용. ③육체적 쾌감을 자극하는 작용.

관능-검사(官能檢査)**명** 식료품이나 화장품 따위의 품질을 사람의 오감(五感)으로 평가하는 일.

관능-미(官能美)**명** 관능적인 미.

관능^장애(官能障礙)**명** 생물 기관에 장애를 일으켜 활동을 할 수 없는 일.

관능-적(官能的)**관명** 육체적 쾌감이나 욕망을 자아내는 (것). 성적(性的)인 감각을 자극하는 (것). ¶관능적 자태. /관능적인 묘사.

관능-주의(官能主義)[-의/-이]**명** ☞향락주의.

관능-파(官能派)**명** 감각적인 미를 가장 중시하는 예술상의 유파. 〔감각적(感覺的)인 미(美)를 표현하는 것을 예술상 가장 값진 것으로 여김. 좁은 뜻으로는, 감각상 강렬한 자극과 관능의 쾌락을 추구하는 유파를 이름.〕

관-다발(管-)**명** 양치식물과 종자식물의 뿌리·줄기·잎 속에 있는 중요 조직의 한 가지. 양분의 통로인 체관과 물의 통로인 물관으로 이루어져 있음. 유관속(維管束). 관속.

관:담(款談)**명**하자 마음을 터놓고 하는 말.

관-당상(館堂上)**명** 조선 시대에, 성균관의 당상(堂上)을 이르던 말.

관대(冠帶)**명** 〈관디〉의 본딧말.

관:대(款待)**명**하자 정성껏 대접함. 친절히 대접함. 비환대(歡待).

관대(寬大)'관대하다'의 어근.

관대(寬貸)**명**하타 너그럽게 용서함. 관서(寬恕). 관유(寬宥).

관대(寬待)**명**하타 너그럽게 대접함.

관대-장자(寬大長者)**명** 사람을 대하는 태도가 너그러운 사람. 참관후장자(寬厚長者).

관대-하다(寬大-)**형여** (마음이) 너그럽다. 관대-히**부** ¶관대히 처분하다.

관데**조** 모음으로 끝난 체언에 붙어 쓰이어, 어떤 원인이나 근거 등을 따져 묻는 뜻을 나타내는, 에스러운 말투의 연결형 서술격 조사. ¶네가 누구관데 함부로 여기를 들어오는고? 참이관데.

-관데**어미** 용언의 어간 또는 높임의 '-시-'나 시제의 '-았(었)-' 등에 붙어, 원인·근거·까닭 등을 묻는 뜻을 나타내는, 에스러운 말투의 연결 어미. 〔대개, '얼마나'·'어찌'·'무엇이(을)' 등의 의문사와 호응하여 쓰임.〕 ¶무엇을 보았관데 그다지도 놀라느냐?/그대가 나를 어찌 생각하였관데 이다지도 무례히 구느뇨?

관도(官途)**명** 관리가 되는 길.

관:-돈(貫-)[-똔]**명** 지난날, '돈 열 냥' 또는 '엽전 천 닢'을 이르던 말. 꿰돈.

관동(冠童)**명** 관례를 치른 남자 어른과 관례를 치르지 아니한 남자 아이를 아울러 이르는 말.

관동(關東)**명** 대관령 동쪽의 지방, 곧 강원도 지방을 이르는 말. 영동(嶺東). ↔관서(關西).

관동-별곡(關東別曲)**명** ①고려 시대에, 안축(安軸)이 지은 경기체가. 〔관동 지방의 경치를 읊은 내용.〕 ②조선 선조 때, 정철(鄭澈)이 지은 기행 가사. 〔금강산과 동해 일대의 경치를 읊은 내용.〕

관동-삼(關東蔘)**명** 강원도에서 나는 인삼.

관동-속별곡(關東續別曲)[-뼐-]**명** 조선 선조 때, 조우인(曺友仁)이 지은 기행 가사. 〔관동 지방의 경치를 읊은 내용.〕

관동^팔경(關東八景)**명** 강원도 동해안에 있는 여덟 군데의 명승지. 간성의 청간정(淸澗亭), 강릉의 경포대(鏡浦臺), 고성의 삼일포(三日浦), 삼척의 죽서루(竹西樓), 양양의 낙산사(洛山寺), 통천의 총석정(叢石亭), 울진의 망양정(望洋亭), 평해의 월송정(越松亭). 〔월송정 대신에 흡곡의 시중대(侍中臺)를 치기도 함.〕 영동 팔경(嶺東八景).

관:동-화(款冬花)**명** 한방에서, 머위의 꽃봉오리 말린 것을 약재로 이르는 말. 해수·담 등의 약으로 쓰임.

관두(官斗)몡 지난날, 나라에서 녹(祿)을 줄 때 곡식을 되던 말.

관두(關頭)몡 가장 중요한 갈림길. 고비. ¶ 성패의 관두. /생사의 관두에 서다.

관:-두다(타) 〈고만두다〉의 준말. ¶ 과일 장사를 관두고 식당을 차렸다.

관-둔전(官屯田) 고려·조선 시대에, 각 지방 관아에 딸렸던 논밭.

관등(官等)몡 관직의 등급. 관계(官階). ¶ 관등이 낮다. /관등 성명을 밝히다.

관등(觀燈)몡[하자] ①초파일 밤에 등불을 달고 석가모니의 탄생을 축하하는 일. ②절의 주요 행사 때 등을 밝히는 일. 웹연등(燃燈).

관등-놀이(觀燈-)몡[하자] 초파일에 하는 민속놀이. 집집마다 등을 달았으며, 불꽃놀이, 제등 행렬 등을 하였음.

관등-연(觀燈宴)몡 관등할 때 베푸는 잔치.

관등-절(觀燈節)몡 불가에서, 석가가 탄생한 초파일을 '관등하는 명절'이라 하여 이르는 말.

관등-회(觀燈會)[-회/-훼]몡 관등절 행사를 위한 모임.

관디(←冠帶)몡 지난날, 벼슬아치들이 입던 공복(公服).〔오늘날에는 전통 혼례 때에 신랑이 예복으로 입음.〕 본관대(冠帶).

관디-지르다(←冠帶-)[-찌-][-찌-][~지르니·~질러]타르 벼슬이 낮은 사람이 높은 사람에게 경례를 하다.

관디-벗김(←冠帶-)[-빋낌]몡 신랑이 초례를 마치고 관디를 벗을 때에 갈아입도록 신부의 집에서 마련한 옷. 길복벗김.

관디-판(←冠帶板)몡 관디를 담는 그릇. 관복판.

관딕〈옛〉관디. ¶ 관딕옷 포: 袍(訓蒙中22).

-관딕(어미)〈옛〉-관데. -건대. -기에. ¶ 엇던 行願을 지스시관딕(月釋21:18).

관람(觀覽)[-] 연극·영화·운동 경기 따위를 구경함. ¶ 연극을 관람하다.

관람-객(觀覽客)[-]몡 관람하는 손님.

관람-권(觀覽券)[-]몡 관람할 수 있는 표.

관람-료(觀覽料)[-뇨]몡 관람하기 위하여 내는 요금. 관람을 위한 요금.

관람-석(觀覽席)[-]몡 관람하는 좌석.

관력(官力)[-]몡 국가 기관의 힘. 관청의 권력.

관련(關聯·關連)[-]몡[하자][되자] 어떤 사물과 다른 사물이 내용적으로 이어져 있음. 서로 어떠한 관계에 있음. 연관. ¶ 올림픽 경기에 관련된 행사. /그와 관련된 사건.

관련-성(關聯性)[-]몡 서로 관련되는 성질이나 경향. ¶ 기후와 인간 생활과의 관련성.

관련-짓다(關聯-關連-)[-짇따][~지으니·~지어]타스 서로 관련되게 하다. ¶ 두 사건을 관련지어 생각하자.

관령(官令)[-]몡 관청의 명령.

관령(管領)[-]몡[하자] 도맡아 다스림.

관례(官隷)[-]몡 지난날, 관가에서 부리던 하인. 관하인(官下人).

관례(冠禮)[-]몡[하자] 지난날, 아이가 어른이 될 때에 올리던 예식. 남자는 갓을 쓰고, 여자는 쪽을 졌음.

관례(慣例)[-]몡 이전부터 해 내려와서 관습처럼 되어 버린 일. ☞관례에 따르다.

관례-법(慣例法)[-뻡]몡 ⇨관습법(慣習法).

관례-옷(冠禮-)[-옫]몡 풀보기하는 날에, 새 색시가 시부모를 뵐 때 입는 옷. *관례옷이[-오시]·관례옷만[-온-].

관록(官祿)[-]몡 관리에게 주는 녹봉. 관봉.

관:록(貫祿)[-]몡 경력·지위 등에 의하여 갖추어진 위엄이나 권위. ¶ 중견 정치가로서의 관록.

관료(官僚)[-]몡 ①같은 관직에 있는 동료. ②정부의 관리. 특히, 정치적인 영향력을 지닌 고급 관리.

관료-적(官僚的)[-]몡 ①관료주의의 경향이 있는 (것). ②상대편의 의향이나 처지 등을 무시한 형식적이·권위적인 태도나 경향이 있는 (것). ¶ 관료적인 권위주의. /관료적인 태도.

관료-전(官僚田)[-]몡 통일 신라 시대에, 관료에게 녹봉 대신 주던 토지, 또는 그런 토지 제도.

관료^정치(官僚政治)[-]몡 ①어떤 특권층에 있는 소수의 관료가 권력을 쥐고 행하는 정치. ②권위적·독선적·형식적·비민주적인 정치.

관료-제(官僚制)[-]몡 특권을 가진 관료가 권력을 쥐고 있는 지배 구조, 또는 그 정치.

관료-주의(官僚主義)[-의/-이]몡 (관료가 국민에게 봉사하는 본연의 자세를 떠나) 국민의 의사를 무시하고 독선적·권위적·억압적 태도를 취하는 주의.

관:류(貫流)[-]몡[하자] ①(하천 따위가 어떤 지역을) 꿰뚫고 흐름. ¶ 평야 한가운데를 관류하는 하천. ②'어떤 사실이나 현상 따위가 밑바탕에 깔림'을 비유하여 이르는 말. ¶ 전편에 걸쳐 인본주의 사상이 관류하는 작품.

관리(官吏)[-]몡 관직에 있는 사람. 벼슬아치. 공무원. 관헌.

관리(管理)[-]몡[하자][되자] ①어떤 일을 맡아 관할하고 처리함. ¶ 아파트를 관리하다. ②물자나 설비의 이용·보존·개량 따위 일을 맡아 함. ¶ 품질 관리에 힘쓰다. ③사람을 통솔하고 감독함. ¶ 인사 관리. ④건강을 유지하도록 보살핌. ¶ 건강 관리에 유의하다.

관리^가격(管理價格)[-까-]몡 어떤 독과점 기업 따위가 수요나 생산 원가 같은 것을 무시하고, 그 제품에 항상 일정한 높은 이윤이 따르도록 정하는 가격.

관리-관(管理官)[-]몡 일반직 1급 공무원의 직급. 이사관(理事官)의 위로 가장 높은 직급임.

관리-권(管理權)[-꿘]몡 남의 재산을 관리하는 권리.

관리-농(管理農)[-]몡 농지 소유자가 관리인을 두고 경영하는 농업.

관리^대:상^종:목(管理對象種目)[-]몡 사고 팔 수는 있으나 신용 거래가 안 되고 대용 증권으로 활용할 수 없도록 지정한 증권 종목. 상장 폐지 기준에 해당하는 종목 가운데 특별히 일반 투자자의 주의를 환기시키기 위하여 지정함. ☞관리 종목.

관리^무:역(管理貿易)[-]몡 ⇨보호 무역.

관리-법(管理法)[-뻡]몡 (어떤 일을) 관리하는 방법. ¶ 재산 관리법.

관리-비(管理費)[-]몡 관리하는 데 드는 비용. ¶ 아파트 관리비.

관리-서(管理署)[-]몡 조선 말기에, 사찰·산림·성보(城堡)에 관한 사무를 맡아보던 관아.

관리-인(管理人)[-]몡 ①사법상(私法上), 남의 재산을 관리하는 사람. ②공유자로부터 위임을 받아 시설 따위를 관리하는 사람.

관리^종:목(管理種目)[-]몡 〈관리 대상 종목〉의 준말.

관리-직(管理職)[-]몡 기업 따위에서, 관리나 감독을 하는 지위에 있는 직종, 또는 그런 사람.

관리^통화^제:도(管理通貨制度)[괄-]圀 통화 당국이 금의 보유량과는 관계없이 자유로이 통화량을 조절할 수 있는 제도.

관림(官林)[괄-]圀 〈관유림(官有林)〉의 준말.

관립(官立)[괄-]圀 관청에서 세움. ¶관립 학교.

관마(官馬)圀 지난날, 관아에서 기르던 말.

관망(冠網)圀 ①갓과 망건을 아울러 이르는 말. ②[하자] 갓과 망건을 갖추어 씀.

관망(觀望)圀[하타] ①형세 따위를 넌지시 바라봄. ¶대세를 관망하다. ②☞조망(眺望).

관맥(關脈)圀 한방에서, 병을 진찰하는 맥.

관-머리(棺-)圀 시체의 머리가 놓이는 관의 위쪽.

관-멤(棺-)圀[하타] 관 속에 시체를 넣은 뒤, 빈 곳을 딴 물건으로 메움.

관면(慣面)圀 여러 번 보아서 낯익은 얼굴. 🖽숙면(熟面).

관면(寬免)圀[하타] 죄나 허물 따위를 너그럽게 용서함. 관서(寬恕).

관명(官名)圀 벼슬 이름. 관직의 이름.

관명(冠名)圀 관례를 치르고 어른이 된 다음에 새로 지은 이름. 🖽아명(兒名).

관모(官帽)圀 관리가 쓰는 제모(制帽).

관모(冠毛)圀 ☞갓털.

관목(貫目)圀 알배기 청어를 간하지 않고 껍질을 벗겨서 반으로 갈라 말린 것. 건청어(乾青魚).

관목(關木)圀 문의 빗장.

관:목(灌木)圀 나무의 키가 작고, 원줄기가 분명하지 아니하며 밑동에서 가지를 많이 치는 나무. 〔무궁화·진달래·앵두나무 따위.〕떨기나무. ↔교목(喬木).

관:목-대(灌木帶)[-때]圀 식물의 수직 분포대의 한 가지. 교목대의 바로 위, 초본대의 아래 지대.

관몰(官沒)圀[하타] 지난날, 관가에서 물건을 몰수하던 일.

관무량수-경(觀無量壽經)圀 불교에서 이르는 정토종 삼부경(三部經)의 하나. 석가모니가 설법한 극락왕생의 가르침을 모은 경전. 〔'관무량수불경'·'무량수관경'·'십륙관경'이라고도 하며, 줄여서 '관경(觀經)'이라고도 함.〕

관-무재(觀武才)圀 조선 시대, 무과(武科)의 한 가지. 초시(初試)와 복시(覆試)의 두 단계 시험으로, 복시에서 합격하면 군관으로 임용되었음.

관문(官文)圀 〈관문서(官文書)〉의 준말.

관문(慣聞)圀[하타] (귀에) 익히 들음.

관문(關文)圀 조선 시대, 상급 관아에서 하급 관아에 보내던 공문. 관자(關子).

관문(關門)圀 ①지난날, 국경이나 교통의 요소 같은 데 설치했던 관(關), 또는 그 문. ②그곳을 지나야만 드나들 수 있는 중요한 길목. ¶나라의 관문. ③어떤 일을 하려면 반드시 거쳐야 하는 중요한 대목. ¶어려운 관문을 통과하다.

관-문서(官文書)圀 관공서에서 작성한 서류. 관문자(官文字). ②관문(官文).

관-문자(官文字)[-짜]圀 ☞관문서.

관물(官物)圀 ①관의 소유로 되어 있는 물건. ②나라에서 지급하는 물건. ↔사물(私物).

관-물때(罐-)圀 ☞관석(罐石).

관민(官民)圀 관청과 민간. 공무원과 민간인. ¶관민이 협동하여 풍수해를 극복하다.

관-박쥐(冠--)[-쥐]圀 관박쥣과의 박쥐. 비교적 큰 종류로 몸빛은 직칙한 적갈색임. 귀는 크나 꼬리는 가늘고 짧음. 코에 복잡한 비엽(鼻葉)이 붙어 있어 관을 쓴 것 같음. 너덜코박쥐.

관반-사(館伴使)圀 고려 시대에, 서울에 묵고 있는 외국 사신을 접대하기 위하여 임시로 차출했던 관원.〔정삼품 이상의 관원 가운데서 임명했음.〕

관방(官房)圀 지난날, 벼슬아치가 일을 보거나 숙직하던 방.

관방(關防)圀[하자] 국경을 방비함.

관방-학(官房學)圀 16~18세기에 독일·오스트리아에서 일어난 재정·행정·경제 등의 정책에 관한 포괄적인 학문.

관-배자(←官牌子)圀 지난날, 나라에서 발부하던 체포 영장.

관별(官閥)圀 ①벼슬자리의 등급. ②관작(官爵)과 문벌.

관법(觀法)圀[하타] ①불교에서, 불법의 진리를 관찰하고 생각함. ②인상(人相)을 보는 방법.

관변(官邊)圀 ①관청 측. 정부 측. ¶관변 소식통. ②조선 시대에, 관아에서 정한 변리.

관병(官兵)圀 ☞관군(官軍). ↔사병(私兵).

관병(觀兵)圀[하자] ①군의 위세를 보임. ②☞열병(閱兵).

관보(官報)圀 ①정부가 일반 국민에게 널리 알릴 사항을 실어서 발행하는 인쇄물. ¶관보에 고시되다. ②관공서에서 발송하는 공용 전보. ¶관보를 치다.

관복(官服)圀 ①관리의 제복. ②☞공복(公服). **관복을 벗다**[관용] 공무원직을 그만두다. ¶관복을 벗고 귀향하다.

관복(官福)圀 관리로서 출세할 복.

관복-판(官服板)圀 ☞관디판.

관본(官本)圀 ①지난날, 중앙 및 지방 관아에서 펴낸 책. 관판(官版). ↔가각본(家刻本)·사각본(私刻本). ②정부나 관청에서 관리하는 장서.

관봉(官封)圀[하타][되자] 지난날, 관가에서 도장을 찍어 봉하던 일.

관봉(官俸)圀 ☞관록(官祿).

관부(官府)圀 ①지난날, '조정이나 정부'를 이르던 말. ②☞마을2.

관부(官簿)圀 지난날, '관청의 장부(帳簿)'를 이르던 말.

관북(關北)圀 마천령 이북의 지방, 곧 함경북도 지방을 이르는 말.

관:분(盥盆)圀 지난날, 나라의 제사 때 제관(祭官)이 손을 씻던 물그릇.

관:불(灌佛)圀 ①[하자] 불교에서, 초파일에 불상에 감차(甘茶)나 향수를 뿌리는 일. 욕불(浴佛). ②〈관불회(灌佛會)〉의 준말.

관:불-회(灌佛會)[-회/-훼]圀 초파일에, 꽃으로 꾸민 조그만 집에 불상을 모시고 감차(甘茶)를 뿌리며 공양하는 행사. ②관불(灌佛).

관비(官費)圀 관청에서 부담하는 비용. ¶관비 유학생. ↔사비(私費).

관비(官婢)圀 지난날, 관가에서 부리던 계집종. ❀관노(官奴).

관비(館婢)圀 조선 시대에, 성균관 재실(齋室)에서 다탕(茶湯)을 드리던 계집종.

관비-생(官費生)圀 관청에서 대어 주는 학비로 공부하는 학생. ↔사비생. ❀국비생.

관사(官司)圀 ☞관아(官衙).

관사(官舍)圀 관리가 살도록 관에서 지은 집. 공사(公舍).

관사(冠詞)圀 〔영어·독일어·프랑스 어 등에서〕명사 앞에 놓여 정(定)·부정(不定)·단수·복수·성(性)·격(格) 등을 나타내는 품사.

관사(館舍)圀 지난날, 외국 사신을 머물게 하던 집.

관-사람(館-) [-싸-] 몡 조선 시대에, 대대로 성균관에 딸려 있던 사람들.〔주로 쇠고기 장사를 하는 사람이 많았음.〕 반①(泮人).

관산(關山) 몡 ①고향의 산. ②고향. ③관문(關門) 주변의 산.

관삼(官蔘) 몡 지난날, 관가에서 재배하여 쪄서 만들던 삼. ↔사삼(私蔘).

관상(管狀) 몡 대롱처럼 생긴 모양. ¶관상 조직.

관상(觀相) 몡하타 사람의 얼굴 등을 보고 그 사람의 재수나 운명 등을 판단하는 일, 또는 판단 대상이 되는 얼굴. ¶관상을 보다. /관상이 좋다.

관상(觀象) 몡하자 천문이나 기상을 관측함.

관상(觀賞) 몡하타 동식물이나 자연 따위를 보고 기리며 즐김.

관상-가(觀相家) 몡 사람의 상을 보고 그 사람의 운명 등을 판단하는 것을 업으로 하는 사람.

관상-감(觀象監) 몡 조선 시대에, 천문·지리·역수(曆數)·측후(測候)·각루(刻漏) 등의 일을 맡아보던 관아. 粵관상소.

관상-대(觀象臺) 몡 '기상대'의 이전 일컬음.

관상^동:맥(冠狀動脈) 몡 심장 벽에 붙어 심장에 영양을 공급하는 좌우 두 줄기의 동맥.

관상-서(觀相書) 몡 관상을 보는 방법 따위를 적은 책. 粵상서(相書).

관상-소(觀象所) 몡 조선 말기에, '관상감(觀象監)'을 고치어 부르던 이름.〔1907년에 다시 측후소로 바뀌었음.〕

관상-수(觀賞樹) 몡 관상할 목적으로 심어 가꾸는 나무.

관상-술(觀相術) 몡 관상하는 방법.

관상-식물(觀賞植物) [-싱-] 몡 관상할 목적으로 심어 가꾸는 나무나 풀.

관상-어(觀賞魚) 몡 관상용으로 기르는 물고기.〔금붕어·열대어 따위.〕

관상-용(觀賞用) [-농] 몡 두고 보면서 즐기는 데 쓰는 물건, 또는 그런 물건. ¶관상용 물고기.

관상-쟁이(觀相-) 몡 '관상가'를 흘하게 이르는 말. 상자(相者). 粵상쟁이.

관상^정맥(冠狀靜脈) 몡 심장 벽에 분포하여 우심방(右心房)으로 열려 있는 정맥.

관상-화(管狀花) 몡 꽃부리가 대롱 모양으로 된 꽃.〔백일홍이나 국화 따위.〕통상화(筒狀花).

관서(官署) 몡 관청과 그 보조 기관을 통틀어 이르는 말. 공서(公署). ¶행정 관서.

관서(寬恕) 몡하타 너그럽게 용서함. 관대(寬貸). 관면(寬免). 관유(寬宥).

관서(關西) 몡 마천령 서쪽의 지방, 곧 평안도와 황해도 북부 지역을 이르는 말. ↔관동(關東).

관서-별곡(關西別曲) 몡 조선 명종 때, 백광홍(白光弘)이 지은 가사.〔관서 지방의 경치를 읊은 내용.〕

관서-팔경(關西八景) 몡 평안도에 있는 여덟 군데의 명승지. 강계의 인풍루(仁風樓), 의주의 통군정(統軍亭), 선천의 동림폭(東林瀑), 안주의 백상루(百祥樓), 평양의 연광정(練光亭), 성천의 강선루(降仙樓), 만포의 세검정(洗劍亭), 영변의 약산 동대(藥山東臺).

관석(罐石) 몡 기관(汽罐) 따위의 안벽에 가라앉아 말라붙은 고체의 더껑이. 관물때.

관선(官船) 몡 관청 소유의 선박.

관선(官線) 몡 국가나 공공 단체에서 설치한 전선이나 철도. ↔사선(私線).

관선(官選) 몡하타되자 관에서 뽑음. ¶관선 의원. ↔민선(民選).

관선^변:호인(官選辯護人) 몡 '국선 변호인'의 이전 일컬음.

관설(官設) 몡하타 관에서 설립하거나 설치함. ↔사설(私設).

관섭(管攝) 몡하타 ➯겸관(兼管).

관섭(關涉) 몡하자 ①무슨 일에 관계되거나. ②무슨 일에 참견하거나 간섭함.

관:성(款誠) 몡 극진한 정성.

관성(慣性) 몡 물체가 외부의 작용을 받지 않는 한, 정지 또는 운동의 상태를 계속 유지해 나가려고 하는 성질. 타성(惰性).

관성-자(管城子) 몡 '붓'을 달리 이르는 말.〔중국 당나라 때의 한유가 그의 작품 '모영전(毛穎傳)'에서 의인화한 이름.〕

관성-장(管城將) 몡 조선 말기에, 북한산성을 지키던 정삼품 벼슬.

관세(冠歲) 몡 남자 나이 20세를 이르는 말.

관세(關稅) 몡 한 나라의 세관을 통과하는 상품에 대하여 부과하는 세금. ¶관세를 인하하다.

관세(觀勢) 몡 형세를 관망함.

관세^경:찰(關稅警察) 몡 밀수입(密輸入)이나 기타 관세법에 저촉되는 범죄의 방지 및 예방 활동을 위한 행정 경찰.

관세^동맹(關稅同盟) 몡 둘 이상의 나라가 서로 협정하여 관세의 철폐나 경감으로 상호 간의 무역을 자유롭게 하고, 그 밖의 나라에 대해서는 공통된 관세를 부과하는 국제간의 동맹.

관세-사(管稅司) 몡 조선 말기에, 조세나 그 밖의 세입의 징수 등을 맡아보던 관아.

관세음-보살(觀世音菩薩) 몡 보살의 하나. 괴로울 때 중생이 그의 이름을 외면 대자대비(大慈大悲)를 내리고, 해탈하게 해 준다고 함. 관자재보살(觀自在菩薩). 粵관음보살·관음.

관세^장벽(關稅障壁) 몡 외국 상품의 수입을 억제하기 위하여 관세율을 높이거나 관세 부과 품목을 늘리거나 하는 일.

관세^전:쟁(關稅戰爭) 몡 관세 정책으로 서로 외국 상품의 수입을 억제하는 데서 생기는 국제간의 알력.

관세^정:율(關稅定率) [-뉼] 몡 관세가 부과·징수되는 비율.

관세^정책(關稅政策) 몡 관세 제도에 관한 국가의 정책. 국내 산업의 보호, 재정 수지 따위를 고려하여 결정함.

관세-청(關稅廳) 몡 기획 재정부에 딸린 중앙 행정 기관의 하나. 관세의 부과와 징수, 수출입 물품의 통관, 밀수 단속 등의 업무를 맡아봄.

관속(官屬) 몡 지난날, 지방 관아의 아전과 하인을 이르던 말. ¶육방 관속.

관속(管束) 몡 ➯관다발.

관:솔 몡 송진이 많이 엉긴 소나무의 가지나 옹이.

관:솔-불 [-뿔] 몡 관솔에다 붙인 불. 송명(松明). 粵솔불.

관쇄(關鎖) 몡하타 문을 잠금. 문의 자물쇠.

관-쇠(館-) [-쐬/-쒜] 몡 지난날, 푸줏간을 내고 쇠고기를 팔던 사람.

관수(官修) 몡하타 ①정부에서 책을 편수함, 또는 그 책. ②정부에서 어떤 것을 수리하거나 수선함.

관수(官需) 몡 관청(官廳)의 수요, 또는 그 물자. ¶관수 자재. ↔민수(民需).

관수(管守) 몡하타 어떤 것을 맡아 지킴.

관:수(盥水) 몡하자 손을 씻음.

관:수(灌水) 몡하자 농작물 등에 물을 댐. 관개(灌漑).

관수-미(官需米)**명** 지난날, 수령(守令)의 양식으로 일반에서 거두어들이던 쌀.

관수-왜(館守倭)**명** 조선 시대에, 부산 왜관(倭館)을 관리하던 일본인.

관수-해(冠水害)**명** 농작물이 물속에 잠기어 입는 피해.

관숙(慣熟) '관숙하다'의 어근.

관숙-하다(慣熟-)[-수카-]**형여** ①몸에 밴 듯 매우 익숙하다. ¶일이 손에 익어 관숙하다. ②가장 친밀하다.

관습(慣習)**명** 일정한 사회에서 오랫동안 지켜 내려와, 일반적으로 인정되고 습관화되어 온 질서나 규칙. ¶낡은 관습.

관습-법(慣習法)[-뻡]**명** 불문법의 한 가지. 사회의 관습이나 전로부터 법률과 동일시되어 법적 규범이 된 것. 관례법. 습관법.

관시(串柿)**명** 곶감.

관식(官食)**명** 유치장 같은 곳에 갇혀 있는 사람에게, 관청에서 지급하는 음식. ↔사식(私食).

관심(關心)**명하자타** 어떤 사물에 마음이 끌리어 주의를 기울이는 일. ¶사회사업에 관심을 가지다. /고대사에 깊은 관심을 쏟다.

관심(觀心)**명하자** 불교에서, 자기 마음의 본성을 밝히어 살피는 일을 이름.

관심-거리(關心-)[-꺼-]**명** ☞관심사.

관심-사(關心事)**명** 관심을 끄는 일. 관심거리. ¶결과가 어떻게 나타날 것인지 관심사다.

관아(官衙)**명** 지난날, 관원이 모여서 공무를 보던 곳. 관사(官司). 마을2. 공아(公衙).

관악(管樂)**명** 관악기로 연주하는 음악. 취주악(吹奏樂). ¶관악 연주.

관-악기(管樂器)[-끼]**명** 입으로 불어서 관 속의 공기를 진동시켜 소리를 내는 악기. 목관 악기와 금관 악기의 두 가지가 있음. 취주 악기(吹奏樂器).

관악-대(管樂隊)[-때]**명** 금관 악기를 주체로 하고 드럼과 작은북을 곁들여서 편성한 악대. 브라스 밴드. 취주 악대.

관안(官案)**명** 조선 시대에, 벼슬아치의 관등 성명을 적었던.

관액(官厄)**명** ☞관재(官災).

관약(管籥)**명** 생황(笙簧)·단소(短簫) 등의 관악기를 이르는 말.

관약(管鑰)**명** 지난날, 궁문(宮門)이나 성문(城門)의 자물쇠를 이르던 말.

관억(寬抑)**명하타** 격한 감정 따위를 너그러운 마음으로 억제함. 너그럽게 생각함.

관엄(寬嚴) '관엄하다'의 어근.

관엄-하다(寬嚴-)**형여** 너그러우면서도 엄격하다.

관업(官業)**명** 정부에서 경영하는 영리 사업. 영사업. ↔민업(民業).

관여(關與)**명하자** 어떤 일에 관계함. 간여(干與). 간예(干預). ¶정치 활동에 관여하다.

관역(官役)**명** 관에서 시키는 부역.

관:역(灌域)**명** 강물을 관개하는 지역.

관엽^식물(觀葉植物)[-씽-]**명** 잎사귀의 아름다운 모양이나 빛깔 등을 보고 즐기기 위하여 가꾸는 식물. 〔고무나무 따위.〕

관영(官營)**명하타** 사업 따위를 정부에서 경영하는 일, 또는 그 경영. 국영. ¶관영 통신. ↔민영(民營)·사영(私營).

관영-사업(官營事業)**명** ☞관업(官業).

관영^요:금(官營料金)[-뇨-]**명** 정부에서 경영하는 기업체에서 정하여 받는 요금. 〔전기 요금, 철도 요금, 체신 요금 따위.〕

관옥(冠玉)**명** ①관의 앞면을 꾸미는 옥. 면옥(面玉). ②'남자의 아름다운 얼굴'을 비유하여 이르는 말.

관외(管外)[과뇌/과뭬]**명** 관할하는 구역의 밖. ↔관내.

관요(官窯)**명** 고려·조선 시대에, 관아에서 쓰이는 도자기를 구워 대던 가마, 또는 그런 가마에서 만든 도자기.

관록(官祿)**명** (채포되거나 귀양살이를 가는 일과 같이) 관가로부터 받는 욕.

관:욕(灌浴)**명하자** 불교에서, 재(齋)를 올릴 때 영혼을 정화시키는 일.

관용(官用)**명** 정부나 관에서 사용함. ¶관용 차량.

관용(慣用)**명하타되자** 습관적으로 자주 씀. 습관이 되어 일반이 널리 씀.

관용(寬容)**명하타** 너그럽게 받아들이거나 용서함. ¶관용을 베풀다.

관용-구(慣用句)[-꾸]**명** 둘 이상의 단어로 이루어져 있으면서 그 단어들의 의미만으로는 전체의 의미를 알 수 없는, 관용적으로 쓰이는 구. 관용어.

관용-어(慣用語)**명** ①일반 대중이 관습적으로 널리 쓰는 말. ②☞관용구.

관용-음(慣用音)**명** 본래의 음은 아니나 일반적으로 쓰이는 한자의 자음(字音). 〔'諾(낙)'을 '락'으로 읽는 따위.〕

관용-적(慣用的)**관명** 습관적으로 늘 쓰는 (것). ¶관용적 표현.

관운(官運)**명** 벼슬을 할 운수. 관리로서의 운수. ¶관운이 트이다.

관원(官員)**명** 관리(官吏). 벼슬아치.

관위(官位)**명** ①관직과 위계(位階). ②관직의 등급.

관유(官有)**명** 관청의 소유.

관유(寬宥)**명하타** ☞관서(寬恕).

관유(寬裕)**명하형** 마음이 크고 너그러움.

관유(館儒)**명** 조선 시대에, 성균관에서 기숙하던 유생.

관유-림(官有林)**명** 관청 소유의 산림. 준관림.

관음(觀音)**명** 〈관세음보살〉의 준말.

관음-경(觀音經)**명** 불경의 한 가지. 묘법연화경 제7권 제25품의 관세음보살 보문품(普門品)을 달리 이르는 말. 보문품.

관음경-언해(觀音經諺解)**명** 조선 성종 16(1485)년에, 간경도감(刊經都監)에서 펴낸, 관음경을 한글로 번역한 책.

관음-보살(觀音菩薩)**명** 〈관세음보살(觀世音菩薩)〉의 준말.

관음-상(觀音像)**명** 관세음보살의 상(像).

관음-전(觀音殿)**명** 관세음보살을 모신 불전.

관음-죽(觀音竹)**명** 야자과의 상록 관엽 식물. 중국 남부 지방 원산으로 높이는 1~2m. 줄기는 종려나무처럼 섬유질의 잎집에 싸여 있음. 잎은 긴 잎자루 끝에 손바닥 모양으로 깊게 갈라져 있음. 암수딴그루임.

관음-증(觀淫症)[-쯩]**명** 변태 성욕의 한 가지. 이성의 알몸이나 성교하는 것을 몰래 봄으로써 성적 쾌감을 얻는 증세.

관음-찬(觀音讚)**명** 관세음보살의 공덕을 기리어 부르는 가사.

관이(官人)**명** 투전·화투·골패 따위 노름에서, 먼저 시작하는 사람.

관인(官人)**명** 관직에 있는 사람. ↔민간인.

관인(官印)**명** 관청에서 사용하는 기관장 명의의 도장. ↔사인(私印).

관인(官認)**명**-**하타** 관청에서 인가함. ¶관인 요금. /관인 학원.

관인(寬仁) '관인하다'의 어근.

관인(寬忍)**명**-**하타** 너그러운 마음으로 참음.

관인-대도(寬仁大度)**명** 마음이 너그럽고 인자하며 도량이 큼.

관인-하다(寬仁-)**형어** 마음이 너그럽고 어질다.

관:입(貫入)**명**-**하자** ①꿰뚫어 들어감. 꿰들어 넣음. ②지하의 마그마가 다른 암석의 갈라진 틈이나 지층(地層) 속을 뚫고 들어가는 현상.

관:입-암(貫入岩)**명** 마그마가 다른 암석의 갈라진 틈으로 들어가서 응고된, 화성암의 한 가지.

관자(冠者)**명** 관례를 치른 남자.

관자(貫子)**명** 망건에 달아, 망건당줄을 꿰는 고리.

관자(關子)**명** ☞관문(關文).

관자-놀이(貫子-)**명** 귀와 눈 사이의 태양혈(太陽穴)이 있는 곳. 섭유(顳顬).

관-자재(觀自在)**명** ①불교에서, 번뇌와 집착에서 벗어난 경지에서 사물의 모습이 자유자재로 바르게 보임을 이르는 말. ②<관자재보살>의 준말.

관자재-보살(觀自在菩薩)**명** ☞관세음보살. ㉰관자재(觀自在).

관작(官爵)**명** 관직과 작위(爵位). ¶관작을 받다. /관작을 삭탈하다.

관장(官長)**명** 지난날, 시골 사람들이 고을 원을 높이어 일컫던 말.

관장(管掌)**명**-**하타** 일을 맡아서 다룸. 맡아봄. 장관(掌管). ¶업무 관장 능력. /사무를 관장하다.

관장(館長)**명** ①학관·도서관·박물관 등과 같이 '관(館)'자가 붙은 기관의 장. ②조선 시대에, 성균관의 우두머리 벼슬을 이르던 말.

관:장(灌腸)**명**-**하자** 변통(便通)을 촉진하거나 영양분을 보충하기 위하여, 항문으로 약물을 직장이나 대장에 넣어넣음.

관:장-제(灌腸劑)**명** 관장하는 데 쓰이는 약제.

관재(官災)**명** 관청으로부터 받는 재앙. 관액(官厄). ¶관재가 따를 운수.

관재(棺材)**명** 관으로 쓸 재목. 널감. 관재.

관재(管財)**명**-**하자** 재산을 관리하는 일.

관재-인(管財人)**명** 남의 재산, 특히 파산당한 재단 따위의 재산을 관리하는 사람. 재산 관리인.

관저(官邸)**명** 고관들의 거처로서 정부가 빌려 주는 저택. 공관(公館). ↔사저(私邸).

관:적(貫籍)**명** ①☞본적지(本籍地). ②☞관향(貫鄕).

관전(官前)**명** 지난날, 아전이나 하인이 벼슬아치를 존대하여 일컫던 말.

관전(官錢)**명** 〔지난날〕①나라에서 만든 돈. ②관부(官府)의 돈.

관전(觀戰)**명**-**하타** ①싸우는 광경을 직접 살펴봄. ②운동 경기나 바둑·장기 따위의 대국을 직접 가서 봄. ¶국수전(國手戰)을 관전하다. /많은 사람이 양 팀의 공방전을 관전하며 손에 땀을 쥐었다.

관전-기(觀戰記)**명** 관전한 내용과 느낌 따위를 쓴 기록.

관전자**명** 지난날, 수라상에 오르던 요리의 한 가지. 꿩고기에 오이·전복·해삼·배 등을 섞고 양념한 다음 꿩고기 국물을 붓고 실백을 띄운 음식.

관전-평(觀戰評)**명** 관전하고 나서 하는 평.

관절(貫絕) '관절하다'의 어근.

관:절(貫節)**명** ☞면마(綿馬).

관절(關節)**명** 뼈와 뼈가 서로 움직일 수 있도록 연결되어 있는 부분.

관절-강(關節腔)**명** 관절에서, 두 뼈 사이에 활액(滑液)이 차 있는 공간.

관절^강직(關節強直)**명** 관절이 굳어져 운동 불가능하게 되는 병.

관절^류머티즘(關節rheumatism)**명** 감기나 습기 따위가 원인이 되어 발생하는 류머티즘. 〔관절이 붓고 쑤시며 운동 장애를 일으킴.〕

관절^신경통(關節神經痛)**명** 관절 부위에 일어나는 신경통.

관절-염(關節炎)[-렴]**명** 세균이 들어가거나 외상 등으로 하여 일어나는 관절의 염증. 〔붓거나 열이 나거나 통증을 일으키거나 함.〕

관절-하다(冠絕-)**형어** 비할 바가 없을 정도로 매우 뛰어나다.

관점(觀點)[-쩜]**명** 사물을 관찰하거나 고찰할 때, 그것을 보거나 생각하는 각도. 견지(見地).

관정(官庭)**명** 관청의 뜰.

관정(管井)**명** 둥글게 판 우물. 또는, 둘레가 대롱 모양으로 된 우물.

관정(寬政)**명** 관대한 정치. 너그럽게 다스리는 정치. ↔가정(苛政).

관:정(灌頂)**명**-**하자** 불교에서, 수계하여 불문에 들어갈 때 향수를 정수리에 뿌려서 끼얹는 의식.

관제(官制)**명** 국가 행정 기관의 조직·명칭·설치·권한 등을 정한 규칙. 직제(職制).

관제(官製)**명** 정부에서 만드는 일, 또는 만든 그 물건. ↔사제(私製).

관제(官題)**명** 지난날, 소송이나 청원 등에 대하여 관아에서 내리던 지령.

관제(管制)**명**-**하타** 관할하여 통제함. 특히, 어떤 사항을 강제적으로 관리하고 제한함. ¶공항의 최첨단 관제 시설.

관제-염(官製塩)**명** 정부에서 제조한 소금.

관제-엽서(官製葉書)[-써]**명** 정부에서 만들어 파는 우편 엽서. ↔사제엽서.

관제-탑(管制塔)**명** 비행장에서, 항공기의 이착륙에 관한 지시나 비행장 내의 정리 따위 항공 교통을 관제하는 탑. 항공 관제탑.

관조(觀照)**명**-**하타** ①불교에서, 참된 지혜로 개개의 사물이나 이치를 비추어 봄. ②대상의 본질을 주관을 떠나서 냉정히 응시(凝視)함. ¶인생을 관조하다. ③미학에서, 미(美)를 직접적으로 지각함.

관:조(鸛鳥)**명** ☞황새.

관조-적(觀照的)**관** ①대상의 본질을 주관을 떠나서 냉정히 응시(凝視)하는 (것). ¶관조적 견지. /관조적인 태도. ②행동력이 없이 무관심하게 보거나 수수방관하는 (것). ¶관조적 성격. /젊은 사람이 인생에 대하여 그렇게 관조적이어서야 되겠느냐?

관족(管足)**명** 극피동물의 수관계(水管系)에 붙은 발. 〔이것을 놀리어 숨을 쉬기도 하고 몸을 이동하기도 함.〕

관존-민비(官尊民卑)**명** 관리는 높고 귀하며 백성은 낮고 천하다는 사고방식.

관:주(貫珠)**명** 지난날, 시문(詩文) 따위를 끊을 때 잘된 시구 옆에 치던 동그라미.

관-주인(館主人)[-쭈-]**명** 지난날, 성균관에 응시하려고 시골에서 올라온 선비가 성균관 근처에서 유숙하던 집, 또는 그 집의 주인. 반주인(泮主人).

관-죽전(官竹田)[-쩐][명] 조선 말기에, 나라의 소유로 되어 있던 대밭.

관중(關重) '관중하다'의 어근.

관중(觀衆)[명] 구경거리를 보려고 모인 군중. 구경꾼. ¶관중이 운집하다.

관중-석(觀衆席)[명] 관중이 앉는 자리.

관중-하다(關重-)[형여] 중대한 관계가 있다.

관:지(款識)[명] 〔款'은 음각한 글자를, '識'는 양각한 글자를 이른 데서〕지난날, 종이나 솥 따위 금속 제품에 글자를 새기던 일, 또는 그 글자.

관지(關知)[명] 어떤 일에 관계하고 있어 그 일을 알고 있음.

관직(官職)[명] (관리로서) 국가로부터 위임받은 일정한 범위의 직무, 또는 그 직위. ¶관직에서 물러나다. ⓒ직(職).

관진(關鎭)[명] 지난날, 국경을 지키던 군영.

관진(觀診)[명][하타] 환자의 얼굴을 보고 병증(病症)을 진찰함.

관차(官次)[명] 관직의 석차(席次).

관차(官差)[명] 지난날, 관아에서 보내던 군뢰(軍牢)·사령(使令) 따위의 아전.

관찬(官撰)[명][하타] 정부에서 편찬(編纂)함, 또는 편찬한 그 책.

관찰(觀察)¹[명][하타] ①사물의 동태 따위를 주의 깊게 살펴봄. ¶시세를 관찰하다. ②사물의 있는 그대로의 현상을 주의 깊게 살펴봄. ¶벌의 생태를 관찰하다.

관찰(觀察)²[명] 〈관찰사(觀察使)〉의 준말.

관찰-도(觀察道)[-또][명] 조선 고종 33(1896)년에 행정 구역을 13도로 나누었을 때, 관찰부가 있던 각 도.

관찰-력(觀察力)[명] 사물이나 현상을 주의 깊게 살펴보는 능력. ¶관찰력을 기르다.

관찰-부(觀察府)[명] 조선 시대에, 관찰사가 직무를 보던 관아.

관찰-사(觀察使)[-싸][명] 조선 시대에, 외직 문관의 종이품 벼슬로 각 도의 으뜸 벼슬. 감사(監司). 도백(道伯). 방백(方伯). ⓒ관찰².

관찰-안(觀察眼)[명] 사물을 잘 관찰할 수 있는 식견이나 능력.

관:천(貫穿)[명][하타] 〔꿰뚫는다는 뜻으로〕널리 사물에 통달함. 학문에 정통(精通)함.

관:철(貫徹)[명][하타][되자] 자기의 주의 주장이나 방침 따위를 처음부터 끝까지 일관하여 밀고 나감. ¶노조의 의견이 관철되다.

관철(觀徹)[명][하타] 사물을 꿰뚫어 봄.

관첨(觀瞻)[명][하타] ①여러 사람이 다 같이 봄. ②우러러봄.

관청(官廳)[명] ①법률로 정해진 국가적인 사무를 취급하는 국가 기관. ¶행정 관청. ②국가 기관의 사무를 실제로 맡아보는 곳.

관청-색(官廳色)[명] 조선 시대에, 각 지방 수령의 음식물을 맡아보던 아전.

관측(觀測)[명][되자] ①[하타] 자연현상의 변화 따위를 관찰하여 측정함. ¶기상 관측. /천체를 관측하다. ②[하자]어떤 상황 등을 잘 관찰하여 그 장래를 추측함. ¶희망적인 관측.

관측-기(觀測器)[-끼][명] 천체나 자연계의 현상 등을 관측하는 데 쓰이는 기기.

관측-기구(觀測氣球)[-끼-][명] ①기상 관측에서, 고공에서의 대기 상태를 조사하기 위하여 띄우는 기구. ②군에서, 적정이나 포탄의 탄착 상태 등을 관측하기 위하여 쓰이는 기구.

관측-소(觀測所)[-쏘][명] ①천문·기상 따위의 자연현상을 관찰하여 이들의 움직임을 측정하

는 곳. ②군에서, 적의 동태 따위를 살피고, 목표물을 관측하여 사격을 지휘하는 곳.

관측^장:교(觀測將校)[-짱-][명] 군 포병대에서, 적의 진지를 관측하여 아군 포의 탄착점을 목표물에 제시하는 임무를 띤 장교.

관측-통(觀測通)[명] 〔언론 기관에서 흔히 쓰는 말로〕 어떤 방면의 동정(動靜)을 잘 관측하는 사람, 또는 그런 기관. ¶정확한 관측통을 통해 들어온 소식. 卿소식통.

관치(官治)[명] 〈관치행정〉의 준말. ↔자치.

관치^금융(官治金融)[-금늉/-그뮹][명] 정부가 행정 기관을 통해 금융 기관의 자금 배분이나 중요 인사 결정 등을 간섭하여, 금융 기관의 경영에 직접 개입하는 것.

관치-행정(官治行政)[명] 국가의 행정 기관에 의하여 직접 이루어지는 행정. ⓒ관치.

관통(官桶)[명] 지난날, 곡식을 담던 섬의 한 가지. 관두(官斗)의 일정한 말이 들어갔음.

관:통(貫通)[명][되자] 이쪽에서 저쪽 끝까지 꿰뚫음. 통관(通貫). ¶산중턱을 관통한 터널. /총알이 어깨를 관통하다.

관:통-상(貫通傷)[명] 총탄 따위가 몸을 꿰뚫고 나간 상처. ¶복부에 관통상을 입다.

관판(官版)[명] ☞관본(官本).

관판(棺板)[명] 관을 만드는 데 쓰는, 넓고 긴 널빤지.

관폐(官弊)[-폐/-페][명] 관리들의 잘못이나 부정으로 말미암은 폐단.

관포지교(管鮑之交)[명] 매우 친한 친구 사이의 사귐을 이르는 말. 〔중국 춘추 시대, 관중(管仲)과 포숙아(鮑叔牙)의 사귐이 매우 친밀하였다는 고사에서 유래함.〕

관품(官品)[명] ☞관계(官階).

관풍-찰속(觀風察俗)[-쏙][명][하자] 풍속을 자세히 살펴봄.

관하(管下)[명] 어떤 관서나 기관 따위가 관할하는 구역이나 범위 안. ¶관하 각 기관.

관-하기(官下記)[명] 지난날, '지방 관원의 회계 장부'를 이르던 말.

관-하다(關-)[자여] ①대하다. 《주로, '관하여'의 꼴로 쓰임.》 ②관계되다. 《주로, '관한'의 꼴로 쓰임.》 ¶건강에 관한 문제. /학교 급식에 관한 공청회.

관-하다(觀-)[타여] 살펴보다. ¶양 민족 간에 영원히 화동할 수 없는 원구(怨溝)를 거익심조(去益深造)하는 금래 실적(今來實績)을 관하라.

관-하인(官下人)[명] ☞관례(官隸).

관학(官學)[명] 관립의 학교.

관학^유생(館學儒生)[-항뉴-][명] 조선 시대에, 성균관과 사학(四學)에 기숙하던 유생.

관학-파(官學派)[명] ☞훈구파.

관-한량(館閑良)[-할-][명] 조선 시대에, 모화관(慕華館)에서 활쏘기를 익히던 무관의 자제들.

관할(管轄)[명][하타] 권한을 가지고 지배함, 또는 그 권한이 미치는 범위. ¶시(市)에서 관할하는 업소(業所).

관할^구역(管轄區域)[명] 관할권이 미치는 범위 안의 지역. ⓒ관구(管區).

관할-권(管轄權)[-꿘][명] 권한을 가지고 지배할 수 있는 권리.

관할^법원(管轄法院)[명] 특정한 사건에 대하여 관할권을 가지는 법원.

관할-지(管轄地)[-찌][명] 관할권이 미치는 지역.

관함(官銜)[명] 관원의 직함(職銜).

관함-식(觀艦式)[명] 국가의 원수(元首) 등이 해군 함정을 모아 놓고 그 위용을 검열하는 의식.

관:항(款項)명 (‘관’은 가장 큰 분류, ‘항’은 관을 세분한 것으로) 관과 항을 아울러 이르는 말.

관해(官海)명 ‘관리들의 사회’를 바다에 비유하여 이르는 말. 환해(宦海).

관행(官行)명 지난날, 위의(威儀)를 갖추고 길을 가는 관원의 일행을 이르던 말.

관행(慣行)명하타 ①예전부터 관례에 따라 행하여지는 일. ¶관행을 따르다. ②평소부터 늘 되풀이하여 함. 또는, 익숙하여 잘함.

관-행차(官行次)명 지난날, ‘관행(官行)’을 높이어 이르던 말.

관:향(貫鄕)명 (한 가계(家系)의) 시조(始祖)가 난 땅. 시조의 고향. 관적. 본관(本貫). 선향(先鄕). 성향(姓鄕). 향관(鄕貫). 图관(貫).

관향-사(管餉使)명 조선 말기에, 평안도의 군량을 관리하던 벼슬. 평안 감사가 겸직하였음.

관허(官許)명하타 정부에서 허가함, 또는 정부의 허가. 공허(公許). ¶관허 사업.

관헌(官憲)명 ①정부나 관의 법규. ②지난날, ‘관청’을 이르던 말. ③☞관리(官吏). 〔특히, 경찰 관리를 가리킴.〕

관:혁(貫革)명 〈과녁〉의 본딧말.

관현(管絃)명 관악기와 현악기.

관현-악(管絃樂)명 관악기·현악기·타악기에 의한 합주, 또는 그 악곡.

관현악-단(管絃樂團)[-딴]명 관현악을 연주하는 단체. 오케스트라(orchestra).

관형(觀形)명 모습을 살펴봄.

관형-격(冠形格)[-격]명 문장에서, 앞에 오는 체언이 뒤에 오는 체언의 관형어임을 나타내는 격. 매김자리.

관형격^조:사(冠形格助詞)[-격쪼-]명 문장에서 체언의 뒤에 붙어, 그 체언을 관형어가 되게 하는 조사. (‘의’ 하나뿐임.) 매김자리토씨.

관형-사(冠形詞)명 수식언의 하나로, 체언 앞에서 그 체언의 내용을 구체적으로 꾸밈. 문장에서 관형어(冠形語) 구실을 함. 조사가 붙지 않고 활용하지 않으며, 쓰임에 따라 성상 관형사·지시 관형사·수 관형사로 나뉨. (‘새 옷’, ‘순 우리말’에서의 ‘새’·‘순’ 따위.) 매김씨. 图수식언.

관형사-구(冠形詞句)명 문장에서, 관형사처럼 체언을 꾸미는 구실을 하는 구. (‘크고 붉은 꽃이 활짝 피었다.’에서의 ‘크고 붉은’ 따위.) 图관형어구.

관형사-형(冠形詞形)용언의 활용 형태의 한 가지. 관형어의 구실을 하는 형태. (‘책을 읽을 시간이 없다.’, ‘철수가 지은 시가 일등으로 당선되었다.’에서의 ‘읽을’·‘지은’ 따위.) 관형형.

관형사형 어:미(冠形詞形語尾)용언의 어간에 붙어, 관형어 구실을 하게 하는 어말 어미. (‘오는 사람’, ‘떠난 손님’, ‘읽은 책’, ‘갈 사람’에서의 ‘-는’·‘-ㄴ’·‘-은’·‘-ㄹ’ 따위.)

관형-어(冠形語)명 문장에서, 체언 앞에서 체언의 내용을 꾸미는 구실을 하는 말. 관형사, 체언, 체언에 관형격 조사가 붙은 말, 체언에 서술격 조사의 관형사형이 붙은 말, 용언의 관형사형, 용언의 명사형에 관형격 조사가 붙은 말 등이 이에 딸림. 매김말. 图부사어.

관형어-구(冠形語句)명 문장에서, 기능상 관형어의 구실을 하는 구. 명사구의 관형사형이 붙은 구, 동사구·형용사구의 관형사형 등이 이에 딸린다. (‘열심히 공부하는 학생이 많다.’에서의 ‘열심히 공부하는’ 따위.)

관형-절(冠形節)명 문장에서, 체언을 꾸미어 관형어 구실을 하는 절. 종결 어미로 끝난 문장에 관형사형 어미 ‘-는’이 붙어 긴 관형절이 되기도 하고, 종결 어미가 나타날 자리에 관형사형 어미 ‘-ㄹ’이 붙어 짧은 관형절이 되기도 한다. (‘네가 깜짝 놀랄 일이 생겼다.’에서의 ‘네가 깜짝 놀랄’ 따위.) 매김마디.

관형-찰색(觀形察色)[-쌕]명하타 ①잘 모르는 사물을 자세히 살펴봄. ②남의 심정을 떠보기 위하여 안색을 자세히 살펴봄.

관형-형(冠形形)명 관형사형.

관혼(冠婚)명 관례와 혼례.

관혼상제(冠婚喪祭)명 관례·혼례·상례·제례의 사례(四禮)를 통틀어 이르는 말.

관화(官話)명 지난날 중국에서, 관계나 상류 사회에서 쓰는 표준어를 이르던 말. [북경 관화(北京官話), 남경 관화(南京官話), 서방 관화(西方官話)가 있음.] 图백화(白話).

관활(寬闊) ‘관활하다’의 어근.

관활-하다(寬闊-)형여 도량이 넓고 성질이 활달하다. ¶우리 형은 관활한 사람이야.

관후(寬厚) ‘관후하다’의 어근.

관후장-자(寬厚長者)명 관후하고 점잖은 사람을 일컫는 말. 图관대장자(寬大長者).

관후-하다(寬厚-)형여 마음이 너그럽고 온후하다. ¶관후한 인품. 관후-히뿐.

괄괄-하다(--)형여 ①성질이 호탕하면서 드세고 급하다. ¶성격이 괄괄하다. ②목소리가 굵고 거세다. ¶괄괄한 목소리. ③풀이 세다. 㐂괄하다. 괄괄-히뿐.

괄:다(형) ①불기운이 매우 세다. ¶관 불에 약을 달이다. ②누긋하거나 부드럽지 못하고 꽛꽛하다. ¶결이 관 피륙. ③성미가 진득하거나 누긋한 맛이 없이 팔팔하다. ¶성미가 너무 괄다. ④나무의 옹이 부분에 뭉쳐 엉긴 진이 많다. ¶빨갛게 관 관솔이라서 불이 잘 붙는다.

괄대(恝待)[-때]명하타 업신여겨 푸대접함. 괄시. ¶괄대를 받다. 㐂홀대(忽待).

괄목(刮目)명하자 (짐작했던 것보다 발전한 정도가 매우 대단하여) 눈을 비비고 다시 봄. 주의하여 잘 봄. ¶괄목할 만한 업적.

괄목-상대(刮目相待·刮目相對)[-쌍-]명 (주로 손아랫사람의 학식이나 재주 따위가 놀랍도록 향상된 경우에, 이를 놀라워하는 뜻으로 쓰이어) 눈을 비비고 다시 봄.

괄발(括髮)명하타 상(喪)을 당한 사람이 성복(成服) 전에 풀었던 머리를 묶어 맴.

괄선(括線)[-썬]명 여러 개의 글자나 숫자를 다른 자와 구별하기 위하여 일괄해서 그 위쪽에 긋는 선.

괄세명 ‘괄시(恝視)’의 잘못.

괄시(恝視)[-씨]명하타 업신여겨 하찮게 대함. 괄대(恝待). ¶없이 산다고 괄시하다.

괄약(括約)명하타 ①끝맺음을 함. 매듭을 지음. ②모아서 한데 묶음.

괄약-근(括約筋)[-끈]명 수축과 이완으로 생체 기관의 개폐(開閉)를 조절하는 고리 모양의 근육. 항문이나 요도의 주위, 위의 유문부(幽門部) 같은 곳에 있음.

괄태-충(括胎蟲)명 ☞민달팽이.

괄:-하다(형여) 〈괄괄하다〉의 준말. ¶괄한 목소리. /성미가 매우 괄하다.

괄호(括弧)명 ☞묶음표.

괏조 (옛)-과의. ¶身과 心괏 相이 다아(圓覺下二之一19).

광ː[명] 세간이나 그 밖의 여러 가지 물건을 넣어 두는 곳간.
광에서 인심 난다[속담] 먹고살 만큼 넉넉해야만 남을 동정하게 된다는 말.
광(光)[명] ①번지르르하게 빛나는 윤기. 윤. 광택. ¶구두에 광을 내다. ③화투의 스무 끗짜리 패.
광(廣)[명] 너비. ¶광이 넓다.
광(壙)[명] 시체를 묻기 위하여 판 구덩이.
광(鑛)[명] 광물을 파내기 위하여 뚫은 구덩이. 광갱(鑛坑).
-광(狂)[접미]《일부 명사 뒤에 붙어》 열광적인 성벽, 또는 그런 사람임을 뜻함. ¶야구광. /독서광. /낚시광.
-광(鑛)[접미]《일부 명사 뒤에 붙어》 광산이나 광석임을 뜻함. ¶금광. /우라늄광.
광각(光角)[명] 물체의 한 점과 두 눈을 잇는 광선이 이루는 각도. 〔그 크기로 물체의 원근(遠近)을 판단할 수 있음.〕
광각(光覺)[명] 빛의 자극에 의하여 일어나는 감각.
광ː각(廣角)[명] 넓은 각도, 특히 사진에서 렌즈의 빛을 모으는 각도가 넓은 것을 이름.
광ː각ˆ렌즈(廣角lens)[명] 표준 렌즈보다 초점 거리가 짧아 촬영 각도가 넓은 사진용 렌즈.
광간(狂簡)[명] '광간하다'의 어근.
광간-하다(狂簡-)[형여] 뜻하는 바는 크나 행동은 이에 따르지 못하고 소홀하며 거칠다.
광객(狂客)[명] 언행이 미친 사람처럼 상규(常規)에 벗어난 사람.
광갱(鑛坑)[명] 광물을 파내기 위하여 뚫은 구덩이. 광(鑛). 광점(鑛店).
광ː겁(曠劫)[명] 불교에서, '아주 오랜 세월'을 뜻하는 말. 영겁(永劫).
광견(狂犬)[명] 미친개.
광견(狂犬)[명] ☞견광(狷狂).
광견-병(狂犬病)[-뼝][명] 개에게 유행되는 바이러스성 전염병. 개가 미쳐서 사나워지고 배회하게 되는데, 사람이나 다른 동물이 물리면 전염되고 치명적임. 鬱공수병(恐水病).
광경(光景)[명] 어떤 일이나 현상이 벌어지는 장면이나 모습. ¶무서운 광경. /눈물겨운 광경.
광ː고(廣告)[명][하자타] ①세상에 널리 알림, 또는 그 일. ②상품 등의 상업 선전, 또는 그것을 위한 글이나 그림. ¶신문에 광고를 내다. /신제품을 광고하다.
광고(曠古)[명] '광고하다'의 어근.
광ː고ˆ대ː리업(廣告代理業)[명] 신문·잡지·방송 등에 내는 광고에 대한 업무를, 광고주를 대신해서 하는 직업.
광ː고-란(廣告欄)[명] 신문·잡지 따위에서 광고를 싣는 지면.
광ː고ˆ매체(廣告媒體)[명] 광고를 소비자에게 전하기 위한 수단이 되는 것. 〔신문·잡지·라디오·텔레비전·포스터·광고지 따위.〕
광ː고-문(廣告文)[명] 광고의 내용이 되는 글.
광ː고-주(廣告主)[명] 광고를 낸 사람.
광ː고-지(廣告紙)[명] 광고하는 글이나 그림 등이 실린 종이.
광ː고-탑(廣告塔)[명] 광고를 위하여 탑처럼 높게 만들어 세운 구조물.
광ː고-판(廣告板)[명] 광고하는 글이나 그림 등을 붙이는 판.
광ː고-하다(曠古-)[형여] 전례(前例)가 없다. 鬱미증유(未曾有).
광ː-공업(鑛工業)[명] 광업과 공업.

광관(光冠)[명] 구름에 가려진 태양이나 달의 주위에 나타나는 빛의 테. 햇빛이나 달빛이 구름의 미세한 물방울에 의하여 회절(回折)하기 때문에 일어남. 광환(光環). 코로나(corona).
광ː괴(鑛塊)[명] 광석의 덩어리.
광구(光球)[명] 지구에서 보아서 둥글게 보이며 빛을 내고 있는 태양의 표면. 연속 스펙트럼을 내는 부분의 가장 바깥쪽에 해당하는데, 가스체로서 두께는 수백 km임.
광구(匡救)[명][하타] ☞광제(匡濟).
광ː구(廣求)[명][-하타] 〔인재 등을〕 널리 구함.
광ː구(鑛口)[명] 광물을 파내는 구덩이의 입구.
광ː구(鑛區)[명] ①광상을 채굴하는 일정 구역. ②광물 채굴이 허가된 구역.
광ː궤(廣軌)[명] 궤도의 폭이, 표준인 1.435 m보다 넓은 철도 선로. ↔협궤(狹軌).
광ː궤ˆ철도(廣軌鐵道)[-또][명] 광궤로 된 철도. ↔협궤 철도.
광굴-나무(-橘-)[-라-][명] 운향과(芸香科)의 상록 활엽 교목. 과실나무의 한 가지로, 높이는 7 m가량. 초여름에 흰빛의 다섯잎꽃이 피고, 가을에 둥글넓적한 열매가 황갈색으로 익음. 열매는 신맛이 나는데, 향수의 원료로 쓰기도 하고 한방에서 약재로 쓰기도 함.
광기(狂氣)[-끼][명] ①미친 증세. ¶광기가 서리다. ②함부로 날뛰는 성질. ¶광기를 부리다.
광ː-꾼(鑛-)[명] ☞광부(鑛夫). ②'광업에 종사하는 사람'을 홀하게 이르는 말.
광-나다(光-)[자] ①빛이 나다. ②윤이 나다.
광-나무(光-)[명] 물푸레나뭇과의 상록 활엽 교목. 산기슭의 낮은 곳에 나는데 높이는 3～5 m. 여름에 흰 꽃이 피고, 가을에 둥근 열매가 검게 익음. 한방에서는, 열매를 '여정실(女貞實)'이라 하며 강장약 따위로 씀. 여정목(女貞木).
광ː-내(壙內)[명] 무덤의 구덩이 속. 광중. 지중.
광-내다(光-)[타] 〔'광나다'의 사동〕 ①빛이 나게 하다. ②윤이 나게 하다.
광년(光年)[의] 천문학에서, 천체와 천체 사이의 거리를 나타내는 단위. 1광년은 빛이 1년 동안에 나아가는 거리인데, 9조 4670억 7782만 km에 해당함. 〔기호는 ly 또는 lyr.〕
광ː-다회(廣多繪)[-회-훼][명] 끈목의 한 가지. 조붓하고 납작하게 평직(平織)으로 짠 끈목. 대님·허리띠 따위로 쓰임. 鬱동다회.
광달-거리(光達距離)[명] 등댓불을 사람이 육안(肉眼)으로 식별할 수 있는 가장 먼 거리.
광ː-달다(～다나～달아)[자] 연(鳶)에 무색 종이로 위를 표시하는 꼭지를 붙이다.
광담(狂談)[명][하자] 이치에 크게 벗어나는 말. 광언(狂言).
광담-패설(狂談悖說)[명] 이치에 맞지 않고 도의에 어그러진 말. 광언망설(狂言妄說).
광당-마(光唐馬)[명] ☞덜렁공.
광당-포(←廣唐布)[명] 〈광둥포(廣東布)〉의 변한말.
광ː당-포(廣唐布)[명] 광목과 당목을 아울러 이르는 말.
광ː대[명] '얼굴'을 속되게 이르는 말.
광ː대²[명] ①지난날, 줄타기나 판소리·가면극 따위를 하던 사람을 통틀어 이르던 말. 한자를 빌려 '廣大'로 적기도 함. 배우(俳優). 배창(俳倡). 창우(倡優). ②춤을 추거나 연극을 하려고 얼굴에 물감을 칠하던 일. ③탈.

광:대(廣大)[하형] 넓고 큼. ¶광대한 대륙. 광대-히[부].

광-대나물[명] 꿀풀과의 일년초 또는 이년초. 논밭에 나는데, 줄기는 모가 지고, 높이 25 cm가량이며, 잎은 둥글납작함. 봄에 홍자색의 꽃이 피는데, 어린잎과 줄기는 식용됨.

광:대-놀음[명] ①정월 대보름날 호남 지방에서 하는 놀이. 농악대들이 호랑이·토끼 등 동물의 가면을 쓰고 악기를 치면서 마을을 돌아다님. ②창극·판소리·가면극 따위에서 배우가 하는 연기.

광:대-등걸[명] ①거칠고 흉하게 생긴 나뭇둥걸. ②몹시 파리해져서 뼈만 앙상한 얼굴.

광:대-머리[명] 소의 처녑에 얼러붙은 고기.

광:대-무변(廣大無邊)[명][하형] 한없이 넓고 커서 끝이 없음. ¶광대무변한 우주 공간.

광:대-뼈[명] 뺨과 관자놀이 사이에 내민 뼈. 관골(顴骨). 협골(頰骨).

광덕(光德)[명] 고려 광종 때 사용한 연호.

광도(光度)[명] ①광원(光源)의 빛의 강도(强度). 단위는 촉광(燭光) 또는 칸델라(candela). ②눈으로 느끼는 별의 밝기를 나타내는 말. 일등성(一等星)에서 육등성(六等星)까지의 광도 계급으로 나타냄.

광도(狂濤)[명] 미친 듯이 거칠게 이는 물결. 광란(狂瀾).

광도-계(光度計)[-계/-게][명] 광원(光源)의 광도를 재는 장치.

광도^계급(光度階級)[-계-/-게-][명] 천체의 광도를 나타내는 계급. 육안으로 볼 수 있는 가장 희미한 별을 6등급, 가장 밝은 빛을 내는 별을 1등급으로 하여 밝기가 2.512배 더할 때마다 1등급씩 줄어 나타냄.

광:독(鑛毒)[명] 광물의 채굴이나 제련 때에 생기는 폐기물로 말미암은 해독.

광:둥-포(廣東布)[명] 중국 광둥(廣東)에서 나는 베. 囲광당포.

광등(狂騰)[명][하자] 걷잡을 수 없는 기세로 시세(時勢)가 오름.

광-디스크(光disk)[명] 숫자화한 화상이나 문자 등을 레이저 광선으로 기록·재생하는 원반.

광:-뜨다[~뜨니·~떠][자] 연의 가운데 구멍을 도려낸다.

광란(狂亂)[-난][명][하자] 미쳐 날뜀. ¶광란의 도가니.

광란(狂瀾)[-난][명] ☞광도(狂濤).

광:량(廣量)[-냥][하형] 도량(度量)이 넓음, 또는 넓은 도량.

광:량(鑛量)[-냥][명] 땅속에 묻혀 있는 광물의 양.

광력(光力)[-녁][명] 빛의 강도. 등불의 밝기.

광련(狂戀)[-년][명] 미친 듯이 하는, 지나치게 격렬한 연애.

광림(光臨)[-님][명][하자타] 상대편을 높이어, 그가 찾아옴을 이르는 말. ¶광림하여 주시기 바랍니다.

광막(廣漠)[명] '광막하다'의 어근.

광:막-풍(廣漠風)[명] ☞북풍(北風).

광:막-하다(廣漠-)[-마카-][형여] 끝없이 넓다. 아득하게 넓다. ¶광막한 초원. 광막-히[부].

광망(光芒)[명] 퍼지어 나가는 빛살. 빛.

광망(狂妄)[명] '광망(狂妄)하다'의 어근.

광망(曠茫)[명] '광망(曠茫)하다'의 어근.

광망-하다(狂妄-)[형여] 미친 사람처럼 망령스럽다.

광:망-하다(曠茫-)[형여] 한없이 너르다.

광:맥(鑛脈)[명] 암석의 갈라진 틈을 채우고 있는 널 모양의 광상(鑛床). 광분(鑛分)을 함유하는 물이 암석의 틈에 스며들어 광분이 가라앉음으로써 이루어짐. 광혈(鑛穴). 쇳줄. 囹맥(脈).

광면(廣面)[명] '광면하다'의 어근.

광:면-하다(廣面-)[형여] 교제가 넓어 아는 사람이 많다.

광명(光明)[명] ①'앞날의 밝은 희망'을 비유하여 이르는 말. ¶앞길에 광명이 비치다. ②부처나 보살의 몸에서 나는 빛. ③[하형] 밝고 환함. ¶광명한 천지. ③→암흑(暗黑). ③광명-히[부].

광명-두[명] 나무로 만든 등잔걸이.

광명-정대(光明正大)[명][하형] 언행(言行)이 밝고 바르며 큼. 광명정대-히[부].

광명-주(光明珠)[명] 환히 밝히는 구슬.

광모(狂冒)[명][하자] 미칠 듯이 사모함.

광:목(廣木)[명] 무명실로 당목보다 좀 거칠게 짠, 폭이 넓은 베. 왜포(倭布).

광:목-천(廣目天)[명] ☞광목천왕(廣目天王).

광:목천-왕(廣目天王)[명] 사천왕(四天王)의 하나. 제석(帝釋)의 외장(外將)으로서 수미산(須彌山) 중턱의 서쪽에 살며, 서방(西方)을 지킨다고 함. 광목천(廣目天).

광무(光武)[명] 대한 제국(大韓帝國) 고종의 연호. [1897~1907] 囹융희(隆熙).

광:무(鑛務)[명] 광업에 관한 사무.

광:문(廣問)[명][하타] ①여러 사람에게 물어봄. ②여러 사람에게 선물을 보냄.

광:문자-전(廣文者傳)[명] 조선 영·정조 때, 박지원(朴趾源)이 지은 한문 소설. 광문의 훌륭한 사람됨을 그려, 서민이나 양반이 다를 바 없음을 시사하는 내용.

광:물(鑛物)[명] 지각(地殼) 속에 섞여 있는 천연의 무기물(無機物)로서 질이 고르고 화학 성분이 일정함. [금·철·석탄 따위.]

광:물성^색소(鑛物性色素)[-썽-쏘][명] 광물을 성분으로 한 색소. [붉은빛의 진사(辰砂), 초록빛의 공작석(孔雀石) 따위.]

광:물성^섬유(鑛物性纖維)[-썽-][명] 천연의 자원에서 얻어지는 광물질의 섬유. 주로, 단열재·방음재 등으로 쓰임. [석면·암면 따위.]

광:물성^염:료(鑛物性染料)[-썽-뇨][명] 천연 또는 인조(人造)의 무기 화합물로 된 염료. [암록청(岩綠靑)·대자(代赭)·크롬황 따위.]

광:물-유(鑛物油)[-류][명] 석유와 같은 광물성 기름. 囹광유(鑛油).

광:물-질(鑛物質)[-찔][명] 광물로 된 물질.

광:물질^비:료(鑛物質肥料)[-찔-][명] 무기물을 성분으로 하는 비료. [과인산 석회·초석(硝石) 따위.]

광:물-학(鑛物學)[명] 자연 과학의 한 분야. 광물의 성인(成因)·형태·종류·성질·용도 등을 연구하는 학문. 금석학.

광:미(鑛尾)[명] ☞복대기².

광배(光背)[명] 불상(佛像)의 뒤에 세워 부처의 초인성(超人性)을 나타내는 장식. 후광(後光).

광배^효:과(光背效果)[명] 평가 행위에 있어, 대상(對象)의 어느 방면의 특질이 다른 방면의 특질에까지 미치는 효과.

광범(廣範)[명] '광범하다'의 어근.

광:-범위(廣範圍)[명] ①[하형] 범위가 넓음. 囹광범하다. ②넓은 범위. ¶광범위에 걸친 연구.

광:범-하다(廣範-)[형여] 어떤 일에 연관 자료를 광범하게 수집하다. 囹광범위하다. 광범-히[부].

광병(狂病)[-뼝][명] 미친 병.

광복(光復)똉[하자타][되자] 잃었던 국권을 도로 찾음. ¶광복을 맞이하다.

광복-절(光復節)[-쩔]똉 우리나라가 일본의 압정에서 벗어난 것을 기념·경축하는 날. 8월 15일.

광부(狂夫)똉 미친 사내. 광한(狂漢).

광:부(曠夫)똉 (사별하거나 이혼하여) 아내가 없는 사내. 홀아비.

광:부(鑛夫)똉 광산에서 광석을 캐는 노동자. 갱부(坑夫). 광꾼.

광분(狂奔)[하자] ①목적을 이루려고 미친 듯이 날뜀. ②어떤 일에 열중하여 정신없이 뛰어다님. ¶선거 운동에 광분하다.

광:분(鑛分)똉 광물의 성분.

광-분해(光分解)똉 물질이 빛의 작용을 받아서 두 가지 이상의 성분으로 분해되는 일.

광비(光比)똉 광도(光度)가 한 등급 다른, 두 천체의 광도의 비. 〔일등성(一等星)과 이등성의 광비는 2.5118:1임.〕

광:사(鑛舍)똉 광석이나 석탄 따위를 저장해 두는 창고.

광:사(鑛砂)똉 광산에서, 광석을 채광(採鑛)·선광(選鑛)·제련(製鍊)할 때 생기는 부스러기.

광:산(鑛山)똉 광석을 캐내는 곳.

광:산(鑛産)똉 광업(鑛業)에 의한 생산, 또는 그 생산물.

광:산-가(鑛山家)똉 ⇨광업가(鑛業家).

광:산-물(鑛産物)똉 광업에 의한 생산물.

광:산-업(鑛産業)똉 광학 기술을 중심으로 한 광통신·광계측(光計測)·광정보 등의 산업 분야.

광:산-촌(鑛山村)똉 광산 관계 종사자들이 이룬 마을.

광삼(光蔘)똉 광삼과의 극피동물. 해삼과 비슷한데 길이 15~20 cm의 긴 타원형이며, 입 언저리에 10개의 촉수가 있고, 체벽(體壁)은 유질(肉質), 골편은 톱니면이 있는 천공판(穿孔板)임. 우리나라·일본 등지의 얕은 바다에 분포. 중화요리에 많이 쓰임. 갈미.

광상(匡牀)똉 편안한 침상(寢牀). 잠자리.

광:상(鑛床)똉 땅속의, 유용 광물(有用鑛物)이 한곳에 많이 모여 있는 곳.

광상-곡(狂想曲)똉 일정한 형식이 없이, 기분에 따라 자유로이 변화하는 경쾌한 기악곡. 기상곡(奇想曲). 카프리치오(capriccio).

광색(光色)똉 빛의 색(光彩).

광:석(鑛石)똉 유용한 금속이 많이 섞여 있는 광물. 광석광물.

광:석^검:파기(鑛石檢波器)[-껌-]똉 천연의 광석, 또는 반도체 정류기(整流器)를 사용한 검파 장치. 〔트랜지스터 라디오 등의 수신 회로에 널리 사용됨.〕 크리스털 검파기.

광:석-광물(鑛石鑛物)[-꽝-]똉 ⇨광석.

광:석^라디오(鑛石radio)똉 광석 수신기.

광:석^수신기(鑛石受信機)[-쑤-]똉 동조 회로(同調回路), 광석 검파 회로, 이어폰으로 이루어지는 가장 간단한 수신 장치. 광석 라디오.

광:석-차(鑛石車)똉 ⇨광차(鑛車).

광선(光線)똉 빛살. ¶태양 광선.

광선-속(光線束)똉 〔한데 모여 공간을 통과한다고 보는〕 광선의 다발. 광속(光束).

광선^요법(光線療法)[-뇨뻡]똉 자외선·적외선·가시광선(可視光線) 등을 쬐는 치료법.

광선-총(光線銃)똉 탄알 대신으로 적외선(赤外線)을 사용한 사격 경기용의 총. 발사율 및 반동이 일반 총과 같고 광선이 표적에 닿으면 명중 위치가 표시됨.

광설(狂雪)똉 ①바람에 휘날리어 어지럽게 내리는 눈. ②철 늦게 내리는 눈.

광-섬유(光纖維)똉 광통신의 전송로(傳送路)로 이용되는 섬유. 〔주로, 석영(石英) 유리를 재료로 함.〕 광파이버.

광섬유^케이블(光纖維cable)똉 가는 유리 섬유로 된 전선(케이블). 〔전기 신호가 광선 신호로 바뀌어 이 케이블로 흐름.〕 ⵉ광케이블.

광세(曠世)똉 세상에 드문 일.

광:세-영웅(曠世英雄)똉 세상에 드문 영웅.

광:세지재(曠世之才)똉 세상에서 보기 드문 뛰어난 재주, 또는 그런 재주를 가진 사람.

광:세-하다(曠世-)[혱] 세상에 다시 없다. ¶광세한 영주(英主).

광소유(光素)똉 〔뉴턴의 가설에 의한〕 빛의 최소 단위로서의 빛의 입자(粒子). 광입자(光粒子).

광속(光束)똉 ①광선의 다발. 광선속. ②빛의 진행 방향에 수직인 단위 면적을 단위 시간에 통과하는 빛의 양. 〔단위는 루멘(lumen).〕 ⵉ조도(照度).

광속(光速)똉 〈광속도(光速度)〉의 준말.

광-속도(光速度)[-또]똉 진공 속에서의 빛의 속도. 1초에 약 30만 km. ⵉ광속(光速).

광쇠[-쇠/-쉐]똉 중이 염불할 때 치는 쇠.

광-쇠(光-)[-쇠/-쉐]똉 쇠붙이에 광을 내는 데 쓰이는 연장.

광:수(廣袖)똉 통이 너른 소매. 활수(闊袖). ↔첨수(尖袖).

광:수(鑛水)똉 ①광물질을 다량으로 함유하고 있는 물. 광천(鑛泉)의 물. ②광산 따위에서 배출되는 광독(鑛毒)을 가진 물.

광:순(廣詢)똉[하타] 여러 사람의 의견을 널리 물음.

광시-곡(狂詩曲)똉 민족적·서사적인 느낌을 가진 비교적 자유로운 형식의 기악곡. 랩소디(rhapsody).

광신(狂信)똉[하타] 어떤 사상이나 종교 따위를, 미치다시피 덮어놓고 믿음. ¶내세 사상을 광신하다.

광신-도(狂信徒)똉 ⇨광신자.

광신-자(狂信者)똉 이성(理性)을 잃고, 어떤 사상이나 종교에 지나치게 심취해 있는 사람. 광신도.

광신-적(狂信的)[관][똉 이성(理性)을 잃고, 미치다시피 덮어놓고 믿는 (것). ¶광신적 국수주의자. /광신적으로 따르다.

광심(光心)똉 렌즈로 들어가는 광선과 렌즈를 지나서 나가는 광선이 평행이 될 때, 그 광선이 광축(光軸)과 서로 만나는 점.

광압(光壓)똉 빛이나 전자파 따위가, 그것을 흡수하거나 반사하거나 하는 물체에 주는 압력.

광:야(曠野·廣野)똉 아득하게 너른 벌판. 광원(曠原).

광약(光藥)[-냑]똉 물건을 광내는 데 쓰는 약품.

광약(狂藥)똉 〔사람을 미치게 하는 약이란 뜻으로〕 '술'을 이르는 말.

광-양자(光量子)[-냥-]똉 빛을 입자(粒子)의 모임으로 보았을 경우의 그 입자. ⵉ광자.

광:어(廣魚)똉 ①⇨넙치. ②짜개어 말린 넙치.

광-눈이(廣-眼-)똉 넙치눈이.

광언(狂言)똉[하자] ⇨광담(狂談).

광언-망설(狂言妄說)똉 ⇨광담패설(狂談悖說).

광:업(鑛業)똉 광물을 채굴(採掘)하거나 그것을 제련(製鍊)하거나 하는 산업.

광:업-가(鑛業家)[-까]똉 광업을 경영하는 사람. 광산가(鑛山家).

광:업-권(鑛業權)[-꿘] 명 일정한 광구(鑛區)에서 광물을 채굴할 수 있는 권리.

광:업-소(鑛業所)[-쏘] 명 광물의 채굴권자가 그 사업에 관한 사무를 보는 곳.

광:역(廣域) 명 넓은 구역(지역).

광:역^경제(廣域經濟)[-껑-] 몇 개의 나라나 식민지 따위가 하나의 경제권을 형성하여, 그 범위 안에서 자급자족하는 경제. 블록 경제(bloc經濟).

광:역^도시(廣域都市)[-또-] 인구 및 산업의 과밀 현상을 막고, 도시 주변의 저개발 지역을 개발하기 위하여 넓은 지역에 걸쳐 조성된 도시.

광:역-시(廣域市)[-씨] 지방 자치 단체의 한 가지. 이전의 직할시가 시역(市域)을 확장하면서 광역시로 됨.

광:역^자치^단체(廣域自治團體)[-짜-] 특별시·광역시·도의 상급 지방 자치 단체. ㈜기초 자치 단체.

광:역-화(廣域化)[-여콰] 명 하자 되자 지역이 넓어짐, 또는 넓어지게 함.

광열(光熱) 명 빛과 열. 등불과 연료.

광열(狂熱) 명 미친 듯한 열정(熱情), 또는 어떤 일에 미친 듯이 열중하는 일.

광열-비(光熱費) 명 전등을 켜고 난방을 하는 데 드는 비용.

광염(光焰) 명 빛과 불꽃. 타올라 밝게 빛나는 불꽃.

광염(狂炎) 명 세차게 타오르는 불꽃.

광영(光榮) 명 ☞영광(榮光).

광예(光譽) 명 빛나는 영예.

광요(光耀) 명 ☞광휘(光輝).

광우리 명 '광주리'의 잘못.

광우-병(狂牛病)[-뼝] 명 주로 4, 5년생 소에게 일어나는 뇌병. 변형 단백질인 프리온(prion)이 함유된 육골분(肉骨粉)이나 골분 사료에 의해서 감염되며, 뇌에 스펀지처럼 구멍이 생겨 미친 듯이 사나워지고 거동 불안 등의 증상으로 보임.

광:운(廣韻) 명 중국의 음운서(音韻書). 북송(北宋)의 진종(眞宗)의 명에 의하여, 그때까지의 운서(韻書)를 집대성한 것임. 〔1008년에 간행.〕

광원(光源) 명 태양·전구·촛불 등, 빛을 내는 근원. 발광체. ¶ 전등을 광원으로 한 환등기.

광원(廣遠) '광원하다'의 어근.

광:원(曠原) 명 ☞광야(曠野).

광:원-하다(廣遠-) 형여 넓고 멀다.

광:유(鑛油) 명 〈광물유(鑛物油)〉의 준말.

광음(光陰) 명 〔해와 달이라는 뜻으로〕 시간, 또는 세월.

광음(狂飮) 명 하타 술 따위를 정신없이 마구 마심.

광음-여류(光陰如流)[-녀-] 명 '세월이 흐르는 물과 같이 한번 지나면 되돌아오지 않음'을 비유하여 이르는 말.

광음-여전(光陰如箭)[-녀-] 명 '세월이 쏜 화살과 같아 한번 지나면 되돌아오지 않음'을 비유하여 이르는 말.

광:의(廣義)[-의/-이] 명 어떤 말의 뜻을 넓은 범위로 확대해서 해석했을 때의 뜻. 넓은 뜻. ¶ 광의로 해석하다. ↔협의(狹義).

광:익(廣益) 명 하타 널리 일반에게 이익을 베풂. ⑪홍익(弘益).

광인(狂人) 명 미친 사람. 광자(狂者). 미치광이.

광:일(曠日) 명 하자 하는 일 없이 헛되이 많은 날을 보냄.

광:일-미구(曠日彌久) 명 하자 헛되이 세월을 보내며 일을 오래 끎.

광-입자(光粒子)[-짜] 명 ☞광소(光素).

광자(光子) 명 〈광양자(光量子)〉의 준말.

광자(壙者) 명 광인(狂人).

광자^로켓(光子-rocket) 명 강력한 광속(光束)의 방사(放射)를 추진력으로 하는 로켓. 핵반응에 의한 광원(光源)을 반사경으로 반사시켜 그 반동으로 추진하는 것. 광파 로켓.

광자위 명 장(欌)이나 농(籠)의 마대(馬臺) 앞과 옆에 붙인 널빤지.

광:작(廣作) 명 많이 짓는 농사, 또는 농사를 많이 지음.

광:장(廣場) 명 ①넓은 곳. 특히 도시 안의, 건물이 없이 넓게 비어 있는 곳. ¶ 역전 광장. ②'의 사 소통을 꾀할 수 있는 공통의 장소'를 비유하여 이르는 말. ¶ 대화의 광장.

광:재(鑛滓) 명 광물을 제련할 때 금속에서 분리된 찌꺼기.

광저기 명 ☞동부.

광적(光跡) 명 빛을 내고 있는 것을 보았을 때 눈에 비치는 빛의 줄기나 띠, 또는 그것을 찍었을 때 사진에 나타나는 빛의 궤적(軌跡).

광적(狂的)[-쩍] 관용 정상이 아니고 미치광이와 같은 상태인 (것). ¶ 광적 애정. /광적인 집착.

광전-관(光電管) 명 빛의 강약을 전류의 강약으로 바꾸는 진공관. 〔전송 사진·텔레비전 따위에 이용됨.〕

광전^변환^소자(光電變換素子) 명 빛의 신호를 전기 신호로 바꾸는 소자를 통틀어 이르는 말. 〔광전관·광전지·태양 전지 따위.〕

광-전자(光電子) 명 광전 효과에 의하여 방출되는 전자.

광-전지(光電池) 명 광전 효과를 이용하여 빛의 에너지를 전류로 바꾸는 장치. 〔조도계(照度計)·노출계(露出計) 등에 이용됨.〕

광전^효:과(光電效果) 명 금속 또는 반도체를 진공 속에 봉입(封入)하여 빛을 비추면, 그 표면에서 전자가 방출되는 현상.

광점(光點)[-쩜] 명 빛을 내는 점.

광:점(廣占) 명 하타 땅을 넓게 차지함.

광:점(鑛店) 명 ☞광갱(鑛坑).

광정(匡正) 명 하타 잘못된 일이나 부정 따위를 바로잡음. ⑪확정(廓正).

광:제(匡濟) 명 하타 잘못된 일을 바로잡고 흐트러진 세상을 구제함. 광구(匡救).

광:제(廣濟) 명 하타 세상 사람을 널리 구제함.

광:조(狂躁) 명 하자 미친 듯이 떠들며 날뜀. 미쳐서 날뜀.

광조리 명 [옛] 광주리. ¶ 광조리 광: 筐(訓蒙中13).

광:좌(廣座) 명 ①많은 사람이 앉아 있는 자리. ②넓은 자리.

광:주(鑛主) 명 광산의 광업권 소유자.

광주리 명 대오리나 싸리·버들가지 따위로 결어서 만든 그릇.

광주리-장수 명 광주리에 채소·어물 따위를 담아 머리에 이고 다니며 파는 사람.

광주-성(光週性)[-썽] 명 생물이 일조 시간(日照時間)의 변화에 대하여 반응하는 성질. 〔식물의 꽃눈의 형성이나 개화(開花)에서 뚜렷이 볼 수 있음.〕

광:중(壙中) 명 시체를 묻는 구덩이. 광내(壙內). 지실(地室).

광-중합(光重合) 명 특정한 빛을 조사(照射)함으로써 일어나는 중합 반응.

광증(狂症)[-쯩]圏 미친 증세. ¶광증이 다시 발작하다.

광:지(壙誌)圏 ▷묘지(墓誌).

광질(狂疾)圏 미친 병. 정신병.

광차(光差)圏 어떤 천체에 어떤 현상이 일어난 시각과, 그 현상을 지구 상에서 관찰하는 시각과의 차이.

광차(鑛車)圏 광산에서, 캔낸 광석을 실어 나르는 지붕 없는 화차(貨車). 광석차.

광채(光彩)圏 ①찬란한 빛. 광색(光色). ¶보석에서 광채가 나다. ②정기 어린 밝은 빛. ¶광채를 발하는 눈.

광:천(鑛泉)圏 광물성 물질이 많이 들어 있는 샘. 섭씨 25°C 이하를 냉천(冷泉), 그 이상을 온천이라 하는데, 특히 냉천을 뜻하는 경우가 많음.

광:천-수(鑛泉水)圏 광천의 특성을 지닌 물.

광:천-염(鑛泉塩)[-념]圏 광천의 물을 증발시켜서 얻은 염류(塩類).

광체(光體)圏 ▷발광체(發光體).

광축(光軸)圏 ①등축 정계가 아닌 결정체(結晶體)에서 빛이 복굴절(複屈折)을 하지 않는 일사 방향의 축. ②렌즈나 구면경(球面鏡) 따위의 광학계(光學系)에서, 각 면(面)의 중심과 곡률(曲率) 중심을 연결한 직선. [이 직선과 일치한 입사 광선은 굴절되지 않고 똑바로 통과함.]

광취(狂醉)圏[하자] 몹시 술에 취함.

광:층(鑛層)圏 주로, 바다나 호수의 밑바닥에 물속의 광물 성분이 침전하여 이루어진 층상(層狀)의 광상(鑛床).

광치(狂痴)圏 미치광이와 멍청이.

광-케이블(光cable)圏 <광섬유 케이블>의 준말.

광-탄성(光彈性)圏 투명한 탄성체(彈性體)에 외력(外力)을 가했을 때, 내부에 생기는 변형의 분포 상태에 따라, 편광 장치(偏光裝置)에 아름다운 줄무늬가 나타나는 현상.

광:탐(廣探)圏[하자] 널리 알아보거나 찾음.

광탑(光塔)圏 ▷등대(燈臺).

광태(狂態)圏 정상이 아닌, 미치광이 같은 태도나 행동. ¶광태를 보이다.

광택(光澤)圏 (빛의 반사에 의하여) 물체의 표면에서 번쩍거리는 빛. 광(光). 윤(潤). ¶광택이 나도록 닦다.

광택-기(光澤機)[-끼]圏 마찰에 의하여 종이나 직물 따위의 표면에 광택을 내는 기계.

광택-지(光澤紙)[-찌]圏 아트지 따위와 같이 한쪽 또는 양쪽에 광택을 낸 종이.

광^통신(光通信)圏 (텔레비전이나 전화 따위의) 전기 신호를 레이저 광선에 실어 광섬유 케이블을 통해서 보내는 통신.

광파(光波)圏 빛의 파동, 곧 파동으로서의 빛을 이르는 말.

광:파(廣播)圏[하자] 널리 퍼뜨림(뿌림).

광파^로켓(光波rocket)圏 ▷광자 로켓.

광-파이버(光fiber)圏 광섬유(光纖維).

광:판(廣板)圏 폭이 넓은 판자.

광패(狂悖)圏 '광패하다'의 어근.

광패-하다(狂悖-)[혱여] 말이나 행동이 몰상식(沒常識)하고 도의에 어긋나다. ¶광패한 행동.

광포(狂暴)圏 미치광이처럼 행동이 사납고 난폭함. ¶광포한 행동. **광포-히**튀.

광:포(廣布)¹圏 폭이 넓은 삼베.

광:포(廣布)²圏[하자타][되자] 세상에 널리 펴서 알림.

광:폭(廣幅)圏 ①넓은 폭. ¶광폭 타이어. /광폭 텔레비전. ②[하자] 까닭 없이 남의 일에 간섭함.

광-표백(光漂白)圏[하타] 형광 물질의 수용액(水溶液)을 써서 섬유를 표백함.

광풍(光風)圏 ①비가 갠 뒤에 맑은 햇살과 함께 부는 시원하고 상쾌한 바람. ②화창한 봄날에 부는 바람.

광풍(狂風)圏 미친 듯이 휘몰아치는 거센 바람.

광풍-제월(光風霽月)圏 〔시원한 바람과 맑은 달이란 뜻으로〕'아무 거리낌이 없는 맑고 밝은 인품'을 비유하여 이르는 말. 제월광풍.

광학(光學)圏 빛의 성질이나 그 현상을 연구하는 물리학의 한 부문.

광학-계(光學系)[-계/-께]圏 광선을 굽히거나 모으거나 흩트리거나 하기 위하여 광원(光源)·렌즈·거울·프리즘 따위를 짜 맞춘 체계.

광학^기계(光學機械)[-끼계/-끼께]圏 빛의 반사·굴절 따위의 여러 가지 성질을 응용한 기계. 〔거울·렌즈·프리즘 등을 써서 만든 망원경·현미경·사진기 따위〕.

광학^마ː크^판독기(光學mark判讀機)[-끼]圏 연필이나 펜으로 표시한, 기호로 된 컴퓨터 입력 자료를 광전 변환 소자를 이용하여 읽는 장치. 오엠아르(OMR).

광학^문자^판독기(光學文字判讀機)[-항-짜-끼]圏 컴퓨터에 입력할 문서에 인자(印字)된 문자를, 광전 변환 소자를 이용하여 읽는 장치. 오시아르(OCR).

광학^병기(光學兵器)[-뼝-]圏 병기로 이용되는 광학 기계. 〔잠망경(潛望鏡)·망원경·조준 장치 따위〕.

광학^유리(光學琉璃)[-항뉴-]圏 광학 기계의 렌즈·프리즘 따위에 쓰이는 무색투명한 균질(均質)의 유리.

광학적 이ː중성(光學的二重星)[-쩌기-]圏 복성(複星).

광한(狂漢)圏 ▷광부(狂夫).

광:한-전(廣寒殿)圏 달 속에, 항아(姮娥)가 산다는 가상적인 궁전. 〔광한부(廣寒府)·'광한궁(廣寒宮)'이라고도 함〕

광-합성(光合成)[-썽]圏 녹색 식물이 빛의 에너지를 이용하여 이산화탄소와 수분으로 전분(澱粉)·당(糖) 등의 유기 화합물을 합성하는 일. 〔탄소 동화 작용의 한 형식.〕

광:해(鑛害)圏 광물의 채굴이나 제련의 과정에서 생기는 공해.

광행-차(光行差)圏 지구 상에서 별을 관측할 때, 광속에 대한 지구의 공전이나 자전의 속도로 말미암아 별의 위치가 좀 벗어나 보이는 일.

광:혈(壙穴)圏 시체를 묻는 구덩이. 묘혈.

광혈(鑛穴)圏 광맥(鑛脈).

광:협(廣狹)圏 넓음과 좁음.

광:협-장단(廣狹長短)[-짱-]圏 넓고 좁음과 길고 짧음. 폭과 길이.

광:혜-원(廣惠院)[-혜-/-헤-]圏 조선 고종 22(1885)년에 일반 백성의 병을 치료하기 위하여 미국인 선교사 앨런이 정부의 후원을 받아 세운 우리나라 최초의 근대식 병원.

광혹(狂惑)圏[하자] (엉뚱한 일에) 미쳐서 정신이 팔림.

광:화(鑛化)圏[하자][되자] 마그마로 말미암은 고온의 기체나 액체의 침투를 받아, 암석 중에 여러 가지 광물이 형성되는 일.

광화학(光化學)圏 빛에 의한 물질의 성질 및 화학 변화와의 관계를 연구하는 물리 화학의 한 부문.

광화학^반ː응(光化學反應)[-빠능]圏 빛의 에너지에 의하여 일어나는 화학 반응.

광화학^스모그(光化學smog)명 자동차의 배기 가스 등에 포함된 탄화수소와 질소의 산화물 등이, 상공에서 태양의 강한 자외선을 받아 광화학 반응을 일으킴으로써 생기는 스모그.

광환(光環)명 ⇨광관(光冠).

광활(廣闊) '광활하다'의 어근.

광: 활-하다(廣闊—)형여 훤하게 너르다. ¶광활한 평야. 광활-히톕.

광휘(光輝)명하형 환하게 빛남, 또는 그 빛. 광요(光耀).

광흥(狂興)명하자 몹시 흥겨워함, 또는 그 흥.

광: 흥-창(廣興倉)명 고려·조선 시대에, 관원의 녹봉(祿俸)에 관한 일을 맡아보던 관아.

광희(狂喜)[-히]명하자 미칠 듯이 기뻐함.

괘죠(옛) '과'에 '의'가 겹친 조사. ¶솔과 갓매 잇디 아니토다(杜初8:2).

괘(卦)명 ①주역의 골자로서, 음양으로 나뉜 효(爻)를 세 개 또는 여섯 개씩 어울러 놓은 것. 어우르는 차례를 바꾸는 데 따라 3효가 어울러 8괘를 이루고, 6효가 어울러 64괘를 이룸. 魯효. ②<잠괘(占卦)>의 준말.

괘(가) 그르다관용 일이 뜻대로 되지 않다.

괘(株)명 거문고·비파·월금 따위의 줄을 괴는 납작한 나무토막. [악기의 몸에 고착되어 있어 가야금의 '기러기발'처럼 움직일 수는 없음.]

괘간(掛竿)명 '바지랑대'의 잘못.

괘경(掛鏡)명 기둥이나 벽에 걸 수 있게 된 거울.

괘관(掛冠)명 벼슬을 내놓음. [관을 벗어 성문(城門)에 걸어 놓고 떠났다는 중국의 고사(故事)에서 유래함.]

괘패-떼다타 <패패이떼다>의 준말.

괘패이-떼다타 딱 잘라 거절하다. 쥰패패떼다.

괘꽝-스럽다[-따]형ㅂ(~스러우니·~스러워) 말과 행동이 엉뚱하게 괴이하다. 괘꽝스레톕.

괘념(掛念)명하자타 마음에 두고 걱정하거나 잊지 않음. 괘의(掛意). ¶그 일에 괘념하지 마십시오.

괘다리-적다[-따]형 ①멋없고 거칠다. ②무뚝뚝하고 퉁명스럽다.

괘달머리-적다[-따]형 <괘다리적다>의 속된 말.

괘도(掛圖)명 (여러 사람 앞에서 설명할 때 쓰는) 벽에 걸게 된 지도나 도표·그림 같은 것. ¶사람의 혈관 분포를 나타낸 괘도.

괘등(掛燈)명 산등성이에 드러난 광맥의 노두(露頭).

괘등(掛燈)명 전각이나 누각(樓閣)의 천장에 매다는 등.

괘라죠(옛) '과'에 '이라'가 겹친 말. ¶三寶는 佛와 法과 僧괘라(釋譜序6).

-괘라어미 (옛) -았(었)노라. -겠노라. ¶桃李난 곳이온 양 마라 님의 뜻을 알괘라(古時調).

괘력(掛曆)명 벽에 걸어 두고 보는 일력(日曆)이나 달력. 양달력.

괘면(掛麵)명 ⇨마른국수.

괘방(掛榜)명하자 ①방(榜)을 내걸. ②익명(匿名)으로 방을 내걸.

괘방(을) 치다관용 비밀을 드러내다.

괘범(掛帆)명하자 돛을 닮.

괘불(掛佛)명 ①불상을 그려 큰 괘도처럼 만들어 놓은 것. 괘불탱(掛佛幀). ②하자 불상을 그려 내거는 일.

괘불-탱(←掛佛幀)명 큰 괘도처럼 만든 탱화(幀畫). 괘불.

괘사명 요사고 변덕스럽게 엇가는 말이나 짓. ¶괘사를 떨다. /괘사를 부리다.

괘사(卦辭)명 점괘(占卦)를 알기 쉽게 풀이한 글이나 말.

괘사(絓絲)명 누에고치의 겉가죽에서 뽑아낸, 질이 나쁜 건사(絹絲).

괘사-스럽다[-따][~스러우니·~스러워]형ㅂ 괘사를 부리는 태도가 있다. ¶하는 짓이 워낙 괘사스러워 진심을 알 수가 없다. 괘사스레톕.

괘사-증(喎斜症)명하자 ⇨구안괘사.

괘사-직(絓絲織)명 괘사로 짠 직물(織物).

괘상(卦象)명 길흉을 나타내는 괘(卦)의 모양. 효상(爻象).

괘서(卦筮)명하자 [괘와 산가지를 보는 일이라는 뜻으로] 점치는 일. 복서(卜筮). 점서(占筮).

괘서(掛書)명하자 익명(匿名)으로 게시함, 또는 그런 글.

괘:선(罫線)명 ①편지지나 공책 따위에, 같은 간격으로 칸을 지어 그어 놓은 선. ②인쇄물에서, 윤곽이나 경계를 나타내는 선.

괘씸-스럽다[-따][~스러우니·~스러워]형ㅂ (남이 도리에 어긋나는 일을 행동을 하여) 못마땅하고 밉살스러운 데가 있다. 괘씸스레톕.

괘씸-죄(-罪)[-쬐/-쮀]명 아랫사람이 윗사람의 눈 밖에 나는 행동을 하여 받는 미움. ¶괘씸죄에 걸리다.

괘씸-하다형여 (남이 도리에 어긋나는 말이나 행동을 하여) 못마땅하고 밉살스럽다. ¶괘씸한 녀석 같으니라고. 괘씸-히톕.

괘의(掛意)[-의/-이]명하자타 ⇨괘념(掛念).

괘이름-간(卦-艮)명 한자 부수의 한 가지. '良'·'艱' 등에서의 '艮'의 이름. 그칠간.

괘장명 처음에는 그럴듯이 하다가 갑자기 딴전을 부리는 일. ¶금방 돌아갈 듯이 서둘다가 그냥 주저앉아 버리니 무슨 괘장인지 모르겠다.

괘장(을) 부치다관용 처음에는 승낙하였다가, 갑자기 엉뚱한 말을 끄집어내어 일이 안 되게 하다.

괘조(卦兆)명 점괘에 나타난 것. 점괘에 나타난 길흉의 내용.

괘종(掛鐘)명 벽이나 기둥 따위에 걸어 놓는 시계. 괘종시계.

괘종-시계(掛鐘時計)[-계/-게]명 ⇨괘종.

괘:지(罫紙)명 괘선(罫線)이 그어져 있는 종이. 인찰지(印札紙). ¶양면(兩面) 괘지.

괘:판(罫版)명 괘지를 박기 위하여 만든 판.

괘효(卦爻)명 주역(周易)의 괘와 효.

괜-스럽다[-따][~스러우니·~스러워]형ㅂ <공연스럽다>의 준말. 괜스레톕.

괜시리톕 '괜스레'의 잘못.

괜찮다[-찬타]형 ①그만하면 쓸 만하다. 별로 나쁘지 않다. ¶모양과 색이 괜찮다. ②(('-어도' 따위와 함께 쓰이어)) 상관없다. 무방하다. ¶들어가도 괜찮을까요? 괜찮-이톕. *괜찮아[-차나/-찬자]·괜찮으니[-차나]·괜찮소[-찬쏘]

괜-하다형여 <공연하다>의 준말. 《주로, '괜한'의 꼴로 쓰임.》 ¶괜한 이야기로 평지풍파를 일으킨다. 괜-히톕 ¶괜히 화를 낸다.

괠:다형 광맥 노석(露石)이 치밀하지 못하여 금분(金分)의 함유량이 적은 듯하다.

괭이¹명 땅을 파거나 흙을 고르는 데 쓰는 농구의 한 가지.

괭이²명 <고양이>의 준말.

괭:이-갈매기명 갈매깃과의 물새. 중간 크기의 갈매기로 몸길이 46cm가량. 몸빛은 흰색이고 날개와 등은 짙은 회색. 꽁지 끝에는 검은 띠가 있음. 섬·포구 따위에 모여 살며 고양이 소리가 고양이와 비슷함. 중국·일본 연해와 우리나라에 분포함.

괭:이-눈명 범의귓과의 다년초. 산이나 들의 습지에 나며, 높이는 60 cm. 벋는 가지는 꽃이 진 다음에 자라면서 몇 쌍의 잎이 달리며, 가지 마디에서 뿌리가 내림. 4∼5월에 꼭대기에 연두색의 작은 꽃이 무더기로 피고, 고양이 눈처럼 동그랗게 둘로 갈라진 열매가 맺힘.

괭:이-밥명 괭이밥과의 다년초. 들이나 길가에 나는데 줄기 높이는 10∼30 cm. 잎은 긴 잎자루 끝에 세 개의 작은 잎이 나는데, 햇빛이 있을 때에는 오므라듦. 봄부터 가을에 걸쳐 노란 꽃이 핌. 줄기와 잎은 먹을 수 있음.

괭:이-잠명 깊이 들지 못하고 자주 깨면서 자는 잠. 비노루잠.

괭이-질명하자 괭이로 땅을 파는 일.

괭잇-날[-인-]명 괭이의 날.

괭-하다형어 물체가 맑고 투명하여, 환히 비쳐 보이다. 센꽹하다.

괘영〈옛〉 고양이.

괴(塊)[괴-궤]명 ①덩이. ②한방에서, 여자 배 속에 덩어리가 뭉쳐서 생기는 병을 이르는 말. 괴(癊)를 배다관용 여자의 배 속에 덩어리가 뭉치는 병이 들다.

괴(魁)[괴-궤]명 북두칠성의 머리 쪽에 있는 네 개의 별.

괴:걸(怪傑)[괴-궤-]명하형 괴이한 재주가 있음, 또는 그런 사람.

괴:겁(壞劫)[괴-궤-]명 불교에서 이르는 사겁 (四劫)의 하나. 세상이 괴멸하는 동안.

괴경(塊莖)[괴-궤-]명 ☞덩이줄기.

괴:고(壞苦)[괴-궤-]명 불교에서의 삼고의 하나. 즐거운 일이 깨어진 결과로 받는 고통.

괴괴(怪怪)[괴-궤-]'괴괴(怪怪)하다'의 어근.

괴괴-망측(怪怪罔測)[괴괴-궤궤-]명하형 말할 수 없을 만큼 이상야릇함.

괴괴-하다[괴괴-궤궤-]형어 쓸쓸할 정도로 아주 고요하고 잠잠하다. ¶겨울 밤이 깊어지자 온 마을이 괴괴하다. 괴괴-히부.

괴:교-하다(怪巧-)[괴-궤-]형어 괴상하다. 괴이하다. 이상야릇하다. 괴괴-히부.

괴교(怪巧)[괴-궤-]'괴교하다'의 어근.

괴:교-하다(怪巧-)[괴-궤-]형 괴상하고 교묘하다.

괴:귀(怪鬼)[괴-궤-]명 도깨비.

괴근(塊根)[괴-궤-]명 ☞덩이뿌리.

괴금(塊金)[괴-궤-]명 흙이나 돌 속에서 나는 금덩이.

괴:기(怪奇)[괴-궤-]명하형스형 괴상하고 기이함. 기괴함. 괴기스레부.

괴기(魁奇)[괴-궤-]명하형 진귀하고 빼어남. 남보다 뛰어나고 아주 희귀함.

괴:기^소:설(怪奇小說)[괴-궤-]명 기이한 사건이나 무시무시한 내용을 제재로 하여 괴기한 분위기를 나타낸 소설.

괴:-까다롭다[괴-따/궤-따][∼까다로우니·∼까다로워]형ㅂ 괴이하고도 까다롭다. 괴까닭스럽다. 센괴까다로이부.

괴:-까닭스럽다[괴-닥쓰/궤-닥쓰-][∼까닭스러우니·∼까닭스러워]형ㅂ ☞괴까다롭다. 괴까닭스레부.

괴깔[괴-/궤-]명 실이나 피륙 또는 종이나 나무 따위의 겉에 보풀보풀하게 일어난 섬유. 산모섬유(散毛纖維).

괴꼴[괴-/궤-]명 타작할 때 나오는 벼알이 섞인 짚북데기.

괴나리[괴-/궤-]명 〈괴나리봇짐〉의 준말.

괴나리-봇짐(-褓-)[괴-보짐/궤-봇찜]명 걸어서 먼 길을 갈 때 걸머지는 조그마한 봇짐. 준괴나리.

괴난-하다(愧赧-)형어 '괴란하다'의 잘못.

괴:다¹[괴-/궤-]자 우묵한 곳에 물 따위가 모이다. 고이다. ¶눈에 눈물이 괴다.

괴:다²[괴-/궤-]자 ①술이 익으려고 거품이 부걱부걱 솟아오르다. ②억눌렀거나 화가 나거나 하여 속이 부글부글 끓는 듯하다. ¶속에서 부글부글 괴고 있는 울분을 참다. ③사람이 많이 모여 북적거리다. ¶마당에 사람이 괴는 것을 보니 잔치가 있는 모양이다.

괴:다³[괴-/궤-]타 ①밑을 받치어 안정시키다. ¶손으로 턱을 괴다. ②(음식을) 그릇에 차곡차곡 쌓아 올리다. ¶접시에 떡을 괴다. ③웃어른의 직함(職銜)을 받들어 쓰다. 고이다².

괴다타 〈옛〉 사랑하다. ¶나 하나 졈어잇고 님 하나 날 괴시니(鄭澈.思美人曲).

괴:담(怪談)[괴-궤-]명 괴상한 이야기.

괴:담-이설(怪談異說)[괴-니-/궤-니-]명 괴상한 말과 이상야릇한 이야기.

괴당(乖當)[괴-궤-]'괴당하다'의 어근.

괴당-하다(乖當-)[괴-궤-]형어 정당하지 않다.

괴대(拐帶)[괴-궤-]명하타 남이 맡겨 놓은 물건을 가지고 몰래 도망함.

괴:덕[괴-/궤-]명 수선스럽고 실없는 말이나 행동.

괴:덕-부리다[괴-뿌/궤-뿌-]자 수선스럽고 실없는 말이나 행동을 하다.

괴:덕-스럽다[괴-쓰-따/궤-쓰-따][∼스러우니·∼스러워]형ㅂ 보기에 말이나 행동이 보기에 수선스럽고 실없다. 괴덕스레부.

괴:도(怪盜)[괴-궤-]명 괴상한 도둑.

괴:동(怪童)[괴-궤-]명 괴상한 재주를 가진 아이.

괴:락(壞落)[괴-궤-]명하자 허물어져 떨어짐.

괴란(乖亂)[괴-궤-]'괴란(乖亂)하다'의 어근.

괴:란(愧赧)'괴란(愧赧)하다'의 어근.

괴:란(壞亂)[괴-궤-]명하타되자 (풍속 따위를) 무너뜨려 어지럽게 함. ¶공공 질서를 괴란하다.

괴:란-쩍다(←愧赧-)[괴-따/궤-따]형 보고 듣기에 창피하여 얼굴이 뜨겁다. 괴란쩍-이부.

괴란-하다(乖亂-)[괴-궤-]형어 이치에 어긋나 어지럽다.

괴:란-하다(←愧赧-)[괴-궤-]형어 부끄러워서 얼굴이 붉어지다.

괴려(乖戾)[괴-궤-]'괴려하다'의 어근.

괴려-하다(乖戾-)[괴-궤-]형어 사리에 어그러져 온당하지 않다.

괴:력(怪力)[괴-궤-]명 (괴상할 만큼) 뛰어나게 센 힘. ¶괴력의 소유자.

괴로움[괴-/궤-]명 ①몸이나 마음이 아프거나 편하지 아니함. ②힘들고 어려움. ③귀찮음. 성가심. 준괴롬.

괴로워-하다[괴-/궤-]자타 괴로움을 느끼다. ¶죄책감으로 괴로워하다.

괴롬[괴-/궤-]명 〈괴로움〉의 준말.

괴롭다[괴-/궤-][∼로우니·∼로워]형ㅂ ①몸이나 마음이 편하지 않고 고통스럽다. ¶감기 때문에 열이 나서 몸이 괴롭다. ②힘들고 어렵다. ③성가시다. 귀찮다. ¶괴롭게 굴지 마라. 괴로이부.

괴롭-히다[괴로피-/궤로피-]타 [[괴롭다'의 사동] 괴롭게 하다.

괴:뢰(傀儡)[괴뢰/궤뤠]閔 ①꼭두각시. ②망석중이. ③남의 앞잡이로 이용당하는 사람. ③허수아비.

괴:뢰-군(傀儡軍)[괴뢰/궤뤠-]閔 괴뢰 정부의 군대.

괴:뢰-사(傀儡師)[괴뢰/궤뤠-]閔 꼭두각시를 놀리는 사람.

괴:뢰^정부(傀儡政府)[괴뢰/궤뤠-]閔 자주성이 없이 다른 나라의 지령을 받아, 그 나라가 조종하는 대로 움직이는 정부.

괴리(乖離)[괴-/궤-]閔하자되자 서로 등지어 떨어짐. 어그러져 동떨어짐. ¶ 현실과 이상(理想)의 괴리.

괴리-개념(乖離槪念)[괴-/궤-]閔 개념이 그 내포에 있어서 아무런 공통점이 없어 유개념(類槪念)에 넣을 수 없는 개념. 〔인격자·수(數) 따위.〕이류개념(異類槪念).

괴:망(怪妄)[괴-/궤-]閔[-하다]휑 말이나 행동이 괴상하고 망측함. ¶ 괴망을 떨다. /괴망을 부리다. 潛괴벽(乖僻)하다. 괴망스레튀.

괴:머리[괴-/궤-]閔 물레에 가락을 꽂는 부분.

괴:멸(壞滅)[괴-/궤-]閔[-하다]휑타 파괴되어 멸망함.

괴목(槐木)[괴-/궤-]閔 ☞회화나무.

괴:몽(怪夢)[괴-/궤-]閔 괴상한 꿈.

괴:문(怪聞)[괴-/궤-]閔 괴상한 소문.

괴:물(怪物)[괴-/궤-]閔 ①괴상하게 생긴 물건. ②괴상한 사람이나 동물.

괴밀-대[괴밀때/궤밀때]閔 방앗공이를 괴어 놓는 나무.〔'괴'는 '공이'의 함경남도 방언.〕

괴반(乖反)[괴-/궤-]閔[-하다]휑 어그러짐. 벗어남.

괴:발-개발[괴-/궤-]튀〔고양이 발자국과 개 발자국이라는 뜻으로〕글씨를 함부로 이리저리 갈겨 쓰 놓은 모양.

괴방(魁榜)[괴-/궤-]閔 지난날, 과거의 갑과(甲科)에 첫째로 급제한 사람. 장원랑(壯元郞).

괴벽(乖僻)'괴벽하다'의 어근.

괴:벽(怪癖)[괴-/궤-]閔 괴이한 버릇.

괴벽-스럽다(乖僻-)[괴-쓰-따/궤-쓰-따][~스러우니·~스러워]휑비 성격 따위가 괴상하고 까다로운 데가 있다. ¶ 괴벽스러운 성미. 괴벽스레튀.

괴벽-하다(乖僻-)[괴벅카-/궤벅카-]휑여 성격 따위가 괴상하고 까다롭다. 괴벽-히튀.

괴:변(怪變)[괴-/궤-]閔 괴이한 변고.

괴:병(怪病)[괴-/궤-]閔 ☞괴질(怪疾).

괴:불[괴-/궤-]閔〈괴불주머니〉의 준말.

괴:불-주머니[괴-쭈-/궤-쭈-]閔 색 헝겊에 솜을 넣고 수를 놓아 예쁘게 만든 조그만 노리개.〔어린아이들이 주머니끈 끝에 차고 다님.〕준괴불.

괴:사(怪事)[괴-/궤-]閔 괴상한 일.

괴:사(壞死)[괴-/궤-]閔 몸의 어느 부분의 조직이 생활력을 잃고 죽는 상태.

괴상(乖常)'괴상하다'의 어근.

괴:상(怪狀)[괴-/궤-]閔 기괴한 모양.

괴:상(怪常)[괴-/궤-]閔휑[-하다]스휑 괴이하고 이상함. 괴상-히튀. 괴상스레튀.

괴상(塊狀)[괴-/궤-]閔 덩어리로 된 모양. 괴형(塊形).

괴상망측(怪常罔測)'괴상망측하다'의 어근.

괴상망측-하다(怪常罔測)[괴-츠카-/궤-츠카-]휑여 말할 수 없이 괴이하고 이상하다. 괴상하기 짝이 없다. ¶ 괴상망측한 옷차림.

괴상야릇(怪常-)'괴상야릇하다'의 어근.

괴상야릇-하다(怪常-)[괴-냐르타-/궤-냐르타-]휑여 퍽 괴상하고 야릇하다.

괴상-하다(乖常-)[괴-/궤-]휑여 도리에 어긋나 있다. 괴상-히튀.

괴상-하다(怪常-)[괴-/궤-]휑여 괴이하고 이상하다. ¶ 모양이 괴상하다. 괴상-히튀.

괴:색(愧色)[괴-/궤-]閔 부끄러워하는 얼굴빛. 참색(慙色).

괴:석(怪石)[괴-/궤-]閔 괴상하게 생긴 돌. 희귀한 돌. 고석(古石). ¶ 괴석기초(奇草).

괴석(塊石)[괴-/궤-]閔 돌멩이.

괴:-선박(怪船舶)[괴-/궤-]閔 국적이 불분명한 괴상한 선박. ¶ 괴선박이 출현하다.

괴:설(怪說)[괴-/궤-]閔 기괴한 설. 이상한 소문.

괴:성(怪聲)[괴-/궤-]閔 괴상한 소리.

괴:손(壞損)[괴-/궤-]閔[-하다]타 ☞훼손(毁損).

괴:수(怪獸)[괴-/궤-]閔 괴상하게 생긴 짐승.

괴수(魁首)[괴-/궤-]閔 악당의 두목. 수괴.

괴실(槐實)[괴-/궤-]閔 회화나무의 열매. 한방에서 살충과 타태제(墮胎劑)로 씀.

괴악(怪惡)'괴악하다'의 어근.

괴악망측(怪惡罔測)'괴악망측하다'의 어근.

괴악망측-하다(怪惡罔測)[괴앙-츠카-/궤앙-츠카-]휑여 도리에 벗어나서 말할 수 없이 괴악하다.

괴악-스럽다(怪惡-)[괴-쓰-따/궤-쓰-따][~스러우니·~스러워]휑비 보기에 괴이하고 흉악한 데가 있다. 괴악스레튀.

괴악-하다(怪惡-)[괴아카-/궤아카-]휑여 언행이 괴이하고 흉악하다.

괴:암(怪岩)[괴-/궤-]閔 모양이 괴상하게 생긴 바위.

-괴야어미〔옛〕-구나. ¶ 그저 간대로 헤아리는 이로괴야(老解下11).

괴:어(怪魚)[괴-/궤-]閔 이상야릇하게 생긴 물고기. 보기 드문 물고기.

괴어-들다[괴어-/궤여-][~드니·~들어]자 모여들다.

괴어-오르다[괴어-/궤여-][~오르니·~올라]자비 ①(술·초 따위가〕익으면서 거품이 부걱부걱 솟아오르다. ②울분 따위의 감정이 속에서 끓어오르다. ¶ 괴어오르는 분노를 참다.

괴:열(壞裂)[괴-/궤-]閔[-하다]자 ①부서져 갈라짐. ②일이 중도에서 깨짐. 궤열(潰裂).

괴오다타〔옛〕괴다3. ¶ 平牀을 괴오니(杜初10:38)./北極을 괴왓는 닷(鄭澈.關東別曲).

괴оз음閔〔옛〕'괴다'의 명사형〕굄. ¶ 그스기 고온 양하야 괴오믈 取ㅎ느니(龜鑑下51).

괴외히튀〔옛〕고요히. ¶ 괴외히 좀좀ㅎ시니라(圓覺上1-2:199).

괴외ㅎ다휑〔옛〕고요하다. ¶ 나랏ㄱ시 괴외ㅎ고(月釋序25).

괴:우(怪雨)[괴-/궤-]閔 회오리바람으로 말려 올라간 흙·벌레·물고기 등이 섞여 내리는 비.

괴운(怪雲)[괴-/궤-]閔 모양이 괴상한 구름.

괴위(魁偉)'괴위하다'의 어근.

괴위-하다(魁偉-)[괴-/궤-]휑여 생김생김이 썩 우람하다.

괴이(怪異)'괴이하다'의 어근.

괴-이다[괴-/궤-]자〔'괴다3'의 피동〕굄을 당하다.

괴이다타〔옛〕사랑을 받다. ¶ 효근 臣下 넘금씌 괴이슙와(杜初3:70).

괴이-쩍다(怪異-)[괴-따/궤-따]휑 괴이한 느낌이 있다. ¶ 괴이쩍은 생각이 들다.

괴이찮다(怪異-) [괴-찬타/궤-찬타]혱 '괴이하지 아니하다'가 줄어서 된 말. ㉠괴잖다.
▷괴이찮아[괴-차나/궤-차나]·괴이찮소[괴-찬쏘/궤-찬쏘]

괴이-하다(怪異-) [괴-/궤-]혱예 ①이상야릇하다. ②이상야릇하여 알 수 없다. 괴이-히튀.

괴임-새 '굄새'의 잘못.

괴에다재 (옛)굄을 받다. 사랑을 받다. ¶괴여: 人愛我(訓解).

괴재(瑰才) [괴-/궤-]몡 뛰어난 재주, 또는 그런 재주를 가진 사람.

괴:저(壞疽) [괴-/궤-]몡 신체 조직의 일부가 썩어 기능을 잃는 병.

괴:저-병(壞疽病) [괴-뼝/궤-뼝]몡 비브리오 벌니퍼커스라는 균이 일으키는 질병. 물고기나 조개의 날것, 또는 상처난 피부를 통해 옮는데, 병에 걸리면 살점이 썩어 떨어져 나가는 증상이 나타남.

괴:조(怪鳥) [괴-/궤-]몡 괴상하게 생긴 새.

괴좇-나무몡 '구기자나무'의 잘못.

괴:증(壞症·壞蒸) [괴쯩/궤쯩]몡 한방에서, 상한(傷寒)에 온독(溫毒) 등이 병발한 증세를 이르는 말.

괴:질(怪疾) [괴-/궤-]몡 ①원인을 알 수 없는 이상야릇한 병. ¶괴질이 창궐하다. ②〈콜레라(cholera)〉의 속된 말. 괴병(怪病).

괴:짜(怪-) [괴-/궤-]몡 '괴상한 사람'을 홀하게 이르는 말.

괴:찮다(怪-) [괴찬타/궤찬타] 〈괴이찮다〉의 준말. ▷괴:찮아[괴차나/궤차나]·괴:찮소[괴찬쏘/궤찬쏘]

괴철(塊鐵) [괴-/궤-]몡 쇠의 덩어리.

괴:춤 [괴-/궤-]몡〈고의춤〉의 준말.

괴:탄(怪誕) [괴-/궤-]몡하형 괴상하고 헛됨, 또는 그런 소리.

괴탄(塊炭) [괴-/궤-]몡 덩이진 석탄. ↔분탄.

괴토(塊土) [괴-/궤-]몡 덩이로 된 흙.

괴:통 [괴-/궤-]몡 창·삽·괭이·쇠스랑 따위의 자루를 박는 부분. ▷참고달².

괴팍(←乖愎) [괴-/궤-]몡 '괴팍하다'의 어근.

괴팍-스럽다(←乖愎-) [괴-쓰-따/궤-쓰-따][~스러우니·~스러워]형ㅂ 괴팍한 데가 있다. ¶괴팍스러운 성격. 괴팍스레튀.

괴팍-하다(←乖愎-) [괴파카-/궤파카-]형예 성미가 까다롭고 별나서 붙임성이 없다.

괴패(乖悖) '괴패하다'의 어근.

괴:패(壞敗) [괴-/궤-]몡하재 헐고 무너짐.

괴패-하다(乖悖-) [괴-/궤-]형예 이치에 어긋나 있다.

괴팩(←乖愎) [괴-/궤-]몡 '괴팍하다'의 잘못.

괴팩-하다(←乖愎-) 형예 '괴팍하다'의 잘못.

괴:-하다(怪-) [괴-/궤-]형예 ①성질이나 행동이 괴상하거나 야릇하다. ②보기 흉하거나 이상하다. ▷참이물스럽다. 괴-히튀.

괴:한(怪漢) [괴-/궤-]몡 행동이 수상한 사나이.

괴:행(怪行) [괴-/궤-]몡 괴이한 행동.

괴:-현상(怪現象) [괴-/궤-]몡 괴상하여 알 수 없는 현상.

괴:혈-병(壞血病) [괴-뼝/궤-뼝]몡 비타민 C가 모자라서 생기는 병. 기운이 없고, 잇몸이나 피부 등에서 피가 나며 빈혈을 일으킴.

괴형(塊形) [괴-/궤-]몡 덩어리로 된 모양. 괴상(塊狀).

괴:화(怪火) [괴-/궤-]몡 까닭을 알 수 없이 일어난 불.

괴:후(怪候·乖候) [괴-/궤-]몡 변덕이 심한 날씨.

곡(←斛) [곡/꿕]몡ㄷ휘¹.

곡량(←斛量) [평냥·꿩냥]몡하타 곡식을 휘로 되는 일.

곡수(馘首) [곡쑤/꿕쑤]몡하타되재 ▷참수(斬首).

곡실(←槲實) [곡씰/꿕씰]몡 ▷도토리.

곡약(←槲藥·槲若) [괴갹/궤갹]몡 한방에서, '떡갈나무의 잎사귀'를 약재로 이르는 말. 치질·혈리(血痢)·구충(驅蟲) 따위의 약재로 쓰임.

괸-돌[괸-] '고인돌'의 방언.

굄¹[굄/꿴]몡 유달리 귀엽게 여겨 사랑함. 총애(寵愛). ¶굄을 받다.

굄:²[굄/꿴]몡 물건의 밑을 받쳐서 괴는 일, 또는 그 괴는 물건. 고임.

굄:-돌[굄똘/꿴똘]몡 ①밑을 괴는 돌. ②북방식 고인돌에서, 덮개돌을 받치고 있는 넓적한 돌. 고임돌. 지석(支石).

굄:-목(-木) [굄-/꿴-]몡 밑을 괴는 나무. 고임목.

굄:-새[굄-/꿴-]몡 ①굄질하는 솜씨. ②그릇에 음식을 괴어 놓은 모양. 고임새.

굄:-질[굄-/꿴-]몡하재 그릇에 떡이나 과일 등을 높이 쌓아 올리는 일. 고임질.

굉걸(宏傑) '굉걸하다'의 어근.

굉걸-하다(宏傑-) [굉-/꿩-]형예 굉장하고 웅대하다.

굉굉(轟轟) [굉굉/꿩꿩]몡하형 소리가 몹시 요란함. ¶굉굉한 폭음. 굉굉-히튀.

굉대(宏大) '굉대하다'의 어근.

굉대-하다(宏大-) [굉-/꿩-]형예 굉장히 크다. ¶굉대한 목표.

굉도(宏圖) [굉-/꿩-]몡 굉장한 계획. 큰 계획.

굉렬(轟烈) '굉렬하다'의 어근.

굉렬-하다(轟烈-) [굉녈-/꿩녈-]형예 (울리는 소리가) 몹시 사납고 세차다.

굉모(宏謀·宏謨) [굉-/꿩-]몡 큰 계획.

굉업(宏業) [굉-/꿩-]몡 큰 사업.

굉연(轟然) '굉연하다'의 어근.

굉연-하다(轟然-) [굉-/꿩-]형예 소리가 엄청나게 크고 요란하다. 굉연-히튀.

굉원(宏遠) '굉원하다'의 어근.

굉원-하다(宏遠-) [굉-/꿩-]형예 ①썩 넓고 멀다. ②생각이나 논리 따위가 심오하다.

굉음(轟音) [굉-/꿩-]몡 몹시 요란하게 울리는 소리.

굉장(宏壯) '굉장하다'의 어근.

굉장-하다(宏壯-) [굉-/꿩-]형예 매우 크고 훌륭하다. 많고 대단하다. ¶그 정도면 굉장한 발전이다. 굉장-히튀.

굉재(宏才) [굉-/꿩-]몡 뛰어난 재주.

굉재(宏材) [굉-/꿩-]몡 뛰어난 인물.

굉재-탁식(宏才卓識) [굉-썩/꿩-씩]몡 큰 재능(才能)과 뛰어난 견식(見識).

굉홍(宏弘) '굉홍하다'의 어근.

굉홍-하다(宏弘-) [굉-/꿩-]형예 도량이 너르고 크다.

굉활(宏闊) '굉활하다'의 어근.

굉활-하다(宏闊-) [굉-/꿩-]형예 매우 너르다. 굉활-히튀.

교:(校)의 인쇄 교정의 횟수를 세는 단위. ¶3교./오 교.

교:(敎)몡 ①〈종교〉의 준말. ②불교에서 이르는 삼문(三門)의 하나. 중생을 인도하는, 신앙의 근본이 되는 경론(經論). ②참선(禪)·율(律).

교(驕)명하형 〈교만〉의 준말. ¶그 친구 재주는 많은데 교가 있는 것이 탈이다.

교(絞)의 《수(數) 뒤에 쓰이어》 몇 '매끼', 또는 꼰 줄의 몇 '가닥'을 나타내는 말. 〔삼 교(三絞), 사 교(四絞) 따위.〕

교:가(校歌)명 그 학교의 기풍을 발양(發揚)하기 위하여 제정한 노래.

교가(橋架)명 다리의 기둥과 기둥 사이에 가로질러 걸치는 들보.

교각(交角)명 면 또는 선이 서로 교차하여 이루는 각. 만난각.

교각(橋脚)명 다리의 몸체를 받치는 기둥.

교각-살우(矯角殺牛)[-싸루] 〔소의 뿔을 바로잡으려다가 소를 죽인다는 뜻으로〕 '결점이나 흠을 고치려다가 수단이 지나쳐서 도리어 일을 그르침'을 이르는 말.

교간(喬幹)명 높은 나무의 줄기.

교감(交感)명하자 ①서로 접촉되어 감응(感應)함. ②최면술(催眠術)을 쓰는 사람이 상대자를 최면시키는 관계.

교:감(校監)명 학교장을 보좌하여 교무(校務)를 감독하는 직책, 또는 그 사람.

교감(矯監)명 교정직 6급 공무원의 직급. 교정관(矯正官)의 아래, 교위(矯衛)의 위.

교감^신경(交感神經)명 고등 동물의 척추 양쪽에서 허리로 이어지는 줄기와 그에 딸린 여러 갈래로 이루어진 신경. 〔심장과 혈관, 땀샘과 소화선 등에 분포하여 호흡·순환·소화 따위를 조절함.〕참부교감 신경.

교갑(膠匣)명 아교로 만든 작은 갑. 먹기 어려운 가루약 따위를 넣어 쉽게 삼킬 수 있게 하는 데 씀. 교낭(膠囊). 캡슐(capsule).

교객(嬌客)명 상대편을 높이어 그의 '사위'를 일컫는 말.

교거(僑居)명하자 남의 집에 붙어서 삶. 임시로 겨주함. 우거(寓居).

교거(轎車)명 ☞씨아.

교거(驕倨)명 '교거하다'의 어근.

교거-하다(驕倨-)형어 교만하고 거만하다.

교격(矯激)명 '교격하다'의 어근.

교격-하다(矯激-)[-겨카-]형어 성질이 괄괄하고 굳세다.

교결(皎潔)명 '교결하다'의 어근.

교:결-하다(皎潔-)형어 ①밝고 맑다. ¶교결한 달빛. ②조촐하고 깨끗하다. ¶그는 교결한 성품을 지녔다. 교결-히부.

교계(交界)[-계/-게]명 땅의 경계. 접경(接境).

교계(交契)[-계/-게]명 ☞교분(交分).

교:계(敎界)[-계/-게]명 종교 사회.

교:계(較計)[-계/-게]명하타 ☞계교(計較).

교고(巧故)명 교묘한 거짓.

교고(膠固)명하형 ①(아교로 붙인 것처럼) 매우 굳음. ②융통성이 없음.

교곤(攪棍)명 ☞사침대.

교:과(敎科)명 가르치는 과목(科目). 교과목.

교:과^과정(敎科課程)명 ☞교육 과정.

교:과-목(敎科目)명 ☞교과(敎科).

교:과-서(敎科書)명 학교의 각 교육 과정에 맞도록 편찬된 도서. 교본(敎本).

교:과-안(敎科案)명 학습 지도 요령.

교:과^커리큘럼(敎科curriculum)명 교과별로 구성된 교재(敎材)의 체계에 따라서 구성하는 교육 과정. ↔경험 커리큘럼.

교관(交款)명하자 서로 사귀어 즐김. 교환(交歡).

교:관(敎官)명 ①학교에서 교련을 맡은 교사. ②군대에서 군사 교육 및 훈련을 맡아보는 장교. ③학술을 가르치는 관리.

교교(皎皎)명 '교교하다'의 어근.

교:교-백구(皎皎白駒)[-꾸]명 ①희고 깨끗한 말. ②성현(聖賢)이 타는 말.

교교-월색(皎皎月色)[-쌕]명 매우 맑고 밝은 달빛. 휘영청 밝은 달빛.

교교-하다(皎皎-)형어 ①(달빛이) 썩 맑고 밝다. ¶달빛이 교교하게 흐르다. ②희고 깨끗하다. 교교-히부 ¶흰 눈 위에 교교히 비치는 달빛.

교구(交媾)명하자 ☞성교(性交).

교구(狡寇)명 교활한 도적.

교:구(校具)명 학교에서 쓰는 모든 기구.

교:구(敎具)명 학습을 효과 있게 하기 위하여 쓰이는 온갖 기구. 교구재(敎具材).

교:구(敎區)명 종교의 전파, 신자의 지도나 감독의 편의상 나눈 구역.

교:구-재(敎具材)명 ☞교구(敎具).

교:국(敎國)명 일정한 종교를 국교로 삼은 나라.

교군(轎軍)명 ①☞가마5. ②하자 가마를 멤. ③〈교군꾼〉의 준말.

교군-꾼(轎軍-)명 가마를 메는 사람. 교부(轎夫). 교자꾼. 교정(轎丁). 준교군.

교:궁(校宮)명 각 고을의 향교(鄕校)에 있는 문묘(文廟). 재궁(齋宮).

교:권(敎勸)명하타 가르쳐 권함.

교:권(敎權)[-꿘]명 ①교사로서의 권위와 권리. ¶교권 확립. ②종교상의 권위와 권력.

교:권-주의(敎權主義)[-꿘-의/-꿘-이]명 ☞교황 황제주의(敎皇帝主義).

교:규(校規)명 학교의 규칙. 학규(學規).

교:규(敎規)명 교칙(敎則).

교극(交戟)명하자 〔창 끝이 서로 오간다는 뜻으로〕 '싸움'을 이르는 말. 교전(交戰).

교근(咬筋)명 턱의 위에 있는, 아래턱을 앞쪽으로 당기는 작용을 하는 근육.

교긍(驕矜)명하타 교만하게 자부(自負)함.

교기(巧技)명 교묘한 기술.

교:기(校旗)명 학교를 상징하는 기.

교기(嬌氣)명 아양 부리는 태도. 교태(嬌態).

교기(驕氣)명 남을 업신여기어 낮추보는 교만한 태도. 갸기. ¶교기를 부리다.

교:난(敎難)명 종교에 대한 박해, 또는 그로 인한 고난.

교남(嶠南)명 ☞영남(嶺南).

교낭(膠囊)명 ☞교갑(膠匣).

교:내(校內)명 학교 안. ¶교내 체육 대회. ↔교외(校外).

교녀(嬌女)명 교태를 부리는 여자.

교니(膠泥)명 석회나 시멘트에 모래를 섞고 물을 부어 갠 것. 모르타르.

교:단(敎團)명 같은 교의(敎義)를 믿는 사람끼리 모여 만든 종교 단체.

교:단(敎壇)명 ①교실에서 교사가 강의할 때 올라서는 단. ②교육 기관. ¶선생님께서는 올해로 교단에 계신 지 50년이 되셨다.
　교단에 서다관용 교직 생활을 하다.
　교단을 떠나다관용 교사 생활을 그만두다.

교:단^문학(敎壇文學)명 ①교단에서 추상적 설명을 위주로 하여 강의하는 문학. ②교원(교육자)들이 창작한 문학.

교담(交談)명하자 말을 주고받음. 서로 이야기를 나눔.

교:당(教堂)圀 종교 단체의 신자들이 모여 예배를 보거나 포교(布敎)를 하는 집.

교대(交代)圀하자동 서로 번갈아 듦. 대거리. 체대(替代).

교대(絞帶)圀 상복(喪服)에 띠는 삼띠.

교대(絞臺)圀 〈교수대(絞首臺)〉의 준말.

교:대(敎大)圀 〈교육 대학(敎育大學)〉의 준말.

교대(橋臺)圀 다리 양쪽 끝의 받침. 다리받침.

교대^광:상(交代鑛床)圀 암석의 일부가 고열로 녹은 마그마(magma) 때문에 용해·유출되어 생긴 구멍 속에, 다시 유용한 광물이 침전(沈澱)·결정(結晶)하여 이루어진 광상.

교대^본위(交代本位)圀 화폐의 복본위제(複本位制)를 실제의 유통면에서 이르는 말.

교대-식(交代式)圀 두 변수의 위치를 서로 바꾸어 놓았을 때, 절댓값은 바뀌지 않고 음양의 부호만을 바꾼 식.

교대^작용(交代作用)圀 광물이나 암석이 가스나 수용액의 침투 등으로 화학 작용을 받아 화학 성분이 달라지는 일.

교도(交道)圀 벗과 사귀는 도리.

교:도(敎徒)圀 종교를 믿는 사람. 신도. 신자. 종도.

교:도(敎導)圀 ①하타 가르쳐 지도함. 교유(敎諭). ②하자동 학생의 생활을 지도함.

교:도(矯導)圀 ①하타 바로잡아 인도함. ②교정직 9급 공무원의 직급. 교사(矯士)의 아래.

교:도-관(矯導官)圀 교정직(矯正職) 공무원을 통틀어 이르는 말.

교:도-소(矯導所)圀 징역형이나 금고형 또는 노역 유치나 구류 처분을 받은 수형자(受刑者), 재판 중에 있는 사람 등을 수용하는 행형(行刑) 기관. 감옥.

교독(交讀)圀하타 기독교에서, 예배를 볼 때 성경 구절 따위를 목사와 신도가 한 대문씩 번갈아 가며 읽는 일.

교:동(狡童)圀 교활한 아이.

교동(嬌童)圀 귀엽고 사랑스러운 사내아이.

교동(驕童)圀 교만한 아이.

교두-보(橋頭堡)圀 ①다리를 엄호하기 위하여 쌓은 보루. ②적군이 점령하고 있는 해안 등지의 한 지역을 점거하여 아군의 상륙을 돕거나 작전의 기반으로 하게 하는 거점. 교두보를 확보하다. ③'침략하기 위한 발판'을 비유하여 이르는 말.

교란(攪亂)圀하타되자동 뒤흔들어 어지럽게 함. ¶적의 통신망을 교란하다.

교:량(較量)圀 견주어 헤아림.

교량(橋梁)圀圀하타 ☞다리2.

교:련(敎鍊)圀 ①하타 가르쳐 단련시킴. ②전투에 적응하도록 가르치는 기본 훈련. 조련(操鍊). ③학생에게 가르치는 군사 훈련.

교:련-관(敎鍊官)圀 조선 말기, 현대식 군제(軍制)에 의하여 군대를 조련하던 장교.

교령(交靈)圀하자동 죽은 이의 영혼이 살아 있는 이와 서로 통함.

교:령(敎令)圀 임금의 명령.

교:령(敎領)圀 천도교에서, 교를 대표하는 으뜸 직위, 또는 그 직위에 있는 사람.

교:료(校了)圀하타되자동 인쇄물의 교정을 끝냄. 오케이(O.K.). 완준(完準).

교료-필[―筆]圀 하타관용 교정을 끝낸 교정지에 '교료'라고 표시하거나 도장을 찍다.

교:료-지(校了紙)圀 교정을 끝낸 교정지.

교룡(交龍)圀 ☞용틀임.

교룡(蛟龍)圀 ①모양이 뱀과 같고 넓적한 네 발이 있다고 믿었던 상상의 동물.〔물속에 살며 큰비를 만나면 하늘에 올라 용이 된다 함.〕②'때를 못 만나 뜻을 이루지 못하는 영웅호걸'을 비유하여 이르는 말.

교룡-기(交龍旗)圀 지난날, 임금의 거둥 때의 장(儀仗)의 하나로 세우던 큰 기.

교류(交流)圀 ①하자동 교류 전류. ↔직류(直流). ②하타 문화나 사상 따위가 서로 오가며 섞임. ③하자동되자동 서로 교체됨. ¶인사(人事) 교류.

교류-기(交流機)圀 〈교류 발전기〉의 준말.

교류^라디오^수신기(交流radio受信機)圀 교류 전류를 전원(電源)으로 하는 라디오 수신기.

교류^발전기(交流發電機)[―전―]圀 전자(電磁) 감응을 응용하여 교류를 발생하는 발전기. 준교류기(交流機).

교류^장치(交流裝置)圀 교류 전원(電源)으로부터 전류를 받아서 직류 전원을 얻게 함으로써 전지(電池)의 역할을 하게 하는 장치.

교류^전:동기(交流電動機)圀 교류에 의하여 동력을 발생하는 전동기.

교류^전:류(交流電流)[―절―]圀 일정한 시간마다 번갈아 반대 방향으로 흐르는 전류. 교번 전류. 교류(交流). ↔직류 전류.

교:리(校理)圀〔조선 시대〕①홍문관의 정오품 벼슬. ②교서관(校書館)과 승문원(承文院)의 종오품 벼슬.

교:리(敎理)圀 종교상의 원리나 이치.

교:리^문:답(敎理問答)圀 ①종교상의 원리나 이치를 서로 묻고 대답함. ②기독교에서, 세례나 영세를 받을 때 주고받는, 교리에 대한 문답.

교:리^신학(敎理神學)圀 ☞교의학(敎義學).

교린(交隣)圀 이웃 나라와의 교제.

교린^정책(交隣政策)圀 ①이웃 나라와 화평하게 지내는 정책. ②조선 시대에, 이웃한 여진과 일본에 대하여 화친을 꾀하던 정책.

교림(喬林)圀 키가 큰 종류의 나무들로 이루어진 숲. ↔왜림(矮林).

교마(轎馬)圀 가마와 가마를 끄는 말.

교만(驕慢)圀圀하형 잘난 체하여 뽐내고 버릇이 없음. 거만. ¶교만을 부리다. 준교(驕). ◇겸손. 교만-히튀 교만스레튀

교맥(蕎麥)圀 '메밀'로 순화.

교면(嬌面)圀 교태를 부리는 얼굴.

교:명(校名)圀 학교 이름.

교:명(敎命)圀 조선 시대에, 왕비나 세자 등을 책봉하던, 임금의 명령.

교명(嬌名)圀 기생 등의 교태로 알려진 명성.

교:명-문(敎命文)圀 조선 시대에, 교명을 내리면서 훈유(訓諭)하던 글.

교:모(校帽)圀 ☞학생모(學生帽). 학모(學帽).

교:모(敎母)圀 천주교의 수녀.

교:목(校牧)圀 학교에서, 종교에 관한 교육을 맡아보는 목사.

교목(喬木)圀 줄기가 곧고 굵으며 높이 자라고 비교적 위쪽에서 가지가 퍼지는 나무.〔느티나무·감나무·소나무·전나무 따위.〕큰키나무. ↔관목(灌木).

교목-대(喬木帶)[―때]圀 식물의 수직 분포대의 한 가지. 산록대의 바로 위, 관목대의 아래 지대.

교목-세가(喬木世家)[―쎄―]圀 여러 대에 걸쳐 중요한 벼슬을 지내고 내려와, 그 나라와 운명을 같이하는 집안. 참교목세신.

교목-세신(喬木世臣) [-쎄-]명 여러 대에 걸쳐 중요한 지위에 있어 나라와 운명을 같이하는 신하. 참교목세가.

교묘(巧妙) '교묘하다'의 어근.

교묘-하다(巧妙-)형여 ①솜씨나 재치가 있고 약삭빠르다. ¶교묘한 수단. ②매우 잘되고 묘하다. ¶교묘한 공예품. **교묘-히**부.

교:무(校務)명 학교의 운영에 관한 여러 사무.

교:무(敎務)명 ①학교의 수업에 관한 사무. ②종교상의 사무.

교:무-금(敎務金)명 가톨릭에서, 교회의 유지·발전을 위하여 신자들이 의무적으로 바치는 돈을 이르는 말.

교:무-실(敎務室)명 교사들이 수업 준비를 하거나 사무를 보는 방.

교:무주임(敎務主任)명 학교에서 교무의 일을 주관하는 교원.

교:문(校門)명 학교의 정문.
　교문을 나서다[나오다]관용 학교를 졸업하다.

교:문(敎門)명 〔불교에서〕 ①생사해탈의 가르침에 들어가는 문이라는 뜻으로〕 부처의 가르침을 이르는 말. ②교의(敎義)를 체계적으로 연구하는 분야를 이름.

교미(交尾)명하자 (생식을 하기 위하여) 동물의 암수가 교접하는 일. 흘레.

교미(嬌媚)명 아리따운 태도로 아양을 부림.

교미교취-제(矯味矯臭劑)명 ☞교정약(矯正藥).

교미-기(交尾期)명 동물이 교미하는 시기.

교민(僑民)명 외국에 나가 살고 있는 자기 나라 사람. ¶재외 교민.

교반(攪拌)명하타 휘저어 한데 섞음.

교반-기(攪拌機·攪拌器)명 (어떤 물건을 섞거나 부수거나 또는 열을 골고루 전달시키기 위하여) 뒤섞어 휘젓는 기구나 장치.

교:방(敎坊)명 조선 시대에, 장악원(掌樂院)의 아악(雅樂)을 맡았던 좌방(左坊)과 속악(俗樂)을 맡았던 우방(右坊)을 아울러 이르던 말.

교:방-가요(敎坊歌謠)명 조선 시대에, 임금을 환영하는 노상 정재 때 교방에서 베풀던 노래와 춤. ☞가요.

교배(交拜)명하자 혼례식에서, 신랑 신부가 서로 절을 하는 일.

교배(交配)명하타 생물의 암수를 인공적으로 수정(受精)시키는 일.

교배-종(交配種)명 종류가 서로 다른 생물을 교배하여 만든 새로운 종자.

교번(交番)명하자 번을 서로 바꿔 듦. 체번.

교번^전:류(交番電流) [-쩐-]명 ☞교류 전류(交流電流).

교:범(敎範)명 모범으로 삼아 가르치는 법식. ¶태권도 교범.

교:법(敎法)명 ①교의(敎義), 특히 부처의 가르침. ②가르치는 방법.

교변(巧辯)명 재치 있는 말.

교병(交兵)명하자 ☞교전(交戰).

교병(驕兵)명 (싸움에 이기고) 뽐내는 군사.

교:보(校報)명 학교 안팎의 소식, 또는 그것을 다룬 인쇄물.

교:복(校服)명 학생들이 입는 제복. 비학생복.

교:본(校本)명 교정을 다 보아 틀리거나 빠진 글자가 없이 된 책. 본교열본(校閱本).

교:본(敎本)명 교재로 쓰는 책. ☞교과서.

교봉(交鋒)명하자 ☞교전(交戰).

교부(交付·交附)명하타되자 ①내어 줌. ¶증명서 교부. ②물건의 인도(引渡).

교:부(敎父)명 〔초기 기독교에서〕 ①덕망이 있는 성직자를 일컫던 말. ②저술에 종사한 정통 신학자를 일컫던 말.

교:부(敎婦)명 (방직 공장 같은 데서) 직공에게 기술을 가르치고 지도하는 여자.

교부(轎夫)명 ☞교군꾼.

교부^공채(交付公債)명 ☞강제 공채. ↔모집 공채.

교부-금(交付金)명 ①내어 주는 돈. ②☞보조금(補助金).

교:부^철학(敎父哲學)명 1~8세기의 초기 기독교회에서, 그리스 철학을 원용하여, 교리(敎理)를 합리적·철학적으로 조직하려고 하였던 교부들의 철학. 〔아우구스티누스가 그 대표임.〕

교분(交分)명 친구 사이의 사귄 정분. 교계(交契). 교의(交誼). ¶교분이 두텁다.

교붕(交朋)명 ①여자의 동성애. ②☞교우(交友).

교:비(校費)명 학교에서 쓰는 비용.

교:비-생(校費生)명 교비로 공부하는 학생.

교빙(交聘)명하자 나라와 나라 사이에 서로 사신(使臣)을 보내는 일.

교사(巧詐)명하타 교묘한 수단으로 그럴듯하게 속이는 모양.

교사(郊祀)명 고려·조선 시대에, 임금이 서울의 백리 밖 교외에서 동지와 하지 때 지내던 제사.

교:사(校舍)명 학교의 건물.

교:사(敎師)명 유치원·초등학교·중학교·고등학교 등에서, 소정의 자격을 가지고 학생을 가르치거나 돌보는 사람.

교:사(敎唆)명하자 남을 부추겨 못된 일을 하게 함.

교사(絞死)명하자 목을 매어 죽음.

교사(膠沙)명 바다 밑의 개흙이 섞인 모래.

교사(校士)명 교정직 8급 공무원의 직급. 교위(矯衛)의 아래, 교도(矯導)의 위.

교사(矯詐)명하타 ☞교위(矯僞).

교사(驕奢)'교사(驕奢)하다'의 어근.

교사(驕肆)'교사(驕肆)하다'의 어근.

교:사-범(敎唆犯)명 남을 교사하여 범죄를 실행하게 한 사람, 또는 그 범죄.

교:사-스럽다(巧詐-) [-따] [~스러우니·~스러워]형 보기에 교묘하게 남을 속이는 데가 있다. **교사스레**부.

교:사-죄(敎唆罪) [-쬐/-쒜]명 남을 교사하여 범죄를 실행하게 한 죄.

교사-하다(驕奢-)형여 교만하고 사치스럽다. 교치(驕侈)하다.

교사-하다(驕肆-)형여 교만하고 방자하다.

교살(絞殺)명하타되자 목을 매어 죽임. 교수(絞首).

교상(咬傷)명하자되타되자 짐승이나 독사(毒蛇) 따위에 물려서 상함, 또는 그 물린 상처.

교:상(敎相)명 〔불교에서〕 ①부처가 일대(一代)에 설한 교법(敎法)의 형태. ②각 종(宗)의 교의(敎義) 이론.

교상(膠狀)명 (물질의) 끈끈한 상태.

교상-질(膠狀質)명 (물질의) 아교와 같은 끈끈한 상태의 바탕.

교색(驕色)명 교만한 낯빛.

교:생(校生)명 조선 시대에, 향교에 다니던 생도.

교:생(敎生)명 〈교육 실습생〉의 준말.

교:생^실습(敎生實習) [-씁]명 ☞교육 실습.

교:서(校書)명하타 도서를 검열함.

교:서(教書)명 ①대통령이나 국왕이 의회 또는 국민에게 보내는 정치상의 의견서. ¶연두 교서. ②가톨릭에서, 교황이 공식으로 내는 서한. ③지난날, 임금이나 제후(諸侯)가 내던 명령서.

교:서-관(校書館)명 조선 시대에, 경적(經籍)의 인쇄와 교정, 향축(香祝)과 인전(印篆) 따위를 맡아보던 관아.

교:서-권(教書權)[-꿘]명 미국 대통령의 입법(立法) 참여권의 한 가지로, 교서를 의회에 보내는 권리.

교:설(教說)명하타 가르치어 설명함.

교섭(交涉)명하자타되자 ①어떤 일을 이루기 위하여 상대편과 의논함. ¶교섭이 타결되다. ②관계를 가짐.

교섭^단체(交涉團體)[-딴-]명 국회의 의사 진행을 원활히 하기 위하여 일정한 정당의 의원들로 구성된 안건(案件)을 협의하는 의원의 단체. ¶원내(院內) 교섭 단체.

교성(嬌聲)명 (여자의) 간드러지는 목소리.

교성-곡(交聲曲)명 하나의 줄거리를 가진 내용을 몇 개의 악장으로 나누어 구성한 큰 규모의 성악곡. 칸타타(cantata).

교:세(教勢)명 종교의 형세, 또는 그 세력. ¶교세를 떨치다.

교세(矯世)명하자 세상의 나쁜 일을 바로잡음.

교소(巧笑)명 ①귀염성 있는 웃음. ②아양 떠는 웃음. 요염한 웃음.

교수(巧手)명 교묘한 수단. 묘수(妙手).

교:수(教授)명 ①대학에서 학술을 가르치는 사람을 통틀어 이르는 말. 대학 교수. ②대학에서 급수가 가장 높은 교원. ③조선 시대에, 사학(四學)에서 유생을 가르치던 벼슬아치. ④하타(학문이나 기예를) 가르침.

교수(絞首)명 ①하타되자 ☞교살(絞殺). ②중한 범죄자의 목을 옭아 죽이는 형벌.

교:수-단(教授團)명 교수들로 구성된 단체.

교수-대(絞首臺)명 사형수를 교수하여 죽이는 대(臺). ⓒ교대(絞臺).

교:수-법(教授法)[-뻡]명 아동이나 학생을 교육하는 방법. 교육의 목적을 달성하기 위한 체계적인 방법.

교:수-안(教授案)명 ☞교안(教案).

교수-형(絞首刑)명 사형수의 목을 옭아매어 죽이는 형벌. ⓒ교형(絞刑).

교:수-회(教授會)[-회/-훼]명 대학의 자치적인 의사 결정 기관. 〔조교수 이상으로 구성됨.〕

교순(交詢)명하자 신실(信實)로써 교제함.

교:습(教習)명하타 가르쳐서 익히게 함.

교:시(校是)명 그 학교의 교육상의 근본 정신을 나타내는 표어(標語).

교:시(校時)명 학교의 수업 시간의 단위. ¶5교시 수국어 시간.

교:시(教示)명하타되자 (지식이나 방법 등을) 가르쳐서 보임, 또는 그 가르침의 내용.

교식(矯飾)명 겉만 꾸미어 치레함.

교식-의(交食儀)명 조선 시대에, 일식(日蝕)과 월식(月蝕)을 관측하던 기계.

교신(交信)명하자 통신을 주고받음.

교신(驕臣)명 교만한 신하.

교:실(教室)명 ①학교에서 주로 수업에 쓰는 방. ②대학의 연구실을 달리 이르는 말. ¶병리학 교실. ③어떤 것을 배우는 모임. ¶꽃꽂이 교실.

교심(驕心)명 교만한 마음.

교아(驕兒)명 버릇없는 아이.

교악(狡惡)명 '교악하다'의 어근.

교악-하다(狡惡-)[-아카-]형여 교활하고 간악하다. 교악-히튀.

교:안(教案)명 교수에 필요한 교재의 단원을 전개·실천·정리 등의 단계로 나누어 짠 예정안. 교수안. 학습 지도안.

교:양(教養)명 ①하타되자 가르쳐 기름. ②사회생활이나 학식을 바탕으로 이루어지는 품행과 문화에 대한 지식. ¶교양이 높다. /교양이 있다. /교양이 풍부하다.

교:양^과목(教養科目)명 전공(專攻) 이외에 일반교양으로 배우는 과목.

교:양-물(教養物)명 교양을 위한 읽을거리나 볼거리.

교:양-미(教養美)명 교양이 있는 데서 저절로 풍기는 아름다움.

교:양-서적(教養書籍)명 교양을 쌓는 데 도움이 되는 서적.

교:양^소:설(教養小說)명 보다 높은 정신적 경지로의 자기 형성 과정을, 주인공의 유년 시절부터 성년기까지의 역사를 통하여 펼쳐 보임으로써 독자의 인간 형성에 이바지하고자 하는 소설.

교:양-인(教養人)명 교양이 있는 사람.

교어(巧語)명 ☞교언(巧言).

교어(鮫魚)명 ☞상어.

교언(巧言)명하자 (실상이 없이) 교묘하게 꾸며 대는 말. 교어(巧語).

교언-영색(巧言令色)[-녕-]명 (남의 환심을 사려고) 번지르르하게 발라맞추는 말과 알랑거리는 낯빛.

교여(轎輿)명 〔가마와 수레라는 뜻으로〕 탈것을 통틀어 이르는 말.

교역(交易)명하타되자 물건을 서로 사고파는 일. 〔주로, 국가 사이의 교환 무역을 이르는 말.〕

교:역(教役)명 (설교나 전도 따위) 종교적 사업을 책임지고 맡아서 하는 일.

교:역-자(教役者)[-짜]명 개신교에서, 교역에 종사하는 목사나 전도사 등을 통틀어 이르는 말.

교역^조건(交易條件)[-쪈]명 수출 상품의 한 단위와 교환으로 수입할 수 있는 외국 상품의 단위 수(교환 비율).

교열(咬裂)명하타 입으로 물어뜯어 찢음.

교:열(校閱)명하타 문서나 책의 어구 또는 글자의 잘못을 살펴서 교정하고 검열함.

교:열-본(校閱本)명 〈교본(校本)〉의 본딧말.

교영(郊迎)명하타 성문 밖에서 마중함.

교오(驕傲)명하타 교만하고 건방짐. 교오-히튀.

교왕(矯枉)명하타 굽은 것을 바로잡음.

교왕-과직(矯枉過直)명하자 〔구부러진 것을 바로잡으려다가 지나치게 곧게 한다는 뜻으로〕 잘못을 바로잡으려다가 지나쳐서 오히려 나쁘게 됨을 이르는 말.

교외(郊外)[-외/-웨]명 도시나 마을 주변의, 들이나 논밭이 비교적 많은 곳. 비야외(野外).

교:외(校外)[-외/-웨]명 학교 밖. ¶교외 생활 지도. ↔교내(校內).

교:외^교:육(校外教育)[-외/-웨-]명 (학생의) 교외에서의 견학·조사·실습 등 직접 경험을 통하여 이루어지는 교육.

교:외-별전(教外別傳)[-외-쩐/-웨-쩐]명 선종(禪宗)에서, 석가가 말이나 문자를 쓰지 않고 마음으로써 따로 심원한 뜻을 전하여 준 일을 이름.

교:외-생(校外生)[-외-/-웨-]뗑 통학하지 않고, 통신 교수나 강의록(講義錄) 따위로 교육을 받는 학생.

교:외^지도(校外指導)[-외-/-웨-]뗑 학생들의 학교 밖에서의 생활을 지도하고 단속하는 일.

교용(嬌容)뗑 교태한 모습.

교우(交友)[뗑하자] 벗과 사귐, 또는 그 사귀는 벗. 교붕(交朋). ¶교우 관계를 맺다.

교:우(校友)뗑 ①같은 학교를 다니는(다닌) 벗. 동창(同窓)의 벗. ②학교에서, 그 학교의 '졸업생·재학생·직원'을 통틀어 이르는 말.

교:우(敎友)뗑 같은 종교를 믿는 친구.

교우이신(交友以信) 세속 오계의 하나로, 벗은 믿음으로써 사귀어야 한다는 계율.

교:우-지(校友誌)뗑 교우들의 글을 모아 엮어 발간한, 잡지 형식의 책.

교:우-회(校友會)[-회/-훼]뗑 같은 학교의 재학생이나 졸업생으로 조직된 단체, 또는 그 모임. 동창회.

교:원(敎員)뗑 교사(敎師)와 교수 등 각급 학교에서 학생을 가르치는 사람을 통틀어 이르는 말.

교:원^검:정(敎員檢定)〈교원 자격 검정〉의 준말.

교원-병(膠原病)[-뼝]뗑 온몸의 결체 조직(結締組織)이 계통적으로 침해를 받는 증후군(症候群).〔류머티즘이나 경피증 따위.〕

교:원^자격-검:정(敎員資格檢定)[-껌-]뗑 교원이 되려고 지원하는 사람의 인격·학력·신체 등을 검사하여 그 자격이 있는 사람을 선정하는 일. ⓒ교원 검정.

교:원^자격증(敎員資格證)[-쯩]뗑 교원의 자격을 인정하는 증서.

교원-질(膠原質)뗑 경단백질의 한 가지. 동물의 결체 조직이나 뼈·깃부 등에 함유되어 있음. 물과 함께 끓이면 젤라틴이 됨.

교:월(皎月)뗑 희고 밝은 달.

교위(巧違)뗑되자 공교롭게 기회를 놓침.

교위(巧僞)뗑하타 교묘하게 속임.

교위(矯僞)뗑하타 속임. 교사(矯詐).

교위(校尉)뗑 교정국 7급 공무원의 직급. 교감(矯監)의 아래, 교사(矯士)의 위.

교유(交遊)뗑하자 서로 사귀어 놀거나 왕래함.

교:유(敎誘)뗑하타 달래어 가르침.

교:유(敎諭)뗑하타 올바른 방향으로 가르치고 타이름. 교도(敎導).

교:육(敎育)뗑하타되자 ①지식을 가르치고 품성과 체력을 기름. ②성숙하지 못한 사람의 심신을 발육시키기 위하여 일정한 기간 동안 계획적·조직적으로 행하는 교수적(敎授的) 행동.〔가정교육, 학교 교육, 사회 교육 등이 있음.〕

교:육-가(敎育家)[-까]뗑 ①교육에 종사하는 사람. 교육자. ②육영 사업을 하는 사람.

교:육-감(敎育監)[-깜]뗑 특별시와 광역시 및 각도의 교육 위원회의 사무를 총괄하여 처리하는 공무원.

교:육^강령(敎育綱領)[-깡녕]뗑 교육의 목적과 순서 및 방법에 관한 근본 요강(要綱).

교:육-계(敎育界)[-계/-게]뗑 교육이나 육영(育英) 사업에 관계하는 사람들의 사회.

교:육^공무원(敎育公務員)[-공-]뗑 국립이나 공립의 교육 기관 또는 교육 행정 기관에서 근무하는 교원 및 사무직원을 통틀어 이르는 말.

교:육^과정(敎育課程)[-꽈-]뗑 교육 목표를 달성하는 데 필요한 교재를 학습자의 발달 단계에 맞추어 체계적으로 배열·구성한 전체 계획. 교과 과정. 커리큘럼. 학과 과정.

교:육^기관(敎育機關)[-끼-]뗑 교육에 관한 일을 수행하는 조직체.

교:육^대:학(敎育大學)[-때-]뗑 초등학교 교원(敎員)의 양성을 목적으로 하는 대학. ⓒ교대(敎大).

교:육^방:송(敎育放送)[-빵-]뗑 라디오나 텔레비전을 매체로 하여 실시하는 시청각 교육의 한 가지. ⓒ방송 교육.

교:육-법(敎育法)[-뻡]뗑 교육에 관한 기본법.

교:육-부(敎育部)[-뿌]뗑 중앙 행정 기관의 하나. 교육·학술 및 국가 인적 자원 개발, 과학 기술 진흥 등에 관한 사무를 맡아봄.

교:육-비(敎育費)[-삐]뗑 ①교육을 시키는 데 드는 돈. ②교육의 비용으로 교육 재정에 의해서 정부나 단체에서 지출하는 돈.

교:육-세(敎育稅)[-쎄]뗑 의무 교육비의 정상적인 조달을 목적으로 한 조세(租稅).

교:육^실습(敎育實習)[-씁]뗑 교직 과정(敎職課程)을 이수하는 사람이 실지로 학교에 나가서 실습하고 체험하는 과정. 교생 실습.

교:육^실습생(敎育實習生)[-씁쌩]뗑 교육 실습을 하는 학생. ⓒ교생(敎生).

교:육^심리학(敎育心理學)[-씸니-]뗑 교육에 응용하는 응용 심리학. 인간의 정신 발달과 학습 과정, 학습 성과의 측정과 평가 등이 주요 연구 영역임.

교:육-애(敎育愛)뗑 피교육자에 대한 교육자의 사랑.〔교육 활동의 기본 요소로 침.〕

교육^연령(敎育年齡)[-윤녕-]뗑 피교육자의 교육 수준을 표시하는 나이.

교:육-열(敎育熱)[-윤녈]뗑 교육에 대한 열성. ¶교육열이 높다.

교:육^영화(敎育映畫)[-융녕-]뗑 지식의 전달이나 교화(敎化)를 목적으로 하는, 교육적 가치가 있는 영화.

교:육^위원회(敎育委員會)[-회/-훼]뗑 특별시·광역시·도(道)에 설치되어 그 지방 자치 단체 안의 교육과 학예(學藝)에 관한 중요 사항을 심의·의결하는 기관.

교:육-자(敎育者)[-짜]뗑 교원(敎員)으로서 교육에 종사하는 사람.

교:육-장(敎育長)[-짱]뗑 교육청의 책임자.

교:육^재정(敎育財政)[-째-]뗑 국가나 지방 자치 단체가 공공 자금으로 교육비를 지급하는 재정.

교:육^지수(敎育指數)[-찌-]뗑 학력 검사에서 얻어진 교육 연령을 생활 연령으로 나누어 100을 곱한 수.〔학력의 발달 정도를 나타냄.〕

교:육^철학(敎育哲學)뗑 교육학의 한 부문으로, 교육의 기본 원리를 연구하는 철학.

교:육-청(敎育廳)뗑 지방 교육 행정 기관. 특별시·광역시·도(道)에 설치되어 있고, 한 개 또는 그 이상의 시·군 자치구의 교육 행정을 맡아보는 지역 교육청이 있음.

교:육^측정(敎育測定)[-쩡]뗑 교육의 효과를 객관적·수량적(數量的)으로 측정하는 일. 성적·지능·성격·체력·적성(適性) 등의 영역에서 실시됨.

교:육^평:가(敎育評價)[-까]뗑 교육의 목표에 비추어 교육의 성과를 판정하는 일.

교:육-학(敎育學)[-유각]뗑 교육의 본질·목적·내용·방법 등에 관한 이론을 연구하는 학문.

교:육-한자(敎育漢字)[-유칸짜]명 '한문 교육
용 기초 한자'를 줄여 이르는 말로, 중·고등학
교 학생이 배우도록, 교육부에서 선정한 1800자
의 한자.

교:육^헌:장(敎育憲章)[-꾼-]명〈국민 교육
헌장〉의 준말.

교:육형-론(敎育刑論)[-유켱논]명 형벌은 범죄
에 대한 보복이 아니고, 다시는 죄를 저지르지
않게 하기 위한 교육이라고 하는 학설. 목적형
론(目的刑論). ⺀응보형론(應報刑論).

교의(交椅)[-의/-이]명 ①의자(椅子). ②신주(神
主)나 혼백 상자(魂帛箱子) 등을 모시는 의자.

교의(交誼)[-의/-이]명 ⺀교분(交分).

교:의(校醫)[-의/-이]명〈학교의〉의 준말.

교의(敎義)[-의/-이]명 (그 종교에서 진리로
여기고 있는) 종교상의 가르침. 교법(敎法).
¶비전 밀교(祕傳密敎)의 교의.

교:의-학(敎義學)[-의-/-이-]명 어떤 종교의
교의를 체계적으로 조직화한 학문. 교리 신학.

교인(交印)명하자 ⺀연판(連判).

교:인(敎人)명 종교를 믿는 사람. 신자(信者).

교일-하다(驕佚·驕逸) '교일하다'의 어근.

교일-하다(驕佚·驕逸)-형여 ⺀교자하다.

교자(轎子)명 ⺀①교자상(交子床). ②교자상에
차려 놓은 음식.

교자(嬌姿)명 ⺀교태(嬌態).

교자(轎子)명〈평교자(平轎子)〉의 준말.

교자(驕恣)'교자하다'의 어근.

교자-꾼(轎子-)명 ⺀교군꾼.

교자-상(交子床)[-쌍]명 음식을 차려 내는 장
방형의 큰 상. 교자(交子).

교자-하다(驕恣-)-형여 교만하고 방자하다. 교
일(驕佚)하다.

교잡(交雜)명되자 ①하자 여러 가지 종류가 한
데 뒤섞임. ②하타 다른 종류의 생물을 교배(交
配)시켜 잡종을 만듦. ⺀잡교(雜交).

교잡-종(交雜種)[-종]명 종류가 다른 것을 교
배(交配)하여 새로이 생겨난 품종.

교장(巧匠)명 솜씨가 교묘한 장인(匠人).

교:장(校長)명〈학교장(學校長)〉의 준말.

교:장(敎場)명 ①가르치는 곳. 교실(敎室). ②군
(軍)과 같은 집단에서 가르치는 시설을 해 놓
은 곳. ¶각개 전투 교장.

교:재(敎材)명 교수 및 학습에 쓰이는 재료.

교:재-비(敎材費)명 교수하는 데 쓰이는 교구
(敎具)·비품 등을 마련하는 데 드는 경비.

교:재-원(敎材園)명 교육에 필요한 동식물을
기르거나 가꾸거나 하여 학생들의 학습에 도움
이 되게 하는 곳.

교전(交戰)명하자 ①서로 싸움. 서로 병력을 동
원하여 전투를 함. 교극(交戟). 교병(交兵). 교
봉(交鋒). 교화(交火). ¶교전 상태. ②십팔기
(十八技)의 무예 이십사반의 하나. 두 사람
이 각기 짧은 칼로 맞서서 하는 검술.

교:전(敎典)명 종교상의 가르침을 적은 책.

교전^구역(交戰區域)명 교전국이 적대
행위(敵對行爲)를 할 수 있는 지역.〔보통, 교
전국의 영토, 공해 및 그 상공을 가리킴.〕

교전-국(交戰國)명 ①교전의 당사자인 국가.
②전쟁 상태에 있는 상대국.

교전-권(交戰權)[-꿘]명 ①전쟁 당사국으로서
전쟁을 할 수 있는 권리. ②국가가 교전국으로
서 가지는 국제법상의 여러 권리.

교전^단체(交戰團體)명 국제법에서, 교전국과
같은 교전권을 인정받은 정치 단체.

교전-비(轎前婢)명 지난날, 혼례 때 신부를 따
라가던 계집종.

교절(交截)명 ①두 개의 도형 또는 물체가 서로
겹쳐서 공통의 부분을 가지는 일. ②두 개념이
부분적으로 공통의 외연을 가지는 일.

교점(交點)[-쩜]명 ①수학에서, 둘 이상의 선이
서로 만나는 점. ②천문학에서, 행성이나 혜성
등의 궤도면이 황도면과 만나는 점. 만남점.

교점-월(交點月)[-쩌뭘]명 달의 외관상의 위치
가, 하나의 교점을 출발해서 천구(天球)를 일
주하여 원래의 교점으로 돌아오기까지의 시간.
〔27일 5시간 5분 35.8초〕⺀분점월.

교접(交接)명하자 되자 ①서로 닿아 접촉함.
¶외계와 교접하다. ②남녀 또는 암수의 성적
인 접촉. ⺀성교(性交). ⺀교미(交尾)·흘레.

교접(膠接)명하자되자 (아교로 붙인 것처럼) 단
히 붙음, 또는 붙임. 교착(膠着).

교접-기(交接器)[-끼]명 ⺀생식기(生殖器).

교접-완(交接腕)명 문어·오징어 등 두족류(頭足
類)의 수컷의 교미 기관.

교정(交情)명 서로 사귀는 정분(情分).

교:정(校正)명하타되자 교정지와 원고를 대조
하여 틀린 글자나 빠진 글자 따위를 바로잡는
일. 간교(刊校). 교준(校準). 준(準).

교:정(校訂)명하타되자 책의 잘못된 글자나 어
구(語句) 따위를 고치는 일.

교:정(校庭)명 학교의 운동장.

교:정(矯正)명하타되자 가르쳐서 바로잡음.

교:정(敎程)명 무엇을 가르칠 때의 일정한 순서
나 방식, 또는 그에 따른 교과서.

교:정(矯正)명하타되자 좋지 않은 버릇이나 결
점 따위를 바로잡아 고침. 교직(矯直).

교정(嬌情)명하자 감정을 억눌러 겉으로 나타내
지 않음.

교정(轎丁)명 ⺀교군꾼.

교:정-감(矯正監)명 교정직 4급 공무원의 직급.
교정 부이사관의 아래, 교정관(矯正官)의 위.

교:정-관(矯正官)명 교정직 5급 공무원의 직급.
교정감(矯正監)의 아래, 교감(矯監)의 위.

교:정^기호(校正記號)명 인쇄물을 교정할 때
쓰는 기호.

교:정-도감(敎定都監)명 고려 시대에, 최충헌이
설치한 무신 독재 정치 기관. 관리의 임면(任
免) 및 감찰 업무를 맡아보던 최고의 권력 기
관이었음.

교:정-료(校正料)[-뇨]명 출판물의 교정을 보
아 주고 받는 삯.

교:정-보다(校正-)타 인쇄물의 오자·배열·색
따위를 바로잡다.

교:정-본(校訂本)명 고서(古書)를 후세 사람이
교정해서 펴낸 책.

교:정^부:이:사관(矯正都理事官)명 교정직 3급
공무원의 직급. 교정 이사관(矯正理事官)의 아
래, 교정감(矯正監)의 위.

교:정-쇄(校正刷)명 인쇄물의 교정을 보기 위
하여 한두 장 찍어 내는 일, 또는 그렇게 찍어
낸 종이. 가쇄(假刷). 교정지.

교:정-술(矯正術)명 ①기계적 작용을 이용하여
사지(四肢)의 기형이나 변형을 교정하는 방법.
②몸의 자세를 바로잡기 위한 운동.

교:정-시력(矯正視力)명 (근시·난시 따위를) 안
경이나 렌즈로 교정한 시력.

교:정-약(矯正藥)[-냑]명 약품의 불쾌한 맛이
나 냄새를 없애고 먹기 좋게 조절하는 약.〔박
하·계피 따위.〕교미교취제(矯味矯臭劑).

교:정-원(校正員)**명** 인쇄소나 출판사에서 교정을 전문으로 보는 사람.

교:정^**이:사관**(矯正理事官)**명** 교정직 2급 공무원의 직급. 교정 부이사관의 위.

교:정-지(校正紙)**명** 교정쇄, 또는 교정을 본 교정쇄. 준장(準張). 준지(準紙). ⑪대장(臺狀).

교:정-직(矯正職)**명** 일반직 공무원의 직렬(職列)에 의한 분류의 한 가지. 교도소에서 재소자의 교정(矯正)에 관한 일을 맡아봄.

교:정^**체조**(矯正體操)**명** 신체의 변형이나 운동 장애 등을 정상적인 형태로 바로잡기 위하여 하는 체조.

교:정-침(校正針)**명** ⇨지속침(遲速針).

교제(交際)**하자** 사람과 사람이 서로 사귐. ¶교제가 넓다. /교제를 끊다.

교제(膠劑)**명** 아교처럼 진득진득하여 피막(被膜)으로 피부를 보호하거나 압박하는 약제.

교제-가(交際家)**명** 교제가 넓은 사람. 교제에 능한 사람. 사교가(社交家).

교제-비(交際費)**명** 교제하는 데 드는 비용.

교제-술(交際術)**명** 교제하는 수단이나 재주.

교:조(敎祖)**명** 어떤 종교나 종파를 처음으로 일으킨 사람. 교주(敎主). 종조(宗祖).

교:조(敎條)**명** ①기독교에서, 교회가 공인한 교의(敎義), 또는 그 교의의 조목(條目). ②특정한 권위자의 교의나 사상.

교:조-주의(敎條主義)[-의/-이]**명** ①특정한 권위자의 교의(敎義)나 사상을 절대적인 것으로 여겨, 현실을 무시하고 이를 기계적으로 적용하려는 생각. 〔특히, 수정 사회주의자가 전통적 마르크스주의에 대하여 이름.〕②원리 원칙에 묶여 이를 융통성 있게 응용하려 하지 않는 사고방식.

교족-상(交足床)[-쌍]**명** 혼례(婚禮) 때, 나조반을 올려놓는 상.

교졸(巧拙)**명** 익숙함과 서투름. 공졸(工拙).

교졸(校卒)**명** 조선 시대에, 군아(郡衙)에 딸렸던 장교와 나졸.

교:종(敎宗)**명** ①선종(禪宗)에 상대하여 불교의 교리를 중심으로 하여 불도를 터득하려는 종파. 선종은 교외별전(敎外別傳)인데, 교종은 경론(經論)의 문자·어구로 교의(敎義)를 풀이하는 데서 이름는다. ②조선 세종 때, 자은종(慈恩宗)·화엄종(華嚴宗)·시흥종(始興宗)·중신종(中神宗)이 어울려 된 종파. ↔선종.

교:종^**본산**(敎宗本山)**명** 교종의 가장 중심이 되는 절.

교죄(絞罪)[-죄/-쮀]**명** 교수형에 처하는 범죄.

교주(交奏)**명-하타** 향악(鄕樂)과 당악(唐樂)을 섞바꾸어 연주함.

교:주(校主)**명** 사립학교의 경영자.

교:주(校註·校注)**명-하타** 책의 자구(字句) 등을 교정하여 주석을 보탬, 또는 그 주석.

교:주(敎主)**명** ①종교 단체의 최고 지도자. ②⇨교조(敎祖).

교주고슬(膠柱鼓瑟)**명** 〔비파나 거문고의 기둥을 아교풀로 고착시켜 버리면 한 가지 소리밖에 나지 않는다는 뜻으로〕'변통성이 없이 소견이 꼭 막힌 사람'을 이르는 말. '사기'의 '인상여전(藺相如傳)'에 나오는 말임.

교:준(校準)**명-하타-되자** ⇨교정(校正).

교중(僑中)**명** ⇨객중(客中).

교지(巧智)**명** 교묘한 지혜.

교지(巧遲)**명** '교지하다'의 어근.

교지(狡智)**명** 간사한 지혜. 약은 꾀.

교:지(校地)**명** 학교가 들어앉은 땅. 학교 터.

교:지(校誌)**명** 학생들이 교내에서 편집·발행하는 잡지.

교:지(敎旨)**명** ①조선 시대에, 임금이 사품(四品) 이상의 문무관에게 내리던 사령(辭令). 관교(官誥). 관교(官敎). 왕지(王旨). ②종교의 취지(趣旨).

교:-지기(校-)**명** 향교(鄕校)를 지키는 사람. 교직(校直).

교지-하다(巧遲-)**형여** 솜씨가 빼어나기는 하나 속도가 느리다.

교직(交織)**명-하타** (무명과 명주, 명주와 털 따위와 같이) 종류가 다른 두 가지 이상의 실을 섞어서 짜는 일, 또는 그 직물.

교:직(校直)**명** ⇨교지기.

교:직(敎職)**명** ①학생을 가르치는 직무. ¶교직에 종사하다. ②교회에서 교인(敎人)을 지도하는 직무.

교:직(矯直)**명-하타-되자** ⇨교정(矯正).

교:직^**과목**(敎職科目)[-꽈-]**명** 교직(敎職)에 관한 전문 과목. 〔교육 원리·교육 심리학·교육 실습 따위.〕

교:직-원(敎職員)**명** 교원과 학교에서 교육 관계의 업무에 종사하는 사무 직원.

교질(膠質)**명** 기체·액체·고체 가운데 흩어진 상태로 있는 미립자, 또는 그 미립자가 흩어져 있는 상태. 콜로이드(colloid).

교질^**화:학**(膠質化學)**명** ⇨콜로이드 화학.

교-집합(交集合)[-지팝]**명** 수학에서, 둘 이상의 집합에서 각 집합에 공통으로 들어 있는 원소 전체의 집합을 이르는 말. 공통집합.

교차(交叉)**명-하자-되자** 가로세로로 엇갈림. ¶남북 교차 승인. /도로가 교차하다.

교차(較差)**명** 최고와 최저와의 차. 흔히, 기온의 최고와 최저를 이름. 〔일교차·연교차 따위.〕

교차^**개:념**(交叉概念)**명** 외연(外延)의 일부가 서로 겹쳐지는 두 이상의 개념. 〔'학자와 교육자', '청년과 미남' 따위.〕교호 개념(交互概念).

교차-로(交叉路)**명** 도로와 도로, 또는 도로와 선로가 서로 엇갈린 길.

교차-점(交叉點)[-쩜]**명** 도로나 선로 따위가 '十'자로 교차되어 있는 곳.

교착(交着)**명-하자-되자** 서로 붙음.

교착(交錯)**명-하자-되자** 복잡(複雜)하게 엇갈려서 뒤섞임.

교착(膠着)**명-하자-되자** ①단단히 달라붙음. 교접(膠接). ②어떤 상태가 그대로 고정되어 좀처럼 변화가 없게 됨. ¶회담이 교착 상태에 빠지다.

교착-어(膠着語)**명** 언어의 형태상 유형의 한 가지. 실질적인 의미를 가진 단어 또는 어간에 문법적인 기능을 가진 요소가 일정한 순서로 결합하여 문장 속에서의 문법적 역할이나 문법적 관계를 나타내는 언어. 〔한국어·일본어·터키 어 등이 이에 딸림.〕부착어(附着語). 첨가어(添加語).

교창(交窓)**명** 분합문(分閤門) 위에 가로로 길게 짜서 끼우는 창. 횡창(橫窓).

교창(咬創)**명** 동물에게 물린 상처.

교천(交淺)'교천하다'의 어근.

교천-하다(交淺-)**형여** 사귐이 얕다.

교체(交替·交遞)**명-하타-되자** (자리나 구실 같은 것을) 다른 사람 또는 다른 것과 바꿈, 또는 바뀜. 체대(替代). ¶정권 교체. /선수를 교체하다.

교체(橋體)**명** 다리의 몸체가 되는 부분, 곧 물 위에 가로놓인 부분.

교치(巧緻)'교치하다'의 어근.

교치(咬齒)圈허재 소리를 내어 이를 갊.
교치(驕侈) '교치하다'의 어근.
교치-하다(巧緻-)[형에 정교하고 치밀하다.
교치-하다(驕侈-)圈에 교사(驕奢)하다.
교칙(校則)圈 학교의 규칙. 학규(學規).
교:칙(教則)圈 ①가르치는 데 있어서의 규칙. ②종교상의 규칙. 교규(教規).
교칠(膠漆)圈[아교와 옻칠이라는 뜻으로] '두 사람 사이가 떨어질 수 없을 정도로 매우 친밀한 사이'임을 비유하여 이르는 말. ¶교칠 같은 교분(交分).
교칠지교(膠漆之交)[-찌-]圈 서로 떨어질 수 없는 매우 친밀한 교분.〔중국 당나라 때의 시인인 백거이가 친구 원미지(元微之)에게 보낸 편지에서 유래함.〕
교침(膠枕)圈 화각(畫角)을 대어 꾸며 만든 베갯모.
교:탁(教卓)圈 교수할 때 책 따위를 놓는 교단 앞의 탁자.
교태(嬌態)圈 여자의 요염한 자태(姿態). 교기(嬌氣). 교자(嬌姿). ¶교태를 부리다.
교태(驕態)圈 교만한 태도.
교토-기(攪土器)圈 농기구의 한 가지. 겉흙을 뒤섞고 흙덩이를 부수는 등 땅을 보드랍게 하는 데 쓰임.
교통(交通)圈 ①(자동차·배·비행기 따위) 탈것을 이용하여 사람이나 짐이 한곳에서 다른 곳으로 오가는 일. ¶해상 교통의 중심지. /교통이 편리하다. ②탈것, 특히 자동차 따위가 이동하는 일. ¶차량 증가로 교통이 매우 혼잡하다. /폭우로 교통이 마비되다. ③圈허재사람과 사람, 나라와 나라가 서로 왕래하며 의사를 통하는 일.
교통-경찰(交通警察)圈 교통의 안전과 질서의 유지를 목적으로 하는 경찰.
교통^기관(交通機關)圈 도로·철도 등의 시설과, 차량·선박·항공기 등의 운수 기관.
교통-난(交通難)圈 교통 기관이 모자라거나 도로가 혼잡하여 통행이 원활하게 이루어지지 않는 일. ¶대도시의 출퇴근 시간에는 교통난이 심각하다.
교통-도덕(交通道德)圈 교통상 마땅히 지켜야 할 공중도덕.
교통^도시(交通都市)圈 교통상 중요한 위치에 있고, 교통 기관이 발달하여 교통의 중심지를 이룬 도시.
교통-량(交通量)[-냥]圈 어떤 도로를, 일정한 시간에 통과하는 차량이나 사람의 수량.
교통-로(交通路)[-노]圈 교통에 이용되는 도로, 또는 수로(水路)·항공로(航空路) 따위.
교통-마비(交通痲痹)圈 눈이나 폭우(暴雨) 따위는 사고 등으로 교통 기관이 제 기능을 발휘하지 못하는 상태.
교통-망(交通網)圈 여러 교통로가 그물처럼 이리저리 뻗어 있는 상태.
교통^법규(交通法規)[-꾸]圈 사람이나 차가 길을 왕래할 때 지켜야 할 법령 및 규칙.
교통-비(交通費)圈 찻삯·뱃삯 등 교통 기관을 이용하는 데 드는 비용. 圈거마비.
교통-사고(交通事故)圈 육상의 교통 기관이 충돌하거나 사람을 치거나 하는 사고.
교통-수단(交通手段)圈 사람이나 짐을 옮기는 데 쓰는 수단.
교통-순경(交通巡警)圈 거리에서 교통정리를 하고 교통질서를 바로잡는 일을 하는 순경.

교통^신:호(交通信號)圈 교차로나 횡단로·건널목 따위에 설치해 놓은 빨간불·녹색불 따위의 신호.〔'가라'·'서라'·'주의' 따위의 뜻을 나타냄.〕
교통-안전(交通安全)圈 교통질서와 교통 법규를 잘 지켜서 사고를 미연에 방지하는 일.
교통안전^표지(交通安全標識)圈 교통상의 안전 확보를 위하여 쓰이는 여러 가지 표지.〔주의 표지·규제 표지·지시 표지 따위.〕
교통-정리(交通整理)[-니]圈 교통의 흐름이 정체(停滯)되거나 혼란을 일으키지 않도록 정리하는 일.
교통-지옥(交通地獄)圈 '심한 교통난'을 비유하여 이르는 말. ¶출근 시간의 교통지옥.
교통-질서(交通秩序)[-써]圈 사람이나 차가 통행하는 데 마땅히 지켜야 하는 질서.
교통^차:단(交通遮斷)圈 일정한 지역이나 일정한 도로의 교통을 막아 버리는 일.
교통-편(交通便)圈 한 장소에서 다른 장소로 이동하기 위하여 이용하는 기차·선박·자동차·항공기 따위의 교통수단.
교:파(教派)圈 종교의 분파. 종파(宗派).
교:편(教鞭)圈 학생을 가르칠 때 교사가 쓰는 가느다란 막대기.
교편(을) 놓다관용 교사로서의 생활을 그만두다. ¶건강이 좋지 않아서 교편을 놓고 잠시 쉬고 있다.
교편(을) 잡다관용 교사가 되어서 학생을 가르치다. ¶한 학교에서 30년 동안 교편을 잡고 있다.
교:편-생활(教鞭生活)圈 교사로서의 생활.
교폐(矯弊)圈[-폐/-폐] 폐단을 바로잡음.
교포(絞布)▷窒염포(殮布).
교포(僑胞)圈 외국에 가서 사는 동포. ¶일본에서 사는 교포. /사할린 교포.
교:품(校風)圈 그 학교의 특색으로 되어 있는 기풍(氣風).
교풍(矯風)圈 좋지 않은 풍습을 바로잡음.
교-하다(巧-)[형에 ①물건을 만드는 솜씨가 아주 좋다. ②언행을 그럴듯하게 하여 남을 속이는 데가 있다.
교:하-생(教下生)圈▷窒문하생(門下生).
교:학(教學)圈 ①교육과 학문. ②가르치는 일과 배우는 일.
교한(驕悍) '교한하다'의 어근.
교한-하다(驕悍-)[형에 교만하고 사납다.
교합(交合)圈▷窒성교(性交).
교합(咬合)圈 ①입을 다물었을 때에 생기는 아랫니와 윗니의 접촉 상태. ②아래턱과 위턱의 놓인 상태.
교항(驕亢) '교항하다'의 어근.
교항-하다(驕亢-)[형에 교만(驕慢)하고 자존심이 강하다.
교향-곡(交響曲)圈 관현악을 위하여 만들어진 소나타 형식의 규모가 큰 악곡. 보통, 4악장으로 이루어짐. 심포니(symphony).
교향-시(交響詩)圈 표제 음악의 한 가지. 시적(詩的)·회화적 내용을 가지는 자유로운 형식의 관현악곡.
교향-악(交響樂)圈 교향곡·교향시 등 관현악을 위한 음악을 통틀어 이르는 말.
교향악-단(交響樂團)[-딴]圈 교향곡의 연주를 목적으로 조직된 연주가의 집단. 심포니 오케스트라.
교형(絞刑)〈교수형(絞首刑)〉의 준말.
교혜(巧慧) '교혜하다'의 어근.

교혜-하다(巧慧-)[-혜-/-혜-]**형여** 교묘하고
도 슬기가 있다.

교호(交互)**명**[**하자**][**되자**] ①서로 엇바꿈. 서로 번
갈아 함. ¶두 사람이 교호하여 발언한다. ②서
로 어긋나게 맞춤. ¶흑백이 교호된 무늬.

교호(交好)**명** 사이좋게 지냄.

교호^개:념(交互概念)**명** ☞교차 개념.

교화(交火)**명**[**하타**] ☞교전(交戰).

교:화(敎化)**명**[**하타**][**되자**] ①(주로 교양·도덕 따
위를) 가르치어 감화시킴. ¶문제아에 대한 교
화 사업. ②불법(佛法)으로 사람을 가르치어
착한 마음을 가지게 함.

교환(交換)**명**[**하타**][**되자**] ①서로 바꿈. 서로 주고
받음. ¶예물 교환 /선물을 교환하다. ②<전화
교환>의 준말. ③전화 교환원.

교환(交歡·交驩)**명**[**하자**] 서로 가까이 사귀며 즐
거움을 나눔.

교환^가격(交換價格)[-까-]**명** 화폐를 재화(財
貨)와 교환할 때의 그 화폐의 실질적인 가치.
화폐의 구매력(購買力).

교환^가치(交換價値)**명** ①일정량의 물품을 다
른 종류의 물품과 교환할 수 있는 상대적인 가
치. ②화폐를 다른 나라의 화폐와 교환할 때의
가치. ¶달러의 교환의 원화의 교환 가치.

교환^경:기(交換競技)**명** 친선을 목적으로 외국
선수를 초청하여 벌이는 경기.

교환^경제(交換經濟)**명** 화폐 경제, 상품 경제
등 재화의 교환에 의하여 이루어지는 경제.
↔자연 경제.

교환^공문(交換公文)**명** 넓은 뜻에서의 조약의
한 가지로, 국가 간의 합의를 약정한 문서.

교환^교:수(交換敎授)**명** 두 나라 사이, 또는
두 학교 사이에서, 일정 기간 서로 교수를 교
환하여 강의하는 일, 또는 그 교수.

교환-기(交換機)**명** <전화 교환기>의 준말.

교환-끝(交換-)**명** 어음 교환소에서 어음
을 교환하고, 서로 채권(債權)을 상쇄했을 때
생기는 차액. * 교환끝이[-끄치]·교환끝을
[-끄틀]·교환끝만[-끈-]

교환^수혈(交換輸血)**명** 환자의 혈액을 일정량
뽑아내고, 같은 양의 건강한 혈액을 대신 수혈
하는 일.

교환-원(交換員)**명** <전화 교환원>의 준말.

교활(狡猾)'교활하다'의 어근.

교활-하다(狡猾-)**형여** 간사하고 음흉하다. ¶교
활한 꾀. 교활-히**부**.

교:황(敎皇)**명** 가톨릭 교회의 가장 높은 지도자
로서의 성직자. 법왕. 로마 교황. 법황(法皇).

교:황-령(敎皇領)[-녕]**명** 로마 교황이 다스리
는 세속적인 영역.

교:황-청(敎皇廳)**명** 가톨릭에서, 교황을 중심으
로 하여 온 세계의 가톨릭 신자와 교회를 다스
리는 교회 행정의 중앙 기관. [로마의 바티칸
시국에 있음.] 법왕청(法王廳).

교:황^황제주의(敎皇皇帝主義)[-의/-이]**명**
교황의 교권이 황제의 권능보다 우월하
다는 주의. 교권주의(敎權主義).

교:회(敎會)[-회/-웨]**명** 어떤 종교, 특히 기독
교의 교의(敎義)를 가르치고, 또 예배나
미사를 보기 위한 건물, 또는 그 조직. ¶나는
주일마다 빠지지 않고 교회에 나간다.

교:회(敎誨)[-회/-웨]**명**[**하타**] (나쁜 짓을 한 사
람을) 가르치고 일깨움.

교:회-당(敎會堂)[-회/-웨]**명** 기독교에서,
예배나 미사를 보는 건물. 교회의 건물.

교:회^학교(敎會學校)[-회-꾜/-웨-꾜]**명** 주
일마다 교회에서 신자들에게 성경을 가르치며
종교 교육을 베푸는 모임.

교:훈(校訓)**명** 그 학교의 교육 이념을 간명하게
표현한 말.

교:훈(敎訓)**명**[**하자**] (사람으로서 나아갈 길을
그르치지 않도록) 가르치고 깨우침, 또는 그
가르침. ¶선생님의 교훈을 한평생 잊지 않다.

교힐(狡黠)'교힐하다'의 어근.

교힐-하다(狡黠-·-巧黠-)**형여** 능글맞고 매우
약다. 교힐-히**부**.

구(勾·句)**명** 직각 삼각형의 직각을 낀 두 변 중
에서 짧은 변. ☞고(股)·현(弦).

구(句)**명** ①둘 이상의 단어로 이루어져
절(節)이나 문장의 한 성분이 되는 말. ('따뜻
한 봄이 돌아왔다.'에서 '따뜻한 봄'(명사구)
따위.) 이은말. ②시조나 시구의 어절(語節).

구:(灸)**명** ☞뜸4.

구(姤)**명** <구괘(姤卦)>의 준말.

구(矩)**명** ①곱자. ②지구에서 볼 때 외행성
(外行星)이 태양과 직각의 방향에 있는 일.

구(毬)**명** 격구(擊毬)나 타구(打毬)에 쓰이는 공.
채구(彩毬).

구(球)**명** ①공 모양으로 생긴 둥근 물체, 또는
그런 모양. ②수학에서, 한 점에서 같은 거리
에 있는 모든 점의 자취에 의하여 이루어지는
둥근 입체를 이르는 말. 공.

구(區)**명** ①특별시·광역시 및 인구 50만 이상
되는 시(市)의 행정 구역의 한 가지. ②<구역
(區域)>의 준말. ③[의존 명사적 용법] 넓은
범위의 것을 일정한 기준에 따라 나눈 하나하
나의 구획. ¶전국을 몇 구로 나누면 될까?
④(일부 명사 뒤에 붙어) '법령 집행을 위하여
정한 구획'의 뜻을 나타냄. [선거구(選擧區)·
투표구(投票區) 따위.]

구(具)**의** 시체의 수효를 세는 단위. ¶다섯 구의
시체가 발견되다.

구(九) **Ⅰ****수** 아홉.
  Ⅱ**관** 《수량을 나타내는 말 앞에 쓰이어》 ①그
  수량이 아홉임을 나타내는 말. ¶구 년. /구 미
  터. ②그 순서가 아홉 번째임을 나타내는 말.
  ¶구 호. /구 조 선수들은 출발하십시오.

구(溝)**명**[**관**] 양(穰)의 1만 배, 간(澗)의 1만분의
일이 되는 수(의). 곧, 10^{32}.

구(舊)-**접두** 《일부 명사 앞에 붙어》 '묵은'·'낡
은'·'전날의'·'오래된'의 뜻을 나타냄.
¶구시대. /구건물. /구정치인. ↔신(新)-.

-구-**접미** 《일부 동사의 어간 뒤에 붙어》 주동사
를 사동사로 만듦. ¶달구다. /돋구다.

-구(口)-**접미** 《일부 명사 뒤에 붙어》 ①사람이
드나드는 곳임을 뜻함. ¶승강구(乘降口). /출
입구. /집표구(集票口). ②작은 구멍이 나 있
는 곳임을 뜻함. ¶하수구. /접수구. /투약구(投
藥口).

-구(具)-**접미** 《일부 명사 뒤에 붙어》 '무슨 일을
하는 데 쓰는 기구'임을 나타냄. ¶구명구. /운
동구. /문방구.

구가(謳歌)**명**[**하타**] ①많은 사람이 입을 모아 칭
송함. ②선정(善政)을 구가하다. ②행복한 처지
나 기쁜 마음 따위를 거리낌 없이 나타냄. ¶청
춘을 구가하다. /자유를 구가하다.

구:가(舊家)**명** ①옛날에 살던 집. ②대대로 오
래 이어 온 집안. ③한곳에서 오랫동안 살아온
집안.

구가(衢街)**명** 대도시의 큰 길거리.

구가마하다 268

구가마-하다[타여] 쌀 가마니 따위를 법식대로 묶다.

구:각(口角)[명] 입아귀.

구각(晷刻)[명] 때. 시각(時刻). 짧은 시간.

구:각(舊殼)[명] 케케묵은 제도나 관습. ¶구각을 벗어나다.

구:각-춘풍(口角春風)[명] 좋은 말재주로 남을 칭찬하여 즐겁게 해 줌, 또는 그런 말.

구간(苟艱)[명] '구간하다'의 어근.

구간(球竿)[명] 길이 약 1.5m의 나무 막대기 양쪽 끝에 공 모양의 나무를 끼운 체조 용구.

구간(區間)[명] 어떤 지점과 다른 지점과의 사이. ¶통행이 제한된 구간.

구간(軀幹)[명] 포유동물의 머리와 사지를 제외한 몸통 부분. 동부(胴部).

구:간(舊刊)[명] 전에 간행된 출판물. ↔신간.

구간-골(軀幹骨)[명] 몸통 부분을 이루는 골격. 몸통뼈.

구간-하다(苟艱-)[형여] 매우 가난하다. **구간-히**[부].

구:갈(口渴)[명][하여] 목이 마름.

구:갈-증(口渴症)[-쯩][명] 목이 마르는 증세.

구:감(口疳)[명] 입 안이 헐고 터지는 병.

구감(龜鑑)[명] '귀감(龜鑑)'의 잘못.

구-감초(灸甘草)[명] 한방에서, '구운 감초'를 약재로 이르는 말.

구:강(口腔)[명] 입 안, 곧 입에서 목까지의 공간. 입속. ¶구강 검진 외과(外科).

구:강-염(口腔炎)[-념][명] 구강에 생긴 염증.

구:강^위생(口腔衛生)[명] 구강과 구강의 점막 및 이와 잇몸 따위의 질병 예방과 치료.

구:개(口蓋)[명] 입천장.

구:개-골(口蓋骨)[명] 경구개(硬口蓋)에 있는 한 쌍의 납작한 뼈.

구:개-음(口蓋音)[명] 자음의 한 갈래. 혓바닥과 경구개 사이에서 나는 소리.〔'ㅈ·ㅉ·ㅊ' 따위가 이에 딸림.〕경구개음. 센입천장소리. 입천장소리.

구:개음-화(口蓋音化)[명][하자][되자] 끝소리가 'ㄷ·ㅌ'인 형태소가 'ㅣ' 또는 반모음 'ㅣ'로 시작되는 형태소와 만나면 구개음인 'ㅈ·ㅊ'으로 발음되는 현상.〔'굳이'가 '구지'로 발음되는 따위.〕입천장소리되기.

구거(鉤距)[명] 낚싯바늘.

구거(溝渠)[명] ☞개골창. 도랑.

구걸(求乞)[명][하자타] 남에게 돈·물건·곡식 따위를 거저 달라고 빎. 걸구(乞求).

구검(拘檢)[명][하여][되자] 언행을 함부로 하지 못하도록 타이름.

구겨-지다[자]〔'구기다'의 피동〕구김살이 생기다. ¶옷이 구겨지다.

구격(具格)[명] 격식을 갖춤.

구:결(口訣)[명] 한문의 구절 끝에 다는 토를 약호(略號)로 나타낸 것.〔'ᄂᆞ(하고)'·'ᄂᆞ(하니)'·'ㄱ(에)' 따위.〕

구:경[명][하여] 어떤 곳에서 어떤 일을 보고 즐기는 일. ¶구경을 가다. /연극을 구경하다.

구경(九卿)[명] 조선 시대에, 육조의 판서, 좌우 참찬(參贊), 한성판윤(漢城判尹)의 아홉 벼슬아치를 통틀어 이르던 말.

구경(九經)[명] 중국의 고전인 아홉 가지 경서(經書). 주역(周易)·시경(詩經)·서경(書經)·예기(禮記)·춘추(春秋)·효경(孝經)·논어(論語)·맹자(孟子)·주례(周禮)를 이르기도 하고, 주례·의례(儀禮)·예기·좌전(左傳)·공양전(公羊傳)·곡량전(穀梁傳)·주역·시경·서경을 이르기도 함.

구:경(口徑)[명] 총포(銃砲)나 카메라 등 원통형으로 된 것의 안지름. ¶구경 100mm의 망원경.

구경(究竟)[명] ①사물을 궁구(窮究)해 가다가 마침내 도달한 곳. ¶진리의 구경. ②〔부사적 용법〕끝에 가서는. 결국. ¶구경 포기할 수밖에 없었다.

구경(俱慶)[명] 부모가 모두 살아 있음. 구존(俱存).

구경(球莖)[명] '알줄기'로 순화.

구:경-가마리[-까-][명] 행동거지가 남과 달라서 남의 웃음거리가 되는 사람을 얕잡아 이르는 말.

구:경-감[-깜][명] 구경할 만한 것. 구경거리.

구:경-거리[-꺼-][명] 구경감.

구:경-꾼[명] 구경하는 사람.

구:경-나다[자] 구경거리가 생기다.

구:경-비(口徑比)[명] 렌즈의 직경과 초점 거리와의 비.〔렌즈로 만들어지는 상(像)의 밝기는 구경비의 제곱에 비례함.〕

구:경-스럽다[-따][-스러우니·-스러워][형비] 구경할 만하다. **구경스레**[부].

구:경-증(口硬症)[-쯩][명] 한방에서, 입과 혀가 뻣뻣해지고 차가워지는 어린아이의 병을 이르는 말.

구경-하(俱慶下)[명] 부모가 모두 살아 있는 처지(환경). 부모의 시하(侍下).

구계(九界)[-계/-게][명] 불교의 십계(十界)에서 불계(佛界)를 제외한 아홉 경계(境界).

구계(拘繫)[-계/-게][명][하타] 붙잡아 맴.

구고(勾股·句股)[명] '직각 삼각형'의 구용어.

구고(究考)[명][하타] 깊이 연구함. 끝까지 연구함.

구고(舅姑)[명] ☞시부모(媤父母).

구:고(舊故)[명] 오래전부터의 연고.

구:고(舊稿)[명] 전에 써 둔 묵은 원고.

구고-전(勾股田·句股田)[명] 직각 삼각형 모양으로 생긴 논이나 밭.

구고-현(勾股弦)[명] 구(勾)와 고(股)와 현(弦), 곧 직각 삼각형의 세 변.

구곡(九穀)[명] 수수·옥수수·조·벼·콩·팥·보리·참밀·깨의 아홉 가지 곡식.

구:곡(舊穀)[명] 묵은 곡식. 작년에 거둔 곡식. 진곡(陳穀). ↔신곡(新穀).

구곡-간장(九曲肝腸)[-깐-][명]〔굽이굽이 깊이 서린 창자라는 뜻으로〕'깊은 마음속' 또는 '시름이 쌓인 마음속'을 비유하여 이르는 말.

구공(九空)[명] 아득하고 먼 하늘. 구만리장천(九萬里長天). 만리장하.

구:공(口供)[명][하타] 죄를 자백함.

구:공(舊功)[명] 전날에 이룬 공.

구공-서(口供書)[명] 자백한 내용을 적은 글.

구공-탄(九孔炭)[명] ①구멍이 여럿 뚫린 원기둥 모양의 연탄을 두루 이르는 말. 구멍탄. ②〈십구공탄(十九孔炭)〉의 준말.

구:과(口過)[명] ①실언(失言). ②구취(口臭).

구과(毬果)[명] 소나뭇과 식물에서 볼 수 있는, 둥글거나 원추 모양의 열매.

구관(句管·勾管)[명] 일을 맡아서 처리함.

구관(球冠)[명] 구를 한 평면에 의하여 잘랐을 때의 잘린 구의 구면(球面) 부분.

구:관(舊官)[명][하완] 〔새로 온 벼슬아치에 대해〕앞서 그 자리에 있었던 벼슬아치. 〔특히, 수령(守令)에 대해서 이르는 말.〕↔신관(新官).

구관이 명관이다[관용] 경험 많은 사람이 더 낫다는 ①말. ②나중 사람을 겪어 봄으로써 먼저 사람이 좋은 줄 알게 된다는 말.

구:관(舊慣)[명] 옛 관례(慣例).

구:관(舊館)명 (새로 세운 건물이 아닌) 전부터 있었던 건물. ↔신관(新館).

구:관(舊觀)명 원래의 모양. 전날의 형편. ¶거리 풍경이 변하여 구관을 떠올릴 수가 없다.

구관복(具官服)명하자 벼슬아치가 관복을 갖추어 입음.

구관-조(九官鳥)명 찌르레깃과의 새. 생김새는 까마귀와 비슷하며 날개 길이 16 cm가량. 몸빛은 검으나 눈 아래에 노란 띠가 있고 날개에 커다란 흰무늬가 있음. 부리와 발은 등황색임. 사람의 말이나 다른 동물의 울음소리를 흉내 냄.

구:괘(姤卦)명 육십사괘의 하나. 건괘(乾卦)와 손괘(巽卦)를 위아래로 놓은 괘. 하늘 아래에 바람이 있음을 상징함. ㉣구(姤).

구교(溝橋)명 ①운하·둑·도로 따위의 아래를 가로지르는 터널 모양의 지하 수로. ②철도 아래의 배수용 수로에 놓은 작은 다리.

구교(舊交)명 오래된 교제. 오랜 친구.

구교(舊敎)명 '가톨릭'을 개신교(改新敎)에 대하여 이르는 말. ↔신교·개신교.

구:교-도(舊敎徒)명 '가톨릭 신자'를 달리 이르는 말. ↔신교도(新敎徒).

구교지간(舊交之間)명 오래전부터 사귀어 온 사이.

구구Ⅰ튀 닭이나 비둘기가 우는 소리. Ⅱ갑 닭이나 비둘기를 부를 때 하는 소리.

구구(九九)명 〈구구법(九九法)〉의 준말.

구구(區區)'구구하다'의 어근.

구구-단(九九段)명 '구구법'을 흔히 이르는 말.

구구-법(九九法)[-뻡]명 곱셈에 쓰는 기초 공식, 또는 그 하나하나를 외는 방법. 〔오팔사십(5×8=40), 구구팔십일(9×9=81) 따위.〕㉣구구.

구구불일(區區不一)명하형 각각 달라서 한결같지 아니함.

구구-사정(區區私情)명 사소한 개인 사정.

구구-생활(區區生活)명 가까스로 생계를 이어 나가는 일.

구구-이(句句-)튀 구절마다.

구구절절(句句節節)명 모든 구절. ¶그래 네 말이 구구절절 다 옳다.

구구절절-하다(句句節節-)형어 편지 글 따위에서 사연이나 내용이 매우 상세하고 간곡하다. **구구절절-이**튀.

구구-표(九九表)명 구구법의 공식을 차례에 따라 적은 표.

구구-하다(區區-)형어 ①각각 다르다. ¶의견이 구구하다. ②잘고 구차하다. ¶구구한 변명을 늘어놓다. **구구-히**튀.

구:국(救國)명하자 나라를 위기에서 구함.

구:군(舊軍)명 어떤 일에 오래 종사하여 아주 익숙한 사람.

구:군복(具軍服)명하자 지난날, 무관들이 군복을 갖추어 입던 일. 〔조선 시대에는 벙거지를 쓰고 전대띠를 띠며 목화(木靴)를 신고 환도를 차며 등채를 손에 들었음.〕

구궁(九宮)명 팔괘의 방위와 그 중앙의 방위를 이르는 말.

구:권(舊券)[-꿘]명 부동산을 매매할 때, 매도 증서에 첨부하는 이전 소유주의 매도 증서.

구:궐(久闕)명하자 오래 빠짐.

구귀-가(九歸歌)명 주산의 나눗셈을 외는 문구. '이일 작작오(二一添作五)'와 같이 다섯 자로 된 45개의 문구를 이름.

구귀-법(九歸法)[-뻡]명 구귀가를 이용해서 주산의 나눗셈을 하는 방법. ㉣귀법(歸法).

구규(九竅)명 사람이나 포유동물의 몸에 있는 아홉 개의 구멍. 〔두 눈과 두 귀, 두 콧구멍과 입, 음부(陰部)와 항문.〕구혈(九穴).

구:규(舊規)명 옛날의 규정. 이전부터 있어 온 규칙.

구균(球菌)명 둥근 모양을 한 세균. 〔화농균·폐렴균 따위.〕구상균.

구극(仇隙)명 서로 원수처럼 지내는 사이.

구극(究極)명 ☞궁극(窮極).

구극(駒隙)명 〈백구과극(白駒過隙)〉의 준말.

구:근(久勤)명하자 ①한 직장에 오래 근무함. ②한 가지 일에 오래 힘써 옴.

구근(球根)명 '알뿌리'의 순화.

구근-류(球根類)[-뉴]명 달리아·튤립·글라디올러스·수선화 등 구근을 가진 식물을 통틀어 이르는 말. 구근 식물.

구근^식물(球根植物)[-씽-]명 ☞구근류.

구:금(拘禁)명하자 되자 피고인 또는 피의자를 공소(公訴)에 따라 구치소에 감금(監禁)하는 일. 쫸구류(拘留)·구속(拘束).

구:금-장(拘禁場)명 형사 피고인이나 피의자 등을 감금하는 곳.

구:급(救急)명하자 위급한 처지에 놓여 있는 사람을 구하는 일. 특히, 위급한 병자나 부상자에게 응급 치료를 하는 일.

구:급-낭(救急囊)[-금-]명 구급약을 넣어 보관해 두는 주머니.

구:급-방(救急方)[-빵]명 ①위급한 상황에 대처하는 방법. 구급책(救急策). ②[한방에서, 위급한 병에 쓰는 약방문.

구:급-법(救急法)[-뻡]명 응급 처치하는 방법.

구:급-상자(救急箱子)[-쌍-]명 구급약품과 간단한 의료 용구를 넣어 두는 상자.

구:급-약(救急藥)[-금냑]명 응급 치료에 필요한 약품.

구:급-차(救急車)명 위급한 환자나 부상자를 신속히 병원으로 실어 나르는 차. 앰뷸런스.

구:급-책(救急策)명 응급하는 방법(救急方).

구:급^치료(救急治療)명 ☞응급 치료.

구기명 ①술·죽·기름 따위를 풀 때 쓰는, 국자와 비슷한 기구. 작자(杓子). ②[의존 명사적 용법] 술·죽·기름 따위를 구기에 담아 그 분량을 세는 단위. ¶기름 세 구기. /호박죽 한 구기.

구기(九氣)명 한의학에서 말하는 아홉 가지 감정의 상태. 〔노여움·기쁨·슬픔·두려움·한기(寒氣)·열기(熱氣)·놀람·그리움·피로.〕

구:기(口器)명 곤충 등 하등 동물의 입 주위에 있어, 먹이를 섭취하거나 씹는 구실을 하는 기관을 통틀어 이르는 말.

구:기(拘忌)명하자 (불길한 것을) 꺼림. 사위함.

구기(球技)명 공을 사용하는 운동 경기. 〔야구·축구·배구·농구·탁구 따위.〕

구기(嘔氣)명 ☞토기(吐氣).

구:기(舊記)명 옛날의 기록. 옛날의 일을 기록하여 놓은 문서.

구:기(舊基)명 ①옛 도읍(都邑)의 터. ②성(城)이나 건물이 있던 터.

구기다자타 ①구김살이 생기다. ¶새로 입고 나온 양복이 구길까 봐 내내 조심했다. ②비비어 구김살이 생기게 하다. ¶종이를 구기다. ③운수가 막혀 일의 진행이나 살림이 꼬여만 가다. ④마음이 언짢게 되다. ¶구겼던 기분을 풀다. ①②좌고기다. ①②쎄꾸기다.

구기박-지르다[-찌-][~지르니·~질러][타르] 몹시 구기어 지르다. 준구박지르다.

구기-자(枸杞子)명 구기자나무의 열매.

구기자-나무(枸杞子-)명 가지과의 낙엽 관목. 둑이나 냇가에 흔히 나는데 줄기는 4m가량 자람. 여름에 자줏빛 꽃이 피고, 가을에 길둥근 열매가 붉게 익음. 어린순은 나물이나 차를 만들어 먹고, 한방에서 열매는 '구기자', 뿌리껍질은 '지골피'라 하며 약재로 쓰임. 각로(却老)2.

구기적-거리다[-꺼-][타] 자꾸 구기적구기적하다. 구기적대다. 짬고기작고기작거리다. 셈꾸기적거리다.

구기적-구기적[-꺼-][부][하여] 구기살이 생기게 마구 구기는 모양. 짬고기작고기작. 셈꾸기적꾸기적.

구기적-대다[-때-][타] 구기적거리다.

구기-지르다[~지르니·~질러][타르] 함부로 구기어 비비다.

구기-차(枸杞茶)명 구기자나무의 열매 또는 어린잎을 말려서 달인 차.

구김〈구김살〉의 준말. 셈꾸김.

구김-살[-쌀]명 ①구겨서 생긴 금. ¶구김살이 퍼지다. 짬고김살. ②(주로 '없다'와 함께 쓰이어) 마음속이나 표정에 서린 어두운 그늘. ¶구김살이 없이 밝은 표정. ③순조롭지 못한 상태. ¶친밀하던 우호 관계에 구김살이 지다. 준구김. 셈꾸김살.

구김-새명 ①구겨진 정도나 모양. ¶구김새가 심하다. ②풀이 죽은 태도나 기색. ③말이나 글이 이치에 닿지 않아 막히는 모양. ¶구김새 없는 연설. 셈꾸김새.

구깃-거리다[-긴께-][타] 자꾸 구깃구깃하다. 구깃대다. 짬고깃거리다. 셈꾸깃거리다.

구깃-구깃[-긴긴]명[부][하여] 구김살이 지게 자꾸 구기는 모양. 명[하형] 구김살이 진 모양. 짬고깃고깃. 셈꾸깃꾸깃.

구깃-대다[-긴때-][타] 구깃거리다.

구나조 ①이로구나. 이로구나.

구나(拘拿)명[하여] 죄인을 잡음.

구나(驅儺)명 지난날, 궁중에서 세모(歲暮)에 역귀(疫鬼)를 쫓던 일, 또는 그런 의식.

-구나[어미] ①형용사의 어간이나 시제의 '-았(었)·-겠-' 등에 붙어, 새삼스러운 느낌을 나타내는, 해라체의 감탄형 종결 어미. ¶좋구나. / 크구나. / 이겠구나. ②〈-로구나〉의 준말. ③-군.

구나방명 말이나 행동이 거칠고 사나운 사람.

구난(救難)명[하여] 재난을 구제함.

구:난-부표(救難浮標)명 ☞구명부표.

구날(構捏)명[하여] 〈구허날무〉의 준말.

구내(口內)명 입 안. 입속.

구내(區內)명 구역의 안. 구의 안.

구내(構內)명 큰 건물이나 시설 따위의 울안. ¶구내 이발소. / 역(驛)구내. ↔구외(構外).

구내-매점(構內賣店)명 구내에 있는 매점.

구내-선(構內線)명 역 구내에 있는 본선(本線) 이외의 선로(線路).

구내-식당(構內食堂)[-땅]명 구내에 있는 식당. ¶많은 직장인이 구내식당에서 점심을 먹는다.

구:내-염(口內炎)명 입 안의 점막(粘膜)에 일어나는 세균성 염증.

구내-전화(構內電話)명 어떤 건축물이나 시설물 안에서의 전화 통화에 쓰이는 간단한 유선 전화.

구:년(久年)명 오랜 해. 오랜 세월.

구:년(舊年)명 지난해. 작년. 거년(去年).

구:년-묵이(舊年-)명 여러 해 동안 묵은 물건. 오래된 물건.

구년지수(九年之水)명 오랫동안 계속되는 홍수. 〔중국 요나라 때 9년 동안 계속된 홍수에서 유래한 말로, '칠년대한(七年大旱)'과 짝을 이루어 쓰임.〕

구:년-친구(舊年親舊)명 ①오랫동안 헤어져 있는 친구. ②오랫동안 사귀어 오는 친구.

구눌(口訥) '구눌하다'의 어근.

구:눌-하다(口訥-)형[여] 어눌하다.

구:눙명 열두 거리 굿에 아홉째로 나오는, 무당이 섬기는 귀신의 하나.

구눙 놀다[관용] 구눙이 나와서 놀아나다.

구니(拘泥)명[하여] 어떤 일에 얽매임.

구:닥-다리(舊-)[-따-]명 오래되어 낡았거나, 유행에 뒤떨어진 사람·사물·생각 등을 홀하게 이르는 말. ¶구닥다리 책상.

구단(球團)명 프로 야구나 프로 축구 등 구기(球技)를 사업으로 하는 단체.

구단-주(球團主)명 구단을 운영하는 사람.

구:달(口達)명[하여] 구두로 전달함.

구:담(口談)명 ①이야기. ②언변(言辯).

구담(瞿曇)명 출가(出家) 전까지의 석가여래의 본성(本姓).

구:답(口答)명[하여] 받은 질문에 대하여 말로 대답함.

구:답(舊畓)명 이전부터 가지고 있던 논.

구대(球帶)명 ☞구띠.

구:대(舊代)명 예전 시대.

구:-대륙(舊大陸)명 아메리카 대륙이 발견되기 전부터 알려진 대륙, 곧 유럽·아시아·아프리카의 세계(舊世界). ↔신대륙.

구:대-인(舊代人)명 ①선대(先代)부터 부리던 종. ②한 동네에 대대로 이어 사는 사람.

구더기명 파리의 유충. ¶구더기가 끓다.

구더기 무서워 장 못 담글까[속담] 다소의 장애가 있더라도, 해야 할 일이나 하고 싶은 일은 하게 마련이라는 뜻.

구:덕(口德)명 ①말에 덕기(德氣)가 있음. ②성실한 말씨.

구덕(具德)명[하자] 덕을 갖춤.

구덕(舊德)명 예전에 베푼 덕.

구덕-구덕[-꾸-][부][하여] 물기 있는 물체의 거죽이 약간 마른 모양. 셈꾸덕꾸덕.

구:덥다[-따][구더우니·구더워]형[ㅂ] (군건하고 확실하여) 아주 미덥다.

구덩-무덤명 구덩이를 파고 별도의 시설 없이 시체를 묻은 무덤. 토장묘.

구덩-식(-式)명 위에서 아래로 주검을 넣게 되어 있는 무덤 양식. 수혈식.

구덩이명 ①땅이 움푹하게 팬 곳, 또는 땅을 우묵하게 파낸 곳. ¶진흙 구덩이. ②(광물을 캘 목적으로) 땅속을 파 들어간 굴. ②갱(坑).

구:도(口到)명 독서삼도(讀書三到)의 하나. 글을 읽을 때에는, '입으로 말을 하지 않고 글만 읽어야 함'을 이르는 말.

구도(求道)명[하자] ①도(道)를 구함. ②불법의 정도(正道)를 구함. 안심입명(安心立命)의 길을 구함.

구도(構圖)명 ①작품의 미적(美的) 효과를 얻기 위하여, 예술 표현의 여러 요소를 전체적으로 조화 있게 배치하는 도면 구성의 요령. ②'어떤 일이나 현상 따위의 전체적인 짜임새나 양상'을 비유하여 이르는 말. ¶정계 구도 개편.

구:도(舊都)명 옛날의 서울. 옛 도읍. ↔신도(新都).

구:도(舊道)명 예전의 도로.

구독(購讀)**명**(하타) 책이나 신문·잡지 따위를 사서 읽음. ¶문학 잡지를 정기 구독하다.

구독-료(購讀料)[一뇨]**명** 신문·잡지 등을 정기적으로 받아 보기 위하여 치르는 돈.

구동(九冬)**명** 겨울철의 90일 동안. 삐삼동(三冬)

구동(驅動)**명**(하타) (기계의 바퀴나 축에) 동력을 가하여 움직이게 함. ¶구동 장치.

구동-축(驅動軸)**명** 원동기의 회전 동력을 기계의 작동 기구 등에 전달하는 주축(主軸).

구두[1] **명** 주로, 가죽을 원료로 하여 발등을 덮게 만든 서양식 신. 양화(洋靴). 양혜(洋鞋).

구두[2] **명** 〈구두쇠〉의 준말.

구:두(口頭)**명** 마주 대하여 입으로 하는 말. ¶구두로 보고하다.

구:두(句讀)**명** 〈구두법(句讀法)〉의 준말.

구:두^계:약(口頭契約)[一계/一게]**명** (증서 따위를 만들지 않고) 말로써 맺는 계약. ↔서면 계약.

구두-끈[명] 구두가 벗겨지지 않게 매는 끈.

구두-닦이[명] 구두 닦는 일을 업으로 하는 사람.

구두-거리다[자] 자꾸 구두덜구두덜하다. 구두덜대다.

구두덜-구두덜[부](하다) 못마땅하여 혼자서 군소리하는 모양.

구두덜-대다[자] 구두덜거리다.

구두-법(句讀法)[一뻡]**명** 구두점의 사용법, 또는 사용법에 대한 규칙. 준구두(句讀).

구:두^변:론(口頭辯論)[一별一]**명** 법정에서 소송(訴訟) 당사자가 직접 말로 하는 변론.

구:두^삼매(口頭三昧)**명** 불교에서, 경문(經文)을 읽기만 할 뿐 진정으로 불도를 수행하지 않는 일. 구두선(口頭禪).

구:두-선(口頭禪)**명** ①구두 삼매(口頭三昧). ②실행이 따르지 않는 빈말.

구두-쇠[一쇠/一쉐]**명** (마음이 굳튼튼하여) 몹시 인색한 사람. 준구두[2].

구:두-시험(口頭試驗)**명** 시험관의 물음에 말로 대답하는 시험. 구술시험. 참면접시험.

구:두^심리(口頭審理)[一니]**명** 말로 묻고 말로 답변하는 심리. ↔서면 심리(書面審理).

구두-약(一藥)**명** 구두의 가죽이 오래 견디고 윤이 나게 하려고 바르는 약. 준약.

구:두^위임(口頭委任)**명** (따로 위임장을 내주지 않고) 말로써 하는 위임.

구:두-점(句讀點)[一쩜]**명** ①마침표와 쉼표. ②문장 부호를 통틀어 이르는 말.

구:두-주의(口頭主義)[一의/一이]**명** ☞구술주의.

구:두-질[명](하타) 방고래에 쌓인 재를 구두대로 쑤셔 내는 일.

구두-창[명] 구두의 밑바닥에 대는 창. 준창[1].

구둔(口鈍)**명** '구둔하다'의 어근.

구:둔-하다(口鈍一)[형](여) 어둔하다.

구둣-대[一두때/一둔때]**명** 굴뚝이나 방고래의 검댕이나 재 따위를 그러내는 제구. 〔장대 끝에 짚수세미나 솔 따위를 매어서 만듦.〕

구둣-발[一두빨/一둔빨]**명** 구두를 신은 발. ¶구둣발로 차다.

구둣-발길[一두빨낄/一둔빨낄]**명** 구둣발로 차는 발길.

구둣-방(一房)[一두빵/一둔빵]**명** 구두를 만들거나 고치거나 파는 가게.

구둣-솔[一두쏠/一둔쏠]**명** 구두를 닦는 솔.

구둣-주걱[一두쭈一/一둔쭈一]**명** 구두를 신을 때, 발이 잘 들어가도록 뒤축에 대고 신는 도구. 준주걱.

구드러-지다[자] (식거나 말라서) 뻣뻣하게 굳어지다. 센꾸드러지다.

구득(求得)**명**(하타) 구하여 얻음.

구들[명] 〈방구들〉의 준말.

구들-고래[명] '방고래'의 잘못.

구들-구들[부](하다) 밥 같은 것이 되어서 속은 무르고 겉은 오들오들한 모양. 참고들고들. 센꾸들꾸들.

구들-더께[명] '늙고 병들어서 나다니지 못하고 늘 방 안에만 붙어 있는 사람'을 농조로 이르는 말. 참구들직장.

구들-돌[一똘]**명** 구들장.

구들-동티[명] '이렇다 할 아무 동티도 없이 죽은 것'을 농조로 이르는 말. ¶구들동티가 나다.

구들-미[명] 방구들을 뜯어고칠 때 나오는 탄 흙이나 재. 거름으로 씀.

구들-바닥[一빠一]**명** 장판이나 자리를 깔지 않은 구들의 맨바닥.

구들-방(一房)[一빵]**명** 구들장을 놓아 만든 방. 온돌방.

구들-장[一짱]**명** 방고래 위에 깔아 방바닥을 만드는 얇고 넓은 돌. 구들돌.

구들장(을) **지다**[관용] ①구들방에 눕다. ②병으로 앓아눕다. ③☞좀구새.

구들-재[一째]**명** ☞구재.

구들-직장(一直長)[一짱]**명** '바깥 출입을 하지 않고 방에만 틀어박혀 있는 사람'을 농조로 이르는 말. 참구들더께.

구듭[명] 귀찮은 남의 뒤치다꺼리.

구듭-치기[명] 귀찮은 남의 뒤치다꺼리를 하는 일.

구등(毬燈)**명** 둥근 제등(提燈).

구등(籠燈)**명** (바람을 막기 위하여) 불어리를 씌운 등.

구디[부][옛] 굳이. 굳게. ¶門들홀 다 구디 좀겨 뒷더시니(釋6:2).

구뜰-하다[형](여) 변변찮은 음식의 맛이 제법 구수하여 먹을 만하다. ¶시래깃국이 폐 구뜰하다.

구-띠(球一)**명** 구(球)를 평행한 두 평면으로 자를 때, 그 두 평면 사이에 끼인 구면(球面)의 부분. 구대(球帶).

구라파(歐羅巴)**명** '유럽'의 한자음 표기.

구락부(俱樂部)[一뿌]**명** (오락·취미·친목 등 공통의 목적을 위한 모임인) '클럽(club)'의 한자음 표기.

구:랍(舊臘)**명** 지난해의 마지막 달. 객랍(客臘).

구:래(舊來)**명** 예부터 그러함. ¶구래의 관습.

구:량(口糧)**명** 지난날, 관아에서 식구의 수에 따라 주던 양식(糧食).

구량-각(九樑閣)**명** 들보 아홉 개를 써서 네 칸 넓이로 지은 큰 전각.

구러디다[자][옛] 거꾸러지다. ¶구러뎃논 버드른 절로 가지 냇도다(杜初24:61).

구럭[명] 새끼로 그물처럼 눈을 성기게 떠서 만든 물건. 쟁이나 섬처럼 씀.

구렁[명] ①땅이 움쑥하게 팬 곳. ¶산행 도중에 구렁에 빠지다. ②'빠지면 헤어나기 어려운 환경'을 비유하여 이르는 말. ¶범죄의 구렁에 빠지다.

구렁-말[명] 털 빛깔이 밤빛인 말.

구렁이[명] ①뱀의 한 종류. 몸길이 150~180 cm. 몸통이 굵고 몸빛은 황적색이며 동작이 매우 느림. 집 근처의 담이나 돌무덤에서 나타나며, 쥐나 작은 새 따위를 잡아먹음. 준구리[2]. ②'마음이 음흉하거나 능글맞은 사람'을 비유하여 이르는 말.

구렁이 담 넘어가듯[속담] '일 처리를 분명하고 깔끔하게 하지 않고 슬그머니 얼버무려 버림'을 탓하여 하는 말.

구렁-찰[명] 철 늦게 익는 찰벼.

구렁-텅[명] ①'매우 험하고 깊은 구렁의 모퉁이. ②'빠지면 벗어나기가 몹시 힘든 주변 환경'을 비유하여 이르는 말. ¶죄악(罪惡)의 구렁텅이에 빠지다.

구레-나룻[─룯][명] 귀밑에서 턱까지 잇따라 난 수염. *구레나룻이[─루시]·구레나룻만[─룬─]

구레미[명] '범'의 심마니말.

구렛-들[─레뜰/─렏뜰][명] 바닥이 낮고 물이 늘 있거나 물길이 좋은 기름진 들.

구려[조] 〈로구려〉의 준말. ¶참으로 뛰어난 재주구려.

-구려[어미] ①형용사 어간이나 시제의 '-았(었)-'·'-겠-' 등에 붙어, 새삼스러운 느낌을 감탄조로 나타내는 하오체의 종결형 어미. ¶솜씨도 참 좋구려. ②동사 어간이나 높임의 '-시-' 등에 붙어, 상대편에게 좋도록 시키는 뜻을 나타내는 하오체의 종결 어미. ¶당신 편할 대로 하구려. /다녀오시구려.

구력(球歷)[명] (당구·볼링 따위) 구기(球技)에 관계해 온 경력.

구:력(舊曆)[명] 태음력을 태양력에 대하여 이르는 말. ↔신력(新曆).

구:령(口令)[명] 단체 행동의 몸 동작을 한결같이 하도록 호령함, 또는 그 호령. ¶교관의 구령 소리에 우리는 일사불란하게 움직였다.

구:령(救靈)[명] 신앙으로 영혼을 구원함.

구:령(舊領)[명] 지난날의 영토.

구:례(舊例)[명] 예부터 내려오는 관례(慣例).

구:례(舊禮)[명] 예부터 내려오는 예법.

구로(劬勞)[명] 자식을 낳아 기르는 수고.

구:로(舊路)[명] (새로 낸 길에 대하여) 이전부터 있던 길.

구로(鷗鷺)[명] '갈매기'와 '해오라기'를 아울러 이르는 말.

구로-일(劬勞日)[명] [부모가 자기를 낳아서 애쓰기 시작한 날이라는 뜻으로] '자기의 생일'을 달리 이르는 말.

구로지감(劬勞之感)[명] 부모의 은덕을 생각하는 마음.

구로지은(劬勞之恩)[명] 부모의 은혜.

구록(具錄)[명][하다] 빠짐없이 모두 적음.

구:록(舊錄)[명] 오래된 기록. 묵은 기록.

구록-피(狗鹿皮)[명] 사슴의 가죽처럼 부드럽게 다룬 개의 가죽.

구:론(口論)[명][하다] 말로써 논쟁함.

구롱(丘壟)[명] ①산언덕. ②조상의 산소.

구료[조] '구려'의 잘못.

구:료(救療)[명][하다] 병을 치료할 능력이 없는 빈민(貧民)을 돌보아 병을 고쳐 주는 일.

-구료[어미] '-구려'의 잘못.

구루(佝僂·傴僂·痀瘻)[명] ①곱사등이. ②[하자] 늙거나 병들어 등이 앞으로 꼬부라짐.

구루마〈くるま[車] 일〉[명] '수레'·'달구지'로 순화.

구루-병(佝僂病)[─뼝][명] 골연화증(骨軟化症)으로 등뼈나 가슴뼈 따위가 굽는 병. 곱삿병.

구룸[명] 〈옛〉구름. ¶구룸과 비와롤 어든닷 ᄒᆞ며(杜初21:7).

구류(拘留)[명][하다][되자] ①잡아서 가둠. ②자유형의 한 가지. 1일 이상 30일 미만의 기간 동안 구치소에 가두어 자유를 속박하는 형벌.

구류^신:문(拘留訊問)[명] 사법 기관에서, 범죄 혐의가 있는 사람을 구치소에 가두어 두고 하는 신문.

구류-장(拘留狀)[─짱][명] 법관이 범죄 혐의가 있는 사람을 구류할 때 발부하는 영장.

구류-장(拘留場)[명] 구류에 처한 범인을 수용하는 시설.

구륙(九六)[명] ①'양(陽)'인 아홉과 '음(陰)'인 여섯을 아울러 이르는 말. ②음양이 합하여 만물이 생기는 도리.

구륜(九輪)[명] ⇨상륜(相輪).

구르다¹[구르니·굴러][자타] ①데굴데굴 돌면서 옮겨 가다. ¶언덕에서 굴러 떨어지다. /진흙탕을 구르며 훈련하다. ②총포를 쏠 때, 반동으로 그 총포가 뒤로 되튀다. ☞굴대다.
　구르는 돌에 이끼가 안 낀다[속담] 꾸준하게 노력하는 사람은 침체되지 않고 계속 발전한다는 말.
　굴러 온 돌이 박힌 돌 뺀다[속담] 딴 곳에서 들어온 사람이 본디부터 있던 사람을 내쫓거나 해치려 한다는 말.

구르다²[구르니·굴러][타] 바닥이 울리도록 발을 힘주어 내리밟다. ¶마루를 구르며 뛰놀다. /애가 타서 발을 동동 구르다.

구르티다[타] 〈옛〉거꾸러뜨리다. ¶아히를 구르티디 말라(朴解中48).

구륵(鉤勒)[명] ⇨구륵법.

구륵-법(鉤勒法)[─뻡][명] 동양화에서, 물체의 윤곽을 가늘고 엷은 쌍선으로 그리고, 그 가운데를 채색하는 기법. 구륵. 쌍구법. ↔몰골법.

구름[명] 대기 중의 수분이 엉기어 미세한 물방울이나 빙정(氷晶)의 상태로 떠 있는 것.
　구름(을) 잡다[관용] 막연하고 허황한 짓을 하려고 하다.

구름-결[─껼][명] ①구름처럼 슬쩍 지나는 겨를. [참]바람결. ②(풀솜을 펼쳐 놓은 것처럼) 엷고 고운 구름의 결.

구름-금[─끔][명] 구름판의 맨 앞 선.

구름-다리[명] (험한 지대나 길의 교차 등을 피하려고) 공중에 놓은 다리. 가도교. 고가교.

구름-마찰(─摩擦)[명] 물체가 어떤 면 위를 굴러갈 때, 그 물체의 운동에 대한 저항력. 회전마찰.

구름-모임[명] 불교에서, 법회(法會)에 대중(大衆)이 구름같이 많이 모여드는 일.

구름-무늬[─니][명] 구름 모양으로 된 무늬.

구름-문(─紋)[명] 구름무늬. 운문(雲紋).

구름-바다[명] 바다처럼 넓게 깔린 구름. 운해(雲海).

구름-장[─짱][명] 넓게 퍼진 두꺼운 구름 덩이. ¶구름장 사이를 뚫고 비치는 한 줄기 햇살.

구름-집[명] 중들이 수도하는 집. 중들이 사는 산중의 집. [참]선당(禪堂).

구름-차일(─遮日)[명] 공중에 높이 친 차일.

구름-판(─板)[명] 멀리뛰기 같은 도약 운동에서, 발을 굴러 뛰는 판. 도약판(跳躍板).

구름[명] 마소의 아홉 살.

구릉(丘陵)[명] 언덕.

구릉-지(丘陵地)[명] 해발 고도 200~600m의 완만한 경사면과 골짜기가 있는 지역.

구리[명] 전연성(展延性)과 가공성이 뛰어난 적색 광택의 금속 원소. 자연동(自然銅) 또는 화합물로서 산출됨. 은(銀) 다음가는 열(熱) 및 전기의 양도체(良導體)로서 널리 쓰임. 동(銅). 적금(赤金). [Cu/29/63.546]

구리²[명] 〈구렁이〉의 준말.

구:리(久痢)[명] 오래된 이질.

구리(究理)[명][하타] 사물의 이치를 캐어 밝힘.
구리(具利)[명][하타] ☞구본변(具本邊).
구리가라-용왕(俱梨伽羅龍王)[명] 불교에서, 부동명왕(不動明王)의 변화신인 용왕을 이르는 말. 〔칼을 휘감아 삼키려는 흑룡(黑龍)의 형상을 하고 있음.〕
구리-귀신(-鬼神)[명] '구두쇠'를 얄밉게 여겨 이르는 말.
구리다[형] ①똥이나 방귀 냄새와 같다. ②하는 짓이 지저분하다. ③말이나 태도에 어딘가 떳떳하지 못한 데가 있다. ¶변명을 늘어놓지만 구린 데가 있다.
구리-종(-鐘)[명] ☞동종(銅鐘).
구리-줄[명] 구리로 길게 만든 줄. 동선(銅線).
구리-철사(-鐵絲)[-싸][명] 구리로 가늘게 만든 철사. 동사(銅絲).
구리터분-하다[형여] ①냄새가 구리고 터분하다. ②하는 짓이나 생각하는 것이 깔끔하지 못하고 구저분하다. ㉰구터분하다·굴터분하다. ㉯고리타분하다.
구리텁텁-하다[-터파-][형여] 매우 구리터분하다. ㉰구텁텁하다·굴텁텁하다. ㉯고리탑탑하다.
구린-내[명] 구린 냄새.
구린내(가) 나다[관용] (언행에) 수상쩍은 데가 있다.
구:림(久霖)[명] 오랜 장마.
구릿-대[-리때-][명] 산형과의 다년초. 산골짜기의 냇가에서 자라며, 줄기 높이 1~2 m. 근경은 살지고 수염뿌리가 많음. 6~8월에 흰 꽃이 피고 열매는 열매는 타원형이고 어린잎은 식용함. 뿌리는 '백지'라 하여 한약재로 쓰임.
구릿-빛[-리삗/-린삗][명] (구리의 빛깔과 같은) 검붉은 빛깔. 적동색. ¶구릿빛 살결. *구릿빛이[-리삐치/-린삐치]·구릿빛만[-리삗-/-린삗-]
구마(驅魔)[명] 마귀를 내쫓음.
구만[조] '구면'의 잘못.
-구만[어미] '-구면'의 잘못.
구만-리(九萬里)[-말-][명] '아득히 먼 거리'를 비유하여 이르는 말. ¶앞길이 구만리 같은 젊은이.
구만리-장천(九萬里長天)[-말-][명] 아득히 높고 먼 하늘. 구공(九空). 만리장천.
구매(毆罵)[명][하타] 때리며 욕을 함.
구매(購買)[명][하타] (물건을) 사들임. 구입(購入). ↔판매(販賣).
구매^동:기(購買動機)[명] 소비자가 어떤 상품을 사려고 마음먹게 되는 동기.
구매-력(購買力)[명] 상품을 사들일 수 있는 재력(財力). ☞소비자의 구매력.
구매-자(購買者)[명] 물건을 사는 사람 또는 업체. ↔판매자.
구매^조합(購買組合)[명] 조합원에게 필요한 일용품이나 원재료 등을 공동으로 구매하기 위하여 설립된 조합.
구매-처(購買處)[명] 보급품이나 용역을 구매하는 기능을 가진 시설이나 부서.
구맥(瞿麥)[명] 한방에서, '패랭이꽃의 꽃'을 약재로 이르는 말. 이뇨(破血)·통경 따위에 쓰임.
구면[조] 〈로구먼〉의 준말. ¶대단한 솜씨구면.
-구면[어미] 형용사 어간이나 시제의 '-았(었)-'·'-겠-' 등에 붙어, '-구나'의 느낌을 혼잣말처럼 나타내는 해체의 감탄형 종결 어미. ¶패크구면./일찍 왔구면./참 좋겠구면. ㉰-군.
구멍[명] 파내거나 뚫어진 자리. ¶구멍이 나다.

구멍 보아 가며 말뚝〔쐐기〕깎는다[속담] 형편을 보아 가며 알맞게 일을 꾸려 나간다는 말.
구멍은 깎을수록 커진다[속담] 허물은 감싸고 얼버무리려고 하면 할수록 더 드러난다는 말.
구멍-가게[명] 조그맣게 벌인 가게.
구멍-새[명] 구멍의 생긴 모양. ¶구멍새가 크다.
구멍-탄(-炭)[명] 구멍이 여러 개 뚫린 원기둥 모양의 연탄. 구공탄.
구멍-혈(-穴)[명] 한자 부수의 한 가지. '究'·'空' 등에서의 '穴'의 이름.
구메-구메[부] 남모르게 틈틈이. 새새틈틈. ¶외로운 이웃 노인을 구메구메 도와주다.
구메-농사(-農事)[명] ①작은 규모로 짓는 농사. ②농정(農政)이 고르지 않아서, 고장에 따라 풍흉(豊凶)이 다른 농사. 혈농(穴農).
구메-밥[명] 죄수에게 옥문(獄門)의 구멍으로 몰래 주는 밥.
구:면(苟免)[명][하타] (재난이나 위험 따위에서) 간신히 벗어남.
구면(球面)[명] ①구의 표면. ②일정한 점에서 일정한 거리에 있는 점의 자취.
구:면(舊面)[명] 이전부터 안면이 있는 사람. 고면(故面). ↔초면(初面).
구면-각(球面角)[명] 한 구면에서 두 대원(大圓)이 이루는 각.
구면-경(球面鏡)[명] 구면의 한쪽이 공 모양의 반사면(反射面)으로 된 거울. 〔요면경(凹面鏡)과 철면경(凸面鏡)이 있음.〕
구면-계(球面計)[명] -계-게][명] 구면의 곡료 반지름이나 얇은 판의 두께를 재는 기계. 구척(球尺).
구면^기하학(球面幾何學)[명] 구면 위의 기하학적 도형에 관하여 연구하는 기하학의 한 분야.
구면^다각형(球面多角形)[-가켱][명] 세 개 이상의 대원(大圓)의 열호(劣弧)로 둘러싸인 구면의 한 부분.
구면^삼각법(球面三角法)[-뻡][명] 삼각 함수를 써서 구면 삼각형의 변과 각과의 관계 및 구면 도형의 기하학적 성질을 연구하는 삼각법. ㉯평면 삼각법.
구면^삼각형(球面三角形)[-가켱][명] 세 개의 대원(大圓)의 열호(劣弧)로 둘러싸인 구면 위의 삼각형.
구면^수차(球面收差)[명] 렌즈 따위의 광학계(光學系)에서, 색 수차(色收差)를 제외한 수차를 통틀어 이르는 말.
구면^천문학(球面天文學)[명] 천구(天球) 상에 투영된 각 천체의 위치·운동·크기 등을 연구하는 천문학의 한 분야. 위치 천문학.
구면-파(球面波)[명] 공간의 한 점에서 모든 방향으로 한결같이 퍼져 나가는 파동.
구명(究明)[명][하타][되자] (사리나 원인 따위를) 깊이 연구하여 밝힘. ¶본질을 구명하다.
구:명(救命)[명][하타][되자] 사람의 목숨을 구함. ¶구명 운동을 펼치다.
구:명(舊名)[명] 고치기 전의 이름. 전에 부르던 이름. 옛 이름.
구:명-구(救命具)[명] 물에 빠진 사람을 구하는 데 쓰는 기구.
구:명-기(救命器)[명] 유독 가스가 있거나 산소가 부족한 곳에서 일하는 사람이 안전하게 호흡하기 위하여 착용하는 장치.
구:명-대(救命帶)[명] 〈구명부대〉의 준말.

구:명-도생(苟命圖生)명하자 구차스럽게 겨우 목숨만 이어 나감. 근근이 살아감.

구:명-동의(救命胴衣)[-의/-이]명 (배나 비행기 등의 사고로) 물에 빠졌을 때 입는 구명구의 한 가지. 조끼 모양으로, 공기를 불어 넣고 입으면 물에 뜨게 됨.

구:명-보:트(救命boat)명 ☞구명정(救命艇).

구:명-부대(救命浮帶)명 몸을 물 위에 뜨게 하는 구명구의 한 가지. 고무나 코르크 따위로 만들어 어깨에 걸치거나 허리에 두름. ⤜구명대.

구:명-부이(救命buoy)명 ☞구명부표.

구:명-부표(救命浮標)명 몸을 물 위에 뜨게 하는 구명구의 한 가지. 코르크를 방수포(防水布)로 싼 바퀴 모양의 기구. 구난부표. 구명부이.

구:명-삭(救命索)명 ①선박이 항행하는 동안 풍파로 말미암아 선체가 심하게 흔들릴 때, 붙잡고 걷거나 물에 빠지지 않게 하려고 갑판 위에 가로세로 쳐 놓은 줄. ②구명정의 둘레나 잠수부의 몸에 매는 줄.

구:명-정(救命艇)명 본선(本船)에 싣고 다니면서 본선이 사고를 당했을 때 인명을 구하는 데 쓰는 보트. 구명보트.

구:명-조끼(←救命チョッキ 일)명 물에 빠졌을 때 몸이 뜰 수 있게 만든 조끼.

구목(丘木)명 무덤 주변에 가꾸어 놓은 나무. 묘목(墓木).

구몰(俱沒)명하자 부모가 다 세상을 떠남. ↔구존(俱存).

구묘(丘墓)명 무덤.

구묘지향(丘墓之鄕)명 선산(先山)이 있는 시골. 추향(楸鄕).

구무(굼기·굼긔)명[옛] 구멍. 굼. ¶如來ㅅ 모매 터럭 구무마다 放光ㅎ샤(釋譜11:1).

구무(構誣)명하타 터무니없는 일을 꾸며 남을 모함함.

구무럭-거리다[-꺼-]자타 자꾸 구무럭구무럭하다. 구무럭대다. ⤜고무락거리다. ⤜꾸무럭거리다.

구무럭-구무럭[-꾸-]부하자타 느리게 자꾸 움직이는 모양. ⤜고무락고무락. ⤜꾸무럭꾸무럭.

구무럭-대다[-때-]자타 구무럭거리다.

구문(口文)명 흥정을 붙여 주고, 그 보수로 사고판 쌍쪽으로부터 받는 돈. 구전(口錢). 두전(頭錢).

구:문(口吻)명 ①입술. 입 끝. ②주둥이. 부리1. ③말투.

구문(究問)명하타 캐어물음. 따져 물음.

구문(具文)명하자타 (실속은 없이) 문서로 형식만 갖춤.

구문(構文)명 글의 짜임. 문장의 구성.

구:문(歐文)명 유럽 사람들이 쓰는 글자나 글.

구:문(舊聞)명 전에 들은 소문이나 이야기. ↔초문(初聞).

구문-권(求問權)[-꿘]명 민사 소송의 구두 변론 중에, 당사자가 상대편의 진술 취지를 확인하기 위해 재판장에게 필요한 질문을 할 수 있는 권리.

구문-론(構文論)[-논]명 ☞문장론(文章論).

구:물(舊物)명 ①옛 물건. 예전 것. ②대대로 물려 오는 물건.

구물-거리다자타 자꾸 구물구물하다. 구물대다. ⤜고물거리다. ⤜꾸물거리다.

구물-구물부하자타 몸을 느리게 자꾸 움직이는 모양. ⤜고물고물. ⤜꾸물꾸물.

구물-대다자타 구물거리다.

구미(口味)명 입맛. ¶구미에 맞는 음식.
구미가 당기다관용 욕심이 생기다.
구미가 돌다관용 욕심이나 흥미가 생기다.
구미가 동하다관용 무엇을 차지하고 싶은 마음이 생기다. 구미가 당기다.
구미를 돋우다관용 관심을 가지게 하다.

구:미(口糜)명 입 안이 허는 일.

구미(歐美)명 ①유럽 주와 아메리카 주. ②유럽과 미국. 서양(西洋). 비서구(西歐).

구:미(舊米)명 묵은쌀. ↔신미(新米).

구미-속초(狗尾續貂)명 [담비의 꼬리가 모자라개 꼬리로 잇는다는 뜻으로] ①'벼슬을 함부로 줌'을 비유하여 이르는 말. ②훌륭한 것에 보잘것없는 것이 뒤따름을 이름.

구미-초(狗尾草)명 ☞강아지풀.

구미-호(九尾狐)명 ①오래 묵어서 꼬리가 아홉 개나 달렸다고 하는 여우. [사람을 잘 호린다고 함.] ②'교활한 사람'을 비유하여 이르는 말.

구민(區民)명 한 구(區) 안에 사는 사람.

구:민(救民)명하자 백성을 구제함.

구:밀-복검(口蜜腹劍)[-껌]명 [입으로는 달콤한 말을 하면서 배 속에는 칼을 지녔다는 뜻으로] '겉으로는 친절한 체하나 속으로는 해칠 생각을 지님'을 비유하여 이르는 말.

구박(驅迫)명하타 (고의적으로) 못 견디게 괴롭힘. 들볶음. ¶며느리를 구박하다. 비학대(虐待).

구박-지르다[-찌-][~지르니·~질러]타ㄹ 〈구기박지르다〉의 준말.

구:방(舊邦)명 건국한 지 오래된 나라.

구배(勾配)명 ①'물매1'로 순화. ②'기울기'로 순화.

구배-표(勾配標)명 ☞기울기표.

구법(句法)[-뻡]명 시문(詩文)의 구절을 만들거나 배열하는 방법.

구법(求法)명하자 불법(佛法)을 구함.

구:법(舊法)[-뻡]명 예전의 법률. ↔신법.

구:벽(口癖)명 입버릇. 말버릇.

구:-벽토(舊壁土)명 오래된 바람벽의 흙. 논밭의 거름으로 쓰임.

구:변(口邊)명 입가.

구:변(口辯)명 말솜씨. 언변(言辯). ¶구변이 뛰어나다.

구변(具邊)명하타 〈구본변(具本邊)〉의 준말.

구:변-머리(口辯-)명 〈구변(口辯)〉의 속된 말.

구별(區別)명하타되자 ①종류에 따라 갈라 놓음. ¶동식물을 구별하다. ②차별을 둠. ¶아들 딸 구별 말고 하나만 낳아 잘 기르자.

구:병(救兵)명 ☞원병(援兵).

구:병(救病)명하자 병구완을 함.

구보(狗寶)명 한방에서, '병든 개의 쓸개 속에 든 담석'을 약재로 이르는 말. 중풍(中風)이나 악창(惡瘡) 따위에 쓰임.

구보(驅步)명하자 뛰어감. 즉구면(具面).

구:복(口腹)명 (음식을 먹는) 입과 배.
구복이 원수(라)속담 먹고살기 위하여 어쩔 수 없이 잘못을 저질렀음을 이르는 말. ⤜목구멍이 포도청.

구-복색(具服色)[-쌕]명하자 옷을 절차에 맞게 갖춰 입음.

구:복지계(口腹之計)[-찌계/-찌게]명 ☞생계.

구-본변(具本邊)명하타 본전과 이자를 합함. 구리(具利). 병본리(並本利). ⤜구변(具邊).

구부득-고(求不得苦)[-꼬]명 불교에서 이르는 팔고(八苦)의 하나. 얻으려고 하여도 얻지 못하는 고통.

구부러-들다[~드니·~들어]짜 점점 안쪽으로 구붓하게 되다. 쭌고부라들다. 셴꾸부러들다.

구부러-뜨리다타 아주 구부러지게 하다. 구부러트리다. ¶철근을 구부러뜨리다. 쭌고부라뜨리다. 셴꾸부러뜨리다.

구부러-지다짜 한쪽으로 구붓하게 되다. 쭌고부라지다. 셴꾸부러지다.

구부러-트리다타 구부러뜨리다. 쭌고부라트리다. 셴꾸부러트리다.

구부렁-구부렁부하 여럿이, 또는 여러 군데가 다 구부렁한 모양. 쭌고부랑고부랑. 셴꾸부렁꾸부렁.

구부렁-이명 구부렁하게 생긴 물건. 쭌고부랑이. 셴꾸부렁이.

구부렁-하다형 한쪽으로 조금 구붓하다. 쭌고부랑하다. 셴꾸부렁하다.

구부리다타 한쪽으로 구붓하게 굽히다. ¶허리를 구부려 인사하다. 쭌고부리다. 셴꾸부리다.

구부스름-하다형 조금 굽은 듯하다. 쭌구부숨하다. 쭌고부스름하다. 셴꾸부스름하다. 구부스름-히부.

구부숨-하다형 〈구부스름하다〉의 준말. 쭌고부숨하다. 셴꾸부숨하다. 구부숨-히부.

구부정-구부정부하 여럿이, 또는 여러 군데가 다 구부정한 모양. 쭌고부장고부장. 셴꾸부정꾸부정.

구부정-하다형 조금 휘움하게 굽어 있다. 쭌고부정하다. 구부정-히부.

구:-북구(舊北區)[~꾸]명 생물 지리학상의 한 구역. 〔히말라야 산맥 이북의 아시아·유럽 대륙, 사하라 사막 이북의 아프리카 대륙을 포함하는 지역.〕

구분(區分)명하타되짜 따로따로 갈라서 나눔. ¶공사(公私)를 구분하다.

구분^구적법(區分求積法)[~뻡]명 도형의 넓이나 부피를 구할 때, 도형을 몇 개의 작은 부분으로 나누어 넓이나 부피의 총화를 구한 다음, 그 극한으로써 계산하는 방법.

구:분-전(口分田)명 고려 시대에, 자손이 없는 나이 많은 군인, 전사한 군인의 아내, 자손이 없이 죽은 관리의 아내 등에게 품등에 따라 나누어 주던 토지.

구불-거리다짜 이리저리 구부러지다. 구불대다. 쭌고불거리다.

구불-구불부짜하 이러저리 구불거리거나 구부러져 있는 모양. ¶구불구불한 오솔길. 쭌고불고불. 셴꾸불꾸불.

구불-대다짜 구불거리다.

구불텅-구불텅부하 여러 군데가 다 구불텅한 모양. 쭌고불탕고불탕. 셴꾸불텅꾸불텅.

구불텅-하다형 (굽이가) 느슨하게 굽다. 쭌고불탕하다. 셴꾸불텅하다.

구붓-구붓[-붇꾿]부짜하 여러 군데가 다 구붓한 모양. 쭌고붓고붓. 셴꾸붓꾸붓. 구붓구붓-이부.

구붓-하다[-부타-]형 좀 굽은 듯하다. 쭌고붓하다. 셴꾸붓하다. 구붓-이부.

구븓ㅎ다형 〈옛〉 구붓하다. 조금 굽다. ¶구븓홀 궁:穹. 구븓홀 륭:隆(訓蒙下1).

구:비(口碑)명 〔비석에 새긴 것처럼 오래도록 전해 내려온 말이라는 뜻에서〕 옛날부터 두고 두고 전해 오는 말.

구비(具備)명하타되짜 (필요한 것을) 빠짐없이 갖춤. 두루 갖춤. ¶구비 서류.

구비(廐肥)명 외양간에서 나는 두엄. 쇠두엄.

구:비^동:화(口碑童話)명 민간에 전승되어 말로 전해 내려오는 동화.

구:비^문학(口碑文學)명 (문자의 힘을 빌리지 않고) 옛날부터 말로 전승되어 온 문학. 〔설화·민요·수수께끼 등이 이에 딸림.〕 구승 문학. 구전 문학(口傳文學). 전승 문학(傳承文學).

구:빈(救貧)명하짜 가난한 사람을 구제함.

구비명 〈옛〉 굽이. ¶銀河水 호 구비를 촌촌이 버혀내어(鄭澈.關東別曲).

구비구비부 〈옛〉 굽이굽이. ¶千年老龍이 구비구비 서려 이셔(鄭澈.關東別曲).

구쁘다[구쁘니·구뻐]형 (음식이) 먹고 싶어 입맛이 당기다.

구:사(口四)명 불교에서 이르는 십악(十惡) 가운데, 망어(妄語)·기어(綺語)·악구(惡口)·양설(兩舌)의 네 가지 구업(口業).

구사(求仕)명하타 벼슬을 구함.

구사(求嗣)명하타 (첩을 두어서) 대(代) 이을 아들을 얻으려고 함.

구사(鳩舍)명 비둘기의 집.

구사(廐舍)명 ☞마구간.

구:사(舊師)명 옛 스승.

구:사(驅使)명하타되짜 ①사람이나 동물을 마구 몰아쳐 부림. ②(말이나 수사법·기교 따위를) 능숙하게 마음대로 다루어 씀. ¶외국어를 유창하게 구사할 수 있는 실력을 기르다.

구:-사상(舊思想)명 ①옛적 사상. ②낡은 사상. →신사상.

구사-일생(九死一生)[-생]명하짜 여러 차례 죽을 고비를 겪고 겨우 살아남. 《주로, '구사일생으로'의 꼴로 쓰임.》 백사일생(百死一生). 십생구사(十生九死). ¶구사일생으로 목숨을 건지다.

구산(九山)명 ☞구산문.

구:산(口算)명하타 입으로 셈함, 또는 그 셈.

구산(丘山)명 ①언덕과 산. 강만(岡巒). ②'물건이 많이 쌓인 모양'을 비유하여 이르는 말.

구산(求山)명하짜 좋은 묏자리를 잡으려고 찾음.

구:산(舊山)명 ①조상의 무덤이 있는 곳. ②오래된 무덤 자리.

구산-대(丘山臺)명 물건을 높다랗게 쌓아 올린 더미.

구산-문(九山門)명 불교에서, 달마(達磨)의 선법(禪法)을 이어 그 종풍(宗風)을 크게 떨친 아홉 교파를 오교(五敎)에 상대하여 이르는 말. 구산. 구산선문.

구산-선문(九山禪門)명 ☞구산문.

구산^조사(九山祖師)명 통일 신라 시대에, 구산(九山)을 개창한 아홉 사람의 중.

구살(構殺)명하타 없는 일을 꾸며서 죄로 몰아 죽임.

구살(毆殺)명하타 때려죽임. 타살(打殺).

구상(口狀)명 절구처럼 우묵하게 생긴 모양.

구상(求償)명 배상 또는 상환을 청구함.

구상(具象)명 ☞구체(具體). ↔추상(抽象).

구상(球狀)명 공같이 둥근 모양.

구상(鉤狀)명 갈고리처럼 꼬부라진 모양.

구상(構想)명하타 ①무슨 일에 대하여 그 전체의 내용이나 규모, 실현하는 방법 등을 이리저리 생각하는 일, 또는 그 생각. ②예술 작품을 창작할 때에 내용이나 표현 형식 등에 대하여 생각을 정리하는 일. ¶장편 역사 소설을 구상하다.

구상(毆傷)명하타 때려서 상처를 냄.

구상^개:념(具象概念)명 ☞구체적 개념.

구상^관절(球狀關節)[명] 가동(可動) 관절의 한 가지. 한쪽은 공처럼, 다른 한쪽은 확처럼 생긴 것이 서로 맞물려 있어 운동이 자유로운 관절. 〔견갑(肩胛) 관절 따위.〕

구상-권(求償權)[-꿘][명] 채무자를 대신하여 채무를 변제한 연대 채무자나 보증인 등이, 그 채무자에 대해 가지는 반환 청구의 권리.

구상-균(球狀菌)[명] ☞구균(球菌).

구상-나무[명] 소나뭇과의 상록 침엽 교목. 산허리 이상에 나는데, 정원수로도 심음. 높이는 18 m 가량. 6월에 짙은 자줏빛 꽃이 핌. 나무는 건축 및 펄프재 등에 쓰임. 우리나라 특산 식물임.

구상^명사(具象名詞)[명] ☞구체 명사.

구상^무:역(求償貿易)[명] 두 나라 사이에 협정을 맺어, 일정 기간 동안 수출과 수입을 균등하게 하여 결제 자금이 필요하지 않도록 결정한 무역. 바터제(barter制).

구:-서(口上書)[명] 외교 문서 형식의 한 가지. 상대국에 대한 의사를 구두로 전하는 대신 글로 적어서 전하는 것.

구상-성(具象性)[-썽][명] ☞구체성(具體性). ↔추상성(抽象性).

구상^성단(球狀星團)[명] 은하계의 주위에 수십만 개의 별이 빽빽하게 모여 공 모양을 이룬 성단. ↔산개 성단(散開星團).

구상-어(具象語)[명] 형체를 갖춘 구체적인 사물을 나타내는 말.

구상^예:술(具象藝術)[-녜-][명] 형체가 있는 구체적인 사물을 표현 대상으로 하는 예술. ↔추상 예술(抽象藝術).

구:상유취(口尙乳臭)[-뉴-][명] 〔입에서 아직 젖내가 난다는 뜻으로〕‘말이나 하는 짓이 유치함’을 이르는 말.

구상-화(具象化)[명][하자타][되자] ☞구체화.

구상-화(具象畫)[명] 실제로 있거나 또는 그렇게 상상할 수 있는 사물을 사실적으로 표현하는 그림. ↔추상화(抽象畫).

구상^화:산(臼狀火山)[명] 폭발성의 분화(噴火)로 말미암아 생긴 화산. 〔산의 높이에 비하여 화구(火口)의 지름이 큼.〕 호마테.

구새¹[명] 광석 사이에 산화되어 끼어 있는 딴 광물질의 가는 알갱이.

구새²[명] 〔구새통의 준말.〕

구새(가) 먹다[관용] 살아 있는 나무의 속이 썩어서 구멍이 나다.

구새-통[명] ①속이 썩어서 구멍이 난 통나무. ②나무로 만든 굴뚝. ㊀구새².

구색(求索)[명][하자] 애를 써서 찾아냄.

구색(究索)[명][하자] 연구하고 사색함.

구색(具色)[명] (물건 따위를) 골고루 갖춤, 또는 그런 모양새.

구색(을) 맞추다[관용] 여러 가지가 골고루 갖추어지게 하다.

구색이 맞다[관용] 여러 가지가 고루 갖추어지다. ¶자, 반주가 있으니까 노래를 해야 구색이 맞지.

구:-생(苟生)[명] 구차하게 삶.

구생(舅甥)[명] ①외삼촌과 생질. ②장인과 사위.

구서(九暑)[명] 여름철 90일 동안의 더위.

구서(口書)[명] ①붓을 입에 물고 쓴 글씨. ②죄를 자백할 때, 그 자백을 받아서 적은 것.

구서(具書)[명][하자] (한자를 쓸 때) 글자의 획을 빼지 않고 갖추어 씀.

구서(驅鼠)[명] 쥐를 잡아 없앰.

구석[명] ①모퉁이의 안쪽. ¶냉장고를 한쪽 구석에 놓다. ②잘 드러나지 아니하고 외진 곳. ¶시골 구석에서 살다. ③마음이나 사물의 한 부분. ¶믿는 구석이 있다. /고장난 구석이 있다.

구석-건년방(-房)[-껀-][명] 건넌방 뒤로 마루가 있고, 거기에 달려 있는 방.

구석-구석[-꾸-][명] 이 구석 저 구석. ¶집안의 구석구석까지 뒤진다.

구석구석-이[-꾸-][부] 구석구석마다. ¶젓갈 냄새가 방 안 구석구석이 배어들다.

구:-석기(舊石器)[-끼][명] 구석기 시대에 인류가 만들어 쓰던 석기.

구:석기^시대(舊石器時代)[-끼-][명] 석기 시대의 전기(前期). 구석기 및 골각기를 사용하던 시대. ☞신석기 시대.

구석-방(-房)[-빵][명] 집의 한구석에 있는 방.

구석-장(-欌)[-쨩][명] 방구석에 놓을 수 있도록 세모지게 만든 장.

구석-지다[-찌-][형] ①한쪽 구석으로 치우치다. ¶구석진 자리. ②멀리 떨어져 외지다.

구:-설(口舌)[명] 시비하거나 헐뜯는 말. ¶구설을 들어 가면서도 기어이 계획대로 일을 추진하다.

구:설(久泄)[명] 오래도록 낫지 않는 설사.

구:설-수(口舌數)[-쑤][명] 구설을 들을 운수. ¶구설수에 오르다.

구성(九成)[명] 황금의 품질을 10등분할 때의 둘째 등급. ☞십성.

구성(九星)[명] ①음양가가 사람의 길흉 판단에 쓰는 아홉 별. 〔일백(一白)·이흑(二黑)·삼벽(三碧)·사록(四綠)·오황(五黃)·육백(六白)·칠적(七赤)·팔백(八白)·구자(九紫)를 이름. 이에 팔괘·오행·방위·간지(干支) 등을 배당하여 길흉을 헤아림.〕 ②민속에서, 탐랑성·거문성·녹존성·문곡성·염정성·무곡성·파군성·좌보성·우필성을 통틀어 이르는 말. 그 방위를 괘효에 배당하여 주택·택일의 길흉을 헤아림.

구:성(久成)[명] ‘오랜 시일을 두고 닦아야만 불도(佛道)를 깨달을 수 있음’을 이르는 말.

구성(構成)[명][하자타][자] ①몇 개의 부분이나 요소를 얽어서 하나로 만드는 일, 또는 그렇게 해서 짜여진 것. ②예술 작품에서, 작품을 이루는 여러 요소를 결합하여 전체적인 통일을 꾀하는 일. 플롯.

구성^개:념(構成概念)[명] 과학적인 처리에 의해서 조작적(操作的)으로 만들어진 개념.

구-성명(具姓名)[명][하자] (성이나 이름만 쓰지 않고) 성과 이름을 다 갖추어 씀.

구성^심리학(構成心理學)[-니-][명] 복잡한 의식 내용을 요소별로 나누고, 그 요소를 결합하여 정신 현상을 설명하려는 심리학.

구성-없다[-업따][형] 격에 맞지 않다. 멋없다. **구성없-이**[부] ¶구성없이 까분다.

구성-원(構成員)[명] 어떤 조직을 이루고 있는 사람. 성원(成員).

구성^작가(構成作家)[-까][명] 다큐멘터리·교양·오락 등의 프로그램을 기획하고, 그 내용이 되는 대본이나 출연자들의 대사 원고를 쓰는 방송 작가.

구성-주의(構成主義)[-의/-이][명] 제1차 세계 대전 후 러시아에서 일어난 전위적인 추상 예술 운동. 〔사실주의를 배격하고, 주로 기하학적 구성에 의한 새로운 미(美)를 추구함.〕

구성-지다[형] 천연덕스럽고 구수하다. ¶구성진 목소리. /제 흥에 겨워 구성진 가락을 뽑다.

구성-파(構成派)[명] 20세기 초에 구성주의 경향을 띠고 조형 예술에 참가한 예술가들의 한 파.

구세(몡) (해면처럼) 구멍이 숭숭 뚫린 광석.

구:세(救世)몡하타 ①세상 사람을 구제함. ②불교에서, 중생을 고통에서 구하는 일. ③기독교에서, 인류를 악마의 굴레와 죄악에서 구하는 일.

구:-세(舊歲)몡 지난해.

구:-세계(舊世界)[-계/-게]몡 ☞구대륙(舊大陸). ↔신세계.

구:세-군(救世軍)몡 기독교의 한 교파. 중생(重生)·성결(聖潔)·봉사를 중히 여기고, 군대식 조직 밑에서 전도·교육·사회 사업 등을 함.

구:-세대(舊世代)몡 옛 세대. 낡은 세대.

구세-동거(九世同居)몡 〔9대가 한집에 산다는 뜻으로〕'집안이 화목함'을 이르는 말.

구:-세력(舊勢力)몡 ①옛 세력. ②수구적(守舊的)인 세력.

구:세-제민(救世濟民)몡하 세상 사람을 어려움에서 벗어나게 함(구제함).

구:세-주(救世主)몡 ①인류를 죄악에서 구원(救援)하는 주(主)로서의 '예수'를 일컫는 말. 구주. 메시아(Messiah). ②중생을 고통에서 구원해 준 '석가모니'를 일컫는 말. ③'어려움이나 고통에서 구해 주는 사람'을 비유하여 이르는 말.

구소(灸所)몡 ☞구멸(灸穴).

구:-소(舊巢)몡 ①새들의 옛 둥우리. ②옛 보금자리. 옛집. 고소(古巢).

구:-소설(舊小說)몡 갑오개혁(甲午改革) 이전에 나온 소설을 흔히 이르는 말. 〔대부분이 비현실적인 공상의 세계를 다루었음.〕 ↔신소설.

구속(拘束)몡하타 ①마음대로 못하게 얽어맴. ¶구속을 받다. /구속을 당하다. 粤속박(束縛). ②형사 소송법에서, 피의자나 피고인을 구금 또는 구인하는 강제 처분.

구속(球速)몡 야구에서, 투수가 던지는 공의 속도.

구:속(救贖)몡하 기독교에서, 예수가 십자가에 못 박혀 인류의 죄를 대속(代贖)하여 구원하는 일을 이름.

구:속(舊俗)몡 옛 풍속. 낡은 풍속.

구속-력(拘束力)[-녁]몡 법률·규칙·조약 등에 의하여 자유로운 행동을 구속하는 효력.

구속성^예:금(拘束性預金)[-썽네-]몡 ☞꺾기.

구속^시간(拘束時間)[-씨-]몡 노동자가 직장에 정시 출근하여 정시 퇴근할 때까지의 노동 시간. 〔쉬거나 대기하는 시간도 이에 포함됨.〕

구속^영장(拘束令狀)몡 피의자나 피고인을 일정한 장소에 구인할 수 있는 영장. 〔검사나 사법 경찰관의 신청에 따라 판사가 발부함.〕 ¶구속 영장을 발부하다.

구속^적부^심사(拘束適否審査)[-쩍뿌-]몡 피의자의 구속이 적법한지 적법하지 아니한가를 법원에서 심사하는 일. 적부 심사.

구속-형(拘束形)[-쏘켱]몡 용언 연결 어미의 한 갈래. 문장에서 주어의 서술어 구실을 하면서, 뒤에 말하는 사실에 무슨 매는 힘이 미치게 됨을 나타냄. 〔'-(으)면·-거든·-(으)기에·-아(어)야' 따위.〕 粤방임형.

구:송(口誦)몡하타 소리 내어 욈(읽음).

구:송-체(口誦體)몡 운율(韻律)이 있어 소리 내어 읽거나 외기 좋게 된 문체. ¶구송체 소설.

구숭ㅎ다타 〔옛〕 꾸중하다. ¶내 종을 구숭하ㄴ다 므른 거슬 글오라(杜初17:15).

구:수(口受)몡하타 상대편의 말을 직접 받아 가르침을 받음. 구수(口授)를 받음.

구:수(口授)몡하타 (학문이나 지식 등을) 말로써 전함, 또는 말로써 가르쳐 줌.

구수(仇讐)몡 ☞구수(怨讐).

구수(丘首)몡 〔여우는 죽을 때에 자기가 본디 살던 언덕 쪽으로 머리를 두고 죽는다는 뜻으로〕 ①'근본을 잊지 않음'을 비유하여 이르는 말. ②'고향을 생각함'을 비유하여 이르는 말.

구수(拘囚)몡하타되자 ☞구금(囚禁).

구수(怨讐)몡 ☞구수(仇讐).

구수(鳩首)몡 〔비둘기들이 모여 머리를 맞대듯이〕 몇 사람이 모여 머리를 맞대다시피 하여 논의하는 일.

구수-닭[-닥]몡 얼룩점이 박힌 닭. * 구수닭이[-달기]·구수닭만[-당-]

구수-응의(鳩首凝議)[-의/-이]몡하타 ☞구수회의.

구:수-죽(口熟粥)몡 섣달 스무닷새 날 밤에 쑤어 먹는는 붉은 팥죽.

구수지간(仇讐之間)몡 서로 원수를 진 사이.

구수-하다혱 ①맛이나 냄새가 비위에 당기도록 좋다. ¶구수한 된장찌개 냄새. /숭늉이 구수하다. ②마음을 끄는 은근한 맛이 있다. ¶구수한 옛이야기. 구수-히뷔.

구수-회의(鳩首會議)[-회의/-훼이]몡하타 〔비둘기들이 모여 머리를 맞대듯이〕 몇 사람이 머리를 맞대다시피 하여 의논함, 또는 그런 회의. 구수응의(鳩首凝議).

구:순(口脣)몡 ①입과 입술. ②입술.

구:순-기(口脣期)몡 정신 분석학에서, 성 본능이 나타나는 첫 단계로, 생후 18개월까지의 시기를 이르는 말. 〔젖을 빠는 동작으로 구순 점막이 자극을 받아 쾌감을 느끼게 된다고 함.〕

구:순-성격(口脣性格)[-껵]몡 정신 분석학에서, 성장한 뒤에도 정신적·성적인 발달이 그대로 구순기에 머물러 있는 사람의 성격을 이르는 말. 〔매사에 수동적이고 의존적인 경향이 두드러짐.〕 구애적 성격.

구순-하다혱 (서로 사귀거나 지내는 데) 의가 좋아 화목하다. 구순-히뷔.

구:술(口述)몡하타 입으로 말함. 구진(口陳). ¶구술 고사. 粤구연(口演).

구술(灸術)몡 한방에서, 뜸으로써 병을 다스리는 의술을 이름.

구:술-시험(口述試驗)몡 ☞구두시험(口頭試驗). ↔필기시험.

구:술-주의(口述主義)[-의/-이]몡 소송 심리의 방식에서, 당사자나 법원이 변론이나 증거 조사 등을 말로써 해야 한다는 주의. 구두주의(口頭主義). ↔서면 심리주의.

구스베리(gooseberry)몡 범의귓과의 낙엽 관목. 높이는 약 1 m. 가시가 많으며 봄에 흰 꽃이 피고 공 모양의 장과(漿果)가 황록색으로 익음. 열매는 날로 먹거나 잼을 만들어 먹음.

구슬몡 ①보석붙이로 둥글게 만든 물건. 흔히, 꾸미개나 패물로 쓰임. ②진주. ③어린아이들의 장난감의 한 가지. 사기나 유리 따위로 눈깔사탕만 하게 만듦.

구슬이 서 말이라도 꿰어야 보배(라)속담 아무리 좋은 것이라도 쓸모 있게 만들어 놓아야 가치가 있다는 말.

구슬-감기몡 〈구슬갱기〉의 본딧말.

구슬-갓끈[-갇-]몡 구슬을 꿰어 만든 갓끈.

구슬-갱기몡 짚신 총갱기의 한 가지. 粤구슬감기.

구슬-구슬뷔하 밥이 알맞게 잘되어 질지도 되지도 않은 모양. 粤고슬고슬.

구슬-덩閉 오색(五色) 구슬발로 꾸민 덩.

구슬-땀閉 구슬처럼 방울방울 맺힌 땀. ¶구슬땀을 흘리다.

구슬려-내다目 그럴듯한 말로 꾀어내다.

구슬리다目 ①(남을) 그럴듯한 말로 꾀어 마음이 움직이게 하다. ②(끝난 일을) 이리저리 헤아려 자꾸 생각하다.

구슬려 삶다판용 자꾸 구슬려서 말을 잘 듣게 하다.

구슬려 세우다판용 구슬려서 추어올리다.

구슬-발閉 구슬을 실에 꿰어 만든 발. 주렴.

구슬-사탕(˚-沙糖)閉 '알사탕'의 잘못.

구슬-양피(-羊皮)[-량-]閉 털이 곱슬곱슬하여 구슬 모양으로 동글동글하게 말리어 오그라든 양털 가죽.

구슬-옥(-玉)閉 한자 부수의 한 가지. '瑩'·'璧' 등에서의 '玉'의 이름. '珍'·'現' 등에서 쓰일 때는 자형이 '王'으로, 명칭은 '구슬옥변'으로 바뀜.

구슬옥-변(-玉邊)[-뼌]閉 한자 부수의 한 가지. '珍'·'現' 등에서 '구슬옥(玉)'이 '王'으로 쓰일 때의 이름.

구슬-치기閉하자 구슬을 가지고 노는, 어린아이들의 놀이.

구슬프다[구슬프니·구슬퍼]閉 처량하고 슬프다. ¶구슬픈 피리 소리.

구슬피뿐 구슬프게. ¶구슬피 울다.

구:-습(口習)閉 ①입버릇. ②말버릇.

구:습(舊習)閉 예부터 내려오는 낡은 관습. ¶구습을 타파하다.

구:승(口承)閉 말로 전하여 내려옴.

구:승(舊升)閉 신승(新升)에 대하여, '이전에 쓰던 장되'를 이르는 말.

구:승^문학(口承文學)閉 ☞구비 문학.

구시(仇視)閉하타 원수(怨讎)로 여김.

구:시(舊時)閉 옛적. 왕시(往時).

구:-시가(舊市街)閉 신시가(新市街)에 대하여 그전부터 있던 시가.

구:-시대(舊時代)閉 옛 시대. 낡은 시대. ¶구시대의 유물. ↔신시대(新時代).

구시렁-거리다困 구시렁구시렁하다. 구시렁대다. 卧구시랑거리다.

구시렁-구시렁뿐하자 못마땅하다는 듯 군소리를 자꾸 늘어놓는 모양. 卧고시랑고시랑.

구시렁-대다困 구시렁거리다.

구:시심비(口是心非)閉하자 말로는 옳다 하면서 마음속으로는 그르게 여김.

구시-월(←九十月)閉 구월과 시월.
　　구시월 세단풍(細丹楓)[고운 단풍]속담 '당장 보기는 좋아도 곧 좋아지게 될 것'을 비유하는 말.

구:-식(舊式)閉 ①옛 격식. 그전 형식. ¶구식 결혼. /구식 양복. ②케케묵어 시대에 뒤떨어짐, 또는 그런 것. ¶구식 생각.

구:식-쟁이(舊式-)[-쩽-]閉 '구식을 지나치게 따르거나 지키는 사람'을 흘하게 이르는 말.

구신(具申)閉하타 자기의 의견이나 사정을 자세히 아룀. ¶상관에게 구신하다.

구신(具臣)閉 육사(六邪)의 하나. 아무 구실도 못하고 단지 수효만 채우는 신하.

구신(狗腎)閉 한방에서, '개의 자지'를 약재로 이르는 말. 음위증과 대하증에 약으로 씀.

구:신(舊臣)閉 옛 신하.

구실閉 ①지난날, ⑦공공(公共)이나 관아의 직무를 이르던 말. ¶구실을 다니다. ⓛ'조세(租稅)'를 통틀어 이르던 말. ¶구실을 물다. ②(어떤 자격으로, 또는 어떤 처지에서) 마땅히 해야 할 일. 맡아서 해야 할 일. 역할(役割). ¶며느리 구실. /책임자 구실. /사람 구실.

구:실(口實)閉 핑곗거리. 변명할 재료. 탁언(託言). ¶짐짓 구실을 만들어 쉬다.

구실-길[-낄]閉 지난날, 구실아치가 공사(公事)로 가던 길.

구실-아치閉 지난날, 각 관아의 벼슬아치 밑에서 일을 보던 사람.

구실재아(咎實在我)閉 남의 허물이 아니라 자기의 잘못이라고 스스로 인정하는 말.

구심(求心)閉 ①불교에서, 참된 마음을 찾아 참선(參禪)하는 일. ②회전하는 물체가 중심을 향하여 가까워지려고 하는 작용. ②↔원심(遠心).

구심(球心)閉 구(球)의 중심.

구심(球審)閉 야구 경기의 주심(主審). 포수 뒤에서 스트라이크·볼 등의 판정 및 경기 진행을 주관함.

구심-력(求心力)[-녁]閉 물체가 원운동을 할 때 중심으로 쏠리는 힘. 향심력. ↔원심력.

구심^신경(求心神經)閉 말초 신경으로부터 중추부에 자극을 전달하는 신경.

구심-운동(求心運動)閉 중심을 향하여 쏠리는 물체나 정신의 운동.

구심-점(求心點)[-쩜]閉 ①구심력의 중심이 되는 점. ②'중심적 역할을 하는 사람·사상' 따위를 비유하여 이르는 말.

구십(九十·九拾)[I]주 십의 아홉 배가 되는 수. 아흔.
　[II]관 《일부 단위를 나타내는 명사 앞에 쓰이어》 ①그 수량이 아흔임을 나타내는 말. ¶구십 년. ②그 순서가 아흔 번째임을 나타내는 말. ¶책의 구십 쪽.

구십-춘광(九十春光)閉 ①봄의 석 달 동안. ②석 달 동안의 화창한 봄 날씨.

구싀閉[옛] 구유. ¶구싀예 ㅁㄷ기 여믈 주고(翻朴上21).

구아(球牙)閉 백합과 식물의 잎겨드랑이에서 생기는 거무스름한 둥근 눈. [땅에 떨어지면 싹이 남.]

구아노(guano)閉 해조(海鳥)의 똥이 바닷가의 바위 위에 쌓여서 된 덩어리. 주로, 인산 비료로 쓰임. 조분석(鳥糞石). 해조분(海鳥糞).

구아닌(guanine)閉 핵단백질의 분해 산물. [물고기의 비늘, 양서류의 색소 세포, 포유류의 간장이나 췌장에 많이 함유되어 있음.]

구:악(舊惡)閉 ①이전에 저지른 죄악. ②예전 사회의 여러 가지 악습이나 병폐. 숙악(宿惡).

구:악(舊樂)閉 ①양악 음악에 상대하여 아악(雅樂) 따위의 전통 음악을 이름.

구안(具案)閉하자 ①초안(草案) 등을 세움. ②일정한 수단 방법을 갖춤.

구안(具眼)閉하자 안목(目目)을 갖춤.

구:안(苟安)閉하자 한때의 편안을 꾀함.

구:안-괘사(口眼喎斜)閉 한방에서, 입과 눈이 한쪽으로 쏠리어 비뚤어지는 병, 곧 '안면 신경 마비'를 이르는 말. 괘사증.

구안-마(具鞍馬)閉 안장을 갖춘 말.

구:안-와(口眼喎斜)閉 ☞구안괘사.

구-안장(具鞍裝)閉 말에 안장을 갖춤.

구안지사(具眼之士)閉 사물의 시비나 선악을 판단할 수 있는 견식(見識)이 있는 사람.

구:안-투생(苟安偸生)閉 한때의 편안을 꾀하며 헛되이 살아감.

구애(求愛)**명하자** 이성에게 자기의 사랑을 고백하여 상대편도 자기를 사랑해 주기를 바라는 일.

구애(拘礙)**명하자되자** 거리끼거나 얽매임. ¶여론에 구애하지 않고 소신껏 일하다.

구:애적 성:격(口愛的性格) [-썽격] ☞구순성격(口脣性格).

구:액(口液)**명** 침.

구:약(口約)**명하타** 말로 약속함, 또는 그 약속.

구:약(舊約)**명** ①옛 약속. ②기독교에서, 예수가 나기 전에 하나님이 그 선민인 이스라엘 민족에게 했다는 약속. ③<구약 성서>의 준말.

구약-구(蒟蒻球) [-꾸] **명** 구약나물의 알줄기.

구약-나물(蒟蒻-) [-양-] **명** 천남성과의 다년초. 재배 식물로 땅속에 알줄기가 있고, 높이는 1 m가량. 여름에 자갈색의 꽃이 핌. 알줄기로 곤약(菎蒻)을 만듦. 곤약.

구약-분(蒟蒻粉) [-뿐] **명** 구약구(蒟蒻球)를 말려 곱게 빻은 가루. 풀·칠감·곤약 따위의 재료로 쓰임.

구:약^성서(舊約聖書) [-썽-] **명** 기독교의 성전의 한 가지. 예수가 나기 전의 이스라엘 민족의 역사와 하나님의 계시 등을 모은 경전. 모두 39권임. 구약 전서. ㉣구약. ㉭신약 성서(新約聖書).

구:약^시대(舊約時代) [-씨-] **명** 기독교에서, 여호와가 천지를 창조한 뒤부터 예수가 나기 전까지의 율법 시대(律法時代).

구:약^전서(舊約全書) [-쩐-] **명** ☞구약 성서.

구:어(口語)**명** 음성으로 나타내는 말. 일상 회화에 쓰는 말. 입말. ↔문어(文語).

구:어-문(口語文)**명** 구어체(口語體)의 문장. ↔문어문(文語文).

구어-박다 [-따] **타** ①(사람을) 마음대로 움직이지 못하도록 한군데나 같은 상태로 있게 하다. ②쐐기 따위를 단단히 끼어 있게 하기 위하여 불김을 쐬어 박다.

구어박-히다 [-바키-] **자** ['구어박다'의 피동] 구어박음을 당하다.

구:어-체(口語體)**명** 구어로 쓴 글체. ↔문어체(文語體).

구언(求言)**명하타** (나라에 재앙 따위의 큰일이 있을 때) 임금이 신하의 직언(直言)을 구하던 일.

구:업(口業)**명** 불교에서 이르는 삼업(三業)의 하나. 입에서 비롯되는 모든 죄업을 이르는 말.

구:업(舊業)**명** ①예전부터 해 오던 사업. ②예전부터 모은 재산.

구역(區域)**명** 갈라놓은 지역. ¶출입 금지 구역. ㉣구(區).

구역(嘔逆)**명** 속이 메스꺼워 토할 듯한 느낌. 욱지기.

구:역(舊譯)**명** 새로 한 번역에 대하여, 그 전에 한 번역.

구역-나다(嘔逆-) [-영-] **자** 메스꺼워 토할 듯한 느낌이 생기다.

구역-증(嘔逆症) [-쯩] **명** 속이 메스꺼워 구역질 나려는 증세. 토할 듯한 증세.

구역-질(嘔逆-) [-찔] **명하자** 속이 메스꺼워 욱지기를 하는 짓. ¶구역질이 나다.

구:연(口演)**명하타** ①(동화·야담·만담 따위를) 여러 사람 앞에서 말로써 연기하는 일. ¶동화를 구연하다. ②문서에 의하지 아니하고 입으로 사연을 말함. ㉡구술(口述).

구:연(舊緣)**명** 옛 인연. 오래전부터 맺어 온 인연.

구:연-동화(口演童話)**명** 이야기 내용을 말로써 연기하듯 하며 들려주는 동화.

구연-산(枸櫞酸)**명** 레몬이나 감귤 같은 데 들어 있는 염기성의 산. 무색무취의 결정체로 알코올과 물에 녹으며, 청량음료나 의약품 등에 쓰임. 레몬산. 시트르산.

구연산-동(枸櫞酸銅)**명** 녹색의 결정성(結晶性) 가루약. 트라코마 등의 눈병에 쓰임.

구:연-세월(苟延歲月)**명하자** 구차하게 세월을 보냄.

구연-유(枸櫞油) [-뉴] **명** 레몬 껍질에서 짜낸 기름. 향미료로 쓰임.

구:연-증(口軟症) [-쯩] **명** 한방에서, 어린아이가 말을 또렷또렷하게 하지 못하는 증세를 이르는 말. 어지증(語遲症).

구:열(口熱)**명** 입 안의 열.

구:-열대구(舊熱帶區) [-때-] **명** 생물 지리학상의 한 지역. 아시아·아프리카 대륙의 열대 지방을 주로 하는 지역.

구-영자(鉤纓子)**명** 조선 시대에, 벼슬아치의 갓끈을 다는 데 쓰던 고리. 〔보통, 은으로 만들고, 종이품 이상은 도금한 것을 썼음.〕㉣영자(纓子).

구:오(舊誤)**명** 지난날의 잘못.

구오-사미(驅烏沙彌)**명** 삼사미(三沙彌)의 하나. 7세에서 13세까지의 어린 중.

구옥(鉤玉·句玉)**명** ☞곡옥(曲玉).

구:옥(舊屋)**명** 지은 지 오래된 집. 고가(古家). 고옥(古屋).

구완(←救援)**명하타** 아픈 사람이나 해산(解産)한 사람의 시중을 드는 일. ¶병든 할머니를 구완하다. ㉝구원(救援).

구:왕(舊王)**명** 옛 임금. 전의 임금.

구:-왕궁(舊王宮)**명** 조선 왕조 때의 궁전.

구외(構外) [-외/-웨] **명** 어떤 건물이나 시설 등의 울 밖. ↔구내(構內).

구요-성(九曜星)**명** 낙서(洛書)의 수(數)에 따른 아홉 개의 별, 곧 일백(一白)·이흑(二黑)·삼벽(三碧)·사록(四綠)·오황(五黃)·육백(六白)·칠적(七赤)·팔백(八白)·구자(九紫)를 이름.

구:우(舊友)**명** 옛 친구. 사귄 지 오래된 벗. 고우(故友).

구우-일모(九牛一毛)**명** 〔아홉 마리의 소 가운데 박힌 하나의 털이란 뜻으로〕'썩 많은 가운데서 아주 적은 것'을 비유하여 이르는 말.

구운몽(九雲夢)**명** 조선 숙종 때, 김만중(金萬重)이 지은 국문 소설. 〔주인공 성진(性眞)이 여덟 선녀와 함께 인간으로 환생하여 부귀영화를 누리다가 깨어 보니 헛된 꿈이었다는 내용.〕

구운-석고(-石膏) [-꼬] **명** 생석고에 열을 가해서 결정수를 없앤 가루 석고. 물기가 있으면 다시 굳어지며, 모형이나 분필 따위를 만드는 데 쓰임.

구움-일 [-닐] **명하자** 목재를 구움판에 넣고 말리는 일. ㉣구움판.

구움-판 목재를 구워 말리는 구덩이. ㉣구움판.

구워-박다 '구어박다'의 잘못.

구워-삶다 [-삼따] **타** 아주 그럴듯한 방법을 써서 상대편을 자기의 뜻대로 움직이게 만들다. ¶친구를 구워삶아 함께 떠났다.

구:원(久遠)**명하다** 아득히 멀고 오램. 영원함. ¶모나리자의 구원의 미소. **구원-히** **부**

구원(仇怨)**명** ☞원수(怨讐).

구:원(救援)**명하타되자** ①위험이나 곤란에 빠져 있는 사람을 구하여 줌. ¶구원의 손길을 뻗치다. ②기독교에서, 인류를 죄악과 고통과 죽음에서 건져 내는 일. ③<구완>의 본딧말.

구:원(舊怨)명 예부터 쌓인 오래된 원한. ¶구원을 풀다.

구:원-겁(久遠劫)명 불교에서 이르는, 먼 옛날. 한없이 멀고 오랜 과거.

구:원-병(救援兵)명 구원하는 군사(군병). 원병. ¶구원병을 요청하다.

구:원-불(久遠佛)명 불교에서, 오랜 옛날부터의 부처, 곧 아미타여래(阿彌陀如來)를 이르는 말.

구:원^투수(救援投手)명 야구에서, 지쳤거나 불리한 상태에 있는 투수를 구원하기 위하여 등판하는 투수. 릴리퍼.

구월(九月)명 한 해의 아홉째 달. 참술월·계추·모추.

구위명 (옛)관청(官廳). ¶구윗 므로 구위예 도로 보내요므로브터(杜初25:40). 참그위.

구위(球威)명 야구에서, 투수가 던지는 공의 위력. ¶구위가 떨어지다.

구위실명 (옛)구실. ¶구위실 마로미 또 사르□ 테어놀(杜初10:29). 참그위실.

구유명 마소의 먹이를 담아 주는 큰 그릇. 〔흔히, 큰 나무토막이나 돌을 길쭉하게 파내어서 만듦.〕

구유(具有)명하타 (성질이나 재능·자격 따위를) 갖추고 있음. ¶높은 지성을 구유하다.

구:유(舊遊)명 ①예전에 놀던 일. ②옛날에 사귄 친구. 옛날의 교우(交友).

구유-배명 통나무를 파서 구유처럼 만든 자그마한 배.

구육(狗肉)명 개고기. ¶양두(羊頭)구육.

구은(九垠)명 천지의 끝. 구천(九天)의 끝.

구은(求恩)명 은총을 기구(祈求)함.

구:은(舊恩)명 예전에 입은 은혜.

구을다재 (옛)구르다. ¶구을 면:轉(石千20).

구:음(口音)명 입으로 나오는 소리. 입소리. 참음음(鼻音).

구:읍(舊邑)명 예전에 관아(官衙)가 있던 고을. 옛 고을.

구의명 (옛)관청. ¶구의예 오미 싄나라 몰호더(杜初25:36). 참그위.

구의(柩衣)[-의/-이]명 출관(出棺)할 때 관을 덮는 긴 베.

구:의(舊誼)[-의/-이]명 예전에 가까이 지내던 정의. 예 정분. ¶구의를 잊지 못하다.

구의ᄒ다타 (옛)소송(訴訟)하다. ¶구의홀 송:訟(訓蒙下32).

구이명 ①고기나 생선에 양념을 하여 구운 음식. ②(일부 명사 뒤에 붙어) 구운 음식의 뜻을 나타냄. 생선구이. /참새구이.

구이명 (옛)관청(官廳). ¶집안이 쇽쇽ᄒ야 구이쇼 ᄃ더라(二倫31). 참그위.

구이(九夷)명 옛날 중국에서, 흑수(黑水)에서 한강 이남까지의 지역에 살고 있던 아홉 이민족을 이르던 말. 구족(九族).

구이-가마명 고기나 생선 따위를 굽는 데 쓰이는 가마.

구:이지학(口耳之學)명 남에게 들은 바를 새기지 못한 채, 그대로 남에게 전할 정도밖에 되지 않는 천박한 학문.

구이-통(-筒)명 구이가마의 연기를 빼내는 연통.

구인(仇人)명 원수진 사람.

구인(求人)명하타 필요한 사람을 구함. ¶일간 지에 구인 광고를 내다.

구인(拘引)명하타자 ①사람을 강제로 잡아끌고 감. ②용의자나 피고인 등이 소환에 불응할 때, 일정한 장소로 끌고 가는 강제 처분.

구:인(救人)명하자 어려운 처지에 놓인 사람을 돕는 일, 또는 도와주는 사람.

구인(蚯蚓)명 지렁이.

구인(鉤引)명하타 갈고리로 걸어 잡아당김.

구:인(舊人)명 ①예전부터 알고 지내는 사람. ②(인류의 진화 과정에서의) 원인(猿人)과 신인(新人)의 중간 형태의 화석 인류.

구:인(舊因)명 오래전부터 맺어 온 인연.

구인-난(求人難)명 일할 사람을 구하기가 어려운 일, 또는 그러한 상태.

구인-란(求人欄)[-난]명 신문 따위의 구인 광고를 싣는 난.

구-인마(具人馬)명하자 마부와 말을 갖춤.

구인-장(拘引狀)[-짱]명 법원이 피고인이나 증인 등을 구인하기 위하여 발부하는 영장.

구일(九日)명 예전 명절이었던 음력 구월 구일. 〔이날 남자들은 시를 짓고 각 가정에서는 국화전을 만들어 먹고 놀았음.〕 중구(重九). 중양(重陽).

구일-장(九日葬)명 죽은 지 9일 만에 지내는 장사.

구입명하자 겨우 벌어먹음, 또는 겨우 되는 밥벌이.

구입(購入)명하타 ☞구매(購買)

구입-장생[-짱-]명 겨우 벌어먹고 살아감.

구자(九紫)명 음양가가 이르는 구성(九星)의 하나, 곧 화성(火星)을 이름.

구자(韭子)명 한방에서, '부추의 씨'를 약재로 이르는 말.

구:자-탕(口子湯)명 〔열구자탕〕의 준말.

구:작(舊作)명 (소설이나 그림 등) 전에 지었거나 그린 작품. ↔신작(新作).

구잠-정(驅潛艇)명 적의 잠수함을 공격하는 임무를 띤 소형의 쾌속정.

구장(九章)명 조선 시대에, 임금의 면복(冕服)에 놓았던 아홉 가지의 수. 〔의(衣)에는 산·용(龍)·화(火)·화충(華蟲)·종이(宗彝)의 다섯 가지, 상(裳)에는 마름·분미(粉米)·보(黼)·불(黻)의 네 가지를 수놓았음.〕

구장(九臟)명 심장(心臟)·비장(脾臟)·간장(肝臟)·신장(腎臟)·폐(肺)·위(胃)·방광(膀胱)·대장(大腸)·소장(小腸)의 아홉 가지 내장.

구:장(口帳)명 지난날, 호수(戶數)와 인구수를 기록한 책.

구장(狗醬)명 개장국.

구장(毬杖)명 지난날, 격구(擊毬)를 할 때 쓰던 공채.

구장(毬場)명 지난날, 격구를 하던 경기장.

구장(區長)명 지난날, 시·읍·면 등에 딸렸던 구의 장. 지금의 통장·이장(里長)에 해당함.

구장(球場)명 구기(球技)를 하는 경기장. ¶넓은 잔디 구장.

구장(鳩杖)명 지난날, 중신(重臣)에게 사궤장(賜几杖)을 할 때 내리던 지팡이. 〔머리에는 비둘기를 새겼음.〕

구장-복(九章服)명 조선 시대에, 구장(九章)을 수놓은 임금의 대례복(大禮服). 종묘 제례, 즉위, 원단(元旦) 및 비(妃)를 맞을 때에 입었음.

구:재명 방고래에 낀 철매와 재. 구들재.

구재(九齋)명 ①고려 문종 때에, 최충(崔沖)이 사학(私學)을 일으켜 제자를 가르치던 학당(學堂). ②조선 세조 12(1466)년에, 경학(經學)을 가르치기 위하여 성균관에 두었던 아홉 개의 전문 강좌.

구:재(口才)명 ①말재주. 변재(辯才). ②노래 부르는 재주.

구재(俱在)명하다 두 가지 이상의 대등한 것이 함께 존재함. 공재(共在).

구:재(救災)명하타 재난을 당한 사람을 구함.

구:저(舊著)명 예전에 쓴 저서.

구저분-하다(형여) 더럽고 지저분하다. ¶헛간이 몹시 구저분하다. **구저분-히부.**

구적명 돌이나 질그릇 따위가 삭아서 겉에 일어 나는 엷은 조각.

구적(仇敵)명 ☞원수(怨讎).

구적(求積)명 ①〈구적법〉의 준말. ②하타 면적이 나 체적을 셈하여 냄.

구적(寇賊)명 국토를 침범하는 외적(外賊).

구:적(舊跡·舊蹟)명 역사에 남을 만한 사건이나 사물이 있었던 곳.

구적-계(求積計)[-계/-게]명 도면 위의 면적을 재는 계기.

구적-법(求積法)[-뻡]명 면적이나 체적을 계산 하는 방법. 준구적(求積).

구:전(口傳)명하자타되자 말로 전함, 또는 말로 전해 옴. ¶구전하여 온 민요.

구:전(口錢)명 ☞구문(口文). ¶구전을 뜯다.

구전(俱全) '구전하다'의 어근.

구:전(舊典)명 ①예전의 법전. 옛 제도. ②옛날 의 서적. 고전(古典).

구:전(舊錢)명 옛날 돈.

구전문사(求田問舍)명 〔논밭이나 살림할 집을 구하여 산다는 뜻으로〕'논밭이나 집 따위 재 산에만 마음을 쓸 뿐 원대한 뜻이 없음'을 이 르는 말.

구:전^문학(口傳文學)명 ☞구비 문학.

구:전^민요(口傳民謠)명 말로 전하여 내려온 민요.

구:전성명(苟全性命)명하자 구차하게 목숨을 보전함.

구:전-심수(口傳心授)명하타 말로 전하고 마음 으로 가르친다는 뜻으로, 일상생활을 통하여 자기도 모르는 사이에 몸에 익도록 가르치는 것을 이르는 말.

구전지훼(求全之毁)명 '심신을 수양하여 온전 하게 하려다가 뜻밖에 남으로부터 비방(誹謗) 을 당함'을 이르는 말.

구:전^하:교(口傳下敎)명 왕조 때, 말로써 왕 명을 전하던 일.

구전-하다(俱全-)형여 모두 갖추어서 온전하다.

구절(句節)명 (긴 글의 한 부분인) 토막 글(말).

구절-양장(九折羊腸)[-량-]명 〔아홉 번 꼬부 라진 양의 창자라는 뜻으로〕'산길 따위가 몹 시 험하게 꼬불꼬불한 것'을 이르는 말.

구절-죽장(九節竹杖)[-짱]명 중이 짚는, 마디 가 아홉인 대지팡이.

구절-초(九節草)명 국화과의 다년초. 산과 들에 절로 나는데, 줄기 높이는 50 cm가량. 가을에 흥·백색의 꽃이 됨. 한방에서 온 포기를 치풍· 부인병·위장병 등에 약재로 씀.

구절-판(九折坂)명 구절판찬합에 담은 음식. 가 의 여덟 칸에 색색의 여덟 가지 음식을 담고, 가운데 칸에는 밀전병을 담아, 가의 음식을 조 금씩 골고루 밀전병에 싸서 먹음. 구절포.

구절판-찬합(九折坂饌盒)명 구절판을 담는 찬 합. 가운데 칸을 둥글게 하고, 그 둘레를 여덟 칸으로 나누었음.

구절-포(九折包)명 ☞구절판(九折坂).

구:점(口占)명하자 ①즉석에서 시를 지어 읊음. ②문서에 의하지 아니하고 말로써 전달함.

구점(句點)[-쩜]명 구절 끝에 찍는 점.

구:점(灸點)[-쩜]명 ①경락(經絡)에 따라 뜸을 뜰 수 있는 자리. 구혈(灸穴). ②뜸을 뜰 자리 에 먹으로 찍은 점.

구점-원(九點圓)[-쩌뭔]명 삼각형의 각 변의 중점과, 정점에서 대변(對邊)에 그은 수선의 밑점과, 각 점점과 수심(垂心)을 잇는 중점을 합한 아홉 개의 점을 통하는 원.

구접명 ①지저분하고 더러움. ②하는 짓이 지저 분함.

구접-스럽다[-쓰-따][~스러우니·~스러워]형ㅂ ①지저분하고 더럽다. ②하는 짓이 지저 분하다. ¶구접스럽게 굴다. **구접스레부.**

구-젓명 '굴젓'의 잘못.

구정(九井)명 상여 밑 좌우에 줄을 걸고, 한쪽 에 18명씩 메는 큰 상여.

구:정(舊正)명 ①음력 설. ¶구정을 쇠다. ②음 력 정월. ↔신정(新正).

구정(舊情)명 옛정. 전정(前情).

구정-물명 ①무엇을 빨거나 씻거나 하여 더러워 진 물. ②헌데에서 고름이 빠진 뒤에 흐르는 물. 후고장물.

구정-체(球晶體)명 ①달리아나 우엉 따위의 뿌 리 세포 속에 있는 구형의 결정. ②세포 속의 단백질의 작은 알맹이 속에 들어 있는 구상의 결정.

구:제(救濟)명하타되자 ①어려운 처지에 있는 사람을 도와줌. ¶난민을 구제하다. ②불교에 서, 고통받는 사람들을 제도(濟度)하는 일.

구제할 것은 없어도 도독 줄 것은 있다속담 ①아무리 가난한 집이라도 도둑맞을 것은 있다 는 말. ②남을 구제할 생각만 있다면 얼마간이 라도 도와줄 것은 있다는 말.

구:제(舊制)명 〈구제도〉의 준말. ↔신제.

구:제(驅除)명하타 해충 따위를 몰아내어 없앰. ¶기생충 구제.

구:제-권(救濟權)[-꿘]명 권리를 침해당하였을 때, 법원에 구제를 청구하는 권리. ↔원권 (原權).

구:제-금융(救濟金融)[-금늉/-그뮹]명 거래하 는 기업의 도산을 막기 위하여 금융 기관이 정 책적으로 지원하는 금융.

구:-제도(舊制度)명 옛 제도. 준구제(舊制).

구:제-비(救濟費)명 구제하는 데 드는 비용.

구제비-젓[-쩓]명 생선의 내장으로 담근 젓. *구제비젓이[-저시]·구제비젓만[-전-]

구:제-역(口蹄疫)명 소나 돼지 따위 동물에게 잘 걸리는 바이러스성 전염병. 주로, 입 안의 점막이나 발톱 사이의 피부에 물집이 생겨 짓 무름.

구:제-책(救濟策)명 구제할 대책.

구:제-품(救濟品)명 어려운 처지에 있는 사람 들을 돕기 위하여 보내는 물품.

구:조(久阻)명하다 오랫동안 소식이 막힘.

구:조(救助)명하타되자 위험한 상태에 있는 사 람을 도와서 구원함. ¶인명을 구조하다.

구조(構造)명 어떤 물건이나 조직체 따위의, 전 체를 이루는 부분들의 서로 짜인 관계나 그 체계. ¶기계의 구조. /사회의 구조.

구-조개명 굴과 조개.

구조-곡(構造谷)명 습곡 운동(褶曲運動)이나 단층 운동(斷層運動)에 의한 지질 구조로 생긴 골짜기. ↔침식곡(浸蝕谷).

구조^단구(構造段丘)명 지각 변동으로, 지반이 불룩해져 솟거나 해면이 낮아짐으로써 하천의 침식이 부활되어 생긴 단구.

구:조-대(救助隊)명 일정한 장비를 갖추고 위험에 빠진 사람이나 물건 등을 구하는 사람들로 조직된 단체.

구:조-대(救助袋)명 불이 났을 때, 고층 건물 안에 있는 사람을 구조하는 데 쓰이는 긴 부대. 〔사람이 이 속으로 미끄러져 내려오게 됨.〕

구조-물(構造物)명 건물·다리·축대·터널 등과 같은 여러 가지 재료를 얽어서 만든 물건.

구:조-사다리(救助-)명 화재 때, 고층 건물에 있는 사람을 구출하는 데 쓰이는 사다리.

구:조-선(救助船)명 해상에서 조난을 당한 사람이나 선박 등을 구조하는 배.

구조-선(構造線)명 지각 운동 등으로 생긴 대규모의 단층선(斷層線).

구조-식(構造式)명 분자 안에 들어 있는 각 원자 간의 결합 상태를 도식화한 화학식.

구조-적(構造的)관명 구조에 관계되는 (것). ¶사회 체제의 구조적 모순. /구조적으로 튼튼한 건물.

구조적 실업(構造的失業)[-쩍씨럽] 자본주의의 경제 구조에 따라 일어나는 만성적·장기적인 실업. 만성적 실업.

구조^조정(構造調整)명 기업 또는 산업의 불합리한 구조를 개편하거나 조정하는 일.

구조-주의(構造主義)[-의/-이]명 사회적·문화적 현상을 각각의 요소가 아닌, 심층적인 구조의 틀 속에서 파악하려고 하는 지적 경향.

구조^지진(構造地震)명 단층 운동으로 생기는 지진.

구조^평야(構造平野)명 지각의 변동에 의해서 생긴 낮고 평탄한 평야.

구조-호(構造湖)명 지각의 일부가 가라앉아 생긴 분지에 물이 괴어서 된 호수.

구족(九族)명 ①고조로부터 증조·조부·부·자기·자·손·증손·현손까지의 직계친(直系親)을 중심으로, 방계친으로는 고조의 사대손이 되는 형제·종형제·재종형제·삼종형제를 포함하는 동종(同宗) 친족의 범위를 이르는 말. ②자기의 동족·자매의 자녀, 딸의 자녀, 고모의 자녀, 외조부·외조모·이모의 자녀, 장인·장모를 아울러 이르는 말. ☞구이(九夷).

구족(具足)명 '구족하다'의 어근.

구:족(舊族)명 예부터 이어져 내려온 지체 높은 집안.

구족-계(具足戒)[-께/-께]명 불교에서, 비구와 비구니가 지켜야 할 계율을 이르는 말.

구족-하다(具足-)[-조카-]형여 ☞구족하다.

구존(具存)명 '구존하다'의 어근.

구존(俱存)명하자 부모가 다 살아 있음. 구경(俱慶). ↔구몰(俱沒).

구존-하다(具存-)형여 어떤 사물이나 형태 등이 다 갖추어져 있다. 구족하다.

구종(驅從)명 지난날, 벼슬아치를 모시고 다니던 하인. ¶구종을 거느리다.

구종(을) 들다관용 구종이 되어 말고삐를 잡다.

구:좌(口座)명 '계좌'로 순화.

구종ᄒ다타 꿈중하다. ¶흰 갈흐 구종ᄒ야 헤티디 몯호화(杜重2:52).

구주(九州)명 통일 신라 시대에, 전국을 아홉 지역으로 나누었던 것.

구주(九疇)명 <홍범구주(洪範九疇)>의 준말.

구:주(救主)명 ☞구세주(救世主).

구:주(歐洲)명 유럽.

구:주(舊主)명 ①<구주인>의 준말. ②예전에 섬기던 임금.

구:주(舊株)명 주식회사가 자본금을 늘리기 위

하여 발행한 신주에 대하여, 이전에 발행된 주식. 묵은 주. ↔신주(新株).

구:-주인(舊主人)명 옛 주인. 준구주.

구죽명 바닷가에 쌓여 있는 굴 껍데기.

구축-바위[-빼-]명 구죽으로 이루어진 바위.

구중(九重)명 ①아홉 겹. 여러 겹. ②<구중궁궐>의 준말.

구:중(口中)명 ①입 안. ②'입'의 궁중말.

구중-궁궐(九重宮闕)명 (문이 겹겹이 달린) 깊은 대궐. 구중심처. 준구중(九重).

구중-심처(九重深處)명 ☞구중궁궐.

구:중-약(口中藥)[-냑]명 입속의 병이나 구강 위생에 쓰이는 약.

구중중-하다형여 ①(괴어 있는 물, 시궁창 따위가) 더럽고 지저분하다. ¶개울물이 구중중하다. ②(사람이나 물건 따위의 모양새가) 지저분하다. ¶구중중한 옷차림.

구즈기부 (옛) 우뚝이. ¶머리롤 구즈기 셰오(蒙法24).

구:증(口證)명하타 말로 하는 증명.

구증(狗蒸)명 개짐.

구증구포(九蒸九曝)명 한방에서 약재를 만들 때, 아홉 번 찌고 아홉 번 말리는 일.

구:지(舊址)명 전에 차지하고 있던 땅.

구:지(舊址)명 예전에 어떤 구조물 따위가 있었던 터. ¶황룡사(皇龍寺)의 구지.

구지-가(龜旨歌)명 원시 시가의 한 가지. 가락국 추장들이 구지봉(龜旨峯)에 모여서 김수로왕을 맞이하기 위해 불렀다는 노래. '가락국기(駕洛國記)'에 실려 전함. 영신군가(迎神君歌).

구지내명 새매의 준말.

구지렁-물명 썩어서 더러운 물. ⑩고지랑물.

구지레-하다형여 지저분하게 더럽다. ¶구지레한 옷차림.

구지부득(求之不得)명하타 구하려 해도 얻지 못함.

구지-심(求知心)명 지식을 갈구하는 마음.

구지좀명 (옛) 꾸짖음. ¶일크롬과 구지좀과(圓覺上 二之一—12).

구:직(求職)명하자 일자리를 구함. ¶구직난(難). /구직 광고.

구:진(久陳)명하자 ①음식이 오래되어 맛이 변함. ②약재가 오래되어 못 쓰게 변함.

구:진(口陳)명하타 ☞구술(口述).

구진(丘疹)명 살갗에 돋아나는 발진.

구진(具陳)명하타 의견 따위를 상세하게 진술함. 현황 따위를 상세하게 보고함.

구:진(舊陳)명 오래 묵힌 땅(논밭).

구짇다타 (옛) 꾸짖다. ¶무렷 衆을 구지드며(楞解9:108).

구질(九秩)명 아흔 살.

구:질(久疾)명 앓은 지 오래되어 고치기 어려운 병.

구:질(久垤)명 작은 언덕.

구질(球質)명 야구·탁구·테니스 등에서, 선수가 던지거나 친 공의 성질. ¶구질이 무겁다.

구질-구질[형]부 ①어떤 상태나 하는 짓 등이 더럽고 구저분한 모양. ¶구질구질한 골목길. ②날씨가 맑게 개지 못하고 비나 눈이 내려 구저분한 모양. ¶날씨가 구질구질하다.

구차(柩車)명 <영구차>의 준말.

구:차(苟且)명형하타스형 ①살림이 매우 가난함. ¶집안이 매우 구차하다. ②말이나 행동이 떳떳하거나 버젓하지 못함. ¶구차한 변명을 늘어놓다. 구차-히부. 구차스레부.

구:창(口瘡)명 입 안에 생긴 부스럼.

구:창(灸瘡)뗑 뜸 뜬 자국이 헐어 생긴 부스럼.

구:채(舊債)똉 전에 진 빚. 묵은 빚. ¶구채를 다 갚다.

구책(咎責)뗑하타 잘못을 나무람.

구처(區處)뗑하타 ①사물을 구분하여 처리함. ②변통하여 처리함. ¶한 푼 구처가 어렵다.

구척(矩尺)뗑 곱자.

구척(球尺)뗑 ☞구면계(球面計).

구척-장신(九尺長身)뗑 [-짱-] 〔'아홉 자나 되는 큰 키'라는 뜻으로〕'아주 큰 키, 또는 그러한 사람'을 이르는 말.

구천(九天)뗑 ①하늘의 가장 높은 곳. ¶구천에 사무치다. ②고대 중국에서, 하늘을 아홉 방위(方位)로 나누어 이르던 말.〔중앙을 균천, 동쪽을 창천, 동북쪽을 변천, 북쪽을 현천, 서북쪽을 유천, 서쪽을 호천, 서남쪽을 주천, 남쪽을 염천, 동남쪽을 양천이라 이름.〕③불교에서, 대지를 중심으로 하여 도는 아홉 천계(天界)를 이르는 말.

구천(九泉)뗑 〔땅속 깊은 밑바닥이라는 뜻으로〕죽은 뒤에 넋이 돌아가는 곳을 이르는 말. ¶구천을 떠돌다.

구:천(久喘)뗑 한방에서, 오랜 기침으로 폐가 상하여 숨이 차고 가쁜 증세를 이르는 말.

구첩(口捷)뗑 '구첩하다'의 어근.

구첩-반상(九-飯床)뗑 [-빤-]뗑 반찬 수에 따른 상 차리기의 한 가지. 밥·탕·김치·간장(초간장·초고추장)·조치류(찌개 1·짐 1) 등의 기본에다 숙채·생채(두 가지)·구이(두 가지)·조림·전유어·마른반찬·회류의 아홉 가지 반찬을 갖추어 차리는 상차림. ⓒ오첩반상·칠첩반상.

구:첩-하다(口捷-)[-처파-][쳐파]휑연 말솜씨가 좋다.

구청(區廳)뗑 구의 행정 사무를 맡아보는 관청. ⓒ종로 구청.

구청-장(區廳長)뗑 구의 행정을 맡아보는 으뜸 직위, 또는 그 직위에 있는 사람.

구:체(久滯)뗑 묵은 체증. 오래된 체증. 구체(舊滯).

구체(具體)뗑 사물이 실제로 뚜렷한 모양이나 형태를 갖추고 있는 것. 구상(具象). ↔추상(抽象).

구체(球體)뗑 공 모양을 한 물체.

구:체(舊滯)뗑 ☞구체(久滯).

구체^개:념(具體槪念)뗑 ☞구체적 개념.

구체^명사(具體名詞)뗑 구체적 개념을 나타내는 명사.〔사람·나무·자동차 따위와 같은 명사.〕구상 명사. ↔추상 명사.

구체-성(具體性)[-썽]뗑 구체적인 성질. 구상성(具象性). ↔구체성을 띠다.

구체-안(具體案)뗑 구체적인 방안.

구체^음악(具體音樂)뗑 ☞뮈지크 콩크레트.

구체-적(具體的)뗑 ①어떤 사물이 뚜렷한 실체를 갖추고 있는 (것). ¶구체적 모습. ②실제적이고 세밀한 부분까지 포함하고 있는 (것). ¶구체적 근거를 제시하다. /구체적 대안. ↔추상적.

구체적 개:념(具體的 槪念)[-깨-] ①추상 개념에 대하여, 구체적인 대상에 대한 개념. ②일반 개념에 대하여, 개개의 특수한 사물에 대한 단독 개념. 구상 개념. 구체 개념. ↔추상적 개념(抽象的槪念).

구체-화(具體化)뗑하타타 ①구체적으로 되거나 구체적인 것으로 되게 함. ¶시안의 구체화를 서두르다. ②계획 등을 실행함. 구상화.

구:초(口招)뗑 죄인의 자백한 진술.

구:초(舊草)뗑 ①오래 묵은 담배. ②오래전에 쓴 초고.

구촌(九寸)뗑 ①삼종 숙질(三從叔姪) 간의 촌수. ②아홉 치.

구추(九秋)뗑 ①가을철의 90일 동안을 달리 이르는 말. 삼추(三秋). ②'음력 구월'을 가을이라는 뜻으로 이르는 말.

구축(構築)뗑하타 큰 구조물이나 진지 등을 쌓아 올려 만듦. ¶진지를 구축하다.

구축(驅逐)뗑하타타 (어떤 세력이나 해로운 것을) 몰아냄. 쫓아냄. ¶악화(惡貨)가 양화(良貨)를 구축하다.

구축-함(驅逐艦)[-추캄]뗑 해군 함선의 한 가지. 어뢰를 주무기로 하여, 주로 적의 주력함이나 잠수함 따위를 공격함. 수뢰 구축함.

구춘(九春)뗑 봄철의 90일 동안을 달리 이르는 말. 삼춘(三春).

구:출(救出)뗑하타타 위험한 상태에서 구하여 냄. ¶인질을 구출하다. /조난자를 구출해 내다.

구출(驅出)뗑하타타 쫓아 몰아냄.

구충(鉤蟲)뗑 구충과의 기생충을 두루 이르는 말.

구충(驅蟲)뗑하타 (약품 등을 사용하여) 해충이나 기생충 따위를 없앰. 제충(除蟲).

구충-제(驅蟲劑)뗑 ①몸속의 기생충 따위를 없애는 데 쓰는 약. ②농작물 따위의 해충을 없애는 데 쓰는 약. ②살충제.

구:취(口臭)뗑 입에서 나는 좋지 않은 냄새. 구과(口過). 입내2. ¶구취가 나다.

구치(白齒)뗑 어금니.

구:치(灸治)뗑 한방에서, 뜸으로 병을 고치는 일.

구치(拘置)뗑하타타 피의자나 범죄자 등을 일정한 곳에 가둠. ¶피의자를 구치하다.

구치(驅馳)뗑하타타 ①말을 몰아 빨리 달림. ②남의 일을 위하여 분주하게 돌아다님.

구치-소(拘置所)뗑 사형수나 피의자, 또는 이미 기소되어 있는 형사 피고인 가운데 구속 영장에 의해서 구속되어 있는 사람 등을 수용하는 시설.

구침(鉤針)뗑 끝이 갈고리처럼 생긴 바늘.

구:칭(口稱)뗑하타 입으로 '나무아미타불' 따위를 외는 일.

구:칭(舊稱)뗑 전에 일컫던 이름. 옛 칭호.

구:칭-염불(口稱念佛)[-념-]뗑 입으로 외는 염불.

구타(毆打)뗑하타타 사람을 함부로 때림. ¶집단 구타 사건. /안면을 구타하다.

구태(↓구태여)의 준말.

구:태(舊態)뗑 뒤떨어진 예전 그대로의 모습이나 상태. ¶구태에서 벗어나다.

구태-여♦ (부정하는 말과 어울려 쓰이거나 반문하는 문장에 쓰이어) 일부러. 굳이. ¶구태여 말할 필요가 없다. /구태여 네가 떠날 것까지는 없다. ②구태.

구태의연(舊態依然) '구태의연하다'의 어근.

구:태의연-하다(舊態依然-)[-의-/-이-]휑연 변화하거나 진보·발전한 데가 없이, 옛 모습 그대로이다. ¶구태의연한 학습 태도. ⓒ고태의연하다. 구태의연-히♦

구:택(舊宅)뗑 ①전에 살던 집. ②여러 대에 걸쳐 살아온 집.

구터분-하다휑연 〈구리터분하다〉의 준말. ⓒ고타분하다. 구터분-히♦

구텁지근-하다[-찌-]휑연 좀 구리텁텁하다. ¶구텁지근한 냄새가 난다. ⓒ고탑지근하다. 구텁지근-히♦

구텁텁-하다[-터파-]〖형여〗〈구리텁텁하다〉의
준말.
잘고텁텁하다.

구토(嘔吐)〖명하자〗먹은 음식물을 토함. 게움.
토역(吐逆). ¶구토가 일어나다.

구:투(舊套)〖명〗예전 양식이나 방식. 구식(舊式).

구트나〖부〗〈옛〉구태여. ¶구트나 말고 가고 그리
느 대롤 심어 무슴ᄒ리오(古時調).

구틔야〖부〗〈옛〉구태여. ¶구틔야 노호야 말라(老
解下18).

구디다〖타〗〈옛〉굳히다. ¶하놀히 구디시니(龍歌30章).

구튓야〖부〗〈옛〉구태여. ¶구튓야 六面은 므어슬
象톳던고(鄭澈.關東別曲).

구:파(舊派)〖명〗①재래의 형식이나 전통을 따르
는 파. ②이전에 이루어진 파. →신파(新派).

구:판(舊版)〖명〗새로 개정했거나 증보한 판에
대하여, 그 이전에 나온 판, 또는 그 출판물.
↔신판.

구판-장(購販場)〖명〗조합 같은 데서, 생활용품
등을 공동으로 구입하여 싸게 파는 곳.

구:폐(舊弊)[-폐/-폐]〖명〗이전부터 내려온 폐
단. 오래된 폐단. ¶구폐를 일소하다.

구포(臼砲)〖명〗대포의 한 가지. 구경에 비하여
포신이 짧고 사각(射角)이 큼.

구푸리다〖타〗몸을 앞으로 굽히다. ¶허리를 구푸
리다. 잘고푸리다. 센꾸푸리다.

구품(具稟)〖명하타〗웃어른께 일의 내용과 사유를
갖추어 아림.

구풍(颶風)〖명〗①몹시 세게 부는 바람. ②태풍·
선풍·허리케인 따위의 열대성 저기압을 통틀어
이르는 말. 돌개바람.

구:풍(舊風)〖명〗예부터 전해 오는 풍습.

구풍-제(驅風劑)〖명〗한방에서, 장(腸)의 연동(蠕
動)을 촉진하고, 소화관 내에 찬 가스를 배설
시키는 작용을 하는 약제를 이르는 말.

구피(狗皮)〖명〗개의 가죽.

구:필(口筆)〖명〗붓을 입에다 물고 쓰는 글씨. 구
호(口毫). 구필화(口畫).

구하(九夏)〖명〗여름철의 90일 동안을 이르는 말.
⑪삼하(三夏).

구-하다(求-)〖타여〗①상대편이 어떻게 해 주기
를 바라다. ¶양해를 구하다. ②필요한 것을 찾
거나 얻다. ¶인재를 구하다. ③물건을 사다.

구-하다(灸-)〖타여〗①쑥으로 뜸을 뜨다. ②불에
굽다.

구:-하다(救-)〖타여〗어렵거나 위태로운 처지에
있는 사람을 그곳에서 벗어나도록 도와주다.
¶목숨을 구해 주다.

구학(丘壑)〖명〗언덕과 골짜기.

구학(求學)〖명하자〗배움의 길을 찾음.

구학(溝壑)〖명〗

구:학(舊學)〖명〗〈구학문〉의 준말.

구:-학문(舊學問)[-항-]〖명〗지난날, 서구에서
들어온 새로운 학문에 대하여, 재래의 한학(漢
學)을 이르던 말. 준구학. →신학문.

구:한(舊恨)〖명〗오래전부터 품어 온 원한.

구:-감우(久旱甘雨)〖명〗오랜 가뭄 끝에 내리
는 단비.

구:-한국(舊韓國)〖명〗조선 말기에 국호를 '대한
제국'이라 고쳐 일컫던 시대를 뒷사람들이 이
르는 말. 참대한 제국(大韓帝國).

구:-한말(舊韓末)〖명〗조선 말기에서 대한 제국
까지의 시기.

구:한-신감(舊恨新感)〖명〗예전에 품었던 원한과
지금의 새로운 감회. ¶구한신감이 가슴에 와
닿아 어찌할 줄을 모르겠나이다.

구함(具銜)〖명하자〗지난날, 직함과 수결(手決)을
나란히 적던 일.

구함(構陷)〖명하타되자〗계획적으로 남을 모략하
여 죄에 빠지게 함.

구:합(苟合)〖명하자〗①구차스레 남의 비위
를 맞춤. ②겨우 모임.

구합(媾合)〖명하자〗⇨성교(性交).

구핵(究覈)〖명하타〗깊이 살피어 밝힘.

구:향(舊鄕)〖명〗여러 대를 한 고장에서 살아온
향족(鄕族).

구허(丘墟)〖명〗①황폐한 유적(遺跡). ②예전에는
번창하였으나 뒤에 쓸쓸하게 변한 곳.

구허-날무(構虛捏無)〖명하타〗터무니없는 말을
꾸며 냄. 준구날(構捏). 참날조·허구.

구험(口險)〖명〗'구험하다'의 어근.

구:험-하다(口險-)〖형여〗입이 상스럽고 험하다.
말이 거칠고 막되다. 구험-히〖부〗.

구현(具現.具現)〖명하타되자〗어떤 사실을 뚜렷
한 모양으로 또는 구체적인 모양으로 나타냄.
¶민주주의 구현. /자신의 이상을 구현하다.

구현-금(九絃琴)〖명〗줄이 아홉 가닥인 거문고.

구혈(九穴)〖명〗⇨구규(九竅).

구:혈(灸穴)〖명〗몸에서 뜸을 뜰 수 있는 일정한
자리. 구소(灸所). 구점(灸點).

구:혐(舊嫌)〖명〗오래된 혐의.

구:협(口峽)〖명〗구강(口腔)에서 인두(咽頭)에 이
르는 부분.

구:형(求刑)〖명하타되자〗형사 재판에서, 피고인에
게 어떤 형을 과하도록 검사가 판사에게 요구
함. ¶사형을 구형하다. 참언도(言渡).

구형(矩形)〖명〗'직사각형'으로 순화.

구형(球形)〖명〗공같이 둥근 모양. 공 모양.

구형(鉤形)〖명〗갈고리처럼 생긴 모양.

구:형(舊型)〖명〗구식 형틀 또는 본새. ¶구형 세
탁기. →신형(新型).

구형-강(溝形鋼)〖명〗단면이 'ㄷ'자 모양으로
된 강철.

구:호(口毫)〖명〗⇨구필(口筆).

구:호(口號)〖명〗①⇨군호(軍號). ②대중 집회나
시위 등에서, 어떤 요구나 주장 따위를 나타내
는 짤막한 호소, 또는 그것을 나타낸 글. ¶구
호를 외치다. ③지난날, 정재(呈才) 때 부르던
치어(致語)의 한 토막. 곧, 여문(儷文)의 한 단
이 끝나고 다음에 딸리는 시(詩).

구:호(救護)〖명하타〗어려움에 처해 있는 사람,
특히 재난을 당한 사람이나 병자·부상자 등을
도와 보호함. ¶구호 물자. /이재민을 구호한다.

구:호(舊好)〖명〗옛날의 정분, 또는 전부터 다정
하게 지내던 사이.

구:호-반(救護班)〖명〗비상시에, 이재민·부상자 등
을 구호하기 위해 임시로 편성한 소규모의 조직.

구:호-양곡(救護糧穀)〖명〗극빈자나 이재민 등에
게 정부가 무상으로 주는 양곡.

구:호-책(救護策)〖명〗구호할 방책.

구:호-품(救護品)〖명〗재해나 재난 따위로 어려움
에 처해 있는 사람을 도와주기 위하여 보내는
물품. ¶이재민에게 구호품을 보내다.

구혼(求婚)〖명하자〗①상대편에게 결혼을 청함.
청혼. ②결혼할 상대자를 구함.

구화(口話)〖명하〗농아(聾啞)들이 교육을 받아, 남
이 말하는 것을 입술 모양 따위로 알아듣고 자
기도 소리 내어 말하는 일. 참수화(手話).

구화(毬花)〖명〗긴 원추형의 꽃. 〔소나무·노송나
무의 꽃 따위.〕

구화(媾和)〖명하자〗⇨강화(講和).

구화(構禍)[명][하자] 화근을 만듦.

구:화(舊貨)[명] (새로 발행된 화폐에 대하여) 이전에 발행된 화폐. 옛전 돈.

구화-반자(←菊花-)[명] 국화 무늬의 반자.

구화-법(口話法)[-뺍][명] 농아 교육에서, 구화를 가르치거나 구화로써 대화하는 방법. 독순술(讀脣術).

구화-장지(←菊花障子)[명] 국화 무늬의 장지.

구:활(久闊)[명][하자] 오랫동안 소식이 없거나 만나지 못함.

구:황(救荒)[명][하자] 흉년 때, 빈민들을 굶주림에서 벗어나도록 도와줌.

구:황-방(救荒方)[명] 흉년으로 먹을 것이 모자랄 때, 대용 식물로 굶주림에서 벗어나는 방법.

구:황^식물(救荒植物)[-싱-][명] 흉년 때, 곡식 대신 먹을 수 있는 식물. [피·쑥 따위.] 비황 식물.

구:황실(舊皇室)[명] 대한 제국의 황실.

구:황^작물(救荒作物)[-장-][명] 흉년 때, 곡식 대신 가꿀 수 있는 작물. [감자·메밀 따위.]

구:황-촬요(救荒撮要)[명] 조선 명종 9(1554)년에 간행된 책. 목판본 1권. 〔명종 때, 영·호남 지방에 기근이 심하여 이를 구제하기 위해, 세종이 지은 한문본 '구황벽곡방(救荒辟穀方)'을 요약·번역한 것임.〕

구:회(舊懷)[-회/-훼][명] 지난 일을 그리는 마음. 지난날의 회포.

구획(區劃)[-획/-훽][명][하자][되자] 어떤 토지나 처소 따위를 경계를 지어 가름, 또는 그 가른 구역의 하나하나. ¶ 구획을 짓다.

구획^어업(區劃漁業)[-획거-/-훽거-][명] 일정한 수면(水面)을 구획하여, 그 구역 내에서 하는 허가 어업.

구획^정:리(區劃整理)[-획쩡니-/-훽쩡니-][명] 토지 이용의 효율을 높이기 위하여, 토지 이용 계획이나 구획 따위를 변경하는 일.

구:휼(救恤)[명][하자] 빈민이나 이재민 등을 돕고 보살핌. ¶ 구휼 사업. 비부휼(撫恤).

구희(球戱)[-히][명] 공을 가지고 하는 놀이. 〔특히, '당구'를 가리킴.〕

국(麴)① 고기나 채소 따위에 물을 부어 끓인 음식. ② 국물의 준말.

　국에 덴 놈 물〔냉수〕보고도 분다〔놀란다〕[속담] 한 번 혼이 나면 그와 비슷한 것만 보아도 겁부터 낸다는 말.

국(局)¹[Ⅰ][명] 관청이나 회사 등에서, 일을 분담하기 위하여 몇 개로 가른 부서의 한 가지. 부(部)의 위임. [Ⅱ][의] 바둑이나 장기 따위에서, 승부를 내는 판을 세는 단위. ¶ 제1국에서는 이기고, 제2국에서는 지다.

국(局)²[명] 풍수지리에서, 혈(穴)과 사(砂)가 합하여 이룬 자리.

-국(局)[접미] 일부 명사 뒤에 붙어, 그러한 일을 하는 부서임을 뜻함. ¶ 출판국./공무국.

-국(國)[접미] 일부 명사 뒤에 붙어, 그러한 나라임을 뜻함. ¶ 강대국. /중립국.

국가(國家)[-까][명] 일정한 영토와 그곳에 사는 일정한 주민들로 이루어져, 주권에 의한 통치 조직을 지니고 있는 사회 집단. 나라. 방국(邦國).

국가(國歌)[-까][명] 나라를 상징하며 대표하는 것으로서, 나라에서 제정한 노래.

국가-고시(國家考試)[-까-][명] 국가에서 실시하는 시험. 국가시험.

국가^공무원(國家公務員)[-까-][명] 국가에 고용되어 공무에 종사하는 사람.

국가-관(國家觀)[-까-][명] 국가를 통일적인 전체로 보아, 그 목적·의의·가치 등에 대하여 가지는 견해나 주장.

국가^관리(國家管理)[-까괄-][명] 국가 기관이 사기업이나 그 밖의 어떤 단체 등의 경영이나 운영에 개입하여 직접 관리하는 일.

국가^권력(國家權力)[-까궐-][명] 국가가 합법적으로 행사할 수 있는 물리적인 강제력.

국가^기관(國家機關)[-까-][명] 국정을 시행하기 위하여 설치한 입법·사법 및 행정 따위의 여러 기관.

국가^기본권(國家基本權)[-까-꿘][명] 국가가 당연히 가지는 국제법상의 기본적 권리. 〔독립권·자기 보존권·자위권·긴급 방위권·평등권·국제 교통권 따위.〕

국가^긴급권(國家緊急權)[-까-꿘][명] 전시 또는 국가의 존립에 중대한 위험이 되는 비상사태가 발생하였을 때, 이를 수습하기 위한 비상 수단의 발동권.

국가^배상(國家賠償)[-까-][명] 공무원의 잘못으로 국민이 손해를 입었을 때, 국가나 공공 단체가 책임지는 손해 배상.

국가^법인설(國家法人說)[-까-][명] 국가를 하나의 법인으로 보는 학설.

국가^보:상(國家補償)[-까-][명] 국가의 행정 행위로 말미암아 생긴 국민의 손실을 국가에서 보상하는 일.

국가^보:안법(國家保安法)[-까-뻡][명] 국가의 안전과 국민의 생존 및 자유를 확보하기 위하여 제정한 법. 준보안법.

국가^보:훈처(國家報勳處)[-까-][명] 국무총리 소속의 중앙 행정 기관의 하나. 국가 유공자와 그 유족에 대한 보훈, 제대 군인의 지원 및 군인 보험, 기타 법령이 정하는 보훈에 관한 사무를 맡아봄.

국가^부조(國家扶助)[-까-][명] 국가나 공공 단체가 생활 능력이 없는 사람에게 최저 한도의 생활을 할 수 있도록 보호 또는 보조하여 주는 일. 공적 부조. 사회 부조.

국가^비상사태(國家非常事態)[-까-][명] 큰 재해나 사변·소요 등으로, 사회가 혼란에 빠져 그 존립마저 위태롭게 될 위험이 있는 사태.

국가-사업(國家事業)[-까-][명] 국가에서 직접 경영하는 사업.

국가^사회주의(國家社會主義)[-까-회-의-/-까-훼-이][명] 기존의 자본주의 체제 안에서, 국가의 간섭으로 사회주의적인 욕구의 일부를 실현시키고자 하는 주의.

국가^소추주의(國家訴追主義)[-까-의-/-까-이][명] 국가 기관(검사)이 당사자가 되어 공소(公訴)를 제기하고 유지하는 주의.

국가-시험(國家試驗)[-까-][명] ☞국가고시.

국가^안전^보:장^회:의(國家安全保障會議)[-까-회-의-/-까-훼-이][명] 대통령의 자문 기관의 하나. 국가 안전 보장에 관련되는 제반 정책 수립에 관한 자문을 맡아봄.

국가^연합(國家聯合)[-까-][명] 국제법상의 조약에 의한 여러 국가의 평등한 결합의 한 가지.

국가^유:공자(國家有功者)[-까-][명] (국가선열·애국지사·전몰군경·상이군인 등) 나라를 위하여 공헌하거나 희생한 사람.

국가^의:사(國家意思)[-까-][명] 국가가 그 목적을 달성하기 위하여 가지는 의사. 국가 기관을 통하여 표현되며, 이를 결정하는 최고의 원동력을 주권이라 함.

국가^자본(國家資本) [-까-] 명 국가가 국영 기업이나 정부 투자 기관에 투자한 자본과 사기업이나 외국의 기업 등에 대부한 자본.

국가^자본주의(國家資本主義) [-까-의/-까-이] 명 국가가 대자본과 결합하여, 권력으로 국민의 경제 생활 전역에 통제를 가하는 자본주의 경제 제도.

국가-적(國家的) [-까-] 관명 ①국가에 관련되는 (것). ¶국가적 문제. /국가적인 이익. ②국가 전체의 범위나 규모에서 하는 (것). ¶국가적 사업. /국가적인 행사.

국가^정보원(國家情報院) [-까-] 명 중앙 행정 기관의 하나. 대통령 직속으로 국가 안전 보장에 관련되는 정보 수집, 기밀의 보안 유지, 범죄 수사 등에 관한 업무를 맡아봄.

국가^주권설(國家主權說) [-까-껀-] 명 주권이 군주(君主)나 국민에게 속하는 것이 아니고 국가 자신에게 귀속한다는 학설.

국가-주의(國家主義) [-까-의/-까-이] 명 국가를 인간 사회 지상의 조직체로 생각하고, 국가 권력이 사회생활 전역에 걸쳐 통제력을 발휘하는 것을 인정하는 주의. 참내셔널리즘.

국가^책임(國家責任) [-까-] 명 국가가 국제법상의 의무를 위반하였을 때 발생하는 국가의 책임.

국가^파:산(國家破產) [-까-] 명 국가가 채무의 전부 또는 일부를 이행할 수 없게 된 상태.

국감(國監) [-깜] 명 〈국정 감사〉의 준말.

국-거리(-꺼-) [-꺼-] 명 ①국을 끓이는 데 들어가는 재료. 〔어류·육류·채소 따위.〕 ②곰국을 끓이는 데 들어가는 재료. 〔쇠고기와 내장 따위.〕

국견(局見) [-껸] 명 좁은 견해. 좁은 소견.

국경(國境) [-껑] 명 나라와 나라 사이의 경계. 국계(國界). ¶압록강을 중국과의 국경으로 삼다.

국경^관세(國境關稅) [-껑-] 명 국경을 통과하는 수입 화물에 부과하는 조세.

국경^무:역(國境貿易) [-껑-] 명 ①국경을 맞대고 있는 국가 간의 무역. ②국경 지대의 주민끼리 하는 필수품 따위의 교환 행위.

국경^분쟁(國境紛爭) [-껑-] 명 국경선이 잘못 되었거나 명백하지 않은 데서 생기는 이웃 나라 간의 분쟁. ¶국경 분쟁이 잦다.

국경-선(國境線) [-껑-] 명 나라와 나라 사이의 경계선.

국경-일(國慶日) [-껑-] 명 국가적인 경사를 축하하기 위하여, 법으로 정하여 온 국민이 기념하는 날.

국계(國界) [-께/-꼐] 명 ☞국경(國境).

국고(國庫) [-꼬] 명 ①재산권의 주체로서의 국가의 자격. 국가가 소유하는 화폐를 보관하며, 수입·지출을 관리하는 기관. 중앙 금고(中央金庫). ¶벌과금을 국고에 수납하다.

국고-금(國庫金) [-꼬-] 명 국고에 속하는 현금. 나랏돈. ¶국고금으로 충당하다.

국고^보:조(國庫補助) [-꼬-] 명 국고에서 경비를 보조하는 일. ¶국고 보조로 행사를 치르다.

국고^잉:여금(國庫剩餘金) [-꼬-] 명 국가 재정 가운데, 세계(歲計) 잉여금에서 용도가 확정된 금액을 뺀 나머지 금액.

국고^준:비금(國庫準備金) [-꼬-] 명 국가에서 위급할 때 쓰려고 항시 국고에 준비하여 둔 돈.

국고^차:입금(國庫借入金) [-꼬-꿈] 명 국고에 채워 두어야 할 돈이 일시적으로 부족하여 중앙은행에서 빌리는 자금.

국고-채(國庫債) [-꼬-] 명 〈국고 채권〉의 준말.

국고^채:권(國庫債權) [-꼬-꿘] 명 국가가 임시

특별 경비를 조달하기 위하여 발행하는 단기의 공채(公債). ⊕국고채.

국-공립(國公立) [-꽁닙] 명 국립과 공립.

국광(國光)¹ [-꽝] 명 나라의 영광. 나라의 영예.

국광(國光)² [-꽝] 명 사과 품종의 한 가지. 좀 늦게 익으며 다른 사과보다 비교적 신맛이 덜함. 푸른빛을 띤 붉은빛으로, 단단하여 오래 저장해 두기에 적당함.

국교(國交) [-꾜] 명 나라와 나라 사이의 교제. 국가 간의 외교 관계. 방교(邦交). ¶국교의 정상화.

국교(國敎) [-꾜] 명 국가에서 특별히 지정하여, 온 국민이 믿도록 하는 종교.

국교^단:절(國交斷絕) [-꾜-] 명 나라와 나라 사이의 외교 관계를 끊는 일.

국교-죄(國交罪) [-꾜죄/-꾜줴] 명 국가 간의 화친을 해치는 죄. 〔외국의 국가 원수나 외교사절에 대한 폭행·위협, 외국 국기나 국장(國章)에 대한 모독 행위 따위.〕

국구(國舅) [-꾸] 명 '왕비의 아버지'를 일컫던 말. 참부원군(府院君).

국군(國君) [-꾼] 명 한 나라의 군주. 국왕.

국군(國軍) [-꾼] 명 ①나라의 군대. ②우리나라의 군대. ¶국군 장병. /국군을 파견하다.

국군-묘:지(國軍墓地) [-꾼-] 명 '국립묘지(國立墓地)'의 구용어.

국궁(國弓) [-꿍] 명 ①양궁(洋弓)에 대하여, 우리나라 재래의 활. ②우리나라 제일의, 활쏘기의 명수.

국궁(鞠躬) [-꿍] 명하자 존경하는 뜻으로 몸을 굽힘. 국궁 재배(再拜).

국궁-진췌(鞠躬盡瘁) [-꿍-] 명하자 몸과 마음을 다하여 나랏일에 이바지함.

국권(國權) [-꿘] 명 ①국가의 주권. ¶국권을 수호하다. ②국가의 통치권. ¶국권을 발동하다.

국권^피:탈(國權被奪) [-꿘-] 명 1910년에 일제가 한일 병합 조약에 따라 우리나라의 통치권을 강제로 빼앗고 식민지로 삼은 일.

국균(麴菌) [-�균] 명 ☞누룩곰팡이.

국-그릇(-끄릇) [-끄릇] 명 국을 담는 그릇. *국그릇이 [-끄르시] ·국그릇만 [-끄른-]

국극(國劇) [-끅] 명 한 나라 특유의 전통적인 연극. 〔우리나라의 창극(唱劇) 따위.〕

국금(國禁) [-끔] 명하자 나라의 법으로 금함.

국기(國忌) [-끼] 명 임금이나 왕비의 제삿날. 국기일.

국기(國技) [-끼] 명 한 나라 특유의 전통적인 운동이나 기예. 〔우리나라의 씨름이나 태권도 따위.〕

국기(國紀) [-끼] 명 나라의 기강(紀綱).

국기(國記) [-끼] 명 나라에 관한 기록, 또는 나라의 역사를 기록한 책.

국기(國基) [-끼] 명 나라의 기초(바탕). 국본(國本). 국초(國礎).

국기(國旗) [-끼] 명 한 나라를 상징하는 기(旗).

국기(國器) [-끼] 명 나라를 다스릴 만한 기량(器量), 또는 그러한 기량을 가진 사람.

국기-일(國忌日) [-끼-] 명 ☞국기(國忌).

국난(國難) [-난] 명 나라의 재난. ¶국난을 극복하다.

국내(局內) [궁-] 명 ①묘(墓)의 구역 안. ②관청이나 회사의 국(局)의 안.

국내(國內) [궁-] 명 나라 안. 국중(國中). ¶국내 정세. ↔국외(國外).

국내^관세(國內關稅) [궁-] 명 국내의 어떤 한정된 지역을 출입하거나 통과하는 화물에 대하여 부과 징수하는 관세.

국내-법(國內法)[궁-뻡]圓 한 나라의 주권이 행사되는 범위 안에서 효력을 가지며, 주로 그 나라의 내부 관계를 규정짓는 법률. 내국법. ↔국제법(國際法).

국내-산(國內産)[궁-]圓 ☞국산(國産).

국내-선(國內線)[궁-]圓 국내의 교통과 통신에만 이용되는 각종의 선(線). ↔국제선.

국내^소비세(國內消費稅)[궁-쎄]圓 국내에서 소비되는 용역과 물건에 매기는 세금. 내국 소비세.

국내^시:장(國內市場)[궁-]圓 (상품의 판로로서의) 자기 나라 안의 시장. ↔국제 시장.

국-내외(國內外)[궁-외/궁-웨]圓 나라의 안과 밖. ¶국내외의 긴박한 정세.

국내^우편(國內郵便)[궁-]圓 주고받는 사람이 다 국내에 있는 우편. ↔국제 우편.

국내^총:생산(國內總生産)[궁-]圓 일정한 기간(보통 1년)에 한 나라 안에서 생산한 최종 재화와 용역의 합계. 〔약호는 GDP〕

국-대부인(國大夫人)[-때-]圓 조선 초기에, 임금의 외조모나 왕비의 어머니에게 내리던 봉작(封爵). 〔뒤에 부부인(府夫人)으로 고침.〕

국도(國都)[-또]圓 ☞수도(首都).

국도(國道)[-또]圓 정부가 관리하는 도로. ↔지방도(地方道).

국-둔전(國屯田)[-뚠-]圓 지난날, 수자리 사는 군사가 경작하여 그 수확을 군자(軍資)에 충당하던 토지. 국둔토.

국-둔토(國屯土)[-뚠-]圓 ☞국둔전(國屯田).

국란(國亂)[궁난]圓 ①나라가 어지러움. ②나라에 닥친 변란. ¶국란을 평정하다.

국량(局量)[궁냥]圓 ☞도량(度量).

국력(國力)[궁녁]圓 (주로 경제력과 군사력 분야에서의) 나라의 힘. ¶국력 신장.

국련(國聯)[궁년]圓 〈국제 연합〉의 준말.

국련-군(國聯軍)[궁년-]圓 〈국제 연합군〉의 준말.

국로(國老)[궁노]圓 나라의 원로.

국록(國祿)[궁녹]圓 나라에서 주는 녹봉.

국록지신(國祿之臣)[궁녹찌-]圓 나라에서 주는 녹봉을 받는 신하.

국론(國論)[궁논]圓 나라 안의 공론(公論).

국리(國利)[궁니]圓 나라의 이익. 국익(國益).

국리-민복(國利民福)[궁니-]圓 나라의 이익과 국민의 행복.

국립(國立)[궁닙]圓 나라 예산으로 세우고 관리함. ㉯사립(私立).

국립-공원(國立公園)[궁닙꽁-]圓 규모가 크고 경관이 뛰어난 지역을 골라서, 자연을 보호하고 국민의 휴양과 보건 및 정서 생활에 이용하도록 국가가 지정하여 관리하는 공원.

국립-대학(國立大學)[궁닙때-]圓 국가에서 설립하여 관리·운영하는 대학.

국립-묘지(國立墓地)[궁님-]圓 호국 영령과 국가 유공자를 안장하여 국가에서 관리하는 묘지.

국립^은행(國立銀行)[궁니븐-]圓 국가가 설립하여 경영하는 은행.

국-말이[궁-]圓 ①(밥이나 국수를) 국에 만 것. ②국에 말아서 끓은 음식. ㉯국밥.

국면(局面)[궁-]圓 ①일이 되어 가는 형편. 일이 벌어진 상황. ¶국면 전환. /파업 사태가 새로운 국면으로 접어들다. ②바둑이나 장기를 둘 때의 승부의 형세. ②반면(盤面).

국명(國名)[궁-]圓 나라의 이름. 국호(國號).

국명(國命)[궁-]圓 ①나라의 사명. ②나라의 명령. ¶국명을 받들다.

국모(國母)[궁-]圓 임금의 아내, 또는 임금의 어머니.

국모(麴母)[궁-]圓 ☞누룩밑.

국무(國巫)[궁-]圓 〈국무당〉의 준말.

국무(國務)[궁-]圓 국정(國政)에 관한 사무(事務).

국-무당(國-)[궁-]圓 고려·조선 시대에, 나라의 굿을 하던 무당. 나랏무당. ㉯국무(國巫).

국무-원(國務院)[궁-]圓 〔구헌법(舊憲法)에서〕국무총리와 국무 위원으로 조직되는 합의체로서 국가의 행정권을 담당하던 최고 기관. ㉯내각(內閣).

국무^위원(國務委員)[궁-]圓 국무 회의를 구성하는 정무직 공무원. 〔행정 각부의 장관과 처장이 이에 해당됨.〕

국무^조정실(國務調整室)[궁-]圓 국무총리 직속의 보조 기관. 국무총리를 보좌하기 위하여 각 중앙 행정 기관 및 국무총리 소속 기관에 대한 지휘·감독, 정책의 조정 및 심사 평가, 기타 국무총리가 특별히 지시하는 사항 등에 관한 사무를 맡아봄.

국무-총리(國務總理)[궁-니]圓 대통령을 보좌하며 대통령의 명을 받아 행정 각부를 통할하는 정무직 공무원. 〔국회의 동의를 얻어 대통령이 임명함.〕 ㉯총리.

국무^회:의(國務會議)[궁-회의/궁-훼이]圓 정부의 권한에 속하는 중요 정책을 심의하는 회의. 〔대통령을 의장, 국무총리를 부의장으로 하여 전 국무 위원으로 구성됨.〕

국문(國文)[궁-]圓 ①자기 나라에서 쓰는 고유의 글자, 또는 그것으로 쓴 글. ②〈국문학〉의 준말.

국문(鞫問·鞠問)[궁-]圓하ⓣ 지난날, 중죄인을 국청(鞫廳)에서 심문하던 일.

국-문법(國文法)[궁-뻡]圓 〈국어 문법〉의 준말.

국문^연:구소(國文研究所)[궁-년-]圓 광무 11(1907)년 7월에 학부 안에 설치하였던 국문 연구 기관. 〔주시경·지석영·어윤적 등이 위원이었으므.〕

국-문자(國文字)[궁-짜]圓 ①자기 나라의 글자. ②우리나라의 글자, 곧 한글.

국문-정리(國文正理)[궁-니]圓 1897년에 이봉운(李鳳雲)이 지은, 우리나라 최초의 국어 연구서. 〔띄어쓰기·된소리·장단음·시제 등을 다룸.〕

국-문학(國文學)[궁-]圓 ①그 나라의 문학. ②우리나라의 말과 글로써 된 고유의 문학, 또는 이를 대상으로 하는 학문. ㉯국문(國文).

국문학-사(國文學史)[궁-싸]圓 국문학의 발달 과정의 역사, 또는 국문학의 역사를 적은 책.

국-물[궁-]圓 ①어떤 음식의 건더기가 들어 있거나 우린 물. ㉯국. ②'일'에 대한 약간의 이득' 또는 '부수입'을 속되게 이르는 말.

국물도 없다[관용] 아무 이득도 없다.

국민(國民)[궁-]圓 한 나라의 통치권 아래에 결합하여 국가를 구성하고 있는 사람. 그 나라의 국적을 가지고 있는 사람. 국인(國人). 인민.

국민-가요(國民歌謠)[궁-]圓 국민 전체가 널리 부를 수 있게 지은 노래.

국민-감정(國民感情)[궁-]圓 국민 전반에 공통된 감정.

국민-개병(國民皆兵)[궁-]圓 국민 전부가 병역 의무를 지는 일.

국민^경제(國民經濟)[궁-] 图 국가를 단위로 하여 종합적으로 파악한 국민 전체의 경제 활동. 사회 경제(社會經濟). ☞가족 경제.

국민^교:육(國民敎育)[궁-] 图 ①국가가 국민에게 국민으로서의 자질을 갖추게 할 목적으로 실시하는 교육. ②의무 교육.

국민^교:육^헌:장(國民敎育憲章)[궁-유컨-] 图 우리나라 교육의 지표를 제시한 헌장. 〔1968년 12월 5일에 선포.〕 ☞교육 헌장.

국민^국가(國民國家)[궁-까] 图 동일 민족 또는 국민이라는 의식을 바탕으로 한 중앙 집권 국가.

국민-대표(國民代表)[궁-] 图 〔국민의 대표자라는 뜻에서〕 국회의원을 이르는 말.

국민^대:회(國民大會)[궁-회/궁-훼] 图 국민의 총의(總意)를 파악하기 위하여 여는 대회.

국민^도:덕(國民道德)[궁-] 图 ①국민으로서 다 같이 지켜야 할 도덕. ②한 국민이 이어 온 고유한 도덕.

국민^문학(國民文學)[궁-] 图 ①한 나라의 국민성이나 국민 문화가 표현된, 그 국민 특유의 문학. ②근대적 국민 국가의 성립에 따라 그 국가 의식을 반영하여 다수 국민 속에 침투한 문학.

국민^발안제(國民發案制)[궁-] 图 일정 수 이상의 국민이 직접 헌법 개정안이나 중요한 법률안을 국회에 제출할 수 있는 제도.

국민^복지^연금(國民福祉年金)[궁-찌-] 图 국민 생활의 안정과 복지 증진을 위한 사회 보장 제도의 하나. 노령·질병·사망 등에 대해 일정액의 연금을 지급함. ☞복지 연금.

국민-성(國民性)[궁-썽] 图 한 나라의 국민에게 공통된 고유한 특성.

국민^소:득(國民所得)[궁-] 图 국민 전체가 일정한 기간에 생산·분배·지출한 재화(財貨) 및 서비스의 총액을 화폐로 환산하여 평가한 총액.

국민^소환제(國民召喚制)[궁-] 图 국회의원 또는 국민이 선출한 공직자를, 국민의 발의에 의하여 파면시킬 수 있는 제도.

국민-시(國民詩)[궁-] 图 ①그 나라 고유의 국민감정을 읊은 시. ②그 나라 국민 문학의 대표적인 시.

국민^연금^제:도(國民年金制度)[궁-년-] 图 가입자가 노령·질병·사망 등으로 소득 능력을 상실한 경우에 연금을 지급하도록 정부가 관장·운영하는 제도. 군인·공무원·사립학교 교원 등을 제외한 18세 이상 60세 미만의 국민을 가입 대상으로 함.

국민^외:교(國民外交)[궁미뇨-/궁미뉴-] 图 ①국민의 여론을 중시하는 처지에서 하는 외교. ②국민 각자가 자기의 활동 범위 안에서 하는 외교.

국민-운동(國民運動)[궁-] 图 〔국민적 목적을 이루기 위하여〕 뜻을 같이하는 국민의 전체 또는 일부가 일으키는 운동.

국민-의례(國民儀禮)[궁미녀-/궁미니-] 图 의식(儀式)이나 예식(禮式)에서, 국민으로서 갖추어야 해야 할 의례. 〔국기 배례와 애국가 제창, 순국 선열에 대한 묵념 따위.〕

국민^의:무(國民義務)[궁-] 图 국민이 공법상 부담하여야 할 납세·교육·병역·근로의 의무. ☞공의무(公義務).

국민^의회(國民議會)[궁-회/궁-훼] 图 국민의 대표자로 조직된 합의체.

국민-장(國民葬)[궁-] 图 국가와 사회에 현저한 공훈을 남기고 죽은 사람에게, 국민 전체의 이름으로 베푸는 장례.

국민-적(國民的)[궁-] 관图 국민 모두와 관련되는 (것). ¶국민적 관심사. /국민적인 환영.

국민^정부(國民政府)[궁-] 图 중화민국의 '국민당 정부'를 이르는 말. ②국부(國府).

국민-정신(國民精神)[궁-] 图 ①한 나라 국민에게 공통되는 고유한 정신. ②국민으로서 나라에 충성을 다하는 정신.

국민^주권설(國民主權說)[궁-찐-] 图 국가의 주권이 국민에게 있다고 하는 주장.

국민-주의(國民主義)[궁-의/궁-이] 图 민족을 바탕으로 한 나라를 실현할 것을 지상 목표로 삼는 사상, 또는 그 운동.

국민-주택(國民住宅)[궁-] 图 국가가 무주택자에게 싼값으로 임대·분양하기 위하여, 지방 자치 단체나 은행 등에서 조달한 자금으로 짓는 전용 면적 25.7평 이하의 아파트.

국민-차(國民車)[궁-] 图 경제적으로 부담 없이 살 수 있도록, 국민 대다수를 위하여 만든 경승용차.

국민^총:생산(國民總生産)[궁-] 图 한 나라에서 일정 기간(보통 1년간)에 생산된 재화(財貨)와 용역(用役)의 총생산액에서 중간 생산물을 뺀 액수. 〔약호는 GNP〕

국민^투표(國民投票)[궁-] 图 선거 이외의 국정상(國政上) 중요한 사항에 관하여 국민이 행하는 투표. 일반 투표.

국민^포장(國民褒章)[궁-] 图 정치·경제·사회·교육·학술 등의 분야에 많은 기여를 한 사람, 또는 국민의 복리 증진을 위하여 많은 재산을 기부한 사람에게 수여하는 포장.

국민-학교(國民學校)[궁-꾜] 图 '초등학교'의 이전 일컬음.

국민^훈장(國民勳章)[궁-] 图 정치·경제·사회·교육·학술 등의 분야에서 국민 복지 향상과 국가 발전에 이바지한 공적이 뚜렷한 사람에게 수여하는 훈장. 〔무궁화장·모란장·동백장·목련장·석류장 따위.〕

국반-절(菊半截)[-빤-] 图 ☞국반판.

국반-판(菊半版)[-빤-] 图 책의 판형의 한 가지. 국판의 절반 크기의 규격. 국반절.

국-밥[-빱] 图 국에 만 밥. ⑪국말이.

국방(國防)[-빵] 图 (외적에 대한) 국가의 방비.

국방^경:비대(國防警備隊)[-빵-] 图 1946년 1월 미군정하(美軍政下)에 창설된 우리나라 군대. 〔오늘날의 국군의 모체임.〕

국방^대:학원(國防大學院)[-빵-] 图 군·정부 기관 등에서 선발된 사람에게 국가 안전 보장에 관한 자질을 부여하기 위하여 설치된 연구 기관. 국방부 장관의 관장하에 운영되며, 국가 안전에 관한 학술을 교육하고 이에 관한 사항을 분석·연구함.

국방-부(國防部)[-빵-] 图 중앙 행정 기관의 하나. 국방에 관련된 군정(軍政) 및 군령(軍令)과 기타 군사에 관한 사무를 맡아봄.

국방-비(國防費)[-빵-] 图 국방에 필요한 육군·해군·공군의 유지비. ¶국방비를 늘리다.

국방-상(國防相)[-빵-] 图 일부 국가의 '국방부 장관'을 이르는 말.

국방-색(國防色)[-빵-] 图 육군의 군복 빛깔인 '누른 빛깔을 띤 푸른색'을 이르는 말.

국방-성(國防省)[-빵-] 图 미국·영국·프랑스 등 일부 국가에서, 국방에 관한 일을 맡아보는 행정 부서.

국방^심리학(國防心理學)[-빵-니-] 图 국방에 관한 각종 심리학적 문제를 연구하는 학문.

국방^의원(局方醫員) [-빵-원] 지난날, 나라에서 제정한 의학을 배운 의원(醫員).

국번(局番) [-뻔]명 〈국번호〉의 준말.

국-번호(局番號) [-뻔호]명 전화 교환국의 국의 이름을 나타내는 번호. ⓒ국번.

국법(國法) [-뻡]명 나라의 법률과 법규를 통틀어 이르는 말. 방헌(邦憲).

국변(國變) [-뻔]명 나라의 변란.

국보(局報) [-뽀]명 ①우체국 사이에 서로 주고받는 전보. ②국(局) 자가 붙은 이름으로 된 기관에서 하는 보도. 〔방송국의 방송에 관한 보도 따위.〕

국보(國步) [-뽀]명 나라의 운명. ⒝국운(國運).

국보(國寶) [-뽀]명 ①나라의 보배. 특히, 가치가 높은 것으로 국가가 보호·관리하는 문화재. ②'국새(國璽)'의 딴 이름.

국보-간난(國步艱難) [-뽀-]명 나라의 운명이 몹시 어지럽고 어려움.

국보-적(國寶的) [-뽀-]관명 국보가 될 만한 (것). ¶국보적 존재. /국보적인 인물.

국본(國本) [-뽄]명 나라의 근본. ⒝국기(國基).

국부(局部) [-뿌]명 ①전체 가운데의 한 부분. 국소(局所). ②음부(陰部).

국부(國父) [-뿌]명 ①임금. ②⒝건국에 큰 공로를 세워 국민으로부터 숭앙(崇仰) 받는 지도자.

국부(國府) [-뿌]명 〈국민 정부〉의 준말.

국부(國富) [-뿌]명 한 나라의 부(富). 한 나라의 경제력.

국부^마취(局部痲醉) [-뿌-]명 수술할 자리만을 마취시키는 일. 〔코카인 따위를 주로 씀.〕 국소 마취. ☞전신 마취.

국부-적(局部的) [-뿌-]관명 전체 가운데 어느 한 부분에만 한정되는 (것). ¶국부적 현상.

국부^전:류(局部電流) [-뿌쩔-]명 전지의 극판(極板)이 고르지 않아 작은 전지가 성립될 때 그곳에 흐르는 전류.

국비(國費) [-삐]명 국고에서 내는 경비.

국비-생(國費生) [-삐-]명 정부에서 학비를 대어 주는 학생. ☎관비생.

국빈(國賓) [-삔]명 나라의 귀한 손으로 우대를 받는 외국 사람. 주로, 외국의 국가 원수 또는 그에 준하는 사람을 이름. ¶국빈 대우를 받는다.

국사(國士) [-싸]명 온 나라에서 높이 받드는 선비.

국사(國史) [-싸]명 ①나라의 역사. 국승(國乘). ②우리나라의 역사.

국사(國使) [-싸]명 나라의 명을 받아 외국으로 가는 사신(使臣).

국사(國事) [-싸]명 나라의 중대한 일. 나라 전체에 관련되는 일. 〔흔히, 정치적인 일을 이름.〕 나랏일.

국사(國師) [-싸]명 ①한 나라의 스승. ②고려 말기에서 조선 초기에, 덕행이 높은 중에게 주던 최고의 승직(僧職).

국사-범(國事犯) [-싸-]명 국가 권력이나 정치 질서를 침해함으로써 성립되는 범죄, 또는 그 범인. 정치범.

국산(國産) [-싼]명 ①자기 나라에서 생산함. 국내산. ¶국산 자동차. ②〈국산품〉의 준말.

국산-품(國産品) [-싼-]명 자기 나라에서 생산되는 물품. ⓒ국산. ↔외래품.

국산-화(國産化) [-싼-]명하다자 물건이나 부품 따위를 수입에 의존하지 않고 자기 나라에서 생산하게 함. ¶레이저 장비의 국산화에 성공하다.

국상(國喪) [-쌍]명 국민 전체가 복상(服喪)하던 왕실의 초상. 국휼(國恤). ¶국상이 나다.

국새(國璽) [-쌔]명 ①나라의 인장(印章). 국보(國寶). 어새(御璽). 옥새(玉璽). ②한 나라의 표상으로서의 인장. ⓒ새(璽).

국색(國色) [-쌕]명 ①나라 안에서 제일 아름다운 여자를 이르는 말. 국향(國香). ②'모란꽃'을 아름답게 이르는 말.

국서(國書) [-써]명 ①한 나라의 원수가 다른 나라에 보내는 문서. ②한 나라의 역사와 문장 등에 관한 책.

국서(國壻) [-써]명 ①임금의 사위. 부마도위(駙馬都尉). ②여왕의 남편.

국석(菊石) [-썩]명 ▷암모나이트.

국선(國仙) [-썬]명 '화랑(花郞)'의 딴 이름.

국선(國選) [-썬]명하다 나라에서 뽑음. ↔민선(民選).

국선-도(國仙徒) [-썬-]명 ▷화랑도(花郞徒).

국선^변:호인(國選辯護人) [-썬-]명 형사 사건에서 피고인이 변호인을 선임할 수 없는 경우, 법원이 직권으로 선정하는 변호인. ↔사선 변호인.

국선생-전(麴先生傳) [-썬-]명 고려 시대 이규보(李奎報)가 지은 가전체 작품. 술을 의인화하여, 술과 인간과의 관계와 인간의 성쇠를 그린 내용.

국성(國姓) [-썽]명 성(姓)과 본(本)이 임금과 같은 성(姓).

국세(局勢) [-쎄]명 어떤 판국의 형세.

국세(國稅) [-쎄]명 국가의 경비로 쓰기 위하여, 국민으로부터 징수하는 세금. 〔소득세·법인세·상속세·주세(酒稅)·관세(關稅) 따위〕. ↔지방세.

국세(國勢) [-쎄]명 나라의 형편과 힘.

국세^조사(國勢調査) [-쎄-]명 국세의 현황을 알기 위하여, 일정한 시기에 일정한 곳에서 인구·산업·문화 기타의 사항을 일제히 조사하는 일. 센서스.

국세-청(國稅廳) [-쎄-]명 기획 재정부에 딸린 중앙 행정 기관의 하나. 내국세의 부과·감면 및 징수에 관한 사무를 맡아봄.

국세^체납^처:분(國稅滯納處分) [-쎄-]명 국세를 기일 안에 완납하지 아니하였을 때, 의무자의 재산을 압류하여 공매하는 등의 행정상의 강제 집행.

국소(局所) [-쏘]명 ①▷국부(局部). ②몸의 관절이 꺾이는 곳.

국소^마취(局所痲醉) [-쏘-]명 ▷국부 마취.

국속(國俗) [-쏙]명 ▷국풍(國風).

국수 [-쑤]명 밀가루나 메밀가루 따위를 반죽하여 얇게 밀어 가늘게 썰거나 국수틀에 눌러 빼낸 식품, 또는 그것으로 만든 음식. 면(麵). 면자(麵子). ¶국수를 빼다.

국수 먹은 배[속담] 실속 없고 헤프다는 뜻.

국수 잘하는 솜씨가 수제비 못하랴[속담] 어려운 일을 잘하는 사람이면 쉬운 일은 못할 리가 없다는 말.

국수(를) 먹다[관용] 흔히, '결혼식을 올리다'의 뜻으로 이르는 말.

국수(國手) [-쑤]명 ①이름난 의사. 명의(名醫). ②장기나 바둑 따위의 기량이 한 나라에서 으뜸가는 사람.

국수(國粹) [-쑤]명 그 나라나 민족 고유의 정신상·물질상의 장점이나 아름다운 점.

국수(國讐) [-쑤]명 나라의 원수.

국수-물 [-쑤-]명 ①국수 내린 물에 메밀가루를 풀어서 끓인 물. ②국수를 삶은 물.

국수-버섯[-쑤-섣]圈 싸리버섯과의 버섯. 높이 3~6 cm로 산야의 숲 속에 더부룩하게 남. 자실체(子實體)가 누렇고 가지가 없으며 썰어 놓은 국수 같음. 먹을 수 있음. *국수버섯이[-쑤-서시]·국수버섯만[-쑤-선-]

국수-사리[-쑤-]圈 삶은 국수를 적당한 분량으로 사려 놓은 묶음.

국수-원밥숭이[-쑤-쑹-]圈 흰밥과 가래떡을 썰어 넣고 끓인 국수 또는 국수를 만 음식.

국수-장국(-醬-)[-쑤-꾹]圈 더운 장국에 만 국수.

국수-장국밥(-醬-)[-쑤-꾹빱]圈 장국밥에 국수를 만 음식. 면장탕반(麵醬湯飯).

국수-전(國手戰)[-쑤-]圈 한 나라에서 장기나 바둑의 기량이 으뜸가는 사람을 뽑는 대국.

국수-주의(國粹主義)[-쑤-의/-쑤-이]圈 자기 나라의 전통적 특수성만을 우수한 것으로 믿는 배타적이고 보수적인 주의.

국수-틀[-쑤-]圈 국수를 눌러 빼는 기계. 제면기(製麵機).

국순-전(麴醇傳)[-쑨-]圈 고려 중기에 임춘(林椿)이 지은 가전체(假傳體) 작품. 술을 의인화(擬人化)하여 당시의 정치 현실을 풍자하고 술로 인한 타락을 경계한 내용.

국숫-발[-쑤빨/-쑫빨]圈 국수의 가락. 면발. ¶국숫발이 굵다.

국숫-분통(-粉桶)[-쑤뿐-/-쑫뿐-]圈 국수틀의 가루 반죽을 넣는 통.

국숫-집[-쑤찝/-쑫찝]圈 ①가루로 국수를 빼주고 삯을 받는 집. ②국수를 파는 음식점. ②면옥(麵屋).

국승(國乘)[-씅]圈 그 나라의 역사. 국사(國史).

국시(國是)[-씨]圈 (국민 전체의 의사로 결정된 국정(國政)의 근본 방침.

국악(國樂)圈 ①자기 나라 고유의 음악. ②우리나라 고유의 음악.

국악-기(國樂器)[-끼]圈 국악을 연주하는 데 쓰는 악기.

국악^헌:법(國約憲法)[구갸컨뻡]圈 연방 국가나 복합 국가에서, 여러 국가의 국제적 조약에 따라 제정한 헌법. 웹민정 헌법·협정 헌법·흠정 헌법.

국어(國語)圈 ①자기 나라의 말. 나라말. 방어(邦語). ②우리나라의 언어. 한국어.

국어^계:통론(國語系統論)[-계-논/-게-논]圈 국어가 기원적으로 어떤 언어와 계통을 같이하는가 하는 것을 연구하는 학문.

국어^국문학(國語國文學)[-구-]圈 국어학과 국문학을 아울러 이르는 말.

국어^문법(國語文法)[-뻡]圈 ①국어의 문법. ②국문법. ②1910년에 주시경(周時經)이 지은 국어 문법책. 내용은 소리갈[음성학]·기난갈[품사론]·짬듬갈[구문론]의 세 부분으로 이루어져 있음. (1911년에 책 이름을 '조선어 문법'으로 고쳤음.)

국어-사(國語史)圈 국어의 형성(形成)과 발달에 관한 역사, 또는 그것을 연구하는 학문.

국어-사전(國語辭典)圈 국어의 단어들을 일정한 차례로 배열하여, 각 단어의 표기·어원·발음·문법 범주·뜻 등을 국어로 풀이한 책.

국어-학(國語學)圈 국어를 연구 대상으로 하는 학문.

국어학-사(國語學史)[-싸]圈 국어학의 발달과 변천 과정의 역사, 또는 그것을 연구하는 학문.

국얼(麴糵)圈 ☞누룩.

국역(國役)圈 나라의 역사(役事).

국역(國譯)圈하 다른 나라의 글을 자기 나라 말로 번역함.

국역-본(國譯本)[-뻔]圈 외국어로 된 책(특히 한문본)을 국어로 번역하여 낸 책.

국영(國營)圈하 나라에서 경영함. 관영(官營). ¶국영 기업. ↔민영(民營)·사영(私營).

국영^기업(國營企業)圈 국가가 설립하여 경영하는 기업.

국영^방:송(國營放送)圈 국가 재원으로 국가에서 경영하는 방송 사업.

국왕(國王)圈 나라의 임금. 국군(國君).

국외(局外)[구괴/구궤]圈 어떤 일에 관계되는 그 테두리의 밖. 그 일에 관계없는 처지.

국외(國外)[구괴/구궤]圈 한 나라의 영토 밖. ↔국내(國內).

국외-범(國外犯)[구괴-/구궤-]圈 자기 나라의 영역(領域) 밖에서 행하여지는 범죄.

국외-인(局外人)[구괴-/구궤-]圈 ☞국외자.

국외-자(局外者)[구괴-/구궤-]圈 그 일에 관계가 없는 사람. 국외인(局外人).

국외^주권(國外主權)[구괴-꿘/구궤-꿘]圈 한 국가가 자기 나라의 영역 밖에서 행하는 주권.

국외-중립(局外中立)[구괴-닙/구궤-닙]圈 교전국 또는 교전 단체의 어느 쪽에도 가담하지 않는 일.

국욕(國辱)圈 나라의 치욕. 국치(國恥).

국용(國用)圈 ①나라의 비용. ②나라의 소용.

국운(國運)圈 나라의 운수. 국조(國祚). ¶국운이 기울다. 國국보(國步).

국원(局員)圈 그 국(局)에 소속된 직원.

국월(菊月)圈 [국화가 피는 달이라는 뜻으로] '음력 9월'을 달리 이르는 말.

국위(國威)圈 나라의 위력. 방위(邦威). ¶체육 진흥으로 국위를 선양하다.

국유(國有)圈 국가의 소유. ↔사유(私有)·민유(民有).

국유-림(國有林)圈 국가 소유의 산림. ↔사유림(私有林).

국유^재산(國有財産)圈 국가 소유의 재산. ↔사유 재산.

국유-지(國有地)圈 국가 소유의 토지. ↔사유지(私有地).

국유^철도(國有鐵道)[-또]圈 국가가 소유·경영하는 철도. ②국철(國鐵).

국유-화(國有化)圈하되 (국가 소유가 아닌 것을) 국가 소유로 함.

국육(鞠育)圈하 어린이를 사랑하여 기름.

국-으로및 제 생긴 그대로. 잠자코. ¶국으로 가만히 있기나 해라.

국은(國恩)圈 나라의 은혜. ¶국은을 입다.

국음(國音)圈 그 나라 고유의 말소리.

국익(國益)圈 국가의 이익. 국리(國利). ¶국익에 기여하다.

국인(國人)圈 한 나라의 사람. 인민. 국민.

국자[-짜]圈 긴 자루가 달린, 국을 뜨는 기구.

국자(國字)[-짜]圈 그 나라의 국어를 적는 데 쓰이는 글자. [우리나라의 '한글'이나 일본의 '가나' 등.]

국자-감(國子監)[-짜-]圈 ①고려 시대에, 유학을 가르치던 최고의 교육 기관. ②'성균관'의 딴 이름.

국자감-시(國子監試)[-짜-]圈 고려 시대에, 국자감에서 진사(進士)를 뽑던 시험. ②감시(監試).

국자-학(國子學) [-짜-] 명 고려 시대에, 높은 벼슬아치의 자제를 가르치던, 국자감 소속의 학교.

국장(局長) [-짱] 명 《관공서나 회사 등 조직체의 국(局)의 최고 책임자.

국장(國章) [-짱] 명 '국가의 권위를 상징하는 휘장'을 통틀어 이르는 말. [국기(國旗)·군기(軍旗)·문장(紋章) 따위.]

국장(國葬) [-짱] 명하다 ①나라에 큰 공을 세운 사람이 죽었을 때 국비(國費)로 지내는 장례. ②왕조 때의 왕실의 장례. ⑩인산(因山).

국재(國災) [-째] 명 나라의 재변(災變).

국재(國財) [-째] 명 국가의 재산.

국재(國齋) [-째] 명 죽은 임금을 천도(薦度)하기 위하여 왕실에서 그 비용을 내어 지내던 재(齋).

국저(國儲) [-쩌] 명 '태자(太子)'의 딴 이름.

국적(國賊) [-쩍] 명 ①나라를 망치거나 어지럽힌 역적. ②국경을 침범하는 도둑.

국적(國籍) [-쩍] 명 ①국가의 구성원으로서의 자격·신분. ¶미국 국적을 취득하다. ②선박이나 비행기 따위가 어떤 나라에 소속됨을 이르는 말. ¶국적 불명의 비행기가 영공에 나타나다.

국적-법(國籍法) [-쩍뻡] 명 국적을 얻거나 잃는 것에 관하여 규정한 법률.

국적^변:경(國籍變更) [-쩍뼌-] 명 국적을 바꿈. 종래의 국적을 버리고 다른 국적을 얻음.

국적^상실(國籍喪失) [-쩍쌍-] 명 국적을 잃음. 국민으로서의 공법상·사법상의 권리와 의무를 잃음.

국적^이탈(國籍離脫) [-쩌기-] 명 본인이나 보호자의 지망에 따라 국적을 잃는 일.

국적^증명서(國籍證明書) [-쩍쯩-] 명 본국의 관청에서 발행하는, 국적을 확인하는 증명서.

국적^증서(國籍證書) [-쩍쯩-] 명 선박의 국적·선적항(船籍港)·적재량(積載量) 등에 관한 증서.

국적^취:득(國籍取得) [-쩍-] 명 국적법의 조건을 갖춤으로써 한 국가의 국민으로서의 자격과 신분을 얻는 일.

국적^회복(國籍回復) [-쩌뾔-/-쩌쾌-] 명 잃었던 국적을 다시 얻음. 재귀화(再歸化).

국전(國典) [-쩐] 명 ①나라의 법전(法典). ②나라의 의식이나 제도.

국전(國展) [-쩐] 명 〔정부가 주최하는 전람회라는 뜻으로〕이전에 '대한민국 미술 전람회'를 약칭으로 이르던 말.

국정(國定) [-쩡] 명하타 《일부 명사 앞에 쓰이어》 나라에서 정함.

국정(國政) [-쩡] 명 나라의 정사(政事).

국정(國情) [-쩡] 명 나라의 형편. ¶국정 편안. /국정을 살피다.

국정^감사(國政監査) [-쩡-] 명 국회가 행정부에서 실행한 국정에 대하여 하는 감사. ⓒ국감.

국정^감사권(國政監査權) [-쩡-꿘] 명 국회가 행정부에서 실행한 국정에 대하여 감사할 수 있는 권한.

국정^관세(國定關稅) [-쩡-] 명 한 나라의 법률에 의해서 자유로이 세율이나 과세 품목을 정하고 변경할 수 있는 관세.

국정^교:과서(國定敎科書) [-쩡-] 명 교육 과학 기술부에서 편찬한 교과서. ⓒ검인정 교과서.

국정^세:율(國定稅率) [-쩡-] 명 국내법에 의하여 정하여진 관세율. ⓒ협정 세율(協定稅率).

국정^조사(國政調査) [-쩡-] 명 국회가 특정의 국정(國政)에 대하여 하는 조사.

국제(國制) [-쩨] 명 ①나라의 제도. ②국상(國喪)의 복제(服制).

국제(國際) [-쩨] 명 《일부 명사 앞에 쓰이어》 ①나라와 나라 사이의 관계. ¶최근의 국제 정세. ②세계 여러 나라에 공통되는 것. ¶국제 규격. ③여러 나라를 포괄하는 것. ¶국제 올림픽.

국제^가격(國際價格) [-쩨-까] 명 국제 무역에서 거래되는 가격.

국제-간(國際間) [-쩨-] 명 나라와 나라 사이. ¶국제간 협정. /국제간의 경쟁이 치열하다.

국제^개발^협회(國際開發協會) [-쩨-혀퀴/-쩨-혀퀘] 명 개발도상국의 경제 개발을 원조하기 위한 자금을 융자해 주는 국제 금융 기관. 아이디에이(IDA).

국제^견:본시(國際見本市) [-쩨-] 명 일정한 기간에 각국이 상품의 견본을 진열하여 상담(商談)을 하며 이에 의하여 후일의 실물 매매를 꾀하는 시장.

국제-결혼(國際結婚) [-쩨-] 명 국적을 달리하는 남녀가 결혼하는 일.

국제^경:기(國際競技) [-쩨-] 명 두 나라 이상이 겨루는 운동 경기.

국제^경제(國際經濟) [-쩨-] 명 국제간에 행하여지는 여러 가지 경제적인 상호 교섭 및 경제 운용의 상황.

국제-경찰군(國際警察軍) [-쩨-] 명 ①국제법상의 범죄를 막기 위하여 여러 나라가 협력하여 조직한 경찰력. ②국제 연합 안전 보장 이사회의 지휘 아래, 침략에 대한 다국 간(多國間)의 공동 방지 행위를 위하여 준비된 군사력. ⓒ국제 연합군.

국제^공법(國際公法) [-쩨-뻡] 명 ☞국제법.

국제-공항(國際空港) [-쩨-] 명 국제간을 운항하는 항공기가 이착륙(離着陸)할 수 있도록 정부에서 지정한 공항.

국제-관례(國際慣例) [-쩨-꽐] 명 국제적으로 널리 통용되는 관례.

국제^관세^협정(國際關稅協定) [-쩨-쩡] 명 관세와 무역에 관한 일반 협정. 가트(GATT).

국제^관:습법(國際慣習法) [-쩨-뻡] 명 대다수의 국가 사이에서 법적 구속력이 있는 것으로 인정되고 있는 국제 관행.

국제^관:행(國際慣行) [-쩨-] 명 법적 구속력은 없으나 대다수 국가 사이에서 관례대로 실행하고 있는 일.

국제-균형(國際均衡) [-쩨-] 명 국제간의 수입과 지출의 균형.

국제^금리(國際金利) [-쩨-니] 명 국제 금융의 중심지에서의 대표적 금리.

국제^금융^시:장(國際金融市場) [-쩨금늉-/-쩨그늉-] 명 국제적인 단기 자금(短期資金)에 대한 수요와 공급이 경합(競合)되는 시장. 〔뉴욕과 런던이 대표적임.〕

국제-기구(國際機構) [-쩨-] 명 국제적인 목적이나 활동을 위해서 두 나라 이상의 회원국으로 구성하는 조직체. ⑩국제단체.

국제^기능^올림픽^대:회(國際技能Olympic大會) [-쩨-회/-쩨-훼] 명 기능자의 기능 향상과 국제 친선을 목적으로 하는 경기 대회. 1950년 스페인에서 처음 열렸음. 〔정식 명칭은 '국제 직업 훈련 경기 대회'.〕 기능 올림픽.

국제^노동^기구(國際勞動機構) [-쩨-] 명 세계 노동자의 노동 조건의 개선 등을 목적으로 활동하고 있는 국제 연합의 전문 기구. 아이엘오(ILO).

국제^노동^헌:장(國際勞動憲章) [-제-] 명 국제 노동 기구의 구성과 지도 원칙을 명시한 헌장. 1948년 발효됨.

국제-단위(國際單位) [-제-] 명 (비타민·호르몬·항생제 등의 효력을) 국제적으로 통일함으로 표시하기 위하여 정한 실용 단위. 아이유(IU).

국제-단체(國際團體) [-제-] 명 여러 국가가 조약에 의하지 아니하고 자발적으로 조직한 단체. 〔국제 올림픽 위원회 따위.〕 접국제기구.

국제^대:차(國際貸借) [-제-] 명 일정한 시점에서, 한 나라가 국제적으로 가지고 있는 채권과 채무 관계를 대조한 것.

국제-도시(國際都市) [-제-] 명 외국인이 많이 살거나 외국인의 왕래가 잦은 도시.

국제-무대(國際舞臺) [-제-] 명 국제적으로 활동하는 분야(국면). ¶국제무대에 진출하다.

국제^무:역(國際貿易) [-제-] 명 다수의 국가나 국민 사이에 행하여지는 무역. 세계 무역.

국제^민간^항:공^기구(國際民間航空機構) [-제-] 국제 민간 항공의 안전 유지와 기술의 발달을 목적으로 설립된 국제 연합의 전문 기구. 이카오(ICAO).

국제^민법(國際民法) [-제-] 뼙 명 국제 사법 중, 민사에 관한 사항을 규정한 법률.

국제^방:송(國際放送) [-제-] 명 ①국제간의 우호 증진 또는 해외 거주 자국민에게 모국 소식을 전할 목적 등으로 하는 방송. 해외 방송. ②나라와 나라 사이에 서로 프로그램을 교환하여 하는 방송.

국제^범:죄(國際犯罪) [-제-죄-제-] 명 국제 관습법상, 국적에 관계없이 적발한 나라에서 처벌할 수 있는 범죄. 〔해적 행위나 마약 밀매 따위.〕

국제-법(國際法) [-제뼙] 명 국가 간의 합의에 따라 국가 간의 관계를 규정짓는 법. 조약(條約)이나 국제 관습에 의하여 성립함. 국제 공법(國際公法). ↔국내법(國內法).

국제^부:흥^개발^은행(國際復興開發銀行) [-제-] 명 제2차 세계 대전 후에 경제를 부흥하고 개발 도상국을 개발하기 위하여 설립한 국제 은행. 아이비아르디(IBRD).

국제^분업(國際分業) [-제-] 명 둘 이상의 국가가 함께하는 분업. 각국이 자기 나라의 자연적·경제적 조건에 알맞은 상품을 집중적으로 생산함.

국제^분쟁(國際紛爭) [-제-] 명 나라와 나라 사이에 특정한 문제에 관한 의견의 충돌로 일어나는 분쟁.

국제^사법^재판소(國際司法裁判所) [-제-제-] 명 국제적 법률 분쟁을 재판하는 상설 재판소로, 네덜란드의 헤이그에 있는 국제 연합의 사법 기관(司法機關).

국제^사회(國際社會) [-제-회-제-훼] 명 다수의 나라가 상호 교통과 상호 의존으로 국제적 공동생활을 영위하는 사회.

국제^상업^통신^위성^기구(國際商業通信衛星機構) [-제-] 통신 위성의 공동 설계·개발·운용 등으로, 통신 위성에 의한 국제 상업 통신망의 확립을 목적으로 설립된 국제적인 상업 통신 기구. 1964년 미국, 일본 등 11개국이 참가하여 조직하였음. 인텔샛(Intelsat).

국제-상품(國際商品) [-제-] 명 세계 시장에서 거래되는 상품.

국제-색(國際色) [-제-] 명 여러 나라의 사람이나 그 특색이 뒤섞여서 이루어지는 분위기.

국제-선(國際線) [-제-] 명 국제 교통과 통신에 이용되는 각종의 선(線). ↔국내선(國內線).

국제-성(國際性) [-제성] 명 국제적 성질.

국제^수로(國際水路) [-제-] 명 조약이나 관습에 따라, 외국 선박의 자유 항행이 인정되어 국제적으로 개방된 하천이나 운하·해협 따위의 수로.

국제^수지(國際收支) [-제-] 명 한 나라가 일정 기간(대개 1년)에 다른 여러 나라와의 경제 거래를 통하여 주고받은 금액의 총액, 또는 차액. ¶국제 수지 흑자. /국제 수지가 악화되다.

국제^시:장(國際市場) [-제-] 명 상품의 수요와 공급이 국제적인 규모로 행하여지는 시장. 세계 시장. ↔국내 시장.

국제^신문인^협회(國際新聞人協會) [-제-협회] [-제-훼퇴] 언론의 자유, 뉴스의 자유로운 교류, 언론 상호 간의 협조 등을 위하여 자유 진영 언론인들이 구성한 국제적인 언론 단체. 아이피아이(IPI).

국제^심사(國際審査) [-제-] 명 국제적인 분쟁 문제를 심사하여 밝힘.

국제-어(國際語) [-제-] 명 ①세계적으로 널리 쓰이는 말. 〔영어 따위.〕 ②국제간에 공통으로 사용할 목적으로 만든 말. 〔에스페란토가 그 대표임.〕 세계어(世界語).

국제^어음(國際-) [-제-] 명 ①국제간에 유통되는 어음. ②☞외국환 어음.

국제^연맹(國際聯盟) [-제-] 명 세계 평화의 확보와 국제 협력의 촉진을 목적으로 1920년 1월에 설립한 국제 기구. 국제 연합의 성립으로 1946년에 해체되었음.

국제^연합(國際聯合) [-제-] 명 제2차 세계 대전 후 세계 평화의 유지와 인류 복지의 향상을 목적으로 설립한 국제 기구. 유엔(UN). 접국련(國聯).

국제^연합^교:육^과학^문화^기구(國際聯合教育科學文化機構) [-제-교-과학-] 명 ☞유네스코.

국제^연합군(國際聯合軍) [-제-군] 명 국제 연합의 목적 달성을 위하여 가맹국의 군대들로써 조직된 군대. 유엔군(UN軍). 접국련군.

국제^연합^식량^농업^기구(國際聯合食糧農業機構) [-제-성냥-끼-] 명 세계 각국의 식량 및 농업 문제의 해결, 생활 수준의 향상 등을 위하여 설립한 국제 연합의 전문 기구. 에프에이오(FAO).

국제^연합^아동^기금(國際聯合兒童基金) [-제-] 명 ☞유니세프.

국제^연합^안전^보:장^이:사회(國際聯合安全保障理事會) [-제-회-제-훼] 국제 평화와 안전을 유지하기 위하여 집단 행동을 취할 책임과 권한을 가진 국제 연합의 주요 기구. 접안전 보장 이사회 안보리.

국제^연합^총:회(國際聯合總會) [-제-회-제-훼] 명 모든 가맹국으로 구성되어 1년에 한 번 9월에 열리는 국제 연합의 최고 기관.

국제^연합^헌:장(國際聯合憲章) [-제-하편-] 명 국제 연합의 근본 조직과 활동의 원칙을 정한 기본법.

국제^영화제(國際映畫祭) [-제-] 명 영화를 통한 국제간의 교류, 영화 예술의 향상, 영화 산업의 발전 등을 목적으로 세계 각국에서 출품된 영화들을 평가하여 시상하는 행사.

국제^올림픽^위원회(國際Olympic委員會) [-제-회-제-훼] 명 올림픽 경기 대회를 주관하고 운영하는 위원회. 아이오시(IOC).

국제^우편(國際郵便) [-쩨-] 圄 국제간에 왕래하는 우편. ↔국내 우편.

국제^운:하(國際運河) [-쩨-] 圄 조약에 의하여 선박의 자유 항행이 인정된 운하. 〔수에즈 운하와 파나마 운하 따위.〕

국제^원자력^기구(國際原子力機構) [-쩨-끼-] 圄 원자력의 평화적 이용을 촉구하는 국제 연합의 전문 기구. 아이에이이에이(IAEA).

국제^유동성(國際流動性) [-쩨-썽] 圄 무역 등의 국제 결제(決濟)를 원활히 하기 위하여 필요한 외화(外貨)의 준비 보유액과 대외 지급액의 비율.

국제^음성^기호(國際音聲記號) [-쩨-] 圄 국제 음성학 협회에서 정한 음성 기호. 일음 일자(一音一字) 주의로, 각국의 말소리를 지면(紙面)에 기록하는 방법을 국제적으로 표준화한 것임. 만국 음성 기호.

국제^의회^연맹(國際議會聯盟) [-쩨-회-/-쩨-훼-] 圄 의회 활동으로 해결할 수 있는 국제 문제 등을 연구하기 위한 각국 국회의원의 연합체. 아이피유(IPU).

국제^이:해(國際理解) [-쩨-] 圄 세계 인권 선언의 정신에 따라, 각 국민 사이의 인종·종교·성별의 차이를 초월하여 발현되는, 올바른 인간으로서의 이해.

국제^재판(國際裁判) [-쩨-] 圄 국제 분쟁을 국제법에 따라서 평화적으로 해결하거나 국제 재판소가 제삼자의 처지에서 판결을 내리는 재판. 〔국제 중재 재판과 국제 사법 재판의 구별이 있음.〕

국제^재판소(國際裁判所) [-쩨-] 圄 국제 분쟁을 해결하기 위하여 국가 간에 설치하는 재판소. 〔국제 사법 재판소·상설 중재(仲裁) 재판소 등.〕

국제-적(國際的) [-쩨-] 관圄 ①여러 나라 사이에 관계가 있는 (것). ¶국제적 지위. /국제적인 분쟁. ②세계적인 규모인 (것). ¶국제적 학술 대회. /국제적인 규모.

국제^적십자(國際赤十字) [-쩨-씹짜] 圄 적십자 국제 위원회, 적십자 연맹, 각국의 적십자사를 통틀어 이르는 말. 아이아르시(IRC).

국제^전:화(國際電話) [-쩨-] 圄 국제간에 유선 또는 무선으로 연락하는 전화.

국제^조약(國際條約) [-쩨-] 圄 나라와 나라 사이에 맺는 조약.

국제^조정(國際調停) [-쩨-] 圄 국제 조정 위원회 등 제삼자가 분쟁 당사국 사이에 들어 평화적으로 분쟁을 해결하는 절차.

국제-주의(國際主義) [-쩨-의/-쩨-이] 圄 국제간의 협력을 바탕으로 하여 세계 평화를 실현시키고자 하는 생각.

국제^중재^재판소(國際仲裁裁判所) [-쩨-] 圄 국제간의 분쟁을 평화적으로 해결하기 위하여 설치된 국제 재판소.

국제^지구^관측년(國際地球觀測年) [-쩨-층-] 圄 국제 지구 물리 관측년.

국제^지구^물리^관측년(國際地球物理觀測年) [-쩨-층-] 圄 세계 각국이 협력하여 전 세계적 규모로 지구 물리학상의 관측 사업을 벌였던 1957년 7월부터 1958년 12월까지를 이르는 말. 국제 지구 관측년. 아이지와이(IGY).

국제^철도(國際鐵道) [-쩨-또] 圄 국경을 넘어 둘 이상의 나라로 통하고 있는 철도.

국제^축구^연맹(國際蹴球聯盟) [-쩨-꾸-] 圄 세계 축구를 통괄하는 국제 조직. 피파(FIFA).

국제^카르텔(國際Kartell) [-쩨-] 圄 국제 상품 시장의 독점을 목적으로 하여, 몇몇 나라의 같은 종류의 기업 또는 몇몇 나라의 국내 카르텔이 결성하는 국제적 기업 연합.

국제^통신(國際通信) [-쩨-] 圄 국제간에 이루어지는 유선 및 무선의 통신 연락. 만국 통신.

국제^통화(國際通貨) [-쩨-] 圄 국제간 거래의 결제(決濟)에 이용되는 통화. 〔미국의 달러, 영국의 파운드 따위.〕 기축 통화(基軸通貨).

국제^통화^기금(國際通貨基金) [-쩨-] 圄 국제 금융 기관의 한 가지. 국제 연합의 전문 기관으로 가입국이 자금을 내어 기금(基金)을 만들고, 이의 이용에 의하여 국제 무역의 증대나 통화의 안정을 꾀함. 아이엠에프(IMF).

국제^투자(國際投資) [-쩨-] 圄 해외 투자.

국제^펜클럽(國際PEN Club) [-쩨-] 圄 ☞펜클럽(PEN Club).

국제^표준^도서^번호(國際標準圖書番號) [-쩨-] 圄 도서나 자료 등에 매기어 국제적으로 통용하는 고유 번호. 국별 번호, 발행자 번호, 서명 식별 번호, 체크 기호로 이루어지는 열 자리 숫자. 아이에스비엔(ISBN).

국제^표준화^기구(國際標準化機構) [-쩨-] 圄 1946년 나라마다 다른 산업 규격을 국제적으로 조정하고 표준화하기 위하여 런던에서 설립한 국제기구. 우리나라는 1963년에 가입하였으며, 본부는 제네바에 있음. 아이에스오(ISO)·이소(ISO).

국제^하천(國際河川) [-쩨-] 圄 여러 나라의 국경을 이루거나 또는 여러 나라의 영토를 거쳐 흐르는 하천. 연안국(沿岸國)의 조약에 따라서 선박의 자유 항행이 인정되어 있음. 〔다뉴브 강·라인 강 같은 하천.〕

국제-항(國際港) [-쩨-] 圄 외국의 선박들이 많이 드나드는 큰 항구.

국제^해:협(國際海峽) [-쩨-] 圄 공해(公海)와 공해가 연결되어 선박이나 항공기의 국제적인 통항(通航)에 이용되는 해협. 〔연안국의 영해 범위 밖을 자유로이 다닐 수 있음.〕

국제^형사^경:찰^기구(國際刑事警察機構) [-쩨-] 圄 국제적인 형사 범죄의 방지 및 해결을 위한 기구. 아이시피오(ICPO). 인터폴.

국제-호(國際湖) [-쩨-] 圄 두 나라 이상의 영토에 걸쳐 있는 호수.

국제-화(國際化) [-쩨-] 圄하자타되자 국제적으로 되거나 되게 함.

국제-환(國際換) [-쩨-] 圄 ☞외국환(外國換).

국제-회의(國際會議) [-쩨회의/-쩨훼이] 圄 국제적인 이해(利害) 사항을 토의·결정하기 위하여 여러 나라의 대표자가 모여서 여는 회의.

국조(國祖) [-쪼] 圄 나라의 시조(始祖).

국조(國祚) [-쪼] 圄 ☞국운(國運).

국조(國鳥) [-쪼] 圄 그 나라의 상징으로 정한 새. 〔미국의 흰머리독수리, 영국의 울새, 일본의 꿩 따위.〕 좝국화(國花).

국조(國朝) [-쪼] 圄 자기 나라의 왕조(王朝).

국조-악장(國朝樂章) [-쪼-짱] 圄 조선 영조(英祖)의 명을 받아, 홍계희(洪啓禧)·서명응(徐明膺) 등이 종묘악장(宗廟樂章)·문소전악장(文昭殿樂章)·열조악장(列朝樂章) 및 그 밖의 서적을 한 권으로 편찬·간행한 책.

국족(國族) [-쪽] 圄 임금과 같은 본(本)의 성(姓)을 가진 사람.

국졸(國卒) [-쪽] 圄 '국민학교(지금의 초등학교) 졸업'을 줄여서 이르는 말.

국주(國主) [-쭈] 圄 나라의 임금.

국주한종-체(國主漢從體)[-쭈-]명 국한문체의 한 가지. 국문이 주가 되고 한문이 보조적으로 쓰인 문체. 참한주국종체.

국중(國中)[-쭝]명 나라 안. 국내(國內).

국지(-紙)[-찌]명 도련을 치고 남은 부스러기 종이. 제지(蹄紙).

국지(局地)[-찌]명 일정하게 한정된 지역.

국지-적(局地的)[-찌-]관명 일정한 지역에 한정된 (것). ¶국지적 전투. /국지적으로 소나기가 내렸다.

국지-전(局地戰)[-찌-]명 〈국지 전쟁〉의 준말.

국지^전:쟁(局地戰爭)[-찌-]명 제한 전쟁의 한 형태. 전투가 일부 지역에 한정되어 행해지는 전쟁. ↔전면 전쟁.

국지-풍(局地風)[-찌-]명 산풍(山風)·곡풍(谷風)·해륙풍(海陸風) 등과 같이 지형적인 영향으로 비교적 좁은 범위에서 일어나는 바람.

국채(國債)명 세입(歲入)의 부족을 메우기 위하여 국가가 지는 금전상의 채무(債務), 또는 그것을 나타내는 채권(債券). 내국채.

국채^증권(國債證券)[-뀐]명 국채에 대한 권리를 나타내기 위하여 발행하는 증권.

국책(國策)명 (어떤 목적을 위해서 세운) 나라의 정책이나 시책. 명 국책 사업.

국책^회:사(國策會社)[-체쾨/-체퀘-]명 산업 정책을 추진하기 위하여, 국가가 원조해서 만든 반관반민(半官半民)의 특수 회사.

국척(國戚)명 임금의 인척(姻戚).

국철(蹴踖)명하자 ☞국축(踧縮).

국철(國鐵)명 〈국유 철도〉의 준말. ↔사철(私鐵).

국청(鞫廳·鞠廳)명 조선 시대에, 역적 등 중죄인을 심문하기 위하여 임시로 두었던 관아.

국체(國體)명 ①나라의 체면 또는 존엄(尊嚴). ②주권이 어디 있느냐에 따라 구별되는 국가의 정치 형태. 〔군주국·공화국 등으로 나뉨.〕

국초(國初)명 ①나라를 세운 때의 처음. 건국의 초기. ②본조(本朝)의 처음.

국초(國礎)명 ☞국기(國基).

국축(蹴縮)명하자 황송하여 몸을 굽힘. 두려워 몸을 옴츠림. 국척(踧踖).

국치(國恥)명 나라의 부끄러움. 국가적인 수치. 국욕(國辱). 참민욕(民辱).

국치-민욕(國恥民辱)명 나라의 부끄러움과 국민의 욕됨. 〔외적에게 국권이 농락되는 경우 따위를 이르는 말.〕

국치-일(國恥日)명 1910년 8월 29일, 일본에 국권을 강탈당한 치욕적인 날.

국-태공(國太公)명 '흥선 대원군(興宣大院君)'을 높여서 부르던 칭호. 준태공(太公).

국태-민안(國泰民安)명하자 나라가 태평하고 국민의 생활이 평안함.

국토(國土)명 ①나라의 땅, 곧 국가의 통치권이 미치는 지역. 방토(邦土). ¶국토 통일.

국토-방위(國土防衛)명 적의 침공으로부터 국토를 지키는 일.

국토^종합^개발^계:획(國土綜合開發計劃)[-깨-계획/-깨-게획]명 국가가 국토의 종합적인 이용·개발·보전을 꾀하기 위해 세운 계획.

국토^해:양부(國土海洋部)명 중앙 행정 기관의 하나. 국토 종합 건설 계획의 수립·조정, 수자원의 보전·이용·개발, 해양 자원 개발 및 육운(陸運)·해운·철도·항공 등에 관한 사무를 맡아봄.

국판(菊版)명 ①종이의 규격판의 한 가지. 가로 636 mm, 세로 939 mm로 A1판보다 조금 큼. 참에이판(A版). ②책의 판형의 한 가지. 국판 전

지(全紙)를 열여섯 겹으로 접은, 가로 150 mm, 세로 220 mm로 A5판보다 조금 큰 판형.

국폐(國弊)[-폐/-뻬]명 나라에 해를 끼치는 일.

국풍(國風)명 ①그 나라 특유의 풍속이나 습관. 국속(國俗). ②중국의 '시경(詩經)' 가운데 민요 부분을 이르는 말.

국학(國學)¹[구칵]명 자기 나라의 전통적인 민속·사상·문화 등을 연구하는 학문. 〔우리나라에서는 국어·국문학·국사 등이 이에 딸림.〕

국학(國學)²[구칵]명 ①신라 때, 교육을 맡아보던 기관. ②고려 시대에, '국자감(國子監)'의 고친 이름. ③조선 시대에, '성균관(成均館)'의 예스러운 이름.

국학-자(國學者)[구창자]명 국학을 연구하는 학자.

국한(局限)[구칸]명하타되자 범위를 일정 부분에 한정함. 한국(限局). ¶응시 자격을 고졸 이상으로 국한하다.

국-한문(國漢文)[구칸-]명 ①한글과 한자. ②한글과 한자가 섞인 글.

국한문-체(國漢文體)[구칸-]명 한글과 한자를 섞어 쓴 문체.

국한문^혼:용(國漢文混用)[구칸-]명 (글을 쓸 때) 한글과 한자를 섞어서 쓰는 일.

국향(國香)[구향]명 ①'난초'를 달리 이르는 말. ②나라에서 으뜸가는 미인. ②국색(國色).

국헌(國憲)[구컨]명 나라의 근본이 되는 법률, 곧 헌법. ¶국헌 문란. 국헌을 준수하다.

국호(國號)[구코]명 (공식적인) 나라의 이름. 국명(國名). ¶국호를 대한민국으로 정하다.

국혼(國婚)[구콘]명 왕실(王室)의 혼인. 또는, 왕실과의 혼인.

국화(國花)[구콰]명 한 나라의 상징으로, 그 나라 사람이 가장 사랑하고 아끼는 꽃. 〔우리나라의 무궁화, 영국의 장미, 일본의 벚꽃 따위.〕나라꽃. 참국조(國鳥).

국화(菊花)[구콰]명 ①국화과의 다년초. 관상용으로 널리 가꾸며, 품종이 아주 많아 꽃의 빛깔이나 모양도 여러 가지임. 가을의 대표적인 꽃임. 약용·양조용·향료로도 쓰임. ②화투짝의 한 가지. 국화를 그린, 9월을 상징하는 딱지.

국화-동(菊花童)[구콰-]명 ☞국화 동자못.

국화^동자못(菊花童子-)[구콰-몯]명 판문이나 난간에 박는, 국화 모양으로 된 장식 못. 국화동. *국화 동자못[구콰-모시]·국화 동자못만[구콰-몬-]

국화-석(菊花石)[구콰-]명 ☞암모나이트.

국화-송곳(菊花-)[구콰-곧]명 나사못 대가리가 들어갈 자리를 파는, 날 끝이 국화 모양인 송곳. *국화송곳이[구콰-고시]·국화송곳만[구콰-곤-]

국화-잠(菊花簪)[구콰-]명 대가리에 국화 모양의 장식이 붙은 비녀.

국화-전(菊花展)[구콰-]명 여러 가지 품종의 국화를 보이는 전시회.

국화-주(菊花酒)[구콰-]명 감국의 꽃, 생지황, 구기자슈 뿌리의 껍질에 찹쌀을 섞어 빚은 술.

국화-판(菊花瓣)[구콰-]명 〈과판〉의 본딧말.

국회(國會)[구쾨/구퀘]명 ①국민이 선출한 의원(議員)으로 구성되는 합의체의 입법 기관. 〔나라에 따라 단원제 또는 양원제로 구성되었음.〕②국회의원들이 국회 의사당에 모여서 하는 회의. ¶임시 국회를 소집하다.

국회-법(國會法)[구쾌뻡/구퀘뻡]명 국회의 조직이나 운영에 관하여 규정한 법률.

국회^상임^위원회(國會常任委員會)[구쾨-회/구퀘-훼]명 ☞상임 위원회.

국회^의사당(國會議事堂) [구쾨-/구쿼-]뗑 국회의 회의가 열리는 건물.

국회-의원(國會議員) [구쾨의-/구쿼이-]뗑 국민의 대표로서 국회를 구성하는 의원(議員).

국회^의장(國會議長) [구쾨-/구쿼-]뗑 국회의 의장. 국회의 질서를 유지하고 사무를 감독하며, 국회를 대표함. [국회에서 선출함.]

국회^해:산(國會解散) [구쾨-/구쿼-]뗑 의원내각 제도(議員內閣制度)의 국가에서, 국회가 정부에 대해 불신임을 결의하였을 때 정부가 이에 맞서서 국회를 해산하는 일.

국휼(國恤) [구휼]뗑 ➡국상(國喪).

국회(局戲) [구키]뗑 판을 차리고 마주 앉아서 하는 놀이. 〔장기·바둑 따위.〕

군조 ⊙이군. 「이것이 고려 청자군.

군(君)뗑 조선 시대에, 왕의 서자(庶子)를 비롯한 가까운 종친(宗親)이나 공이 있는 신하에게 내리던 존호(尊號).

군(軍)뗑 ①〈군대(軍隊)〉의 준말. 「군 경력. /군이 동원되다. ②〈군부(軍部)〉의 준말. ③육군의 최고 편성 단위. 군단(軍團)의 위. 〔군·2군 따위.〕 ④일부 명사 뒤에 붙어, 그러한 '군대'임을 나타냄. 「연합군. /독립군. /의용군.

군(郡)뗑 ①지방 행정 구역의 한 가지. 도(道)의 아래, 읍(邑) 또는 면(面)의 위. ②〈군청(郡廳)〉의 준말.

군(君) Ⅰ의 손아랫사람이나 친구를 부를 때 성이나 이름 뒤에 쓰는 말. 「김 군. /영수 군. Ⅱ때 자네. 그대. 「군의 활약을 크게 기대하겠네.

군-(접두) 〔일부 명사 앞에 붙어〕 '쓸데없는', '가외로 더한'의 뜻을 나타냄. 「군말. /군소리. /군식구. /군음식.

-군(접미) 〈-꾼〉의 잘못.

-군(어미) ①〈-구나〉의 준말. 「아주 재미있군. ②〈-구먼〉의 준말. 「날씨가 참 좋군.

군가(軍歌)뗑 군대의 사기(士氣)를 돋우기 위하여 지어 부르는 노래.

군감(軍監)뗑 ➡군자감(軍資監).

군거(群居)뗑하자 ①떼를 지어 있음. 떼를 지어 삶. ②➡군서(群棲).

군:것 [-걷]뗑 그리 요긴하지 않은 것. 쓸데없는 것. 없어도 좋은 것. *군:것이 [-거시]·군:것만 [-건-]

군:것-지다 [-걷찌-]혱 없어도 좋은 것이 쓸데없이 있다. 필요 없는 것이 거추장스럽게 있다.

군:것-질 [-걷찔]뗑하자 군음식을 먹는 일. 주전부리.

군견(軍犬)뗑 〈군용견(軍用犬)〉의 준말.

군경(軍警)뗑 군대와 경찰을 아울러 이르는 말. 「군경 합동 작전.

군:경(窘境)뗑 살기가 몹시 어려운 지경.

군경검(軍警檢)뗑 '군대와 경찰과 검찰'을 아울러 이르는 말.

군:계(郡界) [-게/-개]뗑 한 군(郡)과 딴 군과의 경계.

군계-일학(群鷄一鶴) [-계-/-개-]뗑〔닭의 무리 속에 있는 한 마리의 학이라는 뜻으로〕'평범한 여러 사람 가운데의 뛰어난 한 사람'을 비유하여 이르는 말. '진서'의 '혜소전(嵇紹傳)'에 나오는 말임. 계군일학(鷄群一鶴).

군:-계집 [-게-/-개-]뗑 아내 이외에 몰래 상관하는 여자.

군고(軍鼓)뗑 군대에서 쓰는 북.

군:-고구마뗑 불에 구워 익힌 고구마.

군공(軍功)뗑 전투에서 세운 공적. 전공(戰功).

군-관(軍官)뗑 ➡장교(將校).

군-관구(軍管區)뗑 군의 관할 구역.

군교(軍校)뗑 ➡장교(將校).

군국(君國)뗑 ①임금과 나라. ②군주가 다스리는 나라. 憳민국(民國).

군국(軍國)뗑 ①전쟁을 하고 있는 나라. 「군국의 처방을 든든히 하다. ②군사(軍事)를 중히 여기는 나라. 군국주의의 나라.

군국-기무처(軍國機務處) [-끼-]뗑 조선 말기, 갑오개혁 이후에 일본의 강압으로 설치한 임시 기관. 정치와 군사에 관한 모든 사무를 관장(管掌)하였음. 悤기무처.

군국-주의(軍國主義) [-주의/-주이]뗑 정치·경제·교육 등 모든 국력을 전쟁을 위해 활용하며, 군사력에 의하여 국가의 발전을 이루려는 주의.

군권(君權) [-꿘]뗑 군주(君主)로서의 권력. 「군권을 강화하다.

군규(軍規)뗑 군대의 규율(規律). 군율(軍律).

군규(軍窺)뗑 군사 기밀을 정탐(偵探)하는 일.

군:-글자(-字) [-짜]뗑 문장에서, 필요 없이 더 있는 글자. 憳군자.

군기(軍紀)뗑 군대를 통제하기 위한 규율이나 풍기(風紀). 「군기 문란. /군기를 확립하다.

군기(軍氣)뗑 군대의 사기(士氣). 「군기를 진작하다.

군기(軍記)뗑 전쟁에 관한 이야기를 적은 책. 군서(軍書). 전기(戰記).

군기(軍旗)뗑 군의 각 단위 부대를 표상(表象)하는 기. 〔군단기·사단기·연대기 따위.〕

군기(軍器)뗑 군용의 기구. 병기(兵器).

군기(軍機)뗑 군사상의 기밀.

군기(群起)뗑하자 ①많은 사람이 떼를 지어 일어남. 봉기. ②여러 가지 일이 한꺼번에 일어남.

군기-고(軍器庫)뗑 ➡병기고(兵器庫).

군기-시(軍器寺)뗑 조선 시대에, 병기(兵器) 만드는 일을 맡아 하던 관아.

군:-기침뗑하자 버릇이 되어 괜히 하는 기침.

군납(軍納)뗑하타 〔인가를 받은〕민간 업자가 군대에 필요한 물자를 납품하는 일.

군납-품(軍納品)뗑 군에 납품하는 물품.

군:-내뗑 제 맛이 아닌, 다른 냄새. 오래되어 구진한 냄새. 「군내 나는 김치.

군:내(郡內)뗑 군의 구역 안. 고을 안.

군노(軍奴)뗑 군아(軍衙)에 딸린 종.

군:-눈뗑 쓸데없는 일에 주의를 돌리는 눈. 「군눈(을) 뜨다관용 외도(外道)를 알게 되다.

군다리(←軍茶利. kundali 뵘)뗑 오대 명왕(五大明王)의 하나. 머리 하나에 여덟 개의 팔로 남쪽을 지키며, 늘 성난 표정을 하고 모든 악귀를 항복시킨다는 명왕.

군:-다리미질뗑하타 다리미질할 때에 옷의 후미진 부분이나 끝 부분 따위를 따로 잡고 다리는 일.

군단(軍團)뗑 육군의 편성 단위의 한 가지. 군(軍)의 아래, 사단(師團)의 위. 〔둘 이상의 사단으로 편성됨.〕

군단-장(軍團長)뗑 군단을 지휘·통솔하는 지휘관. 「군단장은 중장(中將)으로 임명됨.

군-단지럽다 [-따]혱ㅂ〔←단지러우니·~단지러워〕혱ㅂ 마음이나 행동이 다랍고 너저분하다. 憳군던지럽다.

군-달(君達)뗑 '윤달'의 잘못.

군달(莙蓬)뗑 ➡근대.

군담(軍談)뗑 전쟁에 관한 이야기.

군담^소:설(軍談小說)圆 전쟁에 관한 이야기를 소재로 한 고대 소설의 한 종류.

군답(軍畓)圆 군영(軍營)에 딸린 논.

군당(群黨)圆 ①떼를 이룬 무리. ②여러 당파.

군대(軍隊)圆 일정한 규율과 질서 아래 조직 편제된 군인의 집단. ⓔ군(軍).

군대-식(軍隊式)圆 군대처럼 조직적이고 명령 계통이 절대적이며 규율이 엄한 방식.

군:-더더기圆 쓸데없이 덧붙는 것. ¶군더더기가 많다.

군덕(君德)圆 군주의 덕. 군주로서의 훌륭한 행실.

군-던지럽다[-따] [~던지러우니·~던지러워]圈日 마음이나 행동이 더럽고 너저분하다. ⓔ군지럽다. ⓔ군단지럽다.

군데의 낱낱의 곳을 세는 단위. ¶여러 군데.

군데-군데 [Ⅰ]圆 여러 군데. 이곳저곳. ¶군데군데가 시퍼렇다.
[Ⅱ]囝 여러 군데에. 곳곳마다. ¶군데군데 채송화가 피어 있다.

군도(軍刀)圆 ①군인이 차는 긴 칼. 지휘 등에 씀. ②전투에 쓰는 칼.

군도(群島)圆 ①무리를 이룬 많은 섬. ¶점점이 뿌려진 듯한 군도. ②☞제도(諸島).

군도(群盜)圆 떼를 이룬 도둑. 떼도둑.

군:-돈圆 필요 없는 데에 쓰는 돈.

군두圆 가래의 날을 맞추어 끼우는 넓적한 판.

군:-두드러기圆 장롱의 문을 꾸미기 위하여 사각형 또는 팔각형으로 두른, 가운데가 도도록하게 다듬어진 나무.

군두목(←軍都目)圆 한자(漢字)의 음과 새김을 따서 물건의 이름을 적는 법. [‘쟁이’는 ‘廣耳’로, ‘등심’을 ‘背心’으로 적는 따위.]

군두-새끼圆 군둣구멍에 꿰어 가랫줄을 얼러 매는 가는 새끼.

군두-쇠(軍頭-) [-쇠/-쉐]圆 산에서 큰 재목을 끌어내릴 때, 줄을 매기 위하여 재목의 한쪽 머리에 박는 굵은 쇠고리. ⓔ군두철.

군두-철(軍頭鐵)圆 ☞군두쇠.

군둣-구멍 [-두꾸/-둣꾸-]圆 ①가랫바닥의 양쪽 위에 있는, 군두새끼를 꿰는 구멍. ②마소의 고삐를 매기 위하여 구유에 뚫어 놓은 구멍.

군드러-지다짜 ①술에 취하거나 몹시 지쳐서 정신없이 쓰러져 자다. ②곤두박질하여 쓰러지다. ⓐ곤드라지다.

군락(群落) [굴-]圆 ①많은 부락. ②생육 조건(生育條件)이 같은 식물이 어떤 지역에 떼지어 나 있는 것. ¶소나무의 군락.

군란(軍亂) [굴-]圆 군대가 일으키는 난리. 군요(軍擾). ¶군란이 일어나다.

군략(軍略) [굴-]圆 군대의 운용에 관한 계략. 병기(兵機). 병략(兵略). 전략(戰略).

군략-가(軍略家) [굴-까]圆 군략에 뛰어난 사람.

군량(軍糧) [굴-]圆 군대의 양식. 병량(兵糧).

군량-미(軍糧米) [굴-]圆 군대의 식량으로 쓰는 쌀. 군수미(軍需米). 군향미(軍餉米).

군량-선(軍糧船) [굴-]圆 군량을 실어 나르는 배.

군량-전(軍糧田) [굴-]圆 군량을 마련하기 위한 특정한 논과 밭.

군려(軍旅) [굴-]圆 ‘군대’나 ‘군세(軍勢)’, 또는 ‘전쟁’을 두루 이르는 말.

군력(軍力) [굴-]圆 ☞군사력.

군령(軍令) [굴-]圆 ①군중(軍中)의 명령. 진중(陣中)의 명령. ¶군령을 내리다. ②군의 통수권을 가진 원수(元首)가 군대에 내리는 군사상의 명령.

군령-다짐(軍令-) [굴-]圆ⓗ자 지난날의 군대에서, 군령을 받고 그 임무를 수행하지 못할 때 벌을 받겠다는 다짐.

군령-장(軍令狀) [굴-짱]圆 군령의 내용을 적어 시행하는 문서.

군례(軍禮) [굴-]圆 ①군대의 예절. ②군대에서 행하는 예식(禮式).

군록(群綠) [굴-]圆 군청(群青)과 녹청(綠青)을 섞어 만든 채료(彩料).

군론(群論) [굴-]圆 군(群)의 이론과 응용에 대하여 연구하는 수학의 한 분야. [‘군(群)’은 연산이 정의되어 있는 집합의 하나임.]

군뢰(軍牢) [굴뢰/굴뤠]圆 지난날, 군대에서 죄인을 다루던 병졸. [지금의 헌병에 해당함.] 뇌자(牢子).

군뢰-복다기(軍牢-) [굴뢰-따-/굴뤠-따-]圆 군뢰가 군장(軍裝)을 할 때에 쓰는 갓. 전립(氈笠). 주전립(朱氈笠). 벙테기.

군림(君臨) [굴-]圆ⓗ자 ①임금으로서 백성을 다스림. ②어떤 분야에서 절대적인 세력을 가지고 greater 압도하는 일. ¶건설업계의 제일인자로 군림하다.

군마(軍馬)圆 군대에서 쓰는 말.

군막(軍幕)圆 진중(陣中)에 치는 장막.

군막^사찰(軍幕寺刹) [-싸-]圆 승장(僧將)이 승병(僧兵)을 거느리던 절.

군:-만두(-饅頭)圆 기름에 지지거나, 기름을 발라 불에 구운 만두.

군:-말圆ⓗ자 하지 않아도 좋을, 쓸데없는 말. 군소리. ¶군말 말고 어서 가거라.

군맹-무상(群盲撫象) [여러 소경이 코끼리를 만져 보고 제 나름대로 판단한다는 뜻으로] ‘사물을 자기 주관과 좁은 소견으로 그릇 판단함’을 이르는 말. ‘북본열반경(北本涅槃經)’에 나오는 말임.

군명(君命)圆 임금의 명령. 왕명(王命).

군모(軍帽)圆 군인의 제모(制帽).

군목(軍牧)圆 군부대에 목사(牧師)로서 배속되어 있는 장교. 圀군승.

군무(軍務)圆 ①군사에 관한 사무. ②군인으로서의 업무 또는 근무. ¶군무에 바쁜 나날.

군무(群舞)圆ⓗ자 여러 사람이 함께 어우러져 춤을 춤, 또는 그렇게 추는 춤.

군무-아문(軍務衙門)圆 조선 말기에, 군(軍)에 관한 행정 사무를 통할하던 관아.

군무-원(軍務員)圆 군인이 아니면서 군무에 종사하는 공무원. ‘군속(軍屬)’의 고친 이름.

군문(軍門)圆 ①군영(軍營)의 문. 영문(營門). ②군대. 병문(兵門). 원문(轅門).

군문-효수(軍門梟首)圆 지난날, 죄인의 목을 베어 군문에 높이 매어 달던 일.

군:-물圆 ①끼니 때 이외에 마시는 물. ②뜨거운 물에 타는 찬물. ③죽이나 미음 같은 것의 위에 섞이지 않고 따로 떠도는 물. 객물.

군물(이) 돌다관용 한데 섞이지 않고 물 기운이 위에 따로 돌다.

군민(君民)圆 임금과 백성.

군민(軍民)圆 군인과 민간인. 군대와 민간.

군:민(郡民)圆 행정 구역의 하나인 군(郡) 안에 사는 사람.

군:-바리(軍-)圆 ‘군인’을 낮잡아 이르는 말.

군:박-하다(窘迫-) [-바카-]圈ⓐ ①몹시 군색하다. ②어려운 고비에 부닥쳐 일의 형세가 매우 급하다. 군박-히囝.

군:-밤명 불에 구워 낸 밤. 외율(煨栗).
　군밤 둥우리 같다[속] 옷을 입은 맵시가 헐렁하여 맞지 않음을 놀리는 말.
군:-밥명 ①군식구에게 먹이는 밥. ②먹고 남은 밥. 대궁. 잔밥. ③끼니 때 이외에 때로 짓는 밥.
군방(群芳)명 ①향기가 많은 아름다운 꽃. 여러 가지 꽃. 군영(群英). ②'여러 현인(賢人)이나 미인(美人)'을 비유하여 이르는 말.
군번(軍番)명 군인 각 개인에게 부여된 일련번호.〔인식표(認識標)에 찍혀 있는 번호.〕
군벌(軍閥)명 ①군인의 파벌(派閥). ②군부를 중심으로 한 정치적 세력.
군법(軍法)[-뻡]명 ①전쟁의 방법. 병법(兵法). ②군대의 형법. 군율(軍律). ③군대의 규칙.
군^법무관(軍法務官)[-뻡-]명 [법] 육해공군의 법무 장교.〔사사 법원의 군 판사 또는 검찰관이 됨.〕준법무관.
군^법정(軍法廷)[-뻡-]명 군사 법원의 법정.
군법^회:의(軍法會議)[-뻡푀의/-뻡꿰이]명 '군사 법원(軍事法院)'의 이전 일컬음.
군변(君邊)명 ⇨군측(君側).
군병(軍兵)명 ⇨군사(軍士).
군보(軍保)명 ①조선 시대에, 병역을 면제받은 장정으로 하여금 정병(正兵)의 집안 농사일을 돕게 하던 일. ②〈군보포(軍保布)〉의 준말.
군보-포(軍保布)명 조선 시대에, 병역을 면제해 준 장정에게 바치게 하였던 무명이나 삼베. 보포(保布). 준군보(軍保).
군복(軍服)명 군인의 제복(制服).
　군복(을) 벗다[관용] 군대에서 제대하다.
　군복(을) 입다[관용] 군대에 입대하다.
군봉(軍鋒)명 ①군의 위세(威勢). ②진군(進軍) 때 앞장을 서는 일, 또는 그 앞장.
군봉(群峯)명 우뚝우뚝 솟은 여러 산봉우리.
군부(君父)명 ①임금과 아버지. ②[백성의 아버지와 같다는 뜻에서] 임금. ↔신자(臣子).
군부(軍部)명 ①[정부나 민간에 대하여] 군에 관계되는 여러 기관. 군의 당국(當局). ¶군부를 장악하다. 준군(軍). ②대한 제국 때, 군사 업무를 맡아보던 최고 관청.
군-부대(軍部隊)명 군인들의 부대. ¶군부대 위문 공연.
군부-대신(軍部大臣)명 대한 제국 때의 군부의 으뜸 벼슬.
군:-부인(郡夫人)명 조선 시대에, 외명부의 한 품계. 정일품인 왕자군(王子君)의 아내와 종일품인 종친(宗親)의 아내에게 내리던 칭호.
군:-불명 ①[밥 따위를 짓기 위해서가 아니라] 방을 덥게 하려고 때는 불. ¶군불을 때다. /군불을 지피다. ②필요 없이 때는 불.
　군불에 밥 짓기[속] '어떤 일에 곁따라 다른 일을 쉽게 이룸'을 이르는 말.
군:-솥[-솓]명 군불 때는 아궁이에 건 솥.
　* 군:불솥이[-소치]·군:불솥을[-소틀]·군:불솥만[-손-]
군:불-아궁이명 군불을 때는 아궁이.
군:-붓[-붇]명 지어 놓은 글에 더 써 넣은 군글자. * 군:붓이[-부시]·군:붓만[-분-]
군비(軍備)명 군사의 준비. 전쟁을 위한 준비. 무비(武備). ¶군비를 강화하다.
군비(軍費)명 군비(軍備)나 전쟁 따위에 드는 비용. 군사비(軍事費). ¶군비 조달.
군비^배상금(軍費賠償金)명 전쟁에서 진 나라가 이긴 나라에 끼친 손해를 배상하기 위하여 지불하는 돈.

군비^축소(軍備縮小)[-쏘]명 군비 규모를 줄이는 일. 준군축(軍縮).
군비^축소^회:의(軍備縮小會議)[-쏘회의/-쏘 쮀이]명 각국의 군비 축소를 협의 또는 협정하기 위하여 열리는 국제 회의. 준군축 회의.
군:-빗질[-빋찔]명하자 (자고 일어나) 머리를 빗이나 손가락으로 대강 빗는 빗질.
군사(軍士)명 군대에서 장교의 지휘를 받는 군인. 군병. 군졸. 병사. 병졸. 사졸.
군사(軍史)명 군대의 역사.
군사(軍使)명 교전 중에, 군의 명령으로 교섭을 위하여 적군에 파견되는 사람.
군사(軍事)명 군대·군비(軍備)·전쟁 따위에 관한 일. 군무(軍務)에 관한 일.
군사(軍師)명 ①[전진(戰陣)에서] 주장(主將)을 따라다니며 작전이나 계략을 궁리해 내는 사람. ②교묘한 책략과 수단을 잘 꾸며 내는 사람.
군사^경계선(軍事境界線)[-계-/-게-]명 ⇨군사 분계선(軍事分界線).
군사^경:찰(軍事警察)명 ①헌병이 행하는 군사에 관한 경찰 행위. ②전쟁이나 사변 때, 그 지구(地區)의 사령관이 통상의 경찰법에 따르지 아니하고 행하는 경찰 행위.
군사^고문(軍事顧問)명 군사에 관한 자문(諮問)에 응하고 조언을 하는 사람, 또는 그 직책.
군사^교:련(軍事教練)명 지난날, 학교에서 학생을 대상으로 실시하던 군사에 관한 훈련.
군사^교:육(軍事教育)명 군인으로서 필요한 지식과 기능을 익히게 하는 교육.
군사^기지(軍事基地)명 전략·전술상의 거점(據點)이 되는 중요한 군사 시설이 있는 곳.
군사^동맹(軍事同盟)명 둘 이상의 나라 사이에서 맺어지는 군사에 관한 동맹.
군:-사람명 필요 없는 사람. 가외의 사람.
군사-력(軍事力)명 군대나 군비(軍備) 따위를 종합한 전쟁 수행 능력. 군력(軍力).
군-사령관(軍司令官)명 육군의 최고 편성 단위인 군(軍)을 지휘·통솔하는 지휘관.〔보통, 대장(大將)으로써 임명함.〕
군-사령부(軍司令部)명 군사령관이 군을 통솔·지휘하는 본부.
군사^법원(軍事法院)명 군인과 군무원의 범죄 및 비상계엄 때의 군사 재판을 다루는 특별 법원.〔최종심은 대법원임.〕
군사^봉쇄(軍事封鎖)명 적국의 교통이나 수송을 무력으로 막는 일.
군사부(君師父)명 임금과 스승과 아버지를 아울러 이르는 말.
군사부-일체(君師父一體)명 임금과 스승과 아버지의 은혜는 다 같다는 뜻.
군사^분계선(軍事分界線)[-계-/-게-]명 작전 행동이 중지되고, 교전 당사국 사이의 협정에 따라 그어진 군사 활동의 한계선. 군사 경계선.
군사-비(軍事費)명 ⇨군비(軍費).
군:-사설(-辭說)명하자 쓸데없이 길게 늘어놓는 말.
군사^우편(軍事郵便)명 군인이나 군무원과 주고받는 우편물, 또는 그 우편물의 취급. 준군우(軍郵).
군사^원:조(軍事援助)명 한 나라의 군비 확장이나 전쟁 수행을 돕기 위한 무기·물자 등의 경제적 원조. 준군원(軍援).
군사^위성(軍事衞星)명 군사 목적을 위하여 발사되는 인공위성.〔통신 위성·정찰 위성·측지 위성 등이 있음.〕

군사^재판(軍事裁判)圓 군사 법원에서 군법에 따라 하는 재판. ㊤군재(軍裁).

군사-적(軍事的)圓 군사에 관계되는 (것). ¶군사적 요충지. /군사적인 우위를 지키다.

군사^점령(軍事占領)[-녕]圓 남의 나라 영토를 군사력으로 점령하는 일.

군사^정권(軍事政權)[-꿘]圓 군인이 중심이 되어 조직된 정권. ㊤군정.

군사^정보(軍事情報)圓 군사상에 필요한 첩보(諜報)를 해석·평가하여 종합한 적의 상황.

군사^정부(軍事政府)圓 군사 행동으로 정권을 장악한, 군인이 중심이 된 정부. ㊤군정.

군사-통(軍事通)圓 (군인이 아니면서) 군사 계통의 정보에 밝은 사람.

군사-학(軍事學)圓 군대·군비 등 전쟁에 관한 모든 부문을 연구하는 학문.

군사^행동(軍事行動)圓 군대가 군사상의 목적에 따라 하는 모든 행동.

군사^혁명(軍事革命)[-혁-]圓 군사 행동으로 일으킨 혁명.

군산(群山)圓 (한 지역에 떼 지어 있는) 많은 산.

군:-살圓 ①궂은살. ②영양 과잉이나 운동 부족 따위로 말미암아 찐 군더더기 살. 췌육(贅肉).

군상(君上)圓 임금.

군상(群像)圓 ①그림이나 조각에서, 많은 인물의 모습을 주제로 하여 표현한 것. ②많은 사람이 모여 있는 모습. ¶시골 장터는 온갖 군상을 볼 수 있어 흥미롭다.

군상-화(群像畫)圓 많은 사람을 주제로 하여 그린 그림.

군-새圓 초가지붕의 썩은 곳을 파내고 덧끼워 질러 넣는 짚.

군색(窘塞)圓 '군색하다'의 어근.

군:색-스럽다(窘塞-)[-쓰-따][~스러우니·~스러워]휑圓 군색한 데가 있다. **군색스레**튀.

군:색-하다(窘塞-)[-새카-]휑囮 ①필요한 것이 없거나 모자라서 어렵고 답답하다. ¶생활이 군색하다. ②자유롭거나 자연스럽지 못하여 거북하고 어색하다. ¶군색하게 변명을 늘어놓다. **군색-히**튀.

군생(群生)圓 ①많은 사람. ②모든 생물. ③휑圓 같은 종류의 식물이 한곳에 떼를 지어 나는 일. ㊟군집(群集).

군서(軍書)圓 ①군사학에 관계되는 책. ②군사에 관한 문서. ③🗗군기(軍記).

군서(群書)圓 많은 책. 여러 가지 책.

군서(群棲)圓휑圓 같은 종류의 동물이 생식(生殖)·포식(捕食)·방어(防禦) 따위를 위하여 한곳에 떼 지어 사는 일. 군거(群居).

군선(軍船)圓 군대에서 쓰는 배. 〔특히, 옛날의 해전(海戰)에 사용하던 전선(戰船)을 이르는 경우가 많음.〕 군용선(軍用船).

군선-도(群仙圖)圓 신선의 무리를 주제로 하여 그린 동양화.

군성(軍聲)圓 병마(兵馬)의 시끄러운 소리.

군성(群星)圓 (한 군데에 몰려 있는) 많은 별.

군세(軍勢)圓 (병사의 수나 무기·장비 따위로 본) 군의 세력. 병세(兵勢). ¶5만의 군세.

군소圓 군솟과의 연체동물. 몸길이 20~30 cm로, 괄태충을 크게 한 것 같은 모양임. 몸은 암자색(暗紫色)인데, 흰 얼룩이 있으며, 무엇이 닿으면 자줏빛의 액체를 냄. 머리에는 두 쌍의 촉각이 있고, 그 아래 작은 눈이 있음. 얕은 바다에서 바닷말을 먹고 삶. 고기는 식용함.

군소(群小)圓 《일부 명사 앞에 쓰이어》①많은 자잘한 것. ②규모가 아주 작거나 가치가 별로 없는 것. ¶군소 업체. /군소 출판사.

군:-소리휑圓 ①하지 않아도 좋을, 쓸데없는 말. 군말. ②잠꼬대로 하는 말이나 잃는 사람이 정신없이 하는 말.

군소-배(群小輩)圓 소인(小人)의 무리.

군소-봉(群小峯)圓 여러 작은 산봉우리.

군속(軍屬)圓 '군무원(軍務員)'의 구용어.

군속(窘束)圓 '군속하다'의 어근.

군속(群俗)圓 세상의 많은 사람. ¶멀리 군속을 떠나 신선처럼 살고 싶다.

군:속-하다(窘束-)[-소카-]휑囮 묶어 놓은 듯이 움직일싹할 수 없게 거북하고 어렵다.

군:-손질휑圓 ①하지 않아도 좋을, 쓸데없는 손질. ②쓸데없이 때리는 짓.

군:-쇠[-쇠/-쉐]圓 장롱의 문쇠 옆에 세로로 댄 나무.

군:-수(-手)圓 바둑이나 장기를 둘 때, 쓸데없이 놓는 수.

군수(軍帥)圓 ①군대의 장수(將帥). ②군대의 총사령관.

군수(軍需)圓 군사상의 수요(需要), 곧 군사상으로 필요한 물자.

군:수(郡守)圓 ①군(郡)의 행정 사무를 맡아보는 군청의 책임자. ②조선 시대에, 군(郡)의 으뜸 벼슬인 종사품 외관직(外官職).

군수^경기(軍需景氣)圓 군수 산업을 중심으로 사회 전체가 활기를 띠는 일.

군수^공업(軍需工業)圓 군수 물자를 생산·수리하는 공업.

군수^공장(軍需工場)圓 군수 물자를 제조·가공·수리하는 공장.

군수^물자(軍需物資)[-짜]圓 군비(軍費) 또는 전쟁에 소용되는 온갖 물자. 군수품.

군수-미(軍需米)圓 ㊟군량미(軍糧米).

군수^산업(軍需産業)圓 군수 물자를 생산·가공하는 산업. 방위 산업. ㊠평화 산업.

군수-품(軍需品)圓 🗗군수 물자.

군승(軍僧)圓 군부대에 중으로서 배속되어 있는 장교. ㊟군목(軍牧).

군시럽다[-따][군시러우니·군시러워]휑圓 몸이 간질간질 가려운 느낌이 있다.

군:-식구(-食口)[-꾸]圓 (본식구 외에) 덧붙어서 사는 식구. 객식구. 잠식구.

군신(君臣)圓 임금과 신하.

군신(軍神)圓 ①군인의 무운(武運)을 지켜 준다는 신. ②'큰 무공을 세우고 전사한 군인'을 신(神)에 비유하여 이르는 말.

군신(群臣)圓 많은 신하. 여러 신하.

군신-대의(君臣大義)[-의/-이]圓 임금과 신하 사이의 의리.

군신-유의(君臣有義)[-뉴의/-뉴이]圓 오륜(五倫)의 하나. 임금과 신하의 도리는 의리에 있음을 이르는 말.

군신좌사(君臣佐使)圓 한방에서, 약방문을 낼 때 가장 주되는 군제(君劑)와 그 보조약들인 신약(臣藥)·좌약(佐藥)·사약(使藥)을 아울러 이르는 말.

군실-거리다재 자꾸 군실군실하다. 군실대다. ¶목욕을 하루만 걸러도 온몸이 군실거려서 견딜 수가 없다.

군실-군실튀휑圓 어딘지 모르게 근질근질한 느낌.

군실-대다재 군실거리다.

군아(軍衙)명 지난날, 군사에 관한 사무를 맡아 보던 관아.

군:아(郡衙)명 지난날, 고을의 원이 사무를 보던 관아.

군악(軍樂)명 군대에서, 의식을 하거나 장병의 사기를 높이기 위해 연주하는 음악.

군악-대(軍樂隊)[-때]명 군악을 연주하기 위하여 편성된 부대.

군악-수(軍樂手)[-쑤]명 지난날, '군악대의 악수(樂手)'를 이르던 말.

군역(軍役)명 ①지난날, 백성이 나라에 대하여 지는 신역(身役)의 한 가지. 병역(兵役)과 노역(勞役)의 구분이 있었음. ②군인으로서 군대에 복역(服役)하는 일. ¶군역의 의무를 다하다.

군영(軍營)명 군대가 주둔하여 있는 곳. 영소(營所). 진영(陣營).

군영(群英)명 ①많은 꽃. 여러 가지 꽃. 군방(群芳). ②수많은 영재(英才).

군왕(君王)명 임금.

군요(軍擾)명 ☞군란(軍亂).

군용(軍用)명 군사 목적에 쓰임, 또는 쓰이는 것. ¶군용 시설.

군용(軍容)[-뇽]명 ①군대의 위용(威容)이나 장비(裝備). ②군대의 질서나 규율.

군용-견(軍用犬)명 (경비·수색 등) 군사 목적에 쓰이는, 특별히 훈련된 개. 군견(軍犬).

군용-금(軍用金)명 군사 목적에 쓰이는 돈. 군자금(軍資金).

군용-기(軍用機)[-뇽-]명 군사 목적에 쓰이는 비행기. 〔전투기·정찰기·폭격기·수송기 따위.〕 군용 비행기.

군용^도:로(軍用道路)명 군사상의 필요에 따라 만들어 놓은 도로.

군용^비둘기(軍用-)명 군사 목적의 통신에 이용되는, 훈련된 비둘기.

군용^비행기(軍用飛行機)명 ☞군용기.

군용-선(軍用船)명 군사 목적에 쓰이는 배.〔군함이 아닌 것.〕 군선(軍船).

군용^수표(軍用手票)명 ☞군표(軍票).

군용^열차(軍用列車)[-녈-]명 군용 물자나 병력의 수송을 위하여 특별히 편성된 열차.

군용-지(軍用地)명 군사상의 목적으로 쓰이는 일정한 땅(지역).

군용^지도(軍用地圖)명 군사 목적으로 특수하게 그린 지도.

군용-차(軍用車)명 군대에서 쓰는 자동차.

군용^차량(軍用車輛)명 군대에서 쓰는 차량.

군용^철도(軍用鐵道)[-또]명 군사상의 목적에 따라 특별히 부설(敷設)한 철도.

군용-표(軍用票)명 ☞군표(軍票).

군용-품(軍用品)명 군대에서 쓰는 물품.

군우(軍友)명 ①구세군(救世軍)에서, 신자(信者)를 이르는 말. ②☞전우(戰友).

군우(軍郵)명 〈군사 우편〉의 준말.

군웅(群雄)명 〔같은 시대에 태어난〕 여러 영웅.

군웅-할거(群雄割據)명 여러 영웅이 각지에 자리 잡고 세력을 떨치며 서로 맞서는 일.

군원(軍援)명 〈군사 원조〉의 준말.

군위(君位)명 군주의 지위.

군위(軍威)명 ①군대의 위력(威力). ②군인의 사기(士氣).

군율(軍律)명 군대의 규칙이나 법률. 군규(軍規). 군법(軍法).

군은(君恩)명 임금의 은혜. 주은(主恩).

군:-음식(-飮食)명 끼니 때 외에 가외로 먹는 음식.〔떡이나 과자 따위.〕 ¶오후에 군음식을 먹었더니 영 밥맛이 없다.

군:읍(郡邑)명 ①신라·고려·조선 시대의 지방 행정 단위인 주(州)·부(府)·군(郡)·현(縣)을 통틀어 이르던 말. 군현(郡縣). ②군과 읍.

군의(軍醫)[구늬/구니]명 〈군의관(軍醫官)〉의 준말.

군의-관(軍醫官)[구늬-/구니-]명 군대에서, 환자의 진찰·치료·위생에 관한 일을 맡아보는 장교. ⤜군의(軍醫).

군인(軍人)명 군적(軍籍)에 있는 육해공군의 장교·준사관·부사관·병사를 통틀어 이르는 말.

군:-일[-닐]명하다 쓸데없는 일.

군:-입[-닙]명 ①자기 식구 외에 덧붙어서 얻어먹는 객식구. ¶군입이 늘다. ②☞군입정.

군입(을) 다시다관용 ①군음식을 먹다. ¶군입을 다셨더니 밥맛이 없다. ②무엇을 먹고 싶어서 입을 다시다.

군:-입정[-닙쩡]명하다 (떡이나 과자 따위) 군음식으로 입을 다시는 일. 군입.

군:-입정-질[-닙쩡-]명하다 군음식으로 입을 다시는 짓. ⤜군입질.

군입-질[-닙찔]명하다 〈군입정질〉의 준말.

군:-자(-字)명 ☞〈군글자〉의 준말.

군자(君子)명 ①학문과 덕이 높고 행실이 바르며 품위를 갖춘 사람. ②지난날, 글 가운데서 아내가 '자기의 남편'을 높이어 일컫던 말.

군자(軍資)명 〈군자금(軍資金)〉의 준말.

군자-감(軍資監)명 조선 시대에, 군수품의 출납을 맡아보던 관아. 군감(軍監).

군자-국(君子國)명 지난날 중국에서, '풍속이 아름답고 예절이 바른 나라'라고 하여 우리나라를 이르던 말.

군자-금(軍資金)명 ①☞군용금(軍用金). ②'어떤 일을 하는 데 필요한 돈'을 비유하여 이르는 말. ⤜군자(軍資).

군자-란(君子蘭)명 수선화과의 다년초. 관상용 화초의 한 가지. 검(劍) 모양의 두꺼운 잎이 나란히 나며, 밑동은 비늘줄기와 비슷함. 5~6월에 꽃줄기 끝에 깔때기 모양의 주홍색 꽃이 많이 핌.

군자-삼락(君子三樂)[-낙]명 ☞삼락(三樂).

군작-미(軍作米)[-장-]명 조선 시대에, 군포(軍布) 대신으로 바치던 쌀.

군:-장(-醬)명 찌꺼기 된장에 파·생강·후춧가루·조핏가루 등을 넣고 반죽한 다음, 기름과 꿀을 발라서 구운 반찬.

군장(君長)명 ①원시 부족 사회에서, 신관(神官)·관리·군인 따위 지배 계급의 위에 섰던 최고 지배자. ②☞군주(君主).

군장(軍裝)명 ①군인의 복장. ②군대의 장비.

군재(軍裁)명 〈군사 재판〉의 준말.

군적(軍籍)명 ☞병적(兵籍).

군적(群籍)명 많은 서적.

군정(軍丁)[지난말]명 ①군적(軍籍)에 올라 있던 지방의 장정(壯丁). ②공역(公役)에 종사하던 장정.

군정(軍政)명 ①전쟁이나 사변 때, 또는 점령지에서 군대에 의하여 행해지는 임시 행정. ↔민정(民政). ②군사(軍事)에 관한 정무(政務). ③〈군사 정권〉의 준말. ¶민주화 운동으로 군정이 종식되다. ④〈군사 정부〉의 준말.

군정(軍情)명 군대 내의 정상(情狀).

군:정(郡政)명 군(郡)의 행정.

군정-관(軍政官)閔 점령 지역에서 군정을 시행
하는 장교.

군정-권(軍政權) [-꿘]閔 군사 행정에 관한
권한.

군정-청(軍政廳)閔 점령한 지역의 군사령관이
군정을 시행하는 기관.

군제(君劑)閔 한방의 약방문에서 가장 주가 되
는 약제. 魯군신좌사(君臣佐使).

군제(軍制)閔 군의 건설과 유지, 관리와 운영
등에 관한 제도. 병제(兵制).

군:제(郡制)閔 군정에서 행정상 설정하여 놓은
편제(編制)나 경리 등의 제도.

군조(群鳥)閔 떼를 지어 모인 새.

군졸(軍卒)閔 ☞군사(軍士).

군종(軍宗)閔 군대 내의 종교에 관한 일. ¶군
종 장교.

군주(君主)閔 임금. 군장(君長).

군주(軍主)閔 신라 때, 각 주(州)의 군사와 행
정을 총괄하던 지방 장관. 총관(摠管).

군:주(郡主)閔 조선 시대에, 외명부의 한 품계.
왕세자의 정실에서 태어난 딸의 칭호.

군주-국(君主國)閔 국가 주권이 군주에게 있는
나라. 왕국.

군주^국체(君主國體)閔 군주만을 주권자로 인
정하는 국체. ↔민주 국체.

군주^기관설(君主機關說)閔 주권의 본체는 국
가이고, 군주는 그 최고 기관이라는 학설.

군주-신권설(君主神權說) [-꿘-]閔 ☞왕권신수
설(王權神授說).

군주^전제(君主專制)閔 군주가 절대의 권한을
가지고, 국민의 의견이나 법률상의 제약을 받
지 않고 국가의 권력을 마음대로 행사하는 일.

군주^정체(君主政體)閔 주권이 세습적인 군주
에 의하여 운용되는 정치 형태. 왕정. ↔민주
정체.

군주-제(君主制)閔 세습의 군주를 국가의 원수
로 하는 정치 체제. 魯공화제·군주 정체.

군주-주의(君主主義) [-의/-이]閔 군주가 나라
의 정치를 아무 제재(制裁) 없이 행하는 주의.

군중(軍中)閔 ①군대의 안. ②군인의 몸으로 전
쟁터에 나가 있는 동안.

군중(群衆)閔 [한곳에 모인] 많은 사람의 무리.
¶군중을 헤치고 나아간다.

군중-대회(群衆大會) [-회/-훼]閔 군중이 모여
서 개최하는 대회.

군중^범:죄(群衆犯罪) [-쬐/-쮀]閔 군중 심리에
이끌리어 다수인의 참가로 이루어지는 범죄.

군중^심리(群衆心理) [-니]閔 많은 사람이 모였
을 때, 자제력을 잃고 다른 사람의 언동에 쉽
사리 따라 움직이는 충동적인 심리. 대중 심리
(大衆心理).

군중^심리학(群衆心理學) [-니-]閔 군중 심리
를 연구하는 사회 심리학의 한 분과.

군중-집회(群衆集會) [-지쾨/-지쮀]閔 군중이
동일한 목적을 가지고 함께 모여 벌이는 집회.

군지럽다 [-따] [군지러우니·군지러워]휑⒝ 〈
던지럽다〉의 준말.

군직(軍職)閔 ①군사(軍事)에 관한 직무. ②군
대에서의 관직.

군진(軍陣)閔 군대가 전투에 대비하여 펴는 진
영(陣營).

군집(群集)閔［하자 (사람이나 동물 등이) 한곳에
떼를 지어 모임.

군:-짓 [-짇]［하자 (안 해도 좋을) 쓸데없는
짓. *군:짓이 [-지시]·군:짓만 [-진-]

군천-자(榅櫚子)閔 한방에서, '고욤나무의 말린
열매'를 약재로 이르는 말.

군:청(郡廳)閔 군(郡)의 행정 사무를 맡아보는
관청. 魯군(郡).

군청(群靑)閔 선명하고 짙은 남빛의 광물성
물감.

군청-색(群靑色)閔 군청(群靑)과 같은 선명한
남빛.

군체(群體)閔 생물학에서, 분열이나 싹트기에
따라 생긴 많은 개체가 모여 한 개의 개체처럼
행동하는 것을 이름. 〔해면(海綿)이나 산호(珊
瑚) 따위.〕 ↔개체.

군총(君寵)閔 임금의 총애(寵愛).

군추(群醜)閔 여러 괴수. 두목들.

군축(軍縮)閔〈군비 축소(軍備縮小)〉의 준
말. ¶군축 회담.

군축^회:의(軍縮會議) [-추쾨의/-추퀘이]閔
〈군비 축소 회의(軍備縮小會議)〉의 준말.

군취(群聚)閔 동물 생태학에서, 거의 같은 자연
환경의 지역에 살고 있는 모든 동물의 개체군
(個體群)을 이름.

군측(君側)閔 임금의 곁. 군변(君邊).

군치리閔 개고기를 안주로 술을 파는 집.

군친(君親)閔 임금과 아버지.

군:-침閔 (속이 느긋거리거나 구미가 당기어)
입 안에 도는 침.

군침(이) 삼키다[흘리다]판용 ①음식이 먹고
싶어 입맛을 다시다. ②이익이나 재물을 보고
몹시 탐을 내다.

군침(이) 돌다판용 ①음식을 먹고 싶은 생각이
나다. ¶생각만 해도 군침이 돈다. ②이익이나
재물을 보고 가지고 싶은 마음이 생기다.

군:-턱閔 턱 아래에 축 처진 살.

군:-티閔 (물건의) 조그마한 허물.

군^판사(軍判事)閔 군사 재판의 구성원인 재
판관.

군포(軍布)閔 조선 시대에, 군적(軍籍)에 든 사
람이 군에 복무할 수 없는 처지일 때 그 대신
바치던 삼베나 무명.

군표(軍票)閔 전쟁 지역이나 점령지에서, 군대
가 사용하는 통화 대용(通貨代用)의 어음. 군
용 수표. 군용표.

군필-자(軍畢者) [-짜]閔 군역의 의무를 마친
사람. ¶군필자 우대.

군핍(窘乏)閔 '군핍하다'의 어근.

군:핍-하다(窘乏-)［피파 몹시 군색하
고 아쉽다. 군핍-히閔

군함(軍艦)閔 ①해군에 소속되어 있는 함선.
②해군의 함선 중에서, 직접 해상 전투를 목적
으로 하는 함선. 전함(戰艦). 魯함.

군함-기(軍艦旗)閔 군함의 표징으로 다는 기.

군합-국(君合國) [-꾹]閔 둘 이상의 국가가 국
내법과 국제법상으로는 서로 독립을 유지하면
서 한 임금 밑에서 결합하는 나라.

군항(軍港)閔 해군 함정의 근거지로서 특수한
시설을 해 놓은 항구.

군향(軍餉)閔〈군향미(軍餉米)〉의 준말.

군향-미(軍餉米)閔 군대의 식량으로 쓰는 쌀.
군량미(軍糧米). 군향(軍餉).

군:현(郡縣)閔 ☞읍(邑)·읍(邑).

군현(群賢)閔 여러 현인(賢人).

군호(君號)閔 지난날, 임금이 군(君)을 봉할 때
내리던 칭호. 〔노산군(魯山君) 따위.〕

군호(軍號)閔 ①［하자 군중(軍中)에서 기·나발·화
살 등을 이용하여 신호를 보냄, 또는 그 신호.

②지난날, 도성이나 대궐의 순라군이 위험을 막기 위하여 서로 주고받던 암호. ③하자서로 눈치나 말로써 가만히 내통함, 또는 그런 신호. ①②구호(口號).

군호(群豪)명 여러 호걸.

군혼(群婚)명 원시 사회에서의, 한 무리의 남성과 한 무리의 여성의 집단적인 혼인 형태. 집단혼.

군화(軍靴)명 군인용 구두.

군홧-발(軍靴-)[-화빨/-환빨]명 ①군화를 신은 발. ②'군인이 저지르는 폭력'을 비유하여 이르는 말. ¶군홧발에 굴복하다.

군:-획(-畫)[-획/-훽]명 본디 글자에는 없는, 군더더기로 붙은 획.

군:-획-지다(-畫-)[-획찌-/-훽찌-]형 군획이 붙어 잘못 씌어 있다.

군후(君侯)명 지난날 중국에서, 승상(丞相)이나 제후(諸侯)를 높이어 일컫던 말.

군흉(群凶)명 흉악한 마음을 품은 무리. 흉악한 일을 꾀하거나 일삼는 무리.

굳건-하다[-껀-]형여 굳세고 건실하다. ¶굳건한 의지. 굳건-히뷔.

굳기[-끼]명 ①물체의 단단함의 정도. [광물의 경우 표준 광물로써 측정할 광물을 긁어 보아서 그 단단한 정도를 비교함.] ②물에 섞인 염류(鹽類)의 양의 정도.

굳-기름[-끼-]명 ☞지방(脂肪).

굳다[-따]재 ①오그라들어 빳빳하여지다. ¶팔다리가 굳다. ②버릇이 되다. ¶말버릇이 굳어 버리다. ③(무른 것이) 단단해지다. ¶굳기름이 녹았다가 다시 굳다. ④돈 따위가 쓰이거나 없어지지 아니하고 계속 남다. ¶모임이 취소되어 회비가 굳었다.

Ⅱ형 ①(무르지 않고) 단단하다. ¶굳은 석회질 껍데기. ②뜻이 흔들리거나 바뀌지 않다. ¶의지가 굳다. ③튼튼하고 단단하다. ¶방문을 굳게 잠그다. ④표정이 딱딱하다. ¶잔뜩 긴장한 굳은 얼굴.

굳은 땅에 물이 괸다속담 검소하고 절약하는 마음이 단단한 사람이라야 재산을 모을 수 있다는 말. 단단한 땅에 물이 괸다.

굳-비늘[-삐-]명 ☞경린(硬鱗).

굳-뼈[-뼈]명 ☞경골(硬骨).

굳-세다[-쎄-]형 ①뜻한 바를 굽히지 않고 밀고 나아가는 힘이 있다. ¶굳센 의지. ②힘차고 튼튼하다. ¶힘이 절로 솟는 굳센 팔과 다리.

굳어-지다재 굳게 되다.

굳은-돌명 굳은 모암(母岩).

굳은-살명 ①손이나 발바닥의 두껍고 단단한 군살. 못3. ¶손바닥에 굳은살이 박이다. ②곪으려고 딴딴하게 된 살.

굳이[구지]뷔 ①단단하게 마음으로 굳게. ¶굳이 말리다. /관직을 굳이 사양하다. ②구태여. ¶지난 일은 굳이 캐묻지 않겠다.

굳히-기[구치-]명 유도에서, 누르기·조르기·꺾기·비틀기 따위를 통틀어 이르는 말.

굳-히다[구치-]타 『'굳다'의 사동』 굳게 만들다. 굳게 하다. ¶기반을 굳히다.

굴명 굴과의 조개. 살을 굴이라 하여 식용하는데, 글리코겐과 비타민 등을 많이 함유함. 모려(牡蠣). 석화(石花).

굴:(窟)명 ①땅이나 바위가 깊숙하게 팬 곳. ②산이나 땅속을 뚫어 만든 길. 굴길. 수도(隧道). ③짐승들이 사는 구멍. ¶호랑이의 굴. ④〈소굴(巢窟)〉의 준말.

굴-갓[-갇]명 지난날, 벼슬한 중이 쓰던 대갓.
* 굴갓이[-가시]·굴갓만[-간-]

굴강(屈強) '굴강하다'의 어근.

굴강-하다(屈強)형여 ①남에게 굽힘이 없이 의지가 군세다. ②매우 힘이 세다.

굴:-개(窟-)명 썩은 물의 바닥에 가라앉은 개흙.

굴거리-나무명 대극과의 상록 활엽 교목. 숲 속에서 자라는데, 높이는 7~10 m. 잎은 긴둥글며 가지 끝에 모여 어긋맞게 남. 5~6월에 녹색 꽃이 피고 길둥근 열매는 10~11월에 검은 자줏빛으로 익음. 잎과 줄기의 껍질은 한방에서 약재로 쓰임.

굴건(屈巾)명 상주(喪主)가 두건(頭巾) 위에 덧쓰는 건(巾). 굴관(屈冠).

굴건-제복(屈巾祭服)명 ①굴건과 제복. ②하자 굴건을 쓰고 제복을 입음.

굴검(掘檢)명하타 시체를 파내어 검증함.

굴곡(屈曲)명 ①이리저리 굽어 꺾여 있음, 또는 굽은 굽이. ¶굴곡이 많은 오솔길. ②사람이 살아가면서 겪는 변동. ¶굴곡을 겪다.

굴곡-어(屈曲語)명 ☞굴절어(屈折語).

굴관(屈冠)명 ☞굴건(屈巾).

굴광-성(屈光性)[-썽]명 빛의 자극을 받아 일어나는 식물의 굴성(屈性). 해굴성. 참향광성(向光性)·배광성(背光性).

굴근(屈筋)명 팔다리를 구부리는 운동을 하는 근육을 통틀어 이르는 말. ↔신근(伸筋).

굴기(崛起)명하자 ①산이 불쑥 솟음. ②'기울어진 집안에서 큰 인물이 남'을 이르는 말.

굴기-성(屈氣性)[-썽]명 〔굴화성 가운데서〕 공기 또는 산도(酸度)의 자극을 받아 일어나는 식물의 굴성(屈性). 참굴화성(屈化性).

굴:-길(窟-)[-낄]명 ☞굴(窟).

굴-김치명 생굴을 넣어서 담근 김치.

굴:-다¹자타 〈구르다〉의 준말.

굴:-다²〔구니·굴어〕재 일부 부사나 '-이'·'-히'로 끝난 상태 부사, 또는 보조적 연결 어미 '-게'로 끝난 부사형 등의 뒤에 쓰이어, 그렇게 행동하는 뜻을 홀하게 이르는 뜻을 나타내는 말. ¶함부로 굴다. /경우없이 굴다. /까다롭게 굴다. /마치 애인처럼 굴다.

굴:-다리(窟-)[-따-]명 길이 교차하는 곳에, 아래쪽 길을 굴처럼 만든 곳.

굴:-대[-때]명 바퀴의 가운데 구멍에 끼우는 긴 쇠나 나무. 축(軸).

굴:대-통(-筒)[-때-]명 바퀴 안에는 굴대를 끼우는 구멍이 나 있고 둘레에는 바퀴살을 꽂는 홈이 나 있는 바퀴의 안쪽 부분. 굴통.

굴:-도리[-또-]명 둥글게 만든 도리.

굴:-때-장군(-將軍)명 ①'몸이 크고 살빛이 검은 사람'을 농조로 이르는 말. ②'옷이 새까맣게 된 사람'을 농조로 이르는 말.

굴뚱명 물레의 몸이 얹힌 굴대.

굴:-뚝명 불을 땔 때 연기가 빠져나가도록 만든 구조물. 연돌(煙突).

굴뚝 막은 덕석 (같다)속담 '해어지고 더러운 옷이나 물건'을 이르는 말.

굴:-뚝-같다[-깓따]형 무엇을 하고 싶은 생각이 간절하다. ¶하고 싶은 마음은 굴뚝같지만 모임이 쉽게 끝날 것 같지 않다. 굴뚝같-이뷔.

굴:-뚝-나비[-뚱-]명 뱀눈나빗과의 곤충. 편 날개 길이는 수컷이 4 cm, 암컷이 7 cm가량. 날개 길이가 둥글고, 빛깔은 회갈색 또는 흑갈색. 뒷날개에 한 쌍의 고리 무늬가 있음. 유충은 대나무의 잎을 먹고 자람.

굴:뚝-산업(-産業) [-싸넙] 명 물품을 실제로 만드는 산업.

굴:뚝-새 [-쎄] 명 나무발발잇과의 새. 몸길이 6~7cm, 날개 길이 5cm, 꽁지는 3cm가량. 몸빛은 짙은 갈색이며 암갈색의 가로무늬가 있음. 주로, 침엽수림대의 바위틈이나 시골의 헛간 등에서 삶.

굴:러-가다자 일이나 모임이 진행되어 나가다. ¶사장의 노력으로 요즘은 회사가 잘 굴러간다.

굴:러-다니다자타 ①구르며 왔다 갔다 하다. ¶거실에 야구공이 굴러다닌다. ②정한 곳 없이 이리저리 자리를 옮겨 다니다. ¶장바닥을 굴러다니는 장돌뱅이 신세.

굴:러-듣다 [-따] [~들으니·~들어]타ㄷ 떠도는 소문을 얻어듣다. ¶그 사람은 그 여자가 시집간다는 소문을 굴러듣었다.

굴:러-들다 [~드니·~들어]자 사람이나 물건이 일정한 곳으로 들어와 자리를 잡다. ¶그는 달동네로 굴러들었다.

굴:러-먹다 [-따]자 이것저것 다 겪어 가며 천하게 살다. ¶어디서 굴러먹던 녀석이냐!

굴러^차기명 태권도의 발 기술의 한 가지. 앞발로 지면을 굴러서 몸을 공중에 띄운 다음, 구르기 한 발로 앞차기·옆차기 따위를 하는 동작.

굴링-대 [-때] 명 손에 쥐고 굴링쇠를 밀어서 굴리는, 굵은 철사나 막대기.

굴링-쇠 [-쇠/-쉐] 굴링대로 뒤를 밀어서 굴리는 장난감으로, 둥근 테 모양의 쇠. 도롱태1. 동그랑쇠.

굴레1명 ①마소의 목에서 고삐에 걸쳐 얽어매는 줄. '얽매임'의 비유로 쓰는 말.

굴레(를) 벗다관용 구속이나 통제에서 벗어나 자유롭게 되다.

굴레(를) 쓰다관용 일에 얽매여 구속을 받게 되다.

굴레(를) 씌우다관용 남을 붙잡아 일에 얽매어 놓다.

굴레 벗은 말[망아지/송아지]관용 '구속에서 벗어나 자유로이 행동하는 사람, 또는 거칠게 행동하는 사람'을 이르는 말.

굴레2명 어린아이에게 씌우는 모자의 한 가지.

굴레미명 나무로 만든 바퀴.

굴:리다타 ①('구르다'의 사동) 굴러가게 하다. ¶구슬을 굴리다. /공을 굴리다. ②함부로 내버려 두다. ¶귀중한 책을 함부로 굴리다니. ③나무토막을 모나지 않게 둥글게 깎다. ④돈놀이하다. ¶돈을 굴리다. ⑤차를 운행하다. ¶자가용을 굴리다. ⑥이리저리 생각을 곱씹어 하다. ¶머리를 굴려 묘안을 생각해 내다.

굴:림명하 나무 따위를 모나지 않게 깎음.

굴:림-끌명 날이 안쪽으로 반원을 이룬 끌. 둥글게 파거나 새기는 데 쓰임.

굴:림-대 [-때] 명 무거운 물건을 옮길 때, 그 밑에 깔아서 굴리는 둥근 나무.

굴:림-대패명 나무를 모나지 않게 깎는 데 쓰이는, 가운데가 둥근 대패.

굴:림-백토(-白土)명 왕모래를 추려 내고 곱게 하여 흙일에 쓰는 백토.

굴:림-소리명 ☞설전음(舌顫音).

굴먹-굴먹[-꿀-]명하 여러 그릇에 담긴 것이 다 굴먹한 모양. ❹골막골막.

굴먹-하다[-머카-]형여 그릇에 다 차지 않고 조금 모자라는 듯하다. ❹골막하다.

굴-밤명 졸참나무의 열매.

굴-밥명 밥이 끓을 때 생굴을 넣어 섞어서 익힌 밥. 석화반(石花飯).

굴:-법당(窟法堂) [-땅] 명 저절로 된 동굴 속에 된 법당.

굴변(掘變)명 무덤을 파내어 생긴 변고.

굴복(屈伏)하자 ①머리를 숙이고 꿇어 엎드림. ②☞굴복(屈服).

굴복(屈服)하자되자 힘이 모자라서 주장하던 뜻을 굽히고 복종함. 굴복(屈伏).

굴비명 소금에 약간 절여서 통으로 말린 조기. 건석어(乾石魚).

굴삭(掘削)하타 땅이나 흙 따위를 파고 깎음.

굴삭-기(掘削機) [-끼] 명 땅이나 흙 따위를 파고 깎는 데 쓰는 기계를 통틀어 이르는 말. ❷굴착기.

굴성(屈性) [-썽] 명 식물의 일부가 외부의 자극을 받았을 때, 그 자극 방향에 관계되는 방향으로 굽는 성질. 향성(向性).

굴:-속(窟-) [-쏙] 명 ①굴의 안. ②굴처럼 캄캄한 곳. 굴혈(窟穴).

굴수-성(屈水性) [-쑤썽] 명 수분(水分)의 자극을 받아 일어나는 식물의 굴성(屈性). 굴습성(屈濕性). ❷향수성(向水性).

굴슬(屈膝) [-쓸] 하자 ①남에게 굽힘. ②무릎을 꿇어 절함.

굴습-성(屈濕性) [-씁썽] 명 ☞굴수성(屈水性).

굴:-식(窟式) [-씩] 명 지면과 수평으로 판 길을 통하여 널방으로 들어가는 무덤 양식. 횡혈식.

굴신(屈伸) [-씬] 명하타 굽힘과 폄.

굴신(屈身) [-씬] 명하자 ①몸을 굽힘. ②겸손하게 처신함.

굴신^운(屈伸運動) [-씬눈-] 명 몸을 굽혔다 폈다 하는 운동.

굴심(屈心) [-씸] 명하자 남에게 겸손하게 함.

굴썩-굴썩[-꿀-]부하 여러 그릇에 담긴 것이 다 굴썩한 모양. ❹골싹골싹.

굴썩-하다[-써카-] 형여 좀 굴먹하다. ❹골싹하다.

굴억(屈抑)하타 억누름.

굴에미(옛) 굴레. ¶굴에 공: 鞚(訓蒙中27).

굴왕-신(屈枉神)명 무덤을 지키는 귀신. 몸치장을 하지 않은 모습이 매우 남루하다고 함.

굴왕신-같다(屈枉神-) [-간따]형 찌들고 낡아 몹시 더럽다. ¶굴왕신같은 골방.

굴욕(屈辱)명 〔남에게〕 억눌리어 업신여김을 받는 모욕. ¶굴욕을 당하다. /굴욕을 참다.

굴욕-감(屈辱感) [-깜] 명 굴욕을 당하여 창피한 느낌.

굴욕-적(屈辱的) [-쩍] 관명 굴욕을 당하거나 느끼게 하는 (것). ¶굴욕적 처사. /굴욕적으로 느끼다.

굴:-우물(窟-)명 한없이 깊은 우물.

굴우물에 돌 넣기[속담] '아무리 하여도 끝이 없는 일'을 비유하여 이르는 말.

굴우물에 말뚱 쓸어 넣듯 한다[속담] '음식을 가리지 않고 마구 먹는 일'을 조롱하여 이르는 말.

굴이(掘移)명하자 무덤을 파서 옮김.

굴-장(-醬)명 생굴을 섞어 담근 간장.

굴장(屈葬) [-짱] 명 시체의 팔다리를 굽힌 자세로 매장하는 일.

굴-저냐명 생굴에 밀가루와 달걀을 씌워 참기름으로 지진 음식.

굴절(屈折) [-쩔] 명하자되자 ①휘어서 꺾임. ②빛이나 소리 따위가 한 매체(媒體)에서 다른 매체로 들어갈 때, 경계면에서 진행 방향이 바뀌는 일. 꺾임. ③생각이나 말 따위가 다른 것에 영향을 받아 본래의 것과 달라짐. ¶감정의 굴절을 느끼다. ④인도 게르만 어족과 셈 어족 등에서, 낱말의 형태를 바꾸어서 시제·인칭·성·수·서법 등을 나타내는 방법.

굴절(屈節)[-쩔]圏하재 절개를 굽힘.

굴절-각(屈折角)[-쩔-]圏 빛이나 소리 따위의 파동이 두 매체(媒體)의 경계면에서 굴절할 때, 그 굴절에 의하여 생기는 파면(波面)의 진행 방향이 경계면의 법선과 이루는 각.

굴절-계(屈折計)[-쩔계·-쩔게]圏 빛의 굴절률(屈折率)을 재는 기계.

굴절^광선(屈折光線)[-쩔-]圏 빛이 하나의 매질(媒質)에서 다른 매질을 통과할 때, 입사점(入射點)에서 방향을 바꾸어서 진행하는 광선.

굴절-률(屈折率)[-쩔-]圏 광선이 굴절할 때, 입사각의 사인(sine)과 굴절각의 사인의 비.

굴절^망:원경(屈折望遠鏡)[-쩔-]圏 천체 망원경의 한 가지. 렌즈와 프리즘을 통하는 빛의 굴절만을 이용하여 만든 망원경.

굴절-면(屈折面)[-쩔-]圏 광선이나 음파가 굴절하는 두 매체(媒體)의 면(面).

굴절-어(屈折語)[-쩔-]圏 언어의 형태적 유형의 한 가지. 주로, 어미(語尾)의 변화에 의하여 성·수·격 등의 문법적 기능을 나타내는 성질의 언어. 인도 게르만 어족과 셈 어족이 이에 딸림. 굴곡어(屈曲語).

굴-젓[-쩓]圏 생굴로 담근 젓. *굴젓이[-저시]·굴젓만[-쩐-]

굴젓-눈이[-전-]圏 한쪽 눈에 백태가 끼어서 눈이 먼 사람을 조롱하여 이르는 말.

굴종(屈從)[-쫑]圏하재 제 뜻을 굽혀 복종함.

굴-죽(-粥)圏 생굴로 끓인 장국에 쌀을 넣어 쑨 죽. 생굴을 참기름으로 볶다가 물을 붓고, 장국을 끓여 쌀을 넣어 죽을 쑤다가 달걀을 풀어 넣음. 석화죽(石花粥).

굴지(屈指)[-찌]圏 ①손가락을 꼽아 헤아림. ②여럿 가운데서 손가락을 꼽아 헤아릴 만큼 뛰어남.《주로, '굴지의'의 꼴로 쓰임.》 ¶국내 굴지의 명승지.

굴지-성(屈地性)[-찌썽]圏 중력의 자극을 받아 일어나는 식물의 굴성. 향중력성·배지성.

굴-진(-津)[-찐]圏 굴뚝 속에나 구들장 밑에 붙은 끈끈한 검은 진.

굴진(掘進)[-찐]圏하재 (땅을) 파 들어감. ¶산을 굴진하여 터널을 뚫다.

굴:-집(窟-)[-찝]圏 굴처럼 파서 만든 집. 움집.

굴착(掘鑿)圏하재 땅을 파거나 바위 등을 뚫음. ¶굴착 공사.

굴착-기(掘鑿機)[-끼]圏 땅을 파거나 바위 등을 뚫는 데 쓰는 기계를 통틀어 이르는 말.

굴-참나무圏 참나뭇과의 낙엽 활엽 교목. 산기슭이나 산허리에서 자라는데, 높이는 25 m가량. 잎이 길둥글며 어긋맞게 남. 5월경에 누런 꽃이 피고, 길둥근 열매는 10월경에 익으며 먹을 수 있음. 나무껍질은 코르크의 원료로 쓰임.

굴촉-성(屈觸性)[-썽]圏 접촉에 자극을 받아 일어나는 식물의 굴성. 향촉성(向觸性).

굴총(掘塚)圏하재 남의 무덤을 팜. 발총.

굴침-스럽다[-따][~스러우니·~스러워]圏ㅂ 억지로 하려는 빛이 보이다. ¶대학에 가려고 굴침스럽게 공부한다. **굴침스레**閈.

굴탈(屈蛭)圏 (때를 못 만나) 들날리지 못하고 집에 파묻혀 있음.

굴타리-먹다[-따]재 (오이·호박·수박 따위가 흙에 닿아 썩은 자리를) 벌레가 파먹다.

굴터분-하다圏어 〈구리터분하다〉의 준말. **굴터분-히**閈.

굴텁텁-하다[-터파-]圏어 〈구리텁텁하다〉의 준말. **굴텁텁-히**閈.

굴:-통(-筒)圏 ☞굴대통.

굴통圏①겉모양은 그럴듯하나 속은 보잘것없는 물건이나 사람. ②씨가 여물지 않은 늙은 호박.

굴피(-皮)圏①빈 돈주머니. ②참나무의 두꺼운 껍데기.

굴피-나무圏 가래나뭇과의 낙엽 활엽 교목. 산허리에서 자라는데, 높이는 3~12 m. 초여름에 암·수 따로 이삭 모양의 꽃이 피며 가을에 둥근 열매가 익음. 열매와 뿌리는 한방에서 약재로 쓰임.

굴피-집圏 굴피나무·삼나무 등의 두꺼운 나무껍질로 지붕을 인 집.

굴-하다(屈-)재여 (어떤 세력이나 어려운 일 앞에서) 뜻을 굽히다. ¶어떠한 시련에도 굴하지 않는다.

굴헝圏 (옛) 구렁. ¶굴허에 모롤 디내샤(龍歌48章)./깊픈 굴헝이 ᄀ장 접프다(龜鑑下58).

굴혈(掘穴)圏하재 구덩이나 구멍을 팜.

굴:혈(窟穴)圏①소굴(巢窟). ②굴속.

굴화-성(屈化性)[-썽]圏 자극을 미치는 화학 물질의 농도의 차이에 따라 일어나는 식물의 굴성. 향화학성(向化性).

굵:-다[국따]圏 ①길면서 둘레가 크다. ¶굵은 막대기. ②(낟알이) 살지고 크다. ¶밤알이 굵다. ③(말이나 행동이) 폭이 넓거나 통이 크다. ¶선이 굵은 사람. ④목소리가 저음이고 크다. ¶사내다운 굵은 목소리. ⑤빗방울 따위의 부피가 크다. ¶굵은 빗방울. ⑥글씨의 획이 뚜렷하고 크다. ¶굵은 글자. ⑦가늘지 아니한 실 따위로 짜서 천의 바탕이 거칠고 투박하다. ¶굵은 삼베옷. ↔가늘다.⑦③잘다. *굵:어·굵:고[굴꼬]

굵:-다랗다[국따라타][~다라니·~다래]圏 매우 굵다. ↔가느다랗다.

굵:-베[국-]圏 굵은 올로 짠 삼베. ↔가는베.

굵:은-소금[국-]圏 알이 굵고 거친 소금. 왕소금. ↔가는소금.

굵직굵직-하다[국찍꾹찌카-]圏 여럿이 모두 굵다. ¶굵직굵직한 사건들./사과가 굵직굵직하다. **굵직굵직-이**閈.

굵직-하다[국찌카-]圏 꽤 굵다. ¶굵직한 통나무./목소리가 굵직하다. **굵직-이**閈.

굵-기다[국-]타 ['굵다'의 사동] 굵게 하다. ¶끼늘을 굵기다.

굶:-다[굼따]재타 ①먹지 않거나 먹지 못하다. 주리다. ¶밥을 굶다. ②놀이나 오락 따위에서, 제 차례를 거르다. ¶이번 판은 굶고 다음 판에 끼겠다. *굶어·굶:고[굼꼬]·굶:는[굼-]

굶기를 밥 먹듯 한다[족] 자주 굶는다는 말.

굶어 죽기는 정승 하기보다 어렵다[족] 아무리 가난해도 근근이 목숨만은 이어갈 수 있다는 말.

굶:-주리다[굼-]재 ①(먹을 것이 없어) 굶고 주리다. ¶굶주린 사자. ②매우 아쉬움을 느끼다. ¶사랑에 굶주린 고아들.

굶:-주림[굼-]圏 굶주리는 일. 기아(飢餓). ¶굶주림에 시달리다.

굻다[굴타]圏 (그릇에 담긴 것이) 꼭 차지 아니하고 좀 비어 있다. 재굻다3. *굻어[구러]·굻소[굴쏘]

굼닐-거리다[자태] 자꾸 굼닐다. 굼닐대다.

굼닐다[굼니니·굼닐어][자태] 몸을 구부렸다 일으켰다 하다. 몸을 구부렸다 일으켰다 하며 일하다.

굼닐-대다[자태] 굼닐거리다.

굼:-뜨다[~뜨니·~떠][형] 동작이 답답할 만큼 느리다. 우둔하다. ¶걸음이 굼뜨다. ↔재빠르다.

굼:벵이[명] ①매미·풍뎅이 따위의 유충. 지잠(地蠶). ②'몸놀림이나 하는 일이 매우 굼뜬 사람'을 조롱하여 이르는 말.
굼벵이(도) 구르는 재주(가) 있다[속담] ①아무 능력이 없는 사람이 남의 이목을 끌 만한 일을 함을 조롱조로 이르는 말. ②'무능한 사람도 한 가지 재주는 있음'을 비유하여 이르는 말.
굼벵이 천장(遷葬)하듯[속담] '어리석은 사람이 일을 지체하며 빨리 이루지 못함'을 비유하여 이르는 말.

굼:-슬겁다[-따][~슬거우니~슬거워][형비] 성질이 서글서글하고 슬겁다. ¶사람됨이 매우 밝고 굼슬겁다.

굼실-거리다[자] 자꾸 굼실굼실하다. 굼실대다. ㉱곰실거리다. ㉲꿈실거리다.

굼실-굼실[부] ①벌레 같은 것이 느릿느릿 굼틀거리는 모양. ㉱곰실곰실. ㉲꿈실꿈실. ②불구불 물결을 이루며 자꾸 넘실거리는 모양. ¶굼실굼실 흔들리는 갈대밭.

굼실-대다[자] 굼실거리다.

굼:-일[-닐][명][하자] 〈구웅일〉의 준말.

굼적[하자태] 느린 몸짓으로 둔하게 움직이는 모양. ㉱곰작. ㉲꿈적·꿈쩍. **굼적-굼적**[부][하자태]

굼적-거리다[-꺼-][자태] 자꾸 굼적굼적하다. 굼적대다. ㉱곰작거리다.

굼적-대다[-때-][자태] 굼적거리다.

굼지럭[부][하자태] 약하고 둔한 몸짓으로 느릿하게 움직이는 모양. ㉱곰지락. ㉲꿈지럭. **굼지럭-굼지럭**[부][하자태]

굼지럭-거리다[-꺼-][자태] 자꾸 굼지럭굼지럭하다. 굼지럭대다. ㉱곰지락거리다.

굼지럭-대다[자태] 굼지럭거리다.

굼질[부][하자태] 〈좀 굵거나 큰 것이〉 매우 여리고 느린 몸놀림으로 한 번 조금 움직이는 모양. ㉱곰질. ㉲꿈질. **굼질-굼질**[부][하자태]

굼질-거리다[자태] 자꾸 굼질굼질하다. 굼질대다. ㉱곰질거리다.

굼질-대다[자태] 굼질거리다.

굼:-튼튼-하다[형여] 성격이 굳어서 재물에 대하여 헤프지 않고 튼튼하다.

굼틀[부][하자태] 몸을 이리저리 구부리거나 비틀며 움직이는 모양. ㉱곰틀. ㉲꿈틀. **굼틀-굼틀**[부][하자태] ¶뱀이 굼틀굼틀 기어가다.

굼틀-거리다[자태] 자꾸 굼틀굼틀하다. 굼틀대다. ㉱곰틀거리다.

굼틀-대다[자태] 굼틀거리다.

굼:-판[명] 〈구웅판〉의 준말.

굼[명] 〈옛〉☞구무.

굽[명] ①짐승의 발톱. 발굽. ②그릇 따위의 밑바닥 받침. ③구두의 밑바닥 뒤축에 붙어 있는 부분. ¶굽을 갈다. /굽이 높은 구두를 신었더니 걷기가 불편하다. ④나막신의 발.

굽-갈래[-깔-][명] 굽의 갈라진 곳.

굽-갈이[-까리][명][하태] 닳은 굽을 새것으로 바꾸어 대는 일.

굽격지[명] 〈옛〉굽 달린 나막신. ¶굽격지 보요 박은 잣딩이(古時調).

굽:다[1][-따][구우니·구워][타비] ①불에 익히거나 타게 하다. ¶고기를 굽다. ②음화를 감광지에 옮겨 인화하다. ¶사진을 굽다. ③〈나무를 태워〉숯을 만들다. ¶숯을 굽다. ④〈벽돌이나 도자기 따위를 만들 때〉가마에 넣고 달과 하다. ¶옹기를 굽다. ⑤바닷물에 햇볕을 쬐어 소금만 남게 하다. ¶염전에서 소금을 굽다. ⑥컴퓨터에서, 비어 있는 디스크에 정보를 기록하다. ¶시디(CD)를 굽다.

굽:다[2][-따][구우니·구워][타비] 윷놀이에서, 멀 놓았던 말 위에 새 말을 덧붙여 어우르다. ¶두 동을 구워서 간다.

굽다[3][-따][1][자태] 휘다. 구부러지다. ¶팔이 안으로 굽는다. [2][형] 한쪽으로 휘어 있다. ¶등이 구부정하게 굽은 할머니. ㉱곱다[2].
굽은 나무가 선산(先山)을 지킨다[속담] 쓸모없어 보이는 것이 도리어 제구실을 한다는 뜻.
굽도 젖도 할 수 없다[관용] ①나아갈 수도 물러설 수도 없다. ②어찌해 볼 방도가 없다.

굽-달이[-따리][명] 굽이 달린 접시.

굽-도리[-또-][명] 〈방 안의〉벽의 맨 아랫부분.

굽도리-지(-紙)[-또-][명] 굽도리에 바르는 종이. ㉱준굽도리.

굽-뒤축[-뛰-][명] 〈짐승의〉굽의 뒤축.

굽-바닥[-빠-][명] ①굽의 밑바닥. ②마소 따위의 발뒤축의 단단한 살.

굽-바자[-빠-][명] 작은 나뭇가지로 엮어 만든 낮은 울타리.

굽-바탕[-빠-][명] 굽의 단단하고 질긴 본바탕.

굽배-성에[-빼-][명] 쟁기의 한 부분. 구멍 언저리가 불끈 솟아 끝까지 숙어 나간 성에.

굽슬-굽슬[-쓸-쓸][부][하형] 털이나 실 따위가 구불구불하게 말려 있는 모양. ㉱곱슬곱슬.

굽슬다[자] 〈옛〉엎드리다. ¶벼개에 굽스러서 지즈로 샐리 오니(杜初3:8).

굽신-거리다[-씬-][자태] ☞굽실거리다.

굽실[-씰][부] ①〈하태〉남의 비위를 맞추려고 비굴하게 행동하는 모양. ②〈하태〉고개나 허리를 가볍게 구부렸다 펴는 모양. ㉱곱실. ㉲꿉실. **굽실-굽실**[부][하자태]

굽실-거리다[-씰-][자태] 자꾸 굽실굽실하다. 굽실대다. ㉱곱실거리다.

굽실-대다[-씰-][자태] 굽실거리다.

굽-싸다[자] 〈짐승의〉네 발을 모아 얽어매다.

굽-앞[-압] 소에게 굽을 들려고 할 때에 쓰는 말.

굽어-보다[타] ①몸을 굽혀 내려다보다. ②아랫사람을 도우려고 사정을 살피다.

굽-이[명] ①휘어서 굽은 곳. ②[의존 명사적 용법] 굽어진 곳을 세는 단위. ¶시냇물이 골짜기를 여러 굽이 감돌았다.

굽이-감다[-따][타] ①휘어서 감다. ¶산허리를 굽이감는 도로. ②물이 굽이에 와서 빙빙 감아 돌다.

굽이-굽이[1][명] 여러 개의 굽이. ¶굽이굽이가 심산유곡이다. [2][부] ①여러 굽이로 굽이진 모양. ¶굽이굽이 감돌아 흐르는 낙동강. ㉱곱이곱이. ②굽이마다. ¶지리산 굽이굽이 자욱한 안개.

굽이-돌다[~도니·~돌아][자태] 〈길이나 물줄기 따위가〉굽이쳐 돌다. ¶굽이도는 시냇물.

굽이-지다[자] 안쪽으로 구부러져 들다. ¶굽이진 곳에 배를 대다.

굽이-치다[자] 물이 힘차게 흘러 굽이를 만들다. ¶굽이치는 강물.

굽이-칼[명] 몸이 구부러진 칼.

굽일-거리다[자]타] '굼닐거리다'의 잘못.

굽적[-쩍][부]하타] 머리를 숙이고 몸을 구부리는 모양. ③곱작. ④꿉적. **굽적-굽적**[부]하타].

굽적-거리다[-쩍거-][자]타] 자꾸 굽적굽적하다. 굽적대다. ④곱작거리다.

굽적-대다[-쩍때-][타] 굽적거리다.

굽-정이[-쩡-][명] ①구부정하게 생긴 물건. ②쟁기같이 생겼으나 좀 작은 농구.

굽-죄다[-쬐-/-�줴-][타] 떳떳하지 못하여 기를 펴지 못하다.

굽죄-이다[-쬐-/-쮀-][자]『'굽죄다'의 피동』굽죄임을 당하다.

굽-지(-紙)[-찌][명]〈굽도리지〉의 준말.

굽-질리다[-찔-][자] 일이 순조롭게 안 되다. ¶일이 자꾸 굽질린다.

굽-창[명](짚신이나 미투리의) 바닥 뒤쪽에 덧대는 가죽 조각.

굽-통[1][명] 화살대의 끝 쪽으로 상사를 친 윗부분.

굽-통[2][명](짐승의) 굽의 몸통.

굽통-줄[-쫄][명] 나래의 번지 가운데서 두 줄을 갈라 꿰어서 봇줄과 잡아맨 줄.

굽-히다[구피-][타] ①『'굽다'의 사동』 굽게 하다. ②뜻·주장·지조 따위를 꺾고 남을 따르다. ¶뜻을 굽히다.

굿[1][군][명] ①하자]무당이 노래하고 춤추며 귀신에게 치성을 드리는 의식. ②여럿이 모여 법석거리는 구경거리. ¶삼촌의 혼사로 마당에는 한바탕 굿이 벌어졌다. *굿이[구시]·굿만[군-]

굿 뒤에 날장구(친다)[속담] '일이 끝난 다음에 쓸데없는 문제로 떠들고 나섬'을 이르는 말.

굿이나 보고 떡이나 먹지[먹으면 된다][속담] 남의 일에 쓸데없이 간섭하지 말고 자기 이익이나 얻도록 하라는 말.

굿(을) 보다[관용] 남의 일에 참견하지 않고 보기만 하다.

굿[2][군][명] ①'구덩이'가 줄어들어 바뀐 말. ②굿단속을 하여 놓은 구덩이. ③뫼를 쓸 때, 널이 들어가도록 다듬은 속 구덩이. *굿이[구시]·굿만[군-]

굿-거리[군꺼-][명] ①무당이 굿할 때 치는 9박자의 장단. ②'굿거리장단'의 잘못.

굿거리-장단[군꺼-][명] 장구를 가지고 맞추는 느린 4박자의 장단.

굿것[명](옛) 귀신. 도깨비. ¶새 굿거시 하도다(杜重12:39).

굿-길[군낄][명] 광산의 구덩이 안에 파 놓은 길.

굿-단속(-團束)[군딴-][명]하자] 광산의 구덩이가 무너지지 않도록 단속함.

굿-덕대[군떡때][명] 광산에서, 구덩이의 작업 감독을 하는 사람. ③덕대[2].

굿-막(-幕)[군-][명] 광산에서, 광부들이 쉬거나 연장을 보관하려고 구덩이 밖에 지은 작은 집. 갱사(坑舍).

굿-문(-門)[군-][명] 광산의 구덩이의 출입문. 갱구(坑口). 갱문(坑門).

굿-반수[군빤-][명] 굿단속의 책임을 맡은 사람.

굿-뱀[군뺌][명] 뱀의 한 가지. 흙구덩이 속에 모여 삶. 토도사(土桃蛇).

굿-복(-服)[군뽁][명] ☞굿옷.

굿-옷[구돋][명] 광부가 구덩이에서 일할 때 입는 옷. 굿복. *굿옷이[구도시]·굿옷만[구돈-]

굿-일[군닐][명] ①뫼를 쓸 때, 구덩이를 파는 일. ②광산의 구덩이를 파는 일.

굿-중[군쭝][명] 걸립(乞粒)을 하는 중.

굿중-놀이[군쭝노-][명] ①굿중패가 꽹과리를 치며 요란하게 염불을 하는 일. ②'아이들이 수선스럽게 몰려다님'을 비유하여 이르는 말.

굿중-패(-牌)[군쭝-][명] 굿중으로 구성된 걸립패.

굿-판[군-][명] 굿이 벌어진 판. ¶굿판을 벌이다.

궁(宮)[1][명] ①궁전(宮殿). 궁궐. ②☞궁가(宮家). ③장기에서, 장수가 되는 큰 말.

궁(宮)[2][명] 동양 음악의 오음(五音) 음계의 첫째 음. ③궁상각치우.

궁(窮)[명] 가난한 상태, 또는 그런 기색.

궁(이) 끼다[관용] 곤궁하게 되다. 빈궁하게 되다.

궁가(宮家)[명] 지난날, 왕족이 살던 궁전. 궁(宮)[1]. 궁방(宮房).

궁간-목(弓幹木)[명] ☞애끼찌.

궁객(窮客)[명] 몹시 궁한 처지에 놓인 사람.

궁경(窮境)[명] ☞궁지(窮地).

궁계(窮計)[-계/-게][명] (마지못하여) 구차하게 생각해 낸 계책. 궁책(窮策). 말계(末計).

궁고(窮苦)[명] '궁고하다'의 어근.

궁고-하다(窮苦-)[형여] 더할 수 없이 괴롭다.

궁곡(窮谷)[명] 깊은 산골짜기.

궁곤(窮困)[명] '궁곤하다'의 어근.

궁곤-하다(窮困-)[형여] ☞곤궁하다. **궁곤-히**[부].

궁구(窮究)[형]하타] 속속들이 깊이 연구함, 또는 그렇게 하는 연구. ¶진리를 궁구하다. /사물의 이치를 궁구하다.

궁구(窮寇)[명] 궁한 처지에 빠진 적.

궁구-막추(窮寇莫追)[명] 궁지에 몰린 적을 끝까지 추격하면, 필사적으로 발악하여 해를 입기 쉬우니, 지나치게 핍박하여 추격하지 말라는 말. ③궁구물박(窮寇勿迫).

궁구-물박(窮寇勿迫)[명] 궁한 적을 너무 핍박하지 말라는 말. ③궁구막추(窮寇莫追).

궁굴다[궁구니·궁굴어][형] (그릇 따위가) 겉보기보다는 속이 너르다.

궁굴리다[타] ①너그럽게 생각하다. ②순한 말로 구슬리다.

궁궁-이(芎藭-)[명] 산형과의 다년초. 산골짜기의 냇가에 나는데 줄기 높이는 80~150 cm. 가을에 흰 꽃이 피며, 열매는 납작하고 길둥근 모양. 어린잎은 먹을 수 있고, 뿌리는 한방에서 약재로 쓰임.

궁궐(宮闕)[명] 임금이 거처하는 집. 궁(宮)[1]. 궁전(宮殿). 금중(禁中). 대궐(大闕). 금궐. 궐[1]. 궁금(宮禁).

궁귀-탕(芎歸湯)[명] ☞불수산(佛手散).

궁극(窮極)[명] 어떤 일의 마지막 끝이나 막다른 고비. 구극(究極).

궁극-적(窮極的)[-쩍][관] 궁극에 이른 (것). 최종적인 (것). ¶궁극적 목표.

궁극-하다(窮極-)[-그카-][형여] ①더할 나위 없이 간절하다. ②더할 나위 없이 빈궁하다. ③더할 나위 없이 철저하다. **궁극-히**[부].

궁글다[궁그니·궁글어][형] ①착 붙어야 할 물건이 들떠서 속이 비다. ¶장판의 궁근 자리가 보인다. ②단단한 물체 속의 한 부분이 비다. ¶통나무가 궁글다. ③소리가 웅숭깊다. ¶궁근 목소리.

궁글-막대[-때][명] 길마의 앞가지와 뒷가지를 꿰뚫어 맞춘 나무.

궁금(宮禁)[명] ☞궁궐(宮闕).

궁금-증(-症)[-쯩][명] 궁금하여 답답한 마음. ¶궁금증이 시원하게 풀리다.

궁금-하다[형여] ①어찌 되었는지 몰라서 마음이 답답하다. ⨪집안 소식이 궁금하다. ②속이 출출하여 무엇이 먹고 싶은 생각이 나다. ⨪입이 궁금하다. 궁금-히튀.

궁기(窮氣)[-끼]몡 궁한 기색. ⨪얼굴에 궁기가 흐른다.

궁납(宮納)몡 지난날, 각 궁(宮)에 바치던 세(稅).

궁내(宮內)몡 대궐의 안. 궐내(闕內).

궁내-부(宮內府)몡 대한 제국 때, 황실(皇室)에 관한 일을 맡아보던 관아.

궁녀(宮女)몡 나인. 여관(女官).

궁노(弓弩)몡 활과 쇠뇌.

궁노(宮奴)몡 지난날, 궁가(宮家)에 딸리어 있던 노복(奴僕). 궁도자.

궁-노루몡 ⇨사향노루.

궁노-수(弓弩手)몡 지난날, 활과 쇠뇌를 쏘는 임무를 맡았던 군사. 참쇠뇌.

궁노-자(宮奴子)몡 ⇨궁노(宮奴).

궁달(窮達)몡 빈궁과 영달(榮達). 궁통(窮通).

궁답(宮畓)몡 지난날, 각 궁(宮)에 딸렸던 논.

궁대(弓袋)몡 활집. 궁의(弓衣).

궁도(弓道)몡 ①궁술(弓術)을 닦는 일. ②활을 쏘는 데 지켜야 할 도리.

궁도(窮途)몡 궁곤하게 된 처지.

궁-도련님(宮-)[-또-]몡 ①거만하고 반지빠른 궁가의 젊은 사람. ②'부잣집에서 자라나 세상 물정을 모르는 사람'을 비유하여 이르는 말. 궁도령.

궁-도령(宮-)[-또-]몡 ⇨궁도련님.

궁동(窮冬)몡 겨울의 마지막, 곧 '섣달'을 달리 이르는 말. 궁음(窮陰).

궁둥-방아몡 '엉덩방아'의 방언.

궁둥-배지기몡 씨름에서, 궁둥이를 돌리어 대고 몸을 비틀어 다리를 감아서 넘어뜨리는 기술.

궁둥이몡 ①앉으면 바닥에 닿는 엉덩이의 아랫부분. ⨪궁둥이를 발길로 걷어차다. ②옷의 엉덩이가 닿는 부분. ⨪바지의 궁둥이가 해졌다.

궁둥이에서 비파 소리가 난다[속담] 바쁘게 쏘다닌다는 뜻.

궁둥이가 가볍다[관용] 한 자리에 오래 머물지 못하고 바로 자리를 뜨는 성미다.

궁둥이가 무겁다[질기다][관용] 동작이 굼떠 한 자리에 오래 앉아 있는 성미다.

궁둥이-내외(-內外)[-외/-웨]몡하자 여자가 남자와 마주쳤을 때, 슬쩍 돌아서서 피하는 짓.

궁둥이-뼈몡 하지대(下肢帶)를 이루는 한 쌍의 뼈로, 골반을 형성함. 관골(髖骨). 무명골(無名骨).

궁둥잇-바람[-이빠-/-인빠-]몡 신이 나서 궁둥잇짓을 하는 기세.

궁둥잇-짓[-이짇-인찓]몡하자 (걷거나 춤을 추거나 할 때) 궁둥이를 내흔드는 짓. ⨳궁둥잇짓이[-이찌시/-인찌시]·궁둥잇짓만[-이쩐/-인쩐].

궁둥-짝몡 궁둥이의 좌우 두 짝.

궁-따다[자] 시치미 떼고 딴소리를 하다. ⨪궁따지 말고 어서 털어놓아라.

궁-떨다(窮-)[자] '궁상떨다'의 잘못.

궁뚱망뚱-하다[형여] 몹시 궁벽하고 너절하다. ⨪그는 변두리의 궁뚱망뚱한 데로 이사하였다.

궁례(宮隷)[-녜]몡 지난날, 각 궁(宮)에 딸려 있던 하인.

궁료(宮僚)[-뇨]몡 지난날, 동궁에 딸렸던 관료.

궁륭(穹窿)[-늉]몡 ①한가운데는 높고 사방 주위는 차차 낮아진 하늘 형상. ②무지개같이 높고 길게 굽은 형상. 아치(arch).

궁륭-형(穹窿形)[-늉-]몡 궁륭 모양.

궁리(窮理)[-니]몡하타 ①(일을 처리하거나 밝히기 위하여) 깊이 생각함. ⨪살아갈 궁리. /궁리를 짜내다. ②(사리를) 깊이 연구함.

궁리-궁리(窮理窮理)[-니-니]몡하타 궁리를 거듭함. ⨪그는 궁리궁리한 끝에 비로소 묘안을 생각해 냈다.

궁마(弓馬)몡 ①활과 말. ②궁술과 마술.

궁문(宮門)몡 궁전의 문. 궐문(闕門).

궁민(窮民)몡 빈궁한 백성.

궁박(窮迫)몡 '궁박하다'의 어근.

궁박-하다(窮迫-)[-바카-]형여 몹시 곤궁하다. 궁박-히튀.

궁방(弓房)몡 활을 만드는 곳.

궁방(宮房)몡 ⇨궁가(宮家).

궁-밭(宮-)[-받]몡 장기에서, 궁을 중심으로 한 여덟 개의 밭. ⨳궁밭이[-바치]·궁밭을[-바틀]·궁밭만[-반-].

궁벽(窮僻)몡 '궁벽하다'의 어근.

궁벽-하다(窮僻-)[-벼카-]형여 구석지고 으슥하다. ⨪궁벽한 산촌. 궁벽-히튀.

궁빈(宮嬪)몡 ⇨나인.

궁사(弓士)몡 활 쏘는 사람.

궁사(弓師)몡 활을 만드는 사람. 활쟁이.

궁사-극치(窮奢極侈)몡 매우 심한 사치.

궁사-남위(窮思濫爲)몡하자 궁하면 아무 짓이나 함.

궁사무척(←孔蛇無尺)[구멍에 든 뱀의 길이는 알 수 없다는 뜻으로] '사람의 마음이나 재주는 헤아리기 어려움'을 이르는 말.

궁상(窮狀)몡 어렵고 궁한 상태. 궁태(窮態). ⨪생활에 궁상이 끼다.

궁상(窮相)몡 궁하게 생긴 얼굴, 또는 그러한 상격(相格).

궁상각치우(宮商角徵羽)몡 동양 음악의 오음(五音)을 아울러 이르는 말.

궁상-떨다(窮狀-)[~떠니·~떨어]자 궁상이 드러나 보이도록 처신하다.

궁상-맞다(窮狀-)[-맏따]형 꾀죄죄하고 초라하다. ⨪궁상맞은 얼굴.

궁상-스럽다(窮狀-)[-따][~스러우니·~스러위]형ㅂ 보기에 궁상맞다. ⨪궁상스러운 태도. 궁상스레튀.

궁색(窮色)몡 곤궁한 모습.

궁색(窮塞)몡하형 아주 가난함. ⨪궁색을 면하다. 궁색-히튀.

궁색(窮塞)몡 '궁색하다'의 어근.

궁색-하다(窮塞-)[-새카-]형여 말의 이유나 근거 따위가 부족하다. ⨪궁색한 변명을 늘어놓다.

궁-생원(窮生員)몡 곤궁한 서생. 궁유(窮儒).

궁서(窮鼠)몡 쫓겨서 궁지에 몰린 쥐.

궁설(窮說)몡하자 궁한 형편을 말함, 또는 그렇게 하는 말.

궁성(宮城)몡 ①궁궐을 둘러싼 성벽. 궁장(宮墻). ②⇨금성(禁城).

궁세(窮勢)몡 곤궁한 형세나 형편.

궁수(弓手)몡 지난날, 활을 쏘던 군사.

궁수(窮愁)몡 곤궁하여 겪는 근심.

궁수(窮數)[-쑤]몡 곤궁한 운수.

궁수-자리(弓手-)몡 황도 십이궁의 하나. 염소자리와 전갈자리 사이에 있는 별자리. 남쪽 하늘에 보이며, 9월 초순 저녁에 자오선을 통과함. 사수자리. 인마궁(人馬宮).

궁술(弓術)몡 활을 쏘는 기술. 활 쏘는 솜씨.

궁시(弓矢)명 활과 화살. 궁전(弓箭).
궁실(宮室)명 궁전(宮殿) 안에 있는 방.
궁심(窮心)명 이리저리 마음을 씀. 힘을 다함.
궁싯-거리다[-싣꺼-]자 자꾸 궁싯궁싯하다. 궁싯대다.
궁싯-궁싯[-싣꿋싣]부자 ①잠이 오지 않아 누워서 몸을 이리저리 뒤척거리는 모양. ②어찌할 바를 몰라서 이리저리 머무적거리는 모양.
궁싯-대다[-싣때-]자 궁싯거리다.
궁여일책(窮餘一策)명 ⇨궁여지책(窮餘之策).
궁여지책(窮餘之策)명 (막다른 처지에서) 생각다 못해 내는 계책. 궁여일책. ¶궁여지책으로 거짓말을 해서 위기를 모면했다.
궁온(宮醞)명 임금이 하사하는 술.
궁유(窮儒)명 ⇨궁생원(窮生員).
궁음(窮陰)명 ⇨궁동(窮冬).
궁의(弓衣)[-의/-이]명 ⇨활집. 궁대(弓袋).
궁인(弓人)명 ⇨조궁장이.
궁인(宮人)명 ⇨나인.
궁인(窮人)명 곤궁한 사람.
궁인-모사(窮人謀事)[운수가 궁한 사람이 꾸미는 일은 실패한다는 뜻으로] '일이 잘 이루어지지 않음'을 이르는 말.
궁장(宮莊)명 지난날, 각 궁(宮)에 딸렸던 논밭. 궁전(宮田).
궁장(宮墻·宮牆)명 ⇨궁성(宮城).
궁-장식(宮裝飾)명하자 장기에서, 궁의 안전을 위해 주위에 포(包)·차(車)·마(馬) 등을 배치하는 일.
궁-장이(弓-)명 ⇨조궁장이.
궁전(弓箭)명 ⇨궁시(弓矢).
궁전(宮田)명 ⇨궁장(宮莊).
궁전(宮殿)명 ⇨궁궐(宮闕).
궁절(窮節)명 묵은 곡식은 다 떨어지고 햇곡식은 아직 익지 않아 농민들이 곤궁하게 지내는 절기. 궁춘(窮春). 춘궁기(春窮期).
궁정(弓旌)명 ⇨기(旗).
궁정(宮廷)명 ⇨대궐.
궁정(宮庭)명 대궐 안의 마당.
궁주(弓奏)명하자 현악기를 활로 켜서 연주함.
궁중(宮中)명 대궐 안. 궐내(闕內).
궁중-말(宮中-)명 지난날, 대궐 안에서만 특히 쓰이던 말. [밥을 '수라', 똥을 '매화'로 이르던 따위.]
궁중^무:용(宮中舞踊)명 궁중에서 연회나 의식 때 추던 춤.
궁중^문학(宮中文學)명 궁중에서 일어나는 일이나 생활을 소재로 한 문학. ['한중록(恨中錄)'이나 '계축일기(癸丑日記)' 따위.]
궁중-어(宮中語)명 궁중에서만 쓰던 말.
궁중^정치(宮中政治)명 (정부는 실권이 없고) 궁중의 귀족에 의하여 행해지는 정치.
궁지(宮趾)명 ⇨궁터.
궁지(窮地)명 살아갈 길이 막연하거나, 매우 어려운 일을 당한 처지. 궁경(窮境). ¶궁지에 몰리다.
궁진(躬進)명하자 자신이 몸소 감.
궁진(窮盡)명하자 다하여 없어짐.
궁-차지(宮差知)명 지난날, 궁가(宮家)의 사무를 맡아보던 사람.
궁창(穹蒼)명 높고 푸른 하늘. 창천(蒼天).
궁창-분합(穹窓分閤)명 아래쪽에 널을 댄 네 짝의 분합.
궁책(窮策)명 구차하게 생각해 낸 계책. 궁계.
궁척(弓尺)명 ①⇨한량(閑良). ②신라 때, 활을 쏘던 군사.

궁천극지(窮天極地)[-찌]명 하늘과 땅처럼 끝닿는 데가 없음.
궁체(弓體)명 활을 쏠 때의 몸의 자세.
궁체(宮體)명 조선 시대에, 궁녀들이 쓰던 부드럽고 단정한 한글 글씨체.
궁초(宮綃)명 얇은 비단의 한 가지. 흔히, 댕깃감으로 쓰임.
궁촌(窮村)명 ⇨빈촌(貧村).
궁춘(窮春)명 ⇨궁절(窮節).
궁태(窮態)명 어렵고 궁한 상태. 궁상(窮狀).
궁-터(宮-)명 궁전이 있던 자리. 궁지(宮趾).
궁토(宮土)명 궁가(宮家)에 딸린 땅.
궁통(窮通)명 ①⇨궁달(窮達). ②하자 생각을 깊이 함.
궁-팔십(窮八十)[-씹]명 [중국 주나라의 강태공이 관직에 오르기까지 80년을 가난하게 산 데서] '가난한 인생'·'오랜 가난'을 이르는 말. 상팔십(上八十). 선팔십(先八十). 참달팔십.
궁폐(窮弊)명 '궁폐하다'의 어근.
궁폐-하다(窮弊-)[-폐-/-폐-]형여 곤궁하고 피폐하다. 궁폐-히부.
궁핍(窮乏)명하형 가난하고 구차함. ¶궁핍한 생활을 하다. 궁핍-히부.
궁-하다(窮-)형여 ①가난하다. ¶살림이 궁하다. ②일이나 물건 따위가 다하여 없다. ¶일거리가 궁하다. ③벗어날 도리가 없게 막히다. ¶답변이 궁하다.
궁하면 통한다속담 '매우 절박한 처지에 놓이면 오히려 헤쳐나갈 방법이 생김'을 이르는 말.
궁한 소리관용 (형편이나 사정이) 어려움을 호소하는 소리.
궁합(宮合)명 혼담이 있는 남녀의 사주를 오행(五行)에 맞추어 보아 배우자로서의 길흉을 헤아리는 일. ¶궁합을 보다. /궁합이 좋다.
궁항(窮巷)명 ①으슥하고 쓸쓸한 골목. ②외딴 촌구석. ③'궁한 처지'를 비유하여 이르는 말. ¶궁항에 들다. /궁항에 빠지다.
궁행(躬行)명하타 몸소 실행함. 친행(親行). ¶실천 궁행.
궁향(窮鄕)명 궁벽(窮僻)한 시골.
궁현(弓弦)명 ①활시위. ②곧게 뻗어 나간 길.
궁협(窮峽)명 깊고 험한 산골.
궁형(弓形)명 ⇨활꼴.
궁형(宮刑)명 고대 중국에서, 거세(去勢)하여 생식을 못하게 하던 형벌의 한 가지.
궁흉(窮凶)명 '궁흉하다'의 어근.
궁흉-하다(窮凶-)형여 성정(性情)이 음충맞고 흉악하다.
궂기다[굳끼-]자 ①일에 헤살이 들어 잘 되지 않다. ②상사(喪事)가 나다. 돌아가다.
궂다¹[굳따]자 눈이 멀다. *궂어·궂는[군-]
궂다²[굳따]형 ①(비나 눈이 내려) 날씨가 좋지 못하다. ¶궂은 날씨. ②언짢고 꺼림칙하다. ¶궂은 심부름을 마다하지 않다. *궂어·궂고[굳꼬]
궂은-고기명 질병 따위로 죽은 짐승의 고기. 진육(殄肉).
궂은-비명 끄느름하게 오래 오는 비. 참고우(苦雨).
궂은-살명 헌데에 두드러지게 내민 군더더기 살. 군살. 노육(努肉).
궂은-소리명 사람이 죽었다는 소리.
궂은-쌀명 깨끗이 쓿지 않은 쌀.
궂은-일[-닐]명 ①언짢고 꺼림한 일. 진일. ¶형수님은 집안의 궂은일을 혼자 도맡아 하셨다. ②사람 죽은 데 관계되는 일, 곧 시체를 치우거나 장례를 치르는 일.

굿히다 308

굿히다[구치-]因 ①죽게 하다. ¶사람을 굿히다. ②일을 그르치게 하다. ¶다 된 일을 굿히다.

권:(勸)몡췐자타 (남에게 어떤 일을) 하도록 부추김, 또는 하도록 하는 행동이나 말. ¶권에 못 이기어 따라가다. /함께 가자고 권하다. /술을 거듭 권하다.

권에 띄어[못 이겨] 방립 산다[쓴다](속답) '남이 권하는 말이면 무엇이나 잘 듣는 사람'을 두고 이르는 말.

권커니 잣거니[잡거니](관용) 〔'권하거니 마시거니'의 뜻으로〕 '술을 권하기도 하고 마시기도 하면서 술자리가 오래 계속되는 모양'을 이르는 말. ¶권커니 잣거니 밤을 새워 마시다.

권(卷)의 ①책을 세는 단위. ¶책 한 권. ②(전집등) 여러 권으로 된 책의 차례를 나타내는 말. ¶제3권에 수록된 내용. ③(옛 서책의) 편차(編次)의 한 단위. ¶세종실록 권 14. ④한지(韓紙) 스무 장을 한 묶음으로 하여 세는 단위. ¶창호지 세 권. ⑤영화 필름의 길이의 단위. 〔한 권은 305 m임.〕

-권(券)접미 ①(일부 명사 뒤에 붙어)어떤 가치나 자격 따위를 나타내는 쪽지임을 뜻함. ¶입장권. /승차권. /상품권. ②(액수를 나타내는 명사 뒤에 붙어)지폐임을 뜻함. ¶구권. /신권. /오천 원권. /십만 원권.

-권(圈)접미 (일부 명사 뒤에 붙어)어떤 한정된 구역이나 일정한 범위임을 뜻함. ¶북극권. /수도권. /공산권. /세력권.

-권(權)접미 (일부 명사 뒤에 붙어)어떤 자격이나 권리 등을 뜻함. ¶선거권. /소유권. /저작권. /재산권.

권가(權家)몡 〈권문세가(權門勢家)〉의 준말.

권간(權奸)몡 권세를 가진 간사한 신하.

권:계(勸戒·勸誡)[-계/-게]몡 ①착(善)을 권하고 악(惡)을 경계함. ②하타타이르고 경계함.

권:계-면(圈界面)[-계-/-게-]몡 대류권과 성층권과의 경계를 이루는 층.

권:고(眷顧)몡하타 돌보아 줌.

권:고(勸告)몡췐자타 (어떤 일을 하도록) 타이르며 권함, 또는 그런 말. ¶총선 출마를 권고하다.

권:고-사직(勸告辭職)몡 자기의 의사에 따라 사표를 내는 형식을 취하여 그 직위에서 물러나게 하는 일. ¶권고사직을 당하다.

권:고지은(眷顧之恩)몡 돌보아 준 은혜.

권:곡(圈谷)몡 ☞카르(Kar).

권:곡-호(圈谷湖)[-고코]몡 ☞카르호.

권교(權敎)몡 불교에서, 대승의 참다운 이치를 깨닫게 하기 위한 방편(方便)으로서의 부처의 가르침. 아함·방등·반야경 등이 있음.

권:구(眷口)몡 한집에서 같이 사는 식구.

권:권(拳拳)튀 (진실한 마음으로) 정성스럽게 지키는 모양.

권:권(眷眷)튀 ①어떤 일에 마음이 오로지 쏠리는 모양. 어떤 일에 집착하는 모양. ②가엾게 여기어 돌보아 주는 모양.

권:권-복응(拳拳服膺)몡하타 (명령이나 훈계 따위를) 마음에 새겨 늘 잊지 아니함.

권:권불망(眷眷不忘)몡하타 늘 생각하여 잊지 아니함.

권귀(權貴)몡하영 권세가 있고 지위가 높음, 또는 그런 사람.

권:내(圈內)몡 일정한 범위의 안. 테두리의 안. ¶합격 권내에 들다. ↔권외(圈外).

권:념(眷念)몡하타 돌보아 줌. 돌보아 생각함. 고념(顧念).

권:농(勸農)몡 ①하자 농사를 장려함. ¶권농 정책. ②조선 시대에, 지방의 방(坊)이나 면(面)에 소속되어 농사를 장려하던 직책, 또는 그 직책에 있던 사람.

권능(權能)몡 ①권력과 능력. ¶하느님의 권능으로도 어찌할 수 없는 일. ②권리를 주장하고 행사할 수 있는 능력. ③능히 일을 할 수 있는 힘.

권:당-질몡하자 옷 속이 뚫리어 통하게 꿰매야 할 것을 양쪽이 붙게 잘못 꿰맨 바느질.

권:도(勸導)몡하타 타일러서 이끌어 줌.

권도(權度)몡 ①저울과 자. ②법칙. 규칙. ③균형. 평형.

권도(權道)몡 수단은 옳지 않으나 결과로 보아 정도(正道)에 맞는 처리 방도. 목적을 이루기 위한 편의상의 수단. ¶권도를 부리다. /권도를 쓰다.

권:독(勸督)몡하타 타일러 가며 감독함.

권:독(勸讀)몡하타 책을 읽기를 권함.

권두(卷頭)몡 책의 첫머리. 《주로, '권두에'의 꼴로 쓰임.》 권수(卷首). ↔권말.

권두-사(卷頭辭)몡 머리말.

권두-언(卷頭言)몡 머리말.

권략(權略)[궐-]몡 ☞권모(權謀).

권:려(勸勵)[궐-]몡하타 권하고 격려함. 권장(勸奬). ¶전 국민에게 독서를 권려하다.

권력(權力)[궐-]몡 남을 지배하여 강제로 복종시키는 힘. ¶권력 남용. /권력을 잡다.

권력-가(權力家)[궐-까]몡 권력을 가진 사람. 권력자(權力者).

권력-관계(權力關係)[궐-관계/궐-관게]몡 합법적인 권력의 행사에 의해서 성립되는 지배와 복종의 사회관계.

권력^분립(權力分立)[궐-뿐-]몡 국가 권력의 남용을 막고, 국민의 정치적 자유를 보장하기 위하여 권력을 분산하는 일. 삼권 분립(三權分立) 따위가 이에 해당함.

권력-설(權力說)[궐-썰]몡 윤리학에서, 도덕의 근거는 권력자의 명령이나 권위에 바탕을 둔다는 학설.

권력^의:지(權力意志)[궐-]몡 니체 철학의 근본 개념으로, 남을 정복·동화(同化)하여 스스로 강대해지려고 하는 강렬한 의지.

권력-자(權力者)[궐-짜]몡 ☞권력가.

권력^투쟁(權力鬪爭)[궐-]몡 정치 권력을 차지하기 위한 투쟁.

권:련(眷戀)[궐-]몡하타 애타게 그리워함.

권:렴(捲簾)[궐-]몡하자 발을 걷어 올림.

권:뢰(圈牢)[궐뢰/궐뤠]몡 짐승을 가두어 두는 우리. 권함(圈檻).

권리(權利)[궐-]몡 ①권세와 이익. ②무슨 일을 자기 마음대로 할 수 있는 자격. ¶그런 일을 할 권리가 없다. ③어떤 이익을 자기를 위해 주장할 수 있는 법률상의 힘. ¶권리를 행사하다. ↔의무(義務).

권리-금(權利金)[궐-]몡 토지나 건물 따위를 빌릴 때, 그것을 이용하는 사람이 그 이용권을 가지게 되는 대가로 넘겨 주는 사람에게 지급하는 돈.

권리^능력(權利能力)[궐-넉]몡 권리·의무의 주체가 될 수 있는 법률상의 자격.

권리-락(權利落)[궐-]몡 주식 거래에서, 구주(舊株)에 할당되는 신주(新株), 또는 새로운 회사의 주식의 취득 권리가 없어지는 일. ↔권리부(權利附).

권리-부(權利附)[궐-]**명** 주식 거래에서, 구주(舊株)에 할당되는 신주(新株), 또는 새로운 회사의 주식의 취득 권리를 가지는 일. ↔권리락.

권리-서(權利書)[궐-]**명** ☞등기필증.

권리^선언(權利宣言)[궐-]**명** 영국의 의회가 1689년 명예혁명(名譽革命) 때 발표한, 인권 및 의회의 우위(優位)에 관한 선언.

권리-자(權利者)[궐-]**명** 권리를 가진 사람.

권리-주(權利株)[궐-]**명** 주식회사의 신설, 증자(增資), 다른 회사의 설립 등, 앞으로 발행될 주식의 인수권(引受權)을 매매할 경우에 그 매매의 대상이 되는 주식.

권리-증(權利證)[궐-**쯩]명** ☞등기필증.

권리-질(權利質)[궐-]**명** 채권·주주권(株主權)·무체 재산권(無體財産權) 등 물건 이외의 재산권을 목적으로 하는 질권(質權).

권리^행위(權利行爲)[궐-]**명** 권리자가 권리를 행사하기 위하여 하는 행위.

권말(卷末)명 책의 맨 끝. ↔권두(卷頭).

권말-기(卷末記)명 ☞발문(跋文).

권:매(勸賣)명 팔기를 권함.

권매(權賣)명하타 무를 수 있다는 조건 밑에서 행하여지는 매매.

권면(券面)명 유가 증권(有價證券)의 금액 따위가 적혀 있는 겉면.

권:면(勸勉)명하타 무슨 일을 권하고 격려하여 힘쓰게 함.

권면-액(券面額)명 권면에 표시된 금액.

권모(權謀)명 그때그때의 형편에 따른 임기응변의 계략. 권략(權略).

권모-술수(權謀術數)[-쑤]**명** 남을 교묘하게 속이는 술책. ¶권모술수에 능한 간신. ②권수(權數)·권술(權術).

권문(權門)명 〈권문세가(權門勢家)〉의 준말.

권문-귀족(權門貴族)명 권문과 귀족.

권문-세가(權門勢家)명 권세가 있는 집안. 권문세족. ②권가(權家)·권문(權門).

권문-세족(權門勢族)명 ☞권문세가.

권문-자제(權門子弟)명 권세 있는 집안의 자제.

권:배(勸杯)명하타 술잔을 권함, 곧 술을 권함. ¶한차례 권배하고 나서 입을 열었다.

권번(券番)명 일제 강점기에, 기생들이 기적(妓籍)을 두었던 조합.

권:법(拳法)[-뻡]**명** ①주먹으로 치거나 발로 차거나 하는 기술을 주로 하는 무술. ②십팔기(十八技), 또는 무예 이십사반의 하나.

권변(權變)명 그때그때의 형편에 따라 임기응변으로 일을 처리하는 일.

권병(權柄)명 권력으로 사람을 마음대로 다룰 수 있는 힘, 또는 그러한 지위.

권부(權府)명 권력을 행사하는 관청.

권불십년(權不十年)[-씸-]**명** 〔권세는 10년을 가지 못한다는 뜻으로〕'권세는 오래가지 못함'을 이르는 말.

권:비(眷庇)명하타 돌보아 보호함.

권:사(勸士)명 개신교에서, 전도 사업을 맡아보는 교직(敎職)의 한 가지, 또는 그러한 일을 하는 사람.

권:서(拳書)명 (붓으로 쓰지 않고) 먹물을 주먹에 묻히어 글씨를 쓰는 일, 또는 그렇게 쓴 글씨.

권:서(勸書)명 ☞매서인(賣書人).

권:선(捲線)명 ☞코일(coil).

권:선(勸善)명하타 ①선행(善行)을 권함. ②절에서, 속가(俗家)에 다니며 시주(施主)하기를 권하는 일.

권:선-기(捲線機)명 철선이나 밧줄 따위를 감아 늘이거나 또는 풀어내는 기계 장치.

권:선-문(勸善文)명 권선하는 글.

권:선-지(勸善紙)명 불사(佛事)가 있을 때나 가을에, 중이 속가(俗家)에 다니며 시주하여 달라고 돌려주는 종이 주머니.

권:선-징악(勸善懲惡)명 선행(善行)을 장려하고 악행을 징계하는 일. ②권징(勸懲). ④창선징악.

권:선-책(勸善冊)명 시주(施主)의 이름과 금액을 적은 책.

권:설(勸說)명하타 타이르며 권함, 또는 그 말. ③권두(卷頭).

권섭(權攝)명하타 어떤 일을 임시로 대리하여 맡아봄.

권세(權勢)명 권력과 세력. ¶권세를 부리다.

권:속(春屬)명 ①식구. 가족. ②친족. ③(남 앞에서) 자기의 아내를 겸손하게 이르는 말. 가권(家眷). 가속(家屬).

권:솔(眷率)명 자기가 거느리고 사는 식구. 식솔(食率).

권수(卷首)명 ①여러 권으로 된 책의 첫째 권. ②☞권두(卷頭).

권수(卷數)[-쑤]**명** 책의 수효.

권:수(卷鬚)명 ☞덩굴손.

권수(權數)명 〈권모술수(權謀術數)〉의 준말.

권술(權術)명 〈권모술수(權謀術數)〉의 준말.

권신(權臣)명 권세 있는 신하.

권:애(眷愛)명하타 보살피고 사랑함.

권:양-기(捲揚機)명 밧줄이나 쇠사슬을 감았다 풀었다 함으로써 물건을 위아래로 옮기는 기계 등을 두루 이르는 말. 윈치(winch).

권:언(勸言)명 권하는 말. 권고의 말.

권:업(勸業)명하타 산업을 장려함.

권역(圈域)명 어떤 특정한 범위 안의 지역. ¶수도권 개발 권역.

권:연(卷煙)명 〈궐련〉의 본딧말.

권:염(倦厭)명하타 지겨워서 싫어짐. ¶권염이 나다.

권:왕-문(勸往文)명 불교에서, 죽은 이를 극락 세계로 인도하는 노래, 또는 그 노래를 적은 책.

권외(圈外)명 일정한 범위의 밖. 테두리의 밖. ¶입상 권외로 밀려나다. ↔권내(圈內).

권요(權要)명 권력 있는 중요한 자리, 또는 그 자리에 있는 사람.

권운(卷雲)명 상층운(上層雲)의 한 가지. 푸른 하늘에 하얀 줄무늬나 또는 명주실 모양으로 높이 뜬 구름. 날씨가 맑다가 흐려지기 시작할 무렵에 흔히 나타남. 새털구름. 털구름.

권운-층(卷雲層)명 권운이 겹겹이 쌓인 층.

권원(權原)명 권리의 원인. 어떤 행위를 정당화하는 법률상의 원인. 〔지상권(地上權)·임차권(賃借權) 등이 남의 땅에 물건을 부속시키는 원인이 되는 일 따위〕.

권위(權威)명 ①절대적인 것으로서 남을 복종시키는 힘. ¶제왕(帝王)의 권위. ②어떤 분야에서 능히 남이 신뢰할 만한 뛰어난 지식이나 기술, 또는 실력. ¶권위가 있다. ③☞권위자(權威者). ¶원자 물리학의 권위.

권위-자(權威者)명 어떤 전문 분야에서의 지식이나 기술이 특히 뛰어난 사람. 권위(權威).

권위-적(權威的)관명 권위를 내세우는 (것). ¶권위적 태도. 그/부하에게 권위적으로 대하다.

권위-주의(權威主義)[-의/-이]**명** 권위에 대하여 맹목적으로 복종하거나, 권위를 휘둘러 남을 억누르려고 하는 사고방식이나 행동 양식.

권:유(勸誘)명하자타 어떤 일을 하도록 권함. ¶ 보험 가입을 권유하다.

권:유(勸諭)명하자타 어떤 일을 하도록 타이름.

권:의(卷衣)[궈늬/궈니]명 옷감을 그대로 몸에 두르는 형태의 옷. 〔고대 로마의 토가(toga), 인도의 사리(sari), 말레이시아의 사롱(sarong) 따위.〕

권익(權益)명 권리와 그에 따르는 이익. ¶ 발명가의 권익 보호.

권:자-본(卷子本)명 두루마리로 된 책.

권:장(勸獎)명하자타되자 권하고 장려(獎勵)함. 권려(勸勵). 장권(獎勸). ¶ 독서를 권장하다.

권:장가격(勸獎價格)[-까-]명 정부가 적당하다고 생각하는 표준을 표시한 가격.

권-적운(卷積雲)명 상층운의 한 가지. 작은 구름 조각이 물결이나 비늘 모양으로 높이 펼쳐 있는 구름. 저기압 전면에 생겨나 비가 내릴 전조를 나타냄. 조개구름. 털쎈구름. 蠻비늘구름.

권점(圈點)[-쩜]명 ①글의 중요 부분에 찍는 동그라미표. ②하타 조선 시대에, 벼슬아치를 뽑을 때, 뽑는 이가 뽑고자 하는 후보자의 이름 아래에 찍던 동그라미표, 또는 그 표를 찍던 일. ③한자 옆에 찍어서 사성(四聲)을 나타내는 둥근 점. ④글을 맺는 끝 부분에 찍는 둥근 점. ¶ 새로쓰기를 한 문장의 끝에는 권점을 찍어야 한다.

권정(權定)명 임시로 작정함.

권좌(權座)명 권력, 특히 통치권을 가진 자리. ¶ 권좌에 오르다.

권:주(勸酒)명하자 술을 권함.

권:주-가(勸酒歌)명 ①술을 권할 때 부르는 노래. ②조선 시대의 12가사 중의 하나. 작자·연대 미상. '가곡원류'에 실려 전함.

권중(權重)명하형 권세가 큼.

권:지(勸止)명하타 그만두도록 권함. 권하여 그만두게 함.

권지(權智)명 불교에서, 부처가 중생을 교화하기 위하여 편의상 사용하는 방편(方便)의 지혜. ↔실지(實智).

권질(卷帙)명〔두루마리로 된 책과 철(綴)한 책이라는 뜻에서〕책.

권:징(勸懲)명〈권선징악(勸善懲惡)〉의 준말.

권:장(勸奬)명 장로교에서, 교인의 가정 형편을 보살피는 일을 맡은 교직(敎職).

권찰(權察)명하타 임시로 딴 일을 겸함.

권:척(卷尺)명 줄자.

권:총(拳銃)명 한 손에 다룰 수 있게 만든 작은 총. 단총(短銃).

권총(權寵)명 권세와 임금의 총애, 또는 그것을 아울러 가진 사람.

권추(圈樞)명 '원심'의 구용어.

권:축(卷軸)명 ①글씨나 그림 따위를 표장(表裝)하여 말아 놓은 축. ②족자 끝에서 가로 대는 둥근 막대.

권-층운(卷層雲)명 상층운(上層雲)의 한 가지. 높은 하늘에 하얀 장막처럼 퍼져 있는 구름. 흔히, 햇무리나 달무리가 보이며, 비가 내릴 전조로 나타남. 털층구름.

권칭(權稱)명 ⇨권형(權衡).

권:태(倦怠)명 ①(어떤 일이나 상태에 시들해져서 생기는) 게으름이나 싫증. ¶ 권태를 느끼다. ②심신이 피로하여 나른함.

권:태-기(倦怠期)명 시들해져서 게으름을 피우거나 싫증을 느끼는 시기. 〔흔히, 부부 관계에 대해 이름.〕

권:태-롭다(倦怠-)[-따][~로우니·~로워]형비 ①시들하고 싫은 느낌이 있다. ¶ 일상이 권태롭다. ②심신이 나른한 느낌이 있다. 권태로이튀.

권:태-증(倦怠症)[-쯩]명 권태를 느끼는 증세. 싫증.

권:토-중래(捲土重來)[-내]명하자 ①한 번 패하였다가 힘을 돌이켜 다시 쳐들어옴. 〔중국 당나라 두목의 '오강정시(烏江亭詩)'에 나오는 말로, 항우가 유방과의 결전에서 패하여 오강(烏江) 근처에서 자결한 것을 탄식한 말에서 유래함.〕②어떤 일에 실패한 뒤에 힘을 가다듬어 다시 시작함.

권:투(拳鬪)명 두 경기자가 링 위에서 양손에 글러브를 끼고, 주먹으로 서로 상대편을 쳐서 승부를 겨루는 경기. 체중에 따라 여러 체급(體級)으로 나눔. 복싱(boxing).

권판(權判)명 품계(品階)가 높은 사람에게 그 지위에 걸맞지 않은 낮은 일을 보게 함.

권:패(卷貝)명 ⇨나사조개.

권폄(權窆)명하타 (좋은 묘지를 구할 때까지) 임시로 장사를 지냄. 중폄(中窆).

권:-하다(勸-)타여 어떤 일을 하도록 부추기다. ¶ 음식을 권하다. /술을 권하다.

권:학(勸學)명하타 학문에 힘쓰도록 권함.

권한(權限)명 ①공적(公的)으로 행사할 수 있는 직권의 범위. 권한 밖의 일. ②대리인이 법령이나 계약에 따라서 행사할 수 있는 권능의 범위.

권한대:행(權限代行)명 권한을 가진 사람의 대신으로, 그 아랫사람이나 제삼자가 그 권한을 행사하는 일. ¶ 대통령 권한 대행.

권:함(圈檻)명 ⇨권뢰(圈牢).

권:항(勸降)명하자 항복하도록 권함.

권형(權衡)명〔저울추와 저울대, 곧 저울이라는 뜻에서〕①사물의 경중(輕重)을 재는 척도나 기준. ②균형(均衡). 권칭.

권:화(勸化)명하타 ①불교를 믿도록 감화시킴. ②중이 보시(布施)를 권유함.

권화(權化)명 ①부처나 보살이 중생을 구하기 위하여 사람 모습으로 모습을 바꾸어 이 세상에 나타나는 일, 또는 그 화신(化身). ②어떤 추상적인 것이 구체적인 모습으로 나타난 것처럼 여겨지는 것, 또는 그러한 사람. ¶ 집념의 권화.

권흉(權凶)명 권세를 함부로 휘두르는 흉악한 사람.

궐(闕)¹명 임금이 거처하는 곳. 대궐. 궁궐.

궐(闕)²명 ①하타 해야 할 일을 아니함. 빠뜨림. ¶ 아침 식사를 궐하다. ②하자 참여(출석)할 차례를 건너뜀. ③하자 여러 자리 가운데서 일부의 자리가 빔. ¶ 궐을 내다.

궐(을) 잡다관용 제때에 제자리에 있지 않은 것을 세어 두거나 계산하다.

궐공(厥公)대 ⇨궐자(厥者).

궐과(闕課)명하자 일과(日課)에 빠짐.

궐기(蹶起)명하자 〔벌떡 일어난다는 뜻으로〕어떤 목적을 위하여 굳게 마음먹고 떨쳐 일어남. ¶ 궐기 대회. /자유를 위하여 민중이 궐기하다.

궐-나다(闕-)[-라-]자 결원(缺員)이 생기다.

궐내(闕內)명 대궐의 안. 궁내(宮內). 궁중(宮中). 궐중(闕中). ↔궐외.

궐-내다(闕-)[-래-]타 결원(缺員)이 생기게 하다.

궐녀(厥女)[-려]대 '그 여자'를 홀하게 이르는 말.

궐랭(厥冷)명 한방에서 이르는, 몸이 차질 때 일어나는 온갖 증상.

궐:련(←卷煙)명 얇은 종이로 가늘게 말아 놓은 담배. 본권연(卷煙).

궐:련-갑(←卷煙匣)[-갑]명 궐련을 넣어 만든 갑.

궐루(闕漏)명하자 ☞결루(缺漏).

궐문(闕文)명 문장의 글귀나 글자의 일부가 빠져 있는 것. 글자나 글귀가 빠진 문장.

궐문(闕門)명 대궐의 문. 궁문(宮門).

궐방(闕榜)명하다되자 ①과방(科榜)에 빠짐. 과거에 떨어짐. ②마땅히 해야 할 일을 못함.
궐방(을) 치다관용 반드시 해야 할 일을 하지 못하다.

궐본(闕本)명 ☞결본(缺本).

궐사(闕仕)[-싸]명하자 관원이 결근함.

궐사(闕祀)[-싸]명하자 제사를 지내지 아니함. 제사를 지내지 못하여 궐함. 궐제. 궐향(闕享).

궐석(闕席)[-썩]명 ☞결석(缺席).

궐석^재판(闕席裁判)[-썩째-]명 ☞결석 재판.

궐석^판결(闕席判決)[-썩-]명 ☞결석 판결.

궐식(闕食)[-씩]명 끼니를 거름. 결식.

궐실(闕失)[-씰]명 마땅히 해야 할 일을 하지 못한 허물.

궐액(闕額)명 정한 액수에 차지 않는 일, 또는 그 미달되는 액수. 부족한 액수.

궐외(闕外)[궈뢰/궈뵈]명 궁궐의 밖. ↔궐내.

궐원(闕員)명하자 ☞결원(缺員).

궐위(闕位)명하자 (관직 따위의) 자리가 빔, 또는 결원으로 되어 있는 자리. ¶궐위 중에 있던 자리에 새 인물이 들어서다.

궐자(厥者)[-짜]대 '그 사람'을 홀하게 이르는 말. 궐공(厥公).

궐제(闕祭)[-쩨]명하자 ☞궐사(闕祀).

궐중(闕中)[-쭝]명 대궐 안. 궐내(闕內).

궐직(闕直)[-찍]명하자 숙직이나 일직 따위의 번드는 차례에 빠짐.

궐참(闕參)명하자 참여할 일이나 장소에 빠짐.

궐채(蕨菜)명 고사리 또는 고사리나물.

궐초(厥初)명 처음. 시초(始初).

궐취(闕炊)명하자 가난하여 끼니를 거름. 가난하여 끼니를 끓이지 못함.

궐패(闕牌)명 '闕'자를 새겨 놓은 나무 패. 조선 시대에, 각지의 수령(守令)이 객사(客舍)에 모셔 놓고 망궐례(望闕禮)를 하였음.

궐하(闕下)명 [대궐의 전각 아래라는 뜻으로] '임금의 앞'을 이르는 말. ¶신하들이 궐하에 부복하다.

궐향(闕享)명하자 ☞궐사(闕祀).

궐획(闕畫)명하자타 ☞결획(缺畫).

궐후(厥後)명 그 후.

궤:(几)Ⅰ명 ①지난날, 늙어서 벼슬을 물러난 신하에게 임금이 내리던 나무로 만든 팔걸이. ②제사 때 쓰는 상(床)의 한 가지. ③장사 지낼 때 무덤에 넣는 기물의 한 가지.
Ⅱ의 (위의 바둑을 둘 때 판을 세는 단위. ¶바둑이 나 한 궤 두세.

궤:(櫃)명 ①나무로 상자처럼 만든 그릇. [쌀궤·돈궤·책궤 따위.] 궤짝. ②[의존 명사적 용법] 쌀이나 돈 따위의 물건을 궤에 담아 그 분량을 세는 단위. ¶쌀 한 궤.

궤:(簋)명 종묘(宗廟) 등의 제사 때, 기장쌀이나 핍쌀을 담는 데 쓰이는 구리로 만든 제기(祭器).

궤:(軌)명 ①수레의 두 수레바퀴 사이의 간격. ②수레바퀴의 자국. ③무슨 일의 경로(經路).
궤를 같이하다관용 어떤 방침이나 논리(論理)의 방향, 사고 방식 따위가 같다.

궤:간(軌間)명 철도 선로의 너비.

궤:결(潰決)명하자되자 ☞결궤(決潰).

궤:계(詭計)[-게/-게]명 간사스러운 속임수. 궤모(詭謀).

궤:도(軌道)명 ①물체가 일정한 법칙에 따라 운동할 때 그리는 경로(經路). [천체가 운행하는 길 따위.] ¶우주선이 타원 궤도에 진입하다. ②기차나 전차 따위가 달릴 수 있도록 일정하게 마련해 놓은 길. ¶기차가 궤도를 이탈하다. ③무슨 일이 정상적으로 진행되어 가는 길, 또는 그 방향. ¶정상 궤도에 오르다. / 궤도를 수정하다.

궤:도-차(軌道車)명 궤도 위를 운행하는 차. [기차·전차 따위.]

궤:란(潰亂)명하자 (조직 따위가) 산산이 무너져 흩어짐.

궤:란(潰爛)명하자 썩어 문드러짐.

궤란(憒亂)명 '궤란하다'의 어근.

궤란-쩍다[-따]형 ①주제넘다. 건방지다. ②'괴란쩍다'의 잘못.

궤:란-하다(憒亂-)형여 마음이 산란하다.

궤:멸(潰滅)명하자되자 조직이나 기구 등이 무너져서 완전히 없어짐. ¶지진으로 한 도시가 궤멸 상태에 빠졌다.

궤:모(詭謀)명 ☞궤계(詭計).

궤:배(跪拜)명하자 무릎을 꿇고 절함.

궤:범(軌範)명 (어떤 일을 판단하거나 평가하거나 행동하는 데) 남의 본보기가 될 만한 기준. 모범. ¶문장(文章) 궤범.

궤:변(詭辯)명 ①이치에 닿지 않는 말로 그럴듯하게 둘러대는 다변(口辯). 견백동이(堅白同異). ¶궤변을 늘어놓다. ②논리학에서, 얼른 보기에는 옳은 것 같은 거짓 추론을 이르는 말. 궤론(詭論).

궤:변-가(詭辯家)명 궤변을 잘하는 사람. 소피스트.

궤:변-학파(詭辯學派)명 ☞소피스트.

궤:복(跪伏)명하자 무릎을 꿇고 엎드림.

궤:붕(潰崩)명하자되자 ☞붕괴(崩壞).

궤:사(詭詐)명하타 교묘한 거짓으로 속임.

궤:산(潰散)명하자되자 전투에 져서 뿔뿔이 흩어짐.

궤:상(机上)명 책상 위.

궤:상(机狀)명 무릎을 꿇은 모양의 상.

궤:상-공론(机上空論)[-논]명 ☞탁상공론.

궤:상-육(机上肉)[-뉵]명 ☞조상육(俎上肉).

궤:설(詭說)명 거짓으로 꾸며 대는 말. 남을 속이는 말. 궤언(詭言).

궤:술(詭術)명 간사한 술책. 궤책(詭策).

궤:안(几案)명 ①의자나 안석(案席) 따위를 통틀어 이르는 말. ②책상.

궤:양(潰瘍)명 피부나 점막(粘膜) 따위의 조직이 깊은 곳까지 헐어서 짓무르는 일, 또는 그런 상태. ¶궤양·십이지장 궤양 따위.]

궤:언(詭言)명 ☞궤설(詭說).

궤:연(几筵)명 죽은 이의 영위(靈位)를 두는 영궤와 그에 딸린 물건을 차려 놓은 곳. 영실(靈室).

궤:열(潰裂)명하자 ☞괴열(壞裂).

궤:장(几杖)명 ①안석(案席)과 지팡이. ②조선 시대에, 궤장연(几杖宴)에서 임금이 내리던 안석과 지팡이.

궤:장-연(几杖宴)명 조선 시대에, 왕이 나이 70세 이상의 중신에게 안석과 지팡이를 내리며 베풀던 잔치.

궤:적(軌跡·軌迹)명 ①수레바퀴가 지나간 자국. 바큇자국. ②선인(先人)의 행적(行跡). ③☞자취.

궤:-전선(饋電線)명 발전소나 변전소에서, 직접 전력 사용 지역으로 부설한 송전선. 〔전차의 가선(架線)에 송전하는 전선 따위.〕 급전선(給電線).

궤:조(軌條)명 ☞레일.

궤:좌(跪坐)명하자 꿇어앉음.

궤:주(潰走)명하자 전투에 져서 뿔뿔이 흩어져 달아남. 분궤(奔潰).

궤:-지기명 〔좋은 것을 다 고르고 난 뒤의〕 쓸 모없는 찌꺼기.

궤:-짝(櫃-)명 궤. ¶사과 궤짝.

궤:책(詭策)명 ☞궤술(詭術).

궤:철(軌轍)명 ①수레바퀴가 지나간 자국. ②전 인(前人)의 행위. 이전의 예(例).

궤:철(軌鐵)명 레일에 쓰이는 철재(鐵材).

궤:패(潰敗)명하자 전투에 패하여 진형(陣形)이 무너짐.

궤:하(机下)명 ①책상 아래. ②상대편을 높이어, 편지 겉봉 따위의 상대편 이름 밑에 쓰는 말. ㉴귀하(貴下).

궤:휼(詭譎)명하형 간사스럽고 교묘함, 또는 교묘한 속임수.

궤:휼(饋恤)명하타 가난한 사람에게 물건을 주어 도움.

귀명 ①오관(五官)의 하나. 사람을 비롯한 척추 동물의 얼굴 좌우에 있으며, 청각과 평형 감각을 맡아봄. ¶귀에 설다. /귀가 어둡다. ②〈귓 바퀴〉의 준말. ¶귀가 크다. ③〈귀때〉의 준말. ④바늘의 실을 꿰는 구멍. ⑤모난 물건의 모서 리. ¶귀가 반듯하다. ⑥넓적한 바닥의 모퉁이. ¶밭 귀. ⑦두루마기의 양쪽 겨드랑이 밑의 손 넣는 구멍. ⑧두루마기나 저고리의 섶 귀. ⑨〈불귀〉의 준말. ⑩바둑판의 네 모퉁이 부분. ⑪돈머리에 좀 더 붙은 우수리. ¶십만 원에 귀가 달렸다.

귀가 보배라[속담] 배우지 않았으나 얻어들어서 아는 경우를 농으로 이르는 말.

귀에 걸면 귀걸이, 코에 걸면 코걸이[속담] 이렇게도 저렇게도 둘러대기에 달렸다는 뜻.

귀가 가렵다[간지럽다][관용] 누가 나에 대한 말을 하는 것 같다.

귀(가) 따갑다[관용] ①소리가 귀에 몹시 울려 시끄럽다. ②같은 소리를 되풀이해서 들어 싫증이 나다. 귀(가) 아프다.

귀가 뚫리다[관용] 말을 알아듣게 되다.

귀가 번쩍 뜨이다[관용] 뜻밖의 반가운 소리에 정신이 번쩍 들다.

귀가 솔깃하다[관용] 듣기에 그럴듯하여 마음이 쏠리다.

귀(가) 아프다[관용] ☞귀(가) 따갑다.

귀(가) 여리다[관용] 남의 말을 잘 곧이듣는 성질이 있다. 남의 말에 잘 속아 넘어가는 성질이 있다.

귀(가) 울다[관용] 귓속에서 윙윙 소리가 울리는 느낌이 나다.

귀가 절벽이다[관용] ①전혀 소리를 듣지 못한다. ②세상의 소식에 어둡다.

귀(가) 질기다[관용] ①듣는 감각이 둔하여 말귀를 잘 알아듣지 못하다. 말귀가 어둡다. ②남의 말에 잘 동조하는 일이 없다.

귀(를) 기울이다[관용] 남이 하는 말을 주의 깊게 잘 듣다. ¶안내 방송에 귀를 기울이다.

귀를 의심하다[관용] 잘못 들은 것이 아닌가 하여 믿지 못하다.

귀 밖으로 듣다[관용] 건성으로 듣다. 들은 체만 체하다.

귀(에) 거슬리다[관용] 남이 하는 말이 듣기에 역겹다.

귀(에) 거칠다[관용] 남이 하는 말이 듣기에 거북하다.

귀에 못이 박히다[관용] 너무 자주 들어서 듣기 싫을 정도가 되다.

귀(에) 익다[관용] 〔여러 번 들어 본 소리여서〕 귀에 친숙하다.

귀(鬼)명 〈귀성(鬼星)〉의 준말.

귀:(貴)관 《일부 한자어 앞에 쓰이어》 상대편이나 그 소속체를 높이는 뜻을 나타내는 말. ¶귀회사.

귀-(貴)접두 일부 명사 앞에 붙어, '귀함' 또는 '값짐'을 뜻함. ¶귀공자. /귀금속.

귀:가(歸家)명하자 집으로 돌아가거나 돌아옴. ¶귀가를 서두르다. /귀가 시간이 늦다. ㉴환택(還宅).

귀:간(貴簡)명 ☞귀함(貴函).

귀감(龜鑑)명 본받을 만한 모범. 본보기. ¶모든 사람의 귀감이 되다.

귀갑(龜甲)명 거북의 등딱지.

귀:갓-길(歸家-)[-가낄/-간낄]명 집으로 돌아가거나 돌아오는 길. ¶귀갓길을 재촉하다.

귀-개명 '귀이개'의 잘못.

귀:객(貴客)명 귀한 손님. 귀빈(貴賓).

귀:거래(歸去來)명 벼슬을 그만두고 고향으로 돌아감. 〔중국 진(晉)나라 도연명(陶淵明)의 '귀거래사'에서 나오는 말임〕

귀-걸이명 ①귓바퀴가 추위에 얼지 않도록 귀를 싸는 물건. 귀마개. ②〈귀걸이안경〉의 준말. ㉴귀고리.

귀걸이-안경(-眼鏡)명 안경다리 대신 실로 꿰어 귀에 걸게 되어 있는 안경. ㉴귀걸이.

귀:격(貴格)[-껵]명 귀골(貴骨). ↔천격.

귀:견(貴見)명 상대편을 높이어, 그의 '의견'을 이르는 말. ¶귀견을 들려 주십시오.

귀-견줌(擊틀)명 활을 쏘기 시작할 때, 장(杖)을 말의 목 위로 가로 들어 말의 귀와 가지런히 하는 동작.

귀:결(歸結)명하자하피되자 〔의론이나 행동 따위가〕 어떤 결론에 이름, 또는 그 결론. ¶귀결을 짓다. /국민의 욕구는 결국 경제적 풍요에 귀결한다. ②어떠한 가정(假定)에서 추출해 낸 결과.

귀:결-부(歸結符)명 귀결된 식을 보일 때, 그 식의 앞에 쓰는 부호. '∴'표. 결과표. 고로표. 삼발점.

귀:경(歸京)명하자 〔지방에서〕 서울로 돌아가거나 돌아옴. ¶귀경 인파. ↔이경(離京).

귀:경(歸耕)명하자 〔벼슬을 내놓고〕 전원에 돌아가 농사를 지음.

귀:고(貴稿)명 상대편을 높이어, 그의 '원고'를 이르는 말.

귀-고리명 〔주로 여자들이〕 귓불에 다는 장식품. 귀걸이.

귀:곡(鬼哭)명 〔저승에 못 들어가 떠돌아다닌다는〕 귀신의 울음, 또는 그 소리.

귀:곡-새(鬼哭-)[-쌔]명 음침한 날이나 밤에 구슬프게 울고 다니는 부엉이를 이르는 말. 귀곡조(鬼哭鳥).

귀:곡-성(鬼哭聲)[-썽]명 귀신의 울음소리.

귀:곡-조(鬼哭鳥)[-쪼]명 ☞귀곡새.

귀:골(貴骨)명 ①귀하게 자란 사람. ②귀하게 될 상격(相格). 귀격(貴格). ↔천골(賤骨).

귀:공(鬼工)명 〔기술이 정교하여〕 사람의 솜씨라고는 생각할 수 없는 훌륭한 솜씨.

귀:공(貴公)<u>대</u> 동배(同輩)나 손아랫사람을 점잖게 부르는 호칭.

귀-공자(貴公子)<u>명</u> ①귀한 집안에 태어난 남자. 귀족의 자제(子弟). ②용모나 풍채가 뛰어나고 고상한 남자. 귀자(貴子).

귀:관(鬼關)<u>명</u> 불교에서 이르는, 저승으로 들어가는 문. 귀문(鬼門).

귀:관(貴官)<u>명</u> ①군대 같은 곳에서, 상급자가 하급자를 부르는 말. ②상대편이 관리일 때, 그를 공경하여 부르는 말.

귀:교(貴校)<u>명</u> 상대편을 높이어, 그의 '학교'를 이르는 말. ¶귀교의 무궁한 발전을 기원합니다.

귀:교(歸校)<u>명</u><u>하자</u> 학교로 돌아가거나 돌아옴. ¶귀교 시간.

귀:구(歸咎)<u>명</u><u>하타</u> 허물을 남에게 씌움.

귀:국(貴國)<u>명</u> 상대편을 높이어, 그의 '나라'를 이르는 말. 귀방(貴邦). ¶귀국의 통일을 빕니다. →폐국(弊國).

귀:국(歸國)<u>명</u><u>하자</u> (외국에 있던 사람이) 자기 나라로 돌아가거나 돌아옴. 귀조(歸朝). 환국(還國). ¶임기를 마치고 귀국하다.

귀-글(←句-)<u>명</u> 두 마디가 한 덩이로 짝 지어져 있는 글. 〔흔히, 한시·동시·시조 등에서 볼 수 있음.〕→줄글.

귀:금(歸禽)<u>명</u> 저녁이면 보금자리를 찾아 돌아가거나 돌아오는 새.

귀-금속(貴金屬)<u>명</u> (금·은·백금 따위와 같이) 공기 중에서 산화(酸化)하지 않고, 화학 변화를 거의 일으키지 않아 항상 광택을 지닌 금속. →비금속(卑金屬).

귀:기(鬼氣)<u>명</u> 소름이 오싹 끼칠 정도로 무서운 기운. ¶귀기가 감돌다.

귀:기(歸期)<u>명</u> 돌아가거나 돌아올 시기.

귀-기둥<u>명</u> 건물의 모퉁이에 세운 기둥.

귀꿈-스럽다[-따][〔~스러우니·~스러워〕<u>형ㅂ</u> 궁벽하여 흔하지 않다. ¶귀꿈스러운 산골짜기의 초가집. **귀꿈스레**<u>부</u>.

귀-나다<u>자</u> ①네모가 반듯하지 않고 한쪽으로 실그러지다. ②의견이 맞지 않고 서로 틀어지다.

귀:-남자(貴男子)<u>명</u> 용모나 풍채가 뛰어나고 고상한 남자.

귀:납(歸納)<u>명</u><u>하타</u><u>되자</u> 논리학에서, 낱낱의 구체적 사실로부터 일반적인 명제(命題)나 법칙을 이끌어 냄, 또는 그러한 일. →연역(演繹).

귀:납-법(歸納法)[-뻡]<u>명</u> 논리학에서, 귀납에 의하여 추론(推論)하는 방법. →연역법(演繹法).

귀:납-적(歸納的)[-쩍]<u>관명</u> (추론에 있어) 귀납으로 논리를 전개해 나가는 (것). ¶귀납적 논리. /귀납적으로 추론하다. →연역적(演繹的).

귀:납-학파(歸納學派)[-나꽈-]<u>명</u> 경제학의 연구에서, 자료의 수집이나 비교를 통해 경제 현상의 경향이나 법칙 따위를 밝히려는 학파. →연역학파(演繹學派).

귀넘어-듣다[-따][〔~들으니·~들어〕<u>타ㄷ</u> 주의하지 않고 예사로 들어 넘기다. ¶우리와 상관없는 일이어서 귀넘어듣었다.

귀:녀(鬼女)<u>명</u> ①악귀(惡鬼)와 같은 여자. ②여자의 모습으로 나타난 귀신.

귀:녀(貴女)[1]<u>명</u> ①신분이 높은 여자. ②특별히 귀염을 받는 딸.

귀:녀(貴女)[2]<u>대</u> 〔당신이라는 뜻으로〕상대인 여자를 존대하여 부르는 말. 주로, 편지 글에서 쓰임.

귀:녕(歸寧)<u>명</u><u>하자</u> ☞근친(覲親).

귀:농(歸農)<u>명</u><u>하자</u> 농촌을 떠났던 사람이 다시 농촌으로 돌아가거나 돌아와 농사를 지음.

귀-느래<u>명</u> 귀가 늘어진 말.

귀-다래기<u>명</u> 귀가 작은 소.

귀-담다[-따]<u>타</u> 마음에 단단히 새겨 두다. 《주로, '귀담아'의 꼴로 쓰임.》¶농담으로 한 말이니 귀담아 둘 필요는 없네.

귀담아-듣다[-따][〔~들으니·~들어〕<u>타ㄷ</u> 주의하여 잘 듣다. ¶선생님의 말씀을 귀담아듣다.

귀:대(歸隊)<u>명</u><u>하자</u> 자기 부대로 돌아가거나 돌아옴. ¶귀대 시간. /파견 근무를 마치고 귀대하다.

귀:댁(貴宅)<u>명</u> 상대편을 높이어, 그의 집이나 가정(家庭)을 이르는 말. ¶귀댁에는 별고 없으신지요?

귀:도(歸途)<u>명</u> ☞귀로(歸路).

귀-돌<u>명</u> 석축(石築)의 모퉁이에 쌓는 돌.

귀:동(貴童)<u>명</u> ☞귀동자.

귀-동냥<u>명</u><u>하타</u> (학문을 정식으로 배우지 않고) 남이 하는 말을 얻어들어서 앎. ¶귀동냥으로 배우다.

귀:-동자(貴童子)<u>명</u> ①귀하게 자란 사내아이. ②☞귀동이.

귀:두(鬼頭)<u>명</u> (재앙을 물리치기 위하여) 종마루 양쪽 끝에 세운, 도깨비 머리 모양의 장식.

귀두(龜頭)<u>명</u> ①☞귀부(龜趺). ②남자의 생식기인 음경의 끝 부분.

귀둥-대둥<u>부</u><u>하자</u> 말이나 행동을 되는대로 아무렇게나 하는 모양. ¶귀둥대둥 지껄여 대다.

귀:-둥이(貴-)<u>명</u> 특별히 귀염을 받는 사내아이. 귀동(貴童). 귀둥이.

귀때<u>명</u> (액체를 따르는 데 편리하게) 그릇 한쪽에 붙여 만든, 새의 부리처럼 내민 부분. <u>준</u>귀.

귀때-그릇[-륻]<u>명</u> 귀때가 달린 그릇. *귀때그릇[-르시]·귀때그릇만[-른-].

귀-때기<u>명</u> 〈귀〉의 속된 말. <u>참</u>귀싸대기.

귀뚜라미<u>명</u> 귀뚜라밋과의 곤충. 몸길이 1.5~2cm. 몸빛은 흑갈색이며 얼룩점이 많음. 뒷다리는 길고 날개는 퇴화(退化)하였으며 촉각(觸角)이 몸보다 긺. 8~10월경은 풀밭이나 정원에 나타나는데 수컷이 욺. 실솔(蟋蟀). ☞귀뚜리.

귀뚜라미 풍류(風流)**하다**[풍뉴하다]<u>속담</u> '게을러서 농사일에 손을 대지 아니하는 것'을 비꼬아서 이르는 말.

귀뚜리<u>명</u> 〈귀뚜라미〉의 준말.

귀돌-귀뚤<u>부</u> 귀뚜라미의 우는 소리.

귀-띔[-띰]<u>명</u><u>하자타</u> 어떤 일을 상대편이 알아챌 수 있도록 슬그머니 일깨워 주는 일. ¶좋은 소식이 있을 것이라고 귀뜸해 주다.

귀:래(歸來)<u>명</u><u>하자</u> 밖에서 돌아옴.

귀:로(歸路)<u>명</u> 돌아가거나 돌아오는 길. 귀도(歸途). 귀정(歸程). 회로(回路). 회정(回程). ¶귀로에 오르다. /귀로에 친구를 만났다. →왕로(往路).

귀:록(鬼錄)<u>명</u> 저승에서, 죽은 사람의 이름을 기록한다는 장부. 귀적(鬼籍).

귀:룽(貴품)<u>명</u> 귀룽나무의 열매. 버찌와 비슷하며 먹을 수 있음.

귀:룽-나무(貴품-)<u>명</u> 장미과의 낙엽 교목. 잎은 달걀 모양으로 가장자리에 톱니가 있음. 5월에 희고 잔 꽃이 가지 끝에 이삭 모양으로 피고, 열매는 버찌와 비슷하며 7월에 까맣게 익음. 우리 나라 북부와 아시아 대륙 북부의 산골짜기나 개울가에 절로 남. 작은 가지는 약재로 쓰이며 어린잎과 열매는 먹음.

귀:류-법(歸謬法) [-뻡]圈 어떤 명제를 증명함에 있어, 결론을 부정하면 모순이 생긴다는 것을 보임으로써 그 결론의 옳음을 증명하는 방법. 간접 논증(間接論證). 간접 증명법(間接證明法). 배리법(背理法).

귀:리圈 볏과의 일년 또는 이년초. 재배 식물의 한 가지로, 줄기는 밑 부분에서 무더기로 나며, 줄기 높이는 1 m가량. 잎은 보리와 비슷하고 봄에 이삭 모양의 꽃이 핌. 열매는 알코올과 과자의 원료, 또는 가축의 사료로 쓰임. 연맥(燕麥). 작맥(雀麥).

귀:린(鬼燐)圈 도깨비불.

귀-마개圈 ①소음이 들리지 않도록 하거나 물이 들어가지 않도록 귀를 막는 물건. ☞귀걸이.

귀-마루圈 지붕의 귀에 있는 마루.

귀마루^흘림圈 귀마루의 기울어진 정도.

귀:마방우(歸馬放牛)圈 '다시는 전쟁을 하지 않음'을 비유하여 이르는 말. [(주)周나라의 무왕(武王)이 전쟁에 사용한 마소를 놓아주었다는 고사(故事)에서 유래함.]

귀-마이圈 면류관(冕旒冠)의 양쪽 잠(簪) 끝에 구슬을 꿰어서 귀까지 내려오게 한 물건.

귀:매(歸妹)圈 〈귀매괘(歸妹卦)〉의 준말.

귀-매-괘(歸妹卦)圈 육십사괘의 하나. 진괘(震卦)와 태괘(兌卦)를 위아래로 놓은 괘. 못 위에 우레가 있음을 상징함. ☞귀매(歸妹).

귀-매미圈 매미충과의 곤충. 몸길이 2 cm가량. 매미와 비슷하며 몸빛은 흑갈색 또는 암갈색임. 날개는 반투명하고 등 쪽에 귀 모양의 돌기(突起)가 한 쌍 있음. 활엽수의 해충임.

귀-머거리圈 귀가 먹어 소리를 듣지 못하는 사람. 농자(聾者).

귀머거리 삼 년이요, 벙어리 삼 년(이라)|속담| 여자는 시집가서는, 남의 말을 듣고도 못 들은 체하고, 하고 싶은 말이 있어도 하지 말아야 한다는 뜻으로, 시집살이의 어려움을 이르는 말.

귀머리-장군(-將軍)圈 윗머리 양쪽 귀퉁이에 검은 부등변 삼각형을 그린 연.

귀-먹다 [-따]邓 ①귀의 기능이 나빠져서 소리를 듣지 못하게 되다. ②남의 말을 이해하지 못하다. ③그릇에 금이 가서 털털거리다.

귀:면(鬼面)圈 ①귀신의 얼굴. ②귀신의 얼굴 모습을 나타내는 탈. ③사래 끝에 붙이는, 귀신 얼굴을 그린 장식.

귀:명(貴命)圈 상대편을 높이어, 그의 명령을 이르는 말. ¶귀명에 따르겠습니다.

귀:명(歸命)圈邓 불교에서, 몸과 마음을 바쳐 부처의 가르침에 따르는 일.

귀:명-정례(歸命頂禮) [-녜]圈 〔불교에서〕 ①[부처 앞에서 머리를 땅에 대고 절한다는 뜻으로] 불교에 귀의하고, 정성을 다하여 예불하는 일. ②예불할 때에 외는 말.

귀:모(鬼謀)圈 보통 사람으로서는 생각할 수 없는 뛰어난 꾀.

귀모-토각(龜毛兔角)圈 〔거북의 털과 토끼의 뿔이라는 뜻으로〕 '절대로 있을 수 없는 일'을 비유하여 이르는 말.

귀목(櫃木)圈 느티나무의 재목. ¶귀목 반다지.

귀목-나무(櫃木-) [-몽-]圈 느티나무.

귀:문(鬼門)圈 ①수관(鬼關). ②귀성(鬼星)이 있다는 방위. 음양설에서, 귀신이 드나든다고 하여 매사에 꺼리는 방위인 간방(艮方), 곧 동북방을 가리킴. 귀방(鬼方).

귀:문(貴門)圈 ①지체가 높은 집안. ②상대편을 높이어, 그의 '집안'을 이르는 말.

귀:물(貴物)圈 ①얻기 어려운 귀한 물건. ②귀중한 물건.

귀밀터리랏圈 〈옛〉 구레나룻. ¶귀밀터리놋 도로 당당이 누니 머리예 ㄱ독ᄒᆞ 둣거니라(杜初 21:33).

귀밀털괏圈 〈옛〉 구레나룻. ¶귀밀털 슈:鬚(類合上 21).

귀-밑 [-믿]圈 귀 아래쪽의 뺨 부분. *귀밑이 [-미치]·귀밑을 [-미틀]·귀밑만 [-민-]

귀밑이 빨개지다|관용| 부끄러워서 얼굴이 빨개지다.

귀밑-때기 [-믿-]圈 〈귀밑〉의 속된 말.

귀밑-머리 [-민-]圈 ①앞이마 한가운데를 중심으로, 좌우로 갈라 땋아 귀 뒤로 넘긴 머리. ②귀밑 가까이에 난 머리털.

귀밑머리(를) 풀다|관용| 〔처녀 때 땋았던 귀밑머리를 푼다는 뜻으로〕 여자가 시집감을 이르는 말.

귀밑머리 마주 풀고 만나다|관용| 귀밑머리를 풀고 서로 결혼하다.

귀밑-샘 [-밑쌤]圈 이하선(耳下腺).

귀밑-털 [-믿-]圈 ☞살쩍.

귀-박圈 네 귀가 지게 장방형으로 나무를 파서 만든 자그마한 함지박.

귀-밝이圈 〈귀밝이술〉의 준말.

귀밝이-술圈 음력 정월 대보름날 새벽에 귀가 밝아지라고 마시는 술. 명이주(明耳酒). 이명주. 총이주(聰耳酒). 치롱주(治聾酒). ②귀밝이.

귀:방(鬼方)圈 ☞귀문(鬼門).

귀:방(貴邦)圈 ☞귀국(貴國).

귀배-괄모(龜背刮毛)圈 〔거북의 등에서 털을 깎는다는 뜻으로〕 '불가능한 일을 무리하게 하려고 함'을 비유하여 이르는 말.

귀:범(歸帆)圈邓 돛단배가 귀도(歸途)에 오름, 또는 그 배. ☞출범(出帆).

귀법(句法) [-뻡]圈 '구법(句法)'의 잘못.

귀:법(歸法) [-뻡]圈 〈구귀법(九歸法)〉의 준말.

귀-벽돌(-甓-) [-똘]圈 벽돌을 쌓을 때, 귀를 쌓는 데 쓰는 삼각형의 벽돌.

귀:보(鬼報)圈 귀적(鬼籍)에 매인 응보(應報). 귀적에 매인 죄.

귀:보(貴報)圈 상대편을 높이어, 그가 보낸 보도나 서신 따위를 이르는 말.

귀:복(歸服)圈邓 귀순(歸順)하여 따름.

귀:본(歸本)圈邓 불가(佛家)에서 이르는, 승려의 죽음.

귀:부(鬼斧)圈 〔귀신의 도끼라는 뜻으로〕 '신기한 연장, 또는 뛰어난 세공(細工)'을 비유하여 이르는 말.

귀:부(鬼簿)圈 ☞과거장(過去帳).

귀:부(歸附)圈邓 스스로 와서 복종함. 귀복(歸伏)함.

귀부(龜趺)圈 거북 모양으로 만든 비석의 받침돌. 귀두(龜頭).

귀:-부인(貴夫人)圈 ☞부인(夫人).

귀:-부인(貴婦人)圈 지체가 높은 부인. 상류 계급의 부인.

귀:비(貴妃)圈 ①조선 초의, 후궁의 가장 높은 지위. ②고려 시대에, 비빈(妃嬪)에게 주던 칭호.

귀:빈(貴賓)圈 귀한 손님. 귀객(貴客).

귀:빈-석(貴賓席)圈 경기장이나 극장 같은 데에 마련한 특별석.

귀:빈-실(貴賓室)명 귀빈을 위하여 특별히 마련한 방. ¶ 공항 귀빈실.

귀-빠지다자 〔태어나다〕의 속된 말.

귀-뿌리명 귀가 뺨에 붙은 부분. 이근(耳根).

귀-사(-士)명 장기를 둘 때, 궁밭의 아래 귀퉁이에 있는 사(士)를 이르는 말.

귀:사(貴社)명 상대편을 높이어, 그의 '회사'를 이르는 말. ¶귀사의 발전을 빕니다.

귀살머리-스럽다[-따][~스러우니·~스러워]형ㅂ '귀살스럽다'를 낮잡아 이르는 말. 귀살머리스레부.

귀살머리-쩍다[-따]형 '귀살쩍다'를 낮잡아 이르는 말.

귀살-스럽다[-따][~스러우니·~스러워]형ㅂ 보기에, 무던히 귀살쩍다. 귀살스레부.

귀-살이명하자 바둑에서, 바둑판의 귀에서 사는 일.

귀살-쩍다[-따]형 (사물이) 정신이 나갈 정도로 엉클어져서 뒤숭숭하다. ¶일이 하도 귀살쩍어서 갈피를 잡을 수 없다.

귀:상(貴相)명 귀인이 될 상.

귀-상어명 흉상엇과의 바닷물고기. 몸길이 4 m 가량. 머리의 앞쪽이 'T'자 모양으로 튀어나왔는데, 거기에 눈이 달려 있고 입은 머리의 아래쪽에 있음. 난태생(卵胎生)인데 한꺼번에 30~36마리의 새끼를 낳음. 몸빛은 회색이며, 살과 지느러미는 요리의 재료로 쓰임. 태평양과 대서양의 온대와 열대권에 분포함. 당목어(撞木魚). 장목어(樟木魚).

귀:서(貴書)명 ⇨귀함(貴函).

귀:석(貴石)명 장신구(裝身具)로서, 보석 다음으로 귀하게 여기는 돌. 〔수정·마노 따위.〕

귀선(龜船)명 ⇨거북선.

귀:성(鬼星)명 이십팔수의 하나. 남쪽의 둘째 별자리. 준귀(鬼).

귀:성(歸省)명하자 〔고향에 돌아가 어버이께 문안을 드린다는 뜻〕객지에서 지내다가 고향으로 돌아옴(돌아감). ¶귀성 인파.

귀:성-객(歸省客)명 귀성하는 여객.

귀:성-스럽다[-따][~스러우니·~스러워]형ㅂ 제법 구수한 맛이 있다. ¶귀성스러운 이야기. /하는 말이 제법 귀성스럽다. 귀성스레부.

귀:성-열차(歸省列車)[-녈-]명 귀성하는 사람을 위하여 특별히 운행하는 열차.

귀:성-지다형 귀성스럽게 느껴지다.

귀:소-성(歸巢性)[-썽]명 딴 곳에 갔다 가도, 살던 집이나 둥지로 돌아오는 성질.

귀:속(歸屬)명하자타되자 재산이나 권리, 또는 영토 같은 것이 어떤 사람이나 단체·국가 등에 속하여 그의 소유가 됨. ¶영토의 귀속 문제. / 국고에 귀속되다.

귀:속ㅅ재산(歸屬財産)[-째-]명 ①법률이나 계약에 의하여 귀속된 재산. ②1945년 8월 9일 이전에 일본인이 소유하였던 일체의 국내 재산으로, 대한 민국 정부에 이양된 재산.

귀:속ㅅ지위(歸屬地位)[-찌-]명 개인의 의사나 재능 따위와는 상관없이, 사람이 태어나면서부터 자연적으로 갖게 되는 운명적인 지위.

귀:수(鬼祟)명 귀신의 빌미로 나는 병.

귀:순(歸順)명하자 반항하거나 반역하려는 마음을 버리고, 스스로 돌아서서 따라오거나 복종함. ¶귀순 간첩. /귀순할 뜻을 비치다.

귀:신(鬼神)명 ①사람이 죽은 뒤에 남는다고 하는 넋. 사람의 혼령. ②미신에서, 사람을 해친다고 하는 무서운 존재. ¶귀신이 나오다. /귀

신에게 홀리다. /귀신 들리다. /귀신 씌우다. ③'생김새가 몹시 사나운 사람'을 비유하여 이르는 말. ¶몰골이 귀신과 다를 바 없다. ④'어떤 일을 남보다 뛰어나게 잘하는 사람'을 비유하여 이르는 말. ¶그 형사는 범죄 수사에 귀신이다. ①②④준신(神). ①②④높신도(神道).

귀신이 씻나락 까먹는 소리(속담) 이치에 닿지 않는 엉뚱하고 쓸데없는 말.

귀신이 곡할 노릇(일)(속담) 일이 하도 신기하여 귀신도 탄복할 만하다는 말.

귀신도 모르다(관용) 귀신도 모를 만큼 감쪽같다. ¶귀신도 모르게 해치우다.

귀:신-같다(鬼神-)[-갇따]형 어떤 일을 하는 솜씨나 알아맞히는 재간이 기막히게 뛰어나다. ¶솜씨가 귀신같다. 귀신같-이부 ¶귀신같이 찾아내다.

귀:신-귀(鬼神鬼)명 한자 부수의 한 가지. '魅'·'魂'·'魄'들에서의 '鬼'의 이름.

귀:신-날(鬼神-)명 음력 정월 열엿샛날. 이날 길을 떠나면 귀신이 따른다고 하여 흔히 나들이를 삼감. 귀신-단오(鬼神端午)명 귀신날.

귀:심(歸心)명 ①고향으로 돌아가고 싶은 마음. ②마음(어떤 사람) 마음속으로부터 따름.

귀-싸대기명 '귀와 뺨과의 어름'을 속되게 이르는 말. ¶귀싸대기를 갈기다.

귀싸대기를 올리다(관용) 귀싸대기를 때리다.

귀-쌈지명 네모지게 만들어, 아가리를 접으면 양쪽이 귀가 지게 된 쌈지.

귀:안(歸雁)명 봄이 되어 다시 북쪽 지방으로 돌아가는 기러기.

귀-앓이[-아리]명 귀를 앓는 병.

귀:애(貴愛)명하자 귀엽게 여기고 사랑함.

귀-약(-藥)명 귀가 아픈 데 쓰는 약. ②화승총(火繩銃) 옆에 재는 화약.

귀얄명 솔의 한 가지. 풀칠이나 옻칠 따위를 할 때에 씀. ¶풀 귀얄.

귀얄-잡이명 '텁석부리'를 놀리어 이르는 말.

귀양(←歸鄕)명 고려·조선 시대에, 죄인을 고향이 아닌 먼 벽지(僻地)이나 외딴섬 같은 데로 보내어, 일정 기간 제한된 지역 안에서만 살게 하던 형벌. 정배(定配). ¶귀양을 보내다.

귀양(을) 가다(관용) '현재보다 낮은 직위나 조건이 열악한 근무처로 밀려남'을 비유하여 이르는 말.

귀:양(歸養)명하자 고향에 돌아가서 어버이를 봉양함.

귀양-다리명 지난날, '귀양살이하는 사람'을 업신여기어 이르던 말.

귀양-살이[-사리]명하자 ①지난날, 귀양 가서 부자유스럽게 살던 일. ②궁벽한 산촌 같은 데서, 세상과 동떨어져 외롭게 지내는 생활을 비유하여 이르는 말.

귀에지명 '귀지'의 잘못.

귀엣-고리명 '귀고리'의 잘못.

귀엣-말[-엔-]명 귓속말. 부이어(附耳語). 이어(耳語). ¶귀엣말로 소곤대다.

귀여겨-듣다[-따][~들으니·~들어]타ㄷ 정신을 차려서 주의 깊게 듣다. ¶선생님의 말씀을 빠뜨리지 않고 귀여겨듣다.

귀:여워-하다타여 귀엽게 여기다. ¶어린 딸아이를 귀여워하다.

귀:염명 ①예쁘거나 애교가 있어 사랑스러움. ¶귀염을 부리다. ②사랑하여 귀엽게 여기는 마음. ¶귀염을 받다. /아버지의 귀염을 독차지하다.

귀:염-둥이 圐 아주 귀여운 아이, 또는 귀염을 받는 아이. ¶ 우리 집 귀염둥이.

귀:염-성(-性) [-썽] 圐 귀염을 받을 만한 바탕이나 성질. ¶ 귀염성 있게 보이다.

귀:염성-스럽다(-性-) [-썽-따][~스러우니·~스러워] 휑 제법 귀여운 데가 있다. 귀염성이 있어 보이다. ¶ 귀염성스럽게 생긴 어린아이. **귀염성스레** 튀.

귀:엽다[-따][귀여우니·귀여워] 휑 보기에 귀염성이 있어 사랑스럽다. ¶ 하는 짓이 귀엽다.

귀:영(歸營) 圐휑 군인이 병영으로 돌아가거나 돌아옴. ¶ 야외 훈련을 마치고 귀영하다.

귀:와(鬼瓦) 圐 귀신의 얼굴을 새겨 꾸민 기와.

귀:와(歸臥) 圐휑 〔돌아가 눕는다는 뜻으로〕 벼슬을 내놓고 고향으로 돌아가 한가하게 지냄을 이르는 말.

귀요(옛) 구유. ¶ 또 귀요에 뉘게 주어 잇긋 새배 다도록 말라(老解上29). 㽞구시.

귀-울음圐 ☞이명(耳鳴).

귀웅圐 도자기를 만드는 곳에서, 질흙을 담는 데 쓰는 통.

귀웅-젖[-젇]圐 젖꼭지가 옴폭 들어간 여자의 젖. *귀웅젖이[-저지]·귀웅젖만[-전-]

귀:원(歸元) 圐 〔불교에서〕 이승을 벗어나 본원의 세계로 돌아간다는 뜻으로〕 '중의 죽음'을 이르는 말.

귀:원-성(歸元性) [-썽]圐 물고기 따위가, 그 깨어난 곳을 떠났다가, 산란(産卵)하기 위하여 다시 그곳으로 돌아오는 습성.

귀유(옛) 구유. ¶ 이 귀유 안해(老解上31). 㽞구시.

귀:의(貴意) [-의/-이] 圐 상대편을 높이어, 그의 '뜻'을 이르는 말. ¶ 귀의에 따르지 못해 죄송합니다.

귀:의(歸依) [-의/-이] 圐휑 ①돌아가 몸을 의지함. ②불법의 가르침을 믿고 그에 의지함. 특히 불교에서, 부처를 믿고 그 가르침에 따름을 이름. ¶ 불문에 귀의하다.

귀:의-법(歸依法) [-의뻡/-이뻡]圐 삼귀의(三歸依)의 하나. 불(佛)·법(法)·승(僧)의 삼보 가운데, '법'에 귀의함을 이름.

귀:의-불(歸依佛) [-의/-이-]圐 삼귀의(三歸依)의 하나. 불(佛)·법(法)·승(僧)의 삼보 가운데, '불'에 귀의함을 이름.

귀:의 성(鬼-聲) [-의/-에-] 이인직(李人稙)이 지은 신소설(新小說). 1906년에 '만세보(萬歲報)'에 연재되었음.

귀:의-승(歸依僧) [-의/-이-]圐 삼귀의(三歸依)의 하나. 불(佛)·법(法)·승(僧)의 삼보 가운데, '승'에 귀의함을 이름.

귀:의-심(歸依心) [-의/-이-]圐 불교에서, 불도로 들어가려는 마음을 이름.

귀:의-처(歸依處) [-의/-이-]圐 돌아가거나 돌아와 몸을 의지하는 곳.

귀-이(-耳) 圐 한자 부수의 한 가지. '耿'·'聖'·'聞' 등에서의 '耳'를 이름.

귀-이개 圐 귀지를 파내는 기구.

귀:인(貴人)¹ 圐 신분이나 지위가 높은 사람. ↔천인(賤人).

귀:인(貴人)² 圐 조선 시대에, 종일품의 내명부의 칭호.

귀:인-상(貴人相) 圐 귀인이 될 상, 또는 귀인처럼 보이는 상.

귀:인-성(貴人性) [-썽]圐 귀인다운 고상한 성질이나 바탕.

귀:인-스럽다(貴人性-) [-썽-따] [~스러우니·~스러워] 휑 고상한 성질이나 바탕이 있어 보이다. **귀인스레** 튀.

귀:일(歸一) 圐휑되圐 ①여러 개나 여러 가닥으로 갈라졌던 것이 하나로 합쳐짐. ②여러 가지 현상이 한 가지 결말이나 결과로 귀착됨.

귀:일-법(歸一法) [-뻡] 圐 ☞귀일산(歸一算).

귀:일-산(歸一算) [-싼]圐 비례식을 쓰지 않고 비례 문제를 푸는 방법. 귀일법.

귀:임(歸任) 圐휑 한때 떠나 있던 자신의 근무지로 돌아가거나 돌아옴. ¶ 해외 출장을 마치고 귀임하다.

귀:자(貴子) 圐 ①귀염을 받는 아들. ②☞귀공자.

귀-잠 圐 매우 깊이 든 잠. ¶ 귀잠이 들다.

귀:재(鬼才) 圐 귀신같은 재능, 또는 그런 재능을 가진 사람. ¶ 화단(畫壇)의 귀재.

귀:적(鬼籍) 圐 ①☞과거장(過去帳). ②☞귀록(鬼錄).

귀:적(歸寂) 圐휑 불교에서, '승려의 죽음'을 달리 이르는 말. 입적(入寂). 천화(遷化).

귀절(句節) 圐 '구절(句節)'의 잘못.

귀점(句點) 圐 '구점(句點)'의 잘못.

귀점(龜占) 圐 ☞거북점.

귀:접-스럽다 [-쓰-따] [~스러우니·~스러워] 휑 ①매우 더럽고 지저분하다. ②하는 짓이 더럽고 너절하다. ¶ 귀접스러운 짓만 골라서 하다. **귀접스레** 튀.

귀-접이圐휑 물건의 귀를 깎아 버리거나 접어서 붙이는 일.

귀접이-천장(-天障)圐 가장자리가 꺾인 천장.

귀:정(歸正) 圐휑 〔그릇되었던〕 일이 바른길로 돌아옴. ¶ 귀정을 짓다. / 귀정이 나다.

귀:정(歸程) 圐 ☞귀로(歸路).

귀-젖[-젇] 圐 귓속에서 고름이 나오는 병, 또는 그 고름. ¶ 귓젖을 앓다. / 귓젖이 흐르다. *귀젖이[-저지]·귀젖만[-전-]

귀:제(貴弟) 圐 상대편을 높이어, 그의 '동생'을 일컫는 말.

귀-제비 圐 제빗과의 새. 몸길이 19cm, 날개 길이 12cm가량. 몸빛은 등 쪽이 흑색이고 허리는 적색, 몸 아래쪽은 흰 바탕에 작고 검은 반점이 있음. 건물의 지붕 밑이나 다리 밑에 진흙으로 터널 모양의 집을 짓고 삶. 중국·일본·우리나라 등지에서 번식하고, 인도·미얀마 등지에서 겨울을 지냄.

귀:조(歸朝) 圐휑 ①외국에 갔던 사신이 일을 마치고 본국으로 돌아가거나 돌아옴. ②☞귀국(歸國).

귀:족(貴族) 圐 사회적으로 특권을 지닌 상류 계급, 또는 그런 계층에 속한 사람. ¶ 귀족 출신. / 귀족 생활. ↔평민(平民).

귀:족^계급(貴族階級) [-계-/-게-]圐 고대 및 봉건 사회에서, 정치적 또는 사회적으로 특권을 누린 지배층.

귀:족-어(貴族語) 圐 주로, 귀족 계층에서 쓰이는 언어. ↔평민어(平民語).

귀:족^예:술(貴族藝術) [-종녜-]圐 귀족 계급에서 생겨난, 귀족을 대상으로 하는 예술. ↔민중 예술.

귀:족-적(貴族的) [-쩍]圐 귀족에서 볼 수 있는 (것). 귀족다운 (것). ↔평민적.

귀:족^정치(貴族政治) 圐 소수의 귀족 특권 계급을 중심으로 이루어지는 정치.

귀:족-제(貴族制) [-쩨]圐 특권을 지닌 소수의 귀족이 지배하는 정치 체제.

귀:족^학교(貴族學校) [-쪼각꾜]圀 귀족 또는 특정한 권문(權門)의 자제들을 위하여 특별히 세워진 학교.

귀:졸(鬼卒)圀 ①온갖 졸망한 잡귀. ②⇨염마졸.

귀:죄(歸罪)[-쬐/-쮀]圀하자 죄를 스스로 인정하고 복죄(服罪)함.

귀-주머니圀 아래의 양쪽에 귀가 나오게 된 주머니. 네모지게 지어 아가리 쪽으로 절반을 세 골로 접어 만듦.

귀:중(貴中)圀 편지나 물품 등을 보낼 때, 받는 쪽의 기관이나 단체 이름 뒤에 써서 상대편을 높이는 말. ¶종로 구청 귀중. 웹귀하.

귀중(貴重) '귀중하다'의 어근.

귀중중-하다휑어 더럽고 지저분하다. ¶귀중중한 골목길. 귀중중-히閂.

귀:중-품(貴重品)圀 귀중한 물품. ¶귀중품 보관소. 웹귀품(貴品).

귀:중-하다(貴重-)휑어 매우 소중하다. 진중(珍重)하다. ¶귀중한 물건. /귀중한 체험. 귀중-히閂.

귀:-지圀 귓구멍 속에 낀 때. 이구(耳垢). ¶귀지를 파다.

귀:지(貴地)圀 상대편을 높이어, 그가 '사는 곳'을 이르는 말. 귀처(貴處).

귀:지(貴紙)圀 상대편을 높이어, 그가 소속된 기관에서 발행하는 '신문'을 이르는 말.

귀:지(貴誌)圀 상대편을 높이어, 그가 소속된 기관에서 발행하는 '잡지'를 이르는 말.

귀:착(歸着)圀하자되자 ①(먼 곳으로부터) 돌아와 닿음. ¶○○ 기지에 귀착하다. ②의논이나 어떤 일의 경과 따위가 여러 과정을 거쳐 어떤 결말에 다다름. ¶최초의 안(案)으로 귀착되다.

귀찮다[-찬타]휑 ('귀치 아니하다'가 줄어서 된 말로) 번거롭고 성가시다. ¶귀찮게 자꾸 따라다닌다. ＊귀찮아[-차나]·귀찮소[-찬쏘]

귀:찰(貴札)圀 ⇨귀함(貴函).

귀:책(鬼責)圀 사람의 죄를 징계하기 위하여 귀신이 내리는 벌을 받음. 귀침(鬼侵).

귀:책(歸責)圀하자 법률에서, 자유의사에 의한 행위를 그 행위자의 책임에 결부시키는 일.

귀:책-사유(歸責事由)[-싸-]圀 법률상 비난받을 심리 상태에 기인하는 행위, 곧 고의나 과실에 의한 행위.

귀:처(貴處)圀 ⇨귀지(貴地).

귀:척(貴戚)圀 지체 높은 사람의 인척. 임금의 인척.

귀:천(貴賤)圀 신분 등이 귀하거나 천한 일, 또는 높은 사람과 낮은 사람. ¶귀천을 가리지 않는다. /직업에는 귀천이 없다.

귀:천(歸天)圀하자 사람의 죽음.

귀:천-상하(貴賤上下)圀 신분의 귀함과 천함, 지위의 높음과 낮음을 이르는 말.

귀:천지별(貴賤之別)圀 귀함과 천함의 구별.

귀-청圀 ⇨고막(鼓膜).

귀청(이) 떨어지다관용 소리가 너무 크다. 귀청(이) 터지다.

귀청(이) 터지다관용 ⇨귀청(이) 떨어지다.

귀:체(貴體)圀 [편지 글 등에서] 상대편을 높이어, 그의 '몸'을 이르는 말. ¶귀체 안녕하십니까?

귀:촉도(歸蜀道)圀 [또□]圀 ⇨두견이.

귀:추(歸趨)圀 어떤 결과로서 귀착하는 바. 귀착하는 곳. 귀취(歸趣). ¶민심의 귀추. /이번 사태의 귀추가 주목된다.

귀:축(鬼畜)圀 〔아귀(餓鬼)와 축생(畜生)이란 뜻으로〕'은혜를 모르는 사람 또는 잔인무도한(殘忍無道)한 사람'을 이르는 말.

귀축축-하다[-추카-]휑어 ①하는 짓이 구질구질하고 더럽다. ②구질구질하고 축축하다. ¶방바닥에 물이 스며들어 귀축축했다. 귀축축-히閂.

귀:취(歸趣)圀 ⇨귀추(歸趨).

귀:측(貴側)圀 상대편을 높이어, '당신네 쪽'을 이르는 말. ¶귀측에서도 이견(異見)이 없으리라 믿습니다.

귀:침(鬼侵)圀 ⇨귀책(鬼責).

귀:태(貴態)圀 ①존귀한 자태. ¶얼굴에서 귀태가 나다. ②품위 있는 태도.

귀:택(貴宅)圀하자 자기의 집으로 돌아가거나 돌아옴.

귀:토(歸土)圀 〔흙으로 돌아간다는 뜻으로〕'사람의 죽음'을 이르는 말.

귀토지설(龜兎之說)圀 고대 설화의 한 가지. 우직한 거북과 간교한 토끼와의 지혜 겨룸을 내용으로 한 우화(寓話)로서, '별주부전'의 근원 설화임. ('삼국사기'에 실려 전함.)

귀퉁-머리圀 〈귀퉁이〉의 속된 말.

귀퉁-배기圀 〈귀퉁이〉의 속된 말.

귀퉁이圀 ①귀의 언저리. ②물건의 쑥 내민 부분. ¶귀퉁이가 쑥 내밀다. ③사물의 구석. ¶대청마루 귀퉁이.

귀틀圀 ①마루청을 놓기 위하여 먼저 굵은 나무로 가로나 세로로 쑥 놓은 틀. ②통나무나 각재(角材) 따위로 가로세로 어긋맞게 '井'자 모양으로 짠 틀.

귀틀-마루圀 ⇨우물마루.

귀틀-집[-찝]圀 굵은 통나무를 '井'자 모양으로 귀를 맞추어 층층이 얹고 틈을 흙으로 메워 지은 집.

귀:틤圀 '귀띔'의 잘못.

귀:-티(貴-)圀 귀하게 보이는 모습이나 태도. ¶귀티가 나다. /귀티가 흐르다.

귀판(龜板)圀 한방에서, 거북의 배의 껍데기를 약재로 이르는 말. 〔학질 등에 쓰임.〕

귀-포(-包)圀 장기틀 등, 귀밭의 귀에 놓인 포.

귀:품(貴品)圀 〈귀중품〉의 준말.

귀:하(貴下)圀¹ 〔편지 글 등에서〕상대편을 높이어, 그의 이름 뒤에 쓰는 말. ¶홍길동 귀하. 웹귀중(貴中)·궤하(机下).

귀:하(貴下)圀² 상대편을 높이어, 그의 이름 대신 부르는 말. ¶귀하의 의견에 찬동합니다.

귀:-하다(貴-)휑어 ①신분이나 지위가 높다. ¶귀한 집안 출신. ↔천하다. ②사랑스러워 귀염을 받을 만하다. ③아주 구하기 힘들고 드물다. ¶귀한 물건. /물자가 귀하다. ↔흔하다. ④존중할 만하다. 《주로, '귀하게'·'귀한'의 꼴로 쓰임.》 ¶귀한 손님. ①~③귀-히閂 ¶귀히 여기는 골동품.

귀:한(貴翰)圀 ⇨귀함(貴函).

귀:함(貴函)圀 상대편을 높이어, 그의 '편지'를 이르는 말. 귀간(貴簡). 귀서(貴書). 귀찰(貴札). 귀한(貴翰). 운전(雲箋).

귀:함(歸艦)圀하자 함정에서 근무하는 군인이, 휴가나 출장 등으로 밖에 나갔다가 자기 함정으로 돌아가거나 돌아옴.

귀:항(歸降)圀하자 싸움에 져 항복함.

귀:항(歸航)圀하자 선박이나 항공기 따위가 귀로에 오름. 복항(復航). ¶귀항 길에 오르다.

귀:항(歸港)圀하자 배가 떠났던 항구로 다시 돌아가거나 돌아옴. ¶귀항 예정일.

귀-향(歸鄕)**명**[하자] 고향으로 돌아가거나 돌아옴. ¶군 복무를 마치고 귀향하다. ↔이향(離鄕).

귀-현(貴顯)**명**[하형] 신분이 높고 유명함, 또는 그런 사람. 귀현-히[부].

귀-형(鬼形)**명** 귀신의 형상.

귀-형(貴兄)**대** 친한 사이에서, 상대편을 높이어 부르는 말.

귀-호-곡(歸乎曲)**명** ☞가시리.

귀-화(鬼火)**명** ☞도깨비불.

귀-화(歸化)**명**[하자] ①지난날, 정복당한 백성이 임금의 덕에 감화되어 그 백성이 되던 일. ②다른 나라의 국적을 얻어 그 나라의 국민이 됨. ¶한국에 귀화한 미국인.

귀화^식물(歸化植物)[-싱-]**명** 원생지에서 다른 지역으로 옮겨져 그곳의 기후와 풍토에 순화(馴化)하여 자생하게 된 식물.

귀-화-인(歸化人)**명** 귀화한 사람.

귀-환(歸還)**명**[하자] 돌아옴, 특히 전쟁터에서 돌아옴. ¶무사히 귀환하다.

귀-회(貴會)[-회/-훼]**명** 상대편을 높이어, 그가 딸린 '회(會)'를 이르는 말.

귀-후-서(歸厚署)**명** 조선 시대에, 나라의 관곽(棺槨)을 만들고 장례(葬禮)에 관한 일을 맡아보던 관아(官衙).

귀-휴(歸休)**명**[하자] 고향이나 집에 돌아와 쉼. 특히, 근무 중이거나 복역 중에 있는 사람이 일정 기간 휴가를 얻어 집에 와 쉼. ¶일시(一時) 귀휴.

귀-휴-병(歸休兵)**명** 소정의 병역을 마치기 전에 귀휴를 허락받은 병사.

귀흉-귀배(龜胸龜背)**명** ☞안짱곱사등이.

귓-가[귀까/귇까]**명** 귀의 가장자리.
귓가로 듣다**관용** 별로 관심 없이 듣다.
귓가에 맴돌다**관용** 귓전에서 사라지지 않고 들리는 듯하다.

귓것[귇껃]〈옛〉귀신. 도깨비. ¶餓鬼는 주으린 귓거시라(月釋1:46).

귓-결[귀껼/귇껼]**명** 별 관심 없이 얼른 귀에 듣게 된 겨를. ¶귓결에 들은 말이라 기억이 잘 나지 않는다.

귓-구멍[귀꾸-/귇꾸-]**명** 귀의 밖에서 귀청까지 통한 구멍.
귓구멍이 넓다[너르다/크다]**관용** 남의 말을 잘 곧이듣다. 귓문이 넓다.

귓-달[귀딸/귇딸]**명** 연의 네 귀에 'X' 자 모양으로 엇걸리게 매는 가는 대오리.

귓도리[귇또리]〈옛〉귀뚜라미. ¶귓도리 저 귓도리 엇부터 저 귓도리(靑丘.時調).

귓-돈[귀똔/귇똔]**명** 전립(戰笠)의 영자(纓子)를 다는 위쪽에 색실로 꿰어서 다는, 매미나 나비 모양의 밀화(蜜花) 덩이.

귓-돌[귀똘/귇똘]**명** 머릿돌.

귓돌와미[귇-]**명** 귀뚜라미. ¶나그내 시르믄 귓돌와미 소리예 니엇고(杜初21:23).

귓-등[귀뜽/귇뜽]**명** 귓바퀴의 바깥쪽.
귓등으로도 안 듣다**관용** 남의 말을 새겨듣지 않고 들은 체 만 체 하다.
귓등으로 듣다**관용** 듣고도 들은 체 만 체 하다.
귓등으로 흘려보내다**관용** 남의 말을 새겨듣지 않고 듣는 둥 마는 둥 하다.

귓-머리[귇-]**명** '귀밑머리'의 잘못.

귓-문(-門)[귇-]**명** ①귓구멍의 밖으로 열린 쪽. ②화승총에 불을 대는 구멍의 아가리.
귓문이 넓다**관용** ☞귓구멍이 넓다[너르다/크다].

귓-바퀴[귀빠-/귇빠-]**명** 걸귀의 드러난 부분. 이각(耳殼). 이륜(耳輪). ☞귀.

귓-밥[귀빱/귇빱]**명** ☞귓볼1.

귓-병(-病)[귀뼝/귇뼝]**명** '귀에 생기는 여러 가지 병'을 통틀어 이르는 말.

귓-불1[귀뿔/귇뿔]**명** 귓바퀴의 아래쪽으로 늘어진 살. 귓밥. 이수(耳垂). 이타(耳朵).
귓불만 만진다**관용** 일이 어려운 처지에 놓였을 때, 더는 손을 쓰지 못하고 되어 가는 대로 맡기어 결과만을 기다린다는 뜻.

귓-불2[귀뿔/귇뿔]**명** 화승총(火繩銃)에서, 화승을 대는 신관(信管).

귓-속[귀쏙/귇쏙]**명** 귀의 안쪽.

귓속-말[귀쏭-/귇쏭-]**명**[하자] 남의 귀에 대고 소곤거리는 말. 귀엣말. ¶귓속말을 주고받다.

귓속-질[귀쏙찔/귇쏙찔]**명**[하자] 귓속말로 소곤거리는 짓.

귓-전[귀쩐/귇쩐]**명** 귓바퀴의 가. 귀 가까이. ¶귓전을 스치는 바람 소리.
귓전으로 듣다**관용** 주의를 기울이지 아니하고 건성으로 듣다.
귓전을 때리다**관용** 귀에 세게 들려오다. ¶귓전을 때리는 굉음.
귓전을 울리다**관용** 가까이서 소리 나는 것처럼 들려오다.

귓-집[귀찝/귇찝]**명** 추위를 막기 위하여 귀를 덮는 물건.

규(圭·珪)**명** ①옥으로 만든 홀(笏). 옛날 중국에서, 천자가 제후를 봉할 때 내린 인신(印信). ②뢰2. 큥들이.

규(奎)**명**〈규성(奎星)〉의 준말.

규(規)**명** ①각도기나 컴퍼스 따위를 통틀어 이르는 말. ②원(圓)이나 원형(圓形)의 물건.

규(睽)**명**〈규괘(睽卦)〉의 준말.

규각(圭角)**명** ①(옥의 뾰족한 모서리라는 뜻으로) 언행이나 성격 등이 원만하지 못하고 모가 나서 남과 잘 어울릴 수 없는 일. ②물건이 서로 들어맞지 않음.

규각-나다(圭角-)[-강-]**자** 사물·뜻 따위가 서로 잘 들어맞지 아니하다.

규간(規諫)**명**[하자] 사리를 말하여 간함.

규격(規格)**명** ①일정한 규정에 들어맞는 격식. ②공업 제품 등의 재료·치수·모양 등에 대한 일정한 표준. ¶규격을 통일하다.

규격-판(規格版)**명** 서적·장부·전표·사무용지 등의 크기의 기준. 〔국판·사륙판 따위.〕

규격-품(規格品)**명** 질·모양·치수 따위를 어떤 규격에 맞추어 만든 물품.

규격-화(規格化)[-겨콰/-겨콰]**명**[하자][되자] ①같은 종류의 제품이나 재료 등을 규격에 맞추어 일정함. ¶제품의 규격화. ②사물이나 사상 따위를 일정한 틀에 맞추어 독자성이나 개성 따위를 없앰. ¶규격화된 인간.

규계(規戒)[-계/-게]**명**[하타] 지켜야 할 규범 등을 들어, 남을 바르게 타이름.

규괘(睽卦)**명** 육십사괘의 하나. 이괘(離卦)와 태괘(兌卦)를 위아래로 놓은 괘. 불과 못을 상징함. ⬮규(睽).

규구(規矩)**명** ①컴퍼스와 곱자, 또는 치수와 모양. 그림쇠. ②〈규구준승(規矩準繩)〉의 준말.

규구-법(規矩法)[-뻡]**명** 어떤 입체를 필요한 모양으로 만드는 법.

규구-준승(規矩準繩)**명** 〔컴퍼스·곱자·수준기(水準器)·먹줄이란 뜻으로〕 일상생활에서 지켜야 할 법도. ⬮규구(規矩).

규동-선(硅銅線·珪銅線)**명** 구리에 소량의 주석과 규소를 섞어 만든 전선. 전화선에 많이 쓰임.

규례(規例)**명** 규칙과 정례(定例).

규로(逵路)**명** 사방팔방으로 통하는 큰길.

규리(糾理)**명·하타** 두루 보살피어 처리함.

규면(規免)**명·하타** ☞도면(圖免).

규명(糾明)**명·하타** 자세히 캐고 따져 사실을 밝힘. ¶사건의 진상을 규명하다. /화재의 원인이 규명되다.

규모(規模)**명** ①사물의 구조나 구상(構想)의 크기. ¶거국적인 규모. /규모가 큰 행사. ②본보기가 될 만한 틀이나 제도. 모범. 규범. ③씀씀이의 계획성이나 일정한 한도. ¶규모 있게 살림을 꾸려 나가다.

규목(槻木)**명** ☞물푸레나무.

규문(奎文)**명** 학문과 문물(文物).

규문(糾問)**명·하타** 죄를 엄하게 따져 물음.

규문(閨門)**명** ☞규중(閨中).

규문-주의(糾問主義)[-의/-이]**명** 법원이 범죄 사실을 발견하였을 때, 그 소추(訴追)를 기다리지 아니하고 직권으로 범죄를 수사하여 범인을 체포·심리·재판하는 원칙. ↔탄핵주의.

규반(畦畔)**명** '휴반(畦畔)'의 잘못.

규방(閨房)**명** ①부녀자가 거처하는 방. 도장방. ②부부의 침실. ③안방.

규방^가사(閨房歌辭)**명** ☞내방 가사.

규방^문학(閨房文學)**명** 조선 시대에, 주로 양반 부녀층에서 이루어진 문학. 규방 가사(閨房歌辭)가 대표적임.

규범(規範)**명** ①사물의 본보기. 모범. 규모. 전경(典經). ¶규범을 보이다. ②철학에서, 판단·평가·행위 등의 기준이 되는 것을 이름. ¶도덕의 규범.

규범^과학(規範科學)**명** ☞규범학.

규범^문법(規範文法)[-뻡]**명** 일상의 언어활동을 올바르게 이끌어 가기 위하여 일정한 규칙을 정하고, 그 규칙을 지키도록 명령하는 문법. 학교 문법.

규범-학(規範學)**명** 경험 과학에 대하여, 당위(當爲)·가치·규범을 대상으로 하는 학문.〔논리학·윤리학·미학 따위.〕 규범 과학.

규벽(圭璧)**명** ①잔글자로 박아서 부피를 작게 한 경서(經書). ②지난날, 중국에서 제후가 천자를 뵐 때 지니던 홀(笏).

규보(跬步·頃步)**명** (반걸음 정도밖에 안 되는) 아주 가까운 거리.

규사(硅砂)**명** 화강암 따위의 풍화로 생긴, 이산화규소(二酸化硅素)의 모래. 도자기나 유리를 만드는 데 원료로 쓰임. 석영사(石英砂). 차돌모래.

규사(窺伺)**명·하타** 기회를 엿봄. 눈치를 살핌.

규산(硅酸)**명** ①규소와 산소·수소의 화합물. 흡착제·건조제·탈색제 등에 쓰임. ②이산화규소(二酸化硅素)를 흔히 이르는 말.

규산-나트륨(硅酸Natrium)**명** 규산염의 한 가지. 물에 잘 녹는 백색의 고체. 진한 수용액은 물유리라 하며, 접착제나 칠감·비누 따위를 만드는 데 쓰임.

규산-마그네슘(硅酸magnesium)**명** 광물 속에 천연 상태로 포함되는 규소. 활석(滑石)·사문석(蛇紋石) 따위의 성분임.

규산-알루미늄(硅酸aluminium)**명** 규산과 알루미늄의 화합물. 각종 광물의 주성분으로서 존재함. 도토(陶土)의 주원료임.

규산-염(硅酸塩)[-념]**명** 이산화규소와 금속 산화물로 이루어진 화합물을 통틀어 이르는 말. 지각(地殼)의 주성분을 이루고 있으며, 유리·시멘트·도자기 등의 원료로 쓰임.

규산-칼륨(硅酸Kalium)**명** 산화칼륨과 이산화규소의 결합으로 이루어진 화합물을 통틀어 이르는 말. 물에 녹으며, 적당한 조건으로 처리하면 물유리 모양이 됨.

규산-칼슘(硅酸calcium)**명** 산화칼슘과 이산화규소의 결합으로 이루어진 화합물을 통틀어 이르는 말. 시멘트의 주성분임.

규석(硅石)**명** 공업용 원료로서의 규산질 암석을 통틀어 이르는 말. 유리·도자기·내화 벽돌 등의 원료로 쓰임. 규암(硅岩).

규석^벽돌(硅石甓-)[-뼉돌]**명** 규석을 주성분으로 하여 구워 만든 내화용 벽돌.

규선-석(硅線石)**명** 변성암 속에 들어 있는 가느다란 기둥 또는 섬유 모양의 광물. 갈색·회색·황색 등을 띠며 유리 광택이 있음. 내화물의 원료로 쓰임.

규성(叫聲)**명** 외치는 소리.

규성(奎星)**명** 이십팔수의 하나. 서쪽의 첫째 별자리. **준**규(奎).

규소(硅素)**명** 비금속 원소의 한 가지. 천연적으로는 단체(單體)로 존재하지 않고 산화물·규산염으로서 지각(地殼)에 많은 양이 존재함. 〔Si/14/28.0855〕

규소^수지(硅素樹脂)**명** ☞실리콘(silicone).

규수(閨秀)**명** ①혼기에 이른 남의 집 처녀를 점잖게 이르는 말. 규양(閨養). ¶이 씨 집 규수. **비**색시. ②학예(學藝)에 뛰어난 여자. ¶규수 작가. /규수 화가.

규시(窺視)**명·하타** 엿봄. 점시(覘視).

규식(規式)**명** 정해진 격식, 또는 규칙.

규암(硅岩)**명** ☞규석(硅石).

규약(規約)**명** 서로 협의하여 정한 규칙. 특히, 단체 등의 내부 조직에 관한 규정. ¶규약 위반.

규양(閨養)**명** ☞규수(閨秀).

규연(巋然)'규연하다'의 어근.

규연-하다(巋然-)**형여** 높이 솟아 우뚝하다. 규연-히**부**

규운-암(硅雲岩)**명** 화강암의 한 가지. 차돌과 운모가 주성분임.

규원(閨怨)**명** (버림받거나 하여) 남편과 헤어져 사는 여자의 원한.

규원-가(閨怨歌)**명** 조선 선조 때의 여류 작가 허난설헌(許蘭雪軒)이 지었다고 하는 내방 가사. 여인의 정한(情恨)을 노래한 내용. 원부사(怨婦詞).

규율(規律)**명** ①**하타** 집단생활이나 사회생활을 하는 데 행위의 규준이 되는 것. 기율. ¶학교의 규율. /규율이 엄하다. ②일상생활의 질서. ¶규율을 어기다. /문란해진 규율을 바로잡다.

규장(奎章)**명** 임금이 쓴 글이나 글씨.

규장-각(奎章閣)**명** 조선 시대에, 역대 임금의 시문·서화·유교(遺敎)·고명(顧命) 등을 보관하던 관아. 정조 원년에 설치함. **준**내각(內閣).

규전(圭田)**명** 이등변 삼각형처럼 생긴 논밭.

규정(規定)**명·하타·되자** ①어떤 일을 하나의 고정된 규칙으로 정함, 또는 그 정해진 규칙. ¶맞춤법 규정. /도서 대출 규정. ②어떤 사항을 법령의 조문으로 정함, 또는 그 정해진 조문. 규정(規程). ¶전항(前項)의 규정에 의함. ③어떤 것의 내용·성격·의미 등을 밝히어 정함, 또는 밝히어 정한 것. ¶모임의 성격을 분명히 규정하다.

규정(規程)[명] ①□규정(規定). ②관공서 따위에서, 내부 조직이나 사무 취급 등에 대하여 정해 놓은 규칙. ¶인사 관리 규정.

규정^농도(規定濃度)[명] 용액 1*l* 속에 녹아 있는 용질의 g당량 수. 노르말 농도.

규정-론(規定論)[-논][명]□결정론(決定論).

규정^명:제(規定命題)[명] 특수 개념을 일반 개념에 종속시키어 단정한 명제.

규정-액(規定液)[명] 농도가 몇 규정(規定)인지 정밀하게 알려져 있는 시약의 용액. 용량 분석에 쓰임. 표준액(標準液). 노르말액(Normal液).

규정^전:류(規定電流)[-절-][명] 장치를 해치지 않고 안전하게 사용할 수 있는 전류의 강도.

규정-짓다(規定-)[-짇따][-지으니·-지어]태 ①규칙으로 정하다. ¶회원들은 다수결을 통해 회칙을 규정지었다. ②성격이나 내용 등을 밝혀 정하다. ¶법원은 오늘 발생한 시위를 불법 시위로 규정지었다.

규제(規制)[명][하타되자] 어떤 규칙을 정하여 제한함, 또는 그 규칙. ¶수입 상품의 규제. /차량 통행을 규제하다.

규조-강(硅藻綱)[명] 갈조식물의 한 강. 민물과 바닷물에서 생활하는 단세포의 미소한 조류(藻類). 식물성 플랑크톤이 그 주요한 것으로, 물고기의 먹이가 됨. 규산질로 된 껍데기를 가지고 있음.

규조-석(硅藻石)[명] 규조의 화석이 많이 들어 있는 돌.

규조-토(硅藻土)[명] 규조가 쌓여서 된 퇴적물. 빛깔은 백색·황색·회색 등이며, 가볍고 무름. 흡착제(吸着劑)·여과제(濾過劑)·보온제 따위의 원료로 쓰임.

규준(規準)[명] ①규범이 되는 표준. ¶규준을 세우다. ②따라야 할 규칙. ¶도덕의 규준.

규중(閨中)[명] 부녀자가 거처하는 방. 규문(閨門).

규중-부녀(閨中婦女)[명] 가정에서 살림을 하며 지내는 여자.

규중-처녀(閨中處女)[명] 규중에 있는 처녀. 집 안에서만 크고 자란 처녀. 규중처자.

규중-처자(閨中處子)[명] □규중처녀.

규중칠우-쟁론기(閨中七友爭論記)[-논-][명] 조선 시대의 작자·연대 미상의 한글 수필. 규중부녀들의 손에서 떨어지지 않는 칠우(바늘·자·가위·인두·다리미·실·골무)를 의인화하여 인간 세상을 풍자한 내용.

규중-행실가(閨中行實歌)[명] 조선 말기의 작자·연대 미상의 규방 가사. 시집살이의 도리와 범절을 훈계한 내용.

규찬(圭瓚)[명] 조선 시대에, 종묘나 문묘 제사 때 쓰던 옥으로 만든 술잔.

규찰(糾察)[명][하타] ①죄상(罪狀) 따위를 캐고 따져 자세히 밝힘. ②잘못을 바로잡고 통제함.

규칙(規則)[명] ①어떤 일을 할 때, 여럿이 다 같이 따라 지키기로 약정한 질서나 표준. ¶교통 규칙. /경기 규칙. ②관청 같은 데서 사무 처리 및 내부 규율 등에 관하여 제정한 규범. ¶인사 규칙. /사무 처리 규칙.

규칙^동:사(規則動詞)[-똥-][명] 어미의 활용이 규칙적으로 이루어지는 동사. 〔먹다(먹고·먹으니·먹으면…), 잡다(잡고·잡으니·잡으면…) 따위.〕↔불규칙 동사.

규칙^용:언(規則用言)[-칭농-][명] 어미의 활용이 규칙적으로 이루어지는 용언, 곧 규칙 동사와 규칙 형용사를 아울러 이르는 말. 바른풀이씨. ↔불규칙 용언.

규칙-적(規則的)[-쩍][관][명] 일정한 규칙에 따른 (것). 규칙이 바른 (것). ¶규칙적 생활. /변화가 규칙적으로 나타난다.

규칙^형용사(規則形容詞)[-치켱-][명] 어미의 활용이 규칙적으로 이루어지는 형용사. 〔붉다(붉고·붉으니·붉으면…), 맑다(맑고·맑으니·맑으면…) 따위.〕바른그림씨. ↔불규칙 형용사.

규칙^활용(規則活用)[-치콰룡][명] 어미의 활용이 규칙적으로 이루어지는 일. ↔불규칙 활용.

규탄(糾彈)[명][하타되자] 공적인 처지에서, 책임이나 죄상 따위를 엄하게 따지고 나무람. ¶침략 행위를 규탄하다.

규폐(硅肺)[-폐/-페][명] 광산 등에서, 규산이 많이 들어 있는 먼지를 오랜 시일에 걸쳐 들이마심으로써 생기는 만성 폐 질환.

규합(糾合)[명][하타되자] 어떤 목적 아래 많은 사람을 한데 끌어 모음. ¶동지를 규합하다.

규합(閨閤)[명] 안주인이 거처하는 방.

규형(窺衡)[명] □인지의(印地儀).

규호(叫號)[명][하타] 큰 소리로 부르짖음.

규화(硅化)[명][하자] ①암석 안의 지하수 등에 들어 있는 규산이 스며들어 침전함. ②생물의 유체(遺體)가 규산의 침투로 인하여 규산질(硅酸質)로 됨.

규화(硅華)[명] 단백석(蛋白石)의 한 가지. 이산화규소를 주성분으로 한 온천 침전물.

규화(葵花)[명] ①□접시꽃. ②□해바라기2.

규화-목(硅化木)[명] 땅속에 파묻혀 규화(硅化)한 나무.

규화-물(硅化物)[명] 규소와 다른 원소, 특히 금속과의 화합물.

규환(叫喚)[명][하자] (괴로움 따위로) 큰 소리로 부르짖음. ¶아비(阿鼻)규환.

규환-지옥(叫喚地獄)[명] 불교에서 이르는 팔열지옥(八熱地獄)의 하나. 살생·절도·음행(淫行)·음주의 죄를 지은 이가 가게 된다는 지옥으로, 펄펄 끓는 가마솥에 넣어가거나 시뻘건 불 속에 던져져 고통을 받는다고 함.

규회-석(硅灰石)[-회/-훼-][명] 칼슘의 규산염을 주성분으로 한 광물. 짧은 기둥 모양의 결정으로 무색 또는 회백색이며, 유리나 진주 같은 광택이 있음.

균(菌)[명] 〈병균〉·〈세균〉의 준말.

균개(菌蓋)[명] □균산(菌傘).

균근(菌根)[명] 고등 식물의 뿌리와 균류가 긴밀하게 결합하여 서로 공생 관계가 맺어져 있는 뿌리.

균독(菌毒)[명] 균류가 가지고 있는 독. 독균에 들어 있는 유독 성분.

균등(均等)[명][하태] 수량이나 상태 따위가, 차별 없이 고름. ¶균등하게 분배하다. 균등-히[부].

균등^대:표제(均等代表制)[명] 대소 강약의 차에 관계없이 각 구성 요소에 균등한 수의 대표를 인정하는 제도.

균류(菌類)[균-][명] 엽록소를 갖지 아니하고 다른 유기체에 기생하며 포자로 번식하는 식물을 통틀어 이르는 말. 〔곰팡이나 버섯 따위.〕곰팡이류.

균모(菌帽)[명] □균산(菌傘).

균배(均配)[명][하태] 고르게 나누어 줌. ¶재산을 균배하다.

균배(均排)[명][하태] 고르게 안배함.

균분(均分)[명][하태] 똑같은 비율로 나눔. ¶유산(遺産)을 균분하다.

균분^상속(均分相續)[명] 재산을 상속할 때, 상속인의 상속분을 균등하게 하는 공동 상속 형태.

균사(菌絲)圓 (곰팡이나 버섯 등) 균류의 몸을 이루고 있는 가는 실 모양의 구조체. 흰빛으로 엽록소가 없음. 균사체.

균사-체(菌絲體)圓 ☞균사.

균산(菌傘)圓 버섯의 줄기 위에 있는 우산 모양의 부분. 균개(菌蓋). 균모(菌帽). 버섯갓.

균습(菌褶)圓 균산(菌傘)의 아랫면에 있는 방사상(放射狀)의 주름. 많은 포자낭이 있어 포자를 배출함.

균-시차(均時差)圓 진태양시(眞太陽時)와 평균 태양시의 차이. 시차(時差).

균심(菌蕈)圓 ☞버섯.

균안(均安)'균안하다'의 어근.

균안-하다(均安-)혬 두루 편안하다. ¶댁내 제절(諸節)이 균안하시나이까?

균여-전(均如傳)圓 고려 문종 때, 혁련정(赫連挺)이 엮은 균여 대사의 전기. 여기에 향가 '보현십원가(普賢十願歌)'가 실려 전함.

균역-법(均役法)[-녁뻡]圓 조선 영조 26(1750)년에, 백성의 부담을 덜기 위하여 정하였던 납세 제도. 종래의 군포(軍布)를 두 필에서 한 필로 줄이고 그 부족액은 어업세·염세(塩税)·선박세 등으로 보충하였음.

균역-청(均役廳)圓 조선 말기에, 균역법의 실시에 따른 모든 사무를 맡아보던 관아.

균열(龜裂)圓(하자)(되자) ①거북의 등딱지 모양으로 갈라짐, 또는 그 갈라진 금이나 틈. 균열. ¶벽에 균열이 생기다. ②사람과 사람 사이에 틈이 생김. ¶두 사람 사이에 균열이 생기다.

균염-제(均染劑)圓 염색이 고루 잘되게 넣는 보조 약제.

균영(菌癭)圓 균류 따위의 기생으로, 식물체의 일부가 혹 같은 모양을 이룬 부분.

균온(均穩)'균온하다'의 어근.

균온-하다(均穩-)혬 [주로 편지에서 쓰이는 말로] 두루 평온하다. ¶집안이 균온하온지요?

균일(均一)혬혬 금액이나 수량 따위가 모두 똑같음. 차이가 없음. 고름. ¶값은 100원 균일입니다. 균일-히閉.

균일-제(均一制)[-쩨]圓 값이나 요금 따위를 균일하게 하는 제도.

균전(均田)圓 ①나라에서 토지를 백성에게 고루 나누어 주는 일, 또는 그 토지나 제도. ②지난날, 토지의 규모에 따라 세금을 고르게 매기던 일, 또는 그 제도.

균전-사(均田使)圓 조선 시대에, 논밭에 관한 일을 감독하던 벼슬아치.

균점(均霑)圓(하타) ①이익이나 혜택을 고르게 얻거나 받음. 균첨(均霑). ②국제법상, 다른 나라와 똑같은 혜택을 받음.

균제(均齊)圓(하혬) ①고르고 가지런함. ②모양이나 빛깔 따위가 다 잘 잡히어 고름.

균조^식물(菌藻植物)[-싱-]圓 은화식물(隱花植物)의 한 무리. 이끼 이하의 하등 식물로, 균류·조류(藻類)가 이에 포함됨.

균종(菌腫)圓 세균의 번식으로 생기는 혹 모양의 종기. 흔히 소나 말, 돼지 따위에서 볼 수 있음.

균질(均質)圓(하혬) 하나의 물체 가운데 어느 부분을 취하여도 물리적·화학적 성분이나 성질이 똑같은 일. 등질(等質).

균천(釣天)圓 구천(九天)의 하나. 하늘의 중앙.

균첨(均沾)圓(하타) ☞균점(均霑).

균탁(龜坼)圓(하자)(되자) ☞균열(龜裂).

균평(均平)'균평하다'의 어근.

균평-하다(均平-)혬 ①고르고 평평하다. ②고루 공평하다. ¶균평한 혜택. 균평-히閉.

균할(均割)圓(하타) 균등하게 분할함. 똑같이 할 당함.

균핵(菌核)圓 균사(菌絲)가 식물의 꽃이나 열매·뿌리 등에 붙어서 생기는 단단한 덩어리.

균핵-균(菌核菌)[-꾼]圓 균핵을 이루는 균류.

균핵-병(菌核病)[-뼝]圓 균핵을 이룬 균류의 기생으로 생긴 식물의 병.

균형(均衡)圓 어느 한쪽으로 기울거나 치우치지 아니하고 고른 상태. 권형(權衡). ¶균형이 깨지다.

균형^예:산(均衡豫算)[-녜-]圓 세입과 세출이 균형을 이루고 있는 예산.

균형^재정(均衡財政)圓 경상적(經常的) 지출과 경상적 수입이 균형을 이루고 있는 재정 상태. 건전 재정(健全財政).

귤(橘)圓 ①귤나무의 열매. 빛깔은 등황색이며, 맛은 시고 새콤달콤함. ②귤·유자·밀감 따위를 통틀어 이르는 말.

귤강-차(橘薑茶)圓 귤병(橘餠)과 편강(片薑)을 넣어 끓인 차.

귤-껍질(橘-)[-찔]圓 귤의 껍질. 약재로 쓰임. 귤피(橘皮).

귤-나무(橘-)[-라-]圓 운향과의 상록 활엽 교목. 높이 4m가량. 잎은 달걀 모양이며 초여름에 흰 꽃이 핌. 열매는 둥글납작한 액과(液果)로 노랗게 익으며 향기가 있음. 등자나무.

귤병(橘餠)圓 과자의 한 가지. 귤을 설탕이나 꿀에 조리어 만듦.

귤-빛(橘-)[-삗]圓 익은 귤의 빛깔과 같이 노란빛을 띤 주황빛. *귤빛이[-삐치]·귤빛만[-삔-]

귤색(橘色)[-쌕]圓 ①주황(朱黃)과 노랑의 중간 색상의 이름. 등황색(橙黃色). ②잘 익은 귤껍질의 빛깔. 오렌지색.

귤엽(橘葉)圓 귤나무의 잎. 약재로 쓰임.

귤피(橘皮)圓 ☞귤껍질.

귤피-문(橘皮紋)圓 귤껍질처럼 두툴두툴하게 생긴 도자기의 무늬.

귤핵(橘核)圓 한방에서, 귤의 씨를 약재로 이르는 말. 허리 아픈 데 쓰임.

귤홍(橘紅)圓 한방에서, 귤껍질의 안쪽에 있는 흰 부분을 벗겨 낸 껍질을 약재로 이르는 말. 홍피(紅皮).

귤화(橘花)圓 귤나무의 꽃.

귤화-차(橘花茶)圓 귤나무의 꽃을 말렸다가 물에 넣어 끓인 차.

그 �006 대 ①말하는 이와 듣는 이가 아닌 사람을 가리키는 삼인칭 대명사. 주로 남자를 가리킴. ¶그에게서 온 편지. /그와 함께 기뻐하다. ②<그것>의 준말. ¶그와 같은 물건. ⑇ 대 ①말하는 이에게서 조금 떨어져 있는 물건을 가리킬 때 쓰는 말. ¶그 책상. /그 공이 리 좀 다오. ②이미 말한 것이나 알고 있는 사물 등을 가리킬 때 쓰는 말. ¶그 친구네 집. / 그 노래를 불러 다오. ③확실하지 않거나 밝히고 싶지 않은 일 등을 말할 때 쓰는 말. ¶그 얼마 전에 있었던 일.

그 나물에 그 밥속담 서로 격이 어울리는 것끼리 짝이 된 경우에 하는 말.

그 아버지에 그 아들속담 여러 점에서 아들이 아버지를 많이 닮은 경우에 하는 말.

그-간(-間)圓 그사이. 그동안. ¶그간의 행적.

그-거대 <그것>의 준말. ¶그거 참 이상한데. / 그거 큰일이군. ㉬고거.

그-것[-걷]때 ①말하는 이가 상대편의 가까이에 있는 물건을 가리키는 말. ¶그것을 이리다오. /그것은 책이 아니다. ②이미 말한 것이나 알고 있는 사물을 가리키는 말. ¶그것은 내가 한 일이 아니다. /그것을 모르다니 정말 답답하군. ③'그 사람'을 흘하게, 또는 얕잡아이르는 말. ¶그것이 무얼 안담. ④'그 아이'를 귀엽게 이르는 말. ¶그것을 참 귀엽기도 하지. 훈그·거. 짝고것. * 그것이[-거시]·그것만[-건-]

그것-참[-걷-]깜 어떤 일에 대한 깊은 느낌을 나타내는 말. ¶그것참, 훌륭하기도 하다. 훈거참.

그-게훈 '그것이'가 줄어든 말. 짝고게.

그-곳[-곧]때 ①듣는 이로부터 아주 가까운 곳을 가리키는 말. ¶그곳에 책을 올려놓아라. ②이미 말한 곳을 가리키는 말. ¶그곳의 위치가 어디입니까? 거기. * 그곳이[-고시]·그곳만[-곤-]

그-글피똉 글피의 다음 날.

그-길-로휴 ①어떤 곳에 도착한 그 걸음으로. ②어떤 일이 있은 다음 곧. ¶사고 소식을 듣고 그길로 곧장 병원으로 갔다.

그-까지로휴 겨우 그만한 정도로. ¶그까지로일하려거든 아예 그만둬라. 짝고까지로.

그-까짓[-짇]깜 겨우 그만한 정도의. ¶그까짓 것은 누구나 할 수 있다. 훈그깟·까짓. 짝고까짓.

그-깟[-깓]깜 〈그까짓〉의 준말. ¶그깟 일로 울라다니. /그깟 놈은 없어도 된다. 짝고깟.

그-끄러께Ⅰ똉 그러께의 전해. 삼 년 전의 해. 삼작년(三昨年).
Ⅱ휴 그러께의 전해에. 삼 년 전의 해에.

그-끄저께Ⅰ똉 그저께의 전날. 삼작일(三昨日). 훈그끄제.
Ⅱ휴 그저께의 전날에. 훈그끄제.

그-끄제똉 〈그끄저께〉의 준말.
Ⅱ휴 〈그끄저께〉의 준말.

그나마휴 ①그것이나마. ¶그나마 먹을 것이 있어 다행이다. ②그것마저. ¶오두막집인데 그나마 이번 홍수에 떠내려갔다.

그나-저나휴 〈그러나저러나〉의 준말. ¶그나저나 넌 어디서 오는 길이니?

그-날똉 그 당일. 앞에서 말한 날.

그날-그날똉 날날. 매일. 하루하루. ¶그날 그날의 일은 그날그날 처리하라.
Ⅱ휴 날날이. 매일마다. ¶그날그날 겨우 버티어 나가다.

그-냥휴 ①그 모양 그대로. ¶그냥 두어라. ②그대로 줄곧. ¶그냥 잠만 자고 있다. ③아무런 대가나 조건 없이. ¶그냥 줄게. 짝고냥.

그냥-고지똉 모내기나 초벌 김매기 때, 아침 결두리와 점심만 얻어먹고 하는 고지.

그냥-저냥휴 되어가는 대로. 그저 그렇게. ¶힘들었지만 그냥저냥 살 수는 있었다.

그:네똉 가로 뻗은 나뭇가지 따위에 두 가닥의 줄을 매고 밑신개에 올라타 몸과 함께 앞뒤로 움직이게 만든 시설, 또는 그 놀이. 추천(鞦韆). ¶그네를 뛰다.

그-네때 듣는 이에게 가까이 있거나 듣는 이가 생각하고 있는 사람들을 가리키는 말. ②앞에서 이미 말한 사람들을 가리키는 말.

그:네-뛰기똉 그네에 올라타고 다리로 밑신개를 구르거나 하여 몸이 앞으로 나갔다 뒤로 물러갔다 하게 하는 놀이.

그:넷-줄[-네쭐/-넫쭐]똉 그네의 늘어뜨린 줄.

그-녀[-女]때 그 여자. 그 여인.

그-년때 ①말하는 이가 상대편의 가까이 있거나 생각하고 있는 여자를 흘하게 가리키는 말. ¶그년을 당장 끌어내라. ②이미 말한 여자나 알고 있는 여자를 흘하게 가리키는 말. ③'그 여자아이'를 흘하게, 또는 얕잡아 이르는 말. ¶그년이 말은 제법 잘하더군. ↔그놈.

그노시스(gnosis 그)똉 ['지식'의 뜻으로] 고대 그리스 말기에 나타난, 종교 철학상의 신에 대한 인식(認識). 초감각적인 신과의 융합(融合)의 체험을 가능하게 하는 신비적 직관.

그-놈때 ①말하는 이가 상대편의 가까이 있거나 생각하고 있는 남자를 흘하게 가리키는 말. ¶그놈을 당장 이리 끌고 오너라. ②이미 말한 남자나 알고 있는 남자를 흘하게 가리키는 말. ③'그 아이'를 흘하게, 또는 얕잡아 이르는 말. ¶참, 그놈 똑똑하군. ④말하는 이가 상대편의 가까이 있거나 생각하고 있는 사물을 속되게 이르는 말. (주로, '그놈의'의 꼴로 쓰임.) ¶그놈의 차가 또 말썽이군. ⑤말하는 이가 상대편의 가까이 있거나 생각하고 있는 동물이나 물건 따위를 흘하게 이르는 말. ¶그놈은 얼마요? ①~③→그년.

그느다[그느니·그너]타 (젖먹이가 대소변을) 분간하여 누다.

그느르다[그느르니·그늘러]타 보호하여 보살펴 주다.

그늘똉 ①빛이 가리어져 어두워진 상태, 또는 그 자리. ¶나무의 그늘. ②겉으로 잘 드러나지 않는 처나 환경. ¶그늘에서 사는 인간. ③부모나 어느 사람의 영향권. ¶스승의 그늘에 가려 빛을 못 보다. ④불행이나 근심이 있어 흐려진 분위기나 표정. ¶그늘이 진 얼굴.

그늘-대[-때] (짚자리 따위로 만들어) 길거리에서 장사하는 사람이 볕을 가리는 물건.

그늘-말림똉 ⇒음건(陰乾).

그늘-지다짜 ①빛이 직접 들지 아니하다. ②드러나지 않다. ③불행이나 근심이 있어 마음이나 표정이 흐려지다. ¶그늘진 얼굴.

그닐-거리다짜 자꾸 그닐그닐하다. 그닐대다. 짝가닐거리다.

그닐-그닐휴하형 자꾸 가렵거나 자릿자릿한 느낌이 드는 모양. 짝가닐가닐.

그닐-대다짜 그닐거리다.

그-다음똉 그것에 뒤미쳐 오는 때나 자리. ¶그 다음 골목. 훈그담. 짝고다음.

그-다지휴 (주로 '못하다'·'않다' 따위 부정의 말과 함께 쓰이어) ①그러하게까지. 그러하도록. ¶내 마음을 그다지 몰라 주느냐? 짝고다지. ②별로. ¶그다지 먹고 싶지 않다.

그-달똉 앞에서 이미 이야기한 달. ¶그들은 5월 초에 만나 그달 말에 결혼하였다. 짝이달.

그-담똉 〈그다음〉의 준말. 짝고담.

그-대[편지 글 따위에 쓰이어] ①'너'라고 할 사람을 대접하여 일컫는 말. ②애인끼리 '당신'이라고 하는 뜻으로 정답게 일컫는 말.

그-대로휴 ①(더하거나 고치거나 변하지 않고) 전에 있던 것과 같이. 그대로 두다. ②그냥. ¶보고도 못 본 체 그대로 지나가더라. 짝고대로.

그-동안똉 그사이. 그간. ¶그동안의 연구 실적.

그득휴하형 (그릇이나 어떤 범위에) 넘칠 듯이 차 있는 모양. ¶독에 물을 그득 채우다. 짝가득. ㉦그득히. 그득-히휴. 그득-하다형. 그득-하다형.

그들먹-하다[-머카-]형여 거의 그득하다. ¶방 안을 그들먹하게 매우다. 짝가들막하다. 그들먹-이휴.

그듸団 〈옛〉그대. ¶다봇 ''''을 오늘 비르서 그듸 룰 爲호야 여노라(杜初22:6).

그듸'団 〈옛〉그대. ¶願호돈 내 그딧 가시 ᄃ외 아지라(月釋1:11).

그듸²団 〈옛〉그대가. ¶그디 子息 업더니 므슥 罪오(月釋1:7).

그듸団 〈옛〉그대. ¶됴뫙이 그대 일홈과 덕을 스 모흐여(五倫2:20).

그-따위 I団 그러한 부류의 대상을 얕잡아 이 르는 말. ¶그따위 녀석은 상대할 가치도 없다. II판 〔얕잡는 뜻으로〕그러한 부류의. ¶그따 위 시시한 소리는 그만 해라.

그-때명 그 당시. 전에 말한 때.

그때-그때 I명 일이 벌어지거나 기회가 주어 지는 때. ¶그때그때.
II부 일이 벌어지거나 기회가 주어지는 때마 다. ¶일을 그때그때 처리하다.

그뜩부형 〈그득〉의 센말. ¶솥에 물을 그뜩 붓다. 函가득.

그라베 (grave 이)명 악곡의 빠르기를 지시하는 말. '아주 느리고 장중하게'의 뜻.

그라비어 (gravure)명 사진 제판에 의한 요판(凹 版) 인쇄의 한 가지. 사진 요판(寫眞凹版).

그라우팅 (grouting)명 갈라진 바위틈이나 석축 (石築)의 틈 같은 데에 시멘트나 모르타르 따 위를 밀어 넣어 메우는 일.

그라운드 (ground)명 운동장. 야외 경기장.

그라운드^룰: (ground rule)명 경기장의 사정에 따라 정식 경기 규정을 적용할 수 없을 경우에 임시로 적용하는 경기 규정.

그라운드^스트로:크 (ground stroke)명 테니스 에서, 한 번 땅 위에 떨어져 튄 공을 치는 일.

그라운딩 (grounding)명 럭비에서, 트라이할 때 와 같이 공을 지면에 꽉 누르는 일.

그라인더 (grinder)명 연마반(研磨盤).

그라치오소 (grazioso 이)명 악보의 나타냄표. '우아하게'의 뜻.

그라칠레 (gracile 이)명 악보의 나타냄말. '우미 (優美)하게'의 뜻.

그라:프^난포 (Graaf卵胞)명 ⇨그라프 여포.

그라:프^여포 (Graaf濾胞)명 난원세포(卵原細 胞)를 둘러싸고, 이것을 보호하여 양분을 공급 하는 세포군(細胞群). 그라프 난포.

그랑프리 (grand prix 프)명 대상(大賞). 최우 수상.

그래¹감 I ①친구나 아랫사람에게 대답하는 말. 오냐. ¶그래, 잘 알겠다. ②말을 다잡아 묻거 나 강조할 때 쓰는 말. ¶그래, 그게 잘한 짓이 오? ③'아, 글쎄'의 뜻으로 쓰이는 말. ¶그 래, 그것도 못하나? ④상대편의 말에 대한 감 탄이나 놀라움을 나타낼 때 쓰는 말. ¶그래? 그것 참 다행하네.

그래²준 '그리하여' 또는 '그러하여'가 줄어든 말. ¶그래 가지고야 어찌 성공을 바라겠느 냐?/그곳 형편이 그래 그냥 돌아왔다. 函고래³.

그래-그래감 친구 또는 아랫사람의 말을 반가이 수긍할 때 쓰는 말. ¶그래그래, 네 말이 옳다 마다.

그래-도준 '그리하여도' 또는 '그러하여도'가 줄어든 말. ¶그래도 과히 밑지지는 않겠다./ 아무리 그래도 전화 한 통 못하니? 函고래도.

그래서 I부 앞에서 이야기된 내용이 뒤에서 이 야기되는 내용의 원인·조건·근거가 됨을 나타 내는 접속 부사. ¶비가 왔다. 그래서 소풍 계 획은 취소되었다.

II준 '그리하여서' 또는 '그러하여서'가 줄어 든 말. ¶학생이 그래서 되겠느냐?/꼴이 그래 서 되겠니? 函고래서.

그래-저래부 그러하고 저러한 모양으로. 그러하 고 저러한 이유로. ¶그래저래 생활비가 하나 도 남지 않았다.

그래프 (graph)명 ①통계의 결과를 한눈에 볼 수 있도록 나타낸 표. ②주어진 함수(函數)가 나타내는 직선이나 곡선.

그래픽 (graphic)명 '그림'·'도형'·'화보(畫報)' 로 순화.

그래픽^디자인 (graphic design)명 〔인쇄되는〕 평면적인 디자인. 포스터나 삽화, 광고나 표지 따위의 디자인.

그래픽^아:트 (graphic art)명 평면 위에 도형을 만드는 회화(繪畫)나 판화(版畫), 상업 디자인 등의 기술을 통틀어 이르는 말.

그랜드-스탠드 (grandstand)명 운동장이나 경마 장 등의 정면(正面)에 있는 관람석.

그랜드^슬램 (grand slam)명 ①테니스·골프에 서, 한 선수가 한 해에 4대 타이틀 경기에서 모두 우승하는 일. ②야구에서, 만루 홈런을 치는 일.

그랜드^오페라 (grand opera)명 〔'화려하고 규 모가 큰 오페라'라는 뜻으로〕대화까지도 노래 와 음악으로 된 가극. 대가극. 정가극(正歌劇).

그랜드^피아노 (grand piano)명 현(絃)을 수평 으로 쳐 놓은 연주회용의 대형 피아노.

그램 (gram)의 미터법에 의한 질량(質量)의 단 위. 4°C의 물 1 cm³의 질량. 〔기호는 g〕

그램-당량 (gram當量)의 어떤 화합물의 화학 당량을 나타내는 단위. 수소 $1.008\,g$이나 산소 $8.00\,g$과 화합하는 다른 물질의 양을 그램으로 표시한다.

그램-분자 (gram分子)의 물질의 한 분자량을 그 램으로 나타내는 양의 단위. 〔산소 1그램분자 는 $31.9988\,g$이다.〕몰(mole).

그램-원자 (gram原子)의 각 원소의 원자량을 그 램으로 나타내는 양의 단위. 〔산소 1그램원자 는 $15.9994\,g$이다.〕

그램-이온 (gram ion)의 이온의 양을 나타내는 단위. 아보가드로수와 같은 수의 이온 집단의 질량. 〔보통, 염류(鹽類) 용액의 농도를 나타 냄. 1그램이온은 6.023×10^{23}개의 이온 양임.〕

그램-중 (gram重)의 힘(무게)의 중력 단위. 1그 램의 질량(質量)에 작용하는 중력(重力). 〔1그 램중은 980.665다인과 같음.〕

그램-칼로리 (gram calorie)의 '칼로리' 집단의 질량임을 킬로칼로리에 대하여 이르는 말.

그랬다-저랬다 [-랜따-랜따]준 '그리하였다가 저리하였다가'가 줄어든 말.

그러게 I부 자신의 말이 옳았음을 강조할 때 쓰는 말. ¶그러게 조심하라고 일렀는데. /그러 게 내가 뭐랬나?
II감 상대편의 말에 찬성하는 뜻을 나타낼 때 쓰는 말. ¶"그 친구 아직 정신을 못 차렸군." "그러게요."

그러고준 '그리하고'가 줄어든 말. ¶그러고 보 니, 모두가 내 잘못이로구나. /그러고 섰지 말 고 어서 서둘러라.

그러고-저러고준 '그리하고 저러하고'가 줄어 든 말. ¶그러고저러고 말도 탈도 많더니 결국 은 이민을 가는구나.

그러-구러부 우연히 그러하게 되어. ¶김 군과 는 그러구러 친하게 되었다.

그러그러-하다[형어] ①여럿이 모두 그러루하다. ②특별히 말할 만한 거리가 없이 그저 평범하다. ¶ 새살림이라고는 하지만 그러그러하다. ㈜고러고러하다.

그러께[Ⅰ][명] 지난해의 전해. 재작년. 지지난해. 전전년. 거거년. ¶ 그러께가 내가 학교를 졸업한 해이다.
[Ⅱ][부] 지난해의 전해에. ¶ 이 사진은 그러께 찍은 것이다.

그러나[Ⅰ][부] 앞의 말에 맞서게 하여 반박하거나 상반되는 말로 뒤의 말을 이끌 때 쓰이는 접속 부사. ¶ 덩치는 아주 작다. 그러나 힘은 어른 못지않다.
[Ⅱ][준] '그리하나' 또는 '그러하나'가 줄어든 말. ¶ 겉은 그러나 속은 매우 알차다.

그러나-저러나[Ⅰ][부] '그러하나 저러하나' 또는 '그리하나 저리하나'가 줄어서 된 말. 어떻든 간에. [지금까지의 화제를 다른 데로 돌릴 때 씀.] ¶ 그러나저러나 일은 끝나야겠어. ㈜나저나.
[Ⅱ][준] '그리하나 저리하나' 또는 '그러하나 저러하나'가 줄어든 말. ¶ 그러나저러나 이 일은 어차피 실패할 것이다.

그러-내다[타] (깊이 들어 있는 물건을) 그러당기어 밖으로 내다. ¶ 아궁이의 재를 그러내다.

그러-넣다[-너타][타] (흩어진 것을) 그러모아 안으로 집어넣다.

그러니[Ⅰ][부] 앞의 말이 뒤에 오는 말의 원인이나 근거가 될 때 쓰이는 접속 부사. ¶ 모임이 내일로 연기되었다. 그러니 너도 그만 돌아가거라.
[Ⅱ][준] '그러하니'가 줄어든 말. ¶ 내 사정이 그러니 어찌겠나.

그러니까[Ⅰ][부] '그러하니까'의 뜻을 나타내는 접속 부사. ¶ 지금까지 피차 손해 본 건 하나도 없다. 그러니까 이번 계약은 없던 일로 하자.
[Ⅱ][준] '그리하니까' 또는 '그러하니까'가 줄어든 말. ¶ 네가 그러니까 사람들이 욕을 하지.

그러니-저러니[준] '그러하다느니 저러하다느니'가 줄어든 말. ¶ 그러니저러니 말도 많다.

그러다[자] '그리하다'가 줄어서 된 말. 그렇게 말하거나 행동하거나 생각하다. ¶ 그러지 마세요. /서둘러라. 그러다가 늦겠다. ㈜고러다.
그러리 말리[관용] 그러니저러니 여러 가지로. ¶ 그러리 말리 복잡한 일도 많다.

그러-담다[-따][타] 한데 그러모아 담다. ¶ 흙을 자루에 그러담다. /고추를 바구니에 그러담다.

그러-당기다[타] 그러모아서 당기다. ¶ 그의 말에는 사람을 그러당기는 힘이 있다.

그러데이션(gradation)[명] 미술에서, 진한 색채에서 차차 흐리게 그림을 그리는 법. 바림.

그러-들이다[타] 그러당기어 들이다. ¶ 닥치는 대로 그러들이다.

그러루-하다[형어] 대개 비슷비슷하다. 어지간하다. ㈜고러루하다.

그러매[준] '그러하매'가 줄어든 말.

그러-면[Ⅰ][부] ①앞의 말이 뒤에 오는 말의 전제가 됨을 나타내는 접속 부사. ¶ 구하라, 그러면 얻을 것이다. /여행을 해 보라, 그러면 네 삶에 대한 경외를 느낄 것이다. ②앞의 말을 받아들이되, 뒤의 말을 다른 방향으로 이끌거나 다른 즉은 내용으로 이어받을 때 쓰이는 접속 부사. ¶ 혼자 가겠다고. 그러면 나머지 사람은 뭐하고?/자, 그러면 우리 이렇게 합시다. ㈜그럼1.
[Ⅱ][준] '그리하면' 또는 '그러하면'이 줄어든 말. ¶ 너 그러면 혼난다. /네 생각이 그러면 한번 해라.

그러면 그럴(겠)지[관용] 결국 원하거나 생각하였던 대로 됨을 흡족히 여겨 하는 말. ¶ 그러면 그렇지, 네가 안 올 리가 있나.

그러면서[Ⅰ][부] '그러하게 하면서'의 뜻을 나타내는 접속 부사 ¶ 그러면서 무슨 핑계가 그렇게도 많다니?
[Ⅱ][준] '그러하게 하면서'가 줄어든 말. ¶ 너는 더 그러면서 남을 탓할 수 있느냐?

그러-모으다[~모으니·~모아][타] (흩어진 것을) 거두어 한곳에 모으다. ¶ 가랑잎을 그러모으다.

그러-묻다[-따][타] (흩어진 것을) 한데 모아 묻다. ¶ 쓰레기를 그러묻다.

그러므로[부] 앞의 내용이 뒤에 오는 내용의 원인·전제·조건이 됨을 나타내는 접속 부사. 그러한 까닭으로. ¶ 수출 실적이 좋지 않다. 그러므로 당분간 제품 생산량을 줄여야겠다.

그러-안다[-따][타] ①두 팔로 싸잡아 안다. ¶ 보퉁이를 그러안고 가는 아낙네. ②어떤 일을 마음속에 간직하고 있음을 나타내는 말. ¶ 이별의 상처를 그러안고 살아가다. ③어떤 일을 떠맡다. ¶ 네 일도 힘들다면서 남의 일까지 그러안으면 어떻게 다 할 작정이냐?

그러자[Ⅰ][부] '그러하게 하자' 또는 '그러하자'의 뜻을 나타내는 접속 부사. ¶ 원고 청탁을 일언지하에 거절했다. 그러자 그는 두말없이 되돌아갔다.
[Ⅱ][준] '그러하게 하자' 또는 '그러하자'가 줄어든 말. ¶ 너도 그러자고 할 땐 언제고 이제 와서 딴소리냐. /믿었던 친구가 그러자 맥이 탁 풀렸다.

그러잖아도[-잔-][준] '그러지 않아도'가 줄어든 말. ¶ 그러잖아도 자넬 기다렸지.

그러-잡다[-따][타] 그러당겨 붙잡다.

그러저러-하다[형어] 〔'그렇고 저렇다'의 뜻으로〕 한마디로 말할 수 없는 사연이 있다. ¶ 그러저러한 사정이 있었소.

그러-쥐다[타] 그러당겨 쥐다. ¶ 소총을 그러쥔 손에 힘이 솟는다.

그러-하다[형어] (모양이나 모습이) 그와 같다. ¶ 그저 그러하다. ㈜그렇다. ㈜고러하다.

그럭-저럭[-쩌-][부][하지] 되어 가는 대로. 뚜렷하게 이렇다 할 만한 것 없이. ¶ 그럭저럭하는 사이에 나이만 먹었다.

그런[Ⅰ][관] 상태, 모양, 성질 따위가 그러한. ¶ 그런 상황. /그런 사람. /그런 일.
[Ⅱ][준] '그러한'이 줄어든 말. ¶ 나는 네가 그런 줄 알았다.

그런-고로[부] 그러한 까닭으로.

그런-대로[부] 만족스럽지는 아니하지만 그러한 정도로. ¶ 그런대로 한세상 지내시구려.

그런데[Ⅰ][부] 앞의 말을 관련시키면서 다른 방향으로 이끌어 나가거나 상반된 내용으로 이끌 때 쓰이는 접속 부사. ¶ 내 잘못이 크다. 그런데 누구를 원망하겠나. /3시쯤 온다고 했다. 그런데 아직까지 아무 연락이 없다. ㈜건데·근데.
[Ⅱ][준] '그러한데'가 줄어든 말. ¶ 내 처지가 그런데 남 생각할 겨를이 있겠나.

그런즉[준] '그러한즉'이 줄어든 말.

그럴-듯하다[-뜨타][형어] ①제법 그러하다고 여길 만하다. ¶ 그럴듯하게 말을 꾸미다. ②제법 훌륭하다. ¶ 그럴듯하게 만들었다.

그럴싯튀 〈옛〉그러므로. ¶ 너출 버두미 그럴싯 기디 몬ᄒᆞ느니라(杜初8:67).

그럴-싸-하다혱 그럴듯하다. ¶ 거짓말로 그럴 싸하게 꾸며 댔다.

그럴씨튀 〈옛〉그러므로. ¶ 그럴씨 宗親과 宰相과 功臣과 아오과(月釋序24).

그림¹ [I]튀 〈그러면〉의 준말. ¶ 그림 누가 이 일을 하지?
　[II]캄 '그러면'이 줄어든 말. ¶ 극장에서 그림 안돼.

그림²캄 당연하다는 생각을 나타내는 말. ¶ 그림, 알아듣고말고.

그림-거리다잗 목구멍 안에 가래가 끓어 숨을 쉬는 대로 자꾸 그렁그렁 소리가 나다. 그렁대다. ®가랑거리다.

그림-그림¹튀ᄌ 목구멍 안에 가래가 끓는 모양, 또는 가래가 끓어 숨을 쉴 때마다 나는 소리. ®가랑가랑.

그림-그림²튀혱 ①액체가 그릇에 넘칠 듯이 차 있는 모양. ②눈에 눈물이 가득 괸 모양. ③건더기는 적고 국물이 많은 모양. ④(물 따위를 너무 많이 마셔서) 배 속이 그득 찬 듯한 느낌. ®가랑가랑². ㉡크렁크렁.

그림-대다잗 그렁거리다.

그렁성-저렁성튀ᄌ혱 그런 듯도 하고 저런 듯도 하여 아무 대중 없이. ®이렁성저렁성.

그림-저렁튀ᄌ 어찌 되어 가는 셈인지 모르게. ¶ 그렁저렁하는 사이에 세월이 흘러갔다.

그렇게[-러케]튀 '그러하게'가 줄어든 말. ¶ 그렇게 애쓰지 마라.

그렇다[-러타][-러타][그러니·그래]혱 ①〈그러하다〉의 준말. ¶ 저는 그런 사람을 모릅니다. ②특별한 변화가 없다. ¶ "요즘도 바쁘니?" "나야 그렇지 뭐." ③만족스럽지 아니하다. ¶ 이 옷은 좀 그래.
　그럼에도 불구하고관용 사실은 그러하지만 그것과는 상관없이.
　그렇고 그렇다관용 대수롭거나 특별하지 않다.

그렇-듯[-러튿]준 '그러하듯'이 줄어든 말.

그렇-듯이[-러트시]준 '그러하듯이'가 줄어든 말.

그렇잖다[-러찬타]준 '그렇지 않다'가 줄어든 말.

그렇지[-러치] [I]캄 그렇고 말고. 그러면 그렇지.
　[II]튀 '그러하지'가 줄어든 말.

그렇지-마는[-러치-]튀 〈그렇지만〉의 본딧말.

그렇지-만[-러치-]튀 앞의 내용을 인정하면서 앞의 내용과 뒤의 내용이 대립될 때 쓰는 접속 부사. ¶ 사정은 딱하다. 그렇지만 도와줄 형편이 안 된다. ®그렇지마는.

그:레명 기둥이나 재목 따위를 그 놓일 자리에 꼭 맞도록 däl 내기 위하여 바닥의 높낮이에 따라 그리는, 붓 노릇을 하는 물건.

그레고리-력(Gregory曆)명 1582년 로마 교황 그레고리우스 13세가 종래의 율리우스력을 개량하여 만든 태양력. 현재 세계의 공통력으로 쓰이고 있음.

그레이더(grader)명 토목 정지용(整地用) 기계의 한 가지. 비행장이나 도로 건설 따위에 쓰임.

그레이-칼라(gray-collar)명 사무직에 종사하는 화이트칼라와 생산 현장에서 일하는 블루칼라의 중간적인 성격을 지닌 노동자를 통틀어 이르는 말. 〔자동화 시스템의 감시원이나 컴퓨터의 오퍼레이터들.〕

그레이하운드(greyhound)명 이집트 원산의 개의 한 품종. 몸이 가늘고 길며 특히 목과 꼬리

가 길고, 귀는 짧음. 후각보다 시각이 발달하였으며, 주력(走力)이 힘차고 빨라 사냥개로 쓰이기도 하지만, 경주용으로 더 널리 쓰이고 있음.

그레인(grain)명 야드파운드법에서 무게의 최소 단위. 1그레인은 0.0648 g. 〔기호는 gr〕

그:레-질명혱 그레로 그리는 일.

그레코-로만(Greco-Roman)명 ①그리스와 로마의 혼합 양식. ②☞그레코로만형.

그레코로만-형(Greco-Roman型)명 레슬링 종목의 한 가지. 상대편의 윗몸만을 공격하여 승부를 겨루는 종목. 그레코로만. 웰자유형.

그려조 '하게'나 '하오'를 할 자리의 종결 어미에 붙어, 감탄이나 강조의 뜻을 나타내는 말. ¶ 어디 봅시다그려. /크네그려.

그려기명 〈옛〉기러기. ¶ 비록 南으로 디나갈 그려기 업스니(杜初22:15).

그려도튀 〈옛〉그래도. 오히려. ¶ 그려도 하 애도래라 가는 뜻을 널러라(古時調).

그로기(groggy)명 권투에서, 심한 타격을 받아 경기를 계속할 수 없을 정도로 몸을 가누지 못하고 비틀거리는 일. ¶ 상대에게 카운터펀치를 맞고 그로기 상태에 빠지다.

그로스(gross)명 수량을 나타내는 단위. 〔1그로스는 12다스, 144개.〕

그로테스크-하다(grotesque-)혱Ⓖ '기괴하다'로 순화.

그루 [I]명 (나무나 곡식 따위의) 줄기의 밑동.
　[II]의 ①식물, 특히 나무를 세는 단위. ¶ 멀리 보이는 두 그루의 나무. ②한 해에 같은 땅에 짓는 농사의 횟수(回數)를 세는 단위. ¶ 여러 그루를 심어 소득을 올리다.
　그루(를) 갖추다관용 곡식의 이삭이 고르게 패어 가지런하다.
　그루(를) 뒤다관용 땅을 갈아서 그루를 뒤엎다.
　그루(를) 들이다관용 땅을 갈아 그루를 뒤엎고 다시 곡식을 심다.
　그루(를) 앉히다관용 앞으로 할 일에 대하여 그것을 해 나갈 수 있도록 터전을 잡아 주다.
　그루(를) 치다관용 그루를 박아서 가지런하게 하다.
　그루(를) 타다관용 같은 땅에 같은 곡식을 연거푸 심어 그 곡식이 잘되지 아니하다.

그루-갈이명혱 한 경작지에서 한 해에 두 차례 다른 작물을 짓는 일. 근경(根耕). 근종(根種). 이모작.

그루-되다[-되-/-뒈-]잗 (서너 살 안짝의 어린아이가) 나이보다 숙성하다.

그루-박다[-따]타 ①물건을 거꾸로 들어 머리를 땅바닥에 수직이 되게 하고 탁 놓다. ②연날리기에서, 연의 머리를 아래를 향하여 내려가게 하다. ③사람의 기를 펴지 못하게 억누르다.

그루-밭[-받]명 밀이나 보리를 베어 내고 다른 작물을 심은 밭. * 그루밭이[-바치]·그루밭을[-바틀]·그루밭만[-반-]

그루-벼명 ①보리를 거둔 논에 그루갈이로 심은 벼. ②☞움벼.

그루-빈대명 번성기가 지나 늦게 생긴 빈대.

그루-빼기명 나뭇단이나 짚단 따위의 그루가 맞대어서 이룬 바닥.

그루-차례(-次例)명 그루갈이의 횟수(回數).

그루-콩명 그루갈이로 심은 콩. 근태(根太). 준글콩.

그루-터기명 나무나 풀 따위를 베고 남은 밑동. ¶ 나무 그루터기.

그루-팥[-팓]圐 그루갈이로 심은 팥. * 그루팥 이[-파치]·그루팥을[-파틀]·그루팥만[-판-]

그룹(group)圐 ①동아리. 집단. ②분단(分團). ③〈기업 그룹〉의 준말.

그룹:-사운드(group+sound)圐 연주하면서 노래도 하는, 작은 편성의 연주 집단.

그룹:^학습(group學習)[-씁]圐 학습 능력을 높이기 위하여, 한 학급을 몇 분단으로 나누어 학습을 하는 일.

그르뿌〈옛〉그릇. 잘못. ¶그르 아는 이룰 ㄱㄹ 쳐 고텨리놀(月釋1:9).

그르다[그르니·글러]围튼 ①옳지 아니하다. ¶자네가 그르다. ②될 가망이 없다. ¶중한 병이라 회복하기는 글렀다. ③하는 짓이 싹수가 없다. ¶사람 구실하기는 영 글렀다.

그르렁뿌 목구멍 안에 가래 따위가 걸리어 숨 쉬는 대로 나는 소리. ㉑가르랑. **그르렁-그르렁**[하자].

그르렁-거리다자 자꾸 그르렁그르렁하다. 그르렁대다. ㉑가르랑거리다.

그르렁-대다자 그르렁거리다.

그르메〈옛〉그림자. ¶그르메 밧긔 ㅅㅁ 쁴오미 瑠璃곤더라(月釋2:22).

그르치다围 (잘못하여) 그릇되게 하다. ¶어쩌다가 일을 그르치고 말았다.

그릇[-를]圐 ①물건을 담는 기구를 통틀어 이르는 말. ②사람의 능력이나 도량. ¶그는 그릇이 작다. ③〈의존 명사적 용법〉음식이나 물건을 그릇에 담아 그 분량을 세는 단위. ¶국수 한 그릇. * 그릇이[-르시]·그릇만[-른-]

그릇[-를]圐⃞围⃞되자 그르게. 틀리게. ¶그릇 판단하다.

그릇-명(-皿)[-른-]圐 한자 부수의 한 가지. '盔'·'盟' 등에서의 '皿'의 이름.

그릇-박[-를빡]圐 그릇을 담는 함지박.

그릇-장(-欌)[-를짱]圐 그릇을 넣어 두는 장.

그리[뿌⃞하자⃞되자⃞自 ①상태·성질·모양 따위가 그러한 모양. ¶그리 급했었느냐?/매사를 그리하니까 탈이 나지. /그리되기만 하면 보수를 두둑하게 주겠네. ㉑고리4. ②그다지. ¶그리 달갑지 않다.

그리뿌 그곳으로. 그쪽으로. ¶벌써 그리 떠났다. /저리는 못 가고 그리로 갔다. ㉑고리5.

그리고쩝 '그리하고'가 줄어서 된 말로, '그리하여·또·와·및'의 뜻으로 쓰이어, 말이나 문장을 이어 주는 구실을 함.

그리니치-시(Greenwich時)圐 그리니치 천문대를 지나는 본초 자오선을 기준한 세계 표준시. 평균 태양이 이 자오선을 지나는 시간을 정오로 하여 전 세계의 지방시·표준시를 정함.

그리다타 (사랑하는 마음으로) 간절히 생각하다. ¶조국을 그리는 마음.

그리다타 ①(사물의 형상을) 선이나 빛깔로 나타내다. ¶도표를 그리다. /풍경화를 그리다. ②(사물의 형상이나 사상·감정을) 말이나 글로 나타내다. ¶농민의 생활상을 그린 소설. ③회상하거나 상상하여 보다.

그리-도뿌 그렇게도. 그처럼. 그다지도. ¶무슨 걱정이 그리도 많니?

그리드(grid)圐 삼극 진공관의 한 극. 양극(陽極)과 음극(陰極)과의 중간에 장치한 그물꼴의 금속. 전자(電子) 전류를 제어하는 작용을 함.

그리마圐 그리맛과의 절지동물. 몸길이 3cm가량. 지네와 비슷하나 머리에 매우 긴 한 쌍의 촉각이 있으며, 15쌍의 다리가 있음. 몸빛은

암황갈색임. 마루 밑 같은 어둡고 습한 곳에서 작은 벌레를 잡아먹고 삶.

그리메〈옛〉그림자. ¶낤 그리메 조오롬 업수메 비취옛ᄂᆞ니(杜初9:20).

그리스(grease)圐 기계의 마찰 부분에 쓰는 매우 끈적끈적한 윤활유.

그리스도(←Kristos)圐 ('구세주'라는 뜻으로) '예수'를 일컫는 말. 기독(基督). 메시아.

그리스도-교(←Kristos敎)圐 기독교(基督敎).

그리스도^기원(←Kristos紀元)圐 서력 기원.

그리:스^어:(Greece語)圐 그리스 본토와 터키·알바니아 등지에 사는 그리스 사람들이 쓰는 언어. 인도·유럽 어족에 속함. 희랍어.

그리:스^정:교(Greece正敎)圐 기독교의 한 교파. 로마 교황을 인정하지 않고 교회와 의식을 존중함. 그리스 정교회. 동방 교회. 동방 정교. 정교(正敎). 정교회(正敎會). 희랍 정교.

그리:스^정:교회(Greece正敎會)[-회ᅵ-궤]圐 그리스 정교.

그리움圐 그리워하는 마음. 사모하는 정. ¶그리움이 사무치다.

그리워-하다타여 그리는 마음을 가지다. 사모하다. ¶고향을 그리워하다.

그리-저리뿌하자 아무렇게나 되는대로.

그리-하여뿌 앞의 내용이 뒤의 내용의 원인임을 나타내거나 앞의 내용이 발전하여 뒤의 내용이 전개될 때 쓰이는 접속 부사. ¶그리하여 두 사람은 의형제가 되었다.

그린:(green)圐 골프장의 잔디밭.

그린:-라운드(Green Round)圐 지구의 환경을 개선·보호하기 위하여 세계 여러 나라가 환경 문제를 국제 무역 거래와 연계하여 벌이는 다자간 협상.

그린:-벨트(greenbelt)圐 '녹지대'·'개발 제한 구역'으로 순화

그린-카:드(green card)圐 푸른색으로 된 신분증. 주로 일반인에 비하여 우대하는 뜻이 있는 경우가 많고, 환경 관련 단체나 환경과 관련된 의미로도 씀.

그린:-피:(green fee)圐 골프장의 코스를 사용하는 요금.

그린:피:스(Green Peace)圐 핵무기 반대와 환경 보호를 목표로 국제적 활동을 벌이는 단체. 본부는 암스테르담에 있음.

그린:피:스(green peas)圐 완두의 한 품종. 열매가 초록색임.

그릴(grill)圐 ①고기나 생선을 굽는 석쇠 따위. ②즉석에서 석쇠에 구운 고기나 생선. ③즉석에서 구운 고기 따위를 파는 서양식 식당. 양식점.

그:림圐 ①사물의 형상이나 정감을 선이나 색채로 평면 위에 나타낸 것. 회화. ②'매우 아름다운 광경이나 경치'를 비유하여 이르는 말.

그림의 떡관용 '아무리 마음에 들어도 실지로 이용할 수 없거나 차지할 수 없는 것'을 비유하여 이르는 말. 화중지병(畫中之餅).

그:림-그래프(-graph)圐 통계 수치 따위를 그림으로 나타낸 그래프.

그:림-글자(-字)[-짜]圐 그림 문자.

그:림-문자(-文字)圐 문자의 발생 초기에 의사 전달의 수단으로 쓰여진 그림. 상형 문자보다 더욱 유치한 단계임. 그림 글자. 회화 문자.

그:림-물감[-깜]圐 그림을 그리는 데 쓰이는 재료. 색소와 고착제 따위를 섞어 만듦. 물감. 채료(彩料).

그:림-배명 ☞화방(畫舫).

그:림-본(-本)[-뿐]명 그림을 그릴 때 본보기로 쓰는 그림. 모형(模型).

그:림-쇠[-쇠/-쉐]명 지름 또는 선(線)의 거리를 재는 기구. 규구(規矩).

그:림-씨명 ☞형용사(形容詞).

그:림^연:극(-演劇)[-년-]명 이야기의 장면을 연속적으로 한 그림을 상자 속에 넣어, 순서대로 한 장씩 내보이면서 어린이들에게 극적으로 설명해 나가는 극(劇). 극화(劇畫).

그림-엽서(-葉書)[-녑-]명 뒷면에 명승고적이나 그 밖의 사진 또는 그림을 인쇄한 우편엽서.

그림-일기(-日記)명 (주로 아동들이 쓰는) 그림을 위주로 한 일기.

그:림자명 ①물체가 빛을 가리어 반대쪽에 나타나는 거무스름한 형상. ¶그림자가 지다. ②물이나 거울 따위에 비치는 물체의 형상. ③사람의 자취. ¶사람의 그림자 하나 없다. ④얼굴에 나타난 불행이나 근심 따위의 표정. ¶그의 얼굴에 어두운 그림자가 서리다.

그림자도 없다관용 자취를 감추어 흔적도 없다. 온데간데없다.

그림자를 감추다관용 자취를 감추어 나타나지 않다.

그:림자-놀이명 사람이나 짐승 모양으로 만든 것에 등불을 비추어 벽 같은 곳에 그 그림자가 나타나게 하는 놀이.

그:림자-밟기[-밥끼]명 술래가 된 사람이 다른 사람을 쫓아다니면서 그의 그림자를 밟는 어린이의 놀이.

그:림-쟁이명 '그림 그리는 것을 업으로 하는 사람'을 속되게 이르는 말. 환쟁이.

그:림-책(-冊)명 ①그림을 모은 책. ②그림본으로 쓰는 책. ③그림을 위주로 엮은 어린이용의 책.

그:림-판(-版)명 활판에 쓰는 동판이나 아연판 따위를 통틀어 이르는 말.

그립(grip)명 배트나 라켓·골프채 따위의 손잡이, 또는 그것을 잡는 방법.

그립다[-따][그리우니·그리워]형ㅂ ①그리는 마음이 간절하다. ¶고향이 그립다. ②어떤 것이 매우 필요하거나 아쉽다. ¶요즘 아이들은 쌀밥 그리운 줄도 모른다.

그릇¹명 <옛> 그릇. ¶또 그릇들 설어저 오라(老解上39).

그릇²명 <옛> 그릇. 잘못. ¶黃庭經 一字롤 엇디 그릇 닐거 두고(鄭澈.關東別曲).

그-만¹관 '그만한'이 줄어서 된 말. 그 정도의. ¶그만 일은 누구나 할 수 있다. 참고만¹.

그-만²부 ①그 정도까지만. ¶그만 먹어라. ②그대로 곧. ¶그는 화를 막 내면서 그만 가 버렸다. ③그 정도로 하고. ¶이제 그만 마칩시다. ④자신도 모르는 사이에. ¶너무 놀라서 그만 주저앉고 말았다. ⑤달리 해 볼 도리가 없이. ¶늦잠을 자는 바람에 그만 지각하고 말았다. 참고만².

그만그만-하다형여 ①(정도가) 그저 어슷비슷하다. ¶아이들의 키가 모두 그만그만하다. ②사실이나 내용이 그렇고 그렇다. ¶그만그만한 일로 아내와 다투었다. 참고만조만하다.

그만-두다타 (하던 일을) 중도에서 그치다. ¶학교를 그만두다. ②(하려고 하던 일을) 아니하다. ¶비가 와 경기를 그만두다. 준간두다. 참고만두다.

그만-이다형 ①마지막이다. 그것뿐이다. ¶내가 여기를 떠나면 그만이다. ②마음에 넉넉하다. ¶나에게는 당신만 있으면 그만이오. ③가장 낫다. ¶돈이면 그만이라는 그릇된 생각. 참고만이다.

그만-저만부형 그저 그만한 정도로. 그 정도로 그만. ¶며칠째 병세가 그만저만하다. /부탁을 그만저만해 둔 게 아니었다.

그-만치 Ⅰ명 그만큼. ¶그만치라도 했으니 다행이다.
Ⅱ부 그만큼. ¶그만치 받았으면 됐지, 무얼 더 바라나?

그-만큼 Ⅰ명 그만한 정도. 그만치. ¶그만큼이나 가져가면 나는 어쩌라고?
Ⅱ부 그만한 정도로. 그만치. ¶그만큼 부탁했으면 들어줄 만도 하련만.

그만-하다형여 ①(정도·수량이 그것만 하다. ¶그만한 일로 싸우다니. ②그 정도에 그치고 더 심하지 않다. ¶병세가 그만하다. 참고만하다.

그맘-때명 꼭 그만큼 된 때. 참고맘때.

그물명 ①(물고기나 새를 잡기 위하여) 실이나 노끈 따위로 여러 코로 얽은 물건. ¶그물을 치다. ②실이나 철사 따위로 그물코가 나게 만든 물건을 통틀어 이르는 말. 망(網). ③'범인 따위를 잡기 위하여 베풀어 놓은 교묘한 수단이나 방법'을 비유하여 이르는 말.

그물에 든 고기[새/토끼] 신세속담 이미 잡힌 몸이 되어 벗어날 수 없는 신세.

그물이 삼천 코라도 벼리가 으뜸속담 아무리 사람이 많은 곳이라도 중심이 있어야 한다는 말.

그물-거리다자 자꾸 그물그물하다. 그물대다. 센끄물거리다.

그물-그물부형하자 ①날씨가 활짝 개지 않고 자꾸 흐려지는 상태. ②불빛 따위가 밝게 비치지 않고 자꾸 침침해지는 상태. ¶촛불이 그물그물하다. 센끄물끄물.

그물-눈[-룬]명 그물의 구멍.

그물-대다자 그물거리다.

그물-막(-膜)명 ☞망막(網膜).

그물-망(-網)명 그물처럼 생긴 망. ¶곡예사가 실수하여 그물망 위로 떨어졌다.

그물-망(-網·-㓁)명 한자 부수의 한 가지. '罔'·'罕'·'罪'·'罹'·'置' 등에서의 '㓁'·'㓂'·'㓃'의 이름. [대부분이 㓃의 꼴로 쓰이므로 '납작녁사밑' 또는 '넉사머리'로 이르기도 함.)

그물-맥(-脈)명 잎맥의 주맥(主脈)과 지맥(支脈) 사이에 그물코처럼 엉클어져 있는 가는 맥. 망상맥(網狀脈). 참나란히맥.

그물-질명하자 그물로 고기를 잡는 일.

그물-채명 그물의 양쪽에 대는 긴 대.

그물-코명 그물코와 그물코 사이의 매듭.

그물-톱명 손으로 그물을 뜰 때, 그물코를 일정하게 하는 데 쓰이는 작은 나무쪽.

그물-판(-版)명 ☞사진 동판.

그믈다자 <옛> 꺼무러지다. 꺼리다. 끝나다. ¶가디록 새비촐 내여 그믈 뉘롤 모론다(古時調).

그믐명 <그믐날>의 준말. 참초승.

그믐-께명 그믐날에 가까운 며칠 동안.

그믐-날명 음력에서, 그달의 맨 마지막 날. 회일(晦日). 준그믐. 참말일(末日).

그믐-달[-딸]명 음력 그믐께에 돋는 달.

그믐-밤[-빰]명 음력 그믐날의 캄캄한 밤.

그믐밤에 홍두깨 내민다속담 뜻밖의 일이 갑작스레 일어난다는 뜻.

그믐-사리명 음력 그믐께에 잡힌 젓조기.

그믐-초승(-初-)명 ①그믐과 초승. ②그믐께부터 다음 달 초승까지.

그믐-치명하자 음력 그믐께에 비나 눈이 옴, 또는 그 비나 눈.

그믐-철야(-漆夜)명 음력 그믐께의 몹시 어두운 밤.

그-분대 ①말하는 사람에게서 조금 떨어진 곳에 있는 사람을 공손히 가리켜 일컫는 말. ¶옆자리에 계시는 그분께 확인해 보십시오. ②(말하는 사람과 듣고 있는 사람 이외의) 이미 말한 바 있거나, 이미 알려져 있는 사람을 공손히 가리켜 일컫는 말. ¶그분의 견해에 대해서 긍정적인 반응을 보였다.

그-빨로부 나쁜 버릇을 버리지 않고 그대로. ¶그빨로 놀다가는 신세 망칠 줄 알아라.

그-사이명 (시간적으로) 어느 때로부터 다른 어느 때까지의 사이. 그간. 그동안. ¶그사이를 못 참고 먼저 가다니…. ㈜그새. ㈐고사이.

그-새〈그사이〉의 준말. ¶그새 별일 없었지?

그스르다타回 ①'그슬리다'의 잘못. ②'그을리다'의 잘못.

그슬다[그스니·그슬어]타 불에 쬐어 거죽만 조금 타게 하다.

그슬-리다I자 『'그슬다'의 피동』그슬음을 당하다.

II타 『'그슬다'의 사동』그슬게 하다.

그스기부 〈옛〉그윽이. ¶그스기 드로니(杜初8:2).

그스다[긋어]타 〈옛〉끌다. ¶四天王이 술위 그스슬고 梵天이 길자바(月釋2:35).

그스름명 〈옛〉그을음. ¶그스름 틱:炲(訓蒙下35).

그슥ᄒ다형 〈옛〉그윽하다. ¶ᄠᅳ듸 그슥ᄒ며 머구머 수믄 말(圓覺上二之二17).

그슴명 〈옛〉한정(限定). ¶그 福은 그슴 몯ᄒ리라(法華6:20).

그슴ᄒ다자 〈옛〉국한(局限)하다. ¶쏘 열희욤 그슴ᄒ야(楞解2:7).

그시다타 〈옛〉기이다. 숨기다. ¶사오나온 일란 그싀고 됴ᄒᆞᆷ 펴 닐 거시라(飜老下44).

그악-스럽다[-쓰-따][~스러우니·~스러워]형비 그악한 데가 있다. ¶그악스럽게 악담을 퍼붓다. 그악스레.

그악-하다[-아카-]형어 ①지나치게 심하다. 사납고 모질다. ¶성질이 그악하다. /장난이 그악한 아이. ②억척스럽게 부지런하다. ¶혼잣손으로 그악하게 일하다. 그악-히부.

그-야부 그것이야 ¶그야 물론이지.

그야-말로부 ①'그것이야말로'가 줄어서 된 말. ②참으로. 그야말로 보람 있는 일이다.

그어-주다타 (금전이나 곡식 가운데서, 응당 주어야 할 것을) 떼어 주다. ¶제 몫으로 10만 원을 그어주었다.

그예부 마지막에 가서 그만. 마침내. ¶그예 떠나고 말았다.

그우니다자 〈옛〉굴러다니다. ¶五道애 그우녀 났간도 쉬디 몯ᄒ야(月釋21:49).

그울다자 〈옛〉구르다. ¶그 술위 절로 그우러(月釋1:26).

그위명 〈옛〉관청(官廳). ¶그윗 거슬 일버서(月釋1:6).

그위실명 〈옛〉구실. 공공(公共)의 직무. ¶子息이 그위실 ᄒ늘(內訓3:26).

그윗일명 〈옛〉관가(官家)의 일. ¶親히 버디 그윗일로 나갈제(圓覺序76).

그으기부 〈옛〉그윽이. ¶그으기 衰職을 돕ᄉ와(杜重2:43). ㈐그스기.

그으다타 〈옛〉끌다. ¶醴酒 둣는 싸해 옷기슬글 그으고(杜重2:41). ㈐그스다.

그윽하형 〈옛〉¶구슈 가온더 그으근 字ㅣ 잇ᄂᆞ니(杜重4:35).

그윽-하다[-으카-]형어 ①깊숙하고 아늑하다. ¶산수화의 그윽한 정경. 그윽ᄒ다. ②뜻이나 생각이 깊다. ¶그윽한 애정. ③은근하다. ¶방 안에 국화 향기가 그윽하다. 그윽-이부.

그을-다[그으니·그을어]자 볕이나 연기 따위에 쐬어 검게 되다. ¶햇볕에 살갗이 검게 그을다. ㈜글다.

그을-리다I자 『'그을다'의 피동』그을음을 당하다. ¶피부가 그을리다. ㈜글리다.

II타 『'그을다'의 사동』그을게 하다. ¶피부를 그을리다. ㈜글리다.

그을음명 ①연기에 섞이어 있는 검은 먼지 같은 가루. 연매(煙煤). ②연기나 먼지 같은 것이 엉기어 벽이나 천장 등에 검게 낀 것. ㈜글음.

그음명 〈옛〉한정(限定). ¶모로미 여러 날 그음ᄒ자(老解下52). ㈐그슴.

그-이대 ①그 사람. 그이는 유명한 소설가다. ②여자가 자기의 '남편'을 이르는 말.

그어긔대 〈옛〉거기. ¶諸佛淨土ㅣ 다 그어긔 現커늘(月釋8:5).

그에대 〈옛〉거기에. 그곳에. ¶그에 精舍ㅣ 업거니 어드리 가료(釋譜6:22).

그에²조 〈옛〉에게. 게. ¶내그에 모딜언마른(龍歌121章).

그-자(-者)대 '그이', '그 사람'을 얕잡아 일컫는 말. ¶그자가 무엇이기에 그다지도 두려워하는가?

그저부 ①그대로 사뭇. ¶아무 말도 없이 그저 바라보고만 있다. ②별로 신기할 것 없이. ¶그저 그렇다. ③'어쨌든'·'무조건하고'의 뜻으로 쓰이는 말. ¶그저 살려만 주십시오. ④특별한 까닭이나 목적이 없이. 아무 생각 없이. ¶그저 해 본 말이다.

그저끼부 〈옛〉⇨그적.

그저께I명 어제의 전날. 재작일(再昨日). 거거일(去去日). ㈜그제.

II부 어제의 전날에. ㈜그제.

그적명 〈옛〉그때. ¶그저긔 싸ᄆᆞᆺ시 ᄠᅮᆯ그티 돌오(月釋1:42).

그-전(-前)명 어떤 시기의 이전. ¶그전에는 그 도 부자였다.

그제I명 〈그저께〉의 준말.

II부 〈그저께〉의 준말.

그제명 〈옛〉자국. 흔적. ¶록 홀루미 녯 그제에 도로 ᄀᆞᆨ호도다(杜初10:6).

그제-야부 〈옛〉그때에야 비로소. ¶그제야 씩 웃는다.

그-중(-中)명 범위가 정해진 여럿 가운데. ¶네가 고른 것이 그래도 그중에 낫다.

그지명 〈옛〉끝. 한도. ¶목수미 그지업디 아니ᄒ면(月釋8:61).

그지-없다[-업따]형 ①끝없다. 한이 없다. ¶어머니의 사랑은 그지없다. ②이루 다 말할 수 없다. (주로, '-ㄴ'(가) 그지없다'의 꼴로 쓰임.) ¶분하기 그지없다. 그지없-이부.

그-쪽대 ①말하는 이가 상대편의 가까운 곳이나 방향을 가리키는 말. ¶너는 그쪽에 앉아라. ②말하는 이와 듣는 이가 이미 알고 있는 곳이나 방향을 가리키는 말. ¶그쪽 상황이 나쁘다. ③이미 알고 있는 사람을 가리키는 말. ¶그쪽

의 의향은 어떤가? ④듣는 이나 듣는 이들을
가리키는 말. ⑤그쪽은 다 뭐하는 거야? ⑤듣
는 이와 듣는 이를 포함한 집단을 가리키는
말. ①②짭그쪽.

그-쯤 [Ⅰ]명 그만한 정도. ¶그쯤이면 예선은 통
과하겠다.
　[Ⅱ]튀 그만한 정도로. ¶그쯤 했으면 됐다.

그즐-씨자타 〈옛〉[‘긏다’의 활용형] 그치므로.
¶ 〒므래 아니 그즐씨(龍歌2章)

그-치대 ‘그 사람’을 얕잡아 이르는 말. ¶그치
는 뭐 하는 사람이니?

그치다자타 ①(움직임이) 멈추다, 또는 멈추게
하다. ¶ 비가 그치다. /동작을 그치다. ②진전
이 없이 어떤 상태에 머무르다. ¶형식적인 조
사에 그치다.

그치다〈옛〉긏다. ¶ 寢食을 그쳐시니(龍歌
116章)

그칠-간(-艮)명 ☞괘이름간.

그칠-지(-止)명 한자 부수의 한 가지. ‘正’·
‘步’ 등에서의 ‘止’의 이름.

그침-표(-標)명 ☞쌍점(雙點).

그-토록튀 ‘그러하도록’이 줄어서 된 말. 그렇
게까지. ¶그토록 염려해 주셔서 감사합니다.

그티명〈옛〉귿.

그-해명 ①이미 이야기했거나 알고 있는 과거의
어느 해. ②말하는 이가 이야기하고자 하는 과
거의 어느 해. ¶그해 여름은 유난히 더웠다.

극(棘)명 물고기 따위의 지느러미를 이루고 있
는 단단하고 끝이 날카로운 기조(鰭條).

극(極)명 ①(지구와 자석의) 남극과 북극. ②양
극(陽極)과 음극(陰極). ③구(球)의 대원(大圓)
또는 소원(小圓)의 평면에 수직되는 지름의 양
끝. ④(사물이나 그 정도가) 더할 수 없는 막
다른 지경. ¶감정이 극에 달하다.

극(劇)명 ①〈연극(演劇)〉의 준말. ②연극이나
희곡·유희(遊戲) 따위를 통틀어 이르는 말.

극(恒)수관 재(載)의 억 배, 항하사(恒河沙)의
1만분의 1이 되는 수(의). 곧, 10⁴⁸.

극(極)접두〈일부 명사 앞에 붙어〉‘더할 나위
없는’, ‘정도가 심한’의 뜻을 나타냄. ¶극존
칭. /극빈자. /극초단파.

극가(劇歌)[-까]명 판소리의 대사(臺詞).

극간(極諫)명하자타 힘을 다하여 간(諫)
함. 끝까지 간함.

극간(極奸)‘극간(極奸)하다’의 어근.

극간(極艱)‘극간(極艱)하다’의 어근.

극간-하다(極奸-)[-깐-]형어 매우 간사하다.

극간-하다(極艱-)[-깐-]형어 극히 어렵고 고
생스럽다.

극감(極減)[-깜]명하타되자 극도로 줄임.

극-값(極-)[-깝]명 함수의 ‘극댓값’과 ‘극솟
값’을 아울러 이르는 말. 극치. *극값이[-깝
씨]·극값만[-깜-]

극-거리(極距離)[-꺼-]명 천구(天球) 위의 한
점과 극(極)이 이루는 각거리(角距離).

극계(劇界)[-계/-꼐]명 ☞극단(劇壇).

극곤(極困)‘극곤하다’의 어근.

극곤-하다(極困-)[-꼰-]형어 더할 수 없이 곤
란하다. 더할 수 없이 곤궁하다. **극곤-히**튀.

극공(極恭)‘극공하다’의 어근.

극-공명(極功名)[-꽁-]명 ①하자극히 높은 벼
슬, 또는 그 벼슬에 이름. ②분에 넘치는 벼슬.

극공-하다(極恭-)[-꽁-]형어 지극히 공손하다.

극관(極冠)[-꽌]명 화성(火星)의 양극(兩極)부
근에 보이는 흰 부분.

극광(極光)[-꽝]명 지구의 북극과 남극 지방의
높은 하늘에 이따금 나타나는 아름다운 빛의
현상. 오로라(aurora)².

극괴(極怪)‘극괴하다’의 어근.

극괴-하다(極怪-)[-꾀-/-꿰-]형어 지극히 괴
이하다.

극구(極口)[-꾸]튀 온갖 말을 다하여. ¶극구
변명하다. /극구 칭찬하다. /극구 반대하다.

극구(隙駒)[-꾸]명 〔달리는 말을 문틈으로 보
는 것과 같다는 뜻으로〕‘세월이 빨리 흐름’을
이르는 말.

극궁(極窮)‘극궁하다’의 어근.

극궁-하다(極窮-)[-꿍-]형어 더할 수 없이 궁
색하다.

극권(極圈)[-꿘]명 지구의 남북 66°33′의 위
선, 또는 그 위선으로부터 양극까지의 지역.

극귀(極貴)‘극귀하다’의 어근.

극귀-하다(極貴-)[-뀌-]형어 지극히 귀하다.

극기(克己)[-끼]명하타 자기의 욕망이나 충동·
감정 따위를 의지로 눌러 이김. 자제(自制).
¶극기 훈련.

극기(極忌)[-끼]명하타 ①(무엇을) 몹시 꺼림.
②몹시 미워함.

극기-복례(克己復禮)[-끼봉녜]명하자 지나친
욕심을 누르고 예의범절을 좇음.

극기-심(克己心)[-끼-]명 자기의 욕심이나 감
정·충동 따위를 눌러 이기는 의지(意志).

극기-주의(克己主義)[-끼의/-끼-이]명 ☞금
욕주의(禁慾主義).

극기-파(克己派)[-끼-]명 ☞스토아학파.

극-기후(極氣候)[-끼-]명 극에서 극권(極圈)
근처까지의 지역에 나타나는 기후. 기온이 낮
고, 비 대신 눈이 내리며, 풀과 나무가 자라지
못함.

극난(克難)[긍-]명하자 어려움을 이겨 냄.

극난(極難)[긍-]‘극난하다’의 어근.

극난-하다(極難-)[긍-]형어 몹시 어렵다. 극
난-히튀.

극남(極南)[긍-]명 남쪽의 맨 끝. ↔극북(極北).

극년(極年)[긍-]명 국제 지구 관측년(國際地
球觀測年)’의 이전 일컬음.

극년-관측(極年觀測)[긍-]명 극지방(極地方)의
상황을 연구하기 위하여, 극년에 하던 각국 학
자들의 합동 관측.

극단(極端)[-딴]명 ①맨 끄트머리. ②중용을
벗어나 한쪽으로 치우치는 일. ¶극단으로 흐
르다. ③극도에 이르러 더 나아갈 수 없는 상
태. ¶극단의 경우.

극단(劇團)[-딴]명 연극의 상연(上演)을 목적
으로 결성된 단체.

극단(劇壇)[-딴]명 ①연극인들의 사회. 극계(劇
界). ②연극의 무대.

극단론-자(極端論者)[-딴논-]명 모든 사물을
극단적으로 해석하는 사람.

극단-적(極端的)[-딴-]관명 극단의 상태인
(것). 극단의 상태에 이른 (것). ¶극단적 상
황. /극단적인 생각. /일을 극단적으로 처리하다.

극담(劇談)[-땀]명 ①아주 쾌활한 이야기. ②너
무 끝끝한 말. ③연극에 관한 이야기.

극대(極大)[-때]명 ①하형더없이 큼. ②☞극댓
값. ↔극소(極小).

극대-량(極大量)[-때-]명 지극히 많은 양.

극대-치(極大値)[-때-]명 ☞극댓값.

극대-화(極大化)[-때-]명하타되자 아주 커
짐, 또는 아주 크게 함. ¶이윤의 극대화.

극댓-값(極大-) [-때깝/-땐깝]**명** 어떤 함수의 값이 차차 증대하다가 감소하려고 할 때의 값. 극대(極大). 극대치. ↔극솟값. • 극댓값이 [-때깝씨/-땐깝씨] • 극댓값만 [-때감-/-땐깝-]

극도(極度) [-또]**명** 더할 수 없이 극심한 정도. ¶공포심이 극도에 달하다.

극독(劇毒) [-똑]**명** 아주 적은 양으로도 생명을 앗을 만큼 지독한 독.

극-독약(劇毒藥) [-또갹]**명** 극약과 독약.

극동(極東) [-똥]**명** ①동쪽의 맨 끝. ↔극서. ②아시아 대륙의 동쪽에 위치한 지역. 유럽을 기준으로 하여 우리나라·일본·중국·필리핀 등을 이름. 원동(遠東).

극-동풍(極東風) [-똥-]**명** 지구의 극권(極圈)에서 부는 편동풍(偏東風). 지구의 자전으로 말미암아 생김. 주극풍(周極風). 편동풍(偏東風).

극락(極樂) [긍낙]**명** ①'극락정토'의 준말. ②'더없이 안락하고 아무 걱정이 없는 지경이나 그런 곳'을 비유하여 이르는 말. ↔지옥.

극락-계(極樂界) [긍낙꼐/긍낙꼐] 〈극락세계〉의 준말.

극락^만다라(極樂曼荼羅) [긍낙-]**명** 극락정토를 그린 만다라. 정토(淨土) 만다라.

극락-발원(極樂發願) [긍낙빠뤈]**명하자** 극락정토에 가기를 원하여 부처에게 빎.

극락-세계(極樂世界) [긍낙쎄계/긍낙쎄게]**명** ▷극락정토. 연화세계. �㊤극락계.

극락-왕생(極樂往生) [긍낙꽝-]**명하자** ①불교에서 ①죽어서 극락정토에 가서 다시 태어남. ②편안히 죽음. 왕생극락. 정토왕생(淨土往生).

극락-원(極樂願) [긍나권]**명** 극락왕생하고 싶은 소원.

극락-전(極樂殿) [긍낙쩐]**명** 아미타불을 본존 (本尊)으로 모신 법당.

극락-정토(極樂淨土) [긍낙쩡-]**명** 불교에서 이르는, 아미타불이 살고 있다는 정토. 살아서 염불한 사람이 죽어서 불과(佛果)를 얻는 곳으로, 더없이 안락하여 즐거움만 있다고 함. 극락세계. 서방정토. 십만억토. 안락국. 안락세계. 안락정토. 안양정토. ㊤극락. ㉠금색세계 (金色世界).

극락-조(極樂鳥) [긍낙쪼]**명** 풍조과의 새. 약 40종이 있는데, 모양과 빛깔은 종(種)에 따라 다름. 수컷은 긴 장식 깃을 가지고 있음. 뉴기니의 삼림 등지에 분포함. 풍조(風鳥).

극량(極量) [긍냥]**명** ①더없이 많은 분량. 극량된 최대의 분량. ②극독약(劇毒藥)의 과용에 따른 위험을 막기 위하여 정해 놓은 약물 사용량의 한계. 중독량(中毒量)보다 훨씬 적음.

극려(克勵·剋勵) [긍녀]**명하자** 사사로운 욕심을 버리고 부지런히 일함.

극력(極力) [긍녁]**명하자** 있는 힘을 다함. ¶극력으로 돕다.

극렬(極烈·劇烈) [긍녈]**명하형** (정도가) 지독히 심하거나 지나치게 맹렬함. ¶극렬 시위. /극렬하게 저항하다. 극렬-히**부**

극렬-분자(極烈分子) [긍녈-]**명** '사상이나 언행 등이 과격한 사람'을 얕잡아 이르는 말.

극론(極論) [긍논]**명하타** ①힘껏 주장하여 논의함. ②극단적인 이론.

극론(劇論) [긍논]**명하자** 격렬한 논쟁.

극류(極流) [긍뉴]**명** 양극(兩極)의 해양에서 적도 쪽으로 흐르는 한류(寒流).

극률(極律) [긍뉼]**명** 사형(死刑)에 해당하는 죄를 정한 법률.

극명(克明) [긍-]**명하타** 속속들이 똑똑히 밝힘. ¶인류 평등의 대의(大義)를 극명하다. ②**하형** 더없이 자세하고 분명함. ¶극명한 진리. /극명하게 드러나다.

극모(棘毛) [긍-]**명** 환형동물이나 윤형동물의 몸 표면에 난, 강모(剛毛)보다 굵고 억센 털.

극묘(極妙) [긍-] '극묘하다'의 어근.

극묘-하다(極妙-) [긍-]**형여** 지극히 묘하다. 지묘(至妙)하다.

극무(劇務) [긍-] 매우 힘들고 바쁜 사무. 격무.

극^문학(劇文學) [긍-]**명** 희곡 형식으로 쓴 문학. 무대 상연을 목적으로 한 문학 작품을 이름.

극물(劇物) [긍-]**명** 적은 분량으로도 강렬한 화학 반응을 일으켜 독성(毒性)을 나타내는, 의약품 이외의 약물(藥物). [농약·쥐약 따위.] ㊒극약·독약(毒藥).

극미(極美) [긍-] '극미(極美)하다'의 어근.

극미(極微) [긍-] '극미(極微)하다'의 어근.

극미-하다(極美-) [긍-]**형여** 더할 수 없이 아름답다.

극미-하다(極微-) [긍-]**형여** 더할 수 없이 작거나 적다.

극변(極邊) [-뼌]**명** (나라의) 중심지에서 매우 멀리 떨어진 변두리.

극변(劇變) [-뼌]**명하자** ⇨급변(急變).

극변-원찬(極邊遠竄) [-뼌-]**명하타** 먼 변경으로 귀양을 보냄.

극복(克服) [-뽁]**명하타되자** ①(어렵고 힘든 일을) 이겨 냄. ¶고난을 극복하다. ②적을 이기어 굴복시킴.

극복(克復) [-뽁]**명하타** (어려운 상태를) 이겨 내어 본디의 상태로 되돌아감.

극본(劇本) [-뽄]**명** 연극이나 방송극 등의 대본.

극북(極北) [-뿍]**명** 북쪽의 맨 끝. ↔극남.

극비(極祕) [-삐]**명** 〈극비밀(極祕密)〉의 준말. 엄비. ¶극비 사항. /극비에 속하는 정보.

극비-리(極祕裏) [-삐-]**명** 아주 비밀로 하는 가운데. 《주로, '극비리에'의 꼴로 쓰임.》 ¶공작을 극비리에 추진하다.

극-비밀(極祕密) [-삐-]**명** 더없이 중요한 비밀. ㊤극비.

극빈(極貧) [-삔]**명하형** 몹시 가난함.

극빈-자(極貧者) [-삔-]**명** 몹시 가난한 사람.

극-삼각형(極三角形) [-쌈가켱]**명** 구면 삼각형의 각 변의 두 극 가운데, 그 변에 대한 정점과 같은 쪽에 있는 극을 정점으로 하는 삼각형.

극상(極上) [-쌍]**명** ①(서열 따위의) 제일 위. 막상(莫上). ②(품질 따위에서의) 가장 좋은 것. 난상(難上). 태상(太上). ¶극상의 품질.

극-상등(極上等) [-쌍-]**명** 가장 높은 등급. 최상등.

극-상품(極上品) [-쌍-]**명** 가장 좋은 품질, 또는 그러한 물품. 최고품.

극서(極西) [-써]**명** 서쪽의 맨 끝. ↔극동(極東).

극서(極暑·劇暑) [-써]**명** 매우 심한 더위. 혹심한 더위. ↔극한(極寒).

극선(極善) [-썬]**명하형** ①마음씨나 행동이 더없이 선량함. ②지극히 좋음.

극선(極線) [-썬]**명** 하나의 이차 곡선을 매개(媒介)로 하여, 어떤 점과 어떤 관계에 있는 직선을 그 점에 대하여 이르는 말.

극성(極性) [-썽]**명** 특정한 방향에 따라, 그 양 극단에 서로 대응하는 다른 성질을 갖는 일. 자석(磁石)의 남극과 북극, 동물체의 머리와 꼬리 같은 것.

극성(極星)[-썽]명 북극에 가장 가까이 있는 항성(恒星). 북극성.

극성(極盛)[-썽]명하형스형 ①(무슨 일에) 지나치게 적극적이거나 억척스러운 성질, 또는 그런 상태. ¶극성을 떨다. /극성을 피우다. ②아주 왕성함. ¶극성에 이르다. **극성-히**부. **극성스레**부.

극성-기(極盛期)[-썽-]명 한창 번성한 시기.

극성-떨다(極盛-)[-썽-][~떠니·~떨어]자 극성부리다.

극성-맞다(極盛-)[-썽맏따]형 극성스럽다. ¶진득하지 못하고 극성맞게 보채다.

극성-부리다(極盛-)[-썽-]자 극성스럽게 행동하다. 극성떨다.

극성^위도법(極星緯度法)[-썽-뻡]명 극성(極星)의 고도(高度)를 재어 그 지점의 위도를 산출하는 방법.

극성즉패(極盛則敗)[-썽-]명하자 왕성함이 지나치면 도리어 패망한다는 말.

극세(極細)'극세하다'의 어근.

극-세말(極細末)[-쎄-]명 매우 곱고 보드랍게 만든 가루.

극-세포(極細胞)[-쎄-]명 ☞극체(極體).

극세-하다(極細-)[-쎄-]형여 몹시 잘거나 가늘다.

극소(極小)[-쏘]명 ①하형 아주 작음. ②☞극소값. ↔극대(極大).

극소(極少)[-쏘]명하형 (수량 따위가) 아주 적음.

극-소량(極少量)[-쏘-]명 아주 적은 분량.

극-소수(極少數)[-쏘-]명 매우 적은 수.

극소-치(極小値)[-쏘-]명 ☞극소값.

극솟-값(極小-)[-쏘깝·-쏟깝]명 어떤 함수의 값이 차차 감소하다가 증대하려고 할 때의 값. 극소(極小). 극소치(極小値). *극댓값. ◦극솟값이[-쏘깝씨/-쏟깝씨] 극솟값만[-쏘깜-/-쏟깜-]

극시(劇詩)[-씨]명 시의 3대 장르 중의 하나. 희곡(戲曲) 형식으로 씌어진 시. ◦시극(詩劇).

극심(極甚·劇甚)'극심하다'의 어근.

극심-스럽다(極甚·劇甚-)[-씸-따][~스러우니·~스러워]형ㅂ 보기에 몹시 심한 데가 있다. 극심스레부.

극심-하다(極甚·劇甚-)[-씸-]형여 아주 심하다. ¶가뭄 피해가 극심하다. 극심-히부.

극악(極惡)[그가]하형 더없이 악함. 지독히 나쁨. ¶수법이 아주 극악하다.

극악-무도(極惡無道)[그가-]하형 더없이 악하고 도의심이 없음. ¶극악무도한 범인. /극악무도한 범행을 저지르다.

극야(極夜)명 고위도(高緯度) 지방에서, 추분과 춘분 사이에 오랫동안 해가 뜨지 않고 밤만 계속되는 동안. ◦백야(白夜).

극약(劇藥)명 ①잘못 사용할 때 생명에 위험을 줄 수 있는 의약제(醫藥劑). 약사법에 따라 '독약' 다음가는 약제로 취급이 규제되고 있음. [안티피린·산토닌·카페인·요오드·염산·질산·황산·백신류 따위.] ②'극단적인 해결 방법'을 비유하여 이르는 말. ¶극약 처방을 내리다. ◦독약(毒藥).

극양(極洋)명 남극 또는 북극에 가까운 바다.

극언(極言)명하자 ①생각하는 바를 거리낌 없이 말함, 또는 그 말. ②극단적으로 말함, 또는 그 말. ¶천하의 망나니라고 극언을 퍼붓다.

극열-지옥(極熱地獄)명 ☞무간지옥(無間地獄).

극염(極炎·劇炎)명 불 같은 더위.

극-영화(劇映畫)[긍녕-]명 (기록 영화나 문화 영화 등에 대하여) 일정한 줄거리가 있는 영화.

극예(劇銳)'극예하다'의 어근.

극예-하다(劇銳-)형여 몹시 날카롭다.

극우(極右)명 〈극우익〉의 준말. ↔극좌(極左).

극-우익(極右翼)명 극단적인 우익 사상, 또는 그런 사상을 가진 사람. ㊤극우. ↔극좌익(極左翼).

극원(極遠)'극원하다'의 어근.

극원-하다(極遠-)형여 매우 멀다. 아득하다.

극월(極月)명 '섣달'을 달리 이르는 말. 납월(臘月).

극위(極位)명 가장 높은 지위.

극음(劇飮)명하타 (술 따위를) 지나치게 마심.

극-음악(劇音樂)명 가극(歌劇)과 같이, 연극적인 대사나 줄거리, 무대 장치 따위를 곁들이는 음악.

극인(棘人)명 ☞상제(喪制).

극-자리표(極-標)[-짜-]명 ☞극좌표(極座標).

극작(劇作)[-짝]명하자 연극의 각본을 씀.

극작-가(劇作家)[-짝까]명 연극의 각본 쓰는 일을 업으로 하는 사람.

극장(劇場)[-짱]명 연극·영화·무용 등을 감상할 수 있도록 무대와 관람석 등 여러 가지 시설을 갖춘 곳.

극-저온(極低溫)[-쩌-]명 절대 영도(絕對零度)에 가까운 매우 낮은 온도.

극-적(劇的)[-쩍]명 ①연극과 같은 요소가 있는 (것). ¶극적 분위기. /사건의 극적인 전개. ②연극을 보는 것처럼 감격적이고 인상적인 (것). ¶극적 효과. /극적인 해후. /극적으로 구출되다.

극-전선(極前線)[-쩐-]명 ①한대 기단(寒帶氣團)과 열대 기단(熱帶氣團)의 사이에 생기는 불연속선. ②한류와 난류가 만나는 경계선.

극점(極點)[-쩜]명 (어떤 것이) 궁극에 이른 점. 더할 수 없을 정도에 다다른 점. 맨 끝.

극-제품(極製品)[-쩨-]명 아주 좋은 제품.

극쟁이[-쨍-]명 논밭을 가는 데 쓰는 농기구의 한 가지. 쟁기와 비슷하나 술이 조금 곧게 내려가고 보습 끝이 무딤.

극존(極尊)[-쫀]명 ①〈임금〉의 높임말. ②하형 지위가 매우 높음.

극-존대(極尊待)[-쫀-]명하타 극진히 받들어 대접함.

극-존칭(極尊稱)[-쫀-]명 아주 높여서 일컫는 말.

극종(克從)[-쫑]명하타 이겨서 잘 따르게 함.

극좌(極左)[-쫘]명 〈극좌익〉의 준말. ↔극우.

극-좌익(極左翼)[-쫘-]명 극단적인 좌익 사상, 또는 그런 사상을 가진 사람. ㊤극좌. ↔극우익(極右翼).

극-좌표(極座標)[-쫘-]명 평면 상의 점의 위치를 정점(定點)으로부터의 거리와 방향에 따라 나타내는 좌표. 극자리표.

극중(極重)'극중하다'의 어근.

극중-극(劇中劇)[-쭝-]명 연극 속에서 이루어지는 또 하나의 연극.

극중-하다(極重-)[-쭝-]형여 ①아주 무겁다. ②병이 몹시 위중하다. ③죄나 형벌이 매우 중하다. 극중-히부.

극지(極地)[-찌]명 ①맨 끝에 있는 땅. 아주 먼 땅. 극지방. ②극지 탐험.

극-지방(極地方)[-찌-]명 지구의 북극 지방과 남극 지방. 극지(極地).

극지-법(極地法)[-뻡]圀 등산이나 탐험에서, 먼저 베이스캠프를 마련하고, 차차로 전진 기지를 설치해 가며 목적지에 이르는 방법.

극지^식물(極地植物)[-찌싱-]圀 삼림 한계선(森林限界線)보다 고위도(高緯度) 지대에서 자라는 식물을 통틀어 이르는 말.〔이끼 식물, 지의 식물 따위.〕

극지^항:법(極地航法)[-찌-뺍]圀 남극이나 북극 부근의 항행에 쓰이는 항공 항법(航法).〔주로, 자이로컴퍼스(gyrocompass)로 침로(針路)를 정함.〕

극직(劇職)[-찍]圀 몹시 바쁜 직무(職務). 썩 고된 직무.

극진(極盡)圀 '극진하다'의 어근.

극진(極震)[-찐]圀 무척 심한 지진. 격진.

극진-하다(極盡-)[-찐-]혱 〔마음과 힘을 들이는 정성이〕그 이상 더할 수 없다. ¶극진한 간호. /효성이 극진하다. /예우가 극진하다. 극진-히뷔 ¶손님을 극진히 모시다.

극찬(極讚)圀하타 몹시 칭찬함, 또는 그 칭찬. ¶그의 작품을 극찬하다.

극-채색(極彩色)圀 ①매우 짙은 빛깔. 아주 꼼꼼한 색칠. ②화려한 복장이나 장식.

극처(極處)圀 궁극에 다다른 곳. 맨 끝.

극체(極體)圀 동물의 난모 세포(卵母細胞)가 성숙 분열하여 알이 되는 과정에서 생기는 세 개의 작은 세포. 극세포.

극-초단파(極超短波)圀 ☞마이크로웨이브.

극치(極侈)圀하자 더할 나위 없이 사치함, 또는 그 사치(奢侈).

극치(極致)圀 극도에 이른 경지. 그 이상 더할 수 없을 만한, 최고의 경지나 상태. ¶무대 예술의 극치. /극치를 이루다.

극칫-값(極侈-)[-칟]圀 ☞극댓값.

극친(極親)圀 '극친하다'의 어근.

극친-하다(極親-)혱 더없이 친하다. ¶극친한 사이. 극친-히뷔.

극터듬다[-따]타 간신히 붙잡고 기어오르다. ¶바위너설을 극터듬으며 산꼭대기에 오르다.

극통(極痛·劇痛)圀 ①몹시 심한 아픔. ②혱여 가슴에 맺히게 고통스러움. 지통(至痛).

극평(劇評)圀 연극에 대한 비평.

극풍(極風)圀 지구의 극권(極圈)에서 부는 편동풍(偏東風). 지구의 자전으로 말미암아 생김. 주극풍(周極風).

극피(棘皮)圀 석회질의 가시가 돋아 있는 동물의 껍질므.

극피-동물(棘皮動物)圀 동물 분류의 한 문(門). 몸은 대칭이 되는 방사형으로, 석회질의 작은 골편(骨片)으로 된 껍데기에 싸여 있음. 특유의 관족(管足)으로 운동함. 암수딴몸으로 변태를 하며, 대부분이 난생(卵生)임. 해안에서 심해에 이르기까지 널리 서식함.〔바다나리·불가사리·성게·해삼 따위가 이에 딸림.〕

극-하다(革-)[그카-]혱여 병이 위급하다. 위독하다.

극-하다(極-)[그카-]자타여 더할 수 없는 지경에 이르다. ¶사치를 극하다. /슬픔이 극하면 눈물도 안 나온다. **극-히**뷔 극히 당연한 사실. /극히 짧은 동안.

극한(極限)[그칸]圀 ①사물이 더 이상은 나아갈 수 없는 한계. 사물의 끝닿은 데. ¶극한 투쟁. /피로가 극한에 이르다. ②☞극한값.

극한(極寒·劇寒)[그칸]圀 ☞혹한(酷寒). ↔극서(極暑).

극한-값(極限-)[그칸깝]圀 함수에서, 독립 변수의 값이 어떤 일정한 값에 한없이 접근할 때, 그에 대응하여 함수가 접근하는 값. 극한. 극한치. *극한값이[그칸깝씨]·극한값만[그칸깜-]

극한^기후(極寒氣候)[그칸-]圀 나무가 아예 자라지 못할 정도로 기온이 낮은 날씨.

극한^상황(極限狀況)[그칸-]圀 더할 수 없이 막다른 지경에까지 이른 상황. 한계 상황. ¶극한 상황에서 꽃핀 인간애.

극한-치(極限値)[그칸-]圀 ☞극한값.

극한-투쟁(極限鬪爭)[그칸-]圀 어떤 목적을 관철하기 위하여, 싸울 수 있는 데까지 싸우는 일.

극해(極害)[그캐]圀 몹시 심한 해독.

극형(極刑)[그켱]圀 〔가장 무거운 형벌이라는 뜻으로〕'사형'을 이르는 말. ¶죄인을 극형으로 다스리다.

극화(劇化)[그콰]圀하타 되자 〔사건이나 소설 따위를〕극의 형식으로 각색함.

극화(劇畫)[그콰]圀 ①☞그림 연극. ②이야기를 그림과 글로 엮어 놓은 것.

극흉(極凶)圀 '극흉하다'의 어근.

극흉-하다(極凶-)[그쿵-]혱여 몹시 흉악하다. 지흉(至凶)하다.

극희(劇戲)[그키]圀 광대가 하는 연극.

근(根)圀 ①부스럼 속에서 곪아 단단하게 된 망울. ¶고약으로 근을 빼다. ②뿌리. ③대수학에서 이르는, 방정식을 만족시키는 미지수의 값. ④☞승근(乘根). ⑤☞기(基). ⑥〔불교에서〕㉠어떤 작용을 일으키는 강력한 힘을 이름. ㉡〔근기·근성의 뜻으로〕가르침을 받는 자의 능력을 이름.

근(筋)圀 ①☞심줄. ②☞근육.

근(斤)圀 근(斤)의 무게로 다는 무게의 단위. 한 근은 열엿 냥인 600g이지만, 100돈쭝인 375g으로 쓰기도 함. ¶고기 두 근.

근(听)圀 양지(洋紙)의 한 연(連), 곧 500장의 무게를 나타내는 단위. 파운드와 같음.

근:(近)관 수사나 수를 나타내는 말 앞에 쓰이어, 그것에 거의 가까움을 뜻하는 말. ¶근 보름 동안. /근 백 리.

근:간(近刊)圀 ①최근에 출판된 간행물. ②하타 머지않아 곧 출간함, 또는 그런 간행물.

근:간(近間)圀 ①요사이. 요즈음. ¶근간에는 통 소식이 없다. ②가까운 시일의 장래. ¶근간에 한번 들르리다.

근간(根幹)圀 ①뿌리와 줄기. 간근(幹根). ②사물의 바탕이나 가장 중심이 되는 부분. ¶국가의 근간 사업.

근간(勤幹·勤懇)圀 '근간하다'의 어근.

근:간-하다(勤幹-·勤懇-)혱여 부지런하고 재간이 있다. 근간-히뷔.

근거(根據)圀 ①어떠한 행동을 하는 데 터전이 되는 곳. ¶생활의 근거를 잃다. ②하자 어떤 의견이나 의론(議論) 따위의 이유 또는 바탕이 됨, 또는 그런 것. ¶근거를 캐다. /근거 없는 헛소문이 퍼지다. /판단의 근거를 제시하다.

근:-거리(近距離)圀 가까운 거리. ¶근거리 사격. ↔원거리.

근:거리^통신망(近距離通信網)圀 사무실이나 연구실, 공장 같은 곳에 분산 배치된 컴퓨터를 비롯한 각종 정보 통신 기기를 통신 회선으로 연결하여 정보를 교환하는 정보 통신망. 랜(LAN).

근거-지(根據地)圀 활동의 터전으로 삼는 곳. 본거지. ¶생활 근거지.

근:검(勤儉)圓[하형] 부지런하고 검소함. ¶근검한 생활 태도. 근검-히[무].

근:검-절약(勤儉節約)圓[하자] 부지런하고 알뜰하게 재물을 아낌. ¶근검절약하는 습관.

근:검-하다[형어] 자손이 많아서 보기에 매우 복스럽다.

근:경(近景)圓 ①가까이 보이는 경치. ②그림이나 사진 등에서, 가까운 곳에 있는 것으로 그려지거나 찍히는 대상. ↔원경(遠景).

근:경(近境)圓 ①(일정한 곳에서) 가까운 곳. ②요즈음의 사정.

근경(根耕)圓[하타] ☞그루갈이.

근경(根莖)圓 '뿌리줄기'로 순화.

근:계(謹啓)[-게/-게]圓 '삼가 아룁니다'의 뜻으로 편지 첫머리에 쓰는 말.

근:고(近古)圓 ①그리 오래되지 않은 옛적. ②중고(中古)와 근세(近世) 사이.

근고(勤苦)圓[하자] 애써 부지런히 일함. 아주 노고가 심함.

근:고(謹告)圓[하타] 삼가 아림. 삼가 알림.

근:고-버력(根固-)圓 '보호 버력'의 잘못.

근곡(根穀)圓 ①묵은 곡식. ②밑절미로 마련하여 둔 곡식.

근골(筋骨)圓 ①근육과 뼈. ②체력. 신체.

근골(跟骨)圓 발꿈치를 이루는 굵고 짧은 뼈.

근:공(勤工)圓[하자] 부지런히 힘써 공부함.

근:공(勤功)圓 맡은 일을 열심히 한 공로.

근관(根冠)圓 뿌리골무.

근관(根管)圓 치근(齒根)의 중심에 있는 대롱 모양의 빈 부분.

근:교(近郊)圓 도시에 가까운 지역. ¶근교로 소풍을 가다. ↔원교(遠郊).

근:교^농업(近郊農業)圓 대도시 주변에서 채소·화초 등을 도시민들에게 공급하기 위하여 하는 집약적 농업. ⓐ원교 농업(遠郊農業).

근:구(近口)圓[하타] 먹지는 않고 그저 먹는 체만 함. 접순(接脣).

근:구(勤求)圓[하자] 수행을 부지런히 하여 불도(佛道)를 구함.

근:국(近國)圓 이웃에 있는 나라. 가까운 이웃 나라. ↔원국(遠國).

근궁(芹宮)圓 문묘(文廟).

근:근(勤勤)圓 ☞勤勤(근근)하다'의 어근.

근:근(近近)[무] 머지않아. 가까운 장래에. ¶근근 무슨 소식이 오겠지.

근:근(僅僅)[무] 겨우. 가까스로. 근근이.

근:근-득생(僅僅得生)[-쌩]圓[하자] 겨우 살아감. 겨우겨우 삶을 이어 나감.

근:근-부지(僅僅扶持)圓[하타] 겨우 배겨 나감. 가까스로 버티어 나감.

근:근-이(僅僅-)[무] 겨우. 가까스로. 간신히. ¶폰팔이로 근근이 연명하다.

근근자자(勤勤孜孜)圓 '근근자자하다'의 어근.

근:근자자-하다(勤勤孜孜-)[형어] 부지런하고 정성스럽다. 근근자자-히[무].

근근-하다¹[형어] (못이나 우물 따위에) 물이 가득하다.

근근-하다²[형어] 좀 아픈 듯하면서 근질근질하다. ¶부스럼 자리가 약간 근근하다.

근:근-하다(勤勤-)[형어] 매우 부지런하다.

근:기(近畿)圓 서울에서 가까운 지방. 기근(畿近).

근기(根氣)圓 ①참을성 있게 배겨 내는 힘. ¶근기 있게 기다리다. ②근본이 되는 힘. ③(음식이 차지거나 영양이 많아서) 먹은 다음에 오랫동안 든든한 기운. ¶밥보다 떡이 근기가 있다.

근:기(根基)圓 사물의 근저. 뿌리를 박은 터전.

근-긴장(筋緊張)圓 근육이 수축 상태를 오래 끄는 일.

근:년(近年)圓 ①가까운 해. 지나간 지 얼마 안 되는 해. ②요 몇 해 사이. 지나간 몇 해 동안. ¶근년에 보기 드문 사건. 경년(頃年). 근세(近歲).

근:념(勤念)圓[하타] ①마음을 써 정성껏 보살펴 줌. ②[하자] 애쓰고 수고함.

근:농(勤農)圓[하자] 농사에 힘씀. 또는 그런 농가. 독농.

근:농-가(勤農家)圓 농사를 힘써 하는 집안. 또는 그런 농민. 독농가.

근-단백질(筋蛋白質)[-찔]圓 근장(筋漿)의 주성분을 이루는 단백질. 근육소(筋肉素).

근-담배(斤-)[-땀-]圓 지난날, 한 근씩 묶어 팔던 살담배.

근-담보(根擔保)圓 장래에 발생할 것으로 예상되는 불특정 채권의 변제 확보를 위하여 미리 설정하는 담보.

근대圓 명아줏과의 이년초. 밭에 심는 채소로 줄기 높이는 1m가량. 뿌리에서 나오는 잎은 길둥글고 다육성(多肉性)이며, 초여름에 황록색의 잔꽃이 핌. 잎과 줄기는 국을 끓이거나 나물로 먹음. 군달(莙薘).

근:대(近代)圓 ①지나간 지 얼마 안 되는 가까운 시대. ②역사의 시대 구분의 한 가지. 중세(中世)와 현대의 중간 시대. 국사에서는, 조선 시대의 후기가 이에 해당됨.

근:대^국가(近代國家)[-까]圓 중세 말기의 전제(專制) 국가가 무너진 뒤, 근대에 성립한 중앙 집권 국가. 민족 통일, 자유 평등, 입헌주의 등의 특징을 지님.

근:대^국어(近代國語)圓 국어의 역사에서 17세기 초부터 19세기 말에 걸친 시기의 국어. ⓐ고대·중세 국어.

근:대-극(近代劇)圓 19세기 말엽부터, 유럽에서 일어난 새로운 연극. [주로, 개인의식에 눈뜬 근대 시민 사회의 의지를 그리고 있음.]

근대다¹圓 ①몹시 성가시게 굴다. 귀찮게 치근덕거리다. ②조롱하다.

근:대^문학(近代文學)[-까]圓 ①근대 사상에 입각한 근대 사회의 문학. 르네상스 이후의 문학을 가리키는 경우와 프랑스 혁명 이후의 문학을 가리키는 경우가 있음. ②갑오개혁 이후부터 1920년대까지의 신소설, 신체시 및 서구의 근대 문예 사조들이 반영된 시기의 문학.

근:대^사회(近代社會)[-회/-훼]圓 봉건적 신분 제도가 무너지고 개인의 자유와 법 앞에서의 평등이 실현된 사회. 시민 사회.

근:대^산:업(近代産業)圓 산업 혁명을 통해 발달한 근대화한 공장제 대공업으로 이루어진 산업. 분업화한 산업 형태임.

근:대^오:종:경:기(近代五種競技)圓 올림픽 경기 종목의 하나. 마술(馬術)·펜싱·사격·수영(300m 자유형)·크로스컨트리(4000m 달리기)의 다섯 종목을 한 사람이 하루에 한 종목씩 하여, 그 종합 득점으로 승부를 겨루는 경기.

근:대-적(近代的)[관명] 근대의 특징이 될 만한 성질이나 경향을 띤 (것). ¶근대적 사고방식.

근:대-화(近代化)圓[하자타][되자] 전근대적인 상태에서 근대적인 상태로, 또는 후진적인 상태에서 선진적인 상태로 되거나 되게 함. ¶농촌의 근대화.

근댓-국[-대꾹/-댇꾹]명 근대를 넣고 국물에 된장을 풀어 끓인 국.

근덕-거리다[-꺼-]자타 자꾸 근덕근덕하다. 근덕대다. ¶새로 ған 틀니가 근덕거린다. 상간닥거리다. 센끈덕거리다·끈떡거리다.

근덕-근덕[-끈-]부하자타 전체가 조금씩 가볍게 움직이는 모양, 또는 전체를 조금씩 가볍게 움직이는 모양. 상간닥간닥. 센끈덕끈덕·끈떡끈떡.

근덕-대다[-때-]자타 근덕거리다.

근덕-이다자타 전체가 조금씩 가볍게 움직이다, 또는 그렇게 되게 하다. 상간닥이다.

근데 〈그런데〉의 준말. ¶근데 왜 아직도 나타나지 않았어.

근뎅-거리다자 자꾸 근뎅근뎅하다. 근뎅대다. ¶처마 끝에 달린 풍경이 바람에 근뎅거린다. 상간댕거리다.

근뎅-근뎅부하자 가늘게 붙은 물체가 좁은 폭으로 천천히 쉬지 않고 흔들리는 모양. 상간댕간댕.

근뎅-대다자 근뎅거리다.

근뎅-이다자 가늘게 붙은 물체가 좁은 폭으로 천천히 자꾸 흔들리다. 상간댕이다.

근:동(近東)명 서유럽에 가까운 동방(東方)의 여러 나라가 있는 지역. 〔터키에서 이집트에 이르는 지중해 연안 지역을 이름.〕

근:동(近洞)명 가까운 이웃 동네. ¶근동에까지 소문이 자자하다.

근두-박질(筋斗撲跌)명하자 '곤두박질'의 잘못.

근드렁-거리다자 자꾸 근드렁근드렁하다. 근드렁대다. ¶앞니가 자꾸 근드렁거린다. 상간드랑거리다.

근드렁-근드렁부하자 가늘게 달려 있는 물체가 좀 넓은 폭으로 천천히 자꾸 흔들리는 모양. 상간드랑간드랑.

근드렁-대다자 근드렁거리다.

근드렁-타령명 '몸을 가누지 못하여 근드렁거리는 짓'을 농으로 이르는 말.

근드적-거리다[-꺼-]자 자꾸 근드적근드적하다. 근드적대다.

근드적-근드적[-끈-]부하자 (무엇에 기대거나 걸려 있는 물체가) 천천히 자꾸 흔들리는 모양. 상간드작간드작.

근드적-대다[-때-]자 근드적거리다.

근들-거리다자타 자꾸 근들근들하다. 근들대다. ¶근들거리는 이를 빼다. 상간들거리다·건들거리다.

근들-근들부하자타 따로 선 물체가 이리저리 자꾸 흔들리는 모양, 또는 따로 선 물체를 이리저리 자꾸 흔드는 모양. 상간들간들·건들건들.

근들-대다자타 근들거리다.

근:래(近來)명 요즈음. 만근(輓近). 이래(爾來). ¶근래에 보기 드문 일.

근량(斤兩)[-냥]명 ①(무게의 단위인) 근과 냥. ②〈근량쭝〉의 준말.

근량(斤量)[-냥]명 저울로 단 무게.

근량-쭝(-斤兩重)[-냥-]명 근과 냥으로 셈을 한 물건의 무게. 준근량(斤兩).

근력(筋力)[-녁]명 ①근육의 힘 또는 그 지속성. 체력. ¶근력을 시험하다. ②[=]기력(氣力). ¶근력이 왕성하다.

근:로(勤勞)[-노]명하자 힘써 부지런히 일함.

근:로-감독관(勤勞監督官)[-노-꽌]명 노동부에 딸리어, 근로 조건(勤勞條件)의 확보와 그 상황을 감독하는 관직.

근:로-계급(勤勞階級)[-노-/-노-]명 근로의 대가로 받은 급여(給與)로 생활하는 계급.

근:로-계:약(勤勞契約)[-노-/-노-]명 근로자가 사용자에게 대가를 받는 것을 조건으로 노무 제공을 약속하는 계약.

근:로-권(勤勞權)[-꿘]명 근로 능력을 가진 사람이 취업하지 못하는 경우에, 국가에 대하여 생존 확보를 위하여 인정되는 기본권. 근로권·단결권·단체 교섭권 및 단체 행동의 자유권을 통틀어 이르는 말.

근:로-기본권(勤勞基本權)[-노-꿘]명 근로자에게 그 생존 확보를 위하여 인정되는 기본권. 근로권·단결권·단체 교섭권 및 단체 행동의 자유권을 통틀어 이르는 말.

근:로-기준법(勤勞基準法)[-노-뻡]명 근로자의 기본적 생활을 보장, 향상시키기 위하여 근로 조건의 기준을 규정한 법률.

근:로-대:중(勤勞大衆)[-노-]명 정신노동 및 육체노동에 종사하는 모든 사람.

근:로-봉:사(勤勞奉仕)[-노-]명 사회 이익을 위하여 무상으로 공공의 작업에 종사하는 일.

근:로-소:득(勤勞所得)[-노-]명 근로의 대가로 얻는 소득. 〔봉급·급료·연금·상여금 따위.〕 →불로 소득.

근:로-소:득세(勤勞所得稅)[-노-쎄]명 근로 소득에 대하여 매기는 조세.

근:로-자(勤勞者)[-노-]명 근로에 의한 소득으로 생활하는 사람. 노동자.

근:로자^재산^형성^저:축(勤勞者財産形成貯蓄)[-노-]명 근로자가 목돈이나 주택·주식 따위의 재산을 가질 수 있도록 정부·사업주·저축 기관이 지원하여 주는 저축. 〔목돈 마련 저축과 증권 투자 저축이 있음.〕 준재산 형성 저축.

근:로^조건(勤勞條件)[-노-껀]명 근로자가 사용자에게 고용되어 노무(勞務)를 제공하는 경우의 모든 조건. 〔임금, 휴가, 근로 시간, 작업 환경 따위.〕

근류(根瘤)[-노]명 ☞뿌리혹.

근류-균(根瘤菌)[-노-]명 ☞뿌리혹균.

근류^박테리아(根瘤bacteria)[-노-]명 ☞뿌리혹균.

근리(近理) '근리하다'의 어근.

근리-하다(近理-)[-노-]형여 이치에 가깝다.

근:린(近隣)[-노-]명 ①가까운 이웃. ②가까운 곳. ¶근린의 여러 나라와 교역하다.

근:린-공원(近隣公園)[-노-]명 도심지의 주택가의 주변에 있어, 시민이 쉽게 이용할 수 있는 공원.

근:린-상가(近隣商街)[-노-]명 가까운 곳에 위치한 상가.

근막(筋膜)명 근육의 격지 사이에 있는, 근육의 수축을 조절하는 얇은 막.

근:만(勤慢)명 부지런함과 게으름. 근태(勤怠).

근맥(根脈)명 일이 생겨난 유래.

근맥(筋脈)명 근육과 혈맥. ¶근맥을 짚다.

근:면(勤勉)명하자 아주 부지런함. ¶근면한 성격. ②하자부지런히 힘씀. 근면-히부

근:면-성(勤勉性)[-썽]명 부지런한 품성. ¶근면성을 기르다.

근멸(根滅)명하타되자 뿌리째 없애 버림. ¶잡초를 근멸하다. /폐습이 근멸되다.

근모(根毛)명 ☞뿌리털.

근:무(勤務)명하자 ①(직장에 적을 두고) 일을 맡아봄. 일을 맡아 함. 근사(勤仕). ¶근무 시간을 준수하다. ②경비나 보조 따위의 일을 맡아 함. ¶야간에 보조 근무를 서다.

근:무^소집(勤務召集)圓 전쟁 상황에 대비하여 현역 복무를 마친 장병을 일정 기간 재교육을 시키기 위해 소집하던 일.

근:무-지(勤務地)圓 근무하는 곳. ¶근무지 이탈.

근:무-처(勤務處)圓 근무하는 기관이나 부서. ¶근무처가 바뀌다.

근:묵자흑(近墨者黑)[-짜-]圄〔먹을 가까이하면 검어진다는 뜻으로〕'나쁜 사람을 가까이하면 물들기 쉬움'을 이르는 말.

근:민(近民)圓 이웃 나라의 백성.

근:민(勤民)圓 ①부지런한 백성. ②근로 생활을 하는 민중.

근:방(近方·近傍)圓 ☞근처(近處).

근:배(謹拜)圓 '삼가 절함'의 뜻으로, 편지 끝의 자기 이름 뒤에 쓰는 말. ㉰근백.

근:백(謹白)圓 '삼가 아룀'의 뜻으로, 편지 끝의 자기 이름 뒤에 쓰는 말. ㉰근배(謹拜).

근:변(近邊)圓 멀리 떨어지지 않은 곳. 가까운 주변.

근복(筋腹)圓 붉고 연하여 탄력성이 있는, 근육의 가운데 부분.

근본(根本)圓 ①초목의 뿌리. ②사물이 생겨나는 데 바탕이 되는 것. 근저. 기본. 기초. 기근(基根). ¶나라의 근본. /근본 문제. /근본이 흔들리다. ③자라 온 환경이나 경력. ¶사람은 근본이 좋아야 한다.

근본-법(根本法)[-뻡]圓 국가의 근본적인 법, 곧 '헌법'을 이르는 말. 기본법.

근본-악(根本惡)圓 칸트(Kant)의 철학에서, 인간이 태어날 때부터 지니고 있는 악을 이르는 말.

근본-이념(根本理念)[-녀-]圓 어떤 사실의 본바탕이 되는 이념. ¶4·19 혁명의 근본이념.

근:봉(謹封)圓 편지나 소포 따위의 겉봉에 '삼가 봉함'의 뜻으로 쓰는 말.

근부(根部)圓 ①식물의 뿌리 부분. ②건축물 따위의 땅에 박혀 있는 부분.

근비(根肥)圓 ①식물의 뿌리 언저리에 주는 거름. ②밑거름.

근비(筋痹)圓 한방에서, 근육이 켕기고 관절이 아파서 잘 걷지 못하는 병을 이르는 말.

근사(近似)'근사하다'의 어근.

근사(勤仕)圓ㄘㄨ ①자기가 맡은 일을 힘써 함. ②㉰근무(勤務).

근사(를) 모으다|관용| 오랫동안 애써 은근히 공을 들이다.

근사(勤事)圓 어떤 일에 힘쓰는 일.

근:사-계산(近似計算)[-계-/-게-]圓ㄘㄨ 정확한 수치를 낼 수 없을 때, 그에 가까운 수치를 셈해 내는 일.

근:사-치(近似値)圓 ☞근삿값.

근:사-하다(近似-)훼ㄘㄨ ①(어떤 수치나 상태 따위가) 기준에 가깝거나 아주 비슷하다. ¶예상한 것과 근사한 문제가 출제되었다. ②썩 그럴듯하다. 꽤 좋다. ¶근사한 생각이 떠오르다.
근사-히튀.

근:삿-값(近似-)[-사깝/-삳깝]圓 (어떤 수치 대신 사용하는) 그 수치에 충분히 가까운 수치. 근사치. •근:삿값이[-사깝씨/-삳깝씨]·근:삿값만[-사깜-/-삳깜-]

근:상(近狀)圓 ☞근황(近況).

근:상(謹上)圓 편지의 맨 끝에, '삼가 올림'의 뜻으로 쓰는 말.

근상-엽(根狀葉)圓 잎이 변태하여 뿌리 모양으로 된 것. 뿌리가 없는 부생 식물(浮生植物)에서 볼 수 있음.

근생-엽(根生葉)圓 뿌리나 땅속줄기에서 직접 땅 위로 나온 잎. 연·고사리 등에서 볼 수 있음. ㉰근엽(根葉).

근:선(謹選)圓ㄘㄨ 삼가 고름.

근-섬유(筋纖維)圓 심줄을 이루고 있는 실 모양의 조직. 살올실.

근성(芹誠)圓 정성된 마음을 이르는 말.〔충성스러운 농부가 임금에게 향기로운 미나리를 바쳤다는 고사에서 유래함.〕

근성(根性)圓 ①뿌리 깊이 박힌 성질. ¶사대주의 근성. /노예 근성. ②어떤 일을 끝까지 해내려고 하는 끈질긴 성질. ¶프로 근성.

근:세(近世)圓 ①지나간 지 얼마 안 되는 세상. ②역사의 시대 구분의 한 가지. 중세(中世)와 근대(近代)의 중간 시대. 국사에서는 조선 시대 전기가 이에 해당함.

근:세(近歲)圓 ☞근년(近年).

근:세-사(近世史)圓 근세의 역사, 또는 그것을 적은 책.

근:세-조선(近世朝鮮)圓 고려 왕조에 이은 500년간의 조선 왕조.

근-세포(筋細胞)圓 동물의 체내에서, 능동적으로 수축하는 세포를 통틀어 이르는 말.

근소(僅少)'근소하다'의 어근.

근:소-하다(僅少-)훼ㄘ 얼마 되지 않을 만큼 아주 적다. ¶근소한 차이로 이기다.

근:속(勤續)圓ㄘㄨ 한 일자리에서 오래 근무함. ¶장기 근속 사원. /삼십 년 동안 근속하다.

근:속-급(勤續給)[-끕]圓 노동자의 근속 기간에 비례하여 지급되는 임금 부분.

근:속^연한(勤續年限)[-송년-]圓 어떤 일자리에서 계속해서 근무한 햇수.

근수(斤數)[-쑤]圓 저울로 단 무게의 수. ¶근수를 달다. /근수를 재다.

근수(根數)[-쑤]圓 근호(根號)가 붙은 수. 〔$\sqrt{2}$, $\sqrt[3]{3}$ 따위.〕

근수(勤修)圓ㄘㄨ 힘써 부지런히 닦음.

근:시(近侍)圓ㄘㄨ ①지난날, 임금을 가까이에서 모시던 신하.〔승지(承旨)·사관(史官) 따위.〕②㉰근어(웃어른을) 가까이 모심.

근:시(近時)圓 요사이. 요즈음. 이즈막.

근:시(近視)圓〈근시안(近視眼)의 준말. 바투보기. ↔원시(遠視).

근:시-경(近視鏡)圓 근시안(近視眼)에 쓰는, 오목 렌즈로 만든 안경. 졸보기. ↔원시경.

근:시-안(近視眼)圓 ①눈에 들어온 평행 광선이 망막 앞쪽에서 상(像)을 맺어, 가까운 곳은 잘 보이나 먼 곳은 잘 보이지 않는 눈. 바투보기눈. ㉰근시·근안(近眼). ②'눈앞의 일에 사로잡혀 앞일을 바로 보지 못함'을 비유하여 이르는 말. ↔원시안.

근:시안-적(近視眼的)|관|圓 눈앞의 일에 사로잡혀 앞일을 바로 보지 못하는 (것). ¶근시안적 발상(發想). /근시안적인 도시 계획.

근:신(近臣)圓 임금을 가까이에서 모시는 신하. 친신(親臣).

근:신(近信)圓 ①요즈음에 온 소식이나 편지. ②㉰근신하여 신용함.

근:신(謹身)圓ㄘㄨ 몸차림이나 행동을 삼감.

근:신(謹愼)圓ㄘㄨ ①(언행을) 삼가고 조심함. ②처벌의 한 가지. 학교나 직장에서, 잘못에 대하여 뉘우치고 몸가짐을 삼가라는 뜻에서, 일정 기간 동안 등교를 금하거나 행동을 제약하는 일 따위. ¶근신 처분을 받다.

근실(勤實)'근실하다'의 어근.

근실-거리다困 자꾸 근실근실하다. 근실대다. ¶온몸이 근실거린다.

근실-근실閉-하재 자꾸 가려운 느낌이 드는 모양. ¶송충이를 보기만 해도 온몸이 근실근실 스멀거린다.

근실-대다困 근실거리다.

근-실하다(勤實-)國例 부지런하고 착실하다. ¶근실한 사람. 근실-히閉.

근심(하데-되재) 마음이 놓이지 않아 속을 태우는 일. 걱정. ¶근심이 떠날 날이 없다. /아무 일도 없을 테니 너무 근심하지 마십시오.

근심-거리[-꺼-]圀 근심이 되는 일. 걱정거리. 근심사. ¶근심거리가 생기다.

근심-사(-事)圀 근심거리.

근심-스럽다[-따][~스러우니·~스러워]國国 근심이 되어 마음이 편하지 아니하다. ¶근심스러운 표정. 근심스레閉.

근-안(近眼)〈근시안(近視眼)〉의 준말.

근압(根壓) ☞뿌리압.

근어(根魚)圀 암초나 바닷말이 많은 곳에서 멀리 이동하지 않고 사는 물고기를 통틀어 이르는 말.

근-언(謹言)圀 편지 끝에, '삼가 말씀을 드림'의 뜻으로 쓰는 말.

근엄하다(謹嚴-) '근엄하다'의 어근.

근-엄-하다(謹嚴-)國例 매우 점잖고 엄하다. ¶근엄한 표정. 근엄-히閉.

근업(近業)圀 ①요사이에 하는 사업. ②요즈음에 지은 글이나 책. ②근저(近著).

근-역(槿域)圀 [무궁화가 많은 곳이라는 뜻으로] '우리나라'를 달리 이르던 말. 근화향(槿花鄕).

근-연(近緣)圀 가까운 혈연, 또는 생물의 분류에서 가까운 관계.

근염(筋炎)圀 근육에 생기는 염증.

근엽(根葉)圀 ①뿌리와 잎. ②〈근생엽〉의 준말.

근-영(近影)圀 최근에 찍은 인물 사진. ¶저자(著者)의 근영.

근-왕(勤王)圀-하재 임금에게 충성을 다함.

근-왕-병(勤王兵)圀 임금에게 충성을 다하는 군사.

근원(根源)圀 ①물줄기가 흘러나오기 시작하는 곳. ②어떤 일이 생겨나는 본바탕. 남상(濫觴). ¶악(惡)의 근원. /근원을 파헤치다.

근원-둥이(根源-)圀 ①첫날밤에 배어서 낳은 아이. ②사이가 좋지 않던 부부가 다시 화합하여 낳은 아이.

근원-적(根源的)圀圀 사물의 본바탕이 되거나 어떤 일의 원인이 되는 (것). ¶근원적인 대책.

근원-지(根源地)圀 근원이 되는 곳. 본바탕. ¶유언비어의 근원지.

근위(近衛)圀-하태 임금을 가까이에서 호위(護衛)함.

근위(筋痿)圀 한방에서, 간경(肝經)에 열이 생겨 쓸개즙이 너무 많이 나와 근막(筋膜)이 마르고 입이 쓰며 심줄이 당기는 병을 이르는 말.

근-위-대(近衛隊)圀 조선 말기에, 궁궐의 호위와 의장(儀仗)의 임무를 맡던 군대.

근-위-병(近衛兵)圀 지난날, 임금을 가까이에서 호위하던 병사.

근위축-증(筋萎縮症)圀[-쯩] 오랫동안 근육을 쓰지 않거나 관절 및 신경 질환 등으로 말미암아 근육이 점점 옴츠러드는 병.

근육(筋肉)圀 몸의 연한 부분을 이루고 있는 심줄과 살. 내장·혈관·골격을 싸고 있으며, 능동

적인 수축성(收縮性)을 특성으로 하는 동물 특유의 운동 기관임. 근살. 힘살.

근육^감:각(筋肉感覺)[-깜-]圀 근육의 수축이나 긴장의 변화 등, 내적(內的) 자극에 따라 생기는 감각.

근육-노동(筋肉勞動)[-그농-]圀-하재 육체를 써서 하는 노동. 육체노동. ←→정신노동.

근육^류:머티즘(筋肉rheumatism)圀 근육에 나타나는 류머티즘. 근육이 쑤시고 아프며, 감기나 외상(外傷) 따위가 원인이 됨.

근육-소(筋肉素)圀[-쏘] ☞근단백질.

근육^주:사(筋肉注射)[-쭈-]圀 근육 속에 놓는 주사. 圀피하 주사(皮下注射)·혈관 주사.

근육-질(筋肉質)圀 ①근육처럼 연하고 질긴 성질. ②'근육이 잘 발달한 체격'을 이르는 말. ¶근육질의 단단한 체구.

근육-통(筋肉痛)圀 근육이 쑤시고 아픈 증상.

근음(根音)圀 ☞밑음.

근음(跟音)圀 심줄이 오그라들 때 나는 소리.

근:읍(近邑)圀 가까운 고을. 인근에 있는 읍.

근:인(近因)圀 가까운 원인. 직접적인 원인. ↔원인(遠因).

근인(根因)圀 근본이 되는 원인.

근:일(近日)圀 ①요즘은. 근자(近者). ②가까운 장래. 얼마 후. ¶근일 개봉(開封).

근:일-점(近日點)[-쩜]圀 태양계의 행성이나 혜성 등이 그 궤도 상에서 태양과 가장 가까워졌을 때의 위치. 짆근점(近點). ↔원일점(遠日點).

근:일점^거:리(近日點距離)[-쩜-]圀 근일점과 태양과의 거리.

근:자(近者)圀 ☞근일(近日). ¶근자에 들어 좋은 일이 많았다.

근:작(近作)圀 최근의 작품.

근잠 벼가 잘 여물지 않는 병.

근장(筋漿)圀 동물의 근육 속에 들어 있는 끈끈한 액체. 대개, 황색이나 갈색임.

근:장-군사(近仗軍士)圀 지난날, 병조(兵曹)에 딸리어 궁문(宮門)을 지키고, 임금이 거둥할 때 경호하던 군사.

근:저(近著)圀 요즈음에 지은 책. 근업(近業).

근저(根底·根柢)圀 ①사물의 밑바탕. 사물의 밑바탕이 되는 곳. ¶근저를 이루고 있는 사상. ②☞근본(根本).

근-저당(根抵當)圀圀 앞으로 생길 채권의 담보로 질권(質權)이나 저당권(抵當權)을 미리 설정함, 또는 그 저당.

근전-도(筋電圖)圀 근육이 활동할 때 생기는 전류를 그래프에 기록한 그림.

근절(根絶)圀-하태 (다시 살아날 수 없게) 뿌리째 없애 버림. ¶부정부패를 근절하다.

근절-책(根絶策)圀 뿌리째 없애 버리기 위하여 세운 방책. ¶근절책을 마련하다.

근:점(近點)[-쩜]圀 ①눈으로 똑똑하게 볼 수 있는 가장 가까운 점. 눈에서부터의 거리로 나타내는데, 성인의 정상적인 눈은 약 10 cm임. ②〈근지점〉의 준말. ③〈근일점〉의 준말.

근:점-년(近點年)[-쩜-]圀 지구가 근일점(近日點)을 통과하여 다시 근일점에 돌아오기까지의 시간. 약 365일 6시간 13분 53초.]

근:점-월(近點月)[-쩌뭘]圀 달이 근지점(近地點)을 통과하여 다시 근지점에 돌아오기까지의 시간. 〔약 27일 13시간 18분 33초.〕

근:점^이:각(近點離角)[-쩌미-]圀 천체의 근일점과 태양을 잇는 직선을 기준으로 하여, 천체의 운동 방향으로 잰 각거리(角距離).

근:접(近接)圓閑자되자 가까이 다가감, 또는 가까이 닿음. 접근(接近). ¶근접 촬영. /기술력이 선진국 수준에 근접하다.

근:접^작용(近接作用) [-짜뿅] 圓 물체 간에 작용하는 힘이 접촉하는 공간이나 매질(媒質)을 통하여 차례로 전달하는 일.

근:접^화:기(近接火器) [-저뽜-] 圓 가까운 거리에서 사람을 살상하거나 적진을 파괴하는 화기.〔수류탄·기관총·박격포 따위.〕

근:정(謹呈)圓閑자 삼가 증정(贈呈)함.

근:정-전(勤政殿) 圓 경복궁 안에 있는 정전(正殿). 조선 시대에, 임금이 조회를 행하던 곳임.

근:정-포장(勤政襃章)圓 일반 공무원이나 국영 기업체 또는 사회 단체의 직원으로서 공적이 두드러진 사람에게 주는 포장.

근:정-훈장(勤政勳章)圓 맡은 직무에 대해 공적이 두드러진 공무원에게 주는 훈장.〔청조·황조·홍조·녹조·옥조 따위.〕

근:제(謹製)圓閑자 삼가 짓거나 만듦.

근:조(謹弔)圓閑자 삼가 조상(弔喪)함.

근-조직(筋組織)圓 동물의 근세포(筋細胞)가 모여 이루어진 조직. 주로, 이동 운동에 쓰임.

근:족(近族)圓 가까운 친척. 근친(近親).

근종(根腫)圓 덩어리진 뿌리가 박힌 부스럼.

근종(根種)圓閑타 ⇨그루같이.

근종(筋腫)圓 근육에 생기는 부스럼.

근:주(謹奏)圓 (임금에게) 삼가 아룀.

근중(斤重)圓 '근중하다'의 어근.

근중-하다(斤重-)혱 ①저울로 단 무게가 무겁다. ②언행 따위가 무게가 있다.

근:지(近地)圓 가까운 곳. 가까운 땅.

근지럽다[-따][근지러우니·근지러워]혱ㅂ 조금 가려운 느낌이 있다. ¶등이 근지럽다. ②(어떤 일을 하고 싶은 생각이 자꾸 일어나) 참고 견디기 어렵다. ¶성한 몸으로 일을 하지 않고 있자니, 팔다리가 근지럽다.

근-지수(根指數)圓 근수(根數)나 근식(根式)에서, 그 몇 승근(乘根)인가를 보이는 수. [$^3\sqrt{7}$ 또는 $^3\sqrt{x+y}$에서의 3 따위.]

근:지-점(近地點) [-쩜]圓 지구를 도는 달이나 인공위성이, 그 궤도 상에서 지구에 가장 가깝게 접근할 때의 위치. ⑳근점(近點). ↔원지점.

근직(謹直)圓 '근직하다'의 어근.

근:직-하다(謹直-) [-지카-]혱여 조심성 있고 올곧다.

근질-거리다자 자꾸 근질근질하다. 근질대다. ¶머리가 근질거리다. ㉤간질거리다.

근질-근질튀閑자타 ①근지러운 느낌이 자꾸 일어나는 상태. ②참기 어려울 정도로 어떤 일을 자꾸 몹시 하고 싶어 하는 상태. ㉤간질간질함.

근질근질-하다혱여 ①자꾸 또는 매우 근지럽다. ②어떤 일을 몹시 하고 싶어 참기가 어렵다. ㉤간질간질하다.

근질-대다자 근질거리다.

근쭝(←斤重)圓 근을 단위로 하여 무게를 달 때의 단위. ¶한 근쭝./다섯 근쭝.

근:착(近着)圓閑자되자 ①최근에 도착함. ¶근착한 외국 잡지. ②머지않아 도착함.

근착(根着)圓 ①땅속에 뿌리가 내림. ②(어떤 사람에게) 확실한 내력이나 확실한 주소.

근참(覲參)圓閑타 찾아가서 뵘.

근채(芹菜)圓 ⇨미나리.

근채(根菜)圓 주로 뿌리를 먹는 채소.〔무·당근·우엉 따위.〕

근채-류(根菜類)圓 주로 뿌리를 먹는 채소류를 통틀어 이르는 말. ⑳엽채류·경채류.

근:처(近處)圓 가까운 곳. 근방. 부근(附近).

근:척(近戚)圓 가까운 친척(親戚).

근천-떨다(自) 궁하고 가난한 상태. ¶근천을 떨다.

근:청(謹請)圓閑타 공손한 마음과 태도로 청함. 삼가 청함.

근:청(謹聽)圓閑타 공손한 마음과 태도로 귀담아들음.

근체(根蔕)圓 사물의 바탕.

근:체-시(近體詩)圓〔한시에서, 고시(古詩)나 악부(樂府) 등을 고체시(古體詩)라 한 데 대하여〕당나라 때의 율시(律詩)나 절구(絕句)를 이르는 말. 금체시(今體詩). ↔고체시.

근초(筋鞘)圓 횡문근 전체를 싸고 있는 얇은 막.

근:촌(近寸)圓 가까운 촌수. ↔원촌(遠寸).

근:촌(近村)圓 (이웃에 있는) 가까운 마을. 가까운 동네. ↔원촌(遠村).

근축(根軸)圓 두 원에 대한 접선의 길이가 같은 점으로 이루어진 직선.

근치(根治)圓閑타 병을 완전히 고침.

근:친(近親)圓 가까운 친족, 특히 팔촌 이내의 일가붙이. 근족(近族).

근친(覲親)圓閑자 시집간 딸이 친정에 와서 친정 어버이를 뵘. 귀녕(歸寧).

근:친-결혼(近親結婚)圓 가까운 혈족(血族)끼리 하는 결혼. ⑳근친혼.

근:친-상간(近親相姦)圓閑자 근친 사이인 남녀가 간음하는 일. 상피(相避) 붙음.

근:친-혼(近親婚)圓〈근친결혼〉의 준말.

근:칭(斤秤)圓 무게를 다는 대칭(大秤).

근:칭(近稱)圓 말하는 이에게 가까이 있는 대상을 가리키는 것. ↔원칭.

근:칭-대:명사(近稱代名詞)圓 가까이 있는 사물·방향·처소 따위를 가리키는 대명사.〔이분·이것·여기 따위.〕 ↔원칭 대명사.

근:타(勤惰)圓 ⇨근태(勤怠).

근:탄(根炭)圓 ⇨등걸숯.

근태(根太)圓 ⇨그루콩.

근:태(勤怠)圓 ①부지런함과 게으름. 근타(勤惰). 근만(勤慢). ②출근과 결근.

근-풀이(斤-)圓閑자타 ①물건을 근으로 달아서 팖. 해근(解斤). ②물건 한 근에 값이 얼마씩 치였는가를 계산하여 봄.

근:하(謹賀)圓閑타 삼가 축하함.

근:-하다(謹-)혱여 부지런하다.

근:하-신년(謹賀新年)圓 '삼가 새해를 축하합니다'의 뜻으로, 연하장(年賀狀) 따위에 쓰는 말. 공하신년(恭賀新年).

근:학(勤學)圓閑자 부지런히 학문에 힘씀.

근:함(謹緘)圓 '삼가 편지를 봉함'의 뜻으로, 편지 겉봉의 봉한 자리에 쓰는 말.

근:해(近海)圓 육지에 가까운 바다. ↔원양(遠洋)·원해(遠海).

근:해-어(近海魚)圓 근해에 사는 물고기.〔정어리·전갱이·도미·고등어 따위.〕

근:해^어업(近海漁業)圓 근해에서 하는 어업. ↔원양 어업(遠洋漁業).

근:해^항:로(近海航路) [-노]圓 육지에 가까운 일정한 수역(水域) 안의 항로.

근:행(勤行)圓閑자 ①부처 앞에서, 시간을 정하여 독경·예배·소향(燒香) 따위를 함. ②열심히 불도를 닦음.

근행(覲行)圓閑자 어버이를 뵈러 감. 근친(覲親)함.

근호(根號)**명** 수학에서 이르는, 승근(乘根)을 나타내는 부호, 곧 '√'를 이름. **참**루트.

근:화(近火)**명** 가까운 곳에서 난 불. 이웃에서 난 불.

근:화(槿花)**명** ①☞무궁화. ②☞무궁화나무.

근:화-향(槿花鄕)**명** ☞근역(槿域).

근:황(近況)**명** 요즈음의 형편. 근상(近狀). ¶ 친척들의 근황을 묻다.

근후(謹厚) '근후하다'의 어근.

근:후-하다(謹厚-)**형여** 신중하고 온후하다.

귿[명] (옛) 끝. ¶ 처섬과 귿과롤 다시곰 드듸면(圓覺上之一之-69). **참**귿.

귿다[타] (옛) 긏다. ¶ 져즌 고기란 니로 귿고 모론 고기란 니로 귿디 아니ᄒᆞ며(小解3:27).

글[명] ①어떤 생각이나 일 따위의 내용을 글자로 나타내 놓은 것. ¶ 글을 소리 내어 읽다. /글을 짓다. /글을 쓰다. ②학문, 또는 학식. 문(文). ¶ 견문도 넓거니와 글도 대단하지. ③글자.

글 못한 놈 붓 고른다[속담] 학식이나 기술이 모자라는 사람일수록 공연한 트집을 잘 잡는다는 말.

글 속에도 글 있고 말 속에도 말 있다[속담] 말과 글은 그 속뜻을 잘 음미해 보아야 한다는 말.

글에 미친 송 생원[속담] '다른 일은 돌보지 않고 글공부만 하는 사람'을 조롱하여 이르는 말.

글-감[-깜]**명** 글의 내용이 되는 재료. ¶ 글감을 선택하다.

글겅-거리다[자] 자꾸 글겅글겅하다. 글겅대다. **짝**갈강거리다. **참**그렁거리다.

글겅-글겅[부][하자] 목구멍에서 거칠게 그렁그렁 하는 소리. **짝**갈강갈강. **참**그렁그렁.

글겅-대다[자] 글겅거리다.

글겅이[명] ①마소의 털을 빗기는 빗 모양의 기구. ②싸리로 결어 만든 고기잡이 도구의 한 가지. ③'백성의 재물을 긁어 들이는 벼슬아치'를 비유하여 이르는 말.

글겅이-질[명][하자] ①글겅이로 마소의 털을 빗기는 일. ②글겅이로 고기를 훑어 잡는 일. ③지방의 벼슬아치나 토호(土豪)가 백성의 재물을 긁어 들이는 일.

글-공부(-工夫)[-꽁-]**명**[하자] 글을 배우거나 익힘. ¶ 늦게 글공부를 시작하다.

글-구(-句)[-꾸] '글귀'의 잘못.

글-구멍[-꾸-]**명** 글을 잘하는 지혜나 소질. 글을 잘 이해하는 슬기. ¶ 글구멍이 트이다.

글-귀[-뀌]**명** 글을 듣고 이해하는 능력.
글귀(가) 밝다[관용] 글을 배울 때 이해가 빠르다.
글귀(가) 어둡다[관용] 글을 배울 때 이해가 더디다.
글귀(가) 트이다[관용] 글을 배울 때 제대로 이해하게 되다.

글-귀(*-句)[-뀌]**명** 글의 구절. ¶ 글귀를 외다.

글겅-거리다[자] 자꾸 글그렁글그렁하다. 글그렁대다. **짝**갈그랑거리다. **참**글겅거리다.

글그렁-글그렁[부][하자] 목구멍에서 거칠게 그르릉그르릉하는 소리. **짝**갈그랑갈그랑. **참**글겅글겅.

글그렁-대다[자] 글그렁거리다.

글-꼴[명] 문자의 모양새.

글-눈[-룬]**명** 글을 보고 이해하는 능력. ¶ 글눈이 밝다(어둡다).

글:다[그니-][자] 〈그을다〉의 준말.

글-동무[-똥-]**명** (같은 곳에서) 함께 공부하는 동무. 글동접.

글-동접(-同接)[-똥-]**명** 글동무.

글라디올러스(gladiolus)**명** 붓꽃과의 다년초. 남아프리카 원산의 관상용 화초. 알뿌리에서 검(劍) 모양의 잎이 곧게 돋음. 여름에 긴 꽃줄기 끝에 깔때기 모양의 꽃이 이삭 모양으로 핌. 품종과 꽃 빛깔이 다양함. 당창포.

글라스(glass)**명** 유리로 만든 컵이나 술잔 따위.

글라스노스트(←glasnost' 러)**명** 정보 공개(情報公開).

글라이더(glider)**명** 발동기(發動機)가 없는 항공기. 활공기(滑空機).

글라이딩(gliding)**명** 활주(滑走).

글래머(←glamour girl)**명** 육체가 풍만하고 성적 매력이 있는 여성.

글러브(glove)**명** ①야구에서 쓰는 가죽 장갑. ②권투에서 쓰는 가죽 장갑. 체급에 따라 무게에 차이가 있음.

글로리아(gloria)[명] 명주실과 털실을 뒤섞어서 짠 교직(交織)의 한 가지. 여성의 의복이나 양산 천으로 이용함.

글로리아(Gloria)[명] 가톨릭에서, '영광' 또는 '영광 있으라'의 뜻으로 쓰는 말.

글로:벌리즘(globalism)**명** 국가 단위를 초월하여, 세계를 하나의 통합 단위로 만들려는 생각이나 그러한 주장을 펴는 주의. 제2차 세계 대전 후에 미국이 중심이 되어 추진되어 왔으나, 유럽의 지역주의 및 세계 각 나라의 보호 무역주의의 대두로 어려움을 겪고 있음.

글로불린(globulin)**명** 단순 단백질의 한 가지. 알부민과 함께 생물체에 들어 있음. 동물에는 혈장(血漿)·달걀 등에, 식물에는 씨에 많이 들어 있음.

글로브(globe)**명** 전구(電球)를 완전히 둘러싸는, 공 모양의 유리 따위로 만든 전등갓. 빛을 부드럽게 하는 구실을 함.

글로:-스타:터(glow starter)**명** 점등관(點燈管).

글로켄슈필:(Glockenspiel 독)**명** 철금(鐵琴).

글록시니아(gloxinia)**명** 게스네리아과의 다년초. 브라질 원산의 관상용 화초. 온실에서 재배되는데, 덩이줄기로 번식함. 짧은 줄기에서 몇 장의 잎이 마주나고, 여름철에 꽃줄기 끝에 흰색이나 적자색 꽃이 핌.

글루코오스(glucose)**명** 포도당.

글루탐-산(←glutamic酸)**명** 아미노산의 한 가지. 단백질을 구성하는 아미노산으로서 널리 존재하며, 특히 밀에 많이 함유되어 있음. 화학 조미료의 원료로 쓰임.

글루-텐(gluten)**명** 보리·밀 등의 곡류에 들어 있는 단백질.

글:리다[자][타] 〈그을리다〉의 준말.

글리사드(glissade 프)**명** 겨울철 등산에서, 피켈이나 지팡이 따위를 비켜 뒤로 짚고, 제동을 걸면서 눈 덮인 비탈을 미끄러져 내리는 일.

글리산도(glissando 이)**명** 악곡 연주에서, 하나의 음에서 다른 음으로 미끄러져 가듯 연주하는 방법. 활주(滑奏).

글리세린(glycerin)**명** 지방(脂肪) 또는 유지(油脂)를 분해해서 만드는 무색투명한 끈끈한 액체. 약용·공업용·화장품 원료로 쓰이며, 특히 다이너마이트의 원료가 됨.

글리코겐(glycogen)**명** 동물의 간장이나 근육 따위에 저장되는 탄수화물. 식물의 전분(澱粉)에 해당하며 에너지의 근원이 됨. 정제(精製)한 것은 무미·무취의 흰 가루임. 당원질(糖原質).

글-말[명] ☞문어(文語). ↔입말.

글말-체(-體)**명** ☞문어체(文語體).

글-맛[-맏]**명** 어떤 문장(文章)이 가지는 독특한 운치(韻致), 또는 그런 문장을 읽음으로써 맛보는 재미. ¶글맛을 알다. *글맛이[-마시]·글맛만[-만-]

글-발[-빨]**명** ①적어 놓은 글. ②문장(文章). ③써 놓은 글자의 생김이나 형식.

글-방(-房)[-빵]**명** 사사로이 한문(漢文)을 가르치는 곳. 사숙(私塾). 서당(書堂). 서재(書齋). 학당(學堂). 학방(學房).

글방-물림(-房-)[-빵-]**명** 지난날, '글방에서 공부만 하여 세상 물정에 어두운 사람'을 조롱조로 이르던 말. 글방퇴물.

글방-퇴물(-房退物)[-빵퇴-/-빵퉤-]**명** 글방물림.

글-벗[-뻗]**명** 글로써 사귀는 벗. 문우(文友). *글벗이[-뻐시]·글벗만[-뻔-]

글발명 〈옛〉글월. 편지. ¶글발로 말이ᅀᆞᆸ본도(龍歌26章). ◑글왈.

글-속[-쏙]**명** 학식, 또는 학문적인 이해.

글-쇠[-쐬]**명** 타자기·컴퓨터·워드 프로세서 따위에서, 손가락으로 누르거나 쳐 수 있도록 낱낱의 글자나 명령 단위로 글자판에 배열한 단추 모양의 장치. 키(key).

글썽부〈하자타〉 눈에 눈물이 넘칠 듯이 그득하게 고이는 모양. ¶눈물이 글썽한 눈으로 쳐다보다. ◑갈쌍. 글썽-글썽**부**〈하자타〉¶벅찬 감격으로 눈물이 글썽글썽하다.

글썽-거리다〈자타〉 자꾸 글썽글썽하다. 글썽대다. ◑갈쌍거리다.

글썽글썽-하다〈형어〉 눈에 눈물이 넘칠 듯이 자꾸 그득하다. ◑갈쌍갈쌍하다.

글썽-대다〈자타〉 글썽거리다.

글썽-이다〈자타〉 눈에 눈물이 자꾸 그득하게 고이다. ◑갈쌍이다.

글썽-하다〈형어〉 눈에 눈물이 넘칠 듯이 그득하다. ◑갈쌍하다.

글쎄감 ①(남의 물음이나 요구 등에) 확실하지 않아서 망설여지거나 대답하기 곤란하여 어물어물할 때 하는 말. ¶글쎄, 내가 할 수 있을까? ②자기의 말을 다시 고집하거나 더 강조할 때 하는 말. ¶글쎄, 틀림없다니까.

글쎄-다감 (아랫사람의 물음이나 요구 등에) 확실하지 않아서 망설여지거나 대답하기 곤란하여 어물어물할 때 하는 말. ¶글쎄다, 어찌해야 좋을지 모르겠다.

글쎄-요감 (윗사람의 물음이나 요구 등에) 확실하지 않아서 망설여지거나 대답하기 곤란하여 어물어물할 때 하는 말. ¶글쎄요, 잘 모르겠는데요.

글쓰-기명 생각이나 사실 따위를 글로 써서 표현하는 일.

글쓴-이명 글을 쓴 사람.

글씨명 ①써 놓은 글자의 모양. ¶글씨가 바르다. ②글자를 쓰는 일, 또는 법. ¶글씨 공부. /글씨 연습. ③글자. ¶글씨를 쓰다. /비문의 글씨를 알아볼 수 없다.

글씨-본(-本)**명** 글씨 연습을 할 때, 보고 쓰도록 만든 책.

글씨-체(-體)**명** ①써 놓은 글씨의 양식(樣式). 한자의 해서·행서·초서·예서·전서, 한글의 궁체 따위. 서체(書體). ②글씨를 쓰는 방법을 보이기 위해서 쓴 본보기. 필체(筆體).

글왈명 〈옛〉①글월. 文은 글와리라(訓諺). ②편지. ¶두번 가는 글와리 업스니(內訓2:10).

글-월명 ①글. 문장. ②편지.

글월-문(-文)**명** 한자 부수의 한 가지. '斑'·'斌'들에서의 '文'의 이름.

글위명 〈옛〉그네. ¶紅실로 紅글위 미요이다(樂詞.翰林別曲).

글:음명 〈그을음〉의 준말.

글-자(-字)[-짜]**명** 말을 눈으로 볼 수 있도록 나타낸 기호. 〔한글·한자(漢字)·로마자·숫자(數字) 따위.〕 글씨. 문자(文字)².

글자-판(-字板)[-짜-]**명** 타자기·컴퓨터·워드 프로세서 따위에서, 글자나 숫자·기호가 그려진 판. 자판(字板). 키보드.

글-장(-帳)[-짱]**명** ①글이 적혀 있는 종이. ②과거(科擧) 때 지어 올리던 시문(詩文). 시권(試卷).

글-재주(←--才操)[-째-]**명** 글을 터득하는 재주. 글을 짓는 재주. 문재(文才).

글-제(-題)[-쩨]**명** 글의 제목. 제목.

글-줄[-쭐]**명** ①글줄. ②'그리 깊지 않은 학문'의 뜻으로 비꼬아 말할 때 쓰는 말. ¶글줄이나 한다고 꽤나 아는 체한다.

글지ᅀᅵ명 〈옛〉①글 짓는 사람. ¶글지ᅀᅵ눈 國風을 닛ᄃᆞ다(杜初21:1). ②글 짓는 일. ¶글지ᅀᅵ와 글스기로 지븨 올아(杜初25:49).

글지이명 〈옛〉①글 짓는 사람. ¶글지이눈 國風을 닛ᄃᆞ다(杜初21:1). ②글짓기. 글 짓는 일. ¶글지ᅀᅵ ᄆᆞ츠니 鳳이 ᄂᆞᆫᄃᆞᆺ ᄒᆞ도다(杜初8:8). ◑글지ᅀᅵ.

글-짓기[-짇끼]**명하자** 글을 짓는 일. ¶글짓기 공부. 비작문(作文).

글-치레명하자 글을 꾸밈.

글-콩명 〈그루콩〉의 준말.

글-투(-套)**명** 〈쓰는 이에 따라 다르게 나타나는〉 글의 표현상의 특징.

글피명 모레의 다음 날.

글-하다〈자여〉 ①글을 짓다. ②학문을 하다.

긁다[극따]〈타〉 ①손톱이나 뾰족한 것 따위로 문지르다. ②(갈퀴 따위로) 그러모으다. ¶낙엽을 긁다. ③칼 같은 것으로 무엇에 붙은 것을 떼어 내다. ¶검댕이를 긁다. ④공연히 건드리다. ⑤남을 헐뜯다. ⑥(남의 기분, 감정 등을 건드려) 상하거나 북받쳐 오르게 하다. ¶비위를 긁다. ⑦남의 재물을 교활하고 악독한 방법으로 빼앗아 들이다. ¶재물을 긁어 들이다. ⑧공연히 건드리다. ¶잘 진행되던 일을 긁어 다시 하게 되었다. ⑨자동 소총 따위를 쏘는 것을 속되게 이르는 말. ¶기관총을 긁다. ⑩물건을 구매할 때 카드로 결제하다. ◑갉다. *긁어·긁고[글꼬]·긁는[긍-]

긁어 부스럼〈속담〉 '공연히 건드려서 만들어 낸 걱정거리'를 이르는 말.

긁어-내다〈타〉①안에 있는 것을 긁어서 꺼내다. ②돈이나 물건을 빼앗아 내다.

긁어-내리다〈타〉①높은 곳에 있는 것을 긁어서 내려 보내다. ¶부스스한 머리를 긁어내리다. ②실제 이상으로 헐뜯다. ¶멀쩡한 사람을 긁어내리다.

긁어-놓다[-노타]〈타〉 긁어서 모아 놓다. ¶긁어 놓은 낙엽에 불을 놓다.

긁어-당기다〈타〉 긁어서 앞으로 끌다.

긁어-먹다[-따]〈타〉 남의 재물을 교활한 방법으로 빼앗아 가지다. 긁어먹다.

긁어-모으다〈타〉①긁어서 한데 모이게 하다. ②수단과 방법을 가리지 않고 재물을 모아 들이다. ¶공갈 협박으로 돈을 긁어모으다.

긁어-쥐다[타] ①잘 잡히지 않는 물건을 움켜쥐다. ¶바닥에 떨어진 종이를 긁어쥐다. ②남의 재물 따위를 빼앗아 자기 것으로 하다. ¶그는 친척의 땅을 긁어쥐었다.

긁적-거리다[극쩍一][타] 자꾸 긁적긁적하다. 긁적대다. ⑳갉작거리다.

긁적-긁적[극쩍끅쩍][부하다] ①잇달아 자꾸 긁는 모양. ¶머리를 긁적긁적하다. ⑳갉작갉작. ②(글씨나 그림 따위를) 되는대로 손을 놀려 쓰는 모양.

긁적-대다[극쩍때一][타] 긁적거리다.

긁적-이다[극쩌기一][타] ①잇달아 자꾸 긁다. ②(글씨나 그림 따위를) 되는대로 손을 놀려 쓰다.

긁죽-거리다[극쭉꺼一][타] 자꾸 긁죽긁죽하다. 긁죽대다. ⑳갉죽거리다.

긁죽-긁죽[극쭉끅쭉][부하다] 무디게 자꾸 긁는 모양. ⑳갉죽갉죽.

긁죽-이다[극쭈기一][타] 무디게 자꾸 긁다.

긁죽-대다[극쭉때一][타] 긁죽거리다.

긁-히다[글키一][자타] 『'긁다'의 피동』 긁음을 당하다. ⑳갉히다.

금¹[명] ①긋거나 접거나 한 자리. ②갈라지지 않고 터지기만 한 자국. ¶금이 가다.
  금(이) 가다[관용] 서로의 사이가 벌어지다.
  금(을) 긋다[관용] 한도나 한계선을 정하다.

금²[명] 물건의 값. 가격. ¶금이 좋다. /금을 매기다.
  금도 모르면서 싸다 한다[속담] 내용도 모르고 아는 체하다.
  금(을) 놓다[관용] ①값을 부르다. ②어떤 것의 수준 따위를 평가하다.
  금(을) 맞추다[관용] 그 물건의 값을, 같은 종류의 다른 물건의 값과 맞게 하다.
  금(을) 보다[관용] 값을 알아보다.
  금(을) 치다[관용] 값을 정하다.
  금(이) 닿다[관용] 물건 값이 사고팔 수 있는 적당한 선에 이르다.

금(金)¹[명] 금속 원소의 한 가지. 황색의 광택을 내며 전성(展性)과 연성(延性)이 풍부함. 화폐나 장식품 따위에 쓰임. [Au/79/196.9665]
  금이야 옥이야[속담] '몹시 아끼고 귀여워하는 모양'을 비유하여 이르는 말.

금(金)²[명] ①<금요일(金曜日)>의 준말. ②오행(五行)의 하나. 방위로는 서쪽, 계절로는 가을, 빛깔로는 흰빛에 해당함.

금(琴)[명] 현악기의 한 가지. 모양은 거문고와 비슷하나, 일곱 줄을 걸고 앞판 한쪽에 열세 개의 휘(徽)를 박았음. 휘금 또는 칠현금이라고도 함.

-금(金)[접미] 일부 명사 뒤에 붙어, 그렇게 쓰이는 '돈'을 나타내는 말. ¶계약금. /중도금. /의연금. /축하금.

금-가락지(金-)[一찌][명] 금으로 만든 가락지. 금지환(金指環).

금-가루(金-)[一까一][명] 황금(黃金)의 가루. 금분(金粉). 금설(金屑). 금싸라기.

금각(金閣)[명] ①금으로 꾸민 누각. ②아름다운 누각.

금-각대(金角帶)[一때][명] 금으로 무늬를 새겨 넣은, 뿔로 만든 띠. 벼슬아치들이 둘렀음.

금감(金柑)[명] ⇨금귤(金橘).

금갑(金甲)[명] 쇠붙이로 만든 갑옷.

금-값(金-)[一깝][명] ①금의 값. ②매우 비싼 값. ¶채소 값이 금값이다. * 금값이[一깝씨]·금값만[一깜一]

금강(金剛)[명] ①(불교 관계의 말에 관형어처럼 쓰이어) '가장 뛰어난', '가장 단단한' 등의 뜻을 나타내는 말. [금강반야경·금강역사 따위.] ②<금강산>의 준말.

금강-경(金剛經)[명] <금강반야바라밀경>의 준말.

금강경-언해(金剛經諺解)[명] 조선 세조 10 (1464)년에, 한계희(韓繼禧)·노사신(盧思愼) 등이 언해하여 간경도감에서 간행한 것. 정식 이름은 '금강반야바라밀경언해'.

금강-계(金剛界)[一게/一게][명] 밀교(密敎)의 이대 법문(二大法門)의 하나. 대일여래(大日如來)를 지덕(智德) 면에서 나타낸 말. 대일여래의 지덕이 견고하여 모든 번뇌를 깨뜨릴 수 있기 때문에 '금강'이라 이름. ⑪태장계(胎藏界).

금강-력(金剛力)[명] 금강신이 지니고 있는 것 같은 몹시 강한 힘.

금강-문(金剛門)[명] 금강신(金剛神)의 상을 만들어 세워 놓은 절문.

금강-반야경(金剛般若經)[명] <금강반야바라밀경>의 준말.

금강반야-바라밀경(←金剛般若波羅蜜經)[명] 반야(般若)로 본체를 삼고, 제법(諸法)의 공(空)과 무아(無我)의 이치를 금강의 견실함에 비유하여 설법한 경. ⑥금강경·금강반야경.

금강-불괴(金剛不壞)[一괴/一궤][명] 금강처럼 단단하여 절대로 부서지지 않는 일. ¶금강불괴의 몸.

금강-사(金剛砂)[명] 석류석(石榴石)의 가루. 쇠붙이 따위를 갈거나 닦는 데 쓰임. 찬철(鑽鐵).

금강-산(金剛山)[명] 강원도 고성군·회양군·통천군에 걸쳐 있는 산. ⑥금강. ⑪개골산·봉래산·풍악산.
  금강산 그늘이 관동 팔십 리 (간다)[속담] 위대한 것의 영향력은 아주 먼 데까지 미침을 이르는 말.
  금강산도 식후경[속담] 아무리 재미있는 일이라도 배가 불러야 흥이 난다는 말.

금강-석(金剛石)[명] 보석의 한 가지. 탄소의 결정(結晶)으로 광물 중에서 가장 단단함. 보통은 무색이며 강하고 아름다운 광택이 있음. 다이아몬드. 찬석(鑽石).

금강-수(金剛手)[명] 금강신.

금강-신(金剛神)[명] 불교의 수호신으로 절 문의 양쪽에 안치해 놓은 한 쌍의 신장(神將)에. 손에 금강저를 들고, 허리만 가린 채 억센 알몸을 드러내는 등 용맹한 형상(形相)을 나타냄. 금강수. 금강역사. 인왕(仁王).

금강-심(金剛心)[명] 금강과 같은 굳은 신앙심.

금강-야차(金剛夜叉)[一냐一][명] 오대 명왕(五大明王)의 하나. 머리가 셋이고 팔이 여섯이며 무서운 형상(形相)으로 악마를 누르는 명왕.

금강-역사(金剛力士)[一녁싸][명] ⇨금강신.

금강-저(金剛杵)[명] 밀교(密敎)에서, 번뇌를 부수는 보리심(菩提心)을 상징하는 법구(法具). [놋쇠·구리·쇠 따위로 가는 절굿공이처럼 만든 것인데, 고대 인도에서 무기로도 쓰이었다 함.]

금강-좌(金剛座)[명] 석가가 성도할 때 앉았던 자리. 인도의 부다가야의 보리수 밑에 있음.

금강-지(金剛智)[명] 여래(如來)의 지혜. 금강처럼 번뇌를 부수는 지혜라는 뜻.

금강-초롱꽃(金剛-)[一꼳][명] 초롱꽃과의 다년초. 우리나라 특산 식물로서 가평 이북의 높은 지대에 자라는데, 줄기 높이는 30~90 cm 정도로 길둥글고 끝이 뾰족하며 가장자리에 톱니가 있음. 8~9월에 초롱 모양의 담자색 꽃이 핌. * 금강초롱꽃이[一꼬치]·금강초롱꽃만[一꼰一]

금갱(金坑)[명] 금을 캐내는 구덩이.

금경(金鏡)[명] ①금으로 장식한 거울. ②'달'을 아름답게 이르는 말.

금계(金鷄)[-계/-게][명] 꿩과의 새. 빛깔·모양·크기 따위가 꿩과 비슷함. 특히, 수컷은 머리에 금빛 우관(羽冠)이나 나 있고 꽁지가 길며 목에는 장식깃이 있음. 중국 원산임.

금:계(禁戒)[-계/-게][명][하타] 하지 못하게 금하여 경계(警戒)함, 또는 그 계율(戒律).

금:계(禁界)[-계/-게][명] 통행하지 못하도록 금하는 지역이나 그 경계(境界).

금계-랍(金鷄蠟)[-계-/-게-][명] '염산키니네'의 통속적인 이름.

금고(今古)[명] 이제와 예. 금석(今昔).

금고(金庫)[명] ①돈이나 귀중품·중요 서류 따위를 안전하게 보관하는 데 쓰이는, 특별한 장치가 되어 있는 철제의 상자. ②국가나 공공 단체의 현금 출납 기관.

금고(金鼓)[명] 고려·조선 시대에, 군중(軍中)에서 지휘하는 신호로 쓰던 징과 북.

금:고(禁錮)[명] ①자유형의 한 가지. 교도소에 가두어 둘 뿐, 노동을 시키지 않는 형. 금고형(禁錮刑). ②조선 시대에, 벼슬에 오르지 못하게 하던 형벌.

금:고^종신(禁錮終身)[명] 조선 시대에, 평생 벼슬에 오르지 못하게 하던 형벌.

금:고-형(禁錮刑)[명] ☞금고(禁錮).

금곡(金穀)[명] 돈과 곡식. 전곡(錢穀).

금:곡(錦曲)[명] 충청남도 금산(錦山)에서 나는 곡삼(曲蔘).

금골(金骨)[명] 세속을 벗어난 고상한 풍격(風格). 범상(凡常)하지 않은 풍격.

금공(金工)[명] 금속으로 물건을 만들거나 새기는 공예(工藝), 또는 그 일을 하는 사람. 금장(金匠).

금과-옥조(金科玉條)[-쪼][명] ①[금옥과 같은 법률이란 뜻으로] 소중히 여기고 꼭 지켜야 할 법률. ②절대적인 것으로 여기어 지키는 규칙이나 교훈. ¶선생님의 가르침을 금과옥조로 알다.

금관(金冠)[명] ①금으로 만들거나 장식한 관. ②<황금 보관(黃金寶冠)>의 준말. ③<금량관(金梁冠)>의 준말. ④충치를 치료한 다음, 금으로 모자처럼 만들어 씌운 것.

금관-가야(金官伽倻)[명] 경상남도 김해(金海) 부근에 자리했던 고대 군장 국가(君長國家). 육 가야 연맹(六伽倻聯盟)의 하나로 그 맹주국(盟主國)이었으나, 6세기 중엽 신라에 병합(倂合)됨. ('본가야'라고도 함.) 가야(伽倻). 가락국(駕洛國).

금관^악기(金管樂器)[-끼][명] 금속으로 만든 관악기. 사람의 혀가 리드 구실을 하여 소리를 내는 취주 악기. 〔트럼펫·트롬본·튜바·호른 따위.〕 [참목관 악기.

금-관자(金貫子)[명] 금으로 만든, 망건의 관자. 정이품・종이품의 높은 벼슬아치가 달았음.

금관^조복(金冠朝服)[명] 금관과 조복.

금광(金光)[명] 금빛.

금광(金鑛)[명] 금이 들어 있는 광석, 또는 그 광산. 금돌. 금산(金山). 금점(金店).

금-광상(金鑛床)[명] 금이 들어 있는 광상.

금-광석(金鑛石)[명] 금이 들어 있는 광석.

금광-업(金鑛業)[명] 금광을 캐내는 사업.

금괴(金塊)[-괴/-궤][명] ①금덩이. ②금화의 지금(地金).

금괴^본위제(金塊本位制)[-괴-/-궤-][명] 화폐 로서의 금의 절약을 위하여, 국내에서는 금화(金貨)를 유통시키지 않고 중앙은행에서 보유하고 있다가, 태환(兌換)의 청구에 대해서만 금괴로 응하는 화폐 제도. 금지금 본위제.

금구(金口)[명] 불교에서, '부처의 입' 또는 '부처의 말씀'을 뜻하는 말.

금구(金句)[-꾸][명] ①아름답게 표현된 구절. ②훌륭한 격언.

금구(金甌)[명] 금으로 만든 단지.

금:구(衾具)[명] 이부자리.

금:구(禁句)[-꾸][명] ①노래나 시에서 피해야 할 어구. ②남의 감정을 해칠 우려가 있는 피해야 할 말이나 화제(話題). ¶늙었다는 말은 그에게는 금구였다.

금구-무결(金甌無缺)[명] 〔흠이 없는 황금 단지처럼, 완전하고 결점이 없다는 뜻에서〕 '국력이 강하여 남의 나라의 침범을 받은 일이 없음'을 비유하여 이르는 말.

금-구장(金毬杖)[명] 고려 시대의 의장(儀仗)의 한 가지.

금:군(禁軍)[명] 고려·조선 시대에, 궁중을 지키고 임금을 호위하던 군대.

금:군-별장(禁軍別將)[-짱][명] 조선 말기의 용호영(龍虎營)의 주장(主將). 품계는 종이품.

금:군-청(禁軍廳)[명] 조선 시대에, 금군이 숙직(宿直)하며 궁중을 지키던 관아.

금권(金券)[명] ①금화(金貨)와 바꿀 수 있는 지폐. ②특정 범위 안에서 화폐로 통용되는 증권.

금권(金權)[-꿘][명] 돈의 위력. 재력(財力)의 위세. ¶금권 선거.

금권-만능(金權萬能)[-꿘-][명] '돈의 힘으로 안 되는 일이 없음'을 이르는 말.

금권^정치(金權政治)[-꿘-][명] 금력으로 지배하는 정치.

금:궐(禁闕)[명] ☞궁궐(宮闕).

금궤(金櫃)[명] 금으로 장식하여 만든 궤.

금:규(錦葵)[명] ☞당아욱.

금귤(金橘)[명] 운향과의 상록 관목. 중국 원산의 과일 나무로 높이는 3m가량. 밀감나무와 비슷하나 키가 작고 잎도 작음. 여름에 작은 흰 꽃이 피고, 참새 알만 한 열매는 겨울에 황금색으로 익어 봄까지 떨어지지 않음. 맛은 달고도 시며 껍질째 먹을 수 있음. 금감(金柑). 동귤(童橘).

금극목(金克木)[-긍-][명] 오행설(五行說)에서 이르는 상극(相剋)의 하나. 쇠(金)는 나무(木)를 이긴다는 뜻.

금기(今期)[명] 이번 시기. ¶금기 수입금.

금기(琴棋)[명] 거문고와 바둑.

금:기(禁忌)[명][하타] ①(신앙이나 관습 등으로) 꺼리어 금하거나 피함(싫어함). 〔상제가 결혼식에 참석을 꺼리는 것 따위.〕 ¶금기 사항. / 금기를 깨지 않도록 주의하다. ②어떤 병에 어떤 약이나 음식이 좋지 않은 것으로 여겨 쓰지 않는 일.

금-꼭지(金-)[-찌][명] 꼭지를 금박 종이로 둥글게 오려 붙인 홍초나 홍머리동이의 연(鳶).

금-나다[자] 사고팔 값이 결정되다. 값나다.

금-난초(金蘭草)[명] 난초과에 딸린 다년초. 득이나 길가에 절로 나며 높이는 40~80cm이고, 잎은 줄기 밑을 싸고 있음. 봄에 줄기 끝의 잎 사이에서 꽃줄기가 나와 노란 꽃이 핌.

금:남(禁男)[명][하자] 남자의 출입을 금함.

금납(金納)명하타 (세금이나 소작료 따위를) 돈으로 냄. ↔물납(物納).

금납-세(金納稅)[-쎄]명 돈으로 내는 세금(稅金). ↔물납세(物納稅).

금:낭(錦囊)명 비단으로 만든 주머니.

금:낭-화(錦囊花)명 양귀비과의 다년초. 야생으로 자라지만 관상용으로 심기도 함. 줄기 높이는 40~50 cm, 전체가 흰빛이 도는 녹색임. 봄에서 여름에 걸쳐 분홍 꽃이 원줄기 끝에서부터 주렁주렁 피는데, 네 잎이 모여 주머니 같은 모양을 이룸.

금-낮다[-낟-]형 값싸다. ↔금높다.

금:녀(禁女)명하자 여자의 출입을 금함.

금년(今年)명 올해. 금세(今歲). 당세(當歲).

금년-도(今年度)명 올해의 연도. ¶금년도 사업 계획을 점검하다.

금년-생(今年生)명 올해에 나온 것. 올해에 태어난 것.

금-높다[-놉따]형 값비싸다. ↔금낮다.

금-니(金-)명 금관(金冠)을 씌운 이, 또는 금으로 만든 이.

금니(金泥)명 ☞이금(泥金).

금니-박이(金-)명 '금니를 해 박은 사람'을 낮추어 이르는 말.

금단(金丹)명 ☞선단(仙丹).

금:단(禁斷)명하타 ①(어떤 행동을 해서는 안 된다고) 엄하게 금함. ¶살생 금단. /금단의 열매를 따먹다. ②어떤 구역에 드나들지 못하도록 함.

금:단-방(禁斷榜)명 절에 불사(佛事)가 있을 때, 잡인(雜人)이 드나드는 것을 금하기 위하여 써 붙이는 방문(榜文).

금:단^증상(禁斷症狀)명 알코올·니코틴·마약 따위에 중독된 사람이, 그것을 끊음으로써 일어나는 두통·불면·흥분·허탈(虛脫) 따위의 증상. 금단 현상.

금:단^현상(禁斷現象)명 ☞금단 증상.

금당(金堂)명 본존불이 있는 절의 본당(本堂)을 이르는 말. 대웅전(大雄殿). ¶진평왕 5년에 황룡사의 금당이 조성되었다.

금대(金帶)명 ☞금띠.

금-덩이(金-)[-떵-]명 황금의 덩이. 금괴(金塊).

금도(琴道)명 거문고에 대한 이론과 연주법.

금:도(襟度)명 남을 받아들일 만한 도량(度量). ¶지도자다운 금도.

금-도금(金鍍金)명하타 금속 재료의 표면에 금의 얇은 막을 올리는 일.

금독지행(禽犢之行)[-찌-]명 〔짐승과 같은 짓이라는 뜻으로〕 친족 사이에서 일어나는 음행(淫行).

금-돈(金-)명 ☞금화(金貨).

금돈도 안팎이 있다속담 아무리 좋고 훌륭한 것이라도 안과 밖의 구별이 있다는 말.

금-돌(金-)[-똘]명 황금이 들어 있는 광석. 금광(金鑛). 금석(金石).

금동(今冬)명 올겨울.

금동(金銅)명 금도금(金鍍金)하거나 금박(金箔)을 씌운 구리.

금동-불(金銅佛)명 금으로 도금한 청동 불상(青銅佛像).

금-딱지(金-)[-찌]명 껍데기가 금으로 만들어지거나 도금된 시계.

금-띠(金-)명 ①조선 시대에, 정이품의 벼슬아치가 조복(朝服)에 띠던 띠. 금대(金帶). ②주의(注衣)를 금빛으로 두른 띠.

금란(金蘭)[-난]명 '친구 간의 정의가 매우 두터운 상태'를 비유하여 이르는 말. 〔'주역'의 '계사(繫辭)'에 나오는 말임〕.

금:란(禁亂)[-난]명하자 조선 시대에, 법령이나 규칙을 어긴 사람을 금제(禁制)하던 일.

금란(을) 잡다관용 금제를 어긴 사람을 잡다.

금란(을) 치다관용 금제를 어긴 사람들을 모조리 잡다.

금란(이) 잡히다관용 금제를 어긴 사람이 잡히다.

금란-계(金蘭契)[-난계/-난게]명 〔친목을 위하여〕 가까운 벗끼리 모은 계.

금:란-군(禁亂軍)[-난-]명 조선 말기에, 금란사령이 소속된 군영.

금:란-사령(禁亂使令)[-난-]명 조선 시대에, 금란패를 가지고 다니며 금령(禁令)을 어긴 사람을 수색하거나 잡아들이던 사령.

금란지계(金蘭之契)[-난-계/-난-게]명 ☞금란지교.

금란지교(金蘭之交)[-난-]명 〔둘이 합심하면 그 단단하기가 능히 쇠를 자를 수 있고, 우정의 아름다움은 난의 향기와 같다는 뜻으로〕 친구 사이의 매우 도타운 사귐. 금란지계.

금:란-패(禁亂牌)[-난-]명 조선 시대에, 금령(禁令)의 내용을 적은 나무 패. 금란사령이나 나장(羅將)이 가지고 다녔음.

금랍(金鑞)[-납]명 땜납의 한 가지. 금·은·구리·아연·카드뮴 등으로 된 합금. 금(金) 제품의 납땜에 쓰임.

금량-관(金梁冠)[-냥-]명 지난날, 문무관이 조복(朝服)을 입을 때에 쓰던 관. 〔앞이마 위의 양(梁)만 검고 그 외에는 금빛임〕. ☞금관.

금력(金力)[-녁]명 (사람을 움직이는) 돈의 힘.

금:렵(禁獵)[-녑]명하자 사냥을 금함.

금:렵-구(禁獵區)[-녑꾸]명 사냥을 금하는 구역.

금:렵-기(禁獵期)[-녑끼]명 사냥을 금하는 기간.

금:렵-조(禁獵鳥)[-녑쪼]명 사냥하여 잡지 못하게 보호하는 새. ↔엽조(獵鳥).

금령(金鈴)[-녕]명 금으로 만든 방울, 또는 금빛의 방울.

금:령(禁令)[-녕]명 어떤 행위를 금지하는 명령이나 법령. 금지의 명령. 금법(禁法).

금령-자(金鈴子)[-녕-]명 ☞고련실(苦楝實).

금례(今隷)[-녜]명 보통의 예서(隷書)에 대하여 뒤에 완성된 새 서체인 팔분(八分)을 가리키는 말. ↔고례(古隷).

금록-석(金綠石)[-녹썩]명 사방 정계(斜方晶系)에 딸린 광물의 한 가지. 투명하고 아름다운 것은 보석으로 쓰임.

금륜(金輪)[-뉸]명 불교에서 이르는 삼륜(三輪)의 하나. 수륜(水輪)의 위에 있는 지층(地層).

금리(金利)[-니]명 빌려 준 돈이나 예금 따위에 붙는 이자, 또는 이자율. ¶금리 인하(引下).

금리^정책(金利政策)[-니-]명 중앙은행이 금리를 변동시킴으로써, 간접적으로 통화의 공급량을 조절하고, 물가의 안정이나 경기 변동의 조정 등을 꾀하는 정책.

금:린(錦鱗)[-닌]명 〔비단 같은 비늘이라는 뜻으로〕 아름다운 물고기를 일컫는 말.

금:린-옥척(錦鱗玉尺)[-니녹-]명 〔비늘이 비단처럼 번쩍이는 옥 같은 물고기라는 뜻으로〕 '싱싱하고 아름다운, 큰 물고기'를 비유하여 이르는 말.

금맥(金脈)**명** ①☞금줄².②☞돈줄.
금-메달(金medal)**명** ①금으로 만들거나 금도금(金鍍金)한 메달. ②각종 운동 경기나 기능 대회 같은 데서 우승한 사람에게 주어지는 황금빛 메달. ¶금메달을 따다. **參**은메달·동메달.
금명-간(今明間)**명** 오늘 내일 사이. ¶금명간에 해결될 것이다. /금명간 발표가 있을 예정이다.
금명-년(今明年)**명** 올해나 내년. 올해나 내년 사이.
금명-일(今明日)**명** 오늘이나 내일. 오늘이나 내일 사이.
금-모래(金-)**명** ①모래흙에 섞인 금. 사금(沙金). ②금처럼 반짝반짝 빛나는 모래.
금목서(金木犀)**명** 물푸레나뭇과의 상록 소교목. 중국 원산으로, 가지는 연한 회갈색이고 잎은 길둥글며 마주남. 10월경에 등황색 꽃이 피나는 은목서보다 향기가 짙음.
금-몰(←金mogol)**명** ①금으로 도금한 장식용의 가느다란 줄. ②금실을 씨로, 견사(絹絲)를 날로 하여 짠 직물.
금-몸(金-)**명** 금색신(金色身).
금문(金文)**명** 옛날의 철기(鐵器)나 동기(銅器) 등 금속에 새겨져 있는 글자나 글.
금문(金門)**명** ①황금으로 치장한 문. ②'궁궐의 문'을 아름답게 이르는 말.
금:문(禁門)**명** ①출입이 금지된 문. ②궁궐(宮闕)의 문.
금-문자(金文字)[-짜]**명** 금박을 올린 글자. 금빛 수실로 수놓은 글자. 금자(金字).
금-물(金-)**명** 금빛 나는 도료(塗料).
금:물(禁物)**명** ①매매나 사용이 금지된 물건. ②해서는 안 되는 일. 바람직하지 않은 일. ¶과욕은 금물이다. /너에게 술은 금물이다.
금-물가(金物價)[-까]**명** 금 시세를 표준으로 하여 계산하는 물가.
금박(金箔)**명** 금을 두드려 종이처럼 아주 얇게 늘인 물건. 보통의 금박은 1mm의 만분의 1의 두께. ¶금박을 박다. /금박을 입히다.
금박^검:전기(金箔檢電器)[-껌-]**명** 검전기의 한 가지. 두 장의 금박 사이의 전기 반발 작용을 이용한 것.
금박-금(金箔金)[-끔]**명** 육십갑자의 임인(壬寅)과 계묘(癸卯)에 붙이는 납음. **參**복음화.
금박-댕기(金箔-)[-땡-]**명** 금박을 찍은 비단으로 만든 댕기.
금-박이(金-)**명** 옷감 따위에 금빛 가루로 무늬를 놓은 것.
금반(今般)**명** '이번'으로 순화.
금:-반언(禁反言)**명** 영미법(英美法)에서의 원칙. 자기의 언동(言動)이 일단 표시된 이상, 뒤에 가서 이에 어긋나는 행동이나 주장을 할 수 없다는 것.
금-반지(金半指)**명** 금으로 만든 반지. 금환(金環).
금발(金髮)**명** 금빛 머리털. ¶금발 미인.
금방(金榜)**명** 과거(科擧)에 급제한 사람의 이름을 써 붙인 방(榜). 과방(科榜).
금:방(禁方)**명** ①함부로 남에게 전하지 않는 약방문. ②비밀로 하여 함부로 가르치지 않는 술법(術法).
금방(今方)**부** 바로 이제. 지금 막. 방금(方今).
　금방 먹을 떡에도 소를[살을] 박는다[족담] 아무리 급해도 순서를 밟아야 한다는 말.
금방-금방(今方今方)**부** 잇달아 속히. ¶사람들은 도착하는 대로 금방금방 떠났다. /별이 좋아 빨래가 금방금방 마른다.

금-방아(金-)**명** 금광에서, 물레방아처럼 물을 이용하여 금돌을 찧는 방아.
금배(金杯·金盃)**명** 금으로 만들거나 금도금(金鍍金)한 잔 또는 상배(賞盃).
금-배지(金badge)**명** ①금으로 만들어진 배지. ②'국회의원임'을 나타내는 배지.
금백(金帛)**명** 금과 비단.
금:백(錦伯)**명** 조선 시대에, '충청 감사'를 달리 이르던 말.
금번(今番)**명** 이번.
금:벌(禁伐)**명하자** 나무의 벌채(伐採)를 금함.
금:법(禁法)[-뻡]**명** ☞금령(禁令).
금벽^산수(金碧山水)[-싼-]**명** 삼청(三靑)과 석록(石綠)으로 그린 산수화. 이금(泥金)으로 선(線)을 넣어 장식적 효과를 나타냄.
금:변(禁便)**명하자** 대소변 보는 것을 금함.
금병(金瓶)**명** 금으로 만든 병. 또는 금도금(金鍍金)한 병.
금보(金寶)**명** 선왕이나 선비(先妣)에게 올린 존호, 곧 추상 존호(追上尊號)를 새긴 도장.
금보(琴譜)**명** 거문고의 악보(樂譜).
금^본위(金本位)**명** ☞금 본위 제도.
금^본위^제:도(金本位制度)**명** 화폐의 가치를 일정량의 금의 가치와 같게 만든 본위 제도. 금 본위.
금봉-채(金鳳釵)**명** 봉황을 새긴 금비녀.
금:부(禁府)**명** '의금부(義禁府)'의 준말.
금:부-나장(禁府羅將)**명** 조선 시대에, 의금부에서 죄인에게 매질을 하던 하례(下隷).
금:부-도사(禁府都事)**명** 조선 시대에 의금부에 속하는 임금의 명령에 따라 관리의 감찰, 죄인의 신문 등의 일을 맡아보던 종오품 벼슬.
금-부처(金-)**명** 금으로 만든 부처, 또는 겉에 금을 입힌 부처. 금불(金佛).
금분(金分)**명** 광석 속에 들어 있는 금의 분량.
금분(金盆)**명** ①금으로 만든 분(盆). ②분(盆)을 아름답게 이르는 말. ¶金盆에 그득 담아 玉堂에 보내오니(古時調).
금분(金粉)**명** 금가루. 금빛의 가루.
금불(金佛)**명** 금부처. 황금불(黃金佛).
금불-초(金佛草)**명** ☞하국(夏菊).
금-붕어(金-)**명** 잉엇과의 민물고기. 붕어의 변종(變種)인데, 빛깔과 모양이 고와서 관상용으로 많이 기름. 금어(金魚)¹.
금붕어-꽃(金-)[-꼳]**명** ☞금어초(金魚草).
　＊금붕어꽃이[-꼬치]·금붕어꽃만[-꼰-]
금-붙이(金-)[-부치]**명** 금으로 만든 물건을 통틀어 이르는 말.
금비(金肥)**명** [돈을 주고 사서 쓰는 비료라는 뜻으로] '화학 비료', 또는 시장에서 파는 '유기질 비료'를 이르는 말.
금:비(禁祕)**명하자** ①금하여 비밀로 함. ②금중(禁中)의 비밀.
금-비녀(金-)**명** 금으로 만든 비녀. 금잠(金簪). 금전(金鈿). 금채(金釵).
금빛(金-)[-삗]**명** 황금의 빛깔. 금색(金色). ¶금빛 모래. ＊금빛이[-삐치]·금빛만[-삔 -]
금빛-돌비늘(金-)[-삗뽈-]**명** 운모(雲母)의 한 가지. 진주 광택이 나는 비늘 모양의 결정.
금사(金沙)**명** ①금가루. 금빛 나는 가루. ②금빛 나는 모래, 또는 사금(沙金). ③장식품에 쓰이는 금박(金箔)의 가루.
금사(金莎)**명** ☞금잔디.
금사(金絲)**명** ☞금실.

금사-망(金絲網)뗑 금실로 만든 그물.
　금사망을 썼다[속] 무엇에 얽히어 헤어날 수 없다는 뜻.
금사-연(金絲燕)뗑 칼샛과의 새. 보통 제비보다 작으며, 꽁지와 배는 회고 등은 금빛 광택이 나는 갈색임. 물고기·해조류 등을 물어다가 침을 발라 바위 벼랑의 틈에 집을 짓고 삶. 〔이 보금자리는 연와(燕窩)라 하여 고급 중화 요리의 재료가 됨.〕
금사-오죽(金絲烏竹)뗑 반죽(斑竹)의 한 가지. 줄기가 가늘고 마디가 툭 불거져 있으며 자잘한 점이 있음.
금사-향(金絲香)뗑 〔지난날, 부녀자들의 주머니의 꾸미개로 쓰이던〕향을 금실에 꿴 것.
금사-화(錦賜花)뗑 문과에 급제한 사람에게 왕이 내리던, 비단으로 만든 꽃.
금산(金山)뗑 ⇨금광(金鑛).
금-산(禁山)뗑 나라에서 나무를 베지 못하도록 금지하는 산.
금-삼(錦蔘)뗑 충청남도 금산군에서 나는 인삼.
금상(今上)뗑 현재 왕위에 있는 임금. ¶금상 전하.
금상(金像)뗑 금으로 만들거나 금으로 도금한 사람의 형상.
금상(金賞)뗑 상의 등급을 금·은·동으로 구분하였을 때의 일등 상.
금-상첨화(錦上添花)뗑 〔비단 위에 꽃을 보탠다는 뜻으로〕좋은 일에 좋은 일이 더함.
금상-학(金相學)뗑 금속이나 합금의 결정 조직 및 구조를 연구하는 학문.
금새뗑 물건의 시세나 값. ¶금새를 알아보다.
금색(金色)뗑 ⇨금빛.
금-색(禁色)뗑 ①여자와의 교접을 금함. ②지난날, 신하의 옷 빛깔을 제한하던 일.
금색-세계(金色世界)[-쎄계/-쎄게]뗑 불교에서, '극락정토'를 달리 이르는 말.
금색-신(金色身)[-씬]뗑 겉에 금빛 칠을 하여 만든 부처의 몸. 금몸. 금신(金身).
금생(今生)뗑 이승.
금-생수(金生水)뗑 오행(五行)에서의 상생(相生)의 하나. 쇠(金)에서 물(水)이 생긴다는 뜻.
금-서(禁書)뗑 법률이나 명령으로 특정한 서적의 출판·판매를 금지하는 일, 또는 그 서적.
금석(今夕)뗑 오늘 저녁.
금석(今昔)뗑 지금과 옛적. 금고(今古).
금석(金石)뗑 ①쇠붙이와 돌. ②'매우 굳고 단단한 것'을 비유하여 이르는 말. ¶금석과 같다. ③금돌. ④〈금석 문자(金石文字)〉의 준말.
금석-맹약(金石盟約)[-성-]뗑 〔쇠나 돌같이〕 단단하고 굳센 맹세. 금석지약. ¶시시종종(時時種種)의 금석맹약을 식(食)하얏다 하야 일본의 무신(無信)을 죄(罪)하려 안이 하노라.
금석-문(金石文)[-성-]뗑 〈금석 문자(金石文字)〉의 준말.
금석^문자(金石文字)[-성-짜]뗑 옛날의 비석이나 그릇 또는 쇠붙이 등에 새겨진 글자. ②금석·금석문.
금석^병:용기(金石竝用期)[-뼝-]뗑 석기와 금속기를 아울러 쓰던, 신석기(新石器) 시대와 청동기(靑銅器) 시대의 중간기.
금석-제(金石劑)[-쩨]뗑 〈금석지제〉의 준말.
금석지감(今昔之感)[-찌-]뗑 지금과 옛적을 비교할 때 차이가 너무 심하여 일어나는 느낌.
금석지교(金石之交)[-찌-]뗑 금석같이 굳은 사귐.

금석지약(金石之約)[-찌-]뗑 금석처럼 굳고 변함없는 약속. 금석맹약.
금석지재(金石之材)[-찌-]뗑 한방에서, 쇠나 돌 같은 광물로 된 약의 재료를 이르는 말.
금석지전(金石之典)[-찌-]뗑 쇠나 돌처럼 굳고 변함없는 가치를 지닌 법전(法典).
금석지제(金石之劑)[-찌-]뗑 한방에서, 쇠나 돌 같은 광물로 된 약제를 이르는 말. ②금석제.
금석-학(金石學)[-써각]뗑 ①금석 문자를 연구하는 학문. ②⇨광물학.
금선(金仙)뗑 〔금빛 나는 신선이라는 뜻으로〕 '불타'를 달리 일컫는 말.
금선(琴線)뗑 ①가야금이나 거문고의 줄. ②마음속 깊이 간직한 감정.
금설(金屑)뗑 금가루.
금-섭옥(錦攝玉)뗑 순금 또는 도금으로 섭옥잠(鑷玉簪)처럼 만든 비녀.
금성(金姓)뗑 오행(五行) 가운데서 금(金)에 해당하는 성(姓).
금성(金星)¹뗑 태양으로부터 두 번째로 가까운 행성. 지구의 바로 안쪽에서 약 225일의 공전 주기로 태양을 돌고 있음. 〔초저녁에는 개밥바라기·태백성, 새벽에는 샛별·계명성 등으로 불림.〕
금성(金星)²뗑 1923년에 양주동(梁柱東)·백기만(白基萬) 등에 의해 창간된 낭만주의 경향의 시 동인지. 통권 3호까지 발행됨.
금성(金城)뗑 ①〔쇠로 지은 것처럼〕굳고 단단한 성. ②임금이 거처하는 성.
금성(金聲)뗑 ①쇳소리. ②가을의 느낌을 자아내는 바람 소리.
금-성(禁城)뗑 ⇨궁성(宮城).
금성옥진(金聲玉振)[-찐]뗑 ①사물을 집대성(集大成)함. ②지덕(智德)을 완비한 상태. ③시가(詩歌)나 음악의 아름다운 가락.
금성-철벽(金城鐵壁)뗑 ①〔금으로 된 성과 쇠로 만든 벽이란 뜻으로〕방비가 튼튼한 성. 금성탕지. ②썩 튼튼한 사물.
금성-탕지(金城湯池)뗑 방어 시설이 아주 튼튼한 성. 금성철벽.
금세뗑 지금 바로. 〔'금시(今時)에'가 줄어서 변한말.〕¶소문이 금세 퍼지다.
금세(今世)뗑 ①⇨이승. ②지금의 세상.
금세(今歲)뗑 올해. 금년.
금-세공(金細工)뗑 금을 재료로 한 세공.
금-세기(今世紀)뗑 지금의 세기. ¶금세기 최고의 발명품.
금소(今宵)뗑 오늘 밤. 금야(今夜).
금속(金屬)뗑 상온에서는 대개 고체이며 특유의 광택이 나고, 연성(延性)과 전성(展性)이 있으며 열과 전기를 잘 전도하는 물질. 〔금·은·동·철 따위.〕쇠붙이.
금속^결합(金屬結合)[-껼-]뗑 금속 원소의 원자가 집합하여 금속 결정을 이루는 화학 결합.
금속^공업(金屬工業)[-꽁-]뗑 ①금속을 원료로 하는 제조업. ②야금(冶金)을 중심으로 하는 철강 및 비철(非鐵) 재료의 생산 공업.
금속^공예(金屬工藝)[-꽁-]뗑 금속을 재료로 하는 공예.
금속^광:물(金屬鑛物)[-꽝-]뗑 금속 원소(金屬元素)를 지닌 광물.
금속^광:상(金屬鑛床)[-꽝-]뗑 유용(有用)한 금속 광물이 묻혀 있는 광상.
금속-광택(金屬光澤)[-꽝-]뗑 잘 닦은 금속의 표면이나 잘린 단면 등에서 볼 수 있는, 빛의 반사율이 큰 독특한 광택.

금속-기(金屬器)[-끼]**명** 쇠붙이로 만든 기구.
금속-박(金屬箔)[-빡]**명** 전연성(展延性)이 많은 금속을 얇은 종이처럼 펴서 만든 물건. 금박·은박 따위가 있음.
금속-분(金屬粉)[-뿐]**명** 금속을 갈아서 만든 가루.
금속^비누(金屬-)[-뻬-]**명** 지방산의 알칼리 금속염 이외의 금속염으로 된 비누. 방수제와 건조제 따위로 쓰임.
금속-성(金屬性)[-썽]**명** ①금속 특유의 성질. ②금속과 닮은 성질.
금속-성(金屬聲)[-썽]**명** ①쇠가 부딪쳐 나는 소리. ②'쇠붙이 소리처럼 쨍쨍 울리는 새된 소리'를 비유하여 이르는 말. 쇳소리.
금속^압력계(金屬壓力計)[-쏘감녁께/-쏘감녁께]**명** 금속의 탄성을 이용하여 만든 압력계.
금속^원소(金屬元素)[-쏘눤-]**명** 철·은·나트륨처럼 단체(單體)로서 금속을 이루는 원소. ↔비금속 원소.
금속-제(金屬製)[-쩨]**명** 쇠붙이로 만든 물건.
금속-판(金屬板)[-판]**명** 금속으로 만든 판.
금속^화폐(金屬貨幣)[-쏘콰폐/-쏘콰폐]**명** 금·은·구리 따위 금속으로 만든 화폐.
금속^활자(金屬活字)[-쏘콸짜]**명** 금속으로 만든 활자. 활판 인쇄에 쓰임.
금:송(禁松)[-]**명하자** 지난날, 소나무 베는 일을 금하던 일.
금송-화(金松花)[-]**명** ⇒금잔화(金盞花).
금-쇠[-쐬/-쒜]**명**〔목공에 쓰는〕널조각에 금을 긋는 연장.
금수(禽獸)**명** ①날짐승과 길짐승. 조수(鳥獸). ②'행실이 아주 나쁜 사람'을 비유하여 이르는 말. ¶금수 같은 놈.
금:수(禁輸)**명** 수입이나 수출을 금함. ¶금수 품목.
금:수(錦繡)**명** 수놓은 비단.
금:수-강산(錦繡江山)**명**〔비단에 수놓은 것 같은 강산이란 뜻으로〕①'아름다운 자연'을 이르는 말. ②'우리나라의 산천'을 비유하여 이르는 말. ¶삼천리 금수강산.
금^수송점(金輸送點)[-쯤]**명** 금본위국 사이에서, 환시세(換時勢)의 하락으로 환송금(換送金)에 의하는 것보다 금을 수송하는 것이 유리하게 되는 한계점.
금슬(琴瑟)**명** ①거문고와 비파. ②〈금실〉의 변말.
금슬지락(琴瑟之樂)[-찌-]〈금실지락〉의 변말.
금시(今時)**명** 바로 지금. ¶금시라도 달려가고 싶은 마음.
금-시계(金時計)[-계/-게]**명** 시계의 껍데기를 금으로 만들거나 도금한 시계.
금시-발복(今時發福)**명하자**〔어떤 일을 한 결과로〕당장에 복이 트이어 부귀를 누리게 됨.
금시-작(金翅雀)**명** ⇒검은머리방울새.
금시조(金翅鳥)**명** ⇒가루라(迦樓羅).
금시-초견(今時初見)**명** 보느니 처음. 이제야 비로소 처음 봄.
금시-초문(今時初聞·今始初聞)**명** 듣느니 처음. 이제야 비로소 처음 들음.
금식(金飾)**명하자** 황금으로 꾸밈, 또는 그렇게 꾸민 장식.
금:식(禁食)**명하자**〔종교상의 관습이나 수행, 또는 그 밖의 이유로〕얼마 동안 음식물을 먹지 않는 일. ¶금식 기도. /수술을 받기 위하여 금식하다. [비]단식.

금신(金身)**명** ⇒금색신(金色身).
금신(金神)**명** 음양가가 제사를 지내는 신.〔예부터 이 신이 있는 쪽은 동티가 난다고 하여 꺼림.〕
금-실(金-)**명** ①금으로 가늘게 뽑아 만든 실. ¶금실로 수를 놓다. ②금빛이 나는 실. 금사(金絲).
금실(←琴瑟)**명**〈금실지락〉의 준말. ¶금실이 좋다. 원금슬.
금실지락(←琴瑟之樂)[-찌-]**명** 부부 사이의 다정하고 화목한 즐거움. 원금실. 원금슬지락.
금-싸라기(金-)**명** ①금의 부스러기. 금가루. ②'아주 드물고 귀한 것'을 비유하여 이르는 말. ¶도심지의 금싸라기 땅.
금:압(禁壓)**명하자되자** 억눌러서 못하게 함.
금액(金額)**명** 돈의 액수. 액수(額數).
금액-란(金額欄)[그맥난]**명** 금액을 적는 난.
금야(今夜)**명** 오늘 밤. 금소(今宵).
금:약(禁約)**명하타** 하지 못하게 단속함.
금:약(禁藥)**명** 먹기를 금하는 약.
금:양(禁養)**명** 나무·풀 따위를 베지 못하게 하여 가꿈.
금어(金魚)¹**명** ⇒금붕어.
금어(金魚)²**명** 불상(佛像)을 그리는 사람.
금:어(禁漁)**명하자** 고기잡이를 금함.
금:어-구(禁漁區)**명**〔특정 어류의 보호를 위하여〕고기잡이를 금하는 구역.
금어-초(金魚草)**명** 현삼과의 다년초. 관상용으로 심는 화초가 대다수로, 줄기는 20~80cm. 여름에서부터 가을에 걸쳐 하양·빨강·노랑·보라 등 여러 빛깔의 꽃이 줄기 끝에 피는데, 꽃 모양이 금붕어 입처럼 생겼음. 지중해 연안 원산. 금붕어꽃.
금언(金言)**명** ①생활의 본보기가 될 귀중한 내용의 짧은 어구(語句). ②격언(格言). ②부처의 입에서 나온 불멸의 법어(法語).
금:연(禁煙)**명하자** ①담배 피우는 것을 금함. ¶금연 좌석. ②담배를 끊음. ¶금연을 결심하다. ②단연(斷煙).
금:연-권(禁煙權)[-꿘]**명** 남이 피우는 담배 연기의 피해에서 보호될 사회적 권리.
금-연화(金蓮花)[-년-]**명** 불전에 공양하는 황금색으로 만든 연꽃.
금염(金鹽)**명** ⇒금염화나트륨.
금-염화나트륨(金鹽化Natrium)**명** 금을 왕수(王水)에 녹이고 탄산소다를 가하면서 서서히 증발시켜 얻는 황색의 결정. 도금용으로 쓰임. 금염(金鹽).
금:영(錦營)**명** 조선 시대에, '충청 감사가 직무를 보던 관아'를 달리 이르던 말.
금오(金烏)**명** '해'를 달리 이르는 말. 태양.
금오-신화(金鰲新話)**명** 조선 세조 때, 김시습(金時習)이 한문으로 지은, 우리나라 최초의 전기(傳奇) 소설집.
금오-옥토(金烏玉兔)**명** 해와 달. ②오토(烏兔).
금옥(金玉)**명** ①금과 옥. ②금관자와 옥관자, 또는 그것을 붙인 사람. ②금옥관자.
금:옥(禁獄)**명** 지난날, 죄인을 옥중에 가두어 두던 형벌.
금-옥관자(金玉貫子)[-꽌-]**명** 금관자와 옥관자, 또는 망건에 이를 단 사람. 금옥(金玉).
금옥-군자(金玉君子)[-꾼-]**명** 몸가짐이 금옥과 같이 깨끗하고 점잖은 사람.
금옥-만당(金玉滿堂)[그맹-]**명하형**〔금옥관자가 방 안에 가득하다는 뜻으로〕'현명한 신하가 조정에 가득함'을 비유하여 이르는 말.

금왕지절(金旺之節)圈 오행(五行)에서, 금기(金氣)가 가장 왕성한 절기, 곧 가을.

금요(金曜)圈〈금요일(金曜日)〉의 준말.

금-요일(金曜日)圈 칠요일(七曜日)의 하나. 일요일로부터 여섯째 되는 날. ㉰금(金)²·금요(金曜).

금:욕(禁慾)圀⌐하ㄱ 욕구나 욕망을 억제함. 육욕(肉慾)을 금함.

금:욕-주의(禁慾主義)[-쭈의/-쭈이]圈 일체의 정신적·육체적인 욕구나 욕망을 억제함으로써 종교 또는 도덕상의 이상을 성취하려는 사상이나 태도. 견인주의. 극기주의. 제욕주의. ↔쾌락주의.

금우-궁(金牛宮)圈 ⇨황소자리.

금원(金員)圈 돈의 수효.

금:원(禁垣)圈 대궐의 담 안. 궁성 안.

금:원(禁苑)圈 ⇨비원(祕苑). 어원(御苑).

금월(今月)圈 이달.

금:위-대장(禁衛大將)圈 조선 말기에, 금위영(禁衛營)의 으뜸 장수.

금:위-영(禁衛營)圈 조선 말기에, 삼군문(三軍門)의 하나. 서울을 지키던 군영.

금:육-재(禁肉齋)[-째]圈 가톨릭에서, 사순절(四旬節)의 매주 금요일과 첫 수요일에 육식을 끊고 재계하는 일.

금융(金融)[금늉/그뮹]圈 ①돈의 융통. ②경제계에서의 자금의 수요와 공급의 관계.

금융^경색(金融梗塞)[금늉-/그뮹-]圈 금융 시장에서의 자금의 융통(融通)이 잘 되지 않는 상태.

금융-계(金融界)[금늉계/그뮹게]圈 금융업자의 사회, 또는 금융 시장.

금융^계:절(金融季節)[금늉계-/그뮹게-]圈 금융 시장에서 해마다 주기적으로 자본의 수요가 부쩍 늘어나는 철.

금융^공:황(金融恐慌)[금늉-/그뮹-]圈 ①신용의 붕괴로 말미암은 금융 기관의 파산과 금융 시장의 혼란. 신용 공황. ②⇨은행 공황(銀行恐慌).

금융^기관(金融機關)[금늉-/그뮹-]圈 자금의 융통과 공급 및 그 중개를 하는 기관.〔은행·증권 회사·보험 회사 따위.〕

금융-단(金融團)[금늉-/그뮹-]圈 금융업의 종합체.

금융^시:장(金融市場)[금늉-/그뮹-]圈 자금의 대차(貸借) 거래가 이루어지는 시장으로서의 '금융 기관'을 이르는 말.

금융^실명제(金融實名制)[금늉-/그뮹-]圈 공평한 조세 부과나 지하 경제의 양성화 등을 위하여, 은행 예금·주식 매매 등 모든 종류의 금융 거래를 실제의 이름으로 하도록 의무화하는 제도. 실명제.

금융-업(金融業)[금늉-/그뮹-]圈 은행이나 보험 회사 등에서, 자금을 융통하는 영업.

금융^자:본(金融資本)[금늉-/그뮹-]圈 ①은행 자본과 산업 자본이 융합하여 이루어진 독점적인 자본. ②대부(貸付) 자본이나 은행 자본.

금융^자:본주의(金融資本主義)[금늉-의/그뮹-이]圈 자본주의 사회에서, 은행이나 산업을 통할하여 모든 산업 자본과 긴밀히 융합된 은행 자본을 금융 자본이 되게 하는 주의.

금융^정책(金融政策)[금늉-/그뮹-]圈 정부나 중앙은행이 국민 경제의 안정과 발전을 꾀하여 금융 시장이나 자본 시장을 통해 자금량 및 그 유통을 조절하는 정책.

금융^채:권(金融債券)[금늉-꿘/그뮹-꿘]圈 자금을 조달하기 위하여 금융 기관이 특별법에 따라 발행하는 채권.

금융^회:사(金融會社)[금늉회-/그뮹훼-]圈 주식회사의 설립이나 확장 등에 필요한 자금을 공급하는 은행 이외의 회사.

금은(金銀)圈 금과 은.

금은-방(金銀房)[-빵]圈 금은을 가공 매매하는 가게. 금은포(金銀鋪).

금은^병:행^본위^제:도(金銀竝行本位制度)圈 금과 은의 두 가지를 본위화(本位貨)로 하는 화폐 제도. ㉾금은 복본위 제도.

금은-보화(金銀寶貨)圈 금·은·옥·진주 따위의 매우 귀중한 보물.

금은^복본위^제:도(金銀複本位制度)[-뽁뉘-]圈 금과 은의 두 가지를 본위화(本位貨)로 하되, 은을 지폐의 발행 준비에 사용하는 화폐 제도.

금은^비:가(金銀比價)[-까]圈 같은 무게의 금과 은과의 가치의 비율.

금-은전(金銀錢)圈 ⇨금은화(金銀貨).

금은-포(金銀鋪)圈 ⇨금은방(金銀房).

금-은화(金銀貨)圈 금화와 은화. 금은전.

금:의(錦衣)[그믜/그미]圈 비단옷.

금:의-야행(錦衣夜行)[그믜-/그미-]圈〔비단옷을 입고 밤길을 걷는다는 뜻으로〕'아무 보람이 없는 행동을 자랑스레 함'을 이르는 말. ㉾주야금의야행.

금:의-옥식(錦衣玉食)[그믜-씩/그미-씩]圈〔비단옷과 흰쌀밥이란 뜻으로〕'사치스러운 의식(衣食)'이나 '부유한 생활'을 이르는 말.

금:의-환향(錦衣還鄕)[그믜-/그미-]圈〔비단옷을 입고 고향에 돌아온다는 뜻으로〕'성공하여 고향으로 돌아옴'을 이르는 말.

금이종(擒而縱)⌐하ㄱ 잡았다가 놓아줌.

금인(今人)圈 지금 세상의 사람. ↔고인(古人).

금인(金刃)圈 날이 있는 쇠붙이.

금인(金印)圈 금으로 만든 도장.

금일(今日)圈 오늘. 본일(本日). ¶금일 휴업.

금-일봉(金一封)圈 상금이나 기부금 등에서, 금액을 밝히지 않고 종이에 싸서 주는 돈. ¶고아원에 금일봉을 전달하다.

금일월병(金日月屛)[-니뤌-]圈 왕조 때, 옥좌에 치던, 이금(泥金)으로 해와 달을 그린 병풍.

금자(今者)圈 지금. 요사이. (주로, '금자에'의 꼴로 쓰임.) ¶금자에 자전거 도난이 자주 일어난다.

금자(金字)圈 이금(泥金)으로 쓰거나 금박(金箔)·금분(金粉) 따위로 나타낸 글자. 금빛의 글자. 금문자.

금자-가(金字家)圈 옷이나 댕기 같은 데에 금박을 박아 주는 집, 또는 그 사람.

금자-동이(金子-)圈'어린아이'를 금같이 귀한 아이라는 뜻으로 이르는 말.

금자-탑(金字塔)圈 ①('金'자 모양으로 생겼다는 데서) '피라미드'를 달리 이르는 말. ②'후세에까지 빛날 훌륭한 업적'을 비유하여 이르는 말. ¶금자탑을 쌓다.

금잔(金盞)圈 금으로 만든 술잔.

금-잔디(金-)圈 볏과의 다년초. 뿌리줄기가 가로 벋으며 잎은 길이 2~5 cm. 잎 지름은 1 mm 미만인데 안으로 말리며 잎집 가장자리에 털이 있음. 금사(金莎).

금잔-옥대(金盞玉臺)[-때]圈 ①금으로 만든 술잔과 옥으로 만든 잔대. ②'수선화'를 아름답게 이르는 말.

금잔-화 (金盞花)**명** 국화과의 일년초. 관상용 화초의 한 가지로, 줄기 높이는 30 cm가량. 길둥근 잎이 어긋맞게 나며, 여름에 붉은빛이 도는 노란 꽃이 핌. 한방에서 이뇨나 통경에 약재로 쓰임. 금송화.

금잠 (金簪)**명** ⇨금비녀.

금잠-초 (金簪草)**명** ⇨민들레.

금:-잡인 (禁雜人)**명** (특정한 곳에서) 관계없는 사람의 출입을 금함.

금장 (金匠)**명** ⇨금공(金工).

금장 (金裝)**명**〔하타〕 금으로 장식함, 또는 그렇게 장식한 것.

금:장 (禁葬)**명**〔하자〕 (어떠한 곳에) 송장을 묻지 못하게 금함.

금장 (襟章)**명** (군인이나 학생 등의) 제복의 옷깃에 다는 휘장.

금:장-군사 (禁仗軍士)**명** 지난날, 궁궐을 경비하고 문에서 보초를 서던 군사.

금장-도 (金粧刀)**명** ①금으로 만든 장도. ②지난날, 나무로 칼 모양을 만들어 금칠을 한 의장(儀仗)의 한 가지.

금-장식 (金粧飾)**명**〔하타〕 금으로 꾸밈, 또는 그런 장식.

금전 (金鈿)**명** ⇨금비녀.

금전 (金錢)**명** ①금으로 만든 돈. ②돈. ¶금전을 거래하다.

금:전 (禁轉)**명**〔하자〕 (어음이나 수표 등의) 양도(讓渡)를 금함.

금:-전두 (錦纏頭)**명** ⇨전두(纏頭).

금전^등록기 (金錢登錄器) [-녹끼]**명** 자동적으로 금전의 출납을 기록하는 기계.

금:전^수표 (禁轉手票)**명** 발행인이나 배서인이 배서 양도를 금한다는 뜻을 적은 수표.

금전^신:탁 (金錢信託)**명** 신탁 은행 같은 데서 고객의 돈을 신탁 재산으로 맡아 운용하여, 신탁 기간 만기에 원금과 수익금을 수익자에게 돌려주는 신탁.

금:전^어음 (禁轉-)**명** 발행인이나 배서인이 배서 양도를 금한다는 뜻을 적은 어음.

금전-옥루 (金殿玉樓) [-쩐옥누]**명** 규모가 크고 화려하게 지은 전각과 누대.

금전-적 (金錢的)**관** 금전에 관련된 (것). ¶금전적인 문제. /금전적인 문제.

금전-지 (金箋紙)**명** 금종이로 세모나게 만들어 보자기 네 귀에 다는 장식물. 방승(方勝).

금전^집행 (金錢執行) [-찝행]**명** 금전 채권에 대한 강제 집행.

금전^채:권 (金錢債權) [-권]**명** 금전의 급부(給付)를 내용으로 하는 채권.

금전^채:무 (金錢債務)**명** 금전을 지급 목적으로 하는 채무.

금전^출납부 (金錢出納簿) [-랍뿌]**명** ⇨금전 출납장.

금전^출납장 (金錢出納帳) [-랍짱]**명** 돈이 들어오고 나간 것을 적는 장부. 금전 출납부.

금점 (金店)**명** 금광(金鑛).

금점-꾼 (金店-)**명** 금광에서 일하는 사람.

금점-판 (金店-)**명** 금광의 일터.

금정 (金井)**명** '금광틀'의 준말.

금정-기 (金井機)**명** ⇨금정틀.

금정-옥액 (金精玉液)**명** '효험이 뛰어나게 좋은 약'을 이르는 말.

금정-틀 (金井-)**명** 묏구덩이를 팔 때 구덩이의 길이와 너비를 정하는 데에 쓰는 '井' 자 모양의 나무틀. 금정기(金井機). **준**금정(金井).

금제 (金製)**명** 금으로 만듦, 또는 그 물건.

금:제 (禁制)**명**〔하타〕〔되자〕 (어떤 행위를 법적으로) 하지 못하게 말림, 또는 그 법규.

금:제-물 (禁制物)**명** ⇨금제품(禁制品).

금제-품 (金製品)**명** 금으로 만든 물품.

금:제-품 (禁制品)**명** (법령으로) 생산·매매·수출입을 금지한 물품. 금제물.

금조 (今朝)**명** 오늘 아침.

금조 (禽鳥)**명** 날짐승.

금:조 (禁鳥)**명** ⇨보호조(保護鳥).

금-조개 (金-)**명** ①껍데기가 금빛이 나는 조개. ②자개를 만드는 전복의 껍데기.

금:족 (禁足)**명** ①불교에서, 결제(結制)할 때 드나들지 못하게 하는 일. ②외출을 금하는 일.

금:족-령 (禁足令) [-녕]**명**〔준녕〕 외출 또는 출입·여행 등을 금하는 명령. ¶금족령을 내리다.

금종 (擒縱)**명**〔하타〕 사로잡음과 놓아줌.

금-종이 (金-)**명** 금박을 하거나 이금(泥金)을 바른 종이. 금지(金紙).

금:주 (今週)**명** 이번 주일. ¶금주 계획을 짜다.

금:주 (禁酒)**명**〔하자〕 ①술을 못 마시게 함. ②술을 끊음. 단음(斷飮). 단주(斷酒). ¶올해부터는 금주하기로 마음먹었다.

금준 (金樽·金罇)**명**〔금으로 만든 술동이라는 뜻으로〕 '술동이'를 아름답게 이르는 말. ¶금준미주(金樽美酒)는 천인혈(千人血)이요…(烈女春香守節歌)

금-준비 (金準備)**명** ⇨금화 준비.

금-줄 (金-)[1]**명** ①금실을 꼬아서 만든 줄. ②금으로 만든 줄. ③금빛 물감이나 재료를 써서 그은 선.

금-줄 (金-)[2] [-쭐]**명** 금광의 광맥. 금맥.

금:-줄 (禁-)[-쭐]**명** 민간에서, 아이가 태어났을 때, 장 담글 때, 잡병을 쫓고자 할 때에 부정을 멀리한다는 뜻으로 숯이나 고추 따위를 끼워 매어 놓는 새끼줄. 인줄.

금:중 (禁中)**명** ⇨궁궐(宮闕).

금지 (金紙)**명** 금종이.

금:지 (禁止)**명**〔하타〕〔되자〕 말리어 못하게 함. ¶출입 금지. /입산 금지. **비**제지(制止).

금:지 (禁地)**명** 함부로 드나들지 못하게 하는 땅.

금:지 (錦地)**명** 상대편을 높이어, 그가 '사는 곳'을 높이어 이르는 말.

금:지^관세 (禁止關稅)**명** ⇨금지세(禁止稅).

금지금^본위제 (金地金本位制)**명** ⇨금괴 본위제(金塊本位制).

금:지-령 (禁止令)**명** 금지하는 명령(법령).

금:지-법 (禁止法) [-뻡]**명** ①특정한 행위를 하지 못하도록 금지하는 법. ②국제 사법(國際私法)에서, 외국법의 적용을 배제하는 법률. **참**유보 약관(留保約款).

금:지-세 (禁止稅) [-쎄]**명** 사실상의 수입 금지제와 같은 효력을 발생하는 보호주의 관세(關稅). 금지 관세.

금지-옥엽 (金枝玉葉)**명**〔황금으로 된 나뭇가지와 옥으로 만든 잎이란 뜻으로〕 ①'임금의 자손이나 집안'을 높이어 이르는 말. ②'귀여운 자손'을 이르는 말.

금:지^처:분 (禁止處分)**명** 국가 또는 행정 관청이 국민에게 특정한 행위의 금지를 명령하는 행정 처분.

금지-초 (金枝草)**명** ⇨거여목.

금:지-품 (禁止品)**명** 법률로, 소유(所有)나 거래를 금하는 물품.

금-지환 (金指環)**명** 금가락지.

금쪽-같다(金-)[-갇따]窿 아주 귀하고 소중하다. ¶금쪽같은 시간을 낭비하다.
금차(今次)窿 이번.
금:찰(錦察)窿 조선 시대에, '충청도 관찰사'를 달리 일컫던 말.
금창(金瘡)窿 쇠붙이로 된 칼이나 창·화살 따위에 다친 상처.
금채(金釵)窿 ⇨금비녀.
금채(金彩)窿 채색(彩色)에 쓰는 이금(泥金)이나 금가루.
금척^대:훈장(金尺大勳章)[-때-]窿 대한 제국 때의 최고 훈장.
금철(金鐵)窿 ①금과 철. 쇠붙이. ②사물의 '견고(堅固)함'을 비유하여 이르는 말.
금체(金體)窿 골상학에서, 인체를 오행(五行)으로 나누었을 때의 금(金)에 해당하는 체격.
금체-시(今體詩)窿 ⇨근체시(近體詩).
금추(今秋)窿 올가을.
금춘(今春)窿 올봄.
금:-치산(禁治産)窿 심신 상실자를 보호하기 위하여 법원이 법률상 본인 스스로가 재산을 관리할 능력이 없음을 인정하고 재산의 처분을 금지하는 제도. 倫한정 치산.
금:치산-자(禁治産者)窿 법원으로부터 금치산의 선고를 받은 사람.
금칠(金漆)窿 ①화자타금가루나 금빛이 나는 가루를 바름. 또는 그런 것. ②이금(泥金)을 섞은 옷.
금침(衾枕)窿 이부자리와 베개. 침구(寢具).
금침-장(衾枕欌)[-짱][-짱]窿 ⇨자릿장.
금탑(金塔)窿 황금으로 만들거나 또는 도금(鍍金)을 한 탑.
금-테(金-)窿 금으로 만들거나 금으로 도금한 테. ¶금테 안경.
금파(金波)窿 ①석양이나 달빛이 비치어 금빛으로 반짝이는 물결. ②'곡식이 누렇게 익은 들판'을 비유하여 이르는 말.
금-파리(金-)窿 검정파릿과의 곤충. 몸길이 8mm가량. 몸빛은 광택 있는 녹색. 산과 들에 살며, 썩은 고기나 동물의 똥에 모여들어 알을 슬며, 온 세계에 분포함.
금-파오다재 지난날, 음력 정월 열나흗날 저녁에, 가난한 사람이 몰래 부잣집에 들어가 흙을 파 오다.〔이 흙을 부뚜막에 바르면 부자가 된다고 여겼음.〕
금-팔찌(金-)窿 금으로 만든 팔찌.
금패(金牌)窿 ①금으로 만든 상패(賞牌). ②조선 시대에, 규장각을 출입할 때에 쓰던 부신(符信).〔나무패에 이금(泥金)을 발라 만들었음.〕
금:패(錦貝)窿 호박(琥珀)의 한 가지. 빛깔이 누르고 투명함.
금-패물(金佩物)窿 ①금으로 만든 패물. ②옥(玉)을 끈에 꿴 것.
금품(金品)窿 돈과 물품. ¶금품을 희사하다.
금풍(金風)窿 가을바람.
금하(今夏)窿 올여름.
금-하다타어 흥정하여 값을 정하다.
금:-하다(禁-)〔Ⅰ〕타자어 못하게 말리다. ¶출입을 금하다.
〔Ⅱ〕타어《주로 '없다'·'못하다' 따위의 부정어와 함께 쓰이어》참다. 억누르다. ¶분노를 금할 길이 없다.
금합자-보(琴合字譜)[-짜-]窿 조선 선조 5 (1572)년에 안상(安瑺)이 엮은 거문고 악보(樂譜).
금-해금(金解禁)窿 일단 금지했던 금의 수출을 다시 자유롭게 함.

금^핵^본위:제:도(金核本位制度)[-뻔뉘-]窿 금 본위 제도의 한 가지. 금화를 본위 화폐로 하되, 국내에 유통시키는 화폐는 은행권으로 하는 제도.
금-향색(錦香色)窿 붉은빛을 띤 검누른 빛깔.
금혁(金革)窿 ①'병기(兵器)'를 통틀어 이르는 말. ②축전쟁(戰爭).
금혈(金穴)窿 금줄에 금이 박혀 있는 부분.
금형(金型)窿 금속으로 만든 주형(鑄型).
금:형-일(禁刑日)〔지난날〕 ①서울과 지방의 아문(衙門)에서 죄인의 심문 및 형의 집행을 하지 않던 날. ②사형을 집행하지 않던 날.〔왕실의 경사나 제일(祭日) 및 이십사절기의 명일(名日) 등이었음.〕
금:혼(禁婚)윤자 ①혼인을 못하게 금함. ②고려·조선 초기에, 세자나 세손의 비(妃)를 간택하기 위하여 일정 기간 동안 백성들의 혼인을 금하던 일.
금혼-식(金婚式)窿 결혼 기념식의 한 가지. 서양 풍속으로, 결혼 50주년을 맞아 베푸는 기념 의식. 倫다이아몬드혼식.
금화(金貨)窿 금으로 만든 돈. 금돈.
금:화(禁火)윤자 ①화재를 막기 위하여 불의 사용을 제한함. ②한식(寒食) 때, 부엌에 불을 때는 일을 금하던 풍속.
금:화-벌초(禁火伐草)윤자 무덤에 불을 조심하고 때마다 추어 벌초하며 잘 가꿈.
금화^본위:제:도(金貨本位制度)窿 금화를 본위 화폐로 하는 금 본위 제도.
금화^준:비(金貨準備)윤자 은행권을 발행한 은행에서, 태환에 응하기 위하여 금이나 지금(地金) 또는 정화(正貨)를 준비하는 일. 금준비.
금환(金丸)窿 신라 때의 가면극의 하나. 탈을 쓰고 여러 개의 금빛 방울(공)을 공중에 던졌다가 받는 곡예.
금환(金環)窿 ①금으로 만든 고리. ②금반지.
금^환^본위:제:도(金換本位制度)窿 금 핵 본위 제도의 한 형태. 금 본위제 국가의 통화를 일정한 시세로 무제한 매매함으로써 그 통화와 금과의 관련을 유지하는 방식.
금환-식(金環蝕)窿 달이 태양의 한가운데만을 가리어, 태양 광선이 달의 주위에 고리 모양으로 나타나는 일식(日蝕).
금회(今回)[-회][-훼]窿 '이번'으로 순화.
금:회(襟懷)[-회][-훼]窿 마음속에 품고 있는 회포.
금후(今後)窿 이제부터 뒤. ¶금후 외상 사절.
금휘(琴徽)窿 가야금이나 거문고 등의 줄을 고르는 부속품. 기러기발.
급(級)窿 ①'학급·계급·등급·수준' 따위를 이르는 말. ¶이번에 한 급이 올랐다. ②유도나 바둑 등에서, 기술에 따른 등급. 단(段)의 아래. ¶같은 급의 맞수끼리 만나다. ③〖의존 명사적 용법〗유도나 바둑 등의 등급을 나타내는 단위. ¶그의 바둑 실력은 십 급쯤 된다.
급(級)窿 ①옛날에, 베어 죽인 적의 목을 센던 말. ②오징어 스무 마리를 세는 단위. ②축².
급(及)窿 '및'으로 순화.
급-(急)쩝두《일부 명사 앞에 붙어》①'갑작스러운'의 뜻을 나타냄. ¶급강하. /급회전. ②'매우 급하거나 심한'의 뜻을 나타냄. ¶급경사.
-급(級)쩝두 일부 명사 뒤에 붙어, 그 등급에 준하는 수준임을 뜻함. ¶국보급 유물. /이사급 대우를 받는다.
급가(給暇)[-까]窿윤자 휴가를 줌.

급-각도(急角度)[-깍또]圓 ①급한 각도. ②일의 형편이 갑자기 달라짐을 이르는 말. 《주로, '급각도로'의 꼴로 쓰임.》 ¶형세가 급각도로 불리해지다.

급감(急減)[-깜]圓하자되자 급작스럽게 줄어듦. ¶결핵 환자가 급감하다. ↔급증(急增).

급-강하(急降下)[-깡-]圓하자 ①급속히 내림. ¶기온의 급강하. ②비행기나 새 따위가 공중에서 거의 수직으로 급히 내려오는 일. ↔급상승.

급-개념(級概念)[-깨-]圓 ☞일반 개념.

급거(急遽)[-꺼]閉하열 갑자기. 썩 급하게. 서둘러. ¶급거 귀국하다. 급거-히閉.

급격(急激) '급격하다'의 어근.

급격(急擊)[-격]圓하자 급히 침. 급습(急襲).

급격-하다(急激-)[-껴카-]阁 (변화의 움직임 등이) 급하고 격렬하다. ¶급격한 변동. 급격-히閉 ¶기온이 급격히 떨어지다.

급경(急境)[-경]圓 위급한 경우.

급-경사(急傾斜)[-경-]圓 몹시 가파른 경사. 급구배(急勾配). 급사(急斜). ¶급경사가 진 언덕.

급-경풍(急驚風)[-경-]圓 한방에서, 외계(外界)의 자극을 받아 갑자기 일어나는 어린아이의 경풍을 이르는 말.

급고(急告)[-꼬]圓하자 급히 알림. 급보(急報).

급구(急求)[-꾸]圓하자 급히 구함. ¶운전기사 급구.

급구(急救)[-꾸]圓하자 급히 구원함.

급-구배(急勾配)[-꾸-]圓 ☞급경사.

급급(发发) '급급(发发)하다'의 어근.

급급(汲汲) '급급(汲汲)하다'의 어근.

급급(急急) '급급(急急)하다'의 어근.

급급-하다(发发-)[-끄파-]阁 ①산이 높고 가파르다. ②일의 형세가 매우 위급하다. 급 급-히閉.

급급-하다(汲汲-)[-끄파-]阁 어떤 한 가지 일에만 정신을 쏟아 다른 일을 할 마음의 여유가 없다. 겹급하다. ¶변명하기에 급급하다. 급 급-히閉.

급급-하다(急急-)[-끄파-]阁 매우 급하다. 급급-히閉 급하게 달아나다.

급기야(及其也)[-끼-]閉 필경에는. 마침내. ¶급기야 두 사람은 헤어지고 말았다.

급난(急難)[금-]圓 다급하게 닥친 곤란(困難).

급단(急湍)[-딴]圓 물살이 센 여울.

급대(給代)[-때]圓하타 딴 물건으로 대신 줌.

급등(急騰)[-뜽]圓하자 (물가나 시세 따위가) 갑자기 오름. ¶주가가 급등하다. ↔급락(急落). 참폭등.

급등-세(急騰勢)[-뜽-]圓 (물가나 시세 따위가) 급등하거나 급등할 기세. ¶주가가 급등세로 돌아서다. ↔급락세.

급락(及落)[금낙]圓 급제(及第)와 낙제(落第).

급락(急落)[금낙]圓하자 (물가나 시세 따위가) 갑자기 떨어짐. ¶주가가 급락하다. ↔급등(急騰). 참폭락(暴落).

급락-세(急落勢)[금낙쎄]圓 (물가나 시세 따위가) 급락하거나 급락할 기세. ↔급등세.

급랭(急冷)[금냉]圓하타 급히 얼리거나 식힘. ↔급열(急熱).

급량(給糧)[금냥]圓하자 ①식량을 지급함. ②지난날, 군인 등에게 식량을 내어 주던 일.

급로(汲路)[금노]圓 물을 길어 나르는 길.

급료(給料)[금뇨]圓 ①일한 데에 대한 보수. [일급이나 월급 따위.] 급여. ②하자지난날, 관원에게 요미(料米)를 주던 일. ②급급(料給).

급류(急流)[금뉴]하자 ①물이 급하게 흐름, 또는 그 물. ¶급류 타기. ②'어떤 현상이나 사회의 급작스러운 변화'를 비유하여 이르는 말. ¶개혁의 급류에 휩쓸리다.

급류-수(急流水)[금뉴-]圓 빨리 흐르는 물.

급매(急賣)[-매]圓하자 (물품을) 급히 팖.

급모(急募)[금-]圓하타 급히 모집함. ¶견습생을 급모하다.

급무(急務)[금-]圓 급히 해야 할 일.

급박(急迫)[-빡]圓하열 (일의 형세가) 급하고 매우 받음. ¶급박한 국제 정세. 참급촉(急促). 급박-히閉.

급-발진(急發進)[-빨찐]圓 자동차 따위가 정차 상태에서 갑자기 고속으로 출발하여 나아감. ¶급발진 사고.

급벌찬(級伐飡)[-빨-]圓 신라 때의 17관등의 아홉째 등급. 참대나마.

급변(急變)[-변]圓하자되자 갑자기 변하거나 달라짐. 극변(劇變). ¶급변하는 국제 정세. / 날씨가 급변하다. ②갑자기 일어난 변고.

급병(急病)[-뼝]圓 갑자기 앓는 병. 몹시 위급한 병. 급증(急症).

급보(急步)[-뽀]圓하자 급하게 걸음, 또는 그렇게 걷는 걸음걸이.

급보(急報)[-뽀]圓하타 급히 알림, 또는 급한 기별. 급고(急告). ¶급보를 받다.

급부(給付)[-뿌]圓하타 ①(주로 국가 또는 공공 단체에서) 재물을 주는 일. ②청구권의 목적이 되는 채무자의 행위.

급-부상(急浮上)[-뿌-]圓하자 ①갑자기 물의 표면으로 떠오름. ¶잠수함이 급부상하다. ②(어떤 대상이나 현상이) '갑자기 세상에 알려지거나 영향력을 끼치게 됨'을 비유하여 이르는 말. ¶한국 축구는 2002 월드컵을 계기로 급부상했다.

급-브레이크(急brake)圓 급하게 거는 브레이크. ¶급브레이크를 밟다.

급비(給費)[-삐]圓하자 (국가나 공공 단체 등에서) 비용을 대어 줌, 또는 그 비용.

급비-생(給費生)[-삐-]圓 국가·단체·개인 등으로부터 학비를 지급받아 공부하는 학생.

급사(急死)[-싸]圓하자 갑자기 죽음. 돈사(頓死). ¶교통사고로 급사하다.

급사(急使)[-싸]圓 급한 용무를 띤 사자(使者). 주사(走使).

급사(急事)[-싸]圓 급한 일. 갑자기 생긴 일.

급사(急斜)[-싸]圓 ☞급경사(急傾斜).

급사(給仕)[-싸]圓 '사동'·'사환'으로 순화.

급사-면(急斜面)[-싸-]圓 경사가 심한 비탈.

급살(急煞)[-쌀]圓 ①(보게 되면) 운수가 사나워진다는 별. ②갑자기 닥치는 재액.

급살-탕(急煞湯)[-쌀-]圓 별안간 닥치는 재앙.

급살(을) 맞다관용 별안간 죽다.

급-상승(急上昇)[-쌍-]圓하자되자 ①급속히 오름. ¶기온이 급상승하다. ②비행기나 새 따위가 거의 수직으로 급히 치솟는 일. ↔급강하(急降下).

급서(急書)[-써]圓 급한 일을 알리는 편지.

급서(急逝)[-써]圓하자 갑자기 세상을 떠남.

급-선무(急先務)[-썬-]圓 가장 먼저 서둘러 해야 할 일. ¶우리에게는 민주화가 급선무다.

급-선봉(急先鋒)[-썬-]圓 앞장서서 가장 과격한 주장이나 행동을 함, 또는 그런 사람.

급-선회(急旋回)[-썬회/-썬훼]圓하자 ①급격한 선회. ②별안간 태도를 바꿈.

급성(急性) [-썽] 몡 (병 따위가) 갑작스럽게 일어나거나 급히 악화되는 성질. ¶급성 맹장염. ↔만성(慢性).

급성-병(急性病) [-썽뼝] 몡 갑자기 일어나거나 급히 악화되는 병. 〔급성 맹장염·급성 복막염 따위.〕↔만성병(慢性病).

급-성장(急成長) [-썽-] 몡困자 사물의 규모가 급격하게 커짐.

급성^전염병(急性傳染病) [-썽-뼝] 몡 급성으로 진행되는 전염성 질환. 〔장티푸스·이질·성홍열·콜레라 따위.〕

급소(急所) [-쏘] 몡 ①☞명자리. ¶급소를 맞고 쓰러지다. ②(사물의) 가장 중요한 부분. ③드러나기만 하면 치명적인 타격이 될 만한 것. ¶급소를 찌른 질문.

급소(急燒) [-쏘] 몡困자 아주 빨리 탐.

급속(急速) [-쏙] 〔《일부 명사 앞에 쓰이어》〕몡困혱 ①몹시 급함. ②몹시 빠름. ¶급속한 성장. 급속-히뷔.

급-속도(急速度) [-쏙또] 몡 매우 빠른 속도. ¶급속도의 경제 발전을 이룩하다.

급송(急送) [-쏭] 몡困되자 급히 서둘러 보냄.

급수(汲水) [-쑤] 몡困되자 물을 길음.

급수(級數) [-쑤] 몡 ①(기술 따위의) 우열에 따라 매기는 등급. ¶바둑의 급수. ②일정한 법칙에 따라 증감하는 수를 일정한 차례로 배열한 수열(數列).

급수(給水) [-쑤] 몡困되자 물을 공급함, 또는 그 물. ¶제한 급수.

급수-관(給水管) [-쑤-] 몡 상수도의 배수관에서 각 집으로 갈라져 들어간 수도관.

급수-선(給水船) [-쑤-] 몡 항해 중인 선박에 음료수나 기관 용수를 공급하는 배.

급수^장치(給水裝置) [-쑤-] 몡 상수도의 급수관에 딸린 장치를 통틀어 이르는 말. 〔급수전·계량기·급수 펌프 따위.〕

급수-전(給水栓) [-쑤-] 몡 수도전의 한 가지. 급수관 끝의 물을 여닫는 장치. 수도꼭지.

급수-지(給水池) [-쑤-] 몡 수돗물을 공급하기 위하여 만든 저수지.

급수-차(給水車) [-쑤-] 몡 물을 실어 나르는, 물탱크를 장치한 자동차.

급수-탑(給水塔) [-쑤-] 몡 위에 물탱크를 장치한 탑. 이곳에 물을 올려서 급수에 필요한 수압을 얻게 함.

급습(急襲) [-씁] 몡困되자 상대편이나 적의 방심을 틈타서 갑자기 습격함. 급격. ¶범인의 은신처를 급습하다. /야간에 적을 급습하다.

급식(給食) [-씩] 몡困자 학교나 공장 등에서 아동이나 종업원에게 끼니 음식을 주는 일, 또는 그 끼니 음식. ¶학교 급식. /급식 시간.

급신(急信) [-씬] 몡 급한 소식. 급한 일을 알리는 통신.

급양(給養) 몡困타 먹을 것과 입을 것 등을 대어 주며 보살핌.

급업(岌業) 몡 '급업하다'의 어근.

급업-하다(岌業-) [그버파-] 혱여 산이 매우 위태롭게 높고 험준하다.

급여(給與) [-여] 몡 ①급료. 특히, 관공서나 회사 같은 곳에서, 근무자에게 주는 급료나 수당. 급여금. ②困되자금품 등을 줌. ¶직장에서 분기별로 급여하는 작업복.

급여-금(給與金) [-여-] 몡☞급여(給與).

급여^소:득(給與所得) [-여-] 몡 급료·임금·세비·연금 및 상여 등에 의한 소득.

급열(急熱) 몡困타 급히 가열함. ↔급랭(急冷).

급용(急用) 몡 ①급히 해야 할 일. ¶급용으로 귀경하다. ②급히 써야 할 일.

급우(級友) 몡 같은 학급의 친구.

급원(給源) 몡 〈공급원(供給源)〉의 준말.

급유(給由) 몡困자 잠시 말미를 줌. 여유를 줌.

급유(給油) 몡困자 ①항공기나 선박·자동차 등에 가솔린 따위의 연료를 공급함. ②기계류의 마찰 부분 같은 데 윤활유 따위의 기름을 침.

급유-기(給油機) 몡 항공 중에 있는 비행기에 연료를 공급하는 비행기.

급유-선(給油船) 몡 항해 중에 있는 선박에 연료를 넣어 주는 배.

급유-소(給油所) 몡 자동차 등에 가솔린 따위의 연료를 넣어 주는 곳. 주유소.

급인(汲引) 몡困타 ①물을 길어 올림. ②(물을 퍼 올린다는 뜻으로) 사람을 뽑아 씀.

급자기 [-짜-] 뷔 생각할 겨를도 없이. ☞갑자기.

급작-스럽다 [-짝쓰-따] [~스러우니·~스러워] 혱비 생각할 겨를도 없이 매우 급하다. ¶급작스러운 용무. ☞갑작스럽다. 급작스레뷔.

급장(級長) [-짱] 몡 '반장'의 이전 일컬음.

급-장이(及-) [-짱-] 몡 지난날, '급창(及唱)'을 흔히 이르던 말.

급전(急傳) [-쩐] 몡困타 급히 전함, 또는 급히 전하게 함.

급전(急電) [-쩐] 몡 급한 일을 알리는 전보나 전화. ¶급전을 받다.

급전(急錢) [-쩐] 몡 급한 데 쓸 돈, 또는 급히 쓸 돈. ¶급전을 둘러대다.

급전(急轉) [-쩐] 몡困되자 상태나 형세 따위가 갑자기 바뀜. ¶사태가 급전하다.

급전(給田) [-쩐] 몡困자 고려·조선 시대에, 관아에 나누어 주고 그 소출(所出)로 경비(經費)를 충당하게 하던 논밭.

급전(給電) [-쩐] 몡困되자 수요자에게 전력을 공급함.

급전-선(給電線) [-쩐-] 몡 ①발전소나 변전소에서 각 수요지에 이르는 배전 간선(配電幹線)까지의 전선. ②☞궤전선. ③안테나와 송수신기를 연결하여 고주파 전력을 전하는 선로.

급전-직하(急轉直下) [-쩐지카] 몡 사태나 정세 따위의 변화가 매우 빠름. 또는, 사태나 정세 따위가 급변하여 결말이 나거나 해결되는 방향으로 나아감. ¶급전직하 패망의 길로 치닫다.

급절(急切) [-쩔] 몡 '급절하다'의 어근.

급절-하다(急切-) [-쩔-] 혱여 사태나 상황 따위가 매우 절박하다. ¶일이 매우 급절하게 되다.

급-정거(急停車) [-쩡-] 몡困되자 달리던 차가 급히 섬, 또는 차를 급히 세움.

급-정지(急停止) [-쩡-] 몡困되자 그때까지 움직이던 것이 갑자기 멈춤, 또는 갑자기 멈추게 함.

급제(及第) [-쩨] 몡困자 ①시험이나 검사 따위에 합격함. ②지난날, 과거에 합격하던 일. ¶문과에 급제하다. ↔낙방(落榜)·하제(下第).

급-제동(急制動) [-쩨-] 몡 갑자기 제동을 걺, 또는 그 제동. ¶급제동을 걸다.

급제-생(及第生) [-쩨-] 몡 급제한 학생.

급조(急造) [-쪼] 몡困되자 임시변통으로 급히 만듦. ¶급조한 방어 진지.

급조(急躁) [-쪼] 몡 '급조하다'의 어근.

급조-하다(急躁-) [-쪼-] 혱여 성미가 조급하다. 조급(躁急)하다. 급조-히뷔.

급족(急足) [-쪽] 몡 급한 기별을 전하는 심부름꾼. ¶급족을 발하다.

급주(急走)[-쭈]圓 ①지난날, 각 역에 배치되었던 주졸(走卒). ②조선 시대에, 보행으로 급한 심부름을 하던 사람. ③하자빨리 달아남.

급증(急症)[-쯩]圓 갑작스럽게 일어나는 병, 또는 급히 서둘러 다스려야 할 병. 급병(急病).

급증(急增)[-쯩]圓하자 갑자기 늘어남. ¶도시 인구가 급증하고 있다. ↔급감(急減).

급진(急進)[-찐]圓 ①앞으로 급히 나아감. ②(일부 명사 앞에 쓰이어) 목적이나 이상 따위를 급히 실현하고자 변혁을 서두름. ¶급진 분자. ↔점진(漸進).

급진-적(急進的)[-쩐-]關圓 ①변화나 발전의 속도가 급격히 이루어지는 (것). ¶급진적 변화. /급진적인 발전. ②목적이나 이상 따위를 급격히 실현하려고 하는 (것). 목적이나 이상 따위를 실현하기 위하여 급격한 행동을 취하는 (것). ¶급진적 사상. /급진적인 사고방식. ↔점진적.

급-진전(急進展)[-쩐]圓하자 국면이 빠르게 진전함, 또는 그런 진전. ¶사건 수사가 급진전을 보이다.

급진-주의(急進主義)[-쩐-의/-쩐-이]圓 현존의 사회 질서나 정치 체제 등을 급격히 변혁해 나가려고 하는 주의. ↔점진주의(漸進主義).

급진-파(急進派)[-쩐-]圓 어떤 일을 과격하게 급히 진행시키려고 하는 파.

급차(給次)圓 돈을 치러 주어야 함, 또는 그 돈.

급창(及唱)圓 조선 시대에, 군아(郡衙)에서 부리던 사내종. 〔주로, 원의 명령을 간접으로 받아 큰 소리로 전달하는 일을 맡아보았음.〕

급채(給債)圓하타 돈을 꾸어 줌.

급체(急滯)圓하자 되게 체함, 또는 증세가 매우 다급한 체증.

급촉(急促) '급촉하다'의 어근.

급촉-하다(急促-)[-초카-]圀어 매우 촉박하다. ⑪급박. 급촉-히匣.

급-출발(急出發)圓하자타 자동차·기차 따위가 급출발함, 또는 그것을 갑자기 출발하게 함.

급탄(給炭)圓하타 보일러 따위에 석탄을 넣음, 또는 그 석탄.

급탕(給湯)圓하타 뜨거운 물을 공급함.

급-템포(急tempo)圓 빠른 속도. 급속도.

급파(急派)圓하타되자 급히 파견함. ¶기자를 현지에 급파하다.

급풍(急風)圓 ☞돌풍(突風).

급-피치(急pitch)圓 (작업이나 동작 등이) 매우 빠르게 진행되는 속도. ¶급피치를 올리다.

급-하다(急-)[-파-]圀어 ①일을 서두르거나 다그치는 경향이 있다. ¶너무 급하게 굴다. ②사정이 지체할 겨를이 없다. ¶급한 용건이 생기다. /돈이 급하다. ③사정이 몹시 딱하거나 군색하다. ¶입에 풀칠하기도 급하다. ④참거나 기다리기 답답하고 안타깝다. ¶마음이 급하다. ⑤성미가 참을성이 없다. 조급하다. ¶성미가 급하다. ⑥병세가 위태롭다. ¶급한 병. ⑦경사가 가파르다. ¶급한 비탈길을 오르다. ⑧물결이나 흐름이 매우 빠르다. ¶물살이 급하다. ⓢ↔느리다. 급-히匣 ¶급히 먹는 밥이 체한다.

급하기는 우물에 가서 숭늉 달라겠다[속담] '성격이 매우 급하거나 일을 하는 데 매우 조급하게 하는 것'을 비유하여 이르는 말.

급하면 바늘허리에 실 매어 쓸까[속담] 아무리 급해도 밟아야 할 절차는 밟아야 한다는 뜻.

급한 불을 끄다[관용] 우선 눈앞에 닥친 다급한 문제를 해결하다.

급행(急行)[그팽]圓 ①〈급행열차〉의 준말. ↔완행. ②하자급히 감. ¶사고 현장으로 급행하다. ③하자타급행하다.

급행-권(急行券)[그팽꿘]圓 급행요금이 가산된 열차 승차권. ¶급행권이 매진되다.

급행-료(急行料)[그팽뇨]圓 〈급행요금〉의 준말.

급행-열차(急行列車)[그팽녈-]圓 고속으로 운행하며, 주요한 역에서만 정거하는 열차. ⑧급행·급행표. ↔완행열차.

급행-요금(急行料金)[그팽뇨-]圓 ①급행열차를 타는 손님들로부터 일반 요금 외에 더 받는 요금. ②일을 빨리 처리해 달라는 뜻에서 비공식적으로 담당자에게 건네주는 돈. ⑧급행료.

급행-차(急行車)[그팽-]圓 〈급행열차〉의 준말.

급혈(給血)[그펼]圓하자 수혈(輸血)하는 데 필요한 혈액을 공급함.

급환(急患)[그판]圓 ①위급한 병환. ②위급한 환자. ¶급환이 생기다.

급-회전(急回轉)[그회-/그풰-]圓하자타 아주 빨리 돎. 급히 회전함.

급훈(級訓)[그푼]圓 학교에서, 학급의 교육 목표로 내세운 교훈.

긋[1]圓 〔옛〕 글씨의 획(劃). ¶字 그슬 모로매 고르고 正히 하며(內訓1:24).

긋[2]圓 〔옛〕 꼭. 퍽. 굳이. ¶性覺이 긋 불가(楞解4:12).

긋닛圓 〔옛〕 끊임과 이음. ¶긋닛이 업게 호리라(法語4).

긋:다[1][근따][그으니·그어][Ⅰ]자ㅅ 비가 잠시 그치다. ¶비가 긋다.
[Ⅱ]타ㅅ 비를 잠시 피하여 그치기를 기다리다. ¶처마 밑에서 비를 긋다.

긋:다[2][근따][그으니·그어]타ㅅ ①금을 그리거나 줄을 치다. ¶금을 긋다. ②성냥이나 끝이 뾰족한 물건을 평면에 대고 한 방향으로 힘을 주어 움직이다. ¶성냥을 긋다. ③의상으로 처리하다. ¶긋는 맛에 또 한잔 마시다. ④한계 따위를 분명히 하다. ¶책임의 한계를 명확히 긋다. ⑤(손이나 손가락 등으로) 허공에 어떤 것을 그리는 동작을 하다. ¶성호를 긋다. ⑥명단에서 이름을 지우거나 글의 일부분을 삭제하다. ¶긋는 이름을 지우거나 글의 일부분을 삭제하다.

긋다자타 〔옛〕 그치다. 끊다. ¶疑心이 긋디 아니하면(蒙法1). ⑪긋다.

긋이다타 〔옛〕 기이다. 숨기다. ¶子息들히 허믈 잇거든 긋이다 아니하야(內訓3:32). ⑪긋다.

긍:경(肯綮)圓 사물의 가장 긴요한 곳. 급소(急所). ¶긍경을 찌르다.

긍:고(亘古·亙古)圓하자 옛날까지 걸침.

긍:과(矜誇)圓하타 자랑하며 뽐냄.

긍:구(兢懼)圓하타 삼가고 두려워함.

긍긍(兢兢) '긍긍하다'의 어근.

긍:긍업업(兢兢業業)圓하자 언제나 조심하고 삼감.

긍긍-하다(兢兢-)자어 조마조마해하며 마음을 놓지 못하다. 두려워서 어쩔 줄을 모르다. ¶밤새 긍긍하다.

긍:낙(肯諾)圓하타 수긍하여 허락함.

긍련(矜憐) '긍련하다'의 어근.

긍:련-하다(矜憐-)[-년-]圀어 가엾고 불쌍하다. 긍휼(矜恤)하다. 긍련-히匣.

긍:-만고(亘萬古·亙萬古)圓하자 만고에 걸침. 만고까지 뻗침.

긍:민(矜憫)圓하타 가엾게 여김.

긍:부(矜負)圓하타 재능을 자랑하고 자부함.

긍:의(肯意)[-의/-이]圓 긍정하는 의사. 수긍하는 뜻. ¶긍의를 보이다.

긍이[명] 보리를 베기 전에 보리밭 고랑 사이에 목화·콩·조 따위를 심는 일.

긍:정(肯定)[명][하타][되자] 어떤 사실이나 생각·설 따위를 그러하다고 인정함. ¶그 점에 대해서는 긍정하는 태도를 보이다. ↔부정(否定).

긍:정^명:제(肯定命題)[명] 전통적인 논리학에서 말하는, 긍정적 판단을 나타내는 명제. 적극 명제.

긍:정-문(肯定文)[명] 부정을 나타내는 부사나 용언을 쓰지 않은 문장.〔'개는 동물이다.'하 는 따위.〕↔부정문(否定文).

긍:정-적(肯定的)[명] 어떤 사실이나 생각 따 위를 그러하다고 인정하는 (것), 또는 그렇게 인정할 만한 (것). ¶긍정적 측면. /긍정적인 반 응을 보이다. /세상을 긍정적으로 보다.

긍:정적 개:념(肯定的概念)[-깨-][명] 어떤 성질 의 존재를 긍정적·내포적 언어로 나타내는 개 념. 적극적 개념(積極的概念). ↔부정적 개념.

긍:정적 판단(肯定的判斷) 주어와 술어의 일치 를 나타내는 판단.〔'설탕은 달다.', '밤은 어 둡다.'따위.〕적극적 판단.

긍:종(肯從)[명][하타] 즐겨 따름. 기꺼이 따름.

긍:지(肯志)[명] 찬성하는 뜻.

긍:지(矜持)[명] 자신의 재능이나 능력 따위를 믿 음으로써 가지는 자랑. ¶긍지로 삼다. /긍지가 높다. /학생으로서의 긍지를 가지다.

긍측(矜惻)[명] '긍측하다'의 어근.

긍:측-하다(矜惻-)[-츠카-][형여] ☞긍련(矜憐) 하다.

긍:-하다(亘-·亙-)[자여]〔시간적으로〕일정 동 안에 걸치다. ¶갑자년부터 무진년까지 오륙 년에 긍하여 흉황이 계속되다.

긍:휼(矜恤)[명][하타] 가엾게 여겨 돌보아 줌. 긍 휼-히[부].

긎[명]〔옛〕끝. ¶사르미 나히 그지 업시 오라더니 (月釋1:46).

긏다[자타]〔옛〕끊다. 끊어지다. ¶쎼를 그처 骨髓 내오(釋譜11:21). /시미 기픈 므른 ᄀᄆᆞ래 아 니 그츨쌔(龍歌2章).

긑[명]〔옛〕끝. ¶이 소리는 혓그티 웃닛머리예다 ᄂᆞ니라(訓諺).

긔대〔옛〕①그것이. 그가.〔'그'의 주격형〕¶님 금 ᄆᆞᆺ미 긔 아니 어리시니(龍歌39章). ②그 이. 그 사람. ¶그립고 아쉬운 마음에 힘혀 긘가 ᄒ노라(古時調).

긔다[자]〔옛〕기다. ¶긔는 거시며 ᄂᆞ는 거시며(月 釋1:11).

긔려기[명]〔옛〕기러기. ¶긔려기 홍:鴻. /긔려기 안:雁(訓蒙上15).

기(己)[명] 십간(十干)의 여섯째.

기(忌)[명] 기중(忌中).

기(紀)[명] ①법칙. 규칙. ②기전체(紀傳體) 역사 에서 제왕의 사적을 적은 글. 본기(本紀). ③《일 부 명사 뒤에 붙어》지질 시대를 구분하는 단 위의 한 가지. 대(代)의 아래, 세(世)의 위임. ¶백악기. 〔쥐라기.

기(起)[명]〈기구(起句)〉의 준말.

기(氣)[명] ①활동의 근원이 되는 힘.〔기력·생 기·원기·용기 따위.〕¶기가 넘치다. /기가 세 다. /기가 질리다. /기가 나다. ②숨 쉴 때 나오 는 기운. ¶기가 막힐 것 같다. ③전체에서 느 껴지는 기분. 분위기. /쥐기가. ④온화한 기. ④성리학에 서 이르는, 우주 만물의 정기. ④[한]이(理).

기(가) **살다**[관용] 의기소침하지 않고 기세가 오 르다.

기(가) **차다**[관용] 하도 같잖고 어이가 없어 말 이 나오지 아니하다. ¶기가 차서 말문이 막 히다.

기(를) **쓰다**[관용] 있는 힘을 다하다. ¶기를 쓰 고 공부하다.

기(를) **펴다**[관용] ①누구의 억압도 받지 않고 자유로운 마음으로 지내다. ¶기를 펴지 못하 고 살다. ②어려움에서 벗어나 마음을 놓다. ¶이제는 기를 펴고 살게 되었구나.

기(記)[명] 한문 문체(文體)의 한 가지. 주로, 사 적(事蹟)이나 풍경(風景) 따위를 적은 서사적 (敍事的)인 문체.

기(基)[명] 화학 반응에서, 다른 화합물로 변화할 때 분해되지 않고 마치 한 원자처럼 작용하는 원자의 집단. 근(根).

기(旗)[명] 어떤 뜻을 나타내거나 무엇을 상징하 기 위하여, 천이나 종이 같은 것에 특정한 그 림을 그리거나 빛깔을 넣어 만든 것.〔국기·군 기·우승기·신호기 따위.〕

기(箕)[명]〈기성(箕星)〉의 준말.

기(期)[명]《주로 서수 다음에 쓰이어》①일정한 기간씩 되풀이되는 일이나 교육·훈련 따위의 과정. ¶제12기 졸업생. /제5기 신입 사원 선 발. ②〔의존 명사적 용법〕어떤 기준에 따라 구분한 역사적 기간을 헤아리는 단위. ¶혁명 제2기에 접어들다.

기(基)[명] 비석·탑·무덤·큰 기계 따위를 세는 단 위. ¶비석 1기. /무덤 2기. /미사일 8기.

기(騎)[명] 말 탄 사람의 수효를 세는 단위. ¶기 병 3000기.

-기(氣)[접미]《일부 명사 뒤에 붙어》'느낌'·'기 운' 등을 뜻함. ¶바람기. /시장기.

-기(記)[접미]《일부 명사 뒤에 붙어》'기록'을 뜻함. ¶일대기. /탐험기.

-기(期)[접미]《일부 명사 뒤에 붙어》'시절'·'시 기'·'기간' 등을 뜻함. ¶사춘기. /농번기.

-기(器)[접미]《일부 명사 뒤에 붙어》'기구'·'기 구'·'그릇' 등을 뜻함. ¶분무기. /확성기. /분 도기.

-기(機)[접미]《일부 명사 뒤에 붙어》'기계'·'장 치' 등을 뜻함. ¶기중기. /발동기. /세탁기.

-기[접미]《흔히 'ㄴ·ㅁ·ㅅ·ㅈ·ㅊ·ㅌ'따위 받 침을 가진 어간에 붙어》①자동사를 타동사로 바꾸는 구실을 함.〔숨다→숨기다, 웃다→웃기 다, 남다→남기다 따위.〕②타동사를 피동사나 사동사로 만드는 구실을 함.〔안다→안기다, 벗다→벗기다, 찢다→찢기다 따위.〕

-기[어미] 용언의 어간이나 '이다'의 어간 또는 높임의 '-시-'나 시제의 '-았(었)-'·'-겠-'에 붙 어, 그 말을 명사형으로 만드는 전성 어미.〔오 르다→오르기, 잡다→잡기, 굵다→굵기 따위.〕 ☞-ㅁ².

기가(起家)[명][하자] 기울어져 가는 집안을 다시 일으킴.

기가(giga)[명]《미터법의 단위 앞에 붙어》'10 억 배'를 나타내는 말.〔기호는 G〕②〈기가바 이트〉의 준말.

기가-바이트(gigabyte)[명] 컴퓨터에서, 데이터 의 양을 나타내는 단위. 1기가바이트는 1,024 메가바이트, 또는 10억 7374만 1824바이트에 해당함.〔기호는 GB〕준기가.

기:각(棋殼·碁殼)[명] 바둑판(棋殼).

기각(掎角)[명][하자]〔사슴을 잡는데, 뒤에서 다리 를 붙들고 앞에서 뿔을 붙잡는다는 뜻으로〕앞 뒤에서 적을 견제하는 일.

기각 (基脚)圀 잎사귀가 잎꼭지에 붙은 부분.

기각 (棄却)圀하타되자 ①어떤 사물을 버림. 버리고 문제 삼지 않음. ②소송을 수리한 법원이 그 내용을 심리하여 이유가 없는 것으로, 또는 부적법한 것으로 판단하여 배척하는 판결 또는 결정. ¶상고를 기각하다. 참각하(却下).

기각 (旗脚)圀 ☞깃발.

기각지세 (掎角之勢)[-찌-]圀 〔한 사람은 뒤에서 사슴의 다리를 붙잡고 한 사람은 앞에서 뿔을 붙잡는다는 뜻으로〕'앞뒤에서 적과 맞서는 태세'를 이르는 말. ¶기각지세를 취하다.

기간 (其間)圀 그사이. 그동안.

기간 (起墾)圀하타되자 ☞개간(開墾).

기간 (基幹)圀 어떤 조직이나 체계를 이룬 것 가운데 중심이 되는 것.

기간 (旣刊)圀 이미 간행됨, 또는 그 간행물. ¶기간 서적. 참미간(未刊).

기간 (期間)圀 어느 일정한 시기에서 다른 일정한 시기까지의 사이. 시기(時期). ¶입학 원서 접수 기간. /공사 기간을 단축하다.

기간 (旗竿)圀 ☞깃대.

기간-급 (期間給)圀 일의 분량이나 능률과는 상관없이, 일한 기간에 따라서 지급되는 급료. 〔일급·주급·월급·연봉 따위.〕

기간-단체 (基幹團體)圀 같은 계통에 딸린 여러 단체 중에서 그 모체(母體)가 되는 단체.

기간-산업 (基幹産業)圀 한 나라의 산업의 바탕이 되는 주요 산업. 〔시멘트·철강·에너지 산업 따위.〕

기간-요원 (基幹要員)[-뇨-]圀 어떤 기관에서 핵심적인 구실을 하는 중요한 사람.

기간-지 (旣墾地)圀 이미 개간된 땅. ↔미간지(未墾地).

기갈 (飢渴)圀 배고프고 목마름.

기갈(이) 들다관용 ①먹지 못하여 몹시 허기지다. 굶주려서 몹시 허기지다. ②가지고 싶어 하는 마음이 아주 간절하다.

기갈-나다 (飢渴-)[-라-]자 ①허기져서 먹고 싶은 생각이 나다. ②매우 궁하여 못 견디게 갖고 싶은 마음이 있다.

기감 (技監)圀 이전의, 기술직 2급 공무원의 직급. 지금의 '이사관(理事官)'.

기갑 (機甲)圀 과학을 응용한 최신 무기와 기계력으로 무장하는 일. ¶기갑 사단.

기갑^부대 (機甲部隊)[-뿌-]圀 기계화 부대와 장갑 부대를 통틀어 이르는 말. 최신 무기와 기계력을 갖춘 부대.

기강 (紀綱)圀 으뜸이 되는 중요한 규율과 질서. 강기(綱紀). ¶기강을 확립하다.

기개 (氣槪)圀 어떤 어려움에도 굽히지 않는 강한 의지, 또는 그러한 기상. 의기(意氣). ¶대한 남아의 기개.

기개 (幾個·幾箇)圀 몇 개.

기객 (棋客·碁客)圀 바둑을 두는 사람. 바둑 두기를 좋아하는 사람.

기객 (嗜客)圀 무엇을 몹시 즐기는 사람. 무엇을 지나치게 즐기고 좋아하는 사람.

기거 (起居)圀하자 ①일정한 곳에서, 일상생활을 함, 또는 그 생활. ¶친구와 기거를 같이하다. ②몸을 뜻대로 움직이어 생활함. ¶기거가 불편하다.

기거 (寄居)圀하자 잠시 남의 집에 덧붙어서 삶. ¶친구 집에 기거하다.

기거-동작 (起居動作)圀 일상생활에서의 행동과 태도. 준기동(起動).

기거-충 (寄居蟲)圀 갑각강(甲殼綱) 가운데 십각목(十脚目)에 딸린 벌레. 소라·게 따위의 껍데기 속에 붙어삶.

기걸 (奇傑)圀하형스래 드물게 보는 남다른 인물. 성품이나 행동 따위가 남다른 호걸. **기걸스래**.

기결 (起結)圀 ①사물의 처음과 끝. 시작과 마침. ②한시(漢詩)에서의 기구(起句)와 결구(結句).

기결 (旣決)圀하타되자 ①이미 결정함. 이결(已決). ¶기결 사항. ②재판의 판정을 이미 확정함. ↔미결(未決).

기결-감 (旣決監)圀 기결수를 가두어 두는 곳. ↔미결감.

기결-수 (旣決囚)[-쑤]圀 재판에서, 유죄 판결이 확정되어 형의 집행을 받고 있는 죄수. ↔미결수.

기결-안 (旣決案)圀 이미 결정된 안건.

기경 (奇經)圀 ☞기경팔맥(奇經八脈).

기경 (起耕)圀하타되자 생땅이나 묵힌 땅을 일구어 논밭을 만듦.

기경 (氣莖)圀 ☞지상경(地上莖).

기경 (機警)圀하타 '기경하다'의 어근.

기경정결 (起景情結)圀 한시(漢詩)에서, 네 절(節)의 이름. 모두(冒頭)를 기(起)로, 이 모두의 뜻을 이어받아 문을 아름답게 표현하는 것을 경(景), 셋째로 사색(思索)으로 들어가는 것을 정(情), 전편(全篇)을 거두어서 끝맺는 것을 결(結)이라 함.

기경-팔맥 (奇經八脈)圀 한방에서, 인체의 각 기관의 활동을 연락·조절·통제하는 작용을 하는 경락(經絡). 〔독맥(督脈)·임맥(任脈)·충맥(衝脈)·대맥(帶脈)·음유맥(陰維脈)·양유맥(陽維脈)·음교맥(陰蹻脈)·양교맥(陽蹻脈)을 이름.〕기경.

기경-하다 (機警-)형여 재치가 있고 총명하여 사물에 대한 이해가 빠르다.

기계 (奇計)[-계/-게]圀 보통으로는 생각해 낼 수 없는 교묘한 꾀. ¶기계를 쓰다. 비기책.

기계 (棋界·碁界)[-계/-게]圀 바둑 또는 장기를 두는 사람들의 사회. 기단(棋壇).

기계 (器械)[-계/-게]圀 도구와 기물, 또는 간단한 기계(機械)를 통틀어 이르는 말.

기계 (機械)[-계/-게]圀 ①동력으로 움직여서 일정한 일을 하게 만든 장치. ②'생각·행동·생활 방식 따위가 판에 박은 듯한 사람'을 비유하여 이르는 말.

기계-간 (機械間)[-계간/-게간]圀 기계를 장치하여 놓은 곳(건축물).

기계^공업 (機械工業)[-계-/-게-]圀 ①모든 분야에서 쓰이는 각종 기계를 만드는 공업. ②기계를 써서 물품을 생산하는 공업.

기계^공학 (機械工學)[-계-/-게-]圀 기계의 설계·제작·성능·사용법 등을 연구하는 학문.

기계^공학과 (機械工學科)[-계-/-게-과]圀 대학에서, 기계 공학을 연구하는 학문.

기계-기름 (機械-)[-계-/-게-]圀 ☞기계유.

기계-끌 (機械-)[-계-/-게-]圀 기계의 힘으로 돌리는 끌.

기계-력 (機械力)[-계-/-게-]圀 기계의 힘. 기계가 내는 능력.

기계-론 (機械論)[-계-/-게-]圀 모든 현상을 기계적인 법칙에 따라 설명하려 하는 이론. 기제론(機制論). 메커니즘. ↔목적론.

기계^문명(機械文明)[-계/-게-]圐 근대 이후, 기계의 발달에 따라서 생겨난 문명.

기계^수뢰(機械水雷)[-계-뢰/-게-뤠]圐 공 모양의 관(罐) 속에 폭약과 발화 장치를 갖추고 수중에 부설하여 배를 폭파하는 수뢰. 부설 수뢰(敷設水雷). 倹기뢰(機雷).

기계^식자(機械植字)[-계-짜/-게-짜]圐 라이노타이프·모노타이프 등 자동 주식기(鑄植機)에 의한 식자.

기계-실(機械室)[-계-/-게-]圐 기계를 설치해 둔 방.

기계-어(機械語)[-계-/-게-]圐 컴퓨터가 이해하여 실행할 수 있는 명령어. [0과 1로 짝지어 나타냄.] 인공어(人工語).

기계-유(機械油)[-계-/-게-]圐 기계의 운전을 부드럽게 하고 마찰열이 발생하는 것을 막기 위하여 치는 기름. 기계기름.

기계-적(機械的)[-계-/-게-]괸圐 ①기계의 조작으로 하는 (것). ②수동적·맹목적으로 기계처럼 움직이는 (것). ¶동작을 기계적으로 놀리다. ③생각이나 행동이 융통성 없이 박힌 (것). ¶기계적 인간. /기계적인 사고방식.

기계적 성:질(機械的性質)[-계-썽-/-게-썽-]圐 주로 역학적인 관점에서 본 물체의 성질.

기계-준(機械準)[-계-/-게-]圐 주로 활판 인쇄에서, 교정을 마친 인쇄물을 인쇄기에 올리어 인쇄하기 바로 전에 마지막으로 보는 교정.

기계^체조(器械體操)[-계-/-게-]圐 철봉·안마·평행봉·뜀틀·링 등의 운동 기구를 사용하여 하는 체조. ↔도수 체조(徒手體操).

기계-충(機械-)[-계-/-게-]圐 '두부 백선(頭部白癬)'을 흔히 이르는 말.

기계-톱(機械-)[-계-/-게-]圐 동력으로 톱날을 작동시키게 된 톱.

기계-화(機械化)[-계-/-게-]圐하자타되圐 ①인간의 노동력 대신에 기계의 힘을 이용함. ¶농업의 기계화. ②인간이 행동의 주체성을 잃고 기계처럼 됨. ¶기계화된 사고방식.

기계화 농업(機械化農業)[-계-/-게-] 농업 생산에서, 사람이나 가축의 노동력 대신에 기계의 힘을 이용하는 방식.

기계화 부대(機械化部隊)[-계-/-게-] 전차·장갑차·자동 화기 등 기계의 힘을 최대로 이용한, 기동성이 좋은 근대적 부대. ¶기계화 부대를 투입하다. 倹장갑 부대.

기고(忌故)圐 기제사(忌祭祀)를 지내는 일, 또는 그 제사.

기고(奇古)圐 '기고하다'의 어근.

기고(起稿)圐하타 원고를 쓰기 시작함.

기고(寄稿)圐하타 (부탁을 받고) 신문·잡지 등에 싣기 위하여 원고를 써서 보냄. 기서(寄書). ¶김 교수는 최근 모 일간지에 환경 문제에 관한 글을 기고한 바가 있다.

기고(旗鼓)圐 지난날, 군령(軍令)을 전달하기 위하여 쓰던 군기(軍旗)와 북.

기고-가(寄稿家)圐 기고하는 사람.

기고-만장(氣高萬丈)[①하일이 뜻대로 잘되어 기세가 대단함. ¶승자의 기고만장한 태도와 패자의 초라한 모습. ②하자필펄 뛸 만큼 몹시 성이 남.

기고-하다(奇古-)쪙어 기이하고 예스럽다. 매우 고아(古雅)하다.

기곡^대:제(祈穀大祭)[-때-]圐 지난날, 나라에서 정월 첫 신일(辛日)에 그해의 농사가 잘되라고 지내던 제사.

기골(肌骨)圐 살과 뼈대. ¶기골이 단단하다.

기골(氣骨)圐 ①보통과는 다른, 특이한 골상이나 뛰어난 성품, 또는 그러한 골상이나 성품을 가진 사람. ②자신의 신념을 좀처럼 굽히지 아니하는 강한 기개.

기공(技工)圐 ①손으로 가공하는 기술, 또는 그러한 기술을 지닌 사람. ②능숙한 솜씨. 능숙한 기술자.

기공(奇功)圐 뛰어난 공적.

기공(起工)圐하타 공사를 시작함. ¶다음 주에 기공될 아파트. 倹착공. ↔준공.

기공(氣孔)圐 ①곤충류의 몸뚱이 옆에 있는 숨구멍. 기문(氣門). ②식물의 잎이나 줄기의 표피에 무수히 나 있는 구멍. 호흡·증산(蒸散)때 공기나 수증기의 통로가 됨.

기공-비(記功碑·紀功碑)圐 공훈을 기리어 세긴 비.

기공-친(朞功親·期功親)圐 기복(朞服)과 공복(功服)을 입을 만큼 아주 가까운 친척.

기관(汽管)圐 증기(蒸氣)가 통하게 만든 쇠 파이프.

기관(汽罐)圐 밀폐된 용기 안에서 물을 끓이어 고온·고압의 증기를 발생시키는 장치. 보일러.

기관(奇觀)圐 썩 보기 드문 경관. 매우 뛰어난 경치.

기관(氣管)圐 ①척추동물의 목에서 폐로 이어지는 관. 숨 쉴 때에 공기의 통로가 됨. 숨통. ②곤충·거미 따위의 호흡기의 일부.

기관(器官)圐 생물체를 형성하는 한 부분. 몇 개의 조직으로 이루어져, 일정한 모양과 기능을 지닌 부분. ¶발성 기관. /호흡 기관.

기관(機關)圐 ①화력·수력·전력 등의 에너지를 기계적 에너지로 바꾸는 기계 장치. ¶내연 기관. /증기 기관. ②어떤 목적을 이루기 위하여 설치된 조직. ¶교육 기관. ③법인·단체 따위의 의사를 결정하거나 실행하는 지위에 있는 개인, 또는 그 집단. ¶합의 기관. /집행 기관.

기관-고(機關庫)圐 기관차를 넣어 두는 창고.

기관^단:총(機關短銃)圐 어깨나 허리에 대고 쏠 수 있도록 만든 가벼운 자동식 또는 반자동식 단총.

기관-사(機關士)圐 선박·기차·항공기 등의 기관을 맡아보는 사람. 기관수(機關手).

기관-수(機關手)圐 ⇒기관사(機關士).

기관-실(機關室)圐 ①공장 등에서, 주요 원동기를 설치하여 둔 방. ②기관차·선박·항공기 등에서, 추진기가 설치되어 있는 방. ③발전·난방·냉방·환기 등에 쓰이는 기관을 설치하여 놓은 방.

기관-원(機關員)圐 '정보기관의 종사자'를 일반에서 이르는 말.

기관-장(機關長)圐 ①선박의 기관부를 맡고 있는 부원들의 장. ②일반적으로, 정부 각 기관의 책임자를 이르는 말.

기관-지(氣管支)圐 기관의 아래쪽에서 두 갈래로 갈라져 폐에 이어지는 부분.

기관-지(機關紙)圐 기관에서 펴내는 신문.

기관-지(機關誌)圐 기관에서 펴내는 잡지.

기관지-염(氣管支炎)圐 기관지의 점막에 생기는 염증. 기관지 카타르.

기관지^천:식(氣管支喘息)圐 기관지가 경련하듯 수축되어 발작적으로 특유한 호흡 곤란을 일으키는 질병.

기관지^카타르(氣管支catarrh)명 기관지염.

기관지^폐:렴(←氣管支肺炎)[-폐-/-페-]명 폐렴의 한 가지. 폐의 소엽(小葉)에 생기는 염증. 비교적 증상이 가벼움.

기관지^확장증(氣管支擴張症)[-짱쯩]명 원통 모양이나 기관지가 주머니 모양 또는 원추 모양으로 늘어나 그 속에 세균이 머물러 염증을 일으키는 병.

기관-차(機關車)명 객차나 화차 따위를 끌고 달리는 데 사용되는 동력 장치를 갖춘 철도 차량.〔증기 기관차·전기 기관차·디젤 기관차 등이 있음.〕

기관-총(機關銃)명 방아쇠를 당기고 있으면 탄환이 자동으로 장전되면서 연속으로 발사되는 소구경의 총. 준기총.

기관^투자가(機關投資家)명 유가 증권에 투자하여 생기는 이익을 주 수입원으로 하여 운용하는 법인을 이르는 말.〔은행·보험 회사·투자 신탁 회사 따위.〕

기관-포(機關砲)명 방아쇠를 당기고 있으면 탄환이 자동으로 장전되어 연속으로 발사되는 포. 보통, 구경이 20 mm 이상 되는 것을 이름.

기괴(奇怪) '기괴하다'의 어근.

기괴(氣塊)[-괴/-궤]명 ☞기단(氣團).

기괴망측(奇怪罔測) '기괴망측하다'의 어근.

기괴망측-하다(奇怪罔測-)[-괴-츠카-/-궤-츠카-]형여 너무 이상야릇하기가 이루 말할 수 없다. ¶기괴망측한 행동.

기기-스럽다(奇怪-)[-괴-따/-궤-따][~스러워/~스러워]형비 (외관이나 분위기가) 괴상하고 기이한 느낌이 있다.

기괴-하다(奇怪-)[-괴-/-궤-]형여 외관이나 분위기가 괴상하고 기이하다. ¶기괴한 사건.

기교(技巧)명하형 기술이나 솜씨가 아주 교묘함, 또는 그런 기술이나 솜씨. 특히 예술 작품 등에서, 표현이나 제작상의 수완이나 기술. 테크닉. ¶세련된 기교를 부리다.

기교(奇巧) '기교(奇巧)하다'의 어근.

기교(機巧) '기교(機巧)하다'의 어근.

기교-가(技巧家)명 기교에 뛰어난 사람.

기교-파(技巧派)명 예술 등에서, 특히 표현상의 기교에 중점을 두는 유파. ¶기교파 작가.

기교-하다(奇巧-)형여 세공(細工) 따위가, 매우 진기하고 공교하다.

기교-하다(機巧-)형여 잔꾀와 솜씨가 매우 교묘하다.

기구(奇句)[-꾸]명 기발한 글귀.

기구(祈求)명하자타 ☞기도(祈禱).

기구(起句)명 ①시문(詩文)의 첫 구. ②한시(漢詩)에서, 절구(絕句)의 첫째 구. 곧, '기승전결'의 기(起).〔시의(詩意)를 일으킴.〕수구(首句). 준기(起).

기구(氣球)명 수소·헬륨 등 공기보다 가벼운 기체를 넣어 공중에 띄우는 큰 공 모양의 물건. 경기구. 풍선. 벌룬. ¶기구를 띄우다.

기구(寄口)명 남의 집에서 한식구처럼 의지하며 지내는 사람.

기구(崎嶇) '기구하다'의 어근.

기구(器具)명 ①세간·그릇·연장 따위를 통틀어 이르는 말. ¶의료 기구. ②구조·조작 등이 간단한 기계나 도구류. ¶가정용 전기 기구.

기구(機具)명 기계와 기구.

기구(機構)명 ①하나의 조직을 이루고 있는 구조적인 체계. ¶행정 기구. /회사의 기구를 개편하다. ②기계의 내부 구조.

기구(冀求)명하타 몹시 바라고 구함. 희구(希求). ¶평화를 기구하다.

기구^관측(氣球觀測)명 계기를 장치한 기구를 올려서 대기의 상층의 기상을 관측하는 일.

기구망측(崎嶇罔測) '기구망측하다'의 어근.

기구망측-하다(崎嶇罔測-)[-츠카-]형여 세상살이나 운수 등이 평탄하지 못하고 험난하기 짝이 없다.

기구-맥(氣口脈)명 한방에서, 팔목에서 뛰는 맥을 이름.

기구^위성(氣球衛星)명 지상에서 쏘아 올려 궤도에 들어간 뒤에 가스 작용으로 부풀게 만든 인공위성.〔텔레비전·전화 등의 중계, 측지(測地) 등에 이용됨.〕

기구-주의(器具主義)[-의/-이]명 ☞개념 도구설(概念道具說).

기구^체조(器具體操)명 아령·곤봉 따위의 기구를 가지고 하는 체조. ☞도수 체조(徒手體操).

기구-하다(崎嶇-)형여 ①산길이 험하다. ②(사람의) 세상살이가 순탄하지 못하고 가탈이 많다. ¶기구한 운명. /팔자가 기구하다.

기국(棋局·碁局)명 ①바둑판이나 장기판. ②바둑이나 장기의 승부의 형세.

기국(器局)명 사람의 재능과 도량. 기량(器量).

기국-다(杞菊茶)[-따]명 산국화(山菊花)·구기자(枸杞子)·검은깨·작설(雀舌) 등을 섞어서 곱게 가루로 빻아 소금을 친 뒤에 우유를 붓고 달인 차.

기국-법(旗國法)[-뻡]명 선박(船舶)이 소속된 나라의 법률. 선박의 본국법(本國法).

기군(欺君)명하자 '기군망상'의 준말.

기군-망상(欺君罔上)명하자 임금을 속임. 준기군(欺君).

기굴(奇崛) '기굴하다'의 어근.

기굴-하다(奇崛-)형여 겉모습이 남다르고 허우대가 크다.

기궁(奇窮) '기궁하다'의 어근.

기궁-하다(奇窮-)형여 몹시 곤궁하다.

기권(氣圈)[-꿘]명 지구를 둘러싼, 대기가 있는 범위. 대기권.

기권(棄權)[-꿘]명하자 자기가 가지고 있는 투표·의결·참가 등의 권리를 버리고 행사하지 아니함. ¶선거에 기권하다. /선두에서 달리다가 30 km 지점에서 기권하다.

기귀(奇句)명 '기구(奇句)'의 잘못.

기귀(起句)명 '기구(起句)'의 잘못.

기근(氣根)명 식물의 땅속에 있지 않고 공기 중에 노출되어 있는 뿌리를 통틀어 이르는 말. 지상의 줄기나 가지에서 벋어 나는 것과 지하의 뿌리에서 벋어 나는 것 등이 있음. 공기뿌리.

기근(基根)명 ☞기본(基本).

기근(飢饉·饑饉)명 ①흉년으로 식량이 모자라서 굶주리는 상태. 기황(飢荒). ¶기근이 들다. /기근이 생기다. ②필요한 물자가 크게 부족한 현상'을 비유하여 이르는 말. ¶건축 자재의 기근.

기근(畿近)명 ☞근기(近畿).

기근^수출(飢饉輸出)명 ☞기아 수출.

기금(基金)명 어떤 목적을 위하여 적립하거나 준비하여 두는 자금. ¶장당 기금을 마련하다.

기급절사(氣急絕死)[-쩔싸]명하자 기겁을 하여 까무러침.

기기(汽機)명 ☞증기 기관(蒸氣機關).

기기(奇技)명 기묘한 기술.

기기(奇奇) '기기하다'의 어근.

기기(起期)명 사물이 시작하는 시기.

기기(棋器·碁器)명 바둑돌을 넣어 두는 그릇.

기기(機器·器機)명 '기계'와 '기구'를 통틀어 이르는 말. ¶전체 관측용 기기.

기기괴괴(奇奇怪怪)' '기기괴괴하다'의 어근.

기기괴괴-하다(奇奇怪怪-)[-괴괴-/-궤괘-]형여 매우 기괴하다. 몹시 이상야릇하다. ¶기기괴괴한 사건.

기기-국(機器局)명 조선 말기에, 병기를 만들던 관아.

기기묘묘(奇奇妙妙)' '기기묘묘하다'의 어근.

기기묘묘-하다(奇奇妙妙-)형여 매우 기이하고 묘하다. ¶기기묘묘한 수법을 쓰다.

기기-하다(奇奇-)형여 몹시 기이(奇異)하다. 매우 이상야릇하다.

기꺼워-하다타여 기껍게 여기다. ¶시험에 합격했다는 소식을 듣고 기꺼워하다. ㉰기꺼하다.

기꺼-하다타여 ⇨기꺼워하다'의 준말.

기껍다[-따][기꺼우니·기꺼워]형ㅂ 속마음에 썩 기쁘다. ¶기꺼운 소식. /기껍게 여기다. 기꺼-이튀 기껍게. 흔쾌히. ¶기꺼이 승낙하다.

기:-껏[-껃]튀 정도나 힘이 미치는 데까지. ¶기껏 한다는 짓이 저 모양이다. 비겨우·고작.

기:껏-해야[-껃-]튀 기껏 한다고 해야. ¶거기까지는 기껏해야 30리밖에 안 된다.

기-꼭지(旗-)[-찌]명 깃대의 꼭대기의 꾸밈새. 〔꿩의 꽁지 깃을 묶은 것, 창의 촉, 연봉의 세 가지가 있음.〕

기:나-길다형 몹시 길다. 《주로, '기나긴'의 꼴로 쓰임.》 ¶동지 섣달 기나긴 밤을 홀로 지내다.

기나-나무(幾那-)명 꼭두서닛과의 상록 교목. 남방 열대 지방에 자라며 꽃은 담홍색. 향기가 있고 껍질로는 키니네를 만듦. 킨키나나무.

기:나리명 황해도와 평안도 서해안 지방에서 부르는 민요(民謠)의 한 가지.

기나-피(幾那皮)명 기나나무의 속껍질을 말린 것. 키니네의 원료로 쓰임.

기-남자(奇男子)명 재주나 슬기가 아주 뛰어난 사나이.

기낭(氣囊)명 ①동물체의 각 부분에 딸려 있는 주머니를 이르는 말. ②조류의 폐에 이어져 있는 커다란 공기주머니. ③기구(氣球) 따위의, 가스를 넣는 주머니.

기내(畿內)명 서울을 중심으로 하여 사방에 있는 가까운 행정 구역을 포괄한 지역.

기내(機內)명 항공기의 안. ¶기내 방송. /기내의 온도를 일정하게 유지하다.

기내-식(機內食)명 비행 중인 여객기 안에서 승객에게 제공하는 식사와 음료수.

기:녀(妓女)명 ①⇨기생. ②지난날, 춤·노래·악기·바느질 등을 배워 익히던 관비를 통틀어 이르던 말. 연화(煙花). ²여기(女妓).

기년(紀年)명 일정한 기원(紀元)으로부터 헤아린 햇수.

기:년(耆年)명 예순이 넘은 나이.

기년(期年)명 ①만 1년이 되는 해. ②기한이 되는 해. ¶부채 상환 기년.

기년(朞年)명 ⟨기년복(朞年服)⟩의 준말.

기년(饑年·饑年)명 ⇨흉년(凶年).

기년-법(紀年法)[-뻡]명 나라나 민족이 지나온 역사를 계산할 때, 과거의 어떤 특정 연도를 기원(紀元)으로 하여 햇수를 헤아리는 방법.

기년-복(朞年服)명 상기(喪期)의 장기(杖朞)와 부장기(不杖朞). ㉰기년(朞年)·기복(朞服).

기년-아람(紀年兒覽)명 조선 영조 때, 이만운(李萬運)이 지은 아동 학습 교재(敎材). 중국과 우리나라의 연표(年表)·세계(世系)·지도 등을 간단하고 알기 쉽게 엮은 책. 8권 5책.

기년-제(朞年祭)명 ⇨소상(小祥).

기년체^사:기(紀年體史記)명 ⇨연대기(年代記).

기년-학(紀年學)명 ⇨연대학(年代學).

기념(記念·紀念)명하다 되자 ①뒤에 어떤 일을 상기할 근거로 삼음, 또는 그 물건. ¶졸업 기념으로 사진을 찍다. ②지난 일을 상기하여 기억을 새롭게 함. ¶개교 30주년을 기념하다.

기념-관(記念館)명 어떤 뜻 깊은 사적이나 사건 등을 기념하기 위해 지은 집. ¶독립 기념관.

기념-물(記念物)명 ①공적으로 특히 보존할 가치가 있는 물건. ②⇨기념품.

기념-비(記念碑)명 ①어떤 인물이나 일을 기념하기 위하여 세운 비. ¶참전 기념비. ②오래도록 기념하면서 후세에 전할 만한 사실·인물·업적을 비유하여 이르는 말. ¶기념비가 될 사업.

기념-사(記念辭)명 기념의 뜻을 나타내는 말이나 글.

기념-사진(記念寫眞)명 어떤 일을 오래도록 잊지 않고 간직하기 위하여 찍는 사진. ¶졸업 기념사진.

기념-식(記念式)명 어떤 일을 기념하기 위하여 베푸는 의식.

기념-우표(記念郵票)명 어떤 일을 기념하기 위하여 발행하는 우표.

기념-인장(記念印章)명 어떤 일을 기념하기 위하여 새긴 도장.

기념-일(記念日)명 어떤 일을 기념하기 위하여 정한 날. ¶창립(創立) 기념일.

기념-장(記念章)명 어떤 일을 기념하기 위하여 그 일에 관계한 사람에게 주는 휘장. ㉰기장.

기념-제(記念祭)명 어떤 일을 기념하여 베푸는 행사(축제).

기념-주화(記念鑄貨)명 어떤 일이나 큰 행사를 기념하기 위하여 발행하는 주화.

기념-탑(記念塔)명 어떤 일을 길이 기념하기 위하여 세운 탑.

기념-패(記念牌)명 어떤 일을 기념하기 위하여 만든 패.

기념-품(記念品)명 기념으로 주고받는 물품. 기념물.

기념-행사(記念行事)명 어떤 일을 기념하기 위하여 거행하는 행사. ¶창립 기념행사.

기뇰(guignol 프)명 끈을 쓰지 않고 인형의 옷 밑에 넣은 손가락으로 조종하는 인형극.

기는-가지명 식물의 줄기에서 나와 지면에 수평으로 벋으면서 마디에서 뿌리를 내리는 가지. 복지(匐枝).

기는-줄기명 땅 위로 길게 뻗으며 마디에서 뿌리가 나는 줄기. 〔고구마·양딸기·땅콩 따위의 줄기.〕 포복경(匍匐莖).

기능(技能)명 기술적인 능력이나 재능. 기량(技倆). ¶기능을 연마하다.

기능(機能)명 ①사물의 작용이나 활용. ¶심장의 기능. ②어떤 기관이 그 권한 안에서 활용할 수 있는 능력. ¶입법부(立法府)의 기능.

기능^검:사(技能檢査)명 적성 검사의 한 가지. 일정한 직업 및 직무에 대한 현재의 능력이나 잠재적 능력을 조사하기 위하여 하는 검사.

기능-공(技能工)명 ①기능이 있는 직공. ②기능계의 기술 자격을 얻은 사람.

기능-사(技能士)명 국가 기술 자격법에 따른 검정 시험을 통하여 공인되는 기능계 기술 자격 등급의 한 가지. 〔기능장의 아래, 기능사보의 위로, 1급과 2급의 구별이 있음.〕

기능사-보(技能士補)명 국가 기술 자격법에 따른 검정 시험을 통하여 공인되는 기능계 기술 자격 등급의 맨 아래 등급.

기능^사회(機能社會)[-회/-훼]명 일정한 사회적 기능을 다하기 위하여 형성된 사회 집단. 〔교회·성당·학교 따위.〕☞목적 사회.

기능-성(機能性)[-썽]명 기능이 가지는 역할과 작용 효과의 정도. ¶기능성이 뛰어나다. /기능성을 고려하다.

기능^올림픽(技能Olympic)명 ☞국제 기능 올림픽 대회.

기능-장(技能長)명 국가 기술 자격법에 따른 검정 시험을 통하여 공인되는 기능계 기술 자격 등급의 맨 위의 등급.

기능-주의(機能主義)[-의/-이]명 ①철학에서, 본질·실체·원인 등에 대한 인식은 불가능하며, 현상·결과·속성·기능 등에 대한 인식만이 가능하다고 보는 처지. ②디자인이나 건축에서, 형태는 기능이나 용도에 따라 결정되어야 한다는 주장.

기능-직(技能職)명 경력직 공무원의 한 갈래. 기능적인 업무를 담당하며 그 기능별로 분류되는 공무원.

기니-피그(Guinea pig)명 쥐목(目) 모르모트과의 작은 설치류. 페루 원산으로 몸길이 25 cm가량. 몸빛은 흑색·백색·누런 갈색·붉은 갈색 등 여러 가지인데 꼬리가 짧음. 의학·생물학의 실험용으로 두루 쓰임. 〔흔히, '모르모트'라고 불림.〕

기다[1]자 남에게 눌리어 다를 펴지 못하다. ¶문밖에서부터 설설 기다.
[2]자타 ①몸을 엎드리거나 배를 바닥에 대고 손발을 놀리거나 하여 나아가다. ②게·벌레·뱀 따위가 발을 놀리거나 배를 움직여 나아가다.

기는 놈 위에 나는 놈이 있다[속담] 잘하는 사람 위에 더 잘하는 사람이 있다는 말.

기다〔기지도〕 못하고 뛰려 한다[속담] '제 실력 이상의 일을 하려는 사람'을 비웃는 말.

기:다²타 〈기이다〉의 준말.

기다³준 '그것이다'가 줄어든 말. ¶긴지 아닌지 잘 모르겠다.

기다(幾多)명 꽤 많음. 여럿. 《주로, '기다의'의 꼴로 쓰임.》 ¶그 사건 이후에 기다의 소문이 무성하다.

기:-다랗다[-라타][~다라니·~다래]형ㅎ 〈생각보다〉 꽤 길다. ¶기다란 행렬. 준기다랗다.

기다리다타 (사람·사물·때 등이) 미치어 오거나 이루어지기를 바라다. ¶어머니를 애타게 기다리다. /때를 기다리다.

기:다마-하다형여 무던히 길다. ¶기다마한 막대. 준기다맣다.

기:다맣다[-마타][기다마니·기다마]형ㅎ 〈기다마하다〉의 준말.

기단(氣短)명 '기단하다'의 어근.

기단(氣團)명 기온과 습도 등의 대기 상태가 거의 같은 성질을 가지고 수평 방향으로 넓은 범위에 걸쳐 퍼져 있는 공기 덩어리. 기괴(氣塊). ¶적도 기단.

기단(基壇)명 건축물이나 비석 따위의 기초가 되는 단.

기단(棋壇·碁壇)명 ☞기계(棋界).

기단-하다(氣短)형여 ①체질이 옹골차지 못하여 기력이 약하다. ②숨 쉬는 동안이 짧다.

기담(奇談·奇譚)명 이상야릇하고 재미나는 이야기. 기화(奇話).

기답(起畓)명하타 땅을 일구어 논을 만듦. 작답.

기:닿다[-다타][기다니·기대]형ㅎ 〈기다랗다〉의 준말.

기:대명 ①무동(舞童)을 따라다니는 여자. ②무당이 굿을 할 때 음악을 맡은 사람.

기대(期待·企待)명하타되자 어떤 일이 이루어지기를 바라고 기다림. 또는 이루어지리라고 믿는 마음. 기망(企望). ¶기대를 저버리다.

기대(騎隊)명 〈기병대(騎兵隊)〉의 준말.

기대^가:능성(期待可能性)[-썽]명 형법에서, 행위 당시의 구체적 사정에 비추어 행위자에게 그 범죄 행위를 하지 않고 다른 적법 행위를 기대할 수 있는 가능성.

기대-감(期待感)명 어떤 일이 이루어지기를 바라고 기다리는 심정. ¶기대감에 부풀다.

기:대다[1]자 남의 힘이나 도움에 의지하다. ¶서른이 넘도록 부모에게 기대며 지내다.
[2]타 몸이나 물체를 다른 것에 대어 무게를 실리다. ¶기둥에 몸을 기대다. /사다리를 벽에 기대어 놓다.

기:대-서다타 벽 따위에 손을 짚거나 팔을 붙이고 몸을 의지하여 비스듬히 서다. ¶대문에 등을 기대서다.

기:대-앉다[-안따]타 벽 따위에 몸을 의지하여 비스듬히 앉다. ¶소파에 몸을 기대앉았다.

기대-주(期待株)명 '장래의 발전을 기대할 만한 인물'을 비유하여 이르는 말. ¶체조계의 기대주.

기댓-값(期待-)[-대깝/-댇깝]명 어떤 일이 일어날 때 얻어지는 값과 그 일이 일어날 확률을 곱하여 얻어지는 가능성의 값. *기댓값이[-대깝씨/-댇깝씨]·기댓값만[-대깜-/-댇깜-]

기덕(耆德)명 나이 많고 덕이 높은 사람.

기도(企圖)명하타되자 일을 꾸며 내려고 꾀함, 또는 그런 계획이나 행동. ¶국외 탈출을 기도하다.

기도(祈禱)명하자타 (바라는 바가 이루어지기를) 신불에게 빎, 또는 그 의식. 기구(祈求). ¶금식 기도. /기도를 드리다.

기도(氣道)명 뭍 위에 사는 척추동물이 숨을 쉴 때 공기가 폐에 드나드는 통로.

기도(棋道·碁道)명 ①바둑이나 장기를 둘 때의 예절. ②바둑이나 장기의 기예(技藝).

기도(期圖)명하타되자 기약하여 꾀함.

기도(冀圖)명하타되자 바라는 것을 이루려고 꾀함.

기도(きど〔木戸〕일)명 극장이나 유흥업소 따위의 출입구 또는 그곳을 지키는 사람.

기도(를) 보다[관용] '극장이나 유흥업소 따위의 출입구를 지키다'를 속되게 이르는 말.

기도-문(祈禱文)명 ①기도의 내용을 적은 글. ②☞주기도문(主祈禱文).

기도-미(祈禱米)명 천도교 교인이, 시일(侍日)마다 밤 아홉 시에 청수(淸水) 기도를 할 때 다섯 흡씩 떠 놓는 정미(精米). 〔그 쌀을 모아서 환금(換金)하여 반 년에 한 번씩 교회에 바침.〕☞성미(誠米).

기도-회(祈禱會)명 [-회/-훼]〔종교 단체 등에서〕 어떠한 일을 위하여 기도하는 모임.

기독(基督)명 '그리스도'의 한자음 표기.

기독^가:현설(基督假現說)[-까-]명 기독교에서, 물질은 본디 악이기 때문에 예수는 물질과 결합할 수 없으므로, 겉모양만 육체의 모양을 갖추었다고 하는 설. 준가현설(假現說).

기독-교(基督敎)[-꾜]圓 세계 3대 종교의 하나. 하나님을 천지 만물을 창조한 유일신으로, 그리스도를 이 세상의 구세주로 믿으며, 그의 신앙과 사랑을 따르는 것을 목적으로 함. 그리스도교. 크리스트교. 야소교. 예수교.

기독교-국(基督敎國)[-꾜-]圓 국민의 대다수가 기독교를 믿는 나라.

기독교-도(基督敎徒)[-꾜-]圓 기독교의 신도. 크리스천.

기독교-회(基督敎會)[-꾜회/-꾜훼]圓 그리스도를 믿는 사람들의 교단을 통틀어 이르는 말.

기동(奇童)圓 약고 꾀와 재주가 많은 아이.

기동(起動)圓[하자] ①(주로 노인이나 앓던 사람이) 몸을 일으켜 움직임. ¶기동을 못하는 환자. /기동이 불편하다. ②(기거동작(起居動作))의 준말. ③(동력으로 움직이는) 기관의 운전을 시작함. 시동(始動).

기동(機動)圓[하자] ①상황에 따라 조직적으로 재빠르게 하는 행동. ②부대나 병기(兵器) 등을 상황에 따라 재빠르게 전개(展開)·운용(運用)하는 일. ¶기동 훈련. /기동 타격대.

기동圓[옛] 기둥. ¶白玉樓 남은 기동(鄭澈.關東別曲)

기동-기(起動機)圓 직류 전동기의 기동을 순조롭게 하기 위한 부속 장치.

기동-력(機動力)[-녁]圓 상황에 따라 재빠르게 행동할 수 있는 조직의 능력.

기동^부대(機動部隊)圓 기동력이 뛰어난 유격 부대. [기계화 부대나 기동 합대 따위.]

기동-성(機動性)[-썽]圓 상황에 따라 재빠르게 행동할 수 있는 특성. ¶기동성이 떨어진다.

기동^작전(機動作戰)[-쩐]圓 군대의 기동력을 이용하여 하는 작전.

기동^저:항기(起動抵抗器)圓 전동기 따위를 기동시킬 때 쓰이는 가감(加減) 저항기.

기동-전(機動戰)圓 기동력과 화력(火力) 및 지형의 이점(利點) 등을 이용하여, 주도권을 장악하기 위하여 신속히 이동하며 전개하는 전투 형태.

기동^전:동기(起動電動機)圓 스스로 기동하지 않는 회전기나 기관을 기동시키는 데 쓰이는 보조 전동기.

기동-차(汽動車)圓 내연 기관의 동력을 이용하여 운행하는 철도 차량. ㉜동차(動車).

기두(起頭)圓 ①글의 첫머리. ②일의 맨 처음. ③[하자] 증병이 차차 낫기 시작함.

기둥圓 ①주춧돌 위에 세워서 보나 도리 등을 받치는 나무. ②물건을 받치거나 버티는 나무. ③장(欌)이나 농장(籠欌) 따위의 네 귀에 선 나무. ④한 집안이나 단체 등의 '가장 중요한 사람'을 비유하여 이르는 말. ¶청소년은 나라의 기둥이다.

기둥을 치면 대들보가〔들보가/봇장이〕 운다 (울린다)[족담] 직접 말하지 않고 간접으로 넌지시 말하여도 알아듣는다는 말.

기둥-감[-깜]圓 ①집의 기둥을 만드는 재료. ②한 집안이나 단체 또는 한 나라의 중심 인물이 될 만한 사람.

기둥-머리圓 기둥의 맨 위.

기둥-면(-面)圓 진행 방향의 직선이 일정한 곡선과 만나면서 움직일 때 그리는 면.

기둥-목(-木)圓 기둥감이 되기에 알맞은 굵고 큰 나무.

기둥-뿌리圓 ①기둥의 맨 밑. ②'어떤 사물을 지탱하는 기반이나 근본'을 비유하여 이르는 말. ¶기둥뿌리가 뽑히다.

기둥-서방(-書房)圓 기생이나 창기(娼妓)를 데리고 살면서 술 파는 일을 시키며 놀고먹는 사내. 기부(妓夫).

기드리다匣[옛] 기다리다. ¶보리라 기드리시니(龍歌19章).

기-드림(旗-)圓 지난날, 군기(軍旗) 따위의 위에 함께 달던 좁고 긴 깃발. 기류(旗旒). ㉜드림.

기득(旣得)圓[하자] 이미 얻음. 앞서 차지함. ↔미득(未得).

기득-권(旣得權)[-꿘]圓 특정한 개인이나 법인 또는 국가가 정당한 절차를 밟아 이미 얻은 법률상의 권리. ¶서로 기득권을 주장하다.

기들오다匣[옛] 기다리다. ¶몯 발 기들오ᄂᆞ 무ᅀᆞ미 업소라(杜初10:16).

기들우다匣[옛] 기다리다. ¶門의 나 기들울 거시 업스니(杜初22:1).

기똥-차다 '매우 훌륭하거나 정도가 몹시 높음'을 속되게 이르는 말. ¶기똥차게 좋은 차.

기라(綺羅)圓 ①[무늬를 놓은 비단과 얇은 비단이라는 뜻으로] '아름다운 비단'을 이르는 말. ②아름다운 옷, 또는 그것을 입은 미인.

기라-성(綺羅星)圓 [밤하늘에 반짝이는 수많은 별이라는 뜻의 일본 한자 조어(造語)로] '위세 있거나 높은 사람들, 또는 그들이 많이 모인 모양'을 비유하여 이르는 말. ¶기라성 같은 고관 대작. /기라성처럼 늘어선 명선수들.

기략(機略)圓 기묘한 계략.

기량(技倆·伎倆)圓 ㉗기능(技能). ¶뛰어난 기량을 선보이다.

기량(氣量)圓 ①기체(氣體)의 양. ②기상(氣像)과 도량(度量).

기량(器量)圓 ㉗기국(器局).

기러기圓 오릿과의 물새. 강·바다·늪 등에서 삶. 몸빛은 등 쪽이 다갈색, 부리와 다리는 황색. 목이 길고 다리가 짧음. 가을에 와서 봄에 북쪽으로 가는 철새임.

기러기 불렀다[관용] [〔'기러기 펄펄 날아갔다'라는 '기러기 노래'를 불렀다는 뜻으로〕 사람이 멀리 도망가 버렸음을 비유하여 이르는 말.

기러기 한평생[관용] 정처 없이 떠도는 고생스러운 한평생.

기러기-발圓 거문고나 가야금 따위의 줄을 고르는 기구. [단단한 나무로 기러기의 발 모양으로 만들어 줄 밑에 굄.] 금휘(琴徽). 안족(雁足). 안주(雁柱).

기럭-기럭[-끼-]图 기러기가 우는 소리.

기럭-아비圓 재래식 혼례에서, 전안(奠雁)할 때 나무로 만든 기러기를 들고 신랑보다 앞서 가는 사람. 안부(雁夫).

기려(綺麗)圓 '기려하다'의 어근.

기려(羈旅·羇旅)圓 객지에 머물러 있는 나그네.

기려-하다(綺麗-)[형여] 눈에 띄게 곱고 아름답다. 무늬가 곱고 아름답다.

기력(汽力)圓 증기의 힘, 또는 증기 기관의 출력.

기력(氣力)圓 ①일을 감당할 수 있는 정신과 육체의 힘. 근력(筋力). ¶팔순인데도 기력이 정정하다. ②암착한 공기의 힘.

기력(棋力·碁力)圓 바둑이나 장기의 실력.

기력(棋歷·碁歷)圓 바둑이나 장기를 둔 경력.

기력(機力)圓 기계의 힘.

기로조 모음으로 끝난 체언에 붙는 연결형 서술격 조사. '아무리 그렇다 하더라도'의 뜻으로, 앞의 사실을 인정하되 뒤의 사실이 마땅하지 아니함을 반어적으로 나타냄. ¶아무리 철없는 아이기로 그만한 속도 없을까. ⓦ이기로.

기로(岐路)명 갈림길. ¶생사존망의 기로. /기로에 서다.

기:로(耆老)명 예순 살이 넘은 노인.

-기로어미《용언의 어간 또는 시제의 '-았(었)-'·'-겠-'이나 높임의 '-시-' 등에 붙어》①까닭이나 조건의 뜻을 나타내는 연결 어미. ¶농담을 좀 했기로 그렇게 토라질 게 뭐냐. ②'(아무리)…다 하더라도'의 뜻을 나타내는 연결 어미. ¶아무리 달빛이 밝기로 햇빛만 할까.

기로서조 〈기로서니〉의 준말.

-기로서어미 〈-기로서니〉의 준말.

기로서니조 '기로'의 힘줌말. ¶아무리 큰 나무기로서니 못 오를 게 무어냐. ⑨기로서.

-기로서니어미 '-기로'의 힘줌말. ¶아무리 곱기로서니 내 사랑만 하오리까. ⑨-기로서.

기로선들조 '기로서니'의 힘줌말. ¶제가 아무리 천재기로선들 이 문제만은 못 풀걸.

-기로선들어미 '-기로서니'의 힘줌말. ¶아무리 힘이 세기로선들 혼자서는 무리다.

기:로-소(耆老所)명 조선 시대에, 나이가 많은 임금이나 정이품 이상의 일훈 살이 넘은 문관(文官)을 예우하기 위하여 설치했던 기구. 태조 3(1394)년에 설치하였음.

기록(記錄)[-](하타)〔되저〕(어떤 사실을) 뒤에 남기려고 적음, 또는 그런 글. 서록(書錄). ¶회의 기록. ②경기 따위의 성적이나 결과, 또는 가장 높은 수준. ¶세계 최고 기록을 새로이 세우다. ③음·영상·데이터 등의 정보를 뒷날 재생하기 위하여 보관하는 일. 〔사진·복사·녹음·레코드 등이 있음.〕

기록-경기(記錄競技)[-](명) 기록으로 성적을 평가하는 경기. 〔마라톤·수영 따위.〕

기록-계기(記計計器)[-께-/-께-](명) 측정량을 테이프나 화면에 기록하는 계기를 통틀어 이르는 말.

기록-기(記錄機)[-끼](명) 시간이나 속력 같은 것을 자동적으로 기록하는 장치. 리코더.

기록-문(記錄文)[-](명) 몸소 체험한 일이나 관찰·조사한 일 따위를 사실대로 적은 글.

기록^문학(記錄文學)[-](명) 어떠한 일을 객관적으로 기록한 문학 작품. 다큐멘터리. 보고문학(報告文學).

기록^사진(記錄寫眞)[-싸-](명) 미적(美的) 효과를 생각하지 않고, 다만 기록으로 남기기 위하여 찍은 사진.

기록^영화(記錄映畫)[-룡녕-](명) 실제의 사건(事件)·상황이나 자연현상 등을 기록한 영화. 다큐멘터리 영화.

기록-적(記錄的)[-쩍](관명) ①기록에 남아 있거나 남을 만한 (것). ¶기록적 성장을 계속하다. /기록적인 업적. ②적어서 남겨 두는 (것).

기론(奇論)(명) 보통으로는 생각해 내기 어려운, 기이한 의견이나 이론.

기롱(欺弄)[-](하타) 속이어 농락함.

기롱(譏弄)(명)(하타) 남을 업신여기어 실없는 말로 놀림. 희롱.

기롱-지거리(欺弄-)(명) 기롱하는 짓.

기롱-지거리(譏弄-)(명)(하자타) '농지거리'의 잘못.

기뢰(機雷)[-](명) 〈기계 수뢰〉의 준말.

기뢰-원(機雷原)[-뢰/-뤠-](명) 많은 기뢰를 부설해 놓은 해면(海面).

기뢰-정(機雷艇)[-뢰/-뤠-](명) 기뢰를 부설하거나 소해(掃海)하는 함정.

기뢰^탐지기(機雷探知機)[-뢰/-뤠-] 기뢰의 위치를 알아내는 전기 또는 자기 장치.

기:루(妓樓)(명) 창기(娼妓)를 두고 영업하는 집. 창기와 노는 집. 청루(靑樓).

기류(氣流)[-](명)①대기 중에서 일어나는 공기의 흐름. 〔주로 높은 공중의 바람이나, 상승 또는 하강하는 공기의 흐름을 가리킴.〕②항공기 등이 공중에서 일으킨 바람. ¶제트 기류. ③'일이 진행되는 추세나 분위기'를 비유하여 이르는 말. ¶사무실에 미묘한 기류가 형성되었다.

기류(寄留)[-](명)(하자) 객지나 남의 집에서 한동안 머물러 지냄.

기류(旗旒)[-](명) ⇨기드림.

기류-지(寄留地)[-](명) 자기 집을 떠나서 한동안 머물러 지내고 있는 곳.

기르다[기르니·길러](타제) ①(동식물을) 보살펴서 자라게 하다. ¶개를 기르다. ②아이를 보살펴서 키우다. ③(육체나 정신을) 단련하여 강하게 하다. ¶정신력을 기르다. ④(인재를) 가르쳐 내다. ¶제자를 기르다. ⑤(기술이나 버릇 따위를) 익숙하게 익히다. ¶일찍 일어나는 습관을 기르다. ⑥(병 따위를) 내버려 두어 나빠지게 하다. ⑦(수염이나 머리털을) 자라게 내버려 두다. ¶구레나룻을 기르다.

기르마(명) (옛) 길마. 안장. ¶기르마 안:鞍(訓蒙中27). ⑨기르마.

기름명 ①보통 온도에서 물보다 가볍고 끈끈한 성질이 있으며, 불에 잘 타는 투명 또는 반투명의 액체. 〔동물성 기름·식물성 기름·광물성 기름으로 크게 나뉨.〕②'석유(石油)'를 달리 이르는 말. ¶차에 기름을 넣다. ③지방(脂肪).

기름(을) 짜다(관용) ①많은 사람이 한데 몰려서 부대끼다. ②착취하다.

기름(을) 치다(관용) ①기계 따위에 마찰을 덜기 위하여 윤활유 등을 넣다. ②음식의 맛을 내려고 참기름 따위를 쓰다. ③일이 순조롭게 처리되도록 뇌물을 먹이다.

기름이 흐르다(관용) 윤택하고 풍부하다.

기름-걸레(명) ①기름을 묻혀서 닦는 걸레. ②기름을 닦아 내는 걸레.

기름-고무(명) 건성유(乾性油)를 가열하여 진득진득하게 되었을 때, 질산으로 산화하여 묽은 알칼리로써 중화시킨 고무. 고무 대용품으로 쓰임.

기름-기(-氣)[-끼](명) ①기름 덩어리가 많이 섞인 고기. ②어떤 물건에 묻거나 섞여 있는 기름. ¶기름기가 많은 음식. ③'넉넉하고 윤기 있는 기운'을 비유하여 이르는 말. ¶얼굴에 기름기가 돌았다.

기름-기름(부)(하여) 낱낱이 다 조금 긴 듯한 모양. ⑪갸름갸름.

기름-나물(명) 산형과의 다년초. 양지바른 산기슭에서 자람. 줄기 높이는 90 cm가량. 여름에 흰 꽃이 피며, 길둥근 과실을 맺음. 어린잎은 구황(救荒) 식물로 먹을 수 있음.

기름-때(명) 기름이 묻은 곳에 먼지가 앉아서 된 끈끈한 때.

기름-떡(명) ①깨나 콩 따위 재료를 찧어, 시루에 쪄서 기름을 짤 보자기에 싼 덩어리. ②기름에 지지거나 기름을 바른 떡.

기름-복자[-짜](명) 기름을 될 때 쓰는, 귀때가 달린 모양의 그릇. ⑨복자루.

기름-야자(-椰子)[-냐-](명) 야자과의 재배 식물. 아프리카 원산으로 높이 20 m가량. 과실은 길이 4 cm가량의 달걀 모양이고 세 개의 검은 종자가 들어 있음. 열매껍질의 기름은 비누 원료, 배젖은 식용, 종자의 기름은 마가린의 원료로 쓰임.

기름-종개〔명〕기름종갯과의 민물고기. 몸길이 12cm가량. 몸은 가늘고 길며 옆으로 납작함. 몸빛은 엷은 황갈색인데 등에 작은 검정 무늬가 있음. 물이 맑은 하천이나 시냇물의 모래 속에 삶. 우리나라·일본·중국 등지에 분포함.

기름-종이〔명〕기름을 먹인 종이. 유지(油紙).

기름-줄[-쭐]〔명〕기름틀로 기름을 짤 때, 기름떡을 빈틈없이 둘러 감는 줄.

기름-지다〔형〕①(주로 음식물에) 기름기가 많다. ¶기름진 음식. ②살지다. 영양 상태가 좋아 윤기가 많다. ③땅이 매우 걸다. ¶기름진 농토(農土).

기름-지옥(-地獄)〔명〕불교에서 이르는, 죄를 많이 짓고 죽은 사람의 혼을 끓는 기름 가마에 넣는다는 지옥.

기름-채〔명〕〈기름챗날〉의 준말.

기름-챗날[-챈-]〔명〕기름틀에 붙어 있는 제구. 머리틀에 떡판을 걸쳐 놓고 기름떡을 올려놓은 뒤, 그것을 덮어 눌러서 기름을 짜는 길고 두꺼운 널판. ⑥기름채·챗날.

기름-칠(-漆)〔명〕〔하〕〔타〕①기름을 바르거나 묻히는 일. ¶총구에 기름칠을 하다. ②들기름으로 만든 칠. 유칠(油漆). ③'뇌물 주는 일'을 비유하여 이르는 말. ¶상사에게 기름칠을 하다.

기름-콩〔명〕콩나물을 기르는 자디잔 흰 콩.

기름-틀〔명〕깨나 콩 따위의 기름을 짜는 틀. 유자기(油榨器).

기름-하다〔형〕좀 긴 듯하다. ¶얼굴이 기름하다. ⑱갸름하다.

기름-혹〔명〕살 속에 기름 덩이가 뭉쳐서 된 혹.

기릭(옛〕길이. ¶기릐와 너븨왜(金三2:20).

기리다〔타〕잘하는 일과 좋은 점을 추어서 말하다. 찬사(讚辭)를 드리다. ¶은공을 기리다.

기린(騏驎)〔명〕하루에 천 리를 달린다는 말. 준마(駿馬).

기린(麒麟)〔명〕①기린과의 포유동물. 초원 지대에 떼 지어 사는데, 키가 6m가량으로 포유동물 가운데 가장 큼. 몸은 누런 휘색 바탕에 암갈색의 얼룩점이 있고, 이마 양쪽에 피부에 싸인 한 쌍의 짧은 뿔이 있음. 아프리카 특산종임. ②성인(聖人)이 세상에 나올 전조(前兆)로 나타난다는 상상의 동물. 〔생명이 있는 것은 밟지도 먹지도 않는다 함.〕 ⑥〈기린재〉의 준말.

기린-아(麒麟兒)〔명〕슬기와 재주가 남달리 뛰어난 젊은이.

기린-자리(麒麟-)〔명〕북쪽 하늘에 자리한, 기린 모양의 별자리. 〔넓은 범위를 차지하고 있으나, 밝은 항성이 없어 눈에 잘 띄지 않음.〕 ⑥기린.

기린-초(麒麟草)〔명〕돌나물과의 다년초. 줄기가 5〜30cm. 산지의 바위나 메마른 땅에서 자라는데, 길둥근 모양의 잎이 어긋맞게 나며 여름에 노란 꽃이 원줄기 끝에 많이 핌. 어린싹은 나물로 먹음.

기립(起立)〔Ⅰ〕〔명〕〔자〕일어섬. ¶기립 박수(拍手). 〔Ⅱ〕〔감〕일어서라는 구령. ¶일동 기립!

기룩다〔옛〕기르다. ¶아바님 날 나흐시고 어마님 날 기룩시니(古時調).

기룽마〔명〕(옛〕길마. 안장. ¶기룽말 밧기시니(龍歌58章). ⑭기름마.

기마(騎馬)〔명〕〔하〕〔자〕말을 탐, 또는 타는 말.

기마-경찰(騎馬警察)〔명〕말을 타고 직무를 수행하는 경찰.

기마-대(騎馬隊)〔명〕군대나 경찰에서 말을 타고 직무를 수행하는 부대.

기마-병(騎馬兵)〔명〕⇨기병(騎兵).

기마-전(騎馬戰)〔명〕①⇨기전(騎戰). ②말을 타고 하는 싸움을 본뜬 놀이의 한 가지.

기마-행렬(騎馬行列)[-녈]〔명〕말을 타고 하는 행렬.

기-막히다(氣-)[-마키-]〔형〕①너무 엄청나서 숨을 못 쉴 정도로 어이가 없다. ¶기막힌 재난을 당하다. ②매우 훌륭하거나 정도가 몹시 높다. ¶기막히게 아름답다.

기만(奇巒)〔명〕기묘하게 생긴 산봉우리.

기만(欺瞞)〔명〕〔하〕〔되자〕남을 그럴듯하게 속임. 기망(欺罔). ¶기만 정책(政策).

기만(幾萬)〔수관〕몇 만(의). 수만(의). ¶기만의 군중이 광장에 운집하였다. /기만 명.

기만-득면(期滿得免)[-등-]〔명〕일정한 기한이 차서 의무가 면제됨.

기만-면:제(期滿免除)〔명〕'소멸 시효(消滅時效)'의 구용어.

기만-수봉(奇巒秀峯)〔명〕기묘하고 빼어난 산.

기만-적(欺瞞的)〔관명〕남을 그럴듯하게 속이는 (것). ¶기만적 행위. /기만적인 방법.

기말(期末)〔명〕어느 기간의 끝. ¶기말 시험. /기말 고사. ↔기초.

기망(祈望)〔명〕〔하〕빌고 바람.

기망(旣望)〔명〕음력 열엿샛날 밤, 또는 그날 밤의 달.

기망(欺罔)〔명〕〔하타〕⇨기만(欺瞞).

기망(期望·企望)〔명〕〔하타〕일이 이루어지기를 바람. 기대(期待). 기양(期仰).

기망(幾望)〔명〕음력 열나흗날 밤, 또는 그날 밤의 달. ¶7월 기망.

기망(冀望)〔명〕①희망. 소원. ②〔하타〕희망이 이루어지기를 바람.

기맥(奇脈)〔명〕부정맥(不整脈)의 한 가지. 숨을 들이쉴 때 맥박이 두드러지게 약해짐.

기맥(氣脈)〔명〕①기혈(氣血)과 맥락(脈絡). ¶병을 앓고 나더니 기맥이 쇠해졌다. ②서로 뜻이나 마음이 통하는 낌새. ¶기맥이 통하다.

기맥-상통(氣脈相通)[-쌍-]〔명〕〔자〕마음과 뜻이 서로 통함. 의기(意氣)가 서로 맞음.

기면(嗜眠)〔명〕고열(高熱)이나 극도의 쇠약, 또는 기면성 뇌염 따위로 말미암아 외계의 자극에 응하는 힘이 약해져서 수면 상태에 빠져드는 일.

기면(旗面)〔명〕기폭의 면.

기면성^뇌염(嗜眠性腦炎)[-썽뇌-/-썽눼-]〔명〕유행성 뇌염의 한 가지. 고열(高熱)을 내며 갑자기 구토·두통·전신 권태 등이 나타나고, 깊은 수면 상태에 빠져 음식물을 입에 넣어 주면 먹으면서 자칫 정도가 됨.

기:명(妓名)〔명〕기생으로서 가지는 딴 이름.

기명(記名)〔명〕〔하자〕〔되자〕이름을 적음. ↔무기명.

기명(記銘)〔명〕〔하타〕심리학에서, 기억의 첫째 과정으로, 새로 생긴 경험을 머릿속에 새기는 일을 이름.

기명(器皿)〔명〕살림살이에 쓰는 온갖 그릇. 기물.

기명-공채(記名公債)〔명〕권리자의 이름을 공채 원부(公債原簿) 및 증권면(證券面)에 적어 넣은 공채.

기명-날인(記名捺印)〔구〕⇨서명(署名) 날인.

기명-사채(記名社債)〔명〕권리자의 이름을 사채 원부(社債原簿) 및 증권면(證券面)에 적어 넣은 사채.

기명-식(記名式)〔명〕①증권에 권리자의 이름이나 상호(商號)를 적는 방식. ②투표지에 투표하는 사람의 이름을 적는 방식. ↔무기명식.

기명식 어음(記名式-) 특정인이 권리자로 지정되어 있는 어음.

기명^주권(記名株券) [-꿘]圖 주주(株主)의 이름을 주권면(株券面)에 적어 밝힌 주권.

기명^증권(記名證券) [-꿘]圖 특정인을 권리자로 지정한 유가 증권.

기명^채:권(記名債券) [-꿘]圖 채권자의 이름을 채권면(債券面)에 적어 넣은 채권.

기명^투표(記名投票) 투표지에 투표하는 사람의 이름을 밝혀 적는 투표. ↔무기명 투표.

기모(奇謀)圖 (보통으로는 생각해 내기 어려운) 기묘한 꾀. 신기한 꾀.

기모(起毛)圖하타 직물 표면의 섬유를 쓸어서 보풀이 일게 함.

기모(氣貌)圖 풍채와 용모.

기모노(きもの[着物] 일)圖 일본 고유의 의복.

기모-비계(奇謀祕計) [-게/-게]圖 신기한 꾀와 남몰래 세운 계략.

기모^직물(起毛織物) [-징-]圖 겉면이나 뒷면에 보풀이 일도록 기모 공정(起毛工程)을 베푼 직물. [벨벳·플란넬 따위.]

기묘(己卯)圖 육십갑자의 열여섯째.

기묘(奇妙) '기묘하다'의 어근.

기묘-사화(己卯士禍)圖 조선 중종 14(1519.기묘)년에 남곤(南袞)·심정(沈貞) 등의 수구파(守舊派)가 조광조(趙光祖)·김정(金淨) 등의 신진 도학자들을 죽이거나 귀양 보낸 사건.

기묘-하다(奇妙-)圖어 생김새 따위가 기이하고 묘하다. ¶기묘한 옷차림. 기묘-히뿐.

기:무(妓舞)圖 기생이 추는 춤.

기무(機務)圖 ①근본이 되는 일. ②기밀(機密)한 정무(政務).

기무-처(機務處)圖〈군국기무처(軍國機務處)〉의 준말.

기문(奇文)圖 기묘한 내용의 글.

기문(奇聞)圖 이상한 소문.

기문(氣門)圖〈기공(氣孔)〉.

기문-벽서(奇文僻書) [-써]圖 기이한 내용의 글과 흔하지 않은 기이한 책.

기:물(妓物)圖〈기생퇴물〉의 준말.

기물(棄物)圖 버릴 물건, 또는 버린 물건.

기물(器物)圖〈기명(器皿).

기물-답다(器物-) [-따] [~다우니·~다워]圖비 기물로서 쓸모가 있다.

기물^손:괴죄(器物損壞罪) [-꾀죄/-꿰죄]圖 남의 기물을 상하게 하거나 파괴하여 그 효용(效用)에 해를 끼침으로써 성립하는 죄.

기미圖 (옛) 기미. ¶기의 하:賈(訓蒙下16).

기미圖 병이나 심한 괴로움 등으로 말미암아 얼굴에 끼는 거무스름한 점. ¶기미가 끼다.

기미(己未)圖 육십갑자의 쉰여섯째.

기미(氣味)圖 ①냄새와 맛. ②기분과 취미. ¶서로 기미가 통하다. ③한방에서, 약의 성질과 효능을 판단하는 기준.

기미(期米)圖〈미두(米豆).

기미(幾微·機微)圖 ①낌새. 눈치. ¶기미가 이상하다. ②어떤 일이 일어날 기운. ¶소나기가 내릴 기미가 보인다.

기미(羈縻·羈靡)圖〈기반(羈絆).

기미-독립운동(己未獨立運動) [-동니분-]圖 1919년 3월 1일을 기하여 자주 독립을 목적으로 로 일제에 항거하여 일어난 민족적인 의거(義擧). 삼일 운동.

기미-상적(氣味相適)圖하자 마음과 취미가 서로 맞음. 기미상합.

기미-상합(氣味相合)圖하자 ☞기미상적(氣味相適).

기미-채다(幾微-·機微-)쟈 기미를 알아차리다.

기민(飢民·饑民)圖 굶주리는 백성.

기민(을) **먹이다**[주다]관용 굶주리는 백성에게 나라나 단체·개인이 곡식을 나누어 주다.

기민(機敏) '기민하다'의 어근.

기민-하다(機敏-)圖어 눈치가 빠르고 동작이 날쌔다. ¶기민한 행동. /몸을 기민하게 움직이다. 기민-히뿐.

기밀(氣密)圖 꽉 막혀 기체가 통하지 않음. 외부와 통하지 않음.

기밀(機密)圖하형 더없이 중요하고 비밀한 일. 특히, 외부에 드러내서는 안 될, 국가 기관이나 기타 조직체의 중요한 비밀. ¶기밀에 부치다. /회사의 기밀을 누설하다.

기밀^누:설죄(機密漏泄罪)圖 [-루-쬐/-루-꿰]圖 정치 또는 군사에 관한 기밀을 드러내어 외국이나 적군에게 제공한 범죄.

기밀-문서(機密文書)圖 외부에 알려지면 안 될 기밀한 내용을 적은 문서.

기밀-복(氣密服)圖 성층권(成層圈)을 비행할 때 입는 비행복.

기밀-비(機密費)圖 지출 내용을 밝히지 않고 기밀한 일에 쓰는 비용.

기밀-실(氣密室)圖 기체가 드나들지 않도록 외기(外氣)와의 연락을 차단한 방.

기밀-실(機密室)圖 기밀에 관한 일을 취급·보관하여 아무나 함부로 드나들지 못하게 하는 방.

기박(奇薄) '기박하다'의 어근.

기박-하다(奇薄-) [-바카-]圖어 (이상하게도) 운수가 사나워 일이 뒤틀리고 복이 없다. ¶기박한 운명. /팔자가 기박하다.

기반(基盤)圖 기초가 되는 지반. 기본이 되는 자리. ¶기반을 다지다. /기반을 닦다. /사업 기반을 확충하다.

기반(棋盤·碁盤)圖〈바둑판.

기반(羈絆)圖 ①굴레. ②굴레를 씌우듯 자유를 얽매는 일. 기미(羈縻).

기발(奇拔) '기발하다'의 어근.

기발(起發)圖하자 어린아이가 기어다니기를 시작함.

기발(旣發)圖하자 일이 이미 일어남. 이미 발생함. ↔미발(未發).

기발(騎撥)圖 조선 시대에, 말을 타고 급한 공문을 전하던 사람. 배지(陪持).

기발-하다(奇拔-)圖어 유달리 재치 있고 뛰어나다. 엉뚱하고 이상할 정도로 빼어나다. ¶착상(着想)이 기발하다.

기백(氣魄)圖 씩씩한 기상과 늠름이 있는 정신. ¶대한 남아의 기백을 떨치다.

기번(幾番)圖 몇 번.

기범-선(機帆船)圖 동력 기관과 돛을 함께 갖춘, 비교적 작은 배.

기법(技法) [-뻡]圖 기술상의 수법. 기교를 부리는 방법. ¶창작 기법. /기법을 터득하다.

기벽(奇癖)圖 이상야릇한 버릇. 남과 다른 특이한 버릇.

기벽(氣癖)圖 (자부심이 강하여) 남에게 지거나 굽히지 않으려는 성벽.

기변(奇變)圖 ①뜻밖의 난리. ②하자 이상야릇하게 변함.

기변(機變)圖하자 때에 따라 변함. 임기응변.

기변지교(機變之巧)圈 때에 따라 적절하게 쓰는 교묘한 수단.

기별(奇別)圈 ①조선 시대에, 승정원(承政院)에서 처리한 일을 날마다 아침에 적어 널리 알리던 종이. 난보(爛報). 조보(朝報). 조지(朝紙). ②하자타 소식을 전하여 알려 줌, 또는 소식을 적은 종이. ¶아직 아무런 기별이 없다.

기별^군사(奇別軍士)圈 조선 시대에, 승정원에서 반포(頒布)하는 기별을 여러 관아(官衙)에 돌리던 사람.

기별-서리(奇別書吏)圈 조선 시대에, 승정원에서 기별을 쓰던 사람.

기병(奇病)圈 기이한 병.

기병(起兵)圈하자 군사를 일으킴. 흥사(興師). ¶영남에서 기병하여 왜군과 싸웠다.

기병(氣病)圈 기분이 울적하거나 근심 걱정이 많아서 생기는 병.

기병(騎兵)圈 말을 타고 싸우는 군사. 기마병(騎馬兵). 기졸(騎卒). 마병(馬兵).

기병-대(騎兵隊)圈 기병으로 편성한 군대. (준)기대(騎隊).

기보(旣報)圈하타 (보도나 보고를) 이미 알림, 또는 이미 알린 보도나 보고.

기보(棋譜·碁譜)圈 ①바둑 두는 법을 모아 적은 책. ②바둑이나 장기의 대국(對局) 내용을 기호로 기록한 것.

기복(祈福)圈 복을 빎. 복을 내려 주기를 기원하는 일. (참)축복(祝福).

기복(起伏)圈하자 ①일어났다 엎드렸다 함. ②지세(地勢)가 높아졌다 낮아졌다 함, 또는 그런 상태. ¶기복이 아주 심한 땅. ③세력이 강해졌다 약해졌다 함. ¶우리 앞 세대는 기복이 많은 삶을 살았다. /그녀는 감정의 기복이 심하다. ③임금에게 아뢸 때, 먼저 일어섰다가 다시 몸을 굽히던 일.

기복(朞服)圈 〈기년복(朞年服)〉의 준말.

기복-량(起伏量)圈 —봉낭[콩] 땅의 높낮이의 차. 〔기복량 200 m 이상을 산(山)이라고 함.〕

기복^신:앙(祈福信仰)圈 —씨냥 복을 기원함을 목적으로 믿는 신앙.

기복-출사(起復出仕)圈 —싸圈하자 부모의 상중(喪中)에 벼슬에 나감. 탈정종공(奪情從公).

기본(基本)圈 사물의 가장 중요한 밑바탕. 근본. 기근(基根). ¶기본 원칙. /기본에 충실하다.

기본-값(基本-)圈 —갑[圈] ☞디폴트. * 기본값만[—깝씨]·기본값만[—깜—]

기본-권(基本權)圈 —[꿘] ☞기본적 인권.

기본-급(基本給)圈 임금(賃金)의 기본이 되는 급료. 본급(本給). 본봉(本俸). (참)수당.

기본^단위(基本單位)圈 비교이 기준이 되는 여러 단위 중에서 가장 기본이 되는 단위. 〔길이는 미터(m), 질량은 킬로그램(kg), 시간은 초(sec) 따위.〕 ↔보조 단위.

기본-법(基本法)圈 —[뻡] ☞근본법(根本法).

기본-법(寄本法)圈 —[뻡] ☞목기법(木寄法).

기본-수(基本數)圈 ☞기수(基數).

기본^수:사(基本數詞)圈 ☞양수사(量數詞).

기본-요금(基本料金)圈 —[뇨—] 시설이나 서비스 등을 이용하기 위해 기본으로 내야 하는 돈. ¶택시의 기본요금.

기본-음(基本音)圈 ☞원음(原音).

기본-자세(基本姿勢)圈 기본이 되는 자세.

기본^재산(基本財産)圈 ①어떤 사업의 재원으로서 기본이 되는 재산. ②지방 자치 단체가 수익을 위하여 유지하는 재산.

기본-적(基本的)관團 기본이 되는 성질을 가진 (것). ¶기본적 명제. /기본적인 요구.

기본적 소비재(基本的消費材)[—쏘—] 생활필수품으로서의 소비재(消費材). 〔일용품·의료품·옷가지 따위.〕

기본적 인권(基本的人權)[—꿘] 사람이 사람답게 살아가기 위하여 없어서는 안 될 기본적인 권리. 〔개인의 신체·언론·신교(信教)의 자유 및 생존권·근로권 등으로, 헌법으로 보장됨.〕 기본권.

기본^조직(基本組織)圈 고등 식물의, 겉껍질과 관다발 이외의 조직을 통틀어 이르는 말.

기본-형(基本形)圈 ①(변화하거나 응용하거나 하는 것의) 본디 모양, 또는 본디 형식. ②활용어의 기본 형태. 어간에 종결형 어미 '-다'가 붙은 어형. 〔가다·오다·높다 따위.〕 원형. 으뜸꼴. ②→활용형(活用形).

기봉(奇峰)圈 이상야릇하게 생긴 산봉우리.

기봉(起峰)圈 죽 이어진 산줄기에서 우뚝 솟아 있는 산봉우리.

기봉(機鋒)圈 ☞예봉(銳鋒).

기봉^소:설(奇逢小說)圈 〔고대 소설이나 신소설 등에서〕우연과 요행을 주된 수법으로 삼은 소설.

기부(肌膚)圈 사람이나 짐승의 몸을 싸고 있는 살, 또는 살가죽.

기:부(妓夫)圈 ☞기둥서방.

기부(寄附)圈하타 자선 사업이나 공공사업을 도울 목적으로 재물을 내어 놓음.

기부(基部)圈 기초가 되는 부분.

기부(機婦)圈 베를 짜는 여자.

기부-금(寄附金)圈 자선 사업이나 공공사업을 도울 목적으로 내어 놓는 돈.

기부^재산(寄附財産)圈 ☞출연 재산(出捐財産).

기-부족(氣不足)圈 한방에서, '원기가 모자라서 생기는 병'을 이르는 말.

기분(氣分)圈 ①마음에 생기는 유쾌·불쾌·우울 따위의 주관적이고 단순한 감정 상태. ¶날아갈 듯한 기분. /기분이 좋다. ②분위기. ¶명절기분이 난다. ③한방에서, 혈기(血氣)에 대하여 '원기(元氣)'를 이르는 말.

기분-파(氣分派)圈 그때그때의 기분에 따라 행동하는 사람.

기불(旣拂)圈하타 이미 지불함, 또는 이미 끝난 지불.

기브스(Gips 독)圈하자 '깁스'의 잘못.

기비(基肥)圈 '밑거름'으로 순화.

기뻐-하다타에 ①기쁘게 여기다. 기꺼워하다. ②즐거워하다. 반가워하다.

기쁘다[기쁘니·기뻐]圈 마음에 즐거운 느낌이 있다. ¶더없이 기쁘다. ↔슬프다.

기쁨圈 ①마음이 즐거움. 기쁜 느낌. ↔슬픔. ②반가움. ¶기쁨의 눈물.

기사(己巳)圈 육십갑자의 여섯째.

기사(技士)圈 ①이전의, 기술직 6급 공무원의 직급. 지금의 '주사(主事)'. ②국가 기술 자격법에 따른 검정 시험을 통하여 공인되는 기술계 기술 자격 등급의 한 가지. 〔기술사(技術士)의 아래로, 1급과 2급의 구별이 있음.〕 ③자동차 따위를 운전하는 일을 업으로 하는 사람.

기사(技師)圈 관청이나 회사 등에서 전문적인 기술을 필요로 하는 일을 맡아보는 사람.

기사(奇士)圈 이상한 재주를 가졌거나 괴상한 행동을 하는 선비.

기사(奇事)圈 신기한 일. 희한한 일.

기사(記事)團 ①하타사실을 적음, 또는 그 글. ②신문이나 잡지 등에 어떤 사실을 실어 알리는 글, 또는 기록된 사실. ¶신문 기사. /기사를 쓰다. /기사를 읽다.

기사(記寫)團명하타 기록하여 씀.

기사(飢死·饑死)團하자 굶어 죽음. 아사(餓死).

기사(棋士·碁士)團 바둑이나 장기를 잘 두는 사람. 바둑을 직업으로 삼아 두는 사람.

기사(幾死)團하자 거의 다 죽게 됨. ¶기사 상태에 이르다.

기사(機事)團 외부에 드러나서는 안 될, 매우 비밀스러운 일.

기사(騎士)團 ①말을 탄 무사. ②중세 유럽의 무인(武人), 또는 그 계급을 일컫는 말.

기사(騎射)團 ①말 타는 일과 활 쏘는 일. ②하자말을 타고 달리면서 활을 쏨.

기사-광고(記事廣告)團 알리고자 하는 물건의 용도와 효능 따위를 기사체로 써서 내는 광고.

기사-근생(幾死僅生)團하자 거의 죽을 뻔하다가 겨우 살아남.

기사-도(騎士道)團 기사 계급 특유의 규범 및 행동 양식의 이상형.〔그 덕목은 명예·성실·무용(武勇)·예의·경건·겸양 및 약자 보호 등이었음.〕

기사-문(記事文)團 보고 들은 사실을 객관적으로 그대로 적은 글.〔신문의 사회면 기사 따위.〕

기사-보(技士補)團 이전의, 기술직 7급 공무원의 직급. 지금은 '주사보(主事補)'.

기사^본말체(紀事本末體)團 중국의 역사 서술의 한 형식. 연대나 인물보다 사건에 중점을 두어 그 원인·경과·결과 등의 관계를 기술하는 방식.

기사-이적(奇事異跡)團 희한하고 기이한 일.

기사지경(幾死之境)團 거의 죽게 된 지경. ¶기사지경에 빠지다.

기사-체(記事體)團 기사문의 글체.

기사-화(記事化)團되자 (어떤 사건이나 소재를) 기사로 다루어 실음. ¶비리를 기사화하다.

기사-회생(起死回生)團 ①회一/─훼一團명하자 중병으로 죽을 뻔하다가 다시 살아남.

기산(起算)團명하자 일정한 때나 장소를 기점으로 정해서 셈하기를 시작함. ¶이자를 전달부터 기산하다.

기산(譏訕)團명하타 남을 헐뜯어서 말함.

기산^꽃차례(岐繖─次例)[─꼳─]團 ☞기산 화서(岐繖花序).

기산-일(起算日)團 기간을 정하여 날수를 셀 때의 첫날.

기산-점(起算點)[─쩜]團 셈을 시작할 때, 또는 그곳.

기산지절(箕山之節)[─쩔]團 '굳은 절개'를 이르는 말.〔허유(許由)가 기산에 숨어 살면서, 요(堯) 임금의 양위(讓位)를 받지 않고 절조(節操)를 지켰다는 고사에서 유래함.〕

기산^화서(岐繖花序)團 유한 화서의 한 가지. 꽃대의 꼭대기에 한 개의 꽃이 피고, 그 아래에 두 개의 꽃자루가 생겨 그 끝에 또 한 개씩의 꽃이 달리는 모양이 여러 층으로 된 화서.〔별꽃·수국·패랭이꽃 따위가 이에 딸림.〕기산 꽃차례.

기삿-거리(記事─)[─사꺼─/─삳꺼─]團 신문·잡지 등에 실릴 만한 소재. ¶기삿거리를 찾는다.

기상(奇想)團 보통으로는 생각해 낼 수 없는 기발한 착상(着想).

기상(起牀)團하자 잠자리에서 일어남. 기침(起寢). ¶아침 여섯 시에 기상하다.

기상(氣相)團 1團 ☞기색(氣色).

기상(氣相)²團 (물질이) 기체로 된 상태. ⨀고상(固相)·액상(液相).

기상(氣象)團 비·눈·바람·구름·기온·기압 등 대기(大氣) 속에서 일어나는 현상. ¶기상 변화가 심하다.

기상(氣像)團 사람이 타고난, 꿋꿋한 바탕이나 올곧은 마음씨, 또는 그것이 겉으로 드러난 모습. ¶진취적인 기상. /대장부의 씩씩한 기상.

기상(機上)團 항공기의 위, 또는 항공기의 안.

기상(鰭狀)團 물고기의 지느러미 같은 모양.

기상^개:황(氣象概況)團 한 지방을 중심으로 하여 그 부근에 걸친 대체적인 기상의 상황. 일기 개황.

기상^경:보(氣象警報)團 기상 현상으로 말미암아 커다란 재해(災害)가 예상될 때, 그것을 경계하기 위하여 내는 경보.〔폭풍 경보·호우 경보 따위.〕

기상-곡(綺想曲·奇想曲)團 ☞광상곡(狂想曲).

기상^관측(氣象觀測)團 대기(大氣)의 상태나 대기 속에서 일어나는 여러 현상을 알기 위하여 기압·기온·습도·바람·구름 등의 기상 요소를 관측하는 일.

기상-구(氣象區)團 기상 조건에 따라 나눈 구역.

기상-나팔(起牀喇叭)團 군대 등에서, 아침에 일어날 시각을 알리기 위하여 부는 나팔.

기상-대(氣象臺)團 지방 기상청 소속으로, 관할 지역의 기상 상태를 관측·연구·조사하는 공공 기관. '측후소'의 고친 이름.

기상-도(氣象圖)團 ①기상 상태를 여러 가지 부호와 선으로 적어 넣어서 어떤 지역의 일기 상태를 보이는 그림. ②'어떤 상황 변화에 대한 예측'을 비유하여 이르는 말. ¶정국 기상도.

기상-병(氣象病)[─뼝]團 기상의 변화와 관련이 있는 자율 신경성 질환.〔신경통·천식·류머티즘 따위.〕

기상^요소(氣象要素)[─뇨─]團 기상 상태를 나타내는 여러 요소.〔기온·기압·바람·습도·구름·강수량·증발량·일사량·일조 시간 따위.〕기후 요소.

기상^위성(氣象衛星)團 지구 상의 기상 상태를 관측하기 위한 인공위성.

기상-재해(氣象災害)團 풍해·홍수·눈사태·가뭄·벼락 등으로 일어나는 재해.

기상^주:의보(氣象注意報)[─의─/─이─]團 기상에 의한 재해가 예상될 때 이를 주의시키기 위하여 내는 예보.〔폭풍 주의보, 한파 주의보 따위.〕

기상-천외(奇想天外)[─처놔/─눼]團형 보통으로는 짐작도 할 수 없을 만큼 생각이 기발하고 엉뚱함. ¶기상천외한 행동을 하다.

기상-청(氣象廳)團 환경부에 딸린 중앙 행정 기관의 하나. 기상 예보 및 각종 자연현상으로 인한 재해 방지·관측 등에 관한 사무를 맡아봄. '관상대'의 고친 이름.

기상^통보(氣象通報)團 기상청에서 방송이나 신문 등을 통하여 발표하는, 기상에 대한 정보나 예보.

기상^특보(氣象特報)[─뽀]團 기상 통보 외에, 폭풍우 등이 예상될 때에 발표하는 특별한 예보.

기상-학(氣象學)團 대기와 거기에서 일어나는 여러 현상을 연구하는 학문.

기색(起色)團 어떤 일이 일어날 낌새.

기색(氣色)閉 ①얼굴에 나타난 마음속의 생각이나 감정 따위. 기상(氣相)¹. ¶싫은 기색을 하다. ②어떤 현상이 일어날 것을 예측할 수 있게 하는 낌새. ¶저녁 식사를 준비할 기색이 보이지 않는다.

기색(氣塞)閉하재 심한 정신적 충격 따위로 까무러치는 일. 중기(中氣).

기색(基色)閉 ☞원색(原色).

기색(飢色·饑色)閉 굶주린 얼굴빛.

기색-혼절(氣塞昏絕)[-새콘-]閉하재 숨이 막히고 정신이 아찔하여 까무러침.

기:생(妓生)閉 지난날, 잔치나 술자리에 나가 노래·춤 등으로 흥을 돋우는 일을 업으로 삼던 여자. 기녀(妓女). 예기(藝妓).

기생(寄生)閉하재 ①어떤 생물이 다른 생물의 내부나 외부에 붙어서 영양을 섭취하여 사는 일. ②스스로의 힘으로 생활하지 않고 남에게 기대어 살아가는 일. ¶유흥가에서 기생하는 사람들.

기생-근(寄生根)閉 다른 식물에 붙어서 그 양분을 흡수하는 기생 식물의 뿌리. 〔새삼이나 겨우살이의 뿌리 따위.〕

기생^동:물(寄生動物)閉 다른 동물에 기생하는 동물.

기생-물(寄生物)閉 기생 생활을 하는 동식물.

기:생-방(妓生房)閉 기생의 집.

기생^식물(寄生植物)[-싱-]閉 다른 식물체에 기생하는 식물. ❀반기생·전기생.

기:생-오라비(妓生-)閉 '유난히 매끄럽게 모양을 내고 다니는 남자'를 얕잡아 이르는 말.

기:생-집(妓生-)[-찝]閉 ①기생이 사는 집. ②기생이 있는 술집 따위.

기생-충(寄生蟲)閉 ①다른 생물에 기생하는 동물. 〔회충·촌충 따위.〕 ②'자기는 일을 하지 않고 남에게 기대어 사는 사람'을 비유하여 이르는 말. ¶사회의 기생충.

기:생-퇴물(妓生退物)[-퇴-/-퉤-]閉 전에 기생 노릇을 하던 여자. 퇴기(退妓). ❀기물(妓物).

기생^화:산(寄生火山)閉 화산의 중턱이나 기슭에 새로 분화(噴火)해서 생긴 작은 화산. 측화산(側火山).

기서(奇書)閉 내용이 기이한 책.

기서(起誓)閉하재 맹세를 함.

기서(寄書)閉하재 ①편지를 부침, 또는 그 편지. ②☞기고(寄稿).

기서-인(寄書人)閉 ☞기서자(寄書者).

기서-자(寄書者)閉 편지를 부친 사람. 기서인(寄書人).

기석(奇石)閉 기묘하게 생긴 돌.

기석(棋石·碁石)閉 ☞바둑돌.

기선(汽船)閉 증기 기관을 동력으로 하여 항행하는 배.

기선(基線)閉 삼각 측량(三角測量)에서, 토지를 측량하는 기준이 되는 직선.

기선(機先)閉 경기가 시작되거나 싸움이 일어나려 할 때, 상대편의 세력이나 기세를 억누르기 위해 먼저 행동하는 것. ¶기선을 잡다. /기선을 제압하다.

기선(機船)閉 〈발동기선〉의 준말.

기설(旣設)閉하태 이미 차려 놓았거나 베풀어 놓음, 또는 그렇게 한 것. ¶기설 건물. ❀미설(未設).

기성(奇聲)閉 기묘한 소리. 별난 소리.

기성(氣盛) '기성하다'의 어근.

기성(旣成)閉하재 ①어떤 사물이 이미 되어 있거나 만들어져 있음. 현실적으로 이미 그렇게 되어 있음. ¶기성 체제. ↔미성(未成). ②신주(神主)를 만드는 일.

기성(期成)閉하태 어떠한 일을 꼭 이룰 것을 목적하려는 일.

기성(棋聖·碁聖) '바둑이나 장기에 특히 뛰어난 사람'을 성인에 비유하여 이르는 말.

기성(箕星)閉 이십팔수의 하나. 동쪽의 일곱째 별자리. ❀기(箕).

기성^광:물(氣成鑛物)閉 마그마에서 발산되는 가스에 들어 있는 물질의 작용으로 생성된 광물. 〔전기석(電氣石)·부석(斧石)·황옥(黃玉) 따위.〕

기성-도덕(旣成道德)閉 이미 사회 일반의 통념(通念)으로 되어 있는 도덕이나 관습.

기성-동맹(期成同盟)閉 어떤 일을 이루기 위하여 뜻을 같이하는 사람들이 모여서 조직하는 동맹.

기-성명(記姓名)閉하재 ①성과 이름을 적음. ②〔겨우 자기 이름자나 적을 수 있다는 뜻으로〕 학식이 없음을 뜻하는 말. ¶기성명이나 할 수 있을 정도지.

기성^문단(旣成文壇)閉 이미 형성되어 있는 문인들의 사회.

기성-복(旣成服)閉 맞춤에 의한 것이 아니고, 일정한 기준 치수에 맞추어 미리 만들어 놓고 파는 옷.

기성-사실(旣成事實)閉 이미 이루어진 사실. ❀기정사실(旣定事實).

기성-세대(旣成世代)閉 현실적으로 그 사회의 중심으로서 자리 잡고 있는 세대. 〔낡은 세대, 나이 든 세대라는 뜻으로도 쓰임.〕

기성-세력(旣成勢力)閉 이미 그 사회에서 든든하게 자리 잡고 있는 세력.

기성-암(基性岩)閉 ☞염기성암(塩基性岩).

기성^작가(旣成作家)[-까]閉 이미 문단에서 작가로 활동하고 있는 사람.

기성-품(旣成品)閉 맞춤에 의한 것이 아닌, 일정한 규격에 따라 미리 만들어 놓은 상품. ↔주문품.

기성-하다(氣盛-)閉어 기운이 왕성하다.

기성-화(旣成靴)閉 맞춤에 의한 것이 아닌, 미리 만들어 놓고 파는 구두.

기성-회(期成會)[-회/-훼]閉 어떤 일을 이루려고, 뜻을 같이하는 사람들이 만든 모임.

기세(氣勢)閉 ①기운차게 내뻗는 형세, 또는 내뻗는 힘찬 기운. ¶기세가 등등하다. /기세가 누그러지다. /기세를 떨치다. ②《주로 '-ㄴ'·'-ㄹ' 관형사형 뒤에 쓰이어》 남에게 영향을 끼칠 기운이나 태도. ¶달려들 기세. /조금도 양보할 기세가 없다.

기세(飢歲·饑歲)閉 ☞흉년(凶年).

기세(棄世)閉하재 ①〔세상을 버린다는 뜻으로〕 윗사람의 '죽음'을 완곡하게 이르는 말. 별세(別世). 하세(下世). ②세상에 나가지 않음. ②둔세(遁世).

기세(欺世)閉하재 세상을 속임.

기세-도명(欺世盜名)閉하재 세상 사람을 속이고 헛된 명예를 탐냄.

기세-등등(氣勢騰騰) '기세등등하다'의 어근.

기세등등-하다(氣勢騰騰-)閉어 기세가 매우 높고 험차다. ¶기세등등하게 호령하다.

기세-부리다(氣勢-)재 남에게 기세를 드러내어 보이다. 기세피우다.

기세-양난(其勢兩難)〔명〕〔하〕 이리할 수도 저리 할 수도 없어 사세(事勢)가 매우 딱함.

기세-피우다(氣勢─)〔자〕 기세부리다.

기소(起訴)〔명〕〔하타〕〔되자〕 형사 사건에서 검사가 법원에 공소를 제기함. 기송(起訟). ¶기소를 당하다.

기소(譏笑)〔명〕〔하타〕 업신여겨서 비웃음.

기소(嘲笑)〔명〕〔하타〕 비방하여 비웃음. 조롱하여 비웃음.

기소^유예(起訴猶豫)〔명〕 죄를 지은 사람에 대하여 공소를 제기하지 않는 검사의 처분.

기소-장(起訴狀)〔-짱〕〔명〕 ☞공소장(公訴狀).

기소^편의주의(起訴便宜主義)〔-펴늬-의/-펴니-이〕 공소 제기에서 검사의 재량(裁量)의 여지를 인정하는 제도.

기속(羈束·覊束)〔명〕〔하자타〕 ①얽어매어 묶음. ②자유를 구속함.

기속-력(覊束力)〔-송녁〕〔명〕 법원이 한번 내린 판결·결정·명령을 마음대로 취소하거나 철회할 수 없는 효력.

기속^처:분(覊束處分)〔명〕 법률이나 명령 등을 집행할 때, 행정청의 자유재량이 인정되지 않는 처분.↔재량 처분(裁量處分).

기솔(騎率)〔명〕 말을 타고 부하를 거느림.

기송(起送)〔명〕〔하타〕 ①사람을 보냄. ②지난날, 죄인을 호송하던 일.

기송(起訟)〔명〕〔하타〕 ☞기소(起訴).

기송(記誦)〔명〕 ①〔하타〕기억하여 욈. ②기억하기만 할 뿐, 이해하거나 실천하려 하지 않는 일.

기송(寄送)〔명〕〔하타〕 물건을 인편에 부쳐 보냄.

기수〔명〕 '이불'의 궁중말.

기수(汽水)〔명〕 바닷물과 민물이 섞여 염분이 적은 물. 〔강어귀 따위에서 볼 수 있음.〕

기수(忌數)〔명〕 사람들이 꺼리어 싫어하는 숫자. 〔우리나라에서의 4, 서양에서의 13 따위.〕

기수(奇數)〔명〕 홀수. ↔우수(偶數).

기수(氣數)〔명〕 운수. 운명.

기수(旣遂)〔명〕〔하타〕 ①이미 일을 끝냄. ②형법상, 범죄의 실행(實行)을 완전히 끝내는 일. ↔미수(未遂).

기수(基數)〔명〕 수를 나타내는 기본이 되는 수. 〔십진법(十進法)에서는 0에서 9까지의 정수(整數).〕기본수(基本數).

기수(旗手)〔명〕 ①군대나 단체 따위의 행렬 또는 행진에서, 앞에서 기를 드는 사람. ②어떤 단체적인 활동의 대표로서 앞장서는 사람을 비유하여 이르는 말. ¶평화 운동의 기수. ③기를 들고 신호하는 일을 맡은 사람.

기수(機首)〔명〕 항공기의 앞머리. ¶기수를 돌리다.

기수(騎手)〔명〕 말을 타는 사람, 특히 경마(競馬)에서 말을 타는 사람.

기수-법(記數法)〔-뻡〕〔명〕 수를 숫자(數字)로 나타내는 방법.

기수^생물(汽水生物)〔명〕 기수에서 사는 생물. 〔재첩·빙어·숭어·뱀장어 따위.〕

기수-채다(幾數─)〔타〕 낌새를 채다.

기:숙(耆宿)〔명〕 경험이 많고 덕망이 높은, 나이 많은 사람. ¶도예계(陶藝界)의 기숙.

기숙(寄宿)〔명〕〔하자〕 (일시적으로) 남의 집에서 먹고 자고 함.

기숙-사(寄宿舍)〔-싸〕〔명〕 학교나 회사 따위에서, 학생이나 사원을 위하여 마련한 공동 숙사(宿舍).

기숙-생(寄宿生)〔-쌩〕〔명〕 기숙사에서 기숙하고 있는 학생. 〔참〕통학생(通學生).

기술(技術)〔명〕 ①어떤 일을 정확하고 능률적으로 해내는 솜씨. ¶운전 기술. ②과학 지식을 생산·가공에 응용하는 방법이나 수단. ¶방송 기술.

기술(奇術)〔명〕 ①기묘한 재주. ②사람의 눈을 속여 이상한 일을 해 보이는 재주.

기술(記述)〔명〕〔하자타〕〔되자〕 ①문장으로 적음. ¶기술 내용에 오류가 있다. ②사물의 특질을 객관적·조직적·학문적으로 적음. ¶기술 언어학. / 기술 통계학.

기술(旣述)〔명〕〔하타〕 (앞에 쓴 글에) 이미 서술함. ¶앞에 기술한 바와 같다.

기술-가(技術家)〔명〕 ☞기술자(技術者).

기술-공(技術工)〔명〕 기술을 가지고 물건을 수리·제작하는 직공.

기술^도:입(技術導入)〔명〕 국가나 기업이 외국의 최신 기술을 들여오는 일.

기술-력(技術力)〔명〕 기술에 관련된 능력. ¶기술력이 뛰어나다.

기술^문법(記述文法)〔-뻡〕〔명〕 어떤 언어의, 한 시대의 문법 현상의 체계를 있는 그대로 기술하는 일. ↔설명 문법.

기술-사(技術士)〔-싸〕〔명〕 국가 기술 자격법에 따른 검정 시험을 통하여 공인되는 기술계 기술 자격 등급의 맨 위의 등급.

기술-사(奇術師)〔-싸〕〔명〕 기술(奇術)이 능란한 사람. 기술을 업으로 삼는 사람.

기술^원:조(技術援助)〔명〕 ①개발도상국에 대한 경제 협력의 한 형태로 베푸는 기술의 협력. ②국제간의 기술의 수출.

기술-자(技術者)〔-짜〕〔명〕 기술에 관한 전문적인 지식과 기능을 가지고 있는 사람. 엔지니어. 기술가(技術家).

기술-적(技術的)〔-쩍〕〔관명〕 ①기술에 관계되는 (것). ¶기술적 문제. /기술적인 어려움은 없다. ②사물의 본질이나 이론보다는 그 실제의 응용이나 운영에 관한 (것). ¶기술적 방법. /이론으로는 가능하나 기술적으로는 어렵다.

기술-적(記述的)〔-쩍〕〔관명〕 사물의 특질을 있는 그대로 열거하거나 서술하는 (것). ¶기술적 문제.

기술^정보(技術情報)〔명〕 과학 기술의 연구나 개발 등에 관한 정보.

기술^제휴(技術提携)〔명〕 기업 사이에서, 특정한 상품의 제조법·제조 장치 등의 기술의 특허권이나 기술적인 비결의 사용 허가, 기술 지도 등을 성립되는 지속적인 결합 관계.

기술-직(技術職)〔명〕 일반직 공무원 중에서, 공업·광무·농림·물리·보건·선박·전박·수산·시설·통신·항공 및 수로 등의 직군을 아울러 이르는 말.

기술-진(技術陣)〔-찐〕〔명〕 (어떤 일에 참여한) 기술자들의 진용(陣容).

기술^집약형 산:업(技術集約型産業)〔-지뱌켱 -〕 기술 수준이 높고 기술 혁신의 속도가 빠른 산업.

기술^혁신(技術革新)〔-씬〕〔명〕 ①생산 기술이 획기적으로 새로워지는 일. ②새로운 기술의 도입에 의한 경제 구조의 변혁. 이노베이션.

기숫-잇〔-순닏〕〔명〕 '금침(衾枕)을 덮는 흰 보자기'의 궁중말. *기숫잇이〔-순니시〕·기숫잇만〔-순닏─〕.

기스락〔명〕 ①비탈진 곳의 가장자리. ②초가의 처마 끝.

기스-면(←鷄絲麵 중)〔명〕 가늘게 뽑은 밀국수를 닭고기 삶은 국물에 만 중국식 국수.

기슭[-슥] 명 ①비탈진 곳의 아랫부분. ¶북한산 기슭. ②강·바다 등과 잇닿은 가장자리 땅. ¶한강 기슭. *기슭이[-슬기]·기슭만[-승-]

기습(奇習) 명 이상한 습관. 기이(奇異)한 풍습.

기습(奇襲) 명하타 몰래 움직여 갑자기 들이침, 또는 그런 공격. ¶기습 공격. ②《일부 명사 앞에 쓰이어》 남이 알아차리기 전에 갑자기 행하는 것. ¶기습 시위.

기습(氣習) 명 풍속과 관습. 풍습.

기습-적(奇襲的)[-쩍] 관명 ①몰래 움직여 갑자기 들이쳐 공격하는 (것). ¶기습적 침략. /기습적인 공격. ②남이 알아차리기 전에 갑자기 행하는 (것). ¶기습적 방문. /기습적으로 가격을 인상하다.

기승(奇勝) 명 ①특이하게 아름다운 경치. ②뜻밖에 얻은 승리.

기승(氣勝) 명형 스형 ①남에게 굽히지 않는 굳세고 억척스러운 성미, 또는 그렇게 굳세고 억척스러움. ②기운·힘 따위가 누그러들지 않음, 또는 그 기운이나 힘. ¶무더위의 기승이 계속되다. 기승스레 뷔.

기승-떨다(氣勝-)[~떠니·~떨어] 재 기승부리다.

기승-부리다(氣勝-) 재 ①성미가 굳세고 억척스러워 남에게 굽히려고 하지 않다. ②기운·힘 따위가 좀처럼 누그러들지 않다. ¶올 여름은 무더위가 유별나게 기승부리는 날씨가 많다. 기승떨다.

기승전결(起承轉結) 명 한시의 구성법의 한 가지. 첫구에서 시의(詩意)를 일으키고[기], 둘째 구에서 받아[승], 셋째 구에서 변화를 주고[전], 넷째 구에서 전체를 마무리함[결]. 기승전락.

기승전락(起承轉落)[-절-] 명 ☞기승전결.

기시-감(旣視感) 명 한 번도 경험한 일이 없는 상황이나 장면이 이미 경험하거나 본 것처럼 친숙하게 느껴지는 일.

기시-기(記時器) 명 전화의 통화 시간을 기록하는 기계.

기식(氣息) 명 숨. 호흡.

기식(寄食) 명하자 남의 집에 묵으면서 지냄.

기식-엄엄(氣息奄奄)[하형] 《금방이라도 숨이 넘어갈 듯》 숨결이 몹시 약함.

기신(忌辰) 명 세상을 떠난 이나 또는 그 사람과 관련이 있는 이를 높이어 그 '제삿날'을 이르는 말.

기신(起身) 명하자 ①몸을 움직여 일어남. ¶누가 부축해 주어야지 기신도 못하겠다. ②몸을 빼어 관계를 끊음.

기신(氣神) 명 기력과 정신.

기신-거리다 재 자꾸 기신기신하다. 기신대다. ㉥개신거리다.

기신-기신 뷔하자 게으르거나 기운이 없어 맥없이 몸을 움직이는 모양. ㉥개신개신.

기신-대다 재 기신거리다.

기신-없다(氣神-)[-업따] 형 기력이 약하고 정신이 흐리다. 기신없이 뷔.

기-신호(旗信號) 명 기를 사용하여 보내는 신호. 기의 종류로 통신하는 방법과 기를 흔들어서 통신하는 방법이 있음.

기실(其實) Ⅰ명 실제의 사정. 《주로, '기실은'의 꼴로 쓰임.》 ¶언뜻 보기에는 쉬워 보이지만 기실은 여간 어렵지 않다. Ⅱ뷔 그 실제는; 그 실상은. ¶차 있다고 했으나 기실 속이 비어 있었다.

기실(枳實) 명 '지실(枳實)'의 잘못.

기실(氣室) 명 ①밀펌프의 실린더와 물을 뿜어내는 관(管)과의 사이에 마련된 공간. ②조류(鳥類)의 알에 있는 난각(卵殼)과 난막(卵膜) 사이의 공간.

기심(欺心) 명하자 자기의 양심을 속임.

기십(幾十) 준관 몇 십(의). ¶목격자가 기십은 될 것이다. /기십 대의 비행기.

기아(飢餓·饑餓) 명 굶주림. ¶기아에 허덕이다.

기아(棄兒) 명하자 어버이가, 기를 의무가 있는 자기의 아이를 버리는 일, 또는 그렇게 버려진 아이. 유아(遺兒).

기아^동맹(飢餓同盟) 명 ☞단식 동맹.

기아^부종(飢餓浮腫) 명 오랫동안에 걸친 영양 실조로 생기는 부종.

기아선-상(飢餓線上) 명 굶어 죽을 지경. ¶기아선상에 놓인 사람들.

기아^수출(飢餓輸出) 명 소비 물자의 수입을 억제하는 한편, 국민 생활에 필요한 물자까지도 수출하여 외화를 획득하려 하는 일. 기근 수출.

기아^요법(飢餓療法)[-뻡] 명 ☞단식 요법.

기아^임:금(飢餓賃金) 명 겨우 입에 풀칠이나 할 정도의 극히 낮은 임삯.

기:악(妓樂) 명 ①기생과 풍류. ②기생의 풍류.

기악(器樂) 명 악기로 연주하는 음악. ¶기악 합주. ↔성악(聲樂).

기악-곡(器樂曲)[-꼭] 명 기악 연주를 위한 악곡.

기안(起案) 명 기발한 안(案).

기안(起案) 명하타 (정식의 문서나 안을 만들기 위하여) 초를 잡음. 안을 세움. 기초(起草). ¶기안 용지. /기안을 올리다.

기암(奇岩) 명 기묘하게 생긴 바위.

기암-괴석(奇岩怪石)[-괴/-꿰-] 명 기묘하게 생긴 바위와 괴상하게 생긴 돌.

기암-절벽(奇岩絶壁) 명 기이한 모양의 바위와 깎아지른 듯한 낭떠러지.

기압(氣壓) 명 대기의 압력. 단위는 '헥토파스칼'로 나타냄. 〔1기압은 1013.25헥토파스칼.〕

기압-경도(氣壓傾度)[-경-] 명 동일한 평면상의 두 지점의 기압의 차를 그 거리로 나눈 수치. 〔기압 경도가 클수록 바람이 세게 붊.〕

기압-계(氣壓計)[-께/-께] 명 대기의 압력을 재는 장치. 〔기상 관측용은 '청우계'라고도 함.〕 검압기.

기압-골(氣壓-)[-꼴] 명 두 고기압에 끼여 가늘고 길게 뻗은 저기압의 구역. 〔기압골이 다가오면 날씨가 흐려지기 쉬움.〕

기압^배:치(氣壓配置)[-빼-] 명 기상도에 나타낸 전선(前線)이나 고기압·저기압의 분포 상태. 〔겨울형인 서고동저(西高東低)와 여름형인 남고북저(南高北低) 따위.〕

기앙(祈仰·企仰) 명하타 ☞기망(期望).

기약(嗜藥) 명 즐겨하기 신기한 약.

기약(氣弱) 명 '기약하다'의 어근.

기약(旣約) 명 분수의 분모·분자가 1 이외의 공약수를 갖지 않는 것.

기약(期約) 명하타 때를 정하여 약속함, 또는 그 약속. ¶승리의 날을 기약하다.

기약^분수(旣約分數)[-뿐쑤] 명 더 이상 약분이 되지 않는 분수.

기약-하다(氣弱-)[-야카-] 형여 ①원기(元氣)가 약하거나 적다. ¶기약한 선비. ②기백이 약하다. ¶기약한 태도를 취하다.

기양(祈禳) 명하자 복은 들어오고 재앙은 물러가라고 신명(神明)에게 비는 일.

기어(奇語) 명 기이한 말. 기언(奇言).

기어(寄語)〔명〕하자〕 남에게 부탁하여 말을 전함, 또는 그 말.

기어(綺語)〔명〕 ①불교의 십악(十惡)의 하나. 진실이 없는 허식(虛飾)의 말. ②교묘하게 표현한 말. 재미있게 표현한 말. ¶기어를 중립에 놓다.

기어(gear)〔명〕 ①톱니바퀴. ②(자동차 따위에서) 몇 개의 톱니바퀴로 이루어진 전동 장치(傳動裝置). ¶기어를 중립에 놓다.

기어-가다[-어-/-여-]〔자타〕 ①기어서 앞으로 나아가다. ②자동차 따위가 매우 천천히 가다. ¶눈이 와서 차들이 기어가고 있다.

기어-들다[-어-/-여-][~드니·~들어] Ⅰ〔자〕 ①움츠려 들어가다. ¶기어드는 목소리로 작게 말하다. ②몰래 슬그머니 들어가거나 들어오다. ¶눈을 피해 안으로 기어들다. Ⅱ〔자타〕 기어서 또는 기는 듯한 모습으로 들어가거나 들어오다. ¶침대 밑으로 기어들다.

기어-오르다[-어-/-여-][~오르니·~올라]〔자타〕 ①기어서 높은 곳으로 가다. ¶다락으로 기어오르다. /절벽을 기어오르다. ②웃어른이 너그럽게 대해 주는 것을 기회로 버릇없이 굴다. 분수 모르게 굴다. ¶귀엽다 귀엽다 하니까 할아버지한테 기어오르네.

기어-이(期於-)〔부〕 ①반드시. 꼭. ¶기어이 성공하겠다. ②마침내. ¶기어이 뜻을 이루다. 기어코.

기어-코(期於-)〔부〕 기어이.

기억(記憶)〔명〕하타〕되자〕 지난 일을 잊지 않고 외어 둠, 또는 그 내용. ¶기억이 나지 않다. /기억을 더듬다.

기억-나다(記憶-)[-영-]〔자〕 지난 일이 의식 속에서 떠오르다. ¶이름이 기억나지 않는다.

기억-력(記憶力)[-영녁]〔명〕 기억하는 능력.

기억^상실(記憶喪失)[-쌍-]〔명〕 자기와 관계 깊은 어떤 사실이나 어떤 시간 내에 있었던 일이 생각나지 않게 되는 일.

기억^소:자(記憶素子)[-쏘-]〔명〕 컴퓨터의 주기억 장치에 쓰이는 반도체 소자.

기억-술(記憶術)[-쑬]〔명〕 쉽게 기억하는 방법.

기억^용량(記憶容量)[-용냥]〔명〕 컴퓨터의 기억 장치가 기억할 수 있는 정보의 양.

기억^장치(記憶裝置)[-짱-]〔명〕 컴퓨터의, 수치나 명령 따위를 기억하는 부분.

기언(奇言)〔명〕 기이한 말.

기엄-기엄〔부〕하타〕 가만가만 기어가는 모양.

기업(企業)〔명〕 영리를 목적으로 하여 사업을 경영하는 일, 또는 그 사업. ¶기업 경영.

기업(起業)〔명〕하타〕 사업을 시작함. 창업(創業).

기업(基業)〔명〕 ①선대(先代)로부터 이어 오는 재산과 사업. ②바탕이 되는 사업.

기업(機業)〔명〕 피륙을 짜는 사업.

기업-가(企業家)[-까]〔명〕 기업에 자본을 대고 그 기업을 경영하는 사람.

기업^결합(企業結合)[-껼-]〔명〕 둘 이상 여러 기업이 경쟁의 제한, 시장의 지배, 독점의 형성을 목적으로 결합하는 일. 〔기업 합동(트러스트)·기업 연합(카르텔)·기업 제휴(콘체른) 따위.〕

기업^공개(企業公開)[-꽁-]〔명〕 기업이 그 주식을 주식 시장에 내다 팔아 누구나 그 주식을 사서 주주(株主)가 될 수 있도록 하는 일.

기업^공채(起業公債)[-꽁-]〔명〕 국가나 공공 단체가 어떤 사업을 시작할 때 드는 자금을 충당하기 위하여 모집하는 공채.

기업^그룹(企業group)〔명〕 종합 상사를 핵심으로 하여 이루어진 기업의 계열화된 집단. 기업 집단. ㉾그룹.

기업^소:득(企業所得)[-쏘-]〔명〕 기업가가 기업 활동으로 얻는 이익.

기업^연합(企業聯合)[-엄녑-]〔명〕 ☞카르텔.

기업^제휴(企業提携)[-제-]〔명〕 ☞콘체른.

기업-주(企業主)[-쭈]〔명〕 어떤 기업을 소유하고 경영하는 사람.

기업^진:단(企業診斷)[-찐-]〔명〕 경영이나 기술의 전문가가 기업의 실태에 대해서 조사·분석하여 기업의 합리화에 대한 개선책 등을 권고하는 일.

기업^집단(企業集團)[-찝딴]〔명〕 ☞기업 그룹.

기업^집중(企業集中)[-찝쭝]〔명〕 어떤 산업 분야에서 한 기업이 큰 비중을 차지하는 일. 동일 산업 내에서 기업 결합이 생기면 발생함.

기업-체(企業體)〔명〕 이윤을 얻을 목적으로 경영하는 조직체. ㉾업체.

기업^통:제(企業統制)[-통-]〔명〕 ①카르텔·트러스트 따위의 독점 기업이 그 힘을 보이기 위하여 하는 자발적 통제. ②기업 독점에 대하여 행사하는 나라의 통제.

기업^합동(企業合同)[-어팝똥]〔명〕 ☞트러스트.

기업-화(企業化)[-어퐈]〔명〕하자〕되자〕 기업의 형태를 갖추어 조직화하는 일.

-기에〔조〕 모음으로 끝난 체언에 붙는 연결형 서술격 조사. ①원인이나 이유를 나타냄. ¶하나밖에 없는 손자기에 오냐오냐했더니 버릇이 없다. ②원인이나 이유를 따지는 뜻을 나타냄. ¶그 사람과 어떤 사이기에 자네가 대신 왔나? 참이기에.

-기에〔어미〕 용언의 어간 또는 높임의 '-시-'나 시제의 '-았(었)-' 등에 붙는 종속적 연결 어미. ①원인이나 이유를 나타냄. ¶자신이 있기에 그런 말을 했겠지. ②까닭을 캐어묻는 뜻을 나타냄. -관례. ¶얼마나 잤기에 눈이 퉁퉁 부었느냐?

기여(其餘)〔명〕 그 나머지. 그 이외. 이여(爾餘).

기여(寄與)〔명〕하자〕 남에게 이바지함. 남에게 이익을 줌. ¶소득 증대에 기여하다. 비공헌(貢獻).

기여-보비(寄與補裨)〔명〕하자〕 이바지하여 돕고 모자람을 보탬.

기역〔명〕 한글 자모의 자음 'ㄱ'의 이름.

기역(其亦)〔명〕 〈기역시〉의 준말.

기역-니은[-영-]〔명〕 한글. ¶기역니은을 겨우 깨친다.

기역니은-순(-順)[-영-]〔명〕 'ㄱ ㄴ ㄷ …'과 같이 한글 자모의 차례에 따라 매긴 순서. 비ㄱㄴ순·가나다순.

기-역시(其亦是)[-씨]〔부〕 그것도 역시. 그것도 똑같이. ㉾기역(其亦).

기역자-자(-字-)[-짜-]〔명〕 ☞ㄱ자자.

기역자-집(-字-)[-짜-]〔명〕 ☞ㄱ자집.

기연(奇緣)〔명〕 기이한 인연. 뜻하지 않은 연분.

기연(機緣)〔명〕 ①어떤 기회를 통하여 맺어진 인연. ②불교에서, 부처의 교화를 받을 인연과, 그 교화를 받아들일 중생의 자질(資質).

기연가-미연가(其然가-未然가)〔부〕하형〕 그런지 그렇지 않은지, 분명하지 않은 모양. ¶나는 그의 말에 대하여 기연가미연가 의심을 했다. ㉾기연미연·긴가민가.

기연-미연(其然未然)〔부〕하형〕 〈기연가미연가〉의 준말.

기염(氣焰)〔명〕 (발언 따위에 나타나는) 호기로운 기세. 대단한 호기(豪氣). ¶기염을 올리다. /기염을 토하다.

기염-만장(氣焰萬丈)圈 호기(豪氣)나 기세가 굉장함.

기엽(氣葉)圈 수중에서 나와 공기 속에서 생활을 영위하는 수생 식물의 잎.〔물속의 잎과는 모양이 좀 다름.〕

기엽(旗葉)圈 깃발.

기영(機影)圈 날고 있는 비행기의 모습, 또는 그 그림자.

기예(技藝)圈 미술·공예 따위에 관한 재주나 기술. ¶기예를 닦다.

기예(氣銳)圈 '기예하다'의 어근.

기예-하다(氣銳-)형에 기백이 날카롭다.

기온(氣溫)圈 대기의 온도.〔보통, 지면으로부터 1.5 m 높이에 있는 공기의 온도를 이름.〕

기온^감:률(氣溫減率)[-뉼]圈 높이에 따라 기온이 낮아지는 비율.〔보통, 100 m 상승함에 따라 평균 0.5~0.6℃ 낮아짐.〕

기와圈 찰흙 따위를 일정한 모양으로 굳히고 기왓가마에서 구워 낸 것. 지붕을 이는 데 쓰임.〔시멘트 기와·금속 기와도 있음.〕

기와 한 장 아끼다가(아껴서) 대들보 썩힌다 속탐 작은 것을 아끼다가 큰 손해를 본다는 말.

기와-와(瓦)圈 한자 부수의 한 가지. '瓮'·'甌' 등에서의 '瓦'의 이름.

기와-장이圈 기와 이는 일을 업으로 삼는 사람. 개와장(蓋瓦匠)·와공(瓦工).

기와-집圈 지붕을 기와로 인 집. 와가(瓦家). 와옥(瓦屋).

기완(器玩)圈 보고 즐기기 위하여 모은 기구나 골동품 같은 것.

기왓-가마[-와까-/-왈까-]圈 기와를 구워 내는 가마. 와요(瓦窯).

기왓-고랑[-와꼬-/-왈꼬-]圈 기와집 지붕에 빗물이 흘러내리도록 된, 암키와로 이어진 고랑. 와구(瓦溝)·기왓골.

기왓-골[-와꼴-/-왈꼴]圈〈기왓고랑〉의 준말.

기왓-등[-와뜽/-왈뜽]圈 용마루에서 처마까지 길게 이어진 수키와의 윗면.

기왓-장(-張)[-와짱/-왈짱]圈 기와의 낱장.

기왕(既往)Ⅰ圈 지나간 때. 과거. 이전(以前). ¶기왕의 연구업적을. Ⅱ用 이미. 벌써. 이왕(已往). ¶기왕 내친 걸음이니 가야지.

기왕-에(既往-)用 ⇨이왕에.

기왕-이면(既往-)用 ⇨이왕이면.

기왕-증(既往症)[-쯩]圈 (지금은 나았으나) 전에 걸렸던 병. 과거의 병력(病歷).

기왕지사(既往之事)圈 이미 지나간 일. 이왕지사. ¶기왕지사라 하여 덮어 둘 일이 아니다.

기외(其外)[-외/-웨]圈 그 밖. 기타(其他).

기요(紀要)圈 ①요점을 적어 놓은 것. ②대학이나 연구소 등에서 내는, 연구 논문을 실은 정기 간행물.

기요(起擾)圈하자 소란을 일으킴.

기-요통(氣腰痛)圈 한방에서, 기혈(氣血)이 잘 돌지 아니하여 늘 허리가 아픈 병을 이름.

기요틴(guillotine 프)圈 프랑스 혁명 때 쓰였던, 죄인의 목을 자르는 틀. 활단두대(斷頭臺).

기욕(嗜慾)圈 하고 싶은 일을 하며 즐기는 일, 또는 그러고 싶은 욕구.

기용(起用)圈하타퇴자 (능력 있는 사람을) 중요한 자리에 뽑아 씀. 거용. ¶인재를 기용하다. /신인을 기용하다. 비등용(登用).

기우(杞憂)圈하자 쓸데없는 걱정을 이르는 말.〔'열자'의 '천서편(天瑞篇)'에 나오는 말로, 기(杞)나라 사람이 하늘이 내려앉지나 않나 하고 걱정했다는 고사에서 유래함.〕 ¶기우에 그치다.

기우(奇偶)圈 기수(奇數)와 우수(偶數).

기우(奇遇)圈하자 뜻하지 않게 만나는 일. 뜻밖의 인연으로 만나게 되는 일.

기우(祈雨)圈하자 가물 때에 비 오기를 빎.

기우(氣宇)圈 ①마음의 넓이. ¶기우가 장대(壯大)하다. ②기백, 또는 기개와 도량. ¶기우가 활달하다.

기우(寄寓)圈하자 한때 남에게 몸을 의지하여 지냄. ¶친척 집에 기우하다.

기우-단(祈雨壇)圈 기우제를 지내기 위하여 설치한 단.

기우듬-하다형에 조금 기웃하다. 쟁갸우듬하다. 쎄끼우듬하다. 기우둠-히用.

기우뚱用 ①하자타 무엇을 한쪽으로 기우듬히 기울이는 모양. ¶고개를 기우뚱하면서 듣고 있다. ②하자 한쪽으로 기우듬히 기울어져 있는 모양. ¶액자가 기우뚱하게 걸려 있다. 쟁갸우뚱. 쎄끼우뚱. 기우뚱-기우뚱用하자타형.

기우뚱-거리다자타 자꾸 기우뚱기우뚱하다. 기우뚱대다. 쟁갸우뚱거리다.

기우뚱-대다자타 기우뚱거리다.

기우-제(祈雨祭)圈 (하지가 지나도록 비가 오지 않을 때) 비가 오기를 비는 제사. ↔기청제(祈晴祭).

기운圈 ①생물이 살아 움직이는 원기, 또는 거기서 나오는 힘. 세(勢). ¶기운을 쓰다. /기운이 없다. ②느낄 수는 있으나 눈으로 볼 수 없는 현상. ¶더운 기운. ③기미(機微). ¶감기 기운. ④우주에 가득 차 찬 힘의 근원. 기(氣).

기운이 세면 소가 왕 노릇 할까속탐 힘만 가지고는 많은 사람을 거느릴 수 없다는 말.

기운(氣運)圈 사세(事勢) 또는 대세(大勢)가 어떤 방향으로 향하려는 움직임. ¶개방과 개혁의 기운이 높아지다.

기운(氣韻)圈 문장이나 서화 따위에서 풍기는 기품(氣品)이 있는 멋.

기운(機運)圈 (어떤 일을 할 수 있는) 기회와 운수. ¶기운이 무르익다.

기운기-밑(氣-)[-밑]圈 한자 부수의 한 가지. '氣'·'氣' 등에서의 '气'의 이름. *기운기밑이[-미치]·기운기밑을[-미틀]·기운기밑만[-민-].

기운-생동(氣韻生動)圈하형 (예술 작품 따위에서) 기품 있는 멋이 생생히 나타나 있음.

기운-차다형 기운이 세차다. 힘차다.

기울圈 밀이나 귀리 따위의 가루를 쳐내고 남은 속껍질.〔밀기울 따위.〕

기울(氣鬱)圈 한방에서, 마음이 울적하여 가슴이 답답해지는 병증을 이르는 말.

기울-기圈 수평선 또는 수평면에 대한 기울어짐의 정도. 비탈.

기울기-표(-標)圈 철도 선로의 옆에 세워 선로의 기울기를 나타내는 표지(標識). 구배표.

기울다[기우니·기울어]Ⅰ자 ①한쪽으로 비스듬해지거나 내려앉다. ¶풍랑으로 인하여 배가 한쪽으로 기울다. /기둥이 좀 기울다. ②형세가 못해지다. ¶집안의 운수가 기울다. ③생각이나 어떤 상황이 한쪽으로 쏠리다. ¶여론이 찬성 쪽으로 기울다. ④해나 달이 저물다. ¶해가 기울다. 쟁가울다. 쎄끼울다.

Ⅱ휑 ①다른 것에 견주어 그것보다 못하다. ¶우리집에 비해 신랑 집안이 좀 기운다. ②반듯하지 않고, 한쪽이 낮다. ¶바닥이 기울다. 困가율다. 쎈끼울다.

기울어-뜨리다태 기울어지게 하다. 기울어트리다. 困갸울어뜨리다. 쎈끼울어뜨리다.

기울어-지다짜 한쪽으로 기울게 되다. 困갸울어지다. 쎈끼울어지다.

기울어-트리다태 기울어뜨리다. 困갸울어트리다. 쎈끼울어트리다.

기울-이다태 ①['기울다'의 사동] 기울게 하다. ¶고개를 기울이다. 困갸울이다. 쎈끼울이다. ②주의·힘·정성 따위를 한곳으로 모으다. ¶귀를 기울이다. /심혈을 기울이다.

기움-말몡☞보어(補語).

기움자리-토씨몡☞보격 조사.

기움-질몡하타 해진 곳이나 떨어진 곳에 조각을 대어 깁는 일.

기웃[-욷]뿐 ①하타(무엇을 보려고) 고개나 몸 따위를 조금 기울이는 모양. ②하휑조금 기운 모양. 困갸웃. 쎈끼웃. **기웃-이**뿐. **기웃-기웃**뿐 하타하휑.

기웃-거리다[-욷꺼-]태 자꾸 기웃기웃하다. 기웃대다. 困갸웃거리다.

기웃-대다[-욷때-]태 기웃거리다.

기원(技員)몡 이전의, 기술직 8급 공무원의 직급. 지금의 '서기(書記)'.

기원(紀元)몡 ①(역사상의) 햇수를 세는 기준이 되는 해. 〔서력 기원 이전은 '기원전 몇 년'으로, 이후는 '서기(西紀) 몇 년'으로 셈.〕 ¶서력 기원. ②나라를 세운 첫 해. ¶단군 기원. ③새로운 출발이 되는 시기나 시점. ¶인류 역사의 새로운 기원.

기원(祈願)몡하타 소원이 이루어지기를 빎. ¶축(祝祝). ¶성공을 기원합니다.

기원(起源·起原)몡 사물의 생긴 근원. 남상(濫觴). 원류(源流). ¶기원의 기원.

기원(棋院·碁院)몡 ①바둑의 전문가들이 조직하는 단체, 또는 그 집합소. ②바둑을 즐기는 사람에게 시설과 장소를 제공하는 단체.

기원-보(技員補)몡 이전의, 기술직 9급 공무원의 직급. 지금의 '서기보(書記補)'.

기원-전(紀元前)몡 기원의 이전(以前). 〔주로, 서력 기원의 이전을 이름.〕

기원-정사(祇園精舍)몡 옛날 인도의 수달 장자(須達長者)가 사위국(舍衛國)의 기타 태자(祇陀太子)의 정원에 석가를 위하여 세운 절.

기월(忌月)몡 기일(忌日)이 있는 달.

기월(期月)몡 ①정한 기한의 달. ②만 한 달.

기위(旣爲)뿐 이미. 벌써.

기유(己酉)몡 육십갑자의 마흔여섯째.

기율(紀律)몡 (집단생활이나 사회생활에서의) ①사람의 행위나 태도의 기준이 되는 것. ②일정한 질서. 규율(規律).

기은휑 옛 깃은. 논밭에 잡풀이 무성한. ¶플기은 싸히 노하(老解下41).

기은(欺隱)몡하타 속이어 숨김.

기음몡 '김2'의 방언.

기음(氣音)몡 평음(平音)에 'ㅎ' 음을 더 보태어 거세게 나는 소리. 〔'ㅋ·ㅌ·ㅍ·ㅊ' 따위.〕 거센소리.

기음(基音)몡☞원음(原音).

기음^문자(記音文字)[-짜]몡☞표음 문자.

기의(機宜)[-의/-이]몡☞시의(時宜).

기이(奇異)'기이하다'의 어근.

기이(期頤)몡 백 살의 나이, 또는 그 나이의 사람. 기이지수(期頤之壽).

기이(旣已)뿐 이미.

기이다(무슨 일을) 바른대로 말하지 않고 숨기다. 준기다².

기이지수(期頤之壽)몡☞기이(期頤).

기이-하다(奇異-)휑여 보통과는 달리 이상야릇하다. 유별나고 이상하다. ¶기이한 현상. 기이-히뿐.

기인(奇人)몡 기이한 사람. 성질이나 언행이 별난 사람.

기인(其人)몡 고려·조선 시대에, 지방 호족의 아들로 중앙에 볼모로 잡혀 와서 그 고을 행정의 고문(顧問)을 맡아보던 사람. 〔지방 호족의 세력을 억제하기 위한 제도였음.〕

기인(起因)몡하짜되짜 무슨 일을 일으키는 원인이 됨, 또는 그 원인. 기인(基因).

기인(飢人)몡 굶주린 사람. 기자(飢者).

기인(基因)몡하짜되짜☞기인(起因).

기인(欺人)몡하짜 남을 속임.

기인(畸人)몡 ①□폐인(廢人). ②상도(常道)에서 벗어난 행동 따위로 세상으로부터 버림받은 사람.

기인(幾人)몡 몇 사람.

기일(忌日)몡 사람의 죽은 날. 제삿날. 명일(命日).

기일(奇日)몡 (1일·3일·5일·27일 따위와 같은) 기수(奇數)의 날. 척일(隻日).

기일(期日)몡 ①(어떤 일을 하도록) 미리 정해 놓은 날. ¶재판 기일. /시험 기일. ②기한의 날. ¶기일이 되기 전에 일을 갚다.

기일(幾日)몡 며칠. 몇 날.

기입(記入)몡하타되짜☞기재(記載).

기자(記者)몡 신문·잡지·방송 등에서 기사(記事)를 모으거나 쓰거나 하는 사람.

기자(飢者)몡☞기인(飢人).

기자(棋子·碁子)몡 바둑돌.

기자-감식(飢者甘食) 굶주린 사람은 음식을 가리지 않고 달게 먹음.

기자-단(記者團)몡 중요 기관 같은 데 출입하는 각 사(社)의 기자가 친목 또는 취재 활동의 편의를 위하여 조직한 단체.

기자-력(起磁力)몡 (금속 따위에) 자기(磁氣)가 생기게 하는 힘.

기자-실(記者室)몡 국회·관공서 등에 마련되어 있는, 출입 기자들의 대기실.

기-자재(機資材·器資材)몡 기계·기구·자재 따위를 통틀어 이르는 말. ¶건축 기자재.

기자쟁선(棄子爭先)몡 바둑에서, 살 가망이 없는 돌은 빨리 버리고 선수(先手)를 잡으라는 말.

기장¹몡 옷 따위의 길이. ¶바지의 기장이 길다.

기장²몡 볏과의 일년초. 식용 작물의 한 가지로 밭에 심음. 줄기는 50∼120㎝, 이삭은 가을에 익음. 열매는 담황색이며 좁쌀보다 낟알이 굵음.

기장(技匠)몡 기술을 가진 사람.

기장(記章·紀章)몡〈기념장(記念章)〉의 준말.

기장(記帳)몡하타 장부에 적음.

기장(旗章)몡 국기·군기·교기 등을 통틀어 이르는 말.

기장(器仗)몡 병기(兵器)와 의장(儀仗).

기장(機長)몡 민간 항공기 승무원 중의 책임자. 항공기 탑승의 대기실.

기장-서(-黍)몡 한자 부수의 한 가지. '黍'·'黏' 등에서의 '黍'의 이름.

기장-쌀몡 찧어서 껍질을 벗긴 기장 열매.

기장지무(既張之舞)**명** 〔이미 벌인 춤이라는 뜻으로〕 이미 시작한 일이므로 중간에 그만둘 수 없다는 말.

기장-차다[형] 물건이 곧고 길이가 길다. ¶기장차게 자란 나무.

기재(奇才)**명** 세상에 드문 뛰어난 재주, 또는 그러한 재주를 가진 사람. ¶천하의 기재.

기재(記載)**명**하타 되자 문서에 기록하여 실음. 적어 넣음. 써넣음. 기입. ¶명부에 회원 명단을 기재하다.

기재(棋才·碁才)**명** 바둑을 잘 두는 재능.

기재(器才)**명** 기량(器量)과 재주.

기재(器材)**명** 기구와 재료. ¶실험 기재.

기재(機材)**명** 기계의 자재(資材).

기저(基底)**명** 무슨 일의 기초가 되는 것. ¶동학 농민 운동의 기저가 된 민주·민권 사상.

기저귀[명] 대소변을 받아 내기 위하여 젖먹이의 살에 채우는 천.

기적(汽笛)**명** 기관차·선박 등의 신호 장치, 또는 그것으로 내는 소리. ¶기적을 울리다.

기:적(妓籍)**명** 지난날, 기생의 신분을 공적으로 등록해 놓던 근거, 또는 그 등록 대장. ¶기적에 이름을 올리다.

기적(奇蹟·奇迹)**명** ①상식으로는 생각할 수 없는 이상야릇한 일. ¶기적을 바라다. /기적이 일어나다. ②기독교에서, 인간의 힘으로는 불가능한 일을 성령의 힘을 입은 사람이 이루어 내는 일을 이름. 〔예수가 기도로써 눈먼 사람을 고치고 죽은 사람을 살린 일 따위〕. ②이적(異跡).

기적(棋敵·碁敵)**명** 바둑이나 장기를 두는 사람끼리의 맞수.

기적-적(奇蹟的)[-쩍]**관**명 상식으로는 생각할 수 없는 기이한 (것). ¶기적적 탈출. /기적적으로 목숨을 건지다.

기전(紀傳)**명** ①인물의 전기를 적은 기록. ②〈기전체(紀傳體)〉의 준말.

기전(起電)**명**하자 전기를 일으킴.

기전(棋戰·碁戰)**명** 바둑이나 장기의 승부.

기전(騎戰)**명** 말을 타고 하는 싸움. 기마전.

기전-기(起電機)**명** 마찰과 정전 유도(靜電誘導)를 이용하여 전기를 일으켜 모으는 장치.

기전-력(起電力)[-녁]**명** 전류를 일으켜 전기 회로에 흘러 보내는 작용. 〔단위는 볼트(V).〕 ②동전력(動電力). 전동력(電動力).

기전-체(紀傳體)**명** 역사책을 편찬하는 형식의 한 가지. 개인의 전기를 모아서 한 시대의 역사를 구성하는데, 제왕의 전기인 본기(本紀), 신하의 전기인 열전(列傳)을 중심으로 함. 〔중국의 '사기(史記)'가 그 대표적인 것.〕 ②기전(紀傳). ②편년체.

기절(奇絶)'기절하다'의 어근.

기절(氣絶)**명**하자 ①한때 정신을 잃고 숨이 막힘. ¶너무나 놀라서 기절할 뻔했다. ②숨이 넘어감.

기절(氣節)**명** ①기개와 절조. ②☞기후(氣候).

기절-초풍(氣絶-風)**명**하자 몹시 놀라서 정신을 잃을 정도로 질겁을 함. ¶조금 전까지 여기 있던 것이 없어지다니 정말 기절초풍할 노릇이다.

기절-하다(奇絶-)[형]여 비할 데 없이 신기하다.

기점(起點)[-쩜]**명** 무엇이 시작되는 지점이나 시점. ¶도로 원표를 기점으로 하여 측정한 거리. /3월 1일을 기점으로 대대적인 독립 운동이 벌어졌다. ↔종점(終點). ②출발점.

기점(基點)[-쩜]**명** 기본이 되는 점. 밑점.

기정(汽艇)**명** 증기 기관을 동력으로 하는, 비교적 작은 배.

기정(技正)**명** 이전의, 기술직 4급 공무원의 직급. 지금의 '서기관(書記官)'.

기정(奇正)**명** 임시변통의 수단과 정도(正道).

기정(起程)**명**하자 되자 길을 떠남.

기정(旣定)**명** 이미 정해져 있음. ¶기정의 방침대로 밀고 나가자. ↔미정(未定).

기정(欺情)**명**하자 속마음을 드러내지 않음.

기-정맥(奇靜脈)**명** 사람의 가슴의 오른쪽 부위에 있는 정맥.

기정-사실(旣定事實)**명** 이미 정하여진 사실. ②기성사실(旣成事實).

기제(忌祭)**명** 〔삼년상이 끝난 뒤에〕 해마다 죽은 날에 지내는 제사. 기제사(忌祭祀).

기제(旣濟)'**명** 〔필요한 절차나 의무 따위가〕 이미 처리됨. ↔미제(未濟).

기제(旣濟)²〈기제괘(旣濟卦)〉의 준말.

기제-괘(旣濟卦)**명** 육십사괘의 하나. 감괘(坎卦)와 이괘(離卦)를 위아래로 놓은 괘. 물이 불 위에 있음을 상징함. ②기제(旣濟)².

기제-론(機制論)☞기계론(機械論).

기-제사(忌祭祀)**명** ☞기제(忌祭).

기조(基調)**명** ①☞주조(主調). ②사상·작품·학설 등의 기본적인 경향.

기조(鰭條)**명** 물고기의 지느러미의 뼈대를 이루는 가늘고 긴 뼈.

기조-력(起潮力)**명** 밀물과 썰물 등 조수(潮水)를 일으키는 힘. 〔보통, 달과 태양의 인력을 가리킴.〕

기조-연설(基調演說)**명** ①정당의 대표가 국회에서 자당(自黨)의 기본 정책을 설명하는 연설. ②국제적인 회의 등에서 회의 벽두에 회의의 기본 정신과 성격, 진행의 방향 등을 설명하는 연설.

기족(旗族)**명** 중국 청나라 때, '만주족(滿洲族)'을 일컫던 말.

기존(旣存)**명**하자 이전부터 있음. 이미 되어 있음. ¶기존 시설을 이용하다.

기졸(騎卒)☞기병(騎兵).

기종(機種)**명** ①항공기의 종류. ②기계의 종류.

기좌(技佐)**명** 이전의, 기술직 5급 공무원의 직급. 지금의 '사무관(事務官)'.

기좌(起坐)**명**하자 사람을 맞이할 때, 경의를 표하기 위하여 잠깐 일어났다가 앉는 일.

기주(記注)**명**하타 글로 적음. 기록함.

기주(起酒)**명**하자 ①술이 괴어 오름. ②(증편 같은 것을 만들 때) 반죽에 술을 부어 부풀어 오르게 함.

기주(基主)**명** 집터의 수호신. 터주.

기주(寄主)**명** ☞숙주(宿主).

기주(嗜酒)**명**하자 술을 즐김.

기주^식물(寄主植物)[-씽-]**명** 기생 식물의 기주(寄主)가 되는 식물.

기-죽다(氣-)[-따][-따]**재** 기세가 꺾이어 약해지다. ¶상대편 선수는 이미 기죽은 표정이다.

기죽-이다(氣-)[-따]〔'기죽다'의 사동〕기세를 꺾어 기를 펴지 못하게 하다. ¶애를 너무 기죽이지 마라.

기준(奇峻)'기준하다'의 어근.

기준(基準)**명** Ⅰ기본이 되는 표준. ¶채점 기준. Ⅱ**갑** 제식 훈련에서, 대오(隊伍)를 정렬하는 데 기본이 되는 표준을 대원들에게 알리는 구령. ¶우측 일 번 선두 기준!

기준^내:임:금(基準內賃金)圏 ☞기준 임금.

기준-면(基準面)圏 높낮이를 비교할 때의 기준이 되는 면.

기준-선(基準線)圏 도면을 그릴 때의 기준이 되는 선.

기준^시가(基準時價)[-까]圏 국세청이 정해 놓은 부동산의 기준 가격. 주로 양도 소득세 등의 과세 자료로 쓰임.

기준^임:금(基準賃金)圏 일정한 노동 시간이나 노동량에 대해 매월 지급되는 고정된 임금. 기본급·가족 수당 같은 것. 기준 내 임금.

기준-점(基準點)[-쩜]圏 ①(작도나 구획 등의 작업에서) 기준이 되는 점. ②☞측점(測點).

기준-하다(奇峻-)혭㉾ 산의 생긴 모양이 기이하고 험준하다.

기준^환:율(基準換率)圏 외환 시세에서, 어느 한 나라의 통화와의 관계가 다른 외환 시세의 산정 기준이 되는 환율. 보통, 미국의 달러에 대한 환율을 기준으로 세계 각국의 통화와의 환율을 계산함.

기중(忌中)圏 ☞상중(喪中).

기중(其中)圏 그 가운데. 그 속.

기중(期中)圏 기일 안. 기한 안.

기중(嵜重)圏㉾㉿ 앞으로 남달리 빼어난 인물이 될 것으로 보아 소중히 여김.

기중-기(起重機)圏 썩 무거운 물건을 들어 올리거나 옮기는 기계. 크레인.

기중기-선(起重機船)圏 기중기를 장치하여 무거운 물건을 운반하는 데 쓰는, 부력(浮力)이 매우 큰 배.

기증(寄贈)圏㉾㉾㉿ (물품 따위를) 선물로 보내 줌(드림). 증여(贈與). ¶모교에 책을 기증하다.

기지(忌地)圏 그루를 타는 땅. ㉿땅가림.

기지(奇地)圏 매우 신기한 땅.

기지(奇智)圏 기발한 지혜. 뛰어난 지혜.

기지(枝指)圏 육손이의 덧붙은 손가락.

기지(氣志)圏 의기와 의지.

기지(基地)圏 군대나 탐험대 따위의 행동의 근거지. ¶군사 기지.

기지(既知)圏㉾㉿ 이미 알고 있음. ¶기지의 사실. ↔미지(未知).

기지(機智)圏 그때그때의 상황에 따라서 재빨리 발휘되는 재치. ¶난처한 처지를 친구의 기지로 모면하다.

기:지개圏㉿㉿ 피곤할 때에 몸을 쭉 펴고 팔다리를 뻗는 것. ¶기지개를 켜다. ↔미지수를 펴다.

기지게圏 〔옛〕기지개. ¶하위음ᄒ며 기지게ᄒ며 기춤호믈(金三2:11).

기지-국(基地局)圏 휴대 전화의 송수신 전파를 중계하는 곳.

기지-사경(幾至死境)圏㉿㉿ (사람이) 거의 죽을 지경에 이름.

기지-수(既知數)圏 방정식 따위에 포함되어 있는 구체적인 수, 또는 이미 그 값이 주어졌다고 가정(假定)한 수. ↔미지수(未知數).

기지-창(基地廠)圏 군대에서, 보급품의 비축·정비·분배 등을 맡은 부대.

기지-촌(基地村)圏 외국군 기지 주변에서, 외국 군인들을 상대로 하여 상행위 따위를 하며 사는 사람들의 동네.

기직圏 왕골 껍질이나 부들잎을 짚으로 싸서 엮은 돗자리.

기직(機織)圏 ①㉾㉿ 베틀로 베를 짜는 일. ②기계로 짠 직물.

기진(氣盡)圏㉾㉿ 기력(氣力)이 다함. ¶과로로 기진하다.

기진-맥진(氣盡脈盡)[-찐]圏㉿㉾㉿ 기력이 다하고 맥이 풀림. 기진역진.

기진-역진(氣盡力盡)[-녁찐]圏㉿㉾㉿ ☞기진맥진.

기질(奇疾)圏 증세가 이상한 병.

기질(氣質)圏 ①개인이나 집단 특유의 성질. ¶평안도 기질. ②심리학에서 이르는, 일반적인 감정의 경향으로 본 개인의 성질. 〔다혈질·신경질·담즙질·점액질 따위.〕

기질(基質)圏 ①효소와 작용하여 화학 반응을 일으키는 물질. ②결합 조직의 세포 사이에 있는 물질.

기차(汽車)圏 ①증기 기관차나 디젤 기관차로 객차나 화차를 끄는 철도 차량. 화차(火車). ②☞열차(列車). ¶기차 여행.

기차(幾次)圏 몇 번. 몇 차례.

기-차다(氣-)혭 '말할 수 없을 만큼 좋거나 훌륭하다'를 속되게 이르는 말. ¶기차게 맛있는 빵.

기착(寄着)圏㉾㉿ 목적지로 가는 도중에 어떤 곳에 닿음, 또는 들름. ¶귀국 길에 홍콩에 잠시 기착할 예정이다.

기착-지(寄着地)[-찌]圏 목적지로 가는 도중에 잠시 들르는 곳.

기찰(箕察)圏 조선 시대에, '평안도 관찰사'를 달리 일컫던 말.

기찰(畿察)圏 조선 시대에, '경기도 관찰사'를 달리 일컫던 말.

기찰(譏察)圏㉾㉾㉿ ①넌지시 살펴 조사함. ②지난날, 죄인을 체포하려고 수소문하고 염탐하며 행인을 검문하던 일. ¶성문 앞에서는 기찰이 심해 통행이 불편하다.

기찻-길(汽車-)[-찔/-찬낄]圏 기차가 다니는 길.

기창(起瘡)圏㉾㉿ 마마의 꽃이 솟은 후에 부르트는 일.

기창(旗槍)圏 ①기를 다는 긴 창. 〔고려 시대의 장(儀仗)의 한 가지.〕 ②십팔기 또는 무예 이십사반의 하나. 기를 단 창을 휘둘러서 하는 무예.

기창(機窓)圏 비행기의 창.

기창(騎槍)圏 ①기병이 쓰는 긴 창. ②무예 이십사반의 하나. 갑옷과 투구 등으로 무장한 무사가 말을 타고 달리면서 긴 창으로 25보 간격으로 늘어선 짚 인형 세 개를 연이어 찌르는 무예.

기채(起債)圏㉾㉿ ①빚을 얻음. ②국가나 공공 단체가 국채·공채 따위를 모집하는 일.

기채^시:장(起債市場)圏 공사채(公社債)의 발행으로 자금의 수요자가 자금을 조달하는 추상적인 자본 시장.

기책(奇策)圏 남의 의표를 찌르는 기발한 계책. ㉾기계(奇計).

기처(其處)圏 그곳.

기척圏 있는 줄을 알 만한 소리나 기색. ¶사람이 오는 기척. /기척이 없다.

기천(氣喘)圏 한방에서, 가슴이 답답하고 숨이 차며 목구멍에서 가래 소리가 나는 증세를 이르는 말.

기첩(奇捷)圏 ①뜻하지 않은 승리. ②기계(奇計)에 의한 승리.

기청-제(祈晴祭)圏 고려·조선 시대에, 입추가 지나도록 장마가 계속될 때, 날이 개기를 빌던 제사. ㉿기우제.

기체(氣滯)圏 한방에서, 마음이 펴이지 아니하여 생기는 체증(滯症)을 이르는 말.

기체(氣體)¹명 일정한 모양이나 부피가 없고 자유로이 유동(流動)하는 성질을 가진 물질.〔공기·가스 따위.〕

기체(氣體)²명 '기력과 신체'의 뜻으로, 웃어른에게 안부를 물을 때 쓰는 말. 기체후. 기후(氣候)². ¶기체 만안하시옵니까?

기체(機體)명 비행기의 몸통, 또는 비행기의 엔진 이외의 부분. ¶기체가 크게 흔들린다.

기체^연료(氣體燃料)[-열-]명 천연가스·석탄가스·프로판 가스 등 기체의 상태에서 쓰이는 연료. 가스 연료.

기체^전:지(氣體電池)ㄷ가스 전지.

기체-후(氣體候)명 ㄷ기체(氣體)².

기초(奇峭)'기초하다'의 어근.

기초(起草)명 글의 초안을 씀. 기안. 출초(出草). ¶반박 선언문을 기초하다. 준초(草)¹.

기초(基礎)명 ①건축물의 무게를 떠받치고 안정시키기 위하여 설치하는 밑받침. 토대. ¶지반이 약하여 기초를 튼튼히 해야 한다. ②사물이 이루어지는 바탕. 근본(根本). ¶민주 정치의 기초를 다지다. ③하자근거를 둠. ¶국민의 여론에 기초한 정책의 수립.

기초(期初)명 어느 기간이나 학기 따위 기한의 처음. ↔기말.

기초(騎哨)명 말을 탄 초병(哨兵).

기초^공사(基礎工事)명 건축물 따위의 밑바닥을 튼튼하게 하기 위한 공사.

기초^공:제(基礎控除)명 과세 소득 금액을 산정할 때, 근로 소득·사업 소득 중에서 일정한 금액을 공제하여 과세하지 않는 일.

기초^대:사(基礎代謝)명 동물이 생명을 유지하는 데 필요한 최소한의 에너지 대사.

기초^버력(基礎-)명 다리를 놓을 때, 기초를 만들기 위해서 물속에 넣는 돌.

기초^사회(基礎社會)[-회/-훼]명 일상생활에서의 필요를 충족시키기 위하여 근접한 곳에서 서로 의존하여 거주하는 가족, 또는 기타 사회 단위의 조직체. ↔파생 사회.

기초^산:업(基礎産業)명 일반 산업의 기초가 되는 산업.〔에너지 산업이나 기계 공업 또는 주요 화학 공업 따위.〕

기초-시계(記秒時計)[-계/-게]명 경기 등에서, 초(秒) 이하의 정밀한 시간을 재는 데 쓰는 시계.

기초^자치^단체(基礎自治團體)명 시·군·구 등의 지방 자치 단체. 준광역 자치 단체.

기초-청려(奇峭淸麗)[-녀]명하형 산이 기이하고 가파르며, 맑고 아름다움.

기초^체온(基礎體溫)명 사람이 가만히 안정하고 있을 때의 체온.〔충분히 자고 난 아침, 잠이 깬 직후에 재는 체온.〕

기초-하다(奇峭-)형여 산이 기이하고 가파르다.

기초-화장(基礎化粧)명 화장법의 한 가지. 피부를 아름답게 유지하면서 다른 화장품을 잘 받아, 본 화장이 효과적으로 이루어지게 하는 기본이 되는 화장.

기총(機銃)명 〈기관총(機關銃)〉의 준말.

기총(騎銃)명 기병이 사용하는, 총신(銃身)이 짧은 소총.

기총-소사(機銃掃射)명 (항공기의) 기관총으로 적을 비로 쓸듯이 사격하는 일.

기추(騎芻)명하자 조선 말기, 무과의 시험 과목의 한 가지. 말을 타고 달리면서 다섯 개의 목표물을 잇달아 활로 쏘아 맞히게 하였음.

기축(己丑)명 육십갑자의 스물여섯째.

기축(祈祝)명하타 ㄷ기원(祈願).

기축(氣縮)명하자되자 두려워서 기가 움츠러듦.

기축(基軸)명 무슨 일의 중심이 되는 부분. ¶국제 문제의 기축.

기축(機軸)명 ①기관이나 바퀴 따위의 굴대. ②어떤 조직의 활동의 중심. ¶통일의 새 기축을 이룩하다.

기축^통화(基軸通貨)명 ㄷ국제 통화.

기출(己出)명 자기가 낳은 자식.

기출(旣出)명 이미 시험 문제로 나옴. ¶수능 기출 문제.

기취(旣娶)명 이미 장가듦. ↔미취(未娶).

기층(氣層)명 대기의 층(層). ¶여름철에는 기층이 불안정하여 소나기가 자주 내린다.

기층(基層)명 ①사물의 밑바닥에 깔려 있듯이 존재하면서 그것의 바탕이 되는 것. ¶우리 문화의 기층. ②여러 층으로 된 구조물의 밑바닥이 되는 층.

기치(棄置)명하자되자 버려둠. 방치(放置).

기치(旗幟)명 ①기(旗). 군중(軍中)에서 쓰는 기. ¶기치 창검(槍劍). ②어떤 일에 대한 분명한 태도 또는 주의나 주장. ¶평화적 통일의 기치를 내걸다.

기침명하자 ①목이나 기관지의 점막이 자극을 받거나 할 때 일어나는 세찬 호흡 운동. ¶쿨럭이는 기침 소리. ②목구멍의 가래를 뱉어 내려고 하거나 인기척을 낼 때, 갑자기 터져 나오게 하는 숨소리.

기침(起枕)명 윗사람이 자고 일어남.

기침(起寢)명하자 ①잠을 깨어 잠자리에서 일어남. 기상. ↔취침. ②절에서, 밤중에 종을 쳐 대중을 모아 아침에 예배하는 일.

기침-쇠(起寢-)[-쇠/-쉐]명 절에서 기침 시간을 알리기 위하여 치는 종. 기침종.

기침-종(起寢鐘)명 ㄷ기침쇠.

기타(其他)명 그것 밖의 또 다른 것. 그 밖. ¶기타 등등.

기타(guitar)명 발현 악기(撥弦樂器)의 한 가지. 표주박 모양의 공명 상자에 여섯 가닥의 줄을 팽팽하게 쳐 놓은 것이 주종임. 참통기타.

기탁(寄託)명하타되자 ①물건을 남에게 맡겨 그 처리를 부탁함. ¶수해 의연금을 기탁하다. ②ㄷ임치(任置).

기탁-금(寄託金)[-끔]명 기탁한 돈.

기탄(忌憚)명하자 꺼림. 어려워함.

기탄-없다(忌憚-)[-따따]형 거리껴 하거나 어려워하는 빛이 없다. ¶여러분의 기탄없는 이야기를 기다리겠습니다. 기탄없이명 ¶그는 기탄없이 소신을 밝혔다.

기태(奇態)명 기이한 모양. 괴상한 형태.

기통(氣筒·汽筒)명 ㄷ실린더(cylinder). ¶그 차는 4기통이다.

기트리잇가지옛 같다.

기특(奇特)'기특하다'의 어근.

기특-하다(奇特-)[-트카-]형여 말씨나 행동이 신통하여 귀염성이 있다. ¶기특한 마음씨. /기특할 정도로 애국심이 강하다. 기특-히튀

기틀명 일의 가장 중요한 계기나 조건. ¶기틀을 닦다. /기틀을 마련하다.

기틀(이) 잡히다관용 일의 가장 중요한 부분이 제 기능을 발휘할 수 있게 되다.

기티다타 옛 끼치다. 남기다. ¶부텻 기티샨 부쵹(付囑)〈圓覺序65〉.

기판(旗瓣)명 콩과 식물의 나비 모양의 화관(花冠)을 구성하는 다섯 잎의 꽃잎 중 가장 바깥쪽에 있는 유난히 큰 꽃잎.

기판-력(旣判力)[-녁]圓 확정된 재판이 가지는 효력. 곧, 재판의 내용인 구체적 판단이 이후의 소송에서 법원이나 당사자를 구속하고, 이에 어긋나는 판단이나 주장을 할 수 없는 효력을 말함.

기평(譏評)圓하타 헐뜯어 비평함.

기폐(起廢)[-폐/-폐]圓하타 지난날, 면직되었던 사람을 다시 불러 쓰던 일.

기포(起泡)圓 거품이 일어남.

기포(氣泡)圓 액체 또는 고체 속에 기체가 들어가 둥그렇게 거품처럼 되어 있는 것. ¶기포가 발생하다.

기포(氣胞)圓 ①폐포(肺胞). ②물고기의 부레.

기포(飢飽·饑飽)圓 굶주림과 배부름.

기포-성(起泡性)[-씽]圓 액체를 그릇에 담아서 흔들 때, 거품이 이는 성질.

기폭(起爆)圓 화약에 충격·마찰·열 등을 주어 폭발을 일으키는 일. ¶기폭 장치.

기폭(旗幅)圓 깃발, 또는 깃발의 너비.

기폭-약(起爆藥)[-뽕냑]圓 ☞기폭제.

기폭-제(起爆劑)[-쩨]圓 ①약간의 충격·마찰·열 등에도 쉽게 폭발하는 화약. 폭약이나 발사약 등의 점화에 쓰임. 기폭약. ②'어떤 사건을 일으키는 계기가 되는 일'을 비유하여 이르는 말. ¶고부 군수의 학정에 대한 농민 봉기가 동학 농민 운동의 기폭제가 되었다.

기표(記票)圓하타 투표용지에 써넣거나 표시를 함.

기표-소(記票所)圓 투표장에서, 기표하도록 특별히 마련한 곳.

기품(奇品)圓 진기한 물품.

기품(氣品)圓 사람의 모습이나 태도, 또는 예술 작품 등에서 느껴지는 고상한 느낌. ¶기품 있는 몸가짐.

기품(氣稟)圓 타고난 기질과 성품.

기풍(氣風)圓 어떤 사회나 집단의 사람들이 공통으로 가지고 있는 전통적인 기질. ¶모교(母校)의 기풍을 살려 나가자.

기풍(棋風·碁風)圓 바둑이나 장기를 두는 데 있어서, 그 사람의 독특한 방식 또는 개성.

기픠(옛) 깊이. ¶기픽를 모롤씨 [月釋2:19].

기피(忌避)圓하타 ①(싫어하는 일이나 불리한 일 따위를) 꺼리고 피함. ¶그는 나와의 대화를 기피한다. ②법률에서, 불공정한 재판이 행해질 우려가 있을 때 그 법관의 재판을 소송 당사자가 거부함을 이르는 말.

기피다타 (옛) 깊게 하다. ¶녀토시고 쏘 기피시니[龍歌20章].

기피-자(忌避者)圓 기피하는 사람. 특히, '병역 기피자'를 이름.

기필(起筆)圓하타 글을 쓰기 시작함.

기필(期必)圓하타타 틀림없이 이루어지기를 기약함. ¶일이 성사되기를 기필하다.

기필-코(期必-)튀 기어이. 꼭. 반드시. 틀림없이. ¶기필코 약속을 지키겠다.

기핍(氣乏) '기핍하다'의 어근.

기핍(飢乏·饑乏)圓하타 기근이 들어 먹을 것이 모자람.

기핍-하다(氣乏-)[-피파-]圓어 기력이 없다.

기하(幾何)圓 ①얼마. ¶이(我) 생존권(生存權)의 박상(剝喪)됨이 무릇 기하이며…. ②〈기하학〉의 준말.

기하^광학(幾何光學)圓 빛을 기하학적 방법으로 연구하는 학문. 경험적인 법칙을 바탕으로 하며, 광학 기계의 설계 따위에 응용됨. ↔물리 광학.

기하-급수(幾何級數)[-쑤]圓 ☞등비급수.

기하급수-적(幾何級數的)[-쑤-]圓圓 수에 비례해서 배수로 늘어나 아주 급격하게 증가하는 (것). ¶기하급수적 증가. /기하급수적으로 늘어나다.

기-하다(忌-)타어 꺼리다. 피하다. ¶소인은 군자를 기하기 마련이니라.

기-하다(期-)타어 기약하다. ¶필승을 기하다.

기-하다(奇-)圓어 기이하다. 신기하다. 기묘하다. ¶기한 생김새.

기하^평균(幾何平均)圓 두 개 이상의 상승적(相乘積)을 그 개수의 제곱근으로 놓은 수. 상승 평균. ↔산술 평균.

기하-학(幾何學)圓 수학의 한 부문. 점·선·면·입체 등이 만드는 공간 도형의 성질을 연구하는 학문. ⓝ기하.

기하학-무늬(幾何學-)[-항-니]圓 직선과 곡선을 기본으로 해서 그린 추상적인 무늬.

기하^화:법(幾何畫法)[-뻽]圓 자·컴퍼스 등의 제도 기구를 써서 그리는 화법.

기학(嗜虐)圓圓困 잔학한 일을 즐김. ¶기학하는 취미.

기한(飢寒·饑寒)圓 굶주림과 추위.

기한(期限)圓 미리 정해 놓은 일정한 시기. 한일(限日). ¶납부 기한. /접수 기한을 지키다.

기한-부(期限附)圓 어떤 일에 대하여 일정한 기한이 붙어 있는 일. ¶기한부 판매.

기한부^어음(期限附-)圓 어음이 제시된 때로부터 지급해야 할 때까지의 기간이 명시된 어음. 유전스. ↔일람불 어음.

기한-제(起寒劑)圓 ☞한제(寒劑).

기함(起陷)圓 (땅의) 불쑥 솟음과 우묵하게 꺼짐.

기함(氣陷)圓圓困 ①기운이 푹 가라앉음. ②갑자기 놀라거나 아프거나 하여 소리를 지르면서 넋을 잃음.

기함(旗艦)圓 함대의 사령관이 타고 있는 배. ⑪장선(將船).

기합(氣合)圓 ①정신을 집중하여 무슨 일에 임하는 기세, 또는 그때 지르는 소리. ¶기합을 넣다. ②단체 생활 등에서 잘못을 꾸짖거나 벌을 주는 일을 속되게 이르는 말. ¶기합을 받다. /군대에서는 이제 기합이 사라졌다.

기합-술(氣合術)[-쑬]圓 정신을 집중하고 온몸의 힘을 한곳에 모아 어떤 힘을 나타내 보이는 술법.

기항(寄航)圓困困 비행 중인 항공기가 도중에 있는 공항에 들름.

기항(寄港)圓困困 항해 중인 배가 도중에 있는 항구에 들름.

기항-지(寄港地)圓 항해 중인 배가 도중에 들르는 곳.

기해(己亥)圓 육십갑자의 서른여섯째.

기해(氣海)圓 ①지구의 둘레를 공기가 싸고 있는 모양을 바다에 비유하여 이르는 말. ②한방에서, 배꼽 아래로 한 치쯤 되는 자리를 이르는 말. ⑫하단전(下丹田).

기행(奇行)圓 기이한 행동.

기행(紀行)圓 ☞기행문.

기행-문(紀行文)圓 여행 중의 견문이나 체험·감상 따위를 적은 글. 기행.

기허(氣虛)圓圓困 기력이 허약함.

기허(幾許)튀 얼마.

기험(崎險) '기험하다'의 어근.

기험-하다(崎險-)圓어 ①산길이 높고도 가파르다. ②성질이 음험하다.

기-현상(奇現象)圐 기이한 현상. ¶전년도에 꼴 찌었던 팀이 우승하는 기현상이 벌어졌다.

기혈(氣血)圐 인체의 생기와 혈액.

기혐(忌嫌)圐하타 꺼리고 싫어함.

기협(氣俠)圐하형 기개가 호탕하고 용감함. 협기(俠氣).

기형(畸形)圐 ①유별나게 생긴 모양. 이상한 모양. ②생물체의 구조나 생김새 등이 비정상적인 모양.

기형-괴상(畸形怪狀)[-괴/-꿰-]圐 이상야릇한 형상.

기형-아(畸形兒)圐 기형인 아이, 곧 몸의 모양이 정상이 아닌 아이.

기형-적(畸形的)팬 정상이 아니거나 불완전한 형태인 (것). 기형의 형상./기형적인 경제 상황.

기호(記號)圐 ①어떤 뜻을 나타내기 위한 문자나 부호. ②개념·수식(數式)·명제(命題) 따위를 글로 써서 나타내기 위하여 쓰는 부호. ['+'·'·'-'·'∵' 따위.]

기호(飢戶·饑戶)圐 (흉년이 들어서) 굶주리는 가정(집).

기호(嗜好)圐하타 (어떤 사물을) 즐기고 좋아함. ¶음식에 대한 기호도 나이에 따라 바뀐다.

기호(旗號)圐 ①기(旗)로 나타내는 표장(標章). ②기로 나타내는 신호.

기호(畿湖)圐 우리나라의 서쪽 중앙부에 위치한 지역으로, '경기도'와 '충청도'를 아울러 이르는 말.

기호-료(嗜好料)圐 ☞기호품.

기호료^작물(嗜好料作物)[-장-]圐 기호품의 원료를 수확하기 위하여 재배하는 농작물.

기호^식품(嗜好食品)圐 ☞기호품.

기호-어(記號語)圐 컴퓨터의 프로그램을 만들 때, 숫자가 난 기호로써 프로그램을 만들 수 있게 정한 언어.

기호지세(騎虎之勢)圐 〔범을 타고 달리는 사람이 도중에서 내릴 수 없는 것처럼〕 도중에서 그만두거나 물러나거나 할 수 없는 내친 형세를 이르는 말.

기호-품(嗜好品)圐 (영양을 취하려는 것이 아니고) 향기나 맛이나 자극을 즐기기 위한 것. 〔술·담배·차·커피 따위.〕 기호료. 기호 식품.

기혼(旣婚)圐하자 이미 결혼함. ¶기혼 남성. ↔미혼(未婚).

기혼-자(旣婚者)圐 기혼인 사람. ↔미혼자.

기화(奇花)圐 진기한 꽃.

기화(奇貨)圐 ①진기한 물건. ②요긴하게 이용할 수 있는 뜻밖의 물건이나 기회. 《주로, '…을 기화로'의 꼴로 쓰임.》 ¶야당의 내분을 기화로 표결을 강행하여 법률안을 통과시켰다.

기화(奇話)圐 ☞기담(奇談).

기화(奇禍)圐 뜻밖에 당하는 재난.

기화(氣化)圐하자되자 액체가 증발하여 기체가 됨. 〔고체가 기체로 변하는 '승화(昇華)'를 포함하여 이르기도 함.〕

기화(琪花)圐 고운 꽃.

기화-기(氣化器)圐 가솔린 기관에서, 가솔린을 안개 모양으로 뿜어 적당한 비율로 공기와 섞어 실린더로 보내는 장치. 카뷰레터.

기화-열(氣化熱)圐 액체가 기화하는 데 필요한 열량. 증발열.

기화-요초(琪花瑤草)圐 곱고 아름다운 꽃과 풀.

기환(奇幻)圐 이상야릇한 일.

기황(飢荒·饑荒)圐 ☞기근(飢饉).

기회(期會)[-회/-꿰]圐 정기적인 모임.

기회(機會)[-회/-꿰]圐 ①어떤 일이 이루어지는 데에 알맞은 때나 경우. ¶기회를 놓치다./좋은 기회를 얻다. ②알맞은 겨를. ¶기회가 닿으면 한번 가마.

기회-균등(機會均等)[-회-/-꿰-]圐 ①대우나 권리를 평등하게 주는 일. ¶교육의 기회균등. ②외교 정책에서, 모든 외국에 대하여 국내의 통상이나 사업 경영에 관한 대우를 평등하게 하는 일.

기회-범(機會犯)[-회-/-꿰-]圐 ☞우발범.

기회-주의(機會主義)[-회-의/-꿰-이]圐 그때그때의 정세에 따라 유리한 쪽으로 행동하는 경향.

기획(企劃)[-획-/-훽]圐하타되자 일을 꾸미어 꾀함. ¶기획 상품.

기획-사(企劃社)[-획싸/-훽싸]圐 광고·영화·음반 따위를 제작하거나 특정 행사를 맡아서 연출하는 일을 전문으로 하는 회사.

기획^재정부(企劃財政部)[-획째-/-훽째-]圐 중앙 행정 기관의 하나. 국가 발전 전략 수립, 경제 정책의 수립·조정, 예산의 편성·집행, 화폐·외환·국고·정부 회계·관세·경제 협력 및 국유 재산의 관리 등에 관한 사무를 맡아봄.

기획-전(企劃展)[-획쩐/-훽쩐]圐 어떤 일을 꾀하여 계획적으로 여는 전시회.

기효(奇效)圐 신기한 효능. 영묘한 효험.

기후(其後)圐 그 뒤. 그 후. 이후(爾後).

기후(氣候)[圐 ①기온·비·바람·눈 따위의 대기(大氣) 상태. ¶기후가 나쁘다. ②어느 지역의 평균적인 기상 상태. ¶기후가 좋은 지방. ③일년의 24기와 72후를 통틀어 이르는 말. ③기절(氣節).

기후(氣候)²圐 ☞기체(氣體)².

기후-구(氣候區)圐 같은 기후대 중에서, 비슷한 기후 특성에 의하여 세분한 지역.

기후-대(氣候帶)圐 지구 상에서, 공통의 특성을 가진 기후를 기준으로 하여 구분한 지역. 〔위도를 기준으로 한 것과 기온을 기준으로 한 것 등이 있음.〕

기후-도(氣候圖)圐 기후의 지리적인 분포를 나타낸 도면.

기후^요법(氣候療法)[-뻡]圐 기후와 환경이 몸에 미치는 영향을 이용하여, 전지(轉地)에 의해 병의 치료나 요양을 하는 일.

기후^요소(氣候要素)圐 ☞기상 요소.

기후^인자(氣候因子)圐 기온·강수량·바람 등의 기후 요소를 좌우하는 지리적·물리적 원인. 〔위도·고도·지형·해류·수륙의 분포 따위.〕

기후-조(氣候鳥)圐 ☞철새.

기후-형(氣候型)圐 세계 각지의 기후를 공통의 성질에 따라 분류한 것. 〔대륙성 기후, 해양성 기후, 사막 기후, 온대 기후, 열대 기후, 한대 기후 따위.〕

기휘(忌諱)圐하타 ①꺼리어 싫어함. 꺼리어 피함. ②(남의 비밀이나 불상사 따위를) 입에 올려 말하기를 꺼림.

기흉(氣胸)圐 ①흉막강에 공기가 들어가 폐가 오므라든 상태. ②인공 기흉 요법.

긴:(緊)圐 윷놀이에서, 상대편의 말을 따라가 잡을 수 있는 거리를 나타내는 말. ¶갯 긴./긴이 닿다.

긴가-민가튄하형 〈기연가미연가〉의 준말.

긴간(緊簡)圐 긴찰(緊札).

긴간-사(緊幹事)圐 긴급하고 중요한 일.

긴객(緊客)圐 ①썩 가깝게 지내는 손. ②긴한 일로 찾아온 손.

긴:-경마(-)[명] 의식에 쓰는, 말의 왼쪽에 다는 긴 고삐. 좌견.

긴관(緊關)[명] 매우 중요한 관계.

긴급(緊急)[명][하형] ①일이 아주 중대하고도 급함. ¶긴급 구조. /긴급한 용무. ②현악기의 줄이 팽팽함. 긴급-히[부] ¶긴급히 대피하다.

긴급^구속(緊急拘束)[-꾸-][명] 구속 영장 없이 피의자를 구속하는 일. 중대한 죄를 범한 혐의가 충분하고, 또 영장을 청구할 시간이 없는 경우에 예외로 인정되고 있음.

긴급-권(緊急權)[-꿘][명] 한 나라가 급박한 위험을 피하기 위하여 다른 나라의 권리 또는 이익을 침해할 수 있는 권리. [침해에 대한 배상이 필요함.]

긴급-동의(緊急動議)[-동의/-동이][명] 의사 일정을 변경하여 긴급한 의사를 의제로 추가하려는 동의.

긴급^명:령(緊急命令)[-금-녕][명] 국가가 비상 사태에 처한 경우에 국가 원수가 발하는 명령.

긴급^방위(緊急防衛)[-빵-][명]☞정당 방위.

긴급^사:태(緊急事態)[-싸-][명] ①절박한 위험이 존재하는 사태. ②대규모의 재해나 소란 등과 같이, 그 수습에 긴급을 요하는 사태.

긴급^상태(緊急狀態)[-쌍-][명] ①몹시 절박한 상태. ②긴급 피난 또는 정당방위를 성립시키는 상태.

긴급^자동차(緊急自動車)[-짜-][명] 도로 교통법상, 긴급한 일로 운행할 경우 다른 차량에 대해 통행의 우선권이 인정되는 차량. [소방차·구급차 및 범죄 수사·교통 단속·부대 이동 등에 사용되는 자동차 따위.]

긴급^조정(緊急調停)[-쪼-][명] 노동 쟁의 조정법에서, 쟁의가 공익에 관계되거나 국민 경제를 해치거나 국민의 일상생활을 위태롭게 할 경우에 노동부 장관이 중앙 노동 위원회의 의견을 듣고 조정 결정을 내려 쟁의를 해결하는 일. [이 결정이 내리면 30일 이내에는 쟁의 행위를 할 수 없게 됨.]

긴급^피:난(緊急避難)[명] 갑자기 닥친 위난을 피하기 위하여, 어쩔 수 없이 저지른 가해 행위. [그것이 위법 행위라 하더라도 일정한 요건의 범위 이내일 경우에는 처벌되지 아니함.]

긴:기(-)[관] 길고 긴. 기나긴. ¶긴긴 세월.

긴:기-날(-)[명] 해가 떠서 질 때까지의 동안이 매우 길다는 뜻에서 '여름날'을 이르는 말.

긴:기-낮(-낮)[명] 낮이 밤보다 훨씬 길다는 뜻에서 '여름날의 낮'을 이르는 말. * 긴:긴낮이[-나지]·긴:긴낮만[-난-]

긴:기-밤(-)[명] 밤이 낮보다 훨씬 길다는 뜻에서 '겨울밤'을 이르는 말. ¶동지섣달 긴긴밤.

긴:기-해(-)[명] 해가 떠서 질 때까지의 동안이 매우 길다는 뜻에서 '여름날의 해'를 이르는 말.

긴담(緊談)[명][하자] 긴한 이야기.

긴:-대(-)[명] 긴 담뱃대. 장죽(長竹).

긴:-대답(-對答)[명][하자] '예' 소리를 길게 빼어서 하는 대답.

긴:-말[명][하자] 길게 말을 늘어놓음, 또는 그런 말. 긴소리. ¶바빠서 긴말은 않겠다.

긴:-맛[-맏][-맏][명] 죽합과의 바닷조개. 몸길이 13cm가량. 껍데기 모양은 둘로 쪼갠 대통 같음. 껍데기의 빛깔은 담황색인데, 얕은 바다의 모래 속에 살며, 우리나라와 일본에 분포함. * 긴:맛이[-마시]·긴:맛만[-만-]

긴무(緊務)[명] 긴요한 볼일.

긴밀(緊密) '긴밀하다'의 어근.

긴밀-하다(緊密-)[형여] 관계가 서로 밀접하다. ¶긴밀한 연락을 취하다. 긴밀-히[부].

긴박(緊迫)[하형] 아주 급박함. 몹시 절박함. ¶사태가 긴박하다. 긴박-히[부].

긴박(緊縛)[명][하자] 꼼짝 못하게 바싹 얽어맴.

긴박-감(緊迫感)[-깜][명] 긴박한 느낌. ¶긴박감이 감돌다.

긴:-반지름(-半-)[명] 타원의 중심에서 그 둘레에 이르는 가장 긴 거리. ↔짧은반지름. ⑧긴지름.

긴:-병(-病)[명] 오래 앓는 병.
긴병에 효자 없다[속담] 무슨 일이나 너무 오래 끌면 성의가 풀리어 소홀해진다는 말.

긴불긴-간에(緊不緊-)[부] 긴요하든지 긴요하지 않든지에 상관없이. ¶긴불긴간에 가지고는 가겠네.

긴:-뼈[명]☞장골(長骨).

긴:-사설(-辭說)[명] 수다스럽게 늘어놓는 말.

긴:-살[명] 〈볼기긴살〉의 준말.

긴:-소리[명] ①길게 내는 소리. 장음(長音). ↔짧은소리. ②☞

긴:소리-표(-標)[명] 긴소리임을 나타내는 부호. [흔히, 글자의 오른쪽에 ':' 표, 또는 글자의 위에 '‐' 표를 침.] 장음부(長音符).

긴속(緊束)[명][하타] 바싹 죄어 묶음.

긴순(緊脣)[명]☞견순.

긴실(緊實) '긴실하다'의 어근.

긴실-하다(緊實-)[형여] 매우 절실하다. 긴실-히[부].

긴:-업(-業)[명]☞업구멍이.

긴요(緊要) '긴요하다'의 어근.

긴요-하다(緊要-)[형여] 매우 중요하다. 꼭 필요하다. 요긴하다. ¶긴요한 물건. 긴요-히[부].

긴용(緊用)[명][하타] 긴요하게 씀.

긴:-의대(-衣襨)[기뇌-/기니-][명] '소매가 좁고 긴 저고리'의 궁중말.

긴:-작[명] 긴 화살. ↔짧은작.

긴장(緊張)[명][하자][되자] ①마음을 다잡아 정신을 바짝 차리거나 몸이 굳어질 정도로 켕기는 일, 또는 그런 심리 상태. ¶긴장을 풀다. /하루하루가 긴장의 연속이다. ②곧 무슨 일이 터질 듯이 형편이나 분위기 따위가 예사롭지 않은 상태. ¶일촉즉발의 긴장이 감도는 국경선. ③근육이나 신경 중추의 수축·흥분 상태가 지속되는 일. ①③↔이완(弛緩).

긴장-감(緊張感)[명] 긴장한 느낌, 또는 그런 분위기나 기운. ¶조사실은 팽팽한 긴장감이 돌았다.

긴장-도(緊張度)[명] 긴장된 정도.

긴장-병(緊張病)[-뼝][명] 정신 분열증의 한 가지. 경직된 표정으로 부자연한 태도를 취하며, 갑자기 소리를 지르거나 사납게 날뛰거나 하는 상태를 특징으로 함.

긴절(緊切) '긴절하다'의 어근.

긴절-하다(緊切-)[형여] 아주 절실하다. 긴착(緊着)하다. 절긴(切緊)하다. 긴절-히[부].

긴중(緊重) '긴중하다'의 어근.

긴중-하다(緊重-)[형여] 꼭 필요하고 중요하다. 긴중-히[부].

긴:-지름(-)[명] 타원 안에서 가장 긴 지름. 장축(長軸). ↔짧은지름. ⑧긴반지름.

긴:-짐승(-)[명] 뱀 따위와 같이 몸이 긴 동물을 통틀어 이르는 말.

긴착(緊着) '긴착하다'의 어근.

긴착-하다(緊着-)[-차카-][형여]☞긴절(緊切)하다.

긴찰(緊札)명 긴요한 내용의 편지. 긴간(緊簡).

긴청(緊請)명하타 ☞긴탁(緊託).

긴촉(緊囑)명하타 ☞긴탁(緊託).

긴축(緊縮)명하타되자 ①바짝 줄임. ②(재정을 든든히 하기 위하여) 지출을 크게 줄임.

긴축^예:산(緊縮豫算)[-녜-]명 규모를 크게 축소시킨 예산.

긴축^재정(緊縮財政)[-째-]명 국가나 지방 자치 단체에서, 지출의 삭감, 공채(公債)의 정리 등에 의하여 예산 규모를 축소시킨 재정.

긴축^정책(緊縮政策)[-쩡-]명 긴축 재정에 의하여 경제 활동을 억제하고 경기의 과열을 막으려는 정책.

긴탁(緊託)명하타 긴요하게 부탁함, 또는 그런 부탁. 긴청(緊請). 긴촉(緊囑).

긴:팔-원숭이명 성성잇과의 동물. 몸길이 90 cm 높이. 앞다리가 몹시 길어 뒷다리만으로 바로 섰을 때도, 앞다리의 끝이 땅에 닿음. 꼬리는 없음. 중국 남부에서 동남아시아에 걸친 지역의 숲 속 나무 위에서 떼 지어 삶. 앞다리를 이용하여 가지에서 가지로 건너다니며 나무 열매를 따 먹음.

긴-하다(緊-)형여 긴요하다. 긴-히用 ¶긴히 할 이야기가 있어서 왔다.

긴혈(緊歇)명 필요함과 불필요함.

긴힘⟨옛⟩ 기둥. ¶긴:긷:柱(訓解).

긷:다[-따][길으니·길어]타ㄷ 우물이나 샘 같은 데서 두레박 따위로 물을 퍼 올려 그릇에 담다, 또는 그 물을 나르다. ¶물을 길어 오다.

긷블휘명 ⟨옛⟩ 기둥뿌리. ¶긷블휘 서거 ㅎ야며다며(法華2:56).

길명 ①사람이나 자동차 등이 다닐 수 있도록 만들어진 곳. ¶길이 시원하게 뚫리다. ②물 위나 공중에서 일정하게 다니는 곳. ¶배로 가는 길. ③도중(途中). 《(주로, '-은(는) 길에'·'-은(는) 길이다'의 꼴로 쓰임.)》¶퇴근하는 길에 가게에 들렀다. ④시간이나 공간을 거치는 과정. ¶우리 민족이 걸어온 길. ⑤목표로 하는 방향. ¶배움의 길. ⑥방법이나 수단. 《(주로, '-은(는) 길밖에'·'-을 길'의 꼴로 쓰임.)》¶타협할 길이 없다. ⑦어떤 자격이나 신분으로서 해야 할 도리. ¶자식으로서의 길. ⑧여정(旅程). 행정(行程). ¶미국 방문 길. ⑨방면이나 분야. ¶그 길의 전문가다. ⑩어떤 행동이 끝나자마자 즉시. 《(주로, '-은(는) 길로'의 꼴로 쓰임.)》¶퇴근하는 길로 곧장 약속 장소로 갔다.

길로 가라니까 메로 간다속담 '일마다 엇나가기만 하는 사람'을 빗대어 하는 말.

길을 두고 메로 갈까속담 쉽게 할 수 있는 것을 구태여 어렵게 할 리 없다는 말.

길을 알면 앞서 가라속담 자신이 있으면 서슴지 말고 하라는 말.

길이 아니거든[아니면] 가지 말고 말이 아니거든[아니면] 듣지[탓하지] 말라속담 언행을 함부로 하지 말고, 정도(正道)에서 벗어나는 일이면 처음부터 하지 말라는 말.

길(을) 뚫다관용 어떤 방법을 찾다.

길을 재촉하다관용 빨리 가다. 빨리 가도록 서두르다.

길(이) 닿다관용 어떤 일을 하기 위한 관계가 맺어지다.

길²명 ①익숙해진 솜씨. ②(짐승을 잘 가르쳐서) 부리기 좋게 된 버릇. ¶길이 잘 든 말. ③손질을 잘하거나 오래 써서 다루기 좋게 된 상태.

길을 들이다관용 길이 들게 하다.

길이 나다관용 ①버릇처럼 되어 버리다. ②윤이 나거나 쓰기 좋게 되다.

길이 들다관용 ①(짐승이) 부리기 좋게 되거나 잘 따르게 되다. ②(서투르던 것이) 익숙하게 되다. ③(손질을 많이 하여) 윤이 나거나 다루기 좋게 되다.

길:³명 두루마기 따위의 섶과 무 사이에 있는 넓고 큰 폭. 〔앞길과 뒷길이 있음.〕

길⁴명 〈질(帙)〉의 변하말.

길⁵명 《일부 명사 뒤에 쓰이어》 품질·실력·정도 등의 높고 낮음을 나타냄.

길:⁶의 ①(사람의 키의 한 길이. ¶열 길 물속은 알아도 한 길 사람 속은 모른다. ②길이의 한 단위. 〔여덟 자 혹은 열 자.〕

길명〈옛〉. ¶님파다 너븨와 길왜 다 스믈다 솟 由旬이오(月釋8:12).

길-가[-까]명 길의 양쪽 가. 길섶. 노방. 노변.

길-갈래명 광산 구덩이 안의, 이리저리 통하는 길.

길갓-집[-깟찝/-깐찝]명 길의 가에 있는 집.

길-거리[-꺼-]명 사람이나 자동차가 많이 다니는 길. 가구(街衢). 준거리¹.

길경(吉慶)명 아주 경사로운 일.

길경(桔梗·吉莄)명 '도라지'로 순화.

길괘(吉卦)명 좋은 괘. 길한 점패. ↔흉괘.

길-군악(-軍樂)[-꾸나]명 ☞행군악(行軍樂).

길:길-이[-리]부 ①(여러 길이나 되게) 아주 높이. ¶나뭇단이 길길이 쌓였다. ②성이 나서 펄펄 뛰는 모양. ¶길길이 뛰며 소리치다.

길-꾼명 노름 따위에 '길이 익어 잘하는 사람'을 얕잡아 이르는 말.

길-나다[-라-]자 길이 나다. 본길².

길-나장이(-羅將)[-라-]명 조선 시대에, 수령(守令)이 외출할 때 길을 인도하던 나장. 본길라잡이.

길년(吉年)[-련]명 결혼하기 좋은 연운(年運).

길-녁[-력]명 길목이나 길 부근. 길이 트인 쪽. *길녘이[-녀키]·길녘만[-령-]

길-놀이[-로리]명 탈춤놀이에 들어가기 전에, 탈꾼들이 탈춤을 놀 곳까지 삼현 육각(三絃六角)을 잡히면서 가는 행렬.

길-눈¹[-룬]명 한 번 가 본 길을 잘 익혀 두는 눈썰미.

길눈(이) 밝다관용 한 번 가 본 길을 잘 찾아갈 수 있을 만큼 눈썰미가 좋다.

길눈(이) 어둡다관용 한 번 가 본 길을 잘 찾아갈 수 없을 만큼 눈썰미가 좋지 않다.

길:-눈²[-룬]명 한 길이나 될 만큼 많이 쌓인 눈.

길:다¹[기니·길어]자 머리카락이나 수염 따위가 자라다. ¶머리가 많이 길었다.

길:다²[기니·길어]형 ①한쪽 끝에서 다른 쪽 끝까지의 사이가 멀다. ¶가로가 세로보다 약간 더 길다. ②시간이 오래다. ¶긴 세월. ③글이나 말 따위의 분량이 많다. ¶짧은 글과 긴 글. ④소리·한숨 따위가 오래 계속되다. ¶길게 한숨을 내쉬다. ↔짧다.

길고 짧은 것은 대어[재어] 보아야 안다속담 ①누가 나은가는 실제로 겨루어 보아야 안다는 말. ②무슨 일이나 실제로 겪어 보아야 잘 알게 된다는 말.

길-다랗다형ㅎ '기다랗다'의 잘못.

길-닦이명하자 패거나 허물어진 길을 고쳐 닦음.

길:-동그랗다[-라타][~동그라니·~동그래]형ㅎ 기름하고 동그랗다. 큰길둥그렇다.

길:-동글다[~동그니·~동글어]〖형〗기름하고 동글다. ❀길둥글다.

길-동무[~똥-]〖명〗길을 함께 가는 동무. 같은 길을 가는 사람. 길벗.

길동무-하다[~똥-]〖자타〗동무가 되어 함께 길을 가다. 또는 동무로 삼아 함께 길을 가다. ¶개를 길동무하며 밤길을 걷다.

길:-둥그렇다[-러타][~둥그러니·~둥그레]〖형〗기름하고 둥그렇다. ⊛길둥그랗다.

길:-둥글다[~둥그니·~둥글어]〖형〗기름하고 둥글다. ❀길둥글다.

길드(guild)〖명〗중세 서(西)유럽의 각 도시에서 발달한, 상인과 수공업자들의 상호 부조적인 동업 조합.

길-들다[~드니·~들어]〖자〗①짐승을 잘 가르쳐서 부리기 좋게 되다. ¶길든 송아지. ②물건이나 세간에 손질을 잘하여 윤이 나거나 쓰기 좋게 되다. ¶잘 길든 세간살이. /길든 만년필. ③서투르던 솜씨가 익숙해지다. ¶길든 솜씨라서 이제 어렵지 않다.

길들-이다〖타〗『'길들다'의 사동』①짐승을 잘 가르쳐 부리기 좋게 만들다. ¶소를 길들이느라 애를 먹다. ②물건에 손질을 잘하여 윤이 나게 하거나 쓰기 편하게 만들다. ③일이 손에 익게 하다.

길:디-길다[~기니·~길어]〖형〗매우 길다. 썩 기다랗다.

길라-잡이〖명〗〈길잡이〉의 본딧말. ⊛길나장이.

길래[1]〖부〗길게. 길이. 오래도록. ¶길래 써 오던 손에 익은 연장.

길래[2]〖조〗'기에'를 구어적으로 이르는 말.

-길래〖어미〗'-기에'를 구어적으로 이르는 말.

길례(吉例)〖명〗좋은 전례(前例).

길례(吉禮)〖명〗①나라 제사의 모든 예절. ②관례나 혼례 등의 경사스러운 예식.

길로틴(guillotine)〖명〗'기요틴'의 잘못.

길마〖명〗짐을 싣기 위하여 소의 등에 안장처럼 얹는 도구. ¶길마를 지우다. /길마를 짓다.
> **길마 무거워 소 드러누울까**〖속담〗일을 당하여 힘에 부칠까 걱정하지 말라는 말.

길맛-가지[-마까~/-맏까-]〖명〗길마의 몸을 이루는, 말굽쇠 모양으로 구부러진 나무.

길-모퉁이〖명〗길이 구부러지거나 꺾이어 돈 곳. ¶길모퉁이를 돌아서면 바로 우리 집이다.

길-목[1]〖명〗①큰길에서 좁은 길로 갈라져 들어가는 어귀. 길목으로 들어서다. ②길의 중요한 통로가 되는 목. ¶길목을 지키다. ③'어떤 시기에서 다른 시기로 넘어가는 때'를 비유하여 이르는 말. ¶우리는 21세기의 길목에 서 있다.

길목[2]〖명〗〈길목버선〉의 준말.

길목-버선[-뻐-]〖명〗먼 길을 갈 때 신는 허름한 버선. ⊕길목[2].

길몽(吉夢)〖명〗좋은 일이 생길 징조가 되는 꿈. 상몽(祥夢). ↔흉몽.

길:-물〖명〗깊이가 한 길쯤 되는 물.

길미〖명〗빚돈에 덧붙어 일정한 푼수로 느는 돈. 변리(邊利). 이식(利息). 이자(利子). 이전(利錢).

길-바닥[-빠-]〖명〗①길의 바닥. 길의 표면. 노면(路面). ②길바닥이 아주 미끄럽다. ②길 가운데. ¶길바닥에 버티고 서서 차를 가로막다.

길-바로〖부〗길을 옳게 잡아들어서.

길-벌레[-뻘-]〖명〗기어 다니는 벌레를 통틀어 이르는 말. ⊕날벌레.

길-벗[-뻗-]〖명〗길동무. * 길벗이[-뻐시]·길벗만[-뻔-]

길보(吉報)〖명〗좋은 소식. ¶길보를 전하게 되어 나도 기쁘다. ↔흉보(凶報).

길복(吉服)〖명〗①상례(喪禮)에서, 삼년상(三年喪)을 치른 뒤에 입는 예사 옷. ②혼인 때, 신랑 신부가 입는 옷.

길복-벗김(吉服-)[-뻗낌]〖명〗☞관디벗김.

길-봇짐(-褓-)[-보쩜/-봗쩜]〖명〗먼 길을 떠날 때 꾸리는 봇짐. ¶길봇짐을 싸다.

길사(吉士)[1]〖명〗①마음이 어진 선비. ②운수가 트인 사람.

길사(吉士)[2][-싸]〖명〗신라 때의 17관등의 열넷째 등급. 계대오.

길사(吉事)[-싸]〖명〗(혼인이나 환갑 같은) 좋은 일. 기쁜 일. ↔흉사.

길상(吉相)[-쌍]〖명〗복을 많이 받을 아주 좋은 상격(相格). ↔흉상.

길상(吉祥)[-쌍]〖명〗운수가 좋은 징조. 좋은 일이 있을 조짐. 길서(吉瑞).

길상-과(吉祥果)[-쌍-]〖명〗'석류(石榴)의 열매'를 풍류스럽게 이르는 말.

길상-문(吉祥紋)[-쌍-]〖명〗〔수(壽)·복(福)·부(富)·귀(貴) 등〕길상의 뜻을 지닌 한자를 이용한 무늬.

길상-선사(吉祥善事)[-쌍-]〖명〗더없이 기쁘고 좋은 일.

길서(吉瑞)[-써]〖명〗☞길상(吉祥).

길성(吉星)[-썽]〖명〗길한 조짐이 있는 별. 상서로운 별. ↔흉성.

길-섶[-썹]〖명〗길의 가장자리. 길가. ¶길섶에 주저앉다. * 길섶이[-써피]·길섶만[-썸-]

길-속[-쏙]〖명〗전문적인 일의 속내. ¶처음 하는 일이라 길속을 모르겠다.

길-손[-쏜]〖명〗먼 길을 가는 나그네.

길시(吉時)[-씨]〖명〗운이 좋은 때. 길한 시각.

길신(吉辰)[-씬]〖명〗①길한 시절. 좋은 시절. ②☞길일(吉日).

길쌈〖명〗(민간에서 수공업적으로) 자연 섬유를 원료로 하여 피륙을 짜는 일. 낳이. ⊛방적(紡績).

길-앞잡이[1][기랍짜비]〖명〗길앞잡잇과의 곤충. 몸은 둥글고 편평함. 몸길이 1.5cm가량. 몸빛은 녹색 또는 적색으로 윤이 나고, 겉날개에는 적록 바탕에 황색 무늬가 있음. 여름철 산간 도로 등에서 사람의 앞길을 질러서 날아다님. 가뢰.

길-앞잡이[2]〖명〗'길잡이'의 잘못.

길어〖타〗〈옛〉〔'기르다'의 활용형〕길러. ¶젓 머기며 飮食머겨 길어(圓覺上-之-111).

길어-지다〖자〗①길게 되다. ¶해가 길어지다. ↔짧아지다. ②동안이 뜨게 되다. ¶회의가 길어지다.

길연(吉宴)〖명〗상서로운 연회.

길-옆[-녑]〖명〗길의 가장자리. ¶양쪽 길옆에는 코스모스가 나란히 피었다. * 길옆이[-려피]·길옆만[-념-]

길운(吉運)〖명〗좋은 운수. ↔악운(惡運).

길월(吉月)〖명〗운수가 좋은 달. 영월(令月).

길-이[1]〖명〗①어떤 물건의 한 끝에서 다른 한 끝까지의 거리. ②어떤 때로부터 다른 때까지의 동안. ¶낮의 길이가 짧아지다. ③논문·소설 따위의 분량. ¶글의 길이다.

길-이[2]〖부〗긴 세월이 지나도록. 오래도록. ¶길이 보전하세.

길이-길이〖부〗영원히. 아주 오래오래. 긴 세월이 지나고 또 지나도록. ¶길이길이 만고에 빛날 업적.

길이모-쌓기[-쌔키]**명** 벽돌의 길이가 벽 표면에 나타나게 가로 쌓는 일.

길-이불[-리-]**명** 여행할 때 가지고 다니기 쉽게 만든 얇고 가벼운 이불.

길인(吉人)**명** 성품이 바르고 복스럽게 생겼으며, 팔자가 좋은 사람.

길일(吉日)**명** 길한 날. 좋은 날. 길신(吉辰). ¶길일을 잡다. ↔악일(惡日)·흉일(凶日).

길잡-이명 ①앞에 나서서 길을 인도하는 사람. 지로꾼. ¶길잡이도 없이 떠나다. **본**길라잡이. **②**앞으로 나아갈 길의 목표가 되는 사물. ¶풍요로운 삶의 길잡이.

길:-**장**(-長)**명** 한자 부수의 한 가지. '肆'·'肄' 등에서의 '镸'의 이름.

길장(吉仗)**명** 조선 시대에, 가례(嘉禮)와 의식(儀式)에 쓰던 모든 의장(儀仗).

길제(吉祭)[-쩨]**명** 죽은 지 27개월 만에 지내는 제사. 〔담제(禫祭)의 다음 날에 지냄.〕

길-제사(-祭祀)[-쩨-]**명 ①**포수가 사냥 갈 때 산신(山神)에게 지내는 제사. **②**먼 길을 떠나는 사람이 가는 길이 편안하기를 빌며 지내는 제사.

길조(吉兆)[-쪼]**명** 좋은 일이 있을 징조. 상서로운 조짐. 가조(佳兆). 길징(吉徵). **비**휴조(休兆). ↔흉조(凶兆).

길조(吉鳥)[-쪼]**명** 사람에게 어떤 길한 일이 생길 것을 미리 알려 준다는 새. ↔흉조(凶鳥).

길지(吉地)[-찌]**명** 지덕(地德)이 아주 좋은 집터나 묏자리.

길-짐[-찜]**명** 지난날, 길가에 사는 백성이 번갈아 가면서 지어 나르던 관가(官家)의 짐.

길-짐승[-찜-]**명** 기어 다니는 짐승을 통틀어 이르는 말. 주수(走獸). ↔날짐승.

길징(吉徵)[-찡]**명** ☞길조(吉兆).

길쭉-갈쭉[-쭉]**부하형** 모두가 다 길쭉한 모양. **작**갈쭉갈쭉.

길쭉스름-하다[-쓰-]**형여** 조금 길쭉하다. **작**갈쭉스름하다.

길쭉-하다[-쭈카-]**형여** (길이가) 좀 길다. ¶길쭉한 얼굴. **작**갈쭉하다. **길쭉-이부**.

길쯔막-하다[-마카-]**형여** 좀 넉넉히 길쯤하다. **작**갈쯔막하다.

길쯤-길쯤부하형 모두가 다 길쯤한 모양. **작**갈쯤갈쯤.

길쯤-하다형여 꽤 기름하다. **작**갈쯤하다. **길쯤-이부**.

길찍-길찍[-찍-]**부하형** 모두가 다 길찍한 모양. **작**갈찍갈찍.

길찍-하다[-찌카-]**형여** (길이가) 꽤 길다. **작**갈찍하다. **길찍-이부**.

길-차다형 ①아주 훤칠하게 길다. ¶길차게 자란 대나무. **②**나무가 우거져 깊숙하다. ¶길찬 숲 속.

길-책(-冊)**명** 〈질책(帙冊)〉의 변한말.

길-처명 향하여 가는 길의 근처에 있는 지방. ¶그 길처는 나도 발이 익다.

길-청(-廳)**명** 지난날, 군아(郡衙)에서 아전이 일을 보던 곳.

길체명 한쪽으로 치우쳐 있는 구석진 자리. 한쪽 모퉁이. 한 길체에 놓아두다.

길치명 남도(南道)에서 나는 황소. 〔살지고 윤기가 흐르나 억세지 못함.〕

길카리명 가깝지 아니한 친척.

길-품명 남의 갈 길을 대신 가 주고 삯을 받는 일.

길품(을) 팔다관용 ①남의 갈 길을 대신 가 주고 삯을 받다. **②**아무 보람이 없이 헛길만 걷다.

길품-삯[-싹]**명** 남의 갈 길을 대신 가 주고 받는 삯. *길품삯이[-싹이]·길품삯만[-쌍-].

길-하다(吉-)**형여** 운이 좋거나 일이 상서롭다. ¶길한 오늘의 운세.

길항(拮抗)**명하자** 서로 버티어 대듦.

길항-근(拮抗筋)**명** 서로 반대되는 작용을 동시에 하는 근육, 곧 한쪽이 줄어들면 다른 한쪽은 늘어나는 한 쌍의 근육. ↔공력근.

길항^작용(拮抗作用)**명** 반대되는 두 가지 요인이 동시에 작용하여 그 효과를 서로 상쇄시키는 일. 〔약물의 부작용을 없애기 위해 저항성이 있는 약물을 투여하는 일 따위.〕

길행(吉行)**명** 경사스러운 일에 가는 길.

길-호사(-豪奢)**명하자** 부임하거나 신행 가는 길에 하는 호사를 차리고 감.

길흉(吉凶)**명** 길함과 흉함. ¶길흉을 점치다.

길-흉사(吉凶事)**명** 길사와 흉사를 아울러 이르는 말.

길흉-화복(吉凶禍福)**명** 길함과 흉함과 재앙과 행복, 곧 '사람의 운수'를 이르는 말.

값명(옛)길가. ¶갌긔셔 百姓이(龍歌57章).

깊명(옛)길. ¶길흘 멀오 도즈군 하고(月釋 10:23).

김:¹명 ①액체가 열을 받아서 된 기체. ¶김이 무럭무럭 나다. **②**숨 쉴 때 입에서 나오는 더운 기운. ¶언 손을 입으로 김을 내어 녹이다. **③**수증기가 찬 기운을 받아서 엉긴 작은 물방울의 집합체. ¶김이 서리다. **④**맥주·청량음료 등에 들어 있는 이산화탄소. ¶김이 빠진 맥주.

김 안 나는 숭늉이 더 뜨겁다속담 공연히 떠벌리는 사람보다 침묵을 지키고 있는 사람이 더 무섭다는 말.

김:²명 논밭에 난 잡풀. ¶밭의 김을 매다.

김:³명 보라털과의 해초(海草). 몸길이 14~25cm, 너비 5~12cm로 종이처럼 얇고 가장자리에 주름이 짐. 빛깔은 자줏빛 또는 붉은 자줏빛으로, 바닷물 속의 암초에 이끼처럼 붙어서 자람. 식용으로 널리 양식함. 감태(甘苔). 청태(靑苔). 해의(海衣).

김⁴명 어떻게 된 기회, 또는 어떻게 된 바람. (('-은(는) 김에'의 꼴로 쓰임.)) ¶온 김에 만나 보고 가자.

김:-구이명 김에 참기름을 바르고 고운 소금을 뿌려 구운 것.

김:-국[-꾹]**명** 맑은장국에 김을 구워 넣고 달걀을 풀어 끓인 국.

김:-내기명하자 ☞증산 작용(蒸散作用).

김:-매기명하자 논밭의 잡초를 뽑는 일. 김매는 일. 제초(除草).

김:-매다자타 논밭의 잡풀을 뽑거나 묻거나 하여 없애다.

김:-발[-빨]**명 ①**김을 양식할 때, 김의 포자(胞子)가 붙어 자랄 수 있도록 설치한 발. 〔대나무를 쪼개어 엮어 놓거나 섬·그물 따위를 걸쳐 둠.〕**②**김밥을 말 때 쓰는 발.

김:-밥명 김으로 밥을 말아 싼 음식. 주로, 속에 반찬으로 소를 넣어 만듦.

김:-봇짐[-보찜/-볻찜]**명** 네모지게 자른 김으로 창 두께 개를 싸서 기름에 지진 반찬.

김:-빠지다자 ①음식 본디의 맛이 없어지다. ¶김빠진 맥주. **②**사물의 핵심 부분이 없어지다. ¶김빠진 소리 그만 하게. **③**흥이나 의욕이 없어지다. ¶김빠진 행사.

김:-새다자 '흥이 깨지다' 또는 '맥이 빠져 싱겁게 되다'를 속되게 이르는 말.

김신선-전(金神仙傳)**명** 조선 영·정조 때의 학자 박지원(朴趾源)이 지은 한문 소설. 신선의 허무함을 그린 내용으로, '연암외집(燕巖外集)'에 전함.

김:-쌈명 김구이로 밥을 싸 먹는 쌈.

김장(←沈藏)**명하자** 입동(立冬) 전후에 겨울 동안 먹을 배추김치·깍두기·동치미 따위를 한목 담가 두는 일, 또는 담근 그 음식. 침장(沈藏). 진장(陳藏).

김장-감(←沈藏-)[-깜]**명** 김장에 쓰이는 무·배추 따위의 채소. 김장거리.

김장-값(←沈藏-)[-깝]**명** 김장하는 데 드는 비용. *김장값이[-갑씨]·김장값만[-깜-]

김장-거리(←沈藏-)[-꺼-]**명** 김장감.

김장-독(←沈藏-)[-똑]**명** 김장을 해서 담아 두는 독.

김장-밭(←沈藏-)[-받]**명** 김장에 쓸 무·배추 따위를 심어 놓은 밭. *김장밭이[-바치]·김장밭을[-바틀]·김장밭만[-반-]

김장-철(←沈藏-)**명** 김장하기에 알맞은 때. [입동(入冬) 전후의 시기를 이름.]

김장-파(←沈藏-)**명** (김장에 쓰기 위하여) 모종하여 기른 파. [씨로 심은 파보다 맛이 독함.]

김지이지(←金-의李-의)**명** 성명이 분명하지 않은 여러 사람을 두루 이를 때 쓰는 말.

김치(←沈菜)**명** 무·배추·오이 같은 채소를 소금에 절였다가 고추·파·마늘·젓 등의 양념을 버무려 넣고 담근 반찬.

김치-말이(←沈菜-)**명** 김칫국에 만 밥이나 국수 따위.

김치-밥(←沈菜-)**명** 돼지고기를 볶은 다음, 김치를 썰어 넣고 쌀을 앉혀 지은 밥.

김치-주저리(←沈菜-)**명** 청이 달린 채로 소금에 절여 담근 무김치나 배추김치의 잎.

김치-찌개(←沈菜-)**명** 김치를 넣고 끓인 찌개.

김칫-국(←沈菜-)[-치꾹/-칟꾹]**명** ①김치의 국물. ②김치를 넣고 끓인 국.
  김칫국 먹고 수염 쓴다(속담) 실속은 없으면서 겉으로만 있는 체한다는 말.
  김칫국부터 마신다(속담) '남의 속도 모르고 제 짐작으로 지레 그렇게 될 것을 믿고 행동함'을 비유하여 이르는 말.

김칫-독(←沈菜-)[-치똑/-칟똑]**명** 김치를 담아 두는 데 쓰는 독.

김칫-돌(←沈菜-)[-치똘/-칟똘]**명** 김칫독 안의 김치 포기가 뜨지 않도록 눌러 놓는 돌.

깁명 명주실로 바탕을 좀 거칠게 짠, 무늬 없는 비단. [사(紗)와 견(絹) 따위.]

깁누비다타 (옛) 깁고 누비다. ¶깁누뷰를 請홀디니(內訓1:45).

깁:-다[-따][기우니·기워]**타ㅂ** ①해진 곳에 딴 조각을 대어 때우거나 그대로 꿰매다. ¶찢어진 옷을 깁다. ②글이나 책에서 부족한 점을 보충하다.

깁:-바탕[-빠-]**명** 그림을 그리거나 글씨를 쓸 때 바탕이 되는 깁, 또는 그 그림이나 글씨.

깁스(Gips 독)**명** ①소석고. 석고. ②〈깁스붕대〉의 준말. ③하자타깁스붕대로 싸매는 일.

깁스-붕대(Gips繃帶)**명** 붕대를 석고로 굳힌 것. 몸의 한 부분을 고정시키는 데 쓰임. 석고 붕대. **준**깁스.

깁:-실[-씰]**명** ☞견사(絹絲).

깁:-창(-窓)**명** 깁으로 바른 창.

깁:-체명 깁으로 쳇불을 멘 체. 고운 가루를 치는 데 쓰임.

깃[긷]**명** 외양간·마구간·닭장 같은 데에 깔아 주는 짚이나 마른풀. 깃[기시]·깃만[긴-]
  깃(을) **주다**(관용) 외양간·마구간·닭장 같은 데에 짚이나 마른풀을 깔아 주다.

깃[긷]**명** ①새 날개의 털. ②화살의 깃간도피 아래에 세 갈래로 붙인 새 날개의 털. *깃이[기시]·깃만[긴-]

깃[긷]**명** ①옷깃. ¶깃을 여미다. ②이불 거죽의 위쪽에 가로 대는 다른 빛깔의 천. *깃이[기시]·깃만[긴-]

깃[긷]**명** 〈부싯깃〉의 준말. *깃이[기시]·깃만[긴-]

깃[긷]**명** 무엇을 여럿으로 나눌 때의 그 한 몫. *깃이[기시]·깃만[긴-]

깃명 (옛) 새집. 보금자리. ¶깃爲巢(訓解).

깃-가지[긷까-]**명** 깃대에서 갈라져 깃털을 내고 있는 작은 관 모양의 가지. 우지(羽枝).

깃-간(-間)[긷깐]**명** 화살의 깃을 붙인 사이.

깃간-도피(-間桃皮)[긷깐-]**명** 화살의 오늬 아래에서부터 깃 위까지를 싼 복숭아나무의 껍질.

깃간-마디(-間-)[긷깐-]**명** 화살의 깃이 붙은 아랫마디.

깃거ᄒ다(-다) 〈옛〉 기뻐하다. ¶諸天이 듣고 다 깃거ᄒ더라(月釋2:17).

깃-고대[긷꼬-]**명** 옷의 깃을 붙이는 자리. 두 어깨 솔 사이로 목 뒤에 닿는 곳. **준**고대.

깃-광목(-廣木)[긷꽝-]**명** 마전하지 아니한 광목.

깃-기(-記)[긷끼]**명** ①(지난날) ①지주(地主)의 이름과 조세액(租稅額)을 적은 장부. ②자손이 상속할 재산의 몫을 적은 서류.

깃다[긷따]**자** 논밭에 잡풀이 많이 나다. *깃어·깃는[긴-]

깃다형 (옛) 무성하다. ¶즈믄 프리 깃고 쏘 퍼러토다(杜重2:68).

깃-달이[긷따리]**명** ①옷깃을 다는 일. ②옷깃을 단 솜씨. ¶깃달이가 얌전하다.

깃-당목(-唐木)[긷땅-]**명** 마전하지 아니한 채로의 당목.

깃-대[긷때]**명** 깃털의 굵은 관 모양의 줄기.

깃-대(旗-)[기때/긷때]**명** 기를 달아매는 긴 막대기. (旗竿). ¶깃대를 세우다.

깃-들다[긷뜰-][~드니·~들어]**자** ①아늑하게 서려 들다. ¶어둠이 깃든 들판. ②감정 따위가 어리거나 스미다. ¶건전한 신체에 건전한 정신이 깃든다.

깃들-이다[긷뜨리-]**자** ①짐승이 보금자리를 만들고 그 안에 들어 살다. ②그 안에 머물러 살다, 또는 자리 잡다. ¶이 마을 앞산에는 곳곳에 사찰이 깃들여 있다.

깃-머리[긷-]**명** 소의 양(脬)에 붙어 있는 좁고 두꺼운 고기. 양곱이나 회깻에 씀.

깃-목(-木)[긷-]**명** 마전하지 아니한 무명베.

깃-발(旗-)[기빨/긷빨]**명** ①기의 바탕이 되는 넓다란 부분. [종이나 천으로 만듦.] 기엽(旗葉). 기폭(旗幅). ¶승리의 깃발. ②깃대에 매지 않는 쪽의 기폭 귀에 붙인 긴 오리. 기각(旗脚). ③'사상이나 목적 따위를 뚜렷하게 내세우는 태도나 주장'을 비유하여 이르는 말. ¶민주주의 깃발 아래 뭉치다.
  깃발(을) **날리다**(관용) ①기세가 등등하다. ②우쭐거리는 품이 대단하다.
  깃발(을) **들다**(관용) 누구라도 앞장서서 나서기를 꺼리는 공동의 일에 대표로 나서다.

깃-봉(旗-)[기뽕/긷뽕]몡 깃대 끝에 있는 연꽃 모양의 봉.

깃브다혱 〈옛〉 기쁘다. ¶깃븐 ᄆ숨(蒙法18).

깃-옷[기돋]몡 졸곡(卒哭) 때까지 상제가 입는 깃목으로 된 상복. 깃옷. *깃옷이[기도시]·깃옷만[기돈-]

깃-우(-羽)[기두]몡 한자 부수의 한 가지. '翁'·'習' 등에서의 '羽'의 이름.

깃-저고리[깃쩌-]몡 깃과 섶을 달지 않은 갓난아기의 저고리. 배내옷. 배냇저고리.

깃-털[긴-]몡 ①새의 깃과 짐승의 털. ②깃에 붙어 있는 새의 털. 우모(羽毛).

깃-펜(-pen)[긴-]몡 옛날 서양에서, 깃을 깎아서 만들어 쓰던 펜.

깃들이다짜 〈옛〉 깃들이다. ¶미햇 사ᄅᆞᆷ은 半만 깃ᄒᆞ야 사놋다(重杜1:31).

깃다짜타 〈옛〉 기뻐하다. ¶ᄒᆞ녀 ᄀᆞ론 분별ᄒᆞ시고 ᄒᆞ녀 ᄀᆞ론 깃거(釋譜6:3). /仁義之兵을 遼左ㅣ 깃ᄉᆞ᠍ᄫᅵ니(龍歌41章).

긷다짜 〈옛〉 남다. ¶목숨 기트리잇가(龍歌51章).

깊다[깁따]혱 ①겉에서 안가지, 또는 위에서 밑까지의 사이가 멀다. ¶깊은 바다. /강이 깊다. ②마음이 침착하고 듬쑥하다. ¶나이는 어리지만 생각은 아주 깊다. ③정이나 사귐이 가깝고 두텁다. ¶깊은 사이. ④어떤 상태가 오래되어 정도가 더하다. ¶깊은 밤. /이제 가을도 깊었네. ⑤어떤 수준이나 정도가 높다. ¶문학에 대한 조예가 깊다. ①②⑤→얕다. *깊어·깊은

깊-다랗다[깁따라타][~다라니·~다래]혱ᇂ (생각보다) 매우 깊다.

깊-드리[깁뜨-]몡 바닥이 깊은 논.

깊디-깊다[깁띠깁따]혱 매우 깊다. 썩 깊다.

깊숙-하다[깁쑤카-]혱에 깊고 으슥하다. ¶깊숙한 골짜기. 깊숙-이뮘 깊숙이 감추다.

깊은-사랑(-舍廊)몡 여러 사람이 모여 놀게 만든, 움과 같은 바깥방.

깊-이[기픠]몡 속까지의 길이. 代(사람이나 사물이 지니고 있는) 무게. ¶깊이가 있는 작품.

깊이²뮘 ①깊게. 깊도록. ¶깊이 명심해라. ②잘. 자세히. ¶그 내용은 깊이 모른다.

깊이-깊이뮘 매우 깊이. ¶깊이깊이 간직하다.

깊이다타 ['깊다'의 사동] 깊게 하다.

ᄀᆞ[옛]가(邊). ¶밭 갈리 ᄀᆞᆯ 쇼ᄂᆞᆯ 샹양ᄒᆞ며(小解5:34). 좜ᄀᆞᆺ.

ᄀᆞ놀몡 〈옛〉 그늘. ¶ᄀᆞ놀 음:陰(訓蒙上1).

ᄀᆞ놀다혱 〈옛〉 가늘다. ¶ᄀᆞ논 길로(鄭澈.關東別曲).

ᄀᆞ놀지다짜 〈옛〉 그늘지다. ¶내 ᄀᆞ로ᄆᆞᆯ ᄀᆞ놀지게 ᄒᆞᆫᄂᆞ 대를 뒷노니(杜初6:45).

ᄀᆞ다ᄃᆞᆷ다 〈옛〉 가다듬다. ¶ᄀᆞ다ᄃᆞ마 精히 호야(圓覺序81).

ᄀᆞᄃᆞᆨ히 〈옛〉 가득히. ¶倉庫ㅣ ᄀᆞᄃᆞ기 넘씨고(釋譜9:20).

ᄀᆞ둑ᄒᆞ다짜 〈옛〉 가득하다. ¶十方界예 ᄀᆞ둑ᄒᆞ더시다(楞解1:30).

ᄀᆞ랏몡 〈옛〉 가라지. 강아지풀. ¶ᄀᆞ랏 유:莠. ᄀᆞ랏 패:稗(訓蒙下9).

ᄀᆞ랑비몡 〈옛〉 가랑비(細雨). ¶ᄀᆞ랑비:濛鬆雨(譯語上2). ᄀᆞ ᄆᆞᆯ비.

ᄀᆞ래몡 〈옛〉 가래5. ¶ᄀᆞ래爲楸(訓解).

ᄀᆞ래나모몡 〈옛〉 가래나무. ¶ᄀᆞ래나모 지:梓(類合上9).

ᄀᆞ로딕짜타 〈옛〉 가로되. 말하기를. ¶그 表애 ᄀᆞ로딕(月釋2:69).

ᄀᆞ론뮘 〈옛〉 이른바. ¶호나흔 ᄀᆞ론 수울 먹고 …슝스 즐겨호미오(呂約6).

ᄀᆞ리게 〈옛〉 가리게. 가리어. ¶陰은 ᄀᆞ리 두플씨니(月釋1:35).

ᄀᆞ리다혱 〈옛〉 갈리다. 닮다. ¶ᄒᆞ나흔 ᄀᆞ리고 ᄒᆞ나흔 둥 헐고(老解下9).

ᄀᆞ리다타 〈옛〉 가리다. ¶業障이 能히 ᄀᆞ리리 업스리라(月釋21:174).

ᄀᆞ리듪다타 〈옛〉 가리어 덮다. ¶陰은 ᄀᆞ리두플씨니 ᄒᆞᆫ 일 이쇼ᄆᆞᆯ 모도아 眞實ㅅ性을 ᄀᆞ리둛다 ᄒᆞ논 뜨디라(月釋1:35).

ᄀᆞ리ᄭᅵ다타 〈옛〉 금빈혀로 눈ᄌᆞᄉ애 ᄀᆞ리낀 거슬 거더ᄇᆞ리면(杜初9:19).

ᄀᆞ리얼다짜 〈옛〉 가리어 얼다. ¶얼여흘 ᄀᆞ리어러 獨木橋 빗겻ᄂᆞ딕(鄭澈.星山別曲).

ᄀᆞ리티다타 〈옛〉 후리다. 치다. 공략하다. ¶버러 우횟 매 ᄒᆞ번 비 브르면 ᄂᆞ라 ᄀᆞ리텨 가ᄂᆞ니(杜初25:55).

ᄀᆞᄅᆞ[ᄀᆞᆯ리·ᄀᆞᆯ리·ᄀᆞᆯ이·ᄀᆞᆯ으로]몡 〈옛〉 가루. ¶모ᄆᆞᆯ ᄇᆞᅀᆞ며 命을 ᄀᆞᄅᆞ ᄀᆞ히 ᄒᆞ야도(法華1:223). /ᄀᆞ리 드외ᄂᆞ니라(月釋1:29). /ᄀᆞ이 드외에 ᄒᆞ야(救解下71).

ᄀᆞᄅᆞ디르다타 〈옛〉 가로지르다. ¶너를 依藉ᄒᆞ야 져근 울헤 ᄀᆞᄅᆞ디르고(杜初25:2).

ᄀᆞᄅᆞ딜이다짜 〈옛〉 가로질리다. ¶다른 묏고리 ᄀᆞᄅᆞ딜옛ᄂᆞ니(杜初10:28).

ᄀᆞᄅᆞ비몡 〈옛〉 가랑비. ¶늣므리 ᄀᆞᄅᆞ빗ᄀᆞ티 ᄂᆞ리다(月釋1:36).

ᄀᆞᄅᆞ샤딕짜 〈옛〉 가라사대. 말씀하시기를. ¶孟子ㅣ ᄀᆞᄅᆞ샤딕 사ᄅᆞᆷ의 道ㅣ 이시며(小解1:8).

ᄀᆞᄅᆞ춈몡 〈옛〉['ᄀᆞᄅᆞ치다'의 명사형] 가르침. ¶고티니 몯호미 ᄀᆞᄅᆞ쵸미 常이오(月釋8:24).

ᄀᆞᄅᆞ치다타 〈옛〉 ①가르치다. ¶子孫을 ᄀᆞᄅᆞ치신ᄃᆞᆯ(龍歌15章). ②가리키다. ¶머리 하늘홀 ᄀᆞᄅᆞ치고(金三2:11).

ᄀᆞᄅᆞ춫다타 〈옛〉 대신하다. 갈음하다. ¶ᄀᆞᄅᆞ촐딕(訓蒙中1).

ᄀᆞᄅᆞ티다타 〈옛〉 후리치다. ¶ᄀᆞᄅᆞᄆᆞᆯ ᄀᆞᄅᆞ텨 數百 고기롤 흐버네 쎄려 내놋다(杜初16:62). 좜ᄀᆞᄅᆞ리티다.

ᄀᆞ롬몡 〈옛〉 강. 호수. ¶ᄀᆞ롬애 비 업거늘(龍歌20章). /ᄀᆞ롬 호:湖(訓蒙上4).

ᄀᆞ롬ᄒᆞ다타 〈옛〉 대신하다. 갈음하다. ¶사ᄅᆞᆷ ᄀᆞ롬ᄒᆞ시며 쇼ᄅᆞᆯ 건네샤디(楞解5:69).

ᄀᆞᄆᆞ니뮘 〈옛〉 가만히. ¶입의 거동은 ᄀᆞᄆᆞ니 이시며(小解3:13).

ᄀᆞᄆᆞᆫᄒᆞ다혱 〈옛〉 가만하다. ¶ᄀᆞᄆᆞᆫ혼 소리로 무르샤디(月釋21:218). /ᄀᆞᄆᆞᆫ혼 ᄇᆞᄅᆞ미 부러 뮈우면(阿彌12).

ᄀᆞᄆᆞᆯ몡 〈옛〉 가뭄. ¶ᄀᆞᄆᆞ래 아니 그츨ᄊᆞᆯ(龍歌2章).

ᄀᆞᄆᆞᆯ다혱 〈옛〉 가물다. ¶오래 ᄀᆞᄆᆞᆯ다가 비 오미 ᄯᅩ 됴토다(杜初22:3).

ᄀᆞᆺ몡 〈옛〉 감. 본. ¶신 ᄀᆞᆺ ᄇᆞ다:鞋鞋(四解下12).

ᄀᆞᄫᅦᆺ더니라혱 〈옛〉 ☞곱다.

ᄀᆞᅀᅡ[옛]['ᄀᆞᆺ다'의 활용형] 끊어.

ᄀᆞᅀᅢ몡 〈옛〉 가위1. ¶ᄀᆞᅀᅢ 전:剪(訓蒙中14). 좜ᄀᆞᆺ다.

ᄀᆞᅀᆞ라기몡 〈옛〉 까끄라기. ¶ᄀᆞᅀᆞ라기를 더러 ᄇᆞ리니 볏나치 븕도다(杜初7:18).

ᄀᆞᅀᆞᆷ몡 〈옛〉 감. 재료. ¶치쵹 ᄀᆞᅀᆞᆷ:顔料(訓蒙中30). /ᄀᆞᅀᆞᆷ 재:財(月釋下18).

ᄀᆞᅀᆞᆷ알다타 〈옛〉 가말다. 맡은 일을 처리하다. 거느리다. 재량하다. ¶사ᄅᆞ미 목수믈 ᄀᆞᅀᆞᆷ알며(月21:133).

ᄀᆞ애圀 〈옛〉 가위1. ¶ ᄀᆞ애 일빅 ᄌᆞᄅᆞ(老解下62). ᄬ ᄀᆞ새.

ᄀᆞ오누르다재 〈옛〉 가위누르다. ¶ 厭은 ᄀᆞ오누를 씨오 禱는 빌씨라(月釋9:58).

ᄀᆞ옰圀 〈옛〉 고을. ¶ 다ᄅᆞᆫ ᄀᆞ올히 녯 ᄀᆞ올히라와 됴토다(杜初8:35).

ᄀᆞ외圀 〈옛〉 고의. 아랫도리 옷. ¶ 드나드로매 암ᄆᆞᆫ ᄀᆞ외도 업스니라(杜重4:8).

ᄀᆞ을ᄒᆞ다퉵 〈옛〉 구별하다. 경계짓다. 비교하다. ¶ 水賊 맛논 都沙工의 안과 엇그제 님 여읜 내 안히사 엇다가 ᄀᆞ을ᄒᆞ리오(古時調).

ᄀᆞ옴圀 〈옛〉 감. 재료. ¶ ᄀᆞ옴이 다 잇ᄂᆞ냐(朴解下12). ᄬ ᄀᆞ옴.

ᄀᆞ옴알다 〈옛〉 가말다. 맡아 다스리다. ¶ 소리 나ᄂᆞ닐 信州로 ᄀᆞ옴알게 ᄒᆞ도다(杜初23:14). ᄬ ᄀᆞ솜알다.

ᄀᆞ장圀 〈옛〉 ①가장. 자못. ¶ 疎拙ᄒᆞ며 게으른 쁘디 ᄀᆞ장 기도다(杜初7:6). ②모두. 다. ¶ 一切 世間앳 ᄆᆞᆺ둘 ᄀᆞ장 브리고(蒙法23).

ᄀᆞ장2조 〈옛〉 ①까지. ¶ 無煩天브터 잇ᄀᆞ장올(月釋1:34). ②끝. ¶ 이제 져믄 저그란 안쪽 ᄆᆞᄎᆞᆷ ᄀᆞ장 노다가 조라면(釋譜6:11).

ᄀᆞ장ᄒᆞ다퉵 〈옛〉 끝까지 하다. ¶ 究ᄂᆞᆫ ᄀᆞ장ᄒᆞᆯ 씨라(月釋序21).

ᄀᆞ재圀 〈옛〉 가장. ¶ ᄀᆞ재 극:極(訓蒙下35).

ᄀᆞᄌᆞ기圀 〈옛〉 가지런히. ¶ 光明이 ᄀᆞᄌᆞ기 等ᄒᆞ며(金剛7).

ᄀᆞ족ᄒᆞ다 〈옛〉 가지런하다. ¶ ᄂᆡ 마ᅀᆞ니 ᄀᆞ족고 조코 최칙ᄒᆞ시며(月釋2:41).

ᄀᆞ족ᄒᆞ다 〈옛〉 가지런하다. ¶ 우리 무리 ᄌᆞ마 니러가 엇게 서로 ᄀᆞ족호도다(杜初8:27).

ᄀᆞ존ᄒᆞ다웮 〈옛〉['ᄀᆞᆺᄒᆞ다'의 활용형] 갖추다.

ᄀᆞ초圀 〈옛〉 갖추. ¶ 詮은 ᄀᆞ초 니를 씨라(月釋序21).

ᄀᆞ초ᄒᆞ다퉵 〈옛〉 ①갖추다. ¶ 되 征伐호믈 ᄀᆞ초아 ᄒᆞ놋다(杜初7:25). ②감추다. 간직하다. ¶ 甁ㄱ 소배 ᄀᆞ초아 뒷더시니(月釋1:10).

ᄀᆞ초ᄒᆞ다퉵 〈옛〉 가추다. ¶ 비록 ᄀᆞ초ᄒᆞ야 쟝ᄎᆞ 峽으로 나가노니(杜初15:16).

ᄀᆞ티圀 〈옛〉 같이. ¶ ᄊᆞᆺ 마시 쓸 ᄀᆞ티 들오(月釋1:42). ᄬ ᄀᆞᆮᄒᆞ다.

ᄀᆞᄐᆞ다웮 〈옛〉 같다. ¶ 始終이 ᄀᆞᄐᆞ실씨(龍歌79章). ᄬ ᄀᆞᆮᄒᆞ다.

곤쟝圀 〈옛〉 간장. ¶ 곤쟝:醬油(訓蒙中21).

곧圀 〈옛〉 같이. ¶ 눈 곧 ᄃᆞ니이다(龍歌50章).

곧초圀 〈옛〉 갖추. 골고루. ¶ 귀시 보던 바를 곧초 펴니(王郞5). ᄬ ᄀᆞᆮ초.

곧홈圀 〈옛〉 같음. ¶ 부텨 곧호미라(圓覺序57).

곧ᄒᆞ다웮 〈옛〉 같다. ¶ 듣논 소리 뫼ᅀᅮ리 곧ᄒᆞ야(月釋2:53). ᄬ ᄀᆞᆮ다.

곬圀 〈옛〉 갈대. 笭: 蘆(訓蒙).

골圀 〈옛〉 굴:屈(訓蒙).

골가마괴圀 〈옛〉 갈까마귀. ¶ 골가마괴 아:鴉(訓蒙上16).

골다2퉵 〈옛〉 갈다1. 바꾸다. ¶ 나랏 일홈 ᄀᆞᆯ시니(龍歌85章).

골다2퉵 〈옛〉 갈다2. ¶ 서르 ᄀᆞ로매 發ᄒᆞᄂᆞ니(楞解8:80).

골며기圀 〈옛〉 갈매기. ¶ 서르 親ᄒᆞ며 서르 갓갑ᄂᆞᆫ 믌가온딋 골며기로다(杜初7:3).

골바-쓰다퉵 〈옛〉 나란히 되게 아울러 쓰다. 병서(並書)하다. ¶ 첫소리를 어울뿔디면 골바 쓰라(訓諺).

골오기圀 〈옛〉 쌍둥이. ¶ 골오기 쌍:孿(訓蒙上33).

골외다재 〈옛〉 ①맞서 덤비다. 침범하다. ¶ 野人이 골외어늘(龍歌4章). ②쏘다니다. ¶ 거리로 골외디 말며(朴解上50).

골포圀 〈옛〉 겹으로. 거듭. 거푸. ¶ 칩거든 繡혼 니브를 골포 두퍼 조오로라(杜初20:17).

골히다퉵 〈옛〉 분별하다. 가리다. ¶ 하놀히 골히샤(龍歌8章).

골히욤圀 〈옛〉['골히다'의 명사형] 분별함. ¶ 남진과 겨집이 골히요미 이시며(小解1:9).

곫圀 〈옛〉 갈피. 겹. ¶ 흙 혼 곫을 브스텨(救簡1:69). /界는 ᄀᆞᄉᆡ라 ᄒᆞ며 골비라 ᄒᆞᄂᆞᆫ 마리니(月釋序1).

곫다 [골바·골와]퉵 〈옛〉 함께 나란히 하다. 맞서서 견주다. ¶ 엇게롤 곫디 몯ᄒᆞ리로다(杜初3:64). /并書ᄂᆞᆫ 골바쓸씨라(訓諺). /敢히 엇게롤 곫오리아(杜初22:53).

곰다1 〈옛〉 감다1. ¶ 누늘 ᄆᆞ거나 곰거나 ᄒᆞ야도(月釋8:8).

곰다2퉵 〈옛〉 감다3. ¶ 沐浴 ᄀᆞ마(釋譜9:23).

곰ᄌᆞ기다 〈옛〉 깜작이다. ¶ 뎡바기옛 光明이 업스며 누늘 조조 곰ᄌᆞ기며(月釋2:13).

곰족다 〈옛〉 깜작이다. ¶ 눈쯔시 곰족디 아니ᄒᆞ야(楞解2:15).

곰족ᄒᆞ다 〈옛〉 깜작하다. ¶ 눈 곰죽홀 ᄉᆞ이예 디나오니(杜重2:63).

곰초다퉵 〈옛〉 감추다. ¶ 노호옴을 곰초아 두디 아니ᄒᆞ며(小解4:36). ᄬ 곰초다.

곰다재퉵 〈옛〉 꾀다. ¶ ᄆᆞᆯ 곰고 련(蓮)이 프니(月印60章). /므리 ᄀᆞ뱃더니라(月釋1:39).

ᄀᆞᆺ1圀 〈옛〉 가(邊). ¶ ᄀᆞᆺ 변:邊(訓蒙中7). /邊은 ᄀᆞᄉᆡ라(月釋1:1). ᄬ ᄀᆞᆺ.

ᄀᆞᆺ2圀 〈옛〉 겨우. 갓. ¶ 그듸 精舍 지수려 터흘 ᄀᆞᆺ 始作ᄒᆞ야 되어늘(釋譜6:35).

ᄀᆞᆺ가재 〈옛〉['ᄀᆞᆺ다'의 활용형] 가빠하여. 괴로워하여. ¶ 사ᄅᆞ미 이제 ᄀᆞᆺ가 病ᄒᆞ고 버미ᄒᆞ도다(杜初3:34).

ᄀᆞᆺ가ᄒᆞ다재 〈옛〉 가쁘하다. 괴로워하다. ¶ 머른 나래 ᄀᆞᆺ가ᄒᆞ다니(杜初9:14).

ᄀᆞᆺ고다퉵 〈옛〉 가쁘게 하다. 괴롭게 하다. ¶ 筋骨올 몬져 ᄀᆞᆺ고샤(龍歌114章).

ᄀᆞᆺ곰圀 〈옛〉 가끔. 때때로. ¶ 우리도 ᄀᆞᆺ곰 밧고아 ᄀᆞᆺ곰 먹ᄂᆞ니(老解上48).

ᄀᆞᆺ깃圀 〈옛〉 깨끗이. ¶ 믄득 ᄀᆞᆺᄀᆞ지ᄒᆞ야(蒙法2). /모로매 미이 ᄀᆞᆺᄀᆞ지ᄒᆞ다(法語11).

ᄀᆞᆺᄀᆞᆺ圀 〈옛〉 가지가지로. ¶ 잘못ᄒᆞᄂᆞᆫ 고적이와 잘 못ᄒᆞᄂᆞᆫ 젓어미눈 ᄀᆞᆺᄀᆞᆺ 경칙ᄒᆞ오되(字恤8).

ᄀᆞᆺᄀᆞᆺ다웮 〈옛〉 깨끗하다. ¶ 누늬 ᄀᆞᆺᄀᆞᆺ거든 또 안자(蒙法3).

ᄀᆞᆺᄀᆞᆺᄒᆞ다웮 〈옛〉 깨끗하다. ¶ 淸風은 몱고 ᄀᆞᆺᄀᆞᆺ ᄒᆞ니라(月釋8:8).

ᄀᆞᆺ다1 [ᄀᆞᄉᆞ]퉵Δ 〈옛〉 끊다. 가위로 자르다. ¶ 羅漢들히 彈指ᄒᆞᆲ ᄉᆞᅀᅵ예 바ᄅᆞ래 가아 香木 ᄀᆞᄉᆞ 즉자히 도라오나늘(月釋10:13).

ᄀᆞᆺ다2圀 〈옛〉 갖다. ¶ 三十二相 八十種好ㅣ ᄀᆞ더시니(釋譜6:17).

ᄀᆞᆺ디재 〈옛〉['ᄀᆞᆺ다'의 활용형] 가쁘하지. ¶ 그 므리 ᄀᆞᆺ디 아니호미(月釋1:28). ᄬ 곪다.

ᄀᆞᆺ바ᄒᆞ다재 〈옛〉 가쁘하다. ¶ 늘근 나해 歲時예 둔녀 ᄀᆞᆺ바ᄒᆞ노라(杜重1:24).

ᄀᆞᆺ비圀 〈옛〉 가쁘게. ¶ 使者ㅣ 호갓 ᄀᆞᆺ비 萬里예셔 도라 오ᄂᆞ다(杜重5:23).

ᄀᆞᆺ부다웮 〈옛〉 가쁘다. ¶ 비 곯프며 ᄀᆞᆺ부니잇가(內訓2:19).

ᄀᆞᆺ불기圀 〈옛〉 막 밝을 무렵. 갓밝이. ¶ ᄀᆞᆺ불기에 나귀 타 나(杜初8:32).

ᄀᆞᆺ다재 〈옛〉 가빠하다. 괴로워하다. ¶ 양조애 ᄀᆞᆺ가 ᄒᆞ다니(杜初15:4). /ᄆᆞᆯ 기르며 방하 디호몰 ᄀᆞᆺᄂᆞ니(杜初20:45).

ᄀ명 〈옛〉가. ¶邊은 ᄀᅀᅵ라(月釋1:1). /ᄀᄅᆞᆼ ᄀ
새(龍歌67章). 閣ᄀᆞᆺ.

ᄀ애명 〈옛〉가위. ¶ᄀ애와 자쾌로 지소믈 뵈아
ᄂᆞ니(杜初10:33). 閣ᄀ새.

ᄀ없다형 〈옛〉끝없다. ¶ᄂᆞ이 ᄀ업스시니(龍歌
125章).

ᄀᆽ다형 〈옛〉고루 다 갖추어 있다. 구비(具備)해
있다. ¶어버시 몯 ᄀ즌 子息은 어딘 이를 비
호디 몯홀쎄(月釋8:97). /이도곤 ᄀ즌 ᄃ 또 어
듸 잇닷 말고(鄭澈.關東別曲).

ᄀᇀ다형 〈옛〉같다. ¶如는 ᄀ툴 씨라(訓諺). /수
을 ᄀᇀ더라(月釋1:43). 閣ᄀᇀ하다.

긱드로미자 〈옛〉☞긱드롬.

긱드롬자 〈옛〉객증(客症)이 들림. ¶이 몸 긱드
로미 처엄브터 이러훌가(古時調).

끼〔쌍기역〕자모 쌍기역. 'ᄀ'을 어울러 쓴, 'ᄀ'
의 된소리. 혀뿌리를 높여 뒷입천장에 단단히
붙였다가 뗄 때에 나는 무성 파열음. 받침일
경우에는 혀뿌리를 뒤 입천장에서 떼지 않음.
* 끼만〔쌍기영-〕

까까-머리명 머리털을 박박 깎은 머리, 또는 그
사람. ¶까까머리 죄수.

까까-중명 ①까까머리의 중. ②'까까머리를 한
사람'을 조롱조로 이르는 말.

까꾸러-뜨리다타 〈가꾸러뜨리다〉의 센말. 閣꺼
꾸러뜨리다.

까꾸러-지다자 〈가꾸러지다〉의 센말. 閣꺼꾸러
지다.

까꾸러-트리다타 〈가꾸러트리다〉의 센말. 閣꺼
꾸러트리다.

까꾸로부 〈가꾸로〉의 센말.

까꿍감 어린 아기를 귀여워하며 어를 때 내는
소리.

까:뀌명 한 손으로 쥐고 나무를 깎거나 찍거나
하는 연장. 閣자귀1.

까끄라기명 벼나 보리 따위의 낟알 겉껍질에 붙
어 있는 깔끄러운 수염 동강. 준까라기·까락.
閣꺼끄러기.

까끌-까끌부허형 자꾸 깔그럽게 따끔거리는 모
양. 閣꺼끌까끌.

까나리명 까나릿과의 바닷물고기. 몸길이
15~20 cm. 몸은 원통 모양으로 길며, 등은 녹
색을 띤 갈색이고, 배는 은백색임. 모래 속에
숨어 살며, 우리나라와 일본 등지에 분포함.
젓 따위를 만들어 먹음.

까-놓다〔-노타〕타 〔까서 속엣것을 드러내어 놓
는다는 뜻으로〕마음속의 비밀을 숨김없이 다
말하다.《주로, '까놓고'의 꼴로 쓰임.》¶까놓
고 말하면….

까다[1][X]자 ①몸의 살이 빠지다. 여위어지다.
¶몸이 몹시 깐 걸 보니 고생이 많았던가 보구
나. ②재산이 줄어지다. ¶큰일을 두 번씩이나
치르느라 살림이 많이 깠네.
[II]타 ①재산·재물을 축내다. ¶노름에 미쳐 재
산을 까다. ②셈에서 얼마를 제하다. ¶월급에
서 가불금을 까다.

까다[2]타 ①속의 것을 드러내려고 겉을 싸고 있
는 것을 벗기다. ¶밤송이를 까다. ②알을 품
어 새끼가 태어나게 하다. ¶암탉이 병아리를
까다. ③'몹시 쳐서 상처를 내다'를 속되게
이르는 말. ¶구둣발로 상대의 무릎을 까다.
④'남의 결점을 들어 말하다'를 속되게 이르는
말. ¶실책을 들어 사정없이 까다. ⑤(흔히, 술
병의) '마개를 따고 마시다'의 뜻을 속되게 이
르는 말. ¶앉은자리에서 소주 두 병을 깠다.

⑥'옷을 벗거나 내려 속살이 드러나게 하다'를
속되게 이르는 말. ¶엉덩이를 까다. ⑦'뒤집
어 보여주거나 들추어 밝히다'를 속되게 이르
는 말. ¶패를 까 놓다. /비리를 까 밝히다.

까다[3]자타 '입을 주책없이 놀리다'를 속되게
이르는 말. ¶일은 하지 않고 주둥아리만 까고
있다. /친구에게 허풍을 까다.

까:다롭다[-따][까다로우니·까다로워]형ㅂ ①
성미가 너그럽지 않아서 다루기 어렵다. ¶별
나게 까다로운 성미. ②(일의 조건이나 절차 따
위가) 복잡하고 힘들어 치르거나 갖추기 어렵다.
¶절차가 까다롭다. ②↔수월하다. **까다로이**부.

까닥부자타 (뜻하지 않게, 또는 의도나 예상과
는 달리 일이 잘못되는 상태를 뜻하는 말로) 자
칫. 《주로, '까닥하면'·'까닥했더라면'의 꼴
로 쓰임.》 ¶까닥하면 귀한 생명을 잃게 된다.
/까닥더라면 좋은 기회를 놓칠 뻔했지. 쎈까딱1.

까닥부자타 고개를 살짝 숙였다가 드는 모양.
큰끄덕. 쎈까딱2. **까닥-까닥**부하타.

까닥-거리다[-꺼-]타 자꾸 고개를 살짝 숙였
다가 들다. 까닥대다. 큰끄덕거리다.

까닥-까닥부자타 〈가닥가닥〉의 센말. 큰꺼덕꺼덕.

까닥-대다[-때-]타 까닥거리다.

까닥타 고개를 아래위로 가볍게 움직이다.
큰끄덕이다. 쎈까딱이다.

까닭[-닥]명 ①어떤 일이 일어나는 이유. 어떤
결론이나 결과에 이른 사정. ¶까닭 모를 눈
물이 난다. /아무 까닭 없이 친구를 미워하다.
②속셈. 꿍꿍이속. ¶무슨 까닭으로 이걸 보냈
을까? * 까닭이[-달기]·까닭만[-당-]

까닭-수[-닥쑤]명 까닭으로 삼을 만한 근거(원
인). ¶캐고 보니 뚜렷한 까닭수가 없는 사건이
었다.

까닭-표[-標][-닥-]명 ☞이유표(理由標).

까대기명 건물이나 담 따위에 임시로 붙여서 만
든 허술한 건조물.

까-뒤집다[-따][타 ①속이 드러나게 벗겨서 뒤
집다. ¶치마를 까뒤집다. /주머니를 까뒤집어
보이다. ②'눈을 부릅뜨다'를 속되게 이르는
말. ¶화가 나서 눈을 까뒤집다.

까드락-거리다[-꺼-]자 〈가드락거리다〉의 센
말. 까드락대다. 준까죽거리다. 큰꺼드럭거리
다. 쎈까뜨락거리다.

까드락-까드락부하타 〈가드락가드락〉의 센말.
준까죽까죽. 큰꺼드럭꺼드럭. 쎈까뜨락까뜨락.

까드락-대다[-때-]자 까드락거리다.

까들-거리다자 〈까드락거리다〉의 준말. 까들대
다. 큰꺼들거리다. 예가들거리다.

까들-까들부자타 〈까드락까드락〉의 준말. 큰꺼
들꺼들. 예가들가들.

까들-대다자 까들거리다.

까들막-거리다[-꺼-]자 〈가들막거리다〉의 센
말. 까들막대다. 큰꺼들먹거리다.

까들막-까들막부하타 〈가들막가들막〉의 센말.
큰꺼들먹꺼들먹.

까들막-대다[-때-]자 까들막거리다.

까딱[1]부하자 〈까닥〉의 센말.

까딱[2]부자타 〈까닥2〉의 센말. 큰끄떡.

까딱-수[-쑤][-쑤]명 (바둑·장기 따위에서) 요
행을 바라고 두는 얕은 수. ¶그런 까딱수에
내가 넘어갈 줄 아니?

까딱-없다[-따껍따]형 아무 변동이나 탈도 생
기지 않고 온전하다. ¶이 둑은 큰물에도 까딱
없다. 큰끄떡없다. **까딱없-이**부 ¶지진에도 까
딱없이 견뎌 낸 건물.

까딱-이다〔타〕〈까닥이다〉의 센말. 준끄떡이다.

까딱-하면[-따-] 조금이라도 실수하면, 또는 자칫하면. ¶까딱하면 모든 것이 수포로 돌아갈 지경이다.

까땍〔부〕'까닥²'의 잘못.

까뜨락-거리다[-꺼-]〔자〕〈가드락거리다〉·〈까드락거리다〉의 센말. 까뜨락대다. 준꺼뜨럭거리다.

까뜨락-까뜨락〔부〕〔하자〕〈가드락가드락〉·〈까드락까드락〉의 센말. 준꺼뜨럭꺼뜨럭.

까뜨락-대다[-때-]〔자〕까뜨락거리다.

까라기〔명〕〈까끄라기〉의 준말. 준꺼러기.

까라기-벼〔명〕까라기가 길게 붙은 벼.

까라-지다〔자〕기운이 빠져 나른해지다.

까:락〈까끄라기〉의 준말. 준꺼럭.

까르르〔부〕〔하자〕여자나 아이들이 자지러지게 웃는 소리, 또는 그 모양. ¶그의 어릿광대처럼 우스꽝스러운 몸짓에 아이들은 까르르 웃었다. **까르르-까르르**〔부〕〔하자〕

까르륵〔부〕〔하자〕①어린아이가 자지러지게 우는 소리, 또는 그 모양. ②여자나 아이들이 자지러지게 웃는 소리, 또는 그 모양. **까르륵-까르륵**〔부〕〔하자〕

까르륵-거리다[-꺼-]〔자〕자꾸 까르륵까르륵하다. 까르륵대다.

까르륵-대다[-때-]〔자〕까르륵거리다.

까마귀〔명〕①까마귓과의 새. 날개 길이 35 cm가량. 온몸이 검고 윤이 남. 가을에서 겨울에 걸쳐 무리를 지어 인가 부근이나 산과 들에 살며, 옥수수 등 곡식과 숲의 해충을 먹고 삶. ②까마귓과의 새를 통틀어 이르는 말. [어미에게 먹이를 물어다 준다 하여 반포조(反哺鳥) 또는 효조(孝鳥)라고 불리지만, 색이 검고 울음소리가 흉하여 흉조(凶鳥)로 침.] ②자오(慈鳥).

까마귀가 메밀[보리]을 마다한다〔속담〕평소에 즐겨하던 것을 뜻밖에 사양할 때 이르는 말.

까마귀 고기를 먹었나[먹었느냐]〔속담〕'잘 잊어버리는 사람'을 놀리어 이르는 말.

까마귀 날자 배 떨어진다〔속담〕'아무 관계도 없이 한 일이 다른 일과 공교롭게 때가 일치하여, 무슨 관계가 있는 것처럼 의심을 받게 되는 경우'를 비유하여 이르는 말.

까마귀 밥이 되다〔속담〕'거두어 주는 이 없는 시체가 되어 버려짐'을 비유하여 이르는 말.

까마귀-머루〔명〕포도과의 낙엽 활엽 만목. 산이나 들에 나는데, 덩굴손으로 다른 나무에 감아 올라감. 다섯 갈래로 깊게 갈라진 잎이 어긋맞게 나며, 여름에 황록색 다섯잎꽃이 핌. 열매는 가을에 검은 자줏빛으로 익는데 신맛이 남.

까마귀-발〔명〕'몹시 까맣게 때가 긴 발'을 비유하여 이르는 말.

까마귀-손〔명〕'몹시 까맣게 때가 긴 손'을 비유하여 이르는 말.

까마득-하다[-드카-]〔형〕〈까마아득하다〉의 준말. 예가마득하다. **까마득-히**〔부〕

까마무트름-하다〔형〕〈가마무트름하다〉의 센말. 준꺼머무트름하다. **까마무트름-히**〔부〕

까마반드르-하다〔형〕〈가마반드르하다〉의 센말. 준꺼머반드르하다.

까마반지르-하다〔형〕〈가마반지르하다〉의 센말. 준꺼머반지르하다.

까마아득-하다[-드카-]〔형〕〈가마아득하다〉의 센말. 준까마득하다.

까마-종이〔명〕가짓과의 일년초. 줄기 높이 90 cm가량. 잎은 길둥글고, 여름에 흰 꽃이 피며 구형의 장과(漿果)를 맺음. 용규(龍葵).

까막-거리다[-꺼-]〔자타〕자꾸 까막까막하다. 까막대다.

까막-과부(-寡婦)[-꽈-]〔명〕☞망문과부.

까막-관자(-貫子)[-꽌-]〔명〕①검은 뿔관자. ②지난날, '금관자나 옥관자를 달지 못한 벼슬아치'를 농조로 이르던 말.

까막-까막〔부〕①(희미한 불빛이) 꺼질 듯하다가 살아나곤 하는 모양. ¶까막까막하는 등불. ②(하자)눈을 가볍게 감았다 떴다 하는 모양. ¶작은 눈을 까막까막하며 생각에 잠겨 있다. 준끄먹끄먹.

까막-까치〔명〕까마귀와 까치. 오작(烏鵲).

까막-눈[-망-]〔명〕①글을 전혀 모르는 사람의 눈. ②어떤 부문에 대해서 무식한 사람. ¶그림에는 까막눈이나 다름없다.

까막눈-이[-망-]〔명〕글을 전혀 모르는 사람.

까막-대다[-때-]〔자타〕까막거리다.

까막-딱따구리〔명〕딱따구릿과의 새. 날개 길이 25 cm가량. 까마귀와 비슷함. 온몸이 검은빛이나 수컷의 머리 위와 목 뒤, 암컷의 목 뒤만 붉음. 주로, 침엽수림에 살면서 벌레를 잡아먹음. 보호조(保護鳥)임.

까막-배자[-빼-]〔명〕조선 말기에, 지방의 토호(土豪)가 상민을 부를 때, 도장에 먹물을 묻혀 찍어 보내던 패지(牌旨).

까막-잡기[-짭끼]〔명〕〔하자〕술래가 수건 따위로 눈을 가리고, 미리 정한 범위 안에 있는 다른 한 사람을 잡아서 다음 술래로 삼는, 아이들의 놀이. 통술래잡기.

까망〔명〕'깜장'의 잘못.

까:-말다[-마타]〔까마니·까매〕〔형⑧〕〈가맣다〉의 센말. ¶까맣게 모르다. /까맣게 잊다. 준꺼멓다.

까:매-지다〔자〕〈가매지다〉의 센말. ¶하얗던 얼굴이 까매졌다. 준꺼메지다.

까-먹다[-따]〔타〕①껍데기나 껍질을 벗기고 속의 알맹이나 살을 발라내어 먹다. ¶땅콩을 까먹다. /바나나를 까먹다. ②(밑천이나 재산을) 보람 없이 써서 축내거나 없애다. ¶본전을 까먹다. ③(한때 기억하고 있었던 것을) 잊어버리다. ¶수학 공식을 까먹다.

까무끄름-하다〔형〕〈가무끄름하다〉의 센말. 준꺼무끄름하다.

까-무느다〔타〕'까뭉개다'의 잘못.

까무대대-하다〔형〕〈가무대대하다〉의 센말. 준꺼무데데하다.

까무댕댕-하다〔형〕〈가무댕댕하다〉의 센말. 준꺼무뎅뎅하다.

까무러-뜨리다〔타〕까무러치게 하다. 까무러트리다. ¶적병의 뒤통수를 쳐서 까무러뜨리고 탈출에 성공하였다.

까무러-지다〈가무러지다〉의 센말.

까무러-치다〔자〕〈가무러치다〉의 센말.

까무러-트리다〔타〕까무러뜨리다.

까무레-하다〔형〕〈가무레하다〉의 센말. 준꺼무레하다.

까무숙숙-하다[-쑤카-]〔형〕〈가무숙숙하다〉의 센말. 준꺼무숙숙하다.

까무스레-하다〔형〕〈가무스레하다〉의 센말. ¶까무스레한 피부. 준꺼무스레하다.

까무스름-하다〔형〕〈가무스름하다〉의 센말. 큰꺼뭇하다. 준꺼무스름하다.

까무잡잡-하다[-짜파-]〔형〕〈가무잡잡하다〉의 센말. ¶얼굴이 까무잡잡하다. 준꺼무접접하다.

까무족족-하다[-쪼카-]〔형〕〈가무족족하다〉의 센말. 준꺼무죽죽하다.

까무칙칙-하다[-치카-]웹웹 〈가무칙칙하다〉의 센말. ¶까무칙칙한 천장. ❷꺼무칙칙하다.

까무퇴퇴-하다[-퇴퇴-/-퇴퉤-]웹웹 〈가무퇴퇴하다〉의 센말. ❷꺼무튀튀하다.

까물-거리다웹 〈가물거리다〉의 센말. 까물대다. ❷꺼물거리다.

까물-까물웹웹 〈가물가물〉의 센말. ❷꺼물꺼물.

까물-대다웹 까물거리다.

까뭇-까뭇[-묻-묻]웹웹 〈가뭇가뭇〉의 센말. ❷꺼뭇꺼뭇.

까뭇-하다[-무타-]웹웹 〈까무스름하다〉의 준말. ❷꺼뭇하다. ❹가뭇하다.

까-뭉개다웹 ①(높은 부분을) 파서 깎아 내리다. ¶언덕을 까뭉개어 아이들의 놀이터를 만들었다. ②(인격이나 문제 따위를) 무시해 버리다. ¶자존심을 까뭉개다. /의견을 까뭉개다.

까-바치다웹 '일러바치다'를 속되게 이르는 말.

까-발리다웹 ①껍데기를 벌려 젖히고 속에 든 것을 드러내다. ②(비밀 따위를) 속속들이 들추어내다. ¶남의 허물을 까발리다.

까-밝히다[-발키-]웹 드러내어 밝히다. ¶진상을 까밝히다.

까부라-지다1웹 ①부피가 점점 줄어들다. ②생기가 빠져서 몸이 꼬부라지거나 착 늘어지다. ¶한동안 기운을 차리는 듯하더니 다시 까부라졌다. ❷꺼부러지다.

까부라-지다2웹 ①작은 물건의 운두 따위가 조금 구부러지다. ¶머리카락의 끝 부분이 조금 까부라졌다. ②성미가 바르지 않게 되다. ¶위낙 까부라진 성미라서 매사에 걸고 싶다.

까부르다[까부르니·까불러]웹웹 ①(곡식 따위를 키에 담아) 키 끝을 위아래로 추슬러 잡것을 날려 보내다. ¶벼를 까불러서 검불을 날려 보내다. ②(키질하듯이) 위아래로 추스르다. ¶아기를 어르며 까부르다. ❷까불다2.

까-부수다웹 때리거나 하여 부수다. ¶커다란 바위를 까부수다.

까불-거리다웹웹 〈가불거리다〉의 센말. 까불대다. ❷꺼불거리다.

까불-까불웹웹 〈가불가불〉의 센말. ❷꺼불꺼불.

까불다1[까부니·까불어] Ⅰ웹 ①(차분하지 못하고) 가볍거나 방정맞게 행동하다. ¶채신없이 까불지 좀 마라. ②건방지고 주제넘게 굴다. ¶까불지 마! 나도 할 수 있어. ❷꺼불다.
Ⅱ웹 위아래로 흔들리거나 흔들다. ¶고목 나무 가지에 걸린 연이 바람에 까불고 있다. ❷꺼불다.

까불다2[까부니·까불러]웹 〈까부르다〉의 준말. ¶키로 쌀을 까불다.

까불-대다웹웹 까불거리다.

까불리다 Ⅰ웹 『'까부르다'의 피동』 까부름을 당하다.
Ⅱ웹 ①『'까부르다'의 사동』 까부르게 하다. ¶업은 애를 까불리다. ②(가진 재물 따위를) 함부로 자꾸 써서 없애다. ¶그날 버는 대로 죄다 까불리다. ③경솔하게 행동하여 상황을 그르치게 하다.

까불-이웹 '채신없이 까부는 사람'을 얕잡아 이르는 말.

까붐-질웹웹 키로 곡식 따위를 까불러서 잡것을 날려 내는 일.

까-붙이다[-부치-]웹 ①완전히 벗겨 드러내다. ¶불기를 까붙이다. ②'흰자위가 완전히 드러나게 부릅뜨다'를 속되게 이르는 말.

가슬-까슬웹웹 〈가슬가슬〉의 센말. ¶그는 피부가 까슬까슬하다. ❷거슬거슬.

까실-까실웹웹 '까슬까슬'의 잘못.

까실-쑥부쟁이[-뿌-]웹 국화과의 다년초. 산이나 들에 절로 나는데, 줄기는 1m가량. 땅속줄기가 벋으면서 번식함. 8~10월에 자줏빛이나 누런 꽃이 핌. 어린잎은 먹을 수 있는데, 우리나라와 일본 등지에 분포함.

까옥웹 까마귀가 우는 소리. 까옥-까옥웹웹.

까옥-거리다[-꺼-]웹 자꾸 까옥까옥하다. 까옥대다.

까옥-대다[-때-]웹 까옥거리다.

까-올리다웹 재산·돈 따위를 모조리 써 없애다. ¶노름으로 재산을 모두 까올리고 말았다.

까지조〈〔체언이나 부사어에 붙어〕①어떤 상태나 동작이 끝나는 한계를 뜻함. ¶죽음까지 각오한 일대 결단. /뜻한 바를 이룰 때까지 노력하겠다. ②시간이나 공간의 미치는 한도를 뜻함. ¶8시부터 10시까지. /서울에서 부산까지. ③(현재의 상태나 정도 위에) 다시 더함을 뜻함. ¶둘이 먹어도 모자라는데 나까지 끼어서야.

까-지다1웹 ①껍질 따위가 벗겨지다. ¶넘어져서 팔꿈치와 무릎이 까지다. ②재물(재산)이나 살 등이 줄게 되다. ¶살이 많이 까진 게 병이라도 않았나 봐.

까-지다2웹 (성질이나 태도 따위가) 지나치게 약아서 되바라지다. ¶시장바닥에서 놀더니 말투가 까질 대로 까졌네.

까-지르다[~지르니·~질러]웹웹 공연히 싸다니다. ¶어딜 그렇게 까질러 다니냐? ❷끄지르다.

까-집다[-따]웹 ①거죽을 까서 속에 있는 것이 드러나게 하다. ②'흰자위가 완전히 드러나게 부릅뜨다'를 속되게 이르는 말. ¶눈을 까집다.

까짓[-짇] Ⅰ웹 〈그까짓〉·〈요까짓〉·〈저까짓〉의 준말.
Ⅱ웹 〈까짓것〉의 준말. ¶까짓, 내가 하지 뭐.

-까짓[-짇]웹 〔대명사 '이·그·저·요·네' 등의 뒤에 붙어〕 '하잘것없는 정도'임을 나타냄. ¶저까짓 녀석이…. /네까짓 놈이….

까짓-것[-짇껀] Ⅰ웹 별것 아닌 것. ¶까짓것은 신경 쓸 것 없다. ＊까짓것만[-짇껀-]
Ⅱ웹 별것 아니라는 뜻으로, 무엇을 포기하거나 용기를 낼 때 하는 말. ¶까짓것, 오늘 못하면 내일 하지 뭐. ❷까짓.

까:치웹 까마귓과의 새. 날개 길이 20~22cm, 꽁지 길이 24cm가량. 머리와 등은 검고 윤이 나며, 허리에는 회백색 띠가 있음. 텃새로서 마을 부근의 높은 나뭇가지 위에 마른 가지로 둥지를 틀고 사는데, 아침에 이 새가 집 앞에 와서 울면 반가운 손이 온다는 속설이 있음. 희작(喜鵲).

까치 배 바닥 같다〔속담〕 '흰소리 잘하는 사람'을 조롱조로 이르는 말.

까:치-걸음웹웹 ①(흔히 아이들이 기뻐할 때) 두 발을 모두어 뛰어 조촘거리는 종종걸음. ②발뒤꿈치를 들고 살살 걷는 걸음. ¶까치걸음을 치다.

까:치-깨웹 피나뭇과의 일년초. 산과 들에 흔하게 나며, 줄기는 원주형으로 높이 80~90cm. 잎은 어긋맞게 나며 잎자루가 있고 달걀 모양인데, 고르지 않은 톱니가 있음. 꽃은 황색, 열매는 삭과(蒴果)임.

까:치-놀웹 석양을 받아, 멀리 수평선에서 벌겋게 번득거리는 노을.

까:치-눈명 발가락 밑바닥의 접힌 금이 갈라져 터진 자리.

까치-다리명 '까치발²'의 잘못.

까:치-돔명 갈돔과의 바닷물고기. 몸길이 40 cm 가량으로, 등 쪽이 검은 솟은 타원형임. 몸은 자줏빛을 띤 청색, 머리는 흑색. 우리나라·일본·중국·필리핀 등지에 분포함.

까:치-두루마기명 까치설빔으로 어린이들이 입는, 오색 옷감으로 지은 두루마기.

까:치-무릇[-른]명 백합과의 다년초. 봄에 수선화 비슷한 두 개의 긴 선형(線形)의 잎이 남. 꽃대의 꼭대기에 자줏빛 꽃이 돌려 모양의 흰 꽃이 피며, 열매는 삭과임. 제주도, 전남 백양산, 경기도 광릉 분지에 분포함. 줄기는 약으로 쓰고 뿌리는 녹을 수 있음. 산자고(山茨菰). *까:치무릇이[-르시]·까:치무릇뿌[-른-]

까:치-박공(-博栱)[-꽁]명 양쪽 합각머리에 '人' 자 모양의 벽이 있는 부분, 또는 그것을 마무리하기 위하여 붙인 널빤지.

까:치-박달[-딸]명 자작나뭇과의 낙엽 활엽 교목. 산골짜기에서 자라는데, 높이는 15 m가량. 잎 가장자리에는 불규칙한 톱니가 있음. 꽃은 5월경에 피고 열매는 10월경에 익음. 재목이 단단하여 기구재나 가구재 따위로 쓰임.

까:치-발¹명 발뒤꿈치를 든 발.

까:치-발²명 (선반·탁자 따위의) 널빤지를 받치기 위하여 버티어 놓는, 직각 삼각형으로 된 나무나 쇠.

까:치-발³명 국화과의 일년초. 줄기 높이 70 cm가량. 잎은 깃털 모양으로 깊이 째졌으며, 잎 조각은 선형(線形)이거나 피침형(披針形)임. 8~9월에 노란 꽃이 피고, 열매는 수과(瘦果)임. 잎과 줄기는 약용 또는 식용함.

까:치-밥명 늦가을에 감을 딸 때, 까치 따위 날짐승이 먹으라고 따지 않고 몇 개 남겨 두는 감.

까:치-선(-扇)명 바탕 전체를 'ㅅ'형으로 나누어, 붉은빛·누른빛·푸른빛 등을 칠하고, 중앙에 태극 모양을 넣어 여덟 모가 지거나 둥글게 만든 부채. 태극선(太極扇).

까:치-설날[-랄]명 설날의 전날. 섣달 그믐날. 작은설.

까:치-설빔명하자 까치설날에 아이들이 까치저고리와 까치두루마기 따위로 차려입는 설빔.

까치작-거리다[-꺼-]자 〈가치작거리다〉의 센말. 까치작대다. 큰꺼치적거리다.

까치작-까치작부하자 〈가치작가치작〉의 센말. 큰꺼치적꺼치적.

까치작-대다[-때-]자 까치작거리다.

까:치-저고리명 까치설빔으로 어린이들이 입는, 오색 옷감으로 지은 저고리.

까:치-집명 ①까치의 둥지. ②'헝클어진 머리 모양'을 비유하여 이르는 말.

까:치-콩명 콩과의 덩굴성 다년초. 잎은 겹잎으로 녹긋맞게 남. 여름에 잎겨드랑에서 꽃자루가 나와 흰빛 또는 자줏빛 꽃이 총상 화서로 핌. 열매는 긴 깍지 속에 들어 있으며 식용함. 작두(鵲豆).

까칠-까칠부하형 여러 군데가 까칠한 모양. ¶까칠까칠한 촉감. 큰꺼칠꺼칠. 여가칠가칠.

까칠-하다[형여] (살갗 따위가) 거칠고 윤기가 없다. ¶까칠한 얼굴. 큰꺼칠하다. 여가칠하다.

까칫-거리다[-친꺼-]자 〈가칫거리다〉의 센말. 까칫대다. 큰꺼칫거리다.

까칫-까칫[-친-친]부하자 〈가칫가칫〉의 센말. 큰꺼칫꺼칫.

까칫-대다[-친때-]자 까칫거리다.

까칫-하다[-친타-]형여 〈가칫하다〉의 센말. ¶몸이 까칫한 게 전만 못한 것 같다. 큰꺼칫하다.

까탈명 〈가탈〉의 센말. ¶까탈을 부리다.

까탈-스럽다[형비] 〈가탈스럽다〉의 센말.

까탈-지다[자] 〈가탈지다〉의 센말.

까투리명 ⇨암꿩. ↔장끼.

까팡-돈[-똔]명 질그릇의 깨진 조각으로 돈처럼 동글납작하게 만든 아이들의 장난감.

까팡이명 질그릇의 깨진 조각.

까풀명 ①거죽을 싸고 있는 껍질의 켜. ¶까풀을 벗기다. ②『의존 명사적 용법』 껍질의 켜를 세는 단위. ¶한 까풀. /두 까풀. 큰꺼풀.

까풀-지다[자] 갑대기나 갑질이 여러 겹으로 켜를 이루다. 큰꺼풀지다.

깍부하자 까마귀나 까치 따위가 우는 소리. 깍-깍부하자.

깍깍-거리다[-꺼-]자 까마귀나 까치 따위가 자꾸 깍깍 소리를 내다. 깍깍대다.

깍깍-대다[-때-]자 깍깍거리다.

깍두기[-뚜-]명 무로 만든 김치의 한 가지. 무를 먹기 알맞은 크기로 모나게 썰어서 소금에 절인 다음, 여러 가지 양념을 넣고 버무리어 담금.

깍둑-거리다[-뚝꺼-]타 자꾸 깍둑깍둑하다. 깍둑대다. 큰꺽둑거리다.

깍둑-깍둑[-뚝-뚝]부하자 (무 따위와 같이 단단한 것을) 거칠고 좀 잘게 자꾸 써는 모양. ¶무를 깍둑깍둑 썰다. 큰꺽둑꺽둑.

깍둑-대다[-뚝때-]타 깍둑거리다.

깍둑-썰기[-뚝-]명 채소를 깍두기처럼 직육면체로 써는 방법.

깍듯-하다[-뜨타-]형여 예절바르고 극진하다.

깍듯-이[-듣-]부 ¶깍듯이 인사를 드리다.

깍쟁이[-쩽-]명 '남에게 인색하고 자기 이익에는 밝은 사람'이나, '얄밉도록 약삭빠른 사람'을 낮추어 이르는 말. ¶어리게 보이나 여간 깍쟁이가 아니다.

깍정이[-쩡-]명 (참나무·떡갈나무 따위의) 열매의 밑을 싸고 있는 조그만 종지 모양의 받침. 각두(殼斗).

깍지¹[-찌]명 (콩·팥 따위의) 알맹이를 까 낸 꼬투리. [콩깍지 따위.]

깍지²[-찌]명 ①열 손가락을 서로 어긋매끼게 바짝 맞추어 잡은 상태. ②(화살을 쏠 때) 시위를 잡아당기는 엄지손가락의 아랫마디에 끼는, 뿔로 만든 기구. 각지(角指).

깍지(를) 끼다[관용] 두 손의 열 손가락을 서로 어긋매끼게 바짝 끼다.

깍지(를) 떼다[관용] (화살을 쏠 때) 깍지 낀 엄지손가락으로 팽팽하게 잡아당겨서 캥긴 시위를 탁 놓다.

깍지-벌레[-찌-]명 몸이 개각이나 밀랍 같은 물질로 싸인 작은 벌레를 통틀어 이르는 말. [과일나무나 원예 식물의 해충인 귤깍지진디·사과깍지진디 따위.] 개각충. 패각충.

깍짓-동[-찌-]명 ①콩이나 팥의 마른 깍지를 줄기째 많이 모아 묶은 동. ②'뚱뚱한 사람의 몸집'을 비유하여 이르는 말.

깍짓-손[-찌-]명 ①깍지를 낀 손. ②활 시위를 잡아당기는 손.

깎-낫[깡낟]명 홍두깨나 방망이 따위를 깎는 낫. *깎낫이[깡나시]·깎낫무[깡난-]

깎다[깍따]團 ①(칼이나 낫 같은 연장의 날로) 베어서 가늘게 하거나 밀어서 얇게 하다. ¶연필을 깎다. /송판을 대패로 얇게 깎다. ②(날이 선 연장으로, 털이나 풀 등을) 잘라 내거나 밀어 없애다. ¶수염을 깎다. /잔디를 깎다. ③(수량·액수·값 따위를) 덜어 버리다. 줄이다. 삭감하다. ¶물건 값을 깎다. /월급을 깎다. ④(체면·명예·위신 따위를) 떨어뜨리다. 손상시키다. 실추시키다. ¶스스로 자기 체면을 깎는 일을 하다. ⑤공을 치거나 찰 때, 옆으로 비껴 쳐서(차서) 뱅글뱅글 돌게 하다. ¶탁구공을 깎아 쳐서 상대가 못 받게 하다. • 깎아·깎는[깡―]

깎은 밤 같다[관용] 겉모양이 말쑥하고 단정한 사람을 이르는 말.

깎아-내리다圈 인격·권위 따위를 헐뜯어서 떨어지게 하다.

깎아-지르다冠 반듯하게 깎아 세운 듯 가파르다. 《주로, '깎아지른 (듯하다)'의 꼴로 쓰임.》 ¶깎아지른 듯한 절벽.

깎은-서방님圈 지난날, '매끈하게 잘 쑥하게 차린 젊은이'를 상사람이 이르던 말. ⇨깎은선비.

깎은-선비圈 ⇨깎은서방님.

깎음-질圈하圈 (연장으로 나무 따위를) 깎아서 다듬는 일.

깎-이다 [Ⅰ]困 ['깎다'의 피동] 깎음을 당하다. ¶체면이 깎이다. /칼날이 무디어서 연필이 잘 깎이지 않는다.
[Ⅱ]圈 ['깎다'의 사동] (날이 선 연장에 풀이나 털 등이) 잘려 나가거나 밀리게 하다. ¶이발사에게 머리를 깎이다.

깐:圈 ①(관형사형 어미 '-ㄴ(은)·-ㄹ(을)·-던' 뒤에 쓰이어) '요량, 가늠, 짚이는 바'의 뜻을 나타냄. ¶전에 제가 한 깐이 있으니까, 저렇게 면박을 당하고도 아무 말을 못하는 거지. ②(주로 '깐은·깐에는·깐으로는'의 꼴로, 사람을 가리키는 '나·그·저·자기' 등과 어울려 쓰이어) '그 나름의 생각, 짐작, 어림' 등의 뜻을 나타냄. ¶제 깐에는 한다고 하였겠지마는 결과는 별로 신통치 않다. ⒳간.

깐깐-오월(―五月)圈 〔해가 길어서 일하기 지루한 달이라는 뜻에서〕 '음력 오월'을 이르는 말. ⒳미끈유월.

깐깐-이圈 행동이나 성격 따위가 까다로울 만큼 빈틈이 없고 알뜰한 사람.

깐깐-하다圈여 ①끈기가 있어 잔득잔득하다. ②(행동이나 성질이) 까다로워 사근사근한 맛이 없다. ¶깐깐한 성미. ⒳끈끈하다. 깐깐-히團.

깐닥-거리다[―꺼―]困圈 〈간닥거리다〉의 센말. 깐닥대다. ⒳끈덕거리다. 센깐딱거리다.

깐닥-깐닥圈 〈간닥간닥〉의 센말. ⒳끈덕끈덕. 센깐딱깐딱.

깐닥-대다[―때―]困圈 깐닥거리다.

깐동-그리다 〈간동그리다〉의 센말. ⒳끈둥그리다.

깐동-깐동圈하圈 〈간동간동〉의 센말. ⒳끈둥 끈둥.

깐동-하다圈여 〈간동하다〉의 센말. ¶짐을 깐동하게 묶다. ⒳끈둥하다. 깐동-히團.

깐딱-거리다[―꺼―]困圈 〈간닥거리다〉·〈간닥거리다〉의 센말. ⒳끈떡거리다.

깐딱-깐딱圈하困圈 〈간닥간닥〉·〈깐닥간닥〉의 센말. ⒳끈떡끈떡.

깐딱-대다[―때―]困圈 깐딱거리다.

깐:-보다¹圈 ①마음속으로 가늠을 보다. ¶일을 깐보아 가며 대처해야겠다. ②속을 떠보다.

깐-보다²圈 '깔보다'의 방언.

깐실-깐실團하圈 〈간실간실〉의 센말.

깐작-거리다[―꺼―]困 자꾸 깐작깐작하다. 깐작 대다. ⒳끈적거리다.

깐작-깐작團하圈 ①끈끈한 것이 자꾸 짝짝 달라붙는 모양. ②성질이 깐깐하여 관계한 일에 자꾸 깔작거리며 검질기게 구는 모양. ⒳끈적 끈적.

깐작-대다[―때―]困 깐작거리다.

깐작-이다困 ①끈끈한 것이 짝짝 달라붙다. ②성질이 깐깐하여 관계한 일에 자꾸 깔작거리며 검질기게 굴다. ⒳끈적이다.

깐족-거리다[―꺼―]困 자꾸 깐족깐족하다. 깐족 대다. ⒳깐죽거리다.

깐족-깐족團하困 쓸데없는 말을 수다스럽게 지 껄이며 얄밉게 야기죽거리는 모양. ⒳깐죽 깐죽.

깐족-대다[―때―]困 깐족거리다.

깐족-이다困 쓸데없는 말을 수다스럽게 지껄이 며 얄밉게 야기죽거리는 모양. ⒳깐죽이다.

깐죽-거리다[―꺼―]困 자꾸 깐죽깐죽하다. 깐죽 대다. ⒳깐족거리다.

깐죽-깐죽團하困 쓸데없는 말을 수다스럽게 지 껄이며 얄밉게 이기죽거리는 모양. ⒳깐족깐족.

깐죽-대다[―때―]困 깐죽거리다.

깐죽-이다困 쓸데없는 말을 수다스럽게 지껄이 며 얄밉게 이기죽거리는 모양. ⒳깐족이다.

깐-지다圈 (성질이) 깐깐하고 다라지다. ⒳끈 지다.

깐-질기다圈 깐깐하고 검질기다. ¶깐질긴 성격. ⒳끈질기다.

깐질-깐질圈하圈 매우 깐깐하고 검질긴 모양. ⒳끈질끈질.

깔圈 〈깔색〉의 준말.

-깔圈미 일부 체언 뒤에 붙어, 그것의 맵시나 바탕을 뜻함. ¶빛깔. /성깔. /태깔.

깔-개圈 '앉거나 누울 자리에 까는 물건'을 통틀어 이르는 말. 비깔의.

깔기다圈 〈갈기다〉의 센말.

깔깔團하困 되바라진 목소리로 못 참을 듯이 웃는 소리. ⒳껄껄.

깔깔-거리다困 되바라진 목소리로 못 참을 듯이 자꾸 웃다. 깔깔대다. ⒳껄껄거리다.

깔깔-대다困 깔깔거리다.

깔깔-매미圈 '깽깽매미'의 잘못.

깔깔-하다¹圈여 ①살갗에 닿는 감촉이 딱딱하고 까칠까칠하다. ¶깔깔한 모시옷. ②혓바닥이 깔끄럽고 입맛이 없다. ¶담배를 많이 피웠더니 입속이 깔깔하다. ③성미가 가스러져 너 긋나긋하지 못하다. ⒳껄껄하다.

깔깔-하다²圈여 마음이 곧고 깨끗하다. ⒳끌끌하다. 깔깔-히團.

깔끄럽다[―따]〔깔끄러우니·깔끄러워〕圈団 ①(까끄라기 따위가 살에 닿거나 붙어서) 신경이 쓰이게 따금따끔하다. ②부드럽지 아니하고 깔깔하다. ③무난하거나 원만하지 못하고 거북한 데가 있다. ¶아저씨와 같은 자리에서 술을 마시기가 깔끄러웠다. ⒳껄끄럽다.

깔끔-거리다困 자꾸 깔끔깔끔하다. 깔끔대다. ⒳껄끔거리다.

깔끔-깔끔團하困 자꾸 깔끄럽게 따끔거리는 모양. ⒳껄끔껄끔.

깔끔-대다困 깔끔거리다.

깔끔-하다[혱예] ①(모양이나 생김새 따위가) 깨끗하고 매끈하다. ¶깔끔한 옷차림. /바느질 솜씨가 매우 깔끔하다. ②솜씨가 야물고 알뜰하다. ¶일처리가 깔끔하다. ⒞끌끔하다. **깔끔-히**[뮈] ¶깔끔히 차리고 나서다.

깔다[까니·깔아]目 ①(앉거나 누우려고) 넓은 천이나 자리 따위를 바닥에 펴 놓다. ¶마당에 멍석을 깔다. /방바닥에 요를 깔다. ②(어떤 것을) 밑에 두고 누르다. ¶차가 볏짚을 깔고 지나가다. ③돈·재물 따위를 여기저기 빌려 주다. ¶외상을 깔다. ④시선(視線)을 아래로 하다. ¶소녀는 눈을 다소곳이 깔고 아무 말이 없었다. ⑤(물건이) 여기저기 흩어져 있다. ¶낙엽이 깔린 오솔길. /온 방에 종이 쪽지를 깔아놓은 개구쟁이. ⑥남을 억눌러 꼼짝 못하게 하다. 《주로, '깔고 앉다'의 꼴로 쓰임.》 ¶동네 사람을 깔고 앉아 제 하인 다루듯이 한다.

깔딱[뮈하쟈타] ①물이나 눈 따위의 액체를 겨우 목구멍으로 조금 삼키는 소리, 또는 그 모양. ②숨이 곧 끊어질 듯 말 듯한 소리, 또는 그 모양. ③빳빳하고 얇은 물체가 뒤집히거나 뒤틀릴 때 나는 소리, 또는 그 모양. ⒞껄떡. **깔딱-깔딱**[뮈하쟈타].

깔딱-거리다[-꺼-]쟈[타] 자꾸 깔딱깔딱하다. 깔딱대다. ¶숨을 깔딱거리다. ⒞껄떡거리다.

깔딱-대다[-때-]쟈[타] 깔딱거리다.

깔딱-하다[혱예] (몹시 피로하거나 아프거나 하여) 눈까풀이 걷어 달리고 눈알이 옴폭하게 들어가 쎙하다. ⒞껄떡하다.

깔때기[명] ①(병 따위에 액체를 부어 넣을 때 쓰는) 나팔 모양으로 생기고, 밑에 구멍이 뚫린 기구. 누두(漏斗). ②(금부(禁府)의) 나장(羅將), 형조(刑曹)의 패두(牌頭), 의식(儀式)을 차릴 때의 뇌자(牢子)들이 쓰던 고깔 모양의, 검은 칠로 된 두꺼운 종이 두건. ③(군병들이 물을 담던) 기름종이로 접어 만든 표주박.

깔-리다쟈 ①['깔다'의 피동] 깖을 당하다. ¶밑에 깔린 사람. /배경으로 깔린 음악. ②널리 퍼져 있다, 또는 많이 퍼져 있다. ¶자욱이 깔린 안개. /소문이 쫙 깔리다. ③사상·감정 따위가 드러나지 않고 묻혀 있다. ¶그의 말에는 좋지 않은 의도가 깔려 있었다.

깔밋잖다[-믿짠타]혱 '깔밋하지 아니하다'가 줄어서 된 말. 깔밋잖-이[뮈]. *깔밋잖아[-믿짜나]·깔밋잖소[-믿짠쏘]

깔밋-하다[-미타-]혱예 (모양새나 차림새가) 간단하고 아담하며 깨끗하다. ¶신접살림을 깔밋하게 차려 놓고 산다. ⒞끌밋하다.

깔-보다目 남을 호락호락하게 얕잡아 보다. ¶힘이 없다고 깔보다.

깔-색(-色)[-쌕]명 (눈에 선뜻 드러나 보이는) 것의 맵시와 빛깔. ¶옷감의 깔색. ⒝깔.

깔아-뭉개다目 ①눌러서 뭉개다. ¶발로 흙덩이를 깔아뭉개다. ②상대편을 눌러서 기를 못쓰게 하다. 무시해 버리다. ¶약한 자를 깔아뭉개다. /반대파의 의견을 깔아뭉개다. ③일의 처리를 지연시키거나 사실을 숨겨 시치미를 뗀 비위(非違) 사실을 깔아뭉개다.

깔-유리(-琉璃)[명] 현미경의 대물(對物) 렌즈 아래에 두어, 관찰할 물체를 놓는 유리. 슬라이드 글라스. ⑧덮개 유리.

깔-종[-쫑]명 미리 정한 중량의 금은 세공품을 만들 때, 재료의 무게에서 얼마를 덜어 내어야 할지 어림으로 셈하는 종작. **깔종(을) 잡다**[관용] 깔종을 헤아려 짐작하다.

깔짝-거리다1[-꺼-]쟈 아주 얇고 빳빳한 물체가 잇달아 뒤집혀 깔짝깔짝 소리가 나다. 깔짝대다1.

깔짝-거리다2[-꺼-]目 갉아 따짝거리다. 깔짝대다2. ¶천장에서 쥐가 깔짝거려서 잠을 잘 수가 없다. ⒞껄쩍거리다.

깔짝-깔짝1[뮈하쟈] 아주 얇고 빳빳한 물체가 가볍게 자꾸 뒤집힐 때 나는 소리.

깔짝-깔짝2[뮈하쟈타] 자꾸 따짝따짝 갉아 대는 소리, 또는 그 모양. ⒞껄쩍껄쩍.

깔짝-대다1[-때-]쟈 ☞깔짝거리다1.

깔짝-대다2[-때-]目 ☞깔짝거리다2.

깔쭉-거리다[-꺼-]쟈 자꾸 깔쭉깔쭉하다. 깔쭉대다. ⒞껄쭉거리다.

깔쭉-깔쭉[뮈하쟈] 거칠고 세게 깔끔거리는 모양. ⒞껄쭉껄쭉.

깔쭉-대다[-때-]쟈 깔쭉거리다.

깔쭉-이[명] '둘레를 톱니처럼 깔쭉깔쭉하게 만든 주화(鑄貨)'를 속되게 이르는 말.

깔-찌[명] 밑에 깔아 괴는 물건. ⒝깔개.

깔-창[명] 신발의 안쪽 바닥에 까는 물건.

깔-축[명] 조그만 축. ¶월급에서 한 푼 깔축을 안 내고 아내에게 주었다.

깔축-없다[-추겁따]혱 조금도 축나거나 버릴 것이 없다. ¶귤 네 상자가 하나같이 모두 깔축없다. **깔축없-이**[뮈].

깜깜-하다[혱예] ①매우 어두운 모양. ¶깜깜한 밤중. ②(감감)의 센말. ⒞껌껌하다. **깜깜-히**[뮈].

깜깜-나라[명] 몹시 깜깜하여 그 상황을 헤아릴 수 없는 상태, 또는 그러한 곳. ⒞껌껌나라.

깜깜-무소식(-無消息)[명] 〈감감무소식〉의 센말. ¶지난번에 다녀간 뒤로는 깜깜무소식이다.

깜깜-부지(-不知)[명] 그 속내를 전혀 모르고 있음. 깜깜하게 아무것도 모름.

깜깜-소식(-消息)[명] 〈감감소식〉의 센말.

깜깜-절벽(-絶壁)[명] ①'이야기가 전혀 통하지 않는 상태'를 이르는 말. ②'완전히 귀가 먹어 소리를 전혀 듣지 못하는 상태'를 이르는 말.

깜깜-하다[혱예] ①매우 어둡다. ⒞껌껌하다. ②아는 것이 전혀 없다. ¶농사에는 깜깜하다. ③희망이 없는 상태에 있다. ¶먹고살 일을 생각하니 눈앞이 깜깜하다.

깜냥[명] 일을 가늠 보아 해낼 만한 능력. 〔자기 능력을 스스로 겸손하게 이르거나, 아랫사람의 능력을 깔보아 이를 때 씀.〕 ¶저의 깜냥대로 하기는 했습니다마는…. /네 깜냥으로 그걸 어찌 하겠다는 거냐?

깜냥깜냥-이[뮈] 저마다의 깜냥대로.

깜:다[-따]혱 〈감다〉의 센말. ⒝껌다.

깜둥-이[명] ①'살빛이 까만 사람'을 이르는 말. ②〈흑인〉의 속된 말. ③'털빛이 까만 개'를 귀엽게 이르는 말. 검둥이. ⒞껌둥이.

깜박[뮈하쟈타] ①불빛이나 별빛 따위가 순간적으로 갑자기 어두워졌다가 밝아지는 모양, 또는 밝아졌다가 어두워지는 모양. ¶촛불이 깜박하다. ②눈을 잠깐 감았다가 뜨는 모양. ¶눈을 깜박해 보인다. /눈 깜박할 사이에 없어지다. ③정신이나 기억이 잠깐 흐려지는 모양. ¶깜박하여 손가방을 차 안에 두고 내렸다. ⓐ③⒞껌벅. ⒝깜빡. **깜박-깜박**[뮈하쟈타].

깜박-거리다[-꺼-]쟈[타] 자꾸 깜박깜박하다. 깜박대다. ⒞껌벅거리다.

깜박-대다[-때-]쟈[타] 깜박거리다.

깜박-등(-燈)[-뚱]명 '점멸등(點滅燈)'을 흔히 이르는 말. 깜빡이.

깜박-불[-뿔]명 깜박거리는 불.

깜박-이다 ①잔 정신이나 기억 따위가 잠깐씩 흐려지다. ②재탄 ①불빛이나 별빛 따위가 잠간 어두워졌다 밝아졌다 하다. ②눈을 잠간 감았다 떴다 하다. ⓔ끔벅이다. ㈆깜빡이다.

깜부기 圀①깜부깃병에 걸려서 까맣게 된 밀이나 보리의 이삭. 흑수. ②〈깜부기숯〉의 준말. ③'얼굴빛이 검은 사람'을 조롱조로 이르는 말.

깜부기-불 圀 살아 있기는 하나, 불꽃이 없이 거의 꺼져 가는 불.

깜부기-숯 [-숟] 圀 줄거리 나무를 때고 난 뒤에 꺼서 만든 숯. * 깜부깃숯이[-수치]·깜부깃숯만[-순-]

깜부깃-병 (-病) [-기뼝/-긴뼝] 圀 보리·밀·옥수수 따위의 이삭이 까맣게 변하여 깜부기가 되는 병. 맥각병(麥角病). 흑수병(黑穗病).

깜빡 團㉠재탄 〈깜박〉의 센말. ㈆끔뻑.

깜빡-이다 圀①깜박등. ②자동차의 방향을 지시하는 등을 흔히 이르는 말.

깜빡-이다 재탄 〈깜박이다〉의 센말. ㈆끔뻑이다. ¶외로이 깜빡이는 등불빛.

깜작 團재탄 눈을 잠깐 감았다가 뜨는 모양. ⓔ끔적. ㈆깜짝. **깜작-깜작** 團재탄.

깜작-거리다 [-꺼-] 재탄 자꾸 깜작깜작하다. 깜작대다. ⓔ끔적거리다.

깜작-깜작 團㉠ 〈감작감작〉의 센말. ⓔ껌적껌적.

깜작-대다 [-때-] 재탄 깜작거리다.

깜작-이 圀 〈눈깜작이〉의 준말.

깜작-이다 재탄 눈을 잠깐씩 감았다가 뜨다. ⓔ끔적이다. ㈆깜짝이다.

깜장 圀 〈감장〉의 센말. ⓔ껌정.

깜장-이 圀 〈감장이〉의 센말. ⓔ껌정이.

깜짝 團㉠재탄 〈감짝〉의 센말. ⓔ끔쩍.

깜짝 團㉠ 별안간 놀라는 모양. ¶갑자기 소리를 질러 깜짝 놀라게 하였다. ⓔ끔쩍. **깜짝-깜짝** 團㉠ ¶아기가 경기가 들어 자주 깜짝깜짝 놀란다.

깜짝-거리다 [-꺼-] 잔 자꾸 갑작스레 놀라다. 깜짝대다. ⓔ끔쩍거리다.

깜짝-대다 [-때-] 잔 깜짝거리다.

깜짝-이 圀 〈눈깜짝이〉의 준말.

깜짝-이다 재탄 〈감짝이다〉의 센말. ⓔ끔쩍이다.

깜짝-이야 團 몹시 깜짝 놀랐을 때에 무심코 내는 소리.

깜찌 圀 〈깜찌기실〉의 준말.

깜찌기-실 圀 아주 가늘고 질긴 실. 준깜찌기.

깜찍-스럽다 [-쓰-따] 〔-스러우니·-스러워〕 ㉠㉤ 보기에 깜찍하다. **깜찍스레**團.

깜찍-하다 [-찌카-] ㉠㉠ ①생김새나 모양 등이 작고 귀엽다. ¶깜찍한 인형. ②몹시 영악하거나 너무 단작스럽다. ¶어린것이 너무 깜찍하게 군다. **깜찍-이**團.

깝대기 [-때-] 圀①(호두·달걀·조개 따위의) 속을 싸고 있는 단단한 물질. ②알맹이를 빼내고 남은 물건. ¶좋은 것은 자네가 다 가지고 나는 깝대기만 차지하란 말인가.

깝대기(를) 벗기다 관용 ①입은 옷을 홀랑 다 벗기다. ②가진 금품을 모조리 빼앗다.

깝살리다 [-쌀-] 탄①찾아온 사람을 따돌려 보내다. ②재물을 호지부지 다 없애다.

깝신-거리다 [-씬-] 탄 자꾸 깝신깝신하다. 깝신대다. ⓔ껍신거리다.

깝신-깝신 [-씬-씬] 團㉤ 채신없이 까불거리는 모양. ⓔ껍신껍신.

깝신-대다 [-씬-] 탄 깝신거리다.

깜작-거리다 [-짝꺼-] 잔 자꾸 깝작깝작하다. 깝작대다. ⓔ껍적거리다.

깜작-깜작 [-짝-짝] 團㉠㉤ 방정맞게 까불거리는 모양. ⓔ껍적껍적.

깜작-대다 [-짝때-] 잔 깝작거리다.

깜죽-거리다 [-쭉꺼-] 재탄 자꾸 깝죽깝죽하다. 깝죽대다. ⓔ껍죽거리다.

깜죽-깜죽 [-쭉-쭉] 團 ①잘난 체하는 모양. ②신이 나서 방정맞게 자꾸 까부는 모양. ⓔ껍죽껍죽.

깜죽-대다 [-쭉때-] 재탄 깝죽거리다.

깝질 [-찔] 圀 물체의 거죽을 싸고 있는, 딱딱하지 않고 질긴 물질의 켜. ⓔ껍질. ㈎깝대기.

깡 [1] '뇌관(雷管)'을 광부들이나 어부들이 속되게 이르는 말.

깡 [2] 〈깡다구〉의 준말.

깡그리 團 하나도 남기지 아니하고 모조리. ¶깡그리 없어지다.

깡그리다 일을 수습하여 끝을 마무르다.

깡깡-이 圀 ㉭해금(奚琴).

깡-다구 圀 (그럴 만한 힘도 없으면서) 악착스럽게 버티는 억지. 오기로 버티어 밀고 나가는 힘. 준깡2. ¶깡다구가 세다. /깡다구를 부리다.

강동-치마 圀 예전에 여자가 입던 짧은 치마.

깡동-거리다 재〈강동거리다〉의 센말. 깡동대다. ⓔ껑뚱거리다.

깡동-깡동 團㉤ 〈강동강동〉의 센말. ⓔ껑뚱껑뚱.

깡동-하다 圀 깡동거리다.

깡동-하다 ㉠㉠ 〈강동하다〉의 센말. ¶깡동한 치마. ⓔ껑뚱하다.

깡-마르다 [~마르니·~말라] ㉠리 몸이 몹시 여위다. 몸이 바싹 마르다. ¶깡마른 체격.

깡-물리다 '뇌관을 도화선에 잇다'의 뜻으로 광부들이 속되게 이르는 말.

깡-소주 (-燒酒) '강소주'의 잘못.

깡-술 '강술'의 잘못.

깡-집게 [-께] 圀 '뇌관과 도화선을 잇는 데 쓰는 집게'를 속되게 이르는 말.

깡쌍 團 짧은 다리로 힘차게 냅다 뛰는 모양. ⓔ깡충. **깡쌍-깡쌍**團㉤.

깡쌍-거리다 재 자꾸 깡쌍깡쌍하다. 깡쌍대다. ⓔ껑쩡거리다.

깡쌍-대다 재 깡쌍거리다.

깡쫑 團 짧은 다리로 가볍고 힘차게 솟구쳐 뛰는 모양. ⓔ껑쭝. ㈎깡충. **깡쫑-깡쫑**團㉤.

깡쫑-거리다 재 자꾸 깡쫑깡쫑하다. 깡쫑대다. ⓔ껑쭝거리다.

깡쫑-대다 재 깡쫑거리다.

깡창 團 짧은 다리로 채신없게 뛰는 모양. ⓔ껑청. **깡창-깡창**團㉤.

깡창-거리다 재 자꾸 깡창깡창하다. 깡창대다. ⓔ껑청거리다.

깡창-대다 재 깡창거리다.

깡총-하다 ㉠㉠ 키가 작고 다리가 길다. ⓔ껑충하다.

깡충 團 짧은 다리로 힘차게 솟구쳐 뛰는 모양. ⓔ껑충. ㈎깡쫑. **깡충-깡충**團㉤ ¶깡충깡충 뛰며 줄넘기를 하다.

깡충-거리다 재 자꾸 깡충깡충하다. 깡충대다. ⓔ껑충거리다.

깡충-거미 圀 깡충거밋과의 거미. 몸빛은 회색, 가슴과 배에 흰 줄이 있음. 거미줄을 치지 않고, 뛰어가서 곤충을 잡아먹음.

깡충-대다 재 깡충거리다.

깡충-하다 ㉠㉠ '깡총하다'의 잘못.

깡통(-筒)圈 ①(생철로 만든) 원기둥 모양으로 된 통조림통 따위의 통. ②'속에 든 것이 없이 소리만 요란한 사람'을 조롱조로 이르는 말. ¶야, 이 깡통아, 그것도 몰라?

깡통(을) **차다**(관용) 남에게 빌어먹는 신세가 되다. 거지 신세가 되다.

깡통-계좌(-筒計座)[-계/-게-] 주가가 계속 하락하여 보유 주식의 가치가 증권사 대출금과 같아져 버린 신용 계좌. [투자자의 위탁자금이 모두 소멸된 상태로 '빈 깡통처럼 됐다'는 뜻에서 비롯된 말.]

깡패(-牌)圈 폭력 따위를 휘두르며, 남에게 못된 짓을 일삼는 불량배.

깨圈 참깨·들깨 따위를 통틀어 이르는 말.

깨가 쏟아지다(관용) 아기자기한 재미와 정이 무르익은 상태를 이르는 말. ¶깨가 쏟아지는 신혼 생활.

깨-강정圈 ①깨를 볶아서 묻힌 강정. ②깨를 조청에 버무려 만든 재래식 과자.

깨개갱튀 개가 갑자기 심하게 맞거나 했을 때 날카롭게 내지르는 소리.

깨갱튀 개가 심하게 얻어맞거나 아플 때에 다급하게 지르는 소리. (큰)끼깅. **깨갱-깨갱**튀[하자].

깨갱-거리다재 자꾸 깨갱깨갱하다. 깨갱대다. (큰)끼깅거리다.

깨갱-대다재 깨갱거리다.

깨-고물圈 참깨, 특히 검은깨를 볶아서 빻은 고물.

깨금-발圈 한 발을 들고 한 발로 섬, 또는 그런 자세. 깨금발. ¶깨금발을 하고 창문으로 얼굴을 내밀다.

깨깨[1]튀 몹시 여윈 모양. ¶깨깨 마른 사람.

깨깨[2]튀 어린아이가 듣기 싫게 자꾸 우는 소리.

깨끔-스럽다[-따][-스러우니·-스러워]圈[H] 보기에 깨끗하고 아담스럽다. **깨끔스레**튀.

깨끔-하다圈 깨끗하고 아담하다. ¶방을 치우고 나니 얼마나 깨끔하냐! **깨끔-히**튀.

깨끗-하다[-끋-]圈[-끄타-] ①때나 먼지가 없다. 청결하다. ¶옷을 깨끗하게 빨다. /그의 이는 가지런하고 깨끗하다. ②(지저분하지 아니하고) 말쑥하다. ¶새로 단장한 집이라 그런지 매우 깨끗하다. /옷을 깨끗하게 차려입다. ③(잡것이 섞이지 아니하여) 맑고 산뜻하다. 순수하다. ¶깨끗한 석간수. /정신이 깨끗하다. ④올바르고 떳떳하다. 결백하다. ¶깨끗한 승부. /깨끗한 인격자. ⑤아무것도 남은 것이 없이 말끔하다. 《주로, '깨끗하게'의 꼴로 쓰임.》 ¶밥한 그릇을 깨끗하게 먹어 치우다. /그 많은 재산을 깨끗하게 날려 버리고 말았다. **깨끗-이**튀.

깨끼圈 ①안팎 솔기를 곱솔로 박아 겹옷을 짓는 일. ②<깨끼옷>의 준말.

깨끼-바지圈 깨끼로 지은 바지.

깨끼-발圈 깨금발.

깨끼-옷[-옫]圈 안팎 솔기를 곱솔로 박아 지은 사(紗)붙이의 겹옷. ②깨끼. *깨끼옷이[-오시]·깨끼옷만[-온-]

깨끼-저고리圈 깨끼로 지은 저고리.

깨끼-춤圈 춤의 한 가지로, 난봉꾼이 멋을 부려 추는 춤.

깨나조 《일부 명사에 붙어》 눈물사납다는 투로, '어느 정도는'의 뜻을 나타냄. ¶돈깨나 있다고 으스대지 마라. /힘깨나 쓴다고 아무에게나 마구 덤빈다.

깨:-나다재 <깨어나다>의 준말.

깨나른-하다圈[어] 일에 마음이 내키지 않고 몸이 나른하다. (큰)게느른하다. **깨나른-히**튀.

깨:다[1]〔재〕 ①(잠·꿈·술기운·약기운·깊은 생각 등에서 벗어나) 정신이 들다(맑아지다). ¶술이 깨다. /환상(악몽)에서 깨다. ②지혜가 열리다. ¶머리가 깬 사람.
[II][타] ①잠을 그치다. ¶잠(꿈)을 깨다. ②'깨우다'의 잘못.

깨:다[2]〔재〕 『'까다[2]'의 피동』 알이 깸을 당하다. ¶알에서 깬 병아리.
[II][타] 『'까다[2]'의 사동』 알을 까게 하다. ¶부화기에서 알을 깨다.

깨다[3]타 ①조각내다. 부수다. 파괴하다. ¶접시를 깨다. ②일을 방해하다. 못하게 하다. ¶산통을 깨다. /흥을 깨다. ③부딪쳐 상처가 나게 하다. ¶넘어져서 무릎을 깨다. ④약속·계획·예정 따위를 어기다. ¶일방적으로 약정(約定)을 깨다. ⑤이제까지 유지되던 일정 수준을 넘어서다. ¶십 년 만에 세계 기록을 깨다.

깨-다듬다[-따]타 깨달아 마음을 가다듬다.

깨닫-하다타 오랫동안 생각나지 않던 것을, 어떤 실마리로 하여 깨달아 분명히 알다.

깨닫다[-따][깨달으니·깨달아]타[ㄷ] ①(진리나 이치 따위를) 터득해 환히 알다. ¶이치를 깨닫다. ②(모르고 있던 사실을) 알게 되다. ¶잘못을 깨닫다. ③느껴서 알다. ¶가슴이 떨려 옴을 깨닫다.

깨-두드리다타 두드리어 깨뜨리다. (센)깨뚜드리다.

깨-떡圈 깨를 고물로 하여 만든 시루떡.

깨-뚜드리다타 <깨두드리다>의 센말.

깨뜨러-지다재 '깨지다'의 힘줌말.

깨-뜨리다타 '깨다'의 힘줌말. 깨트리다.

깨-묵圈 '깻묵'의 방언.

깨-물다[~무니·~물어]타 ①깨어지도록 이로 물다. ¶밤을 깨물어 먹다. ②(밖으로 나타나려는 감정이나 말 따위를 참기 위하여) 아래윗니를 맞붙여 힘껏 물다. ¶말없이 어금니를 깨물며 울분을 꾹 참았다.

깨-보숭이圈 ①들깨의 꽃송이에 찹쌀가루를 묻혀서 기름에 튀겨 낸 반찬. ②'깨고물'의 잘못. ③'깨소금'의 잘못.

깨:-부수다타 ①깨어서 부수다. ¶돌을 잘게 깨부수다. ②잘못된 생각이나 대상 따위를 없애거나 무슨 일을 방해하여 못하도록 하다. ¶상대편의 조직을 깨부수다.

깨-새圈 '박새'의 잘못.

깨-소금圈 참깨를 볶아 소금을 치고 빻아서 만든 양념.

깨소금 맛(관용) 〔깨소금처럼 고소한 맛이라는 뜻으로〕'얄밉던 사람이 잘못되었을 때에 느끼는 고소한 맛, 곧 야릇한 통쾌감'을 비유하여 이르는 말.

깨-알圈 깨의 낟알. ¶깨알 같은 글씨.

깨어-나다재 ①(잠·꿈·졸음 따위에서) 정상의 의식 상태로 돌아오다. ¶잠(꿈)에서 깨어나다. ②(술·약품 등에 취한 상태에서) 맑은 정신으로 돌아오다. ¶마취에서 깨어나다. ③(까무러친 상태에서) 다시 살아나다. ¶기절했다가 깨어나다. ④(정신이, 어떤 것에 깊이 빠져 있다가) 정상 상태로 돌아오다. ¶환상에서 깨어나다. ⑤미개 상태에서 문명 상태로 되다. ¶인지(人智)가 깨어나다. ②깨나다.

깨어-지다재 <깨지다>의 본딧말.

깨-엿[-엳]圈 볶은 깨를 묻힌 가래엿. *깨엿이[-여시]·깨엿만[-연-]

깨-우다타 『'깨다[1]'의 사동』 잠(꿈)에서 깨게 하다. ¶늦잠 자는 아이를 깨우다.

깨우치다團 깨닫도록 가르쳐 주다. ¶잘못을 깨우쳐 주다.

깨-이다图『'깨다'의 피동』잠을 당하다. ¶잠자리가 심란하여 잠이 일쩍 깨이다.

깨작-거리다[-짜-]㮾 ①자꾸 깨작깨작하다. 깨작대다. ⓑ끼적거리다. ②〈깨지락거리다〉의 준말. ⓑ께적거리다.

깨작-깨작團ⓗ㮾 ①쓰기 싫은 글씨를 마지 못하여 아무렇게나 쓰는 모양. ⓑ끼적끼적. ②〈깨지락깨지락〉의 준말. ⓑ께적께적.

깨작-대다[-때-]㮾 깨작거리다.

깨-죽(-粥)團 ☞참깨죽.

깨죽-거리다[-꺼-]豗㮾 자꾸 깨죽깨죽하다. 깨죽대다. ⓑ께죽거리다.

깨죽-깨죽團 ①〈하〉불평스러운 말로 자꾸 되씹어 종알거리는 모양. ②〈하〉㮾(음식 따위를) 먹기 싫은 태도로 자꾸 되씹는 모양. ⓑ께죽께죽.

깨죽-대다[-때-]豗㮾 깨죽거리다.

깨:-지다豗 ①부딪치어 조각이 나거나 상처가 나다. ¶그릇이 깨지다. /무릎이 깨지다. ②(약속·기대·예정 따위가) 지켜지지(이루어지지) 못하고 들어지다. ¶혼담이 깨지다. /약속이 깨지다. ③실력의 일정 수준이 돌파되다. ¶기록이 깨지다. ④상황이나 분위기 따위가 한순간에 바뀌다. ¶분위기가 깨지다. ⑤'경기 따위에서 짐'을 속되게 이르는 말. ¶형이 응원하던 팀이 상대 팀에게 오늘도 깨졌다. ⓑ깨트리다.

깨지락-거리다[-꺼-]㮾 자꾸 깨지락깨지락하다. 깨지락대다. ㉛깍작거리다·깨질거리다. ⓑ께지럭거리다.

깨지락-깨지락豗㮾 (어떤 동작이나 일을 할 때) 마음에 탐탁하지 않은 듯이 게으르고 굼뜨게 하는 모양. ㉛깍작깍작·깨질깨질. ⓑ께지럭께지럭.

깨지락-대다[-때-]㮾 깨지락거리다.

깨질-거리다㮾 〈깨지락거리다〉의 준말. 깨질대다. ⓑ께질거리다.

깨질-깨질豗㮾 〈깨지락깨지락〉의 준말. ⓑ께질께질.

깨질-대다[-때-]㮾 깨질거리다.

깨-치다㮾 모르던 것을 알게 되다. ¶글을 깨치다. /원리를 깨치다.

깨-트리다㮾 깨뜨리다.

깨-풀團 대극과의 일년초. 밭이나 들에 절로 나는데, 줄기는 30 cm 안팎으로 곧게 자라 가지를 많이 침. 꽃은 7~8월에 짧은 꽃줄기에 수꽃이 암꽃을 둘러싸며 핌. 어린순은 먹을 수 있음.

깩團 (갑자기 급소를 얻어맞는 따위의) 큰 충격을 받았을 때, 새되게 지르는 외마디 소리. ¶깩하고 쓰러지다. ⓑ끽. **깩-깩**豗.

깩깩-거리다[-꺼-]豗 새되게 외마디 소리를 자꾸 지르다. 깩깩대다. ⓑ끽끽거리다.

깩깩-대다[-때-]豗 깩깩거리다.

깩-소리[-쏘-]團 ('없다'·'못하다' 등과 함께 쓰이어) 반항하거나 괴로움을 참을 때 내는 최소한의 소리. ¶깩소리 말고 엎드려 있어! /깩소리 한 번 못하고 물러가다. ⓑ끽소리.

깰깩-거리다[-꺼-]豗 자꾸 깰깩깰깩하다. 깰깩대다. ⓑ낄깩거리다.

깰깩-깰깩豗㮾 숨이 막힐 듯 괴롭게 깩깩거리는 모양, 또는 그 소리. ⓑ낄깩낄깩.

깰깩-대다[-때-]豗 깰깩거리다.

깰깰豗㮾 웃음을 억지로 참으면서 목구멍 속으로 웃는 소리. ⓑ낄낄.

깰깰-거리다豗 억지로 참으면서 목구멍 속으로 웃는 소리를 자꾸 내다. 깰깰대다. ⓑ낄낄거리다.

깰깰-대다豗 깰깰거리다.

깻-국[깯꾹/깯꿐]團 참깨를 삶거나 물에 불려 맷돌에 물을 치면서 갈아 체에 밭은 물.

깻-묵[깯-]團 기름을 짜낸 깨의 찌끼. 유박(油粕). **깻묵에도 씨가 있다**[혹떰] ①없을 듯한 곳에도 혹 있을 수 있다는 말. ②세상에 완전무결한 것은 없다는 말.

깻-잎[깬닙]團 ①깨의 잎사귀. ②'들깻잎'을 식품으로 이르는 말. • 깻잎이[깬니피]·깻잎만[깬님-]

깽團 강아지가 놀라거나 아플 때 지르는 소리. **깽-깽**豗.

깽깽-거리다豗 강아지가 자꾸 깽깽 소리를 내다. 깽깽대다.

깽깽-대다豗 깽깽거리다.

깽깽-매미團 매밋과의 곤충. 몸길이 5 cm가량. 흑색 바탕에 황록색 또는 적갈색 무늬가 있고, 배는 황갈색임. 깽깽이.

깽깽-이團 ☞깽깽매미.

깽깽이-풀團 매자나뭇과의 다년초. 산지에 나는데 짧은 뿌리줄기에서 둥근 잎이 무더기로 나고, 4~5월에 긴 꽃줄기 끝에 자줏빛 꽃이 핌. 뿌리는 한방에서 '황련(黃蓮)'이라 하여 약재로 씀.

깽비리團 '어린아이' 또는 '같은 무리 가운데 체구가 작은 사람'을 얕잡아 이르는 말.

깽-판團 '일을 훼방하거나 망치는 짓'을 속되게 이르는 말. ¶깽판을 부리다. /깽판을 치다.

갸우豗〈하〉 (무엇을 보려고 기웃거리거나 목구멍에 걸린 것을 삼키려 할 때) 목을 앞으로 좀 내미는 모양. ⓑ끼룩². **갸룩-갸룩**豗〈하〉.

갸룩-거리다[-꺼-]㮾 무엇을 보거나 목구멍에 걸린 것을 삼키려고 목을 앞으로 자꾸 쑥 내밀다. 갸룩대다. ⓑ끼룩거리다.

갸룩-대다[-때-]㮾 갸룩거리다.

갸우듬-하다뀀 〈갸우듬하다〉의 센말. ⓑ끼우듬하다.

갸우뚱豗〈하〉㮾〈하〉 〈갸우뚱〉의 센말. ⓑ끼우뚱.

갸울다[갸우니·갸울어] Ⅰ豗 〈갸울다〉의 센말. ⓑ끼울다.
Ⅱ뀀 〈갸울다〉의 센말. ⓑ끼울다.

갸울어-뜨리다㮾 〈갸울어뜨리다〉의 센말. ⓑ끼울어뜨리다.

갸울어-지다豗 〈갸울어지다〉의 센말. ⓑ끼울어지다.

갸울어-트리다㮾 〈갸울어트리다〉의 센말. ⓑ끼울어트리다.

갸울-이다㮾 〈갸울이다〉의 센말. ⓑ끼울이다.

갸웃[-욷]豗〈하〉㮾〈하〉 〈갸웃〉의 센말. ⓑ끼웃.

꺅꺅團 닭·오리·고양이 따위 작은 동물이 죽을 때 내는 소리. **꺅-꺅**豗〈하〉.

꺅꺅-거리다[-꺼-]豗 닭·오리·고양이 따위 작은 동물이 자꾸 꺅꺅 소리를 내다. 꺅꺅대다.

꺅꺅-대다[-때-]豗 꺅꺅거리다.

꺅-차다豗 (너무 많이 먹어서) 음식이 목까지 꽉 차다.

꺍꺍豗〈하〉 암탉이나 갈매기 따위가 목청껏 지르는 소리.

꺼꾸러-뜨리다㮾 〈거꾸러뜨리다〉의 센말. ㉛까꾸러뜨리다.

꺼꾸러-지다豗 〈거꾸러지다〉의 센말. ㉛까꾸러지다.

꺼꾸러-트리다**타** 〈거꾸러트리다〉의 센말. **좌**꺼꾸러트리다.

꺼꾸로**부** '꺼꾸로'의 잘못.

꺼끄러기**명** (벼·보리·밀 따위의) 낟알 겉껍질에 붙은, 껄끄러운 수염 동강. **준**꺼러기·꺼럭. **좌**까끄라기.

꺼끌-꺼끌**부형** 자꾸 껄끄럽게 따끔거리는 모양. ¶털옷이 맨살에 닿으니 꺼끌꺼끌하다. **좌**까끌까끌.

꺼꿍-그리다**타** 겉곡식을 방아에 대강 찧어 내다.

꺼:-내다**타** ①안에 들어 있는 물건 따위를 손이나 도구를 이용하여 밖으로 나오게 하다. ¶가방에서 책을 꺼내다. ②마음속의 생각 따위를 말로 드러내 놓기 시작하다. ¶말을 꺼내다.

꺼:-내리다**타** 당겨서 아래로 내리다.

꺼:-당기다**타** 끌어서 앞으로 당기다.

꺼덕-꺼덕**부형** 〈거덕거덕〉의 센말. **좌**까닥까닥.

꺼덕-치다**형** 〈거덕치다〉의 센말.

꺼:-두르다[~두르니·~둘러]**타르** 움켜잡고 마구 휘두르다. ¶머리채를 꺼두르다. **준**꺼둘다.

꺼:-둘다[~두니·~둘러]**타** 〈꺼두르다〉의 준말.

꺼:-둘리다**자** ('꺼두르다'의 피동) 꺼두름을 당하다. ¶멱살이 꺼둘리다.

꺼드럭-거리다[-꺼-]**자** 〈거드럭거리다〉의 센말. 꺼드럭대다. **준**꺼들거리다. **좌**까드락거리다. **쎄**꺼뜨럭거리다.

꺼드럭-꺼드럭**부하자** 〈거드럭거드럭〉의 센말. **준**꺼들꺼들. **좌**까드락까드락. **쎄**꺼뜨럭꺼뜨럭.

꺼드럭-대다[-때-]**자** 꺼드럭거리다.

꺼들-거리다**자** 〈꺼드럭거리다〉의 준말. 꺼들대다. **좌**까들거리다. **쎄**꺼뜰거리다.

꺼들-꺼들**부하자** 〈꺼드럭꺼드럭〉의 준말. **좌**까들까들. **쎄**거들거들.

꺼:-들다[~드니·~들어]**타** 당겨서 추켜들다.

꺼들-대다**자** 꺼들거리다.

꺼:-들-리다**자** ('꺼들다'의 피동) 꺼듦을 당하다. ¶남에게 머리채가 꺼들리다.

꺼들먹-거리다[-꺼-]**자** 〈거들먹거리다〉의 센말. 꺼들먹대다. **좌**까들막거리다.

꺼들먹-꺼들먹**부하자** 〈거들먹거들먹〉의 센말. **좌**까들막까들막.

꺼들먹-대다[-때-]**자** 꺼들먹거리다.

꺼뜨럭-거리다[-꺼-]**자** 〈꺼드럭거리다〉·〈꺼뜨럭거리다〉의 센말. 꺼뜨럭대다. **좌**까뜨락거리다.

꺼뜨럭-꺼뜨럭**부하자** 〈거드럭거드럭〉·〈꺼드럭거드럭〉의 센말. **좌**까뜨락까뜨락.

꺼뜨럭-대다[-때-]**자** 꺼뜨럭거리다.

꺼-뜨리다**타** (잘못하여) ①불을 꺼지게 하다. 꺼트리다. ¶연탄불을 꺼뜨리다. /불씨를 꺼뜨리다. ②기계 등의 동력이 끊어지게 하다. ¶시동을 꺼뜨리다.

꺼:러기**명** 〈꺼끄러기〉의 준말. **좌**까라기.

꺼:럭**명** 〈꺼끄러기〉의 준말. **좌**까락.

꺼:리다[Ⅰ]**자** 마음에 걸리다. ¶양심에 꺼리다. [Ⅱ]**타** (해가 돌아올까 하여) 피하거나 싫어하다. ¶만나기를 꺼리다. /회의 참석을 꺼리다.

꺼림직-하다[-치카-]**형여** 매우 꺼림하다. 께름직하다. 꺼림직-이**부**.

꺼림-하다**형여** ①한 일이 뉘우쳐져서 마음이 편하지 못하다. ¶좀 더 따뜻이 대해 주지 못한 것이 꺼림하다. ②피하고 싶거나 싫은 느낌이 있다. 탐탁지 않다. ¶상한 게 아닌가 싶어 꺼림하다. 께름하다.

꺼머무트름-하다**형여** 〈거머무트름하다〉의 센말. **좌**까마무트름하다.

꺼머번드르-하다**형여** 〈거머번드르하다〉의 센말. **좌**까마반드르하다.

꺼머번지르-하다**형여** 〈거머번지르하다〉의 센말. **좌**까마반지르하다.

꺼:멓다[-머타][꺼머니·꺼메]**형ㅎ** 〈거멓다〉의 센말. ¶햇볕에 타서 얼굴이 꺼멓다. **좌**까맣다.

꺼:메-지다**자** 〈거메지다〉의 센말. ¶때가 묻어서 옷이 꺼메지다. **좌**까매지다.

꺼무끄름-하다**형여** 〈거무끄름하다〉의 센말. **좌**까무끄름하다.

꺼무데데-하다**형여** 〈거무데데하다〉의 센말. **좌**까무대대하다.

꺼무뎅뎅-하다**형여** 〈거무뎅뎅하다〉의 센말. **좌**까무뎅뎅하다.

꺼무레-하다**형여** 〈거무레하다〉의 센말. **좌**까무레하다.

꺼무숙숙-하다[-쑤카-]**형여** 〈거무숙숙하다〉의 센말. **좌**까무숙숙하다.

꺼무스레-하다**형여** 〈거무스레하다〉의 센말. **좌**까무스레하다.

꺼무스름-하다**형여** 〈거무스름하다〉의 센말. **준**꺼뭇하다. **좌**까무스름하다.

꺼무슥-하다**형여** '꺼뭇하다'의 잘못.

꺼무접접-하다[-쩌파-]**형여** 〈거무접접하다〉의 센말. **좌**까무잡잡하다.

꺼무죽죽-하다[-쭈카-]**형여** 〈거무죽죽하다〉의 센말. **좌**까무족족하다.

꺼무칙칙-하다[-치카-]**형여** 〈거무칙칙하다〉의 센말. **좌**까무칙칙하다.

꺼무튀튀-하다**형여** 〈거무튀튀하다〉의 센말. **좌**까무퇴퇴하다.

꺼물-거리다**자** 〈거물거리다〉의 센말. 꺼물대다. **좌**까물거리다.

꺼물-꺼물**부하자** 〈거물거물〉의 센말. **좌**까물까물.

꺼물-대다**자** 꺼물거리다.

꺼뭇-꺼뭇[-묻-묻]**부하형** 〈거뭇거뭇〉의 센말. **좌**까뭇까뭇.

꺼뭇-하다[-무타-]**형여** 〈꺼무스름하다〉의 준말. **좌**까뭇하다. **여**꺼뭇하다.

꺼벅-거리다[-꺼-]**타** 자꾸 꺼벅꺼벅하다. 꺼벅대다.

꺼벅-꺼벅**부하** 보기 싫게 자꾸 꾸벅거리는 모양. **참**꾸벅.

꺼벅-대다[-때-]**타** 꺼벅거리다.

꺼:벙-이**명** '조금 모자란 듯한 사람'을 홀하게 이르는 말.

꺼:벙-하다**형여** ①허우대는 크나 짜이지 아니하고 엉성하다. ¶겉으로는 꺼벙해 보이나, 마음은 단단하다. ②야무지지 않고 조금 모자란 듯하다. ¶꺼벙하게 생기다.

꺼:병이**명** ①꿩의 어린 새끼. ②겉모양이 짜임새가 없고 엉성하게 생긴 사람.

꺼부러-지다**자** ①큰 물건의 부피가 차차 줄어들다. ②생기가 빠져서 몸이 구부러지거나 축늘어지다. **좌**까부러지다.

꺼불-거리다**타자** 〈거불거리다〉의 센말. 꺼불대다. **좌**까불거리다.

꺼불-꺼불**부하자타** 〈거불거불〉의 센말. **좌**까불까불.

꺼불다[꺼부니·꺼불어] [Ⅰ]**자** 멋없이 가볍고 방정맞게 행동하다. **좌**까불다. [Ⅱ]**자타** 아래위로 느리게 흔들리거나 흔들다. **좌**까불다.

꺼불-대다**자타** 꺼불거리다.

꺼슬-꺼슬**부하형** 〈거슬거슬〉의 센말. **좌**까슬까슬.

꺼이-꺼이[뒤] 큰 목소리로 목이 메일 만큼 요란하게 우는 모양. ¶ 꺼이꺼이 목 놓아 울다.

꺼지다¹[자] ①(불·거품 따위가) 사라져 없어지다. ¶ 연탄불이 꺼지다./시동이 꺼지다. ②'목숨이 끊어지다', '죽다'를 비유하여 이르는 말. ¶ 꺼져 가는 생명. ③(주로 명령형으로 쓰이어) (눈앞에 보이지 않게) '사라지다'를 비유하여 이르는 말. ¶ 꼴도 보기 싫으니까 어서 꺼져!

꺼지다²[자] ①땅바닥이나 얼음 따위의 표면이 갈라져 내려앉다. ¶ 땅이 꺼지다./얼음이 꺼지다. ②(속이 비거나 곪거나 하여) 겉이 우묵하게 들어가다. ¶ 배가 꺼지다. /며칠 앓다가 일어나더니 눈이 폭 꺼졌다. ③높게 가설한 것이나 높은 곳에 있는 것이 아래로 내려앉다. ¶ 건축용 발판이 꺼져서 많은 일꾼이 다쳤다.

꺼치적-거리다[-꺼-][자] 〈거치적거리다〉의 센말. 꺼치적대다. ⑨까치작거리다.

꺼치적-꺼치적[뒤][하][자] 〈거치적거치적〉의 센말. ⑨까치작까치작.

꺼치적-대다[-때-][자] 꺼치적거리다.

꺼철-꺼철[뒤][하][자] 〈거칠거칠〉의 센말. ¶ 겨울이 되니 피부가 꺼칠꺼칠하다. ⑨까칠까칠.

꺼철-하다[형][여] 〈거칠하다〉의 센말. ¶ 꺼칠한 턱수염. ⑨까칠하다.

꺼칫-거리다[-칟끼-][자] 〈거칫거리다〉의 센말. 꺼칫대다. ⑨까칫거리다.

꺼칫-꺼칫[-칟-칟][뒤][하][자] 〈거칫거칫〉의 센말. ⑨까칫까칫.

꺼칫-대다[-칟때-][자] 꺼칫거리다.

꺼칫-하다[-치타-][형][여] 〈거칫하다〉의 센말. ⑨까칫하다.

꺼-트리다[타] 꺼뜨리다.

꺼펑이[명] 덧씌워 덮거나 가린 물건.

꺼풀[명] ①거죽을 싸고 있는 껍질의 켜. ②[의존 명사적 용법] 껍질의 켜를 세는 단위. ¶ 양파 한 꺼풀을 벗기다. ⑨까풀.

꺼풀-지다[자] 껍데기나 껍질이 여러 겹으로 켜를 이루다. ⑨까풀지다.

꺽-꺽¹[뒤] 장끼가 우는 소리.

꺽-꺽²[뒤] ①숨이나 말이 목구멍에서 자꾸 막히는 소리, 또는 그 모양. ¶ 더워서 숨이 꺽꺽 힌다. ②숨이 막힐 정도로 우는 소리, 또는 그 모양. ¶ 꺽꺽 소리를 내며 울다.

꺽꺽-거리다¹[-꺼-][자] 장끼가 자꾸 꺽꺽 소리를 내다. 꺽꺽대다¹.

꺽꺽-거리다²[-꺼-][자] ①숨이나 말이 목구멍에서 자꾸 막히는 소리가 나다. ②숨이 막힐 정도로 우는 소리가 나다. 꺽꺽대다².

꺽꺽-대다¹[-때-][자] ☞꺽꺽거리다¹.

꺽꺽-대다²[-때-][자] ☞꺽꺽거리다².

꺽꺽-푸드덕[뒤][하][자] 장끼가 울며 홰치는 소리.

꺽꺽-하다[-꺼카-][형][여] (성질·문장·말투·목소리 따위가) 부드럽지 못하고 딱딱하거나 거칠다. ¶ 꺽꺽한 목소리.

꺽다리[-따-][명] 〈키꺽다리〉의 준말.

꺽두[-뚜][명] 〈꺽두기〉의 준말.

꺽두기[-뚜-][명] ①지난날, 아이들이나 여자들이 신던 '진신'을 흔히 이르던 말. ②〈나막신〉의 속된 말.

꺽둑-거리다[-뚝꺼-][타] 자꾸 꺽둑꺽둑하다. 꺽둑대다. ⑨깍둑거리다.

꺽둑-꺽둑[-뚝-뚝][뒤][하][자] (무나 오이와 같이 단단한 것을) 거칠고 큼직하게 자꾸 써는 모양. ⑨깍둑깍둑.

꺽둑-대다[-뚝때-][타] 꺽둑거리다.

꺽저기[-쩌-][명] 꺽짓과의 민물고기. 몸길이 15 cm가량. 쏘가리와 비슷하나 좀 작음. 몸빛은 갈색이며, 몸 양쪽에 암적색의 가로줄이 있음.

꺽정이[-쩡-][명] 둑중개과의 민물고기. 몸길이 15 cm가량. 머리는 평평하고 입이 큼. 몸빛은 엷은 갈색인데, 등 쪽에 회갈색의 가로줄이 다섯 개 있음. 중국·일본 등지와 우리나라의 황해로 흐르는 하천의 하류에 분포하며, 식용함.

꺽죽-거리다[-쭉꺼-][자] 자꾸 꺽죽꺽죽하다. 꺽죽대다.

꺽죽-꺽죽[-쭉-쭉][뒤][하][자] (저 혼자만 잘난 체) 몸을 흔들며 자꾸 떠드는 모양.

꺽죽-대다[-쭉때-][자] 꺽죽거리다.

꺽지[-찌][명] 꺽짓과의 민물고기. 몸길이가 20cm 가량. 모양은 옆으로 납작하며, 옅은 녹갈색인데 입과 주둥이가 크고 아래턱이 위턱보다 약간 깊. 맑은 계곡에서 삶. 우리나라 특산종이며, 식용함.

꺽지다[-찌-][형] (성격이나 몸이) 억세고 꿋꿋하며 과단성이 있다.

꺽짓-손[-찌쏜/-찓쏜][명] 꺾어서 호락호락하게 넘어가지 않는 손아귀, 또는 그러한 수단.

꺽짓손(이) 세다[관용] 사람을 휘어잡는 수단이 보통이 아니다.

꺾-기¹[꺽끼][명] 유도의 굳히기의 한 가지. 상대의 팔을 다리 사이에 끼워 꺾거나 팔꿈치 관절을 비틀어 꺾는 기술.

꺾-기²[꺽끼][명] 은행에서 어음 할인이나 대출을 해 줄 때 융자 금액의 일부 또는 일정 비율을 강제적으로 예금하게 하는 일. 구속성 예금. 양건 예금.

꺾-꽂이[꺽-][명][하][타] 식물의 줄기나 가지·뿌리·잎 따위를 자르거나 꺾어서 땅에 꽂아, 뿌리가 내려 새 그루를 이루게 하는 일. 삽목(揷木). 삽식(揷植). 삽지(揷枝).

꺾다[꺽따][타] ①휘어서 부러뜨리다. ¶ 나뭇가지를 꺾다. ②방향을 옆으로 돌려 들다. ¶ 핸들을 왼쪽으로 꺾다. ③접어 겹치다. ¶ 요를 넷으로 꺾어 포개다. ④몸의 어느 부위를 구부리다. ¶ 허리를 꺾어 정중히 인사하다. ⑤(기운·생각·말 따위를) 억누르거나 못하게 하다. ¶ 기를 꺾다. /말머리를 꺾다. ⑥마음을 굽히다. ¶ 뜻을 꺾다. /고집을 꺾다. ⑦(목청·가락 따위를) 한껏 높인 상태에서 갑자기 낮추다. ¶ 목청을 꺾다. ⑧(한 번에 할 것을) 몇 번으로 나누다. ¶ 책 값을 세 번으로 꺾어 내다. ⑨(주로 운동 경기나 내기 따위에서) 이기다. ¶ 결승에서 상대편을 꺾고 우승배를 안다. * 꺾어·꺾는[껑-]

꺾-쇠[꺽쇠/꺽쒜][명] 양쪽 끝을 꺾어 구부리고 그 끝을 날카롭게 다듬은 쇠 토막. 두 개의 나무 따위를 잇대어 고정시킬 때에 씀.

꺾쇠-괄호(-括弧)[꺽쐬/꺽쒜][명] ☞꺾쇠묶음.

꺾쇠-구멍[꺽쐬/꺽쒜][명] 가랫날의 위쪽 양편에 있는, 꺾쇠를 박는 구멍.

꺾쇠-묶음[꺽쐬-/꺽쒜-][명] 묶음표로 쓰는 '〔 〕'의 이름. 각괄호. 꺾쇠괄호. 대괄호.

꺾어-지다[자] ①휘어져 부러지다. ¶ 나뭇가지가 태풍에 꺾어지다. ②(차나 길 따위가) 일정한 방향으로 나아가거나 뻗은 상태에서 다른 방향으로 돌려진 상태가 되다. ¶ 오른쪽으로 꺾어진 길. ③(종이 따위가) 접히어 겹쳐지다. ④몸의 일부분이 구부러지다. ⑤(기운·생각·말 따위가) 제대로 펴지지 못하고 억눌리다. ⑥(나이를 나타내는 수사와 함께 쓰이어) '특정한 나이의 절반이 됨'을 속되게 이르는 말. ¶ 꺾어진 오십.

꺾은금^그림표 (−表)圀 ☞꺾은선 그래프.

꺾은-선 (−線)圀 몇 개의 점을 차례차례 선분 (線分)으로 이어서 이루어진 선.

꺾은선^**그래프** (−線graph)圀 막대 그래프의 끝을 꺾은선으로 연결한 그래프. 시간의 경과에 따르는 양(量)의 변화 상태를 나타내는 데 편리함. 꺾은금 그림표.

꺾은-채圀 가마 따위의 채의 앞뒤에 가로지른 나무.

꺾-이다짜 ①[′꺾다′의 피동] 꺾음을 당하다. ¶나뭇가지가 바람에 꺾이다. ②기세나 기운 따위가 약해지다. ¶태풍의 기세가 한 풀 꺾였다. ③길 따위가 굽어지다. ¶길이 직각으로 꺾여 있다.

꺾임圀 ☞굴절(屈折).

꺾임-새圀 꺾인 모양새.

꺾-자 (−字)[격짜]圀 ①증서 같은 문서에서 여백(餘白)이 생겼을 경우, ′여기는 여백임′이라는 뜻으로, 여백의 위에서 아래까지 내리 그리는 ′ㄱ′ 자 모양의 부호. ②어떤 글자나 줄을 지워 버리는 뜻으로 그 글자나 줄 위에 긋는 ′ㄱ′ 자 모양의 부호.

  꺾자 놓다[관용] ☞꺾자(를) 치다.

  꺾자(를) 치다[관용] ①증서 따위의 여백에 꺾자를 그리다. ②글자나 줄을 지워 버리기 위하여 그 위에 꺾자를 그리다. 꺾자 놓다.

껀둥-그리다目 〈건둥그리다〉의 센말. ⑳깐동그리다.

껀둥-껀둥(위)(위자) 〈건둥건둥〉의 센말. ⑳깐동깐동.

껀둥-하다(혱여) 〈건둥하다〉의 센말. ⑳깐동하다.

  껀둥-히(위).

껄껄(위)(위자) 우렁찬 목소리로 시원스럽게 웃는 소리. ¶호탕하게 껄껄 웃다. ⑳깔깔.

껄껄-거리다짜 우렁찬 목소리로 시원스럽게 자꾸 웃다. 껄껄대다. ⑳깔깔거리다.

껄껄-대다짜 껄껄거리다.

껄껄-하다(혱여) ①살갗에 닿는 감촉이 딱딱하고 꺼칠꺼칠하다. ②목소리나 성미가 거스러져 나긋나긋하지 못하다. ⑳깔깔하다.

껄끄럽다[− 따] [껄끄로우니·껄끄러워](혱ㅂ) ①[꺼끄러기 따위가 살에 닿거나 붙어서] 신경이 쓰이게 뜨끔하다. ②미끄럽거나 반드럽지 못하고 껄껄하다. ③무난하거나 부드럽지 못하고 매우 거북한 데가 있다. ¶껄끄러운 관계. ⑳깔끄럽다.

껄끄렁-베圀 올이 굵어 바탕이 껄끄렁한 베.

껄끄렁-벼圀 잘 몽글리지 아니하여 꺼끄러기가 많이 섞여 있는 벼.

껄끔-거리다짜 자꾸 껄끔껄끔하다. 껄끔대다. ⑳깔끔거리다.

껄끔-껄끔(위)(위자) 자꾸 껄끄럽게 뜨끔거리는 모양. ⑳깔끔깔끔.

껄끔-대다짜 껄끔거리다.

껄떡(위)(위자)目 ①물 따위의 액체를 기운 없이 조금 크게 삼키는 소리, 또는 그 모양. ②숨이 곧 끊어질 듯 말 듯한 소리, 또는 그 모양. ③뺏뻣하고 엷은 물체의 바닥이 뒤집히거나 뒤틀릴 때 나는 소리, 또는 그 모양. ⑳깔딱. 껄떡.

껄떡-거리다[−꺼−]짜目 ①자꾸 껄떡껄떡하다. ②매우 먹고 싶거나 갖고 싶어 안달하다. 껄떡대다. ⑳깔딱거리다.

껄떡-대다[−떠−]짜目 껄떡거리다.

껄떡-이圀 음식이나 재물에 턱없이 욕심을 내는 사람.

껄떡-하다[−떠카−](혱여) 〔몹시 피로하거나 기운이 없거나 하여〕 눈가풀이 걷어 달리고 눈알이 움푹하게 들어가 꽹하다. ⑳깔딱하다.

껄떼기圀 농어의 새끼.

껄렁(위)(위혱) ①말이나 행동이 들떠 모두 미덥지 아니하고 허황된 모양. ②사물이 꼴사납고 너절한 모양. ¶하나같이 껄렁한 차림새들을 하고 있다. 껄렁-껄렁(위)(위혱).

껄렁-이圀 됨됨이나 언행이 껄렁한 사람.

껄렁-패 (−牌)圀 껄렁한 사람의 무리.

껄:-머리圀 전통 혼례 때, 신부의 머리에 크게 땋아서 늘어뜨려 대는 덧머리. 〔그 위에 화잠(花簪)을 꽂음.〕

껄쭉-거리다[−꺼−]짜 자꾸 껄쭉껄쭉하다. 껄쭉대다. ⑳깔쭉거리다.

껄쭉-껄쭉(위)(위혱) 거세게 껄끔거리는 모양. ⑳깔쭉깔쭉.

껄쭉-대다[−때−]짜 껄쭉거리다.

껌 (←gum)圀 고무에 설탕·박하·향료 따위를 넣어서 만든, 씹는 과자.

껌껌-나라圀 몹시 껌껌하여 그 상황을 헤아릴 수 없는 상태, 또는 그러한 곳. ⑳깜깜나라.

껌껌-하다(혱여) ①몹시 어둡다. ¶방 안이 껌껌해서 안 보인다. ②′마음이 음침하다′를 비유하여 이르는 말. ¶심보가 껌껌한 사람.

껌:다[−따](혱) 〈검다〉의 센말. ⑳깜다.

껌둥-이圀 〈검둥이〉의 센말. ⑳깜둥이.

껌벅(위)(위자)目 ☞끔벅.

껌적-껌적(위)(위혱) 〈검적검적〉의 센말. ⑳깜작깜작.

껌정圀 〈검정〉의 센말. ⑳깜장.

껌정-이圀 〈검정이〉의 센말. ⑳깜장이.

껍데기[−떼−]圀 ①(호두·달걀·조개 따위의) 속을 싸고 있는 단단한 물질. 각(殼). ¶조개 껍데기. ②알맹이를 빼내고 남은 물건. ¶이불 껍데기. ③화투에서, 끗수가 없는 낱장. 피(皮). ¶껍데기만 먹다. ①②⑳갑대기. ⑳껍질.

껍신-거리다[−씬−]짜目 자꾸 껍신껍신하다. 껍신대다. ⑳갑신거리다.

껍신-껍신[−씬−씬](위)(위혱) 채신없이 꺼불거리는 모양. ⑳갑신갑신.

껍신-대다[−씬−]目 껍신거리다.

껍적-거리다[−쩌−]짜 자꾸 껍적껍적하다. 껍적대다. ⑳갑작거리다.

껍적-껍적[−쩍−쩍](위)(위혱) 방정맞게 꺼불거리는 모양. ⑳갑작깝작.

껍적-대다[−쩍−]目 껍적거리다.

껍죽-거리다[−쭈−]짜目 자꾸 껍죽껍죽하다. 껍죽대다. ⑳갑죽거리다.

껍죽-껍죽[−쭉−쭉](위)(위자)目 ①신이 나서 방정맞게 꺼불거리는 모양. ②잘난 체하는 모양. ⑳갑죽깝죽.

껍죽-대다[−쭉−]짜目 껍죽거리다.

껍질[−찔]圀 물체의 거죽을 싸고 있는, 딱딱하지 아니한 켜. ¶바나나 껍질. ⑳갑질. ⑳껍데기.

껍질-눈[−찔룬]圀 ☞피목(皮目).

-껏 〔접〕〔접미〕①일부 명사 뒤에 붙어, ′그것이 가장 높은 한도에 이르도록′의 뜻을 나타냄. ¶마음껏 /정성껏 /힘껏 /소신껏. ②때를 나타내는 부사 뒤에 붙어, ′그때까지 내내′의 뜻을 나타냄. ¶지금껏 /여태껏 /아직껏.

껑거리圀 길마를 얹을 때, 마소의 궁둥이에 막대를 가로 대고, 그 두 끝에 줄을 매어 길마 뒷가지에 좌우로 잡아매게 된 물건.

껑거리-끈圀 길마가 움직이지 못하도록 껑거리 막대의 두 끝에 잡아맨 줄.

껑거리-막대[-때]圓 마소의 궁둥이에 대어 껑
거리끈을 잡아매는 막대.
껑-까다다囤 '거짓말하다'를 속되게 이르는 말.
껑더리-되다[-되-/-뒈-]困 〈경더리되다〉의
센말.
껑뚱-거리다困 〈경둥거리다〉의 센말. 껑뚱대다.
좡깡뚱거리다.
껑뚱-껑뚱[쀼하)다 〈경둥경둥〉의 센말. 좡깡뚱깡뚱.
껑뚱-대다困 껑뚱거리다.
껑뚱-하다톙어 〈경둥하다〉의 센말. 좡깡뚱하다.
껑쩌-치다톙 열없고 어색하여 매우 거북하다.
면목이 없다.
껑쩡쀼 긴 다리로 힘차게 냅다 뛰는 모양. 좡깡
짱. 셈껑청. 껑쩡-껑쩡[쀼하)다.
껑쩡-거리다困 자꾸 껑쩡껑쩡하다. 껑쩡대다.
좡깡짱거리다.
껑쩡-대다困 껑쩡거리다.
껑쭝쀼 긴 다리로 가볍고 힘차게 솟구쳐 뛰는
모양. 좡깡쭝. 셈껑충. 껑쭝-껑쭝[쀼하)다.
껑쭝-거리다困 자꾸 껑쭝껑쭝하다. 껑쭝대다.
좡깡쭝거리다.
껑쭝-대다困 껑쭝거리다.
껑청쀼 긴 다리로 멋있이 솟구쳐 뛰는 모양.
좡깡창. 셈껑쩡. 껑청-껑청[쀼하)다.
껑청-거리다困 자꾸 껑청껑청하다. 껑청대다.
좡깡창거리다.
껑청-대다困 껑청거리다.
껑충쀼 ①긴 다리로 힘차게 솟구쳐 냅다 뛰는
모양. 좡깡충. 셈껑쭝. ②어떤 단계나 순서를
한꺼번에 많이 건너뛰는 모양. ¶국어 성적이
껑충 뛰다. /물가가 껑충 뛰다. 껑충-껑충[쀼하)다.
껑충-거리다困 자꾸 껑충껑충하다. 껑충대다.
좡깡충거리다.
껑충-대다困 껑충거리다.
껑충-이圓 ①키가 껑충하게 큰 사람. ②키가 크
고 싱거운 사람.
껑충-하다톙어 키가 멋없이 크고, 다리가 매우
길다. 좡깡충하다.
께죄 〈에게〉의 높임말. ¶이걸 선생님께 드려라.
-께젭미 때나 곳을 나타내는 명사 뒤에 붙어,
'그것을 중심으로 한 가까운 범위'를 뜻함.
¶공원 정문께 설치된 공중전화기. /내일 10시
께 전화해라.
께끄름-하다톙어 께적지근하고 꺼림하여, 마음
이 내키지 않다. 준껨끔하다. **께끄름-히**쀼.
께끔-하다톙어 〈께끄름하다〉의 준말. **께끔-히**쀼.
께끼다囤 ①절굿질을 할 때 확이 가로 솟아오르
는 것을, 가운데로 밀어 넣다. ②노래나 말을
할 때, 옆에서 거들어 잘 어울리도록 하다.
③잘 모르는 것을 옆에서 거들어 일러 주다.
께느른-하다톙어 일에 마음이 내키지 않고 몸
이 느른하다. ¶피로가 쌓였는지 아침부터 몸
이 께느른하다. 좡깨나른하다. **께느른-히**쀼.
께름칙-하다[-치카-]톙어 매우 꺼림하다. 꺼림
칙하다.
께름-하다톙어 꺼림하다.
께서죄 주격 '가'·'이'의 높임말. 《서술어에 높
임을 나타내는 선어말어미 '-시-'를 붙여야
함.》¶할아버지께서 하신 일. /선생님께서도 함
께 가신단다. 흪께옵서.
께옵서죄 '께옵서'의 잘못.
께옵서[-옵써]죄 주격 '가'·'이'의 아주 높임말.
'께서'의 높임말. ¶국조(國祖) 단군께옵서 아
사달(阿斯達)에 도움하시다.
께저분-하다톙어 〈게저분하다〉의 센말.

깨적-거리다[-꺼-]困 〈께지럭거리다〉의 준말.
깨적대다. 좡깨작거리다.
깨적-깨적쀼하)다 〈께지럭께지럭〉의 준말. 좡깨
작깨작.
깨적-대다[-때-]困 깨적거리다.
깨적지근-하다[-찌-]톙어 〈게적지근하다〉의
센말.
깨죽-거리다[-꺼-]困困 자꾸 깨죽깨죽하다.
깨죽대다. ¶다 끝난 얘기니 깨죽거리지 마라.
좡깨죽거리다.
깨죽-깨죽쀼 ①하)다 불평스러운 말로 자꾸 되씹
어 중얼거리는 모양. ②하)다 (음식 따위를) 먹
기 싫은 태도로 자꾸 되씹는 모양. 좡깨죽깨죽.
깨죽-대다[-때-]困困 깨죽거리다.
께지럭-거리다[-꺼-]困困 자꾸 께지럭께지럭하
다. 께지럭대다. 준께적거리다·께질거리다.
좡깨지락거리다.
께지럭-께지럭쀼하)다 ①탐탁하지 않은 음식을
자꾸 억지로 굼뜨게 먹는 모양. ¶끼니때마다
숟질을 께지럭께지럭하면서 오래도록 먹는다.
②(어떤 동작이나 일을) 탐탁하지 않은 듯이
게으르고 굼뜨게 하는 모양. 준께적께적·께질
께질. 좡깨지락깨지락.
께지럭-대다[-때-]困困 께지럭거리다.
께질-거리다困 〈께지럭거리다〉의 준말. 께질대
다. 좡깨질거리다.
께질-께질쀼하)다 〈께지럭께지럭〉의 준말. 좡깨
질께질.
께질-대다囤 께질거리다.
껜죄 조사 '께'와 '는'이 합하여 줄어든 말.
¶어머니껜 말씀드렸다.
-껜준 접미사 '-께'와 조사 '는'이 합하여 줄어
든 말. ¶시장껜 역시 시끄럽다. /보름껜 돌아
올 수 있겠지.
껴-들다¹[~드니·~들어]困 〈끼어들다〉의 준말.
껴-들다²[~드니·~들어]囤 ①팔로 물건을 끼어
서 들다. ¶겨드랑이에 책을 껴들다. ②두 개
이상의 물건을, 한데 덧붙이거나 겹쳐서 들다.
껴묻-거리[-꺼리]圓 죽은 사람을 매장할 때 함
께 묻는 물건.
껴-묻다¹[-따]困 다른 물건에 싸잡혀 묻어 들
어가다. 《주로, '껴묻어'의 꼴로 쓰임.》¶내
짐이 자네 짐에 껴묻어 갔는지 와 주게.
껴-묻다²[-따]囤 묻은 곳에 다른 것을 또 묻다.
¶애장품을 무덤에 껴묻다.
껴-붙들다[-붙뜰-][~붙드니·~붙들어]囤 팔
로 끼어서 붙들다. ¶두 명의 경찰이 범인을
껴붙들었다.
껴-안다[-따]囤 ①두 팔로 감싸서 품에 안다.
¶허리를 껴안다. ②혼자서 많은 일을 한데 몰
아서 맡다.
껴-얹다[-언따]囤 있는 위에 더 끼워 넣거나
덧얹다.
껴-입다[-따]囤 ①옷을 입은 위에 또 겹쳐 입
다. ②몸에 맞지 않는 작은 옷을 억지로 입다.
껴-잡다[-따]囤 ①팔로 끼어서 잡다. ②한데
몰아서 잡다.
꼬기-꼬기쀼하)다 '꼬깃꼬깃'의 잘못.
꼬기다困困 〈고기다〉의 센말. 큰꾸기다.
꼬기작-거리다[-꺼-]囤 〈고기작거리다〉의 센
말. 꼬기작대다. 큰꾸기적거리다.
꼬기작-꼬기작쀼하)다 〈고기작고기작〉의 센말.
큰꾸기적꾸기적.
꼬기작-대다[-때-]囤 꼬기작거리다.
꼬김-살[-쌀]圓 〈고김살〉의 센말. 큰꾸김살.

꼬깃-거리다[-긴꺼-]園 〈고깃거리다〉의 센말. 꼬깃대다.

꼬깃-꼬깃[-긴-긴]得허탑 히엄 〈고깃고깃〉의 센말. ¶꼬깃꼬깃한 신문지. 配꾸깃꾸깃.

꼬깃-대다[-긴때-]園 꼬깃거리다.

꼬:깍멩 꼬가. 때까.

꼬:까-신멩 고까신. 때때신.

꼬:까-옷[-옫]멩 고까옷. 때때옷. * 꼬:까옷이 [-오시]·꼬:까옷만[-온-]

꼬꼬 [I]멩 '닭'의 어린이말. ¶꼬꼬가 운다. [II]得 암닭이 우는 소리. ¶닭들이 꼬꼬 하며 모이를 쪼다.

꼬꼬댁得허탑 암닭이 놀랐을 때나 알을 낳은 뒤에 우는 소리.

꼬꼬마멩 ①지난날, 말총으로 만든 기다란 삭모 (槊毛). 〔군졸이 쓰는 벙거지 뒤에 늘어뜨리던 것.〕②실 끝에 새털이나 종이 오리를 매어 바람에 날리는 아이들의 장난감.

꼬꼬得 〈꼬끼오〉의 준말. ¶먼동이 틀 무렵에 닭이 꼬꼬 하고 홰치며 운다.

꼬꾸라-뜨리다園 〈고꾸라뜨리다〉의 센말.

꼬꾸라-지다囮 〈고꾸라지다〉의 센말.

꼬꾸라-트리다園 〈고꾸라트리다〉의 센말.

꼬끼오得 수탉이 우는 소리. 준꼬꼬.

꼬나-물다[~무니·~물어]園 '담배나 물부리 따위를 입에 무는 것'을 속되게 이르는 말. ¶담배를 꼬나물다.

꼬나-보다囮 '눈을 모로 뜨고 못마땅한 듯이 사람을 노려보다'를 속되게 이르는 말. ¶하는 짓이 못마땅한지 한참을 꼬나보았다.

꼬냑(←cognac 프)멩 '코냑'의 잘못.

꼬느다[꼬느니·꼬나]囮 ①무거운 물건의 한끝을 쥐고 치켜 올려 내뻗치다. ¶엠원(M1) 소총을 왼팔로 꼬나 꼬느다. ②마음을 잔뜩 가다듬고 벼르다. ¶기자들은 만년필을 꼬느고 앉아 중대 발표를 기다렸다. ③⇨꼲다.

꼬:다囮 ①여러 가닥을 한 줄이 되게 비비다. ¶새끼를 꼬다. /노를 꼬다. ②(몸·다리·팔 따위를) 틀다. ¶다리를 꼬고 앉지 마라. ③〈비꼬다〉의 준말.

꼬다케得 불길이 세지도 않고 그렇다고 꺼지지도 않은 채 붙어 있는 모양.

꼬드기다囮 ①남을 부추기어 무슨 일을 하도록 하다. ②연줄을 튀기어 연이 솟구쳐 오르게 하다.

꼬드러-지다囮 〈고드러지다〉의 센말. 配꾸드러지다.

꼬들-꼬들得히엄 〈고들고들〉의 센말. ¶꼬들꼬들한 고두밥. 配꾸들꾸들.

꼬라-박다[-따]園 ①'거꾸로 내리박다'를 속되게 이르는 말. ②돈 따위를 어떤 일에 헛되이 써 버리다. ¶전 재산을 노름에 꼬라박다.

꼬라-히다[-바키-]囮 〈꼬라박다〉의 피동〕 꼬라박음을 당하다. ¶구덩이에 꼬라박힌 자전거.

꼬라지멩 ①'꼬락서니'의 방언. ②'성깔'의 방언.

꼬락서니[-써-]멩 〈꼴〉의 속된 말. ¶그 꼬락서니가 뭐냐!

꼬랑이멩 ①〈꼬리〉의 속된 말. ②배추나 무 따위의 뿌리 끝 부분.

꼬랑지멩 〈꽁지〉의 속된 말.

꼬르륵得히엄 ①사람의 배 속이나 대통 속의 담뱃진 따위가 끓을 때 나는 소리. ¶아침을 굶었더니 배에서 꼬르륵 소리가 계속해서 난다. ②닭이 놀랐을 때 내는 소리. ③물이 작은 구멍으로 지나갈 때 나는 소리. ④가래가 목구멍에 걸려 숨을 쉴 때 거칠게 나는 소리. ⑤물속

에서 기체의 작은 방울이 물 위로 떠오를 때 나는 소리. ¶꼬르륵 소리를 내면서 물속으로 가라앉다. 配꾸르륵. **꼬르륵-꼬르륵**得히엄

꼬르륵-거리다[-꺼-]囮 자꾸 꼬르륵꼬르륵하다. 꼬르륵대다. 配꾸르륵거리다.

꼬르륵-대다[-때-]囮 꼬르륵거리다.

꼬리멩 ①동물의 꽁무니나 몸뚱이 뒤 끝에 가늘고 길게 내민 부분, 또는 그와 같은 모양의 것. ¶강아지 꼬리. ②'사물의 한쪽 끝에 길게 내민 부분'을 비유하여 이르는 말. ¶비행기 꼬리. ③어떤 무리의 끝. ¶무리를 쫓아가다.

꼬리가 길면 밟힌다속탑 나쁜 짓을 오래 계속하면 결국 들키고 만다는 뜻.

꼬리(가) 길다관용 ①못된 짓을 오래 계속하다. ②'문을 꼭 닫지 않고 드나드는 사람'을 나무라는 말.

꼬리(를) 감추다관용 자취를 감추다.

꼬리(를) 달다관용 더 보태어 말하거나 어떤 조건을 붙이다.

꼬리(를) 물다관용 서로 잇달리어 끝이 없이 계속되다.

꼬리(를) 밟히다관용 몰래 나쁜 짓을 하다가 남에게 들키다.

꼬리(를) 사리다관용 만일을 생각하여 몸조심하다.

꼬리(를) 잇다관용 연이어 계속되다.

꼬리(를) 잡다관용 약점을 잡다.

꼬리(를) 치다관용 아양을 떨어 유혹하다. 꼬리를 흔들다.

꼬리(를) 흔들다관용 ⇨꼬리를 치다.

꼬리-고사리멩 꼬리고사릿과의 다년생 상록 양치식물. 산이나 들에 나는데, 뿌리줄기는 짧고 잎은 깃 모양의 겹잎이며 꼬리처럼 길게 자람. 자낭군(子囊群)은 잎맥을 따라 줄지어 있음.

꼬리-곰멩 〈꼬리곰탕〉의 준말.

꼬리-곰탕(-湯)멩 소의 꼬리를 진하게 곤 국. 준꼬리곰.

꼬리^날개멩 비행기의 뒤쪽에 붙어 있는 날개. 〔수평 꼬리 날개와 수직 꼬리 날개가 있음.〕 미익(尾翼).

꼬리-대기멩 골패 노름의 한 가지. 둘 또는 네 사람이 골패를 똑같이 나눠 가지고 앞사람 패의 다음 끝 짝을 이어대는데, 많이 굵은 사람이 지게 됨. 미골(尾骨)².

꼬리-별멩 ⇨혜성(彗星). 살별.

꼬리-보멩 한 끝이 휘어 도리에 닿는 보.

꼬리-뼈멩 ⇨미골(尾骨)¹.

꼬리-연멩 긴 꼬리를 단 연.

꼬리-지느러미멩 물고기의 몸 뒤 끝에 있는 지느러미.

꼬리-털멩 짐승의 꼬리에 난 털.

꼬리-표(-票)멩 ①받는 이나 보내는 이의 이름이나 주소 따위를 적어서 짐에 달아매는 쪽지. ②어떤 사람에게 늘 따라다니는 떳떳하지 않은 평가나 평판.

꼬리표(가) 붙다관용 어떤 좋지 않은 평판(평가)이 내려지다.

꼬마멩 ①'어린아이'를 귀엽게 이르는 말. ②조그만 것. 소형(小型). ¶꼬마 기차. ③〈꼬마둥이〉의 준말.

꼬마-둥이멩 몸집이나 키가 작은 사람. 꼬맹이. 준꼬마.

꼬막멩 안다미조갯과의 바닷조개. 껍데기에는 부챗살 모양의 줄이 나 있음. 요리에 많이 쓰임. 강요주. 살조개. 안다미조개.

꼬맹-이圀 '꼬마'를 홀하게 이르는 말.

꼬무락-거리다[-꺼-]재태〈고무락거리다〉의 센말. 꼬무락대다. 圉꾸무럭거리다.

꼬무락-꼬무락閈재태〈고무락고무락〉의 센말. 圉꾸무럭꾸무럭.

꼬무락-대다[-때-]재태 꼬무락거리다.

꼬물-거리다재〈고물거리다〉의 센말. 꼬물대다. 圉꾸물거리다.

꼬물-꼬물閈하태〈고물고물〉의 센말. 圉꾸물꾸물.

꼬물-대다재태 꼬물거리다.

꼬박[1]閈〈꼬박이〉의 준말. 셈꼬빡[1].

꼬박[2]閈하태 ①머리와 몸을 앞으로 조금 숙였다가 드는 모양. ¶꼬박 절을 하다. ②자신도 모르는 사이에 순간적으로 잠이 드는 모양. ¶책상에 엎드려 꼬박 잠이 들었다. 圉꾸벅. 셈꼬빡[2]. **꼬박-하다**하태.

꼬박-거리다[-꺼-]태 머리와 몸을 자꾸 앞으로 조금씩 숙였다가 들다. 꼬박대다. 圉꾸벅거리다.

꼬박-꼬박閈 ①남의 말에 어김없이 따르는 모양. ¶꼬박꼬박 시키는 대로 한다. 圉꾸벅꾸벅. ②차례를 거르지 않는 모양. ¶하루도 거르지 않고 일기를 꼬박꼬박 쓰다. 셈꼬빡꼬빡.

꼬박-대다[-때-]태 꼬박거리다.

꼬박-이閈 고대로 끝끝내 기다리거나, 밤을 새우는 모양. ¶꼬박이 이틀을 굶었다. 圉꼬박이.

꼬박-이다태 졸거나 절을 할 때에 머리와 몸을 앞으로 숙였다가 들다. 圉꾸벅이다. 셈꼬빡이다.

꼬부라-들다[~드니·~들어]재〈고부라들다〉의 센말. 圉꾸부러들다.

꼬부라-뜨리다태〈고부라뜨리다〉의 센말. 圉꾸부러뜨리다.

꼬부라-지다재〈고부라지다〉의 센말. 圉꾸부러지다.

꼬부라-트리다태〈고부라트리다〉의 센말. 圉꾸부러트리다.

꼬부랑閈 《일부 명사 앞에 쓰이어》 꼬불꼬불하게 휘어있음을 뜻하는 말. ¶꼬부랑 산길.

꼬부랑-글자(-字)[-짜]閈 ①모양 없이 아무렇게나 쓴 글씨. ②'서양 글자'를 속되게 이르는 말.

꼬부랑-길[-낄]閈 여러 굽이로 꼬부라진 길.

꼬부랑-꼬부랑閈하형〈고부랑고부랑〉의 센말. 圉꾸부렁꾸부렁.

꼬부랑-이閈〈고부랑이〉의 센말. 圉꾸부렁이.

꼬부랑-하다형어〈고부랑하다〉의 센말. 圉꾸부렁하다.

꼬부리다태〈고부리다〉의 센말. 圉꾸부리다.

꼬부슴-하다형어〈고부슴하다〉의 센말. 쥬꼬부숨하다. 圉꾸부슴하다.

꼬부숨-하다형어〈고부숨하다〉의 준말. 圉꾸부숨하다. 어고부숨하다. **꼬부숨-히**閈.

꼬부장-꼬부장閈하형〈고부장고부장〉의 센말. 圉꾸부정꾸부정.

꼬부장-하다형어〈고부장하다〉의 센말. 圉꾸부정하다.

꼬불-거리다재〈고불거리다〉의 센말. 꼬불대다. 圉꾸불거리다.

꼬불-꼬불閈하재하형〈고불고불〉의 센말. 圉꾸불꾸불.

꼬불-대다재 꼬불거리다.

꼬불탕-꼬불탕閈하형〈고불탕고불탕〉의 센말. 圉꾸불텅꾸불텅.

꼬불탕-하다형어〈고불탕하다〉의 센말. 圉꾸불텅하다.

꼬붓-꼬붓[-붇-붇]閈하형〈고붓고붓〉의 센말. 圉꾸붓꾸붓.

꼬붓-하다[-부타-]형어〈고붓하다〉의 센말. ¶허리가 꼬붓한 할머니. 圉꾸붓하다. **꼬붓-이**閈.

꼬빡[1]閈〈꼬박[1]〉의 센말.

꼬빡[2]閈하태〈꼬박[2]〉의 센말. ¶책상 앞에 앉아서 꼬빡 졸았다. 圉꾸뻑.

꼬빡-꼬빡閈〈꼬박꼬박〉의 센말. 圉꾸뻑꾸뻑.

꼬빡-연(-鳶)[-년]閈 ☞가오리연.

꼬빡-이다태〈꼬박이다〉의 센말. 圉꾸뻑이다.

꼬시다태 '꾀다'를 속되게 이르는 말.

꼬이다[1]재 ☞꾀다.

꼬이다[2]재 ①일이 제대로 풀리지 아니하고 뒤틀리다. ¶일이 자꾸 꼬이기 시작하다. ②비위에 거슬려 마음이 뒤틀리다. ¶심사가 꼬이다. 쥬꼬다.

꼬-이다[3]재 〖'꼬다'의 피동〗 꼼을 당하다. ¶새끼가 잘 꼬이다. 쥬꾀다[3].

꼬-이다[4]재 ☞꾀다.

꼬임閈 ☞꾐.

꼬장-꼬장閈하형 ①어떠한 물건 같은 것이 가늘고 곧은 모양. ¶꼬장꼬장한 회초리. ②늙은이가 허리도 굽지 않고 매우 탄탄한 모양. ¶꼬장꼬장한 늙은이. ③성미가 외곬으로 곧고 꼿꼿한 모양. ¶성미가 꼬장꼬장하다. 圉꾸정꾸정.

꼬질-꼬질閈하형 ①잘 자라지 못하여 몹시 뒤틀리고 꼬불꼬불한 모양. ¶꼬질꼬질 뒤틀어지고 외틀어지고 한 잡목들. ②〈차림새나 맵시가〉 풀기가 죽고 때가 끼어 매우 궁상스러운 모양. ¶꼬질꼬질 땟국이 흐르는 옷.

꼬집다[-따]태 ①손가락이나 손톱으로 살을 집어 뜯거나 비틀다. ②남의 약점이나 비밀 같은 것을 비꼬아 말하거나 분명하게 지적하여 드러내다. ¶너무 그렇게 꼬집어 말하지 말게.

꼬창-모閈 논에 물이 부족하여 흙이 좀 굳어서, 꼬챙이로 논바닥에 구멍을 뚫으면서 심는 모.

꼬창이閈 '꼬챙이'의 잘못.

꼬쟁이閈 나무·대·쇠붙이 따위의 가늘고 긴 막대기. 쥬꼬치.

꼬치閈 ①〈꼬챙이〉의 준말. ②꼬챙이에 꿴 음식물. ③〖의존 명사적 용법〗 꼬챙이에 꿴 음식물을 세는 단위. ¶전복 한 꼬치.

꼬치-꼬치閈 ①몸이 몹시 마른 모양. ¶꼬치꼬치 야위다. ②자꾸 파고들며 물어보는 모양. ¶남의 집안일을 꼬치꼬치 캐묻다.

꼬치-삼치閈 고등엇과의 바닷물고기. 몸길이 1.5 m가량. 삼치와 비슷하나 더 가늘고 긺. 몸빛은 등 쪽이 남청색이고 지느러미는 흑색임. 열대 지방에 많은데 우리나라의 서남부 및 제주도 연해에도 분포함.

꼬치-안주(-按酒)閈 꼬치로 된 안주.

꼬투리閈 ①〈담배꼬투리〉의 준말. ②콩과 식물의 열매를 싸고 있는 껍질. ③〈말이나 사실 따위의〉 실마리. ¶자꾸 말 꼬투리를 물고 늘어진다. ④남을 헤코지하거나 헐뜯을 만한 거리. ¶꼬투리를 잡다.

꼬푸리다재〈고푸리다〉의 센말. 圉꾸푸리다.

꼭閈 ①단단히 힘을 주어 누르거나 죄거나 하는 모양. ¶눈을 꼭 감다. ②애써 참거나 견디는 모양. ¶아픈 것을 꾹 참다. ③깊숙이 숨거나 들어박히는 모양. ¶방 안에 꼭 틀어박히어 나오지 않는다. ④반드시. 어김없이. ¶날짜를 꼭 지켜라. ①~③圉꾹. **꼭-꼭**閈.

꼭꼭[?]?] 암탉이 알을 안는 소리.

꼭꼭-거리다[-꺼-][?] 암탉이 자꾸 꼭꼭 소리를 내다. 꼭꼭대다.

꼭꼭-대다[-때-][?] 꼭꼭거리다.

꼭대기[-때-][?] ①맨 위쪽. ②여럿 중의 우두머리.

꼭두-각시[-뚜-씨][?] ①여러 가지 이상야릇한 탈을 씌운 인형. ②꼭두각시놀음에서, 괴상한 탈을 씌운 젊은 색시 인형. ③'남의 조종에 의하여 움직이는 사람'을 비유하여 이르는 말. ⑬⑭괴뢰(傀儡). ⑭망석중이.

꼭두각시-놀음[-뚜-씨-][?] ①무대 위의 인형들을 뒤에서 조종하여 진행시키는 민속 인형극의 한 가지. 박첨지놀음. ②[?]주체성 없이 남의 뜻에 따라 움직이는 일.

꼭두-놀리다[-뚜-][?] 꼭두각시를 놀리다.

꼭두-머리[-뚜-][?] ①(시간적으로) 일의 가장 처음. ②'꼭대기'의 잘못.

꼭두-새벽[-뚜-][?] 썩 이른 새벽. 첫새벽.

꼭두서니[-뚜-][?] ①꼭두서닛과의 다년생 만초. 산이나 들에 절로 나는데, 줄기는 네모지고 짧은 가시가 있음. 잎은 네 잎씩 돌려 나고, 여름에 노란 꽃이 핌. 어린잎은 나물로 먹고, 뿌리는 물감의 원료로 쓰거나 한방에서 '천근(茜根)'이라 하여 약재로 씀. 천초(茜草). ②꼭두서니 뿌리에서 뽑아낸 빨간 물감이나 그 빛깔.

꼭두-쇠[-뚜쇠/-뚜쉐][?] ⇨모가비.

꼭두-식전(-食前)[-뚜-쩐][?] 이른 새벽.

꼭둑-각시[?] '꼭두각시'의 잘못.

꼭뒤[-뛰][?] ①뒤통수의 한복판. ②활의 도고지가 붙은 뒤.

꼭뒤(를) 누르다[관용] (세력이나 힘으로) 아랫사람을 억누르다.

꼭뒤(를) 눌리다[관용] 세력이나 힘에 눌리다. 꼭뒤(를) 질리다.

꼭뒤(를) 지르다[관용] ①남의 앞장을 질러 말하거나 행동하다. ②압세를 하다.

꼭뒤(를) 질리다[관용] ⇨꼭뒤(를) 눌리다.

꼭뒤-잡이[-뛰-][?] ①뒤통수의 머리나 깃고대를 잡아채는 일. ②씨름에서, 오른팔로 등뒤의 띠를 잡고 앞으로 당겨 엎어지게 하는 손재간의 한 가지.

꼭지[-찌] [Ⅰ][?] ①그릇 뚜껑의 손잡이. ¶냄비 뚜껑의 꼭지가 떨어졌다. ②잎이나 열매를 지탱하는 줄기. ¶사과 꼭지. ③연(鳶) 머리의 가운데에 붙이는 표. ④거지나 깡패의 우두머리. ⑤도리깨의 자루 머리에 꽂아 열을 걸어 돌게 하는 나무 비녀. [Ⅱ][의] ①모숨을 지어 매어 놓은 물건을 세는 말. ¶미역 두 꼭지. ②일정한 양으로 묶은 교정쇄를 세는 단위. ¶원고 세 꼭지를 교정하다.

꼭지가 무르다[관용] 기회가 무르익다.

꼭지(를) 따다[관용] 처음 시작하다.

꼭지-각(-角)[-찌-][?] 이등변 삼각형에서 두 등변 사이의 각.

꼭지-눈[-찌-][?] 식물의 줄기나 가지의 맨 끝에서 나는 싹. 정아(頂芽). ⇨곁눈².

꼭지-딴[-찌-][?] 땐꾼의 우두머리.

꼭지-마리[-찌-][?] 물레를 돌리는 손잡이.

꼭지-미역[-찌-][?] 날날로 된 것을 꼭지 지은 미역.

꼭짓-점(-點)[-찌쩜/-찐쩜][?] ①맨 꼭대기의 점. ②각(角)을 이룬 두 직선이 만나는 점, 또는 다면체의 세 개 이상의 면이 만나는 점.

꼭짓-집[-찌찝/-찐찝][?] 지난날, 빨래터에서 빨래를 삶아 주고 물값 수효대로 삯을 받던 집.

꼭:-하다[꼬카-][형여] (변통성이 없이) 정직하고 고지식하다.

꼰대[?] ①은어로, '늙은이'를 이르는 말. ②학생들의 은어로, '선생님'을 이르는 말.

꼰질-꼰질[?][형] (하는 짓이나 생각이) 지나치게 꼼꼼하여 갑갑한 모양.

꼽다[꼽타][?] 잘잘못이나 좋고 나쁨을 살피어 정하다. 꼬느다. ¶성적을 꼽다. ＊꼽아[꼬나]·꼽는[꼰-]·꼽소[꼽쏘].

꼴¹[?] ①사물의 생김새나 됨됨이. ¶기억자 꼴. ②사물의 모습이나 행색·처지 따위를 홀하게 이르는 말.《('꼴이 될이 아니다', '꼴이 사납다', '꼴 좋다' 등 부정적(否定的)으로 쓰이는 경우가 많음.》 ¶네 꼴이 우습게 되었다.

꼴²[?] 마소에게 먹이는 풀. 목초(牧草). ¶꼴을 베다./꼴을 먹이다.

-꼴[접미] 수량을 나타내는 말 뒤에 붙어, 그것의 낱낱의 값을 나타냄. ¶100원으로 쳐서 모두 얼마나 되겠습니까?

꼴-값[-깝][?][하자] ①〈얼굴값〉의 속된 말. ¶분수도 모르고 꼴값한다. ②격에 맞지 않는 아니꼬운 행동. ¶꼴값을 떨다. ＊꼴값이[-깝씨]·꼴값만[-깜-].

꼴-같잖다[-갇짠타][형] 꼴이 격에 맞지 않아 아니꼽다. 꼴답잖다.

꼴까닥[?] 〈꼴깍〉의 본딧말.

꼴깍[?][하타] ①적은 분량의 물이나 침 따위가 목이나 좁은 구멍으로 단번에 넘어가는 소리, 또는 그 모양. ⑭꼴칵. ②분한 마음을 억지로 참는 모양. ③'사람이 순간적으로 숨을 거두는 모양'을 속되게 이르는 말. ⑱꿀깍. ①②⑱꿀꺽.

꼴깍-꼴깍[?][부]

꼴깍-거리다[-꺼-][?] 자꾸 꼴깍꼴깍하다. 꼴깍대다. ⑱꿀꺽거리다.

꼴깍-대다[-때-][?] 꼴깍거리다.

꼴꼴[?] ①물이 가는 줄기로 몰려서 조금씩 흐르는 소리. ⑭콸콸. ②[하자]새끼 돼지가 내는 소리. ⑱꿀꿀.

꼴꼴-거리다[?] ①물이 가는 줄기로 몰려서 조금씩 흐르는 소리가 자꾸 나다. ②새끼 돼지가 자꾸 소리를 내다. 꼴꼴대다. ⑱꿀꿀거리다.

꼴꼴-대다[?] 꼴꼴거리다.

꼴-꾼[?] 꼴을 베는 사람.

꼴-답잖다[-짠타][형] 꼴같잖다.

꼴-등(-等)[-뚱][?] 등급의 맨 끝.

꼴딱[?] ①[하타]적은 양의 음식물 따위를 목구멍으로 단번에 삼키는 소리, 또는 그 모양. ¶떡을 꼴딱 삼키다. ⑱꿀떡². ②해가 완전히 지는 모양. ¶해가 꼴딱 넘어가다. ③아무것도 먹지 않고 그대로 굶는 모양. ¶이틀을 꼴딱 굶다.

꼴딱-꼴딱[?][부]

꼴딱-거리다[-꺼-][?] 자꾸 꼴딱꼴딱하다. 꼴딱대다. ⑱꿀떡거리다.

꼴딱-대다[-때-][?] 꼴딱거리다.

꼴뚜기[?] 꼴뚜깃과의 연체동물. 생김새는 낙지와 비슷하고, 몸길이는 다리 끝까지 24 cm가량. 몸통에 도톨도톨한 혹이 솟아 있고 열 개의 발이 있음. 몸빛은 회색을 띤 적갈색이며, 만(灣)의 얕은 바다에서 삶. 반초.

꼴뚜기-장수[?] '많은 밑천을 다 없애고 구차하게 사는 사람'을 비유하여 이르는 말.

꼴뚜기-젓[-쩓][?] 꼴뚜기로 담근 젓. ＊꼴뚜기젓이[-저씨]·꼴뚜기젓만[-젇-].

꼴뚜기-질[명][하자] 남을 욕하는 짓의 한 가지. 가운뎃손가락을 펴고, 다른 손가락을 꼬부려 남의 앞에 내미는 짓.

꼴랑[부][하자] ①통에 찰락 말락 한 액체가 조금 흔들려서 나는 소리. ②[하형]작 달라붙지 않고 들떠서 좀 부풀거나 부풀어 있는 모양. 큰꿀렁. 참콜랑. **꼴랑-꼴랑**[부][하자][허].

꼴랑-거리다[자] 자꾸 꼴랑꼴랑하다. 꼴랑대다. 큰꿀렁거리다.

꼴랑-대다[자] 꼴랑거리다.

꼴-리다[자] ①생식기가 성욕으로 흥분하여 충혈되다. ②(무슨 일이 마음에 들지 않아) 부아가 몹시 치밀다. ¶ 밸이 꼴리다.

꼴-머슴[명] 땔나무나 꼴을 베어 오는 나이 어린 머슴.

꼴-불견(-不見)[명] 꼴이 하도 비위에 거슬리어 차마 볼 수 없음. ¶ 예식장에 저런 옷차림을 하고 나타나다니, 정말 꼴불견이군.

꼴-사납다[-따][~사나우니·~사나워][형ㅂ] 꼴이 흉하다.

꼴-좋다[-조타][형] 꼴불견이다. 꼴사납다. 《(반어적(反語的)인 표현.)》 ¶ 이긴다고 큰소리 치더니 꼴좋다.

꼴짝[부][하자타]질고 물기가 많은 물건을 주무르거나 누르거나 할 때 나는 소리. ②[하타]눈물을 짜내듯이 조금씩 흘리는 모양. 큰꿀쩍. **꼴짝-꼴짝**[부][하자타].

꼴짝-거리다[-꺼-][자타] 자꾸 꼴짝꼴짝하다. 꼴짝대다. 큰꿀쩍거리다.

꼴짝-대다[-때-][자타] 꼴짝거리다.

꼴찌[명] 맨 끝 차례.

꼴찌락[부][하자타] 적은 양의 물에 많은 물건을 넣고 주무를 때 나는 소리. 큰꿀찌럭. **꼴찌락-꼴찌락**[부][하자타].

꼴찌락-거리다[-꺼-][자타] 자꾸 꼴찌락꼴찌락하다. 꼴찌락대다. 큰꿀찌럭거리다.

꼴찌락-대다[-때-][자타] 꼴찌락거리다.

꼴칵[부][하타] 적은 분량의 물 따위가 목이나 좁은 구멍으로 단번에 넘어가는 소리. 큰꿀컥. 참콜칵. **꼴칵-꼴칵**[부][하타].

꼼꼼-쟁이[명] ①꼼꼼한 사람. ②인색한 사람. ③일을 너무 굼뜨게 하는 사람.

꼼꼼-하다[형] 빈틈이 없이 자세하고 찬찬하다. ¶ 그는 매사를 꼼꼼하게 처리한다. **꼼꼼-히**[부] ¶ 신문을 꼼꼼히 읽다.

꼼:-바르다[~바르니·~발라][형르] 도량이 좁고 야멸치다.

꼼:바리[명] '꼼바른 사람'을 홀하게 이르는 말.

꼼바리런-하다[형여] 〈꼼바지런하다〉의 센말.

꼼-수[명] 째째한 수단이나 방법. ¶ 꼼수를 쓰다.

꼼실-거리다[자] 〈곰실거리다〉의 센말. 꼼실대다. 큰꿈실거리다.

꼼실-꼼실[부][하자] 〈곰실곰실〉의 센말. 큰꿈실꿈실.

꼼실-대다[자] 꼼실거리다.

꼼작[부][하자] 〈곰작〉의 센말. 큰꿈적. 센꼼짝.

꼼작-이다[자타] 둔하고 느리게 움직이다. ¶ 꼼작이는 품이 제시간에 닿을지 모르겠다. 큰꿈적이다. 센꼼짝이다.

꼼지락[부][하자타] 〈곰지락〉의 센말. 큰꿈지럭.

꼼질[부][하자타] 〈곰질〉의 센말. 큰꿈질.

꼼짝[부][하자타] 〈곰작〉·〈꼼작〉의 센말. 큰꿈쩍.

　꼼짝 못 하다[관용] 힘이나 권세에 눌려 기를 펴지 못하다. ¶ 저 사람, 김 과장 앞에서는 꼼짝 못 한다면서?

꼼짝-달싹[-딸-][부][하자타] ☞옴짝달싹.

꼼짝-없다[-짜겁따][형] ①꼼짝할 수가 없다. ②조금도 움직이는 기색이 없다. ③어떻게 할 방법이 없다. 큰꿈쩍없다. **꼼짝없-이**[부] ¶ 이제는 꼼짝없이 잡히고 말겠다.

꼼짝-이다[자타] 〈꼼작이다〉의 센말.

꼼치[명] ①작은 것. ②적은 것.

꼼틀[부][하자타] 〈곰틀〉의 센말. 큰꿈틀.

꼽꼽-쟁이[명] 잘면서 성질이 착칙한 사람.

꼽꼽-하다[-꼬파-][형여] ①조금 촉촉하다. ②날씨나 기온이 습하고 덥다.

꼽다[-따][타] ①수를 셈하려고 손가락을 하나씩 구부리다. 손꼽다. ②지목(指目)하다.

꼽-사리[-싸-][명] 남이 노는 판에 거저 끼어드는 일. ¶ 꼽사리를 끼다.

꼽실[-씰][부][하자타] 〈곱실〉의 센말. 큰꿉실.

꼽작[-짝][부][하타] 〈곱작〉의 센말. 큰꿉적.

꼽장-골[-짱-][명] 가죽신의 골의 한 가지. 앞부리가 들리고 그 끝이 굽어 있음.

꼽장-떡[-짱-][명] '산병(散餠)'을 달리 이르는 말.

꼽장-선(-扇)[-짱-][명] 쥘부채의 한 가지. 겉살의 사북 근처에 굽은 뼈나 검은 나무쪽을 붙여서 만듦. 곡두선(曲頭扇).

꼽재기[-째-][명] ①때나 먼지 같은, 작고 더러운 것.〔눈곱 따위.〕②보잘것없고 아주 작은 것을 가리키는 말.

꼽추[명] ☞곱사등이.

꼽치다[타] 〈곱치다〉의 센말.

꼽-히다[꼬피-][자] 『'꼽다'의 피동』 꼽음을 당하다. ¶ 첫손에 꼽히다. /우승 후보로 꼽히다.

꼿꼿-하다[꼳꼬타-][형여] ①휘거나 굽은 데가 없이 똑바로 곧다. ¶ 장대처럼 꼿꼿하다. ②마음이나 뜻이 곧고 굳세다. ¶ 꼿꼿한 기상. ②큰꿋꿋하다. **꼿꼿-이**[부].

꽁꽁[부] ①물체가 몹시 단단하게 언 모양. ¶ 강물이 꽁꽁 얼어붙다. ②아주 단단하게 묶거나 다지는 모양. ¶ 짐을 꽁꽁 묶다. ③'꼭꼭'의 잘못.

꽁:꽁[부] 몹시 앓을 때나 힘겨울 때 내는 소리. ¶ 꽁꽁 앓다. 큰끙끙.

꽁꽁-거리다[자] 몹시 아프거나 힘겨워서 자꾸 꽁꽁 소리를 내다. 꽁꽁대다. 큰끙끙거리다!.

꽁꽁-대다[자] 꽁꽁거리다.

꽁다리[명] 짤막하게 남은 동강이나 끄트머리. ¶ 생선 꽁다리. /분필 꽁다리.

꽁무니[명] ①짐승이나 새의 등마루뼈의 아래 끝부분. ②엉덩이를 중심으로 한 몸의 뒷부분. ③사물의 맨 뒤나 맨 끝. 뒤꽁무니. ¶ 맨 꽁무니에서 따라가다.

　꽁무니를 따라다니다[관용] 이곳을 바라고 바싹 붙어 따라다니다. ¶ 상사의 꽁무니를 따라다니다.

　꽁무니(를) 빼다[관용] 슬그머니 물러서거나 달아나다. ¶ 몰리게 되니까 꽁무니를 슬슬 뺀다.

　꽁무니(를) 사리다[관용] 겁을 먹고 조심스레 삼가려 하거나 피하려 하다.

꽁무니-뼈[명] ☞미골(尾骨)1.

꽁보리-밥[명] (쌀은 전연 섞지 않고) 보리로만 지은 밥. 참곱삶이.

꽁-생원(-生員)[명] '꽁한 사람'을 조롱하여 이르는 말.

꽁수[명] 연의 방구멍 아래의 부분.

꽁숫-구멍[-수꾸-/-숟꾸-][명] 연의 방구멍 아래쪽의 꽁숫달 양쪽에 뚫어서 연줄을 꿰는 작은 구멍.

꽁숫-달[-수딸/-숟딸]**명** 연을 만들 때 가운데에 세로로 붙이는 작은 대.

꽁숫-줄[-수쭐/-숟쭐]**명** 연의 꽁숫구멍에 맨 실.

꽁알-거리다**자** 자꾸 꽁알꽁알하다. 꽁알대다. **图**꿍얼거리다.

꽁알-꽁알부 남이 잘 알아듣지 못하게 혼잣말로 불만스럽게 자꾸 좀스럽게 말하는 소리, 또는 그 모양. ¶꽁알꽁알 불평을 하다. **图**꿍얼꿍얼.

꽁알-대다자 꽁알거리다.

꽁지명 새의 꽁무니에 달린 깃. 꽁지깃.

　꽁지 빠진 새〔수탉〕 같다속담 볼꼴이 추레하거나 우습게 생겼다는 말.

꽁지-깃[-긷]**명** ☞꽁지. ＊꽁지깃이[-기시]·꽁지깃만[-긴-]

꽁지-머리명 한쪽 끝이 북 방망이처럼 생긴 나무막이. 〔도래나 물레의 손잡이 따위.〕

꽁지-부리명 배의 뒷부분. 고물1. 선미(船尾).

꽁초명〈담배꽁초〉의 준말.

꽁:치명〈꽁칫과의 바닷물고기. 몸길이 30 cm가량. 몸통이 납작하고 길며, 주둥이는 아래턱이 위턱보다 길고 뾰족함. 몸빛은 등 쪽이 청흑색이고 배 쪽이 흰색이며, 가슴느러미와 배지느러미는 아주 작음. 찬물에 사는 물고기로 우리나라와 일본의 전 연해에 분포함.

꽁:-하다Ⅰ자어 못마땅하게 여겨 말이 없다. **图**꿍하다.
Ⅱ형어 마음이 좁아 어떤 일을 잊지 않고 속으로 언짢아 하는 성미다. ¶사람이 꽁해서 아무짝에도 못쓰겠다. **图**꿍하다.

꽂개[꼳깨]**명하자** 아이들 놀이의 한 가지. 한 자쯤 되는 나무 막대기를 진흙 바닥에 꽂아 깊이 들여 보내는 내기.

꽂다[꼳따]**타** ①(자빠지지 않도록) 박아 세우거나 찔러 넣다. ¶백두산 상봉에 태극기를 꽂다. ②꼭 끼워져 있게 하다. ¶비녀를 꽂다. ③내던져서 거꾸로 박히게 하다. ¶깡패를 땅바닥에 힘껏 꽂다. ④윷말을 뒷밭에 놓다. ＊꽂아·꽂는[꼰-]

꽂을-대[-때]**명** (끝에 솔이나 헝겊을 끼워) 총열 안을 닦는 데 쓰는 쇠꼬챙이.

꽂-히다[꼬치-]자 『'꽂다'의 피동』 ①꽂음을 당하다. ②꼭 끼워 있게 되다.

꽃[꼳]**명** ①종자식물의 유성(有性) 생식 기관. 모양과 빛깔이 가지각색임. 꽃자루 끝에서 피며, 꽃술과 화피(花被)로 나뉨. ②'아름답고 화려한 것'을 비유하여 이르는 말. ¶꽃 같은 청춘. ③'아름다운 여자'를 비유하여 이르는 말. ④'중요하고 핵심적인 것'을 비유하여 이르는 말. ¶군인의 꽃은 장군이다. ⑤홍역 따위를 앓을 때, 살갗에 좁쌀처럼 불긋불긋하게 내돋는 것. ＊꽃이[꼬치]·꽃만[꼰-]

　꽃은 목화가 제일이다속담 '겉치레보다는 실속이 중요함'을 비유하여 이르는 말.

　꽃이 좋아야〔고와야〕 나비가 모인다속담 ①가지고 있는 상품이 좋아야 손님이 많이 모여든다는 말. ②자기 자신이 온전해야 좋은 상대자를 구할 수 있다는 말.

꽃-가루[꼳까-]**명** 수꽃술의 꽃밥 속에 들어 있는 가루 모양의 생식 세포. 〔암꽃술에 붙어 수정 작용을 함.〕 화분(花粉).

꽃-게[꼳께]**명** 꽃겟과의 게. 몸길이 7 cm, 너비 15 cm가량. 암녹색 바탕에 흰 구름무늬가 있는 등딱지는 옆으로 퍼진 마름모꼴이며, 집게발이 강대함. 얕은 바다의 모래땅에 모여 살며, 밤에 활동함. 우리나라·일본·중국 등지에 분포함.

꽃-구름[꼳꾸-]**명** 여러 가지 빛깔로 아롱진 아름다운 구름. 채운(彩雲).

꽃-국[꼳꾹]**명** 용수 안에 괸 술의 웃국.

꽃-꼭지[꼳-찌]**명** ☞꽃자루.

꽃-꽂이[꼳-]**명하자** 화초나 나무의 가지를 꽃병이나 수반(水盤)에 꽂아 자연미를 나타내는 일, 또는 그 기법. 삽화(挿花).

꽃-나무[꼳-]**명** ①꽃이 피는 나무. 화목(花木). 화수(花樹). ②'화초(花草)'를 두루 이르는 말.

꽃-놀이[꼳-]**명하자** 꽃 피는 봄철에 여럿이 산이나 들에 나가서 즐기는 일. 화유(花遊).

꽃-눈[꼳-]**명** 자라서 꽃이 될 눈. 화아. 꽃잎눈.

꽃-다발[꼳-]**명** 꽃으로 만든 다발.

꽃-다지¹[꼳따-]**명** 십자화과의 이년초. 들이나 밭에 나는데, 줄기 높이는 20 cm가량. 잎과 줄기에는 짧은 털이 빽빽하게 나 있으며, 봄에 노란 꽃이 핌. 어린잎은 먹을 수 있음.

꽃-다지²[꼳따-]**명** 가지·오이·호박 따위의 맨 처음 열린 열매.

꽃-달임[꼳따림]**명하자** 진달래나 국화의 꽃잎을 따서 전을 부치거나 떡에 넣거나 하여 여럿이 모여서 먹는 놀이.

꽃-답다[꼳땁따][~다우니·~다워]형ㅂ 꽃처럼 아름답다. (주로, '꽃다운'의 꼴로 쓰임.) ¶꽃다운 처녀. /꽃다운 젊은 시절.

꽃-당혜(-唐鞋)[꼳땅혜/꼳땅헤]**명** 여러 가지 빛깔로 곱게 만든 어린아이의 마른신.

꽃-대[꼳때]**명** 식물의 꽃자루가 달리는 줄기. 화축(花軸).

꽃-덮이[꼳떠피]**명** '꽃잎'과 '꽃받침'을 아울러 이르는 말. 화피(花被).

꽃-돔[꼳똠]**명** 바릿과의 바닷물고기. 몸길이 20 cm가량. 몸빛은 선홍색. 몸은 달걀꼴로 납작하고 주둥이가 짧으며 눈이 큼. 온대성 어종임.

꽃-돗자리[꼳똗짜-]**명** 꽃무늬를 놓아 짠 돗자리. 화문석(花紋席). ☞꽃자리.

꽃-동산[꼳똥-]**명** 꽃이 많이 핀 동산.

꽃-등(-燈)[꼳뜽]**명** 꽃무늬가 있는 종이 등.

꽃-등심(-心)[꼳뜽-]**명** 살코기 사이에 하얀 지방이 알맞하게 고루 퍼져 있는 소의 등심.

꽃-등에[꼳뜽-]**명** 꽃등엣과의 곤충. 몸길이 1.5 cm가량. 몸빛은 흑갈색, 몸의 각 마디에 검은 띠가 있음. 유충은 더러운 물에 사는데, 꼬리 모양의 돌기가 있어 '꼬리구더기'라고도 함.

꽃-뚜껑[꼳-]**명** 꽃받침과 꽃부리의 모양이나 빛깔이 거의 같아서 구별하기 어려울 때, 그 둘을 아울러 이르는 말. 화개(花蓋).

꽃-말[꼳-]**명** 꽃의 특질에 따라 상징적인 의미를 부여한 말. 〔장미는 '사랑', 백합은 '순결'을 나타내는 따위.〕 화사(花詞).

꽃-망울[꼳-]**명** 어린 꽃봉오리, 몽우리. **준**망울.

꽃-맞이[꼳-]**명하자** 꽃 필 무렵에 하는 굿.

꽃-멎이[꼳-]**명** 꽃이 진 뒤에 바로 맺히는 열매.

꽃-모[꼳-]**명**〈꽃모종〉의 준말.

꽃-모종[꼳-]**명** ①옮겨 심기 위하여 가꾼 꽃나무의 모종. **준**꽃모. ②하자 꽃모종을 옮겨 심는 일.

꽃-무늬[꼳-늬]**명** 꽃 모양의 무늬. 화문(花紋).

꽃-물¹[꼳-]**명** (고기를 삶아 낸 첫 맹물을 타지 않은) 곰국이나 설렁탕 따위의 진한 국물.

꽃-물²[꼳-]**명** ①꽃을 물감으로 하여 들이는 물. ¶손톱에 꽃물을 들이다. ②(부끄럽거나 흥분하여) 불그레해진 얼굴빛. ¶얼굴에 꽃물이 들다.

꽃-미투리[꼳-]**명** 삼 껍질을 고운 빛깔로 물들여 무늬를 놓아 삼은 미투리. 〔지난날, 어린이들이 신었음.〕

꽃-바구니[꼳빠―]**명** ①화초나 꽃가지 따위를 담는 바구니. ②화초나 꽃가지 따위를 담아서 꾸민 바구니.

꽃-바람[꼳빠―]**명** 꽃이 필 무렵에 부는 봄바람.

꽃-반지[―斑指][꼳빤―]**명** 토끼풀 따위의 풀꽃으로 반지 모양을 만들어 손가락에 끼는 것.

꽃-받침[꼳빧―]**명** 꽃을 보호하는 기관의 한 가지. 꽃잎을 받치고 있는 부분.〔보통, 녹색이나 갈색임.〕약(蕚). 화탁.

꽃-밥[꼳빱]**명** 꽃의 한 기관. 꽃실 끝에 붙어서 꽃가루를 만드는 주머니 모양의 부분. 약(葯). 약포(葯胞).

꽃-방석[―方席][꼳빵―]**명** ①꽃을 수놓은 방석. ②꽃무늬를 놓아서 짠 왕골 방석.

꽃-밭[꼳빧]**명** ①꽃을 많이 심은 곳, 또는 많은 꽃이 핀 곳. 화단. 화원. ②'아름다운 여자가 많이 모여 있는 곳'을 비유하여 이르는 말. *꽃밭이[꼳빠치]·꽃밭을[꼳빠틀]·꽃밭만[꼳빤―]

꽃밭에 불 지른다(속담) ①도무지 풍류를 모르는 짓을 한다는 말. ②인정사정없는 처사를 한다는 말. ③한창 행복할 때 재액이 닥친다는 말.

꽃-뱀[꼳뺌]**명** ①피부에 알록달록한 고운 무늬가 있는 뱀. ②'남자를 성적으로 유혹하여 금품을 우려내는 여자'를 속되게 이르는 말.

꽃-벼룩[꼳뻬―]**명** 꽃벼룩과의 곤충. 몸길이 3 mm가량. 몸빛은 흑갈색임. 더듬이는 꽃실 모양이고, 뒷다리가 발달하였음. 꽃에 모여 드는데, 유충은 균류(菌類)가 기생하는 고목(枯木) 속에 삶. 우리나라·일본·유럽 등지에 분포함.

꽃-병[―甁][꼳뼁]**명** 꽃을 꽂는 병. 화병(花甁).

꽃-봉[꼳뽕]**명**〈꽃봉오리〉의 준말.

꽃-봉오리[꼳뽕―]**명** ①망울만 맺히고 아직 피지 아니한 꽃. 화뢰(花蕾). 화봉(花峯). 준 봉·봉오리. ②'앞날이 기대되는 희망찬 젊은 세대'를 비유하여 이르는 말.

꽃-부리[꼳뿌―]**명** 꽃을 이루는 가장 아름다운 부분으로, '한 송이 꽃의 꽃잎 전체'를 이르는 말. 화관(花冠).

꽃-분(―盆)[꼳뿐]**명** 꽃나무를 심어 가꾸는 그릇. 화분(花盆).

꽃-불[꼳뿔]**명** 이글이글 타오르는 불.

꽃-사슴[꼳싸―]**명** 누런 빛깔의 털에 흰 점이 고루 나 있는 작은 사슴.

꽃-살문(―門)[꼳쌀―]**명** 문살에 꽃무늬를 새겨 만든 문.

꽃-삽[꼳쌉]**명** 꽃나무 등을 옮겨 심거나 매만져 가꾸는 데 쓰이는 조그만 삽.

꽃-상여(―喪輿)[꼳쌍―]**명** 꽃으로 장식한 상여.

꽃샘[꼳쌤]**명** 이른 봄철, 꽃이 필 무렵에 추워짐, 또는 그런 추위. 꽃샘추위.

꽃샘-바람[꼳쌤―]**명** 이른 봄, 꽃이 필 무렵에 부는 쌀쌀한 바람.

꽃샘-잎샘[꼳쌤닙쎔]**명하자** 이른 봄, 꽃과 잎이 필 무렵에 추위짐, 또는 그런 추위.

꽃샘잎샘에 설늙은이〔반늙은이〕얼어 죽는다 (속담) '이른 봄의 추위도 제법 춥다'는 뜻으로 이르는 말.

꽃샘-추위[꼳쌤―]**명** ☞꽃샘.

꽃-소금[꼳쏘―]**명** 간장을 담글 때, 위에 뜬 메줏덩이에 뿌리는 소금.

꽃-소주(―燒酒)[꼳쏘―]**명** 소주를 고아서 맨 처음 받은 진한 소주를 이르는 말.

꽃-송이[꼳쏭―]**명** 꽃자루 위에 붙은 꽃 전부를 이르는 말. ¶모란의 탐스러운 꽃송이.

꽃-술[꼳쑬]**명** 꽃의 생식 기관.〔암꽃술과 수꽃술이 있음.〕화수(花鬚). 화예(花蕊).

꽃-시계(―時計)[꼳씨계/꼳씨게]**명** 공원이나 광장 등의 지면에, 시계 문자반 부분을 여러 가지 꽃나무를 심어 꾸민 큰 시계.

꽃-식물(―植物)[꼳씽―]**명** ☞종자식물(種子植物). ↔민꽃식물.

꽃-신[꼳씬]**명** ①꽃무늬나 여러 가지 빛깔로 곱게 꾸민 신.〔여자나 아이들의 신.〕②'꽃당혜'의 잘못.

꽃-실[꼳씰]**명** 수꽃술의 꽃밥을 지닌 가느다란 줄기. 수술대. 화사(花絲).

꽃-싸움[꼳―]**명하자** ①여러 가지 꽃을 뜯어, 그 수효의 많고 적은 것으로 승부를 가리는 장난. ②꽃잎이나 꽃술을 맞걸어 당겨서 떨어지고 안 떨어지는 것으로 승부를 가리는 장난. 화전(花戰). 준꽃쌈.

꽃-쌈[꼳―]**명하자**〈꽃싸움〉의 준말.

꽃-씨[꼳―]**명** 꽃나무의 씨앗.

꽃-아카시아(―acacia)[꼬다―]**명** 콩과의 낙엽 활엽 관목. 높이는 1 m가량. 접목하면 3 m까지 자람. 줄기·잎·가지 등에 억센 붉은 털이 빽빽하고, 늦은 봄에 잎겨드랑이에서 분홍색 꽃이 핌. 북미 원산의 관상 식물로 정원 등에 많이 심음.

꽃-양배추(―洋―)[꼳냥―]**명** 십자화과의 다년초. 유럽 원산의 관상용 식물로 양배추와 비슷함. 잎은 가장자리가 밋밋한 품종과 주름진 품종이 있음. 잎의 빛깔은 흰빛에서 차차 붉은 자줏빛 또는 노란빛으로 변함.

꽃-일다[꼳닐―][―이니―일어]**자** 화학적 작용이나 발효 과정(醱酵過程) 등에서, 한창 순화된 현상이 나타나 보이다.

꽃-잎[꼳닙]**명** 꽃부리를 이루고 있는 낱낱의 조각. 화순(花脣). 화엽(花葉). 화판(花瓣). *꽃잎이[꼳니피]·꽃잎만[꼳님―]

꽃-자루[꼳짜―]**명** 꽃대나 가지에서 갈라져 나와, 꽃을 받치는 작은 자루. 꽃꼭지. 화경(花梗). 화병(花柄).

꽃-자리[꼳짜―]**명** ①과실의 꽃이 달렸다가 떨어져 나간 자리. ②〈꽃돗자리〉의 준말.

꽃-전(―煎)[꼳쩐]**명** ①찹쌀가루를 반죽하여 꽃 모양으로 만들어 지진 부꾸미. ②부꾸미에 대추와 진달래 꽃잎이나 국화 꽃잎을 붙인 떡. 화전(花煎).

꽃-전차(―電車)[꼳쩐―]**명** 축하나 기념 따위를 위하여, 꽃이나 색전구(色電球)·기(旗) 따위로 아름답게 꾸며서 운행하는 전차.

꽃-줄기[꼳쭐―]**명** 뿌리에서 바로 올라와 꽃이 달리는 just 줄기. 화경(花莖).

꽃-집[꼳찝]**명** 생화(生花)나 조화(造花) 등을 파는 가게. 화방(花房).

꽃-차(―車)[꼳―]**명** 꽃이나 그림, 또는 색전구(色電球) 따위로 아름답게 꾸민 차.

꽃-차례[꼳―]**명** ☞화서(花序).

꽃-창포(―菖蒲)[꼳―]**명** 붓꽃과의 다년초. 높이 80~150 cm. 6~7월에 잎 사이에서 꽃줄기가 나와 자색이나 홍자색의 꽃이 핌. 습지에 나는데, 관상용으로도 많이 재배함. 마린(馬藺).

꽃-철[꼳―]**명** 꽃이 한창 피는 철.

꽃-치자(―梔子)[꼳―]**명** 꼭두서닛과의 상록 관목. 높이 60 cm가량. 치자와 비슷하나 잎과 꽃이 작고, 여름에 흰 꽃이 핌. 가을에 황홍색 열매를 맺는데 염료로 쓰임.

꽃-턱[꼳―]**명** '꽃받침'의 잘못.

꽃-턱잎[꼳텅닙]명 꽃대나 꽃자루의 밑을 받치고 있는 비늘 모양의 잎. 보통은 녹색임. 포(苞). 화포(花苞). *꽃턱잎이[꼳텅니피]·꽃턱잎만[꼳텅님-]

꽃-피다[꼳-]자 가장 성한 상태가 되다. ¶젊음이 꽃피는 시절.

꽃피-우다[꼳-]타 〖'꽃피다'의 사동〗 꽃피게 하다. 한창 드러나게 하다. 성하게 하다. ¶현대 문명을 꽃피우다./젊음을 꽃피우다.

꽈르르부하자 많은 액체가 좁은 구멍으로 급히 쏟아지는 소리, 또는 그 모양. 참꽈르르.

꽈르릉부하자 폭발물 따위가 터지거나 천둥이 치며 요란하게 울리는 소리. 참꽈르릉. 꽈르릉-꽈르릉부하자.

꽈르릉-거리다자 자꾸 꽈르릉꽈르릉하다. 꽈르릉대다.

꽈르릉-대다자 꽈르릉거리다.

꽈:리명 ①가짓과의 다년초. 줄기 높이는 40~90 cm. 잎은 한 군데에 두 잎씩 나오고 여름에 황백색 꽃이 피며, 둥근 열매가 붉게 익음. 산장(酸漿). ②꽈리 열매의 속을 우벼 낸 다음, 입 안에 넣어 소리가 나게 한 것, 또는 고무로 그와 같이 만든 장난감. ③☞수포(水泡).

꽈:배기명 과자의 한 가지. 밀가루 따위를 반죽하여 엿가락같이 가늘게 만든 다음 두 가닥으로 꼬아서 기름에 튀겨서 만듦.

꽉부 ①가득 차거나 막힌 모양. ¶방 안에 연기가 꽉 찼다./생각이 꽉 막히다. ②힘껏 붙잡거나 힘을 주는 모양. ¶손을 꽉 쥐다. ③슬픔·괴로움 따위의 감정을 드러내지 않으려고 애쓰는 모양. ¶슬픔을 꽉 누르다. 꽉-꽉부.

꽐꽐부하자 많은 액체가 좁은 구멍으로 급히 쏟아져 흐르는 소리, 또는 그 모양. ¶물이 꽐꽐 쏟아져 나오다. 큰꿜꿜. 참꽐꽐.

꽐꽐-거리다자 많은 액체가 좁은 구멍으로 급히 쏟아져 흐르는 소리가 자꾸 나다. 꽐꽐대다. 큰꿜꿜거리다. 참꽐꽐거리다.

꽐꽐-대다자 꽐꽐거리다.

꽛꽛-하다[꽏꽏타-]형여 (물건이나) 어지간히 굳어져서 거칠고 단단하다. 꽛꽛-이부.

꽝¹명 추첨 등에서 뽑히지 못하여 배당이 없는 것. ¶복권이 모두 꽝이다.

꽝²부 ①무겁고 단단한 물건이 바닥에 떨어지거나 부딪쳤을 때 요란하게 나는 소리. ¶현관문을 꽝 닫고 나가다. ②총포를 쏘거나 폭발물 같은 것이 터졌을 때에 요란하게 울리는 소리. ¶수류탄이 꽝 하고 터지다. 참쾅. 꽝-꽝부.

꽝꽝-거리다자타 자꾸 꽝꽝 소리가 나다, 또는 그런 소리를 내다. 꽝꽝대다.

꽝꽝-나무명 감탕나무과의 상록 관목. 주로 산기슭에 나는데, 높이는 3 m가량 자라고 가지와 잎이 무성함. 초여름에 엷은 녹색 꽃이 피고, 열매는 가을에 검게 익음. 나무는 도장 등의 재료로 쓰임.

꽝꽝-대다자타 꽝꽝거리다.

꽤부 어지간히. 상당히. 제법. 한결. ¶감이 꽤 크다. /꽤 재미있다.

꽤기명 〈새꽤기〉의 준말.

꽥부 남을 놀라게 할 때나 성이 났을 때, 갑자기 목청을 높여 날카롭게 지르는 소리. ¶화를 내며 소리를 꽥 지르다. 큰꿱. 꽥-꽥부하자.

꽥꽥-거리다자 남을 놀라게 할 때나 성이 났을 때, 갑자기 목청을 높여 날카롭게 지르는 소리를 자꾸 내다. 꽥꽥대다. 큰꿱꿱거리다.

꽥꽥-대다[-때-]자 꽥꽥거리다.

꽹부 꽹과리를 칠 때 나는 소리. 꽹-꽹부하자타.

꽹과리명 놋쇠로 만든 작은 타악기의 한 가지. 농악과 무악 따위에 쓰임. 동고. 소금. 쟁(錚).

꽹그랑-꽹그랑부하자타 꽹과리를 율동적으로 치는 소리.

꽹꽹-거리다자타 자꾸 꽹꽹 소리가 나다, 또는 그런 소리를 내다. 꽹꽹대다.

꽹꽹-대다자타 꽹꽹거리다.

꽹-하다형여 〈꽹하다〉의 센말.

꾀[꾀/꿰]명 일을 그럴듯하게 꾸미는 교묘한 생각이나 수단.
  꾀가 나다관용 일에 싫증이 나다.

꾀-까다롭다[꾀-따/꿰-따][~까다로우니·~까다로워]형〈괴까다롭다〉의 센말.

꾀-까닭스럽다[꾀/꿰]형ㅂ '꾀까다롭다'의 방언.

꾀꼬리[꾀/꿰-]명 까마귓과의 새. 날개 길이 15 cm가량. 참새와 비슷함. 몸빛은 노란색이고 눈에서 뒷머리까지 검은 줄이 있음. 겁이 많아 숲 속에 숨어 삶. 황앵. 황작. 황조.

꾀꼬리-참외[꾀-차뫼/꿰-차퉤]명 빛이 노란 참외.

꾀꼴[꾀-/꿰-]부 꾀꼬리가 우는 소리. 꾀꼴-꾀꼴부하자.

꾀:[꾀/꿰]부 얼굴이 바싹 마른 모양.

꾀꾀-로[꾀꾀/꿰꿰-]부 이따금 남이 보지 않는 틈을 타서 살그머니. ¶꾀꾀로 손목을 쥐기도 했다.

꾀:다¹[꾀-/꿰-]자 (벌레 따위가) 모여들어서 뒤끓다. 꼬이다¹. ¶배추에 진딧물이 꾀다.

꾀:다²[꾀-/꿰-]자〈꼬이다²〉의 준말. ¶일이 자꾸 꾀다.

꾀:다³[꾀-/꿰-]자〈꼬이다³〉의 준말. ¶새끼가 잘 꾀다.

꾀:다⁴[꾀-/꿰-]타 그럴듯하게 남을 속이거나 부추기어 자기의 뜻대로 하게 하다. 꼬이다⁴.

꾀-똥[꾀-/꿰-]명 (꾀를 부려 속이느라고) 짐짓 누는 체하는 똥.

꾀-바르다[꾀-/꿰-][~바르니·~발라]형르 꾀가 많다. 약삭빠르다.

꾀-배[꾀-/꿰-]명 거짓으로 앓는 배앓이.

꾀-병(-病)[꾀-/꿰-]명하자 거짓으로 앓는 체하는 병.

꾀-보[꾀-/꿰-]명 꾀가 많은 사람. 꾀만 부리는 사람. 꾀자기.

꾀-부리다[꾀-/꿰-]자 (다른 일을 핑계하여) 어려운 일이나 책임을 살살 피하다. 꾀쓰다.

꾀-쓰다[꾀-/꿰-][~쓰니·~써]자 ①일이 잘 되도록 지혜를 내다. ②꾀부리다.

꾀어-내다[꾀어-/꿰어-]타 꾀를 부리거나 유혹하여 나오게 하다. ¶처녀를 밖으로 꾀어내다.

꾀어-넘기다[꾀어-/꿰어-]타 꾀어서 속아 넘어가게 하다.

꾀어-들다[꾀어-/꿰어-][~드니·~들어]자 여러 군데에서 모여들다. ¶아침부터 사람들이 시장에 꾀어들었다.

꾀임-꾀임[꾀-꾀/꿰-꿰]부하타 남을 꾀어 호리는 모양.

꾀-이다¹[꾀-/꿰-]자 〖'꾀다⁴'의 피동〗 꾐을 당하다.

꾀-이다²타 '꾀다⁴'의 잘못.

꾀-자기[꾀-/꿰-]명 잔꾀가 많은 사람. 꾀보. 다모객(多謀客).

꾀-잠[꾀-/꿰-]명 거짓으로 자는 체하는 잠.

꾀-쟁이[꾀-/꿰-]명 '꾀를 잘 부리는 사람'을 별명으로 이르는 말.

꾀죄죄-하다[꾀죄죄-/꿰줴줴-]휑어 몹시 꾀죄죄하다. ¶꾀죄죄한 옷차림.

꾀죄-하다[꾀죄-/꿰줴-]휑어 ①차림새가 지저분하고 궁상스럽다. ¶꾀죄한 꼬락서니. ②마음이 옹졸하고 착살스럽다.

꾀-중방(-中枋)[꾀-/꿰-]圀 마루나 대청 귀틀을 끼우는 나무.

꾀-통이[꾀-/꿰-]圀〈꾀자기〉의 속된 말.

꾀-피우다[꾀-/꿰-]区 자기에게만 이롭게 요리조리 잔꾀주를 부리다.

꾀-하다[꾀-/꿰-]타어 ①계획하다. ②어떤 일을 이루거나 해결하려고 노력하다.

꾐:[꾐/꿴]圀 남을 꾀어 속이거나 충동하는 일. 달래는 속임수. 꼬임. ¶꾐에 빠지다.

꾸구리圀 잉엇과의 민물고기. 몸길이 6~10 cm, 몸빛은 황적갈색며 등지느러미에 폭이 넓은 세 줄의 가로띠가 있음. 남·북한강 상류의 돌이 많은 여울에 삶. 학술상으로 진귀한 우리나라 특산어임.

꾸기다区타〈구기다〉의 센말. ⓐ꼬기다.

꾸기적-거리다[-꺼-]区타〈구기적거리다〉의 센말. 꾸기적대다. ⓐ꼬기작거리다.

꾸기적-꾸기적(튀하타〈구기적구기적〉의 센말. ⓐ꼬기작꼬기작.

꾸기적-대다[-때-]타 꾸기적거리다.

꾸김圀〈구김〉의 센말.

꾸김-살[-쌀]圀〈구김살〉의 센말. ⓐ꼬김살.

꾸김-새圀〈구김새〉의 센말.

꾸깃-거리다[-긴꺼-]타〈구깃거리다〉의 센말. 꾸깃거리다.

꾸깃-꾸깃[-긴-긴]튀하타 휑휑〈구깃구깃〉의 센말. ⓐ꼬깃꼬깃.

꾸깃-대다[-긴때-]타 꾸깃거리다.

꾸다[1]('꿈'과 관련된 명사와 함께 쓰이어) 꿈의 현상을 보다. ¶용꿈을 꾸다.

꾸다[2]타 (뒤에 갚기로 하고) 돈이나 양식 따위를 잠시 빌려 쓰다. ¶돈을 꾸다.

꾸어다 놓은 보릿자루(빗자루)쏙담 '이야기를 서로 주고받는 자리에서, 말없이 한쪽에 앉아 있기만 하는 사람'을 농조로 이르는 말.

꾸다[3]'뀌다[2]'의 잘못.

꾸덕-꾸덕튀하휑〈구덕구덕〉의 센말.

꾸드러-지다区〈구드러지다〉의 센말. ⓐ꼬드러지다.

꾸들-꾸들튀하휑〈구들구들〉의 센말. ¶밥이 너무 꾸들꾸들해서 먹기가 나쁘다. ⓐ꼬들꼬들.

-꾸러기젭미 일부 명사 뒤에 붙어, '그 버릇이 많거나 그 일을 잘 버르집어 일으키는 사람'임을 나타냄. ¶잠꾸러기./말썽꾸러기./장난꾸러기.

꾸러미圀 ①꾸리어 뭉치거나 싼 물건. ②〖의존 명사적 용법〗㉠짚으로 길게 묶어 중간중간 동여맨 달걀 열 개를 세는 단위. ¶달걀 한 꾸러미. ㉡물건의 꾸러미를 세는 단위. ¶소포 두 꾸러미.

꾸르륵튀하区 ①사람의 배 속이나 그릇 속의 액체 따위가 많이 끓을 때 나는 소리. ¶뭘 잘못 먹었는지 배 속이 꾸르륵하다. ②닭이 놀랐을 때 내는 소리. ③액체가 작은 구멍으로 가까스로 �빠져나올 때 나는 소리. ④가래가 목구멍에 걸리어 숨을 쉴 때 거칠게 나는 소리. ⑤물속에서 기체의 방울이 물 위로 떠오를 때 나는 소리. ⓐ꼬르륵. 쎈꾸르르륵-꾸르륵.

꾸르륵-거리다[-꺼-]区 자꾸 꾸르륵꾸르륵하다. 꾸르륵대다. ⓐ꼬르륵거리다.

꾸르륵-대다[-때-]区 꾸르륵거리다.

꾸리[1]圀 ①실을 감은 뭉치. ②〖의존 명사적 용법〗실 따위를 감은 뭉치를 세는 단위. ¶실한 꾸리.

꾸리[2]圀 소 앞다리 무릎 위쪽에 붙은 살덩이.

꾸리다타 ①(짐이나 물건 따위를) 싸서 묶다. ¶이삿짐을 꾸리다. /배낭을 꾸리다. ②(살림 따위를) 짜고 걸잡아 처리해 나가다. ¶살림을 꾸리다. ③(장소 따위를) 손질하여 보기 좋게 만들다. ¶화단을 꾸리다.

꾸무럭-거리다[-꺼-]区타〈구무럭거리다〉의 센말. 꾸무럭대다. ⓐ꼬무락거리다.

꾸무럭-꾸무럭튀区타〈구무럭구무럭〉의 센말. 꾸무럭꾸무럭.

꾸무럭-대다[-때-]区타 꾸무럭거리다.

꾸물-거리다区타〈구물거리다〉의 센말. 꾸물대다. ⓐ꼬물거리다.

꾸물-꾸물튀하区타〈구물구물〉의 센말. ⓐ꼬물꼬물.

꾸물-대다区타 꾸물거리다.

꾸미圀 ①찌개나 국에 넣는 고기붙이. ②떡국·만둣국·국수·덮밥 등에 맛을 더하기 위해 얹는 고기·채소·튀김 같은 것. ⓐ고명·웃기.

꾸미-개圀 ①옷·맹건·돗자리 따위의 가장자리를 꾸미는 헝겊 오리. ②무엇을 곱게 꾸미는 데 쓰는 물건.

꾸미기^체조(-體操)圀 맨손체조의 한 가지. 두 사람 이상이 모여 하나의 집단적인 구성을 이루는 과정에서, 보다 아름다운 균형미를 나타내려는 운동.

꾸미다타 ①모양이 나게 잘 만들거나 쓸모 있게 차려 갖추다. ¶신방을 꾸미다. ②(어떤 일을) 짜고 꾀하다. ¶음모를 꾸미다. ③(글 따위를) 지어서 만들다. ¶서류를 꾸미다. ④사실인 것처럼 거짓으로 둘러대다. ¶꾸며 낸 이야기. ⑤바느질하여 만들다. ¶이불을 꾸미다. ⑥구나 문장에서 한 성분이 다른 성분의 상태·성질·정도 등을 자세하게 하거나 분명하게 하다. ¶관형사는 명사를 꾸민다.

꾸민-잠(-簪)圀 여러 가지 모양의 옥판(玉板)에 진주·산호·청강석 등의 구슬을 박아 꾸민, 예장에 꽂던 머리 꾸미개.

꾸민-족두리[-뚜-]圀 옥판(玉板)을 밑에 받치고 그 한복판에 산호·구슬·진주 따위를 꿰어 상투처럼 만든 족두리. 쫀민족두리.

꾸밈圀 ①겉모양을 보기 좋게 만드는 일. ②겉으로만 짐짓 사실인 것처럼 나타내는 일. ③구나 문장에서 한 성분이 다른 성분의 상태·성질·정도 등을 자세하게 하거나 분명하게 함. ¶명사는 관형사의 꾸밈을 받는다.

꾸밈-말圀 ☞수식어(修飾語).

꾸밈-새圀 꾸민 모양새.

꾸밈-씨圀 ☞수식사(修飾詞).

꾸밈-없다[-미멉따]휑 ①수수하다. ②언행이 솔직하다. 꾸밈없-이휑.

꾸밈-음(-音)圀 음악에서, 가락에 멋을 주고 표현을 풍부하게 하기 위해 덧붙이는 장식적인 음. 오너먼트. 장식음(裝飾音).

꾸벅튀하区 ①머리를 앞으로 숙였다가 드는 모양. ¶꾸벅 인사를 한다. ②자신도 모르는 사이에 순간적으로 잠이 드는 모양. ¶꾸벅 존다. ⓐ꼬박[2]. 쎈꾸뻑. **꾸벅-꾸벅**튀하区타.

꾸벅-거리다[-꺼-]区타 머리와 몸을 자꾸 앞으로 숙였다가 들다. 꾸벅대다. ⓐ꼬박거리다.

꾸벅-꾸벅튀 남의 말에 어김없이 따르는 모양. ⓐ꼬박꼬박. 쎈꾸뻑꾸뻑.

꾸벅-대다[-때-] **타** 꾸벅거리다.

꾸벅-이다 **타** 졸거나 절을 할 때, 머리와 몸을 앞으로 숙였다가 들다. ¶머리를 꾸벅이며 인사하다. **작**꼬박이다. **세**꾸뻑이다.

꾸부러-들다[~드나·~들어] **재** 〈구부러들다〉의 센말. **작**꼬부라들다.

꾸부러-뜨리다 **타** 〈구부러뜨리다〉의 센말. **작**꼬부라뜨리다.

꾸부러-지다 **재** 〈구부러지다〉의 센말. **작**꼬부라지다.

꾸부러-트리다 **타** 〈구부러트리다〉의 센말. **작**꼬부라트리다.

꾸부렁-꾸부렁 **부**(하)(어) 〈구부렁구부렁〉의 센말. **작**꼬부랑꼬부랑.

꾸부렁-이 〈구부렁이〉의 센말. **작**꼬부랑이.

꾸부렁-하다 **형**(어) 〈구부렁하다〉의 센말. **작**꼬부랑하다.

꾸부리다 **타** 〈구부리다〉의 센말. **작**꼬부리다.

꾸부스름-하다 **형**(어) 〈구부스름하다〉의 센말. **준**꾸부슴하다. **작**꼬부스름하다.

꾸부슴-하다 **형**(어) 〈구부슴하다〉의 준말. **작**꼬부슴하다. **여**구부슴하다. **꾸부슴-히**(부).

꾸부정-꾸부정 **부**(하)(어) 〈구부정구부정〉의 센말. **작**꼬부장꼬부장.

꾸부정-하다 **형**(어) 〈구부정하다〉의 센말. ¶꾸부정한 자세. /등이 꾸부정한 노인. **작**꼬부장하다.

꾸불-거리다 **재** 〈구불거리다〉의 센말. 꾸불대다. **작**꼬불거리다.

꾸불-꾸불 **부**(하)(어) 〈구불구불〉의 센말. **작**꼬불꼬불.

꾸불-대다 **재** 꾸불거리다.

꾸불텅-꾸불텅 **부**(하)(어) 〈구불텅구불텅〉의 센말. **작**꼬불탕꼬불탕.

꾸불텅-하다 **형**(어) 〈구불텅하다〉의 센말. ¶꾸불텅한 고갯길. **작**꼬불탕하다.

꾸붓-꾸붓[-붇-붇] **부**(하)(어) 〈구붓구붓〉의 센말. **작**꼬붓꼬붓.

꾸붓-하다[-부타-] **형**(어) 〈구붓하다〉의 센말. ¶허리가 왜 그리 꾸붓하냐? **작**꼬붓하다.

꾸뻑-꾸뻑 **부**(하)(어) 〈꾸벅〉의 센말. **작**꼬빡2.

꾸뻑-꾸뻑 **부**(하)(어) 〈꾸뻑꾸뻑〉의 센말. **작**꼬빡꼬빡.

꾸뻑-이다 **타** 〈꾸벅이다〉의 센말. **작**꼬빡이다.

꾸역-꾸역 **부**(하)(어) ①한군데로 많은 것이 잇따라 몰려들거나 몰려나는 모양. ¶동네 사람들이 마을 회관으로 꾸역꾸역 몰려들었다. ②역겨운 느낌이나 탐욕 같은 것이 자꾸 일거나 꿰져 나오는 모양. ¶꾸역꾸역 욕지기가 치밀다. ③음식 따위를 한꺼번에 입에 많이 넣고 잇따라 씹는 모양. ¶밥을 꾸역꾸역 먹다.

꾸-이다1 ['꾸다'의 피동] 잠을 자면서 꿈을 꾸게 되다. ¶불길한 꿈이 꾸이다. **준**뀌다.

꾸-이다2 **타** 다음에 받기로 하고 빌려 주다. **준**뀌다3.

꾸정-꾸정 **부**(하)(어) ①가늘고 긴 물건이 굽지 않고 곧은 모양. ②늙은이가 허리도 굽지 아니하고 매우 튼튼한 모양. ¶꾸정꾸정 다부진 노인. ③성미가 외곬으로 곧고 매우 꿋꿋한 모양. ¶그는 언제나 꾸정꾸정 자기 의견을 내세운다.

꾸정-모기 **명** 각다귀.

꾸준-하다 **형**(어) 한결같은 상태로 부지런하고 끈기 있다. ¶꾸준한 성격. **꾸준-히** **부** ¶꾸준히 노력한 보람이 있어서 시험에 합격하였다.

꾸중 **명**(하)(자)(타) 꾸지람. ¶선생님께 꾸중을 듣다. /아버지께서 나를 꾸중하셨다.

꾸지 **명** 지난날, 무기(武器)를 꾸미던 붉은 털.

꾸지-나무 **명** 뽕나뭇과의 낙엽 교목. 닥나무와 비슷하나 연한 줄기에 짧은 털이 빽빽하게 남. 나무껍질은 종이의 원료로 쓰임.

꾸지람 **명**(하)(자) 아랫사람의 잘못을 꾸짖음, 또는 그 말. 꾸중. 지책구. ¶꾸지람을 내리다.

꾸지-뽕 **명** 꾸지뽕나무의 잎.

꾸지뽕-나무 **명** 뽕나뭇과의 낙엽 활엽 교목. 잎은 타원형으로 어긋맞게 남. 꽃은 작고 두상화서로 피며, 장과는 9~10월에 붉게 익음. 잎은 양잠 사료이며 열매는 먹음.

꾸짖다[-짇따] **타**(자) 주로, 아랫사람의 잘못에 대하여 엄하게 나무라다. ¶버릇없는 아이를 호되게 꾸짖다. • 꾸짖어·꾸짖는[-진-]

꾸푸리다 **타** 〈구푸리다〉의 센말. **작**꼬푸리다.

꾹 **부** ①단단히 힘을 주거나 누르거나 죄거나 하는 모양. ¶밥을 꾹 눌러 담다. /입을 꾹 다물다. ②애써 참거나 견디는 모양. ¶웃음을 꾹 참다. ③깊숙이 숨거나 틀어박히는 모양. ¶방안에 꾹 틀어박혀 있다. **작**꼭. **꾹-꾹** **부**.

꾼 **명** '즐기는 방면의 일에 능숙한 사람'을 속되게 이르는 말. ¶낚시 대회에 한다하는 꾼들이 다 모였다.

-꾼 **접미** 〈일부 명사 뒤에 붙어〉 ①어떤 일을 직업적·전문적 또는 습관적으로 하는 사람임을 뜻함. ¶노름꾼./씨름꾼./장사꾼. ②어떤 일이나 어떤 자리에 모이는 사람임을 뜻함. ¶구경꾼./잔치꾼./장꾼.

꿀 **명** 꿀벌이 꽃에서 빨아들여 먹이로 저장해 두는 달콤한 액체. 봉밀(蜂蜜). 청밀(淸蜜).

꿀도 약이라면 쓰다[속담] 이로운 말이라도 충고라면 듣기 싫어한다는 말.

꿀 먹은 벙어리[속담] '마음속의 생각을 말하지 못하는 사람'을 조롱하여 이르는 말.

꿀-곽[-꽉] **명** 떠낸 꿀을 모아 담는 큰 통.

꿀꺼덕 **부** 〈꿀꺽〉의 본딧말.

꿀꺽 **부** ①물이나 침 따위가 목이나 좁은 구멍으로 단번에 넘어가는 소리, 또는 그 모양. ¶군침을 꿀꺽 삼키다. **참**꿀걱. ②분한 마음을 억지로 참는 모양. **본**꿀꺼덕. **작**꼴깍. **꿀꺽-꿀꺽** **부**(하).

꿀꺽-거리다[-꺼-] **타** 자꾸 꿀꺽꿀꺽하다. 꿀꺽대다. **작**꼴깍거리다.

꿀꺽-대다[-때-] **타** 꿀꺽거리다.

꿀꿀 **부** ①물이 굵은 줄기로 몰려서 흐르는 소리. **참**쿨쿨1. ②**하**(자) 돼지가 내는 소리. **작**꼴꼴.

꿀꿀-거리다 **재** ①물이 굵은 줄기로 몰려서 자꾸 흐르는 소리가 자꾸 나다. ②돼지가 자꾸 소리를 내다. 꿀꿀대다. **작**꼴꼴거리다.

꿀꿀-대다 **재** 꿀꿀거리다.

꿀꿀-이 **명** 〔돼지라는 뜻으로〕 '욕심이 많은 사람'을 조롱하여 이르는 말. 꿀돼지.

꿀꿀이-죽(-粥) **명** 〔돼지의 먹이라는 뜻으로〕 여러 음식의 찌꺼기를 한데 넣어 끓인 죽.

꿀-단지[-딴-] **명** 꿀을 담아 두는 단지.

꿀-돼지 **명**[-뙈-] 꿀꿀이.

꿀-떡1 **명** ①떡가루를 꿀물로 내려서 밤·대추·석이·표고·잣 등을 켜마다 넣어 찐 떡. ②'꿀을 섞어서 만든 떡'을 통틀어 이르는 말.

꿀떡2 **부**(하) 음식물 따위를 목구멍으로 단번에 삼키는 소리, 또는 그 모양. **작**꼴딱. **꿀떡-꿀떡** **부**(하).

꿀떡-거리다[-꺼-] **타** 자꾸 꿀떡꿀떡하다. 꿀떡대다. **작**꼴딱거리다.

꿀떡-대다[-때-] **타** 꿀떡거리다.

꿀렁⦗부⦘⦗하자⦘ ①병이나 통에 찰락 말락 한 액체가 크게 흔들려 나는 소리. ②⦗하형⦘적 들러붙지 않고 들떠서 크게 부풀거나 부풀어 있는 모양. ⑧깔랑. ⑳쿨렁. 꿀렁-꿀렁⦗부⦘⦗하자⦘⦗하동⦘.

꿀렁-거리다⦗자⦘ 자꾸 꿀렁꿀렁하다. 꿀렁대다. ⑧깔랑거리다.

꿀렁-대다⦗자⦘ 꿀렁거리다.

꿀리다⦗자⦘ ①구김살이 잡히다. ②(경제적 형편이) 옹색해지다. ¶ 살림이 꿀리다. ③마음이 켕기다. ¶ 꿀리는 데가 없다. ④(힘이나 능력이) 남에게 눌리다.

꿀-맛[-맏]⦗명⦘ ①꿀의 단맛. ②꿀처럼 단맛. ¶ 밥맛이 꿀맛이다. ③'매우 재미있거나 잇속이 있음'을 비유하여 이르는 말. ¶ 신혼 생활이 꿀맛이다. * 꿀맛이[-마시]·꿀맛만[-만-]

꿀-물⦗명⦘ 꿀을 탄 물. 밀수(蜜水).

꿀-밤⦗명⦘ (귀엽다는 표시나 장난의 뜻으로) 주먹으로 가볍게 머리를 때리는 짓.

꿀-벌⦗명⦘ 꿀벌과의 곤충. 몸길이 1~1.5 cm. 몸빛은 흑색인데, 배 쪽은 황갈색의 가로띠 또는 황백색의 잔털로 덮여 있고, 날개는 투명한 회색임. 한 마리의 여왕벌을 중심으로 수백 마리의 수벌과 5,6만 마리의 일벌이 한 집단을 이룸. 몸에 독침이 있고 벌집에 꿀을 모아 먹이로 함. 예부터 꿀을 얻기 위하여 기름. 밀봉(蜜蜂). 참벌.

꿀-샘⦗명⦘ ⇨밀선(蜜腺).

꿀-수박⦗명⦘ ①꼭지를 둥글게 도려내고 꿀 또는 설탕과 얼음을 넣은 수박. ②'달고 맛이 좋은 수박'을 비유하여 이르는 말.

꿀쩍⦗부⦘ ①차진 물건을 주무르거나 누를 때 나는 소리. ②⦗하형⦘눈물을 짜내듯 조금씩 흘리는 모양. ⑧꿀짝. 꿀쩍-꿀쩍⦗부⦘⦗하자⦘⦗타⦘.

꿀쩍-거리다[-꺼-]⦗자⦘⦗타⦘ 자꾸 꿀쩍꿀쩍하다. 꿀쩍대다. ⑧꼴짝거리다.

꿀쩍-대다[-때-]⦗자⦘⦗타⦘ 꿀쩍거리다.

꿀찌럭⦗하자⦘⦗타⦘ 질고 차진 물건을 세게 주무르거나 누르거나 할 때 나는 소리. ⑧꼴찌락. 꿀찌럭-꿀찌럭⦗부⦘⦗하자⦘⦗타⦘.

꿀찌럭-거리다[-꺼-]⦗자⦘⦗타⦘ 자꾸 꿀찌럭꿀찌럭하다. 꿀찌럭대다. ⑧꼴찌락거리다.

꿀찌럭-대다[-때-]⦗자⦘⦗타⦘ 꿀찌럭거리다.

꿀컥⦗부⦘⦗타⦘ 음식물 따위를 목구멍으로 한꺼번에 넘길 때 나는 소리, 또는 그 모양. ⑧꼴칵. ⑳꿀꺽. 꿀컥-꿀컥⦗부⦘⦗타⦘.

꿀-풀⦗명⦘ 꿀풀과의 다년초. 들에 나는데, 높이 30 cm가량. 줄기는 네모지고, 길둥근 잎은 마주남. 여름에 자줏빛 꽃이 줄기 끝에 핌. 한방에서, 온 포기를 말리어 '하고초(花夏枯草)'라 하여 약재로 씀.

꿇다[꿀타]⦗타⦘ ①무릎을 굽혀 바닥에 대다. ¶ 무릎을 꿇고 빌다. ②나아가야 할 단계에서 나아가지 못하다. ¶ 친구는 아파서 한 학년을 꿇었다. * 꿇어[꾸러]·꿇는[꿀른]·꿇소[꿀쏘]

꿇-리다[꿀-]⦗Ⅰ⦘⦗자⦘ 『꿇다』의 피동』 꿇음을 당하다. ¶ 탐관오리가 어사 앞에 무릎이 꿇리다. ⦗Ⅱ⦘⦗타⦘ 『꿇다』의 사동』 꿇게 하다. ¶ 적군을 사로잡아 무릎을 꿇리다.

꿇어-앉다[꾸란따]⦗자⦘ '꿇어앉다'의 준말.

꿇어-앉다[꾸러안따]⦗자⦘ 무릎을 꿇고 앉다. ⑥꿇앉다.

꿈⦗명⦘ ①잠자는 동안에 생시처럼 보고 듣고 느끼고 하는 여러 가지 현상. ¶ 꿈에 본 고향. /꿈을 꾸다. ②마음속의 바람이나 이상. ¶ 꿈이 크다. /언제나 꿈을 가져라. ③덧없는 바람이나

희망. ¶ 헛된 꿈에서 깨다. ④(현실을 떠난 듯한) 즐거운 상태나 분위기. ¶ 신혼의 꿈.

꿈보다 해몽이 좋다⦗속⦘ 사실은 그렇지 못하나 해석이 그럴싸하다는 말.

꿈에 서방 맞은 격⦗답⦘ ①제 욕심에 차지 않는다는 말. ②분명하지 않은 존재를 이르는 말.

꿈도 못 꾸다⦗관⦘ 전혀 생각도 하지 못하다.

꿈도 안 꾸다⦗관⦘ 전혀 생각도 안 하다.

꿈에도 생각지 못하다⦗관⦘ 전혀 예측하지 못하다.

꿈에도 없다⦗관⦘ 생각조차 해 본 일이 없다.

꿈-같다[-갇따]⦗형⦘ ①(일이 하도 이상하여) 현실이 아닌 것 같다. ¶ 꿈같은 이야기. ②(세월이) 덧없이 빠르다. ¶ 꿈같은 세월. 꿈갈-이⦗부⦘.

꿈-결[-껼]⦗명⦘ ①꿈꾸는 동안. ¶ 꿈결에 본 듯도 하다. ②'덧없이 빠른 사이'를 비유하여 이르는 말. ¶ 한 달이 꿈결처럼 지나가다.

꿈-길[-낄]⦗명⦘ 꿈속에서 일어나는 일의 과정.

꿈-꾸다⦗타⦘ ①꿈을 꾸는 상태에 있다. ②어떤 일이 그리되기를 바라거나 꾀하다. ¶ 야구 선수를 꿈꾸다.

꿈-나라⦗명⦘ ①(현실이 아닌) 꿈속의 세계. ②(실현성이 없는) 환상적인 세계.

꿈나라로 가다⦗관⦘ '잠이 깊이 들다, 곧히 잠이 들다'를 비유하여 이르는 말.

꿈-나무⦗명⦘ 과학이나 예술·체육 등의 분야에서, 장차 뛰어난 사람이 될 만한 재주와 뜻이 있는 아이.

꿈-땜⦗명⦘⦗하자⦘ '꿈자리가 사나웠던 땜으로 현실에서 불행한 일을 당하게 되는 경우'를 이르는 말.

꿈-밖[-박]⦗명⦘ 꿈에도 생각 못한 매우 뜻밖의 일. ¶ 1등에 당첨이 되다니 꿈밖이다.

꿈-속[-쏙]⦗명⦘ ①꿈꾸는 동안, 또는 그 꿈의 장면. 몽중(夢中). ¶ 꿈속에 보이다. /꿈속에 나타나다. ②어떤 일에 열중하여 다른 일을 까맣게 잊은 채 멍하게 있는 상태. ¶ 아직도 꿈속을 헤매고 있구나.

꿈실-거리다〈굼실거리다〉의 센말. 꿈실대다. ⑧꼼실거리다.

꿈실-꿈실⦗부⦘⦗하자⦘〈굼실굼실〉의 센말. ⑧꼼실꼼실.

꿈실-대다⦗자⦘ 꿈실거리다.

꿈-자리[-짜-]⦗명⦘ 꿈에 나타난 일이나 내용. 몽조(夢兆). ¶ 꿈자리가 사납다. /꿈자리가 좋지 않다. /꿈자리가 뒤숭숭하다.

꿈적⦗부⦘⦗하자⦘〈굼적〉의 센말. ⑧꼼작. ⑳꿈쩍.

꿈적-이다⦗자⦘⦗타⦘ 둔하고 굼뜨게 움직이다. ⑧꼼작이다. ⑳꿈쩍이다.

꿈지러기⦗명⦘ (음식물에 생긴) 구더기.

꿈지럭⦗부⦘⦗하자⦘⦗타⦘〈굼지럭〉의 센말. ⑧꼼지락.

꿈질⦗부⦘⦗하자⦘⦗타⦘〈굼질〉의 센말. ⑧꼼질.

꿈쩍⦗부⦘⦗하자⦘⦗타⦘〈굼적〉의 센말. ⑧꼼짝.

꿈쩍 못하다⦗관⦘ 힘이나 권세에 눌려 기를 펴지 못하다.

꿈쩍-없다[-쩌겁따]⦗형⦘ 조금도 움직이는 기색이 없다. ⑧꼼짝없다. 꿈쩍없-이⦗부⦘ ¶ 꿈쩍없이 앉아만 있다.

꿈쩍-이다⦗자⦘⦗타⦘〈꿈적이다〉의 센말.

꿈틀⦗부⦘⦗하자⦘⦗타⦘〈굼틀〉의 센말. ⑧꼼틀.

꼽꼽-하다[-꾸파-]⦗형⦘ ①조금 축축하다. ②날씨나 기운이 기분 나쁠 정도로 습하고 덥다.

꿈실[-씰]⦗부⦘⦗하자⦘⦗타⦘〈굼실〉의 센말. ⑧꼼실.

꿉적[-쩍]⦗부⦘⦗하타⦘〈굽적〉의 센말. ⑧꼽작.

꼿꼿-하다[꼳꼳타-]⦗형⦘ ①휘거나 굽은 데가 없이 아주 곧다. ②마음이나 기개가 아주 곧고 굳세다. ¶ 꼿꼿하게 고난을 견뎌 나가다. ⑧꽃꼿하다. 꼿꼿-이⦗부⦘.

꿍閈 ①무거운 것이 바닥에 떨어져 울리어 나는 소리. ②큰 북 따위가 울리는 소리. ③멀리서 대포 따위의 소리가 울리는 소리. @큿. 꿍-꿍 閈하자타.

꿍-꽝閈 ①북소리나 폭발물 따위가 크고 작게 엇바뀌어 울리는 소리. ②마룻바닥 따위를 여럿이 구를 때 요란하게 나는 소리. @쿵쾅. 꿍-꽝꽝閈하자타.

꿍꽝-거리다자타 자꾸 꿍꽝꿍꽝하다. 꿍꽝대다.

꿍꽝-대다자타 꿍꽝거리다.

꿍꿍閈하자 몹시 아플 때나 힘겨울 때 내는 소리. ¶밤새도록 꿍꿍 앓다. @꽁꽁².

꿍꿍-거리다¹자 몹시 아프거나 힘겨워서 자꾸 꿍꿍 소리를 내다. 꿍꿍대다. @꽁꽁거리다.

꿍꿍-거리다²자 자꾸 꿍꿍 소리가 나다, 또는 그런 소리를 내다. 꿍꿍대다.

꿍꿍-대다¹자 ☞꿍꿍거리다¹.

꿍꿍-대다²자 ☞꿍꿍거리다².

꿍꿍이-셈圀 겉으로 드러내지 않고 속으로만 우물쭈물하는 셈속. @꿍꿍이.

꿍꿍이-속圀 우물쭈물하여 도무지 모를 수작. ¶무슨 꿍꿍이속인지 알 수가 없다.

꿍꿍이-수작(-酬酌)圀하자 남에게 드러내 보이지 않는 은밀한 수작.

꿍얼-거리다자 자꾸 꿍얼꿍얼하다. 꿍얼대다. @꽁알거리다.

꿍얼-꿍얼閈 남이 잘 알아듣지 못하게 혼잣말로 불만스럽게 자꾸 말하는 소리, 또는 그 모양. ¶꿍얼꿍얼 푸념을 하다. @꽁알꽁알.

꿍얼-대다자 꿍얼거리다.

꿍:-하다 Ⅰ자어 무엇이 못마땅하여 말도 않고 덤덤한 태도를 가지다. @꽁하다.
Ⅱ형어 성격이 활달하지 못하고 덤덤하다. ¶꿍한 성미. @꽁하다.

꿜꿜閈하자 많은 액체가 좁은 구멍으로 한꺼번에 급히 쏟아져 흐르는 소리, 또는 그 모양. @꽐꽐. @뀔뀔.

꿜꿜-거리다자 많은 액체가 좁은 구멍으로 한꺼번에 급히 쏟아져 흐르는 소리가 자꾸 나다. 뀔뀔대다. @꽐꽐거리다.

꿜꿜-대다자 꿜꿜거리다.

꿩圀 꿩과의 새. 생김새는 닭과 비슷하나 꼬리가 수컷이 32~56 cm, 암컷이 26~31 cm로 긺. 몸빛은 검은 반점이 있는 적갈색인데, 특히 수컷은 목 위쪽에 녹색·빨간색·검은색의 털이 차례로 나 있음. 수컷은 '장끼', 암컷은 '까투리'라 하는데, 우리나라의 특산종으로, 만주 남부와 칠레 북동부 및 일본 등지에 분포함. 산계(山鷄).

꿩 구워 먹은 소식[속담] 있음직한 소식이 전혀 없을 때 이르는 말.

꿩 구워 먹은 자리[속담] '어떤 일을 하고도 아무 흔적이 보이지 않음'을 이르는 말.

꿩 대신 닭[속담] '꼭 필요한 것이 없을 때, 그보다는 못하지만 그와 비슷한 것으로 대신하는 경우'에 이르는 말.

꿩 먹고 알 먹는다[먹기][속담] 한꺼번에 두 가지 소득을 볼 때에 이르는 말.

꿩 잡는 것이 매다[속담] '매는 꿩을 잡아야 매라고 할 수 있듯이, 이름에 어울리게 실제로 제구실을 해야 함'을 이르는 말.

꿩-고사리圀 꿩고사릿과의 상록 양치식물. 남부 지방의 숲 속에 흔히 남. 잎은 뿌리줄기에서 더부룩이 돋아나는데, 나엽(裸葉)과 포자엽(胞子葉)의 두 가지가 있음.

꿩-닭[-닥]圀 털빛이 꿩 같은 닭. *꿩닭이[-달기]·꿩닭만[-당-]

꿩-망태(-網)圀 사냥할 때, 잡은 꿩을 넣는 망태.

꿩의-다리[-의-/-에-]圀 미나리아재빗과의 다년초. 풀밭에 절로 나는데, 높이는 50~100 cm. 잎은 깃 모양의 겹잎이고, 잔잎은 거꿀달걀꼴로 3~4개로 갈라지고, 여름에 흰 꽃이 핌. 어린 줄기는 쇠어 먹을 수 있음.

꿩-잡이圀 ①하자 꿩을 잡는 일. ②꿩을 잡는 사람.

꿰:다타 ①(무엇을) 꼬챙이 따위로 맞뚫리게 찔러서 꽂다. ¶곶감을 꼬챙이에 꿰다. ②구멍으로 실 따위를 이쪽에서 저쪽으로 나가게 하다. ¶실을 꿰다. ③옷을 입거나 신을 신다. ¶바지를 꿰다. ④일의 내용이나 사정을 자세히 다 알다. ¶사서삼경을 환히 꿰고 있다.

꿰:-들다[~드니·~들어]타 남의 허물을 들추어내다.

꿰:-뚫다[-뚤타]타 ①꿰어서 뚫다. ¶표적을 꿰뚫다. ②일을 속속들이 잘 알다. ¶남의 마음을 환히 꿰뚫어 보다. ③길 따위가 통하여 나가거나 강물 따위가 가로질러 흐르다.

꿰:-뜨리다타 문질러서 해지게 하거나 해뜨려 구멍이 나게 하다. 꿰트리다.

꿰:-맞추다[-맏-]타 서로 맞지 않은 것을 적당히 갖다 맞추다. ¶알리바이를 꿰맞추다.

꿰:-매다타 ①해지거나 터진 데를 깁거나 얽다. ¶옷을 꿰매다. ②(어지럽게 벌어진 일을) 말만져 탈이 없게 하다.

꿰:-맴-질圀하자 옷 따위의 뚫어지거나 해진 곳을 바늘로 깁는 일.

꿰:-미圀 ①(엽전 따위) 구멍 뚫린 물건을 꿰어 매는 노끈, 또는 그렇게 꿰어 놓은 것. ②[의존 명사적 용법] 꿰미를 세는 단위. ¶엽전 한 꿰미.

꿰방圀 중방 구멍이나 문짝에 문살 구멍 같은 것을 아주 내뚫은 구멍.

꿰:-신다[-따]타 신 따위를 꿰어서 신다.

꿰-이다타 ['꿰다'의 피동] 꿰임을 당하다.

꿰:-입다[-따]타 옷을 입다.

꿰:-지다자 ①미어지거나 터지거나 하다. ¶옷이 꿰지다. ·봉지가 꿰지다. ②터져서 속의 것이 드러나다. ③일이 틀어지거나 그르쳐지다. ¶일이 꿰지기 시작하니 걷잡을 수 없다.

꿰:-지르다[~지르니~질러]타재 되는대로 입거나 신다. ¶걸리는 대로 신을 꿰지르고 나갔다.

꿰:-찌르다[~찌르니~찔러]타재 속으로 세게 푹 찌르다.

꿰:-차다타 '자기 것으로 만들다'를 속되게 이르는 말.

꿰:-트리다타 꿰뜨리다.

꽥閈 ①남을 놀라게 할 때나 성이 났을 때, 갑자기 목청을 높여 날카롭게 지르는 소리. @꽥. ②구역질이 나서 무엇을 토하는 소리, 또는 그 모양. 꽥-꽥閈하자.

꽥꽥-거리다[-꺼-]자 ①남을 놀라게 할 때나 성이 났을 때, 갑자기 목청을 높여 날카롭게 지르는 소리를 자꾸 내다. @꽥꽥거리다. ②구역질이 나서 자꾸 무엇을 토하는 소리. 꽥꽥대다.

꽥꽥-대다[-때-]자 꽥꽥거리다.

뀌:다¹ 〈꾸이다〉의 준말.

뀌:다²타 방귀를 내보내다.

뀌:다³ 〈꾸이다²〉의 준말.

꿰어-주다탄 돈 따위를 나중에 받기로 하고 빌려 주다.

끄나-불명 '끄나풀'의 잘못.

끄나-풀명 ①끈의 길지 않은 도막. ②'남의 앞잡이 노릇을 하는 사람'을 얕잡아 이르는 말.

끄-내다탄 '꺼내다'의 잘못.

끄-내리다탄 '꺼내리다'의 방언.

끄느름-하다형에 날씨가 흐리어 어둠침침하다. 끄느름-히튀.

끄다[끄니·꺼]탄 ①(타는 불을) 못 타게 하다. ②전기 장치에 전기가 통하는 길을 끊다. ¶전등을 끄다. ③빛이나 급한 일 따위를 해결하다. ¶다달이 빚을 꺼 나가다.

끄-당기다탄 '꺼당기다'의 잘못.

끄덕튀 고개를 좀 깊게 숙였다가 드는 모양. ¶날 보더니 인사랍시고 고개만 끄덕한다. 鸮까닥. 쎈끄떡. **끄덕-끄덕**튀(하다).

끄덕-거리다[-꺼-]재 고개를 자꾸 좀 깊게 숙였다가 들다. 끄덕대다. 鸮까닥거리다.

끄덕-대다[-때-]재 끄덕거리다.

끄덕-이다재타 고개를 앞뒤로 좀 세게 움직이다. 鸮까닥이다. 쎈끄떡이다.

끄덩이명 머리털이나 실 따위의 한데 뭉친 끝. ¶머리 끄덩이를 잡다.

끄덱튀 '끄덕'의 잘못.

끄-들다탄 '꺼들다'의 잘못.

끄떡튀(하다)〈끄덕〉의 센말. 鸮까딱².

끄떡-없다[-떠겁따]형 아무 변동이나 탈이 없이 든든하고 온전하다. ¶저 방파제는 태풍에도 끄떡없다. 鸮까딱없다. **끄떡없-이**튀.

끄떡-이다재타〈끄덕이다〉의 센말. ¶고개만 끄떡일 뿐 말이 없다. 鸮까딱이다.

끄떽튀 '끄떡'의 잘못.

끄르다[끄르니·끌러]타르 ①(맨 것이나 맺은 것을) 풀다. ¶허리띠를 끄르다. ②(잠근 것을) 풀어 열다. ¶단추를 끄르다.

끄르륵튀(하다) 트림을 하는 소리. **끄르륵-끄르륵**튀(하다).

끄르륵-거리다[-꺼-]재 자꾸 끄르륵끄르륵하다. 끄르륵대다.

끄르륵-대다[-때-]재 끄르륵거리다.

끄먹-거리다[-꺼-]재타 자꾸 끄먹끄먹하다. 끄먹대다. 鸮까막거리다.

끄먹-끄먹튀 ①(하다)(불빛 따위가) 꺼질 듯 꺼질 듯하는 모양. ②(하다)눈을 감았다 떴다 하는 모양. 鸮까막까막.

끄먹-대다[-때-]재타 끄먹거리다.

끄무러-지다재 날씨가 흐리고 어둠침침하게 되다.

끄무레-하다형여 날씨가 흐리고 어둠침침하다. ¶성질이 끄무레하다.

끄물-거리다재〈그물거리다〉의 센말. 끄물대다. ¶끄물거리는 날씨.

끄물-끄물튀(하다)〈그물그물〉의 센말.

끄물-대다재 끄물거리다.

끄적-거리다[-꺼-]타 끼적거리다.

끄-지르다[~지르니·~질러]재르 주책없이 싸다니다. 鸮까지르다.

끄:-집다[-따]타 끌어서 집다. 집어서 끌다. ¶팔을 끄집는 바람에 따라갔다.

끄:집어-내다탄 ①(속에 든 것을) 밖으로 끌어내다. ②(지난 일 따위를) 다시 들추어내어 이야기하다. ¶옛이야기를 끄집어내다.

끄:집어-들이다탄 끄집어서 안으로 들이다.

끄트러기명 ①쓰고 남은 자질구레한 물건. ②하다가 남은 일.

끄트머리명 ①맨 끝이 되는 부분. ②일의 실마리. 단서(端緖).

끈명 ①물건을 묶거나 꿰거나 하는 데 쓰는 노나 줄. ②옷이나 가방 따위에 붙어 그 자체를 잡아매거나 손잡이로 쓰는 물건. ③벌잇줄. 살아갈 길. ¶끈이 없어 살아갈 길이 막막하다. ④부탁할 만한 연줄. ¶끈을 대다.

끈 떨어진 뒤웅박[갓/둥우리/망석중이]속담 의지할 곳이 없어진 처지를 이르는 말.

끈(을) 붙이다관용 살아 나갈 길을 마련하여 주다.

끈(이) 떨어지다관용 붙어 살아가던 길이 끊어지다. 의지할 곳이 없어지다.

끈(이) 붙다관용 살아 나갈 길이 마련되다. 의지할 곳이 생기다.

끈-기(-氣)명 ①끈질기고 차진 기운. ②참을성이 많아 쉽게 단념하지 않고 꾸준히 견디어 나가는 기질. ¶끈기 있게 버티다.

끈끈-이명 벌레나 쥐 등을 잡는 데 쓰는 끈끈한 물질.

끈끈이-주걱명 끈끈이주걱과의 다년초. 식충 식물로 들판의 습지에서 자라는데, 줄기는 6~30 cm. 여름에 흰 꽃이 줄기 끝에 핌. 주걱 모양으로 생긴 잎자루의 앞면과 가장자리에 붉은 자주색의 선모가 있어 벌레를 잡음. 모드라기풀.

끈끈-하다형여 ①끈기가 많아 진득진득하다. ¶끈끈한 송진. ②(성질이) 싹싹한 맛이 없이 검질기다. ③몸에 땀이 배거나 하여 기분이 산뜻하지 못하다. ④관계가 매우 친밀하다. ¶친구 간의 끈끈한 정. ①②鸮깐깐하다. **끈끈-히**튀.

끈덕-거리다[-꺼-]재〈근덕거리다〉의 센말. 끈덕대다. 鸮깐닥거리다. 쎈끈떡거리다.

끈덕-끈덕튀(하다)〈근덕근덕〉의 센말. 鸮깐닥깐닥. 쎈끈떡끈떡.

끈덕-대다[-때-]재타 끈덕거리다.

끈덕-지다[-찌-]형 끈기가 있어 꾸준하고 줄기차다. ¶끈덕지게 조르다.

끈떡-거리다[-꺼-]재〈근덕거리다〉·〈끈덕거리다〉의 센말. 끈떡대다. 鸮깐딱거리다.

끈떡-끈떡튀(하다)〈근덕근덕〉·〈끈덕끈덕〉의 센말. 鸮깐딱깐딱.

끈떡-대다[-때-]재타 끈떡거리다.

끈-목명 여러 가닥의 실을 꼬거나 짜거나 땋아 만든 끈을 통틀어 이르는 말. 〔대님·허리띠 따위로 쓰이거나 매듭을 맺음.〕

끈-술명 매듭을 맺을 때, 매듭 그 자체의 실로 술을 만들어 늘어뜨린 것.

끈적-거리다[-꺼-]재 자꾸 끈적끈적하다. 끈적대다. 鸮깐작거리다.

끈적-끈적튀(하다) ①끈끈한 것이 자꾸 쩍쩍 들러붙는 모양. ②성질이 끈끈하여 관계한 일에서 손을 떼지 않고 자꾸 긁적거리며 검질기게 구는 모양. 鸮깐작깐작.

끈적-대다[-때-]재 끈적거리다.

끈적-이다재 ①끈끈한 것이 쩍쩍 들러붙다. ②성질이 끈끈하여 관계한 일에 손을 떼지 않고 자꾸 긁적거리며 검질기게 굴다. 鸮깐작이다.

끈-지다형 끈기가 있다. 버티어 나가는 힘이 있다. ¶성질이 매우 끈지다. 鸮깐지다.

끈-질기다형 끈덕지고 질기다. ¶사건을 끈질기게 물고 늘어지다. 鸮깐질기다.

끈질-끈질튀(하다) 매우 끈기 있게 검질긴 모양. 鸮깐질깐질.

끈치-톱명 나무의 결을 가로 자르는 톱.

끈:-히튀 끈질기게. ¶끈히 버텨 나가다.

끊-기다[끈키-]째 ①['끊다'의 피동] 끊음을 당하다. ②탈것이 운행을 하지 않다. ¶ 버스가 끊기다.

끊다[끈타]티 ①(길게 이어진 것을) 따로따로 떨어지게 하다. ¶ 고무줄을 끊다. ②(이어 오던 관계나 하던 일을) 도중에서 그만두다. ¶ 교제를 끊다. /말을 끊다. /술을 끊다. ③(차표나 수표·전표 따위를) 사거나 발행하다. ¶ 표를 끊다. /어음을 끊다. ④(옷감 따위를) 사다. ¶ 치맛감을 끊다. ⑤연락을 막다. ¶ 통신을 끊다. ⑥(목숨을) 없애다. ¶ 스스로 목숨을 끊다. ⑦공급하던 것을 중단하다. ¶ 신문을 끊다. /전기를 끊다. ⑧말을 잠시 중단하거나, 글에서 사이를 두다. ¶ 말을 끊다. /문장을 끊어서 읽다. ⑨그래나 셈 따위를 매듭짓다. ¶ 당일을 끊다. ⑩목표 지점을 통과하다. ¶ 100m를 10초대에 끊다. * 끊어[끄너]·끊는[끈-]·끊소[끈쏘]

끊어-뜨리다[끄너-]티 끊어지게 하다. 끊어트리다.

끊어-지다[끄너-]째 ①끊은 상태로 되다. ¶ 왕래가 끊어지다. /교제가 끊어지다. /실이 끊어지다. /목숨이 끊어지다. ②탈것의 운행을 하지 않게 되다. ¶ 막차가 끊어지다.

끊어-트리다[끄너-]티 끊어뜨리다.

끊음-표(-標)[끄늠-]명 ☞스타카토(staccato).

끊-이다[끄니-]째 《주로 '않다'와 함께 쓰이어》 ①끊어지게 되다. ¶ 관객이 끊이지 않고 밀려든다. ②물건이나 일이 뒤가 달리어 없어지다. ¶ 사건이 끊이지 않는다.

끊임-없다[끄니멉따]형 늘 잇대어 끊이지 않다. 《주로, '끊임없이'의 꼴로 쓰임.》 ¶ 끊임없는 노력. 끊임없이-튀.

끌명 나무에 구멍이나 홈을 파는 데 쓰는 연장.

끌-개명 베 매는 데 실을 켕기는 제구.

끌-구멍[-꾸-]명 (나무에) 끌로 판 구멍.

끌:-그물명 자루 모양의 그물을 강물이나 바다에 쳐 두었다가 양 끝을 끌어당겨 고기를 잡는 그물. 예망(曳網).

끌꺽-끌꺽튀째 먹은 것이 잘 내리지 않아 자꾸 트림이 나오는 소리.

끌끌[1]튀 (마음에 못마땅하여) 혀를 차는 소리.

끌:끌[2]튀째〈끄르륵끄르륵〉의 준말.

끌끌-하다형 마음이 맑고 바르며 깨끗하다. 째깔깔하다2. 끌끌-히튀.

끌끔-하다형 ①(모양새나 생김새 따위가) 깨끗하고 미끈하다. ②솜씨가 여물고 알뜰하다. 째깔끔하다. 끌끔-히튀.

끌:-낚시[-락씨]명 바다 낚시의 한 가지. 고깃배로 낚싯줄을 천천히 끌고 가면서 속임낚시로 고기를 잡음.

끌:다[끄니·끌씨]티 ①(바닥에 닿은 채) 자리를 옮기도록 잡아당겨 움직이게 하다. ¶ 수레를 끌고 가다. /줄을 매어 끌다. ②마소를 따라오게 하거나 움직이게 하다. ¶ 소를 논으로 끌고 가다. ③인기나 관심을 쏠리게 하거나, 사람을 모여들게 하다. ¶ 주목을 끌다. /손님을 끌다. ④(선이나 관 따위를) 길게 뻗도록 늘이다. ¶ 전기를 끌다. /수도를 끌다. ⑤길게 뽑아 늘이다. ¶ 소리를 끌다. ⑥말이나 글 또는 이유 따위를 다른 데서 따오다. ¶ 문장을 끌어 쓰다. ⑦시간이나 일 따위를 미루다. ¶ 날짜를 끌다. ⑧옷자락 따위를 바닥에 스치게 하다. ¶ 치맛자락을 끌다. ⑨차를 운전하다. ¶ 자가용을 끌고 다니다. ⑩〈이끌다〉의 준말.

끌러-지다째 매어 놓은 것이 풀어지다.

끌:려-가다째 상대편 쪽으로 억지로 딸리어 가다. ¶ 포로가 되어 끌려가다.

끌:려-들다[~드니·~들어]째 마음이 무엇에 쏠려서 따라 움직이다. ¶ 공상의 세계로 끌려들다. /속임수에 끌려들다.

끌:려-오다째 남이 시키는 대로 억지로 따라오다. ¶ 나는 친구에 의해 이곳에 끌려왔다.

끌:-리다째 〖'끌다'의 피동〗 끎을 당하다. ¶ 왠지 모르게 마음이 끌린다.

끌밋-하다[-미타-]형어 (모양이나 차림새가) 미끈하고 시원스럽다. 째깔밋하다.

끌-밥[-빱]명 끌로 구멍을 팔 때 나오는 나무 부스러기.

끌-방망이명 (끌질할 때) 끌 머리를 치는 나무 방망이.

끌:어-가다티 ①사람을 강제로 데리고 가거나 붙잡아 가다. ②짐승 따위를 빼앗아 몰고 가다.

끌:어-내다티 ①끌어서 밖으로 내다. ②사람이나 짐승을 억지로 나오게 하다. ¶ 공개 토론회에 끌어내다.

끌:어-내리다티 직위 따위를 박탈하거나 높은 지위에서 격하시키다. ↔끌어올리다.

끌:어-넣다[-너타]티 어떤 일에 개입시키다. ¶ 자기 문제에 남을 끌어넣다.

끌:어-당기다티 ①끌어서 앞으로 당기다. ¶ 의자를 끌어당기다. ②어떤 쪽으로 남의 마음을 기울게 하다. ¶ 마음을 끌어당기는 그윽한 눈매.

끌:어-대다티 ①끌어다가 맞대다. ¶ 변명을 끌어대다. ②(돈 따위를) 여기저기서 끌어다가 뒤를 대다. ¶ 자금을 끌어대다.

끌:어-들이다티 ①(남을) 어떤 일이나 조직 따위에 관계하게 하다. ¶ 이번 일에 널 끌어들여 미안하다.

끌:어-매다티 여러 조각을 끌어대어 꿰매다.

끌:어-안다[-따]티 ①끌어당겨서 가슴에 안다. ¶ 아기를 끌어안다. ②일이나 책임 따위를 떠맡다. ¶ 동생의 학비마저 끌어안다.

끌:어-올리다티 이끌어서 높은 수준에 오르게 하다. ¶ 성적을 끌어올리다. ↔끌어내리다.

끌:-영창(-映窓)[-령-]명 한쪽을 열면 다른 한쪽도 함께 열리게 된 미닫이창.

끌-질하째 끌로 구멍이나 홈을 파는 일.

끌쩍-거리다[-꺼-]티 긁어 뜯적거리다. 끌쩍대다. 째깔짝거리다2.

끌쩍-끌쩍튀하째 자꾸 뜯적뜯적 긁어 대는 소리, 또는 그 모양. 째깔짝깔짝2.

끌쩍-대다[-때-]티 끌쩍거리다.

끌:-채명 수레 양쪽에 매는 긴 채.

끌탕명하째 속을 태우는 걱정.

끓는-점(-點)[끌른-]명 액체가 끓기 시작할 때의 온도. 비점(沸點).

끓다[끌타]째 ①액체가 뜨거워져 부글부글 솟아 오르다. ¶ 물이 끓다. /펄펄 끓는 국물. ②몹시 뜨거워지다. ¶ 아랫목이 잘잘 끓는다. /감기에 걸려서 그런지 이마가 펄펄 끓는다. ③화가 나서 속이 뒤집힐 듯하다. ¶ 속이 끓다. ④가래가 목구멍에 붙어서 숨 쉴 때마다 소리가 나다. ¶ 가래가 끓다. ⑤많이 모여 우글우글하다. ¶ 손님이 끓다. /구더기가 끓다. ⑥(심리적으로) 매우 흥분한 상태로 되다. ¶ 정열이 끓다. /피가 끓다. ⑦소화가 안 되어 배 속에서 소리가 나다. ¶ 배 속이 부글부글 끓다. * 끓어[끄러]·끓는[끌른]·끓소[끌쏘]

끓는 국에 맛 모른다속담 급할 때는 정확한 판단을 할 수 없다는 말.

끓어-오르다[끄러-] [~오르니·~올라]<u>자르</u> ①물이 끓어서 솟아오르다. ②열정(熱情) 따위가 솟아나다. ¶분노가 끓어오르다. ③목구멍의 가래가 끓어서 위로 올라오다. ¶가래가 심하게 끓어오른다.

끓-이다[끄리-]<u>타</u> 〖'끓다'의 사동〗끓게 하다. ¶국을 끓이다. /속을 몹시 끓이다.

끔벅<u>부</u><u>하자타</u> ①불빛이나 별빛 따위가 순간적으로 어두워졌다 밝아지다 하다. ②큰 눈을 잠깐 감았다가 뜨는 모양. 껌벅. <u>작</u>깜박. <u>센</u>끔뻑. **끔벅-끔벅**<u>부</u><u>하자타</u>

끔벅-거리다[-꺼-]<u>자타</u> 자꾸 끔벅끔벅하다. 끔벅대다. <u>작</u>깜박거리다.

끔벅-대다[-때-]<u>자타</u> 끔벅거리다.

끔벅-이다<u>자타</u> ①불빛이나 별빛 따위가 순간적으로 어두워졌다 밝아졌다 하다. ②큰 눈을 잠깐 감았다 떴다 하다. <u>작</u>깜박이다. <u>센</u>끔뻑이다.

끔뻑<u>부</u><u>하자타</u> 〈끔벅〉의 센말. <u>작</u>깜빡.

끔뻑-이다<u>자타</u> 〈끔벅이다〉의 센말. ¶눈을 끔뻑이며 바라보다. <u>작</u>깜빡이다.

끔적<u>부</u><u>하자타</u> 큰 눈을 잠깐 감았다가 곧 뜨는 모양. <u>작</u>깜작. <u>센</u>끔찍1. **끔적-끔적**<u>부</u><u>하자타</u>

끔적-거리다[-꺼-]<u>자타</u> 자꾸 끔적끔적하다. 끔적대다.

끔적-대다[-때-]<u>자타</u> 끔적거리다.

끔적-이다<u>자타</u> 큰 눈을 잠깐 감았다가 뜨다. <u>작</u>깜작이다. <u>센</u>끔찍이다.

끔찍1<u>부</u><u>하자타</u> 〈끔적〉의 센말. <u>작</u>깜짝1.

끔찍2<u>부</u><u>하자</u> 갑자기 놀라는 모양. <u>작</u>깜짝2. **끔찍-끔찍**<u>부</u><u>하자타</u>

끔찍-거리다[-꺼-]<u>자</u> 자꾸 갑자기 놀라다. 끔적대다. <u>작</u>깜짝거리다.

끔찍-대다[-때-]<u>자</u> 끔찍거리다.

끔찍-이다<u>자</u> 〈끔찍이다〉의 준말.

끔찍-이다<u>자타</u> 〈끔적이다〉의 센말. <u>작</u>깜짝이다.

끔찍끔찍-하다[-찌카-]<u>형</u> 보기에 소름이 끼치도록 끔찍하다. **끔찍끔찍-이**<u>부</u>

끔찍-스럽다[-쓰-따] [~스러우니·~스러워]<u>형</u> 보기에 끔찍하다. 끔찍한 데가 있다. ¶말만 들어도 끔찍스럽다. **끔찍스레**<u>부</u>

끔찍-하다[-찌카-]<u>형</u> ①보기에 너무 크거나 많거나 하여 놀랍다. ②진저리가 날 정도로 몹시 참혹하다. ¶끔찍한 살인 사건이 일어났다. ③아주 극진하다. ¶자녀에 대한 끔찍한 사랑. **끔찍-이**<u>부</u> 친구를 끔찍이 위하다.

끗[끋]<u>의</u> ①접쳐서 파는 피륙의 접힌 것을 세는 단위. ¶비단 아홉 끗. ②화투나 투전 따위 노름에서, 셈의 단위로 매겨진 수. ¶아홉 끗을 잡다. * 끗이[끄시]·끗만[끈-]

끗:다[끋따] [끄으니·끄어]<u>타A</u> 자리를 옮기도록, 쥐고 힘을 가하다. ¶밧줄을 끗다. /혼자 힘으로 책상을 끌어 옮기다.

끗-발[끋빨]<u>명</u> 노름에서, 좋은 끗수가 연하여 나오는 기세. ¶끗발이 오르다.

끗(이) 세다<u>관용</u> ①노름에서, 좋은 끗수가 연하여 나오는 좋은 판세다. ②세도나 기세가 당당하다.

끗-수(-數)[끋쑤]<u>명</u> 끗의 수.

끙<u>부</u> 몹시 아프거나 힘에 겨운 일에 부대낄 때 내는 소리. 끙-끙<u>부</u><u>하자</u> ¶끙끙 앓다./끙끙 신음만 내며 참고 있다.

끙게<u>명</u> 씨앗을 뿌리고 흙을 덮는 데 쓰는 농기구의 한 가지. 가마니때기에 두 가닥의 줄을 매고, 그 위에 떳장 같은 것을 놓고 끎.

끙끙-거리다<u>자</u> 몹시 아프거나 힘에 겨워서 자꾸 끙끙 소리를 내다. 끙끙대다. ¶끙끙거리며 이삿짐을 나르다.

끙끙-대다<u>자</u> 끙끙거리다.

끙짜<u>명</u> 마땅찮게 생각하다.

끝[끋] **Ⅰ**<u>명</u> ①시간·공간·사물 등에서, 마지막이 되는 곳. 마지막. ¶마루 끝에 앉다. /마을 끝에 있는 집. ②가느다란 것이나 내민 것에서 가장 마지막 부분. ¶바늘 끝. /송곳 끝. ③서 있는 물건의 꼭대기. ¶장대 끝에 매달리다. /나뭇가지 끝에 연이 걸렸다. ④어떤 일이나 사태의 종말. ¶행사 끝. /지긋지긋한 전쟁도 끝이 났다. ⑤어떤 일의 결과. ¶시작보다 끝이 좋아야 한다. /기어이 끝을 보고 말겠다. ⑥어떤 일이 있은 바로 그 다음. ¶오랜 연구 끝에 신약을 개발하였다. /망설이던 끝에 입을 열다. ⑦차례 중의 마지막. ¶맨 끝에 입장하다. * 끝이[끄치]·끝을[끄틀]·끝만[끈-] **Ⅱ**<u>의</u> ☞필(疋). ¶명주 한 끝. * 끝이[끄치]·끝을[끄틀]·끝만[끈-]

끝 부러진 송곳<u>속담</u> '가장 긴요한 곳이 탈이 나서 못 쓰게 됨'을 이르는 말.

끝 간 데 없다<u>관용</u> 끝이 보이지 않을 정도로 까마득하다.

끝-가지[끋까-]<u>명</u> ☞접미사(接尾辭).

끝-갈망[끋깔-]<u>명</u><u>하타</u> 일의 뒤끝을 수습하는 일. ¶하던 일을 끝갈망하다.

끝-걷이[끋껃이]<u>명</u><u>하타</u> 서까래 끝을 훑어 깎는 일.

끝-구(-句)[끋꾸]<u>명</u> ①시조 끝 장의 마지막 구절. ②글귀의 맨 마지막 구. ③☞결구(結句).

끝끝-내[끋끈-]<u>부</u> (주로 '부정'을 나타내는 말과 함께 쓰이어) '끝내'의 힘줌말. ¶끝끝내 주장을 굽히지 않다.

끝-나다[끋-]<u>자</u> ①일이 다 되거나 이루어지다. ¶공사가 끝나다. ②시간적·공간적으로 다 되어 마지막이 되다. ¶방학이 끝나다. /강이 끝나다. ③☞끝장나다. ¶그 일로 우리 관계가 끝났다.

끝-내[끋-]<u>부</u> ①(주로 '부정'을 나타내는 말과 함께 쓰이어) 끝까지 내내. ¶간다 간다 말만 하고 끝내 못 가고 말았다. ②드디어. 마침내. ¶끝내 올 것이 왔구나.

끝내-기[끋-]<u>명</u> ①<u>하타</u> 어떤 일의 끝을 맺는 일. ②<u>하자</u> 바둑을 둘 때, 끝판에 가서 끝마감으로 바둑점을 서로 놓는 일.

끝내다[끋-]<u>타</u> 〖'끝나다'의 사동〗끝나게 하다. ¶공사를 끝내다. /마지막 한 골로 시합을 끝내다.

끝-단속(-團束)[끋딴-]<u>명</u><u>하타</u> 일의 뒤끝을 다잡아 마무르는 일. ¶끝단속을 잘하다.

끝-닿다[끋따타]<u>재</u> 맨 끝까지 다다르다. ¶끝닿는 데를 모를 넓은 들.

끝-돈[끋똔]<u>명</u> 물건 값의 나머지 얼마를, 끝으로 마저 치르는 돈. 끝전. ¶끝돈까지 다 치르다.

끝-동[끋똥]<u>명</u> 옷소매의 끝에 따로 이어서 댄 동.

끝-마감[끋-]<u>명</u><u>하타</u> 일을 마감하여 끝내는 일.

끝-마디[끋-]<u>명</u> ☞말절(末節).

끝-마무리[끋-]<u>명</u><u>하타</u> 일 끝을 마무르는 일. ¶무슨 일이고 끝마무리를 잘해야 한다.

끝-마치다[끋-]<u>타</u> 일을 끝내어 마치다. ¶예정된 날짜에 공사를 끝마치다.

끝-막다[끋-따]<u>타</u> 어떤 일의 끝을 내어 더할 나위가 없이 하다.

끝막-음[끈-]圀터 일의 끝을 내어 완전히 맺는 일. 끝내기를 함.

끝-말[끈-]圀 마지막 부분의 말. ¶끝말을 흐리다.

끝말-잇기[끈마린끼]圀 한 사람이 한 낱말을 말하면서 다음 사람이 그 말의 끝 음절을 첫소리로 하는 낱말을 불러 이어 가는 낱말 놀이.

끝-매듭[끈-]圀 끝 부분의 매듭. ¶끝매듭을 짓다.

끝-맺다[끈맫따]터 끝마감을 하다. ¶편지를 끝맺는 글.

끝-머리[끈-]圀 어떤 일이나 사물의 끝이 되는 부분. ¶문장의 끝머리. /이야기의 끝머리. ↔첫머리.

끝-물[끈-]圀 과실이나 푸성귀·생선 같은 것의 맨 나중에 나오는 차례. ¶참외가 끝물이 되어 단맛이 덜하다. ↔맏물.

끝-바꿈[끋빠-]圀하자 ☞어미변화(語尾變化).

끝-반지[끋빤-]圀 노느매기할 때의 맨 끝판 차례.

끝-빨다[끋-][~빠나·~빨아]圀 ①끝이 뾰족하다. ②운세나 형편 따위가 기울어져 가다.

끝-소리[끋쏘-]圀 ①한 음절에서 끝에 오는 자음. 종성(終聲). 받침. ②한 단어에서 맨 나중에 나는 소리. ['책'에서의 'ㄱ', '바다'에서의 'ㅏ' 소리 따위.] 말음(末音).

끝-손질[끋쏜-]圀하터 일의 마지막 손질.

끝-수(-數)[끋쑤]圀 끝자리 수. 끝을 나타내는 수.

끝-신경(-神經)[끋씬-]圀 ☞말초 신경.

끝-없다[끄덥따]圀 한이 없다. 그지없다. ¶끝없는 하늘. **끝없-이**圀 끝없이 넓은 바다.

끝-일[끈닐]圀 ①맨 나중의 일. ②어떤 일을 하고 나서, 끝으로 정리하는 일.

끝-자리[끋짜-]圀 ①맨 밑의 지위. ②맨 끝의 좌석. ③수치(數値)의 마지막 자리.

끝-장[끋짱]圀 ①일의 마지막. 결말(結末). ¶이제 끝장임이 날 것 같으니 보고 가자. ②실패·패망·죽음 따위를 겪는다는 뜻. ¶그 회사도 이제는 끝장이다.

끝장(을) 보다판용 끝장이 나는 것을 보다.

끝장(을) 쥐다판용 뒷일을 맡아보다.

끝장-나다[끋짱-]자 ①하는 일이 마쳐지다. ②어떤 일이 아주 끝나 버리다. 끝나다. ¶경기는 초반에 벌써 끝장났다.

끝장내다[끋짱-]터 『끝장나다』의 사동』 끝장나게 하다. ¶연인 관계를 끝장내다.

끝-전(-錢)[끋쩐]圀 ☞끝돈.

끝-지다[끋찌-]자 끝에 이르다. 끝 쪽에 치우쳐 있다. ¶마을 끝진 곳.

끝-판[끋-]圀 ①일의 마지막 판. 말경(末境). ¶끝판에 가서 일을 중지하다. ②바둑이나 경기 따위에서, 마지막 결판이 나는 판.

끼면[끼-]자 ☞끼니. 圀『의존 명사적 용법』 끼니를 셀 때 쓰는 단위. ¶세 끼 밥.

끼(←氣)圀 ①'연예에 대한 재능이나 소질'을 속되게 이르는 말. ②이성과 함부로 사귀소러나 관계를 맺는 경향이나 태도. ¶끼가 있는 여자.

끼고-돌다[~도니·~돌아]터 상대편을 무조건 감싸고 변호하다. ¶막내아들을 끼고돌다. /무조건 끼고돈다고 해결될 일이 아니다.

끼깅圀 개가 얻어맞거나 아플 때에 지르는 소리. 兩깨갱. **끼깅-끼깅**圀하자.

끼깅-거리다자 자꾸 끼깅끼깅대다. 끼깅대다. 兩깨갱거리다.

끼깅-대다자 끼깅거리다.

끼끗-하다[-끄타-]圀여 멀쑥하고 깨끗하다. 끼끗-이圀.

끼니圀 늘 일정한 때에 먹는 밥, 또는 그 밥 먹는 일. [아침·점심·저녁 따위.] 끼. ¶끼니를 거르다.

끼니-때圀 끼니를 먹을 때.

끼닛-거리[-니꺼-/-닏꺼-]圀 끼니로 할 감.

끼:다¹[끼-]자 ①연기·안개·김 같은 것이 서리어 가리다. ¶안개가 자욱이 끼다. ②때나 먼지 같은 지저분한 것이 엉기어 묻다. ¶눈곱이 끼다. /목에 때가 끼다. ③이끼나 녹 따위가 생기어 엉기다. ¶이끼가 잔뜩 긴 담장. ④어떤 표정이 얼굴이나 목소리에 어리어 돌다. ¶얼굴에 수심이 가득 끼다.

끼다²자 ①<끼이다¹>의 준말. ¶틈에 몸이 끼다. ②(옷이나 신발 따위가 너무 딱 맞거나 몸이나 발보다 작아서) 바짝 달라붙거나 죄게 되다. ¶몸에 꽉 끼는 옷.

끼다³터 ①끌어안거나 겨드랑이 같은 데에 넣어 빠지지 않게 죄다. ¶책을 겨드랑이에 끼다. /팔을 끼다. ②손가락 따위에 꿰거나 꽂다. ¶장갑을 끼다. /반지를 끼다. ③곁에 두거나 가까이하다. ¶강을 끼고 공장이 들어서다. ④(다른 것을) 겹치거나 덧붙이다. ¶내복을 여러 벌 끼어 입다. ⑤(남의 힘을) 빌려 이용하다. ¶권력을 끼고 치부하다.

끼다⁴터 <끼우다>의 준말. ¶실을 바늘에 끼다. /바늘귀에 실을 끼다.

끼-뜨리다터 흩어지게 내던지다. 끼트리다. ¶물을 끼뜨리다.

끼루룩圀 기러기 같은 것이 우는 소리. 兩끼룩. **끼루룩-끼루룩**圀하자.

끼루룩-거리다[-꺼-]자 자꾸 끼루룩끼루룩하다. 끼루룩대다.

끼루룩-대다[-때-]자 끼루룩거리다.

끼룩圀 <끼루룩>의 준말.

끼룩圀하터 (기웃거리거나 목구멍에 걸린 것을 삼키려고 할 때) 목을 앞으로 쭉 내미는 모양. 兩꺄룩. **끼룩-끼룩**圀하터.

끼룩-거리다[-꺼-]터 무엇을 보거나 목구멍에 걸린 것을 삼키려고 목을 앞으로 자꾸 쭉 내밀다. 끼룩대다. 兩꺄룩거리다.

끼룩-대다[-때-]자 끼룩거리다.

-끼리절미 『일부 명사 뒤에 붙어』 '여럿이 함께 패를 지음'을 뜻함. ¶우리끼리. /남자끼리.

끼리-끼리圀 패를 지어 따로따로. ¶끼리끼리 모이다. /끼리끼리 어울리다. 兩낄낄끼리.

끼무릇[-륻]圀 ☞반하(半夏)¹. ＊끼무릇이[-르시]·끼무릇만[-른-]

끼어들-기[-어-/-여-]圀 차가 옆 차선으로 무리하게 비집고 들어서는 일.

끼어-들다[-드니·~들어]자 자기 순서나 자리가 아닌 틈 사이를 비집고 들어서다. ¶버스 앞으로 택시가 끼어들다. 兩껴들다.

끼-얹다[-언따]터 (물·가루 따위를) 다른 물건 위에 흩어지게 뿌리다. ¶물을 끼얹다.

끼-우다터 ①(벌어진 틈이나 정해진 틀에 들어가게 하여) 죄거나 꿰어 빠지지 않게 하다. ¶창문에 유리를 끼우다. /신문을 문틈에 끼우다. 兩끼다⁴. ②여럿 사이에 들어가게 하다. ¶군데군데 만화를 끼워 넣었다.

끼우듬-하다圀여 <기우듬하다>의 센말. 兩꺄우듬하다.

끼우뚱圀하자터 圀형 <기우뚱>의 센말. ¶고개를 끼우뚱하다. 兩꺄우뚱.

끼울다[끼우니·끼울어] ①재 〈기울다〉의 센말. 좌꺄울다.
②형 〈기울다〉의 센말. 좌꺄울다.

끼울어-뜨리다타 〈기울어뜨리다〉의 센말. 좌꺄울어뜨리다.

끼울어-지다재 〈기울어지다〉의 센말. 좌꺄울어지다.

끼울어-트리다타 〈기울어트리다〉의 센말. 좌꺄울어트리다.

끼울-이다타 〈기울이다〉의 센말. 좌꺄울이다.

끼웃[-욷]부하타하형 〈기웃〉의 센말. 좌꺄웃.

끼-이다¹재 ①틈에 박히다. ¶잇새에 고춧가루가 끼이다. ②여럿 속에 섞여 들다. ¶구경꾼들 틈에 끼이다. 준끼다².

끼-이다²재 ['끼다³'의 피동] 끼움을 당하다. 끼워지다. ¶손가락에 반지가 끼이질 않는다.

끼이다³타 사람을 싫어하다.

끼익부 자동차 따위가 급정거할 때 나는 브레이크 소리. ¶택시가 횡단보도 앞에서 끼익 소리를 내며 멈췄다.

끼인-각(-角)명 두 직선 사이에 끼어 있는 각. 준낀각.

끼적-거리다[-꺼-]타 자꾸 끼적끼적하다. 끼적대다. 좌깨작거리다.

끼적-끼적부하타 글씨를 아무렇게나 갈겨 쓰는 모양. 좌깨작깨작.

끼적-대다[-때-]타 끼적거리다.

끼치다¹[-]재 ①살가죽에 소름이 돋다. ¶오싹 소름이 끼치다. ②무슨 기운이나 냄새 따위가 덮치듯이 확 밀려오다. ¶술 냄새가 확 끼친다.

끼치다²타 ①남에게 손해를 입히거나, 번거로움이나 괴로움을 주다. ¶폐를 끼치다. ②남에게 은혜를 베풀어 주다. ¶자연이 우리에게 끼치는 혜택. ③(무엇을) 후세에 남게 하다. ¶의학 발전에 큰 영향을 끼치다.

끼-트리다타 끼뜨리다.

끽부 몹시 놀라거나 했을 때, 힘을 다하여 지르는 외마디 소리. 좌깩. **끽-끽**부.

끽겁(喫怯)[-껍]명하타 몹시 겁을 집어먹음.

끽경(喫驚)명 몹시 놀람.

끽고(喫苦)[-꼬]명하타 고생을 겪음.

끽긴-하다(喫緊-)[-낀-]형여 아주 요긴하다.

끽끽-거리다[-꺼-]재 힘을 다하여 외마디 소리를 자꾸 지르다. 끽끽대다. 좌깩깩거리다.

끽끽-대다[-때-]재 끽끽거리다.

끽다(喫茶)[-따]명하자 차를 마심.

끽반(喫飯)[-빤]명하자 밥을 먹음.

끽-소리[-쏘-]명 《주로 '없다'·'못하다' 등과 함께 쓰이어》 반항하는 태도나 괴로움을 참을 때 내는 소리를 이르는 말. ¶끽소리 없이 돌아서다. 좌깩소리.

끽연(喫煙)명하타 담배를 피움. 흡연(吸煙).

끽연-실(喫煙室)명 담배를 피우며 쉬도록 마련한 방. 흡연실.

끽-하다[끼카-]재여 할 수 있을 만큼 한껏 하다. 《주로, '끽해야'의 꼴로 쓰임.》 ¶남은 돈이 끽해야 만 원밖에 안 돼요.

낀-각(-角)명 〈끼인각〉의 준말.

낄-끼리부 〈끼리끼리〉의 준말. ¶중실한 노인들이 낄끼리 모여 서서 등걸밭을 일구는데…(烈女春香守節歌).

낄낄-거리다[-꺼-]재 자꾸 낄낄낄낄하다. 낄낄대다. 좌낄깰거리다.

낄낄-낄낄부하자 숨이 막힐 듯 괴롭게 낄낄거리는 모양, 또는 그 소리. 좌깰깰깰깰.

낄낄-대다[-때-]재 낄낄거리다.

낄낄부하자 억지로 참으려다가 터져 나오는 웃음소리. 좌깰깰. 참낄킬goods.

낄낄-거리다재 억지로 참으려다가 터져 나오는 웃음소리를 자꾸 내다. 낄낄대다. ¶아이들은 무엇이 우스운지 자꾸 낄낄거렸다. 좌깰깰거리다.

낄낄-대다재 낄낄거리다.

낌새명 어떤 일의 야릇한 기틀이나 눈치. 어떤 일의 되어 가는 형편. 기미(機微). ¶낌새를 맡다.

낌새-채다타 낌새를 살펴서 알아채다. 눈치를 채다. ¶벌써 낌새채고 달아났다.

낚-줄[-쭐]명 탐광(探鑛)의 실마리가 되는, 광맥에서 뻗어 난 아주 가는 줄.

낑부 ①못 견디게 아프거나 부대끼거나 하여 안간힘을 쓸 때 내는 소리. ②강아지가 거북할 때 내는 소리. **낑-낑**부하자 ¶밤새 낑낑 앓다.

낑낑-거리다재 자꾸 낑낑 소리를 내다. 낑낑대다.

낑낑-대다재 낑낑거리다.

ㄳ 기역시옷. 'ㄱ'과 'ㅅ'의 합용 병서. 받침으로만 쓰임. 'ㄳ' 뒤에 모음으로 시작되는 조사가 이어지면 'ㅅ'이 연음되고, 자음으로 시작되는 어미나 실질 형태소가 이어지면 'ㅅ'이 발음되지 않음. ¶몫몫으로 돌라주다. /ᄒ올로 낤대ᄆᆞᆯ 자바 ᄆᆞ초매 머리 가리니(杜初21:17).

ㄴ¹〖자모〗니은. ①한글 자모의 둘째. ②자음의 하나. 혀끝과 윗잇몸 사이에서 나는 혀짓소리이며, 코 안의 공명(共鳴)을 일으키는 울림소리임. 받침으로 쓰일 때는 혀끝을 떼지 아니함.

ㄴ²〖조〗〈는〉의 준말. ¶누난 어디 갔니?

-ㄴ¹〖어미〗모음이나 'ㄹ'로 끝난 어간 또는 높임의 '-시-'에 붙는, 관형사형 전성 어미. ①동사 어간에 붙어, 과거 시제를 나타냄. ¶떠난 사람. /은행을 턴 강도. ②형용사 어간에 붙어, 현재 시제를 나타냄. ¶눈부신 활약. ㉪-는·-은.

-ㄴ 바에〖관용〗모음이나 'ㄹ'로 끝난 동사 어간 또는 높임의 '-시-'에 붙어, '이왕 그리된 김에' 또는 '이왕 하는 중이니'의 뜻을 나타냄. ¶말을 꺼낸 바에 다 털어놔라. /어차피 온 바에 놀다가 천천히 가자.

-ㄴ²〖어미〗'오다'의 어간에 붙는, 명령형 '-너라'의 준말. '-너라'보다 친근한 맛을 지님. ¶아가야, 이리 온.

-ㄴ-〖선미〗모음이나 'ㄹ'로 끝난 동사 어간 또는 높임의 '-시-'에 붙어, 현재 시제를 나타내는 선어말 어미.〔용법상, 평서형에만 쓰이는 제약이 있음.〕¶소나기가 온다. /영화를 본다. ㉪-는.

ㄴ가〖조〗모음으로 끝난 체언에 붙어, 의문의 뜻을 나타내는 종결형 서술격 조사. ¶여기가 어딘가? ㉪인가.

ㄴ가 보다〖관용〗조사 'ㄴ가'에 보조 형용사 '보다'가 이어 쓰인 말. 짐작의 뜻을 나타냄. ¶저 건물이 바로 우리가 찾던 교회인 보다.

-ㄴ가〖어미〗모음이나 'ㄹ'로 끝난 형용사 어간 또는 높임의 '-시-'에 붙는, 하게체 또는 해체의 현재 시제 종결 어미. 스스로의 의심이나 손아랫사람에게 묻는 뜻을 나타냄. ¶지금 바쁜가?/형님 안에 계신가? ㉪-는가·-은가.

-ㄴ가 보다〖관용〗모음이나 'ㄴ가'에 보조 형용사 '보다'가 이어 쓰인 말. 짐작의 뜻을 나타냄. ¶매우 기쁜가 보다. /꽤 더운가 보다.

ㄴ감〖조〗'ㄴ가 뭐'가 줄어서 된 말. 모음으로 끝난 체언에 붙어, 남의 말에 의문을 품으면서 반박하는 뜻을 나타내는 해체의 종결형 서술격 조사. ¶아무거나 먹으라니, 내가 돼진감. ㉪인감.

-ㄴ감〖어미〗'-ㄴ가 뭐'가 줄어서 된 말. 모음이나 'ㄹ'로 끝난 형용사 어간 또는 높임의 '-시-'에 붙는, 해체의 현재 시제 종결 어미. 뒤의 사실을 주장하기 위하여 앞의 사실을 반박하는 뜻을 나타냄. ¶날씨라는 게 어디 늘 흐린감, 개는 날도 있지. ㉪-는감·-은감.

ㄴ걸〖조〗모음으로 끝난 체언에 붙는 서술격 조사. ①'다'의 뜻으로, 이미 있는 사실에 대해 새삼스럽게 감탄하거나 어떤 결과가 자기의 생각 밖임을 나타내는 종결형 서술격 조사. ¶힘이 장산걸. ②앞말을 인정하면서 그것이 뒷말의 전제적 사실이 됨을 나타내는 연결형 서술격 조사. ¶그분이 후원자일 까맣게 몰랐는걸. ㉪인걸.

-ㄴ걸〖어미〗①모음이나 'ㄹ'로 끝난 어간 또는 높임의 '-시-'에 붙는, 해체의 종결 어미. 이미 있는 사실에 대해 새삼스럽게 감탄하거나 어떤 결과가 자기의 생각 밖임을 나타냄. ¶제법 큰걸. /내가 다 먹어 치운걸. ②모음이나 'ㄹ'로 끝난 형용사 어간 또는 높임의 '-시-'에 붙는, 종속적 연결 어미. 앞말이 뒷말의 이유나 전제가 됨을 나타냄. ¶팔 힘이 센걸 자랑하다. ㉪-는걸·-은걸.

ㄴ고〖조〗모음으로 끝난 체언에 붙어, 현재의 사실과 관련하여 묻거나 나무라는 뜻을 나타내는 해체의 종결형 서술격 조사. 'ㄴ가'보다 예스러운 또는 점잖은 말투. ¶아까 그 사람이 누군고? ㉪인고.

-ㄴ고〖어미〗모음이나 'ㄹ'로 끝난 형용사 어간 또는 높임의 '-시-'에 붙는, 해체의 현재 시제 종결 어미. 'ㄴ가'보다 예스러운 말투. 점잖게 묻거나 나무라는 뜻을 나타냄. ¶득남을 했다니 얼마나 기쁜고?/선생님은 어디 계신고? ㉪-는고··은고.

ㄴ과니〖조〗'ㄴ고 하니'가 줄어서 된 말. 모음으로 끝난 체언에 붙어, 무엇을 지적하여 서술하려 할 때, 그에 앞서 스스로 다짐하여 묻는 형식을 취하는 연결형 서술격 조사. ¶그분이 누군과니 내 스승이오. ㉪인과니.

-ㄴ과니〖어미〗'-ㄴ고 하니'가 줄어든 말. 모음이나 'ㄹ'로 끝난 형용사 어간 또는 높임의 '-시-'에 붙어, 뒤에서 베풀어 말하는 주제를 앞에서 제시하는 뜻을 나타냄. ¶그 사람이 누군과니, 내 오랜 친구다. ㉪-는과니.

-ㄴ다〖어미〗〈옛〉'ㄴ다 하니'가 줄어서 된 말. 모음이나 'ㄹ'로 끝난 동사 어간 또는 높임의 '-시-'에 붙어, 앞말이 뒷말의 이유나 근거가 됨을 나타내는 종속적 연결 어미. ¶동생은 내일 소풍을 간다고 마음이 들떠 있다. ㉪-는다고1.

-ㄴ다고²〖어미〗모음이나 'ㄹ'로 끝난 동사 어간 또는 높임의 '-시-'에 붙는 해라체의 종결 어미. ①자신의 주장이나 생각을 강조하는 뜻을 나타냄. ¶이제 나도 알 건 다 안다고! ②어떤 의문의 답이 의외로 별것이 아니었거나, 또는 반문하는 뜻을 나타냄. ¶난 또 뭘 한다고. ㉪-는다고².

-ㄴ다³〖어미〗'-ㄴ다 하고'가 줄어서 된 말. 모음이나 'ㄹ'로 끝난 동사 어간 또는 높임의 '-시-'에 붙어, 그 말이 뒷말의 행동 내용임을 나타내는 연결 어미. ¶사랑한다고 고백했다. /곧 오신다고 여쭈어라. ㉪-는다고³.

-ㄴ다느냐〖어미〗'-ㄴ다고 하느냐'가 줄어든 말. 모음이나 'ㄹ'로 끝난 동사 어간 또는 높임의 '-시-'에 붙어, 남이 들은 사실을 대하여 묻는 뜻을 나타냄. ¶왜 그리 빨리 간다느냐? ㉪-는다느냐·-다느냐.

-ㄴ다느니〖어미〗모음이나 'ㄹ'로 끝난 동사 어간 또는 높임의 '-시-'에 붙는, 대등적 연결 어미. 이렇게 한다고도 하고 저렇게 한다고도 하는 뜻을 나타냄. ¶시집을 간다느니 안 간다느니 변덕이 죽 끓듯 한다. ㉪-는다느니·-다느니.

-ㄴ다는〖조〗'-ㄴ다고 하는'이 줄어든 말. 모음이나 'ㄹ'로 끝난 동사 어간 또는 높임의 '-시-'에 붙어, 듣거나 겪은 사실을 인용하는 뜻을 나타냄. ¶다음에 꼭 온다는 기약은 없었다. ㉪-는다는··-다는.

-ㄴ다니 《모음이나 'ㄹ'로 끝난 동사 어간 또는 높임의 '-시-'에 붙어》 [I] 어미 제삼자의 행위를 간접적으로 묻는 뜻을 나타내는 해라체의 종결 어미. ¶왜 벌써 간다니? 참는다니‥-다니. [II] 준 '-ㄴ다고 하니'가 줄어든 말. 앞말이 뒷말의 전제나 근거가 됨을 나타냄. ¶곧 발표한다니 기다려 보자. 참는다니‥-다니.

-ㄴ다니까 《모음이나 'ㄹ'로 끝난 동사 어간 또는 높임의 '-시-'에 붙어》 [I] 어미 사실이 그러함을 모르거나 의심쩍어하는 상대편에게 다그쳐서 깨우쳐 주는 뜻을 나타내는 해라체의 종결 어미. ¶틀림없이 온다니까. /이따가 꼭 준다니까. 참는다니까‥-다니까. [II] 준 '-ㄴ다고 하니까'가 줄어든 말. 앞말이 뒷말의 이유나 전제가 됨을 나타냄. ¶네가 떠난다니까 서운한 모양이더라. 참는다니까‥-다니까.

-ㄴ다마는 어미 어미 '-ㄴ다'에 조사 '마는'이 합쳐서 된 말. 모음이나 'ㄹ'로 끝난 동사 어간 또는 높임의 '-시-'에 붙는, 종속적 연결 어미. 앞말을 시인하되, 뒷말이 그것에 매이지 아니함을 나타냄. ¶가기는 간다마는 썩 내키지 않는다. 준-ㄴ다만. 참는다마는‥-다마는.

-ㄴ다마다 (옛)-자마자. -하자 곧. ¶湖南애 나그내 ㅡ외야사니다마다 보몰 디내요니(杜初 17:16).

-ㄴ다만 준 〈-ㄴ다마는〉의 준말. ¶하기는 한다만 자신이 없다.

-ㄴ다며 [I] 어미 〈-ㄴ다면서〉의 준말. ¶내일 결혼한다며? [II] 준 '-ㄴ다면서'가 줄어든 말. ¶목욕하러 간다며 나갔다.

-ㄴ다면서 《모음이나 'ㄹ'로 끝난 동사 어간 또는 높임의 '-시-'에 붙어》 [I] 어미 들은 사실에 대하여 되묻거나 빈정거리는 뜻을 나타내는, 해체의 종결 어미. ¶내일 떠난다면서?/약속을 밥 먹듯 어긴다면서? 준-ㄴ다며. 참는다면서. [II] 준 '-ㄴ다고 하면서'가 줄어든 말. 남의 말을 인용하고, 그것이 뒷말의 전제나 이유가 됨을 나타냄. ¶친구를 만난다면서 나갔다. 참는다면서.

-ㄴ다손 어미 모음이나 'ㄹ'로 끝난 동사 어간 또는 높임의 '-시-'에 붙는 종속적 연결 어미. '-ㄴ다고'의 뜻으로, '치다'·'하다'의 활용형과 어울려 쓰이어, 앞말을 가정하되 그것이 뒷말에 영향을 미치지 아니함을 나타냄. ¶네가 간다손 치더라도 결과는 마찬가질걸. 참는다손‥-다손.

-ㄴ단 [I] 준 '-ㄴ다는'이 줄어든 말. ¶기어이 간단 말이냐? [2] 준 '-ㄴ다고 한'이 줄어든 말. ¶온단 사람이 안 왔어.

-ㄴ단다 《모음이나 'ㄹ'로 끝난 동사 어간 또는 높임의 '-시-'에 붙어》 [I] 어미 어떤 사실을 친근하게 베풀어 말하는 뜻을 나타내는 해라체의 종결 어미. ¶나는 건강하게 잘 지낸단다. 참는단다. [II] 준 '-ㄴ다고 한다'가 줄어든 말. 남의 말을 인용하는 뜻을 나타냄. ¶내일 삼촌이 결혼한단다. 참는단다.

-ㄴ달 준 '-ㄴ다고 할'이 줄어든 말. 모음이나 'ㄹ'로 끝난 동사 어간 또는 높임의 '-시-'에 붙어 '-ㄴ달 수가(야, 는)'의 꼴로 쓰이어, 자기의 생각이 어떠함을 밝히는 뜻을 나타냄. ¶차마 떠난달 수가 없어서 내가 이러고 있네. 참는달.

-ㄴ담 어미 모음이나 'ㄹ'로 끝난 동사 어간 또는 높임의 '-시-'에 붙어, '-ㄴ단 말인고'의 뜻으로, 가벼운 영탄을 곁들인 의문을 나타내는 종결 어미. ¶이 일을 어찌한담. /서울은 뭐 하러 간담. 참는담.

-ㄴ답니까 [-담-] 준 '-ㄴ다고 합니까'가 줄어든 말. 모음이나 'ㄹ'로 끝난 동사 어간 또는 높임의 '-시-'에 붙어, 남이 들은 사실에 대해서 묻는 뜻을 나타냄. ¶몇 시에 온답니까? 참는답니까.

-ㄴ답니다 [-담-] 《모음이나 'ㄹ'로 끝난 동사 어간 또는 높임의 '-시-'에 붙어》 [I] 어미 화자가 알고 있는 것을 객관화하여 청자에게 친근하게 일러 줌을 나타내는, 합쇼체의 종결 어미. ¶우리 부부는 매일 산책을 한답니다. 참는답니다. [II] 준 '-ㄴ다고 합니다'가 줄어든 말. 들은 사실을 인용하는 형식으로 공손하게 베풀어 말함을 나타냄. ¶오늘 오신답니다. 참는답니다.

-ㄴ답디까 [-띠-] 준 '-ㄴ다고 합디까'가 줄어든 말. 모음이나 'ㄹ'로 끝난 동사 어간 또는 높임의 '-시-'에 붙어, 남의 과거 일을 돌이켜 묻는 뜻을 나타냄. ¶언제 온답디까? 참는답디까.

-ㄴ답디다 [-띠-] 준 '-ㄴ다고 합디다'가 줄어든 말. 모음이나 'ㄹ'로 끝난 동사 어간 또는 높임의 '-시-'에 붙어, 과거에 들은 사실을 돌이켜 말하는 뜻을 나타냄. ¶곧 그들이 온답디다. 참는답디다.

-ㄴ답시고 [-씨-] 어미 모음이나 'ㄹ'로 끝난 동사 어간 또는 높임의 '-시-'에 붙어, '-ㄴ다고'·'-ㄴ다고 하여'의 뜻을 나타내는 종속적 연결 어미. 자기의 행위를 겸손하게 이르거나 남의 행위를 못마땅하게 여겨 빈정거리는 뜻을 나타냄. ¶내 딴에는 그래도 한답시고 했는데. /돈푼이나 번답시고 되게 으스댄다. 참는답시고.

-ㄴ대 《모음 또는 'ㄹ'로 끝난 동사 어간이나 높임의 '-시-'에 붙어》 [I] 어미 주어진 사실에 대해 놀라워하거나 못마땅하게 여기는 뜻을 나타내는, 해체의 종결 어미. ¶왜 저렇게 화를 내신대? 참는대. [II] 준 '-ㄴ다고 해'가 줄어든 말. 남의 말을 옮기는 뜻을 나타냄. ¶조금만 놀다가 온대. 참는대.

-ㄴ대 어미 (옛)-ㄴ즉. -니까. ¶올흔 대로 딕답 아니흔대 님굼이 로호샤 주기시다(翻小9:43).

-ㄴ대도 준 '-ㄴ다고 하여도'가 줄어든 말. 모음이나 'ㄹ'로 끝난 동사 어간 또는 높임의 '-시-'에 붙어, 뒤의 내용이 앞의 조건(전제)에 매이지 아니함을 뜻함. ¶네 말은 콩으로 메주를 쑨대도 안 믿겠다. 참는대도.

-ㄴ대서 준 '-ㄴ다고 하여서'가 줄어든 말. 모음이나 'ㄹ'로 끝난 동사 어간 또는 높임의 '-시-'에 붙어, 앞의 내용이 뒤의 내용의 이유나 전제가 됨을 나타냄. ¶오늘 온대서 목이 빠지게 기다렸는데…. 참는대서.

-ㄴ대서야 준 '-ㄴ다고 하여서야'가 줄어든 말. 모음이나 'ㄹ'로 끝난 동사 어간 또는 높임의 '-시-'에 붙음. 흔히, 반어적 물음의 꼴 앞에 쓰이어, 그 물음의 전제가 됨을 나타냄. ¶그걸 모른대서야 말이 되나. 참는대서야.

-ㄴ대야 준 '-ㄴ다고 하여야'가 줄어든 말. 모음이나 'ㄹ'로 끝난 동사 어간 또는 높임의 '-시-'에 붙어, 얕잡거나 빈정거리는 뜻을 나타냄. ¶제까짓 녀석이 한대야 별수 있을라고. 참는대야.

-ㄴ댄〈어미〉〈옛〉-ㄴ즉슨. -니까는. -ㄹ진대. ¶天女를 보건댄 내 겨지비사 눈먼 獼猴 ㄷ도소이다(月釋7:12).

-ㄴ다〈어미〉〈옛〉-구나. -ㄴ 것이여. ¶나온다 수日이야 즐거오녀 오놀이여(古時調).

ㄴ데〈조〉 모음으로 끝난 체언에 붙어 쓰이는, 서술격 조사. ①뒤의 사실을 끌어내기 위하여 어떤 전제를 말하는 뜻을 나타내는 연결형 서술격 조사. ¶쉬운 문젠데 맞춰 보렴. ②자기 말에 남의 동의나 의견을 구하는 투로, 가벼운 느낌이나 아쉬움 등을 나타내는 종결형 서술격 조사. ¶야, 아주 기막힌 솜씬데. 웹인데.

-ㄴ데〈어미〉 모음이나 'ㄹ'로 끝난 형용사 어간 또는 높임의 '-시-'에 붙는 어미. ①뒷말을 끌어내기 위하여 어떤 전제를 베풀어 나타내는 뜻을 나타내는 종속적 연결 어미. ¶얼굴은 예쁜데 키가 너무 작다. ②어떤 사실에 대하여 남의 동의나 의견을 구하는 투로, 가벼운 느낌을 담아 나타낼 때 쓰는 종결 어미. ¶맛이 너무 단데./날씨가 제법 찬데. 웹-는데·-은데.

-ㄴ뎌〈어미〉〈옛〉-구나. -로구나. -로다. ¶오직 聖人ㅅ 마리신뎌(永嘉下36).

-ㄴ뎌이고〈어미〉〈옛〉-구나. -는구나. ¶님다히 消息이 더욱 아득ᄒ뎌이고(鄭澈.續美人曲). 웹-ㄴ져이고.

-ㄴ동〈어미〉〈옛〉①-ㄴ지. ¶손인동 主人인동 다 니저 ᄇ려셔라(鄭澈.星山別曲). ②-ㄴ동. ¶昭君宅은 잇ᄂ동 업스동 호ᄃ나(杜重2:7).

ㄴ들〈조〉 모음으로 끝난 체언에 붙어, '-라고'·'-라고 할지라도 어찌'의 뜻으로, 양보 또는 비특수(非特殊)의 뜻을 나타내는 보조사. ¶낙환들 꽃이 아니랴./난들 그 일을 알겠느냐? 웹인들.

-ㄴ들〈어미〉 모음이나 'ㄹ'로 끝난 어간 또는 높임의 '-시-'에 붙는 종속적 연결 어미. '-ㄴ다 할지라도 어찌'의 뜻으로, 뒷말이 앞말에 매이지 아니함을 나타냄. ¶내가 간들 아주 가랴. 웹-은들.

-ㄴ둔〈어미〉〈옛〉-건대. -는 것은. ¶願ᄒᄂᆫ 내 生生애 그딧 가시 ᄃ외야지라(月釋1:11).

-ㄴ돌〈어미〉〈옛〉①-ㄴ들. ¶揚子江南을 ᄭ리샤 使者를 보내신돌(龍歌15章). ②'-ㄴ 것을', '-ㄴ 줄을'이 줄어서 된 말. ¶밧 아닌돌 횟히시나라(楞解1:55).

-ㄴ딘〈어미〉〈옛〉-건대. -ㄴ즉슨. -니까는. ¶술풀 지븨 수를 사라 가고신딘(樂詞.雙花店).

-ㄴ바〈어미〉 모음이나 'ㄹ'로 끝난 어간 또는 높임의 '-시-'에 붙는 종속적 연결 어미. '하였더니'·'어떠어떠하니까'의 뜻으로, 앞말에 대하여 뒷말이 보충 설명의 관계에 있음을 나타냄. ¶내 눈으로 확인한바 소문과 다름이 없더라. 웹-는바·-던바·-은바.

-ㄴ져이고〈어미〉〈옛〉-ㄴ지고. -구나. ¶半世紅塵에 남의 우음 된져이고(古時調). 웹-ㄴ뎌이고.

ㄴ즉〈조〉 모음으로 끝난 체언에 붙는 연결형 서술격 조사. 'ㄹ 말하면'의 뜻으로, 조건이나 전제적인 사실이 됨을 나타냄. ¶땐즉 춘삼월 호시절이라. 웹인즉.

-ㄴ즉〈어미〉 모음이나 'ㄹ'로 끝난 어간 또는 높임의 '-시-'에 붙는 종속적 연결 어미. 앞말이 뒷말의 이유나 원인 또는 가정이나 조건이 됨을 나타냄. ¶음식을 먹어 본즉 맛이 그만이더라. 웹-은즉.

ㄴ즉슨[-쓴]〈조〉 'ㄴ즉'의 힘줌말. ¶얘긴즉슨 옳다.

-ㄴ즉슨[-쓴]〈어미〉 '-ㄴ즉'의 힘줌말. ¶내가 가 본즉슨 참으로 그렇더라.

ㄴ지〈조〉 모음으로 끝난 체언에 붙어, 막연한 의문을 나타내는 연결형 또는 종결형 서술격 조사. ¶그게 누군지 알겠니? 웹인지.

-ㄴ지〈어미〉 모음이나 'ㄹ'로 끝난 형용사 어간 또는 높임의 '-시-'에 붙어, 막연한 의문을 나타내는 해체의 연결 어미 또는 종결 어미. ¶안에 계신지 모르겠다. 웹-ㄴ지·-은지.

-ㄴ지고〈어미〉 모음이나 'ㄹ'로 끝난 형용사 어간 또는 높임의 '-시-'에 붙어, 스스로의 느낌을 영탄조로 나타내는 예스러운 말투의 종결 어미. ¶참으로 장하신지고. 웹-는지고·-은지고.

ㄴ지라〈조〉 모음으로 끝난 체언에 붙어, 앞말이 뒷말의 이유나 전제가 됨을 나타내는 연결형 서술격 조사. ¶하나뿐인 손잔지라 귀여울 수밖에. 웹인지라.

-ㄴ지라〈어미〉 모음이나 'ㄹ'로 끝난 어간 또는 높임의 '-시-'에 붙는 종속적 연결 어미. '-(으)므로'의 뜻으로, 앞말이 뒷말의 이유나 전제가 됨을 나타냄. 〔동사 어간 뒤에서는 과거 시제를 나타내고 형용사 어간 뒤에서는 현재 시제를 나타냄.〕 ¶이미 다 읽어 본지라 다시 더 볼 것은 없소. 웹-는지라·-은지라.

나¹〈Ⅰ〉〈대〉 말하는 사람이 이름 대신에 '자기' 스스로를 일컫는 제일 인칭 대명사. 평교간이나 아랫사람에 대하여 쓰며, 조사 '가'가 붙으면 '내'가 됨. 웹저³. 나⁴. 웹4.
〈Ⅱ〉〈명〉①(단체에 대한) 개인. ¶공(公)에 대한 사(私). ¶대의를 위하여 나를 버려라. ③ᄂ자아. 나는 바람 '풍(風)' 해도 너는 바람 '풍' 해라〈속담〉 자기는 그르게 하면서 남에게는 바르게 하라고 요구함을 이르는 말. 나 먹자니 싫고, 개 주자니 아깝다〈속담〉 자기에게는 소용이 없으면서도 남 주기는 싫어하는 인색함을 이르는 말. 나 못 먹을 밥에는 재나 넣지〈속담〉 심술이 매우 사나움을 이르는 말. 나 부를 노래를 사돈집에서 부른다〈속담〉 ᄂ내가 할 말을 사돈이 한다. 나 몰라라 하다〈관용〉 어떤 일에 무관심한 태도로 상관하지 않고 간섭하지도 않는다.

나²〈명〉 서양 음악의 칠음 체계에서, 일곱 번째 음 이름. 계이름 '시'와 같음.

나:³〈명〉('나이'의 준말).
나 많은 말이 콩 마달까〈속담〉 (별로 좋아하지 않을 것으로 보이겠지만) 사실은 남 못지않게 그것을 좋아한다는 말.

나⁴〈조〉 모음으로 끝난 체언에 붙는 조사. ①선택의 뜻을 나타내는 보조사. ¶공부나 하자. ②가리지 않는다는 뜻을 나타내는 보조사. ¶밥이 없으면 국수나 삶아 주시오. ③조건을 붙이는 뜻을 나타내는 보조사. ¶어린애나 탈 수 있는 그네. ④어림이나 짐작의 뜻을 나타내는 보조사. ¶글쎄, 서너 마리나 잡았을까? ⑤'많지는 않으나 좀 있음'을 얕잡아 이르는 뜻을 나타내는 보조사. ¶논마지기나 부친다고 되게 으스댄다. ⑥('나마'의 준말). ¶변변찮은 자리나 푹 주무시오. ⑦'느끼움'을 얕잡아 이르는 뜻을 ¶떡을 네 개나 먹었다. ⑧앞말이 뒷말에 매이지 아니함을 뜻하는, 방임형 서술격 조사. ¶명의는 상무나 이름뿐인 상무라오. ⑨둘 이상의 사람이나 사물을 같은 자격으로 이어 주는 접속 조사. 나열되는 것 가운데 하나만이 선택됨을 나타냄. ¶소고기나 돼지고기가 먹고 싶다. 웹이나.

나^명 (옛)➭낳.

나^명 '나각(螺角)'을 달리 이르는 말.

나(羅)^명 명주실로 짠 피륙의 한 가지. 가볍고 부드러우며 성깁함.

나(儺)^명 ➭연가(儺家).

나(鑼)^명 놋쇠로 만든 타악기의 한 가지. 대접과 비슷한 모양에, 징보다 조금 작음.

-나¹^{어미} 모음이나 'ㄹ'로 끝난 어간 또는 높임의 '-시-'에 붙는 연결 어미. ①앞말과 뒷말을 대립적으로 이어 줌. ¶덩치는 크나 힘은 없다. ②《주로 상대적인 뜻을 가진 두 용언이 '-나 -나'의 꼴을 이루어》'언제든지'·'항상'의 뜻을 나타냄. ¶자나 깨나 불조심. ③형용을 과장하기 위하여 어간을 겹쳐 쓸 때, '-나 -ㄴ(은)'의 꼴을 이루어 강조하는 뜻을 나타냄. ¶기나 긴 세월. 높-으나.

-나²^{어미} 동사 어간이나 높임의 '-시-' 또는 시제의 '-았(었)-'·'-겠-' 등에 붙는 종결 어미. ①'-는가'의 뜻을 나타내는, 하게체의 의문형 종결 어미. ¶어디로 가나?/자고 있었나? ②《주로 '나 하다', '-나 싶다', '-나 보다'의 꼴로 쓰이어》 스스로에게 묻는 물음이나 추측을 나타냄. ¶선선한 바람이 부는 걸 보니 이제 가을이 오나 싶다. ③스스로에게 묻는 물음을 나타냄. ¶이제 뭘 하나?

-나^{어미} (옛)-거나. ¶놀거든 뛰디 마나 셧거든 숫디 마나(鄭澈.關東別曲)

나가-곤드라지다^자 ①저만치 나가 곤두박질하여 쓰러지다. ¶도전자는 링 위에 나가곤드라졌다. ②술에 취하거나 몹시 지쳐서 아무렇게나 쓰러져 정신없이 잠들다. ¶일에 지친 그는 정신없이 나가곤드라졌다.

나가-넘어지다^자 ①뒤로 물러가면서 넘어지다. ②남의 부탁이나 요청 따위에 응하지 않고 물러나는 태도를 취하다.

나-가다[I]^자 ①버티다. 한결같은 태도를 취하다. ¶계속 강경한 태도로 나가다. ②《물건이나 돈 따위가》 지급되다. ¶월급이 나가다. ③써서 없어지다. ¶생활비로 20만 원이 나갔다. ④정전(停電)이 되다. ¶전기가 나가다. ⑤수치가 어느 정도에 이르다. ¶몸무게가 제법 나가다./값이 천 원은 나갈 거야. ⑥망가지거나 해어지다. ¶구두 밑창이 나가다. ⑦의식이나 정신이 없어지다. ¶그 친구 정신이 나갔더군. ⑧어떤 방면으로 나서다. 진출하다. ¶정계에 나가다. ⑨퍼지다. 전파되다. ¶말이 밖으로 나가지 않게 하다. ⑩상품(제품) 따위가 출고되거나 판매가 출산되다. 팔리다. ¶여름철에는 빙과류가 잘 나간다./잡지는 그 전달 20일께에 나간다. ⑪팔거나 세를 주려고 내놓은 집이 계약이 이루어지다. ⑫대패 따위의 날이 달린 물건이 잘 들다. ¶대패가 잘 나간다.

[II]^자 ①안에서 밖으로, 뒤에서 앞으로, 속에서 겉으로 가다(옮기다). ¶방에서 뜰로 나가다. /한 걸음씩 앞으로 나가다. ②딸렸던 조직체 등에서 물러나다. 있던 데서 물러나다(떠나다). ¶그 사람은 그 회사에서 나갔다네./집을 비워 주고 나가다. /아버지는 조금 전에 나가셨어요. ③출근(출석·참가)을 하다. 다니다. ¶회사에 나가다./기원에 나가다. ④성과나 진전이 있다. ¶영어는 7과까지 나갔다.

[III]^{조동} 《보조적 연결 어미인 '-아'·'-어' 뒤에 쓰이어》 어떤 일을 계속 진행함을 나타내는 말. ¶동화책을 읽어 나가다. /어려움을 이겨 나가다.

나갔던 며느리 효도한다^속 미움을 샀던 사람이나 기대하지 않았던 사람이 뜻밖에 좋은 일을 해서 어리둥절하게 함을 이르는 말.

나갔던 파리 왱왱거린다^속 남이 일할 때에 밖으로 나돌던 주제에, 들어와서는 큰소리치고 떠듦을 이르는 말.

나가-동그라지다^자 뒤로 물러가면서 넘어져 도그르르 구르다. ¶심장을 정통으로 맞은 표범은 앞발을 든 채 그대로 나가동그라졌다. 높나동그라지다. 센나가똥그라지다.

나가-둥그러지다^자 뒤로 물러가면서 넘어져 두그르르 구르다. 높나둥그러지다. 셍나가뚱그라지다.

나가-떨어지다^자 ①뒤로 물러가면서 세게 넘어지다. ¶주먹 한 방에 벌렁 나가떨어졌다. ②몹시 지치거나 술에 취하여 쓰러져 일어나지 못하다. ¶그까짓 소주 반 병에 나가떨어지다니…. ③일에 손대었다가 중도에 그만두다. ¶사업에 손댔다가 빚만 진 채 나가떨어졌다. 여⑬⑮준나떨어지다.

나가-뻐드러지다^자 ①뒤로 물러가면서 몸을 뻗고 넘어져 일어나지 못하다. ②<죽다>의 속된 말.

나가시^명 지난날, 공청(公廳)이나 동네에서 집집이 떠맡기어 거두어들이던 돈.

나가-쓰러지다^자 ①뒤로 물러가면서 쓰러지다. ¶전봇대에 머리를 부딪힌 그는 힘없이 나가쓰러졌다. ②걷잡을 수 없이 바닥에 쓰러지다. ¶소파에 나가쓰러진 그는 이내 코를 골았다.

나가-자빠지다^자 ①섰던 자리에서 뒤로 물러가면서 넘어지다. ②해야 할 일을 아니 하고, 배짱을 내밀며 버티다. ¶손해 볼 것 같으니까 이제 와서 나 몰라라 하고 나가자빠진다. 준나자빠지다.

나각(螺角)^명 지난날 군대에서 쓰던, 소라고둥의 껍데기로 만든 악기. 바라. 법라(法螺).

나간(那間)^명 《주로 '나간에'의 꼴로 쓰이어》 ①그동안. ②어느 때쯤.

나거사^자 (옛) 나가서야. ¶밀므리 사ᄋ라로디 나거사 주모ᄂ'ᄂᆡ라(龍歌67章). 없-거사.

나겁(懦怯)^명 '나겁하다'의 어근.

나:겁-하다(懦怯-)[-거파-]^{형여} 마음이 여리고 겁이 많다. 나겁-히^부.

나계(螺階)[-계/-게]^명 ➭나사 충층대.

나:국(拿鞫·拿鞠)^명^{하다타} 지난날, 죄인을 잡아다가 국문(鞫問)하던 일.

나-굴다[~구니·~굴어]^자 ①이리저리 아무렇게나 뒹굴다. ¶가랑잎이 가을바람에 나굴다. ②《잘 건사해야 할 물건이》 아무렇게나 밖에 버려져 뒹굴다.

나귀^명 ➭당나귀.

나:균(癩菌)^명 나병(癩病)의 병원균.

나그네^명 집을 떠나 여행 중에 있거나 객지에 머무르고 있는 사람. 객(客). 기려(羈旅). 길손. 행객(行客). 행려(行旅).

나그네 귀는 석 자라^속 나그네는 주인이 자기를 어떻게 대하는가를 항상 살피게 되므로 주인의 소곤거리는 말까지도 다 듣는다는 말.

나그네-새^명 북쪽 번식지로부터 남쪽 월동지(越冬地)로 오가는 도중, 봄·가을 두 차례 한 지방을 통과하는 철새. 똉철새·후조.

나그넷-길[-네낄/-넫낄]^명 여행을 하는 길. ¶남해안을 일주하는 나그넷길에 오르다.

나근-거리다^자 자꾸 나근나근하다. 나근대다. 쎈느근거리다.

나근-나근〖부〗〖하자〗 가늘고 긴 물건이 보드랍고 탄력 있게 자꾸 움직이는 모양. 〔큰〕느른느른.

나근-대다〖자〗 나근거리다.

나긋-나긋[-근-귿]〖부〗〖하형〗 ①감촉이 매우 연하고 부드러운 모양. ¶나긋나긋 씹히는 나박김치의 맛. ②사람을 대하는 태도가 상냥하고 보드라운 모양. ¶아가씨의 나긋나긋한 태도. ③말이나 문장이 아니꼽고 아니하고 감칠맛이 있는 모양. ¶나긋나긋한 말씨. 나긋나긋-이〖부〗.

나긋-하다[-그타-]〖형여〗 ①살갗에 닿는 느낌이 부드럽고 연하다. ②사람을 대하는 태도가 부드럽고 상냥하다. ¶나긋한 태도. ③소리가 은근하고 친근감이 있다. ¶나긋한 목소리. 나긋-이〖부〗.

-나기〖접미〗 '-내기'의 잘못.

나기〖명〗〈옛〉내기. ¶우리 므슴 나기 호료(翻朴上23). 〖참〗더니.

나그내〖명〗〈옛〉나그네. ¶나그내 려:旅. /나그내 긔:羈(訓蒙中3).

나깨〖명〗 메밀의 가루를 체에 쳐 낸 무거리.

나깨-떡〖명〗 나깨로 만든 떡.

나깨-만두(-饅頭)〖명〗 나깨로 빚은 만두.

나깨-수제비〖명〗 나깨로 뜬 수제비.

나:-꾸러기〖명〗〈나비뻐기〉의 속된 말.

나꿔-채다〖타〗 '낚아채다'의 잘못.

나나니〖명〗〈나나니벌〉의 준말.

나나니-등에〖명〗 재니등엣과의 곤충. 몸길이 1.5 cm가량으로 가늘고 길며, 털이 없음. 우리 나라·일본 등지에 분포함.

나나니-벌〖명〗 구멍벌과의 곤충. 몸길이 2 cm가량. 몸빛은 흑색이며, 허리가 가늘고 두 마디로 되어 있음. 7∼8월에 모래땅을 파서 집을 짓고, 벌레를 잡아서 유충의 먹이로 함. 〖준〗나나니.

나-날〖명〗 하루하루. 매일. ¶신혼의 달콤한 나날.

나날-이〖부〗 ①날마다. ¶나날이 수영을 한다. ②날로. ¶나날이 발전하는 우주 과학.

나노(nano)〖명〗 〔미터법의 단위 앞에 붙어〕 '10억분의 1'을 나타내는 말. 〔기호는 n〕

나:농(懶農)〖명〗〖하자〗 농사일을 게을리 함. 분할하다. 〖비〗태농.

나누-기〖명〗〖하타〗 나눗셈을 함. ↔곱하기.

나누다〖타〗 ①(하나로 되어 있는 것을) 둘 이상의 부분으로 경계를 지거나 따로 갈라놓다. 분할하다. ¶사과 한 개를 세 쪽으로 나누다. ↔합하다. ②(여러 가지가 섞인 것을) 성질이나 종류에 따라 분류하다. ¶생물을 동물과 식물로 나누다. ③한곳에서 갈리어 저마다 다른 방향으로 가게 하다. ¶길을 나누어 가다. ④(대접하기 위하여) 음식을 같게 먹다. ¶오랜만에 술이나 한잔 나누세. ⑤인사나 대화를 하다. ¶이야기를 나누다. /서로 인사를 나누다. ⑥고락을 함께 겪다. ¶즐거움을 나누다. ⑦한 핏줄을 타고나다. ¶피를 나눈 형제. ⑧나눗셈을 하다. 제(除)하다. ¶56을 7로 나누면 8이다. ⑨몫을 분배하다. ¶수익을 공정하게 나누다. ⑧↔곱하다. ⑧노느다.

나누어-떨어지다〖자〗 어떤 정수를 다른 정수로 나눌 때 그 몫이 정수로만 되고 나머지가 없게 되다.

나누어떨어짐〖명〗 어떤 정수를 다른 정수로 나눌 때, 그 몫이 정수가 되고 남음이 없게 되는 일.

나누-이다〖타〗 〖'나누다'의 피동〗 나누어지다. 〖준〗나뉘다.

나눗-셈[-눋-]〖명〗〖하타〗 어떤 수를 다른 수로 나누는 일, 또는 그 셈법. 제산(除算). ↔곱셈.

나눗셈-법(-法)[-눋셈뻡]〖명〗 나눗셈을 하는 셈법. ↔곱셈법.

나눗셈-표(-標)[-눋셈-]〖명〗 나눗셈을 나타내는 부호인 '÷'의 이름. 제호. 제호(除號). ↔곱셈표.

나눗-수(-數)[-눋수]〖명〗 ⇨제수(除數). ↔나눔수.

나뉘다〖자〗 〈나누이다〉의 준말.

나눔-수(-數)[-쑤]〖명〗 ⇨피제수. ↔나눗수.

나니다〖자〗〈옛〉나다니다. ¶집 主ㅣ 갓가비 나니거늘(月釋17:16).

나-닐다[~니니·~닐어]〖자〗 날아서 오락가락하다. ¶갈매기들이 평화로이 나닐다.

-나놀〖어미〗〈옛〉-거늘. ¶그 짓 � 뿔 가져오나놀(釋譜6:14).

나다[Ⅰ]〖자〗①없던 것이 생겨나다. ㉠태어나다. 출생하다. ¶이 세상에 나서 처음 보는 광경. /어젯밤에 난 송아지. ㉡자라다. 겉으로 나오다. ¶새싹이 나다. /피가 나다. /콧등에 땀이 송송 나다. ㉢발생하다. ¶화재가 나다. /배탈이 나다. /야단이 나다. ㉣(뛰어난 사람이) 나다. ¶우리 고장에서 학자가 많이 났다. ②(감정·심리·신경 등에) 어떤 변화가 일어나다. ¶화가 나다. /흥이 절로 나다. /생각이 나다. ③(능률·기세·성과 등이) 오르다. ¶능률이 나다. /효과가 나다. /기가 나서 설치다. /신바람이 나다. ④㉠생산되다. 산출되다. ¶이 지방에서는 고추가 많이 난다. ㉡(물품이) 새로 나오다. ¶벌써 햇곡이 날 때가 되었다. ⑤㉠빈자리가 생기다. ¶곧 자리가 나니, 조금만 기다려라. ㉡여가·여력 등이 생기다. ¶짬이 나다. /일손이 나다. ㉢여분이나 여유가 생기다. ¶곧 방이 납니다. ㉣구하던 대상이 나타나다. ¶혼처가 나다. /취직자리가 나다. ⑥(태깔·기풍·기풍(氣風)·풍미(風味) 등이) 더 나아지다. ¶조미료를 넣어야 맛이 나지. ⑦결과나 결말이 지다. ¶해결이 나다. /탄로가 나다. ⑧㉠훌륭하다. 잘생기다. ¶우리 고장에서는 참 난 사람이지. ㉡알려지다. 유명해지다. ¶이름이 나다. /소문이 나다. ⑨(신문·잡지 따위에) 실리다. ¶신문에 이름이 났다. ⑩나이를 나타내는 말과 함께 쓰이어, 그 나이가 되다. ¶세 살 난 아이.

[Ⅱ]〖타〗①지내다. 보내다. ¶삼년상(三年喪)을 나다. /겨울을 나다. ②딴살림을 차리다. ¶장가를 들어서 살림을 나다.

나다[2]〖조동〗①일부 동사의 어미 '-아'·'-어' 뒤에 쓰이어, 그 동작의 진행을 강조하는 뜻을 나타냄. ¶쑥쑥 벋어 난 햇가지. /피어 난 꽃송이. ②동사의 어미 '-고' 뒤에 쓰이어, 그 동작이나 일이 끝남을 나타냄. ¶힘겹던 일을 끝내고 나니 속이 후련하다.

나다〖자〗〈옛〉①나가다. 나오다. ¶쁟 몰라 몯 나니(龍歌60章). ②되다. 이르다. ¶三月 나며 開호 아ᅌᆞ 滿春 둘읫고지여(樂範.動動).

-나다〖접미〗 일부 명사 뒤에 붙어, 그러한 상태로 되거나 그러한 현상이 일어남을 뜻함. ¶병나다. /고장나다. /야단나다.

-나다〖어미〗〈옛〉-ㄴ다. ¶관원둘히 다 오나다(翻朴上). 〖참〗-거다.

나다나다〖자〗〈옛〉나타나다. ¶묘호 비치 나다나시며(月釋2:59). 〖참〗나타다.

나-다니다〖자타〗 (특별한 목적이 없이) 집이나 묵던 곳에서 나와 여기저기를 돌아다니다. ¶자리를 지키지 않고 하루 종일 나다닌다.

나다분-하다〖형어〗①갈피를 잡을 수 없이 어수선하다. ¶부품들이 나다분하게 널려 있다. ②말이 듣기 싫게 수다스럽다. ¶나다분한 이야기. 〈큰〉너더분하다. **나다분-히**〖부〗.

나다닛자〈옛〉나타나 있다. ¶現在는 나다닛눈 뉘오(月釋2:21). 〈참〉난다.

나닥-나닥[-당-]〖부(하)〗여기저기 지저분하게 기웠거나 덧붙인 모양. ¶나다나닥 기운 누더기. 〈큰〉너덕너덕.

나단(羅緞)〖명〗주란사실로 짠 피륙의 한 가지. 〈참〉주란사실.

나-단조(-短調)[-쪼]〖명〗‘나’음을 으뜸음으로 하는 단조.

나달[1]〖명〗날과 달. 세월. ¶신혼 재미에 나달 가는 줄도 모른다.

나달[2]〖명〗나홀이나 닷새가량. 네댓새. 사오일. ¶일을 끝내려면 나달은 더 걸리겠다.

나달-거리다〖자〗나달나달하다. 나달대다. 〈큰〉너덜거리다. 〈거〉나탈거리다.

나달-나달[-라-]〖부(하)자〗①종이나 헝겊 조각 따위가 여러 가닥으로 드리워져 한들거리는 모양. ②주제넘은 말을 주책없이 자꾸 지껄이는 모양. 〈큰〉너덜너덜. 〈거〉나탈나탈.

나달-대다〖자〗나달거리다.

나-대다〖자〗①경망스럽게 행동하다. ¶철없이 나대다. ②나부대다.

나-대반(羅大盤)〖명〗전라남도 나주(羅州)의 특산물로 산출되는 큰 소반. 〈참〉나주반·호주반.

나:-대접(-待接)〖명〗하〗〈나이대접〉의 준말.

나:-대지(裸袋地)〖명〗건물을 짓지 않은, 빈 집터.

나댓자〈옛〉나타나 있다. ¶날 묻고 갈홀 고자시니 肝膽이 나댓도소니(杜重5:39).

나:도(糯稻)〖명〗☞찰벼.

나도-밤나무〖명〗나도밤나뭇과의 낙엽 활엽 교목. 잎은 밤나무 잎과 비슷한데 가장자리에 톱니가 있음. 여름에 황백색의 꽃이 가지 끝에 피며, 둥근 핵과가 9월에 붉게 익음. 정원수로 심기도 함.

나-돌다[~도니·~돌아]〖자〗①〈나돌아다니다〉의 준말. ¶공부는 하지 않고 어쩌자고 나돌기만 하느냐? ②(말이나 소문 따위가) 널리 여러 사람에게 퍼지다. ¶지구의 종말설이 나돌다. ③(정신력이나 기력이) 겉으로 드러나 보이다. ¶정기가 나도는 눈동자. ④(병 따위가) 널리 퍼지다. ¶눈병이 나돌다. ⑤여기저기 눈에 띄다. ¶항간에 나도는 불량 만화.

나-돌아다니다〖자〗집을 나가 여기저기 돌아다니다. 〈준〉나돌다.

나-동그라지다〖자〗〈나가동그라지다〉의 준말. 〈큰〉나둥그러지다.

나-둥그러지다〖자〗〈나가둥그러지다〉의 준말. 〈작〉나동그라지다.

나-뒤쳐지다[-처-]〖자〗갑자기 뒤집혀 젖혀지다. ¶돌풍에 배가 가랑잎처럼 나뒤쳐지다.

나-뒹굴다[~뒹구니·~뒹굴어]〖자〗①뒤로 물러나면서 넘어져 뒹굴다. ¶발길에 차여 바닥에 나뒹굴다. ②이리저리 마구 뒹굴다. ¶개구쟁이가 진흙 바닥에 나뒹굴다. ③아무렇게나 여기저기 어지럽게 널려 있다. ¶개울 바닥에 나뒹구는 크고 작은 돌들.

나-들다[~드니·~들어]〖자타〗〈드나들다〉의 준말. ¶이 방 저 방을 분주히 나들다.

나들-목〖명〗인터체인지(interchange).

나들-이〖명〗하〗①가벼운 볼일로 집을 나서 이웃이나 다른 곳에 갔다가 오는 일. ¶시집온 지 일 년 만의 첫 친정 나들이. 〈비〉외출. ②드나

듦. 출입. ¶항구에는 배들의 나들이가 잦다.

나들이-고누〖명〗열두발고누에서, 나며 들며 고누가 되는 일. 〈참〉고누.

나들이-옷[-온]〖명〗나들이할 때 따로 입는 옷. 외출복. •나들이옷이[-오시]·나들이옷만[-온-]

나들잇-벌[-드리뻘/-드린뻘]〖명〗나들이 때 쓰려고 마련한 옷·신·모자 따위. 난벌.

-나둔〖어미〗〈옛〉-거든. ¶비 하 오나둔 므리므리예 구스를 엇느니(杜初3:70).

나돌〖명〗〈옛〉날과 달. 나달. 세월. ¶나드리 虛히 가물 놀라고(杜初3:20). 〈참〉날돌.

나:-떡〖명〗〈나이떡〉의 준말.

나-떨어지다〈나가떨어지다〉의 준말.

나-뜨다[~뜨니~떠]〖자〗①물 위나 공중에 뜨다. ¶호수에는 배의 척이 나떠 있다. ②나타나거나 나와서 다니다. ¶달빛에 나뜬 얼굴이 아름답다.

나라〖명〗①국가(國家). 나라를 다스리다. ②국가의 통치권이 미치는 땅. 국토(國土). ¶나라 밖에서 들려오는 희소식. ③일부 명사와 함께 쓰이어, 거기에 맞추어 이중 화면으로 장면을 구성해 나가는 기법.

나라-글자(-字)[-짜]〖명〗☞국자(國字).

나라-꽃[-꼳]〖명〗국화(國花). •나라꽃이[-꼬치]·나라꽃만[-꼰-].

나라-님〖명〗임금.

나라-말〖명〗☞국어(國語).

나라미〖명〗물고기의 ‘가슴지느러미’를 흔히 이르는 말.

나라-지다〖자〗몹시 지치어 몸이 나른하여지다. 〈큰〉늘어지다.

나라타-주(narratage 프)〖명〗영화나 연극에서, 주인공에게 회상의 형식으로 지난 일을 이야기하게 하면서, 거기에 맞추어 이중 화면으로 장면을 구성해 나가는 기법.

나:-락(那落·奈落)〖명〗①지옥. ②‘도저히 벗어날 수 없는 극한 상황’을 비유하여 이르는 말. ¶절망의 나락에 빠지다.

나란-하다〖형어〗줄지어 있는 모양이 들쭉날쭉함이 없이 가지런하다. **나란-히**〖부〗.

나란히-고래〖명〗가지런히 줄지어 놓여 있는 방고래.

나란히-꼴〖명〗☞평행 사변형(平行四邊形).

나란히-맥(-脈)〖명〗볏과나 백합과 등 외떡잎식물과 같이 맥이 나란한 잎맥. 병행맥(竝行脈). 평행맥(平行脈). 〈참〉그물맥.

나랏-돈[-라똔/-랃똔]〖명〗☞국고금(國庫金).

나랏말씀〖명〗〈옛〉나라말. ¶나랏말쓰미 듕귁에 달아 문쭝와로 서르 스뭇디 아니홀쎄(訓諺).

나랏-무당[-란-]〖명〗☞국무당.

나랏-일[-란닐]〖명〗나라에서 계획하여 추진하는 일, 또는 나라의 이해(利害)에 관계되는 일. 국사(國事). ¶나랏일에 무심해서야 국민 된 도리가 아니지.

나랗〖명〗〈옛〉나라. ¶나라해 도라오시고(龍歌24章). /나라홀 맛도시릴쎄(龍歌6章).

나래[1]〖명〗논밭을 반반하게 고르는 데 쓰이는 농기구. 〔써레와 비슷하나, 아래에 발 대신 널빤지를 대어 자갈이나 흙덩이 같은 것을 밀어낼 수 있게 만들었음.〕

나래[2]〖명〗배를 젓는 데 쓰이는 연장. 〔노보다 짧은데, 두 개로 배의 양편에서 젓게 되어 있음.〕

나래[3]〖명〗①흔히 문학 작품 따위에서, ‘날개’를 이르는 말. ②‘지느러미’의 방언.

나:래(拿來)〖명〗하타〗죄인을 잡아 옴. 나치(拿致)

나래-꾼[명] 나래질을 하는 사람.

나래-질[명][하타] 나래로 논밭을 반반하게 고르는 일.

나레이션(narration)[명] '내레이션'의 잘못.

나력(瘰癧)[명] 한방에서, 림프샘에 생기는 만성 종창을 이르는 말. 〔목·귀밑·겨드랑이 등에 딴딴한 멍울이 생겨서 쉽게 삭지 않는 증상.〕

나:레(儺禮)[명] 지난날, 섣달 그믐날 밤에 궁중이나 민가에서 잡귀를 쫓는다 하여 베풀던 의식. 나의(儺儀).

나:레-가(儺禮歌)[명] 전래 무가(傳來巫歌)의 한 가지. 역귀를 쫓기 위하여 무당들이 부르던 소리.

나루[명] 강이나 좁은 바다 물목에서, 배가 닿고 떠나고 하는 일정한 곳. 강구(江口). 도구(渡口). 도두(渡頭). 도진(渡津). 진도(津渡). 진두(津頭).

나루-지기〈나루터지기〉의 준말.

나루-질[명][하자] 나룻배를 부리는 일.

나루-채[명] 봇줄을 잡아맬 수 있도록, 써레몽둥이 양쪽에 앞으로 뻗쳐 나오게 박은 나무.

나루-치[명] 나루에서 배를 부리는 사람을 얕잡아 이르는 말. 진인(津人).

나루-터[명] 나룻배가 닿고 떠나고 하는 일정한 곳. 도선장(渡船場).

나루터-지기[명] 나루터를 지키는 사람. 준나루지기.

나루-턱[명] 나루터에서, 나룻배를 대는 일정한 곳.

나룻[-룯][명] 수염. *나룻이[-루시]·나룻만[-룬-]

나룻이 석 자라도 먹어야 샌님[속담] 체면만 차리고 얌전히 있더라도 아무 일도 할 수 없다는 말.

나룻-가[-루까/-룯까][명] 나루에 가까운 강가나 바닷가.

나룻-목[-룬-][명] 나룻배가 건너다니는 일정한 물목.

나룻-배[-루빼/-룯빼][명] 나루와 나루 사이를 내왕하면서 사람이나 물건을 건네주는 소규모의 배. 도선(渡船). 진선(津船).

나르다[나르니·날라][타여] 사람이나 물건을 손으로 들거나 무엇에다 싣거나 하여 다른 데로 옮기다. 운반하다. ¶이삿짐을 나르다.

나르시스(Narcisse 프)[명] 그리스 신화에 나오는 미소년(美少年). 물에 비친 자기 모습을 사랑하여 그리워하다가, 빠져 죽어 수선화(水仙花)가 되었다고 함.〔자기도취의 변태증을 말할 때 흔히 인용됨.〕

나르시시스트(narcissist)[명] 자기도취형의 사람. 자부심이 강한 사람.

나르시시즘(narcissism)[명] 자기를 사랑의 대상으로 삼아 그것에 도취하는 일.〔나르시스의 신화에서 유래한 말.〕

나른-하다[형여] ①몸이 지쳐서 노곤하고 기운이 없다. 날연(茶然)하다. ¶봄날이 되니 하는 일 없이 나른하다. ②(천 따위가) 풀기가 없이 보드랍다. 준느른하다. **나른-히**[부]

나름[의] 일부 명사나 관형사형 어미 '-ㄹ' 뒤에 쓰이어, '그것의 됨됨이나 하기에 달림'을 뜻함. ¶사람도 사람 나름이 있다./능률이 오르고 안 오름은 그 사람의 노력할 나름이다./누구나 자기 나름대로의 꿈이 있다.

나릅[명] 소·말·개 따위의 나이를 말할 때, '네 살'을 이르는 말.

나릇[-룯][명] 수레의 양쪽에 있는 기다란 채. *나릇이[-르시]·나릇만[-룬-]

나룻-걸이[-를꺼리][명] 멍에의 양 끝에 있는, 나룻을 거는 부분.

나리[1][명] ①☞백합(百合). ②〈참나리〉의 준말.

나:리[2][명] 〔지난날〕 ①'당하관(堂下官)'을 아랫사람이 높여 부르던 말. ②'왕자'를 높여 부르던 말. ③'지체 높은 사람'을 높여 부르던 말. ④하인이 '바깥주인'을 높여 부르던 말. ¶나리, 부르셨습니까?

나리-꽃[-꼳][명] ☞백합화(百合花). *나리꽃이[-꼬치]·나리꽃만[-꼰-]

나립(羅立)[명][하자] 나란히 줄지어 늘어섬.

나릿-나릿[-린-린][부][하자] ①느리고 굼뜬 모양. ¶몸이 지쳤는지 일손이 나릿나릿하다. ②짜임새나 사이가 죄어 있지 않고 나슨하거나 성긴 모양. ¶그물코를 한 코 한 코 나릿나릿 얽어 간다. 큰느릿느릿.

나릿물[명]〔옛〕냇물. ¶正月ㅅ 나릿므른 아으 어져 녹져 ᄒᆞᄂᆞᆫ뒤(樂範.動動).

나마[조] 모음으로 끝난 체언에 붙어, '좀 모자라지만 아쉬운 대로'의 뜻으로, 양보나 불만의 뜻을 나타내는 보조사. ¶누더기나마 없는 것보다는 낫다. 준나4. 참이나마2.

나마(喇嘛)[명] ☞라마.

나:마[명] 안장을 얹지 않은 말.

나마(羅馬)[명] '로마(Roma)'의 한자음 표기.

-나마[어미] 모음이나 'ㄹ'로 끝난 어간 또는 높임의 '-시-'에 붙는 종속적 연결 어미. '-지만'의 뜻으로, 앞말이 사실임을 인정하되 뒷말이 그에 매이지 아니함을 나타냄. ¶가지 못하나마 편지는 할게. 참-으나마.

나마-교(喇嘛敎)[명] ☞라마교(lama敎).

나마나[조] 모음으로 끝난 체언에 붙어, '그것이 기는 하나, 아닌 것과 마찬가지로'의 뜻을 나타내는 서술격 조사. ¶회의나마나 사람이 모여야 개최하지. 참이나마나.

-나마나[어미] 모음이나 'ㄹ'로 끝난 어간 또는 높임의 '-시-'에 붙어, '그리하거나 아니하거나' 또는 '그러하거나 아니하거나 마찬가지'의 뜻을 나타내는 연결 어미. ¶보나마나 합격이야. 참-으나마나.

나마-승(喇嘛僧)[명] ☞라마승.

나마-자(羅摩子)[명] ☞새박.

나막-신[-씬][명] 진땅에서 신는, 나무로 만든 신. 목극(木屐). 목리(木履). 목혜(木鞋).

나:맥(裸麥)[명] ☞쌀보리.

나머지[명] ①일정한 수량을 채우고 남은 수량. 여분(餘分). ¶쌀 두 섬을 채우고도 나머지가 두 말이나 된다. ②일정한 정도에 이르지 못한, 모자라거나 부족한 부분. 부족분. ¶오늘 끝내지 못한 나머지는 내일 하도록 하자. ③일정량에서 일부분을 제했을 때의 그 남은 수량. ¶세 사람은 차를 타고 가고, 나머지는 걸어갔다. ④(주로, 관형사형 어미 '-ㄴ'·'-은'·'-던' 뒤에 쓰이어) '결국'의 뜻을 나타냄. ¶심사숙고한 나머지 그렇게 하기로 하였다. ⑤나눗셈에서 나누어 똑 떨어지지 않고 남은 수.

나모[납근·남기][명]〔옛〕나무. ¶夫人이 나모 아래 잇거시늘(月釋2:42). /불휘 기픈 남ᄀᆞᆫ 부ᄅᆞ매 아니 뮐쎄(龍歌2章).

나모죽[명]〔옛〕나무 주걱. 참죽1.

나:목(裸木)[명] 잎이 지고 가지만 앙상히 남은 나무.

나무[명] ①줄기와 가지에 목질(木質) 부분이 발달한 다년생 식물을 통틀어 이르는 말. 목본(木本). 수목(樹木). ②건축·토목·가구 따위의 재료로 나무   **418**

쓰기 위하여 손질한 재목. 목재(木材). ¶나무
의자. ③〈땔나무의 준말. ¶나무를 때다.
나무 공이 등 맞춘 것 같다〈속담〉'서로 상반되
는 꼴(경우)임'을 비유하여 이르는 말.
**나무는 큰 나무 덕을 못 보아도 사람은 큰사람
의 덕을 본다**〈속담〉뛰어난 인물에게서는 알게
모르게 가르침이나 영향을 받게 된다는 말.
나무에 오르라 하고 흔드는 격〈속담〉솔깃한 말
로 남을 꾀어 난처한 처지에 빠뜨리는 경우를
이르는 말.
나무 접시 놋접시 될까〈속담〉아무리 하여도 좋
게 될 수 없는 일이나 사람을 두고 하는 말.
나무(←南無.Namas 범)**명** 〔'돌아가 의지함'의
뜻으로〕부처 이름이나 경문 이름 앞에 붙여
서, 절대적인 믿음을 나타내는 말.
나무-가위명 전지가위.
나무-거울명 '겉모양은 제법 그럴듯하나 실제
로는 아무 소용이 없는 사람이나 물건'을 비유
하여 이르는 말.
나무-거죽명 ⇨나무껍.
나무-겉[-겉]명 널빤지 따위의 양쪽 면 중 나
무껍질 쪽에 가까운 면. 나무거죽. ↔나무속.
  * 나무겉이[-거치]·나무겉을[-거틀]·나무겉
  만[-건-]
나무-굼벵이명 하늘솟과의 유충을 통틀어 이르
는 말. 굼벵이와 비슷하나 좀 가늘고 주둥이가
단단하며 나무속을 파 먹고 삶.
나무-귀신(-鬼神)명 민속에서, 나무에 깃들어
있는 것으로 믿는 신령을 이르는 말. 목신(木神).
나무-그루명 나무의 밑동이나 그루터기.
나무-깽이명 나뭇가지의 짤막한 도막.
나무-껍질[-찔]명 나무의 줄기나 가지의 맨 거
죽 부분에 있는 조직. 목피(木皮). 수피(樹皮).
나무-꾼명 땔나무를 하는 사람. 초군(樵軍). 초
부(樵夫). 초자(樵子).
나무-눈명 나무의 씨앗이나 뿌리·줄기·가지 따
위에 있는, 앞으로 잎이나 줄기가 돋아날 부
분. ⓐ눈².
나무-늘보명 나무늘봇과의 동물. 원숭이와 비슷
한데 머리는 둥글고 짧으며, 앞다리가 뒷다리
보다 길다. 하루에 18시간가량 나무 위에서 잠을
자고 밤에 활동함. 열대 밀림 지역에 분포함.
나무-다리¹명 나무로 놓은 다리. 목교(木橋).
나무-다리²명 나무로 만든 의족(義足). 목다리.
나무-달굿대[-구때-굳때]명 나무로 만든 달
굿대. 목저(木杵).
나무-딸기명 ①장미과의 낙엽 활엽 관목. 멍석
딸기와 비슷하나, 잎 안쪽이 푸르고 흰털이 없
음. 봄철에 꽃이 피고, 열매는 검붉게 익는데
먹을 수 있음. ②딸기나무에서 열리는 딸기를
통틀어 이르는 말.
나무-때기명 조그마한 나무쪽.
나무때기 시집보낸 것 같다〈속담〉사람됨이 변변
하지 못하여 무슨 일이나 제대로 하지 못한다
는 말.
나무라다〔타〕①잘못을 들어 가볍게 꾸짖다.
¶버릇없이 구는 아이를 불러 조용히 나무랐
다. ②《주로 부정의 의미를 나타내는 말과 함
께 '나무랄'의 꼴로 쓰이어》흠이나 부족한 점
을 들어 말하다. ¶어디 하나 나무랄 데 없는
착한 며느리.
나무람명 나무라는 일, 또는 그 말.
  나무람(을) 타다〔관용〕나무람을 듣고 쉽게 충격
  을 받다. ¶나무람을 잘 타는 아이.
나무래다〔타〕'나무라다'의 잘못.

나무-말미명 장마 때 풋나무를 말릴 만큼 잠간
날이 드는 겨를. ¶이번 장마 때에는 나무말미
도 없이 계속 비가 내렸다. ⓐ빨랫말미.
나무-망치명 나무로 만든 망치.
나무-모명 ⇨묘목(苗木).
나무모-밭[-받]명 묘목(苗木)을 심어 가꾸는
밭. * 나무모밭이[-바치]·나무모밭을[-바
틀]·나무모밭만[-반-]
나무-목(-木)명 한자 부수의 한 가지. '松'·
'根'·'楚' 등에서의 '木'의 이름.
나무-못[-몯]명 나무로 만든 못. 목정(木釘).
  * 나무못이[-모시]·나무못만[-몬-]
나무-발바리명 나무발바릿과의 새. 날개 길이
6 cm가량. 등은 엷은 회갈색에 회유스름한 세
로줄 무늬가 있고, 허리는 엷은 살색을 띰. 텃
새이며, 익조임. 애완용으로 기르기도 함.
나무-배명 나무로 만든 배. 목선(木船).
나무-벌명 나무벌과의 곤충. 몸이 가늘고 길며,
검은 바탕에 노란 띠 무늬가 있고 머리가 큼.
풀이나 나무 속에 알을 낳음.
나무-부처명 나무로 새기어 만든 불상. 목불.
나무-뿌리명 나무의 뿌리. 목근. 수근.
나무-삼(←南無三)명 〈나무삼보〉의 준말.
나무-삼보(←南無三寶)명 불교(佛敎)에서, 불(佛)·법(法)·승(僧)
의 삼보에 의지한다는 뜻으로, 부처의 가호를
빌 때 외는 말. ⓐ나무삼.
나무-새[-쌔]명 여러 가지 땔나무를 통틀어 이르는
말. ⓐ나무숲.
나무-새앙쥐명 우리나라 특산인 들쥐의 한 종류.
몸길이 9 cm가량. 몸빛은 회흑색인데, 배 부분
은 조금 엷음. 주둥이는 뾰족하고 귀와 꼬리가
긺. 나무에 잘 오르며, 물에서 헤엄을 잘 침.
나무-속명 ①나무를 가로 잘랐을 때, 그 자른
면의 중심부에 있는 연하고 푸불푸불한 부분.
②널빤지의 양면에서, 나무의 중심부에 가까운
면. ↔나무겉.
나무-수국(水菊)명 범의귓과의 낙엽 활엽 관
목. 관상용으로 심는데, 높이는 2~3 m. 잎은
길둥근 모양이며 마주나고 가장자리에 톱니가
있음. 여름에 가지 끝에 잔꽃들이 둥근 덩어리
를 이루어 핌.
나무-숲[-숲]명 나무가 우거진 곳. 나무새. * 나
무숲이[-숲이]·나무숲만[-숨-]
나무-아미타불(←南無阿彌陀佛)명 ①아미타불
에게 귀의한다는 뜻으로, 염불할 때 외는 말.
②〔가피(加被)를 기원하는 뜻으로〕'공들여 해
놓은 일이 아무 소용이 없이 됨'을 이르는 말.
¶십 년 공부 나무아미타불이라.
나무-오리 명 가늘고 긴 나뭇조각.
나무-장(-場)명 지난날, 땔나무를 사고파는 시
장을 이르던 말. 시장(柴場).
나무-장수명 지난날, 땔나무를 파는 것을 업으
로 하던 사람.
나무-젓가락[-저까-/-젇까-]명 나무로 만든
젓가락. 목저.
나무-좀명 나무좀과의 곤충을 통틀어 이르는
말. 몸은 작은 원통형이며, 나무 속에 서식하
는 해충임. 소나무검정좀·오리나무좀 따위가
있음. ⓐ좀.
나무-줄기명 나무의 뿌리 위로 벋어서, 가지를
치고 잎이 돋아나게 하는 굵은 부분. 목본경.
나무-진(-津)명 나무껍질에 상처를 내었을 때
분비되는 끈끈한 액체.
나무-진디명 나무의 가지나 잎에 엉기어 붙어
진을 빨아 먹는 진딧물을 통틀어 이르는 말.

나무-집명 물부리·담배통·물미 따위에, 설대나 나무가 끼이는 부분.

나무-집게[-께]명 나무로 만든 집게.

나무-쪽명 나무의 조각.

나무-칼명 나무로 만든 칼. 목검. 목도(木刀).
나무칼로 귀를 베어도 모르겠다속담 어떤 한 가지 일에 마음이 쏠리어 다른 일에 관심을 기울일 겨를이 없음을 이르는 말.

나무^타르(-tar)명 나무를 건류(乾溜)하여 얻는 흑갈색의 끈적한 액체. 연료·용제(溶劑)·방부제 따위로 쓰임. 목타르.

나무-토막명 나무의 토막.

나무-통(-桶)명 나무로 만든 통. 목통(木桶).

나무-판자(-板子)명 널빤지.

나무-하다자여 나무를 마련하다.

나:문(拿問)명하다 죄인을 잡아다가 신문함.

나문-재명 명아줏과의 일년초. 바닷가 모래땅에 나며, 줄기 높이 1m가량. 가늘고 긴 잎이 줄기에 빽빽하게 나며, 여름에 녹황색 꽃이 핌. 어린잎은 먹을 수 있음.

나물명 ①식용할 수 있는 나뭇잎이나 풀을 통틀어 이르는 말. ¶ 나물을 캐다. ②채소를 갖은 양념으로 무친 반찬. 채(菜).

나물-국[-꾹]명 나물을 넣고 끓인 국.

나물-밥[-빱]명 나물을 섞어 넣고 지은 밥.

나물-범벅명 나물에 곡식 가루를 넣어서 풀처럼 쑨 음식.

나물-하다자여 ①나물을 캐거나 뜯거나 하다. ②나물을 볶거나 무치거나 하여 반찬으로 먹을 수 있게 만들다.

나뭇-가지[-무까-/-묻까-]명 나무의 가지.

나뭇-간(-間)[-무깐/-묻깐]명 땔나무를 쌓아 두는 곳간.

나뭇-갓[-무깐/-묻깓]명 나무를 가꾸는 말림 갓. 시장(柴場). * 나뭇갓이[-무까시/-묻까 시]·나뭇갓만[-무깐-/-묻깐-]

나뭇-개비[-무깨-/-묻깨-]명 가늘고 기름하게 쪼갠 나뭇조각.

나뭇-결[-무껼/-묻껼]명 ①세로로 켜서 깎은 나무의 표면에, 나이테로 말미암아 나타나는 무늬. 목성(木性). ②나무의 조직이 이루어진 상태. ¶ 나뭇결이 곱다. /나뭇결이 바르다.

나뭇-고갱이[-무꼬-/-묻꼬-]명 나무를 쪼갰을 때, 나무줄기의 한가운데에 있는 연한 부분. 목심(木心). 심(心).

나뭇-광[-무꽝/-묻꽝]명 땔나무를 쌓아 두는 광.

나뭇-길[-무낄/-묻낄]명 나무꾼들이 나무하러 다님으로써 난 좁은 길. 초경(樵逕). 초로(樵路).

나뭇-단[-무딴/-묻딴]명 ①다발로 묶어 놓은 땔나무. ②단으로 된 나무.

나뭇-더미[-무떠-/-묻떠-]명 나무를 쌓아 가려 놓은 더미.

나뭇-동[-무똥/-묻똥]명 나무를 크직하게 묶은 덩이.

나뭇-등걸[-무뜽-/-묻뜽-]명 나무의 줄기를 베어 내고 남은 밑동. 곧, 그루터기 부분. 등걸.

나뭇-바리[-무빠-/-묻빠-]명 (마소에 실은) 나무의 짐바리.

나뭇-잎[-문닙]명 나무의 잎. 수엽(樹葉). * 나뭇잎이[-문니피]·나뭇잎만[-문닙-]

나뭇-재[-무째-/-묻째-]명 나무가 타서 생긴 재. 목회(木灰).

나뭇-조각[-무쪼-/-묻쪼-]명 나무를 잘게 쪼갠 조각. 목편.

나묫-짐[-무찜/-묻찜]명 (사람이 지거나 마소에 신거나 한) 땔나무의 짐.

나:미(糯米)명 '찹쌀'로 순화.

나:미-반(糯米飯)명 ☞ 찹쌀밥.

나모라다타옛 나무라다. 책망하다. ¶ 三寶를 허러 나모라거니와(月釋21:39).

나박-김치[-낌-]명 김치의 한 가지. 무를 얇판 얄팍 네모지게 썰어 절인 것에, 고추·파·마늘 따위를 넣고, 국물을 부어서 거의 익어 갈 즈음에 미나리를 썰어 넣은 김치.

나발(←喇叭·囉叭)명 ①우리나라 고유의 관악기의 한 가지. 놋쇠로 만들었는데, 부는 쪽이 빨고 끝 부분이 퍼진 긴 대롱 같은 모양임. 호적(號笛). ②앞의 말의 내용을 무시하거나 욕으로 이를 때 쓰는 말. ¶ 감투고 나발이고 다 싫다.
나발(을) 불다관용 ①객쩍은 소리나 당치도 아니한 말을 함부로 떠벌려 대다. ②허풍을 떨다. ③술이나 음료를 병째로 마시다. ④어떤 사실을 자백하다. ¶ 만약 나발을 부는 놈이 있으면 가만두지 않겠다. 나팔(을) 불다.

나발-꽃(←喇叭-)명 '나팔꽃'의 잘못.

나발-대(←喇叭-)[-때]명 ①나팔의 몸체. ②돼지의 입과 코가 달린 부리.

나발-수(←喇叭手)명 지난날, 군중(軍中)에서 나팔을 부는 일을 맡아 하던 사람.

나방명 나비목(目) 나방아목(亞目)에 딸린 곤충을 통틀어 이르는 말. 모양은 나비와 비슷하나 몸통이 굵고, 앉아 쉴 때 날개를 수평으로 펴는 것이 다름. 촉각은 빗살 모양이거나 실 모양임. 대개 야행성이며, 유충은 식물의 잎이나 줄기를 갉아 먹고 사는 해충임. 나방이.

나방-이명 ☞ 나방.

나배(螺杯)명 소라 껍데기로 만든 술잔.

나배(羅拜)명하다 여러 사람이 죽 늘어서서 함께 절을 함.

나:-배기명 〈나이배기〉의 준말.

나뱃-하다[-뺃-]형여 자그만 얼굴이 나부죽하고 덕성스러워 보이다. ¶ 나뱃뱃한 얼굴이 제법 정이 간다. 큰너벳하다. 나뱃뱃-이부.

나-번듯이다자 젠체하고 함부로 덤비다.

나:-변(那邊)명 어디. 어느 곳. ¶ 자네 혼자 반대하는 까닭이 나변에 있는가?

나볏-하다[-벼타-]형여 (뒷됨이나 태도가) 반듯하고 어엿하다. ¶ 나이는 어리지만 몸가짐이 매우 나볏하다. 큰너볏하다. 나볏-이부.

나:병(癩病)명 ☞ 문둥병.

나:-병원(癩病院)명 나병 환자를 전문으로 치료하는 병원.

나:병-자(癩病者)명 나병에 걸린 사람. 문둥이. 나환자.

나복(蘿蔔)명 ☞ 무2.

나복-자(蘿蔔子)[-짜]명 한방에서, '무씨'를 약재로 이르는 말. (기침·가래를 다스리는 데 쓰임.)

나복자-유(蘿蔔子油)[-짜-]명 무씨로 짠 기름.

나뵈다옛 나비. ¶ 몰애 더우니 ㅂ른맨 나뵈 ㄴ족호고(杜初23:20). 참나비.

나:부(裸婦)명 벌거벗은 여자.

나:부(懦夫)명 ①겁이 많은 사나이. 겁부(怯夫). ②게으른 사람.

나부끼다자타 (연기나 안개, 또는 얇은 천이나 종이, 머리카락 따위가) 흔들려 날리듯이 움직이다, 또는 그렇게 하다. ¶ 산자락에 나부끼어 흐르는 안개. /깃발이 바람에 나부끼다. /단발 머리를 바람에 나부끼며 달려오는 소녀.

나부-대다罔 가만히 있지 못하고 자꾸 부스대다. 나대다.

나부대대-하다혱어 (얼굴 생김새가) 동그스름하고 나부죽하다. ②납대대하다. 邑나부데데하다.

나부라기뗑 '나부랑이'의 잘못.

나부라-지다罔 나부죽이 바닥에 까부라져 늘어지다. 邑너부러지다.

나부랑납작-하다[-짜카-]혱어 평평하게 퍼진 듯이 납작하다. ¶ 나부랑납작한 코. 邑너부렁넓적하다. **나부랑납작-이**僻.

나부랭이뗑 ①(종이나 헝겊·지푸라기 따위의) 작은 오라기. ¶ 새끼 나부랭이. /헝겊 나부랭이. ②어떤 사물을 하찮게 여기어 이르는 말. ¶ 양반 나부랭이. /헌 옷 나부랭이. 邑너부렁이.

나부시僻 (자그마한 사람이) 고개를 찬찬히 숙이며 절하거나 차분하게 앉는 모양. ¶ 손녀가 할아버지께 나부시 세배를 드린다. 邑너부시.

나부죽-이僻 (자그마한 것이) 찬찬히 납작 엎드리는 모양. ¶ 나부죽이 절을 하다. 邑너부죽이.

나부죽-하다[-주카-]혱어 자그마한 것이 좀 넓은 듯하다. ¶ 나부죽하게 생긴 얼굴이 귀염성스럽다. 邑너부죽하다. **나부죽-이**僻.

나불-거리다罔罔 자꾸 나불나불하다. 나불대다. ¶ 하라는 일은 아니 하고 나불거리고만 있다. 邑너불거리다. 団나풀거리다.

나불-나불[-라-]僻 ①团罔 약하고 가볍게 나붓거리는 모양. ¶ 촛불이 바람에 나불나불한다. 団나풀나풀. ②可罔입을 가볍게 함부로 자꾸 놀리는 모양. ¶ 나불나불 입을 놀리다. 邑너불너불.

나불-대다罔罔 나불거리다.

나붓-거리다[-붇거-]罔 자꾸 나붓나붓하다. 나붓대다. ¶ 머리카락이 바람에 나붓거리다. 邑너붓거리다.

나붓-나붓[-붇-붇]僻可罔 가볍고 작게 자꾸 나부끼는 모양. 邑너붓너붓.

나붓-대다[-붇대-]罔 나붓거리다.

나붓-하다[-부타-]혱어 좀 나부죽하다. ¶ 나붓하고 통통한 얼굴이 복스럽게 보인다. 邑너붓하다. **나붓-이**僻.

나-붙다[-붇따]罔 (밖으로) 눈에 잘 띄는 곳에 붙다. ¶ 벽보가 나붙다.

나비뗑 나비목(目)의 곤충을 통틀어 이르는 말. 나방보다 작으며, 머리에는 끝이 부푼 한 쌍의 더듬이와 두 개의 겹눈이 있음. 몸은 가늘고 둥글며, 날개는 넓적하고 앉을 때는 날개를 세움. 몸이 털 또는 인분(鱗粉)으로 덮여 있고, 낮에만 밖으로 나와 꽃의 꿀이나 수액(樹液)을 빨아 먹음. 협접(蛺蝶). 호접(胡蝶).

나비²뗑 (피륙 따위의) 너비.

나비³뗑 '고양이'를 부를 때 쓰는 말. ¶ 나비야, 이리 온.

나비-가오리뗑 나비가오릿과의 바닷물고기. 몸길이는 65 cm가량. 폭은 길이의 2배가량 됨. 주둥이는 짧으며 눈이 작고 그 밑에 그보다 조금 큰 분수공(噴水孔)이 있음. 꼬리의 등 쪽에 꽤 은 가시가 하나 있음. 난태생어(卵胎生魚)로, 한 배에 여덟 마리가량의 새끼를 낳음.

나비-나물뗑 콩과의 다년초. 산기슭이나 들에 저절로 나는데, 높이는 50~100 cm이고, 잎이 쪽잎으로 되어 있음. 여름과 가을에 나비 모양의 자줏빛 꽃이 핌. 어린 잎과 줄기는 먹을 수 있음.

나비-내기뗑可 누에에서 씨를 받기 위해 고치를 누에나방을 나오게 하는 일.

나비-넥타이(-necktie)뗑 날개를 펴고 있는 나비 모양으로 고를 내어 접은 넥타이. 보타이.

나비-매듭뗑 나비의 날개를 편 나비 모양으로 맺은 매듭.

나비-물뗑 옆으로 좍 퍼지게 끼얹는 물.

나비-수염(-鬚髯)뗑 양쪽으로 갈라 위로 꼬부라지게 한 코밑수염.

나비은장-이음(-隱-)[-니-]뗑 목재를 잇는 이음법의 한 가지. 나비 모양의 은장으로 길게 잇는 일.

나비-잠뗑 갓난아기가 두 팔을 머리 위로 벌리고 자는 잠.

나비-잠(-簪)뗑 모양새를 나비처럼 만든 머리 꾸미개의 한 가지. [새색시가 예장(禮裝)할 때 머리에 덧꽂음.] 접잠(蝶簪).

나비-잠자리뗑 잠자릿과의 곤충. 몸과 날개 빛깔은 검고 수컷은 가슴, 접눈은 적갈색임. 여름철에 연못에서 나비처럼 천천히 날아다님.

나비-장뗑 재목을 서로 이을 때 쓰는 나비 모양의 나무조각. 은짓.

나비장-붙임[-부침]뗑可 나비장으로 쪽 붙임하는 일, 또는 그 쪽 붙임.

나비-질뗑可 곡식에 섞인 검부러기를 날리려고 키로 부치어 바람을 내는 일.

나비-춤뗑 ①춤추듯 날아다니는 나비의 몸짓, 또는 그것을 본뜬 춤. ②승무에서, 나비같이 추는 춤의 한 가지. 소매가 긴 옷을 입고 춤.

나비-치다罔 곡식에 나비질을 하여 검부러기나 먼지를 날리다.

나비뗑 〈옛〉①나비. ¶ 나비 뎝ː蝶(訓蒙上21). ②나방. ¶ 누에 나비롤 소고매 술마(永嘉上22). ③나비가. ('나비'의 주격형) ¶ 힌 나비 짓거 ㅎ고(杜初21:6). 団나뵈.

나빠-지다罔 나쁘게 되다.

나쁘다[나쁘니·나빠]혱 ①(도덕·윤리에서 벗어나) 옳지 않다. 악하다. ¶ 소행이 아주 나쁘다. ②(됨됨이나 품질 따위가) 좋지 않다. ¶ 머리가 나쁘다. /안색이 나쁘다. /형제끼리 사이가 나쁘다. ③해롭다. ¶ 지나친 흡연은 건강에 나쁘다. ④(먹은 것이) 양에 차지 않다. ¶ 좀 나쁜 듯하게 먹는 것이 좋다. ⑤어떤 일을 하기에 시기·상황·여건 등이 적절하지 않다. ¶ 날씨가 나빠 등산을 가지 않았다.

나쁘僻 나쁘게. ¶ 지금 한 말은 농이니 나쁘 생각하지 마라.

나사(螺絲)뗑 물건을 죄어 고정시키는 데 쓰는, 나선(螺旋) 모양의 홈이 나 있는 것. [바깥쪽에 홈이 나 있는 둥근 막대 모양의 것이 수나사, 안쪽에 홈이 나 있는 것이 암나사임.]

나사가 빠지다관용 정신이 없다.

나사가 풀어지다관용 정신 상태가 해이해지다.

나사(羅紗←raxa 포)뗑 ①털이 배게 서 있어 발이 나타나지 않은, 두꺼운 모직물의 한 가지. 주로, 양복감으로 많이 쓰임. ②두꺼운 모직물의 한 가지.

나사-골(螺絲-)뗑 나사의 고랑이 진 부분. 나사의 홈. ↔나사산.

나사-돌리개(螺絲-)뗑 나사못의 대가리에 있는 홈에 대고 틀어서, 나사못을 박거나 빼는 데 쓰는 간단한 기구. 드라이버.

나사-말(螺絲-)뗑 자라풀과의 다년생 수초. 가는 선 모양의 잎이 뿌리에서 여러 개가 무더기로 남. 높이는 30~70 cm, 암수딴그루. 꽃은 여름·가을에 피는데 암꽃은 나사 모양으로 �933부라진, 가늘고 긴 꽃줄기 끝에 한 개가 달려 수면에 뜨고, 수꽃은 많으며 물속의 포(苞) 안에서 핌. 흔히, 열대어의 수초로 쓰임.

나사-못 (螺絲-) [-몯]圀 몸의 표면이 나사 모양으로 홈이 진 못. [대가리 표면에 나사돌리개를 쓸 수 있도록 '一' 자 또는 '十' 자 모양의 홈이 파져 있음.] *나사못이[-모시]·나사못만[-몬-]

나사못^게이지 (螺絲-gauge) [-몯-]圀 나사의 크기를 검사하는 계기(計器).

나사-산 (螺絲山)圀 나사 고랑의 솟아 나온 부분. 나삿니. ↔나사골.

나사-선 (螺絲線)圀〔수학에서〕①평면상에서의 소용돌이 모양의 곡선. ②공간에서의 나사 모양의 곡선.

나사선^운:동 (螺絲線運動)圀 수학에서, 축의 둘레를 일정한 속도로 회전하면서 축의 방향으로 이동하는 나선 운동.

나사-송곳 (螺絲-) [-곧]圀 끝이 나사못 모양으로 된 송곳. *나사송곳이[-고시]·나사송곳만[-곤-]

나사-조개 (螺絲-) 고둥·소라·우렁이처럼 껍데기가 하나로 돌돌 말린 조개.

나사-지 (羅紗紙)圀 나사나 털실의 부스러기를 기계로 두드려 풀어서 만든, 나사 비슷한 두꺼운 종이. 벽지 따위로 쓰임.

나사^층층대 (螺絲層層臺)圀 하나의 기둥이나 축을 중심으로 하여 나사 모양으로 빙빙 돌아서 올라가게 만든 층층대. 나계(螺階). 나선 계단. 나선 층층대.

나사^컨베이어 (螺絲conveyor)圀 원통 안에서 나사 모양의 깃이 달린 축을 회전시킴으로써, 가루로 된 물체를 운반하도록 되어 있는 장치. 스크루 컨베이어.

나사^톱니바퀴 (螺絲-) [-톱-]圀 교차하는 두 개의 회전축이 서로 물려 돌아갈 수 있도록 된, 나사 모양의 톱니바퀴.

나삼 (羅衫)圀 ①깁으로 만든 적삼. ②'원삼'을 비단으로 만들었다는 뜻에서 이르는 말.

나삿-니 (螺絲-) [-싼-]圀 ☞나사산.

나:상 (裸像)圀〈나체상〉의 준말.

나상 (螺狀)圀〈나선상〉의 준말.

나색 (-色)圀 '내색'의 잘못.

나:서 (糯黍)圀 ☞찰기장.

나-서다 [Ⅰ]재 ①(앞이나 옆이나 밖으로) 나와 서다. ¶찬성하는 사람은 앞으로 나서시오. ②나타나다. 생기다. ¶혼처가 나섰다. /좋은 일자리가 나섰다. /구매자가 나섰다. ③(자기와 관계없는 일에) 끼어들어 아는 체하거나 간섭하다. ¶네가 왜 나서느냐? ④어떤 일을 적극적으로 하거나 또는 직업적으로 시작하다. ¶정계(政界)로 나서다. /이번에는 자네가 나서야 되겠네.
[Ⅱ]타 일정한 목적을 가지고 어떤 자리에서 떠나다. ¶먼 길을 나서다.

나:선 (裸線)圀 겉에 절연용의 고무나 합성수지·면사(綿絲) 따위를 씌우지 않은 전선. 알줄.

나선 (螺旋)圀 소라 껍데기나 용수철과 같이 빙빙 감아 올린 것과 같은 모양, 또는 그런 모양의 것.

나선 (螺線)圀〈나사선(螺絲線)〉의 준말.

나선^계단 (螺旋階段) [-계-/-게-]圀 ☞나사 층층대.

나선-균 (螺旋菌)圀〈나선상 균〉의 준말.

나선-상 (螺旋狀)圀 나선과 같은 모양. 나선형(螺旋形). 준나상.

나선상 균 (螺旋狀菌) 나선 모양의 커다란 세균. 〔매독의 병원균, 콜레라균 따위〕. 준나선균.

나선^운:동 (螺線運動)圀 ☞나사선 운동.

나선^추진기 (螺旋推進機)圀 동력선(動力船)에 쓰이는, 나선 모양으로 된 추진 장치의 한 가지. 여러 개의 날개로 이루어져, 물속에서 돌면서 추진력을 낸다. 스크루.

나선^층층대 (螺旋層層臺)圀 ☞나사 층층대.

나선-형 (螺旋形)圀 ☞나선상(螺旋狀).

나성 (羅城)¹圀 ①성(城)의 외곽. ②☞외성(外城).

나성 (羅城)²圀 '로스앤젤레스'의 한자음 표기.

나:속 (糯粟)圀 ☞차조. ↔경속(粳粟).

나:속-반 (糯粟飯) [-빤]圀 ☞차조밥.

나:수 (拿囚)圀하타 죄인을 잡아들여 가둠.

나수 (邏手)圀 지난날, 군중(軍中)에서 '나(邏)'를 치던 취타수(吹打手)의 하나.

나수다타 ①내어서 드리다. ②높은 자리로 나아가게 하다.

나스닥 (NASDAQ)圀 미국의 장외 주식 거래 시장. 주로, 컴퓨터나 첨단 산업 관련 기업이 중심이 됨. [National Association of Securities Dealers Automated Quotation]

나스르르 뫼형 (가늘고 짧은 털이나 풀 따위가) 성기고 가지런해 보이는 모양. 흰너스르르.

나슨-하다 형여 ①(잡아맨 줄이나 끈 따위가) 늘어나서 좀 헐겁다. ¶구두끈이 좀 나슨해졌다. ②맥이 풀려 죄어질 힘이 없다. ¶정신 상태가 좀 나슨해진 것 같다. 흰느슨하다. 나슨-히뫼.

나슬-나슬 [-라-]뫼형 (가늘고 긴 풀이나 털 따위가) 보드랍고 성긴 모양. 흰너슬너슬. 나슬나슬-히뫼.

나시 (なし 일)圀 '민소매'로 순화.

-나시놀어미 -시거늘. ¶世尊꾀 오나시놀(月釋21:7). 咸-거시놀.

-나시든어미 (옛)-시거든. -시매. ¶西에 오나시든 周이 보라슨녕니(龍歌6:20). 咸-거시든.

나:신 (裸身)圀 벌거벗은 몸. 벌거숭이. 알몸. 나체.

나:신-상 (裸身像)圀 ☞나체상(裸體像).

나쎄 圀 '어느 정도 든 나이'를 얕잡아 이르는 말. ¶그 나쎄에 그런 실수를 하다니.

나아가다〈옛〉나아가다. ¶ᄒ낱샤 나사가샤(龍歌35章). 咸낫다.

나아오다타〈옛〉나아오다. 가까이 오다. ¶아ᄉ 보다 나사오니(龍歌51章). 咸낫다.

나소(옛)①나아가. ¶부테 向ᄒᄉ바 흐ᄀ름 나소 거름만 몯ᄒ니라(釋譜6:20).

나소다타〈옛〉①나아가다. ¶어디닐 알오 나소디 아니홈(內訓2:23). ②바치다. ¶잔 자바 나소마(翻朴上48).

나솜재〈옛〉①나아감. ¶느ᄀ야 나소몰 求티 아니ᄒ느니라(法華2:180). ②나옴. ¶火化ᄒ오며 나소미 곧ᄃ 몯ᄒ며(法華6:155).

나쇠圀〈옛〉냉이. ¶나쇠 제: 薺(訓蒙上17).

나ᄉ라〈옛〉('낫다'의 활용형〕 드리러. 바치러. ¶德이여 福이라 호ᄂ 나ᄉ라 오소이다(樂範.動動).

나ᄉᆯ재〈옛〉('낫다'의 활용형〕①나아갈. ¶나ᄉᆯ 진: 進(訓蒙下26). ②드릴. 바칠. 진상(進上)할. ¶十二月ᄉ 분디남ᄀ로 갓곤 아ᄉ 나ᄉᆯ 盤잇 져다호라(樂範.動動).

나:아圀 새엄눈. ↔인아(鱗芽).

나아-가다재 ①앞으로 향하여 가다. ¶용감히 나아가서 적을 무찌르다. ②병세가 호전되다. 일이 좋은 방향으로 진전되다. ¶병이 나아가다. /기술이 나아가다. ③높은 자리, 또는 넓은 곳을 향하여 가다. ¶학교를 졸업하고 사회로 나아가다. ①③준나가다.

나아-가서튀 그뿐 아니라. 거기에만 머무르지 않고. 그 일이 미치는 결과로서. ¶일신의 출세이자, 나아가서 집안의 명예이기도 하다.

나아-오다재 ①앞을 향하여 차츰차츰 오다. ¶이름을 부르자 맨 뒤에 있던 학생이 내 앞으로 나아와 섰다. ②목적을 향하여 발전하여 오다.

나아-지다재 (병세나 하는 일 따위가) 차차 좋아지다. ¶철호의 학업 성적이 점점 나아진다.

나:안(裸眼)명 (안경 따위를 쓰지 않은) 맨눈.

나-앉다[-안따]재 ①(안에서 밖으로, 뒤쪽에서 앞쪽으로) 앉은 자리를 옮기다. ¶그는 앞으로 나앉으며 내게 물었다. ②(집 따위를) 일정한 곳으로 옮겨 새로이 자리 잡다. ¶장사를 하기 위하여 길가 쪽으로 나앉았다. ③(하던 일이나 권리를) 포기하고 물러나다. ¶그는 회장 자리에서 나앉고 말았다.

나:약(懦弱·愞弱)명하형 의지가 약함. 타약(惰弱). ¶한때 우리는 외세 앞에 너무나 나약했다. **나약-히**튀

나:-어리다형 나이가 어리다.

나-엎어지다재 갑자기 엎어지다. 냅다 엎어지다. ¶길을 가다 난데없는 고함 소리에 나엎어졌다.

나열(羅列)명하타되재 죽 벌이어 놓음. 죽 늘어놓음. ¶최상을 조목조목 나열하다. /여러 항목이 나열되어 있다. ②하재열을 지어 늘어섬.

나열-형(羅列形)명 용언의 연결 어미의 한 갈래. 문장에서 주어의 서술어 구실을 하면서 뒤에 다른 말을 대등하게 연결하는 형식. ['-고·-(으)며·-(으)면서·-아(서)' 따위.]

나:엽(裸葉)명 양치식물 등에서, 자낭군(子囊群)이 없이 다른 겹의 식물의 잎처럼 동화 작용을 하는 푸른 잎. 영양엽(營養葉). ↔포자엽.

나-오다[I]재 ①안에서 밖으로(또는 속에서 겉으로, 뒤에서 앞으로) 오다. ¶방에서 나오다. /복숭아에서 벌레가 나오다. ②감정이나 표정이 일어 어떤 행동을 취하다. ¶웃음이 나오다. /강경한 태도로 나오다. ③있던 곳에서 퇴거(이탈·사직)하다. ¶직장에서 나오다. ④출석(출근)을 하다. ¶직장에 나오다. /회의에 나오다. ⑤나타나다. 생겨나다. 생산되다. 출생하다. ¶3월호 잡지가 나오다. /벼 열 섬이 나오는 논. /세상에 나온 지 30년. ⑥앞으로 불쑥 내밀다. ¶배가 나오다. ⑦(어떤 처리 결과가) 발표되다. ¶판결이 나오다. /새 규정이 나오다. ⑧진출하다. 투신하다. ¶문단에 나오다. ⑨책이나 신문 등에 글이나 그림 따위가 실리다. ¶이 내용은 논어에 나온다. ⑩음식 따위가 차려지다. ¶점심에 국수가 나왔다. ⑪방송을 듣거나 볼 수 있다. ¶텔레비전이 잘 나온다. [II]타 ①(어떤 곳을) 벗어나다. ¶그 길로 집을 아주 나오고 말았다. ②일정(一定)한 과정을 마치다. ¶대학을 나오다. ③그만두다. 사직(辭職)하다. ¶직장을 나오다. ④(무엇을 목적으로) 일정한 장소에 있게 되다. ¶강연을 나오다.

나온관 (옛) ['납다'의 활용형] 즐거운. ¶나온 君子ㅣ여 福과 履ㅣ 綏호ᄃᆞᆫ놋다(詩解1:5). 화라온.

나왕(羅王)명 용뇌향과(龍腦香科)의 상록 교목, 또는 그 재목. 인도·자바·필리핀 등지에 분포하며, 그 재목은 빛깔이 곱고, 가공하기가 쉬워 가구·장식재로 널리 쓰임.

나:용(挪用)명하타 돈이나 물건을 잠시 돌려씀.

나우튀 ①좀 많게. ¶밥을 좀 나우 담아 주시오. ②(정도가) 좀 낫게. ¶특별한 손님이니 나우 대접하시오.

나울-거리다재타 자꾸 나울나울하다. 나울대다. ⓒ너울거리다.

나울-나울[-라-]튀하자타 ①잔물결이 잇달아 굽이쳐 일렁이는 모양. ②(나뭇잎이나 풀잎 따위가) 보드랍게 나부끼는 모양. ③(춤추듯이) 팔이나 날개를 펴어 잇달아 가볍게 움직이는 모양. ⓒ너울너울.

나울-대다재타 나울거리다.

나위명 (주로 '-ㄹ 나위 없다'의 꼴로 쓰이어) '틈'·'여지'·'필요성' 등을 뜻함. ¶사람이야 더할 나위 없이 좋지.

나위(羅幃)명 비단 포장. ¶못 디고 새님 나니 녹음이 셜렷ᄂᆞᆫ디 나위 젹막ᄒᆞ고 슈막이 뷔여잇다(鄭澈.思美人曲).

나:유타(那由他)슈뽈 아승기(阿僧祇)의 1만 배, 불가사의(不可思議)의 1만분의 1이 되는 수(의). 곧, 10^{60}.

나:리다동 '나리²'의 잘못.

나의(儺儀)[-의/-이]명 ①ᄀᆞ나례(儺禮). ②ᄀᆞ산대놀음.

나이명 (사람이나 동식물이) 나서 자란 햇수. 연기(年紀). 연령(年齡). ¶나이가 들다. ⓒ나³. ⓗ연세(年歲)·연치(年齒)·춘추(春秋)¹.

나이 차(서) 미운 계집 없다속 무엇이나 한창일 때는 다 좋게 보인다는 말.

나이(가) 아깝다관용 (말이나 하는 짓이) 그 나이에 걸맞지 않게 유치하다.

나이명 (옛) 냉이. ¶나믈을 먹고 뇨괴ᄒᆞ니라(救荒補遺方14).

-나이까어미 《주로 문어체에서》 동사 어간이나 형용사 '있다'·'없다'·'계시다'의 어간, 또는 높임말의 '-시-', 공손의 '-삽·'-ᄉᆞ옵-', 시제의 '-았(었)-'·'-겠-' 등에 붙어, 현재의 동작·상태를 묻는, 합쇼체의 의문형 종결 어미. ¶먹나이까. /하시나이까. /깁삽나이까. /보았나이까.

-나이다어미 《주로 문어체에서》 동사 어간이나 형용사 '있다'·'없다'·'계시다'의 어간, 또는 높임말의 '-시-', 공손의 '-삽·'-ᄉᆞ옵-', 시제의 '-았(었)-'·'-겠-' 등에 붙어, 현재의 동작·상태를 나타내는, 합쇼체의 평서형 종결 어미. ¶없나이다. /오시나이다. /하옵나이다.

나이-대접(-待接)명하타 나이 많은 이를 대접하여 체면을 보아 줌. ¶나이대접을 해서 고문으로 추대했다. ⓒ나대접.

나이-떡명 정월 보름에 액막이로 먹는 떡. [식구의 나이 수대로 숟가락으로 쌀을 떠서 만든 떡.] ⓒ나이떡.

나이-배기명 '보기보다 나이가 많은 사람'을 얕잡아 이르는 말. ⓒ나배기.

나이키:(Nike)명 그리스 신화에 나오는 승리의 여신. [니케(Niké)의 영어 발음.]

나이-테명 나무의 줄기를 가로로 자른 면에 나타나는 바퀴 모양의 테. 해마다 하나씩 늘어나므로 그 나무의 나이를 알 수 있음. 목리(木理). 연륜(年輪).

나이트-가운(nightgown)명 잠옷 위에 덧입는 길고 가벼운 겉옷.

나이트^게임(night game)명 (야구·축구 따위의) 야간 경기.

나이트-캡(nightcap)명 잠잘 때 머리가 헝클어지지 않도록 쓰는 모자.

나이트-클럽(nightclub)명 술·음악·춤 따위를 즐기는 야간 음식점.

나이-티명 나이가 든 기미. ¶그 사람 행동거지를 보니 나이티가 난다.

나이팅게일(nightingale)명 딱샛과의 새. 몸길이 16.5cm가량. 몸빛은 등이 갈색, 가슴과 배는 연한 갈색인데 휘파람새와 비슷함. 낮과 밤을 가리지 않고 울며, 숲 속에서 곤충이나 나무 열매를 먹고 삶. 아마꼬리.

나이팅게일-상(Nightingale賞)명 국제 적십자사가 훌륭한 간호사에게 주는 상.

나이프(knife)명 ①주머니칼. ②양식(洋食)을 먹을 때 쓰는 칼. 양도(洋刀).

나ː인(←內人)명 고려·조선 시대에, 궁궐 안에서 대전(大殿)·내전(內殿)을 가까이 모시는 내명부를 통틀어 이르던 말. 궁녀(宮女). 궁빈(宮嬪). 궁인(宮人). 여관(女官). 여시(女侍). 본내인(內人). 준홍수(紅袖).

나ː인(拿引)명하타 ☞나치(拿致).

나일론(nylon)명 인조 섬유의 한 가지. 석탄산·수소·암모니아 따위를 원료로 하여 만듦. [가볍고 부드러우며 탄력성이 강하나, 습기를 빨아들이는 힘이 약함.]

나ː입(拿入)명하타 ☞나치(拿致).

나잇-값[-이깝/-인깝]《주로 '하다'·'못하다' 따위와 함께 쓰이어》'먹은 나이에 어울리는 말이나 행동'을 홀하게 이르는 말. ¶덤벙대지 말고 나잇값 좀 해라. ☞나잇값을[-이깝쓸/-인깝쓸]·나잇값만[-이깜-/-인깜-]

나잇-살[-이쌀/-인쌀]《주로 '먹다'와 함께 쓰이어》'지긋한 나이'를 홀하게 이르는 말. ¶나잇살이나 먹은 사람이 하는 짓은 꼭 철부지 같다. 준낫살.

나올명 (옛) 나흘. ¶사오리어나 나오리어나 다쐐어나(阿彌17).

나자(儺者)명 나례(儺禮) 때의 방상시(方相氏)·초라니·진자(侲子) 등을 통틀어 이르는 말.

나-자빠지다자〈나가자빠지다〉의 준말.

나자스-말(Najas─ 라)명 나자스말과의 일년초. 연못이나 논밭에 나는데, 줄기는 30cm가량이고, 가지가 많이 갈라짐. 가는 잎이 마주나며 가장자리에 잔 톱니가 있음. 암수한그루로 7~9월에 엷은 녹색 꽃이 잎겨드랑이에 핌.

나ː자-식물(裸子植物)[-싱-]명 ☞겉씨식물.

나ː장(裸葬)명하타 시체를 관에 넣지 않고 그대로 땅에 묻어 장사 지내는 일.

나장(羅將)명〔조선 시대에〕①의금부·병조·형조·전옥서 등에 딸리어, 죄인에게 매질하는 일이나, 귀양 가는 죄인을 압송하는 일을 맡던 하례(下隷). ②군아(郡衙)의 사령(使令)의 한 가지.

나-장조(─長調)[-쪼]명 '나' 음을 으뜸음으로 하는 장조.

나ː-전(─錢)명 신이나 부처에게 복을 빌 때, 그 사람의 나이대로 놓는 돈.

나전(螺鈿)명 광채가 나는 작은 자개 조각을 여러 가지 모양으로 박아 붙여서 꾸미는 공예 기법. ¶나전 목기. /나전 칠기.

나전(羅甸)명 '라틴(Latin)'의 한자음 표기.

나절의 ①하루의 절반쯤 되는 동안. ②낮의 어느 무렵이나 동안. ¶점심 나절. /저녁 나절.

나절-가웃[-욷]명 ①하루의 낮의 4분의 3쯤 되는 동안. ②'반나절'의 잘못. *나절가웃이[-우시]·나절가웃만[-운-]

나조-반(─盤)명 ☞나좃반.

나졸(羅卒)명 조선 시대에, 지방 관아에 딸렸던 군뢰(軍牢)·사령을 통틀어 이르던 말.

나졸(邏卒)명 조선 시대에, 포도청에 딸렸던 순라군(巡邏軍).

나좃-대[-조때/-존때]명 납채(納采) 때에 신부 집에서 쓰는 것으로, 억새나 갈대 따위를 한 자 길이쯤 되게 잘라 묶고 기름을 부은 뒤, 붉은 종이로 싸서 불을 켜도록 만든 것.

나좃-쟁반(─錚盤)[-조쨍-/-존쨍-]명 나좃대를 받쳐 놓는 쟁반. 나조반.

나졸명 (옛) 저녁. ¶나조히 鬼神 爲ㅎ야 說法ㅎ시고(月釋2:26).

나죄명 (옛) 저녁. ¶뷘 수프레 나죗 힛비치 돌엣도다(杜初7:4). 참나죵.

나죗-히명 (옛) 석양(夕陽). 저녁해. ¶나죗히엔 ㄱ노 프리 웃긋ㅎ고(杜重12:36).

나주-반(羅州盤)명 전라남도 나주 지방에서 생산되는 소반. 다리 모양이 활처럼 휘우듬히 굽은 것이 특색임. 참나주반.

나ː중명 ①얼마가 지난 뒤. ¶나중에 오는 사람. ②먼저의 일을 한 다음. ¶나중의 일. 내종(乃終). ↔먼저.

나중 난 뿔이 우뚝하다[속담] 후배가 선배보다 나을 때에 이르는 말.

나중에야 삼수갑산(三水甲山)을 갈지라도[속담] 결과가 최악에 이르는 한이 있더라도 우선 단행하거나 저질러 놓고 본다는 말.

나ː지(裸地)명 나무나 풀이 없는 맨땅. 알땅.

나지리부《주로 '보다'·'여기다'·'대하다' 등과 어울려 쓰이어》'품위나 능력의 정도가 자기보다 낮거나'의 뜻을 나타내는 말. ¶나지리 보고 함부로 대접하였다.

나지막-하다[-마카-]형여 (높이나 소리의 크기 따위가) 폐 나직하다. ¶나지막한 초가집. 나지막-이부 나지막이 중얼거리다.

나직(羅織)명하타되자 죄 없는 이를 잡아다가 억지로 죄인을 만듦.

나직-나직[-징-]부형함 여럿이 다 나직한 모양. ¶산기슭에 초가집들이 나직나직 엎드려 있다. 나직나직-이부.

나직-하다[-지카-]형여 (높이나 소리의 크기 따위가) 조금 낮다. ¶자매끼리 나직하게 이야기를 주고받다. 나직-이부.

나쪼다자 어른 앞에 나아가다. ¶할아버지 앞에 나쪼다.

나찰(羅刹←Rākṣasa 범)명〔불교에서〕①악귀의 한 가지. 푸른 눈, 검은 몸, 붉은 머리털을 하고서 신통력으로 사람을 호려 잡아먹는다고 함. 나중에는 불교의 수호신이 되었음. ②지옥의 옥졸.

나찰-녀(羅刹女)[-려]명 여자 나찰. 용모가 매우 아름다우며, 해도(海島)에 살면서 사람을 잡아먹는다고 함.

나ː체(裸體)명 알몸. 나신(裸身).

나ː체-상(裸體像)명 (사람의) 나체를 표현한 화상(畫像), 또는 조상(彫像). 나신상(裸身像). 준나상.

나ː체-화(裸體畫)명 (사람의) 나체를 그린 그림.

나ː출(裸出)명하자되자 속의 것이 겉으로 드러남.

나ː충(裸蟲)명 털이나 날개 따위가 없는 벌레를 통틀어 이르는 말.

나ː치(拿致)명하타되자 죄인을 강제로 잡아 옴. 나래(拿來). 나인(拿引). 나입(拿入).

나치스(Nazis 독)명 '국가 사회주의 독일 노동자당'의 속칭. 히틀러를 당수로 하였던, 독일의 파시즘 정당.

나치즘(Nazism)명 나치스의 정치사상. 편협한 민족주의·국가주의·독재주의가 그 특색임.

나천명 〈옛〉난추니. ¶나친:鴉鷄(訓蒙上15).

나침(羅針)명 ⇨자침(磁針).

나침-반(羅針盤)명 자침(磁針)으로 방위를 알 수 있도록 만든 기구. 〔특히, 배나 항공기의 진로를 측정하는 기구.〕나침의. 나침판. 컴퍼스. 銙침반.

나침^방위(羅針方位)명 자침(磁針)이 가리키는 남북선(南北線)을 기준으로 하여 측정한 방위. 〔실지의 방위와 꼭 일치하지는 않음.〕

나침-의(羅針儀)〔-치미/-치미〕명 ⇨나침반.

나침^자오선(羅針子午線)명 나침반의 자침이 가리키는 남북선(南北線).

나침-판(羅針-)명 ⇨나침반.

나:타(懶惰)명하 ⇨나태(懶怠).

나타-나다짜 ①감추어졌거나 보이지 않던 것이 겉으로 드러나다. ¶검은 구름 사이로 하늘이 나타났다. ②없던 것이 생겨나다. 발생하다. ¶금년 들어 처음으로 콜레라 환자가 나타났다는 보고다. ③어떤 일의 결과나 징후가 겉으로 드러나다. ¶노력한 결과가 나타나기 시작하다. ④생각이나 느낌 따위가 글·그림·음악 따위로 드러나다. ¶시인의 슬픔이 시에 잘 나타나 있다. ⑤감정 등이 얼굴이나 행동으로 드러나다. ¶얼굴에 군은 결의가 나타나다.

나타-내다타 〔'나타나다'의 사동〕나타나게 하다. ¶느낌을 글로 나타내다.

나타냄-표(-標)명 연주에서, 낱낱의 음이나 음절의 강약, 음량의 변화 등을 지시하는 기호. 발상 기호(發想記號).

나탈-거리다짜 나탈나탈하다. 나탈대다. 銙너털거리다. 여나달거리다.

나탈-나탈〔-라-〕부하 ①여러 가닥으로 어지럽게 드리워져 흔들거리는 모양. ②주제넘은 말을 주책없이 야단스럽게 하는 모양. 銙너털너털. 여나달나달.

나탈-대다짜 나탈거리다.

나:태(懶怠)명하 게으르고 느림. 나타(懶惰). 비해태(懈怠).

나토(NATO)명 북대서양 조약 기구(北大西洋條約機構). 〔North Atlantic Treaty Organization〕

나토다타 〈옛〉나타나다. ¶現身오 모däll 나토아 뵈실써라(月釋2:10).

나트륨(Natrium 독)명 알칼리 금속 원소의 한 가지. 은백색이고 연하며 산화하기 쉬움. 지구 상에 다량으로 존재하며, 식염 또는 열을 가하여 녹인 수산화나트륨을 전기 분해 하여 얻는데, 동물체의 생리 작용에 중요한 구실을 함. 소듐. 〔Na/11/22.98977〕

나트륨-램프(Natrium 독+lamp)명 원통형 유리 관 안에 희가스(稀gas)와 나트륨을 넣어 만든 램프. 방전(放電)시키면 강한 황색의 빛을 냄.

나트륨-아말감(Natriumamalgam 독)명 나트륨과 수은의 합금. 환원제로 쓰임.

나-틀명 베실을 뽑아 날아 내는 기구.

나틀다형 〈옛〉나이 들다. 나이가 많다. ¶智慧 기프며 나틀며 힝뎍 조흐며(月釋2:23).

나티명 ①짐승같이 생긴 귀신의 한 가지. ②검붉은 곰.

나티-상(-相)명 귀신같이 망측하고 무시무시한 얼굴.

나팔(喇叭)명 ①밸브가 없는 간단한 트럼펫. 군대에서 행진할 때, 또는 신호용으로 붐. ②끝이 나팔꽃 모양으로 된 '금관 악기'를 두루 이르는 말.

나팔(을) 불다관용 ⇨나발(을) 불다.

나팔-거리다짜 자꾸 나팔나팔하다. 나팔대다. ¶고목나무 가지에 걸린 연이 바람에 나팔거리다. 銙너펄거리다.

나팔-관(喇叭管)명 ①중이(中耳)의 고실(鼓室)로부터 조금 아래로 향하여 인두(咽頭)까지 길게 통한 관. ②난자를 자궁으로 보내는 나팔 모양의 관. 수란관(輸卵管). 알관.

나팔관-염(喇叭管炎)〔-념〕명 임질균·결핵균·대농균 따위로 말미암아 자궁의 나팔관에 생기는 염증.

나팔관^임:신(喇叭管姙娠)〔-님-〕명 자궁의 임신의 한 가지. 수정란이 나팔관 강내(腔內)에 착상(着床), 발육하는 경우를 이름.

나팔-꽃(喇叭-)〔-꼳〕명 메꽃과의 일년생 만초. 줄기는 덩굴로 벋으며 3m가량 자람. 잎은 심장 모양인데 보통 세 갈래로 갈라짐. 여름에 홍자색·흰색·붉은색 등의 꽃이 나팔 모양으로 굄. 한방에서 써를 '견우자(牽牛子)'라 하여 약재로 씀. 견우. 견우화. *나팔꽃이〔-꼬치〕·나팔꽃만〔-꼰-〕

나팔-나팔〔-라-〕부하 좀 빠르고 탄력성 있게 자꾸 나붓거리는 모양. 銙너펄너펄.

나팔-대다짜 나팔거리다.

나팔-바지(喇叭-)명 아랫단이 나팔 모양으로 통이 넓은 바지.

나팔-수(喇叭手)명 나팔을 부는 사람.

나:포(拿捕)명하타 ①죄인을 붙잡음. 나획(拿獲). ②자기 나라 영해를 침범한 외국 선박을 붙잡음.

나푼-거리다짜 자꾸 나푼나푼하다. 나푼대다. 銙너푼거리다.

나푼-나푼부하 가볍게 자꾸 나붓거리는 모양. 銙너푼너푼.

나푼-대다짜 나푼거리다.

나풀-거리다짜타 자꾸 나풀나풀하다. 나풀대다. 銙너풀거리다. 여나불거리다.

나풀-나풀〔-라-〕부하짜타 세게 나붓거리는 모양. 銙너풀너풀. 여나불나불.

나풀-대다짜타 나풀거리다.

나프타(naphtha)명 석유·콜타르 등을 분류(分溜)하여서 얻어지는, 비점(沸點)이 휘발유와 거의 같은 경질유(輕質油). 석유 화학 공업의 중요한 원료로 쓰임. 석뇌유(石腦油). 석정(石精).

나프탈렌(naphthalene)명 방향족(芳香族) 탄화수소의 한 가지. 콜타르에서 정제한 흰 비늘 모양의 결정으로, 특유의 향기를 가짐. 방충제·방취제로 쓰임.

나프톨(naphthol)명 페놀과 비슷한 냄새가 있는 바늘 모양의 결정. 콜타르에 포함되어 있음. 방부제나 염료의 원료로 쓰임.

나한(羅漢)명 〈아라한(阿羅漢)〉의 준말. 나한에도 모래 먹는 나한이 있다속담 〔나한 가운데에도 공양을 받지 못하여 모래를 먹는 나한이 있다는 뜻으로〕높은 지위에 있더라도 고생하는 사람이 있게 마련이라는 말.

나한-전(羅漢殿)명 절에서, 십육 나한(十六羅漢)이나 오백 나한을 모신 건물.

나해(蝶醢)명 ⇨소라젓.

나헤명 지난날 장치기할 때, 공이 금 밖으로 나가면 지르던 소리.

나:화(裸花)명 꽃부리와 꽃받침이 없는 불완전한 꽃. 〔삼백초·천남성·버들 따위의 꽃이 이에 딸림.〕무피화(無被花). ↔양피화(兩被花).

나:-환자(癩患者)명 ⇨나병자.

나:획(拿獲)〔-획/-훽〕명하타 ⇨나포.

나후(羅睺←Rahu 범)圓 해와 달을 가리어 일식 과 월식을 일으킨다고 하는 악마의 이름.

나후-직성(羅睺直星)[-썽]圓☞제웅직성.

나훔-서(Nahum書)圓 구약 성서 중의 한 편. 아시리아의 수도 니네베의 멸망을 예측한 나훔 의 예언이 기록되어 있다.

나흘-날[-흔-]圓〈초나흗날〉의 준말. ㉜나흘.

나흗날[-흔-]圓 네 날. ⑵〈초사흗날〉·〈초나흘〉·〈나흗 날〉의 준말.

나ㅎ圓 (옛)☞낯².

낙(樂)圓①즐거움.¶고생 끝에 낙이 온다. ②위 안으로 삼는 일.¶난초 가꾸기를 낙으로 삼다.

낙(酪)圓☞가리온.

낙가(落痂)[-까]圓하자 한방에서, 헌데가 다 나아서 딱지가 떨어짐을 이르는 말.

낙가(落價)[-까]圓 ①하자물건의 값이 떨어짐. ②하티값을 깎음.

낙간(落簡)[-깐]圓하자되자 책의 원문의 일부 가 빠져나감.

낙거로圓 (옛) 낚싯거루.¶ 중거로며 낙거로롤(漢 陽歌).

낙경(樂境)[-껑]圓 ①안락한 경지, 또는 처지. ↔고경(苦境). ②☞낙토(樂土).

낙과(落果)[-꽈]圓하자 (바람이 불거나 하여) 열매가 채 익기 전에 떨어짐, 또는 떨어진 그 열매. 도사리.

낙과(落科)[-꽈]圓하자 ①과거에 떨어짐. ②☞ 패소.

낙관(落款)[-꽌]圓하자 글씨나 그림을 완성한 뒤, 아호나 이름을 쓰고 도장을 찍는 일, 또는 그 이름이나 도장.

낙관(樂觀)[-꽌]圓하타 ①일이 잘될 것으로 생 각함.¶일의 성공 여부에 대해서는 낙관도 비 관도 하지 않았다. ②인생이나 세상 형편을 즐 겁고 희망적인 것으로 봄. ↔비관(悲觀).

낙관-론(樂觀論)[-꽌논]圓 인생이나 사물의 밝 은 면만을 보고, 앞날에 대해 희망을 가지는 이론이나 입장. ↔비관론.

낙관론-자(樂觀論者)[-꽌논-]圓 낙관론을 내 세우는 사람. 인생이나 사물을 낙관적으로 생 각하는 사람. ↔비관론자.

낙관-적(樂觀的)[-꽌-]관圓 일이 잘되어 나갈 것으로 보거나 여김. ¶앞날을 낙관적으로 보 고 있다.¶낙관적 전망. ↔비관적.

낙관-주의(樂觀主義)[-꽌-의/-꽌-이]圓 사물 을 낙관적으로 보거나, 생활을 낙관적으로 즐 기는 태도나 경향. ㉜낙천주의(樂天主義).

낙구(落句)[-꾸]圓 한시(漢詩) 등의 끝 절. 끝 구.〔율시(律詩)에서는 마지막 두 구를 이름.〕

낙구(落球)[-꾸]圓하자 야구에서, 받은 공을 떨어드림.¶외야수의 낙구가 패인이었다.

낙길(←落帙)[-낄]圓〈낙질(落帙)〉의 변한말.

낙낙-하다[낭나카-]휑어 (크기·수량·시간 따위 가) 어떤 기준에 차고도 좀 남음이 있다.¶바 지의 품이 낙낙하다. ㉜넉넉하다. 낙낙-히⍟

낙남(落南)[낭-]圓하자 서울 사람이 남쪽 지방 으로 이사하여 내려감.¶고향을 찾아 낙남한 지 10년이 지났다.

낙농(酪農)[낭-]圓 소·양 따위의 젖을 짜고, 그 것을 가공하여 버터·치즈·연유 따위의 유제품 을 만드는 농업. 낙농업.

낙농-업(酪農業)[낭-]圓☞낙농(酪農).

낙농-품(酪農品)[낭-]圓 (연유·분유·치즈·버터 따위) 우유로부터 생산되는 모든 제품. 낙산물 (酪産物). 낙제품(酪製品).

낙담(落膽)[-땀]圓하자 ①일이 뜻대로 되지 않 거나 실패로 돌아가 갑자기 기운이 풀림.¶그 만한 일로 낙담하지 말고 기운을 내게. ②몹시 놀라서 간이라도 떨어질 듯이 느낌.

낙담-상혼(落膽喪魂)[-땀-]圓하자 크게 낙담 하여 넋을 잃음. 상혼낙담.

낙도(落島)[-또]圓 뭍에서 멀리 떨어져 있는 외딴 섬.

낙등(落等)[-뜽]圓하자 ①(다른 것에 비하여) 등급이 뒤짐. ②등급이 떨어짐. ③강등(降等).

낙딘圓 (옛) 낚싯대.¶ 낙딘를 둘러메고(朴仁老. 莎堤曲).

낙락(落落) '낙락하다'의 어근.

낙락-장송(落落長松)[낭낙짱-]圓 가지가 축축 늘어진 큰 소나무.¶ 蓬萊山 第一峯의 落落長 松 되얏다가(古時調).

낙락-하다(落落-)[낭나카-]휑어 ①(큰 소나무 따위의 가지가) 길게 축축 늘어져 있다. ②사 이가 멀리 떨어져 여기저기 따로 있다. ③남과 어울리지 못하고 거리가 있다. ④작은 일에 얽 매이지 아니하고 대범하다. 낙락-히⍟

낙뢰(落雷)[낭뇌/낭눼]圓하자 벼락이 떨어짐, 또는 그 벼락.

낙루(落淚)[낭누]圓하자 눈물을 흘림, 또는 그 눈물. 타루(墮淚).

낙루(落漏)[낭누]圓하자되자☞누락.

낙마(落馬)[낭-]圓하자 말에서 떨어짐.

낙막(落寞) '낙막하다'의 어근.

낙막-하다(落寞)[낭마카-]휑어 (볼 만한 것 이 아무것도 없이) 쓸쓸하기만 하다. 호젓하고 쓸쓸함.¶ 나무 하나 없는 들판의 낙막한 풍경.

낙망(落望)[낭-]圓하자☞낙심(落心).

낙매(落梅)[낭-]圓 꽃이 진 매화나무, 또는 떨 어진 매화 꽃잎.

낙면(落綿)[낭-]圓 솜을 틀거나 실을 자을 때 생기는 솜 부스러기.

낙명(落名)[낭-]圓하자 명성이나 명예가 떨어 짐.¶부정 축재자로 낙명하여 다시는 정계에 발을 들여놓지 못했다. ↔양명(揚名).

낙명(落命)[낭-]圓하자 목숨을 잃음. 죽음. ¶장군께서 적의 유탄에 맞아 낙명하셨다.

낙목(落木)[낭-]圓 잎이 떨어진 앙상한 나무.

낙목-공산(落木空山)[낭-꽁-]圓 (잎이 다 떨 어져) 앙상한 나무들만 서 있는 겨울철의 쓸쓸 한 산을 이르는 말.

낙목-한천(落木寒天)[낭모칸-]圓 나뭇잎이 다 떨어진, 겨울의 춥고 쓸쓸한 풍경, 또는 그러 한 계절을 이르는 말.

낙미지액(落眉之厄)[낭-]圓〔눈썹에 떨어진 액 이란 뜻으로〕 뜻밖의 다급한 재앙을 이름.

낙반(落磐·落盤)[-빤]圓하자되자 (광산이나 토 목 공사 따위에서) 갱내(坑內)의 천장이나 벽 의 암석 또는 토사가 무너져 내림.¶탄광의 낙반 사고.

낙발(落髮)[-빨]圓하자 ①머리를 깎음. 삭발 (削髮). 체발(剃髮). ②머리털이 빠짐.

낙발-위승(落髮爲僧)[-빨뷔-]圓☞삭발위승.

낙방(落榜)[-빵]圓하자 ①과거에 떨어짐. 낙제 (落第). ↔급제(及第). ②시험에 떨어짐. ②불 합격. ②↔합격.

낙방-거자(落榜擧子)[-빵-]圓 ①과거에 떨어 진 선비. ②'무슨 일에 참여하려다가 못하게 된 사람'을 비유하여 이르는 말.

낙백(落魄)[-빽]圓하자 ①넋을 잃음. ②☞영락 (零落).

낙범(落帆)[-뻠] 명 하자 돛을 내림.
낙법(落法) 유도 따위에서, 충격을 줄여 안전하게 넘어지는 기술.
낙복-지(落幅紙)[-뽁찌] 명 과거에 떨어진 사람의 글장.
낙본(落本)[-뽄] 명 하자 본전에서 밑짐. 손해를 봄. 실본.
낙부(諾否)[-뿌] 명 허락과 거절을 아울러 이르는 말. ¶낙부를 묻다.
낙빈-가(樂貧歌)[-삔-] 명 '청구영언'에 실려 전하는, 작자와 연대를 알 수 없는 가사. 관직을 버린 뒤 강호에서 안빈낙도하는 심회를 읊은 내용.
낙사(落仕)[-싸] 명 하자 낙직(落職).
낙사(樂事)[-싸] 명 즐거운 일. 유쾌한 일.
낙산(落山)[-싼] 명 하자타 ①산에서 내려옴, 또는 물건을 산에서 내림. ②광산에서, 채광한 광석을 산 아래의 금방아가 있는 곳으로 내리는 일.
낙산(酪酸)[-싼] 명 ☞부티르산.
낙산-균(酪酸菌)[-싼-] 명 ☞부티르산균.
낙-산물(酪産物)[-싼-] 명 ☞낙농품(酪農品).
낙상(落傷)[-쌍] 명 하자 떨어지거나 넘어져 다침, 또는 그때 입은 상처. ¶할아버지께서 밤길을 가시다가 낙상하셨다.
낙서(落書)[-써] 명 고대 중국 하(夏)나라의 우왕(禹王)이 홍수를 다스릴 때, 낙수(洛水)에서 나온 거북의 등에 있었다는 아홉 개의 무늬. 〔뒷날, 팔괘(八卦)의 이치나, '서경(書經)'의 '홍범구주(洪範九疇)' 등은 다 이를 본떠서 만들었다 함.〕 하도라.
낙서(落書)[-써] 명 하자 ①(글을 베낄 때) 글자를 빠뜨리고 씀. ②(장난으로) 아무 데나 글자를 쓰거나 그림을 그림, 또는 그 글자나 그림. ¶벽에 낙서를 하다.
낙석(落石)[-썩] 명 하자 (산이나 벼랑에서) 돌이 굴러 떨어짐, 또는 그 돌.
낙선(落選)[-썬] 명 하자 되자 ①선거에서 떨어짐. ¶이번 국회의원 선거에서 낙선의 고배를 마셨다. ②(작품의 심사나 선발 대회 등에서) 뽑히지 아니함. ↔당선·입선.
낙설(落屑)[-썰] 명 피부 표층의 각질이 쌀겨처럼, 또는 얇은 막을 벗기듯 크고 작은 조각이 되어 떨어지는 현상. 〔비듬 따위.〕
낙성(落成)[-썽] 명 하타 되자 건축물의 공사를 다 이룸. 준공(竣工).
낙성(落城)[-썽] 명 하자 되자 성이 함락됨.
낙성^계:약(諾成契約)[-썽계-/-썽게-] 명 (물품을 건네주는 등 다른 행위를 필요로 하지 않고) 당사자 간의 합의만으로 성립하는 계약. 증여·매매·교환·임대차 계약 따위. ↔요물 계약(要物契約).
낙성-식(落成式)[-썽-] 명 건축물의 낙성을 기념하는 의식.
낙세(落勢)[-쎄] 명 (물가 따위의) 하락하는 기세. ↔등세(騰勢)·등귀세(騰貴勢).
낙소(酪素)[-쏘] 명 〈건락소(乾酪素)〉의 준말.
낙송(落訟)[-쏭] 명 하자 되자 송사(訟事)에 짐.
낙송자-칭원(落訟者稱寃)[-쏭-] 명 〔낙송자가 억울함을 중언부언하듯〕'이치에 닿지 않는 변명을 늘어놓음'을 비유하여 이르는 말.
낙수(落水)[-쑤] 명 ☞낙숫물.
낙수(落穗)[-쑤] 명 ①가을걷이 후에 논밭에 떨어져 있는 곡식의 이삭. ②'어떤 일의 뒷이야기'를 비유하여 이르는 말. ②비여담(餘談).

낙수-받이(落水-)[-쑤바지] 명 ①낙숫물이 한곳으로 모여 흐르도록 추녀 밑에 댄 홈통. ②낙숫물을 받는 그릇.
낙숫-고랑(落水-)[-쑤꼬-/-쑫꼬-] 명 ①빗물이 흐르게 된 지붕 위의 고랑. ②낙숫물에 팬 고랑.
낙숫-물(落水-)[-쑨-] 명 (빗물이나 눈석임물, 또는 고드름 녹은 물 따위의) 처마에서 떨어지는 물. 낙수.
낙승(樂勝)[-씅] 명 하자 운동 경기 따위에서 쉽게 이김. ↔신승(辛勝).
낙시-조(樂時調)[-씨-] 명 국악에서, 평조와 계면조(界面調)의 선법에 사용되는 낮고 부드러운 음계. 그 위의 높고 씩씩한 음계인 우조(羽調)와 대조되는 곡조.
낙심(落心)[-씸] 명 하자 되자 바라던 일을 이루지 못하여 맥이 빠지고 마음이 상함. 낙망(落望). ¶시험에 떨어져 크게 낙심하다. 비실망.
낙심-천만(落心千萬)[-씸-] 명 하자 몹시 낙심이 됨. ¶자네마저 나를 도와주지 못하겠다니 그야말로 낙심천만이네.
낙안(落雁) 하늘을 날다가 땅에 내려앉는 기러기. ¶평사(平沙)낙안.
낙약(諾約) 명 하자 계약의 신청을 승낙함.
낙약-자(諾約者)[-짜] 명 제삼자를 위한 계약에서, 제삼자에 대하여 채무를 부담하는 사람. ↔요약자.
낙양(落陽) 명 ☞석양(夕陽).
낙역(絡繹) '낙역하다'의 어근.
낙역-부절(絡繹不絶)[-뿌-] 명 하자 ☞연락부절.
낙역-하다(絡繹-)[-나겨카-] 형여 사람이나 수레의 왕래가 끊이지 않다.
낙엽(落葉)[-녑] 명 ①나뭇잎이 떨어짐. ②말라서 떨어진 나뭇잎. ¶거리에는 낙엽이 바람에 흩어져 날리고 있다. 참가랑잎.
낙엽^관:목(落葉灌木)[-꽌-] 명 가을이나 겨울에 잎이 떨어졌다가 이듬해 봄에 새잎이 나는 관목. 갈잎떨기나무.
낙엽^교목(落葉喬木)[-꾜-] 명 가을이나 겨울에 잎이 떨어졌다가 이듬해 봄에 새잎이 나는 교목. 갈잎큰키나무.
낙엽-색(落葉色)[-색] 명 가랑잎 빛깔. 갈색에 황적을 띤 빛깔.
낙엽-송(落葉松)[-쏭] 명 소나뭇과의 낙엽 침엽 교목. 높이는 30m가량. 잎은 바늘 모양인데 흩어져 나거나 뭉쳐남. 5월경에 암수꽃이 한 나무에 피고, 열매는 9~10월에 다갈색으로 익음. 나무는 건축·침목·펄프·선박 따위에 쓰임. 일본잎갈나무.
낙엽-수(落葉樹)[-쑤] 명 가을이나 겨울에 잎이 떨어졌다가 봄에 새잎이 나는 나무를 통틀어 이르는 말. 갈잎나무. ↔상록수(常綠樹).
낙엽^침엽수(落葉針葉樹)[-쑤] 명 가을이나 겨울에 잎이 떨어졌다가 봄에 새잎이 나는 침엽수.
낙엽^활엽수(落葉闊葉樹)[나겨롸렵쑤] 명 가을이나 겨울에 잎이 떨어졌다가 봄에 새잎이 나는 활엽수.
낙영(落英) 명 하자 ☞낙화(落花).
낙오(落伍) 명 하자 되자 ①대오에서 떨어져 뒤로 처짐. ¶행군에서 세 사람이 낙오하다. ②집단이나 경쟁 상대 등을 따라가지 못하고 뒤로 처짐. ¶경쟁 사회에서 낙오되다.
낙오-병(落伍兵) 명 (행군에서) 낙오한 병사.
낙오-자(落伍者) 명 낙오한 사람. ¶단 한 사람의 낙오자도 없이 행군을 끝내다.

낙원(樂園)[명] ①아무 근심 걱정 없이, 즐거움이 넘쳐흐르는 살 수 있는 곳. 이상향(理想鄕). ¶어린이들의 낙원. /여기야말로 지상 낙원이다. ②〔고난과 슬픔 따위를 느낄 수 없는 나라이라는 뜻으로〕'죽은 뒤의 세계'를 비유하여 이르는 말.

낙월(落月)[명] 지는 달.

낙유(酪乳)[명] 젖에 유산균을 넣어 발효시킨 우유. 요양식(療養食)으로 쓰임.

낙의(諾意)[나긔/나기][명] 승낙하는 뜻.

낙이(樂易)[명][하] 마음이 즐겁고 편안함.

낙인(烙印)[명] ①불에 달구어 찍는 쇠도장, 또는 그것으로 찍은 표시(표지). 소인(燒印). 화인(火印). ②〔한번 붙여지면 좀처럼 씻기 어려운〕'불명예스러운 평가나 판정'을 비유하여 이르는 말.

낙인-찍다(烙印-)[-따][타] 〔한번 붙여지면 좀처럼 씻기 어려운〕불명예스러운 평가나 판정을 내리다. ¶모두가 그를 불효자로 낙인찍다.

낙인찍-히다(烙印-)[-찌키-][자] 〔'낙인찍다'의 피동〕낙인찍음을 당하다. ¶문제아로 낙인찍히다.

낙일(落日)[명] 지는 해. ¶서산(西山)낙일.

낙자(落字)[-짜][명] 〔글에서〕빠뜨린 글자. 탈자(脫字). ¶긴 글을 베끼면서도 낙자 하나 없다.

낙장(落張)[-짱][명] ①〔제책(製冊)이〕잘못되거나 하여 책에서 책장이 빠지는 일, 또는 그 빠진 책장. ¶낙장이 있는 책은 바꿔 드립니다. ②화투·트럼프 따위를 할 때에, 판에 한번 내어 놓은 패.

낙장-거리[-짱-][명][하] 네 활개를 벌리고 뒤로 발딱 나자빠짐. ¶얼음판에서 낙장거리하다. 團낙장거리.

낙장-본(落張本)[-짱-][명] 낙장이 있는 책.

낙장불입(落張不入)[-짱-][명] 화투·투전·트럼프 따위에서, 한번 판에 내어 놓은 패장(牌張)은, 이를 물리기 위하여 다시 집어 들이지 못하는 일을 이르는 말.

낙적(落籍)[-쩍][명][하][되자] ①호적부나 학적부에서 이름이 빠짐. ②기적(妓籍)에서 이름을 뺌.

낙전(落箭)[-쩐][명][하자] 쏜 화살이 표적까지 이르지 못하고 중간에서 떨어짐, 또는 그 떨어진 화살.

낙전(樂戰)[-쩐][명] 〔전쟁이나 운동 경기 따위에서〕수월한 싸움.

낙점(落點)[-쩜][명] ①총탄이나 포탄의 떨어진 지점. ②[하][되자] 여러 후보 중 마땅한 대상을 고름. ¶낙점을 바라다. ③[하자][되자] 지난날, 이품 이상의 벼슬아치를 뽑을 때, 이조(吏曹)나 병조(兵曹)에서 올린 삼망(三望) 중에서, 임금이 뽑을 대상자 이름 위에 점을 찍던 일. ¶동 지 상사 낙점을 무르와…(兪氏夫人.弔針文).

낙정-미(落庭米)[-쩡-][명] ①말이나 되로 곡식을 될 때, 땅에 떨어진 낟알. ②'수고한 끝에 다소 얻어 차지하게 되는 변변치 못한 물건'을 비유하여 이르는 말.

낙제(落第)[-쩨][명][하자][되자] ①☞낙방(落榜). ②성적이 일정한 수준에 미치지 못하여 진학이나 진급을 하지 못하고 유급하게 되는 일. ③어떤 일정한 조건에 미달하거나 좋은 결과에 이르지 못함. ¶이 계획서는 낙제야.

낙제-생(落第生)[-쩨-][명] 낙제한 학생.

낙제-점(落第點)[-쩨쩜][명] ①시험 따위에 합격할 수 없는 점수. ②'일정한 수준이나 조건에

능력이 미치지 못하는 것으로 평가하는 기준'을 비유하여 이르는 말. ¶그는 지도자로서는 낙제점이다.

낙-제품(酪製品)[-쩨-][명] ☞낙농품(酪農品).

낙조(落照)[-쪼][명] ☞석양(夕陽).

낙조(落潮)[-쪼][명] ☞썰물.

낙종(落種)[-쫑][명][하자] ☞파종(播種).

낙종(樂從)[-쫑][명][하자] 즐거이 좇음.

낙종(諾從)[-쫑][명][하타] 승낙하여 좇음.

낙종-물(落種-)[-쫑-][명] 못자리하기에 알맞게, 때맞추어 오는 비.

낙죽(烙竹)[-쭉][명] 달군 쇠로 지져서 여러 가지 무늬를 놓은 대.

낙지[-찌][명] 문어과의 연체동물. 몸길이 70 cm 가량. 몸통과 다리 사이에 입과 눈이 있는 두부(頭部)가 있음. 여덟 개의 다리는 길이가 거의 같은데, 많은 빨판이 있음. 몸빛은 회색이나 주위의 빛에 따라 보호색으로 변하며, 위험을 느끼면 먹물을 뿜고 달아남. 장어(章魚). 초어(梢魚).

낙지(落地)[-찌][명][하자] 〔땅에 떨어진다는 뜻으로〕세상에 태어남. ¶낙지 이후 50년을 살아 오는 동안에 처음 당하는 일이다.

낙지(落枝)[-찌][명] 죽 늘어진 나뭇가지.

낙지(樂地)[-찌][명] ☞낙토(樂土).

낙지-다리[-찌-][명] 돌나물과의 다년초. 높이는 60～90 cm. 잎은 피침형으로 끝이 뾰족하여 줄 모라지므로 가장자리가 톱니처럼 생겼음. 초여름에 황백색의 작은 꽃이 가지 끝에 이삭 모양으로 핌. 열매는 삭과(蒴果)임.

낙직(落職)[-찍][명][하자][되자] 관직에서 물러나게 됨. 낙사.

낙진(落塵)[-찐][명] ☞방사진(放射塵).

낙질(落帙)[-찔][명] 〔여러 권으로 한 질을 이루는 책에서〕빠진 책이 있음, 또는 그러한 질책. 산질(散帙). 영간(零簡). 잔편(殘編). 團낙길. ↔완질(完帙).

낙질-본(落帙本)[-찔-][명] 낙질이 있는 질책, 또는 전 질책에서 빠진 책. 잔결본(殘缺本). ↔완질본.

낙차(落差)[명] ①물이 흘러 떨어지는 높이. 아래위 두 수면의 높이의 차. ¶댐의 큰 낙차를 이용한 수력 발전. ②높낮이의 차. ¶투수는 낙차가 큰 커브를 던졌다.

낙착(落着)[명][하자][되자] 일이 결말이 남. ¶지루한 협상 끝에 낙착을 보다.

낙찰(落札)[명][하타][되자] 경쟁 입찰에서, 입찰한 목적물이나 권리 따위가 자기 손에 들어옴. ¶경매장으로 물리치고 공사를 낙찰받는다.

낙찰-계(落札契)[-계/-게][명] 경쟁 입찰로 곗돈을 타도록 되어 있는 계. 〔낙찰 금액에서 남은 돈은 앞으로 탈 사람에게 분배됨.〕

낙척(落拓)[명][하자] 역경에 빠짐. 척락.

낙천(落薦)[명][하자][되자] 추천이나 천거에서 빠짐. ¶국회의원 선거의 정당 공천에서 낙천되다.

낙천(樂天)[명] 자기의 운명이나 처지를 천명으로 알고 만족하는 일. 세상이나 인생을 즐겁고 좋게 생각하는 일. ↔염세(厭世).

낙천-가(樂天家)[명] 낙천적인 사람. ¶그는 타고난 낙천가였다. ↔염세가(厭世家).

낙천-관(樂天觀)[명] ☞낙천주의.

낙천-적(樂天的)[명][관] 모든 일을 밝고 희망적인 방향으로 생각하는 (것). ¶낙천적 생활 태도. /그는 매우 낙천적인 성품을 지녔다. ↔염세적(厭世的).

낙천-주의(樂天主義)[-의/-이]명 ①이 세상은 모든 것이 선(善)이며, 인생은 즐거운 것이라고 하는 생각. ②모든 일을 밝고 희망적인 방향으로 생각하려는 경향. 낙천관. ↔염세주의. ⓐ낙관주의.

낙체(落體)명 (중력의 작용으로) 떨어지는 물체.

낙치(落齒)명하자 늙어서 이가 빠짐.

낙-치다(烙-)탄 '낙인찍다'의 잘못.

낙치-부생(落齒復生)명하자 늙어서 빠진 이가 다시 남.

낙타(駱駝·駱馳)명 낙타과의 포유동물. 키 2 m 가량. 등에 지방을 저장해 두는 큰 혹이 하나 또는 두 개가 있어 며칠 동안 먹이를 먹지 않아도 견딜 수 있음. 콧구멍을 자유로이 여닫을 수 있다거나 속눈썹이 길고 빽빽이 나 있는 등 사막 생활에 알맞게 되어 있음. 초식성이며, 힘이 세어 운반용으로 많이 이용됨. 약대.

낙타-지(駱駝地)명 외투감으로 쓰이는 모직물의 한 가지. 〔본디는 낙타의 털로 짠 직물임.〕

낙탁(落魄)명하자 ☞영락(零落).

낙태(落胎)명 ①태아가 달이 차기 전에 죽어서 나옴. 반산(半産). 유산(流産). ②인위적으로 태아를 모체로부터 떼어 냄, 또는 그 태아. 타태(墮胎).

낙태-죄(落胎罪)[-쬐/-쮀]명 태아를 모체 안에서 고의로 죽이거나 조산(早産)시키거나 하여 태아의 생명을 침해하므로써 성립되는 죄.

낙토(樂土)명 근심 걱정 없이 살기 좋은 곳. 낙경(樂境). 낙지(樂地).

낙판(落板)명하자 되자 윷놀이에서, 윷가락이 판 밖에 떨어짐.

낙폭(落幅)명 (시세나 값 따위가) 떨어진 폭. ¶낙폭이 크다.

낙필(落筆)명하자 붓을 들어 글씨를 쓰거나 그림을 그림.

낙하(落下)[나카]명하자 높은 곳에서 떨어짐. ¶고공 낙하 훈련.

낙하(落霞)[나카]명 낮게 깔려 있는 놀.

낙-하다(烙-)[나카-]탄어 ①달군 쇠로 지져, 그림을 그리거나 글자를 쓰다. ②'낙인찍다'의 잘못.

낙하-산(落下傘)[나카-]명 비행 중인 항공기 따위에서 사람이나 물건을 안전하게 지상으로 내리는 데 쓰이는 양산 모양의 용구.

낙하산^부대(落下傘部隊)[나카-]명 낙하산으로 적지에 투입되어 작전을 하는 부대. 공수 부대(空輸部隊). 공정 부대(空挺部隊).

낙학(洛學)[나칵]명 ①송학(宋學)의 한 파. 정호(程顥)·정이(程頤) 형제의 학파를, 그 소재지가 낙양(洛陽)인 데서 이르는 말. ②조선 왕조 때의 성리학의 한 파인 이간(李柬)의 학파.

낙한(落汗)[나칸]명하자 한방에서, 열병을 다스리는 데 땀을 내어 열을 내리게 하는 일.

낙함(落頷)[나캄]명 한방에서, 아래턱이 어긋나 아래위의 이가 서로 맞지 않는 일.

낙향(落鄕)[나캉]명하자 서울에서 시골로 거처를 옮김. ¶관직에서 물러나 낙향하다.

낙형(烙刑)[나켱]명하타 ☞단근질.

낙혼(落婚)[나콘]명하자 ☞강혼(降婚).

낙홍(落紅)[나콩]명하자 ①꽃이 떨어짐. 낙화(落花). ¶화풍(和風)이 건듯 부러 녹수(綠水)를 건너오니, 청향(淸香)은 잔에 지고, 낙홍은 옷새 진다(丁克仁.賞春曲). ②단풍이 떨어짐.

낙화(烙畫)[나콰]명 (판자 같은 것에) 인두로 지져서 그린 그림.

낙화(落火)[나콰]명 (불놀이 등에서) 떨어지는 불꽃.

낙화(落花)[나콰]명하자 꽃이 짐, 또는 진 그 꽃. 낙영(落英). 낙홍(落紅).

낙화-난상지(落花難上枝)[나콰-]명 〔떨어진 꽃은 다시 가지에 오를 수 없다는 뜻으로〕 '한번 저지른 일은 다시 돌이킬 수 없음'을 이르는 말.

낙화-생(落花生)[나콰-]명 '땅콩'으로 순화.

낙화생-유(落花生油)[나콰-뉴]명 ☞땅콩기름.

낙화-유수(落花流水)[나콰-]명 ①〔떨어지는 꽃과 흐르는 물이라는 뜻으로〕 '가는 봄의 정경(情景)'을 나타내는 말, 또는 '쇠잔영락(衰殘零落)'을 비유하여 이르는 말. ②〔낙화는 물이 흐르는 대로 흘러가기를 바라고, 유수는 떨어진 꽃을 싣고 흐르기를 바란다는 뜻으로〕 '남녀가 서로 그리는 정을 가지고 있음'을 비유하여 이르는 말.

낙후(落後)[나쿠]명하자 되자 (경제나 사회·문화면 등에서) 어떤 기준에 이르지 못하고 뒤떨어짐. ¶낙후된 고장. /낙후된 영농 기술.

낙후-성(落後性)[나쿠썽]명 낙후한 상태. ¶낙후성을 벗어나다.

낚-거루[낙꺼-]명 〈낚시거루〉의 준말.

낚다[낙따]탄 ①낚시로 물고기를 잡다. ¶연못에서 잉어를 낚다. ②(어물을 써서) 남을 꾀다. ¶돈을 미끼로 하여 그의 마음을 낚으려 하다. ③바라는 것을 얻다. ¶기회를 낚다. ④무엇을 갑자기 붙들거나 잡아채다. ¶머리채를 낚다.
    * 낚아·낚는[낭-]

낚-대[낙때]명 〈낚싯대〉의 준말.

낚시[낙씨]명 ①물고기를 낚는 데 쓰이는, 바늘로 된 작은 갈고랑이. 조구(釣鉤). 조침(釣針). ⓐ낚싯바늘. ②〈낚시질〉의 준말.

낚시를 던지다관용 (어떤 목적을 달성하기 위하여) 남을 꾀어내기 위한 수단을 쓰다. ¶공범을 살려 주겠노라고 낚시를 던져 보았다.

낚시-걸이[낙씨-]명하타 ①금품 따위를 미끼로 남을 꾀어 이용하려는 짓. ②씨름에서, 자기 다리로 상대편의 다리를 걸어 당기는 기술.

낚시-걸이[낙씨-]명 보통 쓰는 '낚시 모양의 호미'를 등자걸이에 대하여 이르는 말.

낚시-꾼[낙씨-]명 낚시질하는 사람. 조인(釣人).

낚시-도래[낙씨-]명 낚싯줄이 엉키지 않고 잘 풀릴 수 있게 연결하는 도래.

낚시-질[낙씨-]명하자 ①낚시로 물고기를 낚는 일. 조어(釣魚). ②잔꾀를 쓰거나 옳지 아니한 수단으로 남을 제 마음대로 하는 짓, 또는 그것으로 이득을 얻는 짓. ⓐ낚시.

낚시-찌[낙씨-]명 (물고기가 낚시를 물면 곧 알 수 있도록) 낚싯줄에 매어 물 위에 뜨게 만든 가벼운 물건. 부표(浮標). ¶낚시찌가 내려가는 순간, 낚싯대를 얼른 잡아챘다. ☞찌².

낚시-터[낙씨-]명 낚시질하는 자리, 또는 낚시질을 할 만한 자리. 조대(釣臺).

낚시-거루[낙씨-]명 낚시꺼-/낚씨꺼-]명 낚시질할 때에 쓰는 작은 배. 어주(漁舟). ⓐ낚거루.

낚싯-대[낙씨때/낙씯때]명 낚싯줄을 매어 쓰는 가늘고 긴 대. 조간(釣竿). ⓐ낚대.

낚싯-바늘[낙씨빠-/낙씯빠-]명 '낚시'를 흔히 이르는 말.

낚싯-밥[낙씨빱/낙씯빱]명 ①낚시질할 때, 물고기가 물도록 낚시 끝에 꿰어 단 미끼. ¶낚싯밥을 물다. ②'남을 속이기 위하여 미끼처럼 건네는 물건이나 말'을 비유하여 이르는 말.

낚싯-배[낙씨뻬/낙씯뻬]圀 낚시질할 때 쓰는 배. 조선(釣船).

낚싯-봉[낙씨뽕/낙씯뽕]圀 낚시를 가라앉게 하기 위하여 낚싯줄 끝에 다는 돌이나 납 따위의 물건. 봉돌.

낚싯-줄[낙씨쭐/낙씯쭐]圀 낚시를 매단 가는 줄.

낚아-채다囝 ①낚싯줄을 힘차게 잡아당기다. ②무엇을 갑자기 잡아채다. ¶머리채를 낚아채다. ③남의 물건을 재빨리 가로채다. ¶들치기가 가방을 낚아채다. ④남의 말이 끝나자마자 받아서 말하다. ¶말꼬리를 낚아채다.

낛¹圀〈옛〉낚시. ¶낛 為釣(訓解)./바느롤 두드려 고기 낛낟 낙슬 밍ㄱㄴ다(杜初7:4).

낛²圀〈옛〉구실. 세금. 낙. ¶그제샤 낛 바도몰 ㅎ니(月釋1:46).

낛다囝〈옛〉낚다. ¶호 고기 낛는 비로다(杜初21:16). ⑳낚다.

낛대圀〈옛〉낚싯대. ¶쇽졀업시 ㄱ롟 그틀 向ㅎ야 낛대롤 자뱃ㄴ니(杜初22:12).

낛밥圀〈옛〉낚싯밥. ¶시롤 너서 곳다온 낛바볼 드리우고(杜初10:6).

낛줄圀〈옛〉낚싯줄. ¶고기 낛눈 낛주를 쇠노라 (杜初6:31).

난(卵)圀 (노리개·반지·비녀 따위) 장식품의 거미발 속에 물리어 박는 보석을 통틀어 이르는 말.

난(亂)圀〈난리(亂離)〉의 준말.

난(蘭)圀 난초. ¶난을 치다.

난(欄)圀 ①책이나 인쇄물 등의 지면에서, 선으로 둘렀거나 구획하였거나 한 부분. ¶필요 사항을 기입하는 난. ②신문·잡지 등의 지면에서 어떤 특정한 기사를 싣는, 선으로 두른 부분, 또는 기사의 종류에 따른 지면의 구분. ¶스포츠를 소개하는 난. ③(일부 고유어나 외래어 뒤에 붙여) 그것을 위한 지면(紙面)임을 나타냄. ¶어린이난. /가십(gossip)난. ⑳란(欄).

난(欄)圀 가사(袈裟)의 선(縇).

난(鸞)圀 ①☞난조(鸞鳥). ②☞난령(鸞鈴).

난-(難)쎕 《일부 명사 앞에 붙어》 어렵다는 뜻을 나타냄. ¶난문제. /난공사. /난문장.

난:가(亂家)圀 (말썽이 그치지 않는) 화목하지 못한 집안.

난가(難家)圀 살림 형편이 어려운 집안.

난가(鸞駕)圀 ☞연(輦).

난:각(卵殼)圀 알의 껍데기.

난:각-막(卵殼膜)[-강-]圀 알의 껍데기 안쪽에 있는 얇은 막.

난간(欄干·欄杆)圀 계단·툇마루·다리 따위의 가장자리에, 나무나 쇠붙이 따위로 가로세로 세워 놓은 살. 난함(欄檻).

난간-궁창(欄干-)圀 난간동자 사이를 막아서 끼운 널.

난간-동자(欄干童子)圀 난간에 일정한 간격으로 세운 작은 기둥.

난간-마루(欄干-)圀 난간이 있는 마루.

난간-법수(欄干法首)[-쑤]圀 난간의 양쪽 끝에 크게 세운 동자기둥의 머리.

난감(難堪)'난감하다'의 어근.

난:-감-하다(難堪-)휑예 ①견디어 내기 어렵다. ¶살아갈 일이 난감하다. /해가 지니 하산할 일이 아주 난감하였다. ②이러기도 어렵고 저러기도 어려워 처지가 매우 딱하다. 난처하다. ¶나아갈 수도 없고 물러설 수도 없어 아주 난감하다. **난감-히**휜.

난:-개(爛開)圀휀 ☞난발(爛發).

난:-개발(亂開發)圀 (자연환경을 훼손하는 등) 환경 보전에 관한 계획 없이 함부로 하는 개발.

난-거지〈난거지든부자〉의 준말.

난거지-든부자(-富者)圀 겉으로는 가난해 보이지만 실속은 판판으로 살림이 올찬 사람. ㉥난거지. ↔난부자든거지.

난건(難件)[-껀]圀 처리하기 어려운 사건이나 안건. ㊟난사(難事).

난겻휜〈옛〉다투어. 겨루어. ¶邪호 法이 난겻 니러(金剛上89).

난겻기圀〈옛〉경쟁하기. 겨루기. ¶王이 난겻기로 드토거늘(釋譜6:7).

난경(難境)圀 어려운 처지. 뚫고 나가기가 어려운 상황. ¶난경을 극복하다.

난계(蘭契)[-계/-게]圀 ☞난교(蘭交).

난곡(難曲)圀 노래로 부르거나 연주하기에 어려운 악곡. ¶난곡을 잘 소화해서 부르다.

난:공(亂供)圀 ☞난초(亂招).

난공(難攻)圀 (전쟁이나 경기 따위에서) 치기 어려운 일. 공격하기 힘든 일.

난공불락(難攻不落)圀 공격하기가 어려워 좀처럼 함락되지 아니함. ¶난공불락의 요새.

난-공사(難工事)圀 (장애물이 많거나 하여) 해내기가 무척 어려운 공사. ¶해저에 터널을 뚫는 난공사.

난:관(卵管)圀 ☞수란관(輸卵管).

난관(難關)圀 ①통과하기 어려운 관문. 통과하기 매우 힘든 곳. ¶이 산을 넘는 데는 몇 군데 난관이 있다. ②뚫고 나가기 어려운 사태나 상황. ¶난관에 봉착하다.

난:관^임:신(卵管姙娠)圀 수정란이 난관에 착상(着床)하여 된 임신. 〔자궁외 임신의 대표적인 것.〕

난:괴(卵塊)[-괴/-궤]圀 어류·곤충류·양서류에서 볼 수 있는, 알의 덩어리. 곧, 한꺼번에 산란된 알이 난막 등에 의하여 하나의 덩어리로 되어 있는 것.

난:교(亂交)圀휀 (몇 사람의 남녀가 그 집단 속에서) 상대를 가리지 않고 성행위를 가짐.

난교(蘭交)圀 〔금단지교(金蘭之交)에서 온 말로〕 뜻이 맞는 친구 사이의 두터운 사귐. 난계.

난구(難句)[-꾸]圀 이해하기 어려운 문구(文句). 난해한 구.

난구(難球)圀 (야구나 테니스·탁구 등에서) 잡기 어렵거나 치기 어려운 공.

난:국(暖國)圀 기후가 따뜻한 나라(지방).

난:국(亂局)圀 어지러운 판국. ¶가까스로 난국을 수습하다.

난:국(亂國)圀 질서가 문란한 나라. 어지러운 나라.

난국(難局)圀 (처리하기가) 어려운 국면. 어려운 고비. ¶난국을 타개하다. /난국을 헤쳐 나가다.

난:군(亂君)圀 무도(無道)한 임금. ㊟폭군.

난:군(亂軍)圀 ①군율이 몹시 문란한 군대. ②☞반군.

난:굴(亂掘)圀휀 함부로 팜.

난구(難句)圀 '난구(難句)'의 잘못.

난:기(暖氣·煖氣)圀 따뜻한 기운. 온기(溫氣).

난기(鸞旗)圀 천자(天子)의 기. 〔난령(鸞鈴)으로 장식된 기.〕

난:기-류(亂氣流)圀 ①항공기의 비행에 영향을 미칠 정도의 불규칙한 기류. ②'예측할 수 없어 어찌 할 수 없는 형세'를 비유하여 이르는 말. ¶두 국가 사이에 형성된 난기류.

난:낭(卵囊)명 (주머니 모양을 하고 있는) 두껍고 튼튼한 난막.

난달명 ①길이 여러 갈래로 통한 곳. ¶사방 난달. ②고누에서, 나들이고누가 되는 밭.

난:당(亂黨)명 난리를 일으키거나 소란을 피워 질서를 어지럽히는 무리.

난당(難當)명하형 당해 내기 어려움. 대적하기 어려움.

난:대(暖帶)명 온대 지방 가운데서 열대에 가까운, 비교적 온난한 지대.

난:대-림(暖帶林)명 난대에 발달하는 상록 활엽수를 주로 한 삼림.

난:데-없다[-업따]형 별안간 불쑥 나타나, 어디서 나왔는지 알 수 없다. 《주로, '난데없이'의 꼴로 쓰임.》¶난데없는 총소리. 난데없-이閉 ¶난데없이 나타나 시비를 걸다.

난:도(亂刀)명하타 칼로 함부로 자꾸 베거나 치거나 또는 잘게 다지는 일.

난:도(亂搗)명하타 함부로 쪟거나 짓이김.

난도(難度)명 (사물의) 어려운 정도. ¶난도 높은 철봉 기술. ⓑ난이도(難易度).

난:도(鸞刀・蠻刀)명 지난날, 종묘의 제사에 쓸 짐승을 잡던 칼.〔난조(鸞鳥) 모양의 방울이 달려 있음〕

난:도-질(亂刀-)명하타 칼로 함부로 베거나 치거나 잘게 다지거나 하는 짓.

난:독(亂讀)명하타 ☞남독(濫讀).

난:돌(煖堗)명 따뜻한 구들방.

난:동(暖冬)명 (겨울답지 않게) 따뜻한 겨울. ¶이상(異常) 난동.

난:동(亂動)명하자 (인명을 살상하거나 시설물을 파괴하거나 방화를 하는 등) 질서를 어지럽히며 함부로 행동함, 또는 그러한 행동. ¶난동을 일으키다. /술집에서 난동을 부리다.

난득(難得)'난득하다'의 어근.

난득-하다(難得-)[-드카-]형여 구하기 어렵다. 얻기 힘들다.

난든-벌명 난벌과 든벌. 곧, 나들이옷과 집에서 입는 옷. 든난벌.

난든-집명 손에 익은 재주. ¶이 정도의 일이라면 난든집이 아니라도 할 수 있겠다.

난든집(이) 나다관용 손에 익숙해지다.

난-들명 마을에서 멀리 떨어져 있는 들.

난등명 절에서, 연꽃이나 모란꽃 따위를 만들어 불상의 머리 위나 영단(靈壇) 위에 둘러놓는 장식물.

딴떡閉 냉큼. ¶네가 가진 것을 딴떡 내어 놓아라. ⓑ년떡.

난:령(鸞鈴)[-냥-]명 지난날, 임금의 수레나 깃발에 장식으로 달던 방울. 난(鸞).

난:로(煖爐)[-노]명 (석탄・장작・석유・전기・가스 따위를 연료로 하여) 방 안을 덥게 하는 기구, 또는 그런 시설. 스토브.

난:롯-가(煖爐-)[-노까/-롣까]명 난로를 중심으로 한 가까운 주변.

난:롯-불(煖爐-)[-노뿔/-롣뿔]명 난로에 피워 놓은 불. ¶난롯불을 쬐다.

난:류(暖流)[-뉴]명 열대 또는 아열대에서 고위도 지방을 향하여 흐르는 따뜻한 해류.〔쪽빛으로 투명하고 염분이 많으며, 플랑크톤은 적음.〕더운무대. ↔한류(寒流).

난:류(亂流)[-뉴]명 운동하고 있는 유체(流體)에 있어서, 압력이 불규칙하게 변화하는 흐름. ↔층류(層流).

난:류(亂類)[-뉴]명 불법한 짓을 함부로 하는 무리.

난:류성^어류(暖流性魚類)[날-성-]명 난류에 적응하는 성질을 가진 어류.〔고등어・상어・전갱이・조기 따위.〕

난:륜(亂倫)[날-]명하자 사람의 도리를 어지럽히는 일.〔특히, 문란한 남녀 관계를 이름.〕

난:리(亂離)[날-]명 ①전쟁이나 재변(災變) 따위로 세상이 어지러워진 상태, 또는 그러한 전쟁이나 재변. 동란. ¶난리가 일어나다. /난리를 피하여 먼 곳으로 떠나다. ⓒ난. ②큰 사고나 다툼 등으로 질서가 무너져 어지러워진 상태.

난:립(亂立)[날-]명하자 ①무질서하게 늘어섬. ¶학교 앞에 술집이 난립하다. ②여기저기서 마구 나섬. ¶후보자가 난립하다.

난:마(亂麻)명 〔뒤얽힌 삼 가닥이라는 뜻으로〕①'복잡하여 뒤얽힌 일'을 비유하여 이르는 말. ¶난마와 같이 얽힌 사건을 해결하다. ②'몹시 어지러운 세상 형편'을 비유하여 이르는 말.

난:막(卵膜)명 ①동물의 난세포를 싸고 있는 막. ②자궁 안에서 태아와 양수를 싸고 있는 주머니 모양의 조직.

난:만(爛漫)어 ①꽃이 활짝 피어 화려함. ¶백화가 난만하다. ②환하게 나타나 뚜렷함. ¶햇빛이 난만하다. 난만-히閉.

난:만-상의(爛漫相議)[-의/-이]명하타 시간을 두고 충분히 의논하는 일. 숙의(熟議)하는 일.

난망(難忘)명 잊기 어려움. 잊지 못함. 잊을 수 없음. ¶백골(白骨)난망.

난망(難望)명 바라기 어려움. ¶기대 난망.

난:맥(亂脈)명 원칙이나 규칙이 지켜지지 않아 체계가 서지 않거나 질서가 없는 상태. ¶경영의 난맥을 바로잡다.

난:맥-상(亂脈相)[-쌍]명 원칙이나 규칙이 지켜지지 않아 체계가 서지 않거나 질서가 없는 일의 양상. ¶국정 운영의 난맥상을 드러내다.

난면(難免)'난면하다'의 어근.

난면-하다(難免-)형여 면하기 어렵다.

난:명(亂命)명 운명할 때 정신없이 하는 유언. ↔치명(治命).

난:모(煖帽)명 지난날, 겨울에 쓰던 방한모. 털가죽으로 안을 넣고 비단 등으로 겉을 꾸몄음.

난:-목(-木)명 ☞외올베.

난:무(亂舞)명하자 ①한데 뒤섞여 어지럽게 춤을 춤, 또는 그렇게 추는 춤. ②함부로 나서서 마구 날뜀. ¶폭력과 공갈이 난무하는 사회.

난문(難文)명 이해하기 어려운 문장. 난삽한 문장.

난문(難問)명 ①대답하기 곤란한 질문. ②〈난문제〉의 준말.

난-문제(難問題)명 해결하기 어려운 문제. ⓒ난문.

난물(難物)명 ①취급하기 어려운 사물. ②다루기 힘든 인물.

난:민(亂民)명 (떼를 지어 난동을 부리는 등) 사회의 안녕질서를 어지럽히는 백성.

난민(難民)명 ①가난하여 생활이 어려운 백성. ②전쟁이나 재난으로 집을 잃고 고생하는 사람. 특히, 전쟁이나 재난을 피하여 떠돌아다니며 고생하는 사람. 피난민. ¶전쟁 난민.

난민-촌(難民村)명 난민들이 모여 사는 곳.

난-바다명 육지에서 멀리 떨어진 넓은 바다. 원양(遠洋). 원해(遠海).

난:-반사(亂反射)명하자되자 빛이, 요철이 있는 면에 부딪쳐서 사방으로 불규칙하게 반사하는 일.

난:발(亂發)명하타 ①☞난사(亂射). ②☞남발(濫發).

난:발(亂髮)명 어수선하게 마구 헝클어진 머리털. ¶봉두(蓬頭)난발.

난:발(爛發)명하자 꽃이 한창 흐드러지게 핌. 난개(爛開). ↔난발하다.

난:방(煖房)명 (인공적으로) 건물 전체 또는 방 안을 따뜻하게 하는 일, 또는 그 장치. 온방(溫房). ↔냉방(冷房).

난:방^시:설(煖房施設)명 ☞난방 장치.

난:방^장치(煖房裝置)명 건물 전체 또는 방 안을 따뜻하게 하기 위한 온갖 장치를 통틀어 이르는 말. 〔난로·구들·스팀 따위의 장치.〕 난방 시설. ↔냉방 장치.

난-밭[-받]명 ①지정한 테두리 밖의 바닥. ¶ 윷 패가 난밭에 떨어져 다시 던졌다. ②다른 고장. * 난밭이[-바치]·난밭을[-바틀]·난밭만[-반-]

난:백(卵白)명 알의 흰자위. 〔난황(卵黃)을 싸고 있는, 점착성(粘着性)이 있는 단백질이며, 열을 가하면 흰색으로 굳어짐.〕 단백질(蛋白質). 준난황. 参달걀흰자.

난:백-막(卵白膜)[-뱅-]명 난백의 얇은 막.

난:백-분(卵白粉)[-뿐]명 달걀이나 오리알 흰자위를 말려서 빻은 가루. 난백소(卵白素).

난:백-소(卵白素)[-쏘]명 흰자 가루. 난백분.

난:백-수(卵白水)[-쑤]명 끓여 식힌 물에 달걀 흰자위를 넣어 풀고, 굴즙과 설탕을 탄 음료.

난-번(-番)명 당직(當直) 따위의 근무를 마치고 나오는 번, 또는 그 사람. 하번(下番). ↔든번.

난-벌명 나들이할 때 입는 옷이나 신발. 나들잇벌. ↔든벌.

난병(難病)명 낫거나 고치기 어려운 병. 난증(難症). 난치병(難治病).

난:보(爛報)명하타 ☞기별(奇別).

난봉명 주색(酒色)에 빠지는 일. 허랑방탕한 짓을 하는 일, 또는 그러한 짓. ¶난봉을 피우다.

난봉(難捧)명 빚으로 준 돈이나 물건을 못 받게 되는 일.

난봉(鸞鳳)명 ①난조(鸞鳥)와 봉황을 아울러 이르는 말. ②'뛰어난 인물'을 비유하여 이르는 말.

난봉-꾼명 허랑방탕한 짓을 일삼는 사람. 난봉쟁이.

난봉-나다자 허랑방탕한 짓을 하게 되다.

난봉-나다(難捧-)자 빚으로 준 돈이나 물건을 못 받게 되다.

난봉-쟁이명 ☞난봉꾼.

난-부자(-富者)명 〔'난부자든거지'의 준말.

난부자-든거지(-富者-)명 겉으로는 부자같이 보이나 실속은 거지와 다름없는 사람. 준난부자. ↔난거지든부자.

난:분(卵粉)명 달걀을 삶아 말려 가루로 만든 식품.

난분분(亂紛紛)어근 '난분분하다'의 어근.

난분분-하다(亂紛紛-)형여 눈이나 꽃잎 따위가 흩날리어 어지럽다. ¶백설이 난분분하니 올동 말동 하여라(古時調). 난분분-히부.

난:-분할(卵分割)명 ☞난할(卵割).

난:비(亂飛)명하자 (한데 뒤섞여) 어지럽게 날아다님. ¶유언비어가 난비하다. /오작(烏鵲)이 난비하다.

난:사(亂射)명 ①하타 (활·총 따위를) 표적을 정하지 않고 함부로 쏨. 난발. ¶기관총을 난사하다. ②하자타 광선 따위를 마구 어지럽게 비춤.

난사(難事)명 처리하거나 해결하기 어려운 일. 비난건(難件).

난-사람(-)명 잘난 사람. 출중(出衆)한 사람. ¶ 말하는 것을 보니 정말 난사람이더군.

난사-젓[-젇]명 양미리 새끼로 담근 젓. * 난사젓이[-저시]·난사젓만[-전-]

난:산(亂山)명 (높낮이가 가지런하지 않고) 어지럽게 우뚝우뚝 솟은 산들.

난산(難産)명하자타 ①해산이 순조롭지 못하여 어렵게 아이를 낳음, 또는 그러한 해산. ¶난산 끝에 얻은 아이라 더욱 귀할 수밖에…. ↔순산(順産). ②'무슨 일이 순조롭지 못하고 어렵게 이루어짐'을 비유하여 이르는 말. ¶난산 끝에 출범한 정당.

난삼(欄衫·襴衫)명 지난날, 생원(生員)이나 진사(進士)에 급제하였을 때 입던 예복.

난삽(難澁)어근 '난삽하다'의 어근.

난삽-하다(難澁-)[-싸파-]형여 (말이나 문장 따위의 표현이) 어렵고 까다로워 매끄럽지 못하다. ¶문장이 난삽하다. 비회삽(晦澁)하다. 난삽-히부.

난:상(卵狀)명 ☞달걀꼴.

난:상(難上)명 〔물품 따위가〕 더할 나위 없이 좋은 것을 이르는 말. 극상(極上).

난:상(爛商)명하타 깊이 생각하여 충분히 의논함.

난:상-공론(爛商公論)[-논]명하타 여러 사람이 모여 충분히 의논하는 일, 또는 그런 의논. ¶난상공론을 벌이다.

난:상-토의(爛商討議)[-의/-이]명하타 충분히 토의하는 일, 또는 그런 토의. 준난의.

난:색(暖色)명 보기에 따뜻한 느낌을 주는 색. 〔빨강·노랑·주황 따위.〕 ↔한색(寒色).

난:색(難色)명 승낙하지 않거나 찬성하지 않으려는 기색. 난처해하는 기색. ¶노조 측의 요구 사항에 대하여 사장은 난색을 보였다.

난생(-生)부 세상에 태어나서 지금까지. ¶난생 본 적이 없는 희귀한 식물.

난:생(卵生)명하자 (동물의 새끼가) 알의 형태로 태어나 어미의 몸 밖에서 부화하는 일. 〔포유류 이외의 대부분의 동물에서 볼 수 있음.〕 ↔태생(胎生).

난:생^동:물(卵生動物)명 (물고기·벌레·새 따위처럼) 알을 낳아 새끼를 까는 동물. ↔태생동물(胎生動物).

난생-처음(-生-)명 세상에 태어난 후 처음. ¶난생처음 만난 사람. /난생처음으로 느껴 보는 감정.

난생-후(-生後)명 세상에 태어난 후.

난:선(卵線)명 어지럽게 뒤엉킨 줄.

난선(難船)명 배가 폭풍우를 만나 부서지거나 엎어지거나 좌초하거나 함, 또는 그 배.

난:세(亂世)명 어지러운 세상. 정치가 문란하고 질서가 흐트러져 전쟁 따위가 그치지 않는 세상. ¶난세의 영웅. ↔치세(治世).

난:-세포(卵細胞)명 유성 생식을 하는 생물의 암컷의 생식 세포. 운동성이 없는 한 개의 큰 세포로, 여러 가지 영양분을 가지고 있음. 난자(卵子). 난주(卵珠). 알세포. ↔정세포(精細胞).

난센스(nonsense)명 이치에 맞지 아니하거나 평범하지 아니한 말이나 일. ¶이런 일로 다툰다는 건 난센스야.

난:소(卵巢)명 동물의 암컷 생식 기관의 한 부분. 난자를 만들어 내며 여성 호르몬을 분비함. 알집. ↔정소(精巢).

난소(難所)명 (험한 산길이나 거친 바다 등) 통행이 어려운 곳.

난:소-염(卵巢炎)명 난소의 염증. 〔임균(淋菌)이나 화농균·결핵균 따위에 의하여 일어남.〕

난:소^호르몬(卵巢hormone)명 성숙한 여성의 난소에서 분비되는 성호르몬. 〔난포 호르몬과 황체 호르몬이 있음.〕

난:속(亂俗)명하자 풍속을 어지럽히는 일, 또는 어지러운 풍속.

난:수-표(亂數表)명 0에서 9까지의 숫자를 무질서하게 늘어놓은 표.〔통계나 암호 따위에 이용됨.〕

난:숙(爛熟)명하자 ①과실(果實)이 무르익음. ②신체·기술·문화 등의 사물이나 현상이 더 이상 발달할 수 없을 정도로 충분히 발달하여 있음. ¶난숙한 불교 문화.

난:시(亂時)명 (전쟁이나 변란 등으로) 세상이 어지러운 시기. ¶난시에 태어나다.

난:시(亂視)명 안구(眼球), 특히 각막(角膜)의 구면(球面)이 고르지 않기 때문에 광선이 망막 위의 한 점에 모이지 않아 물체를 바르게 볼 수 없는 상태, 또는 그런 눈.

난:시-안(亂視眼)명 난시인 눈.

난:시청(難視聽)명 산이나 높은 건물 따위의 장애물 때문에 방송 전파가 수상기에 잘 잡히지 않아 보거나 듣기가 어려움. ¶난시청 지역.

난:신(亂臣)명 ①나라를 어지럽히는 신하. ②난시에 나라를 잘 다스릴 수 있는 신하.

난:신-적자(亂臣賊子)[-짜] 나라를 어지럽게 하는 신하와 어버이를 해치는 자식.

난:실(暖室·煖室)명 따뜻한 방.

난:심(亂心)명 어지러운 마음.

난안(難安) '난안하다'의 어근.

난안-하다(難安-)형여 마음을 놓을 수가 없다.
　난안-히튀.

난어(難語)명 이해하기 어려운 말.

난언(亂言)명 막되고 난잡한 말.

난언(難言)명하자 (딱해서 뭐라고) 말하기 어려움.

난언지지(難言之地)명 말하기 어려운 처지.

난:여(鸞輿·鑾輿)명 ⇨난(鑾).

난:역(難役)명 ①어려운 역할이나 일. ②어려운 배역(配役). ¶난역을 무리 없이 해내다.

난연(爛然)'난연하다'의 어근.

난:연-하다(爛然-)형여 ⇨찬연(燦然)하다.

난:열(暖熱·煖熱)명 따뜻한 열.

난외(欄外)[나뇌/나눼]명 ①책이나 신문 따위의 지면에서, 인쇄된 부분을 둘러싼 바깥 여백 부분. ¶난외에다 써넣다. ②난간의 바깥.

난외-주기(欄外註記)[나뇌-/나눼-]명 지도나 도표 따위의 난외에 그것을 정확히 이해하는 데 필요한 기술적 성질의 세부 사항을 적은 자료.

난:용(亂用)명하자 ⇨남용(濫用).

난:용-종(卵用種)명 알을 낳게 할 목적으로 기르는 품종.〔특히, 닭에 대하여 이름.〕참육용종.

난:운(亂雲)명 ①어지럽게 떠도는 검은 구름. ②⇨난층운(亂層雲).

난:원-형(卵圓形)명 달걀처럼 한쪽이 갸름하게 둥근 모양.

난월(蘭月)명 ⇨난추(蘭秋).

난:육(卵育)명하자 (새나 어미 닭이 알을 품듯이) '품에 안아 곱게 기름'을 비유하여 이르는 말.

난:의(暖衣·煖衣)[나늬/나니]명 ①따뜻한 옷. ②하자 옷을 따뜻하게 입음.

난의(難疑)[나늬/나니]명 이해하기 어려운 뜻.

난:의(難疑)[나늬/나니]명하타 잘못된 점을 비난하고, 의심스러운 점을 따짐.

난:의(爛議)[나늬/나니]명하타 〈난상토의〉의 준말.

난:의-포식(暖衣飽食)[나늬-/나니-]명하자 따뜻하게 입고 배불리 먹음. 곧, 의식에 부족함이 없이 편안하게 지냄을 이르는 말. 포식난의.

난이(難易)명 어려움과 쉬움. ¶난이의 차이.

난이-도(難易度)명 (학습·운동·기술 따위의) 어렵고 쉬운 정도. ¶문제의 난이도에 따라 점수에 큰 차이가 난다. 비난도(難度).

난:입(亂入)명하자 함부로 어지럽게 우르르 몰려 들어감. ¶폭도가 시내로 난입하다.

난:입(闌入·欄入)명하자 (출입을 통제하는 구역에 허가도 없이) 함부로 뛰어 들어감.

난:자(卵子)명 ⇨난세포(卵細胞). ↔정자(精子).

난:자(亂刺)명하타 칼이나 창 따위로 부위를 가리지 않고 마구 찔름.

난자(難字)명 어려운 글자.

난:작(亂斫)명하타 ①잘게 쪼갬. ②쇠 연장으로 마구 찍음.

난작-거리다[-꺼-]자 자꾸 난작난작하다. 난작대다. 큰느적거리다.

난작-난작[-장-]부하자 (썩거나 삭아서) 힘없이 자꾸 처지는 모양. 큰느적느적.

난작-대다[-때-]자 난작거리다.

난잡(亂雜)'난잡하다'의 어근.

난:잡-스럽다(亂雜-)[-쓰-따][~스러우니·~스러워]형비 ①어수선하고 혼잡한 데가 있다. ②막되고 문란한 데가 있다. ¶난잡스러운 이성 관계. 난잡스레부.

난:잡-하다(亂雜-)[-자파-]형여 ①어수선하고 혼잡하다. ¶방 안이 난잡하다. ②막되고 문란하다. ¶난잡한 행동. 난잡-히부.

난장명 굴이나 구덩이 속에 들어가서 하는 허드렛일.

난-장(-場)명 ①한데에 난전을 벌여 놓고 물건을 사고파는 장. ¶난장이 서다. ②정해진 장날 외에 특별히 며칠 더 여는 장.

난:장(亂杖)명 ①지난날, 장형(杖刑)을 가할 때 신체의 부위를 가리지 않고 함부로 마구 치던 일, 또는 그 매. ②함부로 하는 매질.

난:장(을) 맞다관용 ①마구 얻어맞다. ②난장을 맞을 만하다는 뜻으로, 몹시 못마땅해서 화가 치밀 때 내뱉는 소리.《주로, '난장 맞을'의 꼴로 쓰임.》¶이런 난장 맞을, 날씨는 왜 이래.

난:장(을) 치다관용 ①난장을 때리다. ②몹시 못마땅하여 저주하는 말.《주로, '난장 칠'의 꼴로 쓰임.》¶난장 칠 놈.

난:장(亂帳·亂張)명 책 면의 순서가 잘못 제본된 것.

난:장(亂場)명 ①지난날, 과거를 보러 온 선비들로 북적이던 시험장을 이르던 말. ②⇨난장판. 난장(을) 치다관용 함부로 마구 떠들다.

난장-꾼(광산의) 굴이나 구덩이 속에 들어가서 허드렛일을 하는 사람.

난:장-질(亂杖-)명하타 아무 데나 마구 때림, 또는 그러한 짓.

난:장-판(亂場-)명 여러 사람이 뒤섞여 마구 떠들어 대거나 뒤엉켜 뒤죽박죽이 된 곳, 또는 그런 상태. 난장(亂場). ¶난장판으로 만들다. / 실내가 난장판이 되다.

난:장-패(亂場牌)명 남의 판이나 남의 자리에 끼어들어 난장판을 만드는 무리.

난쟁이명 보통 사람보다 키가 유난히 작은 사람. 왜인(矮人). 왜자(矮者). 주유(侏儒). ↔키다리.
　난쟁이 교자꾼 참여하듯속담 분수에 맞지 않는 일에 주제넘게 나섬을 빈정거려 이르는 말.

난:적(亂賊)명 세상을 어지럽히는 도둑의 무리.

난적(難敵)명 맞서 싸우기에 까다로운 적수. ¶난적을 만나 고전을 면치 못하다.

난:-전(亂廛) 명 ①느릿한 가게. ②조선 시대에, 허가 없이 벌여 놓고 물건을 팔던 가게.

난전(亂廛) 명 육주비전에서 파는 물건을 난전에서 몰래 팔던 일.

난:전(亂戰) 명 (1)적과 아군이 뒤섞여 어지럽게 싸움. 또는 그러한 싸움. (2)[운동 경기 따위에서] 서로 마구 뒤엉켜 싸움. 또는 그러한 싸움.

난:점(難點)[-쩜] 명 처리하거나 해결하기 곤란한 점. ¶기술상의 난점을 해결하다.

난:점(亂點) 명 어지러운 점.

난:정(亂政) 명 어지러운 정치.

난정(蘭亭) 명 중국 절강성 소흥현 서남쪽에 있는 정자.

난:제(難題) 명 ①처리하기 어려운 문제. ②풀기 어려운 문제.

난:조(亂調) 명 흐트러진 상태.

난조(鸞鳥) 명 난새.

난주(蘭舟) 명 예쁘게 꾸민 배.

난:주(難住) 명

난:중(亂中) 명 전쟁이나 난리 따위의 가운데.

난죽(蘭竹) 명 난초와 대나무.

난중(難中) 명 어려운 가운데.

난:중일기(亂中日記) 명 임진왜란 때, 이순신이 진중에서 쓴 일기. 선조 25(1592)년 5월 1일부터 선조 31(1598)년 9월 17일까지의 기록.

난:증(難症) 명 낫기 어려운 병.

난:지-하다 형여 자기가 경험할 것을 행하기.

난:-하다 형여 ①중간하다.

난:지(蘭芝) 명 난초와 지초.

난:지도(蘭芝島) 명 서울특별시 마포구에 있던 섬.

난:지-하다 형여

난:처-하다(難處-) 형여 이러지도 저러지도 못하여 처리하기가 어렵고 딱하다.

난:-처리(亂處理) 명

난:초(蘭草) 명 난초과의 식물을 통틀어 이르는 말. ¶난초를 기르다.

난:촉(亂燭) 명

난:추(難秋) 명

난:축(難逐) 명

난:치(難治) 명 병을 고치기 어려움. ¶난치의 병.

난:타(亂打) 명-하다타 마구 침. ¶한 방 난타당하다.

난:타전(亂打戰) 명-하다자 마구 치고 받는 싸움.

난:탄(難誕) 명

난:태(懶怠) 명-하다형 게으르고 느림.

난:-토막 명 자르지 않은 통나무.

난:파(難破) 명-하다자 배가 항해 중에 폭풍우 따위를 만나 부서지거나 뒤집힘.

난:파선(難破船) 명 난파한 배.

난:폭(亂暴) 명-하다형 행동이 몹시 거칠고 사나움. ¶난폭한 행동.

난:표(蘭表) 명

난:필(亂筆) 명 어지럽게 쓴 글씨.

난:풍(暖風) 명 따뜻한 바람.

난:-하다(亂-) 형여 ①빛깔이나 무늬가 지나치게 어수선스럽다. ②어수선하게 널려 있다. ③정신이 어지럽다.

(이 페이지는 국어사전 본문으로, 해상도가 낮아 전체 표제어와 뜻풀이를 정확히 판독하기 어렵습니다. 판독 가능한 주요 표제어만 옮깁니다.)

난-하다(難-)[형여] ① 어렵다. ② 곤란하다.

난-항(卵黄)[명] 노른자위.

난항(難航)[명]

난핵(卵核)[명]

난해(暖海)[명]

난해(難解)

난해-하다(難解-)[형여]

난행(亂行)[명]

난행-고행(難行苦行)[명]

난행-도(難行道)[명]

난혼(亂婚)[명]

난형(卵形)[명]

난형-난제(難兄難弟)[명]

난황(卵黄)[명]

날-것[-걷]**명** (고기나 채소 따위를) 익히거나 말리거나 가공하지 않은 것. 날짜². 생짜. * 날것이[-거시]·날것만[-건-]

날-계란(-鷄卵)[-계-/-게-]**명** 익히지 않은 계란. 날달걀.

날-고기명 익히거나 말리거나 가공하지 않은 고기. 생고기. 생육.

날고-뛰다짜 갖은 재주를 다 부릴 수 있는 능력을 지니다. ¶제아무리 날고뛰는 재주가 있어도 이곳을 빠져나갈 수는 없다.

날-고추명 말리거나 익히지 않은 고추.

날-고치명 삶지 않은 고치.

날-공전(-工錢)**명** 날마다 계산해 주는 공전. 뗀날삯·일급(日給).

날-귀[-뀌]**명** 대패나 끌 같은 것의, 날 끝의 양쪽 모.

날-근(-斤)**명** 한자 부수의 한 가지. '斧'·'斬'·'斷' 등에서의 '斤'의 이름.

날-금명 ☞경선(經線). ↔씨금.

날-기와명 굽지 않은 기와.

날-김치명 익지 않은 김치. 생김치.

날다¹[나니·날아] **[I]짜** ①공중에 떠서 움직이다. ¶나비가 훨훨 날다. ②(눈에 안 보일 만큼) 빨리 움직이다. ¶총알이 날다. /주먹이 날다. ③높이 뛰다. ¶획획 날다. ④빛깔이 바래어 엷어지거나 없어지다. 퇴색하다. ¶빛이 날았다. ⑤액체가 기화하여 줄어지거나 없어지다. ¶물기가 다 날았다. ⑥냄새가 없어지다. ¶약냄새가 다 날았다. ⑦(고운 가루 따위가) 바람에 떠서 움직이다. ⑧〈달아나다〉의 속된 말. ¶도둑은 이미 멀리 날았다.
[II]타 공중을 떠서 움직이다. ¶비행기가 하늘을 날다.

나는 놈 위에 타는 놈[속담] 비상한 재주나 솜씨를 가진 사람이 있는가 하면, 그보다 더 나은 사람이 또 있는 법이라는 말.

나는 새도 떨어뜨린다[속담] 권세가 당당하여 모든 일을 마음대로 할 수 있다는 말.

날면 기는 것이 능하지 못하다[속담] 여러 가지를 다 잘하기는 어렵다.

난다 긴다 한다[관용] 재주나 활동력 따위가 아주 뛰어나다. ¶이번 대회에는 전국의 난다 긴다 하는 선수들이 모두 참가했다.

날다²[나니·날아]**타** ①(피륙을 짜려고) 날실을 새의 수에 따라 길게 늘이다. ②(가마니 따위를 짜려고) 틀에 날을 걸다.

날-다람쥐[-따-]**명** 다람쥣과의 동물. 다람쥐와 비슷하며 몸길이 15~20 cm, 꼬리 길이 36 cm 가량. 몸빛은 다갈색 또는 암갈색인데, 배 쪽은 흰색을 띠고 볼에는 뚜렷한 담색 무늬가 있음. 나무 위에 집을 짓고 살며, 옆구리의 피부가 늘어나 막을 이루어 가까운 거리는 날아다닐 수 있음. 나무순이나 열매 따위를 먹고 삶.

날-단거리명 풀이나 나뭇가지 따위를 베는 대로 곧 묶어서 말린 땔나무.

날-달걀명 날계란.

날-담비[-땀-]**명** 족제빗과의 동물. 몸길이 59 cm, 꼬리 길이 41 cm가량. 몸빛은 등이 연회색이고 얼굴과 꼬리는 암갈색임. 모피는 빛깔이 곱고 두꺼우며 부드러움. 우리나라 특산임.

날-도(-또)**명** 윷판의 끝에서 다섯째 자리, 곧 쨀밭에서 날밭 쪽으로 첫째 자리.

날-도(-度)**명** ☞경도(經度)¹. ↔씨도.

날-도둑명 매우 악독한 도둑.

날도둑-질[-찔]**명·하타** 매우 악독한 도둑질.

날-도래명 날도랫과의 곤충. 겉모양이 나방과 비슷하나 날개에 인모(鱗毛)가 많음. 몸길이 2 cm, 편 날개 길이 6 cm가량. 유충은 '물여우'라 하여 물속에서 삶. 봄과 여름에 우화(羽化)하여 완전 변태를 함. 우리나라·시베리아 등지에 분포함. 물여우나비.

날도래-목(-日-)**명** 곤충류의 한 목(目). 온몸이 가는 털로 덮였고 날개는 두 쌍임. 날도랫과 따위가 여기에 딸림. 모류(毛類).

날돌명 (옛) 날과 달. 세월. ¶여희여 오매 날도리 짓더니(杜初10:3). 참나도.

날-떠퀴명 그날의 운수.

날-뛰다짜 ①함부로 행동하거나 거칠게 덤비다. ¶술에 취해 마구 날뛰고 있다. ②어쩔 줄을 모르고 마구 행동하다. ¶기뻐 날뛰다.

날라리¹명 '말과 행동이 어설프고 들떠서 미덥지 못한 사람'을 낮잡아 이르는 말. ¶그 집 아들도 순 날라리더구먼.

날라리²명 '태평소(太平簫)'를 달리 이르는 말.

날래다형 (움직임이나 행동이) 나는 듯이 빠르다. ¶몸이 날래어 잡히지 않는다.

날려-쓰다타 '갈겨쓰다'의 잘못.

날: 렵-하다[-려파-]**형여** ①재빠르고 날래다. ¶제비처럼 날렵하다. ②맵자하게 맵시가 있다. ¶저고리는 섶귀가 날렵하고 예뻐야 한다. 날렵-히튄

날-로¹튄 날이 갈수록 더욱. 나날이. ¶사업이 날로 발전해 갔다.

날-로²튄 날것 그대로. ¶고구마를 날로 먹었다.

날름튄·하다짜 ①혀를 얼른 내밀었다가 들이는 모양. ②무엇을 얼른 받아먹는 모양. ¶원숭이가 과자를 날름 받아먹는다. ③무엇을 얼른 집어가지는 모양. ¶날 받아서 집어넣다. ㈜널름·늘름. 날름-날름튄·하다

날름-거리다타 자꾸 날름날름하다. 날름대다. ㈜널름거리다·늘름거리다.

날름-대다타 날름거리다.

날름-막(-膜)**명** ☞판막(瓣膜).

날름-쇠[-쇠/-쉐]**명** ①무자위의 아래쪽 부분에 있는 판(瓣). ②총의 방아쇠를 걸었다가 탕 어뜨리는 쇠. ③물건을 튕겨지게 하려고 걸어 놓은 쇠. [무엇이 닿기만 하면 풀리게 되어 있음.]

날-리다[I]짜 ①('날다¹'의 피동) (공중에) 날을 당하다. ¶종이가 날려 가다. /먼지가 날리다. ②바람에 흔들리다. ¶만국기가 바람에 펄펄 날리다.
[II]타 ①('날다¹'의 사동) (공중으로) 날게 하다. ¶종이 비행기를 날리다. ②어떤 물체가 바람에 나부끼어 움직이게 하다. ¶외투 자락을 날리다. /깃발을 날리다. ③(재물 따위를) 없애 버리다. ¶밑천을 몽땅 날리다. ④(공들이지 않고) 되는대로 해치우다. ¶일을 날려서 하다. ⑤아이를 잃다. ¶전염병으로 아이를 날리다.

날-리다타 이름을 떨치다. ¶명성을 크게 날리다. /그는 이름 날리던 작가였다.

날림명 (무슨 일을 함에 있어서) 아무렇게나 날려서 하는 일, 또는 그렇게 만든 물건. ¶날림 공사.

날림-치명 날림으로 만든 물건. ¶날림치는 어딘가 표가 나게 마련이다.

날-망제명 '지노귀새남을 받지 못한, 죽은 사람의 영혼'을 무당이 이르는 말.

날-목(-木)**명** 마르지 않은 생나무.

날-물명 나가는 물.

날믈명 (옛) 큰물. ¶날므를 외오시니(龍歌68章).

날-밀[-민]**명** 칼날과 칼자루 사이에 끼워 손을 보호하게 하는 둥글고 납작한 철판. *날밑이[-미치]·날밑을[-미틀]·날밑만[-민-]

날-바늘명 실을 꿰지 않은 바늘. 맨바늘.

날-바닥명 맨바닥.

날-바탕명 아무것도 덮거나 입히지 아니한 그대로의 바탕.

날-반죽명하타 곡식 가루에 찬물을 쳐 가며 하는 반죽. **준**익반죽.

날-받이[-바지]**명하자** (이사나 결혼 따위 큰일을 치르기 위해) 길일(吉日)을 가려서 정하는 일.

날밤명 부질없이 새우는 밤.
　날밤(을) 새우다관용 공연히 뜬눈으로 밤을 새우다. ¶ 괜한 걱정으로 날밤을 새우다.

날-밤²명 익히거나 말리지 않은, 날것 그대로의 밤. 생률(生栗). 생밤.

날밤-집[-찝]**명** 밤새도록 장사하는 술선집.

날-밭[-빧]**명** 윷판의 맨 끝자리. *날받이[-빠치]·날밭을[-빠틀]·날밭만[-빤-]

날-벌레[-뻘-]**명** 날아다니는 벌레를 통틀어 이르는 말. ↔길벌레.

날-벼명 갓 베어 내어 아직 마르지 않은 벼.

날-벼락명 ☞생벼락.

날-변(-邊)[-뼌]**명** 날수로 셈하는 변리(邊利). ¶ 날변으로 얻어 쓴 빚.

날-보리명 갓 베어 내어 마르지 않은 보리.

날-불한당(-不汗黨)**명** 남의 재물을 함부로 빼앗아 먹는 무리.

날-붙이[-부치]**명** (칼·낫·도끼 따위와 같은) '날이 서 있는 연장'을 통틀어 이르는 말.

날-비(-飛)[-삐]**명** 한자 부수의 한 가지. '飜' 등에서의 '飛'의 이름.

날-빛[-삗]**명** 햇빛을 받아서 나는, 온 세상의 빛. *날빛이[-삐치]·날빛만[-삔-]

날-사이[-싸-]**명** 지난 며칠 동안. ¶ 날사이에 얼굴이 많이 상했군. **준**날새.

날-삯[-싹]**명** 그날그날 셈하는 품삯. 일급(日給). **비**날공전. *날삯이[-싸씨]·날삯만[-쌍-]

날삯-꾼[-싹-]**명** 날삯을 받고 일하는 일꾼.

날-상가(-喪家)**명** 아직 장사를 치르지 아니한 초상집.

날-상제(-喪制)**명** 초상을 다 치르기 전의 상제.

날-새[-쎄]**명** 〈날사이〉의 준말.

날-생(-生)**명** 한자 부수의 한 가지. '産'·'甥' 등에서의 '生'의 이름.

날-성수(-星數)[-성-]**명** 그날의 운수. 일수(日數). **준**날수.

날-소일(-消日)**명하자** 하는 일 없이 그날그날을 보냄. 해소일.

날-송장명 ①죽은 지 얼마 안 되는 송장. ②염습(殮襲)을 하지 않은 송장.

날-수(-數)[-쑤]**명** ①날의 수. ¶ 날수를 채우다. ②〈날성수의 준말.

날-숨[-쑴]**명** 내쉬는 숨. 호기(呼氣). ↔들숨.

날-실¹명 피륙 따위에서, 세로로 놓인 실. 경사(經絲). ↔씨실.

날-실²명 삶지 않은 실. 생사(生絲).

날쌍-날쌍부하형 여럿이 다 날쌍한 모양. ¶ 올이 날쌍날쌍한 천. 날쌍날쌍-히부.

날쌍-하다형 (피륙이나 대그릇 따위의) 짜임새가 설핏하다. **큰**늘썽하다. 날쌍-히부.

날쌔다형 날래고 재빠르다. ¶ 날쌘 동작으로 상대편 수비를 제치고 들어가다.

날씨명 기압·기온·습도·바람·구름·눈·비 따위를 종합한 그날그날의 기상 상태. 일기(日氣).

¶ 날씨가 좋다. /날씨가 풀리다. /궂은 날씨.

날씬-하다형부 여럿이 다 날씬한 모양. ¶ 키들이 다 날씬날씬하다. **큰**늘씬늘씬.

날씬-하다형 몸매가 가늘고 호리호리하여 맵시가 있다. **큰**늘씬하다. 날씬-히부.

날아-가다 **Ⅰ자** ①공중에 떠서 가다. ¶ 기러기가 날아가다. ②(눈에 안 보일 만큼) 빨리 움직이다. ¶ 적 진지로 총알이 날아간다. ③(붙어 있던 것이) 떨어져 나가다. ¶ 바람에 문짝이 날아간다. ④(가지고 있던 것이) 없어지다. ¶ 집이고 땅이고 다 날아가 버렸다. ⑤빛깔이 바래어 없어지거나 없어지다. ¶ 푸른색이 날아간 청바지. ⑥액체가 기화하여 줄거나 없어지다. ¶ 알코올 성분이 다 날아갔다. ⑦냄새가 흩어져 없어지다. ¶ 고소한 내가 다 날아갔다. **Ⅱ타** 공중을 날아서 가다. ¶ 구름 위를 날아가는 비행기.

날아-놓다[~노타]**타** 여러 사람이 낼 돈의 액수를 정하다. ¶ 회비를 공평하게 날아놓다.

날아-다니다자타 날아서 이리저리 다니다.

날아-돌다[~도니·~돌아]**타** 날면서 돌다. ¶ 벌이 꽃 주위를 날아돈다.

날아-들다[~드니·~들어]**자** ①날아서 안으로 들어오다. ¶ 새가 둥지로 날아든다. ②뜻하지 않은 것이 들이닥치다. ¶ 승전의 쾌보가 날아들다.

날아-오다 **Ⅰ자** ①공중에 떠서 오다. ¶ 제비가 날아오다. ②썩 빨리 움직여 오다. ¶ 돌멩이가 날아오다. /주먹이 날아온다. ③(멀리서) 전하여 오다. ¶ 기쁜 소식이 날아오다. **Ⅱ타** 공중을 날아서 오다. ¶ 기러기는 겨울을 나러 먼길을 날아온다.

날아-오르다[~오르니·~올라]**자타** 날아서 위로 높이 오르다. ¶ 선녀가 하늘로 날아오른다.

날연(茶然)**명** '날연하다'의 어근.

날연-하다(茶然-)**형여** 노곤하여 기운이 없다. 나른하다. 날연-히부.

날염(捺染)**명하타** 피륙에 무늬를 찍는 염색 방법의 한 가지. 무늬를 새긴 롤러를 이용하여 인쇄하듯 피륙에 찍어서 나타냄.

날-옺명(옛) 나룻. ¶ 브레 날오지 븓거놀(翻소9:78).

날-윷[-룯]**명** 윷판의 끝에서 둘째 자리, 곧 밭의 바로 앞 자리. *날윷이[-류치]·날윷만[-륻-]

날인(捺印)**명하자** 도장을 찍음. ¶ 전세 계약서에 서명 날인하다.

날-일[-릴]**명** 날삯을 받고 하는 일. ¶ 공사장에 날일을 나가다.

날-일(-日)**명** 한자 부수의 한 가지. '昨'·'時' 등에서의 '日'의 이름.

날-입[-립]**명** (대팻밥이 빠져나오도록) 대패의 등 쪽에 파인 틈.

날-장구(←-杖鼓)[-짱-]**명** 일없이 공연히 치는 장구.

날-장판(-壯版)**명** 기름에 걸지 않은 장판.

날조(捏造)[-쪼]**명하타됨자** 사실이 아닌 것을 사실인 양 거짓으로 꾸밈. ¶ 날조된 기록. /사건을 날조하다. /실적 보고서를 날조하다.

날-종이명 기름에 걸지 않은 종이.

날-줄[-쭐]**명** ①피륙 따위를 짤 때의 날. ②☞경선(經線). ↔씨줄.

날지니[-찌-]**명** 야생(野生)의 매. **참**수지니.

날-짐승[-찜-]**명** 날아다니는 짐승, 곧 새 종류를 통틀어 이르는 말. 비금(飛禽). 비조(飛鳥). 금조(禽鳥). ↔길짐승.

날-짜¹명 ①날의 수. ¶ 날짜가 많이 걸렸다. ②(무엇을 하려고) 정한 날. ¶ 약속 날짜. /결혼 날짜가 다가오다. ③어느 달의 며칠날에 해당하는 그날. ¶ 그는 어제 날짜로 사표를 냈다. 날1. 일자(日字).

날-짜²명 ①일에 익숙하지 못한 사람. ¶ 그 사람, 잘하는 체하더니 알고 보니 날짜야. ②╚날것. 생짜.

날쌔^변:경선(-變更線)명 태평양의 한가운데를 지나는, 180°의 경선(經線). 〔이 선을 동쪽으로 향하여 넘으면 같은 날짜를 되풀이하고, 서쪽으로 향하여 넘으면 하루를 앞당김.〕

날짝지근-하다[-찌-]형어 몹시 나른하다. ╚늘쩍지근하다.

날짱-거리다재 자꾸 날짱날짱하다. 날짱대다. ╚늘쩡거리다.

날짱-날짱부하자 나른한 태도로 느릿느릿 움직이는 모양. ╚늘쩡늘쩡.

날짱-대다재 날짱거리다.

날찌명 뱃간에 까는, 엮은 나뭇가지.

날찍명 일의 결과로 생기는 이익. 소득.

날-치¹명 날마다 이자를 갚는 빚.

날치²명 ①날아가는 새를 쏘아 잡는 일. ②'동작이 매우 날램'을 비유하여 이르는 말.

날치³명 날칫과의 바닷물고기. 몸길이 30 cm가량. 가슴지느러미가 길게 발달되어 있어 이것을 날개처럼 펴서 해면 위를 날아오를 수 있음. 꼬리지느러미는 아래위 두 가닥으로 째졌는데, 아래의 것이 더 길며, 날 때에는 키의 구실을 함. 몸빛은 등이 흑청색, 배는 흰색임. 따뜻한 물에서 삶. 비어.

날-치기명하타 ①남의 물건을 재빨리 채 가는 짓, 또는 그렇게 하는 사람. ¶ 은행 앞에서 날치기한테 지갑을 빼앗겼다. ②법안을 가결할 수 있는 의원 정족수 이상을 확보한 당에서 법안을 자기들끼리 일방적으로 통과시키는 일.

날치-꾼명 날아가는 새를 쏘아 떨어뜨리는 재주가 있는 사냥꾼.

날치다재 제 세상인 양 날뛰며 기세를 올리다. ❀설치다.

날카롭다[-따][날카로우니·날카로워]형ㅂ ①끝이 뾰족하거나 날이 서 있다. ¶ 날카로운 칼. ②감각 기관에 미치는 힘이 아주 강하다. ¶ 날카로운 비명. ③(사물에 대한 인식 능력이) 빠르고 정확하다. ¶ 날카로운 판단. ④자극에 대한 반응이 지나치게 민감하다. ¶ 신경이 날카롭다. ⑤기세가 매섭다. ¶ 날카로운 공격. ⑥형세가 매우 긴장되어 있다. ¶ 날카롭게 대립되어 있다. ⑦남을 톡톡 쏘는 성질이 있다. ¶ 성질이 날카로워 남과 잘 사귀지 못한다. ↔무디다. 날카로이부.

날캉-거리다재 자꾸 날캉날캉하다. 날캉대다. ╚늘컹거리다.

날캉-날캉부하자하형 물러서 자꾸 늘어지거나 늘어질 듯한 모양. ╚늘컹늘컹.

날캉-대다재 날캉거리다.

날캉-하다Ⅰ재어 몹시 물러서 조금씩 늘어지게 되다. ╚늘컹하다.
Ⅱ형어 몹시 물러서 조금씩 늘어질 듯하다. ╚늘컹하다.

날큰-거리다재 자꾸 날큰날큰하다. 날큰대다. ╚늘큰거리다.

날큰-날큰부하자하형 좀 말랑말랑해져서 조금씩 늘어지거나 늘어질 듯한 모양. ╚늘큰늘큰.

날큰-대다재 날큰거리다.

날큰-하다Ⅰ재어 좀 말랑해서 늘어지게 되다. ╚늘큰하다.
Ⅱ형어 좀 말랑해서 늘어질 듯하다. ╚늘큰하다. 날큰-히부.

날탕명 ①아무것도 가진 것이 없음, 또는 그런 사람. ②어떤 일을 하는 데에 아무런 기술이나 기구 없이 마구잡이로 함, 또는 그런 사람. ¶ 그런 날탕한테 누가 일을 맡기겠느냐?

날-틀명 베틀 짤 때, 날을 고르는 데 쓰는 기구. 〔구멍 열 개에 가락 열 개를 꿰어 열 올의 실을 한 줄로 뽑아냄.〕

날-파람명 ①빠르게 지나가는 서슬에 나는 바람. ②'바람이 일 정도로 날쌔게 움직이는 기세'를 비유하여 이르는 말.

날파람-둥이명 주책없이 여기저기 싸다니는 사람을 이르는 말.

날-파리명 '하루살이'의 방언.

날-포명 하루 남짓한 동안. ❀달포·해포.

날-품명 날삯을 받고 하는 품팔이.
날품(을) 팔다관용 날삯을 받기로 하고 일을 해 주다.

날품팔-이명 ①하자 날품을 파는 일. 일고(日雇). 일용(日傭). ②〈날품팔이꾼〉의 준말.

날품팔이-꾼명 날삯을 받고 품팔이를 하는 사람. 일공꾼이. 일품팔이. 자유노동자. ╚날품팔이.

날피명 가난하면서 말이나 행동이 실하지 못한 사람.

날-피리명 (급히 쫓길 때) 물 위로 뛰어오르며 도망치는 피라미.

날호아부〔옛〕더디게. 천천히. ¶ 날호야 길흘 녀 머거나(杜重 1:2).

날-홈명 대팻날이 끼어 있는 홈.

날회다형〔옛〕더디다. 느릿하다. ¶ 날횔 서:徐 (類合下17). /네 안직 날회라 화회라(翻朴上75).

낡다[낙따]형 ①물건이 오래되어 헐었거나 삭은 상태가 되다. ¶ 건물이 낡았다. ②시대에 뒤떨어진 상태가 되다. ¶ 낡은 사고방식. * 낡아·낡고[날꼬].

낡은-이명 '늙은이'를 얕잡아 이르는 말. ¶ 낡은이라고 업신여기다.

남명 ①자기 외의 다른 사람. 타인(他人). ¶ 남의 일. ②일가가 아닌 사람. ¶ 남의 집안. ③아무런 관계가 없거나 관계를 끊은 사람. ¶ 그도 이제는 남이로구나.

남의 다리 긁는다속담 애써서 해 온 일이 남을 위한 일이 되고 말았을 때 이르는 말.

남의 떡에 설 쇤다속담 자기는 힘들이지 않고 남의 덕으로 일을 이룬다는 말.

남의 잔치[제사]에 감 놓아라 배 놓아라 한다속담 쓸데없이 남의 일에 참견한다는 말.

남(男)명 ①〈남성〉의 준말. ②〈남작〉의 준말.

남(南)명 남쪽. ↔북(北).

남(藍)명 ①〈남색(藍色)〉의 준말. ②☞쪽². ③☞인디고.

남-(男)접두 (일부 명사 앞에 붙어) 남자임을 뜻함. ¶ 남동생. /남학생. /남선생.

남가새명 남가샛과의 일년초. 바닷가의 모래땅에 나는데, 전체에 털이 나 있음. 잎은 깃모양겹잎이며 마주나고, 여름에 누르거나 흰 꽃이 핌. 열매는 한방에서 강장제나 해열제로 쓰임. 질려(蒺藜).

남가-일몽(南柯一夢)명 꿈처럼 덧없는 한때의 부귀영화. 〔중국 당나라의 순우분(淳于棼)이 술에 취하여 홰나무의 남쪽으로 뻗은 가지 밑에서 잠이 들었는데, 괴안국(槐安國)으로부터

영접을 받아 20년 동안 부귀영화를 누리는 꿈을 꾸었다는 데서 유래함.〕

남간(南間)명 조선 시대에, 의금부 안의 남쪽에 있던 옥(獄).〔사형수를 가두던 곳.〕참서간.

남경(男莖)명 ☞자지.

남경(南京)명 고려 시대의 사경(四京)의 하나. 지금의 서울.

남계(男系)[-계/-게]명 남자 쪽의 혈통. 남자의 계통. ¶남계의 친족. ↔여계(女系).

남계(南界)[-계/-게]명 동물 지리학상의 한 지역.〔오스트레일리아 일대를 이름.〕↔북계.

남계^가족(男系家族)[-계/-/-게-]명 ☞부계가족.

남계-친(男系親)[-계/-/-게-]명 남계의 친족. ↔여계친.

남공(男工)명 남자 직공. ↔여공(女工).

남과(南瓜)명 ☞호박.

남교(南郊)명 ①(도시의) 남쪽 교외. ②지난날, 서울의 '남대문 밖'을 이르던 말.

남구(南歐)명 ☞남유럽. ↔북구.

남-구라파(南歐羅巴)명 ☞남유럽.

남국(南國)명 남쪽에 위치한 나라. ↔북국.

남군(南軍)명 ①남쪽의 군대. ②미국 남북 전쟁 때의 남부의 군대. ↔북군(北軍).

남궁(南宮)명 조선 시대에, '예조(禮曹)'를 달리 이르던 말.

남극(南極)명 ①지축(地軸) 및 천구축(天球軸)의 남쪽 끝. 남극점. ②남쪽을 가리키는 자침의 끝. ↔북극(北極).

남극^거:리(南極距離)[-꺼-]명 천구 위에서, 남극으로부터 어떤 천체까지의 각거리(角距離). ↔북극 거리. 참극거리(極距離).

남극-계(南極界)[-�께/-께]명 생물 지리학상의 한 구역. 남극을 중심으로 주변의 여러 섬과 남미의 파타고니아를 포함하는 지역. ↔북극계.

남극-광(南極光)[-꽝]명 남극에 나타나는 극광. ↔북극광.

남극-권(南極圈)[-꿘]명 남극을 중심으로 한, 남위 66°33′ 이남의 지역. ↔북극권.

남극-노인(南極老人)[-긍-]명 중국 고대 중국에서 남극성의 화신(化身)이라고 여긴 노인을 이르는 말. 이 별이 나타나면 태평하고, 나타나지 않으면 전란이 있다고 하며, 수명을 관장한다고 함.

남극^대:륙(南極大陸)[-때-]명 남극을 중심으로 하는 대륙.〔얼음과 바위로 이루어졌으며, 바다표범이나 펭귄 따위의 동물이 살고 있음.〕

남극-성(南極星)[-썽]명 남극 부근의 하늘에 있는 별.〔고대 중국의 천문학에서는 '노인성(老人星)'이라 하여, 사람의 수명을 맡아보는 별이라 하였음.〕노인성. 수성(壽星).

남극-점(南極點)[-쩜]명 ☞남극.

남극^지방(南極地方)[-찌-]명 남극권 안에 위치하는 지역의 일대. ↔북극 지방.

남극-해(南極海)[-그캐]명 남극 대륙을 둘러싼 남위 55° 까지의 바다. 태평양·인도양·대서양의 남쪽 끝에 해당함. 남빙양(南氷洋). 남빙해.

남근(男根)명 ☞자지.

남기(嵐氣)명 ☞아지랑이.

남-기다타 ('남다'의 사동) ①나머지가 있게 하다. ¶밥을 남기다. ②남아 있게 하다. ¶가족을 고향에 남겨 두고 객지로서 지내다. ③뒤에게자기 전하게 하다. ¶이름을 남기다. ④이익이 나게 하다. ¶적게 남기고 많이 파는 편이 낫다.

남기-북두(南箕北斗)[-뚜]명 〔'箕'는 '키', '斗'는 '말'을 뜻함. 남쪽의 기성(箕星)은 쌀을 까불지 못하고, 북쪽의 북두성(北斗星)은 쌀을 되지 못한다는 뜻으로〕'이름뿐이고 아무 쓸모 없음'을 이르는 말.

남김-없이[-기벗시]튀 모조리. 죄다. ¶그동안 쌓은 실력을 남김없이 발휘하다.

남군명 (옛) 〔'나모'에 조사 '은'이 붙은 모양〕 나무는. ¶불휘 기픈 남군 ᄇᆞᄅᆞ매 아니 뮐쎄 (龍歌2章). 참나모·낡.

남-날개명 (사냥꾼이 가지고 다니는) 화약이나 탄환을 넣는 그릇을 이르는 말.

남-남명 남과 남. 서로 관계가 없는 사람 사이. ¶본디 남남이었지만 이젠 한 식구가 되었다.

남남(喃喃)하다형여 (혀를 재게 놀리어) 알아들을 수 없게 재잘거리다, 또는 그런 소리.

남-남동(南南東)명 남쪽과 남동쪽과의 사이인 방향.

남남북녀(南男北女)[-붕-]명 우리나라에서, 남자는 남부 지방에, 여자는 북부 지방에 잘난 사람이 많다는 뜻으로 예부터 일러 오는 말.

남-남서(南南西)명 남쪽과 남서쪽과의 사이인 방향.

남남-하다(喃喃-)형여 (혀를 재게 놀리어) 알아들을 수 없게 재잘거리는 소리가 요란하다. 남남-히튀.

남녀(男女)명 남자와 여자.

남녀^공:학(男女共學)명 남녀를 구별하지 않고, 같은 학교 또는 같은 학급에서 함께 교육하는 일, 또는 그런 학교.

남녀-노소(男女老少)명 남자와 여자, 늙은이와 젊은이. 곧, 모든 사람.

남녀^동권(男女同權)[-꿘]명 ☞남녀동등권(男女同等權).

남녀-동등(男女同等)명 남성과 여성이 법률적·사회적으로 차별이 없이 같음. 남녀평등.

남녀-동등권(男女同等權)[-꿘]명 남녀의 성별(性別)에 의한 법률적·사회적인 차별을 두지 않고 주어지는 권리. 남녀 동권.

남녀-별(男女別)명 남자와 여자의 구별. ¶남녀별 인구 비례.

남녀상열지사(男女相悅之詞)[-찌-]명 〔'남녀가 서로 즐기는 방탕한 노래라는 뜻으로〕'남녀의 애정을 주제로 한 고려 가요'를, 조선 시대의 성리학자들이 업신여겨 이르던 말.

남-녀락(男女樂)명 남악(男樂)과 여악(女樂).

남녀-유별(男女有別)명 유교 사상에서, '남녀 사이에는 분별이 있어야 함'을 뜻하는 말.

남녀-추니(男女-)명 한 몸에 남자와 여자의 생식기를 다 가지고 있는 사람. 고녀(睾女). 반음양(半陰陽). 어지자지.

남녀칠세부동석(男女七歲不同席)[-쎄-]명 〔남자와 여자는 일곱 살이면 자리를 같이하지 않는다는 뜻으로〕남녀의 구별과 예의를 엄하게 하여야 한다는 유교의 가르침.

남녀-평등(男女平等)명 ☞남녀동등.

남-녁(南-)[-녁]명 남쪽. 남방. ↔북녁. * 남녁이[-녀키]·남녘만[-녕-].

남노(男奴)명 ☞사내종.

남:다(-따)재 ①나머지가 있게 되다. ¶쓰고 남은 돈. /할 일이 남았다. /마감까지 한 시간 남았다. ②따로 처져 있다. ¶집에 남아 있겠다. ③뒤에까지 전하다. ¶이름이 길이 남을 것이다. ④이익을 보다. ¶많이 남는 장사라서 누구나 탐을 낸다.

남다[자타] 〈옛〉넘다. ¶ 바미 宮城 나므샤(月釋 21:196). /하면 百世 나마(楞解9:112).

남-다르다[~다르니·~달라][형ㄹ] 다른 사람과 유난히 다르다. ¶ 박 선생은 그 일에 남다른 성의를 기울였다.

남단(南端)[명] 남쪽 끝. ↔북단.

남-달리[부] 남다르게. ¶ 그는 남달리 눈이 크다.

남당(南堂)[명] 삼국 시대 초기에, 부족 집회소가 발전하여 이루어진 정청(政廳). 〔이때부터 국가의 체제를 갖추기 시작하였음.〕

남대(南帶)[명] 세계 각지의 식물 분포를 몇 가지 특징으로 분류한 한 구역. 〔오스트레일리아, 남아메리카의 남부, 아프리카 남단을 포함하는 지역으로, 주요 식물 종류는 야자류, 목본 양치류, 각종 원예 식물 등임.〕

남대(南臺)[명] 조선 시대에, 학문과 덕이 뛰어나 이조에서 사헌부의 대관으로 추천하던 사람.

남-대문(南大門)[명] 서울에 있는 '숭례문(崇禮門)'의 딴 이름.

남대문(이) **열리다**[관용] '(남자의) 바지 앞을 여미는 단추나 지퍼가 열리다'를 속되게 이르는 말.

남대문-입납(南大門入納)[-님-][명] 〔겉봉에 주소도 이름도 없이 '남대문'이라고만 쓴 편지라는 뜻으로〕'주소나 이름을 모르면서 집을 찾는 일, 또는 그런 사람'을 조롱하여 이르는 말.

남도(南道)[명] 경기도 이남의 지방을 이르는 말. 남로(南路). 남중(南中). ↔북도.

남독(南瀆)[명] 사독(四瀆)의 하나. 지금의 한강.

남:독(濫讀)[명][하타] (계통을 세우지 않고) 닥치는 대로 아무 책이나 마구 읽음. 난독(亂讀). ↔정독(精讀).

남동(南東)[명] 남쪽과 동쪽의 사이인 방향. 동남.

남-동생(男同生)[명] 남자 동생. ↔여동생.

남동-풍(南東風)[명] 남동쪽에서 북서쪽으로 부는 바람. 동남풍.

남로(南路)[-노][명] ☞남도(南道).

남록(南麓)[-녹][명] 산의 남쪽 기슭. ¶ 계룡산 남록에 터를 잡다.

남:루(襤褸)[-누][명] ①누더기. ②[하형] 옷 따위가 때 묻고 해어져 너절함. ¶ 남루한 옷차림으로 나타나다. ②남루-히[부].

남-마구리(南-)[명] 광산에서, 남북으로 뚫린 구덩이의 남쪽 마구리. ↔북마구리.

남만(南蠻)[명] 사이(四夷)의 하나. '남쪽 오랑캐'라는 뜻으로, 지난날 중국에서 그들의 '남쪽에 사는 이민족'을 얕잡아 이르던 말.

남만-북적(南蠻北狄)[-쩍][명] '남만'과 '북적'을 아울러 이르는 말.

남매(男妹)[명] 오라비와 누이. 오누이.

남매-간(男妹間)[명] 오누이 사이.

남면(南面)[명][하자] ①남쪽을 향함. ②〔지난날, 임금이 남쪽을 향하여 신하와 대면한 데서〕임금의 자리에 오르는 일. 또는, 임금이 되어 나라를 다스리는 일.

남명(南冥·南溟)[명] 남쪽에 있는 큰 바다.

남-모르다[~모르니~몰라][타불] 남이 알지 못하다. 혼자만 은밀히 알다. ¶ 남모르는 상처. / 남모를 비밀을 가지다.

남-몰래[부] 남이 모르게. ¶ 남몰래 일을 꾸미다.

남무(南舞)[명] ①남자가 추는 춤. ↔여무(女舞). ②기생이 남색(藍色)의 창의를 입고 추는 춤.

남무(南無)[명] '나무(南無)'의 음역어.

남문(南門)[명] 남쪽으로 난 문. ②성곽의 남쪽에 있는 문. ↔북문.

남미(南美)[명] ☞남아메리카.

남바위[명] 지난날, 추위를 막기 위하여 머리에 쓰던 쓰개의 한 가지. 〔겉의 아래 가장자리에 털가죽을 대었음.〕

남반(南班)[명] 고려 시대, 액정국(掖庭局)과 내시부(內侍府)의 관원. 〔동서 양반(兩班)에 다음가는 반열(班列).〕

남-반구(南半球)[명] 지구의 적도 이남의 부분. ↔북반구.

남:발(濫發)[명][하타][되자] ①(화폐나 어음·증명서 따위를) 함부로 발행함. 난발(亂發). ¶ 부도 수표를 남발하다. ②(어떤 말이나 행동을) 자꾸 함부로 함. ¶ 선거 공약을 남발하다.

남방(南方)[명] ①남녘. 남쪽. ②남쪽 지방. ③〈남방샤쓰〉·〈남방셔츠〉의 준말. ①②↔북방.

남방-샤쓰(←南方shirts)[명] ☞남방셔츠. ②남방.

남방-셔츠(南方shirts)[명] 여름에 양복저고리 대신 입는 간편한 남자용 윗옷. 〔남방 사람들이 입는 옷과 비슷하다는 데서 생긴 말.〕남방샤쓰. ②남방.

남-배우(男俳優)[명] 남자 배우. ②남우(男優). ↔여배우.

남:벌(濫伐)[명][하타] (일정한 계획이 없이) 산림의 나무를 함부로 벰. ②선벌(選伐).

남:벌(濫罰)[명][하타] 마구잡이로 벌을 줌.

남:법(濫法)[-뻡][명] 법을 함부로 다룸.

남벽(藍碧)[명] 짙은 푸른빛.

남변(南邊)[명] 남쪽 가장자리.

남-병사(南兵使)[명] 조선 시대에, 종이품 무관인 남병영의 병마절도사(兵馬節度使).

남-병영(南兵營)[명] 조선 시대에, 함경도 북청(北靑)에 있었던 군영(軍營). 〔병마절도사(兵馬節度使)가 머물고 있었음.〕

남-보라(藍-)[명] 남색과 보라의 중간색.

남복(男服)[명] ①남자의 옷. ②여자가 남자 옷을 입음. ¶ 남복 차림. ↔여복(女服).

남-볼썽[명] 남을 대하여 볼 면목(체면). ¶ 남볼썽 사나운 꼴로 어디를 가려고 하느냐.

남부(南部)[명] ①(어느 지역의) 남쪽 부분. ¶ 경기 남부. ②조선 시대에, 5부로 나뉘었던 서울의 남쪽 지역, 또는 그 관아를 이르던 말. ↔북부.

남-부끄럽다[-따][~부끄러우니·~부끄러워][형ㅂ] 창피하여 남을 대하기가 부끄럽다. 남부끄러이[부].

남-부럽다[-따][~부러우니·~부러워][형ㅂ] 남의 좋은 점이나 잘되는 것처럼 되고 싶다. ¶ 자식만큼은 남부러울 게 없다.

남부럽잖다[-짠타][형] '남부럽지 아니하다'가 줄어서 된 말. 남보다 못하지 않다. ¶ 남부럽잖게 살게 되었다. *남부럽잖아[-짜나]·남부럽잖은[-짠쏜]

남부-여대(男負女戴)[명][하자] 〔남자는 짐을 등에 지고, 여자는 짐을 머리에 인다는 뜻으로〕'가난한 사람이나 재난을 당한 사람들이 살 곳을 찾아 이리저리 떠돌아다님'을 이르는 말.

남북(南北)[명] 남쪽과 북쪽.

남북(이) **나다**[관용] 머리통의 앞뒤가 보통 이상으로 쑥 나오다.

남북-극(南北極)[-끅][명] 남극과 북극.

남북조^시대(南北朝時代)[-쪼-][명] ①(우리나라 역사상) 남쪽에 신라, 북쪽에 발해(渤海)가 양립하던 시대. 〔699~926〕 ②(중국 역사상) 진(晉)나라에서 수(隋)나라까지의 사이에 중국을 남북하였던, 한인(漢人)의 남조(南朝)와 선비족(鮮卑族)의 북조(北朝)가 대립해 오던 시대. 〔420~589〕

남북-통일(南北統一)**명** 남한과 북한으로 갈려 있는 우리 국토와 겨레가 하나로 되는 일.

남분(濫分)**명** '남분하다'의 어근.

남:분-하다(濫分-)**형여** 분수에 크게 넘치다.

남비명 '냄비'의 잘못.

남:비(濫費)**명하** (돈이나 물건 따위를) 계획 없이 함부로 씀.

남빙-양(南氷洋)[-냥] ⇒남극해(南極海).

남빙-해(南氷海)**명** ⇒남극해(南極海).

남-빛(藍-)[-삣]**명** ⇒남색(藍色). * 남빛이[-삐치]·남빛만[-삔-]

남-사당(男-)**명** (패를 지어) 이곳저곳으로 떠돌아다니면서 노래와 춤을 파는 사내.

남사당-놀이(男-)**명** 남사당패가 관객 앞에서 풍물·버나·살판·어름·덧뵈기·덜미의 여섯 가지 놀이를 차례로 펼쳐 보이는 일.

남사당-패(男-牌)**명** 남사당의 무리.

남사-스럽다[-따][~스러우니·~스러워]**형ㅂ** ⇒남우세스럽다.

남산(南山)**명** 도성(都城)의 남쪽에 있는 산.

남산골-딸깍발이(南山-)[-꼴-] 〔지난날, 남산골에 사는 선비들이 가난하여 갠 날이나 겨울에도 딸깍딸깍 소리가 나는 나막신을 신고 다녔다는 데서〕'가난한 선비'를 농조로, 또는 얕잡아 이르던 말.

남산골-샌님(南山-)[-꼴-]**명** '오기(傲氣)'만 남아 있는 가난한 선비'를 농조로 이르는 말.

남산골샌님이 역적(逆賊) 바라듯관 가난한 사람이 엉뚱한 일을 바라는 경우를 이르는 말.

남산-수(南山壽)**명** 남산과 같이 오래 사는 수명. 〔장수(長壽)를 빌 때 쓰는 말.〕 ¶남산수를 누리소서.

남산-종(南山宗)**명** ⇒계율종(戒律宗).

남:살(濫殺)**명하** (죄가 있고 없고를 가리지 않고) 사람을 함부로 죽임.

남상(男相)**명** 남자의 얼굴처럼 생긴 여자의 얼굴 모양. ↔여상(女相).

남상(을) 지르다관 여자가 남자 얼굴처럼 생기다.

남상(男像)**명** (그림이나 조각에서의) 남자의 형상.

남:상(濫觴)**명** 〔양쯔 강과 같은 큰 강물도 그 시초는 잔을 띄울 만큼 가늘게 흐르는 시냇물이라는 뜻에서〕 사물의 시초. 기원(起源). 근원(根源). '순자(荀子)'의 '자도자편(子道篇)'에 나오는 말임. ¶100년 전의 이 학교 설립이 곧 신교육의 남상이었다.

남상-거리다태 자꾸 남상남상하다. 남상대다. 큰넘성거리다.

남상-남상부하 (점잖지 못한 태도로) 갸웃갸웃 넘어다보는 모양. 큰넘성넘성.

남상-대다태 남상거리다.

남새명 (무·배추 따위와 같이) 심어 가꾸는 푸성귀. 채마(菜麻). 채소(菜蔬). 소채. 〔준〕

남새-밭[-받]**명** 남새를 심는 밭. 채소밭. 채마밭. 채마전. 채전(菜田). 전포(田圃). 포전(圃田). * 남새밭이[-바치]·남새밭을[-바틀]·남새밭만[-반-]

남색(男色)**명** ⇒비역.

남색(藍色)**명** 파랑과 보라의 중간 색. 남빛. 쪽빛. 〔준〕남(藍).

남색-짜리(藍色-)**명** 남색 치마를 입은, 갓 시집온 새색시. 〔참〕홍색짜리.

남생이명 남생잇과의 민물 거북. 등딱지는 암갈색. 길이 18cm가량. 강이나 늪에서 물고기·조개·물벌레 따위를 잡아먹고 삶. 석귀(石龜).

남서(南西)**명** 남쪽과 서쪽의 사이. 서남.

남서-풍(南西風)**명** 남서쪽에서 북동쪽으로 부는 바람. 서남풍.

남서-향(南西向)**명** 남쪽과 서쪽의 중간으로 향한 방향. 서남향.

남선북마(南船北馬)[-붕-] 〔중국에서, 남부에서는 강이 많아 배를 이용하고, 북부에서는 산이 많아 말을 이용한 데서〕①지난날, 중국의 교통수단을 이르던 말. ②쉴 새 없이 여행함을 이르는 말. 북마남선.

남섬-석(藍閃石)**명** 소다(soda)를 함유한, 남빛 또는 푸른빛이 나는 결정체의 각섬석.

남성(男性)¹**명** (성별을 구분하여) 남자, 특히 성인 남자를 이르는 말. ¶젊은 남성. 〔준〕남(男). ↔여성(女性)¹.

남성(男性)²**명** 서구어 문법에서, 단어를 성(性)에 따라 구별한 종류의 한 가지. 〔남성 명사·남성 대명사 따위〕. 〔참〕여성². 중성².

남성(男聲)**명** 남자의 목소리. 〔특히, 성악에서 남자가 담당하는 테너·바리톤·베이스 등의 성부(聲部)를 이름.〕↔여성(女聲).

남성-관(男性觀)**명** 여성이 남성에 대하여 갖는 관점. ↔여성관.

남성-국(南星麴)**명** 한방에서, 생강즙과 백반과 천남성(天南星)을 섞어서 만든 누룩을 이르는 말. 치담(治痰)·치풍(治風)에 쓰임.

남성-미(男性美)**명** 남성으로서의 남자다운 아름다움. ↔여성미.

남성-적(男性的)**관명** 남자다운 (것). 씩씩함, 힘참, 우람함 등 남성다운 성격이나 모습을 지닌 (것). ¶그는 남성적 기백이 부족하다. ↔여성적.

남성-지다(男性-)**형** (여자가) 남자의 성질과 비슷한 데가 있다.

남성̂합창(男聲合唱)**명** 남성들만으로 부르는 합창. ↔여성 합창.

남성̂호르몬(男性hormone)**명** 남성의 정소(精巢)에서 분비되는 호르몬.

남세명하 〈남우세〉의 준말.

남세-스럽다[-따][~스러우니·~스러워]**형ㅂ** 〈남우세스럽다〉의 준말. ¶남세스러워서 다닐 수가 없다. 남세레**부**.

남수(男囚)**명** 남자 죄수. ↔여수(女囚).

남-술(男-)**명** 남자가 쓰도록 만든 숟가락. ↔여술.

남-스님(男-)**명** '남자 중'을 높이어 일컫는 말. ↔여스님.

남-스란치마(藍-)**명** 남빛 비단으로 지은 스란치마.

남승(男僧)**명** 남자 중. ↔여승(女僧).

남:식(濫食)**명하** 음식을 가리지 않고 닥치는 대로 먹음.

남실(藍實)**명** 한방에서, 쪽의 씨를 약재로 이르는 말.

남실-거리다자태 자꾸 남실남실하다. 남실대다. 큰넘실거리다.

남실-남실[-람-]**부** ①하자물이 잔물결을 이루며 나울거리는 모양. ¶남실남실 춤추는 물결. ②하자떠 있거나 가볍게 드리워지듯 나울거리는 모양. ¶서산마루를 남실남실 넘어가는 저녁 해. ③하자자태액체가 그릇에 가득 차서 넘칠 듯이 찰랑거리는 모양. ④하태살그머니 남상거리는 모양. 큰넘실넘실.

남실-대다자태 남실거리다. ¶잔물결이 산들바람에 남실댄다.

남실-바람圈 풍력 계급의 제2등급의 바람. 초속 1.6~3.3 m. 바람이 얼굴에 느껴지고 나뭇잎이 살랑거리며 풍향계가 움직이고, 해면은 잔물결이 뚜렷이 일어남. 경풍(輕風).

남실-하다 Ⅰꀊ어 ①물이 잔물결을 이루며 너울거리다. ②떠 있거나 가볍게 드리워진 것이 너울거리다.
Ⅱ타어 살그머니 남상거리다.
Ⅲ形어 액체가 그릇에 가득 차서 넘칠 듯하다.

남십자-성(南十字星) [-짜-]圈 남십자자리에 있는 알파·베타·감마·델타의 네 별을 이르는 말. [대각선을 이으면 '十' 모양이 됨.]

남십자-자리(南十字-) [-짜-]圈 남천(南天)의 은하(銀河) 속에 있는 작은 별자리. [수성(首星)을 비롯한 네 별이 '남십자성'으로 유명함.]

남아(男兒)圈 ①남자. ¶ 대한 남아. ②사내아이. ¶ 남아를 선호하다. ②↔여아(女兒).

남아-나다ꀊ 끝까지 남다. 제대로 성하게 남다. ¶ 아이들 장난이 심해서 남아나는 물건이 없다.

남아-돌다[~도니·~돌아]ꀊ 아주 넉넉하여 나머지가 많이 있게 되다. 남아돌아가다. ¶ 식량이 남아도는 형편이다.

남아돌아-가다ꀊ ⇨남아돌다.

남-아메리카(南America)圈 육대주(六大洲)의 하나. 파나마 이남의 삼각형의 대륙. 남미.

남악(男樂)圈 지난날, 외빈을 위한 궁중 연회에서 무동(舞童)에게 시키던 정재(呈才). ↔여악.

남안(南岸)圈 (강·바다·호수의) 남쪽 기슭.

남양(南洋)圈 태평양의 적도를 중심으로 하여 그 남북에 걸친, 섬이 많은 지역, 또는 그 지역의 바다.

남여(籃輿)圈 뚜껑이 없이 의자처럼 생긴 가마의 한 가지. 남여 緩步ᄒᆞ야 山映樓의 올나ᄒᆞ니(鄭澈.關東別曲).

남-오미자(南五味子)圈 목련과의 상록 만목(蔓木). 높이 3 m가량. 길둥근 혁질(革質)의 잎이 어긋맞게 남. 봄에 황백색 꽃이 피고, 가을에 둥근 장과(漿果)가 붉게 익음.

남-옥저(南沃沮) [-옥-]圈 함경남도에 있었던 옛 부족, 또는 이 부족이 세운 나라. 함경북도 지방의 '북옥저'에 대하여 '옥저'라고도 하였으며, 뒤에 고구려에 합쳐졌음.

남요(攬要)圈 요점을 잘 잡음.

남:용(濫用)圈ᄒ타되 함부로 씀. 마구 씀. 난용(亂用)↔. ¶ 직권 남용. /약을 남용한 부작용.

남우(男優)圈 '남배우'의 준말. ↔여우(女優).

남-우세圈ᄒ자 남에게서 비웃음과 조롱을 받게 됨, 또는 그 조롱이나 비웃음. ᄌ남세.

남우세-스럽다[-따] [~스러우니·~스러워]形 보기에 남우세를 당할 만하다. ᄌ남세스럽다. **남우세스레**틧.

남-움직씨圈 ⇨타동사. ↔제움직씨.

남위(南緯)圈 적도 이남의 위도(緯度). [적도가 0°이고 남극이 90°임.] ↔북위.

남위-선(南緯線)圈 적도 이남의 위선. ↔북위선.

남-유:**럽**(南Europe)圈 남부 유럽. [유럽 남부 지중해 연안 지역.] 남구(南歐). 남구라파.

남-의-나이[나믜-/나메-]圈 '환갑이 지난 뒤의 나이'를 이르는 말.

남의-눈[나믜-/나메-]圈 여러 사람의 시선(視線). 남의 이목(耳目). ¶ 남의눈이 두렵다.

남의-달[나믜-/나메-]圈 해산할 달의 그 다음 달. [해산할 달을 넘기는 경우에 이르는 말.] ¶ 산월을 넘기어 남의달에 태어나다.

남의달-잡다[나믜-따/나메-따]ꀊ 아이를 해산할 달의 그 다음 달에 낳게 되다.

남의집-살다[나믜-쌀-/나메-쌀-] [~사니·~살아]ꀊ 남의 집 일을 해 주고 그 집에 살다.

남의집살-이[나믜-싸리/나메-싸리]圈ᄒ자 남의 집에 살면서 그 집 일을 해 주는 생활, 또는 그 사람. [머슴살이·식모살이 따위.] 고용살이.

남인(南人)圈 조선 선조 때의 사색당파(四色黨派)의 하나. 이산해(李山海)를 중심으로 한 북인에 대하여, 유성룡(柳成龍)·우성전(禹性傳) 등을 중심으로 한 당파, 또는 그에 딸린 사람.

남자(男子)圈 ①남성인 사람. 사나이. ↔여자. ②사내다운 사내. ¶ 그분은 남자 중의 남자였지.

남자-관계(男子關係) [-계/-게]圈 이성으로서 남자와 사귀는 일. ↔여자관계.

남-자극(南磁極)圈 ⇨자남극.

남자-색(藍紫色)圈 쪽빛을 띤 보랏빛.

남작(男爵)圈 오등작(五等爵)의 다섯째 작위. [자작의 아래.] ᄌ남.

남:작(濫作)圈ᄒ타 (글 따위를) 질(質)을 생각하지 않고 마구 많이 지음.

남장(男裝)圈 여자가 남자처럼 차림, 또는 그런 차림새. ¶ 남장한 여인. ↔여장(女裝).

남전북답(南田北畓) [-땁]圈 [밭은 남쪽에, 논은 북쪽에 있다는 뜻으로] '가지고 있는 논밭이 여기저기 흩어져 있음'을 이르는 말. ¶ 남전북답 기경(起耕)하여 함포고복(含哺鼓腹)하여 보세(烈女春香守節歌).

남점(南點)圈 [-쩜]圈 지평선과 자오선이 만나는 점 가운데서 천구의 남극에 가까운 점.

남정(男丁)圈 ①지난날, 열다섯 살 이상의 장정(壯丁)을 이르던 말. ②젊은 남자.

남정(男情)圈 남자의 정.

남정(南征)圈ᄒ자 남쪽을 정벌함.

남정-가(南征歌)圈 조선 명종 때 양사언(楊士彦)이 지은 가사. [을묘왜변 때 남정군으로서 왜병을 물리친 일을 읊은 내용.]

남정-네(男丁-)圈 여자들이, '사내'를 속되게 일컫는 말. 참아낙네.

남정-북벌(南征北伐) [-뻘]圈ᄒ자 남쪽의 적을 정복하고, 연이어 북쪽의 적을 토벌함. [곧, 여기저기서 전쟁에 종사하느라고 편안한 날이 없음을 뜻하는 말.]

남:제(濫製)圈ᄒ타 ⇨남조(濫造).

남조(南朝)圈 중국 남북조 시대(南北朝時代)에 강남(江南)에서 일어난 송(宋)·제(齊)·양(梁)·진(陳)의 네 왕조를 통틀어 이르는 말. [서기 420~589년까지 계속되었음.]

남:조(濫造)圈ᄒ타 (품질 따위는 생각하지 않고) 마구 많이 만듦. 남제(濫製).

남존-여비(男尊女卑) [-녀-]圈 남성을 존중하고 여성을 비천하게 여기는 일. ↔여존남비.

남종(南宗)圈 ①중국의 혜능(慧能)을 종조(宗祖)로 하는 선종(禪宗)의 한 파. ②〈남종화(南宗畫)〉의 준말.

남종-화(南宗畫)圈 중국 회화의 이대 계보(二大系譜)의 하나. 당(唐)나라의 왕유(王維)에서 비롯되는데, 화제(畫題)는 산수(山水)가 중심이고, 주로 수묵(水墨)으로 그려지며, 문학적인 점이 특색임. ᄌ남종·남화. ↔북종화.

남좌여우(男左女右)圈 음양설에서, 왼쪽이 양이고 오른쪽이 음이라 하여 남자는 왼쪽을, 여자는 오른쪽을 소중히 여기는 일. [맥, 손금, 자리 같은 것도 남자는 왼쪽을, 여자는 오른쪽을 취함.]

남중(南中)명 ①☞남도(南道). ②하자천체가 자오선을 통과하는 일. 〔주로, 태양과 달에 대하여 이름.〕¶태양이 남중하는 정오.

남중-일색(男中一色)[-쌕]명 얼굴이 뛰어나게 잘생긴 남자.

남지(南至)명 〔동지(冬至)에 해가 남회귀선까지 이르는 데서〕'동지'의 딴 이름. ↔북지(北至).

남지(南枝)명 남쪽으로 벋은 나뭇가지. 곧, 햇볕을 잘 받는 가지.

남-직(濫職)명 분수에 넘치는 관직(官職).

남진(옛)사내. 남편. ¶남진과 겨집гл 굴히요미 이시며(內訓1:21).

남진(南進)하자 남쪽으로 나아감.

남진-겨집명 (옛)사내와 계집. 부부(夫婦). ¶머리터리롤 미자 남진겨집비 드외요니(杜初8:67). /남진겨집비 업고(月釋1:42).

남짓[-짇]의하형 (분량·수효·무게 따위가)'일정한 기준보다 조금 더 되거나, 어떠한 한도에 차고 조금 남음이 있음'을 뜻하는 말. ¶한 달 남짓. /쌀 두 되 남짓. /500명 남짓. **남짓-이**부.
　* 남짓이[-지시]·남짓만[-진-]

남-징(濫徵)명하타 (돈이나 곡식 따위를) 규정에 벗어나게 마구 거둠.

남-쪽(南-)명 해 돋는 쪽을 향하여 오른쪽이 되는 방향. 남극을 가리키는 쪽. 남. 남녘. 남방. 마주. ↔북쪽.

남창(男唱)명 ①국악에서, 여자가 남자 목소리로 부르는 노래. ↔여창(女唱). ②남자가 부르는 노래.

남창(男娼)명 남색(男色)을 파는 일을 업으로 하는 남자.

남창(南倉)명 조선 시대에, 금위영(禁衞營)에 딸린 곳간을 이르던 말.

남창(南窓)명 남쪽으로 난 창. ↔북창(北窓).

남창-여수(男唱女隨)[-녀-]명하자 남자가 주장하고 여자가 따라서 함. 鬘부창부수(夫唱婦隨).

남천(南天)명 남쪽 하늘. ↔북천(北天).

남천(南天)²명 매자나뭇과의 상록 관목. 중국 원산의 관상용 식물인데, 높이는 2m가량. 줄기는 여러 갈래로 돋아 자라지만 가지는 돋지 않으며, 잎은 버들잎 모양이나 가장자리가 밋밋함. 초여름에 희고 작은 꽃이 피며, 지름 7〜8mm의 둥근 열매가 가을에 붉게 익음. 남천촉(南天燭).

남천-촉(南天燭)명 ☞남천(南天)².

남-철릭(藍-)명 조선 시대에, 당상관(堂上官)인 무관이 입던 남빛의 철릭.

남첩(男妾)명 여자에게 얻어먹으며, 그 정부(情夫) 노릇을 하는 남자.

남청(藍靑)명 짙고 검푸른 빛.

남초(南草)명 '담배'를 이전에 이르던 말.

남촌(南村)명 ①남쪽에 있는 마을. ②조선 시대에, 서울 안의 남쪽에 있는 동네들을 이르던 말. ↔북촌.

남측(南側)명 ①남쪽. ②(서로 마주하고 있을 때의) 남쪽에 자리한 쪽. ¶남측 대표와 회담하다. ↔북측.

남-치(南-)명 남쪽 지방의 산물(産物), 또는 생물(生物). ↔북치.

남-치마(藍-)명 남빛의 치마. 〔조선 시대, 여자 예복의 한 가지였음.〕

남침(南侵)명하자 북쪽에서 남쪽을 침략함. ↔북침.

남탕(男湯)명 공중목욕탕에서, 남자만이 목욕하게 되어 있는 곳. ↔여탕(女湯).

남파(南派)명하타되자 남쪽으로 파견함(보냄). ¶간첩을 남파하다.

남편(男便)명 혼인하여 여자의 짝이 되어 사는 남자로, 그 여자에 대하여 일컫는 말. 부서(夫壻). 鬘부군(夫君). ↔아내.

남포(←lamp)명 도화선 장치를 하여, 폭발할 수 있게 만든 폭발약.

남포(←lamp)명 ☞남포등.

남포-꾼명 남포질을 하는 일꾼.

남포-등(←lamp燈)명 석유를 연료로 하는 서양식 등잔. 〔불을 켜는 심지의 둘레를 유리로 만든 등피(燈皮)를 씌운 것.〕양등(洋燈). 남포.

남포-질하자 남포를 터뜨려 바위 따위를 깨뜨리는 일.

남포-구멍[-포꾸-/-폰꾸-]명 남포를 넣어서 터뜨리려고 바위에 뚫어 놓은 구멍.

남폿-돌[-포똘/-폰똘]명 남포를 놓아서 캐 낸 석재(石材).

남폿-불(←lamp-)[-포뿔/-폰뿔]명 남포등에 켜 놓은 불.

남풍(南風)명 남쪽에서 북쪽으로 부는 바람. ↔북풍. 鬘마파람.

남하(南下)명하자 남쪽으로 내려감, 또는 내려옴. ¶청나라의 대군이 남하하다. ↔북상(北上).

남:-하다(濫-)하형 (분수 밖의 일을 하여) 외람하다. 죄송하다.

남학(南學)명 ①조선 시대에, 서울 남부에 둔 사학(四學)의 하나. ②중국 남북조 시대에, 남조(南朝)에 발달한 학풍. ②鬘북학(北學).

남-학생(男學生)[-쌩]명 남자 학생. 남자 생도. ↔여학생.

남한(南韓)명 ①(8·15 광복 이후의) 북위 38도선 이남의 한국. ②(6·25 전쟁 이후의) 휴전선 이남의 한국.

남-한대(南寒帶)명 남극권(南極圈)에 속하는 지역. 〔남위 66˚33′ 이남인 한대로, 반 년은 낮이고 반 년은 밤임.〕↔북한대.

남항(南航)명하자 남쪽으로 항행함.

남해(南海)명 남쪽에 있는 바다.

남해-안(南海岸)명 남쪽 해안.

남행(南行)명하자 남쪽으로 감. 남쪽 지방으로 감. ¶새벽에 남행 열차를 타다.

남행(南行)²명 ☞음직(蔭職).

남행-초사(南行初仕)명하자 남행으로 처음 벼슬길에 오름.

남향(南向)명하자 남쪽을 향함, 또는 그 방향. ↔북향.

남향-집(南向-)[-찝]명 대청이 남쪽을 향해 있는 집. ↔북향집.

남향-판(南向-)명 (집터나 묏자리 따위가) 남쪽을 향한 터전.

남:-형(濫刑)명하타 함부로 마구 처형함, 또는 그 형벌.

남혼(男婚)명 아들의 혼사(婚事). ↔여혼(女婚).

남혼-여가(男婚女嫁)[-녀-]명 〔아들을 장가들이고 딸을 시집보낸다는 뜻으로〕'자녀의 혼인'을 이르는 말.

남화(南畫)명 〈남종화(南宗畫)〉의 준말.

남화-장(覽火匠)명 도자기 가마에 때는 불의 정도를 보살피는 사람.

남-회귀선(南回歸線)[-회-/-훼-]명 남위 23˚27′의 위선(緯線). 〔동지 때 태양이 이 선의 바로 위에 옴.〕↔북회귀선. 鬘동지선(冬至線).

남:-획(濫獲)[-획/-훽]명하타 (짐승·물고기 따위를) 마구 잡음. ¶남획으로 멸종한 반달곰.

남훈-태평가(南薰太平歌)몡 시조·잡가·가사를 모아 엮은 순 한글 시가집. 〔엮은이는 알 수 없으나 조선 순조~철종 때의 것으로 짐작됨.〕

남흔여열(男欣女悅)[-녀-]몡하 〔남편과 아내가 다 기뻐한다는 뜻으로〕 '부부 사이가 화락함'을 이르는 말.

낡몡〈옛〉⇨나모.

납몡 금속 원소의 한 가지. 청백색으로 무겁고 연함. 전성(展性)이 풍부하며 열에 녹기 쉬움. 용도는 아주 넓으나 독성(毒性)이 있음. 연(鉛). 〔Pb/82/207.2〕

납몡원숭이. ¶ㄱ르몐 나뵌(杜初15:17). /눈 먼 납 무러시놀(月釋7:5).

납(臘)몡 〈납일(臘日)〉의 준말.

납(蠟)몡 ⇨①밀2. ②밀랍.

납-거미[-꺼-]몡 납거밋과의 절지동물. 몸길이 1cm가량. 몸은 납작하고 작으나, 여덟 개의 발은 비교적 굵고 긺. 주로 집 안의 벽에 집을 짓고 사는데, 밤에 돌아다니며 벌레를 잡아먹음.

납경(納經)[-경]몡하 ①추선 공양(追善供養)을 위하여, 경문을 베껴 여러 곳의 영장(靈場)에 바치는 일. ②순례(巡禮)할 때, 경전 대신 쌀이나 돈을 바치는 일.

납골(納骨)[-꼴]몡하 화장한 유골(遺骨)을 일정한 그릇에 넣어 둠에 모셔 둠.

납골-당(納骨堂)[-꼴땅]몡 유골(遺骨)을 안치하는 건물.

납골-묘(納骨墓)[-꼴-]몡 시체를 화장하여 그 유골을 묻는 무덤. 외형은 봉분과 같지만, 하나의 석관에 여러 개의 유골을 함께 매장하는 점이 다름. 주로 가족묘로 쓰임.

납골-장(納骨場)[-꼴짱]몡 시체를 화장하여 유골을 담아 보관하는 곳.

납공(納貢)[-꽁]몡하 ⇨공납.

납-관(-管)[-꽌]몡 ⇨연관(鉛管).

납관(納棺)[-꽌]몡하 시체를 관에 넣음.

납관(納款)[-꽌]몡하 온 정성을 다하여 복종함.

납금(納金)[-끔]몡하 (공과금·세금·사용료 등의) 돈을 바침, 또는 그 돈.

납기(納期)[-끼]몡 (세금이나 공과금 따위를) 바치는 시기나 기한. ¶납기 안에 세금을 내다.

납길(納吉)[-낄]몡하 혼인 때, 신랑 집에서 혼인 날을 받아 신부 집에 알리는 일.

납다(형)〈옛〉즐겁다. ¶엇디 납디 아니료(正俗 25).

납대대-하다[-때-]형 〈나부대대하다〉의 준말. 큰넙데데하다.

납-덩이[-떵-]몡 납의 덩어리.

납덩이-같다[-떵-갇따]형 ①핏기가 가신 얼굴빛이 납덩이의 빛깔과 같다. ¶사고 소식을 들자 얼굴빛이 납덩이같이 되었다. ②몹시 피로하거나 지쳐서 몸이 무겁고 나른하다. ¶몸이 납덩이같다. ③분위기 따위가 착 가라앉아 무겁다. ¶납덩이같이 가라앉은 분위기.

납-도리[-또-]몡 모나게 만든 도리.

납도리-집[-또-]몡 접시받침과 납도리로 된 집.

납득(納得)[-뜩]몡하 남의 말이나 행동을 잘 알아차려 이해함. ¶잘 납득을 시켜라. /납득이 안 가는 이야기.

납-땜몡하 금이 가거나 부러진 금속 재료를, 그것보다 융점(融點)이 낮은 합금을 이용하여 때우는 일.

납땜-인두[-]몡 납땜에 쓰이는 기구의 한 가지. 〔흔히, 전기를 사용함.〕준땜인두.

납량(納涼)[남냥]몡하 여름에 더위를 피하여 서늘함을 맛봄. ¶납량 특집극.

납뢰(納賂)[남뇌/남눼]몡하 뇌물을 바침.

납매(臘梅)[남-]몡 납월(臘月), 곧 섣달에 꽃이 피는 매화.

납밀(蠟蜜)[남-]몡 ⇨밀초.

납배(納杯)[-빼]몡 ①⇨종배(終杯). ②하 술잔치를 벌임. ¶그만 납배합시다.

납배(納拜)[-빼]몡하 웃어른을 절하고 뵘.

납백(納白)[-빽]몡 ⇨자빡.

납본(納本)[-뽄]몡하 ①발행한 출판물을 본보기로 관계 당국에 냄. ②제책이 다 된 책을, 그것을 위탁한 사람(거래처)에게 넘김.

납봉(-封)[-뽕]몡하 구멍이나 틈을 납으로 메우는 일, 또는 그 납.

납부(納付·納附)[-뿌]몡하 (학교 등 관계 기관에) 공과금이나 수업료·당록·등록금 따위를 냄. 납입(納入). ¶6월은 재산세 납부의 달.

납부-금(納付金)[-뿌-]몡 (학교 등 관계 기관에) 내는 돈. 납입금.

납북(拉北)[-뿍]몡하 북한으로 납치해 감.

납-빛[-삗]몡 푸르스름한 잿빛. •납빛이[-삐치]·납빛만[-삔-].

납상(納上)[-쌍]몡하 (웃어른에게) 보내 드림.

납석(蠟石)[-썩]몡 지방(脂肪)과 같은 광택과 양초와 같은 매끈매끈한 감촉이 있는 광물을 통틀어 이르는 말. 곱돌.

납설(臘雪)[-썰]몡 납일(臘日)에 내리는 눈.

납설-수(臘雪水)[-썰쑤]몡 납설을 받아 두었다가 녹인 물. 〔벌레를 없애는 데나 해독에 좋다는 속설이 있음.〕

납세(納稅)[-쎄]몡하 세금을 바침. 세납. ¶국민으로서 납세의 의무를 다하다.

납세^고:지(納稅告知)[-쎄-]몡 납부해야 할 세액(稅額), 납기(納期), 납부 장소 등을 지정하여 세금을 내도록 알리는 일.

납-세공(蠟細工)[-쎄-]몡 밀랍을 원료로 여러 가지 모양을 만드는 세공. 〔흔히, '양초 세공'이라고도 함.〕

납세-액(納稅額)[-쎄-]몡 내야 할 세금의 액수.

납세필-증(納稅畢證)[-쎄-쯩]몡 간접세의 과세 물품에 대하여 세금을 납부하였음을 증명하는 증지(證紙). 〔해당 물품에 붙이게 되어 있음.〕

납속(納粟)[-쏙]몡 조선 시대에, 나라의 재정 보충과 구호 사업 등을 위하여 곡물과 돈을 바치게 하고, 그 대가로 벼슬을 주거나 면역(免役) 또는 면천(免賤)해 주던 일.

납속(納贖)[-쏙]몡하 속전(贖錢)을 바침.

납속-가자(納粟加資)[-쏙까-]몡 조선 시대에, 흉년이 들거나 병란이 있을 때, 많은 곡식을 바친 사람에게 정삼품의 품계를 내리던 일.

납수(納受)[-쑤]몡하 ①⇨수납. ②소원이나 부탁 따위를 들어줌.

납시다[-씨-]자 나가시다. 나오시다. 〔주로, 임금의 출입에 쓰던 말.〕

납씨-가(納氏歌)몡 조선 태조 2(1393)년에, 정도전(鄭道傳)이 이성계의 무훈을 기리어 지은 악장. 〔악장가사·악학궤범에 실려 전함.〕

납약(臘藥)몡 조선 시대에, 납일(臘日)에 임금이 가까운 신하들에게 나누어 주던 소합환(蘇合丸)·청심환(淸心丸) 따위의 약. 납제(臘劑).

납양(納陽)몡하 양지쪽에서 햇볕을 쬠.

납염(-染)몡하 쇠붙이 그릇에 땜납을 올림.

납월(臘月)몡 '섣달'을 달리 이르는 말.

납-유리(-琉璃)[남뉴-]몡 산화연(酸化鉛)을 함유하는 유리. 빛의 굴절률이 크고 광택이 있으

며, 연하고 가공하기 쉬움. 광학 유리나 보석
의 모조 따위에 쓰임. 플린트 유리.

납육(臘肉)[-뉵] 圈 ①소금에 절인 돼지고기. ②납향
(臘享)에 쓰는 산짐승의 고기. ③납일(臘日)에
제사를 지낼 때 쓰는 산짐승의 고기. 〔약이 된
다고 함.〕

납음(納音) 圈 십이율(十二律)에 각각 있는 '궁·
상·각·치·우'의 오음을, 육십갑자에 배당하여
오행으로 나타낸 말. 〔갑자 을축 해중금(甲子
乙丑海中金) 따위.〕

납의[나븨/나비] 圈하타 ☞납염.

납의(衲衣)[나븨/나비] 圈 검은색의 법의(法衣).

납일(臘日) 圈 (지난날, 조상이나 종묘 또는 사
직에 제사 지내던 날로) 동지 뒤의 셋째 미일
(未日). 〔이 날 납향(臘享)을 올림.〕 납평(臘
平). ⑥납.

납입(納入) 圈하타되자 ☞납부(納付).

납입^고:지서(納入告知書)[-꼬-] 圈 (공과금·
등록금·수업료 따위의) 납입할 금액·날짜·장소
등을 알려 주는 문서.

납입-금(納入金)[-끔] 圈 ☞납부금.

납입-액(納入額)[-끔] 圈 납입하는 금액.

납입^자:본(納入資本)[-짜-] 圈 주주(株主)가
실제로 납입한 자본.

납자(衲子)[-짜] 圈 〔납의(衲衣)를 입은 사람이
란 뜻으로〕 '중'을 달리 일컫는 말.

납작[-짝] 圈하타 ①(말대답을 하거나 무엇을
받아먹을 때) 입을 냉큼 벌렸다가 다무는 모
양. ¶던져 주는 먹이를 납작 받아먹는 원숭이.
②몸을 바닥에 대며 낮게 엎드리는 모양. ¶바
닥에 납작 엎드리다. ⑧넙적.

납작-감[-짝깜] 圈 둥글납작하게 생긴 감. 반시.

납작-거리다[-짝꺼-] 쩌 자꾸 납작납작하다. 납
작대다. ¶한 번만 더 입을 납작거리면 가만 두
지 않겠다. ⑧넙적거리다.

납작-납작[-짱-짝] 圈하타 ①입을 자꾸 냉큼냉
큼 벌렸다가 다무는 모양. ②여럿이 몸을 바닥
에 대며 잇달아 낮게 엎드리는 모양. ⑧넙적넙적.

납작-납작[-짱-짝] 圈하형 여럿이 다 납작한
모양. ⑧넙적넙적.

납작-대다[-짝때-] 타 납작거리다.

납작-보리[-짝뽀-] 圈 기계로 눌러서 납작하게
만든 보리쌀. 압맥(壓麥).

납작스레-하다[-짝쓰-] 형여 납작스름하다.

납작스름-하다[-짝쓰-] 형여 좀 납작하다. 납
작스레하다. 납작스름-히 周.

납작-이[-짜기] 圈 '얼굴이나 머리가 납작하게
생긴 사람'을 조롱하여 이르는 말. ⑧넙적이.

납작이-매듭[-짜기-] 圈 납작한 모양으로 맺은
매듭.

납작-코[-짝-] 圈 (콧날이 우뚝하게 서지 못하
고) 납작하게 주저앉은 코.

납작-하다[-짜카-] 형여 두께가 얇으면서 판판
하다. ¶납작한 쟁반. /코가 납작하다. ⑧넙적
하다. 납작-이 周.

납작-호박[-짜코-] 圈 둥글납작하게 생긴 호박.

납전(拉典)[-쩐] 圈 '라틴'의 한자음 표기.

납전-삼백(臘前三白)[-쩐-] 圈 납일(臘日) 전
에 세 번 눈이 오는 일. 〔이듬해에 풍년이 든
다 함.〕

납제(臘劑)[-쩨] 圈 ☞납약(臘藥).

납조(臘鳥)[-쪼] 圈 납일(臘日)에 잡은 참새. 해
수 따위에 약으로 쓰임.

납주(納主)[-쭈] 圈하자 (제사를 지낸 뒤에) 신
주(神主)를 감실(龕室)에 모심.

납죽[-쭉] 圈하타 ①입을 나부죽하게 벌렸다가
얼른 다무는 모양. ②(가벼운 동작으로) 몸을
나부죽하게 바닥에 엎드리는 모양. ¶납죽 엎
드려 절을 하다. ⑧넙죽.

납죽-거리다[-쭉꺼-] 타 자꾸 납죽납죽하다. 납
죽대다. ⑧넙죽거리다.

납죽-납죽[-쭝-쭉] 圈하타 ①입을 자꾸 나부
죽하게 벌렸다가 얼른얼른 다무는 모양. ②여
럿이 몸을 나부죽하게 바닥에 대며 얼른얼른
엎드리는 모양. ⑧넙죽넙죽.

납죽-납죽[-쭝-쭉] 圈하형 여럿이 다 납죽한
모양. ⑧넙죽넙죽.

납죽-대다[-쭉때-] 타 납죽거리다.

납죽-이[-쭈기] 圈 '얼굴이나 머리가 납죽하게
생긴 사람'을 조롱하여 이르는 말. ⑧넙죽이.

납죽-하다[-쭈카-] 형여 갈쭉하고 넓다. ⑧넙죽
하다. 납죽-이 周.

납^중독(-中毒)[-쭝-] 圈 납 성분에 의한 중
독. 〔구역질·위장병·신경 마비 따위의 증세가
나타남.〕 연 중독(鉛中毒).

납지(蠟紙)[-찌] 圈 밀이나 백랍(白蠟)이나 파
라핀 따위를 먹인 종이. 방습·방수를 위한 포
장용으로 쓰임. 圇파라핀지.

납지(鑞紙)[-찌] 圈 납과 주석의 합금을 종이처
럼 얇게 늘인 것. 과자나 궐련을 싸는 데 씀.
석박(錫箔).

납징(納徵)[-찡] 圈하자 ☞납폐(納幣).

납채(納采)[-채] 圈 장가들 아들을 가진 집에서
신부 집에 혼인을 청하는 의례. 〔요즘은 '납
폐(納幣)'와 같은 뜻으로 쓰이고 있음.〕

납청-장(納淸場) 圈 평안북도 정주군 납청장에
서 만드는 국수는 잘 쳐서 질기다는 데서) '몹
시 매를 맞거나 눌리거나 하여 납작해진 사람
이나 물건'을 비유하여 이르는 말.

납촉(蠟燭) 圈 ☞밀초.

납-축전지(-蓄電池)[-쩐-] 圈 양극에 과산화연
(過酸化鉛), 음극에 해면상연(海綿狀鉛), 전해
액(電解液)에 묽은 황산을 사용한 이차 전지
(二次電池). 연축전지(鉛蓄電池).

납치(拉致) 圈하자 (사람·선박·항공기 따위
를) 강제로 끌고 감. ¶비행기 납치 사건.

납평(臘平) 圈 ☞납일(臘日).

납평-제(臘平祭) 圈하자 ☞납향(臘享).

납평-치(臘平-) 圈하자 납일(臘日)에 비나 눈이
옴, 또는 그 눈이나 비.

납폐(納幣)[-폐/-페] 圈 혼인 때, 신랑 집
에서 신부 집으로 예물을 보내는 일, 또는 그
예물. 흔히, 붉은 비단과 푸른 비단을 보냄.
납징.

납품(納品)하타되자 주문받은 물품을, 그것을
주문한 곳(사람)에 가져다 줌, 또는 그 물품.
¶식당에 채소를 납품하다.

납함(吶喊)[나팜] 圈하자 여러 사람이 일제히
큰 소리를 지름.

납함(納銜·納啣)[나팜]하자 (윗사람에게) 명
함(名衡)을 드림.

납향(臘享)[나퍙] 圈 납일(臘日)에, 그해의 농사
를 비롯한 여러 가지 일을 사뢰기 위하여 지내
는 제사. 납평제(臘平祭).

납형(蠟型)[나폥] 圈 주물(鑄物)의 거푸집을 만
들기 위하여, 주물과 똑같은 모양으로 만든 밀
랍 원형(原型).

납화(蠟畵)[나퐈] 圈 납을 섞은 고형 안료를 열
로 녹여서 쓰는 회화 기법. 〔고대 이집트, 그리
스 등지에서 이용되었음.〕

납회(納會)[나푀/나풰]**명** ①그해에 마지막으로 여는 모임. ②증권 거래소에서, 그해의 마지막으로 여는 입회(立會). ↔발회.

낫[낟]**명** 농가에서, 풀·곡식·나뭇가지 따위를 베는 데 쓰는, 'ㄱ' 자 모양의 연장. * 낫이[나시]·낫만[난—]

낫 놓고 기역 자도 모른다[속담] 〔기역 자 모양으로 생긴 낫을 보면서도 기역 자를 모른다는 뜻으로〕 아주 무식함을 이르는 말.

낫-감기[낟깜—]**명** 〈낫갱기〉의 본딧말.

낫-갱기[낟깽—]**명** 낫자루에 휘어 감은 쇠. 본낫감기.

낫겨츠만(—)〈옛〉한낮이 겨운 때. 한낮이 지난 때. ¶오뉴월 낫겨츠만 삿얼옴 지퓐 우히 즌서리 빗겨티고(古時調).

낫-공치[낟꽁—]**명** 낫의 슴베가 휘어넘어가는 덜미의 두꺼운 부분.

낫콜(—)〈옛〉〔'낡다'의 활용형〕 낡을. ¶고기 콜 낙을 밍ᄀᄂᆞ다(杜解7:4). **참**낛다.

낫낫-하다[난나타—]**형여** '낱낱하다'가 줄어서 된 말. **낫낫-이**■.

낫-돌[낟—]**명** (슴베가 빠지지 않도록) 낫자루에 놀구멍을 꿰어 박는 쇠못. **준**놀².

낫:다¹[낟따][나으니·나아]**자A** (병이나 상처 등) 몸의 이상이 없어지다. ¶부스럼이 낫다. / 두통이 말끔히 낫다.

낫:다²[낟따][나으니·나아]**형A** (서로 견주어) 좋은 점이 더하다. ¶이것이 더 나아 보인다. / 끓여서 먹는 것이 더 낫다.

낫다[나사·나ᄉᆞ면]**자**〈옛〉①나아가다. ¶오직 낫고 믈롬 업수미 일후미 不退心이라(楞解8:18). /나ᅀᆞ며 므르ᄂ 스시에(楞解9:72). /나ᅀᆞᆯ 진:進(訓蒙下26). ②나아가게 하다. 바치다.

낫대질(—)〈옛〉낚싯대. ¶낫대로 막대 삼고 柴扉룰 초자 보쟈(古時調).

낫:-살[낟쌀/낟쌀]**명** 〈나잇살〉의 준말.

낫°아웃(not out) **명** 야구에서, 세 번째 스트라이크가 된 공을 포수가 받지 못했을 때 아웃으로 인정하지 않는 규칙. 공보다 타자가 1루에 빨리 도착하면 진루한다.

낫우다(타) '고치다'의 잘못.

낫:-잡다[낟짭따]**타** (수효·수량·금액·나이 따위를) 좀 넉넉하게 치다. ¶아무리 낫잡아도 만 원이면 충분하다.

낫-질[낟찔]**명하자** (풀이나 나무·곡식 따위를) 낫으로 베는 일.

낫-표(—標)[낟—]**명** 따옴표의 한 가지. 세로쓰기에서 쓰이는 '「 」'표의 이름.

낡다(타)〈옛〉낚다. ¶겨믄 아드룬 바ᄂᆞᆯ 두드려 고기 낫골 낙을 밍ᄀᄂᆞ다(杜解7:4). /낛글 됴:釣(類合下7).

낭명 '낭떠러지'의 방언.

낭객(浪客)**명** 허랑하고 실속이 없는 사람.

낭관(郞官)**명** 조선 시대에, 각 관아(官衙)의 당하관(堂下官)을 이르던 말.

낭군(郞君)**명** (젊은 아내가) '남편'을 정답게 일컫는 말.

낭기-마(郞騎馬)**명** 혼인 때, 신랑이 신부 집에 타고 가는 말.

낭당(郞幢)**명** 신라 진평왕(眞平王) 때 설치하던 군영(軍營)의 이름.

낭도(郞徒)**명** ☞화랑도.

낭도(囊刀)**명** ☞주머니칼.

낭:독(狼毒)**명** 한방에서, '오독도기의 뿌리'를 약재로 이르는 말. 〔체증이나 옴 따위에 쓰임.〕

낭:독(朗讀)**명하타되자** 글을 소리 내어 읽음. ¶선언문을 낭독하다. **비**낭송(朗誦).

낭-떠러지[명] 깎아지른 듯이 급하게 솟았거나 비탈진 벼랑. 현애(懸崖). ¶천만 길 낭떠러지.

낭랑(浪浪) '낭랑(浪浪)하다'의 어근.

낭랑(琅琅) '낭랑(琅琅)하다'의 어근.

낭랑(朗朗) '낭랑(朗朗)하다'의 어근.

낭:랑-하다(浪浪—)[—낭—]**형여** ①정처 없이 떠돌아다니다. ②눈물이 거침없이 흐르다. ③비가 계속 내리다. **낭랑-히**■.

낭랑-하다(琅琅—)[—낭—]**형여** 옥이 서로 부딪쳐 울리는 소리가 맑다. **낭랑-히**■.

낭:랑-하다(朗朗—)[—낭—]**형여** ①소리가 매우 맑고 또랑또랑하다. ¶낭랑한 목소리로 편지를 읽다. **낭랑-히**■.

낭:만(浪漫)**명** 주정적(主情的) 또는 이상적으로 사물을 파악하는 심리 상태. 또는 그런 심리 상태로 인한 감미로운 분위기. ¶젊은이의 꿈과 낭만.

낭:만-적(浪漫的)**관명** 비현실적이며 이상적인 달콤한 것을 구하는 (것). 환상적이며 공상적인 (것). ¶낭만적 성격. /아직 젊은 시절의 꿈 속에서 사는 낭만적인 사람.

낭:만-주의(浪漫主義)[—의/—이]**명** ①18세기 말에서 19세기 초에 걸쳐 유럽에서 일어난 예술상의 사조(思潮). 고전주의에 반대하여, 자유로운 공상의 세계를 동경하였으며, 개성·감정·정서를 중요시하였음. ②꿈이나 공상의 세계를 동경하고 감상적인 정서를 좋아하는 정신적 경향. 로맨티시즘. **참**고전주의.

낭:-파(浪派)**명** ①낭만주의를 신봉하는 사람. ②낭만주의의 문학가, 또는 예술가. ③달콤한 정서나 꿈, 또는 공상을 즐기는 사람.

낭:미-초(狼尾草)**명** ☞강아지풀.

낭:보(朗報)**명** 기쁜 소식. 반가운 소식. ¶우리 선수가 우승하였다는 낭보가 전해졌다.

낭:비(浪費)**명하타** (돈·물건·시간·노력 따위를) 헛되이 씀. ¶예산을 낭비하다. **비**허비.

낭:비-벽(浪費癖)**명** 낭비하는 나쁜 버릇.

낭:사(浪士)**명** 언행이 허랑한 사람.

낭:사(浪死)**명하자** 헛된 죽음. 개죽음.

낭상(囊狀)**명** 주머니처럼 생긴 모양.

낭:선(狼筅)**명** ①십팔기(十八技), 또는 무예 이십사반의 하나. 보졸(步卒)이 낭선창을 가지고 하는 무예. ②〈낭선창〉의 준말.

낭:선-창(狼筅槍)**명** 창대에 층층이 여러 개의 짧은 가지가 달려 있는 창. 〔가지 끝마다 날카로운 날이 있음.〕 **준**낭선.

낭:설(浪說)**명** 터무니없는 헛소문. 뜬소문. ¶낭설을 퍼뜨리다. /유에프오가 나타났다는 소문은 낭설이었다.

낭성-대[—때]**명** 긴 작대기. 장대.

낭-세포(娘細胞)**명** 세포 분열에 의하여 생긴 두 개의 세포. 〔분열하기 전의 세포(모세포)에 대하여 이르는 말.〕 ↔모세포(母細胞).

낭속(廊屬)**명** 지난날, 사내종과 계집종을 통틀어 이르던 말.

낭:-송(朗誦)**명하타** (시나 문장 따위를) 소리 내어 읽거나 욈. ¶자작시를 낭송하다. **비**낭독(朗讀).

낭습-증(囊濕症)[—쯩]**명** 한방에서, 불알이 축축한 증세를 이르는 말.

낭:시(曩時)**명** 접때. 접대. 낭일(曩日).

낭:아(狼牙)**명** 한방에서, '짚신나물의 뿌리'를 약재로 이르는 말. 〔해독제나 구충제로 쓰임.〕 견아(犬牙). 낭치(狼齒). 아자(牙子).

낭:아-초(狼牙草)**명** ①콩과의 낙엽 활엽 관목. 높이는 50 cm가량 자라며, 가로로 가지를 많이 침. 잎은 깃 모양의 겹잎인데 어긋맞게 남. 7~8월에 연한 홍색 꽃이 피고, 길쭉한 열매 속에 대여섯 개씩의 씨가 들어 있음. ②짚신나물.

낭:연(狼煙)**명** ☞봉화(烽火).

낭:월(朗月)**명** 맑고 밝은 달.

낭:유(浪遊)**명하자** 하는 일 없이 돌아다니면서 놂. 허랑하게 놂.

낭:유-도식(浪遊徒食)**명하자** 하는 일 없이 헛되이 놀고먹음.

낭:음(朗吟)**명하타** (시, 특히 한시나 시조를) 소리 내어 읊음.

낭:인(浪人)**명** 마땅한 일자리가 없거나 때를 만나지 못하였거나 하여, 놀고 있는 사람.

낭:일(曩日)**명** 지난번. 낭시(曩時). 낭자(曩者).

낭자명 ①여인의 예장(禮裝)에 쓰던 딴머리의 한 가지. 〔쪽 찐 머리 위에 얹어 긴 비녀를 꽂음.〕 ②☞쪽1.

낭자(郎子)**명** 지난날, 남의 집 '총각'을 점잖게 이르던 말.

낭자(娘子)**명** 지난날, 남의 집 '처녀'를 점잖게 이르던 말. ¶낭자, 지나가는 과객이온데 목이 몹시 마르니 물 한 바가지만 주오.

낭자(狼藉)'낭자하다'의 어근.

낭:자(曩者)**명** 지난번. 접때. 낭일(曩日).

낭자-군(娘子軍)**명** 여성들로 조직된 선수단이나 단체를 이르는 말. ¶해외 원정 경기에서 우리의 낭자군이 국위를 떨쳤다.

낭:자-야심(狼子野心)**명** (이리와 같은 야심이란 뜻으로) '엉큼한 심보'를 비유하여 이르는 말.

낭:자-하다(狼藉-)**형여** ①(물건이나 피 따위가) 마구 흩어지거나 얼룩져 있어 어지럽다. ¶유혈이 낭자하다. ②왁자지껄하고 시끄럽다. ¶낭자하게 떠들어 대다.

낭장(郎將)**명** 고려 시대에, 무관의 정육품마 벼슬. 중랑장(中郎將)의 아래, 별장(別將)의 위.

낭재(郎材)**명** 신랑감.

낭:적(浪跡·浪迹)**명** 정처 없이 떠돌아다닌 자취.

낭중(郎中)**명** ①지난날, 남자 무당의 한 가지. ②고려 시대에, 육조(六曹)·육부(六部)의 정오품 벼슬. 시랑(侍郎)의 다음.

낭중(囊中)**명** 주머니 속.

낭중-물(囊中物)**명** 〔주머니 속의 물건이란 뜻으로〕'자기 손아귀에 들어 있어 마음대로 할 수 있는 것'을 비유하여 이르는 말.

낭중지추(囊中之錐)**명** 〔주머니 속의 송곳이란 뜻으로〕'유능한 사람은 숨어 있어도 자연히 그 존재가 드러나게 됨'을 비유하여 이르는 말.

낭중-취물(囊中取物)**명** 〔주머니 속의 물건을 취한다는 뜻으로〕'손쉽게 얻을 수 있음'을 비유하여 이르는 말. '사기(史記)'의 '평원군열전(平原君列傳)'에 나오는 말임. 탐낭취물(探囊取物).

낭:질(狼疾)**명** '아주 고약한 성질이 고질이 되어 있음'을 이르는 말.

낭창(踉蹌)**명하형** 걸음걸이가 비틀거리거나 허둥대어 안정되지 아니함.

낭창-거리다자 자꾸 낭창낭창하다. 낭창대다. ⑫능청거리다.

낭창-낭창하자 (줄이나 가는 막대기 따위가) 탄력성 있게 휘어지거나 흔들리는 모양. ¶낭창낭창한 회초리. ⑫능청능청.

낭창-대다자 낭창거리다.

낭축-증(囊縮症)[-쯩]**명** 한방에서, 중병 따위로 원기가 허해져서 불알이 오그라드는 증세를 이르는 말.

낭충(囊蟲)**명** 조충의 유충(幼蟲). 〔주머니 또는 달걀 모양이며, 중간 숙주(宿主)의 조직 속에 기생함.〕

낭:치(狼齒)**명** ☞낭아(狼牙).

낭탁(囊橐)**명** ①주머니. ②하타 자기 차지로 만듦, 또는 그런 물건. 아람치. ¶이건 자네 낭탁일세.

낭:탕(莨菪)**명** ☞미치광이풀.

낭:탕-자(莨菪子)**명** 한방에서, '미치광이풀의 씨'를 약재로 이르는 말. 〔마취제나 진정제로 쓰임.〕 천선자(天仙子).

낭:파-초(狼把草)**명** ☞가막사리.

낭:패(狼狽)**명하자되자** (실패나 사고를 당하여) 난감한 처지가 됨. ¶졸지에 부모를 잃었으니 아이들의 일이 낭패로구나.

낭패(를) 보다관용 낭패를 당하다.

낭:패-스럽다(狼狽-)[-따] [~스러우니·~스러워]형비 난감한 처지나 상태에 있다. ¶낭패스러운 일. 낭패스레부.

낭핍(囊乏)**명하형** (주머니가 비어 있다는 뜻으로) 가진 돈이 없음.

낭하(廊下)**명** ①행랑. ②☞복도(複道).

낭:화(浪花)**명** 밀국수의 한 가지. 〔보통 국수보다 굵고 넓게 만들어 장국에 넣고 끓임.〕

낮[낟]**명** ①해가 뜰 때부터 질 때까지의 동안. ↔밤1. ②〈한낮〉의 준말. *낮이[나지]·낮만[난-]

낮-거리[낟꺼-]**명하자** 낮에 하는 성교(性交).

낮-결[낟껼]**명** 한낮으로부터 저물 때까지를 둘로 나눈 앞 절반. *낮결이[낟껴리]·낮결을[낟껴를]·낮결만[낟껼-]

낮-교대(-交代)[낟꾜-]**명하자** 낮과 밤으로 번갈아며 일하는 경우, 낮에 드는 대거리. ↔밤교대.

낮다[낟따]**형** ①높이의 정도가 작다. ¶낮은 산. ②지위·수준 따위가 떨어져 있다. ¶계급이 낮다. /문화 수준이 낮다. ③질이 좋지 못하다. ¶품질이 낮다. ④소리·강도 따위가 약하다. ¶낮은 목소리. ⑤온도·습도·위도 따위가 높지 않다. ¶낮은 온도. ↔높다. *낮아·낮고[낟꼬]

낮-대거리(-代-)[낟때-]**명하자** 광산에서, 밤과 낮으로 패를 갈라 일할 때) 낮에 들어가 일하는 대거리. ↔밤대거리.

낮-도깨비[낟또-]**명** ①낮에 장난을 친다는 도깨비. ②'염치도 체면도 없이 난감한 짓을 함부로 하는 사람'을 비유하여 이르는 말.

낮-도둑[낟또-]**명** ①낮에 남의 물건을 훔치는 도둑. ②'체면을 가리지 않고 제 욕심만 채우는 사람'을 비유하여 이르는 말.

낮-때[낟-]**명** 한낮을 중심으로 한 한동안. ¶거의 낮때나 되어 목적지에 도착하였다.

낮-말[난-]**명** 낮에 하는 말.

낮말은 새가 듣고 밤말은 쥐가 듣는다속담 아무리 비밀로 한 말도 누군가가 듣는다는 뜻으로, 항상 말조심을 하라는 말.

낮-보다[낟-]**타** ☞낮추보다의 준말. ↔돋보다.

낮-수라(←-水刺)[낟쑤-]**명** '점심'의 궁중말.

낮-술[낟쑬]**명** 낮에 마시는 술.

낮은-음(-音)[나즌-]**명** 저음(低音). ↔높은음.

낮은음자리-표(-音-標)**명** 낮은 음역(音域)을 적은 보표임을 나타내는 기호. 〔오선의 넷째

줄이 '바' 음임을 나타냄. 기호는 ♭〕 저음부 기
호. 베이스 클레프. 바음자리표. ↔높은음자리표.
낮-일[난닐]圀하짜 낮에 하는 일. ↔밤일.
낮-잠[낟짬]圀 낮에 자는 잠. 오수(午睡). 오침
(午寢). 주침(晝寢). ↔밤잠.
낮잠(을) 자다판융 ①게으름을 피우고 있다.
②요긴하게 쓰일 물건이, 쓰이지 못하고 버려
져 있다. ¶비싼 값으로 들여온 기계가 창고
안에서 낮잠 자고 있다.
낮-잡다[낟짭따]囤 ①실제의 값어치보다 낮게
치다. ②(남을) 대수롭지 않게 여기다. ¶그를
낮잡아 보다가는 큰코다친다.
낮-참[낟-]圀 점심 전후의 잠시 쉬는 동안, 또
는 그때 새참으로 먹는 음식.
낮추[낟-]튀 낮게. ¶새 떼가 들판 위를 낮추
날고 있다. ↔도두.
낮-추다[낟-]囤 ①『'낮다'의 사동』 낮게 하다.
¶굽을 낮춘 구두. /자리를 낮추다. ②말을 하
대(下待)하여 쓰다. ¶말을 낮추다. ↔높이다.
낮추-보다[낟-]囤 얕보거나 업신여기다. ¶사
람을 낮추보다. ↔높보다.
낮춤[낟-]圀 말하는 주체나 말을 듣는 이를, 말
의 씀씀이로써 낮추는 일. ↔높임.
낮춤-말[낟-]圀 낮추어 쓰는 말. ('하게'·'해
라' 따위.) ↔높임말.
낮-후(-後)[나투-]圀 한낮이 지난 뒤.
낯[낟]圀 ①얼굴. 면(面). ¶낯을 씻다. ②남을
대할 만한 체면(면목). ¶더는 볼 낯이 없다. /무
슨 낯으로 대하나? * 낯이[나치]·낯만[난-]
낯이 깎이다판융 체면이 손상되다. ¶낯이 깎이
는 짓을 하다.
낯(이) 두껍다판융 뻔뻔스럽고 염치가 없어 부
끄러움을 모르다. ¶어떻게 낯 두껍게 또 손을
내미느냐.
낯(이) 뜨겁다판융 남 보기가 부끄러워 얼굴이
달아오르다.
낯이 있다판융 안면이 있다. ¶그녀와는 낯이
있는 사이다.
낯圀 (옛) 낱. ¶네 나츨 메여 오고 마니(杜初
25:2). /一萬 나츨 버혈디로다(杜初21:5).
낯-가리다[낟까-]짜 (어린아이가) 낯선 사람을
대하기 싫어하다.
낯-가림[낟까-]圀하짜 어린아이가 낯선 사람을
대하기 싫어하는 일. ¶나이가 세 살인데 아직
도 낯가림을 한다오.
낯-가죽[낟-]圀 얼굴 껍질을 이루는 살가죽.
낯가죽(이) 두껍다판융 뻔뻔스럽고 염치가 없
다. 얼굴이 두껍다.
낯-간지럽다[낟깐-따][~간지러우니·~간지러
워]囿ㅂ 마음에 찔리거나 염치가 없어서 남 보
기에 거북스럽고 부끄럽다. ¶아무 한 일도 없
이 상을 받다니, 낯간지러운 일이다.
낯-나다[난-]짜 체면을 세우다. 생색이 나다.
낯-내다[난-]짜 생색을 내다. ¶곗돈으로 낯내다.
낯-면(-面)[난-]圀 한자 부수의 한 가지. '視'·
'禮' 등에서의 '面'의 이름.
낯-모르다[난-][~모르니·~몰라]짜튿 누구인
줄 모르다. ¶낯모르는 남자.
낯-바닥[낟빠-]圀 낯의 속된 말.
낯-부끄럽다[낟뿌-따][~부끄러우니·~부끄러
워]囿ㅂ 체면이 서지 않아 남을 대하기가 부끄
럽다.
낯-빛[낟삗]圀 얼굴빛. 안색(顔色). * 낯빛이[낟
삐치]·낯빛만[낟삗-]
낯-살[낟쌀]圀 얼굴의 주름살. ¶낯살을 찌푸리다.

낯-설다[낟썰-][~서니·~설어]囿 ①안면이 없
다. ¶낯선 사람. ②눈에 익지 않아 서먹하다.
¶낯선 타향. /낯선 차가 집 앞에서 서 있다.
낯-알다[나달-][~아니·~알아]짜 얼굴을 알아
보다(기억하다). ¶낯을 알다.
낯-없다[나덥-]囿 너무 미안하여 남을 대할 면
목이 없다. ¶인사를 차리지 못하여 낯없게 되
었다. 낯없-이튀.
낯-익다[난닉따]囿 ①전에 본 기억이 있다. ¶낯
익은 얼굴. ②여러 번 보아서 서먹하지 않다.
¶낯익은 거리.
낯익-히다[난니키-]囤 『'낯익다'의 사동』 얼굴
을 여러 번 대하여 친숙한 느낌이 들게 하다.
낯-짝[낟-]圀 〈낯〉의 속된 말. ¶무슨 낯짝으로
그런 소릴 해?
낱[낟]圀 셀 수 있는 물건의 하나하나. ¶낱으로
사니까 비싸다. * 낱이[나치]·낱을[나틀]·
낱만[난-]
낱-가락[낟까-]圀 (엿이나 가래떡 따위의) 하
나하나의 가락.
낱-값[낟깝]圀 ⇨단가(單價). * 낱값이[낟깝
씨]·낱값만[낟깜-]
낱값-표(-標)[낟깝-]圀 ⇨단가표(單價標).
낱-개(-個)[낟깨]圀 여럿 가운데의 한 개 한
개. ¶낱개로는 팔지 않는다.
낱-개비[낟깨-]圀 (성냥·담배·장작 따위의) 하
나하나의 개비. ¶성냥의 낱개비.
낱-권(-卷)[낟꿘]圀 한 벌로 된 책의 한 권 한
권. ¶전집을 낱권으로 판다.
낱-그릇[낟끄륻]圀 따로따로인 한 그릇 한 그릇.
* 낱그릇이[낟끄르시]·낱그릇만[낟끄른-]
낱-근(-斤)[낟끈]圀 따로따로인 한 근 한 근.
낱-꼬치[낟-]圀 (곶감·건어물 따위의) 따로 된
꼬치의 꼬치 한 꼬치.
낱-낱[난낟]圀 (여럿 가운데의) 하나하나. 개
개. * 낱낱이[난나치]·낱낱을[난나틀]·낱낱
만[난나-]
낱낱-이[난나치]튀 하나하나 빠짐없이 모두.
¶조금도 숨기지 말고 낱낱이 다 아뢰어라.
낱-냥쭝(←一兩重)[난-]圀 따로따로인 한 냥
쭝 한 냥쭝.
낱다짜 (옛) 나타나다. ¶알퓌 나튼면 現前(永嘉
下20). 참낟다.
낱-단[낟딴]圀 따로 된 한 단 한 단.
낱-덩이[낟떵-]圀 따로 된 낱낱의 덩이.
낱-돈[낟똔]圀 돈머리를 이루지 못한 한 푼 한
푼의 돈. 낱푼. ¶낱돈을 저금통에 넣다.
낱-돈쭝(←一重)[낟똔-]圀 따로따로인 한 돈
쭝 한 돈쭝.
낱-동[낟똥]圀 따로따로인 하나하나의 동.
낱-되[낟뙤/낟뛔]圀 따로따로인 한 되 한 되.
¶쌀을 낱되로 사 먹다.
낱-뜨기[낟-]圀 낱개로 파는 물건.
낱-마리[낟-]圀 따로따로인 한 마리 한 마리.
따로따로의 한 마리.
낱-말[낟-]圀 따로따로인 한 말 한 말.
낱-말2[난-]圀 ⇨단어(單語).
낱-못[낟몯]圀 따로따로인 한 못 한 못. 따로따
로의 못. * 낱못이[낟무시]·낱못만[낟몬-]
낱-벌[낟뻘]圀 따로따로인 한 벌 한 벌.
낱-상(-床)[낟쌍]圀 따로따로인 한 상 한 상.
낱-섬[낟썸]圀 따로따로인 한 섬 한 섬.
낱-셈[낟쎔]圀하 개수를 하나하나 세는 셈.
낱-알[나달]圀 하나하나의 따로따로인 알.

날:-자[날짜][명]〔필(疋)이 아닌〕한 자 한 자.
날:-자[-字][날짜][명] ▷자모(字母).
날:-자루[날짜-][명]〔연필·붓·양초 따위의〕낱낱의 한 자루 한 자루.
날:-잔[-盞][날짠][명]〔되나 병으로가 아닌〕잔술의 한 잔.
날:-장(-張)[날짱][명]따로따로인 한 장 한 장.
날:-푼(←-分)[날-][명] ▷날돈.
날:-흥정[나흥-][명][하다]〔도거리로 하지 않고〕낱으로 값을 치는 흥정.
낧[명]〔옛〕나이. 나. ¶나히 하마 아호빌쎄(釋譜6:3).
날:다¹[나타][타]①(사람이나 동물이) 아이 또는 새끼나 알을 몸 밖으로 내놓다. ②어떤 결과를 이루거나 가져오다. ¶모든 사람의 정성이 기적을 낳았다./소문이 소문을 낳다. ③(사회적 환경이나 주변 여건 등이) 어떤 사실이나 인물을 나오게 하다. ¶그는 한국이 낳은 세계적인 바이올린의 연주가다. *낳아[나-]·낳:는[난-]
낧:다²[나타][타]①(솜·털·삼 껍질 따위로) 실을 만들다. ¶모시를 삼아서 실을 낧다. ②실로 피륙을 짜다. ¶베를 낳다. *낳아[나-]·낳는[난-]
낳이[나-][명]①[하다]피륙을 낳는(짜는) 일. ②《고장이나 땅 이름 뒤에 붙어》어디서 난 피륙임을 나타내는 말. ¶고양(高陽)낳이.
내¹[명]연기 따위에서 나는 매운 기운.
내²[명]〈냄새〉의 준말. ¶고소한 내가 난다.
내:³[명]시내보다는 크고, 강보다는 조금 작은 물줄기. 개천.
내⁴[Ⅰ][대]주격이나 보격 조사 '가' 앞에 쓰이는 일인칭 대명사. 〔'나'의 특수 형태.〕¶내가 가겠다./내가 할 일이다.
[Ⅱ][준]'나의'가 줄어든 말. ¶내 생각대로 하겠다.
내가 할 말을 사돈이 한다[속담]①내가 해야 할 말을 남이 가로채어 한다. ②내가 남을 탓하려고 하니 남이 먼저 나를 나무란다.
내 딸이 고와야 사위를 고르지[속담]자기가 든든해야 그에 걸맞은 좋은 것을 바랄 수 있다는 말.
내 밑 들어 남 보이기[속담]자기의 잘못이나 약점을 스스로 드러내는 어리석은 짓을 이른다.
내 밥 먹은 개가 발뒤축 문다[속담]은혜를 갚기는커녕 도리어 배반하는 경우를 이르는 말.
내 손톱[손/손가락]에 장을 지져라[속담]〔손톱을 달구어 장을 지지는 고통을 걸고〕자기의 주장이나 생각 따위가 틀림없음을 강조할 때 하는 말. ¶내 말이 거짓이라면 내 손에 장을 지져라.
내 코가 석 자[속담]자기 일도 막막한 처지라, 남의 사정이나 슬픔을 돌볼 겨를이 없음을 이르는 말.
내:(內)[의]〔공간이나 시간 등〕일정한 한계의 안. ¶기한 내./구역 내.
-내[접미]《때를 나타내는 명사 뒤에 붙어》①'처음부터 끝까지'의 뜻을 나타냄. ¶여름내./겨우내./저녁내. ②'그때까지'의 뜻을 나타냄. ¶마침내./끝내.
내:-가다[자][안에서] 밖으로 가져가다. 내어 가다. ¶들에 점심을 내가다.
내:-각(內角)[명]①수학에서, 서로 만나는 두 직선의 안쪽의 각, 또는 다각형의 안쪽의 각. ②야구에서, 인코너. ¶내각을 찌르는 강속구. ↔외각(外角).
내:-각(內殼)[명]속껍데기. ↔외각(外殼).
내:-각(內閣)[명]①국무 위원으로 조직되어 국가의 행정을 담당하는 행정 중심 기관. ②'규장각'의 딴 이름.

내:각^불신임안(內閣不信任案)[-빨씨니만][명]내각 책임제에서, 내각을 신임하지 않는다는 의회의 결의안.
내:-각사(內各司)[-싸][명]지난날, 궁궐 안에 있던 여러 관청. ↔외각사(外各司).
내:각^책임제(內閣責任制)[명] ▷의원 내각제.
내:-간(內間)[명]▷안녁.
내:-간(內艱)[명]어머니의 상사(喪事), 또는 승중(承重)으로서 당하는 할머니의 상사. 내간상(內艱喪). 내우(內憂). ▷외간(外艱).
내:-간(內簡)[명]부녀자 사이에 주고받는 편지. 내서(內書). 내찰(內札). 안편지.
내:간-상(內艱喪)[명]▷내간(內艱). ▷외간상.
내:간-체(內簡體)[명]①부녀자 사이에 오가던 옛날 편지의 글체. ②고전 문체의 한 가지. 일상어로 말하듯이 써 나간 일기나 수필 따위의 글체.
내:-갈기다[타]①힘껏 때리다. ¶사정없이 뺨을 내갈겼다. ②글씨를 아무렇게나 마구 쓰다. ¶몇 자 내갈겨서 인편에 부치다. ③똥·오줌·침 따위를 아무 데나 마구 싸거나 뱉다. ¶전봇대에 오줌을 내갈기다. ④총·대포 따위를 계속하여 마구 쏘다. ¶기관총을 내갈기다.
내:-감각(內感覺)[명]정신 활동에 의하여 지각되는 감각. 내적 경험.
내:-감창(內疳瘡)[명]한방에서, 입 안이나 잇몸에 나는 부스럼을 이르는 말.
내:-강(內剛)[명]겉으로 보기에는 유순하면서도 속마음이 굳셈.
내:강-외유(內剛外柔)[-외-/-웨-][명][하다] ▷외유내강.
내:-내(內內)[명]봉투 안에 든 편지의 내용.
내:-개(內槪)[명]편지의 주요 내용.
내:-객(內客)[명]▷안손님. ↔외객(外客).
내:-객(來客)[명]찾아온 손. ¶내객을 맞다.
내:-걷다[-따][자][~걸으니·~걸어] 앞을 향해 걷다.
내:-걸다[~거니·~걸어][타]①밖에 내어 걸다. ¶간판을 내걸다. ②어떤 목표·조건 따위를 내놓다. ¶토론 제목으로 여러 신장을 내걸다. ③희생을 무릅쓰다. ¶목숨을 내걸고 달려들다.
내:-걸리다[자]〖'내걸다'의 피동〗내걸음을 당하다. ¶협상 조건에 내걸렸다./가게를 닫는다는 안내문이 내걸렸다./많은 병사의 목숨이 내걸린 무모한 전쟁이었다.
내:-경(內徑)[명]▷안지름.
내:-경험(內經驗)[명]개인의 의식의 경험. 주관적인 경험.
내:-계(內界)[-계/-게][명]①마음속의 세계. 의식의 내면. ②내부 세계.
내:-고(內顧)[명][하다]①집안일을 돌봄. ②처자식 일로 마음을 씀.
내:-골격(內骨格)[명]척추동물의 골격과 같이 몸의 내부에 있는 골격. 〔조개껍데기, 거북의 등딱지 등과 같은 외골격에 대하여 이르는 말.〕
내:-곱다[-따][자]바깥쪽으로 곱아 꺾이다. 〖본〗내굽다. ↔들이곱다.
내:-공(內功)[명]오랜 노력과 수련으로 몸 안에 쌓인 신비한 능력이나 힘. ¶내공을 쌓다.
내:-공(內攻)[명][하다]①병이 겉으로 나타나지 아니하고 안으로만 퍼져 악화되는 상태. 내향(內向). ②정신적 결함이나 타격이 겉으로 나타나지 않고 속으로만 퍼지는 일.
내:-공(內空)[명][하다]속이 비어 있음.

내:공(內供)圐 〈내공목(內供木)〉의 준말.
내:공(來貢)圐[하자] 외국이나 속국의 사신이 와서 공물(貢物)을 바침.
내:공(耐空)圐[하자] (착륙하지 아니하고) 비행을 계속함.
내:공-목(內供木)圐 안감으로 쓰는, 질이 낮은 무명. 왜난목. 준내공.
내:과(內科)圐 의학의 한 분과. 내장의 여러 기관에 생긴 질병을 외과적 수술을 하지 않고, 약이나 물리적 요법에 의하여 치료함. ֎외과(外科).
내:과(內踝)圐 발의 안쪽에 있는 복사뼈. ↔외과(外踝).
내:과-의(內科醫)[-꽈의/-꽈이]圐 내과를 전문으로 하는 의사.
내:과피(內果皮)圐 과피(果皮)의 가장 안쪽에 있는 층(層). ֎외과피·중과피.
내:곽(內廓·內郭)圐 안쪽 테두리. ↔외곽(外廓).
내:관(內官)圐 ☞내시(內侍).
내:관(內棺)圐 관(棺)을 곽(槨)에 대하여 이르는 말.
내:관(內觀)圐[하자] ①심리학에서, 자기의 의식 현상을 의도적·계획적으로 관찰하는 일을 이르는 말. 자기 관찰. 내성(內省). ②불교에서, 자기 자신의 내심(內心)을 관찰하는 일을 이르는 말.
내관(來館)圐[하자자] 박물관·도서관 등 '관(館)'이란 이름이 붙은 기관에 옴(찾아옴)을 뜻하는 말.
내관(來觀)圐[하자] 와서 봄.
내:-광목(內廣木)圐 성기게 짠 질이 낮은 광목. 옷의 안감으로 쓰임.
내:교(內敎)圐 불교에서, 불교 외의 종교에 대하여, 불교를 스스로 이르는 말. 내도(內道). ↔외교.
내:-교섭(內交涉)圐[하자] (정식 교섭에 들어가기 전에) 상대편의 의사를 미리 알아보기 위해서 하는 비공식 교섭. 예비 교섭.
내:구(內寇)圐 내부의 적(敵). 나라 안의 역적(逆賊). ↔외구(外寇).
내:구(內舅)圐 주로 편지 글에서, '외숙(外叔)'의 뜻으로 쓰는 말.
내구(來寇)圐 도적이 쳐들어옴. ¶이웃 나라로부터의 내구가 잦았다.
내:구(耐久)圐[하자] 오래 견딤. 오래 지속함. ¶내구 경기.
내:구-력(耐久力)圐 오래 견디는 힘. ¶내구력이 뛰어난 제품.
내:구-성(耐久性)[-썽]圐 (물질이) 변질되거나 변형되지 않고 오래 견디는 성질.
내:구^소비재(耐久消費財)圐 오래도록 쓸 수 있는 소비재. 〔장롱·텔레비전·냉장고 따위.〕
내:구-재(耐久財)圐 오래도록 쓸 수 있는 재물. 〔'내구 소비재'와 같은 뜻으로 쓰이는 경우가 많음.〕 ↔비내구재.
내:국(內局)圐 내부의 의원(內醫員).
내:국(內國)圐 자기 나라 안. ¶내국 회사.
내:국^관세(內國關稅)[-꽌-]圐 '국내 관세'를 외국과 상대하여 이르는 말. 내지 관세(內地關稅).
내:국^무:역(內國貿易)[-꿍-]圐 국내에 있는 외국인이나 외국 상사와의 상품 거래. 〔외국 무역과 같이 외화 출입을 (外貨出入)의 효과를 나타냄.〕
내:국-민(內國民)[-꿍-]圐 ☞내국인.

내:국민^대:우(內國民待遇)[-꿍-]圐 (재판·세금·재산권 등에 대하여) 외국 국민을 자기 나라 국민과 차별하지 않고 동등하게 대우하는 일. 자국민(自國民) 대우.
내:국-법(內國法)[-뻡]圐 자기 나라의 법률. 국내법.
내:국-산(內國産)[-싼]圐 국내에서 생산된 물건이나 제품. ↔외국산(外國産).
내:국-세(內國稅)[-쎄]圐 국세의 한 가지. 국세 중에서 관세와 톤세(ton稅)를 제외한 것을 통틀어 이르는 말.
내:국^소비세(內國消費稅)[-쏘-쎄]圐 ☞국내소비세.
내:국-인(內國人)圐 자기 나라의 국적을 가진 사람. ↔외국인.
내:국-제(內國製)[-쩨]圐 자기 나라의 제품. ↔외국제.
내:국-채(內國債)圐 국내에서 모집하는 공채(公債). 국채. 내채.
내:국-환(內國換)[-꽌]圐 국내에서 그 결제(決濟)가 이루어지는 환.
내:-굴리다[타] 함부로 내돌려서 천하게 다루다. ¶단단한 물건도 그렇게 내굴리면 금방 고장이 난다.
내:-굽다[-따][자] 바깥쪽으로 굽어 꺾이다. ֎내굽다. ↔들이굽다.
내:규(內規)圐 (회사·단체·관청·학교 등에서) 그 내부에서만 시행되는 규정. 내칙(內則).
내근(內近) '내근하다'의 어근.
내:근(內勤)圐[하자] (관공서·회사 등에서) 밖으로 나다니면서 하는 근무가 아니고, 주로 안에서 하는 근무. ¶내근 기자. ↔외근(外勤).
내:근-하다(內近-)[형여] 부녀자가 거처하는 방과 가깝다.
내:금(內金)圐 치러야 할 돈 중에서 얼마를 미리 치르는 돈.
내:-금위(內禁衛)圐 조선 시대에, 임금을 호위하고 궁궐을 지키는 금군(禁軍)이 딸린 관아.
내:-기명[하자] (금품을 걸거나 어떤 약속 아래) 이기는 짐을 겨루는 일. ¶내기 바둑을 두다.
내:기(耐飢)圐[하자] 굶주림을 견딤.
-내기[접미] ①고장을 나타내는 말 뒤에 붙어, 그 고장 사람임을 뜻함. ¶서울내기. /시골내기. ②일부 어간이나 접두사 뒤에 붙어, '그 정도의 사람임'을 얕잡아 이르는 말. ¶풋내기. /여간내기. /보통내기.
내:-깔기다[타] ①똥·오줌·침 따위를 밖이나 앞을 향해 마구 싸거나 뱉다. ¶도로에 침을 내깔기다. ②알 따위를 아무 데나 마구 낳다. ③말 따위를 갑자기 내뱉다. ④총 따위를 아무 데나 함부로 쏘다. ¶마구 총을 내깔기다.
내:-꽂다[-꼳따][타] 앞이나 밖을 향해 마구 또는 세게 꽂다. ¶그 농부는 호미를 밭에 내꽂고 집으로 뛰어갔다.
내:-끌다[~끄니·~끌어][타] 앞이나 밖을 향해 마구 또는 세게 끌다. ¶아이는 빨리 가자고 엄마의 팔을 내끌었다.
내:나[부] ①결국은. ¶오래 버티던 그도 내나 굴복하고 말았다. ②'일껏'의 방언.
내:낙(內諾)圐 〈내락(內諾)〉의 본딧말.
내남-없이[-남씨][부] 나나 다른 사람이나 다 마찬가지로. ¶내남없이 모두 제 일에 분주하다.
내:-내[부] 처음부터 끝까지. 줄곧. ¶수업 시간 내내 졸다. /선생님 내내 안녕히 계십시오.
내-내년(來來年)圐 ☞내명년(來明年).

내-내월(來來月)圀 내월의 다음 달. ¶내내월이 되어서야 일이 마무리될 것이다.

내년(來年)圀 올해의 다음 해. 명년(明年).

내년-도(來年度)圀 ☞명년도.

내념(內念)圀 마음속의 생각.

내노라-하다㞡 '내로라하다'의 잘못.

내-놓다[-노타]㬉 ①꺼내어 놓거나 밖으로 옮기다. ¶짐을 내놓다. ②가지고 있거나 차지했던 것을 내주다. ¶자리를 내놓다./기부금을 내놓다. ③작품이나 논문 따위를 발표하다. ¶대작을 내놓다. ④의견·요구·문제 따위를 제기하다. ¶조건을 내놓다./타협안을 내놓다. ⑤가두어 두거나 잡아 두었던 것을 놓아주다. ¶닭을 우리에서 내놓다. ⑥버리다. 제외하다. ¶내놓은 자식./나만 내놓고 모두 우등생이다. ⑦팔려는 뜻을 널리 알리다. ¶가게를 내놓다. ⑧드러내 보이다. (《'내놓고'의 꼴로만 쓰임.》) ¶내놓고 자랑할 것이 못 된다. ⑨희생을 무릅쓰다. ¶목숨을 내놓고 싸우다. ⑩음식 따위를 대접하다. ¶손님에게 과자와 차를 내놓다. ⑪신체나 신체의 일부를 겉으로 드러나게 하다. ¶배꼽을 내놓다.

내:다¹㞡 연기나 불꽃이 아궁이로 되돌아 나오다. ¶바람이 부니 불이 내다.

내:다²㬉 ①(돈이나 물건을) 주거나 바치다. ¶세금을 꼬박꼬박 내다. ②(편지 따위를) 보내다. ¶안내장을 내다. ③제기하거나 제출하다. ¶문제를 내다./신청서를 내다. ④거름 따위를 논밭에 가져가다. ¶두엄을 내다. ⑤곡식을 팔려고 내놓다. ¶쌀을 시장에 내다. ⑥음식을 대접하다. ¶점심을 내다. ⑦(출판물을) 발행하다. ¶신문을 내다. ⑧(돈 따위를) 얻다. ¶빚을 내다. ⑨(살림이나 가게 따위를) 새로 차리다. ¶책방을 내다. ⑩(모종 따위를) 논밭에 옮겨 심다. ¶모를 내다. ⑪성적을 처리하다. ¶성적을 내다.

내:다³㬉 ['나다¹'의 사동] ①밖(겉)으로 나가게 하다. ¶이삿짐을 밖으로 내다. ②생기거나 일어나게 하다. ¶소리를 내다./불을 내다. ③밖으로 드러나게 하다. ¶이름을 내다. ④틈(짬)을 만들다. ¶바빠서 시간을 내기가 힘들다. ⑤길을 새로 만들다. ¶통로를 내다. ⑥어떤 상태로서 하다. ¶결말을 내다. / 두 동강을 내다. ⑦윷놀이에서, 말을 날밭 밖으로 나게 하다. ¶두 동을 내다. ⑧(구멍 따위를) 뚫다. ¶구멍을 내다. ⑨힘(기운)을 더하다. ¶좀 더 속력을 내라. ⑩발표하다. ¶광고를 내다.

내:다⁴〔조동〕 동사 어미 '-아'·'-어' 뒤에 쓰이어, 그 동작이 끝내 이루어짐을 나타냄. ¶추위를 이겨 내다./견디어 내다.

내:다-보다㬉 ①안에서 밖을 보다. ¶차창으로 노변 풍경을 내다보다. ②앞일을 미리 헤아리다. ¶백 년 앞을 내다보고 세운 계획.

내:다보-이다㞡 ['내다보다'의 피동] ①밖에 있는 것이 안에서 보이다. ¶창밖으로 바다가 내다보이다. ②안에 있는 것이 밖으로 내다보이다. ¶속살이 내다보이다. ③앞날의 일이 짐작되다. ¶밝은 내일이 내다보이다.

내:다지圀 기둥 같은 데에 마주 뚫은 구멍.

내:-닫다[-따][~달으니·~달아]㞡㬉㓞 갑자기 힘차게 뛰어나가다. 내달리다. ¶돌격 나팔 소리가 울리자 병사들은 일제히 내달아 세운 계획.

내닫기는 주막집 강아지라〔속〕 무슨 일이 있기만 하면, 금세 나서서 무게 없이 왔다 갔다 하는 사람을 이르는 말.

내:닫이-창(-窓) [-다지-]圀 창틀을 벽면보다 바깥쪽으로 내밀어 단 창.

내-달(來-)圀 이달의 다음 달. 내월(來月).

내:-달다[~다니·~달아]㬉 ①밖이나 앞쪽에 달다. ¶밖에 간판을 내달았다. ②같은 방향으로 더 잇다. ¶방을 여러 개 더 내달아 지었다.

내:-달리다㞡㬉 ☞내닫다.

내담(來談)圀 찾아와서 서로 이야기를 나눔. ¶궁금한 것이 있는 분은 내담해 주십시오.

내:당(內堂)圀 ☞내실(內室).

내:-대각(內對角)圀 ①삼각형의 한 외각(外角)과 이웃하지 않은 두 내각을, 그 외각에 대하여 이르는 말. ②사각형의 한 외각에 대하여, 그 꼭짓점과 마주 보는 꼭짓점에서의 내각을 이르는 말.

내:-대다㬉 ①앞으로 불쑥 내밀어 상대에게 접근시키거나 보이다. ¶증거물을 내대다. ②뻣뻣하게 말하거나 거역하며 말하다. ¶어른 앞에서 그렇게 말을 내대는 게 아니다. ③냉대하여 멀리하다. ¶매정하게 내대다.

내:-던지다㬉 ①힘껏 던지다. ②관계를 끊고 돌보지 않다. ¶직장을 내던지다. /가족을 내던지다. ③말을 아무렇게나 하다. ¶한마디 내던지고 돌아서 버렸다. ④어떤 목적을 위하여 희생하다. ¶목숨을 내던지다.

내:도(內道)圀 ☞내교(內敎). ↔외도(外道)¹.

내도(來到)㿧㬉 옴. 도착함. ¶신용장 내도.

내도(來島)㿧 섬에 찾아옴.

내:-도량(內道場)圀 궁궐 안에, 불사(佛事)를 베풀기 위하여 마련한 건물. 내원당(內願堂).

내:-돋다[-따]㞡 밖이나 겉으로 돋아 나오다. ¶땀방울이 송송 내돋다.

내:-돋치다㞡 세게 내돋다. ¶힘을 주자 팔뚝이 힘줄이 내돋쳤다.

내:-돌리다㬉 물건을 함부로 내놓아 남의 손에 가게 하다. ¶경운기를 내돌렸더니 그만 못 쓰게 되었다.

내동(來同)圀㿧 와서 모임. ¶결혼식에 친척이 많이 내동하였다.

내:-동댕이치다㬉 ①(아무렇게나) 힘껏 내던지다. ¶가방을 땅바닥에 내동댕이치다. ②어떤 것을 버리거나 포기하다. ¶자존심을 내동댕이치다.

내:-동원(內東園)圀 울안에 만들어 놓은 조그마한 동산. ¶저 안의 내동원은 예 보던 고면(故面)이요〔烈女春香守節歌〕.

내:-동헌(內東軒)圀 ☞내아(內衙).

내두(來頭)圀 (지금으로부터) 다가올 앞날. 곧, 장래(將來). 전두(前頭).

내:-두다㬉 밖에 내어 두다. ¶모종한 화분을 베란다에 내두다.

내:-두르다[~두르니·~둘러]㬉㓞 ①이리저리 흔들다. 마구 휘두르다. ¶응원기를 내두르다. ②남을 자기 마음대로 이리저리 움직이게 하다. ¶자기 부하를 심하게 내두르다.

내두-사(來頭事)圀 앞날의 일.

내:-둘리다㞡 정신이 아찔하여 어지러워지다. ¶머리가 내둘려 일어나지 못하겠다.

내:-둘리다²㞡 ['내두르다'의 피동] 내두름을 당하다. ¶형들에 내둘리다.

내:-드리다㬉 ['내어 드리다'가 줄어서 된 말로] ①윗사람에게 물건을 내어 주다. ¶작성한 서류를 부장님께 내드리고 결재를 기다렸다./손님께 수건을 내드려라. ②(차지하고 있던 것을) 윗사람에게 넘겨주다. ¶노인께 자리를 내드리다.

내:-들다[~드니·~들어]目 ①앞쪽이나 바깥쪽으로 내어서 들다. ¶사람들은 술잔을 내들어 건배했다. ②예를 들어서 말하다. ¶과장은 지난번 경우를 내들면서 자기 주장을 굽히지 않았다.

내:-디디다目 ①(걸어가기 위하여) 발을 앞으로 옮겨 놓다. ¶길이 험하여 발을 내디디기가 힘들다. ②무슨 일을 시작하다. 《주로, '발을 내디디다'의 꼴로 쓰임.》 ¶교직자로서의 첫발을 내디디다. 囹내딛다.

내:-딛다[-따]目〈내디디다〉의 준말.

내:-떨다[~떠니·~떨어]目 ①(붙은 것이 떨어지도록) 밖으로 대고 냅다 떨다. ¶흙투성이의 옷을 내떨었다. ②(남이 붙잡지 못하도록) 냅다 뿌리치다. ③몸을 몹시 떨다. ¶손을 사시나무처럼 내떨며 무서워하였다.

내:-뚫다[-뚤타]目 이쪽에서 저쪽까지 통하게 뚫다. ¶고개 너머까지 굴을 내뚫었다.

내:-뚫리다[-뚤-]目『'내뚫다'의 피동』 내뚫음을 당하다.

내:-뛰다困 ①냅다 앞으로 뛰어가다. ②힘껏 앞으로 뛰다. ③빠르게 도망쳐 달아나다. ¶경찰이 도착했으나 범인은 내뛰고 없었다.

내:-뜨리다目 사정없이 냅다 던져 버리다. 내트리다.

내:락(*內諾)冔하目 ①비공식으로 승낙함. ¶상대편의 내락부터 얻어 놓고 일을 시작하다. ②남몰래 허락함.

내:란(內亂)冔 ①나라 안에서 일어난 난리. ②정부를 뒤엎을 목적으로 나라 안에서 일으킨 무력 투쟁. 내변(內變).

내:란-죄(內亂罪)[-쬐·-쮀]冔 정부를 전복시키거나 국헌을 문란하게 할 목적으로 폭동을 일으킴으로써 성립되는 죄.

내:람(內覽)冔하目 비공식으로(몰래) 봄.

내:량(耐量)冔 약물을 사용하는 경우, 중독을 일으키지만 죽음에까지는 이르지 않는 약물 사용의 최대량.

내레이션(narration)冔 영화나 방송극 따위에서의, 이야기 형식의 해설.

내레이터(narrator)冔 영화나 방송극 따위에서 내용이나 줄거리를 해설하는 사람.

내려-가다 I困 높은 데서 낮은 데로, 위에서 아래로 움직이어 가다. ¶지하실에 내려가다. /산을 내려가다. ↔올라가다.
II困 ①서울에서 지방으로 가다. ¶고향으로 급히 내려가다. ②값·온도·물가·통계 수치 따위가 낮아지거나 떨어지다. ¶기름 값이 내려가다. /기온이 내려가다. /열이 내려가다. ③뒤로 전하여 가다. ¶후대로 내려가면 환경 문제가 더욱 심각해질 것이다. ④지위·단계·정도 따위가 보다 낮게 옮아가다. ¶계급이 내려가다. ⑤먹은 음식이 잘 소화되다. ¶아침 먹은 것이 아직 다 내려가지 않았다. ①~④올라가다.
III目 아래쪽으로 옮겨 가다. ¶옷장을 아래층으로 내려가다.

내려-놓다[-노타]目 ①(위에 있는 것을) 내려서 아래에 놓다. ¶안고 있던 아기를 내려놓다. /무릎 위에 있는 가방을 바닥에 내려놓다. ↔올려놓다. ②기차나 택시 따위가 승객을 어떤 지점으로 옮겨다 주다. ¶승객을 내려놓다.

내려다-보다困目 ①위에서 아래로 향하여 보다. ¶정상에서 내려다보는 경치. ②(남을) 낮추어 보다. ¶사람을 내려다보는 나쁜 버릇. ↔올려다보다.

내려-디디다目 발을 아래로 내려서 밟다. 囹내려딛다.

내려-딛다[-따]目〈내려디디다〉의 준말.

내려-뜨리다目 (힘없이) 아래로 내려 드리우다. 내려트리다. ¶양팔을 축 내려뜨리다. /가지를 길게 내려뜨린 수양버들.

내려-받기[-끼]冔 ☞다운로드.

내려본-각(-角)冔 어떤 것을 보는 시선이 수평면보다 아래에 있을 때, 그 시선과 수평면이 이루는 각. 부각(俯角). ↔올려본각.

내려-붙이다[-부치-]目 숯불 따위를 불을 피웠던 자리에서 다리미 따위로 옮겨 담다.

내려-서다 I困 높은 데서 낮은 데로 내려서 서다. ¶뜰에 내려서는데 손님이 왔다. ↔올라서다.
II目 낮은 곳으로 가기 위해 높은 곳을 벗어나다. ¶계단을 내려서다.

내려-쏘다困 '내리쏘다'의 잘못.

내려-쓰다[~쓰니·~써]目 (글씨를) 아래쪽에 쓰다.

내려-앉다[-안따]困 ①아래로 내려와서 앉다. ¶비행기가 활주로에 내려앉았다. ②《주로 '가슴'이나 '심장'을 주어로 하여》 몹시 놀라거나 걱정되어 마음이 착가라앉다. ¶가슴이 덜컥 내려앉다. ③낮은 지위로 옮아앉다. ¶평사원으로 내려앉다. ④가라앉거나 꺼져 내리다. ¶지붕이 폭삭 내려앉다. ①③~올라앉다.

내려-오다 I困 ①높은 데서 낮은 데로 향해 오다. ¶지붕에서 내려오다. ②서울에서 지방으로 오다. ¶시골로 내려오다. ③지난날부터 계속되거나 전해 오다. ¶조상 때부터 내려온 풍습. ④(계통을 거쳐) 아래로 전해 오다. ¶상부에서 지시가 내려오다. ①②↔올라오다.
II目 아래쪽으로 옮겨 오다. ¶트럭 위의 짐을 내려오다.

내려-제기다目 위에서 아래로 두들겨 패서 으스러지게 하다.

내려-지다困 ①위에 있던 것이 아래로 옮겨지다. ¶비행기의 짐이 다 내려지다. ②명령·지시 따위가 계통에 따라 전해지다. ¶출동 명령이 내려지다. ③훈장이나 칭호 따위가 주어지다. ¶훈장이 내려지다.

내려-쫓다[-쫀따]目 중앙에서 지방으로 옮겨앉게 하거나 좌천시키다. ¶지방으로 내려쫓다.

내려-찍다[-따]目 날이 있는 도구로 위에서 아래로 찍다. ¶돌로 나무 밑둥치를 내려찍다.

내려-치다目 어떤 대상을 위에서 아래로 힘껏 때리거나 치다. ¶주먹을 탁자에 내려치다. /술잔을 바닥으로 내려치다.

내려-트리다目 내려뜨리다.

내:력(內力)冔 ①물체의 내부에서 서로 작용하는 힘. ②☞응력(應力).

내력(來歷)冔 ①지나온 자취. ¶숭례문의 내력. /장군의 전투 내력. ②☞내림1. ③일정한 과정을 거치면서 이루어진 까닭. ¶일의 내력을 모르다.

내:력(耐力)冔 견디어 내는 힘.

내:력-벽(耐力壁)[-뼉]冔 기둥과 더불어 건물의 무게를 지탱하도록 설계된 벽.

내로라-하다困어 어떤 분야를 대표할 만하다. ¶내로라하는 정계의 인사들이 다 모였다.

내룡(來龍)冔 풍수설에서 이르는, 주산(主山)에서 뻗어 내려온 산줄기.

내:륙(內陸)冔 바다에서 멀리 떨어진 육지. ¶내륙과 해안을 잇는 교통로.

내:륙-국(內陸國) [-꾹]圀 국토의 둘레가 바다와 맞닿지 않은 나라. [스위스·몽골 따위.]

내:륙^기후(內陸氣候) [-끼-]圀 ☞대륙성 기후.

내:륙^빙하(內陸氷河) [-뼁-]圀 산지(山地)에서 내륙까지 넓게 발달한 빙하. 〔규모가 큰 것은 대륙 빙하라 이름.〕

내:륙성^기후(內陸性氣候) [-씽-]圀 ☞대륙성 기후.

내:륙성^하류(內陸性河流) [-씽-]圀 ☞내륙 하천.

내:륙^지역(內陸地域) [-찌-]圀 바다에서 멀리 떨어져 있는, 대륙 내부의 지역.

내:륙^하천(內陸河川) [-류카-]圀 내륙에 있으며 바다로 흘러 들어가지 않는 하천. 〔내륙호(內陸湖)로 흘러 들거나 중간에서 말라 버리고 마 남.〕 내륙성 하류.

내:륙-호(內陸湖) [-류코]圀 내륙에 있으며, 물이 강이나 내가 되어 흘러나오지 않는 호수. 〔사해(死海)·카스피 해 따위로 대개 소금기가 많음.〕

내:륜-산(內輪山)圀 이중 화산에서 외륜산(外輪山) 안쪽에 새로 생긴 화구구(火口丘).

내리閏 ①위에서 아래로 향하여. ¶ 내리 심어 나가다. ②줄곧. 계속해서. ¶ 여름내 내리 덥다.

내리-갈기다囮 ①위에서 아래로 후려치다. ②마구 말하거나 쓰다. ¶ 글씨를 내리갈기다.

내리-긋다 [-귿-] [~그으니·~그어]囮 줄(금)을 아래로 향하여 긋다. 세로로 긋다. ¶ 비스듬히 내리긋었다. ↔치긋다.

내리-깔기다囮 (호스의 물이나 오줌 줄기 따위를) 아래쪽에 대고 힘차게 내쏘다.

내리-깔다 [~까니·~깔아]囮 ①시선(視線)을 아래로 보내다. ②자리를 방 아래쪽에 깔다.

내리-꽂다 [-꼳따]囮 위에서 아래로 힘차게 꽂거나 박다.

내리-꿰다囮 ①위에서 아래로 꿰다. ②내용을 속속들이 알다. ¶ 옆집 사정이라면 숟가락이 몇 개인지 알 정도로 내리꿰고 있다.

내리-내리閏 잇따라 내리. ¶ 내리내리 이어 온 전통.

내리-누르다 [~누르니·~눌러]囮冟 ①위에서 아래로 누르다. ②윗사람이 아랫사람에게 압력을 가하여 꼼짝 못하게 하나. 난압하다. ¶ 부하를 내리누르다. /백성을 내리누르다. ③분위기나 피로 따위가 심한 압박감을 주다. ¶ 피로가 온몸을 내리누르다.

내리다¹囨 ①낮은 데로 옮아가거나 옮아앉다. ¶ 비행기가 활주로에 내리다. ②타고 있던 것에서 밖으로 나오다. ¶ 차에서 내리다. ③비·눈·이슬 따위가 오다. ¶ 풀숲에 이슬이 내리다. ④값이 떨어지다. ¶ 쌀값이 내리다. ⑤온도가 낮아지다. ¶ 체온이 내리다. ⑥살이 빠지다. ¶ 살이 내리다. ⑦먹은 음식이 삭아되다. ¶ 음식이 잘 내리지 않는다. ⑧부었던 살이 가라앉다. ¶ 부기가 내리다. ⑨신(神)이 몸에 접(接)하다. ¶ 신이 내리다. ⑩뿌리가 나서 땅에 박히다. 활착(活着)하다. ¶ 뿌리가 내리다.

내리다²囮 ①(명령·지시·법령 따위를) 주다. 펴다. 알리다. ¶ 지시를 내리다. ②(벌이나 상 따위를) 아랫사람에게 주다. ¶ 큰 상(벌)을 내리다. ③높은 데서 낮은 데로, 위에서 아래로 옮겨 놓다. ¶ 쌀값을 내리다. /짐을 내리다. ④을 가로막아 닫다. ¶ 막(커튼·거적)을 내리다. ⑤결말을 짓다. ¶ 결론을 내리다. ⑥삭이다. 소화하다. ¶ 먹은 것을 잘 내리게 하는 약.

내리다³囮 떡가루에 꿀물이나 맹물을 쳐 가면서 성긴 체에 다시 치다. ¶ 멥쌀가루를 설탕물로 내려서 찌다.

내리다⁴囮 단단한 가루나 씨알 따위가 작다.

내리-닫다 [-따] [~달아·~달아]囨囮ⓒ 아래로 향해 뛰다. ¶ 고개 밑으로 내리달았다.

내리-닫이¹ [-다지]圀 위아래로 오르내려서 여닫게 된 창이나 문. 倢수닫닫이.

내리-닫이² [-다지]圀 바지와 저고리를 한데 붙이고 뒤를 터놓은, 어린아이의 옷.

내리-덮다 [-덥따]囮 ①위에서 아래로 덮다. ¶ 반쯤 내리덮은 눈꺼풀. ②마구 덮다. ¶ 안개가 강을 내리덮고 있다.

내리-뛰다囨 ①위에서 아래로 뛰어내리다. ¶ 담장 위에서 땅으로 내리뛰다. ②위에서 아래쪽을 향하여 뛰다. ¶ 언덕 아래로 내리뛰다. ③갑자기 뛰어나가다.

내리-뜨다 [-뜨니·~떠]囮 눈길을 아래로 하여 뜨다. ↔치뜨다.

내리-막圀 ①아래로 내려가게 되어 있는 비탈. 내리받이. ②한창때가 지나 쇠퇴해 가는 판. ¶ 그의 사업도 내리막인 모양이다. ↔오르막.

내리막-길 [-낄]圀 ①내리막으로 된 길. ②한창 때가 지나 쇠퇴해 가는 상태. ↔오르막길.

내리-매기다 (번호나 차례 따위를) 위쪽에서 시작하여 차례차례 매겨 나가다. ↔치매기다.

내리-먹다 [-따] (번지 따위의 차례가) 위쪽에서 아래쪽으로 매겨져 가다. ↔치먹다.

내리-몰다 [~모니·~몰아]囮 ①위에서 아래로 몰다. ¶ 소 떼를 언덕 아래로 내리몰다. ②사정 없이 마구. ¶ 급한 마음에 차를 내리몰다.

내리-밀다 [~미니·~밀어]囮 아래쪽으로 밀다. ↔치밀다.

내리-박다 [-따] ①위에서부터 아래쪽으로 박다. ②사정없이 마구 박다.

내리박-히다 [-바키-]囨 〔'내리박다'의 피동〕 ①위에서부터 아래쪽으로 떨어져 박히다. ②사정없이 마구 박히다.

내리-받다 [-따] 아래쪽으로 향하여 내받다. ↔치받다.

내리받-이 [-바지]圀 ☞내리막. ↔치받이.

내리-벋다 [-따] Ⅰ囨 아래쪽으로 향하여 벋다. ¶ 내리벋은 가지. 倢내리뻗다. ↔치벋다. Ⅱ囮 위에서 아래로 쭉 펴다. ¶ 다리를 내리벋다. 倢내리뻗다.

내리-붓다 [-붇따] [~부으니·~부어] Ⅰ囨ⓢ 비·눈 따위가 많이 오다. Ⅱ囮ⓢ 위에서 아래로 퍼붓다. ¶ 술잔에 술을 내리붓다.

내리-붙다 [-붇따]囨 아래쪽에 붙다. ¶ 간판이 너무 내리붙었다. ↔치붙다.

내리-비추다囮 위에서 아래로 비추다.

내리-비치다囨 위에서 아래로 비치다.

내리-뻗다 [-따]囨囮 〈내리벋다〉의 센말.

내리-사랑圀 자식에 대한 부모의 사랑. 손자에 대한 조부모의 사랑. ↔치사랑.
　　내리사랑은 있어도 치사랑은 없다屬 부모가 자식을 사랑하는 만큼 자식이 부모를 사랑하기는 어렵다는 말.

내리-쉬다囮 들이마신 숨을 길게 내뱉다. ¶ 한 숨을 내리쉬다. ↔치쉬다.

내리-쏘다囮 (활·총 따위를) 위에서 아래를 보고 쏘다. ↔치쏘다.

내리-쏟다 [-따]囮 (액체·가루 따위를) 위에서 아래로 부어 내려가게 하다.

내리쓰-기[명][하타] ☞세로쓰기.

내리-쓰다[~쓰니·~써][타] 위에서 아래쪽으로 글을 써 나가다. 세로로 쓰다.

내리-쓸다[~쓰니·~쓸어][타] ①높은 곳에서 낮은 곳으로 쓸다. ¶계단을 내리쓸다. ②수염 따위를 손으로 어루만지며 아래로 쓰다.

내리-우다[타] 『'내리다'의 사동』 내리게 하다.

내리-읽다[~익따][타] ①위에서 아래로 읽어 내려가다. ②쉬지 않고 내쳐 읽다. ¶소설이 하도 재미있어서 열 시간 동안 내리읽었다.

내리-지르다¹[~지르니·~질러][자르] 물이 세차게 아래쪽으로 흐르거나, 바람이 세차게 아래쪽으로 불다.

내리-지르다²[~지르니·~질러][타르] (아래를 향하여) 주먹으로 치거나 발로 차다.

내리질리다[자] 『'내리지르다²'의 피동』 내리지름을 당하다. 주먹·발 따위로 세게 차이거나 얻어맞다.

내리-쪼이다[자] 내리쬐다.

내리-쬐다[~쬐-/~쮀-][자] 볕이 세차게 내리비치다. 내리쪼이다. ¶뜨거운 햇볕이 내리쬐는 여름 한낮.

내리-찍다[~따][타] (칼·도끼 따위로) 아래로 향해 찍다. ¶도끼로 장작을 내리찍다.

내리-치다 [I][타] 아래로 향하여 힘껏 때리다. ¶손바닥으로 책상을 내리치다.
[II][자] (비바람이나 번개가) 아래로 세차게 몰아치다. ¶맑은 하늘에서 번개가 내리쳤다.

내리-키다[타] ①아래로 내려지게 하다. ↔치키다. ②높은 데서 낮은 데로 옮기다. ¶창틀에 올라간 아이를 안아 내리키다.

내리-패다[타] 함부로 마구 때리다.

내리-퍼붓다[~붇따][~퍼부으니·~퍼부어] [I][자] 비·눈 따위가 계속해서 마구 내리다. ¶줄기차게 내리퍼붓는 비.
[II][타ㅅ] 물 따위를 아래로 마구 쏟다. ¶수비군들은 끓는 물을 성 아래 왜병들 머리 위로 내리퍼부었다.

내리-훑다[~훌따][타] ①위에서 아래로 훑다. ↔치훑다. ②위에서 아래로 하나하나 빠짐없이 살펴보다. ¶문서를 앞머리부터 내리훑다.

내리-흐르다[~흐르니·~흘러][자타르] 물 따위가 높은 곳에서 낮은 곳으로 계속하여 흐르다. ¶물이 수도꼭지에서 내리흐르다. /물이 계곡을 내리흐르다.

내릴-톱[명] 나무를 세로로 켜는 데 쓰는 톱. ↔동가리톱.

내림¹[명] 부모나 조상에게서 내려오는 신체나 성격 따위에서의 특성. 내력. ¶문학을 좋아하는 것은 그 집의 내림이다. /키가 큰 것도 뚱뚱한 것도 그 집의 내림이다.

내림²[명] 한옥에서, 건물의 정면으로 보이는 칸 수. ¶네 칸 내림.

내림(來臨)[명][하자] 찾아오심. 왕림(枉臨). ¶정오까지 식장에 내림하시기 바랍니다.

내림-굿[~꿋][명][하자] 무당이 되려고 할 때, 신이 내리기를 비는 굿. 강신굿. *내림굿이[~꾸시]·내림굿만[~꾼-]

내림-내림[명] 여러 대를 이어 내려온 내림. ¶내림내림으로 그의 아들의 서예 솜씨도 대단하다.

내림-대[~때][명] 굿이나 독경(讀經)을 할 때, 신이 내리게 하는 데 쓰이는 솔가지나 댓가지 따위. 손대.

내림-새[명] 한끝에 반달 모양의 혀가 붙은 암키와. 암막새. ↔막새.

내림-석(~釋)[명] 굿을 시작할 때, 신이 와서 공양을 받으라고 무당이 비는 일.

내림-세(~勢)[명] (물가나 주가 따위가) 내리는 형세. ¶집값이 내림세를 보이다. ↔오름세.

내림-장(~醬) [~짱][명] 간장을 떠내고 남은 된장에 다시 물을 부어 우린 장. 재성장(再成醬).

내림-조(~調) [~쪼][명] 내림표로만 나타낸 조. ↔올림조.

내림-차(~次)[명] 수학에서, 각 항의 차수가 높은 것에서 낮은 것의 차례로 배열하는 일. ↔오름차.

내림차-순(~次順)[명] 다항식에서, 각 항의 차수를 높은 것에서 낮은 것의 차례로 배열해 놓은 차례. ↔오름차순.

내림-표(~標)[명] ☞플랫(flat).

내립떠-보다[타] 눈을 아래로 뜨고 노려보다. ¶집주인은 도둑질하다 잡힌 아이를 매섭게 내립떠본다. ↔칩떠보다.

내마(奈麻)[명] 신라 때의 17관등의 열한째 등급. [참]대사(大舍).

내-막(內幕)[명] (밖에서는 알 수 없는) 내부의 사정. 일의 속내. ¶사건의 내막. /그녀가 사직서를 갑작스레 제출한 내막을 모르겠다.

내-맡기다[~맏기-][타] ①아주 맡겨 버리다. ¶회사 경영을 전무에게 내맡기다. ②되는대로 내버려 두다. ¶시장 기능에 내맡기다.

내-매다[타] 밖으로 내어 매다. ¶소를 동구 앞 느티나무에 내매다.

내-맺히다[~매치-][자] (땀이나 피 따위가) 겉으로 나와 맺히다. ¶이마에 내맺힌 땀방울. /소녀의 무릎에 핏방울이 내맺혔다.

내-먹다[~따][타] (속에 있는 것을) 밖으로 집어 내어서 먹다. ¶호주머니에서 군밤을 내먹다.

내:면(內面)[명] 안쪽을 향한 면. 안면. ¶그릇의 내면. ②사람의 정신이나 심리에 관한 면. ↔외면(外面)¹.

내:면^묘:사(內面描寫)[명] 문학 작품에서, 인물의 심리나 감정 등의 심적 상태를 묘사하는 일. ↔외면 묘사.

내:면-생활(內面生活)[명] 정신적·심리적인 면에서 본 인간의 생활. 내적 생활. 정신생활.

내:면-세계(內面世界)[~계/~게][명] 인간의 정신적·심리적인 면의 세계.

내:면-적(內面的)[관] 내부에 관한 (것). 정신이나 심리에 관한 (것). ¶내면적 문제. /내면적인 아름다움을 추구하다.

내명(內命)[명] '내명하다'의 어근.

내-명년(來明年)[명] 내년의 다음 해. 내내년(來來年). 재명년(再明年).

내:-명부(內命婦)[명] 조선 시대에, 궁중의 여관(女官)으로서 품계를 가졌던 사람. 빈(嬪)·귀인(貴人)·소의(昭儀)·숙의(淑儀)·소용(昭容)·숙용(淑容)·소원(昭媛)·숙원(淑媛) 등의 신분을 이름. [참]외명부.

내:명-하다(內明~)[형여] 겉으로 보기에는 어련 무던하나 속셈은 밝다.

내:-목(內目)[명] 기둥의 안쪽. ↔외목(外目).

내:-몰다[~모니·~몰아][타] ①밖으로 쫓아내다. ¶국경 밖으로 적을 내몰다. ¶들이몰다. ②앞으로 달려가도록 몰다. ¶차를 급히 내몰다. ③일을 급하게 다그치다. ¶인부들을 심하게 내몰았다.

내:-몰리다[자] 『'내몰다'의 피동』 내몲을 당하다. ¶짐승들이 내몰리다.

내-무(內務)[명] 나라 안의 정무(政務). ↔외무.

내:무-반(內務班)몡 병영에서, 군인들이 평상시에 기거하는 방.

내:무^사열(內務査閱)몡 군대에서, 내무 생활에 대해서 하는 검열.

내:무^생활(內務生活)몡 군인이 내무반 안에서 지내는 일상생활.

내:무주장(內無主張)몡[하형] 살림을 맡아 할 안주인이 없음.

내:무-행정(內務行政)몡 사회의 안녕과 질서를 유지하고, 국민의 복리 증진을 목적으로 하는 행정.

내:-물리다[자] 한계의 밖으로 내어서 물러나게 하다. ¶담을 한 자쯤 내물려 쌓다.

내미-손[손] 물건을 흥정하러 온, 어수룩하고 만만하게 보이는 사람.

내:밀(內密)몡[하형] 밖으로 드러나지 않음, 또는 그런 일. ¶내밀한 사정. /내밀이 드러나다. 내밀-히[튀] ¶내밀히 처리하여야 한다.

내:-밀다¹[~미니·~밀어][타] 한쪽 끝이 길쭉하게 나오다. 돌출하다. ¶바다로 내민 반도(半島.) /뒤통수가 쑥 내민 장구머리. /새싹이 뾰족이 내밀다.

내:-밀다²[~미니·~밀어][타] ①앞으로 또는 밖으로 내보내다. ¶주먹을 쑥 내밀다. /혀를 날름 내밀다. ②힘껏 밀어붙여 내보내다. ¶몰려드는 사람들을 문밖으로 내밀었다. ③남에게 미루다. 거절하다. ¶집안일은 모두 아내에게 내밀어 버렸다. /부탁하는 일을 못하겠다고 내밀었다. ④굽히지 않고 버티다. ¶그 이하 가격으로는 팔지 않겠다고 배짱을 내밀다. /자기네 주장을 그대로 내밀기로 하였다.

내:밀-리다[자] 『'내밀다²'의 피동』 밖으로 내밂을 당하다.

내:밀-치다[타] 앞으로 또는 밖으로 힘껏 밀다. ¶누군가 아이를 차 밖으로 내밀쳤다.

내:밀-힘[힘] (특히 경제력 따위에서) 자신 있게 내세울 만한 힘. ¶내밀힘이 있어야 엄두라도 내 보지.

내:-바치다[타] 내어서 바치다. ¶조국에 목숨을 내바친 군인.

내:-박차다[타] ①힘 있게 박차다. ¶대문을 내박차고 밖으로 달려 나갔다. ②단호히 거부하다. ¶남의 간섭을 내박차다.

내:-박치다[타] 힘껏 집어 던지다. ¶손에 잡히는 대로 내박치고 나니 속이 좀 후련했다.

내:반-슬(內反膝)몡 두 다리를 편히 모으고 섰을 때, 무릎이 붙지 않고 바깥쪽으로 구부러진 상태의 다리. 오각(O脚). ↔외반슬(外反膝).

내:-받다[-따][타] (머리로) 힘껏 받다.

내:-발리다[자][타] (속마음이) 겉으로 환히 드러나 보이다. ¶내발린 말을 입술에 침도 바르지 않고 잘도 한다.

내:-발뺌[하자] 어떤 일에 책임이 없음을 스스로 밝힘. ¶내발뺌하기에만 급급하다.

내:-밟다[-밥따][타] 발을 앞으로 옮겨 디디다. ¶한 걸음 내밟다.

내:방(內房)몡 ☞안방.

내방(來訪)몡[하자][타] (남이 나를) 찾아옴. ¶어제 김 씨가 우리 집을 내방하였다. ↔왕방(往訪).

내:방^가사(內房歌辭)몡 조선 시대에, 영남 지방을 중심으로 부녀자들이 지은 가사 문학. 〔화전가(花煎歌)·계녀가(誡女歌) 따위.〕 규방 가사.

내:방-객(來訪客)몡 찾아온 손님. ¶내방객을 맞이하다.

내:-배다[자] 속에서 겉으로 액체가 스며 나와서 젖다. ¶겉에까지 땀이 내뱄다.

내:-배엽(內胚葉)몡 다세포 동물의 발생 초기 배엽 중 가장 안쪽에 있는 것. 〔나중에 소화기·호흡기 따위를 형성함.〕

내:-배유(內胚乳)몡 피자식물(被子植物)의 씨 속에 있어, 싹틀 때의 배(胚)의 성장에 필요한 양분을 저장하는 곳. 〔벼나 밤 따위에서의 식용이 되는 부분.〕 ↔외배유(外胚乳).

내:-백호(內白虎)[-배코]몡 풍수설에서, 주산(主山)에서 오른쪽으로 벋어 나간 여러 산줄기 중 맨 안쪽에 있는 줄기를 이르는 말. 단백호. 참외백호.

내:-뱉다[-밷따][타] ①밖으로 뱉어 내다. ¶침을 아무 데나 내뱉다. ②(내키지 않거나 못마땅한 태도로) 말을 불쑥 해 버리다. ¶험한 말을 함부로 내뱉다.

내:-버리다[타] ①(필요 없게 된 것을) 아주 버리다. ¶쓰레기를 함부로 내버리지 마시오. ②상관하지 않거나 돌보지 아니하다. ¶조국을 위하여 목숨을 내버리다.
내버려 두다[관용] 관여하지 않고 그대로 두다. ¶혼자 있고 싶다니 그냥 내버려 두어라.

내:-버티다[자][타] 끝까지 버티어 버티다. ¶노인은 논을 팔라는 아들의 성화에도 끝끝내 내버텼다.

내:번(耐煩)몡[하자] 번거로움을 견디어 냄.

내:-번지다[자] 액체 따위가 밖으로 스며 나와 번지다. ¶땀이 온몸에 내번졌다.

내:-벌-적(內罰的)[-쩍]몡 심리학에서, 실패했을 때 그것을 되풀이하지 않도록 자책하는 경향의 (것). 자벌적(自罰的). ↔외벌적(外罰的).

내:법(內法)몡 (다른 종교에 상대하여) '불법(佛法)'을 이르는 말.

내:벽(內壁)몡 벽의 안쪽 면. 안벽. ↔외벽.

내:변(內變)몡 ☞내란(內亂).

내:병-성(耐病性)[-썽]몡 (농작물 따위의) 병해에 대한 저항성.

내:-병조(內兵曹)몡 조선 시대에, 궁중에서 시위(侍衛)·의장(儀仗) 등을 맡아보던 관아.

내:보(內報)몡[-내포]☞내포(內包)¹.

내:보(內報)몡[하타] 드러나지 않도록 몰래 알림, 또는 그 보고.

내:보(內輔)몡[하타] ☞내조(內助).

내보(來報)몡[하자][타] 와서 보고함, 또는 그 보고.

내:-보내다[타] ①밖으로 나가게 하다. ¶아이들을 밖으로 내보내다. ②일하던 곳에서 그만두게 하거나 살던 곳에서 나가게 하다. ¶부리던 사람을 내보내다. ③신문·방송 따위를 통해 사람들에게 드러내 보이다. ¶신문에 광고를 내보내다. ④(죄수·포로 등을) 가둔 상태에서 풀어 주다. ¶죄인을 내보내다.

내:-보다[타] 〔'내어 보다'가 줄어서 된 말.〕 속에 들어 있는 것을 꺼내어 보다.

내보-이다[자] 〔'내보다'의 피동〕 속에 들어 있는 것이 드러나 보이다. ¶속옷이 내보인다.

내보-이다²[타] 〔'내보다'의 사동〕 속에 들어 있는 것을 꺼내어 보이다. ¶경찰에게 신분증을 내보였다. ②생각이나 감정 따위를 겉으로 드러나게 하다. ¶속마음을 내보이다.

내:복(內服)몡¹ 속옷.

내:복(內服)²몡[하타] 약을 먹음. 내용(內用). ↔외용(外用).

내:복(內腹)몡 ☞내포(內包)¹.

내:복(內福)몡[하형] 겉으로 보기에는 그저 그러하나 속이 실하고 유복(裕福)함.

내:복-약(內服藥)[-뽕냑]명 먹는 약. 내용약(內用藥). ㉤내복. ↔외용약.
내:부(內附)명하자 ①들어와서 따름. 내부(來附). ②☞내응(內應).
내:부(內部)명 ①사물의 안쪽. 안. 속. ¶내부 수리. ②어떤 조직에 속하는 범위. ¶회사 내부의 문제. ↔외부(外部)¹.
내부(來附)명하자 와서 복종함. 내부(內附).
내:부(乃父)[Ⅰ]명 그 사람의 아버지. [Ⅱ]대 ('이 아비'라는 뜻으로) 아버지가 자녀에 대하여 자신을 스스로 일컫는 말.
내:부^기생(內部寄生)명 기생 동물이, 숙주의 체강(體腔)·장(腸)·조직·세포·혈액 등의 속에 기생하는 일. ↔외부 기생.
내:-부딪다[-딛따]자타 앞으로 나가 세게 부딪다, 또는 그렇게 하다. ¶화가 난 아낙네가 설거지 그릇을 내부딪다.
내:부딪-뜨리다[-딛-]타 세게 부딪게 하다. 내부딪트리다.
내:부딪-치다[-딛-]타 '내부딪다'의 힘줌말. ㉤내붙치다.
내:부딪-트리다[-딛-]타 내부딪뜨리다.
내:부딪-히다[-디치-]자 ('내부딪다'의 피동) 내부딪음을 당하다.
내:부^에너지(內部energy)명 물체의 내부 상태에 의해서 결정되는, 그 물체가 가지는 에너지. 〔물체를 구성하는 분자·원자 등의 운동에 너지와 위치 에너지와의 총화.〕
내:부^영력(內部營力)[-녕-]명 (지진이나 화산 따위와 같이) 지구 내부로부터의 작용으로 지각(地殼)을 변동시키는 힘. ↔외부 영력.
내:부자^거:래(內部者去來)명 상장 회사의 대주주나 임직원이 그 직무 또는 직위 덕택에 얻은 내부 정보를 이용하여 자기 회사 주식을 사고파는 일.
내:부-적(內部的)관명 내부에 관계되거나 내부에 한정된 (것). ¶~인 정치적 갈등. /내부적인 문제.
내:-부치다타 (부채 따위로) 바람이 밖으로 나가게 힘 있게 부치다.
내:분(內分)명하자 수학에서, 하나의 선분을 그 위의 임의의 한 점을 경계로 하여 두 부분으로 나누는 일. ↔외분.
내:분(內紛)명 내부에서 일어난 분쟁. 내홍(內訌). 홍쟁(訌爭). ¶내분을 수습하다. /그 정당은 내분 끝에 양분되고 말았다.
내:분-비(內分比)명 수학에서, 내분한 두 선분의 길이의 비. ↔외분비.
내:-분비(內分泌)명 몸속의 내분비샘에서 만들어진 호르몬을, 도관(導管)을 거치지 않고 직접 혈액 속으로 보내는 일.
내:분비-물(內分泌物)명 내분비 작용으로 분비되는 물질. 호르몬.
내:분비-샘(內分泌-)명 호르몬을 분비하는 샘. 외분비샘과 같은 도관(導管)이 없고, 호르몬은 직접 체액 속으로 배출됨. 내분비선. 호르몬샘.
내:분비-선(內分泌線)명 ☞내분비샘.
내:분-선(內分線)명 수학에서, 각을 내분하는 직선.
내:분-점(內分點)[-쩜]명 수학에서, 선분을 내분하는 점. ↔외분점.
내:-붙치다타 〈내부딪치다〉의 준말.
내:불(內佛)명 절에서, 법당이 아닌 곳의 방안에 안치한 불상. ②재가(在家)의 방 안에 모신 불상.
내:-불다[~부니·~불어]자타 ①(바람이) 밖을 향하여 불다. ¶골짜기에서 내부는 바람. ②㉠입

김 따위를 불어 내다. ㉡숨기고 있던 내막을 털어놓다.
내:-붙이다[-부치-]타 ①('나붙다'의 사동) 밖에 내어 붙이다. ¶안내문을 내붙이다. ②냅다 잡아 던지거나 때리다. ¶빰을 한 대 내붙이다.
내비게이션(navigation)명 운전자에게 길을 안내해 주는 장치. 운전석 앞쪽에 장착하여, 운전자가 화면에 나타나는 도로 지도나 음성 정보를 들으며 운전하여 도와 있도록 함.
내:-비치다자타 ①빛이 밖으로 비치다. ¶문틈으로 불이 내비쳤다. ②내용의 일부만을 말하다. ¶자신의 실정을 조금 내비쳤다. ③감정이나 생각 따위를 밖으로 나타내다. ¶괴로운 심정을 내비치다. ④속의 것이 겉으로 드러나 보이다. ¶속살이 내비치는 수영복.
내:빈(內賓)명 ①안손님. ②조선 시대에, 궁중에서 베풀어지는 잔치에 초대된 명부(命婦).
내:빈(來賓)명 초대를 받아 찾아온 손. ¶내빈 축사. /내빈 접대를 소홀히 한다.
내:빈(耐貧)명하자 가난을 이겨 냄.
내:빈-석(來賓席)명 내빈이 앉도록 마련한 자리.
내빙(來聘)명하자 외국의 사절(使節)이 예물을 가지고 찾아옴.
내:-빠디자 〈달아나다〉의 속된 말.
내:-뻗다[-따]자 ①뻗어 나가다. 내뻗치다. ¶고속도로가 평야 한가운데로 훤히 내뻗고 있다. ②내처 뻗대다. ¶끝까지 자기 고집대로 내뻗다. [Ⅱ]타 앞이나 밖으로 뻗다. ¶활을 힘차게 앞으로 내뻗다.
내:뻗-치다자타 힘차게 내뻗다. ¶물줄기가 곧게 내뻗치다.
내:-뽑다[-따]타 ①밖으로 뽑아내다. ¶가스 배출기가 굴뚝에서 연기와 가스를 내뽑는다. ②목이나 팔 따위를 길게 뽑다. ¶사람을 밖에서 목을 내뽑고 넘겨다보았다. ③소리를 높고 길게 내다. ¶노래 한 곡을 내뽑았다. ④속력을 더하여 달리다. ¶시속 100 km로 내뽑았다.
내:-뿌리다타 ①밖이나 앞으로 뿌리다. ¶물을 마당에 내뿌리다. ②(나가떨어지도록) 힘차게 뿌리다. ¶손에 묻은 물을 내뿌리다.
내:-뿜다[-따]타 밖으로 세게 뿜다. ¶연기를 길게 내뿜다. /분수가 물을 내뿜는다.
내:사(內司)명 〈내수사(內需司)〉의 준말.
내:사(內舍)명 ㉤안채.
내:사(內査)명하자되자 ①비공식으로 몰래 조사함. ②자체에서 하는 조사.
내:사(內賜)명하자 임금이 신하에게 비공식으로 물건을 내려 줌. 내하(內下).
내사(來社)명하자 회사·신문사 따위에 찾아옴. ¶본인이 직접 내사해 주시길 바랍니다.
내:-사면(內斜面)명 안쪽의 사면. ↔외사면.
내:산(內山)명 자기네 마을에서 공동 관리·수익(受益)하는 산.
내:산(耐酸)명 산의 부식력(腐蝕力)에 견디는 일. 산에 부식되지 않는 일. ¶내산 합금.
내:산-성(耐酸性)명 ①[생]명 산에 부식(腐蝕)되지 않는 성질. ¶내산성이 뛰어난 금속.
내:-살리다타 밖으로 조금 두드러져 나게 하다.
내:상(內相)명 ①일부 국가에서 '내무부 장관'을 이르는 말. ②외상(外相). ②남을 높이어 그의 '부인'을 이르는 말.
내:상(內喪)명 아내의 상사(喪事).
내:상(內傷)명 〔한방에서〕 ①기력이 쇠하여 생긴 병을 통틀어 이르는 말. ②먹은 것이 위에 걸려 잘 내리지 않는 증세.

내:색(-色)명하타 속마음이나 감정 따위를 얼굴에 드러냄. 또는 그 낯빛. ¶싫어하는 내색.

내생(來生)명 불교에서, 내세(來世)에 다시 태어날 일생을 이르는 말. 후생(後生). 웹전생·현생.

내:서(內書)명 ☞내간(內簡). 안편지.

내:서(來書)명 ☞내신(來信).

내:서(耐暑)명 더위를 견디어 냄. 더위를 이김. ¶내서 훈련. ↔내한(耐寒).

내:선(內線)명 ①안쪽의 선. ②옥내의 전선. ③(관청이나 회사 등에서) 내부의 각 부서끼리 서로 통하는 전화선. ↔외선.

내:성(內省)명하타 ①자기의 사상이나 언동 따위를 스스로 돌이켜 봄. ②☞내관(內觀).

내:성(內城)명 이중으로 쌓은 성에서, 안쪽에 있는 성. ↔외성(外城).

내:성(耐性)명 ①어려움 따위에 견딜 수 있는 성질. ②병원균 따위가 어떤 약품에 대하여 나타내는 저항성. ¶내성이 강해진 병균.

내:성-균(耐性菌)명 치료약인 술파제나 항생 물질에 대한 저항성을 가지게 된 병원균.

내:성-적(內省的)관명 겉으로 드러내지 아니하고 속으로만 생각하는 (것). ¶내성적 태도. / 내성적인 성격.

내세(來世)명 불교에서 이르는, 삼세(三世)의 하나. 죽은 뒤에 영혼이 다시 태어나 산다는 미래의 세상(當來). 미래. 미래세. 타세(他世). 후세(後世). 웹전세(前世)·현세(現世).

내세^사:상(來世思想)명 인간의 참다운 행복은 내세에 있다고 생각하는 종교 사상.

내:-세우다타 ①나서게 하다. ¶맨 앞에 반장을 내세우다. ②(어떤 일을 하도록) 나서게 하다. ¶대표로 내세우다. ③초들어 자랑하거나 높이 평가하다. ¶가문을 내세우다. ④무엇을 제기하거나 제시하다. ¶당헌(黨憲)으로 내세우다. ⑤(남이 잘 볼 수 있도록) 밖에 내놓다. ¶간판을 거리에 내세우다.

내:-셍기다타 이 말 저 말 자꾸 주워대다. ¶몇 시간째 신세타령을 내셍기고 있다.

내셔널리즘(nationalism)명 국가 또는 민족의 통일·독립·발전의 추진을 강조하는 주의, 또는 그 운동. 〔민족주의·국가주의·국수주의 등으로 번역함.〕

내:-소박(內疎薄)명하자 아내가 남편을 소박함. ↔외소박.

내:속(內屬)명하자 어떤 나라가 다른 나라에 속국으로서 복종함.

내손(來孫)명 현손(玄孫)의 아들.

내:-솟다[-솓따]재 ①밖이나 위를 향해 세차게 나오다. ¶물줄기가 높이 내솟아 올랐다. ②느낌·기운 따위가 힘차게 생겨 나오다. ¶활기가 내솟다.

내:수(內水)명 국가의 영수(領水)의 일부인, 바다를 제외한 국토 안의 수역(水域). 호소(湖沼)·하천(河川)·운하(運河) 따위.

내:수(內需)명 국내의 수요(需要). ↔외수(外需).

내:수(耐水)명하자 ①물이 묻어도 젖거나 배지 않음. ②물에 젖어도 변질하지 않음.

내:수-면(內水面)명 하천·호소(湖沼)·운하 따위의 수면.

내:수-사(內需司)명 조선 시대에, 궁중에서 쓰는 곡식·피륙·잡물 및 노비에 관한 사무를 맡아보던 관아. ▷내사(內司).

내:수^산:업(內需產業)명 국내 시장을 판매 시장으로 하는 산업. ↔수출 산업.

내:수-성(耐水性)[-썽]명 물이 묻어도 젖거나 배지 않는 성질.

내:수-지(耐水紙)명 물이 배어들지 않도록 파라핀이나 아스팔트 등으로 내수 가공한 종이. 방수지.

내:숭(←內凶)명하형(스형) 겉으로는 순해 보이나 속은 엉큼함. ¶내숭을 떨다. 내숭스럽튀.

내:-쉬다타 숨을 밖으로 내보내다. ¶한숨을 내쉬다. ↔들이쉬다.

내습(來襲)명하자타 습격하여 옴.

내:습(耐濕)명하자 습기를 받아도 변하지 않고 잘 견딤.

내:시(內示)명하자타 (무슨 일을 공식으로 알리기 전에) 남몰래 알림. ¶승진되었다는 내시를 받았다.

내:시(內侍)명 ①고려·조선 시대에, 내시부(內侍府)의 벼슬아치를 통틀어 이르던 말. 내관(內官). 중관(中官). 환관(宦官). 환자(宦者). 황문(黃門). ②'불알이 없는 사내'를 빗대어 이르는 말. 〔내시부의 벼슬아치는 불알 없는 사람을 임명했던 데서 온 말.〕

내:시-경(內視鏡)명 신체의 내부를 관찰하기 위한 의료 기구를 통틀어 이르는 말. 〔기관지경·위경 따위.〕

내:시-부(內侍府)명 고려·조선 시대에, 궁중의 감선(監膳)·전교(傳敎)·수문(守門)·소제 따위를 맡아보던 환관(宦官)의 관부.

내:식(耐蝕)명 (금속 따위가) 쉽사리 부식(腐蝕)되지 않음.

내:식-성(耐蝕性)[-썽]명 금속 따위의, 부식에 견디어 내는 성질. ¶내식성이 강한 금속.

내:신(內申)명하타 ①남이 모르게 비밀히 상신하거나 보고함. ②진학이나 취직과 관련하여 선발의 자료가 될 수 있도록 지원자의 출신 학교에서 학업 성적·품행 등을 적어 보냄, 또는 그 성적.

내:신(內臣)명 왕조 때, '대궐에서 임금을 가까이에서 받드는 신하'를 이르던 말.

내:신(內信)명 나라 안의 소식. ¶내신 기자.

내:신(內腎)명 ☞콩팥.

내:신(來信)명 (남에게서) 온 편지. 내서(來書).

내:실(內室)명 ①부녀자가 거처하는 방. 안방. 내당(內堂). ↔외실. ②영업장에서, 주인이 거처하는 방.

내:실(內實)명 ①내부의 사정. ¶겉모습은 단순하지만 내실은 복잡하다. ②속이 알참. 내부가 충실함. ¶외화(外華)보다는 내실을 기하다.

내:실-화(內實化)명하자타되자 내적인 가치나 충실을 다짐. ¶사회 복지 제도의 내실화를 꾀하다.

내:심(內心)[1]명 속마음. ¶간간이 내심을 내비치다.
[2]부 실제의 속마음으로. ¶떠나지 않기를 내심 빌었다.

내:심(內心)²명 수학에서, 다각형에 있어서 모든 각의 이등분선이 만나는 점. ↔외심(外心).

내:-쌓다[-싸타]타 〔'내어 쌓다'가 줄어서 된 말로〕 밖에다 쌓거나 바깥쪽으로 쌓다. ¶담장을 한 자 정도 내쌓다.

내:-쏘다[1]재타 (가시 돋친 말로) 날카롭게 말하다. ¶한마디 내쏘아 주었다.
[2]타 화살이나 총알 따위를 안에서 밖으로 대고 쏘다.

내:-쏟다[-따]타 ①앞으로 또는 밖으로 마구 쏟다. ¶눈물을 내쏟다. ②속으로 알고 있거나

생각했던 것을 모두 털어놓다. ¶마음에 담아 두었던 말을 내쏟고 말았다.

내:-씹다 [-따] 国 ①(입맛이 없거나 하여) 삼키지는 않고 자꾸 씹기만 하다. ②(내키지 않는 말투로) 되는대로 말하다.

내:안 (內-) 圏 조선 시대에, 지방 관아의 안채. 내동헌(內東軒).

내:안 (內案) 圏 〈내안산(內案山)〉의 준말.

내:-안산 (內案山) 圏 풍수설에서, 가장 안쪽에 있는 안산. 㽅내안. ↔외안산.

내:-앉다 [-안따] 函 앞으로 나와 앉다.

내:-앉히다 [-안치-] 国 『'내앉다'의 사동』 앞으로 나와 앉게 하다.

내:알 (內謁) 圏하타 비밀히 알현함.

내알 (來謁) 圏하타 (윗사람에게) 와서 뵘.

내:압 (內壓) 圏 어떤 물체의 내부에서 밖을 향하여 가해지는 압력. ↔외압(外壓).

내:압-병 (耐壓瓶) [-뼝] 圏 압력이나 열을 가하여 화학 반응을 진행시킬 때 쓰는 유리병.

내:야 (內野) 圏 〔야구에서〕 ①본루·일루·이루·삼루를 이은 사각형의 안. 다이아몬드. ¶내야 수비. ②〈내야수〉의 준말. ③〈내야석〉의 준말. ↔외야.

내:야-석 (內野席) 圏 야구장에서, 일루측과 삼루측의, 본루 가까운 쪽의 관람석. 㽅내야. ↔외야석.

내:야-수 (內野手) 圏 야구에서, 내야를 수비하는 일루수·이루수·삼루수·유격수를 이르는 말. 㽅내야. ↔외야수.

내:야^안타 (內野安打) 圏 야구에서, 타자가 친 공이 내야 안에 떨어졌으나 안타로 처리된 타구(打球).

내:야^플라이 (內野fly) 圏 야구에서, 내야수가 받을 수 있는 범위 안으로 친 높이 올린 타구.

내:약 (內約) 圏하타 남모르게 비밀히 약속함, 또는 그 약속.

내약 (內弱) '내약하다'의 어근.

내:약 (內藥) 圏 ①〈내복약〉의 준말. ②한방에서, 여자의 첫 월경수(月經水)를 약으로 이르는 말.

내:약-하다 (內弱-) 혱예 ①심지가 굳지 못하다. ②나라 안이 쇠약하다.

내:양 (內洋) 圏 ⇨내해(內海). ↔외양(外洋).

내:-어물전 (內魚物廛) 圏 조선 시대에, 서울의 종로에 몰려 있던 어물전. 🈟외어물전.

내:역 (內譯) 圏 ⇨명세(明細).

내:연 (內宴) 圏 〈내진연(內進宴)〉의 준말.

내:연 (內緣) 圏 (함께 살고는 있으나 혼인 신고를 하지 않아) 법률상으로는 부부로 인정받지 못하는 부부 관계. ¶내연의 처.

내:연 (內燃) 圏 가솔린이나 중유(重油) 따위의 연료가 기통(氣筒) 안에서 폭발·연소하는 일.

내연 (來演) 圏하자 (예능인이) 그곳에 와서 연극을 공연하거나 음악을 연주함.

내:연^기관 (內燃機關) 圏 기통(氣筒) 안에서 연료를 폭발·연소시켜 동력을 일으키는 기관. 〔보통, 가솔린 기관이나 디젤 기관을 이름.〕 ↔외연기관.

내:연^기관차 (內燃機關車) 圏 내연 기관을 원동기로 하는 기관차. 디젤 기관차와 가스 터빈 기관차가 있음.

내:열 (耐熱) 圏 (변질되거나 변형되지 않고) 높은 열을 견딤.

내:열-강 (耐熱鋼) 圏 고온에도 산화하거나 강도가 떨어지지 않는 합금강(合金鋼).

내:열^유리 (耐熱琉璃) [-류-] 圏 높은 열에도 변형되거나 녹거나 하지 않고, 급열(急熱)·급랭(急冷)에도 깨어지지 않는 유리.

내:열^주:철 (耐熱鑄鐵) 圏 크롬·니켈 등을 각각 0.6~12% 첨가하여, 내열성을 높인 주철. 난로를 만드는 데 이용됨.

내:열^합금 (耐熱合金) [-끔] 圏 높은 열에 견디며 산화·마모가 적은 합금. 〔스텔라이트·니크롬 따위.〕

내:염 (內焰) 圏 (가스버너의 불이나 촛불 따위에서) 불꽃의 안쪽에 있는, 가장 밝게 빛나는 부분. 속불꽃. 환원염. ↔외염(外焰).

내:영 (內營) 圏 조선 시대에, 대궐 안에 있던 병영.

내영 (來迎) 圏하타 불교에서, 아미타여래나 보살 등이 극락정토에서 죽은 이를 맞이하러 옴을 이르는 말.

내:-오다 国 〔'내어 오다'가 줄어서 된 말로〕 안에서 밖으로 가져오다. ¶주안상을 내오다.

내:온 (內醞) 圏 임금이 신하에게 내리는 술.

내왈다 困 (옛) 내밀다. ¶머릿 덩바기예 솔히 내와다(月釋2:41).

내:왕 (來往) 圏하자타 오고 감. 왕래(往來).

내:왕-간 (來往間) 圏 오고 가고 하는 편. 《주로, '내왕간에'의 꼴로 쓰임.》 ¶내왕간에 한 번씩 들르십시오.

내:왕-꾼 (來往-) 圏 절에서 심부름하는 속인(俗人).

내:왕-로 (來往路) [-노] 圏 오고 가는 길.

내:외 (內外)¹ [-외/-웨] 圏 ①안과 밖. ¶본관 건물 내외. ②⇨부부(夫婦). ¶주인 내외. ③국내와 국외. ¶복잡 다단한 내외 정세. ④(수량·시간 따위를 나타내는 말에 이어 쓰이어) '그에 가까움'을 뜻하는 말. ¶한 시간 내외. ①④안팎.

내:외 (內外)² [-외/-웨] 圏하자 (지난날의 유교식 예절로) 외간 남녀 간에 서로 얼굴을 마주 대하기를 않고 피하는 일. ¶우리는 내외할 사이가 아니다.

내:외-간 (內外間) [-외-/-웨-] 圏 ①안과 밖의 사이. ②⇨부부의 사이. ③어떤 수량이나 기준에 약간 모자라거나 넘치는 정도.

　내외간 싸움은 칼로 물 베기라 憙 부부는 싸우기도 하지만, 곧 화해하기도 쉽다는 말.

내:-외국 (內外國) [-외-/-웨-] 圏 자기 나라와 다른 나라. 자국과 외국. ¶내외국의 기자들이 취재 경쟁을 벌이다.

내:외-분 (內外-) [-외-/-웨-] 圏 〈부부(夫婦)〉의 높임말. ¶내외분이 함께 오십시오.

내:외-술집 (內外-) [-외-찝/-웨-찝] 圏 〔내외하는 술집이라는 뜻으로〕 접대부가 없이 술을 순배로 파는 집. 내외주점(內外酒店).

내:-외신 (內外信) [-외-/-웨-] 圏 '내신'과 '외신'을 아울러 이르는 말. ¶내외신 합동 기자 회견.

내:-외어물전 (內外魚物廛) [-외-/-웨-] 圏 육주비전의 하나. 조선 순조 1(1801)년에 내어물전과 외어물전을 합친 것으로, 어물을 팔던 가게.

내:-외종 (內外從) [-외-/-웨-] 圏 내종과 외종. 중표형제.

내:외-주:점 (內外酒店) [-외-/-웨-] 圏 ⇨내외술집.

내:외지간 (內外之間) [-외-/-웨-] 圏 내외간. 부부간.

내:-외척 (內外戚) [-외-/-웨-] 圏 본종(本宗)과 외족(外族).

내:용(內用)[명] ①안살림에 드는 비용, 또는 그 씀씀이. ②[하타]☞내복(內服)².

내:용(內容)[명] ①(그릇이나 포장 따위의) 속에 들어 있는 것. ¶소포의 내용. ②(글이나 말 따위에) 나타나 있는 사항. ¶이야기의 내용./편지의 내용. ③어떤 일의 줄거리가 되는 것. ¶사건의 내용. ④철학에서, 사물이나 현상 등을 성립시키고 있는 실질(實質).

내:용(耐用)[명] (기계나 시설 따위가) 장기간의 사용에 견디는 일.

내:용-교과(內容敎科)[명] 사실적인 지식을 가르치는 교과. 역사·지리·과학 등 지식 내용의 학습을 주로 함.

내:용-물(內容物)[명] 속에 든 물건.

내:용-미(內容美)[명] 예술 작품에서, 형식이 지닌 아름다움에 대하여 내용 그 자체가 지니고 있는 아름다움. ↔형식미(形式美).

내:용^심리학(內容心理學)[―니―][명] 의식의 내용만을 다루는 심리학.

내:용-약(內用藥)[―냑][명] ☞내복약(內服藥).

내:용-재(耐用財)[명] 소모되지 않고 장기간에 걸쳐 계속 이용되는 재화. (가옥·기계·의복 따위.) ↔단용재(單用財).

내:용^증명(內容證明)[명] ☞내용 증명 우편.

내:용^증명^우편(內容證明郵便)[명] 우편물 특수 취급 제도의 한 가지. 우편물의 내용 및 발송 사실을 우체국에서 증명해 주는 제도, 또는 그 우편물. 내용 증명.

내:우(內憂)[명] ①나라 안이나, 조직 내부의 걱정스러운 사태. 내환(內患). ↔외우(外憂)·외환(外患). ②[내간(內艱).

내:우-외환(內憂外患)[―외―/―웨―][명] 국내의 걱정스러운 사태와 외국과의 사이에 일어난 어려운 사태. 안팎의 근심거리.

내:원(內苑·內園)[명] 궁궐의 안뜰. ↔외원.

내원(來援)[명][하자] 와서 도와줌. ¶임진왜란 때 내원한 명나라 군사.

내:-원당(內願堂)[명] ☞내도량.

내원-성(來遠城)[명] 우리나라의 고대 가요. 고구려 때, 항복한 오랑캐를 내원성에 정착시키고 나서 지어 부른 노래. (가사는 전하지 아니하고 '고려사'의 '악지'에 그 설화 내용이 실려 전함.)

내원성-가(來遠城歌)[명] '내원성'의 잘못.

내:월(來月)[명] 다음 달. 내달. 새달.

내:유(來遊)[명][하자] 와서 놂. 놀러 옴. ¶경치가 좋은 곳이기도 하니, 한번 내유하여 주시기 바랍니다.

내:유-외강(內柔外剛)[―외―/―웨―][명][하형] ☞외강내유. ㉛외유내강.

내음[명] 코로 맡을 수 있는 향기롭거나 나쁘지 않은 기운.

내:응(內應)[명][하자] (어떤 조직체 등에서) 내부에서 몰래 외부와 통함. 내통(內通). 내부(內附). ¶적군과 내응하여 성문을 열어 주다.

내:의(內衣)[―의/―이][명] 속옷. ↔외의(外衣).

내:의(內意)[―의/―이][명] 마음속에 품은 생각. ¶사장의 내의를 타진해 보다.

내:의(內醫)[―의/―이][명] 조선 시대에, 내의원에 속하는 의관(醫官).

내의(來意)[―의/―이][명] 방문한 이유. 찾아온 뜻.

내:-의원(內醫院)[―의/―이―][명] 조선 시대에, 궁중에서 쓰이는 의약을 맡아보던 관아. 내국(內局). 약방(藥房).

내:이(內耳)[명] 귀의 가장 안 부분. 중이(中耳)의 안쪽에 위치하며, 소리를 감지하는 기관으로

있음. 미로(迷路). 속귀. 안귀.

내:이(內移)[명][하자] 조선 시대에, 관찰사·수령 등의 외직(外職)에서 내직(內職)으로 옮아오던 일. 내천(內遷).

내:이-염(內耳炎)[명] 내이에 생기는 염증. 대부분, 중이염이 진행되어 일어남. 어지럼·구역·평형 장애나 심한 난청 등의 증세가 나타남.

내:인(內人)[명] <나인(內人)>의 본딧말.

내:인(內因)[명] 내부에 있는 원인. ↔외인.

내:-인용부(內引用符)[명] 인용문에서 다시 인용할 때 쓰는 문장 부호. (작은따옴표·낫표 따위.)

내일(來日)[명] ①오늘의 바로 다음 날. 명일(明日). ↔어제·작일(昨日). ②'미래'를 비유적으로 이르는 말. ¶조국의 내일을 이끌 새싹. ㉛낼. Ⅱ[부] 오늘의 바로 다음 날에. ↔어제. ¶오늘은 이만하고 내일 다시 시작합시다. ㉛낼.

내일-모레(來日―)[명] ①모레. ②어떤 때가 가까이 닥쳐 있음을 이르는 말. ¶내 나이도 내일모레면 마흔이다. ㉛낼모레.

내:입(內入)[명][하타] ①지난날, 궁중에 물품을 들이던 일. ②주어야 할 돈 중에서 먼저 그 일부를 지급함.

내:입-금(內入金)[―끔][명] 주어야 할 돈 중에서 그 일부로 먼저 내는 돈.

내:자(內子)[명] (남과 이야기할 때) '자기의 아내'를 이르는 말. 실인(室人).

내:자(內資)[명] 국내에서 조달하는 자본. ¶내자 유치. ↔외자(外資).

내자(來者)[명] 찾아오는 사람. 찾아온 사람.

내자-가추(來者可追)[명] (이미 지난 일은 어찌할 수 없으나) 앞으로의 일은 가히 따라잡을 수 있음. (도연명(陶淵明)의 '귀거래사(歸去來辭)'에 나오는 말로, 실패를 되풀이하지 않을 수 있다는 뜻.)

내자-물거(來者勿拒)[명] 오는 사람을 막지 않음. ('춘추'의 '공양전(公羊傳)'에 나오는 말로, 사람의 행위는 그 자유의사에 맡겨야 한다는 뜻.) 내자물금(來者勿禁). ↔거자막추(去者莫追).

내자-물금(來者勿禁)[명] ☞내자물거(來者勿拒).

내:자-시(內資寺)[명] 조선 시대에, 궁중의 식품·피륙·내연(內宴) 등 의식(衣食)의 일을 맡아보던 관아.

내:장(內粧)[명][하타] 건물의 내부를 꾸미는 일. ¶내장 공사.

내:장(內裝)[명][하타][되자] 내부를 꾸미거나 설비를 갖춤, 또는 그 공사. ¶자동차의 내장. ↔외장.

내:장(內障)[명] ①불교에서, 마음속의 번뇌의 장애, 곧 마음을 괴롭히는 일체의 욕망을 이르는 말. ②<내장안(內障眼)>의 준말.

내:장(內藏)[명][하타] 안에 가지고 있음. ¶플래시를 내장한 카메라.

내:장(內臟)[명] 동물의 가슴과 배 속에 있는 기관(器官)을 통틀어 이르는 말. 호흡기·소화기·비뇨기 따위.

내:장-근(內臟筋)[명] 척추동물 내장의 여러 기관의 벽이나 혈관의 벽을 이루고 있는 근육. 의지와는 상관없이 운동하는 근육임.

내:장-안(內障眼)[명] 안압(眼壓)의 상승 따위로 말미암아, 안구(眼球) 안에 생기는 눈병의 한 가지. 흑내장·백내장·녹내장 등이 있음. ㉛내장.

내:장-전(內莊田)[명] 고려 시대에, 왕실의 비용을 마련하기 위하여 왕실에서 소유·관리하던 농토.

내:재(內在)[명] ①[하자타][되자]내부(안)에 가지고 있음. ↔외재. ②사물을 규정하는 원인이 외부

에 초월해 있지 않고 그 사물 자체 속에 있다고 보는 것. ③형이상학에서, 세계와 그 원인으로서 신과의 관계, 곧 신이 세계의 본질적인 존재로서 세계의 내부에 있다고 생각하는 것. ④인식작용에서, 경험의 범위 안에 있는 것. 의식 내용으로서의 것.

내:-재봉소(內裁縫所)圈 부녀자가 집 안에서 삯바느질을 하는 곳.

내:재-비평(內在批評)圈 ①문학 작품 내부의 형식·기교·주제 등만을 가지고 하는 비평. ↔외재비평(外在批評). ②철학에서, 어떤 학설이나 사상 등에 대하여, 그 전제가 되는 것을 일단 인정하고 하는 비평.

내:재-율(內在律)圈 자유시에서, 그 내용이나 시어(詩語)의 배치 따위에서 느낄 수 있는 잠재적인 운율. ↔외형률(外形律).

내:재-인(內在因)圈 사물의 운동이나 변화에 있어, 그 원인이 자신 안에 있다고 보는 것. [아리스토텔레스의 '이데아는 개체에 내재한다.'는 말에서 유래함.]

내:재-적(內在的)판圈 내재하는 (것). ¶내재적 요인. /내재적인 성격.

내:재-철학(內在哲學)圈 모든 실재가 경험을 초월하는 것이라고 보지 않고, 의식에 내재하는 것만 존재한다고 보는 철학적 견해. 슈페르를 대표로 하는, 19세기 말의 의식 일원론(意識一元論).

내:-저항(內抵抗)圈 (발전기·전지·전류계·전압계 따위의) 기기(機器)의 내부에 있는 전기 저항. ↔외저항(外抵抗).

내:적(內的)[-쩍]판圈 ①사물의 내부에 관한 (것). ¶사업 부진의 내적 원인. /내적인 구조. ②정신이나 마음의 작용에 관한 (것). ¶내적 갈등. /그는 나이보다 내적으로 성숙한 사람이다. ↔외적.

내:적(內賊)圈 내부의 도둑(역적).

내:적 경험(內的經驗)[-쩍껑-] 회로애락이나 번뇌·사색·극기 등에 의한 정신적 경험.

내:적 생활(內的生活)[-쩍쌩-] 정신적인 생활. 내면생활.

내:적 자유(內的自由)[-쩍자-] ☞자유 의지.

내:전(內典)圈 ☞불경(佛經). ↔외전(外典).

내:전(內殿)圈 ①상(임금)의 높임말. ②☞안전.

내:전(內戰)圈 국내의 전쟁. 같은 국민끼리의 전쟁.

내전(來電)圈郾 전보가 옴, 또는 그 전보.

내:전-보살(內殿菩薩)圈 '알고 있으면서도 모르는 체하고 시치미를 떼고 있는 사람'을 이르는 말.

내절(內切)圈 '내접(內接)'의 잘못.

내점(來店)圈郾 가게에 옴. 상점에 옴.

내:접(內接)圈郾 ①한 원이 다각형의 모든 변에 접하는 일. ②다각형의 모든 꼭짓점이 한 나의 원주 위에 있는 일. ③한 원이 다른 원의 내부에 있고, 어느 한 점에서 접선을 공유하는 일. ↔외접.

내:접^다각형(內接多角形)[-따가켱]圈 원 또는 다각형에 내접하는 다각형. 곧, 모든 꼭짓점이 주어진 원이나 다각형의 둘레 위에 있는 다각형. 내접형.

내:접-원(內接圓)圈 ①어떤 도형에 내접하는 원. [보통, 다각형에 내접하는 원을 가리킴.] ②같은 평면 위의 안쪽에서 접하는 두 개의 원. ↔외접원(外接圓).

내:접-형(內接形)[-쩌펑]圈 ☞내접 다각형.

내:-젓다[-젇따][~저으니·~저어]郾人 ①앞으로나 밖으로 내어서 휘두르다. ¶손을 내젓다. /깃발을 내젓다. /고개를 내젓다. ②앞으로나 밖으로 향하여 노를 젓다. ¶강 건너를 향하여 배를 내저었다.

내:정(內廷)圈 (임금이 사적인 생활을 하는) 궁궐의 내부.

내:정(內定)圈郾되자 ①속으로 작정함. ②(정식의 발표나 절차가 있기 전에) 내부적으로 정함, 또는 그 결정. ¶전근이 내정되었다.

내:정(內政)圈 국내의 정치.

내:정(內庭)圈 안뜰.

내:정(內情)圈 내부의 사정. ¶그는 회사의 내정에 밝았다.

내:정^간섭(內政干涉)圈 다른 나라의 정치나 외교에 참견함으로써 그 주권을 속박·침해하는 일.

내:정-돌입(內庭突入)圈郾 남의 집 안에 허락 등 없이 불쑥 들어감.

내:제(內題)圈郾 책의 속표지나 본문의 첫머리 등 내부에 적은 표제(表題).

내:조(乃祖)Ⅰ圈 그 사람의 할아버지. Ⅱ대 ('네 할아비'·'이 할아비'의 뜻으로, 할아버지가 편지 글에서] 손자에게 자기 자신을 가리켜 일컫는 말.

내:조(內助)圈郾 (드러내지 않고) 내부에서 도움. 특히, 아내가 집 안에서 남편을 돕는 경우를 가리킴. 내보(內輔). ¶그가 성공하는 데는 내조의 힘이 컸다. ↔외조(外助).

내:조(來朝)圈郾 외국의 사신이 옴.

내:종(乃終)圈 나중.

내:종(內從)圈 고모의 아들이나 딸. 고종(姑從).

내:종(內腫)圈 한방에서, '내장에 생긴 종기'를 이르는 말. ↔외종(外腫).

내:종-매(內從妹)圈 ☞고종매(姑從妹).

내:종-자(內從姉)圈 ☞고종자(姑從姉).

내:종-제(內從弟)圈 ☞고종제(姑從弟).

내:종-피(內種皮)圈 ☞속씨껍질.

내:종-형(內從兄)圈 ☞고종형(姑從兄).

내:종형제(內從兄弟)圈 고종 사촌이 되는 형제. 고모의 아들 형제.

내종내종 〈옛〉 마침내. 끝끝내. ¶내종내 實孝홀 업수를 가줄비니라(法華2:191).

내:주(內周)圈 안쪽의 둘레, 또는 그 길이. ↔외주.

내:주(來住)圈郾 와서 삶. ¶여진족(女眞族)이 함경도로 내주하다.

내:주(來週)圈 이 다음 주. ¶내주 수요일에 다시 만나자.

내:-주다郾 ①(가지고 있던 것을) 남에게 건네주다. 내어 주다. ¶잔금을 받고 땅문서를 내주다. ②(속에 든 것을) 꺼내어 주다. ¶금고에서 돈을 내주다. ③(차지하고 있던 자리를) 남에게 넘겨주다. ¶과장 자리를 후배에게 내주다.

내:-주방(內廚房)圈 조선 시대에, 대비(大妃)와 중전(中殿)의 수라를 마련하던 곳.

내:-주장(內主張)圈郾 (남편 대신) 아내가 집 안일을 맡아봄.

내종ㄱ소리[골] 〈옛〉 종성(終聲). 받침. 끝소리. ¶乃냉終즁ㄱ소리는 다시 첫소리를 쓰느니라(訓諺).

내:증(內症)[-쯩]圈 몸 안에 생기는 병. 내장(內臟)의 병.

내:증(內證)圈郾 마음속에서 불교의 진리를 스스로 깨닫는 일.

내:**지**(內旨)圓 임금의 은밀한 명령. ¶내지를 받느다.

내:**지**(內地)圓 ①해안이나 변지(邊地)에서 멀리 떨어진, 국토의 안쪽 지역. ②식민지에서 본국을 이르는 말. ③한 나라의 영토 안. **상**외지(外地).

내:**지**(內智)圓 불교에서 이르는, 삼지(三智)의 하나. 자기 마음속의 번뇌를 끊는 지(智).

내:**지**(乃至)團 ①《수량을 나타내는 말 사이에 쓰이어》 '얼마에서 얼마까지'의 뜻을 나타냄. ¶3년 내지 6년이 걸린다. ②《사물의 이름 사이에 쓰이어》 '또는'·'혹은'의 뜻을 나타냄. ¶미국 내지 캐나다에서 볼 수 있는 현상.

내:**지^관세**(內地關稅)圓 ⊏내국 관세.

내:**지르다**[~지르니·~질러]目자 ①주먹이나 무기 따위를 앞이나 밖으로 향하여 힘껏 지르다. ¶주먹을 내지르다. ②소리를 냅다 지르다. ③〈낳다〉·〈누다〉의 속된 말. ¶물찌똥을 내지르다.

내:**지-잡거**(內地雜居)[~꺼]圓 거류지 제도(居留地制度)를 마련하지 않고, 외국인을 자유로이 거주하게 하는 일.

내:**직**(內職)¹圓자 ①집에서 일을 하는 직업. ②본직(本職) 이외에 따로 하는 일.

내:**직**(內職)²圓 지난날, 서울 안에 있던 각 관아의 관직. ↔외직(外職).

내:**진**(內診)圓자 여성 생식기의 내부나, 직장(直腸) 내부를 손가락으로 진찰하는 일.

내:**진**(來診)圓자 의사가 환자의 집에 와서 진찰함. **상**왕진(往診).

내:**진**(耐震)圓 (건조물 따위가) 지진의 진동에도 손상을 입지 않고 견딤. ¶내진 구조로 지은 건축물.

내:**-진연**(內進宴)圓 조선 시대에, 내빈(內賓)을 모아 베풀던 궁중 잔치. **준**내연.

내:**-집단**(內集團)[~딴]圓 집단 심리학에서, 개인이 스스로에 대하여 남과 동일시하고, 애착과 충성의 태도로 임하는 집단. ↔외집단.

내:**쫓-기다**[~쫃끼~]자 『'내쫓다'의 피동』 내쫓음을 당하다. 대문 밖으로 내쫓기다.

내:**-쫓다**[~쫃따]目 (있던 자리에서) 억지로 내보내다. ¶닭을 내쫓다. /마을에서 거지를 내쫓다. /직장에서 내쫓다.

내:**-찌르다**[~찌르니·~질러]目르 앞으로 세게 찌르다.

내:**-차다**目 ①발길로 내질러 차다. ¶공을 발로 힘껏 내차다. ②냅다 차다.

내:**착**(來着)圓자 ①(자기가) 목적지에 와서 닿음. ¶아침에 이곳에 내착했다. ②(남이) 이곳에 도착하다. ¶외국의 시찰단이 내착했다.

내:**찰**(內札)⊏안편지. 내간(內簡).

내:**채**(內債)圓 ⊏내국채(內國債).

내:**처**團 ①내친 바람에 끝까지, 하는 김에 다. ¶읍내까지 쉬지 않고 내처 걸었다. ②줄곧 한결같이. ¶한 달 내처 비가 내렸다.

내:**처**(內處)圓 안방에서 거처함.

내:**척**(內戚)圓 같은 본(本)을 가진 친척, 곧 본종(本宗)을 이르는 말. 내친(內親). ↔외척(外戚).

내:**천**(內遷)圓자 ⊏내국내(內國債).

내:**청**(來聽)圓자 (연설·강연 따위를) 와서 들음. ¶강연회 내청을 환영합니다.

내:**-청룡**(內靑龍)[~뇽]圓 풍수설에서, 주산(主山)에서 왼쪽으로 뻗어 나간 산줄기 중 맨 안쪽에 있는 줄기를 이르는 말. 단청룡(單靑龍). **상**외청룡.

내:**총**(內寵)圓 임금의 총애를 받는 궁녀, 또는 그 총애. 내폐(內嬖).

내:**추**(來秋)圓 돌아오는 가을.

내:**춘**(來春)圓 돌아오는 봄.

내:**-출혈**(內出血)圓 혈관이나 모세 혈관에의 한 출혈이 체내 또는 피하(皮下)에서 일어나는 일. 피하 출혈(皮下出血). ↔외출혈(外出血).

내:**취**(內吹)圓 〈겸내취(兼內吹)〉의 준말.

내:**측**(內側)圓 안쪽. ↔외측.

내:**측**(內廁)圓 ⊏안뒷간.

내:**층**(內層)圓 (여러 겹으로 포개어져 있는 것의) 안쪽의 층. ↔외층(外層).

내:**치**(內治)¹圓하자 나라 안을 다스림.

내:**치**(內治)²圓하자 상처나 병을 내복약으로 다스림. ↔외치(外治).

내:**치**(內痔)圓 ⊏암치질. ↔외치(外痔).

내:**-치다**目 ①물리치다. 내쫓다. ¶저 자를 당장 밖으로 내치다. ②내던져 버리다.

내:**치락-들이치락**[~뜨리~]튀자 ①변덕스럽게 이랬다저랬다 하는 모양. ②병세(病勢)가 더했다 덜했다 하는 모양.

내:**칙**(內則)圓 내부의 규칙. 내규(內規).

내:**친**(內親)圓 ①본(本)이 같은 친척. 내척(內戚). ②아내의 친척. ③하형 마음속으로 친하게 여김.

내:**친-걸음**圓 ①이왕 시작한 김. ¶내친걸음에 내일 일까지 다 해치웠다. ②이왕 나선 걸음. ¶내친걸음에 시내까지 들어갔다.

내:**친-김**圓 이왕 일을 시작한 김.《주로, '내친김에'의 꼴로 쓰임.》¶내친김에 방 청소까지 해 놓았다.

내:**침**(內寢)圓하자 남편이 아내 방에서 잠.

내:**침**(來侵)圓자타 침입하여 옴, 또는 그 침입. ¶왜구(倭寇)의 내침이 잦았다.

내:**켜-놓다**[~노타]目 앞으로 물려 놓다. ¶밥상을 부엌에 내켜놓아라.

내:**키다**¹자 하고 싶은 마음이 나다. ¶마음이 내키지 않는다.

내:**키다**²(어떤 공간을 넓히려고) 바깥쪽으로 물려 내다.

내:**탁**(內托)圓하자 한방에서, 종기의 절개 수술을 한 뒤에 보약으로 조리함을 이르는 말.

내:**탐**(內探)圓하자 ⊏염알이.

내:**탕**(內帑)圓 〈내탕고(內帑庫)〉의 준말.

내:**탕-고**(內帑庫)圓 조선 시대에, 임금의 개인적인 재물을 두던 곳집. **준**내탕.

내:**탕-금**(內帑金)圓 조선 시대에, 내탕고에 둔 돈. 곧, 임금이 개인적인 용도에 쓰던 돈. 탕전(帑錢).

내:**통**(內通)圓 ①하자 남녀가 몰래 정을 통함. 사통(私通). ②자타되자 적과 몰래 손을 잡음. 내응(內應). ③하타되자 비밀히 알림.

내:**-트리다**目 내뜨리다.

내:**-팽개치다**目 ①힘껏 던져 버리다. ②하던 일에서 손을 떼어 버리다. ¶하던 공부를 내팽개치다. ③돌보지 않고 내버려 두다. ¶자녀를 내팽개치고 달아나다.

내:**-퍼붓다**[~붇따]目시 ~퍼부으니·~퍼부어]目시 물이나 욕 따위를 냅다 퍼붓다. ¶소나기가 세차게 내퍼붓다. /욕설을 내퍼붓다.

내:**편**(內篇)圓 〔중국의 고서(古書) 따위에서〕 저자가 저술하는 중심 부분. ↔외편.

내:**편**(來便)圓 ①오는 인편(人便). ¶내편에 보내 주십시오. ②다음 편. ¶책은 내편으로 보내 드리겠습니다.

내:평(內-)명 <속내평>의 준말.

내:평(內評)명 (겉으로 드러내지 않고) 내부에서만 하는 평판이나 비평.

내:폐(內嬖)[-페-페]명 ⇨내총(內寵).

내:폐-성(內閉性)[-폐썽/-페썽]명 심리학에서, 자기의 생각이나 감정을 드러내어 남에게 작용하거나 하지 않고, 자기 속에 틀어박혀 버리는 경향. 분열증의 심리적 특질. 자폐성(自閉性).

내:포(內包)¹명 식용으로 하는 짐승의 내장. 내보. 내복(內腹).

내:포(內包)²명 ①어떤 개념의 내용이 되는 여러 속성. [금속이라는 개념에서 전기나 열의 도체(導體) 따위.] ↔외연(外延). ②하타 되자 내부에 포함하여 가짐. ¶그 이론은 그 자체 안에 모순을 내포하고 있다.

내:포-량(內包量)명 (면적처럼 그 넓이를 가지고 나타내는 양이 아니고) 빛이나 열처럼 그 성질의 강도의 차로써 나타내는 양. ↔외연량(外延量).

내:폭-성(耐爆性)[-썽]명 내연 기관의 기통(氣筒) 안에서의 연료의 이상 폭발을 방지할 수 있는, 옥탄가를 올린 가솔린의 성질. ¶내폭성 가솔린.

내:폭-제(耐爆劑)[-쩨]명 내연 기관에서 연료의 이상 폭발을 방지하기 위하여 가솔린에 조금 섞는 물질. 앤티노크.

내풀로뷔 내 마음대로.

내:피(內皮)명 ①속껍질. 속가죽. ↔외피(外皮). ②척추동물의 혈관이나 림프관 내면의 상피 조직. ③고등 식물의 뿌리·줄기·잎에서, 피층(皮層)의 가장 안쪽에, 중심주(中心柱)를 싸고 있는 한 줄의 세포층.

내:핍(耐乏)명하자 물자의 부족을 참고 견딤. 가난을 참고 견딤. ¶내핍 생활.

내:하(內下)명하타 ⇨내사(內賜).

내:하(來夏)명 내년 여름.

내하(來賀)명하자 와서 축하함.

내-학기(來學期)[-끼]명 다음 학기.

내-학년(來學年)[-냥-]명 다음 학년.

내:한(來韓)명 외국인이 한국에 옴. ¶외국 관현악단의 내한 공연.

내:한(耐旱)명하자 가뭄을 견디어 냄.

내:한(耐寒)명하자 추위를 견디어 냄. 추위를 이김. ¶내한 훈련. ↔내서(耐暑).

내:합(內合)명 내행성(內行星)이 지구와 태양 사이에 와서 일직선이 되는 일. 하합(下合). ↔외합.

내:항(內航)명 국내를 항행(航行)하는 일, 또는 그 항로(航路). ↔외항(外航).

내:항(內港)명 항만의 안쪽 구역. (배가 검역 등을 위하여 임시로 정박하는 외항에 대하여) 승객이 오르내리거나 하역 작업을 하기에 알맞게 시설한 안쪽 항구. ↔외항(外港).

내:항(內項)명 비례식에서, 안쪽에 있는 두 항. [a:b=c:d에서의 b와 c.] ↔외항.

내항(來降)명하자 (적이) 와서 항복함.

내:항(來航)명하자 (외국에서) 배나 항공기를 타고 옴.

내:항-동물(內肛動物)명 후생동물의 한 문(門). 바다에 사는 작은 동물로서 몸길이는 불과 몇 mm이며 군체(群體)를 이룸. 몸은 양주 술잔 모양으로 하나의 짤막한 자루 부분과 꽃받침과 같은 부분으로 이루어져 있음. 꽃받침과 같은 부분의 가장자리에는 촉수(觸手)가 한 줄로 둘리어 있으며, 그 가운데에 입과 항문이 있음.

내:해(內海)명 육지와 육지 사이에 끼인 좁은 바다. [해협으로 외양과 연결됨. 동해나 지중해 따위.] 내양(內洋). ↔외양·외해.

내:행(內行)명 부녀자의 여행.

내:-행성(內行星)명 태양계의 행성 중, 지구 궤도보다 안쪽에 궤도를 가지는 행성. 수성과 금성이 있음. ↔외행성(外行星).

내:향(內向)명 ①하자 안쪽으로 향함. ②⇨내공(內攻).

내:향-성(內向性)[-썽]명 마음의 작용이 자기의 내면에만 관심을 가지고, 밖으로 향하려 하지 않는 성격. 비사교적인 성격. 내성적인 성격. ↔외향성.

내:향-적(內向的)관명 ①안쪽으로 향하는 (것). ②성격이 내성적이고 사교적이지 않은 (것). ↔외향적.

내:허(內虛)명하형 속이 빔. 내용이 없음. 참외허.

내:허-외식(內虛外飾)[-외-/-웨-]명하자 속은 비고 겉치레만 번지르르함.

내:-헤치다타 마구 꺼내어 헤치다. ¶고양이가 쓰레기통에 있던 음식물 찌꺼기를 내헤쳐 놓았다.

내:현(來現)명하자 와서 나타남.

내:형(乃兄) Ⅰ명 그 사람의 형. Ⅱ대 (편지 글 따위에서) '이 형'이란 뜻으로, 형이 자기의 아우에게 스스로를 가리켜 일컫는 말.

내:-호흡(內呼吸)명 생물체의 각 조직이나 세포가, 동맥혈로부터 산소를 흡수하고 탄산가스를 정맥 속으로 배출하는 작용. (폐로 하는 외호흡에 대하여 이르는 말임.) ↔외호흡.

내:혼(內婚)명 ⇨족내혼(族內婚).

내:홍(內訌)명 내분(內紛).

내:화(內貨)명 자기 나라 화폐. ↔외화(外貨).

내:화(耐火)명하자 높은 열에 타거나 녹거나 하지 않고 잘 견딤. ¶내화 유리.

내:화^건:축(耐火建築)명 내화 재료를 사용한 건축.

내:화^구조(耐火構造)명 (기둥·보·벽·마루·지붕·계단 등의 주요 구조 부분에) 불에 잘 타지 않는 내화 재료를 사용한 건축 구조.

내:화-도(耐火度)명 내화의 정도를 나타내는 비율.

내:화-물(耐火物)명 높은 열에 견디는 비금속 재료를 통틀어 이르는 말.

내:화^벽돌(耐火甓-)[-똘]명 내화 점토를 원료로 하여 구운 벽돌. (높은 열에 견딜 수 있으며 빛깔이 흼.) 불벽돌. 백연와(白煉瓦).

내:화-성(耐火性)[-썽]명 높은 열에도 타지 아니하고 견디는 성질.

내:화-재(耐火材)명 ⇨내화 재료(耐火材料).

내:화^재료(耐火材料)명 높은 열에 견딜 수 있는 재료. 내화 벽돌·내화 점토 따위를 통틀어 이르는 말. 내화재.

내:화^점토(耐火粘土)명 높은 열에도 녹거나 변질되지 않는 점토. 내화 벽돌이나 도자기·가마 따위의 재료로 쓰임.

내:환(內患)명 ①나라 안의 걱정. 내우(內憂). ↔외환. ②집안의 근심스러운 일. ③아내의 병(病).

내:회(來會)[-회/-훼]명하자 ①다음으로 다가오는 모임. ¶회칙은 내회에서 확정하겠습니다. ②와서 모임. 집회의 자리에 옴.

내-후년(來後年)명 후년의 다음 해. 명후년. 후후년.

내:-후리다타 주먹 따위를 휘둘러 세게 때리거나 치다. ¶그는 놈의 얼굴을 보기 좋게 내후렸다.

내:훈(內訓)圐 ①집안의 부녀자들에 대한 가르침. ②내밀히 하는 훈령, 또는 내부에 대한 훈령이나 훈시.

내-휘두르다[~휘두르니·~휘둘러]卧른 ①냅다 이리저리 마구 내어 두르다. ¶칼을 내휘두르다. ②사람이나 일을 마음대로 마구 다루다. ¶그는 권력을 내휘두르며 국민을 탄압했다.

내흉(內凶)圐夒쩡 '내숭'의 잘못.

내-흔들다[~흔드니·~흔들어]卧 ①이리저리 함부로 흔들다. ¶손수건을 내흔들다. ②강하게 부정하는 뜻으로 머리를 마구 좌우로 흔들다.

낼:圐⒤〈내일(來日)〉의 준말.
⒤튀〈내일(來日)〉의 준말.

낼:-모레圐〈내일모레〉의 준말.

냄비圐 음식을 끓이는 데 쓰는, 솥보다 작은 기구. 솥보다 운두가 낮고 뚜껑과 손잡이가 달려 있음.

냄:새圐 ①코로 맡을 수 있는 온갖 기운. ¶구수한 냄새. /구린 냄새. ②'어딘지 모르게 감도는 분위기나 느낌·낌새 따위'를 비유하여 이르는 말. ¶훈장 냄새. /수상한 냄새를 풍긴다. 준내2.

냄:새-나다困 ①싫어서 넌더리가 나다. ¶허구한 날 같은 소리뿐이니, 이제 냄새날 지경이다. ②어떤 낌새가 나다. ③신선하지 않은 맛이 있다. ¶오래되어 냄새나는 생선.

냄:새-피우다困 어떤 티를 내다.

냅다¹[-따]튀〈내우니·내워〉형ㅂ 연기가 눈이나 목구멍을 자극하여 맵고 싸하다. ¶내워서 눈을 뜨지 못하겠구나.

냅다²[-따]튀 몹시 빨리. 몹시 세차게. ¶냅다 팽개치다. /냅다 튀어서 나가다.

냅-뜨다[~뜨니·~떠]困 기운차게 (남을) 앞질러 나서다. ¶그는 무슨 일에든 먼저 냅뜨는 성미다.

냅색(knapsack)圐 하이킹 따위에서 쓰이는 작은 간이 배낭. 쓰지 않을 때는 접어서 주머니에 넣을 수도 있음.

냅킨(napkin)圐 양식(洋食)을 먹을 때, 가슴이나 무릎을 가리어 옷을 더럽히지 않게 하거나, 입이나 손을 닦는 데 쓰는 수건. 종이로 만든 것도 있음.

냇-가[내까/낸까]圐 냇물의 가장자리에 가까운 땅. 천변(川邊).

냇-내[낸-]圐 연기의 냄새. 음식에 밴 연기의 냄새. ¶냇내가 심해서 먹을 수가 없다.

냇-둑[내뚝/낸뚝]圐 냇가에 쌓은 둑. 방천(防川). ¶냇둑이 터져 홍수가 나다.

냇-물[낸-]圐 내에 흐르는 물.

냇-버들[내뻐/낸뻐-]圐 버드나뭇과의 낙엽 활엽 관목. 냇가에 나는데, 높이는 3~4 m. 잎은 양끝이 뾰족하고 잔 톱니가 있으며, 어긋맞게 남. 4월경에 이삭 모양의 꽃이 핌.

냉:(冷)圐〔한방에서〕①아랫배가 늘 싸늘한 병. ②몸, 특히 몸의 아랫부분을 차게 함으로써 생기는 병. 冷(을) 치다표 냉병(冷病)을 다스리다.

냉-(冷)졉튀《일부 명사 앞에 붙어》'온도가 찬'을 나타냄. ¶냉국. /냉커피.

냉:-가슴(冷-)圐 ①한방에서, 몸을 차게 함으로써 일어나는 가슴앓이. ②겉으로 드러내지 못하고 혼자서 속을 썩이는 마음. ¶벙어리 냉가슴 앓듯 하다. 참생가슴.

냉:각(冷却)圐하튀되困 ①식어서 차게 됨. ②식혀서 차게 함. ¶더운 공기를 냉각하다. ③애

정·정열·흥분 따위의 기분이 가라앉음, 또는 그렇게 함. ¶냉각 기류가 흐르는 정국.

냉:각(冷覺)圐 피부의 온도보다 낮은 온도의 자극을 받았을 때 일어나는 감각. 〔피부에 있는 냉점(冷點)이 지각함.〕↔온각(溫覺).

냉:각-기(冷却期)圐 -끼-〈냉각기간〉의 준말.

냉:각-기(冷却器)圐 -끼-圐 물체를 냉각시키는 데 쓰이는 기기(器機)를 통틀어 이르는 말.

냉:각-기간(冷却期間)圐 -끼-圐 (노동 쟁의나 정치적 분쟁 따위를 원만히 해결하기 위하여 두는) 유예 기간. 준냉각기.

냉:각-수(冷却水)圐 내연 기관 등 높은 열을 내는 기계를 식히기 위한 물.

냉:각-액(冷却液)圐 ①쇠붙이를 깎거나 자를 때에 나는 열을 식히는 데 쓰는 액체. ②발열 반응의 냉매(冷媒)로 쓰이는 액체.

냉:각-재(冷却材)圐 -째-圐 원자로 속에서 핵분열에 의해 발생한 열을 식히기 위하여 쓰는 물질. 〔공기·경수(輕水)·중수(重水)·헬륨·이산화탄소 따위.〕

냉:각-제(冷却劑)圐 냉동기에서, 기화열을 이용하여 둘레에 있는 것을 냉동시키는 데 쓰는 물질. 〔암모니아·염화메틸 따위.〕

냉:간^압연(冷間壓延)圐 강철 따위의 금속 재료를 상온(常溫)에 가까운 온도에서 압연 가공하는 일. ↔열간 압연(熱間壓延).

냉:갈령圐 매정하고 쌀쌀한 태도.

냉:감(冷疳)圐 한방에서 이르는 감병(疳病)의 한 가지. 갈증이 심하고 번조(煩燥)가 생기며 설사가 나서 점점 여위어 가는 병.

냉:감-증(冷感症)圐 -쯩圐 결혼한 여성으로서, 성적 욕망이 일어나지 않는 증세. 참불감증.

냉:감-창(冷疳瘡)圐 한방에서, 입가에 부스럼이 나서 점점 퍼지는 어린아이의 병. 〔흔히, 영양 부족으로 일어남.〕

냉:건(冷乾)圐하튀 차게 하여 말림.

냉:-골(冷-)圐 불을 넣지 않아 몹시 찬 방구들. ¶연탄불이 꺼져서 방바닥이 냉골이다.

냉:과(冷果)圐 설탕물에 절여서 차게 식힌 과실.

냉:과(冷菓)圐 냉과자.

냉:과리圐 (덜 구워져서) 피울 때 연기와 냄새가 나는 숯.

냉:광(冷光)圐 ①찬 느낌의 빛. ②물질이 빛이 나 열의 자극을 받아서 열은 없이 빛을 내는 현상.

냉:-국(冷-)[-꾹]圐 ☞찬국.

냉:-기(冷氣)圐 찬 공기. 찬 기운. ¶냉기가 돌다. /냉기를 쐬면 좋지 않다. ↔온기(溫氣).

냉:-기류(冷氣流)圐 ①차가운 공기의 흐름. ②'대립하는 세력들 사이의 적대적인 분위기'를 비유하여 이르는 말. ¶정계에 냉기류가 흐르다.

냉-꾼圐 '내왕꾼'의 잘못.

냉:-난방(冷煖房)圐 냉방과 난방. ¶냉난방 시설을 완비한 현대식 건물.

냉:담(冷淡)圐하튀형 ①무슨 일에 마음을 두지 않음. 무관심함. ¶시청자들은 냉담한 반응을 보였다. ②동정심이 없고 쌀쌀함. ¶구호의 요청을 냉담하게 뿌리쳤다. 냉담-히튀.

냉:담(冷痰)圐 한방에서 이르는, 사지(四肢)가 차고 근육이 군데군데 쑤시는 병.

냉:대(冷待)圐하튀 푸대접함. 푸대접.

냉:대(冷帶)圐 온대와 한대의 사이에 있으며, 대체로 북위 40~67°의 지역. 냉온대(冷溫帶). 아한대. 참온대·한대.

냉:대^기후(冷帶氣候)[명] 기후대의 한 가지. 북반구 대륙의 내륙에서 볼 수 있는 기후임. 연교차가 커 가장 추운 달의 평균 기온은 −3℃ 미만이며 가장 따뜻한 달의 평균 기온은 10℃ 이상임. ☞온대 기후·한대 기후.

냉:대-림(冷帶林)[명] 냉대에 발달해 있는 삼림대. 낙엽 활엽수림과, 전나무·낙엽송 등이 주종을 이루는 침엽수림으로 나누어짐. ☞온대림·한대림.

냉:대^습윤^기후(冷帶濕潤氣候)[명] 냉대 기후형의 한 가지. 연중(年中) 습기가 많은 기후로, 여름철은 몹시 덥고, 겨울철은 몹시 춥고 눈이 많이 내림.

냉:돌(冷埃)[명] 불을 때지 않은 온돌방. 냉방. ¶냉돌에서 잠을 잤더니 몸이 찌뿌드드하다.

냉:동(冷凍)[명][하다][되자] (식품 따위의 부패를 막기 위하여) 냉각시켜서 얼림.

냉:동-기(冷凍機)[명] 낮은 온도에서 물건을 얼리거나 차갑게 하는 기계. 냉장고·제빙기·기체 액화기 따위에 쓰임.

냉:동-법(冷凍法)[명][-뻡][명] (육류·어류 등을 오래 보존하기 위하여) 냉각시켜서 얼리는 방법.

냉:동-선(冷凍船)[명] 냉동 설비를 갖춘 배.

냉:동-식품(冷凍食品)[명] (신선한 상태로 장기간 보존할 수 있도록) 냉동시킨 식품.

냉:동-실(冷凍室)[명] 식품 따위를 얼려서 보관하는 곳.

냉:동-어(冷凍魚)[명] (장기간의 보존을 위하여) 냉동시킨 물고기.

냉:동-업(冷凍業)[명] ①냉동기를 사용하는 영업을 두루 이르는 말. ②식품을 냉각·냉동하여 보존하는 영업.

냉락(冷落)'냉락하다'의 어근.

냉:락-하다(冷落−)[−나카−][형여] ①서로의 사이가 멀어져 쌀쌀하다. ②외롭고 쓸쓸하다.

냉랭(冷冷)'냉랭하다'의 어근.

냉:랭-하다(冷冷−)[−넁−][형여] ①쌀쌀하게 차다. ¶불을 때지 않아서 방이 냉랭하다. ②태도가 몹시 쌀쌀하다. ¶냉랭한 분위기. 냉랭-히[부].

냉량(冷凉)'냉량하다'의 어근.

냉:량-하다(冷凉−)[−냥−][형여] 약간 차갑고 서늘하다. ¶기후가 냉량하다.

냉:리(冷痢)[−니][명] 한방에서, 몸을 차게 함으로써 배가 아프고 곱똥이 나오며 뒤가 묵직하게 느껴지는 병.

냉:매(冷媒)[명] 열 교환기에서 열을 빼앗기 위하여 사용하는 매체. 〔암모니아·프레온 따위.〕

냉:매(冷罵)[명][하다] 비웃고 꾸짖음.

냉:면(冷麵)[명] 찬국이나 동치밋국 같은 것에 말아서 먹는 국수.

냉:방(冷房)[명] ①☞냉돌(冷埃). ②(더위를 막기 위하여) 방 안의 온도를 외기(外氣)의 온도보다 낮추는 일. ☞난방(煖房).

냉:방-병(冷房病)[−뼝][명] 냉방이 된 방과 외기(外氣)와의 온도 차가 자극이 되어 일어나는 병.

냉:방^장치(冷房裝置)[명] (실내 온도를 낮추기 위하여) 공기를 냉각시키는 장치. ↔난방 장치.

냉:-배(冷−)[−빼][명] 냉병으로 일어나는 배앓이를 이름. 냉복통(冷腹痛).

냉:병(冷病)[−뼝][명] 한방에서, 하체를 차게 하여 일어나는 병을 통틀어 이르는 말. 냉증.

냉:-복통(冷腹痛)[명] ☞냉배.

냉:비(冷痺)[명] 한방에서, 찬 기운으로 말미암아 손발의 감각이 없어지는 병.

냉:상(冷床)[명] 인공으로 따뜻한 열을 주지 않고 태양열만을 이용한 자연 그대로의 묘상(苗床). ↔온상(溫床).

냉:소(冷笑)[명][하다] 쌀쌀한 태도로 비웃음. ¶냉소가 흐르다. /냉소를 머금다.

냉:소-적(冷笑的)[관명] 쌀쌀한 태도로 비웃는(것). ¶냉소적 말투. /냉소적으로 대하다.

냉:소-주의(冷笑主義)[−의/−이][명] 사물을 냉소적으로 보는 태도. 견유주의. 시니시즘.

냉:수(冷水)[명] 찬물. ↔온수(溫水).
   냉수 먹고 속 차려라[속담] (정신이 나도록 찬물을 마시고) 정신 차려라.
   냉수 먹고 이 쑤시기[속담] '실속은 없으면서 겉으로는 있는 체하는 것'을 조롱하여 이르는 말.

냉:수-마찰(冷水摩擦)[명] 찬물에 담갔다가 짠 수건으로 살갗을 문지르는 건강법.〔혈액 순환이 좋아지고 추위에 대한 저항력이 높아지며 정신이 맑아짐.〕

냉:수-스럽다(冷水−)[−따][∼스러우니·∼스러워][형ㅂ] 사람됨이 싱겁고 묽어서 멋쩍다. 냉수스레[부].

냉:수-욕(冷水浴)[명][하자] 찬물로 목욕함, 또는 그렇게 하는 목욕.

냉:습(冷濕)[1명] 한방에서, '냉기와 습기 때문에 일어나는 병'을 통틀어 이르는 말.

냉습(冷濕)[2] '냉습하다'의 어근.

냉:습(冷濕−)[−스파−] [형] 차고 습하다.

냉:시(冷視)[명][하다] 차가운 눈초리로 봄. 멸시함.

냉:신(冷神)[명] 찬 것을 감각하는 피부 신경. ↔온신(溫神).

냉:안(冷眼)[명] 차가운 눈빛이나 눈길. 멸시하여 보는 눈.

냉:안-시(冷眼視)[명][하다] 차가운 눈초리로 봄. 멸시함. ¶반대 의견을 냈다고 냉안시하다.

냉암(冷暗)'냉암하다'의 어근.

냉:암-하다(冷暗−)[형어] 차고 어둡다.

냉:어(冷語)[명] 매정하고 쌀쌀한 태도로 말함, 또는 그런 태도로 하는 말.

냉엄(冷嚴)'냉엄하다'의 어근.

냉:엄-법(冷罨法)[−뻡] [명] 환부를 차게 찜질함으로써 소염·진통의 효과를 얻는 방법.〔찬 습포(濕布)나 얼음찜질 따위.〕 찬찜질. ↔온엄법.

냉:엄-하다(冷嚴−)[형여] ①냉정하고 엄숙하다. ¶판사는 판결문을 냉엄하게 낭독하였다. ②(적당히 하거나 무시하거나 할 수 없게) 냉정하고 엄격하다. ¶냉엄한 현실. 냉엄-히[부].

냉연(冷然)'냉연하다'의 어근.

냉:연-하다(冷然−)[형여] 태도가 몹시 쌀쌀하다. 냉연-히[부] ¶냉연히 거절하다.

냉염(冷艶)'냉염하다'의 어근.

냉:염-하다(冷艶−)[형어] 싸늘하고도 아름답다. 〔흔히, 흰 꽃이나 눈 따위를 형용하는 말.〕

냉:온(冷溫)[명] ①차가움과 따뜻함. ②낮은 온도. ¶냉온에서 잘 자라는 식물.

냉:-온대(冷溫帶)[명] ☞냉대(冷帶).

냉:우(冷雨)[명] 찬비. 한우(寒雨).

냉:우(冷遇)[명][하타] ☞푸대접.

냉:육(冷肉)[명] 쇠고기·돼지고기·닭고기 따위를 쪄서 차게 식힌 것.

냉:이[명] 십자화과의 이년초. 들이나 밭에 흔히 나는데, 잎은 뿌리에서 무더기로 나며 깃 모양으로 갈라져 있음. 초봄에 하얀 꽃이 줄기 끝에 피고 열매는 삼각형임. 어린잎과 뿌리는 국거리로 쓰임. 제채(薺菜).

냉:장(冷藏)명하타 음식물 따위의 부패를 막기 위하여, 또는 차게 하기 위하여 저온에서 저장함.

냉:장-고(冷藏庫)명 식품 따위를 저온에서 저장하는 상자 모양의 장치.

냉:장^수송(冷藏輸送) 화물의 변질을 방지하기 위하여, 냉장 시설을 갖춘 교통 기관으로 수송하는 일.

냉:장-실(冷藏室)명 식품 따위를 낮은 온도에서 저장하는 곳.

냉:장-차(冷藏車)명 냉장 시설을 갖춘 화차(貨車)나 자동차.

냉:재(冷材)명 한방에서, 냉한 성질을 가진 약재를 통틀어 이르는 말.〔서각(犀角)·생지황(生地黃)·죽여(竹茹)·사삼(沙蔘) 따위.〕 냉제(冷劑). 양재(涼材). ↔온재(溫材).

냉:적(冷積)명 한방에서, 배 속에 뜬뜬하게 뭉친 것이 생겨 통증을 일으키는 냉병을 이르는 말.

냉:전(冷戰)명 (군사 행동에까지는 이르지 않지만) 서로 적대시하고 있는 국가 간의 대립 상태. ↔열전(熱戰).

냉:절(冷節)명 '한식(寒食)'의 딴 이름.

냉:점(冷點)[-쩜]명 피부 온도보다 낮은 온도, 곧 냉각을 느끼는 감각점.〔피부와 점막에 고루 분포함.〕↔온점(溫點).

냉정(冷情)'냉정하다'의 어근.

냉:정(冷靜)어 감정에 좌우되지 않고 차분함. ¶냉정한 판단을 내리다. /냉정을 되찾다. 냉정-히부.

냉:정-스럽다(冷情-)[-따][~스러우니·~스러워]형ㅂ 매정하고 쌀쌀한 데가 있다. 냉정스러운 태도. 냉정스레부.

냉:정-하다(冷情-)형여 매정하고 쌀쌀하다. ¶냉정하게 거절하다(뿌리치다). 냉정-히부.

냉:제(冷劑)명 ▷냉재(冷材).

냉:조(冷嘲)명하타 업신여겨 비웃고 놀림.

냉:주(冷酒)명 찬술.

냉:증(冷症)[-쯩]명 ▷냉병(冷病).

냉:지(冷地)명 기후가 한랭한 땅.

냉:차(冷차)명 (얼음을 넣거나 하여) 차게 만든 찻물, 또는 청량음료.

냉:채(冷菜)명 차게 하여 먹는 채(菜).

냉:처(冷處)명하타 찬 방에 거처함.

냉:천(冷天)명 싸늘한 날씨.

냉:천(冷泉)명 ①물이 찬 샘. ②수온이 낮은 광천(鑛泉). ↔온천(溫泉).

냉철(冷徹)'냉철하다'의 어근.

냉:철-하다(冷徹-)형여 감정에 좌우되지 않고, 사물을 내다보는 데 냉정하고 날카롭다. ¶냉철한 판단. 냉철-히부.

냉:-커피(冷coffee)명 (얼음을 넣거나 하여) 차게 만든 커피. 아이스커피.

냉큼부 망설이지 않고, 가볍고 빨리 움직이는 모양. ¶냉큼 받아먹다. /말이 끝나자마자 냉큼 일어서다. 준닁큼. 냉큼-냉큼부.

냉:탕(冷湯)명 찬물로 되어 있는 탕. ↔온탕.

냉:평(冷評)명하타 ①냉담한 태도로 비평하는 일, 또는 그러한 비평. ②냉혹한 비평.

냉:풍(冷風)명 (늦가을이나 초봄에 부는) 차가운 바람.

냉:-하다(冷-)형여 ①차다. 찬 기운이 있다. ②〔한방에서〕㉠병으로 아랫배가 차다. ㉡약재의 성질이 차다. 냉한 약재.

냉:한(冷汗)명 식은땀.

냉:해(冷害)명 여름철의 이상 저온(異常低溫)이나, 일조 부족(日照不足)으로 인하여 생기는 농작물의 피해.

냉:혈(冷血)명 ①(어떤 동물의) 체온이 외기의 기온보다 낮은 것. 찬피. ↔온혈(溫血). ②인간다운 정이 없이 냉혹함. ¶냉혈(冷血). ③한방에서, 찬 기운으로 인하여 배 속에 뭉친 피.

냉:혈^동:물(冷血動物)명 체온 조절의 기능이 없이, 외기(外氣)의 온도의 변화에 따라 체온이 변화하는 동물.〔무척추동물·어류·양서류·파충류 따위.〕변온 동물. 찬피 동물. ↔온혈 동물.

냉:혈-한(冷血漢)명 무정한 사나이. 몰인정한 사나이.

냉혹(冷酷)'냉혹하다'의 어근.

냉:혹-하다(冷酷-)[-호카-]형여 인간다운 정이 없고 혹독하다. ¶냉혹한 처사. 냉혹-히부.

냉:회(冷灰)명 ①회/-훼명 불이 꺼져서 싸늘하게 식은 재.

냉:-훈:법(冷燻法)[-뻡]명 식품을 저온에서 3~4주 동안 훈연(燻煙)하여 오래 저장할 수 있게 하는 방법.

냸-밓(옛)내. ¶내히 이러(龍歌2章).

냐조 모음으로 끝난 체언에 붙어, 묻는 뜻을 나타내는 해라체의 종결형 서술격 조사. ¶이번에 작품상을 탄 영화가 전에 같이 본 그 영화냐. 참이냐.

-냐어미 모음이나 'ㄹ'로 끝난 형용사 어간 또는 높임의 '-시-'나 시제의 '-았(었)-'·'-겠-' 등에 붙는, 해라체의 의문형 종결 어미. ¶어디 아프냐?/배가 고프냐? 참-느냐·-으냐.

냐고조 모음으로 끝난 체언에 붙어, 물음의 말을 인용하는 뜻을 나타내는 연결형 서술격 조사. ¶나더러 누구냐고 묻더라. 참이냐고.

-냐고어미 모음이나 'ㄹ'로 끝난 형용사 어간 또는 높임의 '-시-'나 시제의 '-았(었)-'·'-겠-' 등에 붙어, 물음을 인용하는 뜻을 나타내는 연결 어미. ¶어디가 아프냐고 물었다. 참-느냐고·-으냐고.

냐는조 '냐고 하는'이 줄어서 된 말. 모음으로 끝난 체언에 붙는 서술격 조사. ¶그녀는 고향이 어디냐는 물음에 한참 머뭇거렸다. 참이냐는.

-냐는준 '-냐고 하는'이 줄어든 말. 모음으로 끝난 형용사 어간 또는 높임의 '-시-'나 시제의 '-았(었)-'·'-겠-' 등에 붙어, 물음이나 의사를 인용하는 뜻을 나타냄. ¶누가 더 예쁘냐는 물음에 대답을 못했다. 참-느냐는·-으냐는.

난조 '냐고 하는'또는 '냐고 한'이 줄어서 된 말. 모음으로 끝난 체언에 붙는 서술격 조사. ¶너도 사내냔 그녀의 핀잔에 벌컥 화가 났다. 참이냔.

-난준 '-냐고 하는', 또는 '-냐고 한'이 줄어든 말. 모음으로 끝난 형용사 어간 또는 높임의 '-시-'나 시제의 '-았(었)-'·'-겠-' 등에 붙어, 물음을 인용하는 뜻을 나타냄. ¶얼마나 기쁘냔 말을 여러 번 들었다. 참-느냔·-으냔.

냘조 '냐고 할'이 줄어서 된 말. 모음으로 끝난 체언에 붙는 서술격 조사. ¶그에게만 이게 친구에 대한 의리날 수가 있나. 참이냘.

-날준 '-냐고 할'이 줄어든 말. 모음으로 끝난 형용사 어간 또는 높임의 '-시-'나 시제의 '-았(었)-'·'-겠-' 등에 붙어, 물음을 인용하는 뜻을 나타냄. ¶너보고만 왜 그리 처신이 나쁘날 사람은 없을 거다. 참-느냘·-으냘.

냠:냠 Ⅰ명 '음식'의 어린이 말. Ⅱ부하자 (어린이가) 음식을 맛있게 먹는 소리, 또는 그 모양.

냠냠-거리다〔자〕(어린이가) 맛있게 음식 먹는 소리를 자꾸 내다. 냠냠대다.

냠냠-대다〔자〕냠냠거리다.

냠냠-이〔명〕'먹고 싶어 하는 음식'의 어린이 말.

냠냠-하다〔Ⅰ〕〔타여〕①맛있게 먹다. ②남의 것을 가져오다.
〔Ⅱ〕〔형여〕(음식을 먹고 난 뒤에) 성에 차지 않아 더 먹고 싶다.

냥(兩)〔의〕〈지난날의〉①돈의 단위의 한 가지. 열 돈, 곧 엽전 100푼에 해당함. ②무게 단위의 한 가지. 열 돈쭝, 또는 16분의 1근(斤)에 해당함. ②냥쭝.

냥쭝(←兩重)〔의〕☞냥.

너¹〔대〕손아랫사람이나 친한 사이에 쓰는 이인칭 대명사. ¶너와 나. ↔나.
너 나 할 것 없이〔관용〕누구를 가릴 것 없이 모두. ¶반 아이들이 너 나 할 것 없이 그 일에 참여하였다.
너 죽고 나 죽자〔관용〕사생결단으로 맞서 싸울 때 하는 말. ¶김 씨는 너 죽고 나 죽자고 덤벼들었다.

너:²〔관〕수 관형사 '네'가 'ㄱ·ㄷ·ㅁ·ㅂ·ㅍ·ㅈ'을 첫소리로 하는, 단위를 나타내는 의존 명사 앞에 쓰일 때의 변이 형태.〔너 근·너 돈·너 말·너 푼·너 홉 따위.〕

너겁〔명〕①괴어 있는 물 위에 떠서 몰려 있는 검불. ¶너겁이 켜켜이 앉은 연못 물. ②물가에 흙이 패어서 드러난 풀이나 나무뿌리.

너구리〔명〕①갯과의 포유동물. 몸길이 60 cm, 꼬리 길이 15 cm가량. 몸은 굵고 네 다리와 꼬리는 짧음. 몸빛은 황갈색인데 얼굴과 목·가슴·다리는 흑갈색임. 주둥이는 뾰족하고 나무에 잘 올라감. 산과 들에서 살며, 털가죽은 방한용, 털은 붓의 재료로 씀. 중국과 우리나라에 분포함. 산달(山獺). ②'매우 능청스럽고 음흉한 사람'을 비유하여 이르는 말.
너구리(를) 잡다〔관용〕'닫힌 공간에서 불을 피우거나 담배를 태워 연기를 많이 내다'를 비유하여 이르는 말.

너그럽다[-따]〔너그러우니·너그러워〕〔형ㅂ〕마음이 넓고 남을 헤아리는 아량이 있다. ¶너그럽게 용서하다. 너그러이〔부〕.

너글-너글[-러-]〔부〕〔하형〕너그럽고 시원스러운 모양. ¶성품이 너글너글하여 호감이 간다.

너기다〔타〕〈옛〉여기다. 생각하다. ¶내 이롤 측은히 야 어엿비 너겨(訓諺).

너끈-하다〔형여〕무엇을 하는 데 있어, 그것을 해낼 힘의 여유가 있다. **너끈-히**〔부〕¶내 힘으로도 그 정도의 일은 너끈히 해낼 수 있다.

너나-들이〔명〕〔하자〕서로 너니 나니 하고 부르며 서로 무간하게 지냄, 또는 그러한 사이. ¶그 친구와 나는 너나들이하는 사이지.

너나-없이[-업씨]〔부〕너나 나나 가릴 것 없이 모두. ¶농사철이라 너나없이 바쁘다.

너널〔명〕(지난달, 추운 겨울에 신던) 솜을 두어 만든 커다란 덧버선.

너누룩-하다[-루카-]〔형여〕①요란하거나 사납던 기세가 잠시 수그러져 잠잠하다. ¶바람이 너누룩해지거든 시장 좀 다녀오너라. ②괴롭고 답답하던 병세가 잠시 가라앉아 있다. ¶증세가 너누룩하다. ②너눅하다. **너누룩-이**〔부〕.

너눅-하다[-누카-]〔형여〕〈너누룩하다〉의 준말. **너눅-이**〔부〕.

너-댓〔수관〕'네댓'의 잘못.

너더-댓[-댇]〔수관〕넷이나 다섯가량(의). * 너더댓이[-대시]·너더댓만[-댄-]

너더댓-새[-댇쌔]〔명〕나흘이나 닷새.

너더댓-째[-댇-]〔관〕넷째나 다섯째(의).

너더분-하다〔형여〕①갈피를 잡을 수 없이 어수선하다. ¶세간이 너더분하게 흩어져 있다. ②말이 듣기 싫게 수다스럽다. 〔재〕나다분하다. **너더분-히**〔부〕.

너덕-너덕[-덩-]〔부〕〔하형〕여기저기 지저분하게 기웠거나 덧붙인 자리가 많은 모양. 〔재〕나닥나닥.

너덜〈너덜경〉의 준말.

너덜-거리다〔자〕자꾸 너덜너덜하다. 너덜대다. 〔재〕나달거리다. 〔거〕너털거리다.

너덜-겅〔명〕돌이 많이 깔린 비탈. ②너덜.

너덜-거리다[-러-]〔자〕여러 가닥으로 어지럽게 갈기갈기 찢기다.

너덜-너덜[-러-]〔부〕〔하자〕①(종이·헝겊 따위의 조각이) 여러 가닥으로 드리워져 흔들거리는 모양. ②주제넘은 말을 주책없이 자꾸 하는 모양. 〔재〕나달나달. 〔거〕너털너털.

너덜-대다〔자〕너덜거리다.

너덜코-박쥐[-쮜]〔명〕☞관박쥐.

너덧[-덛]〔수관〕넷가량(의). ¶일꾼이 너덧은 있어야 하겠다. /병아리 너덧 마리. * 너덧이[-더시]·너덧만[-던-]

너도-나도〔부〕(서로 경쟁이라도 하듯이) 모두 다. ¶너도나도 농촌 일손 돕기에 나서다.

너도-밤나무〔명〕참나뭇과의 낙엽 활엽 교목. 울릉도에 많이 분포하며, 높이는 20 m가량 자람. 잎은 길둥근 달걀 모양이며 끝이 뾰족하고 가장자리에 물결 모양의 톱니가 있음. 암수한그루로 꽃은 6월경에 핌. 나무의 결이 단단하여 건축이나 가구재로 쓰임.

-너라〔어미〕동사 '오다'나 '오다'가 붙은 동사 어간에 붙는, 해라체의 명령형 종결 어미. ¶오너라. /나오너라. /가져오너라.

너라 벗어난 끝바꿈[-끝빠-]〔명〕☞너라 불규칙 활용.

너라'변:칙'활용(-變則活用)[-치콰룡]〔명〕☞너라 불규칙 활용.

너라'불규칙'활용(-不規則活用)[-치콰룡]〔명〕'-아라'·'-어라'로 활용하여야 할 직접 명령의 어미가 '-너라'로 되는 활용 형식. '오다' 계(系) 동사에서만 볼 수 있음.〔오아라→오너라〕너라 벗어난 끝바꿈. 너라 변칙 활용.

너러바회〔명〕〈옛〉너럭바위. ¶그 알릭 너러바회化龍쇠 되여셰라(鄭澈, 關東別曲).

너럭-바위[-빠-]〔명〕넓고 평평하게 생긴 바위.

너르다[너르니·널러]〔형르〕①사방으로 두루 넓다. ¶너른 마당. ↔솔다. ②마음이나 생각이 너그럽고 크다. ¶너른 마음씨.

너른-바지〔명〕여자가 정장을 할 때 단속곳 위에 입는 속옷. 단속곳과 같으나 앞은 막히고 뒤가 터진 겹바지.〔대개, 명주 따위로 지음.〕

너름-새〔명〕①떠벌리어 주선하는 솜씨. ②☞발림².

너리〔명〕잇몸이 헐어 이뿌리가 드러나며, 이가 빠지게 되는 병.
너리(가) 먹다〔관용〕잇몸이 헐어 이뿌리가 드러나다.

너머〔명〕〈높이나 경계를 나타내는 명사 뒤에 쓰이어〉높거나 넓은 것의 저쪽. 월편(越便). ¶고개 너머 마을. /강 너머 저편.

너무〔부〕일정한 정도나 한계를 훨씬 넘어선 상태로. ¶너무 좋다. /이 문제는 너무 어렵다.

너무-나〔부〕'너무'의 힘줌말.

너무-날圓 조수의 간만의 차가 같은, 음력 열사
흘과 스무여드레를 아울러 이르는 말. ⊛무날·
무수기.

너무-너무閉 '너무'의 힘줌말.

너무-하다 Ⅰ圈 도에 지나치게 비위에 거슬
리는 말이나 행동을 하다.
Ⅱ圈圈 정도에 지나치게 심하다. ¶그렇게까지
하다니, 정말 너무하군.

너벅-선(─船)[─썬]圓 너비가 넓은 옛날의 나
무배.

너벅짓圓 '자배기'의 잘못.

너벳벳-하다[─뻳뻳타─]圈圈 (큰 얼굴이) 너부
죽하고 덕성스럽다. ¶덩치가 크고 얼굴이 너
벳벳하다. ⊛나뱃뱃하다. 너벳벳-이閉.

너볏-하다[─벼타─]圈圈 (됨됨이나 태도가) 번
듯하고 의젓하다. ⊛나볏하다. 너볏-이閉.

너부데데-하다圈圈 (얼굴 생김새가) 둥그스름하
고 너부죽하다. ⊛넙데데하다.

너부러-지다困 너부죽이 바닥에 꺼부러져 늘어
지다. ¶연일의 강행군에 모두 너부러지고 말
았다. ⊛나부라지다.

너부렁넓적-하다[─넙쩌카─]圈圈 평평하게 퍼
진 듯이 넓적하다. ⊛나부랑납작하다. 너부렁
넓적-이圈.

너부렁이圓 ①종이나 헝겊 따위의 오라기. ¶신
문지 너부렁이. ②사람이나 사물을 하찮게 여
기어 이르는 말. ¶세간 너부렁이. /깡패 너부
렁이. ⊛나부랭이.

너부시閉 고개를 천천히 숙이며 절하거나 차분
하게 앉는 모양. ¶너부시 인사하다. /윗목에
너부시 주저앉다. ⊛나부시.

너부죽-이閉 천천히 배를 아래로 하여 엎드리는
모양. ⊛나부죽이.

너부죽-하다[─주카─]圈圈 좀 넓고 평평한 듯
하다. ¶너부죽하게 둥근 얼굴. ⊛나부죽하다.
너부죽-이閉.

너불-거리다困困 자꾸 너불너불하다. 너불대다.
⊛나불거리다. ∴너풀거리다.

너불-너불[─러─]閉 ①圈困타 약하고 가볍게 너
붓거리는 모양. ¶헝겊이 너불너불 바람에 흔
들리다. ∴너풀너풀. ②圈困 입을 가볍게 함부
로 놀리는 모양. ¶채신없이 너불너불 지껄이
다. ⊛나불나불.

너불-대다困困 너불거리다.

너붓-거리다[─붇끼─]困 자꾸 너붓너붓하다. 너
붓대다. ⊛나붓거리다.

너붓-너붓[─붇─붇]閉圈困 가볍고 크게 나부끼
는 모양. ⊛나붓나붓.

너붓-대다[─붇때─]困 너붓거리다.

너붓-하다[─부타─]圈圈 좀 너부죽하다. ⊛나붓
하다. 너붓-이閉.

너비圓(옛) 폭(幅). 너비. 넓이. ¶노퓌와 너븨왜
漸漸 저거(月釋17:52).

너비圓 물건의 가로의 길이. 광(廣). 폭(幅). ¶강
의 너비. /툇마루의 너비. ⊛나비².

너비圓(옛) 널리. 넓게. ¶衆生올 너비 濟渡ᄒᆞ시
ᄂᆞ니(釋譜序1).

너비아니圓 쇠고기를 얄팍얄팍하게 저며서 갖은
양념을 하여 구운 음식.

너:삼圓 쓴너삼과 단너삼을 아울러 이르는 말.

너:새圓 ①재래식 기와집에서, 합각머리의 양쪽
으로 마루가 지게 기와를 덮은 부분. 당마루.
②기와처럼 지붕을 이는 데 쓰는 얇고 넓적한
돌. 돌기와. ②너새와.

너:새-집圓 너새로 지붕을 인 집. 옌너와집.

너설圓 바위나 돌 따위가 삐죽삐죽 내민 험한 곳.

너스래미圓 물건에 쓸데없이 붙어 있는 거스러
미 같은 것.

너스레圓 ①흙구덩이나 그릇의 아가리, 또는 바
닥에 이리저리 걸쳐 놓는 막대기. [그 위에 놓
는 물건이 빠지거나 바닥에 닿지 않게 함.]
②(남을 농락하려고) 수다스럽게 늘어놓는 말,
또는 그러한 말솜씨. ¶너스레를 놓다. /너스레
를 떨다. /너스레를 부리다.

너스르르閉圈 (길고 부드러운 풀이나 털 따위
가) 성기고 어설퍼 보이는 모양. ⊛나스르르.

너슬-너슬[─러─]閉圈困 (굵고 긴 풀이나 털 따
위가) 부드럽고 성긴 모양. ⊛나슬나슬. 너슬너
슬-히閉.

너:시圓(옛) 느시. ¶너싀:鴇(訓解).

너:와圓 '너새'의 변한말.

너:와-집圓 '너새집'의 변한말.

너울¹圓 지난날, 여자가 나들이할 때 얼굴을 가
리기 위하여 머리에서 길게 내려쓰던 가리개.
개두(蓋頭). [얇은 검정 깁으로 만들었음.]
너울 쓴 거지[속담] 몹시 시장하여 체면을 돌볼
수 없게 된 처지.

너울²圓 바다의 크고 사나운 물결.

너울가지圓 남과 잘 사귀는 솜씨. [붙임성·포
용성 따위.] ¶너울가지가 있다. /너울가지가
좋다.

너울-거리다困타 자꾸 너울너울하다. 너울대다.
⊛나울거리다.

너울-너울[─러─]閉困困타 ①큰 물결이 느릿느
릿 굽이쳐 움직이는 모양. ②바닷물이 너울너
울 춤을 춘다. ②큰 나뭇잎이나 풀잎 따위가 부
드럽게 나부끼는 모양. ③(춤추듯이) 팔이나 날
개를 펴서 크고 부드럽게 움직이는 모양. ¶황
새가 너울너울 날갯짓을 하다. ⊛나울나울.

너울-대다困困 너울거리다.

너울-지다困 (멀리 보이는 바닷물이) 거칠게 너
울거린다.

너이㊉ '넷'의 잘못.

너저분-하다圈圈 너절하고 지저분하다. ¶추락
현장에는 기체의 잔해가 너저분하게 흩어져 있
었다. 너저분-히閉.

너절-너절[─러─]閉困圈 (늘어져 있는 물건이)
너저분하게 흔들리는 모양.

너절-하다圈圈 ①허름하고 지저분하다. ¶잠동
사니가 너절하게 널려 있다. ②변변하지 못하
다. ¶너절한 물건만 갖고 다닌다. ③품격이 낮
다. ¶사람이 좀 너절하다. 너절-히閉.

너주레-하다圈圈 좀 너절하다.

너즈러-지다困 너저분하게 흩어지다.
Ⅱ圈 여기저기 흩어진 모습이 너저분하다.

너출圓(옛) 넌출. ¶너출 蔓:蔓(類合下54).

너출-다困(옛) ①넌출지다. ¶藤蘿는 다 너추는
거시라(永嘉下113). ②뻗쳐서 움다. ¶다른 사
룸의게 너출신이(分溫1).

너클^볼(knuckle ball)圓 탁구에서, 회전이
없는 공. /야구에서, 손가락 마디로 튀겨서
던지는 투구로서, 본루 가까이에 와서 갑자기
낮게 떨어지는 공.

너털-거리다困 자꾸 너털너털하다. 너털대다.
⊛나털거리다. 옌너덜거리다.

너털-너털[─러─]閉困困 ①어지럽게 드리워져
흔들거리는 모양. ②주책없는 말을 주책없이
야단스럽게 하는 모양. ③너털웃음을 자꾸 웃
는 모양. ①②⊛나탈나탈. ①②옌너덜너덜.

너털-대다困 너털거리다.

너털-웃음冏 소리를 크게 내어 호기롭게 웃는 웃음. ¶화를 내기는커녕 너털웃음을 웃더라.
너테冏 얼음 위에 덧얼어붙은 얼음.
너트 (nut)冏 보통 육각형 또는 사각형으로 되어 있는 암나사. 볼트, 곧 수나사에 끼워서 기계 부품 따위를 고정시키는 데 씀. ⇪볼트(bolt).
너펄-거리다困 자꾸 너펄너펄하다. 너필대다. 困나팔거리다.
너펄-너펄[-러-]囲困困 좀 빠르고 탄력성 있게 너붓거리는 모양. 困나팔나팔.
너푼-거리다困 자꾸 너푼너푼하다. 너푼대다. 困나푼거리다.
너푼-너푼囲困困 가볍게 너붓거리는 모양. 困나푼나푼.
너푼-대다困 너푼거리다.
너풀-거리다困困 자꾸 너풀너풀하다. 너풀대다. 困나풀거리다. 囲너불거리다.
너풀-너풀[-러-]囲困困 세게 너붓거리는 모양. 困나풀나풀. 囲너불너불.
너풀-대다困困 너풀거리다.
너피다困 〈옛〉넓히다. ¶法音을 너피실쎠(月釋7:59).
너흘다困 〈옛〉널다. 쏠다. ¶쎠를 너흘면(月釋7:18).
너희[-히]때 '너'의 복수(複數). ¶너희는 모두 착한 아이들이구나.
넉:판 수관형사 '네²'가 '냥·달·섬·자'와 같은, 단위를 나타내는 의존 명사 앞에 쓰일 때의 변이 형태.〔넉 냥·넉 달·넉 섬·넉 자 따위.〕
넉-가래[-까-]冏 곡식이나 눈 따위를 한곳에 밀어 모으는 데 쓰는 기구.〔넓적한 나무쪽에 긴 자루가 달렸음.〕목험(木枚).
넉가래-질[-까-]冏困困 티끌이나 쭉정이 따위를 바람에 날리기 위하여, 넉가래로 곡식을 떠서 공중에 치뿌리는 짓.
넉-걷이[-꺼지]冏困困 밭에서 오이나 호박 따위의 덩굴을 걷어치우는 일.
넉-괭이[-꽹-]冏 흙을 파 덮는 데 쓰는 괭이.〔밑날 부분이 넓음.〕
넉넉-잡다[넝-잡따]困 (수량이나 시간 따위를) 넉넉할 만큼 어느 정도 잡다. (주로, '넉넉잡고'·'넉넉잡아'의 꼴로 쓰임.) ¶그 일은 넉넉잡아 세 시간이면 된다.
넉넉-하다[넝너카-]囲困 ①(크기·수량·시간 따위가) 어떤 기준에 차고도 꽤 남음이 있다. ¶장사 밑천이 넉넉하다. 困낙낙하다. ②살림에 여유가 있다. ¶생활이 넉넉하다. ③마음이 넓고 크다. ¶마음 씀씀이가 넉넉하다. **넉넉-히**囲.
넉:-동[-똥]冏 윷놀이에서 쓰는 네 개의 말, 또는 (마지막으로) 네 번째 나는 말.
넉동 다 갔다冐 무슨 일이 다 끝났거나, 어떤 사람의 신세가 아주 기울어졌음을 이르는 말.
넉:동-내기[-똥-]冏 넉동을 내면 이기도록 약속되어 있는 윷놀이.
넉-살[-쌀]冏 부끄러워 하지 않고 비위 좋게 구는 짓. ¶넉살을 떨다. /넉살이 좋다.
넉살-맞다[-쌀맏따]囲 몹시 넉살이 좋다.
넉살-스럽다[-쌀-따][~스러우니·~스러워]囲困 넉살 좋게 보이다. **넉살스레**囲.
넉자[-짜]冏 (인발이 잘 나타나도록) 도장을 찍을 때 종이 밑에 까는 폭신한 사슴 가죽.
넉:자-바기(-字-)[-짜-]冏 네 글자로 된 말마디. 네 글자로 된 시문(詩文).
넉:장-거리[-짱-]冏困困 네 활개를 벌리고 뒤로 벌떡 나자빠짐. 困낙장거리.

넋[넉]冏 ①사람의 육체 속에 깃들어 있어 정신 작용을 다스리고 있는 것으로 생각되는 것. 혼. 혼백. ②정신이나 마음. * 넋이[넉씨]·넋만[넝-]
넋(을) 놓다冐困 제정신이 없이 멍하게 되다. 의욕을 잃고 아무 생각이 없이 되다.
넋(을) 잃다冐困 제정신을 잃다.
넋(이) 나가다冐困 몹시 혼이 나서 정신을 잃다.
넋이야 신이야하고冐 잔뜩 벼르던 말을 거침없이 털어놓음을 이르는 말.
넋(이) 없다冐困 의식을 잃은 것처럼 멍하다.
넋-두리[넉뚜-]冏困困 ①(원통한 일이나 억울한 일, 또는 불만이 있을 때) 투덜거리며 길게 늘어놓는 말. ②困困죽은 사람의 넋을 대신해서 하는 무당의 말. 푸념.
년준 '너는'이 줄어든 말.
넌더리冏 몹시 물리어 지긋지긋하게 느껴지는 생각. ¶넌더리가 나다. /넌더리를 치다. 준넌덜.
넌더리(를) 대다冐 넌더리 나게 굴다.
넌덕冏 너털웃음을 웃으면서 너스레를 늘어놓는 짓. ¶넌덕을 부리다.
넌덕-스럽다[-쓰-따][~스러우니·~스러워]囲困 능청맞게 너스레를 떠는 태도가 있다. **넌덕스레**囲.
넌덜준 〈넌더리〉의 준말.
넌덜-머리冏 〈넌더리〉의 속된 말. ¶넌덜머리가 나다.
넌떡囲 닁큼. 썩. ¶넌떡 나가거라. 困난떡.
넌센스(nonsense)冏 '난센스'의 잘못.
넌즈시囲 〈옛〉넌지시. ¶넌즈시 壯大호 쇠룰 구펴도다(杜初23:35).
넌지시囲 드러내지 않게 가만히. ¶넌지시 비밀을 알려 주다.
넌출冏 길게 벋어 나가 너덜너덜 늘어진 식물의 줄기.〔등(藤)·다래·칡 따위의 줄기.〕
넌출-문(-門)[-門]冏 네 개의 문짝이 죽 달린 문.
널冏 ①판판하고 넓게 켜낸 나무토막. 널빤지. ②널빛이에 쓰는 널빤지. ③'관(棺)'이나 '곽(槨)'을 두루 이르는 말.
널준 '너를'이 줄어든 말. ¶널 사랑해.
널:-감[-깜]冏 ①널의 재료가 될 목재(木材). ②'죽을 날이 가까워진 늙은이'를 농조로 이르는 말.
널:-길[-낄]冏 고분(古墳)의 입구에서 시체를 안치할 현실(玄室)에 이르는 통로. 연도(羨道).
널:다¹[너나·널어]困 (말리거나 바람을 쐬거나 하려고) 펼쳐 놓다. 벌여 놓다. ¶빨래를 널다. /고추를 널다.
널:다²[너나·널어]困 (쥐 같은 것이) 이빨로 쏠아서 부스러기를 늘어놓다.
널:-다리冏 널빤지로 놓은 다리. 바닥에 널빤지를 깔아 놓은 다리. 판교(板橋).
널:-대문(-大門)冏 널빤지로 만든 대문.
널-따랗다[-라타][~따라니·~따래]囲 꽤나 넓다. 꽤 넓다. ¶널따란 운동장. ↔좁다랗다.
널-뛰기冏 긴 널빤지의 중간을 괴고, 양쪽 끝에 한 사람씩 올라서서 번갈아 뛰는 놀이.〔주로, 음력 정월에 여자들이 함.〕
널:-뛰다困 널뛰기를 하다.
널라와囲 〈옛〉너보다. ¶널라와 시름 한 나도(樂詞.青山別曲).
널름囲困困 ①혀를 얼른 크게 내밀었다가 들이는 모양. ②(손을 크게 내밀어) 무엇을 얼른 집어 가지는 모양. ¶돈을 널름 받다. 큰늘름. 困날름. **널름-널름**囲困困.

널름-거리다国 자꾸 널름널름하다. 널름대다. ¶널름거리는 불길 사이를 뚫고 나오다. 图늘름거리다. 图날름거리다.

널름-대다国 널름거리다.

널리囝 ①너르게. 범위가 넓게. ¶널리 알리다. /널리 연구하다. ②너그럽게. ¶널리 용서해 주시기 바랍니다.

널-리다¹图 (['널다'의 피동) 넒을 당하다. ¶빨래가 빨랫줄에 널렸다. ②(여기저기) 흩어져 퍼지다. ¶글감은 우리 주위에 얼마든지 널려 있다.

널리다²图 (['너르다'의 사동) 너르게 하다. ¶방을 더 크게 널리다.

널-마루圐 널빤지를 깐 마루.

널-무덤圐 구덩이를 파고 시체를 직접 넣거나 목관에 시체를 넣고 그 위에 흙을 쌓아 올린 무덤. 목관묘. 토광묘.

널-문(-門)圐 널빤지로 만든 문. 판문(板門).

널-반자圐 널빤지로 짠 반자. 목반자.

널-밥[-빱]圐 널뛰기할 때, 몸무게에 따라 가운데의 굄으로부터 양쪽으로 각각 차지하는 널의 길이. ¶널밥이 길다.

널-방석(-方席)[-빵-]圐 (곡식 따위를 너는 데 쓰는) 짚으로 결은 큰 방석.

널브러-뜨리다国 널브러지게 하다. 널브러트리다.

널브러-지다图 ①너저분하게 널려 있거나 흩어져 있다. ②마구 널어놓다.

널브러-트리다国 널브러뜨리다.

널-빈지圐 널빤지로 만든 빈지문. 준빈지.

널-빤지圐 판판하고 넓게 켠 나무토막. 널. 널판자. 널판.

널어-놓다[-노타]国 죽 널어서 벌여 놓다. ¶멍석에 고추를 널어놓다.

널음-새圐 '너름새'의 잘못.

널이다国 (옛) 폐를 끼치다. 귀찮게 하다. ¶너희 므슴 널인 고디 이시리오(老解上53).

널-조각[-쪼-]圐 널빤지의 조각. 널쪽.

널-쪽圐 ☞널조각.

널찍-널찍[-쩡-]囝 여럿이 다 널찍한 모양. ¶우리 집 방은 모두 널찍널찍하다. 널찍널찍-이囝.

널찍-하다[-찌카-]톙 꽤 너르다. ¶마당이 널찍하다. 널찍-이囝 방을 널찍이 들이다.

널-판(-板)圐 ①☞널빤지. ②널.

널-판때기(-板-)圐 넓고 두껍고 긴 널쪽.

널-판자(-板子)圐 ☞널빤지.

널-판장(板墻)圐 널빤지로 둘러친 울타리. 목판장(木板墻). 준판장.

널-판장(-板-)圐 '널빤지'의 잘못.

널-평상(-平牀)圐 널빤지로 만든 평상.

넓다[널따]톙 ①평면의 면적이 크다. ¶넓은 방. /넓이 넓다. ②너비가 크다. ¶넓은 길. /폭이 넓다. ③도량이나 범위가 크다. ¶마음이 넓다. ↔좁다. *넓어·넓고[널꼬].

넓-다듬이[널따-]圐 (홍두깨에 올리지 않고) 다듬잇돌 위에 넓적하게 개켜 놓고 하는 다듬이.

넓-둥글다[넙뚱-]图 (〜둥그니·〜둥글어)톙 넓죽하고 둥글다.

넓디-넓다[널띠내따]톙 매우 넓다.

넓뻐죽-하다[넙-주카-]톙 넓고 뻐죽하다.

넓-살문(-門)[넙쌀-]圐 거친 널빤지로 살을 댄 문.

넓은-대대圐 걸랑에 붙은 쇠고기. 주로, 편육에 쓰임.

넓-이圐 일정하게 차지하는 평면이나 구면(球面)의 크기. 면적(面積). ¶넓이가 좁다. /운동장의 넓이를 재다.

넓이-뛰기圐 '멀리뛰기'의 구용어.

넓적-넓적[넙쩡넙쩍]囝톙 여럿이 다 넓적한 모양. 图납작납작². 넓적넓적-이囝.

넓적-다리[넙쩍따-]圐 무릎 관절 위쪽에 있는 다리. 대퇴(大腿). 상퇴(上腿).

넓적다리-뼈[넙쩍따-]圐 넓적다리뼈나 죽지뼈와 같은 넓적한 뼈.

넓적-부리[넙쩍뿌-]圐 오릿과의 새. 몸길이는 50cm가량이며 몸빛은 수컷과 암컷이 다름. 암컷은 집오리의 암컷과 비슷하며 한배에 8〜12개의 알을 낳음. 우리나라와 일본·중국·아프리카 등지에서 겨울을 남.

넓적-뼈[넙쩍-]圐 (넓적다리뼈나 죽지뼈와 같은) 넓적한 뼈.

넓적스레-하다[넙쩍쓰-]톙 넓적스름하다.

넓적스름-하다[넙쩍쓰-]톙 좀 넓적하다. 넓적스레하다. 图납작스름하다. 넓적스름-히囝.

넓적-이[넙쩌기]圐 (얼굴이나 머리가) '넓적하게 생긴 사람'을 조롱하여 이르는 말. 图납작이. 图넓죽이.

넓적-하다[넙쩌카-]톙 얄팍하면서 제법 넓다. 图납작하다. 넓적-이囝.

넓죽-넓죽[넙쭝넙쭉]囝톙 여럿이 다 넓죽한 모양. 图납죽납죽². 넓죽넓죽-이囝.

넓죽-이[넙쭈기]圐 (얼굴이나 머리가) '넓죽하게 생긴 사람'을 조롱하여 이르는 말. 图납죽이. 图넓적이.

넓죽-하다[넙쭈카-]톙 길죽하면서 넓다. 图납죽하다. 넓죽-이囝.

넓-히다[널피-]国 (['넓다'의 사동) 넓게 하다. ¶좁은 길을 넓히다. ↔좁히다.

넘겨-보다国 넘어다보다.

넘겨-듣다[-따][〜들으니·〜듣는]国田 ☞지내듣다.

넘겨-박다[-따]国 ①넘어뜨리면서 바닥 쪽으로 내려치다. ②꾀를 부려 남을 굴려 주다.

넘겨-받다[-따]国 남이 넘겨주는 것을 받다. ↔넘겨주다.

넘겨-쓰다[〜쓰니·〜써]国 남의 책임이나 허물을 자기가 뒤집어쓰다.

넘겨씌우다[-씌-]国 (['넘겨쓰다'의 사동) 자기의 책임이나 허물을 남에게 덮어씌우다.

넘겨-잡다[-따]国 어림잡고 앞질러 짐작하다. ¶번덕이 심한 그의 속을 넘겨잡기가 어려웠다.

넘겨-주다国 (물건이나 권리·책임·일 따위를) 남에게 건네주거나 맡기다. ¶권리증을 넘겨주다. /자리를 후임자에게 넘겨주다. ↔넘겨받다.

넘겨-짚다[-짐따]国 ①알지 못하면서 지레짐작하다. ②(무엇을 떠보려고) 짐작으로 말하다. ¶딸의 마음을 슬쩍 넘겨짚어 보았다.

넘:고-처지다[-꼬-]图 이쪽에서는 정도에 넘치고, 저쪽에서는 정도에 못 미치다. ¶학력이 넘고처져 이것저것 다 어렵다. /혼처가 모두 넘고처지다.

넘-기다国 ①(물체를) 넘어가게 하다. ¶공을 되받아 넘기다. ¶쓰러뜨리다. ¶나무를 베어 넘기다. /안다리걸기로 상대 선수를 넘기다. ③종잇장 따위를 젖히다. ¶책장을 넘기다. ④권리나 책임 따위를 남에게 주거나 맡기다. ¶소유권을 아들에게 넘기다. ⑤처리할 문제를 담당 부서에 맡기다. ¶도둑을 경찰에 넘기다. ⑥시간을 지나가게 하다. ¶긴 여름도 그럭저럭 다

넘겼다. ⑦어려움에서 벗어나다. ¶죽을 고비를 넘기다. ⑧음식물·침 따위를 목구멍으로 넘어가게 하다. ¶알약을 넘기다.

넘-기다[²他] ['넘다'의 사동] 넘게 하다. ¶서른을 넘기다.

넘:-나다[自] 분수에 넘치는 짓을 하다. ¶너에겐 넘나는 행동이다.

넘:나-다니다[自他] 넘나들어 다니다. ¶외국으로 넘나다니다.

넘:나-들다[~드니·~들어][自他] ①어떤 경계를 들락날락하다. ¶국경을 넘나들다. ②서로 왔다 갔다 하다. ¶강물과 바닷물이 서로 넘나들다.

넘나물[명] 원추리의 잎과 꽃으로 무쳐 먹는 나물.

넘난ᄆᅌᆞᆷ[명] 〈옛〉넘쳐 나는 마음. 성욕(性慾). ¶나는 이제 시르미 기퍼 넘난ᄆᅌᆞᅀᆞ미 업수니(月釋2:5).

넘:-내리다[自] 오르락내리락하다.

넘:-노닐다[~노니니·~노닐어][自] 넘나들며 노닐다.

넘:-놀다[~노니·~놀아][自] 넘나들며 놀다. ¶꽃밭에서 넘노는 벌나비떼.

넘늘-거리다[自] 자꾸 길게 휘늘어져 움직이다. 넘늘대다.

넘:늘다[넘느니·넘늘어][自] 체면을 지키는 체하면서 제멋대로 놀아나다.

넘늘-대다[自] 넘늘거리다.

넘:-늘어지다[自] 길게 휘늘어지다. ¶넘늘어진 버들가지.

넘:다[-따][自他] ①수량이나 정도가 한계를 지나다. ¶서른이 넘다. /모인 돈이 만 원이 넘다. /기온이 20℃를 넘다. ②일정한 데 가득 차고 나머지가 밖으로 벗어나다. ¶물이 넘다. ③높은 데를 지나 가다. ¶고개를 넘다. ④시간이 지나가다. ¶여기 온 지도 한 달이 넘었다. ⑤어떤 경계를 지나다. ¶국경을 넘다. ⑥어려움을 겪어 지나다. ¶위험한 고비를 넘다. ⑦(너무 갈아서) 칼날이 한쪽으로 쏠리다. ¶날이 넘다. ⑧(중간의 것을) 건너뛰다.

넘버(number)[명] 번호나 차례, 또는 그 숫자. ¶차량 넘버.

넘버링(numbering)[명] 〈넘버링머신〉의 준말.

넘버링-머신:(numbering machine)[명] 자동 회전식으로 번호를 차례로 찍을 수 있게 만든 기구. 번호기. 넘버링.

넘버-원(number one)[명] 첫째. 제일. 으뜸.

넘:-보다[他] ①남을 업신여겨 낮추보다. 깔보다. ¶우리 편을 넘보고 도전해 왔다. ②〈넘어보다〉의 준말.

넘ᄢᅵ다[自] 〈옛〉넘치다. ¶조티 아닌 거시 흘러 넘ᄢᅵ여(永嘉上35).

넘씨다[自] 〈옛〉넘치다. ¶넘낄 람:濫(類合下50).

넘성-거리다[自他] 자꾸 넘성넘성하다. 넘성대다. (관)남상거리다.

넘성-넘성[부·自他] (좀 탐욕스러운 태도로) 기웃기웃 넘어다보는 모양. (관)남상남상.

넘성-대다[自他] 넘성거리다.

넘실-거리다[自他] 자꾸 넘실넘실하다. 넘실대다. ¶뱃전에 넘실거리는 파도를 보자 무서운 생각이 들었다. (관)남실거리다.

넘실-넘실[-럼-][부] ①(하자)물이 물결을 이루어 너울거리는 모양. ②(하자)떠 있거나 가볍게 드리워진 것이 너울거리는 모양. ③(하자)액체가 그릇에 그득 차서 넘칠 듯이 찰랑거리는 모양. ④(하자)슬그머니 넘성거리는 모양. (관)남실남실.

넘실-대다[自他] 넘실거리다.

넘어-가다[自他] ①(서 있던 것이) 한쪽으로 쓰러지다. ¶기둥이 넘어가다. ②시간이 지나가다. ¶한 해가 넘어가다. ③높은 데나 어떤 경계를 지나서 가다. ¶고개를 넘어가다. /공이 담장을 넘어가다. /경계선을 넘어가다. ④남의 책임으로 되거나 남의 소유가 되다. ¶집이 채권자에게로 넘어가다. ⑤처리할 일이나 절차가 다른 데로 옮아가다. ¶공장으로 넘어가다. /법원으로 넘어가다. ⑥해나 달이 지다. ¶해가 서산으로 넘어가다. ⑦입 안에서 목구멍으로 지나가다. ¶밥이 넘어가다. ⑧고비를 지나다. ¶일이 순조로이 넘어가다. ⑨다음 차례로 옮아가다. ¶새로운 국면으로 넘어가다. ⑩꾐이나 속임을 당하다. ¶제 꾀에 제가 넘어가다. /감쪽같이 넘어가다. ⑪손아귀에 들다. ⑫약이 맞다. 숨이 넘어가다.

넘어다-보다[他] ①고개를 들어 가리운 물건 위로 저편을 보다. ¶이웃집 마당을 넘어다보다. ②남의 것을 탐내어 마음에 두다. 넘겨다보다. ¶남의 재산을 넘어다보다. (준)넘보다.

넘어-뜨리다[他] '넘어지게 하다'의 힘줌말. 넘어트리다.

넘어-박히다[-바키-][自] 넘어져서 바닥에 되게 부딪히다. ¶너무 급히 달리다가 넘어박히다.

넘어-서다[他] 어떤 한계나 경계를 넘어서 지나다. ¶고비를 넘어서다. /위험을 넘어서다.

넘어-오다[自他] ①서 있던 것이 쓰러져 이쪽으로 오다. ¶담이 넘어오다. ②무엇을 넘어서 이쪽으로 오다. ¶휴전선을 넘어오다. ③책임이나 권리 따위가 자기에게로 옮아오다. ¶소유권이 넘어오다. ④처리할 일이나 절차가 이쪽으로 옮아오다. ¶사건이 넘어오다. ⑤먹은 것이 입으로 도로 나오다. ¶삼킨 약이 넘어오다. ⑥순서·시기 따위가 현재쪽으로 옮아오다. ¶20세기에서 21세기로 넘어오는 과정.

넘어-지다[自] ①바닥에 쓰러지다. ②사업이 망하다. ¶회사가 넘어지다.

넘어-트리다[他] 넘어뜨리다.

넘:쳐-흐르다[-처-][~흐르니·~흘러][Ⅰ][自他] [Ⅱ](물·기름 따위) 액체가 가득 차서 밖으로 넘어 흐르다. ¶장마에 봇물이 넘쳐흐른다. [Ⅱ][自他] 느낌·기운·힘 따위가 솟아 넘칠 것 같다. ¶들에 나가니 봄기운이 넘쳐흐른다.

넘:-치다[自] ①가득 차서 밖으로 흘러나오다. ¶봇물이 넘치다. /술이 넘치다. ②어떤 기준에 지나다. ¶자신감이 넘치다. /분수에 넘치다. /그는 재주가 넘치는 사람이다.

넙다[옛] 너르다. 넓다. ¶그 性이 너버 虛空ᄀᆞᏆ니라(圓覺上一之二14)./넘거나 너븐 天下(鄭澈.關東別曲).

넙데데-하다[-떼-][형·여] 〈너부데데하다〉의 준말. (관)납대대하다.

넙적[-쩍][부·하자] ①입을 크게 닝큼 벌렸다가 다무는 모양. ②몸을 바닥에 대며 닝큼 엎드리는 모양. (관)납작.

넙적-거리다[-쩌꺼-][他] 자꾸 넙적넙적하다. 넙적대다. (관)납작거리다.

넙적-넙적[-쩡-쩍][부·하자] ①입을 크게 닝큼닝큼 벌렸다가 다무는 모양. ②여럿이 몸을 바닥에 대며 닝큼닝큼 엎드리는 모양. (관)납작납작¹.

넙적-대다[-쩍때-][他] 넙적거리다.

넙죽[-쭉][부] ①입을 넓게 닝큼 벌렸다가 다무는 모양. ②몸을 바닥에 대며 닝큼 엎드리는 모양. ¶땅바닥에 넙죽 엎드리다. ③(주는 것을) 망설이지 않고 선뜻 받아먹거나 가지는 모양. ①②(관)납죽.

넙죽-거리다[-쭉꺼-]타 자꾸 넙죽넙죽하다. 넙죽대다. 絶납죽거리다.

넙죽-넙죽[-쭝-쭉]튀하타 ①입을 넓게 녕큼녕큼 벌렸다가 다무는 모양. ②(여럿이) 몸을 바닥에 대며 녕큼녕큼 엎드리는 모양. ③(주는 것을) 망설이지 않고 선뜻선뜻 받아먹거나 가지는 모양. ①②③납죽납죽¹.

넙죽-대다[-쭉때-]타 넙죽거리다.

넙치웹 넙칫과의 바닷물고기. 몸길이 60 cm가량. 몸은 길둥근꼴이며 넓적함. 눈은 두 개가 모두 왼쪽 머리에 쏠려 있고 눈 있는 쪽의 비늘은 빗비늘임. 몸빛은 오른쪽이 암갈색, 왼쪽이 유백색(乳白色)임. 우리나라·일본·남중국해에 많이 분포함. 광어. 비목어(比目魚).

넙치-눈이圈 ①두 눈동자를 넙치의 눈과 같이 한군데로 모으기를 잘하는 사람. ②'눈을 잘 홀기는 사람'을 조롱하여 이르는 말. 광어눈이.

넛-손자(-孫子)[넙쏜-]圈 누이의 손자.

넛-할머니[너탈-]圈 아버지의 외숙모.

넛-할아버지[너타라-]圈 아버지의 외숙.

넝마圈 오래되고 헐어서 입지 못하게 된 옷가지 따위. ¶비록 넝마를 걸쳤을망정 마음은 비단결 같다.

넝마-전(-廛)[-쩐]圈 넝마를 파는 가게. 의전(衣廛).

넝마-주이圈 넝마나 헌 종이 따위를 주워 모으는 일, 또는 그 일을 하는 사람.

넝쿨웹 ▷덩굴.

넝우리圈 옛 너구리. ¶넝우리 달:獭(訓蒙上18).

넣:다[너타]타 ①속으로 들여보내다. ¶손을 주머니에 넣다. ②(은행 따위에) 돈을 입금하다. ¶이자를 넣다. ③어떤 테두리 안에 포함하다. ¶내 용돈도 예산에 넣어 주세요. ④(학교·직장·단체 따위의) 성원(成員)으로 들여보내다. ¶상급 학교에 넣다. ⑤씨앗을 심다. ¶배추씨를 넣다. ⑥힘을 들이거나 어떤 작용을 하다. ¶압력을 넣다. ⑦수용하다. ¶죄인을 교도소에 넣다. ¶한 방에 10명씩 넣다. ⑧다른 것에 섞거나 타다. ¶국에 소금을 넣어 간을 맞추다. *넣어[너-]·넣:는[넌-]·넣:소[너쏘]

네[Ⅰ]때 주격 조사 '가' 앞에서만 쓰이는 '너 1'의 특수형. ¶네가 가거라. /네가 제일이다.
[Ⅱ]준 '너의'가 줄어든 말. ¶네 동생. /경위를 들어 보니 네 말이 옳다.

네:²판 수사 '넷'이 관형사로 쓰일 때의 꼴. ¶네 마리. /네 개. /네 시간.

네³라 ①존대할 자리에서 대답하는 말, 또는 반문하는 말. 예4. ¶네, 제가 가겠습니다. /네, 벌써 떠났습니까? ②윗사람에게 조르거나 사정할 때 쓰는 말. ¶아빠 저 장난감 사 줘요, 네?

-네접미 ①(일부 명사 뒤에 붙어) ①어떤 사람의 무리임을 나타냄. ¶우리네. /부인네. ①어떤 집안이나 가족임을 나타냄. ¶아주머니네. /김 서방네.

-네어미 용언의 어간이나 높임의 '-시-' 또는 시제의 '-았(었)-'·'-'·'-겠-' 등에 붙는, 하게체의 평서형 종결 어미. 어떤 사실이나 느낌을 스스로에게, 또는 손아랫사람이나 같은 또래에게 베풀어 말하는 뜻을 나타냄. ¶봄 처녀 제 오시네. /어쩔 수가 없었네.

네-가래圈 네가랫과의 다년생 수초(水草). 줄기는 옆으로 벋어 나가며, 마디마다 수염뿌리와 잎이 나오는데, 수염뿌리는 진흙 속으로 번음. 잎자루는 길이 7~20 cm이고, 그 끝에 부채꼴의 작은 잎이 네 개씩 붙음. 흔히 논이나 늪에 남.

네:-거리圈 길이 한 곳에서 네 방향으로 갈라진 곳, 또는 그런 길. 사거리. 십자로(十字路).

네거티브(negative)圈 ①사진의 음화(陰畫), 또는 음화용 필름. ②부정적인 것. 소극적인 것. ③전기의 음극(陰極). ↔포지티브.

네글리제(négligé 프)圈 여성용의 실내복이나 잠옷. 〔원피스처럼 낙낙하게 만들어져 있음.〕

네:기갑 몹시 불만이 있을 때 욕으로 하는 소리. ¶네기, 빌어먹을!

네:기둥-안圈 궁(宮)이나 귀족의 집 안을 이르는 말. 〔가마나 수레 따위가 드나들기 편하게 대문의 네 기둥을 특별히 높게 한 데서 온 말.〕

네-까짓[-진]판 〔'너 같은 하잘것없는'의 뜻으로〕 남을 깔보아 말할 때 하는 말. ¶네까짓 놈. /네까짓 주제에. 绝네까.

네-깟[-깓]판 〈네까짓〉의 준말.

네:눈-박이圈 두 눈의 위에 흰 점이 있어 언뜻 보기에 눈이 넷으로 보이는 개. 绝네눈이.

네:눈-이圈 〈네눈박이〉의 준말.

네:-다리圈 〈넷다리〉의 속된 말. ¶이젠 아무 걱정 없이 네다리 쭉 뻗고 자게 되었네그려.

네다바이(ねたばい 일)圈 〔가짜 돈뭉치 따위를 보이거나 맡기는 따위의 수법으로〕 교묘하게 남을 속여 금품을 빼앗는 것.

네:-다섯[-섣]주판 넷이나 다섯, 또는 그런 수(의). ¶학생 네다섯이 방으로 들어왔다. /어른 네다섯 명이 일하고 있었다. 绝네댓. *네:다섯이[-서시]·네:다섯만[-선-]

네:-댓[-댇]주판 넷이나 다섯가량, 또는 그런 수(의). ¶네댓이 놀고 있었다. /네댓 개. *네:댓이[-대시]·네:댓만[-댄-]

네:댓-새[-댇쌔]圈 나흘이나 닷새가량. 나달2.

네:-뚜리圈 (사람이나 물건을) 대수롭지 않게 보고 엽신여김. ¶네뚜리로 알다. /네뚜리로 여기다.

네:-뚜리²圈 새우젓 한 독을 네 몫으로 가르는 일, 또는 그 한 몫.

네:-모圈 네 개의 모. 사각(四角).

네:모-꼴圈 사각형(四角形).

네:모-나다휑 ▷네모지다.

네:-모다휑 ①얼굴이 네모난 사람. /네모난 상자.

네:모반듯-하다[-드타-]휑어 네모지게 반듯하다. ¶네모반듯하게 정리한 농지.

네:모-뿔圈 ▷사각뿔.

네:모-송곳[-곧]圈 날을 네모지게 세운 송곳. *네:모송곳이[-고시]·네:모송곳만[-곤-]

네:모-지다휑 모양이 네모로 되어 있다. 네모나다. ¶네모진 책상.

네무-날圈 '너무날'의 잘못.

네:미갑 ①송아지를 부르는 소리. ②맞대어 놓고 욕으로 하는 소리.

네:-발圈 ①짐승의 네 개의 발. ¶네발 달린 짐승. ②네다리.
네발(을) 타다관용 (쇠고기·양고기 따위) 네발 짐승의 고기를 먹으면 두드러기가 나다.

네:발-걸음圈 두 손을 바닥에 짚고 짐승처럼 엎드려 기는 일.

네:-발-짐승圈 네발을 가진 짐승. 〔곰, 소·돼지·개·토끼 따위 포유동물을 이르는 말.〕

네:-방망이圈 앞뒤쪽으로 방망이 넷을 달고, 여덟 사람이 메게 된 상여(喪輿).

네:발-고누[-받꼬-]圈 고누의 한 가지. 말밭이 넷으로 되어 있음.

네:벌-상투圈 고를 네 번 넘겨서 짜는 상투.

네스토리우스-파 (Nestorius派)圓 기독교의 한 파. 5세기경에 시리아 사람 네스토리우스가 창시함. 〔예수 그리스도의 신성(神性)과 인성(人性)의 구별을 강조함.〕圖경교(景敎).

네슬러:^시:약 (Nessler試藥)圓 암모니아의 검출이나 정량 분석에 사용하는 시약. 〔암모니아 용액에 섞으면 황갈색이나 적갈색의 혼탁(混濁)을 또는 침전(沈澱)을 나타냄.〕

네안데르탈-인 (Neanderthal人)圓 1856년에 라인 강 하류 네안데르탈의 동굴에서 발견된 홍적세 중기의 화석 인류. 학명은 '호모 사피엔스 네안데르탈렌시스'. 〔원인류와 현생 인류의 중간에 해당함.〕

네오디뮴 (neodymium)圓 회토류 원소의 한 가지. 은백색의 금속으로 늘어나는 성질이 있고 뜨거운 물과 반응하여 수소를 방출함. 유리의 착색제 따위로 쓰임. 〔Nd/60/144.24〕

네오-리얼리즘 (neo-realism)圓 신사실주의.

네온 (neon)圓 대기 중에 아주 적게 존재하는 무색·무취·무미의 회가스(稀gas) 원소의 한 가지. 액체 공기에서 분리하여 얻음. 방전관에 넣으면 주황빛을 나타냄. 〔Ne/10/20.183〕

네온-관 (neon管)圓 유리관 속의 양 끝에 전극(電極)을 설치하고, 불활성 가스나 수은 따위를 넣는 냉음극 방전관(放電管).

네온관-등 (neon管燈)圓 유리 진공관에 네온을 넣어 방전시키는 전등.

네온-사인 (neon sign)圓 네온관등의 방전을 이용하여 글자나 무늬 등을 나타내는 장치. 광고나 장식으로 널리 씀.

네온-전구 (neon電球)圓 네온의 음극광을 사용한 엷은 빛의 방전 전구. 침실용·표시용 등에 쓰임.

네이블-오렌지 (navel orange)圓 운향과의 상록관목. 브라질 원산이며, 오렌지의 변종임. 열매는 공 모양인데, 등황색의 겉껍질은 얇고 잘 벗겨지지 않음. 과육(果肉)은 부드럽고 물이 많으며 달고 시큼한데, 씨는 없음. 따뜻한 지방에서 잘 자람. 양귤(洋橘).

네이팜:-탄 (napalm彈)圓 소이탄(燒夷彈)의 한 가지. 나프타와 팜유(palm油)를 주원료로 한 유지(油脂) 소이탄으로, 광범위하고 강력한 파괴력과 연소력을 가짐.

네:잎-꽃 [-입꼳]圓 꽃잎이 네 개로 된 꽃. 〔무·배추의 꽃 따위.〕 사판화(四瓣花). *네:잎꽃이 [-입꼬치]·네:잎꽃만 [-입꼰-]

네-째ᄇ수관관 '넷째'의 잘못.

네커치프 (neckerchief)圓 (주로, 여성들이 장식이나 보온을 위하여) 목에 두르는 정사각형의 얇은 천. 스카프.

네크-라인 (neckline)圓 양복의 목둘레 선.

네트 (net)圓 ①테니스나 탁구·배구 따위에서, 코트의 한가운데에 가로 치는 그물. ②축구·핸드볼·아이스 하키 따위에서, 골대에 치는 그물.

네트^볼 (net ball)圓 테니스나 탁구·배구 따위에서, 서브한 공이 네트에 닿고 상대편 코트로 넘어가는 일. 圖네트 인.

네트워크 (network)圓 ①방송망. ②컴퓨터의 데이터 통신 시스템으로, 컴퓨터와 단말기를 접속하기 위하여 쓰이는 기기·선로 따위로 구성되는 일체의 전송 매체.

네트^인 (net+in)圓 테니스나 탁구·배구 따위에서, 타구(打球)가 네트에 닿고 상대편 코트에 들어가는 일. 圖네트 볼.

네트^터치 (net touch)圓 테니스나 탁구·배구 따위에서, 경기 중에 몸의 일부나 라켓이 네트에 닿는 일.

네트^플레이 (net play)圓 ①테니스에서, 네트에 접근하여 하는 플레이. ②배구에서, 공이 네트에 닿게 하여 토스하는 일.

네티즌 (netizen)圓 컴퓨터 통신에 참여하는 사람. 누리꾼. 〔network+citizen〕

네프로:제 (Nephrose 독)圓 신장의 세뇨관에 일어나는 병. 매독·열병·외상 따위가 원인이며, 부종·단백뇨 따위의 증상이 나타남. 신장증.

넥타 (nectar)圓 과실 음료의 한 가지. 과일을 으깨어서 만든 진한 주스.

넥타이 (necktie)圓 와이셔츠의 칼라에 치레로 매는 가늘고 긴 천. 圖타이.

넥타이-핀 (necktie+pin)圓 넥타이를 와이셔츠에 고정시키기 위한 금속제 장신구.

넌다-하다타여 어린아이나 아랫사람을 사랑하여 너그럽게 대하다. ¶너무 넌다하며 키우다.

넨:장관감 〈넨장맞을〉·〈넨장칠〉의 준말. ¶넨장, 한 가지도 되는 일이 없군.

넨:장-맞을관감 〔'네 난장을 맞을'의 뜻으로〕 못마땅할 때 욕으로 이르는 말. 준넨장.

넨:장-칠관감 〔'네 난장을 칠'의 뜻으로〕 못마땅할 때 욕으로 이르는 말. 준넨장.

넵투늄 (neptunium)圓 초우라늄 원소의 한 가지. 은백색 금속. 1940년에 핵실험 중 발견된 인공 방사성 원소. 〔Np/93/237〕

넵튠 (Neptune)圓 ①로마 신화의 해신(海神). ②해왕성(海王星).

넷:閔 이[수관]에 하나를 더한 수(의). 사(四). 〔참너²·넉·네². *넷:이[네시]·넷:만[넨-]

넷-째 [넫-]閔 Ⅰ수관 셋째의 다음 차례(의). Ⅱ圓 맨 앞에서부터 세어 모두 네 개가 됨을 이르는 말.

넿수 (옛) 넷. ¶부텻 나히 셜흔 네히러시니(釋譜6:40).

-녀 (女)国미 일부 한자어 뒤에 붙어, 그러한 여성임을 나타냄. ¶독신녀. /유부녀.

-녀어미 (옛) -냐. -은가. ¶이 이리 어려우녀 쉬우녀(圓覺序69).

녀가다자 (옛) 가다. 다녀가다. ¶東으로 녀가물 깃노라(杜初17:31).

녀기다타 (옛) ¶ 엇딘디 날 보시고 녀로다 녀기실시(鄭澈.續美人曲). 참너기다.

녀나ᄆ관 (옛) 다른. 남은. ¶ㅎ틀메 녀나ᄆ 丈夫ㅣ어나 녀러 무슴ᄒ리오(古時調). 참녀나ᄆ.

녀나ᄆ관 (옛) 그 밖의 다른. ¶녀나ᄆ 사ᄅ미 가디 몯ᄒᄂ 전초로(南明上28). 참녀나ᄆ.

녀느관 (옛) 다른 사람. ¶녀녀 타:他(類合下6). 참녀느.

녀느¹[년기·녀늘경] (옛) 〈옛〉여느 것. 다른 사람. ¶녀느 아니라(楞解4:23). /四海롤 녀녈 주리여(龍歌20章).

녀느²관 (옛) 여느. 다른. ¶녀느 龍이 다 臣下ㅣ라(月釋1:24). /녀느 나랏 王이 호날 다 돌ᄒ며(月釋2:45).

녀느관 (옛) 여느. 다른. ¶녀느 사ᄅ미과 ᄀᆞᆮ투리니(翻小9:89).

녀다자 (옛) 가다. 다니다. ¶니믈 뫼셔 녀곤 오ᄂ날 嘉俳샷다(樂範.動動). 참니다.

녀돈니다자 (옛) ¶ 돌아다니다. ¶녀돈뇨매 ᄆ수매 어긔ᄇ추미 하니(杜初7:27).

녀름¹圓 (옛) 여름. ¶보믹 ᄒ마 녀르미 두외노소니(杜初10:9).

녀름²圀〈옛〉농사. ¶時節이 便安ᄒᆞ고 녀르미 두외며(月釋序25). /녀름 됴홀 풍:豊(訓蒙下19).

녀름지싀圀〈옛〉농사. 농사짓기. ¶시냇 구븨예셔 녀름지싀 ᄒᆞ고(杜初21:41).

녀름짓다瓦〈옛〉농사짓다. ¶녀름짓는 사ᄅᆞ미라(月釋10:21).

녀룸圀〈옛〉여름. ¶녀룸 하:夏(類合上2).

녀룸지이圀〈옛〉농사. ¶王中이눈 登ό 사ᄅᆞ미라 지비 녀룸지이ᄒᆞ고(續三.孝1). ֎녀름지싀.

녀미다瓦〈옛〉여미다. ¶옷깃 녀미호 길 녀매 나 사가놋다(杜初8:20).

녀석의 ①'남자'를 낮추어 또는 욕으로 이르는 말. ¶바보 같은 녀석. /그 녀석 몹시 덤비는 군. ②'사내아이'를 귀엽게 이르는 말. ¶고 녀석 참 기특하구나.

녀의[-의/-이]圀〈옛〉'속곳'의 궁중말.

녀토다瓦〈옛〉얕게 하다. ¶녀토시고 ᄯᅩ 기피시 니(龍歌20章).

-녁졉尾〈옛〉녘. 편. ¶東ㅅ녁ᄋᆞ로셔 西ㅅ녀ᄀᆞ로 도라(楞解6:17).

년의 '여자'를 낮추어 또는 욕으로 이르는 말. ↔놈.

년(年)의 《주로 한자어 뒤에 쓰이어》'해'를 세는 단위. ¶5년. /백 년. /고향을 떠난 지 벌써 삼 년이 지났다.

-년(年)졉尾 일부 명사 뒤에 붙어, 그러한 해임을 나타내는 말. ¶안식년. /회갑년.

년곳〈옛〉연꽃. ¶년곳 부:芙(訓蒙上7). ֎련곳.

년글圀〈옛〉['너느'의 목적격형〉녀느ㅣ.

년도(年度)圀《해를 뜻하는 말 뒤에 쓰이어》 일정한 기간 단위로서의 그해. ¶1980년도 졸업생. /1990년도 예산안.

념〈옛〉ㄷ녀느.

년갑다[년가ᄫᅵ·년가온]휑田〈옛〉여트막하다. ¶功이 년가�벼며 기푸믈 조차(月釋17:44). /년가온 識엣 무리(圓覺上二之二184). ֎넡다.

녈圀〈옛〉['녀다'의 활용형〉가는. 지나가는. ¶길 녈 사ᄅᆞ미어나(月釋21:119).

녈구룸〈옛〉가는 구름. 지나가는 구름. ¶아마도 녈구름이 근처에 머믈셰라(鄭澈.關東別曲).

녈손님圀〈옛〉지나가는 손님. 행객(行客). ¶새원 원리되여 녈손님 디내옵니(古時調).

념통圀〈옛〉염통. 심장. ¶념동 심 又稱 ㅅ쇽심:心(訓蒙上27). ֎렴통.

녑圀〈옛〉옆구리. ¶올혼 녀브로 드르시니(月釋2:22). /녑 협:脅(類合下28).

녑구레圀〈옛〉옆구리. ¶녑구레 협:脇(訓蒙上25).

녁[녁]의 〈어떠한 때의〉무렵. ¶동틀 녁. *녁이[녀키]·녁만[녕ㅡ]

-녁[녁]졉尾 일부 체언 뒤에 붙어, 어떤 방향을 나타냄. ¶동녁. /북녁.

녇다瓦〈옛〉얕다. ¶녀트며 기푸미 ᄃᆞ디 아니커ᄂᆞᆯ(月釋17:22).

녛다瓦〈옛〉넣다. ¶ᄂ뮈 녀허(釋譜9:21).

녜캅 '네'의 방언.

녜圀〈옛〉옛. 옛날. 옛적. ¶軍容이 녜와 다ᄅᆞ샤(龍歌51章).

녜뉘圀〈옛〉옛날. 옛 세상. ¶녜 디나건 녜뉫 時節에 盟誓 發願혼 이롤 혜는다 모르ᄂᆞ눈다(月釋8:8).

녜다瓦〈옛〉가다. ¶져 믈도 내 안 ᄀᆞᆺ도다 우러 밤길 녜놋다(古時調). ֎녀다.

녯冠〈옛〉옛. 녯 사룸(鄭克仁.賞春曲).

노¹圀〈실·삼·종이 같은 것으로〉가늘게 비비거나 꼰 줄. 노끈.

노²圀'북쪽'의 뱃사람 말.

노:³튀 노상. ¶노 잠만 잔다. /노 찾아오던 벗.

노(奴)圀사내종.

노(櫓)圀 배를 젓는 기구. 〔길고 단단한 나무의 아래쪽을 얇게 다듬어서 만듦.〕

노(爐)圀 ①기관에서 연료를 태우는 장치. ②물질을 가열 또는 용해하거나 화학 반응을 일으키기 위한 장치. 〔용광로·원자로·반사로 따위.〕 ③불을 피우거나 숯불 따위를 담아 두어, 물건을 데우거나 방 안의 공기를 덥게 하는 데 쓰는 장치.

노-(老)졉頭《일부 명사 앞에 붙어》'늙은'·'나이 많은'의 뜻을 나타냄. ¶노부부. /노신사. / 노총각.

-노어미 '-는고'의 뜻을 나타내는, 해체의 의문형 종결 어미(방언).

노가(櫓歌)圀 뱃사공들이 노를 저으면서 부르는 노래. 뱃노래.

노가다(←どかた(土方) 일)圀'막일꾼'·'인부'로 순화.

노가리¹圀 명태 새끼.

노가리²圀하瓦흩어뿌리기.

노가리³圀 '거짓되고 근거가 없는 말'을 속되게 이르는 말. ¶노가리를 까다. /노가리를 풀다.

노가주-나무圀ㄷ노간주나무.

노:각(老-)圀 빛이 누런 늙은 오이.

노간주-나무圀 측백나뭇과의 상록 침엽 교목. 산기슭의 양지바른 곳, 특히 석회암 지대에 잘 자라는데, 높이 8m가량임. 암수딴그루로 봄에 녹갈색 꽃이 피고, 둥근 열매는 가을에 흑갈색으로 익음. 한방에서, 말린 열매를 '두송실(杜松實)'이라 하여 약재로 쓰임. 노가주나무. 두송.

노-감투(老-)圀 노끈으로 만든 감투.

노-갑이(怒甲移乙) [-감니-]圀하瓦 어떤 사람에게서 당한 노염을 다른 사람에게 화풀이함.

노-강즙(露薑汁)圀 한방에서, '밤이슬을 맞힌 생앙즙'을 약재(藥材)로 이르는 말. 학질이나 한열(寒熱) 등에 쓰임.

노:객(老客)圀'늙은이'를 홀하게 이르는 말.

노:게임(no game) 야구에서, 5회가 끝나기 전에 비로 인하여 경기를 계속할 수 없을 때, 그 경기를 무효로 하는 일, 또는 그 경기.

노:견(路肩)圀ㄷ'갓길'로 순화.

노:경(老境)圀ㄷ늙바탕.

노:계(老鷄)圀[-계/-게]圀 늙은 닭.

노고〈옛〉노구솥. ¶노고 오:鰲(訓蒙中10).

노고(老姑)圀 할미.

노고(勞苦)圀하瓦 불교에서 이르는 사고(四苦) 또는 팔고(八苦)의 하나. 늙어 가는 괴로움.

노고(勞苦)圀하瓦 〔어떤 일을 이루기 위하여〕 심신을 괴롭히며 애쓰는 일. 수고하는 일. ¶직원 여러분의 노고에 심심한 사의를 표합니다.

노고지리圀〈옛〉종다리. ¶동창이 ᄇᆞᆰ앗ᄂᆞ냐 노고지리 우지진다(古時調).

노:고-초(老姑草)圀ㄷ할미꽃.

노곤(勞困)圀'노곤하다'의 어근.

노곤-하다(勞困-)휑여 고달프고 고단하다. 피곤하다. ¶먼 길을 걸었더니 온몸이 노곤하다. 노곤-히튀.

노:골(老骨)圀 늙은 몸. 노구(老軀). 〔노인이 '자신의 일'을 겸손하게 말하는 뜻으로 쓰이는 경우가 많음.〕 ¶노골을 채찍질한다.

노골(露骨)圀 자기의 감정이나 욕망 따위를 숨기지 않고 그대로 드러내는 일.

노^골:(no goal)명 ①농구·축구 따위에서, 슛을 하였으나 골이 안 된 것. ②농구·축구 따위에서, 슛하기 이전에 반칙을 하여 골이 무효가 되는 일.

노골-노골명부(하형) '노글노글'의 잘못.

노골-적(露骨的)[-쩍]관명 있는 그대로 숨기지 않고 드러내는 (것). ¶성(性)의 노골적 묘사. /불만을 노골적으로 나타내다.

노골-화(露骨化)명(하자타)(되자) 있는 그대로가 드러나게 됨, 또는 있는 그대로를 드러나게 함. ¶감정을 노골화하다. /표현이 노골화되다.

노:광(老狂)명(하자) 늙은 나이에 상식에 벗어난 엉뚱한 짓을 함, 또는 그런 행동.

노광(露光)명(하자) ☞노출(露出).

노구명 〈노구솥〉의 준말.

노:구(老狗)명 늙은 개.

노:구(老嫗)명 할멈.

노:구(老軀)명 늙은 몸. 노곤. 노신. 노체. ¶팔십 노구를 이끌고 행사에 참가하다.

노구(爐口)명 돌과 흙으로 부뚜막을 쌓아서 낸 아궁이.

노구-거리명 양쪽 다 안으로 꼬부라졌으나 하나는 높고, 하나는 낮은 쇠뿔.

노구-메명 민속에서, 산천의 신령에게 제사 지내기 위하여 노구솥에 지은 메밥.

노구메^정성(-精誠)명 노구메를 차려 놓고 산천의 신령에게 비는 정성.

노구-솥[-솓]명 놋쇠나 구리로 만든 작은 솥. [들고 다니며 쓰기에 편리함.] 준노구. ¶노구솥이[-소치]·노구솥을[-솥틀]·노구솥만[-손-]

노:구-쟁이(老嫗-)명 뚜쟁이 노릇을 하는 할미.

노:구(老菊)명 핀 지 오래되어 빛이 낡고 시들어 가는 국화.

노국(露國)명 ☞노서아(露西亞).

노군(櫓軍)명 지난날, 전선(戰船)에서 노를 젓는 군사를 이르던 말.

노굴(露掘)명(하자타) ☞노천 채굴(露天採掘).

노굿[-굳]명 콩이나 팥 따위의 꽃. ¶노굿이[-구시]·노굿만[-군-]

노굿(이) 일다(관) 콩이나 팥 따위의 꽃이 피다.

노그라-지다자 ①몹시 지쳐서 힘없이 축 늘어지다. ②어떤 일에 마음이 쏠려 정신을 못 차리게 되다.

노그름-하다형어 좀 노글노글하다. 준누그름하다. 노그름-히부.

노근(露根)명 나무의 뿌리가 땅 위로 드러난 상태, 또는 그 뿌리.

노글-노글[-로-]부(하형) 좀 무르게 노긋노긋한 모양. 준누글누글. 노글노글-히부.

노긋-노긋[-귿-귿]부(하형) 여럿이 다 노긋한 모양. 준누긋누긋. 노긋노긋-이부.

노긋-하다[-귿타-]형어 메마르지 않고 좀 녹녹하다. 준누긋하다. 노긋-이부.

노:기(老妓)명 나이 많은 기생.

노:기(怒氣)명 노여운 기색. 성난 얼굴빛. 노색(怒色). ¶노기 띤 얼굴.

노:기등등(怒氣騰騰) '노기등등하다'의 어근.

노:기등등-하다(怒氣騰騰-)형어 노기가 얼굴에 가득하다. 노기등등한 얼굴로 소리치다.

노기스(←Nonius 독)명 물체의 두께를 재거나 구멍의 지름 따위를 정밀하게 재는 금속제의 자. 슬라이드 캘리퍼스(slide calipers).

노:기충천(怒氣衝天) '노기충천하다'의 어근.

노:기충천-하다(怒氣衝天-)형어 노기가 하늘을 찌를 것 같다. 곧, 잔뜩 성이 나 있다.

노-깃(櫓-)[-긷]명 배에서 노질할 때 노가 물속에 잠기는 부분. ¶노깃이[-기시]·노깃만[-긴-]

노깡(←どかん[土管] 일)명 '토관'으로 순화.

노깨명 체로 쳐서 밀가루를 뇌고 남은 찌끼.

노-끈명 ☞노1.

노-나무명 ☞개오동나무.

노:녀(老女)명 늙은 여자.

노:년(老年)명 늙은 나이. 만년(晩年). 모년(暮年). ¶노년으로 접어들다.

노:년-기(老年期)명 ①노년 단계에 있는 시기. ②지질학에서, 침식 윤회에 있어서 맨 마지막에 해당하는 시기. 경사가 완만하고 평평한 구릉과 평원이 이루어짐.

노노발명(呶呶發明) '노노발명하다'의 어근.

노노발명-하다(呶呶發明-)타여 여러 말로 구차하게 변명을 늘어놓다.

노:농(老農)명 농사에 경험이 많은 사람. 늙은 농부. 노농(農老).

노농(勞農)명 노동자와 농민.

노-놓다[-논-]타 죄인을 잡았다가 슬그머니 놓아주다.

노느다[노느니·노나]타 여러 몫으로 나누다. 분배하다. ¶상품으로 받은 연필을 똑같이 노나 가졌다. 준논다. 준나누다.

노느-매기명(하타) 여러 몫으로 노느는 일.

노느-몫[-목]명 물건을 나누어 가지는 몫. ¶노느몫이[-목씨]·노느몫을[-목쓸]·노느몫만[-몽-]

노느-이다자 『'노느다'의 피동』 노늠을 당하다. 준노늬다.

노는-계집[-계-/-게-]명 기생·갈보·색주가(色酒家) 따위의 여자를 두루 이르는 말. 논다니. 유녀(遊女).

노늬다자 〈노느이다〉의 준말.

노니형(옛) ('놀다'의 활용형) 드므니. 귀하니. ¶부텨 나아 돈니시며 ᄀ마니 겨시던 처섬 므ᄎ물 알리 노니라(釋譜序2).

-노니어미 동사 어간이나 시제의 '-았(었)-'· '-겠-' 등에 붙는, 문어 투의 연결 어미. ①앞 말이 뒷말의 원인·조건·전제 따위임을 나타냄. ¶오늘은 특별히 음주를 허락하노니 마음껏 즐기라. ②어떤 사실을 진술하고 이와 관련된 다른 사실을 이어서 설명하는 뜻을 나타냄. ¶내 그대에게 이르노니, 그대의 임무를 완수하라.

-노니어미(옛)-나니. ¶새로 스믈 여듧 字룰 밍ᄀ노니(訓諺).

노니다자(옛) ☞노닐다. ¶이 노니논 바탕이니라(金3:2:19). /노닐 유:遊(石千33).

노-닐다[~니니·~닐어]자 한가로이 이리저리 다니며 놀다. ¶잔잔한 호수에서 한가로이 노니는 물새들.

-노닛가어미(옛)-나이까. ¶婚姻 위ᄒ야 아ᅀᆞ미 오나든 이바도려 흐노닛가(釋譜6:16).

노다지1명 ①목적의 광물이 막 쏟아져 나오는 광맥. ¶노다지를 캐다. ②한군데서 많은 이익이 쏟아져 나오는 일, 또는 그런 것.

노다지2부 '언제나'의 잘못.

노닥-거리다[-꺼-]자 잔재미 있고 좀 수다스럽게 말을 자꾸 늘어놓다. 노닥대다. ¶일을 하지 않고 노닥거리고만 있다.

노닥-노닥1[-당-]부(하자) 자꾸 노닥이는 모양.

노닥-노닥2[-당-]부(하형) 꿰맨 자리를 긷고 덧붙이고 한 모양. 준누덕누덕.

노-닥다리(老-)명 '늙다리'의 잘못.

노닥-대다[-때-]자 노닥거리다.

노닥-이다因 잔재미 있고 좀 수다스럽게 말을 늘어놓다. ¶애들아, 이젠 그만 노닥이고 돌아가자.

노:당익장(老當益壯)[-짱]명 늙어도 원기가 더욱 씩씩함.〔'후한서(後漢書)'의 '마원전(馬援傳)'에 나오는 말로, '늙을수록 더 건장해야 품은 뜻을 이룰 수 있다.'는 데서 유래함.〕노익장.

노대(老大) '노대하다'의 어근.

노대(露臺) ☞발코니.

노:-대가(老大家)명 노인으로서 어떤 방면에 오랜 경험을 쌓아 권위가 있는 사람.

노:-대국(老大國)명 옛날에는 번영을 누렸으나, 지금은 쇠퇴기에 접어든 큰 나라.〔흔히, 영국을 두고 하는 말.〕

노대-바람명 풍력 계급의 10등급에 해당하는 바람. 초속 24.5~28.4 m. 내륙에서는 아주 드물게 나타나는 것으로, 나무가 뽑히고 상당한 건물의 피해가 발생하며 물거품으로 해면이 온통 하얗게 보임. 전강풍(全强風).

노:-대-하다(老大-)형여 나이를 먹다. 노년이 되다.

노:덕(老德)명 불가에서, '늙은 중'을 높여 이르는 말.

노:도(怒濤)명 성난 듯 거칠고 세차게 이는 큰 물결. ¶적진을 향하여 노도처럼 밀려들다.

노:도(路鼗)명 아악기의 한 가지. 쇠줄을 단 두 개의 작은 북을 긴 자루에 어긋매끼어 꿰게 됨으로, 북의 허리 양쪽에 긴 쇠줄의 귀가 있음.〔자루를 잡고 흔들면 쇠줄의 귀가 북에 부딪쳐 소리가 남.〕

노도(櫓棹·櫓棹)명 노와 상앗대.

노:독(路毒)명 먼 길에 시달린 피로, 또는 그 때문에 생긴 병. ¶쌓인 노독을 얼마간 푼 뒤 다시 길 떠날 채비를 하였다.

노동(勞動)명하자 ①몸을 움직여 일을 함. ②사람이 생활에 필요한 물자를 얻기 위하여 체력이나 정신을 씀, 또는 그런 행위.

노동^가치설(勞動價値說)명 경제학에서, 상품의 가치는 그 생산을 위하여 소비된 노동량, 곧 노동 시간에 따라 결정된다는 학설.

노동^계:약(勞動契約)[-계/-게-]명 노동자가 사용자에 대하여, 보수를 받고 노동을 제공할 것을 약속하는 계약.

노동^과:잉(勞動過剩)명 노동력이 수요보다 많이 남아도는 상태.

노동-권(勞動權)[-꿘]명 노동 능력을 가진 사람이 일을 하려고 해도 취직을 할 수 없는 경우에, 국가에 대하여 노동의 기회를 제공해 주도록 요구할 수 있는 권리. 근로권(勤勞權).

노동^귀:족(勞動貴族)명 노동자 계급 중에서, 높은 임금을 받으며 유리한 노동 조건 하에서 일하는 특권적인 노동자를 이름.

노동^기본권(勞動基本權)[-꿘]명 근로자가 자신의 의사와 능력에 따라 직업 또는 근로를 선택할 수 있는 근로의 권리와 노동 삼권을 한데 묶어 이르는 말. ❀노동 삼권.

노동-당(勞動黨)명 노동자 계급의 이해를 대변하는 정당.

노동-력(勞動力)[-녁]명 인간이 노동할 때 쓰이는 육체적·정신적인 모든 능력.

노동력^인구(勞動力人口)[-녀긴-]명 노동력 조사에서 사용하는 인구 구분의 한 가지. 노동할 의사와 능력을 가진 15세 이상의 인구.〔경제적 활동에 이어지는 사람으로, 취업자와 휴

업자 및 완전 실업자를 합한 인구를 말함.〕노동 인구.

노동-법(勞動法)[-뻡]명 근로자의 인간다운 생활의 확보를 목적으로 하는 노동 관계 법률을 통틀어 이르는 말.〔근로 기준법·노동조합법·노동 쟁의 조정법·산업 재해 보상 보험법 따위.〕

노동^보:험(勞動保險)명 노동자가 병이나 실업 등으로 노동의 기회를 잃었을 경우에 대비하는 보험.〔산업 재해 보상 보험 따위.〕

노동-복(勞動服)명 노동할 때 입는 작업복.

노동-부(勞動部)명 (이전에) 근로 조건의 기준 마련, 노사 관계의 조정 등 노동에 관한 사무를 맡아보던 중앙 행정 기관.

노동^삼권(勞動三權)[-꿘]명 헌법에 보장되어 있는 근로자의 세 가지 기본 권리. 곧 단결권, 단체 교섭권, 단체 행동권을 아울러 이르는 말.

노동^삼법(勞動三法)[-뻡]명 노동 관계의 기본법인 근로 기준법, 노동조합법, 노동 쟁의 조정법의 세 법률.

노동^생산력(勞動生産力)[-녁]명 일정 시간에 일정한 노동력을 들여 생산하는 생산량.

노동^생산성(勞動生産性)[-썽]명 일정한 시간에 투입된 노동량과 그에 따라 얻어진 생산량과의 비율.

노동-요(勞動謠)명 민요의 한 가지. 힘든 노동을 보다 즐겁고 능률적으로 하기 위하여 부르는 노래. ❀유희요(遊戱謠)·의식요(儀式謠).

노동^운:동(勞動運動)명 근로자가 자기들의 근로 조건의 개선 등 이익을 지키기 위하여 사용자측을 상대로 단결해서 하는 조직적인 운동.

노동^위원회(勞動委員會)[-회/-훼]명 노동 행정의 민주화와 노사(勞使) 관계의 공정한 조절을 목적으로 설치된 기관.

노동^인구(勞動人口)명 ☞노동력 인구.

노동-임:금(勞動賃金)명 노동에 대한 보수.

노동-자(勞動者)명 ①육체노동으로 살아가는 사람. ②☞근로자(勤勞者).

노동^쟁의(勞動爭議)[-의/-이]명 노동 조건 따위에 관하여 노동자와 사용자 사이에서 일어나는 다툼. ㉾쟁의.

노동^조건(勞動條件)[-껀]명 (임금·노동 시간·휴게·작업·휴일·유급 휴가 등) 노동자가 사용자에 대하여 노동을 제공하는 데 따른 일터에서의 여러 가지 대우 조건.

노동-조합(勞動組合)명 근로자가 자주적으로 노동 조건의 유지·개선 및 경제적·사회적 지위 등의 향상을 목적으로 조직하는 단체. ㉾노조.

노동-판(勞動-)명 육체노동으로 살아가는 사람이 일하는 곳.

노동^협약(勞動協約)명 사용자와 노동조합과의 사이에 맺어지는 임금이나 노동 시간 등 노동 조건의 기준을 정한 문서상의 협정.

노두(蘆頭)명 인삼·도라지·더덕 따위의 뿌리에서, 싹이 나오는 '대가리 부분'을 이르는 말.

노두(露頭)명 지층(地層)이나 광상(鑛床) 따위가 지표에 노출되어 있는 곳.〔탐광(探鑛)하는 데 중요한 실마리가 됨.〕

노둔(老鈍) '노둔(老鈍)하다'의 어근.

노둔(駑鈍·魯鈍) '노둔(駑鈍)하다'의 어근.

노:둔-하다(老鈍-)형여 늙어서 굼뜨다. 노둔-히튀.

노둔-하다(駑鈍·魯鈍-)형여 어리석고 둔하다. ㉾우둔(愚鈍). 노둔-히튀.

노:둣-돌[-두뚤/-둗뚤]명 말을 타거나 내릴 때에 받돋움으로 쓰려고 대문 앞에 놓은 큰 돌. 하마석(下馬石).

노-뒤(櫓)명 왼쪽 뱃전. ↔노앞.

노:드(node)명 데이터 통신망에서, 데이터를 전송하는 통로에 접속되는 하나 이상의 기능 단위. 주로, 통신망의 분기점이나 단말기의 접속점을 이름.

노-드리듯[-듣]투 (노끈을 드리운 것처럼) 빗발이 죽죽 쏟아져 내리는 모양.

노:들-나루[-라-]명 지난날, 서울 노량진에 있었던 나루의 이름.

노:땅(老-)명 '나이가 많은 사람'을 낮잡아 이르는 말.

-노라어미《동사 어간이나 시제의 '-았(었)-'·'-겠' 등에 붙는 문어 투의 종결 어미.》①자기의 동작을 격식을 차리어 말하는 뜻을 나타냄. ¶나는 싸웠노라, 그리고 이겼노라. ②어떤 사실을 장중하게 널리 알리는 뜻을 나타냄. ¶朕等은 玆에…朝鮮人의 자주민임을 선언하노라(己未獨立宣言書).

-노라고어미 동사 어간이나 시제의 '-았(었)-'·'-겠' 등에 붙는 연결 어미. '…한다고'·'노라'의 동작이나 의사의 어떠함을 나타냄. ¶하노라고 했는데 이 꼴이 되었다.

-노라니어미 동사 어간이나 '있다'·'없다'·'계시다'의 어간에 붙는, 종속적 연결 어미. '-하니까'·'-려니까'의 뜻으로, 자기의 동작을 말할 때 그 동작이 다음 말의 의도나 원인이 됨을 나타냄. ¶오솔길을 걷노라니 고향 생각이 절로 난다.

노라리명 '빈둥빈둥 세월만 보내는 짓'을 속되게 이르는 말. ¶이 바쁜 때에 너는 오늘도 노라리냐?

-노라면어미 동사 어간이나 '있다'·'없다'·'계시다'의 어간 또는 높임의 '-시-'에 붙는, 종속적 연결 어미. '-하다가 보면'·'계속해서 하다면'의 뜻을 나타냄. ¶열심히 노력하노라면 언젠가는 이룰 날도 있겠지.

노라이즘(Noraism)명 입센의 희곡 '인형의 집'의 여주인공 '노라'에서 유래된 말로 인습(因襲)에 반항하고 인간으로서의 여성의 지위를 확립하려고 하는 주의.

노란-빛[-빋]명 노란 빛깔. 비노란색. 준누런빛. *노란빛이[-비치]·노란빛만[-빈-]

노란-색(-色)명 노란 색깔. 비노란빛. 준누런색.

노란-해당화(-海棠花)명 장미과의 낙엽 활엽 관목. 중국 원산의 관상용 식물로서, 높이 3m 가량. 가지 끝이 휘어 처지고, 곧은 가시와 굽은 가시가 돋아 있음. 잎은 깃 모양의 겹잎이며, 5월에 노란 꽃이 짧은 가지 끝에 핌.

노랑명 삼원색의 하나. 유채꽃과 같은 빛깔, 또는 그런 빛깔의 물감. 준누렁.

노랑-감투명 '상제(喪制)의 건(巾)'을 농조로 이르는 말.

노랑-나비명 흰나빗과의 나비. 편 날개 길이 5cm가량. 수컷의 날개 빛깔은 노란색, 암컷은 흰색임. 유충은 낭아초·개자리·완두 따위를 먹으며 겨울을 노충으로 남. 일본·중국·히말라야 및 러시아 남부와 우리나라에 분포함.

노랑-돈명 ①노란 빛깔의 엽전. ②몹시 아끼는 많지 않은 돈.

노랑-머리명 '빛이 노란 머리카락, 또는 그런 머리카락을 가진 사람'을 농조로 이르는 말.

노랑-묵명 치자 물을 타서 쑨 녹말묵.

노랑부리-저어새명 저어샛과의 새. 몸길이 86cm가량. 온몸이 흰색임. 여름에는 황적갈색의 목덜미가 나타남. 암컷은 수컷보다 작고 뒷목의 장식깃이 없으며 다리는 검정빛임. 중앙아시아·인도·중국 등지에 널리 분포하며 우리나라에서는 겨울 철새임. 가리새.

노랑-연두(-軟豆)[-년-]명 연두보다 노란 기운이 더한 연두빛.

노랑-이명 ①노란빛의 물건. ②노란 몸빛의 개. ③'몹시 인색한 사람'을 비유하여 이르는 말.

노랑-퉁이명 '얼굴이 유난히 노랗고 부석부석한 사람'을 얕잡아 이르는 말.

노랑-하눌타리명 박과의 다년생 덩굴 식물. 뿌리는 고구마처럼 크고 굵으며, 줄기에 잎과 마주나는 덩굴손이 자라서 다른 나무나 물체에 잘 기어올라 감. 여름에 흰 꽃이 피고 가을에 길이 10cm가량의 달걀 모양의 열매가 노랗게 익음. 뿌리의 녹말은 먹거나 약재로 쓰이고, 종자와 과피(果皮)도 약재로 쓰임. 제주도와 흑산도를 비롯한 남쪽 섬에서 자람.

노랑-회장저고리(-回裝-)[-회-/-훼-]명 노란 바탕에 자줏빛 회장을 댄 저고리.

노:랗다[-라타][노라타·노래타]형 ①빛깔이 매우 노르다. ¶노란 개나리가 활짝 피었다. 큰누렇다. ②(잎이 노랗게 시들듯) 다시 일어날 가망이 없다. ¶싹수가 노랗다. /앞날이 노랗다.

노래명 ①하자 가사에 가락을 붙여서 부르는 것, 또는 그 가락. 소리. ¶노래를 부르다. ②어자새 따위가 지저귐. ③하타운율이 있는 언어로 사상과 감정을 표현함. ¶자연을 노래하다. ④하타같은 말을 되풀이하여 졸라 댐. ¶딸아이가 장난감을 사 달라고 노래를 부르며 쫓아다닌다.

노:래(老來)명 늘그막. 늙바탕. 만래(晚來). ¶노래에 기력이 어떠하십니까?

노래기명 노래기강의 절지동물을 통틀어 이르는 말. 20~30개의 마디로 된 몸통의 각 마디에 두 쌍의 보각(步脚)이 있고, 건드리면 둥글게 말리며 고약한 노린내를 풍김. 주로, 습한 곳에 모여 삶. 백족충(百足蟲). 향랑각시.

노래기 회도 먹겠다[속담] '염치도 체면도 없이 치사하게 구는 사람'을 보고 이르는 말.

노래-방(-房)명 방음이 된 방에서, 비디오 화면에 나타나는 가사를 보면서 음악 반주에 맞추어 노래를 부르도록 꾸며 놓은 업소.

노래-자랑명 노래 잘 부르기를 겨루는 일, 또는 그 행사나 방송 프로. 노래잔치.

노래-자이명 신라 때, 노래 부르던 구실아치. 가척(歌尺).

노래-잔치명 ①노래 부르며 즐기는 잔치. ②☞노래자랑.

노래-쟁이명 '가수(歌手)'를 얕잡아 이르는 말.

노래-지다자 노랗게 되다. 큰누레지다.

노랫-가락[-래까-/-랟까-]명 ①노래의 곡조. ¶구성진 노랫가락. ②경기 민요(京畿民謠)의 한 가지. 사설은 시조를 얹어서 부름. 〔본디 무당이 굿을 하면서 부르던 소리였으나, 지금은 속가(俗歌)로서 널리 불리고 있음.〕

노랫-말[-랜-/-랟-]명 노래의 내용이 되는 글귀. 가사(歌詞). ¶아름다운 노랫말을 짓다.

노랫-소리[-래쏘-/-랟쏘-]명 노래를 부르는 소리. ¶구성진 노랫소리.

노램-이명 '노랑이'의 잘못.

노략(據掠)명하타 떼를 지어 돌아다니면서 사람을 해치거나 재물을 마구 빼앗아 감.

노락-질(擄掠-) [-질]**명**하타 노락하는 짓. ¶ 왜구(倭寇)의 노락질. 비소드락질.

노량-목명 '놀량목'의 잘못.

노:량-으로부 어정어정 놀아 가면서 천천히. 느리게 움직이는. 느릿느릿. ¶ 다급한 기색이라고는 없이 노량으로 걸어간다.

노:-런(no+run)명 야구에서, 주자(走者)가 나가지 못하는 일, 또는 주자가 나가도 득점에 연결되지 않는 일.

노려-보다타 ①매서운 눈빛으로 쏘아보다. ¶ 꼬마도 지지 않고 상대편을 노려보았다. ②(무엇을 빼앗거나 덮칠 목적으로) 눈독을 들여 살펴보다. ¶ 교활한 여우는 닭장 안만을 노려보고 있었다.

노력(努力)명하자 (어떤 일을 이루기 위해서) 힘을 다하여 애씀, 또는 그 힘. ¶ 노력을 기울이다. /끊임없이 노력하다.

노력(勞力)명하자 힘을 들여 일함. ¶ 노력을 아끼다.

노력^이전(勞力移轉)명 임금을 많이 받는 나이 많은 노동자를 해고하고, 임금을 적게 받는 젊은 노동자를 고용함으로써 인건비를 줄이는 일.

노련(老鍊·老練)명 '노련하다'의 어근.

노:련-미(老鍊味)명 많은 경험에서 나오는 익숙하고 능란한 멋이나 자질. ¶ 노련미를 발휘하다.

노:련-하다(老鍊-·老練-)형여 많은 경험을 쌓아 그 일에 아주 익숙하고 능란하다. ¶ 노련한 정치가. /노련한 경기 운영으로 승리하다. /공구 다루는 솜씨가 노련하다. 노련-히부.

노렴(蘆簾)명 갈대로 엮은 발.

노:령(老齡)명 늙은 나이.

노:령-화(老齡化)명하자되자 노인의 인구 비율이 높아짐. ¶ 노령화 사회.

노로로부 〈옛〉노루. ¶ 노로: 獐(訓解).

노록(勞碌)명하자 게을리 하지 않고, 힘써 일함.

노:론(老論)명 조선 시대, 사색당파의 하나. 숙종 때 송시열(宋時烈)을 중심으로 서인(西人)에서 갈라져 나온 한 파. 魯소론(少論).

노루명 사슴과의 동물. 사슴과 비슷한데, 몸길이 100∼120 cm, 어깨높이 65∼86 cm. 뿔은 수컷에만 있는데, 세 개의 가지로 되어 있고, 꼬리는 흔적뿐이 있음. 몸빛은 여름에는 불그스름하다가 겨울에 흙빛으로 바뀌며 엉덩이에 희고 큰 반점이 나타남. 겁이 많아 잘 놀라며 빨리 뜀. 중국·중앙아시아·유럽·우리나라 등에 널리 분포함.

노루가 제 방귀에 놀라듯속담 '겁이 많은 사람이 공연한 일에도 곧잘 놀람'을 농조로 이르는 말.

노루 꼬리가 길면 얼마나 길까속담 '아는 체하여 보았자 얼마나 알겠느냐'는 말.

노루 보고 그물 짊어진다속담 '일이 다급하게 되어서야 허둥지둥 준비함'을 이르는 말.

노루 피하니 범이 나온다속담 재난이 겹쳐 오는 경우를 이르는 말.

노루 꼬리만 하다관용 매우 짧음을 이르는 말. ¶ 노루 꼬리만 한 겨울 해.

노루-막이명 산의 막다른 꼭대기.

노루-목명 ①노루가 지나다니는 길목. ②넓은 들에서 다른 곳으로 이어지는 좁은 지역.

노루-발1명 ①쟁기의 볏의 뒷면 아래쪽에 붙은, 두 개의 세모진 구멍이 있는 부분. ②굽장족(獐足). ③재봉틀의 톱니 위에서, 바느질감을 알맞게 누르는 두 가랑이 진 부품. ④노루발장도리.

노루-발2명 노루발과의 상록 다년초. 들이나 숲속의 응달에 남. 두껍고 길둥근 잎은 뿌리께에서 모여나는데, 잎자루와 함께 자줏빛이 돎. 초여름에 길이 20 cm가량의 꽃줄기가 나와 황백색의 작은 꽃들이 핌. 관상용으로 심기도 하며, 잎과 줄기는 지혈제·해독제 따위로 쓰임. 노루발풀.

노루발-장도리명 한쪽 끝은 못을 박는 데 쓰고, 다른 한쪽 끝은 못을 빼는 데 쓰도록 만든 장도리. 노루발1.

노루발-풀명 ☞노루발2.

노루-벌명 살아 있는 노루의 가죽 속에서 생겨 가죽을 뚫고 나오는, 털 모양의 날벌레.

노루-잠명 깊이 들지 못하고 자주 깨는 잠. 비갱이잠.

노루-종아리명 ①소반 다리 아래쪽의 아무런 새김이 없는 매끈한 부분. ②문살의 가로살이 드물게 있는 부분.

노:류-장화(路柳墻花)〔아무나 쉽게 꺾을 수 있는 길가의 버들과 울타리에 핀 꽃이라는 뜻으로〕'창녀(娼女)'를 빗대어 이르는 말.

노르께-하다형여 곱지도 짙지도 않게 노르다. 노르끄레하다. 노르끼리하다. 睡누르께하다.

노르끄레-하다형여 노르께하다.

노르다[노르니·노르러]형 개나리꽃이나 호박꽃의 빛깔과 같이 노랗다. 睡누르다2.

노르딕^종:목(nordic種目)명 스키 경기에서, 거리 경기·점프 경기·복합 경기의 세 종목을 통틀어 이르는 말. 참알파인 종목.

노르마(norma 라)명 ①개인이나 공장 따위에 할당된 표준 노동의 양이나 책임량을 이르는 말. ②(일반적으로) 근무나 노동의 기준량.

노르말^농도(Normal濃度)명 ☞규정 농도.

노르말-액(Normal液)명 ☞규정액.

노르무레-하다형여 산뜻하지 않고 옅게 노르다. 睡누르무레하다.

노르스레-하다형여 노르스름하다. 睡누르스레하다.

노르스름-하다형여 산뜻하고 옅게 노르다. 노르스레하다. 노릇하다. 睡누르스름하다. **노르스름-히부.**

노르웨이^초석(Norway硝石)명 ☞질산칼륨.

노른-빛 [-빛]**명** 노른 빛깔. 睡누른빛. ＊노른빛이[-비치]·노른빛도[-빋-]

노른-자명 〈노른자위〉의 준말.

노른-자위명 ①알의 흰자위에 둘러싸인 둥글고 노란 부분. ②사물의 가장 중요한 부분. ¶ 이 동네에서 노른자위에 위치하는 땅.

노름명하자 금품을 걸고 화투·투전·트럼프 따위로 서로 내기를 하는 일. 도박. 돈내기. ¶ 노름으로 패가망신하다.

노름-꾼명 노름을 일삼는 사람. 도박꾼. 박도(博徒). 잡기꾼.

노름-빚 [-삗]**명** 노름을 하여 진 빚. ＊노름빚이[-삐지]·노름빚만[-삔-]

노름-질명하자 노름을 하는 짓. 잡기판.

노름-판명 노름을 하는 자리. 잡기판.

노름-패(-牌)명 노름을 일삼는 패거리.

노릇[-륻]명 ①'직업이나 직책'을 속되게 이르는 말. ¶ 선생 노릇. /과장 노릇. ②맡은 바 구실. ¶ 주인 노릇. /아버지 노릇. ③바람직하지 못하거나 생각지도 않게 벌어진 '일'이나 '현상'을 이르는 말. ¶ 당장 방을 비우라고 하니 기가 찰 노릇이다. ＊노릇이[-르시]·노릇만[-른-]

노릇-노릇[-른-른]부하여 군데군데 노르스름한 모양. 睡누릇누릇. **노릇노릇-이부.**

노릇-하다[-르타-]〖형여〗 노르스름하다. ㈜누릇하다.

노:리(老吏)〖명〗 늙은 아전. 나이 많은 관리.

노:리(老贏)〖명〗 늙고 쇠약함. 파리함, 또는 그런 사람. ¶濾濾 溝壑애 흐터 잇던 老贏드리 東風 新驚가치 舊巢를 ㅊ자오니(朴仁老.太平詞).

노리-개〖명〗 ①여자의 한복 저고리의 고름이나 치마허리 따위에 다는 패물의 한 가지. [띠돈·패물·매듭·술 등의 세 부분으로 되어 있음.] ②가지고 노는 물건.

노리개-첩(-妾)〖명〗 노리개처럼 데리고 노는 젊은 첩. 화초첩(花草妾).

노리끼리-하다〖형여〗 노르께하다. ㈜누리끼리하다.

노리다[타] (서 있는 것을) 칼로 가로 갈기어 베다.

노리다²〖타〗①쏘아보다. ¶증오에 찬 눈으로 잔뜩 노리다. ②(차지하거나 덮치거나 없앨 목적으로) 벼르다. 눈독을 들이다. ¶우승을 노리다. /남의 재물을 노리다. /목숨을 노리다. ③기회를 엿보다. ¶내부의 혼란을 노리다.

노리다³〖형〗①털이 타는 냄새나 노래기의 냄새와 같다. ②(비위에 거슬릴 만큼) 마음 쓰는 것이 너무 인색하고 다랍다. ¶사람이 너무 노리다.

노리-쇠[-쇠/-쉐]〖명〗 소총의 부속품의 하나. 탄알을 장전하고, 탄피를 약실에서 빼내는 구실을 함.

노리착지근-하다[-찌-]〖형여〗 노린내가(또는 노린 맛이) 조금 나는 듯 같다. ㈜노리치근하다. 노리착지근하다. ㈜누리척지근하다. **노리착지근-히**〖부〗.

노리치근-하다〖형여〗〈노리착지근하다〉의 준말. ㈜누리치근하다. **노리치근-히**〖부〗.

노린-내〖명〗 염소·여우·노래기 등에서 나는 고약한 냄새. ㈜누린내.

노린-동전(-銅錢)〖명〗 아주 적은 액수의 돈. 피천. ¶노린동전 한 닢도 없다.

노린재〖명〗 노린잿과의 갑충류를 통틀어 이르는 말. 육지에 사는 것과 물에 사는 것이 있음. 오이·참외·박·호박 따위의 해충임. 잡으면 고약한 냄새가 나는 액을 냄.

노린재-나무〖명〗 노린재나뭇과의 낙엽 활엽 관목 또는 작은 교목. 높이 2~3 m. 잎은 긋맞게 나며 타원형임. 봄에 흰 꽃이 피고 가을에 동글동글하고 남빛 나는 열매가 익음. 목재가 단단하여 연장의 자루 따위로 쓰이는데, 우리나라 각지의 산에 분포함.

노립(蘆笠)〖명〗 ☞갈삿갓.

노릿-하다[-리타-]〖형여〗 냄새가 좀 노리다. ㈜누릿하다. **노릿-이**〖부〗.

노릇[놀이·놀읏]〖명〗〈옛〉노루. ¶노릇 쟝: 獐(訓蒙上18). /놀이 ㅎ오사 뛰어(永嘉下41). /놀욜 쏘샤(龍歌65章).

노릇다〈옛〉노랗다. 노르다. ¶비치 노릇고(月釋1:44).

노릇〈옛〉장난. 놀음놀이. ¶노릇샛 바오리실 쎠(龍歌44章).

노릇바치〖명〗〈옛〉재인(才人). 광대. ¶노릇바치 놀: 優(訓蒙中3).

노:마(老馬)〖명〗 늙은 말.

노마(駑馬)〖명〗①걸음이 느린 말. ②'재능이 모자라는 사람'을 비유하여 이르는 말. 〔흔히, 스스로를 겸손하게 말할 때 씀.〕

노^마:크(no+mark)〖명〗 운동 경기에서, 수비수가 공격자를 경계하거나 않아서 공격자가 마음대로 할 수 있는 상태.

노:망(老妄)〖명〗〖하자〗 늙어서 망령을 부림, 또는 그 망령. ¶노망을 부리다.

노:망-기(老妄氣)[-끼]〖명〗 노망이 든 기미. ¶노망기가 있다.

노:망-나다(老妄-)〖자〗 노망한 듯한 태도나 증세가 나타나다.

노:망-들다(老妄-)[~드니·~들어]〖자〗 노망한 증세가 생기다.

노-망태(-網-)〖명〗〈노망태기〉의 준말.

노-망태기(-網-)〖명〗 노로 그물처럼 떠서 만든 망태기. ㈜노망태.

노:매(怒罵)〖명〗〖하다〗 성을 내어 욕하고 꾸짖음.

-노매라〖어미〗〈옛〉-는구나. ¶도라 아니 보고 가노매라(古時調).

노:면(路面)〖명〗 도로의 겉면. 길바닥. ¶노면이 고르지 못하다. /비가 와서 노면이 미끄럽다.

노:면(露面)〖명〗 얼굴을 드러냄.

노:면^전:차(路面電車)〖명〗 가로(街路)의 노면에 부설된 레일 위를 운행하는 전차.

노명(奴名)〖명〗〈남자〉종의 이름.

노명(露命)〖명〗(이슬 같은) 덧없는 목숨.

노:모(老母)〖명〗 늙은 어머니.

노모그래프(nomograph)〖명〗 수치의 계산을 간편하게 하기 위하여 쓰는 도표. 계산 도표(計算圖表). 노모그램.

노모그램(nomogram)〖명〗 ☞노모그래프.

노:모성^치매(老耄性痴呆)[-썽-]〖명〗 ☞노인성치매.

노:목(老木)〖명〗 오래된 나무. 늙은 나무.

노:목(怒目)〖명〗 성난 눈.

노무(勞務)〖명〗①임금을 받기 위하여 하는 노동. ¶노무를 제공하다. ②회사 등에서, 종업원의 작업 배치나 후생 따위에 관한 사무.

노무^관리(勞務管理)[-꽐-]〖명〗 노동자를 기업의 경영 목적에 가장 적합한 상태에 두기 위한 경영자의 관리. 〔노동 능력이나 작업 조건의 관리, 인간관계나 노사 관계의 관리 따위.〕

노무력(老無力)〖명〗'노무력하다'의 어근.

노:무력-하다(老無力-)[-려카-]〖형여〗 늙어서 힘이 없다.

노무-배상(勞務賠償)〖명〗 남에게 끼친 손해를 기술이나 노동으로 배상하는 일.

노무용(老無用)〖명〗'노무용하다'의 어근.

노:무용-하다(老無用-)〖형여〗 늙어 쓰일 곳이 없다.

노무-자(勞務者)〖명〗 노무에 종사하는 사람.

노무^출자(勞務出資)[-짜]〖명〗 노무를 제공하는 방식의 출자. 〔재산 출자에 대하여 이르는 말.〕

노문(勞問)〖명〗(임금이) 신하를 위문함.

노:문(路文)〖명〗 왕조 때, 공무로 지방에 가는 관리의 도착 예정일을 미리 그곳 관아에 알리던 공문. 선문(先文). ¶벼슬 버리고 내려온단 노문 왔소(烈女春香守節歌).

노문(을) 놓다〖관용〗 노문을 보내다. 도착 예정일을 미리 알리다. 선문(을) 놓다.

노문(露文)〖명〗 러시아 말로 된 글.

노:물(老物)〖Ⅰ〗〖명〗①낡고 오래된 물건. ②'늙어서 쓸 곳이 없는 사람'을 얕잡아 이르는 말. 〖Ⅱ〗〖대〗 늙은이가 자기를 낮추어 이르는 말.

노박(魯朴)〖명〗'노박하다'의 어근.

노:박-덩굴[-떵-]〖명〗 노박덩굴과의 낙엽 활엽 만목. 숲 속에서 자라는데, 줄기는 덩굴로 벋음. 봄에 연둣빛 꽃이 잎겨드랑이에 피고, 둥근 열매는 가을에 노랗게 익음. 봄에 어린잎은 나물로 먹을 수 있고, 열매로는 기름을 짜며 나무껍질에서는 섬유를 뽑아 씀.

노-박이다〖자〗'노박히다'의 잘못.

노박이-로튀 줄곧 계속하여. 붙박이로. ¶노박이로 그곳에만 머물러 있다.

노박-하다(魯朴-)〔-바카-〕형여 어리석고 순박하다.

노-박히다〔-바키-〕재 ①한곳에만 붙박이로 있다. ②한 가지 일에만 붙박이로 들러붙다.

노:반(路盤)명 도로나 철도 선로의 기반이 되는 지반(地盤). 노상(路床). ¶노반이 약하면 선로가 내려앉는다.

노반(露盤)명 불탑(佛塔)의 꼭대기에 있는 상륜(相輪)의 가장 아랫부분. 〔네모난 기와집 지붕 같은 모양임.〕

노:발-대발(怒發大發)명하자 크게 성을 냄. ¶노발대발하여 크게 꾸짖다.

노:발-대성(怒發大聲)명 크게 성을 내어 외치는 큰 목소리.

노:발-충관(怒髮衝冠)명 〔심한 분노로 곤두선 머리털이 머리에 쓴 관을 추켜올린다는 뜻으로〕 '크게 성이 난 모습'을 비유하여 이르는 말.

노:방(路傍)명 길가. 노변(路邊). 도방(道傍).

노:방-잔읍(路傍殘邑)명 오며 가며 들르는 높은 벼슬아치들을 대접하느라고 피폐해진 작은 고을.

노방-주(-紬)명 지난날, 중국에서 나오던 명주의 한 가지.

노:방-초(路傍草)명 길가에 난 잡초.

노:방-토(路傍土)명 육십갑자의 경오(庚午)와 신미(辛未)에 붙이는 납음(納音). 참봉분금.

노:배(老輩)명 나이 많은 이들. 늙은이들.

노:-법사(老法師)명〔-싸〕명 조항(祖行)이 되는 법사. 법사의 법사. 법융사(法翁師).

노-범거지명 노끈으로 만든 뱅거지.

노:-빌륨(nobelium)명 인공 방사성 원소의 한 가지. 〔No/102/259〕

노:벨-상(Nobel賞)명 1896년, 스웨덴 사람 노벨의 유언에 따라, 인류의 복지에 공헌한 사람이나 단체에 수여하도록 제정한 상. 〔기금 168만 파운드의 이자로써 물리학·화학·생리 의학·문학·경제학·평화의 여섯 부문에 걸쳐 수여됨.〕

노:변(路邊)명 길가. 노방(路傍). 도로변.

노변(爐邊)명 화롯가. 난롯가. ¶노변 대담.

노변-담(爐邊談)명 ⇨노변담화.

노변-담화(爐邊談話)명 난롯가에서 서로 허물없이 주고받는 세상 이야기. 노변담(爐邊談).

노:병(老兵)명 ①나이 많은 병사. ②군사(軍事)에 경험이 많은 병사.

노:병(老病)명 노쇠에서 오는 병. 노질(老疾). 존노환(老患).

노-병아(樗-)명 〔배에서 노질을 쉽게 하기 위하여〕 노에 거는 줄.

노복(奴僕)명 사내종. 노자(奴子).

노:복(老僕)명 늙은 사내종.

노복(勞復)명 한방에서, 큰 병을 앓고 아직 완전히 회복하기 전에, 과로로 다시 앓게 되는 일을 이르는 말.

노봉(虜鋒)명 적군의 칼날. ¶병사들은 적의 노봉을 헤치고 용감하게 진격했다.

노봉(露鋒)명 서법(書法)에서, 기필(起筆) 때 붓끝의 자국이 나타나도록 쓰는 일.

노:부(老父)명 ①아버지. ⅠⅠ대 늙은 남자가 자기를 겸손하게 일컫는 말.

노:부(老婦)명 늙은 여자(부인).

노부(鹵簿)명 임금이 거둥할 때의 의장(儀仗), 또는 의장을 갖춘 행렬.

노:-부모(老父母)명 늙은 부모.

노:-부부(老夫婦)명 늙은 부부.

노:불(老佛)명 ①늙은 중. ②노자와 석가를 아울러 이르는 말. ③노자의 가르침과 석가의 가르침, 곧 도교와 불교를 아울러 이르는 말.

노브(knob)명 문의 손잡이. 〔대개 모양이 둥글며, 손으로 잡고 돌려서 여닫음.〕

노브^애자(knob礙子)명 옥내 배선용 애자의 한 가지. 며막대 위 크기의 도자기 제품. 존동짜리3.

노비(奴婢)명 사내종과 계집종을 아울러 이르는 말. 비복(婢僕).

노:비(老婢)명 늙은 계집종.

노비(勞費)명 노동의 대가로 주는 돈. 품삯. 노임.

노:비(路費)명 ⇨노자(路資).

노비-안검법(奴婢按檢法)〔-뺌]명 고려 광종 7(956)년에, 양민이었다가 노비가 된 사람을 해방시켜 주기 위하여 만든 법.

노-뻗지(櫓-)명 배를 젓는 노의 넓적한 부분.

노:사(老士)명 ①늙은 선비. ②늙은 병사.

노:사(老死)명하자 늙어 죽음.

노:사(老師)명 ①'늙은 중'을 높이어 일컫는 말. ②노스님. ③늙은 스승.

노:사(怒濤)명하자 세차게 마구 쏟아져 나옴.

노사(勞使)명 노동자와 사용자. ¶노사 협의.

노사(勞思)명 몹시 근심함.

노사(勞辭)명 노고를 위로하는 말.

노사(磠砂)명 ⇨염화암모늄.

노:사-숙유(老士宿儒)명 학문이 썩 깊은 늙은 선비.

노사^협의회(勞使協議會)〔-혀믜회/-혀비훼〕명 단체 협약의 체결과 실시 등을 협의하기 위하여 근로자와 사용자 대표로 구성하는 기구.

노:산(老産)명하자 나이 많아서 아이를 낳음. ¶노산이라 난산이겠군.

노상Ⅰ한 모양으로 줄곧. 언제나 늘. 노3. ¶노상 엄살만 부린다.

노상(勞傷)명하자 심한 고생으로 마음을 상함.

노:상(路上)명 ①길 위. 가상(街上). 도상(道上). ②길 가는 도중. ¶노상에서 강도를 만나다.

노:상(路床)명 ⇨노반(路盤).

노상(魯桑)명 뽕나뭇과의 낙엽 활엽 관목. 중국 원산으로 잎의 길이는 15〜30 cm이고, 짧은 타원형이며 봄누에와 가을누에의 먹이로 씀. 당뽕.

노:상-강도(路上強盜)명 길 가는 사람을 협박하거나 폭행을 가하거나 하여 금품을 강탈하는 짓, 또는 그런 강도.

노:상-안면(路上顏面)명 길에서 만난 적이 있어 면식(面識) 정도나 있는 얼굴. ¶그와는 그저 노상안면이 있을 뿐이다.

노새명 말과의 포유동물. 수나귀와 암말 사이에서 난 잡종. 나귀를 닮았으나 몸빛은 암갈색임. 힘이 세며 지구력과 부담력이 뛰어나 무거운 짐과 먼 길에 잘 견딤. 성질은 온순하고, 병에 잘 걸리지 않으나 생식 능력이 없음.

노:색(老色)명 늙은이에게 어울리는 옷의 빛깔. ¶젊은이가 오히려 노색을 좋아한다.

노:색(怒色)명 성난 얼굴빛. 노기(怒氣).

노:생(老生)Ⅰ명 '늙은이'를 얕잡아 이르는 말. Ⅱ대 늙은이가 자기를 낮추어 이르는 말.

노서아(露西亞)명 '러시아'의 한자음 표기. 노국(露國).

노석(鹵石)명 염화물·브롬화물·요오드화물 따위를 통틀어 이르는 말.

노석(露石)명 땅 위에 드러난 돌.

노:선(路線)명 ①버스·기차·항공기 따위가 정해 놓고 다니도록 되어 있는 길. ¶고속버스의 노

선. ②개인이나 조직·단체 따위의 일정한 활동 방침. ¶강경 노선. /독자적인 노선. /반공 노선을 고수하다.
노:선-도(路線圖)명 노선을 그려 놓은 지도.
노성(老成)명 '노성하다'의 어근.
노:성(怒聲)명 성난 목소리. 화난 목소리.
노성(駑性)명 우둔한 성질.
노성(櫓聲)명 노를 젓는 소리.
노-성냥명 성냥의 한 가지. 종이로 꼰 노 끝에 유황을 바른 것.
노:성-하다(老成-)형여 ①노련하고 원숙하다. ②(나이에 비하여) 어른스럽다. 숙성하다. ¶아이가 너무 노성한 것 같다.
노:소(老少)명 늙은이와 젊은이. 소장(少長). ¶노소를 불문하다.
-노소니어미 (옛)-니. -나니. ¶西方애 聖人이 나시노소니(月釋2:49).
노:소-동락(老少同樂)[-낙]명하자 늙은이와 젊은이가 함께 즐김.
-노소라어미 (옛)-노라. -는구나. ¶葛洪을 븟그리노소라(杜初21:33).
노:-소론(老少論)명 조선 시대의 사색(四色) 가운데, 노론(老論)과 소론(少論).
노:소-부정(老少不定)[노소의 선후가 없다는 뜻으로] 늙은이가 꼭 먼저 죽는 것만은 아님을 이르는 말.
노속(奴屬)명 종의 무리. 종의 족속.
노-손(櫓-)명 노의 손잡이.
노:송(老松)명 늙은 소나무. 고송(古松).
노:송-나무(老松-)명 측백나뭇과의 상록 교목. 일본 원산으로 높이 40 m가량 자람. 잎은 작은 바늘 모양으로 빽빽이 남. 재목은 내수력이 강하여 가구 따위의 재료로 쓰임. 편백. 회목.
노송나무 밑이다관용 마음이 음충맞고 밝지 않음을 이르는 말.
노:쇠(老衰)[-쇠/-쉐]명하형 늙어서 몸과 마음이 쇠약함. 쇠로.
노:쇠-기(老衰期)[-쇠-/-쉐-]명 ①늙고 기운이 쇠한 시기. 비노년기. ②사물이 오래되어 기세가 쇠잔해진 시기.
노:수(老手)명 익숙한 솜씨. 노련한 수법.
노:수(老叟)명 늙은 남자. 노옹(老翁).
노:수(老壽)명하자 오래 삶. 장수(長壽).
노:수(老樹)명 오래된 나무. 고목(古木).
노수(勞嗽)명 한방에서, 주색(酒色)이 지나쳐 몸이 허약해지고, 오한(惡寒)이 나며, 진땀이 흐르는 병을 이르는 말.
노:수(路需)명 ☞노자(路資).
노수(滷水)명 ☞간수.
노:숙(老熟)명 ①식견이 노숙(老熟)한 사람. ②수양이 깊고 학덕이 높은 중.
노숙(老熟)명 '노숙하다'의 어근.
노숙(露宿)명하자 한데서 밤을 지냄. 한뎃잠. 한둔. 노와(露臥). 야숙(野宿).
노:숙-자(露宿者)[-짜]명 (길거리나 공원 등지에서) 한뎃잠을 자며 생활하는 사람.
노:숙-하다(老熟-)[-수카-]형여 오랫동안 경험을 쌓아 아주 익숙하다. ¶노숙한 경지에 이르다. 노숙-히부
노:-스님(老-)명 불가(佛家)에서, 스승의 스승을 일컫는 말. 노사(老師).
노스탤지어(nostalgia)명 낯선 타향에 있으면서 고향에 그리워하거나, 지난날이 그리워지는 마음. 향수(鄕愁). 회향병(懷鄕病).
노:승(老僧)명 늙은 중. ↔소승(少僧).

노:승-발검(怒蠅拔劍)명하자 [성가시게 구는 파리를 보고 칼을 뽑는다는 뜻으로] 사소한 일에 화를 내거나, 또는 작은 일에 어울리지 않게 커다란 대책을 세움을 비웃는 말. 비전문 발검.
노시(奴視)명하타 (종을 보듯이) 몹시 멸시함.
노:시(老視)명 ☞노안(老眼).
노:신(老臣)[Ⅰ]명 늙은 신하. [Ⅱ]대 늙은 신하가 임금에게 자기를 낮추어 이르는 말.
노:신(老身)명 늙은 몸. 노구(老軀).
노신(勞神)명하자 마음을 씀임.
노:-신랑(老新郞)[-실-]명 혼기(婚期)를 넘겨서 장가든, 나이가 많은 신랑.
노:-신부(老新婦)명 혼기(婚期)를 넘겨서 시집간, 나이가 많은 신부.
노심(勞心)명하자 애를 씀.
노심-초사(勞心焦思)명하자 애를 쓰고 속을 태움. 몹시 애를 태움. 비초심고려(焦心苦慮).
노아-가다자 '놓아가다'의 잘못.
노:^아웃(no out)명 야구에서, 공격하는 편에서 아직 아웃이 없음. 무사(無死).
노악(露惡)명하자 자기의 나쁜 점을 일부러 드러내 보이는 일. ¶노악 취미에서 나온 짓이다.
노안(奴案)명 조선 시대에, 노비의 이름을 적어 놓았던 장부.
노:안(老眼)명 나이가 많아 시력이 약하여진 눈. 노시(老視).
노:안(老顔)명 노쇠한 얼굴. 노인의 얼굴.
노:안-경(老眼鏡)명 노안에 쓰는 볼록 렌즈의 안경. 돋보기.
노안-비슬(奴顔婢膝)[사내종의 아첨하는 얼굴과 계집종의 무릎걸음이라는 뜻으로] '노비와 같은 태도, 곧 남과의 사귐에서 지나치게 굽실거리는 비굴한 태도'를 이르는 말.
노-앞(櫓-)[-압]명 오른쪽 뱃전. ↔노뒤. * 노앞이[-아피] ·노앞만[-암-]
노:야(老爺)명 늙은 남자. 노옹(老翁).
노야기명 ☞향유(香薷).
노약(老若)명 '노소(老少)'의 잘못.
노:약(老弱)명 ①늙은이와 연약한 어린이. 노소(老少). ②늙은이와 병약한 사람. 노약자. ③하형 늙거나 기운이 쇠약할, 또는 그런 사람.
노:약-자(老弱者)[-짜]명 ☞노약.
노어(魯魚)명 ['魯' 자와 '魚' 자가 비슷하여 틀리기 쉬운 데서] '글자를 잘못 쓰기 쉬움'을 이르는 말.
노어(鱸魚)명 ☞농어.
노여[V](옛)다시. ¶이 마음 이 사랑 견졸 더 노여 업다(鄭澈,思美人曲). 참노외.
노여워-하다자타여 노엽게 여기다.
노:역(老役)명 연극·영화 따위의 연기에서, 노인의 역(役).
노역(勞役)명하자 (의무로서 하게 되는) 힘든 육체노동. ¶노역으로 벌금을 때우다.
노:염명 〈노여움〉의 준말.
노염(을) 사다관용 남을 노엽게 하여 그 노염이 자기에게 미치다.
노:염(老炎)명 늦더위.
노엽다(老-)[-따][노여우니·노여워]형ㅂ 섭섭하고 분하다. ¶노엽게 여기다.
노영(露營)명하자 야외(野外)에 진영(陣營)을 마련함, 또는 그 진영. 야영(野營).

노예(奴隷)몡 ①지난날, 인권이 인정되지 않고 가축처럼 소유주의 재산이 되어 매여 지내고, 또 매매의 대상이 되었던 사람. ↔자유민. ②'무슨 일에 마음을 빼앗기어 거기에 벗어나지 못하는 사람'을 비유하여 이르는 말. ¶사랑의 ─.

노예-근성(奴隷根性)몡 본바탕이 남의 밑에 매여 살기를 좋아하는 성질. 자기를 내세우지 못하고 굽신거리기를 좋아하는 근성.

노예-시(奴隷視)몡-하다 노예를 보듯이 멸시하며 사람을 대함.

노예^제:도(奴隷制度)몡 노예에 대한 집단적·계급적 지배 위에 이루어지는 사회 조직.

노예^해:방(奴隷解放)몡 노예 제도를 없애고, 노예 매매를 금지하며, 노예에게 자유민으로서의 권리를 주는 일.

노-오라기몡 노끈의 작은 도막. ㉜노오리.

노-오리몡 ①〈노오라기〉의 준말. ②'노을'의 방언.

노:옥(老屋)몡 지은 지 오래된 낡은 집.

노:온(老媼)몡 늙은 여자.

노:옹(老翁)몡 늙은 남자. 나이가 많은 남자. 노수(老叟). 노야(老爺).

와노(臥老)몡-하다재 한데서 잠. 노숙(露宿).

노외야㉛ 〈옛〉다시는. ¶晝王의 깃봄이 노외야 업서(新語9:7). ㉔노외야.

노:욕(老慾)몡 늙은이가 부리는 욕심.

노:우(老優)몡 늙은 배우.

노:웅(老雄)몡 늙은 영웅.

노:유(老幼)몡 늙은이와 어린이.

노:유(老儒)몡 늙은 유생(儒生) 또는 유학자(儒學者). 나이가 지긋한 선비.

노육(努肉)몡 궂은살.

노을몡 해가 뜨거나 질 때 하늘이 벌겋게 물드는 현상. ¶노을이 지다. ㉜놀¹.

노을-빛[─삗]몡 노을이 질 때와 같이 불그스름한 빛. ·노을빛이[─삐치]·노을빛만[─빈─].

-노이다㉛ 〈옛〉-나이다. -옵니다. ¶우러곰 좃니노이다(樂詞.西京別曲).

노이로제(Neurose 독)몡 주로, 심리적인 원인으로 일어나는 신경 기능의 이상(異常).〔히스테리나 신경 쇠약 따위.〕

노이무공(勞而無功)몡 애쓴 보람이 없음.〔'장자'의 '천운편(天運篇)'과 '관자'의 '형세편(形勢篇)'에 나오는 말임.〕

노이즈(noise)몡 전기적·기계적인 이유로 시스템에서 발생하는 불필요한 신호. 흔히, '잡음'이라고도 함.

노:-익장(老益壯)[─짱]몡 나이는 들었으나 기력은 더욱 좋아짐. 노당익장(老當益壯). ¶노익장을 과시하다.

노:인(老人)몡 나이가 많은 사람. 늙은이.

노:인(路人)몡 길 가는 사람.

노:인(路引)몡 조선 시대에, 병졸이나 장사치에게 내어 주던 여행 증명서.

노:인-경(老人鏡)몡 ☞돋보기.

노:인-네(老人-)몡 늙은이.

노:인-병(老人病)[─뼝]몡 노인에게 많이 나타나는 병을 통틀어 이르는 말.〔노인성 치매·백내장 따위.〕

노:인-성(老人星)몡 ☞남극성. 수성(壽星).

노:인성^치매(老人性痴呆)[─썽─]몡 노쇠로 인한 뇌의 퇴행(退行) 변화 때문에 지능이 저하되는 정신병. 노모성 치매(老耄性痴呆).

노:인-자제(老人子弟)몡 늙은이가 낳은 아들.

노:인-장(老人丈)몡 '노인'을 높이어 일컫는 말. ¶노인장께서는 어디로 가십니까? ㉠늙은이.

노:인-정(老人亭)몡 노인들이 모여서 놀 수 있게 지은 정자, 또는 그와 비슷한 시설.

노임(勞賃)몡 노비(勞費). 임금(賃金).

노임^기금설(勞賃基金說)몡 ☞임금 기금설.

노임^철칙(勞賃鐵則)몡 ☞임금 철칙.

-노이다㉛ 〈옛〉-나이다. -옵니다. ¶녀->것 求티 아니ᄒᆞ노이다(ㄱ제工.8).

노자(奴子)몡 ①노복(奴僕). ②☞마직기.

노자(勞資)몡 노동자와 자본가를 아울러 이르는 말.

노:자(路資)몡 먼 길을 오가는 데 드는 비용. 노비(路費). 노수(路需). 여비(旅費). 행비(行費). 행자(行資). ¶노자 한 푼 없이 길을 떠나다.

노자근-하다㉔ 〈노작지근하다〉의 준말.

노자나-불(←盧遮那佛)몡 〈비로자나불〉의 준말.

노작(勞作)몡-하다재 ①힘들여 일함. ②힘들여 만듦, 또는 그 작품. ¶필생의 노작. ㉑역작(力作).

노작-가축(勞作家畜)[─까─]몡 (소·말 따위) 힘들여 일하는 가축.

노작^교:육(勞作教育)[─꾜─]몡 (수동적인 지식 중심의 교육이 아닌) 아동의 자기 활동에 의한 적극적·능동적인 교육.

노작지근-하다[─찌─]㉕ 몹시 노곤하다. ¶점심을 먹고 나니 온몸이 노작지근하다. ㉜노자근하다.

노:잣-돈(路資-)[─자똔/─잗똔]몡 ①먼 길을 오가는 데 드는 돈. ②죽은 사람이 저승길에 편히 가라고 상여 따위에 꽂아 주는 돈.

노:장(老壯)몡 노년(老年)과 장년(壯年).

노:장(老長·老丈)몡 ①나이 많고 덕이 높은 중. 노장중. ②'늙은 중'을 높이어 일컫는 말.

노:장(老莊)몡 고대 중국의 사상가인 노자(老子)와 장자(莊子), 또는 그 사상과 학문.

노:장(老將)몡 ①늙은 장군. ②경험이 많은 노련한 장군. ③어떤 분야에서, '많은 경험을 쌓아 노련한 사람'을 비유하여 이르는 말. ¶신인과 노장을 고루 기용하다.

노:정(路程)몡 ①지난날, 처녀나 총각이 죽으면, 그 혼령이 악귀가 되어 화를 뿌리고 다닌다 하여, 그 화를 막기 위하여 시체를 왕래가 잦은 길 복판에 묻던 일.

노장(鹵場)몡 갈대를 가꾸는 땅.

노장(露場)몡 기상학(氣象學)에서, 기상 관측계기를 설치하는 곳을 이르는 말.

노:장^사:상(老莊思想)몡 ☞노장학(老莊學).

노:장-중(老長-)몡 ☞노장.

노:장-학(老莊學)몡 중국 고대의 사상가인 노자(老子)와 장자(莊子)의 학설, 또는 그 학문을 이어받은 도가(道家)의 사상.〔허무를 우주의 근원으로 보고, 무위자연(無爲自然)의 도를 중히 여겼음.〕 노장 사상.

노:적(露積)몡-하다타제 (곡식 따위의 물건을) 한데에 쌓아 둠, 또는 그 물건. 야적(野積).

노:적-가리(露積-)[─까─]몡 한데에 쌓아 둔 곡식의 더미.

노:전(路奠)몡 ☞거리제.

노:전(路錢)몡 여행을 하는 데에 드는 비용. 여비.

노전(蘆田)몡 갈대밭.

노점(癆漸)몡 한방에서, '폐결핵'을 이르는 말. 노증(癆症). 폐로(肺癆). 허로(虛勞).

노점(露店)몡 길바닥에 벌여 놓은 소규모의 가게. 난전.

노점(露點)[─쩜]몡 ☞이슬점.

노점-상(露店商)**명** 길가에 물건을 벌여 놓고 하는 장사, 또는 그러한 장사를 하는 사람.

노점^습도계(露點濕度計) [-쩜-또계/-쩜-또게]**명** ⇨이슬점 습도계.

노:정(路程)**명** ①어떤 지점에서 목적지까지의 거리, 또는 목적지까지 걸리는 시간. ¶ 왕복 10일의 노정. ②여행의 경로나 일정. 도정(道程). 정도(程途).

노정(露井)**명** 지붕이 없는 우물.

노정(露呈)**명하타되자** (어떤 사실을) 드러냄. 나타냄. ¶ 약점을 노정하다.

노:정-기(路程記)**명** 여행의 노정을 적은 글.

노:제(老除)**명하자타** 지난날, 나이 많은 군졸(軍卒)이 제대함, 또는 제대시킴.

노:제(路祭)**명** ⇨거리제.

노조(勞組)**명** 〈노동조합〉의 준말.

노:졸(老拙) **Ⅰ명하형** 늙고 못생김. ¶ 이 아비가 노졸하여 너희들에게 부담을 주었구나. **Ⅱ대** 늙은이가 자기를 낮추어 이르는 말.

노졸(露拙)**명하자** 옹졸함이나 졸렬함이 드러남.

노주(奴主)**명** 종과 상전(上典).

노:주(老酒)**명** ①섣달에 담가서 해를 묵혀 떠낸 술. ②술로 늙은 사람. ③찹쌀이나 조 또는 기장 따위를 원료로 하여 만든 중국의 양조주(釀造酒)를 통틀어 이르는 말.

노주(露珠)**명** '이슬'의 아름다움을 구슬에 비유하여 이르는 말.

노주(露酒)**명** 〔증류하여 이슬처럼 받아 낸다 하여〕 '소주'를 달리 이르는 말.

노:중(路中)**명** 길 가운데. 도중(道中).

노중-화(爐中火)**명** 육십갑자의 병인(丙寅)과 정묘(丁卯)에 붙이는 납음. **참**대림목(大林木).

노즐(nozzle)**명** 대롱 끝에 있는 가는 구멍으로부터 액체나 기체를 세차게 내뿜도록 만든 장치. 내연 기관이나 증기 터빈 따위에 쓰임.

노증(癆症·勞症)**명** ⇨노점(癆漸).

노지(露地)**명** ①지붕 같은 것으로 가리지 않은 땅. 한데. ¶ 노지에서 가꾼 채소. ②불교에서 이르는, 속계를 떠난 고요한 경지.

노지^재:배(露地栽培)**명** (온실 재배에 대하여) 한데의 밭이나 화단 등에 심어서 가꾸는 일.

노-질(櫓-)**명하자** 노를 것는 일.

노:질(老疾)**명** 노병(老病).

노질(駑質·魯質)**명** 둔하고 미련한 성질.

노착지근-하다 [-찌-]**형여** 〈노리착지근하다〉의 준말. **큰**누척지근하다. 노착지근-히**부**.

노:처(老妻)**명** 늙은 아내.

노처(露處)**명하자** 한데서 거처함.

노:-처녀(老處女)**명** 혼기를 넘긴, 나이 많은 처녀.

노천(露天)**명** (지붕 같은 것으로 가리지 않은) 한데.

노천-강당(露天講堂)**명** 운동장의 관람석 따위를 강당 대신 쓰는 곳.

노천-굴(露天掘)**명** ⇨노천 채굴.

노천-극장(露天劇場) [-짱]**명** 한데에 무대를 마련한 극장. 야외극장.

노천-상(露天商)**명** 노점(露店)을 차려 놓고 하는 장사, 또는 그 장수.

노천^수업(露天授業)**명** (건물 안이 아닌) 한데서 하는 수업.

노천-채:굴(露天採掘)**명** 광상(鑛床)이나 탄층(炭層)이 지표 가까이에 있을 때, 걷흙을 걷어내고 광석 따위를 바로 캐내는 일. 노굴. 노천굴.

노:체(老體)**명** ⇨노구(老軀).

노체(露體)**명하자** 알몸을 고스란히 드러냄.

노:총(勞總)일정한 기일(期日) 동안을 남에게 알리지 말아야 될 일.

노총(을) 지르다관용 노총을 남에게 알리다.

노총(勞總)**명** '한국 노동조합 총연맹'을 줄여 이르는 말.

노:-총각(老總角)**명** 혼기를 넘긴, 나이 많은 총각.

노:추(老醜)**명하형** 늙고 추함. ¶ 70이 넘었는데도 노추의 그림자는 찾아볼 수 없다.

노:-축(老-)**명** 늙은 축. 늙은 패. ¶ 우리도 이제 노축에 끼게 되었다.

노출(露出)**명** ①하타되자겉으로 드러남, 또는 드러냄. ¶ 햇빛에 피부를 노출하다. /적에게 노출되다. /방사능에 노출되다. ②사진을 찍을 때 셔터를 열어 필름에 빛을 비춤. ②노광(露光).

노출-계(露出計) [-계/-게]**명** 사진을 찍을 때, 피사체의 밝기를 재는 계기(計器). 〔필름의 노출 시간을 정하기 위한 것.〕

노출-증(露出症) [-쯩]**명** 치부를 노출함으로써 성적 쾌감을 얻으려는 정신 이상의 한 증상.

노췌(勞瘁) '노췌하다'의 어근.

노췌-하다(勞瘁-)**형여** 몹시 고달파서 초췌하다.

노:치(老齒)**명** 늙은이의 이.

노:친(老親)**명** ①늙은 부모. ¶ 노친을 모시고 살다. ②나이가 지긋한 부인.

노:친-시하(老親侍下)**명** 늙은 부모를 모시고 있는 처지, 또는 그런 처지에 있는 사람. ¶ 노친시하라서 원거리 출행을 삼가고 있습니다.

노^카운트(no count)**명** 운동 경기에서, 득점이나 실점으로 치지 않고 기록의 대상으로 하지 않는 일.

노커(knocker)**명** ①출입문에 달린, 문을 두드려 알리는 쇠로 만든 고리. ②야구에서, 수비 연습을 시키려고 공을 쳐 주는 사람.

노-코멘트(no comment)**명** 언급할 일이 없음. 〔신문 기자 등의 질문에 대하여 논평이나 설명 따위를 회피할 때 쓰는 말.〕

노크(knock)**명하자타** ①남의 방에 들어가기 전에 문을 가볍게 두드림. ¶ 노크도 없이 문을 열다. ②야구에서, 야수의 수비 연습을 위하여 공을 쳐 주는 일.

노킹(knocking)**명** 내연 기관의 기통(氣筒) 안에서 연료가 비정상적으로 연소되면서 생기는 폭발. 〔금속을 두드리는 것 같은 소리가 남.〕

노:-타이(no+tie)**명** 와이셔츠에 넥타이를 매지 않은 차림.

노:타이-셔:츠(notie+shirts)**명** 넥타이를 매지 않고 입는 셔츠. 개금셔츠.

노:-타임(no+time)**명** (야구 따위의 구기에서) 일시적으로 중단되어 있던 경기를 다시 시작할 때 심판이 선언하는 말.

노:태(老態)**명** 늙어 보이는 모양. 늙은 티. 노티. ¶ 노태가 나타나다.

노:-터치(no touch)**명** 야구에서, 야수가 주자에게 공을 터치하지 않음.

노:퇴(老退) [-퇴/-퉤]**명하자** 늙어서 스스로 관직에서 물러남.

노:트(note)**명하타**(어떤 일을 잊지 않도록) 적어 둠. 메모. ¶ 견학 내용을 자세히 노트하다. ②〈노트북〉의 준말.

노트(knot)**의** 배의 속도의 단위. 〔1노트는 한 시간에 1해리(1852m)를 달리는 속도임.〕

노:트-북(notebook)**명** ①공책. 수첩. 필기장. 학습장. **준**노트. ②〈노트북 컴퓨터〉의 준말.

노:트북^컴퓨:터(notebook computer)명 공책 크기의 휴대형 개인용 컴퓨터. ㉭노트북.

노:틀(←老頭兒 중)〈늙은이〉의 속된 말.

노:티명 좁쌀·찹쌀·기장 따위의 가루를 쪄서 엿기름에 삭히어 지진 떡.

노:-티(老-)명 �狐노태(老態).

노:파(老婆)명 늙은 여자.

노파리(老-)명 삼·종이·짚 따위의 노로 결은 신.〔겨울에 집 안에서 신음.〕

노:파-심(老婆心)명 남의 일에 대하여 지나치게 염려하는 마음. ¶노파심에서 타이르는 말.

노폐(老廢)명 '노폐하다'의 어근.

노:폐-물(老廢物)[-폐-/-폐-]명 ①낡아서 쓸모없이 된 물건. ②신진대사의 결과로 생물의 몸 안에 생긴 불필요한 찌꺼기.

노:폐-하다(老廢-)[-폐-/-폐-]형여 오래되거나 낡아서 쓸모가 없다. 참노후(老朽).

노:포(老鋪)명 대대로 물려받은 오래된 점포.

노포(弩砲)명 ㄷ쇠뇌.

노:폭(路幅)명 도로의 너비. ¶노폭을 넓히다.

노:표(路標)명 ㄷ도표(道標).

노:^플레이(no+play)명 야구에서, 경기가 정지된 상태, 또는 그때 행해진 플레이.

노피곰[옛]높이. 높게. ¶돌하 노피곰 도드샤 어긔야 머리곰 비취오시라(井邑詞).

노:필(老筆)명 ①노인의 필적. ②노숙한 글씨.

노띄[옛]노끈. ¶노띄 다소 자히러라(月釋 21:192). /半길 노핀돌(龍歌48章).

노:-하다(怒-)자여 성을 내다. 화를 내다.

노:-하우(know-how)명 산업상 이용할 수 있는 중요한 기술이나 지식 등에 관한 정보. 기술정보. ¶축적된 노하우를 전수하다.

노:학(老瘧)명 한방에서, '이틀거리'를 이르는 말.

노:한(老漢)명 늙은 남자(사나이).

노해명 바닷가에 펼쳐진 들.

노해-작업(撈海作業)명 해저의 침적물이나 해중의 부유물 따위를 걷어 내는 일.

노행-사람[-해싸-/-핸싸-]명 노해에서 사는 사람.

노현(露見·露顯)명하타되자 감추었던 것이 겉으로 드러나 보임. 겉으로 드러냄. 현로(顯露).

노:혐(怒嫌)명 노여움.

노:형(老兄)명 (그리 가깝지 않은 남자 어른들사이에서) 상대를 대접하여 부르는 말.

노:-호(怒號)명하자 ①성내어 소리 지름, 또는 그 소리. ¶성난 군중의 노호. ②바람이나 파도가 을부짖듯 소리를 냄, 또는 그 소리.

노혼(老昏)명하형 늙어서 정신이 흐림.

노혼노혼-하다(老昏老昏-)형여 하늘하늘하다. 간들간들하다. ¶이플 즈음호얏돈 버드리 보드라와 노혼호니(杜初10:9).

노:홍소청(老紅少靑)명 장기를 둘 때, 나이 많은 사람이 홍말, 나이 적은 사람이 청말로 두는 일.

노:화(老化)명 ①하자되자 나이가 많아짐에 따라 신체적·정신적 기능이 쇠퇴함. ②고무나 콜로이드 용액 따위가 시간의 경과에 따라 변질하는 일. ¶노화 현상.

노화(蘆花)명 ㄷ갈대꽃.

노:환(老患)명 〈노병(老病)〉의 높임말. ¶연전에 할머니께서 노환으로 돌아가셨다네.

노:회(老會)[-회/-훼]명 장로교(長老敎)에서, 각 교구의 목사와 장로의 대표가 해마다 한 번씩 모이는 집회, 또는 그 조직.

노회(老獪)'노회하다'의 어근.

노회(蘆薈)[-회/-훼]명 ㄷ알로에.

노:회-하다(老獪-)[-회-/-훼-]형여 노련하고 교활하다. ¶노회한 수단.

노획(鹵獲)[-획/-훽]명하타되자 싸움터에서, 적의 병기나 군용품 따위를 빼앗음.

노획(擄獲)[-획/-훽]명하타되자 사로잡음. ¶적도(賊徒)의 우두머리를 노획하다.

노획-물(鹵獲物)[-횡-/-훽-]명 노획한 물품. 전리품.

노:후(老朽)명하형 오래되거나 낡아서 쓸모가 없음. ¶노후 차량. 참노폐하다.

노:후(老後)명 늙은 뒤. ¶노후 생활의 보장.

노:후-화(老朽化)명하자되자 오래되거나 낡아서 쓸모가 없게 됨. ¶생산 설비의 노후화.

노:히트^노:런(no hit+no run)명 야구에서, 투수가 상대편에 진루는 허용하였지만 한 개의 안타도 내주지 않고 실점도 하지 않은 채 이기는 일. 참퍼펙트게임.

녹(祿)명 〈녹봉(祿俸)〉의 준말.

녹(을) 먹다관용 벼슬살이를 하여 녹을 받다.

녹(綠)명 ①〈동록(銅綠)〉의 준말. ②금속의 표면에 생긴 산화물.〔보통, 그 부분이 물러짐.〕

녹각(鹿角)[-깍]명 ①사슴의 뿔. ②녹용이 자라서 그 속에 있던 피의 양이 줄고 털도 뺏뺏하게 되어 굳어진 것. 한방에서 약재로 쓰임.

녹-갈색(綠褐色)[-깔쌕]명 녹색을 띤 갈색.

녹거(鹿車)[-꺼]명 불교에서 이르는 삼거(三車)의 하나. 연각승(緣覺乘)을 비유하여 이르는 말.

녹골-고(鹿骨膏)[-꼴-]명 사슴의 뼈를 진하게 곤 국물. 몸을 보하는 데 쓰임.

녹과-전(祿科田)[-꽈-]명 고려 시대에, 벼슬아치에게 녹봉 대신으로 나누어 준 토지.

녹균(綠菌)[-균]명 담자균류(擔子菌類)에 딸린 곰팡이. 보리·콩·국화·소나무 따위 양치식물이나 종자식물에 기생하여 엽삽병(葉澁病)을 일으킴.

녹-나다(綠-)[녹-]자 녹이 생기다. 녹슬다.

녹-나무[녹-]명 녹나뭇과의 상록 활엽 교목. 제주도 바닷가에 절로 나는데, 높이 20 m, 지름 2 m가량. 봄에 백황색 꽃이 피고 둥근 열매는 가을에 흑자색으로 익음. 가지와 뿌리는 장뇌의 원료로, 나무는 건축재나 가구재로 쓰임. 장목(樟木). 장수(樟樹).

녹-내(綠-)[녹-]명 녹의 냄새.

녹-내장(綠內障)[녹-]명 안구(眼球) 내부의 압력이 높아짐으로써 일어나는 눈병의 한 가지. 눈이 아프고 시력이 떨어지며, 심하면 실명(失明)하는 경우도 있음.

녹녹-하다[녹노카-]형여 물기나 기름기가 섞여 말랑말랑하고 보드랍다. 참노숙하다. 녹녹-히부.

녹-느즈러지다[녹-]자 노긋하게 느즈러지다.

녹는-열(-熱)[녹-널]명 ㉭융해열(融解熱).

녹는-점(-點)[녹-]명 고체가 녹아서 액체가 되기 시작하는 온도.〔얼음의 녹는점은 0°C임.〕용도(鎔度). 용융점(鎔融點). 용점(鎔點). 융점(融點). 융해점(融解點). 참어는점.

녹니-석(綠泥石)[녹-]명 철·알루미늄·마그네슘 따위를 함유한 함수 규산염 광물. 녹색이고 반투명이며 유리 모양의 광택이 있음.

녹다[-따]재 ①고체가 높은 온도에서 액체가 되거나 물러지다. ¶얼음이 녹다. /쇠붙이가 녹다. ②결정체가 액체 속에서 풀리다. ¶소금(설탕)이 녹다. ③추위에서 언 몸이 풀리다. ¶실내에 들어오니 몸이 좀 녹았다. ④몹시 지치거나 술에 취하여 맥이 풀려 늘어지다. ¶술 몇 잔에 그만 녹았다. ⑤실패하거나 타격을 입거나 하여 형편없이 되다. ¶지난번의 유류 파동에 완전히 녹았다. ⑥지나치게 즐겨 거기에 빠지다. 몹시 반하여 제정신을 잃다. ¶여자에 녹아 가정을 돌보지 않다. ⑦감정이 누그러지다. ¶서운한 마음이 봄눈처럼 녹았다. ⑧어떤 현상 따위에 동화되다. ¶우리 문화에 녹아 든 외국 문화.

녹-다운(knockdown)[명] ①권투에서, 공격을 당한 선수가 바닥에 쓰러지는 일. 다운. ②〈녹다운 수출〉의 준말.

녹다운^방식(knockdown方式)[명] ⇨녹다운 수출.

녹다운^수출(knockdown輸出)[명] 부품 세트로 수출하여 현지에서 조립하는 방식의 수출. 녹다운 방식. ㉰녹다운.

녹두(綠豆)[-뚜][명] 콩과의 일년초. 밭에 심는 재배 식물인데 모양이 팥과 비슷함. 줄기는 팥보다 가늘고 잎은 한 꼭지에 세 개씩 남. 여름에 노란색 꽃이 피며 열매는 긴 꼬투리로 열리는데 씨는 암녹색으로 팥보다 작음.

녹두-대(綠豆大)[-뚜-][명] 한방에서, '녹두알만한 크기의 환약(丸藥)'을 이르는 말.

녹두-묵(綠豆-)[-뚜-][명] '녹말묵'과 '제물묵'을 통틀어 이르는 말.

녹두-밤(綠豆-)[-뚜-][명] 알이 잔 밤.

녹두-새(綠豆-)[-뚜-][명] 몸빛이 푸르고 작은 새.

녹두-전병(綠豆煎餠)[-뚜-][명] ⇨빈대떡.

녹두-죽(綠豆粥)[-뚜-][명] 녹두와 쌀로 쑨 죽. 녹두를 삶아 으깨어 체에 내려 가라앉힌 다음에, 그 웃물을 떠서 쌀을 안쳐 끓이다가 쌀이 알맞게 퍼졌을 때, 앉혀 둔 녹두 앙금을 마저 넣고 쑴.

녹렴-석(綠簾石)[녹념-][명] 알루미늄·마그네슘·철 따위를 함유한 함수 규산염 광물. 무색이거나 녹색을 띠고 투명 또는 불투명으로 유리 같은 광택이 있음. 변성암 속에서 산출됨.

녹로(轆轤)[녹노][명] ①고패. ②둥근 도자기를 만드는 데 쓰는, 나무로 된 회전 원반. ③우산대에 끼워 놓아, 우산살을 모아서 우산을 펴고 오므리게 하는 대롱 모양의 장치.

녹록(碌碌·錄錄) '녹록하다'의 어근.

녹록-하다(碌碌-·錄錄-)[녹노카-][형여] ①하잘것없다. 보잘것없다. ②만만하고 호락호락하다. ¶몸은 작지만 녹록하게 볼 사람이 아니다. 녹록-히[부].

녹림(綠林)[녹님][명] ①푸른 숲. ②〈후한 말(後漢末), 왕광(王匡)·왕봉(王鳳) 등이 녹림산(綠林山)을 근거로 도적이 되었던 고사에서〉 '도둑의 소굴'을 이르는 말.

녹림-객(綠林客)[녹님-][명] ⇨녹림호걸.

녹림-당(綠林黨)[녹님-][명] ⇨녹림호걸.

녹림-호걸(綠林豪傑)[녹님-][명] '도둑이나 불한당'을 문자투로 꾸며 이르는 말. 녹림객. 녹림당.

녹말(綠末)[녹-][명] ①녹두를 갈아서 가라앉힌 앙금을 말린 가루. ②식물의 씨·열매·뿌리 줄기 등에 들어 있는 탄수화물. ②전분. 녹말가루.

녹말-가루(綠末-)[녹-까-][명] 녹말.

녹말-묵(綠末-)[녹-][명] 녹두의 녹말로 쑨 묵. 청포(淸泡). ㉰제물묵.

녹명(錄名)[녹-][명][하자][되자] 이름을 적음. 이름을 올림.

녹모-색(鹿毛色)[녹-][명] 사슴의 털빛. 곧 엷은 다갈색.

녹문(綠門)[녹-][명] ⇨솔문.

녹-물(綠-)[녹-][명] ①동록(銅綠)의 물. ②쇠의 녹이 우러난 물. 쇳물.

녹미(鹿尾)[녹-][명] ①사슴의 꼬리. ②진귀한 음식.

녹미(祿米)[녹-][명] 녹봉(祿俸)으로 주는 쌀.

녹반(綠礬)[-빤][명] '황산 제일철(黃酸第一鐵)'을 흔히 이르는 말. 청반.

녹발(綠髮)[-빨][명] 〔푸른 머리털이라는 뜻으로〕 '검고 윤이 나는 머리'를 아름답게 이르는 말.

녹밥[-빱][명] 가죽신의 울이나 바닥을 꿰맨 실.

녹변(綠便)[-뻔][명] 소화 불량 따위로, 젖먹이가 누는 녹색의 똥. 푸른똥.

녹병(-病)[-뼝][명] ⇨엽삽병(葉澁病).

녹봉(祿俸)[-뽕][명] 벼슬아치에게 연봉(年俸)으로 주는 곡식·피륙·돈 따위를 통틀어 이르는 말. 봉록. 식록(食祿). ㉰녹.

녹비(←鹿皮)[-삐][명] 사슴의 가죽. ㉰녹피.
녹비에 가로왈[속] 〔녹비에 써 놓은 가로왈(日) 자는, 녹비를 아래위로 당기면 날일(日)자로도 보이는 데서〕 '일이 이리도 되고 저리도 되는 형편'을 이르는 말.

녹비(綠肥)[-삐][명] 거름으로 하기 위하여 그대로 논밭에 넣는 생풀이나 생나무의 잎. 초비(草肥). 풋거름.

녹비^작물(綠肥作物)[-삐장-][명] 녹비로 쓰려고 가꾸는 식물. (자운영·토끼풀 따위.) 비료작물.

녹빈-홍안(綠鬢紅顔)[-삔-][명] 〔윤이 나는 검은 귀밑머리와 아름다운 얼굴이라는 뜻으로〕 '젊은 여자의 아름다움'을 이르는 말.

녹사(錄事)[-싸][명] 조선 시대에, 의정부·중추원에 딸렸던 서리(胥吏). 기록·문서 등을 맡았음.

녹-사료(綠飼料)[-싸-][명] 생나무나 생풀인 가축 사료. 푸른 사료.

녹사-의(綠蓑衣)[-싸의/-싸이][명] ⇨도롱이.

녹새-풍(綠塞風)[-쌔-][명] ⇨높새.

녹색(綠色)[-쌕][명] 파랑과 노랑의 중간색.

녹-색맹(綠色盲)[-쌩][명] 녹색 시각(視覺)이 보다 더 나쁜 적록 색맹. 녹색 부분이 더욱 어둡게 보임. ㉵적색맹(赤色盲).

녹색^식물(綠色植物)[-쌕씽-][명] 〔엽록소를 가지고 있어〕 잎이 녹색인 식물.

녹색-신고(綠色申告)[-쌕씬-][명] 소득세나 법인세에 대한 자진 신고 제도의 한 가지. 녹색신고 용지에 쓰게 되어 있음.

녹색^조류(綠色藻類)[-쌕쪼-][명] ⇨녹조식물. ㉰녹조류.

녹색^혁명(綠色革命)[-쌕켱-][명] 품종 개량 따위로 농작물의 수확을 크게 늘리는 일.

녹설(鹿舌)[-썰][명] ①사슴의 혀. ②진귀한 음식.

녹수(綠水)[-쑤][명] 푸른 물. ¶和風이 건듯 부러 綠水를 건너오니(丁克仁.賞春曲). ㉯벽수(碧水).

녹수(綠樹)[-쑤][명] 푸른 잎이 우거진 나무.

녹수-청산(綠水靑山)[-쑤-][명] 푸른 물과 푸른 산.

녹-슬다(綠-)[-쓸-][~스니·~슬어][자] ①금속이 산화하여 빛이 변하다. 녹이 생기다. 녹나다. ¶기계가 녹슬다. /녹슨 기찻길. ②어떤 상태나 기능 따위가 무디어지다. ¶머리가 녹슬다.

녹신(鹿腎)[-씬][명] 한방에서, '사슴의 자지'를 약으로 이르는 말. 양기를 돕는다고 함.

녹신-녹신[-씬-씬][부][하형] 매우 녹신한 모양. ㉰녹신녹신.

녹신-하다[-씬-]〖형여〗①보드랍고 녹녹하여 질기지 않다. ㉩녹신하다. ②맥이 빠져 나른하다. **녹신-히**〖부〗.

녹실(綠-)[-씰]〖명〗단청(丹靑)을 할 때, 노란 줄과 나란히 나가는 녹색의 줄.

녹실-녹실[-씰록씰]〖부〗〖하형〗매우 녹실한 모양. ㉩녹실녹실.

녹실-하다[-씰-]〖형여〗아주 무르게 녹신하다.

녹-십자(綠十字)[-씹짜]〖명〗녹색으로 '十' 자 모양을 나타낸 표지. 재해로부터의 안전을 상징함.

녹-쌀〖명〗메밀이나 녹두 따위를 갈아서 쌀알처럼 만든 것. **녹쌀(을) 내다**〖관용〗메밀 따위를 갈아서 쌀알처럼 되게 하다.

녹-쓸다(綠-)〖자〗'녹슬다'의 잘못.

녹아-나다〖자〗①녹아서 우러나다. ¶혀끝에서 아이스크림이 녹아나다. ②어떤 기세에 눌려서 보잘것없이 되어 고생을 하다. ③상대편에게 홀리거나 하여 정신을 차리지 못하다. ¶기생의 손에 녹아나다.

녹아-내리다〖자〗①녹아서 밑으로 처지다. ¶봄볕에 고드름이 녹아내렸다. ②감정 따위가 누그러지다. ¶슬픔이 녹아내리다.

녹아-들다[~드나·~들어]〖자〗①다른 물질에 스며들거나 녹아 들어가다. ¶설탕이 물에 녹아들다. ②사상이나 문화 따위가 융화되다. ¶대륙 문화에 해양 문화가 녹아들었다.

녹아-떨어지다〖자〗①몹시 힘이 들거나 나른하여 정신을 잃고 자다. ¶술에 취하여 녹아떨어지다. ②어떤 대상에 반하여 정신을 못 차리다. ¶술집 아가씨에게 녹아떨어져 가산을 탕진하다.

녹-아웃(knockout)〖명〗①권투에서, 선수가 가격되어 10초 안에 경기를 다시 시작하지 못하는 상태. 케이오. ②야구에서, 투수가 상대편 타자에게 연타를 맞고 마운드에서 물러나는 일.

녹안(綠眼)〖명〗검은자위가 녹색인 눈.

녹야(綠野)〖명〗푸른 들판.

녹야-원(鹿野苑)〖명〗중부 인도에 있던 동산으로, 석가모니가 깨달음을 얻은 후, 처음으로 다섯 사람의 비구(比丘)를 위하여 설법한 곳. ㉰녹원(鹿苑).

녹양(綠楊)〖명〗푸르게 우거진 버드나무.

녹양-방초(綠楊芳草)〖명〗푸르게 우거진 버드나무와 향기로운 풀.

녹엽(綠葉)〖명〗푸른 나뭇잎.

녹옥(綠玉)〖명〗①녹색의 옥. ②☞에메랄드.

녹용(鹿茸)〖명〗사슴의 새로 돋은 연한 뿔. 한방에서 약재로 쓰임. ㉰용.

녹우(綠雨)〖명〗초목의 새잎이 연한 초록빛을 띨 무렵에 내리는 비.

녹원(鹿苑)〖명〗①사슴을 놓아기르는 동산. ②〈녹야원(鹿野苑)〉의 준말.

녹위(祿位)〖명〗녹봉(祿俸)과 관위(官位).

녹음(綠陰)〖명〗푸른 잎이 우거진 나무나 수풀, 또는 그 나무의 그늘. 취음(翠陰). ¶녹음이 우거지다.

녹음(錄音)〖명〗〖하타〗〖되자〗소리를 재생할 수 있도록 기계로 기록하는 일. 원판을 쓰는 기계적 녹음, 필름을 쓰는 광학적 녹음, 테이프를 쓰는 자기적 녹음 등이 있음.

녹음-기(錄音器)〖명〗녹음하는 기계.

녹음^방:송(錄音放送)〖명〗녹음한 것을 라디오나 텔레비전으로 재생하여 방송하는 일. ㉠생방송.

녹음-방초(綠陰芳草)〖명〗푸르게 우거진 나무와 싱그러운 풀. 여름철의 자연을 가리켜 이르는 말.

녹음-테이프(錄音tape)〖명〗음성(음향)을 기록하는 자기(磁氣) 테이프.

녹음-판(錄音板)〖명〗기계적 녹음에 쓰이는 소리판.

녹읍(祿邑)〖명〗신라 때, 벼슬아치에게 벼슬하는 동안 나누어 주던 논밭.

녹의(綠衣)[노긔/노기]〖명〗①녹색의 옷. 연둣빛 옷. ②연두저고리.

녹의(綠蟻)[노긔/노기]〖명〗☞술구더기.

녹의-홍상(綠衣紅裳)[노긔-/노기-]〔연두저고리와 다홍치마라는 뜻으로〕'젊은 여인의 고운 옷차림'을 이르는 말.

녹이(騄耳·騄駬·綠耳)〖명〗〔주(周)나라 목왕(穆王)이 타던 팔준마(八駿馬)의 하나로〕'좋은 말'을 이르는 말. ¶녹이(騄耳) 상제(霜蹄) 살지게 먹여 시냇물에 씻겨 타고〈古時調〉.

녹-이다〖타〗〖'녹다'의 사동〗녹게 하다. ¶화롯불에 언 손을 녹이다.

녹작지근-하다[-짝찌-]〖형여〗몸에 힘이 없고 맥이 풀려 몹시 나른하다. ¶감기에 걸려 온몸이 녹작지근하다.

녹정-혈(鹿頂血)[-쩡-]〖명〗사슴의 머리에서 나온 피. 기력을 돕는 데 쓰임.

녹조-류(綠藻類)[-쪼-]〖명〗〈녹색 조류〉의 준말.

녹조-식물(綠藻植物)[-쪼싱-]〖명〗〔엽록소가 가지고 있어〕녹색을 띠는 조류(藻類)를 통틀어 이르는 말. 녹색 조류.

녹존-성(祿存星)[-쫀-]〖명〗구성(九星) 가운데 셋째 별.

녹주(綠酒)[-쭈]〖명〗녹색을 띤 맛 좋은 술.

녹-주석(綠柱石)[-쭈-]〖명〗베릴륨과 알루미늄을 함유한 규산염 광물. 담록·녹청·무색 등을 나타냄. 투명 또는 반투명이며 유리와 같은 광택이 있음. 〔그 가운데의 녹색 결정이 에메랄드임.〕

녹죽(綠竹)[-쭉]〖명〗푸른 대나무.

녹즙(綠汁)[-쯥]〖명〗녹색 채소의 잎이나 열매 따위를 갈아 받은 즙(汁). 칼슘과 비타민 K 등의 영양소가 많아 건강식품으로 침.

녹지(綠地)[-찌]〖명〗초목이 푸르게 자란 땅. ¶녹지를 조성하다.

녹지(綠紙)[-찌]〖명〗남에게 보이기 위하여 내용의 대강을 적은 종이쪽지.

녹지-대(綠地帶)[-찌-]〖명〗①도시 계획에서, 도시의 안이나 그 주변에 시민 보건이나 미관(美觀) 등을 위하여 조성한 녹지. ②☞녹지 지역.

녹지^지역(綠地地域)[-찌-]〖명〗도시 주변의 경관을 정비하고 자연환경을 보존하기 위하여 개발을 제한한 지역. 그린벨트. 녹지대.

녹지-채(綠地彩)[-찌-]〖명〗녹색 바탕에 오채(五彩)를 베푼 채색. ㉰녹채.

녹진-녹진[-찐-찐]〖부〗〖하형〗매우 녹진한 모양. ¶녹진녹진한 물엿. ㉩녹진녹진.

녹진-하다[-찐-]〖형여〗①(물건이나 성질이) 노긋하고 끈끈하다. ¶성격이 녹진한 편이다. ㉩녹진하다. **녹진-히**〖부〗.

녹차(綠茶)〖명〗푸른빛이 그대로 나도록 말린 부드러운 찻잎, 또는 그것을 우린 물. ㉠홍차(紅茶).

녹창(綠窓)〖명〗①가난한 여자가 사는 곳. ㉠홍루(紅樓). ②푸른 칠을 거쳐하는 방의 창.

녹채(綠彩)〖명〗〈녹지채(綠地彩)〉의 준말.

녹청(綠靑)〖명〗구리에 생기는 녹색의 녹, 또는 그 빛깔. 녹색의 안료로 쓰임. 석록(石綠).

녹초[명] ①아주 맥이 풀려 늘어진 상태. ¶심하게 운동을 하더니 녹초가 되었다. ②물건이 낡고 헐어서 결딴이 난 상태. ¶물건이 아주 녹초가 되고 말았다.

녹초(를) **부르다**[관용] 녹초가 되다.

녹초(綠草)[명] 푸른 풀.

녹취(綠取)[명][하타] 재생하기 위하여 음성이나 화상 따위를 필름·테이프·디스켓 등에 기록하는 일. ¶육성을 녹취하다.

녹치(綠-)[명] (잘 말린) 푸른빛이 나는 부드러운 찻잎.

녹태(祿太)[명] 조선 시대에, 벼슬아치에게 녹봉으로 주던 콩.

녹태(綠苔)[명] 푸른 이끼. 청태(靑苔).

녹턴(nocturne)[명] 야상곡(夜想曲).

녹토비전(noctovision)[명] 어둠이나 안개 따위로, 눈에 보이지 않는 목표물을 적외선 등을 이용하여 잘 볼 수 있게 한 장치. 암시 장치.

녹파(綠波)[명] 푸른 물결.

녹패(祿牌)[명] 왕조 때, 나라에서 녹을 받는 이에게 증거로 주던, 종이로 만든 표.

녹편(綠片)[명] 대강의 내용만 간추려 적은 쪽지.

녹풍(綠風)[명] ①푸른 잎을 스치며 불어오는 초여름의 싱그러운 바람. ②한방에서 이르는 눈병의 한 가지. 시력이 떨어지고 눈알이 아프며, 붉고 흰 빛이 어른거리는 증상.

녹피(鹿皮)[명] '녹비'의 본딧말.

녹혈(鹿血)[녹켤][명] 사슴의 피.

녹화(綠化)[노콰][명][하타][되자] 나무를 심어, 산이나 들을 푸르게 함. ¶산림(山林)녹화.

녹화(錄畫)[노콰][명][하타][되자] 재생을 목적으로, 텔레비전 카메라로 찍은 화상(畫像)을 필름이나 자기(磁氣) 테이프 같은 데 기록함, 또는 그 화상. ¶녹화 중계.

녹화[노콰]·**송**(錄畫放送)[노콰-][명] 녹화해 두었다가 하는 방송. 웹생방송(生放送).

녹-황색(綠黃色)[노쾅-][명] 녹색을 띤 황색.

녹훈(綠勳)[노쿤][명][하자][되자] 훈공(勳功)을 장부에 기록함.

논[명] 물을 대어 벼를 심어 가꾸는 땅. 답(畓). ¶논 삼십여 마지기. /논을 매다.

논(論)[명] ①한문 문체의 한 가지. 사물의 도리에 대하여 작가의 견해를 말한 문체. ②〈논장(論藏)〉의 준말.

-논[어미] 〈옛〉-는. ¶百姓 ㄱ르치시논 正호 소리라(訓諺).

-논가[어미] 〈옛〉-는가. ¶눈에 보논가 너기ᄉ뵹쇼셔(月印2).

논-갈이[명][하자] 논을 가는 일.

논강(論講)[명][하타] 불교에서, 경전을 연구하여 토론함.

논객(論客)[명] 의론이나 변론을 잘하는 사람. 담론에 능한 사람.

논거(論據)[명] 의론이나 논설이 성립하는 근거가 되는 것. ¶논거를 제시하다.

논결(論決)[명][하타][되자] 논의하여 결정함.

논결(論結)[명][하타][되자] 논의하여 결말을 지음. 의론의 결론을 맺음. ¶논결이 난 문제.

논경(論警)[명][하타] 윗사람이 아랫사람의 잘못을 경계함.

논계(論啓)[-계/-게][명][하타] 신하가 임금에게 그 잘못을 따져 간(諫)함.

논고(論考·論攷)[명][하타] 논술하고 고찰함. 〔흔히, 논문의 제목이나 책의 이름의 일부로 쓰임.〕 ¶고려사 논고.

논고(論告)[명][하타][되자] ①자기의 믿는 바를 논술하여 알림. ¶논고를 펼치다. ②형사 재판 절차에서, 검사가 공소 사실이나 법률의 적용에 대한 의견을 말하여 구형함.

논공(論功)[명] 공(功)의 있고 없음이나 크고 작음 따위를 논의하여 정함.

논공-행상(論功行賞)[명][하타] 논공에 의하여 거기에 알맞은 상을 내림.

논과(論過)[명][하타][되자] ①무의식중에 논리상의 잘못을 범함, 또는 그러한 말. 〔의식적으로 하는 '궤변'에 상대하여 이름.〕 ②잘못을 논함. ②논오(論誤).

논관(論關)[명] 지난날, 상급 관아에서 하급 관아로 내리던 경고서(警告書).

논구(論究)[명][하타][되자] 사물의 도리를 논하고 궁구(窮究)함. ¶이기설(理氣說)을 논구하다.

논-귀[-뀌][명] 논의 귀퉁이.

논급(論及)[명][하자] 논의가 관련된 다른 일에까지 미침. ¶어린이의 예절을 말하다가 어른의 예절에까지 논급하였다.

논-길[-낄][명] 논 사이에 난 길.

논-꼬[명] 논의 물꼬. ¶논꼬를 트다.

논난(論難)[명][하타] 〈논란(論難)〉의 본딧말.

논-농사(-農事)[명][하자] 논에 짓는 농사. 〔벼농사 따위.〕 @답농. ֍밭농사.

논:다[-따][타] 〈노느다의 준말〉 ¶배급받은 식량을 고루 논다.

논:다니[명] 웃음과 몸을 파는 계집. 노는계집. 유녀(遊女).

논-다랑이[-따-][명] 작은 논배미.

논단(論壇)[명] ①토론을 하는 곳. ②평론가·비평가들의 사회. 언단(言壇). ¶독특한 비평으로 논단을 놀라게 했다.

논단(論斷)[명][하타][되자] 의론하여 판단을 내림. 논하여 단정함. ¶일본 문화의 원류는 한국 문화라고 논단하다.

논담(論談)[명][하자] ☞담론.

논-도랑[-또-][명] 논에 물을 대거나 빼기 위하여, 논 옆에 낸 작은 도랑.

논-두렁[-뚜-][명] 물이 괴도록, 논가에 흙으로 둘러막은 두둑.

　논두렁에 구멍 뚫기[속담] 심술이 매우 사납다는 말.

논두렁-하다[-뚜-][자여] 모내기 전에 논두렁을 튼튼하게 하기 위하여 잘 다듬고, 안쪽으로 흙을 바르다.

논-둑[-뚝][명] 논의 가장자리에 높고 길게 쌓아 올린 방죽.

논란(*論難)[놀-][명][하타][되자] 여럿이 서로 다른 주장을 하며 다툼. ¶논란을 빚다. 본논난.

논리(論理)[놀-][명] ①의론이나 사고·추리 따위를 끌고 나가는 조리(條理). ¶논리를 무시한 글. ②사물 속에 있는 도리. 또는, 사물끼리의 법칙적인 연관. ¶적자생존의 논리. /역사 발전의 논리. ③〈논리학〉의 준말.

논리-성(論理性)[놀-썽][명] ①논리에 맞는 성질. ②논리의 확실성.

논리-적(論理的)[놀-][관][명] 논리에 맞는 (것). 생각하는 방법이나 이야기의 줄거리 따위가 이치에 맞는 (것). ¶논리적 판단.

논리적 사고(論理的思考)[놀-싸-] 논리적 추리의 형식에 맞는 사고.

논리-주의(論理主義)[놀-의/놀-이][명] 철학에서, 인식의 문제를 논리에 의존하여 구명(究明)하려는 처지. ↔심리주의.

논리-학(論理學)[놀-] **명** 바른 판단이나 인식을 얻기 위하여 사고의 형식이나 법칙 따위를 연구하는 학문. ㉰논리.

논-마지기 **명** 얼마 되지 않는 면적의 논. ¶논마지기나 실히 장만하였네.

논-매기 **명**[하자] 논의 김을 매는 일.

논-매다 **자타** 논의 김을 매다.

논맹(論孟) **명** 논어(論語)와 맹자(孟子).

논-머리 **명** 논배미의 한쪽 가장자리.

논문(論文) **명** ①어떤 일에 대하여 자기의 의견을 논술한 글. ②학술 연구의 결과를 체계적으로 적은 글. ¶학위 논문.

논-문서(-文書) **명** 논의 소유권을 증명하는 문서. 답권(畓券). **참**땅문서.

논문-집(論文集) **명** 논문을 모아서 엮은 책. 논총(論叢). ㉰논집.

논-물 **명** 논에 괴어 있는 물. 또는, 논에 대는 물. ¶논물을 빼다.

논-바닥 [-빠-] **명** 논의 바닥.

논박(論駁) **명**[하자]되자] 상대의 의견이나 설(說)의 잘못을 조리 있게 공격함. 박론. ¶상대편의 주장을 여지없이 논박하다.

논-밭 [-받] **명** 논과 밭. 전답. ¶논밭 합하여 여남은 마지기 된다. *논밭이 [-바치]·논밭은 [-바틀]·논밭만 [-반-]

논밭-전지(-田地) [-받쩐-] **명** 가지고 있는 모든 논과 밭. ¶홍수에 논밭전지가 다 잃다.

논-배미 [-빼-] **명** 논두렁으로 둘러싸인 논의 하나하나의 구획. ¶논배미가 길쭉하다. ㉰배미.

논법(論法) [-뻡] **명** ①의론을 전개해 나가는 방법. ¶그 사람의 논법대로라면 그렇기도 하다. ②논리적으로 사물을 생각하는 방법. ¶삼단 논법.

논변(論辨·論辯) **명**[하타] 의견을 말하여 사리의 옳고 그름을 밝힘. 또는 그 의견.

논-병아리 [-빵-] **명** 논병아릿과의 철새. 몸길이 27 cm가량. 몸빛은 겨울에는 회갈색, 여름에는 암갈색임. 하천·호수·저수지·연못 등에서 떼를 지어 삶. 우리나라와 태평양·아프리카 지역 등에서 흔한 겨울새임.

논보(論報) **명**[하타] 지난날, 하급 관아에서 상급 관아로 의견을 붙여 보고하던 일.

논-보리 [-뽀-] **명** (그루갈이로) 논에 심은 보리. **참**밭보리.

논봉(論鋒) **명** ①의론할 때나 논박할 때의 격렬한 말씨. 논설의 기세. ¶날카로운 논봉을 휘두르다. ②논박할 때의 공격 목표. ¶논봉을 돌리다.

논설(論說) **명** 시사적인 문제 등을 설명하고, 그 시비에 대하여 자기의 의견을 말함, 또는 그 글. 신문의 사설을 가리키는 경우가 많음.

논설-란(論說欄) **명** 신문·잡지 등에서, 고정적으로 논설문을 싣는 지면.

논설-문(論說文) **명** 자기의 의견이나 주장을 이론적으로 체계를 세워서 적은 글.

논설-위원(論說委員) **명** 신문·방송 등의 보도 기관에서, 시사 문제를 논하거나, 그 기관의 입장을 밝히는 해설을 담당하는 사람.

논술(論述) **명**[하자타]되자] 의견을 논하여 말함, 또는 그 서술. ¶자기의 견해를 논술하다.

논-스톱(nonstop) **명** ①(차량 따위의 탈것이 어떤 구간을) 전혀 멈추지 않고 계속 달리는 일. ②동작을 멈추지 않고 계속하는 것. ¶논스톱으로 숯을 날리다.

논식(論式) **명** 논리학에서, 삼단 논법(三段論法)의 여러 가지 형식.

논심(論心) **명**[하자] 심정(心情)을 말함.

논어(論語) **명** 사서(四書)의 하나. 공자(孔子)의 언행, 공자와 제자·제후 등과의 문답, 제자끼리의 문답 등을 모아서 엮은 책.

논어-재(論語齋) **명** 조선 시대에, 성균관에서 논어를 공부하던 한 분과.

논열(論列) **명**[하자]되자] 죄목을 하나하나 들어 말함.

논오(論誤) **명**[하자] 잘못을 논함. 논과(論過).

논외(論外) [논늬/논눼] **명** 논의(論議)의 범위 밖. 논의할 가치도 없는 것. ¶이 사건의 책임 소재는 논외로 칩시다. /논외의 문제로 시간을 허비하다.

논의(論意) [노늬/노니] **명** ☞논지(論旨).

논의(論議) [노늬/노니] **명**[하타]되자] 어떤 문제에 대하여 서로 의견을 말하여 의논함. 의논. ¶논의의 초점. /그 일에 대해 논의하다.

논-이랑 [-니-] **명** 논의 이랑. **참**밭이랑.

논-일 [-닐] **명**[하자] 논에서 하는 일.

논자(論者) **명** ①무엇을 논하고 있는 사람. ②평론을 하는 사람. ¶논자에 따라 다른 평가가 나왔다.

논장(論藏) **명** 불교에서 이르는 삼장(三藏)의 하나. 불법에 대한 성현들의 해석·부연 등을 모은 것. ㉰논(論).

논쟁(論爭) **명**[하자] 서로 다른 의견을 가진 사람이, 각각 자기의 설(說)을 주장하며 다툼. 논전(論戰). 논판(論判). 대론(對論). ¶토론에 참가하여 열띤 논쟁을 벌이다.

논저(論著) **명**[하자] 어떤 일에 대하여, 논하여 저술하는 일, 또는 그 저술.

논점(論點) [-쩜] **명** 논의(論議)의 중심이 되는 문제점. 논의의 요점. ¶논점을 흐려 놓다.

논정(論定) **명**[하타]되자] 논의하여 결정함.

논제(論題) **명** ①의론·토론·논설 등의 제목. ¶세미나의 논제. ②논하는 주제. ¶논제에서 벗어난 말. ③지난날, 과거에서의 논(論)의 글제. ④☞논훈.

논조(論調) **명** ①논하는 투. ¶당국을 맹렬히 비난하는 논조. ②논설이나 평론의 경향. ¶논조가 매우 진보적이다.

논죄(論罪) [-죄/-줴] **명**[하타] 죄를 논하여 형의 적용을 정함.

논증(論證) **명**[하타]되자] ①사물의 도리를 증거를 들어 증명함, 또는 주어진 판단의 정당성이나 확실성을 이유를 들어 증명함. ②수학·논리학에서, 몇 가지 전제를 바탕으로, 바른 추론에 의하여 주어진 명제를 끌어냄.

논지(論旨) **명** 논의의 요지나 취지. 논의(論意).

논지(論之) '논지하다'의 어근.

논지-하다(論之-) **타여** 따져서 논하다. ¶그 시비를 논지컨대….

논진(論陣) **명** (반론을 펼 세력에 대하여) 의론이나 변론을 전개하기 위한 구성, 또는 논자의 진용(陣容). ¶당당한 논진을 치다.

논집(論集) **명** 〈논문집〉의 준말.

논책(論責) **명**[하타] 잘못을 따져 책망함.

논책(論策) **명** 시사 문제나 정치의 방책(方策) 등에 대하여 논한 글.

논총(論叢) **명** 논문을 모은 책. 논문집(論文集).

논-타이틀^매치(nontitle match) **명** 선수권을 가진 선수가 자기의 선수권을 걸지 않고 겨루는 경기. ↔타이틀 매치.

논^탄토(non tanto 이) **명** 악보의 나타냄말. '너무 … 않게'의 뜻.

논^트로포(non troppo 이)圀 악보의 나타냄말. '지나치지 않게'·'알맞게'의 뜻.

논틀-길[-낄]圀 논배미 사이로 난, 꼬불꼬불하고 좁은 길.

논틀-밭틀[-받-]圀 논두렁과 밭두렁을 따라서 난, 꼬불꼬불한 좁은 길.

논파(論破)圀하타되자 논설이나 의론으로 남의 설을 뒤엎음. 설파(說破). ¶새로운 자료로서 케묵은 기존 학설을 논파하다.

논판(論判)圀 ①하타 논의하여 시비를 가림. ②천자▷논쟁(論爭).

논평(論評)圀하타 어떤 사건이나 작품 등의 내용에 대하여 논하면서 비평함. ¶논평을 가하다. /야당 당수의 기자 회견 내용을 논평하다.

논-풀이圀 ①논에 나는 잡풀. ②'갈풀'의 잘못.

논-풀다[~푸니·~풀어]자 ①생땅이나 밭을 처음으로 논으로 만들다. ②아기가 기저귀에 오줌을 많이 누다.

논-풀이圀하타 생땅이나 밭을 처음으로 논으로 만드는 일. 개답(開畓).

논-픽션(nonfiction)圀 〔허구(虛構)에 의하지 않고〕 사실을 바탕으로 하여 쓴 작품. 〔기록 문학·전기·기행문 따위.〕↔픽션.

논-하다(論-)타 ①자기의 의견이나 사물의 이치 따위를 조리를 세워 말하다. ¶고대 문학을 논하다. ②서로 옳고 그름을 따져 말하다. ¶시비를 논하다.

논핵(論劾)圀하타되자 허물을 탄핵함.

논훈(論訓)圀하타 지난날, 상급 관아에 대한 하급 관아의 보고에 잘못이 있을 때, 그 불찰을 지적하여 상급 관아가 보내던 훈령. 논제(論題).

논힐(論詰)圀하타 허물을 따지고 힐난함.

놀:¹圀 '노을'의 준말. ¶보랏빛 놀.

놀:²圀 〈낮놀〉의 준말.

놀:³圀 벼의 뿌리를 파 먹는 흰 벌레.

놀고-먹다[-따]자 하는 일 없이 놀면서 지내다. ¶형은 벌써 3년째 놀고먹고 지낸다.

놀:-구멍[-꾸-]圀 낫의 슴베 끝을 꼬부려서 둥글게 낸 구멍. 슴베가 빠지지 않도록 이 구멍에 낫놀이 박힘.

놀:-금[-끔]圀 ①(물건을 살 때) 팔지 않으면 그만둘 셈으로 크게 깎아서 부른 값. ②(물건을 팔 때) 꼭 받아야 할 최저 가격.

놀놀-하다[-롤-]형여 (털이나 싹 따위가) 노르스름하다. 튄눌눌하다. 놀놀-히팀.

놀:다¹[노니·놀아]자 ①놀거나 하여 즐겁게 지내다. ¶아이들이 공을 차면서 놀다. / 노래를 부르며 놀다. ②하는 일 없이 세월을 보내다. 게으름을 피우다. ¶놀고 지내는 사람이 더 바쁘다. ③일을 하다가 일정한 동안을 쉬다. ¶하루도 놀지 않고 일하다. ④물자나 시설 따위가 쓰이지 않고 있다. ¶노는 기계. /놀고 있는 땅. ⑤박힌 것이 헐거워 움직이다. ¶나사가 놀다. ⑥이리저리 돌아다니다. ¶어항에서 금붕어가 놀다. ⑦태아(胎兒)가 꿈틀거리다. ¶배 속에서 아기가 놀다. ⑧들떠서 주책없이 행동하다. ¶남의 장단에 놀다. ⑨주색(酒色)을 일삼다. ¶화류계에서 놀다. ⑩그러하게 행동하다. ¶건방지게 놀다. /시시하게 놀다. ⑪마음에 들지 않게 행동함을 비꼬아 하는 말. ¶놀고 자빠졌네. /놀고 있네. ⑫('가지고 놀다'의 꼴로 쓰여) 남을 자기 뜻대로 좌지우지하다. ¶이제는 아예 날 가지고 노는구나.

노는 입에 염불하기속담 하는 일 없이 그저 놀기보다는 무엇이든 하는 것이 낫다는 말.

놀:다²[노니·놀아]타 ①어떤 놀이를 하여 승부를 겨루다. ¶윷을 놀다. /고누를 놀다. ②어떤 행동이나 작용·역할을 하다. ¶훼방을 놀다. ③어떤 연기를 하다. ¶재주를 놀다. /굿을 놀다.

놀:다³[노니·놀아]타 드물어서 귀하다. ¶산 밑집에 방앗공이 놀다. /대장간에 식칼이 놀다.

놀:-들다[~드니·~들어]자 놀이 벼를 파 먹어서 누렇게 되다.

놀:라다자 ①갑자기 무서움을 느끼다. ¶도둑을 보고 깜짝 놀라다. ②갑자기 뜻밖의 일을 당하거나 자극 따위를 받아 가슴이 두근거리다. ¶천둥 소리에 놀라다. ③신기한 것이나 훌륭한 것을 보고 크게 감동하다. ¶조국의 눈부신 발전에 놀라지 않을 수 없었다. ④기이함을 느끼거나, 어처구니가 없어 기가 막히다. ¶범인이 어린 소녀이어서 모두 놀랐다.

놀란 토끼 벼랑 바위 쳐다보듯속담 급한 상황에서 헤어날 길이 없어 말도 못한 채 눈만 껌벅이고 있는 모습을 이르는 말.

놀란 가슴관용 (전에 혼난 일이 있어) 걸핏하면 반사적으로 두근거리는 가슴.

놀란 피관용 (몹시 다쳐서) 검멍으로 죽은 피.

놀:란-흙[-흑]圀 한 번 파서 건드린 흙. *놀:란흙이[-흙이]·놀:란흙만[-홍-]

놀:랍다[-따][놀라우니·놀라워]형비 ①놀랄 만하다. ¶놀라운 소식을 듣다. ②장하고 갸륵하다. ¶너의 효성이 정말 놀랍다.

놀:래다타 『'놀라다'의 사동』 남을 놀라게 하다. ¶뒤로 살금살금 다가가 놀래 주었다.

놀량圀 경기(京畿)·서도(西道)의 선소리의 한 가지.

놀량-목圀 목청을 떨어 속되게 내는 노랫소리.

놀리다타 ①『'놀다'의 사동』 ⑤놀게 하다. 쉬게 하다. ¶종업원들을 하루 놀리다. ⑥재주를 부리게 하다. ¶곰을 놀리다. ⑦이리저리 움직이게 하다. ¶손발을 놀리다. ②(남의 비위가 상하도록) 빈정거리다. 조롱하다. ¶키가 작다고 놀리다. ③(들어줄 듯 말 듯 하면서) 몹시 애를 태우다. ¶돈 몇 푼으로 사람을 놀리다. ④함부로 말하다. ¶입을 마구 놀리다.

놀림圀 놀리는 짓. 조롱하는 일. ¶놀림을 당하다.

놀림-가마리[-까-]圀 〈놀림감〉의 속된 말. ¶친구들의 놀림가마리가 되다.

놀림-감[-깜]圀 놀림의 대상이 될 만한 것이나 사람. ¶이름 때문에 남의 놀림감이 되다.

놀림-거리[-꺼-]圀 놀림의 대상이 될 만한 거리. ¶그의 빨간 넥타이가 놀림거리가 되었다.

놀림-조(-調)[-쪼]圀 놀리는 말투나 태도.

놀면-하다형여 좀 노르스름하다. 튄눌면하다. 놀면-히팀.

놀부圀 ('흥부전(興夫傳)'에 나오는 놀부처럼) '심술이 사납고 마음씨가 고약한 사람'을 비유하여 이르는 말.

놀부 심사(심보)관용 〔'흥부전'에 나오는 놀부처럼〕 '심술궂고 인색한 마음씨'를 비유하여 이르는 말.

놀부^타:령圀 타령의 한 가지. 심술궂고 인색한 놀부가 아우인 흥부에게 모질게 굴다가 천벌을 받게 되는 내용의 노래.

놀-소리[-쏘-]圀하자 젖먹이가 혼자 놀면서 내는 군소리. ¶아기가 놀소리하는 걸 보니 순하네.

놀아-나다자 ①(얌전하던 사람이) 방탕한 행동을 하다. ②외간 남자와 놀아나다. ②실속이 없이 이리저리 들뜬 행동을 하다. 주체성 없이 남이 시키는 대로 하다. ¶남의 손에 놀아나다.

놀아-먹다[-따]死 ①하는 일 없이 지내다. ②함부로 나쁜 짓이나 방탕한 짓을 하다. ¶제멋대로 놀아먹던 젊은 시절.

놀애명〈옛〉노래. ¶놀애 브르며 춤츠며 롱담하야(月釋1:44).

놀음-놀이명하자〈놀음놀이〉의 준말.

놀음-놀이명하자 모여서 즐겁게 노는 일. ¶놀음놀이에 빠지다. ㉣놀음·놀이¹.

놀음놀이-판명 놀음놀이를 하는 자리. ¶놀음놀이판이 벌어지다. ㉣놀음판·놀이판.

놀음-차명 잔치 때, 기생이나 악공(樂工)에게 수고했다고 주는 돈이나 물건. 화대(花代).

놀음-판명〈놀음놀이판〉의 준말.

놀-이¹명하자 ①노는 일. 유희(遊戱). ¶놀이에 정신을 팔다. ②〈놀음놀이〉의 준말.

놀이²명하자 겨울을 지낸 꿀벌이나 새로 깬 어린 벌이, 봄날에 떼를 지어 제 벌통 앞에 나와 날아다니는 일.

놀이명〈옛〉('노루'의 주격형〉☞노르.

놀이-꾼명 놀음놀이를 하는 사람.

놀이-동산명 여러 가지 놀이 시설을 갖추어 놓은 공원이나 유원지.

놀이-딱지(-紙)[-찌]명 두꺼운 종이 딱지에 그림을 그리거나 글씨를 써서 만든 장난감. ¶놀이딱지를 치다. ㉣딱지.

놀이-마당명 전통 민속 예술인, 춤·판소리·탈놀음 등을 연희하는 일, 또는 그러한 자리.

놀이-방(-房)명 개인이 어린이를 부모의 위탁을 받아 보육하는 시설.

놀이-터명 (아이들이 공놀이나 뜀뛰기·줄넘기·그네뛰기 등의) 놀이를 하는 곳.

놀이-판명〈놀음놀이판〉의 준말.

놀잇-감[노리깜/노릳깜]명 놀이 또는 아동 교육 현장에서 활용되는 물건이나 재료.

놀잇-배[노리빼/노릳빼]명 놀음놀이를 하는 배. 유선(遊船).

놀:-지다자 큰 물결이 일어나다.

놀:-치다자 크고 거센 물결이 사납게 일어나다.

놈[Ⅰ]명 적대 관계에 있는 사람이나 그 무리를 이르는 말.
[Ⅱ]의 ①'사내'를 낮추어, 또는 욕으로 이르는 말. ¶천벌 받을 놈. /천하에 고약한 놈. ↔년. ②'사내아이'를 귀엽게 이르는 말. ¶저기 뛰어오는 놈이 제 막내아들입니다. ③어떤 동물이나 물건 따위를 홀하게 이르는 말. ¶사과를 큰 놈으로 열 개만 주시오. ④(주로 '~ 놈의'의 꼴로 쓰이어) 마뜩찮음을 나타내는 말. ¶망할 놈의 자동차가 또 말썽이네. /웬 놈의 날씨가 이리도 춥나.

놈명〈옛〉보통의 사람. 놈. ¶므춤내 제 뜨들 시러 펴디 몯홇 노미 하니라(訓諺).

놈-팡이명 ①별로 하는 일 없이 빈들빈들 노는 사내'를 얕잡아 이르는 말. ②'(젊은) 여자의 상대가 되는 사내'를 얕잡아 이르는 말.

놈-팽이명 '놈팡이'의 잘못.

놉명 식사를 제공하고 날삯으로 일을 시키는 일꾼. 삯꾼. ¶놉을 얻어 벼베기를 하다.

놉-겪이[-껴기]명하자 놉에게 음식을 먹여 일을 치러 내는 일.

놉낮가비명〈옛〉높낮이. 높고 낮음. ¶놉낮가비 업시(月釋2:40).

놉낮가이명〈옛〉높낮이. ¶놉낮가이 업수믈 表하시니라(楞解5:69).

놋[놀]명〈놋쇠〉의 준말. ＊놋이[노시]·놋만[논-]

놋갓-장이[녿깓짱-]명 놋그릇을 만드는 일을 업으로 하는 사람. 주장(鑄匠).

놋갓-점(-店)[녿깓쩜]명 놋그릇을 만드는 곳. 놋점.

놋-그릇[녿끄를]명 놋쇠로 만든 그릇. 놋기명. 유기(鍮器). 유기그릇. ＊놋그릇이[녿끄르시]·놋그릇만[녿끄른-]

놋-기명(-器皿)[녿끼-]명〈놋기-〉☞놋그릇.

-놋다어미〈옛〉-는구나. ¶보비롤 뎌리도록 아니 앗기놋다(釋譜6:25).

놋다리-밟기[녿따-밥끼]명 경북 안동·의성 등지에서 대보름날 밤에 하던 부녀자들의 놀이. 서로 앞사람의 허리를 붙잡고 늘어서서 허리를 구부리면, 그 위로 한 소녀가 올라가 노래에 맞추어 등을 밟고 지나감.

놋-대야[녿때-]명 놋쇠로 만든 대야.

놋-대접[녿때-]명 놋쇠로 만든 대접.

놋-방울[녿빵-]명 놋쇠로 만든 방울.

놋-쇠[녿쐬/녿쒜]명 구리와 아연의 합금. 녹는 점이 낮고 세공(細工)이 쉬워 예부터 그릇이나 장식품을 만드는 데 많이 쓰이었음. ㉣놋.

놋-숟가락[녿쑫까-]명 놋쇠로 만든 숟가락. ㉣놋숟갈.

놋-숟갈[녿쑫깔]명〈놋숟가락〉의 준말.

놋-요강[녿뇨-]명 놋쇠로 만든 요강.

놋-점(-店)[녿쩜]명☞놋갓점.

놋-접시[녿쩝씨]명 놋쇠로 만든 접시.

놋-젓가락[녿쩌까-/녿쩓까-]명 놋쇠로 만든 젓가락. ㉣놋젓갈.

놋-젓갈[녿쩌깔/녿쩓깔]명〈놋젓가락〉의 준말.

놋-좆(-樞)[녿쫃]명 노를 끼우는, 뱃전에 위로 자그맣게 내민 나무못. ＊놋좆이[녿쪼지]·놋좆만[녿쫀-]

농:(弄)명 노래 곡조의 하나.

농:(弄)²명 ①실없는 장난. ②하자타〈농담〉의 준말. ¶농을 걸다.

농(膿)명☞고름².

농(籠)명 ①버들채나 싸리채 따위를 결어서 함(函)처럼 만들어 종이를 바른 상자. 옷이나 그 밖의 물건을 넣어 두는 데 씀. ②옷 따위를 넣어 두는 상자 모양의 자그마한 가구. 개판과 마대·서랍 등이 없고, 흔히 두세 개를 포개어 놓고 씀. 농장. 장롱. 협롱(篋籠).

농-(濃)접두 (일부 명사 앞에 붙어) ①'농도가 짙음'을 나타내는 말. ¶농질산. /농황산. ②'빛깔이 짙음'을 나타내는 말. ¶농갈색. /농회색. ②↔담(淡).

농가(農家)명 농업을 생업(生業)으로 삼는 사람의 집, 또는 그 가족. 농삿집. ㉧전가(田家).

농가(農歌)명〈농부가(農夫歌)〉의 준말.

농:가성진(弄假成眞)명 장난삼아 한 것이 진심으로 한 것같이 됨. 가롱성진(假弄成眞).

농가-월령가(農家月令歌)명 조선 헌종 때의 문인 정학유(丁學游)가 지었다는 월령가. 농가에서 해야 할 일을 월별로 읊고, 철에 따른 풍속과 지켜야 할 범절을 노래한 내용임. (지은이가 광해군 때 사람 고상안(高尙顏)이라는 설도 있음.)

농가-진(膿痂疹)명 고름집이 생겼다가 딱지가 앉는 피부병 종류를 통틀어 이르는 말.

농:간(弄奸)명하자 간사한 꾀를 써서 남을 속이거나 남의 일을 그르치게 함, 또는 그런 짓. ¶농간에 넘어가다. /농간을 부리다.

농:간-질(弄奸-)명 농간하는 짓.

농감(農監)명하자☞감농.

농거(農車)명 농사짓는 데 쓰는 수레.

농-게(籠-)圀 달랑겟과의 게. 등딱지는 앞이 넓고 뒤가 좁은 사다리꼴임. 몸빛은 푸른빛인데, 한쪽만 큰 수컷의 집게발은 붉은빛임. 바닷가 진흙 속에 구멍을 파고 삶.

농경(農耕)圀하자 논밭을 갈아 농사를 지음. ¶농경 사회.

농경-기(農耕期)圀 농사를 짓는 시기.

농경-의례(農耕儀禮)[-의-/-이-]圀 상고(上古) 때, 농경 사회에서 행해지던 제천 의식(祭天儀式).

농경-지(農耕地)圀 농사를 짓는 땅. ¶산지를 개간하여 농경지로 이용하다.

농고(農高)圀〈농업 고등학교〉의 준말.

농곡(農穀)圀 농사지은 곡식.

농공(農工)圀 농업과 공업, 또는 농부와 직공.

농공(農功)圀 농사짓는 일.

농공-가무(農功歌舞)圀 삼한(三韓) 때의 의식의 한 가지. 하늘에 풍년을 기원하거나 감사하던 집단적인 춤과 노래.

농-공업(農工業)圀 농업과 공업.

농과(農科)[-꽈]圀 농업에 관한 학과(學科).

농과^대:학(農科大學)[-꽈-]圀 농업에 관한 전문적인 학술과 기술을 학습하고 연구하는 대학. ☞농대.

농:교(弄巧)圀하자 지나치게 잔꾀를 쓰거나 기교를 부림.

농구(農具)圀 농사를 짓는 데 쓰이는 기구. 농기(農器).

농구(籠球)圀 구기(球技)의 한 가지. 다섯 사람씩 두 편으로 나뉘어 상대편의 바스켓에 공을 던져 넣어 득점을 겨루는 경기.

농구-공(籠球-)圀 농구 경기를 할 때 쓰이는 공.

농구-대(籠球臺)圀 농구 경기를 할 때, 공을 던져 넣을 수 있도록 만든 대.

농구-화(籠球靴)圀 농구 경기를 할 때 신는 운동화.

농군(農軍)圀 농사를 짓는 일꾼.

농:권(弄權)[-꿘]圀하자 권력을 마음대로 휘두름. 제 분수에 맞지 않게 권력을 남용함.

농궤(膿潰)圀하자 종기(腫氣)가 곪아 터짐.

농극(農隙)圀 농사일이 그리 바쁘지 않아 생긴 틈.

농:기(弄技)圀하자 재주를 부림.

농기(農期)圀 농사철. 비농시(農時).

농기(農旗)圀 농촌에서 두레일을 할 때 세우는 기. [대개 기다란 천에 '農者天下之大本也'라고 씀].

농기(農器)圀 ☞농구(農具).

농기(農機)圀〈농기계〉의 준말.

농-기계(農機械)[-계/-게]圀 농사를 짓는 데 쓰이는 기계.

농-기구(農機具)圀 농사일에 쓰이는 기계나 기구.

농기-맞이(農旗-)圀 호남 지방에서, 대보름날에 하는 놀이. 각 마을의 농악대들이 농기를 들고 한곳에 모여, 농기가 만들어진 차례에 따라 형제의 위치를 정하고, 농악을 울리며 잔치를 베풂.

농노(農奴)圀 중세 유럽의 봉건 사회에서, 평생 영주(領主)에 예속되어 농사를 짓던 농민. 노예와 자작농의 중간에 속하는 계층이었음.

농노-제(農奴制)圀 농민이 영주에게 예속되어 영주의 땅을 경작하고 부역(賦役)과 공납(貢納)의 의무를 지녔던 사회 제도.

농-녹색(濃綠色)[-쌕]圀 짙은 녹색.

농:단(壟斷·隴斷)圀하타 이익이나 권리를 독차지함. 독점(獨占). ¶운영권을 농단하다.

농:담(弄談)圀하자 실없이 하는 우스갯소리. 장난으로 하는 말. ¶농담이 지나치다. ☞농(弄)². ↔진담(眞談).

농담(農談)圀 농사에 관한 이야기.

농담(濃淡)圀 빛깔이나 맛 따위의 짙고 옅은 정도. ¶빛깔의 농담.

농:담-조(弄談調)[-쪼]圀 농담하는 어조(語調). ¶농담조로 인사말을 하다.

농대(農大)圀〈농과 대학〉의 준말.

농대-석(籠臺石)圀 비석의 받침돌.

농도(農道)圀 ☞농로(農路).

농도(濃度)圀 ①액체 따위의 짙은 정도. 일정량의 액체나 기체 속에 있는 그 성분의 비율. ¶알코올 농도. ②빛깔의 짙은 정도. 물체가 빛을 흡수하는 정도를 나타냄. ¶농도가 짙다.

농독-증(膿毒症)[-쯩]圀 병원균이, 곪은 자리에서 혈액 속으로 침입하여 온몸으로 전염하는 병. 농혈증.

농-들다(膿-)[~드니·~들어]짜 곪아서 고름이 생기다.

농땡이圀 '일을 하지 않으려고 요리조리 꾀를 부리며 게으름을 피우는 짓'을 속되게 이르는 말. ¶농땡이를 치다. /벼를 베다 말고 농땡이를 부리다.

농락(籠絡)[-낙]圀하타되짜 남을 교묘한 꾀로 속여 제 마음대로 이용함. 뇌롱(牢籠). ¶농락에 놀아나다. /여자를 농락하다.

농란(濃爛)圀 '농란하다'의 어근.

농란-하다(濃爛-)[-난-]圀여 잘 익은 상태로 있다.

농람(濃藍)[-남]圀 짙은 쪽빛.

농량(農糧)[-냥]圀 농사를 짓는 동안에 먹을 양식. 농가의 양식. ¶농량을 확보하다.

농로(農老)[-노]圀 ☞노농.

농로(農路)[-노]圀 농사일에 많이 이용되는 길. 농사일을 위하여 만든 길. 농도(農道). 농삿길.

농루(膿漏)[-누]圀 고름이 계속 흘러나오는 증상.

농루-안(膿漏眼)[-누-]圀 임균(淋菌)에 감염되어 일어나는 급성의 결막염. 고름이 흘러나오고, 심하면 실명(失明)하기도 함. 풍안(風眼).

농류(膿瘤)[-뉴]圀 화농성염(化膿性炎)으로 생긴 고름이 막혀서 솟은 혹.

농리(農利)[-니]圀 농사에서 얻는 이익.

농림(農林)[-님]圀 농업과 임업. 농림업.

농림-업(農林業)[-니법]圀 ☞농림(農林).

농림^축산^식품부(農林畜産食品部)[-님-]圀 중앙 행정 기관의 하나. 식량, 농촌 개발, 농산물 유통 및 축산·수산 등에 관한 사무를 맡아봄.

농막(農幕)圀 농사에 편리하도록 논밭 가까이에 지은 간단한 집. 밭집. 농장(農莊).

농목(農牧)圀 농업과 목축업.

농무(農務)圀 ①농사짓는 일. 농사일. ②농업에 관계되는 사무.

농무(濃霧)圀 짙은 안개. 대무(大霧). ¶농무로 시계(視界)가 가려지다.

농민(農民)圀 농업에 종사하는 사람(들). 전민(田民). ☞농부(農夫).

농민^문학(農民文學)圀 농촌의 풍토와 농민의 생활을 소재로 한 문학.

농민^운:동(農民運動)圀 농민의 경제적·정치적 이익의 옹호를 위한 사회 운동.

농민^전:쟁(農民戰爭)圀 봉건 사회가 무너지는 과정에서 자주 일어났던 농민들의 봉건 영주에 대한 집단적 반항 운동.

농밀(濃密)圀 '농밀하다'의 어근.

농밀-하다(濃密-)[혱여] ①밀도가 짙다, 또는 진하고 빽빽하다. ②색채 따위가 짙고 섬세하다. ¶농밀한 색채.

농-바리(籠-)[-빠-][명][하자] 아이들 놀이의 한 가지. 한 아이의 등에, 양쪽에 한 아이씩 농을 실은 것처럼 매달리어 노는 놀이.

농번(農繁)[명] 농사일이 바쁨, 또는 그 시기. ↔농한(農閑).

농번-기(農繁期)[명] (모내기나 벼베기 따위로) 농사일이 한창 바쁜 철. ↔농한기(農閑期).

농:법(弄法)[명] 자기의 이익을 위하여, 법을 제멋대로 악용함.

농:법(農法)[-뻡][명] 농사짓는 방법.

농:변(弄辯)[명][하자] ①농으로 말함, 또는 그 말. ②수다스럽게 지껄임.

농병(農兵)[명] 농민으로 편성된 군대, 또는 그 군사.

농병(膿病)[-뼝][명] 누에의 전염병의 한 가지. 피부에 젖빛 또는 누른빛이 나타나고, 진물이 흐르면서 죽음.

농본(農本)[명] 농업을 산업의 근본으로 삼음.

농본-국(農本國)[명] 농업을 산업의 근본으로 삼는 나라.

농본-주의(農本主義)[-의/-이][명] 농업이나 농촌 경제를 국가 발전의 근본으로 삼는 주의.

농부(農夫)[명] 농업에 종사하는 사람. 농사꾼. 농인. 전부(田夫). ¶농부에겐 땅이 생명이다. ⊗농투성이. [참]농민(農民).

농부(農婦)[명] 농사일을 하는 여자. 농촌의 아낙네. 전부(田婦).

농부-가(農夫歌)[명] 농부가 부르는, 농사일이나 농촌 생활을 내용으로 한 노래. ⊛농가.

농불(籠佛)[명] ⇨체불·부처.

농불실시(農不失時)[-씨][명] 농사일은 시기를 놓치지 말아야 한다는 말.

농사(農舍)[명] ①농가의 가옥. ②수확한 농작물을 처리하는 막사.

농사(農事)[명][하자] ①논이나 밭에 곡류·채소·과일 등을 심어 가꾸는 일. ¶보리 농사. /농사할 땅을 사다. ②'자녀를 낳아 기르는 일'을 비유하여 이르는 말. ¶자식 농사.

농사-꾼(農事-)[명] ⇨농부(農夫).

농사-력(農事曆)[명] 농사지을 시기를 나타낸 책력이나 도표. 주요한 농사일의 일정을 표시하여, 작업의 시기를 놓치지 않도록 하려고 만든 것임.

농사^시험장(農事試驗場)[명] 농업 발전에 필요한 여러 가지 일을 시험적으로 연구하는 공설 기관. 농업 시험장.

농사-일(農事-)[명][하자] 농사짓는 일. ¶봄철이라 모두 농사일에 바쁘다.

농사-직설(農事直說)[-썰][명] 조선 세종 11(1429)년에 왕명으로 정초·변효문 등이 엮은 농서. 각 도의 관찰사가 농부들에게서 들은 농사에 관한 지식을 모아 엮은 내용. 1책.

농사-짓다(農事-)[-짇따][~지으니·~지어][자ㅅ] 농사를 업으로 삼아 일을 하다.

농사-철(農事-)[명] 농사를 짓는 시기. 농기(農期). 농시(農時). 농절(農節). ⊛농철.

농산(農産)[명] 농업에 의한 생산, 또는 그 산물.

농산^가공(農産加工)[명] ⇨농산 제조.

농산-물(農産物)[명] 곡식이나 채소 등, 농업에 의하여 생산된 것. ¶우리 농산물 먹기 운동.

농산어-촌(農山漁村)[명] 농촌과 산촌과 어촌.

농산^자원(農産資源)[명] 농업 생산을 위한 자원. 농업 생산의 바탕이 되는 자원.

농삼-장[-쌈-][명] 상자를 넣으려고 삼노를 결어 만든 망태.

농삿-길(農事-)[-사낄/-삳낄][명] 농사일을 위하여 만든 길. 농로(農路).

농삿-일(農事-)[명] '농사일'의 잘못.

농삿-집(農事-)[-사찝/-삳찝][명] ⇨농가.

농상(農桑)[명] 농경(農耕)과 양잠(養蠶). 농사일과 누에 치는 일.

농상(農商)[명] ①농업과 상업. ②농민과 상인.

농색(濃色)[명] 짙은 빛깔. ↔담색(淡色).

농서(農書)[명] 농업에 관한 책.

농:성(弄聲)[명] 국악의 창(唱)에서, 울려서 내는 성조(聲調).

농성(籠城)[명][하자] ①(적에게 에워싸여) 성문을 굳게 닫고 성을 지킴. ②(어떤 목적을 이루기 위한 수단으로) 한자리에 줄곧 머물며 시위하는 일. ¶집단 농성. /농성 투쟁을 벌이다.

농소(農所)[명] 고름이 그대로 괴어 있는 곳.

농-수로(農水路)[명] 농사에 필요한 물을 마련하기 위하여 만든 물길.

농-수산(農水産)[명] 농업과 수산업. 농수산업.

농수산-물(農水産物)[명] 농산물과 수산물.

농수산업(農水産業)[명] ⇨농수산.

농숙(濃熟)[명][하자] 무르녹게 익음.

농시(農時)[명] 농사철. 비농기(農期).

농시-방장(農時方張)[명][하자] 농사철이 되어 농사일이 한창 바쁨.

농심(農心)[명] 농부의 마음. ¶농심을 달래다.

농아(聾啞)[명] ①'귀머거리와 벙어리'를 아울러 이르는 말. ②귀머거리가 원인이 되어 벙어리가 된 사람.

농아^학교(聾啞學校)[-꾜][명] 농아자를 수용하여 말과 그 장애를 보충하기 위한 지식 및 기능을 가르치는 학교.

농악(農樂)[명] 농촌에서 명절이나 공동 작업 등을 할 때 연주되는 우리나라 고유의 음악. 꽹과리·징·북 등 타악기가 중심이 되어, 태평소·나발 등의 관악기가 곁들고, 가장 무용수(假裝舞踊手)들의 춤과 노래가 함께 어울림. 풍물놀이.

농악-대(農樂隊)[-때][명] 농악을 연주하는 사람들의 집단.

농악-무(農樂舞)[-앙-][명] 농악에 맞추어 추는 우리나라 고유의 민속춤.

농액(濃液)[명] 농도가 짙은 액체.

농액(膿液)[명] ⇨고름².

농약(農藥)[명] 농업에서, 소독이나 병충해의 구제 따위에 쓰는 약품.

농양(膿瘍)[명] 세균의 침입으로 신체의 조직 속에 고름이 괴는 증세.

농어[명] 농엇과의 바닷물고기. 몸길이 90 cm가량. 몸이 가늘고 길며, 몸빛은 등 쪽이 검푸른 녹색을 띠고 배는 은백색임. 봄과 여름에는 민물에서, 가을과 겨울에는 바다에서 살며, 조개류·작은 물고기 등을 먹고 삶. 근해 어류로서 우리나라·중국·일본 등지에 분포함. 노어(鱸魚).

농-어민(農漁民)[명] 농민과 어민.

농-어촌(農漁村)[명] 농촌과 어촌.

농:언(弄言)[명][하자] 농담의 말.

농업(農業)[명] 땅을 이용하여 인간 생활에 필요한 작물을 가꾸거나, 유용한 동물을 기르거나 하는 산업. 넓은 뜻으로는 임업·양잠업 등도 이에 딸림.

농업^경제학(農業經濟學)[-껑-][명] 응용 경제학의 한 분야. 농업에 대하여 경제학적 관점에서 고찰하는 학문.

농업^고등학교(農業高等學校)[-꼬-꾜]명 농업에 관한 학문과 기술을 가르치는 실업 고등학교. ⓒ농고.

농업^공:황(農業恐慌)[-꽁-]명 농산물의 생산 과잉으로 값이 폭락함으로써 농업 경영이 최악의 상태로 되는 현상.

농업-국(農業國)[-꾹]명 농업이 경제의 기본이 되고 농업을 주요 산업으로 하는 나라.

농업^보:험(農業保險)[-뽀-]명 재해로 입은 농작물의 손실을 보상하는 보험.

농업^센서스(農業census)명 국제 연합 식량 기구(FAO)의 통일적인 조사 계획에 따라 실시되는, 농업에 관한 세계적인 규모의 통계 조사.

농업^수리학(農業水利學)[-쑤-]명 지표(地表) 및 지하의 물과 토지와의 관계를 농작물 생육의 관점에서 연구하는 학문.

농업^시대(農業時代)[-씨-]명 인류가 농업을 주요한 생업으로 삼고, 사냥이나 고기잡이를 부업으로 삼던 시대.

농업^시험장(農業試驗場)[-씨-]명 ▷농사 시험장.

농업-용수(農業用水)[-엄뇽-]명 농사짓는 데 필요한 물.〔관개용수(灌漑用水) 따위.〕

농업^인구(農業人口)명 농업에 종사하는 인구.〔비농가 인구를 포함하는 '농촌 인구'와는 구별됨.〕

농업^자본(農業資本)[-짜-]명 농업에 들인 자본. ⓒ농자.

농업^정책(農業政策)[-쩽-]명 농업 경영·농업 재정·농업 인구 등 농업 전반에 걸친 경제 정책. 그 주체는 국가 및 공공 단체임.

농업^혁명(農業革命)[-어폥-]명 자본주의 성립기에 농업 혁명과 병행해서 일어나는 농업 기술과 경영 방법 등에 관한 급격한 변혁.

농업^협동조합(農業協同組合)[-어폅똥-]명 농민들이 서로 협력하여 생산력 증진과 경제적·사회적 지위의 향상을 도모하기 위하여 조직하는 조합. ⓒ농협.

농염(濃艶)명하형 한껏 무르익은 아름다움. ¶농염한 자태.

농예(農藝)명 ①농업에 관한 기예(技藝). ②농업과 원예(園藝).

농예^화:학(農藝化學)명 농업 생산의 화학적 측면에 관하여 연구하는 학문.〔비료·토양·양조·농산 화학·식물 생리 화학 따위를 포함함.〕

농:와(弄瓦)명〔'와(瓦)'는 계집아이의 장난감인 실패라는 뜻으로〕딸을 낳음.

농:와지경(弄瓦之慶)명 딸을 낳은 경사(慶事). ↔농장지경.

농:완(弄玩)명하타 가지고 놂.

농요(農謠)명 농부들 사이에 전해져 불리는 속요(俗謠). 농사에 관한 내용의 민요.

농용(農用)명 농사에 씀.

농우(農牛)명 농사일에 부리는 소.

농운(濃雲)명 짙은 구름. 검은 구름.

농원(農園)명 채소·화초·과수(果樹) 따위를 심어 가꾸는 농장.

농:월(弄月)명하타 달을 바라보며 즐김.

농음(濃陰)명 짙은 그늘.

농-익다(濃-)[-닉따]자 ①(과실 따위가) 흠뻑 익다. ↔설익다. ②일이나 분위기 따위가 성숙하다. ¶노래판이 무르익다. ③여자의 몸이 성숙하여 농염하게 되다. ¶농익은 여체.

농인(農人)명 ▷농부.

농자(農者)명 '농사·농업·농부'의 뜻.

농자 천하지대본(農者天下之大本)관용 농업은 이 세상의 가장 으뜸이 되는 근본임.

농자(農資)명 농사짓는 데 드는 비용. 영농 자금. ⓒ농업 자본.

농자(聾者)명 귀머거리. 囹아자(啞者).

농작(農作)명하타 논밭을 갈아 농작물을 가꿈. 농사를 지음.

농작-물(農作物)[-장-]명 논밭에서 나는 곡식이나 채소 따위의 재배 식물. ⓒ작물.

농잠(農蠶)명 농사짓기와 누에치기.

농:장(弄璋)명〔'장(璋)'은 사내아이의 장난감인 구슬이라는 뜻으로〕아들을 낳음.

농장(農庄)명 ▷농막(農幕).

농장(農場)명 농지와 농사에 필요한 설비를 갖추고 농업을 경영하는 일정한 장소.

농장(濃粧)명하자 짙은 화장.

농장(濃漿)명 ▷진한장.

농장(籠欌)[-짱]명 ▷장롱.

농-장수(籠-)명 근담배를 농에 담아 메고 다니며 팔던 사람.

농:장지경(弄璋之慶)명 아들을 낳은 경사(慶事). ↔농와지경(弄瓦之慶).

농절(農節)명 농사철.

농정(農政)명 농업에 관한 정책이나 행정. ¶농정 개혁.

농:제(弄題)명 익살스러운 말을 섞어 쓴 제사(題辭).

농:조(弄調)[-쪼]명 농담하는 말투. 희롱하는 어조. ¶농조로 말하다.

농조(籠彫)명 투조(透彫)와 환조(丸彫)를 합친 것 같은 조각 기법.〔면의 거죽뿐 아니라 안쪽까지도 조각하여 입체적으로 나타냄.〕

농조(籠鳥)명〈농중조(籠中鳥)〉의 준말.

농조-연운(籠鳥戀雲)명〔갇힌 새가 구름을 그린다는 뜻으로〕'자유 없는 사람이 자유를 그리워함'을 비유하여 이르는 말.

농주(農酒)명 농사철에 일꾼들을 대접하기 위하여 농가에서 빚은 술.

농중-조(籠中鳥)명①새장에 가두어 두고 기르는 새. ②'자유 없는 신세'를 비유하여 이르는 말. ⓒ농조.

농즙(濃汁)명 걸쭉한 즙.

농즙(膿汁)명 ▷고름².

농지(農地)명 농사를 짓는 데 쓰이는 땅. 농처(農處). 토모(農土).

농지^개:량(農地改良)명 농지의 이용도를 영구적으로 높이기 위한 여러 가지의 일.〔농지 확장·수리 시설·배수 시설·경지 정리 따위.〕

농지^개:혁(農地改革)명 농지를 농민에게 적절히 분배함으로써 농가 경제의 자립을 꾀하려는 농지 소유 제도의 개혁.

농:-지거리(弄-)[-찌-]명하자 점잖지 못하게 마구 하는 농담. ¶농지거리를 주고받다.

농지^보:전(農地保全)명 홍수·사태·토양 침식 등의 위험에서 농지를 보호하는 일.

농지-세(農地稅)[-쎄]명 지방세의 한 가지. 농지 소유자에게 부과하는 세.

농지^전:용(農地轉用)명 농지를 택지(宅地)나 공장 용지 따위로 전용하는 일.

농지^정:리(農地整理)[-니]명 경지 정리.

농-질산(濃窒酸)[-싼]명 농도가 진한 질산.

농-짝(籠-)명①(한 벌로 된) 낱개의 장롱. ②'농(籠)'을 낮잡아 이르는 말. ¶싸구려 농짝.

농차(濃茶)명 진하게 끓인 차.

농찬(農饌)**명** 농사일을 할 때 일꾼들을 먹이기 위하여 만든 반찬.

농채(濃彩)**명** 짙은 색채, 또는 그런 채색법(彩色法). ↔담채(淡彩).

농처(農處)**명** ⇨농지(農地).

농-철(農-)〈농사철〉의 준말.

농초(農草)**명** 농부가 자기 집에서 쓰려고 심어 가꾼 담배.

농촌(農村)**명** 농업으로 생업을 삼는 주민이 대부분인 마을. ↔도시·도회지.

농촌^진흥(農村振興)**명** 농촌의 생산력과 농민의 생활수준을 향상시키기 위한 여러 가지 진흥 사업을 통틀어 이르는 말.

농촌^진흥청(農村振興廳)**명** 농림 수산 식품부에 딸린 중앙 행정 기관의 하나. 농촌 진흥을 위한 시험 연구 및 농업인의 지도·양성 등에 관한 사무를 맡아봄.

농촌^활동(農村活動)[-똥]**명** 대학생들이 농촌에서 농사일을 거들면서 농민의 실정을 체험하는 봉사 활동. ☞농활.

농축(濃縮)**명**[하타][되자] 용액 따위의 농도를 높임. ¶농축 세제. /농축 주스.

농-축산물(農畜産物)[-싼-]**명** 농산물과 축산물. ¶농축산물 도매 시장.

농축^우라늄(濃縮uranium)**명** 천연 우라늄보다 우라늄 235의 함유율을 인위적으로 높인 우라늄. 원자로의 연료로 쓰임.

농치다[타] 좋은 말로 풀어서 맺힌 마음을 노그라지게 하다. ¶농치고 얼러 간신히 달랬다. ❷농치다.

농-치다(弄-)[타] '농하다'를 강조하는 말.

농탁(農濁)**명** 농가에서 농사일에 쓰려고 빚은 막걸리. ❀농주(農酒).

농탁(濃濁)'농탁하다'의 어근.

농탁-하다(濃濁-)[-타카-][형여] 진하고 걸쭉하다. 농탁-히[부].

농:-탕(弄蕩)**명**[하자] 남녀가 음탕한 소리와 난잡한 행동으로 마구 놀아 대는 짓.

농탕(濃湯)**명** 흠씬 끓어서 진하게 된 국물.

농:탕-치다(弄蕩-)[자] 남녀가 음탕한 소리와 난잡한 행동으로 마구 놀아 대다.

농토(農土)**명** ⇨농지(農地).

농-투성이(農-)**명** 〈농부〉의 낮춤말.

농:-트다(弄-)[~트니~~터][자] 서로 스스럼없는 관계가 되어 농하는 사이가 되다.

농:-판(弄-)**명** 실없는 장난이나 농담이 벌어진 자리, 또는 그런 분위기.

농포(農布)**명** 농가에서 자기네들의 옷감으로 쓰기 위하여 짠 베.

농포(農圃)**명** 농작물을 가꾸는 밭.

농포(膿疱)**명** 수포(水疱)가 곪아서 탁하고 불투명한 고름으로 차 있는 것.

농:-필(弄筆)**명**[하자] ①참말과 거짓말을 섞어 희롱으로 글을 씀, 또는 그 글. ②글을 필요 이상으로 꾸며서 씀, 또는 그 글. ③사실과 다르게 글을 씀, 또는 그 글.

농:-하다(弄-)[타여] (자기의 어떤 목적을 위하여) 이리저리 재주를 부리다. ¶궤변을 농하다.

농-하다(濃-)[형여] '짙다'의 잘못.

농학(農學)**명** 농업에 관한 생산 기술, 경제 및 그 실제적인 응용에 대해서 연구하는 학문.

농학-과(農學科)[-꽈]**명** 대학에서, 농학을 연구하는 학과.

농한(農閑·農間)**명** 농사일이 그다지 바쁘지 않음. ↔농번(農繁).

농한-기(農閑期)**명** (계절적으로) 농사일이 그리 바쁘지 않은 시기. ↔농번기(農繁期).

농향(濃香)**명** 짙은 향기.

농혈(膿血)**명** ⇨피고름.

농혈-리(膿血痢)**명** 적리(赤痢) 또는 대장 카타르에 걸려서 피고름이 섞인 똥을 누는 병.

농혈-증(膿血症)[-쯩]**명** ⇨농독증(膿毒症).

농협(農協)**명** 〈농업 협동조합〉의 준말.

농형(農形)**명** 농사가 되어 가는 형편. 농황(農況). 연사(年事). 연형(年形).

농홍(濃紅)'농홍하다'의 어근.

농홍-하다(濃紅-)[형여] 짙게 붉다.

농화(濃化)**명**[하자타][되자] 짙어짐. 짙게 함.

농활(農活)**명** 〈농촌 활동〉의 준말.

농황(農況)**명** ⇨농형(農形).

농-회색(濃灰色)[-회-/-훼-]**명** 짙은 회색.

농후(濃厚)'농후하다'의 어근.

농후^사료(濃厚飼料)**명** 단백질·지방·탄수화물이 풍부하게 들어 있는 사료. 〔쌀겨·보리·귀리·옥수수 따위.〕

농후-하다(濃厚-)[형여] ①맛·빛깔·성분 따위가 매우 짙다. ②어떤 경향이나 기색 따위가 뚜렷하다. ¶혐의가 농후하다. 농후-히[부].

농흉(膿胸)**명** 흉막강(胸膜腔)에 고름이 차는 병. 〔결핵균에 의한 것이 많음.〕

높-낮이[놈-]**명** 높음과 낮음. 고저(高低). ¶높낮이가 있게 고르다.

높다[놉따][형] ①아래서 위로 향한 길이가 길다. ¶지붕이 높다. /높은 산. ②지위나 수준 따위가 보통보다 묶어나 있다. ¶신분이 높다. /등급이 높다. /안목이 높다. ③값이 비싸다. ¶가격이 높다. ④소리나 강도 따위가 강하다. ¶높은 목소리. /강도(剛度)가 높다. ⑤온도나 습도 따위의 숫자가 크다. ¶예년보다 기온이 높다. ⑥세상에 널리 알려져 있다. ¶평판이 높다. ⑦기세가 대단하다. ¶사기가 높다. ⑧어떤 의견이 다른 의견보다 많고 우세하다. ¶비난의 소리가 높다. ↔낮다. *높아〈높고[놉꼬]

높-다랗다[놉따라타][~다라니~~다래][형여] 썩 높다.

높-드리[놉뜨-]**명** ①골짜기의 높은 곳. ②골짜기의 높고 메마른 데에 있는 논밭.

높디-높다[놉띠놉따][형] 더할 수 없을 정도로 높다. ¶높디높은 가을 하늘.

높-바람[놉빠-]**명** '북동풍'의 뱃사람 말.

높새[놉쌔]**명** '북동풍'의 뱃사람 말. 녹새풍(綠塞風). 높새바람.

높새-바람[놉쌔-]**명** ⇨높새.

높-쌘구름[놉쌘-]**명** ⇨고적운(高積雲).

높으락-낮으락[-락-]**부**[하여] 높낮이가 고르지 않은 모양. ¶선로를 따라 높으락낮으락 야산(野山)이 이어지고 있다.

높은-기둥(-)**명** 재래식 한옥(韓屋)에서, 대청의 한가운데에 다른 기둥보다 높게 세운 기둥.

높은-밥(-)**명** '고봉밥'의 잘못.

높은-음(-音)**명** 고음(高音). ↔낮은음.

높은음자리-표(-音-標)**명** 서양 음악에서, 높은 음자리(音域)를 적은 보표임을 나타내는 기호. 〔오선의 둘째 줄이 '사' 음임을 나타냄. 기호는 𝄞.〕 고음부 기호(高音部記號). 사음자리표. ↔낮은음자리표.

높을-고(-高)**명** 한자 부수의 한 가지. '顧' 등에서의 '高'의 이름.

높이[I]**명** 높은 정도. ¶나무의 높이가 낮다. [II]**부** 높게. ¶높이 솟다. /높이 날아오르다.

높-이다[타] ①〖'높다'의 사동〗높게 하다. ¶돌담을 높이다. /명성을 높이다. ②상대편을 존경하여 대하다. ¶대접을 높이다. ↔낮추다.

높이-뛰기[명] 뜀뛰기 운동의 한 가지. 도움닫기하여 공중에 가로질러 놓은 막대를 뛰어넘어, 그 높이를 겨루는 경기.

높임[명] 말의 주체, 또는 말을 듣는 상대를 높이는 일. ↔낮춤.

높임-말[명] 말을 하는 이가 말을 듣는 이를 높여이를 때, 그 인물이나 그와 관련되는 사물을높이는 특수한 단어. 〔직접 높임말(아버님·선생님·주무시다… 따위)과 간접 높임말(진지·말씀·치아… 따위)의 구별이 있음.〕 경어(敬語). 존대어(尊待語). 존댓말. 존칭어. ↔낮춤말.

높임-법(-法) [-뻡]명] 문장의 주체, 또는 말을듣는 상대편을 높이거나 낮추는 법. 〔주체 높임법과 상대 높임법의 구별이 있음.〕

높임^선어말^어:미(-先語末語尾)[명] 용언의 어간과 어말 어미 사이에 쓰이어, 높임의 뜻을나타내는 선어말 어미. ('-시-'가 이에 딸림.)

높지거니[놉찌-][부] 꽤 높직하게. ¶등을 높지거니 매달다.

높지막-하다[놉찌마카-][형여] 꽤 높직하다. 높지막-이[부].

높직-높직[놉찡놉찍][부하형] 여럿이 다 높직하게. 높직높직-이[부].

높직-하다[놉찌카-][형여] 높은 듯하다. 꽤 높다.

높-층구름(-層-) [놉-]명] ⇨고층운(高層雲).

높-푸르다[놉-][~푸르니·~푸르러][형러] 높고푸르다. ¶높푸른 가을 하늘.

높-하늬바람[노파늬-][명] '북서풍'의 뱃사람 말.

놓[명] 〈옛〉노끈. ¶노홀 바로 느리 드리오니(金三 5:26).

놓다[노타][Ⅰ][타] ①잡은 것을 잡지 않은 상태로두다. ¶줄을 잡은 손을 놓다. ②일정한 자리에두다. ¶가방을 바닥에 놓다. ③긴장이나 걱정따위를 풀어 없애다. ¶맥을 놓다. /마음을 놓다. ④하던 일을 그만두다. ¶일손을 놓다. /수저를 놓다. ⑤불을 지르다. ¶불을 놓다. ⑥총알따위를 밖으로 나가게 하다. 발사하다. ¶대포를 놓다. ⑦시설하거나 가설하다. ¶다리를 놓다. /전화를 놓다. ⑧이자나 세(貰)를 받기로 하고 돈이나 집을 빌려 주다. ¶빚을 놓다. /전세를 놓다. ⑨(치료를 위하여) 침이나 주삿바늘을찌르다. ¶예방 주사를 놓다. ⑩말을 낮추어서하다. ¶서로 말을 놓고 지내다. ⑪거절하거나 겁주거나 방해하는 말을 하다. ¶훼방을 놓다. /엄포를 놓다. /퇴짜를 놓다. ⑫(짐승이 잡히도록)무엇을 장치하여 두다. ¶덫을 놓다. ⑬(참외·수박 따위의) 씨를 심어서 가꾸다. ¶수박을 놓은 밭. ⑭힘을 더하거나 세(勢)를 더하다. ¶줄행랑을 놓다. /속을 놓고 울다. ⑮곱게 꾸미려고치레를 하다. ¶무늬를 놓다. /수를 놓다. ⑯수판 따위로 셈을 하다. ¶수판을 놓다. /셈을 놓다. ⑰사려는 값을 부르다. ¶값을 놓아 보시오. ⑱어떤 음식에 다른 곡식이나 과일을 섞어 넣다. ¶콩을 놓은 밥. ⑲옷이나 이부자리 따위에솜이나 털을 넣다. ¶바지에 솜을 놓다. ⑳바둑에서, 하수(下手)가 상수(上手)와 둘 때, 몇 점을 미리 더 두고 두다. ¶석 점 놓고 두는 접바둑. ㉑화제나 논의의 대상으로 하다. ¶그 문제를 놓고 옥신각신하다. ㉒중간에 매개물을 두다. ¶사람을 놓아 수소문하다. /매파(媒婆)를놓다. ㉓(어떤 내용을) 편지 따위를 통하여 알

리다. ¶부모님께 편지를 놓다. ㉔기계 장치를조작하여 원하는 상태가 되게 하다. ¶자동차의속도를 100 km로 놓고 달렸다. ＊놓아[노-]·놓는[논-]·놓소[노쏘]

[Ⅱ][조동] 용언의 어미 '-아'·'-어'나 조사 '라'·'이라' 뒤에 쓰이어, 사물의 보유(保有)나 상태의 유지를 뜻함. ¶잔금을 받아 놓다. /미리이야기해 놓다. /워낙 급하게 서두르던 참이라놓아서 미처 인사도 못했다. ＊놓아[노-]·놓는[논-]·놓소[노쏘]

놓아-가다[노-][자] 배나 말이 빨리 가다.

놓아-기르다[노-][~기르니·~길러][타르] 놓아먹이다. ¶닭을 놓아기르다.

놓아-두다[노-][타] ①들었던 것을 내려서 그곳에 두다. ¶물건은 여기 놓아두고 들어가시오. ②그냥 내버려 두다. ¶이 녀석, 이번에는 가만 놓아두지 않겠다. 㘑놔두다.

놓아-먹다[노-떡][자] 보살피는 이가 없이 제멋대로 자라다. ¶놓아먹는 놈이라서 하는 짓이나 말이 되게 거칠다.

놓아-먹이다[노-][타] 가축을 우리에 가두지 않고 내놓아서 기르다. 놓아기르다.

놓아먹인 망아지(놓듯)[관용] '제멋대로 마구자라서 길들이기가 어려운 사람'을 이르는 말.

놓아-주다[노-][타] 속박을 풀어 자유로운 상태가 되게 하여 주다. ¶새를 놓아주다. /범인을놓아주다. 㘑놔주다.

놓-이다[노-][자] 〖'놓다'의 피동〗①얹히어 있다. ¶책상 위에 놓여 있는 꽃병. ②안심이 되다. ¶이제야 마음이 놓이는구나. ③놓음을 당하다. ¶마을 앞에 다리가 새로 놓였다. /운명의 갈림길에 놓이다. 㘑놔다.

놓-치다[논-][타] ①잡거나 얻은 것을 도로 잃다. ¶잡은 고기를 놓치다. ②시간·때를 그냥 보내할 일을 못하다. ¶혼기를 놓치다. /기차를 놓치다. ③듣거나 보거나 느껴서 알 수 있는 것을 지나쳐 버리다. ¶좋다가 선생님의 말씀을 놓쳤다.

놔:[감] '놓다'의 반말형 명령형, 또는 부사형 '놓아'가 줄어든 말. ¶거기 놔.

놔:-두다[타] 〈놓아두다〉의 준말.

놔:-주다[타] 〈놓아주다〉의 준말.

뇌(腦)[뇌/눼][명] 두개골에 싸여 있으며, 신경 세포가 모여 신경계의 중심을 이루고 있는 부분. 〔척수와 함께 중추 신경을 형성하며, 대뇌·소뇌·연수로 구분됨.〕 뇌수(腦髓). 두뇌. 머릿골1.

뇌각(牢却)[뇌-/눼-][명][하타] (부탁이나 선물 따위를) 아주 물리침.

뇌간(腦幹)[뇌-/눼-][명] 뇌수(腦髓) 중에서 대뇌 반구(半球)와 소뇌를 제외한 부분.

뇌감(腦疳)[뇌-/눼-][명] 한방에서, 영양 상태가나쁘거나 선병질인 어린아이의 머리에 나는 헌데를 이르는 말.

뇌거(牢拒)[뇌-/눼-][명][하타] 딱 잘라 거절함.

뇌격(雷擊)[뇌-/눼-][명][하타][되자] 어뢰(魚雷)를발사하여 적의 군함을 공격함.

뇌격-기(雷擊機)[뇌-끼/눼-끼][명] 어뢰(魚雷)를발사하여 적의 군함을 공격하는 비행기.

뇌-경색(腦硬塞)[뇌-/눼-][명] 뇌의 혈관이 막혀, 괴사가 일어나 연화하는 병. 뇌연화증.

뇌고(牢固)[뇌고하다'의 어근.

뇌고(惱苦)[뇌-/눼-][명][하타] 몸과 마음이 몹시괴로움.

뇌고(雷鼓)[뇌-/눼-][명] 국악(國樂)의 타악기의한 가지. 검은 칠을 한 여섯 개의 북을 한 묶음으로 하여 틀에 매달아 침.

뇌고-하다(牢固-) [뇌-/눼-][형여] (의지나 요새 따위가) 튼튼하고 굳다.

뇌공(雷公) [뇌-/눼-][명] ☞뇌신(雷神).

뇌관(雷管) [뇌-/눼-][명] 금속제 용기 속에 뇌홍(雷汞)과 염소산칼륨을 주로 한 약품을 잰 것. 폭약이나 화약에 점화하기 위하여 쓰임. ¶지뢰의 뇌관.

뇌까리다 [뇌-/눼-][타] ①(남이 말한) 불쾌한 말을 그대로 되받아서 자꾸 뇌다. ②아무렇게나 되는대로 지껄이다.

뇌:꼴-스럽다 [뇌-따/눼-따] [-스러우니·-스러워] [형ㅂ] 보기에 아니꼽고 못마땅하다. ¶함부로 나대는 그 녀석이 몹시 뇌꼴스럽다. 뇌꼴스레[부].

뇌-농양(腦膿瘍) [뇌-/눼-][명] 외상이나 그 밖의 이유로 뇌 안에 화농균이 들어가서 생기는 병.

뇌:다¹ [뇌-/눼-][자] <놓이다의 준말.

뇌:다² [뇌-/눼-][타] 같은 말을 자꾸 되풀이하여 말하다. ¶조금 전에 했던 말을 다시 뇌다.

뇌:다³ [뇌-/눼-][타] 굵은 체에 친 가루를 더 보드랍게 하려고 고운 체에 다시 한 번 치다.

뇌덕(賴德) [뇌-/눼-][명][하자] 남의 덕을 입음. 소덕(所德).

뇌동(雷同) [뇌-/눼-][명][하자] 주견이 없이 남의 의견에 무턱대고 동조함. ¶부화(附和)뇌동.

뇌동-부화(雷同附和) [뇌-/눼-][명][하자] ☞부화뇌동.

뇌-두개골(腦頭蓋骨) [뇌-/눼-][명] 두골격(頭骨格)의 일부. 뇌와 청기(聽器)를 싸고 있는 여덟 개의 뼛조각이 봉합되어 있음.

뇌락(磊落) [뇌-/눼-] '뇌락하다'의 어근.

뇌락-하다(磊落-) [뇌라카-/눼라카-][형여] 쾌활하고 너그러우며 작은 일에 얽매이지 않다. ¶뇌락한 성질. 뇌락-히[부].

뇌:랗다 [뇌라타/눼라타] [뇌라니·뇌래] [형ㅎ] 생기가 없이 아주 노랗다. 큰뉘렇다.

뇌력(腦力) [뇌-/눼-][명] 정신을 써서 생각하는 힘.

뇌력(賴力) [뇌-/눼-][명][하자] 남의 힘을 입음.

뇌롱(牢籠) [뇌-/눼-][명][하타] ☞농락(籠絡).

뇌리(腦裏) [뇌-/눼-][명] 생각하는 머릿속. 의식의 속. 뇌중(腦中). ¶문득 그가 범인일지도 모른다는 생각이 뇌리를 스친다.

뇌막(腦膜) [뇌-/눼-][명] 두개골(頭蓋骨) 속의 뇌를 싸고 있는 얇은 막.

뇌막-염(腦膜炎) [뇌망념/눼망념][명] 뇌막에 생기는 염증. 〔유행성·화농성·결핵성의 세 가지가 있음.〕

뇌명(雷名) [뇌-/눼-][명] ①세상에 널리 알려진 높은 명성. ②남의 명성을 높여 이르는 말.

뇌명(雷鳴) [뇌-/눼-][명] ①천둥소리가 울리는 일, 또는 그 소리. ②'몹시 큰 소리'를 비유하여 이르는 말.

뇌문(雷紋·雷文) [뇌-/눼-][명] 번개 모양의 굴절된 선으로 만드는 연속무늬, 또는 사각형의 소용돌이 모양으로 된 무늬. 〔흔히, 발이나 돗자리 등의 가장자리에 둘러 놓음.〕 번개무늬.

뇌물(賂物) [뇌-/눼-][명] 직권(職權)을 이용하여 특별한 편의를 보아 달라는 뜻으로 주는 부정한 금품. ¶뇌물로 매수하다.

뇌변(雷變) [뇌-/눼-][명] 벼락을 맞은 변고.

뇌병(腦病) [뇌뼝/눼뼝][명] 뇌에 일어나는 질병을 통틀어 이르는 말.

뇌-병원(腦病院) [뇌-/눼-][명] ☞정신 병원.

뇌-빈혈(腦貧血) [뇌-/눼-][명] 뇌의 혈액 순환이 나빠져서 혈액량이 줄기 때문에 일어나는

두통·구역·현기증 따위의 증세. 졸도하여 인사 불성이 되는 경우도 있음.

뇌사(牢死) [뇌-/눼-][명] ☞옥사(獄死).

뇌사(腦死) [뇌-/눼-][명] 죽음에 대한 정의(定義)의 한 가지. 뇌의 기능이 완전히 멈추어져 본디 상태로 되돌아가지 않는 상태.

뇌산-수은(雷酸水銀) [뇌-/눼-][명] ☞뇌홍.

뇌살(惱殺) [뇌-/눼-][명] <뇌쇄>의 본딧말.

뇌성(雷聲) [뇌-/눼-][명] 우렛소리. 천둥소리.

뇌성^마비(腦性痲痹) [뇌-/눼-][명] ☞뇌성 소아마비.

뇌성-벽력(雷聲霹靂) [뇌-병녁/눼-병녁][명] 우렛소리와 벼락.

뇌성^소:아마비(腦性小兒痲痹) [뇌-/눼-][명] 태어날 때부터 뇌에 이상이 있어서 팔다리의 마비나 이상, 운동·지능 장애 따위를 일으키는 병. 뇌성 마비.

뇌쇄(牢鎖) [뇌-/눼-][명][하타] (자물쇠 따위를) 굳게 잠금.

뇌쇄(惱殺) [뇌-/눼-][명][하타][되자] 애가 타도록 몹시 괴롭힘. 〔특히, 여자가 그 아름다움이나 성적 매력으로 남성을 홀리게 함을 이름.〕 본뇌살.

뇌쇄-적(惱殺的) [뇌-/눼-][관명] 여자의 아름다움이나 성적 매력이 남자를 홀리는 데가 있는 (것). ¶뇌쇄적 눈웃음. /뇌쇄적인 몸동작.

뇌수(牢囚) [뇌-/눼-][명][하타] 단단히 가둠, 또는 그렇게 갇힌 죄수.

뇌수(腦髓) [뇌-/눼-][명] ☞뇌(腦).

뇌수(雷獸) [뇌-/눼-][명] 중국 전설에서 이르는, 상상의 괴물. 벼락과 함께 땅 위로 떨어져 우레 같은 소리를 내며 나무를 쓰러뜨리고, 사람이나 가축을 해친다고 함.

뇌-수면(腦睡眠) [뇌-/눼-][명] 잠이 비교적 얕게 든 상태. ↔체수면(體睡眠).

뇌-수종(腦水腫) [뇌-/눼-][명] 뇌실과 뇌막 사이에 뇌척수액이 괴어서 생기는 병. 뇌가 압박을 당하며 두부(頭部)가 팽창하고 지능 저하를 해초함.

뇌신(惱神) [뇌-/눼-][명][하타] 정신을 어지럽히고 괴롭힘.

뇌신(雷神) [뇌-/눼-][명] 천둥과 번개를 일으킨다는 귀신. 뇌공(雷公).

뇌-신경(腦神經) [뇌-/눼-][명] 뇌에서 나오는 12쌍의 말초 신경. 곧, 머리·얼굴·귀·코·눈·입 등에 퍼져 있는 운동 신경과 지각 신경.

뇌실(腦室) [뇌-/눼-][명] 뇌 내부의 공간. 뇌척수액이 차 있음.

뇌압(腦壓) [뇌-/눼-][명] 뇌 안에서의 뇌척수액의 압력.

뇌^압박증(腦壓迫症) [뇌-빡쯩/눼-빡쯩][명] 두개강(頭蓋腔)이 좁아져서 뇌압이 높아지기 때문에 일어나는 뇌의 기능 장애. 두통·구토·현기·불면·하품·혼수상태 등이 일어남.

뇌약(牢約) [뇌-/눼-][명][하타] 굳게 약속함, 또는 그 약속.

뇌-연화증(腦軟化症) [뇌-쯩/눼-쯩][명] ☞뇌경색(腦硬塞).

뇌염(腦炎) [뇌-/눼-][명] 바이러스·세균 등의 감염이나 물리적·화학적 자극에 의한 뇌의 염증을 통틀어 이르는 말. 〔고열·두통·의식 장애·경련 등이 주된 증세임.〕

뇌옥(牢獄) [뇌-/눼-][명] 죄인을 가두어 두는 곳. 감옥(監獄). 수옥(囚獄). 옥(獄).

뇌우(雷雨) [뇌-/눼-][명] 번개·천둥·돌풍(突風) 따위와 함께 내리는 비. ¶뇌우가 쏟아진다. /뇌우가 퍼붓다.

뇌운(雷雲)[뇌-/눼-]명 번개와 천둥, 또는 천둥에 비를 내리게 하는 구름.

뇌-일혈(腦溢血)[뇌-/눼-]명 고혈압이나 동맥 경화 등으로 뇌 속에 출혈을 일으키는 병. 의식 장애·반신불수 등을 일으키며, 사망하는 경우가 많음. 뇌출혈(腦出血).

뇌자(牢子)[뇌-/눼-]명 ⇨군뢰(軍牢).

뇌장(腦漿)[뇌-/눼-]명 ⇨뇌척수액(腦脊髓液).

뇌전(雷電)[뇌-/눼-]명 천둥과 번개.

뇌전-도(腦電圖)[뇌-/눼-]명 뇌파(腦波)를 기계적으로 묘사 기록한 도면(圖面).

뇌-전류(腦電流)[뇌절-/눼절-]명 뇌의 신경 세포가 움직일 때에 일어나는 미량(微量)의 전류.

뇌-전색(腦栓塞)[뇌-/눼-]명 심장 판막증 따위에 걸렸을 때, 혈액 중에 유리된 응혈의 조각이 뇌혈관을 막음으로써, 그 근처의 영양 장애를 일으키는 병증.

뇌정(牢定)[뇌-/눼-]명하타 ⇨돈정(敦定).

뇌정(雷霆)[뇌-/눼-]명 ⇨천둥.

뇌정-벽력(雷霆霹靂)[뇌-병녁/눼-병녁]명 천둥과 벼락.

뇌조(雷鳥)[뇌-/눼-]명 들꿩과에 딸린 새. 날개 길이 20 cm가량. 꽁지는 대체로 검고, 배는 희며, 두 눈 위에는 붉고 작은 볏이 있음. 다리의 발톱 사이에까지 털이 남. 우리나라·일본·중국·유럽·북미 등지에 분포함.

뇌-졸중(腦卒中)[뇌-쫑/눼-쭝]명 뇌의 급격한 혈액 순환 장애로 일어나는 증상. 갑자기 의식을 잃고 운동 장애를 일으키는데, 주로 뇌일혈과 뇌경색 등에서 볼 수 있음. 졸중풍.

뇌-졸증(腦卒症)[뇌-쫑/눼-쭝]명 '뇌졸중'의 잘못.

뇌-종양(腦腫瘍)[뇌-/눼-]명 뇌·뇌막·뇌혈관·뇌하수체·뇌신경 등에 발생하는 종양을 통틀어 이르는 말. 두통·구토·경련·마비·시력 장애 등의 증세가 일어남.

뇌주(酹酒)[뇌-/눼-]명하자 술을 땅에 부어 강신을 비는 일.

뇌중(腦中)[뇌-/눼-]명 ⇨뇌리(腦裏).

뇌증(腦症)[뇌-쯩/눼-쯩]명 고열이나 호흡 장애·대사 장애 따위의 전신성 질환이 원인이 되어 의식 장애나 경련을 일으키는 병.

뇌지(雷芝)[뇌-/눼-]명 '연(蓮)'을 달리 이르는 말.

뇌진(雷震)[뇌-/눼-]명하자 천둥소리가 크게 울리고 벼락이 침.

뇌-진탕(腦震蕩)[뇌-/눼-]명 머리를 세게 부딪치거나 얻어맞거나 했을 때, 일시적으로 의식 장애를 일으키는 일. 심하면 죽거나 정신이상이 되는 수도 있음.

뇌-척수(腦脊髓)[뇌-쑤/눼-쑤]명 중추 신경계인 뇌와 척수를 통틀어 이르는 말.

뇌척수-막(腦脊髓膜)[뇌-쑤-/눼-쑤-]명 뇌와 척수를 싸고 있는 막. 수막(髓膜).

뇌척수막-염(腦脊髓膜炎)[뇌-쑤망념/눼-쑤망념]명 일종의 쌍구균(雙球菌)으로 인하여 뇌막과 척수막에 생기는 염증. 〔두통·고열·경련·마비 등을 일으키며 사망률이 높음.〕

뇌척수-액(腦脊髓液)[뇌-쑤-/눼-쑤-]명 뇌실 안이나 척수 속에 차 있는 무색투명한 액체. 외부로부터의 충격에 대하여 뇌나 척수를 보호하고, 또 이들에 대한 영양의 보급 등도 맡고 있음. 뇌장(腦漿).

뇌천(腦天)[뇌-/눼-]명 ⇨정수리.

뇌-출혈(腦出血)[뇌-/눼-]명 ⇨뇌일혈.

뇌-충혈(腦充血)[뇌-/눼-]명 뇌의 혈관 속을 흐르는 혈액량이 늘어난 상태. 정신적 흥분이나 과로·일사병·알코올 중독 등에서 나타나는데, 심하면 졸도하여 인사불성이 됨.

뇌파(腦波)[뇌-/눼-]명 뇌의 활동에 따라서 일어나는 뇌전류, 또는 그것을 끌어내어 증폭 기록한 것.

뇌풍(腦風)[뇌-/눼-]명 한방에서 이르는 풍병(風病)의 한 가지. 뒷머리부터 등까지 차가워지고 오한이 나며, 머리가 아프고 어지러움.

뇌-하다[뇌-/눼-]형여 천하고 아주 더럽다.

뇌-하수체(腦下垂體)[뇌-/눼-]명 척추동물의 대뇌 아래쪽에 드리워 있는 콩팥 한 크기의 내분비샘. 생식·발육 등과 밀접한 관계가 있음. 골뭇샘.

뇌-혈전증(腦血栓症)[뇌-쩐쯩/눼-쩐쯩]명 뇌의 동맥 속에 혈액이 엉긴 덩어리가 생겨 혈관이 막히는 증상. 동맥 경화에 의한 것이 많고, 뇌졸중의 원인이 됨.

뇌형(牢刑)[뇌-/눼-]명 주리를 트는 형벌.

뇌홍(雷汞)[뇌-/눼-]명 수은을 질산으로 용해시키고, 에틸알코올을 넣어서 만든 화합물. 조그만 자극에도 폭발하기 때문에 기폭제로 쓰임. 뇌산수은.

뇌화(雷火)[뇌-/눼-]명 ①천둥과 번개. ②벼락으로 일어난 불.

뇌환(雷丸)[뇌-/눼-]명 대나무 뿌리에 나는 버섯의 한 가지. 밤과 비슷한 모양인데, 단단하고 무거우며 거죽은 검고 속은 흰 빛깔임. 살충약으로 쓰임.

뇌후(腦後)[뇌-/눼-]명 ①뒤통수. ②무덤의 뒤쪽.

뇌후-종(腦後腫)[뇌-/눼-]명 한방에서, 뒤통수에 나는 부스럼을 이르는 말.

놋-보[녇뽀/눼뽀]명 사람됨이 천하고 더러운 사람.

-뇨[어미]〈옛〉-냐. ¶어디ᄒᆞ여 이 오솔 닙었ᄂᆞ뇨(五倫2:29).

누데 〈누구〉의 준말. ¶대체 누가 그런 소릴 해?

누데 〈옛〉누구. ¶師ㅣ 무로디 부톄 누고(月釋21:195). /눌 미르시리(龍歌99章).

누(婁)명 ⇨누성(婁星)〉의 준말.

누(累)명 ①(남과의 관계에 있어서) 정신적으로나 물질적으로 입는 피해나 괴로움. ¶누가 되다. /누를 끼쳐 죄송합니다.

누:(漏)명 ①〈누수〉의 준말. ②〈각루〉의 준말.

누(樓)명 ①다락집. ②〈누각(樓閣)〉의 준말.

누(壘)명 야구에서, 내야의 네 귀퉁이에 놓인 방석 모양의 물건. 베이스(base).

누:가(累加)명하타되자 ①자꾸 보태어 나감. ②수학에서, 같은 수를 차례차례 보태어 나가는 일. ↔누감(累減).

누:가(累家)명 대대로 이어 온 집안.

누가(nougat 프)명 희고 무른 서양식 사탕 과자의 한 가지. 〔땅콩 따위가 들어 있는 것이 많음.〕

누가-복음(←Luke福音)명 신약 성서 중의 셋째 편. 누가의 저작으로, 사복음서 가운데 하나. 예수의 생애와 가르침이 기록되어 있음.

누:각(漏刻)명 물시계.

누각(樓閣)명 사방이 탁 트이게 높이 지은 다락집. 대각(臺閣). 준누.

누각(鏤刻)명하타 ①쇠붙이나 나무에 그림이나 글씨를 새김. ②문장이나 말을 다듬고 고침.

누:감 (累減) 圄하타되자 ①자꾸 줄여 나감. ②수학에서, 어떤 수에서 일정한 수를 차례차례 빼는 일. ↔누가(累加).

누:감-세 (累減稅) [-쎄] 圄 과세 물건(課稅物件)의 가격이 증가함에 따라 세율이 낮아지는 조세. 역진세(逆進稅).

누:거 (陋居) 圄 ①좁고 너절한 집. ②'자기의 집'을 겸손하여 이르는 말.

누:-거만 (累巨萬) 〔여러 거만의 뜻으로〕 '매우 많음'을 나타내는 말. ¶ 누거만의 재산.

누:거만-금 (累巨萬金) 圄 매우 많은 돈.

누:거만-년 (累巨萬年) 圄 매우 오랜 세월.

누:거만-재 (累巨萬財) 圄 매우 많은 재물.

누:견 (陋見) 圄 ①좁은 생각. 하찮은 의견. ②남에게 대하여 '자기의 의견(생각)'을 겸손하여 이르는 말.

누:계 (累計) [-계/-게] 圄하타 부분 부분의 합계를 차례차례 가산(加算)하는 일, 또는 그렇게 해서 나온 합계. 누산(累算).

누:고 (漏告) 圄하타 ①〔어떤 부분을〕 숨기고 말하지 않음. ②비밀을 남에게 알림.

누:고 (漏鼓) 圄 지난날, 성루에 달아 놓고 시각을 알리기 위하여 치던 북.

누:공 (漏空) 圄 투조(透彫).

누:공 (瘻孔) 圄 부스럼의 구멍.

누:공 (鏤工) 圄하타 쇠붙이나 도자기에 무늬 따위를 아로새기는 일, 또는 그 기술자.

누:관 (淚管) 圄 누도(淚道)의 한 부분. 위쪽은 코에 가까운 위아래 눈꺼풀에 열려 있고, 아래쪽은 비강(鼻腔) 속에 열려 있어, 눈물을 눈에서 코로 보내는 관.

누구 데 ①그 사람이 어떤 사람인지 모를 때, 의문의 뜻을 나타내는 말. ¶ 당신은 누구요?/이게 누구 것이오? ②특정의 사람이 아닌 어떤 사람을 두루 이르는 말. ¶ 누구도 지나갈 수 없다. /언젠가는 누군가 하겠지. ③대상을 밝히지 않고 이르는 말. ¶ 누구라면 네가 알아?/누구더러 이래라저래라랴? 参누:.

누구-누구 데 '누구'의 복수. ¶ 어제 극장에 누구누구 갔었니?

누그러-들다 [~드니·~들어] 재 누그러지다.

누그러-뜨리다 타 누그러지게 하다. 누그러트리다.

누그러-지다 재 ①〔성이 나 있거나 흥분(긴장)해 있던 것이〕좀 부드러워지다. ¶ 마음이 누그러지다. /태도가 누그러지다. ②〔정도가 심하거나 높아져 있던〕추위·더위·병세·물가 따위의 정도가 덜하여지다. ¶ 추위가 누그러지다. /값이 누그러지다. /어제부터 시작된 복통이 좀 누그러졌다. 누그러들다.

누그러-트리다 타 누그러뜨리다.

누그름-하다 혱여 좀 누글누글하다. 参노그름하다. 누그름-히 甲.

누글-누글 [-루-] 甲하여 좀 무르게 누긋누긋한 모양. 参노글노글. 누글누글-이 甲.

누:금 (鏤金) 圄하타 쇠붙이 그릇에 화조(花鳥)·산수(山水) 따위를 아로새기는 일.

누굿-누굿 [-굳-굳] 甲하여 여럿이 다 누긋한 모양. 参노긋노긋. 누굿누굿-이 甲.

누긋-하다 [-귿-] 혱여 ①메마르지 않고 좀 눅눅하다. 参노긋하다. ②성미가 급하지 않고 부드럽다. ¶ 마음이 누긋하다. ③날씨가 좀 누그러진 듯하다. ¶ 누긋한 날씨. 누긋-이 甲.

누:기 (淚器) 圄 눈물을 분비하고, 이것을 비강(鼻腔)으로 이끌어 내는 기관을 통틀어 이르는

말. 〔누선(淚腺)·누관(淚管)·누낭(淚囊)·누비관(淚鼻管)〕

누:기 (漏氣) 圄 축축한 물기. ¶ 누기가 차다.

누기(가) 치다 관용 축축한 기운이 나다.

누기다 타 누기다. 늦추다. 용서하다. ¶ 弛는 누길씨라(月釋序13).

누꿈-하다 혱여 (전염병이나 해충 따위가) 한동안 부쩍 심하게 퍼지다가 좀 수그러져 뜸해지다. 누꿈-히 甲.

누:나 圄 사내아이가 '손위 누이'를 이르는 말. 参누님.

누:낭 (淚囊) 圄 누도(淚道)의 일부로, 아래위의 누소관(淚小管)에서 흘러온 눈물이 담기는 주머니.

누:년 (累年) [I] 圄 여러 해. 오랜 세월. 누세(累歲). ¶ 누년에 걸친 실정(失政).
[II] 甲 여러 해 동안. ¶ 누년 양로원에 봉사하러 가다.

누:누-이 (累累-) 甲 여러 번. 여러 차례. ¶ 누누이 타이르다.

누:님 데 〈누나〉의 높임말.

누다 타 똥이나 오줌을 몸 밖으로 내보내다.

누-다락 (樓-) 圄 다락집의 위층.

누:대 (累代) 圄 여러 대. 누세(累世). 혁대(奕代). ¶ 누대에 걸쳐 살아온 고장.

누대 (樓臺) 圄 누각(樓閣)과 대사(臺榭).

누:대-봉사 (累代奉祀) 圄하자 여러 대의 조상의 제사를 받드는 일.

누:대-분산 (累代墳山) 圄 여러 대의 조상의 묘지가 있는 곳.

누더기 圄 누덕누덕 기운 헌 옷. 남루(襤褸).

누덕-누덕 [-떡] 甲하여 여기저기 해진 자리를 깁고 덧붙인 모양. 参노닥노닥[2].

누:도 (淚道) 圄 눈물의 표면을 적신 눈물이 비강(鼻腔)에 이르는 경로(經路). 〔누점(淚點)·누소관(淚小管)·누낭(淚囊) 따위를 지나 비강에 이름.〕누로(淚路).

누:도 (屢度) 圄 여러 번. 여러 차례.

누:두 (漏斗) 圄 ☞깔때기.

누:드 (nude) 圄 ①벌거벗은 몸. ②회화나 사진 등으로 표현된 나체상.

누:드-모델 (nude model) 圄 회화나 사진 등에 나체를 표현하기 위해 벌거벗은 모델.

누:락 (漏落) 圄하타되자 〔마땅히 기록되어야 할 것이〕기록에서 빠짐, 또는 기록에서 빠뜨림. 낙루(落漏). ¶ 명부에 누락된 사람이 있다.

누:란 (累卵) 圄 〔포개 놓은 알이란 뜻으로〕 '몹시 불안정하고 위태로운 상태'를 비유하여 이르는 말. ¶ 정국이 누란의 위기에 놓이다.

누:란지세 (累卵之勢) 圄 포개 놓은 알처럼 몹시 위태로운 형세.

누런-빛 [-삔] 圄 누런 빛깔. 비누런색. 参노란빛. ¶ 누런빛이 [-비치는]·누런빛만 [-빈-].

누런-색 (-色) 圄 누런 색깔. 비누런빛. 参노란색.

누렁 圄 누런 빛깔. 누런 물감. 参노랑.

누렁-개 圄 누런 빛깔의 누른 개. 누렁이. 황구(黃狗).

누렁-물 圄 누르퉁퉁하고 더러운 물. ↔먼물.

누렁-우물 圄 물이 맑지 않아서 먹지 못하는 우물. ↔먼우물.

누렁-이 圄 ①누런 빛깔의 물건. ②누렁개.

누:렇다 [-러타] [누러니·누레] 혱ㅎ 매우 누르다. ¶ 누런 황토 먼지. /누렇게 익은 벼 이삭. 参노랗다.

누:레-지다 재 누렇게 되다. 参노래지다.

누:로 (淚路) 圄 ☞누도(淚道).

누룩명 밀을 굵게 갈아 반죽하여 띄운 것. 술을 빚는 발효제로 쓰임. 국얼(麴蘖). 주매(酒媒). 종곡(種麯).

누룩-곰팡이[-꼼-]명 자낭균류에 딸린 곰팡이. 포자는 황록색 또는 갈색임. 이 곰팡이가 만드는 효소는 전분을 당분으로 바꾸는 작용을 하기 때문에 양조(釀造)에 이용됨. 곡균. 국균.

누룩-두레[-뚜-]명 누룩을 가마를 만들 때 쓰는, 누룩 덩이 같은 둥덩이.

누룩-밀[-룽밀]명 홍국(紅麴)을 만드는 재료. 〔찐 찹쌀밥을 물에 버무려 독에 넣고 익힌 뒤에, 갈아서 풀처럼 만듦.〕 국모(麴母). *누룩밀이[-룽미치]·누룩밑을[-룽미틀]·누룩밀만[-룽밀-]

누룽지명 솥 바닥에 눌어붙은 밥. 참눌은밥.

누:르-기명 유도의 굳히기의 한 가지. 상대편의 상체를 등이 바닥에 닿게 하여 누르는 기술. 〔누르는 방법에 따라 위누르기·곁누르기·세로누르기·가로누르기로 나뉨.〕

누르께-하다형여 곱지도 짙지도 않게 누르스름하다. 누리끼리하다. 짝노르께하다.

누:르다¹[누르니·눌러]〔Ⅰ〕타르 〔Ⅰ〕힘을 가하여 위에서 아래로 밀다. ①어깨를 누르다. ②무거운 것을 얹어 놓다. ¶종이 끝을 눌러 놓는다. ③어떤 심리 작용이 일어나지 못하게 하다. ¶욕망을 누르다. /흥분을 누르다. ④남을 꼼짝 못하게 억박지르다. ¶반대파를 누르다. ⑤누름단추를 밀다. ¶벨을 누르다. ⑥(경기나 경선 따위에서) 상대를 제압하여 이기다. ¶상대를 근소한 차로 누르고 반장에 당선되었다. ⑦국수틀로 국수를 뽑다. ¶국수를 누르다. 〔Ⅱ〕자르 《주로 '눌러 있다', '눌러 살다'의 꼴로 쓰이어》 계속 머물다. ¶형님 댁에 눌러 살다.

누르다²[누르니·누르러]형러 개나리꽃이나 호박꽃의 빛깔과 같다.

누르디-누르다[~누르니·~누르러]형러 아주 누르다.

누르락-붉으락[-뿔그-]부하자 몹시 성을 낼 때, 얼굴빛이 누렇게 되었다가 다시 붉게 되었다가 하는 모양.

누르락-푸르락부하자 몹시 성을 낼 때, 얼굴빛이 누렇게 되었다가 다시 푸르게 되었다가 하는 모양.

누르무레-하다형여 산뜻하지 않게 약간 누르다. 짝노르무레하다.

누르미명 〈화양누르미〉의 준말.

누르스레-하다형여 누르스름하다. 짝노르스레하다.

누르스름-하다형여 산뜻하고 옅게 누르다. 조금 누르다. 누르스레하다. 짝노르스름하다. 누르스름-히부.

누르퉁퉁-하다형여 ①맵시가 없고 산뜻하지 않게 누르다. ②붓고 뜬 살이 핏기 없이 누른빛을 띠다. ¶그는 신장이 좋지 않아 항상 누르퉁퉁하게 뜬 얼굴로 다닌다.

누른-빛[-삗]명 누른 빛깔. 짝노른빛. *누른빛이[-비치]·누른빛만[-빈-]

누를-황(-黃)명 한자 부수의 한 가지. '黌'·'黈' 등에서의 '黃'의 이름.

누름-단추명 손가락으로 눌러 종을 울리게 하거나 기계를 작동시키거나 하는 조그만 돌기물(突起物). 버튼. 준단추.

누름-돌[-똘]명 물건을 꼭 눌러 두는 데 쓰는 돌. 〔김칫돌 따위.〕

누름-적(-炙)명 고기와 채소를 꼬챙이에 꿰어 굽거나 달걀을 씌워 번철에 지진 음식. 황적(黃炙).

누룻-누룻[-른-른]부하형 군데군데 누르스름한 모양. 짝노릇노릇. **누룻누룻-이**부.

누릇-하다[-르타-]형여 누르스름하다. 짝노릇하다.

누리명 ☞우박(雨雹).

누리명 '세상(世上)'을 예스럽게 이르는 말.

누리-꾼명 네티즌.

누리끼리-하다형여 누르께하다. 짝노리끼리하다.

누리다¹타 (기쁨이나 즐거움 따위를) 마음껏 겪으면서 맛보다. ¶복을 누리다. /자유를 누리다.

누리다²형 ①누린내가 나다. ②기름기가 많아 메스꺼운 냄새가 나다.

누리척지근-하다[-찌-]형여 누린내가 조금 나는 것 같다. 준누리치근하다·누치근하다. 짝노리착지근하다. 누리척지근-히부.

누리치근-하다형여 〈누리척지근하다〉의 준말. 짝노리치근하다. 누리치근-히부.

누린-내명 ①짐승의 고기에서 나는 기름기의 냄새. ②짐승의 털이 불에 타는 냄새. 조취(臊臭). 참노린내.

누린내가 나도록 때리다관용 (우악살스럽게) 아주 몹시 때리다.

누릿-하다[-리타-]형여 냄새가 좀 누리다. 짝노릿하다.

누-마루(樓-)명 다락처럼 높게 만든 마루.

누:-만(累萬)명 여러 만. 〔굉장히 많은 수를 나타내는 말.〕

누:만-금(累萬金)명 〔여러 만 냥의 돈이라는 뜻으로〕 굉장히 많은 액수의 돈.

누:-망(漏網)명하자 잡히게 된 범법자가 수사망을 뚫고 빠져 달아남.

누:-망(樓望)명 한 가닥의 가느다란 희망. 일루(一樓)의 희망.

누:-명(陋名)명 ①창피스러운 평판에 오르내리는 이름. ②억울하게 뒤집어쓴 불명예. 오명(汚名). ¶누명을 벗다. /살인자라는 누명을 쓰다.

누:-문(漏聞)명하자 새어 나온 말을 얻어들음.

누-문(樓門)명 다락집 밑으로 드나들게 된 문.

누:-범(累犯)명 금고(禁錮) 이상의 형을 받고 그 집행이 끝났거나 면제를 받은 후, 3년 이내에 또다시 금고 이상에 해당하는 죄를 범하는 일, 또는 그런 사람. 〔형이 가중(加重)됨.〕 준재범.

누:범^가중(累犯加重)명 누범에 대하여 형기(刑期)를 더하는 일. 〔그 죄에 대한 형기의 두 배까지 가중할 수 있음.〕

누벨(nouvelle 프)명 〔콩트와 로망의 중간 형식인〕 중편 소설.

누벨바그(nouvelle vague 프)명 〔새로운 물결이란 뜻으로〕 1958년경부터 몇 년 동안 프랑스 영화계에 나타난, 젊은 영화 작가들과 그 작품 경향에 대해서 붙여진 이름. 〔현대를 의식의 내부로부터 주관적으로 묘사하려 하였으며, 대담한 행동의 추구와 자유분방한 섹스의 묘사 등이 그 특징이었음.〕

누:-보(屢報)명하자 여러 번 보도함(알림).

누보-로망(nouveau roman 프)명 ☞앙티로망.

누비명 천을 겹으로 포개 놓고 줄이 죽죽 지게 박는 바느질, 또는 그렇게 만든 것. 〔흔히 사이에 솜을 두고 박음.〕

누:-비-관(淚鼻管)명 ☞비루관(鼻淚管).

누비다타 ①천을 포개 놓고 죽죽 줄이 지게 박다. ¶포대기를 누비다. ②요리조리 뚫고 나가다. ¶사람들 사이를 누비고 지나가다. ③이리저리 마음껏 활동하다. ¶운동장을 누비다. /정계를 누비다. ④〈찡그리다〉의 속된 말.

누비-옷[-옫]圄 옷감을 누벼 지은 옷. 누빈 옷. *누비옷이[-오시]·누비옷만[-온-]

누비-이불圄 솜을 얇게 두어 누빈 이불.

누비-질하자 누비는 일.

누비-처네圄 누벼서 만든 처네.

누비-포대기圄 얇게 솜을 두고 누벼서 만든 포대기.

누비-혼인(-婚姻)圄하자 두 성(姓) 사이에 많이 겹치어 하는 혼인. 비겹혼인·딤불혼인.

누:삭(累朔)圄 여러 달.

누:산(累算)圄 ☞누계.

누:산-기(累算器)圄 컴퓨터의 연산 장치에서, 수치를 가감승제하고 그 결과를 일시적으로 비축해 두는 레지스터의 한 가지. 어큐뮬레이터.

누상(樓上)圄 다락 위. ↔누하(樓下).

누상(壘上)圄 야구에서, 각 누(壘)의 위를 이르는 말. ¶누상에 한 명의 주자가 나가 있다.

누선(淚腺)圄 눈물샘.

누선(樓船)圄 판자로 지붕을 덮고 다락집처럼 꾸민 배.〔옛날, 해전이나 뱃놀이 따위에 쓰였음.〕

누:선-염(淚腺炎)[-념]圄 누선의 염증.

누:설(漏泄·漏洩)圄하자타되자 ①액체가 샘, 또는 새게 함. ②비밀이 새어 나감, 또는 새어 나가게 함. ¶기밀을 누설하다.

누:설(縲絏)圄〔검은 포승이라는 뜻으로〕'감옥, 또는 감옥에 갇히는 일'을 비유하여 이르는 말.

누성(婁星)圄 이십팔수의 하나. 서쪽의 둘째 별자리.累代).

누:세(累世)圄 여러 대(代). 여러 세대(世代). 누대(累代).

누:세(累歲)圄 여러 해. 누년(累年).

누:속(陋俗)圄〔문화적이지 않은〕천한 풍속 또는 풍습. 누습(陋習). 누풍(陋風).

누:송(淚誦)圄〔시나 노래·문장 따위를〕눈물을 흘리면서 읊거나 부름.

누:수(淚水)圄 눈물.

누:수(漏水)圄 물이 샘, 또는 새는 그 물. ¶누수로 말미암아 수량이 줄다. 준누. ②물시계에서 떨어지는 물.

누:수-기(漏水器)圄 ☞물시계.

누:습(陋習)圄 ☞누속(陋俗).

누:습(漏濕)圄하형 습기가 스며 있음.

누:승(累乘)圄하자 '거듭제곱'의 구용어.

누:시누(屢試屢驗)圄하타 여러 번 시험하고 여러 번 경험함.

누:실(陋室)圄 ①좁고 더러운 방. ②남 앞에서 '자기의 방'을 겸손하게 이르는 말.

누:실(漏失)圄하타되자 빠뜨려 잃어버림.

누심(壘審)圄 야구에서, 일루·이루·삼루의 베이스 가까이에서, 각각 그 베이스에 관한 판정을 맡아보는 심판.

누:안(淚眼)圄 눈물이 괴어 있는 눈.

누:액(淚液)圄 눈물.

누:액(漏液)圄 한방에서, 손발과 겨드랑이 같은 데에 땀이 늘 나는 병.

누에圄 누에나방의 유충. 자벌레와 비슷하며, 몸빛은 희고, 검은 무늬가 있음. 뽕을 먹고 살며, 네 번의 잠을 자는 동안 네 번 탈바꿈한 후에 고치를 짓고, 그 고치 안에서 번데기가 되었다가 다시 나방이 되어 고치를 뚫고 나와 알을 낳은 뒤 죽음.

누에(가) 오르다관용 누에가 고치를 지으려고 섶에 오르다.

누에-고치圄 ☞고치1. 잠견(蠶繭).

누에-나방圄 누에나방과의 곤충. 누에의 성충임.

편 날개 길이 4 cm가량. 암컷은 몸빛이 희고 촉각은 회백색이며, 수컷은 몸빛이 회색이고 촉각은 검음. 번데기에서 우화(羽化)하여 며칠 만에 교미하고, 알을 낳은 뒤에 죽음. 원잠아. 잠아.

누에-농사(-農事)圄 누에를 치는 일. 잠농(蠶農). 잠작(蠶作).

누에-늙은이圄 누에가 늙은 것처럼 '말라 휘어 어진 사람'을 비유하여 일컫는 말.

누에-떨기하자 ☞소잠(掃蠶).

누에-똥圄 누에의 똥. 농작물의 거름이나 약재로 쓰임.

누에-머리圄 산의 형세가 누에의 머리 모양으로 솟은 산꼭대기.

누에-섶[-섭]圄 ☞섶4. *누에섶이[-서피]·누에섶만[-섬-]

누에-씨圄〔씨를 받을〕누에의 알. 잠종(蠶種).

누에^채반(-盤)圄 ☞잠박(蠶箔).

누에-콩圄 콩과의 다년초. 네모꼴의 줄기 높이는 40~80 cm. 봄에 흰 바탕에 짙은 자줏빛의 점이 있는 나비 모양의 꽃이 피고, 움트린 누에 모양의 꼬투리에는 너덧 개의 콩이 들어 있음. 씨는 간장·콩나물·기름 따위의 재료로 쓰임. 잠두.

누에-파리圄 기생파릿과의 곤충. 몸길이 1~1.5 cm. 몸빛은 회백색, 날개는 갈색임. 몸은 넓적하고 배 쪽은 평평함. 누에·멧누에 따위의 살갗이나 털 끝에 알을 슬며, 그것의 유충인 누엣구더기가 누에의 몸 속으로 들어가 자람으로써 누에를 죽게 함. 우리나라·일본·중국·인도 등지에 분포함. 잠향(蠶蠁).

누엣-구더기[-에꾸-/-엗꾸-]圄 ①누에기생파리의 유충. 뽕잎에 슬어 놓은 누에기생파리의 알이, 그 뽕잎을 먹는 누에의 몸 속에서 부화하여 구더기로 된 것. ②누에파리의 유충. 누에의 살갗이나 털 끝 따위에 슬어 놓은 누에파리의 알이 부화하여 구더기로 된 것. 잠저(蠶蛆).

누역〈옛〉도롱이. ¶비온 날 니믜친 누역이 벗귀 본들 엇더리(古時調·鄭澈). /누역 사: 蓑(訓蒙中15).

누열(陋劣)圄 '누열하다'의 어근.

누:열-하다(陋劣-)형여 하는 짓이나 마음이 더럽고 비열하다.

누:옥(陋屋)圄 ①좁고 너저분한 집. ②'자기의 집'을 겸손하게 이르는 말. ¶누옥을 방문해 주시니 더없는 영광입니다.

누:옥(漏屋)圄 비가 새는 집.

누운-다리圄 베틀다리.

누운-단圄 옷옷의 아래단.

누운-목(-木)圄 누인 무명.

누운-변(-邊)圄 본전과 함께 한목에 갚거나 받는 변리(邊利). 와변(臥邊). 장변(長邊). ↔선변.

누운-잣나무[-잔-]圄 소나뭇과의 상록 침엽 교목. 바늘 모양의 잎이 다섯 개씩 뭉쳐남. 꽃은 암수가 한 꽃봉오리에 있음. 수꽃은 검은빛이 도는 자홍색으로 길둥글고, 암꽃은 달걀 모양인데 6~7월에 피며, 구과(毬果)는 이듬해 9월에 익음. 왜송(倭松).

누울-외(-椳)[-우뢰/-우뤠]圄 벽 속에 가로로 대는 외. 준눌외. ↔설외.

누워-먹다[-따]자 편하게 놀고먹다. 일을 하지 않고 놀면서 지내다.

누:월(累月)圄 여러 달.

누의圄〈옛〉누이. ¶아슨누의 미:妹(類合上19).

누이圄 남자에게 있어서, 동기(同氣)인 여자. 〔보통 자기보다 나이가 적은 여자에 대하여 쓰임.〕준뉘3.

누이 좋고 매부 좋다[속담] 양쪽에게 다 이롭고
좋다는 말.
누이다[타] 〔'눕다'의 사동인 '눕히다'의 변한말
로〕①사람을 자리에 눕게 하거나 바닥에 쓰러
뜨리다. ¶아기를 요 위에 누이다. /상대 선수
를 매트에 누이다. ②긴 물체를 바닥에 가로놓
다. ¶기둥을 마당에 누이어 놓다. ③이자만 치
르고 원금은 그대로 빚으로 있게 하다. ¶본전
을 누이다. ④무명·모시·명주 따위를 잿물에
삶아 물에 빨아서 희고 부드럽게 하다. ¶생명
주를 누이다. (본)눕히다. (준)뉘다.
누-이다²[타] 〔'누다'의 사동〕 오줌·똥 따위를 누
게 하다. ¶곤히 자는 아이를 깨워 억지로 오
줌을 누이다. (준)뉘다.
누이-동생(-同生)[명] 나이가 자기보다 아래인
누이. 손아래 누이. 여동생. 여제(女弟).
누이-바꿈[명][하자] 누이를 처남과 혼인시킴. 곧,
두 남자가 서로의 누이와 결혼하는 일.
누:일(累日)[명] ①여러 날. 적일(積日). ¶누일
을 앓다. ②[부사적 용법] ¶장마가 누일 계속
되다.
누임[명][하타] 무명·모시·명주 따위를 누이는 일.
(준)님.
누:적(累積)[명][하자타][되자] 포개져 쌓임, 또는 포
개어 쌓음. 적루. ¶경험을 누적하다. /누적된
피로.
누:적(漏籍)[명][하타][되자] (사무 착오 등으로) 호
적·병적·학적 따위에서 빠짐.
누:전(漏電)[명][하자][되자] 절연이 불완전하여 전
류의 일부가 전선 밖으로 새어 나가는 일, 또
는 그 전류.
누:전(漏箭)[명] ①물시계에서 시간을 가리키는
화살. ②어디로부터 날아왔는지 모르게 날아와
서 사람을 맞힌 화살.
누:점(淚點)[명] 아래위의 눈꺼풀에 있는, 누도
(淚道)의 입구가 되는 부분.
누:점(漏點)[명] 물시계의 물이 똑똑 듣는 일, 또
는 그 물방울.
누:정(漏丁)[명][하타] 지난날, 부역에서 빠지려고
사내아이를 호적에 올리지 않던 일.
누:정(漏精)[명][하자] ☞유정(遺精).
누:조(鼻祖)[명] 대대의 조상. 조상 대대.
누:조(鼻朝)[명] 대대의 조정(朝廷).
누:주(淚珠)[명] 구슬 같은 눈물방울.
누:증(累增)[명][하자타][되자] 수량 따위가 자꾸 늚,
또는 늘림. ¶올해 상반기 국제 수지에서 흑자
가 누증하다.
누:지(陋地)[명] ①누추한 곳. ②'자기가 사는
곳'을 겸손하게 이르는 말.
누:지다[형] 조금 축축한 기운이 있다. ¶누진 방
에서 자면 병나기 쉽네.
누:진(累進)[명][하자타] ①지위 따위가 자꾸 올라
감. ②수량이 많아지거나 가격이 상승함에 따
라 그에 대한 비율도 높아지는 일.
누:진^과세(累進課稅)[명] 누진 세율에 의하여
세금을 부과하는 일.
누:진-세(累進稅)[명][-쎄] 과세 물건(課稅物件)
의 수량, 또는 가격의 증가에 따라 세율이 높
아지는 조세. 〔법인세·소득세·상속세 따위.〕
(참)비례세.
누:진^세:율(累進稅率)[-쎄-]세율의 한 가
지. 과세 표준의 금액 또는 수량이 많아짐에
따라 비례 이상으로 차차 증가하는 세율.
누:진-율(累進率)[-뉼] 수량이 많아지거나
가격이 상승함에 따라 차차 증가하는 비율.

누:차(累次)[Ⅰ][명] 여러 차례. 누회. 수차(數次).
¶누차에 걸쳐서 독촉을 받았다.
[Ⅱ][부] 여러 차례에 걸쳐. 누회. 수차(數次). ¶누
차 편지를 하다.
누:창(漏瘡)[명] ☞감루(疳瘻).
누척지근-하다[-찌-][형여] 〈누리척지근하다〉의
준말. ¶곰국이 덜 끓었는지 구수한 맛은 없고
누척지근하다. (참)노착지근하다. 누척지근-히[부].
누:천(累千)[명] 썩 많은 수.
누:천-년(累千年)[명] 여러 천년. 오랜 세월.
누:최(漏催)[-최/-췌][명][하자] 시계가 때를 재
촉함. 시간이 가까이 닥침.
누추(陋醜)어근 '누추하다'의 어근.
누추-하다(陋醜-)[형여] ①너저분하고 더럽다.
¶누추한 옷차림. ②자기의 거처 따위를 겸손
하게 이를 때 쓰는 말. ¶누추한 곳까지 찾아
주셔서 고맙습니다.
누:출(漏出)[명][하자][되자] ①(기체나 액체 따위가)
새어 나옴. ¶가스가 누출되다. ②기밀이나 정
보 따위가 밖으로 새어 나감. ¶개인 정보 누출.
누치[명] 잉엇과의 민물고기. 몸길이 50 cm가량.
입술은 붉고 입가에 한 쌍의 수염이 있으며,
몸빛은 은백색 바탕에 등 쪽은 회색인데, 잉어
와 비슷함.
누:치(漏痔·瘻痔)[명] ☞치루.
누:탈(漏脫)[명][하자] 빠져 달아남. 탈루.
누:택(陋宅)[명] ①누추한 집. ②남 앞에서 '자기
의 집'을 겸손하게 이르는 말.
누:토(累土)[명][하자] 흙을 쌓아 올림, 또는 쌓아
올린 그 흙.
누:퇴(累退)[-퇴/-퉤][명][하자] ①비율이 차차
내려감. ②관위나 등급 따위가 차차 내려감.
누:퇴-세(累退稅)[-퇴쎄/-퉤쎄][명] 누진세(累
進稅)의 한 가지. 과세 표준의 일정 한도까지
를 누진세로 하고, 그 한도를 넘는 부분은 비
례세로 하는 세금.
누:풍(陋風)[명] 호적에서 빠진 집.
누:하(淚河)[명] 〔눈물의 강이란 뜻으로〕 '눈물을
많이 흘림'을 비유하여 이르는 말.
누:하(樓下)[명] 다락 밑. 누각의 아래. ↔누상.
누:한(←淚痕)[명] 도자기 표면에 눈물이 흘러내
린 자국처럼 잿물이 흘러내린 자국.
누:항(陋巷)[명] ①좁고 누추한 거리, 또는 그런
동네. ②속된 세상. ③'자기가 사는 곳'을 겸
손하게 이르는 말.
누:항-사(陋巷詞)[명] 조선 광해군 때 박인로(朴
仁老)가 지은 가사. 〔그가 경기도 용진(龍津)
에 한거(閑居)하고 있을 때, 친구 이덕형(李德
馨)이 그 생활 형편을 물은 데 대하여, 안빈낙
도(安貧樂道)한다는 뜻의 대답을 가사 형식으
로 지은 내용.〕
누:혈(漏血)[명] 한방에서, 피가 나오는 치질(痔
疾)의 한 가지.
누:호(淚湖)[명] 각막이나 결막 표면을 씻어 내린
눈물이 눈초리 옆에 일단 괴는 곳.
누:호(陋號)[명] 호적에서 빠진 집.
누:호(漏壺)[명] 물시계에서, 물을 담는 그릇과
물을 받는 그릇을 함께 이르는 말.
누:회(屢回)[-회/-훼][Ⅰ][명] 여러 번. 여러 차
례. 누차(累次).
[Ⅱ][부] 여러 번에 걸쳐. 누차(累次). ¶재건축에
대하여 누회 설명하였다.
누:흔(淚痕)[명] 눈물 자국.
누흙다[형] 〔옛〕 마음이 풀려 게으르다. ¶열두히
롤 누흙디 아니ᄒᆞ샤(月釋21:213).

녹녹-하다[농누카-]〖형〗〖어〗 ①물기나 기름기가 섞여 좀 물렁물렁하고 부드럽다. 〖장〗녹녹하다. ②누기(漏氣)가 차서 좀 축축하다. 녹녹-히〖부〗.

녹다[-따] 〖Ⅰ〗〖자〗 ①뻣뻣하던 것이 무르거나 부드러워지다. ¶봄비에 땅이 녹다. ②분위기나 기세 따위가 부드러워지다. ¶나이가 들어 성질이 녹었다.
〖Ⅱ〗〖형〗 ①반죽 따위가 무르다. ¶반죽이 너무 녹은 것 같다. ②뻣뻣하던 것이 습기를 받아 부드럽다. ¶빨래는 약간 녹을 때 다려야 한다. ③성질이 누긋하다. ¶딱딱해 보이지만, 사귀어 보면 그렇게 녹을 수가 없다. ④추위가 풀려 푸근하다. ¶봄 날씨처럼 녹다. ⑤값이 싸다. ¶시세가 녹다.

녹신-녹신[-씬-씬]〖부〗〖형〗 매우 녹신한 모양. 〖장〗녹신녹신.

녹신-하다[-씬-]〖형〗〖어〗 부드럽고 녹녹하여 질기지 않다. 〖장〗녹신하다. 녹신-히〖부〗.

녹실-녹실[-씰룩씰]〖부〗〖형〗 매우 녹실한 모양. 〖장〗녹실녹실.

녹실-하다[-씰-]〖형〗〖어〗 아주 무르게 녹신하다. 〖장〗녹실하다.

녹은-도리〖명〗 풍류(風流)의 곡조의 마디를 녹게 하는 도막.

녹이다〖타〗 ①(열이나 기름·물 따위를 가하여) 누긋누긋하게 하다. ¶물을 뿜어 빨래를 녹이다. ②목소리를 부드럽게 하다. ¶목소리를 녹이다. ③마음을 부드럽게 가지다. ¶노여움을 녹이다.

녹자치다〖타〗〖옛〗 위로하다. ¶녹자칠 위:慰(類合下43).

녹지다[-찌-]〖자〗 날씨나 성미 따위가 누그러지다.

녹진-거리다[-찐-]〖자〗 자꾸 녹진녹진하다. 녹진대다.

녹진-녹진[-찐-찐]〖부〗〖형〗 매우 녹진한 모양. 〖장〗녹진녹진.

녹진-대다[-찐-]〖자〗 녹진거리다.

녹진-하다[-찐-]〖형〗〖어〗(물체나 성질이) 누긋하고 끈끈하다. 〖장〗녹진하다. 녹진-히〖부〗.

눈¹〖명〗 ①(사람이나 동물의) 물건을 보는 감각 기관. 목자(目子). 〔빛의 자극으로 보는 기능이 생김.〕②물체를 볼 수 있는 능력. 시력. ¶눈이 좋다. /눈이 나빠 안경을 끼다. ③어떤 사물을 보고, 그 사물의 옳고 그름이나 좋고 나쁨 따위를 가려내는 능력. ¶눈이 너무 높다. /현대 미술을 보는 눈. ④ ☞눈길1. ¶눈이 마주치다. /뭇사람의 눈을 끌다. ⑤어떤 사물에 대해 갖는 생각이나 태도. ¶내 눈에는 네 옷차림이 영 못마땅하다. /슬픈 눈으로 하늘만 쳐다보다. ⑥태풍의 중심을 이루는 부분. ¶태풍의 눈.

눈 가리고 아웅〖속담〗 얄은수로 남을 속이려 함.

눈 감으면 코 베어 먹을 세상〖속담〗'인심이 흉악함'을 비유하여 이르는 말.

눈 뜨고 도둑맞는다〖속담〗 번연히 알면서도 속거나 손해를 본다는 말.

눈을 떠야 별을 보지〖속담〗 어떤 결과를 얻으려면 거기에 필요한 일을 차례대로 해야 한다는 말.

눈 깜짝할 사이〖관용〗 매우 짧은 동안을 이르는 말. ¶눈 깜짝할 사이에 지갑을 도둑맞았다.

눈도 깜짝 안 하다〖관용〗 조금도 두려워하거나 놀라지 않고 태연하다.

눈 딱 감다〖관용〗 더 이상 다른 것을 생각하지 않다. ¶이번에 눈 딱 감고 자동차 한 대 구입하시지요.

눈 밖에 나다〖관용〗 (신임을 얻지 못하고) 미움을 받게 되다.

눈에 거슬리다〔걸리다〕〖관용〗 보기에 마뜩찮아 불쾌한 느낌을 가지게 된다.

눈에 거칠다〖관용〗 하는 짓이 보기에 싫고 마음에 들지 아니하다. 하는 짓이 온당하지 못하다.

눈에 넣어도 아프지 않다〖관용〗 (주로, 아들딸이나 손자·손녀가) 몹시 귀여움을 나타낼 때 하는 말.

눈에 들다〖관용〗 마음에 맞다. 정이 가다.

눈(에) 띄다〖관용〗 두드러지게 드러나다.

눈에 밟히다〖관용〗 (딱한 모습 등이) 잊으려 해도 자꾸 눈에 선하게 나타나다. ¶생시의 그 또랑또랑하던 모습이 자꾸 눈에 밟힌다.

눈에 불을 켜다〖관용〗 (무엇을 찾거나 이루려고) 온 정신을 집중시키고 덤비다.

눈에 불이 나다〖관용〗 ①머리를 얻어맞거나 하여 눈에 불이 이는 듯하다. ②몹시 화가 나다.

눈에 선하다〖관용〗 잊혀지지 않고 눈에 환히 보이는 것 같다.

눈에 설다〖관용〗 눈에 익지 않다. 처음 보는 것 같다. ¶한두 번 왔던 동네인데도 눈에 설다.

눈에 쌍심지를 켜다〖관용〗 몹시 화가 나서 두 눈을 부릅뜨다.

눈(에) 어리다〖관용〗 잊혀지지 않고 그 모습이 환상이 되어 눈에 보이다.

눈에 이슬이 맺히다〖관용〗 눈에 눈물이 글썽해지다. ¶떠난다는 말을 꺼내기도 전에 눈에 이슬이 맺히다.

눈에 익다〖관용〗 (여러 번 보아서) 눈에 익숙하다. ¶눈에 익은 사람.

눈에 차다〖관용〗 마음에 들어 흡족하다. ¶웬만한 것은 눈에 차지 않는 모양이다.

눈에 칼을 세우다〖관용〗 화가 나서 표독스럽게 노려보다.

눈에 헛거미가 잡히다〖관용〗 〔눈에 허깨비가 아른거릴 정도로〕 ①배가 몹시 고프다. ②욕심에 눈이 어두워 사물을 바로 보지 못하다.

눈에 흙이 들어가다〔덮이다〕〖관용〗 죽다. 죽어서 땅에 묻히다. ¶내 눈에 흙이 들어가기 전에는 너희 결혼을 승낙할 수 없어.

눈을 끌다〖관용〗 ①호기심을 일으켜 보게 하다. ②마음이 쏠리다.

눈(을) 맞추다〖관용〗 ①서로 눈을 마주 보다. ②(남남인) 남녀 사이에 서로 사랑하는 눈치를 보이다.

눈(을) 붙이다〖관용〗 잠깐 동안 잠을 자다.

눈(을) 속이다〖관용〗 꾀를 써서, 보는 이가 모르게 하다.

눈(을) 주다〖관용〗 ①눈길을 그쪽으로 돌려서 보다. ②가만히 시선을 주어 무슨 뜻을 전하다.

눈(이) 가다〖관용〗 시선이 향하여지다.

눈(이) 꺼지다〖관용〗 피로하거나 영양 부족이거나 하여 눈이 움쑥 들어가다.

눈(이) 높다〖관용〗 ①무엇이나 좋은 것만 탐하는 버릇이 있다. ②사물의 좋고 나쁨을 가려내는 능력이 뛰어나다.

눈(이) 뒤집히다〖관용〗 ①환장을 하다. 욕심이 동하여 어쩔 줄을 몰라 하다. ②몹시 참혹한 일을 당하여 제정신을 잃다.

눈(이) 등잔만 하다〖관용〗 몹시 놀라거나 화가 나서 눈을 크게 떠 휘둥그레지다.

눈(이) 맞다〖관용〗 ①두 사람의 마음이 서로 통하다. ②(남남인) 남녀 사이에 서로 사랑하는 마음이 통하다.

눈이 빠지도록 기다리다〖관용〗 몹시 애태우며 오래 기다리다. ¶소식을 눈이 빠지도록 기다리다.

눈(이) 삐다[관용] 뻔한 것을 잘못 보고 있을 때 편잔으로 하는 말. ¶그것도 못 알아보다니 눈이 삐었구나.

눈(이) 시다[관용] 하는 짓이 눈에 거슬려 보기에 아니꼽다.

눈이 시퍼렇게 살아 있다[관용] 멀쩡하게 살아 있다.

눈(이) 어둡다[관용] 어떤 상태나 상황의 속내를 잘 모르는 처지다. ¶책만 뒤지던 학자님이라, 장삿속에는 눈이 어둡지.

눈이 캄캄하다[관용] ①정신이 어찔하여 생각이 콱 막히다. ②까막눈이다. 판무식이다.

눈이 트이다[관용] 사물이나 현상을 판단하는 능력을 갖게 되다.

눈²명 초목의 줄기·가지·잎겨드랑이 등에서 새잎이나 꽃·가지 따위의 싹이 되어 돋아날 자리.

눈³명 자·저울 따위에 수(數)나 양(量)을 헤아리게 새긴 금. 눈금.

눈⁴명 ①그물의 구멍. ②당혜(唐鞋)·운혜(雲鞋) 따위의 코와 뒤울의 꾸밈새.

눈:⁵명 기온이 0°C 이하일 때 대기의 상층에서 수증기가 응결하여 땅에 내리는 흰 결정체.

눈 먹던 토끼 얼음 먹던 토끼가 제각각[속담] 사람은 자기가 겪어 온 환경에 따라 각기 그 능력이나 생각이 다름을 이르는 말.

눈 오는 날 개 싸다니듯[속담] 〔눈이 오면 개들이 좋아하고 돌아다닌다는 뜻으로〕 쓸데없이 돌아다니기 좋아함을 이르는 말.

눈-가[-까]명 눈의 가장자리.

눈-가늠[-까-]명하타 눈대중으로 목표를 정하는 일.

눈:-가루[-까-]명 눈송이의 부스러진 가루.

눈-가리개명 안 보이게 눈을 가리는 물건.

눈-가림명하타 겉만 꾸미어 남을 속이는 일. ¶눈가림으로 하는 일.

눈-가장[-까-]명 눈의 가장자리.

눈-가죽[-까-]명 눈두덩의 살가죽.

눈-감다[-따][자] 죽다. ¶고이 눈감으소서. [Ⅱ타] (남의 잘못 따위를) 보고도 못 본 체하다. ¶비리를 눈감아 주다.

눈-겨룸명하자 ⇨눈싸움.

눈-결[-껼]명 눈에 슬쩍 뜨이는 잠깐 동안. 《주로, '눈결에'의 꼴로 쓰임.》 ¶어둠 속이었지만 눈결에 넌 줄 알았다.

눈-곱[-꼽]명 ①눈에서 나오는 진득진득한 즙액, 또는 그것이 말라붙은 것. ②'매우 적거나 작은 것'을 비유하여 이르는 말. ¶눈곱만큼의 여유도 없다.

눈곱만-하다[-꼽-]형어 매우 작다(적다).

눈-곱자기[-꼽짜-]명 〈눈곱〉의 속된 말.

눈:-구름[-꾸-]명 ①눈과 구름. ②눈을 내리게 할 듯한 구름.

눈-구멍¹[-꾸-]명 ①눈알이 박힌 구멍. 안공(眼孔). 안과(眼窠). 안와(眼窩). 안확. ②〈눈¹〉의 속된 말.

눈:-구멍²[-꾸-]명 눈이 많이 쌓인 가운데.

눈-구석[-꾸-]명 코 쪽으로 향한 눈의 구석. 눈구석에 쌍가래톳이 선다[속담] 너무 분한 일을 당하여 눈에 독기(毒氣)가 서린다.

눈-금[-끔]명 ⇨눈³.

눈:-기운[-끼-]명 눈이 올 듯한 기미.

눈-기이다[타] 남의 눈을 속이다.

눈-길¹[-낄]명 눈으로 보는 방향. 눈이 가는 곳. 눈실. 시선(視線). ¶따뜻한 눈길.

눈길(을) 모으다[관용] 여러 사람의 시선을 집중시키다.

눈:-길²[-낄]명 눈이 쌓인 길. 눈이 내리고 있는 길. 설경(雪徑). 설로(雪路).

눈-까풀명 눈알을 덮어 위아래로 움직이는 까풀. 준눈꺼풀.

눈-깔명 〈눈¹〉의 속된 말.

눈깔(이) 뒤집히다[관용] '눈(이) 뒤집히다'를 속되게 이르는 말.

눈깔(이) 삐다[관용] '눈(이) 삐다'를 속되게 이르는 말.

눈깔-귀머리장군(-將軍)명 연의 한 가지. 귀머리장군 삼각형 속에 크고 작은 흰 점이 둘이나 셋씩 있게 만든 연.

눈깔-머리동이명 연의 한 가지. 먹머리동이의 양쪽에 둥그란 흰 점이 하나씩 있는 연.

눈깔-바구니명 가는 대오리로 구멍이 많이 나게 결은 바구니.

눈깔-사탕(*-沙糖)명 ⇨알사탕.

눈깔-허리동이명 연의 한 가지. 허리의 양쪽에 너비 한 치 서너 푼 되는 검은 띠에 크고 동그란 점이 하나씩 있게 만든 연.

눈-깜작이명 눈을 자주 깜작거리는 사람. 준깜작이. 센눈깜짝이.

눈-깜짝이명 〈눈깜작이〉의 센말. 준깜짝이. 큰눈끔쩍이.

눈-꺼풀명 눈알을 덮어 위아래로 움직이는 꺼풀. 안검(眼瞼). 작눈까풀.

눈-꼬리명 귀 쪽으로 가늘게 좁혀진 눈의 가장자리. 눈의 귀 쪽으로 째진 부분.

눈-꼴명 '눈의 생김새나 움직이는 모양'을 얕잡아 이르는 말. ¶눈꼴을 보아 하니, 순한 인품은 아닌 것 같다.

눈꼴-사납다[-따][~사나우니·~사나워]형ㅂ 태도나 행동이 아니꼬워 보기 싫다.

눈꼴-시다[형] 하는 짓이 같잖아서 보기에 아니꼽다. 눈꼴틀리다. ¶으스대는 꼴이 눈꼴시다.

눈꼴-틀리다명 눈꼴시다.

눈-꼽명 '눈곱'의 잘못.

눈:-꽃[-꼳]명 꽃이 핀 것같이 나뭇가지 위에 얹혀 있는 흰 눈. 설화(雪花). *눈:꽃이[-꼬치]·눈:꽃만[-꼰-]

눈-끔적이명 눈을 자주 끔적거리는 사람. 준끔적이. 센눈끔쩍이.

눈-끔쩍이명 〈눈끔적이〉의 센말. 준끔쩍이. 작눈깜짝이.

눈-높이[-노피]명 ①관찰할 때, 수평으로부터 관측하는 사람의 눈까지의 높이. ②어떤 사물을 보거나 상황을 인식하는 안목의 수준.

눈눈-이[뿐] 눈마다. 눈동자마다.

눈-다랑어[-땅-]명 고등엇과의 바닷물고기. 몸길이 2m가량. 몸이 두껍고 눈이 크며 가슴지느러미가 특히 깊. 깊이 20~120m 되는 곳에 삶.

눈-대중[-때-]명하타 (크기나 수량 따위를) 눈으로 대강 어림잡아 헤아리는 일. 눈어림. 눈짐작. 목측(目測).

눈-도장(-圖章)[-또-]명 〔눈으로 찍는 도장이라는 뜻으로〕 상대편의 눈에 띄는 일을 이르는 말.

눈-독(-毒)[-똑]명 욕심을 내 눈여겨보는 기운. 눈독(을) 들이다[관용] 욕심을 내어 잔뜩 눈여겨보다. ¶남의 재산에 눈독을 들이다.

눈-동냥[-똥-]명 곁에서 얻어 보는 일.

눈-동자(-瞳子)[-똥-]명 안구(眼球) 한가운데 있으며, 홍채(虹彩)에 둘러싸인 조그맣고 검게 보이는 부분. 빛이 들어가는 입구가 됨. 동공(瞳孔). 동자(瞳子). 모자(眸子). 안정(眼睛).

눈-두덩[-뚜-]명 눈언저리의 두두룩한 곳.

눈-두덩이[-뚜-]명 ☞눈두덩.

눈두에명 (옛) 눈까풀. 눈까풀. ¶ 눈두에:眼胞(同文上15). ㉮닷눈두베.

눈-딱부리[-빠-]명 '유달리 크고 툭 불거져 나온 눈, 또는 그런 눈을 가진 사람'을 홀하게 이르는 말. ㉰딱부리.

눈-딱지[-찌]명 보기에 험상궂고 흉한 눈, 또는 그렇게 생긴 눈매.

눈-뜨다[~뜨니·~떠]자 ①잠에서 깨어나다. ¶ 만물이 눈뜨는 새 아침. ②사물의 이치나 참뜻을 깨달아 알게 되다. ¶ 현실에 눈뜨다.

눈뜬-장님명 ①눈을 뜰 수는 있지만 보이지 않는 눈을 가진 사람. 청맹과니. ②글을 모르는 사람. 문맹자(文盲者). ¶ 책이 있으면 무얼 해, 눈뜬장님인걸.

눈:-록(嫩綠)[눌-]명 연한 녹색.

눈-망울명 ①눈알 앞쪽의 두두룩한 부분. 눈동자가 있는 곳. ②눈알. ㉮안구(眼球). ㉰망울.

눈-매명 ☞눈맵시. ¶ 눈매가 예쁘다.

눈-맵시[-씨]명 눈의 생긴 모양새. 눈매.

눈-멀다[~머니·~멀어]자 ①눈이 보이지 아니하게 되다. 시력을 잃다. ¶ 눈먼 장님. ②어떤 일에 온전히 마음이 쏠리어 그것에만 정신을 쏟다. ¶ 사랑에 눈멀다. /돈에 눈멀다.

족담 **눈먼 자식이 효자 노릇 한다** 평소에는 생각지도 않았던 사람한테 은혜를 입게 된다.

족담 **눈먼 탓이나 하지 개천 나무랄 무엇 하나** 자기의 부족함을 탓할 것이지 남을 원망할 것이 아니다.

눈먼 돈관용 ①임자 없는 돈. ②우연히 생긴 공돈. ②뜬돈.

눈:-모시명 뉘어서 빛깔이 하얗게 된 모시. 백저.

눈-목(-目)명 한자 부수의 한 가지. '眼'·'睦' 등에서의 '目'의 이름.

눈-물[1]명 ①눈알 위쪽에 있는 누선(淚腺)에서 나와 눈알을 축이는 투명한 액체. 여러 가지 자극이나 정신적인 감동에 의하여 흘러나옴. ¶ 눈물이 나다. /눈물이 어리다. ②'동정'·'인정'을 비유하여 이르는 말. ¶ 피도 눈물도 없는 사람.

눈물(을) 머금다관용 ①눈물이 글썽해지다. ②슬픔이나 고통 따위를 억지로 참으려 애를 쓰다.

눈물(을) 짜다관용 ①공연히 눈물을 질금질금 흘리며 울다. ②억지로 울다.

눈물이 앞을 가리다관용 몹시 슬퍼서 눈물이 자꾸 흐르다.

눈물(이) 없다관용 동정하거나 감동하는 일이 없다. ¶ 눈물 없이는 볼 수 없는 영화.

눈:-물[2]명 눈이 녹은 물.

눈물-겹다[-따][~겨우니·~겨워]형ㅂ 눈물을 날 만큼 마음에 사무치거나 애처롭다. ¶ 눈물겨운 이별의 장면. /눈물겨운 노력.

눈물-바다[-빠-]명 '한자리에 있는 여러 사람이 동시에 울거나 눈물을 흘리는 장면'을 비유하여 이르는 말.

눈물-받이[-바지]명 눈물이 흘러내리는 곳에 있는 검정 사마귀를 달리 이르는 말.

눈물-방울[-빵-]명 방울방울 맺히는 눈물.

눈물-샘[-쌤]명 눈물을 분비하는 상피 조직의 기관. 눈구멍의 바깥 위쪽에 있는데, 눈물을 조금씩 내보내어 눈을 적심. 누선(淚腺).

눈물-지다자 눈물이 흐르다.

눈물-짓다[-진따][~지으니·~지어]자ㅅ 눈물을 흘리다. 울다. ¶ 고향 생각에 눈물짓다.

눈:-바람명 눈과 함께, 또는 눈 위로 불어오는 차가운 바람. 설풍(雪風). 설한풍. ②'모진 고난'을 비유하여 이르는 말.

눈:-발[-빨]명 내리는 눈의 가닥(줄기). ¶ 눈발이 굵어지다.

눈발(이) 서다관용 눈이 곧 내릴 듯하다.

눈-방울[-빵-]명 정기가 있어 보이는 또렷또렷한 눈알.

눈:-밭[-받]명 ①눈이 깔린 땅. 설전(雪田). ②높은 산의 마루턱이나 중턱에 눈이 녹지 않고 남아 있는 곳. * 눈:발이[-바치]·눈:밭을[-바틀]·눈:밭만[-반-]

눈-병(-病)[-뼝]명 눈에 생긴 병. 안질(眼疾).

눈-보라명 바람에 불리어 휘몰아치는 눈. 풍설. ¶ 눈보라가 치다.

눈-부시다형 ①빛이 아주 아름답고 황홀하다. ¶ 붉게 물든 단풍이 눈부시다. ②활동이나 업적 따위가 매우 훌륭하다. ¶ 눈부신 성과.

눈-부처명 눈동자에 비쳐 나타난 사람의 형상. 동인(瞳人). 동자부처.

눈:-비명 눈과 비.

눈-비음명하자 남의 눈에 좋게 보이기 위하여 겉으로만 꾸밈.

눈-빛[1][-삗]명 ①(마음이) 눈에 나타나는 기색. ¶ 언짢아하는 눈빛. ②눈이 내쏘는 빛(기운). 안광(眼光). ¶ 형형한 눈빛. * 눈빛이[-삐치]·눈빛만[-삔-]

눈:-빛[2][-삗]명 눈의 빛깔. 흰빛. * 눈:빛이[-삐치]·눈:빛만[-삔-]

눈:-사람[-싸-]명 눈을 뭉쳐서 만든 사람의 형상.

눈:-사태(-沙汰)명 산비탈 같은 데 쌓인 눈이 한꺼번에 세차게 무너져 내리는 일.

눈-살[-쌀]명 양 눈썹 사이에 있는 주름.

눈살(을) 찌푸리다관용 못마땅하여 양미간을 찡그리다.

눈:-서리명 눈과 서리.

눈-석이명 '눈석임'의 잘못.

눈:-석임명하자 쌓인 눈이 녹아 스러짐.

눈:석임-물명 (이른 봄에) 쌓였던 눈이 녹아 흐르는 물. 설수(雪水).

눈섭(옛) 눈썹. ¶ 눈서베 디나는 디픈 막대 어르눅도다(杜初7:12).

눈-속임명하자 남의 눈을 속이는 짓.

눈-송이[-쏭-]명 내리는 눈의 송이.

눈-시울[-씨-]명 속눈썹이 난, 눈의 가장자리. 목광(目眶). ¶ 눈시울을 적시다.

눈-싸움명하자 서로 노려보며, 오랫동안 눈을 깜짝이지 않기를 겨루는 장난. 눈겨룸. ㉰눈싸님.

눈:-싸움명하자 눈을 뭉쳐서 서로 던져 맞히는 장난. 설전(雪戰). ㉰눈쌈².

눈:-쌈[1]명하자 〈눈싸움〉의 준말.

눈:-쌈[2]명하자 〈눈싸움²〉의 준말.

눈:-썰매[-場]명 눈 위에서 타거나 끄는 썰매.

눈-썰매-장(-場)명 눈 위에서 썰매나 그와 비슷한 기구를 탈 수 있도록 시설한 곳.

눈-썰미명 한두 번 보고도 곧 그것을 해낼 수 있는 재치. 목교(目巧). ¶ 눈썰미가 있어 무슨 일이든 곧잘 한다.

눈-썹명 눈두덩 위에 가로로 길게 모여 난 짧은 털. 미모(眉毛).

눈썹도 까딱하지 않다관용 놀라거나 겁내는 기색이 조금도 없이 태연하다.

눈썹-끈명 ☞눈썹줄.

눈썹-노리[-썹-]图 베틀의 눈썹대의 끝 부분. 〔잉앗대를 거는 눈썹줄이 여기에 달림.〕

눈썹-대[-때]图 베틀의 용두머리 두 끝에서 앞으로 길게 내뻗친 가는 막대기.

눈썹-먹[-썹-]图 눈썹을 그리는 데 쓰는 먹.

눈썹-바라지[-빠-]图 약계바라지 짝의 중턱에 건너지른 두 개의 작은 들창. 〔이 창을 통해 밖을 내다볼 수 있음.〕

눈썹-줄[-쫄]图 베틀의 눈썹대 끝에 달려 잉앗대를 거는 줄. 눈썹끈.

눈썹-차양(-遮陽)图 처마 끝에 다는 폭이 좁다란 차양.

눈-씨图 쏘아보는 눈빛. ¶매서운 눈씨에 우선 기가 꺾이고 말았다.

눈:-아(嫩芽)图 새로 나온 어린 싹.

눈:-안개图 눈이 올 때에 눈발이 자욱하여 사방이 안개가 낀 것처럼 희부옇게 보이는 상태.

눈-알图 ⇨안구(眼球).

눈알(이) 나오다[관용] 몹시 놀라서 눈알이 나올 듯하다.

눈알이 빠지도록 기다리다[관용] 몹시 애태우며 오래 기다리다.

눈-앞[누밥]图 ①아주 가까운 곳. ¶대청봉이 눈앞에 나타났다. ②매우 가까운 앞날. ¶시험 날짜가 눈앞에 다가왔다. ③남이 보고 있는 그 앞. 면전(面前). ¶사람들을 눈앞에서 창피를 당하다. * 눈앞이[누나피]·눈앞만[누밤-]

눈앞이 캄캄하다[관용] 어찌할 바를 모른다.

눈-약(-藥)[-냑]图 눈병의 치료에 쓰는 약. 안약(眼藥).

눈-어림图[하자] ⇨눈대중.

눈-언저리图 눈의 가장자리.

눈엣-가시[누네까-/누넫까-]图 몹시 미워 늘 눈에 거슬리는 사람. 안중정(眼中釘). ¶눈엣가시 같은 존재.

눈여겨-보다[-너-]団 마음먹고 자세히 보다. ¶지나가는 사람을 눈여겨보았다.

눈:-엽(嫩葉)图 새로 난 잎. 어린잎.

눈:-요기(-療飢)[-뇨-]图[하자] (먹고 싶거나 갖고 싶은 것을) 보는 것만으로 어느 정도 만족하는 일. ¶좋은 그림이 많아 눈요기는 되는 책이다.

눈-웃음图 소리 없이 눈으로만 웃는 웃음. ¶눈웃음을 짓다.

눈웃음-치다団 남의 마음을 끌려고 소리 없이 눈웃음을 웃다.

눈-인사(-人事)图[하자] 눈짓으로 가볍게 하는 인사. 목례(目禮). ¶잘 아는 사이가 아니어서 그저 눈인사만 주고받았다.

눈:-자라기图 아직 몸을 꼿꼿이 하여 앉지 못하는 어린아이.

눈-자위[-짜-]图 눈알의 언저리. 안광(眼眶).

눈자위(가) 꺼지다[관용] (사람이) 죽다.

눈-접(-椄)图 접붙일 나무의 눈을 도려내어 접본(椄本)의 껍질 틈에 접붙이는 일.

눈-정기(精氣)[-쩡-]图 눈의 광채.

눈-정신(精神)[-쩡-]图 ⇨눈총기.

눈-짐작(←斟酌)[-찜-]图[하자] ⇨눈대중.

눈-짓[-찓]图[하자] 눈으로 어떤 뜻을 나타내 보이는 일. ¶눈짓을 주고받다. * 눈짓이[-찌시]·눈짓만[-찐-]

눈-짓물이[-진-]图 '눈시울이 짓무른 사람'을 별명으로 이르는 말.

눈짓-콧짓[-찓코찓/-찓콛찓]图 온갖 눈짓을 강조하여 이르는 말.

눈ᄌᆞᆼᄉ〈옛〉 눈동자. 눈알. ¶눈ᄌᆞᆼ 청:睛(訓蒙上25).

눈ᄶᅡᄉ〈옛〉 눈동자. ¶護持호몰 눈ᄶᅡᄉ ᄀ티ᄒ샤(佛頂上4).

눈:-초(嫩草)图 새로 싹튼 어린 풀.

눈-초리[-쪼-]图 ①귀 쪽으로 가늘게 좁혀진 눈의 구석. 목자(目眥). ②바라보는 눈길, 또는 그때의 눈 모양. ¶날카로운 눈초리.

눈-총图 쏘아보는 눈길. ¶남의 눈총을 받다. / 눈총을 주다.

눈총(을) 맞다[관용] 남의 미움을 받다.

눈-총기(-聰氣)图 본 것을 잊지 않고 잘 기억하는 재주. 눈정신. ¶눈총기가 좋다.

눈-치图 ①남의 마음이나 일의 낌새를 알아챌 수 있는 힘. ¶눈치가 빠르다. /눈치가 있다. ②겉으로 드러나는 어떤 태도. ¶좀 이상한 눈치였다.

눈치가 빠르면 절에 가도 젓갈을 얻어먹는다[속담] 눈치가 빠르면 어디에 가도 군색하지 않게 지낼 수 있다는 말.

눈치(가) 다르다[관용] 태도나 행동이 평상시와 달리 이상스럽다.

눈치(가) 보이다[관용] 남의 마음이나 일의 낌새를 눈치로 살피게 되다.

눈치(를) 보다[관용] 남의 마음이나 일의 낌새를 눈치로 살피다.

눈치(를) 살피다[관용] 남의 눈치가 어떠한가를 엿보다.

눈치-꾼图 남의 눈치만 슬슬 보아 가며 행동하는 사람.

눈치-놀음图[하자] 눈치를 보아 가면서 그에 맞추어 행동하는 일.

눈-치레图[하자] 실속은 없이 겉으로만 번지르르하게 꾸미는 일.

눈치-작전(-作戰)[-쩐]图 미리 낌새를 보아 자기에게 유리하도록 여러 가지 조치를 취하는 것. ¶원서 접수 마감일에는 눈치작전이 치열했다.

눈치-코치图 '눈치'의 힘줌말.

눈치코치도 모르다[관용] 남의 일이나 남의 생각을 도무지 알아차리지 못하다.

눈칫-밥[-치빱/-친빱]图 눈치를 보아 가며 얻어먹는 밥. ¶친척 집에 얹혀 눈칫밥을 얻어먹고 있다.

눈-코图 눈과 코.

눈코 뜰 사이 없다[관용] 몹시 바쁘다.

눈코 사이[관용] 아주 가까운 거리.

눈-퉁이图〈눈두덩〉의 속된 말.

눈-트다[~트니·~터]团 (식물의) 싹이 새로 돋아 나오다.

눈-표(-標)图 눈에 잘 띄도록 한 표. 안표(眼標). ¶그 자리에 눈표를 해 두다.

눈표(가) 나다[관용] 눈에 잘 띄다.

눈-허리图 '코허리'의 잘못.

늣두베〈옛〉 눈두덩. ¶눗두베 므거본 둘 아라든(法2). 참눈두에.

눉믈〈옛〉 눈물. ¶色옛 눉므리 ᄀ릭비 ᄀ티 느리다(月釋1:36). 참눈물.

눖믈〈옛〉 눈물. ¶어마님 그리신 눖므를(龍歌91章). 참눈물.

눋:-내图[-래]图 밥 따위가 눌 때 나는 냄새. ¶눋내가 나다.

눋:다[-따][눌으니·눌어]团ⓒ 누른빛이 나도록 조금 타다. ¶다림질을 잘못하여 옷이 눋었다.

눌ᄌ〈'누구를'이 줄어든 말. ¶눌 탓하며, 눌 원망하랴.

눌대 〔옛〕〔'누'의 목적격형〕 누구를. ¶ 눌을 보라 가시노늬(鄭澈.續美人曲).

눌눌-하다[-룰-]형여 (털이나 싹 따위가) 누르스름하다. 國놀놀하다. 눌눌-히튀.

눌:러-듣다[-따][~들으니·~들어]태ㄷ 탓하지 않고 너그럽게 듣다. ¶ 귀에 거슬리는 점이 있더라도 눌러들어 주시오.

눌:러-먹다[-따]태 같은 집에서 계속해서 밥을 먹다. ¶ 친척 집에서 한 달이나 눌러먹었다.

눌:러-보다태 탓하지 않고 너그럽게 보다. ¶ 아직 서툴지만 눌러보아 주십시오.

눌:러-쓰다[-쓰니·-써]태 ①(모자 따위를) 푹 내려 쓰다. ¶ 모자를 눌러쓴 사나이. ②글씨를 힘주어 쓰다. ¶ 너무 눌러쓰면 종이가 찢어진다.

눌:러-앉다[-안따]자 같은 장소나 직위·직무 따위에 그대로 계속 머물러 있다. ¶ 정년이 지났는데도 영업부장 자리에 그대로 눌러앉아 있다.

눌:러-자다자 계속 머물러 자다.

눌:리다[자태〔'누르다'의 피동〕 누름을 당하다. ¶ 힘에 눌리다. /시집살이 3년 동안 시누이 밑에 눌려 지내다.

눌:리다[태〔'눋다'의 사동〕 눋게 하다. ¶ 밥을 좀 눌려 숭늉을 끓이다.

눌:림-감각(-感覺)명 ☞압각(壓覺).

눌:림-끈명 베틀의 눌림대에 걸어 베틀다리에 매는 끈. 눌림줄.

눌:림-대[-때]명 베틀의 잉아 뒤에 있어 베의 날을 누르는 막대.

눌:림-줄[-쭐]명 ☞눌림끈.

눌면-하다형여 좀 누르스름하다. 國놀면하다. 눌면-히튀.

눌변(訥辯)명 더듬거리는 서툰 말솜씨. ↔능변(能辯)·달변(達辯).

눌삽(訥澁) '눌삽하다'의 어근.

눌삽-하다(訥澁-)[-사파-]형여 말을 더듬거려 듣기에 답답하다.

눌어-붙다[-붇따]자 ①조금 타서 바닥에 붙다. ¶ 밥이 솥 바닥에 눌어붙다. ②한곳에 오래 있으면서 떠나지 않다. ¶ 마땅히 갈 곳도 없어서 겨우내 여기 눌어붙어 있을 생각이야.

눌언(訥言)명 더듬는 말. 國訥語(눌어).

눌-외(-椳)[누릐/누뤠]명 〈누울외〉의 준말.

눌은-밥명 솥 바닥의 누룽지에 물을 부어 불려서 긁은 밥. 國누룽지.

눌-하다(訥-)형여 더듬거려 말이 술술 나오지 아니하다. ¶ 듣는 사람이 짜증을 낼 정도로 말이 눌하다.

눕:다¹[-따][누우니·누워]자ㅂ ①등이나 옆구리를 바닥에 대고 몸을 길게 펴다. ¶ 자리에 편히 눕다. ②병으로 일어나지 못하다. ¶ 한 달이나 누워 있다. ③나무나 풀이 쓰러지거나 죽다. ¶ 누운 나무에는 열매가 안 여는 법이다.
누울 자리 봐 가며 발을 뻗어라[속담] 시간과 장소·가능성 따위를 가려서 행동해야 한다는 뜻.
누워서 떡 먹기[속담] 힘들이지 않고 아주 쉽게 할 수 있음을 이르는 말.
누워서 침 뱉기[속담] 결국은 자기 자신에게 해가 돌아온다는 말.

눕:다²[-따][누우니·누워]자ㅂ 이자는 치렀지만 원금이 그대로 빚으로 있다. ¶ 원금은 그대로 누워 있어 걱정이다.

눕:다³[-따][누우니·누워]태ㅂ 무명·모시·명주 따위를 잿물에 삶아서 물에 빨아 희고 부드럽

게 하다. 《주로, '눕다'의 사동인 '누이다'의 꼴로 쓰임.》

눞히다[누피-]태 〈누이다¹〉의 본딧말.

눙치다태 ①좋은 말로 마음을 풀어서 누그러지게 하다. ¶ 잔뜩 눙치다가 다시 나무랐다. ②어떤 행동이나 말 따위를 문제 삼지 않고 넘기다. ¶ 거짓말이 탄로나자 친구는 농담이라고 하며 눙치려 했다. 國눙치다.

뉘¹명 자손에게서 받는 덕. ¶ 뉘를 보다.

뉘²명 쌀 속에 섞여 있는, 겉껍질이 벗겨지지 않은 벼의 낱알. ¶ 쌀에서 뉘를 골라내다.

뉘:³명 〈누이〉의 준말.

뉘:⁴준 '누구'에 서술격 조사 '이다'가 붙어 줄어든 말. ¶ 뉘시온데 제 이름을 물으십니까?

뉘:⁵준 '누구의'가 줄어든 말. ¶ 너는 이게 뉘 덕인지 아니?
뉘 덕으로 잔뼈가 굵었기에[관용] 남의 은덕을 입고 자라났음을 비유적으로 하는 말.
뉘 집에 죽이 끓는지 밥이 끓는지 아나[관용] 여러 사람의 사정을 다 살펴 알기는 어렵다는 말.

뉘¹명 〔옛〕①세상. 평생. 前世生은 아랫 뉘엣 生이라(月釋1:6). ②적. 때. ¶ 過去는 디나건 뉘오(月釋2:21). 國누리.

뉘²대 〔옛〕누구. 뉘 슈:誰(訓蒙下24). ②누가(누구가). ¶ 뉘 아니 스랑ᄒᆞᅀᆞᄫᆞ리(龍歌78章). ③누구의. ¶ 뉘 지븨셔 또 칠꼬(杜初17:28). /대 버히ᄂᆞᆫ 뉘 아돌오(杜重1:23). ~뉘∼둘혼 뉘해어니오(樂範.處容歌). ~뉘.

-뉘집미 〔옛〕(일부 명사 뒤에 붙어) 별로 대단하지 않은 것, 작은 것, 천한 것 등의 뜻을 나타냄. ¶ 世上에 憂愁뇌 물은이 글을 부러호노라(古時調). /구름 씐 볏뉘도 쬔 적이 업건마는(古時調).

뉘누리명 〔옛〕①물살. ¶ 뉘누리 단:湍(訓蒙上5). ②소용돌이. ¶ 뉘누리 와:渦(訓蒙上5).

뉘:다¹ 〈누이다¹〉·〈누이다²〉의 준말.

뉘:렇다[-러타][뉘러니·뉘레]형ㅎ 생기가 없이 아주 누렇다. 國뇌렇다.

뉘-반지기(-半-)명 뉘가 많이 섞여 있는 쌀.

뉘앙스(nuance 프)명 말의 의미·색조·음조·감정 따위의, 딴것과 서로 다른 미묘한 특색.

뉘연-히튀 '버젓이'의 잘못.

뉘엿-거리다[-연-]자 자꾸 뉘엿뉘엿하다. 뉘엿대다. ¶ 해가 뉘엿거리는 저녁 무렵.

뉘엿-뉘엿[-연-염]튀 ①하자해가 산이나 지평선 너머로 조금씩 넘어가는 모양. ②하형속이 메스꺼워 자꾸 토할 듯한 상태.

뉘엿-대다[-엳때-]자 뉘엿거리다.

뉘우쁘다[뉘우쁘니·뉘우뻐]형 뉘우치는 생각이 있다.

뉘우치다태 자기 잘못을 깨닫고 마음속으로 스스로 꾸짖다. ¶ 잘못을 뉘우치다. 國뉘웇다.

뉘우침명 뉘우치는 일. 자기 잘못을 스스로 깨닫는 일.

뉘웇다[-욷따]태 〈뉘우치다〉의 준말. * 뉘웇어·뉘웇는[-운-]

뉘지근-하다형여 〈뉘척지근하다〉의 준말. 뉘지근-히튀.

뉘척지근-하다[-찌-]형여 누린 냄새가 좀 심하다. 國뉘지근하다. 뉘척지근-히튀.

뉨명[하타〈누임〉의 준말.

뉴:딜(New Deal)명 1933년 미국 대통령 루스벨트가 실시한, 불황을 극복하기 위한 경제 정책.

뉴:똥명 견(絹)으로 짠 옷감의 한 가지. 〔빛깔이 곱고 보드라우며 잘 구겨지지 않음.〕

뉴:런 (neuron)**명** 신경 세포와 거기서 나오는 돌기를 합친 것. 신경을 구성하는 단위가 됨. 신경원.

뉴:룩 (new look)**명** ①새로운 패션 감각이 있는 옷. ②새로운 유행 양식.

뉴:모:드 (new+mode)**명** 복식(服飾)에서의 새로운 유행, 또는 그 유행에 따라서 만든 옷이나 모자 따위.

뉴:미디어 (new media)**명** 신문·라디오·텔레비전 따위의 기존 미디어에 대하여, 정보·통신 기술의 발달로 새로이 등장한 미디어. 〔문자 다중 방송·쌍방향 케이블 티브이 따위.〕

뉴:세라믹스 (new ceramics)**명** 특수 도자기. 화학 제품 또는 인공 광물 등 순도가 높은 원료를 주로 사용하여 만든 새 요업 제품.

뉴스 (news)**명** ①아직 일반에 알려지지 않은 새로운 일, 또는 그 소식. ②(신문·방송 등에서의) 시사성이 있는 보도, 또는 그 내용. ¶톱 뉴스.

뉴스밸류 (news value)**명** 보도로서의 가치.

뉴스소:스 (news source)**명** 새 소식의 출처, 또는 제공자. 정보원(情報源).

뉴스영화 (news映畫)**명** 시사적인 일을 보도하기 위하여 정기적으로 제작·상영하는 영화.

뉴스캐스터 (news caster)**명** (단순한 아나운서가 아니고) 보도를 전달하면서 수시로 해설도 곁들이는 사람.

뉴:크리티시즘 (new criticism)**명** 1930년대 말(末)부터 미국에서 일어난 새로운 경향의 문예 비평. 〔작품의 본문과 함께 거기에 사용된 언어의 기능을 세세히 분석하고자 하는 심미적 경향을 띰.〕

뉴:-타운 (new town)**명** 주로 대도시에서, 기성 시가지나 주거지의 생활 환경 개선을 위하여 지방 자치 단체 주도로 새롭게 재개발하는 지역.

뉴:턴 (newton)**명** 힘의 단위. 질량 1kg의 물체에 작용하여 매초 1m의 가속도를 생기게 하는 힘. 1뉴턴은 10만 다인(dyne)에 해당함. 〔기호는 N〕

뉴:턴역학 (Newton力學) [-여칵] **명** 뉴턴이 운동의 세 가지 법칙을 확립함으로써 세워진 역학 체계. 〔고전 물리학에 딸림.〕

뉴:트론 (neutron)**명** ☞중성자(中性子).

뉴:트리노 (neutrino)**명** ☞중성 미자(中性微子).

뉴:햄프셔-종 (New Hampshire種)**명** 닭의 품종의 한 가지. 난육(卵肉) 겸용으로, 체질이 강함. 알이 크고 껍질은 갈색임.

느근-거리다[재] 자꾸 느근느근하다. 느근대다. ☞나근거리다.

느근-느근[부][재] 가늘고 긴 물건이 부드럽고 탄력 있게 자꾸 움직이는 모양. ☞나근나근.

느근-대다[재] 느근거리다.

느글-거리다[재] 자꾸 느글느글하다. 느글대다.

느글-느글[-르-][부][하][재] 속이 메스꺼워 곧 게울 듯한 상태.

느글-대다[재] 느글거리다.

느긋-거리다 [-귿꺼-] [재] 자꾸 느긋느긋하다. 느긋대다.

느긋-느긋[-귿-귿][부][하][재] 먹은 것이 내리지 않고 자꾸 느끼한 상태.

느긋-대다 [-귿때-][재] 느긋거리다.

느긋-하다 [-귿타-][형][여] (촉박하거나 쪼들리지 아니하고) 마음에 넉넉하다. ¶고향에 돌아가 며칠 느긋하게 쉬다가 와야겠다. ☞늑하다. 느긋-이[부].

느껍다 [-따] [느꺼우니·느꺼워][형][ㅂ] 어떤 느낌이 가슴에 사무치게 일어나다.

느끼다[재] ①설움이 북받쳐 흑흑 가쁜 소리를 내다. ¶흑흑 거려 울다. ②갑자기 찬 기운을 받거나 하여 흑흑 가쁜 소리를 내다. ¶등에 찬물을 끼얹고는 흑흑 느낀다.

느끼다[타] ①자극을 받아 감각이 일어나다. ¶아픔을 느끼다. /추위를 느끼다. ②어떤 감정이 우러나다. ¶기쁨을 느끼다. /시정(詩情)을 느끼다. ③마음속으로 무엇을 깨닫거나 어떤 생각을 가지다. ¶필요성을 느끼다. /책임을 느끼다.

느끼-하다[형][여] ①기름기가 많아 개운하지 않고 비위에 거슬리다. ②맛이나 냄새 따위가 비위에 맞지 아니하다. ¶느끼한 냄새가 나다.

느낌[명] 감각이나 마음으로 느끼는 기운이나 감정. 감상(感想). ¶갑갑한 느낌. /무서운 느낌.

느낌-꼴[명] ☞감탄형.

느낌-씨[명] ☞감탄사.

느낌-표 (-標)[명] 《주로 문장의 끝에 쓰이어》 느낌·부르짖음·놀람·분노·강조 등의 감정을 나타낼 때, 그 말 다음에 쓰는 부호인 '!'의 이름. 감탄 부호.

-느냐[어미] 동사의 어간이나 형용사 '있다'·'없다'·'계시다'의 어간 또는 시제의 '-았(었)-'·'-겠-' 등에 붙는, 해라체의 의문형 종결 어미. ¶어딜 가느냐?/읽었느냐?/그리하면 좋겠느냐? 왈.

-느냐고[어미] 동사 어간이나 형용사 '있다'·'없다'·'계시다'의 어간 또는 시제의 '-았(었)-'·'-겠-' 등에 붙어, 물음을 인용하는 뜻을 나타내는 연결 어미. ¶언제 가느냐고 묻더라. /돈 가진 것 있느냐고 묻기에 없다고 했어. ☞-냐고.

-느냐는 [-는으 하는] 동사 어간이나 형용사 '있다'·'없다'·'계시다'의 어간 또는 시제의 '-았(었)-'·'-겠-' 등에 붙어, 물음을 인용하는 뜻을 나타냄. ¶왜 자기만 푸대접하느냐는 불만에 할 말이 없었다. /어떻게 해결하겠느냐는 물음에 대답을 못하고 머뭇거리기만 했다. ☞-냐는.

-느냔[준] '-느냐고 한'이 줄어든 말. 동사 어간이나 형용사 '있다'·'없다'·'계시다'의 어간 또는 시제의 '-았(었)-'·'-겠-' 등에 붙어, 물음을 인용하는 뜻을 나타냄. ¶어찌 하겠느냔 물음. /왜 그렇게 늦었느냔 말에 토라진 모양이다. ☞-냔.

-느날[준] '-느냐고 할'이 줄어든 말. 동사 어간이나 형용사 '있다'·'없다'·'계시다'의 어간 또는 시제의 '-았(었)-'·'-겠-' 등에 붙어, 물음을 인용하는 뜻을 나타냄. ¶왜 혼자 다 먹었느날 수가 없더라. ☞-날.

-느뇨[어미] 동사 어간이나 형용사 '있다'·'없다'·'계시다'의 어간 또는 시제의 '-았(었)-'·'-겠-' 등에 붙는, 해라체의 의문형 종결 어미. '-느냐'의 예스러운 말. ¶네 어찌 감히 내 앞길을 막느뇨?

-느니[어미] 동사 어간이나 형용사 '있다'·'없다'·'계시다'의 어간 또는 시제의 '-았(었)-'·'-겠'이나 높임의 '-시-' 등에 붙는 어미. ①경험을 바탕으로 하여 어떤 사실을 일러 주는 뜻을 나타내는 종결 어미. ¶그렇게 계획 없이 해서는 실패하느니. /어진 자에게 복이 있느니. ②《주로 '-느니 -느니'의 꼴로 쓰이어》 어떤 사실을 잇달아 인용하는 뜻을 나타내는 연결 어미. ¶죽느니 사느니 야단들이다. /증거가 있느니 없느니 하면 끝없이 다투기만 한다.

-느니[어미] 동사 어간이나 형용사 '있다'·'없다'·'계시다'의 어간이나 높임의 '-시-' 등에 붙어, 앞의 행동(사실)보다 차라리 뒤의 행동

(사실)을 취함이 마땅하다는 뜻을 나타내는 종속적 연결 어미. ¶앉아서 당하느니 차라리 일어나서 싸우자. /죽느니보다야 그래도 사는 편이 낫지.

-느니라[어미] 동사 어간이나 형용사 '있다'·'없다'·'계시다'의 어간 또는 시제의 '-았(었)-'·'겠' 등에 붙는, 해라체의 종결 어미. 경험을 바탕으로 하여 옳다고 여기는 바를 장중하게 일러 주는 뜻을 나타냄. ¶목마른 자가 샘을 파느니라. /진실로 그때가 참 좋았느니라. [참]-니라.

-느니만치[어미] ☞-느니만큼.

-느니만큼[어미] 동사 어간이나 형용사 '있다'·'없다'·'계시다'의 어간 또는 높임의 '-시-' 등에 붙어, 앞말이 뒷말의 원인이나 이유가 됨을 나타내는 연결 어미. -느니만치. ¶열심히 일하느니만큼 틀림없이 성과가 아주 좋을 것이다. [참]-니만큼·-으니만큼.

느닷-없다[-다떠따][형] (아무 징조도 없이) 뜻밖이고 갑작스럽다. ¶느닷없는 물음에 말문이 막혔다. 느닷없-이[부].

-느라[어미] 〈-느라고〉의 준말.

-느라고[어미] 동사 어간이나 높임의 '-시-'에 붙어, 앞말이 뒷말의 원인이나 이유가 됨을 나타내는 종속적 연결 어미. ¶병원에 좀 다녀오느라고 늦었다. [준]-느라.

느럭-느럭[-렁-][부·하형] 말이나 동작이 매우 느린 모양. [참]느릿느릿.

느런-히[부] 죽 늘어놓은 모양. ¶둑에 미루나무가 느런히 서 있다.

느렁이[명] 노루나 사슴의 암컷.

느루[부] (대번에 몰아치지 않고) 길게 늘여서.

느루 먹다[관용] 양식의 소비를 조절하여, 예정보다 더 오래 먹다. ¶쌀을 느루 먹기 위하여 잡곡을 섞어 밥을 지었다.

느루 잡다[관용] ①손에 잡은 것을 느슨하게 가지다. ¶북채를 느루 잡고 치다. ②시일이나 날짜를 느직하게 예정하다. ¶약속 날짜를 나흘 뒤로 느루 잡았다.

느루-배기[명] 아이를 낳은 다음 달부터 계속 월경이 있는 현상, 또는 그러한 여자.

느른-하다[형] ①지쳐서 노곤하고 기운이 없다. ¶일을 하고 나니, 온몸이 느른하다. ②(천 따위가) 풀기가 없이 부드럽다. [짝]나른하다. 느른-히[부].

느릅-나무[-름-][명] 느릅나뭇과의 낙엽 활엽 교목. 골짜기나 개울가에 나는데, 높이는 20 m가량. 4~5월에 종 모양의 꽃이 핌. 어린잎은 먹을 수 있고 껍질은 한방에서 약재로 쓰이며, 나무는 건축재 따위로 쓰임. 떡느릅나무.

느리-광이[명] '동작이 느린 사람'을 별명으로 이르는 말. 느림보. 늘보.

느리다[형] ①움직임이나 일을 해내는 속도가 더디다. ¶걸음이 느리다. /일손이 느리다. ②짜임새가 느슨하거나 성글다. ¶멜빵이 좀 느리다. ↔되다. ③성미가 야무지지 못하고 누긋하다. ¶느린 성미. ③↔급하다.

느림[명] 깃발 같은 데 장식으로 늘어뜨리는 좁은 헝겊이나 줄 따위.

느림-보[명] ☞느리광이. 늘보.

느릿-느릿[-린-릳][부·하형] ①동작이 느리고 굼뜬 모양. ¶느릿느릿 발을 옮기다. ②짜임새 같은 것이 느슨하거나 성긴 모양. [짝]나릿나릿.

느릿-하다[-리타-][형어] ①느린 듯하다. ¶사람이 좀 느릿해 보인다.

느물-거리다[자] 자꾸 느물느물하다. 느물대다.

느물-느물[-르-][부·하자] 능글능글한 태도로 끈덕지게 구는 모양.

느물다[느무니-느물어][자] ①능글맞은 태도로 끈덕지게 굴다. ②'뽐내다'의 잘못.

느물-대다[자] 느물거리다.

느슨-하다[형어] ①(잡아맨 줄이나 끈 따위가) 늘어서서 꽤 헐겁다. ¶멜빵이 너무 느슨하구나. ②맥이 탁 풀려 죄어질 힘이 없다. ¶기강이 느슨해지다. ③나사 따위가 헐겁게 죄어져 있다. [짝]나슨하다. 느슨-히[부].

느시[명] 느싯과의 새. 몸길이는 수컷이 1 m, 암컷이 80 cm가량. 몸빛은 등이 적갈색 바탕에 검은색의 가로띠가 있고 머리와 목은 회색, 몸의 아래쪽은 흰색임. 목이 길며 날개가 넓고 커서 나는 모습이 기러기와 비슷함. 논이나 산속의 밭 따위에 내려앉는 겨울새로, 천연기념물 제206호인 보호새. 능에. 야안.

느즈러-지다[자] ①졸라맨 것이 느슨해지다. ¶밧줄이 느즈러지다. ②마음이 풀려 느긋해지다. ¶시험이 끝나서인지 마음이 좀 느즈러진 모양이다. ③날짜가 밀려 나가다. ¶기한이 몇 차례나 느즈러지고 있다.

느지[부]〈옛〉늦게. 느직이. ¶느지 니로니 지비 므슷 이롤 흐리오(杜初3:30).

-느지감치[부] 꽤 늦게. ↔일찌감치.

-느지거니[부] 꽤 느직하게. ↔일찌거니.

느지막-하다[-마카-][형어] 좀 느직하다. 느지막-이[부].

느직-하다[-지카-][형어] ①좀 늦다. ②좀 느슨하다. 느직-이[부] ¶느직이 떠나다. /느직이 일어나다.

느치[명] 거저릿과의 작은 갑충. 몸길이 6~10 mm이며, 직사각형 모양으로 납작하게 생겼음. 쌀·보리·곡식 가루 속에 사는 해충으로, 세계 각지에 분포됨.

느치다[타]〈옛〉늦추다. ¶問罪江都록 느치리잇가(龍歌17章).

느타리[명] 느타릿과에 딸린 버섯의 한 가지. 모양이 조개껍데기 비슷하게 생겼으며, 줄기는 짧으나 긴 것도 있음. 빛깔은 검은빛이 나는 청색이지만 차차 퇴색하여 잿빛에서 흰빛이 됨. 가을에 숲 속의 활엽수의 썩은 부분에 많이 나며 식용으로 인공 재배도 많이 함. 느타리버섯.

느타리-버섯[-선][명] ☞느타리. *느타리버섯이[-서시]/느타리버섯만[-선-]

느티-나무[명] 느릅나뭇과의 낙엽 교목. 예부터 그늘이 넓어 정자나무로 흔히 심는 나무로, 높이 30 m, 지름 3 m가량에 이름. 나무의 질이 단단하고 결이 고와서 기구나 건축 재료 등으로 많이 쓰임. 귀목나무.

느티-떡[명] 느티나무의 연한 잎을 쌀가루에 섞어 찐 시루떡. [음력 사월 초파일에 만들어 먹는 계절 음식.]

느틋남[명]〈옛〉느티나무. ¶더 우히 심근 느틋 몃히나 즈란는고(古時調).

느헤미야-서(Nehemiah書)[명] 구약 성서 중의 한 편. 역대 사가(史家)들이 느헤미야의 수기를 바탕으로 하여 예루살렘의 성벽을 고쳐 쌓은 일과 율법 낭독을 통한 종교적 개혁 등을 기록한 내용임.

늑간(肋間)[-깐][명] 늑골과 늑골 사이.

늑간-근(肋間筋)[-깐-][명] 늑골 사이에 붙은 근육.[안팎의 두 층이 있어 숨 쉴 때 늑골을 끌어 올리고 내리는 구실을 함.]

늑간^신경(肋間神經)[-깐-]명 척수에서 나온 31쌍의 말초 신경 중, 흉추(胸椎)에서 나와 늑골 부분에 분포하는 12쌍의 신경.

늑간^신경통(肋間神經痛)[-깐-]명 늑간 신경에 일어나는 발작적인 통증. 〔흉내 질환이나 척추 질환으로 일어남.〕

늑골(肋骨)[-꼴]명 ①흉곽을 구성하는 뼈. 척추에 붙어 있으며, 좌우 12쌍이 있음. 갈비1. 갈비뼈. ②선체(船體)의 바깥쪽을 이루는 갈비뼈 모양의 뼈대.

늑굴(勒掘)[-꿀]명하타 남의 무덤을 강제로 파옮기게 함.

늑-놀다타 '늑놀다'의 잘못.

늑대[-때]명 ①갯과의 동물. 개와 비슷하나 다리는 길고 굵으며 꼬리를 항상 아래로 늘어뜨림. 몸빛은 등이 황갈색이고, 배에 검은 띠가 있으며 꼬리는 흑색임. ②'여자에게 음흉한 생각을 가진 남자'를 비유하여 이르는 말.

늑막(肋膜)[능-]명 폐의 표면과 흉곽의 내면을 싸고 있는 막. 〔안에 늑막강(肋膜腔)을 형성하고 있음.〕 흉막(胸膜).

늑막-염(肋膜炎)[능망념]명 늑막에 일어나는 염증. 외상이나 결핵균으로 말미암아 생기는데, 가슴에 쑤시는 듯한 통증이 있으며 숨 쉬기가 어려워짐. 흉막염.

늑매(勒買)[능-]명하타 ☞강매(強買).

늑매(勒賣)[능-]명하타 ☞강매(強賣).

늑목(肋木)[능-]명 체조 기구의 한 가지. 몇 개의 기둥을 세우고, 기둥과 기둥 사이에 각각 열댓 개씩의 둥근 막대를 가로로 끼워 놓은 것. 〔매달려서 이동하기도 하고 턱걸이를 하기도 함.〕

늑병(勒兵)[-뼝]명하타 ①병사를 다스림. ②병사의 대오(隊伍)를 편성하고 점검함.

늑봉(勒捧)[-뽕]명하타 빚진 사람에게서 돈이나 물건을 강제로 받아 냄.

늑약(勒約)명 억지로 맺은 조약.

늑-연골(肋軟骨)[능년-]명 흉부를 구성하고 있는 연골 부분. 늑골과 흉골을 결합시킴.

늑장[-짱]명 (당장 해야 할 일이 있는데도) 느릿느릿 꾸물거리는 태도나 행동. 늑장.

늑장(勒葬)[-짱]명하타 남의 땅에 억지로 매장함.

늑재(肋材)[-째]명 선박의 늑골을 이루는 데 쓰는 재료.

늑정(勒定)[-쩡]명하타 강제로 정함.

늑주(勒住)[-쭈]명하타 강제로 머물러 있게 함.

늑-줄[-쭐]명 (아랫사람을) 엄하게 다잡다가 조금 자유롭게 늦추는 일.
늑줄(을) 주다관용 엄하게 다잡지 않고 좀 늦추어 주다.

늑징(勒徵)[-찡]명하타 지난날, 관원이 까닭 없이 돈이나 물건을 강제로 징수하던 일.

늑탈(勒奪)명하타 ☞강탈(強奪).

늑표(勒票)명 (힘이나 권세를 이용하여) 강제로 받아 낸 증서.

늑-하다[느카-]형 〈느긋하다〉의 준말.

늑한(勒限)[느칸]명 채무자로 하여금 강제로 승낙하게 한, 빚 갚을 기한.

늑혼(勒婚)[느콘]명하타 강제로 승낙시킨 혼인.

늑흔(勒痕)[느큰]명 목을 졸라 죽인 흔적.

는조 모음으로 끝난 말에 붙어, 그 말을 지정하여 가리키거나 다른 말과 대조하는 뜻을 나타내면서 주격·목적격·부사격 등으로 쓰이는 보조사. ¶ 나는 여기 앉겠다. /공부는 잘한다. /빨리는 안 가겠다. /좋기는 하나 너무 비싸다. 준ㄴ2.

-는어미 동사 어간이나 형용사 '있다'·'없다'·'계시다'의 어간 또는 높임의 '-시-'에 붙어, 어떤 동작이나 상태가 현재 진행 중임을 나타내는 관형사형 전성 어미. ¶ 가는 세월. /글 읽는 소리. /느티나무가 있는 풍경. 图ㄴ1.

-는(선미) 'ㄹ' 이외의 자음으로 끝난 동사 어간 뒤에 붙어, 현재 시제를 나타내는 선어말 어미. 《용법상, 평서형에만 쓰이는 제약이 있음.》 ¶ 밥을 먹는다. /책을 읽는다. 图ㄴ.

-는가어미 동사 어간이나 형용사 '있다'·'없다'·'계시다'의 어간 또는 높임의 '-시-'나 시제의 '-았(었)-'·'-겠-' 등에 붙어, 하게체의 의문형 종결 어미. 스스로 묻거나 손아랫사람에게 묻는 뜻을 나타냄. ¶ 어디 계시는가? 图ㄴ가.

-는가 보다관용 어미 '-는가'에 보조 형용사 '보다'가 이어 쓰인 말. 짐작의 뜻을 나타냄. ¶ 이제 가시는가 보다. /대답이 시원찮은 걸 보니 자신이 없는가 보다.

-는감어미 동사 어간이나 형용사 '있다'·'없다'·'계시다'의 어간 또는 높임의 '-시-'나 시제의 '-았(었)-'·'-겠-' 등에 붙는, 해체의 종결 어미. 뒤의 사실을 내세우기 위하여 앞의 사실을 반박하는 뜻을 나타냄. ¶ 자기는 많이 벌었는감, 실속은 나보다 더 없으면서. 图ㄴ감.

는개명 안개처럼 보이면서 이슬비보다 가늘게 내리는 비. 무우(霧雨). 연우(煙雨).

-는걸어미 동사 어간이나 형용사 '있다'·'없다'·'계시다'의 어간 또는 높임의 '-시-'나 시제의 '-았(었)-'·'-겠-' 등에 붙는, 해체의 종결 어미. 어떤 동작이나 상태에 대한 자기의 생각이나 느낌을 나타냄. ¶ 벌써 해가 뜨는걸. /날씨가 꽤 춥겠는걸. 图ㄴ걸.

-는고어미 동사 어간이나 형용사 '있다'·'없다'·'계시다'의 어간 또는 높임의 '-시-'나 시제의 '-았(었)-'·'-겠-' 등에 붙는, 해체의 의문형 종결 어미. ('-는가'의 예스러운 말투.) ¶ 어찌하여 마다하는고?/지금 어디에 계시는고? 图ㄴ고.

-는고야어미 〈옛〉-는구나. ¶ 굴뚝이 들썩 셋씩 오락가락하는고야(古時調).

-는고니준 '-는고 하니'가 줄어든 말. 동사 어간이나 형용사 '있다'·'없다'·'계시다'의 어간 또는 높임의 '-시-'나 시제의 '-았(었)-'·'-겠-' 등에 붙어, 뒤에서 베풀어 말하는 주제를 앞에서 제시하는 뜻을 나타냄. ¶ 왜 먹는고니 살아야 하기 때문이다. 图ㄴ고니.

-는구나어미 관형사형 어미 '-는'에 감탄형 종결 어미 '-구나'가 합쳐서 된 말. 동사 어간이나 높임의 '-시-' 또는 '계시다'의 어간에 붙어, 새삼스러운 느낌이나 놀라움을 나타내는, 해라체의 현재 시제 감탄형 어미. ¶ 해가 지는구나. /어려운 글을 잘 읽는구나. 图-는군.

-는구려어미 관형사형 어미 '-는'에 감탄형 종결 어미 '-구려'가 합쳐서 된 말. 동사 어간이나 높임의 '-시-' 또는 '계시다'의 어간에 붙어, 새삼스러운 느낌이나 놀라움을 나타내는, 하오체의 현재 시제 감탄형 어미. ¶ 기어이 떠나시는구려. /뜻은 몰라도 읽기는 읽는구려.

-는구료어미 '-는구려'의 잘못.

-는구먼어미 관형사형 어미 '-는'에 감탄형 종결 어미 '-구먼'이 합쳐서 된 말. 동사 어간이나 높임의 '-시-' 또는 '계시다'의 어간에 붙어, 새삼스러운 느낌이나 놀라움을 혼잣말처럼 나타내는, 해체의 현재 시제 감탄형 어미. ¶ 아홉 시도 안 되었는데 벌써 자는구먼. 图-는군.

-는구면 〖어미〗 '-는구먼'의 잘못.

-는군〖어미〗 '-는구나'·'-는구먼'의 준말. ¶벌써 꽃이 피는군. /운동을 제법 하는군.

-는다〖어미〗 〈옛〉-느냐. -는가. ¶냇가의 해오라비 무삼 일 서 잇는다(古時調).

-는다¹〖어미〗 '〔ㄹ〕 이외의 자음으로 끝난 동사 어간에 붙어, 앞말이 뒷말의 이유나 전제가 됨을 나타내는 종속적 연결 어미. ¶누나는 책을 읽는다고 텔레비전을 꺼 버렸다. ❀-ㄴ다고¹.

-는다고²〖어미〗 '〔ㄹ〕 이외의 자음으로 끝난 동사 어간에 붙는, 해라체의 종결 어미. ①자신의 생각이나 주장을 청자에게 강조하여 일러 주는 뜻을 나타냄. ¶아이들이 빵을 얼마나 잘 먹는다고. ②마음속에 가졌던 의문의 답이 의외로 별것이 아님을 나타냄. ¶난 무슨 대단한 것을 먹는다고. ❀-ㄴ다고².

-는다고³〖어미〗 '-는다 하고'가 줄어서 된 말. '〔ㄹ〕 이외의 자음으로 끝난 동사 어간에 붙어, 그 말이 뒷말의 행동 내용임을 나타냄. ¶꼭 잡는다고 큰소리를 치다. ❀-ㄴ다고³.

-는다느냐〖준〗 '-는다고 하느냐'가 줄어든 말. '〔ㄹ〕 이외의 자음으로 끝난 동사 어간에 붙어, 남이 들은 사실에 대해 묻는 뜻을 나타냄. ¶어떤 음식을 주로 먹는다느냐? ❀-ㄴ다느냐·-다느냐.

-는다느니〖어미〗 '〔ㄹ〕 이외의 자음으로 끝난 동사 어간에 붙는 대등적 연결 어미. 이렇게 한다고도 하고 저렇게 한다고도 하는 뜻을 나타냄. ¶믿는다느니 못 믿는다느니 하며 가탈만 부린다. ❀-ㄴ다느니·-다느니.

-는다는〖준〗 '-는다고 하는'이 줄어든 말. '〔ㄹ〕 이외의 자음으로 끝난 동사 어간에 붙어, 듣거나 겪거나 한 어떤 사실(행동·내용)을 인용하여 뒷말을 꾸며 주는 뜻을 나타냄. ¶서로가 서로를 믿는다는 아름다운 정신. ❀-ㄴ다는·-다는.

-는다니〖어미〗('〔ㄹ〕 이외의 자음으로 끝난 동사 어간에 붙어〕 Ⅰ〖어미〗 묻는 뜻을 나타내는 해라체의 종결 어미. ¶언제 갚는다니? ❀-ㄴ다니·-다니. Ⅱ〖준〗 '-는다고 하니'가 줄어든 말. 앞말이 뒷말의 이유나 전제가 됨을 나타냄. ¶네가 벌써 책을 읽는다니 놀랍구나. ❀-ㄴ다니·-다니.

-는다니까〖준〗('〔ㄹ〕 이외의 자음으로 끝난 동사 어간에 붙어〕 Ⅰ〖어미〗 사실이 그러함을 모르거나 의심쩍어하는 상대편에게 다그쳐서 깨우쳐 주는 뜻을 나타내는, 해라체의 종결 어미. ¶글쎄, 난 널 믿는다니까·-다니까. Ⅱ〖준〗 '-는다고 하니까'가 줄어든 말. 앞말이 뒷말의 이유나 전제가 됨을 나타냄. ¶내일은 꼭 갚는다니까 속는 셈 치고 더 기다려 보자. ❀-ㄴ다니까·-다니까.

-는다마는〖어미〗 어미 '-는다'에 조사 '마는'이 합쳐서 된 말. '〔ㄹ〕 이외의 자음으로 끝난 동사 어간에 붙어, 앞말을 시인하되, 뒷말이 그에 매이지 아니함을 나타내는 종속적 연결 어미. ¶읽기는 읽는다마는 재미가 없다. ❀-는다만. ❀-ㄴ다마는·-다마는.

-는다만〖어미〗 〈-는다마는〉의 준말. ¶먹기는 먹는다만 맛이 없다.

-는다며 Ⅰ〖어미〗 〈-는다면서〉의 준말.
Ⅱ〖준〗 '-는다면서'가 줄어든 말.

-는다면서〖어미〗 '〔ㄹ〕 이외의 자음으로 끝난 동사 어간이나 형용사 '있다'의 어간에 붙어〕 Ⅰ〖어미〗 직접 또는 간접으로 들은 사실에 대해 되묻거나 빈정거리는 뜻을 나타내는, 해체의

종결 어미. ¶이번 잔치에 돼지를 잡는다면서? /요즘 놀고먹는다면서? ❀-는다며. ❀-ㄴ다면서.
Ⅱ〖준〗 '-는다고 하면서'가 줄어든 말. 앞말이 뒷말의 이유나 전제가 됨을 나타냄. ¶책을 찾는다면서 집 안을 뒤지고 다닌다. ❀-ㄴ다면서.

-는다손〖어미〗 '〔ㄹ〕 이외의 자음으로 끝난 동사 어간에 붙는 종속적 연결 어미. '-는다고'의 뜻으로, '치다'·'하다'의 활용형과 어울리어 앞말을 가정하되 그것이 뒷말에 영향을 미치지 아니함을 나타냄. ¶빨리 걷는다손 치더라도 하루는 걸린다. ❀-ㄴ다손·-다손.

-는단〖준〗 ①'-는다는'이 줄어든 말. ¶여기다 꽃나무를 심는단 말이냐? ②'-는다고 한'이 줄어든 말. ¶어제까지 갚는단 사람이 아직도 연락이 없다.

-는단다〖《'〔ㄹ〕 이외의 자음으로 끝난 동사 어간에 붙어〕 경험으로 터득한 어떤 사실을 친근하게 일러 주는 뜻을 나타내는, 해라체의 종결 어미. ¶무리하면 건강을 잃는단다. ❀-ㄴ단다.
Ⅱ〖준〗 '-는다고 한다'가 줄어든 말. 직접 또는 간접으로 들은(겪은) 사실을 인용하여 전하는 뜻을 나타냄. ¶글쎄, 저렇게 매일 술만 먹는단다. ❀-ㄴ단다.

-는달〖준〗 '-는다고 할'이 줄어든 말. '〔ㄹ〕 이외의 자음으로 끝난 동사 어간에 붙어 '-는달 수가(야, 는)'의 꼴로 쓰이어, 자기의 생각이나 떠함을 밝히는 뜻을 나타냄. ¶차마 그 일까지 내가 맡는달 수가 없더라. ❀-ㄴ달.

-는담〖준〗 '〔ㄹ〕 이외의 자음으로 끝난 동사 어간에 붙어, '-는단 말인고'의 뜻으로, 가벼운 영탄을 곁들인 의문을 나타내는 종결 어미. ¶어린 자식을 두고 어찌 그리 쉽게 눈을 감고 죽는담. ❀-ㄴ담.

-는답니까[-담-]〖준〗 '-는다고 합니까'가 줄어든 말. '〔ㄹ〕 이외의 자음으로 끝난 동사 어간에 붙어, 남이 들은 사실에 대해서 묻는 뜻을 나타냄. ¶문은 몇 시에 닫는답니까? ❀-ㄴ답니까.

-는답니다[-담-]〖《'〔ㄹ〕 이외의 자음으로 끝난 동사 어간에 붙어〕 Ⅰ〖어미〗 화자가 알고 있는 것을 객관화하여 청자에게 친근하게 일러 주을 나타내는, 합쇼체의 종결 어미. ¶우리 아기는 이제 밥도 잘 먹는답니다. ❀-ㄴ답니다.
Ⅱ〖준〗 '-는다고 한다'가 줄어든 말. 남이 들은 사실을 인용하는 뜻을 나타냄. ¶텃밭에는 콩을 심는답니다. ❀-ㄴ답니다.

-는답디까[-띠-]〖준〗 '-는다고 합디까'가 줄어든 말. '〔ㄹ〕 이외의 자음으로 끝난 동사 어간에 붙어, 남이 들은 과거 사실에 대해서 묻는 뜻을 나타냄. ¶뭘 먹는답디까? ❀-ㄴ답디까.

-는답디다[-띠-]〖준〗 '-는다고 합디다'가 줄어든 말. '〔ㄹ〕 이외의 자음으로 끝난 동사 어간에 붙어, 남이 들은 과거 사실을 인용하여 말하는 뜻을 나타냄. ¶요즘은 동양의 고전을 읽는답디다. ❀-ㄴ답디다.

-는답시고[-씨-]〖어미〗 '〔ㄹ〕 이외의 자음으로 끝난 동사 어간에 붙어, '-는다고'·'-는다고 하여'의 뜻을 나타내는 종속적 연결 어미. 남의 행위를 말할 때는 그 행위를 못마땅하게 여겨 빈정거리는 뜻을 지니며, 스스로의 행위를 말할 때는 겸손해하는 뜻을 지님. ¶쥐를 잡는답시고 법석을 떤다. /내 딴에는 부지런히 읽는답시고 읽었건만. ❀-ㄴ답시고.

-는대《('ㄹ'이외의 자음으로 끝난 동사 어간에 붙어)》**Ⅰ**어미 ①주어진 사실에 대해 놀라워하거나 못마땅하게 여기는 뜻을 나타내는, 해체의 종결 어미. ¶이 많은 그릇을 누가 다 닦는대? 참-ㄴ대.
Ⅱ준 '-ㄴ다고 해'가 줄어든 말. 남의 말을 옮기는 뜻을 나타냄. ¶쉬지 않고 계속 걷는대. / 주는 대로 받는대. 참-ㄴ대.

-는대도준 '-ㄴ다고 하여도'가 줄어든 말. 'ㄹ' 이외의 자음으로 끝난 동사 어간에 붙어, 앞말이 뒷말에 매이지 아니함을 나타냄. ¶내가 죽는대도 눈도 깜짝 안 한다. 참-ㄴ대도.

-는대서준 '-ㄴ다고 하여서'가 줄어든 말. 'ㄹ' 이외의 자음으로 끝난 동사 어간에 붙어, 앞말이 뒷말의 이유나 전제가 됨을 나타냄. ¶곧 갚는대서 빌려 주었다. 참-ㄴ대서.

-는대서야준 '-ㄴ다고 하여서야'가 줄어든 말. 'ㄹ'이외의 자음으로 끝난 동사 어간에 붙음. 흔히, 반어적 물음의 꼴 앞에 붙어, 그 물음의 전제가 됨을 나타냄. ¶젊은 사람이 놀고먹는대서야 쓰나.

-는대야준 '-ㄴ다고 하여야'가 줄어든 말. 'ㄹ'이외의 자음으로 끝난 동사 어간에 붙어, 그 사실을 얕잡아 말하거나 빈정거리는 뜻을 나타냄. ¶어린 애가 먹는대야 얼마나 먹을라고. 참-ㄴ대야.

-는데어미 ①동사 어간이나 형용사 '있다'·'없다'·'계시다'의 어간 또는 높임의 '-시-'와 시제의 '-았(었)-'·'-겠-' 등에 붙어, 연결 어미 또는 종결 어미. ㉠뒷말을 끌어대기 위하여 이와 대립되는 어떤 전제를 베풀어 말하는 뜻을 나타냄. ¶비가 오는데 어딜 가겠나. /푹 젖는데 왜 이리 피곤한데. ㉡뒤에 자세한 설명이 잇따름을 뜻하는 말. ¶사람들이 그러는데 거기는 위험하대요. ②다른 말에 남의 동의를 구하는 투로, 스스로의 가벼운 느낌을 담아 끝맺는 말. ¶날씨는 금방 풀리겠는데. 참-ㄴ데.

-는바어미 ①동사 어간이나 형용사 '있다'·'없다'·'계시다'의 어간 또는 높임의 '-시-'나 시제의 '-았(었)-'·'-겠-' 등에 붙어, 앞말에 대하여 뒷말이 보충 설명의 관계에 있음을 나타내는 종속적 연결 어미. ¶길을 떠나는바 충분한 준비가 있어야 할 것이오. 참-ㄴ바·던바.

-는실-난실[-란-]부하자 성적 충동으로 야릇하고도 잡스럽게 구는 모양.

는적-거리다[-꺼-]자 자꾸 는적는적하다. 는적대다. 참난작거리다.

는적-는적[-정-]부하자 (썩거나 삭아서) 힘없이 축축 처지는 모양. 참난작난작.

는정-거리다자 '는적거리다'의 잘못.

는정-는정부하자 '는적는적'의 잘못.

-는지어미 ①동사 어간이나 형용사 '있다'·'없다'·'계시다'의 어간 또는 높임의 '-시-'나 시제의 '-았(었)-'·'-겠-' 등에 붙어, 막연한 의문이나 느낌을 나타내는 연결 어미 또는 종결 어미. ¶얼마나 남았는지 모르겠다. /지금은 어디 사는지? 참-ㄴ지.

-는지고어미 동사 어간이나 형용사 '있다'·'없다'·'계시다'의 어간 또는 높임의 '-시-'나 시제의 '-았(었)-'·'-겠-' 등에 붙어, 객관적 사실에 대한 스스로의 느낌을 영탄조로 나타내는, 예스러운 말투의 감탄형 종결 어미. ¶재담도 잘하려니와 노래도 잘 부르는지고. 참-ㄴ지고.

-는지라어미 동사 어간이나 형용사 '있다'·'없다'·'계시다'의 어간 또는 높임의 '-시-'나 시

제의 '-았(었)-'·'-겠-' 등에 붙어, 앞말이 뒷말의 이유나 원인이 됨을 나타내는 종속적 연결 어미. ¶워낙 말이 없는지라 속을 알 수가 없다. 참-ㄴ지라.

는지럭-거리다[-꺼-]자 자꾸 는지럭는지럭하다. 는지럭대다. 참난지락거리다.

는지럭-는지럭[-렁-]부하자 심하게 물크러질 정도로 힘없이 축축 처지는 모양. 참난지락난지락.

는지럭-대다[-때-]자 는지럭거리다.

는지렁-이명 끈끈하고 는질거리는 액체.

는질-거리다자 자꾸 는질는질하다. 는질대다. 참난질거리다.

는질-는질[-른-]부하자 물크러질 정도로 는적거리는 모양. 참난질난질.

는질-대다자 는질거리다.

는-커녕조 '커녕'의 힘줌말. 모음으로 끝난 체언 뒤에는 부사어에 붙어, '-는 고사하고'의 뜻을 나타내는 보조사. ¶빨리는커녕 천천히도 못 간다. /토끼는커녕 쥐 한 마리도 안 보인다.

늘부 언제나. 항상. 만날. ¶늘 웃음을 띠다.

늘그막명 늙어 가는 판. 늙었을 때. 말년(末年). ¶늘그막에야 고생을 면하게 되었다. 준늙마.

늘다[느니·늘어]자 ①본디보다 길어지다. ¶봄이 되니 잠이 예전보다 늘었다. ②본디보다 커지거나 많아지다. ¶체중이 늘다. /식구가 늘다. ③본디보다 넓어지다. ¶간척 사업으로 농토가 늘다. ④생활이 본디보다 넉넉해지다. ¶살림이 늘다. ⑤학문이나 재능 따위가 더 나아지다(발전하다). ¶말솜씨가 크게 늘다. /학식이 늘다. /기술이 늘다. ↔줄다.

늘름부하자 ①혀를 크게 내밀었다가 날쌔게 들이는 모양. ②(혀를 크게 내밀어) 무엇을 날쌔게 받아먹는 모양. ③(손을 크게 내밀어) 무엇을 날쌔게 집어 가지는 모양. 참날름·널름. 늘름-늘름부.

늘름-거리다타 자꾸 늘름늘름하다. 늘름대다. 참날름거리다·널름거리다.

늘름-대다타 늘름거리다.

늘-리다타 『'늘다'의 사동』 늘게 하다. ¶땅을 늘리다. /재산을 늘리다.

늘-보명 ⇨느리광이. 느림보.

늘비-하다형어 죽 늘어서 있다. 죽 늘어놓여 있다. ¶갖가지 상품이 늘비하다. /등산객이 늘비하다.

늘-삿갓[-삳깓]명 부들로 만든 삿갓. * 늘삿갓이[-삳까시]·늘삿갓만[-삳깐-]

늘-상(-常)명 '늘'의 잘못.

늘쌍-늘쌍부하형 여럿이 다 늘썽한 모양. 참날쌍날쌍. 늘쌍늘쌍-히부.

늘쌍-하다형어 (피륙이나 대그릇 따위의) 짜임새가 설핏하다. 참날쌍하다. 늘쌍-히부.

늘씬부하형 몸을 가누지 못할 정도로 지독하게. 《주로, '늘씬하게'의 꼴로 '때리다'·'맞다' 따위의 동사와 함께 쓰임.》 ¶늘씬하게 얻어맞았다.

늘씬-늘씬부하형 여럿이 다 늘씬한 모양. ¶늘씬하게 자란 여학생들. 참날씬날씬.

늘씬-하다형어 맵시가 있게 후리후리하게 길다. ¶늘씬한 다리. 참날씬하다. 늘씬-히부.

늘어-나다자 ①본디보다 더 길어지다. ¶고무줄이 늘어나다. ②본디보다 커지거나 많아지다. ¶재산이 늘어나다 /체중이 늘어나다. ↔줄어들다.

늘어-놓다[-노타]囲 ①줄을 지어 벌여 놓거나 여기저기에 벌여 놓다. ②물건을 늘어놓다. ②말을 수다스럽게 많이 하다. ¶잔소리를 늘어놓다. /자식 자랑을 늘어놓다.

늘어-뜨리다囲 물건의 한쪽 끝을 아래로 처지게 하다. 늘어트리다. ¶현수막을 늘어뜨리다.

늘어-박이다 늘어 놓은 듯이 여러 곳에 박이어 있다. ¶다복솔이 유난히 늘어박인 산.

늘어-붙다囨 '눌어붙다'의 잘못.

늘어-서다囨 줄을 지어 서다. ¶차표를 사려고 늘어서 있다.

늘어세우다囲 〖'늘어서다'의 사동〗 늘어서게 하다. ¶자동차를 주차장에 늘어세우다.

늘어-앉다[-안따]囨 줄을 지어 앉다.

늘어앉-히다[-안치-]囲 〖'늘어앉다'의 사동〗 늘어앉게 하다.

늘어-지다囨 ①물체가 탄력을 잃어 길게 되다. ¶줄이 늘어지다. ②아래로 길게 처지거나 매달리다. ¶늘어진 버들가지. /철봉을 잡고 늘어지다. ③몹시 지쳐서 몸이 느른하여지다. ¶몸이 축 늘어지다. ④몸과 마음이 아주 편해지다. ¶팔자가 늘어지다. ③囨나라지다.

늘어-트리다囲 늘어뜨리다.

늘-옴치래기囻 늘었다 줄었다 하는 물건.

늘이다囲 ①아래로 길게 처지게 하다. ¶커튼을 늘이다. ②본디보다 더 길게 하다. ¶엿가락을 늘이다. 囨참늘이다.

늘임-새囻 말을 길게 늘이는 태도.

늘임-표(-標)囻 〔악곡 연주에서〕 음표나 쉼표 위에 있을 때는 그 음을 2~3배로 늘이라는 표. 〔기호는 ⌢〕 연음 기호. 연장 기호.

늘-자리[-짜-]囻 부들로 짠 돗자리.

쪽쪽지근-하다[-찌-]혱 몹시 느른하다. ¶온종일 걸었더니 몸이 늘쩍지근하구나. 囨날짝지근하다.

늘쩡-거리다囨 느른한 태도로 자꾸 느릿느릿 움직이다. 늘쩡대다. 囨날짱거리다.

늘쩡-늘쩡囝혱 느른한 태도로 느릿느릿 움직이는 모양. 囨날짱날짱.

늘쩡-늘쩡囝혱 성질이나 됨됨이가 단단하지 못하고 느릿한 모양.

늘쩡-대다囨 늘쩡거리다.

늘-채다囨 예정하는 수효보다 많이 늘다.

늘컹-거리다囨 자꾸 늘컹늘컹하다. 늘컹대다. 囨날캉거리다.

늘컹-늘컹囝혱 너무 물러서 자꾸 늘어나거나 늘어질 듯한 모양. 囨날캉날캉.

늘컹-대다囨 늘컹거리다.

늘컹-하다囨囮 너무 물러서 늘어지게 되다. 囨날캉하다.

Ⅱ囮 너무 물러서 늘어질 듯하다. 囨날캉하다.

늘큰-거리다囨 자꾸 늘큰늘큰하다. 늘큰대다. 囨날큰거리다.

늘큰-늘큰囝囨혱 좀 물렁물렁해져서 조금씩 늘어지거나 늘어질 듯한 모양. 囨날큰날큰.

늘큰-대다囨 늘큰거리다.

늘큰-하다囮 좀 물렁해서 늘어지게 되다. 囨날큰하다.

Ⅱ혱 좀 물렁해서 늘어질 듯하다. 囨날큰하다. 늘큰-히囝.

늘키다囨 시원스레 울지 못하고 꿀꺽꿀꺽 삼키듯 하면서 느껴 울다.

늘푸른-나무囻 ☞상록수.

늘푸른-넓은잎나무[-닙-]囻 ☞상록 활엽수.

늘푸른-떨기나무囻 ☞상록 관목.

늘푸른-큰키나무囻 ☞상록 교목.

늘-품(-品)囻 앞으로 좋게 발전할 가능성. ¶하는 짓을 보니 늘품이라고 조금도 없다.

늙다[늑따]囨 ①나이가 한창때를 지나 기력이 차차 약해지다. ¶어느새 이렇게 늙었다. ②식물이 한창때를 지나다. 오래되다. ¶호박이 늙었다. /성황당 옆 한 그루 늙은 소나무가 쭈그린 채 비를 맞고 있다. ③늙은이 같은 티가 나다. ¶나이 마흔에 벌써 그렇게 늙었나? ①③→젊다. *늙어·늙고[늑꼬]·늙는[능-]

늙으면 아이 된다[속] 늙으면 아이처럼 토라지기도 잘하고 풀어지기도 잘한다는 말.

늙은 말이 콩 마다할까[속] 당연한 사실을 두고 공연히 걱정을 하는 경우에 이르는 말.

늙-다리[늑따-]囻 ①늙은 짐승. ②〈늙은이〉의 속된 말. ¶늙다리가 많이 가는 다방.

늙-마[능-]囻 〈늘그막〉의 준말.

늙-바탕[늑빠-]囻 늙어서 노인이 된 처지. 노경. 노래(老來). 만경(晩境). 모경(暮境). 쇠경(衰境).

늙수그레-하다[늑수-]囮 꽤 늙어 보이다. ¶키가 크고 좀 늙수그레한 사람이 다녀갔습니다.

늙숙-하다[늑쑤카-]囮혱 약간 늙고 점잖은 태도가 있다. 늙은 태가 있다. 늙숙-이囝.

늙으신-네囻 〈늙은이〉의 높임말.

늙은-이囻 늙은 사람. 나이가 많은 사람. 노인(老人). 囨늙으신네·노인장. ↔젊은이.

늙을-로(-老)囻 한자 부수의 한 가지. '耆'·'耄' 등에서의 '老'의 이름. '考'·'者' 등에서 쓰일 때는 자형이 '耂'로, 명칭은 '늙을로엄'으로 바뀜.

늙을로-엄(-老广)囻 한자 부수의 한 가지. '考'·'者' 등에서 '늙을로(老)'가 '耂'로 쓰일 때의 이름.

늙정이[늑쩡-]囻 〈늙은이〉의 속된 말.

늙직-하다[늑찌카-]囮 어지간히 늙어 보이다.

늙-히다[늘키-]囮 〖'늙다'의 사동〗 늙게 하다. ¶총각을 늙히다.

늚다[늠그나-]囮 곡식의 껍질을 벗기다.

늠렬(凜烈·凜洌) '늠렬하다'의 어근.

늠-렬-히다(凜烈-·凜洌-)[-녈-]囮 추위가 살을 에는 것 같다. 늠렬-히囝.

늠름(凜凜) '늠름(凜凜)하다'의 어근.

늠름(懍懍) '늠름(懍懍)하다'의 어근.

늠-름-하다(凜凜-)[-늠-]囮 위풍이 있고 당당하다. 씩씩하다. ¶우리 선수들의 늠름한 모습. 늠름-히囝.

늠-름-하다(懍懍-)[-늠-]囮 위태로워서 겁나다. 늠름-히囝.

늠실-거리다囮 자꾸 늠실늠실하다. 늠실대다.

늠실-늠실[-름-]囝囮 ①(물결 따위가) 부드럽게 자꾸 움직이는 모양. ¶파도가 바람에 늠실늠실 물결치고 있다. ②속에 엉큼한 마음이 있어 슬몃슬몃 넘겨다보는 모양.

늠실-대다囮 늠실거리다.

늠연(凜然) '늠연하다'의 어근.

늠-연-하다(凜然-)囮 위풍이 있고 씩씩하다.

늡늡-하다[늠느파-]囮 너글너글하고 활달하다.

능囻 넉넉하게 잡은 여유. ¶능을 두다. /능을 주다.

능(能)囻 〈재능(才能)〉의 준말.

능(陵)囻 임금이나 왕후의 무덤. 능묘(陵墓). 능상(陵上). 능침(陵寢). 선침(仙寢).

능(稜)몡 '모서리'의 구용어.

능(綾)몡 얇은 비단의 한 가지. 단(緞)과 비슷하나 더 얇음.

능가(凌駕)몡하타 능력이나 수준 따위가 비교 대상을 훨씬 앞지름. ¶남자를 능가하는 체력을 가진 여자.

능가-경(楞伽經)몡 대승 경전(大乘經典)의 한 가지. 부처가 능가산(楞伽山)에서 대혜보살(大慧菩薩) 등을 위해 설법한 것을 모은 경.

능각(稜角)몡 '모서리각'의 구용어.

능간(能幹)몡 '능간하다'의 어근.

능간-하다(能幹-)형어 일을 감당할 만한 능력이 있다.

능갈-맞다[-맏따]형 얄밉도록 능청스럽다. ¶능갈맞게 굴다.

능갈-치다 [I]자 교묘하게 잘 둘러대다.
[II]형 능청스럽게 잘 둘러대는 재주가 있다.
¶능갈치며 말하다.

능견-난사(能見難思)몡 눈으로 볼 수는 있으나 보통의 이치로는 그 내용을 미루어 짐작할 수 없음. 또는 그런 일.

능곡지변(陵谷之變)[-찌-]〔언덕과 골짜기가 뒤바뀐다는 뜻으로〕 '세상일의 변천이 극심함'을 비유하여 이르는 말.

능관(陵官)몡 지난날, 능을 지키는 벼슬아치를 이르던 말.

능-구렁이몡 ①뱀과의 동물. 몸길이 80 cm가량. 몸빛은 등이 적갈색, 배는 황갈색이며 온몸에 굵고 검은 가로띠가 있음. 주로 논이나 연못 근처에서 살며, 개구리·쥐·작은 새 따위가 잡아먹는데 독은 없음. ②'성질이 음흉한 사람'을 비유하여 이르는 말.

능그다[능그니·능거]타 곡식 낟알의 껍질을 벗기려고 물을 붓고 애벌 찧다.

능글-능글[-글-]부하형 엉큼하고 능청스러운 모양. ¶능글능글 웃기만 한다.

능글-맞다[-맏따]형 하는 짓이 능글능글하다.
¶용서를 빌기는커녕 능글맞게 웃기만 한다.

능금몡 능금나무의 열매. ¶그녀의 두 뺨이 능금처럼 발갛게 물들어 예뻐 보인다.

능금-나무몡 장미과의 낙엽 활엽 교목. 과실나무의 한 가지로 높이는 10 m가량. 길둥근 잎은 끝이 뾰족하며, 5월경에 짧은 가지에 분홍 꽃이 핌. 가을에 익는 불그스름한 열매를 '능금'이라 하는데, 겉에 흰 가루가 덮여 있으며 사과보다 과즙이 많음.

능금-산(-酸)몡 ⇨사과산(沙果酸).

능-놀다[~노니·~놀아]타 ①일을 자꾸 미루어 나가다. ②천천히 쉬어 가며 일하다.

능단(綾緞)몡 ⇨능라(綾羅).

능답(陵畓)몡 능에 딸린 논.

능당(能當)몡하타 능히 감당함. 능당-히부.

능동(能動)몡 ①스스로 움직이거나 작용하는 것. ↔수동(受動). ②다른 것에 동작을 미치게 하는, 동사의 성질. ④→피동(被動).

능동-문(能動文)몡 문장의 서술어가 능동사로 된 문장. 〔'경찰이 도둑을 잡다.'·'누나가 동생을 업다.' 따위.〕 ↔피동문.

능동-사(能動詞)몡 문장의 주체가 제힘으로 하는 동작을 나타내는 동사. 〔'먹다'·'쓰다'·'읽다' 따위.〕 ↔피동사.

능동-성(能動性)[-썽]몡 스스로(제힘으로) 다른 것에 작용하는 성질. ↔수동성.

능동-적(能動的)관몡 스스로 다른 것에 작용하는 성질의 (것). ¶능동적 자세. ↔수동적.

능동-태(能動態)몡 문법에서, 어떤 동작이나 작용의 주체를 주어로 세웠을 때의 서술어가 취하는 형식. 곧, 능동사의 형태. ↔수동태.

능라(綾羅)[-나]몡 두꺼운 비단과 얇은 비단. 능(綾)과 나(羅). 능단(綾緞).

능라-장(綾羅匠)[-나-]몡 비단을 짜는 직공.

능란(能爛) '능란하다'의 어근.

능란-하다(能爛-)[-난-]형어 (어떤 일에) 썩 익숙하다. ¶경운기를 능란하게 다루다. /능란한 일솜씨. 능란-히부.

능력(能力)[-녁]몡 ①어떤 일을 해낼 수 있는 힘. ¶문제 해결 능력. /영업 분야에서 탁월한 능력을 발휘하다. ②법률상 어떤 일에 관하여 필요로 하는 자격. 〔민법에서는 행위 능력을 뜻함.〕

능력-급(能力給)[-녁끕]몡 〔연령·학력·경험 따위〕 근로자의 작업에 대한 능력에 따라 임금이 지급되는 급여 제도.

능력^상실자(能力喪失者)[-녁쌍-짜]몡 행위 능력자였으나, 금치산이나 한정 치산의 선고를 받음으로써 행위 능력을 상실하게 된 사람.

능력-자(能力者)[-녁짜]몡 (어떤 일을) 능히 해낼 힘이 있는 사람.

능률(能率)[-뉼]몡 ①일정한 시간에 해낼 수 있는 일의 분량, 또는 비율. ¶능률이 오르다. /능률이 떨어지다. ②회전 능력의 크기를 나타내는 양.

능률-급(能率給)[-뉼-]몡 근로자의 작업 능률에 따라서 지급되는 임금(賃金) 형태를 통틀어 이르는 말. 참생활급.

능률-적(能率的)[-뉼쩍]관몡 능률이 많이 오르는 성질의 (것).

능리(能吏)[-니]몡 일에 능한 관리. 유능한 관리.

능멸(凌蔑·陵蔑)몡하타 업신여겨 깔봄. 능모(凌侮). ¶능멸을 당하다.

능모(凌侮·陵侮)몡하타 ⇨능멸(凌蔑).

능묘(陵墓)몡 ①능과 묘. ②⇨능(陵).

능문(能文)몡 글에 능함, 또는 능한 글.

능문-능필(能文能筆)몡 글과 글씨에 두루 능함.

능변(能辯)몡하자 막히는 데 없이 말을 술술 잘함, 또는 그런 말. 능언(能言). 달변. ↔눌변(訥辯).

능변-가(能辯家)몡 말솜씨가 능란한 사람.

능사(能士)몡 재능이 남보다 뛰어난 사람. 재능이 있는 훌륭한 사람.

능사(能事)몡 ①자기에게 가장 알맞아 잘 감당해 낼 수 있는 일. ②《주로 '아니다'와 함께 쓰이어》능한 일. 잘하는 일. ¶대립과 파쟁만이 능사가 아니다.

능사(綾紗)몡 명주실로 짠 상깃하고 얇은 비단의 한 가지.

능상(陵上)몡 ⇨능(陵).

능상(菱狀)몡 ⇨마름모꼴.

능서(能書)몡하자 글씨를 잘 씀, 또는 잘 쓴 글씨. ⒝능필(能筆).

능선(稜線)몡 산의 봉우리에서 봉우리로 이어지는 산등성이의 선. ¶비로봉으로 이어지는 능선에 올랐다.

능소(陵所)몡 능(陵)이 있는 곳.

능소능대(能小能大)몡 ①모든 일에 두루 능함. ②남들과 사귀는 수완이 아주 능함. ¶능소능대한 수완가.

능소니몡 곰의 새끼.

능소-화(凌霄花)**명** 능소화과의 낙엽 만목. 중국 원산의 관상용 식물로, 줄기는 10 m가량 자람. 잎은 깃모양 겹잎이고, 여름에 넓은 깔때기 모양의 불그스름한 꽃이 피며 열매는 가을에 익음.

능소-회(能所會)**[-회/-훼]명** 비역. 〔절에서의 변말.〕

능속(陵屬)**명** 지난날, '능에 딸린 하인'을 이르던 말.

능수(能手)**명** 어떤 일에 능란한 솜씨, 또는 그런 사람. ¶다른 것은 몰라도 사격엔 능수지.

능수-꾼(能手-)**명** 일솜씨가 능숙한 사람.

능수능란(能手能爛)**명** '능수능란하다'의 어근.

능수능란-하다(能手能爛-)**[-난-]형여** 어떤 일에 익숙하고 솜씨가 좋다. ¶드리블에 능수능란한 공격수.

능수-버들명 버드나뭇과의 낙엽 활엽 교목. 우리나라의 특산 식물로 흔히 가로수나 관상수로 심음. 높이는 20 m가량이며, 잎은 좁고 양 끝이 뾰족함. 가지를 길게 드리우고 4월경에 꽃이 피며, 열매는 여름에 익음. 삼춘류(三春柳). 수사류(垂絲柳). 정류(檉柳).

능숙(能熟)'능숙하다'의 어근.

능숙-하다(能熟-)**[-수카-]형여** 능란하고 익숙하다. ¶외국어에 능숙하다. **능숙-히**부.

능신(能臣)**명** 유능한 신하.

능실(菱實)**명** 마름의 열매.

능언(能言)**명하자** 능변(能辯).

능엄-경(楞嚴經)**명** 선종(禪宗)의 주요 경전의 하나. 인연(因緣)과 만유(萬有)를 설명하고 있음.

능에명 느싯과.

능역(陵役)**명** 능(陵)에 관계되는 역사(役事).

능욕(凌辱·陵辱)**명하타** ①남을 업신여겨 욕보임. ¶약소 민족을 능욕하다. ②폭력으로 여자를 욕보임. ¶부녀자를 능욕하다.

능원(陵園)**명** 왕이나 왕비의 무덤인 능(陵)과 왕세자 등의 무덤인 원(園). 곧, 왕족들의 무덤.

능원-묘소(陵園墓所)**명** 능이나 원·묘 등이 있는 자리.

능위(稜威)**명** 존엄한 위광(威光). 곧, 천자(天子) 또는 왕의 권위.

능-위전(陵位田)**명** 능에 딸린 논밭.

능음(凌陰)**명** 얼음을 쌓아 두는 곳(방). 빙실.

능이(能栮·能耳)**명** 먹을 수 있는 버섯의 한 가지. 박달나무 따위에 나는데 갓이 큼. 거죽은 검고, 안은 잘게 갈라져 있으며 분홍빛이 남. 능이버섯.

능이(凌夷·陵夷)**명** ①언덕과 평지. ②하자(어떤 현상이) 처음에는 왕성하다가 차차 쇠퇴함.

능이-버섯(能栮-)**[-섣]명** ⇒능이(能栮). * 능이버섯이[-서시]·능이버섯만[-선-]

능인(能仁)**명** '능하고 어질다는 뜻으로' '석가(釋迦)'를 달리 일컫는 말.

능장(稜杖)**명** 지난날) ①(출입을 막기 위하여) 대궐 문에 가로질러 세우던 둥글고 긴 나무 막대. ②밤에 순찰을 돌 때 쓰던 기구. 〔길이 150 cm쯤 되는 나무 끝에 물미를 끼우고 쇠두겁을 씌웠는데, 쇳조각 따위를 달아 소리나게 하였음.〕

능준-하다(能-)**형여** (어떤 기준에 차고도 남아) 넉넉하다. **능준-히**부.

능지(凌遲·陵遲)**명하타** 〈능지처참〉의 준말.

능-지기(陵-)**명** 능을 지키는 사람.

능지-처참(凌遲處斬)**명하타** 지난날, 대역(大逆) 죄인에게 내리던 극형. 〔머리·몸·손·팔다리를 도막 쳐서 죽임.〕 준능지.

능직(綾織)**명** 직물의 기본 조직의 한 가지. 날실과 씨실을 각각 몇 올씩 건너뛰어 만나게 함으로써 빗금 무늬가 나타나게 짜는 방법. 사문직.

능-참봉(陵參奉)**명** 조선 시대에, 능을 맡아보던 종구품의 벼슬.

능참봉을 하니까 거둥이 한 달에 스물아홉 번이라속담 모처럼 일자리를 하나 얻으니까 별로 생기는 것 없이 바쁘기만 하다는 말.

능철명 마음속은 엉큼하면서 겉으로 천연스럽게 꾸미는 태도. ¶능청을 떨다. /능청을 부리다.

능청-거리다자 자꾸 능청능청하다. 능청대다. 자낭창거리다.

능청-능청부하자 (줄이나 가는 막대기 따위가) 탄력성 있게 크게 휘어지거나 흔들리는 모양. 자낭창낭창.

능청-대다자 능청거리다.

능청-맞다[-맏따]형 마음속은 엉큼하면서 겉으로는 천연스럽다. ¶사람이 어쩌면 저렇게 능청맞을까?

능청-스럽다[-따][~스러우니·~스러워]형ㅂ 능청맞은 데가 있어 보이다. **능청스레**부.

능청-이명 능청맞은 사람.

능침(陵寢)**명** ⇒능(陵).

능통(能通)'능통하다'의 어근.

능통-하다(能通-)**형여** 어떤 일에 환히 통달하다. ¶동양사에 능통하다./영어에 능통하다.

능필(能筆)**명** ①잘 쓴 글씨. ②글씨를 잘 쓰는 사람. 비능서(能書)·달필(達筆). ↔악필(惡筆).

능-하다(能-)**형여** 서투른 데가 없이 익숙하게 잘하다. ¶수학에 능하다. **능-히**부. ¶그것쯤은 능히 해낼 수 있다.

능-해자(陵垓字)**명** 능(陵) 둘레의 경계.

능행(陵幸)**명하자** 임금이 친히 능에 행차함.

능형(菱形)**명** '마름모'의 구용어.

능화(能化)**명** 불교에서, 능히 중생을 교화하는 이, 곧 부처나 보살을 이름.

능화(菱花)**명** 마름의 꽃.

능활(能猾)'능활하다'의 어근.

능활-하다(能猾-)**형여** 능력이 있으면서 교활하다. **능활-히**부.

늦명 〔옛〕 늦. 조짐. 상서(祥瑞). ¶智慧 너비 비췰 느지오(月釋1:18).

늦-[-늗]**접투** 〔일부 명사나 동사 앞에 붙어〕 '때의 늦음'을 뜻함. ¶늦가을./늦거름./늦여름./늦되다./늦더위.

늦-가을[늗까-]**명** 가을이 다 갈 무렵. 계추(季秋). 만추(晩秋). 모추(暮秋). 잔추(殘秋).

늦-거름[늗꺼-]**명** ①때늦게 주는 거름. ②오래 지난 뒤에 효력이 나타나는 거름. 〔퇴비·인분 따위〕.

늦-겨울[늗껴-]**명** 겨울이 다 갈 무렵. 계동(季冬). 만동(晩冬). 모동(暮冬).

늦-과일[늗꽈-]**명** 보통 과일보다 늦게 여무는 과일.

늦-김치[늗낌-]**명** 봄철까지 오래 먹을 수 있도록 젓갈을 넣지 않고 담근 김치.

늦-깎이[늗깨-]**명** ①나이가 들어서 중이 된 사람. ②보통 사람보다 늦게 배움이나 수련 따위의 길에 들어선 사람. 또는, 나이가 들어서 장색(匠色) 따위 일을 배우는 사람. ¶늦깎이 대학생./늦깎이 배우. ③사리(事理)를 남보다 늦게 깨달은 사람. ④(과실·채소 따위의) 늦게 익은 것.

늦다[늗따] **I** 짜 정해진 때보다 지나다. ¶그는 약속 시간에 언제나 늦는다. *늦어·늦는[는-] **II** 혱 ①기준이 되는 때나 시각에 뒤져 있다. ¶꽃이 예년보다 늦게 피다. ②시간이 많이 지나 있다. ¶늦은 가을./밤 늦도록 일을 하다. ③곡조·동작 따위의 속도가 느리다. ¶박자가 늦다. ①②↔이르다3. *늦어·늦고[늗꼬]

늦게 배운 도둑이 날 새는 줄 모른다[속담] 뒤늦게 시작한 일에 재미를 붙여 더욱 열중하게 됨을 이르는 말.

늦-더위[늗떠-] 명 늦여름의 더위. 가을철까지 끄는 더위. 노염(老炎). ↔일더위.

늦-동이(-童-) 명 '늦둥이'의 잘못.

늦-되다[늗뙤-/늗뛔-] 짜 ①(곡식이나 열매 따위가) 제철보다 늦게 익다. ¶벼가 늦되다. ②(나이에 비하여) 철이 늦게 들다. ¶사람이 좀 늦된 것 같다. ③어떤 일이 늦게서야 이루어지다. ¶늦되어 ↔올되다2·일되다.

늦-둥이[늗뚱-] 명 ①늘그막에 낳은 자식. ②'열기가 없고 어리석은 사람'을 얕잡아 이르는 말.

늦-마[는-] 명 ☞늦장마.

늦-모[는-] 명 철 늦게 내는 모. 마냥모. 만앙.

늦-모내기[는-] 명 철 늦게 모를 내는 일. 만이앙.

늦-물[는-] 명 제철보다 늦게 열린 과일이나 늦게 잡힌 물고기.

늦-바람[늗빠-] 명 ①저녁 늦게 부는 바람. ②나이 들어서 부리는 난봉. ¶늦바람이 나다. ③'느리게 슬슬 부는 바람'의 뱃사람 말.

늦바람이 용마름을 벗긴다[속담] 늘그막에 바람이 나기 시작하면 걷잡을 수 없다는 뜻.

늦-배[늗빼] 명 늦게 까거나 낳은 짐승의 새끼.

늦-벼[늗뼈] 명 늦게 익는 벼. 만도(晚稻). ↔올벼.

늦-복(-福)[늗뽁] 명 ①나이가 많이 들어서 누리는 복. ②뒤늦게 돌아오는 복. 만복(晚福).

늦-봄[늗뽐] 명 봄이 다 갈 무렵. 계춘(季春). 만춘(晚春). 모춘(暮春). 잔춘(殘春).

늦-부지런[늗뿌-] 명 늘그막에 부리는 부지런. ②뒤늦게 서두는, 때 아닌 부지런.

늦-뿌리다[는-] 탸 씨앗을 제철보다 늦게 뿌리다.

늦-사리[늗싸-] 명 철 늦게 농작물을 거두는 일, 또는 그 농작물.

늦-새끼[늗쌔-] 명 ①늙은 어미가 낳은 짐승의 새끼. ②어느새 배 치는 짐승의 늦배의 새끼.

늦-서리[늗써-] 명 제철보다 늦게 내리는 서리. ↔올서리.

늦심-기[늗씸끼] 명 (곡식이나 식물을) 제철이 지나서 심는 일. 만식(晚植).

늦-심다[늗씸따] 탸 (곡식이나 식물을) 제철보다 늦게 심다.

늦-여름[는녀-] 명 여름이 다 갈 무렵. 계하(季夏). 만하(晚夏). 모하(暮夏).

늦은-불 명 ①빗맞거나 설맞은 총알. ②'그리 심하지 않은 곤욕'을 비유하여 이르는 말.

늦은-삼절(-三節) 명 화살의 상사 위쪽에 있는, 살대의 셋째 마디.

늦-자라다[늗짜-] 짜 보통 아이보다 늦게 자라다.

늦-자식(-子息)[늗짜-] 명 나이가 들어 늦게 낳은 자식. ¶늦자식을 보다.

늦-잠[늗짬] 명 아침 늦게까지 자는 잠. 아침잠.

늦잠-꾸러기[늗짬-] 명 늘 아침 늦게까지 자는 사람. ¶늦잠꾸러기라고 놀리다.

늦-잡다[늗짭따] 탸 ①날짜나 날짜를 늦추어 헤아리다. ¶늦잡아도 주말까지는 일을 끝마쳐야 한다. ②시간이나 날짜를 여유 있게 정하다. ¶모임을 다음 주로 늦잡다.

늦-잡죄다[늗짭쬐-/늗짭쮀-] 탸 느지막이 다잡거나 독촉하다.

늦-장[늗짱] 명 ☞늑장.

늦-장(-場)[늗짱] 명 일부러 좀 늦게 보는 장.

늦-장가[늗짱-] 명 보통 사람보다 늦게 드는 장가. ¶큰형은 나이 마흔이 넘어 늦장가를 가다.

늦-장마[늗짱-] 명 제철이 지나서 지는 장마. 늦마.

늦추[늗-] 부 ①때가 늦게. ¶약속 시간보다 늦추 오다. ②켕기지 않고 느슨하게. ¶빨랫줄을 아래로 좀 처지게 늦추 매다.

늦-추다[늗-] 탸 ①('늦다'의 사동) 늦게 하다. ¶기일을 늦추다. /속도를 늦추다. ②느슨하게 하다. ¶허리띠를 다소 늦추다. /고삐를 늦추다. /나사를 늦추다. ③긴장을 조금 풀다. ¶경각심을 늦추다.

늦-추위[늗-] 명 겨울이 다 지날 무렵의 추위. 여한(餘寒). 잔한(殘寒).

늦추-잡다[는-따] 탸 ①시간이나 기한을 늦게 잡다. ¶기한을 늦추잡다. ②줄이나 끈 따위를 조이지 않도록 느슨하게 잡다.

늦하늬-바람[느타늬-] 명 '서남풍'의 뱃사람 말.

늪[늗] 앞으로 어떻게 될 것 같은 징조. *늦이[느지]·늦만[는-]

늪[늡] 명 ①호수보다는 작으나 못보다는 크며 땅바닥이 저절로 둘러 빠지고, 진흙 바닥에 많은 물이 깊지 않게 늘 괴어 있어 물속 식물이 무성한 곳. 소(沼). ②'헤어나기 힘든 상태나 상황'을 비유하여 이르는 말. ¶고통의 늪에 빠지다. *늪이[느피]·늪만[늠-]

늪-지대(-地帶) [늡찌-] 명 늪이 많은 지대.

닐리리[닐-] 부 (퉁소·피리·나발 따위) 관악기의 소리를 흉내 낸 말.

닐리리야[닐-] 명 경기 민요의 한 가지. [후렴이 '닐리리야'로 되어 있음.]

닐리리-쿵더쿵[닐-] 부 관악(管樂)과 타악(打樂)의 뒤섞인 풍류 소리를 흉내 낸 말.

닁큼[냥-] 부 망설이지 않고 가볍고 빨리 움직이는 모양. ¶닁큼 따라 나가거라. 쪈냉큼. 닁큼-닁큼[냥-]

니¹ 조 모음으로 끝난 체언에 붙는 연결형 서술격 조사. ①앞말이 뒷말의 까닭이 됨을 나타냄. ¶비가 올 날씨니 우산을 가지고 가거라. ②어떤 사실을 들어 보인 다음 그와 관련된 다른 말을 끌어내는 뜻을 나타냄. ¶제 약혼자니 특별히 신경 써 주세요. ③(주로 '~니 ~니'의 꼴로 쓰이어) ㉠이것이라고도 하고 저것이라고도 함을 나타냄. ¶바보니 천치니 하면서 구박만 한다. ㉡여러 사물을 벌여 놓는 뜻을 나타냄. ¶감자니 옥수수니 잔뜩 먹었다. 참이니.

니² 조 모음으로 끝난 체언에 붙는 종결형 서술격 조사. ①경험에 바탕을 두어 어떤 사실을 일러 주는 뜻을 나타냄. ¶회초리를 맞은 게 맴끝에 정이 드는 바니. ②'냐'보다 은근한 느낌을 나타냄. ¶그 사람, 누구니? 참이니².

니¹ 명 (옛) ☞니. ¶니 ☞薿(訓蒙上23).

니² 명 (옛) 이(齒). ¶齒는 니라(訓諺).

-니¹ 어미 ①동사 어간이나 모음으로 끝난 형용사 어간 또는 높임의 '-시-'나 시제의 '-았(었)-'·'-겠-' 등에 붙는, 해라체의 의문형 종결 어미. '-냐'·'-느냐'·'-으냐'보다 친근하고 부드러운 느낌을 나타냄. ¶뭘 먹니?/그렇게 크니? 모음으로 끝난 형용사 어간이나 높임의 '-시-' 뒤에 붙는, 하게체의 평서형 종결 어미. 경험을 바탕으로 하여 믿는 바를 일러 주는 뜻을

나타냄. ¶거짓말하는 것은 나쁘니. 魯-으니.

-니²〈어미〉①모음이나 'ㄹ'로 끝난 어간 또는 높임의 '-시-'에 붙는 종속적 연결 어미. ㉠앞말이 뒷말의 원인이나 근거가 됨을 나타냄. ㉡바람이 부니 물결이 인다. ㉡어떤 사실을 들어 보인 다음 그와 관련된 다음 말을 끌어내는 뜻을 가짐. ¶도착하니 새벽이더라. /돌이켜 생각하니 잘못은 이쪽에 있었소. ②모음이나 'ㄹ'로 끝난 형용사 어간 뒤에 쓰이는 종속적 연결 어미. 주로, '-니 -니'의 꼴로 쓰이어, 이렇게 하기도 하고 저렇게 하기도 한다는 뜻을 나타냄. ¶값이 싸니 비싸니 하며 실랑이를 벌인다. 魯-으니².

니거지이다재〈옛〉('니다'의 활용형〉가고 싶습니다. ¶내 니거지이다 가샤(龍歌58章).

니건관〈옛〉('니다'의 활용형〉간. 지난. ¶니건 히엔 白帝城에 누니 뫼해 잇더니(杜初10:40).

니그로(Negro)명 ①주로, 중부 아프리카에 사는 흑인종. [흑인종을 통틀어 일컫기도 함.] ②흑인.

니글-거리다재 자꾸 니글니글하다. 니글대다.

니글-니글[-리-]부하자 먹은 것이 소화되지 않아 속이 자꾸 메스껍고 곧 게울 듯한 모양.

니글-대다재 니글거리다.

니기다〈옛〉익숙하다. 익히다. ¶智勇울 니기 아수바(龍歌59章).

니기다태〈옛〉익히다. ¶쳡은 니길씨라(訓諺).

니까조 '니'의 힘줌말. ¶지금이 고비니까 더욱 힘을 내자.

-니까조 '-니²'의 힘줌말. ¶자세히 보니까 아주 잘생겼다.

니까는조 '니까'의 힘줌말. ¶왜 날다니, 새니까 날지.

-니까는어미 '-니까'의 힘줌말. ¶좀 늦게 가니까는 아무도 없더라. 준-니간.

니깐조 〈니까〉의 준말. ¶그래도 친구니깐 너를 도와주는 거야.

-니깐어미 〈-니까는〉의 준말. ¶봄이 되니깐 자꾸 졸린다.

니다재〈옛〉①가다. ¶니거든 여러 두고 날인가 반기실가(鄭澈.思美人曲). ②지나다. ¶이제 수년을 니디 아니후니(五倫2:20). 魯녀다.

니라 모음으로 끝난 체언에 붙어, 당연한 일, 또는 경험으로 얻은 어떤 사실을 단정적으로 베풀어 말하는, 해라체의 종결형 서술격 조사. ¶모든 행동의 근본은 효(孝)니라. 魯이니라.

-니라어미 모음이나 'ㄹ'로 끝난 형용사 어간에 붙는, 해라체의 평서형 종결 어미. 으레 그러한 일이나 경험으로 얻은 사실을 타이르듯 일러 주는 뜻을 나타냄. ¶스승의 은혜는 산보다도 크니라. 魯-느니라.-으니라.

니러나다재〈옛〉일어나다. ¶赤帝 니러나시릴씬(龍歌22章). 魯닐다.

니러셔다재〈옛〉일어서다. ¶누본 남기 니러셔니이다(龍歌84章). 魯닐다.

니러후니재〈옛〉일어나니. 일어난즉. ¶日出을 보리라 밤둥만 니러후니(鄭澈.關東別曲).

니르다재〈옛〉이루다. ¶一生애 머그며 니블 이를 니르 후디 몯후리로다(翻小10:20).

니르다태〈옛〉이르다. ¶言은 니를씨라(訓諺). 魯니르다.

니르리부〈옛〉이르도록. ¶唐브터 宋애 니르리(楞解1:16).

니르받다태〈옛〉일으키다. ¶罪業을 니르바돌씨라(月釋1:16). 魯니르왇다·니르왇다.

니르왇다〈옛〉일으키다. ¶ㄹ 업슨 功德을 니르와다샤(月釋2:54). 魯니르받다.

니르혀다태〈옛〉일으키다. ¶그 겨지비 밥 가져다가 머기고 자바 니르혀니(月釋1:44).

니를다〈옛〉이르다(至). ¶아래로 阿鼻地獄애 니를오(釋譜13:13). /우흐로 梵世예 니르르시고(月釋18:4).

니루다[닐어·닐오디]태〈옛〉이르다. ¶謂는 니룰씨라(月釋序10). /호 劫이 남독 닐어도 몯다 니르리어니와(釋譜9:10). 魯니르다.

니르왇디〈옛〉굴히요몰 니르왇디 아니후며(永嘉下138). 魯니르받다.

니ㄹ히부〈옛〉이르도록. ¶一品으로 九品에 니ㄹ히(朴解下30).

-니만치어미 ☞-니만큼.

-니만큼어미 모음이나 'ㄹ'로 끝난 용언의 어간 또는 높임의 '-시-'에 붙어, 앞말이 뒷말의 원인이나 이유가 됨을 나타내는 연결 어미. -니만치. ¶짐이 무거우니만큼 여럿이 나눠 들고 가는 것이 낫다. 魯-느니만큼·-으니만큼.

니맣명 이마. ¶니마히 넙고 平正후야(法華6:14). /니마 조술 돈: 頓(訓蒙下26).

니믜촛다〈옛〉여미어 입다. ¶紅裳을 니믜촛고 翠袖롤 半만 거더(鄭澈.思美人曲).

니블명〈옛〉이불. ¶니블 금: 衾(訓蒙中23).

니스(ㄴ스←ㅘㄴ스 일)명 바니스.

니쏘리명〈옛〉잇소리. 치음(齒音). ¶ㅈ는 니쏘리니(訓諺).

니서티다태〈옛〉이어 치다. ¶물 우희 니서티샤(龍歌44章).

니스취다〈옛〉잇대다. ¶니스취여 흐 일도 업다 니ㄹ디 말라(南明下7).

니수샤도태〈옛〉('닛다'의 활용형〉이으셔도. ¶聖神 니수샤도(龍歌125章).

니어미스(near miss)명 비행 중인 항공기끼리 접촉할 뻔한 이상 접근(異常接近).

니오븀(Niobium 독)명 ☞니오브.

니오브(Niob 독)명 희유 원소(稀有元素)의 한 가지. 녹는점이 높고 전성(展性)·연성(延性)이 강한 회백색의 금속. 열에 견디는 합금 재료로 중요함. 니오븀. [Nb/41/92.9064]

니웃후다[니읃~]재〈옛〉이웃. ¶이바 니웃드라(鄭克仁.賞春曲). 魯이웃.

니은명 한글 자모의 자음 'ㄴ'의 이름.

-니이다어미〈옛〉-었습니다. ¶하놀히 命후실씨 몰톤자히 건너시니이다(龍歌34章).

-니잇가어미〈옛〉-ㅂ니까. -옵니까. ¶洛水예 山行 가이셔 하나빌 미드니잇가(龍歌125章).

-니잇고어미〈옛〉-ㅂ니까. -옵니까. ¶어드러셔 오시니잇고(月釋8:91).

니지부〈옛〉잊어. 잊고서. ¶四月 아니 니지 아으 오실셔 곳고리새여(樂範.動動).

니ㅈ시리잇가〈옛〉☞닛다.

니치(niche)명 벽감(壁龕).

니커보커스(knickerbockers)명 무릎 바로 아래에서 졸라매게 만든 품이 넉넉한 바지. 운동용이나 작업용으로 입음.

니켈(nickel)명 금속 원소의 한 가지. 회백색 금속으로 전성(展性)·연성(延性)은 철과 비슷하나, 공기·물·알칼리 등에 잘 침식(侵蝕)되지 않음. [Ni/28/58.71]

니켈-강(nickel鋼)명 니켈이 들어 있는 특수강. 탄소강(炭素鋼)에 비해 강도가 크고 질기기 때문에 자동차·교량 따위의 구조용 부품에 쓰임.

니켈크롬-강 (nickel-chrome鋼)몡 니켈과 크롬을 함유하는 특수강. 강도가 크고 아주 질겨 기계의 톱니바퀴 등 자주 마멸하기 쉬운 부품에 쓰임.

니코틴 (nicotine)몡 주로 담뱃잎에 들어 있는 알칼로이드. 본디는 무색의 액체이지만 공기에 닿으면 갈색이 됨. 수용성이며 독성이 강하여 신경 계통의 조직을 자극하여 마비시킴. 농약 따위에 이용됨.

니코틴-산 (nicotine酸)몡 수용성 비타민인 비타민 B 복합체의 한 가지.

니코틴-제 (nicotine劑)몡 니코틴을 유효 성분으로 하는 살충제.

니코틴^중독 (nicotine中毒)몡 니코틴으로 말미암은 중독. 급성 중독과, 담배를 많이 피워 일어나는 만성 중독이 있음.

니크롬 (nichrome)몡 니켈과 크롬을 주로 한 합금. 전기 저항이 크고 녹는점이 높아 전열선이나 저항선 따위에 쓰임.

니크롬-선 (nichrome線)몡 니크롬으로 만든 도선(導線). 높은 온도에 견딜 수 있어 주로 전열기에서 열을 내는 발열체로 쓰임.

니트 (knit)몡 니트로 만든 옷이나 옷감.

니트로-글리세린 (nitroglycerin)몡 글리세린에 질산과 황산의 혼합액을 작용시켜서 만든 빛깔 없는 기름 모양의 액체. 조그만 자극에도 폭발하는 성질이 있어 다이너마이트나 무연 화약 (無煙火藥) 등의 원료로 쓰이며, 협심증 따위의 치료제로 쓰이기도 함.

니트로-벤젠 (nitrobenzene)몡 벤젠을 진한 질산과 진한 황산의 혼합액으로 처리해서 만든, 특유의 향기가 나는 빛깔 없는 액체. 흡습성이 강하며 증기는 독성이 있음. 아닐린의 원료가 됨. 니트로벤졸.

니트로-벤졸 (nitrobenzol)몡 ⇨니트로벤젠.

니트로-셀룰로오스 (nitrocellulose)몡 솜 같은 셀룰로오스를 강한 황산과 질산의 혼합액에 반응시켜 만든 질산에스테르. 화약에 쓰임. 질산섬유소.

니트로-포스카 (Nitrophoska 독)몡 비료의 3요소인 질소·인산·칼리를 모두 함유하는 인조 비료.

니트로^화합물 (nitro化合物)[-함-]몡 분자 속에 니트로기(基)를 가진 유기 화합물.

니트-웨어 (knit wear)몡 '뜨개질하여 만든 옷'을 통틀어 이르는 말.

니팅 (knitting)몡 편물(編物).

니퍼 (nipper)몡 (펜치와 비슷한) 공구의 한 가지. 주로, 철사나 전선 따위를 절단하는 데 쓰임.

니피다⊞ 〈옛〉입히다. ¶袞服 니피ᄉᆞᆸ니(龍歌25章).

니힐리스트 (nihilist)몡 허무주의자.

니힐리즘 (nihilism)몡 허무주의.

닉네임 (nickname)몡 '별명'·'애칭'으로 순화.

닉다ᄌᆞ 〈옛〉익숙하다. 익숙하다. ¶니글 숙:熟(訓蒙下12). /鳴沙 길 니근 물이(鄭澈.關東別曲).

-닌댄어미〈옛〉-ㄹ진대. ¶ᄒᆞ다가 업스닌댄.·ᄒᆞ다가 잇ᄂᆞ닌댄(蒙法62).

닐곱몡〈옛〉일곱. ¶어려운 이리 닐굽 가지니(몸約34).

닐굽④〈옛〉일곱. ¶거플없고 기리 닐굽 쳐러니(月釋1:43).

닐다ᄌᆞ〈옛〉일다. 일어나다. ¶ᄉᆞ면(四面)에 블이 니러(月印164章). /닐 起:起(訓蒙下27).

닐오다ᄌᆞ⊞〈옛〉('니ᄅᆞ다'의 활용형) 이르되. ¶經에 닐오딕(月釋1:36). /이제논 해 닐오딕(蒙法57).

닐온④ 〈옛〉('니ᄅᆞ다'의 활용형) 이른바. 말하자면. ¶ᄂᆞ미 뿌미 ᄃᆞ월씨 닐온 傭이오(法華2:191).

닐웨⑨〈옛〉이레. ¶닐웨를 숨ᄭᅥ더시니(月印108章).

닐위다⊞〈옛〉이루다. ¶居喪애는 그 공경을 닐위고(小解7章).

닐흔몡〈옛〉일흔. ¶닐흔 살 쏘샤(龍歌40章).

닑다⊞〈옛〉읽다. ¶讀은 늘글씨오(月釋序22).

님몡〈옛〉바느질에 쓰려고 일정하게 자른 실오리를 세는 말. ¶푼사 여섯 님.

님²⑨ 사람 이름 뒤에 쓰이어, 그 사람을 높이어 이르는 말. '씨'보다 높임의 뜻을 나타냄. ¶안창호 님.

님몡〈옛〉①임금. ¶님하 오ᄂᆞᆯ나래 넉시라 마로리어다(月釋8:102). ②임. ¶셜온 님 보내옵노니(樂詞.가시리).

-님접미 ①남의 이름이나 호칭, 또는 다른 명사 뒤에 붙어 높임의 뜻을 나타내는 말. ¶사장님. /선생님. ②어떤 대상을 의인화하여 높이거나 다정스럽게 일컬을 때에 쓰이는 말. ¶달님.

님군몡〈옛〉임금. ¶나라히 파우고 님군이 망ᄒᆞ여시니(五倫2:7). ⑪님금.

님금몡〈옛〉임금. ¶御製눈 님금 지ᄅᆞ샨 그리라(訓諺).

님비 (NIMBY)몡 공익을 위해서는 필요하지만 자신이 속한 지역에는 이롭지 아니한 일을 반대하는 이기적인 행동. ¶님비 현상. [not in my back yard]

님잫몡〈옛〉임자. ¶刹利늘 田地ㅅ 님자히라ᄒᆞᆫ 쁘디라(月釋1:46).

님지몡〈옛〉임자가. ¶님지 업슨 風月江山애 절로절로 늘그리라(朴仁老.陋巷詞).

님프 (nymph)몡 그리스 신화에 나오는, 산·강·나무·꽃·동굴 등의 정령(精靈). [젊고 아름다운 여자의 모습으로 나타나며, 노래와 춤을 좋아한다고 함.] 요정(妖精).

닙몡〈옛〉잎. ¶空山의 싸힌 닙흘 朔風이 거두부러(鄭澈.星山曲).

닙다 〈옛〉입다. ¶옷 닙고 밥 머그며(金三2:11).

닛고신뎌 〈옛〉('닛다'의 활용형) 잊으신 것이네. 잊으셨단 말인가. ¶무슴다 錄事니믄 녯나ᄅᆞᆯ 닛고신뎌(樂範.動動).

닛다 [니서·니스니]⊞〈옛〉잇다. ¶상녜 닛게 ᄒᆞ야(蒙法9). /니서 쓰면(訓諺).

닛무윰몡〈옛〉잇몸. ¶헷 그티 아랫 닛무윰에 다ᄂᆞ니라(訓諺).

닛다 [닛고·닛디]⊞〈옛〉잊다. ¶天下蒼生을 니즈시리잇가(龍歌21章). /이 쁘들 닛디 마ᄅᆞ쇼셔(龍歌110章).

닢 [닙]⑨ (엽전·동전·가마니·멱석 따위) 납작한 물건을 세는 데 쓰는 말. ¶엽전 다섯 닢. /가마니 두 닢. *닢이 [니피]·닢만 [님-]

닢몡〈옛〉잎. ¶葉은 니피라(月釋8:10).

-ㄴ녀어미〈옛〉-느냐. -는가. ¶犬戎의 비눠호몰 쬑최디 아니호앳ᄂᆞ녀(杜初20:4).

-ᄂᆞ뇨어미〈옛〉-느냐. -는가. ¶뉘 엿긔롤 쓰다 니ᄅᆞᆫ뇨(杜初8:18).

-ᄂᆞ니어미〈옛〉①-느냐. ¶뭣뫼희 엄기논 약을 언제 켜려 흐ᄂᆞ니(古時調). ②-느냐. ¶그제야 님그린 내 병이 헐ᄆᆞᆯ 법도 잇ᄂᆞ니(古時調). ③-으니. ¶本來 업슨 거시 이제 잇ᄂᆞ니(圓覺上一之二-50).

느니다ᄌᆞ〈옛〉나닐다. 날아다니다. ¶吉慶엣 새 느니며(月釋2:33).

-ㄴ니라〔어미〕〈옛〉-느니라. ¶이롤 첫 橫死ㅣ라 ᄒᆞᄂᆞ니라(月釋9:58). /집앖 사ᄅᆞᆷ울 다 眷屬이라 ᄒᆞᄂᆞ니라(月釋6:5).

-ㄴ니이다〔어미〕〈옛〉-나이다. ¶能히 서르 굳ᄂᆞ니이다(小解4:53). **참**-ㄴ니이다.

-ㄴ니잇가〔어미〕〈옛〉-나이까. -습니까. ¶賢者도 쏘흐 이롤 樂ᄒᆞᄂᆞ니잇가(孟解1:3). **참**-ㄴ니잇가.

-ㄴ니잇고〔어미〕〈옛〉-나이까. -습니까. ¶엇ᄃᆞ 반ᄃᆞ시 利ᄅᆞᆯ 니ᄅᆞ시ᄂᆞ니잇고(孟解1:3). **참**-ㄴ니잇고.

-ㄴ니이다〔어미〕〈옛〉-나이다. ¶모딘 길헤 뼈러디여 그지업시 그우니ᄂᆞ니이다(月釋9:47).

-ㄴ니잇가〔어미〕〈옛〉-나이까. -습니까. ¶가히ᄂᆞ 佛性이 잇ᄂᆞ니잇가 업스니잇가(蒙法11).

-ㄴ니잇고〔어미〕〈옛〉-나이까. ¶世尊이 ᄒᆞᄅᆞ 몃 里롤 녀시ᄂᆞ니잇고(釋譜6:23).

-ㄴ니까〔어미〕〈옛〉-나이까. -읍니까. ¶須達이 ᄯᅩ 무로ᄃᆡ 엇뎨 쥬ㅣ라 ᄒᆞᄂᆞ닛가(釋譜6:18).

-ㄴ다〔어미〕〈옛〉-ㄴ다. -는다. -는구나. ¶廬山眞面目이 여긔아 다 뵈ᄂᆞ다(鄭澈.關東別曲).

ㄴ디〔자〕〈옛〉('ㄴ다'의 활용형) 날지. ¶白鷗야 ㄴ디 마라(鄭澈.關東別曲).

ㄴ남다〔형〕〈옛〉날아 넘다. ¶빗근 남ᄀᆞᆯ ㄴ라나 마시니(龍歌86章).

ㄴ래〔명〕〈옛〉날개. ¶거유 ㄴ래 짓(救解上53). **참**ㄴᆯ개.

ㄴ려나다〔자〕〈옛〉탄생하다. ¶降誕은 ㄴ려나실ᄊᆞ라(月釋序6).

-ㄴ로〔어미〕〈옛〉-므로. 까닭으로. ¶威化振旅 ᄒᆞ시ᄂᆞ로 興望이 다 몯ᄌᆞ봉나(龍歌11章).

ㄴ리다〔자〕〈옛〉내리다. ¶帝命이 ㄴ리어시ᄂᆞᆯ(龍歌8章). /昭陽江 ㄴ린 므리(鄭澈.關東別曲).

ㄴᆯ〔놀이·놀잇〕〈옛〉나루. ¶광ㄴᆯ:廣津(龍歌3章). /ㄴᆯ 진:津(訓蒙上5). /놀잇 버드를 아쳗고(杜初8:39).

ㄴ무새〔명〕〈옛〉남새. 나물. ¶다 ㄴ무새ᄒᆞ여 음식을 먹더니(翻小9:103).

ㄴ무자기〔명〕〈옛〉나문재. ¶ㄴ무자기 구조개랑 먹고 바ᄅᆞᆯ애 살어리랏다(樂詞.靑山別曲).

ㄴ물〔명〕〈옛〉나물. ¶ㄴ물 치:菜(訓蒙下3).

ㄴ뭇〔명〕〈옛〉주머니. ¶ㄴ뭇 소갯 藥은 묵디 아니ᄒᆞ도다(杜初16:24). **참**ㄴᆞᆷ뭇.

ㄴ뭇〔명〕〈옛〉주머니. ¶五色 ㄴᆞᆺ채 녀허(釋譜9:21).

ㄴ솟다〔자〕〈옛〉날아 솟다. 솟아나다. ¶歡喜踊躍은 깃거 ㄴ소솜씨라(月釋8:48).

-ㄴ슨다〔어미〕〈옛〉-는 것인가. -는가. ¶어와 ㄴ 白鷗야 므슴 슈고 ᄒᆞ눈슨다(古時調).

-ㄴ슨다〔어미〕〈옛〉-는 것인가. -는가. ¶너희돌히 므스글 보ᄂᆞᆫ다(月釋10:28).

ㄴ외〔부〕〈옛〉다시. ¶내 말옷 아니 드르시면 ㄴ외 즐겨본 ㅁ슦미 업스레이다(月釋2:6). **참**ㄴ외여.

ㄴ외야〔부〕〈옛〉다시. 다시는. ¶ㄴ외야 아니 ㄴ려오ᄂᆞ니라(月釋2:19). **참**ㄴ외야.

ㄴ즈기〔부〕〈옛〉나직이. 나직하게. ¶미햇 구루믄 ㄴ즈기 플로 건너가고(杜初14:12).

ㄴ즈기ᄒᆞ다〔타〕〈옛〉나직이 하다. ¶ㅁ슦믈 ㄴ즈기ᄒᆞ야(月釋21:133).

ㄴ조〔조〕〈옛〉는. ¶알픽ᄂᆞ 어드볼 길헤(龍歌30章).

-ᄂᆞᆫ〔어미〕〈옛〉-는. ¶ㄴᄂᆞ 거시며 브렛 거시며(月釋1:11). /ᄒᆞ 처섬 나ᄂᆞ 짜히라(月釋1:24).

-ᄂᆞᆫ고야〔어미〕〈옛〉-는구나. ¶瑞光千丈이 뵈ᄂᆞᆫ 둣 숨ᄂᆞᆫ고야(鄭澈.關東別曲).

-ᄂᆞᆫ가〔어미〕〈옛〉-ᄂᆞᆫ가. -는가. ¶覺圓上座ᄂᆞᆫ 아ᄂᆞ다 모ᄅᆞᄂᆞᆫ다(蒙法3).

ᄂᆞᆫ호다〔타〕〈옛〉나누다. ¶흐믐 둘헤 ㄴ화 夫婦ᄅᆞ 삼기실샤(古時調).

놀[1]〔명〕〈옛〉날[刃]. ¶놀 신:刃(訓蒙下15). **참**ᄂᆞᆯ.

놀[2]〔명〕〈옛〉날[3]. ¶놀와 씨ᄅᆞ 실 어울워 ᄣᅡ시니(翻朴上14).

놀[3]〔명〕〈옛〉날것. ¶ㄴᄅᆞᆯ 머그면(楞解8:5).

놀개〔명〕〈옛〉날개. ¶놀개 시:翅(訓蒙下6). **참**ㄴ래.

놀나다〔형〕〈옛〉①날래다. ¶놀날 용:勇(訓蒙下26). ②ᄂᆞᆯ카롭다. 끝이 서슬이 있게 되다. ¶몬져 그 그르슬 놀나게 ᄒᆞᄂᆞ니라(圓覺序80).

놀다[1]〔자〕〈옛〉날다[1]. ¶海東六龍이 ㄴᄅᆞ샤(龍歌1章).

놀다[2]〔타〕〈옛〉날다[2]. ¶뵈 놀 심:紙(訓蒙下19).

놀라다〔형〕〈옛〉날래다. ¶ㄴᄂᆞ돐 놀란 엇게예 거러 두고 보쇼셔(古時調). /져므니며 貴ᄒᆞ니 놀아뱃너(月釋21:46).

놀압다〔형〕〈옛〉천(賤)하다. ¶놀아뵐 사ᄅᆞ미 드외오(月釋21:55).

놀애〔명〕〈옛〉날개. ¶향므틷 놀애로 님의 오시 올ᄆᆞ리라(鄭澈.思美人曲).

놀읭〔명〕〈옛〉('ㄴᄅᆞ'의 처격형) 나루에. ¶조슨ᄅᆞ왼 길과 놀읭(楞解5:68).

놁다〔형〕〈옛〉낡다. ¶놀군 구스른 뼈러디고(月釋1:27).

놂[1]〔명〕〈옛〉날[刃]. ¶호미도 놀히언마ᄅᆞᄂᆞ(樂詞.思母曲).

놂[2]〔명〕〈옛〉날[3]. ¶經을 놀히라(楞解7:59).

놈〔명〕〈옛〉남. ¶三韓을 ㄴ물 주리여(龍歌20章).

놈대로〔부〕〈옛〉모든 사람에게. ¶일이 됴흔 세계 놈대로 다 뵈고져(鄭澈.關東別曲).

놏〔명〕〈옛〉낮. ¶놋비치 ㅎ료미 누나라와 더으더니(杜重1:5). **참**ᄂᆞᆾ.

놏갑다〔형〕〈옛〉낮다. ¶上聲은 처섬미 놏갑고 乃終ㄱ 소리라(訓諺).

놏〔명〕〈옛〉낯. ¶엇뎨 ㄴ출 보디 몯ᄒᆞ뇨(楞解1:60). /ㄴ치 두렵고 조커ᄂᆞ(月釋2:56). **참**ᄂᆞᆾ.

닉〔명〕〈옛〉내. 연기. ¶닉 아니며(楞解5:35).

-닉마ᄂᆞ〔어미〕〈옛〉-네마는. ¶臙脂粉 잇닉마ᄂᆞ 눌 위ᄒᆞ야 고이 홀고(鄭澈.思美人曲).

ㄶ〔옛〕쌍니ㅎ. 'ㄴ'의 각자 병서(各自並書). 'ㄴ'의 된소리. 세종 때 쓰이다가 그 후 쓰이지 않게 됨. ¶혓그티 웃닛 머리예 다ᄂᆞ니라(訓諺15). /眞實흔 性을 일ᄂᆞ니라(楞解2:2).

ㅅ〔옛〕니은ᄉᆞᆺ. 'ㄴ'과 'ㅅ'의 합용 병서(合用並書). 'ㅅ'은 관형격 조사임. ¶눉믈을 모:眸(訓蒙上25). /눈두뻬(救法2).

ㅈ〔옛〕니은ᄌᆞ읒. 'ㄴ'과 'ㅈ'의 합용 병서(合用並書). 받침으로만 쓰임. 'ㄵ' 뒤에 모음으로 시작되는 어미가 이어지면 'ㅈ'이 연음되고, 자음으로 시작되는 어미가 이어지면 'ㅈ'을 발음하지 않음. ¶팔걸이의자에 앉았다. /세 사람이 나 앉고도 자리가 남는다.

ㅎ〔옛〕니은히읗. 'ㄴ'과 'ㅎ'의 합용 병서(合用並書). 받침으로만 쓰임. 'ㅀ' 뒤에 'ㄱ·ㄷ·ㅈ'으로 시작되는 어미가 이어지면 'ㅎ'이 아래 자음과 합쳐서 'ㅋ·ㅌ·ㅊ'으로 소리 나며, 모음으로 시작되는 어미가 이어지면 'ㅎ'을 발음하지 않음. ¶쉬지 않고 일하다. /비용이 많이 든다.

ㄷ |자모| 디귿. ①한글 자모(字母)의 셋째. ②자음의 하나. 혀끝을 윗잇몸에 붙여 콧길을 막았다가 떼면서 내는 안울림소리. 모음 사이에서는 울림소리가 되고, 받침의 경우에는 혀끝을 떼지 않음.

ㄷ |조| 〈옛〉 중세 국어에서 'ㄴ' 받침 아래에 쓰인 관형격 조사. ¶몃 間ㄷ 지븨 사ᄅᆞ시리잇고(龍歌110章). |참|人.

ㄷ^변^칙^활용 (─變則活用)[디귿뻔칙콰룡]|명| ㄷㄷ 불규칙 활용.

ㄷ^불규칙^용^언(─不規則用言)[디귿뿔─칙농─]|명| ㄷ 불규칙 활용을 하는 용언. 〔걷다·긷다·들다·묻다·깨닫다 따위.〕

ㄷ^불규칙^활용(─不規則活用)[디귿뿔─치롸룡]|명| 어간 끝 음절의 받침 'ㄷ'이 모음으로 된 어미 앞에서 'ㄹ'로 바뀌는 불규칙 활용. 〔'묻다'가 '물으니'·'물어'로 되는 따위.〕ㄷ 변칙 활용.

ㄷ자-집(─字─)[디귿짜─]|명| 집채를 'ㄷ' 자 모양으로 꺾어 지은 집. 디귿자집.

다¹|명| 서양 음악의 셋음 체계에서, 첫 번째 가름. 계이름 '도'와 같음.

다²|명| '숭늉'의 궁중말.

다:³ Ⅰ|명| ①남거나 빠짐없는 모든 것. ¶이게 다냐?/이것이 내가 가진 돈의 다다. ②최상의 것. ¶돈이 인생의 다가 아니다. Ⅱ|부| ①남김없이. 모조리. 몽땅. 전부. ¶다 읽다. /다 먹어 치우다. /숙제를 다 하다. ②거의. 대부분. ¶다 죽은 목숨. /밥이 다 되다. ③어떤 것이든지. ¶둘다 마음에 든다. ④(달갑지 않거나 불쾌하거나 비웃거나 시시하다는 감정을 강조하여) 있는 대로 모두. 골고루. ¶갖은 방법을 다 쓰는군. /별꼴 다 보겠네. ⑤(주로 글 첫머리에 쓰이어, 기대하거나 잘될 것을 믿는 감정을 나타내어) 모두. 두루. ¶다 잘될 테니 걱정하지 마라. ⑥(《과거형 서술어 앞에 쓰이어, 미래의 일을 부정하는 뜻으로》) 아주. 전혀. ¶비 때문에 놀러 가긴 다 틀렸다.

다 닮은 대갈마치라 |속담| 마음이 굳고 간악하여 어수룩한 데라고는 없는 사람을 두고 이르는 말.

다 된 죽에 코 풀기 |속담| ①제대로 잘되어 가는 일을 망쳐 버리는 행동을 두고 이르는 말. ②잘되어 가는 남의 일을 심술궂게 헤살 놓는 경우를 두고 이르는 말.

다⁴|조| 모음으로 끝난 체언에 붙어, 사물을 지정하는 뜻을 나타내는 종결형 서술격 조사. ¶우리는 형제다. |참|다⁹.

다⁵|조| 모음으로 끝난 체언에 붙어, 둘 이상의 사물을 같은 자격으로 열거하는 뜻을 나타내는 접속 조사. ¶사과다 배다 잔뜩 먹었다. |참|에다⁹.

다⁶|조| 〈다가〉의 준말. ¶어디다 뒀는지 모르겠다.

-다-|어미| 〈다가〉의 준말.

다-(多)|접두| 《일부 명사 앞에 붙어》 '여러'·'많은'의 뜻을 나타냄. ¶다각도. /다방면. /다목적.

-다|어미| ①용언의 어간이나 높임의 '-시-'에 붙어, 그 말의 기본형임을 나타냄. ¶가다. /하다. /높다. /덥다. ②형용사 어간에 붙어, 현재의 상태를 나타내는 종결 어미. ¶물이 맑다. /경치가 좋다. ③〈-다가〉의 준말. ¶읽다 만 소설. /잡았다 놓았다. ④〈-다고〉의 준말. ¶잘했다 하더라.

다가|조| 위치(처소)를 나타내는 부사격 조사 (대개, 처소 지시 대명사(여기·거기·저기·어디) 뒤에 쓰임.) ¶여기다 두었다. /어디다가 놓을까?/영희한테다가 말한다. |준|다⁶. |참|에다가.

-다가|어미| 동사의 어간이나 높임의 '-시-'나 시제의 '-았(었)-' 등에 붙는, 종속적 연결 어미. ①(이어지던 동작이 일단 그치고 다른 동작으로 옮길 때, 그 그친 동작을 나타냄. ¶읽으시다가 덮어 둔 책. ②그 동작이 어떤 일의 이유나 전제가 됨을 나타냄. ¶그렇게 까불다가 혼난다. 《일부 형용사 어간에 붙여 쓰기도 함. ¶어허, 좋다가 말았네. /낮에는 조용하다가 밤만 되면 시끌벅적해진다.》 ③두 가지 이상의 사실이 번갈아 일어남을 나타냄. (《'-다가 -다가'의 꼴로 쓰임.》) ¶안절부절못하고 앉았다가 일어섰다가 하다. |준|-다7.

다가-가다|자| 어떤 대상 쪽으로 더 가까이 옮겨 가다. ¶슬며시 다가가서 툭 치고 지나가다.

다가구-주^택(多家口住宅)|명| 4층 이하의 한 동당(棟當) 건축 연면적이 660m² 이하인 건물 안에 여러 가구가 독립적인 공간을 차지하고 있되, 소유권은 분할되지 않은 주택. |참|다세대 주택.

-다가는|어미| 어미 '-다가'와 보조사 '는'이 합쳐서 된, '-다가'의 힘줌말. ¶불길이 잡힐 듯하다가는 다시 번진다. 〔그 동작의 결과가 결국은 좋지 못하리라는 경계의 뜻으로 쓰이기도 함. ¶그렇게 놀기만 하다가는 낙제할게 꼭 알맞겠다.》 |준|-다간.

다가-들다[~드니·~들어]|자| ①더 가까이 옮겨 가거나 옮겨 오다. ②맞서서 덤벼들다. ¶무모하게 다가들다가는 손해 보기 십상이다.

다가^백신(多價vaccine)[-까-]|명| 한 병원균의 여러 항원이나 두 종류 이상의 병원체에 대한 면역 효과가 있는 백신.

다가-붙다[-분따]|자| 어떤 대상 곁으로 더 가까이 옮겨 붙다.

다가-서다|자| ①더 가까이 옮겨 서다. ¶옆으로 바짝 다가서라. ②일정한 기준에 가까워지다. ¶나이가 오십 줄에 다가서니 종종 우울해진다.

다가-앉다[-안따]|자| 더 가까이 옮겨 앉다. ¶자리가 비좁으니 바짝 다가앉아라.

다가-오다[-오다]|자| ①더 가까이 옮겨 오다. ②(어떤 때가) 가깝게 닥쳐오다. ¶다가오는 새해에는 소망을 이루소서.

다가-채기|명| 씨름 기술의 한 가지. 서로 버티고 있다가 갑자기 뒤로 물러서면서 상대편을 잡아채어 넘어뜨리는 기술.

다가-함수(多價函數)[-까-쑤]|명| 하나의 독립 변수의 값에 대하여 종속 변수의 값이 둘 이상 있는 함수. ↔일가함수(一價函數).

다각(多角)|명| ①여러 모. 여러 각. ②여러 방면이나 부문.

다각(茶角)|명||하다| 절에서, 차를 달여 여러 사람에게 이바지하는 일, 또는 그 일을 맡은 사람.

다각^경영(多角經營)[-경-]|명| 기업체 따위에서, 하나의 경영 주체 하에 여러 종류의 사업을 동시에 경영하는 일.

다각^기둥(多角-)[-끼-]圏 밑면이 다각형인 기둥.

다각^농(多角農)[-깡-]圏《다각 농업》의 준말.

다각^농업(多角農業)[-깡-]圏 벼·보리 따위의 농사뿐만 아니라 특용 작물 재배나 축산 따위를 함께 하는 농업. 다각 영농. ⓒ다각농. ㉯단작 농업(單作農業).

다-각도(多角度)[-또]圏《주로 '다각도로'의 꼴로 쓰이어》①여러 각도. ¶다각도로 검토하다. ②여러 방면.

다각^묘:사(多角描寫)[-깡-]圏 어떤 한 가지 대상을 여러 면에서 객관적으로 그리는 표현 방법.

다각^무:역(多角貿易)[-깡-]圏 여러 나라 사이에 이루어지는 무역. 다각적으로 채권과 채무의 상계(相計)가 이루어지게 하여 수출입의 균형을 꾀하는 무역 방식.

다각-뿔(多角-)圏 밑면이 다각형인 뿔체.

다각^영농(多角營農)[-깡녕-]圏 ☞다각 농업.

다각-적(多角的)[-쩍]冠圏 여러 방면이나 부문에 걸친 (것). ¶다각적 분석. /다각적으로 검토하다.

다각-점(多角點)[-쩜]圏 다각 측량을 위해 기준으로 정한 여러 개의 측점.

다각-주(多角柱)[-쭈]圏 '다각 기둥'의 구용어.

다각-집(多角-)[-찝]圏 한옥에서, 추녀의 마루가 여러 개로 된 집.

다각-추(多角錐)圏 '다각뿔'의 구용어.

다각^측량(多角測量)[-츙냥]圏 기준점 측량의 한 가지. 두 점간을 연결하는 직선 거리와 그 방위를 실측하여 다각선을 설정하고 차례로 미지의 다각점을 측정해 나가는 측량. 트래버스 측량.

다각-탑(多角塔)圏 탑신(塔身)의 평면이 다각형으로 된 탑.

다각-형(多角形)[-가켱]圏 셋 이상의 선분으로 에워싸인 평면 도형. 다변형(多邊形).

다각-화(多角化)[-가콰]圏짜(하다)困짜 동시에 여러 방면이나 분야에 걸치게 함. ¶영농 다각화. / 회사의 수익성을 높이기 위해 경영을 다각화하다.

-다간어미《-다가는》의 준말. ¶이러다간 늦겠다. /까불다간 큰코다친다.

다-갈색(茶褐色)[-쌕]圏 붉은 기운보다 검은 기운이 너 넓은 갈색. 연색(鳶色).

다갈-솥[-솓]圏 전이 있는, 작고 오목하게 생긴 화솥. * 다갈솥이[-소치]·다갈솥을[-소틀]·다갈솥만[-손-]

다감(多感)圏 '다감하다'의 어근.

다-감각(多感覺)圏 어느 한 군데를 자극했을 때, 여러 군데의 자극처럼 느끼게 되는 이상 지각(異常知覺).

다감다정(多感多情)圏 '다감다정하다'의 어근.

다감다정-하다(多感多情)困짜 정이 많고 느낌이 많다. 감수성이 예민하여 감동하기 쉽다. 다정다감하다.

다감-하다(多感)困짜 (예사로운 일에도) 감동하기 쉽다. 감정이 풍부하다. 감수성이 예민하다.

다겁(多怯)圏 '다겁하다'의 어근.

다겁-하다(多怯)[-거파-]困짜 겁이 많다. 무서움을 잘 타다.

다-결정(多結晶)[-쩡]圏 많은 미세한 결정이 여러 결정축의 방향으로 모여 있는 결정.〔천연적인 결정질 물체의 대부분이 이에 딸림.〕↪단결정.

다고困 (옛) 다오¹. ¶사발 잇거든 ᄒᆞ나 다고(老解上38).

-다고어미 종결 어미 '-다'와 인용 조사 '고'가 합친 말. 형용사 어간이나 시제의 '-았(었)-'·'-겠-' 등에 붙는 어미. ①'-다 라고'·'-다 하고'의 뜻으로, 남의 말을 인용하거나, 때로는 그것을 빈정거리는 뜻을 나타내는 연결 어미. ¶아주 예쁘다고 하더라. /돈푼깨나 벌었다고 몹시 으스댄다. ⓒ-다. ②①사실이 생각한 바와 딴판이라는 뜻을 나타내는 종결 어미. ¶난 또 얼마나 많다고. /난 또 얼마나 무겁다고. ⓒ상대편의 말을 되받아 묻는 뜻을 나타내는 종결 어미. ¶뭐, 많이 다쳤다고?/돈을 잃어버렸다고?/뭐라고, 몰랐다고? ⓒ그렇게 될 것을 스스로 느껴 알았다는 뜻을 나타내는 종결 어미. ¶끝내는 그리 될 줄 난 이미 알고 있었다고.

다공(多孔)圏(하다)圏 구멍이 많음.

다공-도(多孔度)圏 다공질인 물질에서, 그 총체적에 대한 공동(空洞) 부분의 체적 비율.

다공-질(多孔質)圏 아주 작은 구멍이 많이 있어 푸석푸석한 바탕.

다과(多寡)圏 (수량에) 많음과 적음.

다과(茶菓)圏 '차'와 '과자'를 아울러 이르는 말. ¶다과를 대접하다.

다과-상(茶菓床)圏 차와 과자류를 차려 놓은 소반.

다과-회(茶菓會)[-회/-훼]圏 차와 과자 따위를 차린 간단한 모임.

다관(茶館)圏 중국 사람들의 사교장 겸 오락장.〔서민들은 수박씨를 까먹거나 점심을 먹으며, 상인들은 상담(商談)이나 정보를 교환하는 곳으로 이용함.〕 다루(茶樓).

다관(茶罐)圏 ☞차관(茶罐).

다구(茶臼)圏 차를 빻는 절구.

다구(茶具)圏 ☞차제구(茶諸具). 다기(茶器).

다국적-군(多國籍軍)[-쩍꾼]圏 여러 나라의 국적을 가진 군인들로 편성한 군대.

다국적^기업(多國籍企業)[-쩍끼-]圏 여러 나라에 계열 회사를 가진 세계적 규모의 기업. 세계 기업.

다그다囘 ①《주로 '다가'의 꼴로 쓰이어》(물건을) 어떤 대상 쪽으로 가까이 옮기다. ¶책상을 창 쪽으로 다가 두어라. ②(날짜를) 정한 때보다 앞당기다. ¶입주 날짜를 다그다.

다그-치다囘 ①(반응이나 결과 따위를 빨리 보거나 얻으려고) 바짝 죄어치다. ¶다그쳐 묻다. ②지친 몸을 다시 추스르다.

다극(多極)圏 ①극(極)이 여러 개임. ¶다극 진공관. ②'중심 세력이 분산되어 서로 대립하고 있는 상태'를 이르는 말. ¶다극 외교.

다극-관(多極管)[-꽌]圏 그리드(grid)를 여러 개 가진 전자관.〔3극관·5극관 따위〕.

다극-화(多極化)[-그콰]圏(하다)困짜《주로 국제 정치상의 힘의 분포에 대하여 쓰이는 말로》 '세계 질서의 중심이 여러 갈래로 나뉨'을 이르는 말. ¶다극화 시대로 접어든 국제 사회.

다금-바리圏 바릿과의 바닷물고기. 농어와 비슷하나 몸길이는 1m에 이름. 몸빛은 등이 보라색, 배는 은백색임. 비늘이 잘고 주둥이가 길며, 깊은 바다의 암초 밑에 사는데 식용함.

다금-유(茶金釉)圏 질이 연한 석간주(石間硃) 잿물. 사금석유(沙金石釉).

다급(多急)圏 '다급(多急)하다'의 어근.

다급(多級)圏 전교생을 두 학급 이상으로 나누어 편성함. ↪단급(單級).

다급-스럽다(多急-)[-쓰-따][~스러우니·~스러워]困비 보기에 다급하다. **다급스레**甲.

다급-하다[-그파-]**타여** 끌어당겨서 제가 차지하다. 가로채다.

다급-하다(多急-)[-그파-]**형여** (미처 어떻게 할 여유가 없을 만큼) 바짝 닥쳐서 몹시 급하다. ¶다급한 사태가 벌어지다. **다급-히튀**.

다기(多岐)**명하형** ①갈래가 많음. ¶복잡 다기한 일. ②여러 방면에 걸침.

다기(多技)**명** '다기하다'의 어근.

다기(多氣)**명하형** 여간한 일에는 겁을 냄이 없이 마음이 단단함.

다기(茶器)**명** ①=다구(茶具). ②절에서, 부처 앞에 맑은 물을 떠 놓는 그릇.

다-기능(多技能)**명** 여러 가지의 기능. ¶다기능 세탁기. /다기능 전화기.

다기-망양(多岐亡羊)**명** 〔달아난 양을 찾다가 길이 여러 갈래로 갈려 마침내 양을 잃었다는 데서〕①학문의 길이 다방면이어서 진리를 깨치기 어려움을 뜻함. ②방침이 많아서 어찌할 바를 모름을 뜻함. 망양지탄(亡羊之歎).

다기-지다(多氣-)**형** (사람됨이) 야무지고 당차다. ¶겉보기와는 달리 썩 다기진 사람.

다기-차다(多氣-)**형** 매우 다기지다.

다기-하다(多技-)**형여** 손재주가 많다.

다난(多難)**명** '다난하다'의 어근.

다난-하다(多難-)**형여** (일을 겪거나 치러 내기에) 재난이나 어려움이 많다. ¶다난했던 한 해.

다남(多男)**명하형** 아들이 많음, 또는 많은 아들. 다남자.

다-남자(多男子)**명하형** ☞다남.

다냥-하다**형** '당양(當陽)하다'의 잘못.

-다네 (형용사 어간이나 높임의 '-시-' 또는 시제의 '-았(었)-'·'-겠-' 등에 붙어) Ⅰ**어미** 친근감이나 감탄·자랑의 뜻을 나타내는 하게체의 종결 어미. ¶내가 문제를 풀었다네. Ⅱ**준** '-다고 하네'가 줄어든 말. 말하는 이가 이미 알고 있는 사실을 듣는 이에게 설명하는 뜻을 나타냄. ¶집에 잠깐 다녀온다고 했다네.

다녀-가다[자타] ①어떤 곳에 들렀다가 가다. ②왔다가 가다. ¶누가 다녀갔느냐?

다녀-오다[자타] ①어떤 곳에 들렀다가 오다. ②갔다가 오다. ¶친정에 다녀오다.

다년(多年)**명** ①여러 해. 오랜 세월. ②〈다년간〉의 준말. ¶다년의 경험.

다년-간(多年間)**명** 여러 해 동안. 오랜 세월 동안. **준**다년.

다년-생(多年生)**명** ①식물체의 전부 또는 일부가 3년 이상 자라는 것. 여러해살이. ¶다년생 숙근초. ②〈다년생 식물〉의 준말.

다년생^식물(多年生植物)[-싱-]**명** ①나무와 다년생 초본을 통틀어 이르는 말. ②3년 이상 자라는 초본 식물. 해마다 가을에 땅위줄기는 말라 죽지만 뿌리 부분은 살아 있어서 이듬해 싹을 틔움. 다년초. 숙근초(宿根草). 여러해살이풀. **준**다년생. **참**이년생 식물·일년생 식물.

다년-초(多年草)**명** ☞다년생 식물.

다-년호(←大年號)**명** 지난날, 임금이 왕위에 오르는 해에 붙이던 칭호. 연호(年號). 원호(元號). **준**대년호.

다뇨-증(多尿症)[-쭝]**명** 오줌을 누는 횟수와 양이 병적으로 많은 증세.

-다느냐**준** '-다고 하느냐'가 줄어든 말. 형용사 어간이나 높임의 '-시-' 또는 시제의 '-았(었)-'·'-겠-' 등에 붙어, 남이 들은 사실에 대해 묻는 뜻을 나타냄. ¶얼마나 있다느냐?/무엇을 주겠다느냐? **종**-다니. **참**-ㄴ다느냐·는다느냐.

-다느니**어미** 형용사 어간이나 높임의 '-시-' 또는 시제의 '-았(었)-'·'-겠-' 등에 붙는 연결 어미. 주로 '-다느니 -다느니'의 꼴을 이루어, 이렇다고 하기도 하고 저렇다고 하기도 한다는 뜻을 나타냄. ¶크다느니 작다느니 말이 많다. **참**-ㄴ다느니·-는다느니.

-다는**준** '-다고 하는'이 줄어든 말. 형용사 어간이나 높임의 '-시-' 또는 시제의 '-았(었)-'·'-겠-' 등에 붙어, 직접 또는 간접으로 들은 사실을 인용하는 뜻을 나타냄. ¶좋다는 약은 다 썼다. /크다는 게 겨우 요 정도냐? **참**-ㄴ다는·-는다는.

다능(多能) '다능하다'의 어근.

다능-하다(多能-)**형여** 여러 가지에 능하다. 재주가 많다.

-다니 Ⅰ**어미** 용언 어간이나 높임의 '-시-' 또는 시제의 '-았(었)-'·'-겠-' 등에 붙는 어미. ①놀라움이나 의심쩍어하는 뜻을 나타내는 종결 어미. ¶그렇게도 건강하던 그가 죽다니. ②〈-다느냐〉의 준말. ¶어디로 가겠다니? **참**-ㄴ다니··-는다니. Ⅱ**준** '-다고 하니'·'-다고 하다니'가 줄어든 말. 앞말이 뒷말의 이유나 전제가 되는 뜻을 나타냄. ¶네가 좋다니 나도 기쁘구나. /고기를 안 먹겠다니 참 이상한 일이군. **참**-ㄴ다니··-는다니.

-다니〈옛〉-더니. ¶내 님믈 그리슨와 우니다니(鄭叙.鄭瓜亭).

-다니까 《형용사 어간이나 높임의 '-시-' 또는 시제의 '-았(었)-'·'-겠-' 등에 붙어》Ⅰ**어미** 사실이 그러함을 모르거나 의심쩍어하는 상대편에게 다그쳐서 깨우쳐 주는 뜻을 나타내는 종결 어미. ¶분명히 그 여자를 보았다니까. /내가 분명히 알아보았다니까. **참**-ㄴ다니까·-는다니까. Ⅱ**준** '-다고 하니까'가 줄어든 말. 앞말이 뒷말의 이유나 근거가 되는 뜻을 나타냄. ¶밉다니까 정말 미운 짓만 골라 한다. **참**-ㄴ다니까·-는다니까.

다니다 Ⅰ[자타] ①(일터나 학교 등에서) 근무하거나 배우다. ¶직장에 다니다. /회사를 다니다. ②(일정한 곳을) 지나가고 지나오고 하다. ¶꼭 횡단보도로 다닌다. ③드나들다. 자주 다닌던 책방. /배가 아파 병원을 다니다. ④(어떤 곳에) 들러서 오다. ¶올 때 시장에도 다녀서 오너라. ⑤(시집간 딸이 친정에 가서 친정 어버이를 뵈다. ¶딸이 다니러 왔다. Ⅱ[타] (볼일이 있어서) 왔다 갔다 하다. ¶구경 다니다.

다니엘-서(Daniel書)**명** 구약 성서 중의 한 편. 다니엘에 관한 전승을 바탕으로 하여, 박해받는 이스라엘 민족의 구원과 메시아의 재림 등에 관하여 기록한 내용.

다니엘^습도계(Daniell濕度計)[-또계/-또게]**명** 이슬점 습도계.

다닐-행(-行)**명** 한자 부수의 한 가지. '衍'·'衛' 등에서의 '行'의 이름.

다-님[명] '대님'을 보다 멋스럽게 이르는 말.

다닛니라다[자] '닿다(의 활용형) 닿느니라.

¶ 헛그티 웃닛 머리예 다닛니라(訓諺).

다다[튀] ①될 수 있는 대로. 아무쪼록. ¶다다 시간을 내서 많이 읽어라. ②오직. 단지.

다다(多多) '다다하다'의 어근.

다다(dada 프)**명** ①〈다다이즘〉의 준말. ②〈다다이스트〉의 준말.

다다귀-다다귀[부][형] (꽃이나 열매 따위) 자그마한 것이 곳곳에 많이 붙어 있는 모양. ¶다다귀다다귀 열린 포도송이. /다다귀다다귀 붙어 있는 광고. 큰더더귀더더귀.

다다기-찰[명] 다다기찰.

다다기-외[-외/-웨][명] 눈마다 열매가 맺는 오이. 길이가 짧고 끝 부분의 색이 열은 녹색임.

다다기-찰[명] 철 늦게 익는 찰벼의 한 품종. 다다기.

다다르다[다다르니·다다라][자] ①목적한 곳에 이르러 닿다. ¶정상에 다다르다. ②어떤 기준에 이르러 미치다. ¶절정에 다다르다.

다다미(たたみ[疊]) 일[명] 일본식 방에 까는, 짚과 돗자리로 만든 두꺼운 깔개.

다다미-방(たたみ[疊]房)[명] 다다미를 깐 방.

다다이스트(dadaist 프)[명] 다다이즘을 신봉하여 따르는 예술가. 준다다.

다다이즘(dadaism)[명] ('다다'는 아무 뜻이 없다는 말로) 제1차 세계 대전 말엽, 유럽에서 일어난 새로운 예술 운동. 모든 가치와 질서를 파괴하고 전통적인 예술 형식을 부정한 전위적이고 실험적인 운동으로, 쉬르리얼리즘(초현실주의)의 모태가 되었음. 준다다.

다다-익선(多多益善)[-썬][명] 많으면 많을수록 더욱 좋음. 〔'사기'의 '회음후열전(淮陰侯列傳)'에 나오는 말로, 중국 한나라의 장수 한신이 고조와 장수의 역량에 대하여 얘기할 때 고조는 10만 정도의 병사를 지휘할 수 있는 그릇이지만, 자신은 병사의 수가 많을수록 잘 지휘할 수 있다고 한 고사에서 유래함.〕 ¶다다익선이니 많이만 가져오게.

다다-하다(多多-)[형여] 많디많다.

다다-냉이[-응-][명] 십자화과의 이년초. 들에 절로 나며, 줄기는 60 cm가량이고 잎은 대나무잎처럼 갸름함. 여름철에 흰 꽃이 핌. 어린싹은 먹고 씨는 약재로 씀.

다닥-다닥[-따-][부][형] ①작은 것이 한곳에 많이 붙어 있거나 몰려 있는 모양. ¶한옥이 다닥다닥 밀집해 있던 동네가 아파트 단지로 변했다. ②지저분하게 여기저기 기운 모양. ¶다닥다닥 기운 양말. 큰더덕더덕. 센따닥따닥. 셴닥지닥지.

다닥-뜨리다[자] 무엇에 마주쳐 부딪다. 다닥트리다.

다닥-치다[자] ①마주쳐서 닿다. ②일·사건 따위가 가까이 이르다. ¶중요한 고비에 다닥치다.

다닥-트리다[자] 다닥뜨리다.

다단(多段)[명] 여러 단.

다단(多端)[명] '다단하다'의 어근.

다단계^판매(多段階販賣)[-게-/-게-][명] 소비자를 판매원으로 가입시키고 그 판매원이 다시 다른 소비자를 판매원으로 가입시키는 과정을 반복함으로써 판매 조직을 피라미드식으로 확대하여 가는 특수 판매 방식.

다단-식(多段式)[명] 여러 단계, 또는 여러 부분으로 된 방식.

다-단조(-短調)[-쪼][명] '다' 음을 으뜸음으로 하는 단조.

다단-하다(多端-)[형여] ①일의 가닥이 많다. ¶복잡 다단하다. ②볼일이 많다. 일이 바쁘다.

다달-거리다[타] 자꾸 다달다달하다. 다달대다. 큰더덜거리다.

다달-다달[부][하타] (말을) 자꾸 더듬는 모양. ¶한 마디 못도 없으면서 말을 다달다달한다. 큰더덜더덜.

다달-대다[타] 다달거리다.

다달-이[부] 달마다. 매달. 매삭(每朔). 매월. ¶다달이 불어나는는 저금.

다담(茶啖)[명] 손에게 대접하기 위해 차려 내는 다과(茶菓). 차담.

다담-상(茶啖床)[-쌍][명] 손에게 다과를 대접하기 위해 차려 내는 상. 차담상.

다당-류(多糖類)[-뉴][명] ①가수 분해에 의하여 한 분자에서 두 개 이상의 단당류 분자를 생성하는 탄수화물을 통틀어 이르는 말. ②다당류 가운데서, 덱스트린과 같이 큰 분자량을 가지며 물에 용해되지 않거나 교상액을 이루는 당류.

다대[명] 해어진 옷에 덧대어 깁는 헝겊.

다대[명] 양지머리의 배꼽 위에 붙은 고기. 〔편육으로 씀.〕

다대[명][옛] 되[胡]. ¶請 드론 다대와 노니샤(龍歌52章).

다대(多大) '다대하다'의 어근.

다대기(tataki 일)[명] 양념의 한 가지. 끓는 간장이나 소금물에 마늘·생강 따위를 다져 넣고 고춧가루를 뿌려 졸여 다음, 기름을 쳐서 볶아 만듦. 얼큰한 맛을 내는 데 쓰임.

다대-수(多大數)[명] 대다수.

다대-하다(多大-)[형여] 많고 크다. ¶다대한 성과를 거두다. /다대한 은혜를 베풀다.

다도(茶道)[명] 차를 달이거나 마실 때의 방식과 예의범절.

다독(多讀)[명][하타] (책을) 많이 읽음.

다독-거리다[-꺼-][타] 자꾸 다독다독하다. 다독대다. ¶아기를 재우려고 가만가만 다독거렸다.

다독-다독[-따-][부][하타] ①흩어지기 쉬운 물건을 살살 두드려 누르는 모양. ②어린아이를 재우거나 달랠 때 가볍게 가만가만 손으로 잇따라 두드리는 모양. ③남의 약점을 거듭 감싸고 달래는 모양.

다독-대다[-때-][타] 다독거리다.

다독-이다[타] ①흩어지기 쉬운 물건을 살살 두드려 누르다. ②어린아이를 재우거나 달랠 때 가볍게 가만가만 손으로 몸을 두드리다. ¶아기를 다독여 재우다. ③남의 약점을 어루만져 감싸고 달래다. 셴따독이다.

다-되다[-되-/-뒈-][자] ①다 닳다. 다 없어지다. ¶오늘 해도 다되었다. /술도 다 되고 인주도 다되었으니 이제 그만 일어서세. ②끝장이 나다. ¶그 사람 운도 다되었다.

다듬-거리다[자타] 자꾸 다듬다듬하다. 다듬대다. 큰더듬거리다. 셴따듬거리다.

다듬다[-따][타] ①맵시 있게 매만지다. 곱게 하다. ¶매무새를 다듬다. ②(푸성귀 따위의) 못 쓸 부분을 잘라서 떼어 내다. ¶열무를 다듬다. ③거친 면이나 바닥을 고르게 만들다. ¶길을 다듬다. ④(글이나 조각 따위를) 잘 짜이게 손질하여 고치다. ¶잘 다듬은 글. ⑤다듬질을 하여 반드럽게 하다. ¶모시를 다듬다. ⑥고르지 않은 소리를 바로 다잡다. ¶목소리를 다듬다.

다듬-다듬[부][하자타] ①(어두운 곳에서 무엇을 찾거나 길을 잃었을 때) 손으로 자꾸 요리조리 더듬어 보는 모양. ②(잘 모르는 길을) 요리조리 찾아가는 모양. ③똑똑히 알지 못하는 일을 생각해 가면서 말하는 모양. ④(글을 읽을 때) 솔솔 내리읽지 못하고 자꾸 군데군데 막히는 모양. ⑤말이 자꾸 막혀서 순하게 나오지 않는 모양. 큰더듬더듬. 셴따듬따듬.

다듬-대다[자타] 다듬거리다.

다듬-이[명] ①[하타] <다듬이질>의 준말. ②<다듬잇감>의 준말.

다듬이-질뗑[허터] 옷감 따위의 구김살을 펴거나 반드럽게 하기 위하여 방망이로 두드리는 일. ㉖다듬이·다듬질.

다듬이-포대기뗑 다듬잇감을 싸는 포대기.

다듬잇-감[-드미깜/-드믿깜]뗑 다듬이질을 할 옷이나 옷감 따위.

다듬잇-돌[-드미똘/-드믿똘]뗑 다듬이질할 때 밑에 받쳐 놓는 도구. 〔돌이나 단단한 나무로 만드는데, 장방형으로 윗면을 반드럽게 함.〕 침석(砧石).

다듬잇-방망이[-드미빵-/-드믿빵-]뗑 다듬이 질할 때 쓰는 두 개의 나무 방망이. 침저(砧杵).

다듬잇-방석(-方席)[-드미빵-/-드믿빵-]뗑 다듬잇돌 밑에 까는 깔개. 헝겊 따위로 만듦.

다듬잇-살[-드미쌀-/-드믿쌀]뗑 〔다듬이질이 알맞게 되어〕 다듬잇감에 생기는 풀기나 윤기. ¶ 다듬잇살이 퍼지다.

다듬작-거리다[-꺼-]째[타] 자꾸 다듬작다듬작하다. 다듬작대다. ㉣다듬적거리다. ㉞따듬작거리다.

다듬작-다듬작[-따-]뷔[허타] 나릿나릿하게 자꾸 다듬거리는 모양. ㉣더듬적더듬적. ㉞따듬작따듬작.

다듬작-대다[-때-]타 다듬작거리다.

다듬-질뗑[허타] ①매만져 다듬는 일. ②〈다듬이 질〉의 준말.

다디-달다[~다니·~달아]혱 매우 달다.

다디ㄹ다[다딜어]타〈옛〉대지르다. ¶ 놀란 고래 다디ㄹ놋다(杜初23:2). /다딜어도 흗디 아니하며(蒙法43).

다돋다재[ㄷ]〈옛〉다다르다. ¶ 硏는 다돋게 알씨라(月釋序18). /그날 다도라(釋譜6:27).

다돋다타〈옛〉다듬다. 깎아서 반반하게 하다. ¶ 먼 불휘롤 求호야 다도마(月釋序21).

다따가뷔 난데없이 갑자기. 별안간. ¶ 밥 먹다 말고 다따가 어딜 가니?

다떠위다재〈옛〉뭇사람이 한데 모여 떠들며 들이덤비다. ¶ 구경꾼들이 다떠위는 바람에 혼났다.

-다라어미〈옛〉①-더라. ¶ 總角ㅎ겨 聰明호몰 스랑ㅎ다라(杜初24:62). ②-였노라. ¶ 太子ㅣ 닐오더 내 룡담ㅎ다라(釋譜6:24).

다라니(←陀羅尼.dhāraṇī 범)뗑 〔불교에서, 모든 악법을 막고 선법을 지킨다는 뜻으로〕①범어로 된 긴 문구를 번역하지 않고 음 그대로 외는 일. 총지(總持). ②주문을 외어 재앙을 물리치는 일. ③불법을 잊지 않고 기억하여 설법(說法)이 자재로움.

다라니-주(←陀羅尼呪)뗑 범어로 된 비밀스러운 주문.

다라-수(多羅樹)뗑 야자과의 상록 교목. 높이 20 m, 둘레 2 m가량. 줄기는 편편하고 미끄러우며 잎은 3 m 정도로 모여남. 목재는 건축용으로, 수액은 종려주(棕櫚酒)와 사탕을 만드는 데 씀. 열대 지방에 분포함.

다라-엽(多羅葉)뗑 다라수(多羅樹)의 잎.

다:라지다혱 성질이 깐질기고 야무지다. 됨됨이가 단단하고 겁이 없다. ¶ 자그마한 체구에 안차고 다라진 사람.

다라진-살뗑 가늘고 무거운 화살.

다락뗑 ①부엌과 천장 사이의 공간에 이층처럼 만들어 물건을 넣어 두게 된 곳. ②문간이나 헛간의 기둥 중간에 덕처럼 매어서 세간을 넣어 두거나 사람이 올라가 쉬게 된 곳. ③다락집.

다락-같다[-깓따]혱 ①(물건 값이) 매우 비싸다. ②덩치가 당당하게 크다. ¶ 다락같은 말.

다락-같이뷔 ¶ 다락같이 치솟는 물가.

다락-다락[-따-]뷔 자꾸 성가시게 대들면서 조르는 모양. ¶ 아이가 장난감을 사 달라고 다락다락 조르다. ㉣더럭더럭.

다락-마루[-랑-]뗑 다락처럼 높게 만든 마루.

다락-방(-房)[-빵]뗑 ①다락처럼 만들어 꾸민 방. ②고미다락. ③(서양식 건축에서) 지붕과 천장 사이의 공간에다 만든 방.

다락-장지(←-障子)[-짱-]뗑 다락에 달린 미닫이문.

다락-집[-찝]뗑 다락처럼 지은 집. 다락. 누(樓).

다람-쥐뗑 다람쥣과의 동물. 쥐와 비슷하며 몸 길이 12~16 cm, 꼬리 12 cm가량으로 털이 많음. 몸빛은 황갈색으로 등에 다섯 줄의 암흑색 줄무늬가 있음. 나무 타기를 좋아하고, 앞니가 발달되어 도토리·밤·곤충 따위를 즐겨 먹음.

다람쥐 쳇바퀴 돌듯[속담] 앞으로 나아가지 못하고 제자리걸음만 한다는 말.

다:랍다[-따][다라우니·다라워]혱[ㅂ] ①(주로 어린아이에게 쓰는 말로) 때가 묻어 깨끗하지 못하다. ¶ 그 다라운 손으로 어딜 만지니? ②아니꼬울 만큼 잘고 인색하다. ¶ 아니, 다랍게 요걸 주고 생색을 내? ㉣더럽다.

다랑-귀뗑 두 손으로 붙잡고 매달리는 짓.

다랑귀(를) 뛰다[관용] ①두 손으로 붙잡고 매달리다. ②남에게 매달려 몹시 조르다.

다랑-논뗑 다랑이로 된 논. 다랑전.

다랑-어(-魚)뗑 ⇨참다랑어.

다랑-이뗑 (비탈진 산골짜기 같은 곳에 층층으로 된) 좁고 작은 논배미.

다랑-전(-田)뗑 다랑논.

-다랗다[-라타][~다라니·~다래]접미ㅎ 형용사 어간에 붙어, 그 뜻을 더 뚜렷이 나타내는 말. ¶ 굵다랗다. /높다랗다. /커다랗다. ㉖-닿다.

다래¹뗑 다래나무의 열매.

다래²뗑 아직 피지 아니한 목화의 열매.

다래³뗑 관(棺)의 천판(天板)과 지판(地板) 사이의 양옆의 널.

다래-끼¹뗑 ①대·싸리·고리버들 따위로 결어서 만든, 아가리가 좁고 바닥이 넓은 바구니. ②〔의존 명사적 용법〕 물건을 다래끼에 담아 그 분량을 세는 단위. ¶ 옥수수 한 다래끼.

다래-끼²뗑 눈시울에 생기는 작은 부스럼. 안검염(眼瞼炎). 맥립종(麥粒腫).

다래-나무뗑 다래나뭇과의 낙엽 활엽 덩굴나무. 산지에 절로 나는데 줄기는 7 m가량 자람. 암수딴그루로 초여름에 흰 꽃이 피고, 열매인 '다래'는 가을에 황록색으로 익으며, 말린 것은 한방에서 약재로 씀. 등리(藤梨).

다래-다래뷔[허타] (작은) 물건이 많이 매달려거나 드리워져 있는 모양. ㉣드레드레!

다량(多量)뗑 분량이 매우 많음, 또는 많은 분량. ⨾대량. ↔소량(少量).

다례(茶禮)뗑 ⇨차례(茶禮).

다로(茶爐)뗑 차를 달이는 데 쓰는 화로.

다로기뗑 가죽으로 지은 목이 긴 버선. 〔털이 안으로 가게 지은 것으로, 추운 지방에서 신발 대신 신기도 함.〕 피말(皮襪).

다롱디리캄〈옛〉풍류 소리의 흉내말. ¶ 어긔야 어강됴리 아으 다롱디리(樂範.井邑詞).

다루(茶樓)뗑 ⇨다관(茶館).

다루다타 ①(사람이나 일을) 맡아서 처리하거나 대하다. ¶ 수출 업무를 다루는 부서. ②(물건을) 부려서 이용하다. ¶ 악기를 다루다. /땅을 잘 다루는 사람이 진짜 농부다. ③(거칠고 빳 빳한 물건을) 매만져서 쓰기 좋게 하다. ¶ 가

죽을 다루다. ④부리어 따르게 하다. ¶부하를
잘 다룬다.⑤물건을 사고파는 일을 하다. ¶중
고품을 다루는 가게. ⑥어떤 것을 소재나 대상
으로 삼다. ¶한 일간지는 세금 문제를 비중있
게 다루었다.

다룸-가죽[명] 다루어 부드럽게 만든 가죽. 숙피.

다룸가죽-위(-韋)[명] ⇨가죽위.

다르다[다르니·달라][형□] ①같지 않다. ¶의견
이 서로 다르다. /모양은 달라도 값은 같다.
↔같다. ②(생각이나 언행 따위가) 예사롭지
않은 점이 있다. ¶역시 전문가라 보는 눈이
다르다. /이 회사에서 펴낸 책은 뭐가 달라도
다르다.

　다름(이) 아니라[관용] '딴 까닭이 있는 것이 아
니라', '다른 무엇이 아니라'의 뜻. (『다름이
아닌'··'다름이 아니고'··'다름이 아니옵고'·
'다름이 아니오라' 등의 꼴로도 쓰임.) ¶자네
를 부른 것은 다름이 아니라···.

다르랑[부] 나직이 코를 고는 소리. 흰드르렁. 다
르랑-다르랑[부][하자] ¶다르랑다르랑 코를 골
며 곤히 자다.

다르랑-거리다[자타] 자꾸 다르랑다르랑하다. 다
르랑대다. 흰드르렁거리다.

다르랑-대다[자태] 다르랑거리다.

다르르[부][하자] ①작은 물건이 단단하고 편평한
바닥 위를 가볍게 구를 때 나는 소리. ②작고
얇은 물건이 가볍게 떨면서 울리어 나는 소리,
또는 그 모양. ¶문풍지가 다르르 떤다. 흰드르
르2. 쎈따르르.

다르륵[부][하자] 작은 물건이 일정하게 구르다가
딱 멎는 소리. 다르륵-다르륵[부][하자]

다르륵-거리다[-꺼-]자] 자꾸 다르륵다르륵하
다. 다르륵-대다.

다르륵-대다[-때-]자] 다르륵거리다.

다름-없다[-르업따][형] 다른(다를) 것이 없다.
같다. ¶동기간이나 다름없다. /그녀는 10년 전
과 조금도 다름없는 모습이었다. 다름-없이[부]

다리¹[명] ①동물의 몸통 아래에 붙어 몸을 받치
며, 서거나 걷거나 뛰거나 하는 기능을 가진
부분. ¶다리가 굵다. /다리에 쥐가 나다. ②물
건의 아래쪽에 붙어 그 물건이 바닥에 닿지 않
게 하거나 높게 하기 위하여 받치거나 버티어
놓은 부분. ¶책상 다리. ③안경테 양쪽에 달
아 귀에 걸게 된 길다란 부분.

　다리(를) 뻗고 [펴고] 자다[관용] (걱정이나 시름
이 없어져서) 마음 편히 자다.

　다리야 날 살려라[관용] 몹시 다급하게 달아나는
모양을 이르는 말.

다리²[명] ①강·개천·길·골짜기 또는 바다의 좁은
목 등에, 건너다닐 수 있도록 높게 가로질러
놓은 시설. 교량(橋梁). ②'중간에서 양편을
소개하거나 관련을 지어 주는 일, 또는 그 사
람'을 비유하여 이르는 말. ③중간에 거치는
곳이나 단계. ¶몇 다리를 거쳐서 수집된 정보.

　다리 아래서 원을 꾸짖는다[속담] 직접 만나서
당당하게 말하지는 못하고, 안 들리는 데 숨어
서 불평(욕)을 한다는 말.

　다리(를) 건너다 [넘다][관용] (말이나 물건이) 어
떤 사람에게 들어갔다가 다시 다른 사람에게
넘어가다.

　다리(를) 놓다[관용] 둘의 사이에 관련을 지어
주다. 또는, 관련을 지을 수 있도록 주선을 부
탁하다.

다리³[명] 지난날, 여자의 머리숱이 많아 보이도록
덧넣었던 딴머리. 월자(月子).

다리[부]〈옛〉달리. 다르게. 따로. ¶다리 밥 지여
먹디 아니ᄒᆞ야(二倫32).

다리굽은솔-력(-鬲)[-손녁][명] 한자 부수의 한
가지. '鬲'·'鷊' 등에서의 '鬲'의 이름. 오지
병력.

다리^기술(-技術)[명] 씨름의 기본 기술의 한 가
지. 다리나 발목으로 상대편의 다리를 걸어 후
리거나 당기면서 밀어 넘어뜨리는 공격 기술.
[안다리걸기·밭다리걸기·덧걸이 따위.]

다리-꼭지[-찌][명] 여자의 머리에 드리는 다리
를 맺은 꼭지.

다리다[타] (옷이나 피륙의 구김살을 펴려고) 다
리미로 문지르다.

다리-몽둥이〈다리〉의 속된 말.

다리미[명] 다리미질하는 제구. [쇠붙이로 바닥을
매끄럽게 만들어, 뜨겁게 달구어서 씀.] 울두
(熨斗). 화두(火斗).

다리미-질[명][하자] 다리미로 옷이나 피륙 따위를
문질러 구김살을 펴는 일. 준다림질.

다리미-판(-板)[명] 다리미질할 때 밑에 받치거
나 까는 판.

다리-받침[명] ⇨교대(橋臺).

다리-밟기[-밥끼][명][하자] ⇨다리밟이.

다리-밟이[-발비][명] 지난날, 민간에서 정월 보름날
밤에 그해의 재앙을 면한다 하여 열두 다리를
밟던 풍습. 다리밟기. 답교(踏橋).

다리-뼈[명] 다리를 이루고 있는 뼈. [넓적다리뼈
와 정강이뼈로 나뉨.] 각골(脚骨). 퇴골(腿骨).

다리-살[-쌀][명] 넓적다리의 안쪽. • 다리살이
[-사치]·다리살을[-싸를]·다리살만[-싼-]

다리-속곳[-꼳][명] 고유 의복의 한 가지. 여자의
옷차림에서 가장 안에 입는 아래 속옷. • 다리
속곳이[-꼬시]·다리속곳만[-꼰-]

다리-쇠[-쇠/-쉐][명] 화로 위에 걸치고 냄비
같은 것을 올려놓도록 쇠붙이로 만든 제구.
걸쇠.

다리-씨름[명][하자] 두 사람이 마주 앉아 같은 쪽
다리의 정강이 안쪽을 서로 걸어 대고 옆으로
쓰러뜨리기를 겨루는 놀이. 발씨름.

다리아랫-소리(-)[래쏘-/-랟쏘-][명] 아쉽거나
답답할 때 남에게 동정을 얻으려고 굽신거리거
나 애걸하며 하는 말. 각하성(脚下聲).

다리우리[명] 다리미. ¶다리우리를 달오고(內
訓序4). /다리우리 울: 熨(訓蒙中14).

다리^운동(-運動)[명] 다리를 굽혔다 폈다 하는
따위의, 다리를 움직여서 하는 여러 가지 운동.

다리-재간(-才幹)[명] 씨름 등에서, 다리를 놀리
어 부리는 기술.

다리-통[명] 다리의 둘레. ¶다리통이 굵다.

다리-품[명] 길을 걷는 데 드는 수고로움.

　다리품(을) 팔다[관용] ①길을 많이 걷다. ②품
삯을 받고, 남의 심부름으로 먼 길을 다녀오다.

다리^후치기[명] 씨름의 다리 후치기의 한 가지. 오
른다리를 상대편의 다리 사이로 넣어서 상대편
의 오른다리를 걸고 넘기는 기술.

다림[명] (어떤 물체가) 수평인가 또는 수직인가
를 헤아려 보는 일.

　다림(을) 보다[관용] ①겨냥대어 살펴보다. ②이
해관계를 노려서 살펴보다.

다림-방(-房)[명] '푸줏간'의 잘못.

다림-줄[-쭐][명] 다림을 볼 때, 추를 달아 늘이
는 데 쓰는 줄.

다림-질[명][하자]〈다리미질〉의 준말.

다림-추(-錘)[명] 다림줄에 달아 늘이는 데 쓰
는 추.

다림-판(-板)명 어떤 물체가 수평인가를 다림 보는 기구.

다릿-골[-리꼴/-린꼴]명 다리뼈 속에 있는 골.
다릿골(이) 빠지다관용 길을 많이 걸어서 다리 가 몹시 피로해지다. ¶다릿골이 빠지도록 와서 는 허탕을 쳤다.

다릿골-독[-리꼴똑/-린꼴똑]명 매우 크게 만 든 독의 한 가지. 독의 배가 부름. 대독.

다릿-돌[-리똘/-린똘]명 징검다리로 놓은 돌.

다릿-마디[-린-]명 다리의 뼈마디.

다릿-목[-린-]명 다리가 놓여 있는 길목.

다릿-심[-리씸/-린씸]명 다리의 힘. ¶다릿심 이 센 편이다. 각력(脚力).

다릿-짓[-리찐/-린찐]명하 다리를 움직이는 짓. *다릿짓이[-리찌시/-린찌시]·다릿짓만 [-리찐-/-린찐-]

다ㄹ다[달아]형 (옛) 다르다. ¶異는 다롤씨라 (訓諺).

다마는조 '다'와 '마는'이 합쳐서 된 말. 모음 으로 끝난 체언에 붙어, '그렇기는 하지마 는'의 뜻으로, 앞말을 인정하되 그것이 뒷말에 영향을 미치지 아니함을 나타내는 연결형 서술 격 조사. ¶성적은 꼴찌다마는 인기는 최고다. 준다만2.

-다마는어미 종결 어미 '-다'에 보조사 '마 는'이 합쳐서 된 말. 형용사 어간이나 시제의 '-았(었)-'·'-겠-' 등에 붙는 종속적 연결 어미. 앞의 내용을 시인하되, 그것이 뒤의 내용에 영 향을 미치지 아니함을 나타냄. ¶좋기는 좋다 마는 너무 비싸다. 준-다만. 참-ㄴ다마는·-는다 마는.

-다마다어미 ☞-고말고.

다:만1부 ①(무엇을 한정하여) '오직 그뿐'의 뜻을 나타냄. ¶다만 너를 만나고 싶을 뿐이다. ②앞의 말을 받아서 반대·예외·조건 따위가 있 음을 말할 때 말머리에 쓰이는 접속 부사. ¶노 병은 죽지 않는다. 다만 사라질 뿐이다. 단 (但). 단지(但只).

다만2준 〈다마는〉의 준말. ¶좋은 솜씨다만 이곳 에선 쓸모가 많구나.

-다만어미 〈-다마는〉의 준말. ¶겉은 검다만 속 은 희다.

다만당부 (옛) 다만. ¶다만당 님그린 타소로 시 름 계워 ᄒᆞ노라(古時調).

다만지부 (옛) 다만. ¶다만지 손이 성ᄒᆞ니 盞 잡 기만 ᄒᆞ노라(古時調).

다망(多忙)명하형 바쁨. 일이 매우 많음. ¶다 망하신 중에도 참석해 주셔서 대단히 감사합 니다.

다망(多望)명하형 ①바라는 바가 많음. 꿈이 많 음. ②장래성이 많음.

다매(多賣)명하타 많이 팖. ¶다매를 판매 전략 으로 하다.

다매(茶梅)명 ☞동백나무.

-다며어미 〈-다면서〉의 준말. ¶또 오겠다며 바 로 갔다. /그동안 많이 바빴다며?

다면(多面)명하형 ①면이 많음. ②여러 방면. 다방면.

-다면《형용사 어간이나 시제의 '-았(었)-'·'-겠'·'-ㄴ(는)-' 등에 붙어》 Ⅰ어미 가정하여 조건 으로 삼는 뜻을 나타내는 종속적 연결 어미. ¶태산을 진다면 얼마나 높으랴. /내가 너만큼 돈이 많다면 좋겠다.
Ⅱ준 '-다고 하면'이 줄어든 말. ¶네가 좋다 면 나도 찬성이다. /간다면 보내라.

다면-각(多面角)명 입체각의 한 가지. 셋 이상 의 평면이 한 점에서 만나 이루어진 뾰족한 형상.

-다면서《형용사 어간이나 시제의 '-았(었)-'·'-겠-' 등에 붙어》Ⅰ어미 들은 사실에 대해 되묻거나 빈정거리는 뜻을 나타내는 해체의 종 결 어미. ¶고향에 다녀왔다면서?/요즈음 재미 가 좋다면서? 준-다며.
Ⅱ준 '-다고 하면서'가 줄어든 말. 남의 말을 인용하되 그것이 뒷말의 전제나 이유가 됨을 나 타냄. ¶내가 밉다면서 전화는 왜 해? 준-다며.

다면-성(多面性)[-썽]명 각 방면에 걸친 다양 한 성질. 갖가지 성질.

다면-적(多面的)관명 〈다방면적〉의 준말.

다면-체(多面體)명 넷 이상의 평면으로 둘러싸 인 입체. [사면체·육면체 따위.]

다모(多毛) '다모하다'의 어근.

다모(茶母)명 지난날, 관아에서 식모 노릇을 하 던 천비(賤婢).

다모-객(多謀客)명 잔꾀가 많은 사람. 꾀를 부 리어 일을 꾸미는 사람. 꾀자기.

다모-작(多毛作)명 한 경작지에서 한 해에 세 차례 이상 다른 작물을 지어 거두는 일. 참일 모작·이모작.

다모-증(多毛症)[-쯩]명 솜털이 나야 할 곳에 거센 털이 많이 나는 증세.

다모-하다(多毛-)형여 몸에 털이 많다.

다:-목명 콩과의 상록 교목. 동인도 원산으로 따 뜻한 곳에서 재배하는데, 높이는 4m가량. 줄 기에 잔가시가 있고, 봄에 나비 모양의 노란 꽃이 핌. 목재는 활을 만드는 데 쓰고, 속의 붉은 부분은 염료 및 약재로 씀. 단목. 소방목.

다:-목-다리[-따-]명 냉기로 말미암아 살빛이 검붉게 된 다리. 적각(赤脚).

다-목적(多目的)[-쩍]명 여러 가지 목적.

다목적^댐(多目的dam)[-쩍-]명 여러 가지 목 적으로 이용되도록 만든 댐. [수력 발전, 농업 용수, 홍수 방지, 관광 등 여러 가지 용도를 겸함.] ↔단일 목적 댐.

다문(多聞)명하형 ①보고 들은 것이 많음. 견문 이 넓음. ↔과문(寡聞). ②불교에서, '법문(法 文)'을 외어 지님이 많음'을 이르는 말.

다문-다문부하형 ①(시간적으로) 잦지 않고 동 안이 좀 뜨게. 이따금. ¶그의 소식은 다문다문 듣고 있다. ②(공간적으로) 배지 않고 사이가 좀 뜨게. 띄엄띄엄. ¶고추 모를 다문다문 옮겨 심다. 센드문드문.

다문-박식(多聞博識)[-썩]명하형 보고 들은 것이 많고, 지식이 넓음. ¶다문박식한 사람.

다문-천(多聞天)명 사왕천(四王天)의 하나. 다 문천왕이 다스린다고 하는 수미산 중턱 북쪽의 하늘 나라.

다문천-왕(多聞天王)명 항상 여래(如來)의 설 법을 많이 듣는다는 데서 이르는 사천왕(四天 王)의 하나. 수미산 제4층에 살며 북방을 지킨 다고 함. 참비사문천왕(毘沙門天王).

다물다[다무니·다물어]타 아래위 입술이나 그와 같이 생긴 두 쪽을 마주 꼭 대다. ¶너무 좋아 서 벌린 입을 다물지 못하다.

다물-다물부 (무엇이) 무더기무더기 쌓여 있는 모양.

다므사리부 (옛) 더부살이. ¶다므사리 용:備·/ 다므사리 고:雇(訓蒙中2).

다믄부 (옛) 다만. ¶다믄 내 믿쳔만 갑고(翻朴上 34). 참다믄.

다뭇 〈옛〉 더불어. ¶士와 다뭇 女ㅣ 그 서르 諧ᄒ야(詩解4:33). ⑪다뭇.

다미-씌우다[-씌-]匣 〈안다미씌우다〉의 준말. ⑪더미씌우다.

다뭇사리몡 〈옛〉 더부살이. ¶다뭇사리ᄒ야 어미ᄅᆞᆯ 이바ᄃ며(三綱.孝6).

다ᄆᆞᆫ 〈옛〉 다만. ¶다ᄆᆞᆫ ᄒᆞᆫ 큰 잆 因緣으로〈釋譜13:48〉. 참다문.

다뭇匣 〈옛〉 더불어. ¶다뭇 여:與(類合下63).·與/世間 앳 이ᄅᆞᆯ 눌와 다뭇 議論ᄒᄂ뇨(杜初21:48).

다뭇ᄒ다匣 〈옛〉 같이하다. 더불어 하다. ¶오ᄋᆞ 나조ᄒᆞ 쏘 엇던 나조코 이 븘비ᄅᆞᆯ 다뭇호라(杜初19:42).

다박-나룻[-룯]몡 다보록하게 난 짧은 수염. 다박수염. *다박나룻이[-방-루시]·다박나룻만[-방-룬-]

다박-머리[-방-]몡 (어린아이의) 다보록하게 난 짧은 머리털, 또는 그런 머리털을 가진 아이. ⑪더벅머리.

다박-수염(-鬚髥)[-쑤-]몡 다박나룻.

다반(茶飯)몡 〈항다반(恒茶飯)〉의 준말.

다반(茶盤)몡 ☞차반.

다반-사(茶飯事)몡 〈항다반사〉의 준말. ¶실수를 다반사로 여긴다.

다발 ①꽃이나 푸성귀 따위의 묶음. ¶다발을 크게 묶다. ②[의존 명사적 용법] 꽃이나 푸성귀 따위의 묶음을 세는 단위. ¶장미꽃 한 다발. /열무 세 다발. 참단.

다발(多發)몡-困ᄌ 많이 발생함. 자주 일어남. ¶교통사고 다발 지점. ②〈다발식〉의 준말.

다발-기(多發機)몡 엔진을 셋 이상 가진 항공기.

다발-나무[-라-]몡 다발로 묶은 땔나무.

다발-성(多發性)[-썽]몡 ①여럿이 함께 일어나는 성질. ¶동시 다발성. ②한 몸의 두 군데 이상의 부분에서 한꺼번에 병이 발생하는 성질.

다발-식(多發式)[-씩]몡 항공기 따위에서 세 대 이상의 엔진을 가지는 양식. ⑥다발메.

다방(茶房)몡 차 종류를 조리하여 팔거나 청량음료 및 우유 따위 음료수를 파는 영업소. 다실. 다점. 차실. 찻집.

다-방면(多方面)몡 여러 방면. 여러 분야. 많은 곳. 다면. ¶다방면에 재주가 있다.

다방면-적(多方面的)관몡 여러 방면에 걸친 (것). ⑥다면적.

다-발다[-받따]혱 길이가 아주 짧다. 썩 가깝다. ¶자라처럼 다발은 목.

다배^현:상(多胚現象)몡 한 개의 배(胚)가 분열하여 두 개 이상의 개체가 발생하는 현상. [사람의 일란성 쌍생아도 이에 해당함.]

다변(多煩)몡혱 ①매우 번거로움. ②매우 많음. 많번다하다.

다변(多辯)몡혱 말수가 많음. 수다스러움. 장설(長舌). ¶지나치게 다변한 사람이라 믿음이 가지 않는다.

다변(多變)몡혱 변화가 많음, 또는 많은 변화. ¶다변하는 국제 정세.

다변-가(多辯家)몡 말수가 많은 사람. 수다스러운 사람.

다변-형(多邊形)몡 ☞다각형(多角形).

다변-화(多邊化)몡혱자타되ᄌ 방법이나 양상이 단순하지 않고 갈래가 많아 복잡해짐, 또는 그렇게 만듦. ¶수출 시장의 다변화.

다병(多病)몡 '다병하다'의 어근.

다병-하다(多病-)혱여 몸에 병이 많거나 잦다.

다보록-다보록[-따-]匣혱 여럿이 다 다보록한 모양. ⑪더부룩더부룩.

다보록-하다[-로카-]혱여 (짧게 난 풀이나 나무, 또는 머리털 따위가) 탐스럽게 소복하다. ¶다보록한 수염. ⑥다복하다. ⑪더부룩하다. 다보록-이匣.

다보-여래(多寶如來)몡 동방의 보정(寶淨) 세계에 있다는 부처.

다보-탑(多寶塔)몡 2단 또는 3단으로, 아래는 방형(方形), 위는 원형이나 팔각형, 꼭대기는 상륜(相輪)으로 된 탑의 이름. [다보여래의 전신 사리(全身舍利)를 안치했다는 데서 이 이름이 붙었다 함.] 보탑.

다복(多福)몡혱-ᄉ쥠 복이 많음, 또는 많은 복. ¶다복한 가정. 다복스레匣.

다복-다남(多福多男)[-따-]몡혱 [복이 많고 아들이 여럿이라는 뜻으로] '팔자가 좋음'을 뜻하는 말.

다복-다복[-따-]匣혱 (작은 나무나 풀 따위가) 곳곳에 다보록하게 있는 모양. ⑪더북더북.

다복쑥몡 〈옛〉 다북쑥. ¶다복쑥 호:蒿. /다복쑥 봉:蓬(訓蒙上9). 참다쑥.

다복-솔[-쏠]몡 가지가 다보록하게 많이 퍼진 어린 소나무. 왜솔(矮松).

다복-하다[-보카-]혱여 〈다보록하다〉의 준말. 다복-이匣.

다붓몡 〈옛〉 다북쑥. ¶누늘 드러 보니 오직 다붓 ᄲᅮ니로다(杜初10:19). 참다붓.

다붖몡 〈옛〉 다북쑥. ¶서리와 눈괘 ᄂᆞᆫ 다보재 ㄱ도ᄒ도다(杜初21:1).

다부(多夫)몡 한 여자가 둘 이상의 남편을 가지는 일. ↔다처(多妻).

다-부닐다[-부-]ᄌ 〈부니니·~부닐어〉자 바싹 다붙어서 꽤나 붙임성 있게 행동하다.

다부지다혱 ①벅찬 일을 치러 낼 강단이 있다. ¶힘겨운 일이라도 다부지게 해낸다. ②보기보다 옹골차다. ¶몸집은 작아도 다부져 보인다.

다북-쑥〈쑥²〉의 본딧말. 봉애. 봉호(蓬蒿).

다분(多分)몡 '다분하다'의 어근.

다-분야(多分野)몡[-냐] 여러(여러) 분야.

다분-하다(多分-)혱여 (가능성이나 비율 따위가) 꽤 많다. ¶끼가 다분하다. /배우가 될 소질이 다분하다. 다분-히匣 ¶그럴 가능성이 다분히 있다.

다불과(多不過)匣 많다고 해야 고작. ¶다불과 백 명 안팎이다.

다불-다불匣혱 (어린아이의 머리털 따위가) 짧게 늘어져 다보록한 모양. ¶다불다불한 단발머리.

다붓-다붓[-붇따붇]匣혱 여럿이 다 다붓한 모양.

다붓-하다[-부타-]혱여 (떨어진 사이가) 바싹 다붙은 듯이 가깝다. 다붓-이匣.

다-붙다[-붇따]ᄌ (사이가 뜨지 않게) 바싹 다가붙다. ¶좀 더 다붙어 앉아라.

다-붙이다[-부치-]匣 『'다붙다'의 사동』 다붙게 하다.

다비(茶毗←jhāpita 범)몡하ᄌ [불에 태운다는 뜻으로] 불교에서, '화장(火葬)하는 일'을 이르는 말.

다비^농업(多肥農業)몡 농작물의 생산량을 늘리기 위하여 일정한 경작지에 많은 거름을 주는, 소규모 농업 방법.

다비성^작물(多肥性作物)[-썽장-]몡 거름을 많이 주어야 수확이 많은 작물.

다비-소(茶毘所)똉 불교에서, '화장터'를 달리 이르는 말.

다빡團 앞뒤를 헤아리지 않고 함부로 행동하는 모양. 團더빡. **다빡-다빡**團하자.

다빡-거리다[-꺼-]짜 자꾸 다빡다빡하다. 다빡 대다.

다빡-대다[-때-]짜 다빡거리다.

다뿍팀형 분량이 일정 한도를 넘어 좀 낙낙한 모양. 團드뿍. **다뿍-다뿍**팀형.

다롬目 (옛)다함(盡). ¶ㅁ숨 다볼을 닐월 ㅈ장 긔지ㅎ야(月釋序20).

-다비[절미] (옛)-답게. -다이. -대로. ¶實다비 잘 볼써라(月釋7:45). 참-다이.

다사(多士)똉 많은 선비. 여러 인재.

다사(多事)똉 '다사(多事)하다'의 어근.

다사(多思)똉하자 많은 생각. 또는 많이 생각함.

다사(多謝)똉하타 ①깊이 감사함. ②깊이 사과함. ¶망언(妄言)을 다사하다.

다사-다난(多事多難)똉하형 여러 가지로 일도 많고 어려움도 많음. ¶다사다난했던 한 해.

다사-다단(多事多端)[-께-]똉 일이나 사단(事端)이 여러 가지로 뒤얽혀 복잡함. ¶다사다단한 국내외 정세.

다사-다망(多事多忙)똉하형 일이 많아 몹시 바쁨. ¶다사다망하여 눈코 뜰 새 없다.

다사-롭다[-따][~로우니·~로워]형田 다스한 느낌이 있다. ¶창밖을 내다보니 봄볕이 다사롭다. 쎈따사롭다. **다사로이**팀.

다사-스럽다(多事-)[-따][~스러우니·~스러워]형田 긴하지 않은 일에도 참견하기 좋아하여 공연스레 바쁘다. ¶하는 일도 없으면서 언제나 다사스러운 사람. **다사스레**팀.

다사-제제(多士濟濟)똉 여러 선비가 다 뛰어남. 뛰어난 인물이 많음. 제제다사.

다사-하다(多事-)형 ①일이 많다. ②'다사스럽다'의 잘못.

다산(多産)똉하타 ①(아이 또는 새끼나 알을) 많이 낳음. ¶자식이 일곱이나 되니 어머니는 아이를 다산한 편이다. ②(물품을) 많이 생산함.

다산-계(多産系)[-게/-계] 새끼나 알을 많이 낳는 품종의 계통.

다산^염기(多酸塩基)[-념-]똉 분자 중에 염기로 바꿀 수 있는 수산기(水酸基)를 둘 이상 가진 염기. [수산화칼슘 따위.]

다산-형(多産型)똉 (아이 또는 새끼나 알을) 많이 낳는 체형. 많이 낳게 생긴 체형.

다상(多相)똉 여러 개의 상(相).

다상^교류(多相交流)똉 주파수는 같으나 위상을 달리하는 둘 또는 그 이상의 교류 방식. 참단상 교류.

다-상량(多商量)[-냥]똉 많이 생각함. [작문에서 숙달되는 요령을 말할 때 흔히 쓰는 말.] ¶다문다독다상량(多聞多讀多商量).

다색(多色)똉 여러 가지 빛깔. ↔단색.

다색(茶色)똉 ①◻갈색(褐色). ②차의 종류.

다색-성(多色性)[-썽] 편광(偏光)이 결정체를 통과할 때, 편광의 진동 방향에 따라 빛깔을 각기 달리하는 현상.

다색^인쇄(多色印刷)똉 세 가지 이상의 빛깔을 써서 하는 인쇄, 또는 그러한 인쇄물.

다색-판(多色版)똉 여러 가지 빛깔로 인쇄하는 인쇄판.

다색-훈(多色暈)[-새훈]똉 흑운모·각섬석 등에 방사성 광물이 들어 있을 때, 그 둘레에 생기는 다색성의 반점.

다생(多生)똉하자 ①많이 남. ②불교에서, '육도(六道)를 윤회하면서 수많은 생을 얻음'을 이르는 말.

다서(多書)똉 많은 책.

다선(多選)똉 선거를 통해 어떤 직위에 세 번 이상 선출됨. ¶다선 의원.

다섯[-섣]㈜똉 넷에 하나를 더한 수(의). 오(五). ¶다섯은 너무 많다. /사과 다섯 개. *다섯이[-서시]·다섯만[-선-]

다섯-모[-선-]똉 물체의 둘레에 이루어진 다섯 개의 모, 또는 그런 형상. 오각(五角).

다섯목-가래질[-선-]똉 다섯 사람이 함께 하는 가래질. [한 사람은 가랫장부를 잡고, 양쪽에서 두 사람씩 잡아당김.]

다섯목-한카래[-선-]똉 다섯목가래질을 하기 위하여 수를 채운 사람 수.

다섯무-날[-선-]똉 조수의 간만의 차가 같은, 음력 열나흘과 스무아흐레를 아울러 이르는 말. 참무날·무수기.

다섯잎-꽃[-선닙꼳]똉 다섯 장의 꽃잎으로 이루어진 꽃. [무궁화·벚꽃 따위.] 오판화. *다섯잎꽃이[-선닙꼬치]·다섯잎꽃만[-선닙꼰-]

다섯-째[-선-][Ⅰ]㈜똉 넷째의 다음 차례(의). ¶다섯째로 들어온 손님. /다섯째 만남. [Ⅱ]똉 맨 앞에서부터 세어 모두 다섯 개가 됨을 이르는 말. ¶바나나를 다섯째 먹다.

다섯-콩[-선-]똉 장난감 공기에 쓰이는 다섯 개의 돌을 아이들이 이르는 말.

다성부^음악(多聲部音樂)똉 둘 또는 그 이상의 독립된 성부로 이루어진 대위법적인 음악. 다성 음악. 복선율 음악. 폴리포니(polyphony). 참단성부 음악.

다성^음악(多聲音樂)똉 ◻다성부 음악.

다성^잡종(多性雜種)[-쫑]똉 두 쌍 이상의 인자에 의하여 형질이 결정되는 잡종. [멘델 법칙이 적용되지 않음.] ↔단성 잡종.

다세(多世)똉 많은 시대. 많은 연대.

다-세대(多世帶)똉 세대가 많음, 또는 많은 세대.

다세대^주:택(多世帶住宅)똉 공동 주택의 한 가지. 4층 이하의 동당(棟當) 건축 연면적이 660m² 이하인 주택. 저마다 일정한 독립 공간의 소유권을 가짐. 참다가구 주택.

다-세포(多細胞)똉 (한 생물체 내의) 세포가 여럿임. ↔단세포.

다세포^동:물(多細胞動物)똉 한 개체가 많은 세포로 이루어진 동물. [거의 모든 동물이 이에 딸림.] 복세포 동물. ↔단세포 동물.

다세포^생물(多細胞生物)똉 많은 세포가 모여 한 개체를 이루고 있는 생물. [거의 모든 생물이 이에 딸림.] 복세포 생물. ↔단세포 생물.

다세포^식물(多細胞植物)[-씽-]똉 한 개체가 많은 세포로 이루어진 식물. [세균류를 제외한 거의 모든 식물이 이에 딸림.] 복세포 식물. ↔단세포 식물.

다소(多少)[Ⅰ]똉 ①(분량이나 정도가) 많음과 적음. ¶참가하는 인원의 다소에 따라 승패가 좌우된다. ②조금. 약간. 어느 정도. ¶다소나마 도움이 되었으면 좋겠다. [Ⅱ]팀 어느 정도로. ¶나는 다소 격앙된 목소리로 말했다.

다소(茶素)똉 ◻카페인.

다소-간(多少間)[Ⅰ]똉 많고 적음의 정도. ¶다소간의 차이는 얼마든지 있을 수 있습니다. [Ⅱ]팀 많든 적든 얼마간에. ¶다소간 어려움이 있더라도 참아야 한다.

다소곳-하다[-고타-]�형여� ①고개를 좀 숙이고 말이 없다. ¶요즘 아이들은 어른의 훈계를 다소곳한 태도로 받아들이는 맛이 없단 말이야. ②성질이나 태도가 온순하다. **다소곳-이**�부� ¶새색시처럼 다소곳이 앉아 있다.

-다소니�어미� (옛)-더니. ¶글 議論호몰 崔蘇의게 니르리 ㅎ다소니(杜初24:30).

다-소득(多所得)�명� 벌이가 많음, 또는 많은 벌이. ¶다소득 계층.

-다소라�어미� (옛)-더라. ¶秦스뜰헤 우루믈 모다 議論ㅎ다소라(杜初24:6).

다소불계(多少不計)[-계/-게]�명��하� 많고 적음을 헤아리지 아니함. ¶다소불계하고 좀 나누어 주시오.

-다손�어미� 형용사의 어간이나 시제의 '-았(었)-'·'-겠' 등에 붙는 종속적 연결 어미. '-다고'의 뜻으로, '치다'의 활용형과 어울려, 앞말을 가정하되 그것이 뒷말에 영향을 미치지 아니함을 나타냄. ¶아무리 욕심이 많다손 치더라도 그만하면 되겠지. �참�-ㄴ다손·-는다손.

다솔(多率)�명��하� (식구나 아랫사람을) 많이 거느림.

다수(多數)�명��하� 수효가 많음, 또는 많은 수효. 과수(夥數). ¶다수의 횡포./마땅히 다수의 의견을 따라야지. ↔소수(少數). **다수-히**�부� ¶지원자가 다수히 몰려든다.

다수^강:화(多數講和)�명� 패전한 한 나라와 교전하던 거의 모든 상대국 사이에 맺는 강화. �참�전면 강화.

다수-결(多數決)�명� (회의에서 토의되는 안건을) 회의의 구성원 중 다수의 찬성으로 가부를 결정하는 일. ¶다수결의 원칙.

다수-당(多數黨)�명� 의석의 다수를 차지하고 있는 정당. ↔소수당.

다수^대:표제(多數代表制)�명� 선거에서, 다수의 지지를 얻은 사람을 당선자로 결정하는 방법.

다수^정당제(多數政黨制)�명� (의회 정치를 펴는 나라에서) 정당이 여럿으로 분립된 정치 체제.

다수-파(多數派)�명� 딸린 인원 수가 많은 파. ↔소수파.

다-수확(多收穫)�명� 많은 수확.

다수확^작물(多收穫作物)[-짱-]�명� 일정한 경작지에서 다른 작물에 비해 너 많은 수확을 낼 수 있는 작물.

다:스(ダ-ス.일←dozen)�명� 물품 열두 개를 한 묶음으로 하여 세는 단위. ¶연필 두 다스. �참�타(打).

다스름�명� 아악(雅樂)에서, 연주에 앞서 악기의 음률을 고르기 위하여 먼저 타거나 불거나 쳐 보는 일, 또는 그 악곡.

다스리다�타� ①(나라·사회·집안 등의 일을) 보살펴 관리하거나 처리하다. ¶나라를 다스리다. ②(일정한 목적에 따라) 다듬어 정리하거나 다루어 처리하다. ¶땅을 잘 다스리는 사람이 진짜 농부다. ③(어지러운 사태를) 바로잡아 가라앉히다. ¶난리를 다스리다. ④(어지러운 마음을) 바르게 가다듬다. ¶마음을 다스려야 높고 넓게 보이나니. ⑤병이나 상처를 보살펴 낫게 하다. ¶열을 다스리다. ⑥죄를 물어 벌을 주다. ¶죄인을 다스리다.

다스-하다�형여� 좀 다습다. �큰�드스하다. �작�다사하다. �센�따스하다.

다슬기�명� 다슬깃과의 민물 고동. 하천이나 연못의 돌에 붙어 삶. 나사 모양의 껍데기는 황록색에 흑갈색의 띠가 있고, 더러 흰 무늬도 있음. 폐디스토마의 제1 중간 숙주임. 삶아서 살을 먹음. 대사리.

다습�명� 마소의 '다섯 살'을 이르는 말.

다습(多濕)�명��하� 습도가 높음. 습기가 많음.

다습다[-따]�형� (다스우니·다스워)�형ㅂ� 알맞게 따뜻하다. 좀 따뜻하다. �큰�드습다. �센�따습다.

다시�부� ①(하던 것을) 되풀이하여 또. 거듭 또. ¶다시 갔다 오너라. /어겼던 줄터 다시 보자. ②새로이. 고쳐서. 또. ¶다시 만들어라. ③이전 상태로. 전과 같이. ¶봄은 다시 왔건만. ④다시금. 또는. 이따가 또. ¶내일 다시 만납시다. ⑤(하다가 그친 것을) 또 잇대어. ¶공사를 다시 시작하다. ⑥그 밖에는. 또. ¶이것말고 더 좋은 방법은 다시 없다.

다시(多時)�명� 많은 시간. 오랜 시일.

다시곰�부� (옛) 다시금. ¶種種方便으로 다시곰 슬ᄫᅡ도(釋譜6:6).

다시금�부� '다시'의 힘줌말.

다시다�타� ①('입맛'을 목적어로 하여) 음식을 먹거나 먹는 것처럼 입을 열었다 닫았다 하며 놀리다. ¶입맛을 다시다. ②(주로 '무엇'·'아무것' 등과 함께 쓰이어) '음식을 좀 먹다'의 뜻을 나타냄. ¶모처럼 오셨는데 다실 게 아무것도 없어서….

다시마�명� 갈조류 다시맛과에 딸린 바닷말. 2~4년생으로 길이 2~4 m, 폭 25~40 cm. 잎은 황갈색 또는 흑갈색으로 넓은 띠 모양이며, 바탕은 두껍고 쭈글쭈글한 주름이 있음. 식용하며 공업용 요오드의 원료로도 쓰임. 곤포(昆布).

다시마-산자(-饊子)�명� ↳튀각산자.

다시마-쌈�명� 씻은 다시마로 싸 먹는 쌈.

다시마-자반�명� '부각'의 잘못.

다시마-장아찌�명� 잘게 썬 다시마에다 북어 토막이나 멸치를 섞어서 간장에 조린 반찬. 다시마조림.

다시마-조림�명� ↳다시마장아찌.

다시마-튀각�명� 다시마를 기름에 튀긴 반찬.

다시맛-국[-마꾹/-맏꾹]�명� 다시마를 넣고 끓인 국.

다시-없다[-업따]�형� 그보다 더 나을 것이 없다. ¶제게 이 상(賞)은 다시없는 영광입니다. **다시없-이**�부� ¶다시없이 좋은 기회를 놓치고….

다시-증(多視症)[-쫑]�명� 하나의 물체가 여러 개로 보이는 병증.

-다시피�어미� 일부 동사의 어간이나 높임의 '-시-' 또는 시제의 '-았(었)-'·'-겠' 등에 붙어, '그것과 같이'·'그와 다름없이'의 뜻을 나타내는 연결 어미. ¶보다시피 이렇게 건강하다.

다식(多食)�명��하� 음식을 많이 먹음.

다식(多識)�명��하� 아는 것이 많음. 지식이 많음. 박식(博識)함.

다식(茶食)�명� 녹말·콩·송화·검은깨 따위의 가루를 꿀이나 조청에 반죽하여 다식판에 박아 낸 음식.

다식-과(茶食菓)[-꽈]�명� 유밀과의 한 가지. 밀가루·꿀·기름·생강즙·소주 따위를 반죽한 다음 다식판에 박아 내어 기름에 지져 만듦.

다식-증(多食症)[-쯩]�명� 음식을 아무리 먹어도 배부른 느낌을 느끼지 못하는 병증. 탐식증.

다식-판(茶食板)�명� 다식을 박아 내는 틀.

다신-교(多神敎)�명� 많은 신 또는 많은 정령이나 영혼의 존재를 인정하여 숭배의 대상으로 삼는 종교의 한 형태. ↔일신교(一神敎).

다실(茶室)�명� ↳다방(茶房).

다심(多心)[명][형] [스] 자질구레한 일에까지 마음이 놓이지 않아 걱정하거나 마음 쓰는 일이 많음. **다심스레**[부].

-다스니[어미] -더니. ¶또 무슈매 닛디 아니ᄒᆞ야 슌ᄒᆞ더스니(靈驗10).

다스리다〈옛〉다스리다. ¶正ㄹ 法으로 다스리더스니(月釋8:90).

-다스이다[어미] -더이다. -시더이다. ¶智慧 업스니 곧다스이다:如無智者ᄒᆞ다스이다(法華4:36).

다솔다〈옛〉다스려다. ¶다솔며 어즈러우미 다 업거니(金三2:6).

다슴[명]〈옛〉의(義)로 맺은 어버이나 자식. ¶親을 닐 親히 ᄒᆞ고 다슴으란 기우로 ᄒᆞ면(內訓3:24).

다슴아비[명]〈옛〉계부. 의부. ¶다슴아비 브티디 아니ᄒᆞ여(二倫19).

다슴어미[명]〈옛〉의붓어미. 계모. ¶다슴어미 죽거늘(三綱.孝27).

다숫[수관]〈옛〉다섯. ¶五賤相은 다ᄉᆞ 가짓 衰ᄒᆞ 相이니(月2:13).

다쐐[명]〈옛〉닷새. ¶셜흔 다쐐어나(釋譜9:31).

다액(多額)[명] 많은 액수.

다야[명]〈옛〉대야. ¶다야 우:盂(訓蒙中19).

다양(多樣)[명] 종류가 여러 가지로 많음. 가지가지임. ¶다양한 색상. /다양한 기교.

다양-성(多樣性)[-썽][명] 다양한 특성.

다양-화(多樣化)[명][하자][되자] 색깔·모양·형태·양식 따위가 여러 가지로 많아짐, 또는 그렇게 되게 함. ¶디자인의 다양화.

다언(多言)[명] 말이 많음, 또는 많은 말. 여러 말. ↔과언(寡言).

다언-혹중(多言或中)[-쫑][하자] 말을 많이 하다 보면 더러 사리에 맞는 말도 있음.

다연(茶煙)[명] 차(茶)를 달일 때 나는 연기.

다염기-산(多塩基酸)[명] 분자 중에 금속 원소와 바꾸어 놓을 수 있는 수소를 둘 이상 가진 산(酸). 〔황산이나 인산 따위.〕

다엿[수관]〈옛〉대여섯. ¶胡騎는 기리 돌여 돌외오미 다엿 히로다(杜重2:1).

다예(多藝)[명][하형] 여러 가지 기예에 능함.

다:오[타] 무엇을 요구하거나 청하는 뜻을 나타내는, 불완전 타동사 '달다'의 해라체의 명령형. ¶물 한 잔만 다오. ☞달라.

다:오²[조동] 연결 어미 '-아(어·여)' 뒤에 쓰이어, 상대편에게 그 일을 해 줄 것을 요구하거나 바라는 뜻을 나타내는, 해라체의 명령형 조동사. ¶날 좀 도와 다오.

-다오[어미] 형용사의 어간이나 높임의 '-시-' 또는 시제의 '-았(었)-'·'-ㄴ(는)-' 등에 붙어, 어떤 사실을 설명하되 은근히 자랑하거나 친근하게 베풀어 말하는 하오체의 종결 어미. ¶인정이 많다오. /나도 옛날에는 참 예뻤다오. /어린잎은 먹는다오.

다옥-하다[-오카-][형여] 무성하다. 우거지다.

다올-대[-때][명] 베틀에서, 날실을 풀기 위하여 도투마리를 밀어서 넘기는 막대기.

다옴[자]〈옛〉다함. ¶工巧ᄒᆞ신 方便ㄴ 다오미 업스리라(月9:49).

다와다[명]〈옛〉따오기. ¶다와기 목:鶩(訓蒙上15).

다와티다[타]〈옛〉닥치다. ¶추미 올아 다와뎌(救簡1:3).

다왇다[타]〈옛〉다그치다. 무릅쓰다. ¶根과 境괘 어긔며 다와돌씨니(法華2:228).

다욕(多辱)[명][하형] 욕됨이 많음.

다욕(多慾·多欲)[명][하형] 욕심이 많음.

다용(多用)[명][하타] 많이 씀. 여러 군데에 씀.

다-용도(多用途)[명] 여러 가지 쓰임새.

다우(多雨)[명][하형] 비가 많이 내림, 또는 많이 내리는 비. ¶다우 지대. ↔과우(寡雨).

다우메탈(Dow metal)[명] 마그네슘에 구리·아연·망간 따위를 섞어 만든 경합금(輕合金)의 한 가지. 가볍고 강하여 항공기나 자동차 따위에 쓰임. 〔상표명에서 유래함.〕

다운(down)[명][되자] ①[하자타]가격·능률·수량·출력 따위가 내리거나 줌, 또는 그렇게 되게 함. ¶가격 다운. ↔업(up). ②권투에서, 상대 선수의 주먹을 맞고 쓰러지는 일. 녹다운. ③'지치거나 의식을 잃거나 해서 녹초가 된 상태'를 비유하여 이르는 말. ¶겨우 맥주 한 잔에 다운되다니. ④컴퓨터 시스템에 문제가 생겨서 작동이 일시적으로 중단된 상태.

다운로:드(download)[명] 컴퓨터 통신망을 통하여 파일이나 자료를 받아 오는 것. 멀리 떨어져 있는 다른 컴퓨터나 비비에스(BBS)에서 필요한 파일을 전송받음. 내려받기. ↔업로드.

다운˘증후군(Down症候群)[명] 선천성 정신박약의 한 가지. 대부분 21번 염색체가 정상보다 한 개 더 많은 데서 비롯되는 질환으로, 지능 장애가 심하고 특이한 용모를 보이는 것이 특징임.

다원(多元)[명] ①요소나 근원이 여러 갈래임, 또는 많은 근원. ②수학에서, 방정식의 미지수가 여럿임을 이름. ↔일원(一元).

다원(茶園)[명] 차나무를 재배하는 밭.

다원-론(多元論)[-논][명] 세계를 이루는 요소는 여러 가지인데, 이 여러 요소는 서로 독립적이어서 다른 것으로 환원될 수 없다는 철학상의 이론. ↔단원론·일원론.

다원˘묘:사(多元描寫)[명] 소설의 구성에서, 여러 시점을 통해 대상을 따로따로 묘사하여 전체의 조화를 꾀하는 방법. ↔일원 묘사.

다원˘방:송(多元放送)[명] 방송국에서, 하나의 주제 아래 여러 방송망을 동원하여 제작한 내용을 한 프로그램으로 편성한 방송.

다원˘방정식(多元方程式)[명] 수학에서, 둘 이상의 미지수를 가진 방정식.

다원-화(多元化)[명][하타][되자] (근원이) 여럿이됨, 또는 여럿이 되게 함.

다:위니즘(Darwinism)[명] 영국의 생물학자 다윈의 생물 진화설. 〔생물 진화의 요인이 자연도태와 적자생존에 있다고 하는 학설.〕 진화론으로.

다육(多肉)[명][하형] (식물의 잎이나 줄기, 과일에) 살이 많음. ¶다육 품종.

다육-경(多肉莖)[-꼉][명] 수분이 많아서 살이 두툼하게 찐 식물의 줄기. 〔선인장의 줄기 따위.〕

다육-과(多肉果)[-꽈][명] 살과 즙이 많아서 익은 뒤에도 마르지 않는 열매. 〔사과나 복숭아 따위.〕 ☞장과(漿果).

다육˘식물(多肉植物)[-씽-][명] 줄기나 잎의 일부 또는 전체가 수분을 많이 간직한 다육질의 식물.

다육-엽(多肉葉)[-뉵녑][명] 수분이 많아서 살이 두툼하게 오른 식물의 잎. 〔알로에 따위.〕

다육-질(多肉質)[-찔][명] 살이 많은 성질이나 특질. ¶다육질의 잎.

다음[명] ①어떤 차례의 바로 뒤. ¶다음 주일. ②(주로 동사의 '-ㄴ(은)'과 함께 쓰이어) 어떤 일이 끝난 뒤. ¶일을 끝낸 다음 쉬어라. ③일정한 시간이 지난 뒤. ¶다음에 또 만납시다. ④버금. ¶과장 다음의 직위. ⑤나란히 있는 사물의 바로 인접한 것. ¶우리 집 다음 집은 세탁소다. ⑥(주로, '-ㄴ(은) 다음에야'의 꼴로 쓰이어》한계를 넘어선 상태나 전제적 조건을 나타내는 말. ¶ 바보가 아닌 다음에야 모두 풀 수 있는 문제다. ⓒ담4.

다음 (多淫)圀圀 성욕이 왕성하여 성행위가 지나치게 잦음.

다음 (多飮)圀瑠 술을 많이 마심. ⑪과음.

다음-가다困 버금가다. ¶ 대통령 다음가는 지위.

다음-날圀 이 다음에 오는 어느 날. 훗날. ¶ 다음날 다시 연락하겠습니다.

다음-다음圀 다음의 다음. ¶ 다음다음이 바로 네 차례다. ⓒ담담.

다음-번 (-番) [-뻔]圀 다음에 오는 차례. 또는 다른 기회.

다음-자 (多音字) [-짜]圀 둘 이상의 음가(音價)를 가진 한자(漢字). 〔'설'·'세'·'열'의 세 음을 가진 '說'자나, '락'·'악'·'요'의 세 음을 가진 '樂'자 따위.〕

다음자리-표 (-音-標)圀 높은음자리표와 낮은음자리표 사이에 있는 음자리표.

다-음절 (多音節)圀 셋 이상으로 된 음절.

다음절-어 (多音節語)圀 세 음절 이상으로 된 말. ⓟ단음절어.

다의 (多疑) [-의/-이]圀瑠 의심이 많음.

다의 (多義) [-의/-이]圀瑠 한 말의 뜻이 여러 갈래임.

다의-성 (多義性) [-의썽/-이썽]圀 한 단어가 두 가지 이상의 뜻을 가지는 말의 특성.

다의-어 (多義語) [-의-/-이-]圀 두 가지 이상의 뜻을 가진 단어.

-다이쥅 (옛)-답게. -되게. ¶ 實다이 니르쇼셔 (法華1:165).

다이내믹-하다 (dynamic-)瑠瑠 (모양이) 힘이 있다. 동적(動的)이며 활동적이다. ¶ 다이내믹한 율동.

다이너마이트 (dynamite)圀 니트로글리세린을 규조토(硅藻土)·면화약(綿火藥) 따위에 흡수시켜 만든 폭약.

다이너모미:터 (dynamometer)圀 동력계.

다이너미즘 (dynamism)圀 ①모든 사물이나 현상을 자연의 힘에 의한 것으로 보는 세계관, 또는 자연관. 역본설(力本說). ②현대 사회의 기계, 또는 인간의 힘찬 움직임을 회화나 조각에 표현하려고 하는 미술상의 주의.

다이렉트 메일 (direct mail) 상품 따위의 선전을 위하여 특정 고객층 앞으로 직접 우송하는 편지나 카탈로그 따위의 인쇄물. 디엠(DM).

다:-이를까갑 사실이 분명하고 옳으므로 더 자세히 말할 필요가 없다는 말. ¶ 어찌 다이를까, 부모님 은혜를.

다이버 (diver)圀 잠수부.

다이빙 (diving)圀瑠 수상 경기의 한 가지. 일정한 높이의 대에서 물속으로 뛰어들어 여러 가지 재주를 부려 그 우열을 겨루는 경기. ②비행기의 급강하.

다이빙-대 (diving臺)圀 다이빙하기 위하여 일정한 높이에 가설해 놓은 대. ¶ 다이빙대에 오르다. /다이빙대에서 뛰어내리다.

다이빙^패스 (diving pass)圀 럭비에서, 스크럼 하프가 패스를 멀리 하기 위해 몸을 앞으로 내던지듯이 뛰어오르며 하는 패스.

다이스 (dice)圀 서양식 주사위 놀이.

다이아 (←diamond)圀 ☞다이아몬드.

다이아몬드 (diamond)圀 ①금강석. 찬석(鑽石). ②야구장의 내야(內野). ③트럼프의 붉은 마름모꼴의 무늬, 또는 그 패. ①②다이아.

다이아몬드^게임 (diamond game)圀 놀이의 한 가지. 다이아몬드 꼴의 여섯 꼭짓점을 가진 말판에서 세 사람이 각각 자기 앞의 말밭에 있는 말을 건너편 자기 말밭에 먼저 이동시키기를 겨루는 놀이.

다이아몬드혼-식 (diamond婚式)圀 결혼 기념식의 한 가지. 서양 풍속으로, 결혼 60주년(미국에서는 75주년)을 맞아 베푸는 기념 의식. ⓐ회혼례.

다이애나 (Diana)圀 로마 신화의 수목(樹木)의 여신. 〔뒤에 달·수렵·다산(多産)의 여신이 됨.〕

다이어그램 (diagram)圀 ①도표(圖表). ②도식(圖式). ③진행표. ④열차 운행표.

다이어리 (diary)圀 ①날짜 별로 간단한 메모를 할 수 있도록 종이를 묶어 놓은 책. ②그날그날에 겪은 일이나 감상을 적는 책. ¶ 다이어리에 일기를 적다.

다이어트 (diet)圀 건강이나 미용을 위하여 음식을 먹는 양이나 종류를 제한하는 일.

다이얼 (dial)圀 ①(시계·나침반 따위의) 문자반(文字盤). ②라디오나 텔레비전의 주파수를 맞추는 손잡이. ¶ 다이얼을 맞추다. ③전화기의 원형 문자반. ¶ 전화 다이얼.

다이얼^게이지 (dial gauge)圀 길이를 재는 데 쓰는 정밀 측정기.

다이얼로그 (dialogue)圀 대화. 〔특히, 연극에서 두 사람 이상이 나누는 대화.〕↔모놀로그.

다이오:드 (diode)圀 이극 진공관 및 반도체 다이오드를 통틀어 이르는 말. 정류기·검파기·전자 스위치 등에 쓰임.

다이옥신 (dioxine)圀 염소로 치환된 두 개의 벤젠 핵을 산소로 결합한 유기 화합물. 독성이 강하며, 인체에 암을 유발하거나 기형아 출산의 원인이 됨.

다이^캐스팅 (die casting)圀 주조법(鑄造法)의 한 가지. 녹인 금속을 금속제의 거푸집에 주입한 다음 압력을 가하여 주물을 만드는 방법, 또는 그렇게 만든 주물.

다인 (dyne)䘵 힘의 크기의 단위. 질량 1g의 물체에 작용하여 1초 동안에 1cm의 가속도를 내는 힘. 〔기호는 dyn〕

다일 (多日)圀 여러 날. 많은 시일.

다임 (dime)䘵 미국 은화(銀貨)의 단위. 1달러의 10분의 1인 10센트 은화.

다잊다困 (옛)치다. 부딪치다. ¶ 擊은 다이즐씨라(月釋2:14).

다으다困 (옛)다하다. ¶ 生年이 다으도록(楞解7:46).

다으다困 (옛)다지다. ¶ 돌 달고로 날회여 다으고(翻朴上10).

다읗없다瑠 (옛)다함없다. ¶ 너펴 둡스오미 다읗업서(法華序18).

다-자녀 (多子女)圀瑠 아들딸이 많음.

다-자손 (多子孫)圀瑠 자손이 많음.

다-자엽 (多子葉)圀 ☞못떡잎.

다자엽-식물 (多子葉植物) [-씽-]圀 ☞못떡잎식물.

다자인 (Dasein 독)圀 철학에서, 본질적 존재에 대한 구체적·개별적 존재를 이르는 말. ↔조자인(Sosein).

다작 (多作)圀瑠 ①(작품 따위를) 많이 지음. ↔과작(寡作). ②(농작물이나 물품을) 많이 만듦.

다잡다 [-따]瑠 ①다그쳐 붙잡다. ¶ 다잡아 일으키다. ②단단히 잡도리하여 엄하게 다스리다. ③(들뜨거나 어지러운 마음을) 다그쳐 바로잡다. ¶ 마음을 다잡아 수험 준비를 하다.

④어떤 사실을 꼭 집어내거나 다지다. ¶지금의 복잡한 상황을 한마디로 다잡아 말하기는 어렵다.

다잡-이명하타 늦게 주었던 것을 바싹 잡죄는 일.

다장-근(多漿根)명 저장근 중에서 무나 당근 따위와 같이 즙액을 많이 지닌 뿌리.

다장-식물(多漿植物)[─싱─]명 줄기나 잎의 저수(貯水) 조직에 수분을 많이 지닌 식물.〔선인장 따위.〕저수 식물.

다-장조(─長調)[─쪼]명 '다' 음을 으뜸음으로 하는 장조.

다재(多才)명하형 (여러 방면에) 재주가 많음.

다재다능(多才多能) '다재다능하다'의 어근.

다재다능-하다(多才多能─)형여 재주와 능력이 여러 가지로 많다. ¶다재다능한 예술가.

다재-다병(多才多病)명 재주가 많은 사람은 흔히 몸이 약하고 잔병이 많다는 말.

다적(茶積)명 한방에서, 차를 너무 즐긴 나머지 인이 박이어 마른 차를 그대로 씹어 먹게 되는 병.

다전-선고(多錢善賈)명 밑천이 많은 사람이 장사도 잘한다는 말.

다점(多占)명 자유 경쟁과 독점의 중간에 일어나는 상품 매매의 한 형태. 공급자나 수요자가 많은 상품을 쌓아 두고 인위적으로 가격을 좌우하는 경우를 이름.

다점(多點)[─쩜]명하형 ①점수가 많은 것, 또는 많은 점수. ②점(點)이 많음, 또는 그 점.

다점(茶店)명 ➡다방(茶房)

다정(多情)명하형 ①정이 많음. ¶다정도 병인 양하여 잠 못 들어 하노라(古時調). ②매우 정다움. 사귐이 두터움. **다정-히**부 ¶어찌나 다정히 구는지 꼭 피붙이 같다. **다정스레**부 ¶다정스레 웃다.

다정(多精)명 하나의 난자에 여러 정자가 들어가는 현상. ↔단정(單精).

다정(茶亭)명 ①간단한 다방. ②➡다정자(茶亭子).

다정(茶精)명 ➡카페인.

다정다감(多情多感) '다정다감하다'의 어근.

다정다감-하다(多情多感─)형여 정이 많고 느낌이 많다. 감수성이 예민하여 감동하기 쉽다. 다감다정하다.

다정-다한(多情多恨)명하형 애틋한 정도 많고 한스러운 일도 많음.

다정-불심(多情佛心)[─씸]명 정이 많은, 자비스러운 마음.

다정^수정(多精受精)명 수태(受胎) 과정에서, 하나의 난자에 두 개 이상의 정자가 들어가서 이루어지는 수정.

다-정자(茶亭子)명 다구(茶具)를 벌여 놓는 탁자. 다정(茶亭).

다정큼-나무명 장미과의 상록 활엽 관목. 바닷가의 산기슭 양지에 나는데, 관상용으로도 기름. 잎은 길둥글고 둔한 톱니가 있으며, 여름에 흰 꽃이 피고 열매는 가을에 까맣게 익음.

다-조(─調)[─쪼]명 서양 음악에서, '다' 음을 으뜸음으로 하여 구성되는 곡조.

다조(多照)명하형 (농작물 따위에) 햇볕이 쬐는 시간이 많음.

다조-기(多照期)명 (농작물 따위에) 햇볕이 쬐는 시간이 많은 시기.

다조-성(多調性)[─썽]명 다성부 음악에서, 둘 이상의 다른 조성(調性)을 동시에 사용하는 기법.

다조지다타 (일이나 말을) 다그쳐 조지다. 바싹 죄치다. ¶큰 소리로 다조지다. ➡다좆다.

다족(多足)명하형 발의 수가 많음.

다족(多族)명하형 일가가 많음.

다-류(多足類)[─종뉴]명 기관(氣管) 동물에 딸린 한 강(綱). 몸은 여러 개의 마디로 되어 있고, 마디마다 한두 쌍의 발이 달려 있음. 대개 동물성 먹이를 취하므로 사람에게는 간접적으로 이로움.〔지네나 노래기 따위.〕

다종(多種)명하형 종류가 많음, 또는 많은 종류. ¶다종에 걸친 작품.

다종(茶鍾)명 ①지난날, 차를 따라 마시는 데 쓰이던 그릇.〔꼭지 달린 뚜껑이 있고, 잔대의 굽이 높음.〕②➡찻종(茶鍾).

다종-다양(多種多樣)명하형 가짓수나 모양 따위가 여러 가지로 많음.

다좇다[─졷따]타 〈다조지다〉의 준말. * 다좇는 [─존─]

다좇-치다[─졷따]타 '다조지다'의 힘줌말.

다-좋다[─졷따]타 다급히 좇다.

다죄(多罪)[─죄/─�줴]명 ①하형 죄가 많음. ②에의예 어긋난 말이나 모자란 말을 사과할 때 '다사(多謝)'와 같은 뜻으로 쓰는 말. ¶망언(妄言) 다죄.

다-죄다[─죄─/─줴─]타 다잡아 죄다. 다지어 죄다. ¶헐거워진 나사를 다죄다.

다중(多重)명 여러 겹. 겹겹.

다중(多衆)명 많은 사람. 여러 사람. 뭇사람. 비대중(大衆).

다중^방:송(多重放送)명 하나의 주파수로 여러 가지 방송을 동시에 내보내는 방송. ¶음성 다중 방송.

다중-성(多重星)명 ➡중성(重星).

다중^통신(多重通信)명 동일한 통신로를 이용하여 두 가지 이상의 신호를 보내는 통신 방식.

다즙(多汁)명하형 물기나 즙이 많음.

다즙-사료(多汁飼料)[─싸─]명 물기가 많은 사료(飼料).

다지(多智) '다지하다'의 어근.

다지다Ⅰ자타 어떤 일에 뒤탈이 없도록 단단히 강조하다. ¶아무 소리 말라고 몇 번을 다졌다. Ⅱ타 ①(무르거나 들떠 있는 것을) 누르거나 밟거나 쳐서 단단하게 하다. ¶터를 다지다. ②마음을 굳게 가다듬다. ¶결의를 다지다. ③(기초나 터전 따위를) 굳고 튼튼하게 하다. ¶기반을 다지다. ④음식물에 고명을 더해서 눌러 고르게 하다. ⑤(고기나 푸성귀 따위를) 칼질하여 잘게 만들다. ¶양념을 다지다. ㉜닻다.

다지르다[다지르니·다질러]자타타 다짐받기 위하여 다지다. ¶잘못을 거듭하지 않도록 단단히 다질렀다./선생님은 학생들에게 숙제를 해 오라고 다질렀다.

다지-선택법(多肢選擇法)[─뻡]명 ➡다항 선택법.

다지-증(多指症)[─쯩]명 손가락이나 발가락의 수효가 정상인보다 많은 기형.

다-지하(多智─)명하형 슬기가 많다.

다직-하다[─지카─]형여 '기껏 한다고 하면', '기껏 많게 잡아서', '기껏 많다고 하여야'의 뜻을 나타내는 말.《주로, '다직하면'·'다직해서'·'다직해야'의 꼴로 쓰임.》¶회원을 다 합쳐 보아야 다직하면 30명이나 될까?

다질리다자 ('다지르다'의 피동〕다지름을 당하다.

다짐명하자타 ①다져서 확실한 대답을 받음. ②이미 한 일이나 앞으로 할 일이 틀림없음을 조건 붙여 말함. ¶다짐을 하고 돈을 받다. ③(마음을) 굳게 가다듬음. ¶필승을 다짐하다.

다짐(을) 두다관용 단단히 다짐하다.

다짐-기(-記)[-끼]圀 ☞다짐장.
다짐-장(-狀)[-짱]圀 다짐을 적은 글이나 서류. 다짐기.
다짜-고짜튀 다짜고짜로.
다짜고짜-로튀 (앞뒤 사정이나 옳고 그름을 가리지 않고) 덮어놓고 단박에. 불문곡직하고. 다짜고짜. ¶다짜고짜로 멱살을 잡다.
다채(多彩)圀 '다채하다'의 어근.
다채-롭다(多彩-)[-따][가][~로우니·~로워]톙田 ①여러 가지 빛깔이 어울려 호화롭다. ¶색상이 다채롭다. ②많은 종류나 형태가 한데 어우러져 다양하고 화려하다. ¶다채로운 축하 행사가 열리다. 다채하다. 다채로이튀.
다채-유(多彩釉)圀 여러 빛깔의 유약, 또는 그런 유약으로 구운 자기. 圀단채유.
다채-하다(多彩-)톙 다채롭다.
다처(多妻)圀 ①한 남자가 둘 이상의 아내를 가지는 일. ¶일부다처. ②여러 아내. ↔다부(多夫).
다축(多畜)圀 가축이 많은 것, 가축을 많이 기르는 일. ¶다축 농가.
다취(多趣)圀 '다취하다'의 어근.
다취미(多趣味)圀 '다취미하다'의 어근.
다취미-하다(多趣味-)톙 취미가 많다. 다취하다.
다취-하다(多趣-)톙 다취미하다.
다층(多層)圀 많은 층. 여러 층.
다층-림(多層林)[-님]圀 수관(樹冠)들로 이루어진 층이 둘 이상의 숲. ↔단층림.
다층-탑(多層塔)圀 탑신(塔身)이 여러 층으로 된 탑.
다치다재타 ①부딪치거나 맞거나 하여 상하다. ¶넘어져 발목을 다치다. /교통사고로 많은 사람들이 다쳤다. ②남의 마음이나 체면 따위에 손상을 끼치다. ③남에게 해가 되게 하다. ¶내 잘못으로 상사가 다치게 되었다.
다�‸카포(da capo 이)圀 악보에서 쓰이는 용어의 한 가지. 처음으로 돌아가서 다시 연주하라는 뜻. 〔약호 DC〕 반시(反始)기호.
다˸카포˸알˸피네(da capo al fine 이)圀 악보에서 쓰이는 용어의 한 가지. 처음으로 돌아가서 끝 표시가 있는 데까지 연주하라는 뜻.
다˸카포˸형식(da capo形式)圀 다 카포를 이용한 악곡의 형식. 미뉴에트나 행진곡 등에 흔히 쓰임.
다쿠앙(たくあん〔澤庵〕일)圀 '단무지'로 순화.
다큐멘터리(documentary)圀 ①기록 문학. ②〈다큐멘터리 영화〉의 준말. ③(문장이나 방송 또는 영상 매체를 활용하여) 실제로 있었던 어떤 사건을 극적인 허구성이 없이 사실적으로 구성한 기록물을 통틀어 이르는 말.
다큐멘터리˸영화(documentary映畫)圀 ☞기록영화. 쥰다큐멘터리.
다˸크˸스테이지(dark stage)圀 ☞다크 스튜디오.
다˸크˸스튜디오(dark studio)圀 인공 광선만을 사용하는 암실 촬영소. 다크 스테이지.
다˸크˸오˸픈(dark open)圀 연극에서, 무대를 어둡게 해 둔 채로 막을 여는 일. 〔약호 DO〕
다˸크˸체인지(dark change)圀 암전(暗轉).
다˸크-호˸스(dark horse)圀 ①경마에서, 실력은 알 수 없으나 뜻밖의 결과를 낼지도 모를 말. ②경기나 선거 따위에서 뜻밖의 변수로 작용할 수 있는 유력한 경쟁 상대.
다탁(茶卓)圀 차를 마실 때, 찻그릇을 차려 놓는 탁자.

다탕(茶湯)圀 ①차를 달인 물. 찻물. ②차에 과자나 과일 등을 곁들인 간단한 음식.
다태(多胎)圀 포유동물의 난자가 수정(受精)한 뒤에 둘 이상으로 분리되어 별개의 개체로 되는 일.
다태˸동˸물(多胎動物)圀 한배에 여러 마리의 새끼를 낳는 동물. 〔개·돼지·토끼 따위.〕
다태-아(多胎兒)圀 다태 임신으로 밴 태아.
다태˸임˸신(多胎姙娠)圀 둘 이상의 태아를 동시에 배는 일.
다투다 Ⅰ재 옥신각신하다. 시비하다. 싸우다. ¶네가 옳으니 내가 옳으니 하고 다투다. Ⅱ타 ①(서로 자기가 이기려고) 맞서 애를 쓰다. ¶승부를 다투다. /세력을 다투다. ②('시간을 나타내는 명사+을(를)' 뒤에 쓰이어) 사태가 매우 급하다. ¶한시를 다투다. ③'소중하게 여기어'의 뜻을 나타냄. 《주로, '다투어'의 꼴로 쓰임.》 ¶분초를 다투어 일하다. /한두 푼을 다투어 가면서 살아왔다.
다툼톙자타 다투는 일. ¶자리다툼.
다툼-질톙자 서로 다투는 짓.
다˸트(dart)圀 양재(洋裁)에서, 몸에 꼭 맞도록 주름을 잡아 솔기가 겉으로 드러나지 않게 꿰맨 부분.
다˸트(← darts)圀 실내 놀이의 한 가지. 시계의 눈금처럼 점수가 매겨진 원형의 과녁에 작은 화살을 던져 그 맞춘 점수로 승패를 가림.
다티다〔옛〕달리. 따로. ¶겨지비 다티 살라 勸ᄒᆞ며(二倫26).
다티다재타〔옛〕스치다. 건드리다. 부딪치다. ¶다딜 촉:觸(類合下34).
다팔-거리다재타 자꾸 다팔다팔하다. 다팔대다. 쥔더펄거리다.
다팔-다팔튀 ①톙자타(좀 길고 다보록한 털이나 머리칼 따위가) 찰랑거리듯 흔들리는 모양. ¶소녀가 단발머리를 다팔다팔하면서 뛰어간다. ②하찮차분하지 않고 들떠서 경망스레 행동하는 모양. 쥔더펄더펄.
다팔-대다재타 다팔거리다.
다팔-머리圀 다팔다팔하는 머리털, 또는 그런 머리털을 가진 사람. ¶다팔머리 소녀. 쥔더펄머리.
다포-약(多胞藥)圀 셋 이상의 약포(藥胞)로 된 꽃밥. 〔한나무 꽃이나 낙엽송의 꽃밥 따위.〕
다프네(Daphne 그)圀 그리스 신화에 나오는 요정. 〔아폴론의 구애를 물리치고 달아나 월계수로 변했다고 함.〕
다:-하다 Ⅰ재타 (있던 것이 없어져서) 더는 남아 있지 않거나 이어지지 않게 되다. 끝나다. ¶힘이 다하다. Ⅱ타어 (마음이나 힘, 또는 필요한 물자 따위를) 다 쏟거나 들이다. ¶열과 성을 다하다. /책임을 다하다. /최선을 다하다.
다한(多恨)圀 '다한하다'의 어근.
다한-증(多汗症)[-쯩]圀 땀이 지나치게 많이 나는 증세.
다한-하다(多恨-)톙어 한스러움이 많다. 원한이 많다.
다항˸선˸택법(多項選擇法)[-뻡]圀 한 문제에 대하여 여러 개의 답을 늘어놓고, 옳은 답을 가려내게 하는 시험 방법. 다지선택법.
다항-식(多項式)圀 둘 이상의 항을, 덧셈표(+) 또는 뺄셈표(-)로 이어 놓은 정식. ↔단항식.
다핵˸도시(多核都市)[-또-]圀 기능을 달리하는 여러 개의 작은 도시가 모여서 이룬 거대한 도시.

다핵^세:포(多核細胞) [—쎄—]圓 두 개 이상의 핵을 가진 세포.

다행(多幸)圓圀圀圀 일이 잘 펴이게 되어 좋음. 뜻밖에 잘되어 좋음. ¶그만하기가 다행이다. ⊛⊛. 다행-히圀. 다행스레圀.

다행-다복(多幸多福)圓圀 운수가 좋고 복이 많음. 다행하고 매우 행복함.

다혈(多血)圓 ①(보통 사람보다) 몸에 피가 많음. ↔빈혈(貧血). ②쉽게 감정에 치우치거나 쉽게 감격함. 혈기가 많음.

다혈-구^혈증(多血球血症) [—쯩]圓 혈액 속에 적혈구의 수가 정상보다 많아서 혈구소(血球素)의 분량이 증가한 상태.

다혈-증(多血症) [—쯩]圓 적혈구가 병적으로 많아지는 증세. 〔심장의 고동이 빨라지고 얼굴이 붉어지며 호흡의 곤란을 느낌.〕

다혈-질(多血質) [—찔]圓 쾌활하고 활동적이나, 성급하고 인내력이 부족한 기질.

다혈-한(多血漢)圓 다혈질의 사나이.

다형(多形)圓 동일한 화학 조성(組成)을 가진 물질로서, 결정 구조가 서로 다른 것.

다형^변:정(多形變晶)圓 같은 화학 조성(組成)을 가지면서, 큰 압력이나 마그마의 접촉으로 재결정되어 다른 모양의 결정을 이루는 일.

다형-화(多形花)圓 같은 종(種)에 딸린 식물의 다른 그루 또는 같은 그루 가운데서 생기는, 서로 형태를 달리하는 두 종류 이상의 꽃. 〔국화·수국 따위에서 볼 수 있음.〕

다호(茶壺)圓 찻잎을 담아 두는 오지 단지.

다호라圀 〔옛〕다워라. 같아라. ¶二月ㅅ 보로매 아으 노피 현 燈ㅅ블 다호라(樂範.動動).

다홍(—紅)圓 ⇨다홍색.

다홍-빛(—紅—) [—삗]圓 ⇨다홍색. *다홍빛이 [—삐치]·다홍빛만[—삔—]

다홍-색(—紅色)圓 짙은 붉은빛. 다홍. 다홍빛. 진홍색.

다홍-치마(—紅—)圓 ①다홍빛 치마. 홍상(紅裳). ②위의 반은 희고, 아래의 반은 붉게 칠한 연. ⊛홍치마.

다화(茶話)圓 차를 마시면서 나누는 대화.

다화-과(多花果)圓 ⇨복화과(複花果).

다화-성(多化性) [—썽]圓 한 해에 세 번 이상 알을 까는, 누에 품종의 특성. ⊛일화성·이화성.

다화-잠(多化蠶)圓 다화성의 누에. 〔중국 남부나 인도 등에서 치며, 고치는 가운데 배가 부르고 양 끝이 빤 모양임.〕

다화-회(茶話會) [—회/—훼]圓 차를 마시면서 대화하는 모임.

다회(多繪) [—회/—훼]圓 '광다회'를 속되게 이르는 말.

다히圓〔옛〕쪽. ¶님 다히 消息을 아므려나 아쟈 하니(鄭澈.續美人曲).

-다히圀圀〔옛〕-답게. -같이. -대로. ¶그딋 말다히 호리니(月釋1:13). ⊛-다비.

다히다[1]圓〔옛〕잡다. ¶즘싱 다히다(譯語補17).

다히다[2]圓〔옛〕대다. ¶如來 소눌 내 모매 다히샤(月釋10:8).

다히다[3]圓〔옛〕때다. ¶블 다히거ﾠﾠ하며(救解上15).

닥圓 ①〈닥나무〉의 준말. ②닥나무 껍질. 한지(韓紙)의 원료로 쓰임.

닥[2]圀 ①작고 단단한 물체를 거칠게 긁거나 그것이 긁힐 때 나는 소리, 또는 그 모양. ②단단한 바닥에 금이나 줄을 좀 세게 긋는 소리, 또는 그 모양. ⊛득. **닥-닥**圀 ①벽지를 닥닥 긁어 내다.

닥-굿[—꾿]圓 닥나무의 껍질을 벗기기 위하여

미리 찌는 구덩이. ⊛삼굿. *닥굿이[—꾸시]·닥굿만[—꾼—]

닥굿-하다[—꾸타—]圂圀 닥나무를 구덩이에서 찌다.

닥-나무[당—]圓 뽕나뭇과의 낙엽 활엽 관목. 산기슭이나 밭둑에 절로 나기도 하고 재배하기도 함. 높이는 3 m가량. 꽃은 봄에 피고 초가을에 뱀딸기와 비슷한 붉은 열매가 익음. 나무껍질의 섬유는 한지의 원료가 되고, 열매는 한방에서 '저실(楮實)'이라 하여 약재로 씀. ⊛닥.

닥다그르르[—따—]圀圀 ①단단한 물건이 딱딱한 바닥에 떨어져서 도르르 굴러 가는 소리, 또는 그 모양. ②우레가 가까운 거리에서 울리는 소리. ⊖덕더그르르. ⊛딱따그르르.

닥다글-닥다글[—따—]圀圀 단단한 물건이 잇달아 닥다그르르 굴러 가는 소리. ⊖덕더글덕더글. ⊛딱따글딱따글.

닥들여-오다[—뜨려—]圂 어떤 일이 갑자기 바짝 다가오다.

닥-뜨리다[1]圂 (닥치어 오는 일에) 마주 서다. 부닥뜨리다. 직면하다. 닥트리다. ¶난관에 닥뜨리다. [2]圀 함부로 다그치다. 닥트리다.

닥스훈트(Dachshund 독)圓 개의 한 품종. 독일 원산. 사냥용·애완용으로 기름. 다리가 짧고 허리가 김.

닥작-닥작[—짝딱짝]圀圀 먼지나 때 같은 것이 두껍게 겹겹이 끼어 있는 모양. ⊖덕적덕적.

닥-종이[—쫑—]圓 닥나무 껍질을 원료로 하여 만든 종이. ¶닥종이로 만든 인형.

닥지-닥지[—찌—찌]圀圀 ①먼지나 때 같은 것이 두껍게 겹겹이 끼거나 묻어 있는 모양. ¶닥지닥지 때가 낀 손등. ②작은 것들이 빽빽하게 있는 모양. ¶판잣집들이 닥지닥지 늘어서 있다. ⊖덕지덕지. ⊛딱지딱지.

닥-채圓 껍질을 벗겨 낸 닥나무의 가는 가지나 줄기.

닥쳐-오다[—쳐—]圂 가까이 다다라 오다. ¶시험 날짜가 눈앞에 닥쳐오다.

닥치다[1]圂 ①(어떤 때나 사물이) 가까이 다다르다. ¶눈앞에 닥친 졸업 시험. /눈사태가 우리 마을로 닥칠지도 모르니 일단 대피합시다. ②이것저것 가릴 것 없이 앞에 나타나거나 눈에 띄다. 《주로, '닥치는 대로'의 꼴로 쓰임.》 ¶나무를 닥치는 대로 베어 버린다.

닥치다[2]圂 입을 다물다. 《주로, 명령문에 쓰임.》 ¶너는 입 좀 닥치고 있어.

닥터^스톱(doctor stop)圓 권투 경기에서, 한 선수의 부상으로 경기의 속행(續行)이 어렵다는 의사의 판단에 따라, 심판이 그 경기를 중단시키는 일. ⊛아르에스시(RSC).

닥-트리다[1]圂 닥뜨리다. [2]圀 닥뜨리다.

닥-풀圓 아욱과의 일년초. 온 포기에 털이 있으며, 줄기는 1 m가량 곧게 자람. 잎은 어긋맞게 나고 손바닥 모양으로 깊게 갈라져 있으며, 여름에 노란 다섯잎꽃이 핌. 뿌리의 점액은 종이를 뜨는 데 풀감으로 쓰임. 황촉규(黃蜀葵).

닦다[닥따]圂 ①문지르거나 훔치거나 하여 깨끗이 하다. ¶소금으로 이를 닦다. ②문질러서 윤기를 내다. ¶구두를 반질반질하게 닦다. ③거죽에 묻은 물 같은 것을 없애려고 씻거나 훔치다. ¶눈물을 닦다. /수건으로 땀을 닦다. ④평평하게 골라서 다지다. ¶산길을 닦아 도로를 만들다. ⑤힘써 배워 익히다. ¶장차 큰일을 하기 위해 열심히 학문을 닦다. ⑥(기초나 토대 따위를) 새로 개척하여 다지다. ¶민주주의의 토대를 닦는 사람. ⑦셈을 맞추어 명세를 밝히다. ¶셈을 닦다. ⑧품행·예절 따위를 바르게 기르다. ¶마음을 닦다. /효행을 닦다. ⑨<홀닦다>의 준말. *닦아-[닦-]

닦은 방울 같다(속담) ①눈이 아름답고 빛남을 비유적으로 이르는 말. ②하는 짓이 매우 똑똑하고 영리한 어린이를 비유적으로 이르는 말.

닦달[닥딸]명하자타 ①마구 몰아대어 닦아세움. 윽박질러서 잡도리함. ¶돈을 어서 갚으라고 닦달을 하다. ②(물건 따위를) 갈고닦아서 다듬음.

닦달-질[닥딸-]명 ①하자타 남을 올러대어 혼내는 짓. ②하타 갈고닦아서 다듬는 일.

닦아-대다타 큰 소리로 사리를 따져 가며 마구 나무라다. 자꾸 화불어 나무라다.

닦아-세우다타 꼼짝 못하게 휘몰아 나무라다. 호되게 나무라다. ¶사과를 하라고 닦아세우다.

닦음-질하타 깨끗하게 닦는 일.

닦-이다자 ①<'닦다'의 피동> 닦음을 당하다. ②<홀닦이다>의 준말.

닦이-질명하타 낡은 집이나 헌 재목 따위를 닦아서 깨끗이 하는 일.

단¹명 ①짚·땔나무·푸성귀 따위의 묶음. ②[의존 명사적 용법] 짚·땔나무·푸성귀 따위의 묶음을 세는 단위. ¶짚 열 단.

단²명 <웃단>의 준말.

단(段)[Ⅰ]명 ①(계단이나 사다리 따위의) 하나하나의 층(層). ②인쇄물의 지면(紙面)을 아래 위나 좌우로 나눈 구분. ③바둑·장기·검도·유도·태권도 따위에서, 실력의 정도를 나타내는 등급 이름. ¶열두 살 때 단을 딴 실력자. [Ⅱ]의 ①구획·등급·계단 등을 세는 단위. ¶3단 기사(記事). /바둑 7단의 실력자. /층계를 한꺼번에 세 단씩 뛰어 올라가다. ②땅 넓이 300평을 나타내는 단위. ③자동차 따위의 변속 단계를 나타내는 단위.

단:(短)명 화투 놀이에서 청단, 홍단, 초단을 통틀어 이르는 말.

단(緞)명 <비단(緋緞)>의 준말.

단(壇)명 ①남이나 돌로 쌓아 올린 제터. ②높게 만든 자리. [강단이나 연단 따위.] ¶연설을 하기 위해 단에 오르다.

단:(斷)명 불교에서, 번뇌를 끊고 죽음에 대한 공포를 없애는 일.

단(單)관 《수(數)와 관련된 말 앞에 쓰이어》 '겨우'·'단지'의 뜻을 나타냄. ¶단 하나밖에 없는 딸.

단:(但)부 ①'다만'이라는 뜻으로 앞에 말한 사실에 대한 '조건'이나 '예외'를 덧붙임을 나타냄. ¶가도 좋다. 단, 일찍 돌아오너라. ②계약서나 영수증 등에 쓰이어, '이 내용은 다름이 아니라'의 뜻을 나타냄. ¶일금 천만 원이라. 단, 가옥 매매 계약금조.

단-(短)접두 《일부 명사 앞에 붙어》 '짧음'을 뜻함. ¶단거리. /단시일. ↔장-(長).

-단(團)접미 일부 명사 뒤에 붙어, 그런 '단체나 모임'임을 뜻함. ¶방문단. /청년단. /회장단.

단가(單價)[-까]명 낱개의 값. 각 단위마다의 값. 낱값. ¶단가를 매기다.

단:**가**(短歌)명 ①[짧은 형식의 시가라는 뜻으로] 가사(歌辭)에 대하여 '시조(時調)'를 이르는 말. ↔장가(長歌). ②판소리를 부르기 전에 목청을 가다듬기 위하여 부르는 짤막한 노래. ②허두가.

단가(團歌)명 어떤 단체의 노래.

단가(檀家)명 절에 시주(施主)하는 사람의 집.

단가(單家)명하자 ☞단가살이.

단가-살이(單家-)명하자 식구가 많지 아니한 단출한 살림. 단가살림.

단-표(單價標)[-끄-]명 부기나 계산서 따위에서 단가를 보일 때, 숫자 앞에 쓰는 '@(동그람에이)'를 이르는 말. 낱값표.

단각(丹殼)명 홍수피(紅樹皮).

단:**각**(短角)명 <단각과>의 준말.

단:**각-과**(短角果)[-꽈]명 열과(裂果)의 한 가지. 장각과보다 넓으나, 작고 짧음. ②단각.

단:**간**(短簡)명 내용을 간단하게 적은, 짧은 편지. 단찰(短札).

단간(斷簡)명 <단편잔간(斷編殘簡)>의 준말.

단간-방(單間房)명 '단칸방'의 잘못.

단간-살림(單間-)명하자 '단칸살림'의 잘못.

단간-살이(單間-)명하자 '단칸살이'의 잘못.

단:**간-잔편**(斷簡殘編)명 떨어져 나가고 빠지고 하여 온전하지 못한 책이나 문서. 단편잔간.

단갈(袒褐)명하타 옷을 어깨에 엇멤.

단:**갈**(短碣)명 무덤 앞에 세우는, 머리가 둥글고 짤막한 비석.

단-감명 단감나무의 열매. [단단하며 맛이 닮.] 감시(甘柿).

단감-나무명 불에 달구어 벼린 강철.

단강(鍛鋼)명 불에 달구어 벼린 강철.

단개(單個)명 단 한 개.

단거(單擧)명하타 단 한 사람만을 천거함.

단:-**거리나무**[-꺼-]명 ①단으로 묶는 땔나무. ②지난날, 단 단위로 홍정하던 땔나무.

단-거리(單-)명 ①(다른 것은 없고) 오직 한 가지뿐인 재료. ②단벌.

단:-**거리**(短距離)명 ①짧은 거리. ↔장거리. ②<단거리 달리기>의 준말.

단:**거리^경:영**(短距離競泳)명 수영 경기의 한 가지. 50~200 m 거리의 경영.

단:**거리^경:주**(短距離競走)명 ☞단거리 달리기.

단:**거리^달리기**(短距離-)명 육상에서, 트랙 경기의 한 가지. 짧은 거리를 달리는 경주. [100 m·200 m·400 m 달리기 따위가 있음.] 단거리 경주. ②단거리. ⑤짧은거리 달리기.

단거리-서방(-書房)명 (창녀 등의) 여러 애부(愛夫) 중에서 가장 마음에 드는 애부.

단:**거리^선:수**(短距離選手)명 단거리 달리기나 단거리 경영(競泳)의 선수.

단거리-흥정명하타 지난날, 뱃사공이 터주를 위하는 일에 쓰려고, 남으로 만든 작은 다리미·가위·인두 따위를 사던 일.

단건(單件)명 ☞단벌.

단걸음-에(單-)[-거-]명 내친걸음에 멈추지 않고 단숨에. 곧장 빨리. ¶10리 길을 단걸음에 다녀왔다.

단:**검**(短劍)명 양날로 된, 짤막한 칼. ⑪단도·소검. ↔장검.

단-것[-껏]명 맛이 단 음식. [과자류나 설탕 따위.] ¶단것을 많이 먹으니 이가 그 모양이지. *단것이[-거시]·단것만[-건-]

단:**견**(短見)명 ①얕은 소견. 좁은 소견. 좁은 식견. ②남에게 대하여, '자기의 의견(견해)'을 겸손하게 이르는 말. 천견(淺見).

단:**견**(斷見)명 불교에서, 인과응보를 인정하지 않고 사람이 한번 죽으면 몸과 마음이 모두 없어져 버린다고 고집하는 그릇된 견해를 이르는 말. ↔상견(常見).

단결(團結)〔명〕〔하자〕〔되자〕 (한마음 한뜻으로) 여러 사람이 한데 뭉침. 단합. ¶단결을 호소한다.

단:결(斷決)〔명〕〔하자타〕 일을 딱 잘라서 결정함. 확실하게 결정함. 결단.

단:결(斷結)〔명〕 불교에서, '세상 번뇌를 끊어 없앰'을 이르는 말.

단결-권(團結權)〔-꿘〕〔명〕 노동 삼권의 하나. 근로자가 사용자 또는 그 단체와 대등한 위치에서 근로 조건의 유지·개선 등을 교섭하기 위하여 노동조합을 조직하고 단결할 수 있는 권리.

단:결-에〔부〕①열기가 아직 식지 않았을 판에. ②좋은 기회를 놓치지 말고 바로 그 자리에서. 단김에. ¶단결에 결판을 내다.

단-결정(單結晶)〔-쩡〕〔명〕 전체가 고르고 규칙적으로 연결된 단 하나의 결정. ↔다결정.

단:경(短徑)〔명〕 '짧은지름'의 구용어.

단경(端境)〔명〕 〈단경기〉의 준말.

단:경(斷經)〔명〕〔하자〕 (늙거나 병이 들어) 월경이 아주 그침.

단경-기(端境期)〔명〕 철이 바뀌어 묵은 것 대신 햇것이 나올 무렵. ⊙단경.

단:경-기(斷經期)〔명〕 ☞폐경기(閉經期).

단계(段階)〔-계/-게〕〔명〕 일의 차례를 따라 나아가는 과정. 계단. ¶마무리 단계에서 일을 망쳤다.

단:계(短計)〔-계/-게〕〔명〕 얕은꾀.

단계-석(端溪石)〔-계/-/-게-〕 중국 돤시(端溪) 지방에서 나는, 품질이 좋은 벼룻돌. ⊙단석.

단계-연(端溪硯)〔-계/-/-게-〕 단계석으로 만든 벼루. 〔돌결이 곱고 품질이 좋음.〕⊙단연.

단계-적(段階的)〔-계/-게-〕〔관〕〔명〕 차례를 따라 나누는 (것). 일정한 단계를 거치는 (것). ¶나에게는 벅찬 일이었지만 단계적으로 처리했다.

단고(單袴)〔명〕 ☞고의(袴衣).

단:곡(短曲)〔명〕 짤막한 악곡(樂曲).

단:곡(斷穀)〔명〕〔하자〕 기도나 기원 등을 목적으로, 곡류를 먹지 아니함.

단골[1]〔명〕①'무당'을 호남 지방에서 일컫는 말. 〔세습무(世襲巫)로서, 일정한 지역의 무속 의식을 전담하여 베푸는 것이 특징임.〕단골무당. ②늘 정해 두고 거래하는 관계, 또는 그런 사람. ¶단골 가게. ③〈단골집〉의 준말.

단골[2]〔명〕①기와지붕을 이을 때 쓰이는 반 동강의 기와. ②도리 등에 얹힌 서까래와 서까래 사이.

단:골(短骨)〔명〕 뼈의 형태에 따른 구분. 길이·두께·넓이가 거의 비슷한 짤막한 뼈. 〔손발의 뼈 따위.〕

단골^마루〔명〕 이 층 이상인 집의 아래층 지붕 위의 마루.

단골-무당〔명〕 굿을 하거나 고사를 지낼 때, 늘 정해 놓고 불러오는 무당. 단골[1].

단골-서리(-書吏)〔명〕 지난날, 벼슬아치가 관아의 일을 단골로 부탁하여 시키던 이조(吏曹) 또는 병조(兵曹)의 서리.

단골-손님〔명〕 늘 정해 두고 거래를 하는 손님.

단골-집[-찝]〔명〕 늘 정해 두고 물품 거래를 하는 집. ⊙단골[1].

단골-판(-板)〔명〕 서까래와 서까래 사이, 곧 단골을 막는 나무판자.

단공(鍛工)〔명〕〔하타〕 쇠붙이를 단련함, 또는 그 일을 하는 직공.

단공-로(鍛工爐)〔-노〕〔명〕 쇠붙이를 단련하여 가열하는 노(爐). 단열로.

단과(單果)〔명〕 〈단화과(單花果)〉의 준말.

단과^대:학(單科大學)〔-꽈-〕〔명〕 한 가지 계통의 학부로만 구성된 대학. 대학[1]. 참종합 대학.

단:-과지(短果枝)〔명〕 길이가 10 cm 이내인 열매를 맺는 가지.

단관(單冠)〔명〕 홑으로 된 닭의 볏.

단-관절(單關節)〔명〕 두 개의 뼈로 이루어진 관절. 〔어깨 관절이나 다리 관절 따위.〕↔복관절.

단광(單光)〔명〕 〈단색광(單色光)〉의 준말.

단광(團鑛)〔명〕 가루 모양의 것을 덩이로 굳힌 광물.

단괴(團塊)〔-괴/-궤〕〔명〕 퇴적암 내에서 주위와는 다른 성분으로 단단한 덩이를 이룬 부분.

단:교(斷交)〔명〕〔하자〕①교제를 끊음. 절교. ¶사소한 말다툼으로 오랜 친구와 단교하였다. ②국가 간의 외교 관계를 끊음.

단:교(斷郊)〔명〕 교외나 벌판을 가로지름.

단:교^경주(斷郊競走)〔명〕 ☞크로스컨트리.

단구(段丘)〔명〕 지반의 융기나 수면의 강하 따위로 강·호수·바다의 기슭에 생긴 계단 모양의 지형. ¶해안 단구.

단구(單球)〔명〕 혈액 속에 있는 둥글고 큰 세포. 전체 백혈구의 약 6%를 차지하며, 강한 식균(食菌) 작용을 함.

단구(單鉤)〔명〕 〈단구법〉의 준말.

단:구(短句)〔-꾸〕〔명〕 사륙문(四六文)이나 장편시(長篇詩)에서 글자 수가 적은 글귀.

단:구(短晷)〔명〕 짧은 해. 짧은 낮.

단:구(短軀)〔명〕 키가 작은 몸. 단신(短身). ¶5척 단구. ↔장구(長軀).

단:구(斷口)〔명〕①☞단면(斷面). ②결정 광물의 벽개면(劈開面) 이외의 불규칙한 부분. 〔광물을 감정할 때 주로 이 부분을 봄.〕

단구-법(單鉤法)〔-뻡〕〔명〕 (붓글씨를 쓸 때) 붓을 잡는 법의 한 가지. 엄지와 검지로 붓대를 걸쳐 잡고, 가운뎃손가락으로 붓대를 가볍게 받침. ⊙단구. 참쌍구법.

단-국〔명〕 맛이 단 국물.

단국-지(單局地)〔-찌〕〔명〕 전화국이 하나뿐인 도시. ↔복국지(複局地).

단군(檀君)〔명〕 우리 겨레의 시조로 받드는 태초의 임금. 기원전 2333년에 단군 조선을 건국하였다 함. 단군왕검.

단군-교(檀君敎)〔명〕 단군을 교조로 하는 종교. 〔대종교(大倧敎)를 비롯한 여러 교파가 있음.〕

단군-기원(檀君紀元)〔명〕 단군이 개국하여 왕위에 오른 해를 원년(元年)으로 잡은 우리나라의 기원. 〔서력기원보다 2333년이 앞섬.〕⊙단기.

단군-왕검(檀君王儉)〔명〕 ☞단군.

단군^조선(檀君朝鮮)〔명〕 단군이 기원전 2333년에 아사달(阿斯達)에 도읍하고 건국한 고조선.

단-굴절(單屈折)〔-쩔〕〔명〕 입사광에 대하여 굴절광이 하나뿐인 굴절 현상. ↔복굴절.

단궁(檀弓)〔명〕 박달나무로 만든 활의 한 가지.

단권(單卷)〔명〕 〈단권책〉의 준말.

단권-책(單卷冊)〔명〕①한 권으로 완결된 책. ⊙단권. ②☞단행본.

단궤(單軌)〔명〕①외가닥으로 된 궤도. ②〈단궤철도〉의 준말. ↔복궤(複軌).

단궤^철도(單軌鐵道)〔-또〕〔명〕 외가닥으로 된 선로 위를 운행하는 철도. 모노레일. ⊙단궤. ↔복궤 철도.

단:-귀틀(短-)〔명〕 장귀틀과 장귀틀 사이를 가로 지른 짧은 귀틀.

단극^전:위(單極電位)〔-쩌뉘〕〔명〕 단체(單體)와 그 이온을 함유하는 용액을 접촉시킬 때 양자의 경계면에 나타나는 전위. 전극 전위.

단근(單根)명 가랑이가 돋지 않고 외줄로 뻗은 뿌리. ↔복근(複根).

단:근-질[하타] 지난날, 죄인의 살갗을 불에 달군 쇠로 지지던 형벌. 낙형(烙刑). ¶그는 단근질을 당하고서야 입을 열기 시작했다.

단금(鍛金)명 쇠붙이를 불에 달군 다음, 두드려 펴서 원하는 형태로 만드는 일.

단:금(斷金)명[하형] 〔쇠붙이도 자를 수 있을 만큼 우정이 단단히 맺어져 있다는 뜻으로〕'우정이 매우 두터움, 또는 그런 사람'을 이르는 말.

단:금-우(斷金友)명 교분이 매우 두터운 친구.

단:금지계(斷金之契)[-계/-계]명 매우 친밀한 우정이나 교제. 단금지교.

단:금지교(斷金之交)명 ☞단금지계.

단급(單級)명 전교생을 몰아서 하나로 짠 학급. ↔다급(多級).

단기(段棋·段碁)명 유단자의 실력을 갖춘 바둑 솜씨, 또는 그런 솜씨를 가진 사람. 단바둑.

단기(單技)명 단 한 가지의 재주.

단기(單記)명[하타] ①낱낱이 따로 적음. ②그것 하나만을 적음. ↔연기(連記).

단기(單機)명 ①〈단일 기계〉의 준말. ②(편대를 짜지 않고) 단독으로 비행하는 군용기.

단기(單騎)명 홀로 말을 타고 감, 또는 그 사람. ¶단기로 적진에 쳐들어가다.

단:기(短氣)명 〔한방에서〕①'숨이 찬 증세'를 이르는 말. ②'기운이 떨어지는 증세'를 이르는 말. ③'담력이 떨어지는 증세'를 이르는 말. ④성질이 너그럽지 못하고 조급함.

단:기(短期)명 짧은 기간. 단기간. ¶단기 강습. ↔장기(長期).

단기(團旗)명 '단(團)'의 명칭이 붙은 단체가 그 단체의 표상으로 삼는 기.

단기(檀紀)명 〈단군기원〉의 준말.

단:기(斷機)명 ☞단기지계.

단:-기간(短期間)명 짧은 동안. 짧은 기간. 단기. ↔장기간.

단:기^거:래(短期去來)명 〈단기 청산 거래〉의 준말. ↔장기 거래.

단:기^공채(短期公債)명 일시적으로 부족한 자금을 보충하기 위하여 발행되는 공채. 〔상환 기한은 대개 1년 이내임.〕

단:기^금리(短期金利)[-니]명 갚아야 할 기한이 1년 이내인 대출에 대하여 지급되는 이자.

단:기^금융(短期金融)[-늉/-늉]명 상환 기한이 짧은 금융. 〔보통 1년 이내를 말함.〕 ↔장기 금융.

단:기^대:부(短期貸付)명 상환 기한이 짧은 대부. 〔보통 1년 이내를 말함.〕

단-기명(單記名)명 ☞단기명 투표. ↔연기명.

단기명^투표(單記名投票)명 선거에서 후보자 이름을 하나만 적어야 하는 투표. 단기명. 단기 투표. ↔연기명 투표.

단기^무기명^투표(單記無記名投票)명 투표 용지에 선거인의 이름은 밝히지 않고, 피선거인 한 사람의 이름만 적는 투표 방식.

단:기^사채(短期社債)명 단기 자금이 필요할 때 회사에서 발행하는 채권.

단:기^신:탁(短期信託)명 단기간의 신탁. 〔계약 기간이 대개 5년 이내임.〕 ↔장기 신탁.

단:기^어음(短期-)명 일정한 시일에 지급되는 정기 출급 어음. 〔그 기한이 30일·60일·90일인 어음.〕 ↔장기 어음.

단:기^예:보(短期豫報)명 72시간 이내를 대상으로 하는 일기 예보. ↔장기 예보.

단:기^자금(短期資金)명 단기간에 대출되고 차입되는 자금.

단:기^자본(短期資本)명 ①기업의 운영 자본 가운데 단기에 갚아야 하는 자본 부분. ②기업에 단기간 투자 운용되는 자본.

단:기-전(短期戰)명 짧은 기간에 치르는 전쟁. ↔장기전.

단:기지계(斷機之戒)[-계/-게]명 학문은 중도에 그만둠이 없이 꾸준히 계속해야 한다는 가르침. 〔'후한서(後漢書)'의 '열녀전(烈女傳)'에 나오는 말로, 맹자(孟子)가 수학(修學) 도중에 집으로 돌아왔을 때, 그 어머니가 짜고 있던 베틀의 날실을 자르면서 훈계했다는 고사에서 유래함.〕 단기(斷機).

단:기-채(短期債)명 기간 안에 갚기로 하고 얻는 빚. ↔장기채.

단:기^청산^거:래(短期淸算去來)명 매매 약정을 한 날로부터 7일 이내에 물건과 대금을 주고받는 거래 방법. 준단기 거래. ↔장기 청산 거래.

단기^투표(單記投票)명 ☞단기명 투표. ↔연기 투표(連記投票).

단:김-에[부] 단결에. ¶쇠뿔도 단김에 빼랬다.

단-꿈명 달콤한 꿈. 행복한 꿈. ¶요즘 신혼의 단꿈에 젖어 살고 있다.

단:-나무명 단으로 묶어서 파는 땔나무.

단:-내명 ①물체가 높은 열이나 불에 놓여서 나는 냄새. ②신열(身熱)이 높거나 숨이 가빠 때 콧구멍에서 나는 냄새. ¶목구멍에서 단내가 나도록 열심히 뛰었다.

단-너삼명 ☞황기(黃芪).

단념(丹念)명 성심(誠心).

단:념(短念)명 ☞단주(短珠).

단:념(斷念)명[하타] 품었던 생각을 끊어 버림. 미련 없이 돌아버림. 체념(諦念). ¶할머니의 노염이 대단하셔서 독신주의를 단념했다.

-단다《형용사 어간 또는 높임의 '-시-'나 시제의 '-았(었)-'·'-겠-'·'-ㄴ(는)-' 등에 붙어》 [I]어미 화자가 이미 알고 있는 것을 객관화하여 청자에게 일러 주는 데 쓰는 해라체의 종결 어미. ¶나도 슬프단다. / 할머니께서는 기분이 아주 좋으시단다. [II]준 '-다고 한다'가 줄어든 말. ¶삼촌도 우리와 함께 가신단다.

단:단-무타(斷斷無他)명[하형] 오로지 한 가지 신념 외에 딴마음이 없음.

단:-상약(斷-相約)명 굳게 약속함.

단단-하다[형] ①무르지 않고 굳다. 야물다. ¶땅이 단단하다. ②속이 배서 야무지다. 속이 차서 오달지다. ¶생각보다는 살림이 꽤 단단하더라. ③약하지 않고 굳세다. ¶날씬하면서도 단단한 체구. ④느슨하지 않고 되게 죄어져 있다. ¶짐을 단단하게 묶다. ⑤허술하지 않고 미덥다. ⑥뜻이나 생각이 쉽게 변하지 않다. ¶단단한 결심. ⑦위험이 없이 안전하다. ¶단단하게 잘 간수하다. ⑧보통 정도보다 더하다. ¶각오가 단단하다. ①②③⑤⑧튼튼하다. ①②④⑧딴딴하다. **단단-히**[부] 단단히 약속했으니 믿어도 될 것이다.

단단한 땅에 물이 괸다[속담] ☞굳은 땅에 물이 괸다.

단당(段當)명 농토 1단보(段步)에 대한, 수확이나 비료 따위의 양. ☞단당 수확량.

단당-류(單糖類)[-뉴]명 가수 분해로는 더 간단하게 분해되지 않는 당류를 통틀어 이르는 말. 〔포도당이나 과당 따위.〕

단-대목(單-)몡 ①명절이나 큰일이 바싹 다가
온 때. ¶섣달 단대목. ②(어떤 일이 진행되는
과정에서) 가장 중요한 고비나 자리. ¶단대목
에 와서 나자빠지다. 춘단목.

단:도(短刀)몡 외날로 된, 짤막한 칼. 비단검(短
劍). →장도(長刀).

단도(檀度)몡 불교에서, 육도(六度)의 첫째인
보시(布施)의 행법(行法)을 이르는 말.

단도(檀徒)몡 절에서 이르는, 단가(檀家)의 사
람들. 시주(施主)의 무리.

단-도목(單都目)몡 지난날, 수령(守令)의 치적
이 좋지 않을 때, 그 첫째 인사 심사 때 파면
시키던 일.

단도-직입(單刀直入)몡하 〔혼자서 칼을 휘두
르며 적진으로 곧장 쳐들어간다는 뜻으로〕말
을 하거나 글을 쓸 때, 군말이나 허두를 빼고
곧장 요지를 말함. 에둘러 표현하지 않고 바로
문제점을 말함. ¶단도직입으로 말하자면, 나는
당신이 마음에 들지 않는다.

단독(丹毒)몡 헌데나 다친 곳으로 세균이 들어
가 생기는 급성 전염병. 피부가 붉게 붓고 열
이 나며 쑤시고 아픔. 풍단(風丹).

단독(單獨)몡 ①혼자. ¶단독으로 모든 일을 처
리하다. ②단 하나. 비단일(單-).

단독=강:화(單獨講和)[-꽝-]몡 동맹국 중의
한 나라가 그 동맹을 이탈하여 교전 상태에 있
던 적대국과 맺는 강화. 또는, 많은 상대국 가
운데서 어느 한 나라와 단독으로 맺는 강화.
→전면 강화.

단독=개:념(單獨槪念)[-깨-]몡 ☞개별 개념.
→일반 개념.

단독^관부(單獨官府)[-꽌-]☞단독 기관.

단독^기관(單獨機關)[-끼-]몡 단 한 사람으로
조직된 기관.〔행정 각부의 장관, 각 도의 지사
등이 이에 딸림.〕단독 관부. →합의 기관.

단독^내:각(單獨內閣)[-동-]몡 한 정당으로
구성한 내각. →연립 내각.

단독=범(單獨犯)[-뻠]몡 ☞단독 정범. →공범.

단독^법원(單獨法院)[-뻐뤈]몡 한 사람의 법
관이 단독으로 재판권을 행사하는 법원. →합
의제 법원.

단독=상속(單獨相續)[-쌍-]몡 한 사람의 상속
인이 단독으로 상속하는 일.〔호주 상속 따위.〕
→공동 상속.

단독=심리(單獨審理)[-씸니-]몡 단독 재판에서
한 사람의 판사가 심리하는 일.

단독-일신(單獨一身)[-씬-]몡 (일가친척이 없
는) 홀몸. 혼자의 몸.

단독=재판(單獨裁判)[-째-]몡 한 사람의 판사
가 맡아서 하는 재판. →합의 재판.

단독=점유(單獨占有)[-쩌뮤]몡 어떤 물건을 한
사람이 혼자서 차지하는 일. →공동 점유.

단독=정:범(單獨正犯)[-쩡-]몡 단독으로 범죄
의 구성 요건에 해당하는 행위를 한 사람, 또
는 그런 행위. 단독범. →공동 정범.

단독-제(單獨制)[-쩨]몡 ①한 사람의 법관이
단독으로 재판권을 행사하는 제도. ②한 사람의
관리로 하나의 관청을 이루는 제도. →합의제.

단독^주:택(單獨住宅)[-쭈-]몡 한 채씩 따로
지은 살림집. 참공동 주택.

단독^판사(單獨判事)[-판-]몡 단독으로 재판권을 행
사하는 판사.

단독^해:손(單獨海損)[-도캐-]몡 선박이나 화
물이 항해 중의 사고로 손해를 입었을 때, 선
주(船主) 또는 화주(貨主)가 단독으로 부담하

는 손해나 비용. →공동 해손(共同海損).

단독^행위(單獨行爲)[-도캥-]몡 당사자 한쪽
만의 의사 표시에 따라 성립되는 법률 행위.
〔계약의 해지(解止)나 유언 따위.〕일방 행위.

단-돈몡 돈의 액수 앞에 쓰이어, '많지 않은
돈'또는 '아주 적은 돈'이라는 뜻을 강조하는
말. ¶단돈 몇 푼에 양심을 팔다.

단-동(單-)몡 윷놀이에서, '한 동'을 이르는
말. ¶단동도 내지 못하다. 비외동.

단동(丹銅)몡 구리에 20% 이하의 아연을 섞은
합금. 건축용 장식이나 장신구 따위를 만드는
데 쓰임.

단동-기관(單動機關)몡 피스톤의 한쪽 면에만
증기의 압력이나 가스의 폭발 압력이 작용하여
운전되는 왕복식 기관.

단동-내기(單-)몡 단동만으로 끝을 내기로 정
하고 하는 윷놀이. 단동치기.

단동-불출(單-不出)몡하 윷놀이에서, 한 동
도 내지 못하고 지는 일.

단동-치기(單-)몡 ☞단동내기.

단:두(短頭)몡 두지수(頭指數)가 0.81 이상인
머리. 거의 원(圓)에 가까움. →장두(長頭).

단:두(斷頭)몡 (죄인의) 목을 자름.

단:두-대(斷頭臺)몡 (죄인의) 목을 자르는 형구
(刑具). 참기요틴.

단-둘몡 단 두 사람. ¶단둘만의 호젓한 시간.

단디몡〈옛〉단지. ¶단디 관:罐(訓蒙中12).

-단디면어미〈옛〉-다 할 것 같으면. ¶精誠이
至極하단디면(月釋1:7).

단락(段落)[-락]몡 ①일을 일단 끝내는 매듭.
일이 다 된 끝. ¶이번 일은 우선 여기서 단락
을 짓자. ②긴 글에서, 내용상으로 일단 끊어
지는, 하나하나의 짧은 이야기 토막. ¶이 단락
의 주제문을 찾아보시오.

단:락(短絡)[-락]몡하 전기 회로의 두 점 사
이를 작은 저항으로 접촉하는 일. 또는, 전기
회로의 절연(絶緣) 불량 등으로 작은 저항의
회로가 생기는 일.

단란(團欒)'단란하다'의 어근.

단란-하다(團欒-)[달-]형 ①썩 원만하다.
②(가족 등 가까운 사람끼리) 구순하고 즐겁
다. ¶단란한 가정. 단란-히뷔.

단량-체(單量體)[달-]몡 ☞모노머. 참중합체.

단:려(短慮)[달-]몡 짧은 생각. 좁은 소견. 천
려(淺慮).

단려(端麗)'단려하다'의 어근.

단려-하다(端麗-)[달-]형 (행실이나 겉모양
이) 단정하고 아름답다. ¶용모가 단려하다.

단련(鍛鍊)[달-]몡하되 ①하 쇠붙이를 불에
달구어 두드려서 단단하게 함. ②하 (시련이
나 수련 따위를 통해서) 몸과 마음을 굳세게 닦
음. ¶심신을 단련하다. ③하 (배운 것을) 익
숙하게 익힘. ④귀찮거나 괴로운 일로 시달림.
¶빚 때문에 단련을 받다. 연단. ②③연마(研磨).

단령(團領)[달-]몡 조선 시대에, 깃을 둥글게
만든 공복(公服)의 옷. 벼슬아치가 평소
집무복으로 입던 옷. 참직령(直領).

단:록(短麓)[달-]몡 높지 않은 산기슭.

단리(單利)[달-]몡 원금에 대해서만 계산하는
방법. →복리(複利).

단리-법(單利法)[달-뻡]몡 이자 계산에서, 원
금에 대해서만 약정된 율의 이자를 계산하는
방법. →복리법.

단립(團粒)[달-]몡 토양학에서, 낱낱의 작은 알
갱이가 모여 덩이를 이룬 흙을 이르는 말.

단-마비(單痲痹)[명] 몸의 어느 한 부위에만 일어나는 운동 마비.〔주로, 대뇌 피질에 병소(病巢)가 있을 때 일어남.〕

단막(單幕)[명] 희곡이나 연극의 구성이 단 한 막으로 이루어진 형식.

단막-극(單幕劇)[-끅][명] 한 막으로 극적 사건을 구성한 연극. 일막극. ↔장막극.

단말(端末)[명] ①끝. 끄트머리. ②전기 회로의 전류의 출입구. ③〈단말기〉의 준말.

단말-기(端末機)[명] 컴퓨터에서, 중앙 처리 장치에 연결되어 자료를 입력하기도 하고 출력하기도 하는 기기. ▶ 단말기 고장으로 업무에 차질이 생겼다. ⑥단말.

단:-말마(斷末摩·斷末魔)[명] 〔불교에서〕①'숨이 끊어질 때의 괴로움'을 이르는 말. ②'죽을 때'를 이르는 말. ②임종(臨終).

단:말마-적(斷末摩的)[관] 숨이 끊어질 때처럼 몹시 괴로운 (것). ▶ 단말마적 비명 소리.

단-맛[-맏][명] (꿀이나 사탕처럼) 당분이 있는 것의 맛. 감미(甘味). *단맛이[-마시]·단맛만[-만-]

단맛 쓴맛 다 보았다[속담] 세상의 온갖 즐거움과 괴로움을 다 겪었다는 말. ⑳산전수전.

단망(單望)[명] 조선 시대의 천망(薦望)의 한 가지. 세 사람을 천거하는 것이 관례이나, 사정에 따라 한 사람만을 천거하던 일.

단:망(斷望)[하자타] ①바라던 생각을 버림. ▶ 내 나이 오십인데 자식 바라기는 단망이지. ②희망이 끊어짐.

단-매(單-)[명] ☞대매2.

단:면(斷面)[명] ①물체의 잘린 면. 베어 낸 면. 단구(斷口). 절단면. ②사물이나 사건의 여러 현상 가운데 한 부분적인 측면. ▶ 사회의 한 단면을 나타낸 사진.

단:면-도(斷面圖)[명] 제도(製圖)에서, 물체를 평면으로 자른 것처럼 가정하여 그 내부 구조를 그린 그림. ▶

단:면-상(斷面相)[명] 단면의 모양.

단:면-적(斷面積)[명] 단면의 면적.

단:멸(斷滅)[명하자] 끊어져 망해 버림.

단:명(短命)[명하형] ①짧은 목숨, 또는 목숨이 짧음. ⑩단수(短壽). ↔장명. ②'조직 따위가 오래가지 못하고 곧 무너짐'을 비유하여 이르는 말. ▶ 단명 내각.

단:명-구(短命句)[-꾸][명] 작자의 단명을 암시하는 것 같은 내용의 시구나 문구.

단:명수(單名數)[명] 한 가지 단위만으로 표시되는 명수.〔1분 30초를 90초로 이르는 따위.〕 ↔복명수.

단명^어음(單名-)[명] 어음상의 채무자가 단한 사람인 어음.〔배서(背書)가 없는 약속 어음이나 자기를 인수인으로 하여 발행한 환어음 따위.〕 ↔복명 어음·자기앞 어음.

단모(旦暮)[명] 새벽녘과 해질녘. 아침과 저녁. 단석(旦夕). 조석(朝夕).

단:모(短毛)[명] 짧은 털. 잔털. ↔장모.

단-모음(單母音)[명] 한 음절 내에서, 소리를 낼 때 처음부터 끝까지 같은 소리로 소리 나는 모음. 'ㅏ·ㅓ·ㅗ·ㅜ·ㅡ·ㅣ·ㅐ·ㅔ·ㅚ·ㅟ' 등이 이에 딸림.〔소리 낼 때, 혀의 위치에 따라 전설 모음·중설 모음·후설 모음으로, 혀의 높낮이에 따라 고모음·중모음·저모음으로, 입술의 모양에 따라 원순 모음·평순 모음으로 나뉨.〕 홑홀소리.

단-목(單-)[명] 〈단대목〉의 준말.

단목(丹木)[명] ☞다목.

단목(椴木)[명] ☞피나무.

단목(檀木)[명] '박달나무'로 순화.

단-무지[명] 일본식 무짠지. 새들새들하게 말린 무에 소금과 쌀겨를 고루 뿌린 다음, 돌로 눌러 담음.

단:무타려(斷無他慮)[명하형] 다른 걱정을 할 필요가 조금도 없음.

단문(袒免)[명] 시마(緦麻) 이하의 복(服)에서, 두루마기의 오른쪽 소매를 꿰지 않고 머리에 사각건(四角巾)을 쓰는 상례(喪禮).

단문(單文)[명] ☞홑문장. ↔복문.

단:문(短文)[명] ①짤막한 글. 짧은 문장. ↔장문. ②[하형] 글을 아는 것이 그리 넉넉하지 못함.

단문(端門)[명] 정전(正殿) 앞에 있는 정문.

단:문(斷紋)[명] ☞무편(紋片).

단문-고증(單文孤證)[명] (한쪽의 문서에 의한 오직 하나뿐인 증거라는 뜻으로) '불충분한 증거'를 이르는 말.

단문-친(袒免親)[명] 상례(喪禮)에서, 복을 입지 않아도 되는 가까운 친척. 종고조부·고대고모·재종 증조부·재종 증대고모·삼종 조부·삼종 대고모·삼종 백숙부·삼종 고모·사종 형제자매를 통틀어 이르는 말. 무복친(無服親).

단-물[명] ①민물. ↔짠물. ②단맛이 나는 물. ③칼슘염·마그네슘염 따위의 광물질이 섞이지 않았거나 적게 섞인 물. 빨래나 공업용수로 알맞음. 연수(軟水). ↔센물. ④'알맹이 또는 잇속 있는 부분'을 비유하여 이르는 말. ▶ 단물만 빼먹다.

단-물2[명] 어떤 대상이 가지고 있는 본래의 색. ▶ 단물이 빠진 낡은 옷.

단물-고기[명] ☞민물고기.

단물-나다[-라-][자] 옷 따위가 오래되어 빛깔이 바래고 바탕이 해지게 되다.

단:-미(斷尾)[명하자타] (맵시를 내기 위하여, 또는 병을 예방하기 위하여) 가축의 꼬리를 자름.

단-바둑(段)[-빠-][명] ☞단기(段棋).

단박[명] 그 자리에서 바로.《주로, '단박에'의 꼴로 쓰임.》 ▶ 단박에 먹어치우다.

단:-반경(短半徑)[명] ☞짧은반지름.

단발(單發)[명] ①발동기를 하나만 가진 것. ▶ 단발 항공기. ②한 번의 발사. ③(연발·소화기로) 방아쇠를 당길 때마다 탄알이 하나씩 나가게 하는 일. 〈단발총〉의 준말. ⑤야구 경기에서, 다만 하나의 안타로 그쳐, 득점에 연결되지 못하는 일. ②~④↔연발(連發).

단:발(短髮)[명] 짧은 머리털. ↔장발.

단:발(斷髮)[명하자] ①머리털을 짧게 깎거나 자름, 또는 그 머리털. ②앞머리털은 눈썹 위에서 자르고, 뒷머리털은 목덜미 언저리에까지 내리도록 자르는 여성의 머리 모양, 또는 그렇게 자르는 일.

단발-기(單發機)[명] 발동기를 하나만 장치한 항공기. ⑩쌍발기.

단:발-령(斷髮令)[명] 조선 고종 32(1895)년에 을미개혁의 일환으로 백성들에게 상투를 없애고 머리를 짧게 깎게 한 명령.

단:발-머리(斷髮-)[명] 여자의 단발한 머리, 또는 그런 머리 모양의 여자.

단발-식(單發式)[-씩][명] 항공기 따위에서 발동기를 하나만 장치한 양식.

단발-총(單發銃)[명] 총을 쏠 때마다 탄알을 하나씩 재어 쏘게 되어 있는 총. ⑥단발. ⑩연발총.

단-밤명 ⇨감률(甘栗).

단방(單方)명 ①〈단방문〉의 준말. ②〈단방약〉의 준말. ③신통하게 효력이 좋은 약. ①②→복방.

단방(單放)명 《주로 '단방에'의 꼴로 쓰이어》 ①(총포의) 단 한 방, 또는 한 번 쏘는 일. ¶단방에 명중시키다. ②뜸을 단 한 번 뜨는 일. ③⇨단번(單番).

단-방(單房)명 하나밖에 없는 방. 단 한 칸의 방. 단칸방. ¶단방 거처.

단:방(斷房)명하자 방사(房事)를 끊음.

단-방문(單方文)명 한 가지 약만으로 처방한 방문. 준단방.

단방-약(單方藥)[-냑]명 한 가지 약재만으로 병을 다스리는 약. 준단방.

단방-치기(單放-)[-방-]명하타 단방에 해치움. ②(되든 안 되든 간에) 결말을 내는 마지막 한 번.

단-배명 입맛이 좋아 음식을 달게 많이 먹을 수 있는 배. ¶단배를 굶리다./단배를 주리다.

단배(單拜)명하자 한 번 절함, 또는 한 번만 하는 절.

단배(團拜)명하자 여러 사람이 한자리에 모여 함께 절함, 또는 그렇게 하는 절.

단배-식(團拜式)명 단체 등에서, 여럿이 모여 한꺼번에 절을 하는 의식.

단:백(蛋白)명 ①달걀·새알 등 날짐승 알의 흰자위. 난백. ②단백질로 이루어진 것. ¶오줌에 단백이 섞여 나온다. ③〈단백질〉의 준말.

단:백-광(蛋白光)[-꽝]명 물체의 밀도 등으로 굴절률이 고르지 않을 때, 물체 내부에 입사한 광선이 산란하여 나타나는 산광(散光)의 한 가지.

단:백-뇨(蛋白尿)[-뇨]명 (신장 질환이나 과격한 운동 등이 원인이 되어) 오줌 속에 일정량 이상의 단백질이 섞이어 나오는 상태.

단:백^분해^효:소(蛋白分解酵素)[-뿐-]명 ⇨단백 소화 효소.

단백-사위[-싸-]명 윷놀이의 마지막 판에, 이편에서 한 번 윷을 던져 이기지 못하면, 상대편에서는 도만 나도 이기게 되어 있을 경우에 이편의 말을 이르는 말.

단:백-석(蛋白石)[-썩]명 함수 규산이 주성분인 광물. 〔반투명 또는 불투명으로 진주 빛깔의 광택을 냄.〕 오팔.

단:백^소화^효:소(蛋白消化酵素)[-쏘-]명 사람의 소화액 중에 있는, 단백질을 분해하는 효소. 〔위액 중의 펩신, 이자액 중의 트립신 따위.〕 단백 분해 효소.

단:백-유(蛋白乳)[-뱅뉴]명 카세인을 첨가하여 단백질의 함량을 늘린 우유.

단:백-질(蛋白質)[-찔]명 생물체를 구성하는 고분자 유기물을 통틀어 이르는 말. 수많은 아미노산의 연결체로 동식물 세포의 원형질의 주성분이며, 많은 화학 반응의 촉매 역할 및 항체 형성 따위에 중요한 구실을 함. 흰자질. 준단백.

단:백-호(單白虎)[-배코]명 ⇨내백호(內白虎).

단번(單番)명 단 한 번. 한 차례. 단방(單放).

단번-에(單番-)부 단 한 번에. 즉시로. ¶단번에 이기다. /효력이 단번에 나타나다.

단-벌(單-)명 ①오직 그것뿐인 한 벌의 옷. ¶단벌 신사. ②(딴것은 없고) 오직 그것 하나뿐인 것. 단거리. 단건(單件).

단벌-가다(單-)자 오직 그것 하나뿐이고, 그 이상은 없다. ¶단벌가는 조종사.

단별(段別)명 어떤 단계나 단락을 단위로 하여 나눈 구별.

단:병(短兵)명 적과 직접 맞붙어 싸울 때 쓰는

짧은 병기. 〔활에 대한 칼, 긴 창에 대한 짧은 창 따위.〕→장병(長兵).

단:병-접전(短兵接戰)[-쩐]명 짧은 병기를 가지고 적과 맞붙어 싸우는 싸움.

단보(段步)의 논밭의 면적을 나타내는 단위인 단. 우수리가 없을 때 쓰임. ¶5단보. 魯정보(町步).

단복(單複)명 ①단수와 복수. ②테니스나 탁구 따위에서의, 단식과 복식.

단복-고창(單腹鼓脹)[-꼬-]명 한방에서, 배가 몹시 붓는 병을 이르는 말. 준고창.

단-본위(單本位)명 〈단본위제〉의 준말. ↔복본위.

단본위-제(單本位制)명 금 또는 은을 본위 화폐의 소재로 하는 본위 제도. 준단본위. ↔복본위제.

단-봇짐(單褓-)[-보찜/-봇찜]명 아주 간단하게 꾸린 하나의 봇짐. ¶단봇짐을 싸다.

단봉-낙타(單峯駱駝)명 낙타의 한 종류. 쌍봉낙타와 비슷하나 등에 육봉(肉峯)이 하나만 있고 다리가 길며 털이 짧음. 단봉약대. 魯쌍봉낙타.

단봉-약대(單峯-)[-냑때]명 ⇨단봉낙타. 魯쌍봉약대.

단-분수(單分數)[-쑤]명 분모와 분자가 모두 정수로 된 보통의 분수, 또는 분수식.→번분수.

단분자-층(單分子層)명 고체 또는 액체 표면에 생기는, 두께가 1분자의 지름밖에 안 되는 얇은 층. 일분자층.

단:불용대(斷不容貸)명하타 단연코 용서하지 아니함.

단-비명 꼭 필요할 때 알맞게 내리는 비. 감우(甘雨). 魯자우(慈雨).

단비(單比)명 단식(單式)으로 된 비. 〔$a:b$ 따위.〕↔복비(複比).

단비(團匪)명 지난날, 무장을 하고 떼를 지어 다니던 도둑.

단-비례(單比例)명 단식(單式)의 비례. 단순한 비례 관계. 〔2:4=10:20 따위.〕→복비례.

단사(丹砂)명⇨주사(朱砂). 진사(辰砂).

단사(單舍)명 〈단사리별〉의 준말.

단사(單舍)명 외가녀 실. 홑실.

단사(簞食)명 (대오리로 걸어 만든) 도시락에 담은 밥. 도시락밥.

단-사리별(單舍利別)명 설탕(65%)을 증류수(35%)에 녹인 용액. 약제의 조미료로 쓰임. 〔'사리별'은 시럽의 한자음 표기.〕 준단사.

단사-자리(丹絲-)명 오랏줄에 묶였던 자국.

단사^정계(單斜晶系)[-계/-게]명 광물 결정계의 한 가지. 결정의 세 축 중에서 두 축은 경사지게 만나고, 다른 한 축은 그것과 직각으로 만나, 세 축의 길이가 각각 다른 결정의 형태. 〔운모·휘석·정장석 등이 이에 딸림.〕

단사-표음(簞食瓢飮)명 〔도시락밥과 표주박의 물이라는 뜻으로〕 ①'변변찮은 음식'을 이르는 말. ②'청빈한 생활'을 비유하여 이르는 말. 준단표.

단사-호장(簞食壺漿)명 〔도시락밥과 병에 담은 음료수라는 뜻으로〕 넉넉하지 못한 사람의 거친 음식을 이르는 말.

단:산(斷産)명하자되자 ①(아이를 낳던 여자가) 아이를 못 낳게 됨. ②아이를 낳지 아니함.

단산^꽃차례(團織-次例)[-꼰-]명 ⇨단산화서.

단산^화서(團織花序)명 취산 화서의 한 변태로, 꽃자루가 없는 작은 꽃이 많이 모여 피는 화서. 〔수국 따위.〕 단산 꽃차례.

단-살(單一)명 오직 한 대의 화살. ¶적을 단살에 쓰러뜨리다.

단삼(丹蔘)명 ①꿀풀과의 다년초. 산지에 나는데, 줄기는 60cm가량이고 전체에 털이 많음. 잎은 깃 모양의 겹잎인데 마주나며, 5~6월에 자줏빛 잔꽃이 핌. ②한방에서, 단삼의 뿌리를 말리어 약재로 이르는 말. 건위·정장·부인병 등에 쓰임.

단삼(單衫)명 ⇨적삼.

단상(單相)명 유성 생식을 하는 생물에서, 감수 분열로 말미암아 염색체의 수가 절반으로 준 것. ↔복상(複相).

단:상(短喪)명 삼년상(三年喪)의 기한을 짧게 줄여 한 해만 복을 입는 일.

단상(壇上)명 (연단이나 교단 등의) 단 위. ¶수상(受賞)하기 위해 단상에 오르다. ↔단하.

단:상(斷想)명하자 때에 따라 떠오르는 단편적인 생각, 또는 그것을 적은 글.

단상^교류(單相交流)명 기전력(起電力)이 하나인 교류. 기전력이 둘 이상 있는 경우에도, 그 위상(位相)이 모두 같은 교류. [가정의 전등선과 같은 보통의 교류를 말함.] 참대상 교류.

단색(丹色)명 붉은색.

단색(單色)명 ①한 가지 빛깔. ↔다색(多色). ②태양 광선을 프리즘으로 분석했을 때 나타나는 하나하나의 빛깔.

단색-광(單色光)[-꽝]명 파장이 일정하며 한 가지 색으로 된 광선. 스펙트럼으로 그 이상 분해되지 않는 광선. 준단광.

단색^인쇄(單色印刷)명 한 가지 빛깔의 잉크만을 써서 하는 인쇄, 또는 그러한 인쇄물.

단색-판(單色版)명 한 가지 빛깔로 인쇄하는 판.

단생-보험(單生保險)명 한 계약의 피보험자가 한 사람인 생명 보험. ↔연생보험.

단서(丹書)명 ①임금이 붉은 글씨로 공신(功臣)에게 주던 조서. ②금석(金石)에 새긴 글. ③죄명을 붉은 글씨로 쓴 형서(刑書).

단:서(但書)명 본문 다음에 덧붙여, 본문의 내용에 대한 조건이나 예외 등을 밝혀 적은 글. [대개, '단' 또는 '다만'이라는 말을 먼저 씀.] ¶단서를 달다.

단서(端緒)명 ①일의 시초. ②(어떤 사건이나 문제를 푸는) 실마리. 끄트머리. ¶문제 해결에 단서가 되다. /살인 사건의 단서를 잡다.

단:서-법(斷敍法)[-뻡]명 수사학에서, 문장에 힘을 주고 상상의 여지를 많이 두려고, 접속어를 생략하여 구(句)나 구의 관계를 끊어 적는 수사법. ('왔노라, 보았노라, 이겼노라' 따위.)

단석(旦夕)명 ①아침과 저녁. 단모(旦暮). ②시간(시기)이 매우 절박한 상태. ¶명(命)이 단석에 달린 중환자.

단석(單席)명 ①한 겹만 깐 자리. ②외겹으로 만든 돗자리.

단석(端石)명 〈단계석(端溪石)〉의 준말.

단선(單線)명 ①외줄. ②〈단선 궤도〉의 준말. ↔복선(複線).

단선(團扇)명 (깁이나 종이로) 둥글게 만든 부채. 둥글부채.

단:선(斷線)명하다자타 ①선이 끊어짐, 또는 선을 끊음. ②전선(電線) 따위가 끊어져서 전류가 흐르지 않게 됨.

단선^궤:도(單線軌道)명 하나의 궤도를 상행·하행하는 열차가 함께 사용하는 철길. 단선 철도. 준단선. ↔복선 궤도.

단-선율(單旋律)명 어떤 한 성부(聲部)가 주선율을 맡고, 다른 성부는 그것을 화성적으로 반주하는 음악 형식. 호모포니.

단선^철도(單線鐵道)[-또]명 ⇨단선 궤도(單線軌道). 준단철.

단설(單設)명 제례에서, 신주(神主) 한 위(位)만을 모셔 제사 지냄. ↔합설(合設).

단성(丹誠)명 거짓이 없는 참된 정성. 마음에서 우러나는 뜨거운 정성. 단정(丹精). 단충. 적성.

단성(單性)명 생물이, 암수 가운데 어느 한쪽의 생식 기관만을 가지는 일.

단성(單聲)명 음악에서, 남성(男聲) 또는 여성(女聲)의 어느 한 성부만인 것, 또는 그런 악곡.

단성^결실(單性結實)[-씰]명 속씨식물에서 수정하지 않고, 단순히 어떤 자극으로 말미암아 씨방이 발달하여 씨 없는 열매를 맺는 일. 단위 결실.

단성부^음악(單聲部音樂)명 단선율의 음악, 또는 그 형식. 참다성부 음악.

단성^생식(單性生殖)명 ⇨단위생식.

단성^잡종(單性雜種)[-쫑]명 멘델식 유전을 하는 한 쌍의 대립 형질 사이의 잡종. ↔다성잡종.

단성^합창(單聲合唱)명 음악에서, 단성으로 이루어지는 합창.

단성-화(單性花)명 수술이나 암술의 어느 한쪽만 가진 꽃. 자웅 이화(雌雄異花). ↔양성화.

단세(單稅)명 조세(租稅)로서 단 한 가지만을 인정하는 일.

단-세포(單細胞)명 (그것만으로 한 생물체를 이루는) 단 하나의 세포. 단세포. ↔다세포.

단세포^동:물(單細胞動物)명 한 개체가 하나의 세포로 된 동물. ↔다세포 동물.

단세포^생물(單細胞生物)명 하나의 세포로 이루어진 생물. [세균류·원생동물·하등 조류(藻類) 따위.] ↔다세포 생물.

단세포^식물(單細胞植物)[-싱-]명 한 개체가 하나의 세포로 된 식물. ↔다세포 식물.

단세포-적(單細胞的)관명 생각이 단순하거나 차원이 낮아 하나밖에 모르는 (것). ¶단세포적 사고. 단세포적인 논리.

단:소(短小)명하다 짧고 작음.

단:소(短所)명 ⇨단점.

단:소(短簫)명 국악기의 한 가지. 오래된 대로 만든 관악기로, 퉁소보다 좀 짧고 가늘며, 구멍은 앞에 넷, 뒤에 하나임.

단소(壇所)명 제단(祭壇)이 있는 곳.

단속(團束)명하다타 주의를 기울여 단단히 다잡거나 보살핌. ¶업무를 단속하다. ②법률·규칙·명령 따위를 어기지 않게 통제함.

단:속(斷續)명하다자타 끊어졌다 이어졌다 함.

단-속곳(單一)[-꼳]명 여자의 한복 차림에서, 치마 속에 입는 통이 넓은 바지 모양의 속옷. ▸단속곳이[-꼬시]·단속곳만[-꼰-]

단:속-기(斷續器)[-끼]명 전자석이나 유도 코일 등으로 전로(電路)를 단속시키는 장치.

단:속-음(斷續音)명 끊어졌다 이어졌다 하는 소리.

단:속-적(斷續的)[-쩍]관명 끊어졌다 이어졌다 하는 (것). ¶단속적 포성. /단속적으로 울리는 신호.

단-손(單一)명 《주로 '단손에'·'단손으로'의 꼴로 쓰이어》 ①혼잣손. ¶단손으로 칠남매를 키우다. ②단지 한 번 쓰는 손. ¶큰 바위를 단손에 들어메었다.

단:-솥[-솓]圀 불을 때어 열에 달아 있는 솥. * 단:솥이[-소치]·단:솥을[-소틀]·단:솥만 [-손-]

단솥에 물 붓기[속] 〔달아 있는 솥에 물을 조금 부어 보아야 금방 증발해 버린다는 뜻으로〕'상황이 매우 심한 지경에 이르러 조금 손을 써 보아야 이를 진정시킬 수는 없음'을 이르는 말.

단수(段數)[-쑤]圀 ①(여러 단으로 나뉜) 단위(段位)의 수. ¶바둑 단수. ②술수를 쓰는 재간의 정도. ¶단수가 매우 높다.

단수(單手)圀 ①바둑에서, 한 수로 상대편의 돌을 잡게 되는 수. ②외통수. 외통.

단수(單數)圀 ①하나인 수. 단일한 수. 홑셈. 홑수. ②한 사람이나 한 사물을 나타내는 말, 또는 그것에 상응하는 문법 형식. ↔복수(複數).

단:수(短袖)圀 짧은 소매.

단:수(短壽)圀[하형] 〈단명(短命)〉의 높임말.

단수(端數)[-쑤]圀 ①⇨우수리. ②수학에서, '끝수'의 구용어.

단:수(斷水)圀[하타][되자] ①물길이 막힘, 또는 물길을 막음. ②수도(水道)의 급수가 끊어짐, 또는 급수를 끊음.

단:-수로(短水路)圀 수영 경기장에서, 수로가 25 m 이상 50 m 미만인 것. ↔장수로(長水路).

단순(丹脣)圀 (젊은 여자의) 아름답고 붉은 입술. 연지를 바른 입술. 주순(朱脣).

단순(單純)圀[하형] ①복잡하지 않고 간단함. ¶구조가 단순하다. ②외곬으로 순진하고 어수룩함. ¶꾸밈이 없는 단순한 성격. **단순-히**[團 ①이 문제는 단순히 생각하면 안 된다.

단순^개:념(單純槪念)圀 더 이상 분석할 수 없는 개념. 개념과 내포가 일치하는 개념. 〔산·사람·높다·좋다 따위.〕 ↔복합 개념.

단순^노동(單純勞動)圀 전문적인 기능이 없어도 할 수 있는 단순한 육체노동. ↔복잡노동·숙련노동.

단순^단:백질(單純蛋白質)[-찔]圀 알파 아미노산과 그 유도체만으로 이루어진 단백질.

단순-림(單純林)[-님]圀 같은 종류의 나무들만으로 이루어진 숲. ↔혼성림·혼효림.

단순^사회(單純社會)[-회/-훼]圀 분업이나 분화가 이루어지지 않아 필요한 모든 기능이 전체 속에서 수행되는, 가장 낮은 형태의 사회. ↔복합 사회.

단순^산:술^평균(單純算術平均)圀 몇 개의 수를 더하여 그 개수로 나눈 수. ②단순 평균. ↔가중 산술 평균.

단순^상품^생산(單純商品生産)圀 생산자 스스로가 생산 수단과 노동력을 가지고 상품을 만드는 일.

단순^설립(單純設立)圀 주식회사의 발기인이 정관을 작성하여 모든 주식을 도맡아 하는 회사의 설립. 동시 설립. 인수 설립.

단순^승인(單純承認)圀 상속인이 피상속인의 채무를 포함한 재산상의 모든 권리와 의무를 제한 없이 이어받을 것을 승인하는 일. ↔한정승인.

단순-어(單純語)圀 ⇨단일어.

단순^온천(單純溫泉)圀 늘 25 ℃ 이상의 온도를 지니며, 물 1 kg에 함유된 유리 탄산 및 고형(固形) 성분이 1 g 이하인 온천. 단순천.

단순-음(單純音)圀 상음(上音)이 섞이지 않은 단일 진동수의 음. 〔소리굽쇠를 가볍게 두드렸을 때에 나는 소리와 같은 것.〕 단음. 순음.

단순^음표(單純音標)圀 ⇨민음표.

단순-장(單純葬)圀 한 번 장사 지내고 그치는 장법(葬法). ↔복장(複葬).

단순^재:생산(單純再生産)圀 추가 투자가 이루어지지 않고, 같은 규모로만 되풀이되는 생산. ③축소 재생산·확대 재생산.

단순-천(單純泉)圀 ⇨단순 온천.

단순^평균(單純平均)圀 〈단순 산술 평균〉의 준말.

단순-호치(丹脣皓齒)圀 〔붉은 입술과 하얀 이라는 뜻으로〕'여자의 썩 아름다운 얼굴'을 이르는 말. 주순호치(朱脣皓齒). 호치단순.

단순-화(單純化)圀[하타][되자] 단순하게 됨. 단순하게 함. ¶표현 기법의 단순화.

단-술圀 엿기름을 우린 물에 지에밥을 넣고 삭혀서 달인 음식. 감주. 단주(甘酒). ③식혜.

단숨-에(單-)團 단번에 내쳐서. 쉬거나 그치지 않고 곧장. 한숨에. ¶술 한 잔을 단숨에 들이켜다. /험한 고개를 단숨에 넘다.

단승(單勝)圀 〈단승식〉의 준말.

단승-식(單勝式)圀 경마(競馬)나 경륜(競輪) 따위에서, 1등을 맞히는 방식. ③단승. 웝연승식.

단:시(短視)圀 소견이 좁아 앞일을 내다보지 못하는 일. 시야가 좁아 사물의 전모를 관찰하지 못하는 일.

단:시(短詩)圀 짧은 형식의 시. ↔장시(長詩).

단:시(短著)圀 〈단시점〉의 준말.

단:-시간(短時間)圀 짧은 시간. ↔장시간.

단:-시일(短時日)圀 짧은 시일. ↔장시일.

단:시-점(短著占)[-쩜]圀〔-점〕圀 솔잎 따위로 간단히 치는 점. ③단시.

단:-시조(單時調)圀 한 주제로 한 수(首)를 이룬 시조, 또는 그런 형식. 웝연시조.

단:-시조(短時調)圀 ⇨평시조(平時調).

단식(單式)圀 ①단순한 형식이나 방식. ②〈단식 경기〉의 준말. ③〈단식 부기〉의 준말. ④한 항(項)으로 된 산식(算式). ↔복식(複式).

단:식(斷食)圀[하자] 일정 기간 음식물을 먹지 않음. 절곡(絶穀). 절식(絶食). 웝금식(禁食).

단:식^경:기(單式競技)[-경-]圀 테니스나 탁구 등에서 일 대 일로 겨루는 경기. ③단식. ↔복식 경기.

단:식-기도(斷食祈禱)[-끼-]圀[하자] 얼마 동안 음식을 먹지 않고 드리는 기도.

단:식^동맹(斷食同盟)[-똥-]圀 항의의 표시나 요구할 일을 이루기 위하여 단식하는 시위 행위. 기아 동맹(飢餓同盟).

단식^부기(單式簿記)[-뿌-]圀 계정 과목 사이에 유기적 관계가 없이 단순히 재산 구성 부분의 변동만을 기장하는 부기. 〔손익 계산의 상세한 내용을 기록할 수 없어 소규모 기업이나 간단한 회계에 널리 쓰임.〕 ③단식. ↔복식부기.

단식-성(單食性)[-썽]圀 한 종류의 생물만을 먹고 사는 동물의 식성. ¶단식성 동물.

단:식^요법(斷食療法)[-씽뇨뻡]圀 병을 단식으로써 다스리는 치료법. 기아 요법. 절식 요법.

단식^인쇄(單式印刷)圀 특수한 타자기로 찍은 것을 원판으로 하여, 사진 평판을 만들어서 하는 방면 인쇄.

단:식-재(斷食齋)[-째]圀 가톨릭에서, 예수의 고난을 기념하여 죄와 욕정을 극복하고 그리스도에게 헌신하는 뜻으로, 음식물의 양과 종류를 제한하는 의식. 〔재의 수요일, 사순절의 금·토요일, 사계(四季)의 각 재일(齋日), 축일(祝日) 전날 등에 행함.〕

단:식^투쟁(斷食鬪爭)圄 자신의 요구를 관철하기 위하여 단식을 하며 시위하는 일.

단식^화:산(單式火山)[-시콰-]圄 화구가 하나뿐인 원추형의 화산.

단신(單身)圄 혼자의 몸. 홀몸. 《주로, '단신으로'의 꼴로 쓰임.》 ¶단신으로 사업을 꾸리다.

단:신(短身)圄 ⇨단구(短軀). ↔장신(長身).

단:신(短信)圄 ①짤막하게 쓴 편지. ②짤막한 보도. 토막 소식.

단신-복엽(單身複葉)圄 복엽의 한 가지. 단엽처럼 잎사귀는 하나이나 잎꼭지에 마디가 있는 잎. 〔귤잎 따위.〕

단신-총(單身銃)圄 총열이 하나인 엽총.

단실(單室)圄 단 하나뿐인 방.

단실^자방(單室子房)圄 ⇨홀씨방. 준단자방. ↔복실 자방.

단심(丹心)圄 정성스러운 마음. 적심(赤心). 충심(衷心).

단심-가(丹心歌)圄 고려 말기에, 정몽주(鄭夢周)가 지은 시조. 이방원(李芳遠)의 '하여가(何如歌)'에 답한 것으로, 임금에 대한 충성심을 읊은 내용임.

단아(單芽)圄 ⇨홑눈. 젠복아(複芽).

단아(端雅) '단아하다'의 어근.

단아-하다(端雅-)혱에 단정하고 아담하다. ¶단아한 용모.

단악(丹堊)圄 붉은 빛깔의 벽토(壁土), 또는 붉은 칠을 한 벽.

단:악(斷惡)圄하자 악한 일을 하지 않음.

단:악-수선(斷惡修善)[-쑤-]圄 불교에서, 악업을 끊고 선업을 닦아 선도(善道)에 들어가는 일.

단안(單眼)圄 ⇨홑눈.

단:안(斷岸)圄 깎아지른 듯한 벼랑.

단:안(斷案)圄①하타어떤 일에 대한 생각을 마지막으로 결정함, 또는 그 결정된 생각. ¶단안을 내리다. ②삼단 논법에서, 앞의 전제(前提)에서 이끌어 낸 결론(結論)을 이르는 말.

단-안경(單眼鏡)圄①한쪽 눈에만 끼는 안경. ②한쪽 눈에 대고 보는 망원경.

단안^시:야(單眼視野)圄 한쪽 눈만으로 그 위치를 변경하지 않고 보는 외계의 범위. ↔양안 시야.

단압(鍛壓)圄하타 금속 재료를 단련하거나 압연(壓延)함.

단:애(斷崖)圄 깎아지른 듯한 낭떠러지. 절애.

단:야(短夜)圄 짧은 여름 밤. ↔장야(長夜).

단야(鍛冶)圄하타 금속 재료를 벼리어 기구를 만듦. 대장일.

단약(丹藥)圄 ⇨선단(仙丹).

단양(端陽)圄 ⇨단오(端午).

단어(單語)圄 문법상의 일정한 뜻과 구실을 가지는, 말의 최소 단위. 낱말?

단어^문자(單語文字)[-짜]圄 낱낱의 글자가 단어에 상당하는 단위를 나타내는 문자. 〔한자(漢字) 따위.〕 표의 문자(表意文字).

단언(端言)圄하자 바른말을 함, 또는 그 말.

단:언(斷言)圄하타 딱 잘라서 말함. ¶자기 말이 틀림없다고 단언하다.

단:언-적(斷言的)관혱 ⇨정언적(定言的).

단엄(端嚴) '단엄하다'의 어근.

단엄침중(端嚴沈重)圄혱 단엄하고 침착하여 무게가 있음.

단엄-하다(端嚴-)혱에 (모습이나 태도가) 단정하고 위엄이 있다.

단:여(*短欄)圄 기둥머리의 사개통에 들보나 도리를 받치기 위하여 가로나 세로로 얹어 놓는 짧은 나무. 단연(短欄).

단-여의(單女衣)[-녀의/-녀이]圄 '홑으로 지은 속곳'을 이르는 말.

단역(端役)圄 영화나 연극의 출연자 가운데서 중요하지 않은 간단한 배역, 또는 그러한 역을 맡은 배우. ↔주역(主役).

단:연(短欄)圄 ⇨단여(短欄).

단연(端硯)圄〈단계연(端溪硯)〉의 준말.

단:연(斷煙)圄하자 담배를 끊음. 금연(禁煙).

단:연(斷然)!閉 확실히 단정할 만하게. 단연코. ¶단연 반대한다. /단연 우세하다.

단연(斷然)² '단연하다'의 어근.

단:연-코(斷然-)閉 ⇨단연(斷然)!.

단:연-하다(斷然-)혱에 (흔들림이 없이) 맺고 끊음에 결연한 태도가 있다. ¶매사에 단연하신 분. 단연-히閉.

단열(單列)圄 한 줄. 외줄.

단:열(斷熱)圄하자 열의 전도를 막음.

단열^기관(單列機關)圄 실린더가 한 줄로 되어, 하나의 크랭크축으로 동력을 다른 것에 전도하는 기관.

단열-로(鍛熱爐)圄 ⇨단공로.

단:열^벽돌(斷熱甓-)[-뚤]圄 도요(陶窯) 따위의 내화(耐火) 벽돌 바깥면으로 열의 손실을 방지하기 위해 덧붙이는 벽돌. 〔벽돌 속에 기공을 많이 넣어 열전도율을 낮게 만든 특수한 벽돌임.〕

단:열^변:화(斷熱變化)圄 열역학에서, 외부와의 사이에 열의 교환이 전혀 없는 조건에서 일어나는 물질의 상태 변화. 〔기체인 경우의 단열 압축이나 단열 팽창 따위.〕 ↔등온 변화.

단:열^압축(斷熱壓縮)圄 외부의 열을 차단하여 물체(특히 기체)를 압축하는 단열 과정의 한 가지. 〔이때 물체의 온도가 올라감.〕 ↔단열 팽창.

단:열-재(斷熱材)[-째]圄 열의 전도를 막는 데 쓰이는 건축 재료. 〔코르크·발포 스티렌 수지·유리 섬유 따위.〕

단:열^팽창(斷熱膨脹)圄 외부의 열을 차단하여 물체(특히 기체나 액체)를 팽창시키는 단열 과정의 한 가지. 〔이때 물체의 온도가 내려감.〕 ↔단열 압축.

단엽(單葉)圄 ①잎사귀의 몸이 작은 잎으로 갈려져 있지 않고 한 장으로 된 잎. 〔배나무·벚나무 따위의 잎.〕 홑잎. ②홀으로 된 꽃잎. 단판. 홀꽃잎. ③하나로 된 비행기의 주익. ↔복엽.

단엽-기(單葉機)[-끼]圄〈단엽 비행기〉의 준말. ↔복엽기(複葉機).

단엽^비행기(單葉飛行機)[-뻬-]圄 단엽으로 된 비행기. 준단엽기. ↔복엽 비행기.

단영(丹楹)圄 ⇨단주(丹柱).

단예(端倪)圄 ('端'은 산꼭대기, '倪'는 물가의 뜻) ①일의 처음과 끝. 일의 시종(始終). 전말(顚末). ②맨 가. 맨 끝. ③하타헤아려 앎. ¶도무지 단예할 수도 없는 사단(事端).

단오(端午)圄 민속에서, '음력 오월 초닷샛날'을 명절로 이르는 말. 단양. 단옷날. 천중절.

단오-떡(端午-)圄 ⇨수리취떡.

단오-병(端午餠)圄 ⇨수리취떡.

단오^부적(端午符籍)圄 민속에서, 단옷날 액을 물리친다 하여 주사(朱砂)로 써서 문이나 기둥에 붙이는 부적. 천중 부적(天中符籍).

단오^부채(端午-)圀 조선 시대에, 임금이 단오절에 신하들에게 나누어 주던 부채. 단오선.

단오-선(端午扇)圀 ⇨단오 부채.

단오-장(端午粧)圀 단옷날 나쁜 귀신을 없앤다는 뜻에서 하던 여자들의 치장.

단오-절(端午節)圀 단오를 명절로 이르는 말. 중오절(重午節).

단:옥(斷獄)圀ᄒᆞᄃᆞ 죄를 결단하여 처리함.

단옷-날(端午-)[다노-]圀 ⇨단오.

단용-재(單用財)圀 한 번의 사용으로 소모되는 재화. 〔생산용 원자재·연료 따위.〕↔내용재(耐用財). 졈비내구재(非耐久財).

단:운(斷雲)圀 조각구름.

단원(單元)圀 ①어떤 주제를 중심으로 전개되는 학습 활동의 한 단위. 학습 단원. ②철학에서, 단일한 근원을 이름. ③⇨단자(單子).

단원(團員)圀 단체를 구성하고 있는 사람. 단체에 딸린 사람.

단원(團圓)¹圀 (연극이나 소설 따위의) 결말. 끝. 마무리.

단원(團圓)²'단원하다'의 어근.

단원-론(單元論)[-논]圀 ①⇨일원론. ②우주의 만물은 모두 하나의 근원에서 비롯되었다고 주장하는 학설. 단원설. ↔다원론.

단원-설(單元說)圀 ⇨단원론(單元論).

단원-제(單院制)〈단원 제도〉의 준말. 일원제(一院制). ↔양원제.

단원^제:도(單院制度)圀 (의회를 상하 양원으로 구분하지 않고) 하나의 의원(議院)만 두는 의회 제도. 일원 제도. 졷단원제. ↔양원 제도.

단원-하다(團圓-)웽옌 ①둥글다. ②(가정 등이) 원만하다.

단원^학습(單元學習)[-씁]圀 학습 단원을 미리 짜 놓고, 거기에 따라서 진행하는 학습.

단월(端月)圀 '정월(正月)'을 달리 이르는 말.

단위(段位)圀 검도·유도·태권도·장기·바둑 등에서, 기량의 정도를 나타내는 '단'의 등위. 〔초단·2단·3단 따위.〕

단위(單位)圀 ①길이·넓이·무게·양 등을 수치(數値)로 나타내기(재기) 위하여 계산의 기본으로 정해 놓은 기준. 〔m·g·l 따위.〕②어떤 조직을 구성하는 데 기본이 되는 한 덩어리. 무슨 일을 하는 데 그 기준이 되는 한 덩어리. ¶핵가족 단위의 가족 구성. /배급 물품을 마을 단위로 배분하다. ③(대학 등에서) 학습량을 측정하는 기준이 되는 양. 〔보통, 학습 시간을 기준으로 정하며, 이수 과목의 단위 수에 따라 졸업이 인정됨.〕④불교에서, 선당(禪堂) 벽에 명패를 붙여 표시한 좌석을 이르는 말. ⑤한 위(位)의 신주(神主).

단위^결과(單爲結果)圀 ⇨단위 결실.

단위^결실(單爲結實)[-씰]圀 수정하지 않고도 씨방이 발달하여 과실이 되는 현상. 〔씨는 생기지 않음.〕단성 결실. 단위 결과.

단위-계(單位系)[-계/-게]圀 몇 개의 기본 단위와 거기서 이끌어 낸 유도 단위가 하나의 계열을 이루는 단위의 모임. 〔CGS 단위계, MKS 단위계, MKSA 단위계 따위가 있음.〕

단위^노동조합(單位勞動組合)圀 연합체의 구성 단위가 되는 개개의 노동조합.

단위^면:적(單位面積)圀 단위계에 있어서 넓이의 단위가 1이 되는 면적. 〔CGS 단위계의 경우는 1 cm²임.〕

단위^부대(單位部隊)圀 일정한 편제에 따라 구성된 하나하나의 부대.

단위^상점(單位商店)圀 한 종류나 같은 계통의

상품들을 전문으로 파는 소매점. 〔운동구점·식품점 따위.〕↔백화점.

단위-생식(單位生殖)圀 유성 생식에서, 난세포가 수정되지 않은 상태에서 발생하기 시작하여 새 개체를 이루는 현상. 단성 생식. 처녀 생식. ↔양성 생식.

단위성^의존^명사(單位性依存名詞)[-썽-]圀 수효나 분량 등의 단위를 나타내는 의존 명사. 〔사람 두 명, 강아지 세 마리, 양말 다섯 켤레에서 '명', '마리', '켤레' 따위.〕명수사.

단위-제(單位制)圀 교육 과정 이수 제도의 한 가지. 학습량을 단위 수로 계산하여, 일정한 단위 수를 마친 경우에 수료나 졸업을 인정하는 제도. 졷학점제.

단순-음(單純音)圀 ①⇨단순음(單純音). ②발음하는 동안 줄곧 한 가지 소리로만 나는 모음 및 자음. 〔모음 'ㅏ·ㅓ·ㅗ·ㅜ·ㅣ·ㅐ·ㅔ·ㅚ·ㅟ', 자음 'ㄱ·ㄴ·ㄷ·ㄹ·ㅁ·ㅂ·ㅅ·ㅇ·ㅈ·ㅊ·ㅋ·ㅌ·ㅍ·ㅎ·ㅆ·ㅉ'임.〕 홑소리. ③음악에서, 단일한 선율만을 내는 소리. ①②↔복음(複音).

단:음(短音)圀 짧게 나는 소리. 짧은소리. ↔장음.

단:음(斷音)圀ᄒᆞᄃᆞ 내던 소리를 끊음. ②발음과 동시에 곧 끊어지는 자음. 〔파열음·촉음(促音) 따위.〕↔속음(續音).

단:음(斷飮)圀ᄒᆞᄃᆞ 술을 즐겨 마시던 이가 술을 끊음. 금주(禁酒). 단주(斷酒).

단:-음계(短音階)[-계/-게]圀 음계의 한 가지. 둘째와 셋째, 다섯째와 여섯째 음 사이의 음정이 반음인 음계. 〔대체로 슬픔이나 감상적인 느낌을 나타냄.〕마이너. 몰(Moll). 졷장음계.

단:음^기호(短音記號)圀 음을 짧게 끊어 연주하거나 노래하라는, 악보 기호 '·'의 이름. 스타카토.

단음^문자(單音文字)[-짜]圀 언어를 표음적(表音的)으로 표기하는 문자 체계에서, 자음과 모음으로 구분되는 낱낱의 자모가 단음을 나타내는 문자. 〔한글 자모와 알파벳이 이에 딸림.〕

단-음악(單音樂)圀 단선율의 음악, 또는 그 형식. 모노포니.

단음절-어(單音節語)圀 한 음절로 이루어진 단어. 〔해·손·발·개·강 따위.〕단음절어.

단:-음정(短音程)圀 장음정(長音程)보다 반음 낮은 음정. 〔단2도·단3도·단6도 등.〕

단:음^주법(斷音奏法)[-뻡]圀 낱낱의 음을 끊어서 연주하는 연주법.

단의(單衣)[다늬/다니]圀 ①⇨홑옷. ②⇨속곳.

단-익공(單翼工)[-끙]圀 궁궐이나 전각 등에서와 같이 포살미한 집의 기둥 위에 얹히는, 하나의 촛가지가 달린 나무.

단인(端人)圀 단정한 사람.

단인(端人)²圀 조선 시대의 외명부의 한 품계. 정·종팔품 문무관의 아내를 일컫던 말.

단일(單一)圀ᄒᆞᄃᆞ[-하]圀 ①단 하나로 되어 있음. ¶남북 단일 팀. 졷단독. ②다른 것이 섞이지 않고 순수함. ¶단일 생산. ③(구성이나 구조가) 복잡하지 않음. ¶단일 구조. /단일한 사건.

단:-일(短日)圀 낮 동안이 밤보다 짧은 날. 일조(日照) 시간이 짧은 날.

단일^경작(單一耕作)圀 ①일정한 농경지에 한 가지 작물만을 심어 농사짓는 일. ②일모작. 졷단작.

단일^경제(單一經濟)圀 경제 주체가 한 자연인으로 된 경제.

단일-국(單一國)圀 ⇨단일 국가. ↔복합국.

단일^국가(單一國家)[-까]圀 단일한 주권으로 구성된 국가. 단일국.

단일^기계(單一機械) [-계/-게][명] 복잡한 기계를 구성하는 요소가 되는, 간단한 기계. 〔지레·도르래·축바퀴 따위.〕㉾단기(單機).

단일-란(單一卵)[명] 난세포 안에 난황(卵黃)을 축적하고 있는 알.〔동물의 알의 일반적인 형태임.〕↔복합란.

단일^목적^댐(單一目的dam) [-쩍-][명] 한 가지 목적만을 위하여 설비한 댐. ↔다목적 댐.

단일-물(單一物)[명] 그 자체 하나만으로 하나의 독립된 개체를 이룬 것.

단일^민족(單一民族)[명] 단일한 인종으로써 나라를 이룬 민족.

단일-성(單一性) [-썽][명] 단일한 성질.

단:일^식물(短日植物) [-씽-][명] 일조 시간이 짧아야 꽃이 피는 식물. ↔장일 식물.

단일신-교(單一神敎) [-씬-][명] 여러 신을 인정하면서, 그 가운데서 특히 한 신을 최고신으로 숭배하는 종교.

단일-어(單一語)[명] 하나의 형태소로 이루어진 단어.〔집·꽃·바다 따위.〕단순어. ㉾복합어.

단일^진(單一振子)[명] ☞단진자.

단일^현운동(單一弦運動)[명] ☞단진동 운동. ㉾단현운동.

단일-화(單一化)[명][하자타][되자] 하나로 됨, 또는 하나로 만듦. ¶ 명령 계통을 단일화하다.

단일^환:율(單一換率)[명] 통화 환율을 단 하나의 공정 환율(公定換率)로 통일 고정시킨 환율.

단자(單子)[명] ①부조(扶助)나 선사 따위, 남에게 보내는 물품의 품목과 수량을 적은 종이. ②사주나 폐백을 보낼 때, 그 내용물을 적은 종이. ③철학에서, 실재를 구성하는 형이상학적인 개체나 단위를 이르는 말. ③단원(單元)·모나드.

단자(單字) [-짜][명] 한자(漢字)의, 낱개(낱낱)의 글자.〔'江·山·冊' 따위.〕

단:자(短資)[명] (금융 기관이나 증권 회사 사이에 서로 꾸어 주고 받는) 단기성 자금. 대출자 편에서는 콜론, 차입자 편에서는 콜머니라고 부름.

단자(端子)[명] 전기 회로나 전기 기기 따위에서, 전극을 접속시키는 곳에 붙이는 쇠붙이. 터미널.

난자(團餐·團子)[명] '경단'으로 순화.

단자(緞子)[명] 광택과 화려한 무늬가 있는, 수자직(繻子織)의 견직물.

단자-론(單子論)[명] 단자를 궁극의 원리로 해서 형이상학을 구성하려는, 독일 라이프니츠의 학설.〔단자가 각기 우주를 구성하는 원리에 의해서 온 우주가 구성된다는 이론.〕모나드론.

단-자방(單子房)[명] 〈단실 자방〉의 준말.

단:자^시:장(短資市場)[명] 단기 자금이 거래되는 시장.〔할인 시장과 콜 시장이 있음.〕

단:자-업자(短資業者) [-짜][명] 단자 시장에서, 금융 기관 상호 간의 단자 거래의 중개를 업으로 하는 사람.

단-자엽(單子葉)[명] ☞외떡잎. ↔복자엽.

단자엽-식물(單子葉植物) [-씽-][명] ☞외떡잎식물.

단-자예(單雌蕊)[명] 한 개의 심피(心皮)로 이루어진 암꽃술.〔복숭아·완두 따위.〕↔복자예.

단-자음(單子音)[명] 소리의 성질이 단음(單音)인 자음. 곧, 'ㄱ·ㄴ·ㄷ·ㄹ·ㅁ·ㅂ·ㅅ·ㅇ·ㅈ·ㅊ·ㅋ·ㅌ·ㅍ·ㅎ·ㅆ·ㅉ'의 15자.〔다만, 'ㄲ·ㄸ·ㅃ·ㅆ·ㅉ'은 글자 모양은 겹이지만 소리는 홑임.〕홑닿소리. ↔복자음.

단자^전:압(端子電壓)[명] (전등이나 전동기 등) 전기 에너지를 쓰는 장치의 단자 사이에 나타나는 전압.

단:자^회:사(短資會社) [-회-/-훼-][명] 6개월 이내의 단기 어음의 발행·할인·매매·보증 등의 업무를 영위하는 회사.

단작(單作)[명][하다] 〈단일 경작〉의 준말.

단작-노리개(單作-) [-장-][명] (세 개로 한 벌을 이루는 삼작노리개에 대하여) 홑벌로 된 노리개.〔생일 잔치나 그 밖의 경사 때에 닮.〕㉾삼작노리개.

단작^농업(單作農業) [-장-][명] 단일 경작으로 하는 농사 방식. ㉾다각 농업.

단:작-스럽다 [-쓰-따][(~스러우니·~스러워)][형] [(하는 짓이나 말이)] 보기에 치사하고 더러운 데가 있다. ¶ 잇속만 찾아 발밭게 설치는 단작스러운 사람. ㉾덕적스럽다. **단작스레**[부].

단잔(單盞)[명] ①다만 한 잔. ②제사 때, 단헌(單獻)으로 드리는 잔.

단-잠[명] 기분이 좋은 상태로 깊이 든 잠. 달게 자는 잠. ¶ 단잠이 들다. /단잠을 깨우다. /단잠에 취하다.

단장(丹粧)[명][하다][되자] ①화장을 하고 머리나 옷차림 따위를 매만져서 맵시 있게 꾸밈. ¶ 모처럼 얼굴을 곱게 단장하신 어머님. ②손을 내어 산뜻하게 꾸밈. ¶ 집을 새로 단장하다.

단:장(短杖)[명] 짧은 지팡이. 손잡이가 꼬부라진 짧은 지팡이. 개화장(開化杖).

단:장(短墻)[명] 낮은 담장.

단장(團長)[명] (일정한 조직체를 이룬) 단의 우두머리.

단:장(斷章)[명] ①시(詩)나 문장의 일부분. 시문의 도막. ②(일정한 구성 없이) 산문체로 쓴 토막글.

단:장(斷腸)[명] '창자가 끊어질 듯한 슬픔이나 괴로움'을 이르는 말.《주로, '단장의'의 꼴로 쓰임.》 ¶ 단장의 아픔을 딛고 일어서다.

단장-고(丹粧-)[명] 사냥하는 매의 몸에 꾸미는 치장.

단:장-곡(斷腸曲)[명] 애끊는 듯이 슬픈 곡조.

단:장-적구(斷章摘句) [-꾸][명] (고전이나 원전의 일부를) 따온 글귀.

단:장^취:의(斷章取義) [-의/-이][명] 남의 시문 중에서, 작자의 본뜻이나 전체의 뜻에 구애되지 않고 자기가 필요한 부분만을 끊어 내어 빌려 쓰는 일.

단:재(短才)[명][하형] 재주가 변변하지 못함, 또는 그런 재주. 비재(非才). 천재(淺才). ㉾둔재.

단:재-기(斷裁機)[명] 종이나 제본 과정의 책 따위를 필요한 치수에 맞게 도련하는 기계. 재단기.

단장고[명] 〔옛〕단장고. ¶ 단장고 싼깃체 방울 소리 더욱 갓틀(古時調).

단-적(端的) [-쩍][관][명] ①명백한 (것). ¶ 단적 증거. ②(에두르거나 수식함이 없이) 곧바르고 솔직한 (것). ¶ 단적인 표현으로 효과를 거두다.

단전(丹田)[명] ①삼단전(三丹田). ②(일반적으로) '배꼽' 아래로 약 3cm 되는 곳'을 이르는 말. 하단전(下丹田).

단전(單傳)[명][하다][되자] ①다만 그 사람에게만 전함. ¶ 이 정보는 귀하를 위한 단전임. ②불교에서, '이심전심으로 전해짐'을 이르는 말.

단:전(短箭)[명] 짧은 화살.

단:전(斷電)[명][되자] (공사나 그 밖의 사정으로) 전기의 공급이 중단되거나 공급을 중단함.

단전-호흡(丹田呼吸)명 하단전으로 하는 호흡 방법. 몸과 마음의 건강을 위하여 함. ⚾복식호흡.

단:절(短折)명하자 젊은 나이에 죽음. 요절(夭折). ¶단절한 천재 시인(詩人).

단:절(斷切·斷截)명하자타되자 자름. 끊음. 《주로, 종이·책·물건 따위의 구체적인 사물에 쓰임.》절단(切斷). ¶손가락을 단절하여 혈서를 쓰다.

단:절(斷折)명하타되자 꺾음. 부러뜨림.

단:절(斷絕)명하자 ①어떤 관계나 교류를 끊음. 절단. ¶국교를 단절하다. ②흐름이 연속되지 아니함. ¶후사(後嗣)가 단절되다. /대화가 단절되다. ⓑ두절(杜絕).

단:점(短點)명 [-쩜] (어느 것과 비교하여) 모자라거나 흠이 되는 점. 결점(缺點). 단소(短所). 단처(短處). ¶디자인은 좋으나 실용성이 부족한 단점이 있다. ↔장점(長點).

단접(鍛接)명하타 쇠붙이를 붙이는 방법의 한 가지. 붙일 부분에 열을 가하여 녹인 다음, 망치로 두드리거나 압력을 가하여 붙임.

단정(丹頂)명 <단정학>의 준말.

단정(丹精)명 =단성(丹誠).

단정(單精)명 수정할 때, 한 개의 난자에 한 개의 정자가 들어가는 일. ↔다정(多精).

단:정(短艇)명 ①본선(本船)과 부두 사이를 오가며 여객이나 화물을 실어 나르는 작은 배. ②갑판이 없거나 절반만 있는, 서양풍의 작은 배. ②보트.

단정(端正) '단정(端正)하다'의 어근.

단정(端整) '단정(端整)하다'의 어근.

단:정(斷定)명하자타되자 ①분명한 태도로 결정함. ¶그 일을 실행하기로 단정하다. ②명확하게 판단을 내림, 또는 그 판단. ¶그의 소행으로 단정할 만한 증거가 있다.

단:정(斷情)명하자 정을 끊음.

단정꽃차례(單頂-次例)[-꼳-] 명 ☞단정 화서(單頂花序).

단:정-적(斷定的)관명 단정하는 (것). ¶단정적 태도. /단정적으로 말하다.

단:정-코(斷定-)부 ①딱 잘라 말하건대 꼭. 반드시. 결단코. ¶단정코 정상을 정복하리라. ②단정적으로 말하다. ¶단정코 말한다면, 이 일의 책임은 너에게 있다.

단정-하다(端正-)형여 (모습이나 몸가짐이) 흐트러짐 없이 얌전하고 깔끔하다. ¶단정한 인품. /몸가짐이 단정하다. **단정-히**부.

단정-하다(端整-)형여 ①깔끔하고 가지런하다. ¶머리를 단정하게 깎다. ②(얼굴 모습이) 반듯하고 아름답다. ¶이목구비가 단정하다.

단정-학(丹頂鶴)명 [머리 꼭대기가 붉다는 뜻으로] '두루미2'를 달리 이르는 말. 백두루미. ⓐ단정(丹頂).

단정꽃서(單頂花序)명 유한 화서(有限花序)의 한 가지. 꽃대 끝에 꽃 하나가 피는 화서. [튤립 따위.] 단정 꽃차례.

단조(單調)명하자 (상태나 가락 따위가) 같아서 변화 있는 색다른 맛이 없음. ¶단조한 가락. / 단조한 무늬.

단:조(短調)[-쪼] 명 단음계로 된 곡조. 마이너. 몰(Moll). ↔장조(長調).

단조(鍛造)명하타 쇠붙이를 불에 달군 다음 두드려 늘이어 필요한 물건을 만듦.

단조-공(鍛造工)명 쇠붙이를 단조하는 일에 종사하는 기능공.

단조^기계(鍛造機械)[-계/-게] 명 쇠붙이 재료로 눌러 여러 가지 모양의 물건을 만드는 기계.

단조-롭다(單調-)[-따] 형ㅂ [~로우니·~로워] 단조한 느낌이 있다. ¶생활이 단조롭다. /단조로운 가락. **단조로이**부.

단조-품(鍛造品)명 단조한 물품.

단족(單族)명 세력이 없고 외로운 집안.

단:종(斷種)명하자되자 ①인공적으로 생식 능력을 없애 버림. ②씨를 없애 버림. ③자동차·컴퓨터·핸드폰 따위의 기종이 더 이상 생산되지 않게 됨. ¶단종된 기종의 부품은 구하기가 어렵다.

단-종선(單縱線)명 악보에서, 소절(小節)을 구분하는 한 가닥의 세로줄.

단:종^수술(斷種手術)명 단종을 위한 수술.

단좌(單坐)명 혼자 앉아 있음. 고좌(孤坐).

단좌(單座)명 (항공기 등에서) 좌석이 하나만 있는 것. ¶단좌 전투기. →복좌(複座).

단좌(端坐)명 (자세를 바르게 하여) 단정하게 앉음. ⓑ정좌(正坐).

단좌(團坐)명하자 여러 사람이 한자리에 둥글게 모여 앉음.

단:죄(斷罪)[-죄/-쾌] 명하타되자 ①죄를 심판함. 죄상에 대하여 결말을 내림. ¶공직자의 배임(背任) 행위는 단죄되어야 마땅하다. ②벌로서 목을 벰, 또는 그 형벌. ②참죄(斬罪)·참형(斬刑).

단주(丹朱)명 ①붉은 빛깔. ②☞주사(朱砂). ②진사(辰砂).

단주(丹柱)명 붉은 칠을 한 기둥. 단영(丹楹).

단:주(短珠)명 54개 이내로 구슬을 꿰어 짧게 만든 염주. 단념(短念).

단주(端舟)명 자그마한 배.

단주(端數)명 거래 단위에 미치지 못하는 수의 주. [보통 10주 미만을 이름.]

단:주(斷奏)명하타 하나하나의 음을 짧게 끊어 연주함, 또는 그러한 연주. 스타카토.

단:주(斷酒)명하자 (술을 즐겨 마시던 이가) 술을 끊음. 금주. 단음(斷飮). ¶술고래로 유명하던 그가 단주를 선언했다니 믿기지 않는다.

단:죽(短竹)명 곰방대.

단중(端重) '단중하다'의 어근.

단중-하다(端重-)형여 (몸가짐이) 단정하고 무게가 있다. **단중-히**부.

단지명 목이 짧고 배가 부른, 자그마한 항아리.

단지(段地)명 층이 진 땅.

단:지(短枝)명 초목의 짧은 가지.

단:지(短智)명하형 지혜가 짧음, 또는 짧은 지혜.

단지(團地)명 (토지의 합리적인 이용, 쾌적한 주거 환경의 조성, 산업 공해 방지 등을 목적으로 하여) 주택이나 공장 등 같은 종류의 현대적 건물이나 시설들을 계획적·집단적으로 조성한 일정 지역. ¶주택 단지. /공업 단지.

단:지(斷指)명하자 (부모나 남편의 위중한 병에 피를 내어 먹이려고, 또는 맹세를 하거나 혈서를 쓰기 위해) 손가락을 자름.

단:지(斷趾)명하자 지난날, 형벌로 발뒤꿈치를 자르던 일. ⚾월형(刖刑).

단지(但只)부 다만. 한갓. ¶단지 그의 말을 듣고만 있을 뿐이다.

단:지럽다[-따][단지러우니·단지러워]형ㅂ 말이나 행동이 다랍다. ⓑ던지럽다.

단:지-증(短肢症)[-쯩] (사람의) 손가락이나 발가락의 뼈가 없거나 매우 짧은 기형.

단-진동(單振動)명 <단진동 운동>의 준말.

단진동^운:동(單振動運動)**명** 한 점이 일정한 원둘레 위를 같은 속도로 운동할 때, 임의의 지름 위에 생기는 정사영(正射影)의 왕복 운동. 단일 현운동. **㈜**단진동.

단-진자(單振子)**명** 늘어나거나 줄어들지 않는 가벼운 실의 한 끝을 고정하고, 다른 한 끝에 무겁고 작은 물체를 달아 늘어뜨린 흔들이. 단일 진자.

단-짝(單一)**명** 서로 뜻이나 손이 맞아서 늘 함께 행동하게 되는 사이, 또는 친구. 단짝패. 짝패. ¶둘이 단짝으로 지내다.

단작-패(單-牌)**명** 단짝.

단차(單差)**명****하다** 지난날, 벼슬아치를 임명할 때 한 사람만을 추천받아 임명하던 일.

단:찰(短札)**명** 짤막한 편지. 단간(短簡). ②'자기가 쓴 편지'를 겸손하게 이르는 말.

단참(單-)**명** 쉬지 않고 곧장 계속함. 《주로, '단참에'·'단참으로'의 꼴로 쓰임.》 ¶머나먼 길을 단참에 달려왔다. **참**단숨에.

단창(單窓)**명** 겉창이 따로 없는 외겹 창.

단:창(短槍)**명** 짧은 창. ↔장창(長槍).

단채-유(單彩釉)**명** 한 가지 채색의 유약, 또는 그 유약으로 구운 자기. 〔청자나 백자 따위.〕 **참**단색유.

단:처(短處)**명** ①모자라는 점. 결점. 단소(短所). 단점. ②능하지 못한 점. ↔장처(長處).

단:척(短尺)**명** 한 필의 자수에 다 차지 못한 피륙.

단천(短淺)'단천하다'의 어근.

단:천-하다(短淺-)**형여** (지식이나 지혜 등이) 모자라고 얕다.

단철(單鐵)**명**〈단선 철도〉의 준말. ↔복철.

단철(鍛鐵·煅鐵)**명****하자** ①쇠를 불림, 또는 불린 쇠. ②연철(鍊鐵).

단철-장(鍛鐵場)**명** ☞대장간.

단:첨(短檐)**명** 짧은 처마.

단청(丹靑)**명** (궁궐·사찰·정자 따위) 전통 양식의 건축물에 여러 가지 빛깔로 그림이나 무늬를 그리는 일, 또는 그 그림이나 무늬. ②채색(彩色).

단-청룡(單靑龍)[-뇽]**명** ☞내청룡(內靑龍).

단:-청판(短廳板)**명** 마룻바닥에 깐 짧은 바둑판 널.

단체(單體)**명** ☞홑원소 물질.

단체(團體)**명** 같은 목적으로 모인 두 사람 이상의 모임. 집단. **비**집단.

단체^경:기(團體競技)**명** 단체끼리 대항하여 승부를 겨루는 경기. ↔개인 경기.

단체^교섭(團體交涉)**명** ①(개인이 아닌) 단체의 자격으로 교섭하는 일. ②근로자들이 단결하여, 사용자와 대등한 처지에서 근로 조건의 개선 등에 관하여 교섭하는 일.

단체^교섭권(團體交涉權)[-꿘]**명** 노동 삼권의 하나. 노동조합의 대표자가 사용자 또는 그 단체의 대표자와 근로 조건의 유지·개선 등에 관하여 직접 교섭할 수 있는 권리.

단체-법(團體法)[-뻡]**명** 단체의 조직이나 활동 등의 준칙을 정한 법규를 통틀어 이르는 말. 〔각종 공공 단체의 법 따위.〕

단체^보:험(團體保險)**명** 두 사람 이상의 단체를 대상으로 하나의 계약을 맺어, 그 단체에 딸린 사람이면 당연히 피보험자가 되는 보험을 통틀어 이르는 말.

단체^분리(單體分離)[-불-]**명** 선별하려는 광물을 광석에서 분리하는 일.

단체-상(團體賞)**명** (특정 명목으로) 어떤 단체에게 주는 상. ↔개인상.

단체^연금(團體年金)**명** 사업주가 근로자의 퇴직 연금을 주기 위하여 보험 회사와 단체 보험을 계약하고, 그 보험료의 전부 또는 일부를 부담하는 연금 제도.

단체^웅예(單體雄蕊)**명** 합생(合生) 수술의 한 가지. 한 꽃 중의 수술이 서로 붙어서 하나로 되어 있는 수술. 〔동백꽃의 수술 따위.〕

단체^자치(團體自治)**명** 지방 자치 단체가 중앙 정부로부터 독립하여 그 지역의 행정 사무를 맡아 처리하는 일.

단체-전(團體戰)**명** 단체 간에 펼치는 경기. ¶여자 양궁 단체전에서 금메달을 땄다. ↔개인전.

단체-정신(團體精神)**명** 개인보다 단체를 중히 여기는 정신.

단체^행동권(團體行動權)[-꿘]**명** 노동 삼권의 하나. 근로자가 사용자에 대하여 근로 조건 등에 관한 주장을 관철하기 위하여 쟁의 행위를 할 수 있는 권리.

단체^협약(團體協約)**명** 단체와 단체 또는 단체와 개인과의 사이에 맺어지는 특수한 계약.

단초(端初)**명** 실마리. ¶사건 해결의 단초를 제공하다.

단촉(短促)'단촉하다'의 어근.

단:촉-하다(短促-)[-초카-]**형여** ①시일이 촉박하다. ②음성이 짧고 급하다.

단촐-하다**형여** '단출하다'의 잘못.

단:총(短銃)**명** ①짤막한 총. ¶기관 단총. **참**장총(長銃). ②권총.

단총-박이(-縮-)**명** 짚신의 한 가지. 짚의 속대로 꼰 총을 박아 감아서 만듦.

단추¹명 ①(옷고름이나 맞대고 매는 끈 대신에) 옷자락이나 주머니 따위의 여미는 부분에 달아 구멍에 넣어 걸리게 만든 물건. ¶떨어진 단추를 달다. ②〈누름단추〉의 준말.

단추²명 단으로 묶은 푸성귀.

단추-매듭명 한복에서, 좁은 끈을 단추처럼 맺어서 고름 대신 쓰는 매듭.

단:축(短軸)**명** 짧은 굴대. ↔장축(長軸).

단:축(短縮)**명****하다****되자** (일정 기준보다) 짧게 줄임, 또는 짧게 줌. ¶단축 수업. ↔연장.

단:축-키(短縮key)**명** 컴퓨터의 키보드에서, 특정 기능을 수행하도록 지정된 키.

단출-하다**형여** ①(식구나 구성원이) 많지 않아 홀가분하다. ¶가족이 단출하다. ②(옷차림이나 가진 물건 따위가) 간편하다. ¶단출한 옷차림.
단출-히**부**

단춧-고명 '단춧고리'의 잘못.

단춧-고리[-추꼬-/-춘꼬-]**명** 단추를 꿰기 위하여 헝겊 따위로 만들어 단 고리.

단춧-구멍[-추꾸-/-춘꾸-]**명** 단추를 꿰기 위하여 실로 감치거나 헝겊을 대어 만든 구멍.

단충(丹忠)**명** 진정에서 우러나온 참된 충성.

단충(丹衷)**명** ☞단성(丹誠).

단취(團聚)**명****하다** (겨레붙이나 친한 사람끼리) 화목하게 한데 모임.

단층(單層)**명** ①단 하나의 층, 또는 단 하나의 층으로 된 사물. ②〈단층집〉의 준말.

단:층(斷層)**명** 지각 변동으로 생긴 지각의 틈을 따라 지층이 아래위로 어그러져 층을 이룬 현상, 또는 그러한 현상으로 나타난 서로 어그러진 지층.

단:층-곡(斷層谷)**명** 단층면의 침식으로 이루어진 골짜기.

단층-림(單層林) [-님]圏 수관(樹冠)이 하나로 된 숲. ↔다층림.

단:층-면(斷層面)圏 단층으로 말미암아 서로 어그러진 두 지반의 경계면.

단:층^분지(斷層盆地)圏 단층 운동으로 말미암아 지반이 내려앉아서 생긴 분지.

단:층^산맥(斷層山脈)圏 단층 운동으로 이루어진 산맥.

단:층^산지(斷層山地)圏 단층 운동으로 말미암아 한쪽이 높게 형성된 산지.

단:층-애(斷層崖)圏 단층면이 드러나 있는 낭떠러지.

단:층^운:동(斷層運動)圏 지각의 강한 횡압력으로 말미암아 지반의 한쪽은 솟고 한쪽은 가라앉아서 단층이 생기는 지각 운동.

단:층^지진(斷層地震)圏 단층과 밀접한 관계가 있다고 생각되는 지진.

단:층-집(單層-) [-찝]圏 하나의 층으로 지은 집. ☞단층.

단:층^촬영(斷層撮影)圏 몸의 한 단면만을 촬영하는 X선 검사법. 미세한 질병의 변화에 대한 정밀 검사 등에 이용됨.]

단:층^해:안(斷層海岸)圏 단층애(斷層崖)가 바다와 이어 닿아 있는 해안.

단:층-호(斷層湖)圏 단층 분지에 물이 괴어 생긴 호수.

단칠(丹漆)圏 붉은 칠.

단:침(短針)圏 ①짧은 바늘. ②☞시침(時針). ↔장침(長針).

단칭(單稱)圏 ①간단한 명칭. ②하나만을 일컫는 일. ↔복칭(複稱).

단칭^명:제(單稱命題)圏 ☞단칭 판단.

단칭^판단(單稱判斷)圏 정언적 판단의 한 가지. 주사(主辭)가 단독 개념으로 된 판단. 단칭 명제.

단-칸(單-)圏 ①단 한 칸. ②〈단칸방〉의 준말.

단칸-방(單-房) [-빵]圏 단 한 칸인 방. 칸살수가 하나뿐인 방. 단방. ¶단칸방에 살면서도 행복했던 신혼 시절. ☞단칸.

단칸방에 새 두고 말할까속당 한집 식구처럼 가깝게 지내는 사이에 비밀이 있을 수 없다는 말.

단칸-살림(單-)圏하자 단칸방에서 사는 살림. 단칸살이.

단칸-살이(單-)圏하자 ☞단칸살림.

단-칼(單-)圏 꼭 한 번 쓰는(휘두르는) 칼. 《주로, '단칼에'·'단칼로'의 꼴로 쓰임.》 ¶단칼에 두 토막으로 자르다. /단칼로 베다.

단타(單打)圏 야구에서, 타자가 일루만을 갈 수 있게 친 안타. 일루타.

단:타(短打)圏 야구에서, 진루를 목적으로 배트를 짧게 잡아 날카롭고 정확하게 치는 타격. ↔장타.

단-탕건(單宕巾)圏 관이나 갓을 쓰지 않고, 탕건만을 쓴 차림새.

단-통(單-)圏 그 자리에서 곧장 하는 것. 《주로, '단통에'·'단통으로'의 꼴로 쓰임.》 ¶단통에 메어치다.

단통-총(單筒銃)圏 총열이 하나로 된 사냥총.

단-틀(單-)圏 몸체가 단 하나뿐인 기계.

단:파(短波)圏 공간에서의 파장이 10~100 m, 주파수 3~30메가헤르츠인 전자파. 〔약칭은 HF〕 ☞장파(長波)·중파(中波).

단:파^방:송(短波放送)圏 작은 전력으로 먼 거리까지 통신이 가능한 3~30메가헤르츠의 전파를 사용하는 방송. 원격지를 위한 국내 방송이나 해외 방송 등에 쓰임.

단:파^요법(短波療法) [-뻡]圏 단파를 이용하여 신경·관절·뼈·피부 등의 질병을 치료하는 요법.

단-파의(單罷議) [-의/-이]圏하타되자 단 한 번의 토의로 결정하는 일.

단:-파장(短波長)圏 단파의 파장. ☞장파장.

단판(單-) I圏 한 번으로 승부를 결정하는 판. ¶장판 씨름. II튀 곧이어 바로. ¶단판 들이대다.

단판(單瓣)圏 외겹으로 된 꽃잎. 단엽(單葉). ↔중판(重瓣).

단판-걸이(單-)圏하타 한 판으로 승부를 겨루는 일.

단판-씨름(單-)圏 한 판으로 승부를 결정하는 씨름.

단판-화(單瓣花)圏 ☞홑꽃. ↔중판화(重瓣花).

단-팥묵[-판-]圏 붉은팥을 삶아 앙금을 낸 다음, 설탕과 한천을 넣고 조려서 굳힌 일본식 생과자. 양갱. 양갱병.

단-팥죽(-粥)[-팥쭉]圏 팥을 삶아 으깨어 설탕을 넣고 죽을 낸 다음, 석쇠에 구운 찹쌀떡을 넣어 먹는 일본식 음식.

단패(單牌)圏 ①단짝. ②두 사람만으로 된 짝패.

단패-교군(單牌轎軍)圏 지난날, 가마로 먼 길을 갈 때 교대할 사람이 없이 내처 두 사람이 한 패로 메고 가던 교군.

단:-편(短篇)圏 ①(소설·영화 등에서) 길이가 짧은 작품. ②〈단편 소설〉의 준말. ☞중편(中篇)·장편(長篇).

단:-편(斷片)圏 ①여럿으로 떨어지거나 쪼개진 조각. ¶추억의 단편을 더듬다. ②(전체 가운데의) 한 부분. ¶생활의 단편.

단:-편(斷編·斷篇)圏 글의 한 도막. 도막도막 나뉜 글의 한 부분.

단:편^소:설(短篇小說)圏 소설의 한 형식. 짧은 분량 속에 단일한 주제를 간결·농축의 수법으로 표현한 소설. ¶신춘문예 단편 소설 부문에 응모하다. ☞단편. ☞중편 소설·장편 소설.

단:편^영화(短篇映畫) [-녕-]圏 상영 시간이 40~50분인 짧은 영화.

단:편-잔간(斷編殘簡)圏 떨어지거나 빠져서 완전하지 못한 편지나 책. 단간잔편. ☞단간.

단:편-적(斷片的)圏 (전체에 걸치지 아니하고) 어느 한 부분에만 미치는 (것). ¶단편적 지식. /단편적인 사실만으로 사람을 평하지 마라.

단:편-집(短篇集)圏 단편 소설을 모아 엮은 책.

단:-평(短評)圏 간단하고 짤막한 비평. ¶시사(時事) 단평.

단포(單胞)圏 ☞단세포(單細胞).

단포-약(單胞藥)圏 한 개의 약포로 된 꽃밥. 〔목화나 부용(芙蓉) 따위의 꽃밥.〕

단표(簞瓢)圏 〈단사표음(簞食瓢飮)〉의 준말.

단표-누항(簞瓢陋巷)圏 〔도시락과 표주박과 누추한 거리라는 뜻으로〕 '소박한 시골 생활'을 비유하여 이르는 말.

단표-자(簞瓢子)圏 한 개의 표주박. ¶죽장망혜 단표자로 천리 강산을 들어가니(遊山歌).

단풍(丹楓)圏 ①〈단풍나무〉의 준말. ②늦가을에 엽록소나 화청소가 변하여 붉게 또는 누렇게 된 나뭇잎. ③화투짝의 한 가지. 단풍을 그린, 10월을 상징하는 딱지.

단풍-나무(丹-)圏 단풍나뭇과의 낙엽 활엽 교목. 각지의 산지에 절로 나기도 하고 관상용으로 심기도 함. 잎은 손바닥 모양으로 깊게 갈라져 있으며 가을에 빨갛게 단풍이 듦. ☞단풍.

단풍-놀이(丹楓-)명하자 가을철에 단풍이 든 아름다운 경치를 즐기며 노는 일. ¶ 이번 주말에 단풍놀이가 갑시다.

단풍-잎(丹楓-)[-닙]명 ①단풍나무의 잎. ②단풍이 든 나뭇잎. *단풍잎이[-니피]·단풍잎만[-님-]

단풍-취(丹楓-)명 국화과의 다년초. 산지에 흔히 자라는데, 높이는 35~80 cm. 줄기는 한 대가 곧게 자라고, 잎은 잎자루가 길고 손바닥 모양이며, 여름에 하얀 꽃이 핌. 어린잎은 나물로 먹을 수 있음.

단피-화(單被花)명 꽃받침이나 꽃부리 가운데 어느 한쪽만을 갖춘 꽃. 〔밤나무나 뽕나무의 꽃.〕 촵무피화·양피화.

단:-필(短筆)명 잘 쓰지 못한 글씨.

단필-정죄(丹筆定罪)[-죄/-줴]명 지난날, 왕이 의율(擬律)의 서면에 붉은 글씨로 그 죄형(罪刑)을 정하여 적던 일.

단하(壇下)명 단 아래. ↔단상.

단학-흉배(單鶴胸背)[-하콩-]명 당하관(堂下官)의 문관이 관복에 붙이던, 한 마리의 학을 수놓은 흉배. 촵쌍학흉배.

단합(團合)명하자되자 ⇨단결(團結). ¶ 전 사원 단합 대회. /우리 모두 단합하여 이 어려움을 이겨 내자.

단항(團桁)명 양쪽 끝만 받친 배다리.

단항-식(單項式)명 한 개의 항으로 이루어진 식. 숫자와 몇 개의 문자의 곱으로만 이루어짐. 〔2ab, 3x³y² 따위.〕 ↔다항식.

단행(單行)명 ①혼자 감, 또는 혼자 하는 여행. ②혼자서 함. ③단 한 번만 하는 행동.

단:행(斷行)명하자되자 (반대나 위험 등을 무릅쓰고) 결단하여 실행함. 결행(決行). ¶ 양가의 반대를 무릅쓰고 결혼식을 단행했다.

단행-범(單行犯)명 단 한 번의 위법 행위로 성립된 범죄.

단행-법(單行法)[-뻡]명 포괄적인 법전에 대하여, 특정한 사항에 관해서만 제정된 법률. 〔상법에 대한 어음법 따위.〕

단행-본(單行本)명 (총서나 전집·잡지 등에 대하여) 단독으로, 한 책으로서 출판한 책. 단권책.

단향(壇享)명 단(壇)에서 지내는 제사.

단향(檀香)명 ①〈단향목〉의 준말. ②단향목의 목재.

단향-목(檀香木)명 자단(紫檀)·백단(白檀) 따위 향나무를 두루 이르는 말. 전단(栴檀). 춴단향.

단헌(單獻)명 명절 차례, 발인제, 반혼제, 고유(告由) 때, 술을 한 번 올리는 일. 촵삼헌(三獻).

단:-현(斷絃)명하자 ①현악기의 줄이 끊어짐, 또는 끊어진 그 줄. ②〔금슬(琴瑟)의 현이 끊어진다는 뜻에서〕'아내의 죽음'을 비유하여 이르는 말. ②⇨속현(續絃).

단현-운동(單弦運動)명 〈단일 현운동〉의 준말.

단호(斷乎)명 '단호하다'의 어근.

단:-하다(斷乎-)혱여 (결심한 것을 실행하는 태도가) 딱 끊은 듯이 매우 엄격하다. 단연하다. ¶ 단호한 조처를 취하다. 단호-히튄.

단호-흉배(單虎胸背)명 당하관(堂下官)의 무관이 관복에 붙이던, 한 마리의 범을 수놓은 흉배. 촵쌍호흉배.

단혼(單婚)명 일부일처의 혼인. ↔복혼(複婚).

단:-혼(斷魂)명 넋을 잃을 만큼 애통함.

단:-화(短話)명 짧은 이야기.

단:-화(短靴)명 목이 없거나 짧은 구두. ↔장화.

단화-과(單花果)명 하나의 꽃에서 생긴 열매. 춴단과. 촵복화과.

단환(團環)명 배목이 달린 둥근 문고리.

단황-란(端黃卵)[-난]명 노른자위가 알의 한쪽으로 치우쳐 있는 알.

단회(團會)[-회/-훼]명 (분위기가 좋은) 원만한 모임.

달¹(옛)닻. ¶ 달 뎡: 碇(訓蒙中25).

달²튄(옛)따로. ¶ 왼녘 피 달 담고 올흔녁 피 달 다마(月釋1:7).

닫다¹[-따][달으니·달아]자타 빨리 뛰어가거나 뛰어오거나 하다. 달리다.

> **닫는 데 발 내민다**속담 일에 열중하고 있는데 중간에서 방해한다는 말.

> **닫는 말에 채질한다**속담 잘하거나 잘되어 가는 일을 더 잘하거나 잘되도록 부추기거나 몰아침을 이르는 말. 가는 말에 채찍질.

닫다²[-따]태 ①틔어 있는 곳을 문 따위로 가리어 막다. ¶ 창문을 닫다. /문을 닫다. ②(열려 있는 그릇 따위를) 뚜껑으로 덮어 가리다. ③하던 일을 그만두거나 한동안 하지 않다. ¶ 추석 연휴 동안 가게를 닫다. ④《'입'을 목적어로 하여》 굳게 다물다. ¶ 기자들의 질문에 입을 닫고 침묵으로 일관했다. ↔열다².

닫아-걸다[~거나·~걸어]태 문이나 창 따위를 닫고 빗장을 지르거나 고리를 걸다. ¶ 대문을 닫아걸다.

닫줄명(옛)닻줄. ¶ 닫줄 람: 纜(訓蒙中25).

닫-집[-찝]명 ①궁궐의 법전 안의 옥좌 위에 장식으로 만들어 다는 집의 모형. ②법당의 불좌(佛座) 위에 장식으로 만들어 다는 집의 모형. 감실(龕室). 당가(唐家). 천개(天蓋).

닫-치다태 문이나 창 따위를 힘주어 닫다.

닫-히다[다치-]태 ('닫다²'의 피동) 닫음을 당하다. ¶ 문이 바람에 닫히다.

달¹Ⅰ명 ①지구의 위성. 지구에서 가장 가까운 거리에 있는 천체. 약 27.32일을 주기로 지구 둘레를 공전하면서 약 29.53일을 주기로 차고 기우는데, 스스로 빛을 내지 못하고 반면(半面)에 햇빛을 받아 밝은 빛을 냄. 월구(月球). 태음(太陰). ②한 해를 열둘로 나눈 하나를 단위로 하는 기간. ¶ 달이 가고 해가 가다. ③임신 기간. ¶ 달이 덜 차서 태어난 아이. Ⅱ의 30(또는 31)일을 한 단위로 세는 단위. ¶ 석 달 열흘. /한 달 만에 만나다.

> **달도 차면 기운다**속담 온갖 것이 한 번 왕성하다가도 고비를 넘으면 다시 쇠하여지게 마련이라는 말.

> **달 보고 짖는 개**속담 남의 언행을 의심하여 떠드는 어리석은 사람을 두고 이르는 말.

달(이) 차다관용 ①만월이 되다. ②만삭(滿朔)이 되다. 해산할 달이 다 되다.

달²명 볏과의 다년초. 흔히, 연못가나 강변에 나며 갈대 비슷한데, 높이는 1.5~3 m. 9월에 피와 같은 꽃이 핌.

달³명 종이 연을 만드는 데 쓰는 가는 대오리. 연달. 연살.

-달준 '-다고 할'이 줄어든 말. 형용사 어간이나 시제의 '-았(었)-'·'-겠-'·'-ㄴ(는)-' 등에 붙음. ¶ 썩 예쁘달 수는 없다.

달가닥튄하자타 단단하고 작은 물건이 가볍게 부딪칠 때에 나는 소리. ¶ 부엌에 쥐가 다니는지 달가닥하는 소리가 났다. 큰덜거덕. 센딸까닥·딸가닥·딸까닥. 끵달카닥. 달가닥-달가닥튄하자타.

달가닥-거리다[-꺼-]ᄍᄐ 자꾸 달가닥달가닥
하다. 달가닥대다. ⓒ덜거덕거리다.

달가닥-대다[-때-]ᄍᄐ 달가닥거리다.

달가당ᄇ(하자타) 단단한 물체끼리 부딪쳐 울리
는 소리. ⓒ덜거덩. ⓢ달카당·딸가당·딸가당.
⑦달카당.

달가당-거리다ᄍᄐ 자꾸 달가당달가당하다. 달
가당대다. ⓒ덜거덩거리다.

달가당-대다ᄍᄐ 달가당거리다.

달각ᄇ(하자타) (자물쇠를 열거나 채울 때처럼)
작고 단단한 물건이 부딪치거나 걸릴 때 나는
소리. ⓗ대각. ⓒ덜걱. ⓢ달깍·딸각·딸깍. ⑦달
칵. 달각-달각ᄇ(하자타).

달각-거리다[-꺼-]ᄍᄐ 자꾸 달각달각하다. 달
각대다. ⓒ덜걱거리다.

달각-대다[-때-]ᄍᄐ 달각거리다.

달-감(-甘)ᄆ 한자 부수의 한 가지. '甚'·'甜'
등에서의 '甘'의 이름.

달갑다[-따][달가우니·달가워]ᄒᄇ ①마음에
들어 흐뭇하다. ¶달갑지 않은 소식. ②거리낌이
나 불만이 없다. ¶어떤 대가라도 달갑게 받겠다.

달갑잖다[-짠타]ᄒ 거리낌이나 불만이 없어 마
음이 흡족하지 않다. ¶달갑잖은 목소리. • 달
갑잖아[-짜나]·달갑잖소[-잔쏘]

달강ᄇ(하자타) 단단하고 작은 물건이 부딪칠 때
에 울리어 나는 가벼운 소리. ⓒ덜겅. ⓢ달깡·
딸강·딸깡. ⑦달캉. 달강-달강ᄇ(하자타).

달강-거리다ᄍᄐ 자꾸 달강달강하다. 달강대다.
ⓒ덜겅거리다.

달강-대다ᄍᄐ 달강거리다.

달강어(達江魚)ᄆ 성댓과의 바닷물고기. 몸길이
30cm가량. 몸빛은 등은 붉고 배는 흼. 몸은
가늘고 길며, 눈이 크고 잔비늘이 많음. 식용
함. 달궁이.

달개ᄆ 원채의 처마 끝에 잇대어 늘여 지은 집,
또는 차양을 달아 지은 의지간(倚支間).

달개비ᄆ ⇨닭의장풀.

달개-집ᄆ ①달개로 된 집. ②몸채의 뒤편 모서
리에 낮게 지은 외양간.

달걀ᄆ 닭이 낳은 알. 계란(鷄卵).

달걀도 굴러 가다 서는 모가 있다〔속담〕①어떤
일이든지 끝날 때가 있다는 말. ②좋게만 대하
는 사람도 성낼 때가 있다는 말.

달걀로 치면 노른자다〔속담〕가장 중요한 부분을
가리키는 말.

달걀-가루[-까-]ᄆ 달걀의 알맹이를 말려서 만
든 가루.

달걀-귀신(-鬼神)ᄆ 달걀 모양으로 생겼다는
귀신.

달걀-꼴ᄆ 달걀과 같이 갸름하게 둥근 모양. 난
상(卵狀). 난원형. 난형(卵形).

달걀-노른자[-로-]ᄆ ①달걀 속의, 흰자위가
둘러싸고 있는 노란 부분. ⓗ난황. ②'사물의
가장 중요한 부분'을 비유하여 이르는 말.

달걀-흰자[-힌-]ᄆ 달걀 속에서 노른자를 싸고
있는 흰 부분. ⓗ난백.

달-거리ᄆ ①달마다 한 번씩 앓는 열병. ②ᄒᄌ
⇨월경(月經). ③문학에서, 한 해 열두 달의
순서에 따라 달라진 시가의 형식. ③월령체.

달견(達見)ᄆ 사리에 밝은 식견. 뛰어난 의견.
달식(達識).

달-고기ᄆ 달고깃과의 바닷물고기. 몸길이 40cm
가량. 몸빛은 암회색으로 옆구리에 큰 암갈색
의 점이 있으며, 온몸에 작고 둥근 비늘이 덮
여 있음. 깊은 바다에 사는데, 식용함. 점도미.

달고질ᄆ〈옛〉달구질. ¶달고질ᄒ야 묻는 양ᄒ야
(內訓3:12).

달곰삼삼-하다ᄒ어 달면서 삼삼한 맛이 있다.

달곰새금-하다ᄒ어 달면서 새금한 맛이 있다.

달곰쌉쌀-하다ᄒ어 달면서 쌉쌀한 맛이 있다.

달곰씁쓸-하다ᄒ어 달면서 씁쓸한 맛이 있다.

달곰-하다ᄒ어 (감칠맛이 돌 정도로) 단맛이 있
다. ⓒ달금하다. ⑦달콤하다. 달곰-히ᄇ.

달관(達官)ᄆ 높은 관직. 고관(高官).

달관(達觀)ᄆ ①세속을 벗어난 높은 견식. ②사
물을 널리 통달한 관찰. ③ᄒᄌᄐ사소한 일
에 얽매이거나 흔들리지 않는 경지에 이르는 일.

달구ᄆ 집터 따위를 다지는 데 쓰는 기구.〔굵
고 둥근 나무 도막이나 쇳덩이 또는 돌덩이에
손잡이나 줄을 달아서 만듦.〕

달구다ᄐ ①(쇠나 돌 따위를) 불에 대어 뜨겁게
하다. ¶쇠를 달구어 연장을 만들다. ②불을 많
이 때어 방을 몹시 뜨겁게 하다. ③분위기나
감정 따위를 고조시키다. ¶축제 분위기를 달
구다.

달구이ᄆ 올벼의 한 가지. 한식(寒食) 무렵에
심으며, 까끄라기가 없고 엷은 황색임.

달구리ᄆ 새벽에 닭이 울 무렵.

달구지ᄆ 소 한 마리가 끄는 짐수레.

달구지-풀ᄆ 콩과의 다년초. 높이 30cm가량.
다섯 개의 작은 잎이 달구지의 바퀴살같이 나
며, 가을에 나비 모양의 담홍색 꽃이 핌.

달구-질ᄆ하 달구로 집터나 무덤 등의 땅을
다지는 일.

달구-치다ᄐ 꼼짝 못하게 마구 몰아치다.

달굿-대[-구때]ᄆ〔구재·군 대〕땅을 다지는 데 쓰는
큰 몽둥이.〔위쪽으로 길게 붙은 손잡이를 쥐
고 들었다 놓았다 하며 땅을 다짐.〕

달궁-이ᄆ ⇨달강어(達江魚).

달그락ᄇ(하자타) 작고 단단한 그릇이나 물건들이
서로 가볍게 부딪쳐 나는 소리. ⓒ덜그럭. ⓢ딸
그락. 달그락-달그락ᄇ(하자타).

달그락-거리다[-꺼-]ᄍᄐ 자꾸 달그락달그락
하다. 달그락대다. ¶달그락거리며 설거지하는
소리가 들린다. ⓒ덜그럭거리다.

달그락-대다[-때-]ᄍᄐ 달그락거리다.

달그랑ᄇ(하자타) 작고 얇은 쇠붙이 따위가 가볍
게 무엇에 부딪칠 때에 울리어 나는 소리. ⓒ덜
그렁. ⓢ딸그랑. 달그랑-달그랑ᄇ(하자타).

달그랑-거리다ᄍᄐ 자꾸 달그랑달그랑하다. 달
그랑대다. ⓒ덜그렁거리다.

달그랑-대다ᄍᄐ 달그랑거리다.

달근달근-하다ᄒ어 재미있고 마음에 들다.

달금-하다ᄒ어 (감칠맛이 돌 정도로) 단맛이 있
다. ⓢ달큼하다. ⑦달콤하다. 달금-히ᄇ.

달기(達氣)ᄆ ①보기에 환하여 장차 높고 귀하
게 될 기색. ②명랑하고 활달한 기운.

달기-살ᄆ 소의 다리 안쪽에 붙은 고기. 주로,
찌갯거리로 씀. 죽바디.

달기-씨개비ᄆ ⇨닭의장풀.

달가닥ᄇ하자타〈달가닥〉의 센말. ⓒ덜꺼덕.
ⓢ딸까닥.

달까당ᄇ하자타〈달가당〉의 센말. ⓒ덜꺼덩.

달깍ᄇ하자타〈달각〉의 센말. ⓒ덜꺽. ⓢ딸깍.

달깡ᄇ하자타〈달강〉의 센말. ⓒ덜껑. ⓢ딸깡.

달-나라[-라-]ᄆ 달을 지구와 같은 인간 세계
로 여겨 이르는 말. 월세계(月世界).

달-님[-림]ᄆ '달'을 의인화하여 이르는 말.
ⓟ해님.

달:다[다니·달아]짜 ①(음식을 끓이거나 약을 달일 때) 물이 바짝 졸아붙다. ②찌개가 너무 달았다. ②(쇠나 돌 따위가) 몹시 뜨거워지다. ¶시뻘겋게 단 쇠. ③속이 타거나 부끄럽거나 열이 나서) 몸이 화끈해지다. ¶너무 부끄러워서 얼굴이 화끈 달았다. ④(뜻대로 되지 않거나 불안을 느껴) 몹시 조급해지다. ¶애가 달아 어쩔 줄을 모른다. ⑤살이 얼어서 부르터 터지다.

달게 굴다관용 붙잡고 매달려서 조르다. 보채며 달라고 하다.

달다²[다니·달아]타 ①(물건을) 높이 걸어 늘어뜨리다. ¶깃대에 국기를 달다. ②(물건을) 일정한 곳에 붙이다. ¶앞가슴에 이름표를 달다. ③죽·대어 붙이다. ¶기관차에 객차를 달다. ④(기기 따위를) 시설하다. ¶전기를 달다. /에어컨을 달다. ⑤(말이나 글에) 토·주석·제목 따위를 덧붙이다. ¶한문에 토를 달다. /제목을 달다. ⑥(장부에) 셈을 기록하여 올리다. ¶장부에 외상값을 달다. ⑦윷밭에 처음으로 말을 놓다. ⑧저울로 무게를 헤아리다. ¶몸무게를 달다. ⑨(사람을 동행하거나 거느리다. ¶식구들을 달고 나섰다.

달고 치는데 안 맞는 장사가 있나속담 아무리 힘이 세어도 여러 사람의 합친 힘을 못 당한다는 말.

달:다³ [I]타 〖불완전 동사〗 남에게 무엇을 주기를 청하다. 《'달라'·'다오'로만 쓰임.》 ¶자유가 아니면 죽음을 달라. /내 책을 돌려 다오. [II]조동 남에게 무엇을 주기를 청하는 말.《주로, 동사 뒤에서 '-어 달라'·'-어 다오'의 꼴로 쓰임.》 ¶책을 빌려 달라고 하다.

달다⁴[다니·달아]형 ①맛이 꿀이나 설탕과 같다. ②입맛이 당기게 좋다. ¶시장했던 참이라 아주 달게 먹었다. ③마음에 즐거운 느낌이 있다. 마음에 들다. ¶잠을 달게 자다. ④마땅히 기껍다. (주로, '달게'의 꼴로 쓰임.) ¶벌을 달게 받다. /충고를 달게 여긴다. ☞①~③ ↔쓰다⁵.

달면 삼키고 쓰면 뱉는다속담 신의나 지조를 돌보지 않고 이익만을 꾀한다는 말.

달다 쓰다 말(이) 없다관용 입을 다물고 일체의 반응을 나타내지 아니하다.

달달¹하자타 (춥거나 두려워서) 몸을 자꾸 떠는 모양. ¶별일도 아닌데 혼날까 봐 달달 떨었다. 〈큰〉덜덜¹.

달달²부하자타 (수레바퀴 따위가) 단단한 바닥을 구르며 내는 가벼운 소리. 〈큰〉덜덜². 〈세〉딸딸.

달달³부 ①(콩이나 깨 따위의 낟알을) 이리저리 휘저어 가며 볶거나 맷돌에 가는 모양. ¶콩을 달달 볶다. ②(사람을 못 견디게 하는 모양. ¶부하 직원들을 달달 볶다. ③(물건을 이리저리 들쑤셔 뒤지는 모양. ¶주머니를 달달 뒤져도 땡전 한푼 없다. 〈큰〉들들.

달달-거리다¹짜타 (춥거나 두려워서) 몸이 자꾸 떨리다, 또는 그렇게 하다. 달달대다¹. 〈큰〉덜덜거리다.

달달-거리다²짜타 (수레바퀴 따위가 구르며) 자꾸 달달 소리가 나다, 또는 그런 소리를 내다. 달달대다². 〈큰〉덜덜거리다².

달달-대다¹짜타 ☞달달거리다¹.
달달-대다²짜타 ☞달달거리다².
달:-대[-때]명 달풀의 줄기. 〔갈대의 줄기와 비슷함.〕
달덕(達德)[-떡]명 사람이 마땅히 지켜 행해야 할 덕.

달-덩이[-떵-]명 ①둥근 달. ②'둥글고 환하게 생긴 얼굴'을 비유하여 이르는 말. ¶새색시 얼굴이 달덩이 같다.
달도(達道)[-또]명 ①마땅히 지켜야 할 도. ②하자도(道)에 통달함.
달-동네[-똥-]명 산등성이나 산비탈 따위의 높은 곳에 가난한 사람들이 모여 사는 동네.
달디-달다형 '다디달다'의 잘못.
달-떡[-떡]명 달 모양으로 둥글게 만든 흰떡. 흔히, 혼인 때 씀. 월병(月餠).
달:-뜨다[~뜨니 ~떠]짜 마음이 가라앉지 아니하고 들썽이성하다. ¶언니가 시집가는데, 왜 네가 달떠서 그러니. 〈큰〉들뜨다.
달:라타 불완전 동사 '달다³'의 해라체 명령형. ¶자유가 아니면 죽음을 달라. 왕다오¹.
달:-라다준 '달라고 하다'가 줄어든 말.¶용돈을 달라다. 왕달다³.
달라-붙다[-분따]짜타 ①끈기 있게 착 붙다. ¶껌이 옷에 달라붙어 안 떨어진다. ②끈질기게 덤벼들다. ③가까이 붙좇아 따르다. ④한곳에 꼭 붙어 있다. ¶책상에 달라붙어 공부만 한다. ⑤어떤 일에 매우 열중하다. ¶대체 에너지 연구에 열성적으로 달라붙다. 〈큰〉들러붙다.
달라-지다짜 변하여 다르게 되다. ¶몇 달 사이에 몰라보게 달라졌다.
달랑¹부 ①(작은 방울 따위가) 한 차례 흔들리어 가볍게 울리는 소리. 〈센〉딸랑. ②(작은 물건이) 매달려 있는 모양. ¶방울 매달아 놓다. ③(작은 사람이) 경망스레 행동하는 모양. 〈큰〉덜렁².
달랑-달랑부하자타. (작은 물건을) 쉽게 들어 올리거나 든 모양. ¶보퉁이를 달랑 들고 가다. 〈큰〉덜렁³.
달랑³부 (놀라거나 충격을 받아서) 가슴이 옴찔하며 울리는 모양. ¶가슴이 달랑 내려앉았다. 〈큰〉덜렁⁴. 달랑-달랑부하자.
달랑⁴부 여럿 가운데서 하나만 남아 있는 모양. ¶모두 떠나고 달랑 혼자 남다. ②가진 것이나 딸린 것이 적어서 단출한 모양. ¶수통 하나만 달랑 메고 나서다. 〈큰〉덜렁⁵.
달랑-거리다짜타 자꾸 달랑달랑하다. 달랑대다. ¶고양이가 방울을 달랑거린다. 〈큰〉덜렁거리다.
달랑-달랑부하형 (돈·식량·소모품 따위가) 거의 다 떨어져 얼마 남지 않은 모양. ¶용돈이 달랑달랑하다. /식량이 달랑달랑하다.
달랑-대다짜타 달랑거리다.
달랑-쇠[-쇠/-쉐]명 '달랑거리며 경망스레 행동하는 사람'을 이르는 말. 〈큰〉덜렁쇠.
달랑-이다 [I]짜 경박하게 까불다. 〈큰〉덜렁이다. [II]짜타 (작은 방울 따위가) 흔들리어 잇달아 소리가 나다, 또는 그런 소리를 내다. 〈큰〉덜렁이다.
달래명 백합과의 다년초. 들에 절로 나는데, 줄기는 20~50cm. 땅속에 팬 뿌리 같은 흰 비늘줄기가 있고, 잎은 가늘고 긴 대롱 모양임. 파와 같은 냄새가 나며, 양념이나 나물로 하여 먹음. 야산(野蒜).
달래다타 ①(분노·슬픔·흥분 따위를) 말이나 어떤 수단을 써서 가라앉게 하다, 또는 그런 사람의 기분을 가라앉게 하다. ¶향수를 달래다. /화를 달래다. /우는 아이를 달래다. ②그럴듯하거나 좋은 말로 잘 이끌어 꾀다. ¶너무 억박지르지 말고 잘 달래어라.
달래-달래부하자 간들간들 걷거나 행동하는 모양. ¶송아지가 달래달래 어미 소 뒤를 따라간다. 〈큰〉덜레덜레. 〈거〉탈래탈래.

달러(dollar) [I] 몝 ①미국의 돈. ②'외화(外貨)'를 비유하여 이르는 말. [II]의 ①미국의 화폐 단위. 1달러는 100센트. ②캐나다·싱가포르·말레이시아 등의 화폐 단위. 〔기호는 $〕불(弗).

달러^박스(dollar box) 몝 '돈을 벌어 주는 물건이나 사람'을 비유하여 이르는 말.

달러^지역(dollar地域) 몝 자국 통화 가치의 안정 기준을 달러에 두고, 대외 거래 전반을 달러로 하고 있는 지역.

달러-환(dollar換) 몝 액면 금액이 미국의 화폐 단위로 표시된 환.

달려-가다 짜 뛰어가다. ¶비명 소리를 듣고 맨발로 급히 달려갔다.

달려-들다 [~드니·~들어] 짜 ①와락 대들다. 별안간 덤비다. ¶한 대 칠 듯이 달려들다. ②(어떤 일에) 적극적으로 다가가 행동하다. ¶모두 달려들어 짐을 옮기면 금방 끝낼 수 있다. ③갑자기 달려와 안기거나 매달리다. ¶소녀가 엄마 품으로 달려들었다.

달려-오다 짜타 뛰어오다. ¶늦을까 봐 단숨에 달려오다.

달력(-曆) 몝 일 년 중의 시령(時令)을 날짜를 따라 적어 놓은 것. 월력(月曆). 캘린더.

달리 閉 다르게. ¶달리 방법이 없다. /지난번과 달리 말하다.

달리(達理) 몝하짜 이치에 통달함.

달리-기 몝하짜 달음질하는 일. 경주(競走).

달리다[1] [I] 짜 빨리 가다. 뛰어가다. [II] 타 〖'닫다'의 사동〗빨리 가게 하다. 뛰어가게 하다. ¶말을 달리다. /차를 달리다.

달리다[2] 짜 ①힘에 부치다. 재주가 미치지 못하다. ¶힘이 달려 더는 못 뛰겠다. ②뒤를 잇대지 못하여 모자라다. ¶자금이 달리다.

달-리다[3] 짜 ①〖'달다[2]'의 피동〗㉠(물건의 한 끝이) 높이 걸리거나 붙은 채 아래로 처지다. ¶처마 끝에 달린 고드름. /천장에 약봉지가 달려 있다. ㉡몸통에 달린 것이 붙어 있다. ¶꼬리가 아홉 달린 여우. ㉢가설되어 있다. ¶전기가 달려 있다. ㉣(저울에) 얹히다. ¶돼지가 저울에 달리다. ㉤(열매나 이슬 따위가) 생겨서 붙어 있다. ¶풀잎에 달린 이슬. /조롱조롱 달린 대추. ②어떤 관계에 좌우되다. ¶성공을 하느냐 못 하느냐는 네 노력에 달렸다. ④매이거나 딸리다. ¶내 몸에 달린 네 식구.

달:리아(dahlia) 몝 국화과의 다년초. 멕시코 원산의 관상용 화초. 줄기는 2m가량 자라며, 굵은 덩이뿌리로 번식함. 초여름에서 가을에 걸쳐 원줄기와 가지 끝에 국화 모양의 꽃이 핌. 양국(洋菊).

달리-하다 타여 ①다른 조건(환경)에 처하다. ¶운명을 달리하다. /처지를 달리하다. ②다른 수단·방법에다 해법(解法)을 달리하여 풀어 보다. ↔같이하다.

달릴-주(-走) 몝 한자 부수의 한 가지. '赴'·'起'·'趙' 등에서의 '走'의 이름.

달립-문골 [-門-] [-리-꼴] 돌쩌귀가 달린 쪽의 울거미 문골.

달마(達磨←dharma 법) 몝 불교에서, '법·진리·본체·궤범(軌範)·이법(理法)·교법(教法)' 등의 뜻을 나타내는 말.

달-마중 몝하짜 ▷달맞이.

달마티카(dalmatica 라) 몝 가톨릭에서, 장엄 미사나 대례 미사 때 부제(副祭)가 입는 예복을 이르는 말.

달막-거리다[1] [-꺼-] 짜타 자꾸 달막달막하다. 달막대다[1]. ⑭들먹거리다.

달막-거리다[2] [-꺼-] 짜타 자꾸 남의 일을 들추어 이야기 삼다. 달막대다[2]. ¶남의 일을 달막거리며 입에 올리지 마라. ⑭들먹거리다[2]. ⑯딸막거리다.

달막-달막 [-딸-] 閉하짜타 ①목직한 것이 자꾸 들렸다가 내려앉는 모양. ②(어깨나 엉덩이 등 몸의 일부가) 아래위로 자꾸 가벼이 움직이는 모양. ¶어깨를 달막달막 장단을 맞추다. ③값이나 시세가 자꾸 오르내리는 모양. ¶물가가 달막달막하다가 이내 안정되다. ④(홍분하여) 가슴이 울렁대는 모양. ¶가슴을 달막달막하며 발표를 기다리다. ⑭들먹들먹. ⑯딸막딸막.

달막-대다[1] [-때-] 짜타 ▷달막거리다[1].

달막-대다[2] [-때-] 짜타 ▷달막거리다[2].

달막-이다[1] 짜타 ①목직한 것이 자꾸 들렸다 내려앉다 하다. ②(어깨나 엉덩이 등 몸의 일부가) 아래위로 자꾸 가벼이 움직이다. ③값이나 시세가 자꾸 오르내리다. ④(홍분하여) 가슴이 울렁이다. ⑭들먹이다[1].

달막-이다[2] 타 남의 일을 들추어 말하다. ¶왜 그 사람을 달막이는 거냐? ⑭들먹이다[2]. ⑯딸막이다.

달망-이 몝 돌에 폭약 구멍을 비스듬히 가로 뚫으려고, 꽂고 메로 치는 쇠막대기.

달-맞이 몝하짜 농가에서, 정월 보름날 땅거미 때 횃불을 켜 들고 산이나 들에 나가 뜨는 기를 기다려 맞는 일. 〔달빛을 보고 그해의 길흉을 점치는데, 달빛이 붉으면 가물고, 희면 장마가 진다고 함.〕달맞이[迎月].

달맞이-꽃 [-꼳] 몝 바늘꽃과의 이년초. 칠레 원산으로 각지에 분포하는데, 줄기는 1m 이상 자람. 잎은 가늘고 길며 끝이 뾰족함. 여름 저녁에 노란 꽃이 잎겨드랑이에 한 송이씩 피어서 아침에는 시듦. *달맞이꽃이[-꼬치]·달맞이꽃만[-꼰-].

달-머슴 몝 ①한 달을 한정하여 머슴살이하는 일, 또는 그 사람. ②달마다 그달의 품삯을 정하고 하는 머슴살이, 또는 그 사람.

달목 몝 (수평을 유지하기 위해) 천장을 보꾹에 달아 낸 나무쪽.

달-무늬 [-니] 몝 초승달 모양으로 된 무늬.

달-무리 몝 달 언저리에 둥그렇게 둘리어 구름같이 보이는 허연 테. 월훈(月暈). ¶달무리가 서다. ⑭햇무리.

달문(達文) 몝 ①익숙한 솜씨로 잘 지은 글. ②문맥이 분명하고 뜻이 잘 통하는 세련된 문장.

달-물 몝 달마다 물장수에게 얼마씩의 값을 주고 사서 쓰는 물.

달-밀 [-밀] 몝 솥 밑의 둥근 부분. *달밑이[-미치]·달밑을[-미틀]·달밑만[-민-].

달:-바자 몝 달풀로 엮어 만든 바자.

달:-발 [-빨] 몝 달풀로 엮어 만든 발.

달:-밤 [-빰] 몝 달이 뜬 밤. 달이 떠서 밝은 밤. 월야(月夜).

달밤에 체조하다〔관용〕격에 맞지 않는 행동을 할 때 핀잔으로 이르는 말.

달-변(-邊) [-뻔] 몝 달로 계산하는 변리. 월리(月利). 월변(月邊).

달변(達辯) 몝 ▷능변(能辯). ↔눌변.

달변-가(達辯家) 몝 말을 막힘이 없이 능숙하게 잘하는 사람.

달-별 몝 ▷위성(衛星).

달병(疸病) [-뼝] 몝 ▷황달(黃疸).

달보드레-하다[형어] 연하고 달큼하다. ⓐ들부드레하다.

달본(達本)[명] ☞신본(申本).

달-불이기[명] 농가에서, 정월 열나흗날 저녁에 콩 열두 알로 열두 달을 표시하여 수수깡 속에 넣고 지푸라기에 매달아 우물에 넣었다가, 이튿날 새벽에 꺼내어 그 콩이 물에 많이 불었느냐 적게 불었느냐에 따라 그해의 가뭄과 장마 여부를 점치는 일. 월자(月滋). 윤월(潤月).

달-빛[-삧][명] 달에서 비쳐 오는 빛. 월광(月光). 월색(月色). *달빛이[-삧치]·달빛만[-삔-]

달사(達士)[-싸][명] 이치에 밝아서 사물에 얽매이지 않는 사람. ¶지인(至人) 달사.

달-삯[-싹][명] 한 달을 단위로 하여 계산하는 품삯. *달삯이[-싹씨]·달삯만[-쌍-]

달상(達相)[-쌍][명] 장차 귀하고 높이 될 상. 장래에 영달할 상격(相格).

달성(達成)[-썽][명][하다][되자] 뜻한 바를 이룸. ¶목표를 달성하다. /일이 계획대로 달성되다.

달^세뇨(dal segno 이)[명] 악보에서 쓰이는 용어의 한 가지. §(세뇨로 돌아가서 연주하라는 뜻. [약호 D.S.]

달소(達宵)[-쏘][명][하자] ☞달야(達夜).

달-소수[명] 한 달이 좀 지나는 동안. ¶달소수나 소식이 없다.

달-쇠[-쇠/-쉐][명] 문짝 따위를 달아 매는 갈고랑쇠.

달-수(-數)[-쑤][명] 달의 수. 월수(月數). ¶달수가 덜 차서 태어난 아이.

달식(達識)[-씩][명] 사물의 전체나 장래를 내다보는 뛰어난 견식. 달견(達見).

달싹-거리다[-꺼-][자타] 자꾸 달싹달싹하다. 달싹대다. ¶얌전히 공부하는 애를 왜 자꾸 달싹거리느냐? ⓑ들썩거리다. (솅딸싹거리다.

달싹-달싹[-딱-][부][하자][타] ①가벼운 물건이 살짝 들렸다 가라앉았다 하는 모양. ¶물이 끓는지 주전자 뚜껑이 달싹달싹한다. ②가벼운 물건을 들었다 놓았다 하는 모양. ③(무엇에 자극을 받아) 물이 달떠서 움직이는 모양. ④(남에게 자극 따위를 주어) 마음을 흔들어 움직이게 하는 모양. ⑤어깨나 궁둥이가 가볍게 위아래로 움직이는 모양. ¶어깨가 달싹달싹하는 걸 보니 좋고 있는 모양이다. /궁둥이를 달싹달싹하는 걸 보니 나가고 싶은 모양이다. ⓑ들썩들썩. (솅딸싹딸싹.

달싹-대다[-때-][자타] 달싹거리다.

달싹-배지기[-빼-][명] 밭뒤축만 들릴 정도로 배지기 하는 씨름 기술의 한 가지.

달싹-이다[자타] ①가벼운 물건이 살짝 들렸다 가라앉았다 하다. ②가벼운 물건을 들었다 놓았다 하다. ③(무엇에 자극을 받아) 마음이 달떠서 움직이다. ④(남에게 자극 따위를 주어) 마음을 흔들어 움직이게 하다. ⑤어깨나 궁둥이가 가볍게 위아래로 움직이다. ⓑ들썩이다. (솅딸싹이다.

달싹-하다[-싸카-][Ⅰ][타어] 한 차례 약간 들었다 놓다. ⓑ들썩하다.
Ⅱ[형어] 붙었던 것이 조금 떠들려 있다. ¶달싹한 곳을 찾아 풀로 붙이다. ⓑ들썩하다.

달아[형](옛)('다르다'의 활용형) 달라. ¶나랏말쌈미 中듕國귁에 달아(訓諺).

달아-나다[자] ①(뒤쫓는 것으로부터 잡히지 않으려고) 빨리 내닫다. 내빼다. ¶쏜살같이 달아나다. ②(잡혀 있던 곳에서) 도망치다. ¶범인이

달아나다. ③(본디 달려 있던 것이) 떨어져 나가거나 사라져 없어지다. ¶옷고름이 달아난 저고리. ④(어떠한 의욕이나 느낌 따위가) 사라지다. ¶잠이 달아나다. /먹고 싶은 생각이 달아나다.

달아나는 노루 보고 얻은 토끼를 놓았다(속담) 큰 것을 탐내다가 가진 것마저 잃었다는 말.

달아나면 이밥 준다(속담) 일이 궁하게 되면 달아나는 것이 상책이라는 말.

달아-내다[타] 덧내어 늘이다.

달아-매다[타] ①높이 걸어 드리워지도록 잡아매다. ¶헛간에 메주를 달아매다. ②딴 데로 가지 못하게 움직이지 않는 물건에 묶다. ¶말뚝에 소를 달아매다.

달아-보다[타] ①저울로 무게를 떠보다. ¶체중을 달아보다. ②사람의 됨됨이를 시험해 보다. ¶인격을 달아보다.

달아-오르다[~오르니·~올라][자르] ①쇠붙이 따위가 몹시 뜨거워지다. ¶부집게가 빨갛게 달아오르다. ②(애가 타거나 열이 나서) 몸이 뜨거워지다. 얼굴 등이 화끈해지다. ¶그리움에 가슴이 달아오르다. /부끄러워 얼굴이 빨갛게 달아오르다. ③분위기나 감정 따위가 몹시 고조되다. ¶축구 열기가 뜨겁게 달아올랐다.

달애다[타](옛) 달래다. ¶하놀히 달애시니(龍歌 18章).

달야(達夜)[명][하자] 밤을 새움. 밤새움. 밤샘. 경야(竟夜). 달소(達宵).

달언(達言)[명] 사리에 맞는 말. 어디에나 통하는 말.

달-월(-月)[명] 한자 부수의 한 가지. '有'·'朗' 등에서의 '月'의 이름. §육달월.

달음박-질[-찔][명][하자] 급히 뛰어가는 걸음. 구보(驅步). ¶학교까지 달음박질로 가다. ②달음질·담박질.

달음박질-치다[-찔-][자] 힘 있게 달음박질하다. ¶도둑이 달음박질쳐서 달아났다.

달음-질[-찔][명]①뛰어 달리는 경기를 통틀어 이르는 말. ②[하자]〈달음박질〉의 준말.

달음질-치다[-찔-][자] 힘 있게 달음질하다.

달의(達意)[명] 자기의 의사를 남이 잘 알 수 있게 나타내는 일, 또는 자기의 의사가 남에게 잘 통하는 일.

달이[부](옛) 달리. 특별히. ¶뇹두군 달이 주샤(杜重5:46).

달이다[타] ①끓여서 진하게 하다. ¶간장을 달이다. ②끓여서 우러나게 하다. ¶탕약을 달이다. /보약을 달이다.

달인(達人)[명] ①학문이나 기예의 어떤 분야에 통달한 사람. ②널리 사물의 이치에 정통한 사람. 달관한 사람. 달자(達者). 명인(名人).

달인-대관(達人大觀)[명] 달인은 사물의 전체를 잘 헤아려 빠르게 판단하고 그릇됨이 없다는 말.

달자(達者)[-짜][명] ☞달인(達人).

달자(韃子)[-짜][명]〔'서북변의 오랑캐'라는 뜻으로〕 중국 명나라에서 몽고족을 이르던 말.

달작(達作)[-짝][명] ☞걸작(傑作).

달-장[-짱][명] 거의 한 달 동안. ¶달장이나 소식이 없다.

달-장근(-將近)[-짱-][명] (지나간 날짜가) 거의 한 달 가까이 되는 일, 또는 그런 기간. ¶장마가 달장근이나 계속되었다.

달재(達才)[-째][명] 사리에 통달한 재주, 또는 그러한 사람.

달제-어(獺祭魚)[-쩨-]閉 〔수달이 물고기를 잡아서는 먹지 않고 제사 지내듯 벌여 놓고만 있다는 뜻에서〕'시문을 지을 때 많은 서적을 늘어놓고 참고함'을 비유하여 이르는 말.

달존(達尊)[-쫀]閉 세상 사람이 모두 섬겨 받들 만한 사람.

달증(疸症)[-쯩]閉 ☞황달(黃疸).

달-집[-찝]閉 달맞이할 때 불을 질러 밝게 하기 위하여 생솔 가지 따위를 쌓아 집채처럼 만든 나무 무더기.

달짜지근-하다[-찌-]형여 조금 달큼한 맛이 있다. 센들쩍지근하다. 참달착지근하다. **달짝지근-히**閉.

달차근-하다형여 〈달착지근하다〉의 준말.

달착지근-하다[-찌-]형여 조금 달큼한 맛이 있다. ¶국물 맛이 달착지근하다. 준달차근하다. 센들쩍지근하다. 참달짝지근하다. **달착지근-히**閉.

달-차다자 ①(물건이) 오래 써서 닳아 해지거나 구멍이 뚫리다. ¶신발이 달찬다. ②(많던 물건이) 조금씩 써서 다 없어지게 되다. ¶뒤주의 쌀이 달찬다.

달-첩(-妾)閉 한 달에 얼마씩 받기로 하고 몸을 파는 여자.

달첩-질(-妾-)[-찔]閉하자 달첩 노릇을 하는 것.

달초(撻楚)閉하타 (어버이나 스승이 잘못을 훈계하느라고) 회초리로 볼기나 종아리를 때림. 초달. ¶달초를 받으며 자라다.

달:치다Ⅰ자 몹시 뜨겁게 달다. ¶시뻘겋게 달친 쇠꼬챙이.
Ⅱ타 바싹 졸아들도록 끓이다. ¶약을 진하게 달치다.

달카닥閉하자타 (기계 따위가 움직이다가) 무엇에 걸리거나 멈출 때 나는 소리. 큰덜커덕. 센딸카닥. 여달가닥. **달카닥-달카닥**閉하자타.

달카닥-거리다[-꺼-]자타 자꾸 달카닥달카닥하다. 달카닥대다. 큰덜커덕거리다.

달카닥-대다[-때-]자타 달카닥거리다.

달카당閉하자타 쇠붙이로 된 물체가 부딪쳐 날카롭게 울리는 소리. 큰덜커덩. 센딸카당. 여달가당. **달카당-달카당**閉하자타.

달카당-거리다자타 자꾸 달카당달카당하다. 달카당대다. ¶세찬 바람에 문이 달카당거리다. 큰덜커덩거리다.

달카당-대다자타 달카당거리다.

달칵閉하자타 (작은 기계나 쇠붙이로 된 연장 따위가 움직이다가) 문득 무엇에 걸리거나 고장으로 멈출 때 나는 소리, 또는 그 모양. 큰덜 칵. 센딸칵. 여달각. **달칵-달칵**閉하자타.

달칵-거리다[-꺼-]자타 자꾸 달칵달칵하다. 달칵대다. 큰덜컥거리다.

달칵-대다[-때-]자타 달칵거리다.

달캉閉하자타 (쇠붙이로 된 기계 따위가) 움직이다가 문득 맞닿아 나는 소리. 큰덜컹. 센딸캉. 여달강. **달캉-달캉**閉하자타.

달캉-거리다자타 자꾸 달캉달캉하다. 달캉대다. 큰덜컹거리다.

달캉-대다자타 달캉거리다.

달콤새콤-하다형여 조금 달콤하면서 새콤한 맛이 있다. ¶달콤새큼한 석류의 맛.

달콤-하다형여 ①(감칠맛이 돌 정도로) 알맞게 달다. 큰달큼하다. 여달곰하다. ②아기자기하게 마음을 사로잡는 느낌이 있다. ¶달콤한 말로 속삭이다. **달콤-히**閉.

달큼-하다형여 맛이 꽤 달다. 작달콤하다. 여달금하다. **달큼-히**閉.

달통(達通)閉하자타 사리에 정통하다. ¶풍수지리에 달통하다.

달-팔십(達八十)[-씹]閉 〔주나라 때 강태공(姜太公)이 여든 살에 정승이 되어 80년을 호화롭게 살았다는 데서〕'호화롭게 삶'을 이르는 말. 참궁팔십(窮八十).

달팽이閉 달팽잇과의 연체동물을 통틀어 이르는 말. 나선형의 껍데기를 지고 다니며, 암수한몸으로 늘 뱀생임. 머리에 두 쌍의 더듬이가 있는데, 한 쌍의 끝에는 명암만을 알아내는 눈이 있음. 밤이나 여름철의 습기가 많은 때에, 이끼를 갉아 먹거나 나무나 풀 위에 기어올라가 어린잎 따위를 먹음. 산와(山蝸). 와우(蝸牛).

달팽이 눈이 되다관용 (핀잔을 받거나 겁이 나서) 움찔하고 기운을 펴지 못하다.

달팽이 뚜껑 덮는다관용 입을 꼭 다물고 좀처럼 말을 하지 않으려고 하다.

달팽이-관(-管)閉 내이(內耳)의 일부로서, 달팽이 집 모양으로 말려 있는 관. 고막에 전하는 음파를 받아서 감수(感受)함. 와우각(蝸牛殼).

달-포閉 한 달 이상이 되는 동안. 월경(月頃). 월여(月餘). ¶떠난 지 달포가 되도록 소식이 없다. 센날포.

달-풀閉 볏과의 다년초. 높이 2m. 잎은 어긋나며 8~9월에 자주색 꽃이 핌. 우리나라·일본 등지에 분포함.

달-품1閉 한 달에 얼마씩의 품삯을 받기로 하고 파는 품. 참날품.

달-품2閉 달물의 꽃.

달-피나무閉 피나뭇과의 낙엽 활엽 교목. 골짜기의 숲 속에서 남. 꽃은 6월에 산방 꽃차례로 액생(腋生)하고, 둥근 열매는 9월에 익음. 재목은 가구를 만들고, 나무껍질은 새끼 대용으로도 쓰임.

달필(達筆)閉 글씨를 잘 쓰는 일, 또는 그러한 글씨. 능필(能筆). ↔악필.

달-하다(達-)자타여 ①(일정한 정도나 양에) 이르다. ¶공업 기술이 국제 수준에 달하다. / 수십만에 달하는 피난민. ②(일정한 곳에, 또는 어떠한 상태에) 다다르다. ¶목적지에 달하다. ③득意를 이루다.

달호다〈옛〉다루다. 부리다. ¶몰 달홀 어:馭(訓蒙下9).

달효(達孝)閉 세상 사람이 다 인정하는, 한결같이 지극한 효도.

달히다타〈옛〉달이다. ¶달힐 전:煎(類合下41).

닭[닥]閉 꿩과의 새. 대가리에 붉은 볏이 있고, 날개는 짧아 날지 못함. 알과 고기의 생산을 위해 사육하나 애완용으로도 기름. 품종이 다양함. *닭이[달기]·닭으로[달그-]·

닭 소 보듯, 소 닭 보듯속담 서로 마주 보고도 덤덤하게 대하거나, 상대편의 하는 일에 아무런 관심이 없음을 이르는 말.

닭 잡아먹고 오리발 내어 놓는다속담 자신이 저지른 나쁜 일이 드러나게 되자 엉뚱한 수단으로 남을 속이려 한다는 말.

닭 쫓던 개 지붕[먼산] 쳐다보듯속담 애써 이루려던 일이 실패로 돌아가 어이없게 된 것을 이르는 말.

닭-고기[닥꼬-]閉 닭의 살코기. 계육(鷄肉).

닭-고집(-固執)[닥꼬-]閉 쓸데없이 부리는 고집, 또는 그러한 고집을 부리는 사람. ¶닭고집 부리지 말고 그만 양보해라.

닭-곰탕(-湯)[닥꼼-]圓 닭을 고아 살을 뜯어 양념한 다음, 다시 닭국물에 넣어 끓인 국.

닭-국[닥꾹]圓 닭고기와 무 조각을 함께 넣고 끓인 맑은장국. 계탕(鷄湯).

닭-김치[닥낌-]圓 닭의 내장을 빼고 그 안에 다진 쇠고기, 채로 썬 표고, 석이 등을 두부와 함께 양념하여 넣고 삶은 다음, 닭을 건져 고기를 뜯고 안에 든 것을 헤뜨려서 그릇에 담아 햇김 칫국을 섞은 닭국물을 넣어 간을 맞추고 얼음을 띄워 만든 음식.〔흔히, 삼복더위에 먹음.〕

닭-날[당-]圓 ⇨유일(酉日).

닭-도리탕(-とり〔鳥〕湯)[닥또-]圓 '닭볶음탕'으로 순화.

닭-둥우리[닥뚱-]圓 ①둥우리처럼 만든 닭의어리. ②둥우리로 된 닭의 보금자리.

닭-똥[닥-]圓 닭이 배설한 똥. 계분(鷄糞). 닭의똥.

닭-똥집[닥-찝]圓 '닭의 모래주머니'를 속되게 이르는 말.

닭-띠[닥-]圓 ⇨유생(酉生).

닭-백숙(-白熟)[닥빽숙]圓 닭을 튀하여 털을 뽑은 다음에 통째로 맹물에 삶은 음식.

닭-볶음탕(-湯)[닥뽂곰]圓 닭과 감자를 먹기 좋게 토막 내어 물과 양념을 넣고 바특하게 끓인 음식.

닭-살[닥쌀]圓 ①닭의 껍질처럼 오톨도톨한 살갗. ②〈소름〉의 속된 말. ¶닭살이 돋는다.

닭-서리[닥써-]圓 몇몇이 짜고 남의 집 닭을 몰래 훔쳐 잡아먹는 장난.

닭-싸움[닥-]圓하자 ①닭, 특히 싸움닭끼리 하는 싸움, 또는 싸움닭끼리 싸우게 하여 승부를 가리는 구경거리. ②한쪽 다리를 들어 올려 손으로 잡고 앙감질하면서 상대편을 밀어 넘어뜨리는 놀이. ¶닭싸움을 하다가 넘어져 무릎이 까졌다. ③'시답지 않은 싸움'을 조롱하여 이르는 말. ⑥닭쌈.

닭-쌈[닥-]圓하자 〈닭싸움〉의 준말.

닭-유(-酉)[당뉴]圓 한자 부수의 한 가지. '酊'・'酒' 등에서의 '酉'의 이름.

닭의-똥[달긔-/달게-]圓 ⇨닭똥.

닭의-어리[달긔-/달게-]圓 나뭇가지나 싸리 같은 것으로 엮어 만든, 닭을 가두거나 넣어 두는 물건.

닭의-장(-欌)[달긔-/달게-]圓 ①닭을 가두어 두는 장. ②밤에 닭이 들어가 쉬고 자게 만든 장. 계사(鷄舍). 닭장.

닭의장-풀(-欌-)[달긔-/달게-]圓 닭의장풀과의 일년초. 길가나 냇가의 습지에 절로 나는데, 줄기는 가로 벋고 마디가 굵음. 잎은 끝이 뾰족하고 어긋맞게 나며 여름에 하늘색 꽃이 핌. 한방에서는 잎의 생즙을 화상 따위에 약으로 씀. 계장초(鷄腸草). 달개비. 달기씨개비.

닭의-홰[달긔-/달게-]圓 닭의장이나 닭의어리 속에 닭이 올라앉을 수 있도록 가로질러 놓은 막대기.

닭-장(-欌)[닥짱]圓 ⇨닭의장.

닭장-차(-欌車)[닥짱-]圓 '죄수 등을 태우기 위해 창문에 철망을 둘러친 차'를 속되게 이르는 말.

닭-잦추다[닥짣-]자 새벽에 닭이 잦추어 울다.

닭-죽(-粥)[닥쭉]圓 닭고기를 고아 낸 국물에 찹쌀을 넣어 쑨 죽.

닭-찜[닥-]圓 닭고기를 잘게 토막 내서 양념을 하고 냄비에 넣어 바특하게 끓인 찜.

닭-튀김[닥-]圓 통닭이나 토막 낸 닭고기를 기름에 튀긴 요리.

닭-해[다캐]圓 ⇨유년(酉年).

닮:다[담따]자타 ①저절로 비슷하게 생기다. ¶돌아가신 아버지를 많이 닮았다. ②어떤 것을 본떠서 그와 같아지다. ¶나쁜 친구를 닮다. * 닮아[달마]・닮고[담꼬]・닮는[담-]

닮은-꼴[달:-]圓 ①크기만 다른, 서로 닮은 둘 이상의 도형. ②모습이나 모양 등이 판에 박은 듯이 서로 비슷한 것. ¶그 집 부부는 남매처럼 닮은꼴이다.

닮음비圓 두 다각형의 대응되는 각이 같거나 변의 비(比)가 같은 일.

닮음-비(-比)圓 닮은 두 도형의 대응하는 변끼리의 비. 상사비(相似比).

닳다[달타]자 ①(물건이) 오래 써서 낡아지거나 줄어들다. 갈리어 모자라지다. ¶구두가 다 닳았다. /연필이 닳다. ②액체 따위가 졸아들다. ¶국이 너무 닳아서 짜다. ③세파에 시달리거나 어려운 일을 많이 겪어 성질이나 생각 따위가 약아지다. * 닳아[다라]・닳는[달른]・닳소[달쏘]

닳고 닳다[관용] 세파에 시달려서 약아빠지다.

닳아-먹다[다라-따]圓 '세파에 시달리거나 어려운 일을 많이 겪어 성질이나 생각 따위가 몹시 약아지다'는 뜻을 속되게 이르는 말.

닳아-빠지다[다라-]圓 세파에 시달리거나 어려운 일을 많이 겪어 성질이나 생각 따위가 몹시 약다.

담¹圓 (집의 둘레나 일정한 공간을 막기 위하여) 흙이나 돌 따위로 쌓아 올린 것. 담장. 장옥(墻屋). 장원(墻垣). ¶담을 쌓다. /남의 집 담을 넘다.

담 구멍을 뚫다[관용] 도둑질하다.

담²圓 ⇨창병(瘡病).

담³圓 머리를 빗을 때, 빗에 빗기는 머리털의 결. ¶담이 좋다.

담:⁴圓 〈다음〉의 준말. ¶담은 네 차례다.

담(毯)圓 짐승의 털을 물에 빨아 짓이겨 편평하고 두툼하게 만든 조각. 담요 따위의 재료로 쓰임.

담:(痰)圓 ①⇨가래². ②접질리거나 삔 부위에 몸을 순환하던 분비액이 응결되어 결리고 아픈 증상. ¶담이 들다. ③〈담병(痰病)〉의 준말.

담:(曇)圓 구름이 끼어 날이 흐린 현상.

담:(膽)圓 ①쓸개. 담낭. ②〈담력〉의 준말.

담-(淡)〔접두〕 '빛깔을 뜻하는 한자어 명사 앞에 붙어] '빛깔의 엷음'을 뜻함. ¶담황색. /담록색. ↔농(濃).

-담(談)〔접미〕 한자어로 된 일부 명사 뒤에 붙어, '그것에 관한 이야기'임을 뜻함. ¶경험담. /성공담. /여행담.

-담〔어미〕 형용사 어간이나 높임의 '-시-'나 시제의 '-았(었)-'・'-겠-' 등에 붙어 쓰이는, 해체의 종결 어미. '-단 말인고'의 뜻으로, 가볍게 핀잔을 주거나 의문을 나타낼 때 쓰임. ¶뭐가 그리 우습담. 魯-ㄴ담.

담가(擔架)圓 ⇨들것.

담가(譚歌)圓 ⇨발라드.

담-가라圓 털빛이 거무스름한 말.

담:-갈색(淡褐色)[-쌕]圓 연한 갈색.

담:-결석(膽結石)[-썩]圓 한방에서, 목구멍에 가래가 뭉쳐 붙어 뱉을 수도 없고 삼킬 수도 없는 병을 이르는 말.

담:-결석(膽結石)[-썩]圓 ⇨담석(膽石).

담:-관(膽管)圓 〈수담관(輸膽管)〉의 준말.

담:-괴(痰塊)[-괴/-궤]圓 살가죽 속에 생기는 종독(腫毒)과 같은 멍울.〔습담이 돌아다니다 뭉쳐서 생기는데, 아프지는 않음.〕

담:-교(淡交)圓 사심이 없는 담박한 사귐.

담구(擔具)圓 어깨에 메고 물건을 나르는 기구를 통틀어 이르는 말.

담그다[담그니·담가]囼 ①액체 속에 집어넣다. ¶시냇물에 발을 담그다. /빨래를 담그다. ②(술·간장·김치·젓갈 따위를 만들 때) 익거나 삭게 하려고, 재료를 버무려 그릇에 넣다. ¶김치를 담그다.

담금-질冏[하타] ①쇠를 불에 달구었다가 찬물 속에 담그는 일. ②'끊임없이 훈련을 시킴'을 비유하여 이르는 말. ③낚시를 물에 담갔다가 건졌다가 하는 일.

담:기(膽氣)[-끼]冏 ⇨담력(膽力).

담-기다¹[자]『'담그다'의 피동』담금을 당하다. ¶사과가 담긴 상자. /정성이 가득 담긴 선물.

담-기다²[자]『'담그다'의 피동』담금을 당하다. ¶배추김치가 맛있게 잘 담겼다.

담-꾼(擔-)冏 무거운 짐을 틀가락 따위로 메어 나르는 품팔이꾼.

담:낭(膽囊)冏 간장에서 분비되는 쓸개즙을 일시적으로 저장·농축하는, 얇은 막의 주머니로 된 내장. 쓸개. 담(膽).

담:낭-염(膽囊炎)[-념]冏 쓸개즙의 분비에 장애가 생겼을 때, 혈액이나 장에서 세균의 감염을 받아 일어나는 쓸개의 염증.

담:-녹색(淡綠色)[-쌕]冏 엷은 녹색. 연두. ㉤담록(淡綠).

담:다[-따]囼 ①(어떠한 물건을) 그릇이나 부대 같은 데 넣다. ¶쌀독에 쌀을 담다. /감자를 담은 바구니. (욕설 따위를) 입에 올리다. ③(어떤 생각이나 사상 따위를) 글이나 그림 같은 데 나타내다. ¶뜨거운 인간애를 담은 소설. ④(어떤 감정을) 표정으로 드러내다. ¶기쁨을 담은 얼굴. ⑤(어떤 감정을) 풀지 않고 지니다. ¶그의 말을 마음에 담아 두지 마라.

담:-담冏 <다음담>의 준말.

담담(淡淡) '담담하다'의 어근.

담:담-하다(淡淡-)匉囵 ①빛깔이 엷고 맑다. ¶담담한 달빛. ②마음에 욕심이나 꺼림이 없이 조촐하다. ¶담담한 심경. ③맛이 느끼하지 않고 산뜻하다. ¶채소의 담담한 맛. ④(마땅히 말할 만한 자리에서) 아무 말 없이 장자로 있다. ¶담담하게 앉아만 있다. ⑤차분하고 평온하다. ¶담담한 표정. **담담-히**囝

담당(擔當)冏[하타](일을) 맡음. ¶담당 검사. /체육을 담당하다. /담당하고 있는 구역. ②⇨담당자.

담당-관(擔當官)冏 중앙 행정 기관의 최고 책임자를 도와 정책의 기획 및 연구·조사를 맡아 보는 공무원.

담당-자(擔當者)冏 일을 맡은 사람. 담당. ¶자세한 사항은 담당자에게 문의하십시오.

담대(膽大) '담대하다'의 어근.

담:대-심소(膽大心小)冏 (문장을 지을 때의 마음가짐을 말한 것으로) 담력은 크게 가지되 주의는 세심하여야 한다는 말. 〔'당서(唐書)'의 '은일전(隱逸傳)'에 나오는 손사막(孫思邈)의 말에서 유래함.〕

담:대-하다(膽大-)匉囵 담력이 크다. 겁이 없고 용기가 많다. ¶담대하게 일을 처리해 나가다. **담대-히**囝

담:-두시(淡豆豉)冏 한방에서, '삶은 콩을 짚으로 덮어 더운 곳에서 띄운 뒤, 겉에 생긴 곰팡이를 말리어 털어 버린 것'을 약재로 이르는 말. 열병의 약으로 쓰임.

담:략(膽略)[-냑]冏 담력과 지략, 또는 대담한 책략. ¶담략이 출중한 사람.

담:력(膽力)[-녁]冏 사물을 두려워하지 않는 기력. 겁이 없고 용감한 기운. 담기(膽氣). ¶담력을 기르는 훈련. ㉤담력.

담로(擔魯)[-노]冏 백제 때, 왕자나 왕족을 보내어 다스리던 지방 행정 구역.

담:록(淡綠)[-녹]冏 <담녹색>의 준말.

담론(談論)[-논]冏[하자타] 담화하고 논의함, 또는 담화와 논의. 논담.

담륜-자(擔輪子)[-눈-]冏 환형동물이나 연체동물의 알에서 발생하는 유생(幼生). 〔몸은 팽이 같고 투명하며, 둘레에 섬모의 테가 있음.〕

담마-진(蕁麻疹)冏 '심마진(蕁麻疹)'의 잘못.

담:-묵(淡墨)冏 묽은 먹물.

담:미(淡味)冏 담담한 맛. 진하지 아니한 맛.

담바고冏<옛> 담배.

담바귀[타:령]冏 담배를 소재로 한 잡가 또는 민요.

담박(淡泊·澹泊) '담박하다'의 어근.

담박-질[-찔]冏[하자] <달음박질>의 준말.

담:박-하다(淡泊·澹泊-)[-바카-]匉囵 담백하다.

담:반(膽礬)冏 결정수를 지닌 황산동. 삼사 정계에 딸린 결정으로 유리 광택이 나고 반투명의 푸른빛을 띰. 토제(吐劑)·살충제 등에 쓰임.

담방囝[하자타] 작고 목직한 물건이 물에 떨어져 잠길 때에 나는 소리. ¶작은 돌맹이가 담방하고 물에 떨어져 가라앉았다. ㉤덤벙. ㉐탐방. **담방-담방**囝[하자타]

담방-거리다¹[자타] 자꾸 담방담방하다. 담방대다. ㉤덤벙거리다.

담방-거리다²[자] 약간 들뜬 모양으로 서두르며 허둥거리다. ¶길을 떠날 때마다 몹시 담방거린다. 담방대다². ㉤덤벙거리다².

담방-대다¹[자타]⇨담방거리다¹.

담방-대다²[자]⇨담방거리다².

담:배冏 ①가짓과의 일년초. 남미 원산의 재배 식물로 줄기높이는 1.5∼2 m. 길둥근 잎은 길이 50 cm, 폭 25 cm가량으로 매우 크며 끝이 뾰족하고 어긋맞게 남. 여름에 담홍색 꽃이 원줄기 끝에 핌. 잎은 담배의 재료이며, 잎에 들어 있는 니코틴 성분은 농업용 살충제로 쓰임. 연초(煙草). ②담뱃잎을 말려서 가공한 기호품.〔궐련·잎담배·궐련 따위.〕

담:배-꼬투리冏 ①마른 담뱃잎의 단단한 줄기. ㉤꼬투리. ②'담배꽁초'의 잘못.

담:배-꽁초(-草)冏 담배를 다 피우고 남은 작은 도막. ㉤꽁초.

담:배-물부리[-뿌-]冏 ⇨물부리.

담:배-밤나방冏 밤나방과의 곤충. 몸길이 1.5 cm, 편 날개 길이 3.5 cm가량. 몸빛은 회갈색이고, 앞날개에는 갈색의 띠무늬가 있음. 유충은 누에 비슷한데, 담배·고추·목화 따위의 잎을 갉아 먹는 해충임.

담:배-벌레冏 담배밤나방의 유충.

담:배-설대[-때]冏 담배통과 물부리 사이에 끼워 맞추는 가느다란 대롱. 간죽(竿竹). ㉤설대.

담:배-쌈지冏 살담배나 잎담배 따위를 담거나 넣고 다니는 쌈지.

담:배-질冏[하자] 일삼아 자꾸 담배만 피우는 짓.

담:배-칼冏 잎담배를 썰어서 살담배를 만드는 데 쓰는 칼.

담:배-통(-桶)冏 ①담배를 넣어 두는 통. ②담배설대 아래에 맞추어 담배를 담는 통.

담:배-합(-盒)冏 담배나 재떨이 따위를 담아 두는 쇠붙이 따위로 만든 합.

담백(淡白) '담백하다'의 어근.

담:백-하다(淡白−)[−배카−] **형여** ①욕심이 없고 마음이 깨끗하다. ¶담백한 성품. ②느끼하지 않고 산뜻하다. ¶담백한 맛. ③빛깔이 진하지 않고 산뜻하다. 담박하다.

담:뱃-갑(−匣)[−깹/−깝] **명** 담배를 담아 두는 갑.

담:뱃-값[−배깞/−깝] **명** ①담배의 값. ②(담배를 사 피울 정도의) 약간의 용돈. ¶담뱃값이 떨어지다. ③약간의 사례금. ¶담뱃값이나 집어 주고 부탁해 보거나. *담:뱃값이[−배깝씨/−깝씨]·담:뱃값만[−배깜−/−깝−]

담:뱃-귀[−배뀌/−깨뀌] **명** 담배의 잎을 엮으려고, 잎을 딸 때 잎꼭지에 붙게 한 줄기의 부분.

담:뱃-낫[−밷낟] **명** 담뱃귀를 따는 데에 쓰이는 작은 낫. *담:뱃낫이[−밷나시]·담:뱃낫만[−밷난−]

담:뱃-대[−배때/−밷때] **명** 썬 담배를 피우는 데 쓰는 기구. 연관(煙管). 연죽(煙竹). 준대¹.

담:뱃-불[−배뿔/−밷뿔] **명** ①담배에 붙은 불. ¶담뱃불에 의한 화재. ②담배에 붙일 불. ¶담뱃불을 빌리다.

담:뱃-순(−筍)[−배쑨/−밷쑨] **명** 담배의 원순과 곁순.

담:뱃-잎[−밷닙] **명** 담배의 잎. *담:뱃잎이[−밷니피]·담:뱃잎만[−밷님−]

담:뱃-재[−배째/−밷째] **명** 담배가 탄 재.

담:뱃-진(−津)[−배찐/−밷찐] **명** 담배에서 우러나는 진.

담-벼락(−壁)[−뼈−] **명** ①담 또는 담의 겉으로 드러난 부분. ②'미욱하고 고집스러운 사람'을 비유하여 이르는 말.

담벼락하고 말하는 셈이다 **속담** 미욱하고 고집스러워 도무지 알아듣지 못하는 사람과는 더불어 말해 봐야 소용없다는 말.

담-벽(−壁) **명** 담벼락.

담:벽(淡碧) **명** 〈담벽색〉의 준말.

담:−벽색(淡碧色)[−쌕] **명** 엷은 푸른빛. 담청색. 준담벽.

담:병(痰病)[−뼝] **명** 체액(體液)이 큰 열을 받아서 생기는 병을 통틀어 이르는 말. [풍담·냉담·습담·열담·주담 따위.] 담증(痰症). 준담.

담보(擔保) **명하타** ①대차 관계에서, 채무자가 채무를 이행하지 않을 경우에 대비하여 미리 채권자에게 제공되어 채무의 이행을 확보하는 수단이 되는 것. 보증. ¶집을 담보로 제공하다. ②장차 남에게 끼칠지도 모르는 손해의 보상이 되는 것, 또는 그 보상이 되는 것을 제공하는 일.

담보^가격(擔保價格)[−까−] **명** 담보물의 시가(時價)와 이에 대한 대부금의 비율.

담보^계:약(擔保契約)[−게−/−게−] **명** 당사자의 한편인 담보자가 상대편인 피담보자에게 손해를 끼치지 않을 것을 약정하는 계약.

담보-권(擔保權)[−꿘] **명** 채무자가 채무를 이행하지 않을 경우, 채권자가 그 이행을 확보할 수 있는 권리.

담보^대:부(擔保貸付) **명** □〉담보부 대부.

담보-물(擔保物) **명** 담보로 제공하는 물건. 담보품.

담보^물권(擔保物權)[−꿘] **명** 채권 담보를 목적으로 하는 물권. [민법상의 유치권·질권·저당권을 통틀어 이르는 말.] 참용익 물권.

담보부^공채(擔保付公債) **명** 담보물을 붙여 발행하는 공채.

담보부^대:부(擔保付貸付) **명** 은행이 담보물을 잡고 하는 대부. 담보 대부.

담보부^사채(擔保付社債) **명** 회사가 담보를 제공하고 발행하는 채권.

담보^조약(擔保條約) **명** 조약을 맺은 나라 사이에서, 어떠한 사실이나 조약의 이행을 확보하기 위하여 다시 체결하는 조약.

담보^책임(擔保責任) **명** ①담보를 제공함과 동시에 생기는 책임. ②계약 당사자가 급부한 목적물이나 권리에 하자나 결함이 있을 때 부담하는 손해 배상과 그 밖의 책임.

담보^청구권(擔保請求權)[−꿘] **명** 법률 규정이나 특약에 따라 담보의 제공을 청구할 수 있는 권리.

담보-품(擔保品) **명** □〉담보물.

담:복(禫服) **명** 상중(喪中)에 있는 사람이 담제(禫祭) 뒤 길제(吉祭)까지 입는 흰 옷.

담붓-짐명 '괴나리봇짐'의 방언.

담뵈(옛) 담비. ¶담뵈 환: 獾(訓蒙上19).

담부(擔負) **명하타** 짐을 등에 지고 어깨에 멤. 짐을 메고 지고 함.

담부지역(擔負之役) **명** ①짐을 메고 지는 일. ②막벌이 일.

담북-장(−醬)[−짱] **명** ①메줏가루에 쌀가루와 고춧가루를 섞고 새앙을 이겨 넣은 다음 소금으로 간을 맞추어 익힌 된장. ②청국장.

담불¹명 마소의 '열 살'을 이르는 말.

담불² **I명** 곡식이나 나무를 쌓아 올린 무더기. ¶나무 담불. **II의** '볏 섬'을 세는 단위.

담비명 족제빗과의 동물. 몸길이 45~50 cm, 꼬리 20 cm가량. 다리는 짧고 발은 검은데, 날카로운 발톱이 있다는 나무 구멍이나 바위 틈에서 자고 밤에 많이 활동함. 털은 여름에는 누런 갈색이나 겨울에는 담색으로 변함. 산달.

담빈(옛) 담배. ¶담빈: 南草(物名3:20). **참**담바고.

담빡부 깊은 생각 없이 가볍게 행동하는 모양. ¶뜨거운 그릇을 담빡 쥐었다가 손을 데고 말았다. **원**담삭. **센**담빡.

담뿍부하형 ①가득하고 소복한 모양. ¶짐을 담뿍 싣다. ②풀이나 먹물 따위를 낙낙히 묻힌 모양. ¶붓에 먹물을 담뿍 묻히다. **큰**듬뿍. 담뿍-이부. 담뿍−담뿍부센원.

담:사(禫祀) **명** 좀 성기거나 다문다문한 모양. ¶담상담상 돋아나는 새싹. **큰**듬성듬성.

담:색(淡色) **명** 엷은 빛깔. ↔농색(濃色).

담:석(儋石) **명** ['담'은 두 항아리, '석'은 한 항아리를 나타내는 옛 중국의 단위로] ①'얼마 되지 않는 곡식'을 비유하여 이르는 말. ②'얼마 되지 않는 액수'를 비유하여 이르는 말.

담:석(膽石) **명** 사람·소·양의 담낭이나 담관에 생기는 결석(結石). 담결석.

담:석-증(膽石症)[−쯩] **명** 담낭이나 담관에 결석이 생겨 일어나는 병. 몹시 아프며 구토·발열·황달 등을 일으킴. 담석통.

담석지록(儋石之祿)[−찌−] **명** 얼마 안 되는 녹봉.

담:석-통(膽石痛) **명** □〉담석증.

담:성(痰聲) **명** 가래가 목구멍에서 끓는 소리.

담세(擔稅) **명하자** 조세를 부담함. 납세 의무를 짐.

담세^능력(擔稅能力)[−녁] **명** 조세를 부담할 수 있는 능력.

담세-자(擔稅者)몡 조세를 부담하는 사람. 납세 의무를 지는 사람.

담소(淡素) '담소(淡素)하다'의 어근.

담소(談笑)몡하자 (스스럼없이) 웃으며 이야기 함. 언소(言笑). ¶담소를 나누다.

담소(膽小) '담소(膽小)하다'의 어근.

담소-자약(談笑自若)몡하형 (놀랍거나 걱정스 러운 일이 있어도) 웃고 이야기하는 것이 평소 와 다름이 없음. 언소자약(言笑自若).

담:소-하다(淡素-)형어 담담하고 소박하다.

담:소-하다(膽小-)형어 겁이 많고 용기가 없 다. 담약(膽弱)하다.

담:수(淡水)몡 단물. 민물. ↔함수(鹹水).

담:수(痰祟)몡 한방에서 이르는 담증(痰症)의 한 가지. 기운이 허하여 몸의 각 기관이 정상 적인 기능을 잃고, 보고 듣고 말하고 움직이는 일들이 비정상적으로 되는 증세.

담:수(痰嗽)몡 한방에서, 위에 쌓여 있는 습담이 폐로 올라올 때는 기침이 나고, 담이 나올 때 는 기침이 그치는 병을 이르는 말.

담수(潭水)몡 못이나 늪의 물.

담:수-란(淡水卵)몡 ☞물수란.

담:수^양:식(淡水養殖)몡 하천이나 호소(湖沼) 따위의 민물을 이용하여 하는 양식.

담:수-어(淡水魚)몡 ☞민물고기.

담:수^어업(淡水漁業)몡 하천이나 호소(湖沼) 따위에서 민물고기를 길러 식용으로 공급하는 어업.

담:수-장(淡水醬)몡 ☞무장.

담:수-조(淡水藻)몡 민물에서 자라는 조류.

담:수-호(淡水湖)몡 담수가 모여서 된 호수. 염 분의 함유량이 1ℓ당 0.5g 이하인 호수. ↔함 수호.

담:수-화(淡水化)몡하자타 바닷물의 염분 농도 를 묽게 하여 담수로 만듦, 또는 그렇게 됨.

담:습(痰濕)몡 한방에서, 담으로 말미암아 생기 는 습기를 이르는 말.

담시(譚詩)몡 ☞발라드.

담시-곡(譚詩曲)몡 ☞발라드.

담:식(淡食)몡 (음식을) 싱겁게 먹음. ¶건강하게 살려면 담식하는 것이 좋다. ②느 끼한 음식보다 담박한 음식을 즐겨 먹음.

담심(潭心)몡 깊은 못의 중심이나 바닥.

담-쌓다[-싸타]자 ①담을 만들다. ②교제를 끊 다. 관계를 끊고 속을 주지 않다. ¶그와는 담 쌓은 지 오래다. ③하던 일을 그만두다. ¶요 즘은 술하고 담쌓고 지낸다.

담쌓고 벽 친다[관용] 좋게 사귀던 사이를 끊고 서로 멀리하다.

담쏙틘 손으로 탐스럽게 쥐거나 팔로 정답게 안 는 모양. ¶아기를 담쏙 껴안다. /꽃다발을 담 쏙 받아 들다. 큰듬쑥. 담쑥-담쑥틘

담쑥틘 '담쏙'의 잘못.

담아(淡雅) '담아하다'의 어근.

담아-내다타 ①용기나 그릇 따위에 담아서 내 놓다. ¶주인은 과일을 담아내었다. ②글 속에 어떤 내용을 나타내다. ¶문학은 총체적 현실 을 담아낸다.

담:아-하다(淡雅-)형어 맑고 아담하다.

담:액(痰液)몡 ☞쓸개즙. 담즙(膽汁).

담약(膽弱) '담약하다'의 어근.

담:약-하다(膽弱-)[-따카-]형어 담력이 약하 다. 겁이 많다. 담소(膽小)하다. ¶담약한 성 격.

담연(淡然) '담연하다'의 어근.

담:연(淡煙)몡 엷게 낀 연기. 부연 연기.

담:연-하다(淡然-)형어 욕심이 없고 깨끗하다. 담연-히틘

담:염(淡塩)몡하타 약간.

담예(擔舁)몡하타 (가마나 상여 따위를) 어깨 에 멤.

담:-요(毯-)[-뇨]몡 털 같은 것으로 굵게 짜거 나 두껍게 눌러서 만든 요. 모포.

담:용(膽勇)몡 ①담력과 용기. ②하형대담하고 용맹스러움. ¶담용한 사람.

담:운(淡雲)몡 맑고 엷게 낀 구름.

담:월(淡月·澹月)몡 으스름달.

담임(擔任)몡하타 주로 학교에서, 학급이나 학 과목을 책임지고 맡아봄, 또는 그 사람. ¶3학 년 5반을 담임하다.

담임-교사(擔任敎師)몡 초등학교·중학교·고등 학교 등에서 한 학급을 전적으로 맡아 책임지 고 지도하는 교사. 담임선생.

담임-선생(擔任先生)몡 ☞담임교사.

담:자(淡姿)몡 맑고 깨끗한 자태.

담자균-류(擔子菌類)[-뉴]몡 균류의 한 강. 몸 은 다세포의 균사가 모여 이루어지고, 유성 생 식 때는 포자낭을 형성하는 것이 특징임. 대개 는 버섯을 만드나, 일부는 다른 식물에 기생하 여 병을 일으키기도 함. 〔송이·표고버섯 따위.〕

담:-자색(淡紫色)몡 엷은 자줏빛.

담장(-墻)몡 ☞담.

담:장(淡粧)몡하자 엷고 산뜻하게 화장함, 또는 그런 화장.

담-장이(-)〈토담장이〉의 준말.

담쟁이(-)〈담쟁이덩굴〉의 준말.

담:-쟁이(痰-)몡 '담병(痰病)을 앓는 사람'을 얕잡아 이르는 말.

담쟁이-덩굴(-)몡 포도과의 낙엽 활엽 만목. 덩굴 손으로 담이나 벼랑 등에 달라붙어 덩굴을 벋 음. 잎은 심장 모양이며 초여름에 황록색 꽃이 핌. 가을에 잎은 단풍이 들고 열매는 자주색으 로 익음. 산포도(山葡萄). 준담쟁이.

담장이덩굴(-)옛[담장이〕비: 薛(訓蒙上9).

담:제(禫祭)몡 상례에서, 대상(大祥)을 치른 다 음다음 달에 지내는 제사. 담사(禫祀).

담:제-인(禫制人)몡 상중에 있는 사람이 대상 을 지낸 뒤 담제를 지낼 때까지의 기간에 스스 로를 가리켜 일컫는 말, 또는 그런 사람을 두 루 일컫는 말.

담:종(痰腫)몡 한방에서, '담이 몰려서 된 종기 (腫氣)'를 두루 이르는 말.

담:즙(膽汁)몡 ☞쓸개즙.

담:즙-산(膽汁酸)[-싼]몡 쓸개즙의 주요 성분 의 한 가지. 음식물의 소화와 지방·비타민 따 위의 흡수에 중요한 역할을 함.

담:즙-질(膽汁質)[-찔]몡 기질(氣質)의 한 가 지. 침착하고 냉정하며 의지력과 인내력이 강 하나 고집스럽고 거만함.

담:증(痰症)[-쯩]몡 ☞담병(痰病).

담:-집[-찝]몡 ☞토담집.

담:-차다(膽-)형 겁이 없이 아주 대담하다. ¶담 찬 기백과 행동.

담:채(淡彩)몡 엷고 산뜻한 색채. ¶담채의 풍 경화. ↔농채(濃彩).

담:채(淡菜)몡 ①☞홍합(紅蛤). ②☞털격판.

담:채-화(淡彩畫)몡 묵화(墨畫)에서, 엷은 빛깔 로 산뜻하게 그린 그림.

담:천(痰喘)명 가래가 끓어서 숨이 참.
담:천(曇天)명 ①구름이 끼어 흐린 하늘. 흐린 날씨. ②기상 관측에서, 하늘에 구름이 70% 이상 낀 날씨를 이르는 말. ↔청천(晴天).
담:청(淡靑色)명 엷은 푸른빛. 담벽색.
담:체(痰滯)명 한방에서, 담이 한군데에 뭉쳐서 생긴 병을 두루 이르는 말.
담:초자(曇硝子)명 젖빛 유리.
담총(擔銃)하자 총을 어깨에 멤.
담:타(痰唾)명 가래와 침.
담타기 명 ①(남에게 넘겨씌우거나 남에게서 넘겨 맡은) 큰 걱정거리나 허물. ②억울한 누명. 준덤터기.
  담타기(를) 쓰다관용 남으로부터 허물이나 걱정거리를 넘겨받다.
  담타기(를) 씌우다관용 남에게 허물이나 걱정거리를 넘겨씌우다.
담-틀 명 흙담을 쌓는 데 쓰는, 널로 만든 틀. 축판(築板). 토담틀.
담판(談判)명하자 서로 맞선 관계에 있는 쌍방이, 시비를 가리거나 결말을 짓기 위하여 론의함. ¶담판을 벌이다. /담판을 짓다. /담판이 결렬되다.
담:-하다(淡-)형여 ①빛깔이 연하다. ¶담한 분홍 저고리. ②음식 맛이 느끼하지 않고 산뜻하다. ③욕심이 없다. ¶담한 성격.
담합(談合)명하자 ①서로 이야기하거나 의논함. ②공사 입찰 등에서, 입찰자들이 미리 상의하여 입찰 가격을 협정함. ¶경쟁 입찰에서의 담합 행위.
담:해(痰咳)명 ①가래와 기침. ②가래가 나오는 기침.
담:향(淡香)명 엷고 산뜻한 향기.
담:홍색(淡紅色)명 엷은 붉은빛. 장미색. 천홍색.
담:화(淡畫)명 (한 가지 빛깔로) 엷고 산뜻하게 채색한 그림.
담:화(痰火)명 한방에서, 담으로 말미암아 나는 열이나 담답증을 이르는 말.
담화(談話)명하자 ①허물없이 이야기를 나눔, 또는 서로 주고받는 이야기. ②(주로 공직자가) 어떤 일에 관한 견해나 취할 태도 따위를 공식적으로 밝히는 말. ¶특별 담화를 발표하다.
담화-문(談話文)명 (주로 공직자가) 어떤 일에 대한 견해를 공식적으로 발표하는 글.
담화-체(談話體)명 평소에 이야기하는 말투로 쓴 문체.
담:황색(淡黃色)명 엷은 노랑. 천황색.
담:흑색(淡黑色)[-쎅] 엷은 검정.
답(畓)명 논.
답(答)명하자타 ①〈대답〉의 준말. ¶질문에 답하다. ②〈해답〉의 준말. ¶답을 맞추다. ③〈회답〉의 준말. ¶즉각 답을 보내다. ↔문(問).
답간(答簡)[-깐]명하자 ☞답장(答狀).
답결(畓結)[-껼]명 논에 대한 세금.
답곡(畓穀)[-꼭]명 논에서 나는 곡식. 벼.
답교(踏橋)[-꾜]명하자 다리밟이.
답구(踏臼)[-꾸]명 디딜방아.
답권(畓券)[-꿘]명 논문서.
답농(畓農)[-농]명 논농사.
-답니까[-담-] 《형용사 어간 또는 높임의 '-시-'나 시제의 '-았(었)-'·'-겠-' 등에 붙어》 I어미 어떤 사실이 주어졌다고 치고 그 사실에 대한 의문을 나타내는, 합쇼체의 종결 어미. ¶봄인데 왜 이렇게 춥답니까?

Ⅱ준 '-다고 합니까'가 줄어든 말. ¶그 사람 사람됨은 어떻답니까? 참-ㄴ답니까.
-답니다[-담-] 《형용사 어간 또는 높임의 '-시-'나 시제의 '-았(었)-'·'-겠-' 등에 붙어》 I어미 화자가 이미 알고 있는 것을 객관화하여 청자에게 일러 줌을 나타내는, 합쇼체의 평서형 종결 어미. ¶저는 아주 건강하답니다.
  Ⅱ준 '-다고 합니다'가 줄어든 말. ¶아직 많답니다. /곧 오겠답니다. 참-ㄴ답니다.
-답다[-따] [-다우니·-다워] 접미 ㉥ 일부 체언 뒤에 붙어, 그 체언이 지니는 성질이나 특성을 가지고 있다는 뜻의 형용사를 만드는 말. ¶남자답다. /정답다. /꽃다운 청춘. /생각하는 것이 제법 어른답다.
답답-하다[-따파-] 형여 ①(근심이나 걱정 따위로) 애가 타고 갑갑하다. ¶소식을 알 수 없어 답답하다. ②(사정이나 심정을 몰라주어) 안타깝다. ¶답답한 이 심정을 누가 알아주나. ③(가슴이 시원하지 못하고) 숨을 쉬기가 가쁘다. ¶방 안이 답답하니 창문 좀 열자. ④사람됨이 너무 고지식하여 딱하다. ¶무슨 일을 그리 답답하게 하나. 답답-히튀.
-답디까[-띠-]준 '-다고 합디까'가 줄어든 말. 형용사 어간 또는 높임의 '-시-'나 시제의 '-았(었)-'·'-겠-' 등에 붙어, 남이 들은 과거 사실에 대해 묻는 뜻을 나타냄. ¶몇 등이나 했답디까? 참-ㄴ답디까.
-답디다[-띠-]준 '-다고 합디다'가 줄어든 말. 형용사 어간 또는 높임의 '-시-'나 시제의 '-았(었)-'·'-겠-' 등에 붙어, 남에게 들은 과거 사실을 인용하는 뜻을 나타냄. ¶거긴 아무것도 없답디다. /문제가 어렵답디다. 참-ㄴ답디다.
답례(答禮)[답녜]명하자 남의 인사에 답하여 인사를 함. ¶그들의 호의에 답례하다.
답무(踏舞)[담-]명하자 발장단을 맞추며 춤을 춤, 또는 그런 춤.
답방(答訪)[답-]명하자타 남의 방문에 대한 답례로 방문함, 또는 그런 방문.
답배(答-)[-빼]명하자 신분이 낮은 사람에게 답장을 보냄, 또는 그 답장.
답배(答杯)[-빼]명하자 받은 술잔에 대한 답례로 술잔을 돌려줌, 또는 그 술잔.
답배(答拜)[-빼]명하자 (절을 받고) 답례로 절을 함, 또는 그 절.
답변(答辯)[-뼌]명하자 물음에 대하여 밝히어 대답함, 또는 그 대답. ¶질문에 대하여 답변하다.
답변-서(答辯書)[-뼌-]명 ①답변 내용을 적은 글. ②민사 소송에서, 피고가 소장(訴狀)에 대한 답변을 적어 제출하는 서면.
답보(答報)[-뽀]명하자 ☞회보(回報).
답보(踏步)[-뽀]명하자 제자리걸음. ¶남북 회담이 답보 상태에 놓여 있다.
답사(答謝)[-싸]명하자 답례로 사례를 함, 또는 그 사례.
답사(答辭)[-싸]명하자 ①☞답언(答言). ②식장에서, 축사나 환영사·환송사 따위에 대한 답례로 하는 말. ¶졸업생을 대표해 답사하다.
답사(踏査)[-싸]명하자 실지로 현장에 가서 보고 조사함. ¶현지 답사. /고적을 답사하다.
답삭[-싹]튀 (달려들어) 냉큼 움켜잡거나 안는 모양. ¶손을 답삭 움켜잡다. 비담빡. 큰덥석.
  답삭-답삭튀하자
답산(踏山)[-싼]명하자 무덤 자리를 잡으려고 실지로 산을 돌아다니며 살펴봄.

답살(踏殺)[-쌀]**명 하타** 밟아 죽임.

답살다타[옛] 첩첩이가 쌓다. ¶石壁ㅅ 비췬 답사 흔 쇠 셋이 돗도다(杜重1:17).

답서(答書)[-써]**명 하자** ☞답장(答狀).

답습(踏襲)[-씁]**명 하타** 그때까지 해 내려온 것 을 그대로 따르거나 이어 나감. 도습(蹈襲). 습 답(襲踏). ¶전례를 그대로 답습하다.

-답시고[-씨-]**어미** 형용사의 어간 또는 높임의 '-시-'나 시제의 '-았(었)-'·'-겠-' 등에 붙는 종속적 연결 어미. '-다고'·'-다고 하여'의 뜻 으로, 스스로 그러하다고 여기는 꼴을 빈정거 리어 말할 때 쓰임. ¶뭘 잘했답시고 끝끝내 말 대꾸냐?/네가 뭐 잘났답시고 인물 자랑이냐? **춘**-ㄴ답시고·-랍시고.

답신(答申)[-씬]**명 하자** ①상사의 물음에 대하 여 의견이나 사실을 진술하여 보고함, 또는 그 보고. ②자문 기관이 행정 기관의 물음에 대하 여 의견을 진술함, 또는 그 진술.

답신(答信)[-씬]**명 하자** 회답으로 서신이나 통 신을 보냄, 또는 그 서신이나 통신.

답신-서(答申書)[-씬-]**명** (관청 같은 데서 묻 는 어떤 질문이나 자문에 대하여) 답신하는 문서.

답신-안(答申案)[-씨난]**명** (질문이나 자문에 대한) 답신의 안건.

답쌉다형[-ㅂ]**[옛]** 답답하다. ¶솔히 덥고 안히 답 쌉거늘(月釋2:51).

답-쌓이다[-싸-]**자** ①한군데로 들이 덮쳐 쌓 이다. ¶바람에 낙엽이 답쌓인다. ②(사람이나 사물 따위가) 한꺼번에 몰리다. ¶식당에 손님 이 답쌓인다.

답안(答案)[-쌈]**명** ①내놓은 문제에 대한 해답. ②문 제에 대한 해답을 쓴 종이. 답안지. ¶답안을 작성하다.

답안-지(答案紙)[-쌈-]**명** 답안을 쓸(쓴) 종이. 답안. 답지.

답언(答言)[-쩐]**명 하자** 말로 대답함, 또는 대답하는 말. 답사(答辭).

답월(踏月)[-쭐]**명 하자** 달밤에 거닒, 또는 그 걸음.

답읍(答揖)[-씁]**명 하자** 답례로 읍을 함, 또는 답례하 는 읍.

답인(踏印)[-찐]**명 하자** 관인(官印)을 찍음. 개인(蓋 印). 타인(打印).

답작[-짝]**부 하자** ①아무 일에나 경망스레 냅뜨 는 모양. ¶또 답작 나서는구나. ②남에게 붙 임성 있게 구는 모양. ¶나한테게나 답작 대가 가서 사근사근 말을 잘 건다. **춘**덥적. 답작-답 작**부 하자**.

답작-거리다[-짝꺼-]**자** 자꾸 답작답작하다. 답 작대다. **춘**덥적거리다.

답작-대다[-짝때-]**자** 답작거리다.

답작-이다[-짜기-]**자** ①경망스럽게 냅뜨다. ②남에게 붙임성 있게 굴다. ¶영업 사원이 차를 팔려고 손님에게 답작인다. **춘**덥적이다.

답장(答狀)[-짱]**명 하자** 회답하여 보내는 편지. 답신. 답서. 회서. ¶편지를 받았으면 답 장을 해야지, 괜히 걱정했단다.

답전(答電)[-쩐]**명 하자** 회답하는 전보. 회전 (回電).

답지(答紙)[-찌]**명** ①답을 쓴 종이. 답안지. ②〈해답지〉의 준말.

답지(遝至)[-찌]**명 하자** (편지나 전화·물건·돈 따위가) 한군데로 몰려듦. ¶위문품이 속속 답 지하다.

답찰(答札)[-찰]**명 하자** ☞답장(答狀).

답척(踏尺)[-쩍]**명 하타** 무덤 자리의 거리를 잴 때, 땅바닥의 높고 낮음을 따라서 줄을 땅에 붙이 고 잣수를 헤아리는 일. ↔부척(浮尺).

답청(踏靑)[-쩡]**명 하자** ①봄에 파릇하게 난 풀을 밟 으며 거니는 일. 청답. ¶답청으란 오늘 호고, 浴沂란 내일 ㅎ새(丁克仁.賞春曲). ②청명절 (淸明節)에 교외를 거닐면서 자연을 즐기는 중 국의 민속.

답청-절(踏靑節)[-쩡쩔]**명** '삼짇날'을 달리 이르는 말.

답치기[-찌-]**명** 되는대로 함부로 덤벼드는 짓. 생각 없이 덮어놓고 하는 짓.

답치기(를) 놓다관용 질서 없이 함부로 덤벼 들다.

답토(畓土)[-토]**명** 논으로 된 땅. 논.

답통(答通)[-통]**명 하자** 통문(通文)에 대하여 회답함, 또는 그런 회답.

답파(踏破)[-파]**명 하타** 먼 길이나 험한 길을 걸어서 끝까지 감. ¶하루 만에 지리산을 답파하다.

답품(踏品)[-품]**명 하타** ☞답험(踏驗).

답험(踏驗)[-다펌]**명 하타** (토질이나 농작물의 작 황 따위를 알기 위하여) 논밭에 가서 실지로 살펴보는 일. 답품(踏品).

답호(褡護)[-다포]**명** ☞쾌자(快子).

닶갑다형[-ㅂ]**[옛]** 답답하다. ¶迷惑ㅎ고 닶가와(楞 解4:44).

닶기다타[옛] 답답하게 여기다. ¶門庭을 닶겨서 쓰서리ㅎ노라(初杜10:39).

닷[닫]**관** 《(양의 단위를 나타내는 일부 의존 명 사 앞에 쓰이어) '다섯'의 뜻을 나타내는 말. ¶닷 냥·닷 되.

닷명[옛] 탓. 까닭. ¶모딘 일 지즌 다스로(月釋 1:46).

닷곱[닫꼽]**명** 다섯 홉.

닷곱에도 참녜, 서 홉에도 참견속담 사소한 일 에까지 지나치게 간섭한다는 말.

닷곱-되[닫꼽뙤/닫꼽뛔]**명** 다섯 홉들이 되.

닷곱-장님[닫꼽짱-]**명** (반쯤 된 장님이라는 뜻 으로) '시력이 나쁜 사람'을 조롱하여 이르는 말.

닷논다[옛]('닷다'의 활용형') 닦는. ¶道理 닷 논 사리믜그에 마굴 써라(月釋2:14).

닷붓다타[옛] 잘 닦다. ¶닷붓근 明鏡 中 절로 그린 石屛風 그림애롤 버들 사마(鄭澈.星山 別曲).

닷-분[닫뿐]**명** 한 치의 절반 길이.

닷새[닫쌔]**명** ①다섯 날. ②〈초닷새〉·〈초닷샛 날〉의 준말.

닷샛-날[닫쌘-]**명** 〈초닷샛날〉의 준말.

닷다타[옛] 닦다. ¶福올 닷가 하놀해 나앳다가 (月釋1:42).

당명 〈망건당〉의 준말.

당(堂)명 ①〈당집〉의 준말. ②☞대청(大廳). ③무서당(書堂). ④큰 절의 문 앞에 그 절의 이름난 중을 세상에 알리기 위하여 세우는 깃 대. ⑤신불 앞에 세우는 기(旗)의 한 가지.

당(唐)명 〈당래(當來)〉의 준말.

당(幢)명 ①궁중 무용인 헌천화(獻天花) 춤을 출 때 쓰던 기(旗)의 한 가지. ②신라 때의 군 대의 단위. 지금의 대(隊)와 비슷함. ③불전이 나 불당 앞에 세워 부처와 보살의 위엄과 공덕 을 나타내는 기(旗).

당(糖)명 ①〈당류(糖類)〉의 준말. ②〈자당(蔗 糖)〉의 준말.

당(黨)명 ①무리. 동아리. ②친족과 인척을 두루 이르는 말. ③〈정당(政黨)〉의 준말. ④〈붕당 (朋黨)〉의 준말.

당(當)[관] ①(일부 명사 앞에 쓰이어) '그'·'바로 그'·'이'·'지금' 따위의 뜻을 나타냄. ¶당 열차. /당 회사. ②(나이를 나타내는 숫자 앞에 붙어) '그 당시의 나이'임을 뜻함. ¶당 18세.

당-(堂)[접두] (친척을 뜻하는 말 앞에 붙어) '오촌 숙질의 관계'임을 뜻함. ¶당질부. /당고모.

-당(當)[접미] (일부 명사 뒤에 붙어) '앞에'·'마다' 등을 뜻함. ¶매호당(每戶當). /일인당. /시간당.

당가(唐家)[명] ⇨닫집.

당가(當家)[명] ①이 집. 그 집. ②[하자]집안일을 주장하여 맡아봄.

당각(當刻)[부] 그 시각에 곧바로. 즉각(卽刻).

당간(幢竿)[명] 절에서, 기도나 법회 등이 있을 때 당(幢)을 달아 두는 기둥. 깃대.

당간^지주(幢竿支柱)[명] 당간을 지탱하기 위하여 세운 두 개의 받침대.

당-감이줄〈당감잇줄〉의 준말.

당감잇-줄[-가미줄~-가밋쭐][명] 짚신이나 미투리의 총에 꿰어 줄이고 늘이는 끈. ㉰당감이.

당겨-쓰다[~쓰니·~써][타] 돈·물건 따위를 원래 쓰기로 한 때보다 미리 쓰다. ¶다음 달 생활비를 이달에 당겨썼다요.

당경(唐鏡)[명] (금속으로 만든) 중국 당나라 때의 거울.

당고(堂鼓·唐鼓)[명] 중국의 현대극, 주로 무극(武劇)에 사용하는 큰 북의 한 가지. 금속으로 만들어, 위로 향하게 놓고 침.

당고(當故)[명][하자] 부모의 상사를 당함. 당상(當喪). 조간(遭艱). 조고(遭故).

당-고금(唐-)[명] ⇨이틀거리.

당-고모(堂姑母)[명] '종고모'를 친근하게 일컫는 말.

당고모-부(堂姑母夫)[명] '종고모부'를 친근하게 일컫는 말.

당과(糖菓)[명] ⇨캔디.

당관(唐官)[명] 조선 시대에, 명(明)나라에서 우리나라에 파견되던 관원.

당구(撞球)[명] 일정한 대 위에 상아 또는 플라스틱으로 만든 붉은 공과 흰 공을 놓고, 큐로 쳐서 맞히어 그 득점으로 승부를 겨루는 실내 오락.

당구(鐺口)[명] 절에서, '밥 짓는 큰 솥'을 이르는 말.

당구-대(撞球臺)[명] 당구를 하는 네모난 대. 바닥에는 벨벳이 깔려 있고 가에 고무 쿠션을 붙인 운두가 있음.

당구-봉(撞球棒)[명] ⇨큐(cue).

당구-장(撞球場)[명] 당구를 칠 수 있도록 시설해 놓은 곳.

당-구혈(-久穴)[-꾸-][명] 폐광(廢鑛)이 된 광산의 갱도.

당국(當局)[명] ①어떤 일을 담당하여 주재하는 또는 그 기관. ②[하자] 관계 당국. ②[하자]⇨대국(對局).

당국(當國)[명] ①바로 이 나라. 바로 그 나라. ②⇨당사국. ③[하자]나라의 정무를 맡아봄.

당국-자(當局者)[-짜][명] 그 일을 직접 맡아보는 자리에 있는 사람.

당-굿(堂-)[-꿋][명] 〈도당굿〉의 준말. *당굿이[-꾸시]·당굿만[-꾼-]

당권(黨權)[-꿘][명] 당의 주도권. ¶당권 투쟁이 치열하다.

당궤(唐机)[명] 지난날, 중국에서 만들었거나 중국풍으로 만든 책상을 이르는 말.

당귀(當歸)[명] 한방에서, '승검초의 뿌리'를 약재로 이르는 말.

당귀-주(當歸酒)[명] ①소주에 승검초의 뿌리와 잎을 넣고 꿀을 쳐서 만든 술. ②승검초를 으깨어 담근 술.

당귀-차(當歸茶)[명] 승검초의 어린순을 따뜻한 꿀물에 넣은 차.

당극(幢戟)[명] 기(旗)가 달린 창(槍).

당근[명] 산형과의 이년초. 밭에 재배하는 채소의 한 가지로, 잎은 깃 모양의 겹잎이고 꽃줄기의 높이는 1m가량. 여름에 잘고 흰 꽃이 핌. 굵고 긴 원뿔꼴의 뿌리는 적황색이며, 맛이 달고 향긋함. 호나복(胡蘿蔔). 홍당무.

당금(唐錦)[명] 지난날, 중국에서 나던 비단.

당금(當今)[Ⅰ][명] 눈앞에 닥친 이때, 바로 지금. 목하(目下). 현금(現今). ¶당금의 내외 정세. [Ⅱ][부] 바로 이제. ¶당금 도착할 귀빈들.

당금-같다(唐錦-)[-갇따][형] 매우 훌륭하고 귀하다. ¶이 당금같은 물건을 어디서 구했니?

당금-아기(唐錦-)[명] 당금같이 아주 귀중히 여기며 키우는 아기.

당금지지(當禁之地)[명] 남이 들어와 뫼를 쓰지 못하게 하는 땅.

당기(當期)[명] ①일이 있는 바로 이 시기. ¶당기에 즈음하여. ②어떤 법률 관계의 기간을 여럿으로 나누었을 때, 현재 경과 중에 있는 기간. ¶당기 순이익.

당기(黨紀)[명] 당의 기율. ¶당기 확립.

당기(黨旗)[명] 당의 표지(標識)로 정한 기.

당기다1[자] ①마음이 무엇에 끌리어 움직이다. ¶전망이 밝다니까 구미가 당기는 모양이다. ②먹고 싶은 마음이 생기다. ¶입맛이 당기다. ③'댕기다'의 잘못.

당기다2[타] ①끌어서 가까이 오게 하다. ¶의자를 끌어 당겨 앉다. ②일정한 방향으로 잡아끌다. ¶방아쇠를 당기다. ③(정한 시간이나 날짜보다) 더 빨리 다그다. ¶날짜를 당기다.

당길-문(-門)[명] 밖에서 잡아당겨 여는 문.

당길-심(-心)[-씸][명] 자기 쪽으로만 끌어당기려는 욕심. ¶사양하면서도 속으로는 당길심이 없지 않았다.

당김-음(-音)[명] 같은 음높이의 센박과 여린박이 연결되어 셈여림의 위치가 바뀌는 일. 싱커페이션.

당-까마귀(唐-)[명] 까마귓과의 새. 산·들·바닷가 같은 곳에 살며 까마귀와 비슷함. 날개 길이 30 cm, 꽁지 20 cm가량인데, 온몸이 새까맣고 자줏빛 광택이 남. 부리 밑에는 털이 없어 피부가 겉으로 드러나 있는 것이 특색임. 떼까마귀.

당-나귀(唐-)[명] 말과의 짐승. 말과 비슷하나 몸이 좀 작고 귀가 크며 머리에 긴 털이 없음. 털빛은 단색으로 회백색이나 황갈색이 많음. 체력이 강하고 병에 대한 저항력이 높아 부리기에 알맞음. 나귀.

당나귀 귀 치레[속담] 〔당나귀의 큰 귀에다 여러 가지 치레를 한다는 뜻으로〕 어울리지 않는 곳을 쓸데없이 꾸민다는 말.

당나귀 하품한다고 한다[속담] 〔당나귀가 우는 것을 보고 하품하는 줄 안다는 뜻으로〕 '귀머거리의 판단 능력'을 조롱하여 이르는 말.

당나귀-기침(唐-)[명] 당나귀의 울음소리와 같은 소리를 내면서 하는 기침. 〔흔히, 백일해나 오래된 감기로 말미암아 일어남.〕

당-나발 (←唐喇叭·唐囉叭)명 ①보통의 나발보다 좀 큰 나발. ②'흐뭇해서 헤벌어진 입'을 조롱하여 이르는 말.

당나발(을) 불다[관용] 터무니없는 거짓말을 하다.

당명 자신이 살아 있는 동안. ②벼슬하고 있는 동안.

당내 (堂內)명 ①동성동본의 유복친(有服親). [팔촌 이내의 일가.] ②불당이나 사당 같은 곳의 안.

당내 (黨內)명 당의 내부. ¶당내 파벌.

당내-지친 (堂內至親)명 팔촌 이내의 일가. 가장 가까운 일가. ⑥당내친.

당내-친 (堂內親)명 〈당내지친〉의 준말.

당년 (當年)명 ①그해. ②그해의 나이. ¶당년 18세. ③그 연대(年代).

당년-초 (當年草)명 ①일년초. ②'한 해 동안만 쓰는 물건'을 비유하여 이르는 말.

당년-치 (當年-)명 그해에 생겼거나 만든 물건. ¶감초는 묵힌 것보다 당년치가 좋다.

당년-치기 (當年-)명 한 해 동안밖에 못 쓰는 물건.

당노명 말의 허리에 치레로 꾸미는 물건.

당뇨 (糖尿)명 포도당이 많이 섞이어 나오는 병적인 오줌.

당뇨-병 (糖尿病) [-뼝]명 혈액 속에 포도당이 많아져서 당뇨가 오랫동안 계속되는 병. [오줌의 분량이 많고 목이 마르며 쉬이 피로해지나 식욕은 도리어 왕성해짐.]

당-단백질 (糖蛋白質) [-찔]명 탄수화물과 단백질이 결합한 복합 단백질. 연골(軟骨) 중에 포함되어 있음.

당달-봉사 (-奉事)명 ⇨청맹과니.

당-닭 (唐-) [-딱]명 ①꿩과의 닭. 몸이 매우 작고 날개가 땅에 닿아 짧은 다리를 가림. 꽁지는 길어서 볏에 거의 닿도록 위로 뻗어 있음. 중국 원산으로 애완용으로 기름. ②'키가 작고 몸이 뚱뚱한 사람'을 조롱하여 이르는 말. * 당닭[-딸기] · 당닭만[-땅-].

당당 (堂堂)부형 ①(모습이) 의젓하고 드레진 모양. ¶체격이 당당하다. ②거리낌 없이 떳떳한 모양. ¶지더라도 당당하게 싸워라. ③(형세나 위세 따위가) 대단한 모양. ¶세도가 당당하다. 당당-히부.

당당 (鏜鏜)부 쇠붙이로 된 그릇·판·악기 따위를 가볍게 쳤을 때 맑게 울리어 나는 소리. ¶당당 하는 바라 소리.

당대 (當代)명 ①그 시대. ¶당대의 명필. ②이 시대. 지금 세상. 당세(當世). 당조(當朝). ↔선대. ③사람의 일대(一代). ⑨한평생.

당대-발복 (當代發福)명 어버이를 명당에 장사 지낸 덕으로) 그 아들 대에서 부귀를 누리게 됨.

당도 (當到)명하자 (미리 정해 놓은) 어떤 곳에 닿아서 이름. ¶목적지에 당도하다.

당도 (糖度)명 음식물에 들어 있는 당분의 양을 백분율로 나타낸 것. ¶당도가 낮다.

당도리명 바다로 다니는 큰 나무배.

당돌 (唐突)'당돌하다'의 어근.

당-돌-하다 (唐突-)형여 꺼리거나 어려워함이 없이 올차고 다부지다. ¶어린 나이인데도 당돌하게 나선다. ②버릇이 없고 주제넘다. 당돌-히부.

당동벌이 (黨同伐異)명하자 (옳고 그름을 가리지 않고) 뜻이 맞는 사람끼리는 한패가 되고 그렇지 않은 사람은 물리침.

당두 (當頭)명 ①선원(禪院)의 주지. ②주지의 거처. 방장(方丈).

당두 (當頭)명하자 가까이 닥침. 박두(迫頭). ¶결전의 날이 당두하다.

당-두루마리 (唐-)명 당지(唐紙)로 만든 두루마리. 당주지(唐周紙).

당락 (當落) [-낙]명 당선과 낙선. 붙음과 떨어짐. 당락이 결정되다.

당랑 (堂郞) [-낭]명 지난날, 한 관아에 있는 당상관과 당하관을 이르던 말.

당랑 (螳螂) [-낭]명 ⇨사마귀².

당랑-거철 (螳螂拒轍) [-낭-]명 '제 분수도 모르고 강한 적에 반항하여 덤벼듦'을 비유하여 이르는 말. ['장자'의 '인간세편(人間世篇)'에 나오는 말로, 중국 제나라 장공(莊公)이 사냥을 나가는데 사마귀가 앞발을 들어 수레바퀴를 멈추려 했다는 데서 유래함.] 당랑지부.

당랑-력 (螳螂力) [-낭녁]명 (사마귀가 수레바퀴를 막는 힘이라는 뜻으로) '아주 미약한 힘이나 병력'을 비유하여 이르는 말.

당랑-재후 (螳螂在後) [-낭-]명 (매미를 노리는 사마귀가, 뒤에서 저를 노리는 황작(黃雀)이 있음을 모른다는 뜻으로) '눈앞의 욕심에만 눈이 어두워, 장차 닥쳐올 큰 재앙을 알지 못함'을 비유하여 이르는 말.

당랑지부 (螳螂之斧) [-낭-]명 ⇨당랑거철.

당래 (當來) [-내]명 ①내세(來世). ⑥당(當).

당래지사 (當來之事) [-내-]명 마땅히 닥쳐올 일.

당래지직 (當來之職) [-내-]명 신분에 알맞은 벼슬이나 직분, 또는 마땅히 차례가 돌아올 벼슬이나 직분.

당략 (黨略) [-냑]명 ①당파의 계략. ②정당의 정략.

당량 (當量) [-냥]명 ⇨화학 당량.

당량^농도 (當量濃度) [-냥-]명 용액의 단위. 용매 내에 포함되는 어떤 물질의 당량 수.

당로 (當路) [-노]명하자 ①정권을 잡음. ②중요한 지위에 있음. ③〈당로자〉의 준말.

당로-자 (當路者) [-노-]명 중요한 지위에 있는 사람. ⑥당로.

당론 (黨論) [-논]명 ①붕당의 논의. ②조선 시대에, 사색당파가 서로 헐뜯고 멀리하던 일. ③정당의 의견이나 논의. ¶당론을 조정하다.

당료 (黨僚) [-뇨]명 정당 같은 곳에서 핵심적인 직책을 맡은 사람.

당료^식물 (糖料植物) [-뇨싱-]명 설탕의 원료가 되는 식물.

당류 (糖類) [-뉴]명 액체에 녹으며 단맛이 있는 탄수화물. [과당·포도당·맥아당 따위.] ⑥당.

당류 (黨類) [-뉴]명 같은 무리에 딸린 사람들.

당륜 (黨倫) [-뉸]명 당의 윤리.

당률 (黨律) [-뉼]명 범죄에 해당하는 형률.

당리 (棠梨) [-니]명 ⇨팥배.

당리 (黨利) [-니]명 당의 이익.

당리-당략 (黨利黨略) [-니-냑]명 '당리'와 '당략'을 아울러 이르는 말. ¶당리당략을 일삼다.

당-마루 (堂-)명 ⇨너새.

당-먹 (唐-)명 중국에서 만든 먹. 당묵(唐墨).

당면 (唐麵)명 감자나 고구마 가루로 만든 마른 국수. 잡채 따위의 재료가 됨. 분탕(粉湯). 호면(胡麵).

당면 (當面)명하자타 ①일이 바로 눈앞에 닥침. ¶당면 문제부터 해결하자. ②⇨대면(對面).

당-멸치 (唐-)圈 당멸칫과의 열대성 바닷물고기. 몸길이 30 cm가량으로 가늘고 길며 옆으로 납작함. 몸빛은 등 쪽이 암청색이고 배 쪽은 푸르스름함. 우리나라 남부와 일본 및 동인도 제도에 분포함.

당명 (黨命)圈 정당에서 당원에게 내리는 명령.

당-모시 (唐-)圈 중국에서 만든 모시. 폭이 좀 넓고 올이 톡톡함. 당저(唐紵). 당포. 백당포.

당목 (唐木)圈 되게 드린 무명실로 폭이 넓고 바닥을 곱게 짠 피륙의 한 가지. 당목면. 서양목. 생목. 양목.

당목 (撞木)圈 절에서 종이나 징을 치는 나무 막대기.

당목 (瞠目)圈하타 ⇨당시(瞠視).

당-목면 (唐木綿) [-몽-]圈 ⇨당목(唐木).

당목어 (撞木魚)圈 ⇨귀상어.

당무 (當務)圈하타 그 직무를 맡음, 또는 현재 맡은 그 직무.

당무 (黨務)圈 당의 사무.

당무-자 (當務者)圈 ⇨실무자(實務者).

당묵 (唐墨)圈 당먹.

당미 (糖米)圈 ⇨수수쌀.

당밀 (糖蜜)圈 사탕(蔗糖)을 만들 때 덤으로 생기는, 검은빛의 끈적끈적한 액체. 사탕밀.

당밀-주 (糖蜜酒) [-쭈]圈 당밀을 발효시켜서 증류한 술. 럼(rum).

당방 (當方)圈 우리 쪽. 이쪽.

당배 (黨輩)圈 함께 어울리는 무리들.

당백 (當百)圈 〈당백전〉의 준말.

당-백사 (唐白絲) [-싸]圈 ①중국에서 나는 흰 명주실. ②당백사로 만든 연줄. ②상백사.

당백-전 (當百錢) [-쩐]圈 조선 고종 3(1866)년에 발행한, 한 푼이 엽전 백 푼과 맞먹던 돈. 〔경복궁을 중건할 때 만들었음.〕②당백.

당번 (當番)圈하자 번 드는 차례에 당함, 또는 그 사람. 든번. ¶청소 당번. ↔비번(非番).

당벌 (黨閥)圈 같은 당파의 사람들이 뭉쳐 다른 당파를 물리치는 일, 또는 그런 목적으로 이루어진 당파.

당보 (塘報)圈 지난날, 당보수(塘報手)가 기(旗)를 가지고 높은 곳에 올라가 적의 동정을 살펴 알리던 일.

당보 (黨報)圈 ①정당에서 발행하는 신문이나 잡지. ②정당 내부의 소식.

당보-군 (塘報軍)圈 ⇨당보수(塘報手).

당보-기 (塘報旗)圈 조선 시대에, 당보수가 적의 동정을 살펴 알릴 때 쓰던 기. 〔누런 바탕에 크기는 한 자 평방임.〕

당보-수 (塘報手)圈 지난날, 척후의 임무를 띠고 적의 동정을 살펴 알리던 군사. 당보군.

당본 (唐本)圈 ⇨당책(唐册).

당봉 (撞棒)圈 ⇨큐(cue).

당부 (當付)圈하자타 어찌하라고 말로 단단히 부탁함, 또는 그 부탁. ¶당부의 말을 남기다.

당부 (當否)圈 옳고 그름. 마땅함과 그렇지 아니함. ¶행위의 당부를 가리다.

당부당 (當不當)圈 정당함과 정당하지 아니함.

당-부악 (唐部樂)圈 지난날, 우리나라에서 중국의 음률로 연주하던 음악. 당악.

당분 (糖分)圈 단맛의 성분.

당분-간 (當分間) [I]圈 앞으로 얼마 동안. 잠시 동안. ¶당분간은 여기서 지낼 거야. [II]屬 앞으로 얼마 동안에. ¶아침 운동은 당분간 쉴 생각이다.

당붕 (黨朋)圈 ⇨붕당(朋黨).

당비 (黨比)圈 같은 무리끼리 서로 가깝고 두터이 사귐으로써. ¶당비를 두터이.

당비 (黨費)圈 ①당원이 당규에 따라 의무적으로 당에 내는 돈. ②당의 비용.

당-비름 (唐-)圈 ⇨색비름.

당-비상 (唐砒霜) [-삐-]圈 중국에서 나는 비상. 당신석.

당-비파 (唐琵琶)圈 현악기의 한 가지. 오동나무로 짠 타원형의 통에 열두 괘(棵)를 붙이고 네 가닥의 줄을 연결하여 만든 비파.

당-뽕 (唐-)圈 ⇨노상(魯桑).

당사 (唐絲)圈 중국에서 나는 명주실.

당사 (堂舍)圈 큰 집과 작은 집.

당사 (當社)圈 이 회사. 본사(本社).

당사 (當事)圈 바로 그 일에 직접 관계함. ¶김 형사가 이번 사건에 당사한 책임자다.

당사 (黨舍)圈 정당의 사무소로 쓰는 건물.

당사-국 (當事國)圈 국제간의 사건 등에 직접 관계가 있거나 관계한 그 나라. 당국(當國).

당사-자 (當事者)圈 ①어떤 일에 직접 관계가 있거나 관계한 그 사람. 본인. ②어떤 법률 행위에 직접 관계하는 사람. ②당자.

당사자^능력 (當事者能力) [-녁]圈 소송법상 당사자가 될 수 있는 권리 능력.

당사자-주의 (當事者主義) [-의/-이]圈 소송법상 소송의 주도권을 당사자에게 주는 소송 형식.

당사자^참가 (當事者參加)圈 다른 사람들이 하고 있는 민사 소송에 제삼자가 당사자로서 참가하는 일. ↔보조 참가.

당-사주 (唐四柱) [-싸-]圈 당사주책으로 보는 사주.

당사주-책 (唐四柱册) [-싸-]圈 사주점을 칠 때에 근거로 삼는 책. 〔잡패에 따른 길흉화복을 그림으로 나타낸 내용.〕당화적(唐畫籍).

당-사향 (唐麝香) [-싸-]圈 중국에서 나는 사향.

당삭 (當朔)圈 ①그달. ②하자 (아이 밴 여자가) 아이 낳을 달을 맞음. 당월(當月). 대기(大期). 임삭(臨朔).

당산 (堂山)圈 토지나 마을의 수호신이 있다는 산이나 언덕, 마을 근처에 있음.

당산-굿 (堂山-) [-굳]圈 당산에서 마을을 위한 제사를 지낼 때에, 농악을 연주하며 노는 굿. *당산굿[-구시]·당산굿만[-군-]

당산-제 (堂山祭)圈 마을의 조상신이나 수호신에게 지내는 제사. ⇨도당굿.

당-삼채 (唐三彩)圈 녹색·남색·노랑의 세 가지 빛깔의 유약으로 그림이나 무늬를 나타낸 중국 당나라 때의 도자기.

당상 (堂上)圈 ①대청의 위. ②조선 시대에 둔, 정삼품 상(上) 이상의 품계에 해당하는 벼슬을 통틀어 이르는 말. 문관은 통정대부(通政大夫), 무관은 절충장군(折衝將軍) 이상이 이에 딸렸음. ③지난날, 아전들이 자기의 상관을 이르던 말. ①②↔당하.

당상 (當喪)圈圈하자 ⇨당고(當故).

당상-관 (堂上官)圈 당상인 벼슬아치. ↔당하관.

당상-수의 (堂上繡衣) [-의/-이]圈 당상관으로 암행어사가 된 사람.

당서 (唐書)圈 ⇨당책(唐册).

당석 (當席)圈 바로 그 자리. 앉은 그 자리. ¶당석에서 쾌히 응낙하다.

당선 (當選)圈하자 ①선거에서 뽑힘. ¶당선 소감을 말하다. /학생회장으로 당선되다. ②(출품작 따위가) 심사에서 뽑힘. ¶신춘문예에 당선되다. ↔낙선(落選).

당선-권(當選圈)[-꿘]명 당선될 가능성이 있는 범위. ¶당선권에 들다.

당선^무효(當選無效)명 (선거법 따위의 위반으로) 당선이 무효가 되는 일.

당선-사례(當選謝禮)명 당선된 사람이 선거인에게 당선에 대한 감사의 예를 갖추는 일.

당선^소송(當選訴訟)명 선거 소송의 한 가지. 당선의 효력에 관하여 이의가 있는 후보자나 정당이 당선된 사람이나 해당 선거 관리 위원회 위원장을 피고로 하여 대법원에 제기하는 소송.

당선-자(當選者)명 선거나 심사·선발 따위에서 뽑힌 사람. ¶대통령 당선자. /국전(國展) 당선자.

당선-작(當選作)명 당선된 작품.

당성(黨性)[-썽]명 소속 정당을 위하여 적극적으로 활동하는 충실성.

당세(當世)명 ①그 시대, 또는 그 세상. ②지금의 시대, 또는 지금의 세상. 당대(當代).

당세(當歲)명 ①그해. ②☞금년(今年).

당세(黨勢)명 당의 세력. 당파의 기세.

당소(當所)명 연구소·사무소·출장소 따위 '소(所)'자가 붙는 기관에 딸린 사람이 그 기관을 가리켜 이르는 말. ¶당소는 동양 최대의 학술 연구소입니다.

당속(糖屬)명 설탕에 졸여 만든 음식.〔굴병 따위.〕

당송(唐宋)명 중국의 당나라와 송나라.

당송^팔대가(唐宋八大家)[-때-]명 중국 당송 시대의 이름 높은 여덟 명의 문장가. 당의 한유(韓愈)·유종원(柳宗元), 송의 구양수(歐陽修)·왕안석(王安石)·증공(曾鞏)·소순(蘇洵)·소식(蘇軾)·소철(蘇轍)을 이름. ☞팔대가.

당수(-水)명 곡식 가루에 술을 쳐서 미음 비슷하게 쑨 음식.

당수(唐手)명 '가라테'의 한자음 표기.

당수(黨首)명 당의 우두머리.

당-수복(唐壽福)명 백자에 은이나 오금(烏金)으로 '수(壽)' 또는 '복(福)' 자를 장식으로 박아 넣은 담뱃대.

당숙(堂叔)명 '종숙(從叔)'을 친근하게 일컫는 말.

당-숙모(堂叔母)[-숭-]명 '종숙모(從叔母)'를 친근하게 일컫는 말.

당승(唐僧)명 ①당나라 때의 중. ②중국의 중.

당시(唐詩)명 중국 당나라 때의 한시.〔이 시기에 완성된 절구(絶句)·율시(律詩) 따위의 근체시(近體詩)를 이름.〕

당시(當時)명 (어떤 일이 생긴) 그때. ¶영화가 처음 나왔던 당시에는 사람들이 대단히 놀라워했다.

당:시(瞠視)명하타 놀라거나 괴이쩍게 여겨 눈을 크게 뜨고 바라봄. 당목(瞠目).

당시(黨是)명 당의 기본 방침.

당시-승상(當時丞相)명 '권세가 높은 사람'을 이르는 말.

당신(當身)때 ①하오할 자리에, 또는 낮잡아 하오할 상황으로 상대편을 일컫는 제이 인칭 대명사. ¶당신이 뭘 안다고 나서는 거요. ②그 자리에 없는 웃어른을 높여 일컫는 제삼 인칭 대명사. ¶그 어른은 생전에 당신 자식보다도 너를 더 귀애하셨지. ③부부간이나 사랑하는 사이에 서로 상대편을 일컫는 말. ¶당신을 사랑합니다. /당신의 아내 미숙 올림.

당-신석(唐信石)명 ☞당비상(唐砒霜).

당실부 팔다리를 한 차례 가볍고 흥겹게 놀리는 모양. ¶춤을 출 듯이 몸을 당실 흔들었다. 큰덩실. 당실-당실부(하타)

당실-거리다자 자꾸 당실당실하다. 당실대다.

당실-대다자 당실거리다.

당실-하다형어 (건물 따위가) 맵시 있게 덩그렇다. ¶산 중턱에 날아갈 듯 당실하게 지어 놓은 정자. 큰덩실하다.

당싯-거리다[-싣꺼-]자 자꾸 당싯당싯하다. 당싯대다. 큰덩싯거리다.

당싯-당싯[-싣땃-]부(하자) 어린아이가 누운 채 귀엽게 팔다리를 놀리는 모양. ¶당싯당싯 팔다리를 놀리는 젖먹이. 큰덩싯덩싯.

당싯-대다[-싣때-]자 당싯거리다.

당-아욱(唐-)명 아욱과의 이년초. 관상용으로 정원 등에 심는데, 줄기는 60~90 cm가량으로 거친 털이 있음. 잎은 5~9갈래로 째져 손바닥 모양을 이루며, 초여름에 불그스름한 다섯잎꽃이 핌. 금규(錦葵).

당악(唐樂)명 ①당나라 때의 음악. ②☞당부악.

당-악기(唐樂器)[-끼]명 ①당나라 때의 악기. ②당악을 연주하는 악기.

당야(當夜)명 그날 밤. 즉야(卽夜).

당약(當藥)명 ☞당제(當劑).

당약(當藥)²명 한방에서, '자주쓴풀의 뿌리와 줄기를 말린 것'을 약재로 이르는 말.〔고미제(苦味劑)로 쓰임.〕

당양(當陽)명 '당양하다'의 어근.

당양지지(當陽之地)명 볕이 잘 드는 땅. 양지바른 땅.

당양-하다(當陽-)형어 볕이 잘 들다. 양지바르다.

당업-자(當業者)[-짜]명 그 사업을 직접 경영하는 사람.

당연(唐硯)명 중국에서 만든 벼루.

당연(當然)명 '당연(當然)하다'의 어근.

당연(瞠然)명 '당연(瞠然)하다'의 어근.

당연-시(當然視)명하타 당연한 것으로 여김.

당연지사(當然之事)명 당연한 일. ¶부모에게 효도하는 거야 당연지사지.

당연-하다(當然-)형어 일의 전후 사정을 놓고 볼 때에 마땅히 그러하다. 당연-히부 ¶자식으로서 당연히 해야 할 도리.

당:연-하다(瞠然-)형어 눈을 휘둥그렇게 뜨고 볼 정도로 놀랍거나 괴이쩍다. 당연-히부.

당오-전(當五錢)명 조선 고종 20(1883)년에 발행된, 닷 푼이 엽전 백 푼과 맞먹던 돈.

당오-평(當五坪)명 조선 말기에, 당오전의 가치가 떨어져 엽전 한 냥과 당오전 닷 냥을 같은 값으로 치던 셈평. 준당평.

당용(當用)명 당장에 쓰임.

당우(唐虞)명〔중국의 도당씨(陶唐氏)와 유우씨(有虞氏)를 함께 이르는 말로〕'요순(堯舜) 시대'를 이르는 말.

당우(堂宇)명 ☞전당(殿堂).

당우(黨友)명 ①같은 당파에 소속된 사람. ②어떤 정당에 마음을 두어 밖에서 그 당파를 도와주는 사람.

당우-삼대(唐虞三代)명 '요순 시대와 하(夏)·은(殷)·주(周)의 삼대(三代)'를 아울러 이르는 말.

당원(黨員)명 정당에 든 사람. 당적을 가진 사람. 당인(黨人).

당원-질(糖原質)명 ☞글리코겐.

당월(當月)똉 ①(바로) 그달. ¶국제 대회가 열리는 당월. ②(아이를 밴 여자가) 아이를 낳게 될 달. 당삭(當朔).

당위(當爲)똉 ①마땅히 그렇게 하거나 되어야 하는 것. ②마땅히 하여야 하는 것. 반드시 해야 할 일이라고 요구되는 것.

당위^법칙(當爲法則)똉 마땅히 그렇게 해야 할 법칙. 〔도덕 법칙은 이의 한 부분임.〕

당위-성(當爲性)[-썽]똉 마땅히 그렇게 하거나 되어야 할 성질.

당위-적(當爲的)관똉 마땅히 그렇게 하거나 되어야 하는 (것). ¶당위적 결과. /당위적인 결론을 내다.

당위-학(當爲學)똉 (윤리학·논리학과 같이) 규범 법칙을 연구하는 학문.

당유(糖乳)똉 ➡연유(煉乳).

당음(唐音)똉 중국 원나라의 양사굉(楊士宏)이 당나라 때의 시를 엄선하여 엮은 책. 14권.

당의(唐衣)[-의/-이]똉 조선 시대의 여자 예복의 한 가지. 저고리와 비슷하나 길이가 무릎 근처까지 닿으며, 도련은 둥근 곡선을 이루고 옆이 겨드랑이에서부터 터졌음. 빛깔은 주로 초록이나 연두색이며 자주색 고름을 달았음. 당저고리.

당의(糖衣)[-의/-이]똉 (정제나 환약 따위의 변질을 막고 먹기 쉽게 하기 위하여) 약의 겉에 당분이 든 막을 얇게 입힌 것.

당의(黨意)[-의/-이]똉 당의 의사.

당의(黨議)[-의/-이]똉 ①당의 의논. ②당의 결의.

당의-정(糖衣錠)[-의-/-이-]똉 약의 겉에 당의를 입힌 정제(錠劑)나 환약(丸藥).

당인(黨人)똉 ➡당원(黨員).

당일(當日)똉 (바로) 그날. ¶사건이 일어난 당일. /승차권은 당일에 한해 유효합니다.

당일-치기(當日-)똉하타 일이 벌어진 그날 하루에 끝을 냄, 또는 그 일. ¶당일치기 산행.

당자(當者)똉 〈당사자〉의 준말.

당장(堂長)똉 지난날, 서원(書院)에 딸려 있던 사내종.

당장(當場)똉 ①(무슨 일이 일어난) 바로 그곳(자리). ¶옳고 그름을 당장에서 가리자. ②일이 일어난 바로 직후의 빠른 시간. ¶약효는 당장 나타나지 않았다. ③눈앞에 닥친 현재의 이 시각. ¶당장 여기를 떠나라.

당장-법(糖藏法)[-뻡]똉 식품에 설탕이나 전화당(轉化糖)을 넣어 저장하는 방법. 〔잼·젤리·과일의 설탕 조림 따위.〕

당재(唐材)똉 중국에서 나거나 중국을 통해서 들여오는 한약재. 쭌초재(草材).

당쟁(黨爭)똉 당파를 이루어 서로 싸움, 또는 그 싸움질. ¶당쟁으로 얼룩진 역사.

당저(唐紵·唐苧)똉 ➡당모시.

당-저고리(唐-)똉 ➡당의(唐衣).

당적(唐笛)똉 '소금(小笒)'의 잘못.

당적(黨籍)똉 당원으로 등록되어 있는 적(籍).

당전(當前)똉 대첩의 앞.

당절(當節)똉 ➡당철.

당정(黨政)똉 정당, 특히 여당과 정부를 아울러 이르는 말. ¶당정 협의회.

당정(黨情)똉 당의 사정. 당내의 정세.

당제(堂祭)똉 ➡동신제(洞神祭).

당제(當劑)똉 병에 맞는 약제. 당약(當藥)1.

당조(唐朝)똉 당나라의 조정. 당나라의 왕조.

당조(當朝)똉 ①지금의 조정. ②지금의 왕조. ③➡당대(當代).

당조짐똉하타 정신을 차리도록 단단히 조지는 일.

당좌(當座)똉 〈당좌 예금〉의 준말.

당좌^계:정(當座計定)[-께-/-게-]똉 부기에서, 당좌 예금의 예입·인출·차월·대월의 발생과 소멸을 기록 정리하는 계정.

당좌^대:부(當座貸付)똉 미리 기한을 정하지 않고, 은행에서 요구할 때나 차주(借主)의 수의(隨意)에 따라 갚기로 한 대부.

당좌^대:월(當座貸越)똉 은행이 일정 기간과 일정 금액을 한도로 하여, 당좌 예금 거래처에서 예금 잔고 이상으로 발행한 수표나 어음에 대해서도 지급에 응하는 일, 또는 그 초과분. 쭌대월.

당좌^수표(當座手票)똉 은행에 당좌 예금을 가진 사람이 그 예금을 기초로 하여 그 은행 앞으로 발행하는 수표.

당좌^예:금(當座預金)똉 은행이 예금자의 청구에 따라 언제든지 그 예금액을 지급하는 예금. 〔지급 요구 때는 예금자가 수표를 발행함.〕 쭌당좌.

당좌^차:월(當座借越)똉 '당좌 대월'을 차주(借主) 쪽에서 이르는 말.

당주(堂主)똉 지난날, 나라에서 하던 기우제 등에서 기도를 맡아보던 소경 무당.

당주(幢主)똉 신라 때에 군대의 편성 단위인 당을 통솔하던 무관 벼슬, 또는 그 벼슬아치.

당-주지(唐周紙)[-쭈-]똉 ➡당두루마리.

당중(當中)똉하타 어떤 곳의 꼭 가운데가 되게 함, 또는 그 곳.

당지(唐紙)똉 중국에서 만든 종이의 한 가지. 〔누른빛에 겉면이 거칠고 잘 찢어지나, 먹물을 잘 빨아들임.〕

당지(當地)똉 (일이 일어난) 바로 그곳.

당-지기(堂-)똉 서당이나 당집을 맡아서 지키는 사람. 당직(堂直).

당지다자 눌리어 단단히 굳어지다.

당-지질(糖脂質)똉 당과 지질이 공유 결합하고 있는 화합물. 〔무정형(無晶形)의 흰 가루임.〕

당직(堂直)똉 ➡당지기.

당직(當直)똉하자 ①(근무하는 곳에서) 숙직이나 일직 따위의 번을 듦, 또는 그 사람. ②조선 시대에, 의금부의 도사(都事)가 당직청에 번을 들던 일. 상직(上直).

당직(黨職)똉 당의 직책.

당직(讜直)똉 '당직하다'의 어근.

당직-자(黨職者)[-짜]똉 정당의 직책을 맡은 사람.

당직-청(當直廳)똉 조선 시대에, 의금부에 딸려 있던 직소(職所). 〔도사(都事)가 한 사람씩 번을 들어 소송(訴訟) 사무를 처결하던 곳임.〕

당직-하다(讜直-)[-지카-]혱여 말이 충성스럽고 곧다.

당질(堂姪)똉 '종질'을 친근하게 이르는 말.

당질(糖質)똉 ①당분이 들어 있는 물질. ②탄수화물 및 그 유도 물질을 통틀어 이르는 말.

당-질녀(堂姪女)[-려]똉 '종질녀(從姪女)'를 친근하게 이르는 말.

당-질부(堂姪婦)똉 '종질부(從姪婦)'를 친근하게 이르는 말.

당-질서(堂姪壻)[-써]똉 '종질서(從姪壻)'를 친근하게 이르는 말.

당-집(堂-)[-찝]똉 신(神)을 모셔 놓고 위하는 집. 쭌당.

당차(當次)**명하자** 순번을 정해 놓고 돌아가는 차례에 당함.

당차(當差)**명하자** 조선 시대의 형벌의 한 가지. 죄인의 신분에 따라 차등을 두어 노역을 시키던 일.

당차다[형] (나이·몸집·처지 등에 비해 마음이나 행동이) 야물고 오달지다. ¶ 키는 작아도 아주 당차게 생겼다.

당착(撞着)**명하자** ①(말이나 행동이) 앞뒤가 서로 맞지 아니함. ¶ 그의 말은 당착이 심하여 갈피를 잡을 수 없다. ②서로 맞부딪침.

당찮다(當-)[-찬타]형 말이나 행동이 이치에 마땅하거나 적당하지 아니하다. 가당찮다. ¶ 그가 뽑혔다니 당찮은 일이다. *당찮아[-차나]·당찮소[-찬쏘]

당참(堂參)명 [조선 시대에] ①수령(守令)이 새로 발령을 받거나 다른 고을로 옮길 때 의정부에 가서 신고하던 일. ②<당참채>의 준말.

당참-전(堂參錢)명 ☞당참채(堂參債).

당참-채(堂參債)명 조선 시대에, 벼슬아치들이 새로 발령을 받거나 다른 고을로 옮길 때 이조(吏曹)에 바치던 예물. 당참전. ㉣당참.

당창(唐瘡)명 ☞창병(瘡病).

당-창포(唐菖蒲)명 글라디올러스.

당-채련(唐-)명 ①중국산의 나귀 가죽.(빛깔이 검고 윤기가 있음.) ②'때가 올라서 까마반드르한 옷'을 비유하여 이르는 말.

당책(唐冊)명 중국에서 박아 만든 책. 당본(唐本). 당서(唐書).

당처(當處)명 ①(어떤 일이 일어난) 그 자리. ②(자기가 있는) 이곳.

당-철(當-)명 꼭 알맞은 철. 마땅한 때. 당절(當節). 제철.

당첨(當籤)**명하자되자** 제비(추첨)에 뽑힘.

당첨-금(當籤金)명 복권·행운권 따위의 추첨에서 당첨자가 받게 되는 돈.

당청(唐靑)명 중국에서 나는 푸른 물감.

당체(唐體)명 ①한자 인쇄 서체의 한 가지. 가로 그은 획은 가늘고, 내리그은 획은 굵은 글씨체. ②☞명조체.

당초(唐草)명 ☞덩굴무늬.

당초(唐椒)명 ☞고추.

당초(當初)명 일의 맨 처음. 애초. ¶ 당초부터 잘못된 계획이었다.

당초-무늬(唐草-)[-니]명 ☞덩굴무늬.

당초-문(唐草紋)명 ☞덩굴무늬.

당초-와(唐草瓦)명 덩굴무늬를 그려 구운 기와.

당초-회(唐草繪)[-회/-훼]명 ☞만달.

당최[-최/-췌]부 《부정의 뜻이 있는 말과 함께 쓰이어》아주. 도무지. 영. ¶ 당최 되는 일이 없다.

당-추자(唐楸子)명 ☞호두.

당춘(當春)**명하자** 봄을 맞음. 봄맞이.

당칙(黨則)명 당의 규칙. 당규(黨規).

당코명 여자 저고리 깃의 뾰족하게 내민 끝.

당-탄(唐-)명 씨를 뽑지 아니한 당태.

당탑(堂塔)명 당과 탑. '전당(殿堂)과 탑묘(塔廟)'를 아울러 이르는 말.

당-태(唐-)명 중국에서 나는 솜.

당파(撞破)**명하타되자** 부딪쳐 깨뜨림.

당파(鐺鈀·鏜鈀)명 ①십팔기 무예 이십사반의 하나. 보졸(步卒)이 당파창으로 하는 무예. ②<당파창>의 준말.

당파(黨派)명 ①붕당(朋黨)이나 정당의 나뉘인 갈래. ②주의·주장과 이해를 같이하는 사람들끼리 뭉쳐진 단체. 파당.

당파-창(鐺鈀槍)명 옛 군기(軍器)의 한 가지. 끝이 세 갈래로 갈라진 창. 삼지창(三枝槍). ㉣당파.

당판(唐板)명 중국에서 새긴 책판, 또는 그것으로 박은 책.

당판(堂板)명 ☞청널.

당-팔사(唐八絲)[-싸]명 중국에서 만든, 여덟 가닥으로 드린 실로 꼰 노끈.

당평(當坪)명 <당오평(當五坪)>의 준말.

당평-전(當坪錢)명 지난날, 당오평(當五坪)으로 환산한 돈.

당폐(黨弊)[-폐/-폐]명 ①당파 싸움으로 말미암아 생기는, 해롭고 번거로운 일. ②당의 폐단.

당포(唐布)명 ☞당모시.

당풍(黨風)명 당의 기풍(氣風). ¶ 당풍 쇄신.

당-피리(唐-)명 목관 악기의 한 가지. 오래 묵은 대에 여덟 개의 구멍을 뚫고, 위쪽을 얇게 깎아 서를 꽂은 피리.

당필(唐筆)명 예전에, 중국에서 만든 붓을 이르던 말.

당하(堂下)명 ①대청의 아래. ②조선 시대에 둔, 정삼품 하(下) 이하의 품계에 해당하는 벼슬을 통틀어 이르는 말. 문관은 통훈대부(通訓大夫), 무관은 어모장군(禦侮將軍) 이하가 이에 딸렸음. ↔당상.

당하(當下)명 (어떤 일을 당한) 그 자리, 또는 그때. ¶ 당하의 급선무.

당하-관(堂下官)명 당하의 품계에 있는 벼슬아치. ↔당상관(堂上官).

당-하다(當-)[자비어] ①어떤 때나 형편에 이르게 되다. 처(處)하다. ¶ 현 시국에 당하여 후진에게 당부하실 말씀은? ②㉠좋지 않은 일 따위를 겪거나 입다. ¶ 봉변을 당하다. /장마를 당하여 농가에서는 할 일이 많다. ㉡능히 이겨내다. 대적하다. 해내다. 감내하다. ¶ 그의 재주는 당할 사람이 없다.

당-하다(當-)[형여] 사리에 맞다. 마땅(合當)하다. ¶ 어버이를 버리다니, 그게 어디 자식으로서 당할 소리냐.

-당하다(當-)[접미어] 좋지 않은 뜻의 동작을 나타내는 일부 명사 뒤에 붙어, 그 말을 피동사가 되게 함. ¶ 거부당하다. /무시당하다. /체포당하다.

당하-수의(堂下繡衣)[-의/-이]명 당하관으로 암행어사가 된 사람.

당학(唐學)명 ①당나라 때의 학문(學問). ②중국의 학문.

당한(當限)명 ①하자 기한이 닥쳐옴, 또는 닥쳐온 그 기한. ②장기 청산 거래에서, 그달 말에 결제하기로 약정한 거래. ②↔선한(先限).

당한(當寒)**명하자** 추위가 닥쳐옴.

당-항라(唐亢羅)[-나]명 중국에서 만든 항라. 생항라.

당해(當該)명 《일부 명사 앞에 쓰이어》'바로 그 사물에 해당됨'을 나타냄. ¶ 당해 기관. /당해 사항.

당헌(棠軒)명 왕조 때, '선화당(宣化堂)'을 달리 이르던 말.

당헌(黨憲)명 정당의 강령이나 기본 방침. ¶ 당헌을 준수하다.

당-형제(堂兄弟)명 ☞종형제(從兄弟).

당혜(唐鞋)[-혜/-혜]명 울이 깊고 코가 작은 가죽신의 한 가지. (앞뒤에 당초문 따위를 새김.)

당호(堂號)똉 ①당우(堂宇)의 호. 본채와 별채에 따로 붙인 이름. ②☞별호(別號).

당호(幢號)똉 불교에서, 교학과 수행력이 뛰어나 당(幢)을 세울 때 받는 법호(法號).

당혹(當惑)똉하짜 갑자기 일을 당하여 어찌할 바를 모르고 쩔쩔맴. ¶갑작스러운 질문을 받고 당혹한 표정을 짓다.

당혼(當婚)똉 혼인할 나이가 됨.

당홍(唐紅)똉 중국에서 나는, 자줏빛을 조금 띤 붉은 물감.

당화(唐畫)똉 ①당나라 때의 그림. ②중국 사람이 그린 중국풍의 그림.

당화(糖化)똉하짜되짜 다당류가 산(酸)이나 효소 따위의 작용으로 가수 분해 되어, 단당류 또는 이당류로 변하는 반응.

당화(黨禍)똉 당과 당 사이의 다툼으로 말미암아 일어나는 불행한 일. ¶당화를 입다.

당-화기(唐畫器)똉 ①채화(彩畫)를 그려 넣어 구운 중국산의 사기그릇. ②중국산의 청화 자기(青華瓷器)를 본떠 만든 그릇.

당-화적(唐畫籍)똉 ☞당사주책(唐四柱冊).

당황(唐黃)똉 성냥.

당황(←唐慌·唐惶·悄悅)똉하짜 다급하여 어찌할 바를 모름. 일차로 어리둥절해짐. ¶급한 일일수록 당황하지 말고 침착하게 행동해야 한다. 당황-히튄.

당회(堂會)[-회/-훼]똉 장로교나 성결교 등에서, 그 교회 안의 목사와 장로들이 모이는 회합(會合).

당다이튄 (옛) 마땅히. 응당. ¶이 각시 당다이 轉輪聖王을 나ᄒᆞ시리로다(月釋2:23).

당쉬똉 (옛) 당수. ¶당쉬 장:漿(訓蒙中20).

당아리똉 ①깍정이. ¶당아리 구:梂(訓蒙上11). ②껍데기. ¶당아리 개:介(訓蒙下3).

당의야지똉 (옛) 사마귀². ¶당의야지 당:螳(訓蒙上22).

닿다[닫따]탸 〈다지다〉의 준말. * 닿는[단-]

닻[닫]똉 배를 한곳에 머물러 있게 하기 위하여 밧줄이나 쇠줄에 매어 물에 던지는, 갈고리가 달린 기구. * 닻이[다치]·닻만[단-]

닻을 감다관용 하던 일을 그만두고 단념하다.

닻을 올리다관용 어떤 일을 시작하거나 시작하려 하다.

닻을 주다관용 닻줄을 풀어 물속에 넣다.

닻-가지[닫까-]똉 닻 끝에 달린 갈고리.

닻-고리[닫꼬-]똉 닻의 위에 있는, 닻줄을 매도록 만든 고리.

닻-꽃[닫꼳]똉 용담과의 이년초. 산지의 풀밭에서 절로 남. 높이는 10~60cm로 꼿꼿하게 자람. 여름에 황록색의 네잎꽃이 둥근 모양으로 핌. * 닻꽃이[닫꼬치]·닻꽃만[닫꼰-]

닻-나비[닫-]똉 ☞뿔나비나방.

닻-돌[닫똘]똉 나무로 만든 닻을 가라앉게 하기 위하여 그 닻에 매다는 돌.

닻-별[닫-]똉 별자리 중에서 '카시오페이아자리'를 달리 이르는 말.

닻-장[닫짱]똉 닻채 위에 가로 박은 나무나 쇠. (닻줄을 맴.)

닻-줄[닫쭐]똉 닻을 매단 줄.

닻-채[닫-]똉 닻의 자루가 되는 부분.

닻-혀[다텨]똉 닻가지의 끝.

닿다[다타]쟈 ①물건이 서로 가까이 되어) 사이에 빈틈이 없게 붙다. ¶두 뺨이 서로 닿다. ②목적지에 가서 이르다. ¶부산에 닿으려면 아직 멀었다. ③어떤 곳이나 정도에까지 미치

다. ¶힘 닿는 데까지 노력해 보자. ④서로 인연이나 관련이 맺어지다. ¶이제야 겨우 연락이 닿았다. /알고 보니 나의 외가 쪽으로 닿는 어른이셨다. ⑤정확히 맞다. ¶이치에 닿는 말. ⑥글의 의미가 자연스레 통하다. ¶뜻이 잘 닿지 않는 문장. * 닿아[다-]·닿는[단-]·닿:로[다쏘]

닿다[닫] (옛) 땋다. ¶多絲 다하(內訓3:2).

-닿다[다타][-다니-·-달]젭미튀 〈-다랗다〉의 준말. ¶곱닿다. /커닿다.

닿-소리[다쏘-]똉 자음(子音). ↔홀소리.

닿-치다[닫-]쟈 물건이 세차게 마주 닿다.

대¹ Ⅰ똉 ①식물의 줄기. ¶수수의 대. ②가늘고 긴 막대기 같은 것을 통틀어 이르는 말. ③마음 씀씀이나 의지. ¶대가 세다. ④〈담뱃대〉의 준말. Ⅱ의 ①담배통에 담배를 담는 분량, 또는 피우는 횟수를 세는 단위. ¶담배 한 대 피우고 나서 다시 이야기합시다. ②주사나 침을 맞는 횟수를 세는 단위. ¶주사 한 대면 곧 괜찮아질 겁니다. ③쥐어박거나 때리는 횟수를 세는 단위. ¶곧장 열 대/꿀밤 한 대. ④길고 곧은 물건을 세는 단위. ¶꽃줄기 두 대.

대²똉 볏과의 상록 교목. 볏과에서 가장 큰 식물로 높이가 30m에 이르는 것도 있음. 줄기는 속이 비고 곧으며 마디가 있고, 잎은 가늘고 빳빳함. 드물게 황록색 꽃이 피는데, 꽃이 핀 다음에는 말라 죽음. 열대에서 온대에 걸쳐 널리 분포함. 건축 용재나 세공용으로 쓰이고, 어린순은 식용함. ®대나무.

대³똉 줏대. ¶대가 센 노인.

대⁴똉 ((길이를 나타내는 의존 명사 '자' 앞에 쓰이어)) '다섯'의 뜻을 나타내는 말. ¶대 자 가웃이면 넉넉할 거다.

대:(代) Ⅰ똉 ①〈대신(代身)〉의 준말. ②이어 내려오는 가계(家系). ¶대를 이을 자식. ③어떤 지위나 일을 그 지위에 있는 동안. ¶세종 대에 꽃핀 민족 문화. ④((일부 명사 뒤에 붙어)) 가장 넓은 구분으로 나눈 지질 시대를 나타냄. ¶고생대./중생대./신생대. Ⅱ의 ①가계(家系)나 이어 온 계통의 차례를 세는 단위. ¶3대를 이어 온 가업. ②(('십'·'이십'·'삼십' 따위의 수에 쓰이어)) 사람의 나이를 십 년 단위로 끊어 나타내는 말. ¶대 소녀. /70대 노인.

대:(垈) 〈대지(垈地)〉의 준말.

대(隊)똉 ①끼리끼리 사람들을 나누어 이룬 무리. ¶출신 학교별로 대를 나누었다. ②〈대오(隊伍)〉의 준말. ③[의존 명사적 용법] 편제된 무리를 세는 단위. ¶제일 대.

대(臺)똉 ①(사방을 볼 수 있게) 높이 쌓아 만든 곳. ¶대를 높게 쌓다. ②물건을 받치거나 올려놓게 만든 것임을 나타내는 말.

대:(對) Ⅰ똉 ①서로 같거나 비슷한 상대. 어울리는 짝. ¶명암·장단·대소·원근 등이 대를 이루어 잘 표현되었다. ②두 사람이나 두 사물을 비교하거나 대조할 때의 상대. Ⅱ의 ①두 짝이 합하여 한 벌이 되는 물건을 세는 단위. ¶주련(柱聯) 한 대. ②사물과 사물의 대비나 대립을 나타낼 때 쓰는 말. ¶우리 나라 팀 대 외국 팀의 축구 경기. ③((수(數)나 문자 사이에 쓰이어)) 비(比)·비율·득점의 비 등을 나타냄. ¶이익을 3대 7로 나눈다.

대(臺)의 자동차나 비행기 또는 기계 따위를 세는 단위. ¶두 대의 화물차. /운전기 한 대.

대-(大)〔접두〕《일부 명사 앞에 붙어》 '큰'·'대단한'·'뛰어난' 따위의 뜻을 나타냄. ¶ 대가족. / 대성공. /대학자. ↔소(小)-.

대-(對)〔접두〕 일부 명사 앞에 붙어, '그것에 대한', '그것에 대항하는'의 뜻을 나타냄. ¶ 대국민 사과문.

-대(帶)〔접미〕《일부 명사 뒤에 붙어》 ①그 '부분'이나 '범위'·'지대'의 뜻을 나타냄. ¶ 시간대. /주파수대. ②'띠 모양의 물건'의 뜻을 나타냄. ¶ 구명대. /정조대. /지혈대.

-대(臺)〔접미〕《값이나 수를 나타내는 명사 뒤에 붙어》 대체적인 수(數)의 범위를 나타냄. ¶ 만원대. /수천억대.

-대〔어미〕《형용사 어간 또는 높임의 '-시-'나 시제의 '-았(었)-'·'-겠-'·'-ㄴ(는)-' 등에 붙어》 〔I〕〔어미〕주어진 사실에 대해 놀라워하거나 못마땅하게 여기는 뜻을 나타내는, 해체의 종결 어미. ¶ 날씨가 왜 이렇게 춥대? 〔참〕-ㄴ대. 〔II〕〔준〕'-다고 해'가 줄어든 말. 남의 말을 옮기는 뜻을 나타냄. ¶ 사람이 아주 똑똑하대. /가진 게 하나도 없대. 〔참〕-ㄴ대.

대:가(大加)〔명〕고구려 때, 각 부(部)의 부족장을 일컫던 말.

대:가(大家)〔명〕①학문이나 기예 등 전문 분야에 조예가 깊은 사람. 거장(巨匠). 대방가(大方家). ¶ 음악의 대가. ②대대로 번창한 집안. 거가 대족(巨家大族). ③큰 집.

대:가(大駕)〔명〕임금이 타는 수레. 승여(乘輿). 어가(御駕).

대:가(代價)[-까]〔명〕①물건을 값으로 치르는 돈. 값. ②어떤 일을 함으로써 생기는 희생이나 손해, 또는 그것으로 하여 얻어진 결과. ¶ 승리의 대가. /피땀을 흘려 노력한 대가가 고작 이거냐?

대:가(貸家)〔명〕셋돈을 받고 빌려 주는 집. 셋집. 〔참〕차가(借家).

대:가(對價)[-까]〔명〕자기의 재산이나 노력을 남이 이용하게 하고, 그 보수로 얻는 재산상의 이익.

대:-가극(大歌劇)〔명〕☞그랜드 오페라.

대:-가다〔자〕①정한 시간에 목적지에 이르다. ②'배를 오른쪽으로 저어 가다'라는 뜻의 뱃사람 말.

대:-가람(大伽藍)〔명〕큰 절.

대가리〔명〕①〈머리〉의 속된 말. ¶ 대가리를 몇 대 쥐어박다. /대가리는 텅 빈 놈이 돈푼깨나 있다고 거들먹거린다. ②동물의 머리. ¶ 돼지 대가리. ③길쭉하게 생긴 물건의 앞부분이나 꼭대기. ¶ 못 대가리.

대가리를 삶으면 귀까지 익는다〔속담〕가장 중요한 부분을 처리하고 나면 나머지는 저절로 해결된다는 말.

대가리를 싸고 덤비다〔관용〕기를 쓰고 덤비다. 죽기 살기로 대들다.

대가리에 피도 안 마르다〔관용〕아직 어리다. ¶ 대가리에 피도 안 마른 녀석이 벌써부터 돈을 밝힌다.

대가리〔명〕〈옛〉껍질. ¶ 대가리에 거러리니(金三 2:12). /대가릿 中에 수므며(圓覺上一之二136).

대:-가야(大伽倻)〔명〕경상북도 고령(高靈) 부근에 자리했던 고대 군장 국가(君長國家). 육 가야(六伽倻) 연맹의 하나로, 연맹의 북부 지역을 지배했으나 6세기 중엽 육 가야 중 맨 나중에 신라에 병합됨.

대:가연(大家然) '대가연하다'의 어근.

대:가연-하다(大家然-)〔자여〕그 방면에 뛰어난 사람인 체하다.

대:-가족(大家族)〔명〕①식구가 많음, 또는 그런 가족. ②직계와 방계 및 노비를 포함하는 가족. 〔고대 씨족 사회에서 볼 수 있는 가족 형태임.〕¶ 대가족 제도. ↔소가족.

대:가족-주의(大家族主義)[-쭈이/-쭈이]〔명〕단체 등에서, 모든 구성원을 한가족으로 여기고 단결하여 그 단체의 이익을 꾀하려는 주의.

대각〔부〕〔하자타〕단단하고 작은 물건들이 가볍게 부딪칠 때 나는 소리. ¶ 대각하고 그릇 부딪는 소리. 〔큰〕데걱. 〔센〕대깍·때각·때깍. 대각-대각〔부〕〔하자타〕.

대:각(大角)〔명〕사슴의 수컷.

대:각(大角)〔명〕폭 30 cm 이상으로 네모지게 켜낸 재목.

대:각(大角)〔명〕북두칠성의 남쪽에 등색(橙色)으로 빛나는 별. 〔예로부터 방위나 역일(曆日)을 헤아리는 목표가 됨.〕

대:각(大角)〔명〕공명 악기의 한 가지. 군중(軍中)에서 호령할 때나 아악(雅樂) 등을 연주할 때 쓰이던 나발. 〔흔히, 나무로 뿔처럼 만들어 붉은 칠을 하는데, 한 음만을 냄.〕〔참〕주라(朱喇).

대:각(大覺)〔명〕〔불교에서〕①〔하자〕도(道)를 닦아 크게 깨달음, 또는 그런 사람. ②'부처'를 달리 이르는 말.

대:각(對角)〔명〕다각형에서, 한 변이나 각에 대해 마주 보는 각. 맞각. 맞선각.

대각(臺閣)〔명〕①☞누각. ②지난날, '사헌부와 사간원'을 아울러 이르던 말. ③정치하는 관청.

대:-각간(大角干)[-깐]〔명〕신라 때, 공신에게 주던 높은 벼슬의 하나. 태대각간(太大角干)의 아래, 각간(角干)의 위.

대각-거리다[-꺼-]〔자타〕자꾸 대각대각하다. 대각대다. 〔큰〕데걱거리다.

대각-대다[-때-]〔자타〕대각거리다.

대:각^묘:사(對角描寫)[-강-]〔명〕대상과 반대되는 각도에서 그 대상을 묘사하는 문예상의 기법.

대:각-선(對角線)[-썬]〔명〕다각형에서 서로 이웃하지 않는 두 꼭짓점을 잇는 직선, 또는 다면체에서 같은 면에 있지 않은 두 꼭짓점을 잇는 직선. 맞모금.

대:각-세존(大覺世尊)[-쎄-]〔명〕☞불타(佛陀).

대:각-수(大角手)[-쑤]〔명〕지난날, 군악대에서 대각을 불던 취타수.

대:간(大奸)〔명〕매우 간사한 사람.

대간(臺諫)〔명〕지난날, '사헌부와 사간원의 벼슬'을 통틀어 이르던 말.

대:간-사충(大奸似忠)〔명〕매우 간사한 사람은 아첨하는 수단이 교묘하여 흡사 크게 충성된 사람과 같아 보임.

대갈〔명〕말굽에 편자를 대고 박는 징.

대갈〔명〕〔하자〕큰 소리로 꾸짖음.

대갈-마치〔명〕①대갈을 박을 때 쓰는 작은 마치. ②'온갖 어려운 일을 겪어서 아주 야무지게 보이는 사람'을 비유하여 이르는 말.

대갈-머리〔명〕〈머리〉의 속된 말.

대갈-못[-몯]〔명〕대가리가 큰 쇠못. * 대갈못이 [-모시] ·대갈못만[-몬-]

대갈-빼기〔명〕〈머리〉의 속된 말.

대:갈-일성(大喝一聲)[-쌍]〔명〕크게 외치는 한 마디의 소리.

대갈-통〈머리통〉의 속된 말.

대:감(大監)명 ①조선 시대에, 정이품 이상의 벼슬아치를 높여 일컫던 말. ②무당이 굿을 할 때, '신(神)'을 높여 부르는 말.

　대감 죽은 데는 안 가도 대감 말 죽은 데는 간다[속담] 세상 인심이 이악하여 자기의 이익만을 좋아 움직인다는 말.

대:감(大鑑)명 〔책 이름 아래에 쓰이어〕'그 책만으로 그 부문에 관한 온갖 지식을 얻을 수 있게 꾸민 책'임을 나타내는 말. 참대전(大全).

대:감-굿(大監-)[-굳]명하자 ☞대감놀이. * 대:감굿이[-구시]·대:감굿만[-군-]

대:감-놀이(大監-)명하자 무당이 터주 앞에서 하는 굿. 풍악과 춤으로 재앙을 물리고 복을 빎. 대감굿.

대:-감독(大監督)명 ①경험이 풍부하고 좋은 성과를 많이 올린 유명한 감독. ②성공회(聖公會) 또는 영국 교회 최고의 성직.

대:감-마님(大監-)명 높은 지위에 있는 벼슬아치를 높여 이르던 말.

대:감-상(大監床)[-쌍]명 굿을 할 때, 대감에게 올리는 제물을 차린 상.

대:감-제(大監祭)명 무당이 대감에게 지내는 제사.

대-갑석(臺甲石)[-썩]명 탑의 대중석(臺中石) 위에 덮은 돌.

대-갓끈[-갇-]명 아주 가는 대를 마디마디 잘라서 실에 꿰고 구슬로 격자를 쳐서 만든 갓끈. 죽영(竹纓).

대:갓-집(大家-)[-가찝/-갇찝]명 대대로 세력이 있고 살림이 넉넉한 집, 또는 그런 집안. ¶대갓집 맏며느리.

대:강(大江)명 큰 강.

대:강(大綱)명 〈대강령〉의 준말. ¶사건의 대강을 설명하다.
　Ⅱ부 일의 중요한 부분만 간단하게. 건정. 대충. 얼추. ¶네 사정은 대강 들어서 알고 있다. /일을 대강 마무리하고 퇴근합시다.

대:강(代講)명하타 남을 대신하여 강의나 강연을 함, 또는 그 강의나 강연.

대:-강당(大講堂)명 ①많은 사람이 모일 수 있는 넓은 강당. ②불경을 배우는 큰 강당.

대:강-대강(大綱大綱)부 적당히 간단하게. 대충대충. ¶대강대강 치우고 얼른 가자.

대:-강령(大綱領)[-녕]명 일의 가장 중요한 부분, 또는 그 부분만 따낸 줄거리. 준대강(大綱).

대강이〈머리〉의 속된 말.

대:-강풍(大强風)명 ☞큰센바람.

대:-갚음(對-)명하자 남에게서 받은 은혜나 원한을 그대로 갚는 일.

대:개(大概)Ⅰ명 ①대부분. ¶대개의 경우. ②대체의 사연. 줄거리. 대략(大略).
　Ⅱ부 그저 웬만한 정도로. 대체로. ¶안 보았지만 내용은 대개 안다.

대:개(大蓋)부 일의 큰 원칙으로 보아서 말하건대. ¶대개 효는 인류의 시초이니….

대:-개념(大槪念)명 삼단 논법에서, 중개념(中槪念)과 결합하여 대전제(大前提)를 만들고, 나아가 결론의 빈사(賓辭)가 되는 개념. ↔소개념. 참삼단 논법·대명사(大名辭).

대:객(待客)명하타 손을 대접함.

대:객(對客)명하자 손을 마주 대함.

대객-초인사(待客初人事)명 〔손을 대접하는 맨 처음의 인사라는 뜻으로〕'찾아온 손에게 우선 담배를 권함'을 이르는 말.

대:거(大擧)Ⅰ명하자타 ①많은 무리를 움직여 일을 일으킴, 또는 그 일. ②바삐 서둘러서 일을 함. ③널리 인재를 천거함.
　Ⅱ부 한꺼번에 많이. ¶유명 인사가 대거 참석한 시상식. /경찰이 대거 출동하다.

대거(帶鋸)명 ☞띠톱.

대:거(貸去)명하타 (남이) 꾸어 감.

대:-거리(代-)명하자 서로 번갈아 듦. 교대.

대:-거리(對-)명하자 ①대갚음하는 짓. ②상대하여 대듦, 또는 그런 언행. ¶함부로 대거리하다가 큰코다칠라.

대-걸레(帶-)명 자루걸레.

대:검(大劍)명 큰 검. ↔소검(小劍)

대:검(大檢)명 〈대검찰청〉의 준말.

대:검(帶劍)명 ①차고 있는 칼, 또는 그 칼. 패검(佩劍)². ②소총의 총신 끝에 꽂는 칼. ③총검.

대:-검찰청(大檢察廳)명 대법원에 대응하여 설치된 최고 검찰 기관. 〔검찰 총장을 장(長)으로 하여 검찰 사무를 통할함.〕준대검.

대:겁(大怯)명하자 크게 겁을 냄.

대것기[-걷기]명 무수기를 볼 때, 6일과 21일을 이르는 말.

대:-게명 십각목 물맞이게과의 갑각류. 몸통에서 뻗어 나간 다리가 대나무처럼 생겨서 '대게'라고 부름. 우리나라 동해안과 일본·알래스카 등지에 분포함.

대:견(對見)명하자 마주 대하여 봄.

대견-스럽다[-따]형ㅂ 〈-스러우니·-스러워〉보기에 대견하다. 대견스레부.

대견-하다형여 ①마음에 흡족하고 자랑스럽다. 모자람이 없이 흐뭇하다. ¶고학으로 대학을 마치다니 참 대견하구나. ②아주 대단하고 소중하다. ¶못났을망정 부모에게는 대견한 자식이다. 대견-히부.

대:결(代決)명하타 대리로 결재(決裁)함, 또는 그런 결재.

대:결(對決)명하자 ①양자(兩者)가 맞서서 이기고 짐, 또는 옳고 그름을 결정함. ¶숙명의 대결. ②법정에서, 원고와 피고를 함께 불러 놓고 심판함.

대:겸(大歉)명 흉년이 크게 듦.

대:겸-년(大歉年)명 흉년이 크게 든 해.

대:경(大經)명 ①가장 근본이 되는 줄거리. 큰 법칙. ②불교에서, 가장 근본이 되는 경전이라는 뜻으로 '화엄경'과 '열반경' 등을 이르는 말. ③'예기(禮記)'와 '춘추좌씨전(春秋左氏傳)'을 아울러 이르는 말.

대:경(大慶)명 큰 경사.

대:경(大驚)명하자 몹시 놀람.

대:경-대법(大經大法)명 공명정대한 큰 원리와 법칙. 준경법.

대:경-소괴(大驚小怪)[-괴/-궤]명하자 몹시 놀라서 좀 의아스럽게 여김.

대:경-실색(大驚失色)[-쌕]명하자 몹시 놀라 얼굴빛이 하얗게 변함. ¶집에 도둑이 들었다는 말을 듣고는 대경실색하였다.

대:-경주인(代京主人)명 지난날, 경주인(京主人)을 대신하여 매를 맞던 사람.

대:계(大戒)명 불교에서, 출가한 비구(比丘)·비구니(比丘尼)가 지켜야 할 구족계. 비구는 250계(戒), 비구니는 348계가 있음.

대:계(大系)[-계/-게]명 〔책 이름 아래에 쓰이어〕'같은 종류에 딸린 저작 따위를 두루 모아 차례를 세워 엮은 책'임을 나타내는 말. ¶한국 문학 대계. 참총서(叢書).

대:계(大計) [-계/-게]圏 큰 계획. ¶국가의 대계를 세우다.

대:계(大薊) [-계/-게]圏 한방에서, '엉겅퀴의 뿌리'를 약재로 이르는 말. [지혈제 따위로 쓰임.]

대계(臺啓) [-계/-게]圏 조선 시대에, 사헌부(司憲府)나 사간원(司諫院)에서 벼슬아치의 잘못을 임금에게 상주하던 일.

대:계-수(大溪水) [-계-/-게-]圏 육십갑자의 갑인(甲寅)과 을묘(乙卯)에 붙이는 납음(納音). 魯사중토(沙中土).

대:고圈 계속하여 자꾸. 무리하게 자꾸. ¶없는 돈을 내놓으라고 대고 조른다.

대:고(大故)圏 ①어버이의 상사(喪事). ②큰 사고(事故).

대:고(大賈)圏 크게 장사하는 사람.

대:고(大鼓)圏 ①큰 북. ②타악기의 한 가지. 나무나 금속으로 테를 두르고 가죽으로 메워, 건고(建鼓) 비슷하게 만든 북.

대-고리圏 대오리로 결어 만든 고리.

대:-고모(大姑母)圏 아버지의 고모. 왕고모.

대:고모-부(大姑母夫)圏 대고모의 남편.

대:-고풍(大古風)圏 우리나라 특유의 한시체(漢詩體). 칠언 팔구로, 운(韻)을 달지 않음.

대:곡(大哭)圏하자 큰 소리로 욺.

대:곡(代哭)圏하자 남이 상주(喪主)를 대신하여 곡을 함.

대:곡(對曲)圏 방향을 달리하는 습곡 산맥의 끝이 서로 이어지는 부분에서 갑자기 꼬부라짐, 또는 그런 현상.

대:곤(大棍)圏 조선 시대의 곤장의 한 가지. 중곤(重棍)보다 작고 중곤(中棍)보다 조금 큰 곤장.

대공圏 들보 위에 세워 마룻보를 받치는 짧은 기둥. 한자를 빌려 '大栱·臺工·大工'으로 적기도 함.

대:공(大工)圏 솜씨가 뛰어난 장인(匠人).

대:공(大公)圏〔유럽에서〕①군주(君主) 집안의 남자. ②작은 나라의 군주를 일컫던 말.

대:공(大功)¹圏 큰 공적. 대훈로(大勳勞). 혁공(奕功). ↔소공(小功)¹.

대:공(大功)²圏〈대공복(大功服)〉의 준말.

대:공(大空)圏 크고 넓은 공중. 하늘.

대:공(對共)圏 공산주의 또는 공산주의자를 상대로 함. ¶정부의 대공 정책.

대:공(對空)圏 지상에서 공중 목표물을 상대함. ¶대공 경계. /대공 사격. /대공 무기.

대:공-국(大公國)圏 대공이 다스리는 나라. 〔리히텐슈타인·룩셈부르크 등.〕

대:공^미사일(對空missile)圏 공중 목표물에 대하여 지상이나 공중 또는 함상에서 발사하는 미사일.

대:공^방어(對空防禦)圏 적의 공중 공격에 대한 방어.

대:공-복(大功服)圏 오복(五服)의 하나. 대공친(大功親)의 상사(喪事)에 아홉 달 동안 입는 복제(服制). 魯대공².

대:-공사(大公使)圏 '대사'와 '공사'를 아울러 이르는 말.

대:공^사격(對空射擊)圏 공중의 목표물에 대해 지상이나 공중 또는 함상에서 하는 사격.

대:-공원(大公園)圏 규모가 큰 공원.

대:공-지정(大公至正)圏형하엿 아주 공변되고 더없이 올바름.

대공-지평(大公至平)圏 '대공지평하다'의 어근.

대:공지평-하다(大公至平-)형엿 아주 공변되고 더없이 평등하다.

대:공-친(大功親)圏 사촌 형제자매·중손(衆孫)·중손녀(衆孫女)·중자부(衆子婦)·질부(姪婦)·남편의 조부모·백숙부모·질부 등의 겨레붙이를 이르는 말. 魯소공친.

대:공-포(對空砲)圏 지상이나 함정(艦艇)에서 공중 목표를 사격하는 포.

대:공^화:기(對空火器)圏 대공 사격을 하는 데 쓰는 화기.

대:과(大科)圏 ①지난날, '문과(文科)'를 달리 이르던 말. ↔소과. ②하자〈대과 급제(大科及第)〉의 준말.

대:과(大過)¹圏 큰 허물. 큰 잘못. ¶대과 없이 임기를 마치다.

대:과(大過)²圏〈대과괘(大過卦)〉의 준말.

대:-과거(大過去)圏 과거의 어느 시점보다 더 앞선 시점에서 과거의 시점까지 계속됨을 나타내는 시제.

대:과-괘(大過卦)圏 육십사괘의 하나. 태괘(兌卦)와 손괘(巽卦)를 위아래로 놓은 괘. 못의 물이 나무를 쓰러뜨림을 상징함. 魯대과².

대:과-급제(大科及第) [-제]圏 '문과 급제(文科及第)'를 장하게 이르던 말. 魯대과.

대:관(大官)圏 ①⊂대신(大臣). ②높은 벼슬, 또는 높은 벼슬에 오른 사람. ③'내자시(內資寺)'를 달리 이르던 말.

대:관(大觀)圏 ①하타국면(局面)을 널리 관찰함, 또는 그런 관찰. ②훌륭한 경치.

대:관(代官)圏 대리(代理)로 일하는 관리.

대:관(貸館)圏하타 공연이나 행사를 하기 위하여 공연장·전시관·체육관 등을 빌림. ¶예술의 전당을 대관하다.

대관(臺官)圏 조선 시대에, 사헌부의 대사헌(大司憲) 이하 지평(持平)까지의 벼슬아치를 이르던 말.

대:관(戴冠)圏하자 (제왕이) 왕관을 받아 씀.

대:관-식(戴冠式)圏 유럽 제국에서, 제왕이 왕관을 쓰고 왕위에 올랐음을 널리 공표하는 의식.

대:-관절(大關節)튀 (의문의 뜻을 나타내는 말 앞에 쓰이어) 여러 말 할 것 없이 요점만 말하건대. 도대체. ¶아무런 연락도 없이 이렇게 늦다니, 대관절 어찌 된 일이냐?

대:-괄호(大括弧)圏 문장 부호 중 묶음표의 한 가지인 '〔 〕'의 이름. ①묶음표 안의 말이 바깥 말과 음이 다를 때에 쓰임. ¶낱말[單語]은 말의 최소 단위이다. ②묶음표 안에 또 묶음표가 있을 때에 쓰임. ¶명령에 있어서의 불확실〔단호(斷乎)하지 못함.〕은 복종에 있어서의 불확실〔모호(模糊)함.〕을 낳는다. 각괄호.

대:광^반:응(對光反應)圏 눈에 빛을 비추면 동공(瞳孔)이 반사적으로 수축되는 현상.

대:괴(大塊) [-괴/-궤]圏 ①큰 덩어리. ②지구(地球). ③천지간의 대자연.

대:곡(大斛) [-곡/-꼭] Ⅰ圏 곡류 스무 말[斗]을 되는 양기(量器). ↔소곡(小斛). Ⅱ의 곡류를 재는 단위. 1대곡은 스무 말임. 전석(全石). ↔소곡.

대:교(大敎)圏 중이 경교(經敎)를 연구하는 과목의 한 가지로서의 화엄경.

대:교(大橋)圏 규모가 큰 다리.

대:교(對校)¹圏하자 학교끼리 맞서서 겨룸. ¶대교 경기.

대:교(對校)²圏하자 대조하며 교정을 봄.

대:-교구(大敎區)圏 가톨릭 교회에서 행정상의 관할 구역 가운데 규모가 가장 큰 구역. 〔보통 대주교가 관장함.〕

대구(大口)[명] 대구과의 물고기. 깊고 한랭한 바다에서 삶. 몸길이 70~75cm, 몸빛은 갈색에 배 쪽은 흼. 앞쪽이 둥글고 넓적하며 옆구리에 부정형의 많은 무늬가 있음. 고기는 먹고, 간은 간유의 원료로 쓰임.

대구(帶鉤)[명] 혁대의 두 끝을 끼워 맞추는 자물단추.

대:구(對句)[-꾸][명] 짝을 맞춘 시의 글귀.

대구루루[부] 작고 딱딱한 물건이 단단한 바닥에 떨어져 구르는 소리, 또는 모양. ¶탁자 위의 빈 병들이 쓰러져 대구루루 구른다. ⑧때구루루. ⑩대구루루.

대:구-법(對句法)[-꾸뻡][명] 수사법상 변화법의 한 가지. 어조가 비슷한 문구를 나란히 벌여 문장에 변화를 주는 표현 방법. ('낮말은 새가 듣고 밤말은 쥐가 듣는다.' 따위.) 대우법(對偶法).

대:-구치(大臼齒)[명] 갈지 않는 뒤어금니.〔사람의 경우, 맨 안쪽의 아래위 각각 세 쌍임.〕↔소구치.

대구-탕(大口湯)[명] 대구로 끓인 국.

대구-포(大口脯)[명] 대구를 얇게 저며서 말린 포.

대:-구품(大九品)[명] 불가에서, 가사(袈裟) 여든 한 벌을 짓는 일.

대구-횟대(大口-)[-휃때~휃때][명] 둑중갯과의 바닷물고기. 몸길이 40cm가량. 원통형으로 길쭉하며 머리가 크고 몸빛은 암갈색임. 식용함.

대:국(大局)[명] ①일이나 상황의 대체적인 국면. ②큰 판국.

대:국(大國)[명] ①영토가 넓은 나라. ②(경제력이나 군사력 등이) 강대한 나라. 세력이 강한 나라. ↔소국(小國).

대:국(對局)[명][하자] ①어떤 형편이나 국면을 당함. 당국(當局). ②마주 보고 앉아서 바둑이나 장기를 둠. ¶결승 대국.

대:국-적(大局的)[-쩍][관][명] 크거나 대체적인 판국에 따르는 (것). ¶대국적 견지에서 본다면 그리 큰 손해는 아니다. /대국적인 명분.

대:국-주의(大國主義)[-쭈의/-쭈이][명] 강한 국력을 바탕으로 하여 그 의사를 대외적으로 관철하려는 행동 양식.

대:군(大君)[명] ①조선 시대에, 정궁(正宮)이 낳은 아들. ②고려 시대에, 종친(宗親)의 정일품 봉작. ③'군주'를 높여 일컫는 말.

대:군(大軍)[명] 병사의 수효가 많은 군대. 대병(大兵).

대:군(大郡)[명] 면적이 넓고 인구가 비교적 많은 군.

대:군(大群)[명] 큰 떼. 많은 무리.

대:-군물(大軍物)[명] 기치(旗幟)와 창검(槍劍) 따위를 골고루 다 갖춘 군진(軍陣)의 물건.

대굴-대굴[부][하자타] ①작고 단단한 물건이 잇달아 굴러 가는 모양. ¶공이 대굴대굴 굴러 간다. ②이리저리 마구 구르는 모양. ¶대굴대굴 뒹굴며 떼를 쓴다. ⑧데굴데굴. ⑩때굴때굴.

대궁[명] 먹다가 그릇에 남은 밥. 군밥. 잔밥.

대:궁(大弓)[명] ☞예궁(禮弓).

대:궁(對宮)[명] 장기에서, 양쪽 궁(宮)이 그 사이에 między 다른 장기짝이 놓이지 않은 상태로 직접 맞서게 놓인 관계.

대:궁-장군(對宮將軍)[명] 장기에서, 대궁이 된 때 부르는 장군.〔이 장군을 받지 못하면 비기게 됨.〕

대:권(大圈)[-꿘][명] ①☞대원(大圓). ②지구 표면에 그린 대원.

대:권(大權)[-꿘][명] 국가를 통치하는 권한. ¶대권에 도전하다.

대:권^코^스(大圈course)[-꿘-][명] 지구의 대권을 따르는 길.〔지구 상의 두 지점 간의 가장 짧은 거리가 됨.〕

대:권^항:로(大圈航路)[-꿘-노][명] 대권 코스를 따라 설정한 항로.

대:궐(大闕)[명] 임금이 거처하며 정사(政事)를 보던 집. 궁궐. 궁정. 어궁(御宮).

대:규(大叫)[명][하자] 크게 소리쳐 부르짖음.

대:-규모(大規模)[명] 일의 범위가 넓고 큰 규모. ¶대규모 공사. ↔소규모.

대:규환-지옥(大叫喚地獄)[명] 불교에서 이르는 팔열 지옥의 하나. 오계를 깨뜨린 자가 가게 된다는 지옥으로, 등활·흑승·중합·규환 등의 지옥의 10배에 해당하는 고통을 받는다고 함.

대그락[부][하자타] 작고 단단한 물건이 맞닿아 부딪치며 나는 소리. ⑧데그럭. ⑩때그락. 대그락-대그락[부][하자타]

대그락-거리다[-꺼-][자타] 자꾸 대그락대그락하다. 대그락거리다. ⑧데그럭거리다.

대그락-대다[-때-][자타] 대그락거리다.

대그르르[부][하형] 여러 개의 가늘거나 작은 물건 가운데서 조금 굵은 모양. ⑧디그르르. ⑩때그르르.

대-그릇[-름][명] 대로 만든 그릇. 죽기(竹器).
  *대그릇[←리시]·대그릇만[-른-]

대:극(大戟)[명] 대극과의 다년초. 산이나 들에 절로 나는데, 줄기에는 잔털이 있고 곧게 자람. 갸름한 잎은 줄기 끝에 어긋나고, 6월경에 황록색의 잔꽃이 핌. 버들옷. ②한방에서, '대극의 뿌리'를 약재로 이르는 말.〔단맛이 짧은 극약으로, 담병 등에 쓰임.〕

대:극(大極)[명] 임금의 지위.

대:극(對極)[명] 반대의 극.

대:극-적(對極的)[-쩍][관][명] 극과 극으로 서로 맞서 있는 (것).

대:근(代勤)[명][하자] 남을 대신하여 근무함. 또는 그런 근무.

대근-하다[형] 견디기 힘들다.

대글-대글[부][하형] 여러 개의 가늘거나 작은 물건 가운데서 몇 개가 조금 굵거나 큰 모양. ⑧디글디글. ⑩때글때글.

대:금(大金)[명] 많은 돈.

대:금(大金)²[명] ☞징¹.

대:금(大笒)[명] 저〔笛〕의 한 가지. 대에 13개 가량의 구멍을 뚫어 만드는데, 삼금(三笒) 가운데서 가장 큼. 본대함(大笒).

대:금(大禁)[명][하자] 전국적으로 엄히 금제(禁制)함. 또는 그 일.

대:금(代金)[명] 물건의 값으로 치르는 돈. 값. 대가(代價). ¶신문 대금. /도서 대금을 미리 내다.

대:금(貸金)[명][하자] ①돈을 빌려 줌, 또는 빌려 준 그 돈. ②돈놀이함, 또는 그 돈.

대:금-교환^우편(代金交換郵便)[명] 수취인에게 우편물을 전하고 돈을 받아서 물품 발송인에게 보내 주는 특수 우편 제도.

대:금-상환(代金相換)[명] 대금을 받음과 동시에 상대편에게 물건을 넘겨주는 일.

대:금-업(貸金業)[명] ☞돈놀이.

대:금-추심(代金推尋)[명] 은행이 고객 등의 의뢰에 따라 수수료를 받고 어음·배당금·예금 증서의 현금 추심을 하는 일.

대:급(貸給)[명][하자] ☞대여(貸與). ↔차급.

대:기(大忌)명하타 매우 꺼림. 몹시 싫어함.

대:기(大起)명 ☞한사리.

대:기(大氣)명 ①지구 중력에 의해 지구 둘레를 싸고 있는 기체. 공기. ②천체의 표면을 둘러싸고 있는 기체.

대:기(大朞)명 죽은 지 두 돌 되는 제사. 대상 (大祥). 참소기(小朞).

대:기(大期)명 아이를 낳을 달. 당삭. 임월.

대:기(大旗)명 ①'대오방기(大五方旗)'의 준말. ②(대기치)의 준말.

대:기(大器)명 ①큰 그릇. ②됨됨이나 도량이 커서 큰일을 할 만한 인재. ☞신기(神器).

대:기(待機)명 ①하자 때나 기회를 기다림. ¶여기서 대기하고 계십시오. ②하자 군대 등에서, 출동 준비를 끝내고 명령을 기다림. ③(공무원의) 대명(待命) 처분. ¶대기 발령.

대:기(對機)명 ①설법을 듣는 사람. ②하자 선가 (禪家)에서, '스승이 학인(學人)의 물음에 대답함'을 이르는 말.

대:기(對鰭)명 물고기의 몸 양쪽에 있어 쌍을 이루는 지느러미. ↔수직기(垂直鰭).

대:-기권(大氣圈)[-꿘]명 지구 둘레를 싸고 있는 대기의 층. 기권(氣圈).

대:기-만성(大器晩成)명 남달리 뛰어난 큰 인물은 보통 사람보다 늦게 대성한다는 말.

대:기명:령(待機命令)[-녕]명 ①언제나 출동할 수 있도록 명령을 하고 있으라는 명령. ②공무원을 무직 상태로 두는 인사 발령. 대명.

대:기-소(待機所)명 대기할 수 있게 마련된 곳. 기다리는 곳.

대:기^속도(對氣速度)[-또]명 항공기의 대기에 대한 속도. 참대지 속도.

대:기-수(大旗手)명 조선 시대에, 대기치(大旗幟) 따위를 받쳐 들던 군사.

대:기-압(大氣壓)명 대기의 압력.

대:-기업(大企業)명 자본금이나 종업원 수 또는 그 밖의 시설 등이 대규모인 기업. 참중소기업.

대:기^오:염(大氣汚染)명 산업 활동이나 인간 생활에서 생기는 유독 물질이 대기 속에 섞여 생물이나 기물(器物)에 해를 끼칠 만큼 더러워진 현상. ¶도심의 대기 오염 상태가 심각하다.

대:기^요법(大氣療法)명 환자에게 맑은 공기를 마시게 하여 병을 다스리는 요법. 호흡기 질환의 치료에 쓰임. 개방 요법.

대:기^조석(大氣潮汐)명 기압의 변화로 일어나는 대기의 진동 현상.

대:기-차(大氣差)명 눈에 보이는 천체의 방향과 그 실제 위치와의 사이에 생기는 차. 〔광선의 굴절 현상 때문에 생김.〕

대:-기치(大旗幟)명 조선 시대에, 진중(陣中)에서 방위를 나타내던 기. 〔영문(營門)에 따라 기치의 수와 면(面)이 달랐음.〕

대:-기후(大氣候)명 대륙이나 지구 전체 등 넓은 지역의 기후. 〔위도·지형·해발 고도 등이 기후 인자가 되어, 생물의 지리적 분포 따위에 큰 영향을 미침.〕

대:-길(大吉)명하형 아주 좋음. 크게 길함. ¶신수가 대길하다.

대-깍부하자타 〈대각〉의 센말. 圓데격1. 셍때깍.

대-꼬챙이명 대나무 꼬챙이.
대꼬챙이로 쨰는 소리를 한다관용 몹시 아파서 날카롭게 소리를 지른다.

대:꾸명하자 〈말대꾸〉의 준말. ¶어른에게 버릇없이 대꾸하지 마라.

대:꾼-하다형에 지쳐서 눈이 쏙 들어가고 맥이 없어 보인다. ¶눈이 대꾼한 걸 보니 몹시 고단한 모양이구나. 圓데꾼하다. 셍때꾼하다. 대꾼-히부.

대끼다①자 단련될 정도로 여러 가지 일에 몹시 시달리다. ¶만원 지하철에서 사람들에게 대끼다 보니 기운이 하나도 없다.

대끼다②타 애벌 찧어 늑은 곡식에 물을 부어 마지막으로 깨끗이 찧다. ¶보리쌀을 대끼다.

대:나(大儺)명 조선 시대에, 제석(除夕) 전날 밤 궁중에서 역신(疫神)을 쫓아내기 위해 벌이던 의식. 관상감(觀象監)이 주관했음.

대-나무명 '대2'를 목본으로 이르는 말.

대-나물명 석죽과의 다년초. 흔히, 산과 들에 나는데, 관상용으로도 심음. 줄기는 60cm가량. 초여름에 줄기 끝에서 흰 꽃이 핌. 어린잎은 식용하며, 뿌리는 약재로 씀.

대:나-의(大儺儀)[-의/-이]명 왕조 때, 대나(大儺)를 베풀던 의식.

대-낚[-낙]명 낚싯대로 하는 낚시질. 대낚시. *대낚이[-나끼]·대낚만[-낭-]

대-낚시[-낙씨]명 ☞대낚.

대:난(大難)명 큰 재난.

대:남(對南)《주로 관형어적으로 쓰이어》'남한에 대한'의 뜻을 나타냄. ¶대남 방송. /대남 공작. ↔대북.

대:납(代納)명하타 ①남을 대신하여 바침. ¶세금을 대납하다. ②다른 물건으로 대신하여 바침. ¶현물로 대납하다.

대:-납회(大納會)[-나뢰/-나풰]명 증권 거래소에서, 그 해의 마지막으로 여는 입회. ↔대발회.

대:-낮[-낟]명 환히 밝은 낮. 백일(白日). 백주(白晝). *대:낮이[-나지]·대:낮만[-난-]

대:내(大內)명 ☞대전(大殿).

대내(隊內)명 부대나 군대 등의 대(隊)의 안.

대:내(對內)《주로 관형어적으로 쓰이어》'내부 또는 국내에 대한'의 뜻을 나타내는 말. ¶대내 문제. ↔대외(對外).

대:-내리다자 손대 내리다. 참손대.

대:-내마(大奈麻)명 신라 때의 17관등의 열째 등급. 참대나마.

대:내^주권(對內主權)[-꿘]명 국가가 다른 국가의 간섭을 받지 않고 국내 사항에 대하여 발동하는 주권.

대:녀(代女)명 가톨릭에서, 성세 성사나 견진 성사를 받는 여자를 그 대모(代母)에 대하여 일컫는 말. 참대자(代子).

대:년(待年)명하자 약혼한 뒤에 혼인할 해를 기다리는 일.

대:년-군(待年軍)명 조선 시대에, 군역(軍役)에 있는 사람이 죽거나 다른 사정으로 복무하지 못할 경우, 그 뒤를 이을 16세 미만의 남자를 이르던 말.

대:-년호(大年號)명 〈다년호〉의 본딧말.

대:-놀음명 기생이 풍악을 갖추어 노는 놀음.

대:-농(-籠)명 대로 엮어 만든 농짝.

대:-농(大農)명 큰 규모로 짓는 농사, 또는 그런 농가. 호농(豪農). ↔소농·중농.

대:-농(大籠)명 크게 만든 농.

대:-농가(大農家)명 농사를 크게 짓는 집, 또는 그런 사람.

대:-농지(大農地)명 크게 농사를 짓는 땅.

대:-놓고[-노코]부 사람을 앞에 두고 거리낌 없이 함부로. ¶대놓고 욕을 하다.

대:뇌(大腦)[-뇌/-눼]명 척추동물의 뇌의 대부분을 차지하여 좌우 한 쌍을 이룬 반구상(半球狀)의 덩어리. 〔정신 작용·지각·운동·기억력 등을 맡은 중추가 분포함.〕큰골.

대:뇌^생리학(大腦生理學)[-뇌-니/-눼-니-]명 대뇌 기능을 연구하는 생리학의 한 분야.

대:뇌^수질(大腦髓質)[-뇌-/-눼-]명 대뇌 피질 밑에 있는 신경 섬유의 집단.

대:뇌^피질(大腦皮質)[-뇌-/-눼-]명 대뇌 표면을 둘러싸고 있는 회백질의 얇은 부분.

대님명 한복 바지를 입은 뒤, 바지가랑이 끝을 접어서 졸라매는 끈.

대:다[자] ①정한 시간에 가 닿다. ¶약속 시간에 대려고 뛰어왔다. ②무엇을 목표로 하여 겨누거나 향하다. (주로, '대고'의 꼴로 쓰임.) ¶적진에 대고 총을 쏘다. /제 얼굴에 대고 침 뱉기.

대:다[타] ①서로 맞닿게 하다. ¶작품에 손을 대지 마시오. ②서로 견주다. 비교하다. ¶신부도 예쁘지만 신랑에 댈 것이 아니다. ③알려 주거나 털어놓다. ¶누가 한 짓인지 어서 바른 대로 대라. ④뒤를 보살펴 주다. ¶이모님께서 제가 대학을 졸업할 때까지 학비를 대 주셨습니다. ⑤(노름이나 내기 따위에서) 일정한 돈이나 물건을 걸다. ¶만 원을 걸다. ⑥서로 이어지게 하거나 마주보게 하다. ¶그 어른과 간신히 줄을 댔다. ⑦이르러 멈추게 하다. ¶기사는 차를 현관에 댔다. ⑧기대다. 벽에 등을 대다. ⑨보내거나 갖다 주다. ¶공장에 부품을 대다. ⑩물을 들어가게 하거나 끌어들이다. ¶논에 물을 대다. ⑪구실을 붙이거나 성화를 부리다. ¶핑계를 대다. /성화를 대다.

대:다³[조동] 동사 어미 '-아(어)' 뒤에 쓰이어, 그 동작의 정도가 심하게 계속됨을 나타냄. ¶놀려 대다. /먹어 대다.

-대다[접미] ¶-거리다.

대다리명 구두창에 갑피(甲皮)를 대고 맞꿰매는 가죽 테.

대:-다수(大多數)명 ①대단히 많은 수. ②거의 다. 거의 대부분. 다대수. ¶대다수가 찬성하다. /대다수의 의견이 수용되다.

대:-단(大緞)명 지난날, 중국에서 나던 비단의 한 가지. 한단(漢緞). ¶이윽고 날이 밝으며 붉은 기운이 동편 길게 뻗쳤으니, 진홍(眞紅) 대단(大緞) 여러 필(疋)을 물 우회 펼친 듯(意幽堂.東溟日記).

대:-단나(大檀那)명 ▷큰단나.

대:-단원(大團圓)명 ①(일의) 맨 끝. 대미(大尾). ¶대단원을 장식하다. ②영화나 연극 등에서, 사건의 얽힌 실마리를 풀어 결말을 짓는 마지막 장면. ¶대단원의 막을 내리다.

대:단찮다[-찬타]형 〔'대단하지 아니하다'가 줄어서 된 말.〕①별로 중요하지 않다. ¶대단찮게 여기다. ②보통의 정도나 수준이다. ¶별로 대단찮은 내용이다. *대:단찮아[-차나]·대:단찮소[-찬쏘]

대:단-하다[형] ①썩 중요하다. ¶대단한 문제도 아닌데 법석을 떤다. ②아주 심하다. ¶네걱정이 대단하시더라. ③병세가 대단하다. ④매우 뛰어나다. ¶대단한 인물. ⑤크고도 많다. ¶인기가 대단하다. 대단-히[부] ¶대단히 감사합니다.

대:-담(大談)명 큰 장담. 큰소리.

대:-담(大膽)명[하형][ス 형] 용감하고 담력이 큼. 대담-히[부]. 대담스레[부]

대:-담(對談)[하자] (두 사람, 또는 여러 사람이) 어떤 일에 대하여 서로 이야기를 주고받음, 또는 그 이야기.

대:-답(對答)[하자타] ①묻는 말에 자기의 뜻을 나타냄, 또는 나타내는 그 말. ¶이 정도의 질문에 대한 대답이 되었는지 모르겠습니다. ②부름에 응함, 또는 응하는 그 말. ¶어째 대답이 시원치 않다. ③어떤 문제를 푸는 실마리, 또는 그 해답. ¶이 책은 우리의 고민을 해결하는 데 충분한 대답을 주고 있다. ⊕답.

대:당¹(對當)명 ▷대당 관계.

대당²(對當) '대당하다'의 어근.

대:-당^관계(對當關係)[-게/-게]명 논리학에서, 주사(主辭)와 빈사(賓辭)를 공유하는 두 판단 사이의 진위(眞僞) 관계. 대당(對當)¹.

대:당-하다(對當-)[형] 낫고 못함이 없이 서로 걸맞다.

대:-대(大帶)명 남자의 심의(深衣)와 여자의 원삼(圓衫)에 띠는 넓적한 띠.

대:-대(大隊)명 ①지난날, '군사 50명의 한 떼'를 이르던 말. ②군대 편제상의 한 단위. 연대의 아래, 중대의 위. 〔보통, 4개 중대로 편성됨.〕③공군 부대 편성의 한 단위. 전대의 아래, 중대의 위. 〔4~5개 편대로 구성됨.〕④많은 사람으로 조직된 한 무리.

대:-대(代代)명 거듭된 세대. 세세(世世).

대대 곱사등이[속] 아비의 잘못을 자식이 닮아 대로 그러함.

대-대로[부] 형편이 되어 가는 대로. ¶무슨 걱정인가, 대대로 하면 되지.

대:-대로(大對盧)명 고구려 때, 12관등의 최고 벼슬. 국사(國事)를 총리하던 직책임.

대:대-로(代代-)[부] 대를 이어서 죽. ¶대대로 이어나가는 우리의 전통문화.

대:대손손(代代孫孫)명 대대로 이어 내려오는 자손. 세세손손. 자자손손.

대:대-장(大隊長)명 대대를 지휘 통솔하는 지휘관. 보통, 중령(中領)으로서 임명함.

대:대-적(大大的)[관명] 범위나 규모가 썩 큰 (것). ¶대대적 행사. 대대적인 공사를 벌이다.

대:대표^전:화(大代表電話)명 여러 개의 전화 번호를 사용하는 기관에 대하여, 일반 전화보다 자릿수를 줄여서 정해 주는 번호의 전화. 〔나머지 자릿수의 번호는 그 기관에서 임의로 정할 수 있게 함.〕⊕대표 전화.

대:-덕(大德)명 ①넓고 큰 인덕(仁德), 또는 그것을 지닌 사람. ②부처. ③덕이 높은 중.

대:-도(大刀)명 큰 칼.

대:-도(大度)[하형] 도량이 큼, 또는 큰 도량.

대:-도(大都)명 〈대도회(大都會)〉의 준말.

대:-도(大盜)명 큰 도둑. 거도. ↔소도(小盜).

대:-도(大道)명 ①넓은 길. 큰길. 대로(大路). ②사람으로서 마땅히 지켜야 할 근본이 되는 도리. ¶대도를 배우다.

-대도[준] '-다고 해도'가 줄어든 말. ¶내가 가겠대도 그러네.

대:-도구(大道具)명 연극에서, 무대 장치 같은 비교적 무겁고 큰 도구를 소도구에 대하여 이르는 말.

대:-도시(大都市)명 지역이 넓고 인구가 많으며, 대체로 정치적·경제적·문화적 활동의 중심이 되는 도시. 대도회(大都會). ¶대도시의 교통난.

대:도시-권(大都市圈)[-꿘]명 대도시를 중심으로 밀접한 관계를 맺고 있는 주변 지역.

대:-도호부(大都護府)명 고려와 조선 시대의 지방 행정 구역의 한 가지.

대:-도회(大都會)[-회/-훼]명 ☞대도시(大都市). ⓒ대도.

대도히튀 (옛) 모두. 통틀어. ¶末法에 修行ᄒ리 대도히 이에 붙ᄂᆞ니(楞解7:20).

대도흔관 (옛) 온. 모든. ¶대도흔 身光明이 十方 나라흘 비취여(月釋8:38).

대도흔디튀 (옛) 통틀어. ¶龍王은 龍이 中엣 王이니 대도흔디 사ᄉᆞ몰 鹿王이라 ᄒᆞ며 쇼롤 牛王이라 ᄒᆞ며(月釋1:24).

대독명 ☞다릿골독.

대:독(大毒)명 지독한 독(毒).

대:독(代讀)명하타 (축사나 식사 따위를) 남을 대신하여 읽음. ¶국무총리가 대통령의 축사를 대독하다.

대돈-변(-邊)[-뼌]명 돈 한 냥에 대하여 매달 한 돈씩 늘어가는 비싼 변리.

대동명 푸줏간에서 고기를 파는 사람.

대:동(大同)¹명하자 ①큰 세력이 하나로 합침. ②천하가 번영하여 화평하게 됨.

대:동(大同)²명 지난날, 삼세(三稅)의 하나. 토지에 따라 쌀·무명 등을 바치게 하던 제도.

대:동(大東)명 '동방의 큰 나라'라는 뜻으로 '우리나라'를 이르는 말.

대:동(大洞)명 ①한 동네의 전부. ②큰 동네.

대:동(帶同)명하타 (사람을) 데리고 함께 감.

안동(眼同). ¶비서를 대동하다.

대:동-단결(大同團結)명하자 많은 사람 또는 여러 당파가 큰 덩어리로 한데 뭉침. ¶우리 민족은 국난이 있을 때마다 대동단결하였다.

대:-동맥(大動脈)명 ①대순환의 본줄기를 이루는 굵은 동맥. [심장의 좌심실에서부터 시작됨.] ➡대정맥. ②한 나라 교통의 가장 중요한 간선(幹線)'을 비유하여 이르는 말. ¶경부선은 우리나라의 대동맥이다.

대:동맥-판(大動脈瓣)명 대동맥과 좌심실 사이에 있는 판. [피가 심장으로 역류하지 못하도록 방지하는 구실을 함.]

대:동-목(大同木)명 조선 시대에, 대동법에 따라 쌀 대신 거두던 포목.

대:동-미(大同米)명 조선 말기에, 대동법에 따라 거두던 쌀.

대:동-법(大同法)[-뻡]명 조선 중기 이후, 현물로 바치던 공물을 미곡(米穀)으로 환산하여 바치게 하던 법.

대:동-보(大同譜)명 한 씨족의 모든 파보(派譜)를 한데 모아 엮은 족보.

대:-동사(代動詞)명 영어에서, 같은 동사의 반복 사용을 피하기 위하여 대신 쓰는 동사. ['do' 따위.]

대:동^사:목(大同事目)명 대동법의 규정.

대:동-선(大同船)명 조선 시대에, 대동미(大同米)를 실어 나르던 관아의 배.

대:동-소이(大同小異)명하형 거의 같고 조금 다름. 비슷비슷함. ¶표현은 달라도 내용은 서로 대동소이하다.

대:동-시선(大東詩選)명 1918년에 장지연(張志淵)이 우리나라 역대 인물 40명의 시를 모아 엮은 책. 12권 6책. [이 안에 '황조가'의 한역가가 실려 있음.]

대:동지론(大同之論)명 모든 사람의 여론. 공공의 여론.

대:동지역(大同之役)명 모든 사람이 다같이 하는 부역(賦役).

대:동지환(大同之患)명 모든 사람이 다같이 겪는 환난(患難).

대:동-하다(大同-)형여 (조금 차이는 있으나) 대체로 같다.

대되명 (옛) 모두. 통틀어. ¶일이 됴흔 世界 놈 대되 다 뵈고져(鄭澈.關東別曲). ⓐ대도히.

대:-두(大斗)명 열 되들이 말. ⓐ소두(小斗).

대:-두(大豆)명 ☞콩¹.

대두(擡頭)명하자되자 ①(어떤 현상이) 일어남. 고개를 듦. ¶사실주의 문학의 대두. /지역 감정이 큰 문제로 대두되고 있다. ②여러 줄로 써 나가는 글 속에서, 경의(敬意)를 나타내기 위하여 줄을 바꾸어 쓰되, 다른 줄보다 몇 자 올리거나 비우고 쓰는 일.

대:-두뇌(大頭腦)[-뇌/-눼]명 ☞대(大)머리.

대두리명 ①큰 다툼. 큰 시비. ¶사소한 말다툼이 대두리로 번졌다. ②일이 크게 벌어진 판.

대:-두박(大豆粕)명 ☞콩깻묵.

대:-두유(大豆油)명 ☞콩기름.

대:둔-근(大臀筋)명 궁둥이에 있는 큰 근육. [허번 뒷면에서부터 아래 바깥쪽을 향해 비스듬히 붙어, 똑바로 서는 데 중요한 구실을 함.]

대:-득(大得)명하자 뜻밖에 좋은 성과를 얻음.

대:-들다[~드니·~들어]자 (요구하거나 반항하느라고) 맞서서 달려들다. ¶어른에게 함부로 대들다.

대:-들보(大-)[-뽀]명 ①큰 들보. 대량(大樑). ②'한 집안이나 한 나라를 이끌어 가는 중요한 사람'을 비유하여 이르는 말.

대:등(大登)명하자 큰 풍년이 듦.

대:등(代登)명하자 대신 나타남. 대신 나옴.

대:등(對等)명하형 (낮고 못함이 없이) 서로 걸맞음. 양쪽이 비슷함. ¶대등한 수준.

대:-등거리명 대로 걸어 만든 등거리.

대:등-문(對等文)명 대등절로 이루어진 문장. [범은 가죽을 남기고, 사람은 이름을 남긴다.'와 같은 문장.] 중문(重文).

대:등-법(對等法)[-뻡]명 의미적으로 대등한 두 문장을 연결 어미로 연결하여 접속문을 만드는 방법.

대:등적 연결^어:미(對等的連結語尾)[-쩍 년-]명 연결 어미의 한 가지. 의미적으로 대등한 두 절(節)을 이어 주는 어말 어미. ['산은 높고 물은 깊다.'에서의 '-고' 따위.]

대:등-절(對等節)명 한 문장 안에서 대등적 연결 어미로 이어져, 대등한 자격을 가지고 있는 절. ['얼굴도 예쁘고 마음씨도 곱다.'와 같은 것.] 대립절.

대:등^조약(對等條約)명 국제 관계에서 양쪽의 권리와 의무가 대등한 조약.

대-뚫이[-뚜리]명 댓통이 끼어 구멍이 막힌 담뱃대를 뚫는 외벌노 따위의 물건.

대-뜰명 댓돌에서 집채 쪽으로 나 있는 좁고 긴 뜰. 댓돌 위의 뜰.

대뜸튀 이것저것 헤아릴 것 없이 그 자리에서 곧. ¶그는 내 얼굴을 보자마자 대뜸 욕부터 해댔다.

대:란(大亂)명 큰 난리. 큰 변란.

대:란-하다(大亂-)형여 몹시 어지럽다.

대:략(大略) Ⅰ명 ①큰 계략. 뛰어난 지략(智略). ②대체의 개략. 개요. Ⅱ튀 대체의 개략으로. 대강으로. 대체로. ¶사건의 내막은 대략 다음과 같다.

대:략-적(大略的)[-쩍]관명 대강의 줄거리로 이루어진 (것). ¶대략적 개요. /대략적인 설명.

대:량(大量)圀 ①많은 분량. 많은 양. 땐다량. ②큰 도량.

대:량(大樑)圀 ☞대들보.

대:량-목(大樑木)圀 대들보가 될 만한 큰 재목.

대:량^생산(大量生產)圀 기계의 힘으로 똑같은 모양의 물건을 짧은 시간 안에 대량으로 만들어 내는 일. 준양산.

대:력(大力)圀 매우 강한 힘, 또는 그런 힘을 가진 사람.

대:련(對聯)圀 ①시(詩) 등에서, 대(對)가 되는 연. ②문이나 기둥 따위에 써 붙이는 대구.

대:련(對鍊)圀하짜 ☞겨루기.

대:렴(大殮)圀하짜 소렴이 끝난 다음날, 시신에 옷을 거듭 입히고 이불로 싸서 베로 묶는 일, 또는 그 의식.

대:렴-금(大殮衾)圀 대렴에 쓰는 이불.

대:렵(大獵)圀 수렵한 것이 많음. 새나 짐승을 많이 잡음.

대:령(大領)圀 ①국군의 영관(領官) 계급의 하나. 중령의 위, 준장의 아래로, 영관 중 가장 위의 계급. ②'교령(敎領)'의 구용어.

대:령(大靈)圀 ①근본이 되는 신령. ②위대한 신령.

대:령(待令)圀하짜 ①명령을 기다림. ②☞등대(等待). ¶가마를 대령하다.

대:령-목수(待令木手)[-쑤]圀 지난날, 호조에 딸리어 나라의 역사(役事)를 늘 맡아 하던 목수.

대:례(大禮)圀 ①왕조 때, 조정의 중대한 의식. ②혼인을 치르는 큰 예식. 대사(大事).

대:례^미사(大禮missa)圀 가톨릭의 미사 중 가장 장엄한 예절을 갖추어 드리는 미사.

대:례-복(大禮服)圀 지난날, 나라에 중대한 의식이 있을 때 벼슬아치가 입던 예복.

대로¹[-의]〔'의'가 뜻하는〕그 모양과 같이. ¶배운 대로 해라. ②〔어미 '-는' 뒤에 쓰이어〕〔어떤 일이 일어나는〕그때마다. 그 족족. ¶주는 대로 받아먹다. ③〔'-을 대로 -은', '-을 대로 -어' 등의 꼴로 쓰이어〕'상태가 몹시 심함'을 나타내는 말. ¶지칠 대로 지친 육신. /낡을 대로 낡았다. ④〔'-을 수 있는 대로'의 꼴로 쓰이어〕할 수 있는 만큼 최대한. ¶될 수 있는 대로 빨리 가자.

대로²조 ①그 상태로. 그 모양과 같이. ¶당신 뜻대로 해립시오. ②각각. 따로따로. ¶너는 너대로, 나는 나대로.

대:로(大老)圀 세간(世間)에서 존경을 받는 어진 노인.

대:로('大怒)圀하짜 크게 성냄. 몹시 화냄.

대:로(大路)圀 폭이 넓고 큰 길. 대도(大道). ↔소로(小路).

대:로(大鷺)圀 큰 백로(白鷺).

대:로(代勞)圀하짜 남을 대신하여 수고함, 또는 그 수고.

대:로-변(大路邊)圀 큰길 옆, 또는 큰길 가까이. ¶대로변에 차를 세우다.

대:록(大祿)圀 많은 녹봉(祿俸).

대:록(帶綠)圀 청자(靑瓷)를 만드는 데 쓰는 푸른 잿물.

대:록(帶綠)圀 녹색을 띰.

대:론(對論)圀하짜 서로 마주 대하고 논의함, 또는 그 논의. ②☞논쟁(論爭).

대론(臺論)圀 조선 시대에, 사헌부(司憲府)와 사간원(司諫院)에서 하던 탄핵.

대롱(筒) 통(筒)으로 된 가는 대의 도막.

대롱-거리다짜 자꾸 대롱대롱하다. 대롱대다. 되롱거리다. 큰디롱거리다.

대롱-대:다짜 ☞대롱거리다.

대롱-대롱튀하짜 작은 물건이 매달려 늘어진 채로 가볍게 흔들리는 모양. 되롱되롱. ¶넝쿨에 대롱대롱 매달린 박 하나. 큰디롱디롱.

대:뢰(大牢)[-뢰/-뤠]圀 지난날, 나라 제사에 소를 통째 제물로 바치던 일. 태뢰(太牢).

대:료(大僚)圀 조선 시대에, 보국(輔國) 이하의 벼슬아치가 의정(議政)을 일컫던 칭호.

대:루(對壘)圀하짜 보루(堡壘)를 구축하고 적군과 상대하는 일.

대:루-원(待漏院)圀 조선 시대에, 이른 아침에 입궐하는 사람이 대궐 문이 열리기를 기다리던 곳. 대루청.

대:루-청(待漏廳)圀 ☞대루원(待漏院).

대:류(對流)圀하짜 열로 말미암아 유체(流體)가 아래위로 뒤바뀌면서 움직이는 현상.

대:류-권(對流圈)[-꿘]圀 대기권의 최하층을 이루는 부분. 지표로부터 8~18km까지의 범위로, 성층권의 아래임.

대:류^방:전(對流放電)圀 서로 반대되는 전기를 띤 두 금속판을 마주 세울 경우, 그 사이에 먼지 따위의 미세한 물체가 양쪽을 오가며 전기가 중화되는 현상.

대:류^전:류(對流電流)[-쩐-]圀 전기를 띤 물체가 운동할 때 그 물체에 나타나는 전류.〔보통, 기체나 액체 속의 이온(ion) 전류를 가리킴.〕휴대 전류.

대:륙(大陸)圀 ①크고 넓은 땅. ②바다로 둘러싸인 지구 상의 커다란 육지. 대주(大洲).

대:륙^간:탄:도^유도탄(大陸間彈道誘導彈)[-깐-]圀 대형의 핵폭탄을 적재하고 초음속으로 대륙 간을 나는, 전략용 장거리 탄도 미사일. 아이시비엠(ICBM).

대:륙^기단(大陸氣團)[-끼-]圀 대륙에서 생기는 몹시 건조한 기단.

대:륙^기후(大陸氣候)[-끼-]圀 ☞대륙성 기후(大陸性氣候).

대:륙-도(大陸島)[-또]圀 대륙의 일부가 단층이나 수식(水蝕) 등으로 말미암아 분리되거나, 바다 밑의 융기에 따라 생긴 섬. 분리도(分離島). 준육도. ↔대양도(大洋島).

대:륙-법(大陸法)[-뺍]圀 독일·프랑스를 중심으로 하는 유럽 대륙 여러 나라의 법 체계.〔로마법의 영향이 강하고, 성문법을 중심으로 이루어짐.〕땐영미법(英美法).

대:륙-붕(大陸棚)[-뻥]圀 대륙이나 큰 섬 주변을 둘러싸고 있는 깊이 약 200m까지의 경사가 완만한 해저. 육붕.

대:륙^빙하(大陸氷河)[-삥-]圀 대륙의 넓은 지역을 덮고 있는 빙하.〔설선(雪線)이 아주 낮은 지역에서 형성됨.〕땐산악 빙하.

대:륙^사면(大陸斜面)[-싸-]圀 대륙붕과 대양저(大洋底)의 경계를 이루는 사면.

대:륙-성(大陸性)[-썽]圀 ①넓은 대륙에서 볼 수 있는 기후·풍토·산물 따위의 특성. ↔해양성. ②넓은 대륙에 사는 민족의 민족성.〔흔히, 관대하고 규모가 크며 인내력이 강하다고 함.〕

대:륙성^고기압(大陸性高氣壓)[-썽-]圀 겨울철에 대륙 위에 형성되는 고기압. 주로 지표면이 장기간 냉각되어 생기는데, 우리나라는 겨울철에 시베리아 고기압의 영향을 받음.

대:륙성^기후(大陸性氣候)[-썽-]圀 대륙 지표의 영향을 받아 기온의 일교차와 연교차가 크며 강수량이 적고 건조한 기후. 내륙 기후. 내륙성 기후. 대륙 기후. ↔해양성 기후.

대:륙^이동설(大陸移動說)명 본디 한 덩어리였던 대륙이 분열과 이동을 거듭하여 현재의 대륙 분포를 이루었다는 가설을 바탕으로 하여 지각(地殼)의 성립을 설명하려는 학설.

대:륙-적(大陸的)[-쩍]관명 ①대륙에만 있는 특징적인 (것). ②대범하고 도량이나 기백 따위가 큰 (것). ¶대륙적 기질. /대륙적인 면모.

대:륙-판(大陸坂)명 대륙붕의 가에서 해저에 이르는 가파른 경사면.

대:륜(大倫)명 인륜(人倫)의 대도(大道).

대:륜(大輪)명 꽃송이 따위의 둘레가 큰 것.

대:륜-선(大輪扇)명 조선 시대에, 궁중에서 왕비나 공주·옹주가 쓰던, 둥글게 만든 큰 부채. 대오리로 살을 만들고 긴 손잡이를 달았음.

대:리(大利)명 큰 이익.

대:리(代理)명 ①하다타 남의 일을 대신 처리함, 또는 그런 사람. ¶대리 출석. /대리 시험. ②회사나 은행 등에서 부장·지점장·과장 등의 직무를 대신하는 직위, 또는 그 직위에 있는 사람. ③☞대청(代聽).

대:리^공사(代理公使)명 ①주재국의 외무부 장관에게 파견되는 외교 사절. ②공사가 신병(身病)이나 다른 사유로 직무 수행이 불가능할 때, 그 직무를 대리하는 외교관.

대:리-관(代理官)명 어떤 관리를 대신하여, 그 소관 직무를 처리하는 관리.

대:리-권(代理權)[-꿘]명 대리인과 본인 사이의 법률 관계로서, 대리인의 행위가 직접 본인에게 효과를 나타내게 하기 위하여 대리인에게 부여된 자격.

대:리-모(代理母)명 불임 부부나 자식 기르기를 원하는 독신자를 위하여 그 사람 대신 아이를 낳아 주는 여자. 참씨받이.

대:리-상(代理商)명 독립된 상인으로서, 일정한 상인을 위해 상행위의 대리 또는 매개를 업으로 하는 사람.

대:리-석(大理石)명 석회암이 높은 열과 강한 압력을 받아 재결정한 암석. 흰 빛깔의 순수한 것은 건축이나 조각용 석재 따위로 널리 쓰임.

대:리^소송(代理訴訟)명 대리인을 시켜서 하는 소송.

대:리-업(代理業)명 대리상(代理商)의 영업.

대:리^운:전(代理運轉)명 차의 주인이 음주 등으로 직접 운전을 못할 때 그 사람을 대신하여 자동차를 운전하는 일.

대:리-인(代理人)명 남을 대신하여 스스로의 의사 표시를 하거나 또는 제삼자로부터 의사 표시를 받을 권한을 가진 사람. 〔법정 대리인과 임의 대리인이 있음.〕

대:리-자(代理者)명 대리권이 있는 사람.

대:리-전쟁(代理戰爭)명 강대국들이 자신들의 이익을 위하여 다른 나라 사이의 싸움에 개입하여, 전쟁을 하는 나라들이 마치 강대국을 대신하여 전쟁하는 것처럼 보이는 상황을 이르는 말.

대:리-점(代理店)명 대리상(代理商)의 영업소.

대:리^점유(代理占有)명 '간접 점유'의 구용어.

대릠-끝[-끋]명 활의 아래아귀와 받은오금골의 사이. ·대릠끝이[-끄치]·대릠끝을[-끄틀]·대릠끝만[-끈-]

대:림-목(大林木)명 육십갑자의 무진(戊辰)과 기사(己巳)에 붙이는 납음(納音). 참노방토(路傍土).

대:림-절(待臨節)명 (예수의 탄생을 축하하기 위한 행사의 준비 기간으로) 크리스마스 전 4주간을 이르는 말. 강림절.

대:립(代立)명 하자 공역(公役)에 다른 사람을 대신 보냄.

대:립(對立)명 하자 되자 ①서로 반대되거나 모순됨, 또는 그런 관계. ②서로 맞서거나 버팀, 또는 그런 상태. 대치(對峙). ¶노사 간의 대립. /의견의 대립.

대:립^의:무(對立義務)명 권리와 대립하는 의무. ↔고립 의무.

대:립^인자(對立因子)명 대립 형질을 지배하는 유전자.

대:립-적(對立的)[-쩍]관명 서로 반대되거나 모순되는 (것). ¶대립적 입장. /대립적인 관계.

대:립적 범:죄(對立的犯罪)[-쩍뻠쬐/-쩍뻠쮀] ☞대향범(對向犯).

대:립-절(對立節)[-쩔]명 ☞대등절.

대:립^형질(對立形質)[-리평-]명 멘델식 유전에서, 대립적으로 존재하는 우성 형질과 열성 형질.

대릿골-독명 '다릿골독'의 잘못.

대:마(大馬)명 바둑에서, 한 덩어리를 이루어 자리를 크게 차지하는 많은 돌.

대:마(大麻)명 ☞삼2.

대:마구종(大馬驅從)명 대가(大家)에 딸린 마부의 우두머리.

대-마루명 ①지붕 위의 가장 높게 마루진 부분. ②〈대마루판〉의 준말.

대마루-판명 일이 되고 안 되는 것과 이기고 지는 것이 결정되는 판. 준대마루.

대:마-불사(大馬不死)[-싸]명 바둑에서, '대마는 쉽사리 죽지 않음'을 이르는 말.

대:마비(對痲痹)명 다리나 팔 등이 좌우 대칭으로 운동 마비를 일으킨 상태.

대:마-사(大麻絲)명 ☞삼실.

대:마-유(大麻油)명 ☞삼씨기름.

대:마-인(大麻仁)명 한방에서, '삼씨의 알맹이'를 약재로 이르는 말. 〔맛이 달며, 강장제로 쓰임.〕

대:마-초(大麻草)명 〈환각제로 쓰이는〉 삼의 어린 싹이나 잎, 또는 그것을 담배처럼 만 것. ¶대마초를 피우다. 비마리화나.

대:-막리지(大莫離支)[-망니-]명 고구려 말기의 최고 관직. 〔막리지를 한 단계 올린 벼슬로, 정권(政權)과 병권(兵權)을 함께 잡았음.〕

대:-만원(大滿員)명 〈혼잡을 이룰 만큼〉 사람이 꽉 참. ¶연극 공연이 연일 대만원을 이루다.

대-말명 아이들이 말놀음할 때, 긴 대나무를 두 다리 사이에 넣고 손으로 잡아 끌고 다니는 것. 죽마(竹馬).

대:망(大望)명 큰 희망. ¶소년이여, 대망을 품어라.

대:망(大蟒)명 ☞이무기.

대:망(待望)명 하다타 기다리고 바람. ¶대망의 조국 광복의 날.

대:매하다타 노름이나 내기 따위에서, 마지막으로 이기고 짐을 결정하는 일. 〔양쪽이 같은 끗수일 때 다시 한 번 겨루거나 제비를 뽑거나 함.〕

대:-매2명 단 한 번 때리는 매. 단매. ¶대매로 버릇이 고쳐질까?

대:매(大罵)명 하다타 몹시 욕하여 꾸짖음.

대:-매출(大賣出)명 상품을 많이 마련하여 값을 내리거나 경품을 붙여 팖. ¶염가 대매출. /반액 대매출.

대:맥(大麥)명 ①'보리'로 순화. ②'겉보리'로 순화.

대:맥(代脈)명 하자 한방에서, 의사 대신 맥을 짚어 진찰하는 일, 또는 그 사람을 이르는 말.

대맥(帶脈)명 한방에서 이르는, 기경팔맥(奇經八脈)의 하나.

대:-맥-장(大麥醬)[-짱]명 보리와 검은콩으로 메주를 쑤어 담근 간장.

대:-맹선(大猛船)명 조선 시대, 수영(水營)에 딸렸던 전선(戰船)의 한 가지. 삼층의 큰 배로서 사면에 창이 있었음.

대:-머리명 머리털이 빠져 벗어진 머리, 또는 그런 사람. 독두(禿頭).

대:-머리(大-)명 일의 가장 중요한 부분. 대두뇌(大頭腦).

대:-머릿장(大-欌)[-리짱/-릿짱]명 썩 크게 만든 머릿장.

대:면(大面)명 신라 때의 가면극의 한 가지. 금빛 탈을 쓰고 구슬 채찍으로 귀신 쫓는 시늉을 하면서 춤을 추는 놀이.

대:면(對面)[하자타] 얼굴을 마주 보고 대함. 당면(當面). 면대(面對). ¶첫 대면. /그 둘은 대면하자마자 첫눈에 반했다.

대:면^통행(對面通行)명 (보도와 차도의 구별이 없는 도로에서) 걸어다니는 사람과 차량이 마주하여 일정 방향으로 비켜 다니는 일.

대:명(大名)명 ①(널리 알려진 훌륭한 이름이라는 뜻에서) 상대편을 높이어, 그의 '이름'을 이르는 말. 고명(高名). ②큰 명예.

대:명(大命)명 임금의 명령. 천명(天命). 칙명.

대:명(代命)[명하타] ①(횡액에 걸려서) 남을 대신하여 죽음. ②대살(代殺).

대:명(待命)[명하타] ①잘못을 저지른 관리가 상부의 처분을 기다림. ②☞대기 명령.

대:명-매(大明梅)명 매화나무의 한 품종. 꽃이 한 겹으로 붉게 핌.

대:-명사(大名辭)명 논리학에서, 대개념(大概念)을 언어로 나타낸 것.

대:-명사(代名詞)명 ①사람이나 처소나 사물의 이름을 대신하여 나타내는 말. [명사·수사와 함께 문장에서 체언 구실을 하며, 인칭 대명사·지시 대명사로 나뉨.] 대이름씨. 働체언. ②'어떤 사람이나 사물의 대표적인 특색을 나타내는 것'을 비유하여 이르는 말. ¶'놀부' 하면 심술쟁이의 대명사지.

대:-명일(大名日)명 큰 명절날.

대:-명죽(大明竹)명 볏과의 여러해살이풀. 높이 160cm가량. 껍데기는 자줏빛을 띤 녹색임. 통소 따위를 만듦.

대:명-천지(大明天地)명 아주 밝은 세상. ¶대명천지에 어찌 이런 일이 일어날 수 있단 말입니까?

대:명^휴직(待命休職)명 공무원의 신분을 유지시키면서 퇴직(退職)을 전제로 대명 기간을 정하고 그 기간 중 휴직급(休職給)을 주는 제도.

대:모(大母)명 유복친(有服親) 이외의, 할머니뻘 되는 친척의 여자.

대:모(大謀)명 큰 모의(謀議).

대:모(代母)명 ①가톨릭에서, 성세 성사나 견진 성사를 받는 여자의 신앙생활을 돕는 여자 후견인을 이르는 말. ②어떤 분야에서, 오랫동안 활동하여 영향력이 가장 큰 여자를 비유하여 이르는 말.

대:모(玳瑁·瑇瑁)명 ①바다거북과에 딸린 거북의 한 종류. 등딱지는 1m가량으로, 황갈색 바탕에 흑색의 구름무늬가 있음. 열대와 아열대의 해안에 사는데, 어류를 포식하며 가을에 모래를 파고 알을 낳음. 고기와 알은 먹고, 등딱지는 공예품 따위에 쓰임. ②〈대모갑〉의 준말.

대:-모-갑(玳瑁甲)명 대모의 등과 배를 싸고 있는 껍데기. ③대모(玳瑁).

대:-모-갓끈(玳瑁-)[-갇-]명 대모갑과 구슬 같은 것을 번갈아 꿰어 만든 갓끈. [여름에 벼슬아치들이 흔히 썼음.]

대:-모-관자(玳瑁貫子)명 대모갑으로 만든 관자.

대:-모-테(玳瑁-)명 대모 껍데기로 만든 안경테.

대:-모-풍잠(玳瑁風簪)명 대모갑으로 만든 풍잠.

대:모-한(관) 대체의 줄거리가 되는 중요한.

대목 명 ①이야기나 글 따위의 특정한 부분. ¶슬픈 대목이 나오면 눈물이 난다. ②일의 특정한 부분이나 대상. ¶주목할 만한 대목. ③설이나 추석 등을 앞둔 가장 긴요한 시기. ¶설날 대목.

대:-목(大木)명 ①☞목수(木手). ②큰 건축 일을 잘하는 목수. ③☞소목(小木).

대목(臺木)명 접붙일 때 바탕이 되는, 뿌리 달린 나무. 접본(椄本).

대목-장(-場)[-짱]명 큰 명절을 앞두고 서는 장.

대-못[-몯]명 대나무를 깎아 만든 못. 죽정(竹釘). *대못이[-모시]·대못만[-몬-]

대-못(大-)[-몯]명 굵고 큰 못. 대정(大釘). *대못이[-모시]·대못만[-몬-]

대못-박이[-몯-]명 [대못이 뚫지 못하는 물건이라는 뜻에서] '가르쳐도 깨닫지 못하는 둔한 사람'을 비유하여 이르는 말.

대:몽(大夢)명 (장차 좋은 일이 있을 징조가 되는) 크게 길한 꿈.

대:묘(大廟)명 ☞종묘(宗廟).

대:무(大霧)명 ☞농무(濃霧).

대:무(代務)[명하타] ☞대판(代辦).

대:무(對舞)[명하자] 마주 서서 춤을 춤, 또는 그렇게 추는 춤.

대:-무지년(大無之年)명 [거둘 곡식이 전혀 없을 정도로] 심한 흉년. 대살년(大殺年).

대묵(臺墨)명 남을 높이어 그의 '편지'를 이르는 말.

대문(大文)명 ①주해(註解)가 있는 글의 본문. ②글의 한 동강이나 단락. ¶홍부전은 박 타는 대문이 압권이다.

대:문(大門)명 큰 문. 집의 정문.
대문 밖이 저승이라(속담) 사람은 언제 죽을지 모른다는 말.
대문 턱 높은 집에 정강이 높은 며느리 들어온다(속담) 일이 잘 되어 가려면 다 경우에 맞게 된다는 말.

대:문(大紋)명 큰 무늬.

대문(帶紋)명 띠무늬.

대문(臺文)명 '듣는다'는 뜻의 높임말.

대:문-가(對門家)명 대문이 마주 선 건넛집.

대:문-간(大門間)[-깐]명 대문 안쪽으로 있는 빈 공간.

대문대문-이(大文大文-)부 글의 대문마다.

대:문-띠(大門-)명 대문짝의 널에 가로 대고 못을 박은 네모지고 길쭉한 나무.

대:-문자(大文字)[-짜]명 영어 따위의 서양 문자에서, 크게 된 글자. 대자. ↔소문자.

대:-문장(大文章)명 썩 잘 지은 훌륭한 글, 또는 그런 글을 잘 짓는 사람. ¶당대의 대문장.

대:-문짝(大門-)명 대문의 문짝.

대:-문짝-만하다(大門-)[-짱-][형어] '매우(너무) 크다'는 뜻을 불려서 또는 익살스럽게 이르는 말. ¶명함을 대문짝만하게 박다. /조간 신문에 네 사진이 대문짝만하게 실렸더라.

대:-문-채(大門-)명 ①대문이 있는 집채. ②대문에 붙어 있는 집채.

대:물(代物)명 대신하여 쓰는 물건.

대:물(貸物)명 빌려 준 물건.

대:물-경(對物鏡)명 ⇨대물렌즈. ↔접안경.

대:물^담보(對物擔保)명 특정의 재산으로 채무 이행을 보증하는 일.〔질권(質權)이나 저당권 따위가 이에 딸림.〕↔대인 담보.

대:물-렌즈(對物lens)명 현미경이나 망원경 따위의 광학 기계에서, 물체를 향한 쪽의 렌즈. 대물경(對物鏡). ↔접안렌즈.

대:-물리다(代-)타 (어떤 사물이나 가업을) 자손에게 물려주다. ¶ 사업을 아들에게 대물리다.

대:물림(代-)명하자타 (어떤 사물이나 가업을) 자손에게 물려줌, 또는 그런 물건.

대:물^변:제(代物辨濟)명 ⇨대상(代償).

대:물부리(-뿌-)명 대로 만든 물부리.

대:물-세(對物稅)[-쎄]명 ⇨물세(物稅).

대:물^신:용(對物信用)명 (담보물과 같은) 물적(物的)인 것에 기초를 둔 신용.

대:미(大米)명 '쌀'로 순화.

대:미(大尾)명 맨 끝. 대단원(大團圓). ¶ 대미를 장식하다.

대미(黛眉)명 눈썹먹으로 그린 눈썹.

대:-미사(大missa)명 가톨릭에서, 주요한 주일이나 축일 등에 성대하게 지내는 미사.〔미사의 일정한 부분을 노래로 부름.〕

대:민(對民)명 일반인을 상대함. ¶ 대민 지원.

대-바구니명 조갠 대로 걸어 만든 바구니.

대-바늘명 대나무로, 곧고 끝이 뾰족하게 깎아 만든 뜨개바늘. 죽침(竹針).

대:박(大-)명 '큰 이득이나 성공·행운 따위'를 비유하여 이르는 말.

대:박(大船)명 큰 배. 대선(大船).

대:반(大半)명 ⇨태반(太半).

대:반(大盤)명 ①큰 소반. 큰 목판. ②푸짐하게 잘 차린 음식.

대:반(對盤)명 전통 혼례에서, 신랑 신부나 후행(後行)온 사람 옆에서 접대하는 일, 또는 그 일을 맡은 사람.
　　대반 앉다관용 대반의 역할을 하다.

대:-반석(大盤石)명 ①넓고 편평한 큰 바위. ②'사물이나 바탕이 견고하여 움직이지 않고 매우 든든함'을 비유하여 이르는 말.

대-반석(臺盤石)명 돌탑을 세울 때 기단(基壇)의 밑바닥에 까는 반석.

대:-반야(大般若)명 〈대반야바라밀다경〉의 준말.

대:반야-경(大般若經)명 〈대반야바라밀다경〉의 준말.

대:반야바라밀다-경(大般若波羅蜜多經)[-따-]명 반야(般若)를 설명한 여러 경전을 집성한 경. 총 600권으로, 대승 불교의 근본 사상이 설명되어 있음. ㉜대반야·대반야경.

대-받다[-따]타 남의 말에 반항하여 들이대다.

대:-받다(代-)[-따]타 ①앞사람의 일을 뒷사람이 이어받다. ②선대의 업을 자손이 물려받다. ¶ 대받은 가업.

대:-발(大-)명 조갠 대로 걸어 만든 발. 죽렴(竹簾). ¶ 대발을 치다.

대:-발회(大發會)[-회/-훼]명 증권 거래소에서, 그 해의 첫날을 여는 입회. ↔대납회.

대:방(大方)명 한방에서, '작용이 강한 약을 단번에 많이 써서 중한 병을 다스리는 처방'을 이르는 말.

대:방(大邦)명 큰 나라. 대국(大國).

대:방(大房)[1]명 여러 중이 한데 모여 밥을 먹는, 절의 큰 방.

대:방(大房)[2]명 남의 '어머니'나 '할머니'를 높이어 일컫는 말. ¶ 대방 마님.

대:방-가(大方家)명 ⇨대가(大家).

대:방광불화엄-경(大方廣佛華嚴經)명 '화엄경'의 정식 이름.〔화엄종의 근본이 되는 경전으로, 불교의 가장 높은 교리를 담고 있다 함.〕

대:-방상(大方牀)명 ⇨대여(大輿).

대:-방전(大方甎)명 성벽이나 담을 쌓는 데 쓰는 네모반듯한 벽돌.

대-밭[-받]명 대를 심은 밭. 대숲이 이루어진 곳. · 대밭이[-바치]·대밭을[-바틀]·대밭만 [-반-]

대:배(大杯·大盃)명 큰 술잔. 대백(大白).

대:배(大拜)명하타 지난날, '의정(議政) 벼슬을 임명받음'을 이르던 말.

대:-배심(大陪審)명 배심제에서, 정식 기소를 하기 위한 배심.

대:백(大白)명 ⇨대배(大杯).

대:백(戴白)명하자 흰 머리털이 많이 남, 또는 그런 사람.

대:-백의(大白衣)[-배긔/-배기]명 33관음의 하나. 흰옷을 입은 관음.

대번명〔'대번에'의 준말.

대:번(代番)명하자 ⇨대직(代直).

대번-에명 서슴지 않고 단숨에. 한 번에 곧. ¶ 대번에 눈치채다. ㉜대번.

대:범(大犯)명 큰 범죄.

대:범(大凡)부 무릇2.

대범(大汎·大泛) '대범하다'의 어근.

대:범-스럽다(大汎-·大泛-)[-따](-스러우니·-스러워)형 보기에 대범하다. 대범한 데가 있다. 대범스레부.

대:범-하다(大汎-·大泛-)형여 ①(사물에 대한 태도가) 까다롭거나 잘지 않고 심상하다. ¶ 성격이 대범하다. ②(감정을 드러내는 태도가) 애틋하지 않고 예사롭다. 대범-히부.

대:법(大法)[1]명 ①가장 중요한 법규. ②〈대법원〉의 준말.

대:법(大法)[2]명 ①뛰어난 부처의 교법(敎法). ②'대승(大乘)'을 달리 이르는 말.

대:-법관(大法官)[-꽌]명 대법원을 구성하는 법관. 대법원장의 제청에 따라 대통령이 임명함.

대:-법원(大法院)명 우리나라의 최고 법원. 대법원장과 대법관으로 구성되며, 상고 및 항고 사건과 선거 소송 등 고유 권한에 딸린 사건을 종심(終審)으로 재판함. ㉜대법1.

대:법원-장(大法院長)명 대법원의 장(長)이며, 사법부의 수장(首長). 대통령이 국회의 동의를 얻어 임명하며, 법관의 임용·보직·퇴직 등을 대통령에게 제청함.

대:법원^판사(大法院判事)명 '대법관(大法官)'의 구용어.

대:-법정(大法廷)[-쩡]명 대법관 3분의 2 이상으로 구성되는 합의체. ↔소법정.

대:-법회(大法會)[-버풰/-버풰]명 불교에서, '경전(經典)을 설(說)하는 비교적 규모가 큰 법회'를 이르는 말.

대:-벽(大辟)명 지난날, '사형(死刑)' 또는 '중형(重刑)'을 이르던 말.

대:변(大便)명 (사람의) 똥. ㉵소변.

대:변(大辯)명 아주 뛰어난 언변. 능변(能辯). 달변.

대:변(大變)명 ①큰 변화. ②큰 사변(事變).

대:변(代辨)명하타 ①⇨대상(代償). ②⇨대판(代辦).

대:변(代辯)**명하타** 어떤 기관이나 개인을 대신하여, 그 의견이나 태도 따위를 책임지고 말함.

대:변(待變)**명** [죽음을 기다릴 뿐이라는 뜻으로] '병이 몹시 심하여 살아날 가망이 없음'을 이르는 말.

대:변(貸邊)**명** 복식 부기의 분개장(分介帳)에서 계정 계좌의 오른쪽을 이르는 말. [자산의 감소, 부채·자본의 증가 따위를 적음.] ↔차변(借邊).

대:변(對邊)**명** 다각형에서, 어떤 변이나 각에 마주 대하고 있는 변. 맞변.

대:변(對辯)**명하자** 대답하여 말함.

대:변-보다(大便-)**자** 똥을 누다. 뒤보다.

대:변불리(大便不利)**명하자** 대변의 배설이 고르지 않거나 순하지 않음.

대:변-인(代辯人)**명** 대변하는 일을 맡은 사람. ¶ 여당(與黨)의 대변인.

대:변-자(代辯者)**명** 대변하는 사람. ¶ 여당의 대변자를 자처하다.

대:변-장자(大辯長者)**명** 지장보살(地藏菩薩)의 오른쪽에 있는 보처(補處).

대:변-지(代辯紙)**명** 어떤 기관의 의견과 태도 등을 대변하는 신문이나 잡지. ¶ 정부 대변지.

대:별(大別)**명하타되자** 크게 나눔. 대강 분류함. ¶ 회의 안건을 둘로 대별하다.

대:병(大兵)**명** ▷대군(大軍).

대:병(大柄)**명** 큰 권력. ¶ 대병을 쥐다.

대:병(大病)**명** 위중한 병. 중병(重病). 중환(重患). ¶ 대병에 걸려 사경을 헤매다.

대:보(大寶)**명** ①귀중한 보물. ②임금의 도장. ②옥새(玉璽).

대보(臺輔)**명** 지난날 중국에서, '천자를 보좌하던 삼공(三公)'을 일컫던 말.

대:-보다(對-)**타** 서로 견주어 보다. ¶ 길고 짧은 것은 대보아야 안다.

대:-보름(大-)**명** 〈대보름날〉의 준말.

대:-보름-날(大-)**명** 정월 보름날을 그해의 첫 보름날이라 하여 특별히 이르는 말. [새벽에 귀밝이술을 마시고 오곡밥 등을 먹으며, 그해의 풍흉과 길흉화복을 점치는 풍습이 전함.] ㉰대보름.

대:-보살(大菩薩)**명** 지덕(智德)이 뛰어난 보살.

대:-보탕(大補湯)**명** 한방에서, '원기를 돕는 데 쓰는 첩약(貼藥)'을 이르는 말.

대:복(大幅)**명** 큰 폭.

대:-복덕(大福德)[-떡]**명** 큰 복덕.

대:본(大本)**명** ①으뜸가는 근본. ②같은 종류의 물건 가운데서 가장 큰 본새.

대:본(貸本)**명하타** ▷세책(貰冊).

대본(臺本)**명** ①연극의 상연이나 영화 제작 등에 기본이 되는 각본. ②어떤 토대가 되는 책. 저본(底本). ¶ 영문판을 대본으로 한 번역.

대:-본원(大本願)**명** 불타(佛陀)가 중생을 제도하려는 큰 염원.

대:봉(大封)**명** 큰 봉토(封土).

대:봉(代捧)**명하타** 꾸어 준 돈이나 물건 대신에 다른 것으로 받음.

대봉(을) 치다(관용) (없어진 금품 따위를) 다른 것으로 대신 채우다.

대:부(大父)**명** 유복친(有服親) 이외의, 할아버지뻘 되는 친척의 남자.

대:부(大夫)**명** 고려·조선 시대에, 벼슬 품계에 붙이던 칭호. [문관은 사품, 무관은 이품 이상에 붙임.] ¶ 숭록(崇祿)대부.

대:부(大富)**명** 재물이 썩 많은 부자. 큰 부자.

대:부(代父)**명** ①가톨릭에서, 성세 성사나 견진 성사를 받는 남자의 신앙생활을 돕는 남자 후견인을 이르는 말. ②'어떤 분야에서 오랫동안 활동하여 영향력이 가장 큰 남자'를 비유하여 이르는 말.

대:부(貸付)**명하타되자** ①이자나 기한을 정하여 돈을 꾸어 줌. ②어떤 물건을 돌려받기로 하고 남에게 빌려 주어 쓰게 함.

대:부-금(貸付金)**명** 이자와 기한을 정하고 빌려 주는 돈.

대:부등(大不等)**명** 아름드리의 아주 큰 나무, 또는 그런 재목.

대부등에 결낫질이라[낫이라](속담) [아름드리 나무를 조그만 낫으로 베려는 것과 같다는 뜻으로] '아주 큰일에 그것을 감당해 낼 수 없는 작은 것으로 대함'을 비유하여 이르는 말.

대:-부모(大父母)**명** 왕부(王父)와 왕모(王母)를 아울러 이르는 말.

대:-부모(代父母)**명** 가톨릭에서, 대부와 대모를 아울러 이르는 말.

대:-부분(大部分)**명** 반이 훨씬 넘어 전체에 가까운 수효나 분량. ¶ 회원의 대부분이 학생이다.

대:부^신^탁(貸付信託)**명** 신탁 은행이 대부 신탁 증권을 발행하여 모인 자금으로 대부나 어음 할인 등을 하여 그 이익을 증권 소유자에게 분배하는 제도.

대:부^이^자(貸付利子)**명** 증권이나 어음 따위를 담보로 하여 금전을 대부할 때에 원금에 대하여 지급하는 이자.

대:-부인(大夫人)**명** ①남의 '어머니'를 높이어 일컫는 말. 모당(母堂). 자당. ②천자를 낳은 부인.

대:부^자본(貸付資本)**명** 산업 자본에 대하여, 화폐의 형태로 자본을 대부함으로써 이자를 얻는 자본. 은행 자본 등이 이에 딸림.

대:부-항(大父行)**명** ▷조항(祖行).

대:북(大北)**명** 조선 선조 때에, 북인(北人) 중에서 홍여순(洪汝諄) 등이 남이공(南以恭) 등의 소북(小北)에 대립하여 이룬 당파.

대:북(對北)**명** [주로 명사 앞에 쓰이어] '북한에 대한'의 뜻을 나타냄. ¶ 대북 정책. ↔대남.

대:-분수(帶分數)[-쑤]**명** 정수와 진분수와의 합으로 된 수. [3과 2분의 1 따위.]

대불(大佛)**명** 큰 불상. 큰 부처.

대불-개안(大佛開眼)**명** ①불가에서, 불상을 다 만들어 갈 때 베푸는 의식을 이르는 말. ②[슬기로운 눈을 뜨게 한다는 뜻으로] '최후의 완성'을 뜻하는 말.

대:불경(大不敬)**명** 대단한 불경. [특히, 왕실(王室)에 대한 불경의 경우를 이름.]

대불-전(大佛殿)[-쩐]**명** 대불을 모신 법당.

대:붕(大鵬)**명** 하루에 구만 리나 날아간다는 상상의 큰 새.

대-비(大-)**명** 가는 댓가지나 잘게 쪼갠 대오리를 묶어서 만든 비.

대:-비(大-)**명** (마당 같은 데를 쓰는) 큰 비.

대:비(大妃)**명** 선왕(先王)의 후비(后妃).

대:비(大悲)**명** [불교에서] ①중생의 고통을 구제하려는 부처의 큰 마음. ¶ 대자(大慈)대비. ②'관세음보살'을 달리 이르는 말.

대:비(對比)**명** ①**하타되자** 서로 맞대어 비교함. ②서로 대립되는 감각이나 감정 또는 그 밖의 심적 활동이 시간적·공간적으로 접근하여 나타날 때, 대립된 성질이 뚜렷하게 드러나 그 차이가 두드러지게 느껴지는 현상.

대:비(對備)圐하자타 앞으로 있을 어떤 일에 대응하여 미리 준비함, 또는 그런 준비. ¶만일의 사태에 대비해 식량을 비축하고 있다.

대:비^가격(對比價格)[─까─]圐 일정한 기간에 있어서의 어떤 생산물의 가격 변동을 밝히기 위하여, 그 기초로 설정하는 가격.

대:비-각(大悲閣)圐 관세음보살의 불상을 모신 불당.

대:비-관음(大悲觀音)圐 '관세음보살'을 달리 이르는 말. 대비보살.

대:비-보살(大悲菩薩)圐 ☞대비관음.

대:비-자(大悲者)圐 [대자대비가 있는 사람이라는 뜻으로] 여러 부처와 보살, 특히 관세음보살을 이르는 말.

대:비^착시(對比錯視)[─씨]圐 대비되는 사물의 크기나 모양에 따라 생기는 착시. [두 도형에서 큰 도형에 이웃하는 작은 도형은 본디보다 더 작게 보이는 현상 따위.]

대:비-책(對備策)圐 앞으로 발생할지도 모르는 어떤 일에 대응하기 위한 방책.

대:비-현:상(對比現象)圐 시간적으로나 공간적으로 가까운 다른 자극의 영향으로 먼저 받은 자극의 감수성이 변하는 현상.

대:빈(大賓)圐 높이 받들어 모셔야 할 귀한 손.

대:빗[─빋]圐 대로 만든 빗. 죽비(竹篦). 죽소(竹梳). * 대빗이[─비시]·대빗만[─빈─]

대빗(davit)圐 닻을 끌어 올리거나, 배 옆에 달린 보트를 달아 올리거나 내리기 위한, 끝이 직각으로 굽은 기둥.

대뽀리圐〈옛〉댑싸리. ¶대뽀리:荊棘(訓蒙上10).

대뽁圐〈옛〉대쪽. ¶대뽁 멸:蔑(訓蒙下16).

대범圐〈옛〉큰 범. 대호(大虎). ¶몰 우횟 대벆믈(龍歌87章).

대:사(大士)圐 불법(佛法)에 귀의하여 믿음이 두터운 사람.

대:사(大寺)圐 ☞대찰(大刹).

대:사(大祀)圐 조선 시대에, 임금이 지내던 종묘(宗廟)·영녕전(永寧殿)·원구단(圜丘壇)·사직단(社稷壇)의 제사.

대:사(大使)圐 '특명 전권 대사(特命全權大使)'를 흔히 일컫는 말.

대:사(大事)圐 ①큰일². ↔소사(小事). ②대례(大禮).

대:사(大舍)圐 신라 때의 17관등의 열두째 등급. ㉠사지(舍知).

대사(大社)圐 '태사(太社)'의 잘못.

대:사(大師)圐 ①'고승(高僧)'을 높이어 일컫는 말. ¶서산(西山) 대사. ②고려와 조선 시대에, 덕이 높은 선사(禪師)에게 내려 주던 승려 법계(法階)의 한 가지. ③'남자 중'을 높이어 일컫는 말.

대:사(大蛇)圐 큰 뱀.

대:사(大赦)圐하타 '일반 사면(一般赦免)'을 흔히 이르는 말.

대:사(大寫)圐 ☞클로즈업.

대:사(代射)圐하타 지난날, 무과 시예(試藝)를 남에게 대신 응하게 하던 일.

대:사(代謝)圐 〈물질대사〉의 준말.

대사(臺詞·臺辭)圐 배우가 무대 위에서 하는 대화·독백·방백 등을 통틀어 이르는 말.

대사(臺榭)圐 높고 큰 누각이나 정자.

대:사간(大司諫)圐 조선 시대, 사간원(司諫院)의 으뜸 벼슬. 품계는 정삼품. 간장(諫長).

대:-사객(待使客)圐하자 지난날, 외국 사신을 접대하던 일.

대:-사공(大司空)圐 조선 시대에, '공조 판서(工曹判書)'를 중국 주(周)나라 때의 사공 벼슬에 해당한다 하여 이르던 말.

대:-사관(大使館)圐 대사를 장(長)으로 하는 외교 사절단이 주재하며 공무를 집행하는 공관.

대:-사구(大司寇)圐 조선 시대에, '형조 판서(刑曹判書)'를 중국 주나라 때의 사구 벼슬에 해당한다 하여 이르던 말.

대:사^기능(代謝機能)圐 물질대사를 하는 기능.

대:-사도(大司徒)圐 조선 시대에, '예조 판서(禮曹判書)'를 중국 주나라 때의 사도 벼슬에 해당한다 하여 이르던 말.

대:-사령(大赦令)圐 대사를 베풀게 하는 국가 원수의 명령.

대:-사례(大射禮)圐 조선 시대에, 임금이 성균관에 거둥하여 선성(先聖)에게 제향하고 활을 쏘던 예.

대사리圐 ☞다슬기.

대-사립圐 대나무로 엮어 만든 사립문.

대:-사마(大司馬)圐 조선 시대에, '병조 판서(兵曹判書)'를 중국 주나라 때의 사마 벼슬에 해당한다 하여 이르던 말.

대:-사문(大沙門)圐 ①'석가모니'를 달리 일컫는 말. ②〈비구(比丘)〉의 높임말.

대:-사성(大司成)圐 고려와 조선 시대에 둔, 성균관의 으뜸 벼슬. 품계는 정삼품. ㉠사유장.

대:-사전(大辭典)圐 내용이 큰 사전. 대전(恩典).

대:-사제(大司祭)圐 [기독교에서] ①사제의 장(長)이며 근원인 '예수 그리스도'를 이르는 말. ②☞대제사장.

대:-사헌(大司憲)圐 조선 시대에 둔, 사헌부의 으뜸 벼슬. 품계는 종이품. ㉠대헌.

대:산(大蒜)圐 ☞마늘.

대:살(代殺)圐하타 살인한 사람을 사형에 처함. 대명(代命).

대:-살년(大殺年)[─련]圐 아주 큰 흉년. 대무지년(大無之年).

대살-지다圐 몸이 강파르다.

대:-살판(大─)圐 국궁(國弓)에서, 화살 50시(矢)를 쏘아 25시를 과녁에 맞히는 일. ㉠살판¹·소살판.

대:-삼작(大三作)圐 여자가 차는 노리개의 한 가지. ☞삼작.

대-삿갓[─삳갇]圐 ①중이 쓰는 삿갓. 가늘게 쪼갠 대오리로 보통의 삿갓보다 훨씬 작게 만듦. ②속대로 엮어 만든 삿갓. * 대삿갓이[─삳─까시]·대삿갓만[─삳갇─]

대:상(大商)圐 장사를 크게 하는 상인.

대:상(大祥)圐 죽은 지 두 돌 만에 지내는 제사. 대기(大朞). 상사(祥事). ↔소상(小祥).

대:상(大喪)圐 임금의 상사(喪事).

대:상(大賞)圐 경연 대회 등에서, 가장 우수한 사람이나 단체에게 주는 상. 그랑프리. ¶국제영화제에서 대상을 수상하다.

대:상(代償)圐하타 ①[상대편의 동의를 얻어] 본디의 채무나 손해에 대한 보상 따위를 다른 물건으로 대신 물어 주는 일. 대물 변제. ②남을 대신하여 갚아 줌. 대변(代辨).

대:상(帶狀)圐 띠처럼 좁고 길게 생긴 모양.

대:상(貸上)圐 정부가 국고금의 부족을 메우기 위하여 일정 금액을 일시 또는 장기로 중앙은행에서 빌리는 일.

대상(隊商)圐 사막 지방에서 낙타나 말에 상품을 싣고, 떼를 지어 먼 곳을 다니면서 장사하는 상인. 카라반.

대:상(對象)명 ①행위의 목표가 되는 것. ¶30 대 직장인을 대상으로 하는 신상품 개발. ②정신 활동의 목표가 되는 것. ¶연구 대상.

대상(臺上)명 ①높은 대(臺)의 위. ↔대하. ②지난날, 하인이 '주인'을 높이어 부르던 말.

대:상^감:정(對象感情)명 대상의 성질을 알고 나서 느끼는 감정.

대:상^개:념(對象概念)명 판단의 주사(主辭)가 될 수 있는 사물 및 대상을 나타내는 개념. ↔속성 개념.

대:상-금(貸上金)명 중앙은행이 정부에 대여하는 돈.

대:상^도시(帶狀都市)명 (한 줄기의 도로를 따라) 띠처럼 길쭉하게 형성된 도시.

대:상-론(對象論)[-논]명 정신 작용이 지향하는 대상의 본질을 연구하는 학문.

대:상-물(對象物)명 대상이 되는 물건.

대:상부동(大相不同)명[형] 조금도 비슷하지 않고 아주 다름.

대:상^수입(代償輸入)명 어떤 사정이나 행위의 결과로 끼친 손해를 보상하기 위해 물건을 수입하는 일.

대:상-애(對象愛)명 정신 분석학에서, 리비도가 자기 이외의 대상을 향하여 나타나는 사랑을 이르는 말. ↔자기애.

대-상자(-箱子)명 대오리로 걸어 만든 상자.

대:상^포진(帶狀疱疹)명 바이러스의 감염으로 일어나는 수포성의 질환. 몸에 띠 모양으로 수포가 생기며 열이 남.

대:상^행동(代償行動)명 처음의 목표를 어떤 장애로 말미암아 얻지 못하였을 때, 그와 비슷한 다른 목표를 얻음으로써 처음의 욕구를 충족시키려는 적응 동작.

대:생(對生)명 마주나기.

대:생-치(代生齒)명 ☞간니.

대:서(大書)명[하타] 글씨를 크게 씀, 또는 크게 쓴 글자.

대:서(大暑)명 이십사절기의 하나. 소서(小暑)와 입추(立秋) 사이로, 양력 7월 24일경. 이 무렵이 가장 덥다고 함.

대:서(代序)명[하자] 대신하여 서문(序文)을 씀, 또는 그 서문.

대:서(代書)명[하타] ①(관공서에 내는) 서류 따위를 본인 대신 써 주는 일. ②☞대필(代筆).

대:서(代署)명[하타] 남을 대신하여 서명함.

-대서어미 '-다고 하여서'가 줄어든 말. 형용사 어간 또는 높임의 '-시-'나 시제의 '-았(었)-'·'-겠' 등에 붙어, 앞말이 뒷말의 이유나 원인이 됨을 나타냄. ¶뚱뚱하대서 둔보, 말랐대서 말라깽이.

대:-서다자 ①(뒤를) 잇달아 서다. ②(사이가 뜨지 않게) 다가서다. ③대들다.

대:서-방(代書房)[-빵]명 ☞대서소(代書所).

대:서-사(代書士)명 ☞대서인(代書人).

대:서-소(代書所)명 대서를 영업으로 하는 곳. 대서방(代書房).

-대서야어미 '-다고 하여서야'가 줄어든 말. 흔히, 반어적 의문 종결과 호응하여, 그 물음의 전제가 됨을 나타냄. ¶그 좋은 자리를 싫대서야 말이 되니. 참-ㄴ대서야.

대:서-업(代書業)명 남의 부탁을 받고 관공서에 낼 서류 따위를 써 주는 직업.

대:서-인(代書人)명 남의 부탁을 받아 관공서에 낼 서류 따위를 써 주는 것을 업으로 하는 사람. 대서사.

대:서-특필(大書特筆)명[하타][되자] 〔뚜렷이 드러나게 큰 글자로 쓴다는 뜻으로〕신문 따위의 출판물에서 어떤 기사에 큰 비중을 두어 다룸을 이르는 말. 특필대서.

대:석(貨席)명 삯을 받고 빌려 주는 좌석.

대:석(對石)명 한 마지기의 논에서 벼 한 섬이 나는 일.

대석(臺石)명 받침돌. ¶동상의 대석.

대:석(對席)명[하자] ①자리를 마주함. ②쌍방이 동시에 같은 장소에 출석함.

대:석^판결(對席判決)명 소송 당사자의 양쪽이 다 법정에 참가한 자리에서 심리하여 내리는 판결. 대심 판결. ↔결석 판결.

대:선(大仙)명 〔신선 가운데서 가장 높다는 뜻으로〕'석가여래'를 달리 이르는 말.

대:선(大船)명 큰 배. 대박(大舶).

대:선(大選)[1]명 고려·조선 시대에, 승과(僧科)에 급제한 사람의 법계(法階).

대:선(大選)[2]명 대통령을 뽑는 큰 선거.

대:선(大禪)명 선종(禪宗)의 초급 법계(法階).

대:-선거구(大選舉區)명 한 선거구에 두 사람 이상의 의원을 동시에 뽑는 선거구. ↔소선거구.

대:-선사(大禪師)명 ①선(禪)을 수업한 중에게 주는 가장 높은 법계(法階). ②선을 닦아 득도한 훌륭한 '중'을 높이어 일컫는 말.

대:설(大雪)명 ①많이 내린 눈. 큰눈. 장설. ¶대설 주의보. ②이십사절기의 하나. 소설과 동지 사이로 12월 8일경. 이 무렵에 눈이 가장 많이 내린다고 함.

대-설대(大-)명 '담배설대'의 방언.

대:성(大成)명[하자] 크게 이룸. 크게 성공함. ¶바이올린 연주자로 대성하다.

대:성(大姓)명 ①겨레붙이가 번성한 성. ②지체가 높은 성. 거성(巨姓).

대:성(大盛)명[하자] 크게 번성함.

대:성(大聖)명 ①지극히 거룩한 사람. ②'공자(孔子)'를 높이어 이르는 말. ③석가(釋迦)처럼 정각(正覺)을 얻은 사람을 이르는 말.

대:성(大聲)명 큰 소리.

대:성-가문(大姓家門)명 겨레붙이가 매우 번성하고 세력이 있는 집안.

대:-성공(大成功)명[하자] 크게 성공함, 또는 큰 성공. ¶이번만은 대성공이다.

대:성-마(戴星馬)명 이마에 흰 점이 박힌 말.

대:-성성(大猩猩)명 ☞고릴라.

대:성-악(大晟樂)명 중국 송나라 때의 음악. 〔고려·조선 시대의 아악의 기초가 됨.〕

대:성-전(大成殿)명 문묘(文廟) 안의, 공자의 위패를 모셔 놓은 전각.

대:성지행(戴星之行)명 〔별을 이고 가는 길이라는 뜻으로〕객지에서 부모의 부음(訃音)을 받고 밤을 새워 집으로 돌아가는 일.

대:성-통곡(大聲痛哭)명[하자] 큰 소리로 목 놓아 슬피 욺. ¶어머니의 부음을 받고 대성통곡하다.

대:성황(大盛況)명 어떤 행사나 흥행 따위에 사람이 많이 모이는 등 성대한 상황을 이루는 일. ¶도서 전시회가 대성황을 이루다.

대:세(大勢)명 ①대체의 형세. ¶대세는 이미 기울어졌다. ②큰 세력. ¶대세를 장악하다.

대:세(代洗)명 (급박한 상황에서) 성직자를 대신하여 평신도가 약식으로 영세를 베푸는 일.

대:세지-보살(大勢至菩薩)명 아미타불의 오른쪽에 있는 협시(脇侍). 지혜의 빛으로 중생을 삼악도(三惡道)에서 건지는 보살.

대ː소(大小)閉 크고 작음. 큰 것과 작은 것.

대ː소(大笑)閉하자 소리 내어 크게 웃음. ¶박장(拍掌)대소.

대ː소(代訴)閉하타 소송 당사자를 대신하여 송사(訟事)를 일으킴.

대ː소(對笑)閉 맞고소.

대ː소가(大小家)閉 ①한 집안의 큰집과 작은집을 아울러 이르는 말. ②본마누라의 집과 작은마누라의 집. ☞대소댁.

대ː소기(大小朞)閉 ☞대소상(大小祥).

대ː-소댁(大小宅)[-땍]閉〈대소가〉의 높임말.

대ː-소동(大騷動)閉하자

대ː-소민(大小民)閉 '관민(官民)'을 이르던 말. 곧 반상(班常)을 가리지 않은 모든 백성.

대ː-소변(大小便)閉 똥과 오줌. 대소피. ¶대소변을 가리다. ☎변.

대ː-소사(大小事)閉 크고 작은 모든 일. ¶문중(門中)의 대소사를 혼자 처리하다.

대ː-소상(大小祥)閉 대상과 소상. 대소기.

대ː-소수(帶小數)閉 정수(整數) 부분이 0이 아닌 소수(小數). 〔4.13, 5.041 따위.〕

대ː-소아(大小雅)閉 시경(詩經)의 '대아(大雅)'와 '소아(小雅)'를 아울러 이르는 말.

대ː-소역(大小疫)閉 두창(痘瘡)과 홍역(紅疫).

대ː-소월(大小月)閉 큰달과 작은달.

대ː소-인원(大小人員)閉 높고 낮은 모든 벼슬아치. ¶대소인원 개하마(皆下馬;모든 벼슬아치는 다 말에서 내릴 것).

대ː-소장(大小腸)閉 대장과 소장을 아울러 이르는 말.

대ː-소종(大小宗)閉 대종과 소종을 아울러 이르는 말.

대-소쿠리(大-)閉 대로 만든 소쿠리.

대ː-소피(大小避)閉 똥오줌을 대놓고 하는 일.

대ː속(代贖)閉하타 ①예수가 십자가의 보혈(寶血)로 만민의 죄를 대신 씻어 구원한 일. ②남의 죄나 고통을 대신하여 자기가 당함. ③남의 죄를 대신 갚음.

대ː손(貸損)閉 외상 매출금·대부금 등이 반제(返濟)되지 아니하여 손해를 입는 일.

대ː손^충당금(貸損充當金)閉 대차 대조표에 자산으로 기재되는 받을어음·외상 매출금·대부금 등 채권에 대한 공제의 형식으로 계상(計上)되는 회수 불능 추산액.

대ː-솔(大-)閉 큰 소나무. 대송(大松).

대솔(帶率)閉 ①하타 영솔(領率). ②〈대솔하인〉의 준말.

대ː솔-장작(大-長斫)閉 큰 소나무를 베어서 패 놓은 장작.

대ː-하라지(大-)閉 큰 소나무의 가지를 잘라서 패 놓은 장작.

대솔-하인(帶率下人)閉 ①고귀한 사람을 모시고 다니는 하인. ②하자하인을 거느림. ☎대솔.

대ː송(大松)閉 ☞대솔.

대ː송(代送)閉하타 다른 것으로 대신 보냄. 체송(替送). ¶물품을 대송하다.

대ː송(代誦)閉 가톨릭에서, 정해진 가톨릭의 정식 기도문 대신, 쉽게 욀 수 있도록 간략하게 외는 기도문. 또는 그것을 외는 일.

대ː송(對訟)閉하자 송사에 응함. 응송(應訟).

대ː수(大水)閉 장마로 생긴 큰물. 홍수(洪水).

대ː수(←大事)閉 대단한 일. 《부정문 또는 반어적 의문문에 쓰임.》 ¶이 판에 그게 무슨 대수냐. /싸움 잘하는 것이 대수냐.

대ː수(大壽)閉하자 ☞장수(長壽).

대ː수(大綬)閉 중요 훈장을 받는 이의 어깨에 걸쳐 두르는 넓고 큰 띠. 〔무궁화 대훈장·수교 훈장·건국 훈장의 1, 2등급 및 1등급의 각종 훈장이 이 띠를 두르게 됨.〕

대ː수(大數)閉 ①큰 수. ↔소수(小數). ②큰 운수. ③물건의 수가 많은 일.

대ː수(代囚)閉하타 지난날, 진범(眞犯)을 못 잡았을 경우에나 죄인을 구금하지 못할 사정이 있을 때에 그 관계자나 근친자(近親者)를 대신 가두어 두는 일.

대ː수(代數)¹[-쑤]閉 세대(世代)의 수효.

대ː수(代數)²閉〈대수학(代數學)〉의 준말.

대수(臺數)[-쑤]閉 대(臺)로 헤아리는 물건의 수. ¶자동차 대수.

대ː수(對手)閉 ☞적수(敵手).

대ː수(對數)閉 '로그'의 구용어.

대ː수^곡면(代數曲面)[-공-]閉 삼차원에서, 한 개의 대수 방정식의 자취가 나타내는 곡면.

대ː수^기하학(代數幾何學)閉 대수 방정식의 자취·대수 곡면·로그 곡선에 대해서 연구하는 해석 기하학의 한 분야.

대ː-롭다(←大事-)[-따][~로우니·~로워]형님 대단하다. 중요하다. 《부정문 또는 반어적 의문문에 쓰임.》 ¶그다지 대수로울 것도 없다. /그렇게 대수로우냐? 대수로이目

대ː수^방안지(對數方眼紙)閉 '로그 모눈종이'의 구용어.

대ː수^방정식(代數方程式)閉 몇 개의 미지수에 관하여 두 개의 대수식을 등호로 연결한 방정식.

대ː수^법칙(大數法則)閉 확률론의 기본 법칙의 한 가지. 주사위를 몇 번이고 굴릴 경우, 6이 나오는 비율은 6분의 1에 가까워진다고 하는 따위의 생각을 수학적으로 이론화한 것.

대ː-수술(大手術)閉 규모가 큰 수술.

대ː수-식(代數式)閉 대수학의 가(加)·감(減)·승(乘)·제(除)·멱(冪)·근(根)의 여섯 기호 중의 몇 개로 연결된 식.

대ː수-척(對數尺)閉 '로그자'의 구용어.

대ː수-표(對數表)閉 '로그표'의 구용어.

대ː수-학(代數學)閉 수나 문자를 써서 수의 성질이나 관계를 연구하는 수학의 한 분과. ☎대수(代數)².

대ː수^함수(對數函數)[-쑤]閉 '로그 함수'의 구용어.

대ː-순(-筍)閉 ☞죽순(竹筍).

대ː-순환(大循環)閉 심장의 좌심실에서 대동맥을 거쳐 몸의 각 부분의 모세 혈관에 이르러 가스 교환 따위를 한 다음, 대정맥을 통하여 우심방으로 되돌아오는 경로. 체순환(體循環).

대ː-숲[-숩]閉 대나무의 숲. *대숲이[-수피]·대숲만[-숨-]

대숨-치마閉 조선 시대에, 궁중에서 여자들이 정장(正裝)할 때 입던 속치마. 긴치마의 아랫부분을 자연스레 퍼지게 하기 위해서 입었음.

대ː습-상속(代襲相續)[-쌍-]閉 법정 상속권자가 어떤 사유로 상속권을 상실하였을 경우, 그의 직계 비속이 대신 상속하는 일. ☎본위 상속.

대ː승(大乘)閉 이타주의에 의하여 널리 인간 전체의 구제를 주장하는 적극적인 불법. 〔'승(乘)'은 피안으로 타고 가는 수레라는 뜻으로, 곧 '교리'나 '진리'를 뜻함. 기원전 1~2세기경, 북부 인도에서 일어난 진보적 교리 세력이 스스로의 교리·교설을 이르던 말. 종래의 출가자 중심주의 교의를 반대하고, 재가(在家)의 대중을 두루 교화할 교리를 주장하였음.〕 ↔소승(小乘).

대:승(大勝)[명][하자] 싸움이나 경기에서 크게 이김. 대승리. ↔대패(大捷). ↔대패(大敗).

대:승(代承)[명][하자] 대(代)를 이음.

대:승-경(大乘經)[명] 대승의 교법을 해설한 불경. 곧 화엄경(華嚴經)·반야경(般若經)·법화경(法華經)·열반경(涅槃經)·대집경(大集經).

대:-승리(大勝利)[-니][명][하자] 큰 승리. 대승.

대:승=불교(大乘佛敎)[명] 대승(大乘)을 주지(主旨)로 하는 불교 종파를 통틀어 이르는 말. 〔주로, 우리나라·북부 인도·중국·일본 등의 북방 불교를 이루고 있는 삼론종(三論宗)·법상종(法相宗)·화엄종(華嚴宗)·천태종(天台宗)·진언종(眞言宗)·율종(律宗)·선종(禪宗) 등이 이에 딸림.〕 ↔소승 불교.

대:승-적(大乘的)[관][명] ①대승의 정신에 맞는 (것). ②부분적인 것이나 개인적인 것에 얽매이지 않고 전체를 생각하는 (것). 대국적(大局的). ▷대승적 견지. /대승적인 관점. ↔소승적.

대:시(待時)[명][하자] ①시기를 기다림. ②기회가 오기를 기다림.

대시(臺侍)[명] 지난날, 대간(臺諫)으로 시종(侍從)이 되던 일, 또는 그 사람.

대시(dash)[명] ①권투에서, 상대를 거세게 밀어붙여 난타(亂打)하는 일. ②☞대쉬.

대시-하다(dash-)[자여] 일을 저돌적으로 추진하다. ▷망설이지 말고 네가 먼저 대시해 봐.

대:식(大食)¹[명] ①〔샛밤에 상대하여〕 일정한 때 먹는 끼니를 이르는 말. ②[하타] 음식을 많이 먹음. ②[명] 소식(小食).

대:식(大食)²[명] 아바스조(Abbas朝) 때의 사라센을, 당(唐)나라에서 부르던 이름.

대식(帶蝕)[명] 일대식(日帶蝕)과 월대식(月帶蝕)을 아울러 이르는 말.

대식(對食)[명] 마주 앉아서 먹음.

대:식-가(大食家)[-까][명] 음식을 남달리 많이 먹는 사람. 건담가(健啖家). 건식가(健食家).

대:식-한(大食漢)[-시칸][명] '음식을 많이 먹는 사나이'를 낮잡아 이르는 말.

대:신(大臣)[명] ①의정(議政)을 통틀어 이르는 말. 정승(政丞). ②조선 고종(高宗) 때의 궁내부(宮內部) 각부의 으뜸 벼슬. ③군주 국가에서 장관을 이르는 말. 대관(大官).

대:신(大神)[명] ①두려운 귀신. 〔천둥대신·지동대신 따위.〕 ②(미개 종교나 신화 등에 나타나는) 오직 하나인 최고의 신. ③'무당'을 높이어 이르는 말.

대:신(代身)[명] ①①대리자. ▷사장 대신으로 회의를 주재하다. ②[하타] (남의 일을) 대행함. ▷중대장이 대대장을 대신하다. ③[하타] (다른 것의) 대용. 대체. 변통. ▷꿩 대신 닭. /유리가 없으면 판자로라도 대신해야지. ④[하타] (어떤 사정이나 일을) 다른 것으로 때움. ▷처벌은 벌금으로 대신한다. /밭일을 못하는 대신에 집안이나 보게 하자. ⑤(어미 '-은'·'-는' 뒤에 쓰이어) 앞말이 나타내는 행동이나 상태와 다르거나 그와 반대임을 나타내는 말. ▷얼굴이 예쁜 대신 성미가 고약하다. ②대(代).

대신(臺臣)[명] 사헌부의 대사헌(大司憲)·집의(執義)·장령(掌令)·지평(持平) 등의 벼슬아치를 통틀어 이르는 말. 대관(臺官).

대:실(貸室)[명] 세를 받고 빌려 주는 방.

대:실소망(大失所望)[명] 소망하던 것을 크게 잃음, 또는 크게 실망함.

대:심(對審)[명][하타] 원고와 피고를 법정에 나오게 하여 변론을 시켜서 하는 심리(審理). 〔민사 소송에서는 구술 변론, 형사 소송에서는 공판 기일을 뜻함.〕

대:심^판결(對審判決)[명] ☞대석 판결.

대-싸리[명] '댑싸리'의 잘못.

대:아(大牙)[명] 큰어금니.

대:아(大我)[명] ①우주의 유일·절대적인 본체. [참]대우주. ②좁은 견해나 집착을 떠난 경지, 곧 '참된 나'를 불가(佛家)에서 이르는 말. ↔소아(小我).

대:아(大雅)[명] ①(평교간의 문인·학자끼리) 우편물 따위의 겉봉의 상대편 이름 밑에 써서 '-님께' 정도의 뜻을 나타내는 말. ②시경(詩經)의 시의 한 체(體).

대:아(大衙)[명] 지난날, 지방관으로 있는 아버지나 형에게 편지할 때 겉봉에 그 고장 이름 아래 쓰던 말. ▷상주 대아 입납.

대:-아라한(大阿羅漢)[명] 불교에서, 아라한 중에서 가장 높은 사람.

대아리(大-)[명] 〔옛〕 큰 다리. ▷前行後行 小아리 八足 大아리 二足(靑丘110).

대:악(大惡)[명] 크게 악하거나 아주 못된 짓, 또는 그런 짓을 하는 사람.

대:악(大岳·大嶽)[명] 큰 산.

대악(碓樂)[명] 신라 자비왕(慈悲王) 때 백결 선생(百結先生)이 방아 찧는 소리를 시늉하여 지은 노래. 〔'삼국사기'에 그 사실만 전하고 노래 내용은 전하지 않음.〕

대:악-무도(大惡無道)[-앙-][하혈] 아주 악독하고 도리에 벗어나 막됨. ▷대악무도한 죄를 범하다.

대:-악절(大樂節)[-쩔][명] ☞큰악절.

대:악-후보(大樂後譜)[-아쿠-][명] 조선 영조(英祖) 35(1759)년에 서명응(徐命膺) 등이 왕명을 받아 엮은 악보집. 〔고려의 별곡(別曲)과 조선 세조 때의 음악인 '오음약보(五音略譜)'가 수록되어 있음.〕

대안(大安) '대안하다'의 어근.

대:안(代案)[명] 어떤 안을 대신하는 다른 안. ▷대안을 제시하다. /비판만 할 게 아니라 대안을 내놓으시오.

대안(臺顏)[명] ☞존안(尊顏).

대:안(對岸)[명] (강이나 호수 따위의) 건너편 기슭이나 언덕.

대:안(對案)[명] 상대편의 안(案)에 맞서서 내놓는 이편의 안.

대:안(對顏)[명][하자타] 서로 마주 대하여 봄, 또는 마주 대하여 앉음.

대:안-렌즈(對眼lens)[명] ☞접안렌즈.

대:안-작(大眼雀)[명] 딱샛과의 새. 몸길이 16 cm가량으로 참새만 함. 등·가슴·옆구리는 갈색이고 목은 짙은 흑색임. 눈 위와 볼에는 흰 줄이 있음. 새장에서 기르기도 하는데, 우리나라·일본·중국 등지에 분포함.

대:안-하다(大安-)[형여] 아주 평안(平安)하다. 〔흔히, 평교간 편지에서 안부를 물을 때 쓰는 말.〕 ▷귀체 대안하신지.

대:액(大厄)[명] 몹시 사나운 운수.

대야[명] (주로, 손발이나 낯을 씻을 때 쓰는) 둥글고 넓적한 그릇. 세숫대야. 세면기.

-대야[준] 〔'-다고 하여야'가 줄어든 말〕《형용사 어간이나 시제의 '-았(었)-'·'-겠-' 등에 붙어》①앞말이 뒷말의 조건이 됨을 나타냄. ▷글쎄, 본인이 하겠대야 무슨 일이든 시키지지. ②그

것의 한도가 얼마 되지 않음을 나타냄. ¶ 제까 짓 게 잘났다야 얼마나 잘났겠어. /재산이 많다야 얼마나 많겠니.

대ː약(大約)圈 사물의 대강. 대요(大要).

대ː양(大洋)圈 넓고 큰 바다.〔특히, 태평양·대서양·인도양·북극해·남극해를 가리킴.〕

대양-도(大洋島)圈 대양 가운데 있는 섬.〔산호도·화산도 따위.〕 양도. ↔대륙도.

대ː양-저(大洋底)圈 ①크고 넓은 바다의 바닥. ②(태평양·대서양·인도양 등) 대양이라 불리는 바다의 깊은 바닥.

대ː양-주(大洋洲)圈 ⇨오세아니아.

대ː어(大魚)圈 큰 물고기.

대어를 낚다관용 ①여럿 가운데서 매우 규모가 크거나 가치 있는 것을 걸려들다. ②(사람의 선발 등에서) 능력이나 실력이 대단한 사람을 얻게 되다.

대ː어(大漁)圈 물고기가 많이 잡히는 일. 풍어(豊漁). ↔불어(不漁).

대ː어(對語)圈 ①하타 직접 면대하여 말함, 또는 그런 말. 대언(對言). ②글이나 말 중에, 의미상 서로 대응이 되는 말.〔'산은 높고, 물은 깊다.'에서, '산'과 '물', '높다'와 '깊다' 같은 말.〕

대ː언(大言)圈 큰소리.

대ː언(代言)圈 ①하타 남을 대신하여 말함. ②고려 시대에, 왕명의 하달(下達)을 맡아보던 벼슬.

대ː언(對言)圈하타 직접 대하여 말함. 대어(對語). ¶ 대언하기 거북하여 서면으로 청원하다.

대ː언-장담(大言壯談)圈하타 ⇨호언장담.

대ː업(大業)圈 ①큰 사업. ¶ 남북통일의 대업. ②나라를 세우는 일. ②홍업(洪業).

대ː여(大輿)圈 지난날, 국상(國喪) 등에 쓰던 큰 상여. 대방상(大方牀). ↔소여(小輿).

대ː여(貸與)圈하타 빌려 줌. 대급(貸給). ¶ 도서 대여. /기계를 대여하다.

대ː-여섯[-섣]㈜관 다섯이나 여섯(의). ¶ 대여섯 살쯤 되어 보이는 아이. ②대엿. * 대여섯이[-서시]·대여섯만[-선-]

대ː여섯-째[-섣-]㈜ 다섯째나 여섯째(의).

대ː역(大役)圈 ①책임이 무거운 직책이나 직무. ¶ 대역을 맡다. ②<대역사(大役事)>의 준말.

대ː역(大逆)圈 왕권을 침해하거나 부모를 살해하는 큰 죄.

대ː역(代役)圈 ①지난날, 삯을 받고 남을 대신하여 신역(身役)을 치르던 일. ②연극·영화 따위에서, 어떤 배우의 배역을 대신하여 일부 연기를 다른 사람이 하는 일, 또는 그런 사람.

대ː역(對譯)圈하타 원문과 번역문을 대조할 수 있도록 나란히 나타내는 일, 또는 그런 번역.

대ː역-무도(大逆無道)[-영-]圈하형 대역으로 사람의 도리에 벗어나 막됨, 또는 그런 행위.

대ː-역사(大役事)圈 큰 공사. 대규모의 토목 건축 공사. ②대역.

대ː역-세(大役稅)[-쎄]圈 조선 시대에, 신역(身役)이나 군역(軍役)을 치르지 않는 대신에 바치던 베.〔군포(軍布) 따위.〕

대ː역-죄(大逆罪)[-쬐/-쮀]圈 대역을 범한 죄. ¶ 사사로운 정 때문에 대역죄를 범하였다.

대ː역-토(大驛土)圈 육십갑자의 무신(戊申)과 기유(己酉)에 붙이는 납음(納音). ②차천금(釵釧金).

대ː연(大宴)圈 크게 베푼 잔치. 큰 연회.

대ː-연습(大演習)圈 대규모의 전술 훈련.

대열(大悅)圈 '대열하다'의 어근.

대ː열(大閱)圈하타 임금이 몸소 하는 열병(閱兵). 열무(閱武).

대ː열(大熱)圈 ①몸의 높은 열. 고열(高熱). ②아주 뜨거운 열. 심한 더위.

대열(隊列)圈 ①질서 있게 늘어선 행렬. ¶ 대열에서 이탈하다. ②어떤 활동을 목적으로 이루어진 한 떼. ¶ 농촌 운동의 대열에 끼다.

대ː열-하다(大悅-)자타形 크게 기뻐하다. ¶ 합격 소식에 대열하다.

대ː-념불(大念佛)圈 많은 사람이 모여서 큰 소리로 하는 염불.

대ː-엿[-엳]㈜관〈대여섯〉의 준말. * 대엿이[-여시]·대엿만[-연-]

대ː엿-새[-엳쌔]圈 닷새나 엿새.

대ː영(代詠)圈 남을 대신하여 시가(詩歌)를 읊는 일, 또는 그 시가.

대ː오(大悟)圈하자 번뇌를 벗고 진리를 크게 깨달음. 대각성하다.

대ː오(大鳥)圈 신라 때의 17관등의 열다섯째 등급. ②소오(小鳥).

대오(隊伍)圈 군대의 항오(行伍). ¶ 대오를 맞추다. /대오를 정비하다. ②대(隊).

대ː-오공(大蜈蚣)圈 ②왕지네.

대-오리기 가늘게 쪼갠 댓개비.

대ː-오방기(大五方旗)圈 조선 시대에, 진중(陣中)에서 방위를 나타내던 기치(旗幟), 곧 주작기(朱雀旗)·청룡기(靑龍旗)·등사기(螣蛇旗)·백호기(白虎旗)·현무기(玄武旗)의 다섯 가지로 된 그 기치. ②대오.

대ː오-철저(大悟徹底)[-쩌]圈 ①크게 깨달아서 번뇌와 의혹이 다 없어짐. ②우주의 대아(大我)를 남김없이 다 앎.

대ː옥(大獄)圈 큰 옥사(獄事).〔중대한 범죄 사건으로 여러 사람이 연루되어 벌을 받는 일.〕

대ː-완구(大碗口)圈 조선 시대의 큰 화포(火砲).

대왕-풀圈 난초과의 다년초. 땅속줄기는 달걀꼴이며 빛깔이 흼. 긴 타원형의 잎은 평행맥으로 매우 넓으며 5~6월에 꽃줄기가 나와 50 cm가량 자란 다음 6, 7개의 붉은 보랏빛의 꽃이 총상(總狀)으로 달림. 땅속줄기는 한방에서 '백급(白芨)'이라 하여 약재로 쓰임. 자란(紫蘭).

대ː왕(大王)圈 ①〈선왕(先王)〉의 높임말. ②홀륭하고 업적이 뛰어난 임금을 높여 일컫는 말.

대ː왕-대비(大王大妃)圈 살아 있는, 임금의 할머니를 이르는 말.

대ː외(對外)[-외/-웨]圈《주로 명사 앞에 쓰이어》'외부' 또는 '대외'의 뜻을 나타내는 말. ¶ 대외 문제. /대외 홍보. ↔대내(對內).

대ː외-비(對外秘)[-외/-/-웨-]圈 (국가·기업·군대 등에서) 직무 수행상 외부에 대하여 비밀로 하는 것.

대ː외-적(對外的)[-외/-/-웨-]관圈 외부 또는 외국에 관련되는 (것). ¶ 대외적 이미지. /대외적인 행사.

대ː외^투자(對外投資)[-외/-/-웨-]圈 외국에 대한 자본의 투자.

대ː요(大要)圈 대략의 줄거리. 대약(大約). 요지(要旨). ¶ 이 글의 대요를 쓰시오.

-대요 《형용사 어간 또는 높임의 '-시-'나 시제의 '-았(었)-'·'-겠-' 등에 붙어》Ⅰ어미 알고 있는 사실을 일러바침을 나타내는, 해요체의 종결 어미. ¶ 하루 종일 공부도 안 하고 놀았대요.

Ⅱ준 '-다고 해요'가 줄어든 말. ¶ 혼자 갔대요.

대ː욕(大辱)圈 큰 치욕.

대:욕(大慾·大欲)몡 큰 욕망이나 욕심.
대:용(大用)몡하타되자 ①크게 씀. ②큰 벼슬에 등용함. ②중용(重用).
대:용(大勇)몡 큰 용기.
대:용(代用)몡하타되자 다른 것의 대신으로 씀, 또는 그 물건. ¶밥상을 책상 대용으로 쓰다.
대:용(貸用)몡하타되자 ⇨차용(借用).
대:용-식(代用食)몡 주식(主食) 대신으로 먹는 음식. [감자·고구마 따위.]
대:용-작(代用作)몡 ①⇨대파(代播). ②대용작물.
대:용^작물(代用作物)[-장-]몡 파종하려던 곡식을 심을 수 없을 경우, 그 대신으로 심는 농작물. 대용작.
대:용^증권(代用證券)[-꿘]몡 조세(租稅)의 납입이나 증거금 따위의 담보로 제공할 수 있는 유가 증권.
대:용-품(代用品)몡 어떤 물품의 대신으로 쓰이는 물품. 대품(代品).
대우몡 이른 봄에 보리나 밀을 심은 밭 사이의 이랑에 콩이나 팥 등을 심는 일. ¶대우콩. /대우팥. 비부룩.
  대우(를) 파다[내다]관용 다른 작물을 심은 밭 사이의 이랑에 콩이나 팥 등을 심다.
대:우(大雨)몡 큰비. 비호우(豪雨).
대:우(大愚)몡 몹시 어리석음. ↔대지(大智).
대:우(大憂)몡 ①큰 근심. ②부모의 상(喪). ②친상(親喪).
대:우(待遇)몡하타 ①예(禮)로써 남을 대함. ¶귀빈 대우를 받다. ②어떤 사회적 관계나 태도로 대하는 일. ③차별 대우. ③직위 따위를 나타내는 말 뒤에 붙어, 그에 준하는 대접을 받는 직위임을 나타내는 말. ¶이사(理事) 대우. /부장 대우. ④(직장 따위에서 받는) 보수의 수준이나 직위. ¶대우 개선.
대:우(對偶)몡 ①둘이 서로 짝을 이룸. ②<대우법>의 준말. ③논리학에서, 주어진 명제의 결론을 부정한 것을 가설로 하고, 가설을 부정한 것을 결론으로 한 명제. 곧, '갑(甲)이면 을(乙)이다.'란 명제에 대하여, '을이 아니면 갑이 아니다.'라는 명제. [한 명제가 참이면 대우도 참임.]
대:-우법(對偶法)[-뻡]몡 ⇨대구법. 준대우.
대:-우주(大宇宙)몡 전체 우주. [〈인간〉과 〈우주〉를 같은 구조의 세계로 보고, 자아(自我)를 '소우주'라고 하는 데 대하여 이르는 말.] ↔소우주.
대:운(大運)몡 큰 행운. ¶대운이 트이다.
대-울몡 <대울타리>의 준말.
대-울타리몡 대로 만들거나, 또는 대를 심어서 이룬 울타리. 죽리(竹籬). 준대울.
대:웅(大雄)몡 [위대한 영웅이라는 뜻으로] '부처'를 달리 이르는 말.
대:웅-성(大熊星)몡 큰곰자리의 별.
대:웅-전(大雄殿)몡 절에서, 본존 불상(本尊佛像)을 모신 법당.
대:웅-좌(大熊座)몡 ⇨큰곰자리.
대:원(大圓)몡 ①큰 둥그러미. ②수학에서, 공의 중심을 통과하도록 자른 평면의 원. 대원(大圈). ↔소원(小圓).
대:원(大願)몡 ①큰 소원. ②부처와 중생을 구하려고 하는 큰 원망(願望).
대:원(代願)몡하타 남을 대신하여 신불(神佛)에게 비는 일, 또는 비는 그 사람.
대원(隊員)몡 대를 이루고 있는 구성원.

대:원경-지(大圓鏡智)몡 불교에서의 '사지(四智)'의 하나. 모든 것을 있는 그대로 나타내 보이는 부처의 지혜.
대:원-군(大院君)몡 왕위를 이을 적자손이 없어 왕족 중에서 왕위를 이어받았을 때, 그 임금의 친아버지에게 봉(封)하던 작위. ¶흥선(興宣) 대원군.
대:원-근(大圓筋)몡 겨드랑이의 근육.
대:원^본존(大願本尊)몡 불교에서, '지장보살(地藏菩薩)'을 이르는 말. [모든 중생을 제도(濟度)한 뒤에 부처가 되겠다는 대원(大願)을 지니고 있는 보살.]
대:-원수(大元帥)몡 전군을 통솔하는 대장인 '원수(元帥)'를 높이어 일컫는 칭호.
대:월(貸越)몡하자 ①한도 일정한 한도 이상으로 대부함. ②<당좌 대월>의 준말.
대:월-금(貸越金)몡 (은행에서) 당좌 대월을 한 돈.
대:월-한(貸越限)몡 은행이 예금주와 협의하여 정한 당좌 대월의 최고액.
대:위(大位)몡 매우 높은 지위.
대:위(大尉)몡 국군의 위관(尉官) 계급의 하나. 소령(少領)의 아래, 중위(中尉)의 위.
대:위(代位)몡하타되자 제삼자가 타인의 법률상의 지위에 대신하여 그가 가진 권리를 취득하거나 행사하는 일.
대위(臺位)몡 삼공(三公)의 지위.
대:-위덕(大威德)몡 오대 명왕(五大明王)의 하나. 서쪽을 지키며 일체의 독사(毒蛇), 악룡(惡龍), 원적(怨敵)을 굴복시키는 명왕.
대:위-법(對位法)[-뻡]몡 (화성법과 함께) 2대 작곡 기법의 하나. 각각 독립성이 강한 둘 이상의 선율을 동시에 결합시켜 하나의 조화된 곡을 이루는 기법. ②영화 따위에서, 한 화면에 다른 화면이 더해져서 통일된 한 영상을 나타내는 영상 표현 기법.
대:위^변:제(代位辨濟)몡 제삼자가 채무를 갚음으로써 채권자의 권리가 그 제삼자에게 넘어가는 일. 대위 판제.
대:위^소권(代位訴權)[-꿘]몡 ⇨채권자 대위권(債權者代位權).
대:위^판제(代位辨濟)몡 ⇨대위 변제.
대:유(大有卦)몡 <대유괘(大有卦)>의 준말.
대:유(大儒)몡 ⇨거유(巨儒).
대:유-괘(大有卦)몡 육십사괘의 하나. 이괘(離卦)와 건괘(乾卦)를 위아래로 놓은 괘. 불이 하늘에 있음을 상징함. 준대유.
대:유-년(大有年)몡 크게 풍년이 든 해.
대:유-법(代喩法)[-뻡]몡 수사법에서의 비유법의 한 가지. 사물의 일부나 그 속성을 들어서 그 전체나 자체를 나타내는 비유법. [〈백의의 천사〉, 〈요람에서 무덤까지〉와 같은 표현.] 참환유법·제유법.
대:-윤도(大輪圖)몡 방위(方位)를 가리켜 보이는 큰 윤도.
대:-윤차(大輪次)몡 지난날, 과거에서 낙방한 사람에게 다시 보이던 시험.
대:은(大恩)몡 ⇨홍은(鴻恩).
대:은^교:주(大恩教主)몡 [중생을 구제하는 부처의 은혜가 크다는 뜻에서] '석가모니'를 높이어 일컫는 말.
대:음(大飲)몡하타 (술을) 많이 마심.
대:음(對飲)몡하자타 ⇨대작(對酌).
대:읍(大邑)몡 땅이 넓고 주민과 산물이 많은 고을. 웅읍(雄邑).

대:응(對應)圈 ①햐짜(어떤 일이나 사태에) 알맞은 조치를 취함. ¶법적 대응. ②햐짜퇴짜어떤 두 대상이 주어진 관계에 의하여 서로 짝을 이루는 일, 또는 그렇게 함. ¶대응 관계를 이루는 수. ③합동이나 닮은꼴인 두 도형의 같은 자리에서 짝을 이루는 요소끼리의 관계. ④햐짜퇴짜두 개의 집합 '가'와 '나'에서 '가'의 원소 각각에 대하여 '나'의 원소가 정해질 때, 두 집합의 각 원소끼리 짝을 이루는 관계.

대:응-각(對應角)圈 두 도형이 합동이거나 닮은꼴일 때, 서로 대응하는 자리에 있는 각. 짝진각.

대:응-변(對應邊)圈 두 도형이 합동이거나 닮은꼴일 때, 서로 대응하는 자리에 있는 변. 짝진변.

대:응^원리(對應原理) [-월-]圈 양자론에 있어서의 어떤 종류의 양은, 고전 물리학에서의 양과는 성질이 다름에도 불구하고, 그들 사이에는 일정한 대응이나 이행의 관계가 성립한다는 원리. 〔1918년 보어(Bohr)가 제창했음.〕

대:응-점(對應點) [-쩜]圈 두 도형이 합동이거나 닮은꼴일 때, 서로 대응하는 자리에 있는 점. 짝진점.

대:응-책(對應策)圈 어떤 사태에 대하여 취할 방책. ¶대응책을 강구하다.

대:의(大衣) [-의/-이]圈 비구(比丘)가 입는 삼의(三衣)의 하나. 가장 큰 가사(袈裟)로서, 설법을 할 때나 걸식을 할 때에 입음.

대:의(大意) [-의/-이]圈 (말이나 글 따위의) 대강의 뜻. 대지(大旨). ¶긴 글을 읽을 때에는 대의를 파악하는 것이 중요하다.

대:의(大義) [-의/-이]圈 ①사람으로서, 특히 국민으로서 마땅히 행하거나 지켜야 할 도리. ↔소의. ②대강의 뜻.

대:의(大疑) [-의/-이]圈 ①큰 의문. ②햐타크게 의심함.

대:의(大醫) [-의/-이]圈 의술이 뛰어난 의사. 명의(名醫).

대:의(代議) [-의/-이]圈 ①많은 사람을 대표하여 나온 사람들끼리의 논의. ②공선(公選)된 의원이 국민의 의사를 대표하여 정치를 논의하는 일.

대:의^기관(代議機關) [-의-/-이-]圈 대의원들로 구성되어 정사(政事)를 논의하는 기관. ¶국회는 국가의 대의 기관이다.

대:의-멸친(大義滅親) [-의-/-이-]圈햐짜 국가의 대의를 위해서는 부모 형제도 돌보지 아니함.

대:의-명분(大義名分) [-의-/-이-]圈 사람으로서 응당 지켜야 할 도리나 본분, 또는 떳떳한 명목. ¶대의명분을 내세우다.

대:의-원(代議員) [-의-/-이-]圈 (지역이나 직장 따위에서 선출되어) 정당이나 노동조합 등의 대회에서, 토의나 의결에 참가하는 사람. ¶학급 대의원. /노조 대의원.

대:의^정치(代議政治) [-의-/-이-]圈 대의 제도에 따라서 행하는 정치.

대:의-제(代議制) [-의-/-이-]圈 ☞대의 제도.

대:의^제:도(代議制度) [-의-/-이-]圈 ①대의원으로 하여금 전체 구성원의 의사를 모으고 반영하여 평의·평결케 하는 제도. ②간접 민주 정치의 제도. 대의제.

대:의-충절(大義忠節) [-의-/-이-]圈 국민으로서 국가에 충성하는 절의(節義).

대:-이름씨(代-)圈 ☞대명사(代名詞).

대:인(大人)圈 ①어른. 성인(成人). ②〈대인군자(大人君子)〉의 준말. ③〈거인(巨人). ④높이, 중국인들이 즐겨 쓰는 말로) '남의 아버지'·'높은 관리'·'세력 있는 토호나 지주' 등을 높이어 일컫는 말. ①~③↔소인(小人).

대:인(代人)圈 ①남을 대신하는 사람. 비대리인. ②햐짜어떤 사람을 대신함.

대:인(代印)圈 남을 대신하여 찍은 도장, 또는 그 도장을 찍음.

대:인(待人)圈 ①햐짜사람을 기다림. ②(사람이나 무엇을) 기다리는 사람.

대:인(對人)圈햐짜 남을 대함, 또는 남과의 관계. ¶대인 관계가 원만하다.

대:인-군자(大人君子)圈 도량이 넓고 덕행이 있는 점잖은 사람. 비대인.

대:인-권(對人權) [-꿘]圈 채권 따위와 같이, 특정의 사람에 대해서만 주장할 수 있는 권리.

대:-인기(大人氣) [-끼]圈 대단한 인기. ¶그 가수는 요즘 대인기를 누리고 있다.

대:인-난(待人難)圈 사람을 기다리는 어려움이나 짜증스러움.

대:인^담보(對人擔保)圈 사람의 신용을 채권의 담보로 하는 일, 곧 보증 채무나 연대 채무 따위. ↔대물 담보.

대:-인물(大人物)圈 큰 인물. 품성이 훌륭하고, 국량(局量)이 매우 큰 사람.

대:인^방어(對人防禦)圈 농구나 축구 따위에서, 각 선수가 상대 팀의 선수 한 사람씩을 맡아 수비하는 일. 맨투맨 디펜스. 잘지역 방어.

대:인-세(對人稅)圈 ☞인세(人稅).

대:인^신:용(對人信用)圈 채무자의 인물·지위 등에 바탕을 두는 신용. 〔돈을 빌려 줄 때 따로 담보물을 취하지 않음.〕

대:일-여래(大日如來) [-려-]圈 진언 밀교(眞言密敎)의 본존(本尊). 우주의 실상을 구체적인 형상으로 나타내어 보이는 이지(理智)의 본체라 함.

대:임(大任)圈 아주 중대한 임무. 비중임·중책.

대:임(代任)圈햐타 남을 대신하여 임무를 수행함, 또는 그 사람.

대:입(大入)圈 '대학 입학'을 줄여 이르는 말. ¶대입 시험.

대:입(代入)圈햐타퇴짜 ①다른 것을 대신 넣음. ②대수식(代數式)에서 문자 대신 일정한 수치를 바꿔 넣음.

대:입-법(代入法)圈 ①〔뺄〕圈 어떤 특정의 수치 대신에 다른 수나 문자를 넣어서 푸는 대수식의 연산법. 잘등치법(等値法).

대-자(-尺)圈 대로 만든 자. 죽척(竹尺).

대:자(大字)圈 큰 글자. 대문자.

대:자(大慈)圈햐할 ①큰 자비가 있음, 또는 그런 마음. ②부처가 중생을 사랑하는 마음이 큼.

대:자(代子)圈 가톨릭에서, 성세 성사와 견진 성사를 받는 남자를 그 대부(代父)에 대하여 이르는 말. 잘대녀(代女).

대:자(代赭)圈 ①〈대자석〉의 준말. ②☞석간주(石間硃). ③갈색을 띤 가루 모양의 안료.

대:자(帶子)圈 꼰 실로 두껍게 평직으로 짠, 나비 2.5 cm가량의 직물, 또는 그것으로 만든 허리띠.

대:자(帶磁)圈 물체가 자기(磁氣)를 띠는 상태. 자화(磁化).

대:자(對自)圈 철학에서, 다른 것과의 관계에 의하여 자기를 자각하고 자기 자신과 대립하는 일. ↔즉자(卽自).

대:자-녀(代子女)명 가톨릭에서, 대자와 대녀를 아울러 이르는 말.

대:자-대:비(大慈大悲)명 그지없이 넓고 큰 자비. 〔특히, 관세음보살이 중생을 사랑하고 불쌍히 여기는 마음을 이름.〕

대-자리[명] 가늘게 쪼갠 댓개비로 엮어 만든 자리. 죽석(竹席).

대:-자보(大字報)명 ①중국의 문화 혁명 때, 국민이 자기의 견해를 펴기 위하여 내다 붙인 대형의 벽신문. ②대형의 벽신문이나 벽보를 흔히 이르는 말.

대:자-석(代赭石)명 적철광을 주성분으로 하고 점토를 많이 함유하는 붉은빛의 광물. 안료용 및 한방 약재로 쓰임. 철주(鐵朱). 토주(土朱). 혈사(血師). ⓒ대자·자석.

대:-자연(大自然)명 넓고 큰 자연. 위대한 자연. ¶ 대자연의 신비.

대:-자재(大自在)명 ①속박이나 장애를 받지 않고 아주 자유로운 것. 커다란 자유. ②〈대자재천〉의 준말.

대:자재-천(大自在天)명 불교에서, '대천세계(大千世界)를 주재하는 신'을 이르는 말. ⓒ대자재·자재천.

대:작(大作)명 ①내용이 방대하고 규모가 큰 작품. ¶ 전쟁을 소재로 한 대작. ②뛰어난 작품. ¶ 불후의 대작. ⓑ거작(巨作).

대:작(大斫)명¹ 〔바람이나 구름 따위가〕 크게 일어남. ¶ 애고애고, 이게 웬일인고···. 풍세(風勢) 대작터니 바람결에 풍겨 온가〈烈女春香守節歌〉.

대:작(大斫)명 굵은 장작. ↔소작(小斫).

대:작(大爵)명 높은 작위(爵位).

대:작(代斫)[하타] ①남을 대신하여 작품을 만듦, 또는 그런 작품. ②☞대파(代播).

대:작(對斫)[하타] 서로 마주하여 술을 마심. 대음(對飮).

대:장명 ①〈대장장이〉의 준말. ②〈대장일〉의 준말.

대:장(大壯)명 〈대장괘(大壯卦)〉의 준말.

대:장(大莊)명 많은 전장(田莊).

대:장(大將)명 ①국군의 장관(將官) 계급의 하나. 중장의 위, 원수의 아래임. ②조선 말기에, 도성(都城)에 상비(常備)하던 각 영(營)의 장. 장신(將臣). ③〔일부 명사 뒤에 쓰이어〕 그 방면에 능하거나 몹시 즐기는 사람을 이르는 말. ¶ 거짓말 대장. ④무리의 우두머리. ¶ 꼬마들의 대장 노릇을 하다.

대:장(大腸)명 내장의 일부로, 소장(小腸)의 끝에서 항문에 이르는 소화 기관. 큰창자.

대:장(大檣)명 기선에서, 두 개의 돛대 중 뒤쪽 돛대. 선주(船主)의 기(旗) 등을 다는 데 쓰임.

대:장(代將)명 남의 책임을 대신하여 출전한 장수.

대:장(帶仗)[하자] 병기(兵器)를 몸에 지님.

대장(隊長)명 한 부대를 지휘하는 사람, 곧 그 대(隊)의 우두머리.

대장(臺狀·臺張)명 신문의 한 면을 조판한 다음 지형을 뜨기 전에 마지막 대교(對校)를 하기 위하여 간단히 박아 낸 종이. ⓑ교정지.

대장(臺帳)명 ①근거가 되도록 어떤 사항을 기록한 원부나 장부. ②상업상의 모든 계산을 기록한 원부. ¶ 출납 대장.

대:장-간(一間)[-깐]명 쇠를 달구어 온갖 연장을 만드는 곳. 단철장(鍛鐵場). 야장간(冶匠間).

대:-장경(大藏經)명 일체의 불경을 통틀어 모은 책, 곧 경장(經藏)·율장(律藏)·논장(論藏)을 모두 모아 놓은 책. 일체경(一切經). ⓒ장경.

대:장경^목판(大藏經木版)명 합천(陝川) 해인사(海印寺)에 간직된 대장경의 목판.

대:장-패(大壯卦)명 육십사괘의 하나. 진괘(震卦)와 건괘(乾卦)를 위아래로 놓은 괘. 우레가 하늘에 있음을 상징함. ⓒ대장.

대:-장군(大將軍)명 ①신라 때, 무관의 우두머리. ②고려 시대, 무관의 종삼품 벼슬. 지위는 상장군(上將軍)의 아래, 장군(將軍)의 위임.

대:장-균(大腸菌)명 사람 및 포유류의 창자 속에서 포도당을 분해하여 산(酸)을 생산하는 세균. 보통 병원성(病原性)은 없으나, 때로는 방광염·신우염 따위의 원인이 되기도 함.

대:장-기(大將旗)명 대장이 지휘할 때 쓰던 기.

대:-장부(大丈夫)명 건장하고 씩씩한 사나이. ⓒ장부. ↔졸장부.

대:-장선(大長線)명 마루 밑의 장선을 받치고 있는 나무.

대:장-암(大腸癌)명 대장에 생기는 암종(癌腫).

대:장-염(大腸炎)[-념]명 대장에 나타나는 염증(炎症).

대:장-인(大將印)명 지난날, 장수(將帥)가 차던 병부(兵符)의 신표(信標). ¶ 병법(兵法)을 외워 대장인(大將印)을 요하(腰下)에 빗기 차고(許筠.洪吉童傳).

대:장-일[-닐]명[하자] 대장간에서 쇠를 달구어 연장을 만드는 온갖 일. ⓒ대장.

대:장-장이[명] 대장일을 업으로 하는 사람. 야공(冶工). 야장(冶匠). ⓒ대장.

대:-장정(大長程)명 아주 먼 길을 감. ¶ 남극 탐험의 대장정.

대장-준(臺狀準)명 준지(準紙)로 마지막으로 보는 교정(校正).

대:장^카타르(大腸catarrh)명 대장의 카타르성 염증. 〔아랫배가 살살 아프고 설사를 하는 증세.〕

대:장-패(大將牌)명 포도대장이 차던 패.

대:재(大才)명 비범하고 출중한 큰 재주, 또는 그런 재주를 가진 사람. ↔소재(小才).

대:재(大災)명 큰 재앙. 심한 재앙.

대:재(大齋)명 ①가톨릭에서, '단식재(斷食齋)'의 이전 일컬음. ↔소재(小齋). ②절에서 재를 지내고 음식을 베풀어 중들을 공양하는 일.

대:쟁(大箏)명 당악(唐樂)을 연주할 때만 쓰던 현악기의 한 가지. 중국에서 전래된 15현의 악기를 우리나라에서 13현으로 변조하여 만든 것. 〔오늘날 악기는 전하나 쓰이지 않음.〕

대:저(大著)명 내용이 방대하고 규모가 큰 저서(著書).

대:저(大抵)[부] 대체로 보아서. 대컨. 무릇². ¶ 대저 계으른 자가 성공하는 법이 없느니라.

대-저울명 눈금이 표시된 저울대 끝에, 물건을 걸거나 얹을 고리와 접시가 달려 있는 저울. 〔위쪽에 달린 손잡이 고리를 중심으로, 물건의 반대쪽에 추를 걸어 무게를 잼.〕

대:적(大賊)명 ①큰 것을 노리는 도둑. ②많은 무리의 도둑. ③큰 잘못을 저지른 죄인.

대:적(大敵)명 큰 적수.

대:적(對敵)명[하자] ①적을 마주 대함. 적과 맞섬. ②[하자타] (적이나 어떤 세력·힘 따위가) 서로 맞서 겨룸. 적적(抵敵).

대:적^방조(對敵幇助)[-빵-]명 적에 대하여 중립국이 방조하는 일.

대:적-색(帶赤色)[-쌕]명 붉은빛을 띤 빛깔.

대:전(大全)圏 ①〔한〕완전히 갖추어져 모자람이 없음. ②일정한 분야에 관한 사항을 두루 망라하여 편찬한 책. ¶경제학 대전. ③〔책의 이름 다음에 쓰이어〕언해본(諺解本)에 대한 원본임을 나타내는 말. ¶ 논어 대전.
대:전(大典)圏 나라의 소중하고 큰 의례(儀禮)나 법전(法典).
대:전(大殿)圏 ①임금이 거처하는 궁전. 대내(大內). ②'임금'을 높이어 일컫는 말.
대:전(大篆)圏 한자의 팔체서(八體書)의 하나. 중국 주(周)나라 때, 태사(太史) 주(籒)가 만든 글씨체. 전주(篆籒).
대:전(大戰)圏하자 여러 나라가 넓은 지역에 걸쳐 큰 싸움을 벌임, 또는 그런 싸움. ¶세계 대전이 일어나다.
대전(坮田)圏 ①텃밭. ②집터와 밭.
대전(帶電)圏하자타 어떤 물체가 전기를 띰, 또는 그렇게 함. 하전(荷電).
대:전(對戰)圏하자 맞서 싸움. 상대하여 겨룸. ¶축구 경기의 대전 일정이 확정되다.
대:전-료(對戰料)[-뇨]圏 직업적인 운동 경기에서, 맞서 싸워 주고받는 보수. 파이트머니.
대:전-마마(大殿媽媽)圏 지난날, '임금'을 높이 일컫던 말.
대:-전제(大前提)圏 삼단 논법의 명제 중에서, 대개념을 포함하는 전제. 대개, 삼단 논법의 첫머리에 둠. ♻삼단 논법.
대:전차-포(對戰車砲)圏 전차를 공격하는 데 쓰이는 대포.
대전-체(帶電體)圏 정전기를 띠고 있는 물체.
대:절(大節)圏 ①대의를 위하여 죽음으로써 지키는 절개. ②크게 빛나는 절조.
대절(貸切)圏 ⇨전세(專貰).
대:점(貸店)圏 ⇨대점포.
대:점(對點)[-쩜]圏 원(圓)이나 구(球)의 지름의 양 끝에 있는 한 쌍의 점.
대:-점포(貸店鋪)圏 점포를 세놓음, 또는 세놓는 점포. 대점.
대:접¹圏 위가 넓고 운두가 낮은 모양의 그릇. 국이나 숭늉 따위를 담는 데 씀.
대:접²圏 소의 사타구니에 붙은 고기. 대접살.
대:접(待接)圏하타 ①음식을 차려 손을 맞음. 접대. ¶대접을 잘 받다. ②마땅한 예로써 대함. ¶깍듯이 선배 대접을 하다./인간 이하의 대접을 받다.
대:접-감[-깜]圏 굵은 반시(盤柿)의 한 가지.
대:접-무늬[-점-니]圏 대접 모양으로 크고 둥글게 놓은 비단의 무늬.
대:접-받침[-빧-]圏 못집이나 단익공·삼못집의 기둥 위에 끼우는 넓적하게 네모진 나무. 대접소로. 주두(柱枓).
대:접-쌀[-쌀]圏 ⇨대접².
대:접-소로(-小櫨)[-쏘-]圏 ⇨대접받침.
대:접-쇠[-쇠-쉐]圏 문장부가 들어갈 둔테의 구멍 가에 박는 말굽 같은 쇠. 마제철(馬蹄鐵).
대:접-자루[-짜-]圏 대접에 붙은 쇠고기의 한 가지. 구이에 씀.
대:정(大正)圏 ≪대정자(大正字)≫의 준말.
대:정(大定)圏 ⇨대정맥.
대:정(大政)圏 왕조 때, 해마다 음력 섣달에 행하던 도목정사(都目政事). 〔6월의 소정(小政)에 대한 말.〕↔소정(小政).
대:정(大釘)圏 ①연목을 거는 데나 대문짝에 박는 큰못. ②대못. 큰못.
대:정-각(對頂角)圏 '맞꼭지각'의 구용어.

대:-정맥(大靜脈)圏 몸의 각 기관에 흩어져 있는 소정맥의 피를 모아서 심장의 우심방으로 들어보내는 큰 정맥. ↔대동맥.
대:-정자(大正字)圏 서양 문자의 '인쇄체 대문자'를 이르는 말. ☯대정.
대:정-코(大定-)🖳 단연코. 결단코.
대:제(大帝)圏〔위대한 황제의 뜻으로〕'황제(皇帝)'를 높이어 일컫는 말.
대:제(大祭)圏 ①성대히 올리는 제사. ②종묘에서 사맹월(四孟月)의 상순과 납일(臘日)에 지내는 제사와, 사직에서 정월 첫 신일(辛日)에 풍년을 빌며 지내는 제사. 또, 중춘(仲春)·중추(仲秋) 첫 무일(戊日)과 납일에 지내는 제사. 대제사(大祭祀). 대향(大享).
대:-제사(大祭祀)圏 ⇨대제(大祭).
대:-제사장(大祭司長)圏 구약 시대에, 여호와에게 제사 지내는 일을 맡아보던 제사장들 중의 으뜸 제사장. 대사제(大司祭).
대:-제전(大祭典)圏 크게 벌인 제전. ¶민속의 대제전. /대학의 5월 대제전.
대:-제학(大提學)圏 조선 시대에, 홍문관과 예문관의 우두머리로서, 정이품 벼슬. ☯문형(文衡)·주문(主文).
대:조(大朝)圏 ①왕세자가 섭정하고 있을 때의 '임금'을 일컫던 말. ②초하루와 보름에, 아침 일찍 문무백관이 정전(正殿)에 모여서 임금에게 문안드리고 정사(政事)를 아뢰어 임금의 결재를 받던 큰 조회(朝會).
대:조(大棗)圏 ⇨대추.
대:조(大潮)圏 간만(干滿)의 차가 가장 클 때, 또는 그때의 조수(潮水). 매월 보름달 뜰 무렵과 그믐에 일어남. 한사리. ↔소조(小潮).
대:조(對照)圏 ①하타 둘 이상의 대상을 맞대어 봄. 비준(比準). ¶사본을 원본과 대조하다. ②되자 서로 반대되거나 상대적으로 대비됨, 또는 그러한 대비. ¶그 두 사람은 여러 면에서 대조가 된다.
대:조-법(對照法)[-뻡]圏 수사학상 강조법의 한 가지. 뜻이 상반되거나 정도가 다른 사물을 대조시켜 어떤 한 사물을 강조하는 표현 방법. 〔'여자는 약하나 어머니는 강하다.' 따위.〕
대:조-적(對照的)관圏 서로 반대되거나 상대적으로 대비되는 (것). ¶대조적 사고방식. /저 집 딸들은 성격이 대조적이다.
대:조-차(大潮差)圏 한사리 때의 간만(干滿)의 차를 여러 달 동안 조사하여 평균한 값.
대:조-표(對照表)圏 대조해 놓은 일람표.
대:족(大族)圏 세력이 왕성하고 자손이 많은 집안.
대졸(大卒)圏 '대학 졸업'을 줄여 이르는 말. ¶이번 공채에는 대졸 사원만 뽑는다.
대:종(大宗)圏 ①대종가(大宗家)의 종손으로 이어지는 계통. ②사물의 큰 근본. ¶사람은 기독교 사상의 대종이다. ③〔어떤 분야의〕가장 권위 있는 대가(大家). ¶그분이야말로 동방 유학의 대종이시다. ④〔어떤 분야의〕주류(主流). ¶전자 제품이 수출액의 대종을 이루고 있다.
대:종(大鐘)圏 큰 종.
대:-종가(大宗家)圏 여러 갈래의 종파 중에서 시조의 제사를 받드는 종가. 제일 큰 종가.
대:종-계(大宗契)[-계/-게]圏 온 문중의 각 종파 사람들이 모여 맺는 계.
대:종-교(大倧敎)圏 단군(檀君)을 교조(敎祖)로 받드는, 우리나라 고유의 종교.

대:-종백(大宗伯)몡 조선 시대에, '예조 판서'를 달리 일컫던 말.

대:-종사(大宗師)몡 ①대종교에서, '도(道)를 통하여 깨달음을 얻은 사람'을 높이어 이르는 말. ②조계종에서, 비구 법계의 1급을 이르는 말. ③태고종에서, 선정(禪定)을 닦은 승려의 법계의 1급을 이르는 말. ④기예나 예능계에서, 한 파의 시초를 연 대가(大家).

대:-종손(大宗孫)몡 대종가(大宗家)의 맏자손.

대:-종중(大宗中)몡 큰 종중. 〔대개, 5대 이상의 선조에서 갈린 자손들의 종중을 말함.〕

대좌(臺座)몡 불상(佛像) 따위를 안치하는 대.

대:좌(對坐)[하자] 마주 앉음. ¶양국 정상이 대좌하다.

대:죄(大罪)[-죄/-줴]몡 크나큰 죄. 거죄(巨罪). 중죄(重罪).

대:죄(待罪)[-죄/-줴]몡 죄를 지은 사람이 처벌을 기다림. ¶석고(席藁)대죄.

대:주(大主)몡 무당이 '단골집 바깥주인'을 일컫는 말. ↔계주(季主).

대:주(大洲·大州)몡 매우 넓은 육지. 대륙.

대:주(大酒)몡 ☞호주(豪酒).

대:주(大註)몡 경서(經書)나 그 밖의 책들에서 원문과 같은 크기의 글씨로 단 주해.

대:주(代走)몡 야구에서, 다른 선수가 대신 주자(走者)가 됨.

대:주(貸主)몡 돈이나 물건을 빌려 준 사람. 참임대인.

대:-주교(大主教)몡 가톨릭에서, '관구(管區)를 주관하는 최고 성직, 또는 그 직에 있는 사람'을 이르는 말.

대:-주자(代走者)몡 야구에서 누상(壘上)에 나가 있는 주자를 대신하여 주자가 된 사람.

대:-주주(大株主)몡 한 회사의 주식 중 많은 몫을 가지고 있는 주주. ↔소주주.

대-죽(-竹)몡 한자 부수의 한 가지. '쓰'·'筌' 등에서의 '竹'의 이름.

대중 ①[하다] 대강으로 하는 짐작. 또는 겉가량으로 짐작함. ¶수확량을 대중할 수가 없다. ②표준이나 기준. ¶이것을 대중으로 하나 더 만들어라.

대중(을) 삼다[관용] 기준이나 표준으로 삼다. ¶이 옷을 대중 삼아 지어 주십시오.

대중(을) 잡다[관용] 대강으로 헤아려 짐작하다.

대중(을) 치다[관용] 어림으로 셈치다.

대:중(大衆)몡 ①신분의 구별이 없이 한 사회의 대다수를 이루는 사람. ⑪다중(多衆). ⓢ군중. ②불교에서, '많이 모인 중' 또는 '비구·비구니·우바새·우바이'를 아울러 이르는 말.

대:중-가요(大衆歌謠)몡 대중이 즐겨 부르는 노래. 일반 대중의 흥미를 위주로 한 노래. 가요곡. ⓢ가요.

대:중-공양(大衆供養)[하자] 불교 신자들이 절의 중들이나 여러 사람에게 음식을 차려 대접하는 일.

대:중^과세(大衆課稅)몡 수입이 적은 일반 대중의 부담이 되는 조세. 〔물품세 따위.〕

대:중-교통(大衆交通)몡 (버스·지하철 따위) 대중이 이용하는 교통.

대중-말몡 ☞표준어.

대:중^매체(大衆媒體)몡 〈대중 전달 매체〉의 준말.

대:중-목욕탕(大衆沐浴湯)몡 (개인이나 단체의 전용 목욕탕이 아닌) 일반 대중이 함께 이용할 수 있는 목욕탕. 공동탕. 대중탕.

대:중^문학(大衆文學)몡 대중성을 위주로 하여 흥미 있는 소재를 다룬 문학. 통속 문학. ⓢ순수 문학.

대:중-문화(大衆文化)몡 대중이 주체가 되는 문화. 생활 수준의 향상 및 교육 보급의 확대, 매스컴의 발달 등으로 성립됨.

대:중^사회(大衆社會)[-회/-훼]몡 대중이 정치·경제·사회·문화의 모든 분야에 진출하여 그 기반을 이루는 사회. 매스컴의 발달과 대량 생산, 조직의 관료화 따위에 의하여 만들어진 현대 자본주의의 특징적인 사회 형태임.

대:중-산림(大衆山林)[-살-]몡 절의 크고 작은 일을 중들의 결의에 따라 처리하는 절.

대중-석(臺中石)몡 탑의 기단(基壇)의 중간 부분을 이루는 돌.

대:중-성(大衆性)[-썽]몡 ①일반 대중이 널리 공통적으로 갖고 있는 성질. ②대중의 기호에 맞는 성질. ¶이 잡지는 대중성이 결여되어 있다.

대:중^소:설(大衆小說)몡 대중을 대상으로 하는 흥미 위주의 소설. 〔추리 소설·유머 소설 따위〕. 통속 소설.

대:중-식당(大衆食堂)[-땅]몡 대중들이 싼값으로 간편하게 식사할 수 있도록 마련된 식당.

대:중-심리(大衆心理)[-니]몡 ☞군중 심리.

대중-없:다[-업따]협 ①헤아려 짐작할 수가 없다. ②기준이나 표준이 없이 뒤숭숭하다. ¶값이 가게마다 대중없다. 대중없-이閈 ¶술을 대중없이 마시더니 금세 취했다.

대:중-오락(大衆娛樂)몡 대중이 널리 쉽게 즐기는 오락.

대:중^운:동(大衆運動)몡 다수인의 공동 목적을 위해 대중이 주체가 되어 집단적으로 행하는 활동을 통틀어 이르는 말.

대:중-음악(大衆音樂)몡 대중을 대상으로 하는 음악.

대:중^작가(大衆作家)[-까]몡 대중 소설을 주로 쓰는 소설가.

대:중^잡지(大衆雜誌)[-찌]몡 대중을 대상으로 하는 흥미 위주의 잡지.

대:중-적(大衆的)[관] 널리 일반 대중을 중심으로 한 (것). ¶대중적 인기. /대중적인 작품.

대:중^전달(大衆傳達)몡 ☞매스컴.

대:중^전달^매체(大衆傳達媒體)몡 ☞매스 미디어. ⓢ대중 매체.

대:중^조작(大衆操作)몡 정치 권력을 가진 지도자가 강제력을 쓰지 않고서 대중을 조종하여 정치적·사회적 목적을 실현하려는, 사회 통제의 한 양식.

대:중-처소(大衆處所)몡 중이 많이 사는 절.

대:중-탕(大衆湯)몡 ☞대중목욕탕.

대:중-판(大衆版)몡 일반 대중을 상대로 펴낸, 값이 싼 출판물.

대:중-화(大衆化)몡[하자][되자] 일반 대중 사이에 널리 퍼져 친근하게 됨, 또는 그렇게 되게 함. ¶요즘은 스키도 많이 대중화되었다.

대:증(對症)[하자] 병의 증세에 따라 알맞은 조처를 하는 일.

대:증(對證)몡[하타] 관계자를 대질시켜 증거를 조사함.

대:-증광(大增廣)몡 왕실에 큰 경사가 있을 때 임시로 보이던 과거.

대증-식(帶證式)몡 복합적 삼단 논법의 한 특수 형식. 대·소 전제 중 한쪽, 또는 양쪽에 이유가 붙은 추론임.

대:증^요법(對症療法)[-뇨뻡]圀 병의 원인을 알 수 없을 때, 겉으로 드러난 병의 증세에 따라 적절히 다스리는 치료법. 졩병인 요법(病因療法).

대:지(大地)圀 ('하늘'에 대하여) 대자연의 넓고 큰 땅. ¶광활한 대지.

대:지(大旨)圀 말이나 글의 대강의 내용이나 뜻. 대의(大意).

대:지(大志)圀 원대한 뜻. 큰 뜻. 홍지(鴻志). ¶젊은이여, 대지를 품어라.

대지(大指)圀 엄지손가락.

대:지(大智)圀 뛰어난 슬기. ↔대우(大愚).

대지(垈地)圀 집터로서의 땅. 준대(垈).

대지(帶紙)圀 지폐나 서류 따위를 둘러 감아 매는 데 쓰는 좁다란 종이 오리. 띠종이.

대지(貸地)圀 세를 놓는 땅. ↔차지(借地).

대지(臺地)圀 ①주위의 평지보다 높고 평평한 땅. ②☞고원(高原).

대지(臺紙)圀 (그림이나 사진 따위를 붙일 때의) 밑바탕이 되는 두꺼운 종이.

대:지(對地)圀 (공중에서) 지상의 목표물을 상대함(향함).

대:지^공:격(對地攻擊)圀 공중으로부터 지상으로 향한 공격. [적의 부대에 대한 항공기의 공격 따위를 이름.]

대-지르다[~지르니·~질러]쩌르 찌를 듯이 날카롭게 대들다.

대:지^속도(對地速度)[-또]圀 지면이나 해면에 대한 항공기의 속도. 졩대기 속도.

대:-지주(大地主)圀 넓은 땅의 소유주.

대:지^측량(大地測量)[-층냥]圀 (반지름 10 km 이상의 넓은 지역의 면적을 잴 때) 지구를 회전 타원체로 보고 하는 측량.

대-지팡이圀 대로 만든 지팡이. 죽장(竹杖).

대:직(大職)圀 높은 직위. ¶갑자기 대직을 맡고 보니 걱정이 앞선다.

대:직(代直)圀 숙직이나 일직 따위를 대신함, 또는 그런 일. 대번(代番).

대:진(大震)圀 큰 지진.

대:진(代診)圀 담당 의사를 대신해 진찰함, 또는 그 진찰하는 사람.

대:진(代盡)圀하짜 조상에게 제사 지내는 대(代)의 수효가 다함. 친진(親盡).

대:진(對陣)圀하짜 ①적군과 마주 대하여 진을 침. ②놀이나 운동 경기에서, 편을 갈라 맞섬.

대:진-표(對陣表)圀 (여러 경기자나 팀이 참가하는 경기에서) 서로 대진하게 될 짝과, 경기 진행의 순서를 적어 놓은 표.

대:질(對質)圀하짜 서로 엇갈린 말을 하는 사람을 마주 대하여 진술하게 함. ¶증인과 대질한 피의자가 범행을 시인했다. 졩무릎맞춤.

대질리다짜 『대지르다』의 피동』 대지름을 당하다. ¶경찰관에게 대질리다.

대:질^신:문(對質訊問)圀 진술이 서로 어긋나는 소송 관계자 쌍방을 대면시켜 신문하는 일.

대:질^심문(對質審問)圀 원고·피고·증인 등을 대질시켜 따져 묻는 일.

대:-집행(代執行)[-찌뺑]圀 행정상의 강제 집행의 한 가지. 명령받은 행위를 이행하지 아니할 때에, 관청이 직접 또는 제삼자로 하여금 권리자를 대신하여 행하는 집행. 대체 집행(代替執行).

대-짜(大-)圀 (같은 종류 중에서) 가장 큰 것. ¶바지를 대짜로 하나 주시오.

대짜-배기(大-)圀 대짜인 물건.

대-쪽圀 ①대를 쪼갠 조각. 댓조각. ②《주로 '같다' 활용형 앞에 쓰이어》'성품이나 절개 따위가 곧은 것'을 비유하여 이르는 말. ¶대쪽 같은 성미.

대:-차(大車)圀 ①소 두 마리가 끄는 큰 수레. ②〈대차륜〉의 준말.

대:차(大差)圀 큰 차이. ↔소차(小差).

대:차(大借)圀하짜 독한 약을 먹어 힘을 굳세게 하는, 약차(藥借)의 한 가지.

대:차(貸借)圀 ①차주(借主)가 대주(貸主)의 것을 이용한 뒤 그것을 반환해야 하는 계약을 통틀어 이르는 말. [소비 대차·사용 대차·임대차 등이 있음.] ②부기의 차변과 대변. ③하짜 꾸어 줌과 꿈. ④차대(借貸).

대-차다圀 성미가 꿋꿋하며 세차다. ¶대차게 대들다.

대:차^대:조표(貸借對照表)圀 일정한 시점에 있어서 기업의 재정 상태를 일람할 수 있게 나타낸 표. 차변에 자산을, 대변에 부채와 자본을 기재함.

대:-차륜(大車輪)圀 ①큰 수레바퀴. ②기계 체조의 한 가지. 두 손으로 철봉을 잡고 그것을 중심으로 원을 그리듯이 도는 운동. ②준대차.

대차-매듭圀 끈으로 쳐반되게 맺는 매듭.

대:차^차액(貸借差額)圀 대변과 차변과의 차이가 나는 액수.

대:찬(代撰)圀하짜 ☞제찬(制撰).

대:찰(大札)圀 남의 편지를 높이어 이르는 말.

대:찰(大刹)圀 규모가 몹시 크거나 이름난 절. 거찰(巨刹). 대사(大寺).

대-창(-槍)圀 대를 깎아 만든 창. 죽창(竹槍).

대:창(大漲)圀하짜 (강이나 개울 등이) 물이 많이 불어서 넘침.

대:창(*大腸)圀 소 따위 큰 짐승의 대장(大腸).

대:-창옷(大-)[-읻]圀 향리(鄕吏)가 입던, 두루마기에 큰 소매가 달린 웃옷. *대:창우이[-오시]·대:창옷만[-옫-].

대:책(大册)圀 큰 저술(著述)의 책.

대:책(大責)圀하짜 크게 꾸짖음. 큰 꾸지람.

대:책(對策)圀 ①(어떤 일에) 대응하는 방책. ¶선거 대책을 강구하다. /물가 대책을 수립하다. ②조선 시대에, 과거 시험 과목의 한 가지. 시정(時政)의 문제를 제시하고 그 대책을 논하게 하던 것.

대:처(大處)圀 ☞도회지.

대:처(帶妻)圀 ①아내를 둠. ②☞대처승.

대:처(對處)圀하짜 (어떤 일에 대하여) 적당한 조처를 취함, 또는 그 취한 조처.

대:-처네圀 쌓은 이불 위를 덮는 큰 보.

대:처-승(帶妻僧)圀 아내를 두고 살림을 하는 중. 대처. 화택승(火宅僧). ↔비구승.

대:척(對蹠)圀 (어떤 일에 대하여) 정반대가 됨. ¶서로 대척될 견해.

대:척-적(對蹠的)[-쩍]괌圀 서로 정반대가 되는 (것). ¶대척적 관점. /그들은 대척적이다.

대:천(大川)圀 큰 내. 이름난 내. ¶명산대천.

대:천(大闡)圀 문과 급제.

대:천(戴天)圀 [하늘을 머리에 인다는 뜻에서] '세상에 살아 있음'을 비유하여 이르는 말.

대:-천문(大泉門)圀 머리의 정중부(正中部)에서 전두골(前頭骨)과 두정골(頭頂骨) 사이에 있는 가장 큰 천문.

대:천-세계(大千世界)[-계/-게]圀 불교에서, '삼천 대천세계'를 달리 이르는 말.

대:천지수(戴天之讎)圀 ☞불공대천.

대:첩(大捷)**명하자** ☞대승(大勝).
대청-마루명 대의 안벽에 붙은 얇고 흰 꺼풀.
대:청(大廳)**명** 집채의 방과 방 사이에 있는 큰 마루. 대청마루. 당(堂). ⤳청.
대:청(代聽)**명하자** 지난날, 왕세자가 왕을 대신하여 임시로 정치를 행하던 일. 대리(代理).
대:청-마루(大廳-)**명** ☞대청(大廳).
대:-청소(大淸掃)**명하자** 대대적으로 하는 청소.
대:체(大體)[**Ⅰ**]**명** 사물의 전체에서 요점만 추려진 것.
　[**Ⅱ**]**부** 대관절. ¶이게 대체 무슨 일인가.
대:체(代替)**명하자퇴자** 다른 것으로 바꿈. 체환(替換). ¶화물 수송을 트럭으로 대체하다.
대:체(對替)**명하자** 어떤 계정(計定)의 금액을 다른 계정으로 옮겨 적는 일.
대:체^계:정(對替計定)[-게-/-게-]**명** 어떤 금액을 한 계정에서 딴 계정으로 대체하는 일, 또는 그 계정.
대:체-로(大體-)**부** (구체적이거나 특수한 점은 제외하고) 일반적으로. 대충. ¶대체로 건강은 좋은 편이다.
대:체-물(代替物)**명** 일반 거래에서, 같은 종류로서 크기·무게·형태 따위가 같고 값이 같으면 대체가 가능한 물질, 또는 물건. [화폐·곡물·석유 따위.] ↔부대체물.
대:체^식량(代替食糧)[-싱냥]**명** 쌀을 대신할 식량.
대:체^에너지(代替energy)**명** 석유에 주로 의존해 온 에너지원에 대신하여 활용되는 에너지. [원자력·태양열 따위.]
대:체^원칙(代替原則)**명** 같은 성질의 물건은 생산함에 있어, 되도록 비용이 적게 드는 생산 요소를 비용이 많이 드는 것으로 대신하는 원칙.
대:체^의학(代替醫學)**명** 현대 의학적 치료 방법 이외의 모든 질병 치료법을 이르는 말. [민간요법·식이 요법·단식 요법 따위.]
대:체-재(代替財)**명** (쌀과 빵, 고기와 생선처럼) 한쪽을 소비하면 다른 쪽은 그만큼 덜 소비되어 어느 정도까지 서로 대체될 수 있는 재화.
대:체-적(大體的)**명** ①대강의 요점만 나타낸 (것). ¶대체적 해설. /대체적인 설명. ②대충 그러한 (것). ¶대체적 반응. /대체적으로 괜찮은 편이다.
대:체^전표(對替傳票)**명** 대체할 때 쓰는 전표.
대:체^집행(代替執行)[-찝-]**명** ☞대집행.
대초열-지옥(大焦熱地獄)**명** 불교에서 이르는 팔열 지옥의 하나. 살생·투도(偸盜)·음행·음주·망어(妄語)의 죄를 지은 자가 가게 된다는 지옥으로, 시뻘겋게 달군 쇠집(鐵室)이나 쇠다락[鐵樓] 속에 들어가 살이 타는 고통을 받는다고 함.
대추명 옛 ¶대초 불긋 붉은 가지 에후리혀 굴희 빠담고(古時調).
대:초(大草)**명** 서양 문자의 '필기체 대문자'를 이르는 말. ↔소초(小草)².
대:-초원(大草原)**명** 매우 너른 초원. 대평원.
대:촌(大村)**명** 큰 마을.
대:총(大總)**부** 〈대충〉의 본딧말.
대:-총재(大冢宰)**명** 조선 시대에, '이조 판서'를 중국 주(周)나라 때의 총재 벼슬에 해당한다 하여 이르던 말.
대추명 남이 쓰다가 물려준 물건.
대추명 대추나무의 열매. 대조. 목밀(木蜜).
대:추(大酋)**명** (야만인의) 가장 세력이 큰 부족의 우두머리.

대:추-나무명 갈매나뭇과의 낙엽 활엽 교목. 남유럽 원산으로 각지에서 재배함. 잎은 달걀 모양인데 윤기가 있고 가지에는 무딘 가시가 있음. 6월경에 황록색의 작은 꽃이 피며 길둥근 열매는 가을에 황갈색으로 익음. 열매인 대추는 먹기도 하고 약으로도 씀. 조목(棗木).
　대추나무에 연 걸리듯관용 '여기저기에 빚이 많이 걸려 있음'을 비유하여 이르는 말.
대:추-미음(-米飮)**명** 대추와 찹쌀을 푹 삶아 체에 밭쳐서 쑨 미음.
대:추-벼명 늦벼의 한 가지. 까끄라기가 없고 빛이 붉음.
대:추-초(-炒)**명** 대추를 푹 쪄서 꿀·기름·계핏가루를 치고 버무린 과자.
대:축(大畜)**명** 〈대축괘〉의 준말.
대:축(對軸)**명** ☞대폭(對幅).
대:축-괘(大畜卦)[-꽤]**명** 육십사괘의 하나. 간괘(艮卦)와 건괘(乾卦)를 위아래로 놓은 괘. 하늘이 산 가운데 있음을 상징함. ⤳대축.
대:축척^지도(大縮尺地圖)[-쩌-]**명** 축척의 크기를 5만분의 1 내외로 하여 좁은 지역을 자세하게 나타낸 지도. ⤳소축척 지도.
대:춘(待春)**명하자** 봄을 기다림.
대:출(貸出)**명하자** 돈이나 물건 따위를 빌려 줌. ¶도서 대출. ↔차입.
대:출^초과(貸出超過)**명** 은행이 예금액 이상으로 대출을 하고 지나친 자금을 중앙은행으로부터 차입(借入)하는 일. 오버론(overloan).
대충부 ①어림잡아. ¶대충 스무 명가량 올 것 같다. ②건성으로. 대강. ¶시간이 없어서 대충 치웠다. 본대충(大總).
대:충(代充)**명하자퇴자** 다른 사람(사물)으로 대신하여 채움.
대충-대충부 대강대강. ¶대충대충 청소하다.
대:충-자금(對充資金)**명** 제2차 세계 대전 후, 미국의 원조 물자를 받은 나라의 정부가 이것을 공정 환율에 의해 국내에 팔아 얻은 국내 화폐 자금.
대:취(大醉)**명하자** 술에 몹시 취함. 명정(酩酊). ⤳비대취.
대:-취타(大吹打)**명** 취타와 세악(細樂)을 통합 편성한 옛 군악. 나발·태평소·나각·대각·관·적·징·나(鑼)·자바라·북·장구·해금 따위를 망라하여 연주함. 왕의 거둥이나 군대 행진 때 아뢰었음.
대치(大熾)'대치하다'의 어근.
대:치(代置)**명하자퇴자** 다른 것으로 바꾸어 놓음. 다른 것으로 갈아 놓음. 개치(改置). ¶부족한 노동력을 기계로 대치하다.
대:치(對峙)**명하자퇴자** 서로 마주 대하여 버팀. 맞버팀. 대립.
대:치(對置)**명하자** 마주 대하게 놓음.
대:치-하다(大熾-)**형여** 기세가 크게 성하다.
대:침(大針)**명** 큰 바늘. ↔소침(小針).
대:침(大針)**명** 끝이 약간 둥글고 길이가 긴 침.
대:칭(大秤)**명** (백 근까지 달 수 있는) 큰 저울. 근칭(斤秤).
대:칭(對稱)**명** ①점·선·면, 또는 이것들로 된 도형이 어떤 기준이 되는 점이나 선, 또는 면을 중심으로 서로 맞서는 자리에 놓이는 경우. ②광물 따위의 결정체가 어떤 축을 중심으로 일정한 각도만큼 회전시켰을 때, 원래의 꼴과 꼭 같은 위치에 놓인 꼴이 되는 경우. ③결정체를 어떤 평면으로 반분했을 때, 그 평면을 중심으로 한쪽의 것이 다른 쪽의 반사된 형태일 경우.

589 / 대포쟁이

대ː칭^대ː명사(對稱代名詞)[명] 상대편의 이름 대신에 쓰는 인칭 대명사. 〔'너'·'당신'·'자네'·'그대' 따위.〕 제이 인칭.

대ː칭^도형(對稱圖形)[명] 한 점이나 직선을 중심으로 양쪽에 자리한 두 도형이 대칭되는 자리에 있을 때의 두 도형. 맞선꼴. (준)대칭형.

대ː칭-률(對稱律)[-뉼][명] 수학에서, '$a=b$이면 $b=a$'인 관계를 이르는 말.

대ː칭-면(對稱面)[명] 두 도형이 한 평면을 사이에 두고 대칭을 이룰 때의 그 평면.

대ː칭^배ː사(對稱背斜)[명] 양쪽의 지층이 반대 방향으로 경사지고, 서로 대응하는 경사의 정도가 같은 배사 구조.

대ː칭-식(對稱式)[명] 어떤 수식 중에서, 두 문자의 앞뒤 순서를 바꾸어 놓아도 그 값은 조금도 변하지 않는 대수식. 〔a^2+ab+b^2은 a, b의 대칭식.〕

대ː칭^위치(對稱位置)[명] 2등분된 선분에 대하여 서로 대칭되어 있는 자리.

대ː칭^이동(對稱移動)[명] 도형을 점·직선·평면 따위에 대하여 대칭이 되도록 옮기는 일.

대ː칭-점(對稱點)[-쩜][명] 두 도형이 한 점을 사이에 두고 대칭을 이룰 때의 그 점.

대ː칭-축(對稱軸)[명] 두 도형이 한 직선을 사이에 두고 대칭을 이룰 때의 그 직선.

대ː칭-형(對稱形)[명] 〈대칭 도형〉의 준말.

대-칼[명] 대로 만든 칼. 죽도(竹刀).

대컨[부] 헤아려 보건대. 대저(大抵). 무릇[2]. ¶ 대컨 학생이란 공부를 제일로 여겨야 하느니.

대ː타(代打)[명] ①(하자)야구에서, 정식 타자를 대신해서 치는 일. ②〈대타자〉의 준말.

대ː타-자(代打者)[명] 대타를 하는 사람. (준)대타.

대ː탁(大卓)[명] (남을 대접하기 위해) 아주 잘 차린 음식상.

대ː탈(大頉)[명] 매우 걱정스러운 큰 탈. 큰 사고.

대-테[명] 대를 쪼개서 결어 만든 테.

대ː토(代土)[명] ①팔고 대신 장만한 땅. ②지주가 소작인이 부치던 땅을 떼고 대신 주는 땅. ③(하타)땅을 서로 바꿈. ③환지(換地).

대ː-톱(大-)[명] ①큰톱. ②큰 동가리톱.

대-통(-桶)[명] 담뱃대의 담배를 담는 부분.

대통 맞은 병아리 같다[관용] 남에게 얻어맞거나 의외의 일을 당하여 정신이 멍한 모양을 이르는 말.

대-통(-筒)[명] 쪼개지 않고 짤막하게 자른 대〔竹〕의 도막.

대ː통(大通)[명](하자) (운수 따위가) 크게 트임.

대ː통(大統)[명] 왕위를 계승하는 계통. 황통(皇統). ¶ 대통을 잇다.

대ː통령(大統領)[-녕][명] 공화국의 원수(元首). 〔행정부의 수반이며 국가를 대표함.〕

대ː통령-령(大統領令)[-녕녕][명] 대통령이 발하는 명령. 〔헌법에 의하여, 국민의 권리와 의무에 관계되는 명령인 법규 명령과, 직권에 의하여 행정부 조직 내부에 행해지는 행정 명령을 낼 수 있음. 법규 명령은 비상 명령·위임 명령·집행 명령으로 분류됨.〕

대ː통령-제(大統領制)[-녕-][명] 민주 국가의 주요 정부 형태의 한 가지. 행정부의 수반이면서 국가의 대표가 되는 대통령이 입법부의 간섭 없이 내각을 구성하고, 임기 동안 대통령의 책임 아래 정책을 수행하는 제도. 대통령 중심제. (참)의원 내각제.

대ː통령^중심제(大統領中心制)[-녕-][명] ☞대통령제.

대ː통-운(大通運)[명] 크게 트인 운수.

대ː퇴(大腿)[-퇴/-퉤][명] ☞넓적다리. 상퇴(上腿).

대ː퇴-골(大腿骨)[-퇴-/-퉤-][명] ☞넓적다리뼈.

대ː퇴-근(大腿筋)[-퇴-/-퉤-][명] 넓적다리에 딸린 근육.

대ː퇴^동ː맥(大腿動脈)[-퇴-/-퉤-][명] 대퇴의 안쪽에 있는 동맥. 상체에서 갈려 온 동맥으로, 하지(下肢)로 피를 내려 보냄. 고동맥(股動脈).

대ː퇴^사ː두근(大腿四頭筋)[-퇴-/-퉤-][명] ☞사두고근.

대ː퇴^정맥(大腿靜脈)[-퇴-/-퉤-][명] 대퇴 동맥보다 안쪽에 있는 정맥. 하지(下肢)를 돌아온 피를 모아 상체로 올려 보냄. 고정맥(股靜脈).

대ː-파(大-)[명] 줄기가 길고 굵은 파.

대ː파(大破)[명](하자타)(되자) 크게 부서짐, 또는 크게 쳐부숨. ¶ 폭격으로 적의 진지를 대파하다. /큰 점수 차로 상대 팀을 대파하다.

대ː파(代播)[명](하타) 모를 내지 못한 논에 다른 곡식을 심음. 대용작. 대작(代作).

대ː판(大-)[명] ①〈대판거리〉의 준말. ②〖부사적 용법〗 크게. 대판거리로. ¶ 대판 싸우고 나니 속이 후련하다.

대ː판(大版)[명] 인쇄물·사진 따위에서 사진이나 글자체가 큰 판.

대ː판(代辦)[명](하타) ①남을 대신하여 일을 처리함. 대무(代務). ②남을 대신하여 갚음. ②대변(代辨).

대ː판-거리(大-)[명] 크게 벌어진 판국. ¶ 대판거리로 싸우다. (준)대판.

대ː패[명] 나무를 곱게 밀어 깎는 연장.

대ː패(大敗)[명](하자) ①크게 실패함. ②싸움에 크게 짐. (비)참패. ②↔대승(大勝).

대ː패-아가리[명] 대팻밥이 나오는 구멍.

대ː패-질[명](하자타) 대패로 나무를 밀어 깎는 일.

대ː팻-날[-팬-][명] 대패에 끼우는 날쇠의 날.

대ː팻-밥[-패빱/-팬빱][명] 대패질하여 깎여 나온 얇은 나뭇조각. 포설(鉋屑).

대ː팻밥-모자(-帽子)[-패빱-/-팬빱-][명] 대팻밥처럼 얇은 나뭇조각을 잇대어 꿰매 만든 여름 모자. 햇볕을 가릴 목적으로 씀.

대ː팻-손[-패쏜/-팬쏜][명] 대팻집 위쪽에 가로로 댄 손잡이.

대ː팻-집[-패찝/-팬찝][명] 대팻날을 박게 된 나무의 틀.

대ː평-소(大平簫)[명] ①☞태평소. ②☞대평수(大平手).

대ː평-수(大平手)[명] 지난날, 태평소나 나발을 불던 군인. 대평소.

대ː-평원(大平原)[명] ①넓고 큰 평원. ②☞대초원.

대ː포[명] 술을 큰 잔으로 마시는 일. 대폿술. ¶ 대포나 한잔하고 갑시다.

대ː포(大砲)[명] ①화약의 힘으로 포탄을 발사하는 화포(火砲). (준)포. ②'거짓말'이나 '허풍'의 곁말. ¶ 말하는 것을 들어 보니 대포가 세다.

대포(를) 놓다[관용] 허풍을 치거나 터무니없는 거짓말을 하다.

대ː포-알(大砲-)[명] 대포의 탄알. 포탄.

대ː포-쟁이(大砲-)[명] '거짓말쟁이' 또는 '허풍선이'의 곁말.

대:폭(大幅)Ⅰ명 ①(피륙 따위의) 큰 폭. ¶대폭 세 마로 지어 두루마기. ②많은 정도. 넓은 범위. ¶예산이 대폭으로 삭감되다. ↔소폭(小幅). Ⅱ부 폭이 크게. 썩 많이. ¶대폭 수정하다. / 연봉을 대폭 인상하다. ↔소폭(小幅).

대:폭(對幅)명 한 쌍의 서폭(書幅)이나 화폭(畫幅). 대축(對軸).

대:폭발-설(大爆發說)[-빨-]명 우주의 생성과 진화에 관한 이론. 약 150억 년 전 초기 우주가 매우 높은 온도와 밀도에서 대폭발을 일으켜 현재의 팽창하는 우주가 탄생하였다고 함. 빅뱅설.

대:폭-적(大幅的)[-쩍]관명 (수나 양의 규모가) 매우 큰 (것). 차이가 몹시 심한 (것). ¶대폭적 인사 이동. /대폭적인 물가 인상.

대폿-술[-폴쑬·-폳쑬]명 대포.

대폿-잔(-盞)[-포짠·-폳짠]명 대폿술을 마실 때 쓰는 큼직한 잔.

대폿-집[-포찜·-폳찝]명 대폿술을 전문으로 파는 집.

대:표(代表)명 ①하타개인이나 단체를 대신하여 그의 의사나 성질을 외부에 나타냄. ¶도(道)를 대표하여 회의에 참석하다. ②〈대표자〉의 준말. ③전체를 표시할 만한 한 가지 사물, 또는 한 부분.

대:표-권(代表權)[-꿘]명 남을 대표하는 권한.

대:표-단(代表團)명 어떤 단체나 조직 같은 것을 대표하는 사람들로 구성된 무리.

대:표^민주제(代表民主制)명 간접 민주 정치의 제도.

대:표^번호(代表番號)명 대표 전화의 번호.

대:표-부(代表部)명 정식으로 국교를 맺지 않은 나라, 또는 국제 기구 등에 설치하는 재외 공관의 한 가지. 그 공관장은 특명 전권 대사 또는 특명 전권 공사임.

대:표^사원(代表社員)명 합명 회사·합자 회사에서 대표하는 권한을 가진 사원.

대:표-음(代表音)명 우리말에서, 안울림소리를 받침으로 가진 말이 음절 끝에서나 모음으로 시작되는 체언과 이어질 때, 또는 자음으로 시작된 조사나 어미와 이어질 때 제 음가대로 소리 나지 않고 그와 비슷한 소리로 나는데, 그 비슷한 소리를 이름. [닦다→닥다, 키읔→키윽(ㄲ·ㅋ→ㄱ)/옷→옫, 있다→읻다, 젖→젇, 꽃→꼳, 솥→솓(ㅅ·ㅆ·ㅈ·ㅊ·ㅌ→ㄷ)/앞→압(ㅍ→ㅂ)에서 'ㄱ·ㄷ·ㅂ'이 그 대표음임.]

대:표^이:사(代表理事)명 회사를 대표하는 이사. 〔이사회에서 선임함.〕

대:표-자(代表者)명 ①여러 사람을 대표하는 사람. ②형사 소송법상, 피고인이나 피의자가 법인(法人)일 경우에 이것을 대표하는 사람. 준대표.

대:표-작(代表作)명 어느 작가의 여러 작품 중에서, 그 작가의 역량이 가장 두드러지고 높이 평가되는 작품.

대:표-적(代表的)관명 어느 한 분야나 집단에서 무엇을 대표할 만하게 전형적이거나 특징적인 (것). ¶후기 인상파의 대표적 작품들을 모아 전시하다. /북학파의 대표적인 인물.

대:표^전:화(代表電話)명 ①기관 등에서 사용하는 여러 개의 전화 가운데서, 그 기관을 대표하는 전화. ②여러 개의 전화를 사용하는 기관에 부여된 전화의 첫째 전화. 〔첫째 전화가 통화 중인 경우 자동적으로 다른 전화에 접속되게 됨.〕준대표 전화.

대:표-치(代表値)명 □대푯값.

대:표-값(代表-)[-깝/-끕]명 어떤 통계 자료 전체를 대표하는 하나의 수치. 평균값·메디안·모드 등이 있음. 대표치. *대:푯값이 [-표깝씨/-푿깝씨]·대:푯값만[-표깜-/-푿깜-]

대-푼명 〔돈 한 푼이라는 뜻으로〕 아주 적은 돈을 이르는 말.

대-푼거리질하자 땔나무를 푼거리로 사들이는 일. 푼거리질.

대푼-변(-邊)[-뼌]명 백분의 일로 치르는 변리. 일 푼의 변리.

대푼-짜리명 ①돈 한 푼 값에 해당하는 물건. ②값어치 없는 물건.

대푼-쭝(←-重)명 한 푼의 무게.

대:-품(代-)명 받은 품 대신에 갚아 주는 품.

대:품(大品)명 □성품(聖品).

대:품(代品)명 대용품.

대:풍(大風)명 큰 바람.

대:풍(大豊)명 곡식이 썩 잘된 풍작, 또는 그러한 해. ¶대풍이 들다. ↔대흉.

대-풍류(-風流)[-뉴]명 대로 만든 관악기가 중심이 된 연주 형태, 또는 그런 음악.

대:풍수(大風樹·大楓樹)명 산유자과의 낙엽 교목. 줄기는 가늘고, 잎은 광택이 나며, 노란 꽃이 핌. 장과(漿果)의 과실을 맺는데, 씨는 '대풍자'라 하여 약재로 쓺.

대:풍자(大風子·大楓子)명 대풍수(大風樹) 열매의 씨. 문둥병·매독 등에 약재로 쓺.

대:풍-창(大風瘡)명 문둥병.

대:피(待避)명하자 위험이나 피해를 입지 않도록 일시적으로 피함. ¶대피 훈련. /갑작스러운 화재로 한밤중에 대피하는 소동을 빚었다.

대:피-선(待避線)명 단선(單線) 철로에서, 열차가 서로 엇갈릴 때 한쪽이 피하기 위하여 옆에 부설한 선로.

대:피-소(待避所)명 ①비상시에 대피하도록 설치하여 놓은 곳. ②철길이나 터널 따위에 열차의 통과를 기다리도록 만들어 놓은 곳.

대:피-호(待避壕)명 적의 공습 때, 폭탄의 파편이나 그 밖의 화력을 피하기 위해 파 놓은 구덩이.

대:필(大筆)명 ①큰 붓. ②크게 쓰는 붓글씨. ③썩 잘 쓴 글씨, 또는 그 사람.

대:필(代筆)명하타 남을 대신하여 글이나 글씨를 씀, 또는 그 글이나 글씨. 대서(代書). ¶편지를 대필하다. ↔자필(自筆).

대:하(大河)명 ①큰 강. ②중국의 황허 강을 달리 이르는 말.

대:하(大廈)명 큰 집.

대:하(大蝦)명 보리새웃과의 새우. 몸길이 26cm가량. 몸빛은 연한 회색으로, 청회색 점무늬가 흩어져 있음. 갑각은 매끈하고 털이 없음. 우리나라·중국·동중국해 등지에 분포함. 왕새우.

대:하(帶下)명 ①여자의 음부에서 흘러나오는 희거나 붉은 점액. 냉(冷). ②〈대하증〉의 준말.

대하(臺下)명 대의 아래. ↔대상(臺上).

대:-하다(對-)재여 〔주로 '(무엇에) 대한', 또는 '(무엇에) 대하여'의 꼴로 쓰이어〕 ①대상으로 하다. ¶문학에 대한 흥미. /정치에 대한 국민적 관심. ②관계하다. 맞추다. ¶질문에 대한 답변. /오해에 대한 변명. ③비교하다. 견주다. ¶공산주의에 대한 민주주의의 우위론. /투자에 대한 수익률. ④소재로 삼다. ¶우

리의 김치에 대하여 글을 쓰다. ⑤향하다. 상대
하다. ¶그에 대하여 좋은 인상을 가지다.
　Ⅱ타예 ①마주 보다. ¶얼굴을 서로 대하여 앉
다. ②상대하다. ¶그런 사람은 가까이 대하지
마라. ③접대하다. ¶손님을 친절하게 대하다.
④대항하다. 적대하다. ¶적의 대군을 대하여
굴하지 않고 싸우다.

대:하-드라마(大河drama)명 여러 대에 걸친
시대 배경과 많은 인물이 등장하는 방대한 내
용의 방송 드라마.

대:하-소설(大河小說)명 여러 대에 걸친 시대
배경과 많은 인물이 등장하는 방대한 내용을
담은 소설.

대:하-증(帶下症)[-쯩]명 대하가 많이 흘러나
오는 일을 병증으로 보아 이르는 말. 냉증(冷
症). 준대하.

대:학(大學)¹명 ①고등 교육 기관의 한 가지.
초등학교·중학교·고등학교에 이어지는 단계적
인 학교 제도의 마지막 단계로서, 국가와 인류
사회의 발전에 필요한 학리와 응용 방법을 교
수·연구하며 지도적 인격을 함양함. 〔수업 연
한은 2년에서 4년까지임.〕 ②☞단과 대학.

대:학(大學)²명 사서(四書)의 하나. 공자(孔子)
의 가르침을 정통으로 나타낸 유교의 경전.

대:학-가(大學街)[-까]명 ①대학교 주변에 있
는 거리. ②대학을 중심으로 형성된 사회. ¶대
학가의 새로운 풍속도.

대:-학교(大學校)[-꾜]명 종합 대학을 단과 대
학과 구별하여 이르던 말. 현재는 4년제 대학
을 이름.

대:학-교수(大學敎授)[-꾜-]명 대학에서 학생
들을 가르치는 선생. 〔교수·부교수·조교수 등
의 구별이 있음.〕 교수.

대:-학사(大學士)명 ①고려 시대, 보문각
(普文閣)·수문전(修文殿)·집현전(集賢殿)의 으
뜸 벼슬. ②조선 초기, 예문 춘추관(藝文春秋
館)의 정이품 벼슬. ③중국 명(明)·청(淸) 때의
내각의 장관.

대:학-생(大學生)[-쌩]명 대학에 다니는 학생.

대:학-언해(大學諺解)명 조선 선조(宣祖) 때,
왕명으로 교정청(校正廳)에서 '대학(大學)'을
언해하여 펴낸 책.

대:학^예:과(大學豫科)[-항녜꽈]명 일제 강점
기 때, 대학 학부의 예비 과정. 〔수업 연한은
2년.〕

대:-학원(大學院)명 대학의 일부로서, 대학 졸
업자가 한층 더 높은 정도의 학술·기예를 연구
하는 곳. 〔석사 학위 과정과 박사 학위 과정이
있음.〕

대:-학자(大學者)[-짜]명 학식이 아주 뛰어난
학자.

대:학-촌(大學村)명 대학 주변에 형성되어 있
는 마을.

대:한(大汗)명 몽고 제국의 황제에 대한 칭호.

대:한(大旱)명 극심한 가뭄.

대한 칠 년(七年)**비 바라듯**관용 몹시 간절히
기다린다는 뜻.

대:한(大寒)명 ①극심한 추위. ②이십사절기의
하나. 소한(小寒)과 입춘(立春) 사이로, 양력 1
월 21일경. 이 무렵이 일년 중 가장 춥다고 함.

대:한(大韓)명 ①〈대한 제국〉의 준말. ②〈대한
민국〉의 준말.

대:한-문전(大韓文典)명 1909년에 유길준이 지
은 국어 문법 책. 서구적인 문법학을 우리말에
적용한 첫 저술임. 1책. 참조선문전.

대:-한민국(大韓民國)명 우리나라의 국호(國
號). 준대한·한·한국.

대:한민국^임시^정부(大韓民國臨時政府)명
1919년 4월에 상해에서 조직 선포한 한국의 임
시 정부. 〔그 후 충칭(重慶)으로 옮겼다가 광
복 후 해체됨.〕 상해 임시 정부.

대:한불갈(大旱不渴)명하자 대단한 가뭄에도
물이 마르지 아니함.

대:한^제:국(大韓帝國)명 조선 고종 34(1897)
년부터 1910년의 국권 침탈 때까지의 우리나라
국호(國號). 준대한·한·한국.

대:함(大艦)명 〈대금(大笒)〉의 본딧말.

대:합(大蛤)명 백합과의 바닷조개. 대표적인 쌍
각류로서, 조가비는 둥근 세모꼴로 매끄러우
며, 길이 8.5 cm, 높이 6.5 cm, 폭 4 cm가량.
몸빛은 보통 회백색에 적갈색의 세로무늬가 있
으며 안쪽은 흼. 우리나라·중국·일본 등지의
해안에 널리 분포함. 대합조개. 무명조개.

대:합-실(待合室)[-씰]명 정거장 따위에서, 손
님이 쉬며 기다릴 수 있도록 마련한 방.

대:합-젓(大蛤-)[-찓]명 대합의 살로 담근 젓.
대합해(大蛤醢). ＊대:합젓이[-쩌시]·대:합젓
만[-쩐-]

대:합-조개(大蛤-)[-쪼-]명 ☞대합(大蛤).

대:합-해(大蛤醢)[-해]명 ☞대합젓.

대:항(對抗)명하자타 ①서로 맞서서 버팀. 서로
상대하여 승부를 겨룸. ¶학급 대항 축구 경기.
②상대하여 덤빔. ¶적의 대항이 점점 격렬해
지기 시작했다.

대:항-력(對抗力)[-녁]명 ①대항하는 힘. ②이
미 성립된 권리관계를 다른 사람에게 주장할
수 있는 힘.

대:항-로(對抗路)[-노]명 요새전(要塞戰)에서,
공격하는 편에서 갱도(坑道)를 뚫는 데 대항하
기 위하여 방어하는 편에서 만드는 갱도.

대:항^연:습(對抗演習)[-년-]명 군대를 두 편
으로 갈라서 하는 공수에 관한 전투 연습.

대:항^요건(對抗要件)[-뇨껀]명 ①대항할 수
있는 조건. ②이미 성립되어 있는 권리관계를
다른 사람에 대하여 주장하는 데에 필요한
조건.

대:항-책(對抗策)명 대항할 방책.

대항몽(옛) 큰 항아리. ¶ 대항 옹:뿡(訓蒙中12).

대:해(大害)명 큰 손해. 큰 재해.

대:해(大海)명 넓은 바다. 거해(巨海).

대:해-수(大海水)명 육십갑자의 임술(壬戌)과
계해(癸亥)에 붙이는 납음(納音) 해중금(海
中金).

대:해-일적(大海一滴)[-쩍]명 ☞창해일속(滄海
一粟).

대:행(大行)명 ①조선 시대에, 임금이나 왕비가
죽은 뒤, 시호(諡號)를 정하기 전에 이르던 칭
호. ¶대행 대왕(大王). ②큰(높은) 덕행.

대:행(代行)명하자되자 대신하여 행함, 또는 그
일. ¶업무 대행. /대통령 권한 대행.

대:-행성(大行星)명 ①〈소행성〉에 대하여〉 9개의
큰 행성을 이르는 말. ②지구보다 큰 4개의 행
성. 〔목성·토성·천왕성·해왕성으로서, '목성형
행성'이라고도 일컬음.〕

대:향(大享)명 ☞대제(大祭).

대:향(大饗)명 특별한 경축 행사에 임금이 베
풀던 성대한 잔치.

대:향-범(對向犯)명 범죄의 성립에 있어서 상
대편을 필요로 하는 범죄. 〔수뢰죄(受賂罪) 따
위.〕 대립적 범죄.

대:헌(大憲)명 ①<대사헌>의 준말. ②천도교의 교업(教法). ③큰 법규.

대:현(大賢)명 ('뛰어난 현인'이라는 뜻으로) '학식과 덕망이 높은 사람'을 이르는 말.

대:형(大兄)Ⅰ명 ①대종교(大倧教)에서, '사교(司教)·정교(正教)의 교직을 가진 사람'을 높이어 일컫는 말. ②고구려 때의 벼슬의 한 가지. 아홉 관계(官階) 중 오품관임.
Ⅱ대 편지에서, 벗을 높이어 그 이름 밑에 쓰는 말.

대:형(大形)명 덩치가 큼. 큰 것. ¶대형 가설물. 참대형(大型).

대:형(大型)명 (여러 형으로 구분되는 물건에서) 큰 형(型)의 것. ¶대형 자동차. /대형 선박. 참대형(大形).

대형(隊形)명 대(隊)의 형태. ¶전투 대형을 갖추다.

대:형-기(大型機)명 비교적 기체(機體)가 큰 비행기. 〔수송기나 여객기 따위.〕

대:형^자동차(大型自動車) 자동차 관리법에서 크기에 따라 분류한 자동차 종류의 하나. 승용차는 배기량 2000cc 이상, 승합차는 승차 정원 36인승 이상, 화물 자동차는 적재량 5톤 이상의 것을 이름. 준대형차. 참소형 자동차·중형 자동차.

대:형-주(大型株)명 자본금의 규모가 비교적 큰 회사의 주식. ↔소형주.

대:형-차(大型車)명 <대형 자동차>의 준말.

대:형-화(大型化)하자타되자 물건의 형체가 크게 됨, 또는 크게 함.

대:호(大戶)명 가족이 많고 살림이 넉넉한 집안.

대:호(大虎)명 큰 호랑이.

대:호(大呼)명하타 큰 소리로 부름.

대:호(大豪)명 큰 부호(富豪).

대:호(對壕)명 적의 사격을 피하고 대항 공격을 하기 위하여 만든 산병호(散兵壕).

대:호-지(大好紙)명 한지(韓紙)의 한 가지. 넓고 길며 품질이 약간 낮음.

대:혹(大惑)명하자 무엇에 몹시 반함.

대:혼(大婚)명 임금이나 왕세자의 혼인.

대:혼-기간(待婚期間)명 '재혼 금지 기간'을 달리 이르는 말. 〔여성의 경우, 혼인 약속이나 혼인 관계가 해소된 후에라도 포태(胞胎)의 문제를 빌미로 재혼할 수 없도록 한 법률적 제한 기간.〕

대:화(大火)명 큰 화재. 큰불.

대:화(大禾)명 ☞가화(嘉禾).

대:화(大禍)명 큰 재화(災禍).

대:화(帶化)명 (식물의 줄기 따위가) 띠 모양으로 변하는 일.

대:화(對話)명하자 서로 마주 대하여 이야기함, 또는 그 이야기. ¶대화를 나누다. /선생과 학생의 격의 없는 대화.

대:화-교(大華教)명 최제우(崔濟愚)를 교조(教祖)로 하는 동학(東學) 계통의 한 종교.

대:화-극(對話劇)명 ①(라디오 드라마와 같이) 음성 연기만으로 연출되는 극. ②몸짓이나 표정보다 대화 내용이 중심이 되는 극.

대:화-문(對話文)명 대화의 형식으로 된 글.

대:화-법(對話法)[-뻡]명 ①대화하는 방법. ②소크라테스의 진리 탐구 방법을 이르는 말. 참산파법.

대:화-자(對話者)명 ①대화하는 사람. ②의사 표시를 하면 곧 깨달아 알 수 있는 상태에 있는 사람. ②격지자(隔地者).

대:화-체(對話體)명 대화의 형식을 취한 문체. 참회화체.

대:화-편(對話篇)명 대화 형식으로 씌어진 저술.

대:환(大患)명 ①큰 재난. ②큰 병환.

대:환영(大歡迎)명하타 크게(성대하게) 환영함, 또는 그 환영.

대:황(大黃)명 여뀟과의 다년초. 산골짜기의 습지나 냇가의 밭에 재배함. 높이는 1m가량으로, 줄기는 속이 비어 있음. 여름에 황백색 꽃이 핌. ②한방에서, '대황의 뿌리'를 약재로 이르는 말. 대소변 불통·어혈(瘀血) 등에 쓰임.

대:-황락(大荒落)[-낙]명 고갑자(古甲子) 십이지(十二支)의 여섯째.

대:-황봉(大黃蜂)명 ☞말벌.

대:-황신(大皇神)명 ☞한배검.

대:회(大會)[-회/-훼]명 ①많은 사람의 모임. 성대한 회합. ②국가적인 모임에 대하여) 전체적인 모임. ¶국민 대회. ③부문의 대표자가 전부 모이는 회합. ④대규모의 법회(法會). ⑤실력이나 기술 따위를 겨루기 위한 모임. ¶전국 어린이 웅변 대회.

대:회-장(大會場)[-회-/-훼-]명 대회를 여는 곳.

대:회전^경:기(大回轉競技)[-회-/-훼-]명 스키 알파인 경기 종목의 한 가지. 활강과 회전을 겸함.

대:-회향(大茴香)[-회-/-훼-]명 목란과 식물의 열매. 산증(疝症)과 각기 등에 약재로 씀.

대:회향-유(大茴香油)[-회-뉴/-훼-뉴]명 대회향을 증류하여 얻은 기름. 비누 등의 향료로 씀.

대:효(大孝)명 ①지극한 효도, 또는 지극한 효자. ②부모의 상중(喪中)에 있는 사람에게 쓰는 편지에서, 그 사람을 높이어 이르는 말.

대:효(大效)명 큰 효험.

대:후(待候)명 웃어른의 명령을 기다림.

대-후비개명 담뱃대나 대통을 후비는 데 쓰는, 길고 가는 막대기나 갈고리.

대:훈(大訓)명 임금이 백성에게 주는 훈시.

대:훈(大勳)명 <대훈위>의 준말.

대:훈(帶勳)명하자 훈위(勳位)나 훈장(勳章)을 가지고 있음.

대:-훈로(大勳勞)[-홀-]명 국가에 대한 큰 공로. 대공(大功).

대:-훈위(大勳位)명 가장 높은 훈위. 준대훈.

대:휴(代休)명 공휴일에 일을 한 대신으로 얻는 휴가.

대:흉(大凶)명 심한 흉년. ↔대풍.

대:-흉근(大胸筋)명 척추동물 가슴의 젖 위쪽에 있는 삼각형의 크고 넓은 근육. 팔 운동이나 호흡 운동에 관계함.

대흑(黛黑)명 눈썹을 그리는 먹.

대:흥(大興)명하자 크게 번성하여 일어남. ¶문운(文運)이 대흥하다.

대:희(大喜)[-히]명하자 크게 기뻐함. 큰 기쁨.

댁(宅)Ⅰ명 ①왕조 때, 양반이 하인에게 자기 집을 가리켜 하던 말. ②'남의 집(가정)'의 높임말. ¶과장님 댁. /선생님께서는 지금 댁에 계시온지요?
Ⅱ대 그대. 당신. ¶댁은 뉘시오?

-댁(宅)접미 ①(지명을 나타내는 명사 뒤에 붙어) 출가한 여인의 택호(宅號)를 이르는 말. ¶안동댁. /논산댁. ②(일부 명사 뒤에 붙어) '아내'의 뜻을 나타내는 말. ¶처남댁.

댁-내(宅內)[댕-]圓 집안. 〔격식 차려 하는 말투.〕 ¶ 댁내 두루 평안하시오니까?

댁-네(宅-)[댕-]圓 '평교간이나 손아랫사람의 아내'를 일컫는 말.

댁대구루루[-때-]閉 작고 단단한 물건이 빠르게 굴러가는 소리, 또는 그 모양. 包댁데구루루. 솅땍대구루루.

댁대굴[-때-]閉 단단하고 작은 물건이 단단한 바닥에 떨어져 부딪치며 구르는 소리, 또는 그 모양. ¶ 밤 한 톨이 댁대굴 굴러 나왔다. 包댁데굴. 솅땍대굴. **댁대굴-댁대굴**閉�자.

댁-대령(宅待令)[-때-]圓�타 부르기를 기다릴 것 없이 자주 드나듦.

댁-사람(宅-)[-싸-]圓〔사람 이름, 또는 택호나 동네 이름 아래 쓰이어〕'그 사람의 집을 늘 가까이 드나드는 사람'을 이르는 말. ¶ 명륜동 댁사람. /김 대감 댁사람.

댄서(dancer)圓 무용가.

댄스(dance)圓 서양식 춤.

댄스-홀(dance hall)圓 사교 댄스를 할 수 있도록 영업적으로 마련한 장소. 무도장(舞蹈場). 雀춤홀.

댐(dam)圓 발전(發電)·관개(灌漑)·수도(水道)·수량 조절 등의 목적으로, 바다나 강을 가로질러 막아 쌓은 대규모의 둑. 언제(堰堤). 제언(堤堰).

댐:-나무圓 목기 따위에 마치질을 할 때, 마치 자국이 나지 않도록 그 두드리는 곳에 덧대는 나무토막.

댑-싸리圓 명아줏과의 일년초. 들이나 밭 가에 절로 나기도 하고 심기도 하는데, 줄기는 1 m 가량 곧게 자람. 가늘고 긴 잎은 끝이 뾰족하며 여름에 담녹색의 꽃이 잎겨드랑이에서 핌. 한방에서, 씨는 '지부자(地膚子)'라 하여 강장제나 이뇨제 등으로 씀.

댑싸리-비圓 댑싸리로 만든 비.

댓:[댇]㈜ 다섯가량(의). ¶ 장정 댓을 데리고 오다. /댓 사람. * 댓[대시]·댓:만[댄-]

댓-가지[대까-/댇까-]圓 ①대나무의 가지. ②'댓개비'의 방언.

댓가치(옛) 때까치. ¶ 댓가치 혹:鶪(訓蒙上17).

댓-개비[대깨-/댇깨-]圓 대를 쪼개어서 잘게 다듬은 개비.

댓-고리[대꼬-/댇꼬-]圓 (옷 따위를 넣도록) 대오리로 만든 고리.

댓-닭[대딱/댇딱]圓 닭의 한 품종. 몸이 크고 뼈대가 튼튼하며 근육이 매우 발달하였음. 힘이 세어 싸움닭으로 기르며 알을 많이 낳지 못함. 샤모. * 댓닭이[대딸기/댇딸기]·댓닭만[대땅-/댇땅-]

댓-돌(臺-)[대똘/댇똘]圓 ①집채의 낙수 고랑 안쪽으로 조금 높게 둘려 가며 놓은 돌. 툇돌. 첨계(檐階). ②섬돌.

댓-바람[대빠-/댇빠-]圓 단 한 번. 지체하지 않고 당장. 《주로, '댓바람으로'·'댓바람에'의 꼴로 쓰임.》 ¶ 소식을 듣자 댓바람으로 달려 나갔다. /댓바람에 모두 해치우다.

댓-새[댇쌔]圓 닷새 가량.

댓-속[대쏙/댇쏙]圓 대의 속, 또는 그 속의 부스러기.

댓-잎[댄닙]圓 대의 잎. * 댓잎이[댄니피]·댓잎만[댄님-]

댓-조각[대쪼-/댇쪼-]圓 대쪽.

댓-줄기[대쭐-/댇쭐-]圓 대의 줄기.

댓-진(-津)[대찐/댇찐]圓 담뱃대 속에 낀 진.

댓진^구새(-津-)[대찐-/댇찐-]圓 댓진처럼 검은 윤때이 나는 구새.

댓-집[대찝/댇찝]圓 설대에 맞추게 된 담뱃대 물부리와 대통의 구멍.

댓:-째[댇-]㈜圓 다섯째쯤 되는 차례(의).

댕-가리圓 얇고 큰 쇠붙이 따위의 그릇을 가볍게 칠 때에 울리어 나는 소리. 包�. 솅�. 댕-댕閉�타.

댕:-가리圓 씨가 달린 채 말리는 장다리.

댕:가리-지다형 (사람의 됨됨이가) 여간한 일에는 놀라지 않을 만큼 깜찍하게 야무지다. ¶ 나이에 비해서 몹시 당돌하고 댕가리진 녀석이다.

댕강[閉�자타 작은 쇠붙이 따위가 맞부딪쳐 나는 맑은 소리. 包댕겅¹. 솅땡강. 댕강-댕강閉�자타.

댕강²閉 ①여지없이 부러지거나 잘리어 나가는 모양. ¶ 머리가 댕강 잘려 나가다. 包댕겅². ②하나만 외따로 남아 있는 모양. ¶ 강당에의 자만 댕강 놓여 있다.

댕강-거리다자타 자꾸 댕강댕강 소리가 나다, 또는 그런 소리를 내다. 댕강대다. 包댕겅거리다.

댕강-대다자타 댕강거리다.

댕그랑閉�자타 작은 방울이나 풍경(風磬) 따위가 흔들리거나 부딪쳐서 맑게 울리어 나는 작은 소리. ¶ 댕그랑 소리 나는 풍경. 包댕그렁. 솅땡그랑. 댕그랑-댕그랑閉�자타.

댕그랑-거리다자타 자꾸 댕그랑댕그랑하다. 댕그랑대다. 包댕그렁거리다.

댕그랑-대다자타 댕그랑거리다.

댕글-댕글閉�형 책을 거침없이 줄줄 잘 읽는 소리, 또는 그 모양. ¶ 글을 배운 지 얼마 안 된 어린애가 댕글댕글 잘도 읽는다. 包댕글댕글.

댕기圓 여자의 길게 땋은 머리 끝에 드리는 끈이나 헝겊.

댕기다[I]자 불이 옮아 붙다. ¶ 땔나무가 바싹 말라 불이 잘 댕긴다.
[II]타 불을 옮겨 붙이다. ¶ 땔나무에 불을 댕기다.

댕기-풀이[-푸-]圓�자 관례(冠禮)를 지낸 사람이 벗들에게 한턱내는 일.

댕댕¹閉�형 ①살이 몹시 찌거나 붓거나 하여 팽팽한 모양. ②굳고 단단한 모양. ③힘이나 세도 따위가 크고 단단한 모양. 包딩딩. 솅땡땡.

댕댕²閉 종이나 그릇 따위 쇠붙이를 잇따라 두드리는 소리. 包댕뎅.

댕댕-거리다자타 (종이나 쇠붙이 따위가) 자꾸 댕댕 소리가 나다, 또는 그런 소리를 내다. 댕댕대다. ¶ 댕댕거리는 종소리에 잠이 깼다. 包댕뎅거리다.

댕댕-대다자타 댕댕거리다.

댕댕-이(댕댕이덩굴)의 준말.

댕댕이-덩굴圓 새모래덩굴과의 낙엽 활엽 만초. 산기슭의 양지나 밭둑에 나는데, 줄기는 목질에 가깝고 다른 물체를 감고 벋음. 6월경에 황백색의 작은 꽃이 피고, 열매는 가을에 검게 익음. 한방에서, 줄기를 '방기(防己)'라 하여 약재로 씀. 상춘등(常春藤). 준댕댕이.

댕댕이-바구니圓 댕댕이덩굴의 줄기로 엮어 만든 바구니.

댕돌-같다[-갇따]형 돌처럼 야무지고 단단하다. 댕돌같-이閉.

다르다〔형〕〈옛〉짧다. ¶댜른 히 수이 디여(鄭澈. 思美人曲).

당샹〔부〕〈옛〉늘. 항상. 〔한자어 '長常'에서 온 말.〕 ¶日月이 당샹 비취도 호니(金剛61).

더〔부〕①어떤 기준보다 심하게. 정도 이상으로. ¶더 깊다. /더 나아지다. /더 높이, 더 멀리, 더 빠르게. ②(주로 동사 앞에 쓰이어) 그 위에 보태어 또는 많게. ¶더 주다. /더 먹어라. ③그 이상 계속하여. ¶더 기다리다. /더 올라가 보자. ①②➔덜.

-더-〔선미〕종결 어미 '-라'·'-냐'·'-면' 따위의 앞이나 높임의 '-시-'나 시제의 '-았(었)-'·'-겠-' 등에 붙어, 말하는 이가 과거에 경험한 일을 회상하는 뜻을 나타냄. ¶혼자 놀더라. /이미 다녀 가셨더군요.

더구나〔부〕〈더군다나〉의 준말. ¶가뜩이나 어려운 처지에 더구나 사고까지 당하다니.

더구나²〔조〕모음으로 끝난 체언에 붙어, 지난 일을 일러 주거나 스스로 돌이켜 생각하는 뜻을 나타내는, 해라체의 종결형 서술격 조사. ¶그 사람 가더구나. 준더군. 참이더구나.

-더구나〔어미〕용언의 어간 또는 높임의 '-시-'나 시제의 '-았(었)-'·'-겠-' 등에 붙는, 해라체의 감탄형 종결 어미. 경험한 사실을 회상하거나 알려 주는 뜻을 나타냄. ¶겉보기와는 달리 일을 참 잘하더구나. /그 아이, 힘깨나 쓰겠더구나. 준-더군.

더구려〔조〕모음으로 끝난 체언에 붙어, 경험한 사실을 회상하거나 알려 주는 뜻을 나타내는, 하오체의 종결형 서술격 조사. ¶그 사람, 아직도 혼자더구려. 준더구려.

-더구려〔어미〕용언의 어간 또는 높임의 '-시-'나 시제의 '-았(었)-'·'-겠-' 등에 붙는, 하오체의 감탄형 종결 어미. 경험한 사실을 회상하거나 알려 주는 뜻을 나타냄. ¶그때는 정말 기막히더구려. /벌써 다녀가셨더구려.

더구료〔조〕'더구려'의 잘못.

-더구료〔어미〕'-더구려'의 잘못.

더구먼〔조〕모음으로 끝난 체언에 붙어, 경험한 사실을 회상하거나 그것에 대한 새삼스러운 느낌을 혼잣말처럼 나타내는, 반말투의 종결형 서술격 조사. ¶힘이 장사더구먼. 준더군. 참이더구먼.

-더구먼〔어미〕용언의 어간 또는 높임의 '-시-'나 시제의 '-았(었)-'·'-겠-' 등에 붙는, 하게체의 감탄형 종결 어미. 경험한 사실을 회상하거나 그것에 대한 새삼스러운 느낌을 혼잣말처럼 나타냄. ¶쉽게도 해내더구먼. /앞으로 십 년은 더 사시겠더구먼. /정말 예쁘더구먼. 준-더군.

더구면〔조〕'더구먼'의 잘못.

-더구면〔어미〕'-더구먼'의 잘못.

더군〔조〕①〈더구나〉의 준말. ¶아직도 처녀더군. ②〈더구먼〉의 준말. ¶알고 보니 딸이 소아과 의사더군.

-더군〔어미〕①〈-더구나〉의 준말. ¶아주 고맙더군. ②〈-더구먼〉의 준말. ¶뉘 집 딸인지 예쁘게도 생겼더군.

더군다나〔부〕그 위에 한층 더. ¶직장도 잃고 더군다나 병까지 얻어 어려움은 더욱 심해졌다. 준더구나.

더그레〔명〕조선 시대에, 각 영문(營門)의 군사들이 입던 세 자락의 웃옷. 호의(號衣).

더그매〔명〕한옥에서, 보꾹과 반자 사이의 공간.

더그아웃(dugout)〔명〕야구장 안에 반지하식으로 마련된, 선수와 감독의 대기소. 참벤치.

더금-더금〔부〕원래의 양이나 길이보다 조금씩 자꾸 더 보태어지는 모양. ¶밤이 되자 눈은 녹지 않고 더금더금 쌓이기 시작했다. 센더끔더끔.

더기〔명〕고원(高原)의 평평한 땅. 준덕2.

더껑이〔명〕①걸쭉한 액체의 거죽에 엉겨 붙어 굳은 꺼풀. ¶쇠고깃국이 식어 허옇게 더껑이가 앉았다. ②'더께'의 잘못.

더께〔명〕몹시 찌든 물건에 더덕더덕 달라붙은 거친 때. ¶마룻바닥에 이끼처럼 앉은 더께.

더끔-더끔〔부〕〈더금더금〉의 센말.

더나〔조〕모음으로 끝난 체언에 붙는, 해라체의 종결형 서술격 조사. ①지난 일을 묻는 일을 나타냄. ¶무엇을 하는 회사더냐? ②과거 느낌을 강조하는 뜻을 나타냄. ¶그 얼마나 갸륵한 마음씨더냐. 준더냐. 참이더냐.

-더냐〔어미〕용언의 어간 또는 높임의 '-시-'나 시제의 '-았(었)-'·'-겠-' 등에 붙는, 해라체의 종결 어미. 지난 일을 회상하여 묻는 뜻을 나타냄. ¶그렇게 좋더냐?/삼촌이 뭐라고 그러시더냐? 준-더니·-디.

더넘〔명〕넘겨 맡은 걱정거리.

더넘-스럽다[-따]〔-떠〕[~스러우니·~스러워] 〔형ㅂ〕(쓰기에 버거울 만큼) 덩치가 크다. ¶가방이 크고 길더냐 다니기엔 더넘스럽다. 더넘스레부.

더넘-차다〔형〕(쓰기에 더넘스러워서) 벅차다. ¶더넘찰 정도의 돈.

더느다[더느니·더너]〔타〕끈이나 실 따위를 두 가닥을 내어 겹으로 드리다. ¶주머니 끈을 더느다.

더느다〔타〕〈옛〉내기하다. ¶돈 더느다:賭錢(譯解下23). 참던다.

더니¹〔조〕'더냐'의 뜻을 보다 친밀하고 부드럽게 이르는 말. ¶거기 있던 사람이 누구더니? 참이더니¹.

더니²〔조〕모음으로 끝난 체언에 붙는 서술격 조사. ①지난 일을 회상하는 뜻을 나타내는 종결형 서술격 조사. ¶참 뛰어난 선수더니. ②지난 일을 회상하면서 지금의 일을 감상조로 베풀어 말하는 뜻을 나타내는 연결형 서술격 조사. ¶얼마 전만 해도 앳된 소녀더니 벌써 의젓한 숙녀가 되었구나. 참이더니².

더니〔명〕〈옛〉내기. ¶돈 더니 호며(翻朴上18). 참나기.

-더니¹〔어미〕〈-더냐〉의 준말. ¶몸 건강히 지내더니? 준-디.

-더니²〔어미〕①용언의 어간 또는 높임의 '-시-'나 시제의 '-았(었)-'·'-겠-' 등에 붙어, 듣거나 겪은 사실이 다른 사실의 이유(원인·조건·전제)가 됨을 나타내는 종속적 연결 어미. ¶잠을 설쳤더니 밥맛이 없다. ②용언의 어간이나 높임의 '-시-' 등에 붙어, 지난 일을 회상하여 일러 주거나, 여운 있는 느낌을 나타내는 종결 어미. ¶예전에는 그리도 어렵더니.

더니라〔조〕모음으로 끝난 체언에 붙어, 지난 일을 회상하여 일러 주는 뜻을 나타내는, 해라체의 종결형 서술격 조사. ¶어릴 때부터 근동에 소문난 천재더니라. 참이더니라.

-더니라〔어미〕용언의 어간 또는 높임의 '-시-'나 시제의 '-았(었)-'·'-겠-' 등에 붙어, 지난 일을 회상하여 일러주는 뜻을 나타내는, 해라체의 종결 어미. ¶그때는 쌀 한 말 구하기도 어려웠더니라.

더니마는〔조〕연결형 서술격 조사 '더니'의 힘줌말. ¶전에는 황무지더니마는 몇 년 사이에 옥토로 변했더군. 준더니만. 참이더니마는.

-더니마는⚬어미⚬ '-더니²'의 힘줌말. ¶열심히 하더니마는 끝내 성공했구나. ㉗-더니만.

더니만조⟨더니마는⟩의 준말.

-더니만⚬어미⚬⟨더니마는⟩의 준말. ¶비가 오더니만 쌀쌀해졌다.

더니까조 모음으로 끝난 체언에 붙어, 윗사람에게 전에 경험한 사실을 돌이켜 묻는 뜻을 나타내는, 합쇼체의 종결형 서술격 조사. ¶그 집은 누가 임자더니이까? ㉗더니까. ㉪이더니이까.

-더니이까⚬어미⚬ 용언의 어간 또는 높임의 '-시-'나 시제의 '-았(었)-'·'-겠-' 등에 붙어, 윗사람이 경험한 사실을 돌이켜 묻는 뜻을 나타내는, 합쇼체의 종결 어미. ¶그렇게 춥더니이까? ㉗-더니까.

더니이다조 모음으로 끝난 체언에 붙어, 전에 경험한 사실을 윗사람에게 알려 주는 뜻을 나타내는, 합쇼체의 종결형 서술격 조사. ¶불 같은 성미더니이다. ㉗더니이다.

-더니이다⚬어미⚬ 용언의 어간 또는 높임의 '-시-'나 시제의 '-았(었)-'·'-겠-' 등에 붙어, 예스러운 표현으로, 듣거나 겪은 사실을 전달하여 알림을 나타내는, 합쇼체의 종결 어미. ¶내일 온다 하더니이다. ㉗-더이다.

-더니잇가⚬어미⚬ -었습니까. ¶世尊하 손지 世間에 겨시더니잇가[月釋18:36].

더-더구나⚬부⚬⟨더더군다나⟩의 준말.

더-더군다나⚬부⚬ '더군다나'의 힘줌말. ¶학생이라면 더더군다나 그럴 수 없다. ㉗더더구나.

더더귀-더더귀⚬부형⚬ (꽃이나 열매 같은 것이) 곳곳에 많이 붙은 모양. ㉗다다귀다다귀.

더더기명 '더덕'의 방언.

더더리명 말을 더덜거리며 하는 사람.

더-더욱⚬부⚬ '더욱'의 힘줌말. ¶탐관오리의 횡포가 더욱 심해졌다.

더덕명 초롱꽃과의 다년생 만초. 산이나 들에 나는데, 뿌리는 도라지처럼 굵고 줄기는 덩굴로 벋음. 뿌리는 식용하며, 한방에서 '사삼 (沙蔘)'이라 하여 거담(祛痰)이나 건위(健胃)에 약재로도 쓰임.

더덕-구이명[-꾸-] 더덕을 찬물에 담그거나 데쳐 쓴맛을 우려내고, 두들겨 부드럽게 만들어서 갖은 양념에 쟁이어 구운 음식.

더덕-더덕⚬부⚬[-떠-] ①좀 큰 것들이 보기 흉하게 잇달아 들러붙거나 몰려 있는 모양. ¶포스터들이 더덕더덕 붙어 있는 벽보판. ②몹시 지저분하게 여기저기 기운 모양. ㉗다닥다닥. ㉪덕지덕지.

더덕-바심명하자[-빠-] 더덕을 잘게 바숨.

더덕-북어(-北魚)명[-뿌거] 얼부풀어서 더덕처럼 마른 북어. (살이 연하고 부드러움.) 황태 (黃太).

더덜-거리다타 자꾸 더덜더덜하다. 더덜대다. ¶무대에만 서면 더덜거린다. ㉗다달거리다.

더덜-대다타 더덜거리다.

더덜-더덜⚬부하자⚬ 말을 자꾸 더듬는 모양. ㉗다달다달.

더덜뭇-하다[-무타-]형여 ①결단성이나 다잡는 힘이 모자라다. ¶매사에 더덜뭇한 게 자네 성격의 큰 흠일세. ②맺고 끊는 힘이 부족하다. 더덜뭇-이⚬부⚬

더덜-없이⚬부⚬[-럽씨] 더함과 덜함이 없이. ¶액수가 더덜없이 꼭 맞아 떨어진다.

더-덜이명 더함과 덜함.

더덩실⚬부⚬ 위로 가볍게 떠오르는 모양. ¶보름달에 더덩실 떠오르다. ㉪두둥실. 더덩실-더덩실⚬부하자⚬

더데명 ①화살촉의 둥글고 두두룩한 부분. ②더뎅이.

더뎅이명 부스럼 딱지나 때의 더께. 더데.

더더두다타 (옛) 던져 두다. 버려 두다. 맡겨 두다. ¶뉘쾨예 나온 鶴이 제 기슬 더뎌두고[鄭澈.星山別曲].

더-도리명하자 절에서, 음식을 몫몫이 나눈 다음 남은 것을 다시 몫을 지어 도르는 일, 또는 그 음식. 가반(加飯).

더두어리다자타 (옛) 더듬거리다. ¶말 더두어리다[漢淸7:13].

-더든⚬어미⚬ (옛) -거든. -으면. ¶프른 묏부리 옛 드리 萬一 업더든 머리셴 사로몰 시름케 흐리랏다[杜重12:2].

더듬-거리다자타 자꾸 더듬더듬하다. 더듬대다. ¶더듬거리며 성냥을 찾는다. /한문 책을 더듬거리면서 읽다. ㉗다듬거리다. ㉪떠듬거리다.

더듬다타[-따] ①(잘 보이지 않는 곳에서) 손으로 이것저것을 만지다. ¶벽을 더듬어 전등 스위치를 찾는다. ②(희미한 흔적을) 애써 확인하다. ¶범인의 발자국을 더듬어 쫓다. ③(기억이나 생각을) 애써 간추리거나 되살리려 하다. ¶추억을 더듬다. /생각을 더듬다. ④(말하는 것이나 글 읽는 것이) 술술 내려가지 못하다. ¶말을 더듬다.

더듬-대다자타 더듬거리다.

더듬-더듬⚬부하자⚬ ①깜깜한 곳에서 손으로 자꾸 이리저리 만지는 모양. ¶성냥을 찾느라고 선반 위를 더듬더듬한다. ②잘 모르는 길을 이리저리 찾아가는 모양. ¶길을 더듬더듬 헤맨 끝에 집을 찾았다. ③똑똑히 모르는 일을 생각해 가면서 말하는 모양. ¶더듬더듬 기억을 되살리며 이야기했다. ④글을 읽을 때 술술 내려 읽지 못하고 자꾸 군데군데 막히는 모양. ¶눈이 흐려 아들의 편지를 더듬더듬 읽었다. ⑤말이 순하게 나오지 않고 자꾸 더덜거리는 모양. ㉗다듬다듬. ㉪떠듬떠듬.

더듬-이¹명⟨말더듬이⟩의 준말.

더듬-이²명 ▷촉각(觸角).

더듬-이질명하자 더듬어 찾는 짓. ㉗더듬질.

더듬적-거리다[-쩌-]타 자꾸 더듬적더듬적하다. 더듬적대다. ¶어두운 데서 뭘 한다고 더듬적거리느냐? ㉪떠듬적거리다.

더듬적-대다[-때-]타 더듬적거리다.

더듬적-더듬적[-쩌-]⚬부하자⚬ 느릿느릿하게 자꾸 더듬거리는 모양. ㉗다듬작다듬작. ㉪떠듬적떠듬적.

더듬-질명하자⟨더듬이질⟩의 준말.

더디⚬부⚬ 늦게. 느리게. ¶회신이 더디 닿다. /혼자 있으려니까 시간이 너무 더디 간다.

더디다형 늦다. 느리다. 오래 걸리는 느낌이 있다. ¶손놀림이 왜 그리 더디냐?

더디다타 (옛) 던지다. ¶보시고 더디시니[龍歌27章]. /강믈에 더디고 가니라[五倫3:36].

더라조 모음으로 끝난 체언에 붙어, 지난 일을 회상하거나 그 회상을 감상조로 나타내는, 해라체의 종결형 서술격 조사. ¶참 좋은 친구더라. ㉪이러라.

-더라⚬어미⚬ 용언의 어간 또는 높임의 '-시-'나 시제의 '-았(었)-'·'-겠-' 등에 붙어, 지난 일을 회상하거나 그 회상을 감상조로 나타내는, 해라체의 종결 어미. ¶살아 보니 인생이 그렇게 어렵고 힘든 것만은 아니더라.

더라도조 모음으로 끝난 체언에 붙어, 가정하거나 양보하는 뜻으로, 뒷말이 앞말에 매이지 아니함을 나타내는 연결형 서술격 조사. ¶아무리 목석 같은 사내더라도 눈물 한 방울쯤이야 흘리겠지. **웹**이더라도.

-더라도 **어미** 용언의 어간 또는 높임의 '-시-'나 시제의 '-았(었)-'·'-겠-' 등에 붙어, 가정 또는 양보하는 뜻으로, 아래 사실이 위의 사실에 매이지 아니함을 나타내는 종속적 연결 어미. ¶힘들더라도 참고 기다려라. /무슨 일이 있더라도 비밀을 꼭 지켜야 한다.

더라면 **조** 모음으로 끝난 체언에 붙어, 지난 일을 회상하되 그 회상 내용과는 다른 사실을 가정하는 뜻을 나타내는 연결형 서술격 조사. ¶그가 작가더라면 지금쯤 서너 권의 책을 냈을 텐데. **웹**이더라면.

-더라면 **어미** 시제의 '-았(었)-'에 붙는 종속적 연결 어미. 지난 일을 회상하되, 그 회상 내용과는 다른 것을 가정하는 뜻을 나타냄. ¶차라리 만나지 않았더라면 좋았을걸.

더라손 **조** 모음으로 끝난 체언에 붙어, '더라고'의 뜻을 나타내는 연결형 서술격 조사. 흔히, '치다'의 활용형과 어울려 쓰이어, 앞말을 가정하되 그것이 뒷말에 영향을 미치지 아니함을 나타냄. ¶그가 비록 상사(上司)더라손 치더라도 할 말은 해야졌다. **웹**이더라손.

-더라손 **어미** 용언의 어간 또는 높임의 '-시-'나 시제의 '-았(었)-'·'-겠-' 등에 붙는 종속적 연결 어미. '-더라'의 뜻으로 '치다'의 활용형과 어울려 앞말을 가정하되, 그것이 뒷말에 영향을 미치지 아니함을 나타냄. ¶아무리 그렇더라손 치더라도 너무 참아야내.

더랍니까 [-람-] **조** '-더라고 합니까'가 줄어든 말. 모음으로 끝난 체언에 붙어, 남이 들은 사실에 대해서 묻는 뜻을 나타내는 종결형 서술격 조사. ¶그 사람이 누구더랍니까? **웹**이더랍니까.

-더랍니까 [-람-] **조** '-더라고 합니까'가 줄어든 말. 용언의 어간 또는 높임의 '-시-'나 시제의 '-았(었)-'·'-겠-' 등에 붙어, 남이 들은 사실에 대해서 묻는 뜻을 나타냄. ¶지낼 만하더랍니까?/그렇게 춥더랍니까?

더랍니다 [-람-] **조** '-더라고 합니다'가 줄어든 말. 모음으로 끝난 체언에 붙어, 들은 사실을 인용하는 뜻을 나타내는 종결형 서술격 조사. ¶아직 어린애더랍니다. **웹**이더랍니다.

-더랍니다 [-람-] **조** '-더라고 합니다'가 줄어든 말. 용언의 어간 또는 높임의 '-시-'나 시제의 '-았(었)-'·'-겠-' 등에 붙어, 들은 사실을 인용하는 형식으로 베풀어 말하는 뜻을 나타냄. ¶눈 뜨고는 못 보겠더랍니다. /참으 만하더랍니다.

더랍디까 [-띠-] **조** '-더라고 합디까'가 줄어서된 말. 모음으로 끝난 체언에 붙어, 남이 들은 과거의 사실에 대해서 묻는 뜻을 나타내는 종결형 서술격 조사. ¶볼 만한 경치더랍디까? **웹**이더랍디까.

-더랍디까 [-띠-] **조** '-더라고 합디까'가 줄어서된 말. 용언의 어간 또는 높임의 '-시-'나 시제의 '-았(었)-'·'-겠-' 등에 붙어, 남이 들은 과거의 사실에 대해서 묻는 뜻을 나타냄. ¶어디서 살더랍디까?/재미있더랍디까?

더랍디다 [-띠-] **조** '-더라고 합디다'가 줄어서된 말. 모음으로 끝난 체언에 붙어, 과거에 들은 사실을 인용하는 뜻을 나타내는 종결형 서술격 조사. ¶자식이 아니라 손자더랍디다. **웹**이더랍디다.

-더랍디다 [-띠-] **조** '-더라고 합디다'가 줄어든 말. 용언의 어간 또는 높임의 '-시-'나 시제의 '-았(었)-'·'-겠-' 등에 붙어, 남이 들은 과거의 사실을 인용하여 전달하는 뜻을 나타냄. ¶책을 읽고 있더랍디다. /볼 만하더랍디다.

더러[1] **부** ①얼마큼. 얼마간. ¶더러 참석한 관중도 고작 애들뿐이었다. ②이따금. 흔하지 않게. ¶전에는 더러 외출도 하곤 했지만 요즘은 집에만 있다.

더러[2] **조** '에게'·'에 대하여'·'보고'의 뜻으로, 어떤 일이 미치어 닿는 대상을 나타내는 부사격 조사. ¶누구더러 하라고 할까?

더러빗다 **타** 〔옛〕더럽히다. ¶어버싀 일후믈 더러빗ᄂᆞ다 ᄒᆞᄂᆞ니(月釋8:97). **웹**더러이다.

더:러움 **명** 더러워지는 일. 더러워진 자국. ¶더러움이 잘 타다. /더러움을 씻어 내다. **준**더럼.

더:러워-지다 **자** ①더럽게 되다. ¶옷이 더러워지다. /묵은 더러워지다. ②(명예·정조·절개 등) 도덕성에 문제가 생기다. ¶인간이 더러워지다. /마음이 더러워지다. /더러워진 몸.

더러이다 **타** 〔옛〕더럽히다. ¶누른 드트리 사ᄅᆞ미 오ᄉᆞᆯ 더러이고(杜初8:18). **웹**더러빗다.

더럭 **부** (('공포감·의심·분노' 따위를 나타내는 말과 함께 쓰이어)) 문득 심하게. 갑자기 아주. 더욱 많이. ¶더럭 겁이 나다.

더럭-더럭 [-떠-] **부** 자꾸 대들면서 몹시 조르는 모양. ¶되지도 않을 일을 가지고 더럭더럭 떼를 쓰는구나. **웹**다락다락.

더:럼 **명** 〈더러움〉의 준말.

더:럽다 [-따] [더러우니·더러워] **형**B ①(몸이나 물건에) 때나 찌꺼기 따위가 묻어 깨끗하지 못하다. ¶더러운 옷을 빨다. ②(어떤 사물이) 불쾌할 정도로 아니꼽거나 못마땅하다. ¶나 원 참, 더러워서⋯. /돈푼깨나 있다고 더럽게 뻐긴다. ③(행실이나 마음씨 따위가) 천하고 추잡하다. 도덕에 벗어난 데가 있다. ¶아주 심보가 더러운 사람이더라. ④정도가 심하거나 지나치다. ¶비가 더럽게 많이 오는군. ①②**웹**더럽다.

더:럽-히다 [-러피-] **타** ①('더럽다'의 사동〕 더럽게 하다. ¶손을 더럽히다. /공장 폐수가 강물을 더럽히다. ②(정조·명예·위신 따위를) 더럽게 하거나 떨어지게 하다. ¶가문을 더럽히다. /명예를 더럽히다. /몸을 더럽히다.

더리다 **형** ①격에 맞지 않아 좀 떠름하다. ②싱겁고 어리석다. ③마음이 야비하고 다랍다.

더미 **명** 많은 물건이 한데 모여 쌓인 큰 덩어리. ¶장작 더미. /쓰레기 더미.

더미 (dummy)[1] **명** 컴퓨터에서, 단순히 조건만 만족하면 되는 변수, 주소, 또는 명령 따위를 이르는 말.

더미 (dummy)[2] **명** 럭비나 미식축구에서, 공 가진 선수가 상대편을 따돌리는 수법.

더미-씌우다 [-씨-] **타** 자기의 책임이나 허물을 남에게 지우다. 안다미씌우다. **웹**다미씌우다.

더버기 **명** 한군데 무더기로 쌓이거나 덕지덕지 붙은 상태, 또는 그런 물건. ¶흙 더버기.

더벅-거리다 [-꺼-] **자** 더벅더벅 걷다. 더벅대다.

더벅-대다 [-때-] **자** 더벅거리다.

더벅-더벅 [-떠-] **부**〔하〕 (어두운 길 또는 낙엽이나 눈 따위가 쌓인 길을) 힘없이 느릿느릿 걷는 모양. ¶눈 쌓인 길을 더벅더벅 걷다.

더벅-머리 [-벙-] **명** ①더부룩하게 흩어진 머리털, 또는 그런 머리털을 가진 사람. ¶더벅머리 총각. **웹**다박머리. ②지난날, '웃음을 팔던 천한 여자'를 속되게 이르던 말.

더부룩-더부룩[-떠-]튀형 여럿이 다 더부룩한 모양. ¶정원에 잡초가 더부룩더부룩하게 우거졌다. ঞ다보룩다보룩.

더부룩-하다[-루카-]형어 ①(풀이나 나무 또는 머리털 따위가) 우거져서 수북하다. ¶수염이 더부룩하게 자랐다. ঞ다보룩하다. 켄터부룩하다. ②(소화가 잘 안 되어) 배 속이 그득먹하게 부르다. 징건하다. ¶배 속이 더부룩하여 끼니 생각이 없다. ঞ다북하다. **더부룩-이**튀.

더부-살이명하자 ①남의 집에서 지내면서 시중을 들어 주고 삯을 받는 일, 또는 그 사람. ②하는 일 없이 남의 집에 얹히어 지내는 일, 또는 그 사람.
　더부살이 환자(還子) 걱정속담 '남의 일에 주제넘게 걱정을 함'을 이르는 말.

더북-더북[-떠-]튀형 (풀이나 나무 따위가) 곳곳에 더북하게 있는 모양. ঞ다북다북.

더북-하다[-부카-]형 〈더부룩하다〉의 준말. **더북-이**튀.

더불다자타 『불완전 동사』《조사 '와(과)' 뒤에서, '더불어'의 꼴로 쓰이어》 '함께'·'같이'·'한가지로'의 뜻을 나타냄. ¶아우와 더불어 낚시를 즐기다.

더브러튀〈옛〉더불어. ¶與는 더브러 호미라(訓諺). /더브러 여:與(類合下63).

더블(double)명 ①겹. 이중. 두 갑절. ②테니스나 탁구 따위의 복식 경기. ③칵테일에서, 술의 표준량의 갑절을 섞은 것. ④〈더블브레스트〉의 준말. ②④↔싱글(single).

더블다자타〈옛〉①더블다. ¶더블 여:與(石千11). ②더블다. 데리다. ¶두서 삿기롤 더브렛고(杜初7:1).

더블^드리블(double dribble)명하타 농구나 핸드볼 따위의 반칙의 한 가지. 한 번 드리블한 선수가 패스나 슛을 하지 않고 계속하여 드리블하는 일.

더블^바순:(double bassoon)명 ⇨콘트라파고토(contrafagotto).

더블-베드(double bed)명 두 사람이 누워 잘 수 있는 침대. ↔싱글베드.

더블^베이스(double bass)명 ⇨콘트라베이스.

더블^보:기(double bogey)명 골프에서, 기준 타수보다 둘 많은 타수로 홀(hole)에 공을 쳐 넣는 일. 콴보기(bogey).

더블-브레스트(←double-breasted)명 겹자락. 준더블. ↔싱글브레스트.

더블^스코어(double score)명 운동 경기에서, 한편의 점수가 다른 편의 두 배인 것. ¶선전을 펼쳐 더블 스코어로 이기다.

더블^스틸(double steal)명 야구에서, 두 사람의 주자가 동시에 도루하는 일. 중도(重盜).

더블유비:시:(WBC)명 세계 권투 평의회. 〔본부는 멕시코시티에 있음.〕 [World Boxing Council]

더블유비:에이(WBA)명 세계 권투 협회. 〔본부는 하와이의 호놀룰루에 있음.〕 [World Boxing Association]

더블유에이치오:(WHO)명 세계 보건 기구. [World Health Organization]

더블유티:오:(WTO)명 세계 무역 기구. [World Trade Organization]

더블^캐스트(double cast)명 두 배우가 같은 배역을 맡아 번갈아 가며 출연하는 일.

더블^클릭(double click)명 마우스의 단추를 연이어 두 번 누르는 것.

더블^파울(double foul)명 농구나 배구 따위에서, 양편의 두 선수가 동시에 반칙을 저지르는 일.

더블^펀치(double punch)명 권투에서, 한 주먹으로 두 번 연달아 치는 일.

더블^폴:트(double fault)명 배구나 테니스에서, 두 번의 서브를 모두 실패하는 일.

더블^플레이(double play)명 야구나 소프트볼에서, 두 사람의 주자를 한꺼번에 아웃시키는 일. 병살(併殺). 중살(重殺). 겟투.

더블헤더(doubleheader)명 야구에서, 두 편이 같은 날 같은 구장에서 두 번 계속하여 경기를 하는 일.

더빙(dubbing)명하타 ①영화·방송 따위에서, 대사를 녹음한 것에 다른 음향 효과를 겹쳐 녹음하는 일. ¶촬영을 마치고 더빙 작업에 들어가다. ②외국 영화의 대사를 원래 언어 대신에 다른 언어로 갈아 넣는 일. ¶외화를 자막 처리하지 않고 더빙하다.

더뻑튀 앞뒤를 찬찬히 헤아리지 않고 마구 행동하는 모양. ¶찬물에 더뻑 뛰어들다. ঞ다빡. **더뻑-더뻑**튀하자.

더뻑-거리다[-꺼-]자 자꾸 더뻑더뻑하다. 더뻑대다. ঞ다빡거리다.

더뻑-대다[-때-]자 더뻑거리다.

더뿌룩-하다형어 '더부룩하다'의 잘못.

더빙튀〈옛〉덥게. 크게. ¶熱惱는 더빙 셜볼씨니(月釋1:29).

더-새다타 (길을 가다가 해가 저물거나 하여) 어디에 들어가서 밤을 지내다.

-더시니어미〈옛〉-시더니. ¶넘그미 나갯더시니(龍歌49章).

-더시다어미〈옛〉-시더라. -으시더라. ¶바미도 세물 說法호더시다(月釋2:27).

-더신어미〈옛〉-시던. -으시던. ¶善慧 니버 잇더신 鹿皮오솔 바사(月釋1:16).

-더신가어미〈옛〉-시던가. -으시던가. ¶녜도 또 잇더신가(龍歌89章).

더-아니〈옛〉'더욱 아니'가 줄어서 된 말. ¶모두 모여 살게 되었으니 더아니 좋은가.

더-없다[-업따]형 더할 나위가 없다. 《주로, '더없는'의 꼴로 쓰임.》 ¶더없는 감동. /더없는 기쁨. **더없-이**튀.

더옥튀〈옛〉더욱. ¶더욱 슬허ᄒ노라(杜重1:4). /더욱 픗 두어 브즈런 비호라(朴解上45).

더우기튀 '더욱이'의 잘못.

더욱튀 지금보다 정도가 더하게. 한층 더. ¶더욱 노력하여라. /병세가 더욱 악화되었다.

더욱-더[-떠]튀 '더욱'의 힘줌말. ¶눈보라가 더욱더 세차게 몰아친다.

더욱-더욱[-떠-]튀 갈수록 더욱. 점점 더욱. ¶우리 모두 더욱더욱 분발하자.

더욱-이튀 그 위에 더욱. 게다가. ¶그렇게까지 해 주신다면야 더욱이 고맙지요.

더운-갈이명하타 날이 몹시 가물다가 소나기가 왔을 때에, 그 물을 이용하여 논을 가는 일.

더운-무대명 무대의 한 가지. 온도가 높은 해류로, 같고 염분이 많음. 난류(暖流). ↔찬무대.

더운-물명 덥게 데운 물. 온수(溫水). ↔찬물.

더운물^베개명 환자의 체온을 조절하기 위하여 더운물을 넣어 쓰는 베개.

더운-밥명 따끈하게 새로 지은 밥. ↔찬밥.

더운-약(-藥)[-냑]명 몸을 덥게 하는 성질이 있는 약. 〔부자(附子)·육계(肉桂) 따위.〕

더운-점심(-點心)**명** 새로 지은 따뜻한 점심.

더운-찜질圈** 온엄법(溫罨法). ↔찬찜질.

더운-피圈** ①바깥의 기온보다 온도가 높은 동물의 피. 온혈(溫血). ↔찬피. ②'활동할 수 있는 기력'을 비유하여 이르는 말. ¶내 몸에 더운피가 흐르고 있는 한 이 일은 그만두지 않겠다.

더움타 (옛)['더으다'의 명사형] 더함. ¶點 더우믄 흐가지로디(訓診).

더위圈** ①[여름철의] 더운 기운. ¶올 여름 더위는 유별나게 심하다. ↔추위. ②더위로 해서 생기는 병증. 서증(暑症).

더위 먹은 소 달만 보아도 헐떡인다(속담] 어떤 일에 크게 욕을 본 사람은 그와 비슷한 일만 당해도 지레 겁을 먹는다는 말.

더위(가) 들다[관용] ☞더위(를) 먹다.

더위(를) 먹다[관용] 더위 때문에 소화 기능이 약화되거나 하는 병증이 생기다. 더위(가) 들다. ¶더위 먹은 것처럼 입맛이 뚝 떨어졌다.

더위(를) 타다[관용] 더위를 몹시 견디기 어려워하다.

더위-잡다[-따]타 (높은 데로 올라가려고) 무엇을 끌어 잡다. ¶작은 소나무 뿌리를 더위잡고 간신히 벼랑을 기어올랐다.

더위지기圈** ☞사철쑥.

더위-팔기圈**하짜 민속에서, 정월 대보름날 이른 아침에 아는 사람을 만나면 이름을 불러 '내 더위 사가라.'고 말하는 습속. 그렇게 하면 그 해는 더위를 타지 않는다고 함. 매서(賣暑).

더으다타 (옛) 더하다. ¶왼 너긔 흔 點을 더으면 (訓諺).

더이까조 〈더니이까〉의 준말.

-더이까(어미) 〈-더니이까〉의 준말. ¶무슨 책을 읽고 계시더이까?

더이다조 〈더니이다〉의 준말.

-더이다(어미) 〈-더니이다〉의 준말. ¶맛이 참 좋더이다.

-더이다(어미) (옛) -ㅂ디다. ¶이런드로 주머 괴相이 겨시더이다(楞解1:98). /그 뒷 쓴룰 맛고져 흐더이다(釋譜6:15).

더치다자 (병세가) 도로 더해지다.

더치페이(Dutch+pay)圈**하짜 비용을 각자 부담하는 일. 각추렴.

더킹(ducking)圈** 권투에서, 윗몸을 위아래로 움직여서 상대편의 공격을 피하는 방어법.

더펄가히圈** (옛) 더펄개. ¶더펄가히 尨:尨(訓蒙上19).

더펄-개圈** 온몸에 털이 길게 나서 더펄거리는 개. 삽사리.

더펄-거리다자 자꾸 더펄대다. 더펄대다. ¶공연히 들떠서 더펄거린다. /머리카락을 더펄거리며 달려가다. 졘다팔거리다.

더펄-대다자 더펄거리다.

더펄-더펄甲 ①[하짜타]더부룩한 털이나 머리칼 같은 것이 출렁거리듯 흔들리는 모양. ¶더펄더펄한 긴 머리. ②[하짜]들떠서 되는대로 행동하는 모양. 졘다팔다팔.

더펄-머리圈** 더펄거리는 머리털, 또는 그런 머리털을 가진 사람. ¶더펄머리 소녀. 졘다팔머리.

더펄-이圈** '성미가 덥적덥적하고 활발한 사람'을 속되게 이르는 말. ¶너는 더펄이인 줄만 알았는데 이렇게 꼼꼼한 데도 있었구나.

더품圈** (옛) 거품. ¶큰 바룻샛 흔 더푸믜(法華6:59).

더하-기圈** ①[하짜타]어떤 수나 양 또는 식에 다른 수나 양을 보태는 일, 곧 덧셈으로 셈하기. 가산(加算). 보태기. ②덧셈의 식을 읽을 때 기호 '+'를 읽는 말. ↔빼기.

더-하다 Ⅰ[지어] 본디보다 심하여지다. ¶빗발의 기세가 더해 간다.
Ⅱ[타어] ①이전보다 더욱 많이 있게 하다. ¶재미를 더하다. ②덧셈을 하다. 보태다. ¶둘에 셋을 더하다. ②↔빼다.
Ⅲ[형어] (한쪽이 다른 쪽보다) 심하다. ¶밝기가 대낮보다 더하다. ↔덜하다.

더-한층(-層)甲 더욱더. ¶더한층 노력하다.

덕[1]圈** ①나뭇가지 사이 따위에 걸쳐 맨 시렁. 덕대1. ¶덕을 매다. ②물 위에 앉아서 낚시질을 할 수 있도록 발판처럼 만든 대.

덕[2]圈** 〈더기〉의 준말.

덕(德)圈** ①고매하고 너그러운 도덕적 품성. ¶덕이 높은 사람. ②윤리적 의지대로 행동할 수 있는 인격적 능력. ¶덕을 닦다. ③은혜나 덕택. ¶염려해 주신 덕으로 잘 있습니다. ④〈공덕〉의 준말. ¶덕을 쌓다.

덕(을) 보다[관용] ①덕택이나 은혜를 입다. ¶김선생의 덕을 보았다. ②이득을 얻다. ¶샀던 것을 되팔아 덕을 보다.

덕(이) 되다[관용] 덕을 이루는 일이 되다. 이익이나 도움이 되다. ¶우리 모두에게 덕이 되는 일이라면 무슨 일이라도 해야지.

덕교(德教)[-꾜]圈** 덕으로써 가르침.

덕금(德禽)[-끔]圈** [덕이 있는 날짐승이라는 뜻으로] '닭'을 달리 이르는 말.

덕기(德氣)[-끼]圈** ①어질고 두터운 마음씨. ②덕스러운 얼굴빛. ¶얼굴에 덕기가 있어 보이다.

덕기(德器)[-끼]圈** 너그럽고 어진 도량과 재능, 또는 그것을 갖춘 사람.

덕-낚시[덩낙씨]圈** 저수지의 물 가운데에 설치한 덕에서 하는 민물낚시.

덕담(德談)[-땀]圈**하짜 (흔히 새해를 맞아) 상대편에게 잘되기를 비는 말이나 인사. ¶새해 아침에 덕담을 주고받다. ↔악담.

덕-대[1][-때]圈** [하짜]아이의 시체를 아주 허술하게 장사 지내던 일, 또는 그 무덤. [원래는 땅에 묻지 않고 덕을 매어 시체를 얹고 용마름을 덮어 둘 뿐이었음.] ②☞덕1.

덕대[2][-때]圈** ①남의 광산의 일부에 대한 채굴권을 맡아 경영하는 사람. [한자를 빌려 '德大'로 적기도 함.] ②〈굿덕대〉의 준말.

덕대-갱(-坑)[-때-]圈** 덕대가 맡아 채광(採鑛)하는 구덩이.

덕더그르르[-떠-]甲[하짜] ①크고 딴딴한 물건이 딴딴한 바닥에 떨어져서 두르르 굴러 가는 소리나 모양. ②우레가 좀 먼 거리에서 갑자기 우렁차게 울리는 소리. 졘닥다그르르. 쎈떡떠그르르.

덕더글-덕더글[-떠-떠-]甲[하짜] 단단한 물건이 잇달아 덕그르르 굴러 가거나 끌리는 소리. 졘닥다글닥다글. 쎈떡떠글떡떠글.

덕량(德量)[덩냥]圈** 어질고 너그러운 마음씨. 덕스러운 도량.

덕론(德論)[덩논]圈** 덕의 본질·종류 및 닦는 방법 등을 과제로 하는 윤리학의 한 부문.

덕망(德望)[덩-]圈** 덕행으로 얻은 명망. ¶덕망이 높은 선비.

덕목(德目)[덩-]圈** 도덕의 내용을 분류한 명목. [곧, 삼강오륜(三綱五倫)의 각 항목, 플라톤의

지혜·용기·절제, 기독교의 삼주덕(三主德)인 신·망·애(信·望·愛) 따위.]

덕목-주의(德目主義) [덩-쭈의/덩-쭈이] **명** 집단생활의 규범이 될 덕목(德目)을 조직적으로 계통화하여 분류하고, 그것을 해설하여 도덕적 행위와 방향을 분명히 하고자 하는 윤리 교육의 한 방법.

덕문(德門) [덩-] **명** 덕행(行)이 높은 집안.

덕분(德分) [-뿐] **명** 베풀어 준 은혜. ¶선생님 덕분으로 잘 지내고 있습니다. **비**덕택.

덕불고(德不孤) [-뿔-] 〔덕이 있는 사람은 반드시 따르는 사람이 있는 법이므로 외롭지 않다는 뜻으로〕 남에게 덕을 베풀며 사는 사람은 반드시 세상에서 인정을 받게 됨을 이르는 말.

덕색(德色) [-쌕] **명** 남에게 은혜를 베풀고 내는 생색.

덕색-질(德色-) [-쌕찔] **명** [하자] 덕색을 나타내는 짓.

덕석 [-썩] **명** 추울 때에 소의 등을 덮어 주는 멍석. 우의(牛衣).

덕석-밤 [-썩빰] **명** 크고 넓적하게 생긴 밤.

덕성(德性) [-썽] **명** 어질고 너그러운 품성.

덕성(德星) [-썽] **명** ①☞목성(木星). ②☞서성(瑞星).

덕성-스럽다(德性-) [-썽-따] [~스러우니·~스러워] **형**ㅂ 덕성이 있어 보이다. **덕성스레** **부**.

덕-스럽다(德-) [-쓰-따] [~스러우니·~스러워] **형**ㅂ 덕이 있어 보이다. **덕스레** **부**.

덕-아웃(dugout) **명** '더그아웃'의 잘못.

덕업(德業) **명** 덕스러운 사업이나 업적. ¶선생의 덕업을 기리다.

덕업-상권(德業相勸) [-쌍-] **명** 향약의 네 덕목 중의 하나. 좋은 행실은 서로 권장함.

덕용(德用) **명** (값에 비하여) 쓰기에 편하고 이익이 많음. ¶덕용 치약.

덕용-품(德用品) **명** (같은 상품 중에서) 쓰기에 편하고 이익도 많도록 만든 물건.

덕우(德友) **명** ①덕의(德義)로써 사귄 벗. ②덕이 있는 벗.

덕육(德育) **명** 교육의 삼대 요소의 하나. 덕성(德性)을 기르고 인격을 높이는 교육. **참**지육(智育)·체육(體育).

덕-윤신(德潤身) **명** 덕을 쌓으면 겉모습(몸)도 윤택하여짐.

덕음(德音) **명** ①도리에 맞는 지당한 말. ②좋은 소문이나 명망. ③임금을 높이어 그의 음성을 이르는 말. 옥음(玉音). ④상대편을 높이어 그의 '편지나 안부'를 이르는 말.

덕의(德義) [더긔/더기] **명** ①사람으로서 마땅히 지켜야 할 도덕과 의리. ②덕성과 신의. **준**의.

덕의-심(德義心) [더긔-/더기-] **명** 덕의를 귀중히 여기는 마음.

덕인(德人) **명** 덕이 있는 사람.

덕-장 [-짱] **명** 생선 따위를 말리기 위하여 덕을 매어 놓은 곳, 또는 그 덕.

덕적-덕적 [-쩍쩍] **부**[하여] 먼지나 더러운 때 같은 것이 두껍게 겹겹이 껴 있는 모양. ¶온 몸에 때가 덕적덕적하다. **참**닥작닥작.

덕정(德政) [-쩡] **명** 덕으로써 다스리는 정치.

덕조(德操) [-쪼] **명** 변함이 없는 꿋꿋한 절조.

덕지-덕지 [-찌-찌] **부**[하여] ①먼지나 때 같은 것이 두껍게 붙어 끼거나 묻은 모양. ¶먼지가 덕지덕지 끼다. ②어지럽게 덧붙거나 겹쳐 있는 모양. ¶전단이 덕지덕지 붙은 벽. **참**닥지닥지. **참**더덕더덕.

덕치-주의(德治主義) [-의/-이] **명** 덕망이 있는 자가 도덕적으로 눈뜨지 못한 대중을 지도 교화함을 정치의 요체로 하던 옛 중국의 정치 이념. **참**왕도(王道).

덕택(德澤) **명** 베풀어 준 혜택이나 도움. ¶염려해 주신 덕택에 잘 지냅니다. **비**덕분.

덕풍(德風) **명** 덕이 널리 퍼져 미치는 형세.

덕행(德行) [더캥] **명** 어질고 착한 행실. ¶덕행을 쌓다.

덕화(德化) [-콰] **명**[하여][되여] 덕으로 교화함.

덖다[덕따] **자** 때가 올라서 매우 찌들다. 때가 덕지덕지 붙다. ＊덖이·덖는[덩-]

덖다[덕따] **타** (냄비 따위로) 좀 물기 있는 고기나 약재 따위를 볶듯이 익히다. ¶미역을 덖은 다음 물을 붓다. ＊덖이·덖는[덩-]

-던 **어미** 《용언의 어간 또는 높임의 '-시-'나 시제의 '-았(었)-' 등에 붙어》 ①지난 일을 회상하거나 그 회상 사실의 지속을 뜻하는, 관형사형 전성 어미. ¶나의 살던 고향은 꽃 피는 산골. /한때 외국으로 수출하던 상품. ②지난 일을 회상하여 묻는 뜻을 나타내는, 해체의 종결 어미. ¶엄마가 뭐라고 그러던?

던가 **조** 모음으로 끝난 체언에 붙는 서술격 조사. ①ㄱ지난 일을 돌이켜 생각하면서 스스로에게 묻는 투로 가벼운 느낌을 나타내는 종결형 서술격 조사. ¶그 얼마나 놀라운 솜씨던가. ㄴ지난 일을 손아랫사람이나 스스로에게 묻는 뜻을 나타내는 종결형 서술격 조사. ¶그 말을 한 사람이 나던가? ②지난 일에 대한 의심이나 의문의 뜻을 나타내는 연결형 서술격 조사. ¶누구한테서 온 전화던가 기억이 나지 않는다. **참**이던가.

-던가 **어미** 용언의 어간이나 높임의 '-시-' 또는 시제의 '-았(었)-'·'-겠-' 등에 붙는, 종결 어미 또는 연결 어미. ①지난 일을 회상하여 손아랫사람이나 스스로에게 묻는 뜻으로 끝맺는 말. [스스로 아쉬워하거나 후회스러움을 나타내는 뜻으로 쓰이기도 함.] ¶그때 자네도 거기 있었던가?/아, 오라고 할 때 내가 왜 안 갔던가! ②지난 일을 회상하여 묻는 뜻으로 앞되 말을 이어 줌. ¶그날은 뭘 했던가 모르겠다.

던걸 **조** 모음으로 끝난 체언에 붙어, 지난 일을 회상하면서 자기 생각으로는 이러이러하다고 스스로 느껴워하는 뜻을 나타내는 종결형 서술격 조사. ¶씩씩한 사내아이던걸. **참**이던걸.

-던걸 **어미** 용언의 어간 또는 높임의 '-시-'나 시제의 '-았(었)-'·'-겠-' 등에 붙어, 가벼운 느낌을 나타내는 해체의 종결 어미. ①경험한 결과로써 새 사실을 알게 됨을 나타냄. ¶우리의 첨단 과학 기술도 이제는 세계 정상에 올라 갔던걸. ②이미 있었던 사실을 내세우면서 상대편의 의견(주장)에 가벼운 의문을 나타냄. ¶돌아가시다니, 아직도 정정하시던걸.

던고 **조** 모음으로 끝난 체언에 붙어, '던가'보다 예스럽고 점잖은 뜻을 나타내는 종결형 또는 연결형 서술격 조사. ¶무슨 문제던고. **참**이던고.

-던고 **어미** 용언의 어간 또는 높임의 '-시-'나 시제의 '-았(었)-'·'-겠-' 등에 붙는, 예스러운 말투의 해체 종결 어미, 또는 연결 어미. ①지난 일을 회상하여 상대편에게 또는 스스로에게 묻는 뜻으로 끝맺는 말. [이때, 후회하거나 아쉬워하는 말투가 되기도 함.] ¶나는 이제까지 뭘 했던고? ②지난 일에 대해서 의심하는 뜻으로 앞되 말을 이어 줌. ¶그때는 어디서 살았던고, 기억이 잘 안 나는데.

던다 〈옛〉내기하다. ¶우리 므슴 나기 ㅎ료 우리 ᄒ 이바디 더녀(翻朴上54).

-던다[어미] 〈옛〉-던가. -더냐. ¶네 모랄던다(月釋21:195). /눌로 ㅎ여 운이던다(古時調).

던데[조] 모음으로 끝난 체언에 붙는 서술격 조사. ①다음의 말을 끌어내기 위해 그와 관련된 지난 일을 회상하는 뜻을 나타내는 연결형 서술격 조사. ¶굉장한 미모던데 누구지? ②남의 의견을 듣고자 하는 태도로, 지난 일에 대한 자기의 느낌을 들어 보이는 뜻을 나타내는 종결형 서술격 조사. ¶아주 예쁜 아가씨던데. [참]이던데.

-던데[어미] 용언의 어간 또는 높임의 '-시-'나 시제의 '-았(었)-'·'-겠-' 등에 붙는, 연결 어미 또는 종결 어미. ①다음 말을 끌어내기 위하여 그와 관련된 지난 일을 회상하여 말하는 뜻으로 앞뒤 말을 이어 줌. ¶금방 보이던데 그 사이 어딜 갔지? ②남의 의견을 듣고자 하는 태도로, 지난 일에 대한 자기의 느낌을 들어 보이는 뜻으로 끝맺는 말. 〔상대편 말에 대한 가벼운 반박의 뜻을 지니기도 함.〕 ¶집이 참 깨끗하던데. /더 가르치면 잘하겠던데.

-던덴[어미] 〈옛〉-던들. -더라면. ¶믈러가던덴 목숨 ㄷ쳐리잇가(龍歌51章).

던들[조] 모음으로 끝난 체언에 붙어, 지난 일을 회상하되 그 결과와 반대되는 어떤 사실을 가정하는 뜻을 나타내는 연결형 서술격 조사. ¶상대가 그던들 너처럼 속지는 않았을 거다. [참]이던들.

-던들[어미] 시제의 '-았(었)-'에 붙는 종속적 연결 어미. 지난 일을 회상하되, 그 결과와 반대되는 어떤 사실을 가정하여 보는 뜻을 나타냄. ¶그 고비만 잘 넘겼던들 이 지경은 안 됐을 텐데. /진작 대비하였던들 막을 수 있었을 것을.

-던바[어미] 용언의 어간 또는 높임의 '-시-'나 시제의 '-았(었)-'에 붙어, 앞의 사실이 뒤의 사실의 보충 설명임을 나타내는 종속적 연결 어미. ¶지시대로 하였던바 일이 순조롭게 풀려 나갔다. [참]-ㄴ바·-는바.

던:적-스럽다 [-따] [~쓰-던] [~스러우니·~스러워][형ㅂ] 하는 짓이 보기에 아주 치사하다. ¶던적스럽게 보일 것 같아서 치마 돈 얘기를 못했다. [단]단작스럽다. **던적스레**[부].

던져-두다 [-저-] [타] (물건이나 하던 일을) 던진 채 두거나 그만두고 돌아보지 아니하다. ¶하던 사업을 던져두고 돌보지 않는다.

던지[조] 모음으로 끝난 체언에 붙는 연결형 서술격 조사. ①지난 일을 회상하되, 그 회상이 막연함을 나타냄. ¶그때가 언제던지 기억이 안 난다. ②지난 일을 회상하되, 그것이 다른 일을 일으키는 근거나 원인이 됨을 나타냄. ¶어찌나 추운 날씨던지 손발이 꽁꽁 얼었다. [참]이던지.

-던지[어미] 용언의 어간 또는 높임의 '-시-'나 시제의 '-았(었)-'·'-겠-' 등에 붙는 종속적 연결 어미. ①지난 일을 회상하여 막연한 의심·추측·가정의 뜻을 나타냄. ¶거기서 뭘 샀던지 생각이 안 난다. /더는 못 참겠던지 짜증을 내더라. ②지난 일을 회상하되, 그것이 다른 일을 일으키는 근거나 원인이 됨을 나타냄. 《주로, '어찌나(어떻게나) -던지'의 꼴로 쓰임.》 ¶날씨가 어찌나 춥던지 정말 혼났다.

던지기 ^경기 (-競技)[명] 필드 경기에서, 포환던지기·원반던지기·창던지기 따위를 통틀어 이르는 말. 투척 경기.

던지다[타] ①물건을 손으로 멀리 날려 보내다. ¶공을 던지다. ②자기의 몸을 내던지게 하거나 뛰어놓다. ¶심청이 인당수에 몸을 던지다. /침대에 몸을 던지다. ③어떠한 행동을 하다. ¶야릇한 미소를 던지다. /연거푸 질문을 던지다. ④(어떤 목적을 위하여) 자기 몸을 바치거나 몸이 거기에 있게 하다. ¶나라를 위하여 목숨을 던지다. /정계에 몸을 던지다. ⑤(하던 일을) 도중에 그만두다. ¶하던 일을 던지고 달려 나오다. ⑥문제를 일으키다. ¶화제(문제)를 던지다. ⑦투표하다. ¶찬성표를 던지다. ⑧(바둑이나 장기 따위에서) 도중에 패배를 인정하고 끝내다. ¶돌을 던지다.

던:지럽다 [-따] [던지러우니·던지러워][형ㅂ] 말과 행실이 더럽다. ¶던지러운 인간. [좐]단지럽다.

던질-낚시 [-락씨][명] (릴 따위를 써서) 낚싯줄 끝에 낚싯봉을 달아 멀리 던져서 낚는 낚시 방법의 한 가지.

덛 〈옛〉덧. 동안. ¶밤 머글 덛만 ㅎ야도(月釋21:87).

덛덛ᄒ다[형] 〈옛〉떳떳하다. 늘 한결같다. ¶덛덛ᄒ 期限이 이시니(杜初25:39).

덜:[부] ①일정 기준보다 약하게. 정도에 못 미치게. ¶덜 춥다. /덜 높은 산. ②(주로 동사 앞에서) (보다) 적게. (보다) 줄여서. ¶살을 빼려고 요즘은 덜 먹는다. ③불충분하거나 불완전하게. ¶덜 익은 감. /잠이 덜 깨다. /아직 일이 덜 되었다. ①②←더.

덜거덕[부][하자타] ①크고 단단한 물건이 맞부딪쳐서 나는 약간 둔한 소리. 정도에 대문 잠그는 소리가 나다. [좐]달가닥. ②수레나 기계 따위가 순조롭게 움직이지 못하고 무슨 장애를 받아 걸리는 소리나 모양. [센]덜꺼덕·떨거덕·떨꺼덕. [큰]덜커덕. **덜거덕-덜거덕**[부][하자타].

덜거덕-거리다 [-꺼-][자타] 자꾸 덜거덕덜거덕하다. 덜거덕대다. ¶문짝이 덜거덕거린다. [좐]달가닥거리다.

덜거덕-대다 [-때-][자타] 덜거덕거리다.

덜거덩[부][하자타] 크고 단단한 물체끼리 부딪쳐 둔하게 울리는 소리. [좐]달가당. [센]덜꺼덩·떨거덩·떨꺼덩. [큰]덜커덩. **덜거덩-덜거덩**[부][하자타].

덜거덩-거리다 [-꺼-][자타] 자꾸 덜거덩덜거덩하다. 덜거덩대다. [좐]달가당거리다.

덜거덩-대다[자타] 덜거덩거리다.

덜걱[부][하자타] 크고 단단한 물건이 부딪치거나 걸릴 때에 나는 소리. [좐]달각. [센]덜꺽·떨걱·떨꺽. [큰]덜컥. **덜걱-덜걱**[부][하자타].

덜걱-거리다 [-꺼-][자타] 자꾸 덜걱덜걱하다. 덜걱대다. [좐]달각거리다.

덜걱-대다 [-때-][자타] 덜걱거리다.

덜걱-마루 [-정-][명] 디딜 때마다 덜걱덜걱 소리가 나는 허술한 마루.

덜겅[부][하자타] 단단한 물건이 가볍게 부딪칠 때에 굴리어 나는 약간 무거운 소리. [좐]달강. [센]덜껑·떨겅·떨껑. **덜겅-덜겅**[부][하자타].

덜겅-거리다[자타] 자꾸 덜겅덜겅하다. 덜겅대다. [좐]달강거리다.

덜겅-대다[자타] 덜겅거리다.

덜그럭[부][하자타] 크고 단단한 그릇 따위가 서로 가볍게 부딪쳐 나는 낮고 좀 무거운 소리. [좐]달그락. [센]덜끄럭. **덜그럭-덜그럭**[부][하자타].

덜그럭-거리다 [-꺼-][자타] 자꾸 덜그럭덜그럭하다. 덜그럭대다. ¶덜그럭거리며 설거지를 한다. [좐]달그락거리다.

덜그럭-대다[-때-]짜타 덜그럭거리다.

덜그럭툉하자타 크고 얇은 쇠붙이 따위가 가볍게 무엇에 부딪힐 때 울리어 나는 소리. ㉪달그랑. ㉭떨그렁. 덜그럭-덜그럭툉하자타.

덜그럭-거리다퇴짜타 자꾸 덜그렁덜그렁하다. 덜그렁대다. ㉪달그랑대다.

덜그렁-대다짜타 덜그렁거리다.

덜꺼덕툉하자타 〈덜거덕〉의 센말. ㉪달까닥. ㉭떨꺼덕.

덜꺼덩툉하자타 〈덜거덩〉의 센말. ¶대문이 덜꺼덩하고 닫힌다. ㉪달까당. ㉭떨꺼덩.

덜꺽툉하자타 〈덜걱〉의 센말. ㉪달깍. ㉭떨껑.

덜껑툉하자타 〈덜겅〉의 센말. ㉪달깡. ㉭떨겅.

덜께기튕 늙은 장끼(수꿩).

덜:다[더니·덜어]퇴 ①일정한 수량이나 정도에서 얼마를 떼어 줄이다. ¶밥을 덜다. ②어떤 상태나 행동의 정도를 적게 하다. ¶이제야 겨우 근심을 덜었다.

덜덜[1]튕하자타 (춥거나 두려워서) 몸을 몹시 떠는 모양. ¶추위에 덜덜 떨다. ㉪달달[1].

덜덜[2]튕하자타 (수레바퀴 따위가) 단단한 바닥 위를 구르며 내는 무거운 소리. ¶빈 수레가 덜덜 소리를 내며 가다. ㉪달달[2]. ㉭떨떨.

덜덜-거리다[1]짜타 (춥거나 두려워서) 몸을 자꾸 떨다. 덜덜대다[1]. ㉪달달거리다[1].

덜덜-거리다[2]짜타 (수레바퀴 따위가 구르며) 자꾸 덜덜 소리를 내다. 덜덜대다[2]. ㉪달달거리다[2].

덜덜-대다[1]짜타 ☞덜덜거리다[1].

덜덜-대다[2]짜타 ☞덜덜거리다[2].

덜:-되다[-되-/-뒈-]휑 (하는 짓이나 생각이) 모자라고 온당하지 못하다. ¶하는 짓을 보니 덜된 놈이더라.

덜:-떨어지다휑 [쇠딱지가 덜 떨어졌다는 뜻으로] 나이에 비해 하는 짓이나 말이 어리고 미련하다.

덜렁[1]튕〈단령(團領)〉의 변한말.

덜렁[2]튕 ①(큰 방울 따위가) 한 차례 흔들리어 무겁게 울리는 소리. ㉭떨렁. ②(좀 큰 물건이) 매달려 있는 모양. ¶천장 높이 덜렁 매달린 상들레에. ③침착하지 못하게 행동하는 모양. ¶부모님과 상의도 않고 혼자 덜렁 약속해 버렸다. ㉪달랑[1]. 덜렁-덜렁튕하자타.

덜렁[3]튕 (좀 커 보이는 물건을) 쉽게 들어 올리거나 든 모양. ¶힘이 좋아서 꽤 큰 돌도 덜렁 들어 올린다. ㉪달랑[2].

덜렁[4]튕 (몹시 놀라거나 충격을 받아서) 가슴이 움찔하며 울리는 모양. ¶가슴이 덜렁 내려앉다. ㉫철렁. ㉪달랑[3]. 덜렁-덜렁튕하자.

덜렁[5]튕 ①여럿 가운데서 단 하나만 남아 있는 모양. ¶큰 집에 나 혼자 덜렁 남았다. ②가진 것이나 딸린 것이 적어서 아주 단출한 모양. ¶지팡이 하나만 덜렁 들고 길을 나섰다. ㉪달랑[4].

덜렁-거리다짜타 자꾸 덜렁덜렁하다. 덜렁대다. ¶너는 덜렁거려서 탈이다. ㉪달랑거리다.

덜렁-대다짜타 덜렁거리다.

덜렁-말튕 함부로 덜렁거리는 말. 꽝당마(光唐馬).

덜렁-쇠[-쇠/-쉐]튕 '덜렁거리는 사람'을 홀하게 이르는 말. 덜렁이. ㉪달랑쇠.

덜렁-이튕 ☞덜렁쇠.

덜렁-이다 [I]짜 (행동이) 좀 경망하다. ㉪달랑이다.
[II]짜타 (큰 방울 따위가) 흔들리어 잇달아 소리가 나다, 또는 그런 소리를 내다. ㉪달랑이다.

덜레-덜레튕하자 건들건들 거닐거나 행동하는 모양. ¶덜레덜레 길을 걷다. ㉪달래달래. ㉦털레털레.

덜름-하다휑어 (입은 옷이 아랫도리가 드러나도록) 짧다. ¶일 년 사이에 많이 자랐는지 작년에 입던 바지가 덜름하다.

덜-리다다퇴 ['덜다'의 피동] 덞을 당하다. ¶월급 몇 푼 받는 것도 이것저것 덜리고 나니 남는 게 별로 없다.

덜:-먹다[-따]짜 하는 짓이 온당하지 못하고, 제멋대로 나가다. 덜 돼먹다. ¶나잇살이나 먹고서도 덜먹는 짓만 한다.

덜미[1]튕 '뒷덜미'와 '목덜미'를 아울러 이르는 말. 덜미에 샛밥을 짊어졌다[속] 생사(生死)의 기로에 처하여 있음을 이르는 말. 덜미를 누르다[관용] ①재촉하여 몰아세우다. ②(남의) 약점을 잡다. 덜미(를) 잡히다[관용] ①(남몰래 좋지 않은 일을 꾸미다가) 발각되다. ¶도둑질을 하다 덜미를 잡혀 경찰에 체포되다. ②쉽게 여기고 덤볐던 일이 뜻밖에 어렵게 꼬여 벗어나지 못하게 되다. 덜미(를) 짚다[관용] ①덜미잡이를 하다. ②덜미를 누르듯이 몹시 재촉하다.

덜미[2]튕 남사당패의 여섯 가지 놀이 중에서 마지막 놀이인 '꼭두각시놀음'을 이르는 말.

덜미-쇠[-쇠/-쉐]튕 남사당패에서, 꼭두각시놀음을 하는 재인(才人)의 우두머리.

덜미-잡이튕하타 사람의 뒷덜미를 움켜잡고 몰아가는 짓. ¶덜미잡이로 끌려가다.

덜:밑-[大門](-大門)[-미때-/-민때-]튕 집의 큰 채 뒤쪽에 있는 대문.

덜커덕튕하자타 (기계나 연장이) 무엇에 거칠게 걸리거나 고장으로 멈추어질 때 나는 소리. ㉪달카닥. ㉭떨커덕. ㉦덜거덕. 덜커덕-덜커덕튕하자타.

덜커덕-거리다[-꺼-]짜타 자꾸 덜커덕덜커덕하다. 덜커덕대다. ㉪달카닥거리다.

덜커덕-대다[-때-]짜타 덜커덕거리다.

덜커덩튕하자타 쇠붙이로 된 물체가 부딪쳐 크게 울리는 소리. ¶대문이 덜커덩하고 잠기다. / 기차가 덜커덩하고 멈췄다. ㉪달카당. ㉭떨커덩. ㉦덜거덩. 덜커덩-덜커덩튕하자타.

덜커덩-거리다[-꺼-]짜타 자꾸 덜커덩덜커덩하다. 덜커덩대다. ㉪달카당대다.

덜커덩-대다짜타 덜커덩거리다.

덜컥[1]튕 (기계나 연장이) 무엇에 걸리거나 고장으로 멈출 때 나는 소리. ㉪달칵. ㉭떨컥. ㉦덜걱. 덜컥-덜컥튕하자타.

덜컥[2]튕 ①(몹시 놀라거나 무서울 때 가슴이 내려앉는 듯한 모양. ¶겁이 덜컥 났다. ㉫떨컹[2]. ②갑자기 행동을 크게 저지당하거나 억눌리는 모양. ¶목덜미를 덜컥 잡혔다. ㉠덜컥-튕하자.

덜컥-거리다[-꺼-]짜타 자꾸 덜컥덜컥하는 소리가 나다, 또는 그런 소리를 내다. 덜컥대다. ㉪달칵거리다.

덜컥-대다[-때-]짜타 덜컥거리다.

덜컹[1]튕하자타 (쇠붙이로 된 기계 따위가) 움직이다가 갑자기 멈추거나 세게 부딪칠 때 나는 소리. ㉪달캉. ㉭떨컹. ㉦덜겅. 덜컹-덜컹튕하자.

덜컹[2]튕하자 놀라거나 무서울 때 가슴이 갑자기 내려앉는 듯한 모양. ¶놀라서 가슴이 덜컹 내려앉았다. ㉫덜컥[2]. 덜컹-덜컹튕하자.

덜컹-거리다[자타] 자꾸 덜컹덜컹하는 소리가 나다, 또는 그런 소리를 내다. 덜컹대다. ㉝달캉거리다.

덜컹-대다[자타] 덜컹거리다.

덜퍽-부리다[-뿌-][자] 큰 목소리로 떠들며 몹시 심술을 부리다.

덜퍽-스럽다[-쓰-따] [~스러우니·~스러워] [형] 푸지고 탐스러운 데가 있어 보이다. ¶찌개를 아주 덜퍽스럽게 끓였구나. **덜퍽스레**[부].

덜퍽-지다[-찌-][형] ①푸지고 탐스럽다. ¶새참을 덜퍽지게 담아 내오다. ②녁넉하게 크고 든든하다. ¶덜퍽진 황소. /떡 버티고 앉은 모습이 덜퍽지다. 回덤턱스럽다.

덜:-하다[-하어] 비교하여 보아 심하지 않거나 적다. ¶감기가 좀 덜하다. /값이 덜하다. ↔더하다.

덝기다[자] 〈옛〉물들이다. ¶이대 아로미 덝규ㅁ로(楞解9:57).

덝다다[자] 〈옛〉물들다. ¶世間法에 덝디 아니호미(法華5:119).

덤[명] ①물건을 사고팔 때, 제 값어치 외에 조금 더 얹어 주거나 받는 물건. ¶덤으로 한 개를 더 드립니다. ②맞수 바둑에서, 흑을 쥐고 먼저 두는 쪽이 이�ठ을 경우, 이긴 돌의 수에서 일정한 수를 접어주는 일. ¶덤으로 6호 반을 공제하다.

덤덤-하다[형어] ①말할 자리에서 아무 표정도 나타내지 않고 묵묵하다. ¶덤덤하게 앉아 있다. ②(일을 당하여도) 아무 느낌도 없다. ¶덤덤한 심경. ③(음식 맛이) 싱겁고 밍밍하다. ¶된장국 맛이 덤덤하다. **①②덤덤-히**[부].

덤:-받이[-바지][명] 개가(改嫁)하여 온 아내가 데리고 들어온 자식.

덤벙[부][하자타] 크고 묵직한 물건이 물에 떨어져 잠길 때에 나는 소리, 또는 그 모양. ¶개울물 속으로 덤벙 뛰어들었다. ㉝담방. ㉠텀벙. 덤벙-덤벙[부][하자타].

덤벙-거리다¹[자타] (크고 묵직한 물건이) 자꾸 덤벙덤벙하는 소리를 내며 물에 떨어지다. 덤벙대다¹. ㉝담방거리다¹.

덤벙-거리다²[자] 어쩔 줄 몰라 허둥거리다. 덤벙대다². ¶좀 차분하지 못하고 왜 그리 덤벙거리니? 덤벙대다². ㉝담방거리다².

덤벙-대다¹[자타] ⇨덤벙거리다¹.

덤벙-대다²[자] ⇨덤벙거리다².

덤벼-들다[~드니·~들어][자] ①함부로 달려들다. 대들다. ¶어른에게 덤벼들다. ②무엇을 이루기 위해 적극적으로 뛰어들다. ¶새로운 사업에 혼신을 다하여 덤벼들었다.

덤부렁-듬쑥[부][하] 수풀이 우거지고 깊숙한 모양.

덤불[명] 엉클어진 얕은 수풀. ¶장미 덤불.

덤불-김치[명] 무청이나 배추의 지스러기 따위로 담근 김치.

덤불-숲[-숩][명] 덤불로 들어찬 수풀. *덤불숲이[-수피]·덤불숲만[-숨-]

덤불-지다[자] (떨기나무나 덩굴 따위가) 덤불을 이루다.

덤불-혼인(-婚姻)[명][하자] 인척 관계에 있는 사람끼리 하는 혼인. 回겹혼인.

덤비다[자] ①대들다. 싸움을 걸다. ¶자, 덤벼라! /줘방울만 한 녀석이 감히 나에게 덤비다니. ②서두르다. ¶덤빈다고 일이 되나? ③아무 일에나 마구 끼어들거나 달려들다. ¶너는 이 일에는 덤비지 마라.

덤뻑[부] 생각 없이 함부로 덤비는 모양. ¶잘 알아보지도 않고 덤벼 투자하다니. ㉝덤빡.

덤터기[명] ①(남에게 넘겨씌우거나 남에게서 넘겨 맡은) 큰 걱정거리나 허물 따위. ¶덤터기를 쓰게 되다. /덤터기를 씌우다. ②억울한 누명이나 오명. ¶덤터기를 쓰고 징역을 살다. ㉝담타기.

덤턱-스럽다[-쓰-따] [~스러우니·~스러워] [형] 보기에 푸지고 매우 크다. ¶통째 삶은 돼지가 덤턱스럽게 놓여 있다. 回덜퍽지다. **덤턱스레**[부].

덤프-차(dump車)[명] ⇨덤프트럭.

덤프-트럭(dump truck)[명] 짐칸을 뒤쪽으로 기울여서 실은 짐을 한꺼번에 부릴 수 있게 만든 트럭. 덤프차. ¶덤프트럭에 모래를 싣다.

덤핑(dumping)[명][하타] 시장의 새로운 판로를 개척하기 위해 채산을 무시하고 싼값으로 상품을 파는 일. ¶덤핑 판정을 받다.

덤핑^관세(dumping關稅)[명] 외국의 덤핑에 대항하여 부과되는 차별적인 고율 관세.

덢거츨다[자] 〈옛〉덖거칠다. ¶긔 잔 더 ㄱ티 덢거츠니 업다(樂詞.雙花店).

덥가나모[명] 〈옛〉떡갈나무. ¶어욱새 속새 덥가나모 白楊 수페(松江.將進酒辭).

덥갈나모[명] 〈옛〉떡갈나무. ¶덥갈나모 륵:櫟(訓蒙上10).

덥:다[-따][더우니·더워][형] ①(날씨나 기운에서) 높은 열기를 느끼다. ¶날씨가 덥다. /방이 덥다. ↔춥다. ②(물체에) 열기가 있다. ¶더운 목욕물. ⇒차다4.

덥석[-썩][부] 왈칵 달려들어 넝큼 움켜잡는 모양. ¶형님은 내 손을 덥석 잡은 채 말이 없었다. 回덥뻑. ㉝답삭. **덥석-덥석**[부][하].

덥수룩-하다[-쑤루카-][형어] (더부룩하게 많이 난 수염이나 머리털이) 어수선하게 덮여 있다. ¶얼굴에 수염이 덥수룩하다. **덥수룩-이**[부].

덥써츨다[자] 〈옛〉덖거칠다. ¶덥써츨 울:鬱(石千18).

덥적[-쩍][부][하자] ①왈칵 덤벼 급히 움직이는 모양. ②무슨 일에나 쉽게 나서거나 참견하는 모양. ¶아무 데나 덥적 나선다. ③남에게 붙임성 있게 구는 모양. ¶낯선 사람에게도 덥적 말을 붙인다. ㉝답삭. **③덥적-덥적**[부][하자].

덥적-거리다[-쩍꺼-][자] 자꾸 덥적덥적하다. 덥적대다. ㉝답작거리다.

덥적-대다[-쩍때-][자] 덥적거리다.

덥적-이다[-쩌기-][자] ①왈칵 덤벼서 급히 움직이다. ②무슨 일에나 쉽게 나서거나 참견하다. ③남에게 붙임성 있게 굴다. ㉝답작이다.

덥절덥절-하다[-쩔-쩔-][형어] (말이나 하는 짓이) 남에게 붙임성이 있다.

덧[덛][명] 빌미나 탈. ¶농담 한마디가 덧이 되어 싸움이 벌어졌다. *덧이[더시]·덧만[던-]

덧[명] 〈옛〉때. 짬. ¶져근더싀 느저가니(癸丑98). /春光이 덧이 업서(靑丘57). ㉤딘.

덧-[덛][접두]〈일부 명사나 동사 앞에 붙어〉'거듭' 또는 '덧붙임'의 뜻을 나타냄. ¶덧니. /덧신. /덧저고리. /덧대다.

덧-가지[덛-][명] (쓸데없이) 하나 더 난 가지.

덧-거름[덛꺼-][명] 자라나는 농작물에 주는 거름. 보비(補肥). 웃거름. ㉝밑거름.

덧-거리[덛꺼-][명] ①알맞은 수량 이외에 덧붙은 물건, 또는 덧붙이는 일. ②[하타] 사실을 지나치게 불려 말하는 일.

덧-거리-질[덛꺼-][명][하타] 덧거리를 하는 짓.

덧-거칠다[덛꺼-][~거치니·~거칠어]휑 일이 순조롭지 못하고 가탈이 많다.

덧-걸다[덛껄-][~거니·~걸어]퇴 ①걸어 놓은 것의 위에 포개어 걸다. ②씨름에서, 상대편의 왼다리 바깥쪽에 자기의 오른다리를 걸어서 당기다.

덧걸-리다[덛껄-]재 ①['덧걸다'의 피동] 겹쳐 걸리다. ②한 가지 일에 다른 일이 겹치다.

덧-걸이[덛꺼리]명 씨름의 다리 기술의 한 가지. 오른다리로 상대편의 왼다리를 밖에서 안으로 걸고 허리를 당겨 넘어뜨리는 공격 기술.

덧-게비[덛께-]명 이미 있는 것 위에 다시 덧대거나 덧보탬, 또는 그런 일이나 물건.

덧게비-치다[덛께-]퇴 다른 것 위에 덧엎어 대다.

덧-겹닿소리[덛껍따쏘-]명 ☞차성중자음.

덧-구두[덛-]명 '덧신'의 잘못.

덧-그림[덛끄-]명 그림 위에 얇은 종이를 덮어 대고 그것을 본떠 그린 그림.

덧-깔다[덛-][~까니·~깔아]퇴 깔아 놓은 것 위에 더 덮어 깔다.

덧-나다[덛-]재 ①(상처나 병 따위가) 잘못되어 더치게 되다. ②노영이 일어나다. ¶감정이 덧나서 저 야단이다.

덧-나다[덛-]재 덧붙거나 제자리를 벗어나서 나다. ¶이가 덧나다.

덧-날[덛-]명 대팻날 위에 덧붙여서 끼운 날.

덧날-막이[덛-]명 대패의 덧날 위에 가로 끼워 놓은 쇠붙이.

덧내다[덛-]퇴 ['덧나다'의 사동] 덧나게 하다. 덧나게 만들다. ¶상처를 긁어서 덧내다.

덧-널[덛-]명 '곽(槨)'의 속된 말.

덧-놓다[덛노타]퇴 놓은 것 위에 겹쳐 놓다. ¶물건들을 이렇게 마구 덧놓으면 밑의 것은 어떻게 꺼내지?

덧-눈[덛-]명 종자식물에서, 한 잎겨드랑이에 여러 개의 곁눈이 생기는 경우, 가장 크고 정상적인 것 이외의 곁눈(副芽).

덧-니[덛-]명 이가 난 줄의 곁에 겹으로 난 이.

덧니-박이[덛-]명 덧니가 난 사람.

덧-대다[덛때-]퇴 댄 것 위에 포개어 대다. ¶헝겊을 덧대어 깁다.

덧-덮다[덛떱따]퇴 덮은 것 위에 겹쳐 덮다. ¶감기가 들어 이불을 여러 겹으로 덧덮고 자다.

덧-두리[덛뚜-]명 ①정해진 액수에 얼마를 더 보탬, 또는 그 값. ¶덧두리를 주고 겨우 자재를 구했다. ②(물건을 서로 바꿀 때) 값을 서로 따져 에긴 차액을 채워서 내는 현금. 웃돈.

덧-들다[덛뜰-][~드니·~들어]재 선잠이 깬 채 다시 잠이 잘 들지 아니하다. ¶잠이 덧들어 뜬눈으로 새다.

덧들-이다[덛뜨리-]퇴 ①(남을 건드려) 덧나게 하다. ②병세를 더치게 하다. ¶병을 낫게 하려는 노릇이 도리어 덧들이다.

덧들-이다[덛뜨리-]퇴 ['덧들다'의 사동] (잠을) 덧들게 하다. ¶잠을 덧들이다.

덧띠^토기(-土器)[덛-]명 그릇의 표면에 띠 모양의 흙을 덧붙여 무늬를 낸 토기. 청동기 시대 후기에 만들어졌음.

덧-머리[덛-]명 자기 머리에 덧쓰는 가발.

덧무늬^토기(-土器)[덛-니-]명 겉면에 띠 모양의 흙을 약간 돋아 나오게 덧붙여 무늬를 낸 토기. 빗살무늬 토기보다 시기적으로 조금 앞선다.

덧-문(-門)[덛-]명 ①겉창. ②원래의 문짝 겉쪽에 덧단 문을 통틀어 이르는 말.

덧-묻다[덛-따]재 묻은 것 위에 겹쳐 묻다.

덧-물[덛-]명 ①이미 있거나 둔 물 위에 더 두는 물. ¶밥솥이 작아서 덧물을 두었더니 밥이 조금 질다. ②얼음 위에 괴어 있는 물.

덧-바르다[덛빠-][~바르니·~발라]퇴르 바른 것 위에 포개어 바르다. ¶물감을 덧바르다.

덧-바지[덛빠-]명 속바지 위에 덧입는, 통이 넓은 큰 바지.

덧-방(-枋)[덛빵]명 ①이미 있는 것 위에 다른 것을 덧대는 일, 또는 그런 물건. ¶부러진 의자 다리에 덧방을 붙여 버티다.

덧방-나무[덛빵-]명 수레의 양쪽 변죽에 대는 나무.

덧-버선[덛뻐-]명 버선이나 양말 위에 겹쳐 신는 목 없는 버선.

덧-보태다[덛뽀-]퇴 보탠 것 위에 겹치어 보태다. ¶월급에 상여금까지 덧보태니 제법 목돈이 되었다.

덧-뵈기[덛뾔-/덛뻬-]명 남사당패의 여섯 가지 놀이에서, 다섯째 놀이인 '탈놀음'을 이르는 말.

덧뵈기-쇠[덛뾔-쉐/덛뻬-쉐]명 남사당패에서, 덧뵈기를 맡은 뜬쇠.

덧뵈기-춤[덛뾔-/덛뻬-]명 경상도 지방의 야유(野遊)나 오광대 등 탈춤에서 쓰이는 춤사위.

덧-붙다[덛뿓따]재 ①있는 것 위에 겹쳐 붙다. ②군더더기가 달라붙다.

덧붙-이[덛뿓치]명 ①덧붙여서 하는 일, 또는 그런 물건. ②사람이 군더더기로 딸려 있는 일, 또는 그 사람.

덧붙-이다[덛뿓치-]퇴 ①['덧붙다'의 사동] 덧붙게 하다. ¶문에 창호지를 덧붙이다. ②(앞서 한 말에) 더 보태어 말하다.

덧-빗[덛삗]명 머리를 깎을 때 머리털을 조금 길게 남기기 위하여, 이발기의 날 밑바닥에 덧끼는 빗 모양의 쇠붙이. *덧빗이[덛삐시]·덧빗만[덛삔-]

덧-뿌리다[덛-]퇴 씨앗을 뿌린 뒤에 다시 더 뿌리다.

덧-새벽[덛쌔-]명 (벽이나 방바닥 따위에 발랐던 새벽이 갈라졌을 때) 덧붙여 바르는 새벽.

덧-셈[덛쎔]명하자 둘 이상의 수나 식을 합으로 셈함, 또는 그런 셈법. 가법. 가산. ↔뺄셈.

덧셈-법(-法)[덛쎔뻡]명 덧셈하는 법. 가법(加法). ↔뺄셈법.

덧셈^부호(-符號)[덛쎔-]명 덧셈을 나타내는 표인 '＋'의 이름. 덧셈표. 플러스. ↔뺄셈부호.

덧셈-표(-標)[덛쎔-]명 ☞덧셈 부호. 가표(加標). 플러스. ↔뺄셈표.

덧-소금[덛쏘-]명 채소나 생선 따위를 절일 때 맨 위에 더 뿌리는 소금.

덧-수(-數)[덛쑤]명 ☞가수(加數)².

덧-신[덛씬]명 신 위에 덧신는 신.

덧-신다[덛씬따]퇴 (양말이나 신을) 신은 데에 더 포개어 신다. ¶양말을 덧신다.

덧-쓰다[덛-][~쓰니·~써]퇴 쓴 것 위에 더 포개어 쓰다. ¶하도 추워서 모자를 덧썼다.

덧씌우다[덛씨-]퇴 ['덧쓰다'의 사동] 씌운 데다 다시 더 씌우다. ¶죄를 덧씌우다.

덧-양말(-洋襪)[덛냥-]명 (신은 양말 위에) 덧신는 목 짧은 양말.

덧-양판[덛냥-]명 대패질할 때, 양판 위에 덧놓는 좁고 길쭉한 나무.

덧-없다[더덥따]휑 ①(세월의 흐름이) 허무하게 빠르다. ¶덧없는 세월. ②무상(無常)하다. ¶덧없는 인생. **덧없-이**튀.

덧-옷[더돋]圓 옷 위에 겹쳐 입는 옷. *덧옷이[더도시]·덧옷만[더돈-]

덧-입다[던닙따]囿 입은 위에 더 겹쳐 입다. ¶저고리를 입은 위에 마고자를 덧입다.

덧-장판(-壯版)[덛짱-]圓 해진 헌 장판 위에 덧바른 장판.

덧-저고리[덛쩌-]圓 저고리 위에 겹쳐 입는 저고리.

덧-정(-情)[덛쩡]圓《주로 '없다'와 함께 쓰이어》①한곳에 오래 정이 들면 주변의 것까지 다정하게 느껴지는 정. ②더 끌리는 마음.

덧-줄[덛쭐]圓 ☞가선(加線).

덧-창(-窓)[덛-]圓 겉창.

덧-칠(-漆)[덛-]圓旁囿 ①칠한 데에 겹쳐 칠하는 칠. *밑그림에 덧칠을 하다. ②그릇을 굽기 전에, 고운 진흙을 푼 물에 담가서 겉면에 얇은 막을 입히는 일.

덧-토시[덛-]圓 토시 위에 겹쳐서 끼는 토시.

덩圓 공주나 옹주가 타던 가마.

덩-거칠다[~거치니·~거칠어]囮 ①(초목의) 덩굴이 뒤엉혀 거칠다. ②사람의 생김새나 행동 따위가 매우 거칠다.

덩굴圓 벋어 나가 다른 물건에 감기기도 하고 땅바닥에 퍼지기도 하는 식물의 줄기. 넝쿨.

덩굴-걷이[-거지]圓旁囿 ①덩굴을 걷어치우는 일. ②덩굴을 걷으면서 따 낸 어린 열매.

덩굴^뒤집기[-끼]밭에 심은 오이·호박 등의 덩굴을 뒤집는 일.

덩굴-무늬[-니]圓 여러 가지의 덩굴풀이 비꼬여 벋어 나가는 모양의 무늬. 당초. 당초무늬. 당초문.

덩굴-손圓 (오이·포도·나팔꽃 따위와 같이) 잎이나 가지가 실같이 변형하여 다른 물체에 감기어서 줄기를 지탱하는 역할, 가는 덩굴. 권수(卷鬚).

덩굴^식물(-植物)[-싱-]圓 덩굴이 지고 줄기가 다른 물체에 감기거나, 또는 덩굴손 따위로 다른 물체에 붙어 올라가는 식물을 통틀어 이르는 말. 만성 식물(蔓性植物).

덩굴-장미(-薔薇)圓 장미과의 낙엽 관목. 흔히 울타리 삼아 심는 덩굴성 식물로, 줄기는 5m가량 벋음. 줄기에는 가시가 드문드문 있고 깃 모양의 겹잎이 이긋맞게 남. 꽃은 6~7월에 피는데, 빨간 꽃이 흔하고 그 밖에 여러 가지 색이 있음.

덩굴-줄기圓 다른 물건에 의지하여 위로 올라가는 덩굴의 줄기. 만경(蔓莖). 상승경(上昇莖).

덩굴-지다囝 식물의 줄기가 덩굴이 되어서 가로 벋다.

덩굴-치기圓 식물의 필요 없는 덩굴을 솎아 잘라 내는 일.

덩굴-풀圓 덩굴져서 벋는 풀. 만초(蔓草).

덩그렇다[-러타][덩그러니·덩그레]囮旁 ①홀로 우뚝 솟아 있다. ¶덩그렇게 솟은 집. ②(큰 물의 안이) 텅 비어 쓸쓸하다.

덩-달다囝 멋모르고 남이 하는 대로 따라 하다. 《주로, '덩달아'·'덩달아서'의 꼴로 쓰임.》¶영문도 모르고 덩달아서 춤을 추다.

덩더-꿍旁 ①旁囝北이나 장구를 흥겹게 두드리는 소리. ¶덩덩 덩더꿍. ②囝旁덩달아 덤비는 꼴. 덩더꿍-덩더꿍旁囝囝.

덩더꿍이-장단圓 자진모리장단과 같은 농악 장단의 한 가지.

　덩더꿍이 소출(관용) 그때그때 돈이 생기는 대로 흥청망청 쓰고, 없으면 쪼들리는 대로 지냄을 이르는 말.

덩-더럭旁 장구를 울리는 소리. ¶덩더럭 덩더꿍.

덩덕새-머리[-쎄-]圓 빗지 않아서 더부룩한 머리.

덩덩旁囿囝 쇠붙이로 된 그릇이나 북·장구 따위를 가볍게 쳤을 때 낮게 울리어 나는 소리.

덩덩-거리다囝 자꾸 덩덩하는 소리가 나다, 또는 그런 소리를 내다. 덩덩대다.

덩-덩그렇다[-러타][~덩그러니·~덩그레]囮 매우 덩그렇다.

덩덩-대다囝 덩덩거리다.

덩두렷-하다[-려타-]囮囸 덩실하고 두렷하다. ¶대보름달이 덩두렷하게 떠올랐다.

덩둘-하다囮囸 ①매우 둔하고 어리석다. ②어리둥절하여 멍하다. ¶덩둘한 표정. 덩둘-히旁.

덩드럭-거리다[-꺼-]囝 자꾸 덩드럭덩드럭하다. 덩드럭대다.

덩드럭-대다[-때-]囝 덩드럭거리다.

덩드럭-덩드럭[-떵-]旁囿 ①잘난 체하며 자꾸 거드럭거리는 모양. ②흥이 나서 자꾸 떠들썩하게 노는 모양.

덩실旁 팔다리를 한 차례 크고 흥겹게 놀리는 모양. ¶몸시 기뻐서 덩실 춤을 추다. 졩당실.

덩실-덩실旁囿 덩실거리다. 덩실대다. 졩당실당실.

덩실-거리다囝囿 자꾸 덩실덩실하다. 덩실대다. 졩당실거리다.

덩실-대다囝囿 덩실거리다.

덩실-하다囮囸 (건물 따위가) 웅장하게 높다. 졩당실하다.

덩싯-거리다[-싣꺼-]囝 자꾸 덩싯덩싯하다. 덩싯대다. 졩당싯거리다.

덩싯-대다[-싣때-]囝 덩싯거리다.

덩싯-덩싯[-싣덩싣]旁囿 누운 채 팔다리를 부드럽게 놀리는 모양. 졩당싯당싯.

덩어리圓 ①크게 뭉쳐진 덩이. ②한뜻이 되어 뭉쳐진 집단. ¶군민이 한 덩어리가 되다. ③『의존 명사적 용법』크게 뭉쳐 이루어진 것을 세는 단위. ¶떡 한 덩어리를 다 먹다.

덩어리-지다囝 덩어리가 되다. ¶덩어리진 흙.

덩이圓 ①작은 덩어리. ¶눈 덩이. ②일부 명사 뒤에 붙어, 그러한 성질을 가지거나 그러한 일을 일으키는 사람·사물을 나타내는 말. ¶골칫덩이. /심술덩이. ③『의존 명사적 용법』작게 뭉쳐 이루어진 것을 세는 단위. ¶메주 다섯 덩이.

덩이-덩이圓 여러 덩이. ¶덩이덩이 열린 수박.

덩이-뿌리圓 식물의 뿌리의 한 가지. 뿌리가 비정상적으로 살이 찐 것으로, 둥글거나 물렛가락 모양으로 된 것을 이름.〔고구마·쥐참외 따위의 뿌리.〕괴근(塊根).

덩이-줄기圓 식물의 땅속줄기가 가지를 치고 그 끝에 양분을 저장하여 살이 찐 것.〔감자·돼지감자 따위의.〕괴경(塊莖).

덩저리圓 ①뭉쳐서 쌓인 물건의 부피. ¶덩저리가 크다. ②〈몸집〉의 속된 말.

덩지圓 '덩치'의 잘못.

덩치圓 몸집의 크기. ¶덩치가 큰 사람.

덩칫-값[-치깝/-친깝]圓 몸집에 어울리는 말과 행동. ¶이 사람아, 덩칫값을 하게나. *덩칫값이[-치깝씨/-친깝씨]·덩칫값만[-치깜-/-친깜-]

덩쿨圓 '덩굴'의 잘못.

덩크^슛〔← dunk shoot〕圓 농구에서, 높이 뛰어올라 바스켓 위에서 볼을 내리꽂듯이 집어 넣는 슛.

덫[덛]圓 ①짐승을 꾀어 잡는 기구의 한 가지.〔짐승의 몸의 한 부분이 닿으면 치여서 빠져나가지 못하게 되어 있음.〕¶덫을 놓아 토끼를 잡았다. ②남을 모함하거나 해치려는 교활한 꾀를 비유하여 이르는 말. *덫이[더치]·덫만[던-]

덫에 치인 범이요, 그물에 걸린 고기라[속담] 헤어날 길이 완전히 막힌 처지를 이르는 말.

덛다[타] 〈옛〉 더듬다. ¶ 일 더토딕(杜初15:41). @허덡다.

덮-개[덥깨][명] ①덮어 가리는 물건을 흔히 이르는 말. ②잘 때 덮는 이불·담요 따위를 통틀어 이르는 말.

덮개[덥깨][명] 불교에서, 착한 마음을 덮어 가리는 탐욕이나 진심(瞋心)을 이르는 말.

덮개-돌[덥깨-][명] 고인돌에서 굄돌이나 받침돌 위에 올려진 큰 돌. 상석(上石).

덮개-유리[덥깨-琉璃][덥깨-][명] 현미경의 깔유리 위에 덮어 합치는 유리판. 커버 글라스. @깔유리.

덮-그물[덥끄-][명] 강·늪·해변 등 물 깊이가 얕은 곳에서 그물을 물고기 위에 덮어씌워서 잡는 그물.

덮다[덥따][타] ①(겉으로 드러나지 않게 뚜껑 따위를) 씌우거나 위에 얹어 놓아 가리다. ¶그릇을 덮다. /상자의 뚜껑을 덮다. ②(보호하기 위하여 위를) 가리다. ¶이불을 덮다. /밥상을 덮다. ③펼친 책을 다시 덮다. ④어떤 생각에 잠기다. ④일정한 구역을 무엇이 빈틈없이 꽉 채우다. ¶한길을 덮은 인파. /하늘을 덮은 구름. /우울한 분위기가 방 안을 덮고 있다. ⑤(어떤 행위를) 묵인하거나 감추다. ¶잘못을 덮어 주다. * 덮어·덮는[덥-]

덮-두들기다[덥뚜-][타] 사랑스러워 어루만져 두들기다. ¶아기를 덮두들겨 재우다.

덮-밥[덥빱][명] 더운밥에 장어구이·튀김·닭고기·달걀·채소 따위의 꾸미를 얹은 밥. 〔그 꾸미의 재료에 따라 장어덮밥·튀김덮밥·달걀덮밥 따위로 일컬음.〕

덮싸-쥐다[덥-][타] 덮듯이 하며 싸쥐다. ¶반가움에 서로 손을 덮싸쥐고 활짝 웃었다.

덮어-놓다[-노타][타] 사정이나 형편을 따지지 아니하다. 《주로, '덮어놓고'의 꼴로 쓰임.》 ¶덮어놓고 같이 가자고 한다.

덮어놓고 열섯 냥[열덧 냥] 금[속담] 내용을 헤아려 보지도 않고 함부로 판단함을 이르는 말.

덮어-쓰다[~쓰니~써][타] ①(위로부터) 덮을 듯이 뒤집어쓰다. ¶처네를 덮어쓰다. ②먼지·가루·물 따위를 온몸에 뒤집어쓰다. ¶흙먼지를 덮어쓰다. ③억울한 누명을 쓰다. ¶누명을 덮어쓰다.

덮어씌우다[-씌-][타] '덮어쓰다'의 사동 덮어씌게 하다. ¶누명을 남에게 덮어씌우다.

덮을-아(-襾)[명] 한자 부수의 한 가지. '覀'·'覀' 등에서의 '襾'의 이름.

덮-이다[덥-][자] 『'덮다'의 피동』 덮음을 당하다. ¶온 천지가 눈으로 덮이다. /인파에 덮인 공원.

덮쳐-누르다[덥쳐-][~누르니·~눌러][타]로 한꺼번에 들이닥쳐 누르다. ¶끝까지 반항하는 그를 덮쳐 눌러놓았다.

덮쳐-들다[덥쳐-][~드니·~들어][자] 들이닥쳐 모여들다. ¶경찰들이 범인한테 덮쳐들었다.

덮쳐-잡다[덥쳐-][타] 들이닥쳐 잡다. ¶아이는 팔짝 뛰어오르는 개구리를 덮쳐잡았다.

덮쳐-쥐다[덥쳐-][타] 들이닥쳐 쥐다. ¶동생이 과자를 덮쳐쥐다.

덮치-기[덥-][명] 새를 잡는 큰 그물.

덮-치다[덥-][Ⅰ][자] 좋지 아니한 여러 가지 일이 한꺼번에 닥치다. ¶엎친 데 덮친다. [Ⅱ][타] ①들이닥쳐 위에서 내리누르다. ¶토끼를 덮쳐서 잡다. ②(무엇을 잡기 위해) 뜻밖에, 또는 갑자기 들이치다. ¶경찰이 도박판을 덮치다.

덮-히다[데피-][자] '덮이다'의 잘못.

데[의] ①곳. 처소. ¶갈 데라도 있니? ②경우. 처지. ¶배 아픈 데 먹는 약. ③일. 것. ¶빨리 달리는 데는 치타를 따를 동물이 없다. /소설책 한 권을 다 읽는 데 사흘이 걸렸다.

데[어미] 모음으로 끝난 체언에 붙는 종결형 서술격 조사. ①'하게'할 자리에, 경험한 사실을 회상하여 일러 주거나 스스로의 느낌을 나타냄. ¶꽝장히 폭포데. ②'해라'할 자리에, 지난 일을 회상하여 묻는 뜻을 나타냄. ¶무엇을 만드는 회사데? ⑭이데.

데-[접두] 일부 동사 앞에 붙어, 그것이 불완전하다는 뜻을 나타냄. ¶데삶다. /데알다. ⑭설-.

-데[어미] 용언의 어간이나 높임의 '-시-' 또는 시제의 '-았(었)-'·'-겠-' 등에 붙는 하게체의 종결 어미. ①경험한 사실을 회상하여 일러 주거나 스스로의 느낌을 나타냄. ¶사람이 무척 많이 왔데. /시집을 잘 가서 참 좋겠데. ②지난 일을 회상하여 묻는 뜻을 나타냄. ¶그 사람 아직도 놀고먹데?

데걱[하자][타] 단단하고 좀 큰 물건들이 서로 부딪칠 때에 나는 소리. @대각. @떼걱1·떼걱·떼걱1. 데걱-데걱[부][하자][타]

데걱-거리다[-꺼-][자타] 자꾸 데걱데걱하다. 데걱대다. @대각거리다.

데걱-대다[-때-][자타] 데걱거리다.

데구루루[부] 크고 딱딱한 물건이 단단한 바닥에 떨어져 구르는 소리, 또는 그 모양. @대구루루. @떼구루루.

데굴-데굴[부][하자][타] ①크고 단단한 물건이 계속해서 구르는 모양. ②이리저리 함부로 구르는 모양. ¶땅바닥을 데굴데굴 구르다. @대굴대굴. @떼굴떼굴.

데그럭[하자][타] 크고 단단한 물건이 맞닿아 부딪치며 나는 소리. @대그락. @떼그럭. 데그럭-데그럭[부][하자][타]

데그럭-거리다[-꺼-][자타] 자꾸 데그럭데그럭하다. 데그럭대다. @대그락거리다.

데그럭-대다[-때-][자타] 데그럭거리다.

-데기[접미] 일부 명사 뒤에 붙어, '그와 관련된 일을 하거나 그런 성질을 가진 사람'을 얕잡거나 홀하게 이르는 뜻을 나타냄. ¶부엌데기. /새침데기.

데꺽[부][하자][타] 〈데걱〉의 센말. @대깍. @떼꺽1.

데꺽2[부] (부탁이나 지시한 일 따위의 처리가) 서슴지 않고 금세 이루어지는 모양. ¶말이 떨어지기 바쁘게 데꺽 해치우다. @떼꺽2.

데꾼-하다[형어] 몹시 지쳐 눈이 쑥 들어가고 정기가 없다. ¶밤새 잠을 못 자 눈이 데꾼하다. @대꾼하다. [부] 데꾼히[부].

데니어(denier)[의] 생사(生絲)나 인조견 실의 굵기를 재는 단위. 〔450 m의 실의 무게가 0.05 g일 때 1데니어라 함.〕

데님(denim)[명] 굵은 무명실로 짠 튼튼한 능직(綾織)의 면직물. 〔흔히 작업복이나 어린이 일상복에 쓰며, 청색 데님은 청바지의 원단임.〕

데:다1[Ⅰ][자] (어떤 일에 몹시 고통을 당하여) 그 일에 진저리가 나다. ¶공부라면 아주 데었다. [Ⅱ][자타] 뜨거운 것에 닿아 살이 상하다. ¶뜨거운 물에 데다. /손을 데다.

덴 소 날치듯[관용] '물불을 가리지 않고 함부로 날뛰는 모양'을 비유하여 이르는 말.

데다2[타] '데우다'의 잘못.

데데-하다[형어] 아주 변변하지 못하여 보잘것이 없다. ¶하는 짓이 데데하다.

데-되다[-되-/-뒈-]짜 됨됨이가 제대로 이루어지지 못하다. ¶ 데된 것은 버리다.

데드라인(deadline)명 ①더 이상은 넘어갈 수 없는 최종적인 한계. ②마감 시한(時限). 특히, 신문사의 원고 마감 시각을 이름. ¶ 데드라인을 넘기다.

데드마스크(death mask)명 '데스마스크'의 잘못.

데드^볼(dead ball)¹명 구기에서, 경기가 한때 중단된 상태.

데드^볼(dead+ball)²명 야구에서, 투수가 던진 공이 타자의 몸에 닿는 일. 사구(死球).

데려-가다타 함께 거느리고 가다. ¶ 수영장에 동생을 데려가다. ↔데려오다.

데려-오다타 함께 거느리고 오다. ¶ 친구를 데려오다. ↔데려가다.

데리다타 [불완전 동사] (아랫사람이나 동물 따위를) 거느리다. 자기 몸 가까이 있게 하다. 《'데리고'·'데리러'·'데려'의 꼴로만 쓰임.》 ¶ 항상 개를 데리고 다니다.

데릭^기중기(derrick起重機)명 철골(鐵骨) 구조의 높은 기둥과 그 아래 비스듬히 달린 팔로 이루어진, 기중기의 한 가지. 팔의 끝에 갈고리나 큰 그릇이 달려 있어 흔히 뱃짐을 싣고 푸는 데 쓰임. 부앙기중기.

데릴-사위(-써-)[-쒸]명 처가(妻家)에서 데리고 사는 사위. 예서(豫壻). 췌서(贅壻). ¶ 데릴사위를 들이다.

데릴사윗-감[-싸위깜/-싸윋깜]명 ①데릴사위로 삼을 만한 사람. ②'범절이 썩 얌전한 남자'를 비유하여 이르는 말. ③'남에게 귀염을 받지 못할 사람'을 조롱하여 이르는 말.

데림-추(-錘)명 '주견 없이 남에게 끌려 다니는 사람'을 얕잡아 이르는 말.

데마(←demagogy)명 ①(터무니없는) 선동. 선전. ②(인신 공격, 또는 모략중상의) 유언비어. 데마고기.

데마고그(demagogue)명 선동 정치가.

데마고기(demagogy)명 →데마.

데면-데면[뷔하웽 ①꼼꼼하거나 알뜰한 정성이 모자라 조심스럽지 않은 모양. ¶ 일을 데면데면 면하게 하다. ②대하는 태도가 친숙성이 없고 덤덤한 모양. ¶ 서로 대면데면한 사이. 데면데면-히뷔.

데모(demo)명 ①하자시위운동. ¶ 학생 데모. / 군중들이 구호를 외치며 데모를 벌이다. ②컴퓨터에서, 프로그램이나 하드웨어의 성능을 보여 주기 위한 시범.

데-밀다[~미나·~밀어]타 들이밀다. ¶ 신문을 문틈으로 데밀다.

데본-기(Devon紀)명 지질 시대 고생대의 실루리아기와 석탄기 사이의 시대. 약 3억 9500만 년 전부터 3억 4500만 년 전까지로, 양서류와 육생 식물이 나타났음.

데뷔(début 프)명하자 사교계·문단·연예계 따위에 처음 나타나는 일. ¶ 데뷔 작품. /문단에 데뷔하다.

데쁘다짜 [옛] 뜨다. ¶ 네 무수미 멀터이 데쀄(楞解3:106). /다민 덴뜬 너기미니(楞解1:65).

데살로니가-서(←Thessalonica書)명 신약 성서 중의 한 편. 사도 바울이 데살로니가에 있는 초대 교회에 보낸 목회 서간(牧會書簡). [전서 5장과 후서 3장으로 되어 있음.]

데삶-기다[-삼-]짜 『'데삶다'의 피동』 데삶음을 당하다. 덜 삶아지다. 완전히 삶기지 아니하다. ¶ 콩나물이 데삶기다.

데-삶다[-삼따]타 덜 삶다. 푹 삶지 아니하고 약간 삶다.

데생(dessin 프)명 ①하자소묘(素描). ¶ 모델을 앞에 두고 데생하다. ②밑그림.

데-생각명하자 깊이 규모 있게 하지 아니하고 어설프게 하는 생각.

데-생기다짜 덜 이루어지다.

데설-궂다[-굳따]웽 성질이 털털하여 꼼꼼하지 않다. ¶ 아들은 딸에 비해 데설궂다.

데설-데설[뷔하웽 성질이 털털하여 꼼꼼하지 못한 모양. ¶ 그의 데설데설한 성격이 회사 사람들에게 호감을 주는 모양이다.

데스-마스크(death mask)명 죽은 사람의 얼굴을 본을 떠서 만든 탈.

데스크(desk)명 ①신문사나 방송국 편집국의 각 부서의 책임자. ②호텔이나 병원 등의 접수처.

데스크톱(desktop)명 〈데스크톱 컴퓨터〉의 준말.

데스크톱^컴퓨터(desktop computer)명 개인의 책상 위에 설치할 수 있는 크기의 소형 컴퓨터. 惥데스크톱. 쵑노트북 컴퓨터·랩톱 컴퓨터.

데시-그램(decigram)의 무게의 단위. 1g의 10분의 1. [기호는 dg]

데시기다타 (먹고 싶지 않은 음식을) 억지로 먹다. ¶ 그렇게 밥을 데시기려거든 그만 먹어라.

데시-리터(deciliter)의 부피의 단위. 1l 의 10분의 1. [기호는 dl 또는 dL]

데시-미터(decimeter)의 길이의 단위. 1m의 10분의 1. [기호는 dm]

데시-벨(decibel)의 물리학에서 전력·전압·에너지·소리[음] 등의 양(量)의 상대적인 크기를 나타내는 단위의 한 가지. [기호는 dB]

데시-아:르(deciare)의 면적의 단위. 1아르의 10분의 1, 곧 10 m²에 해당함. [기호는 da]

데-식다[-따]짜 힘이나 맥이 빠지다. ¶ 의욕이 데식다.

데-알다[~아니·~알아]타 대강대강 알다.

데억-지다[-찌-]웽 지나치게 크거나 많다. ¶ 음식을 데억지게 마련하다.

데우다타 찬 것에 열을 가하여 덥게 하다. ¶ 목욕물을 데우다.

데유(-油)명 걸쭉하게 끓인 들기름. 갈모·쌈지 따위를 걷는 데 씀. 惥도유(塗油).

데이지(daisy)명 국화과의 다년초. 유럽 원산의 관상용 화초. 주걱 모양의 잎이 뿌리에서 많이 나오며, 봄부터 가을에 걸쳐 백색·홍색·담홍색 등의 꽃이 줄기 끝에 핌.

데이터(data)명 ①(결론을 내리는 데 근거가 되는) 사실. 자료. 참고 자료. ②컴퓨터로 프로그램을 운용할 수 있도록 기호와 숫자로 나타낸 자료. ¶ 각종 데이터를 입력하다.

데이터^뱅크(data bank)명 많은 자료를 컴퓨터에 입력해 두고 이용자의 요구에 따라 필요한 자료를 알려 주는 기관. 정보은행.

데이터베이스(database)명 ①소규모의 데이터뱅크. ②컴퓨터에서, 자료의 중복 등록을 피하기 위하여, 특정 업무나 프로그램에 예속시키지 않고, 다양한 업무에 여러 가지 형태로 이용할 수 있도록 설계된 정보 자료의 파일. 디비(DB).

데이터^처:리^장치(data處理裝置)명 주로 컴퓨터에 의하여 데이터의 분류·참조·계산·판단 등을 하는 장치.

데이터^통신(data通信)명 중앙 컴퓨터와 단말 장치를 전화·전신 회선에 연결하여 정보를 교환할 수 있게 해 놓은 체계.

데이트(date)명하자 이성 간의 만남, 또는 그 약속. ¶데이트 장소. /데이트를 즐기다.

데-익다[-따]자 덜 익다. 설다.

데:치다타 끓는 물에 잠깐 넣어 슬쩍 익혀 내다. ¶시금치를 데치다.

데카-그램(decagram)의 1 g의 10배에 해당하는 질량의 단위. 〔기호는 dag〕

데카당(décadent 프)명 ①19세기 말엽, 주로 프랑스를 중심으로 하여 나타난 문예상의 한 경향. 회의적 사상의 영향에 의하여 탐미적·퇴폐적·병적인 것을 즐겼음. ②데카당파의 문인·예술가. ③퇴폐적이며 자포자기적인 사람.

데카당¹문학(décadent文學)명 ☞퇴폐 문학.

데카당스(décadence 프)명 〔'퇴폐·타락'의 뜻으로〕 19세기 말, 프랑스를 중심으로 유럽 전역에 퍼진 풍조로서, 퇴폐적인 문화에 미적 동기를 구하는 관능주의를 이르던 말. 퇴폐파.

데카:르(decare)의 면적의 단위. 1아르의 10배.

데카-리터(decaliter)의 1ℓ의 10배가 되는 용량의 단위. 〔기호는 daℓ 또는 daL〕

데카-미:터(decameter)의 1 m의 10배가 되는 길이의 단위. 〔기호는 dam〕

데칼린(Decalin)명 나프탈렌에 수소를 작용시켜 만든 무색의 액체. 용제(溶劑)·발동기의 연료 등으로 쓰임.

데칼코마니(décalcomanie 프)명 회화(繪畫) 기법의 하나. 그림물감을 바른 종이를 두 겹으로 접어 눌렀다가 폈을 때 나타나는 대칭적·환상적 효과를 이용한 표현 방법.

데크레셴도(decrescendo 이)명 악보에서, 셈여림을 나타내는 말. '점점 여리게'의 뜻. 〔나타냄표는 '>', 또는 'decresc.'〕 ↔크레셴도.

데킬라(Tequila 스)명 멕시코의 대표적인 민속주의 하나. 〔멕시코 할리스코 주의 데킬라에서 아가베 잎이 50% 이상 함유된 술을 데킬라로 부른 데서 유래함.〕

데타셰(détaché 프)명 바이올린·비올라 따위를 켜는 법의 한 가지. 활을 현에서 떼지 않고 음을 끊어 음절을 분리하여 연주하는 일. 분리음.

데탕트(détente 프)명 긴장 완화. 특히, 국제간의 긴장 완화를 이름.

데퉁-맞다[-맏따]형 매우 데퉁스럽다.

데퉁-바리명 데퉁스러운 사람.

데퉁-스럽다[-따][~스러우니·~스러워]형ㅂ (말이나 하는 짓이) 거칠고 엉뚱하며 미련하게 보이다. **데퉁스레**부

데퉁-하다형여 언행에 조심성이 없고 엉뚱하며 미련하다.

데포르마시옹(déformation 프)명 자연 묘사에서, 의식적으로 확대하거나 변형시켜 묘사하는 근대 미술의 한 표현법.

데포르메(déformer 프)명 데포르마시옹을 하는 일.

데포-제(depot劑)명 단 한 번의 주사로 효과가 오래가는 약.

덱데구루루[-떼-]부 크고 단단한 물건이 빠르게 굴러 가는 무거운 소리, 또는 그 모양. 작댁대구루루. 셈떽떼구루루.

덱데굴[-떼-]부 단단하고 좀 큰 물건이 단단한 바닥에 떨어져 부딪치며 구르는 소리나 모양. 작댁대굴. 셈떽떼굴. **덱데굴-덱데굴**부하자

덱스트린(dextrin)명 녹말을 산·열 또는 효소의 작용으로 가수 분해 할 때 녹말에서 말토오스에 이르는 중간 단계에서 생기는 여러 가지 가수 분해 생성물을 통틀어 이르는 말. 호정(糊精).

덴겁-하다(-怯-)[-거파-]자여 (뜻밖의 일을 당하여) 몹시 허둥지둥하다. ¶꽤나 덴겁한 눈치더라.

덴덕-스럽다[-쓰-따][~스러우니·~스러워]형ㅂ 좀 더러운 느낌이 들어 개운하지 못하다. **덴덕스레**

덴덕지근-하다[-찌-]형여 몹시 덴덕스럽다.

덴:-둥이명 ①불에 덴 사람. ②미운 사람을 욕으로 이르는 말. ¶저 덴둥이만 없으면 속이 다 시원하겠다.

덴-바람명 '북풍(北風)'의 뱃사람 말.

델리카토(delicato 이)명 악보의 나타냄말. '섬세하고 아름다운 기분으로'의 뜻.

델린저^현:상(Dellinger現象)명 태양 표면의 폭발 현상과 관련된 사태로 짐작되는 무선 통신의 이상 감쇠 현상.

델타(delta)명 ①그리스 자모(字母)의 넷째인 '⊿·δ'의 이름. ②삼각주(三角洲).

델타¹날개(delta-)명 삼각형 모양으로 된 항공기의 날개. 삼각익(三角翼).

델타¹변:조(delta變調)명 펄스 변조의 한 형식. 전파의 진폭을 아주 적은 일정 값으로 증감시킬 때 나타나는 양(+), 음(-)의 펄스를 이용하여 데이터 신호·음성 신호·영상 신호 따위를 부호화하는 방법.

델타-선(delta線)명 하전(荷電) 입자가 물질을 통과할 때 물질 중에 이차적으로 발생하는, 비교적 에너지가 많은 전자선.

델타¹함:수(delta函數)[-쑤]명 영국의 물리학자 디랙(Dirac)이 도입한 수학의 적분 함수의 한 가지. 변수나 함수의 변량을 나타냄.

뎀뿌라(てんぷら[天麩羅] 일)명 '튀김'으로 순화.

뎅부 큰 종이나 두꺼운 쇠붙이로 된 큰 그릇 따위를 무겁게 울리어 나는 소리. 작댕. 셈뗑. **뎅-뎅**부하자

뎅겅¹부하자 쇠붙이로 된 것이 맞부딪쳐 나는 소리. 작댕강. 셈뗑껑. 부하자

뎅겅²부 (좀 굵거나 큰 것이) 여지없이 부러지거나 잘리어 나가는 모양. ¶목을 뎅겅 치다. 작댕강².

뎅겅-거리다자 자꾸 뎅겅뎅겅 소리가 나다, 또는 그런 소리를 내다. 뎅겅대다. 작댕강거리다.

뎅겅-대다자 뎅겅거리다.

뎅그렁부하자 방울이나 쇠붙이 따위가 매달려 흔들리면서 가볍게 부딪칠 때 나는 맑은 소리. 작댕그랑. 셈뗑그렁. **뎅그렁-뎅그렁**부하자

뎅그렁-거리다자 자꾸 뎅그렁뎅그렁하다. 뎅그렁대다. ¶워낭을 뎅그렁거리며 걷는 소. 작댕그랑거리다.

뎅그렁-대다자 뎅그렁거리다.

뎅글-뎅글부하여 책을 거침없이 줄줄 잘 읽는 소리, 또는 그 모양. ¶막내아들 녀석의 뎅글뎅글 글 읽는 소리가 듣기에도 신통하다. 작댕글댕글.

뎅-뎅부 큰 종이나 그릇 따위의 쇠붙이를 잇따라 두드리는 소리. 작댕댕².

뎅뎅-거리다자타 (큰 종이나 쇠붙이 따위가) 자꾸 뎅뎅 소리가 나다, 또는 그런 소리를 내다. 뎅뎅대다. 작댕댕거리다.

뎅뎅-대다자타 뎅뎅거리다.

뎌¹명 (옛) 저(笛). ¶ᄀᆞ슴 뎟소리 드로믈 正히 시름하노니(杜初7:4). 중세

뎌²대 (옛) 저. ¶이와 뎌와(訓諺). /뎌 타:他. 뎌 피:彼(訓蒙下24). /高城을란 뎌만 두고(鄭澈.關東別曲)

뎌고리〔명〕〈옛〉딱따구리. ¶부리 긴 뎌고리는 어느 골에 가 잇는고(古時調).

뎌구리〔명〕〈옛〉딱따구리. ¶뎌구리:啄木官(譯語下27).

뎌기〔명〕〈옛〉제기. ¶호 겨울은 뎌기 츠기 후고(朴解上17).

뎌러후다〔형〕〈옛〉저러하다. ¶德望이 뎌러후실씬(龍歌25章). /帝業을勤호미 뎌러후시니(龍歌5章).

뎌르다〔형〕〈옛〉짧다. ¶뎌를 단:短(類合下48). /곳 가지 제 뎌르며 기드다(金三2:12).

뎌림공〔부〕〈옛〉저렁컹. ¶이링공 뎌링공 후야 나즈란 디내와손뎌(樂詞.青山別曲).

뎌르다〔형〕〈옛〉짧다. ¶뎌른 후子스 가온디 갈홀 지엇도다(杜初9:7). 참뎌르다.

뎌삐〔명〕〈옛〉접때. ¶뎌삐 어러이 도로몯(杜初8:34).

뎍다〔타〕〈옛〉적다. 기록하다. ¶그때 심회야 어이 내내 뎍스오리잇가(蕭宗大王 諺簡).

뎔〔명〕〈옛〉절¹. ¶城 밧긔 닐굽 뎔 닐어(月釋2:77).

뎝개〔명〕〈옛〉전동. 전통(箭筒). ¶뎝개:箭(訓蒙中29).

뎝시〔명〕〈옛〉접시. ¶나모 뎝시:木楪子(老解下30).

뎡바기〔명〕〈옛〉정수리. ¶뎡바기옛 光明이 업스며(月釋2:13).

뎔〔명〕〈옛〉저[笛]. ¶笛은 뎌히라(釋譜13:53). /뎔기 자븐 뎌훌 부루믈 마디 아니후ㄴ다(杜初15:52).

뎨〔대〕〈옛〉①저기. ¶뎨 가는 뎌 각시 본 듯도 흐뎌이고(鄭澈.續美人曲). ②제가. ¶人身得후닌 뎨 반드기 善知識을 브터(圓覺上二之二16).

도〔명〕①윷가락을 던져서 네 짝 中에서 잦혀진 경우.〔말은 한 발만 나아감.〕②윷판의 첫째 자리.〔날밭과 개의 사이〕.

도〔조〕관형사를 제외한 각 품사의 여러 형태에 두루 붙어, 여러 격으로 쓰이는 보조사. ①두 가지 이상의 사물(사실)을 아우르거나 열거할 때 쓰임. ¶너도 나도 다 가자. /노래도 잘하지만 춤도 잘 춘다. /돈도 권세도 명예도 다 싫다. ②반대되는 사물(사실)을 나란히 들어 말할 때 쓰임.《대개,‘~도~도’의 꼴로 쓰임.》¶크지도 작지도 않고 딱 좋다. /더도 덜도 말고 한가위만 같아라. ③어떤 기준을 예상하고‘그보다 더하거나 덜함’의 뜻을 나타냄. ¶그 사람은 집도 없소. /관람객이 천 명도 더 왔다 다. ④다른 경우와 같은 유사한 사실이 여기에도 있음을 나타냄. ¶오늘도 몹시 춥구나. /이 극장도 만원일세. ⑤양보의 뜻을 나타냄. ¶밥이 없으면 죽이라도 좋소. /딸도 귀엽기만 합디다. ⑥강조하거나 감탄하는 뜻으로 쓰임. ¶아이고, 싱겁기도 해라. /오늘 밤은 달도 밝구나.

도(度)〔명〕①물건의 길이를 재는 기구.‘자(尺)’종류를 통틀어 이르는 말.〔‘도(度)·량(量)·형(衡)’의 도(度).〕②정도. 한도. ¶도가 지나친 행동.

도(徒)〔명〕〈도형(徒刑)〉의 준말.

도:(道)〔명〕①마땅히 지켜야 할 도리. ②종교상으로 근본이 되는 뜻, 또는 깊이 깨달은 지경. ¶도를 깨닫다. ③기예·무술·방술의 방법.

도:²(道)〔명〕우리나라 지방 행정 구역의 한 가지. 시(市)와 군(郡) 따위를 관할함.

도(do 이)〔명〕장음계의 첫째 음이나, 단음계의 셋째 음의 계이름.

도:(度)〔의〕①각도의 단위.〔직각의 90분의 1이 1도.〕②온도의 단위. ¶섭씨 100도. /화씨 25도. ③지구의 경도·위도의 단위. ¶북위 38

도. /동경 122도. ④사물의 횟수를 세는 단위. ¶4도 인쇄. ⑤시력(視力)이나 안경의 강약을 나타내는 단위. ¶1.2도의 시력. ⑥음정을 나타내는 단위.

도-(都)〔접두〕(계급이나 직책을 나타내는 명사 앞에 붙어)‘우두머리’임을 나타냄. ¶도편수. /도사공.

-도(度)〔접미〕(해를 나타내는 대다수 명사 또는 명사구 뒤에 붙어)‘연도(年度)’를 뜻함. ¶내년도. /88년도.

-도(島)〔접미〕(지명을 나타내는 일부 명사 뒤에 붙어)‘섬’을 뜻함. ¶울릉도. /강화도. /무인도.

-도(徒)〔접미〕일부 한자어 뒤에 붙어,‘그 집단’, 또는‘거기에 딸린 사람’임을 뜻함. ¶법학도. /의학도.

-도(圖)〔접미〕(일부 명사 뒤에 붙어)‘그림’·‘도형’임을 뜻함. ¶산수도. /설계도. /평면도.

도가(都家)〔명〕①같은 장사를 하는 상인들이 모여 계(契)나 장사 등에 관한 의논을 하는 집. ②☞세물전(貰物廛). ③☞도매상.

도가(柿醬)〔명〕☞뱃乙酒.

도:가(道家)〔명〕①중국의 선진 시대(先秦時代)이래, 노장(老莊)의 무위자연(無爲自然)의 사상을 따르던 학자를 통틀어 이르는 말. 도문(道門). 선가(仙家).〈도가자류〉의 준말.

도:가(道歌)〔명〕①시천교(侍天敎)의 의식 때 부르는 노래. ②훈계나 교훈적 내용을 담은 짧은 노래.

도:가(導駕)〔명〕임금의 거둥 때 길을 쓸고 황토를 펴던 일.

도가(가) 뜨다〔관용〕거둥 때 도가를 하려고 벼슬아치가 나오다.

도가니〔명〕〈무릎도가니〉의 준말.

도가니〔명〕금속이나 철광석을 용해·배소(焙燒)하는 등 고온 처리에 사용되는 내열성 그릇.〔자기(瓷器)·백금·흑연 따위로 만듦.〕 감과(坩堝). ②‘흥분이나 감격 따위로 들끓고 있는 상태’를 비유하여 이르는 말. ¶열광의 도가니. /흥분의 도가니.

도가니-탕(-湯)〔명〕소의 무릎도가니와 양지머리를 함께 넣어 곤 국.

도가-머리〔명〕①새의 대가리에 길고 더부룩하게 난 털, 또는 그러한 새. ②‘부수수 일어난 머리’를 놀리어 이르는 말.

도:가자-류(道家者流)〔명〕도교를 믿고, 그 도를 닦는 사람. ⑤도가·도류.

도:각(倒閣)〔명〕〔하타〕내각(內閣)을 넘어뜨림. ¶도각 운동.

도감(島監)〔명〕조선 왕조 때, 울릉도를 다스리던 벼슬, 또는 그 벼슬아치.

도감(都監)〔명〕①고려·조선 시대에, 국장(國葬)·국혼(國婚) 따위를 맡아보던 임시 관아. ②절에서 돈이나 곡식을 맡아보는 일, 또는 그 중.

도감(圖鑑)〔명〕동류(同類)의 차이를 한눈으로 식별할 수 있도록 사진·그림을 모아서 설명한 책. 도보(圖譜). ¶조류 도감.

도-감고(都監考)〔명〕①감고의 우두머리. ②말감고의 우두머리.

도-감관(都監官)〔명〕조선 시대에, 궁방전(宮房田) 도조(賭租)를 감독·수납하던 이속(吏屬)의 우두머리.

도-감당상(都監堂上)〔명〕도감의 사무를 지휘 감독하던 제조(提調).

도-감사(都監寺)〔명〕선사(禪寺)에서 절의 모든 사무를 감독하는 사람. 도사(都寺).

도감^포:수(都監砲手)圀 조선 시대, 훈련도감의 포수.

도갓-집(都家-) [-가찝/-갇찝] 圀 도가(都家)로 정한 집.

도강(渡江)圀하자 강물을 건넘. 도하(渡河).

도강(都講)圀하자 글방에서, 여러 날 배운 글을 훈장 앞에서 한꺼번에 외던 일.

도강(盜講)圀하자 정식으로 수강 신청을 하지 않고 몰래 강의를 듣는 일.

도강-록(渡江錄) [-녹]圀 연암 박지원이 쓴 기행문. [청나라 고종(高宗)의 칠순을 축하하기 위하여 가는 사신의 수행원으로 압록강을 건너 랴오양(遼陽)까지 간 일을 적은 내용.]

도강-선(渡江船)圀 강을 건너는 데 이용하는 나룻배.

도강^작전(渡江作戰) [-쩐]圀 ☞도하 작전.

도개圀 질그릇 따위를 만들 때, 그 그릇의 속을 매만지는 데 쓰는 조그마한 방망이.

도개-교(跳開橋)圀 (큰 배가 지나갈 수 있도록) 다리가 위로 들리면서 열리게 된 가동교.

도갱圀 짚신이나 미투리의 뒤축에서 돌기총까지 건너간 줄.

도거(逃去)圀하자 도망하여 감.

도-거리圀 ①따로따로 하지 않고 한데 합쳐 몰아치는 일. ②되사거나 되팔지 않기로 약속하고 물건을 사고파는 일. ¶도거리로 흥정하다.

도검(刀劍)圀 칼이나 검을 아울러 이르는 말.

도결(都結)圀 조선 말기에, 아전이 공전(公錢)이나 군포(軍布)를 축내고 그것을 메우기 위하여 결세(結稅)를 정액 이상으로 받던 일.

도:경(道經)圀 도교(道敎)의 경전.

도:경(道警)圀 '도 경찰청'을 줄여 이르는 말.

도경(圖經)圀 산수(山水)의 지세를 그린 책.

도:계(到界) [-계/-게]하자 조선 시대에, 감사(監司)가 임소(任所)에 부임하던 일.

도:계(道界) [-계/-게]圀 행정 구역상의 도와 도의 경계.

도:계(道啓) [-계/-게]圀 지난날, 각 도의 감사(監司)가 임금에게 올리던 글.

도고(都賈·都庫)圀하자 물건을 도거리로 혼자 맡아서 파는 일, 또는 그렇게 하는 개인이나 조직. 비독점판매.

도고(道高) '도고하다'의 어근.

도고(都賈)圀 조선 시대에, '도매상(都賣商)'을 이르던 말.

도고지圀 심고가 닿는 활의 양 끝 부분.

도:고-하다(道高-)혬여 ①도덕적 수양이 높다. ②스스로 도덕적 수양이 높은 체하여 교만하다. 도고-히閂.

도곤조 〈옛〉 보다4. ¶廬山이 여긔도곤 낫단 말 못 미처리(鄭澈.關東別曲). /쓴 ㄴ물 데온 믈이 고기도곤 마시 이세(古時調).

도공(刀工)圀 칼을 만드는 장인. 도장(刀匠).

도공(陶工)圀 ☞옹기장이.

도:과(倒戈)圀 〔창을 거꾸로 한다는 뜻으로〕 자기편 군사가 반란을 일으켜 적과 내통함을 이르는 말.

도:과(道科)圀 조선 시대에, 각 도의 감사(監司)에게 명하여 그 도에서 보이던 과거.

도관圀 〈옛〉 도가니. ¶도관 감:坩. /도관 과:堝(訓蒙中16).

도관(陶棺)圀 오지로 만든 관. 옹관. 와관(瓦棺).

도:관(道冠)圀 도사(道士)가 쓰는 건(巾).

도:관(道觀)圀 도교(道敎)의 사원(寺院).

도관(導管)圀 ①☞물관. ②액체나 기체를 통하게 하는 관을 통틀어 이르는 말.

도광(韜光)圀 ①하자 빛을 감추어 밖에 비치지 않도록 함. ②하자 재능이나 학식을 감추어 남에게 알리지 않음.

도광-지(塗壙紙)圀 장사 지낼 때, 무덤 속의 네 벽에 대는 흰 종이.

도:괴(倒壞) [-괴/-궤]圀하자타되자 넘어지거나 무너짐. 또는 넘어뜨리거나 무너뜨림. 도궤(倒潰). ¶가옥이 도괴되다.

도괴(掉拐) [-괴/-궤]圀 ☞씨아손.

도:교(道敎)圀 황제(黃帝)와 노자(老子)를 교조로 삼은 중국의 토착 종교. 노자의 사상, 불교적 의식, 잡다한 신(神)과 방술(方術)과 신화(神話)로 이루어짐. ['도가(道家)'와는 구별됨.] 도학(道學). 현문(玄門). ㉔황로학(黃老學).

도:구(倒句) [-꾸]圀 뜻을 강조하기 위하여 보통의 어순(語順)을 뒤바꾸어 놓은 글귀.

도구(渡口)圀 ☞나루.

도구(搗臼)圀 ☞절구.

도:구(道具)圀 ①어떤 일을 할 때에 쓰이는 연장. 연모. ②불도(佛道)를 수행하는 데 필요한 기구. ③어떤 목적을 이루기 위한 수단이나 방법. 비출세의 도구로 삼다.

도구(賭具)圀 노름판에 쓰이는 물건. 〔골패·화투·투전 따위.〕

도국(島國)圀 섬나라.

도국(都局)圀 음양가에서, '산세(山勢)'가 싸고 돌아서 이루어진 땅의 형국'을 이르는 말.

도굴(盜掘)圀하자타되자 ①광업권이 없는 자나, 광주(鑛主)의 승낙을 받지 않은 자가 몰래 광물을 채굴하는 일. ②고분(古墳) 따위를 몰래 파헤쳐 부장품을 훔치는 일.

도굴-꾼(盜掘-)圀 고분 따위를 몰래 파헤쳐 부장품을 훔치는 일을 직업적으로 하는 사람.

도:궤(倒潰)圀하자타되자 ☞도괴(倒壞).

도규(刀圭)圀 ①한방에서, 가루약의 양을 대중하여 뜨는 숟가락. ②'의술(醫術)'을 달리 이르는 말.

도규-가(刀圭家)圀 ☞의사(醫師).

도규-계(刀圭界) [-계/-게]圀 의사들의 사회.

도규-술(刀圭術)圀 ☞의술(醫術).

도그르르閂 작고 목직한 것이 대번에 구르는 모양. ¶유리구슬이 도그르르 굴러 가다. 큰두그르르. ㉔또그르르.

도그마(dogma)圀 ①독단(獨斷). ②교의(敎義). 교리(敎理). 신조(信條).

도:극-경(倒戟鏡) [-꼉]圀 ☞범고래.

도근-거리다자타 자꾸 도근도근하다. 도근대다. 큰두근거리다.

도근-대다자타 도근거리다.

도근-도근閂하자타 매우 놀라거나 겁이 나서 가슴이 자꾸 뛰는 모양. 큰두근두근.

도근-점(圖根點) [-쩜]圀 평판(平板) 측량의 기초가 되는 측점(測點).

도근-측량(圖根測量) [-층냥]圀 도근점의 위치를 결정하기 위하여 하는 측량.

도글-도글閂 작고 단단한 물건이 자꾸 굴러 가는 모양. 큰두글두글. ㉔또글또글.

도금(淘金)圀하자 사금을 일어 금을 갈라 냄.

도:금(鍍金)圀하자 〔녹을 막거나 장식을 하기 위하여〕 금속 표면에 금이나 은·니켈 따위의 얇은 막을 입히는 일.

도:금-액(鍍金液)圀 도금을 할 때에 쓰는 금속 염류(塩類)의 수용액.

도급(都給)명하타 일정한 기일 안에 완성해야 할 일의 양이나 비용을 미리 정하고 그 일을 도거리로 맡거나 맡기는 일. 청부(請負). ¶도급을 주다. /도급을 맡다.

도급^계:약(都給契約)[-께-/-께-]명 주문자와 도급업자 사이에 도급으로 할 일에 대한 계약. 청부 계약.

도급-금(都給金)[-끔]명 도급한 일에 대한 보수. 청부금.

도급-기(稻扱機)[-끼]명 ☞벼훑이.

도급-업(都給業)명 도급 일을 전문으로 하는 영업, 또는 그 직업. 청부업.

도급업-자(都給業者)[-짜]명 도급으로 일을 맡은 사람.

도급-인(都給人)명 도급을 주는 사람. 청부인.

도:기(到記)명 조선 시대에, 성균관 유생의 출석을 보기 위하여 식당에 드나든 횟수를 적던 책.

도기(陶器)명 질흙을 원료로 하여 빚어서 비교적 낮은 온도로 구운 도자기. 〔잿물을 입히지 않고 구운 질그릇과 한 번 설구이한 다음 잿물을 입혀 다시 구워 만든 오지그릇이 이에 딸림.〕오지그릇. 질그릇.

도기(姚妓)명 ☞행수 기생.

도기(賭技)명 노름.

도기-그릇[-른]명 독·바탱이·중두리·항아리 같은 그릇을 통틀어 이르는 말. 준독그릇. * 도께그릇[-르시]·도께그릇[-른-]

도깨비명 잡된 귀신의 한 가지. 사람의 형상에다가 이상한 힘과 재주를 가지고 사람을 호리기도 하고, 험상궂은 짓이나 짓궂은 장난을 많이 한다 함. 망량(魍魎).

도깨비 달밤에 춤추듯속담 싱겁게 거드럭거리는 멋없는 꼴을 두고 하는 말.

도깨비 대동강 건너듯속담 일의 진행이 눈에 띄지 않으면서 그 결과가 빨리 나타남을 이르는 말.

도깨비도 수풀이 있어야 모인다속담 의지할 곳이 있어야 무슨 일이나 이루어진다는 말.

도깨비 땅 마련하듯속담 무엇을 하기는 하나 결국은 아무 실속이 없이 헛됨을 이름.

도깨비를 사귀었나속담 까닭 모르게 재산이 부쩍부쩍 늘어 감을 이르는 말.

도깨비 사귄 셈이라속담 귀찮은 자가 늘 따라다녀 괴롭게 닮을 이르는 말.

도깨비 수키왓장 뒤듯속담 쓸데없이 늘 이것저것 뒤지는 모양을 이르는 말.

도깨비 살림관용 있다가도 금방 없어지고, 없다가도 금방 있고 하는 불안정한 살림.

도깨비 장난 같다관용 하는 짓의 정체가 분명하지 아니하고 갈피를 잡을 수 없다는 말. ¶이랬다저랬다 하니 무슨 도깨비 장난 같다.

도깨비-놀음명 갈피를 잡을 수 없도록 괴상하게 되어 가는 일. ¶웬 도깨비놀음인지, 도대체 영문을 알 수 없다.

도깨비-바늘명 국화과의 일년초. 산과 들에 절로 나는데, 원줄기는 네모지고 털이 약간 있음. 8~10월에 가지나 원줄기 끝에 누런 꽃이 핌. 열매에 빳빳한 털처럼 여러 가닥으로 짧게 갈라진 가시가 있어 아무 데나 잘 붙음. 어린 순은 나물로 먹고, 좁은 독충에게 물린 자리에 바르는 약으로 씀.

도깨비-방망이명 도깨비가 가지고 있다는 요술 방망이. 바닥 같은 데에 두들기기만 하면 원하는 것은 무엇이든지 나온다고 함.

도깨비-불명 ①어두운 밤에 무덤이나 축축한 땅, 또는 고목(古木) 등에서 인(燐)의 작용으로 번쩍이는 푸른빛의 불꽃. 귀린(鬼燐). 음화(陰火). 인화(燐火). ②까닭 모르게 일어난 화재를 이르는 말. 귀화(鬼火). 신화(神火).

도꼬마리명 국화과의 일년초. 들이나 길가에 절로 나는데 줄기는 1m가량 곧게 자람. 잎은 잎꼭지가 길고 넓은 삼각형이며, 여름에 노란 꽃이 핌. 열매에는 갈고리 모양의 가시가 있어 무엇에 닿으면 잘 달라붙음. 한방에서는 '창이자(蒼耳子)'라 하여 약재로 씀. 창이.

도꼬마리-떡명 도꼬마리의 잎을 쌀가루에 섞어서 찐 시루떡.

도-꼭지(都-)[-찌]명 어떤 방면에 으뜸이 되는 사람을 홀하게 이르는 말. ¶목수들 중에서 도꼭지로 인정받는 사람.

도끼명 나무를 찍거나 패는 연장의 한 가지.

도끼가 제 자루 못 찍는다속담 제 허물을 제가 알아서 고치기는 어렵다는 말.

도끼 가진 놈이 바늘 가진 놈을 못 당한다속담 극단적인 무기는 함부로 휘두를 수 없으므로 웬만한 싸움에는 오히려 적절하지 못함을 이르는 말.

도끼를 베고 잤나속담 잠을 편히 자지 못하고 너무 일찍 일어난 경우에 이르는 말.

도:끼-나물명 절에서, 쇠고기 따위의 '육류'를 이르는 말.

도:끼-눈명 분하거나 미워서 매섭게 쏘아보는 눈. ¶도끼눈을 뜨고 노려보다.

도:끼-목수(-木手)[-쑤]명 솜씨가 서툰 목수.

도끼-받침명 '모탕'의 잘못.

도:끼-벌레명 ☞방아벌레.

도:끼-별명 목욱을 산판에서 도끼로 켠 것.

도:끼-질명하자 도끼로 나무 따위를 찍거나 패는 일. ¶글방 샌님이라서 도끼질이 영 서툴다.

도:끼-집명 연장을 갖추어 쓰지도 않고 거칠게 건목만 쳐서 지은 집.

도나-캐나준 아무나. 무엇이나. ¶도나캐나 사귀다. /도나캐나 제가 다 차지하다.

도난(盜難)명 도둑을 맞는 재난(災難). ¶도난 사고. /도난 경보기.

도남(圖南)명 〔붕새가 날개를 펴고 남명(南冥)으로 가려고 한다는 데서〕'웅대한 일을 꾀함'을 이르는 말. '장자(莊子)'의 '소요유편(消遙遊篇)'에 나오는 말임.

도남의 날개(圖南-)명 '어느 곳에 가서 큰 사업을 해보겠다는 계획(의지)'을 비유하여 이르는 말.

도:내(道內)명 (행정 구역으로서의) 한 도(道)의 구역 안.

도:-내기(창을 끼거나 빼낼 수 있도록, 또는 중방 따위를 기둥에 들일 때) 개탕과 같은 홈이나 구멍의 어느 한 곳을 특별히 더 깊게 파낸 고랑이나 길 구멍.

도:넛(doughnut)명 밀가루 반죽으로 둥글거나 고리 모양으로 만들어 끓는 기름에 튀긴 서양과자.

도:넛-판(doughnut板)명 지름 170 mm, 중심 구멍 38 mm의 도넛처럼 생긴 작은 음반. 1분간에 45회전하는 이피반(EP盤).

도:넛^현:상(doughnut現象)명 도심(都心)의 인구는 급격히 줄고, 도시 주변의 인구가 크게 늘어나는 인구 배치의 현상.

도:념(道念)명 ①진리를 찾는 마음. ②도덕을 지키려는 마음씨. ②도의심(道義心).

도:뇨(導尿)명하자 방광이나 요도를 수술할 때, 방광 속의 오줌을 카테터로 뽑아내는 일.

도능독(徒能讀)명하타 뜻은 모르면서 무작정 읽기만 잘함.

도니다[자] (옛) 돌아다니다. ¶부텨 도녀 諸國을 敎化ᄒᆞ샤(釋譜9:1).

도닉(逃匿)[명][하자] 달아나서 숨음.

도:-닐다[도니너·도닐어][자본] 가장자리를 빙빙 돌며 다니다.

-도다[어미] (옛) -구나. ¶프른 미ᄒᆞ 디렛도다(杜初7:1).

도:다녀-가다[타] 왔다가 지체하지 않고 갈 길을 빨리 가다. ↔도다녀오다.

도:다녀-오다[자타] 갔다가 지체하지 않고 돌아오다. ↔도다녀가다.

도다리[명] 가자밋과의 바닷물고기. 가자미처럼 마름모꼴의 체형에 두 눈이 모두 몸의 오른쪽에 모여 있음. 눈 있는 쪽은 회색 또는 황갈색이며, 크고 작은 암갈색 반점이 전면에 산재해 있음. 눈 없는 쪽은 전체가 흰빛임. 다 자란 고기의 몸길이는 30 cm가량인데, 주둥이는 짧고 작음. 우리나라 각지의 연안에 분포함.

도:단(道斷)[명] 〈언어도단〉의 준말.

도:달(到達)[명][하자][되자] (정한 곳이나 어떤 수준에) 이르러 다다름. 凹도착.

도:달(導達)[명][하자] 윗사람이 알지 못하는 사정을 아랫사람이 때때로 넌지시 알려 줌.

도:달-점(到達點)[-쩜][명] 도달했거나 도달할 지점 또는 결과. 凹도착점.

도:달-주의(到達主義)[-의/-이][명] 민법상 의사 표시는 상대편에게 그 의사가 도달되었을 때에 효력이 발생한다는 주의. 수신주의. ↔발신주의.

도담-도담[부] 어린아이가 아무 탈 없이 잘 자라는 모양.

도담-스럽다[-따][~스러우니·~스러워][형ㅂ] 매우 도담하게 보이다. 도담스레[부].

도담-하다[형여] 야무지고 탐스럽다. 도담-히[부].

도당(徒黨)[명] '떼를 지은 무리'를 얕잡아 이르는 말. ¶도당을 만들어 폭력을 일삼다.

도당(都堂)[명] ①조선 시대에, '의정부(議政府)'를 달리 이르던 말. ②마을의 수호신에게 제사 지내는 단.

도당-굿(都堂-)[-꾿][명] 한마을 사람이 도당에 모여 복을 비는 굿. 凰당굿. *도당굿이[-꾸시]·도당굿만[-꾼-]

도당-록(都堂錄)[-녹][명] 홍문관의 교리(校理)나 수찬(修撰)을 의정부에서 뽑아 임금에게 추천하던 기록. 〔홍문관에서 내세운 후보자를 의정부에서 권점(圈點)을 찍어 임금에게 올렸음.〕

도-대체(都大體)[부] 대체. 대관절. ¶도대체 어찌 된 영문인지 알 수가 없구나.

도:덕(道德)[명] 인류의 대도. 사람으로서 마땅히 지켜야 할 도리 및 그것을 자각하여 실천하는 행위의 총체. ¶도덕을 지키다. 凹도의(道義).

도:덕-가(道德歌)[-까][명] 조선 중종 때, 주세붕(周世鵬)이 지은 시가. 〔육현가(六賢歌)·엄연곡(儼然曲)·도동곡(道東曲)·태평가(太平歌)등 모두 27장임.〕

도:덕-계(道德界)[-계/-게][명] 도덕률이 완전히 실현된 세계.

도:덕^과학(道德科學)[-꽈-][명] 도덕상의 사실을 사회적 사실과 관련시켜 해명하려는 학문. 〔프랑스의 레비브륄(Lévy-Bruhl)이 제창함.〕

도:덕-관념(道德觀念)[-꽌-][명] 도덕에 관한 또는 도덕을 근본으로 하는 생각.

도:덕-관세(道德關稅)[-꽌-][명] 사치품의 수입을 견제하기 위하여 높은 세율로 부과하는 관세.

도:덕^교:육(道德敎育)[-꾜-][명] 도덕을 이해시키고 도덕적 심성을 기르기 위한 교육.

도:덕-군자(道德君子)[-꾼-] ☞도학군자.

도:덕-률(道德律)[-뉼][명] 도덕적 행위의 규준이 되는 법칙. 도덕법.

도:덕-법(道德法)[-뺍] ☞도덕률.

도:덕^사회학(道德社會學)[-싸회-/-싸훼-][명] 도덕을 사회 현상으로 보아 그것을 다른 사회 현상이나 전체적인 사회 상황과 관련시켜 연구하는 학문.

도:덕-성(道德性)[-썽][명] ①도덕적 행위가 나타나게 하는 품성. ¶도덕성이 없는 권력. ②도덕의 본성에 맞거나 도덕적으로 옳은 것. ¶그의 행동에는 도덕성이 있다. ③칸트의 철학에서, 도덕률에 대한 존경심을 가지고 의무적으로 이루어진 행위가 가진 가치. ④헤겔의 철학에서, 구체적인 인륜의 세계에 이르는 계기가 되는 주관적인 도덕의식.

도:덕-심(道德心)[-씸][명] 도덕성이 있는 마음.

도:덕-원리(道德原理)[-눤-][명] 도덕에 관련된 행위를 규제하는 최고의 근본 원리.

도:덕^의:무(道德義務)[명] 도덕 현상에 관해 정선(正善)을 행하여야 할 의무.

도:덕-의식(道德意識)[-의긔/-이긔-][명] 주관적 양심에 의한 행위가 아니라, 객관적이며 보편성을 가진 공의(公議)나 바탕한 정선(正善)을 행하겠다는 적극적인 마음.

도:덕^재:무장^운:동(道德再武裝運動)[-째-][명] ☞엠아르에이 운동(MRA運動).

도:덕-적(道德的)[-쩍][명] 도덕에 관한(것). ②도덕에 합당한(것). ¶도덕적 가치./도덕적인 행동.

도:덕^철학(道德哲學) ☞윤리학.

도도(陶陶)'도도(陶陶)하다'의 어근.

도도(滔滔)'도도(滔滔)하다'의 어근.

도도다[타][옛]돋우다. ¶ 벼스를 도도시니(龍歌85章).

도도록-도도록[-또-][부][-어]여럿이 모두 도도록한 모양. 凰도도독도독. 凰두두룩두두룩.

도도록-하다[-로카-][형여] 가운데가 솟아서 조금 볼록하다. ¶목 뒤에 도도록하게 솟은 뽀루지. 凰도도독하다. 凰두두룩하다. 도도록-이[부].

도:도-하다[형여] 잘난 체하여 주제넘다. ¶돈깨나 있다고 도도하게 군다. 도도-히[부].

도도-하다(陶陶-)[형여] 매우 화락(和樂)하다. 도도-히[부].

도도-하다(滔滔-)[형여] ①넓은 물줄기의 흐름이 막힘이 없이 기운차다. ¶도도하게 흐르는 한강. ②연설이나 발언이 힘차고 거침이 없다. ¶도도한 언변. 도도-히[부].

도독(荼毒)[명] ①심한 해독(害毒). ②씀바귀의 독.

도독(都督)[명] 통일 신라 시대의 지방 장관.

도독(盜讀)[명][하자] 몰래 읽음. 훔쳐 읽음.

도독-도독[-또-][부][-어] 〈도도록도도록〉의 준말. 凰두둑두둑.

도독-하다[-도카-][형여] ①〈도도록하다〉의 준말. ②작은 것이 속이 차서 톡톡하다. ¶동전 주머니가 도독하다. 凰두둑하다. 도독-이[부].

도돌이-표(--標)[명] 악곡의 줄임표의 한 가지. 악곡의 어떤 부분을 두 번 되풀이하라는 뜻. 〔기호는 ‖:, :‖, D.C., D.S.〕 리피트. 반복 기호.

도:동-곡(道東曲)[명] 조선 중종 때, 주세붕(周世鵬)이 지은 경기체가. 전 9장. 〔'무릉집(武陵集)'에 실려 전함.〕

도두[부] 위로 돋우어 높게. ¶담을 도두 쌓다. ↔낮추.

도두(渡頭)[명] ☞나루.

도두-뛰다[자] 한결 높이 뛰다.

도-두령(都頭領)圀 조직체를 거느린 두령을 가운데의 우두머리.

도두-보다配 ①실제보다 더 크게 또는 좋게 보다. 1시세보다 도두보다. ②(사람됨을) 더 훌륭하게 보다. 圏돌보다. ↔낮추보다.

도두보-이다配 『'도두보다'의 피동』 실제보다 더 낫게 보이다. 1사진으로 보니 더 도두보인다. 圏도두뵈다·돋보이다·돋뵈다.

도두뵈다[-뵈-/-뻬-]재 〈도두보이다〉의 준말.

도두-치다配 시세보다 더 많게 셈을 치다. 1값을 도두쳐 부르다.

도둑圀 남의 물건을 빼앗거나 훔치는 짓, 또는 그런 짓을 하는 사람. 도적(盜賊). 적도(賊徒).
    도둑을 맞으려면 개도 안 짖는다속目 일이 꼬이려면 믿을 것도, 도움 받을 데도 없게 된다는 말.
    도둑의 씨가 따로 없다속目 누구나 도둑이 될 가능성이 있다는 말.
    도둑이 제 발 저리다속目 죄를 지은 이가 두려움 때문에 스스로 약점을 드러낸다는 말.

도둑-고양이[-꼬-]圀 임자 없이 아무 데나 멋대로 돌아다니며 음식을 훔쳐 먹는 고양이. 圏도둑괭이.

도둑-괭이圀 '도둑고양이'의 준말.

도둑-글[-끌]圀 남이 배우는 옆에서 몰래 주워 들어 아는 글.

도둑-놈[-둥-]圀 '도둑'을 욕으로 이르는 말.
    도둑놈 개 꾸짖듯속目 남이 알까 두려워 우물쭈물 중얼거림을 이르는 말.
    도둑놈 개에게 물린 셈속目 봉변을 당하여도 자기에게 잘못이 있어 아무 말도 하지 못함을 이르는 말.
    도둑놈 볼기짝 같다속目 〔도둑이 관가에 잡혀서 볼기를 맞아서 멍이 든 것처럼〕 얼굴빛이 푸르죽죽한 사람을 농조로 이르는 말.
    도둑놈 부싯돌만 한 놈속目 '하잘것없는 놈'이란 뜻으로 상대를 얕잡아 이르는 말.
    도둑놈 소 몰듯속目 당황하여 서두르는 모양을 보고 이르는 말.

도둑-눈[-둥-]圀 밤사이에 사람들이 모르게 내린 눈.

도둑-맞다[-둥맏따]配 도둑질을 당하다. 1지갑을 도둑맞다.
    도둑맞고 사립(빈지) 고친다속目 시기를 놓치고 때늦게 준비한다는 말.

도둑-장가[-짱-]圀 남에게 알리지 않고 몰래 드는 장가.

도둑-질[-찔]圀配 (남의 물건을) 빼앗거나 훔치는 짓.
    도둑질을 해도 손발(눈)이 맞아야 한다속目 무슨 일이든지 서로 뜻이 잘 맞아야 성공할 수 있다는 말.

도둑-합례(-合禮)[-두캄녜]圀 〔지난날, 성례를 치르고 몇 해 뒤에 합례를 시키던 조혼(早婚) 풍습에서〕 어른 몰래 저희끼리 미리 동침하는 일을 이르는 말.

도둔(逃遁)圀配 달아나 숨음.

도둔부득(逃遁不得)圀 달아나도 피할 길이 없음.

도드라-지다I재 ①가운데가 볼록하게 쏙 내밀다. 1화가 났는지 입술이 도드라져 있다. ②겉으로 또렷하게 드러나다. 圏두드러지다.
    II형 ①겉으로 드러나게 도도록하다. 1도드라진 이마. ②눈에 띄게 또렷하다. 圏두드러지다.

도드리-장단圀 국악 장단의 한 가지. 6박 1장단으로 구성됨. 한 장단을 둘로 치는 리듬과 셋으로 치는 리듬이 있음.

도드미圀 어레미보다 구멍이 조금 작은 체.

도득(圖得)圀配配 꾀하여 얻음.

도름圀 벽장문이나 북장지 등의 테두리를 화류(樺榴) 같은 나무로 꾸민 것.

도등(挑燈)圀配配 등잔의 심지를 돋우어 불을 더 밝게 함.

도:등(導燈)圀 항구나 좁은 수로(水路)에서 안전 항로를 표시하는 등대.

도떼기-시장(-市場)圀 정상적인 시장이 아닌 일정한 곳에서, 재고품·중고품·고물 따위 온갖 상품의 도산매·방매·비밀 거래가 이루어지는 '시끌벅적한 시장'을 속되게 이르는 말.

도:-뜨다[~뜨니~ ~떠]형 말이나 하는 짓의 정도가 높다. 1나이에 비해 언행이 도뜨다.

도라題圀 梵 달라. 1가시며 子息이며 도라 ᄒᆞ야도(月釋1:13).

도라지圀 초롱꽃과의 다년초. 산이나 들에 절로 나는데, 줄기는 40~100cm. 잎은 긴 달걀 모양이며, 여름에 종 모양의 푸른 자줏빛 꽃이 핌. 뿌리는 식용하며, 거담이나 진해의 약재로 씀. 圏도랑.

도:락(道樂)圀 ①도를 깨달아 스스로 즐기는 일. ②재미나 취미로 하는 일. 1예술은 생활의 여유에서 갖는 사치나 도락이 아니다. ③색다른 일을 좋아하여 찾는 일. ④주색·노름 같은 일에 흥미를 느껴 빠지는 일.

도:란(Dohran 독)圀 (연극·영화 따위의) 무대 화장에 쓰이는 지방성의 분.

도란-거리다재 자꾸 도란도란하다. 도란대다. 1도란거리는 소리가 들리다. 圏두런거리다.

도란-대다재 〈도란거리다〉와 같음.

도란-도란團재 몇 사람이 한자리에 모여 가볍고 나직한 목소리로 정답게 이야기하는 소리, 또는 그 모양. 圏두런두런.

도:란-형(倒卵形)圀 달걀을 거꾸로 세운 형상. 거꿀달걀꼴. 圏난형.

도람題圀 옛 돌리다. 1아소 님하 도람 드르샤 괴오쇼셔(鄭敍.鄭瓜亭).

도랏圀 옛 도라지. 1도랏 경:莄(訓蒙上13).

도랑圀 폭이 좁은 작은 개울. 구거(溝渠).
    도랑 치고 가재 잡는다속目 ①한 번의 노력으로 두 가지 소득을 본다는 말. ②일의 순서가 뒤바뀌었다는 말.

도랑도랑-하다형여 (말이나 하는 짓이) 매우 똑똑하고 거리낌이 없다.

도랑방자(跳踉放恣)圀 '도랑방자하다'의 어근.

도랑방자-하다(跳踉放恣-)형여 (말이나 행동 따위가) 제멋대로이다. 圏도랑하다.

도랑이圀 옴과 비슷한, 개의 피부병.

도랑-창圀圀 물이 지저분하게 더럽고 지저분한 도랑. 1한쪽 발이 도랑창에 빠지다. 圏돌창.

도랑-치마圀 짧은 치마.

도랑-하다(跳踉-)형여 〈도랑방자하다〉의 준말.

도랏[-랃]圀 〈도라지〉의 준말. *도랏이[-라지]·도랏만[-란-]

도래題圀 둥근 물건의 둘레. 1도래가 큰 갓.

도래[2]圀 ①(여닫이로 된 문이나 창이 절로 열리지 않도록) 문기둥에 못으로 박아 돌려 댈 수 있게 한 길쭉한 나뭇개비. ②〈도래걸쇠〉의 준말. ③마소의 고삐가 잘 놀도록 하려고, 굴레 또는 목사리와 고삐와의 사이를 연결하는 고리.

도:래(到來)圀配配 닥침. 닥쳐옴. 이름. 1이 땅에 평화가 도래하였다.

도래(渡來)圀配配 물을 건너서 옴. 바다를 건너 외국에서 옴. 1외국 문물의 도래.

도래-걷이[-거지][명]<하자> 한옥에서, 보가 기둥에 짜여지는 어깨의 안쪽을 옴파서 기둥을 휩쌈, 또는 그렇게 하는 방식.

도래-걸쇠[-쐬/-쎄][명] 걸쇠의 한 가지. 문기둥에 붙여 문이 열리지 않게 하는 창호의 철물. <참>도래².

도래-떡[명] 초례상에 놓는 둥글고 큼직한 흰떡.

도래-매듭[명]<하타> 두 번 거듭 맨 매듭.

도래-목정[-쩡][명] 소의 목덜미 위쪽에 붙은 몹시 질긴 고기.

도래-방석(-方席)[명] 짚으로 둥글게 짠 방석.

도래-샘[명] 빙 돌아서 흐르는 샘물.

도래-솔[명] 무덤 근처에 둘러선 소나무.

도래-송곳[-곧][명] ①끝이 반달 모양으로 생긴 송곳. <참>통송곳. ②자루가 길고 끝이 나사처럼 생긴 송곳. * 도래송곳이[-고시]·도래송곳만[-곤-]

도:량(度量)[명] ①너그러운 마음과 깊은 생각. 아량. ¶도량이 크신 분. ②일을 잘 알아서 경영할 수 있는 품성. 국량(局量). ③길이를 재는 것과 양을 재는 것. 자와 되.

도량(跳梁)[명]<하자> 함부로 날뜀. ¶도량하는 폭력배.

도:량(←道場)[명] ①불도(佛道)를 닦는 곳. ②절과 그 기지(基地)의 일대. ③<보리도량>의 준말.

도:량-교주(←道場教主)[명] '관세음보살'을 높이어 일컫는 말.

도:량^창옷(←道場氅-)[-옫][명] 절에서, '두루마기'를 이르는 말. * 도:량 창옷이[-오시]·도:량 창옷만[-온-]

도:량-천수(←道場千手)[명] 도량을 돌며 천수경(千手經)을 외는 일.

도:량-형(度量衡)[명] 길이·부피·무게 따위의 단위를 재는 법.

도:량형-기(度量衡器)[명] (자·되·저울 따위) 길이·부피·무게 등을 재는 기구.

도:량형^원기(度量衡原器)[명] 도량형의 통일과 정확을 꾀하려고 그 기본 단위의 기준으로서 제작하여 보존하는 기구. 〔미터원기·킬로그램원기 따위가 있음.〕

도려-내다[타] (어느 한 부분을) 빙 돌려서 베거나 파내다. ¶상처를 도려내다.

도려-빠지다[자] 한 부분이 도려낸 것처럼 몽땅 빠져나가다. <큰>두려빠지다.

도:력(道力)[명] 도를 깨달아 얻은 능력.

도:련(刀鍊)[명] 종이의 가장자리를 가지런히 베어 내는 일. ¶도련을 치다.

도련-님[명] ①<도령¹>의 높임말. ②형수가 미혼의 시동생을 일컫는 말.

도련님 천량[관용] '허투루 쓰지 않고 오붓하게 모은 돈'을 비유하여 이르는 말.

도:련-지(搗鍊紙)[명] 다듬잇돌에 다듬어 반드럽게 한 종이.

도:련-칼(刀鍊-)[명] 도련을 치는 데 쓰는 칼.

도련후다[옛] 둥글다. ¶環은 도련호 구스리오(楞解2:87).

도렷-도렷[-럳또럳][부]<하형> ①여럿이 다 도렷한 모양. ②매우 도렷한 모양. ¶눈동자가 도렷도 렷하다. <큰>두렷두렷. <센>또렷또렷.

도렷-하다[-려타-][형여] 흐리지 않고 밝고 분명 하다. ¶도렷한 글씨. 도렷하다. <큰>두렷하다. <센>또렷하다.
도렷-이[부] ¶정신을 도렷이 차리다.

도:령¹[명] '총각'을 대접하여 일컫는 말. 한자를 빌려 '道令'으로 적기도 함.

도:령²[명] (무당이 지노귀를 할 때) 문을 세워 놓고 돌아다니며 굿하는 의식. ¶도령을 돌다.

도:령(都令)[명] <도승지(都承旨)

도:령(道令)[명] 도(道)에서 공포하는 법령.

도:령-귀신(-鬼神)[명] 장가를 들지 못하고 도령으로 죽은 귀신. 몽달귀.

도:령-당혜(-唐鞋)[-혜/-헤][명] 나이가 좀 많은 사내아이들이 신던 가죽신.

도:령-차(-車)[명] 장기(將棋)에서 '졸(卒)'을 농조로 이르는 말.

도로[부] ①또다시. ¶그만두었던 장사를 도로 시작하였다. ②돌아와서. 되짚어. ¶도로 집으로 왔다. /고향으로 도로 가자. ③먼저대로. 본래와 같이 다시. ¶주었다가 도로 빼앗는다.

도로 아미타불(이라)[관용] 보다 낫게 하려고 애쓴 일이 보람 없이 처음과 마찬가지로 되었음을 이르는 말. ¶십 년 공부 도로 아미타불.

도로(徒勞)[명] 헛되이 수고함. 헛수고.

도:로(道路)[명] 사람이나 차들이 다니는 비교적 큰 길. ¶도로 공사. /자동차 전용 도로.

도:로-교(道路橋)[명] 길을 잇기 위하여 놓은 다리. 도로로 사용되는 다리.

도로기[명] '다로기'의 방언.

도:로-망(道路網)[명] 그물처럼 여러 갈래로 얽혀진 도로의 짜임새.

도로-무공(徒勞無功)[명]<하형> <도로무익.

도로-무익(徒勞無益)[명]<하형> 헛되이 수고만 하고 보람 없음. 도로무공.

도:로-변(道路邊)[명] <노변(路邊).

도:로^원표(道路元標)[명] 도로의 노선(路線)이나 기점·종점·경유지 등을 나타내는 푯말.

도:로-율(道路率)[명] 도시에서, 전체 면적에 대한 도로 면적의 비율.

도:로^표지(道路標識)[명] 교통의 안전과 편리를 위해 길가에 세운 표지. 가이드포스트.

도로혀다[타] [옛] 돌이키다. ¶白崖里 스랑호야 돌홀 보오라 머리를 도로혀라(杜重1:26).

도록(都錄)[명] 사람의 이름이나 물건 이름을 들어 적은 목록.

도록(盜錄)[명]<하타> 남의 글이나 문헌에서 따거나 훔쳐서 자기가 쓴 것처럼 기록함. <비>표절(剽竊).

도록(圖錄)[명] ①그림이나 사진을 넣은 기록. ②자료로서의 그림이나 사진을 모은 책.

-도록[어미] ①《동사 또는 일부 형용사의 어간이나 높임의 '-시-'에 붙어》 이르러 미치는 한계나 정도를 나타냄. ¶신이 다 닳도록 걸어가다. /밤늦도록 공부하다. ②《동사의 어간이나 높임의 '-시-'에 붙어》 의도적으로 이끌어 가는 방향이나 목적을 나타냄. ¶병나지 않도록 각별히 몸조심해라. /어머니께서 걱정하지 않으시도록 잘 말씀 드려라.

도론(徒論)[명] 쓸데없는 논쟁.

도록-고리[명] 여름에 익는 조(粟)의 한 가지.

도록농[명] 도룡농과의 양서류. 몸길이는 10∼18 cm. 몸빛은 갈색 바탕에 암갈색의 둥근 무늬가 있음. 머리는 납작하고 주둥이 끝이 둥글며 눈이 튀어나옴. 몸통의 피부는 매끈하며 모양은 둥굶. 개울·못·습지 등에서 지렁이나 곤충류를 잡아먹고 삶. 산초어(山椒魚).

도룡이[명] 짚이나 띠 따위로 엮어 어깨에 걸쳐 두르던 재래식 우장의 한 가지. 사의(簑衣). 녹사의(綠簑衣).

도롱태[명] ①바퀴. 굴렁쇠. ②사람이 밀거나 끌게 된 간단한 나무 수레.

도롱태²명 ①맷과의 철새. 황조롱이와 비슷한데, 날개 길이 24 cm가량. 등은 청회색 바탕에 세 모꼴의 검은 점이 있고, 배 쪽은 불그스름한 흰색 바탕에 검고 긴 점이 있음. 우리나라·중국에 분포함. ⑦☞새매.

도리(圖鯉)[-뢰/-뤠]명하자 말썽을 일으키고 그 허물을 남에게 덮어씌움.

도료(塗料)명 물건의 겉에 칠하여 썩지 않게 하거나 채색에 쓰는 유동성의 물질. 〔니스·페인트 따위.〕비안료(顔料).

도루(盜壘)명하자 야구에서, 주자가 수비 선수의 허점을 틈타 다음 누로 달려가는 일. 스틸.

도루-마(-麻)명 중국에서 나던 베의 한 가지. 여름 옷감으로 쓰이었음.

도루-묵명 도루묵과의 바닷물고기. 몸길이 26 cm가량. 140 m 이상의 깊은 바다 밑 진흙 속에 살다가 산란기에 수심 1 m 밖에 안 되는 해안 가까이 올라옴. 등은 약간 누른빛, 배는 은백색, 옆구리는 흑갈색 얼룩무늬가 있음. 우리나라 동해안, 일본의 홋카이도 부근에 분포함. 목어(木魚)².

도류(島流)명하자 ☞도배(島配).

도류(徒流)명 왕조 때, 도형(徒刑)과 유형(流刑)을 아울러 이르던 말.

도:류(道流)명 〈도가자류〉의 준말.

도류-안(徒流案)명 왕조 때, 도형(徒刑)과 유형(流刑)에 처할 사람들의 이름을 적은 책.

도륙(屠戮)명하자되자 무참하게 마구 죽임. 죄다 무찔러 죽임. 비도살(屠殺).

도르다¹[도르니·돌라]타되 먹은 것을 게우다. 토하다. ¶차멀미 때문에 먹은 음식을 도르다.

도르다²[도르니·돌라]타되 ①둘레를 돌려 감다. ¶병풍을 돌라 치다. /앞치마를 도르다. ②(돈이나 물건을) 형편에 맞게 이리저리 변통하다. ¶이웃끼리 돈을 돌라 쓰다. ③그렇두록 꾸며 남을 속이다. ④몫몫이 나누어 돌리다. ¶반기를 도르다. /기념품을 도르다. ⑫곧骨두르다.

도르래¹명 어린아이들의 장난감의 한 가지. 〔고고 가름하게 다듬은 대쪽의 복판에 대오리로 된 자루를 박고, 그 자루를 손바닥으로 비벼 돌리다가 자루를 빼면서 대쪽을 공중으로 날아가게 함.〕

도르래²명 바퀴에 홈을 파고 줄을 걸어 돌려 물건을 움직이는 장치. 〔물건을 위아래로 오르내리기 쉽게 함.〕 활차(滑車).

도르르부 ①작고 동그란 것이 재빠르게 구르는 소리, 또는 그 모양. ¶마루에 구슬이 도르르 구르다. ②종이 같은 것이 빠르게 절로 말리거나 감기는 모양. 큰두르르. 센또르르.

도르리명하자 ①여러 사람이 차례 바꿈으로 돌려 가며 음식을 내는 일. ¶국수 도르리. ②똑같게 나눠 주거나 또는 고루 돌라 주는 일.

도리명 목조 건물의 골격이 되는 부재(部材)의 한 가지. 들보와 직각으로 기둥과 기둥을 건너서 위에 얹는 나무. 서까래를 받치는 구실을 함.

도리(桃李)명 ①복숭아나 자두, 또는 그 꽃이나 열매. ②'남이 천거한 좋은 인재(人材)'를 비유하여 이르는 말.

도:리(道里)명 ☞이정(里程).

도:리(道理)명 ①사람이 마땅히 지켜야 할 바른 길. ¶사람은 누구나 분수와 도리를 알아야 한다. ②어떤 방법이나 길. ¶그 상황에서는 어쩔 도리가 없었다.

도리-금(-金)명 조선 시대에, 정이품과 종이품의 벼슬아치가 붙이던 금관자. 환금(環金).

도리기명하자 여러 사람이 추렴한 돈으로 음식을 장만하여 함께 나누어 먹는 일. ¶설렁탕 도리기. /술 도리기.

도리깨명 ①재래식 타작 농구의 한 가지. 〔긴 작대기 끝에 회초리를 잡아매고 휘둘러 곡식을 두들겨 떪.〕 연가(連枷). ②옛날 병기(兵器)의 한 가지. 〔한 길 반 정도의 몽둥이 끝에 팔 길이의 쇳조각을 달아 휘둘릴 수 있게 되었음.〕 ②쇠도리깨.

도리깨-꼭지[-찌]명 도리깨채에 도리깻열을 달 적에 끼우는 작은 나무 비녀.

도리깨-질명하타 도리깨로 곡식 따위를 두드려 타작하는 일.

도리깨-채명 도리깨의 몸채가 되는 긴 막대기. 도리깻장부.

도리깨-침명 탐이 나거나 먹고 싶어서 저절로 삼켜지는 침.

도리깻-열[-껜널]명 도리깨채에 달아 곡식의 이삭을 후려치도록 되어 있는 서너 개의 회초리. 자편(子鞭).

도리깻-장부[-깨짱-/-깬짱-]명 ☞도리깨채.

도리다타 ①둥글게 베어 내거나 파다. ¶도려낸 감자씨. ②(글이나 장부의 어떤 줄에) 꺾자를 쳐서 지워 버리다.

도리-도리 I명하자 어린아이가 머리를 좌우로 흔드는 동작. ¶아이가 도리도리를 친다. II감 어린아이에게 도리질을 시킬 때에 하는 말. ¶도리도리 짝짜꿍.

도리-머리명하자 (아니라거나 거절하는 뜻으로) 좌우로 흔드는 머리, 또는 그 짓. 도리질.

도리-목(-木)명 도리로 쓰는 재목.

도리반-거리다타 자꾸 도리반도리반한다. 도리반대다. 큰두리번거리다.

도리반-대다타 도리반거리다.

도리반-도리반부하자 어리둥절하여 이쪽저쪽을 잇달아 돌아보는 모양. ¶엄마를 찾느라고 도리반도리반하는 아기. 큰두리번두리번.

도리-사(-紗)명 (도루마보다 올이 고운) 중국산 여름 옷감의 한 가지.

도리스-식(Doris式)명 고대 그리스의 3대 건축 양식의 하나. 도리아 인들이 창시한 것으로, 간소하고 장중함이 특징임. 참이오니아식·코린트식.

도리암직-하다[-지카-]형여 얼굴이 동그스름하고 나부죽하며 좀 작은 키에 몸맵시가 있다. ¶도리암직한 생김새로 나이보다 앳되어 보이다. 큰두람직하다.

도리어부 〔'오히려·반대로·차라리' 등의 뜻을 가진 접속 부사.〕 ①당초에는 바람직한 행동(사실)이 아니었던 것이, 결과적으로 잘된 것임을 나타냄. ¶늦게 온 것이 도리어 잘됐군. ②일이, 정상적인 것과는 반대로 되어 있음을 나타냄. ¶방귀 낀 놈이 도리어 성낸다니까. ③목적(의도)한 것과는 반대의 결과가 되었음을 나타냄. ¶돕는다는 것이 도리어 폐를 끼친 꼴이 되다. ④'비교하는 뜻의 '보다' 다음에 쓰이어, '더'·'더욱'의 뜻을 나타냄. ¶그 일은 나보다는 도리어 자네가 잘 해낼걸. 큰되레.

도리-옥(-玉)명 조선 시대에, 정일품 및 종일품의 벼슬아치가 붙이던 옥관자(玉貫子). 환옥(環玉).

도리-질명하자 ①말귀를 겨우 알아듣는 어린아이가 어른이 시키는 대로 머리를 좌우로 흔드는 재롱. 참도리도리. ②☞도리머리.

도리채명 (옛) 도리깨. ¶도리채 가:耞(訓蒙中17).

도:리-천(忉利天)**명** 욕계 육천(欲界六天) 가운데 둘째 하늘. 남섬부주(南贍部洲)에 있는 수미산(須彌山) 꼭대기에 있는데, 중앙에 제석천이 사는 선견성(善見城)이 있으며, 그 사방에 팔천(八天)씩 도합 33천(天)으로 이루어져 있음. 이곳의 중생이 음욕을 행하면 인간이 된다 함. 삼십삼천.

도리-칼명 '행차칼'의 딴 이름.

도:리-표(道里表)**명** '이정표(里程表)'의 이전 일컬음.

도린-결[-결]**명** 인적이 드문 외진 곳. ∗도린결이[- 겨 치]·도린결을[- 겨 틀]·도린결만[- 견 -]

도림-장이명 ☞묶음표.

도림-장이(道林-)**명** 도림질을 업(業)으로 삼는 사람.

도림-질명하타 실톱으로 널빤지를 오려 여러 가지 모양을 만드는 일.

도:립(倒立)**명하자** 물구나무를 섬.

도:립(道立)**명** 도에서 세움, 또는 도에서 설립하여 유지하는 것. ¶도립 병원.

도:립^운:동(倒立運動)**명** 몸의 평균력·경첩성(輕捷性)과 신경 계통의 단련을 위하여, 물구나무를 서는 운동.

도르다타〈옛〉돌리다. ¶비록 도르디 아니ᄒ놋다(杜初23:54).

도ᄅᆞ혀[**부**]〈옛〉도리어. ¶도ᄅᆞ혀 쓸 나호미 됴호볼 아노라(杜重4:3). ᄸᆞ도ᄅᆞ혀.

도ᄅᆞ혀다타〈옛〉돌이키다. ¶머리 도ᄅᆞ혀 ᄇᆞ라노라(杜初21:16). ᄸᆞ도ᄅᆞ혀다.

도ᄅᆞ혀타〈옛〉도리어. ¶이제 도ᄅᆞ혀 ᄂᆞ미 어싀아ᄃᆞ롤 여희에 ᄒ시ᄂᆞ니(釋譜6:5).

도ᄅᆞ혀타〈옛〉돌이키다. ¶ᄲᆞ리 도ᄅᆞ혀고져 흘 딘댄(楞解4:100).

도마명 식칼질할 때에 밑에 받치는 두꺼운 나무 토막이나 널조각.
　도마에 오른 고기속담 어찌할 수 없는 운명을 이르는 말.
　도마 위의 고기가 칼을 무서워하랴속담 이미 죽음을 각오한 사람이 무엇을 무서워하겠느냐는 뜻.

도:-마(跳馬)**명** 안마(鞍馬)에서 손잡이를 없앤 체조 기구, 또는 그것을 이용해서 하는 체조 경기. ¶도마 운동.

도-마름(都-)**명** 여러 마름을 거느리는 우두머리 마름.

도마-뱀명 도마뱀과의 동물을 통틀어 이르는 말. 몸은 가늘고 길며 허리는 통통함. 온몸이 비늘로 덮여 있고 네 다리가 발달하였으며 꼬리는 긴 원통형으로 끝이 뾰족한데, 적에게 잡히면 스스로 끊고 도망감. 대체로 돌 밑에서 살며, 몸빛을 쉽게 바꾸는 것도 있음. 석룡자. 석척[蜥蜴].

도마빅암명〈옛〉도마뱀. ¶도마빅얌 영:蠑(訓蒙上23).

도마-질명하타 도마 위에 요리할 재료를 놓고 식칼로 다루는 일.

도막명 ①짤막하게 잘라진 동강. ¶나무 도막. / 도막을 내다. ②〔의존 명사적 용법〕동강 낸 물건을 헤아리는 단위. ¶생선을 두 도막으로 자르다. ᄸᆞ토막.

도막-도막[-또-] **Ⅰ명** 도막 하나하나. 여러 개의 도막. ¶실 도막도막을 이어서 쓰다. **Ⅱ부** 여러 도막으로 잘린 모양. ¶무를 도막도막 썰다.

도막-이명 시골의 지주나 늙은이.

도말(塗抹)**명하타** ①칠하여 지워 없애거나 위에 덧발라서 가림. 도포(塗布). ②(어떤 사태를 임시변통으로) 발라맞추거나 적당히 가리어 꾸밈. ¶이미 끝장난 일을 도말한다는 것은 어리석다.

도맛-밥[-마빱/-맏빱]**명** 도마질할 때에 생기는 부스러기.

도망(逃亡)**명하자** ①몰래 피해 달아남. ②쫓기어 달아남. 도주(逃走).

도망(悼亡)**명하타** 죽은 아내나 자식 또는 친구를 생각하여 슬퍼함.

도망(稻芒)**명** 벼의 까끄라기.

도망-가다(逃亡-)**자** 잡히지 않으려고 자취를 감추다. 도망하다. 달아나다.

도망-꾼(逃亡-)**명** 도망치는 사람.

도망자-집(逃亡亡字-)[-짜-]**명** 집의 구조가 '亡'자 모양으로 된 집. ᄸᆞ망자집.

도망-질(逃亡-)**명** 도망하는 짓.

도망질-치다(逃亡-)**자** 도망하는 짓을 하다. ¶야밤에 도망질치다.

도망-치다(逃亡-)**자** 피하거나 쫓기어 달아나다. ¶포로들이 도망치다.

도맡-기다[-맏끼-]**타** ('도맡다'의 사동〕 도맡게 하다. ¶아내에게 살림을 도맡기다.

도-맡다[-맏따]**타** 모든 책임을 혼자 맡다. ¶가족의 생계를 도맡다.

도매(都賣)**명하타 되자** (생산자로부터 사들인 상품을) 모개로 넘겨 파는 일. ↔소매·산매(散賣).

도매(盜賣)**명하타** 남의 물건을 훔쳐 팖. 투매(偸賣).

도매-가(都賣價)[-까]**명** ☞도매가격.

도매-가격(都賣價格)[-까-]**명** 상품을 도매할 때의 가격. 도매가. 도매가격.

도매-금(都賣金)[-끔]**명** ①☞도매가격. ②《(주로 '도매금으로'의 꼴로 쓰여) 각각의 차이에도 불구하고 모두 같은 무리로 취급받음을 비유하여 이르는 말. ¶지각한 학생이나 안 한 학생이나 모두 도매금으로 기합을 받았다.

도매-상(都賣商)**명** 도매하는 장사, 또는 그 가게나 장수. 도가(都家). ↔소매상.

도매^시:장(都賣市場)**명** (주로) 도매상들이 모여 이루어진 시장. ↔소매 시장.

도매-업(都賣業)**명** 도매를 하는 영업, 또는 그 업체. ↔소매업.

도매-점(都賣店)**명** 도매를 하는 상점. ↔소매점.

도메인(domain)**명** 인터넷에서, 호스트 시스템이나 망의 일부분을 식별하기 위한 인터넷 주소의 지정 단위.

도면(逃免)**명하자** 책임이나 맡은 일에서 벗어나려고 꾀함. 규면(規免).

도면(圖面)**명** (토목·건축·기계·토지·임야 등의 구조나 설계 등을) 제도기를 써서 기하학적으로 그린 그림. 도본(圖本).

도명(刀銘)**명** 도검(刀劍)에 새겨 놓은 도공(刀工)의 이름이나 글.

도명(徒命)**명** ①바야흐로 끝날 것이 예정된 목숨. ②헛되이 살아온 목숨. ③아무 소용이 없는 목숨.

도명(逃命)**명하자** 목숨을 보존하기 위하여 피해 달아남.

도명(盜名)**명하자** 〔이름을 훔친다는 뜻으로〕실력도 없이 이름을 얻음.

도모(圖謀)圈하타되자 (어떤 일을 이루려고) 수
단과 방법을 꾀함. ¶친목을 도모하다.

도목-정(都目政)[-쩡]圈〈도목정사〉의 준말.

도목-정사(都目政事)[-쩡-]圈 고려·조선 시대
에, 해마다 유월과 섣달에 벼슬아치의 근
무 성적이나 공과(功過) 유무에 따라 벼슬을
떼거나 올리던 일. ㊟도목정·도정.

도무(蹈舞)圈하자〈수무족도(手舞足蹈)〉의 준말.

도-무덤(都-)圈 옛날에, 전사한 병사의 시체를
한데 모아서 묻던 무덤.

도무지튀 《부정적 사실(사태)의 결과를 나타내
는 말의 앞에 쓰이어》①아무리 해도 ¶무슨
영문인지 도무지 모르겠다. ②이러고저러고 간
에. 영영. ¶도무지 반성의 빛이 없다. ③생각
해 볼 바도 없이. 아주. 도시(都是). ¶도무지
맛이 없다. /도무지 인정이라고 없는 사람.

도:문(到門)圈하자 과거(科擧)에 급제하여 홍패
(紅牌)를 가지고 집으로 돌아옴.

도:문(倒文)圈 ⇨도어(倒語).

도:문(道門)圈 ⇨도가(道家).

도:문-잔치(到門-)圈 지난날, 과거에 급제한
사람이 집에 돌아와서 베풀던 잔치.

도:미圈 도밋과의 바닷물고기를 통틀어 이르는
말. 몸길이 40~50cm 정도. 몸은 길둥글고 납작.
몸빛은 황색·홍색·회색 등임. 연안성 어류로서
대개 바다 밑바닥에서 삶. 〔청돔·새눈치·감성
돔·황돔·참돔 따위.〕㊟돔.

도미(掉尾)圈하자 《꼬리를 세차게 흔든다는 뜻
으로》 끝판에 두드러지게 활약함.

도미(渡美)圈하자 미국으로 건너감.

도미(稻米)圈 ⇨입쌀.

도미넌트(dominant)圈 딸림음.

도미노(domino)圈 ①상아로 만든 28장의 패를
가지고 노는 서양 골패. ②가장무도회에서 입
는 두건 달린 외투.

도미노^이:론(domino理論)圈〔세워 놓은 도미
노 골패들 중 하나를 쓰러뜨리면 잇달아 다른
골패들이 차례로 쓰러지게 되는 현상에 빗대
어〕어떤 지역의 한 나라가 공산화되면 인접
국가들도 차례로 공산화된다는 이론.

도민(島民)圈 섬사람.

도:민(道民)圈 그 도(道) 안에서 사는 사람.

도:밋-국[-미꾹→-밋꾹]圈 맑은장국을 끓이다
가 도미와 쑥갓을 넣고 끓인 국.

도:박(到泊)圈하자 (항구 등 일정한 곳에) 배가
와서 머무름.

도박(賭博)圈 ①돈이나 재물을 걸고 따먹기를
다투는 짓. 노름. 돈내기. ¶도박에 미쳐 가산을
탕진하다. ②(거의 불가능하거나 위험한 일에)
요행수를 바라고 손을 대는 일. 투자나 도지
도 않을 걸 뻔히 알면서 도박을 할 셈인가?

도박-꾼(賭博-)圈 노름꾼.

도박-장(賭博場)圈 노름을 하는 곳.

도박-죄(賭博罪)[-쬐/-쮀]圈 재물을 걸고 노
름을 함으로써 이루어지는 죄.

도반(桃盤)圈〈선도반(仙桃盤)〉의 준말.

도발(挑發)圈하타 집적거려 일을 일으킴.
도출(挑出). ¶전쟁 도발을 일삼는 집단.

도발-적(挑發的)[-쩍]관圈 ①집적거려 일을 일
으키는 (것). 도발적 행동. ②색정(色情)을
자극하는 (것). ¶도발적인 복장.

도방(都房)圈 고려 시대에, 집권한 무신(武臣)
경대승(慶大升)과 최충헌(崔忠獻) 등이 썼던
사병제(私兵制)의 한 가지.

도:방(道傍)圈 길옆. 노방(路傍).

도:배(到配)圈하자 귀양살이를 가는 죄인이 배
소(配所)에 도착함.

도배(島配)圈하타 죄인을 섬으로 귀양 보냄. 도
류(島流).

도배(徒配)圈하타 도형(徒刑)에 처한 뒤에 귀양
을 보냄.

도배(徒輩)圈 한데 어울려 나쁜 짓을 하는 무리.

도배(塗褙)圈하자 종이로 벽이나 반자·장지 따
위를 바르는 일.

도배-장이(塗褙-)圈 도배하는 일을 업으로 삼
는 사람.

도배-지(塗褙紙)圈 도배하는 데 쓰는 종이. 벽지.

도:백(道伯)圈 ①관찰사. ②'도지사(道知事)'
를 예스럽게 이르는 말.

도벌(盜伐)圈하타 산의 나무를 몰래 벰. 도
작(盜斫). 투작(偸斫).

도범(盜犯)圈 (절도나 강도 따위의) 도둑질을
한 범죄, 또는 그 범인.

도법(刀法)[-뻡]圈 (조각이나 판화 따위에서)
칼을 사용하는 방법. ¶목과 부리는 입체적인
도법, 날개는 음양각에 투각(透刻)까지 겸했다.

도법(圖法)[-뻡]圈〈작도법(作圖法)〉의 준말.

도벽(盜癖)圈 물건을 훔치는 버릇. ¶도벽이 있다.

도벽(塗壁)圈하타 벽이나 담에 흙을 바름.

도병(刀兵)圈 군기(軍器)와 군사.

도-병마사(都兵馬使)圈 고려 시대에, 국가의 군
사 기밀 및 국방상 중요한 일을 의논하여 결정
하던 중앙 회의 기구.

도보(徒步)圈하자 걸어서 감. ¶도보 여행.

도보(圖譜)圈 동식물이나 그 밖의 여러 사물을
분류하여 그림으로 설명한 책. 도감(圖鑑). ¶어
류(魚類) 도보.

도보장수〔옛〕도붓장수. ¶도보장수:販子(漢
淸5:32).

도보-전(徒步戰)圈하자 기병(騎兵)이 말을 타
지 않고 도보로 하는 싸움.

도:복(道服)圈 ①도사가 입는 겉옷. ②'가사(袈
裟)'를 달리 이르는 말. ③(태권도·유도·검도
따위의) 무도(武道) 수련을 할 때 입는 운동복.

도본(圖本)圈 ⇨도면(圖面).

도봉(盜蜂)圈 꿀벌치기에서, 꽃에서 직접 꿀을
가져오지 아니하고 남의 벌통에서 꿀을 도둑질
해 가는 일벌을 이름.

도:부(到付)¹圈하자 공문(公文)이 도달함.

도:부(到付)²圈하자 팔 물건을 여러 곳으로 가
지고 다니며 파는 장사. 도붓장사. 행상(行商).

도부(를) 치다관용 장사치가 물건을 가지고 이
곳저곳 팔러 다니다.

도부(都府)圈 지난날, '서울'을 달리 이르던 말.

도:부-꾼(到付-)圈 '도붓장수'를 홀하게 이르
는 말.

도북(圖北)圈 지도 상의 수직 좌표선에 따라 정
해진 북쪽 방향. ㊟자북(磁北)·진북(眞北).

도:불습유(道不拾遺)圈〔길에 떨어진 것도 줍
지 않는다는 뜻으로〕생활에 여유가 생기고,
믿음이 차 있는 세상의 아름다운 풍속을 이르
는 말. '한비자(韓非子)'의 '외저설(外儲說)'
에 나오는 말임.

도:붓-장사(到付-)[-부짱-/-붇짱-]圈하자
⇨도부(到付)². ↔앉은장사.

도:붓-장수(到付-)[-부짱-/-붇짱-]圈 도부를
치는 사람. 행상인. 행고(行賈).

도비(徒費)圈하타 헛되이 씀.

도비(都鄙)圈 서울과 시골. 경향(京鄕).

도사(都寺)圈 ⇨도감사(都監寺).

도:사(道士)圓 ①도를 닦는 사람. 도인(道人). ②도교를 믿고 수행하는 사람. ③'어떤 일에 능숙한 사람'을 비유하여 이르는 말.

도:사(道師)圓 시천교(侍天敎)의 신앙을 통일하며 포덕(布德)하는 사람.

도:사(導師)圓 ①부처·보살을 통틀어 일컫는 말. ②법회(法會)나 장의(葬儀)에서 여러 중을 거느리고 의식을 지도하는 중.

도사-견(とさ〔土佐〕犬 일)圓 일본이 원산인 개의 한 품종. 몸이 크고 살이 많으며 싸움을 잘함. 성질이 포악하며 투견용으로 기름.

도-사공(都沙工)圓 사공의 우두머리.

도-사교(都司敎)圓 대종교에서, 가장 덕이 높은 사람으로서 그 교를 주장(主掌)하는 교직. 图도형(道兄).

도-사리圓 ①못자리에 난 어린 잡풀. ②(바람이나 병 따위로 말미암아) 자라는 도중에 떨어진 과실.

도사리다재타 ①두 다리를 오그려 한쪽 발을 다른 쪽 무릎 아래 받치고 앉다. ¶마루 위에 도사리고 앉다. ②틀었던 마음을 가라앉히다. ¶마음을 도사려 먹고 일을 시작하다. ③몸을 웅크리고 한곳에 들어박히다. ¶방 안에 도사리고 들어앉아 꼼짝도 않다. /산속에 도사리고 적의 잔당을 토벌하다. /뱀이 바위틈에 도사리고 있다. ④조심하여 감추다. ¶말끝을 도사리다. /개가 꼬리를 도사리고 달아나다. ⑤오관(五官)을 긴장시키다. ¶귀를 도사려 엿듣다. /눈을 도사려 세우고 바라보다. ⑥(마음이나 생각 따위가) 깊숙이 자리 잡다. ¶마음속에 증오심이 도사리고 있다. ⑦앞으로 일어날 일의 기미가 다른 사물 속에 숨어 있다. ¶음모가 도사리고 있다.

도:산(到山)圓하자 행상(行喪)이 산소에 다다름.

도산(逃散)圓하자 뿔뿔이 달아나서 흩어짐. ¶적의 기습으로 모두 도산하다.

도:산(倒產)¹圓하자퇴자 가산(재산)을 다 써 없앰. 파산(破產). ¶과잉 투자로 도산하다.

도:산(倒產)²圓 아이를 거꾸로 낳음. 〔머리보다 발이 먼저 나옴.〕역산(逆產).

도-산매(都散賣)圓하타 도매와 산매.

도산-십이곡(陶山十二曲)圓 조선 명종(明宗) 때 이황(李滉)이 지은 12수의 연시조. 도산 서원에서 후학을 가르치던 심회를 읊음.

도살(盜殺)圓하타 ①남몰래 사람을 죽임. 암살(暗殺). ②가축을 허가 없이 몰래 잡음. 밀도(密屠).

도살(屠殺)圓하타퇴자 ①마구 죽임. 비도륙. ②육축(六畜)을 잡아 죽임. 재살(宰殺).

도살-장(屠殺場)〔-짱〕圓 ☞도축장.

도상(途上)圓 ①길 위. ②일이 진행되는 과정에 있음. 도중. 중도. ¶개발 도상 국가.

도:상(道上)圓 ☞노상(路上).

도:상(道床)圓 철도의 레일과 침목 부분을 튼튼히 하며 탄성을 높이기 위해 모래나 자갈 따위를 깔아 놓은 바닥의 층.

도상(圖上)圓 지도나 도면의 위. ¶도상 실습.

도상(圖像)圓 그림으로 그린 사람이나 사물의 형상.

도상^연ː습(圖上演習)〔-년-〕圓 지도 상으로 하는 군사 연습.

도색(桃色)圓 ①복숭아꽃과 같은 분홍빛의 빛깔. ②남녀 간에 얽힌 색정적인 일. ¶도색 사진. /도색 잡지.

도색(塗色)圓하타 물체에 색을 칠하여 입히는 일. ¶도색 작업.

도색^영화(桃色映畵)〔-생녕-〕圓 남녀 간의 색정적인 행위를 찍은 음란한 영화.

도:생(倒生)圓 거꾸로 남.

도생(圖生)圓하자 살기를 도모함.

도서(島嶼)圓 바다에 있는 크고 작은 여러 섬. ¶산간 도서 지방.

도서(都序)圓 불교 초학자를 위한 사집(四集)의 하나로, 중국의 규봉 대사(圭峰大師)가 불교의 교리를 개론한 책.

도서(道書)圓 도교(道敎)의 교의(敎義)나 도술(道術)의 방법에 관한 책.

도서(圖書)圓 ①서적·글씨·그림 따위를 통틀어 이르는 말. ②서적. 책. ¶도서 출판.

도서-관(圖書館)圓 많은 도서를 모아 보관하고 공중에게 열람시키는 시설.

도:-서다자 ①(가던 길에서) 돌아서다. ¶남쪽으로 도서서 오다. ②(바람이) 불던 방향을 바꾸다. ¶북서풍이 남쪽으로 도서다. ③해산할 때에 태아가 자리를 바꾸어 돌다. ④해산 후 젖멍울이 풀리고 젖이 나기 시작하다. ⑤부스럼이나 마마의 고름 따위가 약간 나아서 꺼덕꺼덕하여지다.

도서^목록(圖書目錄)〔-몽녹〕圓 ①도서관에서, 체계적으로 정리, 배열된 도서를 능률적으로 찾아낼 수 있도록 도서의 요점을 기입한 것. 〔대개, 카드식으로 되어 있음.〕②책의 제목을 분류하여 적어 놓은 목록.

도서-실(圖書室)圓 도서나 출판물 따위를 모아 두고 열람하게 하는 방.

도석(悼惜)圓하타 죽은 이를 애석히 여겨 슬퍼함.

도:석(道釋)圓 도교(道敎)와 불교(佛敎).

도선(徒善)圓하형 한갓 착하기만 하고 주변성이 없음.

도선(渡船)圓 나룻배.

도선(導船)圓하타 연해의 구역을 통과하는 선박에 안내자가 승선하여 뱃길을 인도하는 일.

도선(導線)圓 전류를 통하는 철사.

도:선-사(導船士)圓 일정한 자격을 가지고 도선 구역에서 도선 업무에 종사하는 사람. 수로 안내인. 파일럿.

도선-장(渡船場)圓 나루터.

도설(塗設)圓 뜬소문.

도설(圖設)圓하타 그림이나 사진 따위를 이용하여 설명함. 또는 그런 책.

도:섭圓 능청스럽고 수선스럽게 변덕을 부리는 짓. ¶도섭을 부리다.

도섭(徒涉)圓하타 걸어서 물을 건넘.

도섭(渡涉)圓하타 (옷을 걷고) 물을 건넘.

도:섭-스럽다〔-쓰-따〕〔~쓰러우니·~스러워〕형비 능청스럽고 수선스럽게 변덕을 부리는 태도가 있다. ¶그가 하도 도섭스러워서 일이 틀어지게 되었다. 도섭스레부.

도성(都城)圓 ①서울. ②도읍 둘레에 둘린 성곽.

도성(濤聲)圓 파도 소리.

도성-지(都城址)圓 성곽 도시의 유적.

도:세(道稅)〔-쎄〕圓 도에서 도민으로부터 받는 지방세.

도소(屠蘇)圓 한방에서, 산초·방풍·백출·육계피를 함께 넣어 만든 약을 이르는 말. 〔도소주를 만드는 재료임.〕

-도소니어미 〔옛〕-더니. ¶시혹 거머니는 디근옷 굳도소니(杜重1:3).

-도소이다[어미] 〈옛〉-더이다. -옵디다. ¶如來ㅅ 주머귀예 견주슨건댄 事義 서르 굳도소이다(楞解I:99).

도소-주(屠蘇酒)[명] 설날에 마시는 세주(歲酒)의 한 가지. 도소를 넣어 빚는데, 연중 사기(邪氣)를 물리치고 장수한다고 함.

도:속(道俗)[명] ①도를 닦는 사람과 세속의 사람. ②도를 닦는 일과 속된 일.

도:속-공수계(道俗共守戒)[-꽁-계/-꽁-게][명] 불교에서 이르는 삼계(三戒)의 하나. 재가한 사람과 출가한 사람이 다 같이 지켜야 할 계. ⓓ재가계·출가계.

도솔-가(兜率歌)[명] ①신라 유리왕 때 지었다는 노래. 작자·연대 미상으로, 가악(歌樂)의 시초라고 함.〔'삼국사기'에 실려 전함.〕②신라 경덕왕 때 월명사(月明師)가 지은 4구체 향가.〔'삼국유사'에 실려 전함.〕

도솔-천(兜率天)[명] 욕계 육천(欲界六天) 가운데 넷째 하늘. 하늘에 사는 사람의 욕망을 이루는 외원(外院)과 미륵보살의 정토인 내원(內院)으로 이루어져있다.

도:수(度數)[-쑤][명] ①거듭된 번수나 횟수. ¶전화 사용 도수. ②(각도·온도·광도 따위의) 크기를 나타낸 수치의 정도. ③도수가 높은 안경. ③어떠한 정도. ¶도수가 지나친 행동.

도수(徒手)[명] 맨손.

도:수(導水)[명] 물이 일정한 방향으로 흐르게 물길을 만들어 이끎.

도:수-거(導水渠)[명] 물줄기를 딴 곳으로 옮기기 위해 만든 암거(暗渠).

도수-공권(徒手空拳)[명] ☞적수공권(赤手空拳).

도:수-관(導水管)[명] 물을 끌어들이는 관.

도:수-교(導水橋)[명] 계곡이나 도로 등을 가로질러 도수하기 위해 만든 시설.

도:수-로(導水路)[명] 물을 끌어들이려고 만든 도랑. 물을 대는 도랑.

도수리-구멍[명] 도자기를 굽는 가마의 옆으로 난, 불을 때는 구멍.

도:수-제(度數制)[-쑤-][명] (전화 요금을) 사용 도수에 따라 계산하는 제도.

도수^체조(徒手體操)[명] 맨손 체조. ↔기계 체조·기구 체조.

도숙-붙다[-뿓따][자] 머리털이 내리나서 이마가 좁다. ⓒ숙붙다.

도순(都巡)[명][하자] 각 군영에 딸린 순라의 근태 상황을 조사하던 일.

도:술(道術)[명] 도를 닦아 여러 가지 조화를 부리는 요술이나 술법. ¶도술을 부리다.

도스(DOS)[명] 컴퓨터의 디스크 운영 체계. 사용자와 하드웨어, 하드웨어와 소프트웨어 등을 중계하여 처리가 원활하고 효율적으로 이루어지도록 함.〔disk operating system〕

도스르다[도스르니·도슬러][타자] (무슨 일을 이루려고) 마음을 긴장시켜 다잡아 가지다. ¶마음을 단단히 도슬러 잡아 이번에는 반드시 성공하겠다.

도:스킨(doeskin)[명] 암사슴 가죽처럼 표면이 부드러운 고급 수자(繻子) 직물. 얇은 것은 예복, 두꺼운 것은 겨울용 양복이나 외투감으로 쓰임.

도슴[명] 〈옛〉도시락. ¶點心 도슴 무시이고(古時調).

도습(蹈襲)[명][하타] ☞답습(踏襲).

도:승(道僧)[명] 도를 깨달은 중. 도통한 중.

도-승지(都承旨)[명] 조선 시대에, 승정원의 여러 승지 가운데 으뜸인 정삼품 벼슬. 도령(都令).

도시(都市)[명] ①상공업을 중심으로 한 경제 및 행정·문화·교통망·편의 시설 따위의 중심지가 되며, 인구가 집중하여 그 밀도가 현저하게 높은 지역. ↔농촌·촌락. ②☞도회지. ⓟ시골.

도:시(盜視)[명][하타] ①몰래 엿봄. ②금하는 것을 몰래 훔쳐봄.

도시(圖示)[명][하타][되자] 도식이나 그림으로 그려 보임. ¶현황을 도시하다.

도:시(都是)[부] 도무지. 전혀. ¶네가 무엇을 이야기하는지 도시 알 수가 없구나.

도시-가스(都市gas)[명] 도시에서, 공업적으로 만들어서 공급관을 통하여 많은 수요자에게 파는 연료용 가스.

도시^경제(都市經濟)[명] 봉쇄적인 가내(家內) 경제에서 개방적인 국민 경제로 전환되던 중세(中世) 유럽의 과도기적 경제 형태를 이르는 말. 주문의 의하여 생산하는 수공업자들이 몰린 중세 도시의 경제 형태임.

도시^계:획(都市計畫)[-계획/-게획][명] 도시 생활에 필요한 교통·주택·위생·보안·행정 따위에 관하여 주민의 복리를 증진하고 공공의 안녕을 유지하도록 능률적·효과적으로 공간에 배치하는 계획.

도시^국가(都市國家)[-까][명] (주로, 고대 그리스·로마에서와 같이) 하나의 도시가 자치적 시민에 의하여 유지된 독립 국가.

도시다[타] 물건의 거친 곳을 연장으로 자르거나 깎아서 곱게 다듬다.

도시락[명] ①고리버들 따위로 결은 작은 고리짝.〔주로, 가지고 다니는 점심 그릇으로 썼음.〕②간편하게 휴대할 수 있도록 만든 음식 그릇, 또는 그 그릇에 담긴 음식. ¶아침마다 아이들 도시락을 싸느라 바쁘다.

도시락-밥[-빱][명] 도시락에 반찬을 곁들여 담은 밥. 단사(簞食).

도시미:터(dosimeter)[명] ①물약 따위의 약의 양(量)을 재는 기구의 한 가지. ②엑스선의 에너지를 재는 기구의 한 가지.

도시^재:개발(都市再開發)[명] 건물이 대부분 낡았거나 지구 전체의 설계와 건물의 배치 등이 좋지 않은 지역을 새 도시 계획에 따라 정리하는 일.

도식(徒食)[명][하자] 놀고먹음.

도식(塗飾)[명][하타] (바니시나 칠 따위로) 바르고 꾸밈.

도식(圖式)[명] 사물의 구조나 사물들의 관계 따위를 일정한 양식으로 나타낸 그림, 또는 그 양식. 도형(圖形).

도:식-병(倒植病)[-뼝][명] 한방에서, 사물이 뒤죽박죽 거꾸로 보이는 병을 이르는 말.

도식-적(圖式的)[-쩍][관][명] ①도식과 같은 (것). ②사물의 본질이나 실제 현상과는 동떨어지거나 일정한 형식이나 틀에 기계적으로 맞춘 (것). ¶도식적인 사고.

도식-화(圖式化)[-시콰][명][하타][되자] 도식으로 만듦.

도신(刀身)[명] 칼의 몸.

도신(逃身)[명][하자] 몸을 피하여 도망함.

도실(桃實)[명] ☞복숭아.

도심(都心)[명] 도시의 중심.

도심(盜心)[명] 남의 물건을 탐내어 훔치려는 마음. 도둑질하려는 마음.

도:심(道心)[명] ①도의(道義)로부터 일어나는 마음. 도덕적인 관념. ②불도(佛道)를 닦아 불과(佛果)를 얻고자 하는 마음.

도심-지(都心地)[명] 도시의 중심이 되는 구역.

도심-질[명][하다] (물체의 가장자리가) 말끔하도록 도려내는 일.

도안(刀眼)[명] 환도의 몸이 자루에서 빠지지 않게 슴베와 아울러 자루에 비녀장을 박는 구멍.

도안(圖案)[명][하다] 미술·공예 작품을 만들 때, 그 형상이나 모양·색채·배치 등에 관한 것을 그림으로 나타낸 것. ¶ 포스터의 도안.

도야(陶冶)[명][하다][되자] 〔질그릇을 굽고 풀무질을 한다는 뜻에서〕 (훌륭한 인격이나 재능을 갖추려고) '몸과 마음을 닦음'을 비유하여 이르는 말. ¶ 인격을 도야하다.

도야-성(陶冶性)[-썽][명] 도야할 수 있는, 피교육자의 품성. 교육으로써 능력을 발달시킬 수 있는 가능성.

도약(跳躍)[명][하자] ①(몸을 날려) 위로 뛰어오름. ②(어떤 상태가) 급격한 진보·발전의 단계로 접어듦. ¶ 경제 발전의 도약 단계.

도:약(搗藥)[명][하다] 환약 재료를 골고루 섞어 반죽하여 찧는 일.

도약-경:기(跳躍競技)[-경-][명] 육상 경기의 한 가지. 멀리뛰기·높이뛰기·장대높이뛰기·세단뛰기 등을 통틀어 이르는 말.

도약-대(跳躍臺)[-때][명] ①도약의 발판으로 삼는 대. ②'크게 발전하는 데 발판이 되는 바탕'을 비유하여 이르는 말.

도약^운:동(跳躍運動)[명] ▷뜀뛰기 운동.

도-약정(都約正)[-쩡][명] 조선 시대, 향약(鄕約) 단체의 우두머리.

도약-판(跳躍板)[명] ①수영에서, 다이빙하여 물속으로 뛰어내릴 때에 딛는 발판. 스프링보드. ②도약 운동에서 뛰는 발판이 되는 판. ③구름판·발판.

도양(渡洋)[명][하자] 바다를 건넘.

도:양^작전(渡洋作戰)[-쩐][명] 바다를 건너가서 전투를 벌이는 작전 계획.

도어(刀魚)[명] '갈치'로 순화.

도:어(倒語)[명] 어법상 말의 차례가 거꾸로 된 말. 〔'간다, 나는.'과 같은 꼴의 말.〕 도문.

도:어-법(倒語法)[-뻡][명] ▷도치법.

도:어-체인(door chain)[명] 문빗장 보조 용구의 하나. 문을 함부로 열지 못하도록 문의 안쪽에 다는 쇠사슬.

도:어-체크(door check)[명] 여닫이문이 저절로 조용히 닫히게 하는 장치.

도언(徒言)[명] 헛된 말.

도업(陶業)[명] ▷요업(窯業).

도연(刀煙)[명] 한방에서, 칼이나 도끼를 달구어 대나무 껍질에 대었을 때, 묻어 오르는 '대의 진'을 약재로 이르는 말.

도연(徒然) '도연(徒然)하다'의 어근.

도연(陶硯)[명] 자기(瓷器)로 만든 벼루. 자연(瓷硯).

도연(陶然) '도연(陶然)하다'의 어근.

도연-하다(徒然-)[형여] 하는 일 없이 멍하니 있어서 심심하다. 도연-히[부]

도연-하다(陶然-)[형여] 술에 취하여 거나하다. 도연-히[부]

도열(堵列)[명][하자] 많은 사람이 죽 늘어섬, 또는 그 늘어선 대열.

도열-병(稻熱病)[-뼝][명] 벼에 생기는 병의 한 가지. 잘 자란 뒤에 잎과 줄기에 박테리아가 생겨 잎에 암갈색의 불규칙한 반점이 생기고 그것이 퍼져 잎 전체가 갈색으로 되어 마르게 되는 병.

도엽-명(圖葉名)[-염-][명] 지도의 위쪽 난외에 그 지역의 문화적·지리적 지형 지물의 이름을 따서 표시한 그 지도의 이름.

도:영(到營)[명][하자] 지난날, 감사가 감영에 도임(到任)함을 이르던 말.

도:영(倒影)[명] ①거꾸로 비친 그림자. ②해질 무렵의 그림자. ③거꾸로 촬영한 모양.

도:영(導迎)[명][하자] 잘 인도하여 맞이함.

도:영-화기(導迎和氣)[명] 온화한 기색으로 남의 환심을 사는 그 일.

도예(陶藝)[명] 도자기에 관한 미술·공예.

도예-과(陶藝科)[-꽈][명] 대학에서, 도예에 관한 학문을 연구하는 학과.

도와(陶瓦)[명] ▷질기와.

도와리[명] 〔옛〕 곽란(癨亂). ¶ 도와리 확: 癨(訓蒙中34).

도와-주다[타] 남을 위하여 애써 주다. ¶ 여러 가지로 도와주다. /힘든 일을 도와주다.

도:외(度外)[-외/-웨][명] 어떤 한도나 범위의 밖. ¶ 그의 잘못을 도외로 하기는 어려운 일이다.

도외다[타] 〔옛〕 되다. ¶ 도욀 화: 化(訓蒙下1). ❸ᄃᆞ외다·ᄃᆞ외다.

도:외-시(度外視)[-외-/-웨-][명][하다][되자] 문제로 삼지 않고 가외의 것으로 보아 넘김. 안중에 두지 않음.

도요(陶窯)[명] 도기를 굽는 가마.

도요-새[명] 도욧과의 새를 통틀어 이르는 말. 다리와 부리와 날개가 길고 꽁지는 짧음. 몸빛은 대체로 담갈색 바탕에 흑갈색 무늬가 있고, 등쪽은 흰색임. 물가나 습지·해안 등 습한 곳에서 삶.

도요-시절(桃夭時節)[명] 〔복사꽃이 아름답게 피는 시절이라는 뜻으로〕 처녀가 시집가기에 알맞은 '꽃다운 시절'을 이르는 말.

도요-지(陶窯址)[명] 옛날에, 토기나 도자기 따위를 굽던 가마터.

도용(盜用)[명][하다][되자] 남의 것을 허가도 없이 씀. ¶ 명의 도용. /상표 도용.

도우미[명] 행사 안내 및 행사 내용의 설명 따위를 전문적으로 맡아 하는 요원.

도우-탄(屠牛坦)[명] 소를 잡는 백장. 쇠백장.

도움[명] 남을 돕는 일. 조력(助力). ¶ 도움이 필요하다. /도움을 주다.

도움-그림씨[명] ▷보조 형용사.

도움-닫기[-끼][명] ①멀리뛰기·높이뛰기·세단뛰기 따위에서, 탄력을 얻기 위해 발구름판까지 달려가는 일. ②기계 체조의 뜀틀 운동에서, 손 짚기의 시간을 조절하고, 멀리 그리고 높이 뛰려고 일정 거리에서 발구름판까지 달려가는 일. 조주(助走).

도움-말[명] ▷조언(助言).

도움-움직씨[명] ▷보조 동사.

도움-줄기[명] ▷보조 어간.

도움-토씨[명] ▷보조사.

도원(桃園)[명] 복숭아나무가 많은 정원, 또는 복숭아밭.

도원(桃源)[명] 〈무릉도원〉의 준말.

도원-결의(桃園結義)[-겨릐/-겨리][명][하자] '의형제를 맺음'을 이르는 말. 〔중국 촉(蜀)나라의 유비(劉備)·관우(關羽)·장비(張飛)가 일찍이 도원에서 형제의 의를 맺었다는 고사에서 유래됨.〕

도원-경(桃源境)[명] ①무릉도원처럼 속세를 떠난 아름답고 평화로운 곳. ②▷이상향.

도-원수(都元帥)**명** 〔고려·조선 시대에〕 ①전쟁이 났을 때 군무(軍務)를 통할하던 임시 무관직. ②한 지방의 병권(兵權)을 도맡은 장수.

도월(桃月)**명** 〔복숭아꽃이 피는 달이라는 뜻으로〕'음력 삼월'을 달리 이르는 말. 모춘(暮春).

도유(塗油)〈데유〉의 본딧말.

도-유사(都有司)**명** 향교(鄕校)나 서원(書院)·종중(宗中)·계중(契中)에서, 그 사무를 맡은 우두머리.

도:음(導音)**명** ⇨이끎음.

도읍(都邑)**명** ①서울. ②조금 작은 도회지. ③**하자** 그 나라의 수도를 정함.

도읍-지(都邑地)[-찌]**명** 한 나라의 도읍이 되는 곳. ¶오백 년 도읍지를 필마로 돌아드니(古時調).

도:의(道義)[-의/-이]**명** 사람이 마땅히 행해야 할 도리와 의로운 일. ㉾의(義). ㉾도덕.

도의(擣衣)[-의/-이]**명하타** 다듬잇방망이로 옷을 두들겨 다듬음.

도의다[자] 〈옛〉되다. ¶이제 흐 히 반이 도의도록(朴解34). ☞도비다.

도:의-심(道義心)[-의/-이-]**명** 도의를 지키려는 마음. 도념(道念).

도:-의원(道議員)[-의/-이-]**명** 도의회(道議會)의 의원.

도:의-적(道義的)[-의/-이-]**관명** 도의에 맞는 (것). 도의가 있는 (것). ¶도의적 자각. /도의적인 책임.

도:-의회(道議會)[-의회/-이훼]**명** 지방 자치 단체인 도(道)의 의결 기관.

도이(島夷)**명** 섬나라의 오랑캐.

도이장-가(悼二將歌)**명** 고려 예종(睿宗)이 지은 팔구체 향가 형식의 노래. 〔고려의 개국 공신 신숭겸(申崇謙)과 김낙(金樂)을 추도한 내용.〕

도인(刀刃)**명** ①칼날. ②'칼'을 통틀어 이르는 말.

도인(桃仁)**명** 한방에서, 복숭아씨의 알맹이를 약재로 이르는 말. 〔파혈(破血)·어혈·변비 등에 씀.〕

도:인(道人)**명** ①도사(道士). ②천도교에서, 천도교를 믿는 사람을 일컫는 말.

도:인(導因)**명** 어떤 사태를 이끌어 낸 원인.

도:인-법(導引法)[-뻡]**명** 도가(道家)의 양생법(養生法)의 한 가지. 〔정좌·호흡·체조·마찰 따위의 방법을 씀.〕

도:일(度日)**명하자** 세월을 보냄.

도일(渡日)**명하자** 일본으로 건너감.

도:임(到任)**명하자** 지난날, 지방 관리가 임소(任所)에 도착함을 이르던 말. ㉾착임.

도:입(導入)**명하타되자** ①이끌어 들임. ②(문예 창작이나 학습 활동 따위에서) 전체의 개관, 방향의 제시, 방법이나 준비 따위를 미리 알리거나 암시하여 인도함, 또는 그 부분. ¶소설의 도입 부분. /학습 활동의 도입 단계.

도자(陶瓷·陶磁)**명** '도기'와 '자기'를 아울러 이르는 말.

도자-각(圖磁角)**명** 독도법에서, 도북(圖北)을 기준으로 하여 자북(磁北)까지 잰 각도를 이르는 말.

도자-기(陶瓷器)**명** ①사기그릇·오지그릇·질그릇을 아울러 이르는 말. ②질흙으로 빚어서 비교적 높은 온도로 구워 낸 그릇이나 건축 재료를 아울러 이르는 말. 〔흔히, 자기·도기·석기(炻器) 및 특수 도자기 따위로 분류됨.〕

도작(盜作)**명하타** 남의 작품의 구상이나 문장 등을 마치 자기가 창작한 함부로 자기의 작품 속에 끌어다 쓰는 일, 또는 그러한 작품. ㉾표절.

도작(盜斫)**명하타** ⇨도벌(盜伐).

도작(稻作)**명하자** ⇨벼농사.

도장(刀匠)**명** ⇨도공(刀工).

도장(徒長)**명** 식물의 줄기나 가지가 보통 이상으로 길고 연약하게 자람. 웃자람.

도:장(倒葬)**명하자** 조상의 묘지 윗자리에 자손의 묘를 씀, 또는 그런 장사.

도장(盜葬)**명하타** ⇨암장(暗葬).

도장(塗裝)**명하타** 도료(塗料)를 칠하거나 발라 치장함.

도:장(道場)**명** ①무예를 수련하는 곳. ¶태권도 도장. ②'도량(道場)'의 잘못.

도장(圖章)**명** (나무나 뿔·수정 또는 고무 따위에) 개인이나 단체의 이름을 새긴 물건. 인(印). 인장(印章). 투서(套署). ¶도장을 찍다.

도장-밥(圖章-)[-빱]**명** ⇨인주(印朱).

도장-방(-房)**명** 아낙네가 거처하는 방. 규방.

도장-방(圖章房)[-빵]**명** ⇨도장포.

도장-지(徒長枝)**명** 웃자란 가지.

도장-집(圖章-)[-찝]**명** ①⇨도장포. ②도장을 넣어 두는 주머니.

도장-포(圖章鋪)**명** 도장을 새기는 가게. 도장방. 도장집.

도장명 〈옛〉안방. 규중(閨中). ¶도장 규:閨. 도장 합:閤(訓蒙中4).

도저(到底)명 '도저하다'의 어근.

도:저-하다(到底-)**형여** ①(학문이나 생각 등이) 깊고 철저하다. ¶학문이 도저하다. ②(생각이나 몸가짐이) 올곧고 흐트러짐이 없다. ¶몸가짐이 도저하고 매사에 빈틈이 없다.

도:저-히(到底-)**부** ('-ㄹ 수 없다'나 '못한다'를 뒤따르게 하여) '아무리 하여도', '아무리 애써도'의 뜻을 나타냄. ¶이 문제는 도저히 해결할 수 없다. /이 일만은 도저히 못하겠다.

도적(盜賊)**명** ⇨도둑.

도전(挑戰)**명하자** ①싸움을 검. ¶감히 나에게 도전하다니. ②(승부의 세계에서) 보다 나은 수준에 승부를 검. ¶챔피언에게 도전하다.

도전(盜電)**명하자** (요금을 지불하지 않고) 전력을 몰래 씀.

도전(渡田)**명** 조선 시대에, 국가가 지정한 나루에 딸렸던 논밭. 〔그 소출을 나루의 비용으로 썼음.〕

도:전(導電)**명** 전기의 전도(傳導).

도전-자(挑戰者)**명** 도전하는 사람.

도전-적(挑戰的)**관명** 정면으로 맞서려고 하는 (것). ¶도전적 성격. /도전적인 태도.

도정(都政)**명** 〈도목정사〉의 준말.

도:정(道正)**명** 천도교에서, 포덕(布德) 500집 이상을 가진 사람으로, 교구를 관리하는 책임자.

도정(搗精)**명하타** 곡식을 찧거나 쓿는 일. ¶대대로 도정을 업으로 삼다.

도:정(道政)**명** 한 도(道)를 다스리는 정사(政事).

도:정(道程)**명하자** ⇨노정(路程).

도정-료(搗精料)[-뇨]**명** ⇨방앗삯.

도제(徒弟)**명** 서양의 중세에, 일정한 분야의 전문적 기능을 가진 스승 밑에서 그 분야의 지식과 기술을 전수받기 위하여 견습 생활을 하던 어린 직공.

도제(陶製)**명** 오지로 만들어진 것, 또는 그런 물건.

도:제(道諦)[명] 사제(四諦)의 하나. 깨달음의 원인인 무루(無漏)·유루(有漏)의 수행, 곧 멸제(滅諦)의 경지를 체득하는 길.

도제/제:도(徒弟制度)[명] 서양의 중세에, 수공업자가 후계자를 양성하기 위해 도제를 두던 제도. 〔17세기경까지 존속하였음.〕

도-제조(都提調)[명] 조선 시대, 승문원·사역원·훈련도감 따위의 으뜸 벼슬.

도조(賭租)[명] 남의 논밭을 빌려서 부치고 그 세(稅)로 해마다 내는 벼. 도지(賭地).

도-종지(道種智)[명] 삼지(三智)의 하나. 여러 가지 도법을 배워 중생을 제도하는 보살의 지혜.

도죄(徒罪)[죄/-�줴][명] 왕조 때, 도형(徒刑)을 받을 죄.

도죄(盜罪)[죄/-쥐][명] 절도나 강도 따위로 남의 재물을 도적질한 죄.

도주(島主)[명] 조선 시대에, 대마도의 영주를 이르던 말.

도주(逃走)[명][하자] ⇨도망. ¶야반(夜半)도주.

도중(徒衆)[명] 사람의 무리.

도:중(途中)[명] ①길을 걷고 있는 때. 길을 가는 동안의 어느 지점. ¶학교에 가는 도중에 친구를 만났다. ②어떤 일을 하는 때나 그 중간. 중도(中途). ¶훈련 도중에 적의 공격을 받았다. /수업 도중에 자꾸 졸았다.

도중(都中)[명] ①(두레나 계·향약 등의) 계원 전체. ¶유기전(鍮器廛)의 도중. ②조선 중기 이후에 조직된 전(廛)을 중심으로 한 상인의 동업자(同業者) 단체.

도:중(道中)[명] 길 가운데. 노중(路中).

도:중-하차(途中下車)[명][하자] ①(차를 타고 가다가 목적지에 닿기 전에) 도중에서 내림. ②'어떤 일을 계획하거나 하다가 끝까지 다 하지 않고 중도에서 그만둠'을 비유하여 이르는 말. ¶입후보자가 투표 직전에 도중하차하다.

도지(賭地)[명] ①도조를 물건으로 하고 빌려 부치는 논밭이나 집터. ②도조(賭租).

도:지개[명] 틀이 나거나 뒤틀린 활을 바로잡는 틀. 도지개를 틀다[관용] 얌전히 있지 못하고, 공연히 몸을 비비 꼬며 움직이다.

도지게[명] (옛) 도지개. ¶도지게 경:檠(訓蒙下10).

도지기[명] 한 논다니와 세 번째 관계하는 일.

도:지¹[자] ①나았거나 나아 가던 병이나 상처가 다시 덧나다. ¶찬 바람을 쐬어 감기가 도졌다. ②가라앉았던 노여움이 다시 나다. ¶말 한마디 잘못하여 그의 화를 도지게 만들었다.

도지다²[형] ①심하고 호되다. ¶도지게 꾸짖다. ②몸이 단단하다. ¶몸이 쇳덩이처럼 도지다.

도:-지사(道知事)[명] 한 도의 행정 사무를 총괄하는 광역 자치 단체장. ㉮지사. ⇨도백(道伯).

도진(渡津)[명] ⇨나루.

도짓-논(賭地-)[-진-][명] 도조를 내기로 하고 짓는 논.

도짓-돈(賭地-)[-지돈/-짇똔][명] ①한 해에 얼마씩의 변리를 내기로 하고 꾸어 쓰는 돈. ②도조로 내는 돈.

도짓-소(賭地-)[-지쏘/-짇쏘][명] 도조를 내기로 하고 빌려서 부리는 소.

도죽(옛) 도둑. ¶쇠 한 도ᄌ글 모ᄅ샤(龍歌19章).

도차(陶車)[명] ⇨물레2.

도:-차지(都-)[명] ⇨독차지.

도:착(到着)[명][하자][되자] 목적지에 다다름. ¶기차가 도착할 시각. ㉯도달. ↔출발.

도:착(倒錯)[명][자][되자] ①상하가 거꾸로 되어

서로 어긋남. ②본능·감정 및 덕성의 이상으로 사회도덕에 어그러진 행동을 보이는 일. ¶성적(性的) 도착.

도:착-순(到着順)[-쑨][명] 도착한 차례. ¶도착순으로 모집 인원을 마감하다.

도:착-점(到着點)[-쩜][명] ⇨도달점.

도찰(刀擦)[명][하타] (글자나 그림 등의 잘못된 부분을) 칼로 긁어 고침.

도찰(塗擦)[명][하타] 바르고 문지름.

도찰^요법(塗擦療法)[-료뻡][명] 약제를 살갗에 발라 문질러 치료하는 법.

도찰-제(塗擦劑)[-쩨][명] 주로 연고로 된 약제로, 살갗에 발라 문질러 스며들게 하는 약. 찰제.

도참(圖讖)[명] 미래의 길흉에 관하여 예언하는 술법, 또는 그러한 내용이 적힌 책.〔예언서 따위.〕

도채-장이(塗彩-)[명] 채색을 올리는 일을 업으로 삼는 사람.

도:처(到處)[명] 가는 곳. 곳곳. 방방곡곡. ¶우리나라는 도처에 명승지가 있다.

도:처-선화당(到處宣化堂)[명] 감사가 도내(道內)를 시찰할 때에 이르는 곳이 곧 선화당이된다는 뜻으로, 가는 곳마다 대접을 잘 받음을 이르는 말.

도천(盜泉)[명] '불의(不義)'를 비유하여 이르는 말.〔중국 산둥 성(山東省) 쓰수이 현(泗水縣)에 있는 샘의 이름으로, 공자가 그 이름이 미워서 목이 말라도 그 물을 마시지 않았다는 고사에서 유래함.〕

도천수관음-가(禱千手觀音歌)[명] 신라 경덕왕 때 희명(希明)이 지은 십구체 향가. 눈먼 아들을 위해 관음상 앞에서 빌면서 부른 노래. 도천수대비가.

도천수대비-가(禱千手大悲歌)[명] ⇨도천수관음가.

도:첩(度牒)[명] 고려·조선 시대에, 중이 된 것을 인정하던 증명서.

도:첩(圖牒)[명] 그림첩.

도:첩-제(度牒制)[-쩨][명] 고려·조선 시대에, 백성이 중이 되는 것을 억제하기 위하여 중이 되려는 사람에게 일정한 대가를 받고 허가장을 내주던 제도.

도청(淘清)[명][하타] 흐린 물을 가라앉혀 맑게 함.

도:청(盜聽)[명][하타] (장치를 이용하여) 남의 대화나 전화 통화 내용 등을 몰래 엿듣는 일. ¶도청 장치.

도:청(道廳)[명] 도(道)의 행정 사무를 맡아보는 지방 관청.

도:청도설(道聽塗說)[명] 길거리의 뜬소문.〔논어'의 '양화편(陽貨篇)'에 나오는 말임.〕㉯유언비어.

도:체(道體)[명]〔한문 투의 편지 등에서〕'도(道)를 닦는 분의 체후(體候)'라는 뜻으로, 상대편을 높이어 이르는 말.

도체(圖遞)[명][하자] 스스로 벼슬이 바뀌기를 꾀함.

도:체(導體)[명] 열이나 전기 따위를 전도하는 물체. ↔부도체.

도:-체찰사(都體察使)[-싸][명] 조선 시대에, 전시에 의정(議政)이 겸임하던 최고의 군직.

도총(都總)[명] 모두. 도합(都合).

도-총관(都摠管)[명] 조선 시대에, 오위도총부(五衛都摠府)에서 군무를 총괄하던 최고 군직.

도축(屠畜)[명][하타] 가축을 잡음.

도축-장(屠畜場)[-짱][명] 〔행정 당국의 허가 아래, 일정한 시설을 갖추어〕 소나 돼지 따위 가축을 잡는 곳. 도살장.

도출(挑出)[명][하타] ⇨도발(挑發).

도:출(導出)**명**[하타] [되자] (어떤 생각이나 판단, 결론 따위를) 이끌어 냄.

도충(稻蟲)**명** 벼를 해치는 벌레를 통틀어 이르는 말.

도취(陶醉)**명**[하자] [되자] ①거나하게 술에 취함. ②무엇에 홀린 듯이 열중하거나 기분이 좋아짐. ¶음악에 도취되다.

도취(盜取)**명**[하타] 훔쳐 가짐.

도취-경(陶醉境)**명** ①술에 취하여 기분이 좋아진 상태. ②아름다운 것에 마음을 빼앗기어 스스로를 잊은 상태.

도:치(倒置)**명**[하자타] [되자] ①뒤바꾸거나 뒤바뀜. ②거꾸로 있거나 거꾸로 함.

도:치-법(倒置法)**명**[-뻡] 수사법상 변화법의 한 가지. 문장 성분의 정상적인 배열을 뒤바꾸어 놓음으로써 중심 내용을 더욱 두드러지게 하는 표현 방법. (`꼭 목화송이 같아, 함박눈이.' 하는 따위.) 도어법. ↔정치법(正置法).

도침(陶枕)**명**①☞자침(瓷枕). ②도자기를 구울 때 그릇을 괴는 물건.

도:침(搗砧)**명**(피륙·종이 따위를) 다듬잇돌에 다듬어 반드럽게 하는 짓.

도침(을) 맞다[관용] 도침을 한 피륙 따위가 반드럽게 되다.

도치명(옛)도끼. ¶도치 부:斧(訓蒙中16). (참)돗귀.

도-캐명 윷놀이에서, 도나 개, 또는 도와 개를 아울러 이르는 말.

도캐-간(-間)**명** 윷놀이에서, 도나 개 중의 어느 하나.

도-컬명 윷놀이에서, 도나 걸, 또는 도와 걸을 아울러 이르는 말.

도컬-간(-間)**명** 윷놀이에서, 도나 걸 중의 어느 하나.

도킹(docking)**명**[하자] ①수리할 배를 독(dock)에 넣는 일. ②인공위성이나 우주선이 우주 공간에서 결합하는 일.

도타(逃躲)**명**[하자] 도망하여 몸을 피함.

도탄(塗炭)**명**[진구렁이나 숯불에 빠졌다는 뜻으로] 생활이 몹시 곤궁하거나 비참한 경지를 이르는 말. ¶민생이 도탄에 빠지다.

도탑다[-따][도타우니·도타워]**형**[ㅂ] (인정이나 사람이) 깊고 많다. ¶형제간 우애가 도탑다. (큰)두텁다. 도타이**부**.

도태(淘汰·陶汰)**명**[하자타] [되자] ①불필요하거나 부적당한 것을 줄여 없앰. ¶묵은 과수(果樹)를 도태하다. ②물에 일어서 쓸데없는 것을 골라 버림. ¶사발색을 보느라고 모래를 도태하다. ③적자생존의 법칙에 따라 환경이나 조건에 적응하지 못한 생물이 멸망함. ¶공룡은 빙하기에 도태되었다. ④(사회적 활동 영역에서) 경쟁에 진 사람이 밀려남. ¶그는 정계의 일선에서 도태되었다.

도태-법(淘汰法)[-뻡]**명** 비중의 차를 이용한 도태로 선광(選鑛)하는 방법.

도토(陶土)**명** 도자기를 만드는 질흙. 자토(瓷土).

도토리명 떡갈나무를 비롯한 졸참나무·갈참나무 따위 참나뭇과의 나무에 열리는 열매를 통틀어 이르는 말. (녹말이 많아 묵을 만들어 먹음.) 곡실(槲實) (참)상수리.

도토리 키 재기[속담] ①정도가 고만고만한 사람끼리 서로 다툼을 이르는 말. ②비슷비슷하여 견주어 볼 필요가 없음을 이르는 말.

도토리-깍정이[-쩡-]**명** 도토리의 밑을 싸 받치는 깍정이.

도토리-나무명 ☞떡갈나무.

도토리-묵명 도토리의 앙금으로 만든 묵.

도톨-도톨부[하형] 물건의 거죽이 여러 군데 조금씩 들어가거나 솟아 나와서 매끈하지 않은 모양. ¶도톨도톨 돋은 여드름. (큰)두툴두툴.

도톨-밤명 도토리같이 생긴 작은 밤.

도톰-하다형어 조금 두껍다. ¶손이 도톰하다. /솜을 도톰하게 둔 방석. (큰)두툼하다. 도톰-히부.

도통(都統)¹ **I** [명] ☞도합(都合). ¶셈한 것의 도통이 얼마인가? **II** [부] 도무지. 도대체. ¶어찌 된 셈인지 도통 모르겠네.

도통(都統)² **명** 〈도통사〉의 준말.

도:통(道通)**명**[하자] 사물의 깊은 도리에 통함. ¶역술에 아주 도통한 사람.

도:통(道統)**명** 도학(道學)을 전하는 계통.

도통-사(都統使)**명** ①조선 말기에, 무위영(武衛營)을 거느리던 장수. (준)도통². ②고려 말기에, 각 도의 군대를 통솔하기 위하여 두었던 무관 벼슬.

도투락명 〈도투락댕기〉의 준말.

도투락-댕기[-땡-]**명** 어린 계집아이가 드리는 댕기. [자줏빛의 비단을 겹쳐 포개고, 두 끝을 뾰족하게 하여 허리를 접은 곳에 댕기를 달았는데, 머리 가닥에 넣어서 땋음.] (준)도투락.

도투마리명 베를 짤 때에 날을 감는 도구.

도투마리 잘라 넉가래 만들기[속담] `아주 만들기 쉬운 것'을 비유하여 이르는 말.

도트^프린터(dot printer)**명** 인쇄용 핀 가운데 글자의 구성에 필요한 것을 돌출하게 하여 문자나 기호를 점으로 인쇄하는 장치.

도틀어부 ☞도파니.

도틀랏명(옛) 명아주. ¶도틋랏 례:藜(訓蒙上13).

도:파(道破)**명**[하타] ①끝까지 다 말함. ②딱 잘라서 말함.

도:파-관(導波管)**명** 마이크로파의 전송로(傳送路)로 사용되는 도체로서, 속이 빈 금속의 관. [그 단면의 크기와 같은 정도, 또는 그 이하인 파장의 전자파만 통하며 높은 성질이 있음.]

도파니부 여러 말 할 것 없이 죄다 몰아서. 통틀어. 도틀어. ¶도파니 얼마에 팔겠소?

도판(圖版)**명** 책에 실린 그림.

도편-각(圖偏角)**명** 독도법에서, 진북(眞北)을 기준으로 하여 도북(圖北)까지 잰 각도를 이르는 말.

도-편수(都-)**명** 집을 지을 때 총책임을 맡는, 목수의 우두머리.

도평의-사사(都評議使司)[-의-/-이-]**명** ①고려 시대, 최고 정무(政務) 기관. ②조선 초기의 국정 최고 의결 기관.

도폐(刀幣)[-폐/-페]**명** 중국 고대의 화폐. 청동으로 만든 칼 모양의 것.

도포(塗布)**명**[하타] (약 같은 것을) 바름. 도말(塗抹).

도:포(道袍)**명** 지난날, 통상 예복으로 입던 남자의 겉옷. 옷 길이가 길어 거의 발등에 미치고, 소매는 넓고 뒷길의 중심선이 틔었으며 그 위에 한 폭의 헝겊이 덧붙었음.

도-포수(都砲手)**명** 포수의 우두머리. 사냥할 때 자목포수, 몰이포수, 목포수 들을 총지휘함.

도포-제(塗布劑)**명** ①피부·점막 따위에 바르는 약제. ②나무의 가지나 줄기의 상한 곳에 발라 충해를 막는 약제.

도:폭-선(導爆線)[-썬]**명** 선형(線形)으로 된 폭탄의 한 가지. 대개 직물로 만든 가늘고 긴 관 속에 고성능 폭약을 가득 채운 것. 흔히, 전기로 점화 폭발됨. 나무나 기둥 따위에 감아 터뜨려 피폭물을 절단함.

도:표(道標)명 행선이나 이정(里程) 따위를 나타내어 길가에 세운 푯말. 노표(路標).

도표(圖表)명 그림으로 그리어 나타낸 표.

도플러`효:과(Doppler效果)명 파원(波源)에 대하여 상대 속도를 가진 관측자에게 파동의 주파수가 파원에서 나온 수치와는 다르게 관측되는 현상.

도피(逃避)명하자 도망하여 피함. ¶도피 여행. /해외로 도피하다. /현실에서 도피하다.

도피`문학(逃避文學)명 향락적이거나 탐미적이어서, 현실에 대한 참여 의식이 결여되거나 소극적 태도를 가진 문학을 비판적인 처지에서 이르는 말.

도피-사상(逃避思想)명 현실에 눈을 감고 소극적인 안일의 세계에 잠겨 있으려는 사상. 은둔사상.

도피-처(逃避處)명 도망하여 몸을 피하는 곳. ¶도피처를 마련하다.

도피-행(逃避行)명 ①도망하여 피해 감. ②도피하여 떠나는 길. ¶사랑의 도피행.

도필(刀筆)명 ①고대의 중국에서, 죽간(竹簡)에 문자를 새겨 쓰거나 잘못된 곳을 고치는 데 쓰던 칼. ②지난날, '문서를 기록하거나 갈무리하는 관원'을 이르던 말.

도:핑(doping)명 (운동선수가) 흥분제나 근육 증강제 따위 약물을 사용하는 일.

도:핑`테스트(doping test)명 경기에 참가한 선수나 경주마(競走馬)가 흥분제·각성제 따위의 금지 약물을 복용했는가를 소변으로 검사하는 일. 약물 검사.

도하(都下)명 ①서울 지방. ②서울 안. ¶도하의 일간 신문들.

도하(渡河)명하타 ☞도강(渡江). ▣섭수(涉水).

도-하기(都下記)명 지출한 돈의 액수를 한데 몰아서 적은 기록.

도-하다(賭─)타여 (성패를 전제로 하여) 무엇을 걸다. ¶신명(身命)을 도하다.

도:하`작전(渡河作戰)[─쩐]명 강이나 큰 내를 건너기 위하여 벌이는 작전. 도강 작전.

도:학(道學)명 ①도덕에 관한 학문. ②중국 송나라 때의 정주학파(程朱學派)의 학문, 곧 심성(心性)과 이기(理氣)의 학(學). ③☞도교(道敎).

도:학-군자(道學君子)[─꾼─]명 도학을 닦아 덕행이 높은 사람.

도:학-선생(道學先生)[─썬─]명 '도학의 이론만 캐어 실제의 세상일에는 어두운 사람'을 조롱하여 이르는 말. 도학자.

도:학-자(道學者)[─짜]명 ①유교에서 정주(程朱)의 학을 받드는 사람. ②도덕에 관한 학문을 연구하는 학자. ③☞도학선생.

도:학-파(道學派)명 조선 초·중기 때의 한학계의 한 갈래로, 사장파를 비판하고 도학을 중시하던 학파. 〔조광조(趙光祖)가 그 중심인물이었음.〕 ↔사장파(詞章派).

도한(盜汗)명 몸이 허약하여 잠자는 동안에 나는 식은땀. ▣냉한(冷汗)·식은땀.

도한(屠漢)명 ☞백장.

도:-함수(導函數)[─쑤]명 어떤 함수를 미분하여 낸 함수.

도합(都合)명 모두 합한 셈. 도총(都總). 도통(都統)[1]. ¶남녀 도합 삼십 명이다.

도항(渡航)명하타 배를 타고 바다를 건넘. ¶도항 일지(日誌).

도해(渡海)명하타 바다를 건넘.

도해(圖解)명하타 ①그림을 곁들여 설명함, 또는 그런 글이나 책. ②그림으로 설명함, 또

그림으로 된 설명. ③그림의 내용을 설명함, 또는 설명하는 그림.

도:현(倒懸)명되자 ①하자타 거꾸로 매달림, 또는 거꾸로 매닮. ②하자 위험이 가까이 닥침.

도형(徒刑)명 오형(五刑)의 하나. 1년에서 3년까지의 복역(服役). 〔복역 반 년과 장(杖) 10대를 한 등으로 하여 5등으로 나눔.〕 ▣도(徒).

도:형(道兄)명 대종교에서, '도사교(都司敎)'를 높여 일컫는 말.

도형(圖形)명 ①그림의 모양이나 형태. 그림꼴. ②면·선·점 따위가 모여서 이루어진 꼴. 〔사각형·원·구 따위.〕 ③입체 도형. ③☞도식(圖式).

도:호(道號)명 ①불교에 입도(入道)한 후의 이름. ②천도교에서, 10년 이상 된 남자 교인에게 주는 교직.

도호-부(都護府)명 ①당나라 때, 변경의 점령 지역을 통치하던 기관. ②고려·조선 시대, 지방 행정 기관의 하나. 초기에는 큰 4개 지방에만 설치되던 것이 폐지·설치·확대를 거듭하여 75개 지방에까지 설치되기도 하였음. 〔대도호부와 중도호부의 구별이 있었음.〕

도호부-사(都護府使)명 도호부의 으뜸 벼슬.

도:혼(倒婚)명하자 형제자매 가운데에서 동생이 먼저 혼인함, 또는 그 혼인. 역혼(逆婚).

도혼-식(陶婚式)명 결혼 기념식의 한 가지. 서양 풍속으로, 결혼한 지 20주년을 맞아 부부가 사기(沙器)로 된 선물을 주고받으며 기념함. ▣은혼식(銀婚式).

도홍(桃紅)명 〈도홍색〉의 준말.

도홍-색(桃紅色)명 복숭아꽃 같은 엷은 분홍빛. ▣도홍.

도화(桃花)명 복숭아꽃.

도:화(道化)명하타되자 도법(道法)으로 교화함.

도화(圖畫)명 ①도면과 그림. ②그림 그리기.

도:화(導火)명 ①폭약을 터지게 하는 불. ②'사건을 일으키는 직접적인 원인'을 비유하여 이르는 말.

도화-서(圖畫署)명 조선 시대에, 그림에 관한 일을 맡아보던 관청.

도:화-선(導火線)명 ①폭약이 터지도록 불을 댕기는 심지. ②'사건을 일으키게 하는 원인이나 계기'를 비유하여 이르는 말. ¶무심결에 한 작은 일이 도화선이 되어 큰 싸움으로 번졌다.

도화-수(桃花水)명 '복숭아꽃이 필 무렵에, 얼음이 녹아 흐르는 물(라는 뜻으로) 봄철의 시냇물을 멋스럽게 이르는 말.

도화-원(圖畫院)명 ①고려 시대에, 궁궐 안에 설치하였던 화가 양성 기관. ②조선 시대에, 그림에 관한 일을 맡아보던 관아. 성종 때 도화서로 고침.

도화-지(圖畫紙)명 '그림을 그리는 데 쓰는 종이'를 통틀어 이르는 말.

도회(都會)[1][─회/─훼]명 〈도회지〉의 준말.

도회(都會)[2][─회/─훼]명하자 계회(契會)·종회(宗會)·유림(儒林) 등의 전체 모임.

도회(韜晦)[─회/─훼]명하타 ①자기의 지위나 재능 따위를 숨기어 감춤. ②종적을 감춤.

도회-병(都會病)[─회뼝/─훼뼝]명 ①도시인에 걸리기 쉬운 질병. ②시골 사람이 종작없이 도회를 동경하는 병통.

도회-지(都會地)[─회/─훼─]명 '인구가 많고 번화한 지역'을 일반적으로 이르는 말. 대처(大處). 도시. ▣도회(都會). ↔농촌.

도흔(刀痕)명 칼에 베인 흔적.

도:-흥정(都─)명하타 물건을 모개로 사고팖, 또는 그 일.

독명 운두가 높고 중배가 약간 부르며 전이 달린, 큰 오지그릇이나 질그릇.
　독 안에 든 쥐관용 '피할 수 없는 궁지에 처해 있음'을 비유하여 이르는 말.
독(毒)명 ①건강이나 생명을 해치는 성분. ¶독이 있는 버섯. ②〈해독(害毒)〉의 준말. ③〈독기〉의 준말. ④〈독약〉의 준말. ¶음식에 독을 타다.
　독(을) 올리다관용 (남을 건드려서) 독살이 나게 하다.
　독(이) 오르다관용 ①독기가 퍼지거나 치밀다. ②independent마음이나 기운이 치밀어 오르다. ¶독이 올라 욕설을 퍼붓다.
독(獨)명 〈독일(獨逸)〉의 준말.
독(橫)명 〈주독(主櫝)〉의 준말.
독(dock)명 선박을 건조·수리하기 위하여 조선소나 항만에 시설한 설비. 선거(船渠).
독-(接頭) 강인이나 생명을 해치는 성분. ¶독무대. /독차지. /독선생.
독-가스(毒gas)명 화학 병기의 한 가지. 독기가 있어 생물에 큰 해가 되는 가스. ⑨가스탄.
독가스-탄(毒gas彈)명 독가스를 넣어 만든 포탄이나 폭탄. ⑩가스탄.
독각-대왕(獨脚大王)[-깍-]명 ①귀신의 한 가지. ②'아주 괴벽하고 말썽 많은 사람'을 비유하여 이르는 말.
독감(毒感)[-깜]명 ①아주 독한 감기. ¶독감에 걸리다. /독감을 앓다. ②☞유행성 감기.
독거(獨居)[-꺼]명하자 혼자 삶. 홀로 지냄. 독처(獨處). ¶아내부터 독거하면서 시험 준비를 하다. →혼거(混居).
독경(篤敬) '독경하다'의 어근.
독경(讀經)[-꼉]명하타 ①경문을 소리 내어 읽음. ②판수 등이 신을 내리게 하려고 징을 치면서 경문을 욈. 독송(讀誦). →간경(看經).
독경-대(讀經臺)[-꼉-]명 경전을 올려놓고 읽는 대. 성경대(聖經臺).
독경-하다(篤敬-)[-꼉-]형여 언행이 도탑고 공손하다.
독공(篤工)[-꽁]명하타 착실히 공부함. 학업에 부지런히 힘씀.
독공(獨功)[-꽁]명 판소리 따위의 득음(得音)을 위한 발성 연습. 〔토굴 속이나 폭포 앞에서 하는 발성 연습 따위.〕
독-과점(獨寡占)[-꽈-]명 독점과 과점을 아울러 이르는 말. ¶독과점 규제.
독교(獨轎)[-꾜]명 ①말 한 마리가 끄는 가마. ②소의 등에 싣고 뒤채를 소 모는 사람이 잡고 길잡이하며 가는 가마. 〔가마 멜 사람이 없을 때 함.〕
독균(毒菌)[-꾼]명 독을 가진 균.
독-그릇[-끄릇]명 〈도깨그릇〉의 준말. *독그릇이[-끄르시] ·독그릇만[-끄른-]
독-극물(毒劇物)[-끙-]명 독물과 극물을 아울러 이르는 말. 〔법률에 의하여 지정되고, 제조·관리의 통제를 받는 물질임.〕⑩극물·독물.
독기(毒氣)[-끼]명 ①독의 성분이나 기운. ⑨독(毒). ②사납고 모진 기운. ¶독기 품은 눈으로 노려보다.
독-나다(毒-)[동-]자 ①독살이 나다. ②(상처나 헌데가) 부어오르거나 덧나다.
독-나방(毒-)[동-]명 독나방과의 나방. 몸빛은 황색이며 앞날개 복판에 갈색 줄이 있음. 날개에서 떨어지는 가루가 사람의 살갗에 묻으면 가려운 증상이 일어남.

독납(督納)[동-]명하타 세금을 바치도록 독촉함.
독녀(獨女)[동-]명 외딸.
독농(篤農)[동-]☞근농(勤農).
독농-가(篤農家)[동-]명 ☞근농가(勤農家).
독-니(毒-)[동-]명 독이 있는 이. 독아(毒牙).
독단(獨斷)[-딴]명하타 ①(다른 사람과 상의하지 않고) 자기 혼자의 생각만으로 결정함, 또는 그런 일. ②철학에서, 객관적 자료에 따른 논증도 없이 주관적 인식만으로 판단하는 일. ②도그마. ⑩독천(獨擅).
독단-론(獨斷論)[-딴-]명 ①충분한 근거나 명증(明證) 없이 주장하는 설(說). ②인식 능력의 한계나 본질을 음미하지 않고 이성만으로 실재(實在)가 인식된다고 주장하는 이론. ②↔회의론.
독단^비:평(獨斷批評)[-딴-]명 자기의 주견대로 하는 비평.
독단-적(獨斷的)[-딴-]관용 ①(다른 사람과 상의하지 않고) 혼자서 판단하거나 결정하는 (것). ②독단적 판단. ②객관적 자료에 따른 논증도 없이 주관적 인식만으로 판단하는 (것).
독-담당(獨擔當)[-땀-]명하타 혼자서 담당함. ⑨독당.
독당(獨當)[-땅]명하타 〈독담당〉의 준말.
독대명 '반두'의 잘못.
독대(獨對)[-때]명하타 지난날, 벼슬아치가 홀로 임금을 대하고 정치에 관한 의견을 아뢰던 일.
독도-법(讀圖法)[-또뻡]명 지도가 표시하고 있는 내용을 해독하는 기술.
독두(禿頭)[-뚜]명 대머리.
독두-병(禿頭病)[-뚜뼝]명 머리털이 차차 빠져서 대머리가 되는 병.
독락(獨樂)[동낙]명하타 홀로 즐김.
독락-당(獨樂堂)[동낙땅]명 조선 광해군 11(1619)년에, 박인로(朴仁老)가 지은 가사. 옥산(玉山) 서원 안에 있는 독락당의 경치를 읊은 내용.
독락-팔곡(獨樂八曲)[동낙-]명 조선 중기에 권호문(權好文)이 자연 속에 사는 멋을 읊은 경기체가. 전 8연.
독려(督勵)[동녀]명하타 감독하며 격려함.
독력(獨力)[동녁]명 혼자의 힘. 한 사람만의 힘. ¶독력으로 힘든 일을 해결하다.
독로-시하(篤老侍下)[동노-]명 일흔이 넘은 어버이를 모시고 있는 처지.
독료(讀了)[동뇨]명하자 ☞독파(讀破).
독림-가(篤林家)[동님-]명 숲을 지성스럽게 가꾸는 사람.
독립(獨立)[동닙]명하자되자 ①다른 것에 딸리거나 기대지 않음. ¶사법부의 독립. ②정치적으로, 한 나라가 완전한 주권을 행사하는 일. ¶독립 국가. ③법률상으로, 개인이 한 집안을 이루어 생계를 세우고 사권(私權)을 행사하는 능력을 가짐. ¶분가 독립하여 세대주가 되다. ④따로 갈라져 나와 홀로 섬. ¶아버지의 기업체로부터 전자 부문의 사업을 물려받아 독립하다.
독립-국(獨立國)[동닙꾹]명 독립권을 가진 나라.
독립-군(獨立軍)[동닙꾼]명 나라의 독립을 위하여 싸우는 군대.
독립-권(獨立權)[동닙꿘]명 국제법상 국가에 인정된 기본권의 한 가지. 외국 세력의 간섭을 받지 않는 국가적 주권.

독립-독행(獨立獨行)[-똥냉또캥]圈하자 남에게 의지하지 않고 자기의 뜻에 따라 독자적으로 행동함.

독립-문(獨立門)[-똥냄-]圈 광무(光武) 원년(1897)에 독립 협회가 우리나라의 영구 독립을 선언하기 위하여 세운 문. 〔사적 제32호.〕

독립^변:수(獨立變數)[-똥냄뺀-]圈 수학의 함수 관계에서 다른 수의 변화와는 관계없이 스스로 변하는 수. ↔종속 변수.

독립불기(獨立不羈)[-똥냄뿔-]圈 독립하여 아무 것에도 매이지 않음.

독립^사:건(獨立事件)[-똥냄싸건]圈 수학의 확률에서, 어떤 사건이 발생할 확률이 다른 사건이 발생할 확률에 전혀 영향이 미치지 않을 경우, 두 사건의 관계를 이르는 말. 독립 사상. →종속 사건.

독립^사:상(獨立事象)[-똥냄싸-]圈 ⇨독립 사건(獨立事件).

독립^선언(獨立宣言)[-똥냄써넌]圈 한 국가가 독립함에 있어 그 뜻을 나라 안팎에 널리 펴서 알리는 일, 또는 그러한 알림.

독립^선언문(獨立宣言文)[-똥냄써넌-]圈 한 나라의 독립을 나라 안팎에 선언하는 문서. 독립 선언서.

독립^선언서(獨立宣言書)[-똥냄써넌-]圈 ①1919년 삼일 운동 때에 우리나라의 독립을 선포한 문서. ②⇨독립 선언문.

독립-성(獨立性)[-똥냄썽]圈 다른 것에 딸리거나 기대지 않으려는 성향. ¶독립성이 강하다.

독립^성분(獨立成分)[-똥냄썽-]圈 문장 가운데서 따로 떨어져 문장 전체에 작용하는 말.〔감탄사·지시어·호칭어·접속어 등이 이에 딸림.〕참독립어·부속 성분·주성분.

독립-신문(獨立新聞)[-똥냄씬-]圈 건양(建陽) 원년(1896)에 독립 협회의 서재필(徐載弼)과 윤치호(尹致昊)가 발간한, 우리나라 최초의 현대식 국문판 신문.

독립-심(獨立心)[-똥냄씸]圈 남에게 기대지 않고 자기 힘으로 어떤 일을 해내려는 마음. ¶독립심이 강하다.

독립-어(獨立語)[-똥니버]圈 문장에서 주성분이나 부속 성분과 직접적인 관계가 없이, 따로 떨어져 문장 전체나 용언을 꾸미는 말.〔감탄사·지시어·호칭어·접속어 등으로 이루어짐. '아차, 내가 책을 차에 두고 내렸구나!'에서의 '아차' 따위.〕참독립 성분.

독립-언(獨立言)[-똥니번]圈 문장에서 다른 단어와의 호응이나 수식 관계를 떠나 독립적으로 쓰이는 단어. 느낌이나 의지, 부르거나 대답하는 따위의 감정적인 언어 및 입버릇처럼 내는 말 등으로, 감탄사가 이에 딸림. 대개, 문장의 첫머리에 놓이나 더러는 문장의 가운데나 끝에 놓이기도 하며, 홀로 문장을 이루기도 함.〔'앗! 뜨거워.', '길동아, 빨리 가자.', '아무리 달래도 이제는 소용없다니까요, 글쎄.'에서의 '앗'·'길동아'·'글쎄' 따위.〕참관계언·수식언·용언·체언.

독립^영양(獨立營養)[-똥냄녕-]圈 생체가 무기 영양원(無機營養源)에서 살아가는 데 필요한 모든 유기물을 합성할 수 있는 기능.〔엽록소를 가진 식물이 그 대표적인 예임.〕

독립-인(獨立人)[-똥니빈]圈 제힘으로 생계를 세우고 사권(私權)을 행사할 수 있는 사람.

독립-자존(獨立自存)[-똥냄짜-]圈 독립하여 스스로의 힘으로 생존함.

독립-자존(獨立自尊)[-똥냄짜-]圈 독립하여 자기의 인격과 위엄을 스스로 높임.

독립-적(獨立的)[-똥냄쩍]판圈 다른 것에 딸리거나 기대지 않는 (것). ¶독립적 생활.

독립^재:산제(獨立採算制)[-똥냄-]圈 동일한 기업의 한 부분이 다른 부분과 독립하여 수지(收支) 조절을 꾀하는 경영법.

독립^협회(獨立協會)[-똥니퍼쾨/동니퍼풰]圈 건양(建陽) 원년(1896)에 조직된 정치·사회 단체. 서재필(徐載弼)·이상재(李商在)·윤치호(尹致昊) 등이 중심이 되어 나라의 독립과 민족 자립을 위한 운동을 전개할 목적으로 세운 단체.

독말-풀(毒-)[동-]圈 가짓과의 일년초. 열대 아메리카가 원산으로 본디 약용 식물로 재배하던 것이 흩어져서 절로 남. 줄기는 2m가량 자라고 가지를 많이 침. 한여름에 깔때기 모양의 연한 자줏빛 꽃이 피고, 둥근 열매에는 가시와 같은 돌기가 있음. 잎과 씨는 진통제로 쓰임.

독맥(督脈)[동-]圈 한방에서 이르는 기경팔맥(奇經八脈)의 하나.

독-메(獨-)[동-]圈 외딴 산. 독산(獨山).

독목(禿木)[동-]圈 잎이 다 진 나무.

독목-교(獨木橋)[동-꾜]圈 외나무다리.

독목-주(獨木舟)[동-쭈]圈 마상이.

독-무대(獨舞臺)[동-]圈 ⇨독판. ¶학예회는 재주 많은 그의 독무대가 되었다.

독-무덤[동-]圈 시체를 넣어 항아리 따위의 토기에 넣어 묻은 무덤. 옹관묘.

독-물[동-]圈 빛깔이 진한 반물.

독물(毒物)[동-]圈 ①독성이 있는 물질, 또는 그런 약. ②'성미가 악독한 사람이나 짐승'을 비유하여 이르는 말.

독물-학(毒物學)[동-]圈 독물의 작용 및 중독의 예방·치료 방법을 연구하는 학문.

독-바늘(毒-)[-빠-]圈 ⇨독침(毒針).

독방(獨房)[-빵]圈 ①혼자서 쓰는 방. ¶언니가 결혼하고서야 독방을 쓰게 되었다. ②(교도소·구치소 따위에서) 한 사람만 수용하는 방.

독방-제(獨房制)[-빵-]圈 죄수를 감방에 혼자 가두어 두는 제도. ↔잡거제(雜居制).

독배(毒杯·毒盃)[-빼]圈 독약(毒藥)이 든 잔이나 그릇.

독백(獨白)[-빽]圈하자 ①혼자서 중얼거림. ②연극에서 배우가 상대자 없이 혼자서 대사를 말함, 또는 그 대사. 모놀로그. ¶그 연극은 주인공의 독백 장면이 인상적이다.

독백-체(獨白體)[-빽-]圈 독백하는 형식으로 쓴 문체.

독-버섯(毒-)[-뻐섣]圈 독이 있는 버섯. 독이(毒栮). *독버섯이[-뻐서시]·독버섯만[-뻐선-]

독-벌(毒-)[-뻘]圈 독이 있는 벌. 독봉(毒蜂).

독-벌레(毒-)[-뻘-]圈 독이 있는 벌레. 독충.

독법(讀法)[-뻡]圈 글이나 책 따위를 읽는 법.

독별-나다(獨別-)[-뻘라-]圈 혼자서만 특별하게 드러나다. ¶독별난 짓을 하다.

독보(獨步)[-뽀]圈하자 ①홀로 걸음. ②(어떤 분야에서) 남이 따를 수 없도록 앞서 감.

독보(櫝褓)[-뽀]圈 주독(主櫝)을 덮는 보. 신주 덮개.

독-보리(毒-)[-뽀-]圈 볏과의 일년초. 높이 60∼90 cm. 밭이나 거친 땅에 나는 잡초로서 열매에 독이 있음. 독맥1.

독보-적(獨步的)[-뽀-]판圈 (어떤 분야에서) 남이 따를 수 없을 정도로 뛰어난 (것). ¶독보적 경지. /그는 이 분야에서 독보적인 존재이다.

독본(讀本)[-뽄]**명** 글을 읽어 그 내용을 익히기 위한 책. ¶국어 독본.

독봉(毒蜂)[-뽕]**명** 독벌.

독부(毒婦)[-뿌]**명** (성품이나 행동이) 몹시 악독한 계집. 간부(奸婦).

독부(獨夫)[-뿌]**명** ①인심을 잃어 따돌림을 당한 사람. ②독신인 남자.

독불-장군(獨不將軍)[-빨-]**명** ①남의 의견은 묵살하고 저 혼자 모든 일을 처리하는 사람. ¶그 사람 어디 남의 말을 듣던가, 독불장군인 걸. ②따돌림을 받는 사람. 외톨이. ¶모두 떠난 지금, 그는 이제 독불장군이지.

독사(毒死)[-싸]**명하자** 독물이나 독약에 의해 죽음.

독사(毒砂)[-싸]**명** ☞황비철석(黃砒鐵石).

독사(毒蛇)[-싸]**명** 이빨을 통하여 독액(毒液)을 분비하는 독샘을 가진 뱀을 통틀어 이르는 말. 독사 아가리에 손가락을 넣는다[속담] 아주 위험한 짓을 한다는 말.

독사(讀史)[-싸]**명하자** 사서(史書)를 읽음.

독-사진(獨寫眞)[-써-]**명** 혼자서 찍은 사진.

독산(禿山)[-싼]**명** 민둥산.

독산(獨山)[-싼]**명** ①한 집안에서 대대로 산소로 쓰는 산, 또는 그 산소. ☞산소산·선산(先山). ②멀리 외따로 떨어져 있는 산. ☞독메.

독살(毒殺)[-쌀]**명하타되자** 독약을 먹이거나 써서 죽임. 독해(毒害). ¶독살 음모. /독살을 당하다.

독살(毒煞)[-쌀]**명** 모질고 사나운 기운. ¶독살을 부리다. /독살을 피우다.

독-살림(獨-)[-쌀-]**명하자** ①부모나 남에게 의지하지 않고 혼자서 따로 사는 살림. ②큰 절이나 본사(本寺)에 기대지 않고 단독으로 이루어지는 작은 절.

독살-스럽다(毒煞-)[-쌀-따][~스러우니·~스러워]**형ㅂ** 모질고 사나운 기운이 있다. ¶하는 짓이 독살스럽다. 독살스레**부**.

독살-풀이(毒煞-)[-쌀-]**명하자** (귀신의 힘을 빌려) 악독한 살기를 풀어 버림. ㉾독풀이.

독삼-탕(獨蔘湯)[-쌈-]**명** 맹물에 인삼 한 가지만 넣고 달인 약.

독상(獨床)[-쌍]**명** 혼자 먹게 차린 음식상. ¶독상을 받다. ☞외상·각상. ☞겸상(兼床).

독상(獨相)[-쌍]**명** 조선 시대에, 의정(議政)의 세 자리 중에서 두 자리는 비어 있고 한 사람만이 있는 경우를 이르던 말.

독-샘(毒-)[-쌤]**명** 독성이 있는 물질을 분비하는 샘. 독선(毒腺).

독생-자(獨生子)[-쌩-]**명** 기독교에서, 하나님의 외아들인 '예수'를 이르는 말.

독서(讀書)[-써]**명하자** 책을 읽음.

　독서 백편 의자통(讀書百遍義自通)[관용] 〔글을 백 번 읽으면 뜻이 저절로 통한다는 뜻으로〕 어려운 글도 많이 읽으면 그 뜻을 깨치게 된다는 말. 독서 백편 의자현.

　독서 백편 의자현(讀書百遍義自見)[관용] ☞독서 백편 의자통.

독-서당(獨書堂)[-써-]**명** 한 집안의 전용으로 차린 서당.

독서-당(讀書堂)[-써-]**명** 조선 시대에, 재덕(才德)을 갖춘 유망한 젊은 문신을 뽑아 사가(賜暇)하여 오로지 글을 읽게 하던 곳. 호당(湖堂).

　독서당 개가 맹자 왈 한다[속담] 어리석은 사람도 늘 보고 들은 일은 능히 잘할 수 있게 된다는 말.

독서-삼도(讀書三到)[-써-]**명** 글을 읽어서 그 참뜻을 이해하려면 마음과 눈과 입을 오로지 글 읽기에 집중하여야 한다는 뜻. 〔중국 송나라 때 주희(朱熹)가 글을 숙독하는 법으로서, 심도(心到)·안도(眼到)·구도(口到)의 세 가지.〕

독서-삼매(讀書三昧)[-써-]**명** 오직 책 읽기에만 몰두한 경지.

독서-삼여(讀書三餘)[-써-]**명** 책 읽기에 알맞은 세 여가, 곧 겨울과 밤과 비가 내릴 때를 이름. 삼여(三餘).

독서-삼품과(讀書三品科)[-써-]**명** 신라 때에, 국학(國學)의 학생들을 관리로 선발하던 제도. 독서 능력에 따라 상·중·하 삼품으로 나누어 심사하고 결정하였음.

독서-상우(讀書尙友)[-써-]**명** 책을 읽음으로써 옛 현인(賢人)을 벗할 수 있다는 말.

독서-실(讀書室)[-써-]**명** 책을 읽거나 공부를 할 수 있도록 책걸상을 갖추어 놓은 방.

독서-회(讀書會)[-써회/-써훼]**명** 책을 돌려 보며 서로 배우고 연구함으로써 지식과 인격을 넓혀 나가고자 만든 모임.

독선(毒腺)[-썬]**명** 독샘.

독선(獨船)[-썬]**명** 혼자서 빌린 배.

　독선(을) 잡다[관용] 배를 전세 내다.

독선(獨善)[-썬]**명** ①자기 혼자만이 옳다고 믿고 행동하는 일. ¶그의 행동은 독선에 빠져 있다. ②'독선기신'의 준말.

독선-기신(獨善其身)[-썬-]**명** 남을 돌보지 아니하고 자기 한 몸의 처신만을 온전히 하는 일. ㉾독선(獨善).

독-선생(獨先生)[-썬-]**명** 한 집 아이만을 맡아서 가르치는 선생. '가정교사'를 이전에 이르던 말. ¶아이를 위해 독선생을 앉혔다.

독선-적(獨善的)[-썬-]**관용** 자기 혼자만이 옳다고 믿고 행동하는 (것). ¶독선적으로.

독선-주의(獨善主義)[-썬-의/-썬-이]**명** 남의 이해나 처지를 고려하지 않고, 혼자만이 옳다고 주장하는 주의.

독설(毒舌)[-썰]**명하자** 남을 사납고 날카롭게 매도하는 말. ¶독설을 퍼붓다. ☞독필(毒筆).

독성(毒性)[-썽]**명** 독기(毒氣)가 있는 성분. 독의 성분.

독성(瀆聖)[-썽]**명하자** 가톨릭에서, '거룩한 것을 욕되게 하는 일'을 이르는 말. ☞신성 모독.

독소(毒素)[-쏘]**명** ①해독이 되는 성분이나 물질. ②지극히 해롭거나 나쁜 요소. ¶독소 조항을 철폐하다. ③고기나 단백질 따위의 유기 물질이 부패하여 생기는 해로운 성분.

독솔(毒-)[옛] 보드솔. ¶東門 밧긔 독소리 것그니 (龍歌89章).

독송(讀誦)[-쏭]**명하타** ①소리를 내어 읽음. ¶불경을 독송하다. ②☞독경(讀經). ¶암자에서 들리는 낭랑한 독송 소리. 송독.

독수(毒手)[-쑤]**명** ①악랄한 수단. 독아(毒牙). 마수(魔手). ¶사기꾼의 독수에 걸리다. ②남의 목숨을 노리는 손길. ¶간첩의 독수.

독수-공방(獨守空房)[-쑤-]**명** 여자가 남편 없이 혼자 밤을 지냄. 독숙공방.

독-수리(禿-)[-쑤-]**명** 수릿과의 새. 날개 길이가 1m가량 됨. 몸빛은 어두운 갈색이고 부리는 흑갈색. 빠르게 날며 날카로운 부리와 발톱으로 작은 동물을 잡아먹음. 천연 기념물 제243호.

독수리-자리(禿-)[-쑤-]**명** 여름철에 남쪽 하늘의 은하수 가운데에 있는 별자리. 으뜸 되는 별은 견우성이며, 직녀성이 있는 거문고자리와 맞서 있음.

독숙(獨宿)[-쑥]圓하자 홀로 잠.

독숙-공방(獨宿空房)[-쑥꽁-]圓 ☞독수공방.

독순-법(讀脣法)[-쑨뻡]圓 ☞독순술.

독순-술(讀脣術)[-순-]圓 상대편의 말하는 입술 움직임과 그 모양 등을 보고 말의 뜻을 이해하는 기술. 독순법. 구화법(口話法).

독습(獨習)[-씁]圓하타 혼자 배워서 익힘. 자습.

독시(毒矢)[-씨]圓 독화살.

독시(毒弑)[-씨]圓하타 독약으로 윗사람을 죽임.

독식(獨食)[-씩]圓하타 이익을 혼자서 차지함. ¶주식 배당금을 독식하다.

독신(獨身)[-씬]圓 ①형제자매가 없는 몸. ②배우자가 없는 사람. 홀몸.

독신(篤愼)[-씬]圓 ①혼자서 스스로 근신(謹愼)하는 일. ②교도소 안에서 규칙을 어긴 재소자를 독방에 가두어 근신시키는 일.

독신(篤信)[-씬]圓하타 (종교를) 독실하게 믿음. 깊이 믿음. 독실하게 믿는 신앙.

독신(瀆神)[-씬]圓하자 신을 모독함.

독신-녀(獨身女)[-씬-]圓 배우자 없이 홀몸으로 지내는 여자.

독신-자(篤信者)[-씬-]圓 어떠한 종교나 주의를 깊이 믿는 사람.

독신-주의(獨身主義)[-씬-의/-씬-이]圓 결혼하지 않고 혼자서 평생을 지내려는 주의.

독실(獨室)[-씰]圓 혼자서 쓰는 방.

독실(篤實)[-씰] '독실하다'의 어근.

독실-하다(篤實-)[-씰-]형여 믿음이 두텁고 성실하다. 열성 있고 진실하다. ¶독실한 기독교 신자.

독심(毒心)[-씸]圓 독기가 있는 마음. 독살스러운 마음. 악독한 마음. ¶독심을 품다.

독심(篤心)[-씸]圓 독실한 마음.

독심-술(讀心術)[-씸-]圓 상대편의 속마음을 알아내는 술법.

독아(毒牙)[-] ①☞독니. ②☞독수(毒手).

독액(毒液)[-] 독기가 들어 있는 액체.

독야청청(獨也青青)圓하여 〔홀로 푸르다는 뜻으로〕 '홀로 높은 절개를 지켜 늘 변함이 없음'을 비유하여 이르는 말. ¶白雪이 滿乾坤홀 제 獨也青青호리라(古時調).

독약(毒藥)[-] 독성을 가진 약제. 극약보다 독성이 한층 강하여, 사람이나 동물이 극히 적은 양을 마시거나 먹거나 피부로 주입하더라도 생명을 해칠 수 있음. ❀독.

독어(獨語)¹圓하자 ☞혼잣말. 독언(獨言).

독어(獨語)²圓 〈독일어〉의 준말.

독언(獨言)圓하자 ☞혼잣말.

독염(毒焰)圓 ①독기를 내뿜는 불꽃. ②악독한 무리가 피우는 '독살스러운 기세'를 비유하여 이르는 말.

독와(獨臥)圓하자 홀로 누움.

독-와사(毒瓦斯)圓 '독가스'의 잘못.

독왕(獨往)圓하자 스스로의 힘과 생각으로 당당히 행동함.

독우(篤友)圓 ①아주 도타운 우애. ②극진하고 독실한 벗.

독우(犢牛)圓 송아지.

독-우물(-)圓 밑바닥이 없는 독을 묻어서 만든 우물. 옹정(甕井).

독음(讀音)圓 ①글 읽는 소리. ②한자의 음.

독-이(毒栮)圓 독버섯.

독-이(獨-)㉱ 혼자서. 단독으로.

독인(毒刃)圓 ①독을 바른 칼날. ②(고의로 사람을 해치려는) 흉한(凶漢)의 칼날.

독일(獨逸)圓 '도이칠란트'의 한자음 표기. ❀독(獨).

독일-어(獨逸語)圓 독일 사람이 쓰는 말. 인도유럽 어족 중, 게르만 어파의 서게르만 어군에 딸림. ❀독어².

독자(獨子)[-짜]圓 외아들.

독자(獨自)[-짜]圓 ①저 혼자. 《주로, '독자로'의 꼴로 쓰임.》 ¶독자로 벌인 사업. ②그 자신만의 특유함. 《주로, '-적(的)'·'-성(性)' 따위의 접미사와 결합되어 쓰임.》

독자(讀者)[-짜]圓 (책·신문·잡지 따위의) 출판물을 읽는 사람.

독자-란(讀者欄)[-짜-]圓 신문·잡지 등에서, 독자의 투고를 모아 싣는 지면.

독자-적(獨自的)[-짜-]圓 ①자기 혼자서 하는 (것). ¶독자적 행동./독자적인 연구. ②자신의 힘으로 하는 (것). ¶독자적 운영./독자적으로 상영하다. ③자기만이 가지고 있어 (남과는) 특별히 다른 것. ¶독자적 성격. / 추사 김정희의 독자적인 서체.

독작(獨酌)[-짝]圓하자 혼자 술을 마심. ¶연거푸 독작으로 잔을 비우다.

독장난명(獨掌難鳴)[-짱-]圓 ☞고장난명.

독-장수[-짱-]圓 독을 파는 장수.

독장수-셈[-짱-]圓 허황된 계산을 하거나 헛수고로 애만 씀을 이르는 말. 옹산(甕算).

독장-치다(獨-)[-짱-]짜 ①어떤 판을 혼자서 휩쓸다. 독판치다. ②다른 사람들은 무시하듯 혼자서 고래고래 떠들다. ❀장치다.

독재(獨裁)[-째]圓하자 ①특정한 개인·단체·당파·계급 등이, 국가나 혹은 어떤 분야에서 권력을 차지하고 모든 일을 단독으로 지배·처리하는 일. ②〈독재 정치〉의 준말.

독재-자(獨裁者)[-째-]圓 ①모든 일을 단독적으로 지배·처리하는 사람. ②독재 정치를 하는 사람.

독재^정치(獨裁政治)[-째-]圓 한 국가의 권력을 한 사람이 쥐고 마음대로 행사하는 정치. ❀독재.

독전(毒箭)[-쩐]圓 ☞독화살.

독전(督戰)[-쩐]圓하자 전투를 독려함.

독전-대(督戰隊)[-쩐-]圓 자기 쪽의 군사를 감시·독려(督勵)하는 군대.

독-점(-店)[-쩜]圓 ①독을 파는 가게. ②도개그릇을 만드는 곳.

독점(獨占)[-쩜]圓하타되여 ①독차지. 전유(專有). ②특정 자본이 생산과 시장을 지배하고 이익을 독차지함. 참과점(寡占)·복점(複占).

독점^가격(獨占價格)[-쩜까-]圓 사는 쪽이나 파는 쪽이 시장을 독점함으로써 형성되는 가격. ↔경쟁 가격.

독점^기업(獨占企業)[-쩜-]圓 시장의 대부분을 점유하는 기업. 공급량을 조절하여 높은 수준의 가격을 유지하는 등 시장에서 지배력을 행사함.

독점-물(獨占物)[-쩜-]圓 ☞전유물(專有物).

독점^사:업(獨占事業)[-쩜-]圓 경쟁 대상이 없는 사업. 〔전매 사업·철도 사업 따위.〕

독점^자본(獨占資本)[-쩜-]圓 생산과 자본의 집적과 집중으로 형성된 거대한 자본.

독점^자본주의(獨占資本主義)[-쩜-의/-쩜-이]圓 소수의 거대 기업이 생산·자본·시장은 물론 경제적 여러 분야에 지배적 힘을 확립하는 경향, 또는 그러한 자본주의의 체제.

독점-적(獨占的)[-쩜-]관圓 물건이나 자리 따위를 독차지하는 (것). ¶독점적 위치.

독점적 경:쟁(獨占的競爭)[-쩜-경-] 같은 시장에 있는 여러 기업 가운데서, 어떤 기업이 자사 상품의 품질·디자인·포장 등의 우수성을 내세워 어느 정도 독점적 지위를 차지하게 되는 경우의 경쟁.
독제(毒劑)[-쩨]圀 독성(毒性)이 있는 약제.
독존(獨存)[-쫀]圀하자 홀로 존재함.
독존(獨尊)[-쫀]圀하형 홀로 존귀함.
독종(毒種)[-쫑]圀 ①성질이 매우 독한 사람. ¶골초 소리를 듣던 내가 담배를 끊자 사람들은 나를 독종이라고 불렀다. ②성질이 매우 독한 짐승의 종자(種子).
독좌(獨坐)[-쫘]圀하자 혼자 앉아 있음.
독좌-상(獨坐床)[-쫘-]圀 혼인날, 신랑 신부가 서로 절을 할 때에 차려 놓는 음식상, 또는 그 때에 쓰는 붉은 빛깔의 상.
독주(毒酒)[-쭈]圀 ①알코올 농도가 매우 높은 술. ②독약을 탄 술.
독주(獨走)[-쭈]圀하자 ①달리기 따위에서, 남을 앞질러 홀로 달림. ②남을 아랑곳하지 않고 독자적으로 행동함.
독주(獨奏)[-쭈]圀하타 악기를 가지고 혼자서 연주함, 또는 그 연주. 솔로. ¶피아노 독주. / 바이올린 독주. 跬합주연(合奏)·중주(重奏).
독주-회(獨奏會)[-쭈회/쭈훼]圀 혼자서 연주(演奏)하는 음악회. ¶피아노 독주회.
독지(篤志)[-찌]圀 돈독(敦篤)한 마음.
독지-가(篤志家)[-찌-]圀 ①돈독한 뜻을 가진 사람. ②어떤 비영리적 사업이나 뜻 깊은 일을, 특별히 마음을 써서 돕는 사람. ¶몇몇 독지가들이 이 양로원을 후원하고 있다.
독직(瀆職)[-찍]圀하자 직책을 더럽히는 일. 〔특히, 공무원이 지위나 직무를 남용해서 비행을 저지르는 일을 이름.〕 ⑪오직(汚職).
독직-죄(瀆職罪)[-찍쬐/-찍쮀]圀 공무원이 옳지 못한 행위로 직책을 더럽힌 죄.
독질(毒疾)[-찔]圀 지독한 병.
독질(篤疾)[-찔]圀 위독한 병.
독-차지(獨-)圀하타 혼자서 다 차지함. 독점(獨占). 도차지. ¶이익을 독차지하다.
독창(禿瘡) 머리에 생기는 피부 질환의 한 가지. (군데군데 둥글게 머리털이 빠짐.)
독창(毒瘡) 독기가 센 악성의 부스럼.
독창(獨唱)圀하자타 ①혼자서 노래함. ②혼자서 부르는 노래. 솔로. 跬합창·제창·중창.
독창(獨窓) 문짝이 하나로만 된 창.
독창(獨創)圀하타 자기 혼자의 힘으로 새롭고 독특한 것을 고안해 내거나 만들어 냄.
독창-력(獨創力)[-녁]圀 독자적으로 고안해 내거나 만들어내는 능력.
독창-성(獨創性)[-썽]圀 독자적으로 고안해 내거나 만들어 내는 성질. ¶독창성을 발휘하다.
독창-적(獨創的)圀판 독자적으로 고안해 내거나 만들어 내는 (것). ¶독창적 사고. /독창적인 표현.
독창-회(獨唱會)[-회/-훼]圀 한 사람이 노래하는 음악회. 리사이틀.
독-채(獨-)圀 ①따로 떨어져 하나로 된 집채. ②(다른 세대와 함께 쓰지 아니하고) 한 세대가 전체를 사용하는 집채.
독처(獨處)圀하자 홀로 거처함. 독거(獨居).
독천(獨擅)圀하자 자기 마음대로 행동함. ⑪독단(獨斷).
독천-장(獨擅場)圀 자기 멋대로 행동하는 장소. ¶여기가 네 독천장인 줄 아느냐?

독청-독성(獨淸獨醒)[-썽]圀하형 (혼탁한 세상에서) 혼자만이 깨끗하고 정신이 맑음.
독초(毒草)圀 ①매우 독한 담배. ②독이 있는 풀. ②독풀.
독촉(督促)圀하타되자 몹시 재촉함. ¶빚 독촉에 시달리다.
독촉-장(督促狀)[-짱]圀 채무나 약속의 이행을 독촉하는 문서.
독축(讀祝)圀하자 축문(祝文)을 읽음.
독충(毒蟲)圀 독기가 있는 벌레. 독벌레.
독칙(督飭)圀하타 독려하고 타이름.
독침(毒鍼)圀 ①(일부 곤충의) 독을 내쏘는 바늘 같은 기관. ¶독침에 쏘이다. ②남을 해치기 위하여 독을 바른 바늘이나 침. 독바늘. ¶독침을 놓다.
독침(獨寢)圀하자 (아내 또는 남편과 한방에서 자지 아니하고) 혼자서 잠을 잠.
독탕(獨湯)圀 혼자서 쓰도록 된 목욕탕. ↔공동탕.
독트린(doctrine)圀 〔교리(敎理)·교지(敎旨)·학설(學說)·교훈(敎訓)의 뜻으로〕 국제 관계에서 자기 나라의 정책이나 행동의 기반이 될 원칙을 공식적으로 표명한 것. ¶먼로 독트린.
독특(獨特)圀하형 ①특별히 다름. ¶독특한 개성. /독특한 냄새. ②다른 것과 견줄 수 없을 만큼 뛰어남. ¶고려자기의 독특한 미. 독특-히튀.
독파(讀破)圀하타 책을 다 읽어 냄. 독료(讀了). ¶동양의 고전을 독파하다.
독-판(獨-) 독장치는 판. 혼자서 유난히 두드러지게 활약하는 자리. 독무대. ¶이번 씨름 대회는 그의 독판이다.
독판-치다(獨-)자 어떤 판을 혼자서 휩쓸다. 독장치다.
독-풀(毒-)圀 독이 있는 풀. 독초(毒草).
독-풀이(毒-)圀하자 〈독살풀이〉의 준말.
독필(禿筆)圀 몽당붓.
독필(毒筆)圀 남을 비방하거나 해치려는 뜻에서 놀리는 붓끝, 또는 그러한 내용이 담긴 글. 악의에 찬 글.
독-하다(毒-)[도카-]형여 ①(어떤 물질에) 독성이 많다. ¶독한 가스. ②(마음이) 모질고 잔인하다. ¶독한 사람. ③(어려움을) 참고 견디는 힘이 굳세다. ¶마음을 독하게 먹고 금연에 성공하다. ④(맛이나 냄새 따위가) 지나치게 진하다. ¶독한 술. /아주 독한 냄새를 풍기다.
독학(督學)[도각]圀하자 학업(학사)을 감독함.
독학(篤學)[도각]圀하형 독실하게 학문을 닦음.
독학(獨學)[도각]圀하타 스승이 없이 혼자 힘으로 배움. ⑪자수(自修).
독항-선(獨航船)[도캉-]圀 원양 어업에서, 실제로 고기를 잡아 모선(母船)이나 육상 기지에 넘기는 어선.
독해(毒害)[도캐]圀하타 ☞독살(毒殺).
독해(獨害)[도캐]圀 혼자서만 입는 해.
독해(讀解)[도캐]圀하타 글을 읽어 뜻을 이해함. ¶원서를 독해하다.
독해-력(讀解力)[도캐-]圀 글을 읽고 뜻을 이해할 수 있는 힘. ¶그는 영문 독해력이 뛰어나다.
독행(篤行)[도캥]圀 돈독한 행실.
독행(獨行)[도캥]圀하자 ①혼자서 길을 감. ②세태를 따르지 않고 지조를 가지고 고고하게 홀로 나아감. ③혼자 힘으로 행함.
독혈(毒血)[도켤]圀 독기가 섞인 나쁜 피.

독혈-증(毒血症)[도켤쯩]囤 혈액 전염병의 한 가지. 온몸의 피가 세포에서 생기는 독소에 의하여 침해당하는 증세. 〔대개, 높은 열을 내며 심장이 쇠약해져 사망함.〕

독호(獨戶)[도코]囤 ①늙고 자식이 없는 구차한 집안. ②지난날, '반호(半戶)'에 상대하여, '온전한 집 몫으로 세금이나 추렴을 내는 집'을 이르던 말. ②→반호(半戶).

독-화살(毒-)[도콰-]囤 독약을 묻힌 화살. 독시(毒矢). 독전(毒箭).

독활(獨活)[도콸]囤 한약에서, '멧두릅의 뿌리'를 약재로 이르는 말. 토당귀(土當歸).

독회(讀會)[도회/도훼]囤 의회에서, 법률안을 신중히 다루기 위하여 단계적으로 심의하는 제도.

독후(篤厚)[도쿠]囤ᄒ어 독실하고 극진함.

독후-감(讀後感)[도쿠-]囤 책을 읽고 난 뒤의 느낌, 또는 그 느낌을 적은 글.

독흉(獨凶)[도큥]囤 풍년이 든 해에, 한 지방이나 한 집만이 홀로 당한 흉년. 독흉년.

독-흉년(獨凶年)[도큥-]囤 →독흉(獨凶).

돈 [I]囤 ①상품 교환의 매개물로서 가치의 척도, 지급의 방편, 재화 축적의 목적물로 삼기 위하여 금속이나 종이로 만들어져 사회에 유통되는 물건. 화폐. 전폐(錢幣). 전화(錢貨). ¶돈을 세다. ②☞재산(財産). ¶돈이 많은 집안. [II]의 ①(약이나 귀금속 따위의) 무게의 단위. '푼'의 10배. 〔약 3.75 g〕 ᄬ돈쭝. ②옛날 엽전의 '열 푼'을 이르던 말.

돈 나는 모퉁이 죽는 모퉁이㈑ 돈 벌기는 매우 어렵다는 말.

돈 떨어지자 입맛 난다㈑ 돈을 다 쓰고 나면 더더욱 필요한 일이 생겨 곤절해진다는 말.

돈만 있으면 개도 멍첨지라㈑ 천한 사람도 돈만 있으면 귀하게 대접받는다는 말.

돈만 있으면 귀신(두억시니)도 부릴 수 있다㈑ 돈만 있으면 못 할 일이 없다는 말.

돈에 침 뱉는 놈 없다㈑ 사람은 누구나 돈을 소중히 여긴다는 말.

돈이 돈을 번다㈑ 돈이 많아야 이익을 많이 남길 수 있다는 말.

돈(을) 굴리다㉽ 돈을 여기저기 빌려 주어 이익을 늘리다.

돈을 만지다㉽ 어떤 일을 하여 돈을 벌다.

돈을 먹다㉽ 돈에 매수되다.

돈을 물 쓰듯 하다㉽ 돈을 흥청망청 마음껏 쓰다.

돈을 뿌리다㉽ 여기저기 마구 돈을 쓰다.

돈이 썩다㉽ 〔반어적으로〕 돈이 지천으로 많다. ¶돈이 썩었지, 그런 쓸데없는 것을 사느냐?

돈(噸)의 '톤(ton)'의 한자음 표기.

돈-가스(とん〔豚〕カツ 일)囤 ☞포크커틀릿.

돈:-거리[-꺼-]囤 돈으로 바꿀 수 있는 물건. ¶돈거리가 될 만한 것은 모두 내다 팔다.

돈견(豚犬)囤 ①돼지와 개. ②'자기 아들'을 낮추어 이르는 말.

돈:-고지囤 엽전 모양으로 둥글게 썰어서 말리는 호박고지.

돈:-구멍[-꾸-]囤 ①돈이 생기거나 융통되는 길. 돈길. ¶돈구멍이 트이다. /돈구멍이 막히다. ②지난날, 엽전에 뚫린 구멍을 이르던 말.

돈:-궤(-櫃)[-꿰]囤 돈을 넣어 두는 상자.

돈:-길[-낄]囤 돈이 융통되는 길. 돈구멍. 전로(錢路). ᄬ돈줄.

돈:-꿰미囤 엽전을 꿰는 꿰미.

돈-나무囤 돈나뭇과의 상록 활엽 관목. 따뜻한 지방의 해변에 자라는 관상 식물로, 높이는 2~3 m. 잎은 두껍고 윤이 나며 가지 끝에 모여 달림. 초여름에 다섯잎꽃이 피는데, 처음에는 흰색으로 피어나나 차차 노란색으로 변함.

돈-나물囤 '돌나물'의 잘못.

돈:-내기囤ᄒ자 ①돈을 걸고 다투는 내기. ②☞도박. 노름.

돈:-냥(-兩)囤 많지 않은 얼마간의 돈. 《주로, '돈냥이나'의 꼴로 쓰임.》 돈푼. 닷냥. 전냥. ¶돈냥이라도 벌면 못 써서 안달이다.

돈녕(敦寧)囤 〈돈령(敦寧)〉의 본딧말.

돈녕-부(敦寧府)囤 〈돈령부〉의 본딧말.

돈:-놀이囤ᄒ자 남에게 돈을 빌려 주고 이자를 받는 것을 업으로 삼는 일. 대금업(貸金業). 방채(放債). 변놀이.

돈:-놀이-꾼囤 돈놀이를 업으로 삼는 사람.

돈:-닢[-닙]囤 ①주조(鑄造)된 돈의 낱개. ②☞돈푼. * 돈:닢이[-니피]·돈:닢만[-님-]

돈:-다발[-따-]囤 지폐 여러 장의 묶음.

돈:-대(墩臺)囤 조금 높직한 평지.

돈:-더미[-띠-]囤 〔돈을 쌓아 놓은 더미라는 뜻으로〕 매우 많은 돈을 이르는 말.

돈더미에 올라앉다㉽ 갑자기 많은 돈을 벌어 부자가 되다.

돈:-도지(-賭地)[-또-]囤 빚돈을 쓰고 한 해에 번씩 돈이나 곡식으로 이자만을 내는 도조(賭租). ᄬ도짓돈.

돈:-독(-毒)[-똑]囤 지나치게 돈을 밝히는 고약한 경향. ¶돈독이 오르다.

돈독(敦篤)囤 '돈독하다'의 어근.

돈독-하다(敦篤-)[-도카-]ᅵ형여ᅵ 인정이 두텁다. 돈후하다. ¶이웃 간에 돈독한 정을 나누다. **돈독-히**ᄇ.

돈:-돈[-똔]囤 〔낱으로 헤아릴 수 있을 정도의〕 적은 푼돈.

돈:돈-쭝(←-重)[-똔-]囤 〔저울에 달아 보나마나〕 약간의 돈쭝에 불과할 무게.

돈돌-막囤 돈대(墩臺)의 비탈진 바닥.

돈:-등화(-燈花)囤 촛불이나 등잔불의 심지 끝에 동그랗게 앉는 불똥.

돈령(*敦寧)[돌-]囤 조선 시대에, 왕실의 가까운 친척을 이르던 말. ᄬ돈녕.

돈령-부(*敦寧府)[돌-]囤 조선 시대에, 돈령의 친밀을 도모(圖謀)하기 위한 사무를 처리하던 관청. ᄬ돈녕부.

돈:-만(-萬)囤 만(萬)으로 헤아릴 만큼의 많은 돈. 전만(錢萬).

돈:-맛[-맏]囤 돈을 벌어 모으거나, 또는 쓰거나 하는 재미. ¶돈맛을 알다. * 돈:맛이[-마시]·돈:맛만[-만-]

돈:-머리囤 돈의 액수. ᄬ머리².

돈모(豚毛)囤 ☞저모(豬毛).

돈목(敦睦)囤ᄒ어 ①사이가 두텁고 화목함. ¶친형제처럼 돈목하게 지내는 사이. ②☞돈친. 돈목-히ᄇ.

돈:-바르다[~바르니·~발라]ᅵ형르ᅵ 성격이 너그럽지 못하고 몹시 까다롭다. ¶윗사람이 돈바르면 아랫사람이 힘들다.

돈:-반(-半)囤 ①한 돈에 반(半) 돈을 더한 무게. ¶돈반의 금반지. ②엽전의 한 돈 닷 푼.

돈반 밥 먹고 열네 닢으로 사정한다㈑ 조금이라도 덜 주려고 다랍게 군다는 말.

돈:-반(頓飯)囤ᄒ자 한꺼번에 많은 양의 밥을 먹음.

돈:-방석(-方席)[-빵-]圀〔돈을 방석 삼아 깔고 앉는다는 뜻으로〕'돈을 아주 많이 가지고 있음'을 비유하여 이르는 말.
　돈방석에 앉다판용 썩 많은 돈을 가지게 되다. 〔흔히, 벼락부자가 된 경우를 이름.〕

돈:-백(-百)[-빽]圀 백(百)으로 헤아릴 만큼의 돈. 전백(錢百).

돈:-벌레[-뻘-]圀 ①돈을 지나치게 밝히는 사람을 낮잡아 이르는 말. ②'그리마'를 달리 이르는 말.

돈:-벌이[-뻐리]圀자 돈을 버는 일. ¶돈벌이가 시원찮다. /그 노릇으로야 돈벌이가 되겠나.

돈:-벼락[-뼈-]圀 '갑자기 한꺼번에 생긴 많은 돈'을 비유하여 이르는 말. ¶돈벼락을 맞다.

돈-변(-邊)[-뼌]圀 〈돈변리〉의 준말.

돈-변리(-邊利)[-뼐-]圀 빚돈의 이자. 빌린 돈의 이자. 준돈변.

돈:-복(-福)[-뽁]圀 돈을 많이 벌거나 모으게 되는 타고난 복.

돈:-복(頓服)圀하타 (약 따위를 여러 번에 벼르지 않고) 한꺼번에 다 먹음.

돈:-사의 지난날, 돈을 냥 단위로 세고 남은 돈을 세던 단위. ¶한 냥 돈사.

돈사(豚舍)圀 돼지우리.

돈:-사(頓死)圀자 갑자기 죽음. 급사(急死).

돈:-세탁(-洗濯)圀하자 비자금이나 범죄·탈세·뇌물 따위와 관련된 돈을 정당한 돈처럼 탈바꿈하여 자금의 출처를 알아내기 어렵게 하는 일.

돈:-수(頓首)圀 ①하자 (남을 공경하는 태도로) 머리를 땅에 닿도록 숙이고 절함. 비계상(稽顙)·계수(稽首). ②'경의를 표함'의 뜻으로 편지 끝에 쓰는 말.

돈:-수-재배(頓首再拜)圀 ①하자 머리가 땅에 닿도록 두 번 절함. ②'경의를 표함'의 뜻으로 편지 끝에 쓰는 말.

돈아(豚兒)圀 남에게 '자기 아들'을 낮추어 이르는 말. 가아(家兒). 가아(家豚).

돈역(豚疫)圀 돈역균이 원인이 되는 돼지의 법정 전염병의 한 가지. 폐렴이나 늑막염 또는 심낭염이 따르는 패혈증.

돈역-균(豚疫菌)[-꾼]圀 돈역의 병균.

돈연(頓然)'돈연하다'의 어근.

돈-연-하다(頓然-)혬에 돌아봄이 없다. 소식이 감감하다. 돈연-히튀.

돈:-오(頓悟)圀하타 문득 깨달음.

돈육(豚肉)圀 '돼지고기'로 순화.

돈의-문(敦義門)[도늬-/도니-]圀 서울의 서쪽 정문의 이름. 흔히, 서대문(西大門)이라 함.

돈:-저냐圀 쇠고기·돼지고기·생선·조개 등의 살을 다지고 두부·채소를 섞어 동글납작하게 빚어서 지진 저냐.

돈:-절(頓絕)圀자 (소식이나 편지 따위가) 딱 끊어짐. 비두절(杜絕).

돈:-점-박이(-點-)[-빠기]圀 ①돈짝만 한 점이 몸에 박힌 말이나 표범. ②연의 한 가지. 검은 바탕에 다른 색의 돈짝만 한 점이 드문드문 있음.

돈정(敦定)圀하타 확실하게 자리 잡음. 뇌정(牢定).

돈종(敦宗)圀하혬 친척끼리 화목함.

돈:-좌(頓挫)圀하자 되자 기세가 갑자기 꺾임.

돈:-주머니[-쭈-]圀 돈을 넣는 주머니.

돈:-줄[-쭐]圀 돈을 융통할 수 있는 연줄. 금맥. 자금줄. ¶굵직한 돈줄. /돈줄이 끊기다. 비돈길.

돈지(豚脂)圀 돼지기름. 비게1.

돈:-지갑(-紙匣)[-찌-]圀 돈을 넣는 지갑.

돈:-짝圀 엽전 둘레만큼의 크기. ¶갑자기 현기증이 나며, 하늘이 돈짝만 하게 보인다.

돈:-쭝(←-重)의 귀금속이나 한약재 따위의 무게를 재는 단위. 1돈쭝은 한 돈가량 되는 무게임. ¶은 닷 돈쭝을 샀다.

돈:-천(-千)圀 천(千)으로 헤아릴 만큼의 돈. 전천(錢千). ¶돈천에 사람이 울고 웃는다.

돈:치-기[-끼]圀하자 동전을 땅바닥에 던져서 맞히는 내기를 하는 놀이. 투전(投錢).

돈친(敦親)圀하혬 친족이나 친척끼리 화목함. 돈목(敦睦).

돈키호테-형(Don Quixote型)圀 〔햄릿형에 대하여〕현실을 무시하고 독선적인 정의감에 이끌려 이상을 향해 저돌적으로 행동하는 성격의 인물형. ↔햄릿형.

돈:-타령(-)圀하자 돈이 없다고 푸념을 하거나 돈 쓸 일들을 들어 노래처럼 되뇜, 또는 그 사설(辭說).

돈:-팔이圀 ①오로지 돈벌이만을 위주로 하는 일. ②'돌팔이'의 잘못.

돈:-표(-票)圀 현금과 바꿀 수 있는 표.

돈:-푼圀 얼마 되지 않는 돈. 돈냥. 돈닢. ¶돈푼깨나 있다고 으스댄다.

돈피(豚皮)圀 돼지의 가죽.

돈피(獤皮)圀①노랑담비의 모피. 사피(斜皮). 초피(貂皮). ②담비 종류의 모피를 통틀어 이르는 말.

돈:-하다혬에 ①매우 되고도 세다. ②엄청나게 무겁다. ¶짐이 돈하다.

돈:치-기-법(呼法)[-뻡]圀 수사법의 한 가지. 갑자기 상대를 부르는 것으로 수사 효과를 내는 방법. 〔여러분! 지금이야말로 단결할 때입니다.' 하는 따위.〕

돈후(敦厚)'돈후하다'의 어근.

돈 후안(Don Juan 스)〔방탕한 생활을 한 스페인의 전설적인 귀족의 이름에서〕'방탕아'나 '바람둥이'를 이르는 말.

돈후-하다(敦厚-)혬에 인정이 두텁다. 돈독하다. ¶김 씨는 성정이 돈후하여 따르는 사람이 많다. 돈후-히튀.

돈圀(옛) 돼지. ¶돈 시:豕. 돈 톄:彘(訓蒙上19). 참돌.

돋-구다[-꾸-]타 (안경의 도수 따위를) 더 높게 하다. ¶안경의 도수를 돋구다.

돋-나다[돈-]혬 인품이 두드러지게 뛰어나다.

돋다[-따]자 ①(해나 달 따위에) 솟아오르다. ¶해가 돋다. ②(붙박인 채 자라게 되어 있는 것이) 생겨 나오다. ¶움이 돋다. /싹이 돋다. ③겉으로 도드록하게 볼가지다. ¶여드름이 돋다. /두드러기가 돋다. ④감정·기색 따위가 생겨나다. ¶얼굴에 생기가 돋다. ⑤입맛이 동하다. 당기다. ¶구미가 돋다.

돋다²타 '돋우다'의 잘못.

돋보-기[-뽀-]圀 ①☞원시경(遠視鏡). ②☞확대경. 노인경.

돋보기-안경(-眼鏡)[-뽀-]圀 ☞원시경.

돋-보다[-뽀-]타 〈도두보다〉의 준말. ↔낮보다.

돋보-이다[-뽀-]자 〈도두보이다〉의 준말.

돋-뵈다[-뵈-]자 〈도두보이다〉의 준말.

돋아-나다자 ①(하늘에) 또렷이 솟아오르다. ②겉으로 또렷이 나오거나 나타나다. ¶새싹이 파릇파릇 돋아나다. ③겉으로 우툴두툴하게 내밀어 오르다. ¶여드름이 돋아나다.

돋-우다타 ①위로 높아지게 하다. ¶땅을 돋우다. /심지를 돋우다. ②〔'돋다'의 사동〕감정을 자극하여 상기하게 하다. ¶용기를 돋우다. /신경을 돋우다. ③부추기다. ¶분위기를 돋우다. / 싸움을 돋우다. ④수준이나 정도를 높이거나 길게 하다. ¶목청을 돋우다. ⑤('돋다'의 사동) 입맛이 돌게 하다. 당기게 하다. ¶구미를 돋우다.

돋우고 뛰어야 복사뼈라 [속담] ①아무리 도망쳐 보아야 별수 없다는 말. ②다 해낼 듯이 날뛰어 봤자 얼마 못한다는 말.

돋움 명 더 높아지도록 밑을 괴는 물건.

돋움-새 명 우리나라 민속 무용의 기본 동작인 발 움직임의 한 가지. 제자리에서 몸을 위로 돋운 다음 굽힘이 연결되게 하는 준비 동작.

돋을-무늬 [-니] 명 어떤 면에 도드라지게 나타낸 무늬.

돋을-볕 [-뼏] 명 아침 해가 솟아오를 때의 첫 햇살. 아침녘의 볕. *돋을볕이[-뼈치]·돋을볕을[-뼈틀]·돋을볕만[-뼌].

돋을-새김 명 ①조각에서, 형상이 도드라지게 새기는 일. 부각. 양각. ②모양이나 형상을 주로 도드라지게 처리한 평면성 조각. 부조(浮彫). 철조(凸彫). 초각(峭刻)¹.

돋을-양지 [-陽地] [-량-] 명 돋을볕이 비치는 양지.

돋을-갱이 명 당감잇줄에 총을 뀈 위에, 모양을 내기 위해 딴 줄을 덧대고 총갱기를 친 미투리.

돋-치다 재 ①('돋다'의 힘줌말) 돋아서 내밀다. ¶가시 돋친 말. /날개 돋친 듯 팔리다. ②값이 오르다. ¶며칠 사이에 값이 곱절로 돋쳤다. ③'화가 나다'를 속되게 이르는 말. ¶이거 돋쳐서 살겠나.

돌¹ [I] 명 ①어느 한 때로부터 만 1년이 되는 날. ¶오늘은 그 가족이 이민 간 지 돌이 되는 날이다. ②해마다 맞는, 되돌아온 날과 같은 달의 같은 날. 생일(生日). ③('첫돌'의 준말. ④'돌날'의 준말. [II] 의 해마다 맞는 어느 특정한 날의 횟수를 세는 단위. 주년(周年). ¶3·1 운동 78돌.

돌² 명 ①바위보다는 작고 모래보다는 큰 광물질의 단단한 덩어리. 돌멩이. ¶돌이 많은 언덕길. ②자갈·광석 따위를 통틀어 이르는 말. ¶돌의 종류. 돌의 성분을 분석하다. ③석재(石材). ¶돌로 지은 집. /돌로 쌓은 성. ④(곡식이나 밥에 섞인) 모래. ¶돌을 씹다. ⑤배 속 기관 조직의 일부 세포나 물질이 뭉쳐 굳어 딴딴하게 된 것. ¶방광에 돌이 생기다. ⑥〈바둑돌〉의 준말. ⑦〈라이터돌〉의 준말. ¶새 돌을 넣은 라이터. ⑧슬기롭지 못한 머리'를 비유하여 이르는 말. ¶네 머리는 돌이야. 關돌대가리. ⑨'감수성이 무디거나 무감각한 사람'을 비유하여 이르는 말. ¶돌 같은 사내.

돌로 치면 돌로 치고 떡으로 치면 떡으로 친다 [속담] 원수는 원수로 갚고, 은혜는 은혜로 갚는다는 말.

돌(을) 던지다 [관용] ①남의 잘못을 비난하다. ②바둑에서, 두는 도중에 자기가 졌음을 인정하고 그만두다.

돌- [접두] 《일부 명사 앞에 붙어》 '품질이 낮거나, 야생의 것'임을 나타냄. ¶돌미나리. /돌배. /돌미역.

돌-감 명 돌감나무의 열매.

돌감-나무 명 산이나 들에 절로 나서 자라는 감나무. 우리나라 중부와 남부에 분포함.

돌개-바람 명 ①⇒구풍(颶風). ②⇒회오리바람.

돌격 (突擊) [명·하자타] ①뜻하지 않은 때에 냅다 침. ②적진을 향하여 거침없이 나아가 침. ⑪돌진.

돌격-대 (突擊隊) [-때] 명 돌격하는 부대.

돌격-장 (突擊將) [-짱] 명 '난데없이 달려드는 사람'을 이르는 말.

돌격-전 (突擊戰) [-쩐] 명 돌격으로 맞붙어 싸우는 전투.

돌-결 [-껼] 명 돌의 결.

돌-경 (-磬) ⇒석경(石磬).

돌-계단 [-階段] [-계-/-게-] ⇒돌층계.

돌-계집 [-게-/-게-] 명 (생리의 이상으로) 아이를 낳지 못하는 여자. 석녀(石女).

돌-고드름 명 석회 동굴의 천장에 고드름 비슷하게 달려 있는 횟돌. 석종유(石鍾乳). 종유석(鍾乳石).

돌-고래¹ 명 돌고랫과의 포유동물. 고래와 비슷한데 몸길이가 1~5m가량. 주둥이 부분이 가늘고 길며 아래위 양턱에 많은 이빨이 있음. 몸빛은 등 쪽이 암갈색이고, 배는 흼. 머리가 좋고 수중 음향의 발신과 수신이 잘 발달되어 있어 서로 의사를 교환할 수 있음.

돌-고래² [-꼬-] 명 흙을 섞지 않고, 돌만 써서 쌓아 놓은 방고래.

돌-곰기다 재 종기가 겉으로 딴딴하나 속으로는 몹시 곰기다.

돌-공이 명 돌로 된 공이. 길쭉한 돌덩이에 나무 자루를 가로 박은 것.

돌기 (突起) [명·하자] 어떤 것의 일부가 오똑하게 도드라져 나옴, 또는 그렇게 도드라져 나온 부분. ¶가시 돋기.

돌-기둥 명 돌로 된 기둥. 석주(石柱).

돌-기와 명 지붕을 이는 얄팍한 돌조각.

돌-길 [-낄] 명 ①자갈이나 자갈이 많은 길. ②바닥에 돌을 깎아 깐 길.

돌-김 명 바닷물 속의 돌에 붙어서 자란 김. 석태(石苔).

돌-꼇 [-껻] 명 실을 감고 풀고 하는 데에 쓰는 기구. [굴대의 꼭대기에 '十' 자 모양으로 막대기를 대고, 네 끝에 각각 짧은 기둥을 세워, 굴대가 돌아감에 따라 이 기둥 밖으로 실이 감기거나 풀리게 되어 있음.] *돌꼇이[-꼇이]·돌꼇만[-껸-].

돌-꼇-잠 [-껻짬] 명 한자리에서 자지 않고 이리저리 굴러다니면서 자는 잠.

돌-나물 [-라-] 명 돌나물과의 다년초. 들이나 산에 나는데, 줄기는 가로 벋으며 마디마다 뿌리가 남. 돌려난 잎은 길둥글며 늦봄에 노란 꽃이 핌. 어린잎과 줄기는 나물로 먹으며 잎의 즙은 해독제로 쓰임.

돌-날 [-랄] 명 첫돌이 되는 날. ⑭돌².

돌-널 [-럴] 명 돌로 만든 널. 석관(石棺).

돌널-무덤 [-럴-] 명 판판한 돌을 잇대어 널을 만들어서 쓴 무덤. 석관묘(石棺墓).

돌-능금 [-릉-] 명 야생 능금나무의 열매.

돌-다 [도니·돌아] 재 ①물체가 축을 중심으로 원을 그리며 움직이다. 회전하다. ¶팽이가 돌다. ②다른 쪽으로 방향을 바꾸다. ¶왼쪽으로 돌다. ③(회람 따위가) 차례로 전하여지다. ¶회람이 돌다. ④가까운 길을 두고 에돌다. ¶먼 길로 돌아서 가다. ⑤(기계나 공장 따위가) 가동되다. ¶발전기가 돌다. ⑥(돈이나 물자가) 유통되다나 나돌다. ¶돈이 잘 돌다. ⑦어른 거리며 나타나다. ¶눈물이 핑 돌다. /열기가 돌다. ⑧(전염병이나 소문 따위가) 퍼지다. ¶독감이 돌다. /여론이 돌다. ⑨지혜가 제대로 발휘되다. ¶머리가 잘 도는 사람에게 항상 좋은 방안을 내놓는다. ⑩기억 따위가 아리송하다.

¶머리 안에서 뱅뱅 돌다. ⑪정신이 이상해지다. ¶머리가 돌다. ⑫생기나 정신이 소생하다. ¶생기가 돌다. ⑬(어떤 빛이) 겉으로 나타나다. ¶검은빛이 도는 푸른 바다. ⑭현기증이 나다. ¶머리가 핑핑 돌다. /눈이 핑핑 돌다. ⑮(군침이) 생기다. ¶군침이 돌다. ⑯(술이나 약의 기운이) 몸속에 퍼지다. ¶술기운이 돌다. Ⅱ[타] ①(이곳저곳을) 다니다. ¶전국을 돌다. ②(하나로 이어진 것의 주위를) 계속 따라 움직이다. ¶운동장을 한 바퀴 돌다. ③무엇을 중심으로 하여 그 주위를 원을 그리듯이 둘러 움직이다. ¶지구가 태양을 돌다.

돌-다리¹[-따-]圀 도랑에 놓은 조그만 다리.

돌-다리²圀 돌로 놓은 다리. 석교(石橋).
돌다리도 두들겨 보고 건너라[속담] 무슨 일이든 세심한 주의를 기울여 가며 하라는 말.

돌-단풍(-丹楓)圀 범의귓과의 다년초. 물가 바위틈에 절로 자라는데 관상용으로 심기도 함. 줄기는 가로 벋으며, 잎은 손바닥 모양으로 갈라졌음. 5월경에 흰 꽃이 핌.

돌-담圀 돌로 쌓은 담.
돌-담불[-땀-]圀 산이나 들에 있는 돌무더기. ¶아무렇게나 쌓여 있는 돌담불.

돌-대[-때]圀 ⇨회전축(回轉軸).
돌-대가리[-때-]圀 ①'몹시 둔한 머리'를 속되게 이르는 말. ¶이 돌대가리야, 그것도 몰라? ②'융통성이 없고 완고한 사람'을 속되게 이르는 말. 석두(石頭).

돌-덧널-무덤[-던-]圀 돌로 외관(外棺)을 만든 무덤. 석곽묘(石槨墓).

돌-덩어리[-떵-]圀 돌덩이.
돌-덩이[-떵-]圀 돌멩이보다 크고 바위보다 작은 돌. 돌덩어리. 석괴(石塊).

돌-도끼圀 석기 시대의 유물인 돌로 만든 도끼. 석부(石斧).

돌-도끼-장이圀 자그마한 도끼로 돌을 쪼개고 다루는 일을 업으로 하는 사람.

돌돌¹圁 작은 물건을 여러 겹으로 가볍게 감기나 마는 모양. ¶신문지를 돌돌 말다. 圁둘둘¹. 圁똘똘.

돌돌²圁 ①작고 둥근 것이 가볍게 구르는 모양, 또는 그 소리. ¶구슬이 돌돌 굴러 간다. 圁둘둘². 圁뙤똘. ②도랑물 따위가 흐르는 모양, 또는 그 소리. ¶개울물이 돌돌 흐른다.

돌돌-하다[혱어] 똑똑하고 영리하다. ¶아기가 꽤 돌돌하구나. 圁똘똘하다. **돌돌-히**圁.

돌-딴죽圀 씨름 기술의 한 가지. 한 발의 뒤축만 디디고, 홱 돌아서며 딴 발을 뒤로 벋어 걸어치는 딴죽.

돌-떡圀 돌날에 만들어 먹는 떡.

돌-띠圀 어린아이의 두루마기나 저고리 따위의, 등으로 돌려 매게 된 긴 고름.

돌라-가다圁 남의 것을 슬쩍 훔쳐내어 가지고 가다.

돌라-내다[타] 남의 것을 슬쩍 빼돌려 내다.

돌라-놓다[-노타][타] ①각기의 몫으로 둥그렇게 벌이어 놓다. ¶몫몫이 돌라놓다. ②생각이나 일의 상태를 바꾸어 놓다. 圁둘러놓다.

돌라-대다[타] ①(돈이나 물건 따위를) 변통하여 대다. ②그럴듯한 말로, 임시로 꾸며 대다. ¶돌라댈 생각 말고 바른 대로 말하여라. 圁둘러대다.

돌라-막다[-따][타] 가장자리를 돌아가면서 가리어 막다. ¶병풍으로 돌라막다. 圁둘러막다.

돌라-맞추다[-맏-][타] (일이나 물자를) 형편에 맞게 요리조리 맞추다. 圁둘러맞추다.

돌라-매다[타] ①한 바퀴를 돌려 두 끝을 마주 매다. ¶붉은 띠를 머리에 돌라매다. ②이자 따위를 본전에 합하여 새로 본전으로 삼다. 圁둘러매다.

돌라방-치다[타] 무엇을 빼돌리고 그 자리에 다른 것을 살짝 대신 넣다. 囝돌라치다. 圁둘러방치다.

돌라-보다[타] 이모저모 골고루 살펴보다. 돌아보다.

돌라-붙다[-붇따][자] 헤아려 보아 이로운 쪽으로 붙좇다. 圁둘러붙다.

돌라-서다[자] 여러 사람이 동그랗게 서다. 圁둘러서다.

돌라-싸다[타] (몇몇이 무엇을 중심으로) 동글게 포위하다. ¶네 아이가 한 아이를 돌라싸고 욱박지르고 있었다. 圁둘러싸다.

돌라-쌓다[-싸타][타] 둘레를 무엇으로 동글게 쌓다. 圁둘러쌓다.

돌라-앉다[-안따][자] 여러 사람이 가운데를 향해 동글게 앉다. ¶난롯가에 여럿이 돌라앉다. /식탁에 빙 돌라앉다. 圁둘러앉다.

돌라-치다[타] 〈돌라방치다〉의 준말.

돌려-나기圀 줄기에 잎이 나는 형식의 한 가지. 한 마디에 세 개 이상의 잎이 수레바퀴 모양으로 나는 일. 윤생(輪生). 魯마주나기·어긋나기.

돌려-내다[타] ①남을 살살 꾀어서, 있는 곳에서 빼돌리어 내다(가지다). ②한 동아리에 들이지 않고 따돌리다.

돌려-놓다[-노타][타] ①방향을 다른 쪽으로 바꾸어 놓다. ¶화분을 남향으로 돌려놓다. ②몫으로 제쳐 놓다. ③생각이나 일의 상태를 바꾸어 놓다. ¶동생의 마음을 돌려놓다.

돌려다-붙이다[-부치-][타] ①책임이나 허물을 다른 데로 밀다. ②하고 싶은 대로 간격하게로 둘러대다. ¶말을 돌려다붙이지 말고 알아듣게 해 봐라.

돌려-먹다[-따][타] ①마음이나 작정 따위를 달리 바꾸다. ¶생각을 돌려먹다. ②다른 사람을 속이다.

돌려-받다[-따][타] (빌려 주거나 빼앗겼거나 주었던 것을) 도로 갖게 되다.

돌려-보내다[타] ①가져온 것을 도로 보내다. ②(찾아온 사람을) 그냥 보내다.

돌려-붙다[-붇따][자] 몸을 돌리어 엉겨 붙다.

돌려-세우다[타] 방향이나 생각을 바꾸게 하다. ¶마음을 돌려세우다.

돌려-쓰다[~쓰니~써][타] ①돈이나 물건을 변통하여 쓰다. ②용도를 이리저리 바꾸어 쓰다.

돌려-씌우다[-씨-][타] 자기의 허물이나 책임을 남에게 덮어씌우다.

돌려-주다[타] ①(빌리거나 꾸었던 남의 물건이나 돈을) 도로 보내 주거나 갚다. ②(돈 따위를) 융통하여 주다.

돌려-짓기[-짇끼]圀ᄒᆘ다 ⇨윤작(輪作).

돌려-차기圀 태권도의 발기술의 한 가지. 대각선상의 상대편을 공격하는 기술. 앞차기와 같이 발을 들어 올려 벌리면서, 안쪽으로 반원을 그리며 발꿈치로 차는 동작.

돌로로소(doloroso 이)圀 악보의 나타냄말. '슬픈 기분으로'의 뜻.

돌리:네(Doline 독)圀 ⇨석회정(石灰穽).

돌리다¹[자] 〔'도르다²'의 피동〕 ①고립되다. 따돌림을 당하다. ¶친구들에게 돌린 학생. ②(그 럴듯한 말에 넘어가서) 속임을 당하다. ②[타]돌리다.

돌리다²[타][['돌다'의 사동]①돌게 하다. ¶나사를 돌리다·팽이를 돌리다. ②방향을 바꾸게 하다. ¶차를 큰길 쪽으로 돌리다. ③여기저기로 보내다. 차례로 다른 곳에 보내다. ¶회람을 돌리다. ④(기계나 공장 따위를) 가동하게 하다. ¶공장을 돌리다. ⑤우회하게 하다. ¶버스 노선을 역 쪽으로 돌리다. ⑥영화 따위를 상영하다. ¶영화 '춘향전'을 돌리다. ⑦(관심이나 주의를) 다른 데로 쏠리게 하다. ¶관심을 그쪽으로 돌리다. ⑧(소문 따위를) 퍼뜨리다. ¶허위 정보를 돌리다. ⑨말(글)을 달리 표현하다. ¶듣기 좋도록 말을 돌려서 하다. ⑩정신을 정상 상태로 되게 하다. ¶정신을 돌리다. ⑪(병의 위험한 고비 따위를) 넘기다. ¶가까스로 병세를 돌리다. ⑫(뜻이나 마음을) 바꾸다. ¶마음을 돌려서 노여움을 풀다.

돌리다³[타][['도르다²'의 사동]①(음식 따위를) 고루 나누어 주다. ¶국수 한 그릇씩 돌리다. ②배달물을 배달하다. ¶조간 신문을 돌리다. ③몫몫이(일일이) 나누어 주거나 보내다. ¶기념품을 돌리다. ④(시간·여유·능력 따위를) �?개어 쓰다. ¶짧은 휴가를 봉사 활동에 돌리다. ⑤돈이나 물자를 융통(변통)하다. ¶그 큰돈을 어디서 돌렸니? ⑥(책임·공로·영예 따위를) 남에게로 사양하여 넘기다. ¶공을 부하에게 돌리다. ⑦(시간적으로) 미루다. ¶그건 급하지 않으니 뒤로 돌리세. ⑧뒤으로 제쳐 놓다. ⑨('로'·'으로'의 뒤에 쓰이어) 간주하다. ¶어제 싸운 것은 없었던 일로 돌리고 잘 지냅시다.

돌림명①차례로 돌아가는 일. ¶이웃끼리 돌림으로 음식을 내고 있다. ②〈돌림병〉의 준말. ③┌항렬(行列)〉. ¶불꽃 '환(煥)' 자 돌림. ④[의존 명사적 용법] 차례로 돌아 전체를 돈 횟수를 세는 단위. ¶술이 서너 돌림 돌자 술자리는 더욱 무르익었다.

돌림-감기(-感氣)[-깜-]명 전염성이 있는 감기. 시감(時感). 유행성 감기. 윤감(輪感). 인플루엔자.

돌림^노래명 (2성부 이상의 악곡에서) 같은 선율을 각 성부가 같은 간격을 두고 순차적으로 따라 부르되, 선율이 끝날 성부는 다시 처음으로 되돌아가, 이것을 몇 번이고 되풀이하는 가창법, 또는 그 악곡을 이르는 말. 윤창(輪唱).

돌림-띠명 처마나 건물의 가운데 부분에 수평 띠 모양으로 둘러 붙인 장식용 돌출부. [위치에 따라 처마 돌림띠·벽 돌림띠·반자 돌림띠 따위가 있음.]

돌림-병(-病)[-뼝]명 ┌유행병. ¶돌림병이 돌고 있다. 준돌림.

돌림-자(-字)[-짜]명 ┌항렬자(行列字).

돌림-쟁이명 함께 동아리에 끼이지 못하고 따돌림을 받는 사람을 흘러서 이르는 말.

돌림-턱명 여럿이 돌아가며 음식을 내는 턱. ¶이번에는 내가 돌림턱을 낼 차례이다.

돌림-통명 돌림병이 돌아다니는 시기.

돌림-판(-板)명 어떤 내용을 여러 사람에게 알리기 위해 돌리는 판. 회람판.

돌림-편지(-便紙)명 여러 사람이 돌려 가며 보도록 쓴 편지.

돌마낫-적[-나쩍~-낟쩍]명 첫돌이 될락 말락 한 어린아이 때. ¶돌마낫적에 글자를 익힌 천재.

돌:-맞이명하자 돌을 맞아 기념함.

돌:-매명 ┌맷돌.

돌:멘(dolmen)명 ┌고인돌.

돌:-멩이명 돌덩이보다는 작고 자갈보다는 큰 돌. 괴석(塊石). 돌².

돌:멩이-질명하자 돌멩이를 던지는 짓. ¶돌멩이질이 빗나가 유리창을 깨다. 준돌질.

돌:-무더기명 돌덩이가 쌓인 무더기.

돌:-무덤명 고구려 때의 고분 양식의 한 가지. 돌을 쌓아 올려 높직하게 만든 무덤. 석총(石塚).

돌:-무지명 많은 돌이 깔려 있는 땅.

돌:무지^덧널^무덤[-던-]명 지하에 무덤 광을 파고 목곽(木槨)을 넣은 뒤, 그 주위와 위를 돌로 덮고 다시 그 바깥을 봉토로 씌운 신라 귀족의 무덤.

돌:-무지-무덤명 돌로 쌓아 만든 고분(古墳). 적석총(積石塚).

돌:-문(-門)명 ①돌로 만든 문. ②자연적으로 문과 같은 모양이 된 암석.

돌:-물명 소용돌이치는 물의 흐름.

돌:-물레명 농가에서, 새끼로 바나 고삐를 드릴 때 쓰던 재래식 기구.

돌-미나리명 논이나 샘가·개천 같은 데서 저절로 나는 미나리.

돌:-반지기(-半-)명 잔돌이나 모래가 많이 섞인 쌀.

돌발(突發)명하자 어떤 일이 뜻밖에 갑자기 일어남. ¶돌발 사건에 대처하다.

돌발-적(突發的)[-쩍]관명 뜻밖의 일이나 사건이 별안간 일어나는 (것). ¶돌발적 행동. /돌발적인 사고.

돌:-방(-房)명 돌아나 전(甎)으로 쌓아 만든, 고분 내부의 표실(墓室). [관이나 부장품(副葬品)을 넣어 두던 곳.] 석실(石室).

돌:-방-무덤(-房-)명 상고 시대 무덤 양식의 한 가지. 돌로 만든 현실(玄室)이 있는 분묘. 석실묘(石室墓). 석실분(石室墳).

돌:-밭[-받]명 돌이 많은 밭. 또는 돌이 많은 땅. 석전(石田). *돌밭이[-바치]·돌밭을[-바틀]·돌밭만[-반-]

돌-배명 돌배나무의 열매.

돌배-나무명 장미과의 낙엽 활엽 소교목. 우리나라 중부 이남의 산지에 나는데, 높이는 5 m 안팎. 봄에 흰 꽃이 피고, 직경 2 cm가량의 둥근 열매가 가을에 익음. 나무는 기구재(器具材) 등으로 널리 쓰임. 산리(山梨).

돌변(突變)명하자타 갑작스레 변함. ¶이제까지 부드러웠던 태도가 돌변하다.

돌:-보다타①보살피다. 보호하다. ¶아기를 돌보다. ②뒤를 보살펴 주다. 도와주다. ¶살림을 돌보다. /어려운 학생을 돌보다.

돌:-부리[-뿌-]명 돌멩이의, 땅 위로 뾰족 내민 부분. ¶돌부리에 걸려 넘어지다.

돌부리를 차면 발부리만 아프다(속담) 쓸데없이 함부로 성을 내면 자기에게만 해가 돌아온다는 말.

돌:-부처명①돌로 만든 불상. 석불(石佛). ②(감각이 둔하고 고집이 센 사람)을 비유하여 이르는 말. ¶돌부처 같은 사람.

돌:-비(-碑)명 돌로 만든 비. 석비(石碑).

돌비(突沸)명하자 액체가 끓는점에 이르렀는데도 끓지 않고 있다가, 가열을 더 계속했을 때 갑자기 격렬하게 끓는 일.

돌:-비늘[-삐-]명 ┌운모(雲母).

돌:-비알[-삐-]명 깎아지른 듯한 바위의 언덕. 깎아지른 벼랑.

돌:-사닥다리[-따-]명 바위를 기어올라야 하는 험한 길.

돌:-사막(-沙漠)명 ┌암석 사막.

돌:-산(-山)명①바위나 돌이 많은 산. 석산(石山). ②석재(石材)를 캐내는 산.

돌-상(-床)[-쌍]**명** 돌날 돌잡이를 위하여 차리는 상. 백완반(百玩盤).

돌-상어명 잉엇과의 민물고기. 몸길이 15 cm 가량. 머리 모양이 상어를 닮았음. 몸빛은 황갈색, 몸에는 많은 가로띠가 있음. 북한강을 비롯한 한강 수계(漢江水系)에 분포하는, 우리나라의 특이한 보호 어종임. 얕은 내의 여울에 떼를 지어 살며, 모랫바닥을 따라서 헤엄침.

돌-샘명 ⇨석간수(石間水).

돌:-석(-石)**명** 한자 부수의 한 가지. '硏'·'砦' 등에서의 '石'의 이름.

돌:-소금명 ①(물이 없는) 땅속에서 천연으로 나는 소금. 경염. 석염. 암염. ②(정제하지 않은) 굵은 소금.

돌:-솜명 사문암·감람암·각섬암이 변하여 섬유 모양으로 된 것. 내화재·보온재·단열재·절연재 등으로 쓰임. 석면(石綿). 석융(石絨). 아스베스토스.

돌:-솥[-솓]**명** 돌로 만든 솥. 석정(石鼎). * 돌:솥이[-소치]·돌:솥을[-소틀]·돌:솥만[-손-]

돌:-순(-筍)**명** ⇨석순(石筍).

돌:-싸움명하자 돌팔매질로 하는 싸움. 석전(石戰). ⊜돌쌈.

돌:-쌈명하자 〈돌싸움〉의 준말.

돌아-가다자 ①(축을 중심으로) 계속 돌며 움직이다. 회전하다. ¶선풍기가 돌아가다. ②본디 있던 자리로, 또는 오던 길을 되돌아 다시 가다. ¶제자리로 돌아가 앉아라. ↔돌아오다. ③(무엇의 둘레를) 둘러서 가다. ¶산모퉁이를 돌아가는 버스. ④(먼 길을) 우회하여 가다. ¶지름길을 두고 왜 멀리 돌아가느냐? ⑤방향을 꺾어 가다. ¶왼쪽으로 돌아가다. ⑥한쪽으로 기울어가다. ¶배가 한쪽으로 기울어서 돌아가다. ⑦차례로 전달되어 가다. ¶돌아가며 인사하다. /회람판이 돌아가다. ⑧몫이 차례로 분배되다. ¶한 사람에 사과 한 개씩 돌아가다. ⑨돈이나 물자가 잘 유통되다. ¶자금이 잘 돌아가다. ⑩〈죽다〉의 높임말. ¶할아버지께서 돌아가셨다. ⑪어떤 결과로 끝나다. ¶그의 승리로 돌아가다. /수포로 돌아가다. ⑫어떤 판국이 형성되다. ¶회사 돌아가는 꼴이 말이 아니다. ⑬기능이 제대로 작동하다. ¶기계가 돌아가다. /머리가 잘 돌아가는 사람. ⑭현기증이 나다. ⑮일이나 업무가 진행되다. ¶눈코 뜰 새 없이 바쁘게 돌아가다.

돌아-내리다자 ①마음이 있으면서도 겉으로는 사양하다. 비색다. ¶어린것이 숫기가 없어 돌아내리기만 한다. ②(연이나 비행기 따위가) 빙빙 돌면서 떨어지다.

돌아-눕다[-따][~누우니·~누워]**자타** 누운 채로 몸을 돌려 반대쪽으로 향하다. ¶못마땅하여 돌아누워 버리다.

돌아-다니다자타 ①이리저리 여러 곳을 쏘다니다. ¶밤늦게 돌아다니지 말고 집에 일찍 들어가거라. ②이리저리 널리 퍼지다. ¶안 좋은 소문이 온 동네를 돌아다닌다.

돌아다-보다타 ①뒤돌아보다. ②지나온 행적을 반성해 보다.

돌아-들다[~드니·~들어]**자** ①돌아서 제자리로 오다. ¶굴린 달걀이 제자리로 돌아들다. ②이리저리 다니다가 일정한 곳에 들어가거나 들어오다. ¶여기저기 돌고 돈 끝에 이곳으로 돌아들었다. ③(산줄기·강물 따위의) 굽이가 꺾이어 들어오다. ¶소양강 줄기가 돌아드는 마을.

돌아-보다타 ①몸이나 고개를 뒤로 돌려서 보다. ¶돌아보지 말고 곧장 가거라. ②지난 일을 다시 머리에 떠올리다. ¶과거를 돌아보다. ③두루 다니며 살피다. ¶집 안팎을 돌아보다. ④돌보다. ¶가정을 돌아보다.

돌아-서다자 ①뒤로 향하고 서다. ¶가다가 돌아서서 손을 흔든다. ②관계를 끊고 멀리하다. ¶사소한 일로 돌아서서 말았다. ③배신하다. ¶이해를 좇아 돌아서 버린 사람. ④(남과) 직접 대면하지 않다. ¶돌아서서 남의 흉을 보지 말아라. ⑤(병세나 기세가) 점점 나아지거나 회복되다. ¶병세가 돌아서는 모양이다.

돌아-앉다[-안따]**자** ①방향을 고쳐 앉다. ②(('으로' 또는 '로' 다음에 쓰이어) 사물을 향하여 앉다. ¶창문 앞으로 돌아앉다. ⊜돌앉다.

돌아-오다자 ①떠났던 자리로 다시 오다. ¶강남 갔던 제비가 돌아오다. ↔돌아가다. ②차례가 되거나 차지가 되다. ¶노래 부를 차례가 돌아오다. ③(가까운 길을 두고 먼 길로) 우회하여 오다. ¶딴 길로 돌아오느라고 늦었다. ④(무엇을 중심으로 그 둘레를 따라) 돌아서 오다. ⑤본래의 상태로 회복하다. ¶정신이 돌아오다. ⑥일정한 간격으로 되풀이되는 것이 다시 닥치다. ¶추석이 돌아오다.

돌아-치다자타 몹시 세차게 진행이 되거나 움직이다. ¶마감 시간이 임박하자 기자들이 편집실을 벌집 쑤신 듯이 돌아쳤다.

돌-앉다[도란따]**자** 〈돌아앉다〉의 준말.

돌:-알1명 수정(水晶)으로 만든 안경알.

돌:-알2명 삶은 달걀. 숙란(熟卵). 팽란(烹卵).

돌연(突然)**부(어)명** 갑자기. ¶돌연 사라져 버렸다. /돌연한 죽음. 돌연-히**부**.

돌:-연대(-蓮臺)[-련-]**명** 돌로 만든, 부처의 대좌(臺座). 석연대.

돌:-연모[-련-]**명** ⇨석기(石器).

돌연-변이(突然變異)**명** 어버이의 계통에 없었던 새로운 형질(形質)이 갑자기 생물체에 나타나는 일. 우연 변이.

돌연변이-설(突然變異說)**명** 생물의 진화를 설명하는 학설의 한 가지. 생물의 신종(新種)은 돌연변이에 의하여 생긴다는 학설. 〔20세기 초, 네덜란드의 드브리스(De Vries)가 발표함〕

돌연-사(突然死)**명** 외관상 건강하던 사람이 갑자기 죽는 일. 특별한 원인 없이 갑작스레 심장 박동이 멎거나, 자각 증상 없이 진전된 협심증·부정맥·심근 경색증 등으로 발병 24시간 이내에 사망함.

돌올(突兀)'돌올하다'의 어근.

돌올-하다(突兀-)**형(어)** 높이 솟아 우뚝하다.

돌:-옷[-옫]**명** 돌에 낀 이끼. ¶임의 손 간 데마다 돌옷은 새로 피고…. * 돌:옷이[도로시]·돌:옷만[도론-]

돌:-우물명 벽을 돌로 쌓아 올린 우물. 석정(石井).

돌이-마음명 사심(邪心)에서 착하게 돌아간 마음. 회심(回心).

돌이키다타 ①(몸이나 고개를) 돌리다, 또는 돌리게 하다. ¶고개를 돌이키어 저 산을 보라. /가는 사람을 돌이켜 세우다. ②(지난 일을) 회상하거나 생각하다. ¶어린 시절을 돌이켜 생각하다. ③본디의 모습으로 돌아가다. ¶돌이킬 수 없는 실수. ④마음을 고쳐 달리 생각하다. ¶생각을 돌이켜 다시 시작하다.

돌입(突入)**명하자** 막 뛰어듦. ¶적진에 돌입하다.

돌-잔치명 돌날에 베푸는 잔치.

돌-잡이阅하타 돌잡히는 일.
돌-잡히다[-자피-]타 돌날에 여러 가지 음식과 물건을 상 위에 차려 놓고, 돌쟁이에게 마음대로 잡게 하다.
돌-장이阅 돌을 다루는 일을 업으로 삼는 사람. 석공(石工). 석수(石手).
돌-쟁이阅 난 지 첫돌이 되거나 그만한 시기의 아이.
돌전(突戰)[-전]阅하자 돌진하여 싸움.
돌-절구阅 돌을 파서 만든 절구. 석구(石臼).
돌절구도 밑 빠질 때가 있다李 아무리 튼튼한 것도 오래 쓰면 결딴나는 날이 있다.
돌제(突堤)[-쩨]阅 연안에서, 바다나 강 가운데로 내민 좁고 긴 둑. 〔배를 대기 위한 선창(船艙)이나 방파제·방사제 따위를 이름.〕
돌-조각(-彫刻)阅 돌로 만든 조각.
돌-중방(-中枋)阅 지난날, 골목 어귀에 문지방처럼 가로질러 놓던 돌.
돌진(突進)[-찐]阅하자 거침없이 곧장 나아감. 비돌격(突擊).
돌-질阅하자 ☞'돌멩이질'의 준말.
돌-짐승阅 ☞석수(石獸).
돌-집[-찝]阅 돌로 지은 집.
돌-짬阅 갈라진 돌의 틈.
돌-쩌귀[阅 문짝을 문설주에 달아서 여닫게 하기 위한, 쇠붙이로 만든 암수 두 개로 된 한 벌의 물건. 〔암짝은 문설주에, 수짝은 문짝에 박아서 맞춤.〕
돌-쩌귀[阅 연(鳶)의 한 가지. 연의 전면(全面)을 네 개의 직사각형으로 나누어 서로 다른 빛깔의 종이를 붙여 만든 연.
돌차(咄嗟)阅하자타 (놀랍거나 서글퍼서) 혀를 차며 탄식함. 돌탄(咄歎).
돌차-간(咄嗟間)阅 ('혀를 한 번 차는 동안'이란 뜻으로) 아주 짧은 동안. 순간.
돌-참나무阅 참나뭇과의 상록 활엽 교목. 일본 원산으로 전남 등지에서 자라는데, 높이는 30 m가량. 잎의 뒷면에는 비늘털이 있음. 6월 경에 꽃이 피고, 이듬해 가을에 도토리가 열리는데 먹을 수 있음.
돌창阅 〈도랑창〉의 준말.
돌-창포(-菖蒲)阅 백합과의 다년초. 습지에 나는데 땅속줄기는 굵고, 잎은 가늘고 길며 끝이 뾰족함. 여름에 흰 꽃이 핌.
돌체(dolce 이)阅 악보의 나타냄표. '부드럽고 우미(優美)하게'의 뜻.
돌쳐-나가다[-처-]자 들어가다가 돌아서 도로 나가다.
돌쳐-나오다[-처-]자 들어가다가 돌아서 도로 나오다.
돌출(突出)되자 ①하자별안간 튀어나옴. ¶돌출 발언. ②하형밖으로 쑥 불거져 있음. ¶돌출한 바위.
돌-층계(-層階)[-계/-게]阅 돌로 쌓아 만든 층계. 돌계단.
돌-치阅 '돌계집'의 잘못.
돌치시모(dolcissimo 이)阅 악보의 나타냄표. '가장 부드럽게'의 뜻.
돌-칼阅 (석기 시대의 유물인) 돌로 만든 칼. 석검(石劍). 석도(石刀).
돌-콩阅 콩과의 일년생 만초. 여름에 홍자색 꽃이 피며, 가을에 갈색의 털이 밀생한 협과(莢果)가 익음. 우리나라 각지에 분포함.
돌탄(咄歎)阅하자타 ☞돌차(咄嗟).
돌-탑(-塔)阅 ☞석탑.

돌파(突破)阅하타되자 ①쳐들어가 깨뜨림. ¶적진을 돌파하다. ②(어려움이나 장애를) 단숨에 헤치고 나아가 극복함. ¶어떤 난관도 돌파하겠다는 의지. ③(어떤 목표나 수준을) 넘어섬. ¶분쟁 해결의 돌파구가 열리다.
돌파-구(突破口)阅 ①(적진 따위를) 돌파하는 통로나 목. ②(어려운 문제 따위를) 해결하는 실마리. ¶분쟁 해결의 돌파구가 열리다.
돌-팔매阅 (무엇을 맞히려고) 멀리 던져서 날리는 돌멩이. ¶돌팔매를 던지다.
돌-팔매-질阅하자 돌멩이를 멀리 던지는 짓.
돌-팔이阅 ①일정한 거처가 없이 떠돌아다니며 점을 치거나, 기술 또는 물건을 파는 사람. ¶돌팔이 무당. /돌팔이 장사. ②'제대로 된 자격이나 실력을 갖추지 않고 전문적인 일을 하는 사람'을 홀하게 이르는 말. ¶돌팔이 의사.
돌-팥[-팓]阅 야생의 팥. 알이 잘고 여묾. *돌팥이[-파치]·돌팥을[-파틀]·돌팥만[-판-].
돌풍(突風)阅 ①갑자기 세차게 불다가 곧 그치는 바람. 급풍(急風). ¶돌풍이 일다. ②'갑작스레 많은 관심을 모으거나 커다란 영향을 미치는 현상'을 비유하여 이르는 말. ¶돌풍을 일으키다.
돌핀(dolphin)阅 배를 잡아매기 위하여 부두에 박은 쇠나 콘크리트의 말뚝.
돌핀-킥(dolphin kick)阅 접영(蝶泳)에서의 다리의 동작. 양다리를 가지런히 하고, 발등으로 물을 위아래로 치면서 나아감.
돌-하루방阅 '돌하르방'의 잘못.
돌-하르방阅 〔돌로 만든 할아버지라는 뜻으로〕 제주도 토민들이 안녕과 질서를 수호하여 준다고 믿는 석신.
돌-함(-凾)阅 돌로 만든 함. 석함(石凾).
돌-확(-钁)阅 돌을 오목하게 파서 만든 확.
돐阅 '돌¹'의 잘못.
돐 〈옛〉돌[周年]. ¶돌새 小祥す로… 또 돌새 大祥す고(内訓1:64).
돐-비늘阅〈옛〉돌비늘. 운모(雲母). ¶雲母는 돐 비느리니(月釋2:35).
돑¹阅〈옛〉돌. 石은 돌히오(釋譜9:24). /어드라 더디던 돌코.(樂詞.靑山別曲)
돑²阅〈옛〉돌. 도량. ¶돌히 흐르며(法華2:28).
돔阅〈도미〉의 준말.
돔:(dome)阅 반구형(半球形)으로 된 지붕이나 천장.
돕:다[-따][도우니·도와] 匚타 ①남을 위하여 힘쓰다. ②(남을) 위험이나 괴로움에서 벗어나게 하다. ¶불우 이웃을 돕다. ③(몸의 기운을) 좋아지게 하다. ¶소화를 돕다. ④(금품으로) 구제하다. ¶수재민을 돕다. 匚자타 서로 의지하다. ¶이웃과 도우며 살다.
돕지[-찌]阅 (앞을 여미자 아니하고 두 쪽이 맞닿게 된 갑옷·마고자 따위의) 섶. 개금(開襟).
돗阅〈옛〉돗자리. 자리. ¶오시 무러닉 벼개와 돗쾌 묻도다(杜初7:7). 참돗¹.
-돗-(-션)〈옛〉강조의 의미를 나타냄. ¶뉘라셔 가마괴를 검고 흉타 ᄒᆞ돗던고(古時調).
돗-가락[도까/-까-]阅 윷을 던지기 전에 손에서 윷짝 하나가 잘못 흘러 떨어져, 그것이 도가 나올 징조라 하여, 그 '떨어진 윷짝'을 농으로 이르는 말.
돗가비阅〈옛〉도깨비. ¶돗가비 請ᄒᆞ야 福을 비러 목숨 길오져 ᄒᆞ다가(釋譜9:36).
돗귀阅〈옛〉도끼. ¶더본 돗귀와 톱과로 버히ᄂᆞ니라(月釋1:29). 참도처.

돗긔〈옛〉도끼. ¶돗긔롤 메고 범의 자최롤 쫄 오니(五倫1:60). 僮돗긔.

돗-바늘[돋빠─]圐 돗자리 따위를 꿰매는 데에 쓰이는 큰 바늘.

돗바놀圐〈옛〉돗바늘. ¶돗바놀 피: 鈹(訓蒙中15).

돗-밭[도빧/돋빧]圐 윷판의 맨 첫 밭. ✽돗밭이[도빠치/돋빠치]·돗밭을[도빠틀/돈빠틀]·돗밭만[도빤─/돈빤─]

돗-자리[돋짜─]圐 왕골이나 골풀의 줄기를 잘 게 쪼개서 친 자리. 석자(席子).

돗-틀[돋─]圐 돗자리를 치는 틀.

돗ㅅ자리圐〈옛〉돗자리. ¶筵은 돗기라(楞解1:29).

돗²〈옛〉돛. ¶혼 돗ㄱ로 洞庭湖롤 느라 디나라(南明上23).

동¹①〈사물이나 현상이 이어지게 된〉마디. 사이. 동안. 끄트머리. 《주로, 관용구나 복합어 (複合語)를 이루어 쓰임.》 ¶동이 닿지 않는 이야기. ②한복의 윗옷의 소매 부분, 또는 소매에 이어 댄 조각.

동(을) 달다관용 〈끊어진 이야기를〉이어 계속하다.

동(을) 대다관용 ①끊이지 않게 잇대다. ②말 따위를 조리에 맞게 하다.

동(을) 자르다관용 ①관계를 끊다. ②길게 도막을 내다.

동(이) 끊기다관용 뒤를 잇지 못하다.

동²圐 ①광맥(鑛脈)에서, 광물이 비교적 적은 부분. 僮돗밭이. ②뚫는 돌의 굵은 정도. ③〈땔나무나 짚단 따위의〉크게 묶은 묶음. ¶나무를 동으로 묶어 지게에 얹다. ④〈동거리〉의 준말.

동³圐〈상추 따위의〉꽃이 피는 줄기.

동⁴圐 윷놀이에서, 윷판을 돌아 날밭을 나온 말의 수. ¶넉 동이 다 나다.

동⁵[Ⅰ]圐 하나의 덩이로 만든 묶음. ¶나무를 동으로 묶다.

[Ⅱ]의 묶음의 단위. 〔굴비 1000마리, 비웃 2000마리, 곶감 100접, 종이 100권, 붓 10자루, 먹 10장, 베 50필, 볏짚 100단, 새앙 10접 따위의 일컬음.〕

동⁶圐 작은 북을 치거나 거문고를 뜯을 때 나는 의성어. 僮등³. ㉑붕⁷. 툉동圐.

동(東)圐 동쪽. 해가 돋는 방향. ↔서(西).

동에 번쩍 서에 번쩍[속담] ①금방 여기에 나타 났다가 저기에 나타났다가 할 만큼 바쁘게 활동함을 이르는 말. ②정처도 없고, 종잡을 수도 없이 이곳저곳을 싸돌아다님을 이르는 말.

동(胴)圐 크게 쌓은 둑.

동:(洞)圐 ①골. 마을. ②지방 행정 구역의 하나. 시·읍·구의 아래에 둠. ③〈동사무소〉의 준말.

동(棟)圐 ①격검(擊劍)할 때에 가슴과 배를 가리는 방호구(防護具). ②☞동부(胴部).

동(童)圐 족보 등에서, '미혼(未婚)의 남자'를 달리 이르는 말. ↔관(冠).

동(銅)圐 구리.

동(棟)의 ①건물의 수효를 세는 단위. 채7. ¶주택 열 동. /다섯 동의 아파트. ②〈아파트 따위의〉건물 번호에 붙이는 말. ¶동아 아파트 제6동 207호.

동가(同家)圐 ①같은 집안. ②같은 집. ¶동가에 함께 거주하는 김 씨에 의하면….

동가(同價)[─까]圐 같은 값. 동치(同値). 등치(等値). ¶동가 원소.

동가(東家)圐 ①동쪽에 있는 이웃집. ②머물러 있는 집의 주인.

동:가(動駕)圐하자 임금이 탄 수레가 대궐 밖으로 나감.

동:가(童歌)圐 ☞동요(童謠).

동가리-톱圐 나무를 가로로 자르는 톱. 준동톱. ↔내림톱.

동가-선(東歌選)圐 조선 정조 5(1781)년에 백경현(白景炫)이 엮은 시조집. 235수의 시조가 실려 있음.

동가식서가숙(東家食西家宿)[─써─]圐하자 떠돌아다니며 이 집 저 집에서 얻어먹고 지냄, 또는 그런 사람. ¶동가식서가숙하는 신세.

동가-홍상(同價紅裳)[─까─]圐 〔'같은 값이면 다홍치마'라는 뜻으로〕 이왕이면 보기 좋은 것을 골라 가진다는 말.

동갈(恫喝)圐하타 을러댐. 위협함.

동감(同感)圐하자 남과 같게 생각하거나 느낌, 또는 그 생각이나 느낌. ¶네 의견에 나도 전적으로 동감이다.

동:감(動感)圐 움직이고 있는 것 같은 느낌. 동적(動的)인 느낌. ¶동감이 넘치는 그림.

동갑(同甲)圐 같은 나이. 갑장(甲長). 동경(同庚). ¶동갑 친구.

동갑-계(同甲契)[─계/─께]圐 동갑끼리 친목을 위하여 만드는 계. 동경계(同庚契). 준갑계.

동갑-내기(同甲─)[─감─]圐 나이가 같은 사람. ¶동갑내기 사촌.

동강①圐 긴 것을 작고 짤막하게 자른 그 도막. ¶연필 동강. /양초 동강. /동강이 나다. /동강이 날다. ②〔의존 명사적 용법〕짤막하게 잘라진 것을 세는 단위. ¶긴 장작을 세 동강으로 자르다.

동강-동강튐 여러 동강으로 자르거나 잘리거나 끊어지는 모양. ¶긴 대나무를 동강동강 자르다.

동강-이圐 동강 난 물건.

동개圐 활과 화살을 넣어 등에 메는, 가죽으로 만든 물건. 동아(筒兒).

동개-살圐 큰 깃을 댄 화살.

동개-활圐 동개에 넣어 등에 지고 말을 달리며 쏘는 활. 〔각궁(角弓)과 같으나 썩 작음.〕

동갱(銅坑)圐 동광(銅鑛)을 캐내기 위하여 파들어간 구덩이.

동거(同居)圐하자 ①한집에서 같이 삶. ¶동거하고 있는 가족은 모두 서류에 올리시오. ↔별거(別居). ②정식으로 혼인하지 않은 남녀가 부부 생활을 함. ②동서(同棲).

동거리圐 물부리 끝에 달린 쇠. 준동².

동거지정(同居之情)圐 한집에서 같이 살면서 두터워진 정.

동검(銅劍)圐 구리나 청동으로 만든 칼.

동-검구(銅鈴口)圐 구리로 도자기의 아가리를 싸서 물리는 꾸밈새.

동격(同格)[─껵]圐 ①같은 자격이나 자리, 또는 격식. ②동격으로 대우하다. ②한 문장에서, 어떤 단어나 구절이 다른 단어나 구절과 문장 구성에서 같은 기능을 가지는 일. ②같은자리.

동:결(凍結)圐하자 되자 ①〈물이〉얼어붙음. 빙결(氷結). ②자산(資産)이나 자금(資金) 따위의 이동 또는 사용을 일시 금지함. ¶예금을 동결하다. /외국인의 재산을 동결하다.

동경(同庚)圐 ☞동갑(同甲).

동경(同慶)圐하타 같이 기뻐함. 서로 경축함.

동경(東京)圐 고려 시대의 사경(四京)의 하나. 지금의 경주(慶州).

동경(東經)圐 영국의 그리니치를 지나는 본초 자오선을 0°로 하여 동쪽으로 180°까지의 사이에 있는 경선. ↔서경(西經).

동:경(動徑)명 기하학에서, 평면 또는 공간에 있는 한 점 P의 위치를 나타내는 데 있어, 기준점에서 P에 그은 직선을 벡터로 한 선분. 경선 벡터.

동경(銅鏡)명 구리를 갈아 만든 거울.

동:경(憧憬)명하타 마음에 두고 애틋하게 생각하며 그리워함. ¶멀고 먼 동경의 나라. /어릴 적부터 연예계를 막연히 동경해 왔다.

동경-계(同庚契)[-계/-게]명 ▷동갑계.

동경-성(東京城) 발해(渤海) 때의 오경(五京)의 하나. 지금의 중국 닝안(寧安) 남쪽.

동:계(冬季)[-계/-게]명 겨울철. 동기(冬期). 동절(冬節). ¶동계 올림픽.

동계(同系)[-계/-게]명 같은 계통. 같은 계열.

동:계(洞契)[-계/-게]명 동네의 일을 위하여 동네 사람들이 모으는 계.

동:계(動悸)[-계/-게]명하자 심장의 고동이 보통 때보다 심하여 가슴이 울렁거리는 일.

동계^교배(同系交配)[-계-/-게-]명 생물의 교배 중, 같은 계통 사이의 교배. 〔자가 수정(自家受精)은 그 극단의 경우임.〕

동고(同苦)명하자 고생을 같이함.

동고(銅鼓)명 ▷꽹과리.

동고-동락(同苦同樂)[-낙]명하자 괴로움과 즐거움을 함께함. ¶사십 년 동안 동고동락해 온 남편과 사별하다.

동-고리(同─)명 동글납작하게 만든 작은 버들고리.

동-고비명 동고빗과의 새. 몸길이 9∼19 cm. 날개는 길지만 꽁지는 짧으며 밤색의 부리가 많음. 몸빛은 등 쪽이 청회색 또는 청색이며 배는 누런색임. 숲이나 바위가 많은 곳에서 삶. 텃새의 한 가지.

동고-선(同高線)명 ▷등고선(等高線).

동곳[-곧]명 상투를 짠 뒤에 풀어지지 않게 꽂는 물건. 금・옥・산호・나무 따위로 만듦. * 동곳이[-고시]・동곳만[-곧-]

동곳을 빼다 상투의 동곳을 빼어 머리를 풀고 잘못을 빈다는 뜻으로) 잘못을 인정하고 굴복(屈伏)하다.

동곳-잠(─簪)[-곧짬]명 동곳 모양의 옥비녀.

동공(同工)명 재주나 솜씨가 같음, 또는 같은 재주나 같은 솜씨.

동:공(瞳孔)명 눈동자. 동자. 수확(水廓).

동공-견(同功繭)명 ▷쌍고치.

동:공^반:사(瞳孔反射)명 ①빛이 밝으면 반사적으로 동공이 작아지고 어두우면 반사적으로 동공이 커지는 현상. ②가까운 곳을 볼 때에는 동공이 작아지고, 먼 곳을 볼 때에는 동공이 커지는 현상. 〔자율 신경에 의하여 자동적으로 이루어짐.〕

동공-이곡(同工異曲)(음악의 기량이나 시문의 기교 등이) '솜씨는 같으나 표현된 형식이 나 맛은 서로 다름'을 이름. 〔한유(韓愈)의 '진학해(進學解)'에 나오는 말임.〕동공이체.

동공-이체(同工異體)명 ▷동공이곡.

동과(冬瓜)명 ▷동아.

동과-자(冬瓜子)명 한방에서, '동아의 씨'를 약재로 이르는 말. 〔오줌을 잘 나오게 하며, 부증(浮症)・소갈증(消渴症) 등에도 쓰임.〕

동관(彤管)명 (주로, 여자들이 쓰는) 대에 붉은 칠을 한 붓.

동관-이(形管貽)[-니]명 지난날, 여자가 남자에게 은근한 정을 글로 적어 보내던 일.

동광(銅鑛)명 ①구리를 캐는 광산. 동산(銅山). 동점(銅店). ②구리를 함유한 광석.

동교(東郊)명 ①동쪽에 있는 들. 동쪽의 교외. ②봄의 들. 〔지난날, 중국에서 동쪽의 들에서 봄 제사를 지낸 데서 유래함.〕③서울 동대문 밖의 근처.

동교-치(東郊─)명 지난날, 서울 동대문 밖에서 소나 말에 싣고 시내로 들여오던 땔나무를 이르던 말.

동구(東歐)명 ①동유럽. ②지난날, 사회주의 국가였던 동유럽 국가들을 두루 이르는 말. 동구라파. ↔서구(西歐).

동:구(洞口)명 ①동네 어귀. 동문(洞門). ②절로 들어가는 산문(山門)의 어귀.

동:구-권(東歐圈)[-꿘]명 동부 유럽 지역. 폴란드・루마니아・헝가리・알바니아・불가리아 등이 이에 속함.

동:구라파(東歐羅巴)명 ▷동구(東歐).

동구래명 〈동구래저고리〉의 준말.

동구래-깃[-긷]명 깃의 부리를 반원형으로 한 옷깃 만듦새의 한 가지. 참목판깃. * 동구래깃이[-기시]・동구래깃만[-긴-]

동구래-저고리명 길이는 짧고 앞섶은 좁으며 앞도련이 둥근 여자 저고리. 동구래밈.

동:-구안^대:궐(洞口─大闕)명 서울의 '창덕궁(昌德宮)'을 달리 이르던 말.

동국(東國)명 ①동쪽의 나라. ②지난날, '우리 나라'를 중국에 대하여 이르던 말.

동국-여지승람(東國輿地勝覽)[-궁녀-남]명 조선 성종 때, 왕명으로 노사신(盧思愼) 등이 각 도의 지리・풍속을 적은 책. 55권 25책.

동국-이상국집(東國李相國集)[-집]명 고려 고종 때의 학자 이규보(李奎報)의 문집. 〔그의 시문(詩文)과 함께 '동명왕 본기(東明王本紀)' 등의 역사도 수록되어 있음.〕53권 14책.

동국-정운(東國正韻)[-정-]명 조선 세종 때, 신숙주(申叔舟)・성삼문(成三問) 등이 편찬한 최초의 한자 음운서. 〔중국의 운서인 '홍무정운(洪武正韻)' 등을 참고하여 우리나라의 한자음을 새로운 체계에 따라 정리한 내용.〕전 6권.

동국-중보(東國重寶)[-쭝-]명 고려 숙종 때에 발행한 엽전의 한 가지. 〔모양은 둥글고 가운데에 정사각형의 구멍이 뚫려 있음.〕

동국-통감(東國通鑑)명 조선 성종 때, 서거정(徐居正)・정효항(鄭孝恒) 등이 왕명을 받아, 신라로부터 고려 34대 공양왕에 이르기까지의 역사를 기록한 책. 56권 28책.

동국-통보(東國通寶)명 고려 숙종 때에 발행한 엽전의 한 가지. 〔모양은 둥글고 가운데에 정사각형의 구멍이 뚫려 있음.〕

동군(東君)명 ①'태양의 신' 또는 '태양'을 달리 이르는 말. ②청제(靑帝).

동:굴(洞窟)명 안이 텅 비어, 넓고 깊은 큰 굴. 동혈(洞穴). ¶동굴 벽화.

동:굴^인류(洞窟人類)[-구릴-]명 동굴에서 살던 구석기 시대의 인류를 통틀어 이르는 말.

동궁(東宮)명 ①황태자. ②왕세자. ③▷태자궁. ④▷세자궁.

동권(同權)[-꿘]명 동등한 권리. ¶남녀 동권.

동귀^일체(同歸一體)명 〔함께 한 몸으로 돌아간다는 뜻으로〕천도교에서, 사람들의 정신적 결합을 이르는 말.

동-귀틀명 마루의 장귀틀과 장귀틀 사이에 가로 질러 청널의 잇몸을 받는 짧은 귀틀.

동규-자(冬葵子)명 한방에서, '아욱의 씨'를 약재로 이르는 말.

동:귤(童橘)명 ▷금귤(金橘).

동그라미 명 ①동글게 그린 도형, 또는 둥근 모양의 것. 원(圓). ②〈동그라미표〉의 준말. ③'돈'의 변말. 큰둥그러미.

동그라미-표(—標)명 (무엇이 맞거나 옳다는 표시로) 동그랗게 그리거나 찍어서 나타내는 표. 공표. 큰둥그러미표.

동그라-지다자 넘어지면서 구르다. ¶언덕길에서 동그라지고 말았다. 큰둥그러지다.

동그라-에이(—a)명 (부기나 계산서에 쓰이는) 단가를 나타내는 기호 '@'의 이름. 합단가표.

동그랑-땡명 〈돈저냐〉의 속된 말.

동그랑-쇠[—쇠/—쉐]명 ①굴렁쇠. ②☞삼발이.

동그랗다[—라타][동그라니·동그래]혱동 아주 동글다. 둥그렇다. 셈똥그랗다.

동그래-지다자 동그랗게 되다. 큰둥그래지다. 셈똥그래지다.

동그맣다[—마타][동그마니·동그매]혱동 외따로 오똑하다. ¶강가에 동그맣게 서 있는 정자.

동그스름-하다혱여 생김새가 모나지 않고 대체로 좀 동글다. ¶얼굴이 동그스름하게 생겼다. 준동그슷하다. 큰둥그스름하다. 셈똥그스름하다.
동그스름-히부

동:극(童劇)명 〈아동극〉의 준말.

동근(同根)명 ①근본이 같음. ②자란 뿌리가 같음. ③'형제'를 달리 이르는 말.

동글납대대-하다[—때—]혱여 생김새가 동글고 납작스름하다. 큰둥글넓데데하다.

동글납작-하다[—짜카—]혱여 모양이 동글고 납작하다. ¶얼굴 생김이 동글납작하다. 큰둥글넓적하다. **동글납작-이**부

동글다[동그니·동글어][ㅣ]자 동그랗게 되다.
[ⅠⅠ]혱 생김생김이 공과 같다. ¶올챙이는 머리가 동글고 꼬리가 길다. 큰둥글다.

동글-동글부하동 ①여럿이 모두 동근 모양. ②동그라미를 그리며 잇달아 돌아가는 모양. 큰둥글둥글. 셈똥글똥글.

동글-리다타 ['동글다'의 사동] 동글게 만들다. ¶찰흙을 손바닥으로 동글리다. 큰둥글리다.

동글반반-하다혱여 (주로 얼굴 생김새가) 동그스름하고 반반하다. 큰둥글번번하다. **동글반반-히**부

동금(同衾)명하자 ☞동침(同寢).

동금(胴金)명 쇠가락지.

동급(同級)명 ①같은 등급. ②같은 계급. ③같은 학급이나 학년.

동급-생(同級生)[—쌩]명 같은 학급이나 같은 학년의 학생.

동긋-하다[—그타—]혱여 〈동그스름하다〉의 준말. 큰둥긋하다. **동긋-이**부

동:기(冬期)명 겨울철. 동계(冬季). 동절(冬節). ¶동기 강습회. ↔하기(夏期).

동기(同期)명 '형제자매'를 통틀어 이르는 말. 형제(兄弟).

동기(同期)명 ①같은 시기. 같은 연도. ¶동기의 미술 작품. ②〈동기생〉의 준말.

동:기(動機)명 ①사람으로 하여금 행동을 일으키게 하는 내적인 요인. 계기. ¶범행 동기. ②음악에서, 악곡의 가장 작은 선율의 단위. 모티프.

동:기(童妓)명 어린 기생.

동기(銅器)명 구리로 만든 그릇 또는 기구.

동기-간(同氣間)명 동기의 사이. ¶동기간에 화목하게 지내다.

동:기^방:학(冬期放學)명 ☞겨울 방학.

동기-상구(同氣相求)명 ☞동성상응(同聲相應).

동기-생(同期生)명 학교 따위에서, 같은 연도에 입학하였거나 졸업한 사람. 준동기.

동:기-설(動機說)명 행위를 도덕적으로 평가할 때에, 행위의 결과를 문제 삼지 않고, 오직 동기만을 그 유일한 대상으로 삼는 이론. ↔결과설.

동기^시대(銅器時代)명 고고학상의 시대 구분의 하나. 구리로 생활 기구를 만들어 쓰던 시대. 석기 시대의 다음, 청동기 시대의 앞.

동기-일신(同氣一身)[—씬]명 동기(형제)는 한 몸과 같음.

동-나다자 ①항상 쓰던 물건이 다 써서 없어지다. ¶땔감이 동나다. ②상품이 다 팔리다. ¶할인 품목은 이미 동났다.

동-나무명 단으로 작게 묶은 땔나무.

동남(東南)명 ①동쪽과 남쪽. ②☞남동.

동:남(童男)명 ①사내아이. ②〈동정남(童貞男)〉의 준말.

동남-간(東南間)명 동쪽과 남쪽의 사이.

동-남동(東南東)명 동쪽과 남동쪽과의 중간 되는 방위.

동:남-동:녀(童男童女)명 사내아이와 계집아이. 소년 소녀.

동남-부(東南部)명 ①동부와 남부. ②동쪽과 남쪽의 사이에 해당하는 부분.

동남-아(東南亞)명 〈동남아시아〉의 준말.

동남-아시아(東南Asia)명 아시아의 동남부의 지역. [인도차이나 반도와 말레이 제도를 포함한 지역으로, 미얀마·타이·말레이시아·베트남·인도네시아·필리핀 등의 나라가 있음.] 준동남아.

동남-풍(東南風)명 ☞남동풍.

동-납월(冬臘月)명 '(음력의) 동짓달과 섣달'을 아울러 이르는 말.

동:내(洞內)명 동네 안. 동중(洞中). ¶동내를 한 바퀴 돌다.

동:냥명하타 ①중이 집집이 다니며 곡식 따위를 시주받아 모으는 일, 또는 그렇게 받는 곡식 따위. ②거지가 집집이 다니며 구걸하는 일, 또는 그렇게 받는 물건.
동냥은 안 주고 쪽박만 깬다[속담] 돕기는커녕 훼방만 놓는다는 뜻.
동냥은 혼자 간다[속담] 무엇을 얻는 일에 여럿이 가면 몫이 적어지게 마련이라는 말.

동:냥-아치명 ①집집이 동냥하러 다니는 사람. ②'동냥중'을 얕잡아 이르는 말. ③거지. 걸인. 준동냥치.

동:냥-자루[—짜—]명 동냥질할 때 가지고 다니는 자루.
동냥자루도 마주 벌려야 들어간다[속담] 어떤 일이든지 서로 힘을 합쳐야 일이 잘 이루어진다는 말.
동냥자루를 찢는다[속담] 작은 잇속을 놓고 서로 다툰다는 뜻.

동:냥-젖[—젇]명 남의 젖을 얻어먹는 일, 또는 그 젖. ¶심청이는 동냥젖으로 자랐다. *동:냥젖이[—저지]·동:냥젖만[—전—]

동:냥-중[—쭝]명 집집이 동냥을 다니는 중. 자미승(粢米僧). 자미중. 재미중.

동:냥-질명하타 동냥하러 다니는 짓.

동:냥-치명 〈동냥아치〉의 준말. ¶옥결 같은 춘향 몸에 자네 같은 동냥치가 누설을 지치다는 빌어먹도 못하고 굶어 뒤어지리(烈女春香守節歌).

동ː네(洞-)圐 ①자기가 사는 집의 근처. ②여러 집이 모여 사는 곳.

동네 색시 믿고 장가 못 든다[속담] 남을 막연히 믿다가 낭패 본다는 말.

동ː-방네(洞-坊-)圐 ①온 동네. ②이 동네 저 동네 온통. ¶동네방네 소문내다.

동ː네-북(洞-)圐 '이 사람 저 사람에게서 비난을 받거나, 여러 사람의 분풀이의 대상이 되는 사람'을 비유하여 이르는 말.

동ː녀(童女)圐 ①계집아이. ②<동정녀>의 준말.

동년(同年)圐 ①같은 해. ②같은 나이. 동령(同齡). ③☞동방(同榜).

동년-계(同年契)[-계/-게]圐 동방급제(同榜及第)한 사람끼리 맺은 계.

동년-배(同年輩)圐 나이가 같은 또래. ¶사내(社內)에서 동년배끼리 친하게 지내다.

동녕-부(東寧府)圐 고려 원종 11(1270)년에 중국 원나라가 고려의 자비령 이북의 영토를 병합하고, 그곳을 다스리기 위해 서경에 설치한 통치 기관.

동-녘(東-)[-녁]圐 동쪽 방향. ¶동녘 하늘. *동녘이[-녀키]·동녘만[-녕-]

동니(銅泥)圐 구리 가루를 아교와 섞어서 만든 채료(彩料).

동ː-다회(童多繪)[-회/-훼]圐 끈목의 한 가지. 둘레를 둥글게 짠 끈목. 도포의 띠나 매듭을 데 쓰임. 원다회(圓多繪). ☞광다회.

동-달이圐 지난날의 군복(軍服)의 한 가지. 붉은빛의 안을 받치고 붉은 소매를 단 검은 두루마기. 뒷솔기가 길게 터졌음. 협수(夾袖).

동ː-답(洞畓)圐 동네 사람들의 공동 소유로 되어 있는 논.

동당(同黨)圐 ①같은 당. ②같은 일족(一族). ③(앞에 말한) '그 당' 또는 '이 당'의 뜻.

동당(東堂)圐 ①집의 동쪽 건물. ②조선 시대의 '식년과(式年科)' 또는 '증광시(增廣試)'를 달리 이르던 말.

동당-거리다재태 자꾸 동당동당하다. 동당대다. ☞둥당거리다·뎅당거리다.

동당-대다재태 ☞동당거리다.

동당-동당튀閑재태 (작은 북이나 가야금 따위를) 잇달아 쳐서 나는 소리. ☞둥당둥당·뎅당뎅당.

동당-치기閑재 투전 또는 골패 따위로 하는 노름의 한 가지.

동댕이-치다타 ①힘껏 내던지다. ②하던 일을 팽개치듯 그만두다.

동덕(同德)圐 천도교에서, 교인끼리 서로 부르는 호칭.

동도(同道)圐 ①같은 도(道). ②(앞에 말한) '그 도(道)' 또는 '이 도'의 뜻. ③하자☞동행(同行)¹. ④하자같은 일에 종사함.

동도(東道)圐 ①대종교에서, 천산(天山)을 중심으로 하여 그 동쪽 지방을 이르는 말. ②동쪽의 길.

동도서말(東塗西抹)圐하타 〔동쪽에서 바르고 서쪽에서 지운다는 뜻으로〕 이리저리 간신히 꾸며 대어 맞춤.

동도-주(東道主)圐 주인이 되어 손을 돌보거나 안내하는 일, 또는 그 사람.

동-도지(東桃枝)圐 동쪽으로 뻗은 복숭아나무의 가지. 〔술가(術家)에서 이 가지를 꺾어다 귀신을 쫓는 데 쓴다고 함.〕

동독(東瀆)圐 사독(四瀆)의 하나. 지금의 낙동강.

동-돌[-똘]圐 ①너무 무거워서 한두 개쯤밖에는 져서 나를 수 없는 큰 버력. ②광석을 캐들어가는 중에 갑자기 만나는 단단한 모암(母岩).

동동¹閑 매우 춥거나 안타까울 때 발을 자꾸 구르는 모양. ¶언 발을 동동 구르다. /사람들이 화장실 앞에서 발을 동동 구르며 줄지어 있다.

동동²閑 작은 물건이 떠서 가볍게 움직이는 모양. ¶종이배가 시냇물을 따라 동동 떠내려간다. ☞둥둥¹. 뎅동실¹.

동ː동(動動)圐 달거리 형식으로 된 13장의 고려 가요. 남녀의 정을 정월부터 섣달까지의 풍물에 담아 노래한 내용.

동ː동-하다(憧憧-)國의 <동동하다>의 어근.

동동-거리다¹재태 자꾸 작은 북 따위를 두드리는 소리가 나다, 또는 그런 소리를 내다. 동동대다¹. ☞둥둥거리다.

동동-거리다²재 춥거나 안타까워 발을 자꾸 구르다. 동동대다². ¶발을 동동거리며 기다리고 있다.

동동-걸음圐 동동거리는 걸음. ¶지각할세라 동동걸음으로 출근했다.

동동-대다¹재태 ☞동동거리다¹.

동동-대다²재 ☞동동거리다².

동동-무(動動舞)圐 고려 시대에, 궁중의 잔치에서 추던 춤의 한 가지.

동동-주(-酒)圐 청주(淸酒)를 떠내지 않아 밥알이 둥둥 떠 있는 채로인 술.

동ː동촉촉(洞洞屬屬)圐하國 공경하고 삼가서 매우 조심스러움.

동ː동-하다(憧憧-)國의 (걱정스러운 일로) 마음이 들떠 있다.

동ː-두민(洞頭民)圐 '한 동네의 어른 되는 사람이나, 식견이 높은 사람'을 일컫는 말.

동ː-두부(凍豆腐)圐 ☞언두부.

동두-철신(銅頭鐵身)[-씬]圐 〔구리 덩이 같은 머리, 쇳덩이 같은 몸이란 뜻에서〕 '성질이 모질고 거만한 사람'을 비유하여 이르는 말. 동두철액.

동두-철액(銅頭鐵額)圐 ☞동두철신.

동ː-등(초等)圐 〔지난날〕 ①사물의 등급을 '춘(春)'·'하(夏)'·'추(秋)'·'동(冬)'의 넷으로 나눈 것의 넷째 등급. ②봄·여름·가을·겨울의 네 번에 나누어 내게 된 세금에서 '겨울에 내는 세금'을 이르던 말.

동등(同等)圐하國 (가치·처지·등급 따위가) 같음. ¶동등한 수준. /자격은 동등하다. /가격을 동등하게 매기다.

동등-권(同等權)[-꿘]圐 서로 똑같이 누릴 수 있는 대등한 권리. 만평등권.

동ː-떨어지다재 거리나 관계가 서로 멀리 떨어지다. ¶마을에서 동떨어져 있는 학교. /현실과 동떨어진 이상.

동떨어진 소리[관용] ①반말도 경어도 아닌 어정쩡한 말투. ②조리에 닿지 않는 소리.

동ː-뜨다[~뜨니·~떠]圐 ①동안이 뜨다. ②다른 것보다 훨씬 뛰어나다. ¶동뜨게 아름답다. ③평상시와 다르다. ¶동뜨게 불안한 모습.

동라(銅鑼)[-나]圐 ☞징¹.

동락(同樂)[-낙]圐하자 (다른 사람과) 함께 즐김. ¶평생을 동락할 친구.

동ː란(動亂)[-난]圐 ☞난리.

동래(東來)[-내]圐하자 동쪽에서 옴.

동량(棟梁·棟樑)[-냥]圐 ①마룻대와 들보. ②<동량지재>의 준말. 영동(楹棟).

동량-재(棟梁材)[-냥-]圐 <동량지재>의 준말.

동량지재(棟梁之材)[-냥-]圐 (한 집안이나 한 나라의) 기둥이 될 만한 인물. ㊁동량·동량재.

동:력(動力)[-녁]圀 ①(전력·수력·풍력 따위로) 기계를 움직이게 하는 힘. ②(어떤 사물을 움직이게 하는) 활동의 근원이 되는 힘. 원동력. ¶조국 근대화의 동력.

동:력^경운기(動力耕耘機)[-녁경-]圀 ☞자동경운기.

동:력-계(動力計)[-녁계/-녁께]圀 원동기에서 발생하거나 전달되는 동력을 측정하는 장치.

동:력-로(動力爐)[-녕노]圀 핵분열 에너지의 열을 동력으로 바꾸어 선박·항공기 등의 엔진에 이용하는 원자로.

동:력^변:질(動力變質)[-녁뼌-]圀 지각 수축(地殼收縮)의 압력으로 암석이 변질하는 일.

동:력-삽(動力-)[-녁쌉]圀 동력을 이용하여 흙 따위를 푸는 삽.

동:력-선(動力線)[-녁썬]圀 공업 동력용 전기를 보내는 배전선. ↔전등선(電燈線).

동:력-원(動力源)[-녀권]圀 동력의 근원이 되는 에너지. 〔수력·원자력·화력 따위.〕

동:력^자원(動力資源)[-녁짜-]圀 (수력·석탄·석유 등) 동력을 일으키는 자원.

동:력-차(動力車)[-녁-]圀 철도 차량의 한 가지. 원동기를 가지고 있어 스스로 움직이는 차량. 〔동차와 기관차로 구분됨.〕

동렬(同列)[-녈]圀 ①같은 줄. ②같은 위치나 수준. ③같은 반열(班列). ③동반(同班).

동:렬(凍裂)[-녈]圀㉿ 얼어서 터지거나 갈라짐. ㉿동파(凍破).

동령(冬嶺)[-녕]圀 겨울의 산마루.

동령(同齡)[-녕]圀 ☞동년(同年).

동령(東嶺)[-녕]圀 동쪽의 재.

동령(動令)[-녕]圀 제식 훈련 따위에서, 일정한 동작을 시작하게 하는 구령의 끝 부분. 〔'열중쉬어'에서 '쉬어'와 같은 부분.〕㉿예령(豫令).

동:로(凍露)[-노]圀 이슬이 얼어붙어서 된 서리의 한 가지.

동록(銅綠)[-녹]圀 구리의 거죽에 슨 푸른 녹. 동청(銅青). ㉿녹(綠).

동뢰(同牢)[-뇌/-눼]圀㉿ 부부가 음식을 같이 먹는 일.

동뢰-연(同牢宴)[-뇌-/-눼-]圀 전통적 혼례에서, 신랑과 신부가 교배(交拜)를 마치고 나서 서로 술잔을 나누는 잔치.

동료(同僚)[-뇨]圀 같은 일자리에 있는 사람.

동료-애(同僚愛)[-뇨-]圀 동료를 아끼고 사랑하는 마음. ¶동료애를 느끼다.

동류(同流)[-뉴]圀 ①같은 유파. ㉿아류(亞流). ②㉿동배(同輩).

동류(同類)[-뉴]圀 ①같은 무리. ②☞동종(同種).

동류(東流)[-뉴]圀㉿ (물이) 동쪽으로 흘러감, 또는 그 흐름.

동류-의식(同類意識)[-뉴의-/-뉴이-]圀 일정한 사회 계층이나 집단 등에 공유되는 의식. 자기가 속하는 계층이나 집단에서 자신과 타인을 동류라 느끼고, 강한 연대감과 친밀감을 갖게 되는 것을 이름.

동류-항(同類項)[-뉴-]圀 다항식에서, 계수(係數)는 다르나 문자와 차수가 같은 두 개 이상의 항. 〔$4x+6-2x$에서 '$4x$'와 '$2x$'를 그 문자에 대한 동류항이라 이름.〕

동:륜(動輪)[-뉸]圀 원동기로부터 직접 동력을 받아 회전함으로써 기관차를 움직이는 바퀴.

동률(同率)[-뉼]圀 같은 율. 같은 비례.

동리(東籬)[-니]圀 ①동쪽 울타리. ②국화를 심은 밭.

동-리(洞里)[-니]圀 ①지방 행정 구역인 동(洞)과 이(里). ②마을.

동:리(凍梨)[-니]圀 〔노인의 피부에 반점(斑點)이 생기는 것이 흡사 '언 배의 껍질' 같다는 데서〕 ①'노인의 피부'를 이르는 말. ②'90세의 노인'을 달리 이르는 말.

동리-군자(東籬君子)[-니-]圀 '국화(菊花)'를 달리 이르는 말.

동-마루(棟-)圀 기와로 쌓아 올린 지붕마루.

동-막이(垌-)圀㉿ 둑을 쌓아서 막는 일. ¶장마 들기 전에 동막이해야지.

동-매(棟-)圀 물건을 가로 묶는 매끼. ㉿장매.

동:맥(動脈)圀 ①심장의 박동에 의하여 밀려 온 혈액을 온몸으로 보내는 혈관. ↔정맥. ②어떤 사물이나 조직에서 '기본 줄기가 되는 계통로(系統路)'를 비유하여 이르는 말. ¶국토의 동맥인 경부선.

동:맥^경화증(動脈硬化症)[-경-쯩]圀 혈관에 주로 콜레스테롤·중성 지방 따위의 지방성 물질이 쌓여 혈관이 좁아지고 탄력성을 잃게 되는 질병.

동:맥-류(動脈瘤)[-맹뉴]圀 동맥의 내강(內腔)이 국소적으로 늘어난 병증.

동:맥-망(動脈網)[-맹-]圀 가는 동맥에서 모세 혈관에 이르는, 그물 모양의 혈관.

동:맥^색전증(動脈性塞栓症)[-썽-쩐쯩]圀 동맥 속을 흐르던 어떤 물질이 혈관을 막음으로써 피의 흐름이 막히는 병.

동:맥^수혈(動脈輸血)[-쑤-]圀 (중증 쇼크에 의한 급속한 수혈이 필요할 때) 정맥 대신에 동맥에 하는 수혈.

동:맥^주:사(動脈注射)[-쭈-]圀 정맥 주사 대신에 동맥에 직접 주사하는 일.

동:맥-혈(動脈血)[-매켤]圀 심장에서 동맥을 통하여 몸의 여러 곳으로 보내지는 혈액. 산소의 함유량이 많고 선홍색을 띰.

동:맥^혈전증(動脈血栓症)[-매켤쩐쯩]圀 심장 또는 상류의 동맥이나 정맥에서 생긴 혈전이 떨어져 나와 혈류를 타고 가서 하류 동맥을 막는 질환.

동맹(同盟)圀㉿ 둘 이상의 개인이나 단체가 동일한 목적을 이루거나 이해를 함께 하기 위하여 공동 행동을 취하기로 하는 맹세.

동맹(東盟)圀 고구려 때, 해마다 시월에 일종의 추수 감사제로 행하던 국가적인 제천 의식. ㉿무천(舞天)·영고(迎鼓).

동맹-가(同盟家)圀 훈록(勳錄)을 같이한 공신(功臣)의 집안.

동맹-국(同盟國)圀 동맹을 맺은 당사국. 맹방(盟邦). 맹약국.

동맹^태업(同盟怠業)圀 쟁의 행위의 한 가지. 근로자가 노동조합과 같은 근로자 단체의 통제 아래 집단적으로 태업을 행함으로써 기업주에 대항하는 일.

동맹^파:업(同盟罷業)圀 노동 쟁의 행위의 한 가지. 근로자가 기업주를 상대로 하여, 일정한 요구 조건을 실현시키기 위한 수단으로, 집단적으로 노동의 제공을 거부하는 일. 동맹 업. ㉿파업. ㉿동맹 해고.

동맹^해:고(同盟解雇)圀 같은 업종의 기업주가 근로자의 요구를 물리칠 목적으로 동맹하여 일제히 많은 근로자를 해고하는 일. ㉿동맹 파업.

동맹^휴교(同盟休校)몡 〔어떤 조건 또는 목적을 달성하기 위하여〕 학생들이 단결하여 수업을 거부하고 등교하지 않는 일. 동맹 휴학. 춘맹휴.

동맹^휴업(同盟休業)몡 ①☞동맹 파업. ②동일한 업종의 영업자들이 가격 인상 따위를 위하여 당국이나 소비자를 상대로 동맹하여 휴업하는 일.

동맹^휴학(同盟休學)몡 ☞동맹 휴교.

동-먹다〔-따〕짜 광맥이 거의 동이 나다.

동-메달(銅medal)몡 ①구리로 만들어 상(賞)으로 주는 메달. ②각종 운동 경기나 기능 대회 같은 데서 3위 입상자에게 주는 구릿빛 메달. 동패(銅牌). 참금메달·은메달.

동:면(冬眠)몡 어떤 동물이 겨울 동안 생활 활동을 멈추고 땅속이나 물속에서 이듬해 봄까지 잠자는 상태에 있는 현상. 겨울잠. ↔하면.

동면(東面)몡 ①동쪽 면. ②하자동쪽을 향함.

동:면^요법(冬眠療法)[-뇨뻡]몡 약물을 사용하여 인공적으로 동면 상태를 만들어 환자를 치료하는 방법.

동명(同名)몡 이름이 같음, 또는 같은 이름. ¶ 이 드라마는 동명의 소설을 극화한 것이다.

동:명(洞名)몡 동네나 동의 이름.

동:-명사(動名詞)몡 영어 따위에서, 동사와 명사의 기능을 함께 지닌 품사. 〔우리말에서 동사의 명사형과 비슷한 꼴.〕

동명-이인(同名異人)몡 이름은 같으나 사람이 다름, 또는 그런 사람.

동명-일기(東溟日記)몡 조선 순조 때 연안 김씨(延安金氏) 의유당(意幽堂)이 쓴 한글 기행문. 〔귀경대(龜景臺)의 일출과 월출의 광경을 묘사한 내용으로, '의유당일기(意幽堂日記)'의 한 부분임.〕

동:-명태(凍明太)몡 겨울에 잡아 얼린 명태. 준동태.

동:-모(冬毛)몡 겨울털. ↔하모(夏毛).

동모(銅鉾)몡 청동기 시대에 고대인이 사용한, 구리로 만든 창 모양의 무기.

동모-매(同母妹)몡 한 어머니에게서 난 누이. 복복누이. 준모매.

동모-제(同母弟)몡 한 어머니에게서 난 아우. 동복아우. 동복동생. 준모제.

동몽(童蒙)몡 아직 장가를 들지 않은 아이.

동몽-선습(童蒙先習)몡 조선 중종 때, 박세무(朴世茂)가 엮은, 서당의 초급 교재. 〔오륜(五倫)의 요점과 총론, 우리나라와 중국의 역사 등을 간략하게 서술한 내용.〕

동무몡 ①벗. 친구. ②어떤 일을 하는 데 서로 짝이 되거나 함께 하는 사람. 동지(同志). ③한 덕대 밑에서 같이 일을 하는 인부.

동무 따라 강남 간다〔속〕 자기는 하고 싶지 않은데 남에게 끌려서 덩달아 같이 행동함을 이르는 말.

동무 사나워 빰 맞는다〔속〕 좋지 않은 동무를 사귀어, 그 동무의 잘못으로 남에게서 추궁받을 때 자기도 같이 욕을 당하게 된다는 말.

동무(東廡)몡 문묘(文廟) 안의 동쪽 행각(行閣). 〔조선 시대에, 여러 유현(儒賢)의 위패를 배향했음.〕 ↔서무(西廡).

동무니몡 윷놀이에서, 한 동에 어우른 말의 수를 나타내는 말. ¶ 두 동무니. /석 동무니. /넉 동무니.

동무-장사명하자 ☞동업(同業).

동무-하다짜여 서로 짝이 되어 행동을 같이하다. ¶ 동무하여 길을 떠나다.

동문(同文)몡 ①글이나 글자가 같음, 또는 같은 글이나 글자. ¶ 이하 동문. ②☞동문전보의 준말.

동문(同門)몡 〈동문생〉의 준말. 동창(同窓). 비동학(同學).

동문(東門)몡 동쪽 문. 동쪽으로 난 문.

동:문(洞門)몡 ①동굴의 입구, 또는 거기에 세운 문. ②동네 어귀. ②동구(洞口).

동문-동궤(同文同軌)몡 〈거동궤서동문(車同軌書同文)〉의 준말.

동문-동종(同文同種)몡 〔서로 다른 두 나라가〕 사용하는 문자가 같고 인종이 같음. 동종동문. ¶ 이웃해 있는 독일과 오스트리아는 동문동종이다.

동문-동학(同門同學)몡하자 ☞동문수학.

동문-생(同門生)몡 한 스승에게서 같이 배운 제자, 또는 같은 학교의 출신자. 준동문.

동문서답(東問西答)몡하자 〔동쪽을 물은데 서쪽을 대답한다는 뜻으로〕 묻는 말에 대하여 아주 딴판인 엉뚱한 대답.

동문-선(東文選)몡 신라에서 조선 숙종 때까지의 시문(詩文)을 정선하여 모아 엮은 선집(選集). 조선 성종 때, 서거정(徐居正) 등이 편찬한 정편 130권과 중종 신용개, 숙종 때 송상기 등이 편찬한 속편 21권이 있음. 154권 45책.

동문-수학(同門修學)몡하자 한 스승 또는 한 학교에서 같이 공부함을 닦고 배움. 동문동학.

동문-전보(同文電報)몡 특수 취급 전보의 한 가지. 발신인이, 같은 착신국 관할인 여러 곳에 같은 글로 보내는 특별한 전보. 준동문.

동문-회(同門會)[-회/-훼]몡 ☞동창회.

동:-물(動物)몡 생물을 크게 둘로 분류한 것의 하나. 길짐승·날짐승·물고기·벌레·사람 따위를 통틀어 이르는 말. ↔식물.

동:물-검:역(動物檢疫)몡 가축의 전염병 예방을 위하여, 수입하는 동물을 공항이나 항구에서 검역하는 일.

동:물-계(動物界)[-계/-께]몡 동물로 분류되는 생물의 세계, 또는 그 범위. ↔식물계.

동:물-공:포(動物恐怖)몡 작은 벌레만 보아도 공연히 무서워하는 일종의 강박 관념. 〔주로, 정신 쇠약, 강박 신경증 따위로 말미암아 일어남.〕

동:물-납(動物蠟)[-랍]몡 동물체나 그 분비물 속에 들어 있는 납. 〔꿀벌의 밀랍(蜜蠟) 따위.〕

동:물-도감(動物圖鑑)몡 여러 종류의 동물을 그림이나 사진으로 나타내고, 이에 설명을 곁들인 책.

동-물림몡하타 가늘고 긴 물건을 이을 때, 서로 맞대고 그 마디에 대는 장식.

동:물-상(動物相)[-쌍]몡 일정한 환경이나 사는 조건에 따라 분류된 전체 동물의 종류. ¶ 한반도의 동물상. /삼림 지대의 동물상. ↔식물상.

동:물-성(動物性)[-썽]몡 ①동물의 본바탕이 되는 성질이나 체질. ②동물체로부터 얻어지는 것. ¶ 동물성 식품. 동물성 염료. ↔식물성.

동:물성^섬유(動物性纖維)[-썽-]몡 동물체에서 얻은 섬유. 주성분은 단백질과 비슷하여, 산성에는 강한 편이나 알칼리성에는 약함. 모(毛)나 견(絹) 따위.

동:물성-유(動物性油)[-썽뉴]몡 동물의 몸에서 짜낸 기름.

동:-물-숭배(動物崇拜)몡 자연 숭배의 한 가지. 원시 종교에서 동물을 신 또는 신의 화신(化身)으로 섬기던 일, 또는 그 신앙.

동:물^시험(動物試驗)똉 생리학·병리학·세균학 등의 연구를 위하여, 인체 대신에 동물을 이용하는 시험. 〔주로, 쥐·토끼·고양이 등 작은 동물을 사용함.〕 동물 실험.

동:물^실험(動物實驗)똉 ①=동물 시험. ②생물 실험의 한 가지. 동물의 기능·형태를 연구할 목적으로, 동물을 사용하여 하는 실험.

동:물-심리학(動物心理學)[-니-]똉 사람 이외의 동물의 행동을 연구 대상으로 하는 심리학. 〔동물 자체의 특성을 대상으로 하는 경우와 일반 심리학의 이론 구명을 위해 동물을 이용하는 경우가 있음.〕

동:물-원(動物園)똉 온갖 동물을 먹여 기르면서 동물을 연구하는 한편, 일반에게 구경시키는 곳.

동:물-적(動物的)[-쩍]관똉 ①살아 움직이며 생활하는 생명체와 같은 (것). ②지각이 없이 본능대로만 행동하는 동물의 본성과 같은 야만스러운 (것). ¶ 동물적 직감. /동물적인 식욕.

동:물^전:기(動物電氣)똉 동물의 몸에서 일어나거나 흐르는 전기. 〔전기가오리 등이 발하는 전기.〕

동:물-질(動物質)[-찔]똉 ①동물체를 이루는 물질. ¶동물질 비료. ②동물성의 식물(食物).

동:물-체(動物體)똉 ①동물의 몸. ②동물의 형태.

동:물-학(動物學)똉 동물의 분류·형태·생리·생태·분포·유전 등을 연구하는 생물학의 한 분야.

동:민(洞民)똉 어떤 동네나 동에 사는 사람.

동-바똉 (지겟다리에 매어 두었다가) 지게에 짐을 얹고 둘러매는 줄.

동-바리똉 ①툇마루나 좌판 밑을 받치는 짧은 기둥. 동자기둥. ⑪=동발. ②구덩이 양쪽에 세워서 버티는 통나무 기둥. ②갱목(坑木).

동바릿-돌[-리돌/-릳똘]똉 동바리를 괸 돌.

동박-새[-쌔]똉 동박샛과의 새. 참새와 비슷한데, 몸빛은 등 쪽이 녹색이고 배는 흰색이며 날개와 꽁지가 녹갈색임. 뚜렷한 백색의 눈 둘레가 특이함. 산기슭이나 잡목림에 삶. 우리나라에서는 제주도·울릉도 등의 섬 지방에 흔한 텃새임. 백안작(白眼雀).

동반(同伴)똉 하자타[되자] ①함께 감. 데리고 함께 옴. ¶아내를 동반하여 모임에 참가하다. ②어떤 현상 따위가 함께 발생하거나 나타남. ¶폭우를 동반한 태풍.

동반(同班)똉 ①서로 같은 반. ②같은 반열(班列). ②동렬(同列).

동반(東班)똉 왕조 때, 문관(文官)의 반열을 이르던 말. ↔서반(西班).

동반(銅盤)똉 구리로 만든 쟁반.

동반(銅礬)똉 명반과 황산동 및 초석을 섞어 만든 부식제 따위로 쓰는 화공 약품. 담녹색 막대 모양의 덩어리임.

동-반구(東半球)똉 경도 0°에서 동쪽으로 경도 180° 선까지 이르는 지구의 반쪽 부분. ↔서반구.

동반-자(同伴者)똉 ①짝이 되어 함께 가는 사람. ¶인생의 동반자. ②(어떤 운동에 직접 참여하지는 않으나) 뜻을 함께하는 사람. ¶동반자 의식. /사상적 동반자. ¶⑪=동조자.

동반자^문학(同伴者文學)똉 동반 작가들의 문학.

동반^작가(同伴作家)[-까]똉 프롤레타리아 혁명 이론은 지지하면서도 그 혁명 운동에는 적극 가담하지 않는 작가.

동-발똉 ①지게의 아랫도리. ②〈동바리〉의 준말.

동발(銅鈸)똉 국악의 금부(金部) 타악기의 한 가지. 양악의 심벌즈와 닮았음. 자바라·제금 따위와 기능이 비슷하며 속악(俗樂) 연주에 쓰임.

동방(同榜)똉 같은 과거에 함께 급제하여 방목(榜目)에 같이 적힘, 또는 그 사람. 동년(同年).

동방(東方)똉 ①동쪽. ②동부 지역. 동쪽 지방. ③=오리엔트. ⑪②↔=서방(西方).

동방(東邦)똉 〔동쪽 나라라는 뜻으로〕 중국에 대하여 '우리나라'를 이르는 말.

동:방(洞房)똉 ①=침실. ②〈동방화촉〉의 준말.

동방^교:회(東方敎會)[-회/-훼]똉 ☞그리스 정교.

동-방구리똉 동이보다 배가 불룩하게 생긴 질그릇의 한 가지.

동방-급제(同榜及第)[-쩨]똉 같은 때에 대과(大科)에 급제함.

동방^내:각(同傍內角)똉 두 직선에 또 하나의 직선이 교차하여 이룬 8개의 각 중에서, 처음 두 직선의 안쪽으로 마주 보는 두 각.

동방^박사(東方博士)[-싸]똉 성서에서, 예수가 탄생했을 때, 동쪽으로부터 별을 보고 찾아와서 아기 예수를 경배하고, 황금·유향·몰약의 세 가지 예물을 바쳤다는 세 명의 점성술가.

동방예의지국(東方禮儀之國)[-녜의-/-녜이-]똉 〔예의를 잘 지키는 동쪽의 나라라는 뜻으로〕 예전에, 중국에서 '우리나라'를 이르던 말.

동방^정:교(東方正敎)똉 ☞그리스 정교.

동:방-화촉(洞房華燭)똉 혼례 후, 신랑이 신부의 방에서 첫날밤을 지내는 의식. ⑩동방.

동배똉 사냥을 할 때, 몰이꾼과 목을 지키는 사람이 그 구실을 갈라 맡는 일.

동배(同輩)똉 나이와 신분이 같거나 비슷한 사이의 사람. 동류(同流). 제배(儕輩).

동백(冬柏)똉 동백나무의 열매.

동백-기름(冬柏-)[-끼-]똉 동백나무의 씨에서 짠 기름. ¶동백기름을 발라 곱게 빗어 내린 머리.

동백-꽃(冬柏-)[-꼳]똉 동백나무의 꽃. ◦동백꽃이[-꼬치]·동백꽃만[-꼰-]

동백-나무(冬柏-)[-빵]똉 차나뭇과의 상록 교목. 따뜻한 지방의 산이나 바닷가에 많이 자라며 관상용으로 심기도 함. 잎은 길둥근데 두껍고 윤이 남. 이른 봄에 가지 끝에 붉은 꽃이 피고, 열매는 늦가을에 붉게 익음. 재배 품종은 꽃 모양이나 빛깔이 다양함. 씨에서 기름을 짬. 다매(茶梅). 산다(山茶).

동벽-토(東壁土)똉 한방에서, 볕에 오래 쬔 동쪽 벽의 흙을 이르는 말. 〔초에 반죽하여 종기에 붙이거나 설사·곽란의 약재로 씀.〕

동:변(童便)똉 한방에서, 열두 살 이하의 사내아이의 오줌을 약재로 이르는 말. 〔두통·학질·해수·종창 등에 쓰임.〕

동병(同病)똉 같은 병.

동:병(動兵)똉 군사를 일으킴.

동병-상련(同病相憐)[-년]똉 〔같은 병의 환자끼리 서로 가엾게 여긴다는 뜻으로〕 어려운 처지에 있는 사람끼리 동정하고 도움. '오월춘추'의 '합려내전(闔閭內傳)'에 나오는 말임.

동보-무선(同報無線)똉 통신사에서, 뉴스를 자국이나 계약된 신문사에 일제히 속보(速報)하는 방법.

동:복(冬服)몡 겨울옷. ↔하복(夏服).

동복(同腹)몡 한 어머니에게서 난 동기. ↔이복(異腹).

동:복(童僕·僮僕)몡 사내아이 종. 동수(童豎).

동복각-선(同伏角線)[-깍썬]몡 ☞등복각선.

동복-누이(同腹-)[-봉-]몡 한 어머니에게서 난 누이. 동모매(同母妹).

동복-동생(同腹-)[-똥-]몡 ☞동모제(同母弟).

동복-아우(同腹-)몡 ☞동모제(同母弟).

동본(同本)몡 같은 본관.

동봉(同封)몡하타 같이 넣어 함께 봉함. ¶사진을 동봉합니다. ↔각봉(各封).

동부몡 ①콩과의 일년생 만초. 아시아 남동부 원산의 재배 식물. 줄기는 다른 물건에 감기며 벋음. 잎은 세 쪽으로 된 겹잎이며, 여름에 나비 모양의 노란 꽃이 핌. 꽃이 진 뒤에 가느란 꼬투리를 맺는데, 열매와 어린 깍지는 먹음. 광저기. ②동부의 열매.

동부(同父)몡 아버지가 같음. 〔한 아버지에게서 태어났으나 어머니가 다른 경우를 이름.〕 ↔이부(異父).

동부(同符)몡하자 ①같은 부호, 또는 부호가 같음. ②〔부절이 서로 들어맞는다는 뜻으로〕 두 가지의 물건이나 일이 희로 잘 맞음. 꼭 맞는 짝을 이름. ¶古聖가 同符흐시니(龍歌1章).

동부(東部)몡 ①어떤 지역에서의 동쪽 부분. ②조선 시대에, 한성을 5부로 나눈 구역 중의 동쪽 지역, 또는 그 지역을 관할하던 관아를 이르던 말.

동부(胴部)몡 몸통. 동(胴). 동체(胴體).

동부(銅斧)몡 구리나 청동으로 만든 도끼. 〔동기 시대, 청동기 시대의 산물임.〕

동부레기몡 뿔이 날 만한 나이의 송아지.

동-부새(東-)[동-]몡 농가에서 '동풍(東風)'을 달리 이르는 말.

동-부인(同夫人)몡하자 아내를 동반함. ¶동부인해서 오세요.

동북(東北)몡 ①동쪽과 북쪽. ②↔북동. ↔서남(西南).

동북-간(東北間)[-깐]몡 동쪽과 북쪽과의 사이.

동-북동(東北東)[-똥]몡 동쪽과 북동쪽의 중간이 되는 방위. 참북북동.

동북-풍(東北風)몡 동북쪽으로부터 불어오는 바람. 북동풍. 염풍(炎風). 조풍(條風).

동-분리(同分利)[-불-]몡하자 동업하는 사람끼리 이익을 똑같이 나눔.

동-분모(同分母)몡 둘 이상의 분수에서 분모가 서로 같음. 비공통 분모. ↔이분모.

동분서주(東奔西走)몡하자 여기저기 분주하게 다님. 동서분주. 동치서주(東馳西走). ¶막내딸 혼사 준비로 동분서주하다.

동분^이:성체(同分異性體)몡 분자식은 같으나 성질이 다른 두 종 또는 그 이상의 화합물. 〔포도당과 과당 따위.〕

동:빙(凍氷)몡하자되자 ☞결빙(結氷).

동:빙-한설(凍氷寒雪)몡 〔얼음이 얼고 찬 눈이 내린다는 뜻으로〕 '매서운 추위'를 이르는 말.

동사(同死)몡하자 같이 죽음. 죽음을 함께함.

동사(同事)몡하자 영업을 같이함. 동업(同業). ¶일가친척과는 동사하는 게 아니다.

동사(東史)몡 〔동쪽 나라의 역사라는 뜻으로〕 중국에서 우리나라 역사를 이르던 말.

동:사(洞祠)몡 마을 공동으로 섬기는 동신(洞神)을 모시기 위해 세운 사당.

동:사(凍死)몡하자 얼어 죽음.

동:사(動詞)몡 사람이나 사물의 움직임이나 작용을 나타내는 말. 문장의 주체가 되는 말의 서술어가 되는 용언의 한 가지. 기능상으로는 본동사, 보조 동사로, 형태상으로는 규칙 동사, 불규칙 동사, 불완전 동사로, 동작의 미침에 따라 자동사·타동사로, 성질의 성질에 따라 주동사·사동사·능동사·피동사로 나뉨. 움직씨. 참용언.

동사(銅絲)몡 구리로 만든 가는 줄. 구리철사.

동사-강목(東史綱目)몡 조선 영조 때, 안정복(安鼎福)이 지은 우리나라 역사책. 기자(箕子)때로부터 고려에 이르기까지의 역사를 교재용으로 저술한 내용. 20권 20책.

동:사-구(動詞句)몡 문장에서 동사처럼 서술어 구실을 하는 구. 〔'그는 매우 빨리 달린다.'에서의 '매우 빨리 달린다' 따위.〕

동:-사무소(洞事務所)몡 행정 구역의 하나인 동의 행정 사무를 맡아보는 곳. 준동.

동산몡 ①마을의 앞이나 뒤에 있는 자그마한 산. ②큰 집의 울안에 풍치로 만들어 놓은 작은 언덕이나 숲.

동:-산(動産)몡 모양이나 성질을 변하지 않게 하여 옮길 수 있는 재물, 곧 토지와 정착물 이외의 모든 유체물(有體物). ↔부동산.

동산(銅山)몡 동광(銅鑛).

동산-바치몡 동산의 꽃이나 나무 따위를 가꾸고 손질하는 것을 업으로 삼는 사람. 원예사.

동-산소(同山所)몡 두 집안의 무덤을 한 땅에 같이 씀. 참독산(獨山).

동:-산^저:당(動産抵當)몡 동산을 채무자가 점유한 채로 저당을 설정하는 일.

동:-산-질(動産質)몡 동산을 담보의 목적물로 하는 질권(質權). ↔부동산질.

동-살[1][-쌀]몡 새벽에 동이 트면서 환히 비치는 햇살.
동살(이) 잡히다관용 동이 터서 흰한 햇살이 비치기 시작하다. ¶동살이 잡힐 무렵.

동-살[2][-쌀]몡 창작 따위의 가로지른 문살. 참장살.

동살-대[-쌀때]몡 문짝 등에 가로 건 문살.

동:삼(冬三)몡 ①겨울. ②〈동삼삭(冬三朔)〉의 준말.

동:삼(童蔘)몡 〈동자삼(童子蔘)〉의 준말.

동:삼-삭(冬三朔)몡 〔삼동(三冬).〕 준동삼.

동상(同上)몡 위에 적힌 사실과 똑같음. 상동.

동:상(凍上)몡 겨울에, 땅속의 수분이 얼어 지표면이 부풀어 오르는 일. ¶동상 현상.

동:상(凍傷)몡 심한 추위로 피부가 얼어서 상하는 일, 또는 그런 상처. ¶동상에 걸리다./동상을 입다.

동상(銅像)몡 구리로 만든 사람의 형상.

동상(銅賞)몡 '금·은·동'으로 상의 등급을 매길 때의 3등상.

동:상(冬上)몡 입동(立冬)이 지난 뒤의 첫 갑자일(甲子日).

동상-례(同床禮)[-녜]몡 혼례가 끝난 뒤 신랑이 신부의 집에서 마을 사람 및 친구들에게 음식을 대접하는 일.

동-상방(東上房)몡 남향한 대청의 왼편에 안방이 있는 집. ↔서상방(西上房).

동상-이몽(同牀異夢)명 〔같은 잠자리에서 다른 꿈을 꾼다는 뜻으로〕 겉으로는 같은 행동을 하면서도 속으로는 각각 딴생각을 함을 이르는 말.

동상-전(東床廛)명 조선 말기까지, 서울 종로의 종각(鐘閣) 뒤에서 재래식 잡화를 팔던 가게.

동색(同色)명 ①같은 빛깔. ②같은 파벌. ¶초록은 동색이다.

동생(同生)명 ①아우와 손아랫누이를 통틀어 일컫는 말. ¶동생을 보다. ②같은 항렬에서 자기보다 나이가 적은 사람.

동생-공사(同生共死)명하자 서로 생사(生死)를 같이함.

동서(同棲)명하자 ①〔서로 다른 종류의 동물이〕 한곳에서 함께 삶. ②법적인 부부가 아닌 남녀가 한집에서 부부의 관계를 맺고 같이 삶. ②동거.

동서(同壻)명 형제의 아내끼리나 자매의 남편끼리의 관계, 또는 그런 관계의 사람끼리 서로를 일컫는 말.

동서(東西)명 ①동쪽과 서쪽. ②동양과 서양. ③('동서 양 진영'이 줄어서 된 말로) 자유 진영과 공산 진영을 이르는 말.
　동서를 모르다관용 영문을 모르다. 앞뒤를 분간할 줄 모르다.

동서-고금(東西古今)명 〔동양과 서양, 옛날과 지금이란 뜻으로〕 인간 사회의 모든 시대 모든 곳. ¶동서고금을 통하여 그 유례를 찾아볼 수 없다.

동서남북(東西南北)명 동쪽과 서쪽과 남쪽과 북쪽, 곧 사방.

동서-분주(東西奔走)명하자 ⇨동분서주.

동서불변(東西不辨)명 동쪽과 서쪽을 분별하지 못할 정도로 아무것도 모름.

동-서양(東西洋)명 동양과 서양. 온 세계.

동서^체제(東西體制)명 공산주의 진영과 자유주의 진영의 사상적 대립 체제.

동석(同席)명하자 ①같은 석차. ②하자 자리를 같이함, 또는 같은 자리. ②일좌(一座).

동:석(凍石)명 아주 질이 고운 활석(滑石)의 한 가지. 회색·백색·담녹색 등 빛이 여러 가지인데, 도장이나 조각 재료로 쓰임. 〔곱돌이나 석필석이 이에 딸림.〕

동:선(冬扇)명 〈동선하로〉의 준말.

동선(同船)명 배를 같이 탐. 동주(同舟).

동선(銅線)명 구리 철선. 구리줄.

동:선(動線)명 〔어떤 일을 할 때〕 몸이 주로 움직이는 거리와 방향을 나타내는 선. ¶동선을 최소화한 부엌.

동:선-하로(冬扇夏爐)명 〔겨울 부채와 여름 화로라는 뜻으로〕 때에 맞지 않아 쓸데없는 사물을 비유하여 이르는 말. ⑥동선.

동섬서홀(東閃西忽)명 〔동에 번쩍하고 서에 얼씬한다는 뜻으로〕 바쁘게 이리 갔다 저리 갔다 함을 이르는 말.

동성(同性)명 ①(남녀·암수의) 같은 성(性). ¶동성 친구. ②같은 성질. ↔이성(異性).

동성(同姓)명 같은 성씨. ↔이성(異姓).

동성-동명(同姓同名)명 같은 성에 이름도 같음. 동성명.

동성-동본(同姓同本)명 성과 본관이 같음.

동-성명(同姓名)명 ⇨동성동명.

동성불혼(同姓不婚)명 같은 부계(父系) 혈족 간의 결혼을 피하는 일.

동성-상응(同聲相應)명 같은 무리끼리 서로 통하여 응함. 동기상구(同氣相求).

동성-아주머니(同姓-)명 '고모(姑母)'를 친하게 일컫는 말.
　동성아주머니 술도 싸야 사 먹지속담 아무리 친분이 두터워도 잇속 없는 관계는 맺지 않는다는 말.

동성-애(同性愛)명 동성끼리 하는 연애. 동성연애.

동성-연애(同性戀愛)[-녀내]명 ⇨동성애. 참레즈비언·호모.

동:세(動勢)명 〔그림이나 조각에서 느껴지는〕 운동감. 생동감.

동소(同素)명 ①같은 소질. ②동소체를 이루는 원소. 〔숯과 금강석의 동소는 탄소임.〕

동소-체(同素體)명 같은 원자로 구성되었으면서 그 구조와 성질이 다른 홑원소 물질. 〔금강석·숯·흑연은 모두 탄소의 동소체이며, 황린·적린은 인(燐)의 동소체임.〕 참홑원소 물질.

동수(同數)명 같은 수효.

동:수(童豎)명 ①동자(童子). ②⇨동복(童僕).

동:숙(同宿)명하자 ①같은 방에서 함께 잠. 반침(伴寢). ②같은 여관이나 호텔 또는 하숙집에서 함께 묵음.

동승(同乘)명하자 〔탈것에〕 함께 탐.

동시(同時)명 ①같은 때. 같은 시간. ¶동시 진행. /동시 상영. ②《주로 '동시에'의 꼴로 쓰이어》 ①아울러. ¶그는 대학교수인 동시에 의사다. ①곧바로 잇달아. ¶도착과 동시에 출발하다.

동시(同視)명하타 ①같은 것으로 봄. 같게 봄. 동일시. ②차별 없이 똑같이 대우함. 한결같이 대우함.

동:시(凍屍)명 얼어 죽은 시체. 강시(僵屍).

동:시(童詩)명 어린이를 위한 시. 동심(童心)의 세계를 표현한 시.

동시^녹음(同時錄音)명 발성 영화 촬영에서, 촬영과 동시에 녹음하는 일.

동-시대(同時代)명 같은 시대. ¶춘원과 육당은 동시대 사람이다.

동시^대:비(同時對比)명 서로 다른 두 양상의 특징이나 특성을 명확히 파악하기 위하여 동시에 대비하는 방법. 〔흔히, 절대적 기준이나 척도의 설정이 불가능한 감정이나 감각을 비교할 때 쓰는 심리학적 방법임.〕

동시^설립(同時設立)명 ⇨단순 설립.

동시-통역(同時通譯)명 외국어로 하는 말을 동시에 통역함.

동:-식물(動植物)[-싱-]명 동물과 식물.

동:신-제(洞神祭)명 마을을 지켜 주는 신에게 동민이 합께 드리는 제사. 동제(洞祭). 당제(堂祭).

동실부 작은 물건이 가볍게 떠 있는 모양. ¶파란 가을 하늘에 구름 한 점이 동실 떠 있다. ⑩둥실¹. **동실-동실**부하자.

동실²부하자 둥글고 토실한 모양. ¶동실한 얼굴을 가진 아이. ⑩둥실². **동실-동실**부하자.

동심(同心)명하자 ①마음을 같이함, 또는 같은 마음. ②몇 개의 도형이 모두 중심을 가지는 일.

동:심(動心)명하자 마음이 움직임.

동:심(童心)명 어린이의 마음, 또는 어린이의 마음처럼 순진한 마음. ¶동심으로 돌아가 마음껏 즐기다.

동심-결(同心結)명 두 고를 내고 맞죄어서 매는 매듭. 〔금폐(錦幣)에 쓰는 실이나 염습(殮襲)의 띠는 매듭 따위.〕

동심-선(同深線)명 ⇨등심선.

동심-원(同心圓)명 중심을 같이하나 반지름이 다른 두 개 이상의 원.

동:아圀 박과의 일년생 만초. 줄기는 굵고 모가 졌으며, 덩굴손으로 다른 것에 기어오름. 잎은 어긋매껴 나고 심장형인데, 여름에 노란 꽃이 핌. 가을에 호박 비슷한 열매가 익음. 열대 아시아 원산으로 각지에서 재배함. 동과(冬瓜).

동아 속 썩는 것은 밭 임자도 모른다[속담] 남이 혼자 속으로만 하는 걱정은 아무리 가깝게 지내는 사람도 알 수 없다는 말.

동:아(冬芽)圀 ☞겨울눈.
동:아(東亞)圀 〈동아시아〉의 준말.
동:아(凍餓)圀 (입을 것과 먹을 것이 없어서) 춥고 배고픔.
동아(筒兒)圀 ☞동개.
동아리圀 ①긴 물건의 한 부분. ¶ 아랫동아리. / 가운뎃동아리. ②(같은 뜻을 가지고) 패를 이룬 무리. ¶ 한 동아리에 끼다. / 사진 동아리에 가입하다.
동:아-섞박지[-석빡찌]圀 동아로 담근 섞박지.
동-아시아(東Asia)圀 아시아의 동부.〔한국·중국·일본 등이 자리잡은 지역.〕 준동아.
동아-줄圀 튼튼하고 굵게 드린 줄.
동안圀 ①(어느 때로부터 어느 때까지의) 시간적 사이. ¶ 잠깐 동안. /외출하고 없는 동안. ②두 사람 사이의 떨어진 촌수나 두 지점 사이의 거리. ¶ 동안이 멀다.

동안(이) 뜨다[관용] ①시간이 꽤 걸리다. ②거리가 좀 멀다. ¶ 마을에서 동안이 뜬 곳에 새 학교를 짓다.

동안(東岸)圀 (강·바다·호수의) 동쪽 기슭. ↔서안(西岸).
동:안(童顔)圀 ①어린이의 얼굴. ②(나이 든 사람의) 어린아이와 같은 얼굴. ¶ 동안이라 아무도 그를 30대로 보지는 않는다.
동:안거(冬安居)圀하ﾞ 중이 음력 시월 열닷새 날부터 석 달 동안 한곳에 모여 참선 수행하는 일. 웹안거·하안거(夏安居).
동:압(動壓)圀 〈동압력〉의 준말. ↔정압(靜壓).
동:-압력(動壓力)[-녕녁]圀 유체(流體)의 운동을 막았을 때 생기는 압력. 준동압.
동액(同額)圀 같은 액수. 같은 금액.
동:야(冬夜)圀 겨울밤.
동:야(東野)圀 ☞툰드라.
동양(同樣)圀 같은 모양.
동양(東洋)圀 동쪽 아시아 일대.〔중국과 인도의 문화권에 속하는 대부분의 아시아 지역.〕↔서양.
동:양(動陽)圀하ﾞ 양기(陽氣)가 동함.
동양-미(東洋美)圀 동양의 특색을 지닌 아름다움.
동양-사(東洋史)圀 동양 여러 나라의 역사. ↔서양사.
동양^음악(東洋音樂)圀 동양의 여러 민족 사이에 전해 내려오는 고유한 양식의 음악.〔우리 나라의 아악(雅樂), 중국의 당악 따위.〕
동양-적(東洋的)관圀 동양의 특색이나 특징을 가진 (것). ¶ 동양적 눈매. ↔서구적.
동양-학(東洋學)圀 동양의 문화, 곧 동양의 언어·문학·역사·풍습·제도·예술 따위를 연구하는 학문.
동양-화(東洋畫)圀 한국·중국·일본 등에서 발달한 독특한 화풍과 화법의 그림.〔주로, 먹을 사용하며, 화선지나 비단에 산수·사군자 등을 제재로 하여 그림.〕↔서양화.
동어(-魚)圀 숭어의 새끼.
동어(鮦魚)圀 ☞가물치.

동어^반:복(同語反覆)圀 잘못된 정의의 한 가지. 정의되는 말을 되풀이하여 정의하는 일.
동업(同業)圀 ①같은 종류의 직업이나 영업. ②하ﾞ 같은 장사를 두 사람 이상이 함께하는 영업, 또는 그렇게 영업함. 동사(同事). 동무장사. ¶ 친구와 동업하다.
동업-자(同業者)[-짜]圀 ①같은 종류의 직업이나 영업에 종사하는 사람. ②함께 사업을 하는 사람.
동:여(動輿)圀하ﾞ 왕세자가 대궐 밖으로 동차함.
동여-매:다탄 ①(줄이나 헝겊 따위로) 감아 묶어 흩어지거나 움직이지 못하게 하다. ¶ 이삿짐을 동여매다. ②마음대로 행동하지 못하게 하다.
동:-역학(動力學)[-녀칵]圀 물체의 운동과 힘의 관계를 연구하는 역학의 한 분야. ↔정역학(靜力學).
동연(同硯)圀하ﾞ ☞동접(同接).
동연(同然) '동연하다'의 어근.
동연-개념(同延概念)圀 ☞둥가 개념.
동연-하다(同然-)형 다름이 없다. 똑같이 그러하다. 동연-히튀.
동:-영상(動映像)[-녕-]圀 컴퓨터 모니터의 화상(畫像)이 텔레비전의 화상처럼 움직이는 영상.
동:온하정(冬溫夏淸)圀하ﾞ 〔추운 겨울에는 따뜻하게, 더운 여름에는 시원하게 해 드린다는 뜻으로〕 '부모를 잘 모시고 섬기어 효도함'을 이르는 말. 준온정(溫淸).
동-옷[-옫]圀 남자가 입는 저고리. 동의(胴衣). 동웃옷[-오시]·동웃만[-온-].
동:-와(童瓦)圀 ☞수키와.
동:-요(動搖)圀하ﾞ되ﾞ ①움직이고 흔들림. ¶ 풍랑에 배가 심하게 동요되었다. ②불안한 상태에 빠짐. ¶ 마음의 동요.
동:요(童謠)圀 어린이들이 즐겨 부르는 노래, 또는 어린이를 위하여 지은 노래. 동가(童歌).
동:용(動容)圀 행동과 차림새.
동우(同憂)圀하ﾞ 근심을 같이함.
동:우(凍雨)圀 ①(겨울에 내리는) 매우 찬 비. ②비가 내릴 때, 빙점하의 한랭층을 지나기 때문에 얼어서 떨어지는 비. 우박 비슷하나 맑고 투명함.
동우-회(同友會)[-회/-훼]圀 일정한 목적 아래 취미와 뜻이 같은 사람끼리 모여서 만든 모임. ¶ 사진 동우회.
동운(形雲)圀 붉은 구름.
동:-원(凍原)圀 ☞툰드라.
동:-원(動員)圀하ﾞ ①전쟁과 같은 비상사태 때, 국력을 효과적으로 발휘하기 위하여 국가가 나라 안의 모든 인적·물적 자원을 통제·운용하는 일. ¶ 전쟁과 동시에 모든 차량은 군사 목적에 동원되었다. ↔복원(復員). ②병력(兵力)의 일부 또는 전부를 전쟁과 같은 사태에 대처할 수 있는 태세로 바꾸는 일. ¶ 예비군 동원 훈련. ③하ﾞ되ﾞ (어떤 일이나 행사를 위하여) 사람이나 물자나 수단 따위를 한데 모으는 일. ¶ 학생을 동원하다.
동:원-령(動員令)[-녕]圀 국가 비상시에, 선포 또는 통지에 의하여 병력이나 군수 물자 따위를 동원하기 위하여 내리는 명령. ¶ 동원령이 선포되다. ↔복원령.
동원-비기(東園祕器)圀 조선 시대에, 왕실에서 쓰던 관(棺).〔장생전(長生殿)에서 만들어 두었다가 필요할 때 썼음.〕
동:-월(冬月)圀 겨울 밤의 달.
동위(同位)圀 ☞등위(等位).

동위-각(同位角)명 두 직선이 다른 한 직선과 만날 때, 각 직선이 같은 쪽에서 그 직선과 이루는 한 쌍의 각. 등위각(等位角).

동위^개념(同位概念)명 동일한 유개념(類概念)에 딸린 종개념(種概念)끼리의 관계. 등급 개념. 병립 개념.

동위^원리(同位原理) [-월-]명 동일률(同一律)이나 모순율(矛盾律)·배중률(排中律)을 통틀어 이르는 말.

동위^원소(同位元素)명 원자 번호는 같으나 질량수가 다른 원소.〔질량수가 1인 수소와 2인 중수소 따위.〕동위체(同位體).

동위-체(同位體)명 ☞동위 원소.

동유(桐油)명 유동(油桐)의 씨에서 짜낸 건성유(乾性油).

동-유(童幼)명 어린이.

동-유럽(東Europe)명 동부 유럽. 유럽의 동부에 있는 여러 국가 지역. 동구(東歐). ↔서유럽.

동유-칠(桐油漆)명 동유에 활석(滑石) 등을 섞어 안료(顔料)를 가해 만든 도료.

동음(同音)명 같은 성음(聲音). 같은 소리. 한 소리.

동음-어(同音語)명 글자의 음은 같으나 뜻이 다른 낱말. 배[腹]·배[船]·배[梨] 따위. 동음이의어.

동음-이의(同音異義) [-의/-이]명 글자의 음은 같으나 뜻이 다름.

동음이의-어(同音異義語) [-의-/-이-]명 ☞동음어.

동음-이자(同音異字)명 발음은 같으나 글자가 다른 것, 또는 그 글자.

동:의(冬衣) [-의/-이]명 겨울옷.

동의(同意) [-의/-이]명 ①같은 뜻. ②같은 의견. ③[하자]제기된 주장, 의견 등에 대하여, 의견을 같이함. ¶아버지의 동의를 구하다. /결혼에 동의하다. ⑪찬성1·찬의.

동의(同義) [-의/-이]명 (말의) 뜻이 같음. 같은 뜻. ↔이의(異義). ⑧동의(同意).

동의(同議) [-의/-이]명 의견이 같은 의논. ↔이의(異議).

동의(胴衣) [-의/-이]명 ①☞동옷. ②조끼.

동:의(動議) [-의/-이]명[하타] 회의 중에 예정된 의안 이외의 의제(議題)를 제의하는 일, 또는 그 의제. ¶동의와 재청.

동의-대(衣襨) [-의-/-이-]명 '저고리'의 궁중말.

동의-보감(東醫寶鑑) [-의-/-이-]명 조선 선조 때, 허준(許浚)이 편찬한 한방(韓方) 의서.

동의-어(同義語·同意語) [-의-/-이-]명 어형(語形)은 다르나 뜻이 같은 말. ↔반의어.

동이(東夷)명 사이(四夷)의 하나. '동쪽 오랑캐'라는 뜻으로, 지난날 중국에서 그들의 동쪽에 사는 이민족을 얕잡아 이르던 말.

-동이(童-)접미 '-둥이'의 잘못.

동이다타 (끈이나 줄 따위로) 감거나 두르거나 하여 묶다. ¶친친 동이다.

동이-연(-鳶)명 머리나 허리에 띠를 두른 연.

동인(同人)명 ①같은 사람. ¶이명(異名) 동인. ②앞서 말한 그 사람. ③뜻이나 취미를 같이하는 사람. ¶시문학 동인. ④〈동인잡지〉의 준말.

동인(同仁)명 친소(親疏)의 차별 없이 평등하게 사랑하는 일.

동인(同寅)명 지난날, 높은 벼슬아치들이 서로 '동료(同僚)'라는 뜻으로 쓰던 말.

동인(東人)명 조선 선조 때, 김효원(金孝元)을 중심으로 형성된 당파의 하나, 또는 그 당파에 속한 사람. ↔서인(西人).

동:인(動因)명 어떤 사물 현상을 일으키거나 변화시키는 원인. ¶폭동의 동인이 된 사건.

동인(銅人)명 침술(鍼術)을 배우는 데 쓰는, 구리로 만든 사람의 형상.

동인(銅印)명 구리로 만든 도장. 동장(銅章).

동:인(瞳人·瞳仁)명 ☞눈부처.

동인-괘(同人卦)명 육십사괘의 하나. 건괘(乾卦)와 이괘(離卦)를 위아래로 놓은 괘. 하늘과 불을 상징함. ⑧동인.

동인-도(銅人圖)명 침술(鍼術)을 배우는 데 쓰는, 경락과 경혈을 보인 사람 몸의 그림.

동인-잡지(同人雜誌) [-찌]명 기업 출판에 의하지 않고, 뜻을 같이하는 문학인끼리 자기네의 작품을 발표하기 위하여 내는 잡지. ⑧동인지.

동인-지(同人誌)명 〈동인잡지〉의 준말.

동:일(冬日)명 겨울날.

동일(同一)명[하엽] ①다른 데가 없이 똑같음. 차이가 없이 똑같음. ¶동일한 문제. /동일한 형태. ②각각의 것이 아니라 하나임. ¶동일 인물.

동일(同日)명 ①같은 날. ¶동일 오전 7시에 출발하다. ②그날. ¶동일 이후.

동일^개념(同一概念)명 내포(內包)와 외연(外延)이 똑같은 개념.

동일-률(同一律)명 하나의 사고 과정 안에서 쓰이는 개념은 동일한 뜻과 내용을 가지고 있어야 한다는 법칙.

동일-설(同一說)명 ☞동일 철학.

동일-성(同一性) [-씽]명 둘 이상의 사물이 서로 구별할 수 없을 만큼 성질이 같은 성.

동일-시(同一視) [-씨]명[하타][되자] ①둘 이상의 대상을 똑같은 것으로 봄. 동시(同視). ¶어른과 어린아이를 동일시하다. ②심리학에서, 남과 자기를 같은 것으로 여기어 욕구를 실현하려고 하는 심리 현상을 이르는 말. ¶영화의 주인공을 자기와 동일시하다.

동일^철학(同一哲學)명 철학에서, 물질과 정신, 주관과 개관은 본질적으로 동일한 것이며, 하나의 절대적 실체가 현상으로서 달리 나타나는 데 불과하다고 주장하는 학설. 동일설.

동일-체(同一體)명 ①같은 몸. ②질이나 형상이 서로 같은 물체.

동:임(洞任)명 동리의 공임에 종사하는 사람.

동자명[하자] 부엌일. 밥 짓는 일.

동:자(童子)명 나이 어린 사내아이. 동수(童豎).

동:자(瞳子)명 눈동자. 동공(瞳孔).

동:자-기둥(童子--)명 들보 위에 세우는 짧은 기둥. 동자주(童子柱). 쪼구미.

동:자-꽃(童子-) [-꼳]명 석죽과의 다년초. 산지에 절로 나는데, 줄기는 꼿꼿이 서고 마디가 뚜렷하며 높이는 40~100 cm. 길둥근 잎은 마주나고 잎꼭지가 없으며, 초여름에 주홍색 다섯잎꽃이 핌. ＊동:자꽃이[-꼬치]·동:자꽃만[-꼰-]

동:자-목(童子木)명 장롱 서랍 따위의 사이를 칸 막아서 짜는 좁은 나무.

동:자-보살(童子菩薩)명 ①'어린 사내아이의 죽은 귀신'을 이르는 무당의 말. ②사람의 양쪽 어깨에 있다는 귀신. ⑧동자부처.

동:자-부처(童子--)명 ☞동자보살.

동:자-부처(瞳子--)명 ☞눈부처.

동:자-삼(童子蔘)명 어린아이 모양으로 생긴 산삼(山蔘). ㈜동삼.

동:자-석(童子石)명 ①동자의 형상으로 만들어서 무덤 앞에 세우는 돌. 동물 난간의 기둥 사이의 죽석(竹石)을 받치는 돌. ②동자주.

동:자-승(童子一)명 ☞동자중.

동자-아치명 부엌일을 맡아 하는 여자 하인. ㈜동자치.

동:자-주(童子柱)명 ①☞동자기둥. ②☞동자석.

동:자-중(童子-)명 나이가 어린 중. 동자승.

동:자-치명 〈동자아치〉의 준말.

동:작(動作)명 ①(무술이나 춤 따위에서) 특정한 형식을 갖는 몸이나 손발의 움직임. ¶ 발차기 동작. ②무슨 일을 하려고 몸을 움직임, 또는 그런 몸놀림. ¶ 기민한 동작. /동작이 빠르다.

동:작-상(動作相)[-쌍]명 문장 안에서, 주체의 동작의 상태를 나타내는 어법상의 표현. 〔'아우가 지금 책을 읽는다.', '아우가 지금 책을 읽고 있다.', '아우가 지금 책을 읽고 있는 중이다.'의 꼴로, 진행과 같은 동작의 상태를 보임.

동:작^전:류(動作電流)[-쩐-]명 생물의 신경이나 근육·감각기·분비선 따위가 활동할 때 흐르는 미약한 전류.

동:잠(動箴)명 사물잠(四勿箴)의 하나. 예가 아니거든 움직이지 말라는 규계(規戒).

동:장(洞長)명 동의 사무를 통할하는 사람.

동장(銅章)명 ①동인(銅印). ②구리로 만든 휘장 따위를 통틀어 이르는 말.

동:-장군(冬將軍)명 〔겨울 장군이라는 뜻으로〕 '겨울의 매운 추위'를 이르는 말.

동재(同齋)명하자 절에서, '부엌일'을 이르는 말.

동재(東齋)명 성균관이나 향교의 명륜당(明倫堂) 앞 동쪽에 있는 집. 〔유생(儒生)들이 거처하며 글을 읽는 곳.〕

동저(東儲)명 임금의 자리를 이을 왕자. 곧, 왕세자(王世子)를 이옷.

동-저고리명 〈동옷〉의 속된 말.

동:-적(動的)[-쩍]관념 ①움직이고 있는 (것). ¶ 동적 상태. ②약동하고 있는 (것). ¶ 동적인 묘사. ↔정적(靜的).

동전(銅錢)명 구리나 구리의 합금으로 만든 주화(鑄貨)를 두루 이르는 말. 〔백통전·적동전 따위.〕 동화(銅貨).

동:-전기(動電氣)명 회로를 따라 유동하고 있는 전기. ↔정전기.

동:-전력(動電力)[-녁-]명 ☞기전력. 전동력.

동:-절(冬節)명 겨울철. 동계. 동기(冬期).

동점(同點)[-쩜]명 같은 점수. 같은 득점. ¶ 동점을 받다. /동점 타(打)를 치다.

동점(東漸)명하자 (어떤 것의 세력이나 영향 따위가) 차차 동쪽으로 옮아감. ¶ 서양 문화의 동점. ↔서점(西漸).

동점(東點)[-쩜]명 지평선과 자오선이 만나는 북점에서 동쪽으로 90° 되는 점.

동점(銅店)명 ☞동광(銅鑛).

동접(同接)명 같은 곳에서 함께 공부함, 또는 함께 공부한 동무. 동연(同硯).

동정명 한복에서, 저고리 깃 위에 조붓하게 덧대는 흰 헝겊 오리.

동정 못 다는 며느리 맹물 발라 머리 빗는다 [속담] 일솜씨는 없는 주제에 겉치레만 꾸미려 함을 비꼬아 이르는 말.

동정(同定)명하자 생물의 분류학상의 소속을 정하는 일.

동정(同情)명하자타 남의 불행이나 슬픔 따위를 자기 일처럼 생각하여 가슴 아파하고 위로함. ¶ 따뜻한 동정의 손길. /남의 동정을 사다. /동정을 베풀다.

동정(東征)명하자 동방(東方)을 정벌함.

동:정(動靜)명하자 (어떤 행동이나 상황 등이) 전개되거나 변화되어 가는 낌새나 상태. ¶ 적국의 동정. /적의 동정을 살피다. ㈜동태·동향.

동정(童貞)명 ①이성과 아직 성적 관계를 가진 일이 없는 사람, 또는 그러한 상태. ②가톨릭에서, '수도자'를 이르는 말. ③☞동정남.

동정-금(同情金)명 남의 딱한 형편을 돕는 뜻으로 주는 돈.

동:정-남(童貞男)명 동정인 남자. 동정. ㈜동남. ↔동정녀.

동:정-녀(童貞女)명 ①동정인 여자. ㈜동녀. ↔동정남. ②기독교에서, '성모 마리아'를 이르는 말.

동:정^생식(童貞生殖)명 인공적인 단성(單性) 생식의 한 가지. 핵을 제거한 난세포에 정자를 넣어 발생시킴.

동정서벌(東征西伐)명하자 여러 나라를 이리저리 정벌함. ¶ 대장인(大將印)을 요하(腰下)에 빗기 들고 동정서벌하여, 국가에 대공을 세우고…(許筠.洪吉童傳)

동:정-설(童貞說)명 성모 마리아가 동정녀의 몸으로 성령(聖靈)의 감응을 받아 잉태하여 예수를 낳았다는 설.

동정-심(同情心)명 남의 불행이나 슬픔 따위를 자기 일처럼 생각하여 가슴 아파하고 위로하는 마음. ¶ 동정심을 불러일으키다.

동정^파:업(同情罷業)명 동맹 파업을 하고 있는 노동자를 돕고 지원하기 위하여 다른 직장의 근로자가 행하는 동맹 파업.

동:-제(洞祭)명 ☞동신제.

동제(銅製)명 구리로 만듦, 또는 그 물건.

동-제품(銅製品)명 구리로 만든 물건.

동조(同祖)명 같은 조상.

동조(同調)명 ①음악에서, 같은 조성(調性). ②시(詩)에서, 같은 음조나 같은 율격. ③하자 남의 의견이나 주장 따위에 찬동하여 따름. 보조를 같이함. ¶ 동조를 구하는 눈빛을 보내다. /상대편의 의견에 동조하다. ④라디오 따위의 수신 장치가 특정한 주파수의 전파와 공진(共振)하도록 조절함.

동조(東朝)명 왕조 때, 정치에 관여하게 된 태후(太后)가 정사를 보던 곳.

동조-기(同調器)명 텔레비전 수상기나 라디오 수신기 따위에서, 목적하는 주파수를 맞출 때 쓰도록 된 장치. 튜너.

동조^바리콘(同調 varicon)명 라디오 수신기 등의 동조 회로에 쓰이는 바리콘.

동조-자(同調者)명 어떤 의견이나 주장 따위에 찬동하여 뜻과 행동을 함께하는 사람. ㈜동반자.

동조^회로(同調回路)[-회-/-훼-]명 외부의 전기적 진동과 같은 고유 진동수를 가지고, 이것과 공진(共振)하는 전기 회로. 공진 회로.

동족(同族)명 ①같은 겨레붙이. ↔이족(異族). ②☞동종(同宗).

동:족-방뇨(凍足放尿)[-빵-]명 〔언 발에 오줌 누기라는 뜻으로〕 '한때 도움이 될 뿐 곧 효력이 없어져 더 나쁘게 되는 일'을 이르는 말.

동족-상잔(同族相殘)[-쌍-]**명**[하자] 같은 겨레끼리 서로 싸우고 죽이는 일. 민족상잔. ¶6·25 전쟁은 동족상잔의 비극이었다. 비동족상쟁.

동족-상쟁(同族相爭)[-쌍-]**명**[하자] 같은 겨레끼리 서로 싸움. 비동족상잔.

동족-애(同族愛)**명** (동족에 대한) 동족으로서의 사랑. 동족끼리의 사랑.

동족-체(同族體)**명** 동족 계열에 딸린 유기 화합물.

동존(同存)**명**[하자] 함께 생존함. 함께 있음. 공존(共存).

동종(同宗)**명** ①같은 종파(宗派). ②동성동본인 사람. 동족(同族).

동종(同種)**명** 같은 종류. 동류(同類). ¶동종 업종에 종사하다.

동종(銅鐘)**명** 구리로 만든 종. 구리종.

동종-동문(同種同文)**명** ☞동문동종.

동좌(同坐)**명**[하자] 자리를 같이하여 앉음.

동주(同舟)**명**[하자] 한 배에 같이 탐. 동선(同船).

동주-상구(同舟相救)**명** [한 배를 탄 사람은 배가 전복될 때 서로 힘을 모아 구조한다는 뜻으로] '이해를 함께하는 사람은 서로 돕게 됨'을 비유하여 이르는 말.

동줄[-쭐]**명** 물레의 둥근 테를 얽어매는 줄.

동-줄기[-쭐-]**명** 말이나 소의 등에 실은 짐 위에 걸어 배에 둘러서 졸라매는 줄.

동:중(洞中)**명** ☞동내(洞內).

동중-원소(同重元素)**명** 질량수는 같으나 원자 번호가 다른 원소. 동중체.

동중-체(同重體)**명** ☞동중원소.

동지(冬至)**명** ①이십사절기의 하나. 대설(大雪)과 소한(小寒) 사이로, 12월 22일경임. 북반구에서는 연중 밤이 가장 긴 날. 이 무렵이 한 해 중에서 밤이 가장 길다고 함. 남지(南至). ↔하지(夏至). ②[아세(亞歲). ②〈동짓달〉의 준말.

동지(同志)**명** 뜻을 같이하는 일, 또는 그런 사람. 동무. ¶동지를 규합하다.

동:지(動止)**명** ①움직이는 일과 멈추는 일. ②[행동거지. 거동. ¶때와 곳을 가려서 동지가 분명해야 한다.

동지-사(冬至使)**명** 조선 시대에, 해마다 동짓달에 중국으로 보내던 사신.

동지-상사(冬至上使)**명** 동지사의 우두머리.

동지-선(冬至線)**명** '남회귀선'을 달리 이르는 말.

동지-섣달(冬至-)[-딸]**명** ①동짓달과 섣달을 아울러 이르는 말. ¶동지섣달 지나가고 한 해가 다 가는구나. ②한겨울.

동지^시식(冬至時食)**명** ☞동지 팥죽.

동지-점(冬至點)[-쩜]**명** 황도 위에서 춘분점의 서쪽 90°되는 점. 태양이 이 점을 지날 때가 동지임. [참]하지점.

동지^팥죽(冬至-粥)[-팓쭉]**명** 동짓날 쑤는 팥죽. 액운을 막는다는 민속적 시식(時食). 새알심을 넣어 쑤는데, 새해를 맞아 먹게 되는 나이만큼의 개수를 먹음. 동지 시식.

동진(東進)**명**[하자] 동쪽으로 나아감.

동:진(童眞)**명** 〔불교에서〕 ①'여려서 출가한 중'을 이르는 말. ②'사미'를 달리 이르는 말.

동질(同質)**명** 같은 본질, 또는 같은 성질. ¶동질의 사건. /이름은 달라도 동질의 물건이다. ↔이질(異質).

동질^다상(同質多像)**명** ☞동질 이상.

동질-성(同質性)[-썽]**명** 사람이나 사물의 바탕

이 같은 성질이나 특성. ¶동질성을 회복하다. ↔이질성(異質性).

동질^이:상(同質異像)**명** 화학 조성이 같으면서 결정형과 물리적 성질을 달리하는 것. [다이아몬드와 흑연, 방해석과 아라고나이트, 예추석과 금홍석 따위.] 동질 다상.

동짓-날(冬至-)[-진-]**명** 동지가 되는 날.

동짓-달(冬至-)[-지딸/-짇딸]**명** 음력 십일월. 음력으로 한 해의 열한째의 달. [준]동지. [참]월(至月)·창월(暢月).

동-쪽(東-)**명** 해가 떠오르는 쪽. 동방. ↔서쪽.

동차(同次)**명** 다항식에서, 각 항의 차수(次數)가 어떤 문자에 대하여 같은 일.

동:차(動車)**명** 〈기동차(汽動車)〉의 준말.

동:차(童車)**명** ☞유모차(乳母車).

동차-식(同次式)**명** 모든 항의 차수(次數)가 같은 다항식.

동참(同參)**명** ①[하자]함께 참여하거나 참가함. ¶민주화 대열에 동참하다. ②중과 신도가 한 법회에서 함께 정업(淨業)을 닦음.

동창(同窓)**명** ①같은 학교나 같은 스승 밑에서 공부한 관계. 동문(同門). 비동학(同學). ②〈동창생〉의 준말. ¶대학교 동기 동창.

동창(東窓)**명** 동쪽으로 난 창. ↔서창.

동:창(凍瘡)**명** 동상(凍傷)의 한 가지. 추위로 말미암아 살가죽이 얼어서 생기는 헌데.

동창-생(同窓生)**명** 같은 학교를 졸업한 사람. ¶동기 동창생. /재경(在京) 동창생. [준]동창.

동창-회(同窓會)[-회/-훼]**명** 동창생들의 모임. 교우회. 동문회(同門會).

동처(同處)**명** ①같은 곳. ②[하자]같은 곳에서 삶. 함께 거처함.

동천(冬天)**명** ①겨울 하늘. ②겨울날.

동천(東天)**명** 동쪽 하늘. 새벽녘의 동쪽 하늘.

동천(東遷)**명**[하자] 왕도(王都) 따위가 그때까지 있던 곳에서 동쪽으로 옮김.

동:천(洞天)**명** 산과 내가 둘려 있어 경치가 좋은 곳. 동학(洞壑).

동:천(動天)**명**[하자] ①(세력이 매우 성하여) 하늘을 움직임. ¶동천 경지(驚地). ②하늘을 감동시킴.

동:천지감귀신(動天地感鬼神)〔천지를 움직이고 귀신을 감동시킨다는 뜻으로〕'시문(詩文)을 썩 잘 지음'을 비유하여 이르는 말.

동:철(冬鐵)**명** 겨울에, 미끄러지지 않도록 나막신이나 말편자에 박는 대갈못.

동철(銅鐵)**명** 구리와 쇠.

동:첩(童妾)**명** ①나이가 어린 첩. ②동기(童妓) 출신의 첩.

동:청(-靑)**명** 동양화의 채색 기법의 한 가지. 겹게 찍은 점이나 칠한 곳에 진한 녹색을 덧입혀 칠하되, 녹색 둘레에 검은 테가 남게 눌러 찍는 채색.

동:청(冬靑)**명** ☞사철나무.

동청(銅靑)**명** ☞녹청(綠靑).

동체(同體)**명** ①같은 물체. ②(둘 또는 그 이상이 합치어 된) 한 몸. ¶남녀노소 모두가 동체가 되어 한국 팀을 응원한다.

동체(胴體)**명** ①몸통. 동부(胴部). ②항공기의 날개와 꼬리를 제외한 중심 부분.

동:체(動體)**명** ①움직이는 것. 운동하고 있는 물체. ②[유체.

동:초(動哨)**명** 군대에서, 일정한 구역을 왔다갔다 하면서 순찰하는 보초. ¶동초를 서다. ↔부동초·입초.

동촉(銅鏃)圈 (청동기 시대에 사용한) 구리로 만든 화살촉.

동추서대(東推西貸)圈하자 이곳저곳 여러 곳에서 빚을 짐. 동취서대.

동충하초(冬蟲夏草)圈 (겨울에는 벌레이던 것이 여름에는 풀이 된다는 뜻으로) 동충하초과의 버섯을 통틀어 이르는 말. 거미·매미 따위의 곤충의 시체에 기생하여 자실체(子實體)를 냄.

동취(銅臭)圈〔돈전에서 풍기는 냄새라는 뜻으로〕'재물을 자랑하거나 돈으로 출세한 사람'을 조롱하여 이르는 말.

동취서대(東取西貸)圈하자 ☞동추서대.

동치(同値)圈 ①같은 값, 또는 같은 수치. ②두 개의 방정식이 같은 근을 가지고 있는 일. 동가(同價). 등가(等價). 등치(等値).

동치(同齒)圈 같은 연령.

동치다 囘 휩싸서 동이다. ¶상처를 랍박대로 동쳐서 지혈하다.

동:치미圈 김치의 한 가지. 통째 또는 크게 썬 무를 잠간 절이고, 국물을 흥건하게 하여 심심하게 익힌 김치.

동:치밋-국[-미꾹/-믿꾹]圈 동치미의 국물.

동치서주(東馳西走)圈하자 ☞동분서주. ¶운회 준비로 동치서주하다.

동-침(-鍼)圈 가늘고 긴 침의 한 가지. 침을 줄때에 깊이 찌르는 데 쓰임.

동침(同寢)圈하자 (남녀가) 잠자리를 같이함. 동금(同衾).

동탁(童濯)'동탁하다'의 어근.

동:탁-하다(童濯-)[-타카-]혱여 ①산에 나무나 풀이 없다. ②씻은 듯이 아주 깨끗하다.

동탕(動蕩)'동탕하다'의 어근.

동:탕-하다(動蕩-)혱여 얼굴이 토실토실하고 잘생기다.

동:태(凍太)圈 ☞동명태(凍明太)〉의 준말.

동:태(動胎)圈 한방에서, 태아가 놀라 움직여서 배와 허리가 아프고 낙태될 염려가 있는 증세를 이르는 말. 태동.

동:태(動態)圈 (사물이) 움직이는 상태. 변하여 가는 상태. ¶적의 동태를 살피다. /산업 인구의 동태를 파악하다. 圓동정·동향. ↔정태(靜態).

동:태-눈(凍太-)圈 생기 없이 흐릿한, 사람의 눈을 속되게 이르는 말.

동:태^집단(動態集團)[-딴-]圈 일정 기간 내에 발생하는 사물의 시간적 연속 상태를 내용으로 하는 통계 집단.

동:태^통:계(動態統計)[-게/-게]圈 일정 기간 내의 시간적 경과에 따른 사상(事象)의 발생 상태에 관한 통계. 인구의 증감에 관한 통계 따위. ↔정태 통계.

동:탯-국(凍太-)[-태꾹/-땐꾹]圈 무로 맑은장국을 끓이다가 동태를 넣고 끓인 국.

동토(東土)圈 ①동쪽의 땅, 또는 동쪽의 나라. ②우리나라를 중국에 상대하여 이르는 말.

동:토(凍土)圈 언 땅.

동:토-대(凍土帶)圈 ☞툰드라.

동-톱圈〈동가리톱〉의 준말.

동:통(疼痛)圈 신경의 자극으로, 몸이 쑤시고 아픈 증상. ¶허리에 동통을 느끼다.

동트-기(東-)圈 날이 새어 동쪽 하늘이 밝아올 때. 동틀 녘. 새벽녘.

동-트다(東-)[~트니·~터]囘 (새벽이 되어) 동쪽 하늘이 밝아지다.

동틀-돌圈 돌다리의 청판돌을 받드는 귀틀 돌.

동:티(←動土)圈 ①흙이나 나무·돌 따위를 잘못 건드려 지신의 노여움을 사서 받는 재앙. ¶산소 동티. ②건드리지 말아야 할 것을 잘못 건드려서 생긴 걱정이나 불행. ¶동티가 나다. / 동티를 내다.

동파(冬-)圈 '움파'의 잘못.

동:파(凍破)圈하자 되자 얼어서 터짐. ¶수도의 파이프가 동파하다. 圓동렬(凍裂).

동판(-板)圈 광산에서, 방아확 앞에 비스듬히 깔아 놓은 널빤지. 복대기를 따로 모으는 구실을 함.

동판(銅版)圈 인쇄판의 한 가지. 평평한 구리 조각에 그림이나 글씨 따위를 새긴 인쇄 원판.

동판-화(銅版畫)圈 동판에 새긴 그림, 또는 동판으로 인쇄한 그림.

동패(銅牌)圈 구리로 만든 상패. 동메달.

동패서상(東敗西喪)圈하자 이르는 곳마다 패망하거나 실패함.

동편(東便)圈 동쪽. 동쪽 편. ↔서편(西便).

동:-편사(洞便射)圈하자 ☞골편사.

동편-제(東便制)圈 판소리 유파의 한 가지. 운봉·구례·순창 등 전라도 동북 지역에 전승되는 소리제. 우조(羽調)를 많이 쓰고 발성이 무거우며, 소리의 꼬리를 짧게 하는데 굵고 웅장한 시김새가 특징임. 圐서편제·중고제.

동포(同胞)圈〔같은 어머니에게서 태어난 '형제 자매'의 뜻으로〕한 겨레. 같은 민족. ¶해외 동포. /애국 동포 여러분.

동포-애(同胞愛)圈 동포를 서로 아끼고 사랑하는 마음. ¶동포애를 발휘하다.

동표서랑(東漂西浪)圈 정처 없이 이리저리 떠돌아다님.

동품(同品)圈 ①같은 품계(品階). ②같은 물품.

동풍(東風)圈 동쪽에서 불어오는 바람. 곡풍. 圐동부새·샛바람.

동:풍(動風)圈 한방에서, 병으로 온몸 또는 어느 한 부분에 경련이 일어나는 증세를 이르는 말.

동풍-삭임(東風-)圈 동풍이 불다가 사라진 뒤. ¶동풍삭임에 돌아온 제비.

동풍-신연(東風新燕)圈 봄바람을 따라 새로 날아오는 제비. ¶處處淸堅(처처구학)에 흐터 있던 老鸁(노리)드리 동풍신연가치 舊巢(구소)을 차자오니(朴仁老.太平詞).

동:-하다(動-)囘자 ①움직이다, 특히 마음이 흔들리다. ¶마음이 동하다. ②어떤 욕구나 감정이 일어나다. ¶식욕이 동하다.

동:-하중(動荷重)圈 운동체가 구조물에 주는 힘. 다리를 통과하는 탈것 등의 중량 따위.

동학(同學)圈하자 같은 학교나 같은 스승 밑에서 공부함, 또는 그런 사람. 圓동문(同門)·동창(同窓).

동학(東學)圈 ①조선 말기, 최제우(崔濟愚)가 창도한 민족 종교. 유교·불교·도교를 절충한 것을 종지(宗旨)로 삼았음. 천도교. ②조선 시대, 서울 동부에 둔 사학(四學)의 하나.

동:-학(洞壑)圈 ☞동천(洞天).

동학-교(東學敎)[-꾜]圈 ☞천도교(天道敎).

동학-군(東學軍)圈 동학당의 군사. 전봉준(全琫準)이 조직하여 관군과 싸운 군대로서, 대부분은 농민이었음.

동학^농민^운동(東學農民運動)[-항-]圈 조선 고종 31(1894)년에 동학 교도가 주동이 되어 일으킨 농민 운동. 청·일 두 나라의 군대가 들어와 청·일 전쟁의 발단이 되었음.

동학-당(東學黨)[-땅]몡 1860년 최제우(崔濟愚)가 창도한, 동학을 신봉하고 서학(西學)을 배척한 집단.

동학-란(東學亂)[-항난]몡 '동학 농민 운동'의 구용어.

동:한(冬寒)몡 겨울 추위.

동:한(凍寒)몡 얼어붙을 정도의 심한 추위.

동항(同行)몡 같은 항렬(行列).

동:항(凍港)몡 겨울에, 바닷물이 얼어서 선박이 드나들지 못하는 항구. ↔부동항.

동해(東海)몡 동쪽 바다.

동:해(凍害)몡 식물, 특히 농작물 따위가 추위로 입게 되는 피해. ¶농작물이 동해를 입다.

동:해(童孩)몡 어린아이.

동해-안(東海岸)몡 ①육지의 동쪽에 있는 해안. ②우리나라 동해의 연안.

동행(同行)¹몡 ①〔두 사람 이상이〕길을 같이 감, 또는 같이 가는 그 사람. 동도(同道). ¶학교까지 동행하다. /동행할 사람을 찾다. ②허재부역에 함께 나감. 반행(伴行). ③신앙이나 수행을 같이하는 사람.

동행(同行)²몡 문장에서, 줄(행)이 같음, 또는 그 같은 줄(행).

동행-자(同行者)몡 ①길을 같이 가는 사람. ②불도(佛道)의 수행을 같이하는 사람.

동행-중(同行衆)몡 같은 종파의 사람들, 또는 같은 종파의 신도들.

동향(同鄕)몡 같은 고향. 한 고향.

동향(東向)몡하재 ①동쪽을 향함. ②동쪽 방향.

동:향(動向)몡 사람의 마음이나 어떤 사물의 정세·상태 따위의 움직임, 또는 그것들이 움직여 가는 방향. ¶경기(景氣)의 동향. /여론의 동향을 살피다. 囲동정·동태.

동향-집(東向-)[-찝]몡 동쪽을 향하여 자리잡은 집. 函남향집.

동향-판(東向-)몡 (집터나 묏자리 따위가) 동쪽을 향하여 있는 터전.

동헌(東軒)몡 왕조 때, 지방 관아에서 감사(監司)·병사(兵使)·수사(水使)·수령(守令) 등이 공사(公事)를 처리하던 집.

동헌에서 원님 칭찬한다〔속담〕겉치레로 입에 발린 칭찬을 함을 이르는 말.

동혈(洞穴)몡 같은 구멍. 같은 구덩이. ②부부가 죽은 뒤 한 구덩이에 묻히는 일.

동:혈(洞穴)몡 깊고 넓은 굴. 동굴.

동:혈(動血)몡하재 희로애락의 감정이 얼굴에 뚜렷이 드러남.

동-협문(東夾門)[-혐-]몡 지난날, 궁궐이나 관청 따위의 동문(東門)을 이르던 말. 函서협문(西夾門).

동형(同形)몡 같은 모양. 같은 형태.

동형(同型)몡 같은 틀. 같은 모양.

동형^배:우자(同型配偶子)몡 유성 생식을 하는 생물의 두 배우자의 크기나 모양이 서로 같은 것. ↔이형 배우자.

동호(同好)몡하재 취미나 기호를 같이하는 일. 〈동호인〉의 준말.

동호-인(同好人)몡 취미나 기호를 같이하는 사람. 동호자. 函동호.

동호-자(同好者)몡 ⇨동호인.

동호-회(同好會)[-회/-훼]몡 취미나 기호를 같이하는 사람끼리의 모임. ¶낚시 동호회.

동혼-식(銅婚式)몡 결혼 기념식의 한 가지. 서양 풍속으로, 결혼 15주년을 맞아 부부가 구리로 된 선물을 주고받으며 기념함. 函석혼식.

동화(同化)몡 ①하재되□ 본디 질이 다른 것이 감화되어 같게 됨, 또는 본디 질이 다른 것을 감화시켜 같게 함. ¶원주민과 동화하다. /□외화(異化). ②밖에서 얻은 지식 따위를 자기의 것으로 만듦. ③생물이 외부로부터 섭취한 물질을 자기의 몸을 구성하는 성분과 같은 것으로 변화시키는 현상. ④음운이 서로 이어질 때, 어느 한쪽이나 양쪽이 영향을 받아 비슷하거나 같은 소리로 바뀌는 현상.

동화(同和)몡하재 하나로 화합함.

동:화(動畫)몡 □애니메이션.

동:화(童畫)몡 ①어린이가 그린 그림. ②어린이를 위하여 환상적인 분위기를 나타내어 그린 그림.

동:화(童話)몡 어린이에게 들려주거나 읽히기 위하여 지은 이야기.

동화(銅貨)몡 □동전(銅錢).

동화-교(東華敎)몡 증산(甑山) 강일순(姜一淳)을 교조로 하는 흠치교 계통의 한 종파.

동:화-극(童話劇)몡 어린이를 위한 연극의 한 가지. 동화를 소재로 하여 꾸민 연극.

동화-력(同化力)몡 동화시키는 힘.

동화^작용(同化作用)몡 ①동화하는 작용. ②〈탄소동화 작용〉의 준말.

동화^전:분(同化澱粉)몡 탄소 동화 작용으로 엽록체 내에 생긴 녹말. 函저장 전분.

동화^정책(同化政策)몡 식민지를 가진 나라가 식민지 원주민의 언어·문화·생활양식 등을 말살하고 자기네 것을 강요해서 동화(同化)시키려고 하는 정책.

동화^조직(同化組織)몡 세포 속에 많은 엽록체를 가지고 있어 오로지 탄소 동화 작용만을 하는 조직.

동-화책(童話冊)몡 동화(童話)가 실린 책.

동-활자(銅活字)[-짜]몡 구리로 만든 활자.

동-활차(動滑車)몡 축이 고정되지 않고 움직이는 도르래. 움직도르래. ↔정활차(定滑車).

동화몡 (횃불을 켜는) 큰 홰.

동:회(洞會)[-회/-훼]몡 '동사무소'의 이전 일컬음.

동:회(動蛔)[-회/-훼]몡하재 회(蛔)가 동함.

동:휴(冬休)몡 겨울철의 정기 휴가.

동힘(옛)돼지. 분. ¶동힐 분: 豕(類合上27).

돛[돋]몡 바람을 받아 배를 가게 하기 위하여, 돛대에 높게 펼쳐 매단 넓은 천. ¶흰 돛. /돛을 단다. /돛을 올리다. ✽돛이[도치]·돛만[돈-]

돛단-배[돋딴-]몡 돛을 단 배. 돛배. 범선.

돛-대[돋때]몡 돛단배에서, 돛을 다는 높은 기둥. 범장(帆檣). 장간(檣竿).

돛-배[돋빼]몡 돛을 단 배. 돛단배.

돛-양태[돋냥-]몡 돛양탯과의 바닷물고기. 몸 길이 18 cm가량. 몸은 가늘고, 주둥이에는 반으로 꺾여 위로 향한 가시가 두 개 있음. 몸빛은 회색으로 많은 흑색 점과 백색 점이 있음. 우리나라의 남부 연해와 일본 중부 이남에 분포함.

돝[돋](옛)돼지. ¶玄武門 두 도티 호 사래 마즈니(龍歌33章). 函돋.

다르르-[부]하재 물 따위가 좁은 목으로 빠르게 쏟아지는 소리. 젠따르르.

달달-[부]하재 먹은 것이 잘 삭지 아니하여 배가 끓는 소리. 젠딸딸.

돼:[준]'되어'가 줄어든 말. ¶그만하면 돼. /그렇게 하면 안 돼.

돼:-먹다[-따]㊍〈되다1〉의 속된 말.

  돼먹지 않다〔못하다〕㉄ 말이나 행동이 예의나 이치에 어긋난 데가 있다. ¶ 이 돼먹지 못한 놈.

돼:지㊅ ①멧돼짓과의 포유동물. 멧돼지를 개량한 육용 가축. 몸무게 200~250kg. 다리와 꼬리가 짧고 뻐죽함. 잡식성으로 한 배에 8~15마리의 새끼를 낳음. ②'욕심이 많거나 많이 먹는 사람'을 비유하여 이르는 말. ③'뚱뚱한 사람'을 농으로 이르는 말. ④윷놀이에서, '도'의 곁말.

  돼지가 깃을 물어 들이면 비가 온다㉄ '미련한 사람의 직감이 맞아떨어짐'을 비유하여 이르는 말.

  돼지에 진주(목걸이)㉄ '아무 소용없거나 격에 맞지 않음'을 비유하여 이르는 말.

  돼지 왼 발톱㉄ 보통 때와는 다른 짓을 하거나 남과는 다른 길을 한다는 뜻.

  돼지 멱따는 소리㉄ 〔돼지를 잡을 때 나는 비명 소리처럼〕 듣기에 괴로울 정도로 시끄러운 소리라는 뜻.

돼:지-감자㊅ ⇨뚱딴지2.

돼:지-고기㊅ 돼지의 고기.

돼:지-기름㊅ ①돼지의 지방에서 짠 반고체의 기름. 식용유인 라드나 비누의 원료 따위로 쓰임. 돈지(豚脂). ②⇨돼지비계.

돼:지-꿈㊅ 돼지가 나오는 꿈. 흔히, 길몽(吉夢)으로 여김. ¶ 돼지꿈을 꾸다.

돼:지-날㊅ ⇨해일(亥日).

돼:지-띠㊅ ⇨해생(亥生).

돼:지-비계[-계/-게]㊅ 돼지의 가죽 밑에 붙은 두꺼운 지방 조직. 돼지기름.

돼:지-시(-豕)㊅ 한자 부수의 한 가지. '豚'·'象'·'豬' 등에서의 '豕'의 이름.

돼:지-우리㊅ 돼지를 가두어 키우는 곳. 돈사.

돼:지-주둥이㊅ 광산에서 쓰는 무자위의 아래판(瓣)을 장치한 부분.

돼:지^콜레라(-cholera)㊅ 돼지의 급성 전염병. 전염성이 강하고 사망률이 높음.

돼:지-해㊅ ⇨해년(亥年).

돼:지해-머리(-亥-)㊅ 한자 부수의 한 가지. '亡'·'京' 등에서의 'ㅗ'의 이름. 돼지해밑.

돼:지해-밑(-亥-)㊅ ⇨돼지해머리. * 돼:지해밑이[-미치]·돼:지해밑을[-미틀]·돼:지해밑만[-민-]

되¹[되/뒈] Ⅰ㊅ ①곡식이나 액체·가루 따위의 분량을 재는 그릇을 통틀어 이르는 말. ②한 되들이로 된 나무 그릇. ③되에 담는 양. ¶ 되가 후하다.

  Ⅱ㊌ 곡식이나 액체 따위의 분량을 헤아리는 단위. '말'의 10분의 1, '홉'의 10배임. 약 1.8리터. 승(升). ¶ 콩 한 되. /보리 두 되.

  되로 주고 말로 받는다㉄ 조금 준 대가로 받는 것이 훨씬 크거나 많음을 이르는 말.

되²[되/뒈]㊅ ①지난날, 두만강 근방에 살던 이민족. ②오랑캐.

되³[되/뒈]㊈ 모음으로 끝난 체언에 붙어, 앞의 사실을 인정하면서 설명을 덧붙이거나, 뒤의 사실이 앞의 사실에 매이지 아니함을 나타내는 연결형 서술격 조사. ¶ 외모는 사내아이되 하는 짓은 영락없는 계집아이다. 참이되.

되-[되/뒈]㊌〔일부 동사 앞에 붙어〕 '도리어'·'다시'의 뜻을 나타냄. ¶ 되잡히다. /되깔리다. /되넘기다. /되새기다. /되묻다. /되찾다. /되팔다.

-되[되/뒈]㊌ 용언의 어간이나 높임의 '-시-'에 붙는 연결 어미. ①위의 사실을 시인하면서, 아래에서 그것을 더 덧붙여 설명하는 뜻을 나타냄. ¶ 비가 오되 조금 올 것이다. /후진을 가르치되 덕성으로써 하시라. /항상 자손에게 이르시되 '근검절약하라' 하셨다. ②앞의 사실은 인정하나 뒤의 사실이 이에 매이지 아니함을 나타냄. ¶ 태산이 높다 하되, 하늘 아래 뫼이로다(古時調). 音-으되.

되-가옷[되-옫/뒈-옫]㊅ 한 되 반쯤 되는 분량. * 되가옷이[되-우시/뒈-우시]·되가옷만[되-운/뒈-운]

되-갈다[되-/뒈-][~가니·~갈아]㊉ ①논밭 따위를 다시 갈다. ②가루 따위를 다시 갈다.

되-감다[되-/뒈-]㊉ 도로 감거나 다시 감다. ¶ 실을 되감다. /테이프를 되감다.

되-걸리다[되-/뒈-]㊍ ①(나았던 병이) 다시 걸리다. ¶ 감기에 되걸리다. ②(남을 걸려고 하다가) 자기가 도리어 걸리다. ¶ 우리가 판 함정에 되걸려 낭패를 보았다.

되-게[되-/뒈-]㊍ 매우. 몹시. 된통. ¶ 되게 덥다. /되게 나무라다.

되-깎이[되-/뒈-]㊅ 불교에서, 환속한 사람이 다시 중이 되는 일, 또는 그 중. 재삭(再削). 중삭(重削). 환삭(還削).

되-깔리다[되-/뒈-]㊉ 도리어 눌러서 깔리다.

되-내기[되-/뒈-]㊅ (지난날, 단나무 장수들이 나무를 팔 때) 나뭇단을 다시 묶어서 더 크게 보이거나 볼품 있게 하던 땔나무.

되-넘기[되-/뒈-]㊅㊉ 물건을 사서 곧 다시 파는 일.

되-넘기다[되-/뒈-]㊉ 물건을 사서 금방 되팔아 버리다. ¶ 산 땅을 즉석에서 되넘기다.

되-넘다[되-따/뒈-따]㊉ 넘은 곳을 도로 넘다. ¶ 고개를 되넘어 돌아오다.

되-놈[되-/뒈-]㊅ '중국 사람'을 욕하여 이르는 말.

되-놓다[되노타/뒈노타]㊉ 도로 놓다. ¶ 들었다가 되놓다.

되-뇌다[되뇌다/뒈눼다]㊉ 같은 말을 되풀이하다. ¶ 같은 말을 몇 번이고 되뇌다.

되는-대로[되-/뒈-]㊍ ①아무렇게나. 마구. 함부로. ¶ 되는대로 지껄이다. /되는대로 살다. ②가능한 최대로. ¶ 되는대로 빨리 오시오.

되다¹[되-/뒈-]㊍ ①일이 제대로 되다. /다 된 밥. ②좋은 덕이나 조건을 갖추다. ¶ 된 인물. /우선 문장이 됐네. ③가당하다. ¶ 될 말을 해야지. ④(조사 '가(이)'·'로(으로)' 뒤에 쓰이어) 그것으로 변하거나 이루어지다. ¶ 뽕밭이 바다가 되다. /무법천지가 되다. ⑤어미 '-게' 뒤에 쓰이어, 그 앞말이 나타내는 상태로 이루어지다. ¶ 착하게 되다. /사랑하게 되다. ⑥시간적으로나 양적으로 어떤 한계에 이르다. ¶ 장가들 나이가 되다. /바야흐로 봄이 되다. /합계가 백만 원이 되다. /얼마 되지 않는 금액. ⑦가축이나 작물이 잘 자라다. ¶ 곡식이 알차게 되다. ⑧어떤 심적인 상태에 놓이다. ¶ 걱정이 되다. /안심이 되지 않는다. ⑨'가능한 대로'의 뜻을 나타냄. (《'될수록'의 꼴로 쓰임.》) ¶ 위험한 데는 될수록 피하여라. ⑩사회적으로나 인간적인 관계에 있다. ¶ 그 아이 오빠 되는 사람입니다. ⑪소용에 닿다. ¶ 약이 되다. /교훈이 되다. ⑫어떠한 결과를 가져오다. ¶ 헛수고가 되다. ⑬거의 다 써 버리다. 《'다 되다'의 꼴로 쓰임.》 ¶ 돈도 떨어졌거니와 양식도 다 됐다. ⑭동사나 형용사의 '-게' 활용형 뒤에 쓰이어, 그 형상(형용)이나 행동대로 이루어짐을 나타냄. ¶ 예쁘게 되다. /책을 잘 읽게 되다. /잘살게 되다. ⑮《동사의 '-도-(-아도/-어도)' 활용형 뒤에 쓰이어》 '괜찮다'·'가능(가당)하다'의 뜻을 나타냄. ¶ 이젠 나가 놀아도 됩니까?/그만 가도 된다.

되는 집에는 가지 나무에 수박이 열린다(속담) '잘 되어 가는 집은 일마다 좋은 결과를 맺음'을 비유하여 이르는 말.

되다²[되-/뒈-]탄 논밭을 갈다.

되다³[되-/뒈-]탄 말이나 되 따위로 양을 헤아리다. ¶ 쌀이 몇 되인지 되어 보다.

되:다⁴[되-/뒈-]형 ①물기가 적어서 빽빽하다. 질지 않다. ¶ 반죽이 되다. ↔질다·묽다. ②줄 따위가 몹시 켕겨서 팽팽하다. ¶ 채육복의 고무줄이 너무 되다. /줄을 되게 매다. ↔느리다. ③힘에 겹다. 벅차다. ¶ 일이 너무 되다.

-되다[되-/뒈-]접미 ①'-하다'가 붙을 수 있는 명사에 붙어, 그것이 자동사가 되게 함. ¶ 걱정되다. /묵살되다. /발전되다. /생략되다. ②일부 명사나 부사에 붙어, 그것이 형용사가 되게 함. ¶ 참되다. /망령되다. /덜되다. /막되다.

되:-다랗다[되-라타/뒈-라타][~다라니·~다래]형ⓐ 묽지 않고 꽤 되직하다. ¶ 풀을 되다랗게 쑤다.

되-대패[되-/뒈-]명 바닥과 날의 가운데가 볼록한 대패. 둥근 바닥을 깎거나, 바닥을 둥글게 만들 때에 씀.

되-도록[되-/뒈-]부 될 수 있는 대로. 가능한 한. ¶ 되도록 서둘러 끝내자. /되도록 말하지 말자.

되-돌다[되-/뒈-][~도니·~돌아]자탄 ①돌던 방향을 바꾸어 다시 돌다. ②향하고 있던 쪽으로부터 반대쪽으로 방향을 바꾸다. ¶ 가던 길을 되돌아서 오다.

되돌-리다[되-/뒈-]탄 ①('되돌다'의 사동) 되돌게 하다. ¶ 서머 타임에 따라 시곗바늘을 되돌려 놓다. ②어떤 대상이나 현상을 본디 상태가 되게 하다. ¶ 마음을 되돌리다. ③도로 보내주다. ¶ 선물을 되돌려 보내다.

되-돌아가다[되-/뒈-]자 ①출발했던 곳으로 다시 돌아가다. ¶ 고향 집으로 되돌아가다. /이전의 직장으로 되돌아가다. ②다시 본디의 상태로 되다. ¶ 그는 갑자기 근엄한 표정으로 되돌아갔다. ③지난 날을 떠올리거나 그때의 생활을 다시 하게 되다. ¶ 사춘기 시절로 되돌아가다.

되-돌아들다[되-/뒈-][~돌아드니·~돌아들어]자 떠났던 곳으로(자리로) 다시 돌아들다. ¶ 지난해 떠났던 두루미가 제 보금자리로 되돌아들었다.

되-돌아보다[되-/뒈-]자탄 ①본 것을 다시 돌아보다. ¶ 아쉬운 듯 몇 번이고 되돌아본다. ②지난 일을 다시 생각해 보다.

되-돌아서다[되-/뒈-]자 먼저 섰던 방향으로 도로 돌아서다. ¶ 가다가 되돌아서서 바라보다.

되-돌아오다[되-/뒈-]자 ①먼저 있던 곳으로 도로 돌아오다. ¶ 더 이상 나아가지 못하고 되돌아오다. ②다시 본디의 상태로 되다. ¶ 사건은 원점으로 되돌아왔다. ③같은 일이나 사태가 다시 일어나다. ¶ 생일이 되돌아오다.

되되-이[되되-/뒈뒈-]부 (되의) 한 되 한 되마다. 되마다. 한 되 한 되씩.

되-두부(-豆腐)[되-/뒈-]명 콩을 불려서 간 다음, 그 속에 호박이나 호박순을 넣어 끓인 음식. 반두부(半豆腐).

되드리명 한 홉의 십분의 일. 작(勺). ¶ 되드리 작 '勺'(類合下58).

되-들다[되-/뒈-][~드니·~들어]자 나가다가 도로 들다. 다시 들다.

되들고 되나다(관용) (많은 차나 사람이) 잇달아 드나들다.

되:-디-되다[되-되-/뒈-뒈-]형 (물기가 적어) 매우 되다. ¶ 죽이 되디되다.

되똑¹[되-/뒈-]부ⓐ자탄 작은 물체가 중심을 잃고 한쪽으로 조금 기울어지는 모양. 倒되똥. (큰)뒤똑. **되똑-되똑**부ⓐ자탄.

되똑²[되-/뒈-]부ⓐ형 코끝 따위가 오똑 솟은 모양. ¶ 되똑한 코끝. 倒오똑.

되똑-거리다[되-꺼-/뒈-꺼-]자탄 자꾸 되똑되똑하다. 되똑대다. ¶ 아기가 되똑거리며 걷는다. 되똑-거리다.

되똑-대다[되-때-/뒈-때-]자탄 되똑거리다.

되똥[되-/뒈-]부ⓐ자탄 작은 물체가 중심을 잃고 한쪽으로 기울며 쓰러질 듯한 모양. 倒되똑. (큰)뒤똥. **되똥-되똥**부ⓐ자탄.

되똥-거리다[되-/뒈-]자탄 자꾸 되똥되똥하다. 되똥대다. (큰)뒤똥거리다.

되똥-대다[되-/뒈-]자탄 되똥거리다.

되-뜨다[되-/뒈-][~뜨니·~떠]자 이치에 어그러지다.

되람직-하다[되-지카-/뒈-지카-]형ⓐ 〈도리암직하다〉의 준말.

되:레[되-/뒈-]부 〈도리어〉의 준말. ¶ 되레 야단만 맞았다.

되록-거리다[되-꺼-/뒈-꺼-]자탄 자꾸 되록되록하다. 되록대다. (큰)뒤룩거리다. (센)뛰록거리다.

되록-대다[되-때-/뒈-때-]자탄 되록거리다.

되록-되록[되-뙤-/뒈-뙤-]부 ①ⓐ자성난 기색을 행동으로 나타내 보이는 모양. ②ⓐ자또렷또렷한 눈망울을 반짝거리는 모양. ③ⓐ형통통하게 군살이 찐 모양. ¶ 키는 작으면서 되록되록 살이 찐 사내. (큰)뒤룩뒤룩. (센)뛰록뛰록.

되롱명 〈옛〉도롱이. ¶ 되롱 갓댓 누역이 너는 엇디 날 소기는다(古時調).

되롱-거리다[되-/뒈-]자 ⇨대롱거리다. 되롱대다. (큰)뒤롱거리다.

되롱-대다[되-/뒈-]자 되롱거리다.

되롱-되롱[되-되-/뒈-뒈-]부ⓐ자 ⇨대롱대롱. (큰)뒤롱뒤롱.

되롱이명 〈옛〉도롱이. ¶ 삿갓세 되롱이 닙고 細雨中에 호미 메고(古時調).

되룽-거리다[되-/뒈-]자 자꾸 되룽되룽하다. 되룽대다.

되룽-대다[되-/뒈-]자 되룽거리다.

되룽-되룽[되-되-/뒈-뒈-]부ⓐ자 잘난 체하며 자꾸 거만을 떠는 모양.

되:리명 거웃이 없는 여자.

되-매기[되-/뒈-]명 참빗의 헌 살을 골라 다시 맨 빗.

되-먹히다[되머키-/뒈머키-]자 ①(남을 해치려다가) 도리어 제가 당하다. ②(바둑·장기 따위에서) 상대의 것을 잡아먹으려다가 도리어 잡아먹히다.

되모시[되-/뒈-]圀 이혼하고 다시 처녀 행세를 하는 여자.

되-묻다[되-따/뒈-따]囤 ①(파냈던 것을) 도로 묻다. ¶옮겨 심을 양으로 파냈던 나무를 그냥 그 자리에 되묻었다. ②감추었던 것을 잠시 드러냈다가 다시 감추다. ¶하려던 말을 다시 되묻다.

되-묻다²[되-따/뒈-따] [~물으니·~물어]囤㉢ ①물음에 답하지 않고 도리어 묻다. ¶되묻지 말고 나의 질문에 먼저 대답해 주시게. ②동일한 질문을 다시 하다. ¶귀찮게 자꾸 되묻지 마라.

되-바라지다[되-/뒈-]휑 ①그윽한 맛이 없다. 응숭깊은 데가 없다. ¶되바라진 야산(野山). ②너그럽지 못하다. ③지나치게 똑똑한 티가 있다. 지나치게 깨다. ¶오랫동안 도시 물을 먹어 되바라진 사람.

되-받다[되-따/뒈-따]囤 ①꾸짖음에 대하여 반항하다. ¶되받아 소리치다. ⑩뒤받다. ②(주었던 것을) 도로 받다. ③상대편의 말의 일부나 전부를 되풀이하여 말하다.

되-받아치다[되-/뒈-]囤 남의 행동이나 말에 엇서며 대들다.

되받-이[되바지/뒈바지]圀하타 ①남에게서 얻어들은 말을 다시 써먹는 일. ②남이 받은 물건을 다시 곧 넘겨받는 일.

되사[되-/뒈-]圀 말로 되고 남는 한 되가량의 분량. ¶서 말 되사. 卽가웃.

되-살다[되-/뒈-][~사니·~살아]困 ①(거의 죽어 가던 것이) 도로 살아나다. ¶이번 단비로 말라 가던 곡식이 되살게 되다. ②(잊고 있던 감정·기억·기분 등이) 다시 생기다. ¶기억이 가물가물 되살아나다. ③먹은 음식이 삭지 않고 보깨어 오르다.

되살-리다[되-/뒈-]囤 『'되살다'의 사동』 되살게 하다. ¶화랑 정신을 오늘에 되살리다.

되-살아나다[되-/뒈-]困 ①(죽거나 없어졌던 것이) 다시 살아나다. ¶봄은 만물이 되살아나는 계절이다. ②(잊고 있던 감정·기억·기분 등이) 다시 생기거나 느껴지다.

되-살아오다[되-/뒈-]困 (잊혀졌던 생각이나 기억이) 다시 떠오르다. ¶지난날의 감회가 되살아왔다.

되:-새[되-/뒈-]圀 되샛과의 새. 몸길이 14 cm 가량. 몸빛은 등 쪽이 검고, 배 쪽이 희며, 어깨와 가슴 사이는 황갈색임. 떼를 지어 다니며 농작물에 피해를 주는 겨울새임.

되-새기다[되-/뒈-]囤 ①(입맛이 없거나 하여) 음식을 자꾸 내씹다. ②어떤 일을 골똘하게 자꾸 생각하다. 되씹다. ¶선생님의 말씀을 되새기다.

되새김[되-/뒈-]圀하타 되새김질.

되새김-질[되-/뒈-]圀하타 소나 염소 따위가 한번 삼킨 먹이를 다시 입으로 되올려 씹는 짓. 되새김. 반추(反芻).

되술래-잡다[되-/뒈-따]囤 〔범인이 도리어 순라를 잡는다는 뜻으로〕 잘못을 빌어야 할 사람이 도리어 남을 나무라다. 卽적반하장.

되술래잡-히다[되-자피/뒈-자피-]困 『'되술래잡다'의 피동』 나무라야 할 처지에 있는 사람이 도리어 꾸중을 듣다.

되-쏘다[되-/뒈-]囤 ①도로 쏘다. 반사(反射)하다. ¶거울이 빛을 되쏘다. ②(총알이나 화살 따위를) 날아오던 방향으로 쏘다. ③상대편의 말을 받아 공격하듯 말하다.

되씌우다[되씨-/뒈씨-]囤 자기가 당할 일을 도리어 남에게 넘겨씌우다. ¶엉뚱하게도 자기의 죄를 남에게 되씌우다.

되-씹다[되-따/뒈-따]囤 ①(어떤 일을) 자꾸 되풀이하여 말하다. ¶지난 일을 두고 되씹어서 무슨 소용인가. ②되새기다. ¶슬픔을 되씹다.

되알-지다[되-/뒈-]휑 ①매우 힘차고 야무지다. ¶되알진 목소리. ②힘에 겨워 벅차다.

되야기圀 (옛) 두드러기. 땀띠. ¶되야기 낫더니 (老解下4).

되-우[되-/뒈-]囝 매우. 몹시. 되게. 된통. ¶되우 앓다.

되작-거리다[되-꺼/뒈-꺼-]囤 자꾸 되작되작하다. 되작대다. 卽뒤적거리다. ㉠되작거리다.

되작-대다[되-때/뒈-때-]囤 되작거리다.

되작-되작[되-쪽/뒈-쪽-]囝하타 작은 물건이나 종이·서류 따위를 이리저리 뒤집어 가며 뒤지는 모양. ¶서류를 되작되작하며 메모지를 찾다. 卽뒤적뒤적. ㉠되작되작.

되작-이다[되-/뒈-]囤 작은 물건이나 종이·서류 따위를 이리저리 뒤집어 가며 뒤지다. 卽뒤적이다. ㉠되착이다.

되잖다[되잔타/뒈잔타]휑 '되지 아니하다'가 줄어서 된 말. 올바르거나 이치에 닿지 않다. ¶되잖게 억지를 부리다.

되-지기¹[되-/뒈-]圀 찬밥을 더운밥 위에 얹어 다시 찌거나 데운 밥.

되-지기²[되-/뒈-]의 논밭의 면적을 헤아리는 단위의 한 가지. 종자 한 되를 뿌릴 만한 논이나 밭의 넓이. 마지기의 10분의 1. ¶두어 되지기나 되는 다랑논.

되지-못하다[되-모타-/뒈-모타-]휑어 옳지 못하거나 보잘것없다. ¶되지못한 놈. /되지못한 짓.

되직-하다[되지카-/뒈지카-]휑어 묽지 않고 좀 된 듯하다. ¶풀을 되직하게 쑤다. 되직-이囝.

되-질[되-/뒈-]圀하타 곡식 따위를 되로 되는 일. ¶되질을 너무 빡빡하게 한다. 卽뒷박질.

되-짚다[되집따/뒈집따]囤 ①다시 짚다. ¶지팡이를 되짚고 자리에서 일어나서다. 곧 되돌리다. 《주로, '되짚어'의 꼴로 쓰임.》 ¶금방 되짚어 올 것을 찾으러 갔니? ③다시 살피거나 반성하다. ¶되짚어 생각해 보니 네 말이 맞더라.

되짚어-가다[되-/뒈-]囤 ①오던 길로 곧 다시 가다. ②지난 일을 다시 살피거나 생각하다.

되착-거리다[되-꺼/뒈-꺼-]囤 자꾸 되착되착하다. 되착대다. 卽뒤척거리다. ㉠되착거리다.

되착-대다[되-때/뒈-때-]囤 되착거리다.

되착-되착[되-쪽/뒈-쪽-]囝하타 작은 물건이나 책갈피·서류 따위를 이리저리 자꾸 거칠게 뒤지는 모양. 卽뒤척뒤척¹. ㉠되착되착.

되착-이다[되-/뒈-]囤 작은 물건이나 책갈피·서류 따위를 이리저리 자꾸 거칠게 뒤지다. 卽뒤척이다.

되-찾다[되찯따/뒈찯따]囤 다시 찾다. ¶나라를 되찾다. /잃었던 물건을 되찾다. /기억을 되찾다.

되-채다¹[되-/뒈-]囤 혀를 제대로 놀려 말을 분명히 하다. ¶말끝을 되채지 못하다.

되-채다²[되-/뒈-]囤 남의 말을 가로채거나, 되받아 말하다. ¶아내의 말을 되채다.

되-치기[되-/뒈-]圀 씨름 따위의 응용 기술의 한 가지. 상대편의 공격을 막다가 공격해 오는 그 힘을 역이용하여 되받아치는 공격 기술.

되-치이다[되-/뒈-]**재** ①남에게 넘겨씌우려다 가 도리어 자기가 당하다. ¶엉뚱한 사람에게 잘못을 전가하기만 하다가는 되치이고 말걸. ②하려던 일이 뒤집히어 반대로 되다.

되통-스럽다[되-/뒈-따][~스러우니·~스러워]**형비** 언동이 찬찬하지 못하여, 일을 잘 그르치는 면이 있다. ¶너는 그 되통스러운 성격이 항상 문제야. ⑩뒤통스럽다. **되통스레튀** ¶되통스레 굴다.

되-틀다[되-/뒈-][~트니·~틀어]**타** ①가볍게 약간 뒤틀다. ②반대쪽으로 틀다.

되-팔다[되-/뒈-][~파니·~팔아]**타** 산 물건을 딴사람에게 돌려 팔다. 전매(轉賣)하다. 되넘기다. ¶조금 전에 산 주식을 그 자리에서 되팔다.

되-풀이[되-/뒈-]**명하타되자** 같은 말이나 행동을 거듭함. 같은 상황이 거듭됨. ¶편지를 되풀이하여 읽어 보다. /똑같은 훈련이 되풀이되다.

되-풀이²[되-/뒈-]**명** ①곡식을 말이나 섬으로 팔지 않고 되로 파는 일. ②한 되에 얼마씩 치이나 풀어 보는 일.

된:-똥[된-/뒌-]**명** 되게 나오는 똥. 경변(硬便). ↔진똥.

된:-마[된-/뒌-]**명** 〈된마파람〉의 준말.

된:-마파람[된-/뒌-]**명** '동남풍'의 뱃사람 말. ⑩된마.

된:-맛[된맏/뒌맏]**명** 아주 호되고 고통스러움을 이르는 말. ¶된맛을 보고도 정신을 못 차리다. * 된:맛을[된마슬/뒌마슬]·된:맛만[된만-/뒌만-]

된:-바람[된-/뒌-]**명** ①빠르고 세차게 부는 바람. ②'북풍(北風)'의 뱃사람 말. 뒤바람. ③풍력 계급의 6등급에 해당하는 바람. 초속 10.8~13.8 m. 큰 나뭇가지가 흔들리고 전깃줄에서 소리가 나며, 우산을 쓰기 어렵고, 해면은 큰 물결이 일기 시작함. 웅풍(雄風).

된:-밥[된-/뒌-]**명** ①고들고들하게 지은 밥. ↔진밥. ②국이나 물에 말지 아니한 밥.

된:-불[된-/뒌-]**명** ①급소를 정통으로 맞힌 총알. ¶큰 멧돼지가 된불에 쓰러졌다. ②'치명적인 타격'을 비유하여 이르는 말. ↔선불.

된:-비알[된-/뒌-]**명** 매우 험한 비탈.

된:-비읍[된-/뒌-]**명** ①되게 발음되는 비읍소리. ['뻐'·'뼈' 등의 발음.] ②첫소리에 오는 자음의 왼쪽에 붙여 쓰던 비읍자. ['기'의 'ㅂ' 따위.] ③☞쌍비읍.

된:-새[된-/뒌-]**명** 〈된새바람〉의 준말.

된:-새바람[된-/뒌-]**명** '북동풍'의 뱃사람 말. ⑩된새.

된:-서리[된-/뒌-]**명** ①늦가을에 아주 되게 내린 서리. 숙상(肅霜). 엄상(嚴霜). ↔무서리. ②'큰 타격'을 비유하여 이르는 말.

된서리(를) 맞다[관용] 몹시 심한 꼴을 당하거나 모진 타격을 받다. ¶향락 산업이 된서리를 맞다.

된:-서방(-書房)[된-/뒌-]**명** 몹시 모질고 까다로운 남편.

된서방(을) 만나다[맞다][관용] ①몹시 어렵고 까다로운 일을 당하다. ②몹시 까다로운 주인이나 상전을 만나다.

된:-소리[된-/뒌-]**명** 자음의 한 갈래. 날숨으로 거의 닫힌 목청을 떨어 울려서 내는 소리. ['ㄲ·ㄸ·ㅃ·ㅆ·ㅉ'이 이에 딸림.] 경음(硬音). ⑩거센소리.

된:소리-되기[된-되-/뒌-뒈-]**명** 예사소리인 'ㄱ·ㄷ·ㅂ·ㅅ·ㅈ'이 안울림소리나 울림소리인 'ㄴ·ㄹ·ㅁ'의 뒤에서 된소리(ㄲ·ㄸ·ㅃ·ㅆ·ㅉ)로 발음되는 현상. [입고→입꼬, 앞길→압낄, 갈대→갈때, 손가락→손까락, 담다→담따 따위.] 경음화.

된:-시옷[된-옫/뒌-옫]**명** ①되게 발음되는 시옷 소리. ['ㅆ'의 발음.] ②첫소리에 오는 자음의 왼쪽에 붙여 쓰던 시옷. ['쌀'·'쏭' 등에서의 'ㅅ'.] ③☞쌍시옷. * 된:시옷이[된-오시/뒌-오시]·된:시옷만[된-온-/뒌-온-]

된:-장(-醬)[된-/뒌-]**명** ①간장을 담가서 장물을 떠내고 남은 건더기. 장재(醬滓). 토장(土醬). ②메주에 소금물을 부어 익혀서 간장을 뜨지 않고 그냥 먹는 장.

된장에 풋고추 박히듯[속담] '어떠한 곳에 가서 자리를 뜨지 않고 꼭 틀어박혀 있음'을 비유하여 이르는 말.

된:-장국(-醬-)[된-꾹/뒌-꾹]**명** 된장을 걸러 넣고 끓인 국. 토장국.

된:-장떡(-醬-)[된-/뒌-]**명** 된장을 섞어 만든 떡.

된:-장찌개(-醬-)[된-/뒌-]**명** 된장으로 끓인 찌개.

된:-지읏[된-읃/뒌-읃]**명** ①되게 발음되는 지읏 소리. ['ㅉ'의 발음.] ②☞쌍지읏. * 된:지읏이[된-으시/뒌-으시]·된:지읏만[된-읃-/뒌-읃-]

된:-침(-鍼)[된-/뒌-]**명** ①몹시 아프게 놓는 침. ②정신을 차리도록 뜨끔하게 꾸짖거나 자극하는 일. ¶된침을 놓다. /된침을 주다.

된:-통[된-/뒌-][부] 되게. 되우. 몹시. ¶된통 언어맞다. /된통 혼나다.

된:-풀[된-/뒌-]**명** ①물을 타서 개지 아니한 풀. 쑨 채로의 풀. 강풀. ②되게 쑨 풀.

된:-하늬[된-니/뒌-니]**명** '서북풍(西北風)'의 뱃사람 말.

될:-대-(-宅)[될-땍/뒐-땍]**명** '무슨 일이 될 뻔하다가 안 된 사람'을 놓으로 이르는 말. ¶진사(進士) 될뻔댁. /장관 될뻔댁.

될:-성부르다[될썽-/뒐썽-][~성부르니·~성불러]**형르** (앞으로) 될 가망이 있다. 될 성싶다. ¶그게 그렇게 쉽사리 될성부르냐?/하는 행동을 보니 될성부른 학생이다.

될성부른 나무는 떡잎부터 알아본다[속담] 장래성이 있는 사람은 어릴 때부터 남다른 데가 있다는 말.

됨:-이[됨되미/뒘뒈미]**명** (사람이나 물건의) 생긴 품. ¶됨됨이가 아주 진득해서 미더운 데가 있다.

됫:-밑[됟민/뒫민]**명** 곡식을 되로 되고 난 뒤에 한 되 차지 못하게 남는 분량. ⑪말밑1. * 됫밑이[됟미치/뒫미치]·됫밑을[됟미틀/뒫미틀]·됫밑만[됟민-]

됫:-박[되빡/뒈빡]**명** ①되 대신으로 쓰는 바가지. ②'되'를 흔히 이르는 말.

됫:박-질[되빡-/뒈빡-]**명하자** ①먹을 양식을 낱되로 조금씩 사들이는 일. ②하타됫박으로 되는 일. ②비되질.

됫:-밥[되빱/뒈빱]**명** 한 되가량의 곡식으로 지은 밥.

됫:-병(-甁)[되뼝/뒈뼝]**명** 한 되들이 병.

됫:-술[되쑬/뒈쑬]**명** ①한 되가량의 술. ②되로 되어 파는 술.

뒷ㅍ람〖명〗〈옛〉휘파람. ¶나비 뒷ㅍ라미 슬프니(杜初10:35).

됴쿳다〖형〗〈옛〉좋거나 궂다. ¶므슈미 正티 몯ᄒ야 됴쿠주믈 몬그리ᄒ야(釋譜9:36).

둏다〖형〗〈옛〉좋다. ¶이곳 됴코 여름 하ᄂᆞ니(龍歌2章). /風俗이 됴홀시고(鄭澈.關東別曲).

두:[1]〖관〗수사 '둘'이 수 관형사로 쓰일 때의 꼴. 〔두 개, 두 놈, 두 되, 두 마리, 두 발 따위.〕

두 손뼉이 맞아야 소리가 난다〖속〗①두도 일이나 두 편에서 서로 맞받아 응해야 이루어질 수 있다는 말. ②서로 같은 동아리라야 말다툼이나 싸움이 된다는 말.

두 손의 떡〖속〗두 가지 일 가운데서 어느 일을 먼저 해야 할지 모를 경우를 두고 이르는 말.

두 다리 쭉 뻗다〖관용〗①걱정거리가 없어져 안심하게 되다. ¶빚을 다 갚았으니 이제는 두 다리 쭉 뻗고 자겠구나. ②편안한 신세가 되어 편히 쉬다.

두 손 맞잡고 앉다〖관용〗아무 일도 하지 않고 가만히 있다. ¶아직 사지가 멀쩡한데 왜 두 손 맞잡고 앉아서 남에게 폐를 끼치나.

두 손 털다〖관용〗①하던 일을 다 마치고 일어서다. ②가진 재물을 다 날리다.

두:[2]〖감〗돼지 따위의 짐승을 모는 소리. 〔소리 낼 때에는 여러 번 거듭함.〕 **두두**〖감〗.

두(斗)〖명〗〈두성(斗星)〉의 준말.

두(笽)〖명〗제사를 지낼 때에 쓰는 나무 그릇의 한 가지. 굽이 높고 뚜껑이 있으며 고기붙이를 담는 데 씀.

두(골)〖골치〉의 속된 말. ¶아이고 두야.

두(斗)〖의〗곡식이나 액체의 분량을 되는 단위. 말². ¶5두 6승(升).

두(頭)〖의〗(말·소·돼지·양 따위) 네 발 가진 짐승의 수효를 세는 단위. 필(匹). ¶소 100두. 〖참〗마리.

두가리〖명〗나무로 만든 음식 그릇.

두각(頭角)〖명〗〔머리의 끝이란 뜻에서〕'여럿 중에서 특히 뛰어난 학식이나 재능'을 이르는 말. ¶두각을 나타내다. /두각을 나타내다.

두개(頭蓋)〖명〗척추동물의 머릿골을 싸고 있는 골격.

두개-골(頭蓋骨)〖명〗☞머리뼈.

두개-근(頭蓋筋)〖명〗두개에 있는 근육.

두건(頭巾)〖명〗상중(喪中)에 머리에 쓰는 건. 효건(孝巾). 〖준〗건.

두겁〖명〗①가늘고 긴 물건의 끝에 씌우는 물건. ¶펜 두겁. ②〈붓두겁〉의 준말. 〖변〗투겁.

두겁-조상(-祖上)〔-쪼-〕〖명〗조상 중에서 가장 높을 떨친 사람.

두견(杜鵑)〖명〗①'두견이'를 줄여 이르는 말. ②'진달래'의 딴 이름.

두견-새(杜鵑-)〖명〗☞두견이.

두견-이(杜鵑-)〖명〗두견과의 새. 뻐꾸기와 비슷하나 좀 작음. 몸빛은 등이 어두운 청갈색 또는 회색이고, 배는 흰 바탕에 검은 가로무늬가 있음. 딴 새의 둥지에 알을 낳아 생육을 떠맡김. 우리나라와 동북아시아에서 번식하고 타이완이나 인도 등지에서 겨울을 남. 익측도. 두견새. 불여귀(不如歸). 자규(子規). 〖참〗망제(望帝).

두견-화(杜鵑花)〖명〗진달래꽃.

두견화-전(杜鵑花煎)〖명〗진달래꽃에 찹쌀가루를 묻혀서 기름에 지진 것.

두고〖조〗〈옛〉보다. ¶受苦ㄹ 버ㅅ요미 地獄두고 더으니(月釋1:21). 〖참〗두고·도곤.

두고-두고〖부〗①오랜 시간을 두고 여러 번에 걸쳐서. ¶두고두고 잔소리를 한다. ②오래도록. 영원히. ¶이 은혜를 두고두고 잊지 않겠다.

두곡(斗斛)〖명〗①(곡식을 되는) 말과 휘. ②되질하는 일.

두곡(斗穀)〖명〗말곡식.

두곤〖조〗〈옛〉보다. ¶平原에 사힌 뼤는 뫼두곤 노파잇고(朴仁老.太平詞). 〖참〗두고·도곤.

두골(頭骨)〖명〗☞머리뼈.

두:골-밀이〖명〗홈을 두 줄로 파서 만든 장지틀, 또는 창틀.

두공(科栱·杜栱·科工)〖명〗공청(空廳)·불벽(佛壁)에 있어서, 장화반(長花盤) 대신으로 쓰는 나무.

두괄-식(頭括式)〖명〗글의 첫머리에 중심 내용이 오는 산문 구성 방식. 〖참〗미괄식·양괄식·중괄식.

두구(頭垢)〖명〗비듬.

두구리〖명〗〈약두구리〉의 준말.

두그르르〖부〗크고 묵직한 것이 대번에 구르는 모양. 〖작〗도그르르. 〖센〗뚜그르르.

두근-거리다〖자타〗자꾸 두근두근하다. 두근대다. ¶어찌나 놀랐던지 아직도 가슴이 두근거린다. 〖작〗도근거리다.

두근-대다〖자타〗두근거리다.

두근-두근〖부〗〈하자타〉매우 놀라거나 겁이 나서 가슴이 자꾸 뛰는 모양. 〖작〗도근도근.

두글-두글〖부〗크고 무거운 물건이 자꾸 굴러 가는 모양. ¶큰 돌이 두글두글 굴러 떨어지다. 〖작〗도글도글. 〖센〗뚜글뚜글.

두기(頭起)〖명〗'두기하다'의 어근.

두기-하다(頭起-)〖형어〗험하게 삐죽삐죽 나와 있다.

두꺼비〖명〗두꺼빗과의 양서류. 개구리와 비슷하나 더 크며 피부가 우둘투둘함. 등 쪽은 대개 갈색이고 몸통과 다리에는 불규칙한 흑갈색의 무늬가 있음. 몸의 옆쪽에도 같은 색의 세로줄이 있음. 습한 곳의 돌이나 풀 밑에 살며 저녁에 나와 벌레를 잡아먹음. 살가죽의 돌기에서 독액을 냄.

두꺼비 파리 잡아먹듯〖속〗무엇이든 닥치는 대로 늘름늘름 받아먹거나 챙기는 모양.

두꺼비-씨름〖명〗'엎치락뒤치락하여 승부가 나지 않는 싸움이나 경기' 따위를 비유하여 이르는 말.

두꺼비-집〖명〗①쟁기의 술바닥이 들어가 박히게 된 보습의 빈 속. ②'안전 개폐기(開閉器)'를 흔히 이르는 말.

두껍다〔-따〕〔두꺼우니·두꺼워〕〖형ㅂ〗①두께가 보통의 정도보다 크다. ¶책이 두껍다. /두꺼운 얼음장에 구멍을 내고 낚시를 하다. ↔얇다. ②층을 이루는 사물의 높이나 집단의 규모가 보통의 정도보다 크다. ¶지지층이 두껍다. ③어둠·안개·그늘 따위가 짙다. ¶안개가 두껍게 깔려 있다.

두껍-다랗다〔-따라타〕〔~다라니·~다래〕〖형동〗생각보다 퍽 두껍다. ¶매우 두껍다란 유리. ↔얇따랗다.

두껍-다리〔-따-〕〖명〗골목 안의 도랑 또는 시궁창에 걸쳐 놓은 작은 다리.

두껍-닫이〔-따지〕〖명〗미닫이를 열었을 때, 그 문짝이 들어가 가리어지게 된 곳. 두껍집.

두껍-집〔-찝〕〖명〗☞두껍닫이.

두껍-창(-窓)〖명〗'두껍닫이'의 잘못.

두께〖명〗물건의 두꺼운 정도. ¶두께를 재다.

두남(斗南)圐 북두칠성의 남쪽 천지, 곧 온 천하를 이르는 말.

두남-두다囘 ①잘못을 두둔하다. ¶귀엽다고 해서 덮어놓고 두남두면 버릇만 나빠진다. ②가엾게 여기어 도와주다.

두남-받다[-따]囘 남다른 도움이나 사랑을 받다. ¶부모의 사랑을 두남받고 자라다.

두남-일인(斗南一人)圐 천하에서 으뜸가는 어진 사람.

두남-재(斗南才)圐 천하에서 으뜸가는 재주.

두뇌(頭腦)[-뇌·-눼]圐 ①☞머릿골1. 뇌. ②슬기. 지혜. 머리. ¶명석한 두뇌. ③지식·기술 따위의 수준이 높은 사람. ¶두뇌가 해외로 유출되다.

두:눈-박이圐 눈이 둘 달린 것.

두다1囘 ①일정한 곳에 있게 하다. ¶시계를 책상 위에 두고 왔다. ②일정한 상태로 있게 하다. ¶손대지 말고 그대로 두어라. ③마련하거나 갖추어 놓다. ¶지부(支部)를 두다. ④(사람을) 부리거나 거느리다. ¶비서를 두다. /삼 남매를 두다. ⑤묵게 하다. ¶여관에 손님을 두다. ⑥마음속에 간직하거나 기억하다. ¶염두에 두다. /혐의를 두다. /정을 두고 그리다. ⑦사이에 끼우거나 넣거나 섞다. ¶중간에 공간을 두다. /버선에 솜을 두다. /콩을 두어 밥을 짓다. ⑧다루는 대상으로 하다. (《'두고'의 꼴로 쓰임.》) ¶한 문제를 두고 거듭 토의하다. /한 여자를 두고 두 청년이 겨루다. /먹을 것을 두고 다투다. ⑨시간적·공간적·신분적 거리나 간격을 남겨 놓거나 걸치다. ¶여유를 두고 생각하다. /간격을 두고 보다. /차이를 두고 대하다. /삼 년을 두고 싸우다. ⑩떼어 놓거나 미루어 놓다. ¶아내와 자식을 두고 떠나오다. /수학은 두고 국어부터 공부하다. ¶그 좋은 것을 두고 그냥 왔니? ⑪그치다. ¶하다가 두다. ⑫바둑·장기·고누 따위의 놀이를 하고 놀다. ¶바둑을 두다. ⑬수결(手決)을 쓰다. ¶도장 대신 수결을 두다. ⑭공식적인 직장으로 가지다. ¶대학에 적을 두다.

두고 보다判 결과가 어떻게 될지 일정 기간 살펴보다. ¶얼마나 잘되는지 한번 두고 보자.

두다2조통 동사 어미 '-아(어)'의 뒤에 쓰이어, '그 동작의 결과를 그대로 지니다'의 뜻을 나타냄. ¶사람을 잡아 두다. /양해를 얻어 두다.

두담(斗膽)圐 ①매우 큰 쓸개. ②'담력이 매우 큼, 또는 그런 사람'을 비유하여 이르는 말.

두:대-박이圐 돛대 둘을 세운 배. 困외대박이.

두더지圐 두더짓과의 포유동물. 몸길이 9~18cm, 꼬리 길이 1~3cm로 쥐를 닮았음. 몸은 둥글고 똥뚱하며 다리가 짧고 발바닥이 유난히 넓은 것이 특징임. 눈은 거의 퇴화하였고 귀·코가 예민함. 뾰족한 주둥이와 넓은 발로 땅을 파고 들어가 살며, 땅속의 지렁이·개구리 따위를 잡아먹고 농작물을 해침. 우리나라 특산종임. 전서(田鼠).

두더지 혼인 같다속 제 본분을 모르고 엉뚱한 희망을 가진다는 뜻.

두더지^소금圐 한방에서, '두더지의 내장을 빼내고 그 속에 소금을 넣어 불에 구워 꺼낸 것'을 이르는 말. 〔잇몸이 헐 때 소금으로 이를 닦아 너러 먹는 병을 고치는 데 씀.〕약소금.

두턱(頭-)圐 두텁. 문턱. ¶두턱 구:丘(訓蒙上3).

두턱-거리다困 자꾸 두덜두덜하다. 두덜대다. 困뚜덜거리다. ⬚투덜거리다.

두덜-대다困 두덜거리다.

두덜-두덜囘困 혼자 중얼거리며 불평하는 모양. ¶무엇이 못마땅한지 자꾸 두덜두덜하다. 困뚜덜뚜덜. ⬚투덜투덜.

두덩圐 우묵하게 빠진 곳의 가장자리로 약간 두툭한 곳.

두덩에 누운 소속 '편하게 놓고 지내는 좋은 팔자'를 이르는 말. 두렁에 누운 소.

두덩-톱圐 톱양의 폭이 짧고 배가 둥근 톱. 널빤지에 홈을 팔 때에 씀.

두:돌-잡이圐 두 돌을 맞는 아기. 참첫돌.

두두룩-두두룩[-뚜-]囘하형 여럿이 모두 두두룩한 모양. 困두둑두둑. ⬚도도록도도록.

두두룩-하다[-루카-]형어 가운데가 솟아서 불룩하다. 困두둑하다. ⬚도도록하다. **두두룩-이**囘.

두둑圐 ①밭과 밭 사이의 경계를 이루는 두두룩하게 된 언덕. 밭두둑. ②논이나 밭을 갈아 골을 지어 만든 두두룩한 바닥.

두둑-두둑[-뚜-]囘하형 〈두두룩두두룩〉의 준말. ⬚도독도독.

두둑-하다[-투카-]형어 ①〈두두룩하다〉의 준말. ②썩 두껍다. ③넉넉하고 풍부하다. ¶배짱이 두둑하다. /주머니가 두둑하다. ⬚도독하다. **두둑-이**囘.

두둔(斗頓)圐하囘 편들어서 감싸 줌. ¶동생을 두둔하고 나서다.

두-둥둥囘 북 따위를 잇달아 가볍게 쳤을 때에 나는 소리.

두둥-둥실囘 '둥실'보다 더 가볍게, 또는 더 높이 떠가거나 떠오르는 모양.

두-둥실囘 물 위나 공중으로 가볍게 떠 오르거나 떠 있는 모양. ¶두둥실 떠가는 구름. 참더덩실.

두드러기圐 약이나 음식의 중독으로 말미암아 일어나는 급성 피부병의 한 가지. 피부가 희거나 붉게 부르트며 몹시 가려운 증상. 심마진(蕁麻疹).

두드러-지다Ⅰ困 ①겉으로 두두룩하게 드러나다. ¶새로 돋아난 싹이 두드러졌다. ②겉으로 뚜렷하게 드러나다. ¶일이 두드러지기 전에 손을 떼다. ⬚도드라지다.

Ⅱ형 ①겉으로 드러나게 두두룩하다. ¶두드러진 땅을 깎아 내리다. ②눈에 띄게 뚜렷하다. ¶두드러지게 묘사하다.

두드레圐〔옛〕차꼬. 수갑. ¶두드레 딜:桎, 두드레 추:杻(訓蒙中15).

두드리다囘 ①소리가 나게 여러 번 치거나 때리다. ¶대문을 두드리다. ②《주로 '두드려' 꼴로 쓰이어》'마구'·'함부로'의 뜻을 나타내는 말. ¶두드려 부수다. /두드려 맞다. 困뚜드리다.

두들기다囘 함부로 두드리다. 마구 쳐서 때리다. 困뚜들기다.

두듥圐〔옛〕두둑. ¶두듥 파:坡, 두듥 판:阪(訓蒙上3).

두등(頭等)圐 첫째가는 등급.

두락(斗落)圐 마지기. ¶두 마지기의 논.

두랄루민(duralumin)圐 알루미늄을 주성분으로 하여, 항공기용 소재로 개발된 합금의 한 가지. 비교적 가볍고, 기계적 성질이 우수하며 질김. 항공기·자동차 등에 쓰임.

두량(斗量)圐하囘 ①곡식의 수량을 되나 말로 되어서 셈함, 또는 그 분량. ②두루 헤아리어 일을 처리함.

두럭圐 ①노름이나 놀이를 하기 위해 여러 사람이 모인 떼. ②여러 집이 한데 모인 집단.

두런-거리다[자] 자꾸 두런두런하다. 두런대다. ¶옆 방에서 두런거리는 소리가 들린다. [작]도란거리다.

두런-대다[자] 두런거리다.

두런-두런[부][하자] 몇 사람이 묵직하고 나직한 음성으로 이야기를 나누는 소리나 모양. ¶마을 어른들의 말씀 나누시는 소리가 두런두런 들려온다. [작]도란도란.

두렁[명] 논이나 밭 사이의 작은 둑. 두렁에 누운 소[속담] ☞두덕에 누운 소.

두렁-길[-낄][명] 두렁 위로 난 길.

두렁-이[명] 어린아이의 배와 아랫도리를 둘러 가리는, 치마같이 생긴 옷의 한 가지.

두렁-치마[명] '두렁이'의 방언.

두렁-허리[명] '드렁허리'의 잘못.

두레[1][명] 농촌에서, 농번기에 서로 협력하여 공동 작업을 하기 위해 만든 조직.

두레(를) 먹다[관용] ①여럿이 둘러앉아 먹다. ②농부들이 음식을 장만하고 모여서 놀다.

두레[2][명] 웅덩이나 낮은 곳에 고인 물을 논에 퍼 올리는 데 쓰는 기구.

두레-꾼[명] 두레에 참가한 일꾼.

두레^농사(-農事)[명] 두렛일.

두레-박[명] 줄을 길게 매어 우물물을 긷는 데 쓰는 도구. [비]타래박.

두레박-줄[-쭐][명] 두레박에 길게 맨 줄.

두레박-질[-찔][명][하자] 두레박으로 물을 긷는 짓.

두레-상(-床)[명] 여러 사람이 둘러앉아 음식을 차려 먹을 수 있도록 크고 둥글게 만든 상.

두레-우물[명] 두레박으로 물을 긷는 깊은 우물. ↔박우물.

두레-질[명][하자] 두레로 물을 푸는 일.

두렛-날[-렌-][명] 두렛일을 하는 날.

두렛-논[-렌-][명] 두레로 일을 하는 논.

두렛-일[-렌닐][명][하자] 두레를 짜서 하는 농사 일. 두레 농사.

두려-빠지다[자] 한 부분이 도려낸 것처럼 뭉떵 빠져나가다. ¶장부의 두려빠진 부분을 베껴 넣다. [작]도려me다.

두려-빼다[타] ①어느 한 부분을 뭉떵 빼다. ②(적진 따위를) 공격하여 차지하다.

두려움[명] 두려운 느낌. ¶두려움이 생기다.

두려워-하다[타][여] 두려움을 느끼다. 겁을 내다. ¶죽음을 두려워하다. /힘든 일을 두려워하다. ②공경하여 어려워하다. ¶스승을 두려워하다.

두려이[부]〈옛〉두렷이. 온전히. ¶두려이 照하시는(圓覺上一之二87).

두렵다[-따][두려우니·두려워][형][ㅂ] ①마음에 꺼려 무섭다. ¶잘못이 없다면 두려울 게 있겠는가. ②(일이 잘못될까) 염려스럽다. ¶낙방할까 두렵다. ③(근엄하거나 위엄이 있어) 대하기가 송구하고 어렵다. ¶근엄하신 할아버지가 두렵다.

두렵다[형][ㅂ]〈옛〉둥글다. 온전하다. ¶느치 두렵고 조흐미 보롤듯 ☞Æ틱시며(月釋2:56).

두렷-두렷[-렫뚜렫][부][하자] ①여럿이 모두 두렷한 모양. ¶별들이 두렷두렷한 밤하늘. ②매우 두렷한 모양. [작]도렷도렷. [센]뚜렷뚜렷.

두렷-하다[-려타-][형][여] 흐리지 않고 아주 분명하다. ¶보름달이 아주 두렷하다. /기억 속에 두렷하게 떠오르다. [작]도렷하다. [센]뚜렷하다.

두렷-이[부] 바람비도 지나간 나의 마음에 임의 얼굴 두렷이 다시금 뵈고.

두령(頭領)[명] 여러 사람을 거느리는 우두머리. 수령(首領).

두록(斗祿)[명] 얼마 안 되는 봉급. 적은 녹봉.

두루[부] ①빠짐없이. 골고루. ¶여기저기 두루 살피다. /두루 좋도록 하다. ②널리. 일반적으로. ¶두루 쓰이다. /두루 일컫는 말.

두루-두루[부] ①'두루'의 힘줌말. ②사람 사귐에 모나지 않고 원만하게. ¶세상을 두루두루 살다.

두루마기[명] 전통 한복의 한 가지. 외출복으로서, 외투처럼 맨 겉에 입는 길다란 웃옷. 주의(周衣).

두루마리[명] 종이를 가로로 길게 이어서 둥글게 만 것. 주지(周紙). ¶두루마리로 된 화장지.

두루-뭉수리[명] ①두루뭉술한 것. ②언행이나 태도·성격 등이 아무에게나 좋은 것을 조롱하여 이르는 말. ¶그 사람 두루뭉수리구면.

두루뭉술-하다[형][여] ①모나지도 않고 아주 둥글지도 않다. ¶두루뭉술한 바위. ②언행이나 태도·성격 등이 맺고 끊는 데가 없이 그저 적당하게 처리하여 분명하지 못하다. ¶두루뭉술하게 얼버무려 변명하다.

두루뭉실-하다[형][여] '두루뭉술하다'의 잘못.

두루미[1][명] 큰 병의 한 가지. 아가리가 좁고 목이 길며 몸은 단지 모양으로 배가 부름.

두루미[2][명] 두루밋과의 새. 몸길이 136~140 cm. 편 날개 길이 240 cm가량. 목과 다리와 부리가 긴 것이 특징임. 꽁지는 짧음. 온몸이 흰색인데, 머리 꼭대기는 피부가 드러나 붉고, 날개 깃의 끝은 검정색임. 습지·초원에서 살며 작은 물고기·지렁이·곡류 따위를 먹음. 천연기념물 제202호로 세계적인 보호조임. 백두루미. 백학. 야학(野鶴). 학(鶴). [참]단정학·선금(仙禽)·선학(仙鶴).

두루-이름씨[명] ☞보통 명사.

두루-주머니[명] 허리에 차는 주머니의 한 가지. 아가리에 잔주름을 잡고 끈 두 개를 좌우로 꿰어서 여닫게 됨. 끈을 졸라매면 전체가 거의 둥글게 됨. 염낭.

두루-춘풍(-春風)[명] 원칙을 따지거나 캐는 일 없이, 누구에게나 좋은 얼굴로 대하는 일, 또는 그런 사람. 사면춘풍. 사시춘풍.

두루-치기[1][명] 돼지고기·조갯살·낙지 따위를 슬쩍 데쳐서 갖은 양념을 한 음식.

두루치-기[2][명] ①한 가지 물건을 이리저리 둘러 쓰는 일, 또는 그러한 물건. ②한 사람이 여러 방면에 능통한 일, 또는 그러한 사람.

두루-치기[3][명] 우리나라 고유 의복의 한 가지. 폭이 좁고 길이가 짧은 치마.

두룽-다리[명] 지난날, 흔히 쓰던 방한모의 한 가지. 모피(毛皮)로, 둥글고 기름하게 만듦.

두류(豆類)[명] 콩 종류. 콩 종류의 곡식.

두류(逗留·逗溜)[명][하자] (객지에서) 일정 기간 머물러 묵음. 체류(滯留).

두르다[두르니·둘러][타][르] ①둘레를 돌려 감거나 휘감아 싸다. ¶목도리를 두르다. /앞치마를 두르다. /울타리를 두르다. ②둥글게 돌리다. ¶쥐불을 두르다. /팔을 두르다. ③한바퀴 돌다. ¶공장 안을 둘러 나오다. ④에돌아가다. ¶마을 위의 다리를 둘러가다. ⑤없는 것을 이리저리 변통하다. ¶급전을 둘러 쓰다. ⑥(냄비나 번철 따위에) 기름을 고르게 바르다. ¶번철에 기름을 두르다. ⑦사람을 함부로 다루다. ¶친구를 제집 하인 두르듯 한다. ⑧간접적으로 표현하다. ¶둘러 말하지 말고 요점만 말해라. ①⑤[작]도르다2.

두르르[월] ①둥근 것이 빠르게 구르는 소리나 모양. ¶차의 바퀴가 빠져 두르르 굴러 가다. ②넓고 빳빳한 종이 따위가 돌돌 말리는 모양. ㉠도르르. ㉡뚜르르.

두르-풍(-風)[명] 주로 노인들이 추위를 막기 위해 옷 위에 덧입는 방한복의 한 가지.

두르혀다[타] 〈옛〉돌이키다. 뒤치다. ¶드로모 두르혀사(圓覺上一之一99). ㉠두르혀다.

두르혀다[타] 〈옛〉돌이키다. 뒤치다. ¶光明을 두르혀 제 비취요미 貴호고(月釋序22).

두름 [I][명] ①(조기·청어 따위의) 물고기 스무 마리를 열 마리씩 두 줄로 묶은 것. ②(고사리 따위 산나물을) 열 모숨가량 엮은 것.
[II][의] ①(조기·청어 따위의) 물고기 스무 마리를 열 마리씩 두 줄로 엮은 것을 단위로 이르는 말. ¶굴비 한 두름. ②(고사리 따위 산나물을) 열 모숨가량 엮은 것을 단위로 이르는 말. ¶고사리 한 두름.

두름-성(-性)[-씽][명] 돈이나 물건 따위를 둘러대는 솜씨. 주변성.

두름-손[-쏜][명] 일을 잘 처리해 나가는 솜씨. ¶두름손 좋은 맏며느리.

두릅[명] 두릅나무의 어린순.

두릅-나무[-름-][명] 두릅나뭇과의 낙엽 활엽 관목. 산기슭이나 골짜기에 나는데, 높이는 5m 가량이고 줄기에 억센 가시가 많음. 여름에 누르스름한 꽃이 피고 둥근 열매가 가을에 검게 익음. 어린순은 먹을 수 있고, 나무껍질·열매·뿌리 등은 한방에서 약재로 쓰임.

두리기[명] 두리반에 음식을 차려 놓고 여럿이 둘러앉아 먹는 일.

두리-기둥[명] 둘레를 둥그렇게 깎아 만든 기둥. 둥근기둥. 원주(圓柱). ↔모기둥.

두리기-상(-床)[명] 여러 사람이 둘러앉아 먹게 차린 음식상. ¶오랜만에 온 식구가 두리기상에 둘러앉아 저녁을 먹는다.

두리넓적-하다[-넙쩌카-][형여] 모양이 둥그스름하고 넓적하다. 두리넓적-히[부].

두리다[타] 〈옛〉두려워하다. ¶弟子ㅣ 두리여 몯오노이다(釋譜6:19).

두리-둥실[부] 물 위나 공중에 가볍게 떠서 움직이는 모양. ¶하늘에 구름이 두리둥실 떠간다.

두리-목(-木)[명] 둥근 재목.

두리뭉실-하다[형여] ①특별히 모나거나 튀지 않고 둥그스름하다. ②말이나 태도 따위가 확실하거나 분명하지 아니하다.

두리-반(-盤)[명] 둥근 소반. ↔모반.

두리번-거리다[타] 자꾸 두리번두리번하다. 두리번대다. ¶주위를 두리번거리다. ㉠도리반거리다.

두리번-대다[타] 두리번거리다.

두리번-두리번[부][하] 어리둥절하여 이쪽저쪽을 연해 돌아보는 모양. ㉠도리반도리반.

두리-하님[명] 지난날, 혼인한 새색시가 시집으로 갈 때, 당의(唐衣)를 입고 족두리를 쓰고 향꽃을 든 차림으로 따라가던 계집 하인.

두리-함지박[명] 둥근 함지박.

두릿-그물[-리끄-/-릳끄-][명] 그물로 고기를 빙 둘러막고 그 아래쪽을 죄어 고기가 빠져나가지 못하게 하여 잡는 그물.

두:-말[명][하자] ①이랬다저랬다 하는 말. ¶남자끼리의 약속에 두말이 있을 수 없다. ②불평을 하거나 덧붙이는 말.

두말하면 잔소리[숨차기][관용] 앞서 말한 내용이 틀림없으므로 더 말할 필요가 없음을 강조하여 이르는 말.

두말할 나위(가) 없다[관용] 너무나도 뻔한 일이므로 다른 설명을 할 도발 필요가 없다.

두:말-없다[-마럽따][형] 이러니저러니 여러 말이 없다. 여러 말할 필요도 없이 확실하다. ¶처음에 확실히 해 두어야 나중에 두말없다. /그가 시험에 합격할 것은 두말없는 일이다. **두말없이**-이[부].

두:매-한짝[명] '다섯 손가락'을 이르는 말.

두멍[명] 물을 길어 담아 두고 쓰는 큰 가마나 독. 물두멍.

두메[명] 도시에서 멀리 떨어진 구석진 산골. 산골의 땅. 벽지. 산촌. 산협(山峽).

두메 앉은 이방(吏房)이 조정(朝廷) 두메의 알 듯[속담] ①출입 없이 들어앉은 사람이 먼 바깥일을 잘 안다는 말. ②현장과는 전혀 무관하거나 뚝 떨어져 있으면서 현장 일에 밝은 듯이 말하는 일을 비웃는 말.

두메-산골(-山-)[-꼴][명] (도시에서 멀리 떨어져 있는) 외지고 깊은 산골.

두메-싸립[명] 두멧사람들이 신는 미투리의 한 가지. 싸리 껍질로 바닥을 거칠게 삼은 것.

두멧-구석[-메꾸-/-멛꾸-][명] 두메의 외진 곳.

두멧-길[-메낄/-멛낄][명] 두메산골에 난 길.

두면(痘面)[명] 천연두를 앓아서 얽은 얼굴.

두면(頭面)[명] 머리와 낯.

두면(頭面)²[명] '갓¹'의 궁중말.

두목(頭木)[명] 〈두절목(頭切木)〉의 준말.

두목(頭目)[명] ①(주로, 좋지 못한 무리의) 우두머리. 우꽝머리. ②지난날, 장사를 목적으로 중국 사신을 따라오던 '북경 상인'을 이르던 말.

두묘(痘苗)[명] ⇨우두(牛痘).

두무-날[명] 한 달 동안에 조수 간만의 차가 같은 무날을 셀 때, 음력 열하루와 스무엿새를 아울러 이르는 말. ㉠무날·무수기.

두문(杜門)[명] ①(스스로 또는 남이) 문을 닫아 막음. ②술가(術家)의 팔문(八門) 가운데 흉한 문의 하나.

두문불출(杜門不出)[명][하자] 집 안에만 틀어박혀 세상 밖으로 나다니지 아니한.

두-문자(頭文字)[-짜][명] 첫머리에 오는 글자. 머리글자.

두미(頭尾)[명] ①머리와 꼬리. ②(어떤 일의) 처음과 끝. 수미(首尾).

두미-없다(頭尾-)[-업따][형] 앞뒤가 맞지 않고 조리가 없다. **두미없-이**-이[부]. ¶두미없이 말하다.

두박(豆粕)[명] 콩깻묵.

두발(頭髮)[명] 머리털.

두:발-당성기[명] 두 발로 차는 발길질.

두:발-제기[명] 두 발로 번갈아 차는 제기.

두:-밤중(-中)[-쭝][명] 〈한밤중〉의 속된 말.

두쾌(杜塊말)'두견이'를 달리 이르는 말. [촉나라의 망제(望帝) 두우(杜宇)의 넋이 새가 되었다는 고사에서 유래함.] 두우(杜宇).

두:벌-갈이[명][하자] 논이나 밭을 두 번째 가는 일. 재경(再耕).

두:벌-대(-臺)[명] 〈두벌장대〉의 준말.

두:벌-묻기[-끼][명] 유골을 일정 기간 동안 보존한 후 남은 뼈만 씻어서 다시 장사 지내는 장법(葬法). 세골장(洗骨葬).

두:벌-솎음[명][하자] 밭에서 푸성귀 따위를 두 번째로 솎는 일, 또는 그 푸성귀.

두:벌-일[-릴][명][하자] 처음에 한 일이 잘못되어 다시 하는 일.

두:벌-잠[명] ⇨개잠.

두:벌-장대(-長臺)[명] 장대석(長臺石)을 두 켜로 모아 쌓은 대. ㉥두벌대.

두:벌-주검[명][하자] 죽은 뒤 해부나 검시(檢屍) 또는 화장(火葬)을 당한 송장.

두병(斗柄)[명] 북두칠성을 국자 모양으로 보았을 때, 그 자루 부분이 되는 자리에 있는 세 개의 별.

두부(豆腐)[명] 콩으로 만든 음식의 한 가지. 물에 불린 콩을 매에 갈아 베자루에 넣고 짜서 익힌 다음 간수를 쳐서 엉기게 한 것.

두부(頭部)[명] ①동물의 머리가 되는 부분. ②물건의 윗부분.

두부^백선(頭部白癬)[-썬][명] 머리의 피부 군데군데에 생기는 백선. 그 부분의 머리털은 윤기가 없고 쉬이 빠짐. 魯기계충.

두부-살(豆腐-)[명] 피부가 희고 무른 살, 또는 그러한 몸을 가진 사람.

두사(頭詞)[명] 표(表) 또는 전문(箋文) 따위의 허두(虛頭)가 되는 말.

두삭-동물(頭索動物)[-똥-][명] 원삭동물문(原索動物門)의 한 강(綱). 척추 구실을 하는 척삭(脊索)이 하나 있는 연안성(沿岸性) 동물로서, 활유어(蛞蝓魚) 따위가 이에 딸림.

두상(頭上)[명] ①'머리'를 높여 이르는 말. ②머리 위.

두상(頭狀)[명] 사람 머리와 비슷하게 생긴 모양.

두상(頭相)[명] 머리의 모양이나 생김새. ¶두상이 크다.

두상(頭像)[명] 머리 부분만을 형상화한 조각 작품. ¶두상을 조각하다.

두상^꽃차례(頭狀-次例)[-꼳-][명] ⇨두상 화서(頭狀花序).

두상-화(頭狀花)[명] 꽃대 끝에 꽃자루가 없는 많은 작은 꽃이 모여 피어 머리 모양을 이룬 꽃. [국화·민들레 따위.]

두상^화서(頭狀花序)[명] 무한 꽃차례의 한 가지. 여러 꽃이 꽃대 끝에 머리 모양으로 엉겨 붙어 피어서 한 송이처럼 보이는 꽃. [국화·민들레 따위.] ⇨꽃차례.

두서(頭書)[명] ①머리말. ②(서식을 갖춘 문서 따위에서) 본문 위나 앞에 쓴 글. ¶두서에 표시한 안건. /두서의 성적으로 입상하였기에 이 상을 줌.

두서(頭緖)[명] 일의 차례나 갈피. 말의 차례나 조리. ¶일의 두서를 가리다.

두서너[관] 일부 단위를 나타내는 말 앞에 쓰이어, 그 수량이 둘이나 셋 또는 넷임을 나타내는 말. ¶사과 두서너 개. /두서너 사람씩 짝을 짓다.

두서넛[-넏][주] 둘이나 서넛. ¶두서넛을 가려내다. * 두서넛이[-너시]·두서넛만[-넌-]

두서-없다(頭緖-)[-업따][형] (말이나 행동이) 조리가 없어 갈피를 잡을 수 없다. ¶두서없는 말을 지껄이다. 두서없-이[부].

두성(斗星)[명] ①이십팔수의 하나. 북쪽의 첫째 별자리. 魯두(斗). ②'북두칠성'을 달리 이르는 말.

두-세[관] 일부 단위를 나타내는 말 앞에 쓰이어, 그 수량이 둘이나 셋임을 나타내는 말. ¶그 일은 두세 사람으로도 해낼 수 있다.

두세-째[명] 둘째나 셋째(의).

두-셋[-섿][주] 둘이나 셋가량. ¶장정 두셋이면 능히 할 수 있을 것이다. * 두셋이[-세시]·두셋만[-섿-]

두소(斗筲) '두소하다'의 어근.

두소-소인(斗筲小人)[명] 도량이 좁은 인물. 보잘것없는 사람.

두소-하다(斗筲-)[형여] ['斗'는 한 말들이 말, '筲'는 한 말 두 되들이 대그릇이란 뜻으로] ①녹봉(祿俸)이 적다. ②국량(局量)이 좁다.

두:손-매무리[명][하다] 어떤 일을 되는대로 거칠게 버무려 냄. ¶짧이 걸이 밭은 기간이긴 하지만 두손매무리는 하지 말도록.

두송(杜松)[명] ⇨노간주나무.

두송-실(杜松實)[명] 한방에서, '노간주나무의 말린 열매'를 약재로 이르는 말.

두:-수[명] 달리 주선하거나 변통할 여지. ¶두수가 없다. /두수 없이 기막힌 꼴을 당하다.

두수(斗數)[-쑤][명] 말로 된 수량. 말수!.

두수(頭數)[-쑤][명] 큰 가축의 마릿수. ¶축우(畜牛)의 두수를 나타낸 통계표.

두-습[명] (말이나 소의) 두 살.

두시(杜詩)[명] 중국 당나라 때의 시인인 두보(杜甫)의 시.

두시-언해(杜詩諺解)[명] ⇨분류두공부시언해.

두식(蠹蝕)[명][하자] ①좀먹음. ②좀먹듯이 닳거나 벗어짐.

두신(痘神)[명] ⇨호구별성(戶口別星).

두신-지수(頭身指數)[명] 키를 머리 길이로 나눈 몫.

두실(斗室)[명] 아주 작은 방. 두옥(斗屋).

두:섫(옛) 두엇. ¶겨울 ㄴ랫 짓 두서흘 ᄉ라(救簡上53). /두서 삿기롤 더브렛고(杜初7:1).

두어[관] 일부 단위를 나타내는 말 앞에 쓰이어, 그 수량이 둘쯤임을 나타내는 말. ¶두어 가마. /두어 마디.

두어-두다[타] 손대지 않고 그냥 두다. ¶쓰지 않고 그대로 두어두다. 魯둬두다.

두억시니[-씨-][명] 민간에서 이르는, 모질고 사나운 귀신의 한 가지. 야차(夜叉). ¶생김생김은 보살 같으나 하는 짓은 두억시니란다.

두엄[명] ⇨퇴비(堆肥).

두엄-간(-間)[-깐][명] 두엄을 장만하여 쌓아 두는 헛간.

두엄-걸채(-) (소의 길마 위에 얹어서) 두엄을 실어 내는 걸채.

두엄-발치[명] 두엄을 넣어서 썩히는 웅덩이.

두엄-자리[-짜-][명] 두엄을 쌓아 두거나 쌓았던 자리.

두엄-터[명] 두엄을 장만하여 쌓아 두는 곳.

두엇[-얻][주] 둘가량. ¶일할 사람을 두엇만 불러 주게. /그런 것이 두엇만 더 있어도 되겠다. * 두엇이[-어시]·두엇만[-언-]

두역(痘疫)[명] ⇨천연두(天然痘).

두연(斗然)[1][부] 문득. 갑자기. 왈칵.

두연(斗然)[2] '두연하다'의 어근.

두연-하다(斗然-)[형여] 솟은 모양이 우뚝하다. 두연-히[부].

두옥(斗屋)[명] ①아주 작은 집. ②아주 작은 방. ②두실(斗室).

두옥-신(斗玉神)[명] '두억시니'의 잘못.

두우(斗牛)[명] 이십팔수 가운데의 두성(斗星)과 우성(牛星), 곧 '북두칠성과 견우성(牽牛星)'을 이르는 말.

두우(斗宇)[명] 온 세상.

두우(斗魄)[명] ⇨두백(杜魄).

두운(頭韻)[명] 시(詩)에서, 글귀의 첫머리에 같은 음(音)의 글자를 되풀이해서 쓰는 음위율(音位律)의 한 가지. ↔각운(脚韻).

두위잇다[자] (옛) 뒤집히다. ¶ᄀ르미 두위이즈며 돌히 ᄃ르며(杜初6:41). /믌겨리 두위잇거놀(杜重2:18).

두위티다[자타] (옛) 뒤집다. 뒤집히다. ¶北寇를 두위터 브리고져 하고(杜初3:3).
두유(豆油)[명] ☞콩기름.
두유(豆乳)[명] 불린 콩을 간 다음 물을 더하여 끓인 젖과 같은 액체.
두음(頭音)[명] ①음절의 첫소리. 〔'먹'에서의 'ㅁ', '솔'에서의 'ㅅ' 따위.〕 ②단어의 첫소리. 〔'하늘'에서의 'ㅎ' 따위.〕 머리소리. ↔말음(末音).
두음^경화(頭音硬化)[명] 두음이 된소리로 변하는 발음 경향의 한 현상. 〔'가마귀'가 '까마귀'로, '번다'가 '뻔다'로 되는 따위〕.
두음^법칙(頭音法則)[명] ①우리말에서, 단어의 첫소리에 어떤 소리가 오는 것을 꺼리는 현상. ㉠'ㄹ'이 오는 것을 꺼림. 〔량심(良心)→양심 따위.〕 ㉡모음 앞에서 'ㄴ'이 첫소리로 오는 것을 꺼림. 〔녀자(女子)→여자 따위.〕 ②외래어를 우리말로 적을 때, 음절의 첫소리로 'ㅊ·ㅋ·ㅌ·ㅍ' 이외의 서로 다른 복자음이 옴을 꺼리어 모음을 끼워 넣는 일. 〔strike→스트라이크, prime→프라임 따위〕.
두:-이(-二)[명] 한자 부수의 한 가지. '亘'·'亞' 등에서의 '二'의 이름.
두:-이레[명] 아기가 태어난 지 14일이 되는 날. 이칠일(二七日). 참세이레.
두인(頭印)[명] 서화(書畫)의 오른쪽 위에 찍는 도장. 참낙관(落款).
두:인-변(人邊)[명] 한자 부수의 한 가지. '往'·'待' 등에서의 'ㄔ'의 이름.
두장(荳漿)[명] 천연두의 고름.
두장폭-지수(頭長幅指數)[-찌-][명] 두형(頭型)을 분류하는 지수의 하나. 두부, 또는 두골의 길이에 대한 폭의 백분율로 나타냄. 참두지수(頭指數).
두전(頭錢)[명] ☞구문(口文).
두절(杜絕)[명][하자][되자] (교통이나 통신이) 막히거나 끊어짐. ¶통신 두절. /왕래가 두절되다. /소식이 두절되다. /떼아닌 폭설로 교통이 두절되었다. 비단절(斷絕)·돈절(頓絕).
두절(頭切)[명] 〈두절목(頭切木)〉의 준말.
두:절-개[-깨][명] 〔두 절을 왔다 갔다 하는 개처럼〕'양다리를 걸고 다니다가 양쪽 모두에게 따돌림을 당한 꼴이 됨'을 이르는 말.
두절-목(頭切木)[명] 재목을 다듬을 때 잘라 버리는 나무토막. 끝동. 준두목·두절.
두정-골(頭頂骨)[명] 머릿뼈의 한 부분. 대뇌의 뒤쪽 윗부분을 덮은 뼈 조각.
두족(頭足)[명] ①(주로, 잡은 소나 돼지 따위의) 머리와 네 발. ②연체동물 두족강의 발.
두족-강(頭足綱)[-깡][명] 연체동물의 한 강. 몸은 발·머리·몸통의 세 부분으로 나뉘며, 머리 부분에 8~10개의 발이 달린 것이 특징임. 〔꼴뚜기·오징어 따위〕.
두주(斗酒)[명] ☞말술.
두주(頭註)[명] 본문의 윗부분에 적는 주석. ↔각주(脚註).
두주불사(斗酒不辭)[-싸][명][하자] 〔말술도 사양하지 않는다는 뜻으로〕'주량이 매우 큼'을 이르는 말.
두중-각경(頭重脚輕)[-경][명][하자] 〔머리는 무겁고 다리는 가볍다는 뜻으로〕 어지럽고 허전하여 쓰러짐, 또는 쓰러질 상태.
두지(頭指)[명] ☞집게손가락.
두-지수(頭指數)[명] 두형(頭型)을 분류하는 지수. 참두장폭지수.

두진(痘疹)[명] ①두창(痘瘡)의 드러난 증세를 이르는 말. 춥고 열이 나며, 얼굴에서 전신에 걸쳐 붉은 점이 생기는 것이 홍역과 비슷함. ②천연두와 마진(痲疹).
두질(頭質)[명][하자] ☞무릎맞춤.
두-째[Ⅰ][수관] '둘째'의 잘못. [Ⅱ][명] '둘째'의 잘못.
두찬(杜撰)[명] ①전거(典據)·출처(出處)가 없는 문자를 억지로 쓰는 일, 또는 그러한 저작. ②틀린 곳이 많은 저술.
두창(痘瘡)[명] ☞천연두.
두창(頭瘡)[명] 머리에 나는 온갖 부스럼.
두채(豆彩)[명] 두청(豆靑)으로 채화(彩畫)를 올
린 오채(五彩)의 하나.
두초-류(豆草類)[명] 사료나 녹비로 쓰는 콩과 식물을 통틀어 이르는 말.
두충(杜沖)[명] 두충과의 낙엽 교목. 중국 특산의 약용 식물로, 높이는 10 m가량. 봄에 잔꽃이 피고, 나무껍질을 자르면 흰색의 고무질 즙이 나옴. 한방에서 말린 껍질을 강장제로 쓰는데, 성질이 온(溫)하고 맛이 닮.
두타(頭陀)[명][하자] ①속세의 번뇌를 버리고 깨끗하게 불도를 닦는 수행. ②여러 곳을 떠돌면서 온갖 괴로움을 무릅쓰고 불도를 닦는 수도승.
두탁(頭託) 〈두탁(投託)〉의 변한말.
두태(豆太)[명] ①콩과 팥. ②'콩팥'을 군두목으로 이르는 말. 곧 '신장(腎臟)'의 딴 이름.
두태-쥐(豆太-)[명] 소의 신장에 붙은 군살. 전골에 씀.
두터비[명] (옛) 두꺼비. ¶두터비 프리를 믈고 두험 우희 치드라 안자(古時調).
두텁[명] (옛) 두꺼비. ¶두텁도 江南 가고 말 가는 듸 소 가녜니(古時調).
두텁다[-따][형ㅂ] (인정이나 정의가) 깊다(많다). ¶친분이 두텁다. 참도탑다. 두터-이[부] ¶친목을 두터이 하다.
두텁다[형ㅂ] (옛) 두껍다. ¶닐굽차힌 귀 두텁고 넙고 기르시고(月釋2:56).
두텁-떡[명] 찹쌀가루를 익반죽하여 꿀과 계핏가루를 소로 넣고 실팥과 대추 씨를 박아 경단처럼 빚어, 붉은팥을 묻혀 쪄 낸 떡.
두:톨-박이[명] 알이 두 톨만 생겨서 여문 밤송이나 자두.
두통(頭痛)[명] 머리의 아픔. 머리가 아픈 증세. ¶두통이 나다.
두통-거리(頭痛-)[-꺼-][명] 골칫거리.
두툴-두툴[부][하형] 물건의 거죽이 들어가고 나온 곳이 많아 매끈하지 못하고 흉한 모양. ¶두꺼비 등은 두툴두툴하다. 참도톨도톨.
두툼-하다[형여] ①꽤 두껍다. ¶두툼한 입술. /두툼한 편지. 참도톰하다. ②넉넉하다. 여유가 있다. ¶오늘은 용돈을 받아 주머니가 두툼하다. 두툼-히[부]
두풍(頭風)[명] ①머리가 늘 아프거나 부스럼이 나는 병. ②백설풍(白屑風).
두피(頭皮)[명] 두개(頭蓋)를 덮는 부분. ¶두피가 건강해야 머릿결도 살이 난다.
두피족(頭皮足)[명] (주로, 잡은 소의) 머리와 가죽·발 따위를 아울러 이르는 말.
두한-족열(頭寒足熱)[-종녈][명] 건강하려면 '머리는 차게, 발은 따뜻하게' 해야 한다는 말.
두:해-살이[명] ☞이년생(二年生).
두:해살이-풀[명] ☞이년생 식물.
두호(斗護)[명][하자] 돌보아 줌. 두둔함. ¶그는 김 군을 두호하고 나섰다.

두흉-갑(頭胸甲)**명** 절지동물의 두흉부를 싸고 있는 딱지.

두-흉부(頭胸部)**명** ①머리와 가슴 부분. ②머리와 가슴 부분이 들러붙어 하나로 된 부분.

두흔(痘痕)**명** 마마를 앓아서 얽은 däse. ¶두땅. 두땅. 두土).

둑¹명 윷놀이에서의 두 동. ¶둑이 나다.

둑²명 ①홍수의 예방이나 저수(貯水)를 위해 둘레를 돌·흙 따위로 높이 막아 쌓은 언덕. 방강 (防江). 제방(堤防). 축답(築畓). ②높은 길을 내려고 흙과 돌로 쌓아 올린 언덕.

둑(*纛)**명** 어가(御駕) 또는 군중(軍中)의 대장 앞에 세우던 기(旗)의 하나.

둑-가다[-까-]**자** 윷놀이에서, 두 동째 가다.

둑-길[-낄]**명** 둑 위로 나 있는 길.

둔(屯)**명** 〈둔괘(屯卦)〉의 준말.

둔(遯)**명** 〈둔괘(遯卦)〉의 준말.

둔:각(鈍角)**명** 90°보다는 크고 180°보다는 작은 각. ↔예각(銳角).

둔:각^삼각형(鈍角三角形)[-쌈가켱]**명** 세 각 가운데서 하나가 둔각인 삼각형.

둔:감(鈍感)**명하형** 감각이 무딤, 또는 무딘 감각. ¶유행에 둔감하다. ↔예감(銳感).

둔-갑(遁甲)**명하자되자** 술법을 써서 마음대로 자기 몸을 감추거나 다른 것으로 변하게 함. ¶여우가 사람으로 둔갑하다.

둔-갑-법(遁甲法)[-뻡]**명** ☞둔갑술.

둔-갑-술(遁甲術)[-쑬]**명** 마음대로 자기 몸을 감추거나 다른 것으로 변하게 하는 방법. 둔갑법.

둔-갑-장신(遁甲藏身)[-짱-]**명하자** 둔갑하여 몸을 보이지 않게 숨김.

둔괘(屯卦)**명** 육십사괘의 하나. 감괘(坎卦)와 진괘(震卦)를 위아래로 놓은 괘. 구름과 우레를 상징함. ☞둔(屯).

둔괘(遯卦)**명** 육십사괘의 하나. 건괘(乾卦)와 간괘(艮卦)를 위아래로 놓은 괘. 산 위에 하늘 따위를 상징함. ☞둔(遯).

둔:기(鈍器)**명** ①무딘 날붙이. ②날이 없는, 사람을 상해하기 위해 사용하는 몽둥이나 벽돌 따위의 도구. ¶둔기로 얻어맞다.

둔답(屯畓)**명** ①주둔병의 군량을 자급하기 위하여 마련되어 있던 논. ②각 궁과 관아에 딸렸던 논. ☞둔전(屯田).

둔덕명 두두룩하게 언덕진 곳.

둔덕-지다[-찌-]**형** 땅이 언덕처럼 두두룩하다.

둔:도(鈍刀)**명** 날이 무딘 칼.

둔-땅(屯-)**명** 둔답과 둔전을 아울러 이르는 말. 둔전답. 둔토(屯土).

둔박(鈍朴)**명** '둔박하다'의 어근.

둔:박-하다(鈍朴-)[-바카-]**형여** 미련하면서도 순박하다. 둔박-히**부**.

둔병(屯兵)**명하자** 군사가 주둔함, 또는 그 군사. ☞〈둔전병〉의 준말.

둔부(臀部)**명** ①볼기. ②엉덩이.

둔:사(遁辭)**명** 빠져나가려고 꾸며 대는 말.

둔:세(遁世·遯世)**명** ①세상을 피해 삶. 현실에서 도피함. 기세(棄世). ②속세를 등지고 불문(佛門)에 들어감. ②둔속.

둔:속(遁俗)**명** ☞둔세.

둔열(鈍劣)**명** '둔열하다'의 어근.

둔:열-하다(鈍劣-)**형여** 둔하고 용렬하다.

둔영(屯營)**명** 군사가 주둔하는 군영.

둔:재(鈍才)**명** 둔한 재주, 또는 재주가 둔한 사람. 둔지(鈍智). **비**단재(短才). ↔수재.

둔:적(遁迹)**명하자** 종적을 감춤.

둔전(屯田)**명** ①주둔병의 군량을 자급하기 위하여 마련되어 있던 밭. ②각 궁과 관아에 딸렸던 밭. ☞둔답(屯畓).

둔전-답(屯田畓)**명** 둔전과 둔답을 아울러 이르는 말. 둔-땅. 둔토(屯土).

둔전-병(屯田兵)**명** 왕조 때, 군사적 중요 지대나 군사가 오래 머물러야 할 곳에 주둔하여 둔전둔답을 짓던 병졸. 평시에는 토지를 경작하고 전시에는 전투원으로 동원되었음. ☞둔병(屯兵).

둔:주(遁走)**명하자** 도망쳐 달아남.

둔:주-곡(遁走曲)**명** ☞푸가(fuga).

둔중(鈍重)**명** '둔중하다'의 어근.

둔:중-하다(鈍重-)**형여** ①성질이나 동작이 굼뜨고 느리다. ¶둔중한 몸놀림. ②분위기나 상태가 밝지 못하여 어둡고 무거움. ¶수업 분위기가 전체적으로 둔중하다. ③소리가 둔하고 무거움. ¶멀리서 울려 오는 둔중한 뇌성. ④부피가 크고 무겁다. ¶둔중한 외모.

둔:지(鈍智)**명** ☞둔재(鈍才).

둔취(屯聚)**명하자** 여러 사람이 한곳에 모여 있음.

둔치명 ①물가. ②큰물로 질 때에나 물에 잠기는, 물가의 넓적하게 둔덕진 곳. ¶한강 둔치.

둔탁(鈍濁)**명** '둔탁하다'의 어근.

둔:탁-하다(鈍濁-)[-타카-]**형여** ①성질이 굼 뜨고 흐리터분하다. ¶행동이 둔탁하다. ②소리가 굵고 겹쳐 울림소리 웅숭깊다. ¶낡은 발동기의 둔탁한 소리. ③생김새가 거칠고 투박하다.

둔테명 〈문둔테〉의 준말.

둔토(屯土)**명** ☞둔전답. 둔땅.

둔:통(鈍痛)**명** 둔하고 무지근한 아픔.

둔-팍-하다(鈍-)[-파카-]**형여** ☞투미하다.

둔:-패기명 〈아둔패기〉의 준말.

둔폄(窆瘞)**명하자** 하관하여 묻음. 시체를 묻음.

둔:필(鈍筆)**명** ①글이나 글씨를 쓰는 솜씨가 굼 뜨거나 서투름, 또는 그런 사람. 지필(遲筆). ②서툰 글, 또는 문필의 재능이 모자란 사람.

둔:필-승총(鈍筆勝聰)**명** 둔필의 기록이 총명한 기억보다 낫다는 말.

둔:-하다(鈍-)**형여** ①(말이나 행동이) 느리고 미련하다. ¶둔한 동작. ②(깨우침이) 늦고 재주가 모자라다. 이해가 늦다. ¶둔한 머리. ③(날붙이의 날이) 무디다. ¶칼날이 둔하다. ④(감수성이) 모자라다. ¶나이가 들수록 감정이 둔해진다. ⑤(글이나 말로 표현하는 힘이) 부족하다. ¶둔한 글 솜씨. ⑥(비판하는 정도가) 날카롭지 못하다. ¶붓끝이 둔하다. ⑦(소리가) 무겁고 흐리다. ¶도끼질 몇 번에 둔한 소리를 내며 쓰러지는 고목.

둔:한(鈍漢)**명** 미련하고 둔한 사람.

둔:화(鈍化)**명하자되자** 둔하게 됨. 무디어짐. ¶인구 증가율의 둔화./선수의 움직임이 둔화되다.

둘겁다형ㅂ (옛) 두껍다. 짙다. ¶붉비치 날마제 둘겁도다(杜初10:9).

둘주 하나에 하나를 더한 수. '하나'의 다음 수. 이(二). **참**두1.

　둘이 먹다 하나가 죽어도 모르겠다족담 음식 맛이 매우 좋다는 말.

　둘도 없다관용 ①오직 그것뿐이고 더는 없다. 하나뿐이다. ¶둘도 없는 목숨. ②가장 귀중하다. ¶둘도 없는 친구.

둘-접두 (일부 짐승 이름 앞에 붙어) 새끼나 알을 낳지 못하는 암컷임을 뜻함. ¶둘암소. /둘암탉. /둘암캐.

돌-되다[-되-/-돼-]**톙** 미련하고 굼뜨다. 둔하게 생기다. ¶사람이 상냥한 맛은커녕 둘되어서야, 원.

둘둘[튀] 종이·자리·멍석 따위 넓은 것을 여러 겹으로 감거나 마는 모양. ¶멍석을 둘둘 말아 세우다. 셈돌돌¹.

둘둘²[튀] 둥근 것이 구르는 모양, 또는 그 소리. 큰돌돌². 셈뚤뚤.

둘러-놓다[-노타]**타** ①둥글게 벌여 놓다. ¶병풍을 둘러놓다. /책상을 둘러놓고 앉아 회의를 하다. ②방향을 바꾸어 놓다. ¶물줄기를 서쪽으로 둘러놓다. 큰돌라놓다.

둘러-대다태 ①(필요한 돈이나 물건 따위를) 이리저리 둘러서 갖다 대다. 융통하다. ②그럴듯한 말로 꾸며 대다. 큰돌라대다.

둘러-막다[-따]**타** 가장자리로 돌아가며 가려서 막다. 큰돌라막다.

둘러막-히다[-마키-]**자** 『'둘러막다'의 피동』 가장자리로 돌아가며 가려져서 막힘을 당하다. ¶울창한 숲으로 둘러막힌 마을.

둘러-말하다재타 에둘러서 간접적으로 말하다. ¶이리저리 둘러말하지 말고 요점만 말하세요.

둘러-맞추다[-맏-]**타** 둘러대어 맞추다. ¶모자라는 등록금을 겨우 둘러맞추었다. /이유를 적당히 둘러맞추다. 큰돌라맞추다.

둘러-매다태 둘러 감아서 두 끝을 맞매다. ¶허리에 띠를 둘러매다. 큰돌라매다.

둘러-메다태 물건을 번쩍 들어서 어깨에 메다. ¶보따리를 둘러메다.

둘러-메치다태 둘러메어 세게 넘어뜨리다.

둘러방-치다태 무엇을 빼돌리고 그 자리에 다른 것을 슬쩍 바꾸어 넣다. 큰둘러치다. 큰돌라방치다.

둘러-보다태 이모저모 골고루 살펴보다. ¶사방을 둘러보다. /근무 상황을 둘러보고 오겠네. 큰돌라보다.

둘러-붙다[-붇따]**자** 헤아려 보아서 이로운 쪽으로 슬그머니 붙좇다. 큰돌라붙다.

둘러-빠지다재 (바닥의 한 부분이) 빙 둘러서 움쑥 꺼지다.

둘러-서다재 여럿이 둥글게 서다. ¶많은 사람이 빙 둘러서서 연설을 듣고 있다. 큰돌라서다.

둘러-싸다태 ①빙 둘러서 감싸다. ②둥글게에워싸다. ¶적을 둘러싸다. 큰돌라싸다. ③어떤 것을 관심의 중심으로 삼다. ¶이 사건을 둘러싸고 의견이 분분하다.

둘러싸-이다재 『'둘러싸다'의 피동』 빙 둘러쌈을 당하다. ¶산으로 둘러싸인 마을.

둘러-쌓다[-싸타]**타** 빙 둘러서 둥글게 쌓다. ¶예전엔 성을 둘러쌓아 적의 침공을 막았다. 큰돌라쌓다.

둘러-쓰다[~쓰니·~써]**타** ①머리에 두르거나 온몸을 덮어 가리다. ¶수건을 둘러쓰다. /이불을 둘러쓰다. ②(액체나 가루 따위를) 온몸에 받다. ¶먼지를 둘러쓰다.

둘러-앉다[-안따]**재** 여러 사람이 가운데를 향해 둥글게 앉다. 큰돌라앉다.

둘러-업다[-따]**타** 번쩍 들어서 업다. ¶아이를 등에 둘러업다.

둘러-엎다[-업따]**타** ①통째 뒤엎어 버리다. 전복하다. ¶밥상을 둘러엎다. /정권을 둘러엎다. ②(하던 일을) 때려치우다. 집어 팽개치다. ¶직장을 둘러엎고 나와 장삿길에 나서다.

둘러-차다태 몸에 둘러 매달려 있게 하다. ¶허리에 칼을 둘러차다.

둘러-치다태 ①휘둘러서 세차게 내던지다. ②(메나 몽둥이 따위를) 휘둘러서 세차게 내리치다. ③(병풍·그물·울타리 따위로) 둥글게 가리어 막다. ¶철조망을 둘러치다. ④<둘러방치다>의 준말.

둘러치나 메어치나 매한가지[매일반]〔속담〕 수단이나 방법이야 어떠하든 결과는 마찬가지라는 말.

둘레똉 ①사물의 바깥 언저리. 주위(周圍). ¶건물 둘레에 나무를 심다. ②사물이나 도형의 가장자리를 따라 한 바퀴 돈 길이. 주(周)¹. ¶운동장 둘레.

둘레-돌[똉] 능묘의 봉토 주위를 둘러서 쌓은 돌. 호석(護石).

둘레-둘레〔튀〕 ①(하다)이리저리 사방을 자꾸 둘러보는 모양. ¶여기저기를 둘레둘레 살펴보다. ②여럿이 여기저기 빙 둘러앉은 모양. ¶여기저기 둘레둘레 모여 앉아 이야기를 주고받는다.

둘레-바늘똉 플라스틱 따위로 끝을 뾰족하게 만든 뜨개질바늘. 바늘 한 개로 원통 모양을 뜨는 데 쓰임.

둘리다재 ①『'두르다'의 피동』 둘러막히다. 둘러싸이다. ②남에게 속다. 농락을 당하다. ¶그런 잔꾀에 둘릴 내가 아니니 걱정하지 마라. ②큰돌리다.

둘-소[-쏘]**똉** ☞둘암소.

둘-암소똉 새끼를 낳지 못하는 암소. 둘소.

둘-암캐똉 새끼를 낳지 못하는 암캐.

둘-암탉[-탁]**똉** 알을 낳지 못하는 암탉. *둘암탉이[-둘암탉기-]/둘암탉만[-탕-]

둘-암퇘지똉 새끼를 낳지 못하는 암퇘지.

둘어태(옛)『'두르다'의 활용형』 둘러. ¶行宮에 도즈기 둘어 님그미 울어나노(龍歌33章).

둘에똉(옛) 둘레. ¶그르메 기우니 둘에 便安티 아니호도다(杜重12:1).

둘:-잇단음표[-音標]〔-린따음-〕똉 3등분해야 할 음표를 2등분한 것. 곧, 같은 음표 2개로써 3개의 길이와 같게 연주하라는 표. 두 음표 사이에 연결표와 숫자 '2'를 표시함. 큰셋잇단음표.

둘:-잡이똉 장기에서, 자기의 말 하나를 죽이고 상대편의 말 두 짝을 먹는 수.

둘:-째 〔Ⅰ〕수관 첫째의 다음 차례(의). ¶둘째 며느리. 〔Ⅱ〕똉 맨 앞에서부터 세어 모두 두 개가 됨을 이르는 말. ¶새치를 벌써 둘째 뽑는다.

둘째(로) 치다판용 이차적인 것으로 돌려, 문제 삼지 않기로 하다. 대수롭지 않은 것으로 치다. ¶수석은 둘째 치고, 합격이나 했으면 좋겠다. 참고사하다.

둘:째-가다재 최고에 버금가다. ¶내 짝은 우리 반에서 둘째가라면 서러울 정도로 공부를 잘한다.

둘:째-아버지똉 아버지의 형제 가운데 둘째 되는 사람. 아버지가 셋째나 그 아래이면 둘째큰아버지, 아버지가 맏이이거나 둘째이면 첫째 작은아버지를 이름.

둘:째-어머니똉 둘째아버지의 아내.

둘-치똉 새끼를 낳지 못하는 암컷.

둘-하다톙여 둔하고 미련하다.

둟수 (옛) 둘. ¶둘희 힘이 달음이 업더니(月印39章).

둥¹똉 우리나라 고유 음악의 음계(音階)의 하나인 제2음.

둥²의 ①용언의 관형사형 어미 '-ㄴ·-은·-는·-ㄹ·-을' 등의 뒤에 쓰이어, '… 것과 같음'의 뜻을 나타냄.(《'~ 둥 ~ 둥'과 같이 겹치는 꼴로 쓰이며, 뒤는 '말 둥'·'마는 둥' 따위로 호응함.》 ¶자는 둥 마는 둥. /올 둥 말 둥. ②'-다는(-라는·-냐는)·-다는(-라는·-냐는) 둥'과 같이 겹치는 꼴로 쓰이어, '이리한다거니 저리한다거니', 또는 '이러하다거니 저러하다거니'의 뜻을 나타냄.(《이때, 앞말과 뒷말은 대립적인 말로 짝을 이룸.》) ¶물가가 오른다는 둥 내린다는 둥 말이 많다.

둥³튀 큰 북을 치거나 거문고를 탈 때에 울리어 나는 묵직한 소리. ⑭퉁⁶. ㉗퉁³. **둥-둥**튀.

둥개다재 일을 감당하지 못하고 쩔쩔매면서 뭉개다. ¶일거리 하나를 가지고 종일 둥개다.

둥개-둥개캅 '둥둥²'를 더 흥겹게 하는 소리.

둥구-나무똉 크고 오래된 정자나무.

둥구미똉〈멱둥구미〉의 준말.

둥굴-대[-때]똉 (되나 말 따위로 곡식을 될 때) 둥글게 만들어 굴리는 평미레.

둥굴다재 껍질을 벗긴 통나무.

둥그러미똉 둥글게 된 것(모양). ㉗동그라미.

둥그러-지다재 넘어지면서 두그르르 구르다. ¶돌에 채여 둥그러지다. ㉗동그라지다.

둥그렇다[-러타][둥그러나·둥그런]휑5 뚜렷하고 크게 둥글다. ¶둥그런 보름달. ㉗동그랗다. ⑳뚱그렇다.

둥그레-모춤똉 볏모 네 움큼을 한데 묶은 단.

둥그레-지다재 둥그렇게 되다. ¶영문을 몰라 눈이 둥그레지다. ㉗동그래지다. ⑳뚱그레지다.

둥그스름-하다휑여 모나تی 아니하고 대체로 좀 둥글다. ¶둥그스름하게 생긴 얼굴. ⑳둥긋하다. ㉗동그스름하다. ⑳뚱그스름하다. **둥그스름-히**튀.

둥근-귀똉 재목(材木)의 귀를 둥글게 귀접이한 면.

둥근-기둥똉 ⇨두리기둥. 원주(圓柱).

둥근-끌똉 날이 활 모양으로 된 끌.

둥근-톱똉 모양이 둥글게 되어 있는 기계톱의 한 가지. ↔띠톱.

둥근-파똉 '양파'의 잘못.

둥글넓데데-하다[-럽떼-]휑여 생김새가 둥글고 넓적스름하다. ¶둥글납대대하다.

둥글넓적-하다[-럽쩌카-]휑여 모양이 둥글고 넓적하다. ㉗동글납작하다. **둥글넓적-이**튀.

둥글다[둥그니·둥글어] [Ⅰ]재 둥그렇게 되다. [Ⅱ]휑 ①모양이 원과 같거나 비슷하다. ¶둥근 달. ㉗동글다. ②모가 없이 원만하다. ¶성격이 둥근 사람.

둥글-둥글[-휑여 ①여럿이 모두 둥근 모양. ②둥그러미를 그리며 잇달아 돌아가는 모양. ③모가 없이 원만한 모양. ¶세상을 둥글둥글 살아간다. ⑫㉗동글동글. ⑳뚱글뚱글.

둥글-리다재 『'둥글다'의 사동』 모난 곳을 잘 손질하여서 둥글게 만들다. ㉗동글리다.

둥글뭉수레-하다휑여 둥글고 같이 뭉툭하다.

둥글번번-하다휑여 생김새가 둥그스름하고, 울퉁불퉁한 데가 없이 미끈하다. ㉗동글반반하다. **둥글번번-히**튀.

둥글-부채똉 둥글게 만든 부채. 단선(團扇).

둥긋-하다[-그타-]휑여 〈둥그스름하다〉의 준말. ㉗동긋하다. **둥긋-이**튀.

둥당-거리다재태 둥당둥당하다. 둥당대다. ¶둥당거리며 신나게 놀았다. ㉗동당거리다.

둥당-대다재태 둥당거리다.

둥당-둥당튀하자태 큰 북 따위를 잇달아 쳐서 내는 소리. ㉗동당동당.

둥덩-거리다재태 자꾸 둥덩둥덩하다. 둥덩대다. ㉗동덩거리다.

둥덩-대다재태 둥덩거리다.

둥덩-둥덩튀하자태 '둥당둥당'보다 낮고 묵직하게 울려 나는 소리. ㉗동덩동덩.

둥-덩실튀 물건이 공중이나 바다에 가볍게 떠 있는 모양.

둥덩이똉 소의 앞다리에 붙은 살.

둥둥¹튀 큰 물건이 떠서 움직이는 모양. ¶하늘 높이 둥둥 떠가는 기구(氣球). ㉗동동².

둥둥²캅 어린아이를 안거나 쳐들고 어를 때에 하는 소리. ¶우리 아기 둥둥. ⑬둥개둥개.

둥둥-거리다재태 자꾸 큰 북 따위를 치는 소리가 나다, 또는 그런 소리를 내다. 둥둥대다. ㉗동동거리다.

둥둥-대다재태 둥둥거리다.

둥둥이-김치똉 국물을 많이 하여 건더기가 둥둥 뜨게 담근 김치.

둥실¹튀 큰 물건이 가볍게 떠 있는 모양. ㉗동실¹. **둥실-둥실**튀하자 ¶둥실둥실 두둥실 배 떠나가네.

둥실²튀하휑 둥글고 투실한 모양. ㉗동실². **둥실-둥실**튀하휑 ¶생김생김이 둥실둥실한 게 부잣집 맏며느릿감이로군.

둥싯-거리다[-싣꺼-]재태 자꾸 둥싯둥싯하다. 둥싯대다.

둥싯-대다[-싣때-]재태 둥싯거리다.

둥싯-둥싯[-싣뜽싣]튀하자태 ①몸을 둔하게 자꾸 움직이는 모양. ¶곰이 둥싯둥싯 몸을 움직이며 우리로 들어간다. ②배 따위가 굼뜨게 떠다니는 모양.

둥우리똉 ①짚이나 댑싸리로 바구니 비슷하게 엮어 만든 그릇. ②기둥과 칸살 등을 나무로 하고 새끼로 얽어 만들어, 병아리 같은 것을 기르는 데 쓰는 제구.

둥우리-장수똉 지난날, 둥우리에 쇠고기를 넣어 지고 다니며 팔던 장수.

-둥이젭미 《일부 명사 뒤에 붙어》 ①그 명사가 뜻하는 특징을 지닌 어린이임을 나타냄. ¶막내둥이. /귀염둥이. ②그 명사나 어근이 뜻하는 특징을 지닌 사람이나 짐승임을 나타냄. ¶바람둥이. /검둥이. /점둥이.

둥주리똉 짚으로 크고 두껍게 엮어 둥우리처럼 만든 것. 〔추울 때, 밖을 지키는 사람이 들어앉거나 말을 타고 가는 사람이 말 위에 얹고 그 안에 들어앉아서 추위를 막았음.〕

둥주리-감똉 모양이 둥근 감의 한 가지.

둥지똉 검불·털·잔 나뭇가지 따위를 모아 지은 새의 집. ¶뻐꾸기 둥지.

둥지(를) 치다〔틀다〕관용 새가 보금자리를 만들다.

둥치똉 큰 나무의 밑동.

둥치다태 ①휩싸서 동이다. ㉗동치다. ②녀절녀절한 것을 몰아서 깎아 버린다.

둪다타 (옛) 덮다. ¶곳나피 퍼 衆人ᄋᆞ 다 두프니(月印158章).

뒈〈-두다〉〈두어두다〉의 준말.

뒈둬둬튀 분봉(分蜂)하려고 벌통 밖으로 나가서 한곳에 모여 붙어 있는 벌 떼를 몰아넣을 때 부르는 소리. 드레드레.

뒈뒈뒈캅 돼지를 몰거나 쫓을 때 하는 소리.

뒈:지다재 '죽다'의 낮은말.

뒝-박똉 '뒤웅박'의 잘못.

뒝:-벌명 꿀벌과의 곤충. 꿀벌과 비슷하나 몸이 더 통통함. 몸길이 2cm가량. 몸빛은 수컷은 누렇고 암컷은 검은데, 가슴에 노란 잔털이 있음. 수컷은 가을에만 나타나고 암컷은 월동함. 땅속에 집을 짓고 모여 살며, 등꽃·호박꽃 따위에 잘 날아듦.

뒤:명 ①등이 있는 쪽. 정면의 반대쪽. ¶뒤를 돌아보다. /집 뒤에 심은 나무. ↔앞. ②나중. 미래. ¶한 시간 뒤에 보자. /뒤를 생각하다. ③(차례에서) 다음. 나중. ¶그는 나보다 한참 뒤일세. ↔앞. ④어떤 일이 끝난 다음. ¶식이 끝난 뒤. /수술 뒤가 좋지 않다. ⑤어떤 일의 결과. ¶그 뒤는 하늘에 맡기자. ⑥(어떤 일의) 남는 자국. 행적. 흔적. 자취. ¶사람은 항상 뒤가 깨끗해야 한다. ⑦(어떤 일의) 감추어진 부분. 배후. 이면(裏面). ¶뒤를 캐다. /그 사건 뒤에 숨은 이야기. ⑧(어떤 일을 잘해 나가도록) 돌보아 주거나 바라지하는 일. ¶형이 계속 뒤를 대 주어서 공부를 끝냈다. ⑨가계(家系)를 이을 '대(代)'. ¶뒤를 이을 아들을 간절히 바란다. ⑩(끝나지 않은 어떤 일의) 계속될 다음 부분의 일. ¶뒤를 부탁하다. ⑪(감정적인 문제의) 남은 처리. 보복. ¶화는 잘 내지만 뒤는 없는 분이다. ⑫(망건뒤)의 준말. ¶뒤가 빠지다. ⑬(뒷밭)의 준말. ¶뒤에 두 장 가다. ⑭'불기'를 점잖게 이르는 말. ¶마루 끝에 뒤를 붙이고 앉다. ⑮(사람의) '똥'을 완곡하게 이르는 말. ¶뒤를 보고 오다. ⑯지난날. ¶뒤를 돌아보다.

뒤로 오는 호랑이는 속여도 앞으로 오는 팔자는 못 속인다속담 운명은 맘대로 할 수 없다는 말.

뒤로[뒤에서] 호박씨 깐다속담 '겉으로는 얌전한 체하면서 은밀히 온갖 짓을 다 함'을 비유하여 이르는 말. 뒷구멍으로 호박씨 깐다.

뒤에 난 뿔이 우뚝하다속담 후배나 젊은이가 선배나 늙은이보다 더 훌륭하다는 말.

뒤에 볼 나무는 그루를 돋우어라속담 뒷일을 생각하거든 미리부터 준비를 하라는 말.

뒤가 구리다관용 숨겨 둔 속내가 있어 깨끗하거나 떳떳하지 못하다.

뒤가 꿀리다관용 떳떳하지 못하고 마음이 켕기다.

뒤가 늘어지다관용 ①한곳에 앉으면 좀체 일어서지 않는다. ②마무리가 느슨하다. ¶한번 연설을 시작하면 뒤가 늘어져 그칠 줄을 모른다.

뒤가 드러나다관용 (비밀로 하거나 숨긴 일이) 들통이 나다. 뒤가 들리다.

뒤가 들리다관용 ①밑천이 바닥나다. ②(거짓 행위가) 탄로 나다. ②뒤가 드러나다.

뒤가 저리다관용 (언행의 결과가) 잘못될까 봐 조마조마하다.

뒤가 켕기다관용 (잘못이나 약점으로) 좋지 못한 일이 생길까 하여 겁이 나다. ¶뒤가 켕기는 일이 있는지 나를 보자마자 피한다.

뒤를 거두다관용 뒷일을 수습하다.

뒤를 노리다관용 남의 약점을 캐내기 위해 기회를 엿보다.

뒤를 누르다관용 ①뒷일의 탈이 없도록 다짐을 놓다. 뒤를 다지다. ②배후를 억눌러 기를 꺾다.

뒤를 다지다관용 ☞뒤를 누르다.

뒤를 달다관용 앞의 말이나 남의 말에 보충하여 달아 말하다. 뒤를 받치다. ¶그는 김 군의 말에 뒤를 달아 말했다.

뒤를 돌아보다관용 지난 일을 다시 떠올려 생각하다. 반성하다.

뒤를 두다관용 ①뒷날을 생각하여 여유를 두다. ②좋지 않은 감정 따위를 계속 품고 있다. ¶뒤를 두지 않는 성격.

뒤를 받치다관용 ①☞뒤를 달다. ②후원하다. 뒷받침을 하다.

뒤를 빼다관용 ①(어떤 자리에서) 미리 몸을 피하여 빠져나오다. ②발뺌을 하다.

뒤를 사리다관용 뒤가 꿀리거나 탈이 생길까 하여 미리부터 발뺌을 하느라고 언행을 조심하다.

뒤를 재다관용 결과를 걱정하면서 이리저리 타산을 맞추어 보다.

뒤[1]명 (옛) 띠. 1 뒤:茅(訓解). 참뛰.

뒤[2]명 (옛) 북쪽. 1 뒷심淵:北泉洞(龍歌2章). 참뜅.

뒤-접두 《주로 동사 앞에 붙어서》 ①'몹시'·'함부로'의 뜻을 나타냄. ¶뒤흔들다. /뒤틀다. /뒤섞다. /뒤바뀌다. ②'반대로'·'뒤집어'의 뜻을 나타냄. ¶뒤엎다. /뒤바꾸다. /뒤놓다. ③'온통'·'전부'의 뜻을 나타냄. ¶뒤덮다.

뒤-구르다[~구르니·~굴러][1]자르 (총포 따위가 발사 후 반동으로) 뒤로 움직이다. [2]타르 (일의 뒤끝에 탈이 없도록) 단단히 다지다.

뒤-까불다[~까부니·~까불어][1]자 몹시 경망하게 행동하다. ¶뒤까부는 성격. [2]타 몸이나 몸의 일부를 방정맞게 뒤흔들다. ¶다리를 뒤까불다.

뒤-껼[-껼]명 집 뒤에 있는 뜰이나 마당. * 뒤껼이[-껴치]·뒤껼을[-껴틀]·뒤껼만[-껸-]

뒤꼭지-치다명 '뒤통수치다'의 잘못.

뒤:-꽁무니명 꽁무니.

뒤꽁무니를 빼다관용 달아나거나 도망치다.

뒤:-꽂다[-꼳따]타 윷놀이에서 말을 뒷밭에 놓다.

뒤:-꽂이명 쪽 찐 머리 뒤에 덧꽂는, 비녀 이외의 물건. (과판·연봉·귀이개 따위.)

뒤:-꾸머리명 〈뒷꿈머리〉의 준말.

뒤:-꿈치명 〈발뒤꿈치〉의 준말.

뒤-끓다[-끌타]자 ①뒤섞여 마구 심하게 끓다. ②많은 사람이나 동물 따위가 한데 섞여서 마구 움직이다. 들끓다. ¶인파가 뒤끓다. 참끓다.

뒤:-끝[-끋]명 ①일의 맨 나중. 마무리. ¶뒤끝이 깨끗해야 한다. /뒤끝은 좋은 사람이다. ②어떤 일이 있은 바로 뒤. ¶비 온 뒤끝. ③좋지 않은 감정이 있은 다음에도 여전히 남은 감정. ¶뒤끝이 없다. /뒤끝이 영 개운하지 않다. * 뒤:끝이[-끄치]·뒤:끝을[-끄틀]·뒤:끝만[-끈-]

뒤끝(을) 보다관용 (일의 되어 감에 따라) 결과를 보다. ¶뒤끝을 보아 가며 대책을 세우자.

뒤-내다자 남과 더불어 같이 일을 하다가 중도에서 싫증을 내다.

뒤:-내려긋다[-귿따][~내려그으니·~내려려어]자X 한글의 복모음 글자를 쓸 때, 다른 모음 글자의 오른쪽에 'ㅣ'를 붙여 쓰다. ('ㅏ'·'ㅓ'·'ㅗ'에 뒤내려그으면 'ㅐ'·'ㅔ'·'ㅙ'가 됨.)

뒤:-넘기-치다타 ①뒤로 넘겨뜨리다. ②엎치락 뒤치락하면서 서로 넘어뜨리다.

뒤:-넘다[-따]자 ①뒤로 넘어지다. ②뒤집히어 넘어지다.

뒤넘-스럽다[-따][~스러우니·~스러워]형B ①어리석은 것이 주제넘다. ¶잘 알지도 못하면서 뒤넘스럽게 나서지 마라. ②올갑잖은 것이 건방지다. ¶원래 그는 뒤넘스러운 인간이라니까. **뒤넘스레**부.

뒤-놀다[~노니·~놀아]짜 ①고정되지 않고 흔들리거나 몹시 놀다. ¶상다리가 뒤놀다. /구들장이 뒤놀다. ②뒤집힐 듯이 흔들리다. ¶풍랑에 배가 뒤놀다. ③정처 없이 마음대로 돌아다니다. ¶소식도 없이 석 달이나 뒤놀다가 돌아온 아들.

뒤-놓다[-노타]目 뒤집어 놓다. ¶천지를 뒤놓을 듯한 민족의 함성.

뒤-눕다[-따][~누우니·~누워]짜目 물체가 뒤집히듯이 몹시 흔들리다.

뒤-늦다[-늗따]혱 제때가 지나 아주 늦다. ¶뒤늦게 소식을 들었다.

뒤-늦-추다[-늗-]目 『'뒤늦다'의 사동』 뒤늦게 하다. ¶출발 시간을 뒤늦추다.

뒤틀¹명 (물건이 곧지 아니하고) 뒤틀리거나 구부러지다.

뒤틀²目 〈뒤지다²〉의 준말. ¶서랍을 뒤지다.

뒤-대명 어느 지방을 중심으로 하여 그 북북 지방을 이르는 말. 윗녘. ¶뒤대 사람들이 난리를 피해 이곳으로 몰려들었다. ↔앞대.

뒤-대다¹目 ①바로 말하지 않고 빙칭거리며 비뚜로 말하다. ¶뒤대지만 말고 바로 말해라. ②거꾸로 가르치다.

뒤-대다²目 밑을 돌보아 주다. 밑천을 잇대어 주다. ¶장사를 하도록 뒤대어 주다.

뒤-대패명 오목하게 굽은 재목의 안바닥을 깎아내는 대패. 혹대패.

뒤-덮다[-덥따]目 ①뒤집어쓰듯이 덮다. ¶담요를 뒤덮고 누워 있다. ②(일정 지역이나 공간을) 누비거나 휩싸듯이 덮다. ¶하늘을 뒤덮은 오색 풍선. ③(세력이 사방에) 두루 미치거나 퍼지다. ¶미국 시장을 뒤덮은 한국 제품들.

뒤덮-이다짜 『'뒤덮다'의 피동』 뒤덮음을 당하다. ¶먼지로 뒤덮인 차. /초저녁 명동 거리는 젊은이로 뒤덮인다.

뒤-돌다[~도니·~돌아]짜 뒤로 돌다. ¶뒤돌아 눕다.

뒤-돌아보다目 ①뒤쪽을 돌아보다. ¶뒤돌아보니 아직도 어머님이 손을 흔들고 계셨다. ②지난 일을 돌이켜 생각해 보다. 앞서 생긴 일을 살펴보다. ¶어릴 적 일을 뒤돌아보다.

뒤-돌아서다짜 뒤로 돌아서다.

뒤-둥그러지다짜 ①뒤틀어져서 마구 우그러지다. ②(생각이나 성질이) 올곧지 못하고 비뚤어지다. ③아주 세게 넘어지면서 구르다. ¶빙판에 뒤둥그러지다.

뒤듬-바리명 어리석고 둔하며 거친 사람.

뒤-따라가다目 뒤를 따르다. 뒤에 따라가다. ¶곧 뒤따라갈 테니 앞서 가구려.

뒤-따라오다目 뒤를 따라오다. 뒤에 따라오다. ¶뒤따라오던 사람이 어디 갔지?

뒤-따르다[~따르니·~따라] Ⅰ짜 어떤 일에 부수적인 일이 나타나거나 같이하다. ¶사업에 어려움이 뒤따르다.
Ⅱ目 ①뒤를 따르거나 좇다. ¶선발대를 뒤따라 우리도 출발했다. ②뜻을 잇거나, 사업을 잇다. ¶그분을 뒤따르는 젊은이들이 수두룩하다.

뒤-딱지[-찌]명 (시계 따위의) 뒤에 붙은 뚜껑. ¶시계 뒤딱지를 열고 수리하다.

뒤-딸리다目 『'뒤따르다'사동』 뒤따르게 하다 ¶동생을 뒤딸리어 심부름을 가다.

뒤-떠들다[~떠드니·~떠들어]짜 왁자하게 마구 떠들어 대다.

뒤-떨다[~떠니·~떨어]目 몸을 몹시 흔들듯이 떨다. ¶오한으로 뒤떨다. /사시나무 떨듯 뒤떨다.

뒤-떨어지다짜 ①뒤에 떨어져 남다. ¶혼자 뒤떨어져서 짐을 지키다. ②뒤로 사이가 벌어져 있다. ¶뒤떨어져 걷다. ③(남이나 다른 것보다 수준이) 못하다. ¶실력이 뒤떨어지다. /수학이 다른 과목에 비해 좀 뒤떨어졌다. ④시대나 조류에 맞지 않게 처지다. 낙후하다. ¶문화가 뒤떨어진 민족. ⑤처지다. 퇴보하다. ¶전보다 뒤떨어진 성적. ②~⑤뒤지다. ②~⑤←앞서다.

뒤뚝图 큰 물체가 순간적으로 중심을 잃고 한쪽으로 기울어지는 모양. ¶계단을 잘못 디디어 뒤뚝하고 쓰러질 뻔했다. 비뒤뚱. 작되똑. 뒤뚝-뒤뚝图하자目.

뒤뚝-거리다[-꺼-]짜目 자꾸 뒤뚝뒤뚝하다. 뒤뚝대다. ¶어릿광대가 익살맞게 뒤뚝거리며 무대 위에 올라왔다. 작되똑거리다.

뒤뚝-대다[-때-]짜目 뒤뚝거리다.

뒤뚱图하자目 물체가 중심을 잃고 한쪽으로 기울어지는 모양. ¶몸의 중심을 잃고 뒤뚱하다. 비뒤뚝. 작되똥. 뒤뚱-뒤뚱图하자目 ¶뒤뚱뒤뚱 걸어가다.

뒤뚱-거리다짜目 자꾸 뒤뚱뒤뚱하다. 뒤뚱대다. 작되똥거리다.

뒤뚱-대다짜目 뒤뚱거리다.

뒤뚱-발이명 뒤뚱거리며 걷는 사람을 얕잡아 이르는 말.

뒤-뜨다[~뜨니·~떠] Ⅰ짜 뒤틀려서 들뜨다. ¶마룻바닥이 뒤뜨다.
Ⅱ目 뒤받아서 버티거나 대들다. ¶어른을 몰라보고 뒤뜨다니. /감히 내 말을 뒤뜨는 거냐?

뒤-뜰명 집채의 뒤에 있는 뜰. 뒷마당. ↔앞뜰.

뒤-란명 집채 뒤의 울안. 호리(戶裏).

뒤-로-돌아 Ⅰ명 오른쪽으로 180도 되게 돌아선 자세.
Ⅱ갈 '뒤로돌아' 하라는 구령.

뒤-로-하다目 ①뒤에 두다. ¶강을 뒤로하여 텐트를 쳤다. ②(뒤에 두고) 떠나다. 등지다. ¶고향을 뒤로한 지도 어언 십여 년.

뒤룩-거리다[-꺼-]짜目 자꾸 뒤룩뒤룩하다. 뒤룩대다. 작되록거리다. 센뛰룩거리다.

뒤룩-대다[-때-]짜目 뒤룩거리다.

뒤룩-뒤룩[-뛰-]图하자 ①성난 기색을 거친 행동으로 나타내 보이는 모양. ¶성이 나서 어쩔 줄 몰라 뒤룩뒤룩하면서 온 방 안을 헤매고 다닌다. ②부리부리한 눈에 열기를 보이며 부릅뜨고 굴리는 모양. ¶화죽 같은 눈망울을 뒤룩뒤룩하며 쳐다본다. ③혱뚱뚱한 몸에 군살이 흉하게 처진 모양. ¶돼지처럼 뒤룩뒤룩 살만 졌군. 작되록되록. 센뛰룩뛰룩.

뒤룽-거리다짜 디룽거리다. 뒤룽대다. 작되롱거리다.

뒤룽-대다짜 뒤룽거리다.

뒤룽-뒤룽图하자 디룽디룽. 작되롱되롱.

뒤-미처图 그 뒤에 곧 이어. 잇달아. ¶뒤미처 도착한 화물. /혹시나 하고 뒤미처 달려와 보았지만 역시 허사였다.

뒤-미치다짜 ①뒤이어 곧 한정된 곳이나 범주에 이르다. ¶간신히 10위권에 뒤미치게 되었다. /해 지기 전에 적어도 산문(山門)에는 뒤미쳐야 한다. ②잇달아 이르다. ¶앞서 간 일행을 따라 현장에 뒤미치려면 더 서둘러야 한다.

뒤-밀치기명 씨름 기술의 한 가지. 갑자기 상대편을 뒤로 밀쳐 넘어뜨리는 기술.

뒤-바꾸다目 (순서·위치·상태·생각 따위를) 바꾸다. ¶순서를 뒤바꾸다. /출연자를 뒤바꾸어 물의를 일으키다.

뒤바꾸-이다[자] 〖'뒤바꾸다'의 피동〗 반대로 바꾸어지다. ⟩된바뀌다.

뒤바뀌다[자] 〈뒤바꾸이다〉의 준말. ¶ 순서가 뒤바뀌었네.

뒤:-바람[명] 된바람.

뒤-바르다[~바르니·~발라][타ㄹ] 아무 데나 마구 바르다. 처바르다. ¶ 온갖 광고를 뒤발라 놓은 담벽락.

뒤:-받다[~따][타] (꾸지람에 대하여) 도리어 맞대꾸하거나 맞서다. ¶ 고분고분하기는커녕 뒤받기만 하는 아이. ⟩된받다.

뒤발[명][하타] 온몸에 뒤집어쓰서 바름. ¶ 어린아이들이 흙탕물을 뒤발한 얼굴로 논다.

뒤-밟다[~밥따][타] (남의 행동을 살피기 위해) 몰래 뒤를 따라가다. 미행하다.

뒤:-밟-히다[~발피~][자] 〖'뒤밟다'의 피동〗 뒤밟음을 당하다.

뒤:-방이다[타] 윷놀이에서, 말을 뒷밭을 거쳐 방에 놓다.

뒤-버무리다[타] 뒤섞어서 버무리다. ¶ 여러 가지 양념을 뒤버무리다.

뒤-범벅[명][되자] 마구 뒤섞여서 서로 구별이 되지 않음. ¶ 눈물과 콧물이 뒤범벅이 되어 울고 있다. /헌 옷이고 새 옷이 뒤범벅되어 있다.

뒤범벅-상투[~쌍~][명] 짧은 머리털로 아무렇게나 감아 맨 상투.

뒤변덕-스럽다(-變德-)[~쓰~따][~스러우니·~스러워][형ㅂ] 야단스럽게 번잡하고 변덕스럽다. ¶ 요즘 날씨는 하도 뒤변덕스러워 종잡을 수가 없다. **뒤변덕스레**[부].

뒤:-보다¹[타] '똥 누다'를 에둘러서 이르는 말.

뒤-보다²[타] 착각으로 잘못 보다. ¶ 사람을 뒤보고 실수하다.

뒤:-보다³[타] 뒤보아주다.

뒤:-보아주다[타] 뒤에서 돌보아 주다. 남을 뒤에서 보호하다. 뒤보다³.

뒤:-뿔치-기[명] 자립하지 못하고 남의 밑에서 고생하는 일. ¶ 아직도 형님 밑에서 뒤뿔치기하는 처지.

뒤:-뿔-치다[타] 남의 밑에서 그의 뒷바라지를 하며 도와주다.

뒤:-서다[자] ①남의 뒤를 따르다. ¶ 고속도로에 들어서자 우리 차가 동생 차에 뒤서게 되었다. ②←뒤지다. ↔앞서다.

뒤-섞다[~석따][타] ①사람이나 물건을 한데 마구 섞다. ¶ 학생들을 뒤섞어 학급을 재편성하다. ②생각이나 말 따위를 마구 섞다.

뒤섞-이다[자] 〖'뒤섞다'의 피동〗 뒤섞음을 당하다. ¶ 손님들의 뒤섞인 신발을 맞추어 가지런히 하다.

뒤숭숭[부][하형] ①정신이 산란한 모양. ¶ 마음이 뒤숭숭 설레였다. ②물건이나 일이 이리저리 흩어져 어수선하고 갈피를 잡을 수 없는 모양. **뒤숭숭-히**[부].

뒤스럭-거리다[~꺼~][자] 자꾸 뒤스럭뒤스럭하다. 뒤스럭대다. ¶ 온종일 뒤스럭거리기만 하다가 아무 일도 못했다.

뒤스럭-대다[~때~][자] 뒤스럭거리다.

뒤스럭-뒤스럭[~뛰~][부][하자] ①부산하게 이리저리 자꾸 뒤적이는 모양. ②손을 자꾸 이리저리 뒤척이는 모양. ¶ 뭘 찾기에 뒤스럭뒤스럭하느냐?

뒤스럭-스럽다[~쓰~따][~스러우니·~스러워][형ㅂ] 말이나 하는 짓이 침착하지 못하고 늘 부산한 데가 있다. **뒤스럭스레**[부].

뒤스르다[뒤스르니·뒤슬러][타ㄹ] (일이나 물건을) 가다듬느라고 이리저리 바꾸거나 변통하다. ¶ 밤낮 뒤스르기만 하고 끝을 못 낸다.

뒤:-쓰레질[하타] 어떤 일을 하고 난 뒤에 그 자리의 쓰레기를 쓸어 내는 일.

뒤안길[-낄][명] ①뒤꼍으로 난 길. ②'다른 것에 가려져 관심을 끌지 못하는 쓸쓸한 생활이나 처지'를 비유하여 이르는 말. ¶ 인생의 뒤안길.

뒤:-어금니[명] 어금니 바로 다음의 이.

뒤어-내다[타] '뒤져내다'의 잘못.

뒤어-쓰다[~쓰니·~써][타] ①눈알이 위쪽으로 몰려서 흰자위만 보이게 뜨다. 홉뜨다. ②들쓰다. 뒤집어쓰다.

뒤-얽다[~억따][타] 마구 얽다.

뒤얽-히다[~얼키~][자] 〖'뒤얽다'의 피동〗 뒤얽음을 당하다. ¶ 뒤얽힌 실타래. /뒤얽힌 사건.

뒤-엉키다[자] 마구 엉키다. ¶ 실이 뒤엉키다.

뒤-엎다[~업따][타] 뒤집어엎다. ¶ 밥상을 뒤엎다. /기존 학설을 뒤엎다.

뒤엎-이다[자] 〖'뒤엎다'의 피동〗 뒤엎음을 당하다. ¶ 자전거가 �에 걸려 뒤엎이다.

뒤:-울[명] 갑피(甲皮) 중에서 발꿈치를 싸는 뒷부분의 가죽.

뒤웅-박[명] 쪼개지 아니하고 구멍만 뚫어 속을 파낸 박.

뒤웅박 차고 바람 잡는다[속담] 불가능하고 허황된 짓을 함을 이르는 말.

뒤웅-스럽다[~따][~스러우니·~스러워][형ㅂ] 뒤웅박처럼 생겨, 보기에 어리석고 둔하다. **뒤웅스레**[부].

뒤:-잇다[~읻따][~이으니·~이어][자ㅅ] 어떤 일의 끝에 다른 일이 잇달아 이어지다, 또는 그렇게 이어지도록 하다. ¶ 애국가 제창에 뒤이어 기념 축사가 이어졌다.

뒤재주-치다(물건을) 함부로 뒤집거나 내던져서 거꾸로 박히게 하다. ¶ 사무실에 도둑이 들어 온갖 집기와 서류를 뒤재주쳐 놓았다.

뒤적-거리다[~꺼~][자] 자꾸 뒤적뒤적하다. 뒤적대다. ¶ 온종일 신문만 뒤적거리고 있자니 진절머리가 난다. ⟩되작거리다. 〈뒤척거리다.

뒤적-대다[~때~][자] 뒤적거리다.

뒤적-뒤적[~뛰~][부][하되] 물건이나 책·문서 따위를 들추어 뒤지는 모양. ¶ 무엇을 찾는지 서랍 속을 뒤적뒤적하고 있다. ⟩되작되작. 〈뒤척뒤척.

뒤적-이다[타] 물건이나 책·문서 따위를 이리저리 들추며 찾다. ⟩되작이다. 〈뒤척이다.

뒤져-내다[~저~][타] 샅샅이 들추어 찾아내다.

뒤져올치(-夂)[~저~][명] 한자 부수의 한 가지. '麦'·'夐' 등에서의 '夂'의 이름.

뒤:-조지다[타] 일의 끝을 단단히 다지다.

뒤:-좇다[~졷따][타] 뒤를 따라 좇다.

뒤주[명] 곡식을 담아 두는 세간.

뒤죽-박죽[~빡쭉][부][하되] 여럿이 차례 없이 함부로 뒤섞여 엉망이 된 모양. ¶ 일이 뒤죽박죽이다.

뒤:-쥐[명] 땃쥣과의 동물. 쥐와 비슷하나 몸집이 더 작음. 주둥이는 길고 뾰족하며 귀와 눈이 작음. 꼬리는 가늘고 길며 끝에 작은 털송이가 있음. 몸빛은 위쪽이 밤색, 아래쪽은 회색이나 갈색임. 추위에 강하고, 바위틈에 살면서 밤에 곤충이나 무척추동물을 잡아먹음. 우리나라 각지에 분포함.

뒤:-지(-紙)명 밑씻개로 쓰는 종이.

뒤:-지다[자] ①뒤떨어지다. 뒤서다. ¶뒤진 성적. /유행에 뒤지다. ↔앞서다. ②못 미치다. ¶평균 수준에도 뒤지다.

뒤지다²[타] ①들추거나 헤치다. ¶호주머니를 뒤지다. ②(책갈피나 서류를) 한 장 한 장 뒤적이다. ¶사진첩을 뒤지다. ㉤뒤다².

뒤집-개[-깨]명 프라이팬으로 요리할 때, 부침개 따위를 뒤집는 기구.

뒤집개-질[-깨-]명하타 (사물이나 태도·말 따위를) 뒤집어 놓는 짓.

뒤-집다[-따][타] ①안이 겉으로 드러나고, 겉은 속으로 들어가게 하다. ¶옷을 뒤집어 입다. ②(일의 순서 따위를) 뒤바꾸다. ¶차례를 뒤집어 발표하다. ③윗면이나 위쪽을 아래로 하거나 거꾸로 되게 하다. ¶엎어 놓은 화투짝을 뒤집다. ④(일이나 계획을) 변경하거나 취소하다. ¶당초 계획을 아주 뒤집어 버리다. ⑤(말이나 태도를) 번복하다. ¶약속을 뒤집다. ⑥(형세를) 역전시키다. ¶9회 말에 극적으로 승부를 뒤집었다. ⑦(체제나 형편 따위를) 전복하거나 망가뜨리다. ¶정권을 뒤집다. ⑧(종전의 학설이나 이론을) 무효화하다. ¶천동설을 뒤집다. ⑨법석거리며 야단이 나게 하다. ¶학교를 발칵 뒤집은 사건. ⑩눈을 크게 흡뜨다. ¶눈알을 뒤집고 덤비다.

뒤집어-쓰다[~쓰니·~써][타] ①몸이 보이지 않게 덮다. ¶이불을 푹 뒤집어쓰다. ②(머리에 덮거나 쓰는 것을) 되는대로 쓰다. ¶모자를 뒤집어쓰다. ③남의 허물을 대신 맡다. ¶죄를 뒤집어쓰다. ④(액체나 가루 따위를) 온몸에 받다. ¶흙탕물을 뒤집어쓰다. ⑤책임을 억지로 맡게 되다. ¶원하지도 않는 회장 감투를 뒤집어쓰게 됐다. ⑥생김새가 아주 닮다. ¶제 아비를 뒤집어썼어라.

뒤집어씌우다[-씌-][타] 〔'뒤집어쓰다'의 사동〕 뒤집어쓰게 하다. ¶엉뚱한 사람에게 허물을 뒤집어씌우다.

뒤집어-엎다[-업퍼][타] ①'뒤집다'의 힘줌말. ¶카드를 뒤집어엎다. /독재 정권을 뒤집어엎다. /승부를 뒤집어엎다. /판정을 뒤집어엎다. /사업을 뒤집어엎다. ②(속에 담긴 것을) 엎지르다. ¶찌개 냄비를 뒤집어엎다. 뒤엎다.

뒤집-히다[-지피-][자] 〔'뒤집다'의 피동〕 뒤집음을 당하다. ¶자동차가 뒤집히다. /안팎이 뒤집히다. /순서가 뒤집히다. /눈이 뒤집히다. /회사가 발칵 뒤집혔다.

뒤:-짱구명 뒤통수가 남달리 툭 튀어나온 머리통, 또는 그런 머리통을 가진 사람. ↔앞짱구.

뒤:-쪽명 뒤의 방향. ↔앞쪽.

뒤:-쫓-기다[-쫀끼-][자] 〔'뒤쫓다'의 피동〕 뒤쫓음을 당하다. ¶소매치기가 경찰에게 뒤쫓기다.

뒤:-쫓다[-쫃따][타] 뒤를 따라 쫓다.

뒤:-차(-車)명 ①다음 번에 오는 차. ¶뒤차로 가자. ②뒤쪽의 차. ↔앞차.

뒤:-차기명 태권도 발 기술의 한 가지. 뒤에서 다가오는 상대편을 공격하는 방법으로, 발끝이나 뒤꿈치로 상대편의 얼굴이나 몸통 등을 차는 동작.

뒤:-창명 구두나 신의 뒷바닥에 대는 창. ↔앞창.

뒤:-채¹명 (한 울안에 있는) 몸채 뒤에 있는 집채. ↔앞채¹.

뒤:-채²명 가마나 상여 따위의 뒤에서 메는 채. ↔앞채².

뒤-채다[자] 너무 흔해서 발길에 걸린다. ¶요즘 뒤채는 게 승용차 아닌가.

뒤:-처리(-處理)명하타되자 일이 벌어진 뒤나 끝난 뒤끝을 처리하는 일. ¶사고 뒤처리를 하느라 요즘 좀 바쁘다.

뒤:-처지다 (어떤 수준이나 대열에 들지 못하여) 뒤에 처지거나 남게 되다. ¶성적이 뒤처지다. /유행에 뒤처지다.

뒤척-거리다¹[-꺼-][타] (물건이나 책·문서 따위를) 자꾸 뒤척뒤척하다. 뒤척대다¹. ㉭뒤적거리다.

뒤척-거리다²[-꺼-][타] 누운 몸을 자꾸 뒤척뒤척하다. 뒤척대다². ¶자식 걱정으로 잠 못 이루고 뒤척거리다.

뒤척-대다¹[-때-][타] ☞뒤척거리다¹.

뒤척-대다²[-때-][타] ☞뒤척거리다².

뒤척-뒤척¹[-뛰-][부]하타 물건이나 책·문서 따위를 계속해 들추어 찾는 모양. ㉭뒤적뒤적.

뒤척-뒤척²[-뛰-][부]하타 (잠이 안 오든가 하여) 누운 몸을 자꾸 이리저리 굴리는 모양. ¶날씨가 너무 더워 밤새도록 뒤척뒤척 잠을 못 이루었다.

뒤척-이다¹[타] 물건이나 책·문서 따위를 거칠게 들추어 찾다. ㉭뒤적이다. ㉭뒤척이다.

뒤척-이다²[타] 누운 몸을 이리저리 굴리다.

뒤쳐-지다[-처-][자] 뒤집혀서 젖혀지다. ¶냄비 뚜껑이 뒤쳐지다.

뒤:-초리명 갈퀴의 살들이 한데 모여 엇갈려진 곳.

뒤:-축명 ①(신이나 버선 따위의) 발뒤꿈치가 닿는 부분. ¶운동화 뒤축을 꺾어 신다. /양말 뒤축이 해어지다. ②〈발뒤축〉의 준말.

뒤치다[타] 엎어진 것을 젖혀 놓거나, 자빠진 것을 엎어 놓다. ¶아기가 몸을 뒤치다.

뒤:-치다꺼리명하타 ①일이 끝난 뒤에 그 뒤끝을 말끔하게 수습하는 일. 뒷수쇄. ②뒤에서 일을 보살펴 주는 짓. ¶부모는 자식의 뒤치다꺼리에 늙는다.

뒤치락-거리다[-꺼-][타] 엎어진 것이나 자빠진 것을 자꾸 젖히거나 엎어 놓다. 뒤치락대다. ¶몸을 뒤치락거리다.

뒤치락-대다[-때-][타] 뒤치락거리다.

뒤:-탈(-頉)명 어떤 일 뒤에 뜻밖에 생기는 궂은일. 후탈. ¶뒤탈이 무섭다.

뒤:-터지다[자] 앓아 거의 죽게 된 때에 똥이 마구 나오다.

뒤:-턱 ①(턱이 앞뒤로 있는 물건의) 뒤쪽에 있는 턱. ↔앞턱. ②노름판에서, 남이 태운 돈에 덧붙여 돈을 태우는 짓.

뒤턱(을) 놓다(보다)(관용) 노름판에서, 뒤턱의 돈을 태우다.

뒤:-통수명 머리의 뒤쪽. 뇌후(腦後). 뒷골. 뒷머리. 후두(後頭).

뒤통수-치다[자] ①미처 깨닫지 못한 때에 느닷없이 해를 끼치다. ¶믿고 있던 사람이 뒤통수치니 어이가 없다. ②(뜻을 이루지 못하여) 매우 낙심하다.

뒤통-스럽다[-따][~스러우니·~스러워][형]비 하는 짓이 찬찬하지 못하다. ㉭되통스럽다. 뒤통스레[부].

뒤:-트기명하타 옷자락의 뒤를 틈. ②〈창의(氅衣)〉의 속된 말.

뒤-틀다[~트니·~틀어][타] ①꼬아서 비틀다. ¶온몸을 뒤틀며 괴로워하다. ②일이 바로 되지 못하게 하다. ¶그가 뒤틀어서 회의가 중단되었다.

뒤틀-리다〔자〕『'뒤틀다'의 피동』①꼬이어 비틀어지다. ¶창자가 뒤틀리듯 아프다. ②(잘되어 가던 일이) 비꾸러지다. ¶순탄하던 무역이 원화 절상으로 뒤틀릴 기미가 보인다. ③감정이나 심사가 사납게 비틀어지다. ¶비위가 뒤틀린다.

뒤틀어-지다〔자〕①뒤틀리게 되다. ②일이 비꾸러지게 되다. ¶일이 뒤틀어진 모양이야.

뒤틈-바리〔명〕어리석고 미련하며 하는 짓이 거친 사람을 얕잡아 이르는 말.

뒤-편(-便)〔명〕뒤에 있는 쪽.

뒤-폭(-幅)〔명〕①옷의 뒤편 조각. 후폭(後幅). ②나무로 짜는 세간의 뒤쪽에 대는 널조각. ③물건의 뒤쪽 너비.

뒤-풀이〔명〕①말 또는 글 아래에, 그 뜻을 잇대어 풀이 비슷하게 노래체로 지어 붙인 말. ¶천자(千字) 뒤풀이. 〔하자〕어떤 일이나 모임을 끝낸 뒤에 서로 모여 여흥을 즐김, 또는 그런 일. ¶곧 뒤풀이가 있겠습니다.

뒤-품〔명〕윗옷에서 양쪽 겨드랑이를 기준으로 하여 등에 닿는 부분의 너비. 뒷길의 너비.

뒤-흔들다〔~흔드니·~흔들어〕〔타〕①마구 흔들다. ¶자는 사람을 뒤흔들어 깨우다. ②충격적인 영향을 미치게 하다. ¶민간 여객기의 피격 사건은 온 세계를 뒤흔들어 놓았다. ③(단체나 조직, 또는 국가를) 일파나 한 개인이 지배하여 마음대로 하다. ¶그는 그 단체를 손아귀에 넣고 마음대로 뒤흔들었다.

뒤흔들-리다〔자〕『'뒤흔들다'의 피동』①뒤흔듦을 당하다. ②몹시 흔들리다.

뒨장-질〔명〕〔하타〕이것저것 뒤져내는 짓. ¶아이들의 뒨장질에 붙어 나는 게 없다.

뒵들다〔-뜰-〕〔뒵드니·뒵들어〕〔자〕서로 말다툼을 하면서 대들다.

뒷:-가슴마디〔뒤까-/뒫까-〕〔명〕곤충의 세 가슴마디 중의 뒷마디. 한 쌍의 뒷다리가 달렸고, 등에는 뒷날개가 달렸음. ↔앞가슴마디.

뒷:-가지¹〔뒤까-/뒫까-〕〔명〕길마의 앞뒤에 있는 길짝가지 중 뒤에 있는 것. ↔앞가지¹.

뒷:-가지²〔뒤까-/뒫까-〕〔명〕☞접미사.

뒷:-간(-間)〔뒤깐/뒫깐〕〔명〕대소변을 보게 만들어 놓은 곳. 변소. 정방(淨房). 측간(廁間). 화장실. ¶장기 두는 사람 뒷간에 갔나.

뒷간과 사돈집은 멀어야 한다〔속담〕뒷간은 가까우면 냄새가 나서 나쁘고 사돈집이 가까우면 말이 많으니, 서로 멀리 있는 것이 좋다는 말.

뒷간에 갈 적 마음 다르고 올 적 마음 다르다〔속담〕제게 긴할 때는 다급하게 굴다가, 제 일을 다하고 나면 마음이 변하여 처음과 달라짐을 이르는 말. 똥 누러 갈 적 마음 다르고 올 적 마음 다르다.

뒷:-갈망〔뒤깔-/뒫깔-〕〔명〕〔하타〕일이 벌어진 뒤에 그 뒤끝을 처리하는 일. 뒷감당. ¶이왕 벌여 놓은 일이니 뒷갈망이나 잘하세. ↔앞갈망.

뒷:-갈이〔뒤까리/뒫까리〕〔명〕①벼를 베고 난 논에 보리나 채소 따위를 심는 일. ②수확한 뒤에 그 논밭을 가는 일.

뒷:-감당(-堪當)〔뒤깜-/뒫깜-〕〔명〕〔하타〕뒷갈망. ¶뒷감당도 못할 일을 저지르다.

뒷:-개〔뒤깨/뒫깨〕〔명〕윷판의 처음부터 둘레를 따라 일곱째 자리, 곧 뒷도와 뒷걸의 사이.

뒷:-갱기〔뒤깽-/뒫깽-〕〔명〕짚신 또는 미투리의 뒤축에 감아서 싼 물건. ↔앞갱기·총갱기.

뒷:-거래(-去來)〔뒤꺼-/뒫꺼-〕〔명〕〔하타〕〔되자〕구멍으로 하는 정당하지 않은 거래. ¶품귀 현상이 일어나자 뒷거래가 판을 쳤다.

뒷:-거름〔뒤꺼-/뒫꺼-〕〔명〕①사람의 똥·오줌으로 이루어 만든 거름. ②〔하자〕☞웃거름.

뒷:-거리〔뒤꺼-/뒫꺼-〕〔명〕①어떠한 곳의 뒤쪽으로 난 길거리. ¶동네 뒷거리. ②도심지의 중심 거리나 큰길을 벗어난 작은 길거리. ¶뒷거리의 한산한 주택가. 〔비〕뒷골1. 〔참〕뒷골목.

뒷:-걱정〔뒤꺽쩡/뒫꺽쩡〕〔명〕〔하자타〕뒤에 벌어질 일이나 뒤에 남겨 둔 일에 대한 걱정. ¶뒷걱정이 태산 같다.

뒷:-걸〔뒤껄/뒫껄〕〔명〕윷판의 처음부터 둘레를 따라 여덟째 자리.

뒷:-걸음〔뒤꺼름/뒫꺼름〕〔명〕〔하자〕①뒤로 걷는 걸음. ②☞퇴보(退步).

뒷:-걸음-질〔뒤꺼름-/뒫꺼름-〕〔명〕〔하자〕①뒷걸음으로 걷는 짓. ¶소가 뒷걸음질하다. ②정도나 상태가 이전보다 점점 못하게 되어 가는 일.

뒷:-걸음-치다〔뒤꺼름-/뒫꺼름-〕〔자〕①뒤로 물러서다. ②본디보다 못하게 되거나 뒤떨어지다. 퇴보하다.

뒷:-결박(-結縛)〔뒤껼-/뒫껼-〕〔명〕〔하타〕〔되자〕손을 뒤로 돌려 묶음. 뒷짐결박.

뒷:-경과(-經過)〔뒤껭-/뒫껭-〕〔명〕일이 벌어진 뒤의 경과. ¶수술의 뒷경과가 좋다.

뒷:-고대〔뒤꼬-/뒫꼬-〕〔명〕목의 뒷부분에 닿는 깃고대.

뒷:-고생(-苦生)〔뒤꼬-/뒫꼬-〕〔명〕나이가 많이 들어서 하는 고생.

뒷:-골〔뒤꼴/뒫꼴〕〔명〕뒤통수.

뒷:-골목〔뒤꼴-/뒫꼴-〕〔명〕큰길을 벗어나 있는 골목. ¶주첩이 늘어선 도시의 뒷골목.

뒷:-공론(-公論)〔뒤꽁논/뒫꽁논〕〔명〕〔하자타〕①일이 다 끝난 뒤에 쓸데없이 새삼 말하는 일. ②나서서 하지 않고 뒤에서 쑥덕거리는 짓. ¶뒷공론하지 말고 할 말이 있으면 떳떳이 나서서 말하시오.

뒷:-구멍〔뒤꾸-/뒫꾸-〕〔명〕①뒤에 있는 구멍. ②똥구멍. ③숨겨서 넌지시 행동하는 길이나 수. ¶뒷구멍으로 입학시키다.

뒷구멍으로 호박씨 깐다〔속담〕겉으로는 얌전한 체하면서, 은밀히 온갖 짓을 다함을 비유하여 이르는 말.

뒷:-귀〔뒤뀌/뒫뀌〕〔명〕《주로 '먹다'·'밝다'·'어둡다'와 함께 쓰이어》'사리나 말귀를 알아채는 힘'을 이르는 말. 〔비〕말귀.

뒷:-그루〔뒤끄-/뒫끄-〕〔명〕그루갈이에서 나중에 짓는 농작물. ↔앞그루.

뒷:-그림자〔뒤끄-/뒫끄-〕〔명〕①빛이 앞에서 쳐 뒤쪽에서 나타난 그림자. ②차차 멀어져 가는 사물의 뒤에서 보이는 모습. ¶그녀는 멀어져 가는 아들의 뒷그림자를 하염없이 바라보았다.

뒷:-근심〔뒤끈-/뒫끈-〕〔명〕뒷일에 대한 근심.

뒷:-글〔뒤끌/뒫끌〕〔명〕책의 본문 뒤에 쓰이는 글.

뒷:-기약(-期約)〔뒤끼-/뒫끼-〕〔명〕뒷날을 두고 한 약속. ¶뒷기약도 없이 길을 떠나다.

뒷:-길¹〔뒤낄/뒫낄〕〔명〕①집채나 마을의 뒤에 난 길. 〔비〕뒷갈1. ↔앞길1. ②지난날, 남도 지방에서 서도나 북도를 이르던 말. ②↔윗길3.

뒷:-길²〔뒤낄/뒫낄〕〔명〕(희망적으로 이어져야 할) 장래의 길. ¶후진을 길러 뒷길을 닦다.

뒷:-길³〔뒤낄/뒫낄〕〔명〕①부정하거나 부당한 수법. ¶뒷길로만 거래되는 마약. /뒷길로 빼돌린 장물. ②'떳떳하지 못한 삶의 방식'을 비유하여 이르는 말. ¶뒷길로만 살아온 인생.

뒷:-길⁴〔뒤낄/뒫낄〕〔명〕윗옷의 등 쪽에 대는 길. ↔앞길4.

뒷:-날[뒨-]똉 다가올 날. 훗날. 장래. 후일 (後日). ¶뒷날 다시 들르겠네. /자식의 뒷날을 기대하다.

뒷:-날개[뒨-]똉 곤충의 두 쌍의 날개 중에서 뒷가슴마디에 달린 날개.

뒷:눈-질[뒨-]똉하자 뒤쪽으로 눈을 흘깃거리는 짓. 쫩곁눈질.

뒷다[[엣]]타 두어 두다. 두었다. ¶남기 모몰 뼈 수바 뒷더니(月釋1:6).

뒷:-다리[뒤따/뒫따-]똉 ①짐승의 몸 뒤쪽에 붙은 다리. 후지(後肢). ②두 다리를 앞뒤로 벌렸을 때 뒤에 놓인 다리. ③책상이나 의자 따위의 뒤쪽의 다리. ↔앞다리.

뒷다리(를) 잡히다[관용] 상대편에게 약점이 잡혀 벗어날 수 없게 되다. ¶그에게 뒷다리를 잡혀 옴짝달싹도 못한다.

뒷:-단속(-團束)[뒤딴/뒫딴-]똉 일의 뒤끝을 단단히 준비하거나 대책을 세움.

뒷:-담[뒤땀/뒫땀-]똉 집체의 뒤쪽에 있는 담.

뒷:-담당(-擔當)[뒤땀/뒫땀-]똉하타 뒷갈망을 맡아서 함, 또는 뒷갈망. ¶이번 일의 뒷담당은 내가 할 테니 걱정하지 마라.

뒷:-대문(-大門)[뒤때/뒫때-]똉 정문 외에 집 뒤로 따로 난 대문. ↔앞대문.

뒷덜미[뒤떨/뒫떨-]똉 양 어깻죽지 사이로, 목덜미보다 아래쪽. ¶우악살스러운 손으로 꼬마의 뒷덜미를 움켜쥐었다.

뒷덜미(를) 잡히다[관용] 꼼짝 못하고 잡히다.

뒷:-도[뒤또/뒫또-]똉 ①윷판에서, 앞밭에서 뒷밭 쪽으로 첫째 밭의 이름, 곧 처음부터 둘레를 따라 여섯째 자리의 밭. ②윷을 놀 때, 윷가락의 네 짝 중 윷배에 따로 표시한 것이 되 집혀 된 '도'를 이르는 말. 〔윷판의 말을 한 밭 물리게 됨.〕

뒷:-도장(-圖章)[뒤또/뒫또-]똉 약속 어음의 뒷보증을 설 때 찍는 도장.

뒷:-돈[뒤똔/뒫똔]똉 ①장사판이나 노름판에서, 뒤에 잇대어 쓰이거나 대어 주게 되는 밑천. ¶노름판의 뒷돈을 대다. /뒷돈이 달려서 장사해 나가기가 여간 힘들지 않다. ②은밀히 주고받는 돈.

뒷:-동[뒤똥/뒫똥]똉 일의 뒷부분, 또는 뒤에 관련된 도막. ¶뒷동을 염두에 둔 처리.

뒷:-동네[뒤똥/뒫똥-]똉 뒷마을.

뒷:-동산[뒤똥/뒫똥-]똉 집(마을) 뒤에 있는 동산.

뒷:-들[뒤뜰/뒫뜰]똉 집이나 마을의 뒤에 있는 들. ¶뒷들에 꽃밭을 만들다.

뒷:-등[뒤뜽/뒫뜽]똉 '등'의 힘줌말.

뒷:-마감[뒨-]똉하타 일의 뒤를 마무리하여 끝내는 일. 뒤처리.

뒷:-마구리[뒨-]똉 결체의 뒤에 가로 댄 나무. ↔앞마구리.

뒷:-마당[뒨-]똉 집 뒤의 마당. 뒤뜰. ↔앞마당.

뒷:-마루[뒨-]똉 집 뒤쪽에 있는 마루.

뒷:-마무리[뒨-]똉하타 일의 뒤끝을 마무름, 또는 그 마무른 일. ¶뒷마무리는 내가 하고 갈게.

뒷:-마을[뒨-]똉 뒤쪽에 있는 마을. 뒷동네.

뒷:-막이[뒨-]똉 나무로 만든 세간의 뒤쪽에 대어서 막는 나무.

뒷:-말[뒨-]똉하자 ①뒷공론으로 하는 말. 뒷소리. ¶나중에 뒷말이 없도록 미리 다짐을 받다. ②계속되는 이야기의 뒤를 이음. 또는 그런 말. ¶감정이 격하여 뒷말을 잇지 못하다. ②↔앞말.

뒷:-맛[뒫맏]똉 ①음식을 먹은 뒤에 입에서 느끼는 맛. 뒷입맛. 후미(後味). ②어떤 일을 끝마친 뒤의 느낌. ¶뒷맛이 씁쓸하다. *뒷:맛이[뒨마시]·뒷:맛만[뒨맏-]

뒷맛이 쓰다[관용] 어떤 일이 끝난 다음에 남은 느낌이 좋지 않다.

뒷:-맵시[뒫-씨]똉 뒤에서 본 맵시. ¶뒷맵시 있다고 얼굴도 예쁠까.

뒷:-머리[뒨-]똉 ①뒤통수. ②머리의 뒤쪽에 난 머리털. ③어떤 일이나 물건의 뒤쪽. ¶기차의 뒷머리. ↔앞머리.

뒷:-면(-面)[뒨-]똉 뒤쪽 면. 후면. ↔앞면.

뒷:-모개[뒨-]똉 윷판의 뒷밭에서 날밭 쪽으로 꺾어 둘째 자리, 곧 뒷모도와 방의 사이.

뒷:-모도[뒨-]똉 윷판의 뒷밭에서 날밭 쪽으로 꺾어 첫째 자리, 곧 뒷모개와 뒷방 사이.

뒷:-모습[뒨-]똉 뒤에서 본 모습.

뒷:-모양(-模樣)[뒨-]똉 ①뒤에서 본 모양. ↔앞모양. ②일이 마무리된 형편. ¶무릇 무슨 일이나 뒷모양이 깔끔해야 한다.

뒷:-목[뒨-]똉 타작할 때에, 벼를 되고 난 다음에 처진 찌꺼기 곡식.

뒷:-몸[뒨-]똉 몸의 뒷부분.

뒷:-무릎[뒨-릅]똉 무릎의 구부리는 안쪽. 오금. *뒷:무릎이[뒨-르피]·뒷:무릎만[뒨-름-]

뒷:무릎-치기[뒨-릅-]똉 씨름 기술의 한 가지. 상대편의 뒤로 내디딘 무릎을 치는 기술.

뒷:-문(-門)[뒨-]똉 ①정문과 다른 방향으로 난 문. 후문. ↔앞문. ②(관청 따위의 기관을 상대로) 협잡이나 떳떳하지 못한 방법으로 일을 해결하게 되는 길. ¶뒷문 거래. /뒷문으로 입학하다.

뒷:-물[뒨-]똉하자 음부나 항문을 씻는 물, 또는 씻는 일.

뒷:-밀이[뒨-]똉하타 (수레 같은 것을) 뒤를 밀어 주는 일, 또는 그 사람.

뒷:-바닥[뒤빠/뒫빠-]똉 신바닥의 뒤쪽 부분. ↔앞바닥.

뒷:-바라지[뒤빠-/뒫빠-]똉하타 (수고나 물질을 아끼지 않고) 뒤에서 보살피며 도와주는 일. ¶자식들을 헌신적으로 뒷바라지하다.

뒷:-바퀴[뒤빠-/뒫빠-]똉 (앞뒤의 바퀴 중) 뒤쪽의 바퀴. ↔앞바퀴.

뒷:-받침[뒤빠-/뒫빠-]똉하타되자 뒤에서 받쳐 주는 일, 또는 그러한 사람이나 물건. ¶김씨의 성공에는 부모의 뒷받침이 큰 역할을 하였다.

뒷:-발[뒤빨/뒫빨]똉 ①네발짐승의 뒤에 달린 발. ②두 발을 앞뒤로 벌렸을 때 뒤쪽의 발. ↔앞발.

뒷:-발길[뒤빨낄/뒫빨낄]똉 뒷발질하는 발.

뒷:-발길질[뒤빨낄-/뒫빨낄-]똉 뒷발질.

뒷:-발막[뒤빨-/뒫빨-]똉 뒤가 발막처럼 솔기가 닿이 된 남자 가죽신의 한 가지.

뒷:발-질[뒤빨-/뒫빨-]똉하자 ①뒷발로 차는 짓. ②한쪽 다리를 뒤로 뻗어 차는 짓.

뒷:-발치[뒤빨-/뒫빨-]똉 뒤쪽의 끝 부분. ¶사람들 뒷발치에서 조용히 서 있다.

뒷:-발톱똉 '며느리발톱'의 잘못.

뒷:-방(-房)[뒤빵/뒫빵]똉 ①여럿 있는 방 중에서, 뒤쪽에 있는 방. ②몸채 뒤켠에 따로 있는 방. 후방(後房). ③절의 큰방 뒤에 딸린 작은방.

뒷:방-마누라(-房-)[뒤빵-/뒫빵-]똉 첩에게 남편을 뺏기고 뒷방 신세가 된 본마누라.

뒷ː-밭[뒤빧/뒫빧]圐 ①집 또는 마을의 뒤쪽에 있는 밭. ②윷판의 둘레를 따라 처음부터 열째 자리. 여기서 윷길이 첼밭과 방의 두 갈래 길로 나뉘어 꺾임. 춘뒤. *뒷ː밭이[뒤빠치/뒫빠치]·뒷ː밭를[뒤빧틀/뒫빧틀]·뒷ː밭만[뒤빤/뒫빤]

뒷ː-배[뒤빼/뒫빼]圐 드러나지 않게 뒤에서 보살펴 주는 일. ¶뒷배를 보다.

뒷ː-보증(-保證)[뒤뽀-/뒫뽀-]圐 ①증권이나 어음 뒤에, 아무에게 양도한다는 뜻을 글로 적는 일. 배서(背書). ②정보증인(正保證人)이 의무를 이행하지 못할 경우, 뒤에서 대신 보증의 의무를 이행하는 일. ¶뒷보증을 받다.

뒷ː-볼[뒤뽈/뒫뽈]圐 버선의 뒤축에 대는 헝겊 조각. ↔앞볼.

뒷ː-부분(-部分)[뒤뿌-/뒫뿌-]圐 ①물체의 뒤쪽에 있는 부분. 후부(後部). ②어떤 일이나 형식, 상황 따위의 뒤를 이루는 부분. ¶이야기의 뒷부분. ↔앞부분.

뒷ː북-치다[뒤뿍-/뒫뿍-]圈 (어떤 일이 이미 끝난 뒤에) 뒤늦게 쓸데없이 수선을 피우다.

뒷ː-사람[뒤싸-/뒫싸-]圐 ①뒤에 있거나 따라오는 사람. ②맨 앞 사람이 받아 차례로 뒷사람에게 전달하다. ②(일이나 직책을) 뒤에 이어받는 사람. ¶뒷사람에게 물려주다. ③다음 세대의 사람.

뒷ː-산(-山)[뒤싼/뒫싼]圐 ①마을이나 집 뒤쪽에 있는 산. ↔앞산. ②두 개가 연속된 산에서 뒤쪽에 있는 산.

뒷ː-생각[뒤쌩-/뒫쌩-]圐 ①哲자뒷일에 대하여 미리 생각하거나 염려함. ②일이 끝난 다음에 하는 반성이나 느낌.

뒷ː-설거지[뒤썰-/뒫썰-]圐哲자 ①설거지. ②큰일을 치른 뒤의 뒤처리.

뒷ː-세상(-世上)[뒤쎄-/뒫쎄-]圐 ☞후세.

뒷ː-셈[뒤쎔/뒫쎔]圐哲자 어떤 일이 끝난 다음에 하는 셈, 또는 그러한 일.

뒷ː-소리[뒤쏘-/뒫쏘-]圐 ①뒷말. ¶잘했느니 못했느니 뒷소리가 많다. ②뒤에서 응원하는 소리. ¶체육 대회에서 뒷소리 치느라 목이 쉬었다.

뒷ː-소문(-所聞)[뒤쏘-/뒫쏘-]圐 일이 끝난 뒤에 거기에 관하여 들리는 소문. 후문(後聞).

뒷ː-손[뒤쏜/뒫쏜]圐 사양하는 체하면서 남몰래 슬그머니 요구하는 일. ¶뒷손을 내밀다. / 뒷손을 벌리다.

뒷ː-손²[뒤쏜/뒫쏜]圐 ①잔손질로 마무리하는 일, 또는 그 손. ¶뒷손이 가다. /뒷손이 없다. ②뒤탈을 수습하거나 고치는 일, 또는 그 손. ¶뒷손을 보다. ③사태를 떳떳하지 못한 수단으로 조처하거나 뒷수습하는 일, 또는 그 손.
뒷손(을) 쓰다[관용] 은밀히 떳떳하지 못한 수단으로 조처하거나 뒷수습을 하다. ¶뒷손을 써 봤으니 안심이다.

뒷ː-손가락-질[뒤쏜까-쯸/뒫쏜까-쯸]圐哲자타 본인이 없는 데서 흉보거나 비난하는 짓. ¶뒷손가락질을 하다.

뒷ː손-질[뒤쏜쯸/뒫쏜쯸]圐哲자 ①손을 뒤로 돌리어 하는 동작. ¶빨리 따라오라고 뒷손질로 부르다. ②뒷손으로 매만지는 짓. ¶뒷손질을 잘하면 상품 가치가 높아진다. ③남몰래 슬쩍하는 짓. 떳떳지 못한 수단을 쓰거나 요구하는 짓.

뒷ː-수발[뒤쑤-/뒫쑤-]圐哲타 뒤에서 표 나지 않게 시중들며 보살피는 일.

뒷ː-수쇄(-收刷)[뒤쑤-/뒫쑤-]圐哲타 뒤치다꺼리.

뒷ː-수습(-收拾)[뒤쑤-/뒫쑤-]圐哲타 벌어진 일이나 끝난 일의 뒤끝을 수습하는 일.

뒷ː-심[뒤씸/뒫씸]圐 ①뒤에서 도와주는 힘. ¶뒷심을 믿고 까분다. ②끝판에 가서 회복하거나 끝까지 버티는 힘. ¶뒷심이 달려서 경기에 지다.

뒷ː-욕(-辱)[뒨뇩]圐哲자타 ①어떤 일이 끝난 뒤에 하는 욕. ¶뒷욕을 먹다. ②본인이 없는 데서 하는 욕. ¶뒷욕하는 일을 서로 삼가다.

뒷ː-윷[뒨눋]圐 윷판의 처음부터 둘레를 따라 아홉째 자리, 곧 뒷밭과 뒷결의 사이. *뒷윷이[뒤뉴치]·뒷윷만[뒨눈-]

뒷ː-이야기[뒨니-]圐 ①이어지는 이야기의 뒷부분. ②어떤 일이 있은 뒤에 나오는 이야기.

뒷ː-일[뒨닐]圐 ①뒷날에 생기는 일. 후사(後事). 훗일. ¶뒷일은 내가 책임지마. ②뒤를 보는 일.

뒷ː-입맛[뒨님맏]圐 음식을 먹고 난 뒤 입에서 느끼는 맛. 뒷맛. ¶그 집 음식은 먹고 난 뒷입맛이 개운하다. *뒷입맛이[뒨님마시]·뒷ː입맛만[뒨님만-]

뒷ː-자락[뒤짜-/뒫짜-]圐 옷의 등 뒤에 늘어져 있는 자락.

뒷ː-자리[뒤짜-/뒫짜-]圐 ①뒤쪽에 있는 자리. ②경쟁이나 학습에서 남에게 뒤떨어지는 자리. ¶그의 성적은 항상 뒷자리를 맴돌았다.

뒷ː-장[뒤짱/뒫짱]圐 어떤 일의 뒤끝에 따라하는 일.

뒷ː-장(-張)[뒤짱/뒫짱]圐 종이의 뒷면이나 다음장.

뒷ː-전[뒤쩐/뒫쩐]圐 ①뒤쪽이 되는 자리. ¶뒷전으로 가서 앉다. ②(푸대접으로) 뒤로 미루게 된 순서. 뒤로 밀리다. ③뱃전에서 뒤쪽 부분, 곧 고물 쪽의 뱃전. ④남이 안 보거나 못 보는 곳. 배후. ¶뒷전에서 헐뜯다. ⑤무당굿 열두 거리 가운데의 마지막 거리.

뒷ː전-놀다[뒤쩐-/뒫쩐-][~노니·~놀아]圈 ①무당굿의 뒷전풀이를 하다. ②(해야 할 일을 접어 두고) 잇속을 찾아 슬며시 딴 짓을 하다. 뒷전보다.

뒷ː전-보다[뒤쩐-/뒫쩐-]圈 ☞뒷전놀다.

뒷ː전-풀이[뒤쩐-/뒫쩐-]圐哲자 무당굿에서, 마지막 거리를 행하는 일.

뒷ː-정리(-整理)[뒤쩡니/뒫쩡니]圐哲타 일의 뒤끝을 바로잡아 마무르는 일.

뒷ː-조사(-調査)[뒤쪼-/뒫쪼-]圐哲타 은밀히 조사하는 일, 또는 그 조사.

뒷ː-주머니[뒤쭈-/뒫쭈-]圐 ①바지의 뒤쪽에 있는 주머니. ↔앞주머니. ②남모르게 뒤에 따로 마련하여 둔 것. ¶아내 모르게 뒷주머니를 차다.

뒷ː-줄[뒤쭐/뒫쭐]圐 ①뒤쪽에 있는 줄. ↔앞줄. ②배후의 비호 세력. ¶뒷줄이 든든하다.

뒷ː-지느러미[뒤찌-/뒫찌-]圐 물고기의 항문과 꼬리지느러미 사이에 있는 지느러미. 볼기지느러미.

뒷ː-질[뒤찔/뒫찔]圐哲자 물에 뜬 배가 앞뒤로 흔들리는 것. ¶배의 뒷질 때문에 멀미가 났다.

뒷ː-짐[뒤찜/뒫찜]圐 두 손을 허리 뒤로 들려 마주 잡는 일. ¶뒷짐을 하고 느릿느릿 걷다.
뒷짐(을) 지다[짇따][관용] 어떤 일에 자신은 상관없는 것처럼 구경만 하다. ¶뒷짐을 진 채 방관하다.

뒷ː짐-결박(-結縛)[뒤찜-/뒫찜-]圐哲타되자 뒷결박.

뒷:-집[뒤찜/뒫찜]**명** 뒤쪽에 있는 집. ↔앞집.
뒷집 마당 벌어진 데 솔뿌리 걱정한다[속담] 제 걱정도 많은데 쓸데없이 남의 걱정을 하는 것을 비유하여 이르는 말.

뒹굴다[뒹구러·뒹굴어] **I** **자타** 누워서 몸을 이리저리 구르다.
II **자** 한곳에 눌어붙어 편히 놀다. ¶ 하릴없이 방구석에서 뒹굴기만 한다.

뒹굴-뒹굴 **부** **하자** ①누워서 자꾸 이리저리 구르는 모양. ¶ 눈밭에서 뒹굴뒹굴 구르다. ②하는 일이 없이 빈둥거리며 노는 모양. ¶ 뒹굴뒹굴 하지만 말고 방 청소라도 해라.

뒿명 [옛] ①뒤. ¶ 뒤헤는 모딘 즁싱(龍歌30章). ②북쪽. ¶ 새배 듕문 뒤희 가 문안ᄒ더라(翻小 9:102).

듀:스 (deuce)**명** 배구·탁구·테니스 따위의 경기에서, 마지막 한 점을 남기고 동점이 된 경우. (이때 두 점을 잇달아 먼저 내는 편이 이김.)

듀:스^어게인 (deuce again)**명** 배구·탁구·테니스 따위의 경기에서, 듀스 뒤에 다시 양편이 한 점씩 얻어 동점이 된 경우. (다시 두 점을 잇달아 얻어야 이김.)

듀엣 (duet)**명** ①이중주(二重奏). ②이중창. ¶ 듀엣으로 노래 부르다. ③수중 발레 따위에서, 두 사람이 한 조가 되어 하는 연기, 또는 댄스.

듕명 [옛] 중. ¶ 믈 아래 그림재 디니 드리 우희 듕이 간다(古時調).

듕신명 [옛] 중매(仲媒). ¶ 듕신도 유복ᄒ도다(翻朴上46).

드-[접두] (일부 용언 앞에 붙어) 정도가 한층 높음을 뜻함. ¶ 드날리다. /드세다.

드나-나나부 들어가거나 나오거나. ¶ 너는 드나나나 말썽만 부리는구나.

드나-들다[~드니·~들어] **I** **자타** ①거듭하여 들어갔다 나왔다 하다. 들락날락하다. ¶ 처가에 자주 드나들다. /자유롭게 드나들다. ②번갈아 바뀌어 들다. ¶ 직공들이 자주 드나들어 작업에 지장이 많다. **준**나들다.
II **자** 고르지 않고 들쭉날쭉하다. ¶ 서해안의 해안선은 드나듦이 심하다.

드나드는 개가 꿩을 문다[속담] 부지런하게 나다니는 사람이 일도 이루고, 재물도 얻는다는 말.

드난명 **하자** (흔히 여자가) 남의 집에 매이지 않고 임시로 붙어살며 일을 도와주는 고용살이.

드난-꾼명 드난살이하는 사람.

드난-살다[~사니·~살아] **자** 남의 집에서 드난으로 살아가다.

드난-살이명 **하자** (흔히 여자가) 남의 집을 옮겨 다니며 고용살이하는 생활.

드-날리다¹타 (손으로) 들어나게 날리다. ¶ 연을 드날리다.

드-날리다²자타 〈들날리다〉의 준말. ¶ 명성을 드날리다.

드-넓다[~널따]**형** 활짝 틔어서 아주 넓다. ¶ 드넓은 벌판.

드-높다[~놉따]**형** 매우 높다. ¶ 드높은 가을 하늘. /드높은 기상.

드높-이다타 (‘드높다’의 사동) 드높게 하다. ¶ 사기를 드높이다.

드-다르다[~다르니·~달라]**형르** 전연 다르다. 아주 다르다. ¶ 그는 형과는 아주 드다른 성품을 지녔다.

드더지다타 [옛] 드던지다. 들어 던지다. ¶ 老處女의 擧動 보소 함박 죽박 드더지며 逆情내여 니론 말이(古時調).

드-던지다타 (물건을) 함부로 들어 내던지다.

드듸다타 [옛] ①디디다. ¶ 흔 발로 고초 드듸여 셔샤(月釋1:52). ②앞의 말을 받아 이어서 말을 하다. ¶ 後ㅣ 반드기 알ᄑᆞᆯ 드듸논 전ᄎᆞ로(圓覺上二之三1).

드듸여명 [옛] 드디어. ¶ 드듸여 슈:逤(類合下29).

드디어부 (여러 고비를 거친) 끝에 이르러. 그런 결과로. 마침내. ¶ 출국 일자가 드디어 내일로 다가왔다. /드디어 시험이 끝났다.

드디다타 [옛] 디디다. 딛다. ¶ 즌데롤 드딕욜셰라(井邑詞). **참**드듸다.

드듸여도타 [옛] 드디어. ¶ 드듸여 독약을 먹고 죽으니라(五倫2:21).

드라마 (drama)**명** ①극(劇). 연극. ②방송극. ¶ 텔레비전 드라마. ③각본. ④‘극적인 사건이나 상황’을 비유하여 이르는 말. ¶ 한 편의 드라마와 같은 인생.

드라이 (dry)**명** ①〈드라이클리닝〉의 준말. ②(젖은 머리를) 말리거나 손질하여 다듬다. ¶ 머리를 드라이하여 말리다.

드라이^독 (dry dock)**명** 건선거(乾船渠).

드라이버 (driver)**명** ①ㄴ나사돌리개. ②골프에서, 원거리용의 클럽.

드라이브 (drive)**명** **하자** ①(기분 전환을 위하여) 자동차를 타고 달림, 또는 자동차를 운전함. ¶ 드라이브하기에 좋은 길이다. ②골프·크리켓·테니스 따위에서 공을 깎아서 세게 침. ③어떤 일을 어느 한 방향으로 무리하게 끌고 가거나 집중하는 일. ¶ 개혁 드라이브 정책.

드라이-아이스 (dry ice)**명** 순도 높은 이산화탄소를 압축하여 고체로 만든 냉각제. 일정한 온도나 압력에서 기화한다. 고체 탄산.

드라이어 (drier)**명** 젖은 머리를 말리는 전기 기구.

드라이-클리:닝 (dry cleaning)**명** 물 대신 벤젠 따위로 때를 빼는 세탁. 건조 세탁. ¶ 물빨래할 것과 드라이클리닝 할 것을 구분해 놓아라. **준**드라이.

드라이-플라워 (dry flower)**명** 피어 있는 상태 그대로 말린 꽃.

드래그 (drag)**명** 컴퓨터에서, 마우스의 버튼을 누른 채 화면 위의 커서를 어떤 점에서 다른 점까지 움직인 후 버튼을 떼는 동작. 데이터를 블록 지정하는 데에 많이 씀.

드래그^번트 (drag bunt)**명** 야구에서, 왼손 타자는 1루 쪽으로, 오른손 타자는 3루 쪽으로 공을 끌어서 굴리는 번트. 주자를 진루시키는 데 목적이 있는 보통의 번트와 달리 타자가 진루할 목적으로 댐.

드래프트 (draft)**명** ①복식에서, 옷의 윤곽을 그린 본뜬 그림. ②야구에서 신인 선수를 선발하는 일. ¶ 올해 신인 선수 드래프트에서 1순위로 지명되다.

드램 (dram)**의** 영국에서 쓰는 무게의 단위. (통상 16분의 1온스로 1.772 g에 해당하며, 약제의 무게를 잴 때는 8분의 1온스로서 3.887 g에 해당함.)

드러-나다자 ①(가려져 안 보이던 것이) 나타나 보이게 되다. ②(알려지지 않던 것이) 알려지게 되다. ¶ 비밀이 드러나다.

드러-내다타 〔‘드러나다’의 사동〕드러나게 하다. ¶ 가슴을 드러내다. /본색을 드러내다.

드러냄-표 (-標)**명** 문장 부호의 한 가지. 가로쓰기의 글자 위나 밑에 또는 세로쓰기의 글자 오른쪽에 써서 그 중요성을 특별히 드러내 보이는 표. 〔‘˚’나 ‘‘ ’ 따위.〕현재부(顯在符).

드러-눕다[-따][~누우니·~누워]**재**🅑 ①(편한 자세로) 눕다. ¶침대에 드러누워 낮잠을 자다. ②앓아서 자리에 눕다. ¶병석에 드러눕다.

드러눕-히다[-누피-]**태** 『'드러눕다'의 사동』 드러눕게 하다. ¶아기를 요 위에 드러눕히다.

드러-쌓이다[-싸-]**재** 썩 많이 쌓이다. 한군데에 많이 모이다. **준**드러쎄다.

드러-쎄다**재** 〈드러쌓이다〉의 준말.

드러얼이다**태** 〈옛〉들어 어우르게 하다. 들어 가지런히 놓다. 〔'얼이다'는 '娶·嫁·交合'의 뜻을 가진 말.〕¶니믜 알퓌 드러얼이노니 소니 가져다 므로옵노이다(樂範.動動).

드러-장이다**재** 한군데에 많은 물건이 가지런히 쌓이다.

드러-쟁이다**재** '드러장이다'의 방언.

드럼 (drum)**명** ①양악(洋樂) 연주에 쓰이는 '북'을 통틀어 이르는 말. ②⇒드럼통.

드럼-통(drum桶)**명** ①가솔린 따위를 넣는 길둥근 강철통. 드럼. ¶드럼통에 휘발유를 가득 담았다. ②키가 작고 뚱뚱한 사람을 놀리어 이르는 말.

드렁-거리다**재태** 잇달아 드렁드렁하다. 드렁대다. ¶문풍지가 드렁거리다. /코를 드렁거리다. **큰**드릉거리다.

드렁-대다**재태** 드렁거리다.

드렁-드렁**부** ①**하자** 몹시 우렁차게 울리는 소리. ¶트럭이 시동을 거느라고 드렁드렁 소리를 낸다. ②**하자** 몹시 심하고 빠른 간격으로 코를 고는 소리. **큰**드릉드릉.

드렁츩**명** 〈옛〉드렁칡. ¶萬壽山 드렁츩이 얽어진 둘 엇더하리(古時調).

드렁-칡[-칙]**명** 둔덕을 따라 벋은 칡덩굴. * 드렁칡[-칠기]·드렁칡만[-칭-]

드렁-허리**명** 드렁허리과의 민물고기. 뱀처럼 몸이 가늘고 길며 꼬리 끝은 짧고 뾰족함. 눈은 작고 배지느러미와 가슴지느러미는 없음. 몸빛은 적황색 바탕에 갈색 얼룩무늬가 있음. 논·도랑·연못 등에 삶.

드레**명** 사람의 됨됨이로서의 점잖음과 무게. ¶어려도 드레가 있어 보인다.

드레**명** 〈옛〉두레박. ¶드레:汲器(訓解).

드레-나다**재** (기계 바퀴가 헐거워져서) 흔들거리다.

드레-드레**부**🅗🅗 물건이 많이 매달려 있거나 늘어져 있는 모양. ¶드레드레 널린 빨래. **비**주렁주렁. **작**다래다래.

드레-드레**부** 벌 떼를 부르는 소리의 한 가지. 뒈뒈.

드레스 (dress)**명** 허리를 잘록하게 보이도록 디자인한 여성용 원피스. ¶드레스를 맞추다.

드레시-하다 (dressy-)**형여** 의복의 선이나 형태가 우아하고 아름답다. ¶어제 백화점에서 산 옷이 아주 드레시하다.

드레싱 (dressing)**명** ①식품에 치는 소스의 한 가지. ¶샐러드 드레싱. ②상처를 치료하는 일. ¶드레싱을 받다.

드레저 (dredger)**명** 준설기(浚渫機).

드레-지다**형** ①(사람됨이) 무게가 있다. ②물건이 (보기보다) 무게가 있다.

드레-질**명**🅗 ①인격의 무겁고 가벼움을 떠보는 짓. ②물건의 무게를 헤아리는 짓.

드로라**재** 〈옛〉들노라. ¶가다가 가다가 드로라 에졌가 가다가 드로라(樂詞.靑山別曲).

드로:잉 (drawing)**명** ①(단색의) 선으로만 그린 그림. 제도(製圖). ②운동 경기의 상대편을 고르는 추첨.

드롭 (drop)**명** 〈드롭 커브〉의 준말.

드롭^샷 (drop shot)**명** 탁구나 테니스 따위에서, 공이 네트를 넘자마자 짧게 떨어지도록 치는 공격법.

드롭스 (drops)**명** 향료를 넣어 여러 가지 모양으로 굳혀 만든 서양식 사탕의 한 가지.

드롭^커:브 (drop curve)**명** 야구에서, 투수가 던진 공이 타자 앞에 와서 급히 아래로 떨어지는 커브. **준**드롭.

드롭-킥 (dropkick)**명**🅗 럭비 등에서, 손에 들고 있던 공을 땅에 떨어뜨린 다음 튀어 오르는 순간에 차는 킥.

드롭트^골:(dropped goal)**명** 럭비에서, 드롭킥한 공이 골 바(goal bar)를 넘은 골.

드르렁**부** 코를 요란하게 고는 소리. 드르릉. **작**다르랑. 드르렁-드르렁**부**🅗🅑

드르렁-거리다**재태** 자꾸 드르렁드르렁하다. 드르렁대다. ¶남편이 밤새 드르렁거리는 바람에 잠을 설친다. **작**다르랑거리다.

드르렁-대다**재태** 드르렁거리다.

드르르**부** ①(글을 막힘없이 외거나 읽는 모양. **비**줄줄. ②어떠한 일에 막힘없이 통하는 모양. ¶증권 시세에 대하여는 드르르 다 통한다.

드르르**부**🅗🅑 ①바퀴 달린 큰 물체가 단단하고 평평한 바닥을 부드럽게 구를 때 나는 소리. ¶드르르 문을 열다. ②큼직한 물체가 잇달아 가볍게 떠는 소리, 또는 그 모양. ¶장지문이 드르르 떨다. ③재봉틀을 돌려 죽 박아 나가는 소리. ①②**작**다르르. **센**뜨르르.

드르륵**부**🅗🅑 ①방문 따위를 거침없이 열 때에 나는 소리. ¶이윽고 장지문 여는 소리가 드르륵하고 났다. ②총 따위를 잇달아 쏘는 소리. ¶자동 소총으로 드르륵 휘갈기다. 드르륵-드르륵**부**🅗🅑

드르륵-거리다[-꺼-]**재태** 자꾸 드르륵드르륵하다. 드르륵대다.

드르륵-대다[-때-]**재태** 드르륵거리다.

드르릉**부** 코를 크고 요란하게 고는 소리. 드르렁. 드르릉-드르릉**부**🅗🅑

드르릉-거리다**재태** 자꾸 드르릉드르릉하다. 드르릉대다. ¶몹시 피곤했던지 눕자마자 드르릉거린다. **작**다르랑거리다.

드르릉-대다**재태** 드르릉거리다.

드릉-거리다**재태** 자꾸 드릉드릉하다. 드릉대다. **작**드렁거리다.

드릉-대다**재태** 드릉거리다.

드릉-드릉**부** ①**하자** 구르듯 진동하는 소리, 또는 발동기가 울려서 나는 소리. ②**하자태**빠르게 코를 고는 소리. **작**드렁드렁.

드릏**명** 〈옛〉들. 벌판. ¶드르헤 龍이 싸호아(龍歌69章).

드리다[1]**태** ①〈주다〉의 높임말. ¶부모님께 선물을 드리다. ②(신이나 부처에게 정성을) 바치다. ¶예배를 드리다. /불공을 드리다. ③(인사 따위를) 여쭙다. ¶선생님께 문안을 드리다. ①②**비**바치다.

드리다[2]**태** 집을 지어서 그 안에 딸린 시설이나 구조물을 만들다. ¶마루를 드리다. /아이들 방에 벽장을 드리다.

드리다[3]**태** ①끈이나 줄을 땋거나 꼬다. ¶짚에 삼을 드려서 짚신을 삼다. /바를 길게 드리다. ②댕기를 달다. ¶길게 땋은, 동생의 머리 끝에 빨간 댕기를 드리다.

드리다[4]**태** (가게의 문을) 닫다. ¶가게를 드릴 시간이다.

드리다⁵[타] 곡식의 검불이나 티를 바람에 날려 보내거나 털다. ¶ 벼를 드리다.

드리다⁶[타] '드리우다'의 잘못.

드리다⁷[조동] 동사 어미 '-아(어)' 뒤에 쓰이는, 《주다²》의 높임말. ¶ 편히 쉬게 해 드리다. /어머니의 부탁을 들어 드리다.

-드리다[접미] ((일부 명사 뒤에 붙어)) '공손한 행위'를 뜻함. ¶ 말씀드리다. /불공드리다.

드리돋다[자] (옛) 들이닫다. 달려 들어가다. 달려 들다. ¶ 延秋門 드리드라 慶會南門 브라보며 (鄭澈.關東別曲).

드리블(dribble)[명][하다] ①축구 따위에서, 공을 두 발로 몰면서 달리는 일. ②농구에서, 손으로 공을 땅바닥에 튀기면서 이동하는 동작. ③배구에서, 경기 중에 공에 몸이 닿거나 두 번 이상 치는 반칙.

드리-없다[-업따][형] ①기준이나 대중이 없다. ¶ 시세가 드리없다. /드리없는 크기. ②두서가 없다. ¶ 드리없게 일을 처리하다. 드리없-이[부].

드리우다 [I][자타] ①물체가 위에서 아래로 처져 늘어지다, 또는 그렇게 하다. ¶ 발을 드리울 볕을 가리다. ②빛·어둠·그림자 따위가 깃들거나 뒤덮이다, 또는 그렇게 되게 하다. ¶ 땅에 어둠이 드리워지기 시작했다.
[II][타] ①(존귀한 이나 윗사람이) 가르침이 되는 말을 하다. ¶ '홍익인간'은 단군께서 드리우신 가르침이다. ②(명예나 공적 따위를) 뒷세상에 전하다. ¶ 충무공이 드리우신 애국 정신.

드리티다[타] (옛) 들이치다. ¶ 罪人을 글는 가마애 드리티느니라(月釋21:29).

드리핑(dripping)[명] 축구나 농구 경기 따위에서, 상대편 선수를 넘어뜨리는 일.

드리혀다[타] (옛) 들윽 드리혈씨(楞解3:2). ②들이끌다. ¶ 業 호가지닐 드리혈시(圓覺下一之一-16). [참]드리혀다.

드리혀다[타] (옛) ①이 드틄 象을 올 드리혀미(楞解3:2). ②들이끌다. ¶ 모다 發生호며 業 호가지닐 드리혈 씨(楞解4:25).

드릴(drill)[명] ①맨 끝에 송곳날을 단, 공작용의 구멍 뚫는 기구. ②기본적인 것을 되풀이하여 연습하는 일.

드림[명] ①매달아서 길게 늘이는 물건을 통틀어 이르는 말. ¶ 드림을 단 축하 화분. ②〈기(旗)드림〉의 준말.

드림-새[명] ☞막새.

드림-셈[명] 질질 끌며 몇 차례로 나누어 주고받는 셈.

드림-장막(-帳幕)[명] 위에서 아래로 드리우는 장막.

드림-줄[-쭐][명] 마루에 오르내릴 때 붙잡을 수 있도록 늘어뜨린 줄.

드림-추(-錘)[명] 벽·기둥 따위의 수직 여부를 살펴보는 기구.

드림-흥정[명][하다] 값을 여러 차례에 나눠 주기로 하고 하는 흥정.

드링크(drink)[명] (피로 회복 따위를 위한) '음료성 의약품'을 흔히 이르는 말. ¶ 피로도 풀겸 약국에 가서 드링크를 사 마셨다.

드-맑다[-막따][형] 매우 맑다. 맑고 맑다. ¶ 드맑은 가을 하늘.

드문-드문[부][하다] ①(시간적으로) 잦지 않고 동안이 꽤 뜨게. 간간이. ¶ 가지는 못해도 편지는 드문드문 보낸다. ②(공간적으로) 배지 않고 꽤 뜨게. 떠엄떠엄. ¶ 드문드문 서 있는 가로수. [참]다문다문. [센]뜨문뜨문.

드문드문 걸어도 황소걸음[속담] 진도는 느리나 그것이 오히려 믿음직스럽고 알차다는 말. ¶ 드문드문 걸어도 황소걸음이라고 그가 하는 일은 늘 믿음직스럽다.

드물다[자](드무니·드물어)[형] ①잦지 아니하다. ¶ 사람의 내왕이 드문 때. ↔잦다³. ②배지 아니하다. ¶ 드물게 심은 나무. ③흔하지 아니하다. ¶ 드물게 보는 미인. ③→흔하다.

드므[명] 넓적하게 생긴 독.

드므리[부] (옛) 드물게. ¶ 希有는 드므리 잇다혼 쁘디라(釋譜13:15).

드믈다[형] (옛) 드물다. ¶ 드믈 희:稀. 드믈 한:罕(類合下57).

드-바쁘다[~바쁘니·~바빠)[형] 매우 바쁘다. ¶ 막내딸 혼수 준비로 드바쁘다.

드뿍[부][하다] 분량이 일정 한도를 넘어 꽤 넉넉한 모양. [작]드뿍. 드뿍-드뿍[부][하다] ¶ 배고플 테니 밥을 드뿍드뿍 담아라.

드뵈[명] (옛) 뒤웅박. ¶ 드뵈:瓠(訓解).

드-새다[타] 길을 가다가 쉴 만한 곳을 찾아들어 밤을 지내다. ¶ 날이 저물어 하룻밤을 드샐 만한 곳을 찾는다.

드-세다[형] ①(기세나 고집이) 몹시[매우] 세다. ¶ 기가 드센 여자. /고집이 이만저만 드세지 않다. ②(가까운 겨레붙이나 같은 성바지 등이 많거나 하여) 울이 세다. 세력이 만만찮게 대단하다. ¶ 그 고장은 예로부터 최씨 집안이 드센 곳이지. ③(민간에서, 새로 지은 집 등에서 불행한 일이 생겼을 때) 집터의 귀신이 '매우 사납다'는 뜻으로 이르는 말. ¶ 터가 드센 집이라더라. ④견디기 어려울 만큼 힘들거나 거칠거나 세차다. ¶ 드센 일을 많이 해서 손이 거칠다. /팔자가 드세다.

드스-하다[형]여 좀 드습다. ¶ 방바닥이 드스하다. [작]다스하다. [센]뜨스하다.

드습다[-따][드스우니·드스워)[형][비] 알맞게 뜨뜻하다. 좀 뜨뜻하다. [작]다습다. [센]뜨습다.

드시다[타] ①〈들다³~6〉의 높임말. ②잡수시다. ¶ 찬은 없지만 많이 드십시오.

드위잊다[자] (옛) 뒤집히다. ¶ 믌결 드위이주물(金三5:34).

드잡이[명] ①[하다] 머리를 꺼두르거나 멱살을 잡아 휘두르며 싸우는 일. ¶ 드잡이를 치다. 드잡이를 놓다. ②서로 엉겨 붙어 뒹굴면서 시끄럽게 퉁탕거리는 아이들의 거친 장난질. ③[하다] 빚을 준 사람이 솥을 떼거나 그릇붙이를 거두어 가는 소동. ④교군을 쉬게 하려고 다른 두 사람이 등장대로 가마채를 받쳐 들고 가는 일.

드틀[명] (옛) 티끌. ¶ 거츤 드트리 믄득 니러(月釋2:20). [참]듣글.

드티다[자타] ①밀거나 비켜나거나 하여 약간 틈을 내다, 또는 틈이 생기다. ¶ 좀 드티고 앉으면 한 사람은 더 앉겠다. ②예정된 날짜가 어긋나서 미루어지다.

드팀-새[명] 틈이 생긴 정도나 가짓수. ¶ 그는 나에게 조금도 드팀새를 주지 않고 몰아붙였다.

드팀-전(-廛)[명] 지난날, 여러 가지의 피륙을 팔던 가게.

득[부] ①단단한 물체를 거칠게 긁는 소리, 또는 그 모양. ¶ 득 소리를 내며 책상을 끌어내다. ②거칠고 딱딱한 바탕에 금이나 줄을 세차고 길게 긋는 소리, 또는 ③액체가 갑자기 딴딴하게 얼어붙는 모양. [작]득². 득-득[부].

득(得)[명] 소득. 이득. ¶ 시간이 있을 때 하나라도 더 배우는 것이 득이다.

득가 (得暇) [-까][명][하자] 틈이나 말미를 얻음. 득유(得由).

득계 (得計) [-꼐/-꼐][명][하자] ☞득책(得策).

득공 (得功) [-꽁][명][하자] 공을 이룸. 성공.

득군 (得君) [-꾼][명][하자] 왕의 신임을 얻게 됨.

득남 (得男) [-땀][명][하자] ☞생남(生男).

득남-례 (得男禮) [-땀-녜][명][하자] ☞생남례.

득녀 (得女) [-뇨][명][하자] ☞생녀(生女).

득달 (得達) [-딸][명][하자타] 목적한 곳에 다다름. 목적을 달성함.

득달-같다 [-딸간따][형] 잠시도 지체하지 않다. **득달같-이**[부] ¶ 득달같이 달려오다.

득담 (得談) [-땀][명][하자] 남의 입길에 오르거나 구설의 거리가 됨. 득방(得謗). ¶ 득담하지 않으려면 그저 가만있는 게 상책이지.

득당 (得當) '득당하다'의 어근.

득당-하다 (得當-) [-땅-][형여] 틀림이나 잘못됨이 없이 마땅히 마땅하다.

득도 (得度) [-또][명][하자] 〔불교에서〕 ①미혹의 세계에서 깨달음의 피안으로 건너감. ②출가함.

득도 (得道) [-또][명][하자] ①도를 깨달음. ②오묘한 이치를 깨달음.

득돌 (-같다 [-똘간따][형] 마음먹고 있는 것과 이 꼭꼭 잘 맞다. **득돌같-이**[부].

득력 (得力) [등녁][명][하자] 숙달하거나 깊이 깨달아서 확고한 힘을 얻음.

득롱망촉 (得隴望蜀) [등농-][명] 사람의 욕심은 한이 없음을 이르는 말. 〔한(漢)나라 광무제(光武帝)가 농(隴) 땅을 평정한 뒤에 다시 촉(蜀) 땅을 차지하려고 하였다는 고사에서 유래함.〕

득리 (得利) [등니][명][하자] 이익을 얻음. 획리.

득리 (得理) [등니][명][하자] 사물의 이치를 깨달아 앎.

득면 (得免) [등-][명][하자타] 재앙 등 좋지 않은 일을 잘 피하여 면함.

득명 (得名) [등-][명][하자] 이름이 널리 알려짐. 명성이 높아짐.

득문 (得聞) [등-][명][하자타] 얻어들음.

득민 (得民) [등-][명][하자] 학덕이 높고 정치를 잘하여 민심(民心)을 얻음.

득방 (得謗) [-빵][명][하자] ☞득담(得談).

득배 (得配) [-뼈][명][하자] 배우자를 얻음.

득병 (得病) [-뼝][명][하자] 병을 얻음. 병에 걸림. ¶ 과로로 득병하다.

득보기 [-뽀-][명] '아주 못난 사람'을 이르는 말.

득상 (得喪) [-쌍][명] ☞득실(得失).

득색 (得色) [-쌕][명] 득의한 빛. 일이 뜻대로 되어 뽐내는 기색.

득세 (得勢) [-쎄][명][하자] ①세력을 얻음. ¶ 외척의 득세. ↔실세(失勢). ②형세가 유리해짐.

득소실다 (得少失多) [-쏘-따][명][하여] 얻은 것은 적고, 잃은 것은 많음. 소득보다 손실이 큼.

득송 (得訟) [-쏭][명][하자] ☞승소. 득신(得伸).

득승 (得勝) [-씅][명][하자] 싸움이나 경쟁에서 이김.

득시 (得時) [-씨][명][하자] 때를 만남. 좋은 때를 마침맞게 얻음.

득시글-거리다 [-씨-][자] 자꾸 득시글득시글하다. 득시글대다. ¶ 장날이라서 장꾼이 시장에 득시글거린다. ⓒ득실거리다.

득시글-대다 [-씨-][자] 득시글거리다.

득시글-득시글 [-씨-씨-][부][하여] 사람이나 동물·벌레 따위가 좁은 곳에 많이 모여서 무질서하게 움직이는 모양. ¶ 수챗구멍에 구더기가 득시글득시글하다. ⓒ득실득실.

득신 (得辛) [-씬][명] 음력 정월의 맨 처음 드는 신일(辛日). 〔신일이 드는 날이 초하룻날이면 '일일 득신', 열흘날이면 '십일 득신'이라 하여, 그해 농사의 잘되고 못됨을 점침.〕

득신 (得伸) [-씬][명][하자] ①뜻을 펴게 됨. ②소송(訴訟)에 이김. ②득송(得訟).

득실 (得失) [-씰][명] ①얻음과 잃음. 득상(得喪). ②이익과 손해. 이해(利害). ¶ 이번에 하는 일은 득실을 떠나 장래를 바라보고 하는 것이다. ③성공과 실패. ④장점과 단점.

득실-거리다 [-씰-][자] 〈득시글거리다〉의 준말. 득실대다. ¶ 파리 떼가 득실거리다.

득실-대다 [-씰-][자] 득실거리다.

득실-득실 [-씰-씰][부][하여] 〈득시글득시글〉의 준말.

득실-상반 (得失相牛) [-씰-][명] 이로움과 해로움이 서로 같음.

득심 (得心) [-씸][명] 득의의 마음.

득유 (得由) [명][하자] 말미를 얻음. 득가(得暇).

득음 (得音) [명][하자] 풍악·노래 등의 곡조나 음색(音色)·창법 같은 것이 썩 아름다운 지경에 이르러 있음.

득의 (得意) [드긔/드기][명][하자] ①뜻을 이룸. 득지(得志). ②바라던 대로 되어 의기가 오름.

득의-만만 (得意滿滿) '득의만만하다'의 어근.

득의만만-하다 (得意滿滿-) [드긔-/드기-][형여] 뜻한 바를 이루어 뽐내는 기색이 가득하다. ¶ 득의만만한 표정.

득의-만면 (得意滿面) [드긔-/드기-][명][하여] 뜻을 이루어 기쁜 표정이 얼굴에 가득함.

득의-양양 (得意揚揚) [드긔-/드기-][명][하여] 뜻을 이루어 우쭐거리며 뽐내는 모양. ¶ 득의양양한 표정으로 우승컵을 치켜 올리다.

득의지추 (得意之秋) [드긔-/드기-][명] 바라던 일이 뜻대로 이루어질 좋은 때.

득인 (得人) [명][하자] 쓸 만한 사람을 얻음.

득인심 (得人心) [명][하자] 인심을 얻음.

득점 (得點) [-쩜][명][하자타] 점수를 얻음, 또는 그 점수. ¶ 대량 득점. /최고 득점. /양 팀 모두 득점 없이 경기를 끝내다. ↔실점(失點).

득점-타 (得點打) [-쩜-][명] 야구에서, 득점에 연결된 안타.

득정 (得情) [-쩡][명][하자] 범죄의 진상을 알아냄.

득제 (得題) [-쩨][명][하자] 왕조 때, 소장(訴狀)이나 청원서에 대하여, 자기에게 이로운 제사(題辭)를 얻음.

득죄 (得罪) [-쬐/-쮀][명][하자] 잘못을 저질러 죄를 얻음.

득중 (得中) [-쭝][명][하여][되자] 지나치거나 모자람이 없이 꼭 알맞음. ⑪중용.

득지 (得志) [-찌][명][하자] 바라던 것이 뜻대로 됨. 득의(得意). ¶ 대학에 합격했으나 일단 득지한 셈일세.

득진 (得眞) [-찐][명][하자] ①사물의 진상을 알게 됨. ②아주 참된 경지에 이름.

득참 (得參) [명][하자] 참여할 수 있게 됨. 참여하는 기회를 얻게 됨.

득책 (得策) [명][하자] 훌륭한 계책을 얻음, 또는 그 계책. 득계(得計).

득첩 (得捷) [명][하자] 과거에 급제함.

득체 (得體) [명][하자] 체면을 유지함.

득총 (得寵) [명][하자] 지극한 사랑을 받음.

득탈 (得脫) [명][하자] 불교의 도를 깨쳐 괴로움에서 벗어남.

득통 (得通) [명][하자] 통력(通力)을 얻음.

득표(得票)**명**하타 투표에서, 찬성의 표를 얻음, 또는 그 얻은 표수. ¶각 당(黨)의 득표 전략. / 과반수를 득표하다.

득-하다[드카-]**자여** 날씨가 갑자기 추워지다. 《종결형으로는 쓰이지 않음.》¶요즘은 폭해서 그렇지, 한밤 득하는 날이면 이 일대가 다 빙판이오.

득-하다(得-)[드카-]**타여** 얻다. 받다.

득행(得幸)[드캥]**명**하자 임금의 특별한 사랑을 받음.

득효(得效)[드쿄]**명**하자 (약 따위의) 효력을 봄.

든조 〈든지〉의 준말. ¶송아지든 어미소든 간에 소는 다 몰아오너라.

-든어미 〈-든지〉의 준말. ¶네가 어찌하든 나는 상관 않겠다.

-든가어미 ☞-든지. ¶먹든가 말든가 네 마음대로 해라.

든-거지명 〈든거지난부자〉의 준말.

든거지-난부자(-富者)명 실제는 가난하지만 겉보기에는 부자로 보이는 사람. 圈든거지.

든-난벌명 든벌과 난벌. 난든벌.

든든-하다형여 ①무르지 않고 아주 굳다. ¶받침을 든든하게 괴다. ②속이 배서 여무지다. 속이 차서 오달지다. ¶장사 밑천이 든든하다. ③약하지 않고 견고하다. ¶운동으로 다져진 든든한 다리. ④마음이 허전하거나 두렵지 않고 미덥다. ¶장성한 아들이 둘씩이나 되니 든든하시겠소. ⑤(음식을 먹어) 배가 부르다. ¶찰떡을 먹었더니 속이 든든하다. ⑥잘못이나 모자람이 없다. ¶귀찮더라도 매사를 든든하게 하시오. 옌단단하다. 쎈뜬뜬하다. **든든-히**튀.

든-번(-番)명 (번으로 드는 일에서) 쉬었다 다시 차례가 되어 들어가는 번. 당번(當番). 상번. ↔난번.

든-벌명 집 안에서 늘 입는 옷이나 신는 신 따위를 통틀어 이르는 말. ↔난벌.

든-부자(-富者)명 〈든부자난거지〉의 준말.

든부자-난거지(-富者-)명 실제는 부자지만 겉보기에는 가난뱅이로 보이는 사람. 圈든부자.

든-손[I]명 일을 시작한 손. 일하는 김. ¶든손에 마저 다 해버리세.
[II]튀 망설이지 않고 곧. 그 자리에서 얼른. ¶볼 일이 끝나거든 든손 돌아오너라.

든지조 여럿으로 끝난 체언에 붙어, '무엇이나 가리지 않음'을 나타내는 보조사. ¶커피든지 홍차든지 마시고 싶은 대로 마셔라. 圈든. **촵**이든지.

-든지어미 용언의 어간이나 높임의 '-시-' 또는 시제의 '-았(었)-'에 붙는 연결 어미. 주로, '-든지 -든지'의 꼴로 쓰이어, 무엇이나 가리지 아니하는 뜻을 나타냄. ¶하든지 말든지 네 마음대로 해라. -든가. 圈-든.

든직-하다[-지카-]형여 사람됨이 묵중하다. **든직-히**튀.

든-침모(-針母)명 남의 집에 묵으면서 바느질을 하여 주는 침모. ↔난침모.

듣그럽다[-끄-]**따** [듣그러우니·듣그러워]형비 소리가 귀에 거슬리다. ¶낮게 틀어 놓은 음악 소리도 공부할 때는 듣그럽다. **촵**시끄럽다.

듣글명 〈옛〉티끌. ¶듣글 딘:塵. 듣글 애:埃(訓蒙下18). **촵**티끌.

듣다[1[-따] [들으니·들어]**자타B** (눈물이나 빗물 따위의) 액체가 방울져 떨어지다. ¶눈물이 뚝뚝 듣다. /낙숫물 듣는 소리.

듣거니 맺거니관용 (눈물이 글썽하여) 방울방울 떨어지기도 하고 이슬처럼 맺히기도 함을 이르는 말.

듣다[2[-따] [들으니·들어]**자C** ①약 따위가 효험을 나타내다. ¶한방이 잘 듣는 체질. /그 병은 침이 잘 듣는다. ②(기계나 기구 또는 장치 따위가) 제구실대로 움직이다. ¶이 낡은 기계가 잘 안 듣는다.

듣다[3[-따] [들으니·들어]**타C** ①소리를 귀를 통하여 느끼다. ¶새소리를 듣다. /강의를 듣다. ②칭찬이나 꾸중을 받다. ¶호된 꾸지람을 듣다. /비난을 받다. ③이르거나 시키는 말에 잘 따르다. ¶아이가 말을 잘 듣다. ④부탁이나 요청을 받아들이다. 허락하다. ¶부탁을 듣다.

듣기 좋은 노래도 한두 번이지속담 아무리 좋은 것이라도 너무 반복되면 싫증이 난다는 말.
들으면 병이요, 안 들으면 약이다속담 들어서 근심될 말은 안 듣는 것이 낫다는 말.
듣도 보도 못하다관용 듣거나 본 적이 없이 전혀 알지 못하다. ¶듣도 보도 못한 일을 당하다.

듣다자 〈옛〉떨어지다. ¶ㄱ는 밀톤 가비야온 고지 듣노다(杜初7:5).

듣다-못해[-따모태]튀 참고 듣다가 더 참을 수가 없어서. ¶듣다못해 그냥 나와 버렸다.

듣보기-장사[-뽀-]명 시세를 듣보아 요행수를 바라고 하는 장사. 투기상(投機商).

듣보기장사 애 말라 죽는다속담 '요행수를 바라고 애태우는 사람의 모습'을 비유하여 이르는 말.

듣-보다[-뽀-]**타** (무엇을 찾아 살피느라고, 뜻을 두어) 보고 듣고 하다. ¶일자리를 듣보다.

듣-잡다[-짭따][~자오니·~자와]**타B** '듣다[3]'를 겸손하여 이르는 말.

듣좁다타 〈옛〉듣잡다. ¶世尊하 願흐든 듣좁고저 흐노이다(月釋21:64).

들[1명 ①평평하고 넓게 트인 땅. 평원. 평야. ¶산과 들. ②논밭으로 된 넓은 땅. ¶들에 나가 이삭을 줍다.

들[2《같은 무리에 속하는 명사를 열거한 다음에 쓰이어》(앞에 늘어놓은 것들과 같은) 여러 가지. 등(等). 따위. ¶소·말·개·돼지·닭 들을 가축이라고 한다.

들[3조 제언이나 부사어 또는 용언의 활용형 뒤에 붙어, '동작의 주체가 복수임'을 나타내는 보조사. ¶잘들 논다. /어서들 오시오. /아직 자고들 있네. /안녕들 하세요.

들-[1접두 《용언 앞에 붙어》'몹시'·'대단하게'·'무리하여'와 같은 뜻을 나타냄. ¶들볶다. /들끓다. /들쑤시다.

들-[2접두 《동식물 이름 앞에 붙어》'야생의' 또는 '품질이 낮은'의 뜻을 나타냄. ¶들국화. / 들개. /들장미. /들기름.

-들접미 ①명사나 대명사 뒤에 붙어, 그것이 복수임을 나타냄. ¶사람들. /나무들. /그들. /자네들. ②복수 대명사에 붙어, 그것이 복수임을 강조하는 뜻을 나타냄. ¶너희들. /우리들.

들-개[-깨]명 주인이 없이 제멋대로 돌아다니는 개. 야견(野犬).

들-것[-껏]명 천 따위로 길게 만들어 좌우에 채를 대고 앞뒤에서 들게 된 기구. [환자나 물건을 운반하는 데 씀.] 담가(擔架). *들것이[―꺼시]·들것만[―껀―]

들고-나다자 ①남의 일에 참견하다. ¶그는 이웃 일에도 들고나는 오지랖이 넓은 사람일세. ②집 안의 물건을 팔려고 가지고 나가다.

들고-뛰다자 '냅다 달아나다'를 속되게 이르는 말. 들고빼다. 들고튀다.

들고-빼다자 들고뛰다.

들:-고양이[-꼬-]圀 ①☞살쾡이. ②들이나 산에 사는 고양이.

들고-일어나다⑪ 어떤 일을 이루기 위하여 여럿이 궐기하고 나서다. ¶온 겨레가 들고일어났던 삼일 운동.

들고-주다 Ⅰ⑪ 〈달아나다〉의 속된 말.
Ⅱ타 난봉이 나서 재산을 탕진하다.

들고-튀다⑪ 들고뛰다.

들-국화(-菊花)[-구콰]圀 ①(재배 국화에 대하여) 야생하는 국화 종류의 꽃을 통틀어 이르는 말. 〔구절초·금불초·산국(山菊) 따위.〕 야국(野菊). ②☞산국화.

들굴(옛)①뗏목. 떼. ¶들굴 튼 사라미 消息이 그츠니(杜重5:13). ②등걸(株). ¶고존 니건 힌 들구레 펫도다(杜初3:54).

들-그물圀 수면 아래에 그물을 펼쳐 두고 물고기를 그 위로 꾀어 들어 올려서 잡는 그물. 부망(敷網).

들그서-내다타 함부로 들추어내다. ¶쓸 만한 것은 모조리 들그서내어 들고 갔으니 변변한 살림살이가 될 있겠나.

들-기름圀 들깨를 볶거나, 또는 그대로 짜서 낸 기름. 법유(法油).

들-기술(-技術)圀 씨름에서, 허리 기술에 딸리는 기본 기술의 한 가지. 상대편의 엉덩이를 들거나 배를 지거나 하여 넘어뜨리는 공격 기술. 〔엉덩배지기·왼배지기·통다리들기 따위.〕

들-까부르다[~까부르니·~까불러]타재 매우 흔들어서 까불까불하다. ☞들까불다.

들까불-거리다타 자꾸 들까불까불하다. 들까불대다.

들-까불다[~까부니·~까불어]타 〈들까부르다〉의 준말.

들까불-대다타 들까불거리다.

들까불-들까불튀하 자꾸 들까부르는 모양.

들-까불리다재 『'들까부르다'의 피동』 들까부름을 당하다.

들-깨圀 꿀풀과의 일년초. 동남아시아 원산의 재배 식물로, 줄기 높이는 60~90 cm. 잎은 넓은 달걀 모양이며 잎찌꺼기 길고, 여름에 흰 꽃이 핌. 잎은 먹을 수 있고, 잘고 둥근 씨는 짜서 들기름을 내거나, 볶아서 양념으로도 씀. 백소(白蘇).

들-꽃[-꼳]圀 들에 피는 꽃. 야화(野花). *들:꽃이[-꼬치]·들:꽃만[-꼰-]

들-꾀다[-꾀-/-꿰-]재 여럿이 많이 모여들다. ¶개발 지역마다 들꾀는 투기꾼들.

들:-꿩圀 꿩과의 새. 몸길이 35 cm가량. 몸빛은 등이 회갈색에 흑색과 암갈색의 반점이 있고, 아래쪽은 회색인데 갈색으로 얼룩졌음. 산속에 살며, 나뭇잎·열매·종자 따위를 먹음. 우리 나라에서는 흔한 텃새임.

들-끓다[-끌타]재 뒤끓다. ¶인파로 들끓는 해수욕장. /여론이 물 끓듯이 들끓다.

들-나무[-라-]圀 편자를 붙일 때, 마소를 움직이지 못하게 붙잡아 매는 기둥.

들-나물[-라-]圀 들에서 나는 나물. 〔냉이·달래·씀바귀 따위.〕 야채(野菜).

들-낚시[-락씨]圀 들낚시걸이.

들낚시-걸이[-락씨-]圀 다리를 상대편의 다리 안으로 넣어서 위로 당기어 올리는 씨름 기술의 한 가지. 들낚시.

들-날리다[-랄-]재타 세력이나 명성이 세상에 널리 떨치다, 또는 떨치게 하다. ¶피아니스트로서의 명성이 온 세계에 들날린다. ☞드날리다.

들-내[-래]圀 들깨나 들기름에서 풍겨 나는 냄새. ¶들내가 나다.

들:-녘[-력]圀 들이 있는 곳. 평야 지대. ¶벼가 누렇게 익은 들녘. *들:녘이[-려키]·들:녘만[-령-]

들-돌[-롤-][~노니·~놀아]재 들썩거리며 이리저리 흔들리다. ¶이가 모두 들돌다. /구들장이 들놀다.

들:-놀이[-로리]圀하자 들에 나가서 노는 놀이. 유유(野遊). 야유회.

들:-농사(-農事)[-롱-]圀 (목축·누에치기·버섯 가꾸기 등에 대하여) '논농사'나 '밭농사'를 이르는 말.

들:-놓다¹[-로타]재 하던 들일을 쉬다, 또는 마치고 헤어져 가다.

들-놓다²[-로타]타 들었다가 놓았다가 하다. ¶들놓기만 하지 말고 하나 사 보시지요.

들다¹[드니·들어]재 칼이나 낫 따위의 날이 날카로워 물건을 잘 베다. ¶낫이 잘 든다.

들지 않는 솜틀은 소리만 요란하다[속] ①어리석고 못난 사람일수록 젠체하고 나선다는 말. ②되지도 않을 일을 소문만 크게 낸다는 말.

들다²[드니·들어]재 ①(궂던 날씨가) 개다. 청명해지다. ¶날이 들다. ②(땀이) 식다. 그치다.

들다³[드니·들어]재 나이가 웬만큼 되다. ¶나이가 제법 들어 보이는 사람.

들다⁴[드니·들어] Ⅰ재 ①안이나 속으로 가거나 오다. ¶방 안으로 들다. /잠자리에 들자마자 코를 곤다. ②안에 담기거나 섞이다. ¶보석이 든 상자. /기쁜 소식이 들어 있는 편지. /돌이 든 밥. ③(돈이나 노력·물자·시간 따위가) 필요하거나 쓰이다. ¶돈이 드는 일. /공이 든 작품. /품이 많이 들다. ④(볕이나 불길 따위가) 어디에 미치다. ¶볕이 잘 드는 방. ⑤(물감·물기·색깔·소금기 따위가) 옮거나 배다. ¶쪽물이 들다. ⓛ어떤 영향을 입다. ¶서양물이 들다. ⑥(병이) 몸에 생기다. ¶감기가 들다. /시퍼렇게 멍이 든 얼굴. ⑦(살거나 묵으려고) 집이나 방을 정하고 머물러 있다. ¶새집에 들다. /여관에 들다. ⑧(가게 따위에) 손이 많이 오다. ¶음식맛이 좋아 손님이 많이 든다. ⑨(뿌리나 열매 같은 것이) 살이 올라 굵어지다. ¶감자가 들다. /무 밑이 들다. ⑩둘 또는 여럿 사이에 끼이다. ¶중간에 들어 다리를 놓다. ⑪나이가 제법 많거나 꽤 많아지다. ¶나이가 들수록 돌아가신 부모님 생각이 간절하다. ⑫마음에 차거나 맞다. ¶내 맘에 꼭 든다. ⑬철이나 때가 오거나 되다. ¶입춘이 들다. /생일이 든 달. ⑭기상 현상이 생기다. ¶가뭄이 들다. /장마가 들다. ⑮어떤 상태가 이루어 지거나 알맞게 되다. ¶철이 들다. /풍년이 들다. /잠이 들다. /정이 들다. /맛이 들다. ⑯어떤 상태에서 본디대로 돌아오다. ¶이제야 정신이 드는 모양이다. ⑰느낌이나 생각 따위가 일어나다. ¶의심이 들다. /그의 판단이 옳다는 생각이 든다. ⑱저지에 빠지거나 들게 되다. ¶내 함정에 들다. /역경에 들다. ⑲버릇 따위가 새로 생기다. ¶웃는 버릇이 들다. ⑳범위에 포함되거나 해당하다. ¶당선권에 들다. /예선에 들다. ㉑(도둑 따위가) 몰래 왔다 가다. ¶간밤에 밤손님이 들었다. ㉒(잠에) 빠지다. ¶잠이 들다. ㉓아이나 새끼를 가지다. ¶아이가 들다.
Ⅱ재타 ①(돈을) 모으거나 불리려고 맡겨 두다. 보험 따위에 가입하다. ¶적금에 들다. /보

험에 들다. /자동차 보험을 들다. ②(단체나 조직 따위의) 구성원이 되다. ¶축구반에 들다. /정당에 들어야 선거 운동을 할 수 있다. /문에 반을 들다.

Ⅲ[태] ①남을 위해 무엇을 하다. ¶시중을 들다. /중매를 들다. /편을 들다. ②길을 정하여 가다. ¶길을 잘못 들다. ③돈을 내고 셋집을 얻어 살다. ¶월세를 들다. ④남자가 결혼하다. ¶장가를 들다.

Ⅳ[조동] 《동사의 '-려고' 꼴 뒤에서》 '꾀하거나 이루려고 하다'의 뜻을 나타냄. ¶싸우려고 들다. /사귀려고 들다.

　드는 정은 몰라도 나는 정은 안다[속담] 정이 들 때는 잘 느끼지 못해도, 정이 식을 때는 뚜렷이 알 수 있다는 말.

　들 적 며느리 날 적 송아지[속담] 흔히 며느리는 출가해 온 뒤에 줄곧 일만 하며 산다는 말.

들다⁵[드니·들어][자] ①아래에서 위로 올리다. ¶둘이서 책상을 들어 나르다. ②손에 가지다. ¶손에 든 가방. ③위로 치켜 올리다. ¶팔을 높이 들다. ④(어떤 사실이나 증거·보기·논제를) 끌어대거나 내세우다. ¶예를 들다. /문제를 들어 토론하다. /조건을 들며 말하다.

　드는 돌에 낯 붉는다[속담] 원인이 있어서 결과가 생긴다는 말.

들다⁶[드니·들어][태] '음식을 먹다'를 손윗사람에게 높여 이르거나, 친구나 손아랫사람에게 점잖게 이르는 말. ¶점심을 들고 가시지요. /자네도 좀 들게.

들:-대[명] 가까운 들녘.

들-도리[-또-][명] 들연이 얹히는 도리.

들-돌[-똘][명] 체력을 단련하기 위하여 들었다 놓았다 하는 운동 기구의 한 가지. 〔돌이나 쇠로 만듦.〕

들-두드리다[태] 잇달아 함부로 두드리다. ¶새를 쫓느라 깡통을 들두드리다.

들-두들기다[태] 잇달아 함부로 두들기다.

들들[부] ①(콩이나 깨 따위의 낟알을) 이리저리 휘저어 가며 볶거나 맷돌에 가는 모양. ¶참깨를 들들 볶아 깨소금을 만들었다. ②사람을 못 견디게 들볶는 모양. ¶아랫것들을 들들 볶다. ③물건을 들쑤시며 찾는 모양. ¶서랍마다 들 뒤지다. [작]달달³.

들-때리다[태] 마구 때리다.

들때-밑[-민][명] '권세 있는 집에 사는 오만하고 고약한 하인'을 흘까어 이르는 말. * 들때밑이[-미치]·들때밑을[-미틀]·들때밑만[-민-]

들-떠들다[~떠드니·~떠들어][자] 여럿이 들끓어서 떠들다.

들떼-놓고[-노코][부] 딱 집어내어 말하지 않고. 어물쩍하게. ¶들떼놓고 빈정거리다.

들-떠리다[태] (남의 감정을 건드려서) 몹시 화나게 하다.

들-뛰다[자] 마구 뛰다.

들-뜨다[~뜨니·~떠][자] ①(단단한 데에 붙은 얇고 넓은 것이) 떨어져 틈이 생기다. ¶벽지가 들뜨다. ②마음이 차분히 가라앉지 않고 들썽들썽하다. ¶마음이 누르러서 사고 칠까 겁난다. [작]달뜨다. ③살갗이 누르고 부석부석하게 되다. ¶황달에 걸린 사람처럼 누렇게 들뜬 얼굴.

들-뜨리다[태] 〈들어뜨리다의 준말.

들뜨-이다[자][《'들뜨다'의 피동》 (어떤 충동이나 자극을 입어) 마음이 들썽거려지다.

들락-거리다[-꺼-][자][태] 들랑거리다. 들락대다.

들락-날락[-랑-][부][하자태] 자꾸 들어갔다 나왔다 하는 모양. 들랑날랑.

들락-대다[-때-][자][태] 들락거리다.

들랑-거리다[자][태] 자꾸 들랑날락하다. 들락거리다.

들랑-날랑[부][하자태] 들락날락.

들랑-대다[자][태] 들랑거리다.

들러리[명] 서양식 결혼식에서, 신랑·신부의 입장을 도와주고, 옆에 서는 사람. ¶친구 결혼식에 들러리를 서다. ②'주된 인물 주변에서 그를 돕는 인물'을 얕잡아 이르는 말. ¶그들은 들러리를 섰을 뿐이다.

들러-붙다[-붇따][자] ①끈기 있게 바짝 붙다. ②썩 끈질기게 덤벼들다. ③가까이 붙어 떨어지지 않다. ④한곳에만 꼭 붙박여 있다. ¶책상머리에 들러붙었다 하면 일어날 생각을 안 한다. [본]들어붙다. [작]달라붙다.

들레다[자] 야단스럽게 떠들다.

들려-오다[자] 소리나 소문 따위가 들리다. ¶빗소리가 들려오다.

들려-주다[태] (소리나 말을) 듣도록 해 주다. ¶그 동안의 일을 미주알고주알 들려주다. /녹음해 온 새소리를 들려주다.

들르다[들르니·들러][자][태] (지나는 길에) 잠깐 거치다. ¶서울에 오시면 저희 집에 꼭 들러 주십시오. /서점을 들르다.

들리다¹[자][《'듣다³'의 피동》 소리가 귀청을 울려 청각이 일어나게 하다. ¶먼 데서 천둥소리가 들리다. /기쁜 소식이 들리다. /들리는 풍문에 의하면 그가 하나 있나더라대. Ⅱ[태][《'듣다³'의 사동》 남으로 하여금 듣게 하다. ¶만날 때마다 누이가 당부해 들리다.

들-리다²[Ⅰ][자][《'들다⁵'의 피동》 듦을 당하다. ¶큰 몸이 번쩍 들리다. Ⅱ[태][《'들다⁵'의 사동》 들게 하다. ¶내 가방을 철수에게 들리고 가다.

들리다³[자] 병·귀신 따위가 옮거나 덮치다. ¶병이 들리다. /귀신이 들리다.

들리다⁴[자] (자재나 자금이) 뒤가 끊어지다. 바닥이 나다. ¶밑천이 들리다.

들마[명] (가게나 상점의) 문을 닫을 무렵.

들-맞추다[-맏-][태] 겉으로만 알랑거리면서 비위를 맞추다. ¶들맞추는 자의 면종복배를 조심해라.

들-머리[명] 들어가는 첫머리. ¶동네 들머리에서 친구를 만나다.

들머리-판[명] 있는 대로 다 들어먹고 끝장이 나는 판. [본]들판¹.

들머리판(을) 내다[관용] 다 들어먹어 끝장이 나게 하다.

들먹-거리다¹[-꺼-][자][태] 자꾸 들먹들먹하다. 들먹대다¹. [작]달막거리다¹.

들먹-거리다²[-꺼-][태] 남의 일을 들추어 입에 올리다. 들먹대다². ¶남의 단점을 들먹거리며 흉보다. [작]달막거리다². [센]뜰먹거리다.

들먹다[자] 마음이 올바르지 못하다. ¶들먹은 짓. /들먹은 사람.

들먹-대다¹[-때-][자][태] ☞들먹거리다¹.

들먹-대다²[-때-][태] ☞들먹거리다².

들먹-들먹[-뜰-][부][하자태] ①묵직한 것이 자꾸 들렸다가 내려앉는 모양. ②(어깨나 엉덩이 등 몸의 일부가) 아래로 자꾸 움직이는 모양. ③값이나 시세가 자꾸 오르내리는 모양. ④(흥분하여) 가슴이 울렁이는 모양. [작]달막달막. [센]뜰먹뜰먹.

들먹-이다¹〔자타〕 ①묵직한 것이 자꾸 들렸다 내려앉았다 하다. ②(어깨나 엉덩이 등 몸의 일부가) 아래위로 자꾸 움직이다. ③값이나 시세가 자꾸 오르내리다. ④(흥분하여) 가슴이 울렁이다. 〔작〕달막이다.

들먹-이다²〔타〕 남의 일을 들추어 말하다. ¶남의 사생활을 들먹이며 흉을 보다. 〔작〕달막이다². 〔센〕뜰먹이다.

들메〔하타〕 벗어지지 않게 신을 들메는 일.

들메-끈〔명〕 들메하는 데 쓰는 끈.

들메다〔타〕 신발이 벗어지지 않도록 끈을 단단히 조여 매다. 들메끈을 매다.

들무새〔명〕 ①(어떤 일에) 뒷바라지하는 데 쓰이는 물건. 무엇을 만드는 데 쓰이는 재료. ¶들무새 상자. /자질구레한 들무새가 많이 든다. ②〔하자〕몸을 사리지 않고 궂은일이나 막일을 힘껏 도움.

들-바람〔-빠-〕〔명〕 들에서 불어오는 바람.

들-배지기〔명〕 씨름 기술의 한 가지. 상대편을 껴안아 들어 올리면서, 자기 몸을 슬쩍 돌려서 넘어뜨리는 기술.

들병-이(-甁-)〔-뼝-〕〔명〕 '들병장수를 하는 여자'를 속되게 이르는 말.

들병-장수(-甁-)〔-뼝-〕〔명〕 병술을 받아서 파는 떠돌이 술장수.

들-보¹〔-뽀〕〔명〕 건물의, 칸과 칸 사이의 두 기둥 위를 건너지른 나무. 〔준〕보².

들-보²〔-뽀〕〔명〕 남자의 생식기나 항문 언저리에 병이 났을 때 샅에 차는 형겊.

들-볶다〔-복따〕〔타〕 (잇달아 쉬지 않고 무엇을 채근하거나 잔소리를 하며) 못살게 굴다. ¶볶는 자식들 등쌀에 곁늙는다.

들부드레-하다〔형어〕 좀 연하고 들큼하다. 〔작〕달보드레하다.

들-부딪다〔-딛따〕〔자타〕 함부로 세게 막 부딪다.

들부셔-내다〔타〕 (지저분한 큰 그릇·항아리 따위나 마당을) 말끔히 치워내다. 깨끗이 씻어 내다. ¶김칫독을 들부셔내다. /어지럽혀진 마당을 들부셔낸다.

들-부수다〈들이부수다〉의 준말.

들-붓다〔-붇따〕〔타〕〈들이붓다〉의 준말.

들-비둘기〔-삐-〕〔명〕 야생(野生)의 비둘기. ↔집비둘기.

들뺴〔명〕〔옛〕 들깨. ¶들뺴:蘇子(訓蒙上14).

들-살〔-쌀〕〔명〕 기울어서 쓰러져 가는 집을 살잡이할 때, 쳐들어 바로잡는 지레.

들-새〔-쌔〕〔명〕 ①(기르는 새가 아닌) 야생의 새. ②(산새나 물새가 아닌) 들에 사는 새.

들-소〔-쏘〕〔명〕 북미·아프리카·유럽 등지에 분포하는, '야생의 소'를 통틀어 이르는 말. 야우(野牛).

들-손〔-쏜〕〔명〕 (주전자처럼) 그릇 따위에 둥글게 휘어 달아 놓을 수 있도록 된 손잡이. ¶양동이 들손. 〔참〕자리·쥘손.

들-쇠〔-쐬/-쒜〕〔명〕 ①분합이나 겉창을 들어 올려 거는, 보꾹에 매달린 긴 갈고리. 걸쇠. 조철(銚鐵). ②서랍·문짝 등에 박힌 반달 모양의 쇠붙이로 된 손잡이.

들-숨〔-쑴〕〔명〕 안으로 들이쉬는 숨. ↔날숨.

들썩-거리다〔-꺼-〕〔자타〕 자꾸 들썩들썩하다. 들썩대다. ¶신바람이 나서 어깨를 들썩거리며 춤을 춘다. 〔작〕달싹거리다. 〔센〕뜰썩거리다.

들썩-대다〔-때-〕〔자타〕 들썩거리다.

들썩-들썩〔-뜰-〕〔부〕〔하자타〕 ①묵직한 물건이 들렸다 가라앉았다 하는 모양. ¶기침을 할 때마다 이불이 들썩들썩한다. ②겁직한 물건을 들었다 놓았다 하는 모양. ③(무엇에 자극을 받아) 마음이 들떠서 움직이는 모양. ¶남이 장가가는데 네가 왜 들썩들썩하느냐? ④(남에게 자극 따위를 주어) 마음을 흔들어 움직이게 하는 모양. ¶마음잡고 일하는 애 자꾸 들썩들썩하지 마라. ⑤어깨나 궁둥이가 위아래로 움직이는 모양. ¶어깨를 들썩들썩하며 노래를 부른다. 〔작〕달싹달싹. 〔센〕뜰썩뜰썩.

들썩-이다〔자타〕 ①겁직한 물건이 들렸다 가라앉았다 하다. ②겁직한 물건을 들었다 놓았다 하다. ③마음이 들떠서 움직이다. ④마음을 흔들어 움직이게 하다. ⑤어깨나 궁둥이가 위아래로 움직이다. ¶어깨를 들썩이다. 〔작〕달싹이다. 〔센〕뜰썩이다.

들썩-하다〔-써카-〕〔I 타〕 한차례 들었다 놓다. ¶엉덩이를 들썩했다. 〔작〕달싹하다. 〔II 형어〕 ①붙었던 것이 조금 떠들어 있다. ¶벽지가 들썩하다. ②부산하게 떠들썩하다. 〔작〕달싹하다.

들썽-거리다〔자〕 자꾸 들썽들썽하다. 들썽대다. ¶마음이 들썽거려 기다릴 수가 없다.

들썽-대다〔자〕 들썽거리다.

들썽-들썽〔부〕〔하자〕 (마음이) 자꾸 들썽해지는 모양.

들썽-하다〔자어〕 (하고 싶은 일이 따로 있거나 마음 졸이는 일이 있어) 마음이 어수선하게 들떠 가라앉지 않는다. ¶마음이 들썽하여 글이 눈에 들어오지 않는다.

들-쑤시다〔I 자〕〈들이쑤시다〉의 준말. 〔II 타〕〈들이쑤시다〉의 준말.

들쑥-날쑥〔-쑹-〕〔부〕〔하어〕 들어가기도 하고 나오기도 하여 가지런하지 않은 모양. ¶들쑥날쑥한 해안선. /들쑥날쑥하다.

들-쓰다〔~쓰니·~�3써〕〔타〕 아무렇게나 덮어쓰다. 뒤집어쓰다. ¶모자를 들쓰다. /먼지를 들쓰다. /누명을 쓰다.

들-씌우다〔-씨-〕〔타〕 ['들쓰다'의 사동〕 들쓰게 하다. ¶이불을 들씌우다. /물을 들씌우다. /책임을 들씌우다.

들-앉다〔드란따〕〔자〕〈들어앉다〉의 준말.

들-앉히다〔드란치-〕〔타〕〈들어앉히다〉의 준말.

들어-가다¹〔I 자〕 ①안이나 속으로 가다. ¶방 안으로 들어가다. ②어떤 범위 안에 포함되다. ¶그 책에 내 작품도 들어갔다. /사람도 포유류에 들어간다. ③(비용이나 노력 따위가) 소요되다. ¶연구비가 들어간다. /밑천이 들어간다. ④(말·글 등이) 이해되거나 잘 기억되다. ¶머리에 쏙쏙 들어가다. ⑤물건의 표면이 우묵하게 꺼지다. ¶하루 사이에 눈이 쑥 들어갔구나. ⑥(새로운 상황이) 시작되다. ¶이제부터 토론에 들어가겠습니다. ⑦(구멍이나 사이에) 끼이다. ¶주먹이 들어갈 만한 구멍이 있다. ⑧(전기나 수도 따위의 시설이) 설치되다. ¶전기가 들어가다. 〔II 자타〕 기관이나 단체의 구성원이 되거나 가입하다. ¶군에 들어가다. /학교를 들어가다.

들어-가다²〔타〕 물건 따위를 몰래 훔치다.

들어-내다〔타〕 ①물건을 들어 밖으로 내놓다. ¶식탁을 마루로 들어내다. /생선의 배를 가르고 내장을 들어내다. ②사람을 있던 곳에서 쫓아내다.

들어-맞다〔-맏따〕〔자〕 ①틀리지 아니하고 꼭 맞다. ¶예언이 정확히 들어맞다. ②빈틈이 없이 꼭 차게 끼이다. ¶신발이 내 발에 들어맞다. ③제자리에 명중하다. ¶과녁의 중심에 들어맞다.

들어맞-히다[-마치-]目〖'들어맞다'의 사동〗①꼭 맞게 하다. ②꽉 끼이게 하다.

들어-먹다[-따]目①있는 재물이나 밑천을 모조리 털어 없애다. ②남의 말을 이해하다(순응하다). ¶도무지 내 말을 들어먹어야 말이지.

들어-박이다자 '들어박히다'의 잘못.

들어-박히다[-바키-]자①촘촘히 박히다. ¶석류의 껍데기 속에 알이 들어박히다. ②나돌지 않고 한군데만 꼭 붙어 있다. ¶집 안에만 들어박히다. ③속 깊이 박히거나 숨다. ¶가시가 살 깊이 들어박히다. /시골에 들어박히다. ②③들어박히다.

들어-붓다[-붇따]〖~부으니·~부어〗Ⅰ자ㅅ(비가) 세차게 내리다. 퍼붓다. ¶갑자기 소나기가 들어붓기 시작했다.
Ⅱ目ㅅ①(액체나 가루가 담긴 그릇을) 들어서 통째 쏟아 붓다. ¶양동이의 물을 독에 들어붓다. ②한꺼번에 폭음하다. ¶술을 들어붓다.

들어-붙다[-붇따]자〈들러붙다〉의 본딧말.

들어-서다Ⅰ자①안쪽으로 다가서다. ¶열차가 곧 도착하니 한 발 들어서시오. ②(기관이나 왕조·정부 따위가) 처음으로 세워지다. ¶새 정권이 들어서다. ③자리 잡다. 들어차다. 들어앉다. ¶주택가나 /주차장이 들어서다. /아름드리 소나무가 울창하게 들어서다. ④대들려고 바짝 다가서다. ¶한 걸음 들어서며 삿대질을 하다. ⑤아이가 배 속에 생기다. ¶아이가 들어서다.
Ⅱ자目①밖에서 안으로 옮겨 서다. ¶집에 들어서자 아이들이 달려 나왔다. /마당을 들어서다. ②(어떤 상태나 시기가) 시작되다. 들다. ¶신학기에 들어서다. /21세기에 들어서다. /학자의 길을 들어서다.

들어-앉다[-안따]자①안으로 들어가 앉다. ¶다방에 잠시 들어앉아 얘기 좀 합시다. ②안쪽으로 다가앉다. ¶이 아랫목으로 들어앉으십시오. ③자리 잡다. 들어차다. 들어서다. ¶아파트 단지가 들어앉다. ④(지위를) 계승하거나 차지하다. 들어서다. ¶며느리가 안방마님으로 들어앉다. ⑤바깥일을 그만두고 집 안에 머물다. ¶직장을 그만두고 집 안에 들어앉다. 앉다.

들어-열개명 위쪽으로 들어 열게 된 문.

들어-오다Ⅰ자①밖에서 안쪽으로 오다. ¶안으로 들어오세요. /집에 일찍 들어오너라. ②수입이 생기다. ¶이자가 제때에 꼬박꼬박 들어온다. ③이해가 되다. 들어가다. ¶박 선생님의 강의는 머리에 잘 들어온다. ④새로운 사조나 상황이 시작되다. ¶서구 문화가 들어오다. ⑤(전기나 수도 따위의 시설이) 설치되다. ¶우리 마을에도 수도가 들어왔다. 들오다.
Ⅱ자目 기관이나 단체에 한 동아리가 되거나 가입하다. ¶새로 들어온 우리 반 학생. /원하던 대학을 들어오다. 들들오다.

들어오는 복도 차 던진다[속담] 자기의 잘못으로 제게 오는 복을 잃어버린다.

들어-주다目 (청원 따위를) 허락하여 주다. 뜻을 이루게 하여 주다. ¶부탁을 들어주다.

들어-차다자①안이나 속에 들어가 꽉 차다. ¶강당에 사람이 들어차다. ②(일정한 범위 안에) 자리 잡아 가득 차다. 들어서다. 들어앉다.

들-엉기다자 잔뜩 들러붙어서 엉기다.

들-엎드리다[드럽뜨-]자 들어박히어 활동을 아니 하다. ¶집에 들엎드려 책만 읽다.

들여-가다目①밖에 있던 것을 안으로 갖고 들어가다. ¶마루의 어항을 방으로 들여가다. ②물건을 사서 집으로 가져가다. ¶김장 배추를 들여가다.

들여-놓다[-노타]目①밖에 있던 것을 안으로 갖다 놓다. ¶화분을 마루로 들여놓다. ②물건을 사서 집 안에 마련해 두다. ¶냉장고를 들여놓다. ③관계를 맺다. 진출하다. ¶출판계에 발을 들여놓다. ④밖에서 안으로 들어오게 하다. ¶앞으로는 내 집에 발도 들여놓지 마라.

들여다-보다[타]①밖에서 안을 보다. ¶창밖에서 방 안을 들여다보다. ②가까이에서 자세히 보다. ¶책을 들여다보다. ③속내를 헤아리다. ¶남의 마음을 들여다보다. ④어떤 곳에 들르다. ¶딸네 집을 들여다보고 오느라고 늦었소.

들여다보-이다자〖'들여다보다'의 피동〗속의 것이 눈에 뜨이다. ¶방 안이 들여다보이다. /속셈이 빤히 들여다보이다. ⓝ들여다뵈다.

들여다뵈다[-뵈-/-붸-]자〈들여다보이다〉의 준말.

들여-대다目 바깥에서 안으로 바짝 다가서서 대다. ¶귀에 바짝 입을 들여대고 말을 하다.

들여-디디다①안쪽을 향하여 발을 옮겨 디디다. ②어떤 일에 관계하다.

들여디딘 발[관용] 이미 손대어 시작한 일을 가리키는 말. ⓝ내친걸음.

들여-보내다目①안이나 속으로 들어가게 하다. ¶방으로 들여보내다. ②일할 곳이나 살 곳으로 들어가 정착하게 하다. ¶남의 집에 양자로 들여보내다.

들여-세우다目 안쪽으로 들여서 세우다.

들여-쌓다[-싸타]目 밖에 있는 것을 가져다가 안에 쌓다. 들이쌓다. ¶농사지은 쌀을 곳간에 들여쌓다.

들여앉-히다[-안치-]目〖'들어앉다'의 사동〗①들어가 앉게 하다. ②안쪽으로 다가앉게 하다. ③밖의 사람을 데려와 지위나 직위를 맡게 하다. ¶교수를 회사의 연구부장으로 들여앉히다. ④나다니거나 바깥 활동을 못하게 하고 집에만 있게 하다. ¶아들을 들여앉혀 놓고 공부만 시키다. ⓝ들앉히다.

들여-오다目①밖에서 안으로 가져오다. ②물건을 장만하여 집이나 나라 안으로 가져오다. ¶새 기계를 들여오다.

들:-연(-椽)[-련]명 오량(五樑)에서 도리에 걸친 서까래. 장연(長椽). 평연(平椽). 하연(下椽).

들-오다자〈들어오다〉의 준말.

들:-오리명 들에 사는 오리를 두루 이르는 말. 야압(野鴨).

들온-말명 ☞외래어.

들은-귀명①〖'있다'·'없다'와 어울려서〗'들은 경험'을 이르는 말. ¶그 이야기라면 나도 들은귀가 있다. ②〖'밝다'·'어둡다'와 어울려서〗'잇속 있는 말을 놓치지 않는 능력'을 이르는 말. ¶들은귀가 밝구나.

들은-풍월(-風月)명 남에게서 얻어들어 알게 된 대수롭지 않은 지식을 이르는 말. ¶그래도 들은풍월은 있는지 아는 체하는 것 좀 봐.

들음-들음¹명 이따금씩 들음, 또는 그렇게 들어서 아는 상식. ¶들음들음이 있어야 실수는 없겠다. /들음들음으로 소식을 알다.

들음-들음²부 돈이나 물자가 조금씩 잇달아 드는 모양. ¶결혼 비용이 들음들음 꽤 많이 든다.

들이부〈들입다〉의 준말.

들이-〖접투〗《일부 동사 앞에 붙어》①'밖에서 안으로'의 뜻을 나타냄. ¶ 들이붓다. /들이닫다. ②'함부로'·'몹시'·'마구'·'들입다'의 뜻을 나타냄. ¶ 들이밀다. /들이부수다. ③'갑자기'를 뜻함. ¶ 들이닥치다.

-들이〖접미〗《양의 단위를 나타내는 의존 명사 뒤에 붙어》'그만한 양을 담을 수 있는 그릇'임을 뜻함. ¶ 한 말들이. /2리터들이.

들이-갈기다〖타〗몹시 세게 때리다. ¶ 주먹으로 사정없이 들이갈기다.

들이-곱다[-따]〖자〗안으로 꼬부라지다. ¶ 들이곱은 낚시. 큰들이굽다. ↔내곱다.

들이-굽다[-따]〖자〗안으로 꾸부러지다. ¶ 팔이 들이굽지 내곱나. 잡들이곱다. ↔내굽다.

들이-긋다¹[-귿따]〔~그으니·~그어〕〖자ㅅ〗(병독이) 속으로 몰리다. ¶ 종기가 겉으로 불거지지 않고 들이긋는 바람에 겉보기는 거의 멀쩡하다.

들이-긋다²[-귿따]〔~그으니·~그어〕〖타ㅅ〗①(금을) 안쪽으로 다가서 긋다. ②잇달아 자꾸 긋다. ③숨이나 연기 따위를 들이켜다. ¶ 아침의 찬 공기를 가슴 깊이 들이긋다.

들이-끌다[~끄니·~끌어]〖타〗안쪽으로 잡아끌다.

들이-끼다〖Ⅰ〗〖자〗틈이나 사이에 들어가 끼다. 〖Ⅱ〗〖타〗마구 끼다.

들이끼-우다〖타〗〖'들이끼다'의 사동〗①틈이나 사이에 밀어 넣어 끼우다. ②마구 끼우다.

들이끼-이다〖자〗〖'들이끼다'의 피동〗①틈이나 사이에 들어가 끼이다. ②(무리하게) 마구 끼이다.

들-이다¹〖타〗〖'들다'의 사동〗①안으로 들게 하다. ¶ 손님을 사랑으로 모셔 들이다. ②(물자·자금·인력 등을) 쓰다. ¶ 공을 들여서 건립한 기념관. ③습관으로 굳어지게 하다. ¶ 길을 들이다. ④물감을 옮겨 배게 하다. ¶ 빨간물을 들여와 살게 하다. ⑤들어와 살게 하다. ¶ 세(貰)를 들이다. /하숙생을 들이다. ⑥한동아리에 들게 하다. 가입시키다. ¶ 간부 사원으로 들이다. ⑦사람을 고용하다. ¶ 사환을 들이다. ⑧잠이 들게 하다. ¶ 아이에게 젖을 물려 잠을 들이다. ⑨맛이 밝게 하다. ¶ 맛을 들이다.

들이다²〖타〗땀을 식히거나 멎게 하다. ¶ 그늘에서 땀을 들이다.

들-이다³〖자〗연기나 불길이 아궁이에서 방고래로 잘 들어가다. ¶ 아궁이에 불이 잘 들인다.

들이-닥치다〖자〗갑자기 닥치다.

들이-대다¹〖자〗뻣뻣한 말투로 자꾸 대들다.

들이-대다²〖타〗①바짝 가까이 가져다 대다. ¶ 칼을 들이대다. /증거물을 들이대다. ②급히 가서 닿다. ¶ 사고 현장에 구급차를 들이대다. ③(돈이나 물건을) 뒤로 잇대어 대어 주다. 공급하다. ④물을 끌어들이다.

들이-덤비다〖자〗(남에게) 함부로 마구 덤비다. ¶ 윗사람에게 들이덤비다.

들이-뛰다〖자〗①밖에서 안으로 뛰어가다. ②급하게 빨리 달려가다. ¶ 기차를 놓치지 않으려고 들이뛰었다.

들이-뜨리다〖타〗안으로 향하여 아무렇게나 마구 집어던지다. 잡들뜨리다.

들이-마르다¹[~마르니·~말라]〖자르〗심하게 마르다.

들이-마르다²[~마르니·~말라]〖타르〗(종이나 옷감 따위를) 바깥쪽에서 안쪽으로 말라 들어가다.

들이-마시다〖타〗①(공기나 액체 따위를) 몸 안으로 빨아들이다. ②마구 마시다.

들이-맞추다[-맏-]〖타〗제자리에 들이대어 꼭 맞게 하다. ¶ 쐐기를 들이맞추다.

들이-먹다[-따]〖짜〗한꺼번에 마구 먹다.

들이-몰다[~모니·~몰아]〖타〗①밖에서 안쪽을 향해 몰다. ¶ 양 떼를 우리 안으로 들이몰다. ↔내몰다. ②아주 심하게 몰다. ¶ 산토끼를 들이몰아 잡다.

들이몰-리다〖자〗〖'들이몰다'의 피동〗한군데로만 떼 지어 몰리다.

들이-밀다[~미니·~밀어]〖타〗①밖에서 안쪽으로 밀다. ②(어떤 문젯거리를) 제출하다. ③(돈이나 물건을) 분별없이 제공하거나 투자하다. ¶ 있는 돈 없는 돈 다 긁어모아 그 사업에 들이밀었다. ④마구 밀다. ⑤떼 지어 한꺼번에 몰려서 밀다. ¶ 많은 사람이 들이밀고 들어갔다. ⑥바싹 갖다 대다. ¶ 얼굴을 들이밀다. 잡디밀다.

들이밀-리다〖자〗〖'들이밀다'의 피동〗①안쪽으로 밀리다. ②냅다 밀리다. ③(일거리가) 감당 못하게 지체되어 쌓이다. ④떼 지어 한꺼번에 밀어 닥치다.

들이-박다[-따]〖타〗①속으로 깊이 들어가게 박다. ¶ 긴 못을 들이박다. ②마구 박다. ¶ 벽에다 못들을 들이박아 벽이 흉하게 되었다. ③안쪽으로 옮겨서 박다. ¶ 말뚝을 선 안으로 들이박다.

들이-받다[-따]〖타〗①머리를 들이대고 받다. ②함부로 몹시 받거나 부딪다. ¶ 자동차가 전봇대를 들이받았다. ¶ 소가 사람을 들이받다.

들이-부수다〖타〗(닥치는 대로) 마구 두들겨 부수다. 잡들이부수다.

들이-불다[~부니·~불어]〖자〗①(바람이) 안으로 불다. ②(바람이) 계속 세차게 불다.

들이-붓다[-붇-]〔~부으니·~부어〕〖타ㅅ〗①(자루나 그릇 속에) 쏟아 넣다. ②힘차게 붓다. 잡들붓다.

들이-비추다〖타〗①(밖에서) 안으로 비추다. ¶ 손전등으로 굴속을 들이비추다. ②마구 비추다. ¶ 조명이 그를 들이비춘다.

들이-비치다〖자〗①밖에서 안쪽을 향해 비치다. ¶ 저녁 햇살이 방 안까지 들이비치다. ②잇달아 세게 비치다.

들이-빨다[~빠니·~빨아]〖타〗①안으로 빨아들이다. ②힘 있게 빨다. ¶ 젖꼭지를 들이빨다.

들이-빼다〖자〗냅다 도망치다.

들이-세우다〖타〗①안쪽으로 들여다 세우다. ②어떤 일자리에 보내어 그 일을 맡아보게 하다. ¶ 편집장으로 들이세우다.

들이-쉬다〖타〗숨을 안으로 빨아들이다. ¶ 숨을 깊이 들이쉬다. ↔내쉬다.

들이-쌓다[-싸타]〖타〗☞들여쌓다. ②한곳에 많이 쌓다.

들이-쌓이다[-싸-]〖자〗〖'들이쌓다'의 피동〗①안쪽으로 쌓이다. ②한곳에 많이 쌓이다.

들이-쏘다〖타〗①밖에서 안을 향해 쏘다. ¶ 건물 안으로 총을 들이쏘다. ②잇달아 마구 쏘다. ¶ 맹수를 향하여 총을 들이쏘다.

들이-쑤시다〖Ⅰ〗〖자〗마구 찌르는 듯이 아프다. ¶ 꼴머리가 들이쑤시다. 잡들쑤시다. 〖Ⅱ〗〖타〗①남을 가만히 두지 않고 잇달아 집적거리거나 부추기거나 괴롭히다. ②(무엇을 찾으려고) 샅샅이 쑤시고 헤집다. ③마구 찌르거나 들입다 쑤시다. 잡들쑤시다.

들이-조르다[~조르니·~졸라]**자타르** 자꾸 심하게 조르다.

들이-지르다[~지르니·~질러]**타르** ①들이닥치며 세게 지르다. ¶ 옆구리를 들이지르다. ②'닥치는 대로 마구 먹다'를 속되게 이르는 말. ③큰 소리를 마구 내지르다.

들이-찌르다[~찌르니·~찔러]**타르** ①안쪽을 향해 찌르다. ②마구 세게 찌르다.

들이-쩔다[~쩔타]**태** 잇달아 세차게 쩔다. ¶ 머리를 벽에 들이쩔으며 통곡하다.

들이-치다¹자 (비나 눈 따위가) 안으로 세게 뿌려 치다. ¶ 창을 열자마자 비가 방 안으로 들이쳤다.

들이-치다²태 들이닥치며 세게 공격을 하여 치다. ¶ 적진을 들이치다.

들이-켜다태 물 따위를 마구 들이마시다.

들이-키다¹태 안쪽으로 다그다. ¶ 꽃병을 벽쪽으로 들이켜 놓다.

들이-키다²태 '들이켜다'의 잘못.

들이-파다태 ①밖에서 안쪽으로 또는 밑으로 내리 파다. ②깊이 몰두하여 궁리하거나 연구하다. ¶ 여름 방학 내내 영어만 들이파다.

들이-퍼붓다[~붇따][~퍼부으니·~퍼부어] **Ⅰ자** (비나 눈이) 쏟아지듯이 세차게 내리다. ¶ 갑자기 소나기가 들이퍼붓기 시작했다. **Ⅱ타** ①(큰 그릇의 물이나 액체를) 그릇째 들어 마구 쏟아 붓다. ②(욕설 따위를) 마구 하다.

들:-일[~릴]**명** 들에서 하는 일.

-들입(-入)[-립]**명** 한자 부수의 한 가지. '內'·'全'·'兩' 등에서의 '入'의 이름.

들입다[-따]**부** 마구 무리하게. ¶ 사람들이 차를 먼저 타려고 들입다 민다. /자기가 옳다고 들입다 우긴다. ㉟들이·답다.

들:-장대(長-)[-짱때]**명** 교군의 어깨를 쉬게 하려고 다른 사람이 양옆에서 가마채 밑을 받쳐서 들어 주는 긴 막대.

들:-장미(-薔薇)[-짱-]**명** ㄷ찔레나무.

들:-장지(←障子)[-짱-]**명** 들어 올려서 매달아 놓게 된 장지.

들:-재간(-才幹)[-째-]**명** 씨름 기술의 한 가지. 배지기의 종류를 통틀어 이르는 말.

들:-쥐(-쥐)[-쮜]**명** 혓과의 동물. 꼬리가 짧거나 긴 여러 가지 종류가 있음. 경작지나 초원에서 사는데, 농작물과 삼림의 묘목에 해를 끼침.〔갈밭쥐·쇠갈밭쥐·등줄쥐·멧밭쥐 따위.〕 야서(野鼠).

들:-짐승[-찜-]**명** 들에서 사는 짐승.

들쩍지근-하다[-찌-]**형여** 조금 들쩍한 맛이 있다. ㉟달짝지근하다. ㉠들척지근하다. **들쩍지근-히부**.

들쭉명 들쭉나무의 열매.

들쭉-나무[-쭝-]**명** 철쭉과의 낙엽 관목. 높이 1m가량. 잎은 달걀 모양으로 어긋맞게 나며, 꽃은 흰빛이 섞인 녹색의 항아리 모양으로, 5~6월에 지난해에 난 가지에 핌. 열매는 6~7mm의 흑자색 타원형 장과(漿果)인데 8~9월에 익음. 맛이 시고 달아 흔히 술 담글 때 넣음. 한라산과 강원도 이북에 분포함. 수호화(水紅花).

들쭉-날쭉[-쭝-]**부하형** 멋대로 조금씩 더 들어가기도 하고 나오기도 하여 고르지 못한 모양. ¶ 행렬이 들쭉날쭉하다.

들쭉-정과(-正果)[-쩡-]**명** 들쭉을 말려서 만든 정과.

들:-차다형 ①뜻이 굳세고 몸이 튼튼하다. ¶ 들

차게 생긴 사람. ②몹시 거세다. ¶ 밤바람이 들차게 분다.

들-창(-窓)**명** ①벽의 중간 위쪽에 자그맣게 낸 창. 바라지¹. ②들어서 열게 된 창. 들장문.

들창-눈이(-窓-)**명** 서로 마주 볼 때에도 위를 쳐다보는 것처럼, '눈 위 꺼풀이 쳐들린 사람'을 홀하게 이르는 말.

들창-문(-窓門)**명** ㄷ들창.

들창-코(-窓-)**명** 코끝이 위로 들려서 콧구멍이 드러나 보이는 코, 또는 그러한 코를 가진 사람을 이르는 말.

들쳐-나다자 들추어져 드러나다. ¶ 잘못이 들쳐나다.

들척-거리다[-꺼-]**타** 자꾸 들척들척하다. 들척대다. ¶ 책상의 서류를 들척거리다.

들척-대다[-때-]**타** 들척거리다. ¶ 일기장을 들척대다.

들척-들척부하타 이리저리 자꾸 들추어 뒤지는 모양.

들척-이다태 이리저리 들추어 뒤지거나 올리다. ¶ 신문을 들척이다. /옷장 속의 옷을 들척이다.

들척지근-하다[-찌-]**형여** 약간 들큼한 맛이 있다. ㉟들척근하다. ㉠달착지근하다. ㉠들쩍지근하다.

들추다태 ①속이 드러나게 들어 올리다. ¶ 이불을 들추다. ②무엇을 찾으려고 자꾸 뒤지다. ¶ 책을 들추다. /서랍을 들추다. ③드러나지 않은 사실을 일부러 드러나게 하다. ¶ 가슴 아픈 지난 일을 들추다.

들추어-내다태 들추어서 나오게 하다. ¶ 비리를 들추어내다.

들치근-하다형여 <들척지근하다>의 준말.

들-치기하타 ①남의 눈길을 잠깐 속여 물건을 잽싸게 들고 뛰는 좀도둑, 또는 그러한 짓. ②씨름 기술의 한 가지. 상대편을 번쩍 들어서 메어치는 수.

들치다태 물건의 한쪽을 쳐들다. ¶ 거적문을 들치고 들어가다. /한 꼬마가 여자 아이들의 치마를 들치며 장난을 치고 있다.

들큰-거리다태 자꾸 들큰들큰하다. 들큰대다.

들큰-대다태 들큰거리다.

들큰-들큰부하타 남의 비위를 거슬리게 하는 말을 자꾸 하는 모양. ¶ 들큰들큰 비위 상하는 말만 골라 가며 하다.

들큼-하다형여 조금 단 맛이 있다.

들키다 Ⅰ자 숨기어 몰래 하였던 일이 남의 눈에 띄어 알려지게 되다. ¶ 누룽지를 혼자 몰래 먹다가 동생한테 들켰다. **Ⅱ태** 숨기려던 것을 남이 알아채다. ¶ 적에게 우리의 위치를 들키다.

들:-타작(-打作)**명하자** 들판에서 타작을 함, 또는 그 타작.

들통명 비밀이 폭로되는 판세.

들-통(-桶)**명** 들손이 달린 통 모양의 그릇을 통틀어 이르는 말.

들-나다자 비밀이나 잘못된 일 따위가 드러나다.

들-판명 <들머리판>의 준말.

들:-판²명 들을 이룬 벌판. 원두(原頭). ¶ 광활한 들판.

들:-풀명 들에서 나는 풀.

들피명 (주려서) 여위고 쇠약해지는 일. ¶ 요즘 세상에 들피 나는 일이 있겠나?

들피-지다자 (주려서) 몸이 홀쭉하게 여위고 기운이 쇠약해지다.

듬뿌룩-하다형여 '더부룩하다'의 잘못.

듬뿍[부][형] ①그릇에 그득하고 수북한 모양. ¶밥그릇에 밥을 듬뿍 담다. ②풀이나 먹물 따위를 넉넉히 칠하거나 묻히는 모양. ¶먹물을 듬뿍 찍어 글씨를 쓰다. ⑳담뿍. 듬뿍-이[부]. 듬뿍-듬뿍[부][형] ¶뒤주마다 곡식이 듬뿍듬뿍 차 있다.

듬성-듬성[부][형] 꽤 성기거나 드문드문한 모양. 간간이. ¶밭고랑 사이에 옥수수를 듬성듬성 심다. ⑳담상담상.

듬쑥[부] 손으로 탐스럽게 쥐거나 팔을 벌려 정답게 껴안는 모양. ¶너무 반가워 듬쑥 껴안았다. ⑳담쑥. 듬쑥-듬쑥[부].

듬쑥-하다[-쑤카-][형여] 됨됨이가 가볍지 않고 속이 깊게 차 있다. ¶사람이 듬쑥하여 믿음성이 있어 보인다.

듬직-하다[-지카-][형여] ①사람됨이 가볍지 않고 믿음성이 있다. ¶듬직한 인물을 대표자로 내세우다. ②나이가 제법 들다. ¶나이가 듬직해 보이던데. 듬직-이[부].

듯[듣][의] ①〈듯이〉의 준말. ¶나는 듯 달려간다. /아이는 어머니를 빼다 박은 듯 닮았다. ②((어미 '-ㄴ·-은·-는·-ㄹ·-을' 뒤에 쓰이어)) 그럴 것 같기도 하고 그렇지 않을 것 같기도 하다는 뜻을 나타냄. ¶본 듯 만 듯. /자는 듯 마는 듯.

-듯[듣][어미] 〈-듯이〉의 준말. ¶잠이라도 자듯 눈을 감고 있다. /비 오듯 흐르는 땀.

듯듣다[자][옛] 듣다(滴). 떨어지다. ¶淸江애 비 듯는 소리 긔 무엇이 우읍관되(古時調). ⑳듣다.

듯듣다[자ㄷ] (옛) 떨어지다. ¶대쵸 볼 블근 골에 밤은 어이 듯드르며(古時調). ⑳듣다.

듯-듯다[자] (옛) 떨어지다. ¶東風 細雨에 듯듯노니 桃花로다(古時調). ⑳듯듣다.

듯-싶다[듣씹따][조형] ((어미 '-ㄴ·-은·-는·-ㄹ·-을' 뒤에 쓰이어))'것 같다', '성싶다'는 뜻의 주관적인 추측을 나타내는 말. ¶이미 간 듯싶다. /깊은 듯싶다. /비가 올 듯싶다. /짐승일 듯싶다.

듯이[의] ((어미 '-ㄴ·-은·-는·-ㄹ·-을' 뒤에 쓰이어)) 짐작이나 추측의 뜻을 나타내는 말. ¶다 된 듯이 좋아하다. /제가 최고인 듯이 뽐낸다. ⑳듯.

-듯이[어미] 용언의 어간에 붙어, '그 어간이 뜻하는 내용과 같게'의 뜻을 나타내는 연결 어미. ¶구름에 달 가듯이 가는 나그네. /번개라도 치듯이 번쩍이는 하늘. ⑳-듯.

듯-하다[드타-][조형] ((어미 '-ㄴ·-은·-는·-ㄹ·-을' 뒤에 쓰이어))'것 같다'는 뜻의 객관적인 추측을 나타내는 말. ¶쥐 죽은 듯하다. /여름이 온 듯하다. /저기 오는 학생이 수남이인 듯하다.

등[명] ①사람이나 동물의 몸통에서 뒤쪽이나 위로 향한 부분, 곧 가슴이나 배의 반대쪽. ⑭잔등·머리·잔등이. ②물건의 뒤쪽, 또는 바닥의 반대쪽. ¶식칼의 등. /의자의 등.

등에 업다[관용] 세력을 믿고 기대다.

등(을) 대다[관용] 남의 세력에 의지하다. 등에 업다.

등(을) 돌리다[관용] ①외면하다. ②결별하다. ③배신하거나 배척하다.

등(을) 타다[관용] 산등성이를 따라 가다.

등(이) 달다[관용] (일이 뜻대로 되지 않아) 몹시 안타깝고 다급하다.

등(이) 닿다[관용] 기댈 만한 세력에 관계되거나 연줄이 닿다. ¶군(軍) 수뇌부와 등이 닿다.

등:(等)[명] ①〈등급〉의 준말. ¶등 안에 들다. ②[의존 명사적 용법] 수사 또는 숫자와 함께 쓰이어, '그 말이 나타내는 서열 또는 등위'를 뜻함. ¶1등. /2등. /삼 등.

등(橙)[명] ①〈등자(橙子)〉의 준말. ②〈등자나무〉의 준말.

등(燈)[명] 불을 켜서 어두운 곳을 밝히는 기구.

등(藤)[명] 〈등나무〉의 준말.

등(藤)[명] 야자나뭇과의 덩굴 식물. 아시아의 열대 지방에서 자람. 줄기는 다른 식물에 감기어 올라가며, 꽃은 이삭 모양으로 핌. 줄기는 길고 질겨서 의자·침대 등의 공예 가구를 만드는 데 쓰임.

등:(等)[의] 들². ¶소·말·돼지 등.

등:가(等價)[-까][명] ①가치나 가격이 같음, 또는 그러한 가치나 가격. ②유가 증권의 매매에서, 매매 가격과 액면 가격이 같음. ③☞동치(同値).

등가(燈架)[명] ☞등잔걸이.

등:가-개:념(等價概念)[-까-][명] 두 개의 개념에 있어, 그 오捗적 관점이 다르기 때문에 내포(內包)는 일치하지 않으나 외연(外延)에서는 완전히 일치하는 개념. [아침에 뜨는 '샛별'과 저녁에 보는 '개밥바라기'는 그 내포는 다르지만 외연은 같은 '금성(金星)'을 가리키는 따위.) 동연 개념(同延概念). 둥치 개념.

등-가구(藤家具)[명] 등(藤)의 줄기를 다듬어 결어 만든 가구를 통틀어 이르는 말.

등:가-물(等價物)[-까-][명] 서로 가치나 가격이 같은 물건.

등-가죽[-까-][명] 등의 살갗. 등피. ¶볕에 타서 등가죽이 벌겋다.

등:각(等角)[명] 같은 크기의 각.

등:각(等覺)[명] ①(모든 부처의 깨달음은 한결같이 평등하다는 뜻에서) '부처'를 달리 일컫는 말. ②(깨달음의 수준이 부처와 거의 같다는 데서) 보살(菩薩)의 오십이위(五十二位)의 둘째 자리. 등정각(等正覺).

등:각^다각형(等角多角形)[-따가켱][명] 모든 내각이 같은 다각형.

등:각^사다리꼴(等脚-)[-싸-][명] ☞등변 사다리꼴.

등:각^삼각형(等角三角形)[-쌈가켱][명] ☞정삼각형.

등:각^삼각형(等脚三角形)[-쌈가켱][명] ☞이등변 삼각형.

등간(燈竿)[명] ①주막이라는 표시의 등을 매달아 세운 기둥. 등대. ②바다 쪽으로 내민 방파제 끝에, 야간 연안 항해 선박의 안전을 위해 설치해 놓은, 등을 높이 매단 기둥.

등-갓(燈-)[-갇][명] 등의 위를 가리는, 쟁반이나 그릇 모양의 물건. [빛의 반사로 조명 효과를 높이거나, 그을음을 받아 냄.) ⇒등갓이[-가시]·등갓만[-간-].

등-거리[명] 들일을 할 때, 등만 덮을 만하게 지어 입는 홑옷.

등:-거리(等距離)[명] ①같은 거리. ②(외교 관계 따위에서) 여러 대상을 같은 조건으로 평등하게 상대하는 일. ¶등거리 외교.

등걸[명] 줄기를 잘라 낸 나무 밑동. 나뭇등걸. ¶등걸에 걸터앉다.

등걸-밭[-받][명] 나뭇등걸이 많은 밭. ⇒등걸밭이[-바치]·등걸밭을[-바틀]·등걸밭만[-반-].

등걸-불[-뿔][명] ①나뭇등걸을 태우는 불. ②타다가 남은 불.

등걸-숯[-숟]閏 나뭇등걸을 태워 만든 숯. 골동
탄(骨董炭). 골탄(骨炭). 근탄(根炭). *등걸숯
이[-수치]·등걸숯만[-순-]

등걸음-치다困 ①덜미잡이로 뒷걸음치듯 끌려
가다. ②'(송장이) 누운 채 들리어 간다'는 뜻
의 결말.

등걸-잠閏 옷을 입은 채 덮개 없이 아무 데서나
쓰러져 자는 잠.

등겨閏 벼의 겨.
  등겨가 서 말만 있으면 처가살이 안 한다俗談
  처가살이는 할 것이 아니라는 말.
  등겨 먹던 개는 들키고 쌀 먹던 개는 안 들킨다
  俗談 크게 나쁜 짓을 한 사람은 들키지 않고,
  사소한 잘못을 저지른 사람만 들켜 애꿎은 허
  물까지 쓰게 된다는 말.

등경(燈檠)閏 ☞등잔걸이.

등경-걸이(燈檠-)閏 '등잔걸이'의 잘못.

등고(登高)閏하자 높은 데 오름(登陟).

등-고(等高)閏 높이가 똑같음.

등-고^곡선(等高曲線)[-썬]閏 ☞등고선.

등-고-선(等高線)閏 지도에서, 표준 해면으로부
터 같은 높이에 있는 지점들을 연결한 곡선.
등고 곡선. 동고선(同高線). 수평 곡선. 참등심
선(等深線).

등고-자비(登高自卑)閏 ①('높이 오르려면 낮
은 곳에서부터'라는 뜻으로) 일을 함에는 그
차례가 꼭 필요하다는 말. ②지위가 높을수록
스스로 몸을 낮춤.

등-골¹[-꼴]閏 ①☞등골뼈. ②☞척수(脊髓).
  등골(을) 뽑다慣用 남의 재물을 갖은 방법으로
  착취하거나 빼앗아 가지다.
  등골(이) 빠지다慣用 〔재물을 모으거나 돈을
  대느라고〕 온갖 고생을 다하다. ¶자식들의 학
  비를 대느라고 등골이 빠지다.

등-골²[-꼴]閏 등의 한가운데 길게 고랑이 진
곳. ¶등골을 타고 식은땀이 흘러내린다.
  등골(이) 오싹하다慣用 〔매우 무서워〕 으스스
  추워지거나 등골에 소름이 끼치는 것 같다.

등골(鐙骨)閏 ☞등자뼈.

등골-뼈[-꼴-]閏 척추동물의 등마루를 이루는
뼈. 등골¹. 등뼈. 척골(脊骨). 척량(脊梁). 척량
골. 척주(脊柱). 척추. 척추골.

등과(登科)閏하자 과거에 급제함. 등제(登第).

등관(登官)閏하자 관직에 오름.

등교(登校)閏하자 (학생이) 학교에 감. ¶등교
시간에 늦다. →하교.

등-교의(籐交椅)[-의/-이]閏 등(籐) 줄기를 잘
게 다듬어 걸어 만든 의자. 등의자(籐椅子).

등굣-길(登校-)[-교낄/-굗낄]閏 학생이 학교
로 가는 길. ¶등굣길에 준비물을 사다. →하굣
길.

등귀(騰貴)閏하자 물품이 달리고 값이 뛰어오
름. 상귀(翔貴). 앙등. ¶생필품의 등귀 현상.
→하락.

등귀-세(騰貴勢)閏 오름세. 등세. →낙세(落勢).

등극(登極)閏하자 임금의 자리에 오름. 등조(登
祚). 즉위.

등-극-결합(等極結合)[-껼-]閏 ☞공유 결합.

등-근(等根)閏 방정식에서, 값이 같은 두 개 이
상의 근.

등글개-첩(-妾)閏 〔등을 긁어 주는 첩이라는
뜻으로〕 늙은이가 데리고 사는 젊은 첩.

등-글기閏 다른 그림을 그대로 본떠서 그림.

등글월-문(-文)閏 한자 부수의 한 가지. '收'·
'敎' 등에서의 '攵(攴)'의 이름.

등:-급(等級)閏 값·품질·신분 따위의 높고 낮음
이나 좋고 나쁨의 차를 여러 층으로 나눈 급
수. 등위. 종등(等).

등:-급^개:념(等級概念)[-깨-]閏 ▷동위 개념
(同位概念).

등:-급^선:거(等級選擧)[-썬-]閏 납세액·교육
정도 등에 따라 등급을 매겨 선거하는 비민주
적 불평등 선거의 한 가지.

등기(登記)閏 ①하타 되자 민법상의 권리 또는
사실을 널리 밝히기 위하여 관련되는 일정 사
항을 등기부에 적는 일, 또는 적어 놓은 그 기
록. 〔주로, 권리 보호나 거래의 안전을 도모하
기 위하여 행하여짐.〕 ¶가옥 등기. /선박 등
기. /법인 등기. ②〈등기 우편〉의 준말. ¶편지
를 등기로 부치다.

등:-기(謄記)閏하타 ☞등초(謄抄).

등기-료(登記料)閏 등기할 때에 드는 수수료.

등기-부(登記簿)閏 등기소에서, 등기해 두는 장
부. ¶등기부 등본.

등기-선(登記船)閏 선박 등기부에 등기된 배.
등부선(登簿船). ↔비등기선.

등기-소(登記所)閏 등기 사무를 맡아보는 관청.

등기^우편(登記郵便)閏 발송인에게 발송증을
주고, 수취인에게서 수취 확인을 받아 두는 우
편물 특수 취급의 한 가지. 종등기.

등기^자본(登記資本)閏 ☞공칭 자본(公稱資本).

등기필-증(登記畢證)閏 등기소에서, 등기가 완
료되었음을 증명하여 교부하는 증명서. 권리
서. 권리증.

등-꽃(藤-)[-꼳]閏 등나무의 꽃. *등꽃이[-
꼬치]·등꽃만[-꼰-]

등-나무(藤-)閏 콩과의 낙엽 만목. 동양 특산
으로 산이나 들에 절로 나는데, 관상용으로 정
원 같은 데에 심기도 함. 줄기는 오른쪽으로
감으면서 벋으며 잎은 깃모양 겹잎임. 5월에
연보랏빛 꽃이 송아리를 이루어 핌. 종등(藤).

등-날閏 ①(소와 같은 짐승의) 등줄기. ②등마루
의 날카롭게 선 줄. ②비등선.

등-널閏 의자의 뒤에 댄 널빤지. 배판(背板).

등년(登年)閏 여러 해가 걸림.

등단(登壇)閏하자 ①연단이나 교단 따위에 오
름. ↔강단(降壇)·하단(下壇). ②문단(文壇) 등
의 특수한 사회 분야에 처음으로 나타남. ¶신
춘문예에 당선하여 문단에 등단하다. ③왕조
때, 대장 벼슬에 오름을 이르던 말.

등-대(燈-)[-때]閏 ①주막의 등간(燈竿). ②관
등절(觀燈節)에 등을 달거나, 과장(科場)의 선
비들이 동접(同接)의 표시로 등을 켜 들었던
간짓대.

등:-대(等待)閏하자타 (분부에 따라) 미리 갖추
어 두고 기다림. 대령(待令). 등후(等候). ¶가
마를 등대하다.

등:-대(等對)閏하자 같은 자격으로 마주 대함.

등대(燈臺)閏 ①밤중의 연안 뱃길을 안전하게
안내하기 위하여 해안에 세우고 불빛을 비추어
켜 놓은 탑 모양의 건물. 광탑(光塔). ②'나아
가야 할 길을 밝혀 줌'을 비유하여 이르는 말.

등대-선(燈臺船)閏 ☞등선(燈船).

등대-수(燈臺手)閏 ☞등대지기.

등대-지기(燈臺-)閏 등대의 표지 업무를 맡아
보는 사람. 등대수(燈臺手).

등댓-불(燈臺-)[-대뿔/-댇뿔]閏 등대에 설치
한 등불, 또는 그 불빛.

등-덜미[-떨-]閏 등의 윗부분. ¶등덜미를 밀
어 쫓아내다.

등-덮개[-덥께]圀 ①소나 말의 등을 덮어 주는 거적때기. ②겨울에 솜을 두고 누벼서 옷 위에 덧입던 등거리 모양의 윗도리.

등도(登途)圀하자 길을 나섬. 등정(登程).

:등(等)圀〔많은 사물 중에서, 몇 가지만 줄여 얼거한 다음〕'이 외에도 그와 같은 것 여러 가지'의 뜻을 나타내는 말. ¶과자·빵·떡 등등 먹을 것이 많다.

등등(騰騰)'등등하다'의 어근.

등-등거리(籐-)圀 등(籐)의 덩굴을 걸어 소매 없이 만든 등거리. 〔땀이 배지 않도록 속옷 밑에 받쳐 입음.〕

등등-하다(騰騰-)혱어 (부리는 기세가 상대의 기를 누를 만큼) 매우 높고 당차다. 서슬이 푸르다. ¶살기가 등등하다.

등-딱지[-찌]圀 갑각류나 거북 따위의 등을 덮고 있는, 뼈처럼 단단한 껍데기. 참배딱지.

등-때기〈등〉의 속된 말. 등짝.

등-떠리기'등때기'의 잘못.

등락(登落)[-낙]圀 (과거에) 급제하거나 낙제하는 일. 시험 따위에 붙고 떨어지는 일.

등락(騰落)[-낙]圀하자 (물가 따위가) 오르고 내림. ¶등락의 폭이 큰 주가.

등람(登覽)[-남]圀하자 높은 곳에 올라가 사방을 두루 바라봄.

등:량(等量)[-냥]圀 같은 분량.

등:렬(等列)[-녈]圀 서로 대등한 반열(班列).

등록(登錄)[-녹]圀①하자되자 문서에 적어서 둠. ②하타되자 일정한 사항을 공증하여 법률적 보호를 받을 수 있도록 공부(公簿)에 기록하는 일. ¶주민 등록. /새 학기 등록을 마치다.

등록(謄錄)[-녹]圀하타 베끼어 기록함, 또는 선례(先例)를 적은 기록.

등록-금(登錄金)[-녹끔]圀 학교나 학원 따위에 등록하면서 내는 납부금.

등록^기준지(登錄基準地)[-녹끼-]圀 가족 관계 등록부가 있는 지역. 종전 호적이 있는 사람은 종전 호적의 본적지로 하고 그렇지 않은 경우는 가족 관계의 등록 등에 관한 법률에서 정한 규칙에 따라 새로 정함.

등록^상표(登錄商標)[-녹쌍-]圀 법적으로 등록을 하여 그 전용권(專用權)을 보호받는 상표.

등록-세(登錄稅)[-녹쎄]圀 재산권 등 권리의 취득·이전·변경·소멸에 관한 사항을 공부(公簿)에 등록·등기할 때 치르는 국세.

등록^의:장(登錄意匠)[-녹-]圀 법적으로 등록을 한 의장. 〔의장의 전용권(專用權)이 보호됨.〕

등롱(燈籠)[-농]圀 불을 켠 초나 호롱을 담아 한데 내어다 걸거나, 들고 다닐 수 있도록 하여 어둠을 밝히던 기구.

등롱-꾼(燈籠-)[-농-]圀 왕조 때, 의식이나 행차에서 등롱을 들고 앞서거나 뒤따르던 사람.

등롱-대(燈籠-)[-농때]圀 등롱을 걸어서 받치어 드는 대.

등루(登樓)[-누]圀하자 ①누각에 오름. ②창루(娼樓)에 놀러 감.

등:류(等類)[-뉴]圀 같은 종류. 동류(同類).

등리(藤梨)[-니]圀 ☞다래나무.

등림(登臨)[-님]圀 ①〈등산임수(登山臨水)〉의 준말. ②높은 곳에 오름.

등-마루①등골뼈가 있는 두두룩한 자리. ②산이나 파도 따위의 두두룩한 부분. ¶등마루에 앉아 마을을 내려다본다.

등메헝겊으로 가선을 두르고 뒤에 부들자리를 대서 꾸민 돗자리.

등명(燈明)圀 신불(神佛)을 위하여 밝혀 두는 등.

등명-접시(燈明-)[-씨]圀 심지를 놓고 기름을 부어 불을 켜는 접시.

등목圀하자 ☞목물.

등문-고(登聞鼓)圀 ☞신문고(申聞鼓).

등-물圀하자 ☞목물.

등-밀이圀 ①함지박 따위의 구붓한 등을 밀어 깎는 연장. ②창살의 등을 둥글게 미는 대패.

등물 척(옛)등마루(脊). ¶ 등물 척:脊(類合下51).

등-바다[-빠-]圀 홑옷의 안쪽 등덜미에 넓게 댄 헝겊.

등반(登攀)圀하타 (매우 높거나 험한 산 따위를) 오름. 반동. ¶암벽을 등반하다.

등반-대(登攀隊)圀 높거나 험한 산 같은 곳에 오르기 위하여 조직된 무리.

등-받이[-바지]圀 ①의자에서, 사람이 앉을 때 등을 받쳐 주는 부분. ②'등거리'의 잘못.

등:방(等方)圀 기체나 액체 또는 유리 따위 물질의 물리적 성질이 그 물질 안의 방향에 따라 달라지지 않는 일. ↔이방(異方).

등:방-성(等方性)[-썽]圀 (기체·액체·비결정질의 고체와 같이) 빛의 굴절률, 열의 전도율, 팽창률 따위의 물질의 물리적 성질이 방향에 따라 변하지 않는 성질. ↔이방성.

등:방위각-선(等方位角線)[-썬]圀 자기 자오선(磁氣子午線)의 방위각이 같은 지점을 지도 위에 이은 선. 등방위선.

등:방위-선(等方位線)圀〈등방위각선〉의 준말.

등:방-체(等方體)圀 등방성을 갖는 물체. ↔이방체.

등:변(等邊)圀 다각형에 있어서, 각 변의 길이가 같음, 또는 그 같은 변.

등:변^다각형(等邊多角形)[-가켱]圀 각 변의 길이가 서로 같은 다각형.

등:변^사다리꼴(等邊-)圀 평행하지 아니한 두 변의 길이가 똑같은 사다리꼴. 등각 사다리꼴.

등:변^삼각형(等邊三角形)[-가켱]圀 정삼각형.

등:변-선(等變線)圀 기압·기온 등 기상의 변화도가 같은 지점을 천기도(天氣圖) 상에 이은 선. 〔일기 예보에 주로 이용됨.〕

등:복각-선(等伏角線)[-깍썬]圀 지표 상에서 자침의 복각이 같은 여러 개의 지점을 연결하여 지도 위에 표시하여 놓은 선. 동복각선(同伏角線). 준등복선.

등:복-선(等伏線)[-썬]圀〈등복각선〉의 준말.

등본(謄本)圀하타 문서의 원본의 내용을 그대로 베낌, 또는 그런 서류. ¶등기부 등본.

등부(登簿)圀하타 관공서의 소정의 장부에 등기 또는 등록을 함.

등부-선(登簿船)圀 ☞등기선(登記船).

등부^톤수(登簿ton數)圀 화물을 실을 수 있는 실지의 용적. 〔선실·기관실 따위의 용적을 제하고, 여객이나 화물을 실을 수 있는 용적.〕

등분(登盆)圀하타 (땅에 심었던 화초를) 화분에 옮겨 심음. ↔퇴분(退盆).

등:분(等分)圀①하타 똑같이 나눔. 수나 양을 똑같은 부분이 되게 둘 또는 그 이상으로 갈라 나눔. ②등급의 구분. ③〖의존 명사적 용법〗같은 분량으로 나누어진 묶음을 세는 단위. ¶케이크를 오 등분으로 자르다.

등-불(燈-)[-뿔]圀 ①등에 켠 불. 등화. ②등잔불. ③'희망을 주는 존재'를 비유하여 이르는 말. ¶ 겨레의 등불.

등:비(等比)圀 두 쌍의 비가 서로 똑같음, 또는 같은 그 비.

등:비-급수(等比級數)[-쑤]몡 등비수열로 벌여 놓은 각 항을 더하기표(+)로 이어 놓은 식, 또는 그 합. 기하급수. 参등차급수.

등:비-수열(等比數列)몡 수열을 이루는 각 항이 그 앞의 항과 이루는 비가 일정한 수열. 参공비(公比)·등차수열.

등-뼈몡 ☞등골뼈.

등뼈-동물(-動物)몡 ☞척추동물. ↔민등뼈동물.

등사(謄絲)몡 사립(絲笠)에 있어서 싸개 대신에 촘촘하게 늘여 붙인 명주실.

등사(謄寫)몡하타 ①등사기로 베끼어 박음. ②☞등초(謄抄).

등사-기(謄寫機)몡 ☞등사판(謄寫板).

등사-원지(謄寫原紙)몡 등사판에 찍어 낼 원고를 쓰는 기름종이.

등사^잉크(謄寫ink)몡 등사기로 서화(書畫)를 박아 내는 데 쓰이는 잉크.

등사-판(謄寫板)몡 철필로 긁어 쓴 원지를 붙인 망판 위에 잉크 묻은 롤러를 밀어 굴려 박아 내는 수제(手製)의 간편한 인쇄기. 등사기.

등산(登山)몡하자 산에 오름. ↔하산.

등산-객(登山客)몡 운동이나 놀이를 목적으로 등산하는 사람. 산객.

등산-로(登山路)[-노]몡 등산하는 길.

등산-모(登山帽)몡 등산할 때 쓰는 모자.

등산-복(登山服)몡 등산할 때에 입는 옷.

등산-임수(登山臨水)[-님-]몡 산에 오르기도 하고 물가에 나가기도 함. 参등림.

등산-화(登山靴)몡 등산하는 데 편리하도록 만든 신.

등-살[-쌀]몡 등에 있는 근육. 배근(背筋).
등살이 꼿꼿하다[속담] 일이 매우 거북하거나 힘들어 꼼짝달싹할 수가 없다는 말.
등살(이) 바르다[관용] 신경 장애로 말미암아 등의 근육이 뻣뻣해져서 몸을 굴신(屈伸)하기가 거북하다.

등:상(等像)몡 ☞등신(等神).

등:상(凳床)몡 걸터앉기도 하고 발돋움으로도 쓰는 세간의 한 가지.

등상(藤床)몡 등(藤)의 줄기를 다듬어서 걸어 만든 걸상.

등색(橙色)몡 귤이나 등자 껍질과 같이 붉은빛을 약간 띤 누런색. 울금색(鬱金色).

등석(燈夕)몡 관등절(觀燈節) 날 저녁.

등석(藤蓆)몡 등(藤)의 줄기를 다듬어서 걸어 만든 자리.

등-선(-線)몡 ①등마루의 선. ⑪뒷날. ②물건의 밑바닥의 반대쪽이나 입체의 뒤쪽 선.

등선(登仙)몡하자 신선이 되어서 하늘에 오름. 参우화등선(羽化登仙). ②존귀한 사람의 죽음을 이르는 말.

등선(登船)몡하자 배에 오름. 승선(乘船).

등선(燈船)몡 등탑(燈塔)을 설치한 배. 〔등대를 세우기 어려운 해안에 정박하여 등대 구실을 함.〕 ⑪대선(燈臺船).

등성-마루몡 〈산등성마루〉의 준말.

등성이몡 ①사람이나 동물의 등마루가 되는 부분. ②〈산등성이〉의 준말.

등세(騰勢)몡 값이 오르는 형세. 등귀세. ↔낙세.

등-세공(藤細工)몡 등(藤)의 줄기로 세공을 하는 일, 또는 그 세공품.

등:소(等訴)몡하타 ☞등장(等狀).

등:속(等速)몡 속도가 같음, 또는 같은 속도.

등:속(等屬)몡 의 따위. ¶과자·빵·음료수 등속.

등:속^운:동(等速運動)몡 속도가 일정한 운동. ↔부등속 운동.

등-솔[-쏠]몡 〈등솔기〉의 준말.

등-솔기[-쏠-]몡 옷의 뒷길을 맞붙여 꿰맨 솔기. ②등솔.

등-쇠[-쐬/-쒜]몡 아주 가늘고 좁은 톱날을 고정시키는 쇠틀.

등:수(等數)몡 등급이나 순위를 정하여 차례대로 매긴 번호(수). 〔번호가 작을수록 윗등급임.〕 ¶등수를 매기다.

등숙(登熟)몡하자 곡식의 알이 잘 여물어 익음. 등임(登稔).

등:시-성(等時性)[-씽]몡 주기 운동의 각 주기가 진폭의 크고 작음에 관계없이 일정한 성질. 〔단진동(單振動)과 같은 것임.〕

등:식(等式)몡 둘 또는 그 이상의 수나 식에서, 그것들이 서로 같을 때, 등호 '='로 묶은 관계식. ↔부등식.

등:신(等身)몡 사람의 키만 한 크기. 등신대.

등:신(等神)몡 '어리석은 사람'을 얕잡아 이르는 말. 등상(等像).

등:신-대(等身大)몡 사람의 키만 한 크기. 등신(等身).

등:신-불(等身佛)몡 ①(불상을 만드는 이가 자신의 발원을 성취하기 위하여) 자기의 키와 같도록 만든 불상. ②사람의 키만 한 불상.

등:신-상(等身像)몡 실물과 같은 크기로 만든 조상(彫像).

등심(-心)몡 소의 등골뼈에 붙은 살코기. 〔부위에 따라 머리 쪽에서 등심머리·방아살·채끝으로 구분되며, 불고기·전골·산적구이에 쓰이는 연한 고기임.〕 등심살. 심육(心肉).

등심(燈心)¹몡 ☞심지.

등심(燈心)²몡 한방에서, '골풀의 속'을 약재로 이르는 말. 〔해열·이뇨 등에 쓰임.〕

등심-대(-心-)[-때]몡 '척주(脊柱)'를 달리 이르는 말.

등심-머리(-心-)몡 소의 갈비 쪽의 등심살. 구이·전골 등에 씀. 参방아살·채끝.

등심-살(-心-)[-쌀]몡 등심.

등:심-선(等深線)몡 지도에서, 표준 해면으로부터 같은 깊이에 있는 지점들을 연결한 곡선. 등심선(等深線).

등심-초(燈心草)몡 한방에서, '골풀'을 약재로 이르는 말.

등쌀몡 몹시 귀찮게 수선을 부리는 짓. ¶아이들 등쌀에 쉴 틈이 없다.
등쌀(을) 대다[관용] 몹시 귀찮게 굴면서 수선을 부리다.

등아(燈蛾)몡 ☞불나방.

등:압-선(等壓線)[-썬]몡 ①일기도에서, 기압이 같은 지점을 연결한 선. ②물질의 상태를 변화시키는 변수 중, 압력 조건을 일정하게 하고 다른 변수, 예컨대 온도와 부피의 변화 관계 따위를 도표로 나타낸 선.

등:어-선(等語線)몡 방언 조사를 통해, 지역적으로 같은 언어 현상을 가진 지점을 지도 상에 연결하여 나타낸 선.

등에몡 등엣과에 딸린 곤충을 통틀어 이르는 말. 몸빛은 대체로 황갈색이며, 모양은 파리를 닮았으나 좀 크고, 몸에 잔털이 많음. 암컷은 꽃의 즙이나 동물의 피를 빨아 먹는 큰 해충으로, 종류가 많음.

등영(燈影)몡 등불이나 전등 따위의 빛, 또는 등불에 비쳐 생긴 그림자.

등:온(等溫)圖 온도가 똑같음, 또는 똑같은 온도.
등:온-동:물(等溫動物)圖 ☞정온 동물.
등:온^변:화(等溫變化)圖 기체의 온도를 일정하게 유지하면서 부피와 압력을 변화시키는 일. ☞단열 변화.
등:온-선(等溫線)圖 ①일기도 따위에서, 기온이 같은 지점을 연결한 선. ②물질의 상태를 변화시키는 변수 중, 온도를 일정하게 두고 다른 변수, 예컨대 압력과 부피의 변화 관계 따위를 도표로 나타낸 선.
등:온-층(等溫層)圖 땅 위에서 약 11 km 이상의 높이로서 기온이 늘 같은 층. 〔일반적으로 성층권을 이름.〕상온층.
등:외(等外)[-외/-웨]圖 등급 밖, 또는 등급에 들지 못한 것. ¶등외로 밀려나다.
등:외-품(等外品)[-외-/-웨-]圖 어떤 등급 안에 들지 못하는 물품.
등용(登用·登庸)圖하타回재 인재를 뽑아 씀. 거용(擧用). 凹기용(起用).
등-용문(登龍門)圖〔잉어가 중국 황허 강 상류의 급류를 이룬 용문에 오르면 용이 된다는 뜻으로〕'입신출세(立身出世)의 어려운 관문을 통과하여 크게 출세하게 됨, 또는 그 관문'을 비유하여 이르는 말. '후한서'의 '이응전'에 나오는 말임. ¶사법 시험은 법관의 등용문이다. ⓟ용문.
등원(登院)圖하타재 의회에 출석함.
등:원(等圓)圖 지름이 같은 원.
등월(燈月)圖〔초파일에 등을 다는 데서〕'음력 사월'을 달리 이르는 말.
등:위(等位)圖 ①☞등급(等級). ②같은 위치. 동위(同位).
등:위-각(等位角)圖 ☞동위각(同位角).
등유(燈油)圖 등불을 켜는 데 쓰는 기름. ⓟ석유.
등-의자(藤椅子)[-의/-이-]圖 ☞등교의(藤交椅).
등:인(等因)圖 지난날, '서면으로 알려 준 사실에 의한다'는 뜻으로, 회답하는 공문의 첫머리에 쓰던 말.
등숙(登熟)圖하타재 ☞등숙(登熟).
등자(橙子)圖 등자나무의 열매. 약재나 향료의 원료로 씀. ⓟ등(橙).
등자(鐙子)圖 말을 탔을 때 두 발을 디디는 제구. 〔안장에 달아서 말의 양쪽 옆구리로 늘어뜨리게 되어 있음.〕
등자(를)치다관용 글귀나 조목 따위를 대조 확인했다는 표시로 그 글줄의 머리에 등자 모양의 '△'표를 하다.
등자-거리圖 '등자걸이'의 잘못.
등자-걸이圖 호미의 한 가지. 성에가 볼에서 곧게 나가다가 높게 휘고, 슴베가 뒤로 젖혀졌음.
등자-나무(橙子-)圖 운향과의 상록 활엽의 작은 교목. 높이 3 m가량으로 가시가 있으며, 잎은 두껍고 달걀 모양의 긴 타원형임. 과실은 둥근데 맛이 시고 써 음식의 조미료로 쓰이고, 약재로는 발한제·건위제 및 향수의 원료로 쓰임. ⓟ등(橙).
등자-뼈(鐙子-)圖 중이(中耳) 속의 세 청골(聽骨) 중 맨 안쪽의 뼈. 〔모루뼈와 같이 음파를 내이(內耳)에 전달함.〕등골(鐙骨).
등잔(燈盞)圖 기름을 담아 등불을 켜게 만든 기구. 사기·쇠붙이 따위로 만듦. 화등잔.
　등잔 밑이 어둡다속당 가까이서 생긴 일을 오히려 더 모를 수도 있음을 이르는 말. 등하불명(燈下不明).

등잔-걸이(燈盞-)圖 등잔을 얹어 거는 기구. 〔나무나 놋쇠 따위로 촛대 모양으로 만든 것.〕등가(燈架). 등경(燈檠).
등잔-불(燈盞-)[-뿔]圖 등잔에 켠 불. 등불. 등화.
등장(登場)圖하재 ①무대나 연단(演壇) 위에 나타남. ¶무대 왼쪽에서 등장하다. /대의원이 등장하다. ②(소설·연극·영화 따위에)어떤 인물로 나타남. ¶악역(惡役)으로 등장하다. ③어떤 일에 관련된 인물로 나타남. ¶신인왕으로 등장하다. /화제(話題)의 주인공으로서 등장하다. ④새로운 제품이 나옴. ¶신형 항공기가 새로 등장하다.
등:장(等狀)[-짱]圖하재 지난날, 여러 사람이 연명(連名)으로 관아에 무엇을 호소함, 또는 그 일. 등소(等訴). ¶하느님 전에 등장 갈 양이면, 무슨 말을 하실는지(烈女春香守節歌).
등:장-액(等張液)圖 삼투압이 서로 같은 액체. 〔주로, 생물학에서 각종 용액의 농도를 체액이나 혈액과 비교할 때 쓰는 말.〕
등장-인물(登場人物)圖 ①(무대나 영화 장면에)나오는 인물. ②(어떠한 사건에)관련되는 인물. ③(소설·희곡 등의 작품에)나타나는 인물. ¶이 소설은 등장인물들의 성격이 모호하다.
등재(鐙梓)圖하타 ☞판각(板刻).
등재(登載)圖하타回재 ☞(신문이나 잡지·장부·대장 따위에)어떤 사실을 올려 적거나 실음. 게재(揭載).
등적-색(橙赤色)[-쌕]圖 ☞주황빛.
등정(登頂)圖하타재 산 따위의 꼭대기에 오름. ¶에베레스트 산 등정에 나서다.
등:정(登程)圖하재 길을 떠남. 등도(登途).
등:정-정각(等正覺)圖 ☞등각(等覺).
등제(登第)圖하재 과거에 급제함. 등과(登科).
등조(登極)圖하재 ☞등극(登極).
등-줄기(-쭐-)圖 등골뼈를 따라 두두룩하게 줄기진 자리 전체.
등:지(等地)圖 땅 이름 뒤에 쓰이어, 앞에 말한 '그러한 곳들'의 뜻을 나타내는 말. ¶대전·대구·부산 등지로 여행을 떠나다.
등-지느러미圖 물고기의 등에 있는 지느러미.
등-지다[Ⅰ]타 ①무엇에 등을 기대어 의지하다. ¶벽을 등지고 서다. ②무엇을 뒤에 두다. ¶앞은 강이요, 뒤는 산을 등진 명당자리. ③관계를 끊고 멀리하다. ¶속세를 등지다. ④떠나다. ¶고향을 등지다. ①②준지다.
[Ⅱ]재 서로 사이가 틀어지다. ¶형제간에 등지고 살다.
등:질(等質)圖 ☞균질(均質).
등:질-체(等質體)圖 등질의 물체.
등-짐[-찜]圖 ①등에 진 짐. ②짐을 등에 지고 나르는 일. ¶등짐을 지다. /등짐으로 벽돌을 나르다.
등짐-장수[-찜-]圖 등에 물건을 지고 다니며 팔러 다니는 장수. 부상(負商). ⓟ보부상.
등-짝圖〈등〉의 속된 말. 등때기.
등:차(等差)圖 ①등급의 차이. ¶등차를 두다./등차를 좁히다. ②대비 관계에서 나타나는 차이. ¶등차가 생기다. ③수학에서, 차가 같음, 또는 똑같은 차이. ①②表등차.
등:차-급수(等差級數)[-쑤]圖 등차수열로 벌여 놓은 각 항을 더하기표(+)로 이어 놓은 식, 또는 그 합. 산술급수. ⓟ등비급수.

등:차-수열(等差數列)圀 수열을 이루는 각 항이 그 앞의 항과 이루는 차(差)가 일정한 수열. ⬚공차(公差)²·등비수열.

등창(-瘡)圀 등에 나는 큰 부스럼. 배종(背腫). 배창(背瘡).

등-채(藤-)圀 무장(武裝)할 때 쓰던 채찍. 등편(藤鞭).

등척(登陟)圀하자 높은 데 오름. 등고(登高).

등천(登天)圀하자 ⬚승천(昇天).

등청(登廳)圀하자 관청에 출근함. ↔퇴청.

등초(謄抄·謄草)圀하다되자 원본에서 옮겨 베낌. 등기(謄記)圀 등사(謄寫)圀

등촉(燈燭)圀 등불과 촛불. ¶등촉을 밝히다.

등-축(等軸)圀 똑같게 된 결정체의 축.

등:축^정계(等軸系) [-쩡저/-쩡게]圀 세 개의 등축이 서로 입체적으로 직교하는 결정 광물의 계열. 〔금강석·암염·방연광·황철광 따위.〕

등:치(等値)圀 ⬚동가(同價). 동치(同値).

등:치^개:념(等値槪念)圀 ⬚등가 개념.

등-치다⬚ 위협하여 남의 재물을 빼앗다. ¶선량한 사람을 등쳐 먹는 무리.

등치고 간 내먹다(속) 겉으로는 위해 주는 척하며 실제로는 해를 끼치거나 빼앗음을 이르는 말.

등:치-법(等値法) [-녁]圀 연립 방정식 해법의 한 가지. 각 방정식에서 각각 어떤 미지수를 다른 미지수로 보인 관계식을 만들어 그 두 개의 값을 같게 하여 푸는 방법. ⬚대입법.

등:치선-도(等値線圖)圀 어떤 사항에 대하여, 같은 수치를 가지는 지점을 연결한 지도를 통틀어 이르는 말. 〔등온·등압·등고·등진·등진(等震)·등우량 따위의 분포도.〕

등-칡(藤-) [-칙]圀 ①쥐방울덩굴과의 낙엽 만목. 깊은 산의 계곡에 자라는데, 덩굴 길이는 10 m가량. 한방에서 목질的 줄기를 이뇨제나 진통제로 씀. ②'등나무'의 잘못. * 등칡이 [-치기]·등칡만 [-칭-]

등-침대(藤寢臺)圀 등(藤)의 줄기를 결어서 만든 침대.

등탑(燈塔)圀 조명등이나 안전 신호등 따위를 달아 단 탑.

등-태圀 짐을 질 때에 등이 배기지 않도록, 짚 따위로 엮어서 걸치는 물건.

등-토시(藤-)圀 등(藤)의 줄기를 가늘게 다듬어 결어서 만든 토시.

등-판圀 사람이나 동물의 등을 이루는 넓적한 부분. ¶등판이 넓다.

등판(登板)圀하자 야구에서, 투수가 투구할 자리에 나섬. ¶구원 투수로 등판하다. ↔강판.

등판-능력(登坂能力) [-녁]圀 차량 따위가 비탈길을 올라가는 능력. ⬚등판력.

등판-력(登坂力) [-녁]圀 〈등판능력〉의 준말.

등:패(等牌)圀 왕조 때, 역사(役事)를 할 적에 일꾼들 가운데서 영솔(領率)의 책임을 맡던 사람.

등패(藤牌)圀 ①등(藤)으로 엮은 둥근 방패의 한 가지. 심팔기 또는 무예 이십사반의 하나. 표창(鏢槍)·요도(腰刀)·등패 따위로 적을 공격하는 무예.

등-편(藤鞭)圀 ⬚등채.

등:-표(等標)圀 ①양쪽 말의 뜻이 같음을 보일 표로, 그 사이에 쓰는 부호 '='의 이름. ②⬚등호.

등표(燈標)圀 암초나 수심이 얕은 곳의 위치를 표시하는, 항로표지 표지의 하나.

등-피(-皮)圀 등가죽.

등피(燈皮)圀 남포에 씌운 유리 꺼펑이. 〔바람을 가리고 불빛을 밝게 함.〕

등피-유(橙皮油)圀 귤 따위의 열매껍질을 증류하여 짜낸 기름. 청량음료나 향수·비누 따위의 원료로 씀.

등:피-화(等被花)圀 꽃받침과 꽃잎의 빛깔이 서로 같은 꽃. ↔이피화(異被花).

등하(登遐)圀하자 ⬚승하(昇遐).

등하불명(燈下不明)圀 〔등잔 밑이 어둡다는 뜻으로〕 '가까이에 있는 것을 오히려 잘 모름'을 이르는 말.

등하-색(燈下色)圀 밤에 불을 켜 놓고 남녀가 성교하는 일.

등한(等閑·等閒) '등한하다'의 어근.

등:-한-시(等閑視·等閒視)圀하다되자 대수롭지 않게 보아 넘기거나 여김. ¶공부를 등한시하다./환경오염이 등한시되다.

등:-한-하다(等閑-·等閒-)휑어 무엇에 관심이 없거나 소홀하다. 한만(汗漫)하다. ¶가사에 등한하다. 등-한히甲.

등:-할(等割)圀 크기가 같은 할구(割球)로 분열되는 난할(卵割). 성게·활유어 따위의 등황란(等黃卵)에서 볼 수 있음.

등-허리圀 ①등과 허리. ②등의 허리 부분.

등-혜엄圀 ⬚배영(背泳).

등호(等號)圀 두 식이나 수가 서로 같음을 나타내는 부호. 〔'='로 나타내며, 식에서 '같다'로 읽음.〕 같음표. 등표(等標). ↔부등호.

등화(燈火)圀 등이나 등잔에 켜진 불. 등불.

등화(燈花)圀 심지 끝이 타서 맺힌 불똥.

등화-가친(燈火可親)圀 불빛을 가까이하여 글 읽기에 좋은 시절, 곧 가을철을 이르는 말.

등화-관제(燈火管制)圀 적기(敵機)의 공습에 대비하여 경보에 따라 불빛을 가리거나 끄는 일.

등화^신:호(燈火信號)圀 등불로 하는 신호.

등화-앉다(燈花-) [-안따]자 심지 끝에 등화가 생기다. 불똥이 앉다. 불똥앉다.

등:-활(等活)圀 〈등활지옥〉의 준말.

등:활-지옥(等活地獄)圀 불교에서 이르는, 팔열(八熱) 지옥의 하나. 살생의 죄를 지은 자가 가게 된다는 지옥으로, 옥졸(獄卒)에게 칼과 위로 몸을 찢기며 쇠몽둥이로 맞는 형벌을 받다가 숨이 끊어지더라도, 찬 바람이 불어오면 다시 깨어나 그러한 고통을 거듭 받게 된다고 함. ⬚등활.

등:-황(等黃卵) [-난]圀 〔성계의 알처럼〕 난황이 속에 고루 퍼져 있는 알.

등황-색(橙黃色)圀 주황과 노랑의 간색(間色). 귤색.

등황-석(橙黃石)圀 귤색을 띤 옥돌의 한 가지.

등:-후(等候)圀하다 ⬚등대(等待).

등-힘圀 활을 �',때, 활을 잡은 손목으로부터 어깨까지 뻗는 힘.

듸의 (옛) 데(處). ¶뉘라서 내 行色 그려내야 님 계신 듸 드릴고(古時調).

디죄 〈더냐〉의 준말. ¶누구디?

디명 (옛) ('ᄃ'의 주격형) 것이. ¶구틔여 입겨 우지 셰요 디 아니니라(杜初8:19). 참띠.

-디어미 ①형용사의 뜻을 강조하기 위하여, 어간을 겹쳐 쓰는 형식으로, 그 첫 어간에 붙는 연결 어미. ¶다디달다. /차디차다. /쓰디쓴약. ②용언의 어간 또는 높임의 '-시-'나 시제의 '-았(었)-'·'-겠-' 등에 붙는, 과거 경험을 묻는 종결 어미. ③〈더냐〉·〈더니〉의 준말. ¶비가 오디?/얼마나 남았디?

-디[어미] 〈옛〉〔'ㄷ'의 주격형〕①-지. ¶이 쁘들 닛디 마로쇼셔(龍歌110章). ②-기. ¶ㅁ술히 멀면 乞食ᄒᆞ디 어렵고(釋譜6:23).

디그르르[부][하형] 여러 개의 가늘거나 작은 물건 가운데서 드러나게 굵은 모양. 輿대그르르. 센띠그르르.

디귿[명] 한글 자모의 자음 'ㄷ'의 이름. * 디귿 이[-그시]·디귿만[-근-]

디귿-자[-字-][집][-짜-][명] ☞ㄷ자집.

디글-디글[부][하형] 여러 개의 가늘거나 작은 물건 가운데서 몇 개가 두드러지게 굵거나 큰 모양. 輿대글대글. 센띠글띠글.

디기탈리스(digitalis)[명] 현삼과의 다년초. 유럽 원산으로 약용이나 관상용으로 재배함. 줄기 높이는 1m가량. 잎은 달걀 모양이며, 여름에 홍자색 꽃이 이삭 모양으로 핌. 한방에서 말린 잎을 강심제나 이뇨제로 씀.

디나가다[자] 〈옛〉지나가다. ¶虛空ᄋᆞ로 디나가거늘(月釋2:51).

디나건[자] 〈옛〉지난. ¶디나건 일로 혜야(月釋1:21). 畬디나다.

디나다[타] 〈옛〉지나다. ¶億萬劫 디나도록(鄭澈. 關東別曲).

디내다[타] 〈옛〉지나게 하다. ¶굴허에 ᄆᆞᆯ롤 디내샤 도즈기 다 도라가니(龍歌48章).

디너-쇼:(dinner show)[명] (호텔의 레스토랑이나 극장식 식당 따위에서) 식사를 하면서 보는 쇼.

디노미네이션(denomination) 새로운 화폐 단위명을 만들어 과거의 화폐 단위명을 바꾸는 일.〔1953년 우리나라 화폐 개혁 당시 100원(圓)을 1환(圜)으로 한 것 따위.〕

디다[자] 〈옛〉지다. 떨어지다. ¶三有에 디디 아니호몰(楞解5:3). /디는 히예(杜初9:5).

디다[타] 〈옛〉'디다'의 사동〕떨어뜨리다. ¶三日雨롤 디련노다(鄭澈.關東別曲).

디:-데이(D-Day) ①공격 개시 예정일. ¶디데이 에이치 아워(H-hour). ②(보안 유지가 필요한) 어떤 일의 거사(擧事) 예정일. ¶디데이를 잡다.

디도-서(←Titus書)[명] 신약 성서 중의 한 편. 사도 바울이 크레타 섬에 있는 그의 제자 디도에게 보낸 목회 서간.

디디다[타] ①(발로 어떤 것 위에) 올라서서 누르거나 밟다. 밟고 서다. ¶바위를 디디고 서다. ②어느 지점에 발길이 닿다. ¶고향 땅을 디디다. ③(메주나 누룩 따위의 반죽을 보에 싸서) 밟아 덩어리를 짓다. ④역경 따위를 이겨 나다. ¶고난을 디디고 넘어서다. 畬딛다.

디:디:티:(DDT)[명] 염소 화합물의 무색 결정성 방역(防疫)·농업용 살충제.〔dichloro-diphenyl-trichloroethane〕

디딜-방아[-빵-][명] 발로 디디며 곡식을 찧게 된 재래식 방아. 답구(踏臼).

디딜-풀무[명] 발로 디뎌서 바람을 내는 풀무.

디딤-널[명] (오르내리는 자리 따위에) 발을 디디기 위하여 놓아 둔 널빤지. 디딤판.

디딤-돌[-똘][명] ①마루 아래나 마당에 놓아 디디고 오르내리게 한 섬돌. ②'어떤 일을 이루는 데에 수단이나 바탕이 되는 것'을 비유하여 이르는 말. ¶관계 개선에 디딤돌 역할을 하다.

디딤-새[명] 우리나라의 민속 무용의 기본 동작인 발 놀림의 한 가지. 굽힘 동작에서 무릎을 펴는 순간에 한 발을 앞이나 옆으로 내딛는 준비 동작.

디딤-판(-板)[명] ☞디딤널.

디:-램(DRAM)[명] 램의 한 가지. 저장된 정보가 일정한 시간이 지나면 소멸되기 때문에 주기적으로 재생시켜야 함. 대용량 임시 기억 장치로 사용됨.〔dynamic RAM〕

디렉터리(directory)[명] 파일 시스템을 관리하고, 각 파일이 있는 장소를 쉽게 찾도록 디스크의 요소를 분할·검색하는 정보를 포함하는 레코드의 집합. 목록.

-디록[어미] 〈옛〉-ㄹ수록. ¶어와 聖恩이야 가디록 罔極ᄒᆞ다(鄭澈.關東別曲).

디룽-거리다[자] 자꾸 디룽디룽하다. 디룽대다. 뒤룽거리다. 輿대룽거리다.

디룽-대다[자] 디룽거리다.

디룽-디룽[부][하형] 좀 큼직한 물건이 매달려 늘어진 채로 가볍게 흔들리는 모양. 뒤룽뒤룽. ¶디룽디룽 달려 있는 메주. 輿대룽대룽.

디르다[타] 〈옛〉찌르다. ¶디믈 즈:刺(類合下47).

디마니[부] 〈옛〉지맞지막하며. 소홀하게. 경솔하게. ¶너희 디마니 혼 이리 잇느니 샐리 나가라(月釋2:6).

디모데-서(←Timotheos書)[명] 신약 성서 중의 한 편. 사도 바울이 에베소에 있는 그의 제자 디모데에게 보낸 목회 서간.〔전서와 후서로 되어 있음.〕

디미누엔도(diminuendo 이)[명] 악보에서, 셈여림을 나타내는 말. '점점 여리게'의 뜻.〔나타냄표는 'dim'〕

디-밀다[~미니·~밀어][타] 〈들이밀다〕의 준말.

디바이더(divider)[명] 양각기(兩脚器).

디버깅(debugging)[명][하다] 컴퓨터에서, 프로그램 속의 오류를 검출·진단하는 일, 또는 그것을 위한 소프트웨어.

디:브이디:(DVD)[명] ☞디지털 비디오 디스크.〔digital video disk〕

디:비(DB)[명] ☞데이터베이스.

-디비[어미] 〈옛〉-지. -지마는. ¶부뎌는 本來 變化ㅣ 디비 사ᄅᆞ미 몬몰 이리라(月釋2:36).

디새[명] 〈옛〉기와. ¶디새 와:瓦(訓蒙中18).

디스인플레이션(disinflation)[명] 인플레이션 억제 정책.〔물가를 현 수준으로 유지하면서 통화를 억제하거나 회수하여 수습하려는 정책.〕

디스카운트(discount)[명][하다] 할인. 할인율.

디스켓(diskette)[명] ☞플로피 디스크.

디스코(disco)[명] 경쾌한 레코드 음악에 맞추어 추는 자유로운 춤.

디스코텍(discotheque)[명] 레코드 음악에 맞추어 춤을 추며 음료수나 술 따위를 마시는 장소를 통틀어 이르는 말.

디스크(disk)[명] ①음반(音盤). ②컴퓨터의 외부 기억 장치의 한 가지. 자성 물질을 입힌 플라스틱제의 얇은 원판(圓板).〔흔히, 여러 장을 디스크 팩에 넣은 형태로 사용함.〕③〈디스크 팩〉의 준말. ④'추간판 헤르니아'를 흔히 이르는 말. ②畬플로피 디스크.

디스크^드라이브(disk drive)[명] 컴퓨터의 보조 장치의 한 가지. 디스크나 플로피 디스크를 넣어 정보를 입력시키거나 출력시키는 작동 장치.

디스크-자키(disk jockey)[명] 레코드 음악을 감상하는 프로그램을 진행하는 사람.〔가벼운 화제나 청취자의 편지 사연, 광고 따위를 간간이 섞어 가며 음악 내용을 소개함.〕畬디제이.

디스크^팩(disk pack)[명] 컴퓨터의 디스크를 한 벌로 �는 몇 벌씩 한꺼번에 끼우게 된 통 모양의 기구.〔한 벌씩 뗐다 붙였다 할 수 있음.〕畬디스크·팩.

디스토마 (distoma)명 흡충류(吸蟲類)를 통틀어 이르는 말. 사람이나 다른 동물의 내장에 기생하여 병을 일으킴. 〔반드시 중간 숙주(宿主)를 거침.〕

디스프로슘 (dysprosium)명 희토류(稀土類) 원소의 한 가지. 자성(磁性)이 세고 이온색은 황색, 산화물은 무색임. 〔Dy/66/162.46〕

디스플레이 (display)명 〔전시·진열의 뜻으로〕 ①광고나 선전을 목적으로 옥내나 진열창에, 상품의 소개와 함께 상품을 장식으로 진열하는 일. ②동물이 구애(求愛)하거나 위협을 하기 위하여 자신을 아름답게 꾸미거나 커 보이게 하는 모양, 또는 그와 같은 동작.

디스플레이^장치 (display裝置)명 컴퓨터 출력 장치의 하나. 컴퓨터의 처리 결과를 눈으로 직접 볼 수 있도록 텔레비전과 같은 화면에 문자나 도형을 표시함.

디:시:(DC)명 다 카포로.

디시다재〈옛〉(밤을) 지새다. 달이 지며 날이 새다. ¶새벽서리 디신 둘에 외기러기 우러 녜다(古時調).

디아스타아제 (Diastase 독)명 ①맥아(麥芽)로 만든 담황색 가루약. 소화제로 씀. ②전분을 맥아당과 소량의 덱스트린·포도당으로 가수 분해 하는 효소. 아밀라아제.

디:엔에이 (DNA)명 ☞디옥시리보 핵산.

디:엘:에프 (DLF)명 개발 차관 기금(開發借款基金). [Development Loan Fund]

디:-엠 (DM)명 광고·선전 등을 위하여 예상 구매자에게 직접 우송하는 인쇄물. [direct mail]

디:엠비:(DMB)명 이동 통신과 방송이 결합된 형태의 디지털 방송 서비스. 휴대폰이나 PDA를 통해 이동 중에도 방송을 시청할 수 있음. [digital multimedia broadcasting]

디:엠제트 (DMZ)명 비무장 지대. [demilitarized zone]

디오 (DO)명 용존 산소량. [dissolved oxygen]

디오니소스 (Dionysos)명 그리스 신화에 나오는 신(神). 포도 재배 및 포도주를 다스림. 도취·광란·청춘의 낭만적 열정으로 상징됨. 〔로마의 '바커스 신'과 상응함.〕

디오니소스-형 (Dionysos型)명 예술에서, 이상주의적이기보다는 현실 낙관적이며, 이지적이기보다는 충동적이고, 고독한 사색보다는 군집에 의한 열광을 나타내는 유형. ↔아폴론형.

디오라마 (diorama 프)명 ①배경을 그린 막 안에 소도구나 인형 따위를 배치하고 조명으로 입체적 실물감이 나게 하는 장치. 투시화. ②모형으로 실제의 경치나 광경을 조성한 교육용 시청각 자료.

디옥시리보^핵산 (deoxyribo核酸)[-싼]명 디옥시리보오스를 당 성분으로 지닌 핵산. 핵단백질로서 세포의 핵 속에 들어 있으며, 염색체(染色體)의 주요 성분으로서 유전자의 본체이기도 함. 디엔에이(DNA).

디옵터 (diopter)의 안경의 도수를 나타내는 단위. 안경 렌즈의 초점 거리를 역수로 나타냄. 〔단위 기호는 'D'로, 초점 거리 2 m이면 0.5 D가 됨.〕

-디오어미〈옛〉-지. -지마는. ¶혼자 디나가는 나그내 늣므를 보디외 主人의 思惠ᄂ 얻디 몯ᄒ리로다(杜初7:10). ❸-디비.

디위[1]명〈옛〉지위. 자리. ¶어와 뎌 디위룰 어이ᄒ면 알거이고(鄭澈.關東別曲).

디위[2]명〈옛〉번. ¶셜흔 여슷 디위룰 오ᄅᄂ리시니(月釋1:20).

-디위어미〈옛〉-지. -지마는. ¶法ᄂ 爲ᄒ야 오 디위 오ᄂᆞᆯ 爲ᄒ야 오디 아니ᄒ오이다(六祖上:36). ❸-디비.

디자이너 (designer)명 ①복장이나 직물의 의장(意匠)·도안(圖案)을 고안하는 사람. ②설계자. ③도안가.

디자인 (design)명 ①하타 도안. 고안. ②설계도. ③무늬. 본. ④복장의 의장.

디저:트 (dessert)명 양식을 먹은 뒤에 나오는 과자나 과실 따위. 후식.

디:제이 (DJ)명〈디스크자키〉의 준말.

디:젤^기관 (Diesel機關)명 내연 기관의 한 가지. 실린더 안의 공기를 압축하여 중유나 경유로 발화 연소시켜 피스톤의 왕복 운동을 일으킴. 디젤 엔진. 중유 기관(重油機關).

디:젤^기관차 (Diesel機關車)명 디젤 엔진으로 움직이는 기관차.

디:젤^엔진 (Diesel engine)명 ☞디젤 기관.

디:젤-차 (Diesel車)명 디젤 엔진을 원동기로 한 차량을 통틀어 이르는 말.

디지털 (digital)명 자료를 수치로 바꾸어 처리하거나 숫자로 나타내어서 하는 것. ↔아날로그.

디지털^비디오^디스크 (digital video disk)명 콤팩트 디스크의 7배에 달하는 양의 정보를 기록할 수 있는 영상 기록 매체. 디브이디(DVD).

디지털-시계 (digital時計)[-계/-게]명 바늘을 사용하지 않고 숫자로 시간을 나타내는 시계.

디지털^카메라 (digital camera)명 촬영한 것을 디지털 신호로 저장했다가 컴퓨터와 연결하여 재생해 내는 카메라.

디지털^컴퓨:터 (digital computer)명 데이터를 수치화하여 처리하는 컴퓨터. 고속의 사칙 연산이 바탕이 되며 보통 컴퓨터라 할 때에는 이것을 의미함. ❸아날로그 컴퓨터.

디질〈옛〉치질. ¶디질 티:痔(訓蒙中34). ❸참디의.

디키다타〈옛〉지키다. ¶디킬 슈:守(類合17). ❸참디의.

디펜스 (defense)명 (구기 종목에서) 방어(防禦). 수비(守備). ↔오펜스.

디폴:트 (default)명 사용자가 값을 지정하지 않은 경우에 컴퓨터가 자동적으로 선택하는 값. 기본값.

디프레션 (depression)명 물가가 급격히 떨어져서 일어나는 불경기.

디프테리아 (diphtheria)명 디프테리아균의 감염으로 일어나는 급성 전염병의 한 가지. 인두·후두 등 목과 코를 중심으로 흔히 감염되며 여러 가지 장애를 일으킴. 어린이의 발병률이 높은 법정 전염병임. 마비풍.

디프테리아-균 (diphtheria菌)명 디프테리아의 병원체. 길이 2~5μ의 막대 모양의 세균. 사람에게만 감염되며 주로 코나 목 안의 점막에서 불어남.

디플레 (←deflation)명〈디플레이션〉의 준말. ↔인플레.

디플레이션 (deflation)명 화폐 가치를 올리기 위하여 통화를 수축하는 일, 또는 그 현상. 통화 수축. ②디플레. ↔인플레이션.

디플레이터 (deflator)명 화폐 가치를 고려한 특정 생산물의 가격 변동 지수. 〔통계상의 금액으로 표시된 가격에서 화폐 가치의 변화분을 뺀 실질 지수임. 물가 지수와는 엄밀하게는 다르나 한 가지로 봄.〕

디:피(DP)명 ①전재(戰災)나 통치자의 변동으로 말미암아 피난하여 온 사람. 피난민. 유민. [displaced person] ②〈디피이(DPE)〉의 준말.

디:피:이:(DPE)몡 필름의 현상과 인화·확대. 준디피. [developing, printing, enlarging]

디:피:-점(DP店)몡 필름의 현상과 인화·확대를 해 주며 카메라 따위를 파는 가게.

디:피:티:(DPT)몡 디프테리아·백일해 및 파상풍의 혼합 백신. [생후 3~4개월마다 1회씩 3회 접종함.] [diphtheria, pertussis, tetanus]

디히몡 〈옛〉 김치. ¶ 겨슬 디히는 싀오(杜初3:50). 참딤최.

딕누리몡 〈옛〉 징두리. ¶ 딕누리 헌:軒(訓蒙中5).

딕다匼 〈옛〉 찍다. ¶ 點 딕거나 點 아니커나(法華3:86).

딕먹다匼 〈옛〉 찍어 먹다. ¶ 金ㅅ 비쳇 복성화롤 딕먹놋다(杜初9:38).

딕희다匼 〈옛〉 지키다. ¶ 受苦ㄹ비 딕희여 이셔(釋譜9:12).

딛다[-따]匼〈디디다〉의 준말.

딜몡 〈옛〉 질(그릇). ¶ 딜 부:缶(訓蒙中18).

딜가마몡 〈옛〉 질가마. 진흙으로 구워 만든 가마솥. ¶ 딜가마 조히 싯고(古時調).

딜:러(dealer)몡 ① 유통 단계에서 상품의 매입·재판매를 업으로 하는 사람을 통틀어 이르는 말. [도·소매업자나 특약점·브로커 따위.] ② 자기의 계산과 위험 부담 아래 증권을 사고 파는 사람. ③ 카드 도박에서, 카드를 도르는 사람.

딜레마(dilemma 라)몡 ① 양도 논법(兩刀論法). ② 진퇴유곡의 난처한 지경. ¶ 딜레마에 빠지다.

딜레탕트(dilettante 프)몡 ① 학문이나 예술을 직업으로 하지 않고 취미 삼아 하는 사람. ② 호사가(好事家).

딜레탕티슴(dilettantisme 프)몡 학문이나 예술 따위를 취미 삼아 즐기려는 태도, 또는 그런 경향.

딜-목(-木)몡 광 구덩이의 천장을 떠받치는 나무. 참밋장.

딤칙몡 〈옛〉 김치. ¶ 딤칙 조:菹(訓蒙中22). 참디히.

딥다[-따]튀〈들입다〉의 준말.

딩딩튀혱 ① 크면서도 옹골찬 모양. ② 팽팽한 모양. ③ 든든하고 힘이 센 모양. 좌댕댕. 솅떵떵².

딮다匼〈옛〉 짚다. ¶ 石遝에 막대 디퍼(松江.關東別曲).

딯다匼〈옛〉 찧다. ¶ 발 디흐면(楞解4:130).

ᄃᆡ의 〈옛〉 것. 줄. 까닭. [주격형 'ᄃᆡ', 목적격형 'ᄃᆞᆯ', 부사격형 'ᄃᆞ로'] ¶ 覺이 거스논 ᄃᆡ 아니며(圓覺序61). / 現 나리신 ᄃᆞᆯ 알리(龍歌112章). / 엇던 ᄃᆞ로 法이 다 性이 업스뇨(永嘉上111).

ᄃᆞ라들다匝〈옛〉 달려들다. ¶ 迦尸王의 ᄃᆞ라들어 늘(月釋7:17).

ᄃᆞ라미몡 〈옛〉 다람쥐. ¶ ᄃᆞ라미 오:鼯(訓蒙上19).

ᄃᆞ라치몡 〈옛〉 다래끼¹. ¶ ᄃᆞ라치 람:籃(訓蒙中13).

ᄃᆞ래몡 〈옛〉 다래¹. ¶ 멀위랑 ᄃᆞ래랑 먹고(樂詞.青山別曲).

ᄃᆞ려튀〈옛〉 더불어. ¶ 晳子ㅣ 子路도 ᄃᆞ려 뉘 賢ᄒᆞ뇨(孟解3:2).

ᄃᆞ려²조 〈옛〉 더러. ¶ 地藏菩薩ᄃᆞ려 니르샤더(月釋21:135).

-ᄃᆞ로어믜〈옛〉 ['ᄃᆞ'의 부사격형] 까닭으로. ¶ 엇던 ᄃᆞ로 法이 다 性이 업스뇨(永嘉上111).

ᄃᆞ록조〈옛〉 토록². 까지. ¶ 엇데 이제ᄃᆞ록(月釋21:63).

-ᄃᆞ록어믜〈옛〉 -도록. ¶ 千萬年 디나ᄃᆞ록 구필 줄 모ᄅᆞᆫ다(鄭澈.關東別曲).

ᄃᆞ리몡 〈옛〉 ① 다리². ¶ ᄃᆞ리:橋(訓解). ② 사다리. 사닥다리. ¶ 城 놉고 ᄃᆞ리 업건마ᄅᆞᆫ(龍歌34章). ③ 층계(層階). ¶ ᄃᆞ리 계:階(石千20).

ᄃᆞ리다匝匼〈옛〉 데리다. ¶ 온 사롬 ᄃᆞ리사(龍歌58章).

ᄃᆞ뷔다匝〈옛〉 되다. ¶ 軍馬ㅣ ᄃᆞ뷔니이다(龍歌98章).

ᄃᆞ시튀〈옛〉 듯이. 듯하게. ¶ 주근 갓옷 두퍼셔 놀라오라(杜初22:1).

ᄃᆞ솜몡 〈옛〉 ['ᄃᆞ다'의 명사형] 사랑함. ¶ 믜움과 ᄃᆞ솜과롤 니르와다(圓覺下一之二19).

ᄃᆞ실씨몡 〈옛〉 ['ᄃᆞ다'의 활용형] 사랑하실새. ¶ 션빈롤 ᄃᆞ실씨(龍歌80章).

ᄃᆞ외다匝〈옛〉 되다. ¶ 상제 ᄃᆞ외에 ᄒᆞ라(釋譜6:1). /爲논 ᄃᆞ욀 씨라(訓諺). 웹ᄃᆞ비다.

ᄃᆞ토다匝〈옛〉 다투다. ¶ 競은 ᄃᆞ톨 씨오(月釋序2). /서르 ᄃᆞ토아 싸호면(月釋2:6).

ᄃᆞ니다匝〈옛〉 손모굴 자바 날마다 ᄒᆞ더 ᄃᆞ니노라(杜初9:11).

ᄃᆞ니다匝〈옛〉 다니다. ¶ 菩薩이 ᄃᆞ니시며 셔 겨시며 안ᄌᆞ시며 누보샤며(月釋2:26).

ᄃᆞ다匝〈옛〉 닫다. 달리다. ¶ 믌겷 돋ᄃᆞᆺ 놋다(杜初7:28). /ᄃᆞ라 머리 가(釋譜19:31).

ᄃᆞᆯ몡 〈옛〉 달¹. ¶ ᄃᆞᆯ:月(訓解).

ᄃᆞᆯ²조〈옛〉 ['ᄃᆞ'의 목적격형] 것을. 줄을. ¶ 一千世尊이 나싫 ᄃᆞᆯ 아니(月釋1:21).

-ᄃᆞᆯ어믜〈옛〉 -지를. ¶ 잢간도 무저글 좃돌 아니ᄒᆞ고(金三21:21).

ᄃᆞᆯ알몡 〈옛〉 달걀. 참ᄃᆞᆯ기앓.

ᄃᆞᆯ기앓몡 〈옛〉 달걀. ¶ ᄃᆞᆯ기알홀 ᄀᆞ만ᄀᆞ마니 두드려(救簡6:49).

ᄃᆞᆯ다匝〈옛〉 달다². ¶ ᄃᆞᆯ 현:懸(類合下46).

ᄃᆞᆯ다²匼〈옛〉 달다². 저울에 달다. ¶ ᄀᆡ 업서 ᄃᆞᆯ며 혜디 몯ᄒᆞ리라(金剛上25).

ᄃᆞᆯ다³몡 〈옛〉 달다⁴. ¶ ᄃᆞᆯ 감:甘(訓蒙下14).

ᄃᆞᆯ외¹몡 〈옛〉 다리³. ¶ ᄃᆞᆯ외 피:髢(訓蒙中25).

ᄃᆞᆯ외²몡 〈옛〉 三月 나며 開호 아으 滿春 돌욋 고지여(樂範.動動).

ᄃᆞᆯ이다匝〈옛〉 달리다. ¶ ᄃᆞᆯ일 티:馳(訓蒙下9).

ᄃᆞᆯ팡이몡 〈옛〉 달팽이. ¶ ᄃᆞᆯ팡이 과:蝸(訓蒙上21).

ᄃᆞᆯ히튀〈옛〉 달게. ¶ 孔聖이 나쳐 주구믈 ᄃᆞᆯ히 너기니(法華6:145).

ᄃᆞᆰ몡 〈옛〉 닭. ¶ ᄃᆞᆰ 계:鷄(訓蒙中16).

ᄃᆞᆰ의알몡 〈옛〉 달걀. ¶ ᄃᆞ흐 쑥 ᄃᆞᆰ의알애 둥귀니(救簡1:56). 참ᄃᆞᆯ기앓.

-ᄃᆞᆶ줴몡 〈옛〉 -들. ¶ 아힌돌희 무로믈 對答ᄒᆞ노니(杜初8:39).

ᄃᆞᆷ기다匝〈옛〉 잠기다². ¶ 믈 ᄃᆞᆷ길 함:涵(類合下15).

ᄃᆞᆺ의〈옛〉 ① 듯. ¶ 늣기ᄂᆞᆫ ᄃᆞᆺ 반기ᄂᆞᆫ ᄃᆞᆺ 넘이신 듯 아니신가(鄭澈.思美人曲). ② 곧. 하자마자 바로. ¶ 셜온님 보내옵노니 가시ᄂᆞᆫ ᄃᆞᆺ 도셔오쇼셔(樂詞.가시리).

ᄃᆞᆺ다[ᄃᆞ싸·ᄃᆞᆺ며]匼ᄉ〈옛〉 사랑하다. ¶ 션비롤 ᄃᆞᆺ실씨(龍歌80章). /믜디 아니ᄒᆞ며 ᄃᆞᆺ디 아니ᄒᆞ야(月釋9:42).

ᄃᆞᆺ오다匼〈옛〉 사랑하다. ¶ 凄凉호 부듸 양ᄌᆞᆯ ᄃᆞᆺ오고(杜初8:25).

ᄃᆞᆺᄒᆞ다¹몡 〈옛〉 다스하다. ¶ 溫은 ᄃᆞᆺ홀 씨라(月釋2:34).

ᄃᆞᆺᄒᆞ다²조몡 〈옛〉 듯하다. ¶ 다ᄅᆞ ᄃᆞᆺᄒᆞ나(圓覺上一之二55).

ᄃᆞᆼ기다匼〈옛〉 당기다. ¶ ᄌᆞᄂᆞ기 ᄃᆞᆼ기면(救解上49).

딕[의] 〔옛〕데. ¶아모 딕나 가고져 ᄒ시면(月釋 1:26). �☞딕.

딕골[명] 〔옛〕머리통. ¶덩바긔 딕고리 구드시며 (月釋2:55).

딕혀두다[타] 〔옛〕대어두다. 물대다. ¶道上無源水ᄅ 반만안 딕혀두고(朴仁老.陋巷詞).

ᄯ[자모] 쌍디귿. 'ㄷ'의 된소리. 혀끝을 윗잇몸에 단단히 붙여 입길을 막았다가 떼면서 내는 안울림소리. 받침으로는 쓰이지 않음. ∗ᄯ이[쌍디그시]·ᄯ만[쌍디귿—]

따갑다[—따][따가우니·따가워]〔형〕⑪①몹시 더운 느낌이 있다. ¶햇볕이 따갑게 내리쬐는 초가을 한낮. �☞뜨겁다. ②찌르듯이 아픈 느낌이 있다. ¶벌에 쏘인 자리가 따갑다. ③(충고나 눈길·비판 따위가) 날카롭고 절실하게 마음을 찌르다. ¶친구의 따가운 충고가 내게 많은 도움이 되었다.

따-개[명] 병이나 깡통 따위의 뚜껑을 따는 기구.

따:-귀[명] 〈빰따귀〉의 준말.

따까리[명] '자질구레한 심부름을 도맡아 하는 사람'을 속되게 이르는 말. ¶따까리 노릇을 하다.

따깜-질[명][하][자] 큰 덩이에서 조금씩 뜯어내는 짓.

따끈-따끈[부][하][형] 매우 따끈한 모양. ¶따끈따끈한 아랫목. �☞뜨끈뜨끈. **따끈따끈-히**[부].

따끈-하다[형][여] 좀 따뜻한 느낌이 있다, 또는 자가울 만큼 덥다. ¶따끈한 커피. /숭늉이 따끈하다. �☞뜨끈하다. **따끈-히**[부] ¶감기에 걸렸을 때는 몸을 따끈히 해라.

따끔[부][하][형]①찔리거나 꼬집히는 듯이 아픈 느낌. ¶가시에 찔린 데가 따끔하다. ②정신적으로 몹시 자극을 받아서 따가운 느낌. ¶따끔한 충고를 하다. �☞뜨끔. **따끔-히**[부] ¶따끔히 타이르다.

따끔-거리다[자]①따가울 정도로 매우 더운 느낌이 자꾸 들다. ②강한 자극을 받아 따가운 느낌이 자꾸 들다. ¶다친 데가 따끔거리다. 따끔대다. �☞뜨끔거리다.

따끔-나리[명] 지난날, '순검(巡檢)'을 조롱조로 일컫던 말.

따끔-대다[자] 따끔거리다.

따끔-따끔[부][하][형] 계속 따끔한 느낌이 있는 상태. 여러 군데가 따끔한 느낌. ¶벌에 쏘인 곳이 따끔따끔 아프다. �☞뜨끔뜨끔. **따끔따끔-히**[부].

따끔-령(—令)[—녕][명] (정신을 바짝 차리도록) 따끔하게 내리는 명령.

따낸-돌[명] 바둑에서, 따먹은 돌.

따:-니[명] 돈치기의 한 가지. 두 사람 이상이 바람벽에 동전을 던져서 멀리 튀겨 나간 사람부터 차례로 돈이 떨어진 자리에 서서, 그 돈으로 다음 자리의 돈을 던져 맞혀서 따먹는 놀이.

따-님[명] 남을 높이어 그의 '딸'을 일컫는 말. 영애(令愛). 영양(令孃). ↔아드님.

따다[타]¹①(자연적으로 달렸거나 붙었거나 돋은 것을) 잡아 떼다. ¶감을 따다. /고추를 따다. / 미역을 따다. ②진집을 내거나 찔러서 터뜨리다. ¶종기를 따다. ③붙었거나 막힌 것을 뜯거나 트다. ¶병마개를 따다. /물꼬를 따다. ④(어떤 글이나 사실에서 필요한 부분을) 골라 뽑아 쓰다. ¶요점을 따다. /고향 이름을 따서 호. ⑤(노름이나 내기 따위에서 이겨) 돈이나 물건을 손에 넣다. ¶돈을 따다. ⑥(자격이나 점수 따위를) 얻거나 받다. ¶학위를 따다. /100점을 따다. ⑦(전체에서) 한 부분을 떼어 내다. ¶모서리를 따다.

따 놓은 당상(堂上)[속담] 〔높은 벼슬자리는 이미 따 놓은 것이나 다름없다는 뜻으로〕 일이 이미 확실하여 변동이 있을 수 없을 때나 이미 자기 차지가 될 것이 틀림이 없음을 이르는 말.

따다²[타]①찾아온 사람을 핑계를 대고 만나 주지 않다. ¶손님을 따다. ②(필요하지 않거나 싫은 사람을 돌려내어) 그 일에 관계없게 하다. ¶저 애는 따고 우리만 먹 감으러 가자. �☞따돌리다.

따다³[형] '다르다'의 방언.

따다닥[부] (기관총 같은) 총기를 쏘는 소리.

따다-바리다[타]①따 내어 죽 벌여 놓다. ②얄밉게 이야기를 꺼내어 죽 늘어놓다. ¶부아난 사람 앞에서 따다바리지 마라.

따다-발리다[타] '따다바리다'의 잘못.

따닥-따닥[부][형] 〈다닥다닥〉의 센말.

따독-이다[타] 〈다독이다〉의 센말.

따-돌리다[타]①(어떤 일에서) 믿거나 싫은 사람을 멀리하거나 떼 내어 관계를 못하게 하다. ¶너무 잘난 체하니 모두들 그를 따돌린다. ②찾아오거나 뒤따르는 사람을 슬쩍 떼어 버리다. ¶빗챙이를 따돌리다. �☞따다².

따돌림[명] 따돌리는 일. ¶따돌림을 당하다.

따들싹-하다¹[—싸카—][형][여]①(덮거나 가린 것이) 약간 떠들려 있다. ②넓게 놓은 것이 떨어져 한쪽이 좀 부풀거나 일어나 있다. ¶장판이 조금 따들싹하다. �☞떠들썩하다.

따들-싹하다²[—싸카—][형][여]①(떠드는 소리가) 약간 시끄럽다. ②(그리 요란하지는 않으나) 소문이 왁자하다. ᚗ떠들썩하다².

따듬-거리다[자] 〈다듬거리다〉의 센말. 따듬대다. ᚗ떠듬거리다.

따듬-대다[자][타] 따듬거리다.

따듬-따듬[부][하][자][타] 〈다듬다듬〉의 센말. ¶책을 따듬따듬 읽어 나가다. ᚗ떠듬떠듬.

따듬작-거리다[—꺼—][타] 〈다듬작거리다〉의 센말. 따듬작대다. ᚗ떠듬적거리다.

따듬작-대다[—때—][타] 따듬작거리다.

따듬작-따듬작[부][하][자][타] 〈다듬작다듬작〉의 센말. ᚗ떠듬적떠듬적.

따듯-하다[—드타—][형][여] 〔'따뜻하다'를 부드럽게 이르는 말로〕 좀 따뜻하다. ¶따듯한 봄날씨. ᚗ뜨듯하다. **따듯-이**[부].

따따따[부] 나팔을 부는 소리.

따따부따[부][하][자] 딱딱한 말로 이러쿵저러쿵 따지는 모양. ¶왜 사사건건 따따부따하는 거야?

따뜻-하다[—뜨타—][형][여]①기분 좋을 만큼 알맞게 덥다. ¶따뜻한 차 한 잔. ᚗ뜻뜻하다. ②(오고 가는 정이) 부드럽고 포근하다. ¶따뜻한 마음씨. ↔차다⁴. **따뜻-이**[부] ¶잘못을 따뜻이 감싸 주다.

따라[조] '그날'·'오늘' 따위 시간을 나타내는 일부 명사에 붙어, '여느 때와 달리 별나게'의 뜻을 나타내는 보조사. ¶그날따라 비가 억수로 쏟아졌다.

따라-가다[자][타]①앞선 것을 바짝 뒤따르다. ②남이 하는 짓이나 시키는 대로 좇아 하다. ¶자식은 부모를 따라가는 법이다. ③(선이나 길 따위를) 그대로 밟아 가다. ¶둑을 따라가다.

따라-나서다[자][타] 남이 가는 대로 좇아 나서다. ¶동생은 어머니를 따라나섰다.

따라-다니다[자][타] (누구 또는 무엇의 뒤를) 좇아 다니거나 붙어 다니다. ¶강아지가 소녀의 뒤를 따라다닌다. /권리와 의무는 서로 따라다니는 법이다.

따라-먹다[타] '앞지르다'의 잘못.
따라-붙다[-붇따][자타] ①앞선 것을 좇아가서 바싹 닥치다. ②현상·물건·사람 따위가 늘 붙어 다니다. ¶독재자라는 별명이 김 과장에게 늘 따라붙어 다녔다.
따라서[부] 〔앞의 말을 받아서〕'그러므로', '그렇기 때문에'의 뜻을 나타내는 접속 부사. ¶과음은 몸에 해롭다. 따라서 과음은 삼가야 한다./값이 싸니, 따라서 찾는 손님도 많다.
따라-서다[타] ①뒤에서 쫓아가서 나란히 되다. ②본받아서 따라나서다.
따라-오다[타] ①남의 뒤를 좇아오다. ¶가는 길을 잘 모르거든 날 따라오시오. ②남이 하는 대로 좇아 하다. 본떠서 그대로 하다.
따라-잡다[-따][타] ①뒤따라가거 것이 앞서간 것이 있는 데까지 이르다. ¶앞서 달리는 사람을 힘겹게 따라잡았다. ②정도나 수준이 앞선 것을 뒤따라가서 그와 같은 상태에 미치다. ¶제조 기술이 선진국 수준을 따라잡다.
따라잡-히다[-자피-][자] 〔'따라잡다'의 피동〕따라잡음을 당하다. ¶뒤차에 따라잡히다.
따라지[명] ①몸집이 작아 보잘것없는 사람. 딸보. 주유(侏儒). ②노름판에서 '한 끗'을 이르는 말. ③따분하고 한심한 처지에 놓여 있는 사람.
따라지-신세(-身世)[명] 노름에서 삼팔따라지를 잡은 신세라는 뜻으로, 하찮고 따분한 신세를 이르는 말.
따로[부] ①(한데 섞이거나 어울리지 않고) 떨어져서. 서로 달리. ¶따로 놀다. /따로 나가 살다. ②딴 갈래로. 별도로. 보통과는 다르게. ¶생기는 데가 따로 있다. /천재가 따로 있는 것은 아니다.
따로-국밥[-빱][명] 밥을 국에 말지 않고 다른 그릇에 담아 내는 국밥.
따로-나다[타] (함께 살던 가족의 일부가) 딴살림을 차려서 나가다.
따로내다[타] 〔'따로나다'의 사동〕(함께 살던 가족의 일부를) 딴살림을 차려서 나가게 하다. ¶외아들이지만 장가들여 살림을 따로내 주었다.
따로-따로[1][부] 저마다 따로. 각각 달리. ¶따로따로 포장된 물건.
따로-따로[2][감] 〈따로따로따로〉의 준말.
따로따로-따따로[감] ☞섬마섬마. ㉣따로따로[2].
따로-서다[자] (어린아이가) 남에게 기대지 않고 저 혼자 서다. ¶돌도 안 된 아기가 따로서다.
따르다[1][따르니·따라][자타] ①남의 뒤를 좇다. ¶나를 따르라. ②앞선 것을 좇다. ③남을 좋아하여 가까이 붙좇다. ¶친형처럼 따른다. ④어떤 것을 본떠서 그대로 하다. ¶전례에 따르다. ⑤아울러 이루어지거나 함께 나아가다. ¶성공은 노력을 따라 온다. ⑥결정되거나 시키는 대로 좇아 하다. ¶지시에 따른다. ⑦어떤 것을 저마다 근거로 삼다. 《주로, '따라(서)'·'따른'·'따르면'의 꼴로 쓰임.》 ⑧나란히 같이 움직이다. 《주로, '따라(서)'의 꼴로 쓰임.》 ¶강을 따라 내려가다. /해안을 따라 걷다.
따르다[2][따르니·따라][타] (그릇을 기울여) 액체나 가루 따위를 흐르게 하다. ¶술을 술잔에 따르다.
따르르[부][하자] 〈다르르〉의 센말. ㉣뜨르르.
따르릉[부][하자] (전화기나 자전거 따위의) 작은 종이 울리는 소리.

따름[의] 용언의 어미 '-ㄹ'이나 '-을' 뒤에 쓰이어, '그뿐'의 뜻을 나타내는 말. ¶오직 최선을 다할 따름이다.
따름-수(-數)[-쑤] ☞함수(函數).
따리[1][명] 선박의 키에서, 물속에 잠기는 아랫부분에 달린 넓적한 나무판.
따:리[2][명] 알랑거리는 말. 아첨하는 짓.
따:리(를) 붙이다[관용] (남의 환심을 사려고) 알랑거리는 말로 비위를 맞추다. 살살 꾀다. 아첨하다.
따:리-꾼[명] 따리를 잘 붙이는 사람.
따-먹다[-따][타] ①바둑이나 장기 따위를 둘 때, 상대편의 말이나 돈을 얻다. ¶상대편의 차(車)를 따먹고 장을 불렀다. ②'여자의 정조를 빼앗다'를 속되게 이르는 말.
따발-총(-銃)[명] '소련제 기관 단총'을 속되게 이르는 말.
따분-하다[형여] ①싫증 나고 지겹다. 지루하고 답답하다. ¶따분한 이야기. ②하는 일이 없거나 단조로워 심심하다. ¶신세가 따분하다. ③착 까부라져서 기운이 없다. 맥이 풀려 느른하다. ④어렵고 딱하다. ¶뭐라고 대답해야 할지 따분하다. 따분-히[부].
따비[명] 풀뿌리를 뽑거나 발갈이를 하는 데 쓰이는 농기구의 한 가지. 쟁기와 비슷하나 좀 작고 보습이 좁음.
따비-밭[-받][명] 따비로나 갈 만한 좁은 밭. ＊따비밭이[-바치]·따비밭을[-바틀]·따비밭만[-반-]
따사-롭다[-따][~로우니·~로워][형ㅂ] 〈다사롭다〉의 센말.
따사-하다[형여] 〈다사하다〉의 센말. ㉣따스하다.
따스-하다[형여] 〈다스하다〉의 센말. ㉤따사하다.
따습다[-따][따스우니·따스워][형ㅂ] 〈다습다〉의 센말. ㉣뜨습다.
따오기[명] 저어샛과의 새. 산골의 무논이나 연못에 사는데 해오라기와 비슷함. 몸빛은 흰색과 회색의 두 종류이고, 길고 검은 부리는 밑으로 구붓함. 4~5월에 나무 위에 집을 짓고 두세 개의 알을 낳음. 천연기념물 제198호. 주로(朱鷺).
따-오다[타] 남의 글이나 말 가운데서 필요한 부분을 가져오다. ¶그 노래의 제목을 시의 한 구절에서 따왔다.
따옥-따옥[부] 따오기가 우는 소리.
따옴-말[명] ☞인용어.
따옴-월[명] ☞인용문.
따옴-표(-標)[명] 문장 부호의 한 가지. 겹낫표·낫표·작은따옴표·큰따옴표를 통틀어 이르는 말. 인용부(引用符).
따위[의] ①(명사 뒤에 쓰이어) 보기를 들어서, 그 보기가 대표하는 부류(종류)임을 나타내는 말. 등. 들. ¶쌀·보리·밀 따위가 곡식이다. ②사람·사물·정도 등을 비웃거나 얕잡아 이르는 말. ¶뭐 이 따위가 있어?/그 따위 실력으론 어림없다.
따-잡다[-따][타] 따져서 엄하게 다잡다. ¶수사관들은 범인을 따잡고 몰아세웠다.
따지기[명] 얼었던 땅이 풀리기 시작하는 이른 봄 무렵. 해토머리.
따지다[타] ①옳고 그름을 밝히어 가르다. ¶잘잘못을 따지다. ②쌀살이 캐어묻다. ¶배후 관계를 따지다. ③구체적으로 낱낱이 셈하다. ¶이자를 따지다. ④차근차근 헤아려 검토하다. ¶잘 따져 보고 시작해라.

따짝-거리다[-꺼-]目 자꾸 따짝따짝하다. 따짝
대다. 📐뜯적거리다.

따짝-대다[-때-]目 따짝거리다.

따짝-따짝甼하目 (손톱이나 날카로운 물건 따
위로) 좀스레 자꾸 뜯거나 갉아서 진집을 내는
모양. 📐뜯적뜯적.

딱[1]甼 ①단단하고 가벼운 물건이 서로 부딪치는
소리. ¶손뼉을 딱 치다. /이마가 문설주에 딱
하고 부딪혔다. ②가늘고 단단한 것이 부러지면
서 나는 소리, 또는 그 모양. ¶막대기가 딱 하
고 부러진다. ③단단한 것을 좀 세게 한 번 두
드리는 소리. 📐탁2. 📐뚝3·뚝1. 집탁2. 집뚝자타.

딱[2]甼 ①무엇이 단단히 달라붙는 모양. ¶장판지
가 방바닥에 딱 달라붙었다. ②순간적으로 아주
막혀 버리는 모양. ¶길이 딱 막혔다. /너무 놀
라니까 말문이 딱 막히더라. ③계속되던 것이 갑
자기 그치는 모양. ¶울음을 딱 그치다. 📐뚝2.
④정확히 잘 들어맞는 모양. ¶예언이 딱 맞
다. /그릇의 이가 딱 맞다. /눈길이 딱 마주치다.
⑤활짝 바라거나 크게 벌리는 모양. ¶주둥이
를 딱 벌리다. /딱 바라진 어깨. ⑥버티는 자세
가 굳센 모양. ¶딱 버티고 서서 길을 막다. ⑦바
짝 갖다 대거나 마주 세게 붙이는 모양. ¶눈을
딱 감다. /벽에 귀를 딱 대고 엿듣다. 📐떡4.

딱[3]甼 ①(행동이나 말을) 단호하게. ¶거래를 딱
끊다. /내가 한 일이 아니라고 딱 잡아떼다.
📐뚝3. ②(결과를 보이어) 아주. ¶술이라면 딱
질색이다. ③(아주 적은 수효 같에 쓰이어) 한
정해서 꼭. 그뿐. ¶딱 한 잔만 더 하자. /딱
두 개비의 담배.

딱따구리명 딱따구릿과의 새를 통틀어 이르는
말. 까마귀와 비슷하나, 삼림 지대에서 살며 대
개 암수가 다른 빛임. 부리가 송곳처럼 곧고
뾰족하여 나무를 쪼아 구멍을 내고, 그 속의
벌레를 잡아먹는 익조(益鳥)임. 탁목조(啄木鳥).

따따그르르甼하자 〈다다그르르〉의 센말. 📐떡
떠그르르.

따따글-따따글甼하자 〈다다글다다글〉의 센말.
📐떡떠글떡떠글.

딱따기[1]명 지난날, 밤에 도난이나 화재 등을 예
방하기 위해 살피며 다닐 때 치던 나무토막.

딱따기[2]명 메뚜깃과의 곤충. 방아깨비와 비슷한
데, 몸이 더 가늘고 길며, 몸빛은 황록색임. 날
때 '딱딱딱' 소리를 냄. 따따깨비.

따따깨비명 ▷딱따기2.

딱딱-거리다[-꺼-]자 딱딱한 말투로 자꾸 으
르다. 딱딱대다. ¶돈푼이나 있다고 아무에게
나 마구 딱딱거린다.

딱딱-대다[-때-]자 딱딱거리다.

딱딱-하다[-따카-]형예 ①물렁물렁하지 않고
굳어서 단단하다. ¶딱딱하게 굳은 떡. ②(태도
나 말씨, 또는 분위기 따위가) 부드러운 맛이
없이 거세고 껵껵하다. ¶딱딱한 인사말. /숨이
막힐 듯이 딱딱한 분위기. **딱딱-히**甼.

딱부리[-뿌-]명 〈눈딱부리〉의 준말.

딱-새[-쌔]명 딱샛과의 새. 몸길이 15 cm가량
으로 참새보다 좀 큼. 번식기에는 깊은 산속에
서 지내고 겨울에는 인가 근처나 도시 부근에
깃들이어 벌레를 잡아먹는 익조(益鳥)임.

딱-선[-扇]명 [-썬]명 쥘부채의 한 가지. 살이 적
고 좀 거칢.

딱-성냥[-썽-]명 단단한 곳이면 아무 데나 그
어도 불이 일어나게 만든 성냥.

딱장-대[-짱때]명 ①부드러운 맛이 없고 딱딱
한 사람. ②성질이 사납고 굳센 사람.

딱장-받다[-짱-따]目 ①도둑을 때려서 그 죄
를 불게 하다. ②낱낱이 캐묻고 따져서 잘못이
없도록 죄를 털어놓게 하다.

딱정-벌레[-쩡-]명 딱정벌렛과의 곤충. 몸길이
1.3 cm가량. 몸빛은 금빛을 띤 녹색 또는 검은
빛을 띤 붉은색으로 광택이 남. 촉각은 실 모
양이고, 양쪽에 딱지날개가 붙어 있음. 밤에
다른 곤충을 잡아먹고 삶.

딱지[1][-찌]명 ①헌데나 상한 자리에 피나 진물
이 말라붙어 생기는 껍질. ¶상처에 딱지가 앉
다. ②종이에 붙은 티. ③게·소라·거북 따위의
몸을 싸고 있는 껍데기. ④몸시계나 손목시계
의 겉뚜껑. ¶금딱지 시계.

딱지가 덜 떨어지다관용 아직 어린애 티를 덜
벗은 상태다.

딱지[2](-紙)[-찌]명 ①우표나 증지(證紙), 또는
어떤 마크를 그리거나 박은 종잇조각 등을 두
루 이르는 말. ¶유명 업체의 딱지가 붙은 상
품. ②〈놀이딱지〉의 준말. ③《(주로 관형어의
수식을 받아)》 어떤 사물에 대한 평가나 인정.
¶전과자라는 딱지가 붙다. /총각 딱지를 떼
다. /임시 직원의 딱지를 떼고 정식 직원으로
승진했다. ④〈퇴짜〉의 속된 말. ¶딱지를 놓
다. /딱지를 맞다. ⑤교통순경이 교통 법규를
어긴 사람에게 주는 벌금형의 처벌 서류. ¶과
속으로 딱지를 떼다. ⑥'재개발 지역의 현지인들
에게 주는 아파트 입주권'을 속되이 이르는 말.

딱지-날개[-찌-]명 갑충(甲蟲)의 겉날개. 〔속
날개와 배를 보호함.〕 시초(翅鞘).

딱지-놀이(-紙-)[-찌-]명 놀이딱지를 가지고
노는 일.

딱지-붙임[-찌부침]명하자 얇은 널빤지에 풀을
칠하여 다른 두꺼운 데에 덧붙이는 일.

딱지-치기(-紙-)[-찌-]명 땅바닥에 놓인
종이 딱지를 서로 번갈아 가며 치다가 상대편
딱지가 뒤집혀지면 따먹는 어린이 놀이.

딱-총(-銃)[-총]명 ①불놀이 제구의 한 가지. 화약을
종이나 대통 같은 것의 속에 다져 넣고, 그 끝
에 심지를 달고 불을 댕겨서 터지게 만듦. 지
뢰총. ②장난감 권총.

딱총-나무(-銃-)명 인동과의 낙엽 활엽 관목.
산기슭의 습지 및 골짜기에 나는데, 높이는
3 m가량. 잎은 깃모양 겹잎이며 톱니가 있음.
5월경에 황록색 꽃이 피고, 둥근 열매는 9월경
에 붉게 익음. 말린 가지는 약재, 어린잎은 식
용함. 지렁이나무.

딱-하다[-따카-]형예 ①(사정이나 형편이) 가엾
고 애처롭다. ¶사정이 참 딱하다. ②처리하기
가 어려워서 안타깝다. ¶돕지 못하여 딱하다.

딱-히[따키]甼 확실히. 분명히. 정확히. 한마디로.
¶딱히 잘라 말할 수는 없으나 대개 그럴 것 같다.

딴[1]관 〈딴판〉의 준말.

딴[2]의 《(주로 '딴은'·'딴에는'의 꼴로, 인칭 대
명사 아래에 쓰이어)》 '그 나름으로는 아무쪼록
잘한다는 생각으로'의 뜻을 나타냄. ¶제 딴에
는 남을 위한답시고 한 모양이오.

딴[3]관 다른. ¶딴 고장의 풍속.

딴 주머니를 차다관용 다른 속셈을 가지고 있
거나 다른 일을 꾀하다.

딴-것[-껀]명 다른 것. 별개(別個). ¶딴것으로
바꿔라. *딴것이[-거시]·딴것만[-껀-]

딴-기(-氣)명 냅뜰 기운. 세찬 기운.

딴기-적다(-氣-)[-따]형 기력이 약해 냅뜰 기
운이 없다.

딴꽃^가루받이[-꼳까-바지]**명** ☞타가 수분(他家受粉). ↔제꽃가루받이.

딴꽃^정받이(-精-)[-꼳쩡바지]**명** ☞타가 수정(他家受精). ↔제꽃정받이.

딴:-꾼[-] **명** ①지난날, 포도청에 매여서 포교의 심부름을 하며 도둑 잡는 일을 거들던 사람. ⊛딴. ②'언행이 도리에 어긋나고 사나운 사람'을 달리 이르는 말.

딴따라 명 '연예인'을 얕잡아 이르는 말.

딴딴-하다 형 〈단단하다〉의 센말. 큰뜬뜬하다.

딴-마음 명 ①딴 것을 생각하는 마음. ¶ 딴마음 먹지 마라. ②등지거나 저버릴 생각을 가진 마음. 이심(異心). 타심(他心). ¶ 딴마음을 품다.

딴-말 명하자 본뜻에 어그러지는 말. 아무 관계도 없는 말. 딴소리. ¶ 딴말만 늘어놓다.

딴말-쓰기 명 옷판 없이 서로 기억하여 말로만 말을 쓰며 하는 윷놀이.

딴-맛[-맏] **명** ①(본디의 맛과) 달라진 맛. ¶ 음식이 상해서 딴맛이 난다. ②색다른 맛. ¶ 삭막하지만 딴맛을 느끼게 하는 겨울 산. * 딴맛이[-마시]·딴맛만[-만-]

딴-머리 명 여자의 본머리에 덧대어 얹는 머리털. ↔밑머리·본머리.

딴-사람 명 얼른 알아보지 못할 만큼 전과 달라진 사람. ¶ 딴사람처럼 몰라보게 자랐구나.

딴-살림 명하자 따로 한 세대를 이루어 사는 살림. ¶ 딴살림을 차리다.

딴-상투 명 자기의 머리털이 아닌 다른 머리털로 만들어 얹은 상투.

딴-생각 명하자 ①다른 데로 쓰는 생각. ¶ 바빠서 딴생각할 겨를이 없다. ②엉뚱한 생각. ¶ 엉큼하게 딴생각을 품다.

딴-소리 명하자 딴말.

딴-솥[-] **명** 방고래와 상관없이 따로 걸어 놓고 쓰는 솥. * 딴솥이[-소치]·딴솥을[-소틀]·딴솥만[-손-]

딴-요대(-腰帶)[-뇨-] **명** 허리띠의 한 가지. 여러 실 가닥을 어슷비슷하게 땋아서 넓적하게 만들고, 두 끝에 매듭을 만든 술을 달다.

딴은 부 (그리 말하거나 행동하는 것도 그럴 법한 일이라고 긍정하여) 그러고 보니 그것은. 하기는 그것도. ¶ 딴은 그의 주장에도 일리는 있네.

딴-이 명 ①한글 자모 'ㅣ'가 다른 모음에 붙을 때의 일컬음. ②[고어 표기법에서] 'ㅣ' 이외의 모음 뒤에 쓰이던 격 조사 'ㅣ'의 일컬음. 〔홀 배(홀 바+ㅣ), 兵戈ㅣ(兵戈+ㅣ) 따위의 'ㅣ'.〕

딴-전(-廛) **명** 〔'엉뚱한 딴 가게'라는 뜻으로〕 (《'보다·벌이다·부리다' 따위와 함께 쓰이어》 '어떤 일과 아무 관련도 없는 딴말이나 짓'을 뜻함. 판청. ¶ 회의장에서 왜 딴전을 벌이나?/ 남의 말은 듣지 않고 딴전만 본다. /딴전 부리지 마라. /요구하는 말에 동문서답하듯 딴전만 피웠다.

딴죽 명 씨름 따위에서, 상대편의 다리를 옆으로 쳐서 쓰러뜨리는 수.

딴죽(을) 치다[걸다] **관용** 이미 동의하거나 약속했던 일을 딴전 부리며 어기다.

딴-채 명 본채와 따로 떼어 지은 집채. 별채.

딴-청 명 ☞딴전.

딴-판 명 ①전혀 다른 판국이나 형세. ¶ 듣던 바와는 영 딴판이다. ②아주 다른 모습이나 태도. ¶ 쌍둥이인데도 생김새는 딴판으로 다르다.

딸 명 여자로 태어난 자식. 여식(女息). ↔아들.

딸 없는 사위 속 ①인연이나 관계가 끊어져서 정이 멀어졌다는 말. ②쓸데없이 된 물건을 이르는 말.

딸가닥 부하자타 〈달가닥〉의 센말. 큰떨거덕. 쎈딸까닥.

딸가당 부하자타 〈달가당〉의 센말. 큰떨거덩. 쎈딸까당.

딸각-발이 명 '딸깍발이'의 잘못.

딸강 부하자타 〈달강〉의 센말. 큰떨겅. 쎈딸깡.

딸그락 부하자타 〈달그락〉의 센말. 큰떨그럭.

딸그랑 부하자타 〈달그랑〉의 센말. 큰떨그렁.

딸:기 명 ①장미과의 다년초. 과실의 한 가지로 재배됨. 잎은 뿌리에서 나오며 잎꼭지가 길고 가장자리에 톱니가 있음. 5~6월에 흰 꽃이 피고, 꽃턱이 발달한 열매는 둥글거나 길둥글며 붉게 익음. ②나무딸기·양딸기 등을 통틀어 이르는 말.

딸:기-술 명 ①딸기를 설탕에 재어 발효시켜 만든 술. ②딸기의 즙을 넣어 만든 술.

딸:기-코 명 코끝이 딸기처럼 빨갛게 된 코.

딸:기-혀 명 ☞매설(苺舌).

딸:기-물 명[-낀-] 딸기에서 짜낸 즙액.

딸까닥 부하자타 〈달가닥〉·〈달까닥〉·〈딸가닥〉의 센말. 큰떨꺼덕.

딸까당 부하자타 〈달가당〉·〈달까당〉·〈딸가당〉의 센말. 큰떨꺼덩.

딸깍 부하자타 〈달각〉·〈달깍〉·〈딸각〉의 센말. 큰떨꺽.

딸깍-발이[-빠리] **명** 〔신이 없어서 마른날에도 나막신만 신는다는 뜻으로〕 '가난한 선비'를 이르는 말.

딸깡 부하자타 〈달강〉·〈달깡〉·〈딸강〉의 센말. 큰떨껑.

딸꼭-단추 명 '똑딱단추'의 잘못.

딸꾹 명 딸꾹질하는 소리. **딸꾹-딸꾹 부하자**

딸꾹-거리다[-꺼-] **자** 자꾸 딸꾹딸꾹하다. 딸꾹대다.

딸꾹-대다[-때-] **자** 딸꾹거리다.

딸꾹-질[-찔] **명하자** 횡격막을 비롯하여 호흡작용을 돕는 근육이 갑자기 경련을 일으켜서 성문(聲門)이 열려 소리를 내는 현상. 애역(呃逆).

딸-내미[-래-] **명** '딸'을 귀엽게 이르는 말.

딸-년[-련] **명** 남 앞에서 자기의 '딸자식'을 낮추어 이르는 말.

딸딸 부하자타 〈달달〉의 센말. 큰떨떨.

딸딸-이 명 ①자명종이나 전종(電鐘)에서 종을 때려 소리를 내는 작은 쇠방울. ②(삼륜차〉·〈경운기〉의 속된 말. ③〈수음(手淫)〉의 속된 말.

딸랑 부하자타 〈달랑〉의 센말. 큰떨렁.

딸랑-이 명 흔들면 딸랑딸랑 소리가 나게 만든 어린아이의 장난감.

딸리다 자 매이다. 속하다. 붙어 있다. ¶ 딸린 식구가 많다. /조수(助手)가 딸려 있다.

딸리다² 자 '달리다²'의 잘못.

딸림-마디 명 ☞종속음.

딸림-음(-흅) **명** 으뜸음의 5도 위에 있는 음. 〔으뜸음 다음으로 중요함.〕 속음(屬音). 도미넌트. 참으뜸딸림음.

딸막-거리다[-꺼-] **타** 〈달막거리다²〉의 센말. 딸막대다. 큰뜰먹거리다.

딸막-대다[-때-] **타** 딸막거리다.

딸막-딸막[―][부][하][자][타] 〈달막달막〉의 센말. ⊜뜰먹뜰먹.

딸막-이다[타] 〈달막이다〉의 센말. ⊜뜰먹이다.

딸:보[명] ①속이 좁고 너그럽지 못한 사람. ②☞따라지.

딸싹-거리다[―꺼―][자][타] 〈달싹거리다〉의 센말. 딸싹대다. ⊜뜰썩거리다.

딸싹-대다[―때―][자][타] 딸싹거리다.

딸싹-딸싹[―][부][하][자][타] 〈달싹달싹〉의 센말. ⊜뜰썩뜰썩.

딸싹-이다[자][타] 〈달싹이다〉의 센말. ⊜뜰썩이다.

딸-아이[명] ①남 앞에서 자기의 '딸'을 이르는 말. ②딸로 태어난 아이. ⊜딸애. ↔아들아이.

딸-애[명] 〈딸아이〉의 준말.

딸-자식(―子息)[명] ①남 앞에서 자기의 '딸'을 이르는 말. ②남의 '딸'을 예사로이 이르는 말. ↔아들자식.

딸카닥[부][하][자][타] 〈달카닥〉의 센말. ⊜떨커덕.

딸카당[부][하][자][타] 〈달카당〉의 센말. ⊜떨커덩.

딸칵[부][자][타] 〈달칵〉의 센말. ⊜떨컥.

딸캉[부][하][자][타] 〈달캉〉의 센말. ⊜떨컹.

땀[1][명] ①사람이나 동물의 땀샘에서 분비되는 찝절한 액체. 〔체온 조절의 작용을 하나, 정신적 긴장에 의해 나오기도 함.〕 ¶땀에 절은 옷. / 땀을 뻘뻘 흘리다. ②'노력이나 수고'를 비유하여 이르는 말. ¶땀의 대가로 얻은 결과.

땀(을) 빼다[관용] 몹시 어렵거나 힘든 경우를 당하여 크게 곤란을 겪다. ¶혼자 이사하느라고 땀을 뺐다.

땀이 빠지다[관용] 몹시 힘들거나 어려워서 애를 많이 쓰다.

땀[2][명] 바느질할 때에 바늘을 한 번 뜬, 그 눈.

땀-구멍[―꾸―][명] 몸 안으로부터 몸 밖으로 땀을 내보내는 살갗의 구멍.

땀-국[―꾹][명] '때가 낀 옷이나 몸 따위에 흠뻑 젖은 땀'을 비유하여 이르는 말.

땀-기(―氣)[―끼][명] 땀이 좀 나는 기운. ¶등골에 깐깐하게 땀기가 있다.

땀-나다[자] 몹시 힘이 들거나 애가 쓰이다. ¶무슨 덕을 보겠다고 땀날 짓을 자청하느냐?

땀-내[명] 땀에 젖은 옷이나 몸에서 나는 냄새. 땀에서 나는 냄새.

땀-등거리[―뜽―][명] 여름에 땀을 받아 내기 위하여 베나 모시로 지어 가슴과 등에만 걸치는 땀받이 옷.

땀땀-이[부] (바느질할 때) 바늘로 뜬 땀마다. ¶땀땀이 떠 갈 적에 수미(首尾)가 상응(相應)하고 솔솔이 붙여 내내 조화(造化)가 무궁하다(兪氏夫人.弔針文).

땀-띠[명] 땀을 너무 많이 흘려 피부가 자극되어 생기는 발진. 〔좁쌀같 모양으로 돋고 붉은빛을 띠나 때로는 무색일 경우도 있으며, 가렵고 따끔따끔함.〕 한진(汗疹).

땀-받이[―바지][명] 땀을 받아 내려고 껴입는 속옷, 또는 옷 속에 받친 헝겊. 한의(汗衣).

땀-방울[―빵―][명] 구슬같이 맺은 땀의 덩이. 땀의 물방울. ¶땀방울이 송골송골 맺히다.

땀-복(―服)[명] 땀을 내기 위하여 입는 옷.

땀-샘[명] 피부의 진피나 결체 조직 안에 있는, 땀을 분비하고 체온을 조절하는 외분비샘. 한선.

땀-수(―數)[―쑤][명] 바느질의 땀의 수.

땀-수건(―手巾)[―쑤―][명] 땀을 닦는 데 쓰는 수건.

땀지근-하다[형][여] 느리고 느긋하게 땀직하다. ⊜뜸지근하다.

땀직-땀직[부][하][형] 한결같이 땀직한 모양. ⊜뜸직뜸직.

땀직-하다[―지카―][형][여] (말이나 행동이) 겉보기보다는 무게 있어 보이다. ¶하는 짓이 땀직하여 밉지가 않다. ⊜뜸직하다. 땀직-이[부].

땀-질[명] (조각이나 소목 일 등에서) 끝이나 칼로 쓸데없는 부분을 따 내는 것.

땃-두릅나무[딷뚜릅―][명] 두릅나뭇과의 낙엽 활엽 관목. 깊은 산의 숲 속에서 남. 줄기에 바늘 모양의 가시가 빽빽하고 잎은 손바닥 모양임. 6월에 황록색 꽃이 핌. 어린순은 식용하고, 줄기와 가지는 약재로 씀.

땃두릅-나물[딷뚜릅―][명] ①두릅나뭇과의 다년초. 산에 나는데, 줄기는 2 m 이상. 한여름에 담녹색 줄기 끝에 꽃이 핌. 뿌리는 약재로 쓰고, 어린 줄기와 싹은 데쳐서 무쳐 먹음. ②땃두릅나무의 어린순. 토당귀(土當歸).

땅[1][명] ①강이나 바다를 제외한 지구의 겉면. 뭍. 육지. ②☞영토(領土). 영지(領地). ¶만주는 본디 우리 땅이다. ③'논밭'을 두루 이르는 말. ¶땅을 팔아 학비를 대다. ④곳. 지방. ¶강원도 땅에는 감자가 많이 난다. ⑤토양. ¶땅이 기름지다. ⑥토지나 택지.

땅 짚고 헤엄치기[속담] 매우 쉽다는 말. ¶읽기야 땅 짚고 헤엄치기지, 쓰기가 어려워서 그렇지.

땅에 떨어지다[관용] 권위·명성·시세 따위가 아주 떨어지다. 쇠하다. ¶그 사건 이후 그녀에 대한 신뢰가 땅에 떨어졌다.

땅(을) 파먹다[관용] 농사를 짓거나 광산 일로 살아가다.

땅[2][명] ①쇠망치 같은 것으로 철판 따위를 세게 두드렸을 때와 같이 울리어 나는 소리. ⊜떵. ②총포를 쏠 때 나는 소리. ¶권총을 땅 쏘다. ⊜탕탕3. 땅-뚱[부][하][자][타].

땅-가뢰[―까뢰/―까뤠][명] 땅속에 사는 가뢰. ⊛가뢰.

땅-가림[명] 그루를 타는 일. ⊛기지(忌地).

땅-가물[명] 가물어서 푸성귀들이 마르는 재앙. ¶땅가물이 들어 발농사가 결딴났다.

땅-값[―깝][명] ①땅의 값. ¶땅값이 떨어지다. ②땅을 빌려 사용할 경우에 내는 돈. *땅값이[―깝씨]·땅값만[―깜―].

땅-강아지[―깡―][명] 땅강아짓과의 곤충. 땅속에 살며 귀뚜라미와 비슷한데, 몸길이 3 cm가량. 몸빛은 다갈색 또는 흑갈색이고, 온몸에 잔털이 빽빽함. 짧은 날개로 날아다니며, 앞다리는 땅파기에 알맞음. 농작물의 뿌리나 싹을 갉아 먹는 해충임.

땅-개[―깨][명] ①키가 매우 작은 개. ②'키가 작고 됩됩이가 단단하며 잘 싸다니는 사람'을 속되게 이르는 말.

땅거미[명] 해가 진 뒤, 컴컴해질 때까지의 어스레한 동안. 박모(薄暮).

땅-거미[2][―꺼―][명] 땅거미과의 거미. 몸길이 1.5 cm가량이고, 몸빛은 갈색임. 머리가 크고 턱이 앞으로 튀어나와 있음. 마른 나무속이나 나무줄기 밑에 대롱 모양의 집을 짓고 삶.

땅-걸[―껄][명] ('집짚의 '걸'이라는 뜻으로) 윷놀이에서, '도'를 장난으로 이르는 말.

땅-고름[하][자] 땅바닥을 평평히 고르는 일.

땅-고집(―固執)[―꼬―][명] 융통성이 없는 지나친 고집. ¶땅고집을 부리다.

땅-광[―꽝][명] 뜰이나 집채 아래에 땅을 파서 만든 광. 지하실(地下室).

땅-굴(-窟)[-꿀]圀 ①땅속으로 뚫린 굴. ②땅을 파서 굴과 같이 만든 큰 구덩이. 토굴(土窟). ¶무를 땅굴 속에 묻어 두다.

땅-그네圀 땅에 기둥을 세우고 맨 그네.

땅기다[자] 몹시 켕기어지다. ¶상처가 땅기다. /얼굴이 땅기다. /종아리가 땅기다.

땅-기운[-끼-]圀 땅에서 나오는 기운.

땅-까불圀[하자] 암탉이 혼자서 땅바닥에 대고 흘레하는 짓.

땅-꼬마圀 키가 몹시 작은 사람을 놀림조로 이르는 말.

땅-꾼圀 뱀을 잡아 파는 사람.

땅-내圀 땅에서 나는 냄새. 흙냄새.

땅내가 고소(구)하다[속] 오래지 않아 죽을 것 같은 느낌이 든다.

땅내(를) 맡다[관용] ①옮겨 심은 식물이 뿌리를 내리다. ②동물이 그 땅에서 삶을 얻다.

땅-덩어리[-떵-]圀 ⇨땅덩이.

땅-덩이[-떵-]圀 [땅의 큰 덩어리라는 뜻으로] 국토·대륙·지구 등을 이르는 말. 땅덩어리.

땅-두멍[-뚜-]圀 도자기 만드는 흙의 앙금을 가라앉히기 위하여 땅을 파서 만든 구덩이.

땅딸막-하다[-마카-]圀에 키가 앙바틈하다. 키가 작고 몸집이 옆으로 딱 바라지다. ¶땅딸막한 체구.

땅딸-보圀 '땅딸막한 사람'을 얕잡아 이르는 말.

땅땅[🅟 ①헛된 장담을 하는 모양. ¶공언한 큰소리를 땅땅 치고 있군. 🅒탕탕. ②위세를 보이며 으르대는 모양. 🅔떵떵.

땅땅-거리다[자타] 자꾸 땅땅 소리가 나다, 또는 그런 소리를 내다. 땅땅대다. 🅔떵떵거리다.

땅땅-거리다[자] [권력이나 재산이 많아] 뽐내면서 호화롭게 거들먹거리며 산다. 아무 근심 걱정이 없이 큰소리치며 살다. 땅땅대다. ¶부모가 물려준 재산으로 땅땅거리며 산다. 🅔떵떵거리다.

땅땅-대다[자타] ⇨땅땅거리다.

땅땅-대다[자] ⇨땅땅거리다.

땅-뙈기圀 얼마 되지 않는 논밭의 조각. ¶땅뙈기나 부쳐 먹고 산다.

땅-띔[-띰]圀 무거운 것을 들어 땅에서 뜨게 하는 짓. ¶무거워서 겨우 땅띔을 할 정도이다.

땅띔도 못하다[관용] ①조금도 알아내지 못하다. ②아예 생각조차 못하다.

땅-마지기圀 몇 마지기의 논밭.

땅-문서(-文書)圀 땅의 소유권(所有權)을 등기 증명한 문서.

땅-바닥[-빠-]圀 ①땅의 거죽. 지면(地面). ¶땅바닥을 파다. ②땅의 맨바닥. ¶땅바닥에 주저앉다.

땅-버들[-뻐-]圀 ⇨갯버들.

땅-버섯[-뻐선]圀 '땅에서 나는 버섯'을 통틀어 이르는 말. *땅버섯이[-뻐서시]·땅버섯만[-뻐선-]

땅-벌[-뻘]圀 '땅속에 집을 짓고 사는 벌'을 통틀어 이르는 말. 토봉(土蜂).

땅-빌레圀 땅풍뎅이의 유충.

땅-보탬圀[하자] '사람이 죽어서 땅에 묻힘'을 이르는 말.

땅-볼[-뽈]圀 [낫질할 때] 낫의 날이 땅 쪽으로 닿는 면.

땅-볼:(-ball)圀 축구나 야구 경기에서, 땅 위로 굴러 지나가거나 차거나 친 공.

땅-뺏기[-뺃끼]圀 아이들 놀이의 한 가지. 말을 튕겨 지경을 그어 가며 상대편 땅을 뺏어 나가는 놀이.

땅-설법(-說法)[-썹]圀[하자] 중들이 땅 위에서 하는 여동(餘興)의 한 가지. 삼회향(三回向).

땅-속[-쏙]圀 땅 밑. 지하(地下).

땅속-뿌리[-쏙-]圀 땅속에 묻혀 있는 식물의 뿌리. 지하근(地下根).

땅속-줄기[-쏙쭐-]圀 땅속에 묻혀 있는 식물의 줄기. 뿌리와 비슷하나 관다발의 배열 양식이 다르며, 감자·양파·백합 따위가 이에 딸림. 지하경(地下莖). ↔땅위줄기.

땅-울림圀[하자] ①무거운 물건이 떨어지거나 지나갈 때 지면이 울려서 소리가 나는 일. ②지진이나 분화 때 지반이 흔들리는 일.

땅위-줄기圀 땅 위로 나온 식물의 줄기. 지상경(地上莖). ⇨땅속줄기.

땅-임자[-님-]圀 (논밭 따위) 토지의 소유자.

땅-자리[-짜-]圀 참외나 호박 같은 것의 거죽이 땅에 닿아 빛이 변한 부분.

땅-재먹기[-끼]圀 어린이들의 놀이의 한 가지. 땅에 한 뼘씩의 금을 그어 제 땅으로 많이 차지하기를 겨루는 놀이.

땅-재주(←才操)[-째-]圀[하자] 광대가 땅 위에서 뛰어넘으며 부리는 재주.

땅-줄기[-쭐-]圀 땅으로 뻗어 나간 줄기.

땅-콩圀 콩과의 일년초. 브라질 원산의 재배 식물로 고온 건조지에 잘 자람. 줄기는 아랫부분에서 갈라져 사방으로 퍼짐. 여름에 나비 모양의 노란 꽃이 피고, 열매는 씨방이 땅속에서 자라 꼬투리로 맺음. 길둥근 씨에는 지방과 단백질이 많음. 호콩.

땅콩-기름圀 땅콩에서 짠 기름. 낙화생유.

땅콩-버터:(-butter)圀 땅콩을 으깨어 이겨서 버터 모양으로 맛을 낸 식품.

땅-파기圀 ①땅을 파는 일. ②'사리를 분간하지 못할 만큼 어리석은 사람, 또는 그런 사람과의 시비'를 비유하여 이르는 말. ¶이거야말로 땅파기일세, 아무리 설명해도 알아들어야 말이지.

딸:[다따][타] ①[머리털이나 실 따위를] 둘 이상의 가닥으로 갈라서 엇걸어 짜 엮어 한 가닥으로 하다. ¶삼단 같은 머리를 땋아 늘이다. ②머리에 댕기를 利 드리다. *땋아[따−]·땋:는[딴−]·땋:소[따쏘]

때圀 ①시간의 어떤 점이나 부분. ¶아무 때나 오너라. /때는 바야흐로 봄이다. ②좋은 시절이나 운수. 알맞은 시기. ¶때를 기다리다. ③끼니, 또는 끼니를 먹는 시간. ¶나가 놀다가도 때가 되면 들어와야지. ④어떤 경우. ¶꿈꿀 때. /생각날 때. ⑤시대. 연대. 그 당시. ¶신라 때의 보물. /어렸을 때.

때圀 ①몸이나 옷에 묻은 더러운 것. ¶옷에 때가 끼다. ②피부의 분비물과 먼지 따위가 섞이어 앉은 것. ¶때가 끼다. ③불순하고 속된 것. ¶몇 해를 떠돌더니 때가 많이 묻었다. ④까닭 없이 뒤집어쓴 더러운 이름. ¶도둑의 때를 벗다. ⑤어린 티나 시골티. ¶아직 때도 안 빠진 녀석이 주제넘게 설친다.

때(가) 타다[관용] 때가 묻다. (천 따위가) 때가 잘 끼다. ¶깨끗하기는 하나 쉽게 때가 타는 것이 흠이다.

때:-가다[자] ['때어 가다'가 줄어서 된 말.] '잡히어 가다'를 속되게 이르는 말.

때각🅟[하자타] 〈대각〉의 센말. 🅔떼꺽. 🅢때깍.

때구루루🅟 〈대구루루〉의 센말. 🅔떼구루루.

때구르르🅟[하자타] 〈대구르르〉의 센말. 🅔떼구르르.

때굴-때굴🅟[하자타] 〈대굴대굴〉의 센말. 🅔떼굴떼굴.

때그락🅟[하자타] 〈대그락〉의 센말. 🅔떼그락.

때그르르부형 〈대그르르〉의 센말. 큰띠그르르.
때글-때글부형 〈대글대글〉의 센말. 큰띠글띠글.
-때기접미 신체 부위를 나타내는 명사 뒤에 붙어, 그 명사를 속되게 이르는 뜻을 나타냄. ¶귀때기./배때기./볼때기.
때-까치명 때까칫과의 새. 까치보다 좀 작은데, 갈색 바탕에 날개는 검고 배는 감람색이며, 암컷은 가슴에 물결무늬가 있음. 부리가 날카롭고 성질이 사나움. 덤불 속이나 나뭇가지에 둥지를 틀고 삶.
때깍부하자털 〈대각〉·〈대깍〉·〈때각〉의 센말. 큰떼꺽1.
때깔명 과일이나 피륙 따위의, 선뜻 눈에 비치는 맵시와 빛깔. ¶때깔이 좋다.
때꼭깜 술래잡기에서, 숨었던 아이가 잡히지 아니하고 제자리로 돌아오면서 술래를 놀리는 소리.
-때-꼽명 〈때꼽재기〉의 준말. ¶때꼽이 끼다.
때-꼽재기명[-째-] 더럽게 엉기어 붙은 때의 조각이나 부스러기. 준때꼽.
때꾼-하다형여 〈대꾼하다〉의 센말. 큰떼꾼하다.
때-늦다[-늗-]형 ①정한 시간보다 늦다. ②마땅한 시기가 지나다. ¶손쓰기에 때늦은 감이 있다.
때:다1자 '죄지은 사람이 잡히다'를 속되게 이르는 말. 《주로, '때어'·'때'의 꼴로 쓰임.》 ¶도둑질하다 때어 갔다.
때:다2타 아궁이에 불을 지피어 타게 하다. ¶군불을 때다.
때:다3타 〈때우다〉의 준말.
때때명 〈때때옷〉의 준말. 고까. 꼬까.
때때-로부 가끔. 시시로. 간간이. ¶때때로 놀러 온다.
때때-신명 알록달록하고 고운, 어린아이의 신. 고까신. 꼬까신.
때때-옷명[-온] 알록달록한 빛깔로 곱게 지은 어린아이의 옷. 고까옷. 꼬까옷. 준때때. *때때옷이[-오시]·때때옷만[-온-]
때때-중명 나이가 어린 중.
때려-내다타 석기를 만들 때 돌로 쳐서 일정한 모양을 얻어 내다.
때려-누이다타 ①주먹이나 몽둥이 따위로 쳐서 쓰러지게 하다. ②싸움에서 상대를 완전히 이기다. 때려눕히다.
때려-눕히다[-누피-]타 때려누이다.
때려-잡다[-따]타 ①때려서 잡다. ②상대편에게 결정적인 타격을 주어 다시 일어나지 못하게 하다. ¶도둑의 무리를 때려잡다.
때려-죽이다타 (주먹이나 몽둥이 따위로) 때려서 죽이다.
때려-치우다타 '그만두다' 또는 '결판내다'를 속되게 이르는 말. ¶장사를 때려치우고 취직을 했다.
때-로부 ①경우에 따라서. ¶사람이라 때로 실수할 수도 있지. ②이따금. ¶때로 보고 싶은 생각이 든다.
때리다타 ①(사람·짐승·물건 같은 것을) 손이나 손에 든 물건으로 치다. ¶종아리를 때리다. ②(어떤 물체를) 세차게 치다. ¶뱃전을 때리는 파도. ③다른 사람의 잘못을 말이나 글로 날카롭게 비판하다. ¶근로자에 대한 기업주의 횡포를 신문에서 때리다. ④심한 충격을 주다. ¶가슴을 때리는 마지막 장면.
때리는 시어머니보다 말리는 시누이가 더 밉다속담 겉으로는 위해 주는 척하면서 속으로는 해하려는 사람이 더 밉다는 말.

때림-끌명 나무 자루 끝에 쇠가락지가 끼어 있는 끌. 나무에 구멍을 뚫는 데 씀.
때림-도끼명 볼이 좁고 자루가 긴 도끼. 뗏목이나 굵은 장작을 패는 데 씀.
때-마침부 그때에 마침. 바로 때맞춰. ¶때마침 비가 멎었다.
때-맞다[-맏따]형 때가 늦지도 이르지도 않아서 꼭 알맞다. 《주로, '때맞게'의 꼴로 쓰임.》 ¶때맞게 내린 비로 해갈이 되었다.
때-맞추다[-맏-]자 시기에 알맞도록 하다. 《주로, '때맞추어'의 꼴로 쓰임.》 ¶때맞추어 터진 안타.
때-매김명 ⇒시제(時制).
때문의 《명사나 대명사 또는 어미 '-기'·'-은'·'-는'·'-던' 뒤에 쓰이어》 앞말이 어떤 일의 원인이나 까닭이 됨을 나타내는 말. ¶내가 행복한 것은 네가 있기 때문이다.
때-물명 툭 트이거나 말쑥하게 잘생기지 못한 때깔. ¶때물을 벗다.
때-밀이명하자 목욕탕에서, 목욕하는 사람의 때를 밀어 주는 일을 업으로 하는 사람.
때-수건(-手巾)명 때가 잘 밀리도록 깔깔한 천 따위로 만든 수건.
때우다타 ①뚫리거나 깨진 곳을 다른 조각으로 대어 막다. ¶구멍 난 냄비를 납으로 때우다. ②간단한 음식으로 끼니를 넘기다. ¶빵 한 조각으로 점심을 때우다. ③다른 방법이나 꾀를 써서 간단히 해결하다. ¶찬 녕 빚을 말로 때우다. ④큰 액운을 작은 괴로움으로 면하다. ¶액운을 때우다. ⑤남는 시간을 다른 일로 보내다. ¶시간을 때우다. 준때다3.
때움-질명 〈땜질〉의 본딧말.
때죽-나무[-중-]명 때죽나뭇과의 낙엽 활엽 교목. 산기슭이나 산 중턱의 양지에 나는데, 잎은 달걀 모양이며 서로 긋맞게 남. 늦봄에 흰 꽃이 늘어져 피고, 열매는 9월경에 익음. 우리나라 중부 및 일본·중국 등지에 분포함.
때-찔레명 ⇒해당화(海棠花).
땍대구루루[-때-]부 〈댁대구루루〉의 센말. 큰떽데구루루.
땍대굴부 〈댁대굴〉의 센말. 큰떽떼굴.
땔-감[-깜]명 불을 때는 데 쓰이는 재료. 〔마른풀이나 나무·기름·석탄 따위.〕 땔거리. 연료.
땔-거리[-꺼-]명 ⇒땔감.
땔-나무[-라-]명하자 땔감이 되는 나무. 화목(火木). 시목(柴木). 준나무.
땔나무-꾼[-라-]명 ①땔나무를 해 오는 나무꾼. ②'아주 순박하기만 한 사람'을 농조로 이르는 말.
땜1명하자 〈땜질〉의 준말.
땜2명하자 어떠한 액회(厄會)·액운(厄運)을 넘기거나, 또는 다른 고생으로 대신 겪는 일.
땜-납(-鑞)명 납땜에 쓰이는 합금재를 두루 이르는 말. 〔넓은 뜻으로 경랍(硬鑞)과 연랍을 아울러 이름.〕 납(鑞). 백랍(白鑞).
땜-인두명 〈납땜인두〉의 준말.
땜-일[-닐]명 쇠붙이에 땜질하는 일.
땜-장이명 땜일을 업으로 하는 사람.
땜-쟁이명 연주창 따위로 해서 '목에 큰 흠이 있는 사람'을 농조로 이르는 말.
땜-질명하자 ①(깨어지거나 뚫어진 곳을) 때워 고치는 일. ¶구멍 난 양은 냄비를 땜질하다. ②(숯 따위의) 해어진 곳을 때우는 일. ¶양말 뒤축을 땜질하여 신다. ③임시방편으로 부분적으로 손질하는 일. ¶적당히 땜질해서 넘기다. 본때움질. 준땜1.

땜:-통[-桶]囤 '홈집이 많은 머리'를 조롱조로 이르는 말.

땟-거리[때꺼-/땓꺼-]囤 끼니를 때울 만한 먹을거리.

땟-국[때꾹/땓꾹]囤 ①꾀죄죄하게 묻은 때. ¶땟국이 흐르는 속옷. ☞땟물1.

땟-물1[땐-]囤 때를 씻어 낸 더러운 물, 또는 때로 범벅이 된 땀이나 물기. 땟국. ¶땟물이 지다.

땟-물2[땐-]囤 겉으로 드러난 모습이나 몸매. ¶땟물이야 훤하다만.

땡1囤 〈땡땡구리〉의 준말.

땡2囝 〈댕〉의 센말. 囹뗑.

땡-감囤 덜 익어서 맛이 떫은 감.

땡강囝(하타) 〈댕강〉의 센말. 囹뗑강.

땡그람囝(하자타) 〈댕그람〉의 센말. 囹뗑그람.

땡글-땡글囝(하형) 땡땡하고 둥글둥글한 모양.

땡땡1囝(하형) 속에서 붙어나서 겉으로 켕기는 모양. 囹땡땡1. 참탱탱.

땡땡2囝(하형) 〈댕1〉의 센말. 囹띵땡2.

땡땡-구리囤 투전 따위의 노름에서 같은 짝 두 장을 뽑는 것. 준땡1.

땡땡-이1囤 ①땡땡 소리 나게 만든 아이들의 장난감. ②〈종(鐘)〉의 속된 말.

땡땡-이2囤 '감독자의 눈을 피해 게으름을 피우는 일'을 속되게 이르는 말.

땡땡이-중囤 꽹과리를 치며 동냥을 다니는 중. 囹탁발승.

땡땡이-치다 '눈을 속여 게으름을 피우다'를 속되게 이르는 말.

땡-볕[-볃] 따갑게 내리쬐는 뜨거운 볕. * 땡볕이[-벼치] · 땡볕을[-벼틀] · 땡볕만[-변-]

땡-잡다[-따]困 뜻밖에 큰 행운이 생기다.

땡-처리[-處理]囤(하타)(되자) 재고 제품을 떨이 형식으로 팔아넘기는 일.

땡추囤 〈땡추중〉의 준말.

땡추-절囤 '땡추중들만 있는 절'을 낮잡아 이르는 말.

땡추-중囤 '중답지 아니한 중'을 낮잡아 이르는 말. 준땡추.

떠-가다困 (공중이나 물 위를) 떠서 가다. ¶흰 구름이 떠가다.

떠꾸지囤 큰머리를 틀 때, 머리 위에 얹는 나무로 만든 틀.

떠꺼-머리囤 장가나 시집을 갈 나이가 넘은 총각·처녀의 땋아 늘인 긴 머리.

떠꺼머리-처녀[-處女] 〔떠꺼머리를 한 처녀라는 뜻으로〕 '노처녀'를 달리 이르는 말.

떠꺼머리-총각[-總角]囤 〔떠꺼머리를 한 총각이라는 뜻으로〕 '노총각'을 달리 이르는 말.

떠껑-지[-紙]囤 한지 백 권을 한 덩이로 하여, 그 덩이를 싸는 두꺼운 종이.

떠나-가다困 있던 곳을 떠나서 다른 곳으로 옮겨 가다. ¶항구를 떠나가는 배. ②(주위가 떠서 나갈 만큼) 소리가 크고 요란하다. (주로, '떠나가게'·'떠나가라고'·'떠나갈 듯이'의 꼴로 쓰임.) ¶교실이 떠나가게 떠들어 대다.

떠나다(자타) ①자리를 옮기려고 뜨다. ¶자, 떠나세. /정든 고향을 떠나다. ②목적지를 향하여 가다. ¶서울로 떠나다. ③어떤 일이나 사람들과 관계를 끊다. ¶그 의원은 우리 당을 떠났다. ④사라지거나 죽다. ¶그 일은 내 기억에서 이미 떠났다. /선생님께서 우리 곁을 떠난 지도 3년이나 되었다. ⑤어떤 일을 하러 나서다. ¶고기잡이를 떠나다. ⑥길을 나서다. ¶암행(暗行)을 떠나다.

떠나-보내다困 아쉬운 마음으로 떠나게 하다.

떠나-오다(자) 있던 데서 일정한 곳으로 옮겨 오다.

떠-내다困 ①퍼서 내다. ¶쌀독에서 쌀을 떠내다. ②떼어 내다. 도려내다. ¶뗏장을 떠내다. /회를 떠내다.

떠-내려가다困 물 위에 떠서 내려가다.

떠-넘기다困 자기가 할 일이나 책임을 남에게 억지로 넘기다.

떠:는-잠[-簪]囤 ☞떨잠.

떠-다니다(자) ①(하늘이나 물 위를) 떠서 오가다. 떠돌다. ¶하늘을 떠다니는 구름. ②정처 없이 이리저리 다니다. ¶떠다니는 나그네 신세.

떠다-밀다[~미니·~밀어]困 ①세게 밀다. ②(자기의 할 일이나 책임을) 남에게 밀어 넘기다.

떠다-박지르다[-찌-][~박지르니·~박질러](타자) 마구 밀어 넘어뜨리다.

떠다박질리다[-찔-]困 ['떠다박지르다'의 피동] 떠다박지름을 당하다.

떠-대다困 거짓으로 꾸며 대답하다. ¶그럴듯이 떠대어도 속지 않는다.

떠-돌다[~도니·~돌아](I)(자타) ①(물 위나 공중에) 떠서 이리저리 움직이다. 떠다니다. ¶하늘에 떠도는 구름. ②(분위기나 표정에) 어떤 기미가 나타나다. ¶얼굴에 화색이 떠돌다. /요즘 사무실에 왠지 서먹한 기운이 떠돈다. ③(소문 따위가) 근거도 없이 여러 사람의 입에 오르내리다. ¶소문이 떠돌다. (II)困 떠돌아다니다.

떠돌-뱅이囤 '떠돌이'를 얕잡아 이르는 말.

떠돌아-다니다困 ①정처 없이 방황하며 다니다. 떠돌다. ¶역마살이 끼어 떠돌아다니기를 좋아하는 팔자란다. ②(물 위나 공중에) 떠서 이리저리 움직이다. ¶풍선이 공중에 떠돌아다니다. ③(소문 따위가) 여러 곳으로 퍼져 다니다. ¶괴소문이 떠돌아다니다.

떠돌-이囤 떠돌아다니는 사람. ¶떠돌이 신세.

떠돌이-별囤(하)행성(行星).

떠돌이-새囤 아주 가까운 지역을 철을 따라 옮겨 다니면서 사는 새. 囹철새.

떠둥그-뜨리다困 떠들쳐 엎어 버리거나 옮기다. 떠둥그트리다. ¶맨홀의 뚜껑을 떠둥그뜨려서 열다. 준떠둥그리다.

떠둥그리다困 〈떠둥그뜨리다〉의 준말.

떠둥그-트리다困 ⇒떠둥그뜨리다.

떠:-들다1[떠드니·떠들어](I)(자) ①시끄럽게 지껄이다. ¶아이들이 떠들며 논다. ②소란을 피우다. 술렁거리다. ¶손해 배상을 요구하며 떠든다. (II)(자타) (소문이나 여론 따위가) 크게 나거나 일다. ¶언론에서 결정도 되지 않은 사안을 떠드는 바람에 문제가 커졌다.

떠-들다2[~드니·~들어]困 덮거나 가린 것을 한 부분만 걷어 쳐들거나 잦히다. ¶이불을 떠들어 자는 사람의 얼굴을 확인하다.

떠들썩-거리다[-꺼-]困 여럿이 자꾸 큰 소리로 떠들다. 떠들썩대다.

떠들썩-대다[-때-]困 ⇒떠들썩거리다.

떠들썩-하다1[-써카-]형여 ①(물건이 제대로 덮이지 않고) 좀 떠들려 있다. ②(붙인 곳의 한쪽이 일어나) 조금 들썩하다. 자따들싹하다.

떠들썩-하다²[-써카-] **Ⅰ짜어** 여럿이 시끄럽게 마구 떠들다.
Ⅱ형어 ①여럿이 떠들어서 시끄럽다. ②소문이 퍼져서 왁자하다. 짱따들싹하rr².

떠-돌아오다짜 정처 없이 떠돌아다니던 사람이나 짐승이 들어오다.

떠-들추다타 (숨은 일을) 들추어내다. ¶비리를 떠들추다.

떠-들치다타 힘껏 들치다.

떠듬-거리다짜 〈더듬거리다〉의 센말. 떠듬대다. 짱따듬거리다.

떠듬-대다타 떠듬거리다.

떠듬-떠듬부하짜타 〈더듬더듬〉의 센말. ¶오랜 침묵 끝에 떠듬떠듬 말하기 시작했다. 짱따듬따듬.

떠듬적-거리다[-꺼-]**타** 〈더듬적거리다〉의 센말. 떠듬적대다. 짱따듬작거리다.

떠듬적-대다[-때-]**타** 떠듬적거리다.

떠듬적-떠듬적부하 〈더듬적더듬적〉의 센말. 짱따듬작따듬작.

떠름-하다형어 ①맛이 약간 떫다. ¶도토리묵이 조금 떠름하다. ②말씨나 하는 짓이 좀 모호하고 모자라는 데가 있다. ¶그 사람 말투에는 떠름한 데가 있어. ③마음에 썩 달갑지 않거나 내키지 않다. ¶떠름한 대로 일단 나서기로 했다. ②③떠름-히부.

떠릿-보[-리뽀/-릳뽀]**명** 대청 위의 큰 보.

떠맡-기다[-맏끼-]**타** 〖'떠맡다'의 사동〗 떠맡게 하다. ¶친구에게 일을 떠맡기고 왔다.

떠-맡다[-맏따]**타** 남이 할 일을 온통 자기가 맡다. ¶공연히 일을 떠맡아 고생하는구나. 비떠메다.

떠-먹다[-먹따]**타** 떠서 먹다. ¶입맛이 없더라도 한술 떠먹어라.

떠-메다타 ①(사람이나 물건 따위를) 쳐들어어깨에 메다. ¶부상자를 떠메고 오다. ②(일이나 책임을) 도맡아 하다. ②비떠맡다.

떠-밀다[~미니·~밀어]**타** 〈떼밀다〉의 본딧말.

떠-받다[-따]**타** 뿔이나 머리로 받아서 치밀다. ¶황소가 사람을 떠받아 다치게 하였다.

떠-받들다[-뜰-][~받드니·~받들어]**타** ①번쩍 쳐들어 위로 올리다. ¶역기를 떠받들고 우뚝 서 있다. ②소중하게 다루다. ③공경하여 섬기다. ¶부모를 잘 떠받들다.

떠-받치다타 (쓰러지거나 주저앉지 않도록) 밑에서 위로 받쳐 버티다.

떠버리명 '항상 시끄럽게 떠벌리는 사람'을 흘게 이르는 말.

떠-벌리다짜 수다스럽게 지껄여 대다. 허풍을 치며 수다를 떨다. ¶제 혼자서 한 양 떠벌리다.

떠-벌이다타 일을 크게 벌이거나 차리다. ¶경험도 없는 장사를 처음부터 지나치게 떠벌여 곤욕을 치르고 있다.

떠-보다타 ①(저울로 무게를) 달아 보다. ②(표나지 않는 은근한 방법으로) 사람의 능력이나 지식의 정도를 알아보다. ③남의 속마음을 넌지시 알아보다. ¶마음을 떠보다.

떠세명하 (돈이나 세력을 믿고) 젠체하며 억지를 쓰는 짓, 또는 그런 짓을 함. ¶양반 떠세 좀 작작 하게.

떠-안다타 일이나 책임 따위를 온통 맡다.

떠-엎다[-업따]**타** ①떠서 뒤집어엎다. ¶밭을 떠엎다. ②일이나 판세를 뒤집어엎어 끝을 내다. ③소동을 일으켜 소란스럽게 하다.

떠-오다짜어 물 위나 공중에 떠서 이쪽으로 오다. ¶나뭇잎 하나가 물 위로 떠오다.

떠-오르다[~오르니·~올라]**짜르** ①뜨거나 솟아서 위로 오르다. ¶해가 떠오르다. ②(생각·기억 따위가) 나다. ¶좋은 생각이 떠오르다. ③관심의 대상이 되어 나타나다. ¶떠오르는 신인 배우. ④표정이 나타나다. ¶얼굴에 미소가 떠오르다.

떠오르는 달관용 '훤하게 아름다운 미인'을 비유하여 이르는 말.

떠오르는 별관용 '어떤 분야에 새로이 등장하여 두각을 나타내는 인물'을 비유하여 이르는 말. ¶가요계의 떠오르는 별.

떠-이다타 ①높이 들어 이다. ¶구름을 떠이고 있는 산. ②소중히 받들다. ¶우리 모두가 떠이어 모시는 스승.

떠죽-거리다[-꺼-]**짜** 자꾸 떠죽떠죽하다. 떠죽대다.

떠죽-대다[-때-]**짜** 떠죽거리다.

떠죽-떠죽부하짜 ①되지 못하게 젠체하며 자꾸 지껄이는 모양. ¶밉살스레 떠죽떠죽 지껄이다. ②짐짓 싫은 체하며 사양하는 모양. ¶용돈을 주거든 떠죽떠죽하지 말고 고맙다고 하며 받아라.

떠지껄-하다 Ⅰ짜어 떠들썩한 소리로 지껄이다.
Ⅱ형어 큰 소리로 지껄여 떠들썩하다.

떡¹명 ①곡식 가루를 반죽하여 쪄서 만든 음식을 통틀어 이르는 말. 〔흰떡·시루떡·송편·인절미 따위.〕 ②'마음이 유순하기만 한 사람'을 비유하여 이르는 말.

떡 본 김에 제사 지낸다속담 기회가 좋을 때 벼르던 일을 해치운다는 말.

떡 줄 사람은 꿈도 안 꾸는데 김칫국부터 마신다속담 상대편은 줄 생각을 않는데 받을 준비부터 먼저 한다는 말.

떡 해 먹을 집안속담 떡을 하여 귀신에게 고사를 지내야 할 집안이라는 뜻으로, 서로 화합하지 못한 집안을 이르는 말.

떡 먹듯관용 아주 손쉽게. 어렵지 않게 예사로. ¶거짓말을 떡 먹듯 한다.

떡을 치다관용 ①양이나 정도가 충분하다. ¶이 정도면 동네 사람들이 다 먹고도 떡을 치겠다. ②일을 요령껏 추스리지 못하고 쩔쩔매다. ¶그깟 일을 가지고 하루 종일 떡을 치고 있다. ③'방사하다'를 속되게 이르는 말.

떡(이) 되다관용 일이 크게 잘못되어 아주 곤욕을 치르다. 체면이 말이 아니게 되다.

떡 주무르듯 하다관용 제 마음대로 다루다.

떡²명 인방(引枋)이나 기둥이 든든하도록 겹쳐 대는 나무쪽.

떡³부 ①딱딱하고 둔중한 물건끼리 부딪쳐 나는 소리. ②딴딴하고 길쭉한 것이 꺾어지거나 부러지는 소리.

떡⁴부 ①마주치거나 맞닿는 모양. ¶눈길이 떡 마주치다. /트럭을 벽에 떡 붙여 세웠다. ②단단히 들러붙는 모양. ③활짝(크게) 벌어진(벌린) 모양. 크게 벌여 베푼 모양. 쩍. ¶너무 좋아서 입이 떡 벌어진다. /떡 벌어진 잔칫상. ④꿋꿋하거나, 당당하거나, 버젓하거나 여유 있는 모양. ¶보료 위에 떡 버티고 앉아서 며느리의 절을 받았다. ⑤계속되던 것이 갑자기 멈추는 모양. 뚝². ¶시끄럽던 기계 소리가 떡 멎었다. ⑥서로 꼭 맞거나 부합되는 모양. ¶부품을 깎아 기계에 끼워 보았더니 한 치의 오차도 없이 떡 맞았다. 짱딱².

떡-가래[-까-]圀 가래떡의 가늘고 긴 몸. ¶떡 가래를 뽑다.

떡-가루[-까-]圀 떡의 재료가 되는 곡식 가루.

떡갈-나무[-갈라-]圀 참나뭇과의 낙엽 활엽 교 목. 해변이나 산지에 흔히 자라는데, 높이는 10 m가량. 마른 잎은 겨우내 가지에 붙어 있다 가 이듬해 새싹이 나올 때 떨어지며, 늦봄에 황갈색의 꽃이 핌. 열매인 도토리는 먹을 수 있으며, 나무는 질이 단단하여 쓰이는 곳이 많 음. 도토리나무. ⊛갈나무.

떡-갈비[-깔-]圀 갈빗살을 곱게 다져서 양념한 후 갈비뼈에 붙여 구운 音식.

떡갈-잎[-깔립]圀 떡갈나무의 잎. 가랑잎. ⊛갈 잎. *떡갈잎이[-깔리피]·떡갈잎만[-깔립-]

떡-값[-갑]圀 ①회사 등에서, 명절 때 직원들에 게 주는 약간씩의 특별 수당을 속되게 이르는 말. ¶명절인데 떡값이라도 있겠지. ②공사 입 찰 등에서, 입찰자끼리 담합하였을 때, 낙찰된 업자가 다른 업자들에게 나누어 주는 약간씩의 돈. ③'주로 업자들이 명절 때 정치인이나 공 무원이나 관리에게 뇌물조로 바치는 돈'을 속 되게 이르는 말. ¶건설업자로부터 떡값을 받 은 공무원이 해직되었다. *떡값이[-깝씨]·떡 값만[-깜-]

떡-고물[-꼬-]圀 ①떡의 거죽에 묻히는 고물. ②'어떤 일을 부정하게 보아주고 얻은 금품'을 속되게 이르는 말.

떡-고추장(-醬)[-꼬-]圀 흰무리와 메줏가루를 섞어 담근 고추장.

떡-국[-꾹]圀 가래떡을 얄팍하고 어슷하게 썰 어 맑은장국에 넣고 끓인 음식. 병탕(餠湯). ¶설날 아침에 떡국을 먹었다.

떡국-점(-點)[-꾹쩜]圀 떡국에 넣는, 어슷썰기 로 얇게 썬 가래떡의 조각.

떡국-차례(-茶禮)[-꾹-]圀 설날에, 메 대신에 떡국으로 지내는 차례. 새해 차례. 신세 차례.

떡-느릅나무[명-를-]圀 ⇨느릅나무.

떡-돌[-똘]圀 떡을 칠 때에 안반 대신으로 쓰는 넓적하고 반반한 돌.

떡-돌멩이[-똘-]圀 바둑 둘 때에 다닥다닥 한 데 모이게 놓은 바둑돌.

떡-두꺼비[-뚜-]圀 ①크고 튼실하게 생긴 두 꺼비. ②'탐스럽고 암팡지게 생긴 갓난 남자 아이'를 비유하여 이르는 말. ¶떡두꺼비 같은 아들을 낳다.

떡떠그르르〈덕더그르르〉의 센말. ⊛딱따그 르르.

떡떠글-떡떠글圀ㅑ〈덕더글덕더글〉의 센말. ⊛딱따글딱따글.

떡-떡圀 ①잇따라 세게 들러붙거나 얼어붙는 모 양. ¶너무 추워서 문고리에 손이 떡떡 들러붙 는다. ②단단한 것이 크게 갈라지는 모양. ¶건 물의 벽이 떡떡 갈라졌다. ③단단한 것이 잇따 라 부딪치거나 마주치는 소리. ¶어찌나 추운 지 이가 떡떡 마주친다.

떡-메[명-]圀ㅑ 떡을 치는 메. 흰떡이나 인절미를 칠 때 쓰임.

떡-무거리[명-]圀 체에 쳐내고 남은 거친 떡 가루.

떡-밥[-빱]圀 ①유지질의 동·식물성 가루를 반 죽하여 작게 뭉친 낚시 미끼의 한 가지. 흔히 번데기·콩·쌀겨 따위가 쓰임. ②떡을 만들기 위하여 지은 밥. 흔히, 시루에 쪄 냄.

떡-방아[-빵-]圀 떡쌀을 찧는 방아.

떡-보[-뽀]圀 '떡을 몹시 즐겨서 남달리 많이

먹는 사람'을 조롱조로 이르는 말.

떡-보(-褓)[-뽀]圀 떡을 칠 때에 처음에 흩어 지는 것을 막기 위하여 싸는 보자기.

떡-볶이[-뽀끼]圀 흰떡을 적당한 길이로 잘라 쇠고기와 여러 가지 채소를 섞고 갖은 양념을 하여 볶은 음식.

떡-부엉이[-뿌-]圀 '하는 짓이 촌스럽고 상스 러운 사람'을 얕잡아 이르는 말.

떡-살[-쌀]圀 흰떡 같은 것을 눌러 떡의 모양과 무늬를 찍어 내는 데 쓰는 판. 절편판.

떡-소[-쏘]圀 송편 따위의 떡 속에 넣는 소. [꿀·콩·대추·밤 따위].

떡-시루[-씨-]圀 떡을 찌는 데 쓰이는 둥근 그릇.

떡-심[-씸]圀 ①억세고 질긴 근육. ②'성질이 검질긴 사람'을 비유하여 이르는 말.

떡심(이) 좋다관용 몹시 끈기 있게 질기도록 비위가 좋다.

떡심(이) 풀리다관용 (마음먹었던 일이나 희 망하던 일이 틀어져) 맥이 풀리다. 몹시 낙망 하다.

떡-쌀圀 떡을 만드는 데 쓰는 쌀.

떡-쑥圀 국화과의 이년초. 줄기 높이 15~ 40 cm. 줄기나 잎이 모두 하얀 털로 덮여 있 음. 줄기의 잎은 주걱 모양인데 어긋맞게 나 며, 5~7월에 누른빛의 꽃이 핌. 잎은 떡을 찔 때 섞어 쪄서 먹음.

떡-암죽(-粥)圀 흰무리를 말려서 빻은 가루로 쑨 암죽. 젖이 모자라는 어린이나 앓고 난 사 람에게 먹임.

떡을-할감 몹시 못마땅함을 혼잣말투로 내 뱉는 말. 또는 욕하는 말. ¶떡을할, 또 고장 일세.

떡-잎[명닙]圀 씨앗에서 처음 싹터 나오는 잎. 자엽(子葉). *떡잎이[명니피]·떡잎만[명님-]

떡-줄[-쭐]圀 허드렛실이나 무명실로 만든 연 줄. 당백사·상백사.

떡-집[-찝]圀 떡을 만들거나 파는 일을 업으로 삼는 집.

떡-충이(-蟲-)圀 '떡보'의 잘못.

떡-칠(-漆)圀하타 (화장품·페인트·물감 따위를) 덕지덕지 바르는 일. ¶화장품으로 얼굴에 떡 칠을 하다.

떡-판(-板)圀 ①기름틀의 한 부분으로, 기름을 을 올려놓는 판. ②⇨안반. ③'넓적하고 못생 긴 얼굴'을 속되게 이르는 말. ¶얼굴이 떡판 이다.

떡-팥[-팓]圀 떡고물이나 떡소로 쓰는, 삶은 팥. *떡팥이[-파치]·떡팥을[-파틀]·떡팥만 [-판-]

떡-하니[떠카-]倛 보란 듯이 의젓하거나 여유 가 있게. ¶트럭이 길을 떡하니 막고 있다.

떤:-음(-音)圀 악곡 연주에서 꾸밈음의 한 가 지. 지정한 음과 그 위 2도음을 떨듯이 빠르게 교체 반복하며 연주하는 일. 트릴.

떨거덕圀하자타 〈덜거덕〉의 센말. ⊛딸가닥. ⑳떨꺼덕.

떨거덩圀하자타 〈덜거덩〉의 센말. ⊛딸가당.

떨거지圀 '제살붙이나 한통속으로 딸린 무리' 를 얕잡아 이르는 말. ¶처가 떨거지. /동창 떨 거지.

떨걱圀하자타 〈덜걱〉의 센말. ⊛딸각. ⑳떨꺽.

떨겅圀하자타 〈덜겅〉의 센말. ⊛딸강. ⑳떨껑.

떨구다타 ①떨어뜨리다. ②⇨떨치다2.

떨그럭 튀하자타 〈덜그럭〉의 센말. 잘딸그락.

떨그렁 튀하자타 〈덜그렁〉의 센말. 잘딸그랑.

떨기 명 ①(풀·꽃·떨기나무 따위의) 여러 줄기가 하나로 뭉쳐 다보록한 무더기. ②의존 명사적 용법〕꽃이나 풀 따위의 무더기를 세는 단위. ¶한 떨기의 장미. 작그루·포기.

떨기-나무 명 ☞관목(灌木).

떨꺼덕 튀하자타 〈덜거덕〉·〈덜꺼덕〉·〈떨거덕〉의 센말. 잘딸까닥.

떨꺼덩 튀하자타 〈덜거덩〉·〈덜꺼덩〉·〈떨거덩〉의 센말. 잘딸까당.

떨꺼-동이 명 의지하고 지내던 곳에서 쫓겨난 사람.

떨꺽 튀하자타 〈덜걱〉·〈덜꺽〉·〈떨걱〉의 센말. 잘딸깍.

떨껑 튀하자타 〈덜겅〉·〈덜껑〉·〈떨겅〉의 센말. 잘딸깡.

떨:다[¹][떨니·떨어] [Ⅰ]짜 ①작은 폭으로 바르르 흔들리다. ¶문풍지가 떨다. ②무서워하거나 겁내다. ¶떨지 마라. ③인색하여 몸을 사리거나 몹시 망설이다. ¶단돈 백 원에도 벌벌 떤다.
[Ⅱ]타 ①(추위·공포·흥분 따위로 몸을) 잘게 흔들다. ¶추위에 입술을 바르르 떨다. ②소리의 진동이 고르지 않게 울려 나오다. ¶목소리를 떨다. ③경망스러운 짓을 자꾸 하다. ¶수다를 떨다. /방정을 떨다.

떨:다[²][떨니·떨어] 타 ①(붙은 것을) 떨어지게 하다. ¶곡식을 떨다. /밤나무의 밤을 떨다. ②(전체의 셈에서 얼마를) 덜어 내다. ¶받을 돈을 떨고 나머지는 돌려주시오. ③(팔다 남은 물건을) 한꺼번에 팔아 버리거나 사다. ¶나머지는 단돈 천 원에 몽땅 떨어 가십시오.

떨떠름-하다 형여 ①입맛 떫은 맛이다. ¶떨떠름한 땡감. ②마음이 선뜻 내키지 않은 상태다. ¶승낙은 했지만 왠지 떨떠름한 기분이다. 잘껄림직하다. 떨떠름-히튀.

떨떨 튀하자타 〈덜덜²〉의 센말. 잘딸딸.

떨떨-하다 형여 ①(격에 맞지 아니하여) 조금 천하다. ¶떨떨한 옷차림. ②(마음에) 썩 만족하지 못한 듯하다. ¶언동이나 태도가) 좀 모호하고 모자라는 듯하다. ¶떨떨한 수작. ④얼떨떨하다. ¶뭐가 뭔지 정신이 떨떨하다.

떨:-뜨리다 타 위세를 드러내어 뽐내다. 떨트리다.

떨렁 튀하자타 〈덜렁²〉의 센말. 잘딸랑.

떨-리다[¹]짜 ['떨다'의 피동] 몸이 재게 흔들리다. ¶감기로 온몸이 떨리다.

떨-리다[²]짜 ['떨다'의 피동] 떨어짐을 당하다. ¶먼지가 떨리다. /직장에서 떨리어 나오다.

떨:-새 명 나는 새 모양을 은으로 만들어 용수철 위에 붙인 다음, 족두리·떨잠 따위에 단 장식품. 〔움직임에 따라 가볍게 흔들리게 만든 것.〕

떨어-내다 타 떨어져서 나오게 하다. ¶옷의 먼지를 떨어내다.

떨어-뜨리다 타 ①(위에서 아래로) 떨어지게 하다. ¶폭탄을 떨어뜨리다. ②(매달렸던 것을) 떨어지게 하다. ¶감나무를 흔들어 감을 떨어뜨리다. ③(붙은 사이를) 틈이 벌어지게 하다. ¶두 사람 사이를 떨어뜨리다. ④(가졌던 물건을) 흘리다. 빠뜨리다. ¶지갑을 어디다 떨어뜨렸을까? ⑤뒤에 처지게 하다. ¶낙오병을 떨어뜨려 두고 행군하다. ⑥값을 싸게 하다. ¶정부 보유미를 방출하여 쌀값을 떨어뜨리다. ⑦고개를 숙이다. 시선을 아래로 내리깔다. ¶고개를

떨어뜨리다. ⑧(옷이나 신발 따위를) 해어지게 하여 못 쓰게 만들다. ¶운동화를 한 달에 한 켤레씩 떨어뜨리다. ⑨명예나 위신 따위에 흠이 가게 하다. ¶위신을 떨어뜨리다. ⑩(시험·선거·입찰 따위에) 뽑히지 못하게 하다. ¶부적격자는 모두 다 떨어뜨렸다. ⑪좋지 못한 상태에 빠지게 하다. ¶상대편을 곤경에 떨어뜨리다. ⑫쓰이고 있는 물품의 수가 달리게 하다. ¶비상식량마저 떨어뜨려서야. ⑬줄 물품 중에서 얼마를 남기다. ¶본전은 떨어뜨리고 우선 이자만 갚겠소. ⑭속력 따위를 줄이다. ⑮온도를 낮추다. ¶체온을 떨어뜨리다. 떨어트리다.

떨어-먹다 타 '털어먹다'의 잘못.

떨어-지다짜 ①(공중에 뜬 것이나 위에 놓인 것이) 아래로 내려지다. ¶비행기가 떨어지다. /선반 위의 꽃병이 떨어지다. ②붙은 것의 사이가 갈라지다. 벌어지다. ¶벽보가 바람에 떨어지다. /정(情)이 떨어지다. ③헤어지다. 이별하다. ¶엄마와 아가는 서로 떨어지려 하지 않았다. ④(돈·물품 따위가) 빠지다. ¶길에 떨어진 돈. ⑤이익이 나다. ¶본전을 빼고도 10만 원이 떨어지다. ⑥값이 내리다. ¶돼지 값이 떨어지다. ⑦(옷·신발·소지품 따위가) 해어지다. ¶신발이 떨어지다. ⑧쓰인 물품이나 돈의 수가 달리다. ¶객지에서 여비가 떨어지다. ⑨(현재의 수준·정도에서) 후퇴하다. 강등되다. 처지다. ¶1등에서 3등으로 떨어지다. ⑩(입찰·배당 등에서) 자기 몫으로 넘어오다. ¶이번 입찰은 우리한테 떨어졌다. ⑪명예·위신·가치 따위가 낮아지거나 나빠지다. ¶가치가 떨어지다. ⑫좋지 못한 상태에 빠지다. ¶악의 구렁텅이에 떨어지다. ⑬상대편 술책이나 꾐이나 말에 말려들다. ¶그의 술책에 떨어지다. /끈질긴 설득에 결국 떨어지다. ⑭(시험·입찰·선거·선발 따위에서) 뽑히지 못하다. ¶선발 고사에서 떨어지다. ⑮(수준·정도 따위가 어떤 기준에 비교하여 보아) 감퇴(감소)하다. 더 낮아(못해)지다. ¶체온이 떨어지다. /사기가 떨어지다. /속력이 떨어지다. /고객이 떨어지다. ⑯임신한 아이가 유산되다. ¶나눗셈에서, 나머지 없이 나누어지다. ⑱일정한 거리를 두다. ¶10리나 떨어진 마을. ⑲숨이 끊어지다. ⑳병이 없어지다. 어떤 기운이 가시다. ¶독감이 떨어지다. /귀신이 떨어지다. ㉑(진지 따위가) 함락되다. ¶적진이 떨어지다. ㉒지시·명령·호령 따위가 내려지다. ¶명령이 떨어지다. ㉓일감이 달리다. 하던 일이 끝나다. ¶일감이 떨어지다.

떨어-치다 타 세차게 힘을 들여서 떨어지게 하다.

떨어-트리다 타 ☞떨어뜨리다.

떨-이 명하 다 떨어서 싸게 팔 나머지 물건, 또는 그렇게 파는 일.

떨-잠(一簪) 명 큰머리나 어여머리의 앞과 양옆에 꽂았던, 떨새를 붙인 장식품. 떠는잠. 보요(步搖).

떨쳐-나서다[-처-] 짜 어떤 일에 힘차게 나서다. ¶온 국민이 환경 살리기에 떨쳐나섰다.

떨쳐-입다[-처-따] 타 드러나게 차려입다.

떨-치다[¹]짜타 (위세나 명성 따위를) 널리 드날리게 하거나는, 드날리다. ¶용맹을 떨치다.

떨-치다[²] 타 ①세게 흔들어서 떨어지게 하다. ¶붙잡는 손을 떨치고 나섰다. ②(명예·욕심 따위를) 버리다. 마음을 떨치고 낙향하다. 떨구다.

떨커덕 튀하자타 〈덜커덕〉의 센말. 잘딸카닥.

떨커덩 튀하자타 〈덜커덩〉의 센말. 잘딸카당.

떨컥 튀하자타 〈덜컥¹〉의 센말. 잘딸칵.

떨컹(부)(하자타) 〈덜컹〉의 센말. @딸캉.

떨-켜(명) 낙엽이 질 무렵, 잎꼭지가 가지에 붙은 곳에 생기는 특수한 세포층. 수분을 통하지 못하게 하여 잎이 떨어지게 하며, 잎이 떨어지면 그 떨어진 자리를 보호함.

떨-트리다 @떨뜨리다.

떫:다[떨따](형) ①설익은 감처럼 거세고 텁텁한 맛이 있다. ②하는 짓이나 말이 덜되고 떨떠름하다. ¶떫은 표정을 짓다. *떫:어·떫:고[떨꼬]

떫-디떫다[떨띠떨따](형) 매우 떫다.

떫-은-맛[-맏](명) 설익은 감의 맛과 같은 맛. *떫:은맛이[-마시]·떫:은맛만[-만-]

떰치(명) 소의 길마 밑에 덮는 짚방석 같은 물건.

떳-하다[떰떠타](형어) 굽힐 것이 없이, 당당하고 어엿하다. ¶기죽지 않고 떳떳하게 행동하다. **떳떳-이**(부)

떴다-방(-房)[떧따-](명) 주로 아파트 등을 분양하는 곳에 임시로 자리를 잡고 영업하는 이동식 부동산 중개업소.

떵(명) 쇠망치 같은 것으로 두꺼운 철판 따위를 세게 두드렸을 때 울리어 나는 둔한 소리. @떵². (참)텅². 떵-떵(부)(하자타).

떵떵(부) ①헛된 장담을 하는 모양. ¶떵떵 큰소리를 치다. @텅텅. ②위세를 보이며 몹시 으스대는 모양. @땅땅.

떵떵-거리다¹(자타) 자꾸 떵떵하는 소리가 나다, 또는 그런 소리를 내다. 떵떵대다¹. @땅땅거리다.

떵떵-거리다²(자) (큰 재산이나 세력으로) 근심 없이 호화롭게 거들먹거리며 살다. ¶대대로 떵떵거리던 집안. 떵떵대다². @땅땅거리다².

떵떵-대다¹(자타) ☞떵떵거리다¹.

떵떵-대다²(자) ☞떵떵거리다².

떼¹(명) 목적이나 행동을 같이하는 무리. ¶사람들이 떼를 지어 몰려간다.

떼²(명) 뿌리째 떠낸 잔디. ¶무덤에 떼를 입히다.

떼³(명) 억지. ¶되지도 않을 일에 떼를 쓰다. /아이가 장난감을 사달라고 엄마에게 떼를 부린다.

떼⁴(명) ☞뗏목.

떼-강도(-強盜)(명) 떼를 지어 범행을 저지르는 강도.

떼-거리¹(명) 〈떼¹〉의 속된 말.

떼-거리²(명) 〈떼³〉의 속된 말. ¶떼거리를 쓰다.

떼-거지(명) 떼를 지어 다니는 거지. ②'천재지변 등으로 졸지에 헐벗게 된 이재민'을 속되게 이르는 말.

떼걱(부)(하자타) 〈데걱〉의 센말. @때각. (참)떼꺽.

떼:-걸다[~거니·~걸어](타) 손을 떼고 관계를 끊다.

떼-과부(-寡婦)(명) (전쟁이나 재난으로 말미암아) 한 집이나 한 마을에서 한꺼번에 생긴 과부들.

떼-관음보살(-觀音菩薩)(명) '떼 지어 행동하는 사람들'을 비유하여 이르는 말.

떼구루루(부) 〈데구루루〉의 센말. @때구루루.

떼굴-떼굴(부)(하자타) 〈데굴데굴〉의 센말. @때굴때굴.

떼그럭(부)(하자타) 〈데그럭〉의 센말. @때그락.

떼-까마귀(명) ☞당까마귀.

떼꺽¹(부)(하자타) 〈데꺽¹〉·〈데걱¹〉·〈떼걱〉의 센말. @때깍.

떼꺽²(부)(하자타) 〈데꺽²〉의 센말.

떼꾼-하다(형어) 〈데꾼하다〉의 센말. @때꾼하다.

떼:다¹(타) ①붙어 있는 것을 떨어지게 하다. ¶벽에 붙은 광고물을 떼다. ②한동아리로 있는 것 사이를 갈라놓다. ¶새끼를 어미한테서 떼어 기르다. ③봉한 것을 뜯어서 열다. ¶편지의 겉봉을 떼다. ④아기를 유산시키다. ¶태아를 떼다. ⑤걸음을 옮기어 놓다. ¶발걸음을 떼다. ⑥말을 하려고 입을 열다. ¶토라졌는지 입을 떼지 아니한다. ⑦첫머리를 시작하다. ¶허두를 떼다. ⑧전체에서 한 부분을 덜어 내다. ¶월급의 일부를 떼어 저축하다. ⑨나쁜 버릇이나 병을 고치다. ¶학질을 떼다. ⑩먹던 것을 못 먹게 하다, 또는 아니 먹다. ¶젖을 떼다. ⑪배우던 것을 끝내다. 수료하다. ¶소학을 떼다. ⑫(수표·어음·증명서 따위) 문서를 만들어 주다(받다). ¶인감 증명을 떼다. ⑬계속하던(관계하던) 것을 그만두다. ¶노름에서 손을 떼다. /눈길을 떼지 않고 바라보다. ⑭(장사를 하기 위하여) 생산지나 도매상에서 많은 물건을 한꺼번에 사다. ¶옷을 도매로 떼다. ⑮화투로 점 따위를 보다. ¶화투를 떼다.

떼어 놓은 당상(堂上)(관용) 틀림없이 될 것이니 조금도 걱정할 것이 없음을 이르는 말.

떼:다²(타) 빌려 온 것을 돌려주지 않다. ¶꾸어 온 돈을 떼다.

떼-도둑(명) 떼를 지어 도둑질을 일삼는 무리.

떼-도망(-逃亡)(명)(하자) 한 집안이나 어떤 구성원이 모두 도망함.

떼-돈(명) 갑자기 많이 생긴 돈. ¶떼돈을 벌다.

떼:-먹다[~따](타) ☞떼어먹다의 준말.

떼:-밀다[~미니·~밀어](타) 힘을 들여 밀어내다. ¶큰 바위를 떼밀어 굴리다. @떠밀다.

떼-새(명) ①떼를 지어 날아다니는 새. ②〈물떼새〉의 준말.

떼-송장(명) 갑자기 한꺼번에 많이 죽어서 생긴 송장.

떼-쓰다[~쓰니·~써](자) 자기 요구만을 억지로 주장하다. ¶없는 돈을 당장 내놓으라고 떼쓰다.

떼어-먹다[~따](타) ①(갚아야 할 빚 따위를) 갚지 아니하다. ②(부당하게) 중간에서 가로채다. 횡령하다. ¶소개비를 떼어먹다. @떼먹다.

떼-이다(타) 『떼다²의 피동』 빌려 준 것을 못 받게 되다. ¶친구에게 돈을 떼이다.

떼-쟁이(명) 떼를 잘 쓰는 사람.

떼적(명) 비나 바람 따위를 막으려고 둘러치는 거적 따위.

떼전(명) 한동아리가 되어 떼를 이룬 사람들.

떼-전(-田)(명) 한 사람이 경작하는 한 물꼬에 딸려 죽 잇따라 있는 여러 배미의 논.

떼-죽음(명)(하자) 한꺼번에 모조리 죽음.

떼-집다[~따](타) 착 달라붙은 것을 집어서 떼다.

떼:-치다(타) ①(달라붙는 것을) 떼어 물리치다. ②(붙잡는 것을) 뿌리치다. ③(요구 따위를) 잘라 거절하다. ④(생각이나 정의(情誼) 같은 것을) 딱 끊어 버리다.

떽데구루루[-떼-](부) 〈덱데구루루〉의 센말. @땍대구루루.

떽떼굴(부) 〈덱데굴〉의 센말. @땍때굴.

뗀:-석기(-石器)[-끼](명) 구석기 시대에, 인류가 돌을 두드려 쳐서 만든 도끼·칼 따위 연모를 통틀어 이르는 말. 타제 석기.

뗏-말[뗀-](명) 떼를 지어 다니는 말.

뗏말에 망아지(속담) 여럿 속에 끼어, 그럴듯하게 엄벙덤벙 지내는 사람을 이르는 말.

뗏-목(-木)[뗀-](명) 재목을 엮어 흐르는 물에 띄워 사람이나 물건을 운반하는 것. 떼⁴.

뗏-밥[떼빱/뗃빱]**명** 떼가 잘 살도록 한식 같은 때에 무덤 위에 뿌려 주는 흙. ¶뗏밥을 주다.

뗏-일[뗀닐]**명** 떼를 입히는 일.

뗏-장[떼짱/뗃짱]**명** 흙을 붙여 떠낸 떼의 낱장.

뗑뗑〈뗑〉의 센말. 참땡땡2.

뗑겅[부][하자타]〈뎅겅1〉의 센말. 참땡강.

뗑그렁[부][하자타]〈뎅그렁〉의 센말. 참땡그랑.

또[부] ①어떠한 행동이나 사실이 거듭됨을 나타내는 말. 그뿐이 아니고 다시. ¶또 사고가 났다. ②(주로 '-으면' 뒤에 쓰이거나 일정한 뜻을 가지는 의문문에 쓰이어)그래도. ¶어린애라면 또 모르겠다. ③그 위에 다시 더. ¶그는 사업가이자 또 저술가이다.

또그르르[부]〈도그르르〉의 센말. 큰뚜그르르.

또글-또글[부]〈도글도글〉의 센말. 큰뚜글뚜글.

또깡-또깡[하형] (말이나 행동이) 똑똑 자른 듯이 매우 분명한 모양. 비또박또박2.

또는[부] '혹은'·'아니면'의 뜻을 나타내는 접속부사. ¶명절 때는 늘 기차 또는 고속버스를 이용한다.

또-다시[부] ①거듭하여 다시. ¶이미 한 것을 또 다시 하라니. ②['다시'를 강조하는 뜻으로] 재차. 한 번 더. 되풀이하여. ¶또다시 확인하다.

또닥-거리다[-꺼-]**타** 자꾸 또닥또닥하다. 또닥대다. 큰뚜덕거리다. 여토닥거리다.

또닥-대다[-때-]**타** ⇒또닥거리다.

또닥-또닥[부][하타] 작고 딱딱한 물건으로 단단한 물건을 가볍게 두드릴 때 나는 소리. 큰뚜덕뚜덕. 여토닥토닥.

또드락-거리다[-꺼-]**타** 자꾸 또드락또드락하다. 또드락대다. 큰뚜드럭거리다.

또드락-대다[-때-]**타** ⇒또드락거리다.

또드락-또드락[부][하타] 작고 단단한 물건이 율동적으로 잇따라 부딪쳐 내는 소리. 큰뚜드럭뚜드럭.

또드락-장이[-짱-]**명** '금박(金箔) 세공업자'를 속되게 이르는 말.

또라-젓[-젇]**명** 숭어 창자로 담은 젓. *또라젓이[-저시]·또라젓만[-젼-]

또랑-또랑[하형] 조금도 흐린 점이 없이 아주 밝고 똑똑한 모양. ¶또랑또랑한 음성.

또래[명] 나이나 무슨 정도가 같거나 또는 어금지금한 무리. ¶같은 나이 또래의 아이들.

또렷-또렷[-렫-렫][부][하형] ①여럿이 다 또렷한 모양. ¶어린이들의 또렷한 눈망울. ②매우 또렷한 모양. 큰뚜렷뚜렷. 여도렷도렷.

또렷-하다[-려타-]**형여** ①흐리지 않고 매우 밝거나 뚜렷하게 ②서곱려 있지 않고 분명하다. 큰뚜렷하다. 여도렷하다. 또렷-이[부].

또르르〈도르르〉의 센말. 큰뚜르르.

또바기[부] 늘 한결같이 꼭 그렇게. ¶이자를 한 번도 거르지 않고 또바기 내고 있다.

또박-거리다[-꺼-]**자** 자꾸 또박또박하다. 또박대다. 큰뚜벅거리다.

또박-대다[-때-]**자** ⇒또박거리다.

또박-또박1[부][하자] 반듯하고 다부지게 걷는 걸음의 또렷한 발자국 소리, 또는 그 모양. 큰뚜벅뚜벅.

또박-또박2[부] ①[하형] (말이나 글씨 따위가) 흐리터분하지 않고 조리 있고 또렷한 모양. ¶글씨를 또박또박 써야겠다. 비또깡또깡. ②(어떤 규칙이나 차례를) 한 번도 거르거나 어기지 않고 그대로 따르는 모양. ¶집세를 또박또박 내다.

또아리[명] '똬리'의 잘못.

또야-머리[명] 내외명부(內外命婦)가 예장(禮裝)할 때에 틀던 머리.

또-우(-又)[명] 한자 부수의 한 가지. '叐'·'及' 등에서의 '又'의 이름.

또한[부] ①역시. 마찬가지로. ¶나 또한 네 말에 찬성이다. ②그 위에 더. ¶돈도 있고 또한 권세도 있다.

똑1[부] 조금도 틀림없이. 영락없이. ¶얼굴 모습이 제 아버지와 똑 닮았다.

똑2[부] ①좀 작은 것이 떨어지는 소리, 또는 그 모양. ¶구슬이 마루에 똑 떨어진다. ②단단한 것이 쉽게 부러지면서 나는 소리, 또는 그 모양. ¶연필심이 똑 부러진다. ③단단한 것을 가볍게 한 번 두드릴 때 나는 소리. ④거침없이 따라나 내는 모양. ¶감을 똑 따 먹는다. 큰뚝1. 참똑2. 똑-똑[부] ¶문을 똑똑 두드린다.

똑3[부] ①계속되던 것이 갑자기 그치는 모양. ¶소식이 똑 끊어지다. ②말이나 행동 따위를 단호하게 하는 모양. ③다 쓰고 없는 모양. ¶돈이 똑 떨어지다. 큰뚝2.

똑-같다[-깓따][형] ①조금도 다른 데가 없다. ¶똑같은 모양의 신발. ②새롭거나 특별한 것이 없다. ¶매일 똑같은 일상생활. 똑같-이[부].

똑딱[부][하자타] 단단한 물건을 가볍게 두드릴 때 나는 소리. 큰뚝딱. 참톡탁. 똑딱-똑딱[부][하자타] ¶조그마한 시계 소리 똑딱똑딱, 쉬지 않고 일하네.

똑딱-거리다[-꺼-]**자타** 자꾸 똑딱똑딱하다. 똑딱대다. ¶똑딱선이 똑딱거리며 지나간다. 큰뚝딱거리다.

똑딱-단추[-딴-]**명** 수단추와 암단추를 눌러 맞추어 채우는 단추. 맞단추.

똑딱-대다(-때-]**자타** ⇒똑딱거리다.

똑딱-선(-船)[-썬]**명** 통통배.

똑-떨어지다[자] ①맞아떨어지다. 빈틈없이 맞다. ②(말이나 행동 따위가) 분명하게 되다. ¶기한 안에 완결될는지 똑떨어지게 말해라.

똑똑-하다[-또카-][형여] ①흐리지 않아 또렷하고 환하게 알 수 있다. ¶안경을 쓰니 똑똑하게 보인다. ②사리에 밝고 야무지다. 영리하다. ¶똑똑한 아들. 똑똑-히[부].

똑-바로[-빠-][부] ①어느 쪽으로도 기울지 않고 곧게. ¶이 길로 똑바로 가십시오. ②틀림없이 바르게. ¶똑바로 말하다.

똑-바르다[-빠-][~바르니·~발라][형르] ①어느 쪽으로도 기울지 않고 곧다. ¶똑바르게 앉다. ②사리에 벗어나지 않고 옳다. 올바르다. ¶똑바른 말과 행동.

똑-하다[형여] '꼭하다'의 잘못.

똘기[명] 채 익지 아니한 과실.

똘똘〈돌돌1·2〉의 센말. ¶구슬이 똘똘 구른다.

똘똘-하다[형여] 똑똑하고 영리한 아이.

똘똘-하다[형여] 똑똑하고 영리하다. 여돌돌하다. 똘똘-히[부].

똘마니[명] ①(불량한 무리에 딸린)〈부하〉의 낮은말. ②(본데없이 막 자란)〈아이〉의 낮은말. ¶장바닥 똘마니.

똘-배[명] 콩배나무의 열매. 아주 작고 단단하며 시고 떫다.

똘배-나무[명] ⇒콩배나무.

똥[명] ①사람이나 동물이 먹은 음식물을 삭이고 똥구멍으로 내보내는 찌끼. 분(糞). ¶똥을 누다. ②갈아 쓰던 먹물이 벼루에 말라붙은 찌끼.
똥 누고 밑 아니 씻은 것 같다[속담] 일한 뒤끝이 개운하지 않고 꺼림칙하다는 말.

똥 누러 갈 적 마음 다르고 올 적 마음 다르다 속담 ☞뒷간에 갈 적 마음 다르고 올 적 마음 다르다.

똥 묻은 개가 겨 묻은 개 나무란다속담 제 허물은 더 크면서, 남의 작은 허물을 들어 시비한다는 말.

똥이 무서워 피하나 더러워 피하지속담 야비하고 고약한 사람과는 시비하지 말고 피하는 것이 낫다는 말.

똥 친 막대기속담 천하게 되어 가치가 없는 물건이나 버림받은 사람을 이르는 말.

똥(을) 싸다관용 '몹시 힘들다'를 속되게 이르는 말. ¶똥을 쌀 일이다.

똥(이) 되다관용 '면목이나 체면이 형편없이 되다'를 속되게 이르는 말.

똥-감태기명 온몸에 똥을 흠뻑 뒤집어쓴 꼴.

똥-값[-깝]명 아주 싼값. 갯값. ¶똥값에 팔다./배추 값으로 떨어지다. *똥값이[-깝씨]·똥값만[-깜-]

똥-개[-깨]명 '별로 가치 없는 잡종의 개'를 흔히 이르는 말.

똥-고집[-꼬-]〈옹고집〉의 속된 말. ¶똥고집을 부리다.

똥-구멍[-꾸-]명 똥을 몸 밖으로 내보내는 구멍. 항문(肛門).

똥구멍으로 호박씨 깐다속담 '겉으로는 얌전한 체하면서 은밀히 온갖 짓을 다함'을 비유하는 말.

똥구멍이 찢어지게 가난하다속담 살림살이가 몹시 궁색하다.

똥그라미명〈동그라미〉의 센말. ¶똥그라미를 그리다.

똥그랗다[-라타][똥그라니·똥그래]형ㅎ〈동그랗다〉의 센말. 똥그렇다.

똥그래-지다자〈동그래지다〉의 센말. 큰똥그레지다.

똥그스름-하다형여〈동그스름하다〉의 센말. 큰뚱그스름하다.

똥글-똥글부하일〈동글동글〉의 센말. 큰뚱글뚱글.

똥기다타 귀띔하다. 내막이나 내용의 꼬투리를 암시하다.

똥-끝[-끝]명 똥구멍에서 나오는 똥자루의 첫 끝. *똥끝이[-끄치]·똥끝을[-끄틀]·똥끝만[-끈-]

똥끝(이) 타다관용 ①애를 태워 똥자루가 마르고 검게 되다. ②☞똥줄(이) 타다.

똥-독(-毒)[-똑]명 똥 속에 있는 독기. ¶똥독이 오르다.

똥똥부하일 (작은 키에) 살진 몸집이 옆으로 퍼지고 굵은 모양. 큰뚱뚱. 똥똥-히부.

똥-물명 ①똥이 섞인 물. ②구토가 심할 때, 먹은 음식물이 다 나오고 나중에 나오는 누르스름한 물.

똥-배[-빼]명 '어울리지 않게 불룩하게 나온 배'를 속되게 이르는 말.

똥-싸개명 ①똥을 가리지 못하는 아이. ②실수로 '똥을 싼 아이'를 조롱조로 이르는 말. ③'지지리 못난 사람'을 욕으로 이르는 말.

똥-오줌명 똥과 오줌. 분뇨(糞尿).

똥오줌을 못 가리다관용 '사리 분별을 못하다'를 속되게 이르는 말. ¶여기가 어떤 자리라고 네가 감히 똥오줌을 못 가리고 끼어드느냐?

똥-자루[-짜-]명 굵고 긴 똥 덩이.

똥-장군명 똥을 담아 나르는 오지나 나무로 만든 통(방언).

똥-줄[-쭐]명 급히 내깔기는 똥의 줄기.

똥줄(이) 나게관용 ☞똥줄이 빠지게.

똥줄(이) 당기다관용 몹시 겁이 나다.

똥줄(이) 빠지게관용 ①몹시 혼이 날 만큼 힘들게. ②몹시 혼이 나서 정신없이 서둘게. 똥줄(이) 나게. ¶똥줄이 빠지게 달아나다.

똥줄(이) 타다관용 몹시 힘이 들거나 마음이 졸이다. 똥끝(이) 타다.

똥-집[-찝]명 ①〈대장(大腸)〉의 속된 말. ②'몸집'을 농조로 이르는 말. ③엉덩이를 중심한 하체(下體)의 무게를 농조로 이르는 말. ④〈위(胃)〉의 속된 말. ¶똥집이 대단한 모양이지, 그걸 다 먹어 치우는 걸 보니.

똥-차(-車)명 ①똥을 실어 나르는 차. ②〈고물차〉의 속된 말.

똥-참명 소의 창자 중 새창의 한 부분.

똥참(이) 맞다관용 '배짱이 맞다'를 속되게 이르는 말. ¶똥참이 맞아서 어울려 다닌다.

똥-칠(-漆)명하자 ①똥을 묻히는 짓. ②'체면이나 명예를 크게 더럽히게 됨'을 비유하여 이르는 말.

똥-통(-桶)명 ①똥오줌을 담거나 담아 나르는 통. ②'형편없는 물건이나 낡아 빠진 것'을 비유하여 이르는 말.

똥-파리명 ①똥에 모여드는 파리를 두루 이르는 말. ②똥파릿과의 파리. 성충의 몸빛은 황갈색, 날개 빛깔은 누르스름함. ③'아무 일에나 간섭하거나 잇속을 찾아 덤비는 사람'을 얕잡아 이르는 말.

똬르르부하자〈돠르르〉의 센말.

똬:리명 ①짐을 일 때 머리에 받치는 고리 모양의 물건. 짚이나 천을 틀어서 만듦. ②나선 모양으로 빙빙 틀어 놓은 것, 또는 그런 모양. ¶뱀이 똬리를 틀다.

딸딸부하자〈달달〉의 센말.

뙈:기명 ①경계를 지어 놓은 논밭의 구획. 배미. ②〈의존 명사적 용법〉일정하게 경계를 지은 논밭의 구획을 세는 단위. ¶밭 한 뙈기도 없다. ③〈자리·요·이불 뒤에 쓰이어〉'하찮은 쪼가리'라는 뜻으로 쓰이는 말. ¶요 뙈기라도 깔고 앉지.

뙤다[뙤/뛔]자 ①(실로 짠 물건의 코나 바느질한 자리의 올 따위가) 끊어지다. ②(도자기나 사기그릇 따위의) 한쪽이 깨어져 떨어지다. ③물건의 귀가 떨어지다.

뙤뙤[뙤뙤/뛔뛔]명 말 더듬는 소리.

뙤뙤-거리다[뙤뙤-/뛔뛔-]타 자꾸 뙤뙤 하며 말을 더듬다. 뙤뙤대다.

뙤뙤-대다[뙤뙤-/뛔뛔-]타 뙤뙤거리다.

뙤록-거리다[뙤-꺼-/뛔-꺼-]자타〈되록거리다〉의 센말. 뙤록대다. 큰뛔룩거리다.

뙤록-대다[뙤-때-/뛔-때-]자타 뙤록거리다.

뙤록-뙤록[뙤-뙤-/뛔-뛔-]부하자타하일〈되록되록〉의 센말. 큰뛔룩뛔룩.

뙤약-볕[뙤-뺃/뛔-뺃]명 되게 내리쬐는 여름날의 뜨거운 볕. 폭양. *뙤약볕이[뙤-뻬치/뛔-뻬치]·뙤약볕을[뙤-뻬틀/뛔-뻬틀]·뙤약볕만[뙤-뺀-/뛔-뺀-]

뙤-창(-窓)[뙤-/뛔-]명〈뙤창문〉의 준말.

뙤-창문(-窓門)[뙤-/뛔-]명 방문에 낸 작은 창문. 준뙤창.

뚜:뱅이명〈뚜쟁이〉의 준말.

뚜부 고동(기적)이나 나팔 따위를 울리는 소리. 뚜-뚜부.

뚜그르르부〈두그르르〉의 센말. 쎄또그르르.

뚜글-뚜글囝〈두글두글〉의 센말. 困또글또글.

뚜껑囿 ①그릇의 아가리를 덮는 제구(諸具). ②어떤 물건을 보호하기 위하여 겉에 씌우는 물건. ¶만년필 뚜껑. ③〈모자〉의 속된 말.

뚜껑(을) 열다판용 일의 내막을 공개하다.

뚜껑-돌囿 ⇨개석(蓋石).

뚜껑-밥囿 ①사발 바닥에다 다른 작은 그릇이나 접시를 엎어 놓고 담은 밥. ②밑에는 잡곡밥을 담고 위만 이밥을 담은 밥. ③겉치레로 잘 먹이는 듯이 차린 음식.

뚜껑-이불[-니-]囿 이불잇을 시치지 않은 솜이불.

뚜께-머리囿 층이 지게 잘못 깎아서 뚜껑을 덮은 것처럼 된 머리.

뚜께-버선囿 바닥이 다 해어져 발등만 덮게 된 버선.

뚜덕-거리다[-꺼-]囼 자꾸 뚜덕뚜덕하다. 뚜덕대다. 困또닥거리다. 困투덕거리다.

뚜덕-대다[-때-]囼 뚜덕거리다.

뚜덕-뚜덕囝囼 딱딱한 물건으로 잘 울리지 않는 단단한 물건을 두드릴 때 나는 소리. 困또닥또닥. 困투덕투덕.

뚜덜-거리다囼〈두덜거리다〉의 센말. 뚜덜대다.

뚜덜-대다囼 뚜덜거리다.

뚜덜-뚜덜囝囼〈두덜두덜〉의 센말.

뚜두두둑囝 ①소나기나 우박이 잇따라 세게 떨어지는 소리. ②나뭇가지 같은 것이 서서히 부러지는 소리.

뚜드럭-거리다[-꺼-]囼 자꾸 뚜드럭뚜드럭하다. 뚜드럭대다. 困또드락거리다.

뚜드럭-대다[-때-]囼 뚜드럭거리다.

뚜드럭-뚜드럭囝囼 크고 단단한 물건이 율동적으로 잇따라 부딪쳐 내는 소리. ¶뚜드럭뚜드럭 말발굽을 울리는 소리. 困또드락또드락.

뚜드려-내다囼 끌·대패 따위의 날이 있는 연장을 속내기 위하여 날의 안쪽을 망치로 자꾸 뚜드려서 우묵하게 하다. 〔이렇게 한 뒤에 칠판 안 숫돌에 대고 갈다.〕

뚜드리다囼〈두드리다〉의 센말.

뚜들기다囼〈두들기다〉의 센말.

뚜렷-뚜렷[-련-련]囝하囼〈두렷두렷〉의 센말. 困또렷또렷.

뚜렷-하다[-려타-]휑어〈두렷하다〉의 센말. ¶윤곽이 뚜렷하다.

뚜르르囝〈두르르〉의 센말. 困또르르.

뚜벅-거리다[-꺼-]囵 자꾸 뚜벅뚜벅하다. 뚜벅대다. 困또박거리다.

뚜벅-대다[-때-]囵 뚜벅거리다.

뚜벅-뚜벅囝하囵 자신 있고 뜸직하게 걷는 걸음의 뚜렷한 발자국 소리, 또는 그 모양. 困또박또박.

뚜-쟁이囿 ①'밀매음(密賣淫)을 주선하는 사람'을 속되게 이르는 말. ②'중매인'을 홀하게 이르는 말. ☞뚜.

뚝[1]囝 ①좀 큰 것이 떨어지는 소리, 또는 그 모양. ¶호박이 뚝 떨어지다. ②굵고 단단한 것이 단번에 부러지는 소리, 또는 그 모양. ¶큰 나뭇가지가 뚝 하고 부러지다. ③단단한 것을 한 번 두드릴 때 나는 둔한 소리. 困똑[1]·똑2. 困뚝-뚝囝.

뚝[2]囝 ①계속되던 것이 갑자기 그치는 모양. 떡4. ¶아기가 울음을 뚝 그쳤다. 困떡2. 2.거침없이 따거나 떼는 모양. ¶호박을 뚝 따다. ③(거리·순위·성적 따위가) 두드러지게 떨어지는 모양. ¶성적이 바닥으로 뚝 떨어지다. ①②困똑3. ③困뚝-뚝囝.

뚝[3]囝 (행동이나 말을) 단호하게. ¶전혀 모르는 일이라고 뚝 잡아떼다. 困똑3.

뚝-딱[1]囝하자타 단단한 물건을 세게 두드릴 때 나는 소리. 困똑딱. 困툭탁. 뚝딱-뚝딱囝.

뚝-딱[2]囝 일을 거침없이 시원스럽게 해치우는 모양. ¶밥 한 그릇을 뚝딱 해치우다./썰매 하나를 뚝딱 만들어 내다.

뚝딱-거리다[-꺼-]자타 자꾸 뚝딱뚝딱하다. 뚝딱대다. ¶개집을 만든다면서 뚝딱거리고 있다. 困똑딱거리다.

뚝딱-대다[-때-]자타 뚝딱거리다.

뚝뚝-하다[-뚜카-]휑어 ①무뚝뚝하다. ②(바탕이) 거세고 단단하다. ¶옷감이 뚝뚝하다. 困뚝뚝-이囝.

뚝발-이[-빠리]囿〈절뚝발이〉의 준말.

뚝배기[-빼-]囿 찌개나 지짐이 따위를 끓이거나 설렁탕 따위를 담을 때 쓰는 오지그릇.

뚝배기 깨지는 소리속담 ①음성이 곱지 못하고 탁한 것을 이르는 말. ②잘 못하는 노래나 말을 놀리거나 비꼬아 하는 말.

뚝배기보다 장맛이 좋다속담 겉모양보다 내용이 훨씬 낫다는 말.

뚝별-나다[-뻘라-]휑 갑자기 무뚝뚝하게 화를 잘 내는 성질이 있다.

뚝별-스럽다[-뻘-따-][~스러우니·~스러워]휑 갑자기 아무 일에나 불뚝불뚝 화를 내는 별난 경향이 있다.

뚝별-씨[-뻘-]囿 걸핏하면 불뚝불뚝 성을 잘 내는 성질, 또는 그런 사람.

뚝-심[-씸]囿 ①군세게 버티어 내거나 감당해 내는 육체적인 힘. ¶뚝심이 센 사람. ②좀 미련하게 불뚝 내는 힘. ¶뚝심을 쓰다.

뚝지[-찌]囿 도칫과의 바닷물고기. 몸길이 25cm가량. 몸은 길둥글고 공처럼 매끈함. 배에 빨판이 있어 바위 등에 붙으면 잘 떨어지지 않음. 우리나라 동해안과 일본·오호츠크 해 연안 등지에 분포함. 멍텅구리.

뚝-하다[뚜카-]휑어〈뚝뚝하다〉의 준말.

뚤뚤囝〈둘둘[1]·2〉의 센말. ¶물건을 신문지로 뚤뚤 말다. /방석을 뚤뚤 말아 베고 눕다.

뚫다[뚤타]囼 ①구멍을 내다. ¶구멍을 뚫어 끈을 꿰다. ②막힌 것을 통하게 하다. ¶터널을 뚫다. ③앞길을 헤치다. ¶밀림을 뚫고 나아가다. ④(난관이나 시련을) 극복하다. ¶대학 입시의 관문을 뚫다. ⑤해결할 길을 찾아내다. ¶돈줄을 뚫다. ⑥사람의 마음이나 미래의 사실을 알다. ¶마음속을 뚫어 보는 눈. * 뚫어[뚜러]·뚫는[뚫른]·뚫소[뚤쏘]

뚫-리다[뚤-]囵『'뚫다'의 피동』뚫어지다. ¶뚫린 창구멍을 막다. /십 년 묵은 체증이 뚫리다.

뚫어-뜨리다[뚜러-]囼 힘을 들여 뚫어지게 하다. 뚫어트리다.

뚫어-맞히다[뚜러마치-]囼 아주 정확하게 알아맞히다.

뚫어-새기다[뚜러-]囼 (조각에서) 아주 내뚫어 구멍이 통하게 새기다.

뚫어-지다[뚜러-]囵 ①구멍이나 틈이 생기다. ②(길이) 통하여지다. ③이치를 깨닫게 되다. ④《주로, '뚫어져라'·'뚫어지게'·'뚫어지도록'의 꼴로 '보다'류 동사와 함께 쓰이어》뚫어질 정도로 집중하다. ¶뚫어지게 노려보다.

뚫어진 벙거지에 우박 맞듯속담 정신을 못 차리도록 무엇이 마구 떨어지거나 쏟아짐을 비유하는 말.

뚫어-트리다[뚜러-]囼 뚫어뜨리다.

뚫을-곤(─丨)[뚤를─]閔 한자 부수의 한 가지. '中'·'串' 등에서의 '丨'의 이름.

뚱그렇다[─러타][뚱그러니·뚱그레]휑동 〈둥그렇다〉의 센말. 閔뚱그랗다.

뚱그레-지다困 〈둥그레지다〉의 센말. 閔뚱그래지다.

뚱그스름-하다휑어 〈둥그스름하다〉의 센말. 閔뚱그스름하다.

뚱글-뚱글閔휑 〈둥글둥글〉의 센말. 閔뚱글뚱글.

뚱기다타 ①(악기의 줄 따위를) 탄력성 있게 튀기어 진동하게 하다. ¶거문고를 뚱기다. ②슬쩍 귀띔해 주다.

뚱기-치다타 몸을 세차게 움직이다.

뚱-딴지閔 ①우둔하고 완고하며 무뚝뚝한 사람. ¶뚱딴지같이 제 자식을 보고도 말이 없다. ②엉뚱한 짓. ¶뚱딴지처럼 난데없이 무슨 소린고?

뚱-딴지閔 국화과의 다년초. 땅속줄기의 끝이 굵어져 감자 모양의 덩이줄기가 됨. 줄기에는 잔털이 있으며, 초가을에 노란 꽃이 핌. 덩이줄기는 식용 및 가축의 사료나 알코올의 원료로 쓰임. 돼지감자.

뚱딴지閔 전선을 지탱하고 절연하기 위하여 전봇대에 다는 기구.

뚱딴지-같다[─같따]휑 (행동이나 사고방식 따위가) 너무나 엉뚱하다. ¶뚱딴지같은 소리.

뚱뚱閔휑 (살이 쪄서) 키에 비하여 몸집이 옆으로 퍼지고 굵은 모양. ¶뚱뚱하게 살이 찐 아이. 閔뚱뚱. **뚱뚱-히**閔

뚱뚱-보閔 뚱뚱한 사람. 뚱뚱이. 菌뚱보.

뚱뚱-이閔 ⇨뚱뚱보. 菌뚱쭉이.

뚱-보閔 '뚱뚱한 사람'을 흘하게 이르는 말. 菌〈뚱뚱보〉의 준말.

뚱-하다휑어 ①말수가 적고 붙임성이 없다. ¶사람이 뚱해서 남과 잘 어울리지 못한다. ②못마땅하여 시무룩하다.

뛰-놀다[~노니·~놀아]困 ①이리저리 뛰어다니며 놀다. ②(맥박 따위가) 세게 발딱거리다.

뛰다困타 ①빨리 내닫다. 힘껏 달리다. ¶힘껏 뛰어라. ②〈달아나다〉의 속된 말. ③(멀리 가거나 높이 오르기 위하여) 몸에 반동을 넣어 위로 솟구쳐 오르다. ¶높이 뛰다. ④(값 따위가) 갑자기 크게 오르다. ¶과일 값이 크게 뛰었다. ⑤(맥박이나 심장의 고동 따위가) 크게 발딱거리거나 두근거리다. ¶가슴이 뛰다. ⑥(액체의 방울이) 튀어 올라 흩어지다. ¶흙탕물이 뛰어 옷을 버리다. ⑦((주로 '펄펄'·'펄쩍' 따위의 말과 함께 쓰이어)) 단호한 태도를 보이다. (어떤 사실을 크게 부정함.) ¶시집을 가라니까 펄쩍 뛰더라. ⑧어떤 자격으로 일하다. ¶현역으로 뛰기에는 나이가 너무 많다. ⑨바쁘게 돌아다니며 일하거나 적극적으로 활동하다. ¶현장에서 뛰는 영업 사원.

뛰어-가다[─어/─여─]困 달음박질쳐 가다. 달려가다. ¶비를 피해 처마 밑으로 뛰어갔다.

뛰어-나가다[─어/─여─]困 (몸을 솟치며 밖으로) 빨리 달려서 나가다. 달려나가다.

뛰어-나다[─어/─여─]困 (다른 것보다) 훨씬 낫다. ¶남보다 뛰어난 두뇌.

뛰어-나오다[─어/─여─]困 (몸을 솟치며 밖으로) 빨리 달려서 나오다. ¶화재 경보가 울리자 전원이 건물 밖으로 뛰어나왔다.

뛰어-내리다[─어/─여─]困困 ①(몸을 솟구쳐) 높은 데서 아래로 내리다. ¶트럭 짐칸에서 장정들이 훌쩍 뛰어내렸다. ②(몸을 던져) 어떤 공간을 벗어나다. ¶달리는 열차에서 뛰어내리다. 困困 (비탈진 길이나 통로를) 뛰어서 빨리 내려가다. ¶계단을 뛰어내려 가다.

뛰어-넘다[─어─따/─여─따]困 ①(몸을 솟구쳐) 높은 것을 넘다. ¶담을 뛰어넘다. ②(순서를) 거르고 나아가다. ¶고등학교 과정은 뛰어넘고 곧장 대학에 진학했다. ③(어떤 범위나 수준을) 벗어나거나 넘어서다. ¶예상을 뛰어넘다.

뛰어-놀다[─어/─여─]困 뛰놀다.

뛰어-다니다[─어/─여─]타 ①뛰거나 내달리며 이리저리 돌아다니다. ¶아이들이 골목길을 누비며 뛰어다니다. ②이리저리 바삐 다니다. ¶직장을 구하려고 여기저기 뛰어다녔다.

뛰어-들다[─어/─여─][~드니·~들어]困 ①높은 데서 물속으로 몸을 던지다. ¶바닷물에 뛰어들다. ②날래게 움직여 들어오거나, 불시에 달려들 듯이 나타나다. ¶자동차가 인도로 뛰어들다. ③망설이거나 거리끼지 않고 가담하거나 덤벼들다. ¶정치 일선에 뛰어들다. ④몸을 던져 위험한 상황 속으로 가다. ¶단신으로 적진에 뛰어들다.

뛰어-오다[─어/─여─]困 달음박질쳐 오다.

뛰어-오르다[─어/─여─][~오르니·~올라]困困 ①(몸을 솟치어) 높은 곳으로 오르다. ¶차에 뛰어오르다. ②값이나 지위 따위가 갑자기 많이 오르다. ¶원화(貨)의 환율이 뛰어오르다. 困타困 (비탈진 길이나 통로를) 뛰어서 빨리 올라가다. ¶언덕길을 뛰어오르다.

뛰쳐-나가다[─처─]타 ①힘있게 밖으로 뛰어나가다. ②어느 곳에서 벗어나거나 갑자기 떠나 버리다. ¶집을 뛰쳐나가다.

뛰쳐-나오다[─처─]타 ①힘있게 밖으로 뛰어나오다. ¶불이 나자 사람들이 건물 밖으로 뛰쳐나왔다. ②어느 곳에서 벗어나 나오거나 갑자기 떠나 버리다. ¶회사를 뛰쳐나오다.

뜀閔 ①두 발을 모으고 뛰어 앞으로 나아가는 일. ②몸을 솟구쳐 높은 데에 오르거나 넘는 일.

뜀-걸음閔 군대에서 의식이나 행군 때, 90㎝의 보폭으로 1분간에 180보를 걷는 걸음.

뜀뛰기운：동(─運動)閔 필드 경기의 한 가지. 멀리뛰기·높이뛰기·세단뛰기·장대높이뛰기 따위를 통틀어 이르는 말. 도약 운동(跳躍運動).

뜀-뛰다困 두 발을 모으고 몸을 솟구쳐 앞으로 나아가거나 높은 곳으로 오르다.

뜀박-질[─질]閔하자 ①뜀을 뛰는 일. ②달음박질하는 일. 菌뜀질.

뜀-질閔하자 〈뜀박질〉의 준말.

뜀-틀閔 기계 체조 용구의 한 가지. 찬합처럼 여러 층으로 포개 놓을 수 있는 상자 모양으로 만든 나무틀. 정면이나 측면으로 달려와서 여러 가지 방법으로 뛰어넘음.

뜀틀^운:동(-運動)圀 기계 체조의 한 가지. 뜀틀을 두 손으로 짚고 넘는 운동. 도움닫기·발구르기·손짚기·공중 자세·착지 등이 뜀틀 운동의 기본 요소임.

뜨개-바늘圀〈뜨개질바늘〉의 준말.

뜨개-실圀 뜨개질의 재료로 쓰이는 실.

뜨개-질1圀하자 털실 따위로 양말·옷·장갑 등을 뜨는 일. 뢈편물(編物).

뜨개-질2圀하타 남의 마음속을 떠보는 짓.

뜨개질-바늘圀 뜨개질에 쓰는 긴 바늘. 대오리·쇠·플라스틱 등으로 만듦. 훈뜨개바늘.

뜨갯-것[-개껏/-갣껃]圀 뜨개질하여 만든 물건. 편물(編物). * 뜨갯것이[-개꺼시/-갣꺼시]·뜨갯것만[-개껀-/-갣껀-]

뜨거워-지다자 뜨겁게 되다.

뜨거워-하다타여 뜨거운 기색을 나타내다.

뜨겁다[-따][뜨거우니·뜨거워]휑回 ①온도가 몹시 높다. 휀따갑다. →차다. ②센 열기가 살갗을 찌르는 듯하다. ③(비유적으로 쓰이어) 감정이 열정적으로 달아 있다. ¶동족에 대한 뜨거운 사랑. ④(무안하거나 부끄러워서) 얼굴이 몹시 화끈하다. ¶낯이 뜨거워 고개를 들 수 없었다.

-뜨기뢸回(일부 명사 뒤에 붙어) 사람을 홀하게 부르는 뜻을 나타냄. ¶시골뜨기. /사팔뜨기.

뜨께-질圀하타 '뜨개질2'의 잘못.

뜨끈-뜨끈뢷휑 매우 뜨끈한 느낌이 있는 상태. ¶방이 뜨끈뜨끈하다. 휀따끈따끈. **뜨끈뜨끈-히**뢷.

뜨끈-하다휑 좀 뜨뜻하다. ¶뜨끈한 숭늉을 마시다. 휀따끈하다. **뜨끈-히**뢷.

뜨끔뢷휑 ①찔리거나 데거나 하여 쑤시듯이 아픈 느낌. ②갑자기 마음에 강한 자극을 받아 찔리거나 켕기는 느낌. ¶가슴이 뜨끔하다. 휀따끔. **뜨끔-히**뢷.

뜨끔-거리다자 ①갑자기 불에 닿는 것처럼 뜨거운 느낌이 자꾸 들다. ②마음에 강한 자극을 받아 뜨거운 느낌이 자꾸 생기다. 휀따끔거리다.

뜨끔-대다자 뜨끔거리다.

뜨끔-뜨끔뢷휑 계속 뜨끔한 느낌이 있는 상태. 여러 군데가 뜨끔한 느낌. 휀따끔따끔. **뜨끔뜨끔-히**뢷.

뜨내기圀 ①거처할 곳이 일정하지 못하여 떠돌아다니는 사람. ②(붙박아 정하여 계속되는 일이 아니고) 가끔 하게 되는 일. ¶뜨내기 일감조차 없다.

뜨내기-살이圀하자 여기저기 자주 옮겨 다니며 사는 일.

뜨내기-손님圀 단골이 아닌, 어쩌다가 한두 번 찾아오는 손님.

뜨내기-장사圀하자 붙박아 한자리에서 전문으로 하지 않고, 임시로 또는 여기저기 떠돌아다니면서 하는 장사.

뜨다1[뜨니·떠]자 ①(가라앉지 않고) 물 표면에 있다. ¶배가 물 위에 떠 있다. ↔가라앉다. ②(땅에 떨어지지 않고) 공중으로 솟아오르거나 공중에 머물러 있다. ¶비행기가 뜨다. ③(달·해·별 등이) 솟아오르다. ¶보름달이 뜨다. ↔지다. ④(연줄이 끊어져 연이) 날아가 버리다. ¶연싸움에서 내 연이 맨 먼저 떠 버렸다. ⑤(마음이 안정되지 않고) 들썽거리다. ¶결혼을 앞둔 김 군은 마음이 떠서 일손이 잡히지 않는 모양이다. ⑥꾸어 준 돈이나 물건을 떼이게 되다. ¶10만 원 돈이 떠 버렸다. ⑦'인

기를 얻게 되거나 유명해짐'을 속되게 이르는 말. ¶무명 가수의 앨범이 뜨다. ⑧'두려운 인물이 모습을 나타냄'을 속되게 이르는 말. ¶경찰이 뜨다. /단속이 떴다.

뜨다2[뜨니·떠]자타 ①(쌓여 있는 곡물·채소·풀 짚 따위가) 열을 내어 썩기 시작하다. ¶답쌓인 짚더미가 뜨다. ②(메주·누룩 따위가) 발효(醱酵)하다. ¶메주가 뜨다. ③얼굴에 병색이 누렇게 나타나다. ¶얼굴이 떠 누렇게 떴다.

뜨다3[뜨니·떠]자 ①(시간·거리·감정 따위에) 거리가 생기거나 사이가 멀다(멀어지다). ¶동안이 뜨다. /편지 왕래가 뜨다. /두 사람 사이가 뜨다. ②틈이나 공간이 생기다. ¶벽지가 떠서 쿨렁쿨렁하다.

뜨다4[뜨니·떠]타 ①비우다. ¶잠시 자리를 뜨다. ②거처를 멀리 옮기다. ¶고향을 뜨다. ③퇴직하다. ¶직장을 뜨다. ④죽다. ¶세상을 뜨다.

뜨다5[뜨니·떠]타 ①(액체나 가루 따위를) 용기(容器)로 퍼내거나 푸다. ¶삽으로 흙을 뜨다. /바가지로 물을 뜨다. ②(물 위에 떠 있거나, 얕게 가라앉은 것을) 걷어 내거나 건져 올리다. ¶수제비를 떠 담다. ③(한지나 김 따위를) 틀에 펴서 낱장으로 만들다. ¶종이를 뜨다. /김을 뜨다. ④밥그릇에 숟가락질을 하며 먹다. ¶죽을 떠 먹다.

뜨다6[뜨니·떠]타 ①(('각(脚)'과 함께 쓰이어) 잡은 짐승의 고기를 일정한 크기로 떼어내다. ¶각을 뜨다. ②(('포(脯)'와 함께 쓰이어) 고기를 얇게 저미다. ¶포를 뜨다. ③큰 덩이에서 알맞은 크기로 떼어 내거나 래어 내다. ¶뗏장을 뜨다. /구들장을 뜨다. /얼음장을 뜨다. ④못자리에서 모를 뽑아서 단을 짓다. ¶모를 뜨다. ⑤집 따위를 옷감으로 필요한 만큼 끊어서 사다. ¶혼숫감을 뜨다.

뜨다7[뜨니·떠]타 ①감은 눈을 열다. ¶눈을 번쩍 뜨다. ↔감다. ②처음으로 귀의 청각을 느끼다. ¶갓난아기가 귀를 뜨다. ③시력을 다시 찾다. ¶장님이 눈을 뜨다.

뜨다8[뜨니·떠]타 ①(무엇을 만들기 위해) 실·끈·노 따위로 짜거나 엮다. ¶그물을 뜨다. /양말을 뜨다. /매미채를 뜨다. ②한 땀 한 땀 바느질을 하다. ¶두 땀씩 떠서 상침을 놓다. ③먹실로 살갗에 문신을 새기다. ¶팔에 용을 뜨다.

뜨다9[뜨니·떠]타 ①소가 뿔로 무엇을 받다. ¶소가 사람을 뜨다. ②씨름에서, 상대자를 힘껏 들어 올리다. ¶배지기를 뜨다. ③(무거운 물건을 목도로) 들어 옮기다. ¶목도로 바위를 뜨다.

뜨다10[뜨니·떠]타 ①꼭 같은 것을 그리거나 박아 내기 위하여 본 따위를 만들다. 《주로, '본'과 함께 쓰임.》¶본을 뜨다. /지형(紙型)을 뜨다. ②약쑥을 경혈(經穴)에 놓고 태우다. 《주로, '뜸'과 함께 쓰임.》¶뜸을 뜨다.

뜨다11[뜨니·떠]휑 ①(말이나 행동이) 느리다. ¶동작이 뜨다. ¶발육이 더디다. 늦되다. ¶돌이 지나도 못 서다니 자라는 것이 뜨구나. ③감수성이 무딤을 이른다. ¶무뚝뚝하고 눈치도 뜨다. ④말수가 적다. ¶말수가 뜨다. ⑤쇠붙이 따위가 불이나 열에 잘 달지 않다. ¶뜬 다리미. ⑥물매가 가파르지 않다. ¶기울기가 뜨다. ⑦연장의 날이 무디다. ¶면도날이 뜨다.

뜨더귀圀하타 조각조각 뜯어내거나 갈가리 찢는 짓, 또는 그 물건.

뜨더귀-판圓 뜨더귀를 하는 판.

뜨덤-뜨덤[─따][하어] ①글을 서투르게 간신히 뜯어 읽는 모양. ☞책을 뜨덤뜨덤 읽다. ②말을 자꾸 더듬는 모양.

뜨듯-하다[─드타─]형여 알맞게 따뜻하다. ¶아 랫목이 뜨듯하다. ☞따듯하다. ⑱뜨뜻하다. 뜨 듯-이튀.

뜨뜻미지근-하다[─뜬─]형여 ①온도가 뜨뜻한 듯하면서 미지근하다. ¶국물이 뜨뜻미지근하 다. ②태도에 결단성과 적극성이 없다. ¶나는 너의 그 뜨뜻미지근한 태도가 못마땅하다.

뜨뜻-하다[─뜨따─]형여 〈뜨듯하다〉의 센말. ¶목욕물이 뜨뜻하다. ☞따뜻하다.

뜨락圓 뜰.

뜨르르튀하자 ①〈드르르²〉의 센말. ☞따르르. ②소문 따위가 야단스럽게 퍼지는 모양. ¶온 동네에 소문이 뜨르르 퍼져 야단이라네.

-뜨리다접미 동사의 어미 '─아(어)' 또는 어간 에 붙어, 그 동작을 힘주어 나타내는 구실을 함. 모음으로 끝나는 어간의 경우에는 흔히 어 미 '─아(어)'가 줆. -트리다. ¶깨뜨리다. /넘어 뜨리다. /떨어뜨리다.

뜨막-하다[─마카─]형여 (왕래나 소식 따위가) 한참 동안 뜸하다.

뜨문-뜨문튀하어 〈드문드문〉의 센말.

뜨물¹圓 곡식을 씻어 낸 부연 물.

뜨물²圓 '진덧물'의 방언.

뜨스-하다형어 〈드스하다〉의 센말. ¶아랫목이 좀 뜨스하다. ☞따스하다.

뜨습다[─따][뜨스우니·뜨스워]형ⓑ 〈드습다〉의 센말. ☞따습다.

뜨악-하다[─아카─]형여 ①(마음에) 선뜻 끌리 지 않다. 썩 당기지 않다. ②썩 미덥지 못하다. ¶생각했던 것보다 어리기 때문인지 뜨악해하 는 눈치다. ③(마음이나 분위기가 맞지 않아) 서먹하다. ¶뜨악한 사이.

뜨음-하다형어 도수(度數)가 잦다가 한동안 머 츰하다. ¶소식이 뜨음하다. 준뜸하다.

뜨-이다재 〔'뜨다⁶·⁷·⁹'의 피동〕①감았던 눈이 열리거나, 막혔던 귀가 뚫리는 것 같다. ¶잠 이 깨어 눈이 뜨이다. /귀가 번쩍 뜨이는 반가 운 소식. ②눈에 보이다(들어오다). ¶요즘음에 한복을 입은 사람이 눈에 자주 뜨인다. ③포 (脯)나 각(脚)으로 뜸을 당하다. ¶소 한 마리 가 순식간에 각으로 뜨이다. ④떠받음을 당하 다. ¶소한테 뜨이어 크게 다쳤다. 준띄다.

뜬-것[─건]圓 ①떠돌아다니는 못된 귀신. 뜬귀 신. 부행신(浮行神). ②'뜬계집'의 잘못. * 뜬 것이[─거시]·뜬것만[─건─]

뜬-계집[─계─/─게─]圓 어쩌다 우연히 관계하 게 된 계집.

뜬-공圓 플라이 볼.

뜬-구름圓 하늘에 떠다니는 구름. 〔흔히, 덧없 는 세상일에 비유하여 씀.〕부운(浮雲). ¶인생 이란 뜬구름과 같다.

뜬-귀신(─鬼神)圓 뜬것.

뜬-금圓 일정하지 않고 시세의 변동에 따라 달 리 정해지는 값.

뜬금-없다[─그없따]형 갑작스럽고도 엉뚱하다. ¶뜬금없는 소리. /뜬금없는 돈이 생기다. 뜬금 **없-이**튀 ¶뜬금없이 나타나다. /뜬금없이 무슨 말입니까?

뜬-눈圓 밤에 잠을 자지 못한 눈. 〔주로, '뜬눈 으로'의 꼴로 쓰임.〕¶밀린 일 때문에 뜬눈으 로 밤을 새다.

뜬-돈圓 뜻하지 아니한 우연한 기회에 얻은 돈. 눈먼 돈.

뜬뜬-하다형어 〈든든하다〉의 센말. ☞딴딴하다.

뜬-벌이圓하자 고정적이 아니고 닥치는 대로 하 는 벌이.

뜬-세상(─世上)圓 덧없는 세상. 부세(浮世).

뜬-소문(─所聞)圓 근거 없이 떠도는 소문. 도 설(塗說). 유언(流言). 유언비어(流言蜚語).

뜬-쇠[─쇠/─쉐]圓 남사당놀이에서, 각 종목의 우두머리. 〔버나쇠·덜미쇠·곰뱅이쇠 따위.〕

뜬-숯[─숟]圓 장작을 때고 난 뒤에 꺼서 만든 숯, 또는 피웠던 참숯을 다시 꺼 놓은 숯. * 뜬 숯이[─수치]·뜬숯만[─순─]

뜬-용(─龍)[─뇽]圓 궁전이나 절의 법당 같은 데의 천장에 만들어 놓은 용 모양의 장식. 부 룡(浮龍).

뜬-재물(─財物)圓 ①(수고를 들임이 없이) 뜻 하지 않게 생긴 재물. ②빌려 주었거나 맡겨 놓았다가, 받지 못하게 된 재물.

뜬-저울圓 비중계(比重計)의 하나. '부칭(浮 秤)'을 풀어 쓴 말.

뜰게[─께]圓 해지고 낡아서 못 입게 된 옷.

뜰게-질[─께─]圓하어 ①해지고 낡아서 입지 못하게 된 옷의 솔기를 뜯어내는 일. ②빨래할 옷의 솔기를 뜯어내는 일.

뜯-기다[─끼─] Ⅰ재 〔'뜯다'의 피동〕①뜯 음을 당하다. ¶싸움을 말리다가 단추가 뜯기 다. ②벌레 따위에 물리다. ¶밤새도록 모기 에게 뜯기다. ③(작은 돈이나 약간의 물건을) 뺏기다. ¶점심 값을 뜯기다. ④노름을 해서 돈 을 잃다.
Ⅱ타 〔'뜯다'의 사동〕①갈비 따위를 뜯게 하 다. ②(소나 염소 따위에게) 풀을 뜯어 먹게 하다.

뜯다[─따]타 ①(붙어 있는 것을) 떼어 내다. ¶우표를 뜯다. /단추를 뜯다. ②발기발기 찢듯 이 떼어 내다. ¶닭 털을 뜯다. /북어를 두들겨 잘게 뜯다. ③봉투 따위를 찢거나 헐어서 열다. ¶봉투를 뜯다. /포장을 뜯다. ④벌레 따위가 물다. ⑤(조립되어 있는 것을) 따로따로 떼어 내다. ¶고장난 시계를 뜯다. ⑥현악기의 줄을 뚱겨 소리를 내다. ¶거문고를 뜯다. ⑦노름판 에서, 개평을 얻어 내다. ⑧솔기 따위의 꿰맨 자리를 헐어서 가르다. ¶이불잇을 뜯어서 빨 았다. ⑨풀이나 나물을 채취하다. ¶나물을 뜯 다. ⑩가슴을 아프게 하다. ¶가슴을 쥐어뜯는 영화. ⑪조르거나 위협하여 무엇을 빼앗거나 얻다. ¶업주들에게서 돈을 뜯다.

뜯어-고치다타 근본적으로 새롭게 고치다. ¶직 제(職制)를 뜯어고치다. /집을 뜯어고치다. /얼 굴을 뜯어고치다.

뜯어-내다타 ①붙어 있는 것을 떼어 내다. ¶벽 의 광고물을 뜯어내다. /마루를 뜯어내다. ②조 르거나 위협하여 무엇을 얻어 내다. ¶용돈 뜯 어낼 궁리만 하더니. ③기계의 부분품 따위를 조각조각 떼어 내다. ¶수리하려고 발동기를 뜯어내다.

뜯어-말리다타 맞붙어 싸우는 것을 사이에 들 어 떼어 말리다.

뜯어-먹다[─따]타 남을 조르거나 압력을 넣어 얻어먹다. ¶그는 노름판에서 개평을 뜯어먹고 사는 건달이다.

뜯어-벌이다타 ①무엇을 뜯어 죽 벌여 놓다. ¶기계를 뜯어벌이다. ②밉살스럽게 이야기를 늘어놓다.

뜯어-보다[타] ①붙한 것을 뜯고, 속의 것을 꺼내어 보다. ¶편지를 뜯어보다. ②이모저모로 구분하여 자세히 살펴보다. ¶얼굴을 아무리 뜯어봐도 닮은 데가 한 군데도 없다. ③서투른 글의 뜻을 간신히 알아서 읽다. ¶영문을 간신히 뜯어보다.

뜯이[뜨지][명][하타] 헌 옷을 뜯어서 빨아 가지고 다시 옷을 짓는 일.

뜯이-것[뜨지걷][명] 뜯이하여 다시 지은 옷. *뜯이것이[뜨지거시]·뜯이것만[뜨지건-]

뜯적-거리다[-쩍꺼-][타] 자꾸 뜯적뜯적하다. 뜯적대다. [잖]따짝거리다.

뜯적-대다[-쩍때-][타] 뜯적거리다.

뜯적-뜯적[-쩍-][부][하][타] (손톱이나 날카로운 물건 따위로) 자꾸 뜯거나 긁어서 진집을 내는 모양. [잖]따짝따짝.

뜰먹[명] 집 안에 있는 평평한 땅.

뜰-낚[-락][명] 물속의 중층(中層)에 사는 물고기를 낚는 낚시 방법의 한 가지. *뜰낚이[-라끼]·뜰낚만[-랑-]

뜰뜰[부] ①[하][자][타]비탈진 곳으로 수레가 빨리 구르는 소리. ②명령이나 위세가 아주 잘 시행되는 모양. ¶그까짓 일이야 서장님 한 말씀이면 뜰뜰 해치울걸, 뭐.

뜰먹-거리다[-꺼-][타] <들먹거리다2>의 센말. 뜰먹대다. [잖]딸막거리다.

뜰먹-대다[-때-][타] 뜰먹거리다.

뜰먹-뜰먹[부][하][자][타] <들먹들먹>의 센말. [잖]딸막딸막.

뜰먹-이다[타] <들먹이다2>의 센말. [잖]딸막이다.

뜰썩-거리다[-꺼-][자][타] <들썩거리다>의 센말. 뜰썩대다. [잖]딸싹거리다.

뜰썩-대다[-때-][자][타] 뜰썩거리다.

뜰썩-뜰썩[부][하][자][타] <들썩들썩>의 센말. [잖]딸싹딸싹.

뜰썩-이다[자][타] <들썩이다>의 센말. [잖]딸싹이다.

뜰아래-채[명] 한 울 안에 있는, 안뜰 아래쪽의 집채. [준]아래채.

뜰아랫-방(-房)[명] [-래빵/-랟빵] 안뜰을 사이에 두고 몸채의 건너편에 있는 방. [준]아랫방.

뜰-채[명] 낚시에 걸린 물고기를 물에서 건져 올리는 그물이 달린 도구.

뜰-층계(-層階)[명] [-계/-게] 뜰에서 마루로 올라가게 되어 있는 층계.

뜸[1][명] 띠나 부들 따위의 풀로 거적처럼 엮어 만든 물건. 비가 올 적에 물건을 덮거나, 볕을 가리거나 바람을 막는 데 씀.

뜸[2][명] (무엇을 흠씬 찌거나 삶은 다음 얼마 동안 그대로 두어) 제물에 속속들이 푹 익게 하는 일. ¶뜸이 들다.

뜸(을) 들이다[관용] 일을 할 때에, 쉬거나 그 일을 만만히 하기 위하여 서두르지 않고 한동안 가만히 있는 경우를 비유하여 이르는 말.

뜸[3][명] 큰 마을 가까이에 따로 몇 집씩으로 이루어진 작은 동네.

뜸[4][명] 한방에서, 뜸쑥을 경혈에 놓고 불을 붙이어 뜨겁게 하는 자극 요법의 한 가지. 구(灸). 육구(肉灸). ¶배에다 뜸을 뜨다.

뜸-깃[-낃][명] ①뜸을 엮는 데 쓰이는 재료를 통틀어 이르는 말. [띠나 부들 따위.] ②뜸의 겉에 넘어지게 내민 풀잎. *뜸깃이[-끼시]·뜸깃만[-낀-]

뜸-단지[명] '부항단지'의 잘못.

뜸베-질[명][하][자] 소가 뿔로 물건을 닥치는 대로 받는 일.

뜸부기[명] 뜸부깃과의 새. 몸길이는 수컷이 38 cm, 암컷이 33 cm가량. 몸빛은 수컷이 검은 회색이고 암컷은 갈색 바탕에 세로무늬가 있음. 논이나 풀밭·연못 등에서 삶. 우리나라에서는 흔한 여름새임.

뜸-새끼[명] 김마와 걸채를 얼러 매는 새끼.

뜸-손[명] 뜸을 엮는 줄.

뜸-쑥[명] 뜸을 뜨는 데 쓰는 쑥.

뜸-씨[명][명] ☞효소(酵素)

뜸지근-하다[형][여] (말이나 행동이) 느리고 느긋하게 뜸직하다. [잖]땀지근하다.

뜸직-뜸직[부][하][형] (말이나 행동이) 한결같이 뜸직한 모양. [잖]땀직땀직.

뜸직-하다[-지카-][형][여] (말이나 행동이) 겉보기보다는 훨씬 무게 있어 보인다. ¶사람이 뜸직하여 호감이 간다. [잖]땀직하다. **뜸직-이**[부].

뜸-질[명][하][자][타] 뜸을 뜨는 일.

뜸-집[-찝][명] 뜸으로 이은 간단한 집.

뜸-팡이[명] ①[명]☞효모균. ②☞효소.

뜸:-하다[형][여] <뜨음하다>의 준말. ¶발길이 뜸하다. /손님이 뜸하다. /소식이 뜸하다.

뜻[뜯][명] ①(무엇을 이루려고 속으로 다져 먹은) 마음. 의지(意志). ¶뜻을 이루다. /네 뜻이 그렇다면 한번 해 봐라. ②(말이나 글의) 속내. 의미. ¶글의 뜻이 통하지 않는다. ③(어떤 말이나 행동이 지닌) 가치나 중요성. 의의(意義). ¶선생님의 가르침 속에 깊은 뜻을 헤아리다. *뜻이[뜨시]·뜻만[뜬-]

뜻(을) 받다[관용] 남의 뜻을 받들어 그대로 하다. ¶아버지의 뜻을 받아 농사를 짓다.

뜻(이) 맞다[관용] ①서로 마음이 통하다. ②마음에 들다.

뜻-글자(-字)[명] [뜯끌짜] ☞표의 문자(表意文字). ↔소리글자.

뜻-밖[뜯빡][명] 생각 밖. 예상외. 의외. ¶뜻밖의 일이 생겼다. /그가 장가를 간다니 참으로 뜻밖이다. *뜻밖이[뜯빠끼]·뜻밖만[뜯빵-]

뜻밖-에[뜯빠께][부] 생각지도 않게. 마음먹지 않은 사이에. 의외로. ¶일이 뜻밖에 잘돼 나가다. /뜻밖에 좋은 기회가 주어지다.

뜻-있다[뜯읻따][형] ①일 따위를 하고 싶은 생각이 있다. ¶이 일에 뜻있으면 언제든지 말해라. ②겉으로 드러나지 않은 사정이나 실상이 있다. ¶뜻있는 미소를 보내다. ③가치나 보람이 있다. ¶하루하루를 뜻있게 보내다.

뜻-하다[뜯타-][[I]][타][여] (말이나 글이) 어떤 뜻을 나타내다. ¶무엇을 뜻하는지 모르겠다. [II][자][여] ①어떤 뜻을 마음에 품다. ¶뜻하는 바가 있다. ②[무엇이 일어나리라고] 미리 헤아리다. 《주로, '않다'나 반어적 의문문에 쓰임.》¶뜻하지 않은 질문.

띄:다[띠-][타][자][여] ①<뜨이다>의 준말. ¶눈에 띄다. /귀가 번쩍 띄는 소식. ②뜨게 하다. 띄우다. ¶한 칸 띄다.

띄어-쓰기[띠어-/띠여-][명][하][타] 글을 쓸 때, 어절(語節) 단위로 띄어서 쓰는 일.

띄엄-띄엄[띠-띠-][부][하][형] ①사이가 배지 아니하고 드물게 있는 모양. 다문다문. 드문드문. ¶집들이 띄엄띄엄 있는 마을. ②(잇따라 줄곧 말하거나 한꺼번에 다 읽지 않고) 자주 쉬어 가며 말하거나 건너뛰며 읽는 모양. ¶중요한 대목만 띄엄띄엄 읽다. /생각해 가면서 띄엄띄엄 말하다.

띄우다[1][띠-][타] 편지를 부치거나 보내다. ¶인편에 소식을 띄워 보내다.

띄우다²[띠-]国〔'뜨다¹~³'의 사동〕①물 위나 공중에 뜨게 하다. ¶요트를 띄우다. /글라이더를 띄우다. ②연을 날리다. ¶방패연을 띄우다. ③메주 따위를 뜨게 하다. ¶누룩을 띄우다. ④사이가 뜨게 하다. ¶책상 사이를 띄우다.

띠¹똉 ①너비가 좁고 기다란 물건을 통틀어 이르는 말. ¶띠를 두르다. ②〈허리띠〉의 준말. ③아기를 업을 때 둘러매는 좁고 긴 천. ④화투의 다섯 끗짜리 패.

띠²똉 활터에서 한 패 가운데 몇 사람씩 나누어 이룬 떼.

띠³똉 볏과의 다년초. 산야(山野)에 흔히 자람. 높이 30~80 cm이며, 땅속 깊게 벋는 뿌리줄기의 마디마다 잔털 뿌리가 나 있음. 잎은 긴 칼 모양이며 끝이 뾰족함. 이삭 모양의 꽃은 5월에 잎보다 먼저 나와 길게 자람. 모초(茅草). 백모(白茅).

띠⁴똉 태어난 해를 십이지(十二支)의 동물 이름으로 이르는 말. 〔쥐띠·소띠·범띠·토끼띠·용띠 따위.〕

띠의 (옛) 것이. ¶能히 홀 띠 아닐씨(法華 6:156). 촵디.

띠-그래프(-graph)똉 띠 모양으로 그린 그래 프. 〔전체에 대한 각 부분이 차지하는 비율을 길이로 나누어 나타낸 것.〕

띠그르르튀혱〈디그르르〉의 센말. 촹때그르르.

띠글-띠글튀혱〈디글디글〉의 센말. 촹때글 때글.

띠:다国 ①띠를 감거나 두르다. ②물건을 지니다. ¶품에 칼을 띠다. ③용무나 사명을 가지다. ¶중대한 임무를 띠다. ④어떤 빛깔을 조금 가지다. ¶붉은빛을 띤 저녁노을. ⑤표정이나 감정을 겉으로 좀 드러내다. ¶노기를 띠다. /미소를 띤 얼굴. ⑥사상적 빛깔이 좀 섞여 있다. ¶비판적 성격을 띤 발언.

띠-무늬[-니]똉 띠 모양으로 된 무늬. 대문(帶紋).

띠-살문(-''뭉)똉 상·중·하 세 곳에 가는 문살을 띠 모양으로 댄 창살문의 한 가지.

띠-쇠[-쇠/-쉐]똉 목재 구조물에 겹쳐 대거나 꺾어 대어 보강재(補強材)로 쓰는, 가락지·감잡이 따위를 통틀어 이르는 말.

띠-씨름하자 허리에 띠를 매어, 서로 그것을 잡고 하는 씨름의 한 가지.

띠알-머리똉 '띠앗머리'의 잘못.

띠앗[-앋]똉 형제자매 사이의 정의(情誼). ＊띠앗이[-아시]·띠앗만[-안-]

띠앗-머리[-안-]똉〈띠앗〉의 속된 말. ¶남매 간에 그렇게도 띠앗머리가 없어서야.

띠어-보다[-어-/-여-]国 눈에 슬쩍 뜨이는 동안 여겨보다.

띠-지(-紙)똉 지폐나 서류 따위를 싼 다음 가운데를 둘러매는, 가늘고 긴 종이.

띠-톱똉 제재용(製材用) 기계톱의 한 가지. 띠 모양의 강철판 한쪽에 톱니를 내고, 벨트 모양으로 양 끝을 이어 고속으로 회전시켜 목재를 켜게 된 톱. 대거(帶鉅). ↔둥근톱.

띳-빵[띠빵/띧빵]똉 널빤지 울타리에 가로 댄 띠 모양의 나무오리. 띳장.

띳-술[띠쑬/띧쑬]똉 공복(公服)의 띠대(品帶)에 다는 술. 〔술 속에 흔히 호패(號牌)를 달았음.〕

띳-장[띠짱/띧짱]똉 ①=띳빵. ②광산에서, 굿을 드릴 때 양쪽 기둥 위에 가로 얹는 나무.

띳-집[띠찝/띧찝]똉 띠로 지붕을 이은 허술한 집. 모사(茅舍). 모옥(茅屋).

띵튀혱 ①머리가 울리듯 아픈 느낌. ¶머릿골이 띵 울리다. ②정신이 흐릿한 느낌.

띵띵튀혱 속에서 불어나서 겉으로 매우 켕기는 모양. ¶얼굴이 띵띵 붓다. 촹땡띵¹. 촵팅팅.

띵띵²튀혱〈딩딩〉의 센말. ¶종아리가 띵띵하다. 촹땡땡².

똘의 (옛) 것을. ¶몸 ᄒᆞ야ᄇᆞ릴 똘 저터 아니홀씨 일후미 不驚이오(法華2:60). 촵돌².

ㄹ¹[자모] 리을. ①한글 자모의 넷째. ②자음의 하나. 혀끝을 윗잇몸에 가볍게 대었다가 떼면서 내는 울림소리. 받침의 경우에는 혀끝을 윗잇몸에 꼭 붙이고 혀의 양쪽으로 숨을 흘리면서 소리 냄.

ㄹ²[조] ①〈를〉의 준말. ¶날 믿어라. /회사 그만 두고 식당을 차렸다. ②모음으로 끝난 체언에 붙는 관형사형 서술격 조사. 그 일을 짐작하는 뜻을 나타냄. ¶그는 아마 학잘 것이다. /이 산 너머가 바닷가일 것이다. ②⒲일².

-ㄹ 거다[관용] 'ㄹ 것이다'가 줄어든 말. 모음으로 끝난 체언에 붙어, 추측하여 단정하는 뜻을 나타냄. ¶그렇게 게으름 부리다가는 또 꼴찔 거다.

-ㄹ 거야[관용] 'ㄹ 것이야'가 줄어든 말. 모음으로 끝난 체언에 붙어, 가능성이나 추측의 뜻을 나타냄. ¶저렇게 놀다가는 또 낙젤 거야.

-ㄹ 바에[관용] 모음으로 끝난 체언에 붙어, '어차피 그렇게 된 일이면'의 뜻으로, 앞말이 뒷말의 전제나 조건이 됨을 나타냄. ¶비워 둔 의잘 바에 좀 앉으면 어떠냐.

-ㄹ 바에야[관용] 'ㄹ 바에'의 힘줌말.

-ㄹ[어미] 모음이나 'ㄹ'로 끝난 어간 또는 높임의 '-시-'에 붙는, 관형사형 전성 어미. ①추측·예정·의지·가능성 등의 속뜻을 지니면서 미래 시제를 나타냄. ¶드디어 떠날 시간이 되었다. ②시제 관념 없이 추측 또는 가능성만을 나타냄. ¶발 딛고 들어설 틈도 없다. ③시간을 뜻하는 명사(때·적·제·무렵 따위) 앞에서, 시제 기능 없이 다만 뒷말을 꾸미는 구실을 함. ¶해가 질 무렵. ④시제 관념 없이, 그것이 일반적 사실임을 나타냄. ¶함께 일할 사람을 뽑다. ⒲을.

-ㄹ 나위 없다[관용] 모음으로 끝나는 동사 어간에 붙어, 그럴 필요가 없다는 뜻을 나타냄. ¶두말할 나위 없는 기정 사실.

-ㄹ 바에[관용] '어차피 그렇게 하기로 된 일이면'의 뜻으로, 앞말이 뒷말의 조건이 됨을 나타냄. ¶이왕 떠날 바에 미련일랑 버려라.

-ㄹ거나[-꺼-][어미] 모음이나 'ㄹ'로 끝난 동사 어간 또는 높임의 '-시-'에 붙는, 문어 투의 감탄형 종결 어미. 그렇게 하고 싶다는 스스로의 뜻을 나타냄. ¶묵은 시름 다 떨치고 고향으로나 갈거나.

ㄹ걸[-껄][조] 모음으로 끝난 체언에 붙어, 막연한 추측의 뜻을 나타내는 종결형 서술격 조사. ¶이게 가얌자 소릴걸.

-ㄹ걸[-껄][어미] '-ㄹ 것을'이 줄어서 된 말. 모음이나 'ㄹ'로 끝난 어간에 붙는, 해체의 종결 어미. ①미루어 아쉬워하는 뜻을 나타냄. ¶그건 패 비쌀걸. ②지난 일에 대한 후회나 아쉬움의 뜻을 토로하는 투로 나타냄. ¶사랑한다는 말이나 해 볼걸. /내가 잘못했다고 먼저 사과할걸. ⒲을걸.

-ㄹ게[-께][어미] 모음이나 'ㄹ'로 끝난 동사 어간에 붙는, 하게체 또는 해체의 종결 어미. 자기의 의사를 드러내어 상대편에게 약속하거나 동의를 구하는 뜻을 나타냄. ¶또 올게. ⒲-을게.

ㄹ까[조] 모음으로 끝난 체언에 붙어, 앞일이나 지금의 일을 짐작함에 있어 의문이나 의심의 뜻을 나타내는 종결형 서술격 조사. ¶저 사람이 정말 천잴까? ⒲일까.

-ㄹ까[어미] 모음이나 'ㄹ'로 끝난 어간 또는 높임의 '-시-'에 붙는, 해체의 종결 어미. ①앞일을 짐작하여 말하는 뜻을 나타냄. ¶내일쯤 비가 올까? ②행동 주체의 의사를 나타냄. ¶내가 그곳으로 갈까? ③의문이나 가능성을 나타냄. ¶딱딱한 걸 잡수실까? ④현재 정해지지 않은 일에 대하여 자기나 상대편의 의사를 묻는 뜻을 나타냄. 《주로, '-ㄹ까 하다'·'-ㄹ까 싶다'·'-ㄹ까 보다'의 꼴로 쓰임.》 ¶나는 목욕이나 할까 보다. ⒲-을까.

ㄹ꼬[조] 모음으로 끝난 체언에 붙어, 'ㄹ까'의 뜻을 예스럽게 나타내는 종결형 서술격 조사. ¶그 사람이 누굴꼬? ⒲일꼬.

-ㄹ꼬[어미] 모음이나 'ㄹ'로 끝난 어간 또는 높임의 '-시-'에 붙는, 해체의 의문형 종결 어미. '-ㄹ까'보다 예스러운 말씨. ①추측하여 묻는 뜻을 나타냄. ¶날이 언제 샐꼬? ②자기의 의지를 스스로 묻거나 상대편과 상의하는 투로 묻는 뜻을 나타냄. ¶외ရ워라, 이내 몸은 뉘와 함께 돌아갈꼬? ③가능성 여부를 묻는 뜻을 나타냄. ¶그 일을 어이 다 해낼꼬? ⒲-을꼬.

-ㄹ낫다[어미]〈옛〉-렸다. ¶날ㅈ뜬 愚拙은 브라도 못ㅎ얻다(古사勞調).

ㄹ는지[-른-][조] 모음으로 끝난 체언에 붙어, 막연한 의문이나 추측의 뜻을 나타내는 종결형 또는 연결형 서술격 조사. 로지. ¶네 신붓감이 그 여잘는지 어떻게 아니? ⒲일는지.

-ㄹ는지[-른-][어미] 모음이나 'ㄹ'로 끝난 어간 또는 높임의 '-시-'에 붙는, 종결 어미 또는 연결 어미. 행동 주체의 의지나 추측, 가능성 여부를 묻는 뜻을 나타냄. ¶내 뜻을 알아주는지. /손님이 올는지 아침부터 까치가 울어 댄다. ⒲-을는지.

-ㄹ다[어미]〈옛〉-ㄹ 것인가. ¶네 能히 내게 풀디 몯홀다(圓覺下三之一88).

-ㄹ띠니라[어미]〈옛〉-ㄹ지니라. ¶仔細히 흘띠니라(永嘉下3).

-ㄹ띠라[어미]〈옛〉-ㄹ지라. -ㄹ 것이다. ¶이루혀디 몯홀띠라(法華3:62).

-ㄹ똘[어미]〈옛〉-ㄹ 것을. -ㄹ 줄을. ¶世尊이 須達이 올똘 아르시고(釋譜6:20).

ㄹ라[조] 모음으로 끝난 체언에 붙어, 의심쩍거나 염려됨을 나타내는 해라체의 종결형 서술격 조사. ¶조심해라, 사나운 갤라. ⒲일라.

-ㄹ라[어미] 모음으로 끝난 '동사 또는 형용사 어간이나 높임의 '-시-'에 붙는, 해라체의 종결 어미. 그리될까 염려하는 뜻을 나타냄. ¶그러다가 다칠라. ⒲-을라.

ㄹ라고[조] 모음으로 끝난 체언에 붙어, 그 사실을 의심하면서 되묻는 뜻을 나타내는 종결형 서술격 조사. ¶아무려면 네가 꼴찔라고. ⒲일라고.

-ㄹ라고[어미] 모음이나 'ㄹ'로 끝난 어간 또는 높임의 '-시-'에 붙는, 해체의 종결 어미. ①그 사실을 의심하면서, 상대편에게 되묻는 뜻을

나타냄. ¶설마 나를 좋아할라고? ②상대편을 타이르는 뜻으로, 그 일보다 더한 것임을 강조하는 뜻으로 쓰임. ¶너무 상심하지 말게. 나보다 더 큰 손해를 볼라고. ③반문하는 형식이되, 물음의 뜻은 없이 사실(상황)을 감탄조로 인정하는 뜻을 나타냄. ¶어른께서 하시는 일이니 어련하실라고. 참-을라고.

ㄹ라와조 (옛) 널라와 시름한 나도 자고 니러 우니노라(樂詞.靑山別曲).

-ㄹ라치면어미 모음이나 'ㄹ'로 끝난 동사 어간 또는 높임의 '-시-'에 붙는, 종속적 연결 어미. '-면'의 뜻으로, 뒤의 사실을 전제로 한 가정적 조건임을 나타냄. ¶명절만 돌아치면 고향으로 가려는 인파로 기차역은 발 디딜 틈도 없어진다. 참-을라치면.

-ㄹ락어미 모음이나 'ㄹ'로 끝난 일부 동사 어간 또는 높임의 '-시-'에 붙는 연결 어미. 주로, '-ㄹ락 말락'의 꼴로 쓰이어, 거의 되려다 말고 되려다 함을 나타냄. ¶물방울이 떨어질락 말락 달려 있다. /아기 엄마는 한 스물 이나 될락 말락 하는 나이로 보였다. 참-을락.

ㄹ란조 (옛) 랑은. 랑. ¶짝 마존 늘근 솔란 釣臺예 셰여 두고(鄭澈.星山別曲).

-ㄹ랏다어미 (옛) -렷다. ¶沛公이 열이셔도 束手無策홀랏다(古時調).

ㄹ랑조 ①모음으로 끝난 체언에 붙어, 조사 'ㄴ(은·는)'의 뜻으로, 주격·목적격 따위에 쓰이는 보조사. ¶널랑 집에 가거라. /돈 애길랑 꺼내지도 마라. 참일랑. ②부사격 조사 '에서'·'서' 따위나 동사의 활용형 '-서'에 붙어 그 뜻을 좀 더 뚜렷하게 하는 보조사. ¶살아설랑 그렇게 고생만 하더니.

ㄹ랑-은조 '랑'의 힘줌말. ¶널랑은 아무 걱정 말고 공부만 열심히 해라.

-ㄹ래어미 모음이나 'ㄹ'로 끝난 동사 어간에 붙는, 해체의 종결 어미. 앞으로 할 일에 대해 자기의 의사를 잘라 말하거나, 상대편의 의사를 묻는 뜻을 나타냄. ¶너 또 그런 짓 할래? 참-을래.

-ㄹ래야'-려야'의 잘못.

ㄹ러는조 (옛) -에게는. 더러는. ¶날러는 엇디 살라 ᄒᆞ고(樂詞.가시리).

ㄹ러니조 모음으로 끝난 체언에 붙어, '겠더니'의 뜻으로, 경험에 바탕을 둔 어떤 사실을 말하되, 뒤의 사실이 그것과는 다르게 전개됨을 예스럽게 나타내는 연결형 서술격 조사. ¶재목이 될 나물러니 누가 베어 버렸담? 참일러니.

-ㄹ러니어미 모음이나 'ㄹ'로 끝난 어간 또는 높임의 '-시-'에 붙는, 종속적 연결 어미. '-겠더니'의 뜻으로, 경험에 바탕한 가능성을 자신이 일러 내거나, 그 사실을 상대편에게 단순히 일러 주거나 하면서 뒤의 사실이 이와 대립적으로 이 어지게 하는 앞말을 나타냄. ¶줄곧 까닭을 모를러니 이제야 알겠다. 참-을러니.

ㄹ러라조 모음으로 끝난 체언에 붙어, '겠더라'의 뜻으로, 경험에 바탕을 둔 어떤 사실을 감탄조로 예스럽게 나타내는 종결형 서술격 조사. ¶한강이야말로 우리의 자랑거릴러라. 참일러라.

-ㄹ러라어미 모음이나 'ㄹ'로 끝난 어간 또는 높임의 '-시-'에 붙는, 문어 투의 해라체 종결 어미. '-겠더라'의 뜻으로, 경험에 바탕한 추측이나 가능성을 자기 스스로에게, 또는 상대편에게 감탄조로 말함을 나타냄. ¶암만 생각해도 도무지 모를러라. 참-을러라.

ㄹ런가조 모음으로 끝난 체언에 붙는 종결형 서술격 조사. ①혼자 속으로 의심쩍어하거나 묻

는 뜻을 나타냄. ¶그게 내 실술런가? ②'런가'의 강조형으로, 스스로 느꺼워하여 묻는 뜻을 나타냄. ¶이게 그토록 그리던 고향의 흙냄샐런가. 참일런가.

-ㄹ런가어미 ①모음이나 'ㄹ'로 끝난 어간 또는 높임의 '-시-'에 붙는 종결 어미. '-ㄹ까'·'-ㄹ 것인가'의 뜻으로, 경험한 사실이나 의사를 묻는 뜻을 나타냄. ¶장마가 곧 그칠런가. /이제 어디로 갈런가? 참-을런가. ②'-런가'의 힘줌말. ¶정녕 꿈은 아닐런가. /그것이 꿈일런가 생실런가 하노라.

ㄹ런고조 모음으로 끝난 체언에 붙어, 'ㄹ런가'보다 예스럽게 나타내는 종결형 서술격 조사. ¶이게 분명 생실런고. 참일런고.

-ㄹ런고어미 '-ㄹ런가'의 예스러운 말. ¶시간이 얼마나 걸릴런고?/하객이 몇이나 될런고? 참-을런고.

-ㄹ런지어미 '-ㄹ는지'의 잘못.

-ㄹ럿다어미 (옛) -렷다. ¶舟師 이 시럼은 전혀 업게 삼길럿다(朴仁老.船上嘆).

ㄹ레조 모음으로 끝난 체언에 붙어, '겠데'의 뜻으로, 겪어 본 바에 따른 가능성이나 추측을 나타내는 종결형 서술격 조사. ¶당당하게 구는 품이 제법 사낼레. 참일레.

-ㄹ레어미 모음이나 'ㄹ'로 끝난 어간 또는 높임의 '-시-'에 붙는, 하게체의 종결 어미. '-겠데'의 뜻으로, 경험한 사실에 비추어 가능성이나 추측을 나타냄. ¶각오가 단단한 걸 보니 해내기는 할레. 참-을레.

ㄹ레라조 모음으로 끝난 체언에 붙어, '겠더라'의 뜻으로, 막연한 추측·희망·가능성 따위를 감탄조로 나타내는 종결형 서술격 조사. ¶하이얀 고깔은 고이 접어 나빌레라. 참일레라.

-ㄹ레라어미 모음이나 'ㄹ'로 끝난 어간 또는 높임의 '-시-'에 붙는, 문어 투의 종결 어미. '-겠도다(-겠더라)'의 뜻으로, 추측·희망·가능성 따위를 감탄조로 나타냄. ¶꼿꼿한 그 기상 하늘도 찌를레라. 참-을레라.

-ㄹ려고어미 '-려고'의 잘못.

-ㄹ로다어미 '-겠도다. ¶감히 먹기를 만히 못흘로다(朴解下45).

-ㄹ만뎡어미 (옛) -ㄹ망정. ¶아히야 박쥬산칠만뎡 덩을 타고 내어라(古時調).

-ㄹ만졍어미 (옛) -ㄹ망정. ¶草衣홀 무릅쓰고 木食을 먹을만졍(古時調).

ㄹ망졍조 모음으로 끝난 체언에 붙어, '비록 그러하지만 그러나'의 뜻으로, 앞의 사실을 인정하되 뒤의 사실이 그에 매이지 아니함을 나타내는 연결형 서술격 조사. ¶입은 옷은 누더길망졍 마음만은 왕후장상. 참일망졍.

-ㄹ망졍어미 모음이나 'ㄹ'로 끝난 어간 또는 높임의 '-시-'에 붙는, 종속적 연결 어미. '비록 그러하지만 그러나', '비록 그러하다 하여도 그러나'의 뜻으로, 사실이 그러하나 거기에 매이지 아니함을 나타냄. ¶몸은 비록 떠날망졍 마음만은 그대 곁에 두고 가오. /시험에 떨어질망졍 부정 행위는 하지 않겠다. 참-을망졍.

ㄹ밖에[-빠께]조 모음으로 끝난 체언에 붙어, '그럴 수밖에 없음'의 뜻을 나타내는 종결형 또는 연결형 서술격 조사. ¶잘잘못을 떠나서 욕먹는 건 며느릴밖에. 참일밖에.

-ㄹ밖에[-빠께]어미 모음이나 'ㄹ'로 끝난 어간 또는 높임의 '-시-'에 붙는 종결 어미. '그 방법밖에 다른 도리가 없음'을 뜻함. ¶오냐오냐하니 버릇이 나빠질밖에. 참-을밖에.

ㄹ뿐더러 조 모음으로 끝난 체언에 붙어, 어떤 일이 그것만으로 그치지 않고 그 밖에 다른 일이 더 있음을 나타내는 말. ¶그는 두 아이의 아버질뿐더러 한 여자의 남편이다. 참일뿐더러.

-ㄹ뿐더러 어미 모음이나 'ㄹ'로 끝난 어간 또는 높임의 '-시-'에 붙어, 어떤 일이 그것만으로 그치지 않고 그 밖에 다른 일이 더 있음을 나타냄. ¶얼굴도 예쁘장할뿐더러 마음씨도 비단결 같다. 참-을뿐더러.

ㄹ새 [-쌔] 조 모음으로 끝난 체언에 붙어, 앞말이 뒷말의 전제나 원인으로서 이미 그러하거나 진행 중임을 나타내는 문어 투의 연결형 서술격 조사. ¶힘이 장살새 그깟 일이 문제랴. 참ㄹ새.

-ㄹ새 [-쌔] 어미 모음이나 'ㄹ'로 끝난 어간 또는 높임의 '-시-'에 붙는, 문어 투의 연결 어미. ①앞말이 뒷말의 원인이나 전제가 됨을 나타냄. ¶그 뜻이 장할새 만인이 우러러보더라. ②그것을 기점으로 여러 행위나 상황이 동시적으로 일어남을 뜻함. ¶피리 소리 은은히 퍼질새 달빛은 밝고 물결 잔잔하더라. 참-을새.

-ㄹ샤 어미 옛-도다. -네. -구나. ¶孤臣去國에 白髮도 하도할샤(鄭澈.關東別曲).

ㄹ세 [-쎄] 조 모음으로 끝난 체언에 붙어, 어떤 사실이나 자기의 생각을 베풀어 말하는 뜻을 나타내는 하게체의 종결형 서술격 조사. ¶참 대단한 솜씰세. 참ㄹ세.

-ㄹ세 [-쎄] 어미 '아니다'의 어간에 붙는, 하게체의 종결 어미. 부정을 강조하거나, 단순히 부정만을 서술함. ¶말하는 걸 들어 보니 자네 도 보통내기가 아닐세.

ㄹ세라 [-쎄-] 조 모음으로 끝난 체언에 붙어, 행여 그렇게 될까 염려하는 뜻을 나타내는 종결형 서술격 서술격 조사. ¶또 꼴찔세라 걱정이 태산 같다. 참일세라.

-ㄹ세라 [-쎄-] 어미 모음이나 'ㄹ'로 끝난 어간 또는 높임의 '-시-'에 붙는, 연결 어미. 행여 그렇게 될까 염려하는 뜻을 나타냄. ¶불면 날세라 쥐면 꺼질세라. /북쪽은 혹시 추울세라 두꺼운 옷도 준비했다. 참-을세라.

ㄹ세말이지 [-쎄-] 조 모음으로 끝난 체언에 붙어, 남의 말을 되받아서 부인하는 뜻을 나타내는 종결형 서술격 조사. ¶누구냐고 자꾸 물으니, 글쎄 그게 아는 여잘세말이지. 참일세말이지.

-ㄹ세말이지 [-쎄-] 어미 모음이나 'ㄹ'로 끝난 어간 또는 높임의 '-시-'에 붙는 종결 어미. 남의 말을 되받아서 부인하는 뜻을 나타냄. ¶아무리 잘 차려도 드실세말이지. 참-을세말이지.

-ㄹ셔 어미 옛-도다. -네. -구나. ¶몸하 홀올로 널셔(樂範.動動).

-ㄹ션뎡 어미 옛-ㄹ지언정. ¶오직 閭閻으로 희여 도로 揖讓홀션뎡(杜初21:3).

-ㄹ셰라 어미 옛-ㄹ세라. ¶내 가논더 눔 갈세라(樂詞.翰林別曲).

-ㄹ소냐 어미 옛-ㄹ 것이냐. ¶人事ㅣ 變호믈 山川이돈 가실소냐(古時調).

-ㄹ쇠 어미 옛-ㄹ세. -로구나. ¶울져기 비솜머리 헷틀언디 三年일쇠(鄭澈.思美人曲).

ㄹ수록 [-쑤-] 조 모음으로 끝난 체언에 붙어, '그러할수록'의 뜻으로, 어떤 일이 더하여 감에 따라 다른 일이 더하거나 덜하여 감을 나타내는 연결형 서술격 조사. ¶빈 수렐수록 더 요란한 법이다. 참일수록.

-ㄹ수록 [-쑤-] 어미 모음이나 'ㄹ'로 끝난 어간 또는 높임의 '-시-'에 붙는, 종속적 연결 어미. 어떤 일이 더하여 감에 따라 다른 일이 그에 비례하여 더하거나 덜하여 감을 나타냄. 《주로, '-면 -ㄹ수록'의 꼴로 쓰임.》 ¶갈수록 태산. /보면 볼수록 예쁘다. 참-을수록.

-ㄹ슨 어미 옛①-ㄴ 것은. ¶一生에 얄미올슨 거뮈 外에 또 잇눈가(古時調). ②-ㄹ 것인가. ¶엇디 홀슨 이 一半 갑슬 주고 므르기고(朴解下56). 참ㄹ신.

ㄹ시 [-씨] 조 모음으로 끝난 체언에 붙어, 'ㄹ 것이'·'ㄴ 것이'의 뜻으로, 미루어 헤아린 사실이 틀림없음을 나타내는 연결형 서술격 조사. 《주로, '분명하다'와 어울리어 쓰임.》 ¶이건 퇴짤시 분명하다. 참일시.

-ㄹ시 [-씨] 어미 '아니다'의 어간에 붙는 종속적 연결 어미. '-ㄹ 것이'·'-ㄴ 것이'의 뜻으로, 미루어 헤아린 사실이 틀림없음을 나타냄. 《주로, '분명하다'의 앞에 쓰임.》 ¶거짓말이 아닐시 분명하다.

-ㄹ신 어미 옛①-ㄴ 것은. -는 것은. ¶아마도 변티 아닐손 바회뿐인가 ᄒᆞ노라(尹善道.五友歌). 참ㄹ신.

-ㄹ신 어미 옛-ㄹ새. -ㄹ므로. ¶왕이 근심홀신(五倫2:9). /天이 ᄡᆞᆯᆯ 降ᄒᆞ실신(書解1:34). 참시.

-ㄹ쑨뎡 어미 옛-ㄹ뿐일지언정. ¶諸天을 아니 다 니를쑨뎡 實엔 다 왜쩌너라(釋보13:7).

-ㄹ싸 어미 옛-도다. -네. -구나. ¶얼일싸 져 鵩鳥야 웃노라 저 鵩鳥야(古時調). /結繩을 罷호 後에 世故도 하도할싸(古時調).

-ㄹ쎠 어미 옛-도다. -구나. ¶大王이 과ᄒᆞ샤 讚嘆ᄒᆞ샤더 됴홀쎠 됴홀쎠(釋譜11:27).

-ㄹ쎄라 어미 옛-ㄹ세라. ¶즑어온 오늘이 幸여 안이 졈을쎄라(古時調).

ㄹ쏘냐 조 모음으로 끝난 체언에 붙어, 앞말의 내용을 반어적 물음의 꼴로 나타내는 종결형 서술격 조사. ¶글줄이나 읽었다고 다 학잘쏘냐? 참일쏘냐.

-ㄹ쏘냐 어미 모음이나 'ㄹ'로 끝난 어간 또는 높임의 '-시-'에 붙는, 해라체의 종결 어미. 사실은 그렇지 않다는 뜻으로, 강한 부정을 반어적 물음의 꼴로 나타냄. ¶몸이 떠난다고 마음마저 떠날쏘냐? 참-을쏘냐.

-ㄹ쏜 어미 옛-ㄹ 것은. -ㄴ 것은. ¶測量키 어려울쏜 冬至똘 甲子日에 東南風일가 ᄒᆞ노라(古時調).

-ㄹ쏜가 어미 옛-ㄹ 것인가. -ㄴ 것인가. ¶白玉京 琉璃界ㄴ들 이에서 더믈쏜가(古時調).

-ㄹ씌 어미 옛-ㄹ세. -로구나. ¶一身이 사쟈호믈 믈쎗 겨워 못 견딜씌(古時調).

-ㄹ씨고 어미 옛-는구나. -구나. ¶어화 베힐씨고 落落長松 베힐씨고(古時調).

-ㄹ작시면 [-짝씨-] 어미 모음이나 'ㄹ'로 끝난 일부 동사 어간 또는 높임의 '-시-'에 붙는, 예스러운 말투의 종속적 연결 어미. 우습거나 같잖은 경우를 '그러한 처지에 이르게 되면'의 뜻을 나타냄. ¶네 꼴을 볼작시면 괴괴망측 가소롭다. 참-을작시면.

ㄹ지 조 모음으로 끝난 체언에 붙어 쓰이는 연결형 또는 종결형 서술격 조사. 어떤 일을 추측하여 그 가능성을 묻거나 의문의 뜻을 나타냄. 르는지. ¶다음엔 누굴지 짐작되는 게 없는가? 참일지.

-ㄹ지 [-찌] 어미 모음이나 'ㄹ'로 끝난 어간 또는 높임의 '-시-'에 붙는, 해체의 종결 어미 또

는 연결 어미. 어떤 일을 추측하여 그 가능성을 묻거나 의문을 나타냄. ¶과연 그의 소망이 이루어질지. /그가 뭐라 대답할지 무척 궁금하다. ⓟ을지.

ㄹ지나[-찌-]国 모음으로 끝난 체언에 붙어, '비록 그러할 것이나'의 뜻으로, 뒷말이 앞말에 매이지 아니함을 나타내는, 예스러운 말투의 연결형 서술격 조사. ¶구두쇠일지나 인정은 따로 있습니다. ⓟ일지나.

-ㄹ지나[-찌-]어미 모음이나 'ㄹ'로 끝난 어간 또는 높임의 '-시-'에 붙는, 문어 투의 종속적 연결 어미. '마땅히 그러할 것이나'의 뜻으로, 뒷말이 앞말에 매이지 아니함을 나타냄. ¶내가 보긴 가 볼지나 곧 돌아올 거요. ⓟ-을지나.

ㄹ지니[-찌-]国 모음으로 끝난 체언에 붙어, '마땅히 그러할 것이니'의 뜻으로, 앞말이 뒷말의 원인이나 근거가 됨을 나타내는 예스러운 말투의 연결형 서술격 조사. ¶오늘의 고통이 내일의 환희일지니 힘써 일할지니라. ⓟ일지니.

-ㄹ지니[-찌-]어미 모음이나 'ㄹ'로 끝난 어간 또는 높임의 '-시-'에 붙는, 문어 투의 종속적 연결 어미. '마땅히 그러할 것이니'의 뜻으로, 앞말이 뒷말의 원인이나 근거가 됨을 나타냄. ¶태양은 항상 다시 떠오를지니 희망을 버리지 말지니. ⓟ-을지니.

ㄹ지니라[-찌-]国 모음으로 끝난 체언에 붙어, '마땅히 그러할 것이니라'의 뜻으로, 어떤 사실을 단정하여 장중하게 말하는 예스러운 말투의 종결형 서술격 조사. ¶서로 사랑함이 부부의 도릴지니라. ⓟ일지니라.

-ㄹ지니라[-찌-]어미 모음이나 'ㄹ'로 끝난 어간 또는 높임의 '-시-'에 붙는, 문어 투의 종결 어미. '응당 그리(그러)할 것'임을 단정하여 장중하게 말하는 뜻을 나타냄. ¶자식은 모름지기 부모에게 효도할지니라. ⓟ-을지니라.

ㄹ지라[-찌-]国 모음으로 끝난 체언에 붙어, '마땅히 그리(그러)할 것이라'의 뜻으로, 단정을 나타내는 예스러운 말투의 종결형 서술격 조사. ¶과욕은 불행을 부르는 신홀지라. ⓟ일지라.

-ㄹ지라[-찌-]어미 모음이나 'ㄹ'로 끝난 어간 또는 높임의 '-시-'에 붙는, 문어 투의 종결 어미. '마땅히 그리(그러)할 것이라'의 뜻을 나타냄. ¶대역 죄인은 죽어 마땅할지라. ⓟ-을지라.

ㄹ지라도[-찌-]国 모음으로 끝난 체언에 붙어, '비록 그러하더라도'의 뜻으로, 양보하여 가정함을 나타내는 연결형 서술격 조사. ¶네가 아무리 부잘지라도 이웃을 생각한다면 아껴 써야 할지라도. ⓟ일지라도.

-ㄹ지라도[-찌-]어미 모음이나 'ㄹ'로 끝난 어간 또는 높임의 '-시-'에 붙는, 종속적 연결 어미. '비록 그러하더라도'의 뜻으로, 뒷말이 앞말에 매이지 아니함을 나타냄. ¶현실이 그대를 속일지라도 노하거나 슬퍼하지 마라. /그가 비록 힘은 약할지라도 기술은 좋다. ⓟ-을지라도.

ㄹ지어다[-찌-]国 모음으로 끝난 체언에 붙어, '마땅히 그러하여라'의 뜻을 명령조로 장중하게 나타내는 예스러운 말투의 종결형 서술격 조사. ¶지조를 지킴이 선비의 도릴지어다. ⓟ일지어다.

-ㄹ지어다[-찌-]어미 모음이나 'ㄹ'로 끝난 어간 또는 높임의 '-시-'에 붙는, 문어 투의 종결 어미. '마땅히 그리하여라'의 뜻을 명령조로 장중하게 나타냄. ¶사람이면 누구나 하늘의 뜻에 따를지어다. ⓟ-을지어다.

ㄹ지언정[-찌-]国 모음으로 끝난 체언에 붙어, 어떤 사실을 인정(가정)하되, 뒷말이 거기에 매이지 아니함을 나타내는 연결형 서술격 조사. ¶박주산챌지언정 없다 말고 내어라. ⓟ일지언정.

-ㄹ지언정[-찌-]어미 모음이나 'ㄹ'로 끝난 어간 또는 높임의 '-시-'에 붙는, 종속적 연결 어미. 어떤 사실을 인정(가정)하되, 뒷말이 앞말에 매이지 아니함을 나타냄. ¶비록 가난하게 살지언정 비굴하게 살지는 않겠다. ⓟ-을지언정.

ㄹ진대[-찐-]国 모음으로 끝난 체언에 붙는, 연결형 서술격 조사. 'ㄹ 것 같으면'의 뜻으로, 어떤 사실을 인정하되, 그것이 뒷말의 근거나 전제가 됨을 나타냄. ¶그렇게 함이 순릴진대 반대할 까닭이 없소. ⓟ일진대.

-ㄹ진대[-찐-]어미 모음이나 'ㄹ'로 끝난 어간 또는 높임의 '-시-'에 붙는, 문어 투의 종속적 연결 어미. 어떤 사실을 인정(가정)하되, 그것이 다음 사실의 근거나 전제가 됨을 장중하게 나타냄. ¶그대가 그러할진대 내 어이 반대하리오. ⓟ-을진대.

ㄹ진댄[-찐-]国 'ㄹ진대'의 힘줌말. ¶그대가 여칠진댄 어찌 그런 일을 맡기겠소. ⓟ-을진댄.

-ㄹ진댄[-찐-]어미 '-ㄹ진대'의 힘줌말. ¶병세 이미 위독할진댄 어찌 촌각을 미루리오.

ㄹ진저[-찐-]国 모음으로 끝난 체언에 붙어, '마땅히 그러할 것이다'의 뜻을 영탄조로 장중하게 나타내는 예스러운 말투의 종결형 서술격 조사. ¶말은 바 자기 임무를 다하는 사람이 진정한 애국잘진저. ⓟ일진저.

-ㄹ진저[-찐-]어미 모음이나 'ㄹ'로 끝난 어간 또는 높임의 '-시-'에 붙는, 문어 투의 종결 어미. '마땅히(아마) 그러할 것이다'의 뜻을 영탄조로 장중하게 나타냄. ¶그 공적 길이 길이 빛날진저. /정의를 위하여 싸울진저. ⓟ-을진저.

라[1]명 서양 음악의 칠음 체계에서, 두 번째 음이름. 계이름 '레'와 같음.

라[2]国 모음으로 끝난 체언에 붙는 서술격 조사. ①이러이러하다고 베풀어 말하는 뜻을 나타내는 종결형 서술격 조사. ¶어려울 때 돕는 것이 진정 친구의 의리라. ②'므로'의 뜻으로, 앞말이 뒷말의 원인이나 이유가 됨을 나타내는 연결형 서술격 조사. ¶부자라 씀씀이도 크다. ⓟ이라.

라[3]国 ①<라고>의 준말. ¶이것이 장미라 하는 꽃이다. ②<라서>의 준말. ¶뉘라 그를 당하쏘냐?

라조 ①[옛] ¶어디라 더디던 돌코(樂詞.靑山別曲). ②로. ¶흔가지라 差別이 업고(蒙法49).

라(la 이)명 장음계의 여섯째 음, 또는 단음계의 첫째 음의 계이름.

-라[1]어미 ①모음이나 'ㄹ'로 끝난 동사 어간 또는 높임의 '-시-'에 붙는, 문어 투의 해라체 종결 어미. 권하거나 명령하는 뜻을 나타냄. ¶소년이여, 높은 데를 보라. ⓟ-으라. ②'아니다'의 어간에 붙어, 뒷말의 서술 내용과 맞섬을 보이는 연결 어미. ¶그건 노루가 아니라 사슴일세.

-라[2]어미 ①<-라고>의 준말. ¶빨리 오라 일러라. ②<-라서>의 준말. ¶칭찬이 아니라 좀 서운했다.

-라어미 [옛]①-려고. ¶밥 머그라 블러 올제(杜初6:14). ②-다. -다가. ¶잢간 안즈라 느는 가 마괴논(杜初7:1).

라고죄 모음으로 끝난 체언에 붙는 조사. ①남의 말을 인용함을 뜻하는 조사. ㉠남의 말을 단순히 인용하는 뜻을 나타냄. ¶세 시 차라고 합디다. ㉡남의 말을 인용하되, 그것을 하찮게 여기는 뜻을 나타냄. ¶재미있는 영화라고 해서 봤더니 별로더라. ㉢보편적·일반적 개념을 인용하는 투로, 그것을 남에게 일러 주는 뜻을 나타냄. ¶총 쏘는 사람을 사수라고 한다. ②별것 아니라는 뜻을 나타내는 보조사. ¶나라고 뭐 별다른 생각이 있겠니? ③남의 말을 인용하는 투로 되묻는 뜻을 나타내는 종결형 서술격 조사. ¶뭐, 내가 꼴찌라고? 图라る. 참이라고.

-라고어미 ①모음이나 'ㄹ'로 끝난 동사 또는 일부 형용사 어간이나 높임의 '-시-'에 붙는 연결 어미. 명령·지시·소망 등의 내용을 인용하는 뜻을 나타냄. ¶빨리 가라고 일러라. 图-라고. 참-으라고. ②'아니다'의 어간에 붙는, 종결 어미 또는 연결 어미. ㉠되묻는 뜻으로 끝맺는 말. ¶뭐, 이게 진짜가 아니라고? ㉡인용하는 뜻으로 앞뒤를 이어 주는 말. ¶이게 아니라고 우기네.

라귀명 (옛) 당나귀. 驢는 라귀라(月釋21:75).

라나죄 모음으로 끝난 체언에 붙어, 남의 말이 못마땅하여 얕잡아 이르거나 시들한 심정을 나타내는 종결형 서술격 조사. ¶자기가 뭐 수재라나. 참이라나.

-라나어미 모음이나 'ㄹ'로 끝난 동사 어간 또는 높임의 '-시-'에 붙는 종결 어미. 남의 말이 못마땅하여 얕잡아 이르거나 시들한 심정을 나타냄. ¶나더러 이불을 빨라나. 참-으라나.

-라네囵 '-라고 하네'가 줄어든 말. 모음이나 'ㄹ'로 끝난 동사 어간에 붙어, 명령한 내용을 알려줌을 나타냄. ¶여기서 잠시 기다리라네. 참-으라네.

라놀린(lanolin)명 면양의 털에서 뽑아낸 기름. 자극성이 없고 피부에 흡수되는 성질이 있어 고약이나 비누 따위의 원료로 쓰임. 양모지(羊毛脂).

라느냐죄 '라고 하느냐'가 줄어서 된 말. 모음으로 끝난 체언에 붙어, 묻는 뜻을 나타내는 종결형 서술격 조사. ¶집이 어디라느냐? 참이라느냐.

-라느냐囵 '-라고 하느냐'가 줄어든 말. 모음이나 'ㄹ'로 끝난 동사 어간 또는 '아니다'의 어간 또는 높임의 '-시-'에 붙어, 남이 들은 사실에 대하여 묻는 뜻을 나타냄. ¶언제 오라느냐?/사실이 아니라느냐? 참-으라느냐.

라느니죄 '라고 하느니'가 줄어서 된 말. 모음으로 끝난 체언에 붙어, '그러하다 하기도 하고 저러하다 하기도 함'을 나타내는 연결형 서술격 조사. ¶진짜라느니 가짜라느니 말들이 많다. 참이라느니.

-라느니어미 ①모음이나 'ㄹ'로 끝난 동사 어간 또는 높임의 '-시-'에 붙는 연결 어미. 《주로, '-라느니 -라느니'의 꼴로 쓰이어》지시나 명령이 섞갈리어 나옴을 뜻함. ¶가라느니 오라느니 도무지 종잡을 수가 없다. 참-으라느니. ②'아니다'의 어간에 붙는 연결 어미. 흔히 체언에 '(이)라느니 아니라느니'의 꼴로 연결되어 쓰이어, 긍정과 부정이 섞갈림을 뜻함. ¶사실이라느니 아니라느니 말들이 많다.

라는죄 '라고 하는'이 줄어서 된 말. 모음으로 끝난 체언에 붙어, 어떤 사실을 짐작하거나 인용하는 뜻을 나타내는 서술격 조사. ¶명색이 지도자라는 사람이 그런 짓을 하다니. 참이라는.

-라는囵 '-라고 하는'이 줄어든 말. 모음이나 'ㄹ'로 끝난 동사 어간이나 '아니다'의 어간 또는 높임의 '-시-'에 붙어, 지시나 당부 또는 인정하는 내용을 전하는 뜻을 나타냄. ¶가라는 신호. /그것이 아니라는 변명. /조용히 하라는 소리 못 들었어? 참-으라는.

라니죄 ①'라고 하니'가 줄어서 된 연결형 서술격 조사. ㉠상대편의 말의 의심쩍어 되묻는 뜻을 나타냄. ¶사고라니, 도대체 무슨 사고를 말하는 거냐? ㉡앞말이 뒷말의 원인이나 근거가 됨을 나타냄. ¶이 서류가 증거라니 조금 의심쩍어하는 눈치더라. ②모음으로 끝난 체언에 붙어, 상대편의 말이 의심쩍거나 놀랍다는 뜻을 나타내는 종결형 서술격 조사. ¶세상에, 그 둘이 형제 사이라니. 참이라니.

-라니어미 ①'-라고 하니'가 줄어서 된 말. 모음이나 'ㄹ'로 끝난 동사 어간이나 '아니다'의 어간 또는 높임의 '-시-'에 붙는, 연결 어미 또는 종결 어미. ①그 말을 조건으로서 시인하면서, 뒷말을 이음. ¶세 시까지 오라니 뭘 타고 가지? ②미심쩍은 내용을 되짚어 묻거나, 불만스럽거나 석연치 못한 감정을 나타내어 끝맺는 말. ¶아니, 그게 아니라니. 참-으라니.

-라니어미 (옛)-러니. -더니. ¶내 아랫 네 버디라니 부텻 法 즐더본 德으로(釋譜6:20).

라니까죄 ①'라고 하니까'가 줄어서 된 말. 모음으로 끝난 체언에 붙어, 앞말이 뒷말의 까닭이나 전제적 사실이 됨을 나타내는 연결형 서술격 조사. ¶공짜라니까 아주 좋아하더라. ②모음으로 끝난 체언에 붙어, 의심쩍어하는 상대편에게 거듭 다짐하는 뜻을 나타내는 종결형 서술격 조사. ¶글쎄, 내가 직접 만든 치마라니까. 참이라니까.

-라니까《모음이나 'ㄹ'로 끝난 동사 어간이나 '아니다'의 어간 또는 높임의 '-시-'에 붙어》 Ⅰ어미 지시·명령·다짐·부정 등을 강조하는 뜻을 나타내는 종결 어미. ¶글쎄, 그게 사실이 아니라니까. 참-으라니까. Ⅱ준 '-라고 하니까'가 줄어든 말. 앞말이 이유나 조건이 됨을 나타냄. ¶오라니까 왔겠지.

라:니:냐(la Niña 스)명 적도 무역풍이 평년보다 강해지면서 태평양 중부 및 동부의 적도 부근의 해면 수온이 평년보다 낮아지는 현상. 기상 이변 등 세계 기후에 영향을 줌. 참엘니뇨.

라-단조(-短調) [-쪼]명 '라' 음을 으뜸음으로 하는 단조.

라도죄 모음으로 끝난 체언에 붙는 조사. ①'라고 하여도'가 줄어서 된 말. 어떤 사실을 인정하거나 가정하되, 뒷말이 거기에 매이지 아니하고 맞서거나 그보다 더한 사실이 이어짐을 나타내는 서술격 조사. ¶어린아이라도 쉽게 찾을 수 있는 장소다. ②여럿 중에서 특히 그것을 가리거나 가리지 아니함을 뜻하는 보조사. ¶냉수라도 마셔 두어라. /국수라도 좀 먹으렴. 참이라도.

-라도어미 '아니다'의 어간에 붙는 종속적 연결 어미. 어떤 사실을 인정하거나 가정하되, 뒷말이 거기에 매이지 아니함을 나타냄. ¶너 아니라도 이 일을 할 사람은 많다.

라돈(radon)명 라듐이 알파(α) 붕괴할 때 생기는, 희가스에 딸린 자연 방사성 원소. 천연으로 지하수나 온천 등에 들어 있음. [Rn/86/222]

라듐(radium)圀 방사성 원소의 한 가지. 은백색의 금속으로 우라늄과 함께 피치블렌드 속에 존재함. 알파(α)·베타(β)·감마(γ)의 세 가지 방사선을 방사하며, 물리·화학 실험과 의료용 및 방사능의 표준으로서 사용됨. [Ra/88/226]

라:드(lard)圀 돼지의 지방을 정제(精製)한 반고체의 기름. 식용 외에 약용·화장품용으로 쓰임.

라든지弖 모음으로 끝난 체언에 붙는 연결형 서술격 조사. ①'라고 하는 것이든지'의 뜻으로, 무엇을 생각하여 열거할 때 쓰임. ¶ 햇빛이라든지 비라든지 모두 자연이 인간에게 주는 혜택이다. ②'라고 하든지'가 줄어든 된 말. 무엇이거나 가리어 정하게 하는 뜻을 나타냄. ¶ 최군이라든지 미스터 최라든지 편하신 대로 부르시지요. 弇라든지.

-라든지弖 '-라고 하든지'가 줄어든 말. 모음이나 'ㄹ'로 끝난 동사 어간이나 '아니다'의 어간 또는 높임의 '-시-'에 붙어, 가리어 정하도록 하는 뜻을 나타냄. 《주로, '-라든지 -라든지'의 꼴로 쓰임.》 ¶ 서라든지 앉으라든지 지시를 내리시오. 弇-라든지.

라디안(radian)圀 호도법(弧度法)에 의한 각도의 단위. 원의 반지름의 길이와 같은 호(弧)의 길이가 원의 중심에서 이루는 각의 크기. [1 라디안은 약 $57°17'44.8''$.] 弇 호도(弧度).

라디에이터(radiator)圀 ①방열기(放熱器). ②자동차의 기관 냉각기.

라디오(radio)圀 ①전파를 이용한 음성 방송. ¶ 라디오에 귀를 기울이다. ②전파로 보낸 음성을 수신하여 재생하는 기계 장치. ¶ 라디오를 켜다.

라디오미터(radiometer)圀 복사선의 강도를 재는 장치. 복사계(輻射計).

라디오^방:송(radio放送)圀 라디오로 뉴스·음악·오락·드라마·강연 등을 청취자에게 전달하는 방송.

라디오^별(radio−)圀 천구 상에서 강력한 전파를 방사하고 있는 점 모양의 천체.

라디오^부이(radio buoy)圀 배나 항공기가 해상에서 조난했을 때 수면에 띄워서 전파로 그 위치를 알리는 해난 구조 부표(浮標).

라디오^비:컨(radio beacon)圀 특정한 부호를 가진 전파를 이용하여 항공기나 선박의 위치·방향을 확인하는 방식, 또는 그 시설. 무선 표지. 弇비컨.

라디오^송:신기(radio送信機)圀 라디오 방송에서 전파를 내보내는 기계 장치. 음성 등을 고주파 전류로 바꾸어서 송신 안테나를 통하여 보냄.

라디오아이소토:프(radioisotope)圀 방사성 동위 원소.

라디오존데(Radiosonde 독)圀 전파를 이용하여 대기(大氣) 상층의 기압·온도·습도 따위를 측정하는 장치.

라디오^컴퍼스(radio compass)圀 항행 중인 선박이나 항공기가 라디오 비컨으로부터 오는 전파를 받아 자기의 위치를 알아내는 무선 측정기. 무선 방향 지시기.

라르간도(largando 이)圀 악보에서, 특히 그 부분에 변화를 주도록 지시하는 말. '속도를 늦추어 가면서'의 뜻.

라르게토(larghetto 이)圀 악보에서, 빠르기를 지시하는 말. '느리고 폭넓게'의 뜻.

라르고(largo 이)圀 악보에서, 빠르기를 지시하는 말. '아주 느리고 폭넓게'의 뜻.

라르기시모(larghissimo 이)圀 악보에서, 빠르기를 지시하는 말. '가장 폭이 넓고 느리게'의 뜻.

라마(lama)¹圀 ('더없이 훌륭한 사람'이라는 뜻의 티베트 말로) '라마교의 고승(高僧)'을 이르는 말. 나마(喇嘛).

라마(lama)²圀 ☞야마.

라마-교(lama教)圀 티베트를 중심으로 발전한 불교의 한 파. 8세기 중엽 인도에서 전래한 밀교(密教)가 티베트의 민속과 풍토에 동화되어 발달한 종교로, 기도와 주문으로 극락왕생하려는 관음(觀音) 신앙임. 북인도·몽골·네팔·중국 동북 지방 등지에도 퍼져 있음. 나마교.

라마단(Ramadān 아)圀 이슬람교에서, 단식과 재계(齋戒)를 하는 달. 이슬람력의 아홉 번째 달로, 해가 뜰 때부터 질 때까지 음식·흡연·음주·성 행위 따위를 금함.

라마-승(lama僧)圀 라마교의 승려. 나마승.

라마즈-법(Lamaze法)圀 임부를 심리적·육체적으로 미리 준비시켜 해산할 때 고통을 줄이는 분만법. 1950년에 프랑스의 산부인과 의사 라마즈가 고안함.

라:멘(Rahmen 독)圀 재료 결합 부분을 견고하게 굳힌, 철근이나 철골이 뼈대가 되는 건축물의 구조 형식, 또는 그러한 구조물.

라멘타빌레(lamentabile 이)圀 악보의 나타냄말. '슬픈 듯이'의 뜻.

라며弖 '라면서'의 준말. ¶ 중요한 기계라며 조심조심 다룬다.

-라며[Ⅰ]어미 〈-라면서〉의 준말.
[Ⅱ]준 '-라면서'가 줄어든 말. ¶ 어서 가라며 등을 떼민다.

라면(ラーメン 일)圀 기름에 튀겨서 말린 국수에 양념 봉지를 따로 넣어 간단하게 조리할 수 있도록 만든 즉석식품.

라면弖 '라고 하면'이 줄어서 된 말. 모음으로 끝난 체언에 붙어, 어떤 사실(상황)을 가정(가상)하는 뜻을 나타내는 연결형 서술격 조사. ¶ 내가 너라면 그렇게 하지는 않았을 거다. 弇이라면.

-라면弖 '-라고 하면'이 줄어든 말. 모음이나 'ㄹ'로 끝난 동사 어간이나 '아니다'의 어간 또는 높임의 '-시-'에 붙어, 가정의 뜻을 나타냄. ¶ 가라면 가거지. 弇-으라면.

라면서弖 모음으로 끝난 체언에 붙는 서술격 조사. ①들은 사실을 다짐하거나 빈정거려 묻는 뜻을 나타내는 종결형 서술격 조사. ¶ 너도 육상 선수라면서? ②'라고 하면서'가 줄어든 말. 남이 말한 어떤 사실을 인용하는 뜻을 나타내는 연결형 서술격 조사. ¶ 새로 산 차라면서 자랑이 대단하더라. 준라며. 弇이라면서.

-라면서《모음이나 'ㄹ'로 끝난 동사 어간이나 '아니다'의 어간 또는 높임의 '-시-'에 붙어》[Ⅰ]어미 들은 사실을 다짐하거나 빈정거리는 뜻을 나타내는 종결 어미 또는 연결 어미. ¶ 나 혼자 가 다지라면서. 弇-으라면서.
[Ⅱ]준 '-라고 하면서'가 줄어든 말. 명령이나 당부의 말과 함께 그에 상응하는 행위가 뒤따름을 나타냄. ¶ 먼저 자라면서 형은 공부를 계속했다. 弇-으라면서.

라베카(rabeca 포)圀 네 가닥으로 된 줄을 시위로 켜서 연주하는, 호궁(胡弓)과 비슷한 모양의 포르투갈 악기.

라벤더(lavender)圀 꿀풀과의 상록 다년초. 지중해 연안 원산으로 줄기 높이는 60 cm가량. 여름에 보라색 꽃이 수상 꽃차례로 핌. 꽃을 증류하여 라벤더 향유(香油)를 채취하는데 향수와 향료로 쓰며 약용되기도 함.

라벨(label)**명** 상품명이나 제조처 따위를 써서 상품에 붙이는 종이나 헝겊 조각. 레테르.

라비(rabbi)**명** '랍비'의 영어식 이름.

라서조 모음으로 끝난 체언에 붙는 조사. ①'감히(능히)'의 뜻을 속뜻으로 지니면서, 주격 조사 '이(가)'의 기능으로 쓰임. ¶뉘라서 그를 탓하리오. ②앞말이 뒷말의 이유나 전제적 사실이 됨을 나타내는 연결형 서술격 조사. ¶궂은 날씨라서 그냥 집에 있기로 했다. ㈜라3. ㈎이라서.

-라서어미 '아니다'의 어간에 붙는 종속적 연결 어미. '때문에'의 뜻으로, 앞말이 뒷말의 원인이나 근거가 됨을 나타냄. ¶왜, 예쁜 처녀가 아니라서 실망했나? ㈜-라2.

라셔조 (옛) 라서. ¶뉘라서 가마귀를 검고 흉타 ᄒ돗던고(古時調).

라손조 모음으로 끝난 체언에 붙어, '라고'의 뜻을 나타내는 연결형 서술격 조사. '치다'·'하다'의 활용형과 어울려 쓰이어, 앞말을 가정하되 그것이 뒷말에 영향을 미치지 아니함을 나타냄. ¶그가 아무리 부자라손 치더라도 진실만은 살 수 없다.

-라손어미 모음이나 'ㄹ'로 끝난 동사 어간 또는 높임의 '-시-'에 붙는 종속적 연결 어미. '-라고'의 뜻으로, '치다'·'하다'의 활용형과 어울려 쓰이어, 앞말을 가정하되 그것이 뒷말에 영향을 미치지 아니함을 나타냄. ¶사람이 가라손 치더라도 그곳에서 기다려야만 했다. ㈎-이라손.

라스트^스퍼:트(last spurt)**명** 경주나 경영(競泳) 따위에서, 결승점을 향한 최후의 역주를 이르는 말.

라스트^신:(last scene)**명** 영화나 연극 따위의 마지막 장면. ¶라스트 신이 매우 감동적이다.

라식(LASIK) 각막의 외피를 살짝 벗겨 내고 각막 조직에 레이저를 비추어 일부분을 절제한 뒤 벗겨 낸 외피를 다시 덮는 수술 방법. 근시·난시·원시 등의 시력을 교정하는 수술법임. ¶라식 수술. [Laser Associated Stromal Insitu Keratomileusis]

라야조 모음으로 끝난 체언에 붙어, 꼭 필요한 사물을 가리키거나 꼭 그래야 함을 나타내는 연결형 서술격 조사. ¶꼭 너라야 된다는 법이 어디 있니? ㈎이라야.

-라야어미 '아니다'의 어간에 붙는 종속적 연결 어미. 꼭 그러하여야 함을 나타냄. ¶게으른 사람이 아니라야 한다.

라야-만조 '라야'의 힘줌말. ¶이건 힘이 장사라야만 들 수 있다.

-라야만어미 '-라야'의 힘줌말. ¶색맹이 아니라야만 운전면허를 딸 수 있다.

라오조 조사 '라'와 어미 '-오'가 합쳐서 된 말. 모음으로 끝난 체언에 붙어, 어떤 사실을 설명하되 좀 대접하거나 친근한 맛이 느껴지게 해 풀어 말하는, 하오체의 종결형 서술격 조사. ¶여기가 우리 동네라오. ㈎이라오.

-라오어미 '아니다'의 어간에 붙는 하오체의 종결 어미. 어떤 일이 사실이 아님을 완곡하게 또는 친근하게 베풀어 말하는 뜻을 나타냄. ¶그는 총각이 아니라오. /나도 나쁜 사람은 아니라오.

라온형 (옛) 즐거운. ¶人生애 슬프며 라온 이리 서르 ᄲᅡ만ᄒᆞ니(杜初7:25). ㈎나온·납다.

라와조 (옛) 보다. ¶健壯흔 男兒ㅣ 셔근 션비라와 느도다(杜初6:40).

라우탈(Lautal 독)**명** 주조용(鑄造用) 알루미늄 합금의 한 가지. 자동차나 항공기 등의 부품이나 광학 기계의 재료로 쓰임.

라운드(round)**명** ①권투 경기에서의 한 회(回). ②골프에서, 코스의 18홀을 한 바퀴 도는 일.

라운지(lounge)**명** (호텔이나 여객선 따위의) 휴게실이나 사교실. ¶호텔 라운지에서 만나다.

라유(辣油 중)**명** 중화요리에 쓰는 조미료의 한 가지. 참기름에 고추를 볶아 우려낸 기름. 고추기름.

라이거(liger)**명** 사자의 수컷과 호랑이의 암컷과의 교배 잡종. ['lion'과 'tiger'를 합쳐서 줄인 말.] ㈜타이곤(tigon).

라이너(liner)**명** ①야구에서, 땅에 닿지 않고 직선으로 날아가는 타구. 라인 드라이브. ②정기선(定期船). 정기 항공기. ③코트 따위의 안에 대는 천이나 털 따위.

라이노타이프(linotype)**명** 주식기(鑄植機)의 한 가지. 키(key)를 누르면 한 행분의 모형(母型)이 기계적으로 모여지고, 이것에 녹은 활자 합금이 부어져 한 행씩의 문자가 한 덩이로 되어 동시에 주조되도록 장치된 기계. 인터타이프.

라이닝(lining)**명** ①녹슬거나 삭는 것을 막기 위해 고무·법랑·알루미늄 따위를 금속의 표면에 덧바르거나 입히는 일. ②코트 따위의 속에 라이너를 대는 일.

라이덴-병(Leiden甁)**명** 축전기의 한 가지. 유리병의 안팎과 밑면에 납지(鑞紙)를 붙이고 병마개의 한구멍을 통해 금속 막대를 꽂아 밑면의 납지에 닿게 한 것.

라이벌(rival)**명** 경쟁자. 맞수. 호적수. ¶숙명의 라이벌.

라이선스(license)**명** ①면허(인가·허가), 또는 그 증명서. ¶라이선스를 취득하다. ②타 기업, 특히 외국의 어떤 상표·특허·제조 기술 등의 사용 허가, 또는 그 허가증.

라이스-페이퍼(rice paper)**명** 삼·아마·면 등의 섬유를 원료로 하여 만든, 매우 얇은 종이. 궐련을 마는 데에 쓰이거나 사전의 인쇄 용지로 쓰임.

라이어(lyre)**명** 주악(奏樂)하며 행진할 때 악기에다 다는 악보 꽂이.

라이온스^클럽(Lions Club)**명** 유력한 사업가를 회원으로 하는 국제적인 민간 사회봉사 단체.

라이카-판(Leica判)**명** 사진기의 화면 치수의 하나. [필름 폭이 35 mm이며 24×36 mm의 화면을 일컬음.]

라이터(lighter)**명** 담뱃불을 붙이는 데 쓰이는 작은 기구. [가스라이터 따위.]

라이터-돌(lighter-)**명** 라이터에 쓰는 발화석(發火石). ㈜돌2.

라이트(light)[명] '조명'·'조명등'으로 순화.

라이트-급(light級)**명** 권투·태권도 따위에서, 중량별 체급의 한 가지. 아마추어 권투에서는 57 kg 이상 60 kg 미만, 태권도 남자 일반부는 64 kg 초과 70 kg 이하임. ㈎페더급·라이트 웰터급.

라이트모티프(Leitmotiv 독)**명** 오페라나 표제 음악 등에서, 곡 중의 중요한 인물이나 사물 또는 특정한 감정 등을 나타내는 악구(樂句).

라이트^미들급(light middle級)**명** 권투·태권도 따위에서, 중량별 체급의 한 가지. 아마추어 권투에서는 67 kg 이상 71 kg 미만임. ㈎웰터급·미들급.

라이트^웰터급(light welter級)**명** 권투·태권도 따위에서, 중량별 체급의 한 가지. 아마추어 권투에서는 60 kg 이상 63.5 kg 미만임. **참**라이트급·웰터급.

라이트^윙(right wing)**명** 축구나 하키 등에서, 포워드 중 오른쪽 끝의 위치, 또는 그곳을 맡은 선수. 우익(右翼). ↔레프트 윙.

라이트^플라이급(light fly級)**명** 아마추어 권투에서, 중량별 체급의 한 가지. 체중 48 kg 미만으로 가장 가벼운 체급임. **참**플라이급.

라이트^하;프(right half)**명** 축구나 하키 등에서, 오른쪽에 있는 하프백의 위치, 또는 그곳을 맡은 선수. ↔레프트 하프.

라이트^헤비급(light heavy級)**명** 권투·태권도 따위에서, 중량별 체급의 한 가지. 아마추어 권투에서는 75.1 kg 이상 81 kg 미만임. **참**미들급·헤비급.

라이프^사이클(life cycle)**명** ⇒생활사.

라이플(rifle)**명** 총신(銃身)의 안벽에 나선 모양의 홈이 새겨진 소총. **참**선조총(旋條銃).

라인(line)**명** ①선(線). 줄. ¶파울 라인. /공이 라인 밖으로 나가다. ②계통적으로 되는 일의 과정. ¶생산 라인. ③기업이나 관청의 국(局)·부(部)·과(課)·계(係)와 같은 직선적 조직. ¶결재 라인.

라인^댄스(line+dance)**명** 여러 여성 무용수가 한 줄로 늘어서서 다리를 같이 움직이며 추는 춤.

라인^드라이브(line drive)**명** ⇒라이너.

라인^아웃(line out)**명** 럭비에서, 공이 터치라인 밖으로 나간 뒤, 경기를 다시 시작할 때 양 팀의 공격수가 두 줄로 늘어서서 공을 서로 빼앗는 일.

라인-업(line-up)**명** ①야구에서, 출전 선수의 타순(打順), 또는 수비 위치. ②운동 경기를 시작하기 전에 양편 선수가 한 줄로 늘어서는 일.

라인^크로스(line cross)**명** ①배구나 배드민턴에서, 서버가 코트의 선을 넘거나 밟는 반칙. ②핸드볼 따위에서 선을 넘거나 밟는 반칙. ③하키에서, 스틱이나 손·발 등이 들어가서는 안 되는 지역의 선을 넘는 반칙.

라인^프린터(line printer)**명** 가로쓰기한 행을 한 번에 인자(印字)할 수 있는 고속 인자기.

라일락(lilac)**명** 물푸레나뭇과의 낙엽 관목. 유럽 원산의 관상용 식물로, 높이는 5 m가량. 달걀 모양의 잎이 마주나고, 초여름에 연보라나 흰 꽃이 피는데 매우 향기로움. 자정향(紫丁香).

라-장조(-長調)[-쪼]**명** '라' 음을 으뜸음으로 하는 장조.

라조기(←辣子鷄 중)**명** 중화요리의 한 가지. 토막 친 닭고기에 녹말을 묻혀 튀긴 다음, 고추·파·마늘·생강 따위를 볶아 섞고, 녹말을 푼 물에 넣어 익히 만든다.

라지조 모음으로 끝난 체언에 붙어, 묻는 뜻을 나타내는 하게체의 종결형 서술격 조사. ¶저 개가 진돗개라지?/저 분이 이번 경기 우승자라지?

-라지《모음이나 'ㄹ'로 끝난 동사 어간 또는 높임의 '-시-'에 붙어》**I[어미]** 남의 말 하듯 빈정거리거나, 자기와는 상관이 없다는 투로 말함을 나타내는 해라체의 종결 어미. ¶갈 테면 가라지. **II[--]** '-라고 하지'가 줄어든 말. 어떤 일을 간접으로 시키거나 권함을 나타냄. ¶친정에나 며칠 다녀오라지. **참**-으라지.

라켓(racket)**명** 탁구나 테니스·배드민턴 등에서, 공이나 셔틀콕을 치는 채.

라켓-볼:(racquetball)**명** 벽을 둘러친 실내 코트에서, 테니스 라켓보다 좀 작은 라켓으로 고무공을 벽면에 대고 치는 운동.

라텍스(latex)**명** ①고무나무의 껍질에 홈을 낼 때에 분비되는 우윳빛 액체. 30～40% 고무를 함유한 콜로이드로, 포름산을 가하여 생고무를 만드는 원료로 씀. ②⇒탄성 고무.

라틴(Latin)**명** 라틴 어나 라틴 계통에 딸린 것임을 나타내는 말. ¶라틴 음악. /라틴 문학. **참**나전(羅甸).

라틴^민족(Latin民族)**명** 남부 유럽에 분포하는 아리안 족(Aryan族)에 딸린 민족.

라틴^아메리카(Latin America)**명** 아메리카에서 예전에 라틴 민족의 지배를 받았던 지역을 통틀어 이르는 말. 북아메리카 남부로부터 남아메리카에 걸쳐 있으며, 멕시코·브라질·아르헨티나 등이 이에 속함. 중남미.

라틴^어(Latin語)**명** 인도·유럽 어족의 하나로, 고대 로마에서 사용하던 언어. 지금은 사어(死語)가 되었으나, 스페인 어·이탈리아 어·프랑스 어 등의 근원이 되었음.

라틴^음악(Latin音樂)**명** 라틴 아메리카 여러 나라의 음악을 통틀어 이르는 말. 〔아르헨티나의 탱고, 브라질의 삼바, 쿠바의 룸바, 멕시코의 차차차 따위.〕

라피다멘테(rapidamente 이)**명** 악보의 나타냄말. '급하게'·'빠르게'의 뜻.

-락[어미] 모음이나 'ㄹ'로 끝난 어간에 붙는 연결 어미. '-락-락하다'의 꼴로 쓰이어, 어떤 동작이나 상태가 서로 엇바뀌어 일어남을 나타냄. ¶비가 오락가락한다. /화가 많이 났는지 얼굴이 푸르락누르락한다. **참**-으락.

락타아제(lactase)**명** 젖당을 가수 분해 하여 포도당과 갈락토오스를 만드는 효소.

락토오스(lactose)**명** 젖당.

란(卵)**명** 〈한자어 명사 뒤에 붙어〉'알'의 뜻을 나타냄. ¶수정란. /무정란.

란(蘭)**명** 〈한자어 명사 뒤에 붙어〉'난초'의 뜻을 나타냄. ¶금자란. /문주란.

란(欄)**명** 한자어 명사 뒤에 붙어, 그것을 위한 지면(紙面)임을 나타냄. ¶독자란. /광고란. /학습란. /가정란.

란조 모음으로 끝난 체언에 붙는 서술격 조사. ①'라고 하는'이 줄어서 된 말. 뒤의 사실을 규정하는 뜻을 나타냄. ¶감기란 병은 만병의 근원이다. ②'라고 하는 것은'의 뜻으로, 지적하여 강조하는 뜻을 나타냄. ¶부부란 인생의 동반자다. **참**이란.

란조 (옛) 랑람. 랑은. ¶제블란 ㄱ초고 ㄴ미 것 서르 일버수믈 홀씨(月釋1:45).

-란준 '-라고 하는'·'-라고 한'이 줄어든 말. 모음이나 'ㄹ'로 끝난 동사 어간이나 '아니다'의 어간 또는 높임의 '-시-'에 붙어, 명령하거나 확인하는 뜻을 나타냄. ¶이게 아니란 말이냐. /그만두란 사람이 누구데 이제 와서 후회냐? **참**-으란.

란다조 모음으로 끝난 체언에 붙는, 해라체의 종결형 서술격 조사. ①'라고 한다'가 줄어서 된 말. 남이 한 말을 인용하여 전달하는 뜻을 나타냄. ¶독서가 취미란다. ②'란 말이다'의 뜻으로 어떤 사실을 단정하되 그것을 친근하게 베풀어 말함을 나타냄. ¶부모를 섬기는 일은 자식 된 도리란다. **참**이란다.

-**란다** [I]<u>어미</u> ‘아니다’의 어간에 붙는 해라체의 종결 어미. 어떤 사실을 약간의 자랑스러움을 담아 친근하게 베풀어 말하는 뜻을 나타냄. ¶ 정이란 그런 게 아니란다.
[II]<u>준</u> ‘-라고 한다’가 줄어든 말. 모음이나 ‘ㄹ’로 끝난 동사 어간 또는 높임의 ‘-시-’에 붙어, 남의 말을 제삼자에게 전해 주는 뜻을 나타냄. ¶ 빨리 오란다. /자기가 한 일이 아니란다. <u>참</u>-으란다.

-**란더**<u>어미</u> 〈옛〉 -ㄹ진대. -건대. ¶ 괴시란더 우러곰 좃니노이다(樂詞.西京別曲).

란제리(←lingerie 프)<u>명</u> 여성의 양장용 속옷.

란탄(Lanthan 독)<u>명</u> 희토류 원소의 한 가지. 은백색 금속으로 공기 중에서는 표면이 산화하여 회백색으로 됨. 〔La/57/138.9〕

랄<u>조</u> ‘라고 할’이 줄어든 말. 모음으로 끝난 체언에 붙는 서술격 조사. 주로, 부정적인 말과 어울려 양보의 뜻을 나타냄. ¶ 사는 걸 보니 부자랄 수도 없더라. <u>참</u>이랄.

-**랄**<u>조</u> ‘-라고 할’이 줄어든 말. 모음이나 ‘ㄹ’로 끝난 동사 어간이나 ‘아니다’의 어간 또는 높임의 ‘-시-’에 쓰임. ¶ 무턱대고 기다리랄 수야 없지. <u>참</u>-으랄.

랄렌탄도(rallentando 이)<u>명</u> 악보에서, 변화를 주도록 지시하는 말. ‘점점 느리게’의 뜻. 〔나타냄말은 rall.〕리타르단도.

람[1] 모음으로 끝난 체언에 붙어, ‘란 말인가’의 뜻으로, 대상(상황)을 못마땅해하거나 빈정거리는 투로 말하는 종결형 서술격 조사. ¶ 그까짓 게 무슨 자랑거리람. <u>참</u>이람.

람[2]<u>조</u> 〈라면〉의 준말. ¶ 출발이 오류라 좋겠다.

-**람**<u>어미</u> 모음이나 ‘ㄹ’로 끝난 동사 어간이나 ‘아니다’의 어간 또는 높임의 ‘-시-’에 붙는, 해체의 종결 어미. ‘-라는 말인가’의 뜻으로, 어떤 사실을 반박하면서 불평하거나 나무람을 나타냄. ¶ 누가 하람?/누가 여기까지 좇아오람? <u>참</u>-으람.

람:바:다(lambada)<u>명</u> 브라질에서 일어난, 빠르고 관능적인 춤과 노래.

랍니까[람-]<u>조</u> ‘라고 합니까’가 줄어든 말. 모음으로 끝난 체언에 붙어, 남이 들은 사실에 대해서 묻는 뜻을 나타내는, 합쇼체의 종결형 서술격 조사. ¶ 전화 건 곳이 어디랍니까? <u>참</u>이랍니까?

-**랍니까**[람-]<u>조</u> ‘-라고 합니까’가 줄어든 말. 모음이나 ‘ㄹ’로 끝난 동사 어간이나 ‘아니다’의 어간 또는 높임의 ‘-시-’에 붙어, 남이 들은 사실에 대해 물어봄을 나타냄. ¶ 그만두랍니까? <u>참</u>-으랍니까.

랍니다[람-]<u>조</u> 모음으로 끝난 체언에 붙는, 합쇼체의 종결형 서술격 조사. ①‘라고 합니다’가 줄어든 말. 들은 사실을 남에게 알려 주는 뜻을 나타냄. ¶ 그 여자가 임자랍니다. ②자기와 관련된 어떤 사실을 친근하게 베풀어 말하는 뜻을 나타냄. ¶ 얘가 제 손자랍니다. <u>참</u>이랍니다.

-**랍니다**[람-] [I]<u>어미</u> ‘아니다’의 어간에 붙는, 합쇼체의 종결 어미. 어떤 사실을 친근하게 베풀어 말하는 뜻을 지님. ¶ 저래 뵈도 보통내기가 아니랍니다.
[II]<u>준</u> ‘라고 합니다’가 줄어든 말. 모음이나 ‘ㄹ’로 끝난 동사 어간이나 ‘아니다’의 어간 또는 높임의 ‘-시-’에 붙어, 남의 명령을 전해 줌을 나타냄. ¶ 빨리 오시랍니다. <u>참</u>-으랍니다.

랍디까[-띠-]<u>조</u> ‘라고 합디까’가 줄어서 된 말. 모음으로 끝난 체언에 붙어, 남이 전에 들은 사실을 돌이켜 묻는 뜻을 나타내는 종결형 서술격 조사. ¶ 직업이 뭐랍디까??/그 여자 혼자랍디까? <u>참</u>이랍디까.

-**랍디까**[-띠-]<u>준</u> ‘-라고 합디까’가 줄어든 말. 모음이나 ‘ㄹ’로 끝난 동사 어간이나 ‘아니다’의 어간 또는 높임의 ‘-시-’에 붙어, 남이 전에 들은 사실을 물어봄을 나타냄. ¶ 어디로 가랍디까?/그걸 나더러 하랍디까? <u>참</u>-으랍디까.

랍디다[-띠-]<u>조</u> ‘라고 합디다’가 줄어서 된 말. 모음으로 끝난 체언에 붙어, 남의 말을 인용해서 사실이 그러함을 단정하여 말하는 뜻을 나타내는 종결형 서술격 조사. ¶ 근동에 소문난 효자랍디다. <u>참</u>이랍디다.

-**랍디다**[-띠-]<u>준</u> ‘-라고 합디다’가 줄어든 말. 모음이나 ‘ㄹ’로 끝난 동사 어간이나 ‘아니다’의 어간 또는 높임의 ‘-시-’에 붙어, 이전에 들은 사실을 일러 줌을 나타냄. ¶ 내일 만나랍디다. <u>참</u>-으랍디다.

랍비(rabbi 히)<u>명</u> 유태교에서, ‘율법사(律法師)’를 높이어 일컫는 말. <u>참</u>라비.

랍시고[-씨-]<u>조</u> 모음으로 끝난 체언에 붙어, ‘라고’의 뜻을 띠며, 스스로 그것이라고 여기는 꼴을 빈정거리거나 어떤 사물을 얕잡아 이르는 연결형 서술격 조사. ¶ 그것도 노래랍시고 부르나. <u>참</u>이랍시고.

-**랍시고**[-씨-]<u>어미</u> ‘아니다’의 어간에 붙는 연결 어미. 어쭙잖은 어떤 근거를 얕잡거나 빈정거려 말하는 뜻을 나타냄. ¶ 제 딴은 무지렁이가 아니랍시고 말끝마다 문자를 쓴다.

랑<u>조</u> 모음으로 끝난 체언에 붙어, 둘 이상의 사물을 같은 자격으로 열거하는 뜻을 나타내는 접속 조사. ¶ 너랑 나랑 함께 가자. /나는 어머니랑 많이 닮았다. <u>참</u>이랑[2].

랑<u>조</u> 〈옛〉하고. 과. 와. ¶ 밀위랑 도래랑 먹고 靑山애 살어리랏다(樂詞.青山別曲).

랑게르한스-섬(Langerhans-)<u>명</u> 췌장(膵臟) 내부에 섬 모양으로 흩어져 있는 내분비선(內分泌腺) 조직. 〔1869년에 독일의 병리학자 랑게르한스(Langerhans, P.)가 발견함.〕

랑그(langue 프)<u>명</u> 각 개인의 머릿속에 저장된 사회 관습적인 언어의 체계. 스위스의 언어학자 소쉬르가 사용한 용어로, 개인의 언어 사용에 상대하여 사회가 채용한 제약을 통틀어 이름. 参파롤.

랑데부(rendez-vous 프)<u>명</u><u>하자</u> ①밀회. ②둘 이상의 우주선이 도킹(docking) 비행을 하기 위해 우주 공간에서 만나는 일.

래<u>조</u> ‘라고 해’가 줄어든 말. 모음으로 끝난 체언에 붙어, 남의 말을 인용하여 전하는 뜻을 나타내는 종결형 서술격 조사. ¶ 자기 친구래. <u>참</u>이래.

-**래** [I]<u>어미</u> ‘아니다’의 어간에 붙는 해체의 종결 어미. 남이 부정한 말의 내용을 전해 줌을 나타냄. ¶ 그런 뜻으로 말한 게 아니래.
[II]<u>준</u> ‘-라고 해’가 줄어든 말. 모음이나 ‘ㄹ’로 끝난 동사 어간 또는 높임의 ‘-시-’에 붙어, 남의 말을 전해 줌을 나타냄. ¶ 선생님께서 너 빨리 오래. <u>참</u>-으래.

-**래도**<u>준</u> ‘-라고 해도’가 줄어든 말. ¶ 집에 가래도 안 간다. <u>참</u>-으래도.

래드(rad)<u>의</u> 방사선 흡수량을 나타내는 단위. 1 래드는 방사선을 쬐는 물질 1 g당 흡수되는 100에르그(erg)의 에너지량.

래서㈜ '라고 하여서'가 줄어서 된 말. 모음으로 끝난 체언에 붙어, 앞말의 이유나 전제적 사실이 됨을 나타내는 연결형 서술격 조사. ¶박사래서 뭐든지 다 아는 것은 아니다. ㉾이래서.

-래서㈜ '-라고 해서'가 줄어든 말. 모음이나 'ㄹ'로 끝난 동사 어간 또는 높임의 '-시-'에 붙어, 어떤 내용을 전하되, 그것이 뒷말의 이유(근거·전제)가 됨을 나타냄. ¶아무 때나 나 오래서 지금 왔다. /일찍 오래서 아침도 못 먹고 왔다. ㉾-으래서.

래서야㈜ '라고 하여서야'가 줄어서 된 말. 모음으로 끝난 체언에 붙어, 그러하여서는 이치에 어긋나거나 정상적이 아니라는 뜻을 나타내는 연결형 서술격 조사. ¶또 꼴찌래서야 체면이 뭐가 되나. ㉾이래서야.

-래서야㈜ '-라고 하여서야'가 줄어든 말. 모음이나 'ㄹ'로 끝난 동사 어간 또는 높임의 '-시-'에 붙어, 그리하여서는 도리가 아니라는 뜻을 나타냄. ¶시작도 하기 전에 그만두래서야 되겠소. ㉾-으래서야.

래시-선(LASH船)명 짐을 실은 거룻배들을 그대로 싣고 운반하는 배. [lighters aboard ship]

래야㈜ '라고 하여야'가 줄어서 된 말. 모음으로 끝난 체언에 붙어, 앞의 사물을 뒷말로 한정하되, 그 사물이 시답잖다는 느낌을 나타내는 연결형 서술격 조사. ¶식구래야 우리 둘뿐이다. ㉾이래야.

-래야㈜ '-라고 하여야'가 줄어든 말. 모음이나 'ㄹ'로 끝난 동사 어간 또는 높임의 '-시-'에 붙어, 앞의 내용이 뒤의 행동의 필수 요건임을 뜻함. ¶누구더러 하래야 잘할까? ㉾-으래야.

래요㈜ '라고 하여요'가 줄어서 된 말. 모음이나 'ㄹ'로 끝난 체언에 붙어, 남의 말을 인용하여 윗사람에게 알려 주는 뜻을 나타내는 종결형 서술격 조사. ¶그 남자가 오빠래요. ㉾이래요.

-래요㈜ '-라고 하여요'가 줄어든 말. 모음이나 'ㄹ'로 끝난 동사 어간이나 '아니다'의 어간 또는 높임의 '-시-'에 붙어, 남이 한 말을 일러 줌을 뜻함. ¶빨리 가래요. ㉾-으래요.

래커(lacquer)명 도료(塗料)의 한 가지. 섬유소 또는 합성수지 용액에 안료 따위를 섞어 만듦. [건조가 빠르고 오래감.]

랙(lac)명 랙깍지진디의 암컷이 분비하는 나무진 같은 노르스름한 물질. 바니시나 붉은 물감의 원료가 됨. ☞셀락.

랜(LAN)명 근거리 통신망. [local area network]

랜덤^액세스(random access)명 컴퓨터의 기억 장치에서 정보를 호출하는 방법의 한 가지. 주로 자기(磁氣) 디스크나 자기 드럼 따위에서, 순서 없이 어드레스만 지정하여 저장하고 동시 호출이 가능하도록 한 방법임.

랜드-마크(land mark)명 어떤 지역을 대표하거나 식별하게 하는 사물 또는 표지. [서울 남산의 N서울타워, 여의도의 63빌딩 따위.]

랜딩(landing)명 ①스키에서, 점프한 뒤 땅에 떨어질 때 취하는 동작, 또는 그 지점. ②(비행기 따위의) 착륙.

랜턴(lantern)명 각등(角燈).

랠리(rally)명 ①테니스·탁구 따위의 경기에서, 양쪽 선수가 네트를 사이에 두고 서로 공을 주고받는 상태가 계속 이어지는 일. ②자동차 경주의 한 가지. 지정된 코스를 지정된 시간과 속도로 달리게 하여 우열을 가리는 경기.

램(RAM)명 컴퓨터 본체에 설치하는 기억 소자의 한 가지. 사용자의 요구에 따른 정보와 명령을 처리·수행하며, 수시로 입력과 말소가 가능함. ㉾롬(ROM). [random access memory]

램프(lamp)명 ①남포등. ②알코올 따위를 연료로 하는 가열 장치.

램프(ramp)명 <램프웨이>의 준말.

램프웨이(rampway)명 입체 교차하는 두 개의 도로를 연결하는, 도로의 경사진 부분. ㉾램프(ramp).

랩(lap)명 ①트랙을 두 번 이상 도는 육상 경기나 스피드 스케이트에서의 그 트랙 한 바퀴. ②수영 코스의, 한 번의 왕복.

랩(rap)명 ['내뱉듯이 말하다'라는 뜻으로] 팝음악의 한 형식. 강렬한 리듬에 맞추어 가사를 읊듯이 노래함. 랩뮤직.

랩(wrap)명 식료품 포장용 등으로 쓰이는 얇은 필름류. ¶먹다 남은 음식을 랩에 싸서 냉장고에 보관한다.

랩-뮤직(rap music)명 ☞랩(rap).

랩소디(rhapsody)명 광시곡(狂詩曲).

랩^타임(lap time)명 육상의 장거리 경주나 수영 경기 등의 계시(計時) 경기에서, 전 코스의 일정 구간마다 걸린 시간.

랩톱^컴퓨:터(laptop computer)명 무릎 위에 놓고 사용할 수 있을 정도로 작고 가벼운 휴대용 퍼스널 컴퓨터. 전원이 없어도 사용할 수 있음.

랭크-되다(rank-)[-되/-뒈-]재 순위가 매겨지다. ¶신기록을 수립하여 세계 1위에 랭크되다.

랭킹(ranking)명 순위. 등급. 서열. ¶헤비급 세계 랭킹 2위. /재계(財界) 랭킹 1위.

랴모음으로 끝난 체언에 붙어, 이치로 미루어 '어찌 그러할 것이냐'의 뜻으로, 반어적 의문을 나타내는 종결형 서술격 조사. ¶낳았다고 다 부모랴. ㉾이랴.

-랴어미 ①모음이나 'ㄹ'로 끝난 어간 또는 높임의 '-시-'에 붙는 종결 어미. '-ㄹ까 보냐'의 뜻으로, 반어적 의문을 나타냄. ¶무엇을 더 바라랴?/잘못한 일이 없는데 무엇이 두려우랴? ②모음이나 'ㄹ'로 끝난 동사 어간에 붙는, 해라체의 의문형 종결 어미. 자기가 앞으로 할 일에 대해 상대편의 의사를 묻는 뜻을 나타냄. ¶좀 도와주랴?/내가 가랴? ㉾-으랴.

-랴어미 <옛>-려. ¶草草흔 浮生애 므스 일을 흐랴 흐야(古時調).

량(量)명 《한자어 명사 뒤에 붙어》 '분량'이나 '수량'을 뜻함. ¶계획량. /생산량. /소비량.

량(輛)의 열차 따위의 칸을 세는 단위. ¶객차 3량이 탈선하다.

-러어미 모음이나 'ㄹ'로 끝난 동사 어간 또는 높임의 '-시-'에 붙어, 어떤 동작의 직접적인 목적을 나타내는 종속적 연결 어미. ¶뽕 따러 가세. ㉾-으러.

러니㈜ 모음으로 끝난 체언에 붙는 연결형 서술격 조사. '더니'의 예스러운 말. ¶본디는 덕망 높은 선비러니 이제는 그도 간신(奸臣)이 다 되었구려.

-러니어미 '아니다'의 어간에 붙는, 종속적 연결 어미. '-더니'의 예스러운 말씨로, '일찍이 어떠어떠하였더니'의 뜻을 나타냄. ¶악인이 아니러니 험한 세월이 그를 망쳤구려.

-러니어미 <옛>-더니. ¶들을 제는 우레러니(鄭澈,關東別曲).

러니라㈜ 모음으로 끝난 체언에 붙는 종결형 서술격 조사. '더니라'의 예스러운 말. ¶충성을 다함이 신하 된 도리러니라. ㉾이러니라.

-**러니라**㉟ '아니다'의 어간에 붙는, 문어 투의 해라체 종결 어미. '-더니라'의 예스러운 말씨. 경험을 바탕으로 하여 어떤 사실(상황)을 단정하여 말하는 뜻을 나타냄. ¶행복은 부(富)에 있음이 아니러니라.

러니이까㉟ 모음으로 끝난 체언에 붙는 종결형 서술격 조사. '이더니이까'의 예스러운 말. ¶참한 규수러니이까? ㊜러니이까. ㊂이러니이까.

-**러니이까**㉺ '아니다'의 어간에 붙는 극존칭 과거 의문형 종결 어미. '-더니이까'의 예스러운 말씨. ¶그것이 아니러니이까? ㊜-러이까.

러니이다㉟ 모음으로 끝난 체언에 붙는 종결형 서술격 조사. '더니이다'의 예스러운 말. ¶자태가 마치 선녀러니이다. ㊜러이다. ㊂이러니이다.

-**러니이다**㉺ '아니다'의 어간에 붙어 쓰이는, 극존칭 과거 평서형 종결 어미. '-더니이다'의 예스러운 말씨. ¶조사해 본즉 사실이 아니러니이다. ㊜-러이다.

러닝(running)⟨명⟩①달리는 일. 경주(競走). ②〈러닝셔츠〉의 준말.

러닝머신:(running machine)⟨명⟩체력 단련을 위하여 제자리에서 달릴 수 있도록 만든 헬스 기구의 한 가지.

러닝메이트(running mate)⟨명⟩①미국에서, 헌법상 썩 가까운 관계에 있는 두 관직 중 아래 관직의 선거에 입후보한 사람. 특히, 부통령 입후보자를 이름. ¶러닝메이트로 지명되다. ②어느 일에 보조 자격으로 종사하는 사람. ③어느 특정한 사람과 항상 어울려 함께 다니는 사람.

러닝^백스(running backs)⟨명⟩미식축구에서, 라인 후방에 있다가 공을 받아서 달리는 공격 팀의 선수를 통틀어 이르는 말.

러닝-샤:쓰(←running+shirts)⟨명⟩☞러닝셔츠.

러닝-셔:츠(running+shirts)⟨명⟩①경주나 경기 때에 입는 소매가 없는 메리야스 셔츠. 러닝샤쓰. ②소매가 없거나 짧은, 윗도리에 입는 메리야스 속옷. ㊜러닝.

러닝-슈:즈(running shoes)⟨명⟩☞스파이크 슈즈.

러닝^슛(running shoot)⟨명⟩농구·핸드볼 따위에서, 골을 향해 뛰어 들어가며 공을 던져 넣는 일.

러닝^패스(running pass)⟨명⟩축구·럭비·농구 따위에서, 달리면서 같은 편의 선수에게 공을 넘기는 일.

러^변:칙^활용(-變則活用)[-치콰룡]⟨명⟩☞러 불규칙 활용.

러^불규칙^용:언(-不規則用言)[-칙농-]⟨명⟩러 불규칙 활용을 하는 용언.〔동사의 '이르다⟨到·至⟩'와 형용사의 '누르다⟨黃⟩'·'푸르다'가 이에 딸림.〕

러^불규칙^활용(-不規則活用)[-치콰룡]⟨명⟩어간의 끝 음절 '르' 뒤에서 어미 '-어'가 '-러'로 바뀌는 불규칙 활용.〔'이르다⟨到·至⟩'가 '이르어→이르러', '푸르다'가 '푸르어→푸르러'로 되는 따위.〕러 변칙 활용.

러브(love)⟨명⟩테니스나 배드민턴 경기에서, 득점이 없는 일.

러브^게임(love game)⟨명⟩테니스 경기에서, 어느 한 편이 한 점도 얻지 못한 채 끝난 경기.

러브-신:(love scene)⟨명⟩연극이나 영화 따위에서, 남녀가 애정의 표현을 연기하는 장면.

러브-호텔(love+hotel)⟨명⟩은밀히 성(性)을 즐기려는 남녀를 주대상으로 하여 영업하는 숙박업소를 흔히 이르는 말.

러비⟨부⟩⟨옛⟩널리. 넓게. ¶러비 드로믈⟨龜鑑下49⟩.

러셀(russell)⟨명⟩등산에서, 앞서가는 사람이 눈을 밟아 다져 가면서 나아가는 일.

러셀-차(Russell車)⟨명⟩제설용(除雪用) 특수 차량의 한 가지. 앞쪽에 붙인 쐐기 모양의 보습과 양쪽 날개로 눈을 쳐내면서 감.〔제조 회사명인 'Russell and Snowplow'에서 유래함.〕

러스크(rusk)⟨명⟩카스텔라나 빵 따위를 얇고 기름하게 썰어 버터나 설탕을 발라 구운 과자.

-**러시니**㉺⟨옛⟩-시더니. ¶金ㅅ비치러시니⟨月釋2:65⟩.

러시아워(rush hour)⟨명⟩출퇴근이나 통학 등으로 말미암아 교통이 혼잡한 시간.

러시안-룰렛(Russian roulette)⟨명⟩회전식 연발 권총에 총알 한 발을 잰 다음, 몇 사람이 차례로 자기 머리에 총구를 대고 방아쇠를 당기는, 목숨을 거는 내기.

러이까㉟〈러니이까〉의 준말.

-**러이까**㉺〈-러니이까〉의 준말.

러이다㉟〈러니이다〉의 준말.

-**러이다**㉺〈러니이다〉의 준말.

러울⟨명⟩⟨옛⟩너구리. ¶러울爲獺(訓解).

러키-세븐(lucky seven)⟨명⟩서양에서, 7을 행운의 숫자라는 뜻으로 이르는 말.

러키^존:(lucky zone)⟨명⟩야구장의 외야 담장과 그 안쪽에 마련한 울타리로 둘러싸인 구역.〔여기 들어간 타구도 홈런이 됨.〕

러프(rough)⟨명⟩골프에서, 페어웨이 밖의 잡초 따위가 우거진 거친 땅.

럭비(Rugby)⟨명⟩☞럭비풋볼.

럭비^축구(Rugby蹴球)⟨명⟩☞럭비풋볼.

럭비-풋볼(Rugby football)⟨명⟩축구의 한 가지. 각각 15명으로 이루어진 두 팀이 80분 동안 길둥근 공을 손이나 발로 자유롭게 다루면서 상대편의 진지에 찍거나 차 넘겨 득점을 겨루는 경기. 럭비. 럭비 축구. 풋볼. ㊂미식축구.

럭스(lux)⟨의⟩조도(照度)의 단위. 1럭스는 1촉광의 광원으로부터 1 m 거리에 있는 1 m²의 표면의 조도임.〔기호는 lx〕

런가㉟ 모음으로 끝난 체언에 붙는, 종결형 또는 연결형 서술격 조사. '던가'의 예스러운 말. ¶이게 꿈이런가 생시런가. ㊂이런가.

-**런가**㉺ '아니다'의 어간에 붙는, 하게체의 의문형 종결 어미. '-던가'의 예스러운 말씨. 추측하면서 스스로에게 또는 상대편에게 가볍게 묻는 뜻을 나타냄. ¶이것이 정녕 꿈은 아니런가?

-**런고**㉺⟨옛⟩-던고. ¶이 진실로 엇던 모음이런고⟨孟解.梁惠王上⟩.

런들㉟ 모음으로 끝난 체언에 붙는, 연결형 서술격 조사. '던들'의 예스러운 말. ¶이 몸이 새런들 훨훨 날아갔으련만. ㊂이런들.

-**런들**㉺ '아니다'의 어간에 붙는, 종속적 연결 어미. '-ㄴ들'의 예스러운 말씨. 추측하여 가정하는 조건임을 뜻함. ¶그 일만 아니런들 이별은 없었을 텐데.

-**런마론**㉺⟨옛⟩-런마는. ¶卽時예 正覺올 일우련마론⟨月2:36⟩.

럼(rum)⟨명⟩당밀이나 사탕수수를 발효시켜 증류한 술. 럼주. ㊂당밀주(糖蜜酒).

럼-주(rum酒)⟨명⟩☞럼(rum).

레(re 이)⟨명⟩장음계의 둘째 음, 또는 단음계의 넷째 음의 계이름.

레가토(legato 이)⟨명⟩악보의 나타냄말. '음(音)과 음 사이를 끊어지지 않도록 매끄럽게' 연주하라는 뜻.

레가티시모 (legatissimo 이)**명** 악보의 나타냄말. '가장 원활하게'의 뜻.

레게 (reggae)**명** 라틴 음악의 한 형식. 2·4박자의 리듬이 강약의 변화를 이루면서 경쾌한 느낌을 줌. 1970년대에 자메이카에서 비롯됨.

레그혼-종 (leghorn種)**명** 닭의 품종의 한 가지. 이탈리아 원산의 난용종(卵用種)으로, 몸빛은 백색·갈색 등 여러 품종이 있음. 빨리 자라고 산란 능력이 뛰어남.

레늄 (rhenium)**명** 희유원소의 한 가지. 망간과 비슷한 성질의 금속 원소임. 은백색으로 질산과 황산에 잘 녹으며, 공기 중에서는 안전하나 가루로 만들면 발화성을 띰. 각종 분해 반응의 촉매로 쓰임. 〔Re/75/186.207〕

레닌-주의 [Lenin主義] 〔-의/-이〕**명** 마르크스(Marx)의 공산주의를 발전시킨 레닌의 공산주의 사상과 이론.

레디-고 (ready go)**감** 영화나 텔레비전 드라마를 찍을 때에 연출자가 출연자에게 촬영이 시작됨을 알리기 위하여 외치는 말.

레모네이드 (lemonade)**명** 레몬의 과즙에 물·설탕 등을 타서 만든 음료. 레몬수.

레몬 (lemon)**명** 운향과의 상록 소교목. 인도 원산의 재배 식물로 높이는 3m가량. 잎은 길둥글고 가장자리에 톱니가 있으며, 5～10월에 꽃이 핌. 열매는 길둥글고 노랗게 익으며 냄새가 좋음. 과즙에는 구연산(枸櫞酸)과 비타민 시(C)가 많이 들고 신맛이 남.

레몬-산 (lemon酸)**명** 구연산(枸櫞酸).

레몬-수 (lemon水)**명** ①레몬유를 탄 물. ②☞레모네이드.

레몬-스쿼시 (lemon squash)**명** 레몬의 과즙을 소다수에 섞어서 만든 음료수.

레몬-유 (lemon油)**명** 레몬 껍질에서 짜낸 기름. 음식물 등의 향기를 내는 데 씀.

레몬-차 (lemon茶)**명** 레몬 즙을 탄 홍차.

레미콘 (remicon←ready-mixed concrete)**명** ☞트럭믹서(truck mixer).

레버 (lever)**명** ①지레. ②지레 장치의 손잡이.

레벨 (level)**명** ①수준. 표준. ¶레벨이 높은 수업을 듣다. ②수준의(水準儀).

레스토랑 (restaurant 프)**명** 서양 요리점. 양식점(洋食店).

레슨 (lesson)**명** 일정한 시간에 받는 개인 교습. ¶바이올린 레슨을 받다.

레슬링 (wrestling)**명** 두 사람의 경기자가 매트 위에서 맨손으로 맞붙어 상대편의 양 어깨를 바닥에 1초 동안 닿게 함으로써 승부를 결정짓는 운동. 경기 방식에 따라 자유형과 그레코로만형으로 구별되며, 경기자의 체중에 따라 체급이 나뉨.

레시틴 (lecithin)**명** 인지질(燐脂質)의 한 가지. 세포막 구성의 중요한 성분으로 난황·콩기름·간장·뇌 등에 많이 들어 있음.

레위-기 (←Levi記)**명** 구약 성서 중 '모세 오경'의 하나. 레위 족이 해야 할 제사에 관한 여러 가지 의식 및 규범 등을 적은 내용.

레이 (lei)**명** 하와이 사람들이 목에 거는 화환.

레이다 (radar)**명** 전파를 발사하여 그 반사파를 받아 목표물의 존재와 거리를 탐지하는 무선 감시 장치. 항공기·선박 등에 널리 이용됨. 전파 탐지기. 〔radio detecting and ranging〕

레이더 (radar)**명** ☞레이다.

레이더^기구 (radar氣球)**명** 대기 상층의 풍향 및 풍속을 관측하기 위해 레이더를 설치하여 떠우는 기구.

레이더-망 (radar網)**명** 레이더를 많이 갖추어 어떤 지역 모두가 그 관측 범위에 들게 한 방비 태세. ¶레이더망에 걸리다.

레이서 (racer)**명** 스피드 경기용의 자동차나 오토바이, 또는 그것을 타고 경주하는 경기자.

레이스 (lace)**명** 수에 실을 코바늘 따위로 떠서 여러 가지 무늬를 나타내어 천처럼 만든 서양식 수예품. ¶레이스를 뜨다.

레이스 (race)**명** 경주(競走)·경영(競泳)·경마(競馬) 따위를 통틀어 이르는 말.

레이아웃 (layout)**명** ①편집·디자인 등에서, 문자·회화·사진 따위의 각 구성 요소들을 일정한 지면(紙面) 안에다 배치하는 일. ②정원의 장식이나 부지 안에 건물을 배치하는 따위의 설계.

레이업^숏 (layup+shoot)**명** 농구에서, 골 가까이에서 뛰어올라 손바닥에 공을 올려 가볍게 던져 넣는 숏.

레이온 (rayon)**명** 인조 견사(絹絲). 인조 견사 직물.

레이윈 (rawin)**명** 소형 무선 송신기를 기구(氣球)에 장치하여 띄워 놓고, 지상에서 무선 탐지기로 위치를 측정하여 대기 상층의 풍향·풍속을 알아내는 장치. 〔radio wind finding〕

레이저 (laser)**명** 전자파의 유도 방출을 이용한 빛의 증폭(增幅) 장치. 레이더·광 통신 등에 응용됨. 〔light amplification by stimulated emission of radiation〕

레이저^광선 (laser光線)**명** 레이저에서 방출되는 단색의 평행 광선. 파장과 위상이 일정하고 에너지 밀도가 크기 때문에 우주 통신·정밀 공작·의료 등에 널리 응용됨.

레이저^디스크 (laser disk)**명** 레이저를 이용한 비디오디스크 방식의 한 가지. 원반 위에 기록된 음성과 화상을 레이저를 이용하여 재생하기 때문에 음질과 화질이 뛰어남.

레이저^메스 (laser+mes 네)**명** 레이저 광선을 이용하여 만든 수술칼. 출혈 없이 예리하게 자를 수 있음.

레이저^통신 (laser通信)**명** 레이저 광선을 이용하는 통신. 마이크로파(波)보다 많은 정보를 동시에 보낼 수 있음.

레이저^프린터 (laser printer)**명** 레이저 광선으로 감광막 위를 주사(走査)하여 문자 잠상(文字潛像)을 만들고 토너로 현상하여 용지에 전사하는 전자 사진식 프린터. 빠르고 정확한 인쇄가 가능함.

레이콘 (racon)**명** 신호 전파를 발사하여 항공기나 선박에다 자기의 위치·방향을 알리는 레이더용의 비컨. 〔radar beacon〕

레인 (lane)**명** ①볼링에서, 볼을 굴리는 마루. 앨리(alley). ②육상·수영 등에서, 달리거나 나아가는 각 코스.

레인지 (range)**명** 전기나 가스 따위를 이용한 조리용 가열 기구.

레인코:트 (raincoat)**명** 비옷.

레일 (rail)**명** ①철길을 이루는 강재(鋼材). 궤조(軌條). ¶레일을 깔다. ②운동하는 물체가 제대로 달릴 수 있도록 마련해 놓은 길. 궤도. 선로. ¶놀이 공원의 우주 열차가 레일을 따라 달리다.

레임-덕 (lame duck)**명** 〔'절름발이 오리'라는 뜻에서〕 임기가 남아 있는 낙선(落選) 의원이나 임기 만료를 앞둔 대통령을 이르는 말.

레저(leisure)명 ①노동과 수면 등 생활 시간 이외의 자유로운 시간. 여가. ②여가를 이용한 놀이나 오락. ¶ 레저 스포츠.

레저^산:업(leisure産業)명 여가를 즐기는 데 필요한 시설을 제공하거나 용구·재료의 판매, 수송 등을 하는 산업.

레제드라마(Lesedrama 독)명 상연이 목적이 아닌, 읽히기 위하여 쓴 희곡.

레즈비언(lesbian)명 여자를 사랑하는 여자. 여성 동성애자. ↔게이.

레지(レジ.←register)명 다방 같은 데서 손님을 접대하며, 차를 나르는 여자.

레지던트(resident)명 수련의(修鍊醫)의 두 번째 과정에 있는 의사. 인턴 과정을 마치고 전문 과정을 수련하는 과정으로, 기간은 3년임. 〔외과 계열은 4년.〕 **참**수련의.

레지스탕스(résistance 프)명 점령군이나 침략자에 대한 저항 운동. 특히, 제2차 세계 대전 중 점령 독일군에 대한 프랑스의 저항 운동을 이름.

레지스터(register)명 컴퓨터에서, 주로 연산(演算)을 위한 수치로 된 정보를 등록받아 일시적으로 기억하는 회로나 장치를 통틀어 이르는 말. 〔어큐뮬레이터·범용(汎用) 레지스터·입출력 레지스터 따위.〕

레지에로(leggiero 이)명 악보의 나타냄말. '가볍고 경쾌하게'의 뜻.

레지오넬라(legionella)명 흙에 존재하는 세균의 한 가지. 특히 여름철 냉각탑 같은 시설에서 생기는 물방울 속에 들어가서 공기 중에 떠돌다가 사람에 감염하여 병을 일으킴.

레커-차(wrecker車)명 고장이 났거나 불법으로 정차하고 있는 차를 끌기 위한, 기중기를 장착한 자동차.

레코:드(record)명 ①음반(音盤). ¶ 레코드 판매량. /레코드를 취입하다. ②컴퓨터의 정보 자료를 체계적으로 조립하는 요소. 몇 개의 기본 항목으로 조직된 파일 자료의 단위임.

레코:드-판(record板)명 음반(音盤).

레코:드-플레이어(record player)명 음반에 녹음되어 있는 신호를 재생하는 장치. **참**플레이어.

레코딩(recording)명 '리코딩'의 잘못.

레퀴엠(requiem 라)명 ☞진혼곡(鎭魂曲).

레크리에이션(recreation)명 여가를 이용하여, 심신의 피로를 풀고 새로운 활력을 불어넣기 위해 즐기는 오락이나 스포츠 등의 활동.

레테르(letter 네)명 ☞라벨(label).

레토르트(retort)명 유리나 금속으로 플라스크 모양처럼 만든 화학 실험용 기구. 증류(蒸溜)나 건류(乾溜)를 할 때 가열기로 쓰임.

레토르트^식품(retort食品)명 가공 조리하여 주머니 같은 그릇에 넣은 다음, 레토르트 솥에서 가열 살균한 저장 식품.

레트(let)명 탁구나 테니스 따위에서, 서브한 공이 네트를 스치고 코트에 들어가거나 상대가 미처 준비하지 않은 때에 서브하는 일. 폴트(fault)가 아니며, 서브를 다시 할 수 있음.

레퍼리:(referee)명 축구·농구·배구·권투 따위의 심판원.

레퍼리:^스톱(referee stop)명 ☞아르에스시스(RSC).

레퍼토리(repertory)명 연주가나 극단 등이 언제라도 상연 또는 연주할 수 있도록 마련한 작품이나 곡목. 연주 곡목이나 연출 목록.

레포:츠(←leisure+sports)명 여가를 즐기면서 신체를 단련할 수 있는 운동.

레포트(report)명 '리포트'의 잘못.

레프트^윙(left wing)명 축구나 하키 등에서, 포워드 중 왼쪽 끝의 위치, 또는 그곳을 맡은 선수. 좌익(左翼). ☞라이트 윙.

레프트^하:프(left half)명 축구나 하키 등에서, 왼쪽에 있는 하프백의 위치, 또는 그곳을 맡은 선수. ↔라이트 하프.

렌즈(lens)명 ①유리나 수정 같은 투명체의 면을 곡면(曲面)으로 만들어 빛을 모으거나 흩어지게 만든 투명한 물체. 볼록 렌즈와 오목 렌즈로 구별되며, 광학 기계 등에 쓰임. ②☞콘택트렌즈.

렌치(wrench)명 ☞스패너.

렌탄도(lentando 이)명 악보의 나타냄말. '차차 느리게'의 뜻.

렌터카(rent-a-car)명 이용자로부터 세를 받고 빌려 주는 자동차.

렌토(lento 이)명 악보의 나타냄말. '아주 느리고 무겁게'의 뜻.

렘마(lemma 그)명 수학에서, 정리(定理)를 이끌어 내는 도중에 얻게 되는 명제.

렙토스피라(leptospira)명 스피로헤타에 속하는, 실 모양의 미생물.

-려어미〈-려고〉의 준말. ¶ 오늘밤 서울을 떠나려 한다.

-려어미 (옛)-랴. -ㄹ 것인가. ¶ 늙고 病커니 길흘 일터 아니흐려(杜初21:38).

-려거든《모음이나 'ㄹ'로 끝난 동사 어간 또는 높임의 '-시-'에 붙어》 Ⅰ어미 '가상된 어떤 일이 실현될 경우에는'의 뜻을 나타내는 종속적 연결 어미. ¶ 눈이 오려거든 한 닷새 왔으면 ...▷-으려거든.
Ⅱ준 '-려고 하거든'이 줄어든 말. ¶ 집에 가려거든 지금 빨리 가거라. **참**-으려거든.

-려고어미 ①《모음이나 'ㄹ'로 끝난 동사 어간 또는 높임의 '-시-'에 붙는, 종속적 연결 어미. ㉠장차 그렇게 하려는 의도를 나타냄. ¶ 내일쯤 만나 보려고 한다. ㉡곧 어떤 움직임이나 상태의 변화를 나타냄. ¶ 기차가 막 출발하려고 한다. ▷-려. ②《모음이나 'ㄹ'로 끝난 어간 또는 높임의 '-시-'에 붙는, 해체의 종결 어미. 의심이나 반문을 나타냄. ¶ 설마 싸우기야 하려고. /아무려면 멀쩡한 가구를 버리려고. **참**-으려고.

-려고 들다관용 곧 그렇게 할 듯이 행동함을 나타내는 말. ¶ 자꾸 따지려고 들어서 애먹었다.

-려기에준 '-려고 하기에'가 줄어든 말. 모음이나 'ㄹ'로 끝난 동사 어간 또는 높임의 '-시-'에 붙어, 앞말이 뒷말의 원인이나 이유(근거)가 됨을 나타냄. ¶ 슬쩍 얼버무리려기에 호통을 쳤다. /대강 넘어가려기에 주최 측에 항의했다. **참**-으려기에.

-려나《모음이나 'ㄹ'로 끝난 어간 또는 높임의 '-시-'에 붙어》어미 추측하거나, 묻는 뜻을 나타내는 해체의 종결 어미. ¶ 날씨가 더워지려나? **참**-으려나.
Ⅱ준 '-려고 하나'가 줄어든 말. ¶ 집에 언제쯤 가려나? **참**-으려나.

-려네준 '-려고 하네'가 줄어든 말. 모음이나 'ㄹ'로 끝난 동사 어간에 붙어, 자기의 의사를 밝히는 뜻을 나타냄. ¶ 그만두려네. **참**-으려네.

-려느나준 '-려고 하느냐'가 줄어든 말. 모음이나 'ㄹ'로 끝난 동사 어간 또는 높임의 '-시-'에

붙어, 상대편이 하려는 동작에 대해 묻는 뜻을 나타냄. ¶벌써 집에 가려느냐? 참 -으려느냐.

-려는준 '-려고 하는'이 줄어든 말. 모음이나 'ㄹ'로 끝난 동사 어간 또는 높임의 '-시-'에 붙어, 그리하려는 의도임을 나타냄. ¶공부를 하려는 학생은 마땅히 지원해 줘야지. /주려는 사람은 꿈도 안 꾸는데 김칫국부터 마신다. 참 -으려는.

-려는가준 '-려고 하는가'가 줄어든 말. 모음이나 'ㄹ'로 끝난 동사 어간 또는 높임의 '-시-'에 붙어, 추측하여 가볍게 의문을 품거나 상대편의 의사를 묻는 뜻을 나타냄. ¶언제쯤 떠나려는가?/오늘도 눈이 오려는가? 참 -으려는가.

-려는고준 '-려고 하는고'가 줄어든 말. 모음이나 'ㄹ'로 끝난 동사 어간 또는 높임의 '-시-'에 붙어, 상대편의 의사를 묻는 뜻을 나타냄. '-려는가'보다 예스러운 말씨. ¶왜 헤어지려는고? 참 -으려는고.

-려는데준 '-려고 하는데'가 줄어든 말. 모음이나 'ㄹ'로 끝난 동사 어간 또는 높임의 '-시-'에 붙어, 앞말이 뒷말의 전제가 됨을 나타냄. ¶막 떠나려는데 비가 쏟아졌다. 참 -으려는데.

-려는지준 '-려고 하는지'가 줄어든 말. 《모음이나 'ㄹ'로 끝난 동사 어간 또는 높임의 '-시-'에 붙어》 ①막연한 의문을 나타냄. ¶언제나 오시려는지. ②추측하여 묻거나 의심스러워하는 뜻을 나타냄. ¶비가 오려는지 구름이 잔뜩 끼었다. 참 -으려는지.

려니조 모음으로 끝난 체언에 붙어, 혼자 속으로 '그러하겠거니' 하고 추측하는 뜻을 나타내는 연결형 서술격 조사. ¶진정한 친구려니 하고 믿었는데. 참 이려니.

-려니 《모음이나 'ㄹ'로 끝난 어간에 붙어》 Ⅰ어미 '그러하겠거니' 하고 혼자 속으로만 추측하여 짐작하는 뜻을 나타내는 종속적 연결 어미. 《높임의 '-시-' 뒤에서도 쓰임.》 ¶일이 다 잘되려니 하고 믿고 있었다. 참 -으려니. Ⅱ준 '-려고 하니'가 줄어든 말. 앞말의 결과로서 뒷말이 이끌려 나옴을 나타냄. ¶혼자 보내려니 마음이 안 놓인다. 참 -으려니.

려니와조 모음으로 끝난 체언에 붙어, 어떤 사실을 인정하면서 그와 비슷하거나 대립되는 다른 사실을 덧붙이는 뜻을 나타내는 연결형 서술격 조사. ¶나도 나려니와 그 사람도 큰일 날 뻔했다. 참 이려니와.

-려니와어미 모음이나 'ㄹ'로 끝난 어간 또는 높임의 '-시-'에 붙는, 종속적 연결 어미. ①'그러하겠거니와'의 뜻으로, 앞말을 인정하면서 뒷말이 그보다 더하거나 대등함을 나타냄. ¶날짜가 급하기도 하려니와 도와줄 사람도 없다. ②'-지마는'의 뜻으로, 어떤 일을 추정하되 그것이 뒷말에 매이지 아니함을 나타냄. ¶나무도 아니려니와 풀도 아닌 것이…. 참 -으려니와.

-려다준 '-려다가'가 줄어든 말. ¶호랑이를 그리려다 고양이를 그렸다. 참 -으려다.

-려다가준 '-려고 하다가'가 줄어든 말. 모음이나 'ㄹ'로 끝난 동사 어간 또는 높임의 '-시-'에 붙어, 어떤 동작이 이루어질 듯하다가 다른 동작으로 바뀜을 나타냄. ¶오늘 당장 떠나려다가 내일 출발하기로 했다. 참 -으려다가.

-려더니준 '-려고 하더니'가 줄어든 말. 모음이나 'ㄹ'로 끝난 동사 어간 또는 높임의 '-시-'에 붙어, 어떤 일이 의도대로 되려 하다가 아니 되거나 덜 이루어짐을 나타냄. ¶가려더니 왜 안 갔지? 참 -으려더니.

-려더라준 '-려고 하더라'가 줄어든 말. 모음이나 'ㄹ'로 끝난 동사 어간 또는 높임의 '-시-'에 붙어, 이루어지려던 과거 일을 본 대로 (들은 대로) 전하는 뜻을 나타냄. ¶내가 막 들어서니까 선생님께서는 가시려더라. 참 -으려더라.

-려던준 '-려고 하던'이 줄어든 말. 모음이나 'ㄹ'로 끝난 동사 어간 또는 높임의 '-시-'에 붙어, 앞말이 뒷말의 전제가 됨을 나타냄. ¶막 퇴근을 하려던 순간에 전화가 왔다. 참 -으려던.

-려던가준 '-려고 하던가'가 줄어든 말. 모음이나 'ㄹ'로 끝난 동사 어간 또는 높임의 '-시-'에 붙어, 제삼자의 어떤 사실(행동)을 확인하려고 묻는 뜻을 나타냄. ¶그렇게 혼나고도 또 하려던가? 참 -으려던가.

-려도준 '-려고 하여도'가 줄어든 말. 모음이나 'ㄹ'로 끝난 어간 또는 높임의 '-시-'에 붙어, '어떤 일을 마음먹은 대로 하여도'의 뜻으로, 뒷말이 그에 매이지 아니함을 나타냄. [대개, 부정하는 말이 뒤에 옴.] ¶만나려도 통 만날 수가 없다. 참 -으려도.

-려면어미 모음이나 'ㄹ'로 끝난 동사 어간 또는 높임의 '-시-'에 붙는, 종속적 연결 어미. '그러한 의도라면'의 뜻으로, 앞말이 뒷말의 전제나 조건이 됨을 나타냄. ¶거기를 가려면 어느 길로 가야 하나요?/당사(當社)에 응시하시려면 성적 증명서와 자기 소개서를 내셔야 합니다. 참 -으려면.

-려무나어미 모음이나 'ㄹ'로 끝난 동사 어간에 붙는, 해라체의 종결 어미. ①제 마음대로 하라는 뜻을 나타냄. ¶자고 싶으면 자려무나. ②완곡하게 요구하는 뜻을 나타냄. ¶편지 좀 하려무나. /자주 놀러 오려무나. 준 -렴. 참 -으려무나.

-려서는준 '-려고 하여서는'이 줄어든 말. 모음이나 'ㄹ'로 끝난 동사 어간 또는 높임의 '-시-'에 붙어, 앞말이 뒷말을 제한·구속함을 나타냄. ¶그 큰일을 혼자 힘으로 하려서는 안 되지. 참 -으려서는.

-려서야준 '-려고 하여서야'가 줄어든 말. 모음이나 'ㄹ'로 끝난 동사 어간 또는 높임의 '-시-'에 붙어, 어떤 의도를 가정하되, 그 의도가 뒷말의 원인(근거)이 됨을 나타냄. [대개, 뒤에 부정하는 말이나 훈계조의 말이 이어짐.] ¶이제 와서 그만두려서야 시작하지 않은 것만도 못하지. 참 -으려서야.

-려야준 '-려고 하여야'가 줄어든 말. 모음이나 'ㄹ'로 끝난 동사 어간 또는 높임의 '-시-'에 붙어, 하려고 의도하는 사실이나 행동이 뒷말의 조건이 됨을 나타냄. ¶억지로 시킨다고 되나, 스스로 하려야 되지. 참 -으려야.

-려오준 '-려고 하오'가 줄어든 말. 모음이나 'ㄹ'로 끝난 동사 어간 또는 높임의 '-시-'에 붙어, 자기의 의사를 밝혀 말하는 뜻을 나타냄. ¶피곤해서 좀 쉬려오. 참 -으려오.

-력(力)접미 (일부 명사 뒤에 붙어) '능력' '힘' 등의 뜻을 나타냄. ¶경제력. /단결력. /생활력. /인내력. /지도력. /통솔력.

-련Ⅰ어미 모음이나 'ㄹ'로 끝난 동사 어간에 붙는, 해라체의 의문형 종결 어미. 화자가 할 의사가 있는 어떤 행동에 대하여 상대편의 의향을 친근하게 묻는 뜻을 나타냄. ¶내가 도와주련?/하나 더 주련? 참 -으련. Ⅱ준 '-려느냐'가 줄어든 말. ¶내일 가련?/무엇을 하련? 참 -으련.

련곳명 (옛)연꽃. ¶련곳 거:菓(訓蒙上7). 참년곳.

-런다어미 '-려고 한다'가 줄어든 말. 모음이나 'ㄹ'로 끝난 동사 어간에 붙어, 앞으로 그렇게 하겠다는 의지를 나타냄. ¶혼자 가련다. 참-으련다.

련마는조 모음으로 끝난 체언에 붙어, '겠건마는'의 뜻으로, 어떤 사실이 가정이나 추측으로는 그리됨직하나 실제로는 그렇지 아니함을 나타내는 연결형 서술격 조사. ¶지긋하여 과묵해질 나이련마는 소견머리가 없다. 준련만. 참이련마는.

-련마는어미 모음이나 'ㄹ'로 끝난 어간 또는 높임의 '-시-'에 붙는 종속적 연결 어미. '-겠건마는'의 뜻으로, 앞일이나 가정의 사실을 추측하되, 그것이 뜻대로 매이지 아니함을 나타냄. ¶내일이면 보련마는 왜 이다지도 기다려질까. 준-런만. 참-으련마는.

련만조 〈련마는〉의 준말. ¶소문난 부자련만 남을 돕는 데는 인색하군.

-련만어미 〈-련마는〉의 준말. ¶시키는 대로 하련만 저렇게 못 미더워하다니….

-렵어미 〈-려무나〉의 준말. ¶네 뜻대로 하렴.

렴통명 (옛)염통. 심장. ¶도탁 렴통앳 피(救簡 1:97). 참념통.

-렵니까[렴-] 《모음이나 'ㄹ'로 끝난 동사 어간 또는 높임의 '-시-'에 붙어》 Ⅰ어미 상대편이 장차 어떤 행위를 할 것인지의 의사를 묻는 뜻을 나타내는 합쇼체의 의문형 종결 어미. ¶이 일을 어쩌시렵니까? 참-으렵니까.
Ⅱ[준] '-려고 합니까'가 줄어든 말. ¶어디로 가시렵니까? 참-으렵니까.

-렵니다[렴-] 《모음이나 'ㄹ'로 끝난 동사 어간 또는 높임의 '-시-'에 붙어》 Ⅰ어미 장차 어떤 행위를 할 자기의 의지를 베풀어 말하는 뜻을 나타내는 합쇼체의 평서형 종결 어미. ¶저는 내년에 고향에 돌아가렵니다. 참-으렵니다.
Ⅱ[준] '-려고 합니다'가 줄어든 말. ¶이 일은 제가 하렵니다. 참-으렵니다.

렷다[렫따]조 모음으로 끝난 체언에 붙는 해라체의 종결형 서술격 조사. ①경험이나 이치로 미루어 사실이 으레 그러할 것임을 추정하는 뜻을 나타냄. ②짐작되는 어떤 사실에 대해 다짐하여 확인하는 뜻을 나타냄. ¶그 말을 퍼뜨린 사람이 분명 너렷다. 참이렷다.

-렷다[렫따]어미 ①모음이나 'ㄹ'로 끝난 어간 또는 높임의 '-시-'나 시제의 '-았(있)-' 등에 붙는, 해라체의 평서형 종결 어미. ㉠이치로 미루어, 으레 그렇게 되거나 그러할 것임을 추정하는 뜻을 나타냄. ¶강이 풀리면 배도 뜨렷다. ㉡추상되는 사실에 대해 그것을 인정하면서 더 다지는 뜻을 나타냄. ¶정녕 거짓이 아니렷다. ②모음이나 'ㄹ'로 끝난 동사의 어간에 붙는, 해라체의 명령형 종결 어미. ¶지체 없이 시행하렷다. 참-으렷다.

-령(令)접미 《일부 명사 뒤에 붙어》 '법령'이나 '명령'을 뜻함. ¶체포령. /시행령. /소탕령.

-령(領)접미 국명을 나타내는 대다수 명사 뒤에 붙어, 그 나라의 영토임을 뜻함. ¶영국령. /미국령.

-령(嶺)접미 《일부 명사 뒤에 붙어》 '재'임을 뜻함. ¶대관령. /추풍령.

례(例)명 《일부 명사 뒤에 붙어》 '보기'임을 뜻함. ¶사용례. /판결례. /인용례.

로조 모음이나 'ㄹ'로 끝난 체언에 붙는 부사격 조사. ①방향·경로를 나타냄. ¶이제는 어디로 갈까?/범인이 뒷길로 도망쳤다. ②원인·이유를 나타냄. ¶추위로 고생했다. ③재료·연장·방편을 나타냄. ¶쌀로 술을 빚다. /리어카로 이삿짐을 날랐다. ④신분·자격을 나타냄. ¶그는 학회의 대표로 회의에 참석했다. ⑤작용한 결과임을 나타냄. ¶수포로 돌아가다. /얼음이 물로 변하다. ⑥한정된 시간(때)임을 나타냄. ¶오늘로 일을 마무리 짓자. 참으로.

로 하여금관용 모음이나 'ㄹ'로 끝난 체언에 붙어 '-을'·'에게' 등의 뜻을 나타냄. (''-게 하다'와 어울려 쓰임.) ¶나로 하여금 그 일을 맡아보게 하다.

-로(路)접미 《일부 명사 뒤에 붙어》 '길'을 뜻함. ¶보급로. /우회로. /교차로. /활주로.

로가리듬(logarithm)명 ☞로그(log).

로고조 모음으로 끝난 체언에 붙어, 괴이쩍거나 새삼스러운 느낌을 혼잣말로 나타내는 종결형 서술격 조사. ¶참 장한 아이로고. 참이로고.

로고(logo)명 회사명이나 상품명 등을 독특한 글자체를 쓰거나 디자인하여 나타낸 것.

-로고어미 '아니다'의 어간이나 높임의 '-시-'에 붙는, 예스러운 말투의 종결 어미. 약간의 느꺼움을 가지고, 괴이하거나 뜻밖의 사실에 대한 스스로의 감회를 나타냄. ¶예사 사람이 아니로고. /어허, 이거 보통 일이 아니로고.

로고스(logos 그)명 ①만물을 조화·통일하는 이성(理性). 오성(悟性). ②기독교에서, 삼위일체의 제2위인 '성자(聖子)'를 일컫는 말.

로구나조 모음으로 끝난 체언에 붙어, 새삼스럽게 깨달은 느낌을 나타내는 해라체의 종결형 서술격 조사. ¶그것 참 경사로구나. 준구나·로군. 참이로구나.

-로구나어미 '아니다'의 어간이나 높임의 '-시-'에 붙는, 해라체의 감탄형 종결 어미. 아랫사람에게 또는 자기 스스로에게 새삼스럽다는 느낌을 담아 서술하는 뜻을 나타냄. ¶네 얘기를 듣고 보니 보통 일이 아니로구나. 준-로군.

로구려조 모음으로 끝난 체언에 붙어, 어떤 사실을 새삼스러운 느낌을 담아 인정하는 뜻을 나타내는 하오체의 종결형 서술격 조사. ¶여기가 바로 별천지로구려. 준구려. 참이로구려.

-로구려어미 '아니다'의 어간이나 높임의 '-시-'에 붙는, 하오체의 종결 어미. 어떤 사실을 인정하면서 새삼스러운 느낌을 담아 감회 어리게 나타내는 뜻을 가짐. ¶품질이 그다지 좋은 게 아니로구려.

로구료조 '로구려'의 잘못.

-로구료어미 '-로구려'의 잘못.

로구먼조 모음으로 끝난 체언에 붙어, 어떤 사실을 새삼스럽게 깨닫는 느낌을 나타내는 하게체의 종결형 서술격 조사. ¶이제 보니 가짜로구먼. 준구먼·로군. 참이로구먼.

-로구먼어미 '아니다'의 어간이나 높임의 '-시-'에 붙는, 하게체의 종결 어미. 남에게 또는 자기 스스로에게 새삼스러운 느낌을 담아 베풀어 말하는 뜻을 가짐. ¶사람이 할 짓이 아니로구먼. 준-로군.

로구면조 '로구먼'의 잘못.

-로구면어미 '-로구먼'의 잘못.

로군조 ①〈로구나〉의 준말. ②〈로구먼〉의 준말.

-로군어미 ①〈-로구나〉의 준말. ¶그냥 넘길 일이 아니로군. ②〈-로구먼〉의 준말. ¶이 다이아몬드는 진짜가 아니로군.

로그(log)**명** 수학에서, 1이 아닌 양수 a와 양수 N과의 사이에 $N=a^b$의 관계가 있을 때, 그 b를 이르는 말. 로가리듬.

로그^곡선(log曲線) [-썬]**명** 직각 좌표에 관하여 대수 방정식으로 나타내는 곡선.

로그^모눈종이(log-)**명** 로그자에 의해 그려진 모눈종이.

로그아웃(logout)**명하자** 다중 사용자 시스템을 사용하고 난 후, 컴퓨터에 사용을 끝내겠다는 신호를 보내고 나오는 일. ↔로그인.

로그인(login)**명하자** 다중 사용자 시스템을 사용하기 위하여 컴퓨터에 사용자임을 알리는 일. 미리 등록된 사용자의 특정한 이름과 암호를 입력해야만 작업을 할 수 있는 특정한 시스템 사용 환경에서 쏨. ↔로그아웃.

로그-자(log-)**명** 로그 눈금을 새긴 계산자.

로그-표(log表)**명** 자연수의 상용(常用) 로그를 미리 계산하여 작성해 놓은 표.

로그^함:수(log函數) [-쑤]**명** 어떤 수를 밑으로 한 변수의 로그를 함수로 할 때 그 함수를 이름.

로다조 모음으로 끝난 체언에 붙는, 해라체의 종결형 서술격 조사. ①'로구나'의 뜻을 예스럽게 나타냄. ¶과연 효자로다. /그대의 가야금 연주는 천상의 소리로다. ②'다'의 뜻을 예스럽게 나타냄. ¶참으로 잘 어울리는 부부로다. **참**이로다.

-로다어미 '아니다'의 어간이나 높임의 '-시-'에 붙는, 해라체의 종결 어미. '-다'보다 더 단정적이고, 예스러운 느낌을 나타냄. ¶인두겁을 썼을 뿐 인간이 아니로다.

로:더(loader)**명** 석탄이나 암석 등을 운반 기계에 싣는 기계.

로:데오:(rodeo)**명** 길들이지 않은 말이나 소를 탄 채 버티거나 길들이는 경기. [미국 서부의 카우보이들이 서로 솜씨를 겨룬 데서 비롯됨.]

로도조 모음이나 'ㄹ'로 끝난 체언에 붙어 '로'와 '도'가 겹친 뜻을 나타내는 부사격 조사. ¶비행기로도 이틀이나 걸리는 거리다. **참**으로도.

로되[-되/-뒈]**조** 모음으로 끝난 체언에 붙는, 연결형 서술격 조사. ①앞의 사실을 인정하면서 뒤의 사실을 덧붙여 한정하는 뜻을 나타냄. ¶형제는 형제로되 재산 때문에 만나기만 하면 다툰다. ②앞의 사실은 인정하나 뒤의 사실이 그에 매이지 아니함을 나타냄. ¶바다는 십 년 전 그 바다로되 물빛은 어찌 이리 다를까. **참**이로되.

-로되[-되/-뒈]**어미** '아니다'의 어간이나 높임의 '-시-'에 붙는, 종속적 연결 어미. ①어떤 일이 사실이 아님을 일단 밝혀 말하면서, 이에 덧붙여 설명하는 말이 이어짐을 뜻함. ¶새는 아니로되, 새같이 날 수 있는 동물이 있단다. ②뒷말이 앞말에 대립되는 뜻으로 이어짐을 나타냄. ¶사람은 옛사람이 아니로되, 산천은 옛 모습 그대로구나.

로듐(Rhodium 독)**명** 백금족(白金族) 원소의 한 가지. 회백색의 금속으로 산이나 알칼리에 녹지 아니함. 백금과의 합금, 각종 기기의 부품 등에 이용됨. [Rh/45/102.9055]

로:드게임(road game)**명** 프로 야구 등에서, 홈 구장을 떠나서 하는 경기. 원정 경기. ↔홈 게임.

로:드롤:러(road roller)**명** 길바닥이나 땅을 고르고 다지는 데 쓰이는 롤러. 수로기(修路機). **춘**롤러.

로:드맵(road map)**명** ['도로 지도'라는 뜻으로] 어떤 일을 효율적으로 추진하기 위한 단계별 목표와 지침·일정 등을 나타낸 것. ¶시장 개혁 로드맵. /노사 관계 로드맵.

로:딩(loading)**명** 컴퓨터에서, 프로그램이나 데이터를 보조 기억 장치나 외부 기억 장치로부터 주기억 장치로 옮기는 일.

로더조 **옛** 로되. ¶ㅅ聲은 點 더우믄 흐가지로 딕 샌르니라(訓語).

로라조 모음으로 끝난 체언에 붙어, 남의 몸가짐이나 하는 짓이 스스로를 쳐들어 뽐내는 모습을 흉으로 이르는 연결형 서술격 조사. ¶대접 로라 하고 거들먹거리는 꼴이 아주 눈꼴사납다. **참**이로라.

-로라어미 '아니다'의 어간에 붙는 연결 어미. 자기 동작(존재)을 의식적으로 쳐들어 말하는 뜻을 나타냄. ¶내 잘못은 아니로라 하고 끝까지 우기다.

-로라어미 **옛** -노라. ¶다토리 업슬 손 다믄 인가 너기로라(朴仁老.陋巷詞).

로:란(LORAN)**명** 선박이나 항공기가 두 개의 무선 전신국으로부터 받는 전파의 도착 시각 차이를 측정하여 자신의 위치를 산출하는 장치. [long range navigation]

로렌슘(lawrencium)**명** 인공 방사성 원소의 한 가지. [Lr/103/260]

로렐라이(Lorelei 독)**명** 라인 강 중류의 강기슭에 있는 큰 바위. 그 위에서 물의 요정이 노래를 불러 뱃사람을 물속으로 꾀어 들인다는 전설이 있음.

로:마(Roma)**명** ⇨로마 제국.

로:마^가톨릭교(Roma Catholic敎)**명** 사도(使徒) 베드로의 후계자로서의 교황을 세계 교회의 최고 지배자로 받들고 그 통솔 밑에 있는 기독교의 교파. 천주교. 로마교.

로:마-교(Roma敎)**명** ⇨로마 가톨릭교.

로:마-황(Roma敎皇)**명** ⇨교황(敎皇).

로마네스크(Romanesque 프)**명** 11~12세기 전반에, 유럽의 라틴계 각국에서 일어났던 미술 건축상의 양식.

로:마-서(Roma書)**명** 신약 성경 중의 한 편. 사도(使徒) 바울이 로마 인들에게 보낸 16장으로 된 편지. 기독교의 원리 및 신앙 체험 등에 관해 기록함.

로:마^숫:자(Roma數字) [-쑤짜/-쑨짜]**명** 고대 로마 시대에 만든 숫자. [Ⅰ·Ⅱ·Ⅲ·Ⅳ·Ⅴ 따위.] **참**아라비아 숫자.

로:마-자(Roma字)**명** 라틴 어를 표기하기 위해 고대 로마 시대에 만들어진 표음 문자. [오늘날 유럽 여러 나라에서 쓰임.]

로:마^제:국(Roma帝國)**명** 서양의 고대 최대의 제국. 이탈리아 반도에서 일어난 라틴 인의 도시 국가로, 기원전 510년에 공화정을 펴고, 기원전 27년에 제정(帝政)이 확립됨. 로마.

로망(roman 프)**명** 연애담이나 무용담 따위를 공상적·모험적·전기적(傳奇的)으로 다룬 통속 소설.

로맨스(romance)**명** ①연애. 연애 사건. ②서양 음악에서, 서정적인 선율을 가진 가곡이나 아리아.

로맨스-그레이(romance+grey)**명** 머리가 희끗희끗 센 매력 있는 초로(初老)의 남성, 또는 그 머리털.

로맨스-어(Romance語)**명** 이탈리아 어·프랑스 어·스페인 어 등 라틴 어를 공통의 모어(母語)로 하는 여러 언어를 통틀어 이르는 말.

로맨티시스트(romanticist)**명** ①낭만주의자. 낭만파. ②공상가. 몽상가.

로맨티시즘(romanticism)**명** 낭만주의.

로맨틱-하다(romantic-)**형여** 낭만적이다. ¶로맨틱한 분위기.

로보트(robot)몡 '로봇'의 잘못.

로봇(robot)몡 ①인간의 모습과 비슷하게 만들어) 인간의 행동이나 작업 등을 자동적으로 할 수 있게 만든 기계 장치. 인조 인간. ②자동적으로 일하는 기계. ③'주관이 없이 남이 조종하는 대로 움직이는 인간'을 비유하여 이르는 말. ¶그 사람은 말이 사장이지 사실은 로봇이나 다름없다.

로-부터丞 모음이나 'ㄹ'로 끝난 체언에 붙어, 거쳐 온 출발 지점이나 대상을 나타내는 부사격 조사. ¶친구로부터 생일 선물을 받다. /하늘로부터 받은 음악적 재능. 高으로부터.

로브(lob)몡 ☞로빙(lobbing).

로브스터(lobster)몡 서양 요리에 쓰는 바닷가재.

로비(lobby)몡 ①호텔이나 극장 등 사람들이 많이 드나드는 건물에서, 정문으로 이어지는 통로를 겸한 넓은 공간. ②의회에서 국회의원이 외부 사람과 만나는 응접실. ③院짝권력자들에게 이해 문제를 진정하거나 탄원하는 일.

로비스트(lobbyist)몡 특정 압력 단체의 이익을 위해 정당이나 의원을 상대로 청원·진정(陳情) 등을 중개하는 원외(院外) 단체의 활동자.

로빈슨^풍속계(Robinson風速計) [-께/-께]몡 반구형의 바람개비 서너 개를 갖춘 회전식 풍속계. 회전수로 바람의 속도를 잼.

로빙(lobbing)몡 ①테니스 따위에서, 공을 높이 쳐서 상대편의 머리 위로 넘기어 코트의 구석에 떨어뜨리는 일. 로브. ②축구에서, 완만한 포물선을 그리듯이 공을 차 올리는 일.

로뼈丞 〈옛〉로써. ¶듕냥 긔를로뼈(五倫2:11).

로사리오(rosario 이)몡 가톨릭 신자가 기도할 때 쓰는 묵주, 또는 묵주를 세면서 하는 성모 마리아에 대한 기도.

로새丞 〈옛〉노새. ¶쇠 로새룰 터오ᄂᆞ니(月釋21:81). /로새 라: 驤(石千38).

-로새라어미 〈옛〉-로구나. ¶東京 불근 ᄃᆞ래 새도록 노니다가 드러 내 자리룰 보니 가ᄅᆞ리 네히로새라(樂範.處容歌)

로서丞 모음이나 'ㄹ'로 끝난 체언에 붙어, '지위나 신분 또는 자격을 가지고'의 뜻을 나타내거나 '어떤 동작이 일어나거나 시작되는 출발점'의 뜻을 나타내는 부사격 조사. ¶선배로서 하는 말이니 흘려 듣지 마라. /싸움은 너로서 시작되었다. 高으로서.

로세丞 모음으로 끝난 체언에 붙어, 'ㄹ세'의 뜻으로, 감탄을 나타내는 종결형 서술격 조사. ¶아주 현명한 처사로세. 高이로세.

-로세어미 '아니다'의 어간이나 높임의 '-시-'에 붙는, 하게체의 종결 어미. '-ㄹ세'와 같은 뜻이나, 더 객관적인 단정과 느낌을 나타냄. ¶모른 체한다고 넘어갈 일이 아니로세.

로써丞 〈옛〉로부터. ¶如來로써 世尊애 니르리(釋譜9:3). /하눌로서 ᄂᆞ랴 오ᄂᆞ니라(月釋1:26).

로:션(lotion)몡 화장수(化粧水)나 유액(乳液) 따위와 같은, 액체 상태로 된 화장품.

-로소니어미 〈옛〉-니. -오니. ¶이 가매 靑州 徐州롤 원히 열리로소니(杜重1:8).

-로소이다어미 〈옛〉-올시다. ¶샹이 무르시더 눌을 니룬 말인다 더하여 글오더 쟝우로소이다(五倫2:15).

-로쇠어미 〈옛〉-ㄹ세. ¶픔東方 文憲이 漢唐宋애 비기로쇠(朴仁老.嶺南歌堂).

로스(←roast)몡 ☞로스트.

로스-구이(←roast-)몡 소나 돼지의 로스를 불에 굽는 일, 또는 그렇게 구운 고기.

로:-스쿨(law school)몡 법학 전문 대학원. 법률 이론과 실무 지식을 동시에 교육하는 3년제 석사 학위 과정.

로스^타임(loss time)몡 축구·럭비 등에서, 경기 중 지체된 시간. 인저리 타임.

로:스터(roaster)몡 (가스나 전기로) 생선이나 고기를 굽는 데 쓰는 기구.

로:스트(roast)몡 ①고기 따위를 불에 굽는 일, 또는 그렇게 구운 요리. ②소·돼지 따위의 안심이나 등심 따위, 질이 좋고 연한 살코기. 불고기나 찜 요리에 쓰임. 로스.

로스트^제너레이션(Lost Generation)몡 〔'잃어버린 세대'라는 뜻으로〕제1차 세계 대전의 환멸에서부터 출발하여, 미국의 문화적 전통의 결여를 절감하고 고향 상실의 비원(悲願)을 여러 작품에 반영시켰던 1920년대의 일군(一群)의 미국 작가들을 이르는 말.

로써丞 모음이나 'ㄹ'로 끝난 체언에 붙어, '…을 가지고'의 뜻을 나타내는 부사격 조사. '로'와 같으나, 이유·수단·조건이 더 확실함을 뜻함. ¶쌀로써 떡을 만든다. /말로써 천냥 빚을 갚는다고 한다. /신념과 용기로써 시련을 이겨 내자. 高으로써.

로아ээ丞 라야. ¶사괴욤 議論호믄 엇뎨 구티여 몬젓 同調로아 ᄒᆞ리오(杜重1:11).

로:열-박스(royal box)몡 '귀빈석'으로 순화.

로:열^젤리(royal jelly)몡 꿀벌의 일벌이 여왕벌의 유충에게 먹이는 먹이. 일벌의 타액선(唾液腺)에서 나오는 분비물임. 왕유(王乳).

로:열-층(Royal層)몡 고층 아파트에서, 햇빛이 잘 들고 높지도 낮지도 아니하여 생활하기에 가장 좋은 층을 이르는 말.

로:열티(royalty)몡 ①공업 소유권의 사용료. ②거액의 로열티를 지급하다. ②인세(印稅).

로이드-안경(Lloyd眼鏡)몡 둥글고 굵은 셀룰로이드 테의 안경.

로제트(rosette)몡 ①24면으로 된 장미 모양의 다이아몬드. ②천장 위에서 전등선을 끌기 위하여, 반자에 다는 하얀 사기의 반구형 기구.

로지(lodge)몡 오두막. 특히, 등산객을 위한 간이 휴게소나 숙박소.

로진^백(rosin bag)몡 야구에서, 투수가 공을 쥐거나 타자가 베트를 잡을 때 미끄러지는 것을 막기 위해 손에 바르는 송진 가루를 넣은 작은 주머니.

로카(ROKA)몡 '대한민국 육군'을 뜻하는 약칭. [Republic of Korea Army]

로케(←location)몡 〈로케이션〉의 준말.

로케이션(location)몡 (촬영소 밖에서) 실제의 경치나 건조물 따위를 배경으로 영화 등을 촬영하는 일. 야외 촬영. ②로케.

로케트(rocket)몡 '로켓'의 잘못.

로켓(locket)몡 사진 따위를 넣어 목걸이에 다는 여성용 장신구.

로켓(rocket)몡 연료를 태워서 생기는 고압 가스를 고속으로 분출시켜 그 반동으로 추진력을 얻는 장치, 또는 그러한 장치로 된 비행체. ¶로켓을 쏴 올리다.

로켓^엔진(rocket engine)몡 (비행기 따위의) 로켓을 이용한 엔진.

로켓-탄(rocket彈)몡 로켓의 추진력을 이용한 탄환.

로켓-포(rocket砲)몡 로켓탄을 발사하는 포.

로코코(rococo 프)몡 18세기에 프랑스를 중심으로 하여 유럽에 성행했던 건축이나 장식 따위의 미술 양식.

로크(lock)圓 레슬링에서, 팔이나 손으로 끼어서 상대편을 꼼짝 못하게 하거나 비틀어 올리는 기술.

로큰롤:(rock'n'roll)圓 1950년대에 미국에서 일어나 유행하기 시작한 광열적(狂熱的)인 댄스 음악. 리듬 앤드 블루스의 영향을 받아 주로 백인 사이에서 파급되었으며, 그 후 세계적으로 유행하였음. 준록. 暫리듬 앤드 블루스.

로:터리(rotary)圓 큰 거리의 교차점 중앙에 만들어 놓은 둥근 지대.

로:터리^클럽(Rotary Club)圓 1905년에 미국에서 창립된, 사회봉사를 목적으로 하는 국제적인 사교 단체.〔그 모임의 장소를 각국이 돌려가며 맡은 데서 생긴 이름.〕

로:테이션(rotation)圓 ①야구에서, 투수를 차례로 기용하는 일. ②6인제 배구에서, 서브권을 얻을 때마다 선수가 시계 방향으로 차례차례 자리를 옮기는 일.

로:틴:(low+teen)圓 십대 전반의 나이(특히 13, 14세), 또는 그 나이 또래의 소년·소녀. 暫하이틴.

로펌(law firm)圓 다수의 변호사들이 모여서 각자 자신의 전문 분야를 맡아 체계적이고 조직적인 법률 서비스를 제공하는 법무 법인.

로:프(rope)圓 굵은 밧줄.

로:프웨이(ropeway)圓 가공 삭도(架空索道).

로:프-지(rope紙)圓 마닐라삼 또는 마닐라삼에 화학 펄프를 섞은 것을 원료로 하여 만든 강도 높은 종이. 포장지 등으로 쓰임.

로:허:들(low hurdle)圓 저장애물 경주.

로:-힐(←low heeled shoes)圓 굽이 낮은 여자 구두. ↔하이힐.

록(rock)圓 〈로큰롤〉의 준말.

-록(錄)圓(일부 명사 뒤에 붙어) '기록'·'문서'의 뜻을 나타냄. ¶ 방명록. /비망록. /속기록. /회의록.

록-카페(rock+café 프)圓 로큰롤을 들으며 그에 맞추어 춤을 출 수 있는 시설을 갖춘 술집.

록-클라이밍(rock-climbing)圓 등산에서, 험한 암벽을 기어오르는 일. 또는 그 기술. 暫클라이밍.

록^파이버(rock fiber)圓 화산암으로 만든 섬유. 석면(石綿)의 대용품으로 쓰임.

-론(論)圓(일부 명사 뒤에 붙어) ①'그것에 대한 주장이나 이론'을 뜻함. ¶ 평화론. /원칙론. /진화론. ②'그것에 대한 학문 또는 학문 분야'를 뜻함. ¶ 정치론. /인식론. /작가론.

론도(rondo 이)圓 ①프랑스에서 생겨난, 2박자 계통의 경쾌한 춤곡. 합창과 독창이 번갈아 섞이어 구성됨. ②악곡 형식의 한 가지. 주제(主題)가 몇 번 되풀이되는 동안에 다른 선율의 부주제가 삽입되는 형식. ②회선곡(回旋曲).

론^테니스(lawn tennis)圓 '테니스'의 정식 이름.〔잔디 코트에서 하는 테니스라는 뜻으로, 실내 테니스와 구별하여 붙인 명칭.〕

롤:러(roller)圓 ①원통형의 회전 물체. ¶ 롤러에 페인트를 묻혀 벽을 칠한다. ②〈로드 롤러〉의 준말.

롤:러^베어링(roller bearing)圓 회전축과 축받이 사이에 몇 개의 롤러를 끼운 축받이.〔마찰을 적게 하기 위한 것.〕

롤:러-블레이드(rollerblade)圓 ☞인라인스케이트(inline skate).

롤:러-스케이트(roller skate)圓 창 밑에 네 개의 작은 바퀴가 달린 구두를 신고 콘크리트 바닥이나 판자를 깐 바닥을 달리는 놀이, 또는 그 기구.

롤:링(rolling)圓 ①배나 비행기가 좌우로 흔들리는 일. ↔피칭. ②회전하는 압연기의 롤에 금속 재료를 넣어 판자 모양으로 만드는 일.

롤:링^밀(rolling mill)圓 압연기(壓延機).

롤:백^정책(rollback政策)圓 〔원래의 위치까지 밀어낸다는 정책이란 뜻으로〕 방어하는 처지에서 벗어나, 적극적인 공세로 전환하여 상대를 반격하려는 외교 정책.〔1950년대 미국의 대소(對蘇) 정책 따위.〕

롤:-빵(roll-)圓 둥글게 말아서 구운 빵.

롤:^오:버(roll over)圓 높이뛰기에서, 몸을 옆으로 뉘어 가로대 위를 넘는 방법.

롤:인(roll-in)圓하타 ①하키에서, 공이 사이드라인 밖으로 나갔을 때에, 최후로 공을 터치한 상대편 선수가 심판의 신호로 공을 굴려 들여 다시 경기를 하는 일. ②럭비에서, 스크럼을 짠 후 그 사이에 공을 굴려 넣는 일.

롤:-필름(roll film)圓 두루마리처럼 감아 놓은 필름.

롬:(loam)圓 ①모래와 가는 모래, 찰흙이 거의 같은 비율로 섞인 흙. ②모래와 찰흙의 혼합물.

롬(ROM)圓 컴퓨터 본체에 내장된 기억 소자(記憶素子)의 한 가지. 임의로 변경할 수 없고, 사용자의 조작에 따라 미리 만들어진 연산(演算) 및 실행 구조 등을 처리·수행함. 暫램(RAM). 〔read only memory〕

-롭다(-따)〔-로우니·-로워〕圓미 일부 명사나 관형사에 붙어, '그러함', 또는 '그럴 만함'의 뜻을 나타내는 형용사를 만듦. ¶ 슬기롭다. /향기롭다. /새롭다.

롱런(long-run)圓 ①영화나 연극 등이 장기간 계속 흥행하는 일. ②권투에서, 챔피언이 선수권을 장기간 보유하는 일.

롱^숏(long shot)圓 영화에서, 전경(全景)이 들어갈 만한 먼 거리에서 촬영하는 일.

롱^슛(long shoot)圓 농구·축구 등에서, 멀리서 바스켓이나 골을 향하여 슛하는 일.

롱^패스(long pass)圓 축구·핸드볼·농구 등에서, 공을 길게 차거나 던져서 하는 패스.

롱담(弄談)〔옛〕농담(弄談). ¶ 내 롱담호다라(釋譜6:24). /놀애 브르며 춤츠며 롱담호야(月釋1:44).

롱(弄)(옛〕용수. ¶ 롱 츄:籠(訓蒙中12).

-롸(어미)〔옛〕①-노라. ¶ 조가온 가지로 집 일위 자라(杜重1:12). ②-았노라. -었노라. ¶ 내 高麗 王京으로셔브터 오롸(老解上1).

뢴트겐(Röntgen 독)〔Ⅰ〕圓 엑스선. 〔Ⅱ〕의 방사선의 세기의 단위.〔기호는 R〕

뢴트겐^사진(Röntgen寫眞)圓 ☞엑스선 사진.

뢴트겐-선(Röntgen線)圓 ☞엑스선.

뢴트겐^촬영(Röntgen撮影)圓 엑스선을 물체에 비추어 그 물체의 투과상(透過像)을 촬영하는 일.

-료(料)圓(일부 명사 뒤에 붙어) ①'요금'의 뜻을 나타냄. ¶ 수업료. /시청료. ②'재료'의 뜻을 나타냄. ¶ 조미료. /향신료.

료화말(蓼-)圓 여뀌풀. ☞료화:水荭草(四解上6).

-루(樓)圓(일부 고유 명사 뒤에 붙어) '다락집'·'요릿집'을 뜻함. ¶ 경회루. /부벽루. /촉석루.

루게릭-병(Lou gehrig病)圓 온몸의 근육이 점점 위축되는 병. 원인 불명의 불치병으로, 처음에는 손·팔 등 몸의 일부가 위축되고 나중에는 전혀 걷거나 움직일 수 없게 되며, 결국 호흡 곤란 등으로 사망함.〔미국의 야구 선수 루 게릭이 이 병으로 사망한 데서 붙여진 이름임.〕

루:머 (rumor)몜 '소문'·'뜬소문'·'풍문(風聞)' 으로 순화.

루:멘 (lumen)몜 광속(光束)의 단위. 1칸델라의 점광원(點光源)을 중심으로 하여, 1 m 반지름으로 그린 구면상의 1 m²의 면적을 통과하는 광속을 1루멘이라 함. 〔기호는 lm〕

루바슈카 (rubashka 러)몜 러시아의 민족 의상으로, 남자들이 입는 윗도리. 깃을 세우고 왼쪽 앞가슴에서 단추로 여미어, 허리를 끈으로 매는, 좀 헐렁하게 지은 옷.

루:버 (louver)몜 광선의 조절, 환기, 배연(排煙) 등을 위해 창문 따위에 다는, 길고 좁으며 얇은 판자로 비늘처럼 만든 격자(格子).

루:블 (rubl' 러)의 러시아의 화폐 단위. 1루블은 100코페이카. 〔기호는 Rub〕

루:비 (ruby)몜 ①강옥석(鋼玉石)의 한 가지. 붉은빛을 띤 투명한 보석. 홍옥(紅玉). 홍보석. ②인쇄에서, 7호 활자를 달리 이르는 말.

루비듐 (rubidium)몜 알칼리 금속의 한 가지. 은백색의 무른 금속으로 성질은 칼륨과 비슷함. 〔Rb/37/85.4678〕

루:비ᄉ유리 (ruby琉璃)몜 금·동·셀렌 등의 콜로이드로 착색한 붉은 빛깔의 유리.

루:스ᄂ볼 (loose ball)몜 농구 따위에서, 어느 편의 것인지 분명하지 않은 상태의 볼.

루스티카나 (rusticana 이)몜 ☞루스티코.

루스티코 (rustico 이)몜 악보의 나타냄말. '목가풍으로'·'민요적으로'의 뜻. 루스티카나.

루:스-하다 (loose-)형몜 행동이나 태도 따위에 절제가 없거나 긴장이 풀려 있다.

루시페라아제 (Luciferase 독)몜 개똥벌레와 같은 생물이 빛을 낼 때 촉매 구실을 하는 효소. 루시페린을 산화(酸化)시키며, 그 산화 에너지로 빛을 냄.

루시페린 (luciferin)몜 생물의 발광(發光)을 일으키는 물질. 단백질의 한 가지로, 산화하면 빛을 냄.

루어 (lure)몜 (물고기를 속이려고) 털·플라스틱·나무·금속 따위로 물고기의 미끼 모양을 본떠서 만든 낚시용 바늘.

루어ᄂ낚시 (lure-) [-낚씨]몜 루어로 하는 낚시.

루:주 (rouge 프)몜 ☞립스틱.

루지 (luge)몜 올림픽 경기 종목의 한 가지. 나무썰매에 한 사람 이상의 선수가 타고 얼음으로 굳혀진 1000 m의 경주로를 내리 달려 그 속도로 승부를 겨루는 경기.

루테:늄 (ruthenium)몜 백금족(白金族) 원소의 한 가지. 광택이 있고 단단하면서도 무른 금속으로, 다른 백금족 원소의 경도를 더하는 데 이용됨. 〔Ru/44/101.07〕

루테튬 (lutetium)몜 희토류 원소의 한 가지. 아직 순수한 금속으로는 얻을 수 없으며, 산화물 및 이온(ion)의 빛은 무색임. 〔Lu/71/174.97〕

루:트 (root)몜 수학의 근(根). 〔기호는 √〕 승근(乘根). 찹근호.

루:트 (route)몜 물품이나 정보 따위가 전하여지는 경로. ¶판매 루트. /정보를 입수하는 루트.

루:틴 (routine)몜 컴퓨터에서, 어떤 기능을 실행시키기 위하여 배열하여 일련의 명령군을 이루어 놓은 프로그램의 기본 단위.

루:틴 (rutin)몜 달걀의 노른자나 토마토의 줄기 등에 들어 있는 배당체(配糖體)의 한 가지. 모세 혈관의 기능을 정상으로 유지하고 혈관을 튼튼히 하는 작용이 있어, 고혈압이나 뇌일혈을 예방하는 데 쓰임.

루:프 (loop)몜 ①(단춧구멍 대신 쓰는) 끈이나 실로 만든 고리. ②자궁 안에 장치하는, 고리 모양으로 된 피임 용구. ③〈루프선〉의 준말. ④스케이팅에서, 한쪽 스케이트의 끝으로 그린 곡선.

루:프-선 (loop線)몜 지형이 가파른 산지에 철도를 놓을 때, 선로를 소용돌이 모양으로 놓아 높은 곳에 이르도록 한 선로. 준루프.

루:프ᄉ안테나 (loop antenna)몜 안테나 소자의 도선을 루프 모양으로 둥글게 만든 안테나.

루:피: (rupee)의 인도·미얀마·파키스탄 등의 화폐 단위.

루:핀 (lupine)몜 콩과의 일년초 또는 다년초. 관상용 식물로, 높이 60 cm가량. 잎은 손바닥 모양으로 갈라진 겹잎임. 초여름에 줄기 끝에 등나무꽃 모양의 꽃이 곱게 핌.

루:핑 (roofing)몜 두꺼운 종이 모양의 섬유 제품에 아스팔트를 먹인 지붕 방수 재료.

룰: (rule)몜 규칙. 규약(規約). ¶룰을 어기다.

룰렛 (roulette)몜 ①도박 용구의 한 가지. 돌아가는 원반 위에 공을 굴려, 그 구슬이 멈춘 자리의 숫자로 내기를 함. ②양재(洋裁) 등에서, 종이나 옷감에 굴리어 점선을 치는 톱니바퀴가 달린 도구.

룸메이트 (roommate)몜 하숙집·기숙사 등에서 같은 방을 쓰는 사람.

룸바 (rumba)몜 쿠바에서 시작된 4분의2 박자의 춤곡, 또는 그 춤.

룸-살롱 (room+salon 프)몜 칸막이가 된 방에서 양주·맥주 따위의 술을 마실 수 있게 설비한 고급 술집.

룸-서:비스 (room service)몜 호텔 따위에서, 객실에 음식물을 날라다 주는 일.

룸펜 (Lumpen 독)몜 실업자. 부랑자.

룻-기 (Ruth記)몜 구약 성경 중의 한 편. 모압의 여인 '룻'의 효성과 인정미 등을 바탕으로, 헤브루의 전원생활을 기록함.

-류 (流)젭미 일부 명사 뒤에 붙어, '그것의 독특한 방식(법식)이나 경향'임을 나타냄. ¶자기류(自己流). /불가류(佛家流).

-류 (類)젭미 일부 명사 뒤에 붙어, '그것에 딸린 종류나 부류'임을 나타냄. ¶금속류. /식기류. /야채류.

류:머티즘 (rheumatism)몜 관절이나 근육에 심한 통증이 따르는 교원병(膠原病)의 한 가지. 〔고령자에 많음.〕

류:트 (lute)몜 르네상스 시대에 유럽에서 쓰이던, 만돌린 비슷하게 생긴 현악기.

륙색 (rucksack)몜 산에 오르거나 할 때 식량이나 옷 따위 필요한 물건을 넣어 등에 지는 배낭의 한 가지.

-률 (律)젭미 《모음이나 'ㄴ' 받침 이외의 끝소리로 끝난 일부 명사 뒤에 붙어》 '규범이나 법칙' 등의 뜻을 나타냄. ¶도덕률./황금률. 찹-율(律).

-률 (率)젭미 모음이나 'ㄴ' 받침 이외의 끝소리로 끝난 일부 명사 뒤에 붙어, 그것의 '비율'임을 나타냄. ¶합격률. /사망률. /출생률. /경쟁률. 찹-율(率).

르네상스 (Renaissance 프)몜 〔'재생'·'부활'의 뜻으로〕 14세기 말에서 16세기 초에 걸쳐 이탈리아에서 일어나 전 유럽에 퍼진 예술과 학문상의 혁신 운동. 인간성의 존중, 개성의 해방 및 고전 문화의 부흥이 주된 내용임. 문예부흥.

르^변^칙^활용(-變則活用) [-치콰룡]**명** ☞르
불규칙 활용.

르^불규칙^용:언(-不規則用言) [-칭농-]**명** 르
불규칙 활용을 하는 용언. (고르다·나르다·다
르다·고르다 따위.)

르^불규칙^활용(-不規則活用) [-치콰룡]**명** 어
간의 끝 음절 '르'가 '-아(어)'로 시작되는 어
미와 어울려 '으'는 탈락하고, 어미가 '-라
(러)'로 바뀌는 불규칙 활용으로. ('오르다'가 '오
르어→올라', '흐르다'가 '흐르어→흘러'로 활
용하는 따위.) 르 변칙 활용.

르포(←reportage 프)**명**〈르포르타주〉의 준말.

르포-라이터(←reportage 프+writer)**명** 어떤
사건이나 고장·풍물 따위를 현지에서 직접 취
재하여 기사로 싣거나 방송으로 내는 사람.

르포르타:주(reportage 프)**명** ①신문·잡지·방
송 등에서의 현지 보고, 또는 보고 기사. ②사회
적 관심거리가 되는 현실이나 개인의 특이한 체
험을, 관찰자의 주관을 곁들이지 않고 사실 그
대로 그린 문학. 기록 문학. 보고 문학. ㉰르포.

를조 ①모음으로 끝난 체언에 붙어, 문장에서
그 말을 목적어가 되게 하는 목적격 조사. ¶노
래를 부른다. /하염없이 바다를 바라보다. ②조
사 '에'·'으로'나 연결 어미 '-아(어)'·'-게'
'-지'·'-고'는 모음으로 끝난 일부 부사 뒤
에 붙어, 강조의 뜻을 나타내는 보조사. ¶남
편은 오늘도 집에를 들어오지 않았다. /하루도
쉬지를 못했다. /빨리를 가거라. ㉰ㄹ². ❸을.

리조 모음으로 끝난 체언에 붙어, '라'의 뜻으
로, 스스로에게 묻거나 한탄함을 나타내는 종
결형 서술격 조사. ¶그러고도 어찌 형제리. /
불의를 보고 방관하는 자, 그도 누구리. ❸이리⁵.

리(里)**의** 거리의 단위. [1리는 약 393 m.]

리(理)**의** (어미가 '-ㄹ거'는 말 뒤에 쓰이
어) '까닭'이나 '이치'의 뜻을 나타내는 말.
《주로, '있다'·'없다'와 함께 쓰임.》 ¶결코
실패할 리가 없다.

리(哩)**의** ☞마일(mile).

리(釐·厘)**의** ①길이나 무게의 단위. '푼'의 10
분의 1. ②백분율의 단위. '푼'의 10분의 1.
¶3할 6푼 5리.

-리(裏)**접미** 일부 명사 뒤에 붙어, '그러한 조
건이나 상태'의 뜻을 나타냄. ¶암암리. /극비
리. /비밀리.

-리-접미 '르'·'ㄹ'이나 '르'로 끝난 동사의 어
근에 붙어, 그 말을 사동이나 피동으로 만듦.
('흘리다·굴리다'의 '리'는 사동, '뚫리다·잘
리다'의 '리'는 피동의 경우임. 피동의 '리'는
길게 발음함.)

-리-선미 모음이나 '르'로 끝난 어간 또는 높임
의 '-시-'에 붙어, 화자의 추측이나 의지를 나
타냄. ¶내일 꼭 가리다. /이 소식을 들으면 아
마 무척 기뻐하리라.

-리어미 ①모음이나 '르'로 끝난 어간 또는 높
임의 '-시-'에 붙어, 스스로에게 묻거나 반어적
으로 되묻는 뜻을 나타내는 하게체의 종결 어
미. ¶난들 어이 하리. ②<-리라의 준말.> ¶우
리 장차 조국의 간성(干城)이 되리. /봄이 되면
제비도 돌아오리. ❸-으리.

리고로소(rigoroso 이)**명** 악보의 나타냄말. '박
자를 정확하게'의 뜻.

리골레토(rigoletto 이)**명** 4분의3 박자의 이탈리
아 춤곡, 또는 그 춤.

리:그(league)**명** ①야구나 축구 등 경기 단체의
연맹. ②☞리그전.

리그로인(ligroin)**명** 석유 에테르의 한 가지. 석
유를 분류하여, 100~150 ℃에서 나오는 액체.
페인트나 바니시의 용제로 쓰임.

리:그-전(league戰)**명** 경기에 참가한 개인이나
팀이 적어도 한 번은 다른 모든 선수나 팀과
대전(對戰)하게 되어 있는 경기 방식. 리그. 연
맹전. ㉰토너먼트.

리기다-소나무(rigida-)**명** 소나뭇과의 상록 침
엽 교목. 북미 원산으로 높이 25 m, 지름 1 m
가량. 나무껍질은 붉은빛이 도는 갈색인데 깊
게 갈라지고, 잎은 세 개씩 또는 네 개씩 모여
남. 사방(沙防) 조림에 많이 이용됨.

-리까어미 모음이나 '르'로 끝난 어간 또는 높
임의 '-시-'·'-오-'에 붙는, 합쇼체의 의문형
종결 어미. ①앞으로의 자기 행동을 남에게 문
는 뜻을 나타냄. ¶내일 또 오리까? ②남에게
추측하여 반문하는 형식을 빌려, 자기 생각이
틀림없음을 은근히 강조하는 뜻을 나타냄. ¶그
가 이런 큰일을 어찌 해내리까. ❸-으리까.

리넨(linen)**명** 아마(亞麻)의 섬유로 짠 얇은 직
물을 통틀어 이르는 말. [여름 옷감·책상보·손
수건 따위를 만드는 데 많이 쓰임.] 아마포.

리놀륨(linoleum)**명** 실내의 바닥이나 벽면에 붙
이는 내수성의 건축 재료. 아마인유(亞麻仁油)
의 산화물에 코르크 가루나 나무 가루 등을 섞
어 천에 발라서 만듦.

-리니어미 모음이나 '르'로 끝난 어간 또는 높
임의 '-시-'에 붙는, 종속적 연결 어미. '-ㄹ
것이니'의 뜻으로, 뒷말의 조건(근거)이 되는
추측이나 의지를 나타냄. ¶나는 거문고를 타
리니 너는 노래를 불러라. ❸-으리니.

-리니라어미 모음으로 끝난 어간 또는 높임의
'-시-'에 붙는, 문어 투의 해라체 종결 어미.
'-ㄹ 것이니라'의 뜻으로, 경험을 바탕으로
하여 어떤 사실을 장중하게 베풀어 말하는 뜻
을 나타냄. ¶세월이 가면 차차 잊혀지리니라.
❸-으리니라.

-리다어미 모음이나 '르'로 끝난 동사 어간 또
는 높임의 '-시-'·'-오-'에 붙는, 하오체의 종
결 어미. ①'기꺼이 그리하겠소'의 뜻으로, 자
기의 의사를 나타냄. ¶내가 다녀오리다. /내가
사장님께 말씀 드리리다. ②'그러할 것이오'의
뜻으로, 추측하여 조심하도록 일깨워 주는
뜻을 나타냄. ¶그렇게 마시다가 배탈 나리다.
❸-으리다.

리:더(leader)**명** 앞장서서 여러 사람을 이끌어
가는 사람. 지도자.

리:더-십(leadership)**명** 지도자로서의 능력이나
자질. 통솔력. 지도력. ¶리더십이 있는 사람. /
리더십을 발휘하다.

리:드(lead)**명** ①하타 앞장서서 남을 이끎.
②하타 경기 따위에서 경쟁 상대보다 우세한
상황으로 앞서는 일. ③하자 야구에서, 주자가
도루를 하려고 베이스를 떠남. ④신문의 뉴스
기사에서, 본문에 앞서 그 요점을 간추려서 쓴
짧은 문장.

리:드(reed)**명** 피리·리드 오르간·오보에·클라리
넷 등의 악기에 붙이는, 탄력성 있는 얇은 조
각. 입으로 불거나 하여 공기를 보내면 진동하
며 소리를 냄. 서².

리드미컬-하다(rhythmical-)**형여** 율동적이다.
음률적이다. ¶리드미컬한 음악.

리:드^오르간(reed organ)**명** 페달을 밟아 리드
를 진동시켜서 소리를 내는 소형 오르간. 오
르간.

리듬 (rhythm)**圈** ①사물이 규칙적으로 되풀이될 때의 그 규칙적인 움직임. ¶생활의 리듬이 흐트러지다. ②음악의 3요소의 하나. 음의 장단과 강약이 일정한 규칙에 따라 되풀이되는 것. 절주(節奏). ¶빠른 리듬의 음악을 즐겨 듣다. /리듬에 맞추어 춤을 추다. ③글이 지닌 음성적인 가락. 시의 운율.

리듬^앤드^블루^스 (rhythm and blues)**圈** 제2차 세계 대전 후, 미국의 흑인들 사이에 유행한 팝 음악. 로큰롤의 모태가 된 것으로, 강력한 리듬과 단순한 선율이 특징임. 아르 앤드 비.

리듬^체조 (rhythm體操)**圈** 공, 훌라후프, 로프, 리본, 곤봉 등을 다루면서 음악에 맞추어 연기하는 여성 체조. 신체조(新體操).

리라조 모음으로 끝난 체언에 붙어, '르 것이다'의 뜻으로, 미루어 짐작함을 나타내는 종결형 서술격 조사. ¶향기로 보아 저 꽃이 장미리라. **廢**이리라.

리라 (lira 이)**回** 이탈리아의 화폐 단위.

-리라 **어미** 모음이나 'ㄹ'로 끝난 어간 또는 높임의 '-시-'에 붙는, 해라체의 종결 어미. '-ㄹ 것이다'의 뜻으로, 추측이나 미래의 의지를 나타냄. ¶언젠가는 내 뜻을 알아주시리라. **준**-리. **廢**-으리라.

-리랏다 **어미** 〈옛〉-리로다. -ㄹ 것이로다. ¶살어리 살어리랏다 靑山애 살어리랏다(樂詞.靑山別曲).

-리로다 **어미** 모음이나 'ㄹ'로 끝난 어간 또는 높임의 '-시-'에 붙는, 문어 투의 종결 어미. '-리라'보다 더 장중하여 추측이나 미래의 의지를 나타냄. ¶내 참회와 기도로써 주님 앞에 이르리로다. **廢**-으리로다.

-리로소냐 **어미** 〈옛〉-ㄹ 것이냐. ¶알리로소냐 아디 못하리로소냐(老解上1:5).

-리로소녀 **어미** 〈옛〉-ㄹ 것이냐. ¶네 數룰 알리로소녀(月釋21:14).

-리로소이다 **어미** 〈옛〉-ㄹ 것이올시다. ¶輪王이 ᄃ외시리니 出家ᄒᆞ시면 正覺ᄋᆞᆯ 일우시리로소이다(月釋2:23).

리리시즘 (lyricism)**圈** 서정적인 정취. 서정주의.

-리만치 **어미** ⇨-리만큼.

-리만큼 **어미** 모음이나 'ㄹ'로 끝난 어간 또는 높임의 '-시-'에 붙는 종속적 연결 어미. '그러할 정도로'의 뜻으로, 뒷말이 앞말의 원인이 됨을 나타냄. -리만치. ¶모범이 되리만큼 착실한 학생이다. **廢**-으리만큼.

리:머 (reamer)**圈** 드릴 따위로 뚫은 구멍을 알맞게 넓히거나 정밀하게 다듬는 공구(工具).

리:메이크 (remake)**圈**하타 예전에 있던 영화, 음악, 드라마 따위를 새롭게 다시 만듦. **廢**리바이벌.

-리며 **어미** 〈옛〉-ㄹ 것이며. ¶밧근 威儀 나토리며(永嘉下19).

리:모델링 (remodeling)**圈** 낡은 건축물을 그 골조는 그대로 둔 채 배관·설비·마감재 따위를 교체하여 완전히 뜯어 고치는 일.

리모컨 (←remote control)**圈** 멀리 떨어져 있는 기기나 기계류를 제어하는 장치.

리모:트^컨트롤: (remote control)**圈** 원격 제어. 원격 조작.

리무진 (limousine 프)**圈** ①운전석과 승객석 사이를 칸막이로 막은, 호화로운 대형 승용차. ¶대통령 전용의 방탄 리무진. ②공항 이용객 전용의 버스.

리바운드 (rebound)**圈** ①농구에서, 슛한 공이 바스켓에 들어가지 않고 튀어 나오는 일. ②배구에서, 상대편 선수가 블로킹을 하기 위하여 올린 손에 공을 닿게 한 다음, 되돌아온 공으로 하는 공격하는 일. ③럭비에서, 공이 선수의 손·팔·다리 이외의 몸에 닿은 다음 상대편 쪽으로 가는 일.

리바운드^슛 (rebound＋shoot)**圈** 농구에서, 공이 바스켓에 맞고 튀어 나온 것을 잡아서 슛하는 일.

리바이벌 (revival)**圈**하타回자 〔'부활'·'환원'의 뜻으로〕 옛 영화나 연극 따위를 다시 보이거나, 대중가요가 다시 불리는 일.

리버럴-하다 (liberal−)**圈어** 자유주의를 믿고 따르는 태도가 있다. ¶사고방식이 아주 리버럴하다.

리베로 (libero)**圈** 축구에서, 최종 수비수 역할을 맡으면서 공격에도 적극 가담하는 선수.

리베르만^방식 (Liebermann方式)**圈** '이윤 도입 방식'을 달리 이르는 말. 1962년에 소련의 리베르만이 창안하였음.

리베이트 (rebate)**圈** 판매자가 지급받은 대금의 일부를 사례금 등의 형식으로 지급인에게 되돌려 주는 일, 또는 그 돈. 〔흔히, '뇌물'의 뜻으로 씀.〕

리벳 (rivet)**圈** 금속판 등을 잇는 데 쓰이는, 대가리가 굵은 금속의 못.

리보솜 (ribosome)**圈** 각종 동물 조직 세포의 세포질 안에 있는 작은 과립. 〔단백질의 생성과 합성이 이루어지는 곳.〕

리보오스 (ribose)**圈** 펜토오스의 한 가지. 리보핵산의 구성 요소로서 모든 생물체에 널리 존재함. 물에 녹음.

리보^핵산 (←ribose核酸) [−싼]**圈** 리보오스를 당(糖)의 성분으로 하는 핵산. 모든 세포핵이나 세포질 속에 핵단백질로서 들어 있음. 알칼리에 분해되기 쉬우며, 세포 내에서는 단백질의 합성에 중요한 구실을 함.

리본 (ribbon)**圈** ①끈이나 띠 모양의 장식용 헝겊. ¶빨간 리본을 맨 소녀. ②타자기 따위에 쓰이는, 잉크를 먹인 좁은 띠.

리볼버 (revolver)**圈** 회전식 연발 권총.

리뷰: (review)**圈** ①비평. 평론. 서평(書評). ②평론 잡지.

리비도 (libido)**圈** 정신 분석학에서, 무의식의 심층(深層)에서 나오는, 인간의 행동의 바탕이 되는 근원적인 욕구. 특히, 성적 충동이나 성욕을 이름.

리비툼 (libitum 라)**圈** 악보의 나타냄표. '자유롭게'의 뜻.

리사이틀 (recital)**圈** 독창회, 또는 독주회.

리서:치 (research)**圈** 조사. 연구.

리셉션 (reception)**圈** 빈객(賓客)을 환영하기 위하여 베푸는 공식 연회(宴會).

리:셋 (reset)**圈** 〔컴퓨터에서〕 ①데이터를 처리하는 기구 전체나 일부를 초기 상태로 되돌리는 일. 소거(消去). ②기억 장치나 계수기·레지스터 따위를 영(零)의 상태로 되돌리는 일.

리소좀 (lysosome)**圈** 가수 분해 효소를 많이 함유하고 소화 작용을 하는, 세포의 작은 기관. 식세포 작용을 하는 세포에 많이 있으며, 세균 따위의 이물(異物)이나 노후한 자신의 세포를 소화하는 따위의 구실을 함.

리솔루토 (risoluto 이)**圈** 악보의 나타냄말. '힘차고 분명하게'의 뜻.

리:스 (lease)**명** (기계나 설비 등의) 장기간에 걸친 임대.

리스 (Riss 독)**명** 등산 용어로, '바위의 갈라진 틈'을 이르는 말.

리:스^산:업 (lease産業)**명** 기계·설비·차량·선박 등을 장기간 임대하는 산업.

리스트 (list)**명** 목록. 명부(名簿). 일람표. 가격표. ¶승진 리스트를 작성하다.

리시:버 (receiver)**명** ①테니스나 탁구 등에서, 서브를 받는 사람. ↔서버(server). ②음성 전류를 소리로 바꾸는 장치로, 직접 귀에 대어서 쓰는 것.

리시:브 (receive)**명하타** 테니스나 탁구·배구 등에서, 상대편에서 넘어온 공을 받아 넘기는 일. ↔서브(serve).

리신 (lysine)**명** 필수 아미노산의 한 가지. 물고기, 달걀의 노른자 따위에 들어 있으며, 단백질의 입체 구조를 유지하는 구실을 함.

리아스식 해:안 (rias式海岸) [-시캐-] 톱날 모양으로 복잡하게 들쭉날쭉한 해안.

리어 (옛)잉어. ¶리어 리: 鯉(訓蒙上21).

리어엔진^버스 (rear-engine bus)**명** 엔진이 차체의 뒤쪽에 있는 버스.

리어-카: (rear+car)**명** 차체를 쇠파이프로 만들고, 바퀴가 둘 달린 작은 손수레. 자전거 뒤에 연결하기도 함.

리얼리스트 (realist)**명** ①실재론자. ②사실주의자. 사실파에 딸린 사람. ③현실주의자.

리얼리즘 (realism)**명** ①사실주의. ②현실주의.

리얼리티 (reality)**명** 현실성. 현실감. 사실성. ¶리얼리티가 뛰어난 작품.

리얼타임^시스템 (realtime system)**명** ☞실시간 시스템.

리얼-하다 (real-)**형여** 사실인 것처럼 느낌이 생생하다. ¶리얼한 연기.

리:엔지니어링 (reengineering)**명** 기업의 업무와 조직을 근본적으로 재구성하여 경영의 효율을 높이려는 경영 방법.

-리어 (어미) (옛)-라. -리오. -ㄹ 것인가. ¶三韓을 누물 주리어 (龍歌20章).

리오 (조) 모음으로 끝난 체언에 붙어, 반어적인 문을 나타내거나 한탄함을 나타내는 종결형 서술격 조사. ¶그게 어찌 당신만의 실수리오. (참)이리오.

-리오 (어미) 모음이나 'ㄹ'로 끝난 어간 또는 높임의 '-시-'에 붙는 종결 어미. 이치로 미루어 '어찌 그러할 것이냐'의 뜻으로, 반어적 의문을 나타내거나 한탄하는 뜻을 나타냄. ¶그 소문을 듣고도 내 어찌 아니 떠나리오. (참)-으리오.

리을 한글 자모(字母)의 자음 'ㄹ'의 이름.

-리이다 (어미) (옛)-리다. -ㄹ 것입니다. ¶이제 王이 百姓으로 더블어 호가지로 樂하시면 王勞 시리이다(孟解2:6).

-리잇고 (어미) (옛)-ㄹ 것입니까. ¶가시리 가시리잇고 (樂詞.가시리).

-리이다 (어미) (옛)-리다. -ㄹ 것입니다. ¶比丘 촛ㅈ바 가리이다(月釋8:93).

-리잇가 (어미) (옛)-ㄹ 것입니까. ¶七代 之王을 뉘 마구리잇가(龍歌15章).

-리잇고 (어미) (옛)-ㄹ 것입니까. ¶어듸 머러 威不及하리잇고(龍歌47章).

리:젠트 (regent)**명** 남자의 머리 모양의 한 가지. 앞머리를 높게 하여 뒤로 빗어 넘기고 옆머리를 뒤로 빗어 붙인 모양.

리조트 (resort)**명** '휴양지'로 순화.

리졸 (Lysol 독)**명** 크레졸과 칼리 비누를 같은 양으로 섞은 혼합액. 소독제로 쓰임. 크레졸 비눗물. (상표명임.)

리:치 (reach)**명** 주로 권투에서, 선수의 팔길이.

리케차 (rickettsia)**명** 세균보다 작고 바이러스보다 큰 미생물을 통틀어 이르는 말. (발진 티푸스의 병원체 따위가 이에 딸림.)

리코:더 (recorder)**명** 목관 악기의 한 가지. 옛날 플루트의 일종으로, 세로로 잡고 부는데 음색은 부드럽고 소박함.

리코:딩 (recording)**명** '녹음'·'기록'으로 순화.

리콜: (recall)**명** 요트 경기에서, 출발 신호보다 먼저 나간 요트를 불러들이는 일.

리콜:-제 (recall制)**명** 제조업체가 상품의 결함을 발견했을 때, 공개적으로 그 제품을 회수하고 수리하는 소비자 보호 제도. 특히, 자동차 따위 인명(人命)과 직접 관계되는 상품에 많이 시행됨.

리큐:어 (liqueur)**명** 혼성주(混成酒)의 한 가지. 증류주(蒸溜酒)나 알코올에 당류·향미료 따위를 넣은 술.

리타르단도 (ritardando 이)**명** 악보에서, 변화를 주도록 지시하는 말. '점점 느리게'의 뜻. (기호는 rit.) 랄렌탄도.

리터 (liter)**의** 미터법에서 용량의 단위. 1입방 데시미터(dm^3)를 이름. (기호는 l 또는 lit)

리:터치 (retouch)**명** 회화·조각·사진 등에서의 수정 또는 가필(加筆).

리턴^매치 (return match)**명** 권투 따위에서, 선수권을 빼앗긴 사람이 같은 상대와 선수권을 걸고 다시 벌이는 경기.

리테누토 (ritenuto 이)**명** 악보에서, 변화를 주도록 지시하는 말. '그 부분에서부터 좀 느리게'의 뜻. (기호는 riten.)

리튬 (lithium)**명** 알칼리 금속 원소의 한 가지. 은백색의 광택이 나는 금속 중에서 가장 가벼움. 물과 작용하면 수산화물(水酸化物)이 되어 수소를 발생함. (Li/3/6.941)

리튬^폭탄 (lithium爆彈)**명** 수소화 리튬의 열핵(熱核) 반응을 이용한 융합형 핵무기.

리:트 (Lied 독)**명** (독일에서 발달한) 시와 음악의 융합에 의한 성악곡. 서정적인 가곡.

리트머스 (litmus)**명** 리트머스이끼나 그 밖의 이끼 종류에서 짜낸 자줏빛 색소. 알칼리에서는 청색으로, 산(酸)에서는 적색으로 변함.

리트머스^시험지 (litmus試驗紙)**명** 리트머스 수용액에 적시어 물들인 종이. 산성이나 알칼리성의 반응을 시험하는 데 쓰임. 청색과 적색의 두 가지가 있음.

리트머스-이끼 (litmus-)**명** 이끼의 한 가지. 지중해 지방과 남반구의 바닷가 바위에 붙어 사는데, 높이는 4~8cm로 담황색이며 나뭇가지 모양으로 갈라지고 끝이 뾰족함. 몸 안에 들어 있는 색소에서 리트머스 액을 채취함.

리트미크 (rythmique 프)**명** 리듬에 기초를 두는 음악 교육법의 한 가지. 감각과 기능을 발달시켜 심신의 조화를 꾀함.

리틀-병 (Little病) [-뼝]**명** 뇌성 소아마비의 한 가지. 주로 선천적인 원인으로 일어나는 병으로, 사지, 특히 다리의 강직성(强直性) 마비가 주요 증상이며 흔히 지적 장애가 따름.

리파아제 (Lipase 독)**명** 지방이 가수 분해 하여 글리세린과 지방산으로 되는 반응을 돕는 효소.

리파이너리^가스 (refinery gas)**명** 석유를 정제할 때 생기는 가스를 통틀어 이르는 말.

리포이드 (lipoid)명 유지질(類脂質).

리포ː터 (reporter)명 신문이나 잡지 등의 탐방 기자. 보도자.

리포ː트 (report)명 ①조사·연구의 보고나 보고서. ②연구 논문. ¶리포트를 작성하다.

리ː폼ː (reform)명하타 낡고 오래된 것을 새롭게 고침. ¶유행이 지난 옷을 리폼하다.

리프레인 (refrain)명 둘 이상의 절(節)로 이루어진 시나 악곡에서, 반복되어 나타나는 각 절의 마지막 부분. 후렴.

리ː프린트 (reprint)명하타 ①사진이나 자료 등을 복사하는 일. ②책 따위를 사진 제판을 통하여 원본과 똑같이 복제하는 일. ③녹음이나 녹화 테이프를 복제하는 일, 또는 복제된 테이프.

리프트 (lift)명 ①기중기(起重機). ②갱내용(坑內用) 양수 펌프. ③스키장이나 관광지에서, 낮은 곳으로부터 높은 곳으로 사람을 실어 나르는 의자식의 탈것.

리플레 (←reflation)명 〈리플레이션〉의 준말.

리플레이션 (reflation)명 디플레이션에서 벗어나기 위해, 인플레이션이 되지 않을 정도로 통화의 양을 늘리는 정책. ㈜리플레.

리ː플릿 (leaflet)명 광고나 선전에 쓰이는 한 장짜리 인쇄물.

리피ː트 (repeat)명 도돌이표.

리ː필-제품 (refill製品)명 다 쓴 용기에 다시 채워 쓸 수 있도록 내용물만 간단하게 포장한 제품.

리ː허빌리테이션 (rehabilitation)명 질병이나 부상 등으로 신체에 장애가 생겼거나 기능이 쇠퇴했을 경우에, 그 기능을 회복시키기 위하여 베푸는 치료나 훈련.

리허ː설 (rehearsal)명 연극·무용·방송 따위에서의, 공개하기 전의 예비 연습. ¶공연을 앞두고 마지막 리허설이 한창이다.

린스 (rinse)명 머리를 감은 뒤, 비누의 알칼리 성분을 중화시키고, 머리털에 윤기를 주기 위하여, 레몬 즙이나 유성제(油性劑) 등으로 헹구는 일, 또는 그것에 쓰는 액체.

린치 (lynch)명 법의 절차에 의하지 않고 사사로이 가하는 형벌. ¶린치를 당하다. ㈜사매·사형(私刑).

린포르찬도 (rinforzando 이)명 악보에서, 변화를 주도록 지시하는 말. '특별히 그 음만 강하게'의 뜻.〔기호는 rinf.〕

릴ː (reel) Ⅰ명 ①실이나 녹음 테이프, 영화 필름 등을 감는 틀. ②낚시에서, 낚싯줄을 풀고 감을 수 있도록 낚싯대의 손잡이 부분에 달아 놓은 장치.
Ⅱ의 영화 필름의 길이의 단위. 1릴은 약 305 m.

릴ː-낚시 (reel-)[-낚씨]명 낚싯대에 장치되어 있는 릴을 이용해서 낚싯줄을 풀었다 감았다 하면서 물고기를 낚는 낚시.

릴레이 (relay)명 ①중계(中繼). ¶성화(聖火) 릴레이. ②〈릴레이 경주〉의 준말.

릴레이^경ː주 (relay競走)명 ☞이어달리기. ㈜릴레이.

릴리^얀ː (lily yarn)명 인조 견사·나일론사·견사 등으로 가늘게 짠, 신축성이 있는 끈. 편물의 재료로 쓰임.

릴리ː퍼 (reliefer)명 구원 투수.

릴리ː프 (relief)명 조각에서의 돋을새김. 부조(浮彫).

-릴시 (어미) 〈옛〉-ㄹ 것이매. ¶내 갑디 몯하릴시(圓覺序14). ㈜-릴씨·시.

-릴씨 (어미) 〈옛〉-ㄹ 것이매. ¶오샤사 사르시릴씨(龍歌38章). ㈜-릴시·ㅆ.

림 (rim)명 자동차나 자전거 따위의 바퀴에서, 타이어가 끼워지는 둥근 쇠테.

림ː (ream)명 양지(洋紙)를 세는 단위. 연(連).

-림 (林)명 〈일부 명사 뒤에 붙어〉 '숲'·'삼림'의 뜻을 나타냄. ¶국유림. /방풍림. /원시림.

림보 (limbo)명 중앙아메리카에서 발생한 곡예 댄스. 춤을 추면서 낮게 가로놓인 막대 밑을 통과하기도 함.

림보 (←limbus 라)명 지옥과 천당 사이에 있어, 기독교의 탄생 기회가 없었던 이나 성세(聖洗)를 받지 못한 어린이·이교도·백치 들의 영혼이 사는 곳. 고성소(古聖所).

림빈 (어미) 〈옛〉앞. ¶德으란 곰비예 받곱고 福으란 림비예 받곱고(樂範.動動).

림프 (lymph)명 척추동물의 체액의 한 가지. 보통 림프관 안에 있는 액체를 이름. 피와 마찬가지로 몸 안을 돌면서 영양소와 면역 항체를 운반함. 림프액. 임파(淋巴).

림프-관 (lymph管)명 림프를 나르는 관(管). 혈관과 마찬가지로 온몸에 그물 모양으로 퍼져 있고, 그 사이사이에 림프샘이 있음.

림프-구 (lymph球)명 백혈구의 한 가지. 림프샘이나 비장(脾臟) 등에서 만들어지는 유형(有形) 성분으로, 일부는 혈액 속으로도 흐름. 면역에 중요한 구실을 함.

림프-샘 (lymph-)[-쌤]명 림프관의 군데군데 분포하는, 매듭 모양의 작은 조직. 2, 3 mm의 크기로 둥글거나 콩 모양이며, 림프 속의 세균을 거르는 구실을 함. 림프절. 림프선. 임파선.

림프-선 (lymph腺)명 ☞림프샘.

림프-액 (lymph液)명 ☞림프.

림프-절 (lymph節)명 ☞림프샘.

림프절^결핵 (lymph節結核)명 림프샘에 결핵균이 침입하여 생긴 결핵병.

림프절-염 (lymph節炎)[-렴]명 염증을 일으키는 미생물이나 독소, 화학적 물질이 림프관을 통하여 림프샘에 들어가서 생기는 염증.

립스틱 (lipstick)명 여자들이 입술 화장에 쓰는, 손가락만 한 막대기 모양의 연지. 루주.

립-싱크 (lip sync)명 텔레비전이나 영화에서, 화면에 나오는 배우나 가수의 입술 움직임과 음성을 일치시키는 일.

링 (ring)명 ①고리 모양의 물건. ②(정사각형으로 된) 권투 경기장.

링거 (Ringer)명 〈링거액〉의 준말.

링거-액 (Ringer液)명 생리적 식염수를 개량한 액체. 중병 환자나 출혈이 심한 사람에게 혈액 대용으로 주사함. ㈜링거.

링거^주ː사 (Ringer注射)명 정맥에 링거액을 넣는 주사.

링게르 (Ringer)명 '링거(Ringer)'의 잘못.

링-운ː동 (ring運動)명 남자 체조 경기 종목의 한 가지. 땅에서 2.5 m 되는 높이의 대에 50 cm의 간격으로 로프에 매단 2개의 대를 잡고 링이 흔들리지 않게 조절하면서 물구나무서기·매달리기·버티기 따위의 동작을 하는 운동. 조환 운동.

링크 (link) Ⅰ명 컴퓨터에서, 두 개의 프로그램을 연결하는 일.
Ⅱ의 측량에서의 거리의 단위.〔1링크는 1체인의 100분의 1.〕

링크 (rink)명 실내 스케이트장.

링크-무ː역 (link貿易)명 링크 제도의 무역.

링크-제 (link制)명 〈링크 제도〉의 준말.

링크^제:도(link制度)〔명〕 ①수입 제한의 한 방법으로서, 일정한 상품의 수출에 대하여 그 수출품에 쓰인 원료와 같은 양, 또는 같은 가격의 원료 수입만을 허가하는 제도. ②통제 무역에서, 수출한 한도 내에서 수입하게 하는 제도. ㉰링크제.

링키지(linkage)〔명〕 외교 교섭에서 쌍방의 양보를 교묘하게 연결시켜 교섭을 성립시키는 일.

-ㄹ비〔접미〕〔옛〕-로이. -롭게. ¶受苦ㄹ비 딕회여 이셔(釋譜9:12).

-ㄹ외다〔접미〕〔옛〕-롭다. ¶오락가락호매 ㅼ 風流ㄹ외리라(杜初9:16).

-ㄹ왼〔접미〕〔옛〕-로운. ¶神奇ㄹ왼 가마괴눈 춤츠놋다(杜重2:30).

롤㉿〔옛〕를. ¶좁코 곳과롤(月釋1:37).

-롭다〔접미〕〔옛〕-롭다. ¶어싀 아ᄃ리 외롭고 입게 ᄃ외야(釋譜6:5).

ᄛ㉿〔순경음 리을〕〔옛〕옛 자음의 하나. 'ㄹ'의 순경음. ¶ㅇ連書ㄹ下爲半舌輕音 舌乍附上腭(訓解).

ㄺ 리을기역. 'ㄹ'과 'ㄱ'의 합용 병서. 받침으로만 쓰임. 'ㄺ' 뒤에 모음으로 시작되는 어미나 조사가 이어지면 'ㄱ'이 연음(連音)이 되고, 자음으로 시작되는 어미나 조사가 이어지면 'ㄹ'을 발음하지 않음. ¶붉다. /훍성녕 도: 陶(類合下7).

ㅺ 〔옛〕리을기역시옷. 'ㄹ'·'ㄱ'·'ㅅ'의 합용 병서. 'ㅅ'은 관형격 조사(사이시옷)임. ¶ᄃᆖᄢᅴ:酉時(訓例.合字解).

ㄻ 리을미음. 'ㄹ'과 'ㅁ'의 합용 병서. 받침으로만 쓰임. 'ㄻ' 뒤에 모음으로 연음(連音)이 되고, 자음으로 시작되는 어미나 조사 또는 실사가 이어지면 'ㄹ'을 발음하지 않음. ¶달걀을 삶다. / 삶과 죽음. /옮ᄂᆞ니ᄂᆞ 다봇 ᄀᆞᆫ호라(杜重2:28).

ㄼ 리을비읍. 'ㄹ'과 'ㅂ'의 합용 병서. 받침으로만 쓰임. 'ㄼ' 뒤에 자음으로 시작되는 어미가 이어지면 'ㄹ'·'ㅂ' 중 어느 한쪽을 발음하지 않음. ¶넓디넓은 바다. /밟다. /ᄆᆞ를 볼보딘 싸 붋둣ᄒᆞ더니(釋譜6:34).

ㅿ 리을시옷. 'ㄹ'과 'ㅅ'의 합용 병서. 받침으로만 쓰임. 현대어로는 '외곬으로'의 용례 하나뿐임. 옛말로는 '돐비늘', '돐쓰리' 등의 용례가 있으나 이때의 'ㅅ'은 관형격 사이시옷이 위로 올라 붙은 것임.

ㄽ 리을티읕. 'ㄹ'과 'ㅌ'의 합용 병서. 받침으로만 쓰임. 'ㄽ' 뒤에 모음으로 시작되는 어미가 이어지면 'ㅌ'이 연음(連音)이 되고, 자음으로 시작되는 어미가 이어지면 'ㅌ'을 발음하지 않음. ¶남을 훑으며. /벼를 훑다.

ㄿ 리을피읖. 'ㄹ'과 'ㅍ'의 합용 병서. 받침으로만 쓰임. 'ㄿ' 뒤에 모음으로 시작되는 어미가 이어지면 'ㅍ'이 연음(連音)이 되고, 자음으로 시작되는 어미가 이어지면 'ㄹ'을 발음하지 않음. ¶읊어 보다. /읊조리다.

ㅀ 리을히읗. 'ㄹ'과 'ㅎ'의 합용 병서. 받침으로만 쓰임. 'ㅀ' 뒤에 모음으로 시작되는 어미가 이어지면 'ㅎ'이 연음(連音)이 됨과 동시에 약화되고, 'ㄱ·ㄷ·ㅈ'으로 시작되는 어미가 이어지면 아래 자음과 합쳐서 'ㅋ·ㅌ·ㅊ'으로 소리 남. ¶옳아. /물이 끓다.

ㆆ 〔옛〕리을여린히읗. 'ㄹ'과 'ㆆ'의 합용 병서. ¶놃즁싱(月釋21:113). /네 ᄂᆞ치 비록 삶지나(楞解2:10).

-ㄹ다〔어미〕〔옛〕-ㄹ 것이냐. -려느냐. ¶언제사 平津閣 알욀다(杜初19:13).

-ㄹ디언뎡〔어미〕〔옛〕-ㄹ 것이언정. -ㄹ지언정. ¶모모로 端正히 훓디언뎡(蒙法24).

□【자모】 미음. ①한글 자모의 다섯째. ②자음의 하나. 입술을 다물어 입 안을 비게 하고 목청에서 떨려 나오는 소리를 콧구멍을 통하여 내는 울림소리. 받침의 경우에는 입술을 떼지 않음.

-□¹【접미】 모음이나 'ㄹ'로 끝난 용언의 어간에 붙어, 그 말을 명사로 만들어 어떤 사실을 지칭하는 뜻을 나타내는 접사. ¶큰 슬픔. /보람 있는 삶. ▣-ㅁ¹.

-□²【어미】 모음이나 'ㄹ'로 끝난 용언의 어간 또는 높임의 '-시-'에 붙어, 그 말을 명사형으로 만들어 서술어 기능을 갖게 하는 전성 어미. ¶서로 만남. /행복하게 삶. ▣-기·-ㅁ².

-□【어미】 모음이나 'ㄹ'로 끝난 동사 어간에 붙어, 기꺼이 그리하겠다는 뜻을 나타내는, 하게체의 종결 어미. ¶그리함세. /가 봄세. /내가 도와줌세. ▣-음세.

-□에도【어미】 명사형 전성 어미 '-ㅁ'에 조사 '에'와 '도'가 합쳐서 된 말. 《주로, '-ㅁ에도 불구하고'의 꼴로 쓰임.》 ¶비가 옴에도 불구하고 떠났다. ▣-음에도.

-□에라【어미】 모음이나 'ㄹ'로 끝난 어간 또는 높임의 '-시-'에 붙는 종결 어미. 흔히, '-거늘~, -ㅁ에랴'와 같은 반문하는 꼴로 쓰이어, '그 위에 더한 일이 있어 충분하다'는 뜻을 나타냄. ¶살려 준 것만도 고맙거늘, 거기다 밥과 옷까지 준다 함에랴. ▣-음에랴.

□자-집(□字-)[미음짜-]【명】 집채를 'ㅁ'자 모양으로 지은 집. 미음자집.

-□직스럽다[-□-따][접미] 모음이나 'ㄹ'로 끝난 동사 어간에 붙어, '그럴 만한 가치가 있음'을 나타냄. ¶바람직스럽다. ▣-음직스럽다.

-□직하다[-지카-][접미] 모음이나 'ㄹ'로 끝난 동사 어간에 붙어, '그럴 만한 특성이나 가치가 있음'을 나타냄. ¶바람직하다. ▣-음직하다.

마【명】 서양 음악의 칠음 체계에서 세 번째 음이름. 계이름 미와 같음.

마²【명】 ①'남쪽'의 뱃사람 말. ②(옛) 마파람.

마:³【명】 맛과의 다년생(多年生). 산지에 절로 나기도 하고 밭에서 재배하기도 함. 줄기는 덩굴져 벋고 여름에 푸르스름한 꽃이 핌. 덩이뿌리는 식용, 또는 한방에서 '산약(山藥)'이라 하여 강장제로 쓰임. 산우(山芋). 서여(薯蕷).

마【옛】 장마. ▣맣².

마:(馬)【명】 장기짝의 한 가지. 한 편이 둘씩으로 모두 네 개가 있음. 날 일(日) 자 모양으로 앞으로 두 칸, 옆으로 한 칸 건너의 밭으로 움직일 수 있음. 말³.

마(麻)【명】 ☞삼².

마(魔)【명】 ①일에 훼살을 부리거나 재앙을 가져 오는 것으로 여기는 상상의 존재. 마귀. ¶마가 끼다. /마가 들다. /마가 씌었는지 손대는 일마다 실패한다. ②'궂은일이 자주 일어나는 때나 곳'을 이름. 《주로, '마(魔)의'의 꼴로 쓰임.》 ¶마의 금요일 밤. /마의 삼각주. ③'극복하기 어려운 장벽'을 이름. 《주로, '마의'의 꼴로 쓰임.》 ¶그는 마라톤에서 마의 2시간 5분 벽을 깨고 세계 신기록을 수립하였다.

마(碼)【의】 야드(yard). 〔1마는 91.44 cm.〕

-마【어미】 모음이나 'ㄹ'로 끝난 동사 어간에 붙어, 자기가 기꺼이 그리하겠다고 약속하는 뜻을 나타내는 해라체의 종결 어미. ¶내가 알아보마. ▣-으마.

마:가린(margarine)【명】 정제한 식물 유지(油脂)에 발효유·색소·향료·소금 등을 넣어서 버터와 비슷한 맛을 낸 식품. 인조버터.

마:가-목(-木)【명】 장미과의 낙엽 교목. 산지에 나는데 높이는 6~8 m. 5~6월에 흰 꽃이 피고, 둥근 열매는 9~10월에 붉게 익음. 한방에서 열매와 나무껍질을 약재로 씀. 석남등(石南藤).

마가-복음(←Mark福音)【명】 신약 성서 중의 둘째 편. 마가의 저작으로, 사복음서(四福音書) 가운데 가장 오래된 복음서. 예수의 활동·고난·죽음·부활에 이르는 생애를 기록했음.

마:각(馬脚)【명】 말의 다리.
마각을 드러내다【관용】 〔연극에서 말의 다리로 분장한 사람이 정체를 드러낸다는 뜻으로〕 숨기고 있던 일이나 본디 모습을 드러내다.
마각이 드러나다【관용】 〔연극에서 말의 다리로 분장한 사람의 정체가 드러난다는 뜻으로〕 숨기고 있던 일이나 본디 모습이 드러나다.

마:간-석(馬肝石)【명】 벼루의 재료로 쓰이는 붉은 빛깔의 돌.

마갈-궁(磨羯宮)【명】 ☞염소자리.

마감【명】 ①【하다】(일을 마물러서) 끝을 맺음. ¶마감 뉴스. /협의를 마감하다. ②(미리 정해 놓은 기한이나 수량에 차서) 다루기를 끝냄침, 또는 끝마치는 그때. ¶원서 접수 마감 날짜를 지키다.

마감(磨勘)【명】 옛날, 중국에서 관리의 행적을 살고사(考査)하던 일.

마감-재(-材)【명】 마무리 공사를 하는 건물의 실내와 외부를 꾸미는 데 쓰이는 재료.

마:갑(馬甲)【명】 말에게 입히는 갑옷.

마개【명】 병의 아가리 따위를 막는 물건. ¶코르크 마개. /술병을 마개로 막다.

마:거리트(marguerite)【명】 국화과의 다년초. 카나리아 섬 원산의 관상용 식물. 높이는 1 m가량. 잎은 깃 모양으로 깊게 갈라져 있으며 어긋맞게 남. 봄부터 여름에 걸쳐 하양·노랑 등의 꽃이 핌.

마:경(馬耕)【명】 말을 부려서 논밭을 가는 일.
마경(麻莖)【명】 삼의 줄기. 삼대.
마경(魔境)【명】 ①악마가 사는 곳. 악마의 세계. 마계(魔界). ②밀림 따위와 같이 인적이 드물고 생명에 위험이 있는 무서운 곳. ¶전인미답(前人未踏)의 마경.

마:계(馬契)【명】 [-계/-게] 지난날, 말을 세놓는 일을 업으로 삼던 계.

마계(魔界)【명】 [-계/-게] 악마가 지배하는 세계. 마경(魔境).

마:계^도가(馬契都家)【명】 [-계-/-게-] 지난날, 마계의 일을 맡아 하던 도가.

마:곗-말(馬契-)【명】 [-젠-/-겐-] 지난날, 마계 도가에서 세를 놓던 말.

마고(麻姑)【명】

-마고【어미】 종결 어미 '-마'에 인용을 나타내는 조사 '고'가 합쳐서 된 말. ¶꼭 가마고 했는데 못 갔다.

마고자명 한복 저고리 위에 덧입는 웃옷의 한 가지. 저고리와 비슷하나 깃과 동정이 없으며, 섶을 여미지 않고 두 자락을 맞대어 단추를 끼우게 되어 있음. 마괘자(馬褂子). 참반비(半臂).

마고-할미(麻姑-)명 ①(중국의 전설에 나오는) 늙은 선녀(仙女). 마고(麻姑). ②'노파'를 달리 이르는 말.

마골(麻骨)명 ▷겨릅대.

마광(磨光)하타 (옥이나 돌 따위를) 갈아서 윤기를 냄, 또는 그 윤기.

마:괘-자(馬褂子)명 ▷마고자.

마구閇 ①앞뒤를 가림이 없이 함부로. ¶아무에게나 마구 대들다. ②매우 세차게. 〔동작이나 상태를 강조함.〕 ¶마구 때리다. /야생마처럼 마구 달리다. ③아무렇게나. 되는대로. ¶돌덩이로 마구 다듬은 석기. 준막².

마:구(馬具)명 말을 부리는 데 쓰이는 기구.

마:구(馬廐)명 ▷마구간(馬廐間).

마:구-간(馬廐間)[-깐]명 말을 기르는 집. 구사(廐舍). 마구(馬廐). 말간.

마구리명 ①길쭉한 물건이나 상자 등의 양쪽 면. ¶베개 마구리. ②길쭉한 물건의 끝에 대는 물건.

마구리-판명 나무토막 따위의 마구리를 다른 면과 직각이 되도록 깎는 틀.

마구-발방명하자 분별이 없이 함부로 하는 말이나 행동.

마구-잡이명 앞뒤를 헤아림이 없이 닥치는 대로 함부로 하는 짓. 《주로, '마구잡이로'의 꼴로 쓰임.》 ¶작은 그릇에 마구잡이로 담다.

마:군(馬軍)명 조선 시대에, 금군(禁軍)이나 마병(馬兵) 또는 지방 영문(營門)의 기병(騎兵) 등을 두루 이르던 말.

마군(魔軍)명 ①해살을 부리는 무리. ②불교에서, 불도를 방해하는 '온갖 번뇌나 악사(惡事)'를 비유하여 이르는 말.

마굴(魔窟)명 ①마귀가 있는 곳. ②악한 무리 또는 부도덕한 인간들이 모여 있는 곳.

마:권(馬券)[-꿘]명 경마에서, 이길 수 있는 말을 예상하여 돈을 걸고 사는 용지. 승마 투표권.

마귀(魔鬼)명 요사스러운 귀신. 마(魔).

마귀-할멈(魔鬼-)명 옛날이야기에 나오는 늙고 못된 귀신.

마그나^카르타(Magna Carta 라)명 영국 헌법의 근거가 된 최초의 문서. 흔히, '대헌장(大憲章)'이라 번역함.

마그네사이트(magnesite)명 탄산마그네슘을 주성분으로 하는 육방 정계의 광물. 특수 시멘트와 내화 벽돌, 마그네슘 따위의 제조에 쓰임.

마그네슘(magnesium)명 은백색의 가벼운 금속 원소. 전성(展性)이 좋고, 가루를 공기 중에서 가열하면 섬광을 내며 탐. 환원제·단열제·합금 재료 등으로 쓰임. [Mg/12/24.3050]

마그네슘^경합금(magnesium輕合金)[-끔]명 마그네슘을 주로 하여 알루미늄·아연·망간 등을 섞은 경합금.

마그네시아(magnesia)명 산화마그네슘.

마그네시아^벽돌(magnesia甓-)[-똘]명 산화마그네슘을 주성분으로 하는 염기성 내화 벽돌의 한 가지. 제철이나 제강 또는 석회질소 제조용의 노(爐)를 만드는 데 쓰임.

마그네시아^시멘트(magnesia cement)명 산화마그네슘을 염화마그네슘 용액에 섞어서 만든 시멘트. 나뭇조각이나 톱밥 따위를 섞어 세공물이나 건축 재료를 만드는 데 쓰임.

마그네트론(magnetron)명 극초단파를 발생시키는

특수 진공관으로, 레이더·전자레인지에 이용됨.

마그네틱-테이프(magnetic tape)명 영구 자석을 이용하여 컴퓨터 따위에서 자기 녹음이나 녹화를 할 수 있는 테이프.

마그넷(magnet)명 자석(磁石). 자력(磁力).

마그녹스(magnox)명 마그네슘을 주성분으로 하여 적은 양의 알루미늄과 칼슘·베릴륨 따위를 넣어서 만든 합금.

마그마(magma)명 깊은 땅속의 암석이 높은 지열(地熱)에 녹아서 반액체 상태로 된 암석 물질. 지각 상층부나 지표로 분출하여 식어서 굳어지면 화성암이 됨. 암장.

마근(麻根)명 한방에서, '삼의 뿌리'를 약재로 이르는 말. 〔학질을 다스리는 데 쓰임.〕

마기'막상'의 잘못.

마:기(馬技)명 ▷마상재(馬上才).

마기-말로閇 실제라고 가정하여 하는 말로. 막상말로. ¶마기말로 두 사람의 처지가 뒤바뀐다 해도 우정만은 변함이 없을 것이다.

마나조동 조핑 옛 말거나. ¶놀거든 쉬디마나 섯거든 솟디마나〔鄭澈. 關東別曲〕.

마:나-님명 '나이 많은 부인'을 높이어 이르는 말. ¶부잣집 마나님.

마냥閇 ①이전과 다름없이 줄곧. ¶마냥 그립다. ②흐뭇하도록. ¶언제 보아도 마냥 즐거운 기색이다. ③느긋한 마음으로 천천히. ¶철길을 따라 마냥 걸었다. ④보통의 정도를 넘어 몹시. ¶살결이 마냥 희다. /사람이 마냥 좋다.

마냥-모명 늦게 심는 모. 늦모. ↔이른모.

마네킹(mannequin)명 화실(畫室)의 인체 모형이나 옷 가게에서 옷을 입혀 진열하는 실물 크기의 인형을 이르는 말.

마녀(魔女)명 ①마력을 지닌 여자. ②여자 마귀. ③'악독한 여자'를 비유하여 이르는 말.

마녀^사냥(魔女-)명 ▷마녀 재판.

마녀^재판(魔女裁判)명 14~17세기 유럽 여러 나라의 교회가 사회 불안과 종교적 위기 해소를 위해 이단자를 마녀로 몰아 화형에 처하던 일. 마녀 사냥.

마노(瑪瑙)명 석영의 한 가지. 흰빛이나 붉은빛이 나며, 장식품을 만드는 데 쓰임. 문석(文石).

마노라명 옛 영감님. 마님. 〔남녀를 두루 높이어 일컫는 말.〕 ¶본집의 마노라 슈쳐리 머믄 거시 업스니〔閑中錄2〕.

마노-미:터(manometer)명 ▷압력계(壓力計).

마:누라명 ①'아내'를 허물없이 일컫는 말. ②'중년이 넘은 여자'를 속되게 이르는 말.

마누^법전(Manu法典)[-쩐]명 B.C. 2세기~A.D. 2세기에 걸쳐 만들어졌다고 하는 인도 고대의 법전. 힌두교의 성전(聖典)으로서 종교적 색채가 강하며, 오랫동안 인도인의 권리와 의무 및 생활을 규정했음.

마는조 《평서형 종결 어미 '-다·ㄴ다·-는다·-지·-오' 등에 붙어》 이미 있는 사실(행동)을 말하고, 그것에 구애되지 않는 다른 사실(행동)이 뒤따름을 나타내는 보조사. ¶하기는 한다마는 제대로 될지 의문이다. /작은 정성이지마는 그 일에 보탬이 되었으면 한다. 준만.

마늘명 백합과의 다년초. 서아시아가 원산의 재배 식물. 땅속의 비늘줄기 속에 독특한 냄새와 매운맛이 나는 대여섯 쪽의 작은 비늘줄기가 들어 있음. 양념감이나 강장제 등으로 쓰임. 대산(大蒜). 호산(葫蒜).

마늘-모'명 ①마늘쪽과 같은 세모진 모양. ②바둑에서, '입 구(口)'자로 두는 수.

마늘-모²명 한자 부수의 한 가지. '去'·'參' 등에서의 'ㅿ'을 이르는 말.

마늘-장아찌명 마늘·마늘종·마늘잎 따위를 초와 설탕에 절였다가 진간장에 담가 두고 먹는 반찬.

마늘-종[-쫑]명 마늘의 꽃줄기. 산대(蒜薹).

마니(摩尼←Mani 범)명 불교에서, 용왕의 뇌 속에서 나왔다고 하는 보주(寶珠). 악을 물리치고, 흐린 물을 맑게 하며, 화를 없앤다 함. 마니주(摩尼珠).

마니-교(摩尼教)명 3세기 때에 페르시아 사람 마니가 배화교(拜火教)를 바탕으로 하고, 기독교와 불교의 요소를 가미하여 만든 종교.

마니아(mania)명 ['광기(狂氣)'의 뜻으로] 어떤 한 가지 일에 열중하는 일, 또는 그러한 사람. ¶골프 마니아. /컴퓨터 마니아.

마니-주(摩尼珠)명 ➡마니(摩尼).

마닐라-삼(Manila-)명 파초과의 다년초. 필리핀 원산으로 보르네오나 수마트라 등지에서 많이 재배함. 높이 6~7m로 바나나와 비슷한데, 섬유는 질기고 내수성이 있어 선박용 로프를 만드는 데 쓰임.

마닐라-지(Manila紙)명 목재 펄프에 마닐라삼을 섞어 만든, 담황색의 질긴 종이.

마:님명 ①지난날, '지체 높은 부인'을 높이어 일컫던 말. ②《일부 명사 뒤에 붙어》지체 높은 이에 대한 존대의 뜻을 나타내던 말. ¶대감마님. /영감마님.

-마느는어미 〈옛〉-마는. ¶잡사라 두어리마느는(樂詞.가시리).

-마는어미 〈옛〉-마는. ¶엇뎨 메는 술위 업스리오마는(杜重12:19).

마:다타 짓찧어 부스러뜨리다. 참짓마다.

마다²조 《명사 뒤에 붙어》'빠짐없이 모두'의 뜻을 나타내는 보조사. ¶사람마다 밝은 표정. /날마다 새로운 기분.

마:다-하다타 거절하거나 싫다고 말하다. ¶돈을 마다하다.

마-단조(-短調)[-쪼]명 '마' 음을 으뜸음으로 하는 단조.

마담(madame 프)명 술집·다방 같은 곳의 안주인. ¶얼굴 마담.

마담-뚜(madame-)명 주로 부유층이나 특수층을 상대로 하는 '직업적인 여자 중매인'을 속되게 이르는 말.

마당[I]명 ①집의 둘레에 편편하게 닦아 놓은 빈 땅. ¶몸채 앞 넓은 마당. ②(어떤 일을 하는) 자리. 처소. ¶놀이 마당.
[II]의 ①(어떤 일이 벌어진) 판. 장면. 경우. 《주로, '마당에'의 꼴로 쓰임.》 ¶이왕 이렇게 된 마당에…. ②판소리를 세는 단위. ¶판소리 열두 마당. 참과장(科場)².

마당 벌어진 데 웬 솔뿌리의 걱정속담 (마당이 벌어졌는데 그릇이 터졌을 때 필요한 솔뿌리를 걱정한다는 뜻으로) 당치 않은 것으로 사건을 수습하려 함을 빗대어 이르는 말.

마당(을) 빌리다관용 신랑이 신부의 집에 가서 초례(醮禮)를 지내다.

마당-과부(-寡婦)명 친정에서 혼례를 올린 다음 시가로 가기 전에 신랑과 사별한 여자.

마당-극(-劇)명 탈춤·풍물·판소리 따위의 전통적인 민속 연희를 창조적으로 계승·발전시킨 야외 연극. 주로, 사회 비판과 현실 고발의 내용을 담고 있음.

마당-놀이명 세시별(歲時別)로 마당에서 벌이는 민속놀이를 통틀어 이르는 말.

마당-맥질[-찔]명하자 (농가에서 가을걷이를 하기 전에) 마당의 팬 곳을 흙을 이겨 고르게 바르는 일.

마당-발명 ①볼이 넓은 발. 참넓적발. ②'아는 사람이 많아 사귀고 돌아다니거나, 활동할 수 있는 범위가 넓은 사람'을 비유하여 이르는 말. ¶우리 동네 최고의 마당발.

마당-밟이[-발-]명 ➡지신밟기.

마당-쓰레기명 농가에서, 마당질한 자리에 떨어진 것을 쓸어 모은 곡식.

마당-질명하자 곡식의 이삭을 떨어 낟알을 거두는 일. 타작.

마당-통명 지난날, 마름이 소작료를 받아들일 때 수북하게 되어 받던 섬. [지주에게는 가량통으로 되어 주고 나머지를 마름이 차지했음.] ↔가량통.

마:대(馬臺)명 장롱의 받침대.

마대(麻袋)명 굵은 삼실로 짠 포대. ¶소금을 마대에 담다.

마도조 〈옛〉만도. 만큼도. ¶비록 사로미 무례사니고도 중싱마도 몯호이다(釋譜6:5).

마도(魔道)명 불교에서 이르는 악마의 세계.

마도로스(←matroos 네)명 외항선의 선원을 이르는 말.

마도-수(磨刀水)명 한방에서, '칼을 간 숫돌물'을 약으로 이르는 말.

마도-요명 도욧과의 새. 도요새 중에서 몸집이 가장 큼. 부리가 아래로 굽었으며, 몸빛은 연한 갈색에 검은 무늬가 있음.

마:-도위(馬-)명 지난날, 말을 사고팔 때 흥정을 붙이는 사람을 이르던 말.

마돈나(madonna 이)명 성모(聖母) 마리아. 성모 마리아의 화상(畫像). [본디는 '부인(婦人)'의 높임말임.]

마-되[-뙤/-뛔]명 말(斗)과 되(升).

마되-질[-뙤-/-뛔-]명하자 말이나 되로 곡식을 되는 일.

마:두(馬頭)명 ①불교에서, '지옥의 옥사쟁이'를 이르는 말. ②왕조 때, 역마(驛馬)에 관한 일을 맡아보던 사람.

마:두-관세음(馬頭觀世音)명 불교에서, 육관음·팔대 명왕의 하나. 불법을 듣고도 수행하지 않는 중생을 교화하기 위한 방편으로 머리에 말 머리를 이고 성난 모습을 하였으며, 온갖 번뇌를 물리침을 나타냄.

마:두-납채(馬頭納采)명하자 재래식 혼례에서, 혼인하는 그날 채단(采緞)을 보내는 일, 또는 그 채단.

마:두-출령(馬頭出令)[-녕] 〔말을 세워 놓고 명령을 내린다는 뜻으로〕 갑작스레 명령을 내리는 일, 또는 그 명령.

마두-충(麻蠹蟲)명 ➡삼벌레.

마드리갈(madrigal 프)명 반주 없는 합창곡.

마들-가리명 ①잔가지나 줄거리로 된 땔나무. ②해어진 옷의 남은 솔기. ③새끼나 실 따위가 홅어서 맺힌 마디.

마들-가지명 '마들가리'의 잘못.

마디명 ①나무나 풀의 줄기에 가지나 잎이 붙은 자리. ②길쭉한 물체에서, 사이를 두고 고리처럼 도드라지거나 잘록한 곳. ③동물의 뼈와 뼈가 맞닿은 자리. 관절(關節). ¶손가락 마디. ④노래나 말 따위의 한 도막. ¶노래 한 마디. ⑤악보에서, 세로줄과 세로줄로 구분된 부분. ⑥정상 진동이나 정상파에서 진동이 0 또는 극소가 되는 부분. ⑨참소절(小節).

마디다[형] ①닳거나 없어지는 동안이 오래다. ¶연필이 마디게 닳다. ↔헤프다. ②자라는 속도가 더디다. ¶나무가 마디게 자라다.

마디-마디[명] 모든 마디. ¶마디마디에 새싹이 움트다.

마디-지다[형] 마디가 생겨 있다. ¶마디진 손.

마디-촌(-寸)[명] 한자 부수의 한 가지. '寺'·'封' 등에서의 '寸'의 이름.

마디-충(-蟲)[명] ①식물의 줄기 속을 파먹는 벌레를 통틀어 이르는 말. ②명충나방의 유충. 명충(螟蟲).

마디충-나비(-蟲-)[명] ☞명충나방.

마디-풀[명] 여뀟과의 일년초. 산이나 들에 나는데, 줄기 높이는 30~40 cm. 초여름에 흰빛 또는 붉은빛의 작은 꽃이 핌. 어린잎은 식용하고, 줄기와 잎은 민간에서 황달·배앓이 등에 약재로 씀. 편축(扁竹).

마딘[옛] 맨 위. ¶마딘 샹: 上(訓蒙下34).

마따나[조] '말'에 붙어, '말한 바와 같이'의 뜻을 나타내는 부사격 조사. ¶자네 말마따나 모든 것이 새롭군.

마땅찮다[-찬타][형] 흡족하게 마음에 들지 아니하다. ¶네가 왜 나만 그렇게 마땅찮게 여기는지 모르겠다. *마땅잖다[-차나]·마땅찮소[-찬쏘].

마땅-하다[형여] ①(대상이나 상태가) 잘 어울리거나 알맞다. ¶마땅한 신랑감. ②흡족하게 마음에 들다. ¶하는 짓이 영 마땅하지 않다. ③(이치로 보아) 그렇게 되어야 옳다. ¶벌을 받아야 마땅하다. **마땅-히**[부] 국민으로서 마땅히 할 일을 하다. /마땅히 지켜야 할 일.

마뜩잖다[-짠타][형] 마음에 들 만하지 아니하다. ¶제품의 끝손질이 마뜩잖다. *마뜩잖아[-짜나]·마뜩잖소[-짠쏘]

마뜩-하다[-뜨카-][형여] (주로 '마뜩하지'의 꼴로 '아니하다'나 '못하다'와 함께 쓰이어) 마음에 들 만하다. ¶그 단체의 주장과 행동이 도무지 마뜩하지 않다. **마뜩-이**[부].

마라카스(maracas 포)[명] 라틴 아메리카 음악에서의 리듬 악기의 한 가지. 야자과의 마라카열매를 말려서 만듦.

마라톤(marathon)[명] ☞마라톤 경주.

마라톤^경:주(marathon競走)[명] 육상 경기의 한 가지. 42.195 km를 달리는 장거리 경주임. 마라톤.

마라톤-협상(marathon協商)[-쌍][명] 쉬지 아니하고 오랜 시간에 걸쳐 벌이는 협상.

마라톤-회담(marathon會談)[-회-/-훼-][명] '장시간에 걸쳐 휴회(休會)도 없이 계속되는 회담'을 '마라톤'에 비유하여 이르는 말.

마람[옛] 마름. ¶마람 닙회 부람 나니 篷窓이 서늘코야(古時調).

마래기[명] 중국 청나라 관리들이 쓰던, 둘레가 넓고 운두가 낮은 모자. 투구와 비슷함.

마:래미[명] 방어(魴魚)의 새끼.

마:량(馬糧)[명] 말의 먹이. 말먹이.

마려(磨礪)[명하타] 돌이나 쇠붙이 따위를) 문질러 갊.

마력(魔力)[명] ①(사람으로서는 할 수 없는) 상상을 초월한 이상한 힘. ②남의 마음을 사로잡거나 현혹시키는 야릇한 힘. ¶마력을 지닌 웅변에 관객이 감동하다.

마:력(馬力)[의] 동력(動力)을 재는 단위의 한 가지. 1초 동안에 75 kg의 물체를 1 m 움직이는 힘. [약호는 HP·IP]

마련[Ⅰ][명하타][되자] 준비하여 갖춤. 대비함. ¶집을 마련하다. /여비를 마련해야 여행을 떠나지. ②('-ㄴ(은·는), -ㄹ(을·를)' 뒤에 쓰이어) 속셈. 궁리. 계획. ¶제깐에는 무슨 마련이 있겠지. /금년 가을에 집을 세울 마련이다. [Ⅱ][의] (주로 '-기/-게' 뒤에 쓰이어) 그리됨. 그리되는 것이 당연함. ¶비밀이란 새어 나가게 마련인 것이다.

마련이 아니다[관용] 말이 아니다. 몰골이 형편없다. ¶흙탕물 속에서 놀고 온 아이라, 옷이 마련이 아니구나.

마:렵(馬鬣)[명] ☞말갈기.

마렵다[-따][마려우니·마려워][형ㅂ] 오줌이나 똥을 누고 싶은 느낌이 있다. ¶오줌이 마렵다.

마:령(馬齡)[명] ☞마치(馬齒).

마:령-서(馬鈴薯)[명] ☞감자.

마로니에(marronnier 프)[명] 칠엽수과의 낙엽교목. 높이 20~25 m. 잎자루가 길며 손바닥 모양의 겹잎이 마주남. 5~6월에 붉은 무늬가 있는 흰 꽃이 피며, 둥근 열매를 맺는데 겉에 가시 모양의 돌기가 있음.

마:록(馬鹿)[명] ☞고라니.

마:료(馬蓼)[명] ☞개여뀌.

마루¹[명] 집채 안에 땅바닥보다 높게 널빤지를 평평하게 깔아 놓은 곳. 청사(廳事).

마루²[명] ①산이나 지붕 따위의 길게 등성이가 진 곳. ②고갯마루. ③물결의 가장 높은 부분. ¶풍랑의 마루는 뾰족하고 너울의 마루는 둥그스름하다. ③일이 한창인 고비.

마루 넘은 수레 내려가기[속담] 일의 진행이나 형세의 변화 따위가 매우 빠르거나 걷잡을 수 없는 기세임을 이르는 말.

마루-방(-房)[명] 바닥이 마루로 된 방.

마루^운:동(-運動)[명] 체조 경기의 한 가지. 탄력을 지닌 12 m 사방의 깔개 위에서 맨손 체조·뜀뛰기·공중제비 등으로 구성된 내용을, 일정한 시간 내에 율동적인 운동으로 연기해 보이는 운동.

마루^적심(-積心)[-씸][명] 용마루의 뒷목을 눌러 박은 적심.

마루-청(-廳)[명] 마룻바닥에 까는 널조각. 마루판. 마룻장.

마루-터기(산이나 지붕 따위의) 마루에서 가장 두드러진 턱. 준마루턱.

마루-턱[명] <마루터기>의 준말.

마루-판(-板)[명] ☞마루청.

마루-폭(-幅)[명] 한복 바지나 속곳의 사폭(邪幅)을 대는 양옆의 긴 헝겊.

마룻-구멍[-루꾸-/-룬꾸-][명] 서까래와 보·도리와의 사이에 있는 구멍.

마룻-귀틀[-루귀-/-룬뀌-][명] 마루청이 얹히거나 끼이게 되는 길고 튼튼한 나무.

마룻-대[-루때·-룬때][명] 용마루 밑에 서까래가 얹히게 된 도리. 상량(上樑).

마룻대-공(-臺工)[-루때-/-룬때-][명] 마룻대 위에 마루를 받쳐 세운 동자기둥.

마룻-바닥[-루빠-/-룬빠-][명] 마루의 바닥.

마룻-보[-루뽀-/-룬뽀-][명] 용마루 아래에 있는 보. 대공을 받친 두 개의 들보.

마룻-장[-루짱·-룬짱][명] ☞마루청.

마룻-줄[-루쭐·-룬쭐][명] 배의 돛을 올리고 내리는 데 쓰는 줄. 용총줄.

마:르(Maar 독)[명] 화산 지형의 한 가지. 마그마 속의 가스나 수증기의 약한 폭발로 이루어진 작은 화구(火口).

-마르는어미〈옛〉-지마는. ¶西京이 셔울히마르
는(樂詞.西京別曲).

마르다¹[마르니·말라]재르 ①물 또는 물기가 없
어지다. ¶우물이 마르다. /날씨가 좋아 빨래가
잘 마른다. ②입이나 목구멍에 물기가 적어져
갈증이 나거나 축축한 기운이 없어지다. ¶목
이 마르다. /침이 마르도록 칭찬하다. ③(몸에)
살이 빠지다. 야위다. ¶요새 부쩍 많이 말랐
다. ④모조리 없어지다. ¶돈이 마른다. /씨가
마른다. ⑤감정이나 열정 따위가 없어지다. ¶애
정이 마르다.

마르다²[마르니·말라]타르 옷감이나 재목 따위
를 치수에 맞추어 베고 자르다. ¶옷을 마르
다. /천을 말라 식탁보를 만들었다.

마르멜로(marmelo 포)명 장미과의 낙엽 교목.
중앙아시아 원산으로 높이는 5~8 m. 잎은 길
둥근 모양이며, 봄에 흰 꽃 또는 담홍색의 꽃
이 핌. 열매는 노랗게 익는데, 맛이 달고 향기
가 있어 날로 먹거나 잼을 만듦.

마르모트(marmotte 프)명 ☞마멋.

마르치알레(marciale 이)명 악보의 나타냄말.
'씩씩하게'·'행진곡풍으로'의 뜻.

마르카토(marcato 이)명 악보의 나타냄말. '음
하나하나를 또렷하게 강조하여'의 뜻.

마르크(Mark 독)의 독일의 화폐 단위. 1마르크
는 100페니히.

마르크스레닌-주의(Marx-Lenin主義)[-의/-
이]명 마르크스와 엥겔스가 확립한 이론을 레
닌이 발전시킨 마르크스주의.

마르크스-주의(Marx主義)[-의/-이]명 19세기
중엽에 마르크스와 엥겔스에 의하여 기초를 이
룬 혁명적 사회주의. 마르크시즘. 참공산주의.

마르크시즘(Marxism)명 ☞마르크스주의.

마르톨레(martelé 프)명 악보의 나타냄말. '망
치로 치듯이'·'음을 아주 강하게'의 뜻.

-마른어미〈옛〉-마는. ¶社稷올 돕스오견마른 얼
구리 이제 이 곧하니요(杜重6:53). 참-마로.

마른-갈이명하타 논에 물을 대지 않고 가는 일.
↔물갈이1·진갈이.

마른-걸레명 물기가 없는 걸레. ↔물걸레.

마른-고기명 말려 놓은 물고기나 짐승 고기.

마른-과자(-菓子)명 물기가 없이 바싹 마르게
만든 과자. ↔진과자.

마른-국수[-쑤]명 ①국수틀로 뽑아낸 그대로
말린 국수. 패면(粺麵). ②국에 말거나 비비지
아니한 국수. ¶마른국수 세 사리.

마른-금점(-金店)명하자 광산이나 광석의 매매
에서 거간 노릇을 하여 구문을 얻는 일.

마른-기침명하자 가래가 나오지 않는 기침. 건
(乾欬).

마른-나무명 ①물기가 없이 바싹 마른 나무.
②죽어서 시든 나무.

마른나무에 물 날까속담 성사될 가능성이 없는
일에 기대를 걸 필요가 없다는 뜻.

마른나무에 좀먹듯속담 모르는 사이에 건강이
나빠지거나 재산이 없어짐을 이르는 말.

마른-날명 맑게 갠 날. ↔진날.

마른-논명 ☞건답(乾畓).

마른논에 물 대기속담 ①일이 매우 힘들다는
뜻. ②힘들여 해 놓아도 성과가 없다는 뜻.

마른-눈명 비가 섞이지 아니하고 내리는 눈. ↔진
눈깨비.

마른-땅명 ☞건조지(乾燥地).

마른-미역명 미역과의 바닷말을 뜯어서 말린 것.

마른-바가지명 물에 넣지 않고 쓰는 바가지.

마른-반찬(-飯饌)명 건어물이나 포육(脯肉) 등
마른 재료로 만든 반찬. ↔진반찬.

마른-밥명 ①국 없이 반찬만으로 먹는 밥. 건반
(乾飯). ②둥글게 뭉친 밥. ③'맨밥'의 잘못.

마른-버짐명 피부병의 한 가지. 얼굴 같은 데
가슴가슴하게 번지는 흰 버짐. 건선(乾癬). 풍
선(風癬). ↔진버짐.

마른-번개명 마른하늘에서 치는 번개.

마른-빨래명하자 흙이 묻은 옷을 말리어 비벼
터는 일.

마른-신명 ①기름으로 겯지 않은 가죽신. ②마
른땅에서 신는 신. 건혜(乾鞋). ↔진신.

마른-안주(-按酒)명 (포·땅콩·과자 따위) 물기
가 없는 안주. ↔진안주.

마른-옴명 몹시 가렵고 긁으면 허물이 벗어지는
옴. 건개(乾疥). ↔진옴.

마른-일[-닐]명하자 손을 물에 넣지 않고 하는
집안일. [바느질 따위.] ¶진일 마른일 가리지
않고 닥치는 대로 하다. ↔진일.

마른-입[-닙]명 ①국물이나 물을 마시지 아니
한 입. ¶마른입에 떡부터 먹으면 체한다. ②☞
잔입.

마른-자리명 축축하지 않은 자리. ¶진자리 마
른자리 가려 뉘다. ↔진자리.

마른-장(-醬)명 가루로 된 간장. 건장(乾醬).

마른-장마명 비가 거의 오지 않아서 강우량이
아주 적거나 또는 맑은 날이 계속되는 장마철.

마른-찬합(-饌盒)명 마른반찬이나 다식 따위를
담는 찬합. ↔진찬합.

마른-천둥명하자 마른하늘에서 치는 천둥. 한뢰
(旱雷).

마른-침명 애가 타거나 몹시 긴장했을 때에 무
의식중에 힘들여 삼키는, 물기가 적은 침.
마른침을 삼키다관용 '몹시 걱정하거나 긴장하
거나 초조해 하는 모양'을 이르는 말.

마른-타작(-打作)명하자 벼를 바싹 말린 뒤에
하는 타작. ↔물타작.

마른-풀명 (꼴이나 퇴비로 쓰기 위하여) 베어서
말린 풀. 건초(乾草). ↔생풀³.

마른-하늘명 맑게 갠 하늘.
마른하늘에 날벼락속담 뜻밖에 당하는 재앙을
뜻하는 말.

마른-행주명 물에 적시지 않은 행주. ↔진행주.

마른행주-질명하자타 마른행주로 닦거나 훔치
는 일.

마른-홍두깨명 다듬잇감을 좀 눅진하게 하여
홍두깨에 올리는 일. ↔진홍두깨.

마름¹명 ①이엉을 엮어 말아 놓은 단. ②[의존
명사적 용법] 이엉을 엮어 말아 놓은 단을 세
는 단위. ¶이엉 한 마름.

마름²명 지난날, 지주의 위임을 받아 소작지를
관리하던 사람. 사음(舍音).

마름³명 마름과의 일년초. 연못이나 늪 등에 남.
뿌리는 흙 속에 내리고 줄기는 길게 자라 물
위에 뜨며 여름에 흰 꽃이 핌. 가시가 있고 네
모진 열매는 먹을 수 있으며, 민간에서 약재로
도 쓰임.

마름-돌[-똘]명 (채석장에서 떠낸 것을) 일정한
모양으로 다듬은 돌.

마름-둥글이명 필요한 만큼 마름질하여 둥글게
말아 놓은 것.

마름-모명 네 변의 길이가 모두 같은 사각형.
두 대각선은 서로 다른 대각선을 수직으로 이
등분함. 마름모꼴.

마름모-꼴명 ☞마름모. 능상.

마름-새〖명〗(옷이나 재목 따위를) 마름질해 놓은 솜씨. ¶ 마름새가 나무랄 데 없다.

마름-쇠[-쇠/-쉐]〖명〗끝이 날카롭고 서너 갈래가 지게 무쇠로 만든 물건. 옛날에 도둑이나 적군의 침입을 막기 위하여 길목에 깔았음. 능철(菱鐵). 여철(藜鐵).
   마름쇠도 삼킬 놈〖속〗몹시 탐욕스러운 사람을 이르는 말.

마름-자〖명〗마름질하는 데 쓰이는 자.

마름-재목(-材木)〖명〗알맞은 치수로 마름질해 놓은 재목.

마름-질〖하타〗옷감이나 재목 따위를 마르는 일. 재단(裁斷). ¶ 저고리를 마름질하다.

마리〖의〗물고기나 짐승 따위의 수효를 세는 단위. 수(首). ¶ 금붕어 세 마리.

마리〖옛〗①머리. ¶ 마리에 放光ㅎ샤(月釋7:34). ②머릿털. ¶ 옷과 마리룰 路中에 펴아 시눌(月釋7:34).

-마리〖어미〗〖옛〗-으니. ¶ 正陽寺 眞歇臺 고텨눌 안존마리(鄭澈.關東別曲).

마리사기〖명〗〖옛〗유소(流蘇). ¶ 流蘇 俗稱 마리사기(樂範9:18).

마리오네트(marionette 프)〖명〗인형극에 쓰이는, 실로 조정하는 인형, 또는 그 인형극.

마리화나(marihuana)〖명〗삼의 잎이나 꽃을 말려서 만든 마약의 한 가지. 𝔅대마초(大麻草).

마:린(馬藺)〖명〗☞꽃창포.

마:린-자(馬藺子)〖명〗한방에서, '꽃창포의 씨'를 약재로 이르는 말.〔지혈(止血)이나 통리제(通利劑)로 쓰임.〕

마림바(marimba)〖명〗아프리카 계통의 목금(木琴)으로 중남미에서 발전한 타악기. 실로폰 비슷하나 약간 크고 소리가 풍부함. 음역이 넓어 독주와 합주에 널리 쓰임.

마립간(麻立干)[-깐]〖명〗신라 때의 임금의 칭호. 내물왕(또는 눌지왕) 때부터 지증왕 때까지 쓰였음.

-마르는〖어미〗〖옛〗-마는. ¶ 아바님도 어이어신마ᄅᆞᆫ(樂詞.思母曲).

-마른〖어미〗〖옛〗-마는. ¶ 비 업건마른(龍歌34章).

마:마(媽媽)¹〖명〗①'천연두'를 달리 이르는 말. 손님마마. ②〖별성마마〗·〖역신마마의 준말.
   마마 그릇되듯〖속〗'형세가 손을 쓸 수 없는 방향으로 그릇되어 나감'을 이르는 말.

마:마(媽媽)²〖명〗〖지난날〗①임금과 그 가족들의 칭호 뒤에 붙여 높이던 말. ¶ 중전 마마. ②'벼슬아치의 첩'을 높여 부르던 말.

마:마-꽃(媽媽-)[-꼳]〖명〗마마할 때, 온몸에 불긋불긋 돋아나는 것. 𝔅꽃. * 마:마꽃이[-꼬치]·마:마꽃만[-꼰-].

마:마-떡(媽媽-)〖명〗마마할 때, 마마꽃이 잘 솟으라고 먹는 떡. 흰무리에 소금을 치지 않고 붉은 팥을 넣어 만듦.

마마-보이(←mama's boy)〖명〗자기 뜻대로 행동하지 못하고 어머니에게 의존하는 소년이나 남자.

마:마-하다(媽媽-)〖자여〗천연두를 앓다.

마:맛-자국(媽媽-)[-마짜-/-맏쫙-]〖명〗마마를 앓고 난 후 딱지가 떨어진 자리에 생기는 얽은 자국.

마:멀레이드(marmalade)〖명〗오렌지나 레몬의 겉껍질로 만든 잼.

마:멋(marmot)〖명〗다람쥣과의 동물. 몸길이는 30~60cm로 다람쥣과 중에서 가장 크며, 몸빛은 회색임. 발톱이 강하여 땅을 매우 잘 팖.

평지의 바위가 많은 곳에 굴을 파고 삶. 유럽·북아메리카 등지에 분포함. 마르모트.

마면-사(麻綿絲)〖명〗삼에다 면사를 섞어 만든 실.

마멸(磨滅)〖하자〗〖되자〗갈리어 닳아서 없어짐. ¶ 비문의 글자가 마멸되다.

마:명-간(馬鳴肝)〖명〗한방에서, '누에의 똥'을 약재로 이르는 말.〔중풍으로 말미암은 손발의 마비에 쓰임.〕잠사(蠶砂).

마:모(馬毛)〖명〗말의 털.

마모(磨耗)〖하자〗〖되자〗(마찰되는 부분이) 닳아서 작아지거나 없어짐. ¶ 기계의 마모가 심하다. /타이어가 마모되다.

마모로다〖타〗〖옛〗마무르다. ¶ 마모로기믈 ᄀᆞ놀고 고르게 ᄒᆞ라(朴解中55).

마:목(馬目)〖명〗광맥 속에 섞여 있는 유용 광물 이외의 광물을 이르는 말. 𝔅버력2.

마:목(馬木)〖명〗가마나 상여를 올려놓을 때 바닥에 괴는 네 발 달린 받침틀.

마목(痲木)〖명〗〖한방에서〗①근육이 굳어져 감각이 없고 운동이 자유롭지 못한 병. ②문둥병이 처음으로 피부에 나타나 허는 자리.

마:목-지기(馬木-)[-찌-]〖명〗상여가 나갈 때, 상여의 마목을 지고 가는 상여꾼.

마무(撫撫)〖명〗☞무마(撫摩).

마무르다[마무르니·마물러]〖타〗①(물건의 가장자리를) 가지런하게 손질하다. ②일의 뒤끝을 맺다.

마무리〖하타〗〖되자〗일의 끝을 맺음, 또는 그 일. ¶ 사건을 깨끗이 마무리하다.

마묵(磨墨)〖명〗〖하타〗벼루에 먹을 갊.

마물(魔物)〖명〗요망한 사물(邪物).

마:미(馬尾)〖명〗①말의 꼬리. ②☞말총.

마:미-군(馬尾裙)〖명〗지난날, 말총으로 짜 입던 바지 모양의 여자 옷.

마:미-전(馬尾廛)〖명〗말총을 팔던 가게.

마:미-조(馬尾藻)〖명〗☞모자반.

마무두다〖명〗〖옛〗메마르다. ¶ 마무룰 교:磽(訓蒙下17). /마무룰 싸뫼 빅셩(小解4:45).

마-바리〖명〗한 마지기에 두 섬 곡식이 나는 것을 이르는 말.

마:-바리(馬-)〖명〗짐을 실은 말, 또는 말에 실은 짐.

마:바리-꾼(馬-)〖명〗마바리를 모는 것을 업으로 하는 사람.

마바리-집(馬-)〖명〗'마방집'의 잘못.

마:발(馬勃)〖명〗☞말불버섯.

마:방(馬房)〖명〗〖지난날〗①마구간을 갖추고 있던 주막집. ②절 안에 말을 매어 두던 곳.

마-방적(麻紡績)〖명〗삼에서 실을 뽑아내는 일.

마:방진(魔方陣)〖명〗☞마방진.

마:방-집(馬房-)[-찝]〖명〗말을 두고 삯짐 싣는 일을 업으로 하는 집.

마법(魔法)〖명〗마력으로 이상야릇한 일을 하는 술법. ¶ 마법에 걸리다. 𝔅마술(魔術).

마법-사(魔法師)[-싸]〖명〗마법(魔法)을 부리는 사람. 𝔅마술사·요술쟁이.

마:병(馬兵)〖명〗①넝마. ②오래되어 허름한 물건.

마:병(馬兵)〖명〗①기병(騎兵). ②조선 시대에, 훈련도감에 딸렸던 기병.

마:병-장수〖명〗허름한 물건을 가지고 돌아다니며 파는 사람.

마:-보병(馬步兵)〖명〗마병(馬兵)과 보병(步兵).

마:부(馬夫)〖명〗①☞말구종. ②말을 부리는 사람. 마차꾼. 𝔅차부(車夫). ③배송(拜送)을 낼 때 싸릿말을 모는 사람.

마:부-대(馬夫臺)명 마차에서 마부가 앉는 자리.

마:부-좌(馬夫座)명 ☞마차부자리.

마:부^타:령(馬夫-)명 배송(拜送)을 낼 때 싸리꾼을 모는 사람이 부르는 타령.

마:분(馬分)명 ☞마삯.

마:분(馬糞)명 말똥.

마분(麻蕡)명 한방에서, 삼의 씨나 꽃가루를 약재로 이르는 말.

마분(磨粉)명 ☞마사(磨砂).

마:분-지(馬糞紙)명 ①짚을 원료로 하여 만든, 빛이 누르고 품질이 낮은 종이. ②☞판지(板紙).

마:블(marble)명 ①대리석, 또는 대리석의 조각품. ②책이나 장부 따위의 도련친 면에 넣는 대리석 모양의 무늬, 또는 그런 무늬가 들어 있는 양지(洋紙).

마:블링(marbling)명 종이에 대리석 무늬를 만드는 기법. 물 위에 유성 물감을 떨어뜨려 저은 다음 종이를 물 위에 덮어 물감이 묻어나게 함.

마비(痲痺·麻痺)명하자 ①신경이나 근육이 정상적인 기능을 잃어 몸의 일부나 전부가 감각이 없어지는 상태. ¶다리의 신경이 마비되다. ②어떤 사물이 본래의 기능을 잃어 구실을 제대로 못하게 되는 상태. ¶교통이 마비되다.

마:비저(馬鼻疽)명 코의 점막에 염증이 생기는 말의 전염병.

마비-탕(麻沸湯)명 한방약의 한 가지. 삼의 잎과 뿌리를 달인 물. 진통제로 쓰임.

마:비-풍(馬脾風)명 디프테리아.

마빚다[-빋-]타 비집어 내다. * 마빚어·마빚는[-빈-]

마빡 명 〈이마〉의 속된 말.

마:사(馬事)명 말을 기르고 부리는 것에 관한 모든 일.

마사(麻絲)명 베실. 삼실.

마사(磨砂)명 쇠붙이로 된 물건을 닦거나 광을 내는 데 쓰이는, 보드라운 석회질의 백토(白土). 마분(磨粉).

마-사니명 지난날, 추수할 때 마름을 대신하여 곡식을 되던 사람.

마사:지(massage)명하타 손바닥이나 손가락 끝으로 피부나 근육에 자극을 주어 신진대사를 돕거나 병을 다스리는 방법.

마:-삯(馬-)[-삭]명 말을 세낸 데 대한 삯. 마분(馬分). 마세(馬貰). * 마:삯이[-삭씨]·마:삯만[-상-]

마:상(馬上)명 ①말의 등 위. ②'말을 타고 있음'을 뜻하는 말. ¶마상의 기수(騎手).

마:상-객(馬上客)명 말을 타고 있는 사람.

마:상-봉도(馬上奉導)명 능행(陵幸) 때 마상에 오른 임금을 편안히 모시도록, 별감들이 소리를 지르면서 경계하던 일.

마:상-쌍검(馬上雙劍)명 조선 시대, 무예 이십사반의 하나. 갑옷과 투구 따위로 무장한 무사가 말을 탄 채 양손에 요도(腰刀)를 들고 하던 검술.

마:상-월도(馬上月刀)[-또]명 조선 시대, 무예 이십사반의 하나. 갑옷·투구 따위로 무장한 무사가 말을 탄 채 월도(月刀)를 들고 하던 검술.

마:상-유삼(馬上油衫)[-뉴-]명 지난날, 말을 탈 때 입던 유삼.

마상이명 ①거룻배 따위의 작은 배. ②통나무를 파서 만든 작은 배. ②독목주(獨木舟).

마:상-재(馬上才)명 조선 시대, 무예 이십사반의 하나. 각 영문(營門)의 마군(馬軍)이 달리는 말 위에서 재주 부리기와 총 쏘기 등 여러 가지 묘기를 보여줌. 마기(馬技). 마예(馬藝).

마:상-전(馬床廛)명 지난날, 마구(馬具)나 관복(官服) 따위를 팔던 가게.

마:상-치(馬上-)명 지난날, 말 탈 때 착용하던 가죽신이나 우장옷.

마:상-편곤(馬上鞭棍)명 조선 시대, 무예 이십사반의 하나. 갑옷과 투구 따위로 무장한 무사가, 말을 탄 채 편곤(鞭棍)을 들고 하던 무술.

마석(磨石)명 ①맷돌. ②하자돌로 된 물건의 표면을 반드럽게 갊.

마-석기(磨石器)[-끼]명 〈마제 석기〉의 준말.

마:선(馬癬)명 말버짐.

마성(魔性)명 악마처럼 남의 마음을 호리는 성질. ¶마성을 드러내다.

마-세(一貰)명 〈마전날〉①말감고가 장에서 마질해 주고 받던 삯. ②마름이 소작인으로부터 소작료 외에 마질한 삯으로 더 받던 곡식.

마세(馬貰)명 ☞마삯.

마세(massé 프)명 당구에서, 큐(cue)를 수직으로 들고 공을 치는 방법.

마-소명 말과 소. 우마(牛馬).

마-속명 곡식을 되는 말의 용량.

마손(磨損)명하자 물건의 면이 마찰에 의해 쓸리어 닳음.

마수명 ①첫 번째에 팔리는 것으로 미루어 헤아리는 그날의 장사 운수. ¶마수가 좋다. /오늘은 마수부터 재수가 없더니 하루 종일 파리만 날린다. ②〈마수걸이〉의 준말.

마-수(-數)[-쑤]〔곡식 따위를〕말로 된 수량.

마수(魔手)명 '남을 나쁜 길로 꾀거나 불행에 빠뜨리려는 음흉한 수단'을 비유하여 이르는 말. 검은손. 독수(毒手). ¶유괴범의 마수에 걸리다. /침략의 마수를 뻗치다.

마수-걸이[-쑤-]명 ①첫 번째로 물건을 파는 일. 개시(開市). ¶마수걸이도 못하다. ②어떤 일을 시작한 뒤 맨 처음 부딪는 일. ②마수.

마수-없이[-쑤-][-업씨]부 갑자기. 난데없이.

마:술(馬術)명 ①말을 잘 부리는 기술. ②말을 타고 부리는 온갖 재주. 승마술.

마술(魔術)명하타 ①사람의 마음을 호리는 이상한 술법. ②사람의 눈을 속여 이상한 일을 해 보이는 재주. 요술(妖術).

마술-사(魔術一)[-싸]명 마술을 전문으로 하는 사람. 마술쟁이. 요술쟁이. ②마법사.

마술-쟁이(魔術-)명 ☞마술사.

마스카라(mascara)명 속눈썹을 길고 짙게 보이도록 꾸미는 데 쓰는 화장품.

마스코트(mascot)명 행운의 신. 행운을 가져다 준다고 믿고 간직하는 애완품이나 소동물(小動物).

마스크(mask)명 ①병균이나 먼지 따위를 막기 위하여 입과 코를 덮는 위생 용품. ②야구의 포수나 펜싱 선수 등이 얼굴을 보호하기 위하여 쓰는 기구. ③탈. 가면. ④(연기자나 출연자 등의) 얼굴의 생김새. ¶마스크가 좋다.

마스크^워:크(mask work)명 영화 촬영에서, 배우가 일인이역으로 한 화면에 나와야 할 경우, 화면의 일부를 잘라 두세 번 촬영한 다음에 다시 이어주는 방법.

마스터(master)명하타 (어떤 기술이나 내용을) 다 배움. 숙달함. 정복함. ¶영어 회화를 마스터하다.

마스터베이션(masturbation)명하자 수음(手淫).

마스터플랜(master plan)명 기본 계획. 기본 설계. ¶마스터플랜을 짜다.

마스토돈(mastodon)**명** 장비목(長鼻目) 마스토돈티데 아목(亞目)에 딸린 화석(化石) 코끼리를 통틀어 이르는 말. 위턱의 앞니는 2.7 m 이상이며 아래턱은 짧고 극히 짧은 앞니가 있음. 미국과 시베리아 등지에서 발굴되었음.

마스트(mast)**명** 돛대.

마스티프(mastiff)**명** 개의 한 품종. 영국에서 사냥개 또는 경비견으로 개량된 것으로, 몸집이 큰 품종임.

마승(麻繩)**명** 삼노끈.

마시다<u>타</u> ①액체를 목구멍으로 삼키다. ¶꿀물을 단숨에 마시다. ②(공기 따위를) 들이쉬다. ¶산 정상에 올라 맑은 공기를 맘껏 마셨다.

마:식(馬食)**명** ①말먹이. ②<u>하자타</u>말처럼 많이 먹음.

마:신(馬身)**명** (주로 경마에서) ①'말의 코끝에서 궁둥이까지의 길이'를 이르는 말. ②『의존 명사적 용법』말과 말 사이의 거리를 나타내는 단위. ¶ 결승점에서 불과 반 마신 차이로 승패가 결정되었다.

마신(魔神)**명** 재앙을 가져오는 신.

마실명 이웃에 놀러 다니는 일.

마슨〈옛〉마흔. ¶마슨 사수미 등과(龍歌88章).

마슬명〈옛〉관청. 마슬². ¶마슬 셔:署. 마슬 조:曹. 마슬 국:局(訓蒙字7).

마애(磨崖)**명**<u>하자</u> 암벽(岩壁)이나 석벽(石壁)에 글자나 그림을 새김.

마애-불(磨崖佛)**명** 암벽에 새긴 불상.

마야^문명(Maya文明)**명** 6세기경에 중앙아메리카의 마야 족에 의해 발달된 원시 문명. 잉카 문명과 더불어 인디언 문명의 쌍벽을 이루었는데, 상당한 수준의 금속 문화를 가졌으며, 상형 문자도 사용하였음.

마약(痲藥·麻藥)**명** 마취나 환각 등의 작용을 하는 약물. 습관성이 있어 여러 번 쓰면 중독 증상을 나타냄. 〔마리화나·모르핀·코카인 따위.〕

마약^중독(痲藥中毒)[-쭝-]**명** 마약으로 인한 중독.

마에스토소(maestoso 이)**명** 악보의 나타냄말. '장엄하게'의 뜻.

마:역(馬疫)**명** 말의 역병(疫病).

마연(磨研)**명**<u>하타</u><u>되자</u>☞연마.

마엽(麻葉)**명** 대마의, '삼의 잎'을 약재로 이르는 말. 〔오래된 학질에 쓰임.〕

마:예(馬藝)**명**☞마상재(馬上才).

마오려<u>조동</u>〈옛〉말구려. 말진저. ¶제 남진 제 계집 아니어든 일홈 뭇디 마오려(古時調).

마왕(魔王)**명** ①마귀의 우두머리. ②불교에서, 중생이 불도(佛道)에 들어가는 것을 방해하는 귀신을 이르는 말.

마요네:즈(mayonnaise 프)**명** 샐러드용 소스의 한 가지. 달걀노른자에다 식물성 기름과 식초·소금 따위를 섞어서 만듦.

마우스(Maus 독)**명** 생물학 또는 의학 실험용으로 사육되는 작은 흰쥐.

마우스(mouse)**명** 컴퓨터의 입력 장치의 한 가지. 손으로 잡고서 커서(cursor)를 움직이는 데 쓰는 기구.

마우스피:스(mouthpiece)**명** ①관악기의, 입에 대고 부는 부분. ②권투 선수가 시합할 때, 입 안과 이의 손상을 막기 위하여 입에 무는 물건.

마우어하:켄(Mauerhaken 독)**명**☞하켄.

마운드(mound)**명** 야구에서, 투수가 공을 던질 때 서는 약간 높은 곳. 투수판(投手板). ¶마운드에 오르다. /마운드에 서다.

마:위-답(馬位畓)**명** 조선 시대에, 추수한 곡식을 역마(驛馬)의 사육비로 쓰던 논. 마웟논. 역위답(驛位畓). <u>참</u>역전(驛田).

마:위-땅(馬位-)**명** 조선 시대에, 마위답(馬位畓)과 마위전(馬位田)을 아울러 이르던 말. 마전(馬田).

마:위-전(馬位田)**명** 조선 시대에, 추수한 곡식을 역마(驛馬)의 사육비로 쓰던 밭. 역위전(驛位田). <u>참</u>역전(驛田).

마:윗-논(馬位-)[-원-]**명**☞마위답(馬位畓).

마유(麻油)**명** 삼씨기름.

마유(魔乳)**명** 태어난 지 3~4일경부터 1주 정도까지 갓난아기의 유방에서 나오는 초유(初乳) 비슷한 액체.

마:육(馬肉)**명** 말고기.

마을¹명 (도시가 아닌 고장에서) 여러 집이 이웃하여 살아가는 동네. 촌락(村落). 촌리(村里). 마을(을) 가다<u>관용</u>이웃에 놀러 가다.

마을²명 왕조 때, 관원들이 공무를 처리하던 곳. 공서(公署). 관부(官府). 관아(官衙).

마을-금고(-金庫)**명** 자금의 조성 및 이용을 목적으로 마을 사람들이 조직하여 운영하는 신용 협동조합.

마을-꾼명 ①이웃에 놀러 다니는 사람. ②이웃에 놀러 다니기를 유난히 즐겨 하는 사람. <u>솔</u>말꾼².

마을-리(-里)**명** 한자 부수의 한 가지. '野'·'量' 등에서의 '里'의 이름.

마을-문고(-文庫)**명** 마을에 마련해 놓은 소규모의 도서관.

마을-버스(-bus)**명** 정기 노선버스가 다니지 않는 지역을 운행하는 버스.

마음명 ①사람의 몸에 깃들여서 지식·감정·의지 등의 정신 활동을 하는 것, 또는 그 바탕이 되는 것. ¶ 마음의 양식이 되는 책. ②거짓 없는 생각. ¶마음을 터놓고 이야기하다. ③(외부로부터의 자극에 대하여 일어나는) 기분. 느낌. ¶흥거운 마음. ④(어떤 사물이나 행동에 대하여) 속으로 꾀한 뜻. ¶마음을 고쳐먹다. ⑤심정(心情). ¶반가운 마음으로 맞이하다. ⑥사랑하는 정. ¶그에게 마음을 두다. ⑦성의. 정성. ¶마음을 다하다. <u>솔</u>맘.

마음에 없는 염불<u>속담</u> 하고 싶지 않은 일을 마지못해 하는 일을 비유하여 이르는 말.

마음 한번 잘 먹으면 북두칠성이 굽어보신다<u>속담</u> 마음을 올바르게 쓰면 신명(神明)이 돌본다는 말.

마음에 두다<u>관용</u> 잊지 않고 기억해 두다. ¶그 일을 너무 마음에 두지 마라.

마음에 없다<u>관용</u> 무엇을 하거나 가지고 싶은 생각이 없다.

마음에 있다<u>관용</u> 무엇을 하거나 가지고 싶은 생각이 있다.

마음에 차다<u>관용</u> 만족하다.

마음(을) 붙이다<u>관용</u> ①어떤 일에 마음을 기울이어 전념하다. ②정을 붙이다. ¶타관 객지도 마음을 붙이고 살다 보면 고향과 같이 된다네.

마음을 비우다<u>관용</u> 집착이나 욕심을 버리다. ¶마음을 비우고 살다.

마음(을) 사다<u>관용</u> 상대편이 이쪽에 흥미를 갖게 하다. 호감을 갖게 하다.

마음을 열다<u>관용</u> 속마음을 터놓다. ¶마음을 열고 이야기하다.

마음이 가볍다<u>관용</u> 기분이 홀가분하다. 근심이 없다.

마음이 돌아서다<u>관용</u> 틀어졌던 마음이 풀리다.

마음이 무겁다관용 마음이 유쾌하지 못하고 침울하다. ¶그의 부탁을 거절해 내내 마음이 무거웠다.

마음-가짐뗑 ①마음을 쓰는 태도. ¶바른 마음 가짐. ②결심. ¶마음가짐을 굳히다. ㉝맘가짐.

마음-결[-껼]뗑 마음의 바탕. ¶마음결이 비단 같다. ㉝맘결.

마음-고생(一苦生)[-꼬-]뗑 마음속으로 겪는 고생. ¶마음고생이 심하다. ㉝맘고생.

마음-껏[-껃]부 ①마음에 차도록. 실컷. ¶마음 껏 즐기다. /마음껏 먹어라. ②마음을 다하여. 성의껏. ¶마음껏 대접하다. ㉝맘껏.

마음-눈뗑 사물의 참모습을 제대로 분별하는 마음의 능력. 심안(心眼).

마음-대로부 생각나는 대로. 하고 싶은 대로. ¶제 마음대로 행동하다. ㉝맘대로.

마음-먹다[-따]자타 ①하고 싶은 생각을 가지다. ¶그리하기로 마음먹다. ②결심하다. ¶마 음먹고 시작한 일. ㉝맘먹다.

마음-보[-뽀]뗑 마음을 쓰는 본새. [주로, 나쁘 게 이를 때 쓰는 말.] 심보. ¶마음보가 아주 고약하다. ㉝맘보.

마음-성(一性)[-썽]뗑 타고난 마음의 바탕. 심 성(心性). ㉝맘성.

마음-속[-쏙]뗑 (드러내지 않거나 드러나지 않 는) 마음의 속. 내심(內心)[1]. 심중(心中). 의중 (意中). ㉝맘속.

마음-심(一心)뗑 한자 부수의 한 가지. '必'· '忍' 등에서의 '心'의 이름. ㉝심방변.

마음-씨뗑 마음을 쓰는 태도. ㉝맘씨.

마음-자리[-짜-]뗑 마음의 본바탕. 심지(心 地). ㉝맘자리.

마음-잡다[-따]자 들뜬 마음을 안정시켜 바로 가지다. ¶이제 마음잡고 일한다네.

마음잡아 개장사속담 방탕하던 사람이 마음을 돌려 생업(生業)을 하려 하지만, 결국 오래가 지 않아 헛일이라는 말.

마의(麻衣)[-의/-이]뗑 삼베옷.

마이너(minor)뗑 ①단조(短調). ②단음계(短音 階). ↔메이저(major).

마이너스(minus)뗑 ①음수(陰數). 뺄셈의 기호 인 '-'의 이름. 뺄셈 부호. ②하타뻼. 감산 (減算)함. 음전극, 음전하, 또는 그 기호인 '-'. ④'적자'·'손실'·'불이익' 등을 뜻함. ¶마이너스 성장률. ⑤질병 따위의 검사에서 음성임을 나타내는 말. ↔플러스(plus).

마이너스^성장(minus成長)뗑 실질 국민 총생 산이 전해에 비해 감소하는 일.

마:이동풍(馬耳東風)뗑 [말의 귀에 동풍이 불 어도 말은 아랑곳하지 않는다는 뜻으로] 남의 의견이나 충고의 말을 귀담아듣든지 아니하고 흘려 버림을 이르는 말. 이백(李白)의 시에서 온 말임.

마이신(mycin)뗑 ①'항생제'를 흔히 이르는 말. ②〈스트렙토마이신〉의 준말.

마이실린(mycillin)뗑 스트렙토마이신과 페니실 린의 복합제. 혼합 감염증의 치료에 쓰임.

마이오-세(←Miocene世)뗑 신생대 제3기를 다 섯으로 나눈 때의 넷째 번 지질 시대. 중신세.

마이카나이트(micanite)뗑 운모로 만든, 열 및 전기 절연물의 상품명.

마이카돈(micadon)뗑 ☞마이카 콘덴서.

마이카^콘덴서(mica condenser)뗑 금속판 사 이에 운모를 끼워 만든 축전기. 마이카돈.

마이크(mike)뗑 ☞마이크로폰.

마이크로-그램(microgram)뗑 백만분의 일 그 램. [기호는 ㎍]

마이크로-미:터(micrometer) [I]뗑 물건의 안 지름·바깥지름, 또는 종이의 두께 등을 정밀하 게 재는 기구. 측미계(測微計). [II]뗑 미터법에 의한 길이의 단위. 1마이크로 미터는 1 m의 백만분의 일임.

마이크로-밸런스(microbalance)뗑 1 mg 이하 의 아주 적은 양을 측정하는 천칭.

마이크로-버스(microbus)뗑 소형 버스.

마이크로-옴(microhm)뗑 전기 저항의 단위. 백 만분의 일 옴(Ω). [기호는 μΩ]

마이크로-웨이브(microwave)뗑 진동수가 1 GHz～300 GHz까지이고 파장이 1 mm～1 m까 지인 전자파. 빛처럼 곧게 나아가는 성질을 가 진 것으로, 레이더나 텔레비전 따위에 이용됨. 극초단파(極超短波). 마이크로파.

마이크로-카:드(microcard)뗑 책이나 신문 등 의 지면을 사진으로 축소 촬영하여 인화한 카드.

마이크로카:드^리더(microcard reader)뗑 마 이크로카드나 마이크로필름에 축소 촬영된 내 용을 읽는 데 쓰이는 특수 환등기.

마이크로-컴퓨터(microcomputer)뗑 (미니컴퓨 터보다 소규모인 컴퓨터로서) 마이크로프로세 서를 중앙 처리 장치로 하고, 램(RAM), 롬 (ROM), 외부 기억 장치, 버스 등 으로 구성된 컴퓨터. 마이크로프로세서.

마이크로-코즘(microcosm)뗑 ☞미크로코스모 스(Mikrokosmos).

마이크로-퀴리(microcurie)뗑 방사성 물질의 양을 나타내는 단위. 백만분의 일 퀴리.

마이크로-톰:(microtome)뗑 생물체의 조직을 현미경용 표본으로 얇게 자르는 장치.

마이크로-파(micro波)뗑 ☞마이크로웨이브.

마이크로-패럿(microfarad)뗑 전기 용량의 단 위. 백만분의 일 패럿.

마이크로-폰:(microphone)뗑 음파를 음성 전류 로 바꾸는 장치. 전화나 방송의 송화기 따위. 마이크.

마이크로-프로세서(microprocessor)뗑 ①(마이 크로컴퓨터의 중앙 처리 장치로 쓰이는) 하나 또는 몇 개의 고밀도 집적 회로로 구성된 프로 세서의 한 가지. ②☞마이크로컴퓨터.

마이크로-필름(microfilm)뗑 자료나 문헌 따위 를 축소 촬영하여 보존하는 데 쓰이는 불연성 필름.

마:인(馬印)뗑 말의 산지를 표시하기 위하여 말 의 불기에 찍는 낙인.

마인(麻仁)뗑 ☞삼씨.

마일(mile)뗑 야드파운드법의 길이의 단위. 1마 일은 약 1609 m. [기호는 mil]. 리(哩). 영리 (英里).

마일리지^서비스(mileage service)뗑 비행기 나 철도를 이용하는 승객들에게, 이용한 총거 리에 비례하여 항공사나 철도 회사에서 베푸는 여러 가지 혜택.

마일포스트(milepost)뗑 ①(배의 기준 속도를 재기 위하여) 해안에 설치해 놓은 푯대. ②이 정표(里程標).

마임(mime)뗑 ①고대 그리스와 로마에서 성행 한 즉흥 희극. ②몸짓과 표정으로 하는 연기. ③☞팬터마임.

마온(옛) 마흔. ¶이제 마온 히로다(杜重 2:13). ㉝마순.

마울
744

마울圓 〈옛〉 마을². 관청(官廳). ¶마을 부:府. 마울 사:司(類合上18). ㉺마을.

마자(麻子)圓 ㄉ삼씨.

마자-유(麻子油)圓 삼씨기름.

마:작(麻雀)圓 중국에서 전해 온 실내 놀이의 한 가지. 네 사람이 136개의 패(牌)를 가지고 짝을 맞추는 놀이.

마:작-꾼(麻雀-)圓 마작 놀이에 능하거나 남달리 즐기는 사람.

마장圓 십 리나 오 리 미만의 거리를 이를 때 '리(里)' 대신으로 쓰는 말. ¶두어 마장 더 가면 어머니 계시는 고향 집인데.

마:장(馬場)圓 ①말을 매어 두거나 놓아기르는 곳. ㉺경마장(競馬場).

마장(魔場)圓 일이 되어 가던 중에 나타난 뜻하지 않은 탈. 마희(魔戱).

마:장-술(馬場馬術)圓 마술 경기의 한 가지. 일정한 넓이의 마장 안에서, 정해진 종목을 정해진 시간에 말을 다루어 그 솜씨를 겨루는 경기.

마-장수(馬-)圓 물건을 말에 싣고 다니며 장사하는 사람.

마장-스럽다(魔障-)[-따][~스러우니·~스러위]혬🅱 어쩐지 일에 마장이 많다. 일에 해살이 들다. 마장스레튄.

마-장조(-長調)[-쪼]圓 '마' 음을 으뜸음으로 하는 장조.

마저 Ⅰ튄 남김없이 모두. 마지막까지 다. ¶저것도 마저 가져가지. /일을 마저 해야지.
Ⅱ조 '까지도'나 '까지 모두'의 뜻으로 쓰이는 보조사. ¶너마저 그러냐?/식량마저 떨어지다.

마:적(馬賊)圓 지난날, 말을 타고 다니며 노략질하던 도둑의 무리.

마전(하타) (피륙을 삶거나 빨아서) 바래는 일. 포백(曝白). 표백(漂白).

마-전(-廛)圓 지난날, 장터에서 곡식을 마질하던 곳.

마:전(馬田)圓 ㄉ마위땅. 역전(驛田).

마:전(馬錢)圓 마전과의 상록 교목. 높이 10~13 m. 달걀 모양의 잎이 마주나며, 가지 끝에 작은 꽃이 피어 사과보다 조금 큰 노란 장과(漿果)를 맺음. 씨는 한방에서 '마전자(馬錢子)'라 하여 약재로 쓰임.

마전(麻田)圓 삼밭.

마:전-자(馬錢子)圓 한방에서, '마전의 씨'를 약재로 이르는 말.

마:전-장이圓 마전을 업으로 하는 사람.

마:전-터圓 마전하는 곳.

마접(魔接)하자 귀신과 접함. 신(神)이 내림. ㉺신접(神接).

마:정(馬政)圓 말의 사육이나 품종 개량·번식·수출입 등에 관한 행정.

마:제(馬蹄)圓 말굽.

마제(磨製)하타 갈아서 만듦, 또는 그렇게 만든 물건.

마:제굽-토시(馬蹄-)圓 토시의 부리를 말굽 모양으로 만들어 손등을 덮게 한 토시. 말굽토시. ㉖마제토시.

마:제-석(馬蹄石)圓 검푸른색으로 표면에 말굽과 같은 무늬가 있는 돌.

마제^석기(磨製石器)[-끼]圓 ㄉ간석기. ㉖마석기(磨石器).

마:제-연(馬蹄鉛)圓 말굽추녀.

마:제-은(馬蹄銀)圓 말굽은.

마:제-철(馬蹄鐵)圓 ①대접쇠. ②말편자.

마:제-초(馬蹄草)圓 ㄉ참취.

마:제-추녀(馬蹄-)圓 말굽추녀.

마:제-토시(馬蹄-)圓 ㄉ마제굽토시의 준말.

마:제형^자-석(馬蹄形磁石)圓 말굽자석.

마젤란-운(Magellan雲)圓 남반구에서 육안으로 볼 수 있는 은하계의 성운(星雲).

마-조(-調)[-쪼]圓 '마' 음(音)을 으뜸음으로 하는 음조(音調).

마조튄 〈옛〉 마주. ¶부톄 마조 나아 마주샤(月印168).

마조-장이(磨造-)圓 도자기를 가마에 넣기 전에, 매만져서 맵시를 고치는 사람.

마조히즘(masochism)圓 이성으로부터 신체적·정신적인 고통을 받음으로써 성적 쾌감이나 만족을 느끼는 병적인 심리 상태. 피학대 성욕도착증. ←사디즘(sadism).

마졸(魔卒)圓 마왕의 졸병.

마졸리카(majolica)圓 15세기경에 이탈리아에서 발달한 채화 도기(彩畫陶器).

마주튄 상대를 바로 향하여. 상대와 정면으로. ¶마주 대하다./손을 마주 잡다.

마:주(馬主)圓 (경마에서의) 말의 주인.

마주나-기圓 (코스모스나 수국처럼) 잎이 마디마다 두 개씩 마주 붙어 나는 일. 대생(對生). ㉺돌려나기·어긋나기.

마주-나다자 줄기의 마디마다 잎이 두 개씩 붙어 나다.

마주-나무圓 마소를 매어 놓는 나무.

마주르카(mazurka)圓 폴란드의 민속 춤곡, 또는 그 곡에 맞추어 추는 발랄한 춤.

마주-잡이圓하자 두 사람이 앞뒤에서 마주 잡거나 멤, 또는 그렇게 메는 상여나 들것.

마주-치다자타 ①마주 부딪치다. 충돌하다. ¶눈길이 서로 마주치다./술잔을 마주치다. ②뜻밖에 만나다. ¶원수와 외나무다리에서 마주치다. ③(어떤 경우에) 부닥치다. 직면하다. ¶뜻밖의 장벽에 마주쳐 당황하다.

마주-하다타애 마주 대하다. 상대하다. ¶나이 차이가 많아 마주하기가 거북하다.

마:죽(馬粥)圓 말죽.

마중圓하타 오는 사람을 맞으러 나감. 나가서 맞이함. 출영(出迎). ¶마중을 나가다.

마중-물圓 펌프로 물을 퍼 올릴 때, 물을 끌어 올리기 위하여 먼저 윗구멍에 붓는 물.

마중지봉(麻中之蓬)(삼밭에 쑥대라는 뜻으로) 좋은 사람들 사이에 있으면 그 영향으로 자기도 모르는 사이에 좋은 사람이 됨을 이르는 말.

마지(麻紙)圓 삼 껍질이나 삼베를 원료로 하여 만든 종이.

마지(摩旨)圓 부처에게 올리는 밥. 마짓밥.

마-지기의 (한 말의 씨앗을 뿌릴 만한 땅이라는 뜻으로) 논밭의 넓이를 나타내는 단위. 〔보통, 논은 200평, 밭은 300평을 한 마지기로 침.〕 두락(斗落).

마:지기(←馬直-)圓 조선 시대에, 내수사(內需司)와 각 궁방에 딸렸던 하인. 노자(奴子).

마지노-선(Maginot線)圓 ①제1차 세계 대전 후, 프랑스가 독일과의 국경에 구축한 방어선. 제2차 세계 대전 중인 1940년 독일군에 의해 파괴됨. ②'더는 물러설 수 없는 막다른 경우나 처지'를 비유하여 이르는 말.

마지막圓 일이나 차례의 맨 나중. 끝. 최종. 최후. ¶마지막까지 최선을 다하자. /영화의 마지막 회를 보고 나오다.

마:지-못하다[-모타-]〖형여〗마음이 내키지는 않으나, 아니 하려야 아니 할 수가 없다. 《주로, '마지못해'의 꼴로 쓰임.》 ¶하도 조르기에 마지못해 하기는 하였소.

마지-불기(摩旨佛器)〖명〗불교에서, 마지를 담는 그릇. 불발(佛鉢).

마지-쇠(摩旨-)[-쇠/-쉐]〖명〗부처에게 마지를 올릴 때 치는 쇠종.

마지-쌀(摩旨-)〖명〗마지를 짓는 데 쓰는 쌀. 불미(佛米). (참)공양미(供養米).

마:지-아니하다〖조동〗여 《동사의 연결 어미 '-아'·'-어'·'-여' 뒤에 쓰이어》 앞의 동사가 뜻하는 바를 강조하는 말. ¶애도해 마지아니하다. /존경하여 마지아니하다. (준)마지않다.

마:지-않다[-안타]〖조동〗여〈마지아니하다〉의 준말.

마직(麻織)〖명〗'마직물'의 준말.

마직-물(麻織物)[-징-]〖명〗삼 섬유를 원료로 하여 짠 피륙. (준)마직.

마진(痲疹)〖명〗⇨홍역(紅疫).

마:진(margin)〖명〗①원가와 판매 가격의 차액. 차익(差益). ¶마진이 없는 장사라 먹고살기가 힘들다. ②판매 수수료. ③주식 매매의 증거금.

마-질〖명〗〖하타〗곡식을 말로 되는 일.

마:질(馬蛭)〖명〗⇨말거머리.

마짓-밥(摩旨-)[-지빱/-진빱]〖명〗⇨마지(摩旨).

마-쪽〖명〗뱃사람들이 '남쪽'을 이르는 말.

마쯔빔〖명〗〖옛〗'맞이'의 높임말. ¶마쯔빔에 ㅁ슴몰 놀라니(龍歌95章).

마:차(馬車)〖명〗말이 끄는 수레.

마:차-꾼(馬車-)〖명〗마차를 부리는 사람. 마부(馬夫). 마차부(馬車夫).

마:차-부(馬車夫)〖명〗⇨마차꾼.

마:차부-자리(馬車夫-)〖명〗별자리의 한 가지. 북쪽 하늘의 오리온자리 북쪽에 있는, 오각형 모양의 다섯 개의 별. 마부좌(馬車夫座).

마찬가지〖명〗(비교되는 것이) 서로 같음. 매한가지. ¶고되기는 너나 나나 마찬가지다.

마찰(摩擦)〖명〗①〖하타〗〖되타〗무엇에 대고 문지름. ¶손바닥으로 피부를 마찰하다. ②물리학에서, 운동하려 하는 물체, 또는 운동하고 있는 물체와 다른 물체와의 접촉 면에서 그 운동을 방해하는 힘이 작용하는 현상. ¶마찰이 크다. ③〖하타〗〖되타〗둘 사이에 뜻이 맞지 않아 사이가 나빠지거나 충돌하거나 하는 일. ¶마찰을 피하다. /마찰을 일으키다.

마찰^계:수(摩擦係數)[-계-/-게-]〖명〗두 물체의 마찰면에 생기는 마찰력의 크기와 수직으로 작용하는 압력의 크기와의 비.

마찰-력(摩擦力)〖명〗두 물체가 마찰할 때 생기는, 두 물체 사이의 저항력.

마찰^브레이크(摩擦brake)〖명〗마찰로 회전체를 제동하는 장치.

마찰-열(摩擦熱)[-렬]〖명〗물체와 물체가 마찰할 때 생기는 열.

마찰-음(摩擦音)〖명〗자음의 한 갈래. 입 안이나 목청 사이의 통로를 좁혀서, 날숨이 그 사이를 비집고 나오면서 마찰하여 나는 소리. 'ㅅ·ㅆ·ㅎ'이 있음. 갈이소리. 갈이소리.

마찰적 실업(摩擦的失業)[-쩍씨럽]〖명〗노동 수급(需給)이 일시적으로 원활하지 못하여 생기는 실업. (참)만성적 실업(慢性的失業).

마찰^전:기(摩擦電氣)〖명〗서로 다른 두 물체의 마찰에 의하여 일어나는 전기. (참)정전기.

마찰^클러치(摩擦clutch)〖명〗마찰력으로 회전 운동을 단속(斷續)시키는 장치.

마천-루(摩天樓)[-철-]〖명〗〔'하늘에 닿을 듯한 집'이라는 뜻으로〕아주 높은 고층 건물을 이르는 말.

마-천우(麻天牛)〖명〗⇨삼하늘소.

마:철(馬鐵)〖명〗말편자.

마:초(馬草)〖명〗말꼴.

마초다〖옛〗맞추다. 합하다. ¶合掌은 솑바당마촐씨라(月釋2:29).

마초아〖옛〗마침. 우연히. ¶淮陽 녜 일홈이 마초아 ㄱ톨시고(鄭澈.關東別曲). (참)마초와·마쵸와.

마초와〖부〗〖옛〗마침. 우연히. ¶마초와 내 아니 갈셰(翻朴上53). (참)마초아.

마쵸와〖부〗〖옛〗마침. 우연히. ¶마쵸와 밤일셰 만졍 힝혀 낫더런들 남우일 번힝여라(古時調). (참)마초아.

마추다〖'맞추다'의 잘못.

마춤〖'맞춤'의 잘못.

마충(麻蟲)〖명〗⇨삼벌레.

마취(痲醉)〖명〗〖하타〗〖되타〗(수술 등을 할 때) 약물 등을 써서 생물체의 전신이나 국소의 감각을 일시적으로 마비시키는 일. 몽혼(朦昏). ¶마취에서 깨어나다.

마취-제(痲醉劑)〖명〗마취하는 데 쓰는 약. 몽혼제.

마치¹〖명〗①무엇을 두드리거나 못 따위를 박는 데 쓰이는 작은 연장. 쇠뭉치에 자루가 달려 있음. ②'망치'의 잘못.
마치가 가벼우면 못이 솟는다[속담] 윗사람이 위엄이 없으면, 아랫사람이 순종하지 않는다는 뜻.

마치²〖부〗('같다'·'처럼'·'듯' 따위와 함께 쓰이어) (다른 것에 비기어) 거의 비슷하게. 흡사. ¶마치 외국에 온 것 같다.

마:치(馬齒)〖명〗'자기의 나이'를 겸손하게 이르는 말. 마령(馬齡).

마치다¹〖자〗①(말뚝이나 못 같은 것을 박을 때) 밑에 무엇이 닿아 받치다. ¶못 끝에 돌이 마치다. ②몸의 어느 부분이 걸리다. ¶옆구리가 마치다.

마치다²〖자타〗①(하던 일을) 끝내다. 마무리하다. ¶회의를 마치다. ②(사람이) 생을 더 누리지 못하고 끝내다. ¶남은 여생을 고향에서 마치려 한다. (참)맞다.

마치다〖옛〗맞히다. ¶세사룰 마치시니(龍歌32章). /마칠 석:射(類合下7).

마치-질(痲-)〖명〗〖하타〗마치로 무엇을 두드리거나 박는 일. 마치로 하는 일.

마침〖부〗①(어떤 경우나 시기에) 꼭 알맞게. ¶만나고 싶었는데 마침 잘 왔군. ②우연히. 공교롭게. ¶막 집을 나서는데 마침 그가 왔다. ③그 때가 바로. ¶마침 시험 때라서 가지 못했어.

마침-가락[-까-]〖명〗(어떤 경우나 조건에) 우연히 딱 들어맞음. ¶저 꿀단지를 비우면 꽃병으로는 마침가락이겠다.

마침-구이〖명〗〖하타〗애벌구이한 자기(瓷器)에 다시 유약을 씌워서 완전히 구워 내는 일. (참)설구이.

마침-내〖부〗드디어 마지막에는. 결국. 종내(終乃). ¶마침내 작품이 완성되었다.

마침-맞다[-맏따]〖형〗꼭 알맞다. 아주 잘 맞다. 《주로, '마침맞게'·'마침맞은'의 꼴로 쓰임.》 ¶방문을 잠그려던 참인데 마침맞은 손님이 왔다.

마침-몰라〖부〗그때를 당하면 어찌 될지 모르나. ¶서너 끼니 굶으면 마침몰라, 설마 훔쳐 먹기야 하겠나.

마침-표(-標)명 ①`.'의 이름. ②음악에서, 악장이나 악곡의 끝을 나타내는 표. 종지 기호. 종지부.

마카로니(macaroni 이)명 속이 빈, 가느다란 대롱처럼 만든 이탈리아식 국수.

마카로니-웨스턴(macaroni 이+western)명 이탈리아에서 제작한, 미국의 서부극을 본뜬 영화.

마카로니^인견사(macaroni人絹絲)명 ☞중공인견사(中空人絹絲).

마카롱(macaron 프)명 편도(扁桃)와 밀가루, 달걀흰자, 설탕 등을 넣어 만든 과자.

마칼-바람명 `북서풍(北西風)'의 뱃사람 말.

마:케팅(marketing)명 상품이나 용역을 생산자로부터 소비자에게 합리적으로 유통시키기 위한 기업의 활동.

마:케팅^리서:치(marketing research)명 시장 조사(市場調査).

마:크(mark)명 ①기호. 상표(商標). 표지(標識). ②하자타㉠축구 따위 구기에서, 상대편의 공격을 견제하고 방해함. ¶상대 선수를 집중 마크하다. ㉡기록함. ¶2위를 마크하다.

마크라메^레이스(macramé 프+lace)명 굵은 실이나 가는 끈을 재료로 하여 매듭을 짓고 무늬를 만드는 수예의 한 가지. 손가방이나 커튼, 테이블보 따위에 이용됨.

마크로-코스모스(Makrokosmos 독)명 대우주(大宇宙). ↔미크로코스모스(Mikrokosmos).

마키다타〔옛〕매기다. ¶四긔誓中에 둘헤 마키니(圓覺下一之一).

마키아벨리즘(Machiavellism)명 목적을 위하여서는 수단과 방법을 가리지 않고 권모술수를 부리는 행동 양식.

마타리명 마타릿과의 다년초. 높이 1 m가량. 깃 모양의, 깊이 째진 겹잎이 마주남. 7~8월에 종 모양의 노란 꽃이 산방 꽃차례로 핌. 산과 들에 절로 나는데, 어린잎은 나물로 먹음. 여랑화(女郎花). 패장(敗醬).

마:태(馬太)명 말먹이로 쓰는 콩.

마:태(馬駄)명 말짐의 짐바리.

마:태-복음(←Matthew福音)명 신약 성서 중의 첫째 편. 마태의 저작으로, 사복음서 중의 하나. 예수의 계도(系圖)로부터 시작하여 예수의 탄생, 광야의 시험, 산상의 설교, 베드로의 신앙 고백, 수난, 부활 등에 관하여 기록한 내용.

마테(←matrix)명 활자의 모형(母型)을 만드는 데 쓰이는 황동(黃銅)의 각봉(角棒).

마투리명〔섬을 단위로 하여 곡식을 셀 때〕한 섬을 채우지 못하고 남은 분량. 말합(末合).

마:티니(martini)명 칵테일의 한 가지. 진에 베르무트와 오렌지 비터스를 섞고 올리브를 띄움.

마티에:르(matière 프)명 갖가지 소재나 그 사용법에 따라 미술품의 겉면에 나타난 재질의 독특한 느낌. 질감.

마-파람명 `남풍(南風)'의 딴 이름. 경풍(景風). 마풍(麻風). 앞바람. 오풍(午風).

마파람에 게 눈 감추듯[속담] 음식을 매우 빨리 먹어 치움을 비유하여 이르는 말.

마:판(馬板)명 ①마구간 바닥에 깐 널빤지. ②한데의, 마소를 매어 두는 곳.

마:패(馬牌)명 조선 시대에, 공사(公事)로 지방에 나가는 관원에게 역마(驛馬)를 징발할 수 있는 표로서 주던 패(牌). 지름 10 cm가량의 둥근 구리판으로 앞면에는 마필의 수효, 뒷면에는 자호(字號)와 날짜 따위를 새겼음.〔암행어사는 이를 인장으로 썼고, 어사가 출두할 때는 역졸이 이를 들고 `암행어사 출두'를 외쳤음.〕

마:편(馬鞭)명 말채찍.

마:편-초(馬鞭草)명 마편초과의 다년초. 높이 30~60 cm. 줄기는 모가 지고 곧게 자라며, 잔주름이 많은 깃 모양의 잎이 마주남. 늦여름에 자줏빛의 작은 꽃이 줄기 끝에 이삭 모양으로 핌. 한방에서 통경제(通經劑) 따위로 쓰임.

마포(麻布)명 삼베.

마풀명 ☞해초(海藻).

마풍(麻風)명 마파람.

마풍(痲瘋)명 문둥병의 한 가지.

마풍(魔風)명〔악마가 일으키는 바람이라는 뜻으로〕`무시무시하게 부는 바람'을 비유하여 이르는 말.

마:피(馬皮)명 말의 가죽.

마피(麻皮)명 삼의 껍질.

마피아(Mafia 이)명 이탈리아의 시칠리아 섬을 근거로 하는 강력한 반사회적 비밀 집단. 현재는 미국의 대도시에서 마약과 도박에 관련된 범죄 조직을 형성하고 있음.

마:필(馬匹)명 말.

마하(摩訶←Mahā 범)명《주로 다른 말이나 인명 앞에 쓰이어》불교에서, `위대함·뛰어남·불가사의함' 따위의 뜻으로 쓰이는 말.

마하(Mach 독)명 미사일이나 항공기 따위의 속도를 나타내는 단위.〔마하 1은 초속 약 340 m이고, 속도가 마하 1을 넘을 때 초음속이라고 함. 기호는 M〕圖마하수(Mach數).

마하반야^바라밀경(摩訶般若波羅蜜經)명 대반야경의 정수를 간결하게 이른 경전.

마하-살(摩訶薩←Mahā sattva 범)명〔불교에서〕①대성인(大聖人). ②큰 보살(菩薩).

마하-수(Mach數)명 유체(流體) 또는 유체 속에서 운동하는 물체의 속도와 유체 속에서 전해지는 음파의 속도와의 비.〔기호는 M〕

마:한(馬韓)명 삼한의 하나. 한반도의 서남쪽에 위치한 50여의 군장(君長) 국가로 이루어졌던 나라로, 뒤에 백제에 병합됨.

마:함(馬銜)명 재갈.

마:합(馬蛤)명 말조개.

마헤(Mache 독)명 공기나 온천수 따위에 들어 있는 방사능 농도의 단위.

마혜(麻鞋)[-혜/-헤]명 미투리.

마호가니(mahogany)명 멀구슬나뭇과의 상록 교목. 높이 20~30 m. 깃 모양의 겹잎이 어긋맞게 나며 여름에 흰 꽃이 원추 꽃차례로 피고, 지름 8 cm가량의 꼬투리를 맺음. 서인도 제도, 남아프리카 등에 분포함. 목재는 적갈색으로 내수성이 강하여 가구재 따위로 쓰임.

마호메트-교(Mahomet敎)명 ☞이슬람교.

마호메트-력(Mahomet曆)명 ☞이슬람력.

마:호주(馬戶主)명 지난날, 역마(驛馬)를 맡아 기르던 역인(驛人).

마:황(馬黃)명 한방에서, 말의 배 속에 생기는 우황(牛黃) 같은 덩어리를 이르는 말.〔경간(驚癇)에 약으로 쓰임.〕

마황(麻黃)명 ①마황과의 상록 관목. 높이 30~70 cm. 줄기에 뚜렷한 마디가 있고, 작은 비늘 모양의 잎이 마주남. 암수딴그루로 여름에 흰 꽃이 피고, 두 개의 씨가 들어 있는 장과를 맺음. ②한방에서, `마황의 줄기'를 약재로 이르는 말.〔오한이나 해수 따위에 쓰임.〕

마흔주관 열의 네 곱절(의). 사십(四十).

마희(魔戲)[-히]圓 ☞마장(魔障).

막[1]튀 금방. 이제 바로. 바로 그때. ¶막 해가 돋으려 하는 광경./기차가 막 떠나다.

막²[1]튀 ①〈마구〉의 준말. ¶막 덤벼들다. ②걷잡을 수 없이. 몹시. ¶눈물이 막 쏟아지다.

막(幕)[1]圓①비바람이나 가릴 정도로 임시로 지은 집. 막사. ¶막을 짓고 살다. ②칸을 막거나 공간을 가리는 데 쓰이는 넓은 피륙 따위. ¶막을 둘러치다. ③극장에서, 무대와 객석 사이를 가리는 피륙. ¶막을 올리다.
[II]의 연극에서 내용의 큰 단락을 세는 단위. 〔1막은 막을 올리고부터 내릴 때까지의 한 장면.〕 ¶2막 3장.

　막을 내리다관용①무대 공연을 마치다. ②어떤 일을 마치다. ¶파란 많은 일생의 막을 내리다.

　막이 오르다관용①(무대에서) 공연이 시작되다. ②어떤 일(행사가) 시작되다. ¶올림픽의 막이 오르다.

막(膜)圓①생물체의 모든 기관을 싸고 있거나 경계를 이루는 얇은 꺼풀. 〔복막·세포막 따위.〕 ②물건의 겉을 싸고 있는 얇은 꺼풀. ¶물에 기름의 막이 생기다.

막(漠)㈜圓 묘(渺)의 10분의 1, 모호(模糊)의 10 배가 되는 수(의). 곧, 10^{-12}.

막-(접頭)《일부 명사 앞에 붙어》①'닥치는 대로', '함부로'의 뜻을 나타냄. ¶막벌이/막일. ②'거친', '아무렇게나 생긴', '허드레의'의 뜻을 나타냄. ¶막돌/막베/막초. ③'마지막', '끝'의 뜻을 나타냄. ¶막둥이/막차.

막-가다[-까-]巫 막되게 행동하다. 앞뒤 분별 없이 행패를 부리다. ¶술에 취해 막가는 행동을 하다.

막간(幕間)[-깐]圓①연극에서, 한 막이 끝나고 다음 막이 시작되기까지의 동안. ②어떤 일의 한 단락이 끝나고 다음 단락이 시작되기까지의 동안. ¶막간을 이용해서 한 말씀 드리겠습니다.

막간-극(幕間劇)[-깐-]圓①본 연극의 막간에 보이는 짧은 극. 인테르메초. ②연회 따위에서, 여흥으로 하는 짧은 극.

막강(莫強)[-깡]圓㉠ 더할 수 없이 강함. ¶막강 전력을 자랑하다.

막강지궁(莫強之弓)[-깡-]圓 매우 세고 위력이 있는 활. 막막강궁(莫莫強弓).

막강지병(莫強之兵)[-깡-]圓 매우 강한 군사. 막막강병(莫莫強兵).

막-걸다[-껄-][~거니·~걸어]目 노름판 같은 곳에서 단판으로 끝내기 위하여, 가진 돈을 몽땅 걸다.

막걸리[-껄-]圓 우리나라 고유의 술의 한 가지. 주로 쌀로 빚어서 청주를 떠내지 않고 그대로 걸러 낸 술. 빛깔이 회부옇고 탁하며 알코올 함유량이 낮음. 탁주(濁酒). ↔맑은술. ㉠농주(農酒).

막걸-리다[-껄-]巫〔'막걸다'의 피동〕(노름판 같은 데서) 막걺을 당하다.

막골(膜骨)[-꼴]圓 척추동물의 경골(硬骨). 피부의 결체 조직으로 이루어진 뼈.

막-국수(-꾹쑤)圓 강원도 향토 음식의 한 가지. 메밀가루를 익반죽하여 국수틀에 눌러 굵게 뽑아 삶아서, 육수와 김칫국을 붓고, 김치와 오이를 얹어 양념을 넣어 먹음.

막급(莫及)[-끕]圓㉠ 더 이상 이를 수 없음. ¶생각할수록 후회가 막급하다.

막-깎기[-깍끼]圓㉭ 막깎는 일.

막-깎다[-깍따]目 머리털을 바싹 짧게 깎다. ¶다 큰 애를 막깎아 놓으니 영 보기가 싫다.

막-나이圓 '막낳이'의 잘못.

막-낳이[망나-]圓 아무렇게나 짠, 품질이 좋지 않은 막치 무명.

막내[망-]圓 형제자매 중에서 맨 마지막으로 태어난 사람. ↔맏이.

막내-동이[망-]圓 '막내둥이'의 잘못.

막내-둥이[망-]圓 '막내'를 귀엽게 이르는 말.

막내-딸[망-]圓 (여러 딸 가운데서) 맨 끝으로 태어난 딸.

막내-며느리[망-]圓 막내아들의 아내.

막내-아들[망-]圓 (여러 아들 가운데서) 맨 끝으로 태어난 아들. 계자(季子). 말자(末子).

막내-아우[망-]圓 여러 아우 중에서 나이가 가장 적은 아우. 막냇동생.

막냇-누이[망낸-]圓 여러 누이 중에서 나이가 가장 적은 누이.

막냇-동생(-同生)[망내똥-/망낻똥-]圓 막내아우.

막-노동(-勞動)[망-]圓㉭ 막일.

막-놓다[망노타]目 노름에서, 몇 판에 걸쳐 잃은 돈머리를 합쳐서 한목에 내기를 걸다.

막-능당(莫能當)[망-]圓㉭ 힘으로도 능히 당해 낼 수 없음. ¶막능당의 힘을 과시하다.

막다[-따]目①통하지 못하게 하다. ¶길을 막다./구멍을 막다. ②가리거나 둘러싸다. ¶산이 북을 막아 서 있다. ③하는 것을 질러 못하게 하다. ¶남의 말을 도중에 막다. ④남의 뜻을 받아들이지 아니하다. ¶남의 호의를 막다. ⑤맞서 버티다. ¶상대편의 공격을 막다. ⑥(무엇이) 미치지 못하게 하다. ¶추위를 막다. ⑦미리 어떤 일이 일어나지 않게 하다. ¶홍수의 피해를 미리 막다. ⑧(씀판 따위의) 끝을 내다. ¶판을 막다. ⑨돈을 갚거나 결제하다. ¶어음을 막다./카드 대금을 막다.

막-다르다[-따-]圓(주로 '막다른'의 꼴로 쓰이어)①더 나아갈 수 없게 막혀 있거나 꿈겨 있다. ¶막다른 길. ②일이 더는 어찌할 수 없는 형편에 있다. ¶막다른 지경.

　막다른 골목이 되면 돌아선다속담 일이 궁지에 이르게 되면 계책이 생기게 마련이라는 뜻.

　막다른 골목[-꼴](일이) '더는 어찌할 수 없는 지경에 이름'을 비유하여 이르는 말.

막-다히（옛）막대기. ¶棒은 막다히라(金三 4:7). 圖막대기.

막-달[-딸]圓 해산(解産)할 달.

막-담배[-땀-]圓 품질이 낮은 담배. ㉠막초.

막대[-때]圓〈막대기〉의 준말.

막대（옛）막대기. ¶막대 방:棒(訓蒙中19). 圖막대기.

막대(莫大)'막대하다'의 어근.

막대-그래프(-graph)[-때-]圓 사물의 양 따위를 막대 모양의 길이로 나타낸 그래프.

막대기[-때-]圓 가늘고 긴 나무의 도막. 圖막대.

막대-자석(-磁石)[-때-]圓 막대기 모양으로 생긴 자석. 봉자석(棒磁石).

막대-잡이[-때-]圓①(소경은 지팡이를 오른손에 잡으므로) 소경을 상대로 하여 말할 때 '오른쪽'을 이르는 말. ㉠부채잡이. ②'길을 인도하는 사람'을 속되게 이르는 말.

막대-패[-때-]圓 애벌로 미는 데 쓰는 대패.

막대패-질[-때-]圓㉭ 막대패로 대강 미는 일.

막대-하다(莫大-)[-때-]圓㉺ 엄청나게 많다. 매우 크고 많다. ¶막대한 손실. 막대-히튀.

막댓-가지[-때까-/-땐까-]명 가는 막대기.

막-도장(-圖章)[-또-]명 인감으로 등록하지 않은, 보통 때 쓰는 도장을 흔히 이르는 말.

막-돌[-똘]명 아무렇게나 생겨 쓸모없는 돌. 잡석.

막돌-기초(-基礎)[-똘-]명 막돌로 쌓은 기초.

막-동[-똥]명 윷놀이에서, '넉동'을 '마지막으로 나는 동'의 뜻으로 이르는 말.

막-동이 '막둥이'의 잘못.

막돼-먹다[-뙈-따]〈막되다〉의 속된 말. ¶막돼먹은 인간.

막-되다[-뙤-/-뛔-]형 말이나 행동이 버릇없고 거칠다.《주로, '막된'·'막되게'의 꼴로 쓰임.》¶막된 사람. /막되게 굴다.

막된-놈[-뙨-/-뛘-]명 말이나 행실이 막된 사람.

막-둥이[-뚱-]명 ①지난날, 잔심부름을 하는 나이 어린 사내아이를 이르던 말. ②'막내 자식'을 귀엽게 이르는 말.

막딕명〈옛〉막대기. ¶호 손에 막딕 잡고 또 호 손에 가싀 쥐고(古時調). ㉮막대히.

막료(幕僚)[망뇨]명 ①비장(裨將). ②육군·해군·공군의 사령관에 직속되어 보좌하는 참모.

막론-하다(莫論-)[망논-]타어 따져 말할 나위도 없다. 논의할 것도 없다.《주로, '막론하고'의 꼴로 쓰임.》¶이유 여하를 막론하고 법에 따라 다스리겠다.

막리지(莫離支)[망니-]명 고구려 때, 군사와 정치를 통틀어 다스리던 벼슬.

막막(寞寞) '막막(寞寞)하다'의 어근.

막막(漠漠) '막막(漠漠)하다'의 어근.

막막-강궁(莫莫強弓)[망-깡]명 ⇨막강지궁.

막막-강병(莫莫強兵)[망-깡]명 ⇨막강지병.

막막-궁산(寞寞窮山)[망-꿍-]명 인적이 없어 적막하도록 깊고 높은 산.

막막-대해(漠漠大海)[망-때-]명 끝없이 넓고 아득한 큰 바다.

막막-조(邈邈調)[망-쪼]명 ①고려 시대의 악곡의 이름. 음조(音調)가 급하고 강함. ②'강직한 사람'을 비유하여 이르는 말.

막막-하다(寞寞-)[망마카-]형어 ①고요하고 쓸쓸하다. 산중의 밤. ②의지할 데 없이 외롭다. ¶낯선 객지에서의 막막한 처지. ③꽉막힌 듯이 답답하다. ¶귀가 막막하다. **막막-히**튀.

막막-하다(漠漠-)[망마카-]형어 ①끝없이 넓고 아득하다. ¶막막하게 펼쳐진 사막. ②아득하고 막연하다. ¶앞길이 막막하다. /생계가 막막하다. **막막-히**튀.

막-말[망-]명하자 함부로 지껄이는 말. 속되게 마구잡이로 하는 말. ¶화가 좀 났기로서니 막말을 하다니.

막-매기[망-]명 전각(殿閣)이나 신당(神堂) 따위의 건물로서 포(包)를 쓰지 않고 지은 집.

막무가내(莫無可奈)[망-]명 어찌할 수 없음. 굳게 고집하여 융통성이 없음. ¶아무리 사정하여도 막무가내다.

막물-태(-太)[망-]명 맨 끝물에 잡힌 명태.

막-바지[-]명 ①막다른 곳. ②계곡의 막바지. ②(일 따위의) 마지막 단계. ¶일이 막바지에 접어들다.

막-백토(-白土)[-빽-]명 석비례가 많이 섞인 백토.

막-벌[-뻘]명 마지막으로 처리하는 한 차례. ¶막벌 논매기까지 끝났다.

막-벌[-뻘]명 (나들이옷이 아닌) 마구 입는 옷.

막-벌다[-]~버니·~벌어]자 일을 가리지 않고 닥치는 대로 하여 돈을 벌다.

막벌-이[-뻐리]명하자 막일을 하여 돈을 버는 일. ¶막벌이로 생계를 꾸려 나가다.

막벌이-꾼[-뻐리-]명 막벌이로 생활하는 사람.

막벌이-판[-뻐리-]명 막벌이를 하는 일터.

막-베[-뻬]명 거칠게 짠 베.

막-베먹다[-뻬-따]타 본디 가졌던 밑천을 함부로 잘라 쓰다. ¶장사 밑천까지 막베먹어서야 될 말인가.

막벽(膜壁)[-뻑]명 막질(膜質)로 된 칸막이.

막부(幕府)[-뿌]명 ①변방에 지휘관이 머물면서 군사를 지휘하는 곳. ②12세기 말에서 19세기까지 일본을 통치한 쇼군의 정부.

막부득이(莫不得已)[-뿌-]튀형 '부득이'의 힘줌말.

막-불겅이[-뿔-]명 ①불겅이보다 질이 낮은 살담배. ②곱게 익지 않은 고추.

막비(幕裨)[-삐]명 ⇨비장(裨將).

막비왕신(莫非王臣)[-삐-]명 왕의 신하 아닌 사람이 없음. 모두 왕의 신하임.

막비왕토(莫非王土)[-삐-]명 왕토 아닌 땅이 없음. 모두 왕의 영토임.

막-뿌리[-]명 ⇨부정근(不定根).

막사(幕舍)[-싸]명 ①임시로 허름하게 지은 집. 막(幕). ②피난민 막사. ②군대가 거주하는 건물. ③지난날, 해군 기지에 주둔하여 특수 지역의 경비를 맡아보던 해병대의 단위 부대.

막-사리[-싸-]명 얼음이 얼기 전의 조수(潮水).

막-살다[-쌀-][~사니·~살아]자 아무 계획도 없이 되는대로 살림을 하다. ¶막사는 사람에게 저축을 하라니….

막살-이[-싸리]명하자 아무 계획도 없이 되는 대로 사는 살림살이.

막상[-쌍]튀 어떤 일에 부닥쳐서 실지로. ¶막상 얼굴을 대하고 보니 할말이 없다.

막상(莫上)[-쌍]명 ⇨극상(極上).

막상막하(莫上莫下)[-쌍마카]명하형 낫고 못하고를 가리기 어려운 만큼 서로 차이가 거의 없음. ¶실력이 막상막하다. ㉮난형난제(難兄難弟).

막상-말로[-쌍-]튀 마기말로.

막-새[-쌔]명 ①기와집 골기와와 지붕의 처마 끝을 꾸미는 수키와, 또는 그 수키와 끝에 달린 무늬가 새겨진 부분. 드림새. 막새기와. 묘두와. 수막새. ↔내림새. ②보통 기와로 처마를 이었을 때, 수키와의 아가리를 회로 막은 부분. ㉮아귀토.

막새-기와[-쌔-]명 막새.

막-서다[-써-]자 ①어려워하는 기색도 없이 함부로 대들다. ②어른이나 아이를 가리지 않고 함부로 겨루려 들다. ¶버릇없이 선생님께 막서다.

막설(莫說)[-썰]명하타 말을 그만둠. ¶이제 실패는 막설하고 새로운 사업 이야기나 하자.

막-설탕(*-雪糖)[-썰-]명 ⇨조당(粗糖).

막-소주(-燒酒)[-쏘-]명 품질이 낮은 소주.

막-술[-쑬]명 마지막으로 떠먹는 밥술. ↔첫술.

막술에 목이 멘다[속담] 지금까지 순조롭던 일이 마지막에 탈이 남을 이르는 말.

막시(膜翅)[-씨]명 얇은 막질(膜質)로 된 날개, 곧 벌·개미 따위의 날개.

막심(莫甚)[-씸]명하형 매우 심함. 아주 대단함. ¶태풍의 피해가 막심하다. **막심-히**튀.

막아-벌리다타 가로막아 두 사이를 넓게 하다.

막아-서다[−타] 앞을 가로막고 서다. ¶길을 막아서다.
막역(莫逆) '막역하다'의 어근.
막역-간(莫逆間) [−깐]명 ☞막역지간.
막역지간(莫逆之間) [−찌−]명 허물없이 지내는 친한 친구 사이. 막역간.
막역지교(莫逆之交) [−찌−]명 막역한 사귐.
막역지우(莫逆之友) [−찌−]명 막역한 벗.
막역-하다(莫逆−) [마겨카−]형여 뜻이 맞아 서로 허물이 없다. ¶막역한 친구. 막역-히튀.
막연(漠然・邈然) '막연하다'의 어근.
막연-하다(漠然−・邈然−)[형여 ①아득하다. ¶근거를 찾을 길이 막연하다. ②똑똑하지 못하고 어렴풋하다. ¶막연한 기대. 막연-히튀.
막왕막래(莫往莫來) [−망내]명하자 서로 오고 가고 함이 없음.
막이-산지명 열십 자로 끼워 맞춘 재목에, 빠지거나 흔들리지 않게 하려고 박는 나무못.
막-일[망닐]명자 ①닥치는 대로 하는 육체노동. 막노동. ②대수롭지 않은 허드렛일. 황상일.
막일-꾼[망닐−]명 막일을 하는 사람.
막자[−짜]명 덩어리 약을 갈아 가루로 만드는 데 쓰이는, 작은 사기 방망이.
막-자갈[−짜−]명 모래가 섞인 자갈.
막자-사발(−沙鉢) [−짜−]명 막자로 약을 갈아 가루로 만드는 사발. 사기 따위로 만듦.
막-잠[−짬]명 누에의 마지막 잠.
막-잡이[−짜비]명 ①아무렇게나 마구 쓰는 물건. 조용품(粗用品). ②어떤 물건 가운데서 좋은 것은 따로 골라내고 남은 것. ③'마구잡이'의 잘못.
막장[−짱]명 ①갱도의 막다른 곳. ②하자갱도 끝에서 석탄이나 광물 따위를 파내는 일.
막-장(−醬) [−짱]명 된장의 한 가지. 붉은 콩을 갈아 메줏가루를 섞은 다음 소금, 고춧가루, 보드라운 겨 및 양념 등을 넣고 물을 알맞게 부어서 떠옴.
막장-꾼[−짱−]명 광산에서 땅을 파거나 정 위로 돌구멍을 뚫는 노동자.
막-장부촉(−鏃) [−짱−]명 아무 재목이나 마구 뚫어 끼우게 만든 긴 장부촉.
막장-일[−짱닐]명하자 막장에서 광물을 파내는 일.
막전(幕電) [−쩐]명 멀리서 일어난 번갯불의 불빛을 받아 구름 전체가 훤하게 보이는 현상.
막-전위(膜電位) [−쩌눠]명 반투막으로 분리된 두 용액 사이에서 생기는 전위차(電位差).
막중(莫重) '막중하다'의 어근.
막중-국사(莫重國事) [−쭝−싸]명 매우 중대한 나랏일.
막중-대사(莫重大事) [−쭝−]명 매우 중대한 일.
막중-하다(莫重−) [−쭝−]형여 매우 중요하다. 더할 수 없이 소중하다. ¶막중한 임무. /책임이 막중하다. 막중-히튀.
막지(漠地) [−찌]명 사막처럼 거칠고 메마른 땅.
막-지르다[−찌−]자 〔~지르니・~질러〕타 앞길을 막다. 앞질러 가로막다. ¶남의 말을 막지르다.
막지-밀[−찌−]명 밀의 한 가지. 이른 봄에 갈아서 6~7월에 거두는데, 까끄라기가 길고 빛이 누르며 질이 낮음.
막질(膜質) [−찔]명 막으로 된 바탕, 또는 그러한 성분의 물질.
막질리다[−찔−]자 〔'막지르다'의 피동〕 막지름을 당하다. ¶앞길이 막질리다.
막-차(−車)명 (그날에) 마지막으로 떠나거나 들어오는 차. ¶막차가 끊겨 집에 못 들어갔다. ↔첫차.

막차(를) **타다**관용 어떤 일의 마지막 기회를 잡다. ¶비과세 혜택이 주어지는 상품에 겨우 막차를 탔다.
막차(幕次)명 거둥 때, 임금이 장막을 치고 임시로 머무르던 곳.
막-창자☞맹장(盲腸).
막-초(−草)명 품질이 매우 낮은 살담배.
막-춤명 일정한 형식 없이 제멋대로 추는 춤.
막-치명 아무렇게나 만든, 품질이 낮은 물건. 조제품(粗製品).
막-토(−土)명 집 따위를 지을 때, 아무 곳에서나 파서 쓰는 보통 흙.
막-판명 ①마지막 판. ¶막판에 와서 헤살을 놓다. ②오늘이 아무렇게나 마구 되어 가는 판. ¶술에 취한 두 남자는 막판으로 싸웠다.
막-필(−筆)명 허름하게 맨, 막 쓰는 붓.
막하(幕下) [마카]명 ①지난날, 주장(主將)이 거느리던 장교와 종사관(從事官)을 아울러 이르던 말. 장하(帳下). ②지휘관이나 책임자가 거느리는 부하, 또는 그 지위.
막하(를) **잡다**관용 (장수가) 자기가 거느릴 막하를 선택하다.
막-해야[마캐−]튀 최악이나 최하의 경우라도. ¶막해야 밑천은 건진다.
막후(幕後) [마쿠]명 ①보이지 아니하는 막의 뒤. ②표면으로 드러나지 아니한 뒤편. 배후. ¶막후 인물. /막후 협상. /막후에서 영향력을 행사하다.
막후-교섭(幕後交涉) [마쿠−]명 표면에 나서지 아니하고 은밀히 하는 교섭.
막-흙명 '막토'의 잘못.
막-히다[마키−]자 ①〔'막다'의 피동〕 막음을 당하다. ¶막힌 하수도를 뚫다. ②어려운 대목에서 잘 풀리지 않다. ¶말문이 막히다. /수학 문제가 잘 풀리지 않고 막힌다. ③하려던 것을 못하거나 되다. ¶혼삿길이 막히다.
막힘-없다[마킴먹따]형 일이 순조롭게 진행되어 방해받는 것이 없다. 막힘없이-히튀 ¶공사가 막힘없이 진행되다.
만[1]의 동안이 얼마 계속되었음을 나타내는 말. 《주로, '만에'・'만이다'의 꼴로 쓰임.》 ¶이거 얼마 만인가?/3년 만에 만난다.
만[2]의《어미 '−ㄹ(−을)' 뒤에 쓰이어》 ①동작이나 상태 등에 타당한 이유가 있음을 나타내는 말. ¶화를 낼 만도 하다. /욕을 먹을 만도 하다. ②동작이나 상태 등이 가능함을 나타내는 말. ¶이해할 만은 하다.
만[3]조 ①사물을 한정하여 이르는 보조사. ¶나만 가겠다. /공부만 해라. ②앞의 사실을 동작을 강조하는 보조사. ¶보기만 해도 마음이 흐뭇하다. ③〔'하다'・'못하다'와 함께 쓰이어〕 앞말이 나타내는 대상이나 내용 정도에 달함을 나타내는 보조사. ¶주먹만 한 감자. /이것은 저것만 못하다. ④'겨우 그 정도'의 뜻을 나타내는 보조사. ¶그만 딸을 왜 그리 호들갑을 떠느냐? ⑤《주로 '~만 하면'의 꼴로 쓰이어》 습관적으로 나타나는 현상을 나타내는 보조사. ¶밥만 먹으면 속이 쓰리다.
만[4]조 접속 조사 〈마는〉의 준말. ¶받기는 받는다만 달갑지는 아니하다.
만(卍)명 ①불교의 표지(標識). ②인도에 전하여 오는 길상(吉祥)의 표상. 〔불교에서는 불상의 가슴에 그림.〕
만(蠻)명 오랑캐, 특히 중국에서 이르는 남쪽의 오랑캐. 남만(南蠻).

만(灣)명 바다의 일부가 육지로 휘어 들어가 있는 부분. 해만(海灣).

만:(萬)주관 천의 열 곱절(의).

만에 하나관용 가능성은 거의 없지만 혹시. ¶만에 하나라도 약속을 어기면 안 된다.

만(滿) Ⅰ명 시기와 햇수를 꼭 차게 헤아림. 《주로, '만으로'의 꼴로 쓰임.》 ¶만으로 치면 올해 나이가 몇 살이냐?
Ⅱ관 ①제 돌이 꼭 참을 나타내는 말. ¶만 3년. ②날, 주, 달 따위의 일정 기간이 꽉 참을 나타내는 말. ¶기차로 만 하루가 걸리는 거리. /만 13개월 된 아이.

만가(輓歌·挽歌)명 ①상엿소리. 해로가(薤露歌). ②죽은 이를 애도하는 시가(詩歌).

만가(滿家)'만가하다'의 어근.

만:가-하다(滿家-)형여 ①집에 가득하다. ②재물과 양식이 많다.

만:각(晚覺)명하자 뒤늦게 깨달음. ②하자늙어서야 지각이 듦.

만간(滿干)명 ☞간만(干滿).

만감(鑛感)명 광맥에 고루 들어 있는 감돌.

만감(萬感)명 여러 가지 느낌. 온갖 생각. ¶만감이 교차하는 착잡한 심정.

만강(萬康)'만강하다'의 어근.

만:강(滿腔)명 마음속에 가득 참. 《주로, '만강의'의 꼴로 쓰임.》 ¶만강의 사의를 표하는 바입니다.

만:강-하다(萬康-)형여 〔편지 글 등에서 윗사람의 안부를 묻는 말로〕아주 편안하다. 만안하다. ¶기체후 일향 만강하옵신지.

만:개(滿開)명하자 ☞만발(滿發).

만건곤(滿乾坤)'만건곤하다'의 어근.

만:건곤-하다(滿乾坤-)형여 하늘과 땅에 가득 차다. ¶백설이 만건곤할 제 독야청청하리라 (古時調).

만:겁(萬劫)명 지극히 오랜 세월. 한없이 긴 시간. 영겁(永劫). 참겁(劫).

만:경(晚景)명 ①해가 질 무렵의 경치. 저녁 경치. 모경(暮景). ②석양의 그림자.

만:경(晚境)명 늙바탕. 모경(暮境).

만:경(萬頃)명 〔백만 이랑이라는 뜻으로〕지면이나 수면 따위가 한없이 넓음을 이르는 말.

만경(蔓莖)명 덩굴로 된 줄기. 덩굴줄기.

만경-되다[-되-/-뒈-]자 눈에 정기가 없어지게 되다.

만:경-징파(萬頃澄波)명 한없이 넓은 바다나 호수의 맑은 물결.

만:경-차사(萬頃差使)명 지방관의 잘못을 적발하기 위하여 일정한 곳을 지정하지 않고 파견하던 어사.

만:경-창파(萬頃滄波)명 한없이 넓은 바다나 호수의 푸른 물결.

만:경-출사(萬頃出師)[-싸]명 지난날, 포교가 일정한 목적지 없이 다니면서 죄인을 잡던 일.

만:경-타령(萬頃-)명 〔긴 타령이라는 뜻으로〕'요긴한 일을 등한히 함'을 이르는 말.

만경-하다자여 눈에 정기가 없어지다.

만:계(晚計)명 ①-계/-게]명 ①뒤늦게 일을 계획함, 또는 그 계획. ②늙바탕의 일에 대해 계획함, 또는 그 계획.

만:고(萬古)명 ①아주 오랜 옛적. ¶만고로부터 내려오는 풍습. ②한없이 오랜 세월. 《주로, '만고에'·'만고의'의 꼴로 쓰임.》 ¶만고에 빛날 업적. ③세상에 그러한 유례가 없음. 《주로, '만고의'의 꼴로 쓰임.》 ¶만고의 효녀.

만:고-강산(萬古江山)명 오랜 세월을 통하여 변함이 없는 산천. ¶만고강산을 유람하며.

만:고불멸(萬古不滅)명하자 오랜 세월을 두고 길이 없어지지 않음. ¶만고불멸의 진리.

만:고불변(萬古不變)명하자 오랜 세월을 두고 길이 변하지 않음. 만대불변(萬代不變). 만세불변(萬世不變). ¶만고불변의 진리.

만:고불역(萬古不易)명하자 오랜 세월(歲月)을 두고 바뀌지 않음. 만대불역(萬代不易). 만세불역(萬世不易).

만:고불후(萬古不朽)명하자 오랜 세월을 두고 썩어 없어지지 아니함. 만대불후(萬代不朽). 만세불후(萬世不朽).

만:고-상청(萬古常青)명 오랜 세월을 두고 변함없이 늘 푸름.

만:고-역적(萬古逆賊)[-쩍]명 세상에 다시없을 끔찍한 역적.

만:고-절담(萬古絕談)[-땀]명 세상에 유례가 없을 만큼 훌륭한 말, 또는 재치 있는 말.

만:고-절색(萬古絕色)[-쌕]명 세상에 유례가 없을 만큼 뛰어난 미인.

만:고-절창(萬古絕唱)명 세상에 유례가 없을 만큼 뛰어난 명창(名唱).

만:고-천추(萬古千秋)명 한없이 오랜 세월. 영원한 세월.

만:고-천하(萬古天下)명 ①만대에 영원한 이 세상. ②아득한 옛적의 세상.

만:고-풍상(萬古風霜)명 오랜 세월을 겪어 온 수많은 고생. ¶만고풍상을 겪다.

만곡(彎曲)명하형 활처럼 휘우듬하게 굽음. 만굴(彎屈).

만:-공산(滿空山)명하자 (달빛 따위가) 적막한 산에 가득 참. ¶명월이 만공산하니 쉬어 간들 어떠리(古時調).

만:과(萬科)명 조선 시대에, 많은 인원을 뽑던 무과(武科)의 과거.

만:관(滿貫·滿貫)명 ①마작에서, 점수가 최고 점수인 5백 또는 1천 점에 이르는 일. ②〈만관약(滿貫約)〉의 준말.

만:관-약(滿貫約)[-냑]명 마작에서, 만관이 되었을 때의 약(約). ②만관(滿貫).

만광(-鑛)명하자 지난날, 광주(鑛主)가 덕대에게 광산의 채굴권을 나누어 주고 분철을 받아들이던 일, 또는 그러한 광산. 참분광(分鑛).

만광(을) 트다관용 광주가 분광으로 덕대에게 채굴권을 나누어 주다.

만:교(晚交)명 ①하자 늙어서의 사귐. ②늦게(중년이 지나서) 사귄 친구.

만:구(萬口)명 ①많은 사람의 입. ②많은 사람, 또는 많은 사람이 하는 말.

만구(灣口)명 만(灣)의 어귀.

만:구-성비(萬口成碑)명 여러 사람이 칭찬하는 것은, 칭찬받는 이의 송덕비를 세워 주는 것과 같다는 뜻.

만:구-일담(萬口一談)[-땀]명 여러 사람의 의견이 일치함.

만:구-전파(萬口傳播)명하자 여러 사람의 입을 통하여 온 세상에 널리 퍼짐.

만:구-칭송(萬口稱頌)명하자 ☞만구칭찬.

만:구-칭찬(萬口稱讚)명하타 여러 사람이 한결같이 칭찬함. 만구칭송.

만:국(萬國)명 (세계의) 모든 나라. 여러 나라. 만방(萬邦). ¶만국 공통어.

만:국-기(萬國旗)[-끼]명 세계 여러 나라의 국기.

만:국^박람회(萬國博覽會) [-빵남회/-빵남훼] 몡 세계 각국이 자기 나라의 산업의 성과나 기술 따위를 전시·공개하는 국제적인 박람회. 엑스포(Expo).

만:국^음성^기호(萬國音聲記號)[-] ⇨국제 음성 기호(國際音聲記號).

만:국^지도(萬國地圖) [-찌-]몡 ⇨세계 지도.

만:국^통신(萬國通信)몡 ⇨국제 통신.

만:국^표준시(萬國標準時)몡 세계 공통의 표준시. 학술상이나 항해상에 쓰이는 표준 시간이며, 그리니치 자오선에서 한밤중을 영시로 하여 나타냄.

만:군(萬軍)몡 ①많은 군사. ②기독교에서, '만유(萬有)'의 뜻으로 쓰이는 말.

만군(蠻軍)몡 오랑캐의 군사. 야만인의 군대.

만굴(彎屈)몡하형 ⇨만곡(彎曲).

만궁(彎弓)몡하자 활을 당김.

만:권(萬卷)몡 매우 많은 책. 썩 많은 권수.

만:권-당(萬卷堂)몡 고려 26대 충선왕(忠宣王)이 원나라 연경(燕京)에 세운 독서당(讀書堂). 당시 여·원(麗元) 문화 교류의 중심 기관이었음.

만귀잠잠(萬鬼潛潛) '만귀잠잠하다'의 어근.

만:귀잠잠-하다(萬鬼潛潛-)형여 깊은 밤에 모든 것이 잠든 듯이 고요하다.

만:근(萬斤)몡 아주 무거운 무게.

만근(輓近)몡 몇 해 전부터 최근까지. 근래. 만근이래(輓近以來).

만근이래(輓近以來)몡 ⇨만근(輓近).

만:금(萬金)몡 매우 많은 돈. ¶만금을 준다 해도 하지 않겠다.

만:기(晩期)몡 ①만년(晩年)의 시기. ②끝이 되는 시기. 말기(末期).

만:기(萬機)몡 정치상의 여러 가지 중요한 일, 특히 임금의 정무(政務).

만기(滿期)몡 정해진 기한이 참. ¶적금이 만기가 되다.

만기-병(滿期兵)몡 군대에서 현역의 복무 기한이 차서 제대하는 병사.

만기-어음(滿期-)몡 지급 기일이 된 어음.

만기-일(滿期日)몡 ①만기가 되는 날. ②어음이나 수표 따위에 적혀 있는 지급 기일.

만기^제대(滿期除隊)몡 군대에서의 현역 복무 기한이 차서 현역에서 해제되는 일.

만끽(滿喫)몡하타 ①마음껏 먹고 마심. ¶별미를 만끽하다. ②충분히 만족할 만큼 즐김. ¶여사 탐방 여행의 즐거움을 만끽하러 있다.

만나(manna)몡 모세가 이스라엘 민족을 이집트에서 구출하여 고국으로 돌아갈 때, 아라비아의 광야에서 여호와로부터 받았다는 음식물.

만나다자타 ①(어떤 곳에서) 남과 얼굴을 마주 대하다. ¶정류장에서 그를 만나다. ②어떤 인연으로 관계를 맺게 되다. ¶그는 덕성스러운 아내를 만나 가정이 늘 화목하지. ③(무엇이) 마주 닿다. ¶선과 선이 만나다. ④(어떤 일을) 겪게 되다. ¶뜻밖의 교통사고를 만나다. /풍랑을 만나다. /행운을 만나다. ⑤(어떤 때를) 당하다. ¶제철을 만나다.

만나자 이별[관용] 서로 만나서 곧 헤어짐을 이르는 말.

만:난(萬難)몡 온갖 고난.

만난-각(-角)몡 ⇨교각(交角).

만난-점(-點)몡 ⇨교점(交點).

만:-날(萬-)뿌 매일. 늘. 언제나. ¶만날 분주한 모습이다. /만날 그 모양이다.

만남몡 만나는 일. ¶만남을 주선하다.

만내(灣內)몡 만의 안쪽.

만:냥-태수(萬兩太守)몡 지난날, 녹봉을 많이 받는 원을 이르던 말.

만-판(萬-)몡 매우 호화롭고 규모가 큰 판국. ¶잔치가 그야말로 만냥판이다.

만:년(晩年)몡 ①늙은 나이. 노년. ②일생의 끝 시기. 만절(晩節). ¶만년을 외롭게 보내다.

만:년(萬年)몡 언제나 변함없이 같은 상태임을 이르는 말. ¶만년 꼴찌. /얼굴이 만년 소년이다.

만:년-묵이(萬年-)몡 ⇨만년치기.

만:년불패(萬年不敗)몡 매우 튼튼하여 오래도록 거널나지 아니함.

만:년-빙(萬年氷)몡 (높은 산이나 고위도 지방에서의) 언제나 녹지 않고 얼어 있는 얼음.

만:년-설(萬年雪)몡 (높은 산이나 고위도 지방에서의) 언제나 녹지 않고 쌓여 있는 눈.

만:년지계(萬年之計) [-계/-게]몡 오랜 뒷날의 일까지 헤아려 세운 계획.

만:년지택(萬年之宅)몡 오래가도록 튼튼하게 잘 지은 집.

만:년-청(萬年靑)몡 백합과의 상록 다년초. 잎은 길이 30 cm가량이고, 땅속줄기는 굵고 짤막함. 봄부터 여름에 걸쳐 흰 꽃이 이삭 모양으로 피고, 둥근 열매가 빨갛게 익음.

만:년-치기(萬年-)몡 오랜 기간 동안 쓰기에 알맞음, 또는 그런 물건. 만년묵이.

만:년-필(萬年筆)몡 한 가지. 글씨를 쓸 때 펜대 속에 들어 있는 잉크가 저절로 알맞게 흘러나오도록 만든 휴대용 펜.

만:능(萬能)몡뛰능 ①온갖 일에 두루 능통함. ¶만능 스포츠맨. ②온갖 것을 다 할 수 있음. ¶만능 공작 기계. /과학 만능의 시대.

만:능^급혈자(萬能給血者) [-그펄짜]몡 〔어떠한 혈액형의 사람에게도 급혈할 수 있다는 뜻에서〕 혈액형이 O형인 사람을 이르는 말.

만다라(曼陀羅·曼荼羅←maṇḍala 범)몡 ①불교의 본질인 깨달음의 경지, 또는 부처가 증험(證驗)한 것을 그림으로 나타낸 것. ②부처나 보살의 상을 모시고 예배하며 공양하는 단.

만다라-화(曼陀羅華←maṇḍalava 범)몡 부처가 설법할 때나 여러 부처가 나타날 때 하늘에서 내려온다는 꽃. 빛깔이 미묘하여 보는 이의 마음에 열락(悅樂)을 느끼게 한다고 함.

만:단(萬短)몡 화투에서, 청단·초단·홍단 따위의 온갖 약을 이르는 말.

만:단(萬端)몡 ①여러 가지 일. ②여러 가지. 갖가지. 만반(萬般). 《주로, '만단' · '만단의'의 꼴로 쓰임.》¶만단의 준비.

만:단-개유(萬端改諭)몡하타 여러 가지 좋은 말로 잘 타이름.

만:단-설화(萬端說話)몡하자 (가슴에 서리고 맺힌) 온갖 이야기.

만:단-수심(萬端愁心)몡하자 여러 가지 근심 걱정. 갖은 시름.

만:단-애걸(萬端哀乞)몡하자 여러 가지 말로 사정을 말하며 빎.

만:단-의혹(萬端疑惑) [-다늬-/-다니-]몡 여러 가지 의심. 갖가지 의혹.

만:단-정화(萬端情話)몡하자 여러 가지 정다운 이야기. 온갖 정담.

만:단-정회(萬端情懷) [-회/-훼]몡 온갖 정과 회포.

만달몡 덩굴의 엉킨 모양을 나타낸 그림. 당초회(唐草繪).

만:달(晩達)명하자 늘그막에 지위와 명망 따위가 높아짐.

만:담(漫談)명하자 재미있고 익살스러운 말로 세상과 인정을 풍자하는 이야기를 함, 또는 그 이야기.

만:담-가(漫談家)명 만담을 잘하거나 직업적으로 하는 사람.

만:당(晩唐)명 한시(漢詩)를 중심으로 한 중국의 문학사에서, 당대(唐代)를 넷으로 구분한 맨 끝의 시대.

만:당(滿堂)명하형 강당 등 넓은 방에 사람이 가득 참, 또는 그 사람들. ¶만당의 관객들./만당이 우러러 축하하다.

만:당-추수(滿塘秋水)명 못에 가득 찬 가을의 맑은 물.

만:대(萬代)명 (여러 대에 걸친) 오랜 세월. 영원한 세월. 만세(萬世).

만:대불변(萬代不變)명하자 ☞만고불변.

만:대불역(萬代不易)명하자 ☞만고불역.

만:대불후(萬代不朽)명하자 ☞만고불후.

만:대-영화(萬代榮華)명 여러 대에 걸쳐서 누리는 영화.

만:대-유전(萬代遺傳)명하자 길이 전하여 내려옴, 또는 전하여 감.

만:덕(萬德)명 많은 덕행(德行). 많은 공덕(功德). 많은 선행(善行).

-ㄴ댐명[어미]〈옛〉-ㄹ 망정. ¶님과 나와 어러 주글 만뎡(樂theemenu殿春).

만:도(晩到)명하자 늦게 옴.

만:도(晩稻)명 늦벼.

만:도(滿都)명 온 도시. 도시 전체.

만도리명하자 논의 마지막 김매기. 魯만물.

만돌린(mandolin)명 현악기의 한 가지. 비파와 비슷하면, 몸체의 뒷면이 바가지처럼 불룩함. 강철로 된 네 쌍의 현을 픽으로 뜯어 연주함.

만:동(晩冬)명 ①늦겨울. 모동(暮冬). ↔조동(早冬). ②'섣달'을 달리 이르는 말. ②사월(蜡月).

만두(饅頭)명 밀가루를 반죽하여 얇게 밀어 소를 넣고 둥글게 빚어서, 삶거나 찌거나 기름에 튀겨서 만드는 음식.

만두-소(饅頭-)명 만두 속에 넣는 음식. 고기·두부·배추·김치·숙주나물 따위를 잘게 다진 뒤 갖은 양념을 치고 버무려서 만듦.

만두-피(饅頭皮)명 만두의 소를 싸는, 밀가루로 반죽한 반대기.

만둣-국(饅頭-)[-두꾹/-둗꾹]명 만두를 넣고 끓인 국.

만:득(晩得)명①하타 늙어서 자식을 낳음. 만생(晩生). ②☞만득자.

만:득-자(晩得子)[-짜]명 늙어서 낳은 자식. 만득. 만생자(晩生子).

만들다[만드니·만들어]타 ①(원료나 재료 등을 써서) 어떤 물건을 이루다. ¶자동차를 만들다. ②없던 것을 새로 이루어 내다. ¶규정을 만들다. ③(시간과 노력을 들여서) 어떤 상태로 이루다. 어떻게 되게 하다. ¶훌륭한 인재로 만들다. ④(상처 등이) 생기게 하다. ⑤(무슨 일을) 일으키거나 꾸미다. ¶공연한 일거리를 만들다. ⑥마련하거나 장만하다. ¶자금을 만들다. ⑦글·노래·책 따위를 짓거나 편찬하다. ¶교과서를 만들다. ⑧기관이나 단체 따위를 결성하다. ¶동아리를 만들어 영화를 제작한다. ⑩그렇게 되게 하다. ¶꼼짝 못하게 만들다.

만들다²[만드니·만들어]조동 《용언의 어미 '-게'나 '-도록' 뒤에 쓰이어》 그 동작이나 상태가 이루어지게 함을 나타내는 말. ¶손질하여 곱게 만들다.

만듦-새[-듬-]명 물건의 만들어진 됨됨이나 짜임새.

만:래(晩來)[말-]명 늙은 뒤. 노래(老來).

만:려(萬慮)[말-]명하자 여러 가지로 생각함, 또는 그 생각.

만:록(萬綠)[말-]명 여름철의 온갖 숲이 푸른 모양. 또는, 여름철의 푸른 숲.

만록 총중 홍일점(萬綠叢中紅一點)관용〔'모두가 다 푸른 가운데, 한 송이 붉은 꽃'이라는 으로〕①수많은 평범한 것 가운데, 우뚝 뛰어난 오직 하나. ②많은 남자 가운데, 오직 한 사람의 여자.

만:록(漫錄)[말-]명 ☞만필(漫筆).

만:뢰(萬籟)[말뢰/말뤠]명 자연계의 만물이 바람에 불려서 울리는 소리.

만:뢰-구적(萬籟俱寂)[말뢰-/말뤠-]명하자 밤이 깊어 모든 소리가 그치고 아주 고요해짐.

만료(滿了)[말-]명하자되자 정해진 기한이 끝남. ¶임기가 만료되다.

만:루(滿壘)[말-]명 야구에서, 1·2·3루에 모두 주자가 있는 상태. ¶이사(二死) 만루.

만:루^홈런(滿壘home run)[말-]명 야구에서, 세 베이스에 모두 주자(走者)가 있을 때에 타자가 홈런을 치는 일.

만류(挽留)[말-]명하타 붙잡고 말림. 못하게 말림. 만지(挽止). 만집(挽執). ¶사퇴를 만류하다.

만:리(鰻鱺)[말-]명 ☞뱀장어.

만:리-경(萬里鏡)[말-]명 ☞망원경.

만:리-동풍(萬里同風)[말-]명〔온 천하에 같은 바람이 분다는 뜻으로〕'천하가 통일되어 태평함'을 이르는 말.

만:리-변성(萬里邊城)[말-]명 멀리 떨어진 국경 부근에 있는 성. ¶萬里邊城에 一長劍 짚고 서서(古時調).

만:리-장서(萬里長書)[말-]명 아주 긴 편지나 글.

만:리-장설(萬里長舌)[말-]명 아주 장황하게 늘어놓는 말.

만:리-장성(萬里長城)[말-]명 중국 북쪽 내몽고와의 경계에 쌓은, 길이 2400여 km의 성벽.〔전국(戰國) 시대부터 북쪽을 방위하기 위하여 쌓기 시작하였고, 진시황(秦始皇) 때에 이르러 완성되었음.〕장성.

만리장성을 쌓다관용 남녀가 서로 교합함을 비유하여 이르는 말.

만:리-장천(萬里長天)[말-]명 아득히 높고 먼 하늘. 구만리장천. 구공(九空).

만:리지임(萬里之任)[말-]명 멀리 떨어진 지방에 나가서 맡아보는 업무. 먼 지방의 관직.

만:리-화(萬里花)[말-]명 물푸레나뭇과의 낙엽 관목. 개나리와 비슷하나 잎이 넓고 끝이 뾰족한 달걀 모양임. 봄에 노란 꽃이 잎겨드랑이에 핌. 강원도·경상북도 등지의 산골짜기에 절로 나는데, 우리나라 특산종임. 관상용으로 심음.

만:만(萬萬)Ⅰ명 ①만의 만 배, 곧 일억. ②헤아릴 수 없이 매우 많음. Ⅱ부 아주.

만만(滿滿)'만만(滿滿)하다'의 어근.

만만(漫漫)'만만(漫漫)하다'의 어근.

만:만-다행(萬萬多幸)명하형 ☞천만다행.

만만디(慢慢的 중)명 느릿느릿함. 한가로움. ¶만만디로 일하다.

만:만부당(萬萬不當)명하형 ☞천부당만부당.

만:만불가(萬萬不可)[명][형] ⇨천만불가.

만:-만세(萬萬歲)[감] '만세(萬歲)'를 한층 더 강조하는 말.

만만-쟁이[명] '남에게 만만하게 보이는 사람'을 얕잡아 이르는 말.

만만찮다[-찬타][형] ①손쉽게 다룰 수 없다. 그렇게 쉽지 않다. ¶만만찮은 일. ②수나 양 따위가 적지 아니하다. ¶금액이 만만찮다. *만만찮아[-차나]·만만찮소[-찬쏘]
만만찮기는 사돈집 안방[속담] '자유롭지 못하고 거북함'을 이르는 말.

만:만-출세(萬萬出世)[-쎄][명] 불교에서, 인연에 따라 여러 부처가 차례로 이 세상에 나타나는 일을 이름.

만만-하다[형어] ①무르고 보드랍다. ¶씹기에 만만한 음식. ②다루기에 손쉬워 보이다. ¶보기에 만만하다. /키가 작다고 만만하게 봤다가 큰코다칠걸. ③힘들지 아니하고 손쉽다. ¶오고 다니기에 만만하다. 큰문문하다. 만만-히[부].

만만-하다(滿滿-)[형어] 넘칠 정도로 가득하다. ¶자신이 만만하다. 만만-히[부].

만:-만-하다(漫漫-)[형어] 끝없이 지루하다. 만만-히[부].

만:망(萬望)[명][타] 간절히 바람. 꼭 바람.

만:매(慢罵)[명][타] 업신여겨 마구 꾸짖음.

만:면(滿面)[명] 온 얼굴. 《주로, '만면에'의 꼴로 쓰임.》 ¶만면에 웃음을 띠다.

만:면-수색(滿面愁色)[명] 얼굴에 가득한, 근심스러운 기색.

만:면-수참(滿面羞慚)[명] 얼굴에 가득한, 부끄러운 기색.

만:면-춘색(滿面春色)[명] 얼굴에 가득 차 있는 기쁜 빛. 만면희색.

만:면-하다(滿面-)[형어] 얼굴에 가득하다. ¶희색이 만면하다.

만:면-희색(滿面喜色)[-히-][명] ⇨만면춘색.

만:명(萬明)[명] 무당이 섬기는 신. 말명.

만모(慢侮·漫侮)[명][타] 거만한 태도로 업신여김.

만:목(萬目)[명] 많은 사람이 지켜봄, 또는 많은 사람의 눈.

만:목(滿目)[명] ①눈에 뜨이는 모든 것. ②[하자] 눈에 가득 참.

만목(蔓木)[명] 덩굴로 뻗어 나가는 나무.〔칡·등나무 따위.〕[참]만초(蔓草).

만:목-소시(萬目所視)[-쏘-][명] 많은 사람이 다같이 지켜보는 바.

만:목-수참(滿目愁慘)[-쑤-][하형] 눈에 뜨이는 것이 모두 시름겹고 참담함.

만:목-황량(滿目荒涼)[-모콸량][하형] 눈에 뜨이는 것이 모두 거칠고 처량함.

만:무(萬無)[명][하형] 《주로, 의존 명사 '리' 뒤에 쓰이어》 절대로 없음. 전혀 없음. ¶그럴 리 만무하다.

만:무방[명] ①예의와 염치가 도무지 없는 사람. ②막되어 먹은 사람.

만:무-시리(萬無是理)[명][하형] 도무지 그럴 리가 없음. 결코 그럴 수 없음.

만:무-일실(萬無一失)[-씰][명][하형] 실패한 적이 전혀 없고 앞날을 염려가 전혀 없음.

만:문(漫文)[명] ①(일정한 형식이 없이) 마음 내키는 대로 쓴 문장. 비수필(隨筆). ②익살과 풍자를 주로 하여 재미있게 쓴 글.

만:물[명][하자] 그해의 벼농사에서 마지막으로 논의 김을 매는 일. [참]만도리.

만:물(萬物)[명] ①온갖 물건. ②우주에 존재하는 모든 것. 만유(萬有). ¶사람은 만물의 영장(靈長)이다.

만:물-박사(萬物博士)[-싸][명] '여러 방면에 박식한 사람'을 비유하여 이르는 말.

만:물-상(萬物相)[-쌍][명] 여러 가지 물건의 갖가지 형상.

만:물-상(萬物商)[-쌍][명] 일상생활에 필요한 온갖 물건을 파는 장사, 또는 그런 가게.

만:물지령(萬物之靈)[-찌-][명] ①⇨만물지영장(萬物之靈長). ②온갖 물건의 정령(精靈).

만:물지영장(萬物之靈長)[-찌-][명] 〔만물 가운데서 가장 영묘하고 뛰어난 것이라는 뜻에서〕 '인간'을 뜻하는 말. 만물지령.

만:물-탕(萬物湯)[명] (고기·채소·생선 따위의) 여러 가지 재료를 넣고 끓인 국.

만:민(萬民)[명] 모든 백성. 모든 사람. 만성(萬姓). 조서(兆庶). 증민(蒸民).

만:민-주의(萬民主義)[-의/-이][명] ⇨세계주의.

만:반(萬般)[명] 모든 일. 모든 것. 만단(萬端). 제반(諸般). 《주로, '만반'·'만반의'의 꼴로 쓰임.》 ¶만반의 준비를 갖추다.

만반(滿盤)[명] '만반하다'의 어근.

만:반-진수(滿盤珍羞)[명] 상에 가득히 차린 귀하고 맛있는 음식.

만:반-하다(滿盤-)[형어] (음식 따위가) 상에 가득하다.

만:발(滿發)[명][하자] 많은 꽃이 한꺼번에 활짝 핌. 만개. ¶뒷산에는 진달래가 만발해 있다.

만:발-공양(萬鉢供養)[명] 절에서 많은 바리때에 밥을 수북수북 담아 대중에게 베푸는 공양.

만:발-하다(滿發-)[자어] 추측이나 웃음 따위가 한꺼번에 많이 일어나다. ¶추측이 만발하다. /웃음이 만발하다.

만:방(萬方)[명] 여러 방면. 여러 군데.

만:방(萬邦)[명] 세계의 모든 나라. 만국(萬國). 만역(萬域). ¶세계 만방에 천명하다.

만:방(萬放)[명] 바둑에서, 91집 이상으로 이기는 일을 이르는 말.

만:-백성(萬百姓)[-쌩][명] 모든 백성.

만범(滿帆)[명] '만범하다'의 어근.

만:범-하다(滿帆-)[형어] 바람이 돛에 가득하다.

만:법(萬法)[명] ①온갖 법률이나 규칙. ②불교에서, 우주 가운데 존재하는 정신적·물질적인 일체의 것을 이르는 말. 제법(諸法).

만:병(萬病)[명] 온갖 병. 백병(百病). ¶근심은 만병의 근원이다.

만:병-초(萬病草)[명] 철쭉과의 상록 활엽 관목. 길둥근 혁질(革質)의 잎이 어긋맞게 남. 7월에 깔때기 모양의 흰 꽃이 가지 끝에 10~20개씩 달림. 강원도·울릉도·지리산 등지에 자라는 데 관상용으로 심기도 함. 잎은 한방에서 '만병엽(萬病葉)'이라 하여 강장제 등으로 쓰임.

만:병-통치(萬病通治)[명][하자] ①어떤 한 가지 약이 여러 병에 두루 효험을 나타냄. ②어떤 사물이 여러 가지 사물에 두루 효력을 나타내는 경우를 이르는 말. 백병통치.

만보[명] 지난날, 삯일을 하는 인부에게 그 일의 단위가 끝날 때마다 한 장씩 주던 표. 그 수효에 따라 삯을 계산함.

만:보(漫步)[명][하자] 한가롭게 거닒, 또는 그러한 걸음걸이.

만보(瞞報)[명][하자] 거짓으로 보고함, 또는 그 보고. 무보(誣報).

만:복(晩福)[명] 만년에 누리는 복. 늦복.

만:복(萬福)[명] 많은 복. 백복(百福).

만복(滿腹)®®형 (음식을 많이 먹어) 배가 잔뜩 부름.

만복-경륜(滿腹經綸) [-경눈]® 마음속에 가득히 품고 있는 계획이나 포부.

만복-저포기(萬福寺樗蒲記) [-싸-]® 조선 초기에 김시습(金時習)이 지은 한문 소설. 〔'금오신화(金鰲新話)'에 실려 전함.〕

만:복-하다(萬福-) [-보카-]형여 매우 행복(幸福)하다.

만:부(萬夫)® ①많은 사내. ②많은 장정.

만:부-당(萬不當)® 〈천부당만부당〉의 준말.

만:부당-천부당(萬不當千不當)®®형 ☞천부당만부당.

만:-부득이(萬不得已)뿐®형 '부득이'의 힘줌말.

만:부부당(萬夫不當)®®형 수많은 장정으로도 능히 당해 낼 수 없음.

만:분(萬分)® ①®타 만(萬)으로 나눔. ②대단함.

만:분-가(萬憤歌)® 조선 연산군 때 조위(曺偉)가 지은 가사. 무오사화로 전남 순천에 귀양가 있으면서 그곳 생활을 읊은 내용.

만:분-다행(萬分多幸)®®형 (일이 뜻밖에 잘 되어) 매우 다행함. 만분다행-히뿐.

만:분-위중(萬分危重)®®형 대단히 위중함.

만:분지-일(萬分之一)® ①만으로 나눈 것의 하나. ②매우 적거나 작은 경우를 이르는 말. ¶ 은혜의 만분지일이나마 보답하고자….

만:불근리(萬不近理) [-글-]®®형 전혀 이치에 맞지 아니함.

만:불성설(萬不成說)® (사리에 맞지 않아) 말 같지 않은 이야기.

만:불성양(萬不成樣)® 도무지 꼴이 갖추어지지 않음.

만:불실일(萬不失一)®®자 ①조금도 과실이 없음. ②조금도 틀림이 없음.

만:사(萬死)® ①아무리 하여도 목숨을 건질 수 없음. ②한방에서, 도저히 다스릴 길이 없는, 정신이 혼몽해지는 병을 이르는 말.

만:사(萬事)® 모든 일. 온갖 일. 백사(百事). 천만사(千萬事). ¶ 만사를 제쳐 놓고 너를 도와 주마.

만사(輓詞·挽詞)® ☞만장(輓章).

만:사-무석(萬死無惜)® (만 번 죽는다 해도 아까울 것이 없을 정도로) 죄가 매우 무거워 용서할 여지가 없음을 이르는 말.

만:사-무심(萬事無心)®®형 ①모든 일에 무심함. ②(근심 따위로 경황이 없어) 모든 일에 소홀함.

만:사-여생(萬死餘生)® 꼭 죽을 고비를 면하여 살게 된 목숨.

만:사-여의(萬事如意) [-의/-이]®®형 모든 일이 뜻하는 바와 같음.

만:사-와해(萬事瓦解)® (한 가지의 잘못으로) 모든 일이 다 틀어짐.

만:사-유경(萬死猶輕)® (만 번 죽음을 당하여도 오히려 가벼울 정도로) 죄가 매우 무거움을 이르는 말.

만:사-태평(萬事太平)®®형 ①모든 일이 잘 이루어져 평안함. ②(성질이 느긋하거나 어리석어) 모든 일에 근심 걱정이 없이 태연함. 천하태평.

만:사-형통(萬事亨通)®®자 모든 일이 뜻한 바대로 잘 이루어짐.

만:사-휴의(萬事休矣) [-의/-이]® 이제 더 손쓸 방도가 없이 모든 것이 끝장남. 무슨 수를 쓴다 해도 도무지 가망이 없음.

만:삭(滿朔)®®자®자 아이를 낳을 달이 참. 만월(滿月). ¶ 만삭의 몸으로 직장에 나가다. ❀임삭(臨朔).

만:산(晩産)®®타 ①늘그막에 아이를 낳음. ②달이 지나서 아이를 낳음. ☞조산(早産).

만:산(滿山)®®자 온 산에 가득 참. ¶ 홍엽(紅葉)이 만산하다.

만:산-편야(滿山遍野)® 산과 들에 그득히 덮임.

만살-창(滿-窓)® 창살의 격자(格子)가 가로세로 촘촘한 창.

만삼(蔓蔘)® 초롱꽃과의 다년생 만초. 긴 잎자루 끝에 달걀 모양의 잎이 어긋맞게 나며 7~8월에 자줏빛의 꽃이 핌. 중부 이북의 깊은 산에 나는데, 뿌리는 한방에서 거담제로 쓰임.

만:상(晩霜)® 늦봄에 내리는 서리. 늦서리.

만:상(萬狀)® 온갖 모양.

만:상(萬祥)® 온갖 상서로운 일.

만:상(萬象)® 온갖 사물. 형상이 있는 온갖 물건과 세상의 모든 일. 만유(萬有). ¶ 삼라(森羅)만상. /천태(千態)만상.

만:득(晩得)® ①® 만득(晩得). Ⅱ때 선배에게 대하여 '자신'을 겸손하게 이르는 말.

만생(蔓生)®®자 식물의 줄기가 덩굴져 남.

만:생-자(晩生子)® ☞만득자(晩得子).

만:생-종(晩生種)® 같은 종류의 식물 중에서 성장이나 성숙이 보통보다 늦은 품종. ❀만종(晩種). ↔조생종(早生種).

만:서(萬緖)® 여러 가지로 얼크러진 일의 실마리. ②온갖 사정.

만:석(萬石)® ①벼 일만 섬. ②썩 많은 곡식.

만:석(滿席)® 자리가 다 차는 것. ¶ 극장 안은 만석이다.

만:석-꾼(萬石-)® 일 년에 벼 만 섬가량이 수확될 만한 논밭을 가진 부자.

만:석-들이(萬石-) [-뜨리]® 벼 만 섬가량이 수확될 만한 독.

만:선(萬善)® 온갖 착한 일.

만:선(滿船)®®자 (여객·짐·고기 등을) 배에 가득히 실음, 또는 그러한 배. ¶ 만선하여 돌아오는 고깃배.

만:선-두리® 지난날, 벼슬아치가 겨울에 예복을 입을 때 머리에 쓰던 방한구(防寒具). 모양이 휘양과 비슷함.

만:성(晩成)®®자타 늘그막에 성공함. 늦게야 이루어짐. ¶ 대기만성. ☞속성(速成).

만:성(萬姓)® ①온갖 성(姓). ②☞만민(萬民).

만성(慢性)® ①병의 증세가 갑작스러운 변화는 없으나 잘 낫지 않고 오래 끄는 성질. ¶ 만성 두통. ↔급성(急性). ②바람직하지 않은 상태나 현상이 오래 계속됨, 또는 계속되거나 반복되어 버릇이 되다시피 한 상태를 뜻하는 말. ¶ 소음(騷音)에는 이제 만성이 되었다.

만성(蔓性)® (식물의 줄기가) 덩굴로 뻗는 성질.

만성-병(慢性病) [-뼝]® 증세(症勢)가 만성인 병. ↔급성병.

만:성-보(萬姓譜)® 온갖 성의 세보(世譜)를 모아 엮은 책.

만성^식물(蔓性植物) [-싱-]® ☞덩굴 식물.

만성-적(慢性的)®형 만성인 (것). ¶ 만성적 관료주의. /만성적인 질병.

만성적 실업(慢性的失業) [-써럽] 불경기의 만성화에 따라 실업자가 크게 늘어나는 상황. 구조적 실업. ❀마찰적 실업.

만성^전염병(慢性傳染病) [-쌩] 명 증세가 천천히 나타나서 경과가 완만한 전염병. 〔결핵·매독·만성 피부염 따위.〕

만: 세(萬世) 명 ☞만대(萬代).

만: 세(萬歲)¹ 명 ①오랜 세월. ②'오래도록 삶', 또는 '영원히 살아 번영함'을 뜻하는 말.

만: 세(萬歲)² 감탄 축복하는 뜻으로 또는 승리를 기뻐하는 뜻으로, 두 손을 머리 위로 높이 들고 외치는 소리. ¶대한 독립 만세.

만: 세-동락(萬歲同樂) [-낙] 형자 오래도록 (영원히) 함께 즐김.

만: 세-력(萬歲曆) 명 앞으로 백 년 동안의 일월 성신의 운행과 절후(節候)를 추산하여 엮은 책력. 참 천세력(千歲曆).

만: 세-무강(萬世無疆) 명형 ①오랜 세대에 걸쳐 끝이 없음. ②☞만수무강.

만: 세불망(萬世不忘) 명하타 은덕을 영원히 잊지 아니함. 영세불망(永世不忘).

만: 세불변(萬世不變) 명하자 ☞만고불변.

만: 세불역(萬世不易) 명하자 ☞만고불역.

만: 세불후(萬世不朽) 명하자 ☞만고불후.

만: 세-후(萬歲後) 명 살아 있는 임금에 대하여, 그가 '세상을 떠난 뒤'를 에둘러 이르던 말.

만속(蠻俗) 명 야만스러운 풍속. 만습. 만풍.

만: 수(萬水) 명 많은 내. 여러 갈래의 내.

만: 수(萬殊) 명 모든 것이 여러 가지로 각기 다름. 가지각색으로 다름.

만: 수(萬愁) 명 온갖 시름.

만: 수(萬壽) 명 〔장수(長壽)를 빌 때 쓰는 말로〕 오래오래 삶. ¶만수를 누리소서.

만수(滿水) 명 (일정한 곳에) 물이 가득 참. ¶저 수지가 만수가 되다.

만: 수(滿數) 명하자 정하여진 수효에 가득함.

만: 수^가사(滿繡袈裟) 명 산천·초목·인물·글자 따위를 수놓은 가사.

만: 수-무강(萬壽無疆) 명하자 〔장수(長壽)를 빌 때 쓰는 말로〕 수명이 끝이 없음. 만세무강(萬世無疆). ¶만수무강을 빕니다.

만: 수-받이 [-바지] 명하자 ①남이 귀찮게 굴어도 좋게 받아 주는 일. ②무당이 굿을 할 때, 한 무당이 소리를 하면 다른 무당이 같은 소리를 받아 하는 일.

만: 수-산(萬壽山) 개성(開城) 서쪽에 있는, '송악산'의 딴 이름. ¶萬壽山 드렁칡이 얼거진들 긔어더리(古時調).

만: 수-운환(漫垂雲鬟) 명 가닥가닥이 흩어져 드리워진 쪽 찐 머리. ¶만수운환 헝클어진 머리 이렁저렁 걷어 얹고(烈女春香守節歌).

만: 수-향(萬壽香) 명 향료의 가루를 송진 따위로 개어 굳혀 만든 선향(線香)의 한 가지.

만: 숙(晩熟) 명하자 ①(곡식이나 과일 따위가) 늦게 익음. ↔조숙(早熟). ②(일이나 시기 따위가) 늦어짐.

만: 숙-종(晩熟種) [-쫑] 명 같은 종류의 식물 중에서 열매가 특히 늦게 여무는 품종.

만습(蠻習) 명 ☞만속(蠻俗).

만: 승(萬乘) 명 ①일만 채의 병거(兵車). ②천자 (天子), 또는 천자의 자리. 〔중국 주나라 때 천자가 병거 일만 채를 출동시켰던 데서 유래함.〕

만: 승지국(萬乘之國) 명 〔병거(兵車) 일만 채를 갖춘 나라라는 뜻으로〕 천자(天子)의 나라를 뜻하는 말.

만: 승지군(萬乘之君) 명 만승지국의 군주. 천자. 황제. 만승지주.

만: 승지위(萬乘之位) 명 천자(天子)의 높은 지위.

만: 승지존(萬乘之尊) 명 '천자(天子)의 지위'를 높이어 일컫는 말.

만: 승지주(萬乘之主) 명 ☞만승지군.

만: 승-천자(萬乘天子) 명 '천자(天子)'를 높이어 일컫는 말.

만: 시(晩時) 명 시간이나 시기가 뒤늦음.

만시(輓詩·挽詩) 명 ☞만장(輓章).

만: 시지탄(晩時之歎) 명 시기에 뒤늦었음을 원통해하는 탄식.

만: 식(晩食) 명하자 때를 넘기어 늦게 끼니를 먹음, 또는 그 끼니.

만: 식(晩植) 명하타 (모나 묘목 따위를) 제철이 지나서 늦게 심음. 늦심기.

만: 식-당육(晩食當肉) [-땅-] 명 시장할 때 먹으면 맛없는 음식도 고기 맛과 같다는 말.

만: 식^재배(晩植栽培) [-쩨-] 명 벼를 6월 하순에서 7월 상순 사이에 모내기하여 10월 하순경에 수확하는 재배 방식.

만: 신 '여자 무당'을 대접하여 이르는 말. 한 자를 빌려 '萬神'으로 적기도 함.

만: 신(滿身) 명 ☞전신(全身).

만: 신-창(滿身瘡) 명 한방에서, '온몸에 퍼진 부스럼'을 이르는 말.

만: 신-창이(滿身瘡痍) 명 ①온몸이 성한 데가 없이 상처투성이임. ②'성한 데가 없을 만큼 엉망이 됨'을 비유하여 이르는 말. ¶폭격으로 마을이 만신창이가 되었다. /모든 계획이 만신창이가 되다.

만실(滿室) 명 '만실하다'의 어근.

만: 실-우환(滿室憂患) 명 집안에 앓는 사람이 많음을 이르는 말.

만: 실-하다(滿室-) 형예 방 안에 가득하다.

만심(慢心) 명 ①젠체하면서 남을 업신여기는 마음. ②불교에서, 자신을 지나치게 믿고 자랑하며 남을 업신여기는 마음을 이르는 말. 아만 (我慢).

만심(滿心) 명 '만심하다'의 어근.

만: 심-하다(滿心-) 형예 마음에 흐뭇하게 족하다.

만: 심-환희(滿心歡喜) [-히] 명하자 만족하여 한껏 기뻐함, 또는 그 기쁨.

만싼 조 〔옛〕 만큼. ¶道上無源水를 반만싼 더혀두고(朴仁老.陋巷詞).

만안(灣安) 명 '만안하다'의 어근.

만안(灣岸) 명 만의 연안(沿岸).

만: 안-하다(灣安-) 형예 편안하다.

만: 앙(晩秋) 명 〈만이앙(晚移秋)〉의 준말.

만: 약(萬若) 명 ☞만일(萬一).

만: 양(晩陽) 명 ☞석양(夕陽).

만: 양(萬樣) 명 여러 가지 모양. ¶천태 만양.

만어(蠻語) 명 야만인의 말. 오랑캐의 말.

만: 억(萬億) 명 매우 많은 수.

만: 억-년(萬億年) [마넝-] 명 ☞억만년(億萬年).

만: 언(漫言) 명 ①깊이 생각하지 않고 하는 말. ②실없이 하는 말.

만: 언-사(萬言詞) 명 조선 정조 때 안조환(安肇煥)이 지은 가사. 추자도에 귀양 가 있으면서 그곳의 생활을 읊은 내용.

만: 역(萬域) 명 많은 나라. 만방(萬邦).

만연(漫然) '만연하다'의 어근.

만연(蔓延·蔓衍) 명하자되자 ①식물의 줄기가 널리 뻗음. ②널리 퍼짐. 번짐. ¶전염병의 만연을 막다. /퇴폐 풍조가 만연하다.

만연-체(蔓衍體) 명 문장의 장단에 따라 나눈 문체의 한 가지. 많은 어구를 써서 섬세한 감정을 자세하게 나타내려 하는, 문장의 흐름이 느린 문체. ↔간결체.

만:연-하다(漫然-)[혱여] 무슨 일을 하는 데 있어 일정한 목적이나 의식(意識)이 없다. 만연-히 어떤 목적이나 의식이 없이 멍하니. ¶만연히 나날을 보낸다.

만:열(滿悅)[혱하자] 매우 만족하여 기뻐함, 또는 그러한 기쁨.

만:왕(萬王)[혱] ①우주 만물의 왕. ②[기독교에서, 만인을 구원하는 임금이라는 뜻으로] '예수'를 일컫는 말.

만왕(萬旺) '만왕하다'의 어근.

만:왕-하다(萬旺-)[혱여] 기력이 매우 왕성하다. 만중(萬重)하다. [주로, 윗사람의 안부를 묻는 편지 글에 쓰임.] ¶기체 만왕하시옵고….

만용(蠻勇)[혱] 사리를 분별함이 없이 함부로 날뛰는 용맹. ¶만용을 부리다.

만:-절(萬愚節)[혱] 서양 풍습에서, 악의 없는 거짓말을 하여 남을 속이며 즐기는 날. 곧, 4월 1일.

만:운(晩運)[혱] ①늘그막의 운수. ②늙바탕에 돌아오는 행운.

만원(滿員)[혱] ①정원이 다 차는 일. ②어떠한 처소나 탈것에 사람이 가득 들어찬 상태. ¶관람석은 관객으로 만원을 이루다.

만원(滿願)[혱하자] ①불교에서, 소원이 이루어지는 일을 이름. ②일정한 날수를 정하여 부처나 보살에게 기원할 때, 그 정한 날수가 차는 일.

만원-사례(滿員謝禮)[혱] 만원을 이루어 고맙다는 뜻으로, 극장 같은 데에 만원이 되어 관객을 더 받지 못한다는 것을 완곡하게 이르는 말. 흔히, 매표소에 써서 붙여 놓음.

만:월(滿月)[혱] ①이지러진 데가 없이 둥근 달. 보름달. 망(望). 망월(望月)¹. 영월(盈月). ↔휴월(虧月). ②☞만삭(滿朔).

만월(彎月)[혱] 구붓하게 이지러진 달, 곧 초승달이나 그믐달.

만:유(萬有)[혱] 우주에 존재하는 모든 것. 만물(萬物). 만상(萬象).

만:유(漫遊)[혱하자] 마음 내키는 대로 이곳저곳을 한가로이 떠돌아다니며 노닒. ¶만사를 잊고 만유하다.

만:유루-없다(萬遺漏-)[-업따][혱] (계획 등이 매우 치밀하여) 한 가지도 빠뜨림이 없다. 만유루없이-이[부] 만유루없이 계획을 추진하다.

만:유신-교(萬有神敎)[혱] ☞범신교.

만:유신-론(萬有神論)[-논][혱] ☞범신론.

만:유심-론(萬有心論)[-논][혱] ☞범신론.

만:유-인력(萬有引力)[-녁][혱] 우주에 있는 질량을 가진 모든 물체 사이에 작용하는 인력.

만:음(漫吟)[혱] 일정한 글의 제목 없이 생각나는 대로 시를 지어 읊음.

만:이(晩移)[혱] 〈만이앙(晩移秧)〉의 준말.

만이(蠻夷)[혱] ①남만(南蠻)과 동이(東夷). ②야만인. 미개인. 오랑캐.

만:-이앙(晩移秧)[혱] 늦모내기. ㉠만앙·만이.

만인(挽引)[혱하] 끌어당김. 잡아당김.

만:인(萬人)[혱] 아주 많은 사람. 모든 사람. ¶만인이 받드는 지도자. /만인이 인정하다.

만:인(萬仞)[혱] ☞만장(萬丈).

만인(萬仞) 미개인. 야만인.

만:인-계(萬人契)[-계/-게][혱] 지난날, 천 명 이상의 계원을 모아서 각각 돈을 걸게 하고, 제비를 뽑아서 차례에 따라 돈을 타게 하던 계.

만:인-교(萬人轎)[혱] 지난날, 백성들이 가혹한 정치를 일삼던 고을의 원이나 지방관을 몰아낼 때 태우던 가마.

만:인-동락(萬人同樂)[-낙][혱] 모든 사람이 다 함께 즐김.

만:인-산(萬人傘)[혱] 지난날, 선정(善政)을 베푼 고을 원에게, 그 덕을 기리는 뜻으로 백성들이 주던 일산(日傘) 모양의 물건.

만:인지상(萬人之上)[혱] 지난날, 영의정의 지위를 이르던 말. ¶일인지하(一人之下) 만인지상.

만:인-총중(萬人叢中)[혱] 많은 사람 가운데.

만:일(萬一)[혱] ①(없거나 다름없으나) 드물게 있는 일, 또는 그러한 일이 있을 경우. 만약(萬若). 만혹(萬或). ¶만일에 대비하다. /만일을 생각하더라도 미리 조심해라. ②만 가운데 하나 정도로 아주 적은 양. ¶어머니의 은혜에 만일의 보답도 못했다.

만입(灣入·彎入)[혱하자] 해안선이 완만하게 육지 쪽으로 휘어듦. ¶바다가 크게 만입한 곳에 발달한 어촌. /바다가 만입해 있는 지형.

만:자(卍字)[혱] '卍' 자 모양의 무늬나 표지. ②불교에서, 부처의 가슴·손발·두발(頭髮) 등에 나타난 길상 만덕(吉祥萬德)의 상(相)을 나타내는 표지를 이름.

만:자-기(卍字旗)[-짜-][혱] 기폭의 한복판에 '卍'자를 그려 넣은 기.

만:자-창(卍字窓)[-짜-][혱] ☞완자창.

만:자-천홍(萬紫千紅)[혱] ☞천자만홍.

만:작(滿酌)[혱] 잔에 가득히 술을 따름.

만작-거리다[-꺼-][타] 〈만지작거리다〉의 준말. 만작대다. ¶연필을 만작거리다. /옷고름을 만작거리다.

만작-대다[-때-][타] 만작거리다.

만작-만작[-장-][부하] 〈만지작만지작〉의 준말. ¶자꾸 만작만작하면 상처가 덧난다.

만:잠(晩蠶)[혱] 늦게 치는 누에.

만:장(萬丈)[혱] [만 길이나 되도록] 매우 높음, 또는 매우 깊음. 만인(萬仞). ¶기고(氣高)만장. /파란(波瀾)만장. /만장의 낭떠러지.

만:장(萬障)[혱] 온갖 장애(障礙).

만장(輓章·挽章)[혱] 죽은 이를 애도하여 지은 글, 또는 그 글을 명주나 종이에 적어 기(旗)처럼 만든 것. 장사 때 상여를 따라 들고 감. 만사(輓詞). 만시(輓詩).

만:장(滿場)[혱] ①[하자] 회장(會場)에 가득 모임, 또는 그런 회장. ¶만장하신 신사 숙녀 여러분! ②회장에 모인 모든 사람들. ¶만장의 박수갈채.

만:장-공도(萬丈公道)[혱] 조금도 사사로움이 없는 매우 공평한 도.

만:장-봉(萬丈峯)[혱] 높디높은 산봉우리.

만:장-생광(萬丈生光)[혱] ①한없이 빛이 나는 일. ②고맙기 그지없는 일.

만장이[혱] 이물이 뾰족한, 큰 나무배.

만:장-일치(滿場一致)[혱] 그 자리에 있는 모든 사람의 의견이 완전히 일치하는 일. ¶추진 계획을 만장일치로 승인하다.

만:장-절애(萬丈絶崖)[혱] 매우 높은 낭떠러지.

만:장-중(滿場中)[혱] 많은 사람이 모인 가운데, 또는 그 사람들. 만장판. ¶만장중에 유난히 돋보이다.

만:장-판(滿場-)[혱] 많은 사람이 모인 곳. 만장중.

만:장-폭포(萬丈瀑布)[혱] 매우 높은 곳에서 떨어지는 폭포.

만:장-홍진(萬丈紅塵)**명** ①하늘 높이 솟아오르는 먼지. ②한없이 구차스럽고 번거로운 속세(俗世).

만:재(滿載)**명하타되자** ①탈것 등에 사람이나 짐을 가득 실음. ¶자갈을 만재한 트럭. ②신문이나 잡지 따위에 어떤 기사를 가득 실음. ¶재미있는 읽을거리를 만재하다.

만:재^흘수선(滿載吃水線)[-쑤-]**명** 선박이 사람이나 짐을 싣고 안전하게 항해할 수 있는 최대한의 흘수(吃水)를 표시한 선.

만:적(滿積)**명하타** 물건 따위를 가득 쌓음.

만적(蠻狄)**명** 오랑캐.

만:전(萬全)**명하형** 조금도 허술한 데가 없음. 아주 완전함. ¶만전의 조치. /안전사고 예방에 만전을 기하다.

만:전지계(萬全之計)[-계/-게]**명** ☞만전지책.

만:전지책(萬全之策)**명** 조금도 허술한 데가 없는 완전한 계책. 더없이 완전한 계책. 만전지계(萬全之計).

만:전-춘(滿殿春)**명** '악장가사(樂章歌詞)'에 실려 전하는, 작자 미상의 고려 속요.〔남녀 간의 애정을 적나라하게 읊었다 하여, 조선 시대에 유학자들로부터 '남녀상열지사(男女相悅之詞)'라는 평을 들었다.〕

만:절(晩節)**명** ①늦은 절기. ②늙은 시절. 만년(晩年). ③오래도록 지키는 절개.

만:절-필동(萬折必東)[-똥]〔황하(黃河)가 여러 번 꺾여 흘러가도 필경은 동쪽의 황해로 흘러간다는 뜻으로〕①곡절이 있으나 필경은 본뜻대로 나간다는 말. ②충신의 절개는 꺾을 수 없다는 말.

만점(滿點)[-쩜]**명** ①규정된 점수의 가장 높은 점수. ¶백 점 만점에 팔십 점을 맞았다. /시험에서 만점을 맞다. ②결점이나 부족한 데가 없이 아주 만족할 만한 상태. ¶스릴 만점. /사람 됨이 그만하면 만점이다.

만:정(滿廷)**명하형** 조정(朝廷)이나 법정(法廷)에 사람이 가득 차 있는 일.

만:정(滿庭)**명하형** 온 뜰, 또는 뜰에 가득 참.

만:정-제신(滿廷諸臣)**명** ☞만조백관.

만:조(滿朝)**명** 온 조정.

만:조(滿潮)**명** 밀물로 해면이 가장 높아진 상태. 고조(高潮). 찬물때. ↔간조(干潮).

만:조-백관(滿朝百官)[-판]**명** 조정의 모든 벼슬아치. 만정제신(滿廷諸臣).

만:조-선(滿潮線)**명** 만조 때의 해면과 육지와의 경계선. 고조선(高潮線). ↔간조선.

만조-하다(萬-)**형여** 용모가 초라하고 채신없다.

만:족(滿足)**명하타스형** ①마음에 부족함이 없이 흐뭇함. ¶만족을 느끼다. /만족한 표정. ②부족함이 없이 충분함. ¶경비는 이 정도면 만족하다. /끝내 만족한 대답을 듣지 못하다. **만족-히부**. **만족스럽다형**.

만족(蠻族)**명** 야만스러운 종족. 야만족.

만족-감(滿足感)[-깜]**명** 마음에 흡족한 느낌. 흐뭇한 느낌. ¶일을 무사히 마쳤다는 만족감으로 가슴이 부듯했다.

만족-하다(滿足-)[-조카-]**자여** 흡족하게 여기다. ¶최선을 다했으니 결과에 만족하다.

만:종(晩種)**명** 〈만생종(晩生種)〉의 준말.

만:종(晩鐘)**명** 저녁 무렵에 절이나 교회 같은 데서 치는 종.

만:종-록(萬鍾祿)[-녹]**명** 매우 많은 봉록(俸祿).

만:좌(滿座)**명** 그 자리에 있는 모든 사람. 일좌(一座). ¶만좌의 갈채를 받다.

만:좌-중(滿座中)**명** 그 자리에 있는 많은 사람 가운데. ¶만좌중 반대 의사를 표시하는 이가 한 사람도 없다.

만:중(萬重)[-명 ☞만첩(萬疊).

만중(萬重)² '만중하다'의 어근.

만:중-하다(萬重-)**형** 만왕(萬旺)하다.

만:지(挽止)**명하타** ☞만류(挽留).

만:지(滿地)**명하형** 땅에 가득함.

만:지(蠻地)**명** 야만인이 사는 땅.

만지다타 ①손으로 여기저기 누르거나 주무르다. ¶아픈 다리를 만지다. ②다루거나 손질하다. ¶그 기계 만질 줄 아니?/머리 좀 만져야지.

만지작-거리다[-꺼-]**타** 자꾸 만지작만지작하다. 만지작대다. ¶옷고름을 만지작거리다. ⒜만작거리다.

만지작-대다[-때-]**타** 만지작거리다.

만지작-만지작[-장-]**부하** 무엇을 가볍게 자꾸 만지는 모양. ⒜만작만작.

만:지-장서(滿紙長書)**명** (편지지에 가득 차게 쓴) 사연이 긴 퍾지.

만질만질-하다형여 살갗에 닿는 느낌이 연하고 보드랍다. ¶만질만질한 종이.

만:집(挽執)**명하타** 만류(挽留).

만착(瞞着)**명하타** 속임. 남의 눈을 속임.

만:찬(晩餐)**명** 저녁 식사. 특별히 잘 차려 낸 저녁 식사. 석찬(夕餐). ¶만찬에 초대되다. ↔조찬(朝餐).

만:찬-회(晩餐會)[-회/-훼]**명** 손을 청하여 저녁 식사를 겸하여 베푸는 연회.

만:천(滿天)**명하형** 온 하늘. 하늘에 가득함.

만:-천하(滿天下)**명** 온 천하. 온 세계. ¶비리의 전모를 만천하에 알리다.

만:첩(萬疊)**명** 아주 여러 겹. 만중(萬重).

만:첩-청산(萬疊靑山)**명** 사방이 겹겹이 에워싸인 푸른 산.

만:청(晩晴)**명** 저녁 무렵에 갠 날씨. 저녁 무렵에 갠 하늘.

만청(蔓菁)**명** ☞순무.

만청-자(蔓菁子)**명** 한방에서, '순무의 씨'를 약재로 이르는 말. 〔이뇨제 등으로 쓰임.〕

만초(蔓草)**명** 덩굴져서 벋는 풀. 덩굴풀.

만:추(晩秋)**명** 늦가을. 계추(季秋). 모추(暮秋). 잔추(殘秋).

만:춘(晩春)**명** 늦봄. 계춘(季春). 모춘(暮春). 잔춘(殘春).

만:취(晩翠)**명** 겨울이 되어도 변하지 않는 초목의 푸른빛.

만:취(滿醉·漫醉)**명하자되자** 술에 잔뜩 취함. 난취(爛醉). ¶만취한 상태로 집에 간신히 돌아왔다. 🅗대취(大醉)·명정(酩酊).

만치 Ⅰ의 ☞만큼.
Ⅱ조 ☞만큼.

만큼 Ⅰ의 ①용언 어미 '-ㄹ·-을·-ㄴ·-은' 뒤에 쓰이어, '그와 같은 정도나 한도'를 뜻하는 말. ¶먹을 만큼 거두다. /먹을 만큼 먹다. ②용언 어미 '-ㄴ·-은·-는·-던' 뒤에 쓰이어, '그와 같은 내용이 근거가 됨'을 뜻하는 말. ¶이번에는 그가 손댄 만큼 제대로 고쳐졌겠지. /발이 큰 만큼 신도 크다. 만치. ⒜-느니만큼·-으니만큼.
Ⅱ조 체언이나 조사에 붙어, '정도가 거의 비슷함'을 나타내는 부사격 조사. 만치. ¶나도 너만큼 달릴 수 있다. /부모님에게만큼은 잘해 드리고 싶다.

만:태(萬態)**명** 여러 가지 형태. 온갖 형태.

만:파(晚播)圀하타 씨앗을 제철보다 늦게 뿌림.

만:파(萬波)圀 겹겹이 밀려오는 파도. 출렁거리는 수많은 파도.

만파(耰把)圀 갈퀴 비슷한 농기구의 한 가지. 논밭을 고르는 데 쓰임.

만:파식-적(萬波息笛)[-쩍]圀 신라 때의 전설상의 피리. 이것을 불면 온갖 소원이 성취되므로 국보로 삼았다 함. ('삼국유사'에 의하면, 문무왕이 죽어서 된 해룡(海龍)과 김유신이 죽어서 된 천신(天神)이 합심하여 용을 시켜서 보낸 피리라 함.)

만판圀 하고 싶은 대로 실컷. 마음껏 흐뭇하게. ¶만판 마시고 즐기다. 참마냥.

만:패불청(萬覇不聽)圀하자 ①바둑에서, 큰 패가 생겼을 때, 상대가 어떠한 패를 쓰더라도 응하지 않는 일. ②아무리 집적거려도 못 들은 체하고 응하지 않음을 이르는 말.

만:평(漫評)圀하타 ①일정한 형식이나 체계 없이 생각나는 대로 비평함, 또는 그런 비평. ¶시사 만평. ②만화로 인물이나 사회를 풍자적으로 비평함.

만폭(滿幅)圀 정해진 너비에 꽉 차는 일.

만:풍(晚風)圀 저녁 무렵에 부는 바람.

만풍(蠻風)圀 ☞만속(蠻俗).

만:필(漫筆)圀 보고 듣고 느낀 바를 마음 내키는 대로 적은 글. 만록(漫錄).

만:필-화(漫筆畫)圀 ☞만화(漫畫).

만하(鰻-)[옛] 지라. 圀 만하 비:脾(類合上22).

만:하(晚夏)圀 늦여름. 계하(季夏). 잔하(殘夏).

만:하(晚霞)圀 ①저녁노을. ②해 질 무렵에 끼는 안개. ②석하(夕霞).

만-하다조동어 〔어미 '-ㄹ·을' 뒤에 쓰이어〕 ①동작이나 상태 등이 '거의 그 정도에 미치어 있음'을 뜻함. ¶한창 일할 만한 나이. ②어떤 사물의 값어치나 능력이 '그러할 정도임'을 뜻함. ¶다시 볼 만한 영화. /읽을 만한 책.

만하-바탕圀 소의 지라에 붙은 고기. 설렁탕국 거리로 쓰임.

만:학(晚學)圀하자타 보통 사람보다 나이가 들어서 공부를 시작함, 또는 그 사람.

만:학(萬壑)圀 첩첩이 겹쳐진 많은 골짜기.

만:학-천봉(萬壑千峯)圀 첩첩이 겹쳐진 수많은 골짜기와 수많은 봉우리.

만:-항하사(萬恒河沙)圀 〔천축(天竺) 동계(東界)의 항하(恒河;지금의 갠지스 강)의 모래라는 뜻으로〕 '한없이, 또는 무수한 것'을 비유하여 이르는 말. 항하사(恒沙).

만:행(萬幸)圀하형 퍽 다행함. 참지행하다.

만행(蠻行)圀 야만스러운 행위. ¶만행을 저지르다. /만행을 규탄하는 모임.

만:호(萬戶)[1]圀 썩 많은 집.

만:호(萬戶)[2]圀 ①고려 시대의 군직(軍職)의 한 가지. ②조선 시대에, 각 도의 여러 진(鎭)에 배치되었던 종사품의 무관직.

만:호-장안(萬戶長安)圀 '인가(人家)가 매우 많은 서울'을 이르는 말.

만:호-중생(萬戶衆生)圀 썩 많은 중생. 억조창생(億兆蒼生).

만:호-후(萬戶侯)圀 일만 호의 백성을 가진 제후(諸侯), 곧 세력이 큰 제후.

만:혹(萬或)圀 ☞만일.

만:혼(晚婚)圀 보통 사람보다 나이가 들어서, 곧 혼기가 지나서 결혼함, 또는 그런 결혼. ¶만혼의 부부. ↔조혼(早婚).

만홀(漫忽)圀 '만홀하다'의 어근.

만:홀-하다(漫忽-)형여 무심하고 소홀하다. 만홀-히튀.

만:화圀 소의 이자와 지라를 아울러 이르는 말.

만:화(晚花)圀 ①철 늦게 피는 꽃. ②제철이 지나 늦게 피는 꽃.

만:화(萬化)圀하자 끝없이 변화함. 천변만화.

만:화(滿花)圀 가득 핀 온갖 꽃.

만화(慢火)圀 뭉근하게 타는 불.

만:화(漫畫)圀 ①풍자나 우스갯거리 등을 주로 선화(線畫)로써 경쾌하고 익살스레 그린 그림. 〔사회 비평·시사 만화 따위〕. ②어떤 줄거리가 있는 이야기를 연속된 그림과 대화로 엮은 것. 만필화(漫筆畫).

만:화-가(漫畫家)圀 만화를 그리는 것을 직업으로 하는 사람.

만:화-경(萬華鏡)圀 장난감의 한 가지. 안에 세 개의 거울을 댄 원통에 잘게 오린 색종이나 색유리 따위를 넣은 것. 그것을 돌려 가며 들여다보면 여러 가지로 변하는 아름다운 무늬가 보임.

만:화-방석(滿花方席)圀 갖가지 꽃무늬를 놓아서 만든 방석.

만:화-방창(萬化方暢)圀하형 '봄이 되어 만물이 한창 자라남'을 이르는 말.

만:화-석(滿花席)圀 갖가지 꽃무늬를 놓아서 친 돗자리.

만:화^영화(漫畫映畫)圀 영화로 만든 움직이는 만화. 애니메이션 기법으로 촬영함. 참애니메이션.

만:화-책(漫畫冊)圀 만화로 된 그림책.

만:화-가게(漫畫-)[-까-/-환까-]圀 만화책이나 무협지를 갖추어 놓고, 빌려 주거나 그 자리에서 읽게 하는 가게.

만:-황씨(萬黃氏)圀 '못나고 어리석은 사람'을 농조로 이르는 말.

만회(挽回)[-회-웨]圀하타되자 〔잃은 것이나 뒤떨어진 것을〕 바로잡아 회복함. 처음 상태로 돌이킴. ¶패세(敗勢)의 만회. /실점(失點)을 만회하다.

만:-군상(萬彙群像)圀 세상의 온갖 사물.

만:흥(漫興)圀 저절로 일어나는 흥취.

만흐다형 [옛] 많다. ¶護口]　만흐야(龍歌123章).

많:다[만타]형 ①수효나 분량이 어떤 기준을 넘다. ¶인원이 많다. /많으면 많을수록 좋다. ②정도가 일정한 수준을 넘다. ¶유난히 정이 많다. /많은 시간이 필요하다. /젊을 때 많은 경험을 쌓아라. ↔적다[2]. 많-이튀 ①책을 많이 읽다. /그에 대해서 많이는 모른다. * 많:아[마나]·많:소[만쏘]

맏圀[옛] 마당. ¶맏 당:場(訓蒙上7). 참맡.

맏-접두 같은 항렬 등에서의, 손위로서 첫째임을 뜻하는 말. ¶맏아들. /맏며느리. /맏손자. / 맏형. 참맏이.

맏-간(-間)[-깐]圀 배의 고물의 첫째 칸. 잠자는 곳으로 씀.

맏-누이[맏-]圀 맏이가 되는 누이. 큰누이.

맏-동서(-同壻)[-똥-]圀 맏이가 되는 동서.

맏-딸[맏-]圀 맏이가 되는 딸. 큰딸. 장녀(長女).

맏-며느리[맏-]圀 맏아들의 아내. 큰며느리.

맏-물[맏-]圀 그해에 맨 먼저 나온 과일이나 곡식 또는 해산물 따위를 이르는 말. 선출(先出). 신출(新出). ↔끝물.

맏-배[-빼]圀 짐승이 첫 번째로 새끼를 가지거나 낳거나 깐 것, 또는 그 새끼. 첫배.

맏-사위[-싸-]圏 맏딸의 남편.

맏-상제(-喪制)[-쌍-]圏 맏이가 되는 상제. 부모의 상사(喪事)를 당한 맏아들. 상주(喪主).

맏-상주(-喪主)圏 '맏상제'의 잘못.

맏-손녀(-孫女)[-쏜-]圏 맏이가 되는 손녀. 손녀 가운데서 맨 먼저 태어난 손녀. 큰손녀. 장손녀(長孫女).

맏-손자(-孫子)[-쏜-]圏 맏이가 되는 손자. 손자 가운데서 맨 먼저 태어난 손자. 큰손자.

맏-아들圏 맏이가 되는 아들. 첫째 아들. 큰아들. 장남(長男). 장자(長子).

맏-아이圏 맏자식.

맏-양반(-兩班)[만냥-]圏 남의 '맏아들'을 높이어 일컫는 말.

맏-언니圏 맏이가 되는 언니. 큰언니.

맏-이[마지]圏 ①형제자매 가운데서 맨 먼저 태어난 사람. ↔막내. ②나이가 남보다 많음, 또는 그런 사람. ¶그는 나보다 5년 맏이이다.

맏-자식(-子息)[-짜-]圏 맨 먼저 태어난 자식. 맏아이. 큰아이.

맏-잡이[-짜비]圏 '맏아들이나 맏며느리'를 낮추어 이르는 말.

맏-조카[-쪼-]圏 맏이가 되는 조카. 맏형의 맏아들. 장조카. 장질(長姪).

맏-파(-派)圏 맏아들의 갈래. 장손(長孫)의 계통. 장파(長派).

맏-형(-兄)[마텽]圏 맏이가 되는 형. 큰형. 장형(長兄).

맏-형수(-兄嫂)[마텽-]圏 맏형의 아내. 큰형수. 백수(伯嫂).

말[1]圏 말과의 포유동물. 어깨의 높이는 1.2~1.7m, 머리와 목과 다리가 길고 몸집이 큼. 목에는 갈기가 있고 발굽은 하나임. 유럽·아시아 원산으로 승마(乘馬)·사역(使役)·경마(競馬) 등으로 이용됨. 마필(馬匹).

말 가는 데 소도 간다俗 남이 하는 일이라면 자신도 노력만 하면 능히 할 수 있다는 말.

말 갈 데 소 간다俗 가서는 안 될 데를 간다는 뜻.

말 삼은 소 짚신이라俗 〔신 삼을 줄 모르는 말이 소의 신을 삼는다는 뜻으로〕 무엇을 한다고 하여 놓은 것이 뒤죽박죽이어서 못 쓰게 되었음을 이르는 말.

말 타면 경마 잡히고 싶다俗 사람의 욕심이란 한이 없음을 이르는 말.

말 한 마리 다 먹고 말 냄새 난다 한다俗 하고 싶은 대로 다 하고 나서 공연한 트집을 잡는다는 말.

말[2][1]圏 곡식이나 액체 따위를 되는 데 쓰이는 원통 모양의 나무 그릇.〔열 되들이로서 약 18리터의 용량.〕¶말로 되다.
[Ⅱ]의 곡식이나 액체 따위의 용량의 단위.〔되의 열 곱절로, 약 18리터임.〕두(斗).

말 위에 말을 얹는다俗 욕심이 많은 사람을 이르는 말.

말[3]圏 ①장기짝의 하나. 앞뒤에 '말 마(馬)'자가 새겨져 있으며 '날 일(日)'자로만 나아감. 마(馬). ②윷이나 고누 따위에서 쓰이는 패.

말[4]圏 ①가랫과의 다년생 수초(水草). 줄기 높이 30cm 이상. 전체가 녹갈색인데 가늘고 잎이 어긋맞게 나고, 5~6월에는 황록색의 꽃이 이삭 모양으로 핌. 연한 줄기와 잎은 나물로 먹음. ②물속에서 자라는 은화식물(隱花植物)을 통틀어 이르는 말.

말[5]圏 ①사람이 생각이나 감정을 나타내는 데 쓰는 음성, 또는 그것을 문자로 나타낸 것. 언어. ¶상냥한 말./우리 겨레 고유의 말./다른 말로 표현하다./말로는 못할 일이 없다. ②무엇에 관련된 이야기. ¶그는 낚시 말만 나오면 신이 난다. ③소문이나 풍문 따위를 이르는 말. ¶말이 퍼지다. ④다시 강조하거나 확인하는 뜻을 나타내는 말.《주로, '-으라는 말이다', '-다는 말이다'의 꼴로 쓰임.》¶이런 걸 먹으라는 말인가? ⑤망정이지의 뜻을 나타내는 말.《주로, '-으니 말이지', '-기에 말이지'의 꼴로 쓰임.》¶그 자리에 없었으니 말이지 큰일날 뻔했다. ⑥어떤 것이 잘 이루어지지 않을 날을 탄식하는 말.《주로, '-어(아)야 말이지'의 꼴로 쓰임.》¶집을 사야 되는데 돈이 있어야 말이지. 宙말씀.

말로 온 동네 다 겪는다俗 〔온 동네 사람을 음식으로 대접하는 대신 말로 때운다는 뜻으로〕 실천은 하지 않고 모든 것을 말로만 해결하려 듦을 이르는 말.

말 많은 집은 장맛도 쓰다俗 가정에 말이 많으면 살림이 잘 안 된다는 말.

말이 씨가 된다俗 불길한 말을 했을 때, 그 말대로 될 수도 있으니 함부로 말하지 말라는 말.

말 한마디에 천 냥 빚도 갚는다俗 말만 잘하면 어려운 일도 해결할 수 있다는 말.

말(을) 내다관 남이 모르고 있던 일을 이야기하여 소문을 내다.

말(을) 듣다관 ①남이 시키는 대로 하다. ¶말을 듣지 않는 아이. ②꾸지람이나 나무람을 당하다. ③기계 따위가 마음대로 잘 다루어지다. ¶핸들이 말을 잘 듣는다.

말(을) 못 하다관 말로써 다 형용할 수 없을 정도다. ¶그에게도 말 못 할 사정이 있다.

말(이) 굳다관 말할 때 더듬거려 말이 부드럽지 못하다.

말(이) 나다관 ①남이 모르고 있던 일이 알려지게 되다. ②말이 이야깃거리로 나오게 되다. ¶이왕 말이 났으니 다 말하겠다.

말(이) 되다관 ①하는 말이 이치에 맞다. ②어떤 일에 대하여 서로의 사이에 약속이 이루어지다. ¶내일 만나기로 말이 되어 있다. ③말거리가 되다.

말(이) 떨어지다관 명령이나 승낙 따위의 말이 나오다.

말(이) 뜨다관 말이 술술 나오지 않고 자꾸 막히거나 굼뜨다.

말(이) 많다관 ①말수가 많다. 수다스럽다. ②말썽이 끊이지 아니하다.

말(이) 아니다관 무어라고 말할 수 없을 만큼 처지가 매우 형편이 없다. ¶체면이 말이 아니다.

말[6]圏 톱질할 때나 먹줄을 칠 때 그 밑에 받치는 나무.

말[7]圏 말뚝. ¶橛은 말이라(楞解8:85).

말(末)의 《일부 명사 뒤에 쓰이어》'어떤 기간(시기)의 끝, 또는 끝 무렵'임을 뜻함. ¶임기 말./이달 말./고려 말의 사회상. ↔초(初).

말-(接頭) 일부 명사 앞에 붙어, 그것이 '보통 것보다 큰 것'임을 나타냄. ¶말개미. /말거미. /말매미. /말벌.

말-가웃[-욷]圏 한 말하고 반 말, 곧 한 말과 반 말을 합친 양. 말아웃. ¶말가웃 남짓한 보리쌀. ＊말가웃이[-우시]·말가웃만[-운-]

말가후다[형][옛] 말갛다. ¶至氣悉 至氣悉 於思臥 말가호 기픈 소회 온갖 고기 뛰노누다(尹善道.漁父四時詞).

말-간(-間)[-깐]圀 ☞마구간.

말갈(靺鞨)圀 퉁구스 족의 일족. 시베리아, 중국 동북 지방, 우리나라의 함경도에 걸쳐 살았던 족속으로, 여진족·만주족이 모두 이 종족의 후예임.

말-갈기圀 말의 목덜미에서 등까지 나 있는 비교적 긴 털. 마렵(馬鬣).

말:-갈망[-하다]타] 한 말에 대한 뒷수습. ¶말을 함부로 해 놓고는 말갈망을 못해 쩔쩔맨다.

말-감고(-監考)圀 지난날, 곡물 시장에서 마되질하는 일을 업으로 삼던 사람. 말잡이. 말쟁이1. 준감고(監考).

말:-갈다[-가타][말가니·말개]톙下) ①흐림이 없이 맑다. ¶강물이 말갛다. /말간 눈동자. /하늘이 말갛게 개었다. ②(정신이) 또렷하다. ¶말간 정신. 큰멀겋다.

말-개미圀 ☞왕개미.

말:-개지다재 말갛게 되다. ¶흙탕물이 말개지다. /정신이 말개지다.

말거(抹去)圀하타되재 (기록 따위를) 지워서 없앰. 말소(抹消).

말-거리[-꺼-]圀 ①이야기의 자료. 이야깃거리. ¶더 이상 말거리가 없다. ②말썽이 될 만한 일. 말썽거리. ¶새로운 말거리.

말-거머리圀 거머릿과의 환형동물. 몸길이는 10~15 cm. 몸빛은 갈색이고 등에 다섯 줄의 검은 세로줄이 있음. 턱이 약해 사람의 피는 빨지 못함. 각지의 논이나 늪 등에서 볼 수 있음. 마질(馬蛭).

말-거미圀 ☞왕거미.

말:-결[-껼]圀 무슨 말을 하는 결. 《주로, '말결에'의 꼴로 쓰임.》 ¶지나가는 말결에 문득 한 말.

말경(末境)圀 ①늙바탕. ②끝판. ¶잘 나가다가 말경에 일을 망쳤다.

말:-결[-껼]圀 남이 말하는 옆에서 덩달아 참견하는 말. ＊말:결이[-껴리]·말:결을[-껴틀]·말:결만[-껸-]

　말결(을) 달다[판용] 남이 말하는 옆에서 덩달아 말하다. ¶말결을 달고 나오다.

말계(末計)[-계/-게]圀 궁지에 몰렸을 때, 구차하게 생각해 낸 계책. 궁계(窮計).

말-고기圀 말의 고기.
　말고기 자반[판용] 〔말고기로 만든 자반이 붉은 색인 데서〕 '술에 취하여 얼굴이 불그레한 사람'을 조롱하여 이르는 말.

말-고삐圀 말굴레에 매어서 말을 끄는 줄.

말-곡식(-穀食)[-씩]圀 한 말가량 되는 곡식. 두곡(斗穀).

말-곰圀 곰과의 포유동물. 불곰의 아종(亞種)으로, 몸이 크며 털 빛깔은 적갈색임. 귀와 꼬리는 작고 가슴과 어깨에 얼룩무늬가 있음. 중국 동북 지방의 특산임.

말-공대(-恭待)圀하타) 상대편에게 말을 높이어 대접함. ¶어린것이 어른에 대한 말공대가 제법이다.

말관(末官)圀 ☞말직(末職).

말괄량이圀 말이나 하는 짓이 지나치게 활달하여 여성답지 않은 여자.

말-괴불[-괴-/-꿰-]圀 큰 괴불주머니.

말구(末口)圀 위아래를 자른 통나무의, 가는 쪽 끝머리의 지름.

말구디흐다[판] 〔옛〕 말을 더듬거리다. ¶말구디흘 눌:訥(訓蒙下28).

말-구유圀 말먹이를 담아 주는 그릇. 참구유.

말-구종(-驅從)圀 지난날, 사람이 탄 말의 고삐를 잡고 끌거나 뒤에서 따르던 하인. 마부(馬夫).

말-국圀 '국물'의 잘못.

말국(末局)圀 ①어떤 일이나 사건의 끝판. ②바둑 따위의 끝판.

말-굴레圀 말의 머리에 씌우는 굴레.

말-굽圀 ①말의 발톱. 마제(馬蹄). ②〈말굽추녀〉의 준말.

말굽-도리[-또-]圀 끝이 말굽 모양으로 되어 있는 도리.

말굽-옹두리圀 말굽 모양으로 생긴 소의 옹두리뼈.

말굽-은(-銀)圀 은으로 말굽 모양으로 만든, 중국에서 쓰던 화폐의 한 가지. 마제은(馬蹄銀). 보은(寶銀).

말굽-자석(-磁石)[-짜-]圀 말굽 모양으로 만든 자석. 마제형 자석(馬蹄形磁石). 제형 자석.

말굽-추녀圀 안쪽 끝을 말굽 모양으로 만들어 추녀의 큰 서까래 양쪽에 붙이는 서까래, 또는 그렇게 만든 추녀. 마제연(馬蹄椽). 마제추녀. 준말굽. ↔선자추녀.

말굽-토시圀 ☞마제형토시.

말권(末卷)圀 (여러 권으로 한 벌을 이룬 책 따위의) 맨 끝 권.

말:-귀[-뀌]圀 ①말이 뜻하는 내용. ¶말귀를 못 알아듣고 엉뚱한 대답을 한다. ②('밝다'·'어둡다' 등과 함께 쓰이어) 남이 하는 말의 뜻을 알아듣는 총기. ¶말귀가 밝다. /말귀가 어둡다. ②비뒷귀.

말그레-하다톙) 말그스름하다. 큰멀그레하다.

말그스름-하다톙) 조금 말갛다. 말그스레하다. ¶숭늉이 말그스름하다. 큰멀그스름하다. **말그스름-히**위.

말긋-말긋[-근-귿]위하] 액체 속에 그만그만한 작은 덩어리들이 들어 있는 모양.

말:-기(末技)圀 하찮은 재주. 변변치 못한 기술이나 기예. 말예(末藝).

말기(末期)圀 ①어떤 시대나 기간의 끝장이 되는 시기. 말엽(末葉). ¶조선조 말기. ②어떤 일의 끝 무렵. 만기의(晚期). 참초기·중기.

말:-길[-낄]圀 다른 사람과 말을 주고받을 수 있는 방도. ¶말길을 트다. /말길이 열리다.
　말길(이) 되다[판용] 〔다른 사람을 통하여〕 자신을 소개하는 길이 트이다. ¶겨우 말길이 되어 상대편을 만났다.

말:-꼬圀 말할 때에, 처음으로 입을 여는 일. ¶말꼬를 트다.

말:-꼬리圀 말끝. ¶말꼬리를 흐리다.
　말꼬리(를) 잡다[판용] 남이 한 말에서 탈을 잡아 말꼬투리로 삼다. 말끝을 잡다. ¶말꼬리를 잡고 늘어지다.

말:-꼬투리圀 시빗거리가 될 만한 말의 실마리. ¶말꼬투리를 잡아 따지기 시작하다.

말-꼴圀 말먹이로 하는 풀. 마초(馬草).

말:-꾸러기圀 ①잔말이 많은 사람. ②말썽을 잘 일으키는 사람. 말썽꾼.

말-꾼圀 〈말몰이꾼〉의 준말.

말:-꾼²圀 〈마을꾼〉의 준말.

말끄러미위 눈을 똑바로 뜨고 가만히 한곳만 바라보는 모양. ¶아이는 고개를 들고 말끄러미 내 얼굴을 쳐다보았다. 큰물끄러미.

말끔뮈 조금도 남김없이 죄다. ¶ 발자국을 말끔 닦아 내다. /지난 일을 말끔 잊다. /말끔 거짓말이다.

말끔-하다형여 티 없이 환하고 깨끗하다. ¶ 말끔한 옷차림. /방 안을 말끔하게 치우다. 큰뭘끔하다. **말끔-히**뮈 ①말끔하게. ¶ 거울을 말끔히 닦다. ②남김없이. 죄다. ¶ 괴로웠던 일들을 말끔히 잊어버리다.

말:-끝[-끋]명 어떤 말을 마무리짓는 뒤끝. ¶ 말끝을 흐리다. /많은 여운을 남기면서 말끝을 맺다. ↔말머리. * 말:끝이[-끄치]·말:끝을[-끄틀]·말:끝만[-끈-]

말끝(을) 달다관용 일단 말을 끝마치고는 다시 덧붙여 말하기 시작하다.

말끝(을) 잡다관용 말꼬리를 잡다.

말-나리[-라-]명 백합과의 다년초. 고산 지대에 절로 나는데, 줄기는 80cm가량 자라고, 길둥근 잎이 돌려남. 6~8월에 적갈색의 무늬가 있는 주황색 꽃이 줄기 끝에 핌.

말-날[-랄]명 ☞오일(午日).

말년(末年)[-련]명 ①어떤 시기의 마지막 무렵. ¶ 고려조 말년의 사회상. ②인생의 마지막 무렵. 늘그막. ¶ 그의 말년의 작품.

말-놀음[-로름]명하자 〈말놀음질〉의 준말.

말놀음-질[-로름-]명하자 막대기나 동무들의 등을 말 삼아 타고 노는 아이들의 놀이. 준말놀음.

말:-눈치[-룬-]명 말을 하는 가운데 은연중에 나타나는 그 말의 속뜻. ¶ 말눈치로 보아서는 쉬 승낙할 것 같지 않다.

말다¹[마니·말아]탄 ①(종이나 천 따위 얇고 넓적한 물건을) 한쪽 끝이 안쪽으로 들어가게 돌돌 감아 제 몸을 싸고 돌게 하다. ¶ 돗자리를 말다. ②(얇고 넓적한 물건으로) 돌돌 감아 싸다. ¶ 종이로 담배를 말다. /김밥을 말다.

말다²[마니·말아]탄 (밥이나 국수 따위를) 물이나 국물에 넣어 풀다. ¶ 국밥을 말다.

말:다³[마니·말아]탄 ①하던 일을 그만두다. ¶ 이야기를 하다 말다. /낭비를 말아야지. ②하려던 일을 하지 않다. ¶ 일을 하려다 말다. /이제부터는 원망을 말기로 했다. ③'그것이 아님'을 뜻함. 《주로, '말고'의 꼴로 쓰임.》 ¶ 그것 말고 저것으로 하지. ④앞말이 나타내는 말을 부정하는 뜻을 나타냄. 《주로, '-거나 말거나', '-거니 말거니', '-든지 말든지' 등의 꼴로 쓰임.》 ¶ 가거나 말거나 신경 안 쓴다.

말:다⁴[마니·말아]조동 ①동사의 어미 '-지' 뒤에 쓰이어, 그 동작을 그만둔다는 뜻을 나타냄. ⓐ기본형으로는 쓰이지 않고 어미 활용 형태로 쓰임. ⓑ서두르지 말고 차근차근히 생겨라. ⓒ명령형인 경우 '마라'·'마'로 쓰임. ¶ 걱정하지 마라. /오지 마. ⓒ문어체의 명령형이나 간접 인용에서는 '말라'의 꼴로 쓰임. ¶ 가지 말라. /뜯어 보지 말라고 하더라. ②동사의 어미 '-고(야)' 뒤에 쓰이어, 그 동작이 이루어진다는 뜻을 나타냄. ¶ 결국 떠나고 말았다. /꼭 성공하고야 말겠다. ③감각이나 심리 상태에 관계있는 말과 어울려 쓰이어, '그런 상태를 강조한다'는 뜻을 나타냄. ¶ 그리 슬퍼 마라. /인간은 언제나 혼자라네. 너무 외로워 말게.

말다(抹茶)명 ☞말차(抹茶).

말-다래명 말을 탄 이의 옷에 진흙이 튀지 않도록 가죽 같은 것으로 만들어 안장 양쪽에 달아 늘어뜨리는 물건. 장니(障泥).

말:-다툼명하자 말로써 서로 다툼, 또는 그러한 일. 말싸움. 말씨름. 입씨름. 설론(舌論). 설전. 언쟁. ¶ 사소한 일로 말다툼하다.

말단(末端)[-딴]명 ①물건의 맨 끄트머리. 말미(末尾). ②조직 따위의 중추(中樞)에서 먼, 아래나 끝 부분. ¶ 조직의 말단. /신경의 말단.

말단가격(末端價格)[-딴까-]명 (생산자 가격이나 도매 가격에 대하여) '소매 가격'을 이르는 말. 끝소비자 가격.

말-달리다자 말을 타고 달리다.

말-대[-때]명 물레질할 때, 솜을 둥글고 길게 말아 내는 수수깡 막대기.

말대(末代)[-때]명 ①말세(末世). ②죽 이어져 온 왕위(王位)나 가독(家督) 따위의 마지막 대(代).

말:-대꾸명하자 남이 한 말을 받아 거슬리게 말을 함, 또는 그 말. ¶ 말끝마다 말대꾸를 하다. 준대꾸. 逊말대답.

말:-대답(-對答)명하자 윗사람의 말에 거슬리게 대답함, 또는 그 대답. ¶ 아들의 말대답에 몹시 no 못마땅한 기색이다. 逊말대꾸.

말:-더듬-이명 말을 더듬는 사람. 준더듬이1.

말-덕석[-썩]명 말의 등에 덮는 멍석.

말-동무[-뚜]명하자타 친구 삼아 이야기를 나누는 상대. 말벗.

말-두(-斗)명 한자 부수의 한 가지. '料'·'斜'·'斡' 등에서의 '斗'의 이름.

말디자옛 말을 마치자. 말이 끝나자. ¶ 말디자 鶴을 틔고(鄭澈.關東別曲)

말-똥명 말의 똥. 마분(馬糞).

말똥에 굴러도 이승이 좋다속담 고생이 되더라도 살아 있는 것이 좋다.

말똥-가리명 수릿과의 새. 편 날개의 길이는 35~41cm. 등 쪽은 어두운 갈색이고 배 쪽은 누르스름한 빛에 가로무늬가 있음. 산림에 사는 텃새로 들곤충이나 쥐 따위를 잡아먹는 익조(益鳥)임.

말똥-거리다탄 말똥말똥한 눈으로 요리조리 살피다. 말똥대다. 큰멀뚱거리다.

말똥-구리명 풍뎅이과의 곤충. 몸길이 18mm가량. 몸빛은 검고 광택이 있으며 두 개의 돌기가 있음. 여름철에 짐승의 똥을 굴려 굴속으로 가져가서 그 속에 알을 낳음. 쇠똥구리.

말똥-굼벵이명 말똥구리의 유충.

말똥-말똥뮈 ①형정신이 또렷한 모양. ¶ 밤을 새우고도 정신이 말똥말똥하다. ②형눈동자가 맑고 생기가 있는 모양. ¶ 어린것들의 말똥말똥한 눈이 눈에 선하다. ③하타눈을 크게 뜨고 말끄러미 바라보는 모양. ¶ 선생님의 얼굴을 말똥말똥 바라보다. 큰멀뚱멀뚱.

말똥-성게명 둥근성게과의 극피동물. 몸빛은 감람색에 붉은색을 띠고 있으며 밤송이같이 가시가 촘촘히 돋아 있음. 바닷속 바위나 해안의 돌 밑에 붙어사는데, 성게젓의 재료가 됨.

말똥-지기명 연을 띄울 때, 연을 잡고 있다가 놓는 사람.

말똥-하다형여 눈빛이나 정신 등이 생기가 있고 맑다. 큰멀뚱히.

말뚝¹명 (무엇을 받치거나 푯말로 하기 위하여) 박아 세우는 기둥 모양의 것. ¶ 나무 말뚝.

말뚝(을) 박다관용 ①제대하기 싫은 직업 군인이 되어 계속 복무하다. ②함부로 어떻게 할 수 없도록 억눌러 놓다. ¶ 더 이상 농간을 부릴 수 없도록 말뚝을 박아 놓아야지.

말뚝²[명] ☞말뚝잠(籤).

말뚝-망둑어[-뚱-]圀 망둑엇과의 바닷물고기. 몸은 기름하면서 옆으로 납작하며, 머리가 크고 눈이 튀어나왔음. 잘 발달된 가슴지느러미로 바닷가의 습지에서 기기도 함.

말뚝-모圀 '꼬창모'의 잘못.

말뚝-벙거지[-뻥-]圀 지난날, 마부들이 쓰던 전립(戰笠)의 한 가지.

말뚝-잠[-짬]圀 꼿꼿이 앉은 채로 자는 잠.

말뚝-잠[-籤][-짬]圀 산호·옥·수마노 등으로 말뚝 모양으로 만든 비녀의 한 가지. 비녀 머리의 윗부분이 둥글고 앞으로 조금 구부러져 있음. 말뚝².

말-뜻[-뜯]圀 말에 담긴 뜻. ¶말뜻을 이해하다. * 말뜻[-뜨시]·말:뜻만[-뜬-]

말-띠圀 ☞오생(午生).

말라기-서[-←Malachi書]圀 구약 성서 중의 한 편. 말라기의 예언을 적은 것으로, 도덕적 타락에 대한 경고와 심판의 날이 가까워졌음을 기록한 내용임.

말라-깽이圀 '몸이 몹시 여윈 사람'을 조롱조로 이르는 말.

말라리아(malaria)圀 학질모기가 매개하는 말라리아 병원충의 기생으로 일어나는 전염성 열병. 발작적인 고열(高熱)이 주기적으로 되풀이됨. 학질(瘧疾). 젭하루거리.

말라리아-모기(malaria-)圀 ☞학질모기.

말라리아-병[-뼝]·**원충**[病原蟲]圀 말라리아의 병원체인 원생동물. 학질모기의 침과 함께 사람의 모세 혈관에 들어가, 적혈구 안에서 무성 생식으로 증식함.

말라리아-열(malaria熱)圀 말라리아에 걸려서 발작적으로 일어나는 주기성 고열(高熱).

말라리아^요법(malaria療法)[-뺍]圀 매독 환자에게 말라리아 병원균을 접종하여 다스리는 발열 요법.

말라-붙다[-붇따]재 물기가 바싹 마르거나 졸아서 엉겨 붙거나 들러붙다.

말라-비틀어지다재 ①사람이나 사물이 쭈글쭈글하게 말라서 비틀리다. ②몹시 하찮음을 보잘 것임.《주로, '말라비틀어진'의 꼴로 쓰임.》 ¶무슨 말라비틀어진 소린지 모르겠다.

말라-빠지다재 몹시 하찮고 보잘것없다.《주로, '말라빠진'의 꼴로 쓰임.》

말라-죽다[-따]재 아무 쓸데 없다.《주로, '말라죽은'·'말라죽을'의 꼴로 쓰임.》 ¶돈도 없는데 무슨 말라죽을 외식이냐?

말랑-거리다재 자꾸 말랑말랑한 느낌이 나다. 말랑대다. ㉥물렁거리다.

말랑-대다재 말랑거리다.

말랑-말랑[위·하형] 매우 말랑한 모양. ¶말랑말랑하게 익은 홍시. ㉥물렁물렁.

말랑-하다[형예] ①야들야들하게 보드랍고 무르다. ②기질이 무르고 만만하다. ¶억센 몸집과는 달리 기질은 말랑하다. ㉥물렁하다.

말랭이圀〈무말랭이〉의 준말.

말려-들다[~드니·~들어]재 ①무엇에 차차 감기어 들어가다. ¶돌아가는 기계에 옷자락이 말려들다. ②본의 아니게 어떤 일에 관계되거나 끌리어 들어가다. ¶사건에 깊숙이 말려들다.

말로(末路)圀 ①사람의 생애의 끝 무렵. 인생의 끝판. ¶범죄인의 비참한 말로. ②번영했던 것이 쇠퇴할 대로 쇠퇴한 마지막 상태. ¶부실 기업의 말로.

말롱-질圀·하재 ①아이들이 말을 타듯 서로 등에 타고 노는 장난. ②남녀가 말의 교미(交尾)를 흉내 내는 성적(性的) 장난.

말류(末流)圀 ①강의 흐름의 아래쪽(강어귀에 가까운 곳). 하류(下流). ②☞말세(末世). ③어느 유파에서 갈려 나가 그 세력이 쇠퇴한 유파. ④하찮은 유파나 분파, 또는 거기에 딸린 사람. ⑤이런 사람의 혈통의 끝. ⑤여예(餘裔).

말류지폐(末流之弊)[-폐/-폐]圀 잘되어 오던 일의 끝판에 생기는 폐단. ㉥유폐(流弊).

말리(末利)圀 눈앞의 작은 이익.

말리(茉莉)圀 물푸레나뭇과의 상록 관목. 인도·이란 원산의 관상용 식물로, 높이는 1 m가량. 여름철에 희고 누런 꽃이 가지 끝에 핌. 잎은 먹을 수 있으며 꽃은 향료로 쓰임.

말-리다재 ①어떤 사건에 휩쓸려 들어가다. ¶사기꾼의 술수에 말려 돈을 다 뜯겼다. ②['말다'의 피동] 두루로 감기다.

말리다²['마르다'의 사동] 물기·살·돈 따위를 마르게 하다.

말리다³태 (하고자 하는 일을) 못하게 하다. ¶싸움을 말리다.

말림圀 ①·하태 산에 있는 나무나 풀을 함부로 베지 못하게 하고 가꾸는 일. 금양(禁養). ②〈말림갓〉의 준말.

말림-갓[-깓]圀 나무를 함부로 베지 못하게 금한 땅이나 산. ㉥갓³·말림. * 말림갓이[-까시]·말림갓만[-깐-]

말-마(-馬)圀 한자 부수의 한 가지. '馳'·'駝' 등에서의 '馬'의 이름.

말-마당圀 말 타기를 익히고 겨루는 곳.

말-마디圀 ①(조리가 바로 서는) 말의 도막. ¶제법 말마디깨나 한다는 사람. ②☞어절(語節). 말마디나 하다㈜ 말을 제법 조리 있게 잘하다. ¶마을에서 말마디나 하는 사람.

말:-막음圀·하재 ①남에게서 나무람의 말이나 생가신 말이 나오는 것을 꺼리어 미리 어떤 수를 써서 그 말을 막고 벗어나는 일, 또는 그렇게 하는 말. ②서로 주고받던 이야기의 끝을 맺는 일.

말-말뚝圀 말을 매는 말뚝.

말:-맛[-맏]圀 말의 느낌. 어감(語感). * 말:맛이[-마시]·말:맛만[-만-]

말망(末望)圀 지난날, 삼망(三望)의 끝자리, 또는 거기에 든 사람을 이르던 말.

말-매미圀 매밋과의 곤충. 매미 종류 중 가장 커서 몸길이가 4.5 cm가량임. 몸빛은 검고 광택이 남. 유충으로 땅속에서 몇 해를 지낸 뒤 여름철에 나와 1~2주일 살다가 죽음. 왕매미.

말:-머리圀 ①말의 첫머리. 말의 허두. ¶~말끝. ②이야기의 방향. ¶기색을 살피더니 슬쩍 말머리를 돌린다.

말머리-아이圀 혼인한 뒤에 바로 배어 낳은 아이.

말-먹이圀 말에게 먹이는 꼴이나 곡식. 마량(馬糧).

말:명圀 ①무당굿의 열두 거리 굿 중 열한째 거리의 이름. ②☞만명(萬明).

말:명-놀이圀·하재 무당굿의 열두 거리 중 열한째 거리를 놂, 또는 그 놀이.

말목(-木)圀 무슨 표지(標識)가 되게 세우는 나무 말뚝. 말장.

말-몫[-목]圀 ①지주와 소작인이 타작마당에서 곡식을 나눌 때, 마당에 떨어진 소작인 몫의 벼. ②말잡이의 몫으로 주는 곡식. * 말몫이[-목씨]·말몫만[-몽-]

말-몰이圈 ①<u>하자</u>말을 부리는 일. ②〈말몰이꾼〉의 준말.

말몰이-꾼圈 짐 싣는 말을 몰고 다니는 사람. ㉾말꾼·말몰이.

말:-무(-母)圈 한자 부수의 한 가지. '每'·'毒' 등에서의 '母'의 이름.

말:-문(-門)圈 ①말을 하기 위하여 여는 입. ¶말문을 떼다. ②말을 꺼내는 실마리. ¶말문이 트이다.
  말문(을) 막다관용 말을 꺼내지 못하게 하다. ¶자꾸 헛기침을 해서 나의 말문을 막다.
  말문(을) 열다관용 입을 떼어 말을 하기 시작하다. ¶침착하게 말문을 열다.

말문(末文)圈 ⇨결문(結文).

말믜〈옛〉 말미. ¶江漢ㅇ로 나갈 말믜 업스니(杜初3:36).

말미(어떤 일에 매인 사람이) 다른 일로 말미암아 얻는 겨를. 수유(受由). 휴가(休暇). ¶말미를 받다. /말미를 얻다.

말미(末尾)圈 (글이나 책의) 끝 부분. 말단(末端). ¶서류(書類)의 말미에 서명 날인하다.

말미암다[-따]자 원인이나 이유가 되다. 계기가 되다. 인연이 되다. ¶그는 과로로 말미암아 몸살아 나고 말았다.

말미잘圈 해변말미잘목과 꽃말미잘목의 자포동물을 통틀어 이르는 말. 원기둥 모양의 몸 끝에 마치 꽃처럼 열리는 촉수가 있음. 몸빛은 녹색이나 담황색임. 촉수로 먹이를 잡아먹음. 간조선(干潮線)의 바위틈이나 모래에 묻혀 삶.

말-밑[-믿]圈 곡식을 마질하고 남는, 한 말이 채 안 되는 곡식. ㉾됫밑. *말밑이[-미치]·말밑만[-민-]

말:-밑[-믿]圈 ⇨어원(語源). *말:밑이[-미치]·말:밑을[-미틀]·말:밑만[-민-]

말:-밑천[-믿-]圈 ①말을 계속 이어 갈 거리. ¶말밑천이 달리다. ②말하는 데 들인 노력. ¶말밑천도 건지지 못하다.

말믜〈옛〉①까닭. ¶말믜 由:由(類合下11). ②말미. ¶말믜 열흘고(釋譜6:15).

말믜-삼다〈옛〉말믜 말미암다. ¶孔子로 말미삼아 옴으로 수에 至홈이오 百이오 餘歲니(孟解14:34).

말:-꿈-표(-標)圈 ⇨줄표.

말-박圈 ①큰 바가지. ②(곡식을 되는) 말 대신으로 쓰는 바가지.

말:-발[-빨]圈 말이 먹히어 들어가는 정도. 말의 권위. ¶말발이 세다.
  말발(이) 서다관용 말이 잘 먹히어 들어가다. 말한 대로 일이 되어 가다.

말-발굽[-꿉]圈 말의 발굽.

말발도리-나무圈 범의귓과의 낙엽 활엽 관목. 높이는 3~4 m. 잎은 길둥글며 가장자리에 톱니가 있음. 5~6월에 흰 꽃이 피며, 9월에 삭과(蒴果)가 익음. 산지에 자라는데 관상용으로 심기도 함.

말-밥[-빱]圈 한 말 정도의 쌀로 지은 밥.

말-방울圈 말의 목에 단 방울. ㉾워낭.

말-발[-빨]圈 윷놀이나 고누·장기 따위에서 말이 다니는 길. *말발이[-빠치]·말발을[-빠틀]·말발만[-빤-]

말-버둥질圈<u>하자</u> 말이 등을 땅에 대고 누워 네 다리로 버둥거리는 짓. ㉾버둥질.

말:-버릇[-뻐른]圈 ①자신도 모르는 사이에 으레 하는, 버릇이 된 말투. ¶말버릇이 거칠다. / 손윗사람에게 그게 무슨 말버릇이냐! ②틀에 박힌 말투. ¶그의 독특한 말버릇. 구습(口習). *말:버릇이[-뻐르시]·말:버릇만[-뻐른-]

말-버짐圈 살갗에 흰 점이 생기고 가려운 병. 마선(馬癬).

말-벌圈 말벌과의 곤충. 몸길이는 암컷이 25 mm, 수컷은 20 mm가량. 가슴에 긴 털이 많고, 몸빛은 흑갈색이나 머리는 황갈색을 띰. 독침이 있으며, 작은 곤충을 잡아먹음. 대황봉(大黃蜂). 왕벌.

말:-법(-法)[-뻡]圈 ⇨어법(語法).

말법(末法)[-뻡]圈 불교에서 이르는 삼시(三時)의 하나. 석가의 입멸(入滅) 후 정법(正法)과 상법(像法)에 이어지는 1만 년 동안. 불법이 다하고 세상이 어지러워지는 마지막 시기. 말법시(末法時). ㉾정법(正法)·상법(像法).

말법-시(末法時)[-뻡씨]圈 ⇨말법(末法).

말:-벗[-뻗]圈<u>하자타</u> 서로 더불어 이야기를 주고받을 만한 사람. 말동무. ¶말벗을 삼다. *말:벗이[-뻐시]·말:벗만[-뻔-]

말-벗김[-벋낌]<u>하타</u> 지난날, 마름이 소작인에게서 세를 받을 때에는 말을 후하게 되어서 받고, 지주에게 줄 때에는 박하게 마질을 하여, 남은 것을 가로채던 일.

말:-보(-洑)[-뽀]圈 《흔히 '터지다'와 어울려 쓰이어》 하고 싶은 말이 많아서 봇물처럼 잔뜩 고여 있는 말. ¶옛날 단짝 동무를 만나니 말보가 터져 밤을 꼬박 새웠다.

말복(末伏)[-뽁]圈 삼복(三伏) 가운데 마지막 복날. 입추(立秋)부터 첫째 경일(庚日). ㉾중복·초복.

말:-본圈 ⇨문법(文法).

말:-본새[-쌔]圈 본디부터의 말씨(말투). ¶말본새가 거칠다. /말본새가 고약하다.

말분(末分)圈 《한평생을 세 시기로 구분했을 때의 말년(末年), 또는 말년의 운수. ㉾중분(中分)·초분(初分).

말불-버섯[-섣]圈 말불버섯과의 버섯. 지름 2~3 cm의 기둥 모양의 줄기 위에 둥근 균산(菌傘)이 있고, 균산 윗부분에 작은 혹이 많음. 여름과 가을에 숲 속의 그늘진 곳에 나며, 어린것은 먹을 수 있음. 마발(馬勃). *말불버섯이[-서시]·말불버섯만[-선-]

말-뼈圈 '성질이 거세고 뻣뻣한 사람'을 비유하여 이르는 말.

말밤〈옛〉 마름쇠. ¶鏃鏃는 말밤이라(月釋21:80).

말사(末寺)圈 불교에서, 일정한 교구의 본사(本寺)에 딸린 작은 절을 이르는 말.

말살(抹殺·抹摋)[-쌀]圈<u>하다</u><u>되자</u> ①(있는 사물을) 아주 없애 버림. ¶기록을 말살하다. ②(존재를) 아주 부정하거나 무시함. ¶그의 의견을 말살해 버리다.

말-상(-相)圈 생김새가 말처럼 길게 생긴 얼굴, 또는 그런 얼굴의 사람.

말석(末席)[-썩]圈 ①(모임 따위에서) 지위가 낮은 사람이나 손아랫사람이 앉는 아랫자리. ↔상석(上席). ②맨 끝의 자리. 말좌(末座). 석말(席末). 하좌(下座). ↔수석(首席). ③낮은 지위. ¶신입 사원이라서 아직 말석입니다.

말-세(-稅)[-쎄]圈 말감고가 마질을 한 삯으로 받는 세.

말세(末世)[-쎄]圈 ①정치나 도의 따위가 어지러워지고 쇠퇴하여 가는 세상. 계세(季世). 말대(末代). 말류(末流). ②불교에서, 말법(末法)의 세상. ③기독교에서 이르는, 예수의 탄생부터 재림까지의 세상.

말소(抹消)[-쏘]圓하타되자 (적혀 있는 사실 등을) 지워서 없앰. 말거(抹去). ¶호적 말소. /등기를 말소하다.

말소^등기(抹消登記)[-쏘-]圓 이미 등기된 사항의 말소를 위하여 하는 등기.

말:-소리[-쏘-]圓 ①말하는 소리. 언성. ¶귀에 익은 말소리. ②사람의 발음 기관에서 나오는, 말을 이루는 소리. 말의 소리. 어음(語音). 음성(音聲).

말-소수圓 한 말 남짓한 양의 곡식.

말:-속[-쏙]圓 말에 담긴 깊은 뜻. ¶말속을 알아채다.

말속(末俗)[-쏙]圓 ①말세의 풍속. ②어지럽고 타락한 풍속.

말손(末孫)[-쏜]圓 먼 후대의 자손. 계손(系孫). 말예(末裔). 원손(遠孫).

말-솔圓 말의 털을 빗기거나 씻기는 데 쓰이는 솔.

말:-솜씨[-쏨-]圓 말하는 재간. 말재주. 언변(言辯). ¶타고난 말솜씨. /말솜씨에 넘어가다.

말-수(-數)¹[-쑤]圓 말로 된 수량. 두수(斗數).

말:-수(-數)²[-쑤]圓 말의 수효, 또는 말하는 횟수. ¶말수가 적고 얌전한 아가씨.

말-술圓 ①한 말가량의 술. 두주(斗酒). ¶말술도 마다하지 않는다. ②많은 양의 술. ¶그의 주량은 가히 말술이지.

말-승냥이圓 ①'이리'를 승냥이와 비교하여 더 큰 종류라는 뜻으로 이르는 말. ②'키가 크고 성질이 사나운 사람'을 비유하여 이르는 말.

말:-시비(-是非)圓하자 말로 하는 다툼.

말:-실수(-失手)[-쑤]圓하자 해서는 안 될 말을 한 실수, 또는 그 말. 실언(失言). ¶깜짝 놀라 얼떨결에 말실수를 하다.

말:슴〔옛〕말씀. ¶말씀과 우숨쾌 그윽흐얫ᄂᆞ니(杜初9:3). /말슴 길히 그츠며(圓覺序13).

말:-싸움圓하자 말다툼.

말쌀-스럽다[-따][~스러우니·~스러워서]閉ㅂ 모질고 쌀쌀하다. 매몰스럽다. **말쌀스레**閉.

말:-썽圓 일을 틀어지게 하거나 성가신 일을 일으키는 말이나 짓, 또는 그러한 상태가 되는 것. ¶말썽을 부리다. /말썽을 일으키다. /에어컨이 툭하면 말썽이다.

말:썽-거리[-꺼-]圓 말썽이 될 만한 일이나 사물. 말거리.

말:썽-꾸러기圓 '말썽꾼'을 얕잡아 이르는 말. 말썽쟁이.

말:썽-꾼圓 걸핏하면 말썽을 일으키는 사람. 말꾸러기.

말:썽-쟁이圓 ☞말썽꾸러기.

말쑥-하다[-쑤카-]閉여 말끔하고 깨끗하다. ¶말쑥한 옷차림. 흰말쑥하다. **말쑥-이**閉.

말:씀圓하자타 ①'윗사람의 말'을 높이어 이르는 말. ②상대편을 높이어 그에게 하는 '자기의 말'을 겸손하게 이르는 말. ¶외람되오나 제가 한 말씀 드리겠습니다.

말:씀-어(-語)圓 한자 부수의 한 가지. '語'·'詞'·'誌' 등에서의 '言'의 이름.

말:-씨圓 ①어떤 말에서 느껴지는 독특한 가락. ¶함경도 말씨. ②말하는 버릇이나 태도. ¶말씨가 공손하다. /말씨가 거칠다.

말:-씨름圓하자 말다툼.

말씬圓 잘 익거나 물러서 말랑한 모양. 흰몰씬. **말씬-히**閉.

말씬-거리다자 자꾸 말씬말씬한 느낌이 나다. 말씬대다. 흰몰씬거리다.

말씬-대다자 말씬거리다.

말씬-말씬閉하 물러서 매우 말랑한 모양. 흰몰씬몰씬.

말씀〔옛〕말씀. ¶나랏 말싸미 듕귁(中國)에 달아(訓諺).

말아-먹다[-따]타 재물 따위를 송두리째 날려 버리다. ¶그는 사업한다고 전 재산을 말아먹었다.

말-아웃[-웃]圓 말가웃. *말아웃이[-우시]·말아웃만[-운-]

말약(末藥)圓 '가루약'의 잘못.

말언(末言)圓 변변찮은 말.

말:없는-표(-標)圓 ☞줄임표.

말:없-이[마럽씨]閉 ①아무런 말도 아니하고. ¶말없이 결근하다. /말없이 듣고만 있다. ②아무런 사고나 말썽이 없이. ¶말없이 잘 지내고 있다.

말-여뀌[-려-]圓 ☞개여뀌.

말엽(末葉)圓 (어떤 시대를 세 시기로 구분하였을 때의) 끝 무렵. 말기(末期). ¶고려 말엽. /19세기 말엽. 흰초엽(初葉)·중엽(中葉).

말예(末裔)圓 ☞말손(末孫).

말예(末藝)圓 ☞말기(末技).

말왐〔옛〕①마름. ¶말왐 조:藻(訓蒙上9). ②개구리밥. ¶프른 ᄀᆞᄅᆞ미 흰 말와물 씌찻ᄂᆞ니(杜初21:3).

말운(末運)圓 ①말년의 운수. ②말세의 시운(時運). ③이미 기울어진 운수.

말위(末位)圓 '끝자리'의 구용어.

말음(末音)圓 '끝소리'. ↔두음(頭音).

말음^법칙(末音法則)圓 받침 규칙.

말이다타 말리다³. ¶世줄이 좀ᄌᆞᆷᄒᆞ샤 말이디 아니ᄒᆞ시니라(釋譜13:46).

말:이을-이(-而)[-리-]圓 한자 부수의 한 가지. '耐'·'耑' 등에서의 '而'의 이름.

말일(末日)圓 ①어느 기간의 마지막 날. ②그 달의 마지막 날. ②흰그믐날.

말자(末子)圓 막내아들.

말-잠자리圓 부채장수잠자릿과의 곤충. 몸길이 8cm, 날개 길이 10cm가량. 몸은 검은색이고 앞머리는 누런색임. 가슴에 노란 줄이 있으며, 'T' 자 모양의 융기가 있음.

말-잡이圓 지난날, 곡식의 마되질을 하던 사람. 말감고. 말쟁이¹.

말:-장(-杖)[-짱]圓 ☞말목.

말:-장난圓하자 실속이나 내용 없는 말을 늘어놓음.

말장-목(-杖木)[-짱-]圓 말뚝으로 쓰는 나무.

말:-재간(-才幹)[-쩨-]圓 말재주. ¶나이가 어린데도 말재간이 여간 아니다.

말:-재기圓 쓸데없는 말을 꾸미어 내는 사람.

말:-재주[-쩨-]圓 말을 잘하는 재주. 말솜씨. 말재간. 언재(言才).

말:-쟁이¹圓 지난날, 품삯을 받고 마되질을 해 주던 사람. 말감고. 말잡이.

말:-쟁이²圓 ①말수가 많은 사람. ②말을 잘하는 사람.

말:-적수(-敵手)[-쑤]圓 (재담이나 토론 따위에서) 말을 주고받기에 알맞은 상대.

말:-전주[-쩐-]圓 이쪽저쪽 다니며 말을 전하여 이간질하는 짓.

말:전주-꾼圓 말전주를 일삼는 사람.

말절(末節)[-쩔]圓 ①본질적이 아닌 부분. 사소한 일. ②끝 부분. ③맨 끝 절(節). 끝마디.

말제(末弟)[-쩨]圓 막내아우.

말제(末劑)[-쩨]圓 가루약.

말-조개[명] 석패과의 민물조개. 민물조개 가운데서 가장 큰 종류로, 길둥근 조가비는 얇은 편인데, 거친 윤맥(輪脈)이 있고 녹갈색을 띠고 있음. 마합(馬蛤).

말-조롱[명] 지난날, 사내아이들이 차고 다니던 밤톨만 한 조롱. ↔서캐조롱. 參조롱쇠.

말-조심(-操心)[명][하자] 말이 잘못되지 않도록 삼가고 조심하는 일.

말좌(末座)[명] ↘말석(末席).

말:-주변[-쭈-][명] 말을 막힘이 없이 잘 둘러대는 재주. ¶말주변이 있다(없다).

말-죽(-粥)[명] 콩이나 겨, 여물 등을 섞어 쑨 말의 먹이. 마죽(馬粥).

말:-줄임표(-標)[명] ↘줄임표.

말즘[명] 가랫과의 다년생 수초(水草). 호수나 늪, 냇물에 떼를 지어 자람. 줄기의 높이 70 cm가량. 가느다란 잎이 어긋맞게 나며, 여름에 누르스름한 꽃이 이삭 모양으로 핌.

말증(末症)[-쯩][명] 다스리기 어려운 병증. 말질(末疾). 비고황직질.

말직(末職)[-찍][명] 맨 끝자리의 낮은 직위. 말관(末官). ↘미관(微官)말직.

말-질[명][하타] '마질'의 잘못.

말:-질²[명][하자] ①이러니저러니 하며 말로써 다투는 짓. ¶이웃 간에 말질이 있었다. ②말썽이 될 만한 말을 퍼뜨리고 다니는 짓. ¶그렇게 말질을 함부로 하다가는 손가락질당한다.

말질(末疾)[-찔][명] ↘말증(末症).

말-집[-찝][명] 사방에서 추녀가 삥 돌아가게 모말 모양으로 지은 집.

말짜(末-)[명] ①가장 나쁜 물건. ②버릇없이 행동하는 사람. ¶인간 말짜.

말짱¹[부] 《부정의 뜻을 나타내는 서술어와 함께 쓰이어》속속들이 모두. ¶말짱 소용없는 일. **말짱 도루묵**[관용] '아무 소득이 없는 헛된 일이나 헛수고'를 속되게 이르는 말.

말짱²[부] '말끔'의 방언.

말짱-구슬[명] 지난날, 중국에서 들여왔던 갖가지 빛깔의 유리구슬.

말짱말짱-하다[형어] 성질이 야무지지 못하고 물러서 만만하다. 큰물쩡물쩡하다.

말짱-하다¹[형어] ①흠이 없이 온전하다. ¶말짱한 신발. ②정신이 맑고 또렷하다. ¶취중에도 정신은 말짱하더군. ③몸에 탈이 없이 성하다. ¶이층에서 떨어졌는데도 상처 하나 없이 말짱하다. ④겉보기와 달리 속셈이 있고 약삭빠르다. ¶꾀가 말짱한 아이. ⑤전혀 터무니없다. ¶말짱한 거짓말. 큰멀쩡하다. **말짱-히**[부].

말짱-하다²[형어] 성질이 야무지지 못하고 무르다. 큰물쩡하다. **말짱-히**[부].

말-째(末-)[명] 맨 끝의 차례.

말차(抹茶)[명] 차나무의 어린순을 말려 가루로 만든 차. 더운물에 타서 마심. 말차(抹茶).

말:-참견(-參見)[명][하자] 남들이 말을 주고받는 데에 끼어들어 말하는 일. ¶어른이 말씀하시는데 웬 말참견이냐.

말-채〈말채찍〉의 준말.

말-채찍[명] 말을 다루는 데 쓰는 채찍. 편책(鞭策). 준말채.

말초(末梢)[명] ①나뭇가지 끝. 나뭇가지 끝으로 갈려 나간 잔가지. ②사물의 끝 부분. ③사소한 일. 하찮은 일.

말초^신경(末梢神經)[명] 뇌와 척수에서 갈려 나와 퍼져서 몸의 각 부분과 중추 신경계를 연락하는 신경. 끝신경.

말초-적(末梢的)[관] ①근본적인 것이 아닌 (것). 하찮은 (것). ¶말초적 현상. /말초적인 일에 얽매이다. ②관능적인 (것). ¶말초적 신경만을 자극하는 삼류 소설.

말-총[명] 말의 갈기나 꼬리의 털. 마미(馬尾). 총¹. ¶말총으로 짠 망건.

말총-머리[명] 조금 긴 머리를 말꼬리처럼 하나로 묶은 머리 모양새.

말총-체[명] 쳇불을 말총으로 짠 체.

말:-추렴(←-出斂)[명] 남들이 말하는 데 한몫 끼어 몇 마디 말하는 일.

말:-치레[명] 실속 없이 말로만 꾸미는 일.

말캉-거리다[자] 자꾸 말캉말캉한 느낌이 나다. 말캉대다. 큰물컹거리다. 參몰캉거리다.

말캉-대다[자] ↘말캉거리다.

말캉-말캉[부][하형] 매우 말캉한 모양. 큰물컹물컹. 參몰캉몰캉.

말캉-하다[형어] 잘 익거나 곯아서 물크러질 듯이 말랑하다. 큰물컹하다. 參몰캉하다.

말코¹[명] 베틀의 한 부분. 짜여져 나오는 베를 감는 대. 부티를 걸 양쪽에 맴.

말-코²[명] 말의 코처럼 콧구멍이 큰 사람의 코, 또는 '그런 코를 가진 사람'을 놀림조로 이르는 말.

말코지[명] 무엇을 걸기 위하여 벽 따위에 달아 놓는 나무 갈고리.

말타아제(Maltase 독)[명] 맥아당을 분해하여 포도당으로 만드는 효소. 동물의 소화액이나 효모 속에 들어 있음.

말토오스(maltose)[명] 맥아당(麥芽糖).

말:-투(-套)[명] 말하는 이의 생각이나 느낌을 헤아릴 수 있는 말의 가락. 어투. ¶자신만만한 말투로 자랑을 늘어놓다.

말-판[명] (윷이나 고누·쌍륙 따위의) 말이 가는 길을 그린 판. **말판(을) 쓰다**[관용] 말을 말판에 놓다.

말-편자[명] 말굽에 대갈로 박아 붙이는 쇠. 마제철(馬蹄鐵). 마철(馬鐵). 편자.

말피기-관(Malpighi管)[명] 곤충류와 다족류(多足類)의 소화관에 딸린 가느다란 대롱 모양의 배설 기관.

말피기^소:체(Malpighi小體)[명] ↘신소체(腎小體).

말하(-)〈옛〉지라. ¶말하 비:(脾)(訓蒙上27).

말:-하다[자타어] ①생각이나 느낌을 말로써 남에게 이르다. ¶소감(所感)을 말하다. ②어떠한 사실을 남에게 알리다. ¶그에게 계획이 바뀐 사실을 말하다. ③어떤 일을 부탁하다. ¶그곳 사정을 알려 달라고 말하다. ④(사물의 선악이나 값어치 등을) 평하여 이르다. ¶그의 사람됨을 누구나 좋게 말한다. ⑤어떤 사실을 드러내거나 뜻하다. ¶옛 영화(榮華)를 말해 주는 찬란한 유물들.
말할 수 없이[관용] 말로써 어떻다고 나타낼 수 없을 만큼.

말:-하자면[부] 예를 들어서 나타낸다면. 이를테면. 비유하여 말한다면. ¶문화란 말하자면, 인간의 능동적 작위(作爲)의 소산이다.

말학(末學)[명]⇒후학(後學).

말합(末合)[명] ①자투리. ②마투리.

말항(末項)[명] 맨 끝에 있는 조항, 또는 항목.

말-해[명] ○오년(午年).

말행(末行)[명] 글의 맨 끝 줄.

말향(抹香)[명] 붓순나무의 잎과 껍질로 만든 가루 향. 주로, 불공 때 쓰임.

말향-고래(抹香-)圀 말향고랫과의 고래. 몸길이는 암컷이 11~12 m, 수컷은 15~18 m로 특히 앞머리가 큼. 난류(暖流)에 사는데, 흔히 200~300마리가 떼를 지어 다니면서 주로 오징어를 잡아먹음. 향유고래.

말:-허리圀 《주로 '꺾다'·'자르다' 따위 동사와 호응하여 쓰이어》하고 있는 말의 중간. ¶말허리를 꺾다. /말허리를 끊다.

말-혁(-革)圀 말 안장의 양옆에 꾸밈새로 늘어뜨리는 고삐. ㉰혁(革)1.

말-휘갑圀 이리저리 말을 잘 둘러 맞추는 일.

맑다[막따]圀 ①물이나 공기 따위가 다른 것이 섞이거나 흐리지 않고 깨끗하다. ¶맑은 물. /맑은 하늘. /맑고 빛나는 눈동자. ②(정신이) 또렷하다. ¶맑은 정신으로 책을 정독하다. ③(마음이) 순진하고 조촐하다. ¶맑고 아름다운 그 마음. ④(소리가) 속되거나 흐리지 아니하고 깨끗하다. ¶맑은 목소리. ⑤(일의 처리 따위가) 흐리멍덩하지 않고 분명하다. ¶거래는 뒤가 맑아야지. ↔흐리다. * 맑아·맑고[말꼬]

맑디-맑다[막따]圀 썩 맑다. 더할 나위 없이 맑다. ¶맑디맑은 가을 하늘.

맑스그레-하다[막쓰-]圀 조금 맑다. 조금 맑은 듯하다.

맑은-대쑥圀 국화과의 다년초. 높이는 30~60 cm. 잎은 국화 잎과 비슷하며 7~9월에 담황색 꽃이 핌. 산지에 절로 나며 쑥과 같은 향기가 있음. 어린잎은 먹음. 개제비쑥.

맑은-소리圀 ⇨안울림소리.

맑은-술圀 ①곡식으로 술을 빚어 용수를 박아 떠낸 술. ②흐리지 않은 술. 〔약주나 청주 따위.〕↔막걸리.

맑은-장국(-醬)[-꾹]圀 쇠고기 육수에 간장이나 소금으로 간을 하여 국물을 맑게 끓인 국. ㉰장국.

맑-히다[말키-]囮 ①『맑다'의 사동』(흐린 것을) 맑게 하다. ¶피를 맑히는 약제. ②어지러운 일을 깨끗하게 처리하다.

맘:圀 〈마음〉의 준말.

맘:-가짐圀 〈마음가짐〉의 준말.

맘:-결(-결)圀 〈마음결〉의 준말.

맘:-고생(-苦生)[-꼬-]圀 〈마음고생〉의 준말.

맘:-껏囘 〈마음껏〉의 준말.

맘:-대로囘 〈마음대로〉의 준말.

맘:대로-근(-筋)圀 척추동물에서, 의지에 따라 펴고 오므릴 수 있는 근육. 주로, 뼈를 싸고 있는 근육으로 손발의 근육 따위. 수의근(隨意筋). ↔제대로근.

맘마圀 젖먹이가, 또는 젖먹이의 '먹을 것'을 이르는 말. ¶아가, 맘마 먹자.

맘:-먹다[-따]困囮 〈마음먹다〉의 준말.

맘모스(mammoth)圀 '매머드'의 잘못.

맘:-보圀 〈마음보〉의 준말.

맘보(mambo 스)圀 라틴 리듬에 재즈의 요소를 더한 강렬한 리듬의 댄스 음악.

맘보-바지(mambo-)圀 통을 좁게 하여 몸에 꼭 끼게 만든 바지.

맘:-성(-性)[-썽]圀 〈마음성〉의 준말.

맘:-속(-속)圀 〈마음속〉의 준말.

맘:-씨圀 〈마음씨〉의 준말.

맘:-자리[-짜-]圀 〈마음자리〉의 준말.

맙:소사[-쏘-]囵 어처구니없거나 기막힌 일을 당했을 때 내는 소리. ¶하느님 맙소사. /세상에 맙소사.

맛¹[맏]圀 ①음식물 따위가 혀에 닿았을 때 일어

나는 느낌. ¶맛이 좋다. /맵싸한 맛. ②어떤 일에 대한 재미 또는 만족감. ¶살림 맛이 나게 되다. ③어떤 일을 몸소 겪음으로써 비로소 알게 되는 느낌이나 기분·분위기 따위. ¶농촌의 구수한 맛. /패배의 쓴 맛. * 맛이[마시]·맛만[만-]

맛(을) 들이다관용 참맛을 알게 되다. 재미를 붙이다. ¶낚시에 맛을 들이다.

맛(을) 붙이다관용 마음에 당겨 재미를 붙이다. 재미 보는 데 이골이 나다.

맛(이) 들다관용 음식이 익어서 제 맛이 생기다. 본디의 맛이 나다. ¶나박김치가 이제 한창 맛 들었다.

맛(이) 붙다관용 재미가 붙다.

맛²[맏]圀 가리맛과 죽합과에 딸리는 조개를 통틀어 이르는 말. * 맛이[마시]·맛만[만-]

맛조(옛)만큼. 만치. ¶佛法中에 져고맛 善根을 심고디[月釋21:180).

맛-갈圀 '맛깔'의 잘못.

맛곲다困 (옛)응하다. 대답하다. ¶뫼사리 소리 맛곪둣ᄒᆞ야(金剛127).

맛곪다困 (옛)대답하다. 응답하다. ¶ᄠᅵᆶᆫ 맛곪ᄂᆞᆫ 소리라(楞解4:125).

맛-깔[맏-]圀 음식 맛의 성질.

맛깔-스럽다[맏-따][~스러우니·~스러워]圀� ①음식 맛이 입에 맞다. 입에 당길 만큼 음식의 맛이 있다. ②마음에 들다. 맛깔스레囘.

맛깔-지다圀 '맛깔스럽다'의 잘못.

맛-나다[만-]圀 맛이 좋다. 맛있다. ¶맛난 음식. /맛난 반찬.

맛나다[만-]困 (옛)만나다. ¶니ᄅᆞ샤디 맛나디 아니ᄒᆞᆯ디러라(圓覺下之一-64).

맛난-이[만-]圀 ①음식의 맛을 돋우기 위하여 치는 장물. 다진 고기와 갖은 양념을 간장에 풀어서 만듦. ②'화학조미료'를 흔히 이르는 말. ③맛이 있는 음식.

맛닐다[만-]困 (옛)만나다. ¶兵亂을 맛니러(杜初6:36). ¶害를 맛니러 陳公이 주그니(杜初23:11).

맛-대가리[맏때-]圀 '맛¹'을 낮잡아 이르는 말. ¶맛대가리 없다.

맛됴리라[맏-]囮 (옛)『맛디다'의 활용형』맡기리라. ¶仁政을 맛됴리라(龍歌83章).

맛디다[맏-]囮 (옛)맡기다. ¶나라ᄒᆞᆯ 아ᅀᆞ 맛디시고(月釋1:5). /仁政을 맛됴리라(龍歌83章).

맛맛-으로[만-]囘 ①여러 가지를 색다른 맛으로. ¶맛맛으로 차려 놓은 갖가지 별미. ②마음이 당기는 대로. ¶맛맛으로 골라 먹다.

맛문-하다[만-]圀ᴜ 몹시 지친 상태에 있다.

맛-바르다[맏빠-][~바르니·~발라]圀ᴿ 맛있게 먹던 음식이 맛이 나, 양에 차지 않다.

맛-배기圀 '맛보기'의 잘못.

맛-보기[맏뽀-]圀 맛을 보기 위하여 조금 먹어 보는 음식. ¶맛보기로 엿을 조금 떼어 먹다.

맛-보다[맏뽀-]囮 ①음식의 맛이 어떠한지 조금 먹어 보다. ②몸소 겪어 느끼다. 경험하다. ¶여행의 즐거움을 맛보다.

맛보다困 (옛)만나다. ¶곳 디ᄂᆞᆫ 時節에 쏘 너를 맛보과라(杜初16:52).

맛-부리다[맏뿌-]困 싱겁게 굴다. 맛없이 행동하다. 맛피우다.

맛-살[맏쌀]圀 ①가리맛이나 긴맛의 속살. 참가리맛살. ②어육의 한 가지. 생선살을 가공하여 게의 맛이 나도록 만든 것.

맛-소금[맏쏘-]圀 화학조미료 따위를 섞은 조리용의 소금.

맛-술[맏쑬]圓 요리할 때 맛을 내기 위하여 음식에 넣는 술.

맛-없다[마덥따]㉅ ①음식의 맛이 좋지 않다. ↔맛있다. ②재미(흥미)가 없다. ③하는 짓이 싱겁다. 맛없이㉅.

맛-있다[마딛따/마싣따]㉅ 맛이 좋다. 맛나다. ¶국물이 맛있다. /맛있는 음식이라도 늘 먹으면 물리기 마련이다. ↔맛없다.

맛-장수[맏짱-]圓 아무 재미도 없이 싱거운 사람.

맛-적다[맏쩍따]㉅ 재미가 적어 싱겁다.

맛-젓[맏쩓]圓 맛살로 담근 것. * 맛젓이[맏쩌시]·맛젓만[맏쩐-]

맛-피우다[맏-]㉐ 맛부리다.

맏다[맏따]㉐〔옛〕맡다. ¶天下롤 맛드시릴씬(龍歌6章).

망圓 가는 새끼 따위로 그물처럼 얽어 만든 큰 망태기. 꼴 따위를 담아 짊어짐.

망:(望)¹圓 ①((주로 '보다'와 함께 쓰이어)) '동정을 살피는 일'을 뜻함. ¶망을 보다. ②〈천망(薦望)〉의 준말. ¶망에 오르다.
　망(을) 서다㉖ 누구를 시켜, 일정한 자리에서 상대편의 동정을 살피다.

망:(望)²圓 ①지구를 중심으로 해와 달의 위치가 일직선이 될 때의 현상, 또는 그 가장 둥글게 보이는 상태. 만월(滿月). 망월(望月)¹. ②음력의 보름. 망일(望日).

망(網)圓 ①그물처럼 얽어 만든 것을 두루 이르는 말. 그물. ¶망을 떠서 만든 가리개. ②((일부 명사 뒤에 붙어)) 그물처럼 널리 치밀하게 얽혀진 조직이나 체계를 뜻함. ¶교통망. /방송망. /수사망.

망가(亡家)圓㉔ 집안을 결딴냄. 또는 그 집안.

망가닌(Manganin 독)圓 구리·망간·니켈의 합금. 온도에 따른 전기 저항의 변화가 적어, 저항기나 전열기 등을 만드는 데 쓰임.

망가-뜨리다㉐ 망가지게 하다. 망가트리다. ¶아이가 손목시계를 만지작거리더니 결국 망가뜨리고 말았다.

망가-지다㉙ 물건이 찌그러지거나 부서져 못 쓰게 되다. 망그러지다. ¶망가진 녹음기.

망가-트리다㉐ 망가뜨리다.

망:각(妄覺)圓㉐ 외계(外界)의 자극을 잘못 지각하거나, 없는 자극을 있는 것처럼 생각하는 지각의 병적 현상.〔착각과 환각으로 나뉨.〕

망각(忘却)圓㉐㉕㉙ ①잊어버림. 망실(忘失). 망치(忘置). ②경험하였거나 학습한 내용에 대한 기억을 되살리기 어렵게 된 상태.

망각^곡선(忘却曲線)[-꼭썬]圓 기억한 내용이 시간의 경과에 따라 어떻게 잊혀져 가는가를 나타내는 곡선.

망:간(望間)圓 음력 보름께.

망간(Mangan 독)圓 은백색의 윤이 나는 금속 원소의 한 가지. 공기 중에서 산화하기 쉽고 화학적 작용도 강함. 철(鐵) 다음으로 널리 분포하며, 제강(製鋼)과 합금 등에 널리 쓰임.〔Mn/25/54.9381〕

망간-강(Mangan鋼)圓 망간이 들어 있는 경도(硬度)가 높은 강철.

망간^청동(Mangan靑銅)圓 구리·주석·망간으로 된 합금. 조선, 기계 부품 등에 쓰임.

망개-나무圓 갈매나뭇과의 낙엽 교목. 충북과 경북의 산지에 자라는 천연기념물로, 잎은 길둥글며 어긋맞게 남. 여름에는 담녹색 꽃이 피고 열매는 가을에 붉게 익음.

망객(亡客)圓 망명한 정객. 망명객(亡命客).

망:거(妄擧)圓 망령된 행동. 분별없는 행동. 망동(妄動).

망건(網巾)圓 상투를 튼 사람이 머리에 두르는 그물 모양의 물건.
　망건 쓰자 파장(罷場)〔속담〕 때를 놓쳐 일을 이루지 못함을 이르는 말.

망건-골(網巾-)[-꼴]圓 망건을 뜨거나 고칠 때 쓰는 골.

망건-꾸미개(網巾-)圓 망건의 양쪽 끝과 망건편자의 끝 부분을 꾸미는 헝겊.

망건-당(網巾-)圓 망건의 윗부분.〔윗당줄을 꿰게 되어 있음.〕㉔당.

망건-당줄(網巾-)[-쭐]圓 망건에 달아 상투에 동여매는 줄. 망건당에 꿰는 위 당줄과, 망건편자 양 끝에 다는 아래 당줄이 있음. ㉔당줄.

망건-뒤(網巾-)圓 망건의 양쪽 끝 부분.〔뒤통수를 감싸는 부분.〕㉔뒤.

망건-앞(網巾-)[-거납]圓 망건의, 이마에 닿는 부분. * 망건앞이[-거나피]·망건앞만[-거남-]

망건-장이(網巾-)圓 망건을 뜨는 일을 업으로 하는 사람.

망건-집(網巾-)[-찝]圓 망건(網巾)을 넣어 두는 갑[匣].

망건-편자(網巾-)圓 망건을 졸라매기 위하여 말총으로 띠처럼 좁고 두껍게 짠, 망건의 아랫부분. ㉔편자.

망:견(望見)圓㉐ 멀리 바라봄.

망:계(妄計)[-계/-게]圓 망령된 계책. 잘못된 계책.

망고㉕ ①연을 날릴 때 얼레의 줄을 다 풀어 줌. ②살림이 끝장남. 파산(破産). ③일이 끝판에 이름.

망고(mango)圓 옻나뭇과의 상록 교목, 또는 그 열매. 높이 20～30 m의 열대 식물. 잎은 혁질이며 2～3월에 노란 꽃이 가지 끝에 핌. 열매는 둥글거나 길둥근 모양이며, 황록색으로 익는데 식용함.

망:곡(望哭)圓㉔ ①먼 곳에서 부모의 상사(喪事)를 당하여 그곳을 향하여 곡하는 일. ②길 떠날 때, 국상(國喪)을 당하여 대궐 문 앞에 모여서, 또는 서울 쪽을 향하여 곡하던 일.

망골(亡骨)圓 언행이 몹시 고약하거나, 몹시 주책없이 구는 사람. 망물(亡物).

망:구(望九)圓 ('아흔 살을 바라본다'는 뜻에서) 사람의 나이 '여든 살'을 이르는 말. 망구순(望九旬).

망구다㉐ ①망하게 만들다. ¶신세를 망구다. ②파괴하여 못 쓰게 하다. ¶장난감을 망구다.

망:-구순(望九旬)圓 ☞망구(望九).

망국(亡國)圓 ①㉔나라가 망함. 나라를 망침. ②망한 나라.

망국-대부(亡國大夫)[-때-]圓 망하여 없어진 나라의 벼슬아치.

망국-민(亡國民)[-궁-]圓 망하여 조국을 잃은 백성. 망국지민(亡國之民).

망국-배(亡國輩)[-빼]圓 나라를 망치는(망친) 무리.

망국-사(亡國史)[-싸]圓 나라가 망하기까지의 경과를 적은 역사적인 기록.

망국-적(亡國的)[-쩍]㉎圓 나라를 망치는(것). ¶망국적 발언. /망국적인 행위.

망국지민(亡國之民)[-찌-]圓 ☞망국민.

망국지본(亡國之本)[-찌-]圓 나라를 망하게 하는 근본(장본). ¶사치는 망국지본이다.

망국지탄(亡國之歎)[-찌-]**명** 나라가 망한 데 대한 한탄. 망국지한(亡國之恨).

망국지한(亡國之恨)[-찌-]**명** ☞망국지탄(亡國 之歎).

망군(亡君)**명** 세상을 떠난 임금. 선왕(先王).

망:군(望軍)**명** ☞요망군(瞭望軍).

망:궐-례(望闕禮)**명** 지난날, 음력 초하루와 보름에, 각지의 수령(守令)이 궐패(闕牌)를 향해 배례(拜禮)하던 의례.

망그-뜨리다타 '망가뜨리다'의 잘못.

망그러-뜨리다타 '망가뜨리다'의 잘못.

망그러-지다재 망가지다.

망그-지르다[~지르니・~질러]타 잘 짜인 물건을 찌그러뜨리거나 부수어 못 쓰게 하다. ¶의자를 망그지르다.

망극(罔極)**명** 〈망극지통(罔極之痛)〉의 준말.

망극(罔極)²'망극하다'의 어근.

망극지은(罔極之恩)[-찌-]**명** 그지없이 큰 은혜(恩惠).

망극지통(罔極之痛)[-찌-]**명** 그지없이 큰 슬픔. [임금이나 어버이의 상사(喪事)에 대하여 이르는 말.] **⑥**망극(罔極)¹.

망극-하다(罔極-)[-그카-]**형여** 임금이나 어버이의 은혜가 워낙 커서 갚을 길이 없다.

망:기(望氣)**명하자** 나타나 있는 기운(氣運)을 보아서 길흉의 조짐을 헤아림.

망:-꾼(望-)**명** 망을 보는 사람.

망나니명 ①지난날, 사형수(死刑囚)의 목을 베던 사람. 살수(殺手). ②'언행이 막된 몹쓸 사람'을 비유하여 이르는 말.

망녀(亡女)**명** ①죽은 딸. ②주책없고 언행이 고약한 여자.

망년지교(忘年之交)**명** 망년지우.

망년지우(忘年之友)**명** (연장자가) 나이를 따지지 않고 사귀는 젊은 벗. 망년지교.

망년-회(忘年會)[-회/-훼]**명** 연말(年末)에, 그 해의 온갖 수고로웠던 일들을 잊어버리자는 뜻에서 베푸는 연회(宴會). 송년회.

망:념(妄念)**명** ☞망상(妄想).

망:념-간(望念間)**명** 음력 보름께부터 그믐 스무날께까지의 동안.

망:녕-그물명 꿩이나 토끼 따위를 잡는 그물.

망:-다례(望茶禮)**명** 음력 보름날마다 사당(祠堂)에 지내는 차례. 보름차례. **⑪**삭다례(朔茶禮).

망:단(妄斷)**명** 망령된 판단. 그릇된 단정.

망:단(望斷)**명하자** 바라던 일이 실패함.

망:-단자(望單子)[-딴-]**명** 지난날, 삼망(三望)을 적던 단자.

망단-하다(望斷-)[Ⅰ]자 단산(斷産)하다.
[Ⅱ]타여 일을 뒤탈 없이 끝맺다. 매기단하다.

망:담(妄談)**명하자** 망령된 말.

망:대(望臺)**명** 망을 보기 위하여 세운 높은 대. 전망대.

망덕(亡德)**명** 자신과 집안을 망칠 못된 언동.

망-돌림명 씨름 기술의 한 가지. 왼손으로 상대의 허리춤을 잡고 오른손으로 목덜미를 잡아 돌리어 넘어뜨림.

망:-동(妄動)**명하자** 망령되게 행동함, 또는 그 행동. 망거(妄擧). ¶경거(輕擧)망동.

망:-두석(望頭石)**명** ☞망주석(望柱石).

망:-둑어명명 ☞망둥이.

망:-둥이명 망둑엇과의 바닷물고기를 통틀어 이르는 말. 바닷가의 모래땅이나 개펄에 사는데, 몸은 작고 좌우의 배지느러미가 빨판처럼 되어 있음. 망둑어.

망둥이가 뛰니까 꼴뚜기도 뛴다속담 '제 분수를 모르고 남이 하는 대로 따라 함'을 놀림조로 이르는 말.

망:라(網羅)[-나-]**명하타되자** 〔물고기를 잡는 그물과 날짐승을 잡는 그물이란 뜻에서〕 널리 빠짐없이 모음. ¶국내외의 명작들을 망라한 문학 전집.

망량(魍魎)[-냥]**명** ①산이나 물・나무 따위의 정기(精氣)가 어리어 된 도깨비. ②〈이매망량(魑魅魍魎)〉의 준말.

망령(亡靈)[-녕]**명** ①죽은 사람의 넋. ②'떠올리기 싫은 과거의 잔재'를 비유하여 이르는 말. ¶제국주의의 망령이 되살아나다.

망:령(妄靈)[-녕]**명** 늙거나 정신이 흐리어 말이나 행동이 정상적인 상태가 아님, 또는 그러한 말이나 행동. ¶망령이 나다. /망령이 들다.

망:령-되다(妄靈-)[-녕뙤/-녕뛔-]**형** 늙거나 정신이 흐리어 말이나 행동이 정상적인 상태에서 벗어나 있다. **망령되-이**부 ¶망령되이 행동하다.

망:령-스럽다(妄靈-)[-녕-따][~스러우니・~스러워]**형비** 망령되게 보이다. **망령스레**부.

망:론(妄論)[-논]**명** 되지못한 이론. 망령된 이론.

망:루(望樓)[-누]**명** 망을 보기 위하여 세운 높은 다락집. 관각(觀閣).

망:륙(望六)[-뉵]**명** 〔예순 살을 바라본다는 뜻에서〕 사람의 나이 '쉰한 살'을 이르는 말.

망리(網利)[-니]**명하자** 이익을 독차지함.

망막(茫漠)'망막하다'의 어근.

망막(網膜)**명** 안구(眼球)의 가장 안쪽에 있는, 시신경(視神經)이 분포되어 있는 막. 물체의 상을 시신경을 통해 대뇌의 시각 중추에 보내는 구실을 함. 그물막.

망막-염(網膜炎)[-망념]**명** 망막 기능의 장애를 통틀어 이르는 말.

망막-하다(茫漠-)[-마카-]**형여** ①그지없이 넓다. ¶망막한 평원. ②희미하여 또렷하지 아니하다.

망망(忙忙)'망망(忙忙)하다'의 어근.

망망(茫茫)'망망(茫茫)하다'의 어근.

망망-대해(茫茫大海)**명** 아득히 넓고 끝없이 펼쳐진 바다.

망망-하다(忙忙-)**형여** 몹시 바쁘다. **망망-히**부.

망망-하다(茫茫-)**형여** ①넓고 멀어 아득하다. ¶망망한 바다. ②흐릿하다. 막연하다. ¶생각할수록 앞길이 망망하다. **망망-히**부.

망매(亡妹)**명** 죽은 누이동생.

망매(魍魅)**명** ☞망매(魍魅).

망매(魍魅)**명** 산도깨비와 두억시니를 아울러 이르는 말.

망매-하다(茫昧-)**형여** (견문이 없어) 세상일에 매우 어둡다.

망명(亡命)**명하자** ①정치적인 이유 등으로, 제 나라에 있지 못하고 남의 나라로 몸을 피하는 일. ¶시국 사건으로 망명한 재야인사. ②〈망명도주(亡命逃走)〉의 준말.

망명-가(亡命家)**명** 제 나라를 떠나 망명한 사람. 망명객(亡命客).

망명-객(亡命客)**명** 망명한 정객. 망객(亡客).

망명-도생(亡命圖生)**명하자** 몰래 멀리 달아나서 삶을 위함.

망명-도주(亡命逃走)**명하자** 죽을죄를 지은 사람이 몰래 멀리 달아남. **⑥**망명.

망명-자(亡命者)**명** ☞망명가(亡命家).

망명^정부(亡命政府)명 망명한 정객들이 조직한 임시 정부.

망명-죄인(亡命罪人)[-죄-/-�줴-]명 죄를 짓고 나라 밖으로 달아난 죄인.

망모(亡母)명 세상을 떠난 어머니.

망무두서(茫無頭緖)명하짜 정신이 아득하여 일의 순서를 찾지 못하고 있음.

망무애반(茫無涯畔)명하짜 ☞망무제애.

망무제애(茫無際涯)명하짜 아득하며 넓고 그지없음. 망무애반. 비일망무제(一望無際).

망:문-과부(望門寡婦)명 정혼(定婚)을 한 뒤에 곧 남자가 죽어, 시집도 가 보지 못하고 과부가 된 여자. 까막과부.

망:문-상전(望門床廛)명 조선 시대에, 서울 종로 네거리의 서북 편에서 잡화를 팔던 가게.

망:문-투식(望門投食)명하짜 (객지에서 노자가 떨어져서) 남의 집을 찾아가 끼니를 얻어먹음.

망물(亡物)¹명 ☞망골(亡骨).

망물(亡物)²명 불교에서, '죽은 중의 유물'을 이르는 말.

망:물(妄物)명 망령된 짓을 하는 사람.

망박(忙迫)'망박하다'의 어근.

망박-하다(忙迫-)[-바카-]형여 일에 몰려 몹시 바쁘다.

망:발(妄發)명하짜되자 ①말이나 행동을 그릇되게 하여 자신이나 조상을 욕되게 함, 또는 그런 말이나 행동. ②☞망언(妄言).

망:발-풀이(妄發-)명 망발한 것을 씻기 위하여 그 말을 듣거나 그 짓을 당한 사람에게 음식을 대접하면서 사과하는 일.

망:배(望拜)명하짜 멀리서, 연고(緣故)가 있는 쪽을 향하여 절함, 또는 그렇게 하는 절. 요배(遙拜). ¶북녘을 향해 망배를 올리다.

망:백(望百)명 ['백 살'을 바라본다는 뜻에서] 사람의 나이 '아흔한 살'을 이르는 말.

망-백초(忘百草)명하짜 (몸이 매우 건강하여) 모든 약을 잊고 지냄.

망:변(妄辯)명하짜터 망령되거나 조리에 닿지 않게 변론함, 또는 그 변명(辨明).

망:-보다(望-)타 상대편의 동정을 알기 위하여 멀리서 몰래 살피다.

망부(亡夫)명 세상을 떠난 남편. 선부(先夫).

망부(亡父)명 세상을 떠난 아버지.

망:부-석(望夫石)명 남편을 기다리다가 그대로 죽어서 되었다는 돌, 또는 그 위에 서서 남편을 기다렸다는 돌.

망사(忘死)명하짜 〈망사생(忘死生)〉의 준말.

망사(砥砂)명 ☞염화암모늄.

망사(網紗)명 그물같이 성기게 짠 깁.

망-사생(忘死生)명하짜 죽고 사는 일을 돌아보지 아니함. 준망사(忘死).

망사지죄(罔赦之罪)[-죄-/-쥐-]명 용서할 수 없는 큰 죄.

망:상(妄想)명 ①타 있지도 않은 사실을 상상하여 마치 사실인 양 굳게 믿는 일, 또는 그러한 생각. 망념(妄念). ¶헛된 망상에 사로잡히다. ②정신 장애로 말미암아 생기는 잘못된 판단이나 확신. 〔피해망상·과대망상 따위.〕

망:상(望床)명 큰 잔치 때, 많은 음식을 높게 괴어 불품으로 차린 상.

망상(網狀)명 그물처럼 생긴 모양.

망:상-광(妄想狂)명 망상에 빠지는 정신병. 그 병에 걸린 사람.

망상-맥(網狀脈)명 ☞그물맥.

망상맥-엽(網狀脈葉)명 그물맥으로 된 잎.

망상-스럽다[-따][~스러우니·~스러워]형ㅂ 요망스럽고 깜찍하다. 망상스레분.

망:상-증(妄想症)명-쯩 ①정신 이상으로 생기는 망상의 증세. ②객관적으로 잘못된 것인데도 옳다고 확신하고 고집하는 증세.

망:상^치매(妄想癡呆)명 정신 분열증의 하나. 환각과 망상이 심하고 피해망상으로 인해 질투심이 많아짐.

망:새명 ①큰 기와집의 대마루 양쪽 머리에 얹는 장식용 기왓장. 취와(鷲瓦). 치미(鴟尾). ②전각(殿閣)의 합각머리나 너새 끝에 얹는 용의 머리처럼 생긴 장식물. 용두(龍頭).

망:석-중[-쭝]명 ☞망석중이.

망:석중-놀이[-쭝-]명 지난날, 음력 사월 초파일에 불가(佛家)에서 여러 사람에게 펼쳐 보이던 민속 인형극의 한 가지. 사람이 뒤에 숨어서 망석중·노루·사슴·용 따위 인형을 놀리면서 이야기를 엮어 나감. 망석중이극.

망:석중-이[-쭝-]명 ①나무로 만든 꼭두각시의 한 가지. 팔다리에 줄을 매어 잡아당겨서 춤을 추게 함. ②'남이 부추기는 대로 행동하는 사람'을 비유하여 이르는 말. 괴뢰(傀儡). 망석중. 참꼭두각시.

망:석중이-극(-劇)[-쭝-]명 ☞망석중놀이.

망:설(妄說)명 ☞망언(妄言).

망설-거리다터 자꾸 망설망설하다. 망설대다.

망설-대다터 망설거리다.

망설-망설분 이리저리 생각만 하고 태도를 결정하지 못하는 모양.

망설-이다터 머뭇거리고 뜻을 정하지 못하다. 주저하다 ¶대답을 망설이다.

망솔(妄率)'망솔하다'의 어근.

망:솔-하다(妄率-)형 분별없고 경솔하다. 망솔-히분.

망쇄(忙殺)'망쇄하다'의 어근.

망쇄-하다(忙殺-)형여 몹시 바쁘다.

망수(網綬)명 왕조 때, 조복(朝服)의 후수(後綬) 아래에 늘어뜨린, 실로 엮은 넓은 술.

망:신(亡身)명하짜 말이나 행동을 잘못하여 자신의 체면이나 명예 등을 손상되게 함. ¶사람들 앞에서 망신을 당하다.

망:신(妄信)명하짜 그릇되게 함부로 믿음.

망:신-거리[-꺼-]명 망신을 당할 만한 거리. ¶잘난 척하다 망신거리가 되다.

망:신-살(亡身煞)[-쌀]명 몸을 망치거나 망신을 할 언짢은 운수.

망신살(이) 뻗치다관용 큰 망신을 당하다. 계속 망신을 당하다.

망:신-스럽다(亡身-)[-따][~스러우니·~스러워]형ㅂ 망신이 될 만하다. 망신이 됨직하다. ¶망신스러운 꼴을 당하다. 망신스레분.

망실(亡失)명하짜되자 잃어버림.

망실(亡室)명 ☞망처(亡妻).

망실(忘失)명하짜되자 망각(忘却).

망아(亡兒)명 죽은 아이.

망아(忘我)명 어떤 대상에 마음을 빼앗기어 자신을 잊어버림. ¶망아의 경지에 들다.

망아지명 말의 새끼.

망야(罔夜)명하짜 밤을 새움. 철야.

망야-도주(罔夜逃走)명하짜 밤새워 달아남.

망양(茫洋·芒洋)명 한없이 넓은 바다.

망양-보뢰(亡羊補牢)[-뢰/-뤠]명 〔양 잃고 우리를 고친다는 뜻으로〕 '이미 일을 그르친 뒤에 뉘우쳐도 소용없음'을 이르는 말. 〔'소 잃고 외양간 고친다'와 같은 뜻의 말임.〕

망양지탄(亡羊之歎)[명] ☞다기망양(多岐亡羊).

망:양지탄(望洋之歎)[명] (어떤 일에) 자신의 힘이 미치지 못할 때에 하는 탄식.

망양-하다(茫洋-·芒洋-)[형여] 한없이 넓고 멀다. 아득히 넓고 멀다.

망:어(妄語)[명] 거짓말. 헛된 말.

망:언(妄言)[명][하자] 망령(妄靈)되게 말함, 또는 그런 말. 망발(妄發). 망설(妄說).

망:언-다사(妄言多謝)[명] 편지 글이나 평문 따위에서, 자기의 글 가운데 망언이 있으면 깊이 사과한다는 뜻으로 쓰는 말.

망-얽이(網-)[-얼기][명] 노로 그물처럼 얽어 뜬 물건.

망연(茫然) '망연하다'의 어근.

망연-스럽다(茫然-)[-따][~스러우니·~스러워][형ㅂ] 망연한 데가 있다. **망연스레**[부].

망연-자실(茫然自失)[명][하자] 멍하니 정신을 잃음. ¶너무 큰 충격이라 한동안 망연자실할 수밖에 없었다.

망연-하다(茫然-)[형여] ①아득하다. ¶헤어날 길이 망연하다. ②(어이가 없어서) 멍하다. ¶충격적인 소식에 그저 망연할 따름이다. **망연-히**[부].

망:외(望外)[-외/-웨][명] 바라던 것보다는 훨씬 나은 것. 기대 이상의 것(일). ¶망외의 기쁨.

망우(亡友)[명] 죽은 친구.

망우-초(忘憂草)[명] ☞원추리.

망운(望運)[명] 망한 운수.

망:운지정(望雲之情)[명] [멀리 구름을 바라보며 어버이를 생각한다는 뜻으로] 어버이를 그리워하는 마음. 망운지회.

망:운지회(望雲之懷)[-회/-훼][명] ☞망운지정.

망울[명] ①(유동체 속에 섞인) 작고 둥글게 엉긴 덩이. ②림프샘이 부어오른 자리를 흔히 이르는 말. 결절(結節). ③<꽃망울>의 준말. 몽우리. ④<눈망울>의 준말. ①②⑧멍울.

망울-망울[부] ①[하]망울들이 여기저기 동글게 엉겨 있는 모양. ②망울마다. ¶진달래 망울망울에 봄빛이 깃들어 있다. ⑧멍울멍울.

망:원-경(望遠鏡)[명] 먼 곳의 물체를 확대하여 보는 광학 기계. 천리경(千里鏡). 원천경.

망:원 렌즈(望遠lens)[명] 먼 곳의 물체를 확대하여 찍기 위한, 초점 거리를 길게 만든 사진용 렌즈.

망:원^사진(望遠寫眞)[명] 망원 렌즈를 사용하여 찍은 사진.

망:월(望月)[1][명] 보름달. 만월(滿月). 망(望)[2].

망:월(望月)[2][명][하자] 달을 바라봄. 달맞이를 함.

망은(忘恩)[명][하자] 은혜를 잊음(모름).

망인(亡人)[명] 죽은 사람. 망자(亡者).

망인(鋩刃)[명] 서슬이 날카로운 칼날.

망:일(望日)[명] 보름날. 망(望)[2].

망자(亡子)[명] 죽은 아들.

망자(亡者)[명] 죽은 사람. 망인(亡人).

망자(芒刺)[명] 까끄라기와 가시.

망:자-존대(妄自尊大)[명][하자] (분별도 없이) 함부로 잘난 체함.

망자-증(芒刺症)[-쯩][명] 헛바늘이 돋는 병.

망자-집(亡字-)[-짜-][명] <도망망자(逃亡亡字)집>의 준말.

망:작(妄作)[명] 자신의 작품이나 저작(著作) 따위를 겸손하게 이르는 말. ㉮졸작·졸저(拙著).

망:전(望前)[명] 음력 보름날 이전. ↔망후(望後).

망:전(望奠)[명] 상가에서, 매달 음력 보름날 아침에 죽은 이에게 지내는 제사. 참삭망전(朔望奠)·삭전(朔奠).

망점(網點)[-쩜][명] 스크린에 나타나는 그물코 모양의 점. 단위 면적당 숫자에 따라 농담이 달라짐.

망정의 '다행이거나 잘된 일'의 뜻을 나타내는 말. (흔히, '-니 망정이지' 또는 '-기에 망정이지'의 꼴로 쓰임.) ¶미리 알았기에 망정이지 큰일 날 뻔했다.

망:정(望定)[명][하자] 조선 시대에, 관원을 천거(薦擧)할 때 후보자로 세 사람을 지명하던 일. 삼망(三望).

망제(亡弟)[명] 죽은 아우.

망:제(望帝)[명] '두견이'를 달리 이르는 말. [촉나라 망제(望帝)의 죽은 넋이 두견이가 되었다는 전설에서 유래함.]

망:제(望祭)[명] ①먼 곳에서 조상의 무덤이 있는 쪽을 향하여 지내는 제사. ②고려·조선 시대에, 매달 음력 보름에 종묘에서 지내던 제사.

망:제-혼(望帝魂)[명] [망제(望帝)의 넋이라는 뜻으로] '두견이'를 달리 이르는 말.

망조(亡兆)[-쪼][명] <망징패조>의 준말.
망조가 들다[관용] 망해가는 징조가 생기거나 보이다.

망조(罔措)[명][하자] <망지소조>의 준말.

망:족(望族)[명] 명성과 신망이 높은 겨레.

망종(亡終)[명] ①사람의 목숨이 끊어지는 때. 임종(臨終). ②마지막. 끝판.

망종(亡種)[명] ['아주 몹쓸 종자'라는 뜻으로] 행실이 아주 좋지 못한 사람을 욕으로 이르는 말.

망종(芒種)[명] ①까끄라기가 있는 곡식. [벼나 보리 따위.] ②이십사절기의 하나. 소만(小滿)과 하지(夏至) 사이로, 6월 6일경. 이 무렵에 보리는 익어 먹게 되고 모를 심게 된다고 함.

망종-길(亡終-)[-낄][명] 사람이 죽어서 간다는 저승길.

망:주(望柱)[명] <망주석(望柱石)>의 준말.

망:주-석(望柱石)[명] 무덤 앞에 세우는, 여덟 모로 깎은 한 쌍의 돌기둥. 망두석(望頭石). 화표주(華表柱). ⑨망주(望柱).

망중(忙中)[명] 바쁜 가운데. ¶망중에도 틈을 내어 책을 읽는다.

망중(望重) '망중하다'의 어근.

망중-유한(忙中有閑)[-뉴-][명] 바쁜 가운데서도 한가한 겨를이 있음.

망중-투한(忙中偸閑)[명] 바쁜 가운데서도 짬을 얻어 한가로운 마음을 즐김.

망:중-하다(望重-)[형여] 명성과 덕망이 높다.

망중-한(忙中閑·忙中間)[명] 바쁜 가운데의 한가함. ↔한중망(閑中忙).

망지소조(罔知所措)[명][하자] 갈팡질팡 어찌할 바를 모름. ⑨망조(罔措).

망:진(望診)[명][하타] 한방의 진단법의 한 가지. 환자의 정신 상태, 영양 상태, 얼굴빛, 살갗, 혀 등을 눈으로 살펴서 하는 진단.

망:집(妄執)[명][하자] ①망상을 버리지 못하고 그것에 집착함. ②망령된 고집.

망징-패조(亡徵敗兆)[명] 망하거나 결딴날 징조. ⑨망조(亡兆).

망:참(望參)[명][하자] 음력 보름날 사당(祠堂)에 절하고 뵙는 일.

망창(茫蒼) '망창하다'의 어근.

망창-하다(茫蒼-)[형여] 별안간 큰일을 당하여 생각이 아득하다. **망창-히**[부].

망처(亡妻)[명] 죽은 아내. 망실(亡室).

망초(芒硝)[명] ☞황산나트륨.

망:춘(望春)圓 ☞개나리.

망측-하다(罔測-)'망측하다'의 어근.

망측-스럽다(罔測-)[-쓰-따][~스러우니·~스러워]톙田 망측한 데가 있다. **망측스레**튀.

망측-하다(罔測-)[-츠카-]톙어 정상적인 상태에서 벗어나 너무나 어이가 없거나 차마 볼 수가 없다. ¶망측한 몰골. /그런 망측한 차림으로 어디를 나가려고 하니?/하는 행실이 망측하다. **망측-히**튀.

망치圓 단단한 물건이나 달군 쇠 따위를 두드리는 데 쓰이는 연장으로, 마치보다 크고 무거우며 자루가 긺.

망치(忘置)圓하타 ☞망각(忘却).

망치다타 일을 못 되게 만들다. 그르치다. ¶집안을 망치다. /된 일을 망치다.

망치-뼈圓 중이(中耳) 속의 세 청골(聽骨) 중 맨 바깥쪽의 뼈. 자루 부분이 고막에 붙어 고막의 진동을 안으로 전달함. 추골(槌骨). 鬱청골(聽骨).

망치-질圓하자타 망치로 두드리는 짓.

망친(亡親)圓 죽은 부모.

망:칠(望七)圓〔일흔 살을 바라본다는 뜻에서〕사람의 나이 '예순한 살'을 이르는 말.

망타(網打)圓하타되자 〈일망타진(一網打盡)〉의 준말.

망탄(妄誕)圓 '망탄하다'의 어근.

망:탄-하다(妄誕-)톙어 허망하고 터무니없다.

망태(網-)圓 〈망태기〉의 준말.

망태기(網-)圓 무엇을 넣어 가지고 다닐 수 있도록 새끼나 노 따위로 엮어서 만든 물건. 鬱망태.

망토(manteau 프)圓 남녀가 두루 입을 수 있는 커다란 외투의 한 가지. 소매가 없이 어깨로부터 내리 걸쳐 입으며, 손을 내놓는 아귀가 있음.

망투^반:응(Mantoux反應)圓 투베르쿨린을 피부 안에 주사하여 결핵의 음성과 양성을 알아내는 진단법. 鬱투베르쿨린 반응.

망판(網版)圓 ☞사진 동판.

망:팔(望八)圓〔여든 살을 바라본다는 뜻에서〕사람의 나이 '일흔한 살'을 이르는 말.

망:패(妄悖)圓하어 망령(妄靈)되고 도리에 어긋나 주책없고 막됨. **망패-히**튀.

망:평(妄評)圓하타 함부로 하는 비평(批評). 그릇된 비평.

망-하다(亡-) Ⅰ자어 ①(개인이나 집안 또는 조직 따위가) 결딴이 나서 없어지다. 끝장이 나다. ¶집안이 망하다. /왕조가 망하다. →흥하다. ②못마땅한 사람이나 대상에 대하여 욕으로 이르는 말. (주로, '망할'의 꼴로 쓰임.) ¶망할 년. /망할 놈의 사회.
　　Ⅱ톙어 몹시 고약하다. ¶붓이 닳아서 글씨 쓰기에 망했다. /수토(水土)가 나빠서 사람이 살기에는 망한 고장이다.

망해(亡骸)圓 ☞유해(遺骸).

망:해^도법(望海圖法)[-뻡]圓 바다에 있는 섬 또는 물에서 바라보아 그 거리를 헤아리는 산법.

망:향(望鄕)圓하자 고향을 그리워함.

망:향-가(望鄕歌)圓 고향을 그리는 노래.

망형(亡兄)圓 죽은 형.

망혜(芒鞋)圓 '마혜(麻鞋)'의 잘못.

망혼(亡魂)圓 죽은 사람의 넋. 유령.

망:-화(望-)圓 조선 시대에, 큰 예식(禮式) 때나 의정(議政) 이상의 공무(公務)로 다닐 때 길을 밝히던 큰 횃불.

망:후(望後)圓 음력 보름날 이후. ↔망전(望前).

맞-[맏]젭투 《일부 용언 또는 체언 앞에 붙어》①'마주'의 뜻을 나타냄. ¶맞걸다. /맞고소. /맞담배질. ②'걸맞은 상대'임을 나타냄. ¶맞먹다. /맞상대.

맞-각(-角)[맏깍]圓 ☞대각(對角).

맞-갖다[맏깓따]톙 마음이나 입맛에 꼭 맞다.

맞갖잖다[맏깓짠타]준 ('맞갖지 않다'가 줄어든 말로) 마음이나 입맛에 맞지 않다.

맞-걸다[맏껄-][-거니·~걸어]타 ①(물건을) 양쪽에 마주 걸다. ②노름판에서 서로 돈을 걸다.

맞걸-리다[맏껄-]자 〔'맞걸다'의 피동〕 마주 걸음을 당하다.

맞걸-이[맏꺼리]圓하자 씨름 기술의 한 가지. 안걸이에 걸린 쪽이 다시 상대편을 안걸이로 걸어 공격하는 일.

맞-겨루다[맏껴-]타 마주 상대하여 승부를 다투다.

맞-결리다[맏껼-]자 양편이 마주 결리다. ¶양쪽 옆구리가 맞결리다.

맞-고소(-告訴)[맏꼬-]圓하자타 (고소당한 사람이 고소한 사람을 상대로) 마주 고소하는 일. 대소(對訴).

맞-고함(-高喊)[맏꼬-]圓 마주 대하여 지르는 고함. 맞받아 지르는 고함. ¶맞고함을 치다.

맞-교군(-轎軍)[맏꾜-]圓 두 사람이 메는 가마.

맞-교대(-交代)[맏꾜-]圓하자타 일을 할 때에, 두 조로 나뉘어 서로 교대하는 일.

맞-교환(-交換)[맏꾜-]圓하타 (어떤 것을) 맞바꾸거나 서로 주고받는 일. ¶구단끼리 선수를 맞교환하다.

맞-구멍[맏꾸-]圓 마주 뚫린 구멍.

맞꼭지-각(-角)[맏-찌-]圓 두 직선이 교차할 때 생기는 네 각 중에서 서로 상대하는 두 각. 크기가 같음.

맞-남여(-籃輿)[맏-]圓 두 사람이 메는 남여.

맞-놓다[맏노타]타 ①서로 마주 향하게 똑바로 놓다. ¶거울 두 개를 맞놓다. ②서로 똑같이 말을 낮추다. ¶두 사람은 서로 말을 맞놓고 지낸다.

맞다[맏따]자 ①던지거나 쏜 물건이 목표물에 가 닿다. 적중(的中)되다. ¶화살이 과녁에 맞다. ②어떤 일이 헤아렸던 대로 되다. ¶예언이 그대로 맞았다. * 맞아·맞는[만-]

맞다²[맏따]자 ①한쪽이 다른 것에 꼭 알맞다. 적합하다. ¶신이 발에 꼭 맞다. ②상태나 정도가 잘 어울리다. 조화되다. ¶장단이 맞다. /국의 간이 맞다. ③서로 어긋나지 않고 하나로 되다. 일치하다. ¶의견이 맞다. ④느낌이나 성미 등에 차거나 들다. ¶식성에 맞는 음식. ⑤틀림이 없다. ¶해답이 맞다. ⑥사실과 같거나 알맞다. ¶실정에 맞는 계획. * 맞아·맞는[만-]

맞다³[맏따]타 ①떨어지거나 날아온 것을 몸에 받다. ¶비를 맞다. /날아온 돌에 맞다. ②때림을 당하다. ¶볼기를 맞다. ③(침 따위의) 찌름을 겪다. ¶주사를 맞다. ④어떤한 처지를 겪다. ¶퇴짜를 맞다. ⑤평가를 받다. ¶만점을 맞다. ⑥승낙 등을 받다. ¶결재를 맞다. /허락을 맞다. * 맞아·맞는[만-]

맞다⁴[맏따]타 ①오는 사람을 기다려 받아들이다. ¶손님을 맞다. /방문객을 박수로 맞다. ②(가족이나 동료로서) 맞아들이다. ¶며느리를 맞다. ③(시간이 흘러) 어떤 때나 상태가 됨을 겪거나 대하다. ¶새봄을 맞다. /광복을 맞다. * 맞아·맞는[만-]

-맞다[맏따]젭미 일부 체언이나 어근 뒤에 붙어, 그 말을 형용사로 만듦. ¶궁상맞다. /방정맞다. /양증맞다. /쌀쌀맞다.

맞-닥뜨리다[맏짝-]재 서로 마주 부딪칠 정도로 마주치다. 맞닥트리다.

맞-닥치다[맏짝-]재 ①양편이 마주 다다르다. ②양편이 함께 다다르다.

맞-닥트리다[맏짝-]재 맞닥뜨리다.

맞-단추[맏짠-]몡 암단추와 수단추를 맞추어 채우는 단추. 똑딱단추.

맞-담[맏땀]몡 돌멩이를 겹으로 마주 대어 쌓은 돌담. ↔흩담.

맞-담배[맏땀-]몡 마주 대하여 피우는 담배.

맞담배-질[맏땀-]몡하자 마주 대하여 담배를 피우는 짓. ¶어른 앞에서 맞담배질을 하다.

맞-당기다[맏땅-]〔Ⅰ〕자 양쪽으로 끌리다. 〔Ⅱ〕타 서로 마주 잡아당기다. ¶청군과 백군이 밧줄을 힘껏 맞당긴다.

맞-닿다[맏따타]자 마주 닿다. ¶하늘과 수면이 맞닿은 수평선.

맞-대결(-對決)[맏때-]몡하자 서로 맞서서 대결함. ¶우승 후보끼리 맞대결을 벌이다.

맞-대꾸[맏때-]몡하자 마주 하는 말대꾸.

맞대꾸-질[맏때-]몡하자 마주 말대꾸하는 짓.

맞-대다[맏때-]타 ①마주 대다. ¶책상을 맞대고 앉다. ②마주 대하다. ¶얼굴을 맞대고 의논하다. ③바로 대면하다. 《흔히, '맞대고'·'맞대 놓고'의 꼴로 쓰임.》¶맞대 놓고 비난하다.

맞-대매[맏때-]몡하자 두 사람이 마지막으로 이기고 짐을 겨루는 일.

맞-대면(-對面)[맏때-]몡하자타 ①서로 만나 봄. ②서로 마주 봄.

맞-대응(-對應)[맏때-]몡하자 상대의 어떤 행동이나 태도에 대하여 맞서서 대응함.

맞-대하다(-對-)[맏때-]자여 서로 마주 대하다. ¶얼굴을 맞대하다.

맞-돈[맏똔]몡 (물건을 살 때) 그 자리에서 물건 값으로 바로 치르는 돈. 즉전(卽錢). 직전(直錢). 현금(現金).

맞-두다[맏뚜-]타 (장기나 바둑 따위를) 접어주지 않고 서로 같은 자격으로 두다.

맞-두레[맏뚜-]몡 두 사람이 마주 서서 물을 푸게 된 두레.

맞-들다[맏뜰-]〔~드니·~들어〕타 ①마주 들다. ¶책상을 맞들다. ②(두 편이) 힘을 합하다. ¶백지장도 맞들면 낫다.

맞-뚫다[맏뚤타]타 양쪽에서 마주 들어가면서 뚫다.

맞뚫-리다[맏뚤-]자 〔'맞뚫다'의 피동〕 맞뚫음을 당하다. ¶터널이 양쪽에서 맞뚫렸다.

맞-먹다[만-따]재 (거리·분량·시간·힘 따위의 소요되는 정도가) 서로 어슷비슷하다. ¶기계 한 대의 작업량이 열 사람의 그것과 맞먹는다.

맞모-금[만-]몡 ☞대각선(對角線).

맞-물다[만-]〔~무니·~물어〕타 (양쪽에서) 마주 물다.

맞물-리다[만-]자 〔'맞물다'의 피동〕 맞물림을 당하다. ¶톱니바퀴가 맞물려 돌아가다.

맞물-리다[맏-]타 〔'맞물다'의 사동〕 맞물게 하다. ¶수도관을 맞물려서 잇다.

맞-미닫이[맏-다지]몡 한 홈에 두 짝을 끼워 서로 맞닫게 만든 미닫이.

맞-바꾸다[맏빠-]타 물건을 서로 바꾸다.

맞-바느질[맏빠-]몡하타 실을 꿴 바늘 두 개를 한 구멍에 마주 넣어 가며 꿰매는 바느질.

맞-바둑[맏빠-]몡 실력이 같은 사람끼리 두는 바둑. 상선(相先). 호선(互先).

맞-바라기[맏빠-]몡 ☞맞은바라기.

맞-바람[맏빠-]몡 양편에서 마주 불어오는 바람. 맞은바람.

맞-바리[맏빠-]몡 지난날, 남이 팔러 가는 땔나무를 중간에서 사 가지고 시장에 가서 팔던 일.

맞-받다[맏빧따]타 ①정면으로 받다. ¶공을 맞받아 치다. ②(노래나 말 따위를) 이내 호응하여 받다. ¶질문을 재치 있게 맞받아 처리하다. ③마주 받다. ¶차량끼리 맞받은 사고.

맞받아-치다[맏빠다-]타 남의 말이나 행동에 곧바로 대응하여 나서다. ¶화를 내며 큰 소리로 맞받아치다.

맞-받이[맏빠지]몡 맞은편에 마주 바라보이는 곳. ¶저 건너 맞받이에 있는 정자(亭子). 맞은바라기.

맞-발기[맏빨-]몡 (두 통을 만들어서) 파는 사람과 사는 사람이 각각 한 통씩 간수해 두는 문서.

맞-배지기[맏빼-]몡 씨름 기술의 한 가지. 한편이 상대를 들거나 들었다 놓으려 할 때, 상대가 맞받아 하는 배지기.

맞배-지붕[맏빼-]몡 지붕의 완각이 수직(垂直)으로 잘려진 지붕.

맞-배-집[맏빼-]몡 ☞뱃집1.

맞-버티다[맏뻐-]자 마주 버티다.

맞-벌이[맏뻐리]몡하자 부부가 모두 나서서 벌이하는 일, 또는 그런 부부.

맞-벽(-壁)[맏뼉]몡 (흙벽을 칠 때) 안쪽에 초벽을 쳐서 마른 뒤에, 바깥쪽에서 다시 벽을 쳐서 만든 벽.

맞-변(-邊)[맏뼌]몡 ☞대변(對邊).

맞-보기[맏뽀-]몡 도수가 없는 안경. 평경(平鏡). 평면경(平面鏡).

맞-보다[맏뽀-]자타 마주 대하여 보다.

맞-보증(-保證)[맏뽀-]몡 서로 보증을 서는 일, 또는 그 보증.

맞-부닥뜨리다[맏뿌-]자타 서로 부딪칠 정도로 가까이 서다.

맞-부딪다[맏뿌딛따]자타 마주 부딪다.

맞-부딪뜨리다[맏뿌딛-]타 마주 부딪뜨리다. 맞부딪트리다.

맞-부딪치다[맏뿌딛-]자타 마주 부딪치다.

맞-부딪트리다[맏뿌딛-]타 맞부딪뜨리다.

맞부딪-히다[맏뿌디치-]자 〔'맞부딪다'의 피동〕 맞부딪힘을 당하다.

맞-부패[맏뿌-]몡 분광(分鑛)을 할 때 두 사람이 동업하는 조직. 참부패·삼부패.

맞-불[맏뿔]몡 ①불이 타는 맞은편에서 마주 지르는 불. ②상대편에 맞서 하는 총질. 맞총질. ③남의 담뱃불에 담배를 마주 대고 붙이는 불.
맞불(을) 놓다[관용] 불이 붙은 맞은편에서 불을 지르다. ¶산불을 잡으려고 맞불을 놓다.

맞-붇다[맏뿓따]〔~부니·~불어〕자 마주 붇다.

맞-붙다[맏뿓따]자 ①마주 닿아서 붙다. ¶두 쪽이 맞붙은 밤톨. ②내기나 싸움 따위에서, 서로 마주 붙다. ¶맞붙어 싸우다.

맞-붙들다[맏뿓들-]〔~붙드니·~붙들어〕타 마주 붙들다.

맞붙-이[맏뿌치]몡 ①직접 대하는 일. ②솜옷을 입을 철에 입는 '겹옷'을 솜옷에 상대하여 이르는 말. ②↔솜붙이.

맞-붙이다[맏뿌치-][타] ①『'맞붙다'의 사동』 마주 붙이다. ②(두 사람을) 서로 만나 보게 하다.

맞-붙잡다[맏뿓짭따][타] 마주 붙잡다.

맞비겨-떨어지다[맏삐-][자] 상대되는 두 가지 셈이 남거나 모자람이 없이 꼭 맞다.

맞-비비다[맏삐-][타] 마주 대고 비비다. ¶손등을 맞비비다.

맞-상[-床][명][하자] '겸상(兼床)'의 잘못.

맞-상대(-相對)[맏쌍-][명][하자타] 마주 상대함, 또는 그런 상대. ¶내가 맞상대해 주겠다.

맞-서다[맏써-][자] ①서로 마주 대하여 서다. ②(굽히지 않고) 마주 겨루다. ¶백전노장과 맞서다. ③(어떤 상황을) 직접 겪게 되다. ¶위기와 맞서다. ④'마주 서다'가 줄어서 된 말.

맞-선[맏썬][명] 남녀가 결혼을 위하여 당사자끼리 직접 만나 보는 일.

맞선-각(-角)[맏썬-][명]☞대각(對角).

맞선-꼴[맏썬-][명]☞대칭 도형(對稱圖形).

맞-소리[맏쏘-][명] 서로 답하여 하는 소리.

맞-소송(-訴訟)[맏쏘-][명]☞반소(反訴).

맞-수(-手)[맏쑤][명]〈맞적수〉의 준말.

맞-술[맏쑬][명] 서로 마주 대하여 마시는 술.

맞-싸우다[맏-][자] 마주 붙어 싸우다. ¶적군과 맞싸우다.

맞-씌다[맏쐬-/맏쒜-][타] 비교하여 서로 대어 보다. 서로 대조(對照)하다. ㉲씌다².

맞-씨름[맏-][명] ①(접어주는 일 없이) 맞붙어서 하는 씨름. ②'두 편이 맞서서 겨루거나 버티는 일'을 비유하여 이르는 말.

맞아-들이다[타] ①찾아온 사람을 맞이하여 집 안으로 들게 하다. ②가족이나 동료 등으로 삼다. ¶며느리를 맞아들이다.

맞아-떨어지다[자] 셈이 어떤 대중에 꼭 맞아, 남거나 모자람이 없다.

맞-연귀(←-燕口)[맏넌-][명] 귀퉁을 맞추어 문 짝 따위를 짜는 방법.

맞-욕(-辱)[맏뇩][명][하자] 맞대고 하는 욕.

맞은-바라기[명] 앞으로 마주 바라보이는 곳. 맞바라기. ㉲맞바이.

맞은-바람[명]☞맞바람.

맞은-쪽[명] 마주 보이는 쪽. 맞은편.

맞은-편(-便)[명] ①상대가 되는 편, 또는 상대 자. ②맞은쪽.

-맞이[접미] '오는 일이나 때나 사람을 맞는 일'의 뜻을 나타내는 말. ¶봄맞이. /추석맞이.

맞이-하다[타] ①(닥쳐오거나 찾아오는 것을) 맞다. ¶새해를 맞이하다. /손님을 맞이하다. ②(관계가 있는 사람을) 맞아들이다. ¶사위를 맞이하다.

맞-잡다[맏짭따][타] 마주 잡다. ¶손을 맞잡다.

맞-잡이[맏짜비][명] 서로 비길 만한 것. 서로 같은 것. ¶비록 딸이지만 아들 맞잡이다.

맞-장구(←-長鼓)[맏짱-][명] ①두 사람이 마주 치는 장구. ②남의 말에 동조(同調)하는 일.

맞장구-치다(←-長鼓-)[맏짱-][자] 남의 말에 동조하여 같은 말을 하거나 부추기거나 하다.

맞-장기(-將棋)[맏짱-][명] 수가 서로 어금버금한 사람끼리 두는 장기.

맞-적수(-敵手)[맏쩍쑤][명] 재주나 힘이 서로 비슷비슷한 상대. ㉲맞수. ⑧호적수(好敵手).

맞-절[맏쩔][명][하자] 서로 마주 하는 절.

맞-접(-椄)[맏쩝][명] 가지접의 한 방법. 접붙일 접지(椄枝)와 대목(臺木)을 각각 비스듬히 자른 다음, 그 단면을 맞붙여 동여매는 방법.

맞-조상(-弔喪)[맏쪼-][명] 바깥상제와 안상제가 마주 하는 조상. [발상(發喪)이나 성복(成服) 또는 반우(返虞)] 뒤에 함.

맞-줄임[맏쭈림][명][하자]☞약분(約分).

맞-총질(-銃-)[맏-][명][하자] 상대편의 사격에 맞서 총을 쏨. 맞불. 응사(應射).

맞추다[맏-][타] ①틀리거나 어긋남이 없게 하다. ¶박자를 맞추다. /장부를 맞추다. ②마주 대다. ¶입을 맞추다. /기계의 부속품을 맞추다. ③어떤 것을 무엇에 맞도록 하다. ¶보조를 맞추다. /시계를 맞추다. ④(물건을 만들거나 파는 사람에게) 미리 부탁하여 만들게 하거나 사기로 약속하다. ¶양복을 맞추다. /떡집에다 떡을 맞추다. ⑤마음이나 정도에 맞게 하다. ¶간을 맞추다. /비위를 맞추다. ⑥순서를 고르게 하거나 짝을 채우다. ¶화투장을 맞추다. ⑦'맞히다'의 잘못.

맞춤[맏-][명][하자] ①서로 떨어져 있는 부분을 제자리에 맞게 대어 붙임. ②일정한 규격으로 물건을 미리 부탁하여 만듦, 또는 맞추어 만든 물건. 주문품. ¶맞춤 옷. /맞춤 구두.

맞춤-법(-法)[맏-뻡][명] 말을 글자로 적을 때에 지켜야 하는 일정한 규칙. 철자법(綴字法). ¶한글 맞춤법.

맞춤-하다[맏-][형] 비슷한 정도로 알맞다. ¶김치가 맞춤하게 익었다. 맞춤-히[부].

맞-통[맏-][명] 노름에서, 물주와 아기패의 끗수가 같은 경우를 이르는 말.

맞-혼인(-婚姻)[마토닌][명][하자] ①조혼전(助婚錢)을 주지 아니하고, 혼수(婚需)의 부담을 양쪽이 똑같이 지는 혼인. ②중매가 없이 본인끼리 정하여 하는 혼인.

맞-흥정[마틍-][명][하자] (거간꾼 없이) 사는 사람과 파는 사람이 직접 하는 흥정.

맞-히다¹[마치-][타] 『'맞다²'의 사동』 물음에 옳은 답을 대다. ¶답을 맞히다.

맞-히다²[마치-][타] ①『'맞다¹'의 사동』 목표에 맞게 하다. ¶화살을 목표물에 맞히다. ②『'맞다³'의 사동』 ㉠(눈이나 비 따위를) 맞게 하다. ㉡(침 따위를) 맞게 하다. ㉢(어떤 좋지 않은 일을) 겪게 하다. ¶소박을 맞히다.

맞다[맏따][자타]〈마치다²〉의 준말. •맞는[만-]

맡[맏]〈옛〉 마당. ¶마돌 다오고 穀食 收斂하야(杜初7:18).

맡¹[맏]〈옛〉 마▵. ¶비록 ози不實케 홀 마히 하고(杜重1:14).

맡²[맏]〈옛〉 장마. ¶마히 미양이라 잠기 연장 다 스려라(古時調).

맡-기다[맏끼-][타] 『'맡다¹'의 사동』 ①어떤 일을 부탁하거나 책임지게 하다. ¶담임을 맡기다. /아이를 맡기다. ②물건을 간수하게 하다. ¶짐을 맡기다. ③헤아려 처리하도록 남에게 떠넘기다. ¶재량(裁量)에 맡기다.

맡다¹[맏따][타] ①어떤 일이나 책임을 넘겨받다. ¶공사를 맡다. /집안 살림을 혼자서 맡게 되다. ②물건을 넘겨받아 간수하다. ¶짐을 맡다. ③(주문이나 증명·허락 따위를) 받다. 얻다. ¶면허를 맡다. /허락을 맡다. •맡아=맡는[만-]

맡다²[맏따][타] ①코로 냄새를 느끼다. ¶향기를 맡다. /흙 냄새를 맡다. ②낌새를 알아채다, 또는 알아채려고 살피다. 《주로, '냄새를 맡다'의 꼴로 쓰임.》 ¶벌써 냄새를 맡은 모양이지? •맡아=맡는[만-]

맡아-보다[타] 책임을 지고 어떤 일을 담당하다. ¶총무직을 맡아보다.

매[명] 사람이나 마소 따위를 때리는 곤장·막대기·회초리 따위, 또는 그것으로 때리는 일.

매 끝에 정든다[속] 사랑의 매는, 때리는 사람이나 맞는 사람 사이를 더 가깝게 해 준다.

매도 먼저 맞는 놈이 낫다[속] 어차피 당해야 할 일이라면 먼저 치르는 편이 낫다.

매로 키운 자식이 효성 있다[속] 잘되라고 매도 때리고 꾸짖어 키우면, 그 자식도 커서 그 공을 알아차려 효도를 하게 된다.

매에는 장사 없다[속] 매로 때리는 데에는 끝까지 버티어 낼 수가 없는 법이다.

매²[명]〈맷돌〉·〈매통〉의 준말.

매³[명] 소렴(小殮) 때, 시체에 옷을 입히고 그 위를 매는 헝겊.

매⁴[명]〈매흙〉의 준말.

매⁵[Ⅰ][명] ①〈매끼〉의 준말. ②맷고기나 살담배 따위를 작게 갈라 놓은 덩이. [Ⅱ][의] ①맷고기나 살담배를 동여매어 놓고 팔 때에, 그것을 세는 단위. ¶살담배 두 매. ②젓가락의 한 쌍 한 쌍을 세는 단위. ¶젓가락 다섯 매.

매⁶[명] 맷과(科) 맷속(屬)의 새를 통틀어 이르는 말. 수리보다 작은데, 부리와 발톱은 갈고리 모양이며 날쌔게 낢. 마을 부근의 하늘을 빙빙 돌다가, 급강하하여 새나 병아리 따위를 채어 감. 사냥용으로 기르기도 함. 각응(角鷹). 송골매. 해동청(海東靑).

매⁷[부] 매우 심하게. 보통보다 공을 들여. ¶매 끓이다. /매 닦다.

매⁸[부] 양이나 염소의 울음소리. 매-매[부].

매(妹)[명] 손아래 누이. 누이동생.

매(枚)[의] (종이·널빤지 따위처럼) 얇고 넓적한 물건을 세는 단위. ¶원고지 오 매.

매(每)[관] 하나하나의 모두. 또는 각각의.

매[부](옛) 왜. 어찌. ¶賢弟를 매 니즈시리(龍歌74章).

-매[접미] (일부 명사 뒤에 붙어) 맵시나 모양을 뜻함. ¶눈매. /몸매. /옷매.

-매[어미] 모음이나 'ㄹ'로 끝난 어간 또는 높임의 '-시-'에 붙어, 앞말이 뒷말의 이유나 전제가 됨을 나타내는 종속적 연결 어미. ¶임이 오신다 하매 기다렸더니…. [참]-으매.

매가(妹家)[명] 시집간 누이의 집.

매:가(買價)[명] 사는 값.

매:가(賣家)[명][하자] 집을 팖, 또는 파는 집.

매:가(賣價)[명] 파는 값.

매가리¹[명]〈맥(脈)〉의 속된 말. ¶매가리가 없다.

매가리²[명] 전갱이.

매:-가오리[명] 매가오릿과의 바닷물고기. 마름모꼴로 생겨 몸의 폭이 1m가 넘음. 가슴지느러미가 커서 날개를 편 매와 비슷함. 눈이 작고 꼬리는 채찍 모양으로 길며, 가시 모양의 등지느러미가 한 개 있음. 몸빛은 흑갈색이나 배는 흼. 우리나라·일본·중국 등지에 분포함.

매:가-육장(賣家鬻莊)[명][하자] 집과 논밭을 죄다 팔아 버림.

매:각(賣却)[명][하타][되자] 팔아 버림. 매도(賣渡). ¶주식을 매각하다. /부동산을 매각하다.

매:-갈이[명][하자] 벼를 매통에 갈아서 현미(玄米)를 만드는 일. 매조미. 조미(造米).

매-갈잇-간[-間] [-가리깐/-가린깐][명] 매갈이하는 곳. 매조미간.

매개[명] 일이 되어 가는 형편.

매개(를) 보다[관용] 일이 되어 가는 형편을 살펴보다.

매개(媒介)[명][하타] ①사이에 들어 서로의 관계를 맺어 줌. ②전파(傳播)하는 일. ¶전염병균을 매개하는 파리.

매:개-념(媒概念)[명] ☞중개념(中槪念).

매:개-댕기[명] 어여머리나 큰머리를 할 때 머리를 고정시키기 위해 매는 댕기.

매개^모:음(媒介母音)[명] 자음으로 끝나는 체언이나 용언의 어간 아래에, 자음으로 시작되는 조사나 어미가 이어질 때, 그 사이에 끼어 소리를 고르는 구실을 하는 모음. ['손으로'·'먹으니'·'잡으니' 등에서의 '으' 따위.] 조음소(調音素).

매개-물(媒介物)[명] 매개하는 물건, 또는 매개가 되는 물건. 매개체(媒介體).

매:개-변:수(媒介變數)[명] 몇 개의 변수 사이의 함수 관계를 간접적으로 연관지어 나타내기 위하여 쓰이는 변수. 모수(母數).

매개^자음(媒介子音)[명] 활용에서, 모음의 충돌을 회피하기 위하여 모음과 모음 사이에 덧들어가는 자음. ['소+아지→소+ㅇ+아지→송아지'에서의 'ㅇ', '흐리+j+어→흐리여'에서의 'j' 따위.]

매개-체(媒介體)[명] 매개의 구실을 하는 것. 매개물(媒介物). 매체(媒體).

매:거(枚擧)[명][하타] 하나하나 들어서 말함. ¶그 예(例)를 매거하려면 한이 없다.

매-고르다[~고르니·~골라][형] ①모두 비슷하다. ②가지런히 하다.

매골(불품없이 된) 사람의 꼴. ¶영락없이 죽을 매골이로구나.

매골(埋骨)[명] 뼈를 묻음.

매골^방자(埋骨-)[명] 사람이나 짐승의 뼈를 묻어 남에게 재앙이 내리도록 하는 짓.

매:관(賣官)[명] ☞매관매직(賣官賣職).

매:관-매:직(賣官賣職)[명][하자] 돈이나 재물을 받고 벼슬을 시킴. 매관(賣官). 매관육작(賣官鬻爵). 매직(賣職).

매:관-육작(賣官鬻爵)[-뉵짝][명][하자] ☞매관매직(賣官賣職).

매괴(玫瑰)[명] [-괴/-궤][명] ①중국에서 나는 붉은 구슬의 이름. ②☞해당화(海棠花). ③해당화의 껍질과 뿌리에서 채취한 물감.

매괴^신공(玫瑰神功) [-괴/-궤-][명] 가톨릭에서, 묵주를 가지고 하는 기도를 이전에 이르던 말. 묵주 신공.

매괴-유(玫瑰油) [-괴/-궤-][명] 해당화에서 짜낸 향유.

매:구(-狗) 천 년을 묵은 여우가 변하여 된다는 괴이한 짐승.

매:국(賣國)[명][하자] 사리사욕을 위하여, 또는 남의 나라의 앞잡이가 되어서 자기 나라에 해를 끼치는 일.

매:국-노(賣國奴) [-궁-][명] 매국 행위를 하는 놈. ¶매국노를 처단하다.

매:국-적(賣國賊) [-쩍][명] 매국 행위를 하는 역적.

매:국-적(賣國的) [-쩍][관] 매국 행위를 하는 (것). ¶매국적 행위.

매귀(埋鬼)[명] 농촌의 민속 행사의 한 가지. 음력 정월 초이튿날부터 대보름 사이에, 농악단이 농악을 울리면서 마을의 집집마다 들어가 악귀(惡鬼)를 물리치고 복을 빌어 줌. [참]지신밟기.

매그니튜:드(magnitude)[명] 지진의 규모, 곧 진도(震度)를 나타내는 단위. [기호는 M]

매기¹[명][하] 집을 지을 때, 서까래의 끝을 가지런히 맞추는 일. 방구매기와 일자매기의 두 가지가 있음.

매ː기²[명] 수돼지와 암소가 흘레하여 낳는다는 짐승.

매ː기(每期)[I][명] 일정하게 구분해 놓은 하나하나의 시기. ¶매기에 지급되는 배당금. [II][부] 일정하게 구분하여 정해진 기간마다. ¶배당금은 매기 지급한다.

매ː기(買氣)[명] 상품을 사고자 하는 마음. 살 사람 쪽이 느끼는 상품의 인기. ¶부동산 매기가 한산하다.

매기(煤氣)[명] 그을음이 섞인 공기.

매ː기(霉氣)[명] ☞곰팡이.

매기다[타] 값이나 등수·차례 따위를 따져서 정하다. ¶차례를 매기다. ⓒ매다³.

매기단-하다[타] 일의 뒤끝을 깨끗이 마무리하거나 맺다.

매김-마디[명] ☞관형절(冠形節).

매김-말[명] ☞관형어(冠形語).

매김-씨[명] ☞관형사(冠形詞).

매김-자리[명] ☞관형격(冠形格).

매김자리-토씨[명] ☞관형격 조사.

매-꾸러기[명] '걸핏하면 매를 맞는 아이'를 얕잡아 이르는 말.

매ː꿰[명] '모의장이'의 변말.

매끄러-지다[자] 미끄러운 곳에서 밀려 나가거나 넘어지다. ¶얼음판에서 매끄러져 팔을 다쳤다. ⓒ미끄러지다.

매끄럽다[-따][매끄러우니·매끄러워][형][ㅂ] ①물건의 겉면이 거칠지 아니하고 반드럽다. ⓒ미끄럽다. ②성질이 숫되지 아니하고 약빠르다. ¶미꾸라지처럼 매끄러운 사람. ③글이나 말에 조리가 있고 거침이 없다. ¶구성이 매끄러운 소설.

매끈-거리다[자] 자꾸 매끈매끈하다. 매끈대다. ⓒ미끈거리다.

매끈-대다[자] 매끈거리다.

매끈둥-하다[형] 보기에 매끈한 맛이 있다. ⓒ미끈둥하다.

매끈-매끈[부][하] 물건의 겉면이 반드러워서 닿으면 자꾸 밀려 나가는 모양. ⓒ미끈미끈.

매끈-하다[형] ①매끄러울 정도로 흠이나 거친 데가 부드럽고 반들하다. ②생김새가 보기에 날렵하고 말쑥하다. ¶몸매가 매끈하다. ⓒ미끈하다. 매끈-히[부].

매끌-매끌[부][하] 거죽이 매우 매끄러운 모양. ⓒ미끌미끌.

매끼[명] (섬 따위를 묶는 데 쓰는) 새끼나 끈 같은 것. ⓒ매5.

매ː-끼(每-)[I][명] 한 끼니 한 끼니. ¶빵으로 매끼를 때우다. [II][부] 한 끼니 한 끼니마다. ¶매끼 죽으로 연명하다.

매나니[명] ①(일할 때 아무 연장도 가지지 않은) 맨손. ¶매나니로 무슨 일을 하겠다고 나서는 거냐. ②(아무 반찬도 없는) 맨밥. ¶귀한 손님을 매나니로 대접하다.

매너(manner)[명] ①(어떤 행동이나 일에 대한) 태도. 버릇. 몸가짐. ¶저 사람은 매너가 형편없어. ②예절. ¶테이블 매너가 나쁘다.

매너리즘(mannerism)[명] 일정한 기법이나 형식 따위가 습관적으로 되풀이되어 독창성과 신선한 맛을 잃는 일, 또는 그러한 경향. ¶매너리즘에 빠지다.

매ː년(每年)[I][명] 차례로 돌아오는 그해. 매세(每歲). 매해. 세세(歲歲). 축년(逐年). [II][부] 해마다. 매해. ¶매년 풍년이 들다.

매뉴얼(manual)[명] 기계나 컴퓨터 따위의 조작 방법을 설명해 놓은 사용 지침서.

매니아(mania)[명] '마니아'의 잘못.

매니저(manager)[명] ①(연예인·운동선수 등의) 섭외 교섭이나 시중을 드는 사람. ②(호텔 따위의) 경영자나 책임자.

매니큐어(manicure)[명] 손톱을 아름답게 꾸미는 일, 또는 그런 화장술.

매ː다¹[타] ①끈 따위의 끝과 끝을 엇걸어서 마디를 지어 맺다. ¶띠를 매다. /대님을 매다. ②물건을 동여서 묶다. ¶보따리를 끈으로 매다. ③(어떤 대상을) 끈 같은 것으로 무엇에 이어 놓다. ¶말뚝에 송아지를 매다. /배를 부두에 매다. ④밧줄 따위를 공중에 가로 걸어 놓거나 드리워 있게 하다. ¶그네를 매다. /마당에 빨랫줄을 매다. ⑤낱낱의 것을 다발지어 하나로 만들다. ¶싸리로 비를 매다. ⑥무엇에서 떠나지 못할 관계를 가지다. ¶그를 한 가지 일에 매어 두다. ⑦옷감을 짜려고 날아 놓은 날실에 풀을 먹이고 고루 다듬어 말리어 감다. ¶베를 매다. ⑧가축을 기르다. ¶소를 매다. ⑨쉽게 벗어나지 못하고 딸리어 있다. 《주로, '목을 매다'의 꼴로 쓰임.》 ¶주식 동향에 목을 매고 있다.

매ː다²[타] 논밭의 풀을 뽑다. ¶밭에 김을 매다.

매ː다³[타] 〈매기다〉의 준말.

매ː-달(每-)[I][명] 차례로 돌아오는 그달 그달. 매삭(每朔). 매월(每月). ¶매달의 생활비. [II][부] 다달이. 달마다. 매삭(每朔). 매월(每月). ¶회비를 매달 꼬박꼬박 내고 있다.

매ː-달다[~다니·~달아][타] 매어서 드리우거나 걸다. ¶마늘을 엮어 매달다.

매ː달-리다[자] ①['매달다'의 피동] 매닮을 당하다. ¶가지 끝에 매달린 연. ②무엇을 붙들고 아래로 늘어지다. ¶밧줄에 매달리다. ③주되는 것에 딸리다. ¶중환자 한 사람에게 간호사 두 사람이 매달리다. ④무엇에 몸과 마음이 딸려 있게 되다. ¶어머니에게 매달린 어린 자녀들. ⑤무엇에 몸과 마음이 딸려 있거나 얽매이다. ¶농사일에 매달리느라 쉴 겨를이 없다.

매달린 개가 누워 있는 개를 웃는다[속] 남만 못한 주제에 남을 비웃는다는 말.

매ː-대기[명] ①진흙과 같이 질척한 것을 아무 데나 함부로 바르는 짓. ②정신없이 아무렇게나 마구 하는 몸짓. ¶술이 취해 길바닥에서 매대기를 치다.

매ː도(罵倒)[명][하][타] 몹시 욕하며 몰아세움. ¶언론이 그를 기회주의자라고 매도하고 있다.

매ː도(賣渡)[명][하][타] 팔아넘김. 매각(賣却).

매ː도^담보(賣渡擔保)[명] 매매의 형식으로 이루어지는 물적(物的) 담보. 돈을 꾸는 사람이 담보물을 채권자에게 파는 형식을 취하여, 대금의 형식으로 돈을 빌리는 것. 일정한 기간 안에 원금과 이자를 갚고 다시 사는 형식을 취하게 됨. 매도 저당(賣渡抵當).

매ː도-인(賣渡人)[명] 물건을 매도한 사람. 물건을 판 사람. ↔매수인.

매ː도^저ː당(賣渡抵當)[명] ☞매도 담보.

매ː도^증서(賣渡證書)[명] 매도한 사실을 증명하는 서류.

매독(梅毒)[명] 스피로헤타 팔리다(Spirochaeta pallida)라는 나선균의 감염으로 일어나는 만성

성병(性病). 주로, 보균자의 음부나 입 등을 통하여 전염하는데, 모체로부터 태아에게 전염하기도 함. 창병(瘡病).

매동-그리다匣 대강 매만져서 뭉뚱그리다. ¶옷가지를 보자기에 매동그리다.

매두몰신(埋頭沒身)[-씬]명하자 [머리와 몸이 파묻혔다는 뜻으로] ①일에 파묻혀 헤어나지 못함. ②일에 열중하여 물러날 줄 모름.

매:-두피명 매를 산 채로 잡는 기구. [닭의 둥우리처럼 생겼음.]

매:-득(買得)명하타 ①사서 가짐. 매입(買入). ②[물건을] 싸게 삼.

매듭명 ①끈이나 실 따위를 매어 마디를 이룬 것. ¶매듭을 풀다. ②일의 어려운 고비나 부분. ¶일의 매듭이 풀리자 그 다음은 순조롭게 되어 나갔다. ③어떤 일과 다른 일과의 사이에 짓는 구별이나 마무리. ¶일마다 매듭을 분명히 짓고 넘어가다. ④끈이나 실을 소재로 하여 엇걸어 마디를 짓거나 고를 내거나 하여 여러 가지 무늬를 만드는 일, 또는 그렇게 만든 장식品.

매듭-짓다[-짇따][~지으니·~지어]타ㅅ ①끈이나 실 따위를 매어 마디를 만들다. ②어떤 일을 순서에 따라 마무리하다. ¶범인을 잡고 수사를 매듭지었다.

매력(魅力)명 남의 마음을 호리어 사로잡는 야릇한 힘. ¶매력 있는 목소리.

매력-적(魅力的)[-쩍]관명 매력이 있는 (것). ¶매력적인 웃음.

매련(스럽다)(스럽) (태도나 행동이) 답답할 만큼 어리석고 둔함. ¶매련한 행동. 준미련. 매련-히튀. 매련스레튀.

매련-쟁이명 '매련한 사람'을 홀하게 이르는 말. 준미련쟁이.

매련-퉁이명 '몹시 매련한 사람'을 홀하게 이르는 말. 준미련퉁이.

매료(魅了)명하타되자 남의 마음을 홀리어 사로잡음. ¶관객을 매료시킨 명연기(名演技).

매:리(罵詈)명하타 욕하며 꾸짖음.

매립(埋立)명하타 ①꽤거나 낮은 땅을 메워 돋우는 일. ¶하천 매립. /쓰레기를 매립하다. ②☞매축(埋築)

매립-지(埋立地)[-찌] 꽤거나 낮은 땅을 돌이나 흙 따위로 메워 돋운 땅.

매-만지다타 잘 다듬어 손질하다. ¶옷차림을 매만지다. /머리를 매만지다.

매-맛[-맏] 매를 맞아 아는, 아픈 느낌. ¶이 놈이 매맛을 좀 봐야 정신을 차리겠군. * 매맛[-마시]·매맛뿐[-만-]

매:-매閉 매우 심하거나 자꾸. 매우 힘을 들이거나 공들이어서. ¶매매 동이어 묶다. /매매 씻다.

매매(昧昧)웃 '매매하다'의 어근.

매매(賣買)명하타되자 팔고 삼. 파는 일과 사는 일. ¶부동산 매매 계약서.

매:-매(每每)튀 번번이. 매번.

매매^결혼(賣買結婚)명 남자가 장가들 때, 신부의 생가에 재물을 치르고 신부를 데려가는 혼인 풍속. 매매혼(賣買婚). 매매 혼인.

매매-장(賣買帳)[-짱]명 물건을 팔고 사고 한 내용을 적는 장부.

매매-춘(賣買春)명 여자의 몸을 성적 대상으로 팔고 사는 일.

매매-하다(昧昧-)형여 (아는 것이 없어) 세상일에 어둡다. 매매-히튀.

매매-혼(賣買婚)명 ☞매매 결혼(賣買結婚).

매매^혼인(賣買婚姻)명 ☞매매 결혼(賣買結婚).

매머드(mammoth)명 ①홍적기(洪積期)에 유라시아 북부와 북미 대륙에 살았던 거대한 코끼리. ②'거대한 것'의 뜻으로 쓰이는 말. ¶매머드 도시. /매머드 빌딩.

매:-명(每名)Ⅰ명 각 사람. 매인(每人). ¶매명에게 고루 돌라주다. Ⅱ튀 각 사람마다. 매인(每人).

매:-명(買名)명하자 돈으로 명예를 삼.

매:-명(賣名)명하자 이익이나 허영을 위하여 자기의 이름을 세상에 들날리려 함.

매-명사(媒名辭)명 개념(媒概念)을 나타내는 명사. 중명사(中名辭).

매목(埋木)명 ①지질 시대의 나무가 흙 속에 묻혀 탄화한 것. ②목판(木版)을 자르거나 구멍을 내어 깁는 일, 또는 그때 쓰는 나무로 만든 쐐기.

매몰(埋沒)명하타되자 보이지 아니하게 파묻거나 파묻힘. ¶산사태로 집이 매몰되었다.

매몰-스럽다[-따][~스러우니·~스러워]형 보기에 매몰한 데가 있다. 말쌀스럽다. ¶매몰스럽게 거절하다. 매몰스레튀.

매몰-차다형 아주 매몰하다. ¶매몰차게 그와의 교제를 끊다.

매몰-하다형여 인정이 없이 아주 쌀쌀하고 독하다. ¶성미가 워낙 매몰하여 찬 기운이 도는 듯하다.

매무새명 매무시한 뒤의 모양새. 옷매무새. ¶매무새가 단정하다.

매무시명하타 옷을 입을 때, 매고 여미고 하며 매만지는 일. ¶매무시에 신경을 쓰다.

매:-문(賣文)명하자 글을 지어 주고 돈을 받음. 글을 팔아서 생활하는 일. 매필(賣筆).

매:-문-매:-필(賣文賣筆) [돈벌이를 위하여] 글을 짓거나 글씨를 써서 꿂.

매:-물(每物)명 낱낱(하나하나)의 물건.

매:-물(賣物)명 팔 물건. 팔 것.

매:-미명 매밋과의 곤충을 통틀어 이르는 말. 두 쌍의 투명한 날개와 두 개의 겹눈, 대롱 모양의 긴 주둥이를 가졌음. 수컷은 배 쪽에 발음 기가 있어 여름에 맑은 소리로 욺. 보통, 유충은 6~7년 동안 땅속에서 지낸 뒤에 성충이 되어, 1~3주 만에 죽음.

매미-목(-目)명 곤충류의 한 목(目). 몸은 달걀형·길둥근형 등 여러 가지임. 두 쌍의 날개가 있지만, 변화하거나 퇴화한 것도 있음. 주둥이는 뾰족해서 진을 빨아 먹기에 알맞음. [매미·진디·빈대 따위.]

매:-미-채명 매미를 잡는 데 쓰는 채.

매:-발톱-나무[-톱-]명 매자나뭇과의 낙엽 활엽 관목. 산지에 나는데 높이는 2m가량. 가시가 있으며 잎은 길둥근 모양에 날카로운 톱니가 있음. 봄에 노란 꽃이 피고, 길둥근 열매는 초가을에 붉게 익음. 가지와 잎은 한약재와 염료의 원료로 쓰임.

매:-방(每放)Ⅰ명 (총이나 대포의) 한 방 한 방. ¶매방을 정확히 쏘다. Ⅱ튀 한 방마다. ¶매방 명중하다.

매:-방울명 매사냥을 할 때에, 매의 다리에 다는 방울.

매:방-초시(每榜初試)명하자 지난날, 과거를 볼 때마다 초시에는 합격되나 복시(覆試)에서 번번이 낙방함을 이르던 말.

매:-번(每番)Ⅰ명 각각의 차례. 매회(每回). ¶매번을 퇴짜 맞다.

Ⅱ〖부〗번번이. 매매(每每). 매회(每回). ¶시합에서 매번 우승하다.

매병(梅瓶)〖명〗아가리가 좁고 어깨는 크며 밑은 홀쭉하게 생긴 병.

매복(埋伏)〖명〗①몰래 숨어 있음. ②적군을 기습하기 위하여 요긴한 곳에 숨어서 기다리는 일. ¶매복하고 있던 경찰에 붙잡히다.

매:복(賣卜)〖명〗〖하자〗돈을 받고 점을 쳐 줌.

매:복-자(賣卜者)[-짜]〖명〗점쟁이.

매복-치(埋伏齒)〖명〗치관(齒冠)의 전부 또는 대부분이 잇몸 속에 묻혀 있는 이.

매부(妹夫)〖명〗①손위 누이의 남편. 자형(姊兄). ②손아래 누이의 남편. 매제(妹弟).

매:-부리¹〖명〗지난날, 매사냥에 쓰이는 매를 맡아 기르고 부리는 사람을 이르던 말.

매:-부리²〖명〗매의 주둥이.

매:-부리-코〖명〗매부리처럼 코끝이 구붓한 코, 또는 그런 코를 가진 사람.

매:분(每分)Ⅰ〖명〗일 분 일 분.
Ⅱ〖부〗일 분마다. ¶매분 한 대씩 컴퓨터를 조립하다.

매비(埋祕)〖명〗〖하타〗몰래 묻어 감춤.

매:사(每事)Ⅰ〖명〗하나하나의 일. 모든 일. ¶매사를 신중히 생각하다.
Ⅱ〖부〗일마다. ¶매사 단단히 단속하다.

매사는 간주인(看主人)〖관용〗모든 일은 주인이 처리할 일이기 손이 간섭할 일이 아니라는 말.

매사(昧事)〖명〗〖하타〗사물의 이치에 어두움.

매:사-가감(每事可堪)〖명〗〖하형〗어떤 일이라도 감당할 만함.

매:-사냥〖명〗〖하자〗길들인 매로 꿩이나 그 밖의 새를 잡는 사냥.

매:사냥-꾼〖명〗매사냥을 하는 사람. 수할치.

매:사불성(每事不成)[-썽]〖명〗〖하자〗하는 일마다 이루어지지 않음. 하는 일마다 실패함.

매:삭(每朔)Ⅰ〖명〗☞매달.
Ⅱ〖부〗☞매달.

매상(昧爽)〖명〗먼동이 틀 무렵.

매:상(買上)〖명〗〖하타〗정부나 관공서에서 민간으로부터 물건을 사들이는 일. ¶하곡(夏穀) 매상. /추곡 매상. 〔참〕불하(拂下).

매:상(賣上)〖명〗①〈매상고(賣上高)〉의 준말. ¶매상을 올리다. ②〖하자〗상품을 팖.

매:상(每常)〖부〗항상. 늘. 매양.

매:상-고(賣上高)〖명〗①☞판매액. ②☞판매량. 〔준〕매상.

매:상-곡(買上穀)〖명〗정부가 농민으로부터 사들이는 양곡(糧穀).

매:상-금(賣上金)〖명〗☞판매액.

매:상-미(買上米)〖명〗정부가 농민으로부터 사들이는 쌀.

매:상^상환(買上償還)〖명〗정부가 발행한 공채를, 정부가 시장 가격으로 사들여 상환하는 일.

매:색(賣色)〖명〗〖하자〗☞매음(賣淫).

매생이〖명〗갈파랫과의 해조(海藻). 대롱 모양이고 가지는 없으며 짙은 녹색을 띰. 주로 남도 지방에서 식용하며 파래와 유사하나 더 가늘고 부드러움.

매:서(賣暑)〖명〗☞더위팔기.

매:서-인(賣書人)〖명〗기독교에서, 전도를 하면서 성서를 파는 사람. 권서(勸書).

매석(賣惜)〖명〗〖하자〗(값이 오르거나 달릴 것을 예상하여) 상품을 팔지 않으려고 하는 일. 석매(惜賣). ¶매점(買占) 매석.

매:설(莓舌)〖명〗성홍열(猩紅熱)의 한 증상. 고열

때문에 혀가 딸기처럼 빨갛고 껄쭉껄쭉하게 되는 증상. 딸기혀.

매설(埋設)〖명〗〖하타〗〖되자〗지뢰·수도관·전선 등을 땅속에 설치하는 일. ¶케이블 매설 공사.

매섭다[-따]〖형비〗(매서우니·매서워)〖형비〗①매몰차고 사납다. 모질고 독하다. ¶매섭게 쏘아보다. ②정도가 매우 심하다. ¶매서운 추위. /바람이 매섭게 분다. 〔큰〕무섭다.

매:세(每歲)〖명〗☞매년(每年).

매:세(賣勢)〖명〗〖하자〗①남의 세력을 빌려 호기(豪氣)를 부림. ②물건이 팔리는 기세.

매:소(賣笑)〖명〗〖하자〗☞매음(賣淫).

매:-소래〖명〗크게 만든 소래기.

매:소-부(賣笑婦)〖명〗☞매음부(賣淫婦).

매:수(買收)〖명〗〖하타〗①(물건 따위를) 사들임. ¶도로 용지(用地)를 매수하다. ②금품 따위로 남을 꾀어서 제 편으로 만듦. ¶반대파를 돈으로 매수하다.

매:수(買受)〖명〗〖하타〗(물건을) 사서 넘겨받음.

매:수-인(買受人)〖명〗물건을 매수한 사람. 물건을 산 사람. 매도인.

매스^게임(mass game)〖명〗많은 사람이 함께 하는 집단 체조나 무용.

매스껍다[-따]〖형비〗(매스꺼우니·매스꺼워)〖형비〗①비위가 상하여 구역이 날 듯이 속이 울렁거리는 느낌이 있다. ¶배멀미로 매스껍다. ②비위에 거슬리어 아니꼽다. ¶잘난 척하는 게 매스껍다. 〔큰〕메스껍다.

매스^미:디어(mass media)〖명〗대량의 정보나 지식 등을 넓은 지역의 많은 사람에게 전달하는 매체, 곧 신문·잡지·라디오·영화·텔레비전 따위를 이름. 대중 전달 매체.

매스^소사이어티(mass society)〖명〗대중 사회.

매스-컴(←mass communication)〖명〗신문·잡지·라디오·영화·텔레비전 등 매스 미디어를 이용하여 대량의 정보나 지식 등을 넓은 지역의 많은 사람에게 전달하는 일. 대중 전달. ¶매스컴을 타다.

매슥-거리다[-꺼-]〖자〗자꾸 매슥매슥하다. 매슥대다. 〔큰〕메슥거리다.

매슥-대다[-때-]〖자〗매슥거리다.

매슥-매슥[-승-]〖부〗〖하자〗매스꺼운 느낌이 자꾸 일어나는 상태. ¶아직도 술이 덜 깨 속이 매슥매슥하다. 〔큰〕메슥메슥.

매:-시(每時)Ⅰ〖명〗〈매시간(每時間)〉의 준말.
Ⅱ〖부〗〈매시간(每時間)〉의 준말.

매:-시간(每時間)Ⅰ〖명〗한 시간 한 시간. ¶매시간의 기온의 변화를 측정하다. 〔준〕매시(每時).
Ⅱ〖부〗한 시간마다. ¶체온이 매시간 변하다. 〔준〕매시(每時).

매:식-하다〖형어〗(몸에 열이 있거나 하여) 기운이 없고 나른하다. 매식근-히〖부〗.

매:식(買食)〖명〗〖하자〗①음식을 사서 먹음. ②음식점에서 돈을 내고 먹는 끼니 식사.

매:신(賣身)〖명〗〖하자〗①몸값을 받고 남의 종이 됨. ②☞매음(賣淫).

매실(梅室)〖명〗겨울에 매화를 가꾸는 온실.

매실(梅實)〖명〗매실나무의 열매.

매실-나무(梅實-) [-라-]〖명〗장미과의 낙엽 교목. 높이는 4~5m이며 끝이 뾰족한 길둥근 잎이 어긋맞게 남. 이른 봄에 흰 꽃 또는 연분홍의 꽃이 잎보다 먼저 핌. 열매는 핵과로 매실이라 하여 먹기도 하고 술을 담그기도 함. 매화. 매화나무.

매실매실-하다〖형어〗사람이 얄밉도록 되바라지고 반드럽다. 매실매실-히〖부〗.

매실-주(梅實酒)[-쭈]圀 매실을 설탕과 함께 소주에 담가 익힌 술.

매-싸리圀 종아리채로 쓰는 가는 싸릿가지.

매씨(妹氏)圀 상대편을 높이어 그의 '손아래 누이'를 일컫는 말.

매안(埋安)圀困 신주(神主)를 그의 무덤 앞에 묻는 일.

매암①圀 제자리에서 뱅글뱅글 도는 짓. ②원을 그리며 빙빙 도는 짓. ㉣맴.

매암-매암旵 매미의 수컷이 발음기로 내는 소리.

매-암쇠[-쇠/-쉐]圀 맷돌의 위쪽 한가운데 박힌, 구멍이 뚫린 쇠. 맷수쇠가 들어가서 끼이게 됨. ㉣암쇠. ↔맷수쇠. ㈵맷돌중쇠.

매:야(每夜)Ⅰ圀 나날의 밤. 야야(夜夜). ¶매야를 바느질로 지새다.
Ⅱ旵 밤마다. 야야(夜夜).¶매야 독서를 즐기다.

매:약(賣約)圀困 팔기로 약속함.

매:약(賣藥)圀困①약을 팖. ②(의사의 처방에 따라 조제한 것이 아닌) 약국이나 약방에서 파는, 제약 회사에서 만든 의약품.

매:약-상(賣藥商)圀 매약만을 파는 가게. 약방(藥房). ㈵약종상.

매양(←每常)旵 언제나. 늘. 번번이. 매상(每常). ¶매양 싱글벙글하는 얼굴이다.

매어-기르기圀 ㄦ계목(繫牧).

매연(媒緣)圀困 인연이 맺어지게 함.

매연(煤煙)圀 연료를 태웠을 때 생기는 그을음과 연기. ¶매연으로 말미암은 공해.

매염(媒染)圀困 섬유에 물감이 잘 물들지 않을 때, 섬유를 특수한 약제에 담가 그 작용으로 물들이는 방법, 또는 그 약제.

매염-료(媒染料)[-뇨]圀 ㄦ매염제(媒染劑).

매염^물감(媒染-)[-깜]圀 매염제를 써야 물을 들일 수 있는 물감을 통틀어 이르는 말. 매염염료.

매염^염:료(媒染染料)[-념뇨]圀 ㄦ매염 물감.

매염-제(媒染劑)圀 매염에 쓰이는 화학 물질.〔백반·녹반·타닌 따위.〕매염료(媒染料).

매옥(埋玉)圀〔옥을 묻는다는 뜻으로〕'인재나 미인이 죽어서 땅에 묻힘'을 아깝게 여기어 이르는 말.

매옴-하다휑에 조금 알알한 맛을 느낄 정도로 맵다. ㈵매움하다.

매용-제(媒熔劑)圀 유약을 빨리 녹게 하기 위하여 섞는 화학 물질.

매우旵 보통 정도를 훨씬 넘게. 대단히. 몹시. ¶매우 빠른 걸음걸이.

매우(梅雨)圀〔매실이 익어서 떨어질 무렵에 오는 비라는 뜻으로〕'유월 중순께부터 칠월 초순께까지 지는 장마'를 이르는 말.

매우-기(梅雨期)圀 매우가 지는 철.

매욱-스럽다[-쓰-따][~스러우니·~스러워]휑에 보기에 매욱한 데가 있다. ㈵미욱스럽다.
매욱스레旵.

매욱-하다[-구-]휑에 하는 짓이 어리석고 둔하다. ㈵미욱하다.

매운-맛[-맏]圀 ①(고추의 맛같이) 혀가 아릴 정도로 얼얼한 맛. 신미(辛味). ②(주로 '보다'와 함께 쓰이어) '모진 괴로움'을 비유하여 이르는 말. ¶매운맛을 봐야 정신을 차리지. *매운맛이[-마시]·매운맛만[-만-]

매운-재圀 진한 잿물을 내릴 수 있는 독한 재.〔참나무의 재 따위.〕

매운-탕(-湯)圀 고추장이나 고춧가루를 풀고 생선이나 채소를 넣어 얼큰하게 끓인 찌개.

매울-신(-辛)圀 한자 부수의 한 가지. '辟'·'辯' 등에서의 '辛'의 이름.

매움-하다휑에 제법 얼얼하게 느낄 만큼 맵다. ¶혓바닥이 매움하다. ㉝매옴하다.

매원(埋怨)圀困 원한을 품음.

매:원(賣怨)圀困困 남의 원한을 삼.

매:월(每月)Ⅰ圀 그달 그달. 한 달 한 달. 매달. 매삭(每朔).
Ⅱ旵 다달이. 달마다. 매달. 매삭(每朔). ¶매월 꼬박꼬박 내는 회비.

매:월^장동(每月章動)圀 ㄦ장동(章動).

매유통(-筒)〔옛〕매화틀. 가지고 다니는 변기(便器). ¶매유통 투: 廐(訓蒙中6).

매:음(賣淫)圀困 여자가 돈을 받고 몸을 파는 일. 매색(賣色). 매소(賣笑). 매신(賣身). 매춘(賣春).

매:음-굴(賣淫窟)圀 매음부가 많이 모여 사는 곳. 매음하는 집들이 죽 늘어서 있는 곳. 사창가(私娼街).

매:음-녀(賣淫女)圀 ㄦ매음부(賣淫婦).

매:음-부(賣淫婦)圀 매음하는 여자. 매소부(賣笑婦). 매음녀(賣淫女). 매춘부(賣春婦).

매이(枚移)圀困 조선 시대에, 관아 사이에 공문을 서로 주고받던 일.

매-이다困〔'매다'의 피동〕①'맴'을 당하다. ¶말뚝에 매인 소. ②(사람이나 조직 등에 딸리어서) 자유로운 행동을 할 수 없는 처지에 놓이다. ¶직장에 매인 몸. /집안일에 매이어 나들이할 겨를이 없다.
매인 목숨 圀 남에게 얽매여 있거나 딸리어 있어서 자유롭지 못한 처지.

매:인(每人)Ⅰ圀 ㄦ매명(每名). ¶매인의 임무가 저마다 다르다.
Ⅱ旵 ㄦ매명(每名).

매:인-당(每人當)旵 각 사람에게 돌아가는 몫으로. 매인당 두 개씩 돌아간다.

매인-이름씨[-니-]圀 ㄦ의존 명사(依存名詞).

매:일(每日)Ⅰ圀 그날그날. 하루하루. ¶매일의 일과.
Ⅱ旵 날마다. 나날이. ¶매일 쓰는 일기.

매-일반(--般)圀 마찬가지. 매한가지. ¶어느 일이나 힘들기는 매일반이지.

매:일-열(每日熱)[-럴]圀 말라리아에 걸리어 매일같이 고열이 나는 증세.

매:일^운:동(每日運動)圀 ㄦ일주(日週) 운동.

매:입(買入)圀困困 사들임. 매득(買得). ↔매출.

매:입^상환(買入償還)[-쌍-]圀 국가나 회사가, 자기가 발행한 공채(公債)나 사채(社債)를 도로 사들여 채권을 상환하는 일.

매:입^원가(買入原價)[-까]圀 물건을 사들일 때의 가격. 원가(原價).

매:입-장(買入帳)[-짱]圀 물품의 매입에 관한 내용을 적은 장부.

매:자(昧者)圀 어리석고 둔한 사람.

매자(媒子)圀 ㄦ중매(仲媒).

매:자(買子)圀 자손이 귀하거나 자식이 있어도 몸이 허약하여 키우기 어려울 때, 그 아이가 오래 살기를 비는 뜻에서, 부처 앞이나 바위 또는 큰 나무 등에 장수(長壽)에 관한 여러 가지 글자를 새겨 놓는 일.

매자-과(-菓)圀 유밀과의 한 가지. 밀가루를 반죽하여 국수처럼 썰어서 마치 실패에다 감은 실을 뽑아 놓은 것처럼 만들어 중심을 맨 다음, 끓는 기름에 띄워 만듦.

매자기冒 사초과의 다년초. 논이나 습지에 자람. 굵은 땅속줄기가 가로 뻗어 끝에 덩이줄기가 달리고, 7~10월에 갈색 꽃이 이삭 모양으로 핌. 뿌리는 한방에서 약재로 쓰임.

매자-나무冒 매자나뭇과의 낙엽 활엽 관목. 경기도 이북의 산지에 자라는 우리나라 특산 식물. 높이는 2 m가량 자라고 가지를 많이 치며 줄기에 가시가 있음. 5월경에 누런 꽃이 핌. 잎은 독이 있으나 약으로 쓰임.

매자-십이(梅子十二)冒 매실나무는 심은 지 12년 만에 열매를 맺는다는 말.

매작(媒妁)冒톤 ⇨중매(仲媒).

매작근-하다[-찌-]졩여 약간 따스한 듯하다. ¶방바닥이 매작근하다. (줸미적근하다.
매작지근-히튀.

매-잡이¹冒 ①매듭이 지어진 품. ¶매잡이가 아주 단단하다. ②일을 맺어 마무름. ¶무슨 일이나 매잡이가 중요하다.

매:-잡이²冒톤 매를 잡는 사냥, 또는 매를 잡는 사람.

매장(埋葬)冒톤줴 ①(시체나 유골을) 땅에 묻음. ¶시체를 매장하다. ②'못된 짓을 한 사람을 사회에서 용납하지 않고 따돌림'을 비유하여 이르는 말. ¶학계에서 매장되다.

매장(埋藏)冒줴 ①(광물 따위가) 묻혀 있음. ②톤묻어서 감춤.

매:장(買贓)冒톤 장물(贓物)을 사들임.

매:장(賣場)冒 ⇨판매소.

매장-꾼(埋葬-)冒 매장하는 일을 하는 사람.

매장-량(埋藏量)[-냥]冒 (광물 따위가) 땅속에 묻혀 있는 양.

매장⌒문화재(埋藏文化財)冒 지하 등에 묻혀 있는 유형 문화재(有形文化財).

매장-물(埋藏物)冒 묻혀 있는 물건.

매:장이-치다(買贓-)톤 장물(贓物)을 샀다가 관청에 빼앗기다.

매장-지(埋葬地)冒 ⇨장지(葬地).

매:장-치기(每場-)冒 장날마다 장보러 다니는 일, 또는 그렇게 하는 사람.

매저키즘(masochism)冒 '마조히즘'의 잘못.

매적(埋積)冒 ⇨매축(埋築).

매전(煤田)冒 ⇨탄전(炭田).

매:절(買切)冒톤 반품(返品)하지 않는다는 약속으로, 있는 상품을 모개로 사는 일.

매:점(買占)冒톤 (값이 오르거나 상품이 달릴 것을 예상하고) 어떤 상품을 몰아서 사 두는 일. 사재기.

매:점(賣店)冒 (호텔·빌딩·역·학교·회사 등에서) 일상 용품을 파는 소규모의 가게.

매:점 매:석(買占賣惜) (값이 오르거나 상품이 달릴 것을 예상하여) 어떤 상품을 한꺼번에 많이 사 두고 되도록 팔지 않으려고 하는 일.

매정-스럽다[-따][~스러우니·~스러워]졩ㅂ 보기에 매정하다. 매정스레튀.

매정-하다졩여 얄미울 정도로 인정이 없다. ¶얼음같이 차고 매정한 성미. 매정-히튀.

매제(妹弟)冒 누이동생의 남편.

매조(梅鳥)冒 화투짝의 한 가지. 매화와 새를 그린, 매화의 열 끗짜리 딱지.

매-조미(-糙米)冒줴 ⇨매갈이.

매조미-간(-糙米間)[-깐]冒 ⇨매갈잇간.

매조미-쌀(-糙米-)冒 매통에 갈아서 왕겨만 벗긴 쌀. 조미. 현미(玄米). (춴매갈이·매조미.

매조밋-겨(-糙米-)[-미껴/-믿껴]冒 왕겨.

매-조이冒줴 매통이나 맷돌의 닳은 이를 쪼아 날카롭게 하는 일.

매-조이다톤 매통이나 맷돌의 닳은 이를 쪼아 날카롭게 하다. (춴매죄다.

매-조지冒톤 (일의 끝을) 맺어 마무르는 일. ¶일의 매조지를 단단히 하다.

매-조지다톤 (일의 끝을) 단단히 잘 마무르다.

매-죄다[-죄-/-줴-]톤 〈매조이다〉의 준말.

매:-주(每週)冒튀 그 주일 그 주일. ¶매주의 행사.
튀 (돌아오는) 주마다. ¶매주 하루는 산에 오른다.

매:주(買主)冒 (물건을) 사는 사람. 산 사람. 살 사람. ↔매주(賣主).

매:주(賣主)冒 (물건을) 파는 사람. 판 사람. 팔 사람. ↔매주(買主).

매:주(賣酒)冒 ①(집에서 빚은 술에 상대하여 이르는 말로) 파는 술. ②톤술을 팖.

매죽(梅竹)冒 매화나무와 대나무.

매죽-잠(梅竹簪)[-짬]冒 매화와 댓잎의 무늬를 새겨 놓은 비녀.

매:지-구름冒 비를 머금은 검은 조각구름.

매지근-하다졩여 따스한 기운이 조금 있는 듯하다. (줸미지근하다. 매지근-히튀.

매지-매지튀 조금 작은 물건을 여러 몫으로 나누는 모양. (줸메지메지.

매:직(賣職)冒 ⇨매관매직(賣官賣職).

매직⌒넘버(magic number)冒 (프로 야구에서, 수위 팀이 우승하는 데 필요한) 남은 경기에서의 승리의 횟수.

매직-미러(magic mirror)冒 한쪽에서는 보통 유리처럼 투명해 보이나, 반대쪽에서 보면 거울처럼 보이게 만든 유리.

매직⌒아이(magic eye)冒 라디오 등의 다이얼을 맞출 때, 원하는 주파수에 잘 맞았는지 어떤지를 나타내는 형광 발생 장치를 곁들인 진공관.

매직-잉크(magic+ink)冒 어디에나 쓸 수 있고 빨리 마르는 잉크의 상품명.

매직-펜(magic+pen)冒 매직잉크를 펠트로 된 심으로 스미어 나오게 만든 펜. 펠트펜.

매직⌒핸드(magic hand)冒 ⇨머니퓰레이터.

매진(枚陳)冒톤 낱낱이 들어 말함.

매:진(賣盡)冒톤줴 상품이 모두 팔림. ¶입장권이 매진되었다.

매:진(邁進)冒줴 씩씩하게(힘차게) 나아감. ¶목표 달성을 위해 매진한다.

매-질冒톤 ①매로 때리는 짓. ②'잘 이끌어 주기 위한 비판이나 격려의 말'을 비유하여 이르는 말. ¶많은 매질을 바란다.

매질(媒質)冒 힘이나 파동 등의 물리적 변화를 전하는 매개물. 〔음파를 전하는 공기나 빛 또는 전자파를 전하는 진공 따위로.〕

매:집(買集)冒톤 (물건을) 사 모음.

매:집-상(買集商)[-쌍]冒 농산물 등을 생산자로부터 사 모아서 도시의 시장으로 실어 가 파는 지방 상인, 또는 그런 장사.

매:-찌冒 매의 똥.

매:차(每次)冒튀 한 차례 한 차례. ¶매차에 검인(檢印)을 한다.
튀 한 차례 한 차례마다. ¶수량을 매차 확인한다.

매체(媒體)冒 ①어떤 작용을 다른 곳으로 전하는 구실을 하는 물체. 매개체. ¶음파의 매체가 되는 공기. ②어떤 일을 전달하는 데 매개가 되는 것. ¶방송 매체. /신문 매체.

매:초(賣草)[명] 지난날, '가게에서 파는 담배'를 이르던 말.

매초롬-하다[형] 젊고 건강하여 윤기가 돌고 아름다운 태가 있다. ¶얼굴이 매초롬하다. 큰추름하다. 매초롬-히[부].

매축(埋築)[명][하타] 우묵한 곳, 특히 하천이나 바다를 메워서 뭍으로 만드는 일. 매립. 매적(埋積).

매축-지(埋築地)[-찌][명] 매축한 땅.

매:춘(賣春)[명][하자] ☞매음(賣淫).

매:춘-부(賣春婦)[명] ☞매음부(賣淫婦).

매:출(賣出)[명][하타] (물건을) 내어 팖. ¶매출이 늘다. ↔매입.

매:출-장(賣出帳)[-짱][명] 상품을 판 내용을 적은 장부(帳簿).

매:치[명] 매사냥으로 잡은 날짐승. ↔불치.

매치(match)[명] ①시합. 경기. ¶타이를 매치를 갖다. ②[하타][되자](종류나 색상·모양 따위가) 서로 어울림. ¶구두가 옷차림에 매치되다.

매치-광이[명] ①매친 사람. ②말아나 하는 것이 경망스럽고 푼수 없는 사람을 얕잡아 이르는 말. 큰미치광이.

매치다[자] (정신에 이상이 생겨) 말이나 행동을 보통 사람과 다르게 하다. 큰미치다.

매치^포인트(match point)[명] 테니스·배구·탁구 등 일정한 점수를 먼저 얻어야 하는 경기에서, 승패를 가르는 마지막 한 점. 참세트 포인트.

매카:시즘(McCarthyism)[명] 극단적인 반공주의(反共主義). 용공적(容共的)인 언론·사상·정치 활동에 대한 억압을 뜻하는 말. 〔1950년대 초에 공산주의가 팽창하는 데 위협을 느끼던 미국의 사회적 분위기를 이용하여 매카시가 행한 선동 정치에서 유래함.〕

매캐-하다[형] 연기나 곰팡내가 나서 목이 조금 칼칼하다. ¶매캐한 냄새. 큰메케하다.

매콤-하다[형] 냄새나 맛이 가볍게 맵다. ¶김치찌개 국물이 매콤하다.

매큼-하다[형] 냄새나 맛이 아주 맵다. ¶매큼한 연기.

매탁(媒託)[명][하자] 미리 굳게 언약을 맺음, 또는 그 언약.

매탄(煤炭)[명] ☞석탄(石炭).

매탄-요(煤炭窯)[명] 석탄을 연료로 하여 그릇을 굽는 가마.

매:토(買土)[명][하자] 땅을 삼. ↔매토(賣土).

매:토(賣土)[명][하자] 땅을 팖. ↔매토(買土).

매-통[명] 벼를 넣고 갈아서 겉겨를 벗겨 내는 기구. 통나무를 잘라 위아래 두 짝으로 만듦. 목매. 목마(木磨). 준매².

매트(mat)[명] ①침대 위에 까는 두꺼운 깔개. ②기계 체조나 레슬링·유도 따위의 운동을 할 때, 충격을 덜기 위하여 바닥에 까는 깔개. ③신발의 흙을 떨기 위하여 건물의 출입구 등에 두는 깔개.

매트리스(mattress)[명] 두툼한 침대용 요.

매튼다[자] [옛] 곰팡이 따위가 끼다. ¶매툴 미:黴(訓蒙下12).

매:-파(-派)[명] 자기편의 이념이나 주장을 관철하기 위하여 상대편과 타협하지 않고 강경하게 밀고 나가려는 사람들. ↔비둘기파.

매파(媒婆)[명] 혼인을 중매하는 노파.

매-판[명] 매갈이나 맷돌질을 할 때 바닥에 까는, 전이 없는 둥근 방석. 참맷방석.

매:판(買辦)[명] 외국 자본(資本)의 앞잡이가 되어 활동함으로써 사리(私利)를 취하며, 자기 나라의 이익을 돌보지 않는 일, 또는 그 사람. 〔1770년 무렵부터 중국에 들어와 있던 외국 상사(外國商社)나 영사관 등에서, 중국 상인과 거래(去來)를 하는 데 필요한 수단으로서 고용했던 중국 사람을 이르던 말.〕

매:판^자본(買辦資本)[명] 식민지나 후진국 등에서, 외국 자본과 결합하여 자국민의 이익을 억압하는 토착 자본. 예속 자본. ↔민족 자본.

매:-팔자(-八字)[-짜][명] 하는 일 없이 놀기만 하면서도 살림살이 걱정이 없는 팔자. ¶사지 멀쩡한 사내가 매팔자로 빈둥거릴 수 없지 않으냐.

매:표(買票)[명][하타] 표를 삼.

매:표(賣票)[명][하타] 표를 팖.

매:표-구(賣票口)[명] 표를 파는 창구(窓口).

매:표-소(賣票所)[명] 표를 파는 곳.

매:표-원(賣票員)[명] 표를 파는 사람.

매-품[명] 지난날, 관가에 가서 샀던 매를 대신 맞아 주는 데 들이던 품.

매품을 팔다[관용] 품삯을 받고 남을 대신하여 매를 맞다.

매:품(賣品)[명] 파는 물건.

매:필(賣筆)[명][하자] ①(돈을 벌기 위하여) 붓글씨를 써서 팖. ②☞매문(賣文).

매-한가지[명] 결국 같음. 결국 마찬가지임. 매일반. ¶잘못하기는 너나 나나 매한가지다.

매-함지[명] 둥글고 평평하여 맷돌을 앉히기에 알맞은 함지.

매합(媒合)[명][하타] 혼인을 중매함.

매:해(每-)[Ⅰ][명] ☞매년(每年). [Ⅱ][부] ☞매년(每年).

매향(埋香)[명][하자] 내세(來世)의 복을 빌기 위하여, 향을 강이나 바다에 잠가 두는 일.

매향(梅香)[명] 매화의 향기.

매:혈(買血)[명][하자] (수혈에 대비하여) 혈액을 삼. ↔매혈(賣血).

매:혈(賣血)[명][하자] 혈액을 팖. ↔매혈(買血).

매형(妹兄)[명] 손위 누이의 남편. 매부. 자형(姉兄).

매:호(每戶)[Ⅰ][명] 한 집 한 집. ¶매호의 가족 수. /매호를 방문하다. [Ⅱ][부] 한 집 한 집마다.

매호-씨[명] 남사당패의 줄타는 사람과 어릿광대.

매혹(魅惑)[명][하타][되자] 매력으로 사람의 마음을 호림. ¶아름다운 선율에 매혹되다.

매혹-적(魅惑的)[-쩍][관] 남을 매혹할 만한 데가 있는 (것). ¶매혹적 선율. /매혹적인 눈매.

매혼(埋魂)[명][하자] (신주를 만들기 전에) 혼백(魂帛)을 땅 속 앞에 묻는 일.

매홍-지(梅紅紙)[명] 지난날, 중국에서 들여왔던 붉은 빛깔의 종이.

매화[명] '똥'의 궁중말.

매화(를) 보다[관용] 똥을 누다.

매화(梅花)[명] ①☞매실나무. ②매실나무의 꽃. ③화투짝의 한 가지. 매화를 그려 넣은, 2월을 상징하는 딱지.

매화-가(梅花歌)[명] 조선 시대 12가사 중의 하나. 작자·연대 미상. 〔'청구영언'·'남훈태평가' 등에 실려 전함.〕매화 타령.

매화-강정(梅花-)[명] 찹쌀을 튀겨 매화 비슷하게 된 것(튀밥)을 강정에 묻힌 유밀과.

매화-꽃(梅花-)[명] ☞매화. 매실나무의 꽃. 매화(梅花). *매화꽃이[-꼬치]·매화꽃만[-꼰-]

매화-나무(梅花-)[명] ☞매실나무.

매화-다(梅花茶)[명] 매화 봉오리를 따서 말린 것을 끓는 물에 넣어 우린 차.

매화^매듭(梅花-)[명] 매화꽃 모양으로 얽어 맺은 납작한 매듭.

매화-사(梅花詞)**명** 조선 고종 7(1870)년에 안민영(安玟英)이, 스승 박효관(朴孝寬)이 손수 가꾼 매화를 보고 읊은 여덟 수(首)의 연시조. '영매가(咏梅歌)'라고도 함.

매화-산자(梅花饊子)**명** 유밀과의 한 가지. 찹쌀가루를 꿀로 반죽하여 둥글고 네모지게 밀어서 기름에 튀긴 다음 찹쌀 튀밥을 묻힌 산자.

매화-육궁(梅花六宮)[-꿍]**명** 바둑에서, 빈 집 여섯이 열십자 모양인 형태로 다른 돌들에 에워싸인 상태.〔상대편이 가운데에 한 점만 놓으면 죽게 됨.〕

매화-잠(梅花簪)**명** 매화 무늬를 새긴 비녀.

매화-점(梅花點)[-쩜]**명** 국악 악보에서, 가사나 시조 따위의 창법(唱法)을 매화 무늬로 나타낸 점.

매화-주(梅花酒)**명** 매화꽃을 주머니에 넣어 술에 담가 우린 술.

매화-죽(梅花粥)**명** 흰죽을 끓인 다음에 깨끗이 씻은 매화를 넣어 함께 쑨 죽.

매화-총(梅花銃)**명** ⇨매화포(梅花砲).

매화-타령(梅花-)**명** '격에 맞지 않는 같잖은 언행'을 조롱하여 이르는 말.

매화^타:령(梅花-)**명** ①조선 시대의 잡가(雜歌)의 한 가지. ⇨매화가(梅花歌).

매화-틀(명)〔지난날 궁중에서 쓰던〕가지고 다닐 수 있게 만든 변기(便器).

매화^편문(梅花片紋)**명** 도자기의 겉면 잿물 층에 큼직하게 놓인 매화 무늬.

매화-포(梅花砲)**명** 종이로 만든 딱총의 한 가지. 불똥 튀는 것이 매화꽃이 떨어지는 것과 비슷함. 매화총(梅花銃).

매:회(每回)[-회/-훼]**[Ⅰ]명** 한 회 한 회. 매번(每番). ¶매회의 회의록. **[Ⅱ]부** 한 회 한 회마다. 매번(每番). ¶매회 안타를 치다.

매-흙[-흑]**명** 초벽이나 재벽을 바른 다음, 거죽을 바르는 데 쓰는 고운 흙. ㈜매4. *매흙이[-흘기]·매흙만[-흥-]

매흙-질[-흑질]**명하자** 벽의 거죽에 매흙을 바르는 일. ㈜맥질.

맥(脈)**명** ①심장의 운동으로 동맥에 일어나는 혈액의 주기적인 고동. 맥박(脈搏). ¶맥을 짚어 보다. ②〈혈맥(血脈)〉의 준말. ③〈광맥(鑛脈)〉의 준말. ④〈맥락(脈絡)〉의 준말. ¶글의 맥이 통하지 않는다. ⑤풍수설에서 이르는, 지세에 정기가 흐른다는 줄기. 지맥(地脈). ¶맥을 끊어 놓다. ⑥기운이나 힘. ¶맥이 없다. ⑦전해 내려오는 계통. ¶서도 민요의 맥을 잇다.

맥도 모르고 침통 흔든다(속담) 일의 속내도 모르고 함부로 덤빈다는 말.

맥(도) 모르다(관용) 일의 속내나 까닭을 모르다. ¶맥도 모르고 덤빈다.

맥(을) 못 추다(관용) ①맥이 풀려서 힘을 못 쓰다. ¶맥을 못 추고 무너지다. ②무엇에 정신을 빼앗겨 이성을 잃다. ¶돈이라면 맥을 못 춘다.

맥(을) 보다(관용) ①맥박의 상태를 짚어 보다. ②일의 속내를 은근히 살펴보다. ¶이쪽 사정을 은근히 맥 보는 눈치더라.

맥(을) 짚다(관용) ①남의 속셈을 알아보다. ②핵심을 가려내다.

맥(이) 빠지다(관용) 기운이 빠지다. 긴장이 풀리다. 의욕이 없어지다. ¶낙방의 소식을 듣고 맥 빠진 걸음으로 돌아왔다.

맥(이) 풀리다(관용) 기운이 빠지고 의욕이 없어지다. ¶행사가 취소됐다는 소식을 듣자 온몸에 맥이 풀렸다.

맥(貊)**명** ①상고 시대에, 랴오허(遼河) 부근에 있던 종족. ②상고 시대에, 강원도 지방에 있던 나라. 예(濊)와 잡거(雜居)하여 '예맥(濊貊)'으로 불리었음.

맥(獏)**명** ①맥과의 포유동물을 통틀어 이르는 말. 〔말레이맥·아메리카맥 등이 있음.〕 ②중국 전설에서, 인간의 악몽(惡夢)을 먹는다는 동물. 전체적인 모습은 곰, 코는 코끼리, 눈은 무소, 꼬리는 소, 발은 범과 비슷하다 함. ③1938년 6월에 창간한 시 전문 동인지(同人誌). 퇴폐적·감상적 경향을 배격하고 주지적 요소를 강하게 표방한것이 특징임. 통권 6호.

맥각(麥角)[-깍]**명** ①맥각균이 볏과의 식물에 기생하여 생긴 번식체, 또는 그것을 말린 것. 길이 1~2 cm, 굵기 2.5~5 mm. 암자색으로 단단하며 뿔 모양임. ②맥각으로 만든 지혈제.

맥각-균(麥角菌)[-깍꾼]**명** 맥각균과의 하등 식물. 볏과 식물의 씨방에 기생함.

맥각-병(麥角病)[-깍뼝]**명** ⇨깜부기병.

맥간(麥稈)[-깐]**명** 밀짚이나 보릿짚의 줄기.

맥간^세:공(麥稈細工)[-깐-]**명** 밀짚이나 보릿짚으로 하는 세공.

맥고(麥藁)[-꼬]**명** 밀짚이나 보릿짚.

맥고-모(麥藁帽)[-꼬-]**명** 〈맥고모자〉의 준말.

맥고-모자(麥藁帽子)[-꼬-] ⇨밀짚모자. ㈜맥고모·맥고자.

맥고-자(麥藁子)[-꼬-]**명** 〈맥고모자〉의 준말.

맥고-지(麥藁紙)[-꼬-]**명** 밀짚이나 보릿짚의 섬유로 만든 종이.

맥곡(麥穀)[-꼭]**명** 보리나 밀 따위의 곡식. 하곡(夏穀). ㈜맥류(麥類).

맥관(脈管)[-꽌]**명** 동물의 체내에서 체액을 순환시키는 관.〔혈관·림프관 따위.〕맥도(脈道).

맥관-계(脈管系)[-꽌계/-꽌게]**명** 모든 맥관으로 구성되는 일련의 계통. 순환계(循環系).

맥궁(貊弓)[-꿍]**명** 고구려의 소수맥(小水貊)에서 났다는 좋은 활.

맥-낚시(脈-)[-낙씨]**명** 민물의 여울 등에서 찌를 쓰지 않고 대 끝이나 낚싯줄을 통하여 전해 오는 느낌으로 하는 낚시.

맥노(麥奴)[-맹-]**명** ⇨보리깜부기.

맥-놀이(脈-)[-맹-]**명** 진동수가 조금 다른 두 소리가 겹쳐졌을 때, 두 소리가 서로 간섭하여 주기적으로 강약을 되풀이하는 현상. 울림.

맥농(麥農)[맹-]**명** 보리농사.

맥다(麥茶)[-따]**명** 보리차.

맥답(麥畓)[-땁]**명** ⇨보리논.

맥도(脈度)[-또]**명** 맥박이 뛰는 정도.

맥도(脈道)[-또]**명** ⇨맥관(脈管).

맥동(脈動)[-똥]**명하자** ①맥박이 뜀. ②하자 (맥박이 뛰듯이) 활력 있게 움직임. ¶맥동하는 수출 산업. ③[지진 이외의 원인으로 말미암은] 비교적 규칙적인 지면의 미약한 진동.

맥-동지(麥同知)[-똥-]**명** ⇨보리동지.

맥락(脈絡)[맹낙]**명** ①혈관의 계통. ②사물의 서로 이어져 있는 관계나 연관, 또는 흐름. ¶맥락이 통하지 않는 글. ㈜맥(脈).

맥락-관통(脈絡貫通)[맹낙꽌-]**명하자** 일의 줄거리가 환하게 통함.

맥락-막(脈絡膜)[맹낙-]**명** 안구벽(眼球壁)을 이루는 얇은 막의 한 가지. 차광(遮光) 작용을 하며 안구에 영양을 공급함.

맥랑(麥浪)[맹낭][명] 〔보리의 물결이란 뜻으로〕잘 자란 보리나 밀이 바람에 일렁이는 모습.

맥량(麥涼)[맹냥][명] 보리나 밀이 익을 무렵의 서늘한 날씨.

맥령(麥糧)[맹냥][명] 지난날, '보리'를 여름철 양식이라는 뜻에서 이르던 말.

맥령(麥嶺)[맹녕][명] 보릿고개.

맥류(脈流)[맹뉴][명] 흐르는 방향은 일정하나 유량(流量)이 시간에 따라 변하는 전류. 직류에 교류가 겹친 전류 따위가 있음. ↔정상 전류.

맥류(麥類)[맹뉴][명] 보리·밀·쌀보리 등을 통틀어 이르는 말. 圓맥곡(麥穀).

맥리(脈理)[맹니][명] ①글이나 사물의 전체에 통하는 이치. 맥락이 닿다. ②한방에서, 맥을 짚어 보고 병을 헤아리는 이치.

맥립-종(麥粒腫)[맹닙쫑][명] ☞다래끼².

맥망(麥芒)[맹-][명] 보리나 밀 따위의 까끄라기.

맥-이(脈-)[맹-][명] 오래도록 끊임없이. 줄기차게. ¶맥맥이 이어지는 전통 문화.

맥맥-하다[맹매카-][형][여] ①코가 막혀 숨 쉬기가 어렵다. ¶감기가 들어 코가 맥맥하다. ②생각이 잘 떠오르지 아니하여 답답하다. 맥맥-히[부].

맥문-동(麥門冬)[맹-][명] ①백합과의 다년초. 산지의 나무 그늘에 나는데, 굵고 짧은 뿌리줄기에서 잎이 모여나고, 5~6월에 작은 자줏빛 꽃이 핌. 겨우살이풀. 불사초. 오구(烏韮). ②한방에서, '맥문동의 뿌리'를 약재로 이르는 말. 〔기침·발열·강장 등에 쓰임.〕

맥박(脈搏)[맹-][명] 심장의 박동에 따라 일어나는 동맥벽(動脈壁)의 주기적인 파동. 맥(脈). ¶맥박을 재다. /맥박이 뛴다.

맥박(이) 치다[관용] ①맥박이 뛰다. ②힘차게 움직이다.

맥박-계(脈搏計)[-빡계/-빡께][명] 맥박의 횟수와 세기를 재는 계기(計器).

맥박^곡선(脈搏曲線)[-빡꼭썬][명] 맥박의 수와 상태를 그래프로 나타낸 곡선.

맥박^부정(脈搏不整)[-빡뿌-][명] 맥박이 불규칙한 상태.

맥반(麥飯)[-빤][명] 보리밥.

맥반-석(麥飯石)[-빤-][명] 거위 알 또는 뭉친 보리밥 모양을 한 황백색의 천연석. 예로부터, 정수(淨水) 작용이 있는 돌로 알려짐.

맥부(麥麩)[-뿌][명] 밀기울.

맥분(麥粉)[-뿐][명] ①밀가루. ②보릿가루.

맥비(脈痹)[-삐][명] 한방에서, 피가 엉겨 순환이 잘 안 되고 몸의 여러 곳이 조금씩 저려 오는 증세를 이르는 말.

맥석(脈石)[-썩][명] 광상(鑛床)을 이루고 있는 광물 가운데서 별로 쓸모가 없는 광석.

맥소(脈所)[-쏘][명] ①짚어서 맥박이 뛰는 것을 알 수 있는 곳. ②사물의 급소.

맥수지탄(麥秀之歎)[-쑤-][명] 멸망한 고국에 대한 한탄. 〔기자(箕子)가 은나라가 망한 후에, 폐허가 된 그 고도(古都)에 보리만 부질없이 자라는 것을 보고 한탄했다는 고사에서 유래함.〕

맥시(maxi)[명] 발목이 덮일 정도의 길이로 된 스커트. 圓미니·미디.

맥시멈(maximum)[명] ①최대한도. 최대량. 최대 가격. ②극대치(極大値). ↔미니멈.

맥아(麥芽)[명] ☞엿기름.

맥아-당(麥芽糖)[명] ☞엿당.

맥암(麥岩)[명] 암석 사이에 스며든 마그마(암장)가 굳어 맥을 이룬 화성암.

맥압(脈壓)[명] 심장 수축기의 혈압(최고 혈압)과 확장기의 혈압(최저 혈압)과의 차.

맥-없다(脈-)[매겁따][형] 기운이 없다. 맥없-이[부]. ¶허탈감에 빠져 맥없이 주저앉다.

맥-없이(脈-)[매거비][부] 아무 까닭도 없이. ¶맥없이 화를 내다. /맥없이 운다.

맥우(麥雨)[명] 보리가 익을 무렵에 오는 비.

맥작(麥作)[-짝][명] 보리농사.

맥주(麥酒)[-쭈][명] 보리의 엿기름 즙에 홉(hop)을 섞어 향기와 쓴맛이 나게 한 뒤에 효모균으로 발효시켜 만든 술.

맥주-병(麥酒甁)[-쭈뼝][명] ①맥주를 넣는 병. ②'수영을 못하는 사람'을 농조로 이르는 말.

맥-줄(脈-)[-쭐][명] 맥줄기.

맥진(脈診)[-찐][명][하다] 한방에서의 진찰 방법의 한 가지. 집게손가락·가운뎃손가락·약손가락으로 환자의 요골 동맥(橈骨動脈)의 박동 상태를 보아 병증(病證)을 헤아림.

맥진(脈盡) '맥진하다'의 어근.

맥진(驀進)[-찐][명][하다] (좌우를 돌아보지 않고) 힘차게 나아감. ¶승리를 향하여 맥진하다.

맥진-하다(脈盡-)[-찐-][자여] 맥이 풀리고 기운이 빠지다.

맥-질[-찔][명][하다] 〈매흙질〉의 준말.

맥-쩍다[-따][형] ①열없고 쑥스럽다. ¶얼굴을 대하기가 새삼 맥쩍다. /이 사람아, 맥쩍게 그건 봐 될 말. ②심심하고 재미가 없다. ¶일도 없이 맥쩍게 앉아 있다.

맥차(麥茶)[명] 보리차.

맥추(麥秋)[명] 보리가 익어서 거둘 만하게 된 철. 보릿가을.

맥탁(麥濁)[명] 보리로 빚은 막걸리. 보리막걸리.

맥탕(麥湯)[명] 보리숭늉.

맥피(麥皮)[명] 밀기울.

맥황(麥黃)[매랑][명] 보리나 밀에 황(黃)이 내려 누렇게 되는 병, 또는 그 보리나 밀. 圈황증(黃蒸)·황모(黃黴).

맥후(脈候)[매쿠][명] 한방에서, 맥박의 수나 강약에 따라서 드러나는 병의 증세를 이르는 말.

맨¹[관] 더 할 수 없을 정도나 경지에 있음을 나타내는 말. ¶맨 꼭대기. /맨 뒤. /맨 나중에 퇴근하다.

맨²[부] 다른 것은 섞이지 아니하고 온통. ¶온 산이 맨 철쭉으로 물들었다. /극장에 맨 여자뿐이다.

맨-[접두] 《일부 명사 앞에 붙어》'다른 것을 더하지 않은', '그것만의'의 뜻을 나타냄. ¶맨주먹. /맨머리. /맨몸뚱이. /맨바닥.

맨-꽁무니[명] 밑천이 없이 맨주먹으로 하는 일, 또는 그런 일을 하는 사람.

맨:-날[부] ☞만날.

맨-눈[명] 안경이나 망원경·현미경 등을 이용하지 않고 보는 눈. 육안(肉眼).

맨-다리[명] 아무것도 가린 것이 없이 그대로 드러낸 다리. 적각(赤脚).

맨둥-맨둥[부][하다][형] 산에 나무가 없어 반반한 모양. 圈민둥민둥. **맨둥맨둥-히**[부].

맨드라미[명] 비름과의 일년초. 열대 아시아 원산의 관상용 식물로 줄기 높이는 90cm가량. 7~8월에 닭의 볏 모양의 붉은 빨강·노랑·하양 등 여러 가지 빛깔로 핌. 계관(鷄冠). 계관초(鷄冠草). 계관화(鷄冠花). 계두(鷄頭).

맨드리[명] ①(물건의) 만들어진 모양새. ¶맨드리를 보니 공이 들었구나. ②옷을 입고 매만진 맵시. ¶몸매가 좋아서 아무 옷을 입어도 맨드리가 난다.

맨-땅? ①아무것도 깔지 않은 땅. ¶맨땅에 주 저앉다. ②거름을 주거나 가꾸거나 하지 않은 생땅. 나지(裸地).

맨-땅바닥[-빠-]? 아무것도 깔지 않은 땅바 닥. ¶맨땅바닥에 짐을 부리다.

맨망?? 요망스레 함부로 까불어 무게가 없음. ¶맨망을 떨다. **맨망-히**? ¶아무 데서 나 맨망히 굴다. **맨망스레**?

맨-머리? ①아무것도 쓰지 않은 머리. 노두(露 頭). ②낭자를 얹지 않고 그대로 쪽을 찐 머리.

맨-몸? ①아무것도 입지(걸치지) 않은 벌거벗은 몸. 알몸. ¶맨몸으로 헤엄치는 아이들. ②아무 것도 지니지 아니한 몸. ¶짐은 남에게 맡기고 맨몸으로 걸어가다.

맨-몸뚱이? 맨몸의 속된 말. 알몸뚱이.

맨-바닥? 아무것도 깔지 않은 바닥. 날바닥.

맨-발? 아무것도 신지 않은 발. ¶맨발로 달려 나와 반기다.

맨발(을) 벗고 나서다? 적극적으로 나서다. 발 벗고 나서다.

맨-밥? 반찬이 없는 밥. ¶맨밥만 먹으려니 목 이 멘다.

맨-살? 아무것도 입거나 걸치거나 하지 아니하 여 그대로 드러난 살. ¶맨살을 가리다.

맨션(mansion)? 〔'대저택'·'고급 주택'이란 뜻으로〕대형 고급 아파트.

맨-손? ①아무것도 가지지 않은 손. 도수(徒 手). 적수(赤手). ¶오랜만에 들르면서 어떻게 맨손으로 들어가나?/맨손으로 시작해서 집안을 일으켰다. ②장갑 따위를 끼지 않은 손. ¶전 선을 맨손으로 만지다.

맨손^체조(-體操)? 기계나 기구를 이용하지 않고 몸만을 움직이는 체조. 도수 체조.

맨송-맨송?? ①마땅히 털이 날 자리에 털이 없어 반반한 모양. ②산에 나무나 풀이 없어 맨 반한 모양. ③술을 마셨는데도 취하지 않고 정신 이 또렷한 모양. ④일거리가 없이 지내자니 멋쩍 은 모양. ¶하는 일 없이 맨송맨송 앉아 허송세 월하다니. ⓜ맨숭맨숭·민숭민숭. **맨송맨송-히**?

맨숭-맨숭?? 〈맨송맨송〉의 큰말.

맨-얼굴? 화장을 하지 않은 얼굴.

맨-입[-닙]? ①아무것도 먹지 아니한 입. ②아 무런 대가도 치르지 아니한 상태. ¶맨입으로 취직을 부탁하다.

맨입에 앞 교군(轎軍) **서라 한다**? 어려운 중 에 또 어려운 일이 겹친다.

맨-재-준치? 소금에 절여 매운재의 빛처럼 파 랗게 된 준치 자반.

맨-정신(-精神)? 말짱한 정신.

맨-주먹? ①무기나 도구를 가지지 않은 주먹. 공 권(空拳). ¶맨주먹으로 맹수와 맞서다. ②'아무 것도 가진 것이 없는 상태'를 비유하여 이르는 말. 빈손. 빈주먹. ¶맨주먹으로 일으킨 사업.

맨투맨(man-to-man)? 일 대 일로 하는 수비. 개별 상대(個別相對). ¶맨투맨 작전. /전면 공 격에 상대 수비가 맨투맨으로 나오다.

맨투맨^디펜스(man-to-man defence)? 〔축구· 농구 등에서의〕대인 방어(對人防禦).

맨틀(mantle)? ①지구의 지각(地殼)과 핵(核) 사이에 있는 중간층. 지각 바로 밑으로부터 2900 km 깊이까지의 부분. ②☞가스맨틀.

맨홀;(manhole)? ①하수관 따위의 지하에 묻어 놓은 시설물을 점검하거나 청소할 때 드나들도 록 만든 구멍. ②광산에서, 사람이 드나드는 곳.

맬서스-주의(Malthus主義)[-의/-이]? 맬서

스가 제창한 인구 법칙을 인정하여, 인구의 증 가를 막기 위해서는 여러 가지 억제책을 강구 해야 한다는 주장.

맴? 〈매암〉의 준말.

맴-돌다[~도니·~돌아]Ⅰⓐ 제자리에서 빙 빙 돌다. Ⅱⓐⓣ 일정한 범위에서 같은 행동을 되풀이 하다. ¶성적이 하위권에서 맴돌다. Ⅲⓐⓣ 원을 그리며 빙빙 돌다. ¶쪽빛으로 한껏 갠 가을 하늘을 독수리 한 마리가 맴돌고 있다.

맴-돌리다? 〔'맴돌다'의 사동〕①남의 몸을 제자리에서 빙빙 돌아가게 하다. ②남으로 하 여금 자꾸 돌아다니게 만들다.

맴-돌이? ①ⓐ 맴을 도는 일. ②☞회전체(回 轉體).

맴돌이^전-류(-電流)[-절-]? 변화하고 있 는 자장(磁場) 안에 도체를 두었을 때, 전자 유도로 도체 안에 일어나는 소용돌이 모양의 전류. 와전류(渦電流). 푸코 전류.

맴매? ①어린이에게 '매'를 일러 주는 말. ¶차 돌아, 맴매 가져와! ②ⓐ어린이에게 '매로 때린다'의 뜻으로 하는 말. ¶이불에다 또 쉬 하면 맴매할 거야.

맴-맴? 어린아이들이 매암을 돌 때 부르는 소리, 또는 그 모양. ¶고추 먹고 맴맴 달래 먹고 맴맴.

맴-맴? 매미의 수컷이 발음기로 내는 소리.

맵다[-따][매우니·매워]ⓑ ①입 안이 화끈거 리도록 알알한 맛이 있다. ②(날씨가) 몹시 춥 다. ¶살을 에는 듯한 매운 날씨. ③성질이 독 하거나 사납다. ¶매운 성미. /손끝이 맵다. ④연기 따위가 눈이나 코를 자극하여 아리다. ¶매운 담배연기.

맵디-맵다[-따][~따우니·~매워]ⓑ 몹 시 맵다.

맵살-스럽다[-쌀-따][~스러우니·~스러워] ⓑ 보기에 미움을 살 정도로 얄미운 데가 있 다. 맵살스럽다. **맵살스레**?

맵시[-씨]? 곱게 다듬은 모양새. 보기에 좋은 모양새. ¶한복 차림의 맵시가 한결 돋보인다.

맵-싸하다ⓐ 맵고 아린 느낌이 있다. ¶맵싸 한 고추.

맵쌀? 쪄서 약간 말린 다음에 찧어서 껍질을 벗긴 메밀.

맵자-하다[-짜-]ⓐ 모양이 꼭 째여 맵시가 있다. ¶옷차림이 맵자하다.

맵-짜다ⓑ ①맵고 짜다. ②(성깔이) 매섭고 빈 틈이 없다. ¶맵짠 성격. ③바람 따위가 매섭 게 사납다.

맷-가마리[매까-/맫까-]? 매를 맞아 마땅한 사람.

맷-고기[매꼬-/맫꼬-]? 조금씩 갈라 내어 매 를 지어 놓고 파는 쇠고기.

맷-담배[매땀-/맫땀-]? 조금씩 떼어 썰어 조 는 살담배.

맷-돌[매똘/맫똘]? 곡식을 가는 데 쓰이는 재 래식 기구. 둥글넓적한 돌 두 짝을 맷돌중쇠로 연결하여 포개고, 윗구멍으로 곡식을 넣어 위 짝을 손잡이로 돌려서 갈게 됨. 돌매. 마석(磨 石). 석마(石磨). 준매2.

맷돌(을) 죄다? 맷돌이나 매통의 닳은 이를 날카롭게 만들다.

맷돌-중쇠(-中-)? 〔매똘-쇠/맫똘-쇠〕맷돌의 아래짝의 뾰족한 수쇠와 위쪽의 구멍 뚫린 암 쇠를 아울러 이르는 말. 아래위 두 짝을 포갤 때 맞추게 됨. 준맷중쇠·중쇠1. ᆢ매암쇠·맷수쇠.

맷돌-질[매똘-/맨똘-]**명**[하자] 맷돌에 곡식 따위를 가는 일.

맷맷-하다[맨매타-]**형여** (생김새가) 거침새 없이 길고 곧다. ¶길가에 맷맷한 미루나무가 죽 늘어서 있다. **閉**밋밋하다. **맷맷-이閉**.

맷-방석(-方席)[매빵-/맨빵-]**명** 매통이나 맷돌 밑에 까는, 짚으로 만든 전이 있는 둥근 방석. **閉**맷판.

맷-손[매쏜/맨쏜]**명** ①(매로 때릴 때의) 매질의 세고 여린 정도. ¶맷손이 세다. ②매통이나 맷돌을 돌리는 손잡이.

맷-수쇠[매쑤쇠/맨쑤쇠]**명** 맷돌의 아래짝 한가운데 박힌 뾰족한 쇠. **준**수쇠. ↔매암쇠. **참**맷돌중쇠.

맷-중쇠(-中-)[매쭝쇠/맨쭝쇠] 〈맷돌중쇠〉의 준말.

맷-집[매찝/맨찝]**명** 매를 맞고도 견딜 만한 몸집. ¶맷집이 좋다.

맹-(접투)(일부 명사 앞에 붙어) '아무것도 섞지 않은'의 뜻을 나타냄. ¶맹물. /맹탕.

맹-(猛)(접투)(일부 명사 앞에 붙어) '맹렬한', '몹시 세찬'의 뜻을 나타냄. ¶맹공격. /맹훈련.

맹:-격(猛擊)**명**[하자] 〈맹공격〉의 준말.

맹:-견(猛犬)**명** 사나운 개.

맹:-공(猛攻)**명**[하자] 〈맹공격〉의 준말.

맹:-공격(猛攻擊)**명**[하자] 맹렬히 공격함, 또는 그런 공격. **준**맹격·맹공.

맹구(盲溝)**명** '자갈수멍'의 잘못.

맹귀-부목(盲龜浮木)**명** ⇨맹귀우목.

맹귀-우목(盲龜遇木)**명**[눈이 거북이 물에 뜬 나무를 만났다는 뜻으로] 어려운 판에 뜻밖에 좋은 일을 만나 어려움을 면하게 됨을 이르는 말. 맹귀부목(盲龜浮木).

맹근-하다형여 좀 매지근하다. **준**밍근하다. 맹근-히閉.

맹:금(猛禽)**명** 성질이 사납고 육식을 하는 조류를 통틀어 이르는 말. 몸과 날개가 크고 부리와 발톱이 날카로움. [매·수리·부엉이 따위.]

맹꽁-맹꽁閉[하자] 맹꽁이의 수컷이 울음주머니로 내는 소리.

맹:-꽁이명 ①맹꽁잇과의 양서류. 몸길이 4cm가량. 등은 푸른빛을 띤 누른빛이고, 머리와 가슴에 연노랑의 무늬가 있음. 개구리와 비슷하나 더 뚱뚱하며 물갈퀴가 없음. 밤에만 땅속에서 나와 활동하며, 흐린 날이나 비가 내릴 때 맹꽁맹꽁하고 소리를 냄. ②'아둔한 사람, 또는 야무지지 못하고 하는 짓이나 말이 답답한 사람'을 조롱조로 이르는 말.

맹:꽁이-덩이명 김을 맬 때 호미로 떠서 덮은 흙덩이.

맹:꽁이-맹(-黽)**명** 한자 부수의 한 가지. '黽'·'鼇' 등에서의 '黽'의 이름.

맹:꽁이-자물쇠[-쐬/-쒜]**명** 반타원형의 고리와 몸통으로 이루어진 자물쇠.

맹도-견(盲導犬)**명** 장님의 길을 인도하는 개.

맹:독(猛毒)**명** 독성이 심한 독.

맹:독-성(猛毒性)[-썽]**명** 독성이 매우 심한 성질.

맹:동(孟冬)**명** ①초겨울. ②'음력 시월'의 딴이름. 중동(仲冬)·계동(季冬).

맹동(萌動)**명**[하자] ①초목이 싹을 틔우기 시작함. ②어떤 조짐이 나타남. ③어떤 생각이나 일이 일어나기 시작함.

맹랑(孟浪)**명** '맹랑하다'의 어근.

맹:랑-하다(孟浪-)[-낭-]**형여** ①(생각과는 달리) 매우 허망하다. ¶공들인 보람도 없이 맹

랑하게 끝나다. ②처리하기가 어렵다. ¶일이 맹랑하게 꼬이다. ③함부로 얕잡아 볼 수 없을 만큼 깜찍하다. ¶맹랑한 아이. **맹랑-히閉**.

맹렬(猛烈) '맹렬하다'의 어근.

맹:렬-하다(猛烈-)[-녈-]**형여** 기세가 몹시 세차다. 통렬(痛烈)하다. ¶맹렬한 반격을 가하다. **맹렬-히閉**.

맹-맛다형여 ①음식 맛이 싱겁다. ¶국이 맹맹하다. ②술이나 담배 맛이 독하지 아니하다. ③마음이 허전하고 싱겁다. ¶기분이 맹맹하다. **閉**밍밍하다. **맹맹-히閉**.

맹-맛다²형여 코가 막혀서 말을 할 때 콧소리가 나고 갑갑하다.

맹:모-단기(孟母斷機)**명** 맹자가 학업을 중도에 포기하고 돌아왔을 때, 그 어머니가 짜던 베를 칼로 끊어 학업의 중단을 훈계하였다는 고사.

맹:모-삼천(孟母三遷)**명** ⇨삼천지교(三遷之教).

맹:모삼천지교(孟母三遷之教)**명** ⇨삼천지교.

맹목(盲目)**명** ①먼눈. ②사리 분별에 어두움, 또는 그런 안목.

맹목-비행(盲目飛行)[-뻬-]**명** ⇨계기 비행.

맹목-적(盲目的)[-쩍]**관명** 어떤 사물에 대하여 올바른 판단을 내릴 수 없게 된 (상태). ¶맹목적 배타주의. /맹목적인 사랑.

맹문(盲-)**명** ①일의 경위. 일의 속내. ¶맹문도 모르고 하는 말. ②경위를 모르는 상태. **참**영문.

맹문-이명 '맹문을 모르는 사람'을 홀하게 이르는 말. ¶초등학교는 졸업해서 아주 맹문이는 아니야.

맹-물명 ①아무것도 타지 않은 맑은 물. 간을 타지 않은 물. ¶국이 싱겁다 못해 아주 맹물이다. ②'하는 짓이 싱겁고 야무지지 못한 사람'을 비유하여 이르는 말. ¶필 좀 줄 알았더니 순 맹물이군.

맹물에 조약돌 삶은 맛이다속담 아무 맛도 없음을 이르는 말.

맹:박(猛駁)**명**[하자] 맹렬히 반박함.

맹반(盲斑)**명** ⇨맹점(盲點).

맹방(盟邦)**명** ⇨동맹국(同盟國).

맹사(盲射)**명**[하자] 암사(暗射).

맹:사(猛射)**명**[하자] 맹렬히 쏨, 또는 그런 사격.

맹:삭(孟朔)**명** ⇨맹월(孟月).

맹서(盟誓)**명**[하자타] 〈맹세〉의 본딧말.

맹석(盲席)**명** 무늬 없이 친 돗자리.

맹:성(猛省)**명**[하자] 크게 뉘우쳐 깨달음. 깊이 반성함. ¶맹성을 촉구하다.

맹:세(猛勢)**명** 맹렬한 기세.

맹세(←盟誓)**명**[하자타] ①신이나 부처 앞에서 약속함, 또는 그 약속. ②(꼭 이루거나 지키겠다고) 굳게 다짐함, 또는 그 다짐. **閉**맹서(盟誓).

맹세-지거리(←盟誓-)**명**[하자] 점잖지 못한 말로 하는 맹세, 또는 그 말씨. ['만약 약속을 어기면 개자식이다.'하는 따위.]

맹세-코(←盟誓-)閉 굳게 다짐하고. ¶맹세코 술을 마시지 않겠다.

맹:수(猛獸)**명** 사나운 짐승. [사자·호랑이 따위.]

맹숭-맹숭閉형 ①몸에 털이 있어야 할 곳이 벗어져 반반한 모양. ②산 따위에 수풀이 우거지지 아니하여 반반한 모양. ③술에 취한 기분이 전혀 없이 정신이 멀쩡한 모양. ④하는 일이나 태도가 겸연쩍고 싱거운 모양.

맹:습(猛襲)**명**[하자] 사나운 습격. 맹렬한 습격함.

맹신(盲信)**명**[하자타] 옳고 그름의 분별이 없이 덮어놓고 믿음. 까닭도 모르면서 무작정 믿음. ¶종말론을 맹신하다.

맹신-자(盲信者)명 (무엇을) 분별없이 덮어놓고 믿는 사람.

맹신-적(盲信的)관명 옳고 그름의 분별이 없이 덮어놓고 믿는 (것). ¶맹신적 태도. /맹신적으로 믿다.

맹아(盲兒)명 눈이 먼 아이.

맹아(盲啞)명 소경과 벙어리를 아울러 이르는 말. ¶맹아들의 교육을 위해 전문적인 학교를 세우다.

맹아(萌芽)명 ①식물에 새로 튼 싹. ②새로운 일의 시초, 또는 그러한 조짐이 나타나는 것. ¶문명(文明)의 맹아.

맹아-기(萌芽期)명 ①식물의 싹이 돋아나는 시기. ②어떤 새로운 일이 비롯되는 시기. ¶신문학(新文學)의 맹아기.

맹아^학교(盲啞學校)[-꾜]명 시각이나 청각 장애자들에게 초등 교육·중등 교육과 아울러 특수 교육을 베푸는 학교.

맹악(猛惡) '맹악하다'의 어근.

맹악-하다(猛惡-)[-아카-]형여 사납고 모질다.

맹약(盟約)명하타 굳게 맹세하여 약속함, 또는 그 약속.

맹약-국(盟約國)[-꾹]명 ☞동맹국.

맹양(孟陽)명 '음력 정월'을 달리 이르는 말.

맹언(盟言)명 맹세의 말.

맹:-연습(猛練習)[-년-]명하자 맹렬하게 하는 연습. 하드 트레이닝. ¶올림픽을 앞두고 맹연습을 하다.

맹:용(猛勇)명하여 씩씩하고 용감함.

맹:우(猛雨)명 세차게 내리는 비.

맹우(盟友)명 맹약을 맺은 친구. 맹세한 벗.

맹:월(孟月)명 봄·여름·가을·겨울의 음력 첫달 (정월·사월·칠월·시월)을 이르는 말. 맹삭(孟朔). 참맹춘·맹하·맹추·맹동.

맹:위(猛威)명 맹렬한 기세. 맹렬한 위세(威勢). ¶태풍이 맹위를 떨치다.

맹이명 말안장의 몸둥이 부분.

맹인(盲人)명 눈이 먼 사람. 소경. 맹자. 장님.

맹자(盲者)명 ☞맹인(盲人).

맹자-단청(盲者丹靑)명 [소경이 단청 구경한다는 뜻으로] 사물을 바로 감정할 능력이 없이 보는 경우를 이르는 말.

맹자-정문(盲者正門)명 [소경이 문을 바로 찾는다는 뜻으로] 우매한 사람이 어쩌다가 이치에 맞는 일을 하였을 경우를 이르는 말.

맹장(盲腸)명 소장(小腸)과 대장(大腸)의 경계 부분에 달려 있는, 길이 6cm가량의 끝이 막힌 장관(腸管). 막창자.

맹:장(猛杖)명하타 형벌로 볼기를 호되게 침.

맹:장(猛將)명 날래고 용감한 장수. 굳세고 사나운 장수. 비강장(强將).

맹장-염(盲腸炎)[-념]명 ①'충수염(蟲垂炎)'을 흔히 이르는 말. ②맹장의 염증.

맹-장자(盲障子)〈맹장지〉의 본딧말.

맹-장지(←盲障子)명 햇빛 따위를 막기 위하여 안팎에 두꺼운 종이를 겹으로 바른 장지. 본맹장자(盲障子). ↔명장지.

맹전(盲錢)명 구멍이 뚫리지 않은 쇠돈. 무공전(無孔錢). ↔유공전(有孔錢).

맹점(盲點)[-쩜]명 ①시신경이 망막 안으로 들어가는 곳에 있는 희고 둥근 부분. 망막이 없어 빛을 느끼지 못함. 맹반(盲斑). ②주의가 미치지 못하여 모르고 지나치기 쉬운 잘못된 점. ¶법의 맹점을 이용하다.

맹:조(猛潮)명 거센 조수(潮水).

맹:졸(猛卒)명 날래고 용감한 군사.

맹종(盲從)명하자 남이 그름을 가리지 아니하고 남이 시키는 대로 무턱대고 따름. ¶맹종은 굴복보다도 못하다.

맹:종-죽(孟宗竹)명 ☞죽순대.

맹주(盟主)명 동맹을 맺은 개인이나 단체 가운데서 중심되는 인물이나 단체.

맹:중계(孟仲季)[-계/-게]명 ①형제자매의 차례, 곧 맏이와 둘째, 셋째. ②어떤 사물의 첫째·둘째·셋째.

맹:지(猛志)명 억센 의지.

맹진(盲進)명하자 무턱대고 나아감.

맹:진(猛進)명하자 세차게 기세로 나아감.

맹청(盲廳)명 지난날, 소경들이 모이던 도가(都家).

맹추 '총기가 없고 흐리멍덩한 사람'을 얕잡아 이르는 말. 준멍추.

맹:추(孟秋)명 ①초가을. ②'음력 칠월'의 딴이름. 참중추(仲秋)·계추(季秋).

맹:춘(孟春)명 ①초봄. 이른 봄. ②'음력 정월'의 딴이름. 참중춘(仲春)·계춘(季春).

맹:타(猛打)명하타 (잇따라) 몹시 때리거나 침. ¶맹타를 휘두르다.

맹탐(盲探)명 두서없이 함부로 뒤지거나 찾음. 맹목적으로 찾음.

맹-탕(-湯)Ⅰ명 ①맹물처럼 싱거운 국물. ¶국이 맹탕이다. ②실속이 없는 일이나 싱거운 사람을 이르는 말. ¶그는 돈 버는 데는 맹탕이다. Ⅱ부 무턱대고 그냥. ¶일은 안 하고 맹탕 놀기만 한다.

맹:투(猛鬪)명하자 사납게 싸움.

맹포(猛暴) '맹포하다'의 어근.

맹:포-하다(猛暴-)형여 성격이나 행동 따위가 몹시 거칠고 사납다.

맹:-포화(猛砲火)명 맹렬하게 퍼붓는 포화.

맹폭(盲爆)명하타 목표도 없이 마구 폭격함, 또는 그런 폭격. 무차별 폭격. ¶적의 주둔지로 생각되는 지점에 맹폭을 가했다.

맹:폭(猛爆)명하타 몹시 세차게 폭격함, 또는 그런 폭격. ¶전함대가 적함을 향하여 맹폭을 가했다.

맹:풍(猛風)명 몹시 세찬 바람.

맹:풍-열우(猛風烈雨)[-너루]명 몹시 세차게 몰아치는 비바람.

맹:하(孟夏)명 ①초여름. ②'음력 사월'의 딴이름. 참중하(仲夏)·계하(季夏).

맹:-하다형여 (사람이) 싱겁고 흐리멍덩하여 멍청한 듯하다. ¶맹한 눈. /하는 짓이 맹하다.

맹-학교(盲學校)[-꾜]명 시각 장애자들에게 초등 교육·중등 교육과 아울러 특수 교육을 베푸는 학교.

맹:호(猛虎)명 몹시 사나운 범.

맹:호-복초(猛虎伏草)명 ['사나운 범이 풀숲에 엎드려 있다'는 뜻으로] 영웅이 때를 기다려 한때 숨어 지냄을 이르는 말.

맹:호-출림(猛虎出林)명 ['사나운 범이 숲에서 나옴'의 뜻으로] '용맹하고 성급한 성격'을 평하여 이르는 말.

맹:화(猛火)명 매우 세차게 타는 불.

맹:-활동(猛活動)[-똥]명하자 활동이 맹렬함, 또는 그러한 활동.

맹:-활약(猛活躍)명하자 맹렬하게 활약함, 또는 그러한 활약.

맹:-훈련(猛訓練)[-훌-]명하자 맹렬하게 훈련함, 또는 그러한 훈련.

맹휴(盟休)명하자 ①〈동맹 휴교〉의 준말. ②〈동맹 휴업〉의 준말.

맺는-말[맨-]명 글·연설 따위의 마지막을 마무르는 간단한 글이나 말.

맺다[맫따] I 자 ①물방울이나 땀방울 따위가 생겨나 매달리다. ¶이마에 땀방울이 맺다. *맺어·맺는[맨-]
II 자타 ①(나무나 풀이 작고 둥근 덩이 모양의 것을) 생기게 하거나 자라게 되다. 열매나 이슬이 맺다. /꽃망울을 맺다. *맺어·맺는[맨-]
III 타 ①(끈이나 실 따위의 끝과 끝을 엇걸어서) 매듭지게 하다. ¶찢어진 그물코를 맺다. ↔풀다. ②계속해 오던 일을 마무르다. 끝내다. ¶일의 끝을 맺다. ③사람이나 조직 따위가 서로 어떤 관계를 짓거나 이루다. ¶의형제를 맺다. /동맹 관계를 맺다. *맺어·맺는[맨-]

맺고 끊은 듯하다관용 언행이나 일의 처리가 빈틈없고 분명하다.

맺음-말명 ☞결론(結論).

맺이-관(-冠)명 말총으로 그물코를 맺듯이 한 눈을 뜨게 매듭을 지어서 만든 관.

맺-히다¹[매치-]자 ①(사물이나 사람의 됨됨이가) 꼭 짜이다. ¶빈틈없이 맺힌 사람. ②풀리지 않고 마음속에 응어리지다. ¶한이 맺히다. /맺힌 데가 없는 호인(好人). ③(몸속에 피가) 엉기다. ¶부딪힌 자리에 피가 맺혀 퍼런 멍이 생겼다.

맺-히다²[매치-]자 ['맺다'의 피동] ①(끈이나 실 따위의 끝이) 서로 엇걸려 매듭이 지다. ¶맺힌 매듭을 끊어서 풀다. ②(열매나 물방울 따위가) 달리다. ¶사과나무에 열매가 맺히다. /거미줄에 이슬이 맺히다. /얼굴에 땀방울이 맺히다.

먀오^족(苗族 중)명 중국의 서남부인 구이저우(貴州)·윈난(雲南)·후난(湖南) 등지에 사는 소수 민족.

말갛다[-가타][~가니·~가면]형ㅎ 매우 말갛다. 환하게 말갛다. 큰밀겋다.

머 I 대 〈무엇〉의 준말. ¶머가 어쨌다고?
II 감 (흔히 어린이나 여자들이) 반말로 어리광스럽게 하는 말 끝에 붙이는 군말. ¶남을도 다 그러던데, 머.

머구리명〈옛〉개구리. ¶머구리 와:蛙(訓蒙上22).

머굼다타〈옛〉머금다. ¶含은 머구믈 씨라(月釋序8). /머구를 함:含(訓蒙下14).

머귀명〈옛〉오동나무. ¶梧桐은 머귀니(月釋7:54).

머귀-나무명 운향과의 낙엽 활엽 소교목. 가지에 가시가 있고, 잎은 깃털 모양의 겹잎으로 가장자리에 톱니가 있음. 8월에 황백색 꽃이 피며, 잎은 감기와 학질 등에 약으로 쓰임.

머그-잔(mug盞)명 원통형의 큰 찻잔.

머금다[-따]타 ①입속에 넣어 삼키지 않은 채로 있다. ¶물 한 모금을 머금었다가 훅 내뿜는다. ②(생각 따위를) 품다. ¶앙심을 머금다. ③나무나 풀 따위가 물기운 것을 받아 지니다. ¶이슬을 머금은 꽃잎. ④눈물을 글썽이기만 하고 흘리지 아니하다. ¶눈물을 머금은 눈. ⑤(어떤 감정을) 조금 나타내다. ¶수줍음을 머금은 앳된 모습. /입가에 웃음을 머금고 바라본다.

머:나-멀다[~머니·~멀어]형 한없이 멀다. 멀고도 멀다. (주로, '머나먼'의 꼴로 쓰임.) ¶머나먼 이국 땅. ↔가깝디가깝다.

머니퓰레이터(manipulator)명 (방사능 물질과 같은 위험물을 다루기 위하여) 사람의 손과 같은 운동 기능을 갖게 한 원격 조작 장치(遠隔操作裝置). 매직 핸드(magic hand).

머:-다랗다[-다라타][~다라니·~다래]형ㅎ 생각보다 매우 멀다. 꽤 멀다.

머더보:드(motherboard)명 컴퓨터의 주요 부품을 끼울 수 있는 주회로 기판. 주요 부품으로는 시피유(CPU), 램, 롬, 입·출력 제어기와 여러 카드를 꽂을 수 있는 확장 슬롯, 전원 단자 따위가 있음.

머드(MUD)명 컴퓨터 통신상에서 여러 사용자가 동시에 함께 사용하는 게임이나 프로그램. [Multiple User Dungeon]

머드러기명 많이 있는 과실이나 생선 중에서 크고 굵은 것. ¶머드러기만 골라 가다.

머드레-콩명 ①밭 가로 둘러 심은 콩. ②'그루콩'의 잘못.

머루명 ①새머루나 왕머루 따위를 통틀어 이르는 말. ②포도과의 낙엽 만목(蔓木). 잎은 심장 모양이며 뒷면에 잔털이 많음. 5~6월에 꽃이 원추 화서(圓錐花序)로 피며, 열매는 둥근데 포도알보다 작고, 초가을에 검게 익음. ③왕머루의 열매. 먹거나 술을 담그는 데 쓰임. 산포도(山葡萄). 야포도(野葡萄).

머름명 미닫이의 문지방 아래나 벽의 하인방에 모양을 내기 위하여 대는 널조각.

머름-궁창명 ☞머름청판.

머름-중방(-中枋)명 두 기둥 사이의 머름에 가로지른 중방.

머름-청판(-廳板)명 머름 사이에 낀 널쪽. 머름궁창.

머리명 ①사람의 목 위 부분으로, 뇌(腦)·눈·코·입·귀가 있는 부분. ¶머리를 가로젓다. ②사람의 목 위 부분 가운데서 얼굴 이외의 부분. ¶머리에 머리카락이 많다. ③일부 짐승의 대가리. ¶소의 머리. ④㉠〈머리털〉의 준말. ¶머리가 희다. /머리를 길게 땋다. ㉡머리털의 모양. ¶파마 머리. /스포츠 머리. ⑤사물을 슬기롭게 판단하는 능력. 두뇌. ¶머리가 총명하다. /머리를 깨우치다. ⑥(어떤 물체의) 꼭대기. ¶언제나 머리에 흰 눈을 이고 있는 산. ⑦(어떤 집단의) 우두머리. ¶구성원의 머리가 되다. ⑧(어떤 사물의 맨 처음. 맨 앞부분. ¶결론을 문장의 머리에 놓다. ⑨앞뒤가 있는 일부 물건의 앞부분. ¶배의 머리. ⑩어떤 부분. 일의 시작. ¶머리도 없고 끝도 없이 늘어놓는 넋두리.

머리 검은 짐승은 남의 공을 모른다속담 사람이 짐승보다도 더 남의 은공을 모르는 수가 많다.

머리 없는 놈 댕기 치레한다속담 본바탕은 보잘것없는 놈이 겉치레는 더 한다. 못생긴 놈이 몸치장을 더 한다.

머리가 가볍다관용 기분이 상쾌하다.

머리(가) 굳다관용 ①생각이 완고하고 보수적이다. ②기억력 등이 무디다(둔하다).

머리(가) 굵다관용 ☞머리(가) 크다.

머리가 무겁다관용 기분이 개운하지 않다. 기분이 침울하다.

머리가 (잘) 돌아가다관용 기억이 잘 되거나 생각이 잘 미치다. 두뇌 회전이 빠르다.

머리가 젖다관용 어떤 생각이나 주의에 물들다. 생각이 쏠려 있다. ¶전통적 인습에 머리가 젖다.

머리(가) 크다관용 어른이 되다. 성장하다. 머리(가) 굵다.

머리 굽히다관용 굴복하다. 머리(를) 숙이다. ¶머리를 굽히고 그의 부하가 되었다.

머리(를) 깎다관용 중이 되다.

머리(를) 내밀다[관용] 어떤 자리에 모습을 나타내다. ¶ 동창회에 머리를 내밀다.

머리(를) 맞대다[관용] 어떤 일을 의논하거나 결정하기 위하여 서로 마주 대하다.

머리(를) 모으다[관용] 의논(의모)하기 위하여 가까이 모이다. 지혜를 합치다.

머리(를) 숙이다[관용] ①감동하거나 옳다고 인정하여 경의를 나타내다. ¶ 그의 희생 정신에 머리를 숙이다. ②☞머리(를) 굽히다.

머리(를) 식히다[관용] 휴식하다. 마음이 안정되게 하다. ¶ 머리 좀 식히고 오게.

머리(를) 싸매다[관용] 단단히 각오하고 덤비다. 온 힘을 다 기울이어 일에 임하다. ¶ 머리를 싸매고 입시 공부에 매달리다.

머리(를) 쓰다[관용] 깊이 생각하다. 지혜를 짜내다. 좋은 방법을 생각하다.

머리(를) 얹다[관용] ①처녀의 땋은 머리를 풀어서, 트레머리로 쪽 찐 머리가 되게 틀어 얹다. ②처녀가 시집을 가다. ③어린 기생이 어른이 되어 머리를 쪽 찌다.

머리를 쥐어짜다[관용] 애를 써서 궁리하다. 지혜를 짜내다.

머리를 쳐들다[관용] 힘을 얻어 존재를 드러내다. 일어나다. ¶ 새로운 의욕이 머리를 쳐들다.

머리(를) 풀다[관용] 부모가 죽어 틀었던 머리를 풀다. 상제(喪制)가 되다.

머리(를) 흔들다[관용] ①거절하거나 부인하는 뜻으로 머리를 좌우로 젓다. ②싫어서 진저리를 치다.

머리에 피도 안 마르다[관용] 어떤 일을 하기에는 아직 어리다. 이마에 피도 안 마르다.

머리²명 ①덩어리를 이룬 수량의 크기를 이르는 말. ②⟨돈머리⟩의 준말.

-머리[접미] 일부 명사 뒤에 붙어, 그 명사를 속된 말이 되게 함. ¶ 버르장머리. /인정머리.

머리[부] ⟨옛⟩ 멀리. ¶ 종이 머리 나가다(楞解 1:33). / 寒山은 머리 노프불 즐겨(南明上28).

머리-가지[명] ☞접두사(接頭辭). ↔발가지.

머리곰[부] ⟨옛⟩ '멀리'의 힘줌말. ¶ 둘하 노피곰 도드샤 어긔야 머리곰 비취오시라(樂範.井邑詞).

머리-글[명] ☞머리말.

머리-글자(-字)[-짜][명] 구문(歐文)에서, 글 첫머리와 고유 명사의 첫 글자에 쓰는 대문자(大文字). 이니셜.

머리-기사(-記事)[명] 신문이나 잡지 따위의 첫머리에 싣는 중요한 기사. ¶ 도시가스 폭발 사고를 1면 머리기사로 싣다.

머리-꼭지[-찌][명] 머리의 맨 위 가운데 부분.

머리-꾸미개[명] 머리를 예쁘게 꾸미는 물건을 통틀어 이르는 말.

머리-끄덩이[명] 머리털을 한데 뭉친 끝. ¶ 머리끄덩이를 켜들다.

머리-끝[-끋][명] 머리털의 끝. ¶ 화가 머리끝까지 치밀어 오른다. /머리끝을 묶다. * 머리끝이[-끄치]·머리끝을[-끄틀]·머리끝만[-끈-]

머리끝에서 발끝까지[관용] '몸의 전체'를 강조하여 이르는 말. 하나에서 열까지. ¶ 하고 다니는 꼴이 머리끝에서 발끝까지 맘에 안 든다.

머리-동이[명] 머리를 색종이로 바른 종이 연.

머리-띠[명] 머리를 둘러매는 수건이나 띠. ¶ 머리띠를 두르다.

머리-말[명] 책의 첫머리에 책을 펴내게 된 동기나 경위·내용 따위에 대하여 간단하게 적은 글. 권두언(卷頭言). 두서. 머리글. 서문. 서언(序言). ②☞서론(序論).

머리-맡[-맏][명] 누운 사람의 머리 쪽, 또는 그 언저리. ¶ 시계를 머리맡에 두다. ↔발치. * 머리맡이[-마치]·머리맡을[-마틀]·머리맡만[-만-]

머리믠놈[명] ⟨옛⟩ 대머리. 독두(禿頭). ¶ 머리믠놈:禿廝(訓蒙上29).

머리-빡[명] ⟨머리⟩의 속된 말.

머리-빼기[명] '머리가 향하여 있는 쪽'을 속되게 이르는 말.

머리-뼈[명] 사람이나 짐승의 머리를 이루는 뼈. 두개골(頭蓋骨). 두골(頭骨).

머리-새[명] 머리에 쓰개를 쓴 모양.

머리셔[부] ⟨옛⟩ 멀리서. ¶ 松聲逈은 솔소리 머리셔 둘유미오(杜重1:5).

머리-소리[명] ☞두음(頭音).

머리-수(-首)[명] 한자 부수의 한 가지. '馗'·'馘' 등에서의 '首'의 이름.

머리-숱[-숟][명] 머리털의 수량. ¶ 머리숱이 많다. * 머리숱이[-수치]·머리숱을[-수틀]·머리숱만[-순-]

머리-쓰개[명] 여자가 머리에 쓰는 물건.

머리-악[⟨기(氣)⟩의 속된 말.
머리악을 쓰다[관용] '기를 쓰다'를 속되게 이르는 말. ¶ 머리악을 쓰고 반대하다.

머리-채[명] 늘어뜨린 머리털. ¶ 치렁치렁한 머리채.

머리-처네[명] ☞처네.

머리-초(-草)[명] 기둥이나 들보 따위의 머리 부분에 그린 단청.

머리-치장(-治粧)[명] 머리를 곱고 예쁘게 꾸미는 일.

머리-카락[명] 머리털의 낱개. ②머리칼.

머리카락 뒤에서 숨바꼭질한다[속담] 얕은 꾀로 남을 속이려 함을 이르는 말.

머리-칼[명] ⟨머리카락⟩의 준말.

머리-털[명] 머리에 난 털. 두발(頭髮). 머릿결. 모발(毛髮). 머리칼.

머리-통[명] ①머리의 둘레. ¶ 머리통이 크다. ②⟨머리⟩의 속된 말. ¶ 머리통이 깨지다.

머리-핀(-pin)[명] (주로 여자가) 머리를 치장하는 데 쓰는 핀.

머리-하다[자여] 파마나 드라이 등을 하여 머리를 매만지다. ¶ 머리하러 미장원에 가다.

머리-혈(-頁)[명] 한자 부수의 한 가지. '頃'·'頂' 등에서의 '頁'의 이름.

머릿-결[-껼][명] ①머리카락의 질이나 상태. ¶ 머릿결이 거칠다. ②☞머리털.

머릿-골¹[-리꼴/-린꼴][명] ①☞뇌(腦). 두뇌(頭腦). ②'머리'를 달리 이르는 말. ②골¹.

머릿-골²[-리꼴/-린꼴][명] 기름을 짤 때 떡판과 챗날을 끼는 '井'자 모양의 틀.

머릿-기름[-리끼-/-린끼-][명] 머리를 치장할 때 바르는 기름.

머릿-내[-린-][명] 머리에서 나는 냄새.

머릿-니[-린-][명] 잇과의 곤충. 사람의 머리털 사이에 기생하면서 피를 빨아 먹음.

머릿-달[-리딸/-린딸][명] 종이 연의 머리에 붙이는 대.

머릿-돌[-리똘/-린똘][명] 건축 공사에서 주춧돌을 놓을 때 공사 관계자, 시공(施工) 날짜 등을 새겨서 일정한 곳에 앉히는 돌.

머릿덕골[명] ⟨옛⟩ 해골. 대가리. ¶ 머릿덕골 독:髑. 머릿덕골 루:髏(訓蒙上28).

머릿-방(-房)[-리빵/-린빵][명] 안방 뒤에 딸려 붙은 방.

머릿-병풍(-屛風)[-리뼝-/-린뼝-]명 머리맡에 치는 작은 병풍. 곡병(曲屛).

머릿-살[-리쌀-/-린쌀-]명 ①머리 속에 있는 신경의 가닥. ②<머리>의 속된 말. ¶머릿살이 아프다.

머릿-속[-리쏙-/-린쏙-]명 생각이 이루어지거나 지식 따위가 저장된다고 믿는 머리 안의 추상적인 공간. ¶머릿속이 복잡하다.

머릿-수(-數)[-리쑤-/-린쑤-]명 ①'사람의 수'를 속되게 이르는 말. ¶머릿수가 늘어나다. ②돈의 액수. 돈머리. ¶머릿수를 채우다.

머릿-수건(-手巾)[-리쑤-/-린쑤-]명 ①머리에 쓰는 수건. ②부녀자가 추위를 막기 위하여 머리에 쓰는 흰 수건.

머릿-장(-欌)[-리짱-/-린짱-]명 머리말에 두고 쓰는 단층(單層)으로 짠 장.

머릿-줄[-리쭐-/-린쭐-]명 ①종이 연의 머릿달 양 끝을 잡아당겨 맨 줄. ②장음 표시로 글자 위에 그은 가로줄.

머무르다[머무르니·머물러]자리 ①(움직이거나 나아가던 것이) 멎다. ¶기차가 간이역에 잠시 머무르다. ②(일정한 자리에) 그대로 있다. ¶지금의 거주지에 그대로 머무르다. ③(어떤 곳에) 들어서 묵다. ¶이틀 동안 호텔에서 머무르다. ④(어떤 범위나 한계에) 그치다. ¶계획에만 머무르지 않고 실천으로 옮기다. 준머물다.

머무름-표(-標)[-]명 뜻이 조금 중단되어 쉬는 자리에 쓰는 구두점.

머무적-거리다[-꺼-]자 자꾸 머무적머무적하다. 머무적대다. ¶말을 꺼내지 못하고 머무적거리기만 한다. 준머뭇거리다.

머무적-대다[-때-]자 머무적거리다.

머무적-머무적[-정-]부하자 말이나 행동을 딱 잘라서 하지 못하고 망설이는 모양. 준머뭇머뭇.

머물다[머무니·머물러]자 <머무르다>의 준말. ¶한곳에 여러 날 머물다. /준우승에 머물다.

머뭇-거리다[-묻꺼-]자 <머무적거리다>의 준말. 머뭇대다.

머뭇-대다[-묻때-]자 머뭇거리다.

머뭇-머뭇[-문-]부하자 <머무적머무적>의 준말. ¶머뭇머뭇하다가 입을 다문다.

머뭇-하다[-무타-]자형어 (말이나 행동 따위가) 선뜻 행하지 못하고 망설이다. ¶잠시 머뭇하더니 큰 소리로 웃는다.

머물다<옛> 머무르다. ¶往노 머므러 이실씨라(月釋序1).

머스크-멜론(muskmelon)명 멜론의 한 가지. 겉에 그물무늬가 있고 살은 연한 녹황색인데, 향기가 매우 짙음.

머스터드(mustard)명 서양 겨자, 또는 그 열매로 만든 조리용 겨자.

머슬머슬-하다어 탐탁스럽게 사귀지 않아서 어색하다. ¶아직 친구지 아직 머슬머슬한 사이야. 머슬머슬-히부.

머슴명 농가에서 고용살이하는 남자를 이르는 말. 고공(雇工). 준머슴.
머슴(을) 살다관용 머슴 노릇을 하다.

머슴-꾼명 '머슴'을 낮추어 이르는 말.

머슴-살이명하자 머슴 노릇을 하는 생활.

머슴-아이명 ①머슴살이하는 아이. ②'남자 아이'를 낮잡아 이르는 말. 준머슴애.

머슴-애명 <머슴아이>의 준말.

머시[감] 말하는 도중에 어떤 말이 얼른 떠오르지 않거나 선뜻 말하기 어려울 때 쓰는 군소리. ¶그 머시 말이지.

머시[2]준 '무엇이'가 줄어든 말. ¶머시 어째!

머쑥-하다[-쓰카-]형어 울리지 아니하게 멋없이 키만 크다. ②(무안을 당하거나 흥이 꺾이어) 열없고 기가 죽어 있다. 머쑥-히부.

머위명 국화과의 다년초. 습지에 절로 나서 자라기도 하고 재배하기도 함. 땅속줄기가 사방으로 뻗어 번식하는데, 이른 봄에 잎보다 먼저 꽃줄기가 나와 누른 꽃이 핌. 밑동에서 잎꼭지가 길게 나옴. 잎과 잎꼭지는 나물로 먹음.

머저리명 ⇨어리보기.

머즉ㅎ다형<옛> 머슴하다. ¶비 머즉ㅎ다(譯語上2).

머·지다자 바람이 몹시 세어, 연줄이 저절로 끊어지다.

머지-않다[-안타]형 시간적으로 멀지 않다. 《주로, '머지않아'의 꼴로 쓰임.》 ¶머지않아 해가 솟을 것이다.

머추다자 멈추다. ¶禮義를 앗기샤 兵馬롤 머추어시니(龍歌53章).

머츰-하다형어 눈이나 비 따위가 잠시 그치어 뜸하다. ¶오랫동안 계속 내리던 비가 머츰하다.

머캐덤^도:로(macadam道路)명 밤자갈을 깔아서 다진 길.

머:큐로크롬(mercurochrome)명 피부 점막(皮膚粘膜) 소독제의 한 가지. 비늘 모양의 결정(結晶)으로 금속 광택이 나며, 빨간 수용액이나 연고로 만들어 상처에 바름. 〔본디는 살균 소독제의 상품명임.〕

머:큐리(Mercury)명 로마 신화에 나오는, 신(神)들의 사자(使者).

머플러(muffler)명 ①목도리. ②소음기(消音器).

머흘다형<옛> 험(險)하다. ¶몰군 브렌 돌히 머흘러 뵈오(杜重1:28). /白雪이 즈즈진 골에 구름이 머흐레라(古時調).

먹명 ①벼루에 물을 붓고 갈아서 먹물을 만드는 재료. ②<먹물>의 준말. ¶먹으로 그린 그림. ③(일부 명사 앞에 붙어) '검은빛을 띰'을 나타냄. ¶먹감. /먹구름. /먹실. /먹황새.

먹-감[-깜]명 햇볕을 받은 부분의 껍질이 검게 되는 감.

먹감-나무[-깜-]명 오래 묵은 감나무의 심재(心材). 검고 단단하며 결이 고와 세공물을 만드는 데 쓰임. 오시목(烏柿木). 흑시(黑柿).

먹-거리[-꺼-]명 사람이 살아가기 위하여 먹는 온갖 것.

먹고-살다[-꼬-]〔~사니·~살아〕자 생계를 유지하다. ¶품팔이로 하루하루 먹고산다.

먹고즈명<옛> 먹통. ¶먹고즈:墨斗(譯語下17).

먹-구렁이[-꾸-]명 뱀과의 구렁이. 몸길이 90cm가량. 등은 황갈색을 띤 감람색 바탕에 흑갈색의 가로무늬가 있고, 배의 각 비늘에는 세 쌍의 검은 무늬가 있음. 오사(烏蛇). 흑화사.

먹-구름[-꾸-]명 ①(비나 눈이 내릴 듯한) 검은 구름. 먹장구름. ②'불안정하거나 좋지 않은 일의 징조'를 비유하여 이르는 말. ¶남북 관계에 먹구름이 드리우다. 암운(暗雲).

먹국[-꾹]명하자 주먹 속에 쥔 물건의 수효를 알아맞히는 아이들의 놀이.

먹-그림[-끄-]명 ①먹으로 물체의 윤곽을 그린 그림. 그 위에 채색하여 그림을 완성함. ②⇨묵화(墨畫).

먹-꼭지[-찌]명 검은 종이를 둥글게 오려 머리에 붙인 종이 연.

먹-놓다[멍노타]타 (재목 따위를 마를 때) 먹이나 연필 등으로 금을 긋다.

먹는-장사[─똥]똥 먹는 음식을 만들어 파는 장사.

먹다¹[─따] **Ⅰ**재 ①일부 날이 있는 도구와 함께 쓰이어, 잘 들거나 잘 갈리거나 하다. ¶ 대패가 잘 먹는다. ②벌레가 갉거나 하여 헐어 들어가다. ¶ 벌레가 먹은 과일. ③(물감이나 화장품 따위가) 잘 배어들거나 고르게 퍼지다. ¶ 물감(기름)이 잘 먹다. /분이 잘 먹다. ④말의 효과가 있다. ¶ 말이 잘 먹어 들어가다. ⑤(어떤 일에 돈이나 물자 또는 노력이) 들다. ¶ 재료를 많이 먹다. **Ⅱ**재타 ①귀가 들리지 않게 되다. ¶ 귀가 먹다. ②코가 막혀 제 기능을 못하다. ¶ 코 먹은 소리를 하다.

먹지 않는 씨아에서 소리만 난다(속담) 일을 제대로 잘하지 못하는 사람일수록 핑계가 많고 큰소리만 잘 친다는 말.

먹다²[─따] 타 ①음식물을 입에 넣고 씹어서 삼키다. ¶ 사과를 먹다. ②음식물을 마시거나 빨아서, 씹지 않고 삼키다. ¶ 젖을 먹다. /술을 먹다. ③(연기 등을) 들이마시다. ¶ 담배를 먹다. ④(어떤 등급을) 차지하다. ¶ 달리기에서 일 등을 먹다. ⑤(생각이나 느낌 등을) 품다. ¶ 앙심을 먹다. /겁을 먹다. /그렇게 할 마음을 먹다. ⑥(어떤 나이에) 이르다. ¶ 아홉 살 먹은 아이. ⑦(꾸지람이나 욕을) 듣다. ¶ 욕을 먹다. ⑧(남의 것을) 제 것으로 삼다. ¶ 장군을 부르고 나서 포를 먹다. ⑨구기 시합 등에서, 상대편에게 득점을 하게 하다. ¶ 우리 편이 두 골을 먹었다. ⑩농사를 지어 추수하다. ¶ 이 논배미에서 석 섬은 먹는다네. ⑪천이나 종이가 기름·물감 따위를 빨아들이다. ¶ 종이가 물을 먹다. ⑫뇌물을 받다. ①②⑥⑨잡수시다·잡수다.

먹기는 파발이 먹고 뛰기는 역마가 뛴다(속담) 애쓴 사람은 제쳐 놓고 엉뚱한 사람이 보수를 받는다는 말.

먹기는 혼자 먹어도 일은 혼자 못한다(속담) 일은 협동해서 하는 편이 효과적이라는 말.

먹는 개도 아니 때린다(속담) 음식을 먹는 사람을 때리거나 꾸짖지 말라는 말.

먹는 데는 감돌이 일에는 배돌이(속담) 먹는 자리에는 빠지지 않으면서 일하는 자리에는 요리조리 피하는 사람을 두고 이르는 말.

먹는 떡에도 소를〔살을〕 박아라 한다(속담) 이왕 하는 일이면 모양 좋게 잘하는 것이 좋다는 말.

먹는 소가 똥을 누지(속담) 공을 들여야 보람이 나타난다는 말.

먹지 못할 풀이 오월에 겨우 나온다(속담) 되지 못한 주제에 거세는 한다는 말.

먹고 들어가다(관용) (어떤 일을 하기에 앞서서) 미리 유리한 조건을 만들어 놓은 다음에 일에 손대다.

먹다³[─따] 조동 '무엇을 하거나 어떻게 됨'을 뜻하는 말. (일부 동사 뒤에서 '-어 먹다'의 꼴로 쓰임.) ¶ 깜박 잊어 먹다. /농사를 지어 먹다.

먹-당기[─땅─] (단청을 할 때) 먹줄을 튀겨 머리초를 구획한 검은 줄.

먹-도미[─또─] ⇨감성돔. ⑤먹돔.

먹-돔[─똠] 〈먹도미의 준말.

먹-동 图 ①먹물이 말라붙은 찌꺼기. ②먹물이 튀어 말라붙은 자국.

먹-머리동이[명─] 图 머리에 검은 종이를 붙인 연(鳶).

먹먹-하다[먹머카─] 형여 갑자기 귀가 먹은 듯이 잘 들리지 않다. 먹먹-히 부.

먹-물[명─] 图 ①먹을 갈아서 만든 검은 물. ⑤먹. ②먹빛처럼 검은 물. 묵즙(墨汁).

먹물뜨-기[명─] 하타 먹물로 살 속에 글씨나 그림을 떠 넣음.

먹물-주머니[명─] 图 문어나 오징어 따위에서, 먹물이 들어 있는 주머니.

먹-반달[─半─][─빤─] 图 검은 종이를 반달같이 오려 머리에 붙인 연.

먹-보[─뽀] 图 '미련스럽게 음식을 많이 먹거나 음식에 대한 욕심이 많은 사람'을 놀림조로 이르는 말.

먹-빛[─삣] 图 먹처럼 새까만 빛. 묵색(墨色). * 먹빛이[─삐치]·먹빛만[─삔─]

먹-사과[─꽈─] 图 참외의 한 가지. 껍질이 검푸르며 단맛이 진함.

먹-새[─쌔] 图 ⇨먹음새.

먹-성(─性)[─썽] 图 ①음식을 먹는 성미나 습성. ¶ 먹성이 좋다. /먹성이 까다롭다. ②음식을 먹는 양. ¶ 먹성이 크다.

먹-실[─씰] 图 먹물을 묻힌 실.

먹실(을) 넣다(관용) 먹실을 꿴 바늘로 살갗을 뜨고 먹을 살 속에 넣어 문신 따위를 새기다.

먹어-나다 재 자꾸 먹어서 습관이 되다.

먹여-치다 타 바둑에서, 상대편의 집을 없애기 위하여 옥집이 되는 곳에 사석을 놓다.

먹은-값 图 물건을 사는 데 든 값.

먹은-값 图 물건을 사는 데에 든 값의 높고 낮은 정도.

먹-을거리[─꺼─] 图 사람이 먹고 살 수 있는 온갖 것.

먹을-알 图 ①금이 제법 많이 박힌 광맥이나 광석. ②그다지 힘들이지 않고 차지할 수 있는 소득.

먹음-먹이 图 ①먹음직한 음식들. ②'먹음새'의 잘못.

먹음-새 图 ①음식을 먹는 태도. 먹새. ¶ 먹음새가 복스럽다. ②음식을 만드는 범절.

먹음직-스럽다[─쓰─따] [─스러우니·~스러워] 형ㅂ 보기에 먹음직하다. 먹음직스레 부.

먹음직-하다[─지카─] 형여 음식이 보기에 맛이 있을 듯하다. ¶ 먹음직하게 차린 음식.

먹-이 图 ①동물의 먹을거리. ②새가 새끼에게 먹이를 물어다 주었다. ②가축에게 먹이는 풀이나 곡식.

먹-이다 ①('먹다'의 사동) ㉠먹게 하다. 마시게 하다. ¶ 밥을 먹이다. /회충약을 먹이다. /젖을 먹이다. ㉡금품을 주다. ¶ 돈(뇌물)을 먹이다. ㉢욕되게 하다. 겹나게 하다. ¶ 욕(겁)을 먹이다. ㉣물감·풀·물 따위가 스며들게 하다. ¶ 풀을 먹이다. /장판에 들기름을 먹이다. ②(가축을) 기르다. ¶ 소를 먹이다. ③겉에 무엇을 칠하거나 입히다. ¶ 연실에 사금파리를 먹이다. /자동차에 왁스를 먹이다. ④솜틀이나 씨아에 솜을 넣어 주다. ¶ 씨아에 솜을 먹이다. ⑤돈(자금)을 들이다. ¶ 집 수리에 많은 돈을 먹이다. ⑥(작두 따위 연장에) 썰 것을 대어 주다. ¶ 작두에 꼴을 먹이다. ⑦(주먹이나 발길로) 치다. ¶ 주먹으로 한 대 먹이다.

먹여 살리다(관용) 부양하다. ¶ 가족을 먹여 살리다.

먹이^사슬 图 ⇨먹이 연쇄.

먹이^연쇄(─連鎖) 图 생물계의 먹이 관계를 그 생물의 식성에 따라 계통적으로 나타낸 것. 먹

는 쪽과 먹히는 쪽의 관계를 차례로 연결한 계
열로써 나타냄. 〔플랑크톤을 작은 물고기가 먹
고, 그 물고기는 큰 물고기에게 잡아먹히는 따
위.〕 먹이 사슬. 식물 연쇄.

먹이^작물(-作物)[-장-]몜 ☞사료 작물.

먹이-풀몜 가축의 사료로 쓰이는 풀.

먹잇-감[머기깜/머긷깜]몜 동물의 먹이가 되는
것. ¶먹잇감을 놓치다.

먹-자[-짜]몜 목수가 재목에 먹으로 금을 그을
때 쓰는 'ㄱ'자 모양의 자. 목척(墨尺).

먹자-골목[-짜-]몜 음식점이 즐비하게 모여 있
는 골목.

먹-자리[-짜-]몜 물고기 따위가 먹이를 먹으려
고 잡은 자리.

먹자-판[-짜-]몜 ①여러 사람이 모여 먹고 즐
기는 자리. ②서로 사리사욕을 채우기에 급급
한 판국.

먹-장[-짱]몜 먹의 조각. 낱개의 먹.

먹장-구름[-짱-]몜 짙게 검은 구름. 먹구름.

먹-장삼(-長衫)[-짱-]몜 검은 물을 들인 장삼.

먹장-쇠[-짱쇠/-짱쉐]몜 마소의 배 앞쪽에 있
는 짧은 멍에.

먹-장어(-長魚)[-짱-]몜 꾀장어과의 바닷물고
기. 몸길이 60cm가량. 몸은 가늘고 길쭉하며
뱀장어와 비슷함. 입은 빨판 모양으로 그 둘레
에 여덟 개의 수염이 있고, 아가미구멍은 여섯
쌍이며 피부에 점액을 내어 미끄러움. 우리나
라·일본 등지에 분포함.

먹-줄[-쭐]몜 ①먹통에 딸려 줄을 치는 데 쓰
이는, 실 따위로 된 줄. 승묵(繩墨). ②재목(材
木) 따위에, 먹물로 긋거나 먹통을 써서 친 줄.

먹줄-꼭지[-쭐-찌]몜 먹줄의 맨 끝에 달린, 바
늘이 박힌 나무쪽.

먹-중[-쭝]몜 ①먹장삼을 입은 중. ②산대놀음
에 쓰이는 탈의 한 가지.

먹지[-찌]몜 루전 따위의 돈내기에서 이긴 사람.

먹-지(-紙)[-찌]몜 ☞복사지(複寫紙).

먹-집게[-찝께]몜 닳아서 짧게 된 먹 도막을
집어서 쓰는 나무집게.

먹-초[-쵸]몜 꼭지 이외의 부분을 모두 검은 빛깔로
꾸민 연.

먹-치마몜 아래쪽을 검은 빛깔로 꾸민 연.

먹-칠(-漆)몜하자 ①먹으로 칠함, 또는 먹처
럼 검은 칠. ¶먹칠한 것처럼 캄캄한 밤. ②'명
예나 체면 따위를 더럽히는 짓'을 비유하여 이
르는 말. 통칠. ¶아비 얼굴에 먹칠을 하다니.

먹-칼몜 먹을 찍어 목재나 석재 따위에 금을 긋
거나 글씨를 쓰는 데 쓰이는 기구. 댓개비의
한쪽 끝을 얇고 납작하게 깎은 것.

먹통몜 ①'바보'나 '멍청이'를 놀으로 이르는
말. ②'전화 따위가 고장이 나서 사용하지 못
하게 된 것'을 비유하여 이르는 말.

먹-통(-桶)몜 ①먹물을 담는 통. ②목재나 석재
에 줄을 치는 데 쓰이는 기구. 한쪽에 먹물을
먹은 솜을 넣고, 다른 쪽엔 먹줄을 감아 두어 그
줄이 먹말 먹은 솜을 거쳐서 나오게 되어 있음.

먹-피몜 멍이 들어서 검게 된 피.

먹혀-들다¹[머켜-][~드니·~들어]자 이해되거
나 받아들여지다. ¶고집불통인 막냇동생에게
는 누구의 말도 먹혀들지 않았다.

먹혀-들다²[머켜-][~드니·~들어]자 빼앗기거
나 남의 차지가 되다.

먹-황새[머꽝-]몜 황새과의 새. 황새와 비슷한
새로 날개 길이 50cm가량임. 등과 배는 잿빛
이며, 꽁지는 검고 목과 머리는 흼. 앞 정수리

는 털이 없이 붉고, 부리는 황록색이며, 눈자
위는 등황색임. 시베리아 중북부에서 번식함.

먹-히다[머키-]자 ☞'먹다'의 피동〕 먹음을 당
하다. ¶새우가 고래에게 먹힌다. /이 일은 너
무 많은 시간과 비용이 먹힌다.

면:-가래몜 객지에서 죽은 사람의 송장을 그곳
에 임시로 묻는 일.

면:가래-질몜하자 가래로 흙을 떠서 멀리 던지
는 가래질.

면:가랫-밥[-래빱/-랟빱]몜 면가래질로 파 던
지는 흙.

면:-가리킴몜 ☞원칭(遠稱).

면:-눈¹몜 시각(視覺)을 잃어 보이지 아니하는
눈. 멀어 버린 눈. 맹목(盲目).

면:-눈²몜 멀리 떨어진 곳을 바라보는 눈. ¶글
씨가 커서 먼눈으로도 또렷이 보인다.

먼눈-팔다[~파니·~팔아]자 정작 보아야 할
곳이 있지 않고 엉뚱한 곳을 보다. 한눈팔다.
¶먼눈팔지 말고 다녀라.

면:-데몜 '뒷간'을 달리 이르는 말.

면:-동몜 날이 밝아 올 무렵의 동녘 하늘. ¶면
동이 트다.

면:-먼몜 머나먼. 아주 먼. ¶면먼 옛날. /면먼
곳에서 찾아온 손.

면:-물몜 먹을 수 있는 우물물. ↔누렁물.

면: 바다 기상 예보에서, 육지로부터 20km(동
해), 또는 40km(서·남해) 밖의 바다를 이름.
↔육지가.

면:-발치몜 시선이 미치는, 조금 멀찌감치 떨어
진 거리(곳). ¶면발치에서 바라보다.

면-발치기몜 '면발치'의 준말.

면:-빛[-빋]몜 멀리서 언뜻 보이는 정도나 모
양.《주로, '면빛으로'의 꼴로 쓰임.》¶면빛으
로 살피다.

면:-산-바라기(-山-)몜 ①'목을 늘인 모습이나
초점 잃은 눈동자 등이 늘 먼 데를 바라보는
듯이 보이는 사람'을 이르는 말. ②한눈파는 짓.

면:-오금몜 활의 한오금과 삼사미의 사이.

면:-우물몜 물이 맑아 먹을 수 있는 우물. ↔누
렁물.

면:-일[-닐]몜 먼 앞날의 일. ¶먼일을 내다보다.

면:-장-질몜하자 먼발치로 총이나 활을 쏘아 대
는 일. ¶먼장질해 댄 대니 맞을 리가 있나.

먼저 ①뮈 시간적으로나 순서상 앞선 때. ¶
저의 자리로 돌아가다. /내가 먼저. /이번에
도 먼저와 같이 하면 된다. ↔나중. ②뮈 시간이나 차례 따위에서 앞서서. ¶제일
먼저 떠나다.

먼저-께몜 얼마 전의 어느 한때. ¶먼저께 그곳
에 한 번 갔어요.

먼젓-번(-番)[-쩌뻔/-전뻔]몜 지난번. ¶먼젓
번에 왔던 사람.

먼지몜 (가루처럼) 작고 가벼운 티끌.

먼지-떨음몜하자 ①(겨우 옷의 먼지만 떤다는
뜻으로) (어린아이를) 아프지 않을 정도로 가
볍게 때리는 일. ②(걸어 두었던 옷의 먼지를
떤다는 뜻으로) 오랜만에 나들이하는 일.
③(내기나 노름 따위에서) 정식으로 하기 전에
그저 한번 겨루어 보는 일.

먼지-떨이몜 먼지를 떨어내는 제구. 총채.

먼지-바람몜 ①무엇이 빠르게 지나가면서 일으
키는, 먼지가 섞인 바람. ¶버스가 먼지바람을
내며 사라졌다. ②먼지나 모래가 섞인 강한 바람.

먼지-잼몜하자 비가 겨우 먼지나 자게 할 정도
로 조금 옴.

먼지-투성이圈 먼지가 잔뜩 끼거나 묻어 더럽게 된 상태.

먼:-촌(-寸)圈 촌수가 먼 일가. 원촌(遠寸).

멀거니튀 정신없이 멍청하게. ¶넋 나간 사람처럼 멀거니 창밖을 바라보고 있다.

멀건-이圈 '정신이 흐리멍덩한 사람'을 조롱조로 이르는 말.

멀:겋다[-거타][멀거니·멀게]휑ⓗ ①흐릿하게 맑다. ⑧말갛다. ②매우 묽다. ¶멀건 국.

멀:게-지다재 멀겋게 되다. ¶물을 너무 많이 부어 국물이 멀게지다.

멀:경-몸(-冂-)圈 한자 부수의 한 가지. '再'·'冒' 등에서의 '冂'의 이름.

멀국'국물'의 잘못.

멀그스레-하다휑여 멀그스름하다. ⑧말그스레하다.

멀그스름-하다휑여 조금 멀겋다. 멀그스레하다. ⑧말그스름하다. **멀그스름-히**튀.

멀끔-하다휑여 훤하게 깨끗하다. ¶겉모습은 멀끔하게 생겼다만…. ⑧말끔하다. **멀끔-히**튀.

멀:다1[머니·멀어]재 ①눈이 보이지 않게 되다. 눈멀다. ¶눈이 멀다. ②귀가 들리지 않게 되다.

멀:다2[머니·멀어]휑 ①(공간적으로) 거리가 많이 떨어져 있다. ¶그곳은 걸어가기엔 너무 멀다. ②(시간적으로) 동안이 오래다. ¶먼 훗날. ③소리가 또렷하지 아니하고 약하다. ¶전화가 멀다. ④같거나 비슷하지 않다. ¶환희와는 멀지만 또 다른 감동. ⑤혈연 관계가 뜨다. ¶먼 친척. /촌수가 멀다. ⑥(사귀며 지내는 사이가) 친근하지 아니하다. ¶사이가 먼 친구. ⑦(흔히 '아직'과 어울려 쓰이어) 어떤 기준·정도 따위에 미치지 못하다. ¶장가가려면 아직 멀었다. /네 솜씨에 비하면 난 아직 멀었어. ⑧빈도가 잦다. (주로, '멀게'·'멀다고'의 꼴로 쓰임.) ¶하루가 멀다고 술타령이다. ↔가깝다.

먼 데 무당이 영하다[속담] 잘 아는 사람보다 새로 만난 사람을 더 중히 여긴다는 말.

먼 사촌보다 가까운 이웃이 낫다[속담] ☞가까운 남이 먼 일가보다 낫다.

멀대圈 키가 크고 멍청한 사람을 놀림조로 이르는 말(방언).

멀떠구니圈 새의 식도의 일부가 주머니 모양으로 되어 있는 부분. 먹이를 일시적으로 저장해 두었다가 조금씩 위로 보냄. 모이주머니. 소낭(嗉囊).

멀뚱-거리다재 멀뚱멀뚱하다. 멀뚱대다. ¶문 앞에서 멀뚱거리고만 있다. ⑧말똥거리다.

멀뚱-대다터 멀뚱거리다.

멀뚱-멀뚱튀ⓗ휑 ①눈을 멀거니 뜨고 정신없이 있거나 물끄러미 바라보는 모양. ⑧말똥말똥. ②ⓗ휑건더기가 적어서 국물이 멀건 상태.

멀:리Ⅰ圈 시간적·공간적으로 먼 곳이나 시점. ¶멀리서 들려오는 헬기 소리. ↔가까이.
Ⅱ튀 시간적·공간적으로 한 지점에서 거리가 몹시 떨어져 있는 상태로. ¶멀리 떨어진 고장. /앞날을 멀리 내다보다. ↔가까이.

멀:리-뛰기圈 뜀뛰기 경기의 한 가지. 일정한 거리를 도움닫기하여 발구름판에서 한 발로 굴러 멀리 뛰어, 그 뛴 거리로 승패를 겨루는 경기.

멀:리-멀리튀 매우 멀리. ¶노랫소리가 멀리멀리 울려 퍼지다.

멀:리-보기圈 ☞원시(遠視).

멀:리보기-눈圈 ☞원시안(遠視眼).

멀:리-하다터 ①가까이하지 아니하고 거리를 두다. 떨어져 있게 하다. ¶사람들을 멀리하고 연구에만 몰두하였다. ②피하거나 관계를 끊다. ¶담배를 멀리하다. /나쁜 친구를 멀리하다. ↔가까이하다.

멀-마늘圈 수선화의 한 품종. 제주도의 특산종.

멀미圈ⓗ재 ①자동차·배·비행기 따위를 탔을 때 흔들림을 받아 일어나는 어지럽고 메스꺼운 증세. ¶멀미 때문에 여행도 마음대로 못한다. ②진저리가 날 정도로 싫은 증세. ¶주사라는 소리만 들어도 멀미를 내는 아이.

멀쑥-하다[-쑤카-]휑ⓔ ①희멀겋고 깨끗하다. ¶멀쑥하게 생긴 신사. ⑧말쑥하다. ②멋없이 크고 맷된 데가 없다. 멀쑥-이튀.

멀어-지다재 ①(공간적으로) 거리가 많이 떨어지게 되다. ¶기적을 울리며 멀어져 가는 배. ②소리가 또렷하거나 약하게 되다. ¶전화 속의 목소리가 점점 멀어지더니 뚝 끊어져 버렸다. ③(사귀며 지내는 사이가) 버성기게 되다. ¶사이가 멀어진 친구.

멀위圈 (옛) 머루. 산포도. ¶멀위 포: 葡. 멀위 도: 萄(訓蒙上12).

멀쩡-하다휑여 ①흠이 없이 온전하다. ¶멀쩡한 옷. ②몸에 탈이 없이 성하다. ¶멀쩡한 정신. /멀쩡한 몸으로 꾀병을 부리다니. ③겉보기와는 달리 엉뚱하다. ¶멀쩡하게 딴소리를 하다. ⑧말짱하다. 멀쩡-히튀.

멀찌가니튀 ☞멀찌감치.

멀찌감치튀 거리가 좀 멀게. 좀 멀리 떨어져서. 멀찌가니. 멀찍이. ¶멀찌감치 물러서다.

멀찌막-하다[-마카-]휑여 꽤 멀찍하다. 멀찌막-이튀.

멀찍-멀찍[-찡-]튀ⓗ휑 여럿의 사이가 모두 멀찍한 모양. ¶여러 사람이 멀찍멀찍 떨어져 앉다. 멀찍멀찍-이튀.

멀찍-하다[-찌카-]휑여 거리가 좀 멀다. ↔가직하다. 멀찍-이튀 ¶멀찍이 서서 구경하다.

멀텁다휑 (옛) 거칠다. 추악하다. ¶멀텁고 헌 뼈 무든 옷 マ라 니버(法華2:209). /氣運이 조모 멀터우니(杜初8:22).

멀티-미디어(multimedia)圈 영상·음성·문자 등 여러 종류의 매체를 한데 어우른 혼합 매체를 이르는 말.

멀티비전(multivision)圈 여러 개의 화면에 하나의 영상이나 각기 다른 영상을 만들어 내는 것.

멀티-스크린(multiscreen)圈 세 개 이상의 분할 스크린에 각각 다른 화상을 방영하여 다면적 표현을 시도하는 영화 기법.

멀험圈 (옛) 마구(馬廐). ¶미리 우러서 녯 멀허믈 스랑ᄒᆞ고(杜初9:17).

멈:圈 '머슴'의 준말.

멈추다재터 ①멎다. 그치다. ¶비바람이 멈추다. ②(계속되던 움직임이나 상태를) 멎게 하다. ¶일손을 멈추다. ③시선을 한곳에 두고 옮기지 아니하다. ¶색다른 그림에 눈길을 멈추다.

멈칫[-칟]튀ⓗ재터 움직임을 갑자기 멈추는 모양. ¶앞서서 가다가 멈칫하더니 뭘 보았는지 쏜살같이 뛰어간다. 멈칫-멈칫튀ⓗ재타.

멈칫-거리다[-칟꺼-]재터 자꾸 멈칫멈칫하다. 멈칫대다.

멈칫-대다[-칟때-]재터 멈칫거리다.

멋[먼]圈 ①(태도나 차림새 등에서) 풍기는 세련된 기품. ¶멋을 내다. /멋을 부리다. /어딘지 모르게 멋이 풍기는 사람. ②격에 어울리게 운치 있는 맛. ¶멋이 있는 표현. ③흥취를 자아내는 재미스러운 맛. ¶멋이 있게 한바탕 어우러져 즐긴다. * 멋이[머시]·멋만[먼-]

멋-거리[먿꺼-]圏 멋이 있는 모양. ¶멋거리 없는 행동.

멋거리-지다[멷꺼-]圏 은근하게 멋지다.

멋-대가리[먿때-]圏 〈멋〉의 속된 말. ¶멋대가리 없게 굴다.

멋-대로[먿때-]圉 마음이 내키는 대로. 하고 싶은 대로. ¶멋대로 행동하다.

멋들어-지다[먿-]圏 보기에 아주 멋이 있다. ¶고전무(古典舞)를 멋들어지게 추고 있다.

멋-모르다[먿-][~모르니·~몰라]재團 일의 영문이나 속내를 알지 못하다. ¶아무 일에나 멋모르고 덤빈다.

멋-스럽다[먿쓰-따][~스러우니·~스러워]圏ㅂ 멋이 있어 보이다. ¶멋스럽게 기른 콧수염.

멋-없다[머덥따]圏 (하는 짓이나 모양새가) 격에 어울리지 않고 싱겁다. **멋없-이**圉 ¶멋없이 키만 크다.

멋-있다[머딛따/머싣따]圏 보기에 좋다. 훌륭하다. 풍류스럽다. ¶옷차림이 멋있다. /그는 멋있는 인생을 살다 갔다.

멋-장이圈 '멋쟁이'의 잘못.

멋-쟁이[먿쩽-]圏 ①멋이 있는 사람. ②멋을 부리는 사람. ¶그동안에 아주 멋쟁이가 됐구나.

멋-지다[먿찌-]圏 매우 멋이 있다. 매우 훌륭하다. ¶옷차림이 멋지다. /멋진 경기.

멋-질리다[먿찔-]재 생활을 기분이 내키는 대로 하게 되다. 방탕한 성질을 가지게 되다.

멋-쩍다[먿-따]圏 ①(하는 짓이나 모양새가) 격에 어울리지 아니하다. ¶하는 짓이 멋쩍다. ②쑥스럽고 어색하다. ¶멋쩍은 표정.

멋:-하다[머타-]圏어《무엇하다》의 준말.《흔히, '거북하다'·'딱하다'·'미안하다'·'싫다' 등의 말 대신에, 또는 알맞은 말이 생각나지 않을 때 쓰임.》¶늘 귀찮게만 해서 멋하지만, 이 부탁은 꼭 들어주게.

멍¹圏 ①무엇에 부딪히거나 맞아서 피부에 퍼렇게 맺힌 피. ②(어떤 일의) 내부에 생긴 탈. ¶집안싸움으로 멍이 들었다.

멍²圏〈멍군〉의 준말.

멍게圏 멍겟과의 원삭동물. 크기는 대개 주먹만 하며 껍데기에 젖꼭지 같은 돌기가 많음. 몸 밑에는 실 같은 것이 많이 달려 있어 그것으로 바위 따위에 달라붙어 삶. 속살은 먹음. 우렁쉥이.

멍-구럭圏 성기게 떠서 만든 큰 구럭.

멍-군〔Ⅰ〕圏하재 장기에서, 장군을 받아 막아 내는 일. ㉣멍².
〔Ⅱ〕圐 장기에서, 장군을 받아 막아 낼 때 지르는 소리.

멍군 장군관용 두 사람의 다툼에서 옳고 그름을 가리기 어려운 경우를 이르는 말. 장군 멍군.

멍덕圏 재래식 벌통 위를 덮는 뚜껑. 짚으로 바가지 비슷하게 틀어 만듦.

멍덕-꿀圏 ①멍덕 안에 박힌 꿀. ②'멍청이'를 달리 이르는 말.

멍-들다[~드니·~들어]재 (무슨 일로) 타격을 입거나 속에 탈이 생기다. ¶뜻하지 않은 손해로 회사가 크게 멍들었다.

멍멍圉 개가 짖는 소리.

멍멍-거리다재 자꾸 멍멍 소리를 내다. 멍멍대다.

멍멍-대다재 멍멍거리다.

멍멍-이圏 '개'를 달리 이르는 말.

멍멍-하다圏어 얼이 빠진 듯이 어리둥절하다. ¶한동안 멍멍하게 서 있다. **멍멍-히**圉.

멍석圏 짚으로 결어서 만든 큰 자리. ¶멍석을 깔다. /멍석을 걷다.

멍석-딸기圏 장미과의 낙엽 활엽 관목. 산이나 들에 흔히 나는 딸기나무. 줄기는 옆으로 뻗는데 길이는 1.5 m가량임. 잎은 흔 꼭지에 3∼5장씩 달리며, 꽃은 초여름에 피고, 크고 단 열매는 7월에 붉게 익음.

멍석-말이[-성-]圏하타 세도가(勢道家)에서 하인이나 상민(常民)에게 가하던 사형(私刑)의 한 가지. 사람을 멍석에 둘둘 말아 뭉둥이로 치던 일.

멍석-자리[-짜-]圏 ①자리로 이용하는 멍석. ②멍석을 깔아 놓은 자리.

멍에圏 ①(달구지나 쟁기의 채를 잡아매기 위하여) 소나 말의 목에 가로 얹는 나무. ②'어떤 처지나 형편에서 쉽게 벗어나지 못하도록 얽어매거나 억누르는 것'을 비유하여 이르는 말. ¶멍에를 짊어지다.

멍에(를) 메다쓰다관용 '자유로이 활동할 수 없게 어떤 일에 얽매이다'의 비유.

멍에-둔테圏 성문(城門) 같은 데에 쓰이는 큰 문둔테.

멍에-목圏 ①(말이나 소의) 멍에가 닿는 목 부분. ②'다리를 걸친 언덕의 목이 되는 곳.

멍에-창방圏 이 층으로 지은 집에서, 아래층 서까래의 위 끝을 받쳐 가로놓은 재목.

멍엣-줄[-에쭐/-엗쭐]圏 인쇄물의 가를 두른 줄.

멍울圏 ①(유동체 속에 섞인) 작고 둥글게 엉긴 덩이. ②림프샘이 부어오른 자리를 흔히 이르는 말. ㉣망울.

멍울(이) 서다관용 몸의 어느 부분에 멍울이 생기다.

멍울-멍울圉 ①멍울들이 한데 엉겨 둥글둥글한 모양. ②멍울투하다. ㉣망울망울.

멍청-스럽다[-따][~스러우니·~스러워]圏ㅂ 보기에 멍청한 데가 있다. **멍청스레**圉.

멍청-이圏 '멍청한 사람'을 얕잡아 이르는 말. 멍텅구리.

멍청-하다圏어 ①사물을 제대로 판단하는 능력이 없이 흐리멍덩하다. ¶그는 멍청해서 아무리 설명해도 이해를 하지 못한다. ②자극에 대한 반응이 무디고 어리병하다. ¶그는 멍청하게 하늘만 보며 서 있었다. **멍청-히**圉.

멍추圏 '총기가 없고 아주 흐리멍덩한 사람'을 얕잡아 이르는 말. ¶멍추 같은 소리는 그만해라. ㉣뱅추.

멍키-스패너(monkey spanner)圏 목 부분의 나사를 돌려 아가리를 마음대로 조절하여 사용할 수 있게 만든 스패너. 자재 스패너.

멍털-멍털圉圏 크고 작은 멍울이 한데 엉기어 큰 덩이를 이룬 모양.

멍텅구리圏 ①㉣뚱치. ②멍청이.

멍:-하니圉 멍하게. 멍히. ¶멍하니 앉아 있다.

멍:-하다圏어 ①얼이 빠진 듯이 자극에 대한 반응이 없다. 또는, 정신을 차리지 못하거나 얼떨떨하다. ¶멍한 눈으로 허공만 바라본다. ②(귀가) 잠시 들리지 않는 상태에 있다. ¶폭탄 터지는 소리에 귀가 멍하다. **멍-히**圉.

멎圏 〈옛〉 버찌. 벚. ¶니근 머지 곳답도다(杜初 15:23). /머자 외야자 綠李야(樂範.處容歌).

멎다[먿따]재 ①(계속되던 움직임이나 현상 따위가) 멈추어지다. 그만두게 되다. ¶시계가 멎다. /코피가 멎다. /심장의 박동이 멎다. ②(눈·비 따위가) 그치다. ¶비바람이 멎다. *멎어·멎는[먼-]

멎다[혱]〔옛〕 궂다. 흉하다. ¶災禍는 머즐 써라 (月釋1:49)./아닛옷 미시면 나리어다 머즌 말 (樂範.處容歌).

멎어-서다[재] 움직임을 멈추고 그 자리에 서다. ¶비가 와서 차가 멎어섰다.

메¹[명] ①☞제삿밥. ②'밥'의 궁중말.

메²[명] 무엇을 치거나 박을 때 쓰는, 나무나 쇠로 만든 방망이.

메³[명] ①메꽃과의 다년생 만초. 여름에 나팔 모양의 담홍색 꽃이 낮에 피었다가 밤에 시듦. 들에 저절로 나는데 뿌리줄기와 어린잎은 먹을 수 있고, 한방에서 약재로도 쏨. 메꽃. 선화(旋花). ②메의 뿌리.

메⁴[명] '산(山)'을 예스럽게 이르는 말. 참뫼².

메-[접두]《일부 명사 앞에 붙어》'차지지 않고 메진'의 뜻을 나타냄. ¶메떡. /메조. ↔찰·-차-.

메가(mega)[명]〈메가바이트〉의 준말.

메가-바:(megabar)[명] 압력의 단위. 1메가바는 1 cm²에 대하여 100만 다인(dyne)의 힘이 가해질 때의 압력임. 〔기호는 Mbar〕

메가-바이트(megabyte)[명] 컴퓨터에서, 데이터의 양을 나타내는 단위. 1메가바이트는 1바이트의 100만 배임. 〔기호는 MB〕준메가.

메가-비트(megabit)[명] 컴퓨터에서, 데이터의 양을 나타내는 단위. 1메가비트는 1비트의 100만 배임.

메가-사이클(megacycle)[명]☞메가헤르츠.

메가-전자볼트(mega電子volt)[명] 100만 전자볼트. 〔기호는 MeV〕

메가-톤(megaton)[명] 핵융합에 따른 폭발력을 나타내는 단위. 1메가톤은 티엔티(TNT) 100만 톤의 폭발력에 해당함. 〔기호는 Mt〕

메가폰:(megaphone)[명] 목소리가 멀리까지 들리도록 말을 할 때 입에 대는 나팔 모양의 기구. 메가폰을 잡다[관용] 영화 따위에서 감독의 일을 맡다.

메가-헤르츠(megahertz)[명] 주파수의 단위. 1메가헤르츠는 1초에 100만 사이클의 주파수를 가짐. 〔기호는 MHz〕메가사이클.

메갈로폴리스(megalopolis)[명] 몇 개의 대도시가 연결되어 이루어진 큰 도시군(都市群).

메-공이[명] 메처럼 만든 절굿공이.

메:기[명] 메깃과의 민물고기. 몸길이 20~100 cm. 대체로 암컷이 수컷보다 큼. 몸빛은 암갈색이며 불규칙한 무늬가 있고 비늘이 없음. 머리는 넓적하고 크지 몹시 크며 입아귀의 좌우로 두 쌍의 긴 수염이 있음.

메기(를) 잡다[관용] ①허탕을 치다. ②비를 맞거나 물에 빠져 옷이 홈빡 젖다.

메기다[타] ①화살을 시위에 물리다. ②윷놀이에서 말을 날밭까지 옮겨 놓다. ③〈노래나 소리 따위에서〉다른 사람이 받아 부르게 먼저 부르다. ¶앞소리를 메기다. ④〈맞톱질을 할 때〉톱을 밀다.

메:기-입[명] 유난히 크게 생긴 입을 조롱하여 이르는 말.

메-기장[명] 차지지 않고 메진 기장. ↔찰기장.

메:기-주둥이[명]〈메기입〉의 속된 말.

메김-소리[명] 노래를 주고받을 때 메기는 소리.

메:-꽃다[-꼳따][타]〈메어꽂다〉의 준말.

메-꽃[-꼳][명]☞메³. * 메꽃이[-꼬치]·메꽃만[-꼰-]

메꾸다[타] ①시간을 적당히 또는 그럭저럭 보내다. ②부족하거나 모자라는 것을 채우다. ③☞메우다².

메꽃다[-꼳따][혱] 고집이 세고 심술궂다. * 메꽃어·메꽃고[-꼳꼬].

메나리[명] 농부들이 논에서 일을 하며 부르는 농부가의 한 가지.

메노(meno 이)[명] 악보에서, 다른 나타냄말에 덧붙여 쓰이는 말. '보다 작게'의 뜻.

메뉴(menu)[명] ①차림표. ②끼니 때 먹는 음식의 종류. ¶오늘 저녁 메뉴는 칼국수다. ③컴퓨터에서, 디스플레이 장치 위에 표시하여 둘이나 그 이상의 명령을 선택할 수 있도록 한 조작 순서 일람표.

메:다[재] ①(구멍 따위가) 막히다. ¶목이 메다. ②어떤 장소에 가득 차다.

메:다[타] ①물건을 어깨에 걸치거나 올려놓다. ¶배낭을 메다. ②어떤 책임을 지거나 임무를 맡다. ¶나라의 장래를 메고 나갈 젊은이.

메:다[타]〈메우다〉의 준말.

메:다-꽂다[-꼳따][타]'메어꽂다'를 강조하여 이르는 말.

메:다-붙이다[-부치-][타]'메어붙이다'를 강조하여 이르는 말.

메:다-치다[타]'메어치다'를 강조하여 이르는 말.

메달(medal)[명] 기념이나 표창의 뜻을 담은, 쇠붙이 따위로 만든 표장. 〔금메달·은메달·동메달 따위.〕

메달리스트(medalist)[명] 경기 등에서 입상하여 메달을 받은 사람.

메달-박스(medal+box)[명] 대회에서, 어느 나라나 집단이 메달을 많이 딸 수 있거나 따는 종목. 메달밭.

메달-밭(medal-)[-받][명]☞메달박스. * 메달밭이[-바치]·메달밭을[-바틀]·메달밭만[-반-]

메두사(Medusa)[명] 그리스 신화에 나오는 여자 괴물. 머리카락은 모두가 뱀이며, 그와 시선이 마주친 사람은 모두 돌이 된다고 함.

메들리(medley)[명] 접속곡(接續曲).

메디안(median)[명] 통계 자료를 그 크기의 차례로 늘어놓았을 때 그 중앙에 해당하는 값을 이르는 말. 자료의 개수가 짝수일 때는 중앙의 두 값의 평균값을 이름. 중앙값. 중앙치. 중위수.

메-떡[명] ①멥쌀가루로 만든 떡. ②메진 곡식으로 만든 떡. ↔찰떡.

메-떨어지다[혱] (말이나 하는 짓 따위가) 어울리지 아니하다. 촌스럽다.

메뚜기¹[명] ①메뚜깃과에 속하는 곤충을 통틀어 이르는 말. ②☞벼메뚜기.
메뚜기도 유월이 한철이다[속담] ①'때를 만난 듯이 날뛰는 사람'을 빗대어 이르는 말. ②무엇이나 한창때는 짧다는 뜻.

메뚜기²[명] 탕건(宕巾)이나 책갑, 활의 팔찌 따위 위에 달아서 물건이 벗어지지 않게 하는 기구. 흔히, 뿔을 깎아서 만듦.

메뚜기-팔찌[명] 메뚜기를 단 활의 팔찌.

메-뜨다[~뜨니·~떠][혱] 몸놀림이 둔하고 굼뜨다.

메로고니(merogony)[명] 인공적인 단성 생식(單性生殖)의 한 가지. 동정 생식(童貞生殖).

메롱[감] '그럴 줄 몰랐지' 하는 뜻으로, 혀를 쏙 내밀며 하는 어린이 말. ¶메롱, 약오르지.

메르카토르^도법(Mercator圖法)[-뻡][명] 지도의 투영 도법의 한 가지. 경선을 축척에 따라 일정한 간격의 평행선으로 나타내고 위선과 경선이 직교하게 그림. 위선은 적도에서 극으로 갈수록 간격이 넓어짐.

메르헨(Märchen 독)[명] 설화 문학의 한 형태. 신화나 전설에 대하여 '동화'나 '환상적인 이야기'를 이름.

메리노(merino)몡 면양의 한 품종. 스페인 원산으로, 털은 고급 모직물의 원료로 쓰임.

메리야스(←medias 스)몡 무명실이나 털실 따위로 촘촘하고 신축성 있게 짠 직물, 또는 그렇게 짠 의류.

메리트(merit)몡 상품의 가격을 결정하는 품위(品位)·사용 가치·경제 효과 따위를 통틀어 이르는 말.

메린스(← merinos 스)몡 '모슬린'의 잘못.

메-마르다[~마르니·~말라]톙톄 ①땅이 물기가 없고 기름지지 않다. ↔걸다². ②(살갗 등이) 부드럽지 않고 까칠하다. ¶메마른 입술. ③사람 사이에 인정이 없거나 생활에 정서가 없다. ¶메마른 인정. ④공기가 건조하다.

메모(memo)몡톄 잊지 않도록 요점을 간략히 적어 두는 일, 또는 그렇게 적은 글. 노트. ¶상담 내용을 메모하다.

메모리(memory)몡 ①기억 장치. ②기억 용량. ¶메모리가 큰 컴퓨터.

메모-지(memo紙)몡 메모를 하기 위한 종이.

메밀몡 여뀟과의 일년초. 중앙아시아에서 들어온 재배 식물. 줄기는 60~90 cm로 가지를 많이 침. 잎은 길쭉한 심장 모양이며, 7~10월에 흰빛에 불그스름한 기가 도는 잔꽃이 핌. 좋은 밀원 식물(蜜源植物)이며, 열매는 가루를 내어 국수나 묵을 만들어 먹음. 목맥(木麥).

메밀-가루[~까-]몡 메밀 열매의 가루. 목말(木末). 백면(白麵).

메밀-국수[~쑤]몡 메밀가루로 만든 국수. 백면(白麵).

메밀-꽃[-꼳]몡 메밀의 꽃. •메밀꽃이[-꼬치]·메밀꽃만[-꼰-]

메밀-나깨[-라-]몡 메밀가루를 체에 치고 난 뒤에 남은 무거리.

메밀-묵몡 메밀의 앙금으로 쑨 묵.

메밀-새몡 어떤 광석 속에 메밀 알갱이처럼 되어 끼어 있는, 산화된 다른 광물질.

메밀-응이몡 메밀가루를 타서 국수물보다 더 되게 쑨 미음에 간을 맞춘 것.

메:-박다[-따]톄 〈메어박다의 준말.

메-밥몡 멥쌀로 지은 보통 밥을 찰밥에 상대하여 이르는 말. ↔찰밥.

메-벼몡 찰기가 없고 메진 벼. 갱도(秔稻). ↔찰벼.

메부수수-하다톙 (말과 행동이) 어울리지 않고 촌스럽다. 메부수수-히툍.

메:-붙이다[-부치-]톄 〈메어붙이다〉의 준말. ¶땅바닥에 냅다 메붙이다.

메밧다[-따](옛) 한쪽 어깨를 벗다. ¶座애서 니르샤 올흔 엇게 메밧고(釋譜9:29). 웮메왓다.

메사(mesa 스)몡 꼭대기는 평탄하고 둘레는 가파른 비탈인 탁상 지형(卓狀地形).

메소트론(mesotron)몡 중간자(中間子).

메손(meson)몡 중간자(中間子).

메-숲지다[-숲찌-]톙 산에 나무가 우거지다.

메스(mes 네)몡 ①수술이나 해부를 하는 데 쓰이는 칼. 해부도(解剖刀). ②'잘못된 일이나 병폐를 없애기 위한 조처'를 비유하여 이르는 말.

메스(를) 가하다관용 ①수술을 하다. ¶환부에 메스를 가하다. ②잘못된 일을 뿌리 뽑기 위하여 단호한 수단을 쓰다. 사태를 철저하게 분석하여 비판하다. ¶세무 비리에 메스를 가하다.

메스껍다[-따][메스꺼우니·메스꺼워]톙톄 ①비위가 상하여 구역이 날 것 같다. ¶속이 메스꺼운 게 체한 것 같다. ②비위에 거슬려 몹시 아니꼽다. ¶부자라고 거들먹거리는 꼴을 보니 메스껍다. 웮매스껍다.

메스-실린더(←measuring cylinder)몡 액체의 양을 재는 용기의 한 가지. 유리로 된 원통에 눈금이 새겨져 있음.

메스토(mesto 이)몡 악보의 나타냄말. '슬프게'·'우울하게'의 뜻.

메스티소(mestizo 스)몡 중남미의 스페인계 백인과 인디오의 혼혈아를 이르는 말.

메스-플라스크(←measuring flask)몡 용적의 눈금이 있는 플라스크.

메슥-거리다[-꺼-]짜 자꾸 메슥메슥하다. 메슥대다. 웮매슥거리다.

메슥-대다[-때-]짜 메슥거리다.

메슥-메슥[-승-]톋하짜 메스꺼운 느낌이 자꾸 나는 모양. ¶속이 메슥메슥하다. 웮매슥매슥.

메시아(Messiah)몡 ①구약 성서에서, 초인적인 능력을 지닌 이스라엘의 통치자를 이르는 말. ②기독교에서, '예수 그리스도'를 구세주로서 이르는 말. 구세주(救世主).

메시지(message)몡 ①어떤 사실을 알리거나 깨우치거나 내세우기 위한 전언(傳言). ②(문학·예술 작품 따위의) 나타내고자 하는 근본 뜻. ¶인간성 회복의 메시지를 담은 소설. ③언어나 기호로 전하는 정보 내용.

메신저(messenger)몡 사자(使者). 심부름꾼.

메아리몡 ①소리가 산이나 골짝기에 부딪혀 되울려 오는 현상, 또는 그 소리. 에코². 웮산울림.

메아리-치다짜 메아리로 울리다. ¶우승을 염원하는 온 국민의 함성이 전국에 메아리쳤다.

메어-꽂다[-꼳따]톄 둘러메어 아래로 힘껏 던지다. 웮메꽂다.

메어-박다[-따]톄 둘러메어 아래로 힘껏 내리박다. 웮메박다.

메어-붙이다[-부치-]톄 둘러메어 바닥으로 세차게 내던지다. 웮메붙이다.

메어-치다톄 둘러메어 땅에 내리치다. 웮메치다.

메왓다[-따](옛) 한쪽 어깨를 벗다. ¶즉재 座로서 니르샤 올흔 엇게 메와수시고(法華7:43). 웮메밧다.

메우다¹톄 ①통 따위에 테를 끼우다. ¶물통에 테를 메우다. ②북통이나 장구통 따위에 가죽이나 천을 씌우다. ③체·쳇바퀴에 쳇불을 씌우다. ④마소의 목에 멍에를 얹어서 매다. ⑤활에 시위를 얹다. 웮메다³.

메-우다²톄 ('메다²'의 사동) 구멍이나 빈 곳을 채우게 하다. 메꾸다. ¶구덩이를 메우다. /갈라진 틈을 메우다.

메-이다짜 ('메다²'의 피동) 멤을 당하다. ¶어깨에 메인 가방이 걸을 때마다 움직인다.

메이-데이(May Day)몡 해마다 5월 1일에 행하여지는 국제적 노동제(勞動祭).

메이저(major)몡 ①장조(長調). ②장음계(長音階). ↔마이너(minor).

메이커(maker)몡 이름난 제조 회사, 또는 그 제품. ¶그는 메이커만 입는다.

메이크업(makeup)몡하짜 ①화장(化粧). ②배우가 출연을 위해서 하는 화장.

메인-스탠드(main+stand)몡 경기장의 정면에 있는 관람석. 특별 관람석.

메인-이벤트(main event)몡 (권투·레슬링 등의 경기에서) 가장 주된 경기.

메인-타이틀(main title)〔명〕 ①영화의 첫머리에 나오는, 제목을 나타내는 큰 자막. ②주가 되는 표제. ↔서브타이틀.

메인-테이블(main table)〔명〕 (연회나 파티에서) 주빈(主賓)의 식탁.

메일(mail)〔명〕 ⇨이메일.

메-조〔명〕 차지지 않고 메진 조. 경속(粳粟). 황량(黃粱). ↔차조.

메조(mezzo 이)〔명〕 악보에서, 다른 나타냄말에 덧붙여 쓰는 말. '조금'·'알맞게'의 뜻. 〔메조 포르테(mezzo forte;조금 세게) 따위.〕

메조-소프라노(mezzo-soprano 이)〔명〕 소프라노 와 알토의 중간 음역의 성부(聲部), 또는 그 음역의 여자 가수.

메조^포르테(mezzo forte 이)〔명〕 악보에서, 셈 여림을 나타내는 말. '조금 세게'의 뜻.〔나타 냄표는 mf〕

메조^피아노(mezzo piano 이)〔명〕 악보에서, 셈 여림을 나타내는 말. '조금 여리게'의 뜻.〔나 타냄표는 mp〕

메주〔명〕 콩을 삶아 찧은 다음, 덩이를 지어 띄워 말린 것. 장을 담그는 원료임. ¶메주를 띄우 다. /콩으로 메주를 쑤다.

메주-콩〔명〕 메주를 만드는 데 쓰는 누런 콩.

메줏-덩이[-쭈멍-/-줃멍-]〔명〕 덩이로 된 메주.

메지〔명〕 일이 한 가지씩 끝나는 마디.
  메지(를) 내다〔관용〕 어떤 한 가지 일을 단락을 지어 끝내다.
  메지(를) 짓다〔관용〕 어떤 일을 마무리 짓다.

메지(めじ.目地 일)〔명〕 '줄눈'·'사춤'으로 순화.

메지다〔형〕 (곡식 등에) 끈기가 적다. ¶메진 쌀. ↔차지다.

메지-대다〔타〕 한 가지 일을 끝내 치우다.

메지-메지〔부〕 조금 큰 물건을 여러 몫으로 나누 는 모양. ֎매지매지.

메-질〔명〕〔하타〕 메로 물건을 치는 일.

메-찰떡〔명〕 찹쌀가루와 멥쌀가루를 섞어 찐 시루떡.

메추라기〔명〕 꿩과의 새. 몸길이 18 cm가량. 몸빛 은 황갈색에 갈색과 검은 세로무늬가 있음. 농 경지 부근의 풀밭에서 볼 수 있는 겨울새인데, 근래에는 알을 얻기 위하여 많이 기름. ֎메추리.

메추라기-도요〔명〕 도욧과의 새. 몸길이 19 cm가 량. 등에 흑갈색의 세로무늬가 있고, 목과 가 슴에는 갈색 세로무늬가 있으며 배는 흰. 꽁지 는 끝이 뾰족함. 우리나라에는 봄과 가을에 들 르는 나그네새임.

메추리〔명〕〈메추라기〉의 준말.

메:치-기〔명〕 유도의 기본 기술의 한 가지. 선 자 세에서 상대를 어깨 너머로 메치는 동작.

메:-치다〔타〕〈메어치다〉의 준말.

메카(Mecca)〔명〕 ①이슬람 세계의 최고 성지(聖 地). ②(학문이나 예술 등) 어떤 분야의 중심 지로서 사람들의 동경의 대상이 되는 곳. ¶영 화 산업의 메카.

메커니즘(mechanism)〔명〕〔'기계 장치'라는 뜻 에서〕 ①틀에 박힌 생각 또는 기계적인 처리. ②어떤 사물의 구조, 또는 그것의 작용 원리.

메케-하다〔형여〕 연기나 곰팡내가 나서 목이 매 우 칼칼하다. ¶메케한 담배 연기. ֎매캐하다.

메타-세쿼이아(Metasequoia)〔명〕 낙우송과의 낙 엽 침엽 교목. 현대에 살아 남은 화석 식물의 한 가지로, 높이 35 m, 지름 2 m가량에 이름. 깃 모양의 가늘고 긴 잎은 마주남. 중국의 쓰 촨(四川)과 후베이(湖北) 지방에 자생하는데, 씨나 꺾꽂이로 번식이 잘됨.

메타-센터(metacenter)〔명〕 경심(傾心).

메타포(metaphor)〔명〕 '은유'로 순화.

메탄(methane)〔명〕 빛깔과 냄새가 없는 기체 화 합물. 탄화수소 중에서 가장 간단하고 가벼움. 연료 또는 각종 유기 화합물의 제조에 쓰임. 소기(沼氣). 메탄가스.

메탄-가스(methane gas)〔명〕 ⇨메탄.

메탄올(methanol)〔명〕 ⇨메틸알코올.

메탈리콘(metallicon)〔명〕 도금법의 한 가지. 녹인 금속을 도금할 물건의 표면에 압축 공기를 이 용하여 뿜어서 입힘.

메-탕(-湯)〔명〕 ①〈국〉의 높임말. ②제육(祭) 〔종〕(羹).

메톤^주기(Meton週期)〔명〕 태음력을 태양의 주기 에 맞추기 위하여, 19년 중 7년은 13개월로 하 는 역법상의 순환 기간.

메트로놈:(metronome)〔명〕 음악의 템포를 정확 하게 지시하는 기계. 박절기(拍節器).

메트로폴리스(metropolis)〔명〕 대도시. 거대 도시.

메트로폴리탄(metropolitan)〔명〕 어떤 대도시가 중·소도시와 그 밖의 지역에 지배적인 영향을 끼쳐 통합의 중심을 이루었을 때, 그 대도시와 주변 지역 전체를 이르는 말.

메티오닌(methionine)〔명〕 황이 들어 있는 필수 아미노산의 한 가지. 간장염이나 중독증 따위 의 치료에 쓰임.

메틸(methyl)〔명〕 ⇨메틸기.

메틸-기(methyl基)〔명〕 알킬기(alkyl基)의 한 가 지. -CH₃가 되는 1가(價)의 기(基). 메틸.

메틸렌^블루:(methylene blue)〔명〕 청색의 염기 성 염료. 결정체로 물에 잘 녹으며 살균력이 있고, 세균이나 세포 따위의 염색에도 쓰임.

메틸^바이올렛(methyl violet)〔명〕 보랏빛의 염기 성 염료. 빛깔이 산뜻하여 잉크나 염료 등에 쓰임.

메틸-알코올(methyl alcohol)〔명〕 목재를 건류(乾 溜)할 때 생기는 무색투명의 액체. 에틸알코올 과 비슷하나 독성이 있음. 포르말린의 제조나 도료 등의 용제로 쓰임. 메탄올. 목정(木精).

메틸-에:테르(methyl ether)〔명〕 메틸알코올을 탈수하여 만드는 기체. 불에 타기 쉬우나 냄새 가 좋으며, 용제로 쓰임.

메틸^오렌지(methyl orange)〔명〕 물에 녹는, 등 황색의 결정 색소. 수용액이 알칼리성이면 누 른빛을, 산성이면 붉은빛을 나타냄. 리트머스 와 함께 지시약으로 쓰임.

멘델레븀(mendelevium)〔명〕 인공 방사성 원소의 한 가지. 〔Md/101/258〕

멘델의 법칙(Mendel-法則)[-의-/-에-] 멘델 이 1865년에 발견한, 유전에 관한 법칙. 생물의 형질은 유전 인자에 의해 결정된다는 것으로, 우열의 법칙, 분리의 법칙, 독립의 법칙을 이름.

멘셰비즘(Menshevism)〔명〕 멘셰비키의 정치적 사상 및 주의. ↔볼셰비즘.

멘셰비키(Mensheviki 러)〔명〕〔'소수파(少數派)' 라는 뜻으로〕 러시아 사회 민주 노동당의 우파 (右派). 1903년, 제2차 당 대회에서 당원 자격 과 투쟁 방식 등에 대해 볼셰비키와 대립하여, 폭력 혁명이나 프롤레타리아에 의한 독재를 부 정하고 민주적 투쟁과 부르주아에 의한 혁명을 주장함. ↔볼셰비키.

멘스(←menstruation)〔명〕 월경(月經).

멘토:링(mentoring)〔명〕 어떤 분야에 풍부한 경험 과 지식을 가진 사람이 그렇지 못한 사람을 1:1로 전담하여 지도·코치·조언하면서 실력과 잠재력을 개발하는 활동.

멘톨 796

멘톨(Menthol 독)團 박하뇌(薄荷腦).

멘히르(Menhir 독)團 ☞선돌.

멜:-대[-때]圀 양쪽 끝에 물건을 달아 어깨에 메는 긴 나무. 멜채.

멜라닌(melanin)團 동물의 몸 거죽에 있는 흑색 또는 흑갈색의 색소. 이것의 양에 따라 피부 및 모발의 색깔이 결정됨.

멜라민(melamine)團 석회질소를 원료로 하는 합성 물질. 멜라민 수지(樹脂)의 원료가 되고 피륙 따위의 방수 도료로 쓰임.

멜라민^수지(melamine樹脂)團 멜라민과 포르 말린을 축합(縮合)하여 만든 합성수지의 한 가지. 착색이 쉽고 물과 열에 강하여 식기나 기계·도료·접착제 등의 원료로 쓰임.

멜라토닌(melatonin)團 소의 송과체(松果體)로 부터 추출한 아민의 한 종류. 불임증 치료나 닭의 산란율을 높이는 데 이용됨.

멜로-드라마(melodrama)團 주로 연애를 주제로 한 통속적이고 감상적인 극.

멜로디(melody)團 선율(旋律). 곡조(曲調). ¶ 멜로디가 감미롭다.

멜로디언(melodion)團 건반 악기의 한 가지. 입으로 바람을 불어 넣으며 건반을 눌러 연주함.

멜로디오소(melodioso 이)團 악보의 나타냄말. '선율적으로'·'가요적으로'의 뜻.

멜론(melon)團 박과의 일년생 만초. 참외의 한 품종으로, 잎은 자루가 길고 손바닥처럼 갈라져 있음. 열매는 둥글거나 길둥근 모양이며 맛이 닮. 爹머스크멜론.

멜:**빵**團 ①짐을 어깨에 걸어 메는 줄. ②바지나 치마 따위가 흘러내리지 않도록 어깨에 걸치는 끈. ③소총을 어깨에 걸 수 있도록 만든, 띠 모양의 줄.

멜:**빵-바지**團 어깨에 멜빵을 걸치게 만든 바지.

멜:**-채**團 ☞멜대.

멜턴(melton)團 평직(平織)이나 사문직(斜紋織)으로 짠 모직물의 한 가지. 전면(前面)에 털이 나와 있는데, 양복감으로 쓰임.

멤버(member)團 단체를 구성하는 한 사람. 구성원. ¶ 멤버 교체.

멤버십(membership)團 단체의 한 구성원임, 또는 그 지위나 자격.

멥-새[-쌔]團 ☞멧새.

멥쌀團 메벼를 찧은 쌀. 경미(粳米). ↔찹쌀.

멧-갓[메깓/멛깓]團 산에 있는 말림갓. 산판(山坂). ▪멧갓이[메까시/멛까시]·멧갓만[메깐/멛깐-]

멧괴-새끼[메꾀/멛꿰-]團 성행(性行)이 거친 사람을 들고양이 같다는 뜻으로 얕잡아 이르는 말.

멧-굿[메꾿/멛꿋]團 농악으로 하는 굿. ▪멧굿이[메꾸시/멛꾸시]·멧굿만[메꾼-/멛꾼-]

멧-나물[멘-]團 ☞산나물.

멧-누에團 '산누에'의 잘못.

멧-누에-고치[멘-]團 ☞산누에고치.

멧-누에-나방[멘-]團 ☞산누에나방.

멧-닭[메딱/멛딱]團 꿩과의 새. 닭의 원종(原種)으로, 날개 길이는 23~27 cm. 수컷은 검은 빛에 남색 광택이 나고, 눈 위에 붉은 볏이 있으며 꽁지가 두 갈래로 갈라져 활처럼 휘었음. 암컷은 까투리와 비슷함. 야계(野鷄). ↔가계(家鷄). ▪멧닭이[메딸기/멛딸기]·멧닭만[메땅-/멛땅-]

멧-대추[메때-/멛때-]團 멧대추나무의 열매. 산조(酸棗).

멧대추-나무[메때-/멛때-]團 갈매나뭇과의 낙엽 관목. 산기슭 등에 나는데, 6월경에 담녹색 꽃이 피고 열매는 가을에 익음. 대추나무와 비슷하나 가시가 있고 열매가 작음. 열매는 먹을 수 있고, 씨는 한방에서 약재로 씀.

멧-돼지團 멧돼짓과의 산짐승. 돼지의 원종(原種)으로, 유라시아 대륙을 중심으로 널리 분포함. 몸길이 1~1.5 m이고, 몸빛은 검은색 또는 흑갈색임. 주둥이가 매우 길고 목이 짧으며 날카로운 송곳니가 위로 솟아 있음. 잡식성이며 성질이 사나움. 고기는 식용하고 쓸개는 한방에서 약재로 쓰임. 산돼지. 산저(山猪). 야저(野猪).

멧-두릅[메뚜-/멛뚜-]團 미나릿과의 다년초. 높이 2 m가량. 깃털 모양의 겹잎이 어긋맞게 나며, 8월에 백색 또는 담녹색의 꽃이 줄기 끝에 핌. 뿌리는 '독활(獨活)'이라 하여 약재로 쓰이고, 어린순은 나물로 먹음.

멧두릅-나물[메뚜른-/멛뚜른-]團 멧두릅의 어린순을 데쳐서 무친 나물.

멧-미나리[멘-]團 산형과의 다년초. 산골짜기의 물가나 산기슭에 나는데, 줄기는 1 m가량 자라고 늦여름에 흰 꽃이 핌. 어린순은 나물로 먹음.

멧-부리[메뿌-/멛뿌-]團 산등성이나 산봉우리의 가장 높은 꼭대기.

멧-부엉이[메뿡-/멛뿡-]團 '모양이나 행동이 어울리지 않고 메부수수하게 생긴 시골 사람'을 조롱하여 이르는 말.

멧-새[메쌔/멛쌔]團 ①되샛과의 새. 날개 길이 7~8 cm, 꽁지 길이 6.5~8 cm. 참새와 비슷한 데 등은 밤색에 검은 세로무늬가 있고 배는 담적갈색임. 야산이나 숲 속에서 잡초 씨나 벌레를 먹고 삶. 멥새. ②'산새'를 예스럽게 이르는 말.

멧-종다리[메쫑-/멛쫑-]團 참샛과의 새. 날개 길이 7 cm가량. 날개는 암갈색, 등은 밤색, 목·가슴·겨드랑이는 연한 갈색이고, 이마에서 머리 위까지 회갈색의 띠가 있음. 겨울새로 11월경에 우리나라에 옴.

멧-짐승[메쯩-/멛쯩-]團 '산짐승'을 예스럽게 이르는 말.

며罄 ①모음으로 끝난 체언에 붙어, 둘 이상의 사물을 같은 자격으로 열거하는 뜻을 나타내는 접속 조사. ¶개며 소며 돼지며 가축을 다 기른다. 〈면〈면서〉의 준말. ¶ 그는 정치가며 미술가다.

-며個 ①〈-면서〉의 준말. ¶ 앞을 보며 걷자. ②모음이나 'ㄹ'로 끝난 어간 또는 높임말 '-시-'에 붙어, 둘 이상의 동작이나 상태 따위를 나열할 때 쓰는 연결 어미. ¶ 부인은 상냥하며 남편은 인자하다. 쥏으며.

며가지團 '모가지'의 방언.

며느-님團 상대편을 높이어 그의 '며느리'를 일컫는 말.

며느리團 아들의 아내. 자부(子婦).

며느리가 미우면 발뒤축이 달걀 같다고 나무란다❨쭉❩ 미운 사람에 대해서는 없는 허물도 만들어 내면서 나무란다는 말.

며느리-고금團 (거르지 않고) 날마다 앓는 학질. 축일학(逐日瘧).

며느리-밑씻개[-믿씯깨]團 여뀟과의 일년생 만초. 줄기는 가시가 있어 다른 물체에 잘 붙음. 잎은 삼각형으로 어긋맞게 나며, 7~8월에 담홍색의 잔꽃이 핌. 우리나라 각지의 들이나 길가에 흔히 자라는데, 어린순은 나물로 먹음. 우리나라·일본·중국 등지에 분포함.

며느리-발톱[명] ①날짐승의 수컷의 발 뒤쪽으로 튀어나온 발톱 같은 돌기. ②소나 말 따위 길짐승의 뒷발에 달린 발톱. 거(距).

며느리-서까래[명] ☞부연(附椽).

며느릿-감[-리깜/-릳깜][명] 며느리로 삼을 만한 여자. ¶며느릿감을 고르다.

며느리밀〈옛〉며느리. ¶며느리 싀아비 싀어미롤 셤곧더(小解2:2).

며루[명] 각다귀의 유충. 자방충(蚸蚄蟲).

며주[명]〈옛〉메주. ¶며주 국:麴(訓蒙中21).

며츨[명]〈옛〉며칠. ¶며츨을 셜웝ᄒ리라뇨(翻朴上75).

며칠-날[-친-][명] 그달의 몇째 날. ¶오늘이 며칠날이지? ⓜ며칠.

며칠[명] ①몇 날. ¶며칠 말미를 얻다. ②〈며칠날〉의 준말.

멱¹[명]〈멱서리〉의 준말.

멱²[명] ①장기에서 말, 마(馬)나 상(象)이 다닐 수 있는 길목. ②장기를 둘 때, 장기짝을 움직일 수 있는 길. ¶멱도 모르면서 장기를 두다니.

멱³[명] 목의 앞쪽.

멱⁴[명]〈미역¹〉의 준말. ¶멱을 감다.

멱⁵[명]〈미역²〉의 준말.

멱(冪)[명]☞거듭제곱.

멱-국[-꾹][명]〈미역국〉의 준말.

멱근(冪根)[-끈][명]☞거듭제곱근.

멱-나다[명-][멱 말][명]의 목구멍이 퉁퉁 붓다.

멱-둥구미[-뚱-][명] 짚으로 둥글고 울이 깊게 걸어서 곡식 따위를 담는 그릇. ⓜ둥구미.

멱-따다[타] '목을 칼로 찌르다'를 속되게 이르는 말. ¶돼지 멱따는 소리.

멱목(幎目)[명-][명] 소렴(小殮) 때 송장의 얼굴을 싸는 헝겊. 면모(面帽).

멱-미레[명-][명] 소의 턱 밑 고기. 미레.

멱법(冪法)[-뻡][명] 어떤 수나 식에서, 일정한 수의 거듭제곱의 값을 셈하는 법을 이르는 말. 멱승(冪乘). 멱승법(冪乘法).

멱-부리[-뿌-][명] 턱 밑에 털이 많이 난 닭.

멱-부지(-不知)[-뿌-][명] ①멱도 모를 정도로 장기의 수가 약함. 또는 그러한 사람. ②'사리에 어두운 사람'을 비유하여 이르는 말.

멱-살[-쌀][명] ①사람의 목 앞쪽의 살. ②목 아래에 여민 옷깃. ¶멱살을 잡다.

멱살-잡이[-쌀-][명][하자타] 멱살을 움켜잡는 일. ¶두 남자가 서로 멱살잡이하고 싸운다.

멱서리[-써-][명] 짚으로 날을 촘촘히 걸어서 곡식 따위를 담는 데 쓰는 그릇. ⓜ멱¹.

멱수(冪數)[-쑤][명] 거듭제곱이 되는 수.

멱승(冪乘)[-씅][명]☞멱법(冪法).

멱승-법(冪乘法)[-씅뻡][명]☞멱법(冪法).

멱-신[-씬][명] 짚이나 삼으로 걸어서 만든 신.

멱-씨름[명][하자] 멱살을 잡고 싸우는 일.

멱-지수(冪指數)[-찌-][명]☞지수(指數).

멱-통[명]☞산멱통. 산멱.

면¹[명] 개미·쥐·게 등이 파내어 놓은 보드라운 가루 흙.

면²[명] 남색(男色)의 상대가 된 사람. 미동(美童). 연동(戀童).

면³[조] 받침 없는 체언에 붙어, 앞의 사실이 가정적 조건임을 나타내는 연결형 서술격 조사. ¶남자면 남자답게 행동하라. ⓟ이면.

면(面)¹[명] ①겉으로 드러나 있는 평평한 바닥. ¶유리의 면처럼 맑은 호수. ②도형의 한 요소. 선의 이동으로 이루어진, 넓이가 있는 도형. ¶여섯 면으로 이루어진 입체. ③어떤 방면이

나 분야, 또는 부분. ¶사회의 어두운 면. /좋은 면을 발견하다. ④한쪽 쪽. ¶삼 면이 바다로 에워싸인 반도. ⑤〔의존 명사적 용법〕신문이나 책 등의 각 쪽을 세는 단위. ¶첫 면에 실린 기사. ⑥면목. 체면. ¶면이 깎이다. /면을 세우다. /내 면을 봐서라도 참아 주게. /면에서 얼굴에 쓰는 호구(護具). ⑦검도

면(面)²[명] 지방 행정 구역의 한 가지. 몇 개의 이(里)로 구성되며, 군(郡)에 딸림.

면(綿)[명] 무명 또는 무명실.

면(麵·麪)[명] 국수.

-면[어미] 모음이나 'ㄹ'로 끝난 어간 또는 높임의 '-시-'에 붙는, 종속적 연결 어미. ①뒤의 실현을 전제한 가정적 조건임을 뜻함. ㉠실현이 불확실한 가정적 조건.(《이때는 흔히, '만약'·'만일'·'혹시' 등의 부사와 호응하여 쓰임.》)¶만일, 비가 오면 못 떠난다. ㉡실현이 확실한 가정적 조건. ¶해가 지면 떠난다. ②다음과 같은 관용구를 이루어 쓰임. ㉠'-면 꼭', '-면 반드시'의 호응 관계로 관용되어, 그것이 습관적·반복적인 것임을 뜻함. ¶거기 가기만 하면 꼭 그를 만나게 마련이다. ㉡'-면 여간'의 호응 관계로 관용되어, 정도가 예상 밖으로 더함을 뜻함. ¶비싸면 여간 비싸야지. ㉢'-는(은)가 하면'의 꼴로 관용되어, 유사한 사실이 겹침을 뜻함. ¶노래를 부르는가 하면 춤도 춘다. ㉣'아니면 …이다'의 호응 관계로 관용되어, 둘 중의 하나임을 뜻함. ¶이 짓을 한 것은 김 서방 아니면 이 서방이지 뭐. ㉤'-면 몰라도'의 꼴로 쓰이어, 최소한의 양보 조건에 대립되는 일을 거부하거나 부정하겠음을 뜻함. ¶네가 오겠다면 몰라도 우리가 갈 수는 없다네. /모르면 몰라도 그런 일은 없을 거야. ㉥'-(차라리)…면 …(았)지'의 꼴로 쓰이어, 단호한 거부의 뜻을 나타냄. ¶차라리 내가 가면 갔지 너를 보낼 순 없다. ㉦'-면 …ㄹ수록'의 호응 관계로 관용되어, 정도가 심해짐을 나타내는 말의 조건이 됨을 뜻함. ¶가면 갈수록 첩첩산중. ⓟ-으면.

면:각(面角)[명] ①두 평면이 만나서 이루는 각. 이면각(二面角). ②☞안면각(顔面角). ③광물의 결정체에서의 면과 면 사이의 각.

면:강(面講)[명][하자] 과거(科擧) 때 시관(試官) 앞에서 글을 외던 일.

면:검(免檢)[명][하자] 검시(檢屍)를 면함.

면:견(面見)[명][하자타] 직접 봄.

면견(綿繭)[명] 풀솜을 뽑는 허드레 고치.

면:결(面決)[명][하타] 그 자리에서 결정함.

면:경(面鏡)[명] 얼굴을 비추어 보는 작은 거울. 석경(石鏡).

면:계(面界)[명] [-계/-게][명] (행정 구역인) 면과 면의 경계.

면곡(麵麪)[명]☞면국(麵麴).

면:관(免官)[명][하타][되자] 관직에서 물러나게 함. 면직.

면:관(免冠)[명][하자] 관이나 갓을 벗음.

면:관-돈수(免冠頓首)[명][하자] 관을 벗고 머리가 땅에 닿도록 절을 함.

면괴(面愧) '면괴하다'의 어근.

면:괴-스럽다(面愧-)[-괴-/-궤-][~스러우니·~스러워][형ㅂ]☞면구스럽다. 면괴스레[부].

면:괴-하다(面愧-)[-괴-/-궤-][형여]☞면구(面炙)하다.

면구(面炙) '면구하다'의 어근.

면:구-스럽다(面灸-) [-따] [~스러우니·~스러워] 몝 연구한 데가 있다. 면괴스럽다. 연구스레.몬

면:구-하다(面灸-)몝어 남을 마주 보기가 부끄럽다. 면괴(面愧)하다. ¶ 연구한 듯이 고개를 숙이고는 말이 없다.

면국(麵麴)몡 밀가루로 눌러서 만든 누룩. 술을 빚는 데 쓰임. 면곡(麵麯).

면:궁(免窮)몡 가난에서 벗어남.

면:급(免急)몡하자 위급한 처지에서 벗어남.

면:급(面給)몡하타 (금품 따위를) 서로 마주 대하는 자리에서 내어 줌.

면기(眠期)몡 누에가 잠을 자는 동안.

면:-나다(面-)몝 ①체면이 서다. ②외면(外面)이 빛나다.

면난(面赧) '면난하다'의 어근.

면:난-스럽다(面赧-) [-따] [~스러우니·~스러워] 몝 무안하거나 부끄러운 느낌이 있다. 면난스레.몬

면:난-하다(面赧-)몡어 (낯이 붉어질 만큼) 남을 대하기가 부끄럽다.

면:내(面內)몡 한 면(面)의 관할 구역 안.

면:-내다 ① 개미·쥐 따위가 가루 흙을 파내다. ②조금씩 갉아서 내다.

면:내다(面-)몝 『'면나다'의 사동』 ① 체면을 세우게 하다. ②외면(外面)이 빛나게 하다.

면:담(面談)몡하자 서로 만나서 이야기함. 면어(面語). 면화(面話). ¶ 면담을 나누다. /응급환자라서 면담할 수 없다.

면:당(面當)몡하자 면대(面對).

면:대(面對)몡하자 상대편과 얼굴을 마주 대함. 직접 만남. 대면(對面). 면당(面當). 면접(面接).

면:-대칭(面對稱)몡 공간에서의 대칭. 한 평면의 양쪽에 있는 점이나 도형이 그 평면에 의하여 수직으로 이등분되었을 때, 그 평면에 대한 점이나 도형의 관계. 평면 대칭(平面對稱).

면:도(面刀)몡하타 ① 얼굴의 잔털이나 수염을 깎는 일. ②<면도칼>의 준말.

면:도-기(面刀器)몡 면도하는 데 쓰이는 기구. 〔전기면도기나 안전면도기 따위.〕

면:도-날(面刀-)몡 ① 면도칼의 날. ②안전면도기에 끼워서 쓰는 칼날.

면:도-질(面刀-)몡하자 면도하는 일.

면:도-칼(面刀-)몡 면도하는 데 쓰는 칼. 체도(剃刀). ㉜면도.

면:독(面督)몡하자 직접 만나서 독촉함.

면:려(勉勵) [멸-]몡하타 ① (스스로) 힘써 함. ¶ 공부를 면려하다. ② (남을) 격려하여 힘쓰게 함.

면력(綿力) '면력하다'의 어근.

면력-하다(綿力-) [멸려카-]몡어 세력이 없다. 힘이 모자라다.

면련(綿連) [멸-]몡하자 이어져 끊이지 않음. 연면(連綿). 면련-히.몬

면:례(緬禮) [멸-]몡하타 무덤을 옮기어 장사를 다시 지내는 일.

면류(麵類) [멸-]몡 국수 종류.

면:류-관(冕旒冠) [멸-]몡 임금이 정복(正服)에 갖추어 쓰던 관.

면:마(面馬)몡하자 장기에서, 마(馬)를 궁(宮)의 바로 앞 밭에 놓는 일, 또는 그렇게 놓인 말.

면:마(面麻)몡 얼굴에 있는 마땟자국.

면마(綿馬)몡 꼬리고사릿과의 다년생 양치식물. 높이 1~1.4 m. 깃털 모양의 겹잎이 뭉쳐서 나

며, 뿌리줄기는 살지고 덩이가 짐. 우리나라와 중국, 일본 등지의 약간 추운 지방에서 자라는데, 뿌리는 '면마근(綿馬根)'이라 하여 구충제로 쓰임. 관절(貫節).

면마-정(綿馬精)몡 면마의 뿌리에서 뽑은 녹색의 걸쭉한 액체. 촌충(寸蟲)이나 십이지장충 따위를 없애는 구충제로 쓰임.

면말(綿襪)몡 솜버선.

면:-먹다 [-따]몝 ① 여럿이 내기 따위를 할 때, 어떤 두 사람 사이에는 서로 이기고 짐을 따지지 아니하다. ②한편이 되다.

면:-면(面面)몡 ① (어떤 사람이나 사물 따위의) 여러 면. 각 방면. ¶ 사윗감의 면면을 살피다. ②여러 얼굴. 여러 사람. ¶ 그 자리에 참석한 면면을 소개하였다.

면면(綿綿) '면면하다'의 어근.

면:면-상고(面面相顧)몡하자 말없이 서로 얼굴만 물끄러미 바라봄.

면:연-이(面面-)몬 ① 제각기. 저마다. ¶ 면면이 밝은 표정이다. ②앞앞이. ¶ 면면이 인사하다.

면면-하다(綿綿-) Ⅰ자어 끊어지지 않고 죽이어지다.
Ⅱ형어 끊어지지 않고 죽 이어져 있다. ¶ 민족정신의 면면한 전통. 면면-히.몬 ¶ 면면히 이어내려온 오천 년 역사.

면:모(免侮)몡하자 모욕을 면함.

면:모(面毛)몡 얼굴에 난 잔털.

면:모(面帽)몡 ☞먹목(幎目).

면:모(面貌)몡 ① 얼굴의 모양. 면목. ②사물의 겉모습. ¶ 도시의 면모를 일신(一新)하다.

면모(綿毛)몡 솜털.

면:목(面目)몡 ① 얼굴. 얼굴의 생김새. 면모(面貌). ¶ 면목이 반주그레하다. 비미목. ②☞체면(體面). ¶ 면목이 서다. ③사물의 상태, 또는 모양. ¶ 면목을 새롭게 하다.

면목(이) 없다관용 부끄러워 남을 대할 낯이 없다. ¶ 신신당부하던 일을 지키지 못하여 면목이 없다.

면:목-부지(面目不知) [-뿌-]몡하자 서로 얼굴을 전혀 모름. ¶ 면목부지의 젊은이가 찾아왔다.

면:-무식(免無識)몡하자 겨우 무식이나 면함.

면:-무안(免無顏)몡하자 겨우 무안을 면함.

면:-무인색(面無人色)몡하형 (몹시 놀라거나 두려워서) 얼굴에 핏기가 없음. 면여토색(面如土色).

면:문(免問)몡하자 문책이나 처벌을 면함.

면:민(面民)몡 면(面)의 주민.

면밀(綿密) '면밀하다'의 어근.

면밀-하다(綿密-)몡어 자세하여 빈틈이 없다. ¶ 면밀한 계획. /면밀하게 분석하다. 비심밀(深密)하다·치밀(緻密)하다. 면밀-히.몬 ¶ 면밀히 조사하다.

면:-바르다(面-) [~바르니·~발라]몡르 거죽이 반듯하다.

면:박(面駁)몡하타 얼굴을 마주하여 꾸짖거나 논박함. ¶ 면박을 당하다. /면박을 주다. 비면질(面叱).

면:-발(麵-) [-빨]몡 ☞국숫발.

면방(綿紡)몡 ☞면방적(綿紡績).

면-방적(綿紡績)몡 목화 섬유를 가공하여 실을 뽑는 일. 면방.

면-방직(綿紡織)몡 목화 섬유에서 뽑은 실을 원료로 하여 천을 짜는 일.

면-방추(綿紡錘)몡 무명실을 감는 방추.

면:백(免白)몡하자 <면백두(免白頭)>의 준말.

면:-백두(免白頭)[-뚜]명하자 〔민머리를 면하였다는 뜻으로〕늘그막에야 겨우 변변치 못한 벼슬을 함. 준면백(免白).

면:-벌(免罰)명하자 벌을 면함.

면:-빛(面-)[-빋]명 활 도고지의 겨죽을 싼 벚나무의 껍질. *면:빛이[-비지]·면:빛만[-번-]

면:-벽(面壁)명 불교에서, 벽을 마주하고 앉아 참선하는 일.

면:-벽돌(面甓-)[-똘]명 건물의 표면에 쌓는, 질이 좋은 벽돌.

면병(麵餠)명 가톨릭에서, 미사 때 성체(聖體)를 이루기 위해 쓰는 밀떡.

면보(麵麭)명 '면포(麵麭)'의 방언.

면:-보다(面-)자 체면을 차리다.

면복(冕服)명 임금의 정복(正服), 곧 면류관(冕旒冠)과 곤룡포(袞龍袍).

면복(綿服)명 솜옷.

면:-복(緦服)명 부모의 면례(緬禮) 때 입는 시마복(緦麻服).

면봉(綿棒)명 끝에 솜을 말아 붙인, 가느다란 막대.

면:-부(面部)명 얼굴 부분.

면:-부득(免不得)명하자 아무리 애를 써도 면할 수가 없음.

면:-분(面分)명 얼굴이나 아는 정도의 사귐.

면-비로:드(綿←veludo)명 무명실을 섞거나 무명실만으로 비로드처럼 짠 천.

면:-빗(面-)[-빋]명 살쩍을 빗어 넘기는 작은 빗. 면소(面梳). *면:빗이[-비시]·면:빗만[-빈-]

면:-사(免死)명하자 죽음을 면함.

면:-사(面謝)명하타 직접 만나서 사과하거나 감사의 뜻을 나타냄.

면사(綿絲)명 무명실.

면:-사무소(面事務所)명 한 면의 행정을 맡아보는 곳. 준면소(面所).

면:-사-포(面紗布)명 결혼식 때 신부가 머리에 쓰는 흰 천. ¶면사포를 쓰다.

면:-상(面上)명 얼굴. 얼굴의 바닥.

면:-상(面相·面像)명 ①얼굴의 생김새. 용모(容貌). ②관상에서 이르는 얼굴의 상(相).

면:-상(面象)명하자 장기에서, 궁(宮)의 바로 밭에 상(象)을 놓는 일, 또는 그렇게 놓인 상.

면:-상(面像)명 사람의 얼굴 모습만을 본떠 만든 석상이나 동상.

면상(麵床)명 〔밥 대신〕국수류를 주식(主食)으로 하여 차린 상.

면:-상-육갑(面上六甲)[-뉵깝]명하자 얼굴을 보고 그 사람의 나이를 짐작함.

면상-필(-筆)명 붓의 한 가지. 잔글씨를 쓰는 데 쓰임.

면:-새(面-)명 ①물건의 평평한 겉모양. ②〈체면(體面)〉의 속된 말. ¶면새도 제대로 차리지 못하는 주제에….

면:-색(面色)명 얼굴빛. 안색.

면서조 모음으로 끝난 체언에 붙어, 둘 이상의 사실을 아울러 나타내는 연결형 서술격 조사. ¶나는 한 남자의 아내면서 두 딸의 어머니다. 준며.이면서.

-면서어미 모음이나 'ㄹ'로 끝난 어간 또는 높임의 '-시-'에 붙는 연결 어미. ①둘 이상의 동작이나 상태따위가 동시에 겸하여 있음을 나타냄. ¶밥을 먹으면서 신문을 본다. 준-며. ②둘 이상의 동작이나 상태가 서로 맞서는 관계에 있음을 나타냄. ¶모르면서 아는 척한다. 참-으면서.

면:-서원(面書員)명 조선 시대에, 각 고을에 딸리어 각 면(面)의 조세를 거두어들이는 일을 맡아보던 아전.

면:세(免稅)명하타되자 세금을 면제함.

면:세(面稅)[-쎄]명 지난날, 면에서 면민에게 매기어 거두던 지방세.

면:세(面勢)명 ①겉으로 드러나는 모양, 또는 형세. ②(행정 단위로서의) 면(面)의 형세.

면:세-점(免稅店)명 면세품을 파는 가게.

면:세-점(免稅點)[-쩜]명 담세력(擔稅力)이 약한 대상을 위하여 세금을 면제할 때의 그 기준이 되는 한도.

면:세-품(免稅品)명 ①세금이 면제되는 상품. ②관세가 면제되는 수출입품.

면:-소(免訴)명하타 기소된 형사 피고 사건에서, 공소권(公訴權)이 없어져 기소를 면제하는 일. 공소 시효의 완성, 확정 판결, 사면, 법령 개폐 등의 경우에 발생함.

면:-소(面所)명 〈면사무소〉의 준말.

면:-소(面梳)명 ⇨면빗.

면:-소(面訴)명하타 직접 만나서 하소연함.

면:-수(免囚)명 형기를 마치고 석방된 사람.

면:-수(俛首)명 머리를 숙임.

면:-수(面數)[-쑤]명 물체의 면이나 책 따위의 면의 수효.

면:-숙(面熟)명하자 낯이 익음.

면:-술(面述)명하타 마주 대하여 자세히 말함. 면진(面陳).

면:-시(免試)명하타되자 시험을 면하거나 면제함.

면:-시(面試)명하타 마주 대하여 시험해 봄.

면:-식(面識)명 (이전에 만난 적이 있어서) 서로 얼굴을 앎. ¶면식이 없는 사람.

면식(眠食)명하자 자고 먹는 일. 침식(寢食).

면:-식-범(面識犯)[-뻠]명 피해자와 서로 얼굴을 아는 사이인 범인. ¶이번 사건은 면식범의 소행이 틀림없다.

면:-신(面新)명하자 조선 시대에, 새로 부임한 관원이 전부터 있던 관원에게 한턱내던 일. 면신례.

면:-신-례(免新禮)[-녜]명하자 ⇨면신. 참허참례(許參禮).

면실(綿實·棉實)명 목화의 씨. 면화씨.

면실-유(綿實油)[-류]명 목화(木花)의 씨에서 짠 기름.

면:-싸대기(面-)명 〈낯〉의 속된 말.

면:-안(面-)명 (집 칸살이나 나무 그릇 따위의 넓이를 잴 때) 안쪽으로 마주 대한 끝과 끝의 사이.

면:-안(面眼)명 ⇨안목(眼目).

면:-알(面謁)명하자 만나 뵘. 배알(拜謁).

면:-앙(俛仰)명하타 ⇨부앙(俯仰).

면:-앙정-가(俛仰亭歌)명 조선 중종 때 송순(宋純)이 지은 가사. 향리인 담양(潭陽)에 면앙정을 짓고, 그 주변의 아름다운 경치와 그곳에서의 생활을 노래한 내용.

면:-액(免厄)명하자 재앙을 벗어남.

면:-약(面約)명하자되자 직접 만나서 약속함.

면양(緬羊·綿羊)명 솟과의 가축. 초식 동물로 성질이 순하며 무리를 지어 지냄. 털과 고기를 이용하려고 치는데, 온몸에 가늘고 곱슬곱슬한 털이 빽빽이 남. 털은 모직의 원료로 쓰이고, 고기와 가죽도 널리 이용됨. 양(羊).

면:-어(面語)명하자 ⇨면담(面談).

면업(綿業)명 면(綿)을 재료로 하는 방적(紡績)이나 직조(織造) 따위의 공업.

면:여토색(面如土色)【명】【하형】（매우 놀라거나 크게 두려워하여）얼굴이 흙빛과 같음. 면무인색(面無人色). ¶겁에 질려 면여토색이 되다.

면:역(免役)【명】【하자】【되자】①조선 시대에, 특별한 사람에게 신역(身役)을 면제하던 일. ②병역 따위를 면함. ③죄수가 옥살이를 면함. 제역(除役).

면:역(免疫)【명】①【하타】【되자】사람이나 동물의 몸 안에 들어온 항원(抗原)에 대하여 항체(抗體)가 만들어져, 같은 항원에 대해서는 발병하지 않는 현상. ¶면역이 생기다. ②【되자】같은 일이 되풀이됨에 따라 습관화되는 현상.

면:역-성(免疫性)[-썽]【명】면역이 되는 성질.

면:역-원(免疫原)【명】☞항원(抗原).

면:역-전(免役錢)【명】조선 시대에, 부역을 면제받기 위하여 관청에 바치던 돈.

면:역-질(免疫質)[-찔]【명】（어떤 질병에 대하여）면역이 되어 있는 체질.

면:역-체(免疫體)【명】☞항체(抗體).

면:역^혈청(免疫血淸)[며녀켤-]【명】어떤 병원체(病原體)에 대한 항체(抗體)를 함유하고 있는 혈청. 전염병이나 세균성 질병의 예방에 쓰임. 働혈청 요법.

면연(綿延)【명】【하타】끊임없이 이어서 늘임.

면:열(面熱)【명】（신경 쇠약이나 히스테리·위장병 따위로）가끔 얼굴이 붉어지고 신열이 나는 병증.

면:옥(面玉)【명】①☞관옥(冠玉). ②벼룻집이나 손궤 따위 기물의 위를 꾸미는 옥.

면옥(麵屋)【명】국숫집.

면:요(免夭)【명】【하자】〔요사(夭死)를 면했다는 뜻으로〕'나이 쉰 살을 겨우 넘기고 죽음'을 이르는 말.

면:욕(面辱)【명】【하자】치욕을 면함.

면:욕(面辱)【명】【하타】앞에 두고 욕을 함.

면:우(面友)【명】얼굴이나 알고 지내는 벗.

면원(綿遠)【명】'면원하다'의 어근.

면원-하다(綿遠-)【형】세대의 이어짐이 오래도록 끊임이 없다.

면:유(面諭)【명】【하타】얼굴을 맞대하여 타이름.

면:의(面議)[며늬/며니]【명】【하타】얼굴을 맞대하여 의논함.

면의(綿衣)[며늬/며니]【명】①솜옷. ②무명옷.

면:임(面任)【명】조선 시대에, 지방의 동리에서 호적이나 기타의 사무를 맡아보던 사람.

면자(面子)【명】낯.

면자-전(綿子廛·棉子廛)【명】조선 시대에, 솜을 팔던 시전(市廛). 면화전(綿花廛).

면작(綿作·棉作)【명】목화 농사.

면:장(免狀)[-짱]【명】①〈면허장(免許狀)〉의 준말. ②〈사면장(赦免狀)〉의 준말.

면:장(面長)【명】면의 행정을 주관하는 책임자.

면:장(面帳)【명】앞을 가리는 휘장.

면:장(面墻)【명】①집의 앞쪽에 쌓은 담. ②（울타리를 대한다는 뜻으로）'앞날을 내다보지 못함'또는 '견식이 좁음'을 비유하여 이르는 말.

면-장갑(綿掌匣)【명】무명실로 짠 장갑. 목장갑.

면:장우피(面張牛皮)【명】〔얼굴에 소가죽을 발랐다는 뜻으로〕'몹시 뻔뻔스러운 사람'을 두고 이르는 말. 철면피(鐵面皮).

면장-탕반(麵醬湯飯)【명】☞국수장국밥.

면:쟁-기단(面爭其短)【명】【하자】눈앞에서 결점이나 잘못을 간(諫)함.

면:적(面積)【명】한정된 평면이나 구면(球面)의 크기. 넓이.

면:적-계(面積計)[-꼐/-께]【명】면적을 재는 기계.

면:적-그래프(面積graph)【명】여러 가지 수량의 관계를 면적으로 나타내는 도표.

면:적^속도(面積速度)[-쏙또]【명】운동하는 물체와 운동의 중심점을 잇는 직선이 운동에 따라 이루는 면적의 시간적 변화의 비율.

면:전(面前)【명】보고 있는 앞. 눈앞. ¶면전에서 크게 나무라다.

면:전(面傳)【명】【하타】직접 만나서 전하여 줌.

면전(緬甸)【명】'미얀마'의 한자음 표기.

면:절(面折)【명】【하타】바로 마주 대하여 잘못이나 결점을 꾸짖음.

면:절-정쟁(面折廷爭)【명】【하자】임금 앞에서 실책(失策) 따위를 직간(直諫)함.

면:접(面接)【명】【하자타】①직접 만나 봄. 면대(面對). ②〈면접시험〉의 준말. ¶면접을 보다.

면:접-시험(面接試驗)[-씨-]【명】직접 만나 보고 인품이나 언행 등을 시험하는 일. 働면접. 働구두시험.

면:정(面疔)【명】얼굴에 난 정(疔). 특히, 윗입술과 턱에 잘 생김.

면:정(面情)【명】얼굴이나 알 정도의 정분.

면:제(免除)【명】【하타】【되자】（책임이나 의무를）지우지 아니함. ¶병역을 면제하다.

면제(綿製)【명】〈면제품(綿製品)〉의 준말.

면:제-세(免除稅)[-쎄]【명】국가에 대한 의무를 면제시켜 준 대신 부과하는 조세.

면-제품(綿製品)【명】무명으로 만든 물건. 무명 제품. 働면제(綿製).

면:조(免租)【명】【하타】【되자】조세(租稅)의 일부 또는 전부를 면제하는 일.

면:조-지(免租地)【명】세금을 면제할 땅. 〔공공용지나 학교 부지·도로 따위.〕

면:종(面從)【명】【하자】앞에서만 순종함.

면:종(面腫)【명】얼굴에 난 종기나 부스럼을 통틀어 이르는 말. 면창(面瘡).

면:종(勉從)【명】【하자】마지못해 복종함.

면:종-복배(面從腹背)[-빼]【명】【하자】겉으로는 복종하는 체하면서 속으로는 배반함.

면:종-후언(面從後言)【명】【하자】보는 앞에서는 복종하는 체하면서 뒤에서는 헐뜯고 욕함.

면:죄(免罪)[-죄/-줴]【명】【하자】【되자】죄를 면함.

면:죄-부(免罪符)[-죄/-줴]【명】①로마의 가톨릭 교회에서, 신자에게 죄를 사(赦)하는 대가로 금품을 받고 발행하던 증명서. ②'책임이나 죄를 면제해 주는 조치 따위'를 비유하여 이르는 말. ¶면죄부를 받다.

면주(綿紬)【명】☞명주(明紬).

면주(麵酒)【명】가톨릭에서, 성체(聖體)와 성혈(聖血)을 상징하여 이르는 밀떡과 포도주.

면주-실(綿紬-)【명】☞명주실.

면:주인(面主人)[-쭈-]【명】조선 시대에, 각 고을에 딸리어 여러 고을과 면(面) 사이를 오가며 심부름하던 사람.

면주-전(綿紬廛)【명】지난날, 육주비전(六注比廛)의 하나. 면포를 팔던 가게.

면:-줄(面-)[-쭐]【명】장기판의 앞 끝으로부터 셋째 줄, 곧 포(包)를 놓는 줄.

면:지(面紙)【명】①불교에서, 위패(位牌)에 쓴, 죽은 사람의 이름을 가리는 오색 종이를 이르는 말. ②책의 앞뒤 표지와 속표지 사이의 종이. 한쪽은 표지 안쪽에 붙어 있음.

면:직(免職)【명】【하타】①일하던 자리에서 물러나게 함. ②공무원을 그 직위에서 물러나게 함. 면관(免官). 해임(解任). 해직(解職).

면직(綿織)團〈면직물〉의 준말. 목면직(木綿織).
면직-물(綿織物)[-징-]團 무명실로 짠 피륙.
⑥면포.
면:-진(面陳)團ᄒ囤 ☞면술(面述).
면:-질(面叱)團ᄒ囤 마주 대하여 꾸짖음. 囤면박
(面駁).
면:-질(面質)團ᄒ困 ☞무릎맞춤.
면:-창(面瘡)團 ☞면종(面腫).
면:-책(面責)團ᄒ囤困 책임이나 책망을 면함.
¶ 면책 사유.
면:-책(面責)團ᄒ囤 마주 대하여 책망함. 면척
(面斥). ¶ 잘못을 면책하다.
면:-책^특권(免責特權)[-꿘]團 국회의원이 국
회에서 직무상 행한 발언과 표결에 대해서는
국회 밖에서 책임을 지지 않는 특권.
면:-책^행위(免責行爲)[-채꿩-]團 채무자 또는
채무자를 대신하는 제삼자가 면책을 위하여 하
는 변제(辨濟)・공탁(供託)・대물 변제(代物辨
濟) 등의 행위를 통틀어 이르는 말.
면:-척(面斥)團ᄒ囤 ☞면책(面責).
면:-천(免賤)團ᄒ困困 천민의 신분을 면하
고 평민이 됨, 또는 그렇게 해 주던 일.
면:-청(面請)團ᄒ囤 직접 대하여 청함.
면:-추(免醜)團ᄒ囤 (여자의 얼굴이) 못났다 할
정도를 겨우 면함.
면:-출(免黜)團ᄒ囤困 벼슬을 갈아서 그 지위
를 떨어뜨림.
면:-치레 (面-)團ᄒ囤困 겉으로만 꾸며 체면을 세
움. 사당치레. 외면치레. 이면치레.
면:-탁(面託)團ᄒ囤 직접 대하여 부탁함.
면:-탈(免脫)團ᄒ囤 (죄 따위를) 벗음.
면:-파(面破)團ᄒ囤 직접 만나서 약속 따위를 파
기(破棄)함.
면:-판(面-)團〈낯〉의 속된 말.
면:-포(面包)團 장기에서, 궁(宮)의 앞 밭에
포를 놓는 일, 또는 그렇게 놓인 포.
면포(綿布)團 ☞무명.
면포(麵麭)團 개화기 때에, '빵'을 이르던 말.
면포-전(綿布廛)團 지난날, 육주비전(六注比廛)
의 하나. 무명을 팔던 가게. 백목전(白木廛).
면-포플린(綿poplin)團 날과 씨를 주란사실이나
면사(綿絲)로 짜서 실켓(silket) 가공으로 완성
시킨 직물.
면:-품(面稟)團ᄒ囤 직접 뵙고 말씀드림.
면:-피(免避)團ᄒ囤困 모면하여 피함.
면:-피(面皮)團 낯가죽.
면:-하다(面-)困囤 (어떤 대상이나 방향을)
똑바로 향하다. ¶ 바다에 면하여 있는 마을. /
도로를 면한 쪽.
면:-하다(免-)困 ①(책임이나 의무를) 지지
않게 되다. ¶ 병역의 의무를 면하다. /책임을
면하다. ②(어떤 일을) 당하지 않게 되다. ¶ 화
를 면하다. ③(어떤 처지나 고비를) 벗어나다.
¶ 셋방살이를 면하다. /가까스로 낙제점을 면하
고 진급했다.
면:-학(勉學)團ᄒ囤 학문에 힘씀.
면:-한(面汗)團 얼굴에서 나는 땀.
면:-한(面寒)團 한방에서 이르는, 신경증(神經
症)의 한 가지. 히스테리나 위경(胃經)의 한습
(寒濕)으로 얼굴이 써늘해지는 병.
면:-행(勉行)團ᄒ囤 힘써 행함.
면:허(免許)團ᄒ囤困 ①국가 기관에서, 특정
의 행위나 영업을 할 수 있도록 허가하는 일.
②특정 기관에서, 어떤 기술 자격을 인정하여
줌, 또는 그 자격. ¶ 자동차 운전 면허.

면:허(面許)團ᄒ囤困 보는 앞에서 허락함.
면:허-세(免許稅)[-쎄]團 특정의 행위나 영업
을 면허할 때 부과하는 세금.
면:허^어업(免許漁業)團 면허에 의하여 어업권
이 주어지는 어업. 〔양식(養殖) 어업이나 정치
(定置) 어업 따위].
면:허^영업(免許營業)團 면허를 받아야만 할
수 있는 영업. 〔변호사나 공증인・세무사・약사・
의사의 영업 따위〕.
면:허-장(免許狀)[-짱]團 ☞면허증. ⑥면장.
면:허-증(免許證)[-쯩]團 국가 기관에서, 면허
의 내용이나 사실을 적어서 내주는 문서. 면
허장.
면:-호(免戶)團ᄒ囤困 지난날, 호세(戶稅)의 부과
를 면하던 일.
면:-화(免禍)團ᄒ囤 재앙을 면함.
면:-화(面話)團ᄒ囤困 ☞면담(面談).
면화(綿花・棉花)團 ☞목화(木花).
면화-씨(綿花-)團 ☞면실(綿實).
면-화약(綿火藥)團 ☞솜화약.
면화-전(綿花廛)團 ☞면자전(綿子廛).
면:-환(免鰥)團ᄒ囤 (아내를 얻어) 홀아비의 처
지를 면함.
면:-회(面灰)[-회/-훼]團ᄒ囤困 담이나 벽의 겉
에 회를 바름, 또는 그 회.
면:-회(面會)[-회/-훼]團ᄒ困 (찾아가거나 찾
아온 사람을) 만나 봄. ¶ 면회 장소. /면회 사
절. /군(軍)에 있는 아들을 면회 가다.
면:회-실(面會室)[-회-/-훼-]團 면회하는 사
람을 위하여 따로 마련한 방.
면:^흙손(面灰-)[-회쏜/-훼혹쏜]團 담이
나 벽에 회(灰)를 바를 때 쓰이는, 박달나무
따위로 만든 흙손.
면:-흉(免凶)團ᄒ囤 겨우 흉년을 면함.
멸각(滅却)團ᄒ囤困 없애 버림.
멸공(滅共)團ᄒ困 공산주의 또는 공산주의자를
멸망시킴.
멸구團 멸굿과의 곤충. 몸길이 2 mm가량. 몸빛
은 녹색인데 배와 다리는 황채색임. 농작물과
과수의 해충으로 식물의 줄기 속에 있는 액즙
(液汁)을 빨아 먹음.
멸구(滅口)團ᄒ囤 비밀을 유지하기 위하여 그
일을 아는 사람을 가두거나 죽임.
멸균(滅菌)團ᄒ囤困 세균을 죽여 없앰. 살균
(殺菌). ¶ 멸균 작용.
멸도(滅度)[-또]團 ①☞열반(涅槃). ②☞입적
(入寂).
멸도(滅道)[-또]團 불교에서, 사제(四諦) 가운
데 멸제(滅諦)와 도제(道諦)를 아울러 이르는
말.
멸렬(滅裂)團ᄒ囤 찢기고 흩어져 형체조차 없어
짐. ¶ 지리(支離)멸렬.
멸륜패상(滅倫敗常)團ᄒ困 오륜(五倫)과 오상
(五常)을 깨뜨려 없앰.
멸망(滅亡)團ᄒ囤困 망하여 없어짐. ¶ 통일
신라의 멸망. /멸망한 왕조.
멸문(滅門)團ᄒ囤困困 한 집안이 멸망하여
없어짐, 또는 멸망시켜 없앰.
멸문지화(滅門之禍)團 멸문을 당하는 큰 재앙.
멸문지환.
멸문지환(滅門之患)團 ☞멸문지화(滅門之禍).
멸법(滅法)[-뻡]團 불교에서, 생멸(生滅)과 변
화를 떠나고, 인연에 의하여 생긴 것이 아닌 불
변의 진여(眞如)를 이르는 말. 무위법(無爲法).
멸법(蔑法)[-뻡]團ᄒ囤 법을 업신여겨 깔봄.

멸사-봉공(滅私奉公) [-싸-]〔명〕〔하자〕 사심(私心)을 버리고 나라나 공공(公共)을 위하여 힘써 일함.

멸살(滅殺) [-쌀]〔명〕〔하타〕〔되자〕 씨도 없이 모조리 죽여 없앰.

멸상(滅相) [-쌍]〔명〕 불교에서 이르는, 사상(四相)의 하나. '인연에 의하여 생긴 일체의 존재가 없어짐'을 이르는 말.

멸시(蔑視) 〔명〕〔하타〕 남을 업신여김. 깔봄. ¶멸시를 당하다. /멸시를 받다.

멸실(滅失) [-씰]〔명〕〔하자〕 ①있던 것이 흔적도 없이 사라짐. ②법률에서, '물품이나 가옥 따위가 그 효용을 잃을 정도로 부서짐'을 이르는 말.

멸자(滅字) [-짜]〔명〕 ①인쇄물에서 잉크가 잘 묻지 않거나 하여 없어진 글자. ②닳거나 눌러서 뭉개진 활자.

멸적(滅敵) [-쩍]〔명〕〔하타〕 적을 쳐서 없앰.

멸절(滅絶) [-쩔]〔명〕〔하자타〕〔되자〕 멸망하여 끊어짐, 또는 멸망시켜 없앰. 멸진(滅盡).

멸제(滅諦) [-쩨]〔명〕 불교에서 이르는, 사제(四諦)의 하나. 깨달음의 목표인 열반의 경지.

멸족(滅族) [-쪽]〔명〕〔하자타〕〔되자〕 한 가족이나 종족이 멸하여 없어짐, 또는 멸하여 없앰.

멸종(滅種) [-쫑]〔명〕〔하자타〕〔되자〕 (생물의) 한 종류가 아주 없어짐, 또는 아주 없앰. ⑪절종(絶種).

멸죄(滅罪) [-쬐/-쮀]〔명〕〔하자〕 ①불교에서, 부처의 힘을 빌리거나 수행으로써 일체의 죄악을 없애는 일. ②기독교에서, 하나님의 은총이나 참회 등을 통하여 죄를 없애는 일.

멸죄-생선(滅罪生善) [-쬐-/-쮀-]〔명〕 부처의 힘으로, 현세의 죄장(罪障)을 없애고 후세의 선근(善根)을 도움.

멸진(滅盡)〔명〕〔하자타〕 ☞멸절(滅絶).

멸치〔명〕 멸칫과의 바닷물고기. 몸길이 13 cm가량. 몸은 원통 모양인데, 등이 검푸르며 배는 은백색임. 말리거나 젓 따위를 만들어 먹음. 행어(行魚).

멸치-젓 [-쩟]〔명〕 생멸치로 담근 젓. •멸치젓이 [-저시]·멸치젓만[-젼-].

멸치-조림〔명〕 머리와 내장을 제거한 마른 멸치를 장이나 된장 국물에 넣고 조린 반찬.

멸칭(蔑稱)〔명〕〔하타〕 경멸하여 일컬음, 또는 그러한 칭호(稱號).

멸퇴(滅退) [-퇴/-퉤]〔명〕〔하타〕 남김없이 쳐서 물리침.

멸패(滅霸)〔하타〕 ①바둑에서, 상대가 쓸 팻감을 미리 없애 버림. ②폐단이 생길 만한 자리를 미리 막아 버림.

멸-하다(滅-)〔자타동〕 처부수어 없어지다, 또는 그렇게 하다. ¶삼족(三族)을 멸하던 악습.

멸후(滅後)〔명〕 ①망한 뒤. ②불교에서, '부처의 사후(死後)'를 이르는 말.

멧구다다〔옛〕메우다. ¶멧글 면:墳(類合下56).

멧덛〔부〕〔옛〕어느새. 바로. 벌써. ¶來다이 또 업스랴 봄밤이 멧덛 새리(古時調).

명:〔명〕〈무명〉의 준말.

명(名)〔Ⅰ〕〔명〕 이름.
〔Ⅱ〕〔의〕 사람의 수효를 나타내는 말. ¶15명. /두 명.

명(明)〔명〕 중국 왕조의 하나. 주원장(朱元璋)이 원(元)나라를 멸망시키고 세운 나라. 〔1368~1644〕

명:(命)〔명〕 ①목숨. ¶명이 짧다. /명이 다하다. ②〈운명(運命)〉의 준말. ③〈명령(命令)〉의 준말. ¶임금의 명을 받들다. ④〈임명(任命)〉의 준말.

명(銘)〔명〕〔하타〕 ①금석(金石) 따위에 새겨 남의 공덕을 기리거나 사물의 내력을 밝힘, 또는 그 글. ②기물(器物) 따위에 새기거나 쓴 제작자의 이름. ③마음에 새기거나 글로 써 놓고 교훈으로 삼는 글귀. ¶좌우(座右)의 명.

명-(名)〔접두〕 (일부 명사 앞에 붙어) '뛰어난'·'유명한'의 뜻을 나타냄. ¶명문구. /명배우. /명선수. /명승부.

명가(名家)〔명〕 ①명문(名門). ②어떤 일에 뛰어나 이름이 난 사람. 명인(名人). ¶명가의 솜씨. ③중국의 제자백가(諸子百家)의 한 가지. 명실 합일(名實合一)을 주장하고, 법술(法術)과 권세를 중시한 학파.

명가(名價) [-까]〔명〕 세상에 알려진 명예나 평판.

명가(冥加)〔명〕 눈에 보이지 않는, 신불(神佛)의 가호(加護). 명조(冥助).

명-가수(名歌手)〔명〕 이름난 가수.

명가-자제(名家子弟)〔명〕 명망이 높은 집안의 자제.

명각(銘刻)〔명〕〔하타〕 ①☞각명(刻銘). ②마음에 깊이 새김.

명간(銘肝)〔명〕〔하타〕 ☞명심(銘心).

명감(明鑑)〔명〕 ①('맑은 거울'이라는 뜻으로) 훌륭한 본보기. ②뛰어난 식견. ③분명한 감정(鑑定).

명감(冥感)〔명〕〔하자〕 은연중에 감응(感應)함.

명감(銘感)〔명〕〔하자〕 ☞명사(銘謝).

명-감독(名監督)〔명〕 이름난 감독. 뛰어난 감독.

명개(명)〔명〕 갯가나 흙탕물이 지나간 자리에 앉은 검고 보드라운 흙.

명거(明渠)〔명〕 땅 위에 시설한, 뚜껑을 덮지 않은 배수로. 개거(開渠). ↔암거(暗渠).

명:건(命巾)〔명〕☞명다리.

명검(名劍)〔명〕 이름난 칼. 좋은 칼.

명검(名檢)〔명〕 말과 행동을 윤리에 어긋나지 않도록 조심함.

명견(名犬)〔명〕 혈통이 좋은 개. 이름난 개.

명견(明見)〔명〕 ①밝은 식견(識見). ②(사물을) 현명하게 관찰함.

명견-만리(明見萬里) [-말-]〔명〕〔하자〕 〔만리 밖의 일을 환하게 알고 있다는 뜻으로〕 관찰력이나 판단력 따위가 날카롭고 정확함을 이르는 말.

명결(明決)〔명〕〔하타〕 ☞명단(明斷).

명경(明經)〔명〕〔하자〕 ☞강경(講經).

명경(明鏡)〔명〕 맑은 거울.

명경(冥境)〔명〕 ☞명도(冥途).

명경-과(明經科) [-꽈]〔명〕 ①조선 시대, 식년 문과(式年文科) 초시의 한 분과. 생원과라고도 하였음. ②고려 시대에, 경전으로 시험하던 과거의 한 분과.

명경-대(明鏡臺)〔명〕 불교에서 이르는, 저승길의 입구에 있다는 거울. 그 앞을 지나는 이의, 생전에 행한 착한 일과 악한 일을 사실과 똑같이 보여 준다고 함.

명경-지수(明鏡止水)〔명〕 ('맑은 거울과 고요한 물'이라는 뜻으로) 맑고 고요한 심경(心境)을 이르는 말.

명계(冥界) [-계/-계]〔명〕 ☞명도(冥途).

명고(鳴鼓)〔명〕〔하타〕 ①북을 울림. ②조선 시대에, 성균관 유생 가운데 죄를 지은 사람이 있을 때, 북에 그 이름을 써 붙이고, 관(館) 안으로 치고 돌아다니며 널리 알리던 일.

명곡(名曲)〔명〕 뛰어난 악곡. 유명한 악곡.

명공(名工)명 이름난 장인(匠人). 명장(名匠).

명공(名公)명 뛰어난 재상. 유명한 재상.

명공-거경(名公巨卿)명 이름난 재상(宰相)과 높은 벼슬아치.

명과(銘菓)명 전통 있는 제과 업체에서, 독특한 방법으로 만들어 그 업체의 상표를 붙인 과자류.

명과기실(名過其實)명[하타] 이름은 크게 났으나 실상은 그만 못함. ⑧명불허전.

명:과-학(命課學)명 ①운명이나 길흉 등에 관한 학문. ②조선 시대, 음양과(陰陽科) 초시(初試)의 시험 과목.

명관(名官)명 이름난 관리. 뛰어난 관리.

명관(明官)명 선정(善政)을 베푸는 관리.

명:관(命官)명 ①조선 시대에, 전시(殿試)를 주재하던 시험관. ②왕이 직접 임명한 벼슬아치.

명관(冥官)명 저승의 관원, 곧 염마청(閻魔廳)의 관원.

명관(鳴管)명 ☞울대².

명광(明光)명 밝은 빛.

명교(名教)명[하타] ①인류의 명분을 밝히는 가르침. ②☞유교(儒教).

명:교(命橋)명 ☞명다리.

명구(名句)[一꾸]명 ①뛰어나게 잘 된 글귀. ②유명한 문구.

명구-승지(名區勝地)명 이름난 지역과 경치 좋은 곳. 곧, 명승지.

명국(名局)명 바둑이나 장기 따위의 뛰어난 대전. ¶이번 국수전 결승은 근래 보기 드문 명국으로 꼽힌다.

명군(名君)명 이름 높은 군주(君主). 뛰어난 군주. 명왕(名王). 명주(名主).

명군(明君)명 ☞명주(明主).

명궁(名弓)명 ①☞명궁수(名弓手). ②이름난 활. 유서(由緒) 깊은 활.

명:궁(命宮)명 ①사람의 생년월일시의 방위(方位). ②관상에서, 양미간을 이르는 말.

명-궁수(名弓手)명 활을 잘 쏘기로 이름난 사람. 명궁(名弓).

명귀(名句)명 '명구(名句)'의 잘못.

명귀(冥鬼)명 저승에 있다는 귀신.

명:근(命根)명 ①생명의 근본. ②☞곧은뿌리.

명금(鳴金)명[하자] 징이나 나(鑼)·바라 따위를 쳐서 울림.

명금(鳴禽)명 ①고운 소리로 우는 새. ②연작(燕雀)의 무리에 속하는 새.

명기(名妓)명 가무(歌舞)를 잘하고 용모가 아름답기로 이름난 기생.

명기(名技)명 <명연기(名演技)>의 준말.

명기(名器)명 진귀한 그릇, 또는 이름난 기물.

명기(明記)명[하타][되자] 똑똑히 밝히어 적음. ¶민법에 명기되다.

명기(明氣)명 ①맑고 아름다운 산천의 기운. ②명랑하고 환한 얼굴빛.

명기(明器)명 고대 중국에서, 무덤에 부장(副葬)하기 위하여 만든 토기·자기 등의 기물(器物).

명:기(命期)명 수명의 기한.

명기(銘記)명[하타] 마음에 새기어 잊지 않음. 명심(銘心).

명기(銘旗)명 ☞명정(銘旌).

명낭(鳴囊)명 ☞울음주머니.

명년(明年)명 ☞내년(來年).

명년-도(明年度)명 다음해의 연도. 내년도.

명념(銘念)명[하타] ☞명심(銘心).

명:-다리(命一)[一따一]명 신불(神佛)을 모신 단(壇) 앞의 천장 가까운 곳에, 발원(發願)한 사람의 생년월일을 적어 매다는 모시나 무명. 명건(命巾). 명교(命橋).

명단(名單)명 관계자의 이름을 적은 표. ¶합격자 명단. /명단을 공개하다.

명단(明旦)명 내일 아침. 명조(明朝).

명단(明斷)명[하타] 분명하게 판단을 내림, 또는 그 판단. 명결(明決). ¶명단을 내리다.

명달(明達)명[하타] 사리(事理)에 밝고 하는 일에 막힘이 없음.

명담(名談)명 ①누구나 공감할 수 있는 훌륭한 말. ②유명한 격담(格談).

명답(名答)명 매우 잘한 대답. 꼭 알맞은 답. ¶그 대답이 과연 명답이다.

명답(明答)명[하타] (의문의 여지가 없이) 분명히 대답함, 또는 분명한 대답.

명당(明堂)명 ①풍수지리에서 이르는, 좋은 묏자리나 집터. ②무덤 바로 앞의 평지. ③관상에서, 사람의 '이마'를 이르는 말. ④지난날, 임금이 조현(朝見)을 받던 궁전. ⑤마음에 꼭 들거나 썩 알맞은 터(자리). ¶여름철의 야영지로는 이 계곡이 명당이지.

명당-자리(明堂一)[一짜一]명 명당인 곳.

명당-자손(明堂子孫)[一짜一]명 명당자리에 묻힌 사람의 자손.

명덕(明德)명 ①공명정대한 덕행. ②더러워지지 않은 본디의 천성. ¶명덕을 밝히다.

명도(名刀)명 이름난 칼.

명도(明度)명 색의 밝고 어두운 정도.

명도(明渡)명[하타] 건물이나 토지 따위를 남에게 넘겨줌.

명도(明圖)명 ①무당이 신으로 받드는 청동(青銅) 거울. 명두(明斗). ②☞태주.

명:도(命途)명 ☞명수(命數).

명도(冥途)명 불교에서, 사람이 죽어서 간다는 영혼의 세계. 명경(冥境). 명계(冥界). 명부(冥府). 명토(冥土). 저승.

명도(銘刀)명 명(銘)이 새겨져 있는 칼.

명도^신청(明渡申請)명 남이 점유하고 내주지 않는 건물이나 토지를 소유권자인 자기에게 넘겨주도록 법원에 신청하는 일.

명도-전(明刀錢)명 중국 춘추 전국 시대에 사용했던 청동 화폐의 한 가지. 작은 칼 모양인데 '明' 자와 비슷한 무늬가 있음.

명동(鳴動)명[하자] 울리며 진동함. ¶지진으로 온 도시가 명동하다.

명두(明斗)명 ☞명도(明圖).

명란(明卵)[一난]명 명태의 알.

명란(鳴鸞)[一난]명 임금의 수레에 다는 방울.

명란-젓(明卵一)[一난젇]명 명태의 알로 담근 젓. ▸명란젓이[一난저시]·명란젓만[一난전一].

명랑(明朗)[一낭]명[하타][스럽] ①맑고 밝음. ¶명랑한 하늘. ②밝고 쾌활함. ¶명랑한 웃음. 명랑-히튀. 명랑스레튀.

명려(明麗)명 '명려하다'의 어근.

명려-하다(明麗一)[一녀一]형여 (산수의 경치가) 새뜻하며 아름답다.

명:령(命令)[一녕]명 ①[하타] 윗사람이 아랫사람에게 시킴, 또는 그 말. ¶공격 명령을 내리다. ㉣명령·영(令). ②행정 기관이 법률을 실시하기 위하여 제정하는 규칙. 〔대통령령이나 부령(部令) 따위.〕③행정 기관이 특정인에게 부과하는 구체적인 처분. ④재판장 및 수명(受命) 법관 등이 그의 권한에 속하는 일에 관하여 하는 재판. ⑤[하타] 컴퓨터에서, 동작을 지정함, 또는 그런 일.

명령(螟蛉)[-녕]圓 ①빛이 푸른 나방과 나비류의 유충. ②☞명령자(螟蛉子).

명:령-권(命令權)[-녕꿘]圓 명령을 내릴 수 있는 권한.

명:령^규범(命令規範)[-녕-]圓 단순히 명령 또는 금지를 정한 규범.〔경찰 법규 따위.〕

명:령-문(命令文)[-녕-]圓 ①명령의 내용을 적은 글. ②서술어에 따른 문장 갈래의 한 가지. 말하는 이가 듣는 이에게 무엇을 시키거나 어떻게 하라는 내용의 문장. 용언의 명령형 종결 어미로 끝맺는 형식.〔'빨리 가.', '이리 와.' 따위.〕

명:령-법(命令法)[-녕뻡]圓 문장에서 종결 어미에 나타나는 서법의 하나. 명령형 종결 어미를 써서, 말하는 이가 듣는 이에게 무엇을 시키거나 행동을 요구하는 뜻을 나타내는 표현 방법.〔'민족의 정당한 의사를 쾌히 발표하라!' 하는 따위.〕

명:령-서(命令書)[-녕-]圓 명령의 내용을 적은 문서.

명:령-어(命令語)[-녕-]圓 컴퓨터에 연산이나 일정한 동작을 명령하는 기계어.

명령-자(螟蛉子)[-녕-]圓〔나나니벌이 명령을 업어 기른다는 뜻에서〕 '타성(他姓)에게서 맞아들인 양자'를 비유하여 이르는 말. 명령(螟蛉). 양아들.

명:령-조(命令調)[-녕쪼]圓 명령하는 듯한 말투. ¶하는 말마다 명령조다.

명:령^항:로(命令航路)[-녕-노]圓 정부가 보조금을 주거나 면세 등의 혜택을 주면서 해운 업자에게 운항을 명령하는 항로.

명:령-형(命令形)[-녕-]圓 종결 어미의 한 갈래. 말하는 이가 듣는 이에게 어떤 행동을 지시하는 형식.〔'-아라-게-오-ㅂ시오-십시오-려무나-지요-아요' 따위.〕

명론(名論)[-논]圓 유명한 논문이나 이론, 또는 뛰어난 언론.

명론-탁설(名論卓說)[-논-썰]圓 우수한 논문과 탁월한 학설.

명료(明瞭) '명료하다'의 어근.

명료-성(明瞭性)[-뇨썽]圓 분명하고 뚜렷한 성질.

명료-하다(明瞭-)[-뇨-]혬엥 분명하고 똑똑하다. ¶표현이 간단하고 명료하다. 뎨明白하다. 명료-히튀.

명류(名流)[-뉴]圓 이름난 사람들. 명성이 있는 사람들의 무리.

명률(明律)[-뉼]圓 조선 시대에, 형조(刑曹)에 딸린 율학청(律學廳)의 종칠품 벼슬.

명리(名利)[-니]圓 명예와 이익. ¶명리를 좇다.

명:리(命理)[-니]圓 하늘이 내린 목숨과 자연의 이치.

명마(名馬)圓 이름난 말. 훌륭한 말.

명막(冥漠) '명막하다'의 어근.

명막-하다(冥漠-)[-마카-]혬엥 아득히 멀고 넓다.

명만-천하(名滿天下)圓엥쟈 ☞명문천하.

명망(名望)圓 명성과 인망. ¶널리 명망을 떨치다. 뎨성예(聲譽).

명망-가(名望家)圓 명망이 높은 사람.

명매기圓 ☞칼새.

명:맥(命脈)圓 생명. 목숨. ¶전통문화의 명맥이 이어지다.

명면-각지(名面各知)[-찌]圓엥쟈〔같은 사람인 줄 모르고〕 이름과 얼굴을 각각 따로 앎.

명멸(明滅)圓엥쟈 ①(불빛 따위가) 켜졌다 꺼졌다 함. 깜박거림. ¶밤하늘에 명멸하는 별빛. ②(멀리 있는 물체가) 보였다 안 보였다 함. ¶먼 수평선 너머로 명멸하는 어선들.

명:명(命名)圓엥타뙈쟈 (사람이나 물건 따위에) 이름을 지어 붙임.

명명(明命)圓 신불(神佛)이나 임금에게서 받은 명령, 곧 지상 명령(至上命令).

명명(明明) '명명(明明)하다'의 어근.

명명(冥冥) '명명(冥冥)하다'의 어근.

명-명덕(明明德)圓〈대학(大學)〉에서 이르는 삼강령(三綱領)의 하나. 본디 타고난 맑고 밝은 덕성인 '명덕'을 밝힘.

명명백백(明明白白) '명명백백하다'의 어근.

명명백백-하다(明明白白-)[-빼카-]혬엥 의심의 여지가 없이 매우 분명하다. ¶명명백백한 사실에 이의를 제기하니! 명명백백-히튀.

명:-명-식(命名式)圓 (새로운 사물에) 이름을 지어 붙이는 의식. ¶군함의 명명식.

명명-하다(明明-)혬엥 ①아주 환하게 밝다. ②너무나 분명하여 의심할 바가 없다. ¶사건의 전모가 명명하게 밝혀졌다.

명명-하다(冥冥-)혬엥 ①어둑하다. ②나타나지 아니하여 (모양을) 알 수 없다. 명명-히튀.

명모(明眸)圓〔맑은 눈동자란 뜻으로〕 '미인'을 일컫는 말.

명모-호치(明眸皓齒)圓〔맑은 눈과 하얀 이라는 뜻으로〕 '미인'을 이르는 말.

명목(名木)圓 ①전해 오는 내력이 있어 이름난 나무. ②품질이 좋은 향나무.

명목(名目)圓 ①물건의 이름. 사물의 호칭. 명호(名號). ②표면상 내세우는 이름. ¶명목뿐인 사장. ③표면상의 이유나 구실(口實). 명분. 《주로, '명목으로'의 꼴로 쓰임.》 ¶질서를 유지한다는 명목으로 사람들을 거칠게 다루었다.

명목(瞑目)圓 ①눈을 감음. ②죽음.

명목-론(名目論)[-몽논]圓 ☞유명론(唯名論).

명목^소:득(名目所得)[-쏘-]圓 물가에 비하여 소득이 실질적으로 떨어졌을 때의 소득.〔물가는 오르는데, 소득은 전과 같거나 늘어나도 물가만큼 늘어나지 않은 경우.〕화폐 소득(貨幣所得).

명목^임:금(名目賃金)圓 화폐 단위로 나타낸 임금. 물가가 올라가면 이 명목 임금은 실질적으로는 떨어지는 것이 됨. 화폐 임금. ↔실질 임금.

명목^자본(名目資本)[-짜-]圓 물적(物的)인 실체 자본에 대하여 투하 자본(投下資本)의 화폐액을 이르는 말. ↔실질 자본.

명목-적(名目的)[-쩍]관圓 실속은 없고 이름이나 구실만 있는 (것). ¶명목적 가치. /명목적인 이유.

명목^화:폐(名目貨幣)[-모콰폐/-모콰폐]圓 실질적 가치와는 관계없이, 표시되어 있는 가격으로 통용되는 화폐.〔지폐나 은행권 따위.〕

명무(名武)圓 지체 높은 무관.

명문(名文)圓 매우 잘 지은 글. 이름난 글.

명문(名門)圓 ①문벌이 좋은 집안. 명가(名家). 명벌(名閥). ②〈명문교(名門校)〉의 준말. ¶사학의 명문. /명문 대학 출신.

명문(名聞)圓 세상의 평판이나 명성(名聲).

명문(明文)圓 ①뚜렷하게 규정된 문구, 또는 조문(條文). ②증서(證書).

명문 집어먹고 휴지 똥 눈 놈[속닭] 법이나 의리를 예사로 어기는 사람을 욕하는 말.

명:문(命門)圓 ①⇨명치. ②한방에서, 내장의 생리 작용을 조절하는 물질을 다루는 기관(器官)을 이르는 말.

명문(銘文)圓 ①금석(金石) 따위에 새긴 글. ②마음에 새겨 두어야 할 문구.

명문-가(名門家)圓 명문에 속하는 집.

명문-거족(名門巨族)圓 이름난 집안과 크게 번창한 집안. 旧명문대가.

명문-교(名門校)圓 전통과 역사가 있는 이름난 학교. 啜명문(名門).

명문-대가(名門大家)圓 훌륭한 문벌의 큰 집안. 旧명문거족.

명문-천하(名聞天下)圓하찌 이름이 세상에 널리 알려짐. 명만천하(名滿天下).

명문-화(明文化)圓하타찌 ①법률의 조문에 명시함. ¶법률로서 명문화되어 있다. ②명확히 문서로써 나타냄. ¶동창회 규칙을 명문화하다.

명물(名物)圓 ①그 지방의 이름난 산물. 명산물(名産物). ②특유한 것으로 이름이 나 있는 사람이나 사물. ¶파리의 명물인 개선문.

명미(明媚)어기 '명미하다'의 어근.

명미-롭다(明媚-)[-따][~로우니·~로워]형日 아름답고 고운 데가 있다.

명미-하다(明媚-)형어 (자연경관이) 맑고 아름답다. ¶풍광(風光)이 명미하다.

명민(明敏)어기 '명민하다'의 어근.

명민-하다(明敏-)형어 총명하고 재빠르다. ¶명민한 두뇌. 旧총민(聰敏)하다.

명반(明礬)圓 ⇨백반(白礬).

명반-석(明礬石)圓 알루미늄과 칼륨의 함수(含水) 황산염 광물. 화성암이 변질된 것으로 백반의 원료임.

명-반응(明反應)圓 광합성 과정에서, 빛을 받아 진행되는 화학 반응. ↔암반응(暗反應).

명-배우(名俳優)圓 훌륭한 연기로 이름난 배우. 啜명우(名優).

명백(明白)어기 '명백하다'의 어근.

명백-하다(明白-)[-배카-]형어 분명하고 뚜렷하다. ¶명백한 사실. 旧명료(明瞭)하다. 명백-히튀

명벌(名閥)圓 ⇨명문(名門).

명벌(冥罰)圓 신불(神佛)이 내리는 벌.

명법(冥法)[-뻡]圓 저승의 법률.

명변(明辯)圓하찌 명쾌하게 말함, 또는 명쾌한 말솜씨.

명보(名寶)圓 이름난 보물.

명복(名卜)圓 이름난 점쟁이.

명:복(命服)圓 사대부의 정복(正服).

명복(冥福)圓 ①죽은 뒤 저승에서 받는 복. ¶고인(故人)의 명복을 빌다. ②불교에서 이르는, 죽은 뒤에 받는 복덕.

명부(名簿)圓 관계자의 이름이나 주소·직업 따위를 적어 놓은 장부. 명적(名籍).

명:부(命婦)圓 왕조 때, '봉작(封爵)을 받은 부인'을 통틀어 이르던 말. [내명부와 외명부의 구별이 있음.]

명부(冥府)圓 ①⇨명도(冥途). 저승. 황천(黃泉). ②사람이 죽어서 심판을 받는다는 저승의 법정(法廷). 명조(冥曹). 명부(冥府).

명부-전(冥府殿)圓 절에서, 지장보살(地藏菩薩)을 주로 하여 염라대왕 등 시왕(十王)을 안치한 전각. 시왕전(十王殿).

명-부지(名不知)圓하찌 (얼굴만 알 정도이고) 이름을 모름, 또는 그 정도로만 아는 사람.

명부지-성부지(名不知姓不知)圓하찌 [이름도

성도 모른다는 뜻으로] 전혀 알지 못하는 사람.

명분(名分)圓 ①사람이 도덕적으로 지켜야 할 도리. ¶대의(大義)명분. ②표면상의 이유나 구실. 명목(名目). ¶명분을 세우다.

명:분(命分)圓 운명의 분한(分限). 운수(運數).

명불허전(名不虛傳)〔이름은 헛되이 전하여지는 법이 아니라는 뜻으로〕명성(名聲)이나 명예(名譽)가 널리 알려진 데는 그럴 만한 실력이나 사실이 있음을 이르는 말. ¶명불허전이라, 과연 신필(神筆)이로군.

명사(名士)圓 ①이름난 선비. ②명성이 널리 알려진 사람. ¶이번 행사에는 각계의 명사들이 다 참석했다.

명사(名師)圓 ⇨명풍(名風).

명사(名詞)圓 사물의 이름을 나타내는 말. 대명사·수사와 함께 문장에서 체언의 구실을 함. 우리말의 경우, 조사의 도움으로 다른 말과의 문법적 관계를 나타냄. 쓰임에 따라 고유 명사와 보통 명사로, 자립성의 있고 없음에 따라 자립 명사와 의존 명사로 나뉨. 이름씨. 참체언.

명사(名辭)圓 논리학에서, 하나의 개념을 나타내고 명제(命題)를 구성할 수 있는 말. 〔주사(主辭)와 빈사(賓辭)로 나뉨.〕

명사(明沙)圓 썩 곱고 깨끗한 모래. ¶명사십리.

명사(明絲)圓 ⇨명주실.

명사(銘謝)圓하타 마음속에 깊이 새겨 감사함. 감명 깊이 느끼어 사례함. 명감(銘感).

명사(螟嗣)圓 양아들.

명사-고불(名士古佛)圓 과거(科擧)의 문과(文科)에 급제한 사람의 아버지를 일컫던 말. 啜고불(古佛).

명사-관(明査官)圓 조선 시대에, 중요한 사건을 조사하기 위하여 감사(監司)가 특별히 보내던 임시 벼슬아치.

명사-구(名詞句)[-꾸]圓 문장에서 명사와 같은 구실을 하는 구. 〔'백두산까지 뚫린 길을 마구 달리고 싶다.'에서 '백두산까지 뚫린 길' 따위.〕

명-사수(名射手)圓 총이나 활 따위를 썩 잘 쏘는 사람. ¶백발백중의 명사수.

명사-절(名詞節)圓 문장에서 명사와 같은 구실을 하는 절. 절의 어미가 명사형 어미 '-(으)ㅁ'·'-기'로 되거나, 관형사형 어미 '-는' 뒤에 의존 명사 '것'이 더하여 이루어짐. 〔'올해도 농사가 잘되기를 바랐다.', '내가 바라는 것은 네 건강뿐이다.'에서 '농사가 잘되기', '내가 바라는 것' 따위.〕

명사-형(名詞形)圓 용언의 활용형의 한 가지. 어간에 명사형 어미 '-(으)ㅁ'·'-기'가 붙어, 문장에서 서술의 기능을 가지면서 명사의 구실을 하는 것. 〔'그는 여전히 놀기보다 공부하기를 더 좋아한다.'에서 '놀기'·'공부하기' 따위.〕

명사형 어:미(名詞形語尾) 전성 어미의 한 가지. 용언의 어간에 붙어 앞의 말에 대한 서술의 기능을 지니면서, 뒤의 말에 대해서는 명사의 기능을 하게 하는 어미. 〔'그의 인품이 원만함을 알았다.', '책을 읽기에 힘쓰다.' 등에서 '원만함'의 '-ㅁ', '읽기'의 '-기' 따위.〕명사형 전성 어미.

명사형 전:성^어:미(名詞形轉成語尾) ⇨명사형 어미.

명산(名山)圓 이름난 산.

명산(名産)圓 〈명산물〉의 준말.

명산-대찰(名山大刹)圓 이름난 산과 큰 절.

명산-대천(名山大川)圓 이름난 산과 큰 내.

명-산물(名産物)명 어떤 고장에서 나는 이름난 물건. 명물(名物). ㉰명산(名産).

명-산지(名産地)명 명산물이 나는 곳.

명-삼채(明三彩)명 빨강·녹색·노랑, 또는 빨강·녹색·흰색의 세 가지 유약으로 그림이나 무늬를 나타낸 명나라 때의 자기. 명자삼채(明瓷三彩).

명상(名相)명 ①'명재상(名宰相)'의 준말. ②이름난 관상쟁이.

명상(瞑想·冥想)명하다 고요히 눈을 감고 깊이 생각함, 또는 그 생각. ¶명상에 잠기다.

명상-곡(瞑想曲)명 명상적인 기악 소곡(小曲).

명상-록(瞑想録)명 [-녹] 명상을 적은 글.

명상-적(瞑想的)관명 명상을 하는 듯한 (것). ¶명상적 깊이를 가진 눈빛. /명상적인 선율.

명색(名色)명 ①어떤 부류에 넣어 부르는 이름. ¶명색이 사내라고 오기는 하여서…. ②실속 없이 그럴듯하게 불리는 허울만 좋은 이름. ¶실장은 명색일 뿐 온갖 궂은일을 도맡아 한다. ¶명색이 좋다관용 실속 없이 이름만 번드르르하다. ¶명색이 좋아 사장이지 허수아비나 마찬가지야.

명색(明色)명 밝은 빛. 환한 빛. ↔암색.

명색(暝色·冥色)명 엷게 어두운 빛. 해질 무렵의 어둑어둑한 빛. 모색(暮色).

명석(明夕)명 내일 저녁.

명석(明晳)명 '명석하다'의 어근.

명석-하다(明晳-)[-서카-]형여 (생각이나 판단이) 분명하고 똑똑하다. ¶명석한 두뇌.

명성(名聲)명 좋은 평판. 명예로운 평판. 성명(聲名). 성문(聲聞). 성예(聲譽). ¶명성이 자자하다. ㉰영명(令名).

명성(明星)명 샛별.

명세(名世)명 세상에 이름이 난 사람.

명세(明細)명하다 분명하고 자세함, 또는 그 내용. 내역(內譯). ¶명세를 밝히다. 명세-히부.

명세-서(明細書)명 하나하나의 내용을 자세히 적은 문서. ¶지출 명세서.

명:세지재(命世之才)명 ①세상을 바로잡고 민생을 건질 만한 큰 인재. ②'맹자(孟子)'를 달리 이르는 말.

명소(名所)명 (아름다운 경치나 고적 따위로) 이름난 곳. ¶관광 명소.

명:소(命召)명하다 ①조선 시대에, 임금이 신하를 은밀히 불러들이던 일. ②조선 시대에, 임금의 명령을 받고 몰래 입궐하는 의정대신·병조 판서·포도대장·삼군부 대장 등의 관원이 지니던 표. ②명소부(命召符).

명:소-부(命召符)명 ㉰명소(命召).

명수(名手)명 (기능이나 기술 등에서) 뛰어난 솜씨를 가진 사람. ¶사격의 명수. ㉯명인.

명수(名數)¹[-쑤]명 사람의 수효. ¶참석자의 명수를 세다.

명수(名數)²[-쑤]명 어떤 단위의 이름을 붙여 나타낸 수치. [1 m·10원·다섯 개 따위.] ↔무명수(無名數)·불명수(不名數).

명:수(命數)명 ①타고난 수명(壽命). ②운수와 재수. 명도(命途).

명:수-법(命數法)[-뻡]명 수에 각각 알기 쉬운 이름을 붙여 조직적으로 읽는(명名)하는 방법. 0〜9 및 십(열)·백·천을 기본으로 하고, 만·억·조·경을 보조로 하는 방법이 일반적임.

명-수사(名數詞)명 단위성 의존 명사.

명수죽백(名垂竹帛)[-빽]명 ('죽백'은 책 또는 역사를 뜻하는 말로) 이름을 역사에 길이 남김.

명-순응(明順應)명 어두운 곳에서 밝은 곳으로 옮기면, 처음에는 눈이 부시어 안 보이나 차차 순응하여 정상이 되는 현상. ↔암순응(暗順應).

명승(名勝)명 경관(景觀)이 뛰어나 이름난 곳. 명승지. ㉯명승(景勝).

명승(名僧)명 학덕이 높은 이름난 중.

명승-고적(名勝古跡)명 뛰어난 경치와 역사적인 유적.

명-승부(名勝負)명 경기나 경쟁에서 이기고 지는 것이 멋지게 이루어지는 일. ¶명승부를 펼치다.

명승-지(名勝地)명 ㉰명승(名勝).

명시(名詩)명 유명한 시. 썩 잘 지은 시.

명시(明示)명하다되자 분명하게 가리킴(밝힘). ¶계약서에 계약금을 명시하다. ↔암시.

명시(明視)명하다 분명히 봄.

명시^거:리(明視距離)명 눈이 피로를 느끼지 않고 가장 똑똑하게 물체를 볼 수 있는 거리. [보통, 책의 경우 건강한 눈은 25 cm 정도임.]

명시-선(名詩選)명 유명하거나 잘된 시를 모아 엮은 책.

명신(名臣)명 이름난 신하. 훌륭한 신하.

명:-실(命-)[-씰]명 귀신에게 무엇을 빌 때, 밥그릇에 쌀을 담고, 그 가운데 꽂은 숟가락에 잡아맨 실.

명실(名實)명 이름과 실상. 소문과 실제. 명실 공히명 알려진 이름과 실제의 내용이 꼭같이. 소문과 실상이 같게. ¶명실 공히 경제계의 일인자가 되다.

명실-상부(名實相符)명하다형 이름과 실상이 서로 꼭 맞음.

명심(銘心)명하다 마음에 새기어 둠. 명간(銘肝). 명기(銘記). 명패(銘佩).

명심-보감(明心寶鑑)명 조선 시대에, 어린이들의 인격 수양을 위해 엮은 한문 교양서.

명심불망(銘心不忘)명하다 마음에 깊이 새겨 두고 잊지 아니함.

명씨-박이다(명-)[-배-] (눈병으로) 눈동자에 하얀 점이 생겨 시력을 잃다.

명아(螟蛾)명 명충나방.

명아주명 명아줏과의 일년초. 줄기 높이 1 m가량. 납작한 달걀꼴의 잎이 어긋맞게 나는데, 어린잎은 붉은빛을 띠고, 여름에 황록색 꽃이 이삭 모양으로 핌. 어린잎은 먹을 수 있고 씨는 건위제나 강장제로 쓰이기도 함. 학항초(鶴項草).

명아줏-대[-주때/-줃때]명 명아주의 줄기.

명안(名案)명 훌륭한 안(案). 좋은 생각.

명암(明暗)명 ①밝음과 어두움. ②'기쁨과 슬픔', '행복과 불행'을 비유하여 이르는 말. ¶명암이 엇갈리다. /명암이 교차하는 인생. ③그림이나 사진 등에서, 입체감을 느끼게 하는 색의 농담이나 강약.

명암(冥暗)명 '명암하다'의 어근.

명암-등(明暗燈)명 ①등대에서 항로 표지의 한 가지. 일정한 동안을 두고 밝아졌다 어두워졌다 함. ②일정한 동안을 두고 켜졌다 꺼졌다 하는, 자동차의 회전 신호등.

명암-법(明暗法)[-뻡]명 그림에서, 색채의 농담으로 입체 효과를 나타내는 기법.

명암^순:응(明暗順應)명 명순응과 암순응.

명암-하다(冥暗-)형여 매우 어둡다.

명야(明夜)명 내일 밤.

명:야복야(命也福也)명 연거푸 생기는 행복.

명약(名藥)명 효험이 뛰어난 약. 이름난 약.

명약관화(明若觀火)[-관-]톙[형ⓗ] 불을 보듯이 명백함. 빤함. ¶명약관화한 사실.

명언(名言)톙 ①사리에 들어맞는 훌륭한 말. ②유명한 말. ¶명언을 남기다.

명언(明言)[톙ⓗ태] 분명히 말함, 또는 그 말.

명역(名譯)톙 매우 잘된 번역.

명연(名演)톙 매우 훌륭한 연기(연주·연출).

명-연기(名演技)[-년-]톙 매우 훌륭한 연기. ㉣명기(名技).

명예(名譽)톙 ①세상에서 훌륭하다고 인정되는 이름이나 자랑, 또는 그런 존엄이나 품위. ¶조국의 명예를 위하여 싸우다. ②《지위나 직명(職名) 앞에 쓰이어》 공적을 기리고, 존경의 뜻을 나타내기 위하여 붙여 주는 호칭. ¶명예회원. /명예 총재.

명예-교:수(名譽敎授)톙 퇴직한 대학교수로서 교육상으로나 학술상으로 공적이 큰 사람, 또는 학계(學界)에 특별한 공로가 있는 사람에게 주는 교수 칭호.

명예-롭다(名譽-)[-따][~로우니·~로워]톙ⓑ 명예로 여길 만하다. ¶명예로운 죽음. **명예로이**톔.

명예-박사(名譽博士)[-싸]톙 학술 또는 문화 발전에 공헌이 큰 사람에게, 학위 과정 이수나 학위 논문에 관계없이 주는 박사 칭호.

명예-스럽다(名譽-)[-따][~스러우니·~스러워]톙ⓑ 명예가 될 만하다. **명예스레**톔.

명예-시민(名譽市民) 그 시(市)에 거주하는 시민은 아니나, 시의 발전에 크게 이바지하거나 깊은 연고가 있는 사람을 기리기 위하여 시에서 주는 시민 자격.

명예-심(名譽心)톙 명예를 바라는 마음. 명예를 중요시하는 마음.

명예^영사(名譽領事)톙 영사의 직무를 위촉받은 사람. 본국에서 파견되지 않고, 그 나라에 있는 본국 국민이나 접수국(接受國)의 국민 중에서 본국의 위촉을 받아 선임됨.

명예-욕(名譽慾)톙 명예를 얻으려는 욕망.

명예^제대(名譽除隊)톙 전상(戰傷)이나 공상(公傷)에 의한 제대. ↔불명예제대.

명예-직(名譽職)톙 봉급을 받지 아니하고 다만 명예로서 맡은 직분. ㉣유급직(有給職).

명예^총:영사(名譽總領事)[-녕-]톙 총영사의 직무를 위촉받은 사람. 본국에서 파견되지 아니하고, 접수국(接受國)에 거주하는 사람 중에서 본국의 위촉을 받아 선임됨.

명예-퇴직(名譽退職)[-퇴-/-퉤-]톙 정년이나 징계에 의하지 않고, 근로자가 스스로 신청하여 직장을 그만두는 일.

명예-형(名譽刑)톙 명예를 박탈하는 것을 내용으로 하는 형벌.〔작위나 훈장의 박탈, 자격 상실, 자격 정지 따위.〕

명예-훼:손(名譽毁損)톙 남의 명예에 손상을 입히는 일.

명예^훼:손죄(名譽毁損罪)[-쬐-쒜]톙 남의 명예에 손상을 입힘으로써 성립되는 죄.

명오(明悟)톙 가톨릭에서, 사물에 대하여 밝게 깨닫는 일이나 그런 힘을 이르는 말.

명완(命頑)톙 '명완(命頑)하다'의 어근.

명완(冥頑)톙 '명완(冥頑)하다'의 어근.

명:완-하다(命頑-)톙ⓗ 목숨이 모질다.

명완-하다(冥頑-)톙ⓗ 사리에 어둡고 완고하다.

명왕(名王)톙 ①☞명군(名君).

명왕(明王)톙 ①☞명주(明主). ②불교에서, 악마를 무찌르고 불법을 수호한다는, 무서운 얼굴을 한 신장(神將). 특히, 부동명왕(不動明王)을 이름.

명왕-성(冥王星)톙 태양계에 있는 왜행성. 태양에서의 평균 거리는 약 59억 1000만 km. 지름은 지구의 0.47배, 공전 주기는 248.5년임. 원래 태양계의 아홉 행성 중 하나였으나 2006년부터 왜행성으로 분류됨.

명우(名優)톙〈명배우〉의 준말.

명:운(命運)톙 ☞운명(運命).

명월(明月)톙 ①밝은 달. 백월(白月)¹. ②보름달. 특히, 음력 팔월 보름달.

명월위촉(明月爲燭)톙 밝은 달빛으로 촛불을 대신함.

명월-청풍(明月淸風)톙 밝은 달과 시원한 바람.

명:위(命位)톙 작은 단위 몇을 모아 다른 등급의 단위를 정하는 일.〔열 치를 한 자로, 60분을 한 시간으로 하는 따위.〕

명유(名儒)톙 이름난 선비.

명유(明油)톙 들기름에 무명석(無名石)을 넣어서 끓인 기름. 칠을 하거나 물건을 겯는 데 쓰임.

명의(名義)[-의/-이]톙 ①명분과 의리. ②(개인이나 기관의) 문서상의 이름. ¶내 명의로 계약하다.

명의(名醫)[-의/-이]톙 병을 잘 고치는, 이름난 의사. 국수(國手). 대의(大醫). ㉣양의(良醫).

명의(明衣)[-의/-이]톙 염습(殮襲)할 때, 죽은 이에게 맨 먼저 입히는 옷.

명의^개:서(名義改書)[-의-/-이-]톙 권리자가 변경되었을 때, 증권상 또는 장부상의 명의를 바꾸는 일. 명의 변경.

명의^변:경(名義變更)[-의-/-이-]톙 ☞명의개서.

명의-인(名義人)[-의-/-이-]톙 권리자 또는 법률상의 행위자 등으로서 표면상 이름을 내세운 사람.

명이(明夷)톙〈명이괘(明夷卦)〉의 준말.

명이-괘(明夷卦)톙 육십사괘의 하나. 곤괘(坤卦)와 이괘(離卦)를 위아래로 놓은 괘. 밝음이 땅속으로 들어감을 상징함. ㉣명이(明夷).

명이-주(明耳酒)톙 ☞귀밝이술.

명인(名人)톙 어떤 기예에 뛰어나 유명한 사람. 달인. 명가(名家). ¶대금의 명인. ㉪명수(名手).

명일(名日)톙 명절·국경일 등을 두루 이르는 말.

명:일(命日)톙 ☞기일(忌日).

명일(明日)톙 ☞내일. ↔작일(昨日).

명자(名字)[-짜]톙 ①이름 자(字). ②세상에 널리 소문난 평판. ¶명자가 나다. ③널리 알려진 이름.

명자(名刺)톙 ☞명함(名銜).

명자(明瓷)톙 명나라 때의 자기(瓷器).

명자-나무(←榠樝-)톙 장미과의 낙엽 활엽 관목. 중국 원산의 관상용 식물로 높이는 2 m가량. 가지 끝이 가시로 변한 것도 있음. 봄에 빨강·하양 등의 꽃이 가지 끝에 피고, 길둥근 열매는 여름에 누렇게 익는데, 먹을 수 있고 약용함.

명:-자리(命-)톙 몸 가운데 조금만 다쳐도 목숨이 위험한 자리. 급소.

명자-사미(名字沙彌)[-짜-]톙 불교에서 이르는, 삼사미(三沙彌)의 하나. 스무 살에서 일흔 살까지의 사미.

명자-삼채(明瓷三彩)톙 ☞명삼채(明三彩).

명작(名作)톙 이름난 작품(作品). 뛰어난 작품. ¶세계 명작. /명작 영화. ㉪걸작.

명장(名匠)몡 이름난 장인(匠人). 명공(名工).

명장(名將)몡 뛰어난 장수. 이름난 장수.

명장(明匠)몡 ①학문·기술에 뛰어난 사람. ② '중'을 달리 일컫는 말.

명-장면(名場面)몡 영화나 연극의 아주 훌륭한 장면. ¶영화의 명장면을 모아 편집하다.

명-장자(明障子)몡 ⇨명장지.

명-장지(←明障子)몡 볕이 잘 들도록 얇은 종이를 바르거나 유리를 끼운 장지. 명장자(明障子). ↔맹장지.

명재(名宰)몡 〈명재상(名宰相)〉의 준말.

명:재경각(命在頃刻)몡 거의 죽게 되어 숨이 곧 넘어갈 지경에 이름.

명재명간(明再明間)몡 내일이나 모레 사이.

명-재상(名宰相)몡 정사(政事)에 뛰어나 이름난 재상. 준명상(名相)·명재(名宰).

명저(名著)몡 이름난 저술. 훌륭한 저서.

명적(名籍)몡 ⇨명부(名簿).

명적(明笛)몡 명나라 때의 피리의 한 가지. 길이 70 cm가량의, 대로 만든 횡적(橫笛).

명적(鳴鏑)몡 ⇨우는살.

명전(明轉)몡하자 연극에서, 막(幕)을 내리지 아니하고 조명이 되어 있는 채로 무대 장치나 장면을 바꾸는 일. ↔암전(暗轉).

명절(名節)¹몡 ①국가적·사회적으로 정하여 경축하는 기념일. ②전통적으로 해마다 일정하게 지키어 즐기는 날. 〔설·단오·추석 따위.〕 ¶추석 명절. /명절을 쇠다.

명절(名節)²몡 명분(名分)과 절의(節義).

명절-빔(名節-)몡 명절 때 입는 새 옷.

명정(明正)몡하타 올바르게 밝힘.

명정(明淨)몡 '명정하다'의 어근.

명:정(酩酊)몡하자 술에 몹시 취함. 대취(大醉). ㉠만취(滿醉).

명정(銘旌)몡 붉은 천에 흰 글씨로, 죽은 사람의 관직이나 성명 따위를 쓴 조기(弔旗). 명기(銘旗). 정명(旌銘).

명정-거리(銘旌-)[-꺼-]몡 〔죽은 뒤 명정에 올릴 만한 일이라는 뜻으로〕 '변변치 못한 사람의 분수없는 행동'을 비웃는 말.

명정언과(名正言科)몡 명분이 바르고 말이 사리에 맞음.

명정-월색(明淨月色)[-쌕]몡 밝고 맑은 달빛.

명정-하다(明淨-)혱여 밝고 맑다.

명:제(命題)몡 ①하자 제목을 정함, 또는 그 제목. ②논리적인 판단을 언어나 기호로 나타낸 것. 〔'A는 B이다.' 따위.〕

명조(明朝)¹몡 내일 아침. 명단(明旦).

명조(明朝)²몡 ①중국 명나라의 조정. ②〈명조활자〉의 준말.

명조(冥助)몡 모르는 사이에 입는 신불(神佛)의 도움. 명가(冥加). 명호(冥護).

명조(冥曹)몡 ⇨명부(冥府).

명조지손(名祖之孫)몡 이름난 조상의 자손.

명조-체(明朝體)몡 ⇨명조 활자.

명조^활자(明朝活字)[-짜]몡 활자 자체(字體)의 한 가지. 신문이나 서적에서 가장 널리 쓰이는데, 내리긋는 획이 굵고 건너긋는 획이 가늚. 명조체. 당체. 명조활자(明朝)².

명족(名族)몡 이름난 집안의 겨레붙이.

명존실무(名存實無)몡허웡 이름만 있고 실속이 없음. 유명무실(有名無實).

명:졸지추(命卒之秋)[-찌-]몡 거의 죽게 된 때.

명종(鳴鐘)몡하자 종을 쳐서 울림.

명종-실록(明宗實錄)몡 조선 제13대 임금인 명종의 재위 22년 동안의 실록. 선조 4년에 편찬함. 34권 34책.

명좌(暝坐)몡하자 고요히 눈을 감고 앉음.

명주(名主)몡 정군(正君).

명주(明主)몡 정사(政事)에 밝고 현명한 임금. 명군(明君). 명왕(明王).

명주(明珠)몡 ①아름다운 구슬. ②방합(蚌蛤) 속에서 생긴 진주.

명주(明紬)몡 명주실로 무늬 없이 짠 피륙. 면주(綿紬). 실크(silk). 필백(疋帛). ¶명주 두 동. 명주 고름 〔속담〕 성질이 곱고 보드랍다.

명주 옷은 사촌까지 덥다〔속담〕 가까운 사람이 부귀하게 되면 그 도움이 자신에게까지 미침을 이르는 말.

명주 자루에 개똥〔속담〕 겉은 그럴듯하나 속은 더럽고 우악한 사람을 이르는 말.

명주(溟洲)몡 큰 바다 가운데 있는 섬.

명주(銘酒)몡 특별한 제조법으로 빚어 고유한 상표를 붙인 술.

명주-가(溟州歌)몡 우리나라의 고대 가요. 고구려 때, 한 젊은이가 명주의 처녀와 사랑을 맺었으나 부모의 강압으로 헤어진 뒤, 다시 만나게 되기를 기원한 노래.〔가사는 전하지 않고, '고려사'의 '악지'에 그 설화 내용이 실려 전함.〕

명주-붙이(明紬-)[-부치]몡 명주실로 짠 여러 가지 피륙.

명주-실(明紬-)몡 누에고치에서 뽑아낸 실. 견사(繭絲). 명사(明絲). 면주실. 비단실. 주사(紬絲). 진사(眞絲).

명주-옷(明紬-)[-옫]몡 명주로 지은 옷. ＊명주옷이[-오시]·명주옷만[-온-]

명주-잠자리(明紬-)몡 명주잠자릿과의 곤충. 편 날개 길이 8 cm, 몸길이 3.5 cm가량. 머리는 광택 있는 검은빛, 가슴은 암갈색, 가슴 아래쪽은 누런빛임.

명:-줄(命-)[-쭐]몡 〈수명(壽命)〉의 속된 말. ¶명줄이 길다(짧다).

명:중(命中)몡하자하타 (겨냥한 곳을 쏘아) 바로 맞힘, 또는 바로 맞음. ¶화살이 과녁에 명중하다.

명:중-률(命中率)[-뉼]몡 (목표물에) 명중하는 비율. ¶명중률이 높다(낮다).

명:중-탄(命中彈)몡 (목표물에) 명중한 탄환.

명증(明證)몡 ①하자하타 명백하게 증명함, 또는 명백한 증거. 명징(明徵). ②철학에서, 논증이나 검증에 의하지 않고서도 직관적으로 진리임을 알 수 있는 일. ②직증(直證).

명지(名地)몡 이름난 곳.

명지(明知)몡하타 명확하게 앎.

명지(明智)몡 총명한 지혜. 뛰어난 지혜.

명지-바람(明地-)몡 부드럽고 화창한 바람.

명지-적견(明知的見)[-껸]몡하타 분명하게 알고 똑똑히 봄. 밝은 지혜와 틀림없는 견해.

명질(←名日)몡 민속적으로 해마다 일정하게 지키어 즐기는 날. 〔설·대보름·한가위 따위.〕

명징(明徵)몡몡하타 ⇨명증(明證).

명징(明澄)몡 '명징하다'의 어근.

명징-하다(明澄-)혱여 밝고 맑다. ¶명징한 문장.

명차(名車)몡 품질이 좋은 훌륭한 자동차. 이름난 자동차.

명:찬(命撰)몡하타 임금이 신하에게 책을 펴내도록 명령함.

명찰(名札)몡 ⇨이름표.

명찰(名刹)뗑 이름난 절.

명찰(明察)뗑하타 (사정이나 사태를) 똑똑히 살핌.

명창(名唱)뗑 뛰어나게 노래를 잘 부르는 사람, 또는 그 노래.

명창(明窓)뗑 볕이 잘 드는 밝은 창.

명창(明暢)뗑 '명창하다'의 어근.

명창-정궤(明窓淨几)뗑 〔밝은 창에 깨끗한 책상이라는 뜻으로〕'검소하고 정결한 서재(書齋)'를 비유하여 이르는 말.

명창-하다(明暢-)톙어 ①(목소리가) 밝고 시원하다. ②논지가 분명하고 조리가 있다. 명창-히뿐.

명천(名川)뗑 이름난 강이나 내.

명천(明天)뗑 ①밝은 하늘. ②모든 것을 명찰하는 하느님.

명천지하(明天之下)뗑 〔밝은 하늘 아래라는 뜻으로〕'총명한 임금이 다스리는 태평한 세상'을 비유하여 이르는 말.

명철(明哲)뗑 '명철하다'의 어근.

명철-보신(明哲保身)뗑하자 총명하고 사리에 밝아서, 이치에 맞게 일을 처리하며 자신을 잘 보전함.

명철-하다(明哲-)톙어 총명하고 사리에 밝다. 명철-히뿐.

명첩(名帖)뗑 ☞명함(名銜).

명:초(命招)뗑하타 임금이 신하를 부름.

명촉(明燭)뗑 ①밝은 촛불. ②하타 밝게 살핌.

명충(螟蟲)뗑 ①마디충. ②명충나방의 애벌레.

명충-나방(螟蟲-)뗑 명나방과의 곤충. 몸길이 1cm가량, 편 날개 길이 2.5cm가량. 몸빛은 담회갈색인데, 앞날개는 황갈색이나 암회갈색이고 뒷날개와 배는 흼. 연 2회 발생하는데, '마디충'이라 하는 유충은 벼 따위의 줄기를 갉아 먹는 해충임. 마디충나비. 명아(螟蛾)이 화명충.

명:치뗑 사람 몸에 있는 급소의 하나로, 가슴뼈 아래 한가운데의 오목하게 들어간 곳. 명문(命門). 심와(心窩).

명:치-끝[-끝]뗑 명치뼈의 아래쪽. *명:치끝이[-끄치]·명:치끝을[-끄틀]·명:치끝만[-끈-]

명:치-뼈뗑 명치에 내민 뼈.

명칭(名稱)뗑 (사물을 일컫는) 이름. 명호(名號). 명목(名目). 호칭(呼稱).

명-콤비(←名combination)뗑 서로 호흡이 잘 맞아 일을 잘 해 내는 한 짝. ¶친구와 명콤비를 이루다.

명쾌(明快)뗑 '명쾌하다'의 어근.

명쾌-하다(明快-)톙어 ①(말이나 글의 조리가) 분명하여 시원스럽다. ¶명쾌한 대답. /그의 설명은 명쾌하여 쉽게 이해된다. ②(기분이) 맑고 상쾌하다. 명쾌-히뿐.

명탁(明濁)뗑 맑게 거른 막걸리.

명:탁(命濁)뗑 불교의 오탁(五濁)의 하나. 사람의 수명이 짧아서 백 년을 채우기 어려움.

명-탐정(名探偵)뗑 사건 해결에 능숙한 솜씨를 발휘하는 뛰어난 탐정. 유명한 탐정.

명태(明太)뗑 대구과의 바닷물고기. 몸은 대구와 비슷하나 몸길이 40~60cm. 등은 청갈색이고 배는 은백색이며 옆구리에 두 줄의 암흑색 세로띠가 있음. 한류성(寒流性) 어류로, 우리나라의 동해안과 오호츠크 해·베링 해 등지에 분포함. 동태(凍太)·북어(北魚)·생태(生太)·노가리.

명태-덕(明太-)뗑 명태를 말리는 덕.

명-토(名-)뗑 일부러 꼭 지적하여 말하는 이름이나 설명.
명토(를) 박다[관용] 누구 또는 무엇이라고 이름을 대거나 지목하다. ¶아무개라고 명토 박아 말하다.

명토(冥土)뗑 ☞명도(冥途).

명투(明透)뗑 '명투하다'의 어근.

명투-하다(明透-)톙어 분명히 알아서 환하다.

명판(名判)뗑 ①훌륭하게 내린 판결. ②〈명판관〉의 준말.

명판(名板)뗑 ①어떤 기관이나 대회·회의 등의 이름을 적어 눈에 잘 띄는 곳에 달아 놓는 판. ②기계나 가구 등에 붙여, 제조 회사나 상표 등을 알리는 패쪽.

명-판관(名判官)뗑 훌륭한 재판관. 유명한 판관. 준명판(名判).

명패(名牌)뗑 이름이나 직위 등을 적어 책상 따위의 위에 올려놓는 패. 준이름패.

명:패(命牌)뗑 〔지난날〕①임금이 삼품(三品) 이상의 신하를 부를 때 사용하던, 붉은 칠을 한 나무에 '命'자를 쓴 패. ②형장으로 보내는 사형수의 목에 걸던 패.

명패(銘佩)뗑하타 ☞명심(銘心).

명편(名篇)뗑 썩 잘된 책, 또는 작품. ¶동서고금의 주옥 같은 명편.

명품(名品)뗑 ①뛰어난 물건(작품). ②이름난 상품.

명풍(名風)뗑 이름난 풍수(지관). 명사(名師).

명필(名筆)뗑 썩 잘 쓴 글씨, 또는 글씨를 썩 잘 쓰는 사람.

명:-하다(命-)타어 ①명령하다. ②임명하다. ¶선생님은 그를 반장으로 명했다.

명하-전(名下錢)뗑 (어떤 일을 하기 위하여 돈을 거둘 때) 앞앞이 벌려서 거두는 돈.

명:-한(命限)뗑 목숨의 한도.

명함(名銜·名啣)뗑 ①성명이나 주소·근무처·신분 등을 적은 쪽지. 명자(名刺). 명첩(名帖). ②남의 '성명'을 높여 이르는 말. ②성함(姓銜).
명함도 못 들이다[관용] 수준이나 정도의 차이가 커서 감히 견줄 바가 못 된다는 말.
명함을 내밀다[관용] 존재를 드러내어 보이다.

명함-판(名銜判)뗑 크기가 명함만 한 사진판. 〔길이 8.3cm, 너비 5.4cm 정도.〕

명해(明解)뗑하타 분명하게 풀이함. 분명하고 알기 쉬운 해석.

명해(溟海·冥海)뗑 망망(茫茫)한 바다.

명향(鳴響)뗑하자 소리가 메아리처럼 멀리 울리어 퍼짐.

명현(名賢)뗑 이름 높은 현인(賢人).

명현(明賢)뗑하타 밝고 현명함, 또는 그러한 사람. ¶명현의 글을 낭독하다.

명현(瞑眩)뗑 '명현하다'의 어근.

명현-하다(瞑眩-)톙어 어지럽고 눈앞이 캄캄하다.

명호(名號)뗑 ①물건의 이름. 사물의 호칭. 명목(名目). 명칭(名稱). ②이름과 호.

명호(冥護)뗑하타 사람이 모르는 사이에 신불(神佛)이 보호함. 명가(冥加). 명조(冥助).

명화(名花)뗑 ①이름난 꽃. ②'아름다운 여자' 또는 '이름난 기생'을 비유하여 이르는 말.

명화(名華)뗑 '명문(名門)'을 아름답게 꾸며 이르는 말.

명화(名畫)뗑 ①썩 잘 그린 그림이나 영화. ②유명한 그림이나 영화.

명화(明火)閣 장지 한가운데에 종이 한 겹만 발
라서 불이 환히 비치게 한 부분.

명화-적(明火賊)閣 ①-불한당. ②조선 철종 연
간에 횡행하던 도둑의 무리.

명확(明確) '명확하다'의 어근.

명확-하다(明確-)[-화카-]휑어 분명하고 확실
하다. ¶명확한 사실. /명확한 풀이. 명확-히[-
히]튀.

명환(名宦)閣 중요한 자리에 있는 벼슬. 미관
(美官). ֎요직(要職).

명-후년(明後年)閣 ☞내후년.

명-후일(明後日)閣 모레.

명훈(明訓)閣 사리를 바르게 밝힌 가르침. 훌륭
한 가르침.

몇[명] Ⅰ仐 얼마 만큼의 수. 얼마인지 모르는
수효. ¶아이들 몇이 공놀이를 하고 있다. /올해
네 나이가 몇이냐? * 몇이[며처]·몇만[면-]
Ⅱ관 체언 앞에 쓰이어, 확실하지 않은 수효를
나타내는 말. ¶귤 몇 개만 사 오너라. /몇 사
람이 왔느냐?

몇-몇[면면] Ⅰ仐 얼마 안 되는 수효를 막연히
이르는 말. 몇몇이 모여 의논한다. * 몇몇이
[면며치]·몇몇만[면면-]
Ⅱ관 체언 앞에 쓰이어, 얼마 안 되는 확실하
지 않은 수임을 나타내는 말. ¶몇몇 사람이
모다.

메구(秋口)[메-/메-]閣 ☞소맷부리.

메다[타] 〔옛〕 메다. ¶주거른 太行ㅅ길혜 메옛고
(杜初20:33). /모글 메여 널오더(月釋8:98).

메별(秋別)[메-/메-]閣하자 헤어짐. 이별.

모閣 ①옮겨 심기 위하여 가꾸어 기른 벼의 싹.
¶모를 심다. ②☞모종.
모(를) 붓다[관용] 밭이나 논에 못자리를 만들고
볍씨를 뿌리다.
모(를) 찌다[관용] 모내기를 하려고 모판에서 모
를 뽑다.

모²閣 ①물건의 거죽으로 튀어나온 뾰족한 끝.
¶모가 난 돌. ②성질·행동 등에서 특히 두드
러지게 나타나는 점. ¶모가 없는 성격. ③사
물을 보는 측면이나 각도. ¶어느 모로 보나
내가 적임자다. ④각(角). ⑤모서리. 규(圭).

모³閣 ①윷놀이에서, 윷짝 네 개가 다 엎어진 경
우를 이르는 말. 다섯 자리를 갈 수 있음. ②윷
판에서, 다섯째 자리. 곧, 앞발.

모⁴閣 ①두부나 묵 따위를 잘라 놓은 덩이. ②〔의
존 명사적 용법〕 두부와 묵 따위의 덩이를 세
는 단위. ¶두부 한 모./묵 두 모.

모(毛)閣 동물의 털을 깎아 얻은 섬유. 특히, 양
모(羊毛)를 이름. ¶모로 짠 옷감.

모(母)閣 어머니. 어미. ¶어서 가서 순이 모를
데려오너라.

모(茅)閣 제사를 지낼 때, 모삿그릇에 꽂는 띠
의 묶음.

모(某) Ⅰ대 (주로 성(姓) 뒤에 쓰이어) 아무
개. ¶박모./이모.
Ⅱ관 아무. 어떤. ¶모 회사.

모(mho)閣 전기 전도도(傳導度)의 단위. 단면
적 1 cm², 길이 1 cm인 물체의 전기 저항이 1
전도 옴일 때 그 물체의 전도도. 〔옴의 역수
(逆數)로, 기호는 ℧〕

모(毛)仐관 사(絲)의 10배. 리(厘)의 10분의 1이
되는 수(의). 곧, 10⁻³.

-모(帽)젭미 〔일부 명사 뒤에 붙어〕 '모자'의
뜻을 나타냄. ¶등산모. /작업모. /학생모.

모가비閣 막벌이꾼이나 사당패 같은 낮은 패
(牌)의 우두머리. 꼭두쇠.

모가-쓰다[~쓰니·~써]타 윷놀이에서, 모개로
윷놀이에 쓰다.

모가지閣 ①〈목〉의 속된 말. ②〈파면〉·〈해고〉의
속된 말. ¶말 안 들었다간 당장 모가지야.
모가지를 자르다[관용] '해고하다'·'파면하
다'를 속되게 이르는 말.

모가치閣 제 앞으로 돌아오는 한 몫의 물건. ¶이
것은 내 모가치다.

모각(模刻)閣하자 조각품이나 판목(版木) 따위
를 본떠서 그대로 새김.

모각-본(模刻本)[-뽄]閣 모각한 판목(版木)으
로 박아 낸 인쇄물.

모간(毛茛)閣 ☞미나리아재비.

모간(毛幹)閣 털의, 피부 표면에 노출되어 있는
부분. 모근(毛根)이 아닌 부분.

모감주閣 모감주나무의 열매.

모감주-나무閣 무환자나뭇과의 낙엽 활엽 교목.
절·묘지·마을 부근에 심는데, 높이 10 m가량.
잎은 달걀 모양이며 여름에 누른 꽃이 핌.

모감주^염:주(-念珠)閣 모감주로 만든 염주.
빛이 검고 알이 연밥 같음.

모:강(母薑)閣 씨로 쓰는 새앙.

모개閣 이것저것 한데 몬 수효. 《주로, '모개
로'의 꼴로 쓰임.》 ¶이 과일 모개로 얼마요?

모개(冒槪)閣목. 가장 중요한 길목. ¶모개 관:
關. 모개 익:隘(訓蒙上6).

모개-모개튀 여러 모개로.

모개-흥정閣하자 모개로 흥정함, 또는 그 흥정.

모갯-돈[-개똔/-갣똔]閣 액수가 많은 돈. 모개
로 된 돈. 목돈. ↔푼돈.

모:건(某件)[-껀]閣 (불확실하거나 밝히기 어
려운) 어떠한 일이나 사건. ¶모건으로 경찰서
에 불려 가다.

모-걸기[-끼]閣 목재의 모를 깎아 내어 둥글게
하는 일.

모-걸음閣하자 (앞이나 뒤로 걷지 아니하고) 모
로 걷는 걸음.

모걸음-질閣하자 모로 걸음, 또는 모로 걷는 걸
음걸이.

모:경(冒耕)閣하자 임자의 허락 없이 남의 땅에
농사를 지음, 또는 그 농사.

모:경(暮景)閣 ☞만경(晚景).

모:경(暮境)閣 늘바탕. 만경(晚境).

모:계(牡桂)[-계/-게]閣 육계(肉桂)와 한 가지.
껍질이 비교적 얇고 기름과 살이 적음. 건위
강장제(健胃強壯劑)로 씀. 목계(木桂).

모:계(謀計)[-계/-게]閣하자 계책을 꾀하는 일,
또는 그 계책. ¶적의 모계에 빠지다.

모:계^가족(母系家族)[-계-/-게-]閣 어머니
쪽의 혈연 계통을 이은 가족. ↔부계 가족.

모:계^부화(母鷄孵化)[-계-/-게-]閣 어미 닭
이 알을 품어 병아리를 까는 일. ↔인공 부화.

모:계^사:회(母系社會)[-계-회/-게-훼]閣 ☞
모계 중심 사회.

모:계^제:도(母系制度)[-계-/-게-]閣 혈통이
나 상속 관계가 어머니 쪽의 혈통을 따라 이루
어지는 원시 사회 제도. 모계 제도.

모:계^중심^사회(母系中心社會)[-계-회/-게
-훼]閣 혈통이나 상속 관계가 어머니 쪽을 중
심으로 하여 이루어지던 원시 사회의 한 형태.
모계 사회.

모:계-친(母系親)[-계-/-게-]閣 ☞모계 혈족.
↔부계친(父系親).

모:계^혈족(母系血族) [-계-쪽/-게-쪽]명 어머니 쪽을 중심으로 하는 혈족. 모계친. ↔부계 혈족.

모곡(耗穀)명 환자(還子)를 받을 때, 곡식을 쌓아 둘 동안 축이 날 것을 감정하여 미리 한 섬에 몇 되씩 덧붙여 받던 곡식.

모골(毛骨)명 터럭과 뼈.
모골이 송연(竦然)하다관용 (무슨 일을 보거나 당하거나 했을 때) 끔찍스러워 몸이 오싹해지다. ¶지금 와서 생각해도 모골이 송연한 경험이었다.

모공(毛孔)명 털구멍.

모과(-菓--果)명 네모지게 만든 과줄. 방과(方菓).

모:과(^木瓜)명 모과나무의 열매. 타원형으로 배와 비슷하나 거죽이 좀 울퉁불퉁함. 설탕에 절이어 먹기도 하고, 한방에서 말리어 약재로 쓰기도 함.

모:과-나무(^木瓜-)명 장미과의 낙엽 활엽 교목. 중국 원산으로 과수나 관상수로 심는데, 높이는 10 m가량. 잎은 달걀 모양이며 5월경에 담홍색 꽃이 핌. 열매를 '모과'라 하는데 가을에 누렇게 익음.
모과나무 심사(心思)관용 모과나무처럼 뒤틀리어, '성질이 심술궂고 순순하지 못한 마음'을 비유하여 이르는 말.

모:과-수(←木瓜熟)명 ①껍질을 벗긴 모과를 삶아, 끓인 꿀에 담가서 삭힌 음식. ②파인애플의 껍질을 벗기고 썰어서 설탕물에 담근 통조림.

모관(毛冠)명 ①가톨릭에서, 성직자가 미사 때 쓰는 사각 모자. 〔추기경은 홍색, 신부 이상의 성직자는 흑색임.〕 ②더부룩한 털로 된 새의 볏.

모관(毛管)명 〈모세관(毛細管)〉의 준말.

모:관(某官)명 (불확실하거나 밝히기 어려운) 어떤 벼슬. 아무 벼슬. ¶모관 모직(某職)에 임명하다.

모관-수(毛管水)명 지표 근처의 토양의 입자 사이를 채우고 있는 지하수. 식물의 성장에 가장 관계가 깊은 토양 수분임. 참흡착수(吸着水)·중력수(重力水).

모관쥬(옛)명 모감주. ¶모관쥬 환(槵)(訓蒙上10). /모관쥬 나모(東醫.湯液3:42).

모:교(母校)명 자기의 출신 학교. 자기가 졸업한 학교. ¶모교의 은사(恩師).

모:교(母敎)명 ☞모훈(母訓).

모:교(某校)명 (불확실하거나 밝히기 어려운) 어떤 학교. 아무 학교.

모구(毛具)명 짐승의 털로 만든 여러 가지 방한구.

모구(毛球)명 모근(毛根)의 맨 아래에 있는, 작은 공 모양으로 된 부분.

모구(毛毬)명 고려·조선 시대에, 사구(射毬)에 쓰던 공. 지름 28 cm가량의 공을 채로 결어서 털가죽으로 싸고, 고리를 달았으며, 고리에는 긴 끈을 꿰어 놓았음.

모:국(母國)명 (특히 외국에서) 자기의 조국을 이르는 말. 본국. 조국. ¶재일 교포의 모국 방문.

모:국-애(母國愛)명 (특히 외국에 있으면서 느끼는) 조국에 대한 사랑.

모:국-어(母國語)명 자기 나라의 말. 모어(母語). 본국어.

모군(募軍)[1]명 (공사장 같은 데서) 품팔이하는 사람. 모군꾼.
모군(을) 서다관용 모군이 되어 일을 하다.

모군(募軍)[2]명하자 군인을 모집함. 모병(募兵).

모군-꾼(募軍-)명 ☞모군(募軍)[1].

모군-삯(募軍-)[-싹]명 모군이 받는 품삯. • 모군삯이[-싹씨] · 모군삯만[-쌍-].

모군-일(募軍-)[-닐]명하자 토목 공사 따위의 일.

모:권(母權)[-꿘]명 ①(자식에 대한) 어머니서의 권리. ②(원시 가족 제도에서) 가족에 대하여 행사하던 어머니의 지배권. ↔부권(父權).

모:권-설(母權說)[-꿘-]명 (고대에 부권의 존재에 앞서) 여자가 가정 및 사회의 지배권을 가졌던 시대가 있었다고 하는 설.

모:권-제(母權制)[-꿘-]명 고대에 여성이 가족이나 씨족의 장(長)이 되고, 정치 권력도 가졌던 사회 체제.

모규(毛竅)명 털구멍.

모규^출혈(毛竅出血)명 한방에서, 온몸의 털구멍에서 피가 나오는 병을 이르는 말.

모근(毛根)명 살갗 안에 박힌, 털의 뿌리 부분. 털뿌리. 참모간(毛幹).

모근(毛菫)명 ☞미나리아재비.

모금의 《수 관형사 뒤에 쓰이어》 액체나 기체 따위를 입 안에 한 번 머금는 분량(分量)을 뜻하는 말. ¶물 두어 모금. /담배 한 모금.

모금(募金)명하타되자 기부금 따위를 모음. ¶불우 이웃 돕기 모금 운동.

모:기명 모기과의 곤충을 통틀어 이르는 말. 몸은 머리·가슴·배의 세 부분으로 이루어져 있음. 뒷날개는 퇴화하였으며 가슴에 세 쌍의 긴 다리가 있고, 주둥이는 대롱 모양임. 여름철에 암컷은 사람이나 가축의 피를 빨아 먹고, 수컷은 식물의 즙을 빨아 먹음.
모기 다리에 피 뺀다속담 교묘한 수단으로 약한 사람을 착취하다.
모기도 낯짝이 있지속담 염치없고 뻔뻔스럽다는 말.
모기 보고 칼 빼기[뽑기]속담 아무것도 아닌 하찮은 일에 너무 야단스레 덤빔을 이르는 말. 견문발검(見蚊拔劍).

모:기(耄期)명 여든 살에서 백 살까지의 나이, 또는 그 나이의 노인.

모:기-각다귀[-따-]명 각다귓과의 곤충. 몸길이는 4 mm가량이며, 날개 길이는 5~6 mm임. 몸빛은 검고, 부드러운 회색 털이 빽빽이 났으며, 날개는 가늘고 깊. 우리나라와 일본 등에 분포함.

모:기-둥명 모가 난 기둥. ↔두리기둥.

모:기-발순(-發巡)[-쑨]명하자 땅거미 뒤에 모기가 떼 지어 날아다니는 일.

모:기-약(-藥)명 모기를 잡거나 쫓는 데 쓰는 약.

모:기업(母企業)명 (어떤 기업에 대하여) 자본의 출자 따위로 일정한 지배권을 가지는 기업. 참모회사.

모:기작(冒氣作)명 ☞갑작(匣作).

모:기-장(-帳)명 모기를 막기 위해 치는 장막. 문장(蚊帳).

모:기-향(-香)명 모기를 쫓기 위하여 피우는 향. 제충국(除蟲菊)을 원료로 하여 막대나 나선형으로 만듦.

모:깃-불[-기뿔/-긷뿔]명 모기를 쫓기 위하여 풀 따위의 연기가 나게 피우는 불.

모:깃-소리[-기쏘-/-긷쏘-]명 ①모기가 날아다니는 소리. ②'아주 가냘픈 소리'를 비유하여 이르는 말.

모꼬지명하자 여러 사람이 놀이나 잔치 따위의 일로 모이는 일.

모끼명 재목의 모서리를 후리는 데 쓰는 대패.

모끼-연(-椽)圈 지붕의 양쪽 마구리에 대는 부연(附椽)의 서까래.

모기圈〔옛〕모기. ¶모기 소리(楞解4:3).

모-나다圈 ①모가 져 보이다. ¶모난 돌. ②말이나 하는 짓 따위에 남달리 두드러진 점이 있어 보이다. ¶모나게 행동하다. ③성질이나 언동이 원만하지 못하고 가탈스럽다. ¶큰형은 성격이 모난 데가 없어 아무하고나 잘 지낸다. ④물건의 쓰임에 있어 특히 효과적인 데가 있다. ¶돈을 쓰되 모나게 써라.

모난 돌이 정 맞는다[속담] 성격이나 언행이 가탈스러우면 남의 공격을 받게 된다는 말.

모나드(monad)圈 철학에서, 만물을 실재하게 하는 궁극적인 구성 요소를 이르는 말. 단자(單子).

모나드-론(monad論)圈 ⇨단자론(單子論).

모나르키아니즘(Monarchianism)圈 2세기 말에서 3세기 초에 걸쳐 나타난 기독교의 이단 사상. 신의 단일성을 강조하여, 신은 하나님뿐이라고 주장하며 삼위일체설을 부정함.

모나리자(Mona Lisa 이)圈 미술에서, 1500년경에 이탈리아의 화가 다빈치가 그린 여인상을 이르는 말. 피렌체 귀족의 아내를 모델로 그렸다 하며, 신비로운 미소로 유명함.

모-나무圈 ⇨묘목(苗木).

모나자이트(monazite)圈 세륨·토륨·지르코늄·이트륨 따위가 들어 있는 광석. 단자 정계(單斜晶系)로 알갱이 모양 또는 기둥 모양의 결정. 반투명이며 광택이 있고, 황갈색 또는 적갈색을 나타냄. 회토류 원소의 중요한 원료임.

모낭(毛囊)圈 모근(毛根)을 싸고 있는 주머니처럼 생긴 부분. 털주머니.

모낭-충(毛囊蟲)圈 모낭에 기생하는 병원충. 털진드기. ②모낭진드깃과의 절지동물. 몸길이는 암컷이 0.4 mm, 수컷이 0.3 mm가량이며 가슴에 네 쌍의 가는 다리가 있음. 사람의 눈꺼풀이나 코 주위, 머리 따위의 피지선이나 모낭에 기생함.

모-내기圈[하자] 볏모를 못자리에서 논으로 옮겨 심는 일. 모심기. 이앙(移秧).

모내기 때는 고양이 손도 빌린다[속담] 모내는 시기에는 어른, 아이 할 것 없이 있는 대로 다 참여해야 할 정도로 일손이 부족하다는 말.

모-내다圈 ①모를 못자리에서 논으로 옮겨 심다. 모심다. ¶오늘은 영식이네가 모내는 날이다. ②모종을 내다.

모:녀(母女)圈 어머니와 딸. 어이딸.

모:년(冒年)圈[하자] 나이를 속임.

모:년(某年)圈 (불확실하거나 밝히기 어려운) 어느 해. 아무 해. ¶모년 모월(某月).

모:년(暮年)圈 ⇨노년(老年).

모:념(慕念)圈 사모하는 마음. 모심(慕心).

모노그램(monogram)圈 두 개 이상의 글자를 한 글자 모양으로 도안한 것. 합일 문자.

모노-드라마(monodrama)圈 한 사람의 배우에 의해 상연되는 연극. ㉾일인칭 희곡.

모노럴(monaural)圈 (입체 방송이나 입체 녹음이 아닌) 하나의 재생 장치나 하나의 녹음 장치를 이용하여 하는 보통의 방송이나 녹음. ㉾스테레오(stereo).

모노-레일(monorail)圈 단게 철도. 단게.

모노-마니아(monomania)圈 편집광(偏執狂).

모노마(monomer)圈 화학 반응으로 고분자 화합물을 만들 때에, 그 단위가 되는 화합물. 단량체(單量體).

모노-크롬(monochrome)圈 ①단색(單色). ②단색화(單色畫). ③흑백 사진.

모노클(monocle)圈 단안경(單眼鏡).

모노타이프(monotype)圈 자동 주식기(鑄植機)의 한 가지. 활자를 한 자씩 주조하며 조판하도록 된 장치. ㉾주식기(鑄植機).

모노-포니(monophony)圈 단음악(單音樂).

모놀로그(monologue)圈 독백. ↔다이얼로그.

모-눈종이圈 모눈종이에 나타나 있는 하나하나의 사각형.

모눈-종이圈 일정한 간격으로 여러 개의 가로줄과 세로줄을 엇걸리게 그은 종이. 설계도·도안·도표 따위를 그리는 데 쓰임. 방안지.

모니(牟尼←Muni 범)圈 ①인도에서, 침묵(沈默)의 행업(行業)을 닦는 행자(行者)를 이르는 말. ②[선인(仙人)이라는 뜻으로] '석가(釋迦)'를 높이어 일컫는 말.

모니-불(牟尼佛)圈〈석가모니불〉의 준말.

모니터(monitor)圈 ①방송이나 녹음 따위의 상태를 감시하는 장치, 또는 거기에 종사하는 기술자. ②[방송국이나 신문사 또는 기업체로부터 의뢰를 받고] 방송 프로나 신문 기사 또는 제품 따위에 대하여 의견을 내는 사람. ③방송국 부조정실(副調整室) 따위에 있는 시청 시설. ④컴퓨터에서, 그 내부 시스템 전체의 실행을 감시하는 프로그램. 특정 메모리의 내용을 화면이나 프린터에 표시할 수 있음. 단순히 화면으로 나타내는 출력 장치를 가리키기도 함. ⑤방사능 오염 감시 장치.

모니터링(monitoring)圈 방송국·신문사·기업체로부터 의뢰받은 방송 프로그램이나 신문 기사 또는 제품 따위에 대하여 의견을 제출하는 일.

모닐리아-증(Monilia症)[-쯩]圈 ⇨칸디다증.

모:닝-커:피(morning+coffee)圈 아침에 마시는 커피. 주로, 식사 전에 마시는 커피를 이름.

모:닝-코:트(morning coat)圈 남자가 낮에 입는 서양식 예복의 한 가지. 프록코트 대용으로 입음.

모닝-콜:(morning call)圈 호텔 따위에서, 투숙객을 지정한 시간에 깨워 주는 서비스. 대개 전화로 해 줌.

모:다:〈모으다〉의 준말.

모다기-령(-令)圈 ①한꺼번에 쏟아져 밀리는 여러 명령. ②뭇사람의 공격.

모다기-모다기圈 여러 무더기가 있는 모양. ㉾모닥모닥. ㉾무더기무더기.

모다깃-매[-긴-]圈 뭇매.

모닥-모닥[-당-]圈〈모다기모다기〉의 준말. ㉾무덕무덕.

모닥-불[-뿔]圈 검불이나 잎나무 따위를 모아 피우는 불, 또는 그 불의 더미.

모-당(-糖)圈 ⇨각사탕.

모:당(母堂)圈[높이] ⇨대부인(大夫人).

모대(帽帶)圈 ①사모(紗帽)와 각띠. ②[하자] 관디를 입고 사모를 씀.

모대-관(帽帶官)圈 관디를 입고 사모(紗帽)를 쓴, 직위가 있는 관원.

모더니스트(modernist)圈 ①현대적 경향을 좇는 사람. ②모더니즘을 신봉하는 사람.

모더니즘(modernism)圈 ①현대적 취미나 유행을 좇는 경향. ②1920년대에 구미(歐美)에서 일어난, 도시적이고 근대적인 감각을 나타내는 예술상의 여러 경향.

모던^재즈(modern jazz)圈 현대적인 재즈, 곧 종래의 스윙을 부정하고 멜로디와 하모니를 중요시한, 클래식 수법을 사용한 재즈.

모데라토(moderato 이)명 악보에서, 빠르기를 지시하는 말. '보통 빠르게'의 뜻.

모델(model)명 ①모형. 본보기. ¶신제품의 모델. ②(그림이나 조각을 제작할 때) 표현의 대상으로 삼는 인물이나 물건, 또는 직업적으로 포즈를 제공하는 사람. ③(소설이나 희곡 따위에서) 등장 인물이 되는 실재의 사람이나 소재가 되는 사건. ④조각에서 쓰는, 진흙으로 만든 원형(原型). ⑤(패션모델)의 준말.

모델링(modelling)명 ①모형을 만드는 일. ②(그림이나 조각에서) 명암을 조절하거나 살을 붙이어 실체감을 나타내는 일.

모델-케이스(model case)명 본보기나 표준이 될 만한 사례.

모델^하우스(model house)명 (아파트 등을 지을 때) 본보기용으로 실제와 똑같게 지어 놓은 집. 견본 주택.

모뎀(modem)명 ☞변복조 장치(變復調裝置).

모도(부)(옛) ①모아서. ¶總觀想을 모도 보는 想이라(月釋8:15). ②모두. ¶諸天을 모도 거느리고저 커든(楞解6:12).

모:도(母道)명 어머니로서 지켜야 할 도리.

모도다(타)(옛) 모으다. ¶알뭇 그를 모도아 結ㅎ시니라(法華2:102).

모도록(부)(하형) (풀이나 푸성귀 따위의) 싹이 빽빽하게 난 모양. 모도록-이(부).

모도리명 '아주 야무지고 빈틈없는 사람'을 얕잡아 이르는 말.

모:-도시(母都市)명 가까이 있는 외곽 도시에 대하여, 경제적·문화적으로 지배적인 기능을 가지는 도시. (참)위성 도시.

모:독(冒瀆)(하타) (신성한 것이나 존엄한 것, 청정한 것 등을) 욕되게 함. ¶신성 모독. /법정을 모독한 죄.

모:동(暮冬)명 늦겨울. 만동(晩冬).

모-되[-뙤/-뙈]명 네 모가 반듯하게 된 되. 목판되.

모두(Ⅰ)명 일정한 수효나 양을 기준으로 하여, 빠짐이 없는 전체. ¶우리 모두의 책임이오. (Ⅱ)부 일정한 수효나 양을 빠짐없이 다. 합하여 다. 전부. ¶가족이 모두 편안한가?/물건 값이 모두 얼마요.

모두(毛頭)명 '털끝'으로 순화.

모:두(冒頭)명 이야기나 글의 첫머리.

모두-거리(명)(하자) 두 다리를 한데 모으고 넘어지는 일. ¶장애물을 모두거리로 뛰어넘다.

모두-걸기명 유도에서, 메치기의 한 가지. 상대편을 옆으로 기울여, 한 발로 상대의 발을 옮겨 가는 쪽으로 후려 넘기는 기술.

모두-걸이명 씨름에서, 한쪽 다리로 상대편의 두 다리를 한꺼번에 걸어 넘어뜨리는 발기술의 한 가지.

모두-뜀(명)(하자) 두 발을 한데 모으고 뛰는 뜀.

모두-머리명 여자의 머리를 두 가닥으로 땋지 않고 한 가닥으로 땋아 쪽 찐 머리.

모두-먹기[-끼]명 돈치기를 할 때, 맞히는 사람이 판돈을 다 차지하는 내기. ↔갉아먹기.

모:두^절차(冒頭節次)명 형사 소송에서, 공판을 시작할 때 최초로 행하여지는 절차. 재판장의 인정 신문(人定訊問), 검사의 공소장 낭독, 피고인의 진술 등으로 이루어진다.

모:두^진:술(冒頭陳述)명 형사 소송에서, 재판장의 인정 신문에 이어, 검사가 공소장에 의하여 기소 요지(起訴要旨)를 진술하는 일.

모두-충(毛蠹蟲)명 ☞사면발니.

모둠명 초·중등학교에서, 효율적인 학습을 위하여 학생들을 대여섯 명 내외로 묶은 모임.

모둠-매명 '뭇매'의 잘못.

모둠-발명 뛰는 동작을 하려고 두 발을 가지런히 모은 발. ¶모둠발로 상대의 앞가슴을 공격하다.

모듈:(module)명 ①건축물 따위를 지을 때 기준으로 삼는 치수. ②기어의 톱니 크기를 나타낸 값. mm로 나타낸 피치원의 지름을 톱니 수로 나누어 구함. ③컴퓨터에서, 프로그램을 기능별로 분할한 논리적인 일부분. ④컴퓨터 시스템에서, 부품을 떼 내어 교환이 쉽도록 설계되어 있을 때의 그 부분.

모:드(mode)[1]명 ①수학에서, 대푯값의 한 가지. 도수(度數)가 가장 많이 나타나는 변량(變量)의 수치. (기호는 Mo) 최빈수. ②(~선법(線法). ③복식 따위에서, '유행'을 뜻하는 말. ¶최신 유행 헤어 모드.

모:드(mode)[2]명 특정한 작업을 할 수 있는 어떤 상태. (키보드에서 한글 모드란 한글을 쓸 수 있는 상태를 이름.)

모드라기-풀명 ☞끈끈이주걱.

모드레-짚다(자) (수영에서, 팔을 번갈아가며 앞으로 내밀 때) 윗몸을 조금 기울이며, 내민 팔을 끌어당기면서 헤엄을 치다.

모:-든(관) 여러 가지의. 여러 종류의. 전부의. ¶모든 곤충. /모든 사람.

모들뜨-기명 ①눈을 모들뜨는 버릇이 있는 사람'을 홀하게 이르는 말. ②몸이 한쪽으로 쏠리거나 쳐들리어 넘어지는 모양. ¶다리를 채여 모들뜨기로 쓰러지다.

모들-뜨다[~뜨니·~떠](타) (앞을 볼 때) 두 눈동자를 다 안쪽으로 몰아서 뜨다.

모딜다(형)(옛) 모질다. 사납다. 나쁘다. ¶뒤혜는 모딘 중싱(龍歌30章).

모돈(관)(옛) 모든. ¶모돈 제:諸(類合上16).

모딕(부)(옛) 반드시. ¶모딕 안조더 端正히 호라(蒙法).

모-뜨다[~뜨니·~떠](타) ①남이 하는 짓을 꼭 그대로 흉내 내어 하다. ②모하다.

모라(帽羅)명 사모(紗帽)의 겉을 싸는 얇은 깁.

모라-복두(帽羅幞頭)[-뚜]명 조선 시대에, 전악(典樂)이 공복(公服)을 입을 때 쓰던 복두.

모라토:리엄(moratorium)명 지급 유예.

모락-모락[-랑-](부)(①작은 것이) 순조롭게 자라는 모양. ¶모종이 모락모락 자라다. ②김이나 연기 따위가 조금씩 피어오르는 모양. ¶연기가 모락모락 피어오르다. ③무럭무럭.

모란(*牡丹)명 ①작약과의 낙엽 활엽 관목. 중국 원산의 관상식물로 여러 가지 재배 품종이 있는데, 높이는 2m가량. 잎은 깃 모양의 겹잎이며 5월경에 큰 꽃이 핌. 뿌리의 껍질은 한방에서 '목단피(牧丹皮)'라 하며 약재로 쓰임. 목단(牧丹). 목작약(木芍藥). ②화투짝의 한 가지. 모란을 그린, 6월을 상징하는 딱지.

모란-꽃(*牡丹-)[-꼳]명 모란의 꽃. 목단화. * 모란꽃이[-꼬치]·모란꽃만[-꼰-].

모란-병(*牡丹屏)명 ①모란꽃을 그린 병풍. 경사스러운 때에 침. ②이해조(李海朝)의 신소설의 작품명. (1911년 간행.)

모란-채(*牡丹菜)명 십자화과의 이년생 초본. 양배추의 변종으로 관상용으로 심음. 넓적한 잎은 가장자리가 비교적 밋밋한 것과 쭈글쭈글한 것의 두 가지가 있는데, 짧고 굵은 줄기에 빽빽이 달림. 날씨가 추워지면 잎의 중앙부가 흰색에서 홍자색·황색 등으로 아름답게 변함.

모:람(冒濫)**명하자** 윗사람에게 버릇없이 덤빔.

모람-모람분 가끔가끔 한데 몰아서.

모래명 잘게 부스러진 돌의 부스러기.

　모래가 싹 난다(속담) 결코 있을 수 없는 일을 두고 하는 말.

　모래 위에 물 쏟는 격(속담) 아무 소용없는 일을 하는 것을 두고 하는 말.

　모래 위에 쌓은 성(속담) 수고해 보았자 아무 보람이 없는 일을 두고 하는 말.

모래-땅명 모래가 많은 땅.

모래-무지명 잉엇과의 민물고기. 몸길이 15 cm 가량. 머리가 크고 입술 근처는 우툴두툴하며 한 쌍의 수염이 있음. 몸빛은 은백색 바탕에 등과 옆구리는 엷은 황갈색이고, 배는 흼. 온 몸에 농갈색의 무늬가 많아 모래와 비슷한 보호색을 이루고 있음. 강의 중류나 하류의 모랫바닥에 삶. 우리나라·중국·일본 등지에 분포함. 사어(沙魚). 타어(鮀魚).

모래-밭[-받]명 ①☞모래톱. 사장(沙場). ②흙에 모래가 많이 섞인 밭. ＊모래밭이[-바치]·모래밭을[-바틀]·모래밭만[-반-]

모래-벌판명 모래가 덮여 있는 벌판. 사원(沙原).

모래-사막(-沙漠)명 모래로 이루어진 사막.

모래-사장(-沙場)명 ☞모래톱.

모래-성(-城)명 ①모래를 성처럼 쌓은 것. ②'쉽게 허물어지는 것'을 비유하여 이르는 말.

모래-시계(時計)[-계/-게]명 가운데가 잘록한 호리병 모양으로 된 그릇 위쪽에 모래를 넣고, 그 모래가 일정하게 조금씩 떨어지게 하여 시간을 재는 장치. 사루(沙漏).

모래-알명 모래의 낱 알갱이. 사립(沙粒).

모래-자갈명 낱이 잔 자갈.

모래-주머니명 ①모래를 넣은 주머니. ②새의 소화기의 한 가지. 먹이를 으깨어 부수는 작용을 함. 곡식을 먹는 새에게만 있음. 사낭(沙囊).

모래-집명 ☞양막(羊膜).

모래집-물[-집-]명 ☞양수(羊水).

모래-찜명하자 (몸을 튼튼하게 하거나 병을 치료하기 위하여) 뜨거운 모래 속에 몸을 묻고 땀을 내는 찜질의 한 가지. 사욕. 사증(沙蒸).

모래-톱명 강가나 바닷가에 있는 모래벌판. 모래밭. 모래사장.

모래-판명 ①모래가 많이 깔려 있는 곳. ②씨름판.

모래-펄명 모래가 덮인 개펄.

모래-흙[-흑]명 모래가 많이 섞인 흙. 보통 80 % 이상이 모래로 된 흙을 말함. 경미토. 사토. ＊모래흙이[-흘기]·모래흙만[-흥-]

모랫-길[-래낄/-랟낄]명 ①모래밭에 난 길. ②모래가 깔려 있는 길.

모랫-바닥[-래빠-/-랟빠-]명 모래가 넓게 죽 깔려 있는 바닥. ¶모랫바닥에 사는 생물.

모략(謀略)명하타 남을 해치려고 속임수를 써서 일을 꾸밈. ¶남을 중상하고 모략하다.

모:레[Ⅰ]명 내일의 다음 날. 내일모레. 명후일. 재명일.
　[Ⅱ]분 내일의 다음 날에.

모렌도(morendo 이)명 악보의 나타냄표. '차차 느리고 약하게'의 뜻.

모려(牡蠣)명 ☞굴.

모려(謀慮)명 (무슨 일을) 꾀하는 깊은 궁리.

모:련(慕戀)명하타 사모하여 늘 그리워함, 또는 그 그리움.

모:렴(冒廉)명하자 <모물염치>의 준말.

모:령(冒領)명하타 ①성사(聖事)를 욕되게 함. 독성(瀆聖)함. ②자격 없이 받음.

모:령-성체(冒領聖體)명 가톨릭에서, 죄인이 죄의 사함을 받지 아니하고 성체를 받아먹는 독성(瀆聖) 행위.

모:로분 ①비껴서. 대각선으로. ¶모로 자르다. ②옆으로. ¶모로 눕다.

　모로 가도 서울만 가면 된다(속담) 수단과 방법이야 어떻든 목적만 이루면 된다는 말.

모로(옛)무리4. ¶모로 운:暈(訓蒙下1).

모로매(옛)모름지기. 반드시. ¶必ㅇ 모로매 ㅎ논 뜨디라(訓諺).

모로미(옛)모름지기. ¶花門을 ㅎ마 모로미 머믈우시니(杜重4:14). 참모로매.

모:록(冒錄)명하타 사실이 아닌 것을 사실인 것처럼 기록함, 또는 그 기록.

모록(老碌)'모록하다'의 어근.

모록-하다(老碌)[-로카-]형여 늙어 빠지다.

모롱이명 산모퉁이의 휘어 둘린 곳.

모롱이(莫)명 ①용어의 새끼. ②☞모쟁이2.

모:루명 대장간에서 불린 쇠를 올려놓고 두드릴 때, 받침으로 쓰는 쇳덩이.

모:루-뼈명 중이(中耳) 속의 세 청골(聽骨) 가운데의 뼈. 망치뼈와 등자뼈 사이에 있으며, 귓구멍으로 들어온 음파를 내이(內耳)로 전달함. 침골(砧骨). 참청골(聽骨).

모:루-채명 달군 쇠를 모루 위에 놓고 메어칠 때 쓰는 쇠메.

모류(毛類)명 ①'털 가진 네발짐승'을 통틀어 이르는 말. 모족(毛族). ②솜털이나 강모(剛毛)를 가진 곤충. 모충(毛蟲).

모:르(moor 포)명 ☞몰(mogol).

모르다[모르니·몰라]타여 ①알지 못하다. ¶소식을 모르고 지내다. /저 사람은 모르는 사람이다. ②깨닫지 못하다. 이해하지 못하다. ¶이 글은 그 뜻을 잘 모르겠다. ③기억하지 못하다. ¶누구였는지 잘 모르겠다. ↔알다.

　모르면 약이요 아는 게 병(속담) 차라리 아무것도 모르고 있으면 마음이 편하여 좋은데, 좀 알고 있으면 도리어 걱정거리가 생겨서 편치 않다는 말.

　모르면 몰라도(관용) 대개 그러리라고 믿기는 하나, 확실히 잘라 말할 수 없을 때 앞세우는 말. ¶모르면 몰라도 지금쯤은 도착했을 거요.

모르덴트(Mordent 독)명 꾸밈음의 한 가지. 요음에서 2도 아래의 음을 거쳐 주요음으로 돌아오는 꾸밈음.

모르모트(←marmotte 프)명 '기니피그'를 일상적으로 이르는 말.

모르몬-교(Mormon敎)명 모르몬경(經)을 성전(聖典)으로 하여 1830년 미국인 조셉 스미스가 창립한 종교. [정식 명칭은 '말일 성도 예수 그리스도 교회'.]

모:르-쇠[-쇠/-쉐]명 아는 것이나 모르는 것이나 다 모른다고 잡아떼는 일. ¶대답하기 곤란할 때는 모르쇠가 제일이다.

　모르쇠(를) 잡다[대다](관용) 그저 덮어놓고 모른다고 잡아떼다.

모르타르(mortar)명 회나 시멘트에 모래를 섞어서 물에 갠 것. 시간이 지나면 딱딱하게 굳으며, 벽돌이나 석재 따위를 맞붙이는 데 씀. [시멘트 대신에 석회를 섞은 것을 '석회 모르타르'라고 함.] 교니(膠泥).

모르핀(morphine)명 아편에 들어 있는 알칼로이드의 한 가지. 냄새가 없고 쓴맛이 있는 무색의 결정체로 물에 잘 녹지 않음. 마취제나 진통제로 쓰임.

모르핀^중독(morphine中毒)�명 모르핀 남용으로 생기는 중독증. 급성인 경우에는 몸이 떨리고 어지럽다가 토하게 되며, 호흡 중추에 마비를 일으켜 급사함.

모름지기�부 마땅히. 응당. ¶학생은 모름지기 학업에 힘써야 한다.

모름-하다형어 (생선 따위가) 싱싱한 맛이 적고 조금 타분하다.

모리튀전 노름에서, 여섯 장 중의 넉 장과 두 장이 각각 같은 글자로 맞추어진 경우를 이르는 말.

모리(謀利·牟利)�명하자 (남은 생각지 아니하고) 제 이익만을 꾀하거나 탐함.

모리-배(謀利輩)�명 공익이나 상도의(商道義) 같은 것은 아랑곳하지 않고 갖은 방법으로 자기의 이익만을 꾀하는 사람, 또는 그러한 무리.

모린(毛鱗)〔털과 비늘이라는 뜻으로〕짐승과 물고기류를 통틀어 이르는 말.

모립(毛笠)�명 지난날, 하인들이 쓰던 벙거지.

모르다[몰라]타 (옛) 모르다. ¶朝廷이 모르디 아니컨마른(杜初7:27).

모-막이�명 직육면체로 된 기구의 머리와 끝을 막는 널조각.

모:만(侮慢)�명하자 거만스러운 태도로 남을 업신여기고 저만 잘난 체함.

모:만사(冒萬死)〔만 번 죽기를 무릅쓴다는 뜻으로〕온갖 어려움을 무릅씀.

모-말�명 (곡식 따위를 되는) 네 모가 반듯한 말. 방두(方斗).

모망(芽芒)�명 도자기의 전두리에 있는 흠.

모:매(母妹)�명〈동모매(同母妹)〉의 준말.

모:매(侮罵)�명하자 업신여기어 꾸짖음.

모맥(牟麥·麰麥)�명 밀과 보리.

모:멘트(moment)�명 ①(어떤 일의) 원인. 계기. 기회. ②물리학에서, 물체를 회전시키는 힘의 크기를 나타내는 양.

모면(謀免)�명하자퇴자 (어려운 상황이나 책임·죄 따위에서) 꾀를 쓰거나 운이 좋아서 벗어남. ¶위기를 모면하다.

모면-책(謀免策)�명 벗어나기(면하기) 위한 방책.

모:멸(侮蔑)�명하자 업신여기고 깔봄.

모:멸-감(侮蔑感)�명 모멸을 당하는 느낌. ¶모멸감을 느끼다.

모:멸-스럽다(侮蔑-)[-따][~스러우니·~스러워]형 업신여기고 깔보는 느낌이 있다.

모:명(冒名)�명하자 이름을 거짓으로 꾸며 댐, 또는 그러한 이름.

모:모(某某)Ⅰ대 아무아무. 누구누구. ¶모모가 주선한 모임.
Ⅱ관 아무아무. 아무아무의. ¶그는 모모 대학에 강사로 나가고 있다.

모모-이�부 이모저모 다. 여러모로 모두. ¶모모이 뜯어보다.

모:모-인(某某人)�명 ☞모모제인(某某諸人).

모:모-제인(某某諸人)�명 아무아무라는 여러 사람. 모모인.

모:모-한(某某-)�관 아무아무라고 손꼽을 만한. ¶모모한 인사가 다 모였다.

모:몰(冒沒)�명하자〈모몰염치〉의 준말.

모:몰-염치(冒沒廉恥)[-렴-]�명하자 염치없는 줄 알면서도 일을 무릅쓰고 함, 또는 그런 일. ㈜모렴(冒廉)·모몰(冒沒).

모물(毛物)�명 ①털이 붙은 채 다룬 가죽. ②털로 만든 물건.

모물-전(毛物廛)�명 지난날, 갖옷과 털가죽으로 만든 방한구 따위를 팔던 가게.

모밀�명 '메밀'의 잘못.

모:바일(mobile)�명 휴대용 단말기를 통하여 인터넷에 접속한 뒤, 현장에서 필요한 정보를 처리할 수 있도록 지원하는 무선 데이터 통신 시스템.

모-반(-盤)�명 여섯 모나 여덟 모로 된 목판. ↔두리반.

모:반(母斑)�명 선천적인 원인으로 살갗에 나타난 갈색 또는 검은색 점이나 사마귀·주근깨 따위.

모반(謀反)�명하자 ①배반을 꾀함. ②나라나 임금을 배반하여 군사를 일으킴.

모반(謀叛)�명하자 자기 나라를 배반하고 남의 나라를 좇기를 꾀함.

모발(毛髮)�명 ①사람의 몸에 난 터럭을 통틀어 이르는 말. ②사람의 머리털.

모발^습도계(毛髮濕度計)[-또계/-또게]�명 탈지(脫脂)한 모발이 습도에 따라 늘었다 줄었다 하는 성질을 이용하여 상대 습도를 재게 만든 기구.

모-방(-方)�명 한자 부수의 한 가지. '於'·'施' 등에서의 '方'의 이름.

모-방(-房)�명 안방의 한 모퉁이에 붙어 있는 작은 방.

모방(模倣·摸倣)�명하타 본뜸. 흉내 냄. 모습(模襲). 모본(模本). ¶남의 작품을 모방하다. ↔창조.

모방^본능(模倣本能)�명 (예술·문화의 발생 또는 발달 요인으로서) 모방을 하는 인간의 본능. 유행·전통·습관 등을 형성함.

모방-색(模倣色)�명 어떤 동물이, 독이나 악취·가시 등으로 제 몸을 지키는 다른 동물과 같은 몸 빛깔을 띠는 일, 또는 그 몸 빛깔. 뱀·벌·나비 따위에서 볼 수 있음.

모방-설(模倣說)�명 모든 사회 현상의 근원이 모방에 있다고 하는 사회학설.

모방^예:술(模倣藝術)[-녜-]�명 자연이나 현실의 모습·동작·소리 등을 그대로 본떠서 나타내는 예술, 또는 그러한 작품.

모방^유희(模倣遊戱)[-뉴히]�명 주위의 생활을 모방하는 것을 즐기는 유희. 소꿉장난이나 학교 놀이 따위.

모-밭[-받]�명 묘목(苗木)을 기르는 밭. 묘포. *모밭이[-바치]·모밭을[-바틀]·모밭만[-반-]

모:범(冒犯)�명하자 일부러 법에 어긋나는 말이나 행동을 함.

모범(模範)�명 본받아 배울 만한 본보기. ¶윗사람이 먼저 모범을 보이다. /타의 모범이 되다.

모범-림(模範林)[-님]�명 조림(造林)의 본보기가 되거나, 또는 본보기로 만들어 놓은 숲.

모범-생(模範生)�명 (학업과 품행이 뛰어나서) 남의 모범이 될 만한 학생.

모범-수(模範囚)�명 (교도소의 규칙을 잘 지키어) 다른 죄수들의 모범이 되는 죄수.

모범-적(模範的)�관 본받아 배울 만한 (것). ¶모범적 사례. /모범적인 학업 태도.

모범-택시(模範taxi)�명 일반 택시보다 좋은 시설을 갖추고 질이 높은 서비스를 제공하는 택시. 일반 택시보다 요금이 비쌈.

모:법(母法)[-뻡]�명 어떠한 법의 모체가 되는 법. ↔자법(子法).

모:변(某邊)�명 아무 곳.

모병(募兵)�명하자 군대에서 병사를 뽑음. 모군(募軍)².

모본(模本)**명** ①본보기가 되는 것. ¶모본을 보고 수를 놓다. ②=모형(模型). ③**하타**=모방(模倣).

모본-단(模本緞)**명** 중국에서 나는 비단의 한 가지. 품질이 정밀하고 윤이 나며 무늬가 돋보임.

모불사(貌不似)[-싸]**명하形** ①꼴이 꼴 같지 않음. ②얼굴 생김새가 보잘것없거나 흉악함, 또는 그러한 사람.

모:빌(mobile)**명** 〔'움직이는 조각'이라는 뜻으로〕 가느다란 철사나 실 따위로 여러 가지 모양의 금속판이나 나뭇조각을 매달아 균형의 아름다움을 나타낸 조형품.

모:빌-유(mobile油)**명** 윤활유의 한 가지. 자동차의 엔진과 같이 빠르게 돌아가는 기계의 마찰과 마멸 및 열을 덜기 위하여 쓰임.

모-뿔**명** ☞각뿔.

모뿔-대(-臺)**명** ☞각뿔대.

모사(毛紗)**명** 털실로 짠 사(紗).

모사(毛絲)**명** 털실.

모사(茅沙)**명** 제사를 지낼 때, 그릇에 담은 모래와 거기에 꽂는 띠의 묶음. 강신(降神) 때, 띠의 묶음 위에 술을 따름.

모사(茅舍)**명** ①띳집. 모옥(茅屋) ②'자기 집'을 낮추어 이르는 말.

모:사(某事)**명** 어떠한 일. 아무 일.

모사(帽紗)**명** 사모(紗帽)의 겉을 싸는 얇은 사(紗).

모사(模寫)**명하타** ①무엇을 흉내 내어 그대로 나타냄. ¶성대(聲帶) 모사. ②어떤 그림을 보고 그대로 본떠서 그림.

모사(謀士)**명** ①계책을 세우는 사람, 또는 계책에 능한 사람. ②남을 도와 꾀를 내는 사람. 책사(策士).

모사(謀事)**명하타** 일을 꾀함, 또는 일의 해결을 위한 꾀를 냄.

모사는 재인(在人)이요, 성사(成事)는 재천(在天)이라**속담** 일을 꾸미는 것은 사람이요, 일의 성패는 하늘의 뜻에 달렸다는 말. 성공을 미리 기대하거나 예상하기는 어려우나 모름지기 노력은 다해야 한다는 뜻.

모사-기(茅沙器)**명** ☞모삿그릇.

모사-꾼(謀事-)**명** 약은 꾀로 일을 꾸미는 사람.

모사-본(模寫本)**명** 원본을 본떠서 베낀 책.

모사-설(模寫說)**명** 철학에서, 인식(認識)은 외계 실재(實在)의 충실한 모사·반영이라고 하는 인식론상의 학설. 〔소박 실재론·유물론 따위.〕

모사^전:송(模寫電送)**명** 화면이나 문자 따위를 전기적 신호로 바꾸어 전송(傳送)하고, 수신한 쪽에서 이것을 복원하는 통신 방식. 〔좁은 뜻의 팩시밀리.〕 복사 전송. 텔레팩스(telefax)

모-사탕(*-沙糖)**명** ☞각사탕.

모사-품(模寫品)**명** ①원작의 그림을 그대로 옮기어 그린 미술 작품. ②본떠서 그린 그림.

모산지배(謀算之輩)**명** 꾀를 부리어 이해타산을 일삼는 무리.

모살(謀殺)**명하타되자** 사람을 죽일 것을 꾀함, 또는 계획적으로 사람을 죽임. ¶역적을 모살하다.

모삿-그릇(茅沙-)**명** [-사끄른/-살끄른] 모사를 담는 그릇. 보시기보다 생겼으며 굽이 높음. 모사기(茅沙器). * 모삿그릇이[-사끄르시/-살끄르시]·모삿그릇만[-사끄른-/-살끄른-]

모:상(母喪)**명** ☞모친상. ↔부상(父喪).

모상(模相)**명** 대상의 외부적인 형상을 있는 그대로 본떠서 나타낸 것.

모새**명** 잘고 고운 모래. 세사(細沙).

모색(毛色)**명** ①깃이나 털의 빛깔. 털빛. ②비단의 검은빛.

모색(茅塞)**명** '모색하다'의 어근.

모색(摸索)**명하타** 더듬어 찾음. ¶해결 방안의 모색. /정계 진출을 모색하다.

모색(貌色)**명** 얼굴의 생김새나 차림새.

모:색(暮色)**명** 해질 무렵의 경치. 저물어 가는 풍경.

모:색-창연(暮色蒼然)**명하영** 해질 무렵의 저녁 빛이 매우 어스름함.

모-색하다(茅塞-)[-새카-]**형여** 마음이 물욕(物慾)에 가리어 생각함이 어둡고 답답하다.

모생-약(毛生藥)[-냑]**명** 털이 나게 하는 약. 발모제(發毛劑). 양모제(養毛劑).

모샤브(moshav)**명** 이스라엘의 공동 취락의 한 가지. 소농(小農)들의 집합체로 농토는 각자가 경작하되, 그 밖의 것은 마을 전체가 공유함. 모체는 키부츠(kibbutz)임.

모:서(母書)**명** 〔어머니가 자녀에게 보내는 편지 끝에 쓰는 말로〕 '어머니 씀'의 뜻.

모서(謀書)**명** 거짓으로 꾸민 문서.

모-서다**자** 날카롭게 모가 생기다.

모서리**명** ①물건의 모가 진 가장자리. ¶책상의 모서리. ②수학에서, 다면체 또는 다면각의, 이웃하여 있는 두 면이 만나 이루어지는 선을 이르는 말.

모서리-각(-角)**명** 수학에서, 두 평면이 만나서 생기는 일종의 입체각을 이르는 말.

모서-인(謀書人)**명** 문서를 거짓으로 꾸민 사람.

모선(毛扇)**명** 지난날, 벼슬아치들이 얼굴을 가리던 방한구의 한 가지. 네모반듯하게 겹친 비단 양쪽에 털가죽으로 싼 기다란 자루를 대었음.

모:선(母船)**명** ①작은 배들을 통제하는 큰 배. 어미배. ②(원양 어업 등에서) 부속 어선을 거느리고, 물자의 보급과 어획물의 처리 등을 맡아 하는 큰 배. ③우주선 중에서 사령선(司令船)과 기계선이 연결된 것. 착륙선이 돌아올 때까지 궤도를 돌면서 대기함.

모:선(母線)**명** ①수학에서, 직선의 운동으로 어떤 곡면이 생겼을 경우, 그 선을 곡면에 대하여 이르는 말. ②발전소 또는 변전소에서, 개폐기를 거쳐 각 외선(外線)에 전류를 분배하는, 단면적이 큰 간선(幹線).

모:-선망(母先亡)**명하자** 어머니가 아버지보다 먼저 죽음. ↔부선망(父先亡).

모:설(冒雪)**명하자** 눈 오는 것을 무릅씀.

모:설(暮雪)**명** 저물녘에 내리는 눈.

모:성(母性)**명** 여성이 어머니로서 지니는 본능적인 성질. ↔부성(父性).

모:성-애(母性愛)**명** 자식에 대한 어머니의 본능적인 사랑. ↔부성애.

모:성-형(母性型)**명** 어머니로서의 자질을 두루 갖춘 여성형.

모:세(暮世)**명** 요즘의 세상.

모:세(暮歲)**명** ☞세밑.

모세-관(毛細管)**명** ①〈모세 혈관〉의 준말. ②모세관 현상을 일으킬 정도로 아주 가느다란 관. ⑤모관.

모세관^인력(毛細管引力)[-ㄹ-]**명** 물리학에서, 고체에 접근한 액체면의 분자를 고체가 끌어당기는 힘을 이르는 말.

모세관^현:상(毛細管現象)**명** 물리학에서, 가는 유리관을 액체 속에 세웠을 때, 관 안의 액면(液面)이 관 밖의 액면보다 높아지거나 낮아지는 현상을 이르는 말.

모세-교(←Moses敎)**명** 구약 시대에 모세를 종교적·민족적 영웅으로 숭배하고, 모세 오경(五經)을 중심으로 여호와를 받들던 종교. 고교(古敎).

모세-오:경(←Moses五經)**명** 모세가 지었다고 전해지는 구약 성서의 처음의 다섯 편.〔창세기·출애굽기·레위기·민수기·신명기.〕오경(五經).

모:-세포(母細胞)**명** 분열하기 전의 세포. ↔낭세포(娘細胞).

모세^혈관(毛細血管)**명** 동맥과 정맥을 이으며 조직 속에 그물 모양으로 퍼져 있는 가는 혈관. 이 혈관을 통해 조직에 양분과 산소를 공급하고 노폐물을 심장으로 되돌려 보냄. 실핏줄. 棄모세관.

모:션(motion)**명** ①동작. 행위. ②어떠한 행동을 하기 위하여 예비적으로 취하는 몸짓.¶갈듯한 모션을 취하자 손을 잡는다.

모:션^피칭(motion pitching)**명** 야구에서, 투수가 반칙을 범하지 않는 범위 내에서, 여러 가지 동작으로 타자를 현혹시키려는 투구.

모:소(某所)**명** 어떤 곳. 아무 곳. 모처(某處).

모:소(侮笑)**명하타** 남을 업신여기어 비웃음.

모손(耗損)**명하자되자** 닳거나 줄거나 하여 없어짐. 모감(耗減).

모-송곳[-곧]**명** (끝 부분이) 모가 진 송곳.
＊모송곳이[-고시]·모송곳만[-곤-]

모:수(母數)**명** ①통계학에서, 모집단(母集團)의 특성을 나타내는 정수(定數)를 이르는 말. ②보합산(步合算)에서, 원금을 이르는 말. ③☞매개 변수(媒介變數).

모:수(母樹)**명** 종자나 묘목 따위를 얻기 위하여 가꾸는 나무.

모:수-림(母樹林)**명** 임업용 종자나 묘목을 얻기 위하여 가꾸는 숲.

모수-자천(毛遂自薦)**명** 자기가 자기를 추천하는 일.〔중국 춘추 전국 시대에 조나라에서 초나라에 구원을 청할 사자를 뽑을 때, 모수가 스스로 자기를 천거하였다는 고사에서 유래함.〕

모순(矛盾)**명** ①되자 말이나 행동의 앞뒤가 서로 맞지 않음.〔어떤 상인이 창과 방패를 팔면서 창은 어떤 방패도 뚫을 수 있다고 하고 방패는 어떤 창으로도 뚫지 못한다는 말을 한 데서 유래함.〕¶모순되는 말. ②논리학에서, 두 개의 개념이나 명제 사이에 의미 내용이 서로 상반되는 관계를 이르는 말.

모순^개:념(矛盾槪念)**명** 두 개의 개념 또는 명사(名辭)가 서로 대립하여, 양자 사이에 중간적인 것을 용납하지 않는 개념.〔유(有)와 무(無), 삶과 죽음 따위.〕

모순-당착(矛盾撞着)**명** ☞자가당착.

모순^대:당(矛盾對當)**명** 형식 논리학에서의 대당 관계의 한 가지. 양(量)과 질(質)을 달리하는 두 판단의 진위(眞僞) 관계로, 두 판단이 모두 참이거나 모두 거짓이 될 수 없는 관계, 곧 한쪽이 참이면 다른 한쪽은 반드시 거짓이 되는 대당 관계를 이름.

모순^명사(矛盾名辭)**명** 모순 개념을 표시하는 명사. 곧, 그 속성이 서로 양립할 수 없는 명사.

모순^원리(矛盾原理)**명** [-윌-]**명** ☞모순율.

모순-율(矛盾律)**명** [-뉼]**명** 형식 논리학에서, 동일한 사물에 대하여 그와 모순되는 빈사(賓辭)를 술어(述語)로 할 수 없다는 것. 'A는 A가 아닌 것일 수는 없다.' 또는 'A는 B인 동시에 B 아닌 것일 수는 없다.'와 같은 것. 모순 원리. 閑동일률·배중률(排中律).

모순-적(矛盾的)**관명** 말이나 행동의 앞뒤가 서로 맞지 않는 (것).¶모순적 구조. /모순적인 행동.

모숨명 ①한 줌 안에 들 만한 길고 가느다란 물건. ¶모가 가득으로 모숨을 갈라 머리를 땋다. ②〔의존 명사적 용법〕(가늘고 긴 물건의) 한 줌 안에 들 만한 분량을 세는 단위.¶담배 한 모숨.

모숨-모숨부 여러 모숨으로.¶모숨모숨 땋아 길게 늘어뜨린 머리채.

모:스^부:호(Morse符號)**명** 미국인 모스가 고안한 전신 부호. 점과 선을 여러 가지로 배합하여 글자를 나타내는 것.

모스크(mosque)**명** 이슬람교의 예배당(사원).

모스키:토-급(mosquito級)**명** 아마추어 권투에서, 중량별 체급의 한 가지. 45 kg 이하로, 주니어부의 최경량급임.

모슬(毛瑟)**명** ☞사면발니.

모슬렘(Moslem)**명** 이슬람교도.

모슬린(←mousseline 프)**명** 얇고 보드랍게 짠 모직물.

모습명 ①(사람의) 생긴 모양.¶얼굴 모습. /아기가 웃는 모습이 참 귀엽다. ②(자연이나 사물의) 생긴 꼴.¶서울의 발전된 모습. ③자취나 흔적.¶모습을 감추다. /아무리 기다려도 모습을 드러내지 않았다.

모습(模襲·摸襲)**명하타** ☞모방(模倣).

모시명 ①모시풀의 껍질에서 뽑은 실로 짠 피륙. 저포(紵布). ②〈모시풀〉의 준말.
　　모시 고르다 베 고른다〔속담〕①처음에 뜻하던 바와는 전혀 다른 결과에 이름을 이르는 말. ②좋은 것을 골라 가지려다가 도리어 좋지 못한 것을 차지하게 됨을 이르는 말.

모시(毛詩)**명**〔중국 한나라의 모형(毛亨)이 전했다고 하여〕'시경(詩經)'을 달리 이르는 말.

모:시(某時)**명** 아무 때.¶모일(某日) 모시.

모시-나비명 호랑나빗과의 곤충. 편 날개 길이 7 cm가량. 몸빛은 황백색 또는 녹색을 띠며 날개는 반투명임. 우리나라에는 5월에 나타남.

모:시다타 ①손윗사람을 받들며 가까이에서 시중들거나 함께 살다.¶귀한 손님을 모시다. /시부모님을 모시고 살다. ②손윗사람을 안내하여 목적지로 가거나 오다.¶선생님을 대까지 모시다. ③손윗사람을 어떤 자리에 앉혀 드리다. ¶상석에 모시다. ④존귀한 대상물을 어느 곳에 자리잡아 두어 받들다.¶신주(神主)를 모시다. /산소를 모시다. ⑤(제사나 장례 따위) 행사를 지내다.¶제사를 모시다.

모시-박사(毛詩博士)**명** [-싸]**명** 모시(毛詩), 곧 시경(詩經)에 능통한 사람을 이르는 말.

모시-조개명 ☞가무락조개.

모시-풀명 쐐기풀과의 다년초. 섬유 자원으로 재배하는 귀화 식물. 잎은 심장 모양이며 뒷면에 잔털이 있고, 여름에 수꽃은 황백색, 암꽃은 담녹색으로 핌. 껍질의 섬유는 모시의 원료가 되고, 뿌리는 민간에서 이뇨제나 통경제로 쓰임. 저마(苧麻). 棄모시.

모:시^함:라(-亢羅)**명** [-나]**명** 모시로 짠 항라.

모식(模式)**명** 본보기가 될 만한 형식.

모식-도(模式圖)**명** [-또]**명** (어떤 것의 구조나 원리, 현상 따위를) 한눈에 알 수 있도록 도식적(圖式的)으로 그린 그림.

모신(謀臣)**명** 지모(智謀)에 뛰어난 신하.

모:심(慕心)**명** ☞모념(慕念).

모-심기[-끼]**명하자** ☞모내기.

모-심다[-따]짜 ☞모내다.

모:씨(母氏)몡 흔히 아랫사람과 대화할 때 그 어머니를 이르는 말.

모아-들다[~드니·~들어]짜 모여들다. ¶광장 앞으로 사람들이 모아들었다.

모아들-이다타 『'모아들다'의 사동』 모아들게 하다. ¶학생들을 강당으로 모아들이다.

모악-동물(毛顎動物)[-똥-]몡 동물계의 한 문(門). 바다에서 부유(浮遊) 생활을 함. 몸은 무색투명하며, 가늘고 긴 대롱 모양인데, 길이 0.5~0.7cm임. 머리에 악모(顎毛)가 있고 곤 두 쌍의 옆지느러미와 하나의 꼬리지느러미가 있음. 〔화살벌레 따위.〕

모:암(母岩)몡 광상(鑛床)을 둘러싸고 있는 암석, 또는 광물을 지니고 있는 암석.

모:애(慕愛)몡하타 사모하고 사랑함.

모:액(母液)몡 고체와 액체의 혼합물에서 고체와 양금을 뺀 나머지의 액.

모액(帽額)몡 (문 따위에 치는) 발의 윗머리에 가로로 길게 댄 헝겊.

모:야(暮夜)몡 이슥한 밤.

모:야간-에(暮夜間-)튀 어두운 밤중에. 이슥한 밤중에.

모:야모야(某也某也)때 아무아무. 아무개 아무까.

모:야-무지(暮夜無知)이슥한 밤중이라서 보고 듣는 사람이 없음.

모양(模樣·貌樣)몡 ⅠⅠ①겉으로 본 생김새나 형상. ¶머리 모양이 다양하다. ②(차림새나 단장 따위를) 곱게 꾸민 꾸밈새. ¶모양을 잔뜩 부렸다. /열일곱이라니 모양을 낼 나이도 되었네. ③어떤 형편이나 상태, 또는 되어 가는 꼴. ¶사는 모양이 말이 아니다. ④체면. ¶나 때문에 일을 그르치고 보니 이거 원 모양이 말이 아닐세. ⑤'그러한 방법'을 뜻함. (주로, '모양으로'의 꼴로 쓰임.) ¶그 모양으로 했다가는 성공하기 어렵겠네. ⑥(비교하는 명사 뒤에 쓰이어) 어떤 모습과 같은 모습. ¶미친 사람 모양으로 날뛰다.
ⅡⅡ①('-ㄴ'·'-ㄹ' 등 관형사형 어미에 이어 쓰이어) 그렇게 짐작됨을 뜻함. ¶비가 올 모양이지?/저 신사가 교장 선생님이신 모양이오. ②('모양으로'의 꼴로 쓰이거나 '같다'·'이다'와 함께 쓰이어) 그렇게 추측함을 뜻함. ¶얼굴을 보니 한바탕 난리를 친 모양이군.

모양이 개잘량이다속담 명예와 체면을 형편없이 잃었음을 이르는 말.

모양(이) 사납다관용 보기에 흉하다.

모양(이) 아니다관용 모양이 안되어서 차마 볼 수 없을 정도다. ¶며칠 되게 앓고 나더니 영 모양이 아니다.

모양(이) 있다관용 모양이 좋다. 맵시가 있다. 보기에 좋다.

모양-내다(模樣-)짜 꾸미어 맵시를 내다.

모양내다 얼어 죽겠다속담 실속은 없이 겉보기나 형식만 신경 쓰다가는 낭패할 수 있음을 핀 잔하는 말.

모양-새(模樣-)몡 ①모양의 됨됨이. ¶새로 지은 집의 모양새가 나쁘다(좋다). ②체면의 꼴. ¶모양새를 갖추다.

모양체-근(毛樣體筋)몡 모양체 안에 있는 평활근(平滑筋). 모양체의 신축을 맡음.

모양(옛)모양. ¶金色 모야히 드넚 光이러시니(月釋2:51).

모:어(母語)몡 ①☞모국어. ②같은 계통의 여러 언어가 지리적·시대적으로 분화하여 나가기 이전의, 모체가 되는 언어. 〔프랑스 어나 이탈리아 어 들에 대한 라틴 어 따위.〕

모여-나다짜 ☞뭉쳐나다.

모여-들다[~드니·~들어]〔'모이어 들다'가 줄어서 된 말로〕지정된 장소나 목적지로 모여 오다. ¶장꾼이 모여들기 시작하다.

모여-오다타 '가져오다'의 궁중말. ¶지 모여오오.(요강 가져오시오.)

모역(謀逆)몡하짜 ①역적질을 꾀함. ②지난날, 종묘(宗廟)나 능(陵)·궁전 등의 파괴를 꾀한 죄를 이르던 말.

모연(募緣)몡하타 중이 시주(施主)에게, 돈이나 물건을 절에 기부하게 하여 선연(善緣)을 맺게 하는 일.

모:연(暮煙)몡 저녁 무렵의 연기.

모연-문(募緣文)몡 모연하는 글.

모영(毛穎)몡 털붓.

모오리-돌몡 모나지 않고 둥글둥글한 돌.

모옥(茅屋)몡 ①띠나 이엉 따위로 이은 허술한 집. 띳집. 모자(茅茨). ②수간(數間)모옥. ②'자기 집'을 낮추어 이르는 말. 모사(茅舍).

모와(牡瓦)몡 수키와. ↔빈와(牝瓦).

모:욕(侮辱)몡하타[되다]깔보고 욕보임. ¶모욕을 당하다. /모욕을 참다.

모:욕-감(侮辱感)[-깜]몡 모욕을 당한 느낌. ¶심한 모욕감에 얼굴이 일그러졌다.

모:욕-적(侮辱的)[-쩍]관용 깔보고 욕되게 하는 (것). ¶모욕적 언동. /호의를 모욕적으로 받아들이다.

모:욕-죄(侮辱罪)[-쬐·-쮀]몡 공공연하게 남을 모욕함으로써 성립되는 죄. 〔친고죄(親告罪)임.〕

모용(毛茸)몡 식물의 거죽에 생기는 잔털.

모용(貌容)몡 얼굴 모양. 용모(容貌).

모우(毛羽)몡 ①길짐승의 털과 날짐승의 깃. ②길짐승과 날짐승을 묶어 이르는 말.

모우(牡牛)몡 소의 수컷. 수소. ↔빈우(牝牛).

모우(牦牛·旄牛)몡 솟과의 동물. 무소와 비슷하며, 몸이 길쭉하고 등에는 검은 털이 있음. 양타이 산맥과 히말라야 산맥 사이의 고원 지대에서 삶.

모:우(冒雨)몡하짜 비를 무릅씀.

모:우(暮雨)몡 저녁 무렵에 내리는 비.

모우-미성(毛羽未成)몡〔새의 깃이 덜 자라서 아직 날지 못한다는 뜻으로〕'사람이 아직 어림'을 이르는 말. 慾자연 영간.

모:운(暮雲)몡 저물 무렵의 구름.

모:원-병(母原病)[-뼝]몡 어머니가 원인이 되어 태아가 어머니 배 속에서 걸린 병. 말이 늦거나 무기력증이 생김.

모:월(某月)몡 아무 달. ¶모월 모일(某日).

모:유(母乳)몡 어머니의 젖. 어머닛젖. ¶아기에게 모유를 먹이다.

모:유^영양법(母乳營養法)[-뼙]몡 낳은 어머니가 자기 젖으로 아기를 기르는 일. 慾자연 영양.

모으다[모으니·모아]타 ①(흩어진 것을) 한곳에 합쳐 놓다. ¶휴지를 주워 모으다. /두 손을 모으고 기도하다. ②한곳에 오게 하다. 모이게 하다. ¶관객을 모으다. /회원을 모으다. ③한곳에 집중시키다. ¶의견을 모으다. /시선을 모으다. /세간의 관심을 모은 소설. ④돈이나 재물 따위를 벌어서 축적하다. ¶주식 투자로 큰돈을 모았다. ⑤수집하다. ¶수석(壽石)을 모으는 취미./골동품을 사 모으다. ⑥모으다.

모:음(母音)[뗑] 사람이 낱숨으로 목청을 울려 입을 통하여 내는 소리. 입 안에서 장애를 받음이 없이 순하게 나오는 유성음으로, 단모음과 이중 모음의 구별이 있음. 홀소리. ⑪자음(子音).

모음-곡(-曲)[뗑] 기악곡의 한 형식. 몇 개의 곡을 모아서 하나의 곡으로 만든, 여러 악장으로 된 악곡. 조곡(組曲).

모:음^교체(母音交替)[뗑] ①[인도·게르만 어족의 언어에서] 어느 단어 중에서, 어떤 모음의 음색이나 길이가 그 단어의 의미나 기능에 변화에 따라 바뀌는 현상. [drink:drank:drunk 따위.] ②[우리말에서] 모음의 분화나 대립을 파생하는, 어근 모음의 교체. [남다〈餘〉:넘다〈溢〉, 삭다〈酵〉:썩다〈腐〉, 낡다〈古〉:늙다〈老〉 따위.]

모:음^도표(母音圖表)[뗑] 각각의 모음을 음성적 성질에 따라 가른 그림표. ⑪모음 삼각형.

모:음^동화(母音同化)[뗑] 앞 음절의 'ㅏ·ㅓ·ㅗ·ㅜ'가 뒤 음절의 'ㅣ' 모음의 현상으로 'ㅐ·ㅔ·ㅚ·ㅟ'로 변하는 현상. ['어미'가 '에미'로 변하는 따위.]

모:음^삼각형(母音三角形)[-가켱][뗑] 모음을 발음할 때의 혀의 위치와 입을 벌리는 정도 및 음색(音色)의 다름을 나타낸 삼각형 모양의 도표. ⑪모음 도표(母音圖表).

모:음-조화(母音調和)[뗑] 국어의 모음 동화의 한 가지. 양성 모음(ㅏ·ㅗ)은 양성 모음끼리, 음성 모음(ㅓ·ㅜ·ㅡ)은 음성 모음끼리 어울리는 현상. 의성어나 의태어 또는 어간과 어미 사이에 두드러지게 나타남. [찰싹찰싹·얼룩덜룩, 깡아·꺾어 따위.] 홀소리어울림.

모의(毛衣)[-의/-이][뗑] ☞갖옷.

모의(模擬)[-의/-이][뗑][하다] 실제와 비슷한 형식과 내용으로 연습 삼아 해 봄.

모의(謀議)[-의/-이][뗑][하다] ①[무슨 일을] 꾀하고 의논함. ②여럿이 같은 의사로써 범죄의 계획 및 실행 수단을 의논함.

모의-고사(模擬考査)[-의-/-이-][뗑] ☞모의 시험.

모의-국회(模擬國會)[-의-구쾨/-이구꿰][뗑] [학교 같은 데서] 국회를 본떠서 의사(議事)의 진행 및 토론 따위를 연습 삼아 해 보는 일.

모의-시험(模擬試驗)[-의-/-이-][뗑] [입학 시험이나 채용 시험에 대비하여] 실제의 시험과 똑같은 방식으로 해 보는 시험. 모의고사.

모의-장(毛衣匠)[-의-/-이-][뗑] 〈모의장이〉의 준말.

모의-장이(毛衣-)[-의-/-이-][뗑] 지난날, 모물전에서 갖옷붙이를 만들던 장인(匠人). ㉣모의장.

모의-재판(模擬裁判)[-의-/-이-][뗑] [학교 같은 데서] 실제의 재판을 본떠서 논고·변론·심리·선고 등을 연습 삼아 해 보는 일.

모의-전(模擬戰)[-의-/-이-][뗑] 군대에서, 실전에 대비하여 연습 삼아 하는 가상의 전투.

모이[뗑] 닭이나 날짐승의 먹이.

모이다¹[자] 『'모으다'의 피동』 ①여럿이 한곳으로 오다. 집합하다. ¶청중이 모이다. ②돈이나 재물이 쌓이다. ¶푼돈이 모이어 목돈이 된다. ㉣뫼다.

모이다²[형] 작고도 여무지다. ¶작달막하나 똘똘하게 모인 몸매.

모이^작물(-作物)[-장-][뗑] 모이로 쓰기 위하여 가꾸는 작물.

모이-주머니[뗑] ☞멀떠구니.

모이-통(-桶)[뗑] 모이를 담는 통.

모:인(某人)[뗑] 아무 사람.

모:인(冒認)[뗑] 남의 물건을 제 것인 양 속임.

모인(摹印)[뗑] 한자의 팔체서(八體書)의 한 가지. 옥새(玉璽) 글자에 쓰던 글씨체임.

모:일(某日)[뗑] 아무 날. ¶모일 모시(某時).

모임[뗑] [어떤 목적으로] 때와 곳을 정하여 모이는 일. 집회. 회합. ¶동문 모임을 가지다.

모임-이름씨[-니-][뗑] ☞집합 명사.

모:자(母子)[뗑] 어머니와 아들. 어이아들.

모:자(母姉)[뗑] 어머니와 손위 누이. 자모(姉母).

모:자(母慈)[뗑] 어머니의 사랑.

모자(茅茨)[뗑] ①띠와 남가새. ②☞모옥(茅屋).

모자(眸子)[뗑] 눈동자.

모자(帽子)[뗑] ①〈갓모자〉의 준말. ②현대식 쓰개를 통틀어 이르는 말. ③바둑에서, 변(邊)에 놓인 상대편 돌의 중앙 진출을 막기 위하여, 한 칸이나 두 칸 위쪽에 모자를 씌우듯이 두는 수, 또는 그 돌. 帽姿부착(帽着).

모:자^가정(母子家庭)[뗑] [아버지가 없이] 어머니와 자식만으로 된 가정.

모:자-간(母子間)[뗑] 어머니와 아들의 사이.

모자-걸이(帽子-)[뗑] [객실이나 현관 등에 마련해 놓은] 모자 따위를 거는 세간.

모:자라다[자] ①어떤 기준이나 정도에 이르지 못하다. ¶어학 실력이 모자라다./일손이 모자라다./잠이 모자라다. ②지능이 정상적인 사람에 미치다. ¶좀 모자라는 사람.

모자반[뗑] 모자반과의 바닷말. 줄기는 1~3 m 이상 자라며, 부착근(附着根)으로 바위에 붙어 삶. 우리나라와 태평양 연안에 분포하는데, 연한 것은 말려서 먹고 질긴 것은 비료 따위에 쓰임. 마미조(馬尾藻).

모:자^보:건법(母子保健法)[-뻡][뗑] 모체의 생명과 건강을 보호하고, 건강한 자녀를 낳아 잘 바르게 기르도록 함으로써 국민 보건에 이바지한다는 목적으로 제정된 법률.

모자이크(mosaic)[뗑] 미술에서, 여러 가지 빛깔의 돌이나 유리·조가비 따위의 조각을 박거나 붙여서 도안이나 그림으로 나타낸 장식물, 또는 그러한 기법.

모자이크-난(mosaic卵)[뗑] 수정란에서, 세포의 각 부분이나 할구(割球)가 특정의 기관만을 만들도록 되어 있는 알. [연체동물과 환형동물의 알 따위.] ⑪조절란(調節卵).

모자이크-병(mosaic病)[뗑] 식물에서, 바이러스의 감염으로 생기는 병의 한 가지. 잎에 황백색의 도드록한 얼룩이 생겨 모자이크 모양으로 얼룩얼룩해지고, 가장자리가 오그라듦. 담배·토마토 따위에 많음.

모자-챙(帽子-)[뗑] 모자에 달려 있는 챙.

모자-표(帽子標)[뗑] 모자에 붙이는 일정한 표지. 모장(帽章). ⑪모표(帽標).

모:자-합(母子盒)[뗑] 큰 합 안에 작은 합이 또 들어 있는 합.

모작(模作)[뗑][하다] 남의 작품을 그대로 본떠서 만듦, 또는 그 작품. ↔창작(創作).

모작-패(-牌)[뗑] 금광에서, 광부 몇 사람이 한 패가 되어서 광석을 캐어, 광주(鑛主)에게 정한 분철(分鐵)을 주고, 남는 이익을 덕대와 함께 나누어 가지는 일, 또는 그러한 패.

모-잡이[뗑] 모낼 때, 모만 심는 일꾼.

모장(帽章)명 ⇨모자표(帽子標).

모:재(母材)명 ①중요 재료. 특히, 콘크리트에서의 시멘트 따위. ②용접에서, 용접되거나 절단되는 쪽의 금속 재료.

모재(募財)명하자 여러 곳에서 돈을 모음.

모-재비명 통나무 속을 파내어 길쭉하고 네모지게 만든 큰 그릇.

모-잽이명 옆 방향. ¶모잽이로 눕다.

모잽이-헤엄명 수영에서, 옆으로 누워서 치는 헤엄. 사이드스트로크. 횡영(橫泳).

모-쟁이¹명 (모를 낼 때) 모춤을 벌려 도르는 사람을 이르는 말.

모쟁이²명 숭어의 새끼. 모롱이².

모전(毛氈)명 ⇨과물전(果物廛).

모전(毛氈)명 짐승 털의 섬유를 가열·압축하여 넓은 직물처럼 만든 것. 양탄자처럼 베실을 넣어 짠 것도 있음. 깔개 등으로 쓰임.

모-점(-點)명 세로쓰기에서 쓰이는 쉼표 ' 、 '의 이름. ⑪반점(半點).

모:정(母情)명 (자식에 대한) 어머니의 정.

모정(茅亭)명 짚이나 새 같은 것으로 지붕을 인 정자(亭子).

모:정(慕情)명 사모하는 마음.

모:제(母弟)명 〈동모제(同母弟)〉의 준말.

모르-총(Mauser銃)명 독일의 마우저가 발명한 연발식 소총.

모조(毛彫)명 (금속·상아·조개껍데기 따위에) 끝이 날카로운 끌을 써서, 가는 선으로 무늬나 글자를 새기는 일, 또는 그 작품.

모조(模造)명 ①하타 본떠서 만듦, 또는 그 물품. 의제(擬製). ¶모조 보석. /유명 상표의 가방을 모조한 가짜 상품. ②〈모조품〉의 준말.

모조-금(模造金)명 금의 대용품인 합금을 통틀어 이르는 말.

모조^대:리석(模造大理石)명 시멘트에 특수한 약품을 혼합하여 경화·응결시킨 것. 경도가 높고 물·불·산에 잘 견딤. 스토니.

모조리부 하나도 빠짐없이 모두. 처음부터 끝까지 죄다. ¶있는 대로 모조리 잡다.

모조-석(模造石)명 ⇨인조석.

모조-지(模造紙)명 (인쇄용으로 많이 쓰이는) 양지(洋紙)의 한 가지. 백상지(白上紙).

모조^진주(模造眞珠)명 유리알에 진주정(眞珠精)이라는 진주 광택을 가진 도료를 칠하여 만든 진주의 모조품. 인조 진주.

모조-품(模造品)명 모방하여 만든 물건. ⑧모조(模造).

모족(毛族)명 ⇨모류(毛類).

모종(-種)명하타 (옮겨 심기 위하여 씨앗을 뿌려 가꾼) 어린 식물, 또는 그것을 옮겨 심는 일. 모¹.

모:종(某種)명 (불확실하거나 밝히기 어려운) 어떠한 종류. 《주로, '모종의'의 꼴로 쓰임.》 ¶모종의 사건. /모종의 음모를 꾸미다.

모종-비(-種-)명 [-삐] 모종하기에 알맞게 때 맞추어 내리는 비.

모종-삽(-種-)명 모종을 옮겨 심을 때 쓰는 조그맣고 갈쭉한 삽.

모종-순(-種筍)명 [-쑨] 모종의 어린순.

모종-판(-種板)명 모종을 가꾼 자리.

모:주(母主)명 〔주로 편지 글에서〕'자기 어머니'를 높이어 일컫는 말.

모:주(母酒)명 ①밑술. ②술을 거르고 남은 찌꺼기. 재강. ③〈모주망태〉의 준말.
　모주 장사 열 바가지 두르듯[속담] 내용이 빈약한 것을 겉만 꾸미어 내려는 말.

모주(謀主)명 일을 주장하여 꾀하는 사람.

모주(謀酒)명하자 술 먹을 방책을 꾀함.

모:주-꾼(母酒-)명 ⇨모주망태.

모:주-망태(母酒-)명 술을 늘 대중없이 많이 먹는 사람을 농조로 이르는 말. 모주꾼. ⑧모주.

모:죽지랑-가(慕竹旨郎歌)[-찌-]명 신라 효소왕(孝昭王) 때 득오(得烏)가 죽지랑을 추모하여 읊은 팔구체(八句體)의 향가.

모지(拇指)명 '무지(拇指)'의 잘못.

모-지다형 ①형상이 둥글지 않고 모가 나 있다. ¶모지게 깎은 방망이. ②(성질이나 언행이) 모난 데가 있다. ¶모진 성격.

모지라-지다자 물건의 끝이 닳거나 잘려서 없어지다. ¶모지라진 붓. ⑬무지러지다.

모지락-스럽다[-쓰-][형][(-스러우니·-스러워)] [형변] 보기에도 억세고 모진 듯하다. 모지락스레하다.

모지랑-붓[-분]명 끝이 다 닳은 붓. *모지랑붓[-부시] /모지랑붓만[-분-]

모지랑-비명 끝이 다 닳은 비.

모지랑이명 (오래 써서) 끝이 닳아 모지라진 물건. ¶모지랑이가 된 연갈.

모직(毛織)명 털실로 짠 피륙.

모직-물(毛織物)[-찡-]명 털실로 짠 피륙·편물·양탄자 따위.

모직혼-식(毛織婚式)[-지콘-]명 결혼기념식의 한 가지. 서양 풍속으로, 결혼 40주년에 부부가 모직물로 된 선물을 주고받으며 기념함. ⑪견혼식(絹婚式).

모진(耗盡)명하자 되자 닳거나 줄어서 다 없어짐.

모:질다[모지니·모질어]형 ①차마 못할 짓을 능히 해는 함부로 하는 성질이 있다. ¶마음을 모질게 먹다. ②(견디기 어려운 일을) 잘 배겨 내는 성질이 있다. ¶모진 것이 사람의 목숨이라…. ③(기세·따위가) 매섭고 거세다. ¶모진 세파. ④정도가 지나치게 심하다. ¶모진 학대.
　모진 놈 옆에 있다가 벼락 맞는다[속담] 나쁜 사람을 가까이하면 그 사람과 함께 화를 입게 된다는 말.

모:질-음명 어떤 고통을 견디거나 이겨 내려고 모질게 쓰는 힘. ¶모질음을 쓰다.

모집(募集)명하타 ①조건에 맞는 사람이나 사물을 모음. ¶사원 모집. /문예 작품 모집. ②기부금 따위를 널리 구하여 모음. ¶기금 모집. ③채권이나 보험 따위의 청약을 권하여 모으는 일. ¶공채 모집 /주식을 모집하다.

모집^공채(募集公債)[-꽁-]명 발행과 함께 자금을 수납시키는 보통 공채. ↔교부 공채.

모집다[-따]타 ①남의 허물을 명백히 지적하다. ¶약점을 모집다. ②모조리 집다.

모:-집단(母集團)[-딴]명 통계 조사의 대상이 되는 사물의 집단. 표본을 추출하는 바탕인 전체의 집단.

모짝부 있는 대로 한 번에 몰아서. ¶이번 태풍에 과수원이 모짝 결딴났다. ⑧무쩍.

모짝-모짝[-짱-]부 ①한쪽에서부터 차례로 모조리 뽑거나 먹어 들어가는 모양. ¶잠초를 모짝모짝 뽑다. ②한쪽에서부터 모조리 먹어 들어가거나 처리해 버리는 모양. ¶누에가 뽕잎을 모짝모짝 갉아 먹다. ⑧무쩍무쩍.

모쪼록부 아무쪼록. 부디. ¶모쪼록 건강에 유의하시기 바랍니다.

모-찌기명하자 모판에서 모를 뽑는 일.

모착(帽着)명하자 바둑에서, 변에 있는 상대편 돌의 세력을 꺾기 위하여, 한 칸 띄워서 모자를 씌우듯 두는 일. ⑪모자(帽子).

모착-하다[-차카-]웹어 아래위를 잘라 낸 듯이 짤막하고 뚱뚱하다.

모창(模唱)圀 어떤 사람, 특히 가수의 창법(唱法)과 음성을 흉내 내어 노래 부르는 일.

모채(募債)웹한 공채나 사채 따위를 모집함.

모책(謀策)圀하타 계책을 꾸밈, 또는 그 계책. ¶모책을 세우다.

모:처(某處)圀 (불확실하거나 밝히기 어려운) 아무 곳. 어떤 곳. 모소(某所). ¶지금 모처에서 비밀 회담이 열리고 있다.

모-처럼閂 ①벼르고 별러서 처음으로(가까스로). ¶모처럼 장만한 피아노. ②일껏 오래간만에. ¶모처럼 오셨는데 며칠 묵고 가셔야지요. /모처럼 하늘이 맑게 개었다.

모처럼 능참봉(陵參奉)을 하니까 한 달에 거둥이 스물아홉 번[속] 모처럼 기다리던 일이 이루어졌으나 어렵고 힘만 들었지 얻은 것이 없다는 말.

모처럼 태수(太守) 되니 턱이 떨어져[속] 모처럼 이룬 일이 허사가 되고 말았을 때 이르는 말.

모:처혼(母處婚)圀 모계 사회에서, 신랑이 신부의 씨족 집단으로 들어가서 살던 결혼 풍속. ↔부처혼(父處婚).

모:천(母川)圀 송어나 연어 따위 물고기가 바다에서 거슬러 올라와, 알 낳을 곳으로 삼는 하천.

모:천(暮天)圀 저물 무렵의 하늘.

모:천-국(母川國)圀 송어나 연어 따위 물고기가 알을 낳는 하천을 가진 연안국(沿岸國).

모첨(茅簷)圀 초가지붕의 처마.

모:체(母體)圀 ①(아이나 새끼를 가진) 어미의 몸. ¶태아는 모체로부터 영양을 받는다. ②'현재의 형태의 기반이 되었던 것'을 비유하여 이르는 말. ¶구제(舊制) 사범학교를 모체로 하는 대학.

모:체^전염(母體傳染)圀 병원체가 모체를 통하여 다음 세대에 전염되는 일.

모초(毛綃)圀 중국에서 나는 비단의 한 가지. 모초단(毛綃緞).

모초(茅草)圀 圀띠3.

모초-단(毛綃緞)圀 ☞모초(毛綃).

모추(毛錐)圀 털붓.

모:추(暮秋)圀 ①늦가을. 만추(晚秋). ②'음력 구월'을 달리 이르는 말. 양추(涼秋).

모:춘(暮春)圀 ①늦봄. 만춘(晚春). ②'음력 삼월'을 달리 이르는 말. ②앵월(櫻月).

모-춤圀 볏모나 모종을 묶은 단.

모춤-하다웹어 (길이나 분량이) 어떤 한도에 차고 좀 남다. ¶모춤한 작대기.

모충(毛蟲)圀 송충이·쐐기벌레 등과 같은, 몸에 털이 있는 벌레를 통틀어 이르는 말. 모류.

모:충(謀忠)圀하타 남을 위하여 꾀를 내어 줌.

모:측(母側)圀①어머니 곁. 어머니 슬하. ②어머니 쪽.

모치(牡痔)圀 ☞수치질.

모:친(母親)圀 어머니. ↔부친.

모:친-상(母親喪)圀 어머니의 상사(喪事). 모상(母喪). ↔부친상.

모침(貌侵·貌寢) '모침하다'의 어근.

모침-하다(貌侵-·貌寢-)웹어 ①몸집이 작고 얼굴이 못생기다. ②됨됨이가 옹졸하다.

모:칭(冒稱)圀하타 이름을 거짓으로 꾸며 댐.

모츠라기圀 옛 메추라기. ¶모츠라기 암:鶉(訓蒙上17).

모카-커:피(Mocha coffee)圀 예멘의 모카에서 나는, 부드러우며 향이 진한 커피.

모:켓(moquette)圀 객차 따위의 의자 천으로 많이 쓰이는, 보풀이 있는 직물. 벨벳과 비슷함.

모코밍(옛날에 입던) 길이가 짧은 저고리.

모탕圀 ①나무를 패거나 자르거나 할 때, 밑에 받쳐 놓는 나무토막. ②곡식이나 궤짝 따위를 땅바닥에 쌓을 때, 밑에 괴는 나무.

모탕-세(-貰)[-쎄]圀 지난날 여각(旅閣)이나 장터에서, 남의 곡식 따위를 보관하여 주고 그 세로 받던 돈.

모태圀 ①(인절미나 흰떡 따위를) 안반에 놓고 한 차례에 쳐서 낼 수 있는 떡의 분량. ②『의존 명사적 용법』 안반에 놓고 한 차례에 쳐서 낼 수 있는 떡의 분량을 세는 단위. ¶인절미 한 모태.

모:태(母胎)圀 ①어미의 태 안. ②'사물이 발생하거나 발전하는 데 바탕이 된 토대'를 비유하여 이르는 말. ¶이 기업의 모태는 구멍가게였다.

모태-끝[-끝]圀 (흰떡을 안반에서 비비어 썰때에) 가락을 맞추어 자르고 난 나머지의 떡. *모태끝이[-끄치]·모태끝을[-끄틀]·모태끝만[-끈-]

모:터(motor)圀 ①(증기 기관이나 증기 터빈, 내연 기관 따위의) 원동기를 통틀어 이르는 말. ②전동기(電動機).

모:터-바이시클(motor bicycle)圀 가솔린 엔진을 장치하여 자동적으로 움직이게 된 자전거. 모터바이크. 모터사이클. 오토바이.

모:터-바이크(motor bike)圀 ☞모터바이시클(motor bicycle).

모:터-보:트(motor-boat)圀 모터를 추진기로 하는 보트. 발동기정(發動機艇). ⓑ똑딴선.

모:터사이클(motorcycle)圀 ☞모터바이시클.

모:터-쇼:(motor show)圀 자동차, 자동차 엔진, 자동차 부품 따위의 전시회.

모태圀 지난날, 벼슬아치가 머리에 쓴 우장(雨裝). 갈모테와 같으나 훨씬 큼.

모:텔(motel)圀 자동차 여행자가 이용할 수 있는 숙박 시설.

모:토(母土)圀 뫼를 �967, 관(棺)이 들어가 놓일 구덩이를 만들기 위해 깎아 낸 흙. 모토(를) 뽑다[관용] 모토를 깎아 내다.

모토(moto 이)圀 악보에서, 빠르거나 화성(和聲) 진행을 나타내는 용어에 덧붙여 쓰이는 말. '움직임'의 뜻.

모토(motto)圀 일상의 행동이나 태도의 지침이 되는 짤막한 말. 표어. 좌우명(座右銘). ¶성실을 평생 모토로 삼다.

모투저기다타 (돈이나 물건을) 아껴서 조금씩 모으다.

모퉁이圀 ①구부러지거나 꺾이어 돌아간 자리. ¶모퉁이를 돌다. ②(복판을 기준으로 하였을 때의) 구석진 곳이나 가장자리. ¶운동장 모퉁이. ③좁은 범위의 어떤 부분. ¶서울의 어느 모퉁이에 사는지 어떻게 아니?

모퉁잇-돌[-이똘/-읻똘]圀 ☞주춧돌. 초석(礎石). ②(교회의 초석이 된다는 뜻으로) '예수'를 비유하여 이르는 말.

모:티브(motive)圀 ☞모티프(motif).

모:티비즘(motivism)圀 동기설(動機說).

모티프(motif 프)圀 ①(문학이나 예술 작품에서의) 표현이나 창작의 동기, 또는 동기가 되는 중심 사상. 모티브. ②음악에서, 악곡을 구성하는 선율이나 리듬의 최소 단위. 동기. ③(편물·장식·벽지 따위의) 디자인의 주요한 요소.

모-판(-板)**명** ①(들어가서 손질하기 편리하도록) 못자리의 사이사이를 떼어 직사각형으로 구획한 곳. ②☞묘상(苗床).

모판-흙(-板-)[-흑]**명** 기름진 흙이나 퇴비 따위를 섞어 모판 바닥에 까는 흙. 상토(床土). *모판흙이[-흘기]·모판흙만[-흥-]

모포(毛布)**명** 담요.

모표(帽標)**명** <모자표(帽子標)>의 준말.

모-풀[-뿔]**명** 못자리에 거름으로 넣는 풀.

모:풍(冒風)**명하자** 바람을 무릅씀.

모피(毛皮)**명** 털가죽. ¶모피 코트.

모피(謀避)**명하타** 꾀를 써서 피함, 또는 피하려고 꾀함.

모피-상(毛皮商)**명** 모피를 팔고 사는 장사, 또는 그 장수.

모필(毛筆)**명** 털붓.

모필-화(毛筆畫)**명** 붓으로 그린 그림. 동양화는 대개 이에 딸림.

모핑(morphing)**명** ['metamorphing'을 줄인 말로] 컴퓨터 애니메이션 기법의 한 가지. 하나의 형상에서 어떠한 다른 형상으로 변환시킬 때, 그 변화 과정을 나타내는 데 사용하는 기법.

모:하(暮夏)**명** ①늦여름. 만하(晩夏). ②'음력 유월'을 달리 이르는 말. ②선우월(蟬羽月).

모-하다(模-)**타여** ①글씨나 그림 위에, 투명한 종이를 대어 그대로 그리다. ②본보기대로 그리다.

모하메드-교(Mohammed教)**명** ☞이슬람교.

모:한(冒寒)**명하자** 추위를 무릅씀.

모:함(母艦)**명** <항공모함>·<잠수 모함>의 준말.

모함(謀陷)**명** 꾀를 써서 남을 어려운 처지에 빠뜨림. ¶간신들의 모함을 받다. ⑪참함.

모:항(母港)**명** (어떤) 배가 근거지로 하는 항구. (어떤) 배가 출항해야 할 항구.

모해(謀害)**명하타** 모략을 써서 남을 해침.

모:험(冒險)**명하자타** ①위험을 무릅씀. ¶모험을 감행하다. ②성공할 가망이 적은 일을 성공을 바라며 해 봄. ¶요즘같은 불황기에 창업하는 것은 아주 위험한 모험이다.

모:험-가(冒險家)**명** 모험을 좋아하는 사람.

모:험-담(冒險談)**명** 모험적인 행동·견문·사실 따위에 대한 이야기. ¶모험담을 늘어놓다.

모:험^소:설(冒險小說)**명** 주인공의 모험적인 행동을 주제로 한 소설.

모:험-심(冒險心)**명** 모험을 즐기는 마음. 모험에 도전하기를 좋아하는 마음. ¶모험심이 강하다.

모:험-적(冒險的)**관명** 위험을 무릅쓰고 하는 (것). ¶모험적인 투자.

모:험-주의(冒險主義)[-의/-이]**명** 모험적인 정책이나 방침을 취하는 주의.

모헤어(mohair)**명** 앙고라염소의 털, 또는 그것으로 짠 모직물이나, 그와 비슷하게 짠 직물.

모혈(毛血)**명** 지난날, 종묘와 사직의 제사에 제물로 쓰던 산짐승의 털과 피.

모:형(母型)**명** 활자의 글자 면을 주조하는 데 쓰는, 쇠붙이로 된 틀. 자모(字母).

모형(牡荊)**명** 마편초과(馬鞭草科)의 낙엽 관목. 화단에 관상용으로 가꾸는데, 여름에 암자색의 꽃이 잎겨드랑이에 주렁주렁 핌. 줄기와 잎은 달이어 이뇨제와 통경제로 쓰임.

모형(模型·模形)**명** ①똑같은 모양의 물건을 만들기 위한 틀. 모본(模本). ¶모형을 뜨다. ②원형을 줄여서 만든 본(本). 새긴꼴. ¶비행기 모형. ③☞그림본. ④☞수본(繡本). ⑤미술에서,

작품을 제작하기 전에 미리 만들어 보는 본보기. ②형(型).

모형-도(模型圖)**명** 모형을 그린 그림.

모호(模糊·糢糊)[구관] 막(漠)의 10분의 1, 준순(逡巡)의 10배가 되는 수(의). 곧, 10⁻¹³.

모호(模糊)² '모호하다'의 어근.

모호로비치치^불연속면(Mohorovičić不連續面)[-송-]**명** 지각과 맨틀과의 경계가 되는 불연속면. 지하 5~70km의 깊이에 있으며, 이 면 아래에서 지진파 속도와 밀도가 급증함. ②모호면.

모호-면(←Mohorovičić面)**명** <모호로비치치 불연속면>의 준말.

모호-하다(模糊)**형여** 흐릿하다. 분명하지 않다. ¶모호한 대답. /모호한 태도를 보이다.

모화(帽花)**명** ☞어사화.

모:화(慕化)**명하자** 덕을 사모하여 거기에 감화됨.

모:화(慕華)**명하자** 중국의 문물이나 사상을 우러러 사모함.

모:화-관(慕華館)**명** 조선 시대에, 중국 사신을 영접하던 곳.

모화관 동냥아치 떼쓰듯[속담] 경우에 닿지 않는 말로 성가시게 군다는 뜻.

모화대(帽靴帶)**명** 사모(紗帽)·목화(木靴)·각띠를 아울러 이르는 말.

모:화-사상(慕華思想)**명** 중국의 문물을 흠모하여 따르려는 사상.

모:-회사(母會社)[-회-/-훼-]**명** (어떤 회사에 대하여) 자본의 참가나 임원의 파견 따위로 지배권을 가지는 회사. ↔자회사(子會社).

모:후(母后)**명** 임금의 어머니. 황태후.

모:훈(母訓)**명** 어머니의 가르침. 모교. 자훈.

목(←頸)**명** ①척추동물의 머리와 몸통을 잇는 잘록한 부분. ¶목이 긴 사슴. ②<목구멍>의 준말. ¶목을 축이다. ③(어떤 물체에서) 목처럼 생긴 부분. ¶목이 긴 유리병. ④곡식의 이삭이 달린 부분. ¶벼의 목. ⑤(다른 곳으로는 빠져나갈 수 없는) 중요한 통로의 좁은 곳. ¶노루가 지나다니는 목. ⑥<목소리>의 준말. ¶목을 가다듬다. /목이 쉬다.

목 멘 개 겨 탐하듯[속담] 감당할 힘도 없으면서 지나친 욕심을 부린다는 말.

목에 거미줄 치다[관용] ☞입에 거미줄 치다.

목에 핏대(를) 올리다<세우다>[관용] 몹시 노하거나 흥분하다.

목에 힘을 주다[관용] 거드름을 피우거나 남을 깔보는 듯한 태도를 보이다. ¶반장이 되더니 목에 힘을 주고 다닌다.

목을 걸다[관용] ①목숨을 바칠 각오를 하다. ¶목을 걸고 맹세하다. ②직장에서 쫓겨나는 것을 무릅쓰다. ¶신사업을 목을 걸고 추진하다.

목(을) 놓아<놓고>[관용] 주로 울거나 부르짖을 때에 참거나 삼가지 않고 큰 소리를 내어. ¶목을 놓고 울다.

목을 떼다<따다>[관용] ☞목(을) 베다.

목(을) 베다<자르다>[관용] (직장에서) 쫓아내다. 목을 떼다.

목(을) 축이다[관용] (목이 말라) 물 따위를 조금 마시다.

목이 간들거리다[관용] ①죽음을 당할 위급한 처지에 놓여 있다. ②어떤 직위에서 밀려날 절박한 형편에 놓여 있다.

목(이) 달아나다<떨어지다>[관용] ①죽음을 당하다. ②직장에서 쫓겨나다.

목이 마르게(관용) 몹시 애타게.
목이 붙어 있다(관용) ①살아남아 있다. ②해고 당하지 않고 머물러 있다.
목이 빠지게 기다리다(관용) 몹시 애타게 기다리다.
목(이) 타다(관용) 물이 몹시 마시고 싶다.
목²의 금광에서 합자질할 때 나오는, 납이나 은 따위가 섞인 가루 모양의 광석.
목³의 ☞결(結)⁴.
목⁴의 (옛) 뿡. 꿰미. ¶구은 구슬 갓긴 五百 목(老解下60).
목(木)① ①〈목요일〉의 준말. ②오행(五行)의 하나. 방위로는 동쪽, 계절로는 봄, 빛깔로는 푸른빛에 해당함. ③무명.
목(目) ①예산 편성상의 구분의 하나. 항(項)의 아래이고 절(節)의 위임. ②생물 분류상의 한 단계. 강(綱)과 과(科)의 사이.
목(牧)명 고려 중기 이후와 조선 시대의 지방 행정 단위. 각 목에는 정삼품의 목사(牧使)를 두어 다스리게 하였음.
목가(牧歌)[-까]명 ①목동이나 목부의 노래. ②전원생활을 주제로 한 시가나 가곡.
목가-적(牧歌的)[-까-]관명 목가처럼 평화롭고 소박하며 서정적인 (것). ¶목가적 시풍. / 목가적인 풍경.
목각(木刻)[-깍]명-하다태 ①(그림이나 글씨 따위를) 나무에 새김. ¶목각 불상(佛像). ②〈목각화〉의 준말. ☞목각 활자의 준말.
목각-화(木刻畫)[-까콰]명 나무에 새긴 그림. ☞목각.
목각^활자(木刻活字)[-까콸짜]명 나무에 새긴 활자. 목활자(木活字). ☞목각.
목간(木竿)[-깐]명 ☞장나무.
목간(木幹)[-깐]명 나무의 줄기.
목간(木簡)[-깐]명 글을 적은 나뭇조각, 또는 나뭇조각에 적은 편지나 문서. 중국에서 종이 없던 시대에, 죽간(竹簡)과 함께 쓰이었음.
목간(沐間)[-깐]명〈목욕간〉의 준말.
목간-통(沐間桶)[-깐-]명 ☞목욕통.
목갑(木匣)[-깝]명 나무로 만든 갑.
목강(木強)'목강하다'의 어근.
목강-하다(木強-)[-깡-]형여 억지가 세고 만만치 않다.
목-거리[-꺼-]명 목이 붓고 몹시 아픈 병.
목-걸이[-꺼리]명 ①목에 거는 물건. ②보석 등을 꿰어 목에 거는 장식품.
목검(木劍)[-껌]명 검술을 익힐 때 쓰는, 칼 모양으로 다듬은 나무 막대. 나무칼. 목도(木刀).
목격(目擊)[-껵]명-하다태되자 눈으로 직접 봄. 목견(目見). 목도(目睹). ¶사고 현장을 목격한 사람을 찾다.
목격-담(目擊談)[-껵땀]명 목격한 것에 대한 이야기. ¶목격담을 듣다.
목격-자(目擊者)[-껵짜]명 어떤 일을 눈으로 직접 본 사람. ¶목격자를 찾다.
목견(目見)[-껸]명-하다타되자 ☞목격(目擊).
목계(木枅)[-께/-꼐]명 박공(博栱) 위에 부연(附椽)처럼 얹어서 기와를 받도록 한 나무.
목계(木桂)[-께/-꼐]명 ☞모계(牡桂).
목곧-이[-꼬지]명 '억지가 세어 좀처럼 굽히지 않는 사람'을 농조로 이르는 말. 강항령.
목골(木骨)[-꼴]명 목조로 된 건축물의 뼈대, 또는 목재로 뼈대를 삼는 방식. ☞철골(鐵骨).
목-골통이(木-)[-꼴-]명 나무로 파서 만든 골통대.

목공(木工)[-꽁]명 ①나무를 다루어 물건을 만드는 일. ②☞목수(木手).
목-공단(木貢緞)[-꽁-]명 무명실로 짠 공단.
목공-소(木工所)[-꽁-]명 나무를 다루어, 가구·창문틀 따위 여러 가지 물건을 만드는 곳.
목공-품(木工品)[-꽁-]명 나무를 다루어 만든 가공품. 〔책상·소반·나막신 따위.〕
목과(木瓜)[-꽈]명 한방에서, '모과'를 약재로 이르는 말.
목곽(木槨)[-꽉]명 나무로 만든 네모난 외관(外棺), 또는 광(壙). 낙랑 시대와 삼국 시대의 고분에서 흔히 볼 수 있음.
목관(木棺)[-꽌]명 나무로 짠 관.
목관(牧官)[-꽌]명 ☞목사(牧使).
목관-묘(木棺墓)[-꽌-]명 널무덤.
목관^악기(木管樂器)[-꽈낙끼]명 목질의 관으로 된 악기. 오늘날에는 구조·발음 원리가 비슷한 금속제의 것도 포함하여 이름. 〔색소폰·플루트 따위.〕☞금관 악기.
목광(目眶)[-꽝]명 ☞눈시울.
목교(木橋)[-꾜]명 ☞나무다리1.
목교(目巧)[-꾜]명 ☞눈썰미.
목구(木毬)[-꾸]명 지난날, 격구(擊毬)할 때 쓰던, 나무로 만든 공.
목-구멍[-꾸-]명 입속 맨 안쪽의 기도와 식도로 통하는 곳. 인후(咽喉). 후문(喉門). 준목1.
목구멍 때도 못 씻었다(속담) 음식을 너무 적어서 아주 조금밖에 먹지 못하였다. 비간에 기별도 안 갔다. ☞간(肝).
목구멍의 때를 벗긴다(속담) 오랜만에 맛있는 음식을 실컷 먹는다.
목구멍이 포도청(捕盜廳)(속담) 먹고살기 위하여 차마 못할 짓까지 함을 이르는 말.
목구멍에 풀칠하다(관용) 굶지 않을 정도로 겨우 먹고살다.
목구멍-소리[-꾸-]명 ☞후음(喉音).
목궁(木弓)[-꿍]명 애끼찌나 산뽕나무로 만든 활.
목균(木菌)[-꾼]명 말려서 꼬치에 꿴 버섯.
목극(木屐)[-끅]명 ☞나막신.
목-극토(木克土·木剋土)[-끅-]명 오행설에서 이르는 상극(相剋)의 하나. 나무(木)가 흙(土)을 이긴다는 뜻. ☞목생화(木生火).
목근(木根)[-끈]명 ☞나뭇뿌리.
목근(木筋)[-끈]명 콘크리트 구조물에서, 철근 대신에 심으로 넣는 나무.
목근(木槿)[-끈]명 무궁화 또는 무궁화나무.
목금(木琴)[-끔]명 ☞실로폰.
목금(目今)[-끔] 〔Ⅰ〕명 눈앞에 닥친 현재. 목하. ¶목금의 현실을 직시하다. 〔Ⅱ〕부 이제 곧.
목기(-끼)명 기름틀의 챗날과 머리틀 사이에 끼는 목침처럼 생긴 나무토막.
목기(木器)[-끼]명 나무로 만든 그릇.
목-기러기(木-)[-끼-]명 나무로 만들어 채색을 한 기러기. 전통 혼례에서 산 기러기 대신으로 씀. 목안(木雁).
목기-법(木寄法)[-끼뻡]명 조각술의 한 가지. 여러 가지 나뭇조각을 맞추어 모양을 만들되, 한 나무로 만든 것같이 하는 법. 기본법(寄本法).
목기-전(木器廛)[-끼-]명 나무 그릇을 팔던 가게나 시전(市廛). 목물점.
목-낭청(睦郎廳)[-몽-]명 〔춘향전에 나오는 인물에 빗대어〕 '이래도 응 하고 저래도 응 하는 사람'을 조롱하여 이르는 말.

목낭청-조(睦郞廳調)[몽-쪼]圈 분명하지 않은 태도. 어름어름하면서 얼버무리는 말씨. (주로, '목낭청조로'의 꼴로 쓰임.》 ¶목낭청조로 말하다.

목-놀림[몽-]圈하邳 어린애의 목구멍을 축일 정도로 젖을 적게 먹임, 또는 그만큼밖에 안 나는 젖의 분량.

목농(牧農)[몽-]圈 〈목축 농업〉의 준말.

목-누름[몽-]圈 씨름에서, 상대편의 목덜미를 팔로 눌러서 엎어지게 하는 기술.

목눌(木訥) '목눌하다'의 어근.

목눌-하다(木訥-)[몽-]혱 순박하고 말재주가 없다.

목-다리(木-)[-따-]圈 ①ㄒ나무다리². ②ㄒ협장(脇杖).

목단(牧丹)[-딴]圈 ㄒ모란.

목단-피(牧丹皮)[-딴-]圈 한방에서, '모란 뿌리의 껍질'을 약재로 이르는 말. (성질이 차서 월경 불순이나 혈증(血症)·타박상·피부 반진 따위를 고치는 데 쓰임.〕

목단-화(牧丹花)[-딴-]圈 ㄒ모란꽃.

목-달구(木-)[-딸-]圈 큰 나무토막으로 만든 달구.

목-달이[-따리]圈 ①버선목의 안찝 헝겊이 겉으로 걸쳐 넘어와 목이 된 버선. ②바닥이 다 해져서 발등만 덮이는 버선.

목-담[-땀]圈 (광산촌 등에서) 버력으로 쌓은 담.

목대¹[-때]圈 지난날, 돈치기할 때 준돈을 맞히는 데 쓰던 물건. 두꺼운 엽전이나 당백전(當百錢)을 두세 겹으로 붙이고 구멍에 봉을 박아 만들거나, 납 따위로 둥글납작하게 만듦.

목대²[-때]圈 멍에 양쪽 끝의 구멍에 꿰어서, 소의 목 양쪽에 대는 가는 나무.
    목대(를) 잡다판용 여러 사람을 거느리고 일을 시키다.

목-대야(木-)[-때-]圈 나무로 만든 대야.

목대-잡이[-때-]圈 목대를 잡아 일을 시키는 사람.

목-대접(木-)[-때-]圈 나무로 만든 대접.

목-덜미[-떨-]圈 목의 뒷부분. ¶목덜미를 잡다. /목덜미를 쓰다듬다.
    목덜미를 잡히다판용 ①약점이나 중요한 곳을 잡히다. ②피할 수 없이 죄가 드러나게 되다. ¶그의 범법 행위가 드디어 목덜미를 잡혔다.

목도[-또]圈하邳 (여러 사람이) 무거운 물건이나 돌덩이를 밧줄로 얽어 어깨에 메고 옮김, 또는 그 일에 쓰는 굵고 긴 막대기.

목도(木刀)[-또]圈 ㄒ목검(木劍).

목도(目睹)[-또]圈하邳되邳 ㄒ목격(目擊).

목도-꾼[-또-]圈 목도로 물건을 나르는 일꾼.

목-도리[-또-]圈 (추위를 막기 위하여) 목에 두르는 천이나 뜨갯것·털가죽 따위.

목-도장(木圖章)[-또-]圈 나무로 만든 도장. 목인(木印).

목도-질[-또-]圈하邳 목도하는 일.

목도-채[-또-]圈 목도할 때 쓰는 굵고 긴 막대기.

목독(目讀)[-똑]圈하邳 ㄒ묵독(默讀).

목-돈[-똔]圈 ①액수가 많은 돈, 또는 한목 모아 내거나 들이는 돈. 모갯돈. 뭉칫돈. ¶목돈을 쥐다. /목돈이 들다. /목돈 마련 저축. ②굿을 할 때, 비용으로 쓰라고 무당에게 미리 주는 돈.

목-돌림[-똘-]圈 목이 아픈 돌림병을 통틀어 이르는 말.

목돗-줄[-또쭐/-똗쭐]圈 목도하는 데 쓰이는 밧줄. 참목도줄.

목동(牧童)[-똥]圈 (풀을 뜯기며) 마소나 양을 치는 아이. 목수(牧竪).

목두(木頭)[-뚜]圈 목재를 다듬을 때 목재의 끄트머리를 잘라 버린 나무토막.

목두기[-뚜-]圈 무엇인지 알 수 없는 귀신의 이름.

목둣-개비(木頭-)[-뚜깨-/-뚣깨-]圈 목재를 다듬을 때, 잘라 버린 나뭇개비.

목-뒤[-뛰]圈 목의 뒤쪽.

목등-뼈[-뜽-]圈 포유류의, 척추의 맨 윗부분. 일곱 개의 등골뼈로 됨. 경추(頸椎).

목란(木蘭)[몽난]圈 ㄒ목련.

목랍(木蠟)[몽납]圈 옻나무나 거망옻나무의 익은 열매를 짓찧어서 만든 납. 양초나 성냥·화장품 따위를 만드는 재료, 또는 광택을 내는 재료로 쓰임. 목초.

목력(目力)[몽녁]圈 ㄒ시력(視力).

목련(木蓮)[몽년]圈 목련과의 낙엽 활엽 교목. 중국 원산의 관상용 식물로, 높이 10 m가량 자라며 봄에 잎보다 먼저 흰빛 또는 자줏빛 꽃이 핌. 목란(木蘭). 참백목련·자목련.

목렴(木殮)[몽념]圈 (풍수설에서 크게 꺼리는) 무덤 속의 송장에 나무뿌리가 감기는 일.

목례(目禮)[몽녜]圈하邳 눈짓으로 가볍게 하는 인사. 눈인사. ¶목례로 답하다.

목-로(木路)[몽노]圈 (얕은 물에서) 배가 다닐 만한 곳에 나뭇가지를 꽂아 표시한 뱃길.

목로(木壚)[몽노]圈 선술집에서, 술잔을 벌여 놓는 널빤지로 된 긴 상. 술청. 참목로술집.

목로-술집(木壚-)[몽노-찝]圈 목로를 차려 놓고 술을 파는 집. 목로주점. 준목롯집.

목로-주점(木壚酒店)[몽노-]圈 ㄒ목로술집.

목록(目錄)[몽녹]圈 ①진열품이나 소장품 따위의 이름을 일정한 차례로 적은 기록. ¶도서 전시(展示) 목록. ②ㄒ목차(目次).

목롯-집(木壚-)[몽노찝/몽논찝]圈 〈목로술집〉의 준말.

목류(木瘤)[몽뉴]圈 ㄒ옹두리.

목리(木理)[몽니]圈 ①'나뭇결'로 순화. ②ㄒ나이테. ②연륜(年輪).

목리(木履)[몽니]圈 ㄒ나막신.

목리-문(木理紋)[몽니-]圈 나뭇결무늬.

목마(木馬)[몽-]圈 ①어린아이들이 타고 놀 수 있게, 나무로 만든 장난감 말. ②(건축장 등에서) 발돋움으로 쓰는 기구의 한 가지.

목마(木磨)[몽-]圈 ㄒ매통.

목마(牧馬)[몽-]圈하邳 말을 먹여 기름, 또는 기른 그 말.

목-마르다[몽-][~마르니·~말라]Ⅰ형르 ①물이 먹고 싶은 상태에 있다. ¶땀을 많이 흘렸더니 몹시 목마르다. ②(무엇을) 몹시 바라는 상태에 있다. (주로, '목마르게'의 꼴로 쓰임.》 ¶동생을 목마르게 기다리다.
    Ⅱ囨 어떠한 것을 간절히 원하다. ¶사랑에 목마르다.
    목마른 놈이 우물 판다족담 꼭 필요로 하는 사람이 먼저 서둘러 시작한다는 말.
    목마른 송아지 우물 들여다보듯족담 몹시 먹고 싶거나 가지고 싶어 부러워하거나 안타까워함을 이르는 말.

목마름[몽-]圈 ①목이 말라 물이 먹고 싶은 상태. 갈증(渴症). ②어떠한 것을 간절히 원함. ¶학문을 향한 목마름.

목-말[몽-] 뗑 남의 어깨 위에 두 발을 딛고 올라서거나 목뒤로 걸터앉는 일. ¶목말을 태우다.

목말(木末)[몽-] 뗑 메밀가루.

목-매(木-)[몽-] 뗑 ☞매통.

목-매기[몽-] 뗑 〈목매기송아지〉의 준말.

목매기-송아지[몽-] 뗑 (아직 코를 뚫지 않고) 목에 고삐를 맨 송아지. 준목매기.

목-매다[몽-] [I]짜 목매달다.
[II]짜태 목매달다.

목-매달다[몽-] [I]짜 (속되게) 어떤 일이나 사람에게 전적으로 의지하다. 목매다. ¶쥐꼬리만 한 월급에 다섯 식구가 목매달고 산다.
[II]짜태 (죽으려고 또는 죽이려고) 목을 줄에 걸어 높은 데 매어 달다. 목매다. ¶목매달아 죽다. /죄인을 목매달아 죽다.

목-매아지[몽-] 뗑 (아직 굴레를 씌우지 않고) 목에 고삐를 맨 망아지. 준목매지.

목-매지[몽-] 뗑 〈목매아지〉의 준말.

목맥(木麥)[몽-] 뗑 ☞메밀.

목-맺히다짜 '목메다'의 잘못.

목-메(木-)[몽-] 뗑 나무로 만든 메.

목-메다[몽-] 짜 설움이 복받쳐 목구멍이 막히다. ¶목멘 소리. /부모를 잃고 목메어 우는 아들.

목멱-산(木覓山·木覔山)[몽-싼] 뗑 서울의 '남산(南山)'의 딴 이름.

목면(木綿·木棉)[몽-] 뗑 ①목면과의 교목. 인도에서 자바에 걸쳐 나는 열대 식물. 씨는 달걀 모양으로 솜털로 덮여 있음. 솜털은 담요 따위의 원료로는 사용되나 방직용으로는 사용하지 못함. ②☞목화(木花).

목면-사(木綿絲)[몽-] 뗑 무명실.

목면-직(木綿織)[몽-] 뗑 ☞면직.

목면-포(木綿布)[몽-] 뗑 무명.

목-목-이[몽-] 뿐 중요한 길목마다. ¶파수꾼들이 목목이 지키고 있다.

목-무장[몽-] 뗑 (씨름·싸움을 할 때) 상투와 턱을 잡아서 빙 둘러어 넘기는 기술. 준무장1.

목문(木門)[몽-] 뗑 나무로 짠 문.

목문(木紋)[몽-] 뗑 나뭇결.

목문-지(木紋紙)[몽-] 뗑 나무의 빛깔과 무늬를 낸 양지(洋紙)의 한 가지.

목-물[몽-] 뗑 ①사람의 목까지 닿을 만한 깊이의 물. ②(바닥에 엎드려서) 허리에서 목까지를 물로 씻는 일. 등목. 등물.

목물(木物)[몽-] 뗑 나무로 만든 기물(器物)을 통틀어 이르는 말.

목물-전(木物廛)[몽-] 뗑 ☞목기전.

목민(牧民)[몽-] 뗑하짜 (임금이나 원이) 백성을 다스리는 일.

목민-관(牧民官)[몽-] 뗑 ☞목민지관.

목민-심서(牧民心書)[몽-] 뗑 조선 순조 때 약용(丁若鏞)이 지은 책. 이서(吏胥)의 통폐(通弊)를 지적하여 관리의 바른길을 깨우치려고 사례를 들어 풀이한 내용. 48권 16책.

목민지관(牧民之官)[몽-] 뗑 [목민하는 벼슬아치라는 뜻으로] 원(員)을 '외직 문관(外職文官)'을 이르는 말. 목민관.

목밀(木蜜)[몽-] 뗑 ☞대추2.

목밀-샘[몽밀쌤] 뗑 ☞갑상선(甲狀腺).

목ᄆᆞ르다휑 (옛) 목마르다. 갈증나다. ¶목ᄆᆞ를 갈:渴(訓蒙下13).

목반(木盤)[-빤] 뗑 나무로 만든 쟁반.

목-반자(木-)[-빤-] 뗑 ①(종이를 바르지 않고) 널조각으로만 댄 반자. 널반자. ②'소란 반자'를 달리 이르는 말.

목-발(木-)¹[-빨] 뗑 '협장(脇杖)'을 흔히 이르는 말. ¶목발을 짚다.

목-발(木-)²[-빨] 뗑 '지겟다리'의 잘못.

목방(木房)[-빵] 뗑 지난날, 목수들이 일하는 곳을 이르던 말.

목방-모군(木房募軍)[-빵-] 뗑 지난날, 목방에 딸려 품팔이하던 사람.

목배(木杯)[-뻬] 뗑 나무로 만든 잔.

목본(木本)[-뽄] 뗑 목질 조직으로 된 식물, 곧 나무. ↔초본(草本)².

목본-경(木本莖)[-뽄-] 뗑 나무줄기.

목봉(木棒)[-뽕] 뗑 몽둥이.

목부(木部)[-뿌] 뗑 ①☞목질부(木質部). ②아악기(雅樂器)를 분류하는 항목의 한 가지. 〔박(拍)·축(柷)·어(敔) 등 목제(木製)의 타악기.〕

목부(牧夫)[-뿌] 뗑 목장에서 마소나 양 따위를 돌보는 사람.

목-부용(木芙蓉)[-뿌-] 뗑 ☞부용(芙蓉).

목불(木佛)[-뿔] 뗑 나무부처.

목불식정(目不識丁)[-뿔-쩡] 휑 〔'丁' 자도 알아보지 못한다는 뜻으로〕'글자를 전혀 모름, 또는 그런 사람'을 비유하여 이르는 말. 일자무식(一字無識). ¶목불식정은 겨우 면하다.

목불인견(目不忍見)[-뿌린-] 뗑 (몹시 딱하거나 참혹하거나 처참하여) 차마 눈을 뜨고 볼 수 없음. 준불인견.

목-비[-삐] 뗑 모낼 무렵에 한목 오는 비.

목비(木碑)[-삐] 뗑 나무로 만든 비.

목-뼈[-삐] 뗑 목의 가운데 부분에 세로로 이어져 있는 뼈. 경골(頸骨).

목사(木絲)[-싸] 뗑 무명실.

목사(牧使)[-싸] 뗑 고려 중기 이후와 조선 시대에, 관찰사 아래서 지방의 각 목(牧)을 맡아 다스리던 정삼품의 외직 문관(外職文官). 목관.

목사(牧師)[-싸] 뗑 개신교에서, 교회를 맡아 다스리고 신자를 인도하는 교역자(敎役者).

목-사리[-싸-] 뗑 소 굴레의 한 부분. 목 위와 밑으로 각각 두르는 가는 줄.

목산(目算)[-싼] 뗑하짜 ☞암산(暗算).

목살(木煞)[-쌀] 뗑 나무에 붙어 있다는 흉한 귀신, 또는 그 귀신으로 말미암은 재앙.

목상(木商)[-쌍] 뗑 ①지난날, 뗏목이나 재목·땔나무 따위를 도매로 사고팔던 장수. ②〈재목상(材木商)〉의 준말.

목상(木像)[-쌍] 뗑 나무로 만든 불상(佛像)·신상(神像)·인물상 등.

목새¹[-쌔] 뗑 물결에 밀려 한곳에 쌓인 보드라운 모새.

목새²[-쌔] 뗑 벼의 이삭이 팰 때, 줄기와 잎이 누렇게 말라 죽는 병.

목-생화(木生火)[-쌩-] 뗑 오행설에서 이르는 상생(相生)의 하나. 나무(木)는 불(火)을 낳게 한다는 뜻. 준목극토.

목서(木犀)[-써] 뗑 ☞물푸레나무.

목-서지(木serge) 뗑 면직물의 한 가지. 무명실을 평직이나 능직으로 짠 것으로, 겉모양이나 감촉이 서지와 비슷함.

목석(木石)[-썩] 뗑 ①나무와 돌을 아울러 이르는 말. ②(나무와 돌이란 뜻으로) '감정이 무디고 무뚝뚝한 사람'을 비유하여 이르는 말.

목석-간장(木石肝腸)[-썩깐-] 뗑 '나무나 돌과 같이 아무런 감정도 없는 마음씨'를 비유하여 이르는 말.

목석-같다(木石-)[-썩깐따] 휑 감정이 무디고 무뚝뚝하다. ¶목석같은 사내. 목석같-이뿐.

목석연(木石然) '목석연하다'의 어근.

목석연-하다(木石然-)[-써연-]**형**자 나무나 돌처럼 감정이나 반응이 없다. 목석연-히**부**.

목석-한(木石漢)[-써칸]**명** '나무나 돌처럼 인정이 없고 감정이 무딘 사나이'를 비유하여 이르는 말.

목-선(-線)[-썬]**명** 목의 윤곽을 나타내는 선. ¶목선이 예쁘다.

목선(木船)[-썬]**명** 나무배.

목-선반(木旋盤)[-썬-]**명** ☞갈이틀.

목설(木屑)[-썰]**명** 톱밥.

목성(木姓)[-썽]**명** 음양가(術家)에서, 오행(五行)의 목(木)에 해당하는 성, 또는 '木' 자가 포함되어 있는 성을 이르는 말. 〔김(金)·고(高)·박(朴)·조(趙)·차(車)·최(崔) 따위.〕

목성(木性)[-썽]**명** 나뭇결.

목성(木星)[-썽]**명** 태양으로부터 다섯 번째로 가까운 행성. 태양계의 행성 가운데서 가장 큼. 덕성(德星). 세성(歲星). 逾태세(太歲).

목성(木聲)[-썽]**명** ①나무 두드리는 소리. ②관상에서, 오행(五行)의 음성 가운데 '목쉰 소리'를 이르는 말.

목성-양치(木性羊齒)[-썽냥-]**명** 줄기가 나무 모양으로 된 고사리를 통틀어 이르는 말.

목성형 행성(木星型行星)[-썽-] 태양계의 행성 가운데, 지구보다 반지름과 질량이 크고 밀도가 낮은 행성. 목성·토성·천왕성·해왕성을 이름.

목-세루(←木serge)[-쎄-] '모서지'의 잘못.

목-소리[-쏘-]**명** ①사람의 목구멍으로 내는 소리. 말소리. 성음(聲音). 음성. 逾목1·소리. ②말소리의 음색(音色). 逾후음(喉音). ②말로 나타내는 의견이나 주장. ¶소비자의 목소리.

목송(目送)[-쏭]**명**[하타] 작별한 사람이 멀어질 때까지 바라보며 보냄.

목수(木手)[-쑤]**명** 나무를 다루어 집을 짓거나 기구를 만드는 일을 업으로 하는 사람. 목공(木工). 대목(大木). 逾지위.

목수가 많으면 집을 무너뜨린다[속담] 의견이 너무 많으면 도리어 탈을 낸다는 말. 목수 많은 집이 기울어진다.

목수 많은 집이 기울어진다[속담] ☞목수가 많으면 집을 무너뜨린다.

목수(木髓)[-쑤]**명** ☞고갱이.

목수(牧豎)[-쑤]**명** ☞목동(牧童).

목-수건(木手巾)[-쑤-]**명** 무명으로 만든 수건.

목-숨[-쑴]**명** ①살아 있기 위한 힘의 바탕이 되는 것. 명(命). 생명. ¶목숨을 버리다. /목숨을 건지다. ②수명(壽命). ¶목숨이 길다. /목숨이 다하다.

목숨을 거두다[관용] 죽다.

목숨(을) 걸다[관용] 어떤 목적을 위하여 죽을 각오를 하다.

목숨을 끊다[관용] 스스로 죽거나 남을 죽이다.

목숨을 도모(圖謀)하다[관용] 죽을 지경에서 살 길을 찾다.

목-쉬다[-쒸-]**자** 목이 잠겨 소리가 맑게 나오지 않다. ¶목쉰 소리로 대답하다.

목식(木食)[-씩]**명**[하자] (불에 구워 먹지 않고) 주식(主食)으로 나무뿌리·잎·과실·열매 등을 날것으로 먹는 일.

목신(木神)[-씬]**명** ☞나무귀신.

목신(牧神)[-씬]**명** 그리스·로마 신화에서, 숲이나 목축을 맡아보는 신을 두루 이르는 말. 〔판(Pan)이나 파우누스(Faunus) 등.〕

목실(木實)[-씰]**명** 나무 열매.

목심(木心)[-씸]**명** ☞나뭇고갱이.

목무명(-)[옛] 목구멍. ¶목무무 후:喉(訓蒙上26).

목안(木雁)**명** ☞목기러기.

목야(牧野)**명** 가축을 놓아기르거나 목초(牧草)를 가꾸는 들판.

목양(牧羊)**명**[하자] 양을 치거나 놓아기름.

목양(牧養)**명**[하자] ☞목축(牧畜).

목양-견(牧羊犬)**명** 놓아기르는 양을 지키고, 해가 저물면 양 떼를 몰아 집으로 데려올 수 있게 길들여진 개.

목-양말(木洋襪)[몽냥-]**명** 무명실로 짠 양말.

목양-신(牧羊神)**명** 그리스 신화에 나오는 '판(Pan)'을 가리키는 말.

목어(木魚)[1]**명** ①불사(佛事) 때, 두드려 소리를 내는 기구. 나무로 만든 1m가량의 잉어 모양으로, 속이 비어 있음. 어고(魚鼓). 어판(魚板). ②'목탁(木鐸)'을 달리 이르는 말.

목어(木魚)[2]**명** ☞도루묵.

목영(木纓)**명** 나무 구슬을 꿰어 만든 갓끈.

목왕지절(木旺之節)**명** 〔오행(五行)의 목기(木氣)가 성한 때라는 뜻으로〕 '봄철'을 달리 이르는 말.

목요(木曜)**명** 〈목요일〉의 준말. 《주로, 관형어로 쓰임.》 ¶목요 토론.

목-요일(木曜日)**명** 칠요일(七曜日)의 하나. 일요일로부터 다섯째의 날. 逾목(木)·목요(木曜).

목욕(沐浴)**명**[하자] 〔머리를 감고 몸을 씻는다는 뜻으로〕 온몸을 씻음.

목욕-간(沐浴間)[-깐]**명** 목욕할 수 있도록 마련한 칸살. 逾목간(沐間).

목욕-실(沐浴室)[-씰]**명** 목욕하는 시설을 갖춘 방. 逾욕실(浴室).

목욕-재계(沐浴齋戒)[-째계/-째게]**명**[하자] (제사를 지내거나 신성한 일 따위를 할 때) 목욕하여 몸을 깨끗이 하고, 부정(不淨)을 피하여 마음을 가다듬는 일.

목욕-탕(沐浴湯)**명** 목욕할 수 있도록 설비를 갖추어 놓은 곳, 또는 그런 시설을 갖추어 놓고 영업을 하는 곳. 逾욕탕(浴湯).

목욕-통(沐浴桶)**명** 목욕물을 담는 통. 목간통. 逾욕통(浴桶).

목우(木偶)**명** 나무로 만든 사람의 형상. 목우인(木偶人). 목인(木人).

목우(木雨)**명**[하자] 비를 흠씬 맞음.

목우(牧牛)**명**[하자] 소를 침, 또는 그 소.

목우-인(木偶人)**명** ①☞목우(木偶). ②'무능한 사람'을 비유하여 이르는 말.

목우자-수심결(牧牛子修心訣)**명** 고려 희종 때, 목우자가 지은 '수심결'을 언해한 책. 조선 세조 11년에 중 신미(信眉)에 의하여 간행됨. 1권.

목^운동(-運動)**명** 머리와 목을 움직여 하는, 맨손 체조의 한 가지.

목월(睦月)[옛] '음력 정월'을 달리 이르는 말.

목-유경(木鍮檠)[몽뉴-]**명** 나무로 만든 등잔받침.

목이(木栮·木耳)**명** 목이과의 버섯. 몸 전체가 아교질의 반투명이며, 모양이 사람의 귀와 비슷함. 갓의 지름은 2~9 cm. 가을에 뽕나무·물푸레나무 등 활엽수의 고목(枯木)에 남. 말려서 먹는데, 한방에서 치질 따위에 약재로 쓰임. 목이버섯.

목이-버섯(木栮-)[-썯]**명** ☞목이(木栮). •목이버섯이[-서시]·목이버섯만[-썬-]

목인(木人)[-씬]**명** ☞목우(木偶).

목인(木印)**명** ☞목도장.

목인(牧人)똉 목장에서 마소를 치는 사람.

목자(目子)[-짜]똉ㄱ눈1. ¶목자를 부리리다.

목자(目眥)[-짜]똉 눈초리.

　목자(가) **사납다**관용 눈매가 몹시 사납고 심술궂게 생기다.

목자(牧子)[-짜]똉 조선 시대에, 나라의 목장에서 말을 먹이던 사람.

목자(牧者)[-짜]똉①양을 치는 사람. ②교인을 양에 비유하여, 개신교에서 목사를, 가톨릭에서 사제를 이르는 말.

목-작약(木芍藥)[-짜갹]똉ㄱ모란.

목잔(木棧)[-짠]똉 나무로 사다리처럼 놓은 길. 나무로 만든 잔도(棧道).

목잠[-짬]똉 곡식 이삭의 줄기가 말라 죽는 병.

목잠(木簪)[-짬]똉 나무로 만든 비녀. 흔히, 여자 상제(喪制)가 꽂음.

목장(木匠)[-짱]똉 조선 시대에, 교서관(校書館)이나 내수사(內需司) 등 중앙의 관아나 각 도(道)에서 나무를 다루던 공장(工匠).

목장(牧場)[-짱]똉 마소·양 따위를 치거나 놓아기르는 시설을 갖추어 놓은 일정 구역의 땅.

목-장갑(木掌匣)[-짱-]똉ㄱ면장갑.

목재(木材)[-째]똉 (건축이나 가구 제조에 쓰이는) 나무로 된 재료.

목재^건류(木材乾溜)[-째걸-]똉 목재를 열분해하여 고체 모양이나 액체 모양 또는 가스 모양 등의 생성물을 얻는 일.

목재-상(木材商)[-째-]똉 목재를 사고팔고 하는 장사, 또는 그 장수.

목재-업(木材業)[-째-]똉 목재를 대상으로 하는 기업.

목재^펄프(木材pulp)[-째-]똉 목재를 원료로 하여 만든 펄프. 종이나 인조 섬유 따위의 원료가 됨.

목저(木-)[-쩌]똉 나무젓가락.

목저(木杵)[-쩌]똉ㄱ나무달구대.

목적(木賊)[-쩍]똉①속새. ②한방에서, '속새의 줄기'를 약재로 이르는 말. 〔안질이나 치질·하혈(下血) 등에 쓰임.〕

목적(目的)[-쩍]똉①이룩하거나 도달하려고 하는 목표나 방향. ¶목적을 달성하다. ②심리학에서, 행위에 앞서서 의지가 그 실천을 예정하는 물건.

목적(牧笛)[-쩍]똉 목동이 부는 피리.

목적-격(目的格)[-쩍껵]똉 문장에서, 체언(體言)이 목적어 구실을 하도록 하는 조사의 성격. 부림자리. 빈격(賓格).

목적격^조:사(目的格助詞)[-쩍껵쪼-]똉 문장에서, 체언에 붙어 쓰이어 그 체언이 주어의 동작이나 작용의 목적물이 되게 하는 조사. 〔'을·'를'이 이에 딸림.〕 부림자리토씨.

목적-론(目的論)[-쩽논]똉 모든 사물이나 현상은 목적을 실현하기 위하여 있는 것이라는 설. ↔기계론(機械論).

목적-물(目的物)[-쩡-]똉 법률 행위의 목적이 되는 물건.

목적-범(目的犯)[-쩍뻠]똉 형법상 범죄의 성립에 있어 고의(故意) 이외에 목적을 필요로 하는 범죄. 〔내란죄·무고죄·문서죄 따위.〕

목적^사회(目的社會)[-쩍싸회/-쩍싸훼]똉 일정한 개인의 목적을 위하여 결합된 인간적 사회 집단. 〔주식회사 따위〕 ↔기초 사회.

목적-세(目的稅)[-쩍쎄]똉 특정한 경비에 쓸 목적으로 징수하는 세금. 〔도시 계획세·교육세 따위.〕 ↔보통세.

목적^소:설(目的小說)[-쩍쏘-]똉 예술성보다는 정치적 또는 사회적 목적을 전제로 하고 지은 소설.

목적-시(目的詩)[-쩍써]똉 예술성보다는 정치적 또는 사회적 목적을 전제로 하고 지은 시. ⓗ순수시.

목적-어(目的語)[-쩌거]똉 문장에서, 타동사에 의하여 표현된 동작이나 작용이 미치는 대상이 되는 말. 체언, 용언의 명사형, 명사의 성격을 띤 구나 절 등에 목적격 조사(때로는 보조사)가 붙어서 이루어짐. 〔'글을 읽다'에서 '글을' 따위.〕 객어(客語). 부림말.

목적-의식(目的意識)[-쩌긔-/-쩌기-]똉 자기 행위의 목적에 대한 뚜렷한 자각.

목적-지(目的地)[-쩍찌]똉 목표로 삼거나 지목하는 곳. ¶차가 목적지에 닿았다.

목적^프로그램(目的program)[-쩍-]똉 컴퓨터가 바로 읽을 수 있는 기계어로 작성된 프로그램, 또는 원시 프로그램을 기계어로 번역한 프로그램. ↔원시 프로그램.

목적-하다(目的-)[-쩍카-]타 어떤 일을 이루기 위하여 뜻을 정하다. ¶목적한 바를 성취하기 위하여 힘쓰다.

목적-형(目的刑)[-쩍켱]똉 목적형론의 이념에 따라 과하는 형벌. ↔응보형(應報刑).

목적-형(目的形)[-쩍켱]똉 용언의 연결 어미의 한 갈래. 동사에만 있는 것으로, 주어의 동작의 직접적인 목적을 나타냄. 〔'성묘하러 가다'에서 '-(으)러' 따위.〕

목적형-론(目的刑論)[-쩍켱논]똉 형벌의 본질이나 목적은 응보에 있지 않고 범인의 보호와 범죄인을 교화하여 사회로 복귀시키는 데에 있다는 이론. 교육형론(敎育刑論). ↔응보형론.

목전(木栓)[-쩐]똉 코르크참나무의 겉껍질 안쪽에 있는 조직. 여러 켜로 이루어져 있는데, 액체나 공기가 통하지 않으며 탄력이 있음. 가공하여 보온·흡음·밀폐 장치 등에 씀. 코르크(cork).

목전(木箭)[-쩐]똉 나무로 만든 화살.

목전(目前)[-쩐]똉①눈앞. ¶범인을 목전에 놓치다. ②지금 당장. ¶목전의 이익만을 생각하지 마라. ③가까운 장래. ¶졸업이 목전에 다가오다. ⓗ목첩(目睫).

목전지계(目前之計)[-쩐-계/-쩐-게]똉 (앞날을 내다보지 못하고) 눈앞의 일만 생각하는 꾀.

목-접이[-쩌비]똉ㄱ재 목이 접질리어 부러짐.

목정[-쩽]똉 소의 목덜미에 붙은 고기.

목정(木釘)[-쩡]똉 나무못.

목정(木精)[-쩽]똉ㄱ메틸알코올.

목-정강이[-쩡-]똉 목덜미를 이루고 있는 뼈.

목정-골(-骨)[-쩡-]똉 소의 목덜미의 뼈.

목-젖[-쩓]똉 연구개(軟口蓋)의 뒤 끝 한가운데에 젖꼭지처럼 아래로 드리운 둥그스름한 살. 현옹(懸壅). 현옹수(懸壅垂). ＊목젖이[-쩌지]·목젖만[-쩐-]

　목젖(이) 떨어지다관용 너무 먹고 싶어 하다.

목젖-살[-쩓쌀]똉 편육으로 사용하는 쇠고기 부위의 한 가지.

목제(木製)[-쩨]똉하타 나무를 재료로 하여 만듦, 또는 그 물건. ¶목제 가구. ⓗ목조(木造).

목-제기(木祭器)[-쩨-]똉 나무로 만든 제기.

목-조(木彫)[-쪼]똉 나무를 재료로 하는 조각, 또는 그 작품. ¶목조 인형.

목조(木造)[-쪼]똉 나무로 지음, 또는 그 건축물. ¶목조 이층 건물. ⓗ목제(木製).

목조(木槽)[-쪼]몡 나무로 만든 구유.

목조^건:축(木造建築)[-쪼-]명 뼈대가 주로 목재로 된 건축물.

목족(睦族)[-쪽]명하자 친족끼리 화목하게 지냄.

목종(木鐘)[-종]명 집이 나무로 된 괘종시계.

목주(木主)[-쭈]명 ☞위패(位牌).

목주-가(木州歌)[-쭈-]명 목주의 어떤 효녀가 지었다고 하는 신라 가요. 가사는 전하지 않음.

목-주련(木柱聯)[-쭈-]명 나무로 만든 주련.

목-죽(木竹)[-쭉]명 나무와 대.

목줄-띠[-쭐-]명 목구멍에 있는 힘줄. ㉰줄띠.

목줄뒤명 〔옛〕목줄띠. ¶목줄뒤 상:嗉(訓蒙上26).

목지(木芝)[-찌]명 영지(靈芝)의 한 가지. 산속의 썩은 나무에 기생함. 모양은 나는 새나 연꽃 같음.

목지(牧地)[-찌]명 ①목장이 있는 토지. ②목장을 만들 수 있는 땅.

목-직성(木直星)[-찍-]명 아홉 직성의 하나. 9년 만에 한 차례씩 돌아오는 길(吉)한 직성인데, 남자는 18세에 여자는 10세에 처음 든다고 함.

목직-하다[-찌카-]형여 (어떤 물건이) 보기보다 조금 무겁다. ¶목직한 시계. /목직한 저금통. ㉰목직히튀. 목직-이튀.

목질(木質)[-찔]명 ①나무의 성질. ②나무줄기 내부의 단단한 부분. ③목재와 비슷한 성질.

목질-부(木質部)[-찔-]명 목본 식물의 관다발 안에 물관·헛물관·목질부 섬유 따위로 이루어진 부분. 주로, 수분의 통로가 됨. 목부(木部).

목질-화(木質化)[-찔-]명하자되자 식물의 세포벽에 리그닌이 쌓여 나무처럼 단단해지는 현상. 〔목재는 목질화한 세포로 이루어짐.〕목화(木化).

목차(目次)[-차] (책 따위) 내용의 항목이나 제목을 차례차례로 배열한 것. 차례. 목록.

목찰(木札)명 ①☞지저깨비. ②☞목패(木牌).

목채(木寨)명 나무 울타리. 울짱.

목책(木柵)명 나무 울타리. 울짱.

목척(木尺)명 나무 자.

목첩(目睫)명 〔눈과 속눈썹이라는 뜻으로〕거리상으로 아주 가까운 곳, 또는 시간적으로 바싹 닥쳤음을 이르는 말. ¶위험이 목첩에 닥치다. ⑪목전(目前).

목-청명 ①목에서 울려 나오는 소리. ¶목청이 좋다. ②☞성대(聲帶).
　목청을 돋우다판용 목소리를 높이다.

목청-껏[-껃]튀 소리를 지를 수 있는 데까지. ¶목청껏 만세를 외치다.

목청-문(-門")명 ☞성문(聲門).

목청-소리명 자음의 한 갈래. 목청 사이에서 나는 소리. 〔'ㅎ'이 이에 딸림.〕 성문음(聲門音).

목체(木體)명 ①나무의 형체. ②오행(五行)에서 이르는 사람의 상격(相格) 가운데 목(木)에 해당하는 상(相).

목-초(木-)명 ☞목랍(木蠟).

목초(牧草)명 가축에게 먹이는 풀. 꼴².

목-초산(木醋酸)명 목재를 건류하여 얻은 초산. 목재의 방부제로 쓰임.

목초-지(牧草地)명 목초가 자라는 땅. ¶비옥한 목초지.

목-촛대(木-臺)[-초때/-촏때]명 나무로 만든 촛대.

목총(木銃)명 나무로 만든 소총 모양의 것.

목축(牧畜)명하자 소·말·양 따위의 가축을 길러 번식시키는 일. 목양(牧養).

목축-가(牧畜家)[-까]명 목축을 업으로 하는 사람.

목축-농(牧畜農)[-농]명 ①〈목축 농업〉의 준말. ②목축 농업을 영위하는 사람.

목축^농업(牧畜農業)[-농-]명 목축을 전문으로 하는 농업. ㉰목축농·목농(牧農).

목축^시대(牧畜時代)[-씨-]명 인류의 경제 발달 단계의 한 가지. 어렵(漁獵) 시대와 농업 시대의 중간 단계로, 짐승을 길들여서 물과 풀을 따라 이동하며 유목 생활을 하던 시대.

목축-업(牧畜業)명 목축을 경영하는 사업, 또는 그 직업.

목측(目測)명하자 ①☞눈대중. 눈짐작. ②눈대중으로 크기나 길이 따위를 잼. ¶목표 지점까지의 거리를 목측하다.

목침(木枕)명 나무토막으로 만든 베개.

목-침대(木寢臺)명 나무로 만든 침대.

목침-돌림(木枕-)명하자 놀이의 한 가지. 여러 사람이 목침을 돌리어 차례에 당한 사람이 옛이야기나 노래 따위를 하며 즐김.

목침-제(木枕題)[-쩨]명 아주 어려운 시문(詩文)의 글제.

목침-찜(木枕-)명하타 목침으로 사람을 마구 때림, 또는 그런 일.

목-타르(木tar)명 ☞나무 타르.

목탁(木鐸)명 ①절에서 독경이나 염불을 할 때 치는 기구. 나무를 둥글게 다듬고 속을 파서 방울처럼 만드는데, 고리 모양의 손잡이가 있음. ②'세상 사람을 깨우쳐 지도하는 사람이나 기관'을 비유하여 이르는 말. ¶신문은 사회의 목탁이다.

목탁-귀(木鐸-)[-뀌]명 (모이라는 신호로 치는) 목탁 소리를 듣는 귀.
　목탁귀가 밝아야 한다족담 귀가 어두우면 먹을 밥도 얻어먹지 못한다는 말.

목탁-귀신(木鐸鬼神)[-뀌-]명 ①평생 목탁만 치다가 깨달음도 얻지 못한 채 죽은 중의 귀신. ②목탁 소리만 나면 모여든다는 귀신.

목탁-동냥(木鐸-)[-똥-]명 (중이) 목탁을 치면서 하는 동냥.

목탁-석(木鐸夕)[-썩]명 불교에서, 아침저녁으로 도량(道場)을 돌아다니면서 목탁을 두드리고 천수다라니(千手陀羅尼)를 외는 일.

목탄(木炭)명 ①숯. ②데생이나 밑그림을 그릴 때 쓰이는, 버드나무나 오동나무 따위로 만든 숯. 선이 굵고 잘 지워짐.

목탄^가스(木炭gas)명 목탄의 불완전 연소에 따라 생기는 일산화탄소를 주성분으로 하는 가스. 내연 기관에 이용됨.

목탄-지(木炭紙)명 목탄화를 그리는 데 쓰는 종이.

목탄-차(木炭車)명 지난날, 목탄 가스를 연료로 하던 자동차.

목탄-화(木炭畫)명 목탄지(木炭紙)에 목탄으로 그린 데생이나 밑그림.

목-통(木桶)명 ①목구멍의 넓이. ②〈목〉의 속된 말. ¶목통을 조르다. ③'욕심이 많은 사람'을 조롱하여 이르는 말.

목통(木桶)명 나무통.

목통(木通)명 ①으름덩굴. ②한방에서, '으름덩굴의 말린 줄기'를 약재로 이르는 말. 〔성질이 차고 오줌을 잘 나오게 하는 작용이 있어, 임질과 부종(浮症)에 쓰임.〕

목판(木板)명 ①(음식 등을 담아 나르는 데 쓰는) 모지게 만든 나무 그릇. 목반(木盤). ②널조각.

목판(木版·木板)**명** 나무에 글이나 그림을 새긴 인쇄용의 판(版).

목판-깃(木版-)[-깉]**명** 깃의 부리를 둥글리지 않고 넓적하게 모양 없이 단 깃. **참**동구래깃. *목판깃이[-기시]·목판깃만[-긴-]

목판-되(木版-)[-되/-뒈]**명** 모되.

목판-본(木版本)**명** 목판으로 박아 낸 책. 판각본.

목-판장(木板墻)**명** 널판장.

목판-화(木版畫)**명** 목판으로 찍은 판화.

목-팔사(木八絲)[-싸]**명** 몇 오리씩 합친 여덟 가닥의 무명실을 서로 엇걸어 꼰 둥그란 끈목.

목패(木牌)**명** 나무로 만든 패. 목찰(木札).

목편(木片)**명** 나뭇조각.

목포(木布)**명** ①➝포목. ②절에서, 부목(負木)이 입을 옷감을 이르는 말.

목-포수(-砲手)**명** 사냥할 때, 짐승이 오가는 목을 지키는 포수.

목표(目標)**명하타** (행동을 통하여) 이루거나 도달하려고 함, 또는 그 대상. ¶공격 목표. /인생 목표. /목표 달성을 위해 노력하다. /사업 목표를 세우다. /목표한 지점까지는 두 시간이 걸린다.

목표-물(目標物)**명** 목표로 하는 물건.

목피(木皮)**명** 나무껍질.

목필(木筆)**명** ①지난날, '연필'을 달리 이르던 말. ②'목련(木蓮)'을 달리 이르는 말.

목하(目下)[-빠] **I명** 바로 이때. 지금. 목금(目今). 현금(現今). (주로, '목하의'의 꼴로 쓰임.) ¶목하의 국제 정세. **II부** 바로 지금. 지금 한창 성업 중임.

목합(木盒)[모캅]**명** 나무로 만든 합.

목향(木香)[모걍]**명** 국화과의 다년초. 유럽과 북아시아가 원산으로 약용 또는 관상용으로 재배함. 줄기는 2 m가량이고, 잎은 길둥글며 여름에 누른 꽃이 핌. 뿌리는 한방에서 발한제·이뇨제·거담제 등으로 쓰임.

목향-채(木香菜)[모걍-]**명** 목향의 잎으로 무친 나물.

목침(木枕)[모컴]**명** 냑가래.

목형(木型)[모켱]**명** 나무로 만든 골, 또는 틀.

목혜(木鞋)[모켸/모케]**명** ➝나막신.

목혼-식(木婚式)[모콘-]**명** 결혼 기념식의 한 가지. 서양 풍속으로, 결혼 5주년을 맞아 부부가 나무로 된 선물을 주고받으며 기념함. **참**석혼식(錫婚式).

목홀(木笏)[모콜]**명** 나무로 만든 홀(笏). 5품 이하의 벼슬아치가 조하(朝賀)할 때에 지니던 것.

목홍(木紅)[모콩]**명** 차나무 속을 끓여 우려낸 붉은 물감.

목홍-빛(木紅-)[모콩삗]**명** 목홍을 들인 붉은 빛. 진하면 검은빛, 연하면 누른빛을 띰. *목홍빛이[모콩삐치]·목홍빛만[모콩삔-]

목화(木化)[모콰]**명하자** ➝목질화(木質化).

목화(木花)[모콰]**명** 아욱과의 일년초. 섬유 자원으로 재배하는 농작물로 높이는 60~80 cm. 잎은 손바닥 모양이고 가을에 누른 꽃이 핌. 열매가 익어 벌어지면 하얀 섬유가 붙은 씨가 드러남. 섬유는 실이나 피륙의 원료가 되고, 씨로는 기름을 짬. 목면(木綿). 면화. 초면(草綿).

목화(木畫)[모콰]**명** 공예 기법의 한 가지. 자개나 상아·금·은·진주 등을 재료로 목공예품의 표면에 상감(象嵌)을 하여 여러 가지 무늬를 나타내는 기법.

목화(木靴)[모콰]**명** 지난날, 모대(帽帶)할 때 신던 신. 검은 녹비로 만들었으며 목이 길고 장화 비슷함. 화자(靴子).

목화 신고 발등 긁기[속] 마음에 차지 않거나 시원스럽지 못할 때에 이르는 말.

목-화석(木化石)[모콰-]**명** 나무가 화석이 된 것.

목화-송이(木花-)[모콰-]**명** 목화의 열매가 익어서 벌어진 송이.

목-활자(木活字)[모콸짜]**명** 나무로 만든 활자. 목각 활자.

목회(木灰)[모쾨/모퀘]**명** 나뭇재.

목회(牧會)[모쾨/모퀘]**명하자** 개신교에서, 목사가 교회를 맡아서 설교를 하며 신자의 신앙 생활을 지도하는 일.

목회-유(木灰釉)[모쾨-/모퀘-]**명** 목회를 원료로 하여 만든 도자기용 잿물.

몫[목]**명** ①여럿으로 나누어 가지는 각 부분. ¶이것은 내 몫이다. ②저마다 맡은 임무. ¶자기 몫을 다하다. ③[의존 명사적 용법] '나눈 몫'을 세는 단위. ¶한 사람이 세 몫을 한다. ④나눗셈에서, 피제수(被除數)를 제수로 나누어 얻는 수. ¶6 나누기 2의 몫은 3이다. *몫이[목씨]·몫만[몽-]

몫-몫[몽목]**명** 제 몫 제 몫. 각각의 여러 몫. ¶배급품을 몫몫으로 나누다. **몫몫-이부** ①상금을 몫몫이 나누어 가지다. *몫몫이[몽목씨]·몫몫만[몽목�967몽목�967]

몬다위명 ①마소의 어깨죽지가 붙은 부분. ②낙타의 등에 두두룩하게 솟은 부분.

몬닥-하자 (썩거나 질척질척한 물건이) 작은 덩이로 똑 끊어지거나 잘라지는 모양. ¶몬닥 끊기어 나가는 낡은 새끼. **큰**문덕. **거**몬탁. 몬닥-몬닥-하자

몬드^가스(Mond gas)**명** 질이 낮은 석탄을 가열하여 공기 및 다량의 수증기를 통하여 만드는 가스. 주성분은 수소·일산화탄소·메탄 따위. 야금(冶金)이나 발동기(發動機)의 연료로 쓰임.

몬순(monsoon)**명** ①계절풍. ②남서 계절풍이 부는 인도의 우계(雨季).

몬순-림(monsoon林)**명** 몬순 지대에 발달한 삼림(森林).

몬순^지대(monsoon地帶)**명** 계절풍이 부는 지대. 약 반 년을 주기로, 겨울에는 대륙에서 해양으로, 여름에는 반대로 해양에서 대륙으로 바람의 방향이 바뀌는, 대륙 변두리 지대. 계절풍대.

몬져 〈옛〉먼저. ¶筋骨올 몬져 又고샤(龍歌114章).

몬존-하다형여 성질이 가라앉아 있다.

몬탁-부하자 (썩거나 무른 물건이) 작은 덩이로 톡 끊어지거나 잘라지는 모양. **큰**문턱. **예**몬닥. 몬탁-몬탁-하자 ¶가래떡을 칼로 몬탁몬탁 자르다.

몯[1]**명** 〈옛〉못2. **1** 몯; 釘(訓解).

몯[2]**부** 〈옛〉못4. ¶ 平生ㄱ뜯 몯 일우시니(龍歌12章). /先考ㅎ뜯 몯 일우시니(龍歌12章).

몯거이다조동 〈옛〉못하였나이다. ¶뻐 王을 敬ᄒ논 바롤 見티 몯거이다(孟解4:6).

몯게라조동 〈옛〉①못하겠노라. ¶나눈 아디 몯게라(孟解4:5). ②못하였노라. ¶아디 몯게라. 믈읫 몃 마랏 그를 지스니오(杜初22:16).

몯게이다조동 〈옛〉못하였나이다. ¶아디 몯게이다 잇ᄂ니잇가(孟解1:19).

몯ㄱ지명 〈옛〉모꼬지. ¶ᄱ리 婚姻ᄒ 몯ㄱ지예 녀러 와셔(翻小10:17).

몰내(♠) 〈옛〉 못내. 끝없이. ¶됴ᄒᆞ신 양ᄌᆞᄅᆞᆯ 몰내 보ᅀᆞ바널며(月釋2:29). /無量은 몰내 혤씨라(釋譜序1).

몰다(♠) 〈옛〉 모이다. ¶方國이 해 모ᄃᆞ나(龍歌11章). /모돌 회:會(類合下35).

몯ᄒᆞ다(조동) 〈옛〉 못하다. ¶五年을 改過 몯ᄒᆞ야(龍歌12章).

몰(歿)(명) 약력(略歷) 같은 데서 '죽음'을 뜻하는 말. 졸(卒)². ¶1919년 3월 몰.

몰;(←mogol 포)(명) ①단자(緞子)와 비슷한 견직물의 한 가지. ②인견사나 금실·은실 따위를 가느다란 철사 두 개에 촘촘히 끼워 비틀어서 만든 장식용 끈. 모르.

몰(Moll 독)(명)〔음악에서〕 ①단조. ②단음계.

몰(mole)(명) 물질의 양을 나타내는 계량 단위의 한 가지. 분자나 원자·이온 등 같은 수의 물질 입자가 아보가드로수만큼 존재할 때, 1몰이라고 함. 몰분자. 그램분자. 〔기호는 mol〕

몰-(접두) ①(일부 용언 앞에 붙어) '죄다·모조리'를 뜻함. ¶몰밀다. /몰박다. ②(몇몇 명사 앞에붙어) '모두 한곳으로 몰린'을 뜻함. ¶몰매. /몰표.

몰-(沒)(접두) 일부 명사 앞에 붙어, 그 명사가 뜻하는 바가 전혀 없음을 뜻함. ¶몰상식. /몰인정. /몰지각.

몰가치-성(沒價値性)〔-썽〕(명)(어떤 사물을 대할 때) 자신의 주관적 가치 판단을 억압하고 그것을 하나의 현실이나 사실로서 이해하고 파악하려는 학문상의 태도.

몰각(沒却)(명)(하타)(되자) 없애 버리거나 무시해 버림. ¶당초의 목적을 몰각하다.

몰각(沒覺)(명)(하타) 〈무지몰각(無知沒覺)〉의 준말.

몰강-스럽다〔-따〕〔~스러우니·~스러워〕(형)(ㅂ) 보기에 모지락스럽고 악착하다. ¶몰강스럽기가 굶주린 짐승 같다. 몰강스레(♠).

몰-개성(沒個性)(명) 어떤 대상에 마땅히 있어야 할 개성이 없는 상태.

몰개성-적(沒個性的)(관)(명) 뚜렷한 개성이 없는 (것). ¶몰개성적 문제. /옷차림이 몰개성적이다.

몰-경계(沒經界)〔-계/-게〕(명)(하형) 옳고 그름이나 선악의 구별이 전혀 없음. 참무경계(無經界)하다.

몰-경위(沒涇渭)(명)(하형) 경위가 아주 없음. ¶여보게, 아니 이런 몰경위가 어디 있나? 참무경위(無涇渭)하다.

몰골(명) 볼품이 없는 얼굴 꼴이나 모양새. ¶몰골이 말이 아니다.

몰골-법(沒骨法)〔-뻡〕(명) 동양화에서, 대상의 윤곽을 선으로 나타내지 않고 음영이나 농담(濃淡)으로 나타내는 기법. ↔구륵법(鉤勒法).

몰골-사납다〔-따〕〔~사나우니·~사나워〕(형)(ㅂ) 얼굴이나 모양새가 좋지 않다. ¶저렇게 몰골사나운 차림새로 동네를 싸다니다니.

몰골-스럽다〔-따〕〔~스러우니·~스러워〕(형)(ㅂ) 몰골이 볼품없이 흉하다. 몰골스레(♠).

몰끽(沒喫)(명)(하타) (남기지 않고) 다 먹어 버림. 몰식(沒食). 몰탄(沒呑).

몰년(沒年)〔-련〕(명) 죽은 해, 또는 죽은 나이. 졸년(卒年).

몰^농도(mole濃度)(명) 용액의 농도를 나타내는 방법의 한 가지. 용액 1리터 중에 녹아 있는 용질의 몰수를 표시하는 방법. 분자 농도(分子濃度). 〔단위는 mol/l 또는 M〕

몰닉(沒溺)〔-릭〕(명)(하자) 헤어날 수 없을 만큼 깊이 빠지거나 열중함. ¶인터넷에 몰닉하다.

몰:다[모니·몰아](타) ①(채로 치거나 소리 지르면서) 짐승 따위를 나아가게 하다. ②양 떼를 몰다. ②말이나 차를 타고 부리거나 운전하다. ¶차를 몰다. /청노새 몰고 가는 낭군. ③공 따위를 발로 차면서 가다. ④한데 모으거나 합치다. ¶한데 몰아서 팔다. ⑤(막다른 지경으로) 쫓다. ¶사냥감을 몰다. /궁지에 몰다. ⑥몹시 나무라거나 구박하다. ¶잘잘못을 가리지 않고 마구 몰다. ⑦(조사 '로' 다음에 쓰이어) 남을 나쁘게 인정하여 다루다. ¶역적으로 몰다. ⑧함께 또는 이어서 움직이다. ¶팬을 몰고 다니다. /먹구름이 비를 몰고 왔다.

몰두(沒頭)〔-뚜〕(명)(하자) 한 가지 일에만 온 정신을 기울임. 열중. ¶신제품 개발에 몰두하다.

몰두-몰미(沒頭沒尾)〔-뚜-〕(명)(하형) ☞무두무미(無頭無尾).

몰:딩(moulding)(명) 건축·공예 따위에서, 창틀이나 가구 따위의 테두리를 장식하는 방법.

몰:라-보다(타) ①알 만한 사람이나 사물을 보고도 모르다. ¶10년 동안에 몰라보게 변했다. ↔알아보다. ②인사를 차려야 할 윗사람을 못하게 대하다. ¶고향 어른을 몰라보다. ③진정한 가치를 제대로 평가하지 못하다. ¶좋은 작품을 몰라보다. /인재를 몰라보다.

몰:라-주다(타) 알아주지 아니하다. ¶남의 속마음을 몰라주다.

몰락(沒落)(명)(하자)(되자) ①(번영하던 것이) 쇠하여 보잘것없어짐. ¶몰락한 양반. ②멸망하여 없어짐. ¶왕조의 몰락.

몰랑-거리다(자) 자꾸 몰랑몰랑한 느낌이 나다. 몰랑대다. 참말랑거리다.

몰랑-대다(자) 몰랑거리다.

몰랑-몰랑(부)(하형) 매우 몰랑한 모양. 큰물렁물렁. 참말랑말랑.

몰랑-하다(형) ①(감이나 복숭아 따위가 익어서) 물기가 있고 야들야들하게 보드라워 보이다. ②(몸이나 기질이) 단단하거나 야무지지 못하다. ¶김 과장은 사람이 너무 몰랑해서 탈이다. 큰물렁하다. 참말랑하다.

몰:래(부) 남이 모르게 가만히. ¶몰래 숨다. /몰래 엿듣다.

몰려-가다(자) ①여럿이 한쪽으로 밀려가다. ¶비명 소리를 듣고 그쪽으로 몰려가다. ②구름 따위가 한꺼번에 밀려가다. ¶먹구름이 산 너머로 몰려가다.

몰려-나다(자) 있던 자리에서 쫓기어 나가다. ¶협회에서 몰려나다.

몰려-나오다(자) 떼 지어 나오다. ¶영화가 끝나자 사람들이 몰려나왔다.

몰려-다니다(자) 떼 지어 다니다. ¶끼리끼리 몰려다니다.

몰려-들다〔~드니·~들어〕(자) ①여럿이 떼 지어 한곳에 모이다. ¶총소리에 몰려든 군중. ②피곤이나 흥분 따위가 한꺼번에 닥쳐오다. ¶감격과 흥분이 일시에 몰려들다. ③구름이나 파도 따위가 한꺼번에 몰리다. ¶먹구름이 몰려드는 걸 보니 곧 비가 오겠다.

몰려-서다(자) 여럿이 한곳에 모여 서다. ¶구경꾼들이 몰려서다.

몰려-오다(자) ①여럿이 한쪽으로 밀려오다. ¶적군이 까맣게 몰려오다. ②구름 따위가 한꺼번에 밀려오다. ¶태풍이 몰려오다. ③피곤이나 잠이 한꺼번에 밀려오다. ¶피로가 몰려오다.

몰렴(沒廉)(명)(하형) 〈몰염치(沒廉恥)〉의 준말.

몰리(沒利)(명)(하형) 이익이 아주 없음.

몰-리다¹[자] ①일이 한꺼번에 밀리다. ¶일에 몰리어 눈코 뜰 새가 없다. ②여럿이 한꺼번에 모이다. ¶점심 시간엔 손님이 한꺼번에 몰린다. ③무엇이 모자라 곤란을 당하다. ¶돈에 몰리다.

몰-리다²[자] 〖'몰다'의 피동〗 몲을 당하다. ¶채찍을 맞고 한쪽으로 몰리는 양 떼. /역적으로 몰린 충신. /범인으로 몰리다.

몰리브덴(Molybdän 독)[명] 금속 원소의 한 가지. 은백색(銀白色)의 광택이 나는 단단한 금속으로 크롬과 비슷함. 주요 광석은 휘수연광(輝水鉛鑛)·수연광(水鉛鑛) 따위. 합금 재료, 전기 재료 등에 이용됨. 수연. 〔Mo/42/95.94〕

몰리브덴-강(Molybdän鋼)[명] 몰리브덴을 더한 강철. 성질이 강하여 총신(銃身)이나 기계의 부분품을 만드는 데 쓰임.

몰-매[명] 뭇매.

몰미(沒味)[명][하형]〈몰취미(沒趣味)〉의 준말.

몰-밀다[~미니·~밀어][타] 모두 한데 밀다.

몰-박다[-따][타] 촘촘히 몰아서 박다.

몰박-히다[-바키-][자] 〖'몰박다'의 피동〗 몰박음을 당하다. ¶벽 곳곳에 못이 몰박혀 있다.

몰방(沒放)[명][하타] ①(총이나 포 따위를) 한곳을 향해 한꺼번에 쏨. ②(광산에서 남포 따위를) 한꺼번에 터트림.

몰방-질(沒放-)[명][하타] 총을 몰방으로 마구 쏘아 대는 일.

몰-분자(mole分子)[의] ⇨몰(mole).

몰^분자수(mole分子數)[명] ⇨아보가드로수.

몰-비판(沒批判)[명] 옳고 그름을 판단하지 아니함.

몰사(沒死)[-싸][명][하자] 모조리 죽음. ¶비행기 추락으로 탑승객이 몰사하다.

몰살(沒殺)[-쌀][명][하타][되자] 모조리 죽임, 또는 그런 죽음. ¶몰살을 당하다. /적군을 몰살하다.

몰-상식(沒常識)[-쌍-][명][하형] 상식에 벗어나고 사리에 어두움. ¶몰상식한 사람.

몰서(沒書)[-써][명] ①[하자](신문이나 잡지에) 기고한 글이 실리지 못하고 마는 일, 또는 그 글. ②(주소나 성명이 적히지 않아서) 전하거나 돌려보낼 수 없는 편지.

몰세(沒世)[-쎄][명] ①[하자]('일생을 다하다'의 뜻으로) 세상을 떠남. 죽음. ②[하형]끝없이 오램. ②영구(永久)·영세(永世).

몰소(沒燒)[-쏘][명][하자][되자] 모두 다 타 버리거나 태워 버림.

몰송(沒誦)[-쏭][명][하타] (일정한 내용의) 글을 죄다 욈.

몰수(沒收)[-쑤][명][하타][되자] 형법에서, 주형(主刑)에 따라 처하는 부가형(附加刑)의 한 가지. 주형의 범죄 행위와 일정한 관계가 있는 물건을 박탈하는 형벌. ¶장물을 몰수하다.

몰수(沒數)[-쑤][명] 수량(數量)의 전부.

몰-수(mole數)[명] 물질의 양을 몰 단위로 나타낸 값.

몰수^게임(沒收game)[-쑤-][명] ⇨몰수 경기.

몰수^경:기(沒收競技)[-쑤-][명] 〔구기(球技)에서〕 경기의 거부, 고의적인 반칙의 반복·퇴장 등으로 말미암은 경기 인원의 부족 등의 사태가 발생하였을 때, 심판이 과실이 없는 편에게 승리를 선언하는 일을 말함.

몰수-이(沒數-)[-쑤-][부] 있는 수효대로 죄다. ¶남은 물건을 몰수이 운반했다.

몰식(沒食)[-씩][명][하타] ⇨몰끽(沒喫).

몰식-자(沒食子)[-씩짜][명] 한방에서, 어리상수리혹벌의 산란으로 너도밤나뭇과 식물에 생긴 충영(蟲瘿)을 약재로 이르는 말. 소아시아·시리아·이란 등지가 주산지이며, 타닌 70 %를 함유하여 몰식자산의 원료가 됨. 무식자(無食子).

몰식자-벌(沒食子-)[-씩짜-][명] ⇨어리상수리혹벌.

몰식자-봉(沒食子蜂)[-씩짜-][명] ⇨어리상수리혹벌.

몰식자-산(沒食子酸)[-씩짜-][명] 화학에서, 오배자나 몰식자의 타닌을 가수 분해하여 얻는 산. 백색 바늘꼴의 결정으로 환원성이 강하며 떫음. 청색 잉크 제조와 사진 현상액, 염료의 원료 및 지혈제로 쓰임.

몰실(沒實)[명] '몰실하다'의 어근.

몰실-하다(沒實-)[-씰-][형여] 사실이나 실속이 없다. ⑧무실(無實).

몰씬[-씬][하형] ①(잘 익거나 물러서) 연하고 몰랑한 느낌. ¶몰씬 익은 감. ⑧말씬. ②(냄새나 연기 따위가) 조금 풍기거나 솟아오르는 모양. ¶살구 냄새가 몰씬 풍기다.

몰씬-거리다[자] (잘 익거나 물러서) 매우 또는 여기저기 연하고 몰랑한 느낌이 나다. 몰씬대다. ⑧말씬거리다.

몰씬-대다[자] 몰씬거리다.

몰씬-몰씬[부] ①[하형]매우 몰씬한 모양, 또는 여럿이 모두 몰씬한 모양. ⑧말씬말씬. ②(냄새나 연기가) 조금 풍기거나 솟아오르는 모양. ⑧물씬몰씬.

몰아(沒我)[명] 자기를 몰각(沒却)하고 있는 상태. ¶몰아의 경지.

몰아-가다[타] ①몰아서 일정한 방향으로 이끌다. ¶양 떼를 몰아가다. /결백한 사람을 범인으로 몰아가다. ②온통 휩쓸어 가다. ¶도둑이 가게 안의 물건을 몰아갔다. ⑧몰아오다.

몰아-내다[타] ①밖으로 나가게 하거나 쫓아내다. ¶침략자를 몰아내다. ②어떤 처지나 상태에서 벗어나게 하다. ¶가난을 몰아내다. /잠념을 몰아내다.

몰아-넣다[-너타][타] ①있는 대로 휩쓸어 들어가게 하다. ¶몽땅 자루에 몰아넣다. /돼지를 우리에 몰아넣었다. ②어떤 처지나 상태에 빠지게 하다. ¶상대편을 궁지에 몰아넣다.

몰아-닥치다[자] 한꺼번에 세게 들이닥치다. ¶비바람이 몰아닥치다. /추위가 몰아닥치다.

몰아-대:다[타] (기를 펴지 못하게) 마구 재촉하다. ¶몰아대는 바람에 할 말을 잃었다.

몰아-들다[~드니·~들어][자] 한꺼번에 밀리어 들다. ¶곧 학생들이 강당에 몰아들 것이다.

몰아-들이다[타] ①몰아서 억지로 들어오게 하다. ¶가축을 우리에 몰아들이다. ②있는 대로 모두 들어오게 하다.

몰아-붙이다[-부치-][타] ①한쪽으로 모두 밀어 붙이다. ¶물건을 벽쪽으로 몰아붙이다. ②잘잘못을 따져 호되게 꾸짖다. ¶어찌나 심하게 몰아붙이는지 꼼짝 못하고 당했다.

몰아-세:다[타] 〈몰아세우다〉의 준말.

몰아-세우다[타] ①마구 나무라다. ②한쪽으로 내몰다. ¶소를 길옆으로 몰아세우다. ③근거 없이 나쁜 처지로 몰아가다. ¶거짓말쟁이로 몰아세우다. ⑧몰아세다.

몰아-쉬다[타] 숨 따위를 한꺼번에 모아 쉬다. ¶가쁜 숨을 몰아쉬다.

몰아-애(沒我愛)[명] 오직 그 대상의 가치 고양(高揚)만을 지향하는 사랑.

몰아-오다 Ⅰ짜 한곳으로 몰려서 한목에 밀려 오다. ¶비가 몰아오다. /양 떼가 풀밭으로 몰아오다. 魯몰아가다.
Ⅱ타 온통 휩쓸어 오다. ¶남은 상품을 몰아오다. 魯몰아가다.
몰아-주다타 ①(여러 번에 나누어 줄 것을) 한꺼번에 주다. ¶밀린 임금을 몰아주다. ②(여러 사람에게 나누어 줄 것을) 한 사람에게 주다. ¶표를 몰아주다.
몰아-치다 Ⅰ짜 한꺼번에 세게 닥치다. ¶비바람이 몰아치다.
Ⅱ타 ①한꺼번에 급히 하다. ¶며칠 일을 몰아쳐서 하루에 끝냈다. ②심하게 구박하거나 나무라다. ¶화가 나서 소리를 질러 가며 부하들을 몰아치다.
몰애명 [옛] 모래. ¶몰애마다 호 界오(月釋21:16)./몰애 사:沙(訓蒙上4).
몰약(沒藥)명 ①감람과의 소교목. 잎은 겹잎이고 꽃잎은 넷이며, 열매는 핵과(核果)임. 아라비아와 아프리카에 분포함. ②몰약의 수피(樹皮)에서 스며 나오는 수지(樹脂). 방향제(芳香劑) 및 방부제로 쓰이고, 향수나 구강 소독 및 통경제·진위제 등으로도 쓰임.
몰-염치(沒廉恥)명 염치가 없음. 준몰렴(沒廉). 비파렴치(破廉恥).
몰이명 (짐승이나 물고기를 잡을 때) 한곳으로 몰아넣는 일. ¶몰이 포수(砲手).
몰이-꾼명 몰이를 맡은 사람. 구군(驅軍).
몰-이해(沒利害) [-리-]명 이해를 떠남.
몰-이해(沒理解) [-리-]명하형 이해성이 전혀 없음. ¶가족의 몰이해가 제일 안타깝다.
몰-인격(沒人格) [-격]명하형 인격을 갖추지 못함, 곧 사람답지 못함.
몰-인식(沒認識)명하형 인식이 전혀 없음.
몰-인정(沒人情)명하형 인정이 전혀 없음. ¶몰인정하게 거절하다.
몰입(沒入)명 ①(어떤 일에) 빠짐. ¶무아지경에 몰입하다. ②지난날, 죄인의 재산을 몰수하고 그 가족을 관아의 종으로 삼던 일.
몰으다타 [옛] 모르다. 모르다. ¶아는다 몰으는다(鄭澈.關東別曲).
몰자-비(沒字碑) [-짜-]명 [글자를 새기지 않은 비석이란 뜻으로] '풍채는 좋으나 무식한 사람'을 조롱하여 이르는 말.
몰자-한(沒字漢) [-짜-]명 '글을 전혀 모르는 사람'을 홀하게 이르는 말.
몰-지각(沒知覺)명하형 도무지 지각이 없음. 무지각. ¶몰지각한 행동.
몰책(沒策) '몰책하다'의 어근.
몰책-하다(沒策-) [-채카-]형어 계책이 없다.
몰촉(沒鏃)명하형 (활을 너무 당겨) 화살촉이 줌통 안으로 들어옴.
몰-취미(沒趣味)명하형 아무런 취미가 없음. 무취미. 준몰미.
몰칵튀 (코를 팍 찌를 듯이) 냄새가 갑자기 세게 나는 모양. ¶생선 썩는 냄새가 몰칵 코를 찔렀다. 暠몰칵. **몰칵-몰칵**튀냄새.
몰캉-거리다짜 자꾸 몰캉몰캉한 느낌이 나다. 몰캉대다. 魯물컹거리다. 魯말캉거리다.
몰캉-대다짜 몰캉거리다.
몰캉-몰캉튀하형 매우 몰캉한 모양. 暠물컹물컹. 魯말캉말캉.
몰캉-하다형어 (너무 익거나 곯아서) 물크러질 듯이 몰랑하다. ¶홍시가 몰캉하게 익었다. 暠물컹하다. 魯말캉하다.

몰큰튀 냄새가 갑자기 풍기는 모양. ¶병마개를 열자 독한 냄새가 몰큰 솟아올랐다. 暠몰큰. 몰큰-몰큰튀하형.
몰탄(沒呑)명하타 ⇨몰끽(沒喫).
몰토(molto 이)명 악보에서, 다른 나타냄말에 덧붙여 쓰는 말. '매우'의 뜻. [몰토 비바체(molto vivace) 따위.]
몰판(沒板)명 바둑에서, 한 군데도 살아남은 돌이 없이 짐을 이름.
몰패(沒敗)명하짜 여지없이 짐. 여럿이 모두 패함. ¶몰패를 당하다.
몰-표(-票)명 한 출마자에게 무더기로 쏠리는 표.
몰풍(沒風) '몰풍하다'의 어근.
몰풍-스럽다(沒風-) [-따-] [~스러우니·~스러워]형형 풍치(風致)나 풍정(風情)이 도무지(전혀) 없어 보이다. **몰풍스레**튀.
몰-풍정(沒風情)명하형 풍정이 없음.
몰-풍치(沒風致)명하형 풍치가 없음.
몰풍-하다(沒風-)형어 풍치(風致)나 풍정(風情)이 도무지(전혀) 없다.
몰-하다형어 부피가 생각보다 적은 듯하다.
몰후(歿後)명 죽은 뒤.
몸명 ①(사람이나 동물의) 머리에서 발까지 또는 거기에 딸린 것을 통틀어 이르는 말. 신체. ¶몸에 좋은 약. /몸이 크다. ②물건의 원 줄기. ③〈몸엣것〉의 준말. ④《형용사나 관형격 조사 '의' 뒤에 쓰이어》 '사람'이나 '신분' 등을 이르는 말. ¶귀하신 몸. /학생의 몸. ⑤잿물을 올리기 전의 도자기의 덩거리. 황태(缸胎). ⑥한자에서 바깥 부분을 에워싸고 있는 부수. 〔'國','匹'에서 '囗', 'ㄷ' 따위.〕
몸이 되면 입도 되다족담 힘써 일하면 먹을 것도 잘 먹게 된다는 뜻.
몸 둘 바를 모르다관용 어찌할 바를 모르다.
몸에 배다익다관용 익숙해지다.
몸을 가지다관용 ①아이를 배다. ②월경하다.
몸을 더럽히다관용 정조를 잃다.
몸(을) 두다관용 ①그것에 의탁하여 있다. ②어떤 자리에 터 잡고 있다. ¶소년 시절은 외삼촌 댁에 몸 두고 있었다.
몸(을) 바치다관용 ①남을 위하여 목숨을 희생하다. ②헌신하다. ③정조를 바치다.
몸(을) 받다관용 윗사람의 대신으로 일을 하다. ¶아버지의 일을 몸 받기로 하였다.
몸을 버리다관용 ①건강을 해치다. ②정조를 더럽히다.
몸(을) 붙이다관용 어떤 곳에 몸을 의지하여 생활하다.
몸(을) 쓰다관용 몸으로 재간을 부리다.
몸(을) 팔다관용 돈을 받고 정조를 팔다. 매춘하다.
몸(을) 풀다관용 아기를 낳다. 해산하다.
몸(이) 나다관용 몸에 살이 올라 뚱뚱해지다.
몸(이) 달다관용 마음이 조급해지다. 안절부절 못하게 되다. ¶맡긴 일이 안 될까 봐 몸 달아하다.
몸-가짐명 몸을 움직이거나 거두는 품. ¶몸가짐이 얌전하다.
몸-가축명하형 몸을 매만져 거두는 일. ¶몸가축을 단정히 하다.
몸-값 [-깝]명 ①팔려 온 몸의 값, 또는 볼모로 잡은 사람을 돌려주는 대신에 요구하는 돈. ¶유괴범은 몸값으로 1억을 요구했다. ②사람의 가치를 돈에 빗대어 이르는 말. ¶선수들의 몸값이 오르다. * 몸값이[-깝씨]·몸값만[-깜-]

몸-거울圄 온몸을 비출 수 있는 큰 거울. 체경.

몸-굿[-꾿]圄 처음으로 무당이 될 때에 하는 굿. *몸굿이[-꾸시]·몸굿만[-꾼-]

몸-기(-己)圄 한자 부수의 한 가지. '巴'·'巷' 등에서의 '己'의 이름.

몸-길이圄 ⇨체장(體長).

몸-꼴圄 몸의 생긴 모양.

몸꼴 내다 얼어 죽는다屬 추운 날에 모양을 내느라 옷을 얇게 입는 것을 비웃는 말.

몸-놀림圄 몸을 움직이는 일. ¶둔한 몸놀림. / 몸놀림이 가볍다.

몸-닦달[-딱딸]圄[하자] 어려움을 참으면서 받는 몸의 단련.

몸-단속(-團束)圄[하자] ①몸에 위험이 미치지 못하도록 조심함. ②옷차림이나 행동거지를 빈틈없이 함. ¶몸단속 좀 잘하고 다녀라.

몸-단장(-丹粧)圄[하자] ⇨몸치장.

몸-담다[-따]재 어떤 조직이나 분야를 생활의 근거로 하다. ¶그 당시, 박 씨는 건설 회사에 몸담고 있었다. /평생을 음악에 몸담기로 결심하다.

몸-돌[-똘]圄 격지를 떼어 내는 몸체가 되는 돌.

몸-동작(-動作)[-똥-]圄 몸을 움직이는 동작. ¶날렵한 몸동작.

몸-때圄 월경 때.

몸-뚱어리圄〈몸뚱이〉의 속된 말.

몸-뚱이圄 ①(사람이나 짐승의) 몸의 덩치. 체구. ②(정신에 상대되는 육체만으로서의) '몸'을 이르는 말.

몸-만들기圄 체력을 강화하거나 몸매를 가꾸는 일.

몸-매圄 몸의 생긴 모양새. 맵시². ¶몸매가 늘씬하다. /몸매를 가꾸다.

몸-맨두리圄 몸의 모양과 태도.

몸-맵시[-씨]圄 몸을 매만져 내는 맵시.

몸-무게圄 몸의 무게. 체중.

몸-바탕圄 ⇨체질(體質).

몸-보신(-補身)圄[하자] ⇨보신(補身).

몸-부림圄[하자] ①(기를 쓰거나 격한 감정을 이기지 못할 때) 온몸을 뒤흔들며 마구 부딪는 짓. ¶삶의 몸부림. /비보를 듣고 몸부림을 쳤다. ②잠잘 때 이리저리 뒹굴려 자는 짓.

몸부림-치다재 ①이리저리 함부로 몸부림하다. ¶몸부림치며 통곡하다. ②어떤 일을 이루거나 고통 따위를 견디기 위해서 고통스럽게 몹시 애쓰다. ¶외로움에 몸부림치다. /성공을 위해 몸부림치다.

몸빠진-살圄 가느다란 화살. ↔부픈살.

몸뻬(もんぺ 일)圄 여자들이 입는, 통이 넓고 고무줄로 발목을 조이게 되어 있는 바지.

몸-살圄 지나친 피로로 온몸이 쑤시고 오한이 나는 증세.

몸살(이) 나다屬 무엇을 몹시 하고 싶어 안달하다.

몸살 차살 하다屬 몹시 귀찮고 성가시게 행동하다는 말.

몸살-감기(-感氣)圄 (몸이 몹시 피로하여 생기는) 몸살 기운이 있는 감기.

몸살-기(-氣)[-끼]圄 몸살을 앓을 때와 같은 기운. 몸살이 날 것 같은 기운. ¶몸살기가 있다.

몸-상(-床)[-쌍]圄 잔치 따위에서 큰상 앞에 차려 놓는 간단한 음식상.

몸-서리圄 몹시 무섭거나 싫증이 나서 몸이 떨림, 또는 몹시 싫음이 나는 마음. ¶그는 전쟁 이야기라면 몸서리를 친다.

몸서리-나다재 지긋지긋하게 싫증이 나거나 무서워서 몸이 떨리다. ¶몸서리나는 피난 생활.

몸서리-치다재 몹시 몸서리를 내다.

몸-성히甼 몸에 탈이 없고 건강하게. ¶몸성히 지내다.

몸-소甼 ①자기 스스로. 직접. ¶몸소 실천하다. ②(윗사람이) 친히. ¶할아버지께서 몸소 가꾸시는 화초.

몸-소지(-燒紙)[-쏘-]圄 치성을 드릴 때, 부정(不淨) 소지를 올린 다음, 관계된 사람들의 몸과 운수를 위하여 사르는 소지.

몸-속[-쏙]圄 몸의 속. ¶몸속의 병균.

몸-솔[-쏠]圄 몸의 가려운 데를 긁는 기구.

몸-수고[-쑤-]圄[하자] 몸으로 힘을 들이고 애씀. ¶몸수고를 아끼지 않다.

몸-수색(-搜索)[-쑤-]圄[하자] 무엇을 찾아내려고 남의 몸을 뒤지는 일.

몸-시계(-時計)[-씨게/-씨게]圄 호주머니에 넣고 다닐 수 있게 만든 시계. 회중시계.

몸-신(-身)圄 한자 부수의 한 가지. '躬'·'軀' 등에서의 '身'의 이름.

몸-싸움圄[하자] 서로 몸을 부딪치며 싸우는 일. ¶툭하면 여야 의원들이 의사당에서 몸싸움을 벌인다.

몸소圄〈옛〉몸소. ¶몸소 南陽 짜해서 밭 가라(翻小8:19). /몸소 밭 가다가 니러나몰(杜初6:34).

몸알기圄〈옛〉지기(知己). ¶흰 머리 몸알기를 맞나니(杜初8:6).

몸-약(-藥)[-냑]圄 광산에서, '다이너마이트'를 이르는 말. 몸약.

몸엣-것[모메껃/모멘껃]圄 ①월경으로 나오는 피. 월경수(月經水). ¶몸엣것이 없다니 아이가 섰나 보다. ②'월경(月經)'을 에둘러서 이르는 말. 준몸. *몸엣것이[모메꺼시/모멘꺼시]·몸엣것만[모메껀/모멘껀-]

몸져-눕다[-저-따][~누우니·~누워]재回 (병이나 고통으로) 몸을 가누지 못하여 드러눕다. ¶아들 걱정으로 몸져눕다. /몸살로 몸져눕다.

몸-조리(-調理)圄[하자] (허약해진 몸을 회복하기 위하여) 몸을 잘 돌보는 일. 몸조섭. ¶산후(産後) 몸조리를 잘하다.

몸-조섭(-調攝)圄[하자] ⇨몸조리.

몸-조심(-操心)圄[하자] ①(건강을 위하여) 몸을 함부로 쓰지 아니함. ②(실수가 없도록) 언행을 삼감. ¶감원설이 나돌자 몸조심하는 분위기가 역력했다.

몸-종(-)[-쫑]圄 양반집 여자 가까이에서 잔심부름을 하던 여자 종.

몸-주체圄 몸을 가누거나 몸가짐을 잘하는 일. 《주로, 뒤에 부정의 말이 따름.》 ¶술에 취하여 제 몸주체도 못한다.

몸-집[-찝]圄 몸의 부피. ¶몸집이 크다.

몸-짓[-찓]圄[하자] (어떤 뜻을 나타내기 위한) 몸의 움직임이나 놀림. ¶몸짓으로 말하다. *몸짓이[-찌시]·몸짓만[-찐-]

몸-차림圄 (옷이나 신·모자 따위로) 몸을 꾸밈, 또는 그 모양새.

몸-채圄 여러 채로 된 살림집에서, 주장이 되는 채. 정방(正房). 정실(正室).

몸-체(-體)圄 (물체나 구조물의) 몸이 되는 부분. ¶비행기의 몸체.

몸-치장(-治粧)圄[하자] 몸의 차림새를 잘 매만져서 맵시 있게 꾸밈. 몸단장. 분식(扮飾).

몸-통圄 가슴·배·등으로 이루어진 몸의 중심 부분. 동부(胴部).

몸통-뼈명 ☞구간골(軀幹骨).
몸통'운(-運動)명 허리를 앞뒤로 굽히거나 좌우로 돌리는 운동.
몸-피명 ①몸통의 굵기. ②활의 몸의 부피.
몸-흙[-흑]명 삼포(參圃)에서, '거름 섞은 흙'을 이르는 말. •몸흙이[-흘기]•몸흙만[-흥-]
몹:시[-씨]부 더할 수 없이 심하게. 대단히. 매우. ¶날씨가 몹시 춥다.
　몹시 데면 회(膾)도 불어 먹는다속담 무엇에 몹시 놀란 사람은 그와 비슷한 것만 보아도 미리 겁낸다는 뜻.
몹-신:(mob scene)명 연극·영화에서 군중이 나오는 장면.
몹:쓸형 못되고 고약한. ¶몹쓸 병. /몹쓸 사람. /몹쓸 짓. /몹쓸 놈의 팔자.
못¹[몯]명 넓고 깊게 팬 땅에 늘 물이 괴어 있는 곳. 지당(池塘). ¶못을 파다. ＊못이[모시]•못만[몬-]
못²[몯]명 (나무 따위에 박기 위해) 끝을 뾰족하게 만든 가느다란 물건. [쇠못•나무못•대못 따위가 있음.] •못이[모시]•못만[몬-]
　못(을) 박다관용 ①남의 마음에 상처를 입히다. ¶부모 가슴에 못 박는 자식. ②단정적으로 말하다. ¶꼭 이것이라고 못 박아서 하는 소리는 아니지만….
　못(이) 박히다관용 원통한 생각이 마음속에 깊이 맺히다. ¶가슴에 못 박힌 한(恨).
못³[몯]명 손이나 발바닥의 살갗이 딴딴해진 자리. 굳은살. 변지(胼胝). ¶손바닥에 못이 박이다. ＊못이[모시]•못만[몬-]
못:⁴[몯]부 일부 동사 앞에 쓰이어, 그와 같은 동작에 대한 금지나 불가능 따위의 부정(否定)을 뜻하는 말. ¶통제 구역에는 못 들어간다. /더는 못 참겠다.
　못 먹는 감 찔러나 본다속담 자기가 차지하지 못할 바에는 차라리 심술을 부려 못 쓰게 만들자는 뜻.
　못 먹는 씨아가 소리만 난다속담 ①되지못한 사람이 큰소리만 친다. ②이루지도 못할 일을 시작하면서 소문만 굉장히 퍼뜨린다는 말.
　못 먹는 잔치에 갓만 부순다속담 아무 이득도 없는 일에 분주하기만 하고 손해만 입는다는 말.
　못 오를 나무는 쳐다보지도 마라속담 불가능한 일은 일찌감치 단념하라는 말.
못-가[몯까]명 못의 가장자리. 지반(池畔). 지변(池邊).
못-가새[모까-/몯까-]명 가새모춤에서, 가위리 모양으로 묶은 모의 움큼, 곧 모 한 춤을 셋으로 나눈 하나.
못-갖춘-마디[몯깐-]명 박자표에 제시된 박자에 부족한 마디. 여린박으로 시작되는 첫 마디와 끝 마디에 씀. ↔갖춘마디.
못-갖춘-마침[몯깐-]명 악곡이 완전히 끝났다는 느낌을 주지 않는 형태. 불완전 종지.
못-걸이[몯꺼리]명 옷이나 모자 따위를 거는 데 쓰는 물건. [흔히, 조붓한 나무오리에 못을 띄엄띄엄 박아서 벽 같은 데 붙임.]
못:-나다[몬-]형 ①사람됨이 똑똑하지 못하거나 능력이 남보다 모자라다. ¶그깟 일로 울다니, 사람이 왜 그리 못났어. ②생김새가 잘나거나 예쁘지 않다. 못생기다. ¶얼굴이 못났으면 마음이라도 고와야지. ↔잘나다.
　못난 색시 달밤에 삿갓 쓰고 나선다속담 미운 사람이 점점 더 보기 싫은 짓만 함을 이르는 말.

못:-난-이[몬-]명 '못생기거나 어리석은 사람'을 얕잡아 이르는 말.
못:내[몬-]부 ①잊지 못하고 늘. ¶못내 아쉽다. /10년이 지나도록 못내 그리워하다. ②그지없이. ¶합격의 소식에 못내 기뻐하다.
못:-논[몬-]명 모를 낸 논.
못:-다[몯따]부 《동사 앞에 쓰이어》 '다하지 못함'을 뜻함. ¶못다 한 이야기.
못-대가리[몯때-]명 평평하게 된 못의 윗부분.
못동[몯똥]명 광산에서, 파 들어가는 구덩이 안에서 갑자기 나타나는 딴딴한 부분.
못:-되다[몯뙤-/몯뛔-]형 ①(성질이나 하는 짓이) 모질고 고약하다. ¶못된 짓만 골라 한다. /함부로 손찌검을 하다니, 사람이 참 못됐다. ②일이 뜻대로 되지 않은 상태에 있다. ¶그 일이 못된 게 그 사람 때문이겠어.
　못되면 조상 탓(잘되면 제 탓)속담 어떤 일이 안 됐을 때 그 원인을 스스로에게 찾는 것이 아니라 남에게 그 책임을 전가하는 경우를 비유하여 이르는 말.
　못된 나무에 열매만 많다속담 못된 것이 도리어 성하게 되는 경우를 이르는 말. 못된 소나무에 솔방울만 많다.
　못된 바람은 수구문(동대문) 구멍으로 들어온다속담 궂은일이나 잘못된 일이 있으면, 그 책임이 모두 자기에게만 돌아온다고 항변하는 말.
　못된 벌레 장판방에서 모로 긴다속담 되지못한 사람이 건방진 짓을 한다는 말. 못된 송아지 엉덩이에 뿔 난다.
　못된 소나무에 솔방울만 많다속담 ☞못된 나무에 열매만 많다.
　못된 송아지 엉덩이에 뿔 난다속담 ☞못된 벌레 장판방에서 모로 긴다.
　못된 일가(가) 항렬만 높다속담 세상에는 쓸데없는 것일수록 오히려 성하는 법이라는 말.
못:마땅-하다[몯-]형 마음에 맞갖지 않다. ¶못마땅한 듯이 이맛살을 찌푸리다. **못마땅-히**부 ¶못마땅히 여기다.
못:-물[몬-]명 ①모내기하는 데 필요한 물. ②못에 고인 물.
못:-미처[몬-]명 일정한 곳까지 채 이르지 못한 거나 지점. ¶못미처에 있는 가게.
못-바늘[몯빠-]명 (종이 따위를 꿰는 데 쓰는) 못같이 생긴 바늘. 무공침(無孔針).
못-박이[몯빠기]명 소의 간(肝)에 박힌 염통 줄기, 또는 그 간.
못-밥[모빱/몯빱]명 모내기할 때 들에서 먹는 밥.
못-비[모삐/몯삐]명 모를 다 낼 만큼 흡족히 내리는 비.
못-뽑이[몯-]명 못 뽑는 데 쓰는 연장. [노루발장도리·방울집게 따위.]
못:-살다[몯쌀-][~사니·~살아]자 ①가난하게 살다. ¶못사는 집. /아무리 못산다 해도 밥이야 굶겠니. ↔잘살다. ②견디지 못하다. 또는, 기를 펴지 못하다. ¶창피해서 못살겠다. /저보다 작은 애들을 못살게 군다.
　못살면 터 탓속담 제 잘못을 남에게 돌리고 원망함을 이르는 말.
못:-생기다[몯쌩-]형 (생긴 모양이) 남보다 빠지거나 제대로 되어 있지 않아 좋아 보이지 아니하다. 못나다. ¶못생긴 얼굴. /지지리도 못생겼다. /손이 참 못생겼다. ↔잘생기다.
　못생긴 며느리 제삿날에 병난다속담 미운 사람이 더 미운 짓만 한다는 뜻.

못서[모써/몯써]囘 〈못서까래〉의 준말.
못-서까래[모써-/몯써-]囘 네모진 서까래. 㲁못서.
못-서다[몯써-]재 세로로 죽 늘어서다.
못:-쓰다[몯-][~쓰니·~써]재 ①어떤 행동을 해서는 안 된다는 뜻. (주로, '-(으)면'·'어서'와 함께 쓰임.》 ¶장난질하면 못써. ②건강 상태가 나빠지다. (주로, '못쓰게'의 꼴로 쓰임.》 ¶얼굴이 못쓰게 상하다.
못-자리[모짜리/몯짜리]囘 ①볏모를 기르는 논이나 논바닥. 묘상(苗床). 묘판(苗板). 앙판(秧板). ②하재논에 법씨를 뿌림.
못-정[몯쩡]囘 ①못대가리를 깊숙이 박을 때 쓰는 기름한 연장. ②광석을 떼 낼 때 쓰는 끝이 뾰족한 연장.
못정-떨이[몯쩡-]囘困困 광산에서, 남포로 깨뜨린 바위나 광석을, 못정을 대고 망치로 쳐서 떨어뜨리는 일.
못정-버력[몯쩡-]囘 광산에서, 남포를 쓰지 않고 정만으로 뜯어낼 수 있는 버력을 이르는 말.
못-주다[몯쭈-]재 (튼튼하게 하려고) 버그러진 사이가 맞붙도록 못을 박다.
못-줄[모쭐/몯쭐]囘 모를 심을 때, 간격을 맞추기 위하여 가로로 치는 긴 줄.
못:-아니하다[몯찌-]困囘困 일정한 수준이나 정도에 미치다. 㲁못지않다.
못:지-않다[몯찌안타]囘 〈못지아니하다〉의 준말. ¶가수 못지않는 노래 실력.
못-질[몯찔]囘困困 못을 박는 일.
못:-하다¹[모타다]困囘 일정한 수준에 못 미치거나 할 능력이 없다. ¶술을 못하다. /물음에 답을 못하다.
　못하는 소리가 없다판용 ①때와 처소를 가리지 않고 아무 말이나 함부로 한다는 뜻. ②(어린아이가) 온갖 말을 잘한다는 뜻.
못:-하다²[모타-]囘 ① (주로 부사격 조사 '만'이나 '보다' 뒤에 쓰이어) 비교 대상에 미치지 아니하다. ¶아우만 못하다. /득표수가 상대편보다 못하다. ②아무리 적게 잡아도. (주로, '못하여도(못해도)'의 꼴로 쓰임.》 ¶못해도 거기까지는 사흘이 걸린다.
못:-하다³[모타-]困困囘 (동사의 연결 어미 '-지' 뒤에 쓰이어) ¶할 수가 없다. ¶그것도 읽지 못하느냐. ②그렇게 해서는 안 된다. ¶그곳에는 가지 못한다.
못:-하다⁴[모타-]困囘囘 ① (형용사 어미 '-지' 뒤에 쓰이어) 정도나 상태가 미칠 수가 없다. ¶아름답지 못하다. /강하지 못하다. ② (일부 형용사의 어말 어미 '-다' 뒤에 '못하여(못해)'의 꼴로 쓰이어) '정도가 너무 심하여서'를 뜻함. ¶손이 저리다 못하여(못해) 아프다.
몽:囘 〈몽니〉의 준말.
몽(蒙)囘 〈몽괘(蒙卦)〉의 준말.
몽개-몽개囘 (구름·연기 따위가) 잇따라 뭉키어 나오거나 여기저기 퍼지는 모양. 㲁뭉게뭉게.
몽고문(蒙古文)囘困困 옛사람이 지은 글귀를 그대로 옮겨 적음.
몽고-문(蒙古文)¹囘 ⇨몽골 문자.
몽고-문(蒙古文)²囘 ⇨몽골 문자.
몽고^문자(蒙古文字)[-짜]囘 ⇨몽골 문자.
몽고-반점(蒙古斑點)囘 〈몽고점〉의 이전 일컬음.
몽고-어(蒙古語)囘 몽골 어(Mongol語).
몽고-점(蒙古點)囘 황색 인종의 어린아이의 엉덩이에서 등에 걸쳐 나타나는 푸른 점. 태어난 다음에 나타나서 7~8세 때 사라짐. 소아반. 아반.

몽고-족(蒙古族)囘 ⇨몽골 족(Mongol族).
몽고-풍(蒙古風)囘 ①몽골의 풍속이나 양식. ②몽골의 고비 사막으로부터 중국 동북 지방과 중국 북쪽으로 부는 건조한 바람.
몽고^문자(Mongol文字)[-짜]囘 몽골 어 표기에 쓰는 문자. 13세기에 위구르 문자를 모체로 만들어졌다 함. 몽고문². 몽고 문자.
몽골^어:(Mongol語)囘 몽골 족이 쓰는 언어. 알타이 어족에 속함. 몽고어.
몽골^족(Mongol族)囘 중국 북부 및 동북부, 시베리아 남부 등지에 거주하는 유목 민족을 통틀어 이르는 말. 몽고족.
몽괘(蒙卦)囘 육십사괘의 하나. 간괘(艮卦)와 감괘(坎卦)를 위아래로 놓은 괘. 산 밑에 샘물이 남을 상징함. 몽고문.
몽구리囘 ①바짝 깎은 머리. ②'중'을 농조로 이르는 말. 큰뭉구리.
몽그라-뜨리다困 힘껏 쌓인 몽그라지게 하다. 몽그라트리다. ¶진흙으로 빚은 여인상을 그만 몽그라뜨리고 말았다. 큰뭉그러뜨리다.
몽그라-지다困 (낮게 쌓인 물건이) 무너져 주저앉다. ¶이번 장마에 토담 한 귀퉁이가 몽그라졌다. 큰뭉그러지다.
몽그라-트리다困 몽그라뜨리다. 큰뭉그러트리다.
몽그작-거리다[-꺼-]困困 자꾸 몽그작몽그작하다. 몽그작대다. 큰뭉긋거리다. 큰뭉그적거리다.
몽그작-대다[-때-]困困 몽그작거리다.
몽그작-몽그작[-짱-]囘 ① 困困 (나아가지 못하고) 제자리에서 조금 작은 동작으로 게으르게 행동하는 모양. ② 困困 (나아가지 못하고) 제자리에서 몸이나 몸의 일부를 잇닿아 가볍게 비비대는 모양. ¶자리에 누워 발가락만 몽그작몽그작하다. ③ 困困 (일을 제때 하지 못하고) 우물쭈물하는 모양. ¶일을 몽그작몽그작 미루다. 큰뭉긋뭉긋. 큰뭉그적뭉그적.
몽그작-이다困 ① 困困 (나아가지 못하고) 제자리에서 조금 작은 동작으로 게으르게 행동하다. 큰뭉그적이다. ② 困困 (나아가지 못하고) 제자리에서 몸이나 몸의 일부를 잇닿아 가볍게 비비대다. 큰뭉그적이다.
몽근-벼囘 까끄라기가 없는 벼.
몽근-짐囘 부피에 비해 무게가 제법 나가는 짐. ↔부픈짐.
몽글-거리다困 몽글몽글한 느낌을 주다. 몽글대다. 큰뭉글거리다. 큰뭉클거리다.
몽글다[몽그니·몽글어]囘 ①곡식의 낟알이 까끄라기나 허섭스레기가 없이 알속 있게 깨끗하다. ②가루 따위가 미세하고 곱다.
　몽글게 먹고 가늘게 싼다[속담] 큰 욕심 부리지 않고 분수를 지켜야 하며, 또 그것이 편하다는 말.
몽글-대다困 몽글거리다.
몽글-리다¹困 '몽글다'의 사동) 곡식의 낟알을 몽글게 하다.
몽글리다²困 ①어려운 일에 단련이 되게 하다. ②옷맵시를 가든하게 차려 모양을 내다.
몽글困困囘 말랑진 것이 물랑물랑하여 요리조리 불가지며 매끄러운 느낌. ¶몽글몽글한 포도 알. 큰뭉글뭉글. 외뭉클몽클.
몽:-금척(夢金尺)囘 금척무(金尺舞)에 쓰는, 길이 한 자 되는 금빛의 자. 조선 태조(太祖)가 건국하기 전에 꿈에 신선에게서 받았다는 것을 상징하여 만들었다 함.

몽긋-거리다[-근꺼-]<u>자타</u> 〈몽그작거리다〉의
준말. 몽긋대다. ඓ몽긋거리다.

몽긋-대다[-근때-]<u>자타</u> 몽긋거리다.

몽긋-몽긋[-근-근]<u>부</u><u>하자타</u> 〈몽그작몽그작〉의
준말. ඓ몽긋몽긋.

몽깃-돌[-기똘/-긴똘]<u>명</u> ①밀물이나 썰물 때,
뱃머리를 곧게 유지하려고 배의 뒷부분에 다는
돌. ②‘낚싯봉’의 잘못.

몽니<u>명</u> 심술궂게 욕심 부리는 성질. ¶몽니를 부
리다. ඓ몽.

 몽니(가) 궂다<u>관용</u> 짓궂게 몽니를 부리는 성질
이 있다.

 몽니(가) 사납다<u>관용</u> 몽니가 매우 심하다.

몽니-쟁이<u>명</u> 몽니를 함부로 부리는 사람.

몽달-귀(-鬼)<u>명</u> 총각이 죽어서 되는 귀신. 도
령귀신. 몽달귀신. ➡손말명.

몽달-귀신(-鬼神)<u>명</u> ➡몽달귀.

몽당-붓[-붇]<u>명</u> 끝이 모지라진 붓. 독필(禿筆).
 •몽당붓이[-부시]·몽당붓만[-분-]

몽당-비<u>명</u> (오래 쓰거나 닳아 빠져서) 끝이 거
의 모지라진 비.

몽당-소나무<u>명</u> ➡몽당솔.

몽당-솔<u>명</u> 키가 작고 몽톡한 소나무. 몽당소
나무.

몽당-연필(-鉛筆)[-년-]<u>명</u> 다 써서 거의 못
쓰게 된 짧은 연필 도막.

몽당-이<u>명</u> ①끝이 닳아서 거의 못 쓰게 된 물
건. ¶몽당이가 된 붓. ②(실이나 노끈 따위를)
공 모양으로 감은 뭉치.

몽당-치마<u>명</u> 몹시 모지라거나 짧아진 치마.

몽동(艨艟)<u>명</u> ➡병선(兵船).

몽동-발이<u>명</u> (달려 붙었던 것이 다 떨어지고)
몸뚱이만 남은 물건.

몽두(蒙頭)<u>명</u> 조선 시대에, 죄인을 잡아 올 때
얼굴을 싸서 가리던 베.

몽둥이<u>명</u> 조금 굵고 기름한 막대기. 흔히, 무엇
을 패릴 때 씀. 간봉(杆棒). 목봉.

몽둥이-맛[-맏]<u>명</u> 정신이 날 만큼 ‘얻어맞는
경험’을 이르는 말. •몽둥이맛이[-마시]·몽
둥이맛만[-만-]

몽둥이-세례(-洗禮)<u>명</u> 몽둥이로 마구 때리는
일. ¶몽둥이세례를 퍼붓다.

몽둥이-질<u>명</u><u>하타</u> 몽둥이로 때리는 짓.

몽둥이-찜<u>명</u><u>하타</u> 몽둥이로 마구 때리는 짓. 몽
둥이찜질.

몽둥이-찜질<u>명</u><u>하타</u> 몽둥이찜.

몽둥잇-바람[-이빠-/-인빠-]<u>명</u> 몽둥이로 세
차게 얻어맞거나 때릴 때의 몽둥이의 기운.

몽:-따다<u>자</u> 일부러 모르는 체하다.

몽땅<u>부</u> ①있는 대로 죄다. ¶돈을 몽땅 잃다. /
물건을 몽땅 팔아넘기다. ②대번에 작게 딱 자
르거나 잘리어 끊어지는 모양. ¶한 번에 몽땅
잘라 낸 밧줄. ඓ뭉떵. ඓ몽탕.

몽땅몽땅-하다<u>형여</u> ①매우 몽땅하다. ②여럿이
다 몽땅하다. ඓ뭉떵뭉떵하다. ඓ몽탕몽탕하다.

몽땅-하다<u>형여</u> (길모양이) 싹둑 잘린 도막같이
생기다. ¶몽땅한 키. ඓ뭉떵하다. ඓ몽탕하다.

몽똑<u>부</u><u>하형</u> ①(가늘고 짧은 것이) 끝이 잘린 듯
이 무딘 모양. ¶몽똑한 막대기. ②생김새가 똥
똥하면서 짤막한 모양. ¶손가락이 몽똑하다.
 ඓ뭉뚝. ඓ몽톡. 몽똑-몽똑<u>부</u><u>하형</u>

몽똥-그리다<u>타</u> (작은 덩어리로) 되는대로 뭉치
어 싸다. ¶헌 옷가지들을 몽똥그려 치우다.
 ඓ뭉뚱그리다.

몽롱(朦朧) ‘몽롱하다’의 어근.

몽롱-세계(朦朧世界)[-농-계/-농-게]<u>명</u>
①(술이나 약에 취하거나 졸음이 오거나 하여)
똑똑하지 않고 어렴풋한 의식 상태. ②아는 것
이 똑똑하지 않고 어렴풋한 상태.

몽롱-하다(朦朧-)[-농-]<u>형여</u> ①(무엇이) 흐릿
하고 희미하다. ¶달빛 아래의 몽롱한 그림자.
②(정신이나 상황 따위가) 뚜렷하지 않고 흐릿
하다. ¶의식이 몽롱한 상태.

몽리(蒙利)[-니]<u>명</u><u>하자</u> 〔이익을 얻는다는 뜻
으로〕 저수지나 보 따위 수리 시설의 혜택을
입음.

몽:리(夢裏)[-니]<u>명</u> ➡몽중(夢中).

몽매(蒙昧)<u>명</u><u>하형</u> 사리에 어둡고 어리석음. ¶몽
매를 깨우치다. /몽매한 저희들을 용서하십시오.

몽:매(夢寐)<u>명</u> 잠을 자며 꿈을 꿈. 《주로, ‘몽
매에’·‘몽매에도’의 꼴로 쓰임.》¶몽매에도
잊지 못하는 조국.

몽:매-간(夢寐間)<u>명</u> 꿈을 꾸는 동안. 《주로,
‘몽매간’·‘몽매간에도’의 꼴로 쓰임.》¶몽
매간에도 잊지 못하다.

몽몽(濛濛) ‘몽몽하다’의 어근.

몽몽-하다(濛濛-)<u>형여</u> (비나 안개 따위가 내리
거나 끼어서) 앞이 자욱하고 몽롱하다.

몽:복(夢卜)<u>명</u> ①꿈과 점(占). ②<u>하자</u>꿈으로 길
흉화복을 점침, 또는 그 점.

몽비(蒙批)<u>명</u><u>하자</u> 상소(上疏)에 대한 임금의 비
답(批答)을 받음.

몽:사(夢事)<u>명</u> 꿈에서 겪은 일.

몽상(蒙喪)<u>명</u><u>하자</u> 상복을 입음.

몽:상(夢想)<u>명</u> ①꿈속의 생각. ②<u>하타</u>(실현성이
없는 것을) 허황한 생각을 함. ¶몽상에 잠
기다. /몽상에 좇다. /억만장자가 될 것을 몽상
하다.

몽:상-가(夢想家)<u>명</u> 꿈같이 허황한 생각을 잘
하는 사람.

몽:상문(蒙上文)<u>명</u><u>하자</u> 한 문장 가운데 아래의
어떤 말이 위의 어떤 말에 공통적으로 관계
됨, 또는 그 관계되는 구절이나 글자. (‘여름
에는 비가, 겨울에는 눈이 온다.’에서의 ‘온
다’ 따위.)

몽:설(夢泄)<u>명</u><u>하자</u> 성적(性的)인 쾌감을 얻는
꿈을 꾸면서 사정(射精)하는 일. 몽유(夢遺).
몽정(夢精). 설정(泄精).

몽송(霧淞)<u>명</u> ➡상고대.

몽실-몽실<u>부</u><u>하형</u> 통통하게 살져서 보드라운 느
낌을 주는 모양. ¶강아지가 몽실몽실 살이 쪘
다. ඓ뭉실뭉실.

몽:압(←夢魘)<u>명</u> 자다가 가위에 눌림.

몽어-유해(蒙語類解)<u>명</u> 몽고어 학습서. 이억성
(李億成)이 편찬하여, 조선 영조 44(1768)년에
낸 책. 2권 2책.

몽:외(夢外)[-외/-웨]<u>명</u> 꿈에도 생각지 않은
터. 천만뜻밖.

몽:외지사(夢外之事)[-외-/-웨-]<u>명</u> 꿈에도
생각하지 못했던 뜻밖의 일.

몽우리<u>명</u> 망울. 꽃망울.

몽:유(夢遺)<u>명</u> ➡몽설(夢泄).

몽:유-병(夢遊病)[-뼝]<u>명</u> 잠을 자다가 자신도
모르게 일어나서 어떤 행동을 하다가 다시 잠
을 자는 병적인 증세. 깬 뒤에는 이 사실을 전
혀 깨닫지 못함. 몽중방황. 이혼병(離魂病).

몽은(蒙恩)<u>명</u><u>하자</u> 은혜나 은덕을 입음. 몽혜.

몽:정(夢精)<u>명</u><u>하자</u> ➡몽설(夢泄).

몽:조(夢兆)<u>명</u> 꿈자리.

몽:중(夢中)<u>명</u> 꿈속. 몽리(夢裏).

몽:중-몽(夢中夢)명 〔꿈 가운데 꿈이란 뜻으로〕 '이 세상의 덧없음'을 비유하여 이르는 말. ¶사람의 죽고 삶이 진실로 몽중몽이로세.

몽:중-방황(夢中彷徨)명 ①하자 꿈속에서 이리저리 헤맴. ②☞몽유병.

몽:중-설몽(夢中說夢)명 하타 〔꿈속에서 꿈 이야기를 한다는 뜻으로〕 종잡을 수 없게 이야기함, 또는 그런 이야기.

몽진(蒙塵)명 하자 〔먼지를 뒤집어쓴다는 뜻으로〕 임금이 난리를 피하여 다른 곳으로 자리를 옮김. ¶선조가 의주로 몽진하다.

몽짜명 음흉하게 뭉니 부리는 짓, 또는 그렇게 하는 사람. ¶몽짜를 부리다. /몽짜를 치다.

몽짜-스럽다[-따][~스러우니·~스러워]형ㅂ 보기에 몽짜를 치는 듯하다. 몽짜스레튀.

몽총-하다형여 ①융통성 없이 새침하고 냉정하다. ②(길이나 부피 따위가) 조금 모자라다. ¶바지가 몽총하다.

몽치명 짤막한 몽둥이. 옛날에 무기로 썼음.
  몽치 깎자 도둑이 뛴다족담 M처럼 세운 대책이 개가 늦어 소용없게 됨을 이르는 말.

몽치다 Ⅰ재 ①(여럿이 합쳐지거나 어울려서) 자그맣게 한 덩어리가 되다. ¶이불솜이 몽치다./근육이 몽치다. ②하나로 단결하다. ¶전 사원이 한마음으로 똘똘 몽치다. 튄몽치다.
  Ⅱ타 (흩어졌거나 여럿인 것을) 조그맣게 한 덩어리가 되게 하다. ¶실을 똘똘 몽치다. 튄뭉치다.

몽클튀하여 ①먹은 음식이 잘 삭지 않고 가슴에 작은 덩이로 뭉쳐 있는 듯이 목직한 느낌. ②(슬픔이나 노여움 따위) 복받치는 감정으로 가슴이 갑자기 꽉 차는 듯한 느낌. ¶어린것의 우는 소리를 듣고 가슴이 몽클했다. 튄뭉클.

몽클-거리다재 몽클몽클한 느낌을 주다. 몽클대다. 튄뭉클거리다. 예몽글거리다.

몽클-대다재 몽클거리다.

몽클튀하여 망울진 것이 몰랑몰랑하여 요리조리 볼가지며 몹시 매끄러운 느낌. 튄뭉클. 예몽글몽글.

몽키다재 여럿이 한데 엉키어 작은 덩어리가 되다. 튄뭉키다.

몽타:주(montage 프)명 ①☞몽타주 사진. ¶용의자의 몽타주를 작성하다. ②영화나 텔레비전의 필름에 대한 화면 구성의 기법이나 편집 방법. 따로따로 촬영한 필름을 효과적으로 편집하여 의식적인 영상 예술을 구성함. 발성 영화는 영상과 음성의 이중 몽타주로 표현함.

몽타:주^레코:드(montage 프+record)명 몽타주 사진과 같은 방법으로 여러 레코드를 하나로 편집하여 만든 음반.

몽타:주^사진(montage寫眞)명 여러 사람의 사진에서 코·입·눈매 등 부분적으로 어떤 사람의 용모와 비슷한 부분만 오려서 하나로 맞춘 사진. 흔히, 범죄 수사에서 용의자의 특징을 잡아서 그린 대용 사진으로 이용함. 몽타주. 합성 사진.

몽탕튀 (물체의 한 부분이) 대번에 아주 작게 탁 잘리거나 끊어지는 모양. ¶머리카락을 몽탕 자르다. 튄뭉텅. 예몽당. 몽탕-몽탕튀.

몽탕몽탕-하다형여 ①매우 몽탕하다. ②여럿이 다 몽탕하다. 튄뭉텅뭉텅하다. 예몽당몽당하다.

몽탕-하다형여 (겉모양이) 작게 싹둑 잘린 토막 같이 생기다. ¶몽탕하게 썬 감자 조각. 튄뭉텅하다. 예몽당하다.

몽:태-치다타 슬쩍 훔쳐 가지다.

몽톡튀하여 ①(좀 가늘고 짧은 것이) 끝이 싹독 잘린 듯이 무딘 모양. ②연필을 몽톡하게 깎다. ②생김새가 통통하면서 짤막한 모양. 튄뭉툭. 합몽톡. 몽톡-몽톡튀하여.

몽-하다(蒙-)타여 (은혜나 도움을) 입다.

몽학(蒙學)명 어린이들의 공부.

몽학-훈장(蒙學訓長)[-하군-]명 어린아이들을 가르치는 훈장, 또는 겨우 어린아이들이나 가르칠 정도의 훈장. 튄훈장(訓長).

몽혜(蒙惠)[-혜/-혜]명하자 ☞몽은(蒙恩).

몽:혼(朦昏)명하자 ☞마취(痲醉).

몽:혼-제(朦昏劑)명 ☞마취제(痲醉劑).

몽:환(夢幻)명 꿈과 허깨비, 또는 꿈과 허깨비처럼 덧없음.

몽:환-곡(夢幻曲)명 ☞야상곡(夜想曲).

몽:환-극(夢幻劇)명 현실보다도 꿈속에 인생의 진실이 있다는 신념으로 쓰여진 희곡이나 연극.

몽:환-적(夢幻的)관명 현실이 아닌 꿈과 같은 환상을 좇는 (것). ¶몽환적 상태. /몽환적인 분위기.

몽기다형 (옛)뭉개다. ¶모매 터리 나샤디 다 몽기시며(月釋2:40).

뫃 (옛)모. 모퉁이. ¶東城ㅅ 모해 오래 셔서 (杜初15:3).

뫼:[뫼/뭬]명 사람의 무덤. 묘(墓). 흥산소. 뫼(를) 쓰다관용 묏자리를 잡아 매장하다.

뫼ː밥명 진지. 밥. ¶文王이 흔 번 뫼 자셔든(小解4:12). /粥早飯 朝夕 뫼 녜와 ㅈ티 셰시는가(鄭澈.續美人曲).

뫼²명 산. 뫼 산(山訓解). 합묗.

뫼ː다[뫼/뭬-]〈모이다〉의 준말.

뫼비우스의 띠(Möbius-)[-의-/-에-] 기다란 직사각형 종이를 한 번 비틀어 양쪽 끝을 맞붙여서 이루어지는 도형. 면의 안팎 구분이 없는 것이 특징이며, 창안자인 독일의 뫼비우스의 이름에서 유래함.

뫼뽈명 멥쌀. ¶뫼뽈 경:粳. 뫼뽈 션:秈(訓蒙上12).

뫼-산(-山)[뫼-/뭬-]명 한자 부수의 한 가지. '島'·'崇' 등에서의 '山'의 이름.

뫼시다타 (옛)모시다. ¶뫼실 비:陪. 뫼실 시:侍(類合下14). /大人을 뫼샤(月釋8:94). 합뫼읍다.

뫼쏠명 (옛)산골. ¶그 도적을 다가 흔 뫼쏠의 에위(老解上27). 합묗쏠.

뫼사리명 (옛)메아리. ¶듣논 소리 뫼사리 ㄹ혼야(月釋2:53). /響오 뫼사리라(法華1:26).

뫼읍다태여 (옛)모시다. ¶어마님 내 뫼읍고(月釋2:6). 합뫼시다.

뫼올히명 (옛)물오리. ¶뫼올히: 野鴨(東醫).

뫼호다타 (옛)모으다. ¶하눌히며 사람 사는 짜홀 다 뫼호아 世界라 ㅎ느니라(月釋1:8).

묗:골명 (옛)산골. ¶미친 사롬ㄱ디 묗고래 수머 겨사(釋譜6:4). /묗고래 苦行ㅎ샤(月印141章).

묗:괴명 (옛)살쾡이. 삵. ¶狸느 묗괴라(圓覺上一之二 129).

묗기슭명 (옛)산기슭. ¶ 묗기슭 록: 麓(訓蒙上3). / 묗기슬게 볏더러(杜重1:19).

묗대추-나무명 '멧대추나무'의 잘못.

묗도기명 (옛)메뚜기. ¶묗도기 마: 螞. 묗도기 자: 蚱(訓蒙上23).

묗봉오리명 (옛)산봉우리. ¶묗봉오리 봉: 峯(訓蒙上3).

묗부리명 (옛)멧부리. ¶묗부리 악: 嶽(訓蒙上3). /노픈 묗부리(杜初7:23).

묏쌍 〈옛〉꾸지뽕나무. ¶묏쌍 염:柘. 묏쌍 쟈:柘(訓蒙上10).

묏언덕 〈옛〉산언덕. ¶묏언덕 애:崖(訓蒙上3).

묏:-자리[뫼짜-/뻰짜-]명 뫼를 쓸 자리, 또는 쓴 자리. ¶묏자리를 보러 다니다.

묑〈옛〉산(山). 메. ¶世間 브리고 뫼해 드러(釋譜6:12).

묘:(卯)명 ①십이지(十二支)의 넷째. ②〈묘방(卯方)〉의 준말. ③〈묘시(卯時)〉의 준말.

묘:(妙)명 아주 빼어나거나 절묘함. ¶자연의 묘. /표현의 묘. /운용의 묘를 살리다.

묘:(昴)명 〈묘성(昴星)〉의 준말.

묘:(墓)명 뫼. ¶묘를 쓰다.

묘:(廟)명 ①〈종묘〉의 준말. ②〈문묘〉의 준말.

묘:(畝)명 전답의 넓이의 단위, 곧 30평(坪). 단(段)의 10분의 1. 鲁무.

묘(渺)주관 애(埃)의 10분의 1, 막(漠)의 10배가 되는 수(의). 곧 10⁻¹¹.

묘:각(妙覺)명 〔불교에서〕①부처의 깨달음. 참다운 깨달음. ②보살(菩薩)의 오십이위(五十二位)의 가장 높은 단계.

묘:간(妙簡)[-한테] 잘 골라 뽑음. 묘선(妙選).

묘:갈(墓碣)명 무덤 앞에 세우는 묘표(墓標)의 한 가지. 가첨석(加檐石)을 얹지 아니하고 머리를 둥글게 만든 작은 비석.

묘:갈-명(墓碣銘)명 묘갈에 새겨 넣은 글.

묘:경(妙境)명 ①〔예술·기예 등의〕절묘한 경지. ②경치가 아주 뛰어난 곳.

묘:계(妙計)[-게/-게]명 매우 교묘한 꾀. 기묘한 계교. 묘책(妙策).

묘:계(墓界)[-게/-게]명 지난날, 품계에 따라 정하던 무덤의 구역. 〔무덤을 중심으로 하여 사방으로 정·종일품은 100보, 이품은 90보, 삼품은 80보, 사품은 70보, 오품 이하는 60보, 서민은 10보로 하였음.〕

묘:계(廟啓)[-게/-게]한테 조정에서 임금에게 상주하던 일.

묘:곡(妙曲)명 아주 뛰어난 곡조.

묘:공(妙工)명 절묘한 세공(細工), 또는 세공에 절묘한 사람.

묘:관찰-지(妙觀察智)[-찌]명 불교에서, 사지(四智)의 하나. 바라는 대로 자유자재로 작용하는 지(智). 또는 모든 것을 바르게 추구하는 지(智), 여러 사상의 차별상을 정당하게 관찰하는 지(智).

묘:구(妙句)명 매우 잘된 글귀. 절묘한 글귀.

묘:구-도적(墓丘盜賊)명 ①무덤 속의 물건을 훔쳐 가는 도둑. ②시체를 파내어 감추고 돈을 강요하는 도둑. 鲁묘적(墓賊).

묘:기(妙技)명 절묘한 재주, 또는 절묘한 기술. ¶묘기를 부리다. /묘기를 보이다.

묘:기(妙妓)명 얼굴이 예쁜 기생.

묘:기-백출(妙技百出)[명한테] 절묘한 재주나 기술이 연이어 많이 나옴.

묘:년(卯年)명 태세(太歲)의 지지(地支)가 묘(卯)로 된 해. 〔정묘년(丁卯年) 따위.〕토끼해.

묘:년(妙年)명 ⇨묘령(妙齡).

묘:답(墓畓)명 〈묘위답(墓位畓)〉의 준말.

묘:당(廟堂)명 ①종묘(宗廟)와 명당(明堂)이라는 뜻으로〕조정(朝廷)을 ②'의정부(議政府)'를 달리 이르던 말.

묘:도-문자(墓道文字)[-짜]명 묘표(墓表)·묘지(墓誌)·묘비(墓碑)·묘갈(墓碣) 등에 새기어 넣은 글자.

묘:두-와(猫頭瓦)명 ⇨막새.

묘:두-현령(猫頭懸鈴)[-혈-]명 〔고양이 목에 방을 달기란 뜻으로〕'실행하기 어려운 공론(空論)'을 이르는 말. 묘항현령(猫項懸鈴).

묘:득(妙得)[-한테] 묘리(妙理)를 깨달음.

묘:략(妙略)명 절묘한 계략.

묘:려(妙麗)'묘려하다'의 어근.

묘:려-하다(妙麗-)형여 아주 뛰어나게 화려하다.

묘:령(妙齡)명 젊은 여자의 꽃다운 나이, 곧 20세 안팎의 나이. 묘년(妙年). ¶묘령의 처녀.

묘:론(廟論)명 ⇨묘의(廟議).

묘:리(妙理)명 절묘한 이치. ¶자연의 묘리.

묘:막(墓幕)명 지난날, 무덤 가까이에 지어 묘지기가 살던 자그마한 집.

묘:말(卯末)명 십이시(十二時)의 묘시(卯時)의 끝. 〔상오 7시에 가까운 무렵.〕

묘:망(渺茫)'묘망하다'의 어근.

묘:망-하다(渺茫-)형여 끝없이 넓고 아득하다. ¶묘망한 벌판.

묘:맥(苗脈)명 일이 곧 일어날 싹수. 일이 내비치는 실마리.

묘:명(杳冥)'묘명하다'의 어근.

묘:명(墓銘)명 〈묘지명(墓誌銘)〉의 준말.

묘:명-하다(杳冥-)형여 아득하고 멀다. 그윽하고 어둡다.

묘:목(苗木)명 옮겨 심기 위해 가꾼 어린나무. 모종을 할 어린나무. 나무모. 모나무.

묘:묘(杳杳)'묘묘하다'의 어근.

묘:묘-하다(杳杳-)형여 멀고 아득하다. 묘묘히튀.

묘:문(墓門)명 무덤 앞으로 들어가는 어귀.

묘:미(妙味)명 미묘한 맛, 또는 미묘한 흥취. 묘취(妙趣). ¶낚시의 묘미를 알다.

묘:방(卯方)명 이십사방위의 하나. 정동(正東)을 중심으로 한 15도 범위 안의 방위. 갑방(甲方)과 을방(乙方)의 사이. 鲁묘(卯). ↔유방(酉方).

묘:방(妙方)명 ①절묘한 방법. 묘법(妙法). ②매우 효험 있는 처방. 신묘한 약방문.

묘:법(妙法)명 ①⇨묘방(妙方). ②불교에서, 심오한 이법(理法)을 갖춘 법'을 이르는 말.

묘:법-연화경(妙法蓮華經)[-범년-]명 대승 경전의 한 가지. 석가가 영원한 부처임을 설한 것으로, 모든 경전 중에서 가장 존귀하게 여겨짐. 鲁법화경(法華經).

묘:비(墓碑)명 무덤 앞에 세우는 비석. 묘석(墓石).

묘:비-명(墓碑銘)명 묘비에 새긴 글.

묘:사(描寫)[명한테되자] 눈으로 보거나 마음으로 느낀 것 등을 그림을 그리듯이 객관적으로 표현함. ¶자연 묘사. /등장인물의 심리를 잘 묘사한 작품.

묘:사(廟社)명 종묘(宗廟)와 사직(社稷)을 아울러 이르는 말.

묘:사^음악(描寫音樂)명 자연이나 현실의 음을 음악적으로 재구성하여 표현함으로써 회화적인 정경의 묘사를 꾀하는 음악. 〔베토벤의 전원 교향곡 따위.〕

묘:사-체(描寫體)명 어떠한 대상을 있는 그대로 객관적·구체적으로 표현하는 문체.

묘:산(妙算)명 ⇨묘책(妙策).

묘:상(苗床)명 ①〔꽃이나 나무·채소 따위의〕모종을 키우는 자리. 모판. ②〔못자리. 묘판(苗板).

묘:상-각(墓上閣)명 장사(葬事) 때, 비나 햇볕을 가리기 위하여 임시로 굿 위에 세우는 뜸집.

묘:생(卯生)명 묘년(卯年)에 태어난 사람. 토끼띠.

묘:석(墓石)명 ☞묘비(墓碑).

묘:선(妙選)명하타 ☞묘간(妙簡).

묘:성(昴星)명 이십팔수의 하나. 서쪽의 넷째 별자리. 좀생이. 육련성(六連星). ⑥묘(昴).

묘:소(妙所)명 절묘한 점. 절묘한 곳.

묘:소(墓所)명〈산소(山所)〉의 높임말.

묘:수(妙手)명①절묘한 솜씨, 또는 솜씨가 절묘한 사람. 교수(巧手). ②(바둑이나 장기 따위에서) 절묘한 수. ¶묘수를 두다.

묘:수(妙數)명 기묘한 운수.

묘:수-풀이(妙手-)명 ①바둑이나 장기 따위에서, 생각해 내기 힘든 수를 알기 쉽게 설명하는 일. ②어려운 문제에 대한 해결책을 구하는 일.

묘:술(妙術)명 교묘한 술법. 절묘한 꾀.

묘:시(卯時)명①십이시의 넷째 시. 상오 5시부터 7시까지의 동안. ②이십사시의 일곱째 시. 상오 5시 30분부터 6시 30분까지의 동안. ⑥묘(卯).

묘:시-조(妙翅鳥)명 ☞가루라(迦樓羅).

묘:실(墓室)명〔고분(古墳)의 안이 방처럼 꾸며져 있는 데서〕'무덤 안'을 이르는 말.

묘:악(廟樂)명〈종묘 제례악〉의 준말.

묘:안(妙案)명 아주 뛰어난 생각. 절묘한 방안. ¶묘안이 떠오르다.

묘:안-석(猫眼石)명 보석의 한 가지. 금록석(金綠石) 중, 둥불에 비춰 보면 고양이의 눈빛처럼 한 가닥의 빛이 아래위로 움직이는 보석. 빛깔은 황색 또는 황록색. 석영계 가운데서 외관이 비슷한 것을 이르기도 함. 묘정석(猫晴石).

묘:알(廟謁)명하타 임금이 종묘에 나아가서 참배하던 일.

묘:약(妙藥)명①신통하게 잘 듣는 약. ②어떤 문제를 해결하는 데 매우 효과적인 것. ¶두 사람을 화해시킬 묘약에도 없었다.

묘:역(墓域)명 묘소(墓所)로 정한 구역.

묘연(杳然)'묘연(杳然)하다'의 어근.

묘연(渺然)'묘연(渺然)하다'의 어근.

묘연-하다(杳然-)혱여 ①아득하고 멀다. ②알 길이 없이 감감하다. ¶소식이 묘연하다. /행방이 묘연하다. **묘연-히**图 묘연히 사라지다.

묘:연-하다(渺然-)혱여 아득히 멀다. 멀리 넓고 아득하다.

묘:예(苗裔)명 여러 대를 걸친 먼 후손(後孫).

묘:우(廟宇)명 신위(神位)를 모신 집.

묘원(渺遠)'묘원하다'의 어근.

묘원-하다(渺遠-)혱여 까마득하게 멀다. **묘원-히**图

묘:월(卯月)명〔월건에 십이지의 묘(卯)가 드는 달로〕'음력 이월'의 딴 이름. ⑥중춘(仲春).

묘:-위답(墓位畓)명 묘위토(墓位土)의 논. ⑥묘답.

묘:-위전(墓位田)명 묘위토(墓位土)의 밭. ⑥묘전.

묘:-위토(墓位土)명 소출을 묘제(墓祭)의 비용으로 쓰기 위하여 경작하는 논밭.

묘:유-권(卯酉圈)명 [-꿘]☞자오선(子午線).

묘:유-선(卯酉線)명 천구(天球) 상에서, 자오선에 직각인 큰 원(圓). 곧, 동서점(東西點)과 천정(天頂)을 지나는 평면이 구와 만나는 선. 묘유권.

묘:음(妙音)명 현묘한 소리. 매우 아름다운 음성이나 음악.

묘:음-조(妙音鳥)명 ☞가릉빈가(迦陵頻伽).

묘:의(廟議)명 [-의/-이]명 조정의 의논. 묘론(廟論).

묘:일(卯日)명 일진(日辰)의 지지(地支)가 묘(卯)로 된 날. 〔정묘일(丁卯日)・계묘일(癸卯日) 따위.〕토끼날.

묘:-입신(妙入神)명 [-씬]명하자 사람의 솜씨로는 할 수 없을 만큼 정묘한 일, 또는 정묘하여 신통한 지경에 이름. ¶묘입신한 걸작품.

묘:적(墓賊)명〈묘구도적(墓丘盜賊)〉의 준말.

묘:전(墓田)명〈묘위전(墓位田)〉의 준말.

묘절(妙絕)'묘절하다'의 어근.

묘:절-하다(妙絕-)혱여 더할 수 없이 교묘하다. 절묘(絕妙)하다. ¶묘절한 가락.

묘:정(卯正)명 십이시(十二時)의 묘시(卯時)의 한가운데. 〔상오 6시.〕

묘:정^배^향(廟庭配享)명 고려・조선 시대에, 공로가 큰 신하를, 죽은 뒤에 종묘에 모시던 일. ⑥배향(配享).

묘:정-석(猫睛石)명 ☞묘안석(猫眼石).

묘:제(墓制)명 묘에 관한 관습이나 제도.

묘:제(墓祭)명 산소에서 지내는 제사.

묘:족(苗族)명 '먀오 족'을 우리 한자음으로 읽은 이름.

묘:좌(卯坐)명 (집터나 묏자리 따위가) 묘방(卯方)을 등진 좌향, 또는 그런 자리.

묘:좌-유향(卯坐酉向)명 (집터나 묏자리 따위가) 묘방(卯方)을 등지고 유방(酉方)을 향한 좌향.

묘:주(卯酒)명 ☞조주(朝酒).

묘:주(墓主)명 무덤의 임자.

묘:지(墓地)명 무덤이 있는 땅, 또는 그 구역. 택조(宅兆). ¶묘지에 매장하다.

묘:지(墓誌)명 죽은 사람의 이름・신분・행적 등을 새겨서 무덤 옆에 파묻는 돌이나 도관(陶板), 또는 거기에 새긴 글. 광지(壙誌).

묘:-지기(墓-)명 남의 산소를 지키고 보살피는 사람. 묘직(墓直).

묘:지-명(墓誌銘)명 묘지에 적은 명(銘). ⑥묘명.

묘:직(墓直)명 ☞묘지기.

묘:책(妙策)명 매우 교묘한 꾀. 절묘한 계책. 묘계(妙計). 묘산(妙算). ¶묘책이 떠오르다. / 묘책이 서다. /묘책을 짜내다.

묘:체(妙諦)명 오묘한 진리.

묘:초(卯初)명 십이시(十二時)의 묘시(卯時)의 처음. 〔상오 5시가 막 지난 무렵.〕

묘:촌(墓村)명 조상의 산소가 있는 마을.

묘:출(描出)명하타되자 (어떤 사물이나 생각 따위를) 글이나 그림으로 묘사해 냄. ¶생활의 내면을 세밀히 묘출하다.

묘:취(妙趣)명 ☞묘미(妙味).

묘:파(描破)명하타 남김없이 밝히어 묘사해 냄. ¶애정 심리의 미묘한 갈등을 묘파하다.

묘:판(苗板)명 묘상(苗床). 못자리.

묘:포(苗圃)명 모밭.

묘:표(墓表)명 〔죽은 사람의 이름・생몰 연월일・행적 따위를 새기어〕무덤 앞에 세우는 푯말이나 푯돌. 표석.

묘:표(標標)명 묘비 따위와 같이 무덤 앞에 세우는 표시물.

묘:품(妙品)명 뛰어난 작품. 훌륭한 작품.

묘:품(妙稟)명 뛰어나게 훌륭한 품성, 또는 그런 품성을 지닌 사람.

묘:필(妙筆)명①매우 뛰어난 필적. ②매우 뛰어난 글씨, 또는 그림.

묘:-하(墓下)**명** ①무덤이 있는 근처. ②조상의 산소가 있는 땅.

묘:-하다(妙-)**형여** ①(내용이나 생김새 따위가) 색다르고 신기하다. ¶묘한 이야기. /묘하게 생긴 석불. ②(내용이나 기회 따위가) 매우 공교롭거나 신기하다. ¶묘한 곳에서 마주치다. /묘한 인연으로 만난 사람. ③(재주나 솜씨·꾀 따위가) 매우 뛰어나거나 약빠르다. ¶바둑 수가 묘하다. /묘한 방법.

묘-항현령(貓項懸鈴)**명** -[현-]명 ☞묘두현령.

묘:-혈(墓穴)**명** 무덤 구멍, 곧 시체를 묻는 구덩이. 광혈(壙穴).
　　묘혈을 파다(관용) 〔'스스로 자기가 들어갈 무덤을 판다'는 뜻에서〕 스스로 파멸할 짓을 하다.

묘:-호(廟號)**명** 임금의 시호(諡號).

묘:-화(描畫)**명하타** 그림을 그림.

묘:-휘(廟諱)**명** 죽은 후에 지은 임금의 휘(諱).

못:-자리(墓-)[묘짜-/묘짜-]**명** ☞묏자리.

무 윗옷의 양쪽 겨드랑이 밑에서부터 아래 끝까지 댄 딴 폭.

무:명 십자화과의 일년초 또는 이년초. 채소의 한 가지로 줄기는 1 m가량. 뿌리에서 돋은 잎은 깃 모양의 겹잎이며, 봄에 담자색이나 흰 꽃이 핌. 잎과 뿌리는 먹고 씨는 한방에서 약재로 쓰임. 나복(蘿蔔).

무:(戊)**명** 십간(十干)의 다섯째.

무:(武)**명** '문(文)'에 대하여 '무반(武班), 무관(武官), 군사(軍事), 무술, 병법' 등을 두루 이르는 말. ↔문(文).

무(無)**명** 없음. 존재하지 않음. ¶무에서 유(有)를 창조하다. ↔유(有).

무-(無-)**접두** (일부 명사 앞에 붙어) '없음'의 뜻을 나타냄. ¶무관심. /무소식. /무조건. /무감. /무자비.

무:가(巫歌)**명** 무당의 노래.

무:가(武家)**명** 대대로 호반(虎班) 벼슬을 하는 집안. 무관집.

무가(無價)**[-까]명** ①가치가 없는 것. 대가가 없는 일. ¶잡지를 무가로 배포하다. ②값을 매길 수 없을 만큼 귀중함.

무가-내(無可奈)**명** 〈무가내하〉의 준말.

무가-내하(無可奈何)**명** 몹시 고집을 부리거나 버티어서 어찌할 수가 없는 일. 막무가내. ¶싸움을 말리려 하였으나 무가내하였다. ㉪무가내.

무가당(無加糖)**명** 당분을 넣지 않음. ¶무가당 오렌지 주스.

무가-보(無價寶)**[-까-]명** 값을 매길 수 없을 만큼 귀중한 보배. 무가지보.

무가-지(無價紙)**[-까-]명** 신문사에서, 무료로 나누어 주는 신문. ¶무가지를 배포하다.

무가지보(無價之寶)**[-까-]명** ☞무가보.

무-가치(無價値)**명형여** 아무런 값어치가 없음.

무간(無間)**'무간하다'의 어근.

무간-나락(無間奈落)**명** ☞무간지옥.

무간-지옥(無間地獄)**명** 불교에서, 팔열 지옥의 하나. 오역죄(五逆罪)를 짓거나, 절이나 탑을 헐거나, 시주(施主)한 재물을 축내거나 한 자가 가게 된다는 지옥으로, 살가죽을 벗겨 불 속에 집어넣거나 쇠매(鐵鷹)가 눈을 파 먹는 따위의 고통을 끊임없이 받는다고 함. 극열지옥(極熱地獄). 아비지옥(阿鼻地獄). 무간나락.

무간-하다(無間-)**형여** 사귀며 지내는 사이가 썩 가깝다. 무관하다. ¶이웃과 무간하게 지내다. 무간-히**튀**.

무감(武監)**명** 〈무예별감(武藝別監)〉의 준말.

무-감각(無感覺)**명형여** ①감각이 마비되어 느낌이 없음. ¶추위로 발가락이 무감각해지다. ②주위 사정이나 분위기 따위에 전혀 무관심함. ¶무감각한 사람. /무감각한 표정을 짓다.

무감(無感)**지대**(-地帶)**명** 무감 지진이 일어난 지대. ↔유감 지대(有感地帶).

무감(無感)**지진**(-地震)**명** 진도 계급 1 이하의 지진. 지진계에만 기록될 뿐 사람의 감각으로는 느낄 수 없는 정도의 약한 지진. ↔유감 지진.

무강(無疆)**'무강하다'의 어근.

무강-하다(無疆-)**형여** 끝이 없다.

무개(無蓋)**명** 지붕이나 뚜껑이 없음. ↔유개.

무개-차(無蓋車)**명** ①지붕이 없는 차. 〔스포츠카 따위〕. ↔개차·유개차(有蓋車). ②☞무개화차.

무개-화차(無蓋貨車)**명** 지붕이 없는 화차. 무개차.

무거(無據)**'무거하다'의 어근.

무거리(곡식 따위를 빻아서) 가루를 내고 남은 찌끼. ¶쌀 무거리.

무거리-고추장(-醬)**명** 메줏가루의 무거리로 담근 고추장.

무거불측(無據不測)**명** ①성질이 아주 흉측함. ②근거가 없어 헤아리기 어려움.

무거-하다(無據-)**형여** ①근거가 없다. 터무니가 없다. 무계(無稽)하다. 무근(無根)하다. ②의지할 데가 없다.

무겁명 활터의 과녁 뒤에 흙으로 둘러싼 곳.

무겁다[-따][무거우니·무거워]**형ㅂ** ①무게가 많다. ¶짐이 무겁다. ②맥이 빠져 움직이기가 힘들고 느른하다. ¶발걸음이 무겁다. ③정도가 심하거나 대단하다. ¶병이 무겁다. /죄가 무겁다. /세금이 무겁다. ④생각이나 행동 따위가 신중하다. ¶무겁게 입을 열다. ⑤동작이 뻔하지 못하고 둔하다. ¶몸놀림이 무겁다. /만삭이라 몸이 무겁다. /불도저가 무겁게 움직이는 소리. ⑥기분이나 분위기가 언짢고 침울하다. ¶마음이 무겁다. /무거운 분위기. ⑦생각 따위가 소중하거나 중대하다. ¶책임이 무겁다. ⑧가치나 비중이 크다. ¶무거운 비중을 차지하다. ↔가볍다.

무겁디-무겁다[-따-따][~무거우니·~무거워]**형ㅂ** 매우 무겁다. ¶무겁디무거운 사명.

무겁-한량(-閑良)[-거량-]**명** 활터에서, 활이 맞았는가 안 맞았는가를 검사하는 사람.

무게명 ①물건의 무거운 정도. 중량. ¶몸의 무게. ②가치나 중대성의 정도. ¶일의 무게를 가려 그 차례를 정하다. ③사람의 위신이나 신중성. ¶사람이 무게가 있어 보인다. /무게 있는 발언. ④(마음으로 느끼는) 기쁨이나 슬픔·책임감 따위의 정도. ¶슬픔의 무게. /세월의 무게를 이기지 못하고 늙다.
　　무게가 천 근이나 된다(속담) 아주 묵직하고 믿음직한 사람을 두고 이르는 말.
　　무게(를) 잡다(관용) 점잔을 빼며 분위기를 무겁게 만들다. ¶평소와 달리 말없이 무게를 잡고 있다.

무게^중심(-中心)**명** 물체의 각 부분에 작용하는 중력의 합력(合力)의 작용점. 중심(重心).

무:격(巫覡)**명** 무당과 박수.

무결(無缺)**'무결하다'의 어근.

무결-하다(無缺-)**형여** 결함이나 결점이 없다.

무:경(武經)**명** 군사나 병법에 관한 책.

무경계(無經界)**'무경계하다'의 어근.

무경계-하다(無經界-)**[-계/-게-]형여** 옳고 그름이나 선악의 구별이 전혀 없다. ㉪몰경계.

무경위(無涇渭) '무경위하다'의 어근.
무경위-하다(無涇渭-)[형여] 경위가 아주 없다. ¶무경위한 행동. /무경위하게 굴다. 魯몰경위(沒涇渭).
무-경험(無經驗)[명][하형] 경험이 없음.
무계(無稽) '무계하다'의 어근.
무계-하다(無稽-)[-계-/-게-][형여] ☞무거(無據)하다.
무-계획(無計劃)[-계획/-게훽][명][하형] 계획이 없음. ¶무계획한 행동.
무고(巫瞽)[명] 무당과 판수.
무:고(巫蠱)[명][하타][무(巫)는 무당, 고(蠱)는 주술사란 뜻으로] 무술(巫術)로써 남을 저주함.
무고(無故)[명][하형] ①별다른 연고가 없음. ¶무고 결근. ②아무 탈 없음. 무사(無事). ¶집안 식구들이 모두 무고하다. ②↔유고(有故).
무고(無辜) '무고하다'의 어근.
무:고(誣告)[명][하타] 없는 사실을 거짓으로 꾸며 남을 고발하거나 고소함. ¶무고 혐의로 고발당하다.
무:고(舞鼓)[명] ①나라 잔치 때 기생들이 춤추며 치던 큰 북. ②고전 무용의 북춤에서 쓰이는 북. ③북춤.
무고-감(無辜疳)[명] 한방에서, 어린아이의 얼굴이 누렇게 되고 팔다리가 마르는 감병(疳病)의 한 가지.
무:고-죄(誣告罪)[-쬐/-꿰][명] 남을 형사 처분이나 징계 처분을 받게 하려고 허위 사실을 신고함으로써 이루어지는 죄.
무고지민(無告之民)[명] ①하소연하여 구원받을 데가 없는 백성. ②의지할 데가 없는 늙은이나 부모가 없는 어린아이.
무고-하다(無辜-)[형여] 아무런 잘못이나 허물이 없다. ¶무고한 생명. /무고한 죄명을 씌우다.
무고-히[부].
무:곡(貿穀)[명] ☞무미(貿米).
무:곡(舞曲)[명]
무:곡-성(武曲星)[-썽][명] 구성(九星) 가운데 여섯째 별.
무:곡-통(貿穀桶)[명] 지난날, 곡식을 사들이는 장사치들이 쓰던 곡식 섬. 말 수가 관곡(官穀)을 담는 섬보다 많이 듦.
무골(無骨)[명] ①뼈가 없음. ②줏대가 없음. ¶사람이 무골이라 이래도 흥 저래도 흥이다. ③체계가 서 있지 않아서 갈피를 잡을 수 없는 문장.
무골-충(無骨蟲)[명] ①'뼈가 없는 벌레'를 통틀어 이르는 말. ②'줏대 없이 무른 사람'을 흘하게 이르는 말.
무골-충이[명] (기둥이나 문틀 따위의) 모서리에 줄을 두드러지게 쇠시리를 한 것.
무골-호인(無骨好人)[명] 뼈 없이 좋은 사람, 곧 '지극히 순하여 남의 비위에 두루 맞는 사람'을 이르는 말.
무:공(武功)[명] 전쟁에서 세운 공적. 무열(武烈). 무훈(武勳). ¶무공을 세우다.
무공(無功)[명] 공로가 없음. ↔유공(有功).
무:공(誣供)[명] 지난날, 거짓으로 꾸미는 공초(供招)를 이르던 말.
무공-전(無孔錢)[명] ☞맹전(盲錢). ↔유공전.
무공-침(無孔針)[명] ☞못바늘.
무:공^포장(武功褒章)[명] 국토 방위에 헌신 노력하여 그 공적이 두드러진 사람에게 주는 포장.
무-공해(無公害)[명] 자연이나 사람에게 해(害)를 주지 않음. ¶무공해 농산물. /무공해 연료.

무:공^훈장(武功勳章)[명] 뚜렷한 무공을 세운 군인에게서 수여하는 훈장. 태극·을지·충무·화랑·인헌(仁憲)의 다섯 등급이 있음.
무:과(武科)[명] 조선 시대에, 무관을 뽑던 과거. 시험은 무예와 병서(兵書)로 3년마다 실시되었으며, 초시(初試)·복시(覆試)·전시(殿試)의 3단계였음. ↔문과(文科)².
무과실^책임(無過失責任)[명] 손해를 발생시킨 사람에게, 고의나 과실이 없어도 법률상 손해 배상 책임을 지우는 일.
무:과^중:시(武科重試)[명] 고려·조선 시대에, 무관의 당하관에게 10년마다 병년(丙年)에 보이던 과거. 초시(初試)와 전시(殿試)로 나누어 시행하였음.
무:관(武官)[명] ①조선 시대, 무과(武科) 출신의 벼슬아치. 무변(武弁). ②(군에 적을 두고) 군무(軍務)를 맡아보는 관리. ↔문관(文官).
무관(無官)[명] 관직이 없음.
무관(無冠)[명][하형] (관이 없다는 뜻으로) 지위가 없음. 무위(無位).
무관의 제왕(帝王)[관용][왕관이 없는 제왕이란 뜻으로] '언론인, 특히 기자'를 이르는 말.
무관(無關) '무관하다'의 어근.
무관계(無關係) '무관계하다'의 어근.
무관계-하다(無關係-)[-계-/-게-][형여] 관계가 없다. 魯무관하다.
무:관-석(武官石)[명] ☞무석인(武石人). ↔문관석(文官石).
무-관심(無關心)[명] ①[하형] 관심이 없음. ¶무관심한 표정. ②[하자] 관심을 가지지 아니함. ¶결코 무관심할 일이 아니다.
무:관-집(武官-)[-찝][명] ☞무가(武家).
무관-하다(無關-)[형여] ①〈무관계(無關係)하다〉의 준말. ¶나는 그 일과는 무관하다. ②무관하다. ¶자주 왕래하는 무관한 사이. 무관-히[부].
무광(無光)[명][하형] 빛이나 광택이 없음. ¶무광 코팅.
무:괴(武魁)[-괴/-궤][명] 무과(武科)의 장원.
무괴(無怪·無恠) '무괴하다'의 어근.
무괴(無愧)[-괴/-궤][명][하형] 불교에서, 부끄러워하지 않는 일이나 거리낌 없이 하는 포악한 짓, 또는 그런 짓을 하는 사람을 이르는 말.
무괴어심(無愧於心)[-괴-/-궤-][명] 불교에서 (언행이 발라서) 마음에 조금도 부끄러울 것이 없음.
무괴-하다(無怪·無恠-)[-괴-/-궤-][형여] 괴이한 데가 없다. 무괴-히[부].
무괴-병(無酵餠)[명] 기독교에서, '효모를 넣지 않고 만든 빵'을 이르는 말.
무-교양(無敎養)[명][하형] 교양이 없음. ¶이렇게 무교양한 경우가 또 어디 있겠습니까?
무교-절(無酵節)[명] 기독교에서, 유대의 달력으로 유월절(逾越節) 다음 날인 1월 15일에서 21일까지의 한 주일 동안을 이르는 말. 출애굽을 감사·기념하는 절기로 무교병(無酵餠)을 먹음.
무교회-주의(無敎會主義)[-회-/-훼-][명] (세례·성찬식 등 교회 제도에 따르지 않고) 성서(聖書)의 올바른 연구와 그에 따른 새로운 인식을 바탕으로 하여 성서 속의 복음, 곧 진리에 입각한 신앙(信仰)에 의해서만 인류가 구원될 수 있음을 강조하는 주장.
무:구(武具)[명] 무기를 비롯하여 전쟁에 쓰이는 일체의 기구. 병구(兵具).
무구(無垢)¹[명] 불교에서, '번뇌(煩惱)가 없음'을 이르는 말.
무구(無垢)² '무구하다'의 어근.

무구-조충(無鉤絛蟲)몡 조충과의 기생충. 소를 중간 숙주로 하고 사람의 장내(腸內)에 기생함. 몸길이 4~10 m, 몸마디는 1000~2000개 정도이고 머리에 갈고리가 없음.

무구-촌충(無鉤寸蟲)몡 '무구조충'의 구용어.

무구-포(無口匏)몡〔아가리 없는 박이라는 뜻으로〕'입을 다물고 말을 아니함'을 비유하여 이르는 말.

무구-하다(無垢-)혱여 ①(심신이) 때묻지 아니하고 깨끗하다. ¶무구한 어린이의 마음. ②(금·은 따위가) 불순물이 섞이지 않고 순수하다. 무구-히부.

무구-호(無口湖)몡 물이 빠져나갈 하천이 없는 호수.〔카스피 해나 사해 따위.〕↔유구호.

무-국적(無國籍)[-쩍]몡 어느 나라의 국적도 가지지 않는 일.

무궁(無窮)몡혱 끝이 없음. 한이 없음. ¶조국(祖國)의 무궁한 발전을 빌다. 무궁-히부.

무궁-무진(無窮無盡)몡혱 끝이 없고 다함이 없음. 무진무궁. ¶무궁무진한 자원.∕할 말이 무궁무진하다. ㊉무진(無盡). 무궁무진-히부.

무궁-아(無窮我)몡 천도교에서, 도를 닦아서 천인합일(天人合一)의 지경에 이른 대아(大我)를 이르는 말.

무궁-화(無窮花)몡 ①무궁화나무. ②무궁화나무의 꽃.〔우리나라의 국화(國花)임.〕근화(槿花).

무궁화-나무(無窮花-)몡 아욱과의 낙엽 활엽 관목. 동부 아시아 원산으로 높이는 2~4 m. 7~10월에 꽃이 피는데, 품종이 여러 가지라서 꽃 빛깔도 담자색·담홍색·백색 등 다양함. 길둥근 열매가 10월경에 익음. 근화(槿花). 목근(木槿).

무궁화^대:훈장(無窮花大勳章)몡 우리나라의 최고 훈장. 국내외의 원수(元首)와 그 배우자에게 수여함.

무궁화-동산(無窮花-)몡〔무궁화가 많이 피는 동산이라는 뜻에서〕'우리나라'를 아름답게 이르는 말. ㊉근역.

무권-대리(無權代理)[-꿘-]몡 대리권이 없는 사람이 대리인이라 칭하고 행사하는 대리 행위.

무-궤도(無軌道)몡 ①궤도가 없음. ¶무궤도 열차. ②예절을 모르고 언행이 상궤(常軌)에 벗어나 있음. ¶무궤도한 생활.

무궤도^전:차(無軌道電車)몡 도로 위에 가설한 가공 전선(架空電線)에서 전력을 공급받아 궤도 없이 달리는 전차. 트롤리버스.

무균(無菌)몡 균이 없음. ¶무균 상태.

무극(無極)몡 ①혱끝이 없음. ②동양 철학에서, 태극(太極)의 맨 처음 상태, 곧 우주의 근원을 이르는 말. ③물리학에서, 전극(電極)이 없음을 이르는 말.

무극^대:도(無極大道)[-때-]몡 천도교에서, 우주의 본체인 '무극의 영능(靈能)'을 이르는 말.

무극성^결합(無極性結合)[-썽-]몡 ⇨공유 결합(共有結合).

무극성^분자(無極性分子)[-썽-]몡 화학에서, 분자 내의 음전하의 중심과 양전하의 중심이 일치하여, 전기 이중극의 성질을 나타내지 않는 분자.

무근(無根)몡 '무근하다'의 어근.

무근지설(無根之說)몡 근거 없는 뜬소문.

무근-하다(無根-)혱여 ①뿌리가 없다. ②근거가 없다. 무거(無據)하다. ¶무근한 이야기.

무급(無給)몡 (하는 일에 대하여) 보수가 없음.

무료. ¶무급 휴가. ∕무급으로 일하다. ↔유급.

무:기(武技)몡 무예(武藝).

무:기(武器)몡 ①적을 치거나 막는 데 쓰이는 온갖 도구. ¶공격 무기. ②어떤 일을 하는 데 효과적인 수단이 되는 것'을 비유하여 이르는 말. ¶권력을 무기로 삼아 횡포를 부리다. ∕펜을 무기로 하여 싸우다.

무기(無期)몡〈무기한〉의 준말. ¶무기 휴업. ↔유기(有期).

무기(無機)몡 ①(그 자체에) 생활 기능을 가지고 있지 않음. ②〈무기 화학〉·〈무기 화합물〉의 준말. ↔유기(有機).

무:기(舞妓)몡 나라의 잔치 때 춤을 추던 기생.

무:기(誣欺)몡하 거짓 꾸며 속임.

무:기-고(武器庫)몡 무기를 보관하는 창고.

무기^공채(無期公債)몡 원금의 상환(償還) 기한을 미리 정하지 않은 공채. ↔유기 공채.

무기^금고(無期禁錮)몡 자유형의 한 가지. 노역(勞役)을 과하지 않고 종신토록 감금하는 형벌. ↔유기 금고.

무-기력(無氣力)몡혱 기력이 없음. ¶무기력한 대답. ∕무기력한 상태에 빠지다.

무-기명(無記名)몡 ①이름을 적지 아니하는 일. ¶기명. ②〈무기명식〉의 준말.

무기명-식(無記名式)몡 (증권이나 투표 따위에서) 권리자의 이름이나 상호를 적지 않는 방식. ㊉기명식(記名式).

무기명^투표(無記名投票)몡 비밀 투표의 한 가지. 투표 용지에 투표자의 이름을 적지 않고 하는 투표. ㊉기명 투표.

무기-물(無機物)몡 생활 기능을 갖지 않은 물질. 공기나 물·금·은·흙 따위의 광물류 및 이들을 원료로 하여 인공적으로 만든 물질을 이름. 무기체. ↔유기물.

무기^비:료(無機肥料)몡 무기 화합물로 된 비료.〔광물질의 비료나 초목의 재 따위.〕↔유기 비료.

무기-산(無機酸)몡 화학에서, 탄소 원자가 들어 있지 않은 산을 이르는 말.〔황산·염산·질산 따위.〕↔유기산.

무기-수(無期囚)몡 무기 징역을 선고받고 복역 중인 죄수.

무기^염류(無機鹽類)[-뉴]몡 무기산과 염기가 반응하여 생긴 물질.〔염화나트륨·황산암모늄·질산칼슘 따위.〕

무기-음(無氣音)몡 소리 낼 때에 입김이 거세게 나지 않는 소리.〔ㅊ·ㅋ·ㅌ·ㅍ·ㅎ 이외의 모든 자음.〕↔유기음(有氣音).

무기-정학(無期停學)몡 기한을 정하지 아니한 정학.

무기-질(無機質)몡 뼈·이·체액·혈액 등에 포함되어 있는 칼슘·인산·물·철분 따위를 통틀어 이르는 말. ↔유기질(有機質).

무기^징역(無期懲役)몡 무기형의 한 가지. 수형자를 종신토록 교도소에 가두어 두는 징역. ↔유기 징역.

무기-체(無機體)몡 ⇨무기물. ↔유기체.

무-기탄(無忌憚)몡혱〈무소기탄〉의 준말.

무기-폐(無氣肺)[-페∕-폐]몡〔기관지가 막힘으로써 말초부의 폐 조직에 기관지로부터 공기의 흐름이 정지되어 폐의 공기 양이 결핍되는 이상 상태. 결핵이나 폐암 때 주로 일어남.

무-기한(無期限)Ⅰ몡 일정한 기한이 없음. ¶회담을 무기한으로 연기하다. ②무기. ↔유기한. Ⅱ부 한없이. ¶이 일을 무기한 끌 수는 없다.

무기-형(無期刑)뗑 수형자를 종신토록 구금하는 자유형. 무기 금고와 무기 징역이 있음. 종신형. →유기형(有期刑).

무기^호흡(無氣呼吸)뗑 생물이 산소 없이 하는 호흡. 분자 자신의 분해에 따라 에너지를 얻는 현상으로, 발효나 해당(解糖) 작용 따위가 이에 딸림. ↔유기 호흡.

무기^화:학(無機化學)뗑 모든 원소와 무기 화합물을 연구하는 화학의 한 분야. ⳡ무기.

무기^화:합물(無機化合物)[-함-]뗑 탄소 이외의 모든 원소로 이루어진 화합물과 이산화탄소 등과 같은 간단한 탄소 화합물을 통틀어 이르는 말. ⳡ무기. ↔유기 화합물.

무-김치뗑 무로 담근 김치.

무꾸리하자 (무당이나 판수 등에게) 길흉을 점치게 하는 일.

무-나물뗑 잘게 썬 무를 삶아 간장을 쳐서 볶은 다음 양념한 나물.

무난(無難) '무난하다'의 어근.

무난-하다(無難-)뗑엉 〔어려울 것이 없다는 뜻으로〕 말썽이나 흠잡을 것이 없다. ¶ 그만하면 무난하다. /일을 무난하게 처리하다. /성격이 무난하다. **무난-히**甲 ¶ 시험에 무난히 통과하다.

무-날뗑 음력으로 한 달 동안에 무수기가 같은 두 날을 아울러 이르는 말. 음력으로 아흐렛날과 스무나흗날을 기준으로 함. ⳡ다섯무날·한무날.

무남-독녀(無男獨女)[-동-]뗑 아들이 없는 집안의 외딸. ¶ 무남독녀로 태어나다.

무너-뜨리다타 무너지게 하다. 무너트리다. ¶ 벽을 무너뜨리다. /사회 체제를 무너뜨리다.

무너-지다자 ①높이 쌓거나 포갠 물건 따위가 허물어지다. ¶ 담이 무너지다. /큰 둑도 개미 구멍으로 무너진다. ②(방어선 등이) 돌파되다. ¶ 최전선이 무너지다. ③(계획이나 구상 따위가) 이루어지지 못하고 깨지다. ¶ 기대가 무너지다. ④(제도나 질서 따위가) 유지되지 못하고 파괴되다. ¶ 사회 질서가 무너지다. ⑤(주로 '마음'·'가슴'과 함께 쓰이어) 슬픈 일 따위로 몹시 괴로운 상태가 되다. ¶ 가슴이 무너지다. **무너-트리다**타 무너뜨리다.

무-넘기뗑 ①차서 남은 물이 저절로 아랫논으로 흘러 넘어가게 논두렁의 한 곳을 낮추 부분. ②봇물을 대려고 도랑을 걸쳐 막은 부분.

무-넘이뗑 '무넘기'의 잘못.

무:녀(巫女)뗑 ☞무당.

무녀리뗑 ①한배의 여러 마리 중에서 맨 먼저 태어난 짐승의 새끼. ②언행이 좀 모자라 '못난 사람'을 낮추어 이르는 말. ⳡ문열이.

무념(無念)뗑 ①아무 생각이 없음. ②불교에서, 무아(無我)의 경지에 이르러 사심(私心)이나 망념(妄念)이 없음.

무념-무상(無念無想)뗑 ☞무상무념(無想無念). ¶ 무념무상의 경지.

무-논뗑 ①물이 늘 있는 논. 수답(水畓). 수전(水田). ②물을 쉽게 댈 수 있는 논.

무뇌-증(無腦症)[-뇌쯩/-눼쯩]뗑 뇌가 없는 선천성 기형.

무느다타 (쌓이거나 포개진 것을) 무너지게 하다. ¶ 담을 무느다. ⳡ문다.

무능(無能)뗑엉 ①재능이 없음. ②<무능력>의 준말. ↔유능.

무-능력(無能力)[-녁]뗑엉 ①무엇을 할 능력이 없음. ¶ 무능력한 관리자. ⳡ무능. ②법률상의 행위력이 없음.

무능력-자(無能力者)[-녁짜]뗑 ①능력이 없는 사람. ②단독으로 완전한 법률 행위를 할 수 없는 사람. 미성년자·금치산자·한정 치산자의 세 가지가 있음.

무능-화(無能化)뗑엉하자되자 능력이 없게 됨, 또는 그렇게 하게 함.

무늬[-니]뗑 ①(물건의 거죽에 나타난) 어룽진 모양. ¶ 무늬가 지다. ②(옷감이나 조각 등에) 장식으로 꾸미는 여러 가지 모양. 문(紋). 문양(文樣). 문채(文彩). ¶ 무늬를 놓다.

무늬-뜨기[-니-]뗑하 뜨개질에서, 무늬를 뜨는 일.

무:단(武斷)뗑 ①무력으로 억압하여 다스리는 일. ¶ 무단 독재 정권. ②무력으로 일을 처리하는 일. ¶ 노조원이 사장실을 무단으로 점거하였다.

무단(無斷)뗑엉 미리 연락을 하거나 승낙을 받거나 하지 않고 함부로 행동하는 일. ¶ 무단 복제. /무단으로 출입하다. /무단으로 결근하다. **무단-히**甲.

무단-가출(無斷家出)뗑하자 미리 허락을 받거나 사유를 말하지 않고 집을 나감.

무단-결근(無斷缺勤)뗑하자타 미리 허락을 받거나 사유를 말하지 않고 결근함, 또는 그런 결근.

무단-결석(無斷缺席)[-썩]뗑하자타 미리 허락을 받거나 사유를 말하지 않고 결석함, 또는 그런 결석.

무단-이탈(無斷離脫)뗑하자타 미리 허락을 받거나 사유를 말하지 않고 소속 단체나 조직에서 벗어남.

무:단^정치(武斷政治)뗑 무력을 앞세워 행하는 강압적인 정치. ⳡ문화 정치(文化政治).

무단-출입(無斷出入)뗑하자타 미리 허락을 받지 않고 함부로 드나듦.

무:단-향곡(武斷鄕曲)뗑 시골에서 세도가 백성을 권세로 억압함.

무-담보(無擔保)뗑 담보물이 없음. 담보물을 제공하지 않음. ¶ 무담보 대부(貸付).

무:당뗑 귀신을 섬기면서 길흉(吉凶)을 점치고 굿을 하는 여자. 주로 중·북부 지방에서, 강신(降神) 체험을 통해 무속 의식을 주관하는 것이 특징임. 한자를 빌려 '巫堂'으로 적기도 함. 무녀(巫女). 무자(巫子). 사무(師巫). ⳡ단골.

무당이 제 굿 못하고 소경이 저 죽을 날 모른다[속담] 자기 일은 자기가 처리하기 어렵다는 말.

무당의 영신(靈神)인가[속담] 맥없이 있다가도 어떤 일을 맡기면 기꺼이 받아들여 날뛰는 사람을 두고 이르는 말.

무:당-개구리뗑 무당개구릿과의 개구리. 몸길이 4∼5 cm. 몸이 납작하며 등에 혹이 많음. 등은 녹색 바탕에 불규칙한 흑색 무늬가 있고, 배쪽은 적색 바탕에 흑색의 어룽무늬가 있음. 연못이나 산속의 개울에서 삶. 보신 강양제(補腎強陽劑), 폐병의 약재로 쓰임. 비단개구리.

무:당-노래뗑 무당이 굿을 할 때에 춤을 추며 부르는 노래.

무:당-벌레뗑 무당벌렛과의 곤충. 몸길이 7 mm 가량. 몸은 둥근 바가지 모양임. 보통 등은 주황색이며 흑색 반점이 있음. 진딧물을 잡아먹음.

무:당-서방(-書房)뗑 ①무당의 남편. 무부(巫夫). ②'공것을 좋아하는 사람'을 조롱하여 이르는 말.

무대뗑 일정한 방향으로 흐르는 바닷물. 해류.

무:대(武大)명 ①지지리 못나고 어리석은 사람을 이르는 말. [중국 고대 소설 '금병매'와 '수호지'에 나오는 인물의 이름에서 유래함.] ②투전이나 골패 노름에서, 합친 끗수가 열이나 스무 끗으로 된 경우를 이르는 말. ¶ 3, 7 무대. /무대로 버티다.

무대(代)명〈무대상(無代償)〉의 준말.

무:대(舞臺)명 ①연극이나 무용·음악 따위를 공연하기 위하여 관람석 앞에서 좀 높게 마련한 자리. ¶ 무대 위에 서다. ②재능이나 역량 따위를 시험해 보거나 발휘할 수 있는 활동 분야. ¶ 정치 무대. /세계를 무대로 활약하다.

무:대^감독(舞臺監督)명 연출자를 도와 무대 장치에서 연극의 진행까지 종합적으로 지도·감독하는 일, 또는 그 책임자.

무:대-극(舞臺劇)명 무대 위에서 하는 연극. [영화나 방송극 등과 구별하여 이르는 말.]

무:대^미:술(舞臺美術)명 연극 효과를 높이기 위한 무대 장치·조명·의상·화장 따위의 조형 미술을 통틀어 이르는 말.

무-대상(無代償)명 값이나 삯을 받지 아니함. ㉜무대(代).

무:대^예:술(舞臺藝術)명 무대 위에서 연출되는 예술, 특히 '연극'을 이름.

무:대^장치(舞臺裝置)명 무대 미술에서, 무대 위에 설치된 대도구와 소도구 따위의 설비를 통틀어 이르는 말.

무:대^조:명(舞臺照明)명 무대 미술의 한 가지. 광선으로 무대의 명암을 조절함으로써 연극적 효과를 높이는 일.

무:대^효:과(舞臺效果)명 무대 예술의 연출 효과를 돕는 것, 특히 '음향 효과'를 이름.

무더기명 ①한곳에 수북이 쌓인 물건의 더미. ¶ 돌 무더기. /무더기로 팔아넘기다. ②[의존 명사적 용법] 한곳에 수북이 쌓인 물건의 더미를 세는 단위. ¶ 감자 한 무더기.

무더기-무더기명 여러 무더기로 되어 있는 모양. ¶ 쓰레기가 길가에 무더기무더기 쌓여 있다. ㉜무덕무덕. ㉞모다기모다기.

무더니기다타〈옛〉물 속에 묻어 익히다. ¶ 무더 니길 심:爓(訓蒙下12).

무더위명 무더운 더위. 찌는 듯한 더위. 증열(蒸熱). 증염(蒸炎). ¶ 삼복 무더위.

무:덕(武德)명 무인(武人)이 갖춘 위엄과 덕망.

무덕(無德) '무덕하다'의 어근.

무덕-무덕[-떡-]〈무더기무더기〉의 준말. ㉞모닥모닥.

무덕-지다[-떡-]혱〈무드럭지다〉의 준말.

무덕-하다(無德-)[-떠카-]혱여 인덕이나 덕망이 없다. ¶ 무덕한 소치로 그렇게 되었다. ↔유덕(有德)하다.

무던-하다혱여 ①정도가 어지간하다. ¶ 하루 품삯으로 2만 원이면 무던하다. ②성질이 너그럽고 수더분하다. ¶ 저만하면 며느리로서는 무던한 편이다. **무던-히**튀.

무덤명 시체나 유골을 묻은 곳. 묘. 뫼. 분묘(墳墓). 총묘(塚墓). ㉜산소(山所).

무덤덤-하다혱여 마음에 아무 느낌이 없이 예사스럽다. ¶ 표정이 무덤덤한 어조.

무-덥다[-따][~더우니·~더워]혱ㅂ 찌는 듯이 덥다. ¶ 날씨가 무덥다. /무더운 여름철.

무:도(武道)명 ①무인이 마땅히 지켜야 할 도리. ↔문도(文道). ②무예와 무술을 아울러 이르는 말.

무도(無道) '무도하다'의 어근.

무:도(舞蹈)명 ①하자 춤을 춤. ②서양식의 춤. 댄스. 무용.

무:도-곡(舞蹈曲)명 ⇨춤곡.

무도막심(無道莫甚) '무도막심하다'의 어근.

무도막심-하다(無道莫甚-)[-씸-]혱여 더할 수 없이 무도하다. 무도하기 이를 데 없다.

무:도-병(舞蹈病)[-뼝]명 신경병의 한 가지. 손·얼굴·발·혀 따위 근육이 저절로 심하게 움직이거나 발작을 일으키는 병.

무:도-장(武道場)명 무예와 무술을 연습하거나 시합을 벌이는 곳.

무:도-장(舞蹈場)명 여러 사람이 모여 춤을 출 수 있게 설비해 놓은 곳.

무도-하다(無道-)혱여 인도에 어그러지다. 도리에 벗어나다. ¶ 무도한 침략자. 무도-히튀.

무:도-회(舞蹈會)[-회/-훼]명 여러 사람이 춤을 추면서 사교를 하는 모임. 댄스 파티.

무독(無毒) '무독하다'의 어근.

무독-하다(無毒-)[-도카-]혱여 ①독성이 없다. ¶ 무독한 물질. ②성질이 착하고 순하다. ¶ 무독한 사람.

무-동(舞童)명 ①조선 시대에, 나라 잔치 때 노래를 부르며 춤을 추던 소년. ②남사당놀이 따위에서, 남의 어깨 위에 올라가서 춤을 추거나 재주를 부리는 소년.

무동(을) 서다관용 서 있는 사람의 어깨 위에 올라서다.

무동(을) 타다관용 남의 어깨 위에 올라가 목 뒤로 걸터앉다.

무두-귀(無頭鬼)명 민속에서, 목이 잘려 죽은 사람의 귀신을 이르는 말.

무두-무미(無頭無尾)명하형 밑도 끝도 없음. 몰두몰미(沒頭沒尾).

무:두-장이명 무두질을 업으로 하는 사람.

무:두-질명하다타 ①무둣대로 날가죽의 지방 등을 훑어 내어) 가죽을 부드럽게 다루는 일. ②'매우 시장하거나 병으로 속이 쓰리고 아픈 것'을 비유하여 이르는 말.

무:둣-대[-두때~둗때]명 무두질할 때 쓰는 칼.

무뒤다타〈옛〉무디다. ¶ 무딜 둔: 鈍(類合下4).

무:드(mood)명 기분. 분위기.

무드기튀 두두룩하게 많이. 무드럭지게. ¶ 가슴에 무드기 느껴지도록 반갑다.

무드럭-지다[-찌~]혱 두두룩이 많이 쌓여 있다. ㉜무덕지다.

무:드-음악(mood音樂)명 선율이 부드러워 좋은 분위기를 자아내는 음악.

무득무실(無得無失)[-뜩-]명하형 얻음과 잃음이 없음. 득실이 없음. ㉫무해무득.

무-득점(無得點)[-쩜]명 득점이 없음. ¶ 경기가 무득점으로 끝나다.

무들기명〈옛〉①개밋둑. ¶ 무들기:垤(訓蒙上4). ②과(科). ¶ 무들기 과:科(訓蒙上34). ③무더기 ¶ 일쳔 거시 흔 무들기만 ㅈ디 못ᄒ니(老解下7).

무등(無等)튀 그 이상 더할 수 없이.

무등-산(無等山)명 백제 가요의 하나. 백제 때, 무등산에 성을 쌓아 백성이 마음 놓고 생업에 종사할 수 있게 됨을 기뻐하여 지어 부른 노래. 가사는 전하지 아니하고, '고려사'의 '악지'에 그 설화 내용만 실려 전함.

무등-하다(無等-)혱여 동급이나 차별이 없다. ②정도가 그 이상 더할 수 없다.

무등-호인(無等好人)명 더할 나위 없이 마음이 좋은 사람.

무듸다[혱] 〈옛〉무디다. ¶鈍은 무딀 씨라(釋譜 11:6).

무디[옛] 무더기. ¶무디 뒤:堆(類合下58).

무디다[혱] ①(끝이나 날이) 뭉툭하여 날카롭지 않다. ¶칼날이 무디다. /펜촉이 무디다. ②느끼어 깨닫는 힘이 약하다. ¶감각이 무디다. ③말씨가 느릿느릿하여 시원스럽지 않다. ¶무딘 말씨. →날카롭다.

무뚝뚝-하다[-뚜카-][혱여] 인정스러운 데나 아기자기한 맛이 없다. ¶생김새부터가 무뚝뚝하게 생겼다. 무뚝뚝-이[부].

무뚝-무뚝[-뚱-][부][하타] ①음식을 이로 뚝뚝 떼어 먹는 모양. ②말을 이따금씩 하는 모양. ¶무뚝무뚝하는 말이 다 옳은 말이다.

무뜩[부]〈문뜩〉의 준말.

무뜩-무뜩[-뚱-][부]〈문뜩문뜩〉의 준말.

무-뜯다[-따][타]〈물어뜯다〉의 준말.

무람-없다[-람업따][혱] (친한 사이나 어른에게) 스스럼없고 버릇이 없다. 예의가 없다. ¶제 행동이 무람없더라도 너그러이 용서하십시오. 무람없-이[부].

무:략(武略)[명] 군사를 부리는 꾀.

무량(無量)[명][하형] 헤아릴 수 없이 많거나 그지없음. 무한량. ¶감개가 무량하다.

무량-겁(無量劫)[명] 불교에서, 무한한 시간으로 이르는 말. 아승기겁(阿僧祇劫).

무량-광(無量光)[명] 불교에서, 그 이익이 한량이 없어 삼세에 두루 미치는 아미타불의 광명.

무량-상수(無量上壽)[명] 한없이 오래 사는 수명. 무량수(無量壽).

무량-수(無量壽)[명] ①한량없는 수명. 무량 상수(無量上壽). ②아미타불과 그 국토의 백성들의 수명이 한량이 없는 일.

무량-수(無量數)[수명] 불가사의(不可思議)의 1만 배가 되는 수(의). 곧, 10⁶⁸.

무량수-경(無量壽經)[명] 정토 삼부경(淨土三部經)의 하나. 석존이 그 출세의 본뜻인 타력(他力)의 법문을 설법한 것.

무량수-불(無量壽佛)[명] 수명이 한없는 부처, 곧 '아미타불'을 찬미하여 이르는 말.

무럭-무럭[-렁-][부] ①힘차게 자라는 모양. ¶무럭무럭 자라는 어린이. ②(연기나 냄새 따위가) 치밀어 일어나는 모양. ¶연기가 무럭무럭 솟아올랐다. ②자모락모락.

무럼-생선(-生鮮)[명] ①'해파리'를 식료품으로 이르는 말. ②'몸이 허약한 사람'을 놓으로 이르는 말. ¶비실거리는 게 영락없는 무럼생선이다. ③'줏대 없는 사람'을 얕잡아 이르는 말.

무럽다[-따][혱][무러우니·무러워](빈대나 벼룩 따위에) 물것에 물려 가렵다.

무려(無慮)¹[부] 《수량을 나타내는 말 앞에 쓰이어》생각보다 많음을 나타낼 때 '자그마치'·'엄청나게도'와 같은 뜻을 나타냄. ¶생전 갖이 무려 두 배나 올랐다. /무려 10만 명이나 되는 병력.

무려(無慮)²'무려하다'의 어근.

무려-하다(無慮-)[혱여] 염려할 것이 없다.

무:력(武力)[명] ①군사상의 위력. ②마구 욱대기는 힘. ¶무력으로 일을 기죽이다.

무력(無力)[명][하형] ①힘 또는 세력이 없거나 부침. ↔유력(有力). ②능력이나 활동력이 없음. ¶생활에 무력한 사람.

무력-감(無力感)[-깜][명] 힘이 부치거나 없는 데서 오는 허탈하고 맥 빠진 느낌. ¶무력감을 느끼다. /무력감에 빠지다.

무력-소치(無力所致)[-쏘-][명] 힘이 달리는 때문. 능력이 없는 까닭. ¶내가 당한 것은 나의 무력소치라고 할 수밖에 없다.

무:력-시위(武力示威)[-씨-][명] 군사상의 힘으로 위력이나 기세를 떨쳐 보임. ¶무력시위를 벌이다.

무력-심(-심)[명] 활의 양냥고자에 감은 물건.

무력-전(-節)[-쩐][명] 활의 양냥고자 밑에 붙인 작은 전 조각.

무:력-전(武力戰)[-쩐][명] 무력을 써서 하는 싸움.

무력-증(無力症)[-쯩][명] (노쇠·병약·기갈 등으로 말미암아) 몸에 힘이 부치는 증세.

무력-피(-皮)[명] 활의 양냥고자 밑에 장식으로 붙인 가죽.

무력-화(無力化)[-려콰][명][하자타][되자] 힘이 없게 됨, 또는 그렇게 함. ¶적의 공격을 무력화하다.

무렴(無廉)[명][하형] ①염치가 없음. ②염치없음을 느끼어 마음에 거북함. 무렴-히[부].

무렵[의] (명사나 관형사, 또는 어미 '-을' 뒤에 쓰이어) (일이 벌어지거나 이루어지는 시간을 중심으로) 전후(前後)의 때나 그 즈음. ¶해가 질 무렵.

무례(無禮)[명][하형] 예의가 없거나 예의에 맞지 않음. 버릇없음. ¶무례한 언동. 무례-히[부].

무:로(霧露)[명] 안개와 이슬.

무록-관(無祿官)[-꽌][명] 녹봉이 없는 벼슬.

무론(毋論·無論)[Ⅰ][명] ☞물론(勿論).
[Ⅱ][부] ☞물론(勿論).

무:롱(舞弄)[명]〈무문농필〉의 준말.

무뢰-가다[자]〈무르와가다〉의 준말.

무뢰-내다[타]〈무르와내다〉의 준말.

무뢰-배(無賴輩)[-뢰/-뤠-][명] 무뢰한, 또는 그 무리.

무뢰-한(無賴漢)[-뢰/-뤠-][명] 일정한 직업이 없이 돌아다니는 불량한 사람.

무료(無料)[명] ①값을 받지 않음, 또는 치르지 않음. ¶무료 봉사. ↔유료(有料). ②☞무급(無給).

무료(無聊)[명][하형] ①탐탁하게 어울리는 맛이 없음. ②(흥미가 없어) 지루하고 심심함. ¶하는 일 없는 무료한 나날. ③조금 부끄러운 생각이 있음. ¶무료한 얼굴. 무료-히[부].

무룡-태[명] 능력은 없고 착하기만 한 사람.

무루(無漏)[명] 불교에서 이르는, 번뇌를 떠난 경지, 또는 번뇌를 떠나는 일. ↔유루(有漏).

무릎[옛] 무릎. ¶무릎 슬:膝(訓蒙下28).

무룹[명]〈옛〉무릎. ¶왼녁 밯등을 올흐녁 무루페 였고(法華1:55). /무룹 국:膕(訓蒙下28).

무뤼[명]〈옛〉우박. ¶무뤼 박:雹(訓蒙上2).

무류(無謬)[명][하형] 오류(誤謬)가 없음.

무류(無類)[명] '무류하다'의 어근.

무류-하다(無類-)[혱여] 유례가 없다. 비길 데 없다.

무륜무척(無倫無脊)[명][하형] 일에 차례가 없음.

무르-녹다[-따][자] ①(과일이나 삶은 음식이) 익을 대로 익어 흐무러지다. ②(무슨 일이) 한창 고비에 이르다. ¶기회가 무르녹다. ③그늘이 매우 짙어지다. ¶나무 그늘이 제법 무르녹았다.

무르다¹[무르니·물러][자타] (굳은 것이) 익어서 녹실녹실하게 되다. ¶감이 무르다.

무른 감도 쉬어 가면서 먹어라[속담] 틀림없는 일이라도 잘 알아보고 조심해서 해야 한다는 말.

무르다²[무르니·물러]<u>타르</u> ①샀던 것을 도로 주고 돈을 되찾다. ¶차표를 무르다. ②이미 행한 일을 그 전의 상태로 되돌리다. ¶바둑을 한 수 무르다.

무르다³[무르니·물러]<u>형르</u> ①물기가 많아서 단단하지 아니하다. ¶반죽이 무르다. /땅이 무르다. ②(의지나 힘이) 여리고 약하다. ¶마음이 물러서 모진 소리를 못한다.

무른 땅에 말뚝 박기[속담] ①매우 하기 쉽다는 말. ②'힘 있는 자가 약한 자를 억누름'을 비유하여 이르는 말.

무르와-가다<u>자</u> (웃어른 앞에서) 물러가다. <u>준</u>무롸가다.

무르와-내다<u>타</u> ①(윗사람 앞에 있는 것을) 들어 내어 오다. ②(윗사람에게 무엇을) 타내다. <u>준</u>무롸내다.

무르-익다[-닉-]<u>자</u> ①(과실이나 곡식 따위가) 익을 대로 푹 익다. 농란하다. 농익다. ②오곡 백과가 무르익는 가을. ②(시기나 일이 성숙되어) 아주 알맞은 때에 이르다. ¶봄이 무르익다. /분위기가 무르익다.

무르춤-하다<u>자여</u> (무엇에 놀라거나 무안하여) 갑자기 움직임을 멈추고 뒤로 물러서려는 자세를 취하다. <u>센</u>무쭘하다.

무르팍<u>명</u> <무릎>의 속된 말. <u>준</u>물팍.

무르-문서(-文書)<u>명</u> (부동산을 사고팔 때) 기한을 정하고 그 기한 안에는 무를 수 있도록 약속하는 문서.

무름-하다<u>형여</u> 조금 무른 느낌이 있다. ¶무름하게 지은 밥.

무릅쓰다[무릅쓰니·무릅써]<u>타</u> ①어렵고 고된 일을 그대로 견디어 참다. ¶역경을 무릅쓰고 성공하였다. ②위에서 내리덮이는 것을 그대로 들쓰다. ¶비를 무릅쓰고 행군하다.

무릇¹[-륻]<u>명</u> 백합과의 다년초. 잎은 보통 두 장이고, 초가을에 잎 사이에서 꽃대가 나와 많은 담자색 꽃이 총상 꽃차례로 핌. 삭과(蒴果)는 원뿔 모양인데, 어린잎과 인경(鱗莖)은 먹을 수 있음. * 무릇이[-르시]·무릇만[-른-]

무릇²[-륻]<u>부</u> 헤아려 생각하건대. 대체로 보아. 대범(大凡). 대저. ¶무릇 사람이란 성실해야 하느니라.

무릇-하다[-르타-]<u>형여</u> 무른 듯하다. ¶갈비찜이 너무 무릇하다.

무-릉-도원(武陵桃源)<u>명</u> 도연명(陶淵明)의 '도화원기(桃花源記)'에 나오는 별천지. 사람들이 화목하고 행복하게 살 수 있는 이상향(理想鄕). <u>준</u>도원(桃源).

무릎[-릅]<u>명</u> 정강이와 넓적다리 사이에 있는 관절의 앞쪽. 슬두(膝頭). * 무릎이[-르피]·무릎만[-름-]

무릎(을) 꿇다[관용] 굴복하거나 항복하다.

무릎(을) 치다[관용] 기발한 발상이 떠오르거나 몹시 기쁠 때 무릎을 탁 치다. ¶'맞았어'하며 무릎을 치다.

무릎-걸음[-릅꺼름]<u>명</u> 무릎을 꿇은 자세로 몸을 옮기는 걸음. ¶무릎걸음으로 어른 앞에 다가갔다.

무릎-깍지[-릅-찌]<u>명</u> 앉아서 두 무릎을 세워 팔 안에 안기도록 깍지 낀 자세.

무릎-꿇림[-릅꿀-]<u>명하타</u> 지난날, 두 손을 뒤로 젖혀 묶은 채 무릎을 꿇리던 일. 〔흔히, 죄인을 문초할 때 하던 짓.〕

무릎-도가니[-릅또-]<u>명</u> 소의 무릎 종지뼈와 거기에 붙은 고깃덩이. <u>준</u>도가니.

무릎-도리[-릅또-]<u>명</u> 무릎의 바로 아래쪽.

무릎-마디[-릅-]<u>명</u> ☞슬관절(膝關節).

무릎-맞춤[-릅맏-]<u>명하자</u> 두 사람의 말이 어긋날 때, 제삼자나 말전주한 사람 앞에서 전에 한 말을 되풀이시킴으로써 옳고 그름이나 진안 맞음을 판단하는 일. 두질(頭質). 면질(面質). 양조대변(兩造對辨). <u>참</u>대질(對質).

무릎^반:사(-反射)<u>명</u> 슬개골 아래의 힘줄을 약간 두드렸을 때, 사두고근이 수축하여 무릎이 펴지는 반사. 슬개건 반사.

무릎-베개[-릅뻬-]<u>명</u> 남의 무릎을 베개 삼아 베는 일. ¶무릎베개한 채 코를 곤다.

무릎-장단[-릅짱-]<u>명</u> 무릎을 치며 장단을 맞추는 일.

무릎-치기¹[-릅-]<u>명</u> 무릎까지 내려오는 짧은 바지. 반바지.

무릎-치기²[-릅-]<u>명</u> ☞슬관절(膝關節). 씨름 기술의 한 가지. 상대편의 무릎을 손으로 쳐서 넘기는 기술.

무리¹<u>명</u> ①어떤 관계로 한데 모인 여러 사람. 도중(徒衆). 유(類). ¶반란군의 무리. ②짐승이나 새의 떼. ¶양의 무리.

무리²<u>명</u> 물에 불린 쌀을 물과 함께 매에 갈아, 체에 밭쳐 가라앉힌 앙금. 수미분(水米粉). 수분(水粉). 무리풀.

무리³<u>명</u> (생산물 따위가) 한목에 떼로 나오는 시기. ¶오징어 무리.

무리⁴<u>명</u> 해나 달의 둘레에 생긴 둥근 테 모양의 빛. 대기 가운데 아주 가는 물방울이 떠 있을 때 빛의 굴절로 생김.

무리(無理)¹<u>명하자</u> 힘겨운 일을 억지로 우겨서 함. ¶그 몸으로 무리해서는 안 된다. ②<u>하형</u>사리에 맞지 않거나 정도에서 지나치게 벗어남. ¶무리한 요구. /무리인 줄 알면서 부탁하다.

무리(無理)²<u>명</u> 수학에서, 더하기·빼기·곱하기 및 멱법(冪法)의 범위에 있어서 유리 연산 이외의 관계를 포함하는 일. ↔유리(有理)¹.

무리-고치<u>명</u> (군물이 들어) 깨끗하지 못한 고치. ↔쌀고치.

무리꾸럭<u>명하타</u> 남의 빚이나 손해를 대신 물어 주는 일.

무리-난제(無理難題)<u>명</u> ①무리하여 해결하기 어려운 문제. ②터무니없는 시비.

무리-떡<u>명</u> 무리로 만든 떡.

무리떡-국[-꾹]<u>명</u> 무리로 반대기를 지어 썰어서 장국에 끓인 음식.

무리-무리<u>명</u> (철이나 형편을 따라서) 생산물 따위가 떼 지어 여러 차례로. ¶철을 맞아 시장에는 오이·가지·호박 따위가 무리무리 나오기 시작하였다.

무리-바닥<u>명</u> 무리를 바닥에 먹인 미투리.

무리-송편(-松-)<u>명</u> 무리로 빚어 만든 송편.

무리-수(無理手)<u>명</u> '상황에 맞지 않은 무리한 생각이나 행동'을 비유하여 이르는 말. ¶회사가 자금난에 몰리다 보니 그런 무리수를 두었다.

무리-수(無理數)<u>명</u> 분수의 형식으로 나타낼 수 없는 실수(實數). 순환하지 않는 무한 소수로 나타나는 수. →유리수(有理數).

무리-식(無理式)<u>명</u> 근호 안에 문자가 들어 있는 식. ↔유리식(有理式).

무리-풀<u>명</u> 무릿가루로 쑨 풀. 배접(褙接)할 적에 종이의 빛을 희게 하기 위하여 씀.

무:-림(武林)<u>명</u> 무사 또는 무협의 세계. ¶무림의 고수.

무:-림(茂林)<u>명</u> 나무가 우거진 숲.

무릿-가루[-리까-/-린까-]圓 무리를 말린 가루.
무릿-매[-린-]圓 ①잔돌을 끈에 매어 잡고 휘두르다가 한쪽 끈을 놓아 던지는 팔매. ②☞물매3.
무릿매-질[-린-]圓[하자] 무릿매로 하는 팔매질.
무마(撫摩)圓[하타] [되자] 〔손으로 어루만진다는 뜻으로〕남을 어르고 달래어 위로함. 마무(摩撫). ¶성난 피해자들을 가까스로 무마하다.
무:-말랭이圓 반찬거리로 쓰기 위하여 잘게 썰어서 말린 무. ㉣말랭이.
무-맛(無-)[-맏]圓 아무 맛이 없음. *무맛이[-마시]·무맛만[-만-]
무망(无妄)圓〈무망괘(无妄卦)〉의 준말.
무:망(務望)圓[하타] 꼭 이루어지기를 바람.
무망(無妄)圓〈무망중(無妄中)〉의 준말.
무망(無望)圓 '무망하다'의 어근.
무:망(誣罔·誣妄)圓[하타] 허위 사실을 꾸며 내어 남을 속임.
무망-괘(无妄卦)圓 육십사괘의 하나. 건괘(乾卦)와 진괘(震卦)를 위아래로 놓은 괘. 천하에 우레가 행함을 상징함. ㉣무망.
무망-중(無妄中)圓 생각하지도 않던 판. 《주로, '무망중에'의 꼴로 쓰임.》 ¶무망중에 어머니를 여의다. ㉣무망.
무망지복(毋望之福)圓 뜻밖의 행복.
무망-하다(無望-)혬에 가망이나 희망이 없다. 생각대로 잘 안 될 듯하다. ¶아무래도 당선은 무망한 노릇인 것 같다.
무매-독신(無妹獨身)[-씬]圓 누이도 형제도 없는 홀몸.
무매-독자(無妹獨子)[-짜]圓 딸이 없는 사람의 외아들.
무-면허(無免許)圓 면허가 없음. ¶무면허 운전.
무명圓 무명실로 짠 피륙. 나비가 좁으며 옷감으로 많이 쓰임. 40척이 한 필의 표준임. 면(綿). 면포(綿布). 목면포(木綿布). 무명베. 백목(白木). ㉣명.
무:명(武名)圓 무용(武勇)이나 무공이 뛰어나다는 명성. ¶무명을 떨치다. ㉤문명(文名).
무명(無名)圓[하형] ①이름이 없음. ¶무명의 고지(高地). ②이름이 널리 알려지지 않음. ¶무명 시인. /무명 인사. ↔유명(有名).
무명(無明)圓 불교에서, 번뇌로 말미암아 진리에 어둡고 불법을 이해하지 못하는 마음의 상태를 뜻하는 말.
무명^계:약(無名契約)[-계-/-게-]圓 〔민법이나 상법 등에서〕특정한 명칭 없이도 할 수 있는 계약. 비전형(非典型) 계약. ↔유명 계약.
무명-골(無名骨)圓 궁둥이뼈.
무명-베圓 무명실로 짠 베. 무명.
무명-석(無名石)圓 바위에 붙어서 나는 흑갈색의 광물. 크기는 쌀알만 하며 윤이 남. 지혈·식상(食傷) 등에 약재로 씀.
무명^세:계(無明世界)[-계-/-게]圓 불교에서, 번뇌에 사로잡힌 고뇌의 세계, 곧 사바 세계(娑婆世界)를 이르는 말.
무명-소졸(無名小卒)圓 이름이 알려지지 않은 하찮은 사람.
무명-수(無名數)[-쑤]圓 ☞불명수. ↔명수.
무명(無明-)圓 불교에서, 번뇌가 본심을 흐리게 하는 일을 술에 비유하여 이르는 말.
무명-실圓 솜을 자아서 만든 실. 면사(綿絲). 목사(木絲). 무명사(木綿絲).
무명-씨(無名氏)圓 '이름을 알지 못하거나 드러내지 않는 사람'을 높여 이르는 말. ¶무명씨가 지은 시조. ㉤실명씨(失名氏).

무명-옷[-옫]圓 무명으로 지은 옷. 면의(綿衣). *무명옷이[-오시]·무명옷만[-온-]
무명-자(無名子)圓 ①☞화소청(畫燒靑). ②☞흑자석(黑赭石).
무명-작가(無名作家)[-까]圓 아직 사회에 이름이 널리 알려지지 않은 작가.
무명-조개圓 ☞백합(白蛤).
무명-지(無名指)圓 약손가락.
무명지인(無名之人)圓 이름이 세상에 널리 알려지지 아니한 사람.
무명-초(無名草)圓 ①이름이 없는 풀. 이름이 알려지지 아니한 풀. ②불가에서 '머리카락'을 이르는 말.
무명-활圓 솜을 타는 활. 활.
무모(無毛)圓 털이 없음.
무모(無謀)圓[하형] 계략이나 분별이 없음. ¶무모한 행동. 무모-히튀.
무모-증(無毛症)[-쯩]圓 선천적으로 털이 나지 않거나 발육이 불완전한 병증. 특히, 음모(陰毛)에 대하여 이르는 경우가 많음.
무무(貿貿·瞀瞀)圓 '무무하다'의 어근.
무:-하다(貿貿-·瞀瞀-)혬에 언행이 무지하고 서투르다. 무무-히튀.
무문(無紋)圓[하형] 무늬가 없음.
무:문-곡필(舞文曲筆)圓[하자] 붓을 함부로 놀려 왜곡된 문사(文辭)를 씀, 또는 그 문사.
무문-근(無紋筋)圓 내장벽(內臟壁)을 싼, 횡문(橫紋)이 없는 근육. 〔불수의근이나 평활근 따위.〕
무:문-농필(舞文弄筆)圓[하자] 문부(文簿)를 마음대로 고치거나 법규의 적용을 농락함. ㉣무롱(舞弄).
무문^토기(無紋土器)圓 ☞민무늬 토기.
무물부존(無物不存)圓 없는 것이 없음.
무물불성(無物不成)[-썽]圓[하자] 돈이 없이는 아무것도 이루어지지 않음을 이르는 말.
무뭉스름-하다[뭉]혬에 뭉뚝하고 둥그스름하다.
무미(無味)圓 '무미하다'의 어근.
무:미(貿米)圓[하자] (이익을 보려고) 쌀을 많이 사들임. 무곡(貿穀).
무미-건조(無味乾燥)圓[하형] 〔맛이 없고 메마르다는 뜻으로〕(글이나 그림 또는 분위기 따위가) 깔깔하거나 딱딱하여 운치나 재미가 없음. 건조무미. ¶무미건조한 문체. /무미건조한 생활.
무미-하다(無味-)혬에 맛이나 재미가 없다. ¶무미한 생활.
무:반(武班)圓 ☞서반(西班). ↔문반(文班).
무반동-총(無反動銃)圓 발사할 때 화약의 폭발력에 따른 반동이 없게 한 대전차 화기의 한 가지. 무반동포.
무반동-포(無反動砲)圓 ①발사할 때, 포신의 반동이 없는 화포를 통틀어 이르는 말. ②☞무반동총.
무반-향(無班鄕)圓 사대부(士大夫)가 살고 있지 않는 시골.
무:-밥圓 밥솥 바닥에 무채를 펴 놓고 쌀을 안쳐 지은 밥. 양념장으로 간을 하여 먹음.
무방(無妨)圓 '무방하다'의 어근.
무-방비(無防備)圓[하자] 적에 대한 방어 시설과 경비가 없음. ¶무방비 상태.
무방비^도시(無防備都市)圓 군사상의 방비가 없는 도시. 국제법상, 전시(戰時)에도 공격이 금지되어 있음. 개방 도시(開放都市). 비무장 도시. ↔방수 도시(防守都市).

무방-하다(無妨-)〔혱〕 지장이 없다. 괜찮다. ¶다 쓴 사람은 먼저 나가도 무방합니다.

무-배당(無配當)〔명〕 이익 배당이 없음. 특히, 주식에서 배당이 없는 일.

무배^생식(無配生殖)〔명〕 고등 식물에서, 난세포 이외의 체세포(體細胞)에서 수정이 없이 직접 포자체를 만드는 현상.

무배유^종자(無胚乳種子)〔명〕 식물에서, 완두나 밤과 같이 배젖이 없는 대신에 떡잎 부분이 살진 씨. ↔유배유 종자.

무백혈-병(無白血病)[-배켤뼝]〔명〕 백혈병의 한 증세. 병리 해부학적으로 백혈병과 같은 변화가 나타나나 말초(末梢) 혈액에는 변화가 나타나지 않는 상태.

무법(無法)〔명〕〔형〕 ①법이나 제도가 확립되지 않아 질서가 문란함. ¶무법 지대. ②도리나 도덕에 어긋나고 난폭함. ¶무법한 짓.

무법-자(無法者)[-짜]〔명〕 ①법을 무시하는 사람. ②도리나 도덕에 어긋난 짓을 하는 사람.

무법-천지(無法天地)〔명〕 ①(제도와 질서가 문란하여) 법이 없는 것과 같은 세상. ②규율과 기강을 무시하는 판국. ③질서 없는 난폭한 행위가 행하여지는 판.

무-변(武弁)〔명〕 무관(武官).

무변(無邊)①〔형〕그지없음. 끝이 없음. ②⇨무변리(無邊利).

무변-광야(無邊曠野)〔명〕 그지없이 넓은 들.

무변-대양(無邊大洋)〔명〕 ⇨무변대해.

무변-대해(無邊大海)〔명〕 그지없이 넓은 바다. 무변대양.

무-변리(無邊利)[-별-]〔명〕 변리가 없음. 무변.

무변^세:계(無邊世界)[-계/-게]〔명〕 불교에서 이르는, 끝없이 넓고 큰 세계.

무변-전(無邊錢)〔명〕 변리가 없는 빚돈.

무병(無病)〔형〕 병이 없음. ↔유병(有病).

무병-장수(無病長壽)〔명〕〔하자〕 병 없이 오래 삶.

무:보(誣報)〔명〕〔타〕 거짓 보고. 만보(瞞報).

무-보수(無報酬)〔명〕 보수가 없음. ¶무보수로 일하다.

무보증^사채(無保證社債)〔명〕 금융 기관의 보증 없이 발행되는 일반 사채. 보증 사채에 비하여 이자율이 높음. ↔보증 사채.

무:복(巫卜)〔명〕 무당과 점쟁이.

무:복(巫服)〔명〕 무당이 굿할 때 입는 옷.

무복-친(無服親)〔명〕 ①복제(服制)에 들지 아니한 가까운 친척. ②단문친(袒免親).

무본(務本)〔명〕〔하자〕 근본을 닦기에 힘씀.

무본-대상(無本大商)〔명〕〔밑천 없는 큰 장수라는 뜻으로〕'도둑'을 비꼬아 이르는 말.

무:부(武夫)〔명〕 ①용맹한 장부. ②⇨무사(武士).

무-분별(無分別)〔명〕〔하형〕 분별이 없음. 앞뒤 생각이 없음. ¶무분별한 행동. /무분별한 국토 개발을 자제한다.

무불간섭(無不干涉)〔명〕〔하형〕 무슨 일이고 간섭하지 않는 것이 없음.

무불통지(無不通知)〔명〕〔하형〕 무엇이든지 환히 통하여 모르는 것이 없음.

무:브망(mouvement 프)〔명〕 회화나 조각 등에서 느껴지는 운동감(생동감). 동세(動勢).

무:비(武備)〔명〕 ⇨군비(軍備).

무비(無比)〔하형〕 (아주 뛰어나서) 견줄 데가 없음. 무쌍. 무비의 압승. 견고 무비한 요새.

무:비올라(moviola)〔명〕 발성 영화의 필름 편집용 기계. 페달을 밟아 필름을 움직이게 하면서 불필요한 부분을 잘라 냄.

무-비판(無批判)〔명〕〔자〕 옳고 그름을 가리지 않음.

무비판-적(無批判的)〔관〕〔명〕 옳고 그름을 가리지 않는 (것). ¶무비판적 추종. /외래 문물을 무비판적으로 받아들여서는 안 된다.

무:사(武士)〔명〕 지난날, 무도(武道)를 닦아서 무사(武事)에 종사하던 사람. 무부(武夫). 싸울아비. ↔문사(文士).

무:사(武事)〔명〕 군대나 전쟁 따위에 관한 일. ↔문사(文事).

무사(無死)〔명〕 야구에서, 아직 아웃된 사람이 한 사람도 없는 상황을 이르는 말. 노아웃. ¶무사 만루.

무사(無似)〔대〕 〔아버지·할아버지만 같지 못하다는 뜻으로〕'자기'를 겸사하여 이르는 말.

무사(無邪)'무사(無邪)하다'의 어근.

무사(無私)'무사(無私)하다'의 어근.

무사(無事)〔명〕〔형〕 ①아무 일이 없음. ↔유사(有事). ②아무 탈이 없음. 무고(無故). ¶남편이 무사하기를 기도하다. **무사-히**〔부〕 ¶무사히 돌아오기를 빈다.

무:사(無嗣)〔명〕〔하형〕 ⇨무후(無後).

무:사(蕪辭)〔명〕 너절하게 늘어놓기만 한 변변치 못한 말.

무사가답(無辭可答)〔명〕〔하형〕 사리가 옳아서 무어라고 대꾸할 말이 없음.

무-사:고(無事故)〔명〕 아무 사고가(탈이) 없음. ¶10년 무사고 운전.

무사-귀신(無祀鬼神)〔명〕 자손이 모두 죽어서 제사를 지내 줄 사람이 없게 된 귀신.

무:사-도(武士道)〔명〕 무사가 지켜야 할 도리. ¶무사도 정신.

무사-독학(無師獨學)[-도칵]〔명〕〔하자〕 스승이 없이 혼자서 학문을 익힘.

무-사마귀〔명〕 살가죽에 사마귀처럼 돋은 밥알만한 흰 군살. 우목(疣目).

무사무려(無思無慮)〔명〕〔하형〕 아무런 생각도 근심도 없음.

무사^분열(無絲分裂)〔명〕 세포 분열의 한 형식. 핵이 있는 그대로의 상태에서 둘로 분열되어 염색체가 나타나는 일로, 아메바·곰팡이 따위의 하등 생물에서 볼 수 있음. 직접 분열. ↔유사 분열.

무사-분주(無事奔走)〔명〕〔하형〕 하는 일 없이 공연히 바쁨. **무사분주-히**〔부〕.

무사불참(無事不參)〔명〕〔하형〕 무슨 일이고 참견하지 않는 일이 없음.

무사-안일(無事安逸)〔명〕〔하형〕 마땅히 해야 할 일을 하지 않고 편안함만을 누림.

무사안일-주의(無事安逸主義)[-의/-이]〔명〕 ⇨무사주의.

무사자통(無師自通)〔명〕〔하자〕 스승 없이 스스로 깨쳐 앎.

무사-주의(無事主義)[-의/-이]〔명〕 모든 일에서 말썽이 없이 무난히 지내려는 소극적인 태도나 경향. 무사안일주의.

무사-태평(無事太平)〔명〕〔하형〕 ①아무 탈 없이 편안함. ¶무사태평한 세월. ②어떤 일에도 개의하지 않고 마음이 태평함. ¶내일이 시험인데도 무사태평이다.

무사-통과(無事通過)〔명〕〔하자타〕〔되자〕 아무 제재도 받지 않고 그냥 통과함. ¶검문소를 무사 통과하다.

무사-하다(無邪-)〔형어〕 사심(邪心)이나 악의(惡意)가 없다.

무사-하다(無私-)[혱어] 사사로움이 없이 공정하다. 무사-히[튀].

무산(無産)[명] 재산(재물)이 없음. ¶ 무산 대중. ↔유산(有産).

무:산(霧散)[되자] 안개가 걷히듯 흩어져 사라짐. ¶ 모처럼의 계획이 무산되다.

무산^계급(無産階級)[-계/-게][명] 재산이 없이 노동력만으로 생활해 가는 하층 계급. [노동자나 빈농, 하급 봉급 생활자 등.] 프롤레타리아트. ↔유산 계급.

무:산-선녀(巫山仙女)[명] 얼굴이 매우 아름답다는, 중국의 전설상의 선녀.

무산-자(無産者)[명] 재산이 없는 사람. 무산 계급에 속하는 사람. 프롤레타리아. ↔유산자.

무산-증(無酸症)[-쯩][명] 만성 위염이나 암 등으로 위액의 산도(酸度)가 매우 낮아지거나 없어진 상태. 위산 결핍증.

무-살[명] 물렁물렁하게 많이 찐 살. 두부살.

무-삶이[하타] 물을 대어 논을 삶는 일, 곧 써레와 나래로 논판을 고름. ↔건삶이.

무삼(-參)[명] '수삼(水參)'의 잘못.

무상(無上)[명][혱] 그 위에 더할 수 없음. 가장 좋음. (주로, '무상의'의 꼴로 쓰임.) ¶ 무상의 영광.

무상(無狀) '무상하다'의 어근.

무상(無相)[명] [불교에서] ①일정한 형태나 모습이 없는 것. 공(空)의 모습. ②모든 집착에서 떠나 초연해지는 것.

무상(無常)[명] ①[혱] 일정한 때가 없음. ¶ 무상으로 드나들다. ②[혱] 덧없음. ¶ 인생의 무상을 느끼다. ③[불교에서] 생멸 변화하여 '상주(常住)함이 없음'을 이르는 말.

무상(無想)[명][혱] 불교에서, 일체의 상념(想念)이 없음.

무상(無償)[명] ①[한 일에 대하여] 보상이 없음. ②값이나 삯을 받지(주지) 않음. ¶ 무상 원조. /무상으로 배포하다. ↔유상(有償).

무상^계:약(無償契約)[-계/-게][명] 당사자의 한쪽만이 이익을 받게 되는 계약. [증여나 사용 대차, 무이자의 소비 대차, 무상 위임 따위.]

무상-관(無常觀)[명] 세상만사가 항상 변화하여 덧없다고 보는 관념.

무상^기간(無霜期間)[명] 늦봄의 마지막 늦서리가 온 때부터 초가을의 첫서리가 내릴 때까지의, 서리가 내리지 않는 기간. 이 기간의 짧고 긴 것이 농작물 경작에 많은 영향을 끼침.

무상-대복(無上大福)[명] 더할 수 없이 큰 복.

무상^대:부(無償貸付)[명] 대상(代償)의 조건이 없이 빌려 줌. ↔유상 대부.

무상:령(無上命令)[-녕][명] ☞정언적 명령.

무상-무념(無想無念)[명] 일체의 상념을 떠남. 무념무상.

무:상시(無常時)[명] <무시(無時)>의 본딧말.

무상-왕래(無常往來)[-내][명][하타] 아무 때나 거리낌 없이 오고 가고 함.

무상-주(無償株)[명] 불입(拂入)의 의무가 없이 무상으로 발행되는 주식. [발기인주(發起人株) 따위.]

무상-증자(無償增資)[명] 적립금을 자본으로 전입하거나 주식 배당을 출자하는 따위와 같이 자본의 법률상 증가만을 가져오는 명목상의 증자. ↔유상 증자.

무상-출입(無常出入)[명][하자타] 아무 때나 거리낌 없이 드나듦. ¶ 친구의 사무실에 무상출입하다.

무상-하다(無狀-)[혱어] ①아무렇게나 함부로 굴어 예절이 없다. ②아무 형상이 없다. ③공적이나 착한 행실이 없다.

무상^행위(無償行爲)[명] 어떤 일에 대한 보상이 없는 법률 행위. [증여나 유증, 재단 법인의 설립 행위 따위.] ↔유상 행위.

무-색(-色)[명] 물감을 들인 빛깔. ¶ 흰 저고리와 무색 치마.

무색(無色)[¹][하혱] 아무 빛깔이 없음. ¶ 무색의 투명한 유리. ↔유색(有色).

무색(無色)[²] '무색하다'의 어근.

무색-계(無色界)[-계/-게][명] 불교에서, 중생이 사는 삼계(三界)의 하나. 모든 색신(色身)을 벗어나 정신적으로만 사는 세계. 무색천(無色天).

무색-옷(-色-)[-옫][명] 물감을 들인 천으로 지은 옷. 색복(色服). 색의(色衣). 화복(華服). [준]색옷. * 무색옷이[-새고시] · 무색옷만[-새곤ㅡ].

무색-천(無色天)[명] ☞무색계(無色界).

무색-하다(無色-)[-새카-][혱어] ①겸연쩍고 부끄럽다. ¶ 그녀는 사람들 앞에서 넘어지자 무색하여 어쩔 줄 몰라 했다. ②본래의 특색을 드러내지 못하고 보잘것없다. ¶ 프로가 무색할 정도의 실력.

무생-대(無生代)[명] 지질학에서, 캄브리아기보다 앞선 지질 시대를 이르던 말. [본디, 생물이 없었던 시대란 뜻으로 이 말이 생겼으나 화석이 발견됨으로써 잘 쓰이지 않게 됨.] 무생물 시대(無生物時代).

무생-물(無生物)[명] 생활 기능이 없는 물체. [돌이나 물·흙 따위.] ↔생물(生物).

무생물^시대(無生物時代)[명] ☞무생대(無生代).

무:-생채(-生菜)[명] 무를 채 쳐서 양념을 하여 버무린 나물.

무-서리[명] 그해의 가을 들어 처음 내리는 묽은 서리. ¶ 노오란 꽃잎이 피려고 간밤에 무서리가 저리 내리고…. ↔된서리.

무서움[명] 무서워하는 느낌. ¶ 무서움에 떨다. / 무서움을 타다. [준]무섬.

무서워-하다[타어] 무섭게 여기다. ¶ 쥐를 무서워하다. /주사 맞기를 무서워하는 아이.

무:석(武石)[명] <무석인(武石人)>의 준말.

무:-석인(武石人)[명] 능(陵)에 세우는, 무관의 형상으로 된 돌. 무관석(武官石). [준]무석. ↔문석인(文石人).

무:-선(武選)[명] 지난날, 무관(武官)·군사(軍士)의 임명이나 기타 무과(武科)에 관한 일을 이르던 말.

무선(無線)[명] ①전선이 없거나, 사용되지 않음. ↔유선(有線). ②<무선 전신>의 준말. ③<무선 전화>의 준말.

무:-선(舞扇)[명] 춤출 때 사용하는 부채.

무선^방향^지시기(無線方向指示器)[명] ☞라디오 컴퍼스.

무선^송:신(無線送信)[명] 전파로 신호를 보내는 일. 무선 전신·무선 전화 등의 송신.

무선^유도탄(無線誘導彈)[-뉴-][명] 무선 조종 방식의 유도 미사일. 지상 발사대나 비행기 따위에서 발사하여 극초단파로 원격 조종함. 가이디드 미사일.

무선^전:신(無線電信)[명] [멀리 떨어진 두 지점 사이에서] 전파를 이용하여 교신하는 통신의 한 가지. [준]무선·무전. ↔유선 전신.

무선^전:파(無線電波)[명] 공간에 전파되는 전자파의 한 가지. 무선 연락에 이용됨. 무선파.

무선^전:화(無線電話)圓 전파를 이용한 전화.
⏤⏤⏤(무선:무전. →유선 전화.

무선^조종(無線操縱) (사람이 타지 않은 항
공기나 함선·탱크 따위를) 전파로 멀리서 조종
하는 일.

무선-철(無線綴)圓 책을 매는 방법의 한 가지.
실이나 철사 따위로 매지 않고 접착제만을 써
서 맨.

무선^통신(無線通信)圓 전파를 이용한 통신을
통틀어 이르는 말.〔무선 전화나 라디오 방송,
텔레비전 방송 따위.〕→유선 통신.

무선-파(無線波)圓 ☞무선 전파.

무선^표지(無線標識)圓 특정한 부호를 가진 전
파를 이용하여 항공기나 선박의 위치·방향을
확인하는 방식, 또는 그 시설. 라디오 비컨.

무선^호출기(無線呼出機)圓 (호출 전용의) 휴
대용 소형 수신기. 삐삐1. ⏤호출기.

무섬圓<무서움>의 준말.

무섬-증(-症)[-쯩]圓 무서워하는 버릇이나 심
리 현상. ¶무섬증이 생기다.

무섭다[-따][무서우니·무서워]圈圓 ①두려운
느낌이 있다. ¶밤길이 무섭다. ②겁이 나거나
놀랄 만하다. ¶무서운 선생. /무서운 속도. ③정
도가 매우 심하다. ¶무서운 추위. /비가 무섭
게 내린다. ④('-ㄹ까'의 뒤에 쓰이어) '-ㄹ까
봐 걱정스럽다'의 뜻. ¶마음에 응어리가 질까
무섭다. ⑤'-자마자 곧'의 뜻.《'-기가 무섭
게'의 꼴로 쓰임.》¶만나기가 무섭게 샘부터
따지다. ②③圈매섭다.
　무섭다니까 바스락거린다[속담] 남의 약점을 알
고 일부러 곤란하게 한다는 말.

무성(茂盛) '무성하다'의 어근.

무성(無性)圓 ①(하등 동물로서) 암수의 구별이
없음. →유성(有性). ②불교에서, 자성(自性)
곧 불성(佛性)이 없음을 이르는 말.

무성(無聲)圓 소리나 음성이 없음.

무성^생식(無性生殖)圓 양치식물 이하의 하등
생물에서의 생식 방법. 암수의 어울림이 없이
그 자체에서 분열하거나, 싹이 나거나, 땅속줄
기에서 나와 두 개 이상의 새로운 개체를 이
룸. →유성 생식.

무성^세:대(無性世代)圓 세대 교번을 하는 생
물 가운데에서 무성 생식을 하는 세대. →유성
세대.

무성-시(無聲詩)圓〔소리 없는 시란 뜻으로〕
'회화(繪畫)'를 달리 이르는 말.

무성-아(無性芽)圓 무성 생식으로 생긴 싹.

무성^영화(無聲映畫)[-녕-]圓 (발성 영화 이
전의) 녹음된 음성이 없는 영화. →발성 영화.

무성-음(無聲音)圓 ☞안울림소리.

무-성의(無誠意)[-의/-이]圓圈 성의가 없
음. ¶무성의하게 대답하다.

무:성-하다(茂盛-)圈圓 ①(초목이) 우거져 있
다. ¶잡초가 무성하다. ②생각·말·소문 따위가
마구 뒤섞이거나 퍼져 많다. ¶결론도 없이 논
의만 무성하다. /무성한 소문만 나돌다. 무성-
히囝.

무성-화(無性花)圓 수술과 암술이 퇴화되어 장
식(裝飾)으로 피는 꽃.〔수국(水菊)의 장식화
따위.〕참양성화·중성화·단성화.

무세(無稅)圈圓 세금이 없음. →유세(有稅).

무세(無勢) '무세하다'의 어근.

무세력(無勢力) '무세력하다'의 어근.

무세력-하다(無勢力-)[-려카-]圈圓 ☞무세
(無勢)하다.

무세-지(無稅地)圓 세금이 없는 땅. →유세지.

무세-품(無稅品)圓 세금이 붙지 않는 물품. →유
세품. 참면세품.

무세-하다(無勢-)圈圓 ①세력이 없다. 무세력
하다. ②(거래의 흥정이나 시세가 없다.

무소圓 무솟과의 동물. 몸길이 4 m, 어깨 높이
2 m가량. 네 다리는 짧으며 표피는 두껍고 단
단함. 코 위에 한 개 또는 두 개의 뿔이 있음.
코뿔소.

무-소(誣訴)圓圈타 없는 일을 거짓으로 꾸며 소
송을 제기함.

무소고기(無所顧忌)圓圈 ☞무소기탄.

무소기탄(無所忌憚)圓圈 아무것도 꺼릴 바가
없음. 무소고기(無所顧忌). ⏤무기탄.

무-소득(無所得)圓圈 얻는 바가 아무것도 없
음. 소득이 없음.

무소부재(無所不在)圓 신(神)의 품성으로서, 존
재하지 않음이 없음. 어디에나 다 있음. ¶무
소부재의 하느님.

무소부지(無所不至)圓圈 이르지 않는 곳이
없음. ¶무소부지의 권력을 휘두르다.

무소부지(無所不知)圓圈 모르는 것이 없음.

무소불능(無所不能)[-릉]圓圈 능히 하지 못
하는 것이 없음. 무소불위(無所不爲).

무소불위(無所不爲)圓圈 못할 일이 없음. 무
소불능(無所不能). ¶무소불위의 권력.

무-소속(無所屬)圓 (어느 단체나 당파에도) 딸
린 데가 없음, 또는 그 사람. ¶무소속 의원.

무-소식(無消息)圓圈 소식이 없음.
　무소식이 희소식(喜消息)[속담] 소식이 없는 것
이 곧 잘 지내고 있다는 표시라는 말.

무-소외(無所畏)[-외/-웨]圓 ①두려워하는 바
가 없음. ②불도(佛道)를 닦음에 있어, 어떠한
장애도 두려워함이 없음을 이르는 말.〔불안과
공포를 벗어나 마음의 평정을 얻은 상태.〕

무소용(無所用) '무소용하다'의 어근.

무소용-하다(無所用-)圈圓 아무 소용이 없다.

무-소유(無所有)圓 가진 것이 없음.

무:속(巫俗)圓 무당들의 풍속이나 습속. ¶무속
신앙.

무손(無孫)圓圈 ①손자가 없음. ②후손이
없음.

무손(無損) '무손하다'의 어근.

무손-하다(無損-)圈圓 손해됨이 없다.

무솔다[무소니·무솔아]困 (땅이 너무 습하여)
푸성귀들이 물러서 썩다. ⏤솔다².

무:송(霧凇)圓 ☞상고대.

무쇠[-쇠/-쉐]圓 ①철에 1.7~7 %의 탄소가
들어 있는 합금. 빛이 검고 바탕이 연함. 강철
보다 녹기 쉬워 주조에 알맞음. 솥이나 철관·
화로 따위를 만드는 재료로 쓰임. 생철(生鐵).
선철(銑鐵). 주철(鑄鐵). ②정신적·육체적으로
'강하고 굳센 것'을 비유하여 이르는 말. ¶무
쇠 다리.
　무쇠도 갈면 바늘 된다[속담] 꾸준히 힘쓰면 어
려운 일도 이룰 수 있다는 말.

무수(無水)圓 ①물이나 물기가 없음. ②(화학에
서, 관용사적으로 쓰이어) ㉠결정수(結晶水)가
없음을 뜻하는 말. ¶무수 황산동(黃酸銅). ㉡산
소산에서 물의 분자를 뺀 화합물임을 나타내는
말. ㉢수분이 없음을 뜻하는 말.

무수(無數) '무수하다'의 어근.

무수^규산(無水硅酸)圓 ☞이산화규소.

무수기圓 썰물과 밀물의 차(差). 참다섯무날·한
무날.

무수다囝 닥치는 대로 때리거나 부수다.

무수-다(無水茶)閻 차의 재료만 마른 채로 먼저 먹고 물을 나중에 마시는 차.

무수리1閻 왕조 때, 궁중에서 나인의 세숫물 시중을 맡았던 여자 종.

무-수리2閻 황샛과의 물새. 날개 길이 80 cm가량으로 키가 큼. 목은 굵고 흰 털이 목도리 모양으로 둘렸음. 몸빛은 등 쪽이 흑갈색이고 배는 흼. 물레에 반도·인도·미얀마 등지에 분포함.

무수-물(無水物)閻 ⇨산성 산화물.

무수^아비산(無水亞砒酸)閻 ⇨삼산화비소.

무수^아황산(無水亞黃酸)閻 ⇨이산화황.

무수^알코올(無水alcohol)閻 98% 이상의 농도를 가진 주정(酒精).

무수-옹(無愁翁)閻 ①아무 근심 걱정이 없이 편안한 삶을 누리는 늙은이. ②어리석어서 근심 걱정을 모르고 지내는 사람.

무수^인산(無水燐酸)閻 ⇨오산화인.

무수^탄:산(無水炭酸)閻 ⇨이산화탄소.

무수^탄:산나트륨(無水炭酸Natrium)閻 ⇨소다회.

무수-하다(無數-)톙어 셀 수 없이 많다. ¶무수한 별. **무수-히**图 ¶무수히 많은 사연(事緣).

무수^황산(無水黃酸)閻 ⇨삼산화황.

무숙-자(無宿者)[-짜]閻 묵을 곳이 없는 사람.

무순(無順)閻 일정한 순서가 없음.

무-술囝 제사 때, 술 대신 올리는 맑은 찬물. 현주(玄酒).

무:술(戊戌)閻 육십갑자의 서른다섯째.

무:술(巫術)閻 ①무당의 방술(方術). ②⇨샤머니즘.

무:술(武術)閻 무인으로서 갖추어야 할 여러 기술. 〔검술·궁술·창술·승마술 따위.〕

무쉬썰閻 조수(潮水)가 조금 분기 시작하는 물때. 〔조금의 다음 날인 음력 초아흐렛날과 스무나흗날을 이름.〕

무:스(mousse 프)閻 머리 모양을 원하는 대로 고정시키는 데 쓰는, 거품 모양의 크림. 〔상품명에서 온 말.〕

무슨판 ①(사물의 내용이나 속성에 대한) 의문을 나타내는 말. ¶무슨 일로 왔나? ②사물을 꼭 집어낼 수 없을 때 둘메놓고 하는 말. ¶무슨 수를 쓰긴 써야겠다. ③(「어떻게 된」·「왜」의 뜻으로) 못마땅하거나 반대의 뜻을 강조하는 말. ¶무슨 사람이 그 모양이지. /대낮에 술은 무슨 술이야.

무슨 바람이 불어서판용 뜻밖의 행동을 한 사람을 보고 '무슨 까닭(영문)으로'의 뜻으로 하는 말. ¶무슨 바람이 불어서 예까지 왔나?

무슨 뾰족한 수 있나판용 아무런 신통한 수가 없다. 매우 난처하다. ¶흥, 제까짓 게 나선다고 남모르는 무슨 뾰족한 수 있나.

무슴대〔옛〕무엇. ¶흘를매 泉石膏肓(천석고황)을 고쳐 무슴ᄒᆞ료(李滉.陶山十二曲)

무-승부(無勝負)閻 승부가 없이 비김.

무:-승지(武承旨)閻 조선 시대에, 무과(武科) 출신의 승지를 이르던 말.

무시(無始)閻 ①불교에서, '아무리 거슬러 올라가도 그 처음이 없다'는 뜻. ②시작을 알 수 없으리만큼 한없이 먼 과거.

무시(無時)閻 일정한 때가 없음. ¶무시 왕래. ②무시상시(無常時).

무시(無視)閻톙터되자 ①사물의 존재나 가치를 알아주지 아니함. ¶남의 의견을 무시하다. ②사람을 업신여김. ¶무시를 당하다.

무시근-하다톙어 성미가 느리고 흐리터분하다.

무시-로(無時-)图 시도 때도 없이. 아무 때나. 수시로. ¶무시로 드나드는 손님.

무시무시-하다톙어 매우 무서운 느낌을 주는 기운이 있다. ¶무시무시한 광경.

무시-무종(無始無終)톙터 ①('시작도 없고 끝도 없음'의 뜻으로) 불교에서, 진리나 윤회(輪廻)의 무한성을 뜻하는 말. ②가톨릭에서, 하느님의 소극적 품성의 한 가지를 이르는 말.

무시-복(無時服)톙터 (약 따위를) 일정한 때가 없이 먹음.

무시-이래(無始以來)图 불교에서, '아주 먼 과거로부터'를 이르는 말.

무-시험(無試驗)閻 시험을 치르지 않음. ¶무시험 전형.

무식(無識)閻톙어스링 학식이나 식견이 없음. 격식을 모르거나 우악스러움. ¶무식한 소리. / 사나울 굵은 사람처럼 무식하게 먹는다. ↔유식(有識). **무식스레**图.

무식-꾼(無識-)閻 ⇨무식쟁이.

무식-자(無食子)[-짜]閻 ⇨몰식자(沒食子).

무식-쟁이(無識-)[-쨍-]閻 '무식한 사람'을 낮추어 이르는 말. 무식꾼.

무:신(戊申)閻 육십갑자의 마흔다섯째.

무:신(武臣)閻 무관(武官)인 신하. ↔문신.

무신(無信)閻톙어 ①신의(信義) 또는 믿음성이 없음. ↔유신(有信). ②소식이 없음.

무신경(無神經)閻 '무신경하다'의 어근.

무신경-하다(無神經-)톙어 ①감각이 둔하다. ②(어떤 처우이나 자극 따위에) 반응이 없다. ¶무신경한 사람.

무신-론(無神論)[-논]閻 인격적인 신의 존재를 인정하지 않는, 종교·철학상의 견해나 관점. ↔유신론.

무신론-자(無神論者)[-논-]閻 무신론을 주장하거나 지지하는 사람.

무신론적 실존주의(無神論的實存主義)[-논-씰쫀-의/-논-씰쫀-이] 무신론의 처지에서 자유로운 인간의 실존을 주장하는 사상.

무신무의(無信無義)[-의/-이]閻톙어 믿음성도 의리(義理)도 없음.

무실(無失)閻 야구에서, 실책(失策)이 없음.

무실(無實)閻톙어 사실이나 실속이 없음.

무:실-역행(務實力行)[-려캥]閻톙자 참되고 실속 있도록 힘써 실행함.

무심(無心)閻톙어스링 ①아무런 생각이 없음. ②감정이 없음. ¶무심한 갈매기만 오락가락한다. ③마음을 두거나 걱정함이 없음. ¶하늘도 무심하다. **무심-히**图.

무심(無心)2閻〈무심필(無心筆)〉의 준말.

무심-결(無心-)[-껼]閻 아무 생각이 없거나 깨닫지 못하는 사이. 무심중. 《주로, '무심결에'의 꼴로 쓰임.》¶무심결에 입 밖에 냈다.

무심-재(無心材)閻 목심(木心)이 없는 재목.

무심-중(無心中)閻 아무 생각이 없는 동안(가운데). 무심결. 무심중간. 《주로, '무심중에'의 꼴로 쓰임.》¶무심중에 한 말이니 너무 신경 쓰지 마라.

무심중-간(無心中間)閻 ⇨무심중(無心中). ¶관대(冠帶) 깃을 달다가, 무심중간에 자끈동 부러지니 깜짝 놀라와라(弔約文).

무심-코(無心-)图 뜻하지 않게. ¶무심코 한 말이 화근이 되고 말았다.

무심-필(無心筆)閻 딴 털로 속을 박지 않은 붓. ⑥무심2.

무싯-날(無市-)[-신-]圀 (정기적으로 장이 서는 곳에서) 장이 서지 않는 날.

무스관 (옛) 무슨. ¶일운 일이 무스 일고(古時調).

무슴대 (옛) 무엇. ¶落花ㅣㄴ들 꼿치 아니랴 쓰러 무슴 흐리오(古時調).

무슴²관 (옛) 무슨. ¶比干이 마음을 뵈엿시니 무슴 恨이 이시랴(古時調).

무쌍(無雙) '무쌍하다'의 어근.

무쌍-하다(無雙-)혬 견줄 만한 짝이 없다. 둘도 없이 썩 뛰어나다. **무쌍-히**閈.

무-씨圀 무의 종자.

무수(옛) 무. ¶무수와 박만 ᄒ야 먹더라(翻小10:28).

무스다(옛) 뭇다. ¶이 우므른 벽으로 무슨 우므라(翻老上36).

무아(無我)圀 ①자기를 잊음, 곧 무의식. ¶무아의 경지. ②사사로운 마음이 없음. ③불교에서, 일체는 무상(無常)한 것이므로 '나라는 존재는 없음'을 이르는 말.

무아-경(無我境)圀 정신이 한곳에 통일되어 나를 잊고 있는 경지. 무아지경.

무아-도취(無我陶醉)圀 자기를 잊고 무엇에 흠뻑 취함.

무아-애(無我愛)圀 자기는 전혀 돌보지 않고 상대편만을 위하는 사랑.

무아지경(無我之境)圀 ⇨무아경(無我境).

무-악(舞樂)圀 춤출 때에 연주하는 아악(雅樂).

무안(無顔)圀혬혬 부끄러워서 볼 낯이 없음. ¶무안을 당하다. /얼마나 무안하던지 고개를 들지 못했다. **무안-히**閈.

무안(을) 주다관 남을 무안하게 하다.

무안-스럽다(無顔-)[-따][~스러우니·~스러워]혬 보기에 무안하다. ¶핀잔을 받고 무안스러워서 어쩔 줄 모르다. **무안-스레**閈.

무-안타(無安打)圀 야구에서, 안타가 없음. 노히트(no hit).

무애(無涯)圀혬 가없이 넓음. 무제(無際).

무애(無礙·無得)圀혬 막힘이나 거침이 없음. 장애물이 없음.

무애-가(無㝵歌)圀 신라 태종왕(太宗王) 때의 중 원효(元曉)가 파계하고 속인이 되어 지어 부른 노래. 자세한 내용은 전하지 아니함.

무액면-주(無額面株)[-앵-]圀 주권에 액면액의 기재가 없이 주식 수만 적혀 있는 주식. 비례주(比例株). ↔액면주.

무-야(戊夜)圀 오야(五夜)의 다섯째 시각. 새벽 3시에서 5시 사이. 오경(五更).

무양(無恙)圀혬 몸에 탈이 없음. **무양-히**閈.

무-양(撫養)圀 ⇨무육(撫育).

무양무양-하다혬 너무 고지식하여 융통성이 없다. **무양무양-히**閈.

무어①대 〈무엇〉의 준말. ¶그건 무어냐? 㑃뭐. ②대 (남의 말에 대하여) 무슨 소리냐고 되묻거나 놀람을 나타내는 말. ¶무어, 얼마라고?/무어, 그게 사실이야? ②여러 말 할 것 없다는 뜻을 나타내는 말. ¶무어, 다 그런 거지. ③어리광조나 입버릇으로 하는 말. ¶그게 좋지 무어. 㑃머·뭐.

무어니 무어니 해도관 '이러니저러니 해도'의 뜻으로, 다음 말을 강조할 때 쓰는 말. ¶무어니 무어니 해도 건강이 제일이지. 㑃뭐니뭐니 해도.

무언(無言)圀혬혬 말이 없음. ¶무언의 압력.

무-언(誣言)圀한자 없는 일을 거짓 꾸며서 남을 해치는 말.

무언-극(無言劇)圀 말은 하지 않고 몸짓과 얼굴의 표정만으로 표현하는 연극. 때로는 음악에 맞추어 춤을 추기도 함. 묵극(默劇). 팬터마임.

무언^무:용극(無言舞踊劇)圀 노래나 말을 하지 않고 추는 무용극.

무언-용사(無言勇士)[-농-]圀 〔말없는 용사라는 뜻으로〕'싸움터에서 죽은 군인의 유골'을 이르는 말.

무언-중(無言中)圀 서로 말이 없는 가운데. 《주로, '무언중에'의 꼴로 쓰임.》 ¶무언중에 서로의 뜻이 통했다.

무언-증(無言症)[-쯩]圀 말하지도 않고 남의 물음에 대답하려 하지도 않는 병적인 태도. 정신 분열증의 긴장형에 흔히 보임.

무언-표(無言標)圀 ⇨줄임표.

무얼준 '무엇을'이 줄어든 말. ¶무얼 주랴?

무엄(無嚴) '무엄하다'의 어근.

무엄-하다(無嚴-)혬 삼가고 어려워함이 없다. ¶어른에게 무엄하고. **무엄-히**閈.

무엇[-얻]대 ①이름이나 내용을 모르거나 또는 아직 정해지지 않았거나 분명치 않은 사물을 가리키는 지시 대명사. ¶이름이 무엇이냐?/무엇을 드릴까요? 㑃무어·머·뭐·뭣. *무엇이[-어시]·무엇만[-언-].

무엇-하다[-얻타-]혬 〔어떤 말을 대놓고 말하기가 거북하거나 알맞게 말하기가 어려울 때〕'거북하다, 미안하다' 따위의 말 대신에 쓰는 말. ¶내가 직접 찾아가기는 좀 무엇하다. 㑃뭣하다·뭣하다.

무에준 '무엇이'가 줄어든 말. ¶무에 그리 급해서 서두르느냐?

무에리-수에같 돌팔이 장님이 점을 치라고 돌아다니며 외치는 소리.

무역(無射)圀 ①십이율(十二律)의 열한째 음. ②'음력 구월'을 달리 이르는 말.

무-역(貿易)圀혬혬자타 ①지방과 지방 사이에 상품을 팔고 사거나 교환하는 상행위. ②외국 상인과 물품을 수출입하는 상행위. ¶무역의 불균형을 해소하다.

무역-상(貿易商)[-쌍]圀 무역을 영업으로 하는 상업, 또는 그 상인.

무역^수지(貿易收支)[-쑤-]圀 상품의 수출입으로 생기는 외국과의 대금의 수불 관계. 국제 수지의 가장 중요한 항목이 됨.

무역-업(貿易業)圀 외국과의 무역을 전문으로 하는 직업(사업).

무:역^외^수지(貿易外收支)[-여괴-/-여뤠-]圀 무역 이외의 국제 수입 및 지출. 〔운임, 보험료, 대외 투자의 수입, 외채 이자, 주식 배당, 해외 여행비, 특허권 매매비 따위.〕

무:역-풍(貿易風)圀 남·북회귀선 가까이에서 적도 쪽으로 일 년 내내 일정한 방향으로 부는 바람. 지구의 자전으로 북반구에서는 북동풍, 남반구에서는 남동풍이 됨. 항신풍(恒信風).

무:역-항(貿易港)圀 〔←무역항〕외국과의 상품 수출입 허가를 얻은 항구. 상항(商港).

무연(無緣)圀혬 ①인연이 없음. ②〈무연고〉의 준말. ③전생(前生)에서 부처나 보살과 인연을 맺은 일이 없음.

무연(憮然) '무연하다'의 어근.

무-연고(無緣故)圀혬 (일가친척이나 친구 등) 연고가 없음. 㑃무연(無緣).

무연-분(無鉛粉)圀 연백(鉛白)을 함유하지 않은 분.

무연-분묘(無緣墳墓)**명** 자손이나 관리하는 사람이 없는 무덤. 무주총(無主塚). 무연총(無緣塚).

무연-총(無緣塚)**명** ☞무연분묘.

무연-탄(無煙炭)**명** 탄화(炭化)가 잘되어 연기를 내지 않고 타는 석탄. 검고 금속광택이 나며, 탄소분이 90% 이상임. →유연탄(有煙炭).

무ː연-하다(憮然-)**형여** 크게 낙담하다. **무연-히閉**

무연^화약(無煙火藥)**명** 면화약(綿火藥)과 니트로글리세린과의 화합물로 만든 화약. 폭발력이 크고 폭발할 때 연기가 나지 않음.

무연^휘발유(無鉛揮發油)[-류]**명** 납으로 인한 대기 오염을 줄이기 위해 만든, 사에틸납이 들어 있지 않은 휘발유.

무ː열(武列)**명** ☞서반(西班).

무ː열(武烈)**명** ☞무공(武功).

무염(無塩)**명** 소금기가 없음. 소금이 들어 있지 않음.

무염(無厭)**'**무염하다**'**의 어근.

무염-식(無塩食)**명** (의학적인 필요에 따라) 간을 거의 치지 않고 싱겁게 만든 식사. 무염식사.

무염-식사(無塩食事)[-싸]**명** ☞무염식.

무염^원죄(無染原罪)[-죄/-줴]**명** 〔'원죄에 물들지 않음'의 뜻으로〕 가톨릭교에서, 원죄와 그 벌을 면하는 특별한 은혜. 〔성모 마리아와 같은 경우.〕

무염지욕(無厭之慾)**명** 싫증이 나지 아니하는 욕심. 물릴 줄 모르는 욕심.

무염-하다(無厭-)**형여** 싫증 남이 없다.

무영(無影)**명** 그림자가 없음. 빛이 없음.

무영-등(無影燈)**명** 수술할 때, 광원(光源)을 집중시켜서 목적 부위에 그림자가 나타나지 않게 조명하는 장치.

무ː예(武藝)**명** 검술(劍術)·궁술(弓術) 등 무술에 관한 재주. 무기(武技).

무ː예-별감(武藝別監)**명** 조선 시대에, 훈련도감의 군사 중에서 뽑아 궁궐 문을 숙직하며, 호위하는 일을 맡아보던 무사. **준**무감.

무ː예^이ː십사반(武藝二十四般)[-싸-]**명** 조선 정조(正祖) 때, 실물기예에 기예(騎藝)의 여섯 가지 종류인 기창(騎槍), 마상월도(馬上月刀), 마상쌍검(馬上雙劍), 마상편곤(馬上鞭棍), 격구(擊毬), 마상재(馬上才)를 더한 것. 이십사반 무예.

무ː오(戊午)**명** 육십갑자의 쉰다섯째.

무ː오^날말(戊午-)[-랄]**명** 음력 시월의 무오일(戊午日)을 이르는 말. 〔이날 붉은팥떡을 만들어 마구(馬廐)에 고사하거나, 무시루떡을 하여 집 안 고사를 지냄.〕

무ː오-사화(戊午士禍·戊午史禍)**명** 조선 연산군 4(1498)년에, 유자광(柳子光) 등의 훈구파(勳舊派)가 김종직(金宗直)을 중심으로 한 사림파(士林派)에 대해 일으킨 사화.

무ː오-연행록(戊午燕行錄)[-녹]**명** 조선 정조 때, 서유문(徐有聞)이 청(淸)나라에 다녀와서 지은 한글 기행문. 전 6권.

무ː옥(誣獄)**명** 죄 없는 사람을 무고(誣告)하여 일으킨 옥사(獄事).

무외(無畏)[-외/-웨]**명** ①두려움이 없음. ②부처나 보살이 대중에게 설법할 때, 태연하여 두려움이 없음.

무외-시(無畏施)[-외-/-웨-]**명** 불교에서 이르는, 삼시(三施)의 하나. 두려움을 없애어 주는 일. 〔병자나 외로운 이를 위로하는 일 따위.〕

무욕(無慾)**'**무욕하다**'**의 어근.

무욕-하다(無慾-)[-요카-]**형여** 욕심이 없다.

무ː용(武勇)**명** ①무예와 용맹. ②싸움에서 용맹스러움이 있음. ¶무용을 떨치다.

무용(無用)**명하형** ①소용이 없음. 쓸데없음. ¶무용한 물건들을 모두 버리다. ↔유용(有用). ②볼일이 없음.

무ː용(舞踊)**명하자** 음악에 맞추어 몸을 움직이어 감정과 의지를 나타내는 예술. 춤¹.

무ː용-가(舞踊家)**명** 춤을 잘 추는 사람이나 무용을 연구하는 사람.

무ː용-극(舞踊劇)**명** 무용을 주로 하여 구성된 연극.

무ː용-단(舞踊團)**명** 무용하는 사람으로 이루어진 단체.

무ː용-담(武勇談)**명** 싸움에서 용맹을 떨치고 무공(武功)을 세운 이야기. ¶무용담을 늘어놓다.

무ː용-수(舞踊手)**명** (무용단이나 극단 따위에서) 춤추는 역할만을 맡아서 하는 사람.

무용-장물(無用長物)**명** 있어도 아무 쓸모가 없고, 도리어 처치거리기만 하는 물건. ¶화려한 경력이 무용장물이 되다.

무용지물(無用之物)**명** 아무짝에도 쓸데없는 물건 또는 사람.

무우명 '무²'의 잘못.

무우(無憂)**'**무우하다**'**의 어근.

무ː우(霧雨)**명** 는개.

무우다타 (옛) 움직이게 하다. 흔들다. ¶元良을 무우리라(龍歌71章). **활**뮈우다.

무우-석(無隅石)**명** ☞뭉우리돌.

무우-수(無憂樹)**명** 〔'근심이 없는 나무'라는 뜻으로〕 마야 부인이 그 밑에서 석가를 순산했다는 나무. 콩과의 상록 교목으로, 본디의 이름은 아소카(Asoka).

무ː우-제(舞雩祭)**명** '기우제(祈雨祭)'를 예스럽게 이르는 말.

무우-하다(無憂-)**형여** 근심이 없다.

무ː운(武運)**명** ①전쟁의 승패에 관한 운수. ¶무운을 점치다. ②무인(武人)으로서의 운. ¶무운을 빌다.

무운-시(無韻詩)**명** 〔영시(英詩)에서〕 압운(押韻)이 없는, 곧 리듬의 제약을 받지 않는 시. 〔산문시의 모체(母體)라고 함.〕

무원(無援)**명하형** 아무런 원조가 없음.

무-원칙(無原則)**명하형** 원칙이 없음. ¶무원칙한 인사 발령.

무ː위(武威)**명** 무력의 위엄(위세). ¶무위를 떨치다.

무위(無位)**명하형** 일정한 직위가 없음. 무관(無冠).

무위(無爲)**명** ①하형아무것도 하는 일이 없음. ②목표한 바를 이루지 못함. ¶우리 팀의 마지막 공격은 무위로 끝나고 말았다. ③사람의 지혜나 힘을 더하지 아니함. ④불교에서, 현상을 초월하여 상주(常住) 불변하는 존재를 이르는 말.

무위(無違)**'**무위하다**'**의 어근.

무ː위(撫慰)**명하타** 어루만져 위로함.

무위-도식(無爲徒食)**명하자** 하는 일이 없고 먹고 놀기만 함. 유수도식(遊手徒食). ¶무위도식하며 지내다.

무위-무능(無爲無能)**명** 하는 일도 없고 일할 능력도 없음.

무위-무책(無爲無策)**명하자** 하는 일도 없고 해볼 만한 방책도 없음.

무위-법(無爲法)[-뻡]圈 불교에서, 인과 관계를 떠나 생멸(生滅) 변화함이 없는 참된 법을 이르는 말. 멸법(滅法).

무위이화(無爲而化)圈 ①하재 애써 공들이지 않아도 스스로 잘 이루어짐. [‘논어’의 ‘위령공편’에 나오는 말.] ②하재 노자(老子)의 사상으로, 성인의 덕이 클수록 백성들이 스스로 잘 감화되는 일. ③천도교에서, 한울님의 전지전능으로 이룬 자존 자율(自存自律)의 우주 법칙을 이르는 말.

무위-자연(無爲自然)圈 ①자연에 맡겨 부질없는 행위를 하지 않음. ②사람의 힘이 더해지지 않은 본디 그대로의 자연.

무위-하다(無違-)[형][여] 어김이 없다.

무:-(撫育)圈 (윗사람이 아랫사람을) 잘 보살펴 기름. 무양(撫養).

무:-음(茂蔭)圈 무성한 나무의 그늘.

무:음(誣淫) ‘무음하다’의 어근.

무:음-하다(誣淫-)[형][여] 거짓이 많고 아주 음탕하다. 무음-히[무].

무의-무신(無義無信)[-의-/-이-]圈[하형] 의리가 없고 신용도 없음.

무의-무탁(無依無托)[-의-/-이-]圈[하형] 몸을 의탁할 곳이 없음. 곧, 살기가 어렵고 외로운 처지를 이름. ㉣무의탁.

무-의미(無意味)[-의-/-이-]圈[하형] ①아무 뜻이 없음. 무의미한 말. ②아무런 가치나 의의가 없음. ¶그런 일을 겪고 보니 부귀나 명예도 허망하고 무의미하게 느껴진다.

무의-범(無意犯)[-의-/-이-]圈 ☞과실범.

무-의식(無意識)[-의-/-이-]圈 ①[하형] 의식이 없음. ②일상(日常)의 정신에 영향을 끼치고 있는 마음의 심층(深層), 곧 꿈이나 최면 따위가 아니고는 의식되지 않는 상태. 잠재의식(潛在意識). ¶무의식의 세계.

무의식-적(無意識的)[-의-쩍/-이-쩍]圈[관] 스스로 의식함이 없이 하는 (것). ¶무의식적 행동. /무의식적인 말. ↔의식적.

무의의-하다(無意義-) ‘무의의하다’의 어근.

무의의-하다(無意義-)[-의의-/-이이-][형][여] 아무런 의의가 없다.

무의^주:의(無意注意)[-의-의/-이-이-]圈 대상으로부터 수동적으로 받아들여 하게 되는 주의. 강한 자극이나 흥미에 의하여 일어나는 현상의 하나임. ↔유의 주의(有意注意).

무-의지(無意志)[-의-/-이-]圈 ①[하형] 의지가 없음. ②의지의 장애로 어떤 행위가 불가능하게 되어 명해진 상태. [정신병이나 신경증 환자에게서 볼 수 있음.]

무의-촌(無醫村)[-의-/-이-]圈 의사나 의료 시설이 전혀 없는 마을.

무-의탁(無依託)[-의-/-이-]圈 <무의무탁>의 준말. ¶무의탁 노인.

무이(無二) ‘무이하다’의 어근.

무이(無異)圈 다를 것이 없이 마찬가지로.

무이다재 ‘미다’의 잘못.

무:-이자(無利子)圈 이자가 없음. ¶무이자 할부 판매.

무이-하다(無二-)[형][여] 둘도 없다. 다시없다.

무익(無益) ‘무익하다’의 어근.

무익-하다(無益-)[-이카-][형][여] 이로움이 없다. ¶이제 무익한 싸움은 그만둡시다.

무-인(戊寅)圈 육십갑자의 열다섯째.

무:-인(武人)圈 ①무예를 닦은 사람. ¶무인 정신. ②지난날, 무관직(武官職)에 있는 사람’을 달리 일컫던 말. ↔문인(文人).

무:-인(拇印)圈 ☞손도장.

무인(無人)圈 ①사람이 없거나 살지 않음. ¶무인 절도(絕島). ②일손이 모자람. ③(탈것이나 기계 따위에서) 운전하거나 작동하는 사람이 없음을 이르는 말. ¶무인 우주선. /무인 판매점. ④↔유인(有人).

무인-궁도(無人窮途)圈 사람이 살지 않는 외딴 곳.

무인-도(無人島)圈 사람이 살지 않는 섬.

무:인-석(武人石)圈 ☞무석인.

무인^증권(無因證券)[-꿘]圈 ☞불요인 증권(不要因證券).

무인지경(無人之境)圈 ①사람이 없는 지역. ②아무것도 거칠 것이 없는 판.

무:-(戊辰)圈 일진(日辰)의 천간(天干)이 무(戊)로 된 날. [무술일(戊戌日)·무오일(戊午日)·무인일(戊寅日) 따위.]

무일-가관(無一可觀)圈[하형] 어느 것 한 가지도 볼 만한 것이 없음.

무일-가취(無一可取)圈[하형] 취하거나 쓰일 만한 것이 하나도 없음.

무-일물(無一物)圈 아무것도 가진 것이 없음.

무일불성(無一不成)[-썽]圈[하형] 한 가지도 되지 않는 일이 없음.

무일불위(無一不爲)圈[하형] 하지 않는 날이 없음.

무-일푼(無一-)圈 (가진 돈이) 한 푼도 없음. ¶아버지께서는 무일푼으로 상경해 자수성가하였다.

무임(無賃)圈 삯돈을 내지 않음.

무임-소(無任所)圈 공통적인 직책 이외에는 맡겨진 임무가 없음. ¶무임소 장관.

무임-승차(無賃乘車)圈[하재타] 찻삯을 내지 아니하고 차를 타는 일.

무:-자(戊子)圈 육십갑자의 스물다섯째.

무:-자(巫子)圈 ☞무당.

무:자(無子)圈[하형] ①아들이 없음. ②<무자식(無子息)>의 준말.

무-자격(無資格)圈[하형] (일부 명사 앞에 쓰이어) 자격이 없음. ¶무자격 운전자. ↔유자격.

무자료^거:래(無資料去來)圈 세금을 내지 않으려고 거래 내역을 속이거나 계산서를 발행하지 않는 행위.

무-자리圈 후삼국과 고려 시대에, 떠돌아다니며 사냥을 하거나 고리를 결어 팔던 무리. 수척(水尺). 양수척(揚水尺).

무자맥-질[-찔]圈[하재] 물속에 들어가서 팔다리를 놀리며 떴다 잠겼다 하는 짓. 함영(涵泳). ㉣자맥질.

무-자본(無資本)圈[하형] 밑천이 없음. ¶무자본 사업.

무자비(無慈悲) ‘무자비하다’의 어근.

무자비-하다(無慈悲-)[형][여] [자비심이 없다는 뜻으로] 사정없이 냉혹하다. ¶무자비한 학살.

무-자식(無子息)圈[하형] 자녀가 없음. ㉣무자(無子).

무자식 상팔자(上八字)[속담] 자식 없는 것이 도리어 걱정이 없어 마음이 편하다는 말.

무-자위圈 물을 높은 데로 자아올리는 데 쓰는 농기구. 양수기(揚水機).

무자치圈 뱀과의 파충류. 길이 1m가량. 적갈색 바탕에 흑색 가로줄이 벳 있으며, 머리에 ‘V’ 자 모양의 흑갈색 얼룩무늬가 있는, 독이 없는 뱀.

무작-스럽다[-쓰-따][~스러우니·~스러워]웹旦 무작한 태도가 있다. ¶주먹질을 무작스럽게 한다. 무작스레屆.

무-작위(無作爲)閔 (자기 생각을 떠나) 우연에 맡겨 해 보는 일. ¶무작위 추출(抽出).

무작위^추출법(無作爲抽出法)[-뻡]閔 ☞임의 추출법(任意抽出法).

무-작정(無酌定)[-쩡]閔혭 ①작정함이 없음. ¶무작정으로 시작해 놓고 본다. ②좋고 나쁜 고를 헤아림이 없음. ¶무작정으로 나무라기만 한다. ③[부사적 용법] 무턱대고. 덮어놓고. ¶무작정 상경(上京)하다. /무작정 내닫다.

무작-하다[-자카-]혭어 무지하고 우악하다. ¶몹시 무작한다.

무잡(蕪雜) '무잡하다'의 어근.

무:잡-하다(蕪雜-)[-자파-]혭어 사물이 되는 대로 뒤섞여서 어수선하다. ¶문장이 무잡하다.
무잡-히屆.

무장閔 〈목무장〉의 준말.

무장²屆 갈수록 더. ¶사태는 무장 어려워진다.

무-장(-醬)閔 메주를 연한 소금물에 담가 익힌 다음 달이지 않고 그냥 먹는 장. 국물은 떠 먹고, 찌끼는 무장찌개를 끓여 먹음. 담수장.

무:장(武將)閔 무장(武帥). 군대의 장군.

무:장(武裝)閔혭자(되자) ①전쟁이나 전투를 위한 장비를 갖춤, 또는 그 장비나 차림새. ¶무장 군인. /최신 무기로 무장한 군대. ②필요한 사상이나 기술 따위를 '단단히 갖춤'을 비유하여 이르는 말. ¶정신 무장.

무:장-간첩(武裝間諜)閔 전투에 필요한 장비를 갖춘 간첩.

무장-공자(無腸公子)閔 〔창자가 없는 공자라는 뜻으로〕 ①'담력이나 기력이 없는 사람'을 얕잡아 이르는 말. ②'게'를 달리 이르는 말.

무장무애(無障無礙)閔혭 아무런 장애가 없음. 아무 거리낌이 없음.

무장지졸(無將之卒)閔 ①장수가 없는 군사. ②주장할 사람이 없는 무리.

무장-찌개(-醬-)閔 무장에 소고기, 파, 무와 북어를 넣고 끓인 것.

무:장^해:제(武裝解除)閔 ①(항복하거나 중립국으로 망명해 온 군대의) 무장을 강제로 몰수하는 일. ②(비무장 지대로 만들기 위하여) 일정한 지역의 군사적 주둔이나 시설을 철거하는 일.

무재(無才)閔혭 재주가 없음.

무재-무능(無才無能)閔혭 아무 재능이 없음. 재주도 능력도 없음.

무재-인(無才人)閔 재주가 없는 사람.

무저-갱(無底坑)閔 기독교에서, 악마가 벌을 받아 떨어진다는 '밑바닥 없는 구렁텅이'를 이르는 말.

무-저울閔 미성(尾星)의 끝에 나란히 있는 두 개의 별. 〔이 두 별이 나란히 있으면, 그해에는 비가 알맞게 내린다고 함.〕

무-저항(無抵抗)閔 저항하지 않음.

무저항-주의(無抵抗主義)[-의/-이]閔 정치적 압박에 대하여 비폭력으로 저항하는 주의. 러시아의 톨스토이와 인도의 간디 등이 주창했음. 참간디즘.

무적(無敵)閔〈옛〉무더기. ¶누니 핏무적 곤고 톱과 엄괘 놀갑고(釋譜6:33).

무적(無敵)閔혭 대적할 상대가 없을 정도로 아주 셈. ¶무적의 함대.

무적(無籍)閔혭 호적이나 국적이 없음.

무:적(霧笛)閔 (등대나 배 따위에서) 안개를 조심하라고 부는 고동.

무적-함대(無敵艦隊)[-저캄-]閔 대적할 상대가 없을 정도로 강한 함대.

무전閔 자전거의 한 가지. 앞바퀴에는 손으로 누르는 브레이크가 있고 뒷바퀴에는 페달을 반대 방향으로 밟아 정거하게 하는 장치가 있음.

무전(無電)閔 〈무선 전신〉·〈무선 전화〉의 준말.

무전-기(無電機)閔 무선 전신 또는 무선 전화용 기계.

무전-여행(無錢旅行)[-녀-]閔 여비 없이 하는 여행. ¶빈몸으로 무전여행을 떠나다.

무전-취식(無錢取食)閔혭자 음식 값을 낼 돈도 없이 남이 파는 음식을 청해서 먹는 일.

무-절제(無節制)[-쩨]閔혭 절제함이 없음. ¶무절제한 생활.

무정(無情) '무정하다'의 어근.

무-정견(無定見)閔혭 일정한 주견(主見)이 없음. ¶무정견한 정책.

무-정란(無精卵)[-난]閔 수정되지 않은 알. 부화하지 않을 홀알. ↔수정란(受精卵).

무정^명사(無情名詞)閔 식물이나 무생물을 가리키는 명사. 〔나무·풀·돌·바람 따위.〕↔유정 명사(有情名詞).

무정-물(無情物)閔 감각성이 없는 물건. 〔광물이나 식물의 일부.〕

무-정부(無政府)閔 ①정부가 없음. ②정치적으로 무질서한 상태에 있음. ¶무정부 상태의 혼란을 겪다.

무정부-주의(無政府主義)[-의/-이]閔 정치 권력이나 지배에 의한 지배를 부정하고, 절대적 자유가 보장되는 사회를 이상으로 삼는 극단적인 정치 사상. 아나키즘(anarchism).

무정부주의-자(無政府主義者)[-의/-이-]閔 무정부주의를 믿고 받드는 사람. 아나키스트.

무정-세월(無情歲月)閔 덧없이 흘러가는 세월.

무정수(無定數) '무정수하다'의 어근.

무정수-하다(無定數-)혭어 일정한 수효가 없다.

무정-스럽다(無情-)[-따][~스러우니·~스러워]혭旦 정이 없는 느낌이 있다. ¶부탁을 무정스럽게 거절하다. 참매정스럽다. 무정스레屆.

무:-정승(武政丞)閔 조선 시대에, 무인(武人) 출신의 정승을 이르던 말.

무-정위(無定位)閔혭 일정한 방위가 없음.

무정위-침(無定位針)閔 극(極)의 강도(强度)가 서로 같은 두 개의 자침(磁針)을 나란히 같은 축(軸)의 위아래에 달아 극이 반대가 되게 한 기구. 두 극이 서로 같은 힘으로 어울리므로 지구 자기의 작용을 받지 않아 자침이 어떤 방향으로든 놓이게 되어 있음.

무정자-증(無精子症)[-쯩]閔 정액 속에 전혀 정자가 없는 병적 상태. 불임의 원인이 됨.

무정-하다(無情-)혭어 ①인정이나 사랑이나 동정심이 없다. ¶무정한 사람. ②남의 사정이나 형편에 아랑곳없다. ¶무정한 세월. 무정-히屆.

무정형^물질(無定形物質)[-쩔]閔 원자 또는 분자가 규칙적으로 나란히 되어 있지 아니한 고체. 〔유리나 고무·수지(樹脂) 따위.〕

무정형^탄:소(無定形炭素)閔 결정(結晶)을 이루고 있지 않은 꼴의 탄소. 비결정성의 탄소. 〔석탄이나 목탄·유연(油煙) 따위.〕

무-젖다[-젇따]자 ①물에 젖다. ②어떤 환경이나 상황 따위가 몸에 배다. ¶속세에 무젖은 때를 씻어 내다.

무제(無際)[명][하형] 끝이(다함이) 없음. 무애(無涯). ¶일망(一望)무제.

무제(無題)[명] ①제목이 없음. ②예술 작품에서 '일정한 제목이 없음'의 뜻으로 어떤 제목이나 작품 이름으로 대신 쓰는 말.

무제약-자(無制約者)[-짜][명] 철학에서, 스스로 존재하여 다른 아무것에도 제약받지 않는 것, 곧 절대적인 것을 이르는 말.

무-제한(無制限)[명][하형] 제한이나 한도가 없음. ¶무제한의 능력.

무제한-급(無制限級)[-끔][명] 체중에 제한을 두지 않는 체급.

무제한^법화(無制限法貨)[-버콰] 법률상 금액에 제한이 없이 통용되는 법정 화폐. 〔금화(金貨)나 중앙은행 발행의 은행권 따위.〕

무-조건(無條件)[-껀] Ⅰ[명][하형] 아무 조건이 없음.
Ⅱ[부] 조건 없이. 덮어놓고. ¶무엇이든 무조건 줄 수는 없다.

무조건^반:사(無條件反射)[-껀-][명] 동물이 가지고 있는 선천적인 반사. 〔빵을 씹으면 침이 분비되는 따위.〕 ↔조건 반사.

무조건-적(無條件的)[-껀-][관][명] 아무 조건도 없는 (것). ¶무조건적 지지. /무조건적인 합복.

무조건^항복(無條件降伏)[-껀-][명] 모든 군사력을 버리고 전승국(戰勝國)의 요구대로 따르기로 하는 항복.

무족(無足)[명] ☞무지기.

무존장(無尊丈) '무존장하다'의 어근.

무존장-하다(無尊丈-)[형여] 어른에게 대하는 태도가 버릇이 없다.

무좀[명] 주로 발가락 사이 또는 발바닥에 물집이 생기거나 살갗이 갈라지거나 하는 피부병의 한 가지.

무-종아리[명] 장딴지와 발뒤꿈치의 사이.

무죄(無罪)[-죄/-줴][명][하형] ①잘못이나 죄가 없음. ¶무죄한 양민을 학살하다. ②재판상 죄가 되지 아니하거나 범죄의 증명이 없음, 또는 그 판결. ¶무죄 석방. ↔유죄.

무주(無主)[명][하형] 임자가 없음.

무주-고총(無主古塚)[명] 자손이나 돌보는 이 없는 옛 무덤.

무주-고혼(無主孤魂)[명] 제사를 지낼 자손이 없어 떠돌아다니는 외로운 혼령.

무주-공산(無主空山)[명] ①인가도 인기척도 전혀 없는 쓸쓸한 산. ②임자 없는 산.

무주-공처(無主空處)[명] 임자 없는 빈 곳.

무-주의(無主義)[-의/-이][명][하형] 어떠한 주의도 없음.

무주장(無主掌) '무주장하다'의 어근.

무주장-하다(無主掌-)[형여] (모임 따위에서) 주장이 되어 일을 맡아보는 사람이 없다.

무주-총(無主塚)[명] ☞무연분묘(無緣墳墓).

무:-죽다[-따][형] 야무진 맛이 없다.

무-중력(無重力)[-녁][명] 중력이 없는 것.

무중력^상태(無重力狀態)[-녁쌍-][명] 중력을 느끼지 않는 상태.

무지[명] 한 섬이 완전하게 못 차는 곡식.

무:지(拇指)[명] 엄지손가락.

무지(無地)[명] 전체가 한 가지 빛깔로 무늬가 없음, 또는 그런 옷감.

무지(無知)[명][하형][스형] ①아는 바나 지식이 없음. ¶그의 소행은 무지의 탓이다. ②하는 짓이 어리석고 우악함. ¶무지하게 굴다. **무지스레** [부].

무지(無智) Ⅰ[명][하형] 지혜가 없음. 꾀가 없음.

Ⅱ[부][하형] 보통보다 훨씬 정도에 지나치게. ¶돈을 무지 벌다. /날씨가 무지하게 춥다.

무-지각(無知覺)[명][하형] 지각이 없음. 몰지각.

무지개[명] 비가 그쳤을 때, 태양의 반대쪽 하늘에 반원 모양으로 나타나는 일곱 가지 빛의 줄. 공중에 떠 있는 물방울에 햇볕이 굴절 반사된 현상임. 채홍(彩虹). 홍예(虹霓). ☞천궁(天弓).

무지갯-빛[-깯삗/-갣삗][명] 무지개의 일곱 가지 빛깔, 또는 그러한 빛깔. ¶진주가 무지갯빛으로 빛난다. *무지갯빛이[-깯치/-갣삐치]·무지갯빛만[-깯삗/-갣삗].

무지근-하다[형여] ①뒤가 잘 나오지 않아 기분이 무겁다. ¶아랫배가 무지근하다. ②머리나 가슴이 무엇에 눌리는 듯이 무겁다. ㈜무직하다. **무지근-히**[부].

무지기[명] 조선 시대에, 상류층 여인들이 예장할 때 입었던 속치마의 한 가지. 모시 12폭으로 만드는데, 홀수(3, 5, 7) 층층으로 길이와 빛깔을 달리한 여러 빛깔이 어울려 무지갯빛을 이룸. 무족(無足).

무지러-지다[자] 물건의 끝이 몹시 닳거나 잘라져 없어지다. ¶오래 써서 비가 무지러지다. ㈜모지라지다.

무지렁이[명] ①헐었거나 무지러져서 못 쓰게 된 물건. ②'무식하고 어리석은 사람'을 얕잡아 이르는 말. ¶시골 무지렁이.

무지르다[무지르니·무질러][타] ①물건의 한 부분을 잘라 버리다. ②중간을 끊어 두 동강을 내다.

무지막지(無知莫知) '무지막지하다'의 어근.

무지막지-하다(無知莫知-)[-찌][형여] 하는 짓이 매우 무지하고 상스럽다. ¶무지막지한 무뢰한.

무지-몰각(無知沒覺)[명][하형] 상식이나 깨달아 아는 바가 없음. ㈜몰각.

무지-몽매(無知蒙昧)[명][하형] 아는 것이 없고 사리에 어두움. ¶무지몽매한 원주민.

무지-무지(無知無知)[부][하형] 놀랄 만큼 엄청나거나 대단히. ¶무지무지 덥다. /무지무지하게 힘이 센 사람.

무직(無職)[명][하형] 일정한 직업이 없음.

무직-자(無職者)[-짜][명] 일정한 직업이 없는 사람.

무직-하다[-지카-][형여] 〈무지근하다〉의 준말.

무:진(戊辰)[명] 육십갑자의 다섯째.

무진(無盡)Ⅰ[명][하형] ①다함이 없음. 한량이 없음. ¶재산이 무진으로 많다. ②〈무궁무진(無窮無盡)〉의 준말. ③〔부사적 용법〕 다함이 없이. 한량이 없이. ¶무진 애쓰다.

무진(無盡)²[명] '상호 신용계(相互信用契)'의 구용어.

무진-동(-銅)[명] 황화철이 50% 이상 함유된 구리.

무:-진딧물[-딘-][명] 진딧물과의 곤충. 몸길이 2mm가량. 몸빛은 짙은 황록색인데 날개는 투명함. 무:배추 따위를 해침.

무진-무궁(無盡無窮)[명][하형] ☞무궁무진.

무진-장(無盡藏)[명][하형] ①다함이 없이 많음. ¶백사장에는 하얀 모래가 무진장으로 깔려 있었다. ②불교에서, 덕이 넓어 끝이 없음. 닦고 닦아도 끝이 없는 법의(法義). ③〔부사적 용법〕 끝없이 많이. ¶할 말이 무진장 많다.

무질다[무지니·무질어][형] 끝이 무지러져 뭉뚝하다.

무질리다[困] 〖'무지르다'의 피동〗 무지름을 당하다.

무-질서(無秩序) [-써] 圓퉰 질서가 없음. ¶무질서한 거리.

무-집게[-께] 圓 물건을 물리는 데 쓰는, 집게처럼 생긴 연장.

무:-짠지圓 무를 통으로 짜게 절여 담근 김치.

무쩍圓 있는 대로 한꺼번에 몰아서. ㉜모짝.

무쩍-무쩍[-쩡-]圓 ①한쪽에서부터 차례로 모조리 뽑아 버리는 모양. ②한쪽에서부터 차차 잘라 먹거나 처리하는 모양. ㉜모짝모짝.

무:쪽-같다[-같따]휑 사람의 생김새가 몹시 못나다. 〔흔히, 여자를 두고 이름.〕 **무쪽같-이**圓 ¶얼굴은 무쪽같이 생겼지만 마음씨는 비단결처럼 곱다.

무찌르다[-찌르니·-찔러]타르 ①적을 쳐서 없애다. ¶침략군을 무찌르다. ②닥치는 대로 죽이다.

무찔리다[困] 〖'무찌르다'의 피동〗 무찌름을 당하다.

무-차별(無差別)圓퉰 차별이 없음. ¶무차별 폭격을 가하다.

무-착륙(無着陸) [-창뉵]圓耏 항공기가 목적지에 닿을 때까지 한 번도 착륙하지 않음. ¶태평양 횡단 무착륙 비행.

무참(無慘) '무참(無慘)하다'의 어근.

무참(無慙·無慚) '무참(無慙·無慚)하다'의 어근.

무참-스럽다(無慘-) [-따]〔-스러우니·-스러워〕휑 무참한 느낌이 있다. **무참스레**圓.

무참-하다(無慘-)휑여 더없이 참혹하다. ¶무참한 최후. **무참-히**圓 무참히 죽다.

무참-하다(無慙·無慚-)휑여 매우 부끄럽다. ¶실수를 한 그의 무참한 얼굴. **무참-히**圓.

무:-채圓 채칼로 치거나 칼로 가늘게 썬 무, 또는 그것을 무친 반찬.

무채-색(無彩色)圓 명도(明度)의 차이는 있으나 색상(色相)과 순도(純度)가 없는 색. 〔흰색·회색·검정색 따위.〕↔유채색.

무책(無策)圓퉰 계책이 없음. ¶무책이 상책이다.

무-책임(無責任)圓퉰 ①책임이 없음. ②책임 관념이 없음. ¶무책임하게 굴다.

무책임^행위(無責任行爲)圓 법률상 아무런 책임이 없는 행위.

무처-가고(無處可考)圓퉰 상고(詳考)하여 볼 만한 곳이 없음.

무처부당(無處不當)圓퉰 무슨 일에든지 감당해 내지 못할 것이 없음.

무척圓 다른 것보다 훨씬. (보통 상태보다) 대단히. ¶무척 착한 사람. /외할아버지께서는 너를 무척 사랑하셨다.

무:-척(舞尺)圓 궁중에서 춤을 추던 남자.

무척추-동물(無脊椎動物)圓 등뼈 없는 동물을 통틀어 이르는 말. 진화 정도가 매우 낮고 원시적이며 대개 하등 동물임. 〔곤충류·거미류·지렁이 따위.〕 민중뼈동물.

무:-천(舞天·儛天)圓 예맥(濊貊)의 제천 의식(祭天儀式)의 하나로, 해마다 10월에 하늘에 제사를 지내던 일. 동맹(東盟)·영고(迎鼓).

무:-청圓 무의 잎과 잎줄기.

무체-물(無體物)圓 법률에서, 전기·열·소리·빛 따위와 같이, 유형적인 존재를 가지지 않는 것을 이르는 말. ↔유체물.

무체^재산권(無體財産權) [-꿘]圓 무형(無形)의 재산적 이익을 배타적으로 지배할 수 있는 권리, 곧 인간의 정신적 산출물을 대상으로 하는 권리를 통틀어 이르는 말. 〔공업 소유권과 저작권 따위.〕

무-촉(無鏃箭) [-쩐]圓 지난날, 사구(射毬)에 쓰던 화살. 살촉이 없고 살대 끝을 솜과 무명 헝겊으로 둥글게 싸매었음.

무:-추(舞錐)圓 ⇨활비비.

무축^농가(無畜農家) [-충-]圓 (소·돼지·닭 등의) 가축을 기르지 않는 농가.

무춤圓 (놀라거나 열없는 느낌이 있을 때) 무르춤하는 태도나 모양. ¶왜 귀찮게 구느냐는 핀잔에 그만 걸음을 무춤 멈추었다.

무춤-하다困困 〈무르춤하다〉의 준말.

무취(無臭)圓퉰 냄새가 없음. ¶무색무취.

무취미(無趣味) '무취미하다'의 어근.

무취미-하다(無趣味-)휑여 취미가 없다. ㉒몰취미(沒趣味).

무치(無恥) '무치하다'의 어근.

무치다(나물 따위에) 양념을 하여 버무리어 맛을 고르다. ¶산나물을 진간장에 무쳐서 먹다.

무치-하다(無恥-)휑여 부끄러움이 없다.

무침圓 (말린 생선이나 해초·채소 따위를) 양념하여 국물 없이 무친 반찬. ¶미역무침. /시금치 무침.

무:크(mook)圓 부정기 간행물로, 단행본과 잡지의 성격을 아울러 가진 책. 〔'magazine(잡지)'과 'book(단행본)'을 합친 조어(造語).〕

무타(無他)圓 다른 까닭이 아님.

무탈(無頉) '무탈하다'의 어근.

무탈-하다(無頉-)휑여 ①병이나 변고가 없다. ¶그동안 무탈하냐? ②까다롭거나 스스럼이 없다. ¶무탈한 사이. ③탈을 잡힐 데가 없다. ¶무탈한 행동이었으므로 별문제 없을 것이다.

무턱-대고[-때-]圓 ①일의 정당한 까닭이나 요량이 없이 마구. ¶그저 서양 것이라면 무턱대고 다 좋다는 사람들.

무텅이圓 거친 땅에 논밭을 일구어 곡식(穀食)을 심는 일.

무-테(無-)圓 테가 없음, 또는 그러한 물건.

무테-안경(無-眼鏡)圓 테가 없이 렌즈에 바로 안경다리가 연결된 안경.

무통^분만(無痛分娩)圓 (마취나 정신 요법으로) 산모가 진통을 느끼지 않고 아이를 낳는 일.

무퇴(無退)圓 [-퇴/-퉤]圓 물러남이 없음. 물러서지 아니함. ¶임전(臨戰)무퇴.

무-투표(無投票)圓 투표하는 일이 없음. 투표를 생략함. ¶무투표 당선.

무트로圓 한목에 많이. ¶무트로 가져가라.

무:-트림圓困 날무를 먹은 뒤에 나는, 냄새가 고약한 트림.

무판-화(無瓣花)圓 '꽃부리와 안쪽 꽃턱이 없는 꽃'을 통틀어 이르는 말.

무패(無敗)圓 한 번도 진 일이 없음. ¶무패의 전적.

무편(無片)圓 〈무편삼〉의 준말.

무편-거리(無片-)圓 한방에서, 무편으로 된 약재를 이르는 말.

무편-달이(無片-)圓 한방에서, 달여서 편으로 지을 수 없는 약재를 이르는 말.

무편무당(無偏無黨) '무편무당하다'의 어근.

무편무당-하다(無偏無黨-)휑여 어느 한쪽으로 기울거나 치우치지 아니하고 아주 공평하다. ㉒불편부당(不偏不黨).

무편-삼(無片蔘)圓 열엿 냥 한 근에 백 뿌리 이상이 달리는 아주 잔 인삼. ㉒무편.

무폐(無弊) '무폐(無弊)하다'의 어근.

무폐(蕪廢) '무폐(蕪廢)하다'의 어근.

무폐-하다(無弊-) [-폐-/-페-]**형여** 아무 폐단이 없다.

무:폐-하다(蕪廢-) [-폐-/-페-]**형여** 땅을 잘 다루지 않고 버려 두어서 거칠다.

무-폭력(無暴力) [-퐁녁]**명**[하형] 폭력을 쓰지 않음.

무-표정(無表情)[명][하형] 아무런 표정이 없음. ¶무표정한 얼굴.

무풍(無風)[명] ①바람이 없음. 기상 관측에서는 풍속이 0~0.2 m의, 연기가 곧바로 올라가는 상태를 말함. ②다른 곳의 재난이 미치지 않아 평온함.

무풍-대(無風帶)[명] 《회귀 무풍대(回歸無風帶)》의 준말.

무풍-지대(無風地帶)[명] ①바람이 불지 않는 지역. ②(재난이 미치지 않아) 평화롭고 안전한 곳.

무피-화(無被花)[명] ☞나화(裸花). ↔유피화(有被花). **참**단피화.

무-하기(無下記)[명] ①쓴 돈의 명세를 장부에 적지 않는 일. ②쓰고 남은 돈을 장부에 기재하지 않고 사사로이 쓰는 일.

무:-하다(貿-)[타여] (이익을 남겨 팔려고) 물건을 모개로 사들이다.

무하지증(無何之症) [-쯩] 한방에서, 병명을 몰라서 고칠 수 없는 병을 가리킴.

무학(無學)[명] ①배운 것이 없음. ②학교에 다닌 적이 없음. ¶마을 장년층의 반이 무학이었다. ③불교에서, 모든 번뇌를 끊어 없애어 아라한과(阿羅漢果)를 얻은 이, 곧 더 배울 것이 없는 지위.

무한(無限)[명][하형] 한이 없음. ¶무한한 가능성. /무한한 감사를 드립니다. ↔유한(有限). **무한-히**[부] 무한히 애를 쓰다.

무한-경(無限景)[명] 더할 수 없이 좋은 경치. ¶자라, 산천의 무한경을 사랑하고, 벽계(碧溪)를 따라 올라가며…〔鼈主簿傳〕

무한-궤도(無限軌道)[명] 앞뒤 차바퀴의 둘레를 긴 고리 모양의 벨트로 이어 걸어 놓은 장치. 〔탱크나 트랙터 따위에 이용됨.〕

무한-급수(無限級數) [-쑤]**명** 항(項)의 수에 한정이 없는 급수. ↔유한 급수.

무한^꽃차례(無限-次例) [-꼳-]**명** ☞무한 화서(無限花序). ↔유한 꽃차례.

무한년(無限年) '무한년하다'의 어근.

무한년-하다(無限年-)[형여] 햇수에 제한이 없다.

무한-대(無限大)[명] ①[하형] 한없이 큼. ¶질량이 무한대로 증가하다. ②수학에서, 변수(變數)의 절댓값을 한없이 크게 할 경우의 그 변수. 부호는 'x(변수)→∞'. ↔무한소.

무-한량(無限量) [-할-]**명**[하형] 한량이 없음. 끝없이 많은 양. 무량(無量).

무한-소(無限小)[명] ①[하형] 한없이 작음. ②수학에서, 극한값이 한없이 0에 가까워지는 변수. 부호는 'x(변수)→0'. ↔무한대(無限大).

무한^소:수(無限小數)[명] 수학에서, 소수점 이하가 한없이 계속되는 소수. 〔원주율이나 순환 소수 따위가 있음.〕

무-한정(無限定)[명][하형] 한정이 없음. ¶돈이 무한정으로 들어가다. /무한정 기다리다. /무한정하고 잠아 두다.

무한^직선(無限直線) [-썬]**명** (길이에 한정이 있는 유한 직선에 대하여) 한없이 뻗어 나간 직선. ↔유한 직선(有限直線).

무한^책임(無限責任)[명] 채무자가 자기의 전 재산까지도 들여서 갚아야 하는 법적 책임. ↔유한 책임(有限責任).

무한^책임^사원(無限責任社員)[명] 회사 재산으로 회사 채무를 변제할 수 없는 경우, 회사 채권자에 대하여 연대로 무한 책임을 지는 사원. ↔유한 책임 사원.

무한^화서(無限花序)[명] 꽃차례의 한 가지. 가장자리나 아래에 있는 꽃부터 피기 시작하는 꽃차례. 무한 꽃차례. ↔유한 화서.

무:함(誣陷)[명][하타][되자] 없는 사실을 꾸며 남을 함정에 빠뜨림.

무-항산(無恒產)[명][하형] 일정한 생업(生業)이나 재산이 없음.

무-항심(無恒心)[명][하형] 늘 변함없이 지니고 있어야 할 올바른 마음이 없음.

무해(無害)[명][하형] 해가 없음. ↔유해.

무해-무득(無害無得)[명] 해로움도 이로움도 없음. **비**무득무실(無得無失).

무-허가(無許可)[명] 허가가 없음. ¶무허가 건물. /무허가 영업.

무-현관(無顯官)[명][하형] (조상 가운데) 높은 관직에 있었던 이가 없음.

무혈(無血)[명] 피를 흘리지 않음, 또는 싸우지 아니함. ¶무혈 수술. /무혈 점령.

무혈-복(無穴鰒)[명] ①꼬챙이에 꿰지 않고 말린 큰 전복. ②과거(科擧)를 보는 데 감시를 엄하게 하여 '부정한 행위를 못하도록 하는 일'을 비유하여 이르던 말.

무혈^혁명(無血革命) [-형-]**명** 피를 흘리지 아니하고 평화스러운 수단으로 이루는 혁명.

무혐(無嫌)[명] ☞무혐의(無嫌疑).

무-혐의(無嫌疑) [-혐믜/-혐미]**명**[하형] 혐의가 없음. 무혐(無嫌). ¶무혐의로 풀려나다.

무:협(武俠)[명] 무술에 뛰어난 협객. ¶무협 소설. /무협 영화.

무:협-지(武俠誌) [-찌]**명** 협객들의 활약을 주 내용으로 하는 소설책.

무형(無形)[명][하형] 형체가 없음. 형상으로 나타나지 아니함. ↔유형(有形).

무형^고정^자산(無形固定資產)[명] 구체적인 형태를 가지고 있지 않은 자산. 〔저작권·특허권 등.〕 ↔유형 고정 자산.

무형^무:역(無形貿易)[명] (운송이나 보험 또는 해외 기업 따위) 무역 외 수지의 원천이 되는 상업 형태. ↔유형 무역.

무형-무적(無形無迹)[명][하형] 형상이나 자취가 없음. **준**무형적(無形迹).

무형^문화재(無形文化財)[명] (연극이나 음악, 공예 기술 따위) 무형의 문화적 소산으로 역사적으로나 예술적으로 가치가 큰 것. ↔유형 문화재(有形文化財).

무형-물(無形物)[명] 형체가 없이 존재하는 것. 〔바람이나 소리 따위.〕 ↔유형물.

무-형식(無形式)[명][하형] 형식이 없음. 형식이 갖추어 있지 않음.

무형-인(無形人)[명] (유형인인 자연인에 대하여) '법인(法人)'을 달리 이르는 말.

무형^자본(無形資本)[명] 무형 재산으로 된 자본. 〔기능·전매권·특허권 따위.〕 ↔유형 자본.

무형^자산(無形資產)[명] ☞무형 고정 자산. ↔유형 자산.

무형^재산(無形財產)[명] 구체적인 형태를 갖추지 아니한 재산. 〔저작권·상표권·특허권 따위.〕 ↔유형 재산.

무-형적(無形迹)**명**[하형] 〈무형무적〉의 준말.

무:화(武火)**명** 활활 세차게 타는 불. 강한 불. ↔문화(文火).

무화-과(無花果)**명** ①무화과나무의 열매. ②〈무화과나무〉의 준말.

무화과-나무(無花果一)**명** 뽕나뭇과의 낙엽 관목. 과실나무의 한 가지로 높이는 2~3m. 잎은 손바닥 모양으로 깊게 갈라져 있음. 봄부터 여름에 걸쳐 꽃이 피고, 꽃틀이 자라서 과실이 됨. [곁에서 꽃이 보이지 않으므로 무화과라고 부름.] ㉾무화과.

무환자(無患子)**명** ①무환자나무의 열매. ②〈무환자나무〉의 준말.

무환자-나무(無患子一)**명** 무환자나뭇과의 낙엽 활엽 교목. 산에 나며, 높이는 20m가량. 여름에 흰빛 또는 자줏빛 꽃이 핌. 재목은 가구재로 쓰고, 열매는 염주를 만드는 데 씀. ㉾무환자.

무회(無灰)[一회/一훼]**명** 오래 묵은 미역의 뿌리. 흑산호와 비슷하며 궐련 물부리나 장식품을 만드는 데 씀. 센 불에는 타지만 재가 없으므로 '무회'라고 이름.

무-회계(無會計)[一회계/一훼게]**명** 광산에서, 덕대가 광부에게 생활필수품을 다 주어 채광시킨 뒤, 광주(鑛主)에게 분철(分鐵)로 주고, 광부들에게는 분철에 상당하는 광석을 준 다음, 나머지는 덕대가 차지하는 일.

무회계^금점(無會計金店)[一회계一/一훼게一]**명** 무회계 방식으로 경영하는 금광. 분철 금점.

무회-주(無灰酒)[一회一/一훼一]**명** 다른 것을 섞지 아니한 전국으로 된 술.

무효(無效)**명**[하형] ①효과·효력·효험이 없음. ¶당선을 무효로 하다. ↔유효(有效). ②법률 행위가 어떤 원인으로 당사자가 의도한 효력을 나타내지 못함. ¶무효 투표.

무효-화(無效化)**명**[하자타][되자] 무효가 됨, 또는 무효가 되게 함. ¶계약을 무효화하다.

무후(無後)[하형] 대(代)를 이어 갈 자손이 없음. 무사(無嗣). [참]절손(絶孫)·절사(絶嗣).

무후-총(無後塚)**명** 자손이 없는 무덤.

무:훈(武勳)**명** ⇨무공(武功).

무훼무예(無毁無譽)**명**[하형] 헐뜯는 일도 없고 칭찬하는 일도 없음.

무휴(無休)[하형] 휴일이 없음. 쉬는 날이 없음.

무:휼(撫恤)**명**[하타] 불쌍히 여겨 위로하고 물질적으로 도와줌. ¶구휼(救恤).

무흠(無欠)'무흠하다'의 어근.

무흠-하다(無欠一)[형어] 흠이 없다.

무:희(舞姬)[一히]**명** 춤을 잘 추거나 춤추는 일을 업으로 하는 여자.

묵[명] 메밀이나 녹두·도토리 따위의 앙금을 되게 쑤어 굳힌 음식.

묵가(墨家)[一까]**명** 제자백가의 한 파. 노(魯)나라의 사상가 묵자(墨子)가 개창하였음.

묵객(墨客)[一객]**명** 글씨를 쓰거나 그림을 그리는 사람, 또는 시문에 능한 사람. ¶시인 묵객.

묵계(默契)[一계/一께]**명**[하자] 말 없는 가운데 뜻이 서로 맞음, 또는 그렇게 하여 이루어진 약속. 묵약(默約). ¶부부간에 입양에 대한 묵계가 있었다.

묵고(默考)[一꼬]**명**[하타] 말없이 생각함.

묵과(默過)[一꽈]**명**[하타] 말없이 지나쳐 버림. 알고도 모르는 체 넘겨 버림. ¶부정행위를 보고 묵과할 수는 없다.

묵극(默劇)[一끅]**명** ⇨무언극(無言劇).

묵-기도(默祈禱)[一끼一]**명**[하자] ⇨묵도(默禱).

묵낙(默諾)[一낙]**명**[하타] ①은연중에 승낙의 뜻을 나타냄. ②알고도 모르는 체하고 보아 넘김.

묵념(默念)[一념]**명**[하타] ①말없이 생각에 잠김. ②[하자] 마음속으로 빎. ¶순국선열에 대한 묵념을 올리다.

묵다[一따][자] ①(일정한 곳에서) 나그네로 날짜를 보내다. 유(留)하다. ¶여관에서 며칠 묵다. ②(일정한 기간이 지나) 오래되다. ¶묵은 때. /백년 묵은 여우. ③(논밭 따위가) 쓰이지 못하고 그냥 버려지다. ¶여러 해 묵은 비탈밭.

묵은 거지보다 햇거지가 더 어렵다[속담] 무슨 일이든 오래 한 사람이 처음 하는 사람보다 참을성이 있고 마음이 굳다는 말.

묵은 낙지 꿰듯[속담] 일이 매우 쉽다는 말.

묵은 낙지 캐듯[속담] 무슨 일을 단번에 시원히 해치우지 않고 두고두고 조금씩 한다는 말.

묵은 장 쓰듯[속담] 아끼지 않고 헤프게 쓴다는 말.

묵은 치부장[치부책][속담] [이미 쓸데없게 된 치부책이란 뜻으로] 소용없는 것이라 벌써 까맣게 잊어버린 것이라는 말.

묵-당수[一땅一]**명** 제물묵거리를 묵보다 훨씬 묽게 쑤어서 먹는 음식.

묵대(墨帶)[一때]**명** 먹물을 들인 베띠. 묵최(墨衰)의 심제인(心制人)이 띰.

묵도(默禱)[一또]**명**[하자] 소리를 내지 않고 마음속으로 기도함. 묵기도. 묵기도.

묵독(默讀)[一똑]**명**[하타] 소리를 내지 않고 읽음. 목독(目讀). ↔음독(音讀).

묵량(默諒)[一냥]**명**[하타] 말하지 않고 은연중에 양해(諒解)하여 줌.

묵례(默禮)[뭉녜]**명**[하자] 말없이 고개만 숙여 인사함, 또는 그렇게 하는 인사.

묵립(墨笠)[뭉닙]**명** 먹을 칠한 갓. 묵최(墨衰)의 심제인(心制人)이 씀.

묵묵(默默)'묵묵하다'의 어근.

묵묵부답(默默不答)[뭉一뿌一]**명**[하자] 입을 다문 채 아무 대답도 하지 않음. ¶어떤 질문에도 묵묵부답이었다.

묵묵-하다(默默一)[뭉무카一]**형어** 말없이 잠잠하다. 묵묵-히[뭐] ¶묵묵히 공부에만 열중하다.

묵-물[뭉一]**명** 묵을 쑤려고 녹두 따위를 갈아서 가라앉힌 앙금의 웃물.

묵-밭[一빧]**명** 〈묵정밭〉의 준말. *묵밭이[一빠치]·묵밭을[一빠틀]·묵밭만[一빤一]

묵비(默祕)[一삐]**명**[하타] 비밀로 하여 말하지 않음.

묵비-권(默祕權)[一삐꿘]**명** 피고나 피의자가 자기에게 불리한 진술을 거부하고 침묵할 수 있는 권리. ¶묵비권 행사.

묵사리[一싸一]**명** 연안 가까이에 밀려든 조기 떼가 알을 슬려고 머무르는 일, 또는 그때.

묵-사발(一沙鉢)[一싸一]**명** ①묵을 담은 사발. ②(심한 타격을 받고) 사물이 몹시 일그러지거나 망가진 상태를 이르는 말. ¶얼굴이 묵사발이 되다.

묵살(默殺)[一쌀]**명**[하타][되자] ①보고도 못 본 체하고 내버려 둠. ②(의견이나 제언을) 듣고도 못 들은 체하고 문제 삼지 않음. ¶그의 의견을 묵살하다.

묵상(默床)[一쌍]**명** 먹을 올려놓는 받침.

묵상(默想)[一쌍]**명**[하타] ①말없이 조용히 생각함. ¶때때로 묵상에 잠기는 것은 정신 건강에도 좋다. ②말없이 마음속으로 기도를 드림.

묵-새기다[-쎄-]쟈 (별로 하는 일 없이) 한곳에 묵으면서 세월을 보내다.

묵색(墨色)[-쌕]명 먹빛.

묵색-임리(墨色淋漓)[-쎄김니]명하형 〔붓으로 쓴 글씨나 묵화에서 먹빛이 번지르르하게 윤이 난다는 뜻으로〕'잘 쓴 글씨나 잘 그린 그림'을 높이 평할 때 쓰는 말.

묵색-창윤(墨色蒼潤)[-쌕-]명하형 (붓으로 쓴 글씨나 묵화의) 먹빛이 썩 좋음.

묵선(墨線)[-썬]명 목수가 나무를 다룰 때 쓰는 먹통의 줄, 또는 먹줄로 그은 선.

묵수(墨守)[-쑤]명하타 ①자기의 의견이나 주장을 굳게 지킴. ②전통이나 관습을 굳게 지킴. 〔주(周)나라 묵적(墨翟)이란 사람이 성(城)을 잘 지켜 초(楚)나라 군사를 물리쳤다는 고사에서 유래함.〕☞고수(固守)

묵시(默示)[-씨]명하타 ①말 없는 가운데 은연중에 자기의 의사를 나타내 보임. ②기독교에서, '계시(啓示)'를 이르는 말.

묵시(默視)[-씨]명하타 ①말없이 눈여겨봄. ②간섭하지 않고 일이 되어 가는 대로 가만히 보기만 함. ¶그의 횡포를 더는 묵시할 수 없다.

묵시-록(默示錄)[-씨-]명 ☞요한 계시록.

묵시-적(默示的)[-씨-]관명 말 없는 가운데 은연중에 자기의 의사를 나타내 보이는 (것). ¶묵시적 동의. /묵시적인 합의가 이루어지다.

묵약(默約)명하타 ☞묵계(默契).

묵어-가다자 일정한 곳에 머물러서 자고 가다. ¶우리 집에서 하룻밤 묵어가시지요.

묵언(默言)명하자 말없이 잠자코 있음.

묵연(默然)명 '묵연하다'의 어근.

묵연양구-에(默然良久-)[-냥-]부 한동안 잠잠히 있다가. 한참 말없이 있다가.

묵연-하다(默然-)형여 잠잠히 말이 없다. 묵연-히부.

묵우(默佑)명하타 말없이 도움.

묵은-닭[-닥]명 알에서 깬 지 한 해 이상 된 닭. ↔햇닭. ＊묵은닭이[-닥기]·묵은닭만[-당-]

묵은-세배(-歲拜)명하자 섣달 그믐날 저녁에 그해에 있었던 인사로 웃어른에게 드리는 절.

묵은-쌀명 해묵은 쌀. ↔햅쌀.

묵은-장군(-將軍)명 ☞묵장.

묵은-해명 (새해에 대하여) '지난해'를 이르는 말. ↔새해.

묵음(默音)명 단어 가운데 글자로는 있으나, 발음되지 않는 소리. 〔'밟다'·'삶다'·'젊다'에서의 'ㄹ' 따위.〕

묵-이명 오래 묵은 일이나 물건을 이르는 말. ¶두 해 묵이.

묵이-배명 오래 묵힐수록 맛이 나는 배의 한 가지. 딸 때에는 떫고 빡빡함.

묵인(默認)명하타되자 말 없는 가운데 승인함. 보고도 모르는 체하고 그대로 넘겨 버림. ¶잘못을 알면서도 묵인하다.

묵-장(-將)[-짱]명 장기에서, 양편이 다 '장군'인 줄 모르고 지나쳐 버린 장군. 묵은장군.

묵적(默寂)명 '묵적하다'의 어근.

묵적-하다(默寂-)[-쩌카-]형여 잠잠하고 고요하다.

묵-전(-煎)[-쩐]명 옹기떡의 한 가지. 녹말묵에 세 가지 물색을 들여 굳힌 다음, 모양 있게 썰어 달여서 기름에 지짐.

묵정-밭[-쩡빧]명 오래 묵혀 거칠어진 밭. 휴경지(休耕地). 준묵밭. ＊묵정밭이[-쩡바치]·묵정밭을[-쩡바틀]·묵정밭만[-쩡반-]

묵정-이[-쩡-]명 오래 묵은 물건.

묵존(默存)[-쫀]명하타 말없이 생각함, 또는 마음만이 어떤 곳에 가서 노닒.

묵종(默從)[-쫑]명하타 말없이 따름.

묵좌(默坐)[-좌]명하자 말없이 앉아 있음.

묵주(默珠)[-쭈]명 가톨릭에서, 묵주 기도를 드릴 때에 쓰는 성물. 구슬을 줄에 꿰고 그 끝에 십자가를 닮.

묵주^기도(默珠祈禱)[-쭈-]명 가톨릭에서, 묵주를 가지고 성모 마리아에게 드리는 기도. 묵주 신공.

묵-주머니[-쭈-]명 ①묵물을 짜는 데 쓰는 큰 주머니. ②'짓이겨서 못 쓰게 된 물건'을 비유하여 이르는 말. ③(말썽이 일어나지 않게) 잘 달래어 주물러 놓는 일.

묵주머니(를) 만들다관용 ①물건을 뭉개어 못 쓰게 만들다. ②싸움을 말리어 잘 조정(調停)하다.

묵주^신공(默珠神功)[-쭈-]명 ☞묵주 기도(默珠祈禱).

묵죽(墨竹)[-쭉]명 먹으로 그린 대나무.

묵중(默重)명 '묵중하다'의 어근.

묵중-하다(默重-)[-쭝-]형여 말이 아주 적고 몸가짐이 무겁다. ¶묵중한 태도. 묵중-히부.

묵즙(墨汁)[-쯥]명 ☞먹물.

묵즙-낭(墨汁囊)[-쯥-]명 ☞고락.

묵지(墨池)[-찌]명 ①먹물을 담는 그릇. ②벼루의 물을 담아 두는 오목하게 들어간 부분.

묵지(墨紙)[-찌]명 ☞복사지(複寫紙).

묵지-묵지[-찡-찍]명하형 낱낱이 다 묵직한 상태. ¶보따리들이 묵직묵직하다. 묵직묵직-이부.

묵직-하다[-찌카-]형여 ①(어떤 물건이) 보기보다 꽤나 무겁다. ¶등짐이 꽤 묵직하다. 좍목직하다. ②(사람됨이나 말씨가) 썩 틀지고 무게가 있다. ¶묵직한 음성. 묵직-이부.

묵척(墨尺)명 ☞먹자.

묵-철(-鐵)명 무쇠를 녹여서 만든 탄알. 주로, 새를 잡는 데 씀.

묵첩(墨帖)명 ☞서첩(書帖).

묵-청포(-淸泡)명 ☞탕평채(蕩平菜).

묵최(墨衰)[-최/-췌]명 상례(喪禮)에서, 베 직령(直領)에 묵립(墨笠)과 묵대(墨帶)를 갖추어 입은 옷. 아버지가 살아 계실 때, 돌아가신 어머니의 담제(禫祭) 뒤나 생가(生家) 부모의 소상(小祥) 뒤에 심제인(心制人)이 입음.

묵필(墨筆)명 ①먹과 붓. 필묵(筆墨). ②먹물을 찍어서 쓰는 붓.

묵향(墨香)[무캉]명 먹의 향기.

묵허(默許)[무커]명하타 말없이 허락함, 또는 그대로 보아 넘김.

묵형(墨刑)[무켱]명하타 옛날 중국에서, 이마에 자자(刺字)하던 형벌의 한 가지.

묵화(墨畫)[무콰]명 먹으로 그린 동양화. 먹그림. ¶묵화를 치다.

묵회(默會)[무뢰/무풰]명하타 묵상하는 중에 깨닫음.

묵훈(墨暈)[무훈]명 (글씨나 그림의 가장자리에) 먹물이 번진 흔적.

묵흔(墨痕)[무흔]명 먹물이 묻은 흔적.

묵-히다[무키-]타 ①〔'묵다'의 사동〕㉠제자리에 그냥 묵게 하다. ¶학비 때문에 한 해 묵히고 입학시키다. ㉡쓰지 않고 그냥 두게 하다. ¶일손이 없어 밭을 여러 해 묵히고 말았다. ②재능 따위를 활용하지 않다. ¶글재주를 묵히다.

묶다[묵따][타] ①새끼나 끄나풀로 잡아매다. ¶볏단을 묶다. /짚을 묶다. ②(마음대로 움직이지 못하게) 몸을 얽어매다. ¶죄인을 묶다. ③한군데로 모아 합치다. ¶꽐호로 묶다. /몇 권의 시집을 전집(全集)으로 묶다. ④법령 따위로 금지하거나 제한하다. ¶개발 제한 구역으로 묶다. *묶어·묶는[뭉ㅡ]

묶어-세우다[타] 여러 사람이나 조직을 통일된 체계로 만들다.

묶어-치밀다[~치미니·~치밀어][자] 한데 몰려 올라오다.

묶-음[명] ①한데 모아서 묶어 놓은 것, 또는 그 덩이. ¶꽃 묶음. ②(의존 명사적 용법) 묶어 놓은 덩이를 세는 단위. ¶좋이 한 묶음.

묶음-표(~標)[명] 다른 것과 구별하거나 위해 단어나 숫자 또는 문장의 앞뒤를 막는 부호. 〔( )·〔 〕·{ } 따위.〕 괄호(括弧). 도림.

묶-이다[자] '묶다'의 피동] 묶음을 당하다. ¶손발이 꽁꽁 묶이다.

문(文)[명] ①글. ②문장(文章). ③'무(武)'에 대하여, '문반(文班)·문관·학문·학예·문학' 등을 두루 이르는 말. ③→무(武).

문(門)¹[명] ①드나들거나 여닫도록 된 시설. 〔방문·대문·창문 따위.〕 ②'거쳐가거나 통과해야 하는 것'을 비유하여 이르는 말. ¶취업의 문이 좁다.

문(을) 닫다[관용] ①영업 시간이 다 되어 영업소나 사무실 따위의 문을 닫다. ¶문 닫을 시간이 되다. ②사업을 그만두다. 폐업하다. ¶불황으로 문을 닫다.

문(을) 열다[관용] ①하루의 영업을 시작하다. ¶저 식당은 오전 7시면 문을 연다. ②사업이나 영업 따위를 시작하다. ¶이 서점은 3년 전에 문을 열었다. ③문호를 개방하다. ④조직 따위에서, 장벽을 두지 않고 사람을 받아들이다.

문(門)²[명] 《일부 명사 뒤에 붙어》 ①동식물 분류상의 한 단계로, 강(綱)의 위, 계(界)의 아래. ②씨족을 갈라서 그 집안을 가리키는 말. 《주로, 접미사적으로 쓰임.》 ¶이(李)문. /최(崔)문.

문(紋)[명] ☞무늬.

문:(問)[명] ①<질문(質問)>의 준말. ②<문제(問題)>의 준말. ↔답(答).

문(文)[의] 신의 크기를 나타내는 단위. 〔1문은 약 2.4 cm〕

문(門)[의] 대포를 세는 단위. ¶대포 5문.

-문(文)[접미] 《일부 명사 뒤에 붙어》 '문장·문체'의 뜻. '문서'를 뜻함. ¶감상문. /담화문. /조침문(弔針文).

문-가(門-)[-까][명] 문의 옆. ¶문가에 기대어 서다.

문간(門間)[-깐][명] 대문이나 중문이 있는 곳.

문간-방(門間房)[-깐빵][명] 대문간 바로 옆에 있는 방. ¶문간방에 세들다.

문간-채(門間-)[-깐-][명] 대문간 바로 옆에 있는 집채. 행랑채.

문감(門鑑)[명] ☞문표(門標).

문갑(文匣)[명] 문서나 문구(文具) 따위를 넣어 두는 데 쓰는, 높이가 낮고 가로로 긴 궤.

문객(門客)[명] 세력 있는 가문의 식객(食客), 또는 그런 집안에 날마다 문안 오는 손.

문건(文件)[-껀][명] 공적(公的)인 성격을 띤 문서나 서류.

문격(文格)[명] ①글을 짓는 격식. ②문장의 품격.

문:견(聞見)[명] ☞견문(見聞).

문경(刎頸)[명][하타] ①목을 벰. ②해고(解雇)함.

문경지교(刎頸之交)[명] 생사를 함께할 만큼 절친한 사귐, 또는 그런 벗.

문고(文庫)[명] ①책을 넣어 두는 곳. 서고(書庫). ②문서나 문방구 따위를 담아 두는 상자. ③출판물의 한 형태. 널리 보급하기 위해, 가지고 다니기 편리한 소형으로, 또 값이 싸게 만든 총서(叢書).

문고(文藁)[명] 한 사람의 시문(詩文)을 모아 놓은 원고(原稿).

문-고리(門-)[-꼬-][명] 문을 여닫거나 잠그는 데 쓰는 고리.

문고-본(文庫本)[명] 문고 형식으로 간행한 책.

문고-판(文庫版)[명] 문고 형식으로 된 문고 책의 판. 〔흔히, A6판(세로 14.8 cm, 가로 10.5 cm)을 이름.〕

문곡-성(文曲星)[-썽][명] 구성(九星) 가운데 넷째 별.

문-골(門-)[-꼴][명] ☞문얼굴.

문과(文科)¹[-꽈][명] ①수학·자연 과학 이외의 학문, 곧 인문 과학의 이론과 현상을 연구하는 학과. 〔어학·문학·사학 따위.〕 ↔이과(理科). ②대학에서, 인문 과학 부문을 연구하는 학과.

문과(文科)²[명] 조선 시대에, 문관(文官)을 뽑아 쓰던 과거. 시험은 3년마다 실시되었으며, 초시(初試)·복시(覆試)·전시(殿試)의 3단계로 나뉘었음. ↔무과(武科). ③대과(大科).

문과^중:시(文科重試)[명] 조선 시대, 문과 시험의 한 가지. 문관의 당하관(堂下官)에게 10년마다 병년(丙年)에 보이던 과거. 문신 중시(文臣重試).

문관(文官)[명] ①왕조 때, 문과(文科) 출신의 벼슬아치를 이르던 말. ↔무관(武官). ②'군무원(軍務員)'을 달리 이르는 말.

문관-석(文官石)[명] ☞문석인(文石人). ↔무관석(武官石).

문광(門框)[명] ☞문얼굴.

문광(文壯)[명] 조선 시대에, 문과(文科)의 장원(壯元)을 이르던 말.

문교(文交)[명][하자] 글로써 사귐, 또는 그런 교제. ¶문교를 맺다.

문교(文敎)[명] ①문화와 교육을 아울러 이르는 말. ②문화에 대한 교육.

문교(文驕)[명] 학식을 믿고 부리는 교만.

문교-부(文敎部)[명] (이전에) 교육, 과학, 교과용 도서 편찬 등에 관한 사무를 맡아보던 중앙 행정 기관.

문구(文句)[-꾸][명] 글의 구절. 글귀. ¶광고 문구.

문구(文具)[명] ①<문방구(文房具)>의 준말. ②☞문식(文飾).

문:구(問求)[명][하타] 모르는 사실을 알려고 물음. 물어서 구함.

문-구멍(門-)[-꾸-][명] 문에 뚫린 구멍.

문권(文券)[-꿘][명] 지난날, 땅이나 집 따위의 소유권이나 권리를 나타낸 문서를 이르던 말. 문기(文記).

문궐(門闕)[명] 궁(宮) 같은 곳의 문.

문귀(文句)[명] '문구(文句)'의 잘못.

문금(門禁)[명] 지난날, 인정 이후 도성(都城)의 문을 닫고 주민의 출입을 금하던 일.

문기(文記)[명] ☞문권(文券).

문-끈(門-)[명] 문짝에 달아 놓은 손잡이의 끈. 영자(纓子).

문내(門內)[명] ①대문 안. ↔문외(門外). ②☞문중(門中).

문-넘이(門-)圈 지난날, 대궐이나 관아에 물품을 바칠 때나 죄수가 옥에 들어갈 때, 문지기에게 주던 뇌물.

문념무희(文恬武嬉) [-히]圈하劂 〔문관들은 안일하게 지내고 무관들은 희롱한다는 뜻으로〕 문무관이 편히 놀기만을 일삼고 제 직분을 다하지 않음을 이르는 말.

문다(-따)태 〈무느다〉의 준말.

문단(文段)圈 문장의 단락.

문단(文壇)圈 문인들의 사회. 문학계. 사단(詞壇). 문림(文林). 문원(文苑). 사림(詞林). ¶문단에 소설가로 데뷔하다.

문단(紋緞)圈 무늬가 있는 비단.

문-단속(門團束)圈하劂 탈이 없도록 문을 단단히 닫아 잠그는 일.

문:달(聞達)圈하劂 이름이 세상에 널리 알려짐. 명성(名聲)이 높아짐.

문담(文談)圈 ①문학이나 문장에 관한 이야기. 문화(文話). ②편지로 하는 상담.

문답(文答)圈하劂 글로 회답함, 또는 그 회답.

문:답(問答)圈하劂 물음과 대답, 또는 서로 묻고 대답함. ¶양측이 모두 진지하게 문답하였다.

문:답-법(問答法) [-뻡]圈 수사법상 변화법의 한 가지. 서술이나 설명 대신, 스스로 묻고 대답하는 형식을 써서 문장의 흐름에 색다른 변화 효과를 가져오는 표현 방법. (`그것이 과연 옳은 일인가? 아니다. 옳을 까닭이 없다.'와 는 따위.)

문:답-식(問答式) [-씩]圈 ①묻고 대답하는 형식. ②피교육자의 자기 활동을 중요시하는 처지에서, 질문과 대답을 중심으로 학습을 진행하는 방식. ⭐주입식(注入式).

문대다태 마구 여기저기 문지르다. ¶손에 묻은 기름을 옷에 문대다. /손으로 배를 문대다.

문-대령(門待令)圈하劂 문 열기를 기다림.

문덕圈하劂 (썩거나 질척질척한 물건이) 꽤 큰 덩이로 뚝 끊어지거나 잘라지는 모양. ⭐몬닥. ㉠문턱. 문덕-문덕튀劂.

문덕(文德)圈 예악(禮樂)으로 사람을 교화하고 심복(心服)시키는 덕.

문덕-곡(文德曲) [-꼭]圈 조선 태조 때, 정도전(鄭道傳)이 지은 악장(樂章). 조선조 태종 즉위 이전의 창업의 공적을 기린 내용으로, 모두 네 개의 장으로 이루어져 있음.

문도(文道)圈 ①학예(學藝)의 길. ②문인(文人)이 닦아야 할 길. ↔무도(武道).

문도(門徒)圈 ⇨제자(弟子).

문:도(聞道)圈하劂 ①도(道)를 들음. ②도를 듣고 깨달음.

문-돌이(紋-) [-도지]圈 무늬가 약간 돌아 나온 비단.

문동(文童)圈 서당에서 함께 공부하는 아이.

문-동개(門-) [-똥-]圈 대문의 아래 문장부를 꽂아 받치는 둔테의 구멍.

문-둔테(門-)圈 문장부를 끼는 구멍이 뚫린 나무. 문얼굴 아래쪽로 가로 댐. ⭐둔테.

문둥-병(-病) [-뼝]圈 나균(癩菌)의 침입으로 생기는 만성 전염병. 나병(癩病). 한센병. 대풍창(大風瘡).

문둥-이圈 문둥병에 걸린 사람. 나병 환자. 풍인(風人).

문드러-지다자 ①썩거나 물러서 힘없이 처져 떨어지다. ¶무가 썩어서 문드러지다. /썩어 문드러진 호박. ②`몹시 속이' 상하여 견디기 어렵게 됨'을 비유하여 이르는 말.

문득튀 ①(생각이나 느낌 따위가) 갑자기 떠오르는 모양. ¶문득 고향 생각이 나다. ②어떤 행위가 갑자기 이루어지는 모양. ¶문득 걸음을 멈추고 뒤를 돌아본다. ⭐문뜩.

문득-문득[-뜩-]튀 ①(어떤 생각이) 갑자기 자주. ¶너를 보고 싶은 생각이 문득문득 떠오른다. ②어떤 행위가 갑자기 자꾸 이루어지는 모양. ⭐문뜩문뜩.

문뜩튀 〈문득〉의 센말. ⭐무뜩.

문뜩-문뜩[-뜩-]튀 〈문득문득〉의 센말. ⭐무뜩무뜩.

문:란(紊亂) [물-]圈하劂 (도덕이나 질서 등이) 뒤죽박죽이 되어 어지러움. ¶풍기(風紀) 문란. /사회가 문란해지다. 문란-히튀.

문력(文力) [물-]圈 글을 아는 힘. 글의 힘.

문례(文例) [물-]圈 문장을 짓는 법이나 쓰는 법의 보기. ⭐예문(例文).

문:례(問禮) [물-]圈하劂 예절을 물음.

문로(門路) [물-]圈 ①임금의 거가(車駕)가 드나드는 대궐 정문(正門)의 길. ②학문상의 지름길.

문루(門樓) [물-]圈 궁문(宮門)이나 성문(城門) 위에 지은 다락집.

문리(文理) [물-]圈 ①문장의 조리(條理). ②사물을 깨달아 아는 힘. ¶문리가 나다. /문리가 트이다. ③문과(文科)와 이과(理科).

문리과^대:학(文理科大學) [물-꽈-]圈 문과 및 이과에 관한 전문적인 학술을 연구하는 단과 대학. ⭐문리대(文理大).

문리-대(文理大) [물-]圈 〈문리과 대학〉의 준말.

문림(文林) [물-]圈 ①⇨문단(文壇). ②시문을 모은 책. 시문집(詩文集).

문망(文望)圈 학문상의 명망.

문망(門望)圈하劂 왕조 때, 의정(議政)이 들어올 때, 하인이 문 앞에서 큰 소리로 이를 알리던 일.

문맥(文脈)圈 글의 맥락. ¶문맥을 파악하다. /문맥이 통하다.

문맥이 닿다관용 문맥이 통하다.

문맥(門脈)圈 〈문정맥(門靜脈)〉의 준말.

문맹(文盲)圈 ①무식하여 글을 읽지도 쓰지도 못하는 일. ¶문맹 타파. /문맹 퇴치. ②문맹자(文盲者).

문맹-자(文盲者)圈 문맹인 사람, 곧 글을 모르는 사람. 문맹(文盲).

문-머리(門-)圈 문얼굴의 위쪽.

문면(文面)圈 (편지나 문서에 나타난) 글의 내용이나 취지. 서면(書面). ¶문면으로 보아서는 태도가 분명하지 않다.

문명(文名)圈 글을 잘한다는 명성(名聲). ¶문명을 날리다. ⭐무명(武名).

문명(文明)圈 인지(人智)가 발달하여 인간 생활이 풍부하고 편리해진 상태. 정신문화에 대하여, 주로 인간의 외면적인 생활 조건이나 질서에 대한 물질문화를 이름. ⮀문화(文化). ↔미개(未開)·야만(野蠻).

문:명(問名)圈하劂 ①이름을 물음. ②혼인 육례(六禮)의 한 가지. 납채를 한 뒤, 남자 집에서 혼약한 여자의 혼인 운세를 점쳐 보기 위해 그 생모(生母)의 성(姓)을 묻는 일.

문명-개화(文明開化)圈하劂 사람의 지혜가 깨어 문명이 발달하고 생활이 편리해지는 일.

문명-국(文明國)圈 〈문명국가〉의 준말.

문명-국가(文明國家) [-까]圈 문화가 발달하고 민도(民度)가 높은 나라. ⭐문명국.

문명-병 (文明病) [-뼝]명 고도로 발달된 물질 문명 생활에 따라 생기는 병증. 〔노이로제 따위.〕문화병(文化病).

문명-사회 (文明社會) [-회/-훼]명 문명이 발달한 사회.

문명-인 (文明人) 명 문명사회에 사는, 인지(人智)가 발달한 사람. ↔야만인.

문묘 (文廟) 명 공자(孔子)를 모신 사당. 근궁(芹宮). 성묘(聖廟). ☜묘(廟).

문무 (文武) 명 ①문관과 무관. ②문식(文識)과 무략(武略). 문화적인 방면과 군사적인 방면. ¶ 문무를 겸비한 인재.

문무-겸전 (文武兼全) 명[하다] 문식(文識)과 무략(武略)을 아울러 갖추고 있음. 문무쌍전.

문-무관 (文武官) 명 '문관과 무관'을 아울러 이르는 말.

문무-백관 (文武百官) [-꽌]명 모든 문관과 무관. 모든 관원.

문무-석 (文武石) 명 능(陵) 앞에 세우는 문석(文石)과 무석(武石)을 아울러 이르는 말.

문무-쌍전 (文武雙全) 명 ☞문무겸전.

문묵 (文墨) 명 시문(詩文)을 짓거나, 서화(書畫)를 쓰거나 그리는 일.

문-문 (門門) 한자 부수의 한 가지. '閑'·'間'·'開' 등에서의 '門'을 이름.

문문 (捫捫) '문문(捫捫)하다'의 어근.

문문-하다 형여 ①무르고 부드럽다. ¶ 고구마가 문문하게 쪄졌다. /흙이 문문하다. ②아무렇게나 함부로 다룰 만하다. ¶ 체격이 작다고 사람을 문문하게 본다. ⑳만만하다. 문문-히甼 ¶ 작다고 문문히 볼 게 아니다.

문:문-하다 (問問-) 타여 남의 슬픈 일이나 경사스러운 일에 물건을 보내어 위문하거나 축하하다.

문물 (文物) 명 법률·학문·예술·종교 따위 문화의 산물. 규문(奎文). ¶ 서양의 문물.

문물-제도 (文物制度) 명 문화에 관한 제도.

문미 (門楣) 명 문 위에 가로 댄 나무.

문민 (文民) 명 군인이 아닌 일반인. 〔'civilian'을 번역한 말.〕

문민-정부 (文民政府) 명 군인이 아닌 일반 국민이 수립한 정부.

문민-정치 (文民政治) 명 군인이 아닌 일반 국민이 행하는 정치.

문-바람 (門-) [-빠-]명 문이나 문틈으로 들어오는 바람. 문풍(門風). ¶ 문바람이 차다.

문-바퀴 (門-) 명 ☞호차(戶車).

문-밖 (門-) [-박]명 ①문의 바깥쪽. ¶ 문밖으로 나가다. ②성문(城門)의 밖. ③사대문 밖. ¶ 문밖에 살다. ③↔문안. * 문밖이 [-바께]·문밖만 [-방-]

문밖-출입 (門-出入) [-박-]명 자기 집 문밖으로 나들이 다님. ¶ 늦은 시간에는 문밖출입을 삼가라.

문반 (-班) 명 문관의 반열(班列). ↔무반(武班).

문방 (文房) 명 ☞서재(書齋).

문방-구 (文房具) 〔서재에 갖추어 두는 용구라는 뜻으로〕 종이나 먹·붓·펜·연필 따위, 글을 쓰거나 사무를 보거나 하는 데 필요한 기구. 문방제구. ☜문구(文具).

문방-사보 (文房四寶) 명 ☞문방사우.

문방-사우 (文房四友) 명 서재에 갖추어야 할 네 벗인 지(紙)·필(筆)·묵(墨)·연(硯), 곧 종이·붓·먹·벼루의 네 가지를 아울러 이르는 말. 문방사보. ☜사우(四友).

문방-제구 (文房諸具) 명 ☞문방구(文房具).

문:-배 명 문배나무의 열매. 고살래와 비슷하며 단단하므로 물려서 먹음. 문향리(聞香梨).

문:배-나무 명 장미과의 낙엽 교목. 4월에 흰 꽃이 산방 꽃차례로 피고, 둥그런 과실이 늦가을에 누렇게 익음. 나무는 여러 가지 기구를 만드는 재료가 되고, 껍질은 누른빛의 물감으로 쓰임.

문:배-주 (-酒) 명 좁쌀 누룩을 수수밥과 섞어 빚은 뒤 발효시켜 증류한 소주. 〔문배나무와 비슷한 향기가 난다고 하여 붙인 이름임.〕

문:-냄새 명 술에 취한 사람의 입에서 나는 술 냄새. 문배의 냄새와 비슷함.

문벌 (門閥) 명 대대로 내려온 그 집안의 지체. 가벌(家閥). 문지(門地). 세벌(世閥).

문범 (文範) 명 문장의 모범, 또는 모범이 되는 문장.

문법 (文法) [-뻡]명 ①문장 구성 법칙. ②말소리나 단어·문장·어휘 등에 관한 일정한 규칙. ②말본.

문:법 (問法) 명[하다] 설법(說法)을 들음.

문병 (門屛) 명 밖에서 집 안을 들여다보지 못하도록 대문이나 중문 안쪽에 가로막아 놓은 담이나 널빤지.

문:병 (問病) 명[하다][타] 앓는 사람을 찾아보고 위로함. ¶ 문병을 가다. /친구를 문병하다. ⑭병문안.

문:복 (問卜) 명[하다] 점쟁이에게 점을 치게 하여 길흉을 물음. 문수(問數).

문부 (文簿) 명 (나중에 상고할) 문서와 장부. 문서. 문안(文案). 적적(文蹟). 부책(簿冊).

문:부 (聞訃) 명[하다] 부고(訃告)를 들음.

문비 (門扉) 명 문짝.

문비 (門神) 명 악귀를 쫓는 뜻으로 대문에 붙이던, 신장(神將)의 화상을 그린 종이. 정월 초하룻날에 붙임.

문비를 거꾸로 붙이고 환쟁이만 나무란다속담 자기가 잘못하고서 도리어 남을 나무란다는 말.

문-빗장 (門-) [-빋짱]명 문을 잠글 적에 가로지르는 나무때기나 쇠장대. ¶ 문빗장을 단단히 걸어 잠그다. ☜빗장.

문빙 (文憑) 명 증거가 될 만한 문서. 증빙 서류.

문사 (文士) 명 ①학문으로써 입신(立身)하던 선비. ↔무사(武士). ②문필에 종사하거나 시문(詩文)에 능한 사람.

문사 (文事) 명 학문이나 문교에 관한 일, 또는 문학상의 일. ↔무사(武事).

문사 (文思) 명 문장에 담긴 사상.

문사 (文詞·文辭) 명 문장에 나타난 말.

문사-극 (文士劇) 명 문인들이 배우가 되어서 상연하는 연극. 문인극.

문-살 (門-) [-쌀]명 문짝의 뼈대를 이루는 나무오리나 대오리.

문:상 (問喪) 명[하다] ☞조상(弔喪).

문:상-객 (問喪客) 명 ☞조상객(弔喪客).

문-새 (門-) 명 문의 생김새.

문생 (門生) 명 〈문하생(門下生)〉의 준말.

문서 (文書) 명 ①실무상 필요한 사항을 문장으로 적어서 나타낸 글. ¶ 문서를 작성하다. ②소송 법상 각인(各人)이 알아볼 수 있는 기호에 의하여 사상을 표시한 모든 것. ☞문부(文簿). ¶ 노비 문서. ④☞문권(文券). ¶ 토지 문서.

문서 없는 상전속담 까닭도 없이 남에게 몹시 까다롭게 구는 사람을 이르는 말.

문서 없는 종속담 행랑살이하는 사람, 또는 아내나 며느리를 이르는 말.

문서^변:조(文書變造)[명] 남의 명의로 된 문서를 아무 권한 없이 그 내용을 변경하는 행위.

문서^손:괴(文書損壞)[-괴/-궤][명] 남의 명의로 된 문서를 권한 없이 손괴하는 행위.

문서^위조(文書僞造)[명] 권한이 없이 남의 명의로 된 문서를 작성하거나, 허위로 자신의 문서를 작성하는 행위.

문서^은닉(文書隱匿)[명] 남의 문서를 감추는 행위.

문서-화(文書化)[명][하타][되자] (말로 결정된 것을) 문서로 만듦. ¶노사 간의 합의 사항을 문서화하다.

문석(文石)[명] ①☞마노(瑪瑙). ②〈문석인(文石人)〉의 준말.

문-석인(文石人)[명] 능(陵) 앞에 세우는, 문관(文官)의 형상으로 된 돌. 문관석(文官石). ㉠문석(文石). ↔무석인.

문선(文選)[명][하타] ①좋은 글을 가려 뽑음, 또는 그러한 책. ②활판 인쇄 과정에서, 원고대로 활자를 뽑음. 채자(採字).

문선-공(文選工)[명] 신문사나 인쇄소 등에서, 문선을 맡아 하는 사람. 채자공(採字工).

문-설주(門-柱)[-쭈][명] 문의 양쪽에 세워 문짝을 끼워 닫게 한 기둥. 선단. ㉠설주.

문세(文勢)[명] 글의 기세. 문장이나 어구의 기세나 박력.

문-소리(門-)[-쏘-][명] 문을 여닫는 소리.

문:-소문(聞所聞)[명][하타] 소문으로 전하여 들음, 떠도는 소문을 들음.

문-쇠(門-)[-쇠/-쉐][명] (농이나 장 따위의) 문짝 바로 옆에 길이로 대 나무토막.

문수(文殊)[명] 〈문수보살(文殊菩薩)〉의 준말.

문수(文數)[-쑤][명] 신발의 크고 작은 치수.

문:-수(問數)[명][하자] 복술(問卜).

문수-보살(文殊菩薩)[명] 여래(如來)의 왼편에 있는, 지혜를 맡은 보살. ㉠문수(文殊).

문승(蚊蠅)[명] 모기와 파리.

문식(文飾)[명][하다] ①실속은 없이 겉만 그럴듯하게 꾸미는 일. 문구(文具). ②글을 수식함.

문신(文臣)[명] 문관인 신하. ↔무신(武臣).

문신(文身)[명][하다] 살갗을 바늘로 찔러 먹물이나 다른 물감으로 글씨·그림·무늬 따위를 새기는 일, 또는 그렇게 새긴 몸. 자문(刺文). 자자(刺字). ¶등에 문신을 새기다.

문신(門神)[명] 문을 지킨다는 귀신.

문신^정시(文臣庭試)[명] 조선 시대에, 왕의 특명으로 정삼품 이하의 문관에게 보이던 과거.

문신^중:시(文臣重試)[명] ☞문과 중시.

문-신칙(門申飭)[명][하다] 대문에 드나드는 사람을 감시하거나 막음.

문실-문실[부] 나무 따위가 죽죽 뻗어 자라는 모양. ¶문실문실 잘 자라는 나무.

문아(文雅)[명] ①시문을 짓거나 읊거나 하는 풍류의 도(道). 소아(騷雅). ②[하]시문이 운치가 있고 우아함.

문아-풍류(文雅風流)[-뉴][명] 시문을 짓거나 읊거나 하는 풍류.

문-안(門-)[명] 사대문 안. ↔문밖.

문안(文案)[명] ①☞문부(文簿). ②문서나 문장의 초안. ¶광고 문안. /문안을 작성하다.

문:안(問安)[명][하자] 웃어른에게 안부를 물음. ¶문안 편지를 올리다.

　문안(이) 계시다[관용] (왕·왕후·왕자 등이) '병이 들어 몸이 불편하시다'의 궁중말.

문:안-드리다(問安-)[자] '문안하다'의 높임말.

문:안-침(問安鍼)[명] 〔병든 데를 찔러 보는 침이라는 뜻으로〕어떤 일을 시험 삼아 미리 검사하여 보는 일.

문:안-패(問安牌)[명] 각 궁전에 문안드릴 때, 출입패로는 증명으로 가지고 가던 둥근 나뭇조각의 패.

문야(文野)[명] 문명과 야만. 개화와 미개.

문약(文弱)[명] '문약하다'의 어근.

문약-하다(文弱-)[무나카-][형여] 상무(尙武)의 정신이 없이 글만 숭상하여 나약하다.

문양(文樣)[명] ☞무늬.

문어(文魚)[명] 문어과의 연체동물. 문어과에서 가장 큼. 몸통은 공처럼 둥글고 여덟 개의 발이 있음. 피부는 매끄러운데 적갈색을 띠며 그물 모양의 무늬가 있음. 몸빛은 환경에 따라서 바뀜.

문어(文語)[명] ①문자 언어. ②(일상 언어에는 쓰이지 않고) 문장에만 쓰이는 말. (하나이다·하소서 따위). ⓐ글말·문장어. ↔구어(口語).

문-어귀(門-)[명] 문으로 들어가는 목의 첫머리. 문으로 통하는 첫목.

문어-문(文語文)[명] 문어체(文語體)로 된 문장. ↔구어문(口語文).

문어-오림(文魚-)[명] 말린 문어의 발을 오려서 여러 가지 모양을 낸 음식물. 예식이나 잔치 때에 어물(魚物)을 괴는 데 모양으로 놓음.

문어-체(文語體)[명] 문어로 쓰인 문장의 체. 글말체. 문장체. ↔구어체(口語體).

문언(文言)[명] 문장이나 편지의 어구.

문-얼굴(門-)[명] 문짝의 양옆과 위아래의 테를 이룬 나무. 문골. 문광(門框).

문여필(文輿筆)[명] ☞필방(文筆).

문-열이(門-)[명] 〈무녀리〉의 본딧말.

문-염자(門簾子)[-념-][명] 추위를 막기 위해 창문이나 장지문에 치는 방장(房帳)의 한 가지. 피륙으로 길고 번듯하게 만듦.

문예(文藝)[명] ①학문과 예술. ②〈문학예술〉의 준말. ③미적(美的) 현상을 사상화(思想化)하여, 언어로 표현한 예술 작품을 통틀어 이르는 말. 〔소설·시·희곡·평론·수필 따위〕.

문예-가(文藝家)[명] 문예에 종사하는 사람.

문예^공론(文藝公論)[-논][명] 1929년 양주동(梁柱東)에 의해 창간된 순수 문예지. 당시 문단의 2대 조류였던 민족주의 문학 경향과 계급주의 문학 경향의 절충을 그 특색으로 함. 통권 3호로 폐간됨.

문예^과학(文藝科學)[명] ☞문예학.

문예-극(文藝劇)[명] 문예 작품을 각색하여 상연하는 연극.

문예-란(文藝欄)[명] (신문이나 잡지의) 문예에 관한 기사를 싣는 난.

문예^부:흥(文藝復興)[명] 14세기 말에서 16세기 초에 걸쳐 이탈리아에서 일어나 전 유럽에 퍼진 예술과 학문상의 혁신 운동. 인간성의 존중, 개성의 해방 및 고전 문화의 부흥이 주된 내용임. 르네상스.

문예^비:평(文藝批評)[명] ☞문예 평론.

문예^사조(文藝思潮)[명] 한 시대의 문학 예술을 움직이는 사상의 뚜렷한 흐름이나 경향.

문예^연감(文藝年鑑)[명] 한 해 동안에 문예계에서 일어난 일을 통계적으로 기록한 책.

문예^영화(文藝映畫)[명] 문예 작품을 각색하여 예술성에 중점을 두고 만든 영화.

문예-지(文藝誌)[명] 시·소설·평론 따위 문예 작품을 주로 싣는 잡지.

문예^평:론(文藝評論)[-논]圐 문예 사조나 문예 작품에 대한 비평. 문예 비평.

문예-학(文藝學)圐 문학사와 문학 이론 등을 과학적인 체계를 세워 연구하는 학문. 문예 과학. ⓦ예술학.

문외(門外)[무뇌/무뉃]圐 대문의 바깥. ↔문내.

문외-한(門外漢)[무뇌-/무뉃-]圐 (어떤 일에 대한) 전문적인 지식이 없거나 관계가 없는 사람. ¶문외한의 눈에도 그 그림은 좋아 보였다.

문우(文友)圐 글로써 사귄 벗. 글벗.

문운(文運)圐①학문이나 예술이 크게 일어나는 운세(運勢). ②문인으로 성공할 운수.

문운(門運)圐 한 가문의 운수.

문웅(文雄)圐 ⇨문호(文豪).

문원(文苑)圐 ⇨문단(文壇).

문의(文義·文意)[무늬/무니]圐 글의 뜻.

문:의(問議)[무늬/무니]圐하타 물어607봄, 또는 물어서의 논함. ¶ 전화 문의. /의문 나는 점을 문의하다.

문:이지지(聞而知之)하타 들어서 앎.

문인(文人)圐①문필이나 문예 창작에 종사하는 사람. ②지난날, '학문으로써 입신(立身)한 사람'을 이르던 말. ⇨문사(文士).

문인(門人)圐 ⇨문하생(門下生).

문인-극(文人劇)圐 (배우가 아닌) 문인들이 연출하고 연기하는 연극.

문인-화(文人畫)圐 동양화에서, 문인·학자 등이 여기(餘技)로 그린 그림을 이르는 말.

문:일지십(聞一知十)圐 한 가지를 듣고 열 가지를 미루어 앎. 〔'논어'의 '공야장편(公冶長篇)'에 나오는 말임.〕

문자(文字)¹圐①예로부터 전하여 오는 어려운 문구. 한자로 된 숙어나 성구. ②어렵게 여기는 뜻으로, '학식'을 속되게 이르는 말. ¶ 문자깨나 들었다고 으스댄다.

문자(를) 쓰다關용 〔말할 때나 글을 쓸 때〕①한문으로 된 어려운 성구 따위를 섞어 쓰다. ②하찮은 지식으로 유식한 체하다. ¶ 그 꼴에 그래도 문자쓴다.

문자(文字)²[-짜]圐①글자. ②수학에서, 수량이나 도형 등 여러 가지 대상을 나타내기 위하여 쓰이는, 숫자 이외의 글자.

문자 그대로關용 조금도 과장 없이 사실 그대로. ¶ 문자 그대로 송아지만 한 개다.

문자^다중^방:송(文字多重放送)[-짜-]圐 텔레비전 방송 전파의 틈새를 이용하여 보도·일기 예보·상품 안내 등을 문자로 텔레비전 수상기에 비치게 하는 일. 텔레텍스트.

문자-반(文字盤)[-짜-]圐 시계나 계기 따위에서, 문자나 기호를 표시해 놓은 반.

문-자새(門-)圐 문호(門戶)나 창 따위를 통틀어 이르는 말.

문자^언어(文字言語)[-짜-]圐 (음성 언어에 대한 말로) 글자로 나타내는 말. 소리·뜻·형체(글자)의 세 요소를 갖추어, 읽고 쓰고 함. ↔음성언어.

문자-학(文字學)[-짜-]圐 ⇨자학(字學).

문-잡다(門-)[-따]짜 출산을 할 때, 태아의 머리가 나오기 시작하다.

문장(文狀)圐 ⇨문첩(文牒).

문장(文章)¹圐①어떤 생각이나 느낌을 줄거리를 세워 글자로써 적어 나타낸 것. 글발. 글월. 문(文). 월. ②〈문장가〉의 준말. ¶ 당대 제일의 문장.

문장(文章)²圐 1939년에 창간된 문학 종합지. 고전 문학의 발굴 및 주석에 힘쓰고, 민족 문학의 계승·발전을 위해 많은 신인을 배출하였음. 1941년에 통권 26호로 폐간됨.

문장(門長)圐 한 집안에서 항렬(行列)이나 나이가 가장 위인 사람.

문장(蚊帳)[-짱]圐 ⇨모기장.

문장(紋帳)[-짱]圐 문이나 창문에 치는 휘장.

문장(紋章)圐 가문(家門)을 표시하는 도형. 주로, 서구나 일본의 귀족 사회에서 사용하였음.

문장-가(文章家)圐 문장을 잘 짓기로 이름난 사람. ⓦ문장(文章)¹.

문장-도(文章道)圐 문장을 짓는 태도나 법칙.

문장-론(文章論)[-논]圐①문장에 관한 논설. ②문장의 성분이나 짜임 따위를 다루는 문법의 한 갈래. 구문론(構文論). 월갈.

문장-법(文章法)[-뻽]圐①문장을 짓는 방법. ②문장의 구조·형식·방법·종류 등에 관한 법칙.

문-장부(門-)[-짱-]圐 (문짝을 한곳에 달아 두고 여닫기 위하여) 널문짝의 한쪽 끝의 아래위로 상투같이 내밀어 문둔테 구멍에 끼우게 된 것. 장부¹.

문장^부:사(文章副詞)圐 부사의 한 갈래. 문장 전체를 꾸미는 부사. 양태 부사와 접속 부사가 이에 딸림. 〔'설마 거짓말이야 하겠느냐.'에서의 '설마' 따위.〕

문장^부:호(文章符號)圐 문장의 뜻을 돕거나 알아보기 쉽게 하기 위하여 쓰이는 여러 가지 부호. 〔물음표(?)·느낌표(!)·쉼표(,)·쌍점(:) 따위.〕 월점.

문장-삼이(文章三易)圐 문장이 마땅히 갖추어야 할 세 가지 요건으로, 보기 쉽고, 읽기 쉽고, 알기 쉽게 쓰라는 것.

문장^성분(文章成分)圐 문장을 구성하는 요소. 〔주성분(主成分)에는 주어·서술어·목적어·보어, 부속 성분에는 관형어·부사어, 독립 성분에는 독립어가 딸림.〕

문장-어(文章語)圐 ⇨문어(文語).

문장-체(文章體)圐 ⇨문어체(文語體).

문재(文才)圐 글재주.

문적(副)하타 썩거나 무르고 연한 물건이 조금만 건드려도 뚝 끊어지거나 문드러지는 모양. ㉠문척. 문적-문적(副)하타.

문적(文蹟)圐 ⇨문부(文簿).

문적(文籍)圐 적어 놓은 것, 곧 문서나 서적.

문전(文典)圐①문법책. ②〈문법(文法)〉을 이전에 이르던 말.

문전(門前)圐 문 앞.

문전-걸식(門前乞食)[-씩]圐하자 이 집 저 집 돌아다니며 빌어먹음.

문전-성시(門前成市)圐 〔문 앞이 저자를 이룬다는 뜻으로〕 찾아오는 사람이 많음을 이르는 말. 〔'한서'의 '정숭전(鄭崇傳)'에 나오는 말임. ¶ 점이 용하다는 소문이 나서 요즘 그 집은 문전성시라네.

문전-옥답(門前沃畓)[-땁]圐 집 앞 가까이에 있는 기름진 논.

문전-옥토(門前沃土)圐 집 앞 가까이에 있는 기름진 땅.

문절(文節)圐 문장을, 뜻을 지닌 최소 단위로 세분한 각 단위.

문정(門庭)圐 대문 안에 있는 뜰.

문:정(問情)圐하타①사정을 물음. ②지난날, 외국 배가 처음으로 항구에 들어왔을 때, 관리를 보내어 그 사정을 묻던 일.

문-정맥(門靜脈)**명** 척추동물의 위·창자·이자·지라의 모세관을 돌고 온 정맥의 피를 모아서 간에 보내는 굵은 정맥. ⓐ문맥(門脈).

문제(門弟)**명** 〈문제자(門弟子)〉의 준말.

문:제(問題)**명** ①해답을 필요로 하는 물음. ¶국어 시험 문제. /문제가 쉽다. ⓐ문(問). ②연구하거나 해결해야 할 사항. ¶당면 문제. ③성가신 일이나 논쟁이 될 만한 일. ¶문제를 일으키다. /문제를 해결하다. ④세상의 이목이 쏠리는 것. ¶문제의 소설(사건). ⑤어떤 사물과 관련되는 일. ¶이 일은 부부간의 문제다.

문:-극(問題劇)**명** (사회나 종교 따위) 특수한 문제를 다룬 연극.

문:제^소:설(問題小說)**명** ①(정치나 사회·종교·도덕 따위) 특수한 문제를 주제로 하여 쓴 소설. ②논쟁이나 문제를 일으킨 소설.

문:제-시(問題視)**명하타되자** 문젯거리로 삼기나 주시(注視)함.

문:제-아(問題兒)**명** (지능이나 성격·행동 따위가 여느 아동과 뚜렷이 달라) 특별한 교육과 지도를 필요로 하는 아동. 〔지능아·불량아·성격 이상 아동 등.〕 문제 아동.

문:제^아동(問題兒童)**명** ▷문제아.

문:제-없다(問題−)〔−업따〕**형** 문제 삼을 정도가 아니다. 걱정할 거리가 아니다. ¶우승은 문제없다. 문제없-이**부**.

문:제-의식(問題意識)〔−의−/−이−〕**명** 대상에 대하여 문제를 제기하고 해답을 이끌어 내고자 하는 자각(自覺). ¶문제의식이 부족하다.

문-제자(門弟子)**명** 스승의 문하(門下)에서 배우는 제자. 문하생(門下生). ⓐ문제(門弟).

문:제-점(問題點)〔−쩜〕**명** 문제가 되는 점. ¶문제점이 드러나다. /문제점을 찾다. /문제점을 해결하다.

문:젯-거리(問題−)〔−제꺼−/−젣꺼−〕**명** ①여러 가지 문제를 일으킬 만한 요소, 또는 사건이나 그 행실. ②처치하기 어려운 일이나 사물.

문전(門) **옛** 지게방. ¶문전 곤:=闒. 문전 역:(訓蒙中7). /도닐 제 문전을 볿디 아니호더시다(小解2:39).

문조(文鳥)**명** 참샛과의 새. 참새와 비슷한데 부리가 크고 둥글게 솟았음. 머리와 꽁지는 검고, 얼굴은 흰며, 등과 가슴은 회청색이고, 배는 흰색임. 벼 따위의 농작물을 크게 해침. 애완용으로 기름.

문조(文藻)**명** ①시문(詩文)을 짓는 재주. ②▷문화(文華).

문족(門族)**명** 한 가문의 겨레붙이.

문:죄(問罪)〔−죄/−줴〕**명하타** 죄를 캐어물음.

문주-란(文珠蘭)**명** 수선화과의 상록 다년초. 제주도에서 자생하던 것이 관상용으로 널리 퍼짐. 비늘줄기는 원기둥꼴이고, 높이 30～50 cm로 곧게 자라며, 7～9월에 흰 꽃이 핌.

문중(門中)**명** 성(姓)과 본(本)이 같은 가까운 집안. 문내(門內). ¶문중 회의.

문-중방(門中枋)〔−쭝−〕**명** 문얼굴에 가로 건너 낀 중방.

문-쥐(門)**명** 여러 마리가 서로 꼬리를 물고 줄을 지어 다니는 쥐.

문증(文證)**명** 글로 나타낸 증거(증명).

문지(門地)**명** ▷문벌(門閥).

문:-지(問知)**명하타** 들어서 앎.

문-지기(門−)**명** 문을 지키는 사람.

문-지도리(門−)〔−찌−〕**명** 문짝을 달고 여닫게 하는 물건. 〔돌쩌귀·문장부 따위.〕

문지르다(문지르니·문질러)**타르** 무엇을 서로 대고 이리저리 밀거나 비비다. ¶구두를 헝겊으로 문지르다. /이 옷은 문질러야 때가 빠진다.

문-지방(門地枋)〔−찌−〕**명** 드나드는 문에서, 양쪽 문설주 아래에 가로 댄 나무.

문직(紋織)**명** 무늬가 돋아나게 짠 옷감.

문진(文鎭)**명** ▷서진(書鎭).

문:진(問診)**명하타** 진단법의 한 가지. 의사가 환자 스스로 느끼는 건강 상태를 물어보아서 판단을 내리는 진단.

문:진(聞診)**명하타** 진단법의 한 가지. 환자의 목소리나 냄새 따위로 분별하는 진단.

문질(文質)**명** ①겉에 나타난 꾸밈과 속바탕. ②문식(文飾)과 실질(實質).

문질(門疾)**명** 한 집안에 대대로 전해 내려오는 병이나 폐풍(弊風).

문질리다자 〔'문지르다'의 피동〕 문지름을 당하다.

문집(文集)**명** 시문을 한데 모아서 엮은 책.

문-짝(門−)**명** (문틀이나 창틀에 끼워 여닫게 된) 문의 낱짝. 문비(門扉).

문짝-알갱이(門−)**명** 장롱 따위의 문짝에 낀 네모나 여덟 모의 널빤지.

문-창호(門窓戶)**명** 문과 창호.

문채(文彩·文采)**명** ①아름다운 광채. ②무늬.

문:책(問責)**명하타** 일의 책임을 물어 꾸짖음. ¶문책을 당하다. /관계자를 문책하다.

문척-문척 썩거나 무르고 연한 물건이 조금만 건드려도 툭 끊어지거나 문드러지는 모양. ⓐ문적. 문척-문척**부자**.

문첩(文牒)**명** 관청의 서류. 문장(文狀).

문체(文體)**명** ①문장의 양식(樣式). 〔문어체와 구어체, 간결체와 만연체 따위.〕 ②지은이의 개성이나 사상이 나타나 있는 문장의 특색. 흔히, 문장의 어구나 조사(措辭) 등에 나타남. ③한문의 체재, 곧 논변(論辯)이나 서기(序記) 따위.

문체-론(文體論)**명** 언어학의 한 분과. 구문법(構文法)·어휘·억양 등 언어 표현의 개성적 특색을 특징으로 잡거나 국어·시대·유파 등을 대상으로 하여 연구함.

문:초(問招)**명하타** 지난날, '죄인을 신문(訊問)함'을 이르던 말. 문초를 당하다.

문출(門黜)**명하타** 지난날, 성문 밖으로 내쫓았던 가벼운 형벌.

문치(文治)**명** 학문과 법령으로써 세상을 다스림, 또는 문덕(文德)으로써 하는 정치.

문치(門齒)**명** 앞니.

문치적-거리다〔−꺼−〕**자** 자꾸 문치적문치적하다. 문치적거리다. ⓐ문칫거리다.

문치적-대다〔−때−〕**자** 문치적거리다. ⓐ문칫대다.

문치적-문치적〔−정−〕**부하자** (일을 딱 잘라서 하지 못하고) 어물어물 자꾸 끌어 가기만 하는 모양. ⓐ문칫문칫.

문칫-거리다〔−친−〕**자** 〈문치적거리다〉의 준말.

문칫-대다〔−친때−〕**자** 〈문치적대다〉의 준말.

문칫-문칫〔−친−친−〕**부하자** 〈문치적문치적〉의 준말. ⓐ문칫문칫 망설이기만 한다.

문턱-문턱부하자 (썩거나 질척질척한 물건이) 꽤 큰 덩이로 툭 끊어지거나 잘라지는 모양. ⓐ문탁. ⓐ문덕. 문턱-문턱**부하자**.

문-턱(門−)**명** ①문짝의 밑이 닿는 문지방의 윗머리. ②'어떤 일이 아주 가까이 왔음'을 비유하여 이르는 말. ¶봄이 문턱에 왔다.

문턱이 높다[관용] 만나기가 어렵다. 상대하기가 힘들다.

문턱이 닳도록 드나들다[관용] 자주 찾아가거나 드나들다.

문투(文套)[명] ①글을 짓는 법식. ②글에 나타나는 특징적인 버릇.

문-틀(門-)[명] 문짝을 끼울 수 있도록 만든 틀.

문-틈(門-)[명] 닫힌 문의 틈바구니.

문패(門牌)[명] 성명·주소 등을 적어 대문에 다는 패.

문편(紋片)[명] 도자기의 잿물에 나타난 무늬 같은 금. 단문(斷紋).

문표(門標)[명] 대궐이나 영문의 출입을 허가하는 표시로 주던 표. 문감(門鑑).

문풍(文風)[명] 글을 숭상하는 풍습.

문풍(門風)[명] ①한 집안에 전해 오는 범절이나 풍습. ②☞문바람.

문:풍(聞風)[명] 뜬소문을 들음.

문-풍지(門風紙)[명] (문틈으로 새어 드는 바람을 막기 위하여) 문짝 가를 돌아가며 바르는 종이. ㉰풍지(風紙).

문필(文筆)[명] ①글과 글씨. 문예필(文藝筆). ②글을 짓거나 쓰는 일.

문필-가(文筆家)[명] 문필을 업으로 삼는 사람.

문하(門下)[명] ①스승의 밑, 또는 스승의 집. ¶퇴계(退溪) 문하. ②문하생이 드나드는 권세 있는 집.

문하-부(門下府)[명] ①고려 시대에, '중서 문하성(中書門下省)'의 고친 이름. ②조선 초에, 정사를 도맡아 보살피던 최고 의결 기관.

문하-생(門下生)[명] ①문하에서 가르침을 받는 제자. 교화생(校下生). 문인(門人). 문제자. ②세도가에 드나드는 사람. ㉰문생(門生).

문하-시중(門下侍中)[명] ①고려 시대에, 정사를 도맡아 보살피던 으뜸 벼슬, 또는 그 벼슬아치. ②조선 초에, 정사를 총괄하던 문하부(門下府)의 으뜸 벼슬, 또는 그런 벼슬.

문하-인(門下人)[명] 지난날, 세도 있는 집에 드나들던 지체 낮은 사람.

문학(文學)[명] ①넓은 뜻으로는, 법률학·정치학·자연 과학·경제학 등의 학문 이외의 학문을 통틀어 이르는 말. ㉠순문학(純文學)·사학·철학·언어학 따위. ②좁은 뜻으로는, 정서와 사상을 상상의 힘을 빌려 문자로 나타내는 예술 및 그 작품. 〔수필·시·소설·희곡·평론 따위.〕

문학-가(文學家)[-까][명] 문학을 창작하거나 연구하는 사람. 문학자.

문학^개:론(文學槪論)[-깨-][명] 문학 전반에 관한 개요를 연구하는 학문, 또는 그런 책.

문학-계(文學界)[-계/-게][명] ①문학의 세계나 영역. ②문학가의 사회. 문단(文壇).

문학-관(文學觀)[-꽌][명] 문학의 가치·직능 등에 대한 독자적인 견해나 안목.

문학-도(文學徒)[-또][명] 문학 작품의 창작에 뜻을 두거나 문학을 전문적으로 연구하는 학도.

문학-론(文學論)[-항논][명] 문학의 본질이나 작품의 감상·평가에 관한 이론이나 논설.

문학-부(文學部)[-뿌][명] 대학의 학부의 한 가지. 문학·철학·사회학·사학 따위의 학과를 포함함.

문학-사(文學士)[-싸][명] 학위의 한 가지. 대학의 문학부를 졸업한 학사의 칭호.

문학-사(文學史)[-싸][명] ①문학의 역사. ②문학의 역사적 발전 과정을 연구하는 학문.

문학-상(文學賞)[-쌍][명] 우수한 문학 작품을 창작하였거나 문학 부문에 공적이 뛰어난 사람에게 주는 상. ¶신인 문학상.

문학-소녀(文學少女)[-쏘-][명] 문학을 좋아하는 감상적(感傷的)인 소녀.

문학-예술(文學藝術)[-항녜-][명] ①예술로서의 문학을 이르는 말. ②문학과 예술을 아울러 이르는 말. ㉰문예(文藝).

문학-자(文學者)[-짜][명] ☞문학가.

문학-청년(文學靑年)[명] 문학을 좋아하는, 또는 문학가를 지망하는 청년.

문한(文翰)[명] ①문필(文筆)에 관한 일. ②문장에 능한 사람.

문한(門限)[명] 지난날, 도성(都城) 안의 궁문(宮門)과 성문(城門)을 닫던 시간.

문한-가(文翰家)[명] 대대로 뛰어난 문필가가 나온 집안.

문합-술(吻合術)[-쑬][명] 장기(臟器)와 장기를 접합시켜 잇는 수술.

문:항(問項)[명] 문제의 항목.

문:향(聞香)[명] ①향기를 맡음. ②향불의 향기만을 맡고 그 향의 우열을 가리는 일.

문:향리(聞香梨)[-니][명] ☞문배.

문헌(文獻)[명] ①문물 제도의 전거(典據)가 되는 기록. ②학문 연구에 참고 자료가 될 만한 기록이나 책. ¶참고 문헌.

문헌-학(文獻學)[명] ①문헌에 의하여 어떤 민족이나 시대의 문화를 이해하려는 학문. ②☞서지학(書誌學).

문형(文型)[명] 문장의 유형(類型). 구조나 종류·표현법 등에 따라 나뉨. ¶기본 문형.

문형(文衡)[명] 조선 시대에, '대제학(大提學)'을 달리 일컫던 말.

문호(文豪)[명] 크게 뛰어난 문학가. 문웅(文雄). ¶러시아의 문호인 톨스토이.

문호(門戶)[명] ①집으로 드나드는 문. ②'외부와 교류하기 위한 통로나 수단'을 비유하여 이르는 말. ¶문호를 개방하다. /신문화 유입의 문호.

문화(文火)[명] 뭉근하게 타는 불. ↔무화(武火).

문화(文化)[명] ①인지(人智)가 깨어 세상이 열리고 생활이 보다 편리하게 되는 일. ②철학에서, 진리를 구하고 끊임없이 진보·향상하려는 인간의 정신적 활동, 또는 그에 따른 정신적·물질적인 성과를 이르는 말. 〔학문·예술·종교·도덕 따위.〕 ㉠문명. ③문덕(文德)으로 백성을 가르쳐 교화함. ¶문화 정책을 펴다.

문화(文華)[명] ①문장의 화려함. 문조(文藻). ②문명의 화려한 빛.

문화(文話)[명] 문담(文談).

문화^가치(文化價値)[명] ①어떤 사물이 문화재로서 지니고 있는 가치. ②문화재를 평정하는 기준이 되는 가치. 〔진·선·미 따위.〕

문화^경관(文化景觀)[명] 자연에 사람의 공력을 들여서 이룩한 교통로(交通路)·도시·농촌 등의 모습. ↔자연 경관.

문화-계(文化界)[-계/-게][명] 문화와 관련 있는 사회적 분야.

문화^과학(文化科學)[명] 〔신칸트학파에서 과학을 둘로 나눈 것 중의 하나로〕 보편성을 밝혀 법칙을 정립하는 자연 과학에 대하여, 사물의 일회적(一回的) 개별성을 기술하는 과학. 역사 과학. ㉰자연 과학.

문화^국가(文化國家)[-까][명] (경찰국가 따위의 개념에 대립하는 것으로서) 문화의 창조·유지·발전을 최고 목적으로 하는 국가.

문화-권(文化圈)[-꿘]**명** 어떤 공통적 특징을 갖는 문화의 세력권 안에 있는 지역.

문화-병(文化病)[-뼝]**명** ☞문명병(文明病).

문화^보:호법(文化保護法)[-뻡]**명** 학문과 예술의 자유를 보장하고 과학자와 예술가의 지위를 향상시킴으로써, 민족 문화의 창조·발전을 꾀하려는 취지 아래 제정된 법률.

문화-비(文化費)**명** ①교육이나 종교·예술 따위) 일반 문화 발전을 위하여 필요로 하는 비용.〔재정학상의 용어임.〕②가계(家計)에서, 사교(社交)·교양·오락 따위에 쓰이는 비용.

문화-사(文化史)**명** 인류의 정신적·사회적 활동의 역사. 곧, 종교·과학·예술·경제 따위 변천을 사회의 문화 요소로서 연관시켜 기록한 역사.

문화^사회학(文化社會學)[-회/-훼-]**명** 인간 문화를 연구 대상으로 하는 사회학.

문화-생활(文化生活)**명** 문화 가치를 실현하거나 문화를 누리는 생활.

문화^양식(文化樣式)**명** ☞문화 유형.

문화-어(文化語)**명** 북한에서, 평양의 말을 중심으로 하는 근로 계급의 이상 및 생활 감정에 맞도록 어휘·문법·철자법 따위를 규범화한 말.

문화^영화(文化映畫)**명** 극영화에 상대하여, '교육 영화나 과학 영화' 등을 이르는 말.

문화-유산(文化遺産)**명** 다음 세대에 물려줄, 민족 및 인류 사회의 모든 문화. 유형·무형의 각종 문화재나 문화 양식 따위. ¶우리 민족의 찬란한 문화유산.

문화^유:형(文化類型)**명** 문화의 여러 요소나 특질이 통합 형성되어, 그 양상이 통일과 외연(外延)을 가지고 완결된 체계를 이룬 유형. 문화 양식(文化樣式).

문화-인(文化人)**명** ①지성과 교양이 있는 사람. ↔야만인(野蠻人). ②문화에 관한 일에 종사하는 사람.

문화^인류학(文化人類學)[-일-]**명** 인류의 생활과 역사를 문화 면에서 실증적으로 연구하려는 인류학의 한 부문. 웹자연 인류학.

문화-재(文化財)**명** ①문화의 소산(所産), 곧 학문이나 예술. ②문화재 보호의 대상이 되는 유형 문화재와 무형 문화재 및 기념물·민속 자료를 통틀어 이르는 말.

문화재-청(文化財廳)**명** 문화 체육 관광부에 딸린 중앙 행정 기관의 하나. 문화재의 보존·관리 및 활용 등에 관한 사무를 맡아봄.

문화^정치(文化政治)**명** 교화(教化)로써 다스리는 정치. 웹무단 정치(武斷政治).

문화-주의(文化主義)[-의/-이]**명** 문화의 향상과 문화 가치의 실현을 인간 생활의 최고 목적으로 하는 주의.

문화^주:택(文化住宅)**명** 생활상 편리하며 보건·위생에 알맞게 지은 주택.

문화^체육^관광부(文化體育觀光部)[-관-]**명** 중앙 행정 기관의 하나. 문화·체육·청소년·관광·국내 문화의 해외 홍보 및 관광 등에 관한 사무를 맡아봄.

문화^포장(文化褒章)**명** 문화 예술 활동을 통하여 문화 발전에 이바지한 공적이 뚜렷한 사람에게 수여하는 포장.

문화^훈장(文化勳章)**명** 문화 예술 발전에 공을 세워 국민 문화 향상과 국가 발전에 이바지한 공적이 뚜렷한 사람에게 수여하는 훈장.〔금관·은관·보관(寶冠)·옥관(玉冠)·화관(花冠)의 다섯 등급이 있음.〕

문회(門會)[-회/-훼]**명** 문중(門中) 모임.

문:후(問候)**명**[하자] 웃어른의 안부를 물음. ¶큰아버지께 문후를 드리다.

묻갈다[타][옛] 파묻다. 장사(葬事)하다. ¶묻갈디 몯ᄒᆞ야(內訓1:72).

묻그리ᄒᆞ다[옛] 무꾸리. ¶ᄆᆞᅀᆞ미 正티 몯ᄒᆞ야 됴쿠주믈 묻그리ᄒᆞ야(釋譜9:36).

묻다[-따][자] (물이나 가루 따위가) 들러붙다. ¶피 묻은 붕대. /구두에 흙이 묻다. ②드러내거나 섞이다.〔주로, '묻어'·'묻어서'의 꼴로 쓰임.〕¶승용차로 가면 나도 좀 묻어 타고 가자.

묻다²[-따][타] ①(땅이나 다른 물건 속에) 물건을 넣고 덮어 감추다. ¶쓰레기를 땅에 묻다. ②드러나지 않게 숨겨 감추거나 없었던 셈으로 치다. ¶남의 잘못을 묻어 주다. ③얼굴을 몸이나 다른 물체에 가리듯 기대다. ¶양 무릎에 얼굴을 묻다. /베개에 얼굴을 묻다.

묻:다³[-따][물으니·물어][타ㄷ] ①(모르거나 궁금한 것을 알려고) 대답을 구하다. ¶이름을 묻다. ②잘못이나 책임을 따지다. ¶책임을 묻다.

묻어-가다[자] 함께 따라가거나 딸려 가다. ¶택시 탈 기회에 나도 좀 묻어 가다.

묻어-나다[자] 물건에 칠하거나 바른 것이 다른 것에 닿았을 때 거기에 옮아 묻다. ¶벽에서 페인트가 묻어났다.

묻어-오다[자] 함께 따라오거나 딸려 오다.

묻을-무[명] (겨울에 먹기 위하여) 움 속에 묻어 두는 무.

묻-히다[무치-][자] ①('묻다²'의 피동) 묻음을 당하다. ¶선산(先山)에 묻히다. /지하에 묻힌 자원. ②어떤 상태나 환경에 휩싸이다. ¶산이 단풍에 묻히다. /마을이 어둠에 묻히다. ③어떤 곳에 들어박히다. ¶초야에 묻혀 지내다. ④어떤 일에 몰두하다. ¶하루종일 일에 묻혀 산다.

묻-히다²[무치-][타]('묻다¹'을 묻히다) 묻게 하다. ¶떡에 팥고물을 묻히다.

물¹[명] ①(화학적으로는) 수소 2와 산소 1의 화합물(H₂O)로서 색·냄새·맛이 없는 액체. ㉠(자연계의) 빗물·샘물·강물·바닷물 따위. ¶물에서 사는 생물. /화초에 물을 주다. ㉡(특히) 식수(食水). ¶물이 자꾸 켜이다. ②강이나 호수·바다를 두루 이르는 말. ¶산 넘고 물 건너. ③밀고 써는 바닷물. ¶물이 나가다. /물이 들어오다. ④물 모양의 액체.〔즙액(汁液)·수액(樹液) 따위.〕¶물이 많은 과일. /나무에 물이 오르다. ⑤큰물. 홍수(洪水). ¶물에 잠긴 동네. ⑥(일부 명사 뒤에, '들다'·'먹다'와 함께 쓰이어) '어떤 환경의 영향'을 비유하여 이름. ¶외국 물을 먹다. /대학 물을 먹다.

물 밖에 난 고기[속담] '목숨이 경각에 다다랐거나 그런 분위기에서 벗어날 수 없게 된 사람'을 빗대어 이르는 말. 웹도마에 오른 고기.

물 본 기러기, 꽃 본 나비[속담] 바라던 바를 이루어 득의양양함을 이르는 말.

물에 물 탄 듯 술에 술 탄 듯[속담] 말이나 행동이 변화가 없이 싱겁다는 말.

물에 빠져도 정신을 차리면 산다[속담] 아무리 어려운 경우에도 정신을 차리고 용기를 내면 살 도리가 있다는 말.

물에 빠지면 지푸라기라도 움켜쥔다[속담] 위급한 때에는 무엇이나 닥치는 대로 잡고 늘어진다.

물에 빠진 놈 건져 놓으니까 내 봇짐 내라 한다[속담] 남의 은혜를 갚기는커녕 배신함을 이르는 말.

물이 깊어야 고기가 모인다[속담] 덕망이 있어야 사람이 따른다는 말.

물이 깊을수록 소리가 없다[속담] 사람이 잘난 체수록 잘난 체하거나 떠벌리거나 하지 않는다는 말.

물이 아니면 건너지 말고 인정이 아니면 사귀지 말라[속담] 인정에 의한 사귐이어야만 참된 사귐이라는 말.

물로 보다[관용] 사람을 하찮게 보거나 쉽게 생각하다.

물 뿌린 듯이[관용] 한자리에 모인 사람이 숙연해짐을 이르는 말.

물 쓰듯 하다[관용] (돈이나 물자를) 헤프게 쓰다. ¶가산을 물 쓰듯 하여 탕진하다.

물에 빠진 생쥐[관용] 물이나 비에 흠뻑 젖어 몰골이 몹시 초췌해진 모양을 이르는 말.

물 위의 기름[관용] 서로 어울리지 못하고 겉돎을 이르는 말.

물(을) 내리다[관용] 떡가루에 꿀물이나 맹물을 쳐 가면서 성긴 체에 다시 치다.

물(을) 맞다[관용] (병을 고치려고) 폭포 같은 데에 가서 물맞이를 하다.

물(을) 잡다[관용] (논에 처음으로) 물을 대어 두다.

물(이) 내리다[관용] (기운이 빠지거나 뜻을 잃어) 사람이 풀기가 죽다.

물(이) 잡히다[관용] 살갗에 물집이 생기다. ¶오랫동안 망치질을 했더니 손바닥에 물이 잡혔다.

물 찬 제비[관용] '몸매가 날씬하고 옷맵시가 깔끔한 사람'을 비유하여 이르는 말.

물 퍼붓듯 하다[관용] ①말이 매우 빠르고 세차다. ②비가 몹시 세차게 옴을 이르는 말.

물²[명] ①물건에 묻어서 드러나는 빛깔. ¶옷에 붉은 물이 들다. ②<물감>의 준말. ③'나쁜 생각이나 행동의 영향'을 빗대어 이르는 말. ¶퇴폐 사상에 물이 들다.

물³[명] 생선의 싱싱한 정도. ¶물이 좋은 고등어.

물⁴[명] ①옷을 한 번 빤 동안을 세는 말. ¶한 물 입은 옷. ②채소·과일·어물 따위가 어떤 동안을 두고 한목 많이 나오는 차례를 세는 말.

물⁵[옛][명] 무리(群). ¶비록 사라매 무레 사니고 중싱마도 몯호이다(釋譜6:5).

물(物)[명] ①철학에서, 감각적인 존재 및 사고(思考)의 대상이 되는 유형·무형의 온갖 것을 통틀어 이르는 말. ②☞물질②.

-물(物)[접미] 《일부 명사 뒤에 붙어》 '물건·물질'임을 뜻함. ¶공용물. /청과물.

물-가[-까][명] (바다나 강·내·못 따위) 물이 있는 곳의 가장자리, 또는 그 가까운 바깥. 물녘. 수변(水邊). 수애(水涯). ¶물가에 내보낸 어린애같이 항상 마음이 안 놓인다.

물가(物價)[-까][명] 물건 값. 상품의 시장 가격. ¶물가 조절. /물가 통제.

물가-고(物價高)[-까-][명] 물건 값이 비쌈, 또는 그 정도. ¶물가고에 허덕이다.

물가^연동제(物價連動制)[-까-][명] 임금이나 금리 따위를 물가에 따라 조절하는 정책.

물가^정책(物價政策)[-까-][명] 물가를 알맞게 유지시켜 경제적 안정을 꾀하려는 시책.

물가^지수(物價指數)[-까-][명] 물가의 변동을 표시하는 숫자. 어떤 기준년(基準年)의 물가를 100으로 하고, 그 후의 변동을 기준년과 비교해 보는 것.

물가^평준(物價平準)[-까-][명] 물가 지수로 나타내는 상품 가격의 평균 위치.

물각유주(物各有主)[명][하형] 물건(사물)에는 다 각기 임자가 있음.

물-갈래[-깔-][명] (강물·냇물 따위의) 물이 갈리어 나가는 가닥.

물-갈음[명][하타] (광택이 나도록) 석재(石材)의 표면을 물을 쳐 가며 가는 일.

물-갈이[명][하타] 논에 물을 대고 가는 일. ↔마른갈이. 참진갈이.

물-갈이²[명][하타] ①수영장이나 수족관 따위 시설에 든 물을 가는 일. ②'조직 등에서 어떤 일에 관계된 사람들을 갈아 치우는 일'을 비유하여 이르는 말. ¶이번 조직 개편에서는 대폭적인 물갈이가 예상된다.

물-갈퀴[명] ①(오리·기러기·개구리 따위의) 발가락 사이에 있는 막(膜). 헤엄치는 데 아주 편리함. 복(蹼). ②잠수할 때 발에 끼는, 오리발 모양의 물건. 오리발.

물-감[-깜][명] ①물건에 빛깔을 물들이는 물질. 염료. ¶옥색 물감. ②그림물감. 채료(彩料). 图물².

물-감² 감의 한 가지. 모양이 조금 길둥글고 즙액이 많음.

물-개[-깨][명] 물갯과의 바다짐승. 몸은 둥글고 길쭉하며 네 다리는 물고기의 지느러미 모양인데 헤엄을 잘 침. 꼬리와 귀가 작고 온몸에 짧은 털이 있음. 몸빛은 회록색에 아래쪽은 적갈색임. 북태평양 특산으로 알래스카 등지에서 모여 삶. 바닷개. 올눌(膃肭). 해구(海狗).

물-거름[명] 액체 상태로 된 비료. [똥·오줌을 썩힌 것이나 물에 녹인 화학 비료 따위.] 액비(液肥).

물거리[명] 싸리 따위와 같이, 잡목의 우죽으로 된 땔나무.

물-거리(距離)[-꺼-][명] 만조(滿潮) 때 배가 다닐 수 있는 물길의 거리.

물-거울[명] 거울삼아 물을 비추어 보는 물.

물-거품[명] ①물에 생기는 거품. 부말(浮沫). 포화(泡花). ②'노력이 헛되게 된 상태나 결과'를 비유하여 이르는 말. ¶모든 것이 물거품이 되고 말았다. 수포(水泡).

물건(物件)¹[명] ①일정한 형체를 갖추고 있는 모든 물질적인 제품. 물조의 전래의 물건. ②사고파는 물품. ¶비싼 물건을 사다. ③'특이하거나 남다른 존재'를 비유하여 이르는 말. ¶녀석, 생긴 것과는 달리 물건이야.

물건을 모르거든 금 보고 사라[속담] 값은 물건의 질에 따라 정해지니, 좋은 물건을 사려면 비싼 것으로 사야 한다는 말.

물건(物件)²[명] 법률적으로 권리의 객체가 될 수 있는 것. 민법에서는 유체물 및 전기, 기타 관리할 수 있는 자연력을 가리킴. 물(物).

물-걸레[명] 물에 적시어 쓰는 걸레. ↔마른걸레.

물걸레-질[명][하타] 물걸레로 닦는 일.

물-것[-껃][명] (모기나 빈대·이 따위) 사람이나 동물의 살을 물어 피를 빨아 먹는 벌레를 통틀어 이르는 말. *물것이[-꺼시]·물것만[-껀-]

물-결[-껼][명] ①(바람 따위로) 수면에 높낮이가 생겨 이루는 움직임. 수파(水波). ¶물결이 일다. ②물결처럼 움직이거나 밀어닥치는 모양(것). ¶사람의 물결. /시대의 물결. /바람에 물결이는 보리밭.

물결-치다[-껼-][자] ①물결이 일어나다. ¶강물이 잔잔하게 물결치다. ②물결처럼 크게 움직이거나 설레다. ¶피난민이 물결치다.

물결-털[-껼-][명] ☞섬모(纖毛).

물결-표(-標)[-껼-][명] 순서나 정도 또는 동안을 나타낼 때 그 사이를 줄이는 뜻으로 쓰이는

표. 〔'사흘~닷새'·'10~20 m 크기의 나무'· '1월~3월' 등에서의 '~'를 이름.〕

물-겹것[-껀]圓 홈질을 하여 지은 겹옷. *물 겹것이[-껴시]·물겹것만[-껀-]

물-겹저고리[-쩌-]圓 홈질을 하여 지은 겹저 고리. ①숙고사 물겹저고리.

물경(勿驚)튀 〔놀라지 말라는 뜻으로〕 엄청난 것을 말할 때 앞세워 이르는 말. ¶물경, 10만 명이나 되는 청중이 모였다.

물-경단(-瓊團)圓 경단의 한 가지. 물에 삶아 다음에 고물을 묻히지 아니하고 삶은 물에 꿀 과 새앙물을 쳐서 그 물째 먹는 것.

물계[-계/-게]圓 찹쌀에 섞인, 맵쌀 비슷한 나 쁜 쌀알.

물계(物-)[-계/-게]圓 물건의 시세.

물계(物界)[-계/-게]圓 ☞물질계.

물고(物故)圓①사회적으로 이름난 사람의 죽 음. ②하자타 죄인으로 죽임.
　물고(가) 나다관용 '죽다'를 속되게 이르는 말.
　물고(를) 내다관용 '죽이다'를 속되게 이르는 말.
　물고(를) 올리다관용 명령에 따라 죄인을 죽이다.

물-고기[-꼬-]圓 물에 사는, 아가미와 지느러미 가 있는 척추동물을 통틀어 이르는 말. ㉣고기¹.

물고기-어(-魚)[-꼬-]圓 한자 부수의 한 가 지. '鮒'·'鯨' 등에서의 '魚'의 이름.

물고기-자리[-꼬-]圓 황도 십이궁의 하나. 페 가수스자리와 고래자리 사이에 있는 별자리. 가을에 남쪽 하늘에 보이며, 11월 하순 저녁에 자오선을 통과함. 쌍어궁.

물고기-진드기[-꼬-]圓 물고기진드깃과의 절 지동물. 몸길이 3~5mm. 다리는 네 쌍이며, 몸은 둥글넓적하고 투명함. 민물고기의 아가미 나 살에 기생하여 피를 빨아 먹음. 어접(魚蝶).

물-고동圓 '수도꼭지'의 잘못.

물-고사리圓 물고사릿과의 일년초. 전라남도의 순천·광양·구례 등지의 논이나 밭에 절로 나며 흔히 어항의 수초(水草)로 이용됨. 실엽(實葉) 은 길이 50 cm가량으로 자라며, 깃 모양으로 갈라짐.

물-고의[-의/-이]圓 미역을 감거나 물에서 일 할 때에 입는 짧은 고의.

물고-장(物故狀)[-짱]圓 지난날, 죄인을 죽인 것을 보고하던 글.

물-곬[-꼴]圓 물이 빠져나가는 길. *물곬이[-꼬시]·물곬만[-꼴-]

물-관(-管)圓 속씨식물의 목질부에 있는, 물의 통로가 되는 대롱 모양의 조직. 도관(導管).

물-교자(-餃子)圓 ☞물만두.

물구나무서-기圓 두 손으로 바닥을 짚고 몸을 거꾸로 하여 서는 일.

물구나무-서다짜 두 손으로 바닥을 짚고 몸을 거꾸로 하여 서다.

물-구덩이[-꾸-]圓 물이 괸 구덩이.

물-구멍[-꾸-]圓①물이 흐르는 구멍. ②광산 에서, 물을 조금씩 부어 가며 뚫는 남폿구멍.

물-굴젓[-낄-]圓 잘게 담가 국물이 많은 굴젓. *물굴젓이[-저시]·물굴젓만[-껀-]

물-굽이[-꾸비]圓 바다나 강줄기에서 물이 구 부러져 흐르게 된 곳.

물권(物權)[-꿘]圓 재산권의 한 가지. 사법상, 물건을 직접 지배할 수 있는 권리. 〔점유권·소 유권·지상권·지역권·전세권·유치권·질권(質權)·저당권 등 여덟 가지로 규정되어 있음.〕

물권^증권(物權證券)[-꿘-꿘]圓 물권을 나타 내는 유가 증권. ㉵채권 증권.

물권^행위(物權行爲)[-꿘-]圓 직접 물권의 변 동을 발생시키는 법률 행위. 〔소유권 이전 행 위·저당권 설정 행위 따위.〕

물-귀신(-鬼神)[-뀌-]圓①물속에 있다는 잡 귀(雜鬼)(물귀신). ②〔자기가 궁지에 빠졌을 때〕 '남까지 끌고 들어가려는 사람'을 비유 하여 이르는 말. ¶물귀신처럼 물고 늘어지다.
　물귀신(이) 되다관용 물에 빠져 죽다.

물금(-金)圓①☞아말감. ②☞수금(水金).

물금(勿禁)圓하타 지난날, 관아에서 금지한 일 을 특별히 풀어 주던 일.

물긋-물긋[-귿-귿]튀허엉 매우 물긋한 모양. ¶나물죽을 물긋물긋하게 쑤다.

물긋-하다[-그타-]형여 묽은 듯하다. ¶죽이 물긋하다.

물-기(-氣)[-끼]圓 축축한 물의 기운. 수분(水分). ¶물기가 마르다. /물기가 많은 흙.

물-기둥(-氣-)圓 기둥처럼 솟구쳐 오르는 굵은 물줄기. 수주(水柱). ¶물기둥이 솟다.

물-기름圓 물같이 묽은 기름. 〔포마드에 대하여 동백기름 같은 것을 이름.〕

물-길[-낄]圓①배가 다니는 길. 뱃길. ②물이 흐르거나 물을 보내는 통로. 수로(水路).

물-까마귀圓 물까마귓과의 새. 몸길이 18 cm가 량. 흰 눈의 주위를 제외한 몸빛은 흑갈색임. 다리가 길며 짧은 꽁지를 수직으로 세움. 낮 고 신속하게 날고 가볍게 움직이며, 물속으로 잠수할 때까지 물 위를 걸음. 흔히, 계곡의 물가에 사는데, 우리나라·일본·중국 등지에 분포함.

물-까치圓 까마귓과의 새. 까치보다 좀 작고 꽁 지가 긺. 머리는 검고 등은 회갈색이며 배 쪽은 흼. 우리나라 중부 지방에서 번식하는 텃새임.

물-껍질[-껼]圓 부들이나 왕골 따위의 속에 잠긴 부분의 겉껍질.

물-꼬圓①논배미에 물이 넘어 흐르게 만들어 놓은 어귀. ②'어떤 일의 시작'을 비유하여 이 르는 말. ¶남북 정상 회담으로 물꼬를 트다.

물끄러미튀 우두커니 한곳만 바라보는 모양. ¶물끄러미 먼 산을 바라본다. ㉧말끄러미.

물끄러미-말끄러미튀 말없이 서로 얼굴만 물끄러미 보다가 말끄러미 보다가 하는 모양.

물-나라[-라-]圓 ①비가 많이 와서 '큰물 진 지 역'을 비유하여 이르는 말. 수국(水國).

물-난리(-亂離)[-랄-]圓①큰물이 져서 이루 는 수라장. ②물이 달리어 수돗물이나 우물물 을 다투어 길어려는 소동. ¶수도관 파열로 물 난리를 겪다.

물납(物納)[-랍]圓하타 〔조세 따위를 금전 이 외의〕 물건으로 납부함. ↔금납(金納).

물납-세(物納稅)[-랍쎄]圓 금전 이외의 물건으 로 납부하는 세금. ↔금납세(金納稅).

물-너울[-러-]圓 〔바다 같은 넓은 물에서〕 크 게 움직이는 물결.

물-녘[-럭]圓 '물가'의 방언.

물-노릇[-로-]圓 물을 다루는 일. *물노 롯이[-로르시]·물노롯만[-로른-]

물-놀이¹[-로리]圓하짜①물가에서 하는 놀이. ②물속에서 노는 놀이.

물-놀이²[-로리]圓 (공기의 움직임으로) 잔잔한 수면(水面)에서 잔물결이 일어나는 현상.

물어도 준치 썩어도 생치속담 본디 좋은 것은 오래되거나 변하거나 하여도 뛰어남에는 변함 이 없다는 말.

물:다¹[무니-]째타

물다²[무니·물어]匣 (마땅히 내거나 주어야 할 것을) 치르다. ¶세금(벌금)을 물다.

물다³[무니·물어]匣 ①(아랫잇니 부리 또는 집게 따위로) 마주 눌러 집다. ¶담배를 물다. ②(짐승 따위가) 이빨로 마주 누르거나 상처를 내다. ③(벌레가) 주둥이 끝으로 살을 찌르다. ¶모기가 물다. ④입 안에 무엇을 품다. ¶알사탕을 문 채 말하다. ⑤(사람이나 이권 등을) 이용하려고 차지하다. ¶봉을 물다.

무는 개를 돌아본다[속담] 무엇이든 나서서 보채야만 관심을 끌 수 있다는 말.

무는 개 짖지 않는다[속담] 무서운 사람일수록 말이 없다는 뜻.

무는 호랑이는 뿔이 없다[속담] 혼자서 무엇이든 다 갖출 수는 없다는 말.

물고 늘어지다[관용] ①어떤 일을 진득하게 붙잡다. ¶물고 늘어지는 성미. ②꼬투리나 말끝을 잡아 자꾸 캐어묻거나 덤비다. ¶너 내 말을 왜 자꾸 물고 늘어지니?

물-닭[-딱]圕 뜸부깃과의 새. 몸길이 41cm가량. 몸빛은 흑색에 머리에만 흰색 털이 있음. 다리는 녹색이며 발에 물갈퀴가 있음. 얼지 않은 하구·민물가·하천·저수지 등에서 월동하는 겨울새로, 볏과 식물의 얇은 잎이나 곤충·작은 물고기 등을 먹고 삶. *물닭이[-딸기]·물닭만[-땅-]

물대[-때]圕 무자위의 통(筒).

물덤벙-술덤벙[튀][하자] 아무 일에나 대중없이 손 대거나 날뛰는 모양. ¶김 씨는 동네 일이라면 물색없이 물덤벙술덤벙하며 끼어든다.

물-독[-똑]圕 물을 담아 두는 독.

물-동[-똥]圕 광산에서, 구덩이 안의 물이 빠져나가지 못하도록 막아 세운 동바리.

물동^계:획(物動計劃)[-똥계획/-똥계훽]圕 ①생산 수단의 국유(國有)와 생산의 국영(國營)을 전제로 하는 사회주의적 경제 계획. ②물자의 동원에 관한 계획.

물동-량(物動量)[-똥냥]圕 물자가 유동하는 양. ¶물동량이 늘다.

물-동이[-똥-]圕 물을 긷는 데 쓰는 동이.

물-두멍[-뚜-]圕 ☞두멍.

물-두부(-豆腐)圕 두부를 1cm가량의 두께로 모나게 썰어서 냄비에 담고 물을 좀 부어 살짝 끓인 음식. 양념간장에 찍어 먹음.

물-들다[~드니·~들어]匨 ①빛깔이 옮아서 묻거나 배다. 염색되다. ¶단풍 들이 빨갛게 물들다. ②(사상이나 행동·버릇 따위가) 영향을 받아 닮다. ¶악에 물들기 시작하다.

물들-이다匣 [‘물들다’의 사동] 물들게 하다. 염색하다. ¶머리를 검게 물들이다.

물-딱총(-銃)圕 (대통으로 만든) 물을 쏘아 보내는 장난감 총. ☞물총.

물-때¹圕 ①아침저녁으로 조수(潮水)가 드나드는 때. ②밀물이 들어오는 때.

물-때²圕 물에 녹아 있는 물질이 그릇 따위에 옮아 붙어서 끼는 것. ¶물때 묻은 항아리.

물때-썰때圕 ①밀물 때와 썰물 때. ②사물의 형편이나 내용.

물때썰때를 안다[속담] 사물의 형편이나 진퇴(進退)의 시기를 잘 안다.

물-떼새圕 물떼새과의 새를 통틀어 이르는 말. 갯벌·습초지·강가·해안 등에 삶. 우리나라에는 12종이 있으나 대부분 봄·가을에 한반도를 통과하는 나그네새이거나 겨울새임. ☞떼새.

물-똥圕 〈물찌똥〉의 준말.

물똥-싸움圕 손이나 발로 물을 서로 튀기거나 끼얹는 아이들의 장난. ☞물싸움.

물라토(mulato 스)圕 라틴 아메리카에서, ‘백인과 흑인의 혼혈아’를 이르는 말.

물량(物量)圕 물건의 분량. ¶물량 공세. /물량을 대다.

물러-가다匨 ①있던 자리에서 뒷걸음쳐 가거나 옮겨 가다. ②윗사람 앞에 왔다가 도로 가다. ⑥무르와가다. ③지위나 하던 일을 내어 놓고 떠나다. ④차지하던 곳을 내어 놓고 떠나가다. 후퇴하다. ¶적군이 물러가다. ⑤있던 현상이나 느낌 따위가 사라져 가다. ¶재앙이 물러가다. /장마가 물러가고 무더위가 시작되었다. /두려움이 마음속에서 물러가다.

물러-나다匝匝匣 ①있던 자리에서 뒤나 옆으로 몸을 옮기다. ¶한 발자국씩만 뒤로 물러나시오. ②윗사람 앞에 있다가 도로 나오다. ¶어전에서 물러나다. /선생님 앞을 물러나다. ③지위나 하던 일을 내어 놓고 나오다. ¶장관직에서 물러나다. /영의정을 물러나다.
匝匣 꽉 짜인 물건의 틈이 벌어지다. ¶문설주가 물러나 문이 잘 여닫히지 않는다.

물러-서다匝 ①있던 자리에서 뒤나 옆으로 비켜 서다. ¶10m 뒤로 물러서라. ②있던 직위나 하던 일을 내어 놓거나 그만두다. ¶자�그 일에서 물러서게. ③맞서 버티던 일을 그만두거나 사양하다. ¶노사(勞使)가 조금씩 물러서는 기미를 보인다.

물러-앉다[-안따]匝 ①뒤로 나서서 앉다. 후퇴하여 앉다. ¶조금씩 뒤로 물러앉다. ②있던 직위나 하던 일을 내어 놓거나 그만두다. ¶회장직에서 물러앉아 한가로이 지내다.

물러-오다匝 가다가 피하여 도로 오다. ¶밤길을 떠났지만 폭우로 곧 물러오고 말다.

물러-지다匝 ①흠씬 익어서 녹실녹실하여지다. ¶솥에 찐 고구마가 물러지다. ②굳었던 마음이 누그러지다. ¶맺힌 마음이 물러지다.

물렁-거리다匝 자꾸 물렁물렁한 느낌이 나다. 물렁대다. ⑩말랑거리다·몰랑거리다.

물렁-대다匝 물렁거리다.

물렁-물렁[튀][하자] 매우 물렁한 모양. ⑩말랑말랑·몰랑몰랑.

물렁-뼈圕 ☞연골(軟骨).

물렁-살圕 ①(단단하지 아니하고) 무르고 연한 살. ②☞여린줄기.

물렁-팥죽(-粥)[-판쭉]圕 ①‘무르고 약한 사람’을 비유하여 이르는 말. ②‘몹시 물러서 뭉그러진 물건’을 비유하여 이르는 말.

물렁-하다[하][여] ①매우 부드럽고 무르다. ¶물렁한 찹쌀떡. ②기질이 맺힌 데가 없이 썩 무르다. ¶사람이 물렁해서 싫은 소리를 못하다. ⑩말랑하다·몰랑하다.

물레¹圕 솜이나 털을 자아서 실을 만드는 틀. 방거(紡車). 방차(紡車). 윤대(輪臺). 취자거.

물레²圕 둥근 도자기의 모양을 고르는 데 쓰이는 틀. 녹로. 도차(陶車). 배차(坏車). 선륜차.

물레-바퀴圕 ①물레의 바퀴. 사거(絲車). ②물레방아의 바퀴. 이 바퀴에 물이 고여 바퀴 전체가 돌아가게 됨.

물레-방아圕 물이 떨어지는 힘으로 물레바퀴를 돌려 곡식을 찧게 된 방아. 수차(水車). ¶물레방아를 찧다. ⑪물방아.

물레-질[하][자] 물레를 돌리어 실을 뽑는 일.

물렛-가락[-레까/-렌까-]圕 물레로 실을 자을 때 실이 감기는 쇠꼬챙이. 가락².

물렛-돌[-레똘/-렏똘]**명** 물레가 움직이지 않도록, 물레 바닥의 가로지른 나무를 눌러 놓는 돌.

물렛-줄[-레쭐/-렏쭐]**명** 물레의 몸과 가락에 걸치어 감은 줄. 물레를 돌리면 따라서 가락이 돌게 됨.

물려-받다[-따]**타** (재물이나 권리·지위 따위를) 웃어른이나 남에게서 받거나 이어받다. ¶ 재산을 물려받다. ↔물려주다.

물려-주다타 (재물이나 권리·지위 따위를) 자손이나 남에게 전하여 주다. ¶ 회사를 큰아들에게 물려주다. ↔물려받다.

물려-지내다자 (남에게 약점이나 트집을 잡히어) 귀찮으나 어쩔 수 없어 그냥 지내다. ¶ 빚돈 때문에 물려지내다.

물력(物力)**명** ①재물의 힘. ②재료가 되는 온갖 물건과 노력.

물론(勿論)**[I]명하타** 말할 필요가 없음. 《주로, '~은 물론이다'의 꼴로 쓰임.》 무론(毋論). ¶ 안내자인 내가 함께 가는 것은 물론이다. **[II]부** 말할 것도 없이. 무론(毋論). ¶ 자네도 가나? 물론 가고말고.

물론(物論)**명** ☞물의(物議).

물루(物累)**명** 몸을 얽매는 세상의 온갖 괴로움. 이 세상의 여러 가지 누(累).

물류(物流)**명** 〈물적 유통(物的流通)〉의 준말.

물리(物理)**명** ①모든 사물의 바른 이치. 만물의 이치. ¶ 물리를 밝히다. ②사물에 대한 이해나 판단의 힘. ¶ 물리가 트이다. ③〈물리학〉의 준말.

물리^광학(物理光學)**명** 물리학의 한 분과. 빛을 파동으로 보는 처지에서 회절(回折)·편광(偏光)·분산 따위의 광학 현상을 연구하는 학문. →기하 광학(幾何光學).

물리다¹타 아주 싫증이 나다. ¶ 너무 자주 먹어서 이제 국수는 물렸다. /그 이야기는 물리도록 들었다.

물-리다²자 〖'물다³'의 피동〗 묾을 당하다. ¶ 개한테 다리를 물리다. /어젯밤 모기에게 콧등을 물렸다.

물리다³타 〖'무르다¹'의 사동〗 푹 익히어 무르게 하다. ¶ 고구마를 흠씬 물린 뒤에 꺼내다.

물리다⁴타 〖'무르다²'의 사동〗 무르게 하다. ¶ 바둑 한 수를 물리다. /새로 산 신발을 물리다. ②기한을 뒤로 더 멀게 하다. ¶ 약속 날짜를 뒤로 물리다. ③(직위나 권리·재물 따위를) 다른 사람에게 내려 주다. ¶ 가보(家寶)를 아들에게 물리다. ④다른 쪽으로 옮겨 놓다. ¶ 책상을 벽 쪽으로 물리다. ⑤(밥상 따위를) 들어서 밖으로 내다. ¶ 밥상을 물리다.

물리다⁵타 원 칸살 밖으로, 툇간 따위를 만들어 달다. ¶ 대청이 좁아서 뒤꼍으로 물려 내다.

물리다⁶타 (굿이나 푸닥거리로) 귀신을 쫓아내다. ¶ 잡귀를 물리다.

물-리다⁷타 〖'물다³'의 사동〗 물게 하다. ¶ 아기에게 젖꼭지를 물리다.

물-리다⁸타 〖'물다²'의 사동〗 값을 치르게 하다. 손해를 갚게 하다. ¶ 가해자에게 치료비를 물리다.

물리^변:화(物理變化)**명** ☞물리적 변화.

물리^상수(物理常數)**명** 물질의 힘·시간·속도·공간 등 물리적 성질을 나타내는 수치.

물리^요법(物理療法)[-뻡]**명** (약물을 쓰지 않고) 열이나 전기·광선·공기·물 등의 물리적 작용을 이용하는 치료 방법. 물리 치료.

물리^원자량(物理原子量)**명** 질량수 16인 산소 원자 질량의 16분의 1을 단위로 하여 측정한 원자의 질량.

물리-적(物理的)**관명** ①물질의 원리에 기초한 (것). ②힘을 이용하거나 폭력을 행사하는 (것). ¶ 시위대를 물리적으로 진압하다.

물리적 변:화(物理的變化)[-뻔-]**명** 물질의 성분은 조금도 변하지 않고 다만 그 상태만이 변하는 현상. 물리 변화. ↔화학적 변화.

물리-치다타 ①거절하여 받아들이지 아니하다. ¶ 뇌물을 물리치다. /인사 청탁을 물리치다. ②적을 쳐서 물러나게 하다. ¶ 적군을 물리치다. ③극복하거나 치워 없애다. ¶ 유혹을 물리치다. /가난을 물리치다.

물리^치료(物理治療)**명** ☞물리 요법.

물리^탐광(物理探鑛)**명** 지구 물리학을 응용하여, 광물이나 암석의 고유한 물리적 성질 곧 밀도·탄성·전도율 따위를 측정하여 지질의 구조나 광상의 존재를 탐지하는 방법.

물리-학(物理學)**명** 자연 과학의 한 부문. 물질의 운동이나 구조 및 열·빛·전자기·소리의 작용 따위에 대하여 연구하는 학문. 이학. ㉥물리.

물리학적 세:계(物理學的世界)**명** [-쩍쎄계/-쩍쎄게] 물리학적 법칙에 지배되는 세계.

물리학적 세:계관(物理學的世界觀)**명** [-쩍쎄계-/-쩍쎄게-] 세계를 물리학적으로 보는 견해.

물리^화:학(物理化學)**명** 물리학의 이론을 바탕으로, 물질의 화학적 성질을 연구하는 과학.

물림¹명하타 ①정해 놓은 날짜를 뒤로 미룸. ②물려받거나 물려주는 일. ¶ 어머니께서는 물림으로 받으신 반지를 내게 주셨다.

물림²명 집채의 앞뒤나 좌우에 달아 낸 반 칸폭의 칸살. 퇴(退)².

물림-쇠[-쇠/-쉐]**명** 나무를 배접할 때, 양쪽에서 꼭 끼이게 물려서 죄는 쇠.

물-마명 비가 많이 와서 미처 빠지지 못하고, 땅 위에 넘치는 물.

물-마개명 물이 나오지 않게 막는 마개.

물-마루명 바닷물의 마루터기, 곧 멀리 보이는 수평선의 두두룩한 부분. 수종(水宗).

물-막이명하타 물이 흘러들거나 넘쳐 나지 않도록 막는 일. ¶ 물막이 공사.

물-만두(-饅頭)**명** 물에 삶은 만두. 물교자.

물만-밥명 물에 말아서 풀어 놓은 밥. 물말이. 수반(水飯). 수화반(水和飯).

물만밥이 목이 메다[속담] 물에 말아 먹어도 밥이 잘 넘어가지 않을 만큼 매우 슬픔에 겨움을 이르는 말.

물-말이명 ①물에 만 밥. 물만밥. ②물에 몹시 젖은 옷이나 물건.

물-맛[-맏]**명** 먹는 물의 맛. ＊물맛이[-마시]·물맛만[-만-]

물망(物望)**명** 여러 사람이 인정하거나 우러러보는 명망(名望). ¶ 총리 물망에 오른 사람.

물망-초(勿忘草)**명** 지칫과의 다년초. 유럽 원산의 관상용 화초. 전체에 털이 많고 뿌리에서 많이 모여남. 봄부터 여름에 걸쳐 흰색·자주색·남색의 꽃이 핌.

물-맞이명하자 약수터나 약포에 가서, 약수를 마시거나 떨어지는 물을 맞는 일.

물매¹명 (지붕이나 낟가리 따위의) 비탈진 정도. ¶ 물매가 싸다.

물-매²명 높은 가지에 달린 과실 따위를 떨어뜨리기 위하여 던지는 몽둥이. ¶ 물매로 밤을 따다.

물-매³명 한꺼번에 또는 여럿이 많이 때리는 매. 무릿매. ¶물매를 안기다.

물매⁴명 물에 묽게 탄 매흙을 방바닥이나 벽 따위에 바른 것.

물매-질명하타 ①물매를 때리는 짓. ②(밤 따위를) 물매로 따는 짓.

물-먹다[-따]자 ①종이나 헝겊 같은 것에 물이 배어 젖다. ¶물먹은 종이. ②시험이나 직위에서 떨어지거나 떨리어 나다. ¶오늘도 운전면허 시험에서 물먹었다.

물-멀미명하자 넘실거리는 물결이나 흐름을 보면 어지러워지는 증세.

물-면(-面)명 물 위의 면. 수면(水面).

물명(物名)명 물건의 이름.

물-모명 물속에서 자라는 어린 볏모.

물-목명 ①물이 흘러나가는 어귀. ②광산에서, 사금(沙金)을 물에 일어 가릴 때에 금이 가장 많이 모인 맨 윗부분.

물목(物目)명 물품의 목록.

물-못자리[-모짜-/-몯짜-]명 물이 늘 괴어 있게 하여 모를 기르는 자리.

물-몽둥이명 (대장장이나 석수가 쓰는) 자루가 길고 둥근 큰 쇠메.

물-문(-門)명 ①수문(水門). ②갑문(閘門).

물물^교환(物物交換)명 (교환의 원시적 형태로서) 화폐의 매개 없이, 물품과 물품을 직접 바꾸는 경제 행위. 바터(barter).

물물-이부 (채소나 해산물 따위) 산물이 때를 따라 한목 한목 모개로 나오는 모양. ¶물물이 나오는 산나물.

물-뭍[-묻]명 물과 뭍. 바다와 육지. *물뭍이[-무치]·물뭍을[-무틀]·물뭍만[-문-]

물미명 ①땅에 꽂기 위하여, 깃대나 창대 끝에 끼워 맞추는, 끝이 뾰족한 쇠. ②지겟작대기 끝에 끼우는 쇠.

물미-작대기[-때-]명 물미를 끝에 낀 지겟작대기.

물-밀다[~미니·~밀어]자 ①조수(潮水)가 뭍으로 밀려 들어오다. ②사람들·짐승·물건·일감 따위가 세찬 기세로 들이닥치다. ¶물밀듯이 밀려오는 서구 문화. ↔물써다.

물-밑[-믿]명 ①(땅이나 재목의 짜임새를 수평이 되게 측량할) 수평선의 아래. ②'어떤 일이 은밀하게 이루어지는 상태'를 비유하여 이르는 말. ¶물밑 협상. *물밑이[-미치]·물밑을[-미틀]·물밑만[-민-]

물-바가지[-빠-]명 물을 푸는 데 쓰는 바가지. 준물박.

물-바다명 홍수로 말미암아 '넓은 지역의 침수 상태'를 바다에 비유하여 이르는 말. ¶갑자기 쏟아진 폭우로 온 마을이 물바다가 되었다.

물-바람[-빠-]명 (강이나 바다 따위의) 물 위에서 불어오는 바람.

물-박[-빡]명 〈물바가지〉의 준말.

물-받이[-바지]명 (처마 끝에 달아서) 빗물을 받아 어느 한곳으로 흘러내리게 하는 물건. 함석 따위로 만듦.

물-발[-빨]명 물이 흐르는 기세(氣勢).

물-밥명 (판수나 무당이 굿을 하거나 물릴 때) 귀신에게 준다고 물에 말아 던지는 밥.

물-방개명 물방갯과의 곤충. 몸길이 3.5~4 cm. 몸은 길둥글고 흑록색임. 뒷다리는 헤엄치기에 적당함. 선두리. ❀방개.

물-방아명 긴 통나무의 한쪽을 파내어 물받이를 만들고 다른 한쪽에 공이를 달아, 물받이에 물

이 차고 비워짐에 따라 공이가 오르내리며 곡식을 찧게 된 방아. 수대(水碓). ❀물레방아.

물방아-채명 물방아에서, 머리에 방앗공이를 단 긴 나무.

물방앗-간(-間)[-아깐/-안깐]명 물방아로 곡식을 찧는 시설을 해 놓은 집.

물-방울[-빵-]명 (떨어지거나 맺힌) 물의 작은 덩이. 수적(水滴). ¶잎에 맺힌 물방울이 맺히다.

물-배명 물만 먹고 부른 배. ¶물배가 부르다.

물-뱀명 ①물속에 사는 뱀을 통틀어 이르는 말. ②❀바다뱀.

물-벌레명 물에서 사는 벌레.

물법(物法)[-뻡]명 국제 사법에서, 관할 구역이 달라 법규의 저촉 문제가 일어났을 때, 법규의 적용을 현재 그 물건이 있는 곳의 법으로 하게 하는 법. ↔인법(人法).

물-베개명 고무나 방수포(防水布)에 물을 넣어서 베는 베개. 수침(水枕).

물-벼명 아직 채 마르지 아니한 벼.

물-벼락명 갑자기 물을 뒤집어쓰게 되는 변, 또는 그런 물. 물세례. ¶물벼락을 맞다.

물-벼룩명 물벼룩과의 절지동물. 벼룩과 비슷하고 몸길이 1.2~2.5 mm. 몸빛은 무색이거나 담황색 또는 담홍색을 띰. 민물에 살며, 다섯 쌍의 다리로 뛰듯이 헤엄쳐 다님. 금붕어의 먹이용으로 기르기도 함.

물-별명 물별과의 일년초. 습지나 물속에 나는데, 줄기 길이는 3~10 cm. 원줄기가 가로 벋으면서 뿌리가 내리며, 여름에 잎겨드랑이에 담홍색 꽃이 하나씩 핌.

물-병(-甁)[-뼝]명 ①물을 넣는 병. ②절에서 물을 넣어 부처 앞에 올리는 병. 관정(灌頂)할 때 계(戒)를 받는 사람의 머리에 그 물을 부어 줌.

물병-자리(-甁-)[-뼝-]명 황도 십이궁의 하나. 염소자리와 물고기자리 사이에 있는 별자리. 가을 남쪽 하늘에 보이며, 10월 중순에 자오선을 통과함. 보병궁(寶甁宮).

물-보깜명하타 여러 사람을 모조리 매질함.

물-보라명 (물결이 '바위 따위에 부딪쳐) 안개 모양으로 흩어지는 잔 물방울. 수말(水沫). ¶물보라가 일다. /물보라를 일으키다.

물보라가 치다관용 물보라가 생기다.

물-보험(物保險)명 물건의 손상(損傷)이나 소실(燒失) 따위를 보험 사고로 하는 보험. 〔화재 보험 따위.〕 ❀인보험.

물-볼기명 조선 시대에, 여자에게 태형을 하거나 곤장을 칠 때, 속옷 위에 물을 끼얹어, 살에 착 달라붙게 한 뒤에 매를 치던 일. ¶물볼기를 맞다. /물볼기를 치다.

물-봉선화(-鳳仙花)명 봉선화과의 일년초. 시냇가에서 흔히 나는데, 줄기는 60 cm가량. 잎은 어긋맞게 나고 가장자리에 톱니가 있음. 8~9월에 홍자색 꽃이 핌. 물봉숭아.

물-봉숭아명 ☞물봉선화.

물-부리[-뿌-]명 궐련을 끼워 입에 물고 빠는 물건. 담배물부리. 빨부리. 연취(煙嘴).

물-분(-粉)명 액체로 된 분. 수분(水粉). ❀가루분.

물-불〔물과 불이란 뜻으로〕 '고난이나 위험'을 비유하여 이르는 말.

물불을 가리지(헤아리지) 않다관용 〔물에 빠지거나 불에 타는 고통도 마다하지 않는다는 뜻으로〕 어떠한 고난이나 위험도 무릅쓴다는 말.

물-비누명 액체로 된 비누.

물-비린내[명] 물에서 나는 비릿한 냄새.

물비소시[명][-] 〔숨김없이 밝히어 보이라는 뜻으로〕 점쟁이가 신령에게 고하는 주문(呪文)의 맨 끝마디 말.

물-빛[-삧][명] ①물감의 빛깔. ②물의 빛깔. ¶물빛이 흐리다. ③물과 같은 빛깔, 곧 엷은 남빛. ②③수색(水色). •물빛이[-삧치]•물빛만[-삗-]

물-빨래[하타] 약품 따위를 쓰지 않고 물로만 빨래를 함, 또는 그 일. 물세탁.

물-뿡잎 비에 젖은 뿡잎.

물-뿌리개[명] (화초 따위에) 물을 주는 기구. 물이 담기는 통에 대롱 모양의 도관(導管)이 달려 있고, 그 끝에는 잔구멍이 여러 개 나 있음.

물산(物產)[-싼][명] 그 지방에서 나는 물건.

물-살[-쌀][명] 물이 흐르는 힘, 또는 그 속도. ¶물살이 세다. /물살이 급하다.

물상(物象)[-쌍][명] ①자연계의 사물 및 그 변화 현상. ②지난날, 중학교에서 생물 이외의 과학 과목을 이르던 말.

물상(物像)[-쌍][명] 물체의 상(像).

물상-객주(物商客主)[-쌍-쭈][명] 조선 시대에 발달한 일종의 상업·금융 기관의 한 가지. 주로, 상품의 매매와 거간 및 장사치의 숙박을 업으로 하던 영업, 또는 그 사람.

물상^담보(物上擔保)[-쌍-][명] ☞물적 담보.

물상^대위(物上代位)[-쌍-][명] 담보 물권(擔保物權)의 효력이, 목적물의 법률적·사실적인 변형에 따라 변형한 물건 위에 미치는 일.

물상^보증인(物上保證人)[-쌍-][명] 다른 사람의 채무를 위하여 자기 소유의 재산을 제공하는 사람. 〔남의 빚의 담보로서 자기의 소유물에 질권(質權) 또는 저당권(抵當權)을 설정하여 부담하는 따위.〕

물상^청구권(物上請求權)[-쌍-꿘][명] 물권(物權)의 침해에 대하여, 그 물권 자체의 지배력을 회복하거나 예방하려는 청구권.

물-새[-쌔][명] ①물에서 살거나 물과 밀접한 관계가 있는 새를 통틀어 이르는 말. 수금(水禽). 수조(水鳥). ②'물총새'의 준말.

물색(物色)[-쌕][명] ①물건의 빛깔. ¶물색이 곱다. ②색(色)〔생김새나 복색으로 찾는다는 뜻에서〕 어떤 기준에 맞는 사람이나 물건을 고름. ¶신랑감을 물색하다. ③까닭이나 형편. ¶아무 물색도 모르고 날뛴다.

물색-없다[-쌕업따][형] 말이나 행동이 조리에 닿지 아니하다. **물색없이**[부].

물샐틈-없다[-트벌따][형] 조금도 빈틈이 없다. ¶물샐틈없는 경계망. **물샐틈없이**[부].

물성(物性)[-썽][명] 물질이 가지고 있는 성질.

물-세(-稅)[-쎄][명] 관개 용수(灌漑用水)의 요금이나 수도 요금을 흔히 이르는 말.

물세(物稅)[-쎄][명] 집이나 토지 따위와 같은 재화의 존재·취득에 관하여 부과하는 조세, 곧 물건을 과세의 대상으로 하는 조세. 〔물품세·재산세·소비세 따위.〕 대물세. ↔인세(人稅).

물-세례(-洗禮)[명] ①기독교에서, 신자가 세례를 받는 의식의 한 가지. 예수의 죽음과 부활에 참여하며 참된 기독교인이 된다는 표시이다. ②☞물벼락.

물-세탁(-洗濯)[하타] 물빨래.

물-소[명] 솟과의 물에 사는 동물을 통틀어 이르는 말. 소와 비슷한데 암수 모두 머리에 활 모양으로 굽은 뿔이 있음. 머리는 길고 귀는 짧음. 강이나 호수의 주변에 무리를 지어 삶. 운반용·경작용으로 사육함. 수우(水牛).

물-소리[-쏘-][명] 물이 흐르거나 부딪치거나 하여 나는 소리. ¶물소리가 나다.

물-속[-쏙][명] 물의 가운데. 수중(水中).

물-손[-쏜][명] ①물이 묻은 손. ②(반죽이나 밥·떡 따위의) 질고 된 정도. ¶물손을 보아 가며 물을 잘 부어라.

물손-받다[-쏜-따][자] (밭곡식이나 푸성귀 따위가) 물의 해를 입다.

물-송편(-松-)[명] 멥쌀가루를 익반죽해서 잘 치대어 놓고 송편을 빚어 녹말가루를 씌운 다음, 끓는 물에 삶아 건져 찬물에 헹구어 물을 뺀 떡. 꿀 소는 설탕과 계핏가루를 섞어서 씀.

물-수(-水)[명] 한자 부수의 한 가지. '泉'·'氷' 등에서의 '水'의 이름. 〔'江'·'法' 등에서 쓰일 때는 자형이 'ㆍ'으로, 명칭은 '삼수변'으로 로 바뀜.〕

물-수건(-手巾)[-쑤-][명] ①물에 적신 수건. ②(음식점이나 다방 등에서 손을 닦도록 내놓는) 소독한 젖은 수건.

물-수란(-水卵)[명] 달걀을 끓는 물에 깨어 넣어서 반쯤 익힌 음식. 담수란(淡水卵).

물-수랄[명] '물수란'의 잘못.

물-수레[명] ①(길에 먼지가 나지 않게) 물을 뿌리는 수레. ②물을 싣고 다니는 수레.

물-수리[-쑤-][명] 수릿과의 새. 날개 길이 45cm가량. 부리는 길고 검으며 갈고리 모양이고, 발가락은 크고 날카로움. 등은 암갈색, 배와 머리 쪽대기는 흰색이며, 꽁지에는 가로띠가 있음. 강이나 바다에서 물고기를 잡아먹고 삶. 우리나라에서는 드문 겨울새임. 징경이.

물-수세미[-쑤-][명] 개미탑과의 다년초. 연못이나 늪에 나는데, 줄기의 길이는 50 cm가량. 땅속줄기의 마디에서 수염뿌리가 남. 잎은 줄기의 마디에서 네 개씩 돌려나고, 여름에 담황색 꽃이 됨.

물수제비-뜨다[~뜨며·~떠][자] 얇고 둥근 돌을 물 위를 스치게 던져서 담방담방 수면을 튀어 가게 하다.

물-숨[-쑴][명] 떨어지거나 내뿜는 물의 힘. ¶분수의 물숨이 세다.

물시(勿施)[-씨][명][하타] ①하려던 일을 그만둠. ②해 온 일을 무효로 함.

물-시계(-時計)[-씨계·-씨게][명] 물을 이용하여 시간을 재던 옛날 시계를 통틀어 이르는 말. 각루(刻漏). 누각(漏刻). 누수기(漏水器).

물-심중[-씨-][명][하자] 물심부름.

물-신선(-神仙)[-씬-][명] 좋은 말을 듣거나 언짢은 말을 듣거나 간에 기뻐할 줄도 성낼 줄도 모르는 사람을 이르는 말.

물신^숭배(物神崇拜)[-씬-][명] 어떤 물건에 초자연적인 힘이 있다고 믿어, 이를 숭배하는 일. 페티시즘(fetishism).

물실-호기(勿失好機)[-씰-][명][하자] 좋은 기회를 놓치지 않음.

물심(物心)[-씸][명] 물질과 정신.

물-심부름[-씸-][명][하자] (세숫물이나 숭늉을 떠 오는 따위) 물을 나르는 잔심부름. 물심중.

물심-양면(物心兩面)[-씸냥-][명] 물질적인 면과 정신적인 면. ¶물심양면으로 돕다.

물심-일여(物心一如)[-씸미려][명] ☞물미려.

물-싸움[명][하자] ①(논이나 우물가에서) 물 때문에 일어나는 다툼. ②〈물똥싸움〉의 준말.

물-써다[자] 조수(潮水)가 빠지다. ↔물밀다.

물썽-하다〖형어〗 (체질이나 성질이) 물러서 보기에 만만하다. ¶사람이 물썽하니까 애들까지도 가볍게 본다.

물-쑥〖명〗 국화과의 다년초. 냇가의 습지에 나며, 줄기 높이는 1m가량. 잎은 쑥잎 비슷한데 가장자리에 톱니가 있고 뒷면에 흰 털이 배게 나 있으며, 8~9월에 갈색 꽃이 핌. 연한 줄기는 나물로 먹기도 함.

물씬〖부〗 ①〖하어〗(푹 익거나 물러서) 연하고 물렁한 느낌. ⑳말씬. ②(냄새나 연기 따위가) 많이 풍기거나 솟아오르는 모양. ¶꽃 향기가 물씬 풍기다. ⑳물씬.

물씬-거리다〖자〗 (푹 익거나 물러서) 매우 또는 여기저기 연하고 물렁한 느낌이 나다. 물씬대다. ⑳말씬거리다. ⑳말씬거리다.

물씬-대다〖자〗 물씬거리다.

물씬-물씬〖부〗 ①〖하어〗매우 물씬한 모양, 또는 여럿이 모두 물씬한 모양. ⑳말씬말씬. ②(냄새나 연기가) 많이 풍기거나 솟아오르는 모양. ⑳물씬물씬.

물아(物我)〖명〗 ①외물(外物)과 자아(自我). ②주관과 객관. ③물질계와 정신계.

물-아래〖명〗 흘러가는 물의 아래편. ↔물위.

물-아범〖명〗 지난날, 물을 긷는 일을 맡아 하던 남자 하인.

물아-일체(物我一體)〖명〗 자연물과 자아(自我)가 하나가 된 상태. 대상물에 완전히 몰입(沒入)된 경지. 물심일여(物心一如).

물-안개〖명〗 강·호수·바다 따위에서 피어오르는 안개. ¶물안개가 서리다.

물-안경(-眼鏡)〖명〗 물속에서 볼 수 있도록 만든 안경. 수중안경.

물-알[1]〖명〗 (덜 여물어서) 물기가 있고 말랑한 곡식의 알.
물알(이) **들다**〖관용〗 햇곡식에 이제 겨우 물알이 생기다.

물-알[2]〖명〗 수준기(水準器) 속의 기포(氣泡).

물-앵두〖명〗 물앵두나무의 열매.

물앵두-나무〖명〗 인동과의 낙엽 관목. 산지에 절로 나는데, 높이는 2~3m이고 줄기는 가운데가 비었음. 여름에 흰 입술 모양의 꽃이 쌍으로 잎겨드랑이에 핌.

물-약(-藥)〖명〗 ①〖략〗액체로 된 약을 통틀어 이르는 말. ②☞몸약.

물어-내다〖타〗 ①남에게 입힌 손해나 갚아야 할 것을 돈이나 물건으로 내주거나 갚다. ¶깨뜨린 유리창 값을 물어내시오. ②집안에서의 일이나 말을 밖에 나가서 퍼뜨리다. ③집 안의 물건을 몰래 집어내다.

물어-내리다〖타〗 웃어른께 물어서 어찌하라는 명령이나 지시를 받다.

물어-넣다[-너타]〖타〗 모자라거나 써 버린 공금(公金) 따위를 채워 넣다.

물어-들이다〖타〗 동물이 먹이를 주둥이로 물어서 둥지 따위로 가져오다. ¶쥐가 곡물을 물어들이다.

물어-뜯다[-따]〖타〗 ①이나 부리로 물어서 뜯다. ¶서로 물어뜯으며 싸우는 개. ②(벌레가) 주둥이 끝으로 살을 찌르다. ¶밤새 모기에게 물어뜯겼다. ③못 견디거나 못 살게 굴다. ⑳무뜯다.

물어-물어〖부〗 묻고 또 물어서. ¶집을 물어물어 찾아가다.

물-어미〖명〗 지난날, 물을 긷는 일을 맡아 하던 여자 하인.

물어-박지르다[-찌-][~박지르니·~박질러]〖타〗 짐승이 덤벼들어 들이받고 물어뜯고 하면서 몸부림치다.

물어-보다〖자타〗 무엇을 밝히거나 알아내기 위하여 상대편에게 묻다. ¶길을 물어보다.

물-억새[-쌔]〖명〗 볏과의 다년초. 물가나 습지에 절로 나는데, 줄기 높이는 1~2.5 m. 잎은 억새와 비슷하나 톱니가 없으며, 초가을에 은백색 꽃이 이삭 모양으로 줄기 끝에 달림.

물-여우[-려-]〖명〗 날도랫과 곤충의 유충. 몸은 원통형이며 발은 세 쌍임. 풀잎 조각이나 나뭇조각·모래 따위를 모아 끈끈한 분비액으로 원통형의 집을 짓고, 그 속에 들어가 물 위를 떠다니면서 작은 곤충을 잡아먹음. 여름에 우화(羽化)하여 나비가 됨.

물여우-나비[-려-]〖명〗 ☞날도래.

물역(物役)〖명〗 집을 짓는 데 쓰이는 벽돌이나 돌·기와·모래 따위를 통틀어 이르는 말.

물-엿[-렷]〖명〗 묽게 곤 엿. *물엿이[-려시]·물엿만[-련-].

물-오르다[~오르니·~올라]〖자ㄹ〗 ①(봄에) 나무에 물기가 오르다. ¶물오른 버들가지. ②가난하게 살던 사람이 잘살게 되다. ③성숙해지다. 최고조에 달하다. ¶물오른 처녀.

물-오리〖명〗 ☞청둥오리.

물-오징어〖명〗 말리지 않은 생오징어.

물-옥잠(-玉簪)[-짬]〖명〗 물옥잠과의 일년초. 물속에 자라며 줄기 길이는 30 cm가량. 잎은 심장 모양이며 가장자리가 밋밋하고 끝이 뾰족함. 9월경에 흰빛 또는 자줏빛 꽃이 핌. 우구화(雨久花).

물-외[무뢰/무뤠]〖명〗 참외에 대하여 '오이'를 달리 이르는 말.

물외(物外)[무뢰/무뤠]〖명〗 ①속세의 바깥. ②형체 있는 물건 이외의 세계. 물질을 초월한 세계.

물외-한인(物外閑人)[무뢰-/무뤠-]〖명〗 세속의 번거로움을 피하여 한가롭게 지내는 사람.

물욕(物慾)〖명〗 물질에 대한 욕심. ¶물욕을 부리다. /물욕을 채우다.

물-웅덩이〖명〗 물이 괴어 있는 웅덩이.

물-위〖명〗 물이 흘러오는 위편. 상류. ↔물아래.

물윗-배[무뤼빼/무륀빼]〖명〗 (강물에 다니는) 뱃전이 그리 높지 않고 바닥이 평평한 배. 상류선(上流船). 수상선(水上船).

물-유리(-琉璃)[-류-]〖명〗 이산화규소를 알칼리와 함께 녹여서 만든 유리 모양의 물건. 상품(商品)으로 무색투명하거나 회색의 끈끈한 액체임. 유리·인조석·도자기의 접착제 및 내화·내산의 도료 제조에 쓰임. 수초산(水硝子). 규산칼륨.

물음-대이름씨(-代-)〖명〗☞의문 대명사.

물음-표(-標)〖명〗 문장의 끝에 쓰이어 물음이나 의심을 나타내는 부호 '?'의 이름. 의문부(疑問符).

물의(物議)[무릐/무리]〖명〗 (이러쿵저러쿵하는) 여러 사람의 논의나 세상의 평판. 물론(物論). ¶물의를 일으키다. /하찮은 일로 물의를 빚다.

물이(物異)〖명〗 세사(事事)나 만물의 괴이함. 〔정상이 아닌 기상(氣象) 현상 따위.〕

물이-꾸럭〖명〗〖하어〗 '물이꾸럭'의 잘못.

물-이끼[-리-]〖명〗 물이낏과에 딸린 선류(蘚類)의 한 가지. 습지나 그늘진 바위 위에 자라는데, 길이는 10 cm가량. 줄기는 곧게 서고 담녹색을 띰. 잎은 속이 비어 있어 물을 잘 흡수함. 식물을 먼 곳으로 옮길 때 그 뿌리를 보호하기 위하여 감싸는 데에 쓰임.

물이다[타]〈옛〉물리다[8]. 갚게 하다. ¶물일 속: 贖. 물일 비: 陪(訓蒙字22).

물이-못하게[-몯-][부] 부득부득 조르는 모양. ¶안 된다고 하여도 어쩌나 물이못하게 조르는지 할 수 없이 허락하였다.

물-일[-릴][명] 빨래·설거지 따위와 같이 물을 쓰는 일. ¶잦은 물일로 손에 습진이 생겼다. ⑪진일.

물입(勿入)[명] '들어오지 마시오'의 뜻.

물잇-구럭[명][하다] '무리꾸럭'의 잘못.

물-자[명] ☞양수표(量水標).

물자(物資)[-짜][명] 경제나 생활의 바탕이 되는 갖가지 물건이나 자재. 물재(物材).

물-자동차(-自動車)[명]①(길에 먼지가 나지 않게) 물을 뿌리며 다니는 차. 살수차(撒水車). ②음료수나 기타의 물을 운반하는 차. ㉜물차.

물-자라[명] 물장군과의 곤충. 몸길이 1.5~2 cm. 몸은 길둥글며 납작하고 몸빛은 황갈색 또는 갈색임. 논이나 못·저수지 등의 잔잔한 물가에 삶. 수컷은 등에 알을 지고 다님. 알지게.

물-장구[명]①(헤엄칠 때, 몸이 잘 뜨도록) 발등으로 물 위를 잇달아 치는 짓. ¶여름에는 냇가에서 물장구를 치며 놀았다. ②물이 든 동이에 바가지를 엎어 띄우고 장단 맞추어 두드리는 짓. ②수고(水鼓)·수부(水缶).

물장구-질[명][하다] 헤엄칠 때 발등으로 물장구를 치는 짓.

물장구-치다[자]①물 위에 엎드린 자세로 떠서 발로 물 위를 내리치다. ②물동이에 엎어 띄운 바가지를 장단 맞추어 치다.

물-장군(-將軍)[명] 물장군과의 곤충. 몸길이는 5~6.5 cm. 노린재목 곤충 가운데 가장 큼. 물 자라와 비슷하고 몸에 비해 머리가 작은 편임. 몸빛은 회갈색 또는 갈색임. 개구리나 물고기 등의 피를 빨기 때문에 양어장의 해충임. 우리 나라·중국·인도 북부 등지에 분포함.

물-장난[명][하다] 물에서 놀거나 물을 가지고 놂, 또는 그런 장난. ②큰물로 인한 재앙.

물-장사[하다]①지난날, 길거리 같은 데서 먹는 물을 팔거나, 집으로 물을 길어다 팔던 영업. ②'술이나 차 따위를 파는 영업'을 속되게 이르는 말.

물-장수[명] 물장사를 하는 사람.

물재(物材)[-째][명] ☞물자(物資).

물재(物財)[-째][명] 물건과 돈.

물-재배(-栽培)[명] ☞수경법(水耕法).

물-적(物的)[-쩍][관명] 물질(物件)에 관한 (것). 물질적(物質的). ¶물적 자원. /물적 원조. /물적인 증거. →심적(心的)·인적(人的).

물적 담보(物的擔保)[-쩍땀-][명] 특정한 재산에 의한 채권의 담보. 〔저당권·질권 따위.〕물상 담보(物上擔保).

물적 유통(物的流通)[-쩡뉴-][명]①원료·제품 등 상품의 사회적인 흐름. ②개별 기업이 행하는 상품의 포장·수송·하역·보관·통신 등의 여러 활동. ㉜물류(物流).

물적 증거(物的證據)[-쩍쯩-][명] 증거 방법의 한 가지. 증거가 되는 물질적 존재나 상태. 유체물(有體物)로서의 검증물(檢證物)이나 문서 따위. ㉜물증(物證). →인적 증거.

물정(物情)[-쩡][명] 세상의 실정이나 형편. ¶세상 물정에 어둡다.

물-조개젓[-전][명] 조개젓에 뜨물을 쳐서 익힌 묽은 것. 〔음력 정월이나 이월에 담금.〕*물조개젓이[-저시]·물조개젓만[-전-]

물종(物種)[-쫑][명] 물건의 종류.

물주(物主)[-쭈][명]①(공사판이나 장사판에서) 밑천을 대어 주는 사람. ②노름판에서, 아기패를 상대로 승부를 다투는 사람. ¶물주를 잡다.

물-줄기[-쭐-][명]①(내나 강 따위의) 물이 흐르는 줄기. ②물이 좁은 구멍 같은 데서 내뻗치며 이루는 줄.

물중지대(物重地大)[-쭝-][명][하형] 생산물이 많고 지역이 넓음.

물증(物證)[-쯩][명]〈물적 증거〉의 준말. ¶심증은 가는데 물증이 없다.

물-지게[-찌-][명] 물을 길어 나르는 데 쓰는 지게. 등태에 가로 길게 댄 막대기 양 끝에 물통을 걸 수 있게 만듦.

물-질[명][하다] 해녀가 바다에 들어가 해산물을 따는 일. ↔정신.

물질(物質)[-찔][명]①물건의 본바탕. ②물리학에서, 자연계의 요소의 하나로, 공간의 일부를 차지하고 질량을 갖는 것. ⑪물체. ③철학에서, 정신에 대하여 인간의 의식 바깥에 존재하는 것. ↔정신.

물질-감(物質感)[-찔-][명] 미술에서, 물질의 형상이나 색채·광택·무게 따위 물질의 본바탕에 대한 느낌을 이르는 말.

물질-계(物質界)[-찔계/-찔게][명] 물질의 세계. 물계(物界). ↔정신계.

물질^교대(物質交代)[-찔-][명] ☞물질대사.

물질-대사(物質代謝)[-찔-][명] 생물학에서, 생명을 유지하기 위해 생물체가 필요한 것을 섭취하고 불필요한 것을 배설하는 일을 통틀어 이르는 말. 물질 교대. 신진대사. ㉜대사(代謝).

물질^명사(物質名詞)[-찔-][명]①형상을 갖춘 것을 나타내는 명사. ↔추상 명사. ②(구미어(歐美語)에서) 복수로 쓸 수 없는 것을 나타내는 명사.〔물·불·공기 따위.〕

물질-문명(物質文明)[-찔-][명] 물질을 바탕으로 이루어진 문명. →정신문명.

물질-문화(物質文化)[-찔-][명] 인간이 자연환경에 적응하기 위하여 창조해 낸 문화.〔기계나 도구, 건조물, 교통 수단 따위.〕→정신문화.

물질-적(物質的)[-찔-][명] 물질에 관한 (것). 물적(物的). ¶물질적 풍요. /물질적인 피해 상. →정신적.

물질-주의(物質主義)[-찔-의/-찔-이][명]〔정신적인 것을 무시하고〕의식주 따위 물질 문제를 중히 여기는 주의. ↔정신주의.

물질-파(物質波)[-찔-][명] 물리학에서, 진행하는 전자(電子) 따위의 물질 입자에 따라다니는 파동의 현상.〔전자 현미경 등에 응용됨.〕

물-짐승[-찜-][명] (물개·물소·하마 따위) 물에서 사는 짐승을 통틀어 이르는 말.

물-집[1][-찝][명] 지난날, 피륙을 물들이던 집.

물-집[2][-찝][명] 살가죽이 부르터 그 속에 물이 잡힌 것. 수포(水疱). ¶물집이 생기다.

물쩍지근-하다[-찌-][형어] (어떤 상태나 태도가) 더하지도 덜하지도 않아 지루한 느낌이 있다. ¶하는 짓이 매사에 물쩍지근하다. **물쩍지근-히**[부].

물쩡물쩡-하다[형어] 성질이 여무지지 못하고 물러서 만만하다. ⑪말짱말짱하다.

물쩡-하다[형어] 성질이 여무지지 못하고 무르다. ⑪말짱하다[2]. **물쩡-히**[부].

물찌-똥[명]①죽죽 내쏘듯이 누는, 물같이 묽은 똥. ②튀겨서 생기는 물의 크고 작은 덩이. ㉜물똥.

물-차(-車)圓〈물자동차〉의 준말.

물-참圓 밀물이 들어와 가장 높이 찼을 때. 만조(滿潮) 때.

물체(物體)圓 ①구체적인 형태를 가지고 존재하는 것. ②철학에서, 지각과 정신이 없는 유형물(有形物)을 이르는 말.

물-초圓困困 온통 물에 젖음, 또는 그런 상태. ¶ 소나기를 만나 물초가 되다.

물-총(-銃)圓〈물딱총〉의 준말.

물총-새(-銃-)圓 물총샛과의 새. 몸길이 17 cm 가량으로 부리가 긺. 등은 광택 있는 청색과 녹색이고 목은 흰색, 배는 밤색임. 물가에 살며 총알처럼 날쌔게 물속으로 들어가 먹이를 잡아먹음. 우리나라에서는 흔한 여름새임. 어구(魚狗). ⓒ물새.

물추리-나무圓 ☞물추리막대.

물추리-막대[-때]圓 쟁기의 성에 앞 끝에 가로 박은 막대기. 봇줄을 두 끝에 매어 끌도록 되었음. 물추리나무.

물치-다래圓 고등엇과의 바닷물고기. 몸길이 30 cm가량이며 납작한 모양임. 몸빛은 등이 남색, 배는 은백색임.

물침(勿侵)圓困困 개개거나 건드리지 못하도록 함. 침범하지 못하게 말림.

물-침대(-寢臺)圓 물을 넣은 매트를 깔아 놓은 침대.

물침-잡역(勿侵雜役)圓困困 지난날, 모든 잡역을 면제하여 줌을 이르던 말.

물커-지다困〈물크러지다〉의 준말.

물컥圓 냄새가 코를 찌를 듯이 갑자기 세게 나는 모양. ¶ 방 문을 열자 곰팡내가 물컥 풍긴다. ㉠물칵. 물컥-물컥圓

물컹-거리다困 자꾸 물컹물컹한 느낌이 나다. 물컹대다. ㉠말캉거리다·몰캉거리다.

물컹-대다困 물컹거리다.

물컹-물컹圓困困 매우 물컹한 모양. ㉠말캉말캉·몰캉몰캉.

물컹-이圓 ①물컹한 물건. ②몸이나 마음이 약한 사람을 홀하게 이르는 말.

물컹-하다困困 너무 익거나 곯아서 물크러질 듯이 물렁하다. ¶ 복숭아가 곯아서 물컹하다. ㉠말캉하다·몰캉하다.

물-켜다困 물을 많이 들이켜다.

물쿠다ⅠⅠ困 날씨가 찌는 듯이 더워지다. ⅠⅠ타 너무 무르거나 풀려서 본 모양이 없어지도록 헤어지게 하다. 물다.

물크러-지다困 너무 썩거나 물러서 본 모양이 없어지도록 헤어지다. ¶ 감자가 썩어서 모두 물크러지다. ㉠물커지다.

물큰圓 냄새가 한꺼번에 확 풍기는 모양. ㉠몰큰. 물큰-물큰圓困困.

물-타기圓 매입한 주식의 가격이 하락하였을 때, 그 하락한 가격으로 매입량을 늘림으로써 매입 평균 단가를 낮추는 주식 거래 방법.

물-타작(-打作)圓困困 물벼인 채로 하는 타작. 진타작. ↔마른타작.

물-탕(-湯)圓 광산에서, 복대기를 삭히는 데 쓰는 청화액(靑化液)을 만드는 탱크.

물-탱크(-tank)圓 물을 담아 넣어 두는 큰 통.

물-통(-桶)圓 ①물을 담는 통을 통틀어 이르는 말. ②물을 긷는 데 쓰는 통. 수통(水桶). 질통.

물통-줄(-桶-)[-쭐]圓 (소나 양 따위 반추동물에서) 새김질한 것이 밥통으로 넘어가는 줄. 주라통에 붙었음.

물-통이圓 ①물에 젖어서 탱탱히 불은 물건. ②살만 찌고 힘이 없는 사람을 농으로 이르는 말.

물-파스(← -Pasta)圓 액체로 된 파스.

물팍圓〈무르팍〉의 준말.

물-편圓 시루떡 이외의 모든 떡을 통틀어 이르는 말.

물표(物票)圓 물건을 보내거나 맡긴 증거가 되는 문서(쪽지).

물푸레-나무圓 물푸레나뭇과의 낙엽 교목. 산이나 들에 나는데 높이는 10 m가량. 잎은 겹잎이며 가장자리에 톱니가 있고, 5월경에 잔꽃이 핌. 나무는 가구재, 껍질은 한방에서 약재로 쓰임. 규목(槻木). 목서(木犀).

물-풀圓 물속이나 물가에 나는 풀을 두루 이르는 말. 수초(水草).

물품(物品)圓 쓸모 있는 물건이나 제품.

물품˚화(物品貨幣)[-폐/-폐]圓 ☞상품 화폐(商品貨幣).

물품(物豐) '물풍하다'의 어근.

물품-하다(物豐-)困困 산물이나 물자가 풍부하다.

물-할머니圓 우물이나 샘에 있다고 하는 늙은 여자 귀신.

물합-국(物合國)[-꾹]圓 복합국(複合國)의 한 가지. 둘 이상의 나라가 각기 독자적인 통치자와 대외적인 지위를 가지면서 공통의 이해를 위하여 법률적 합의로써 결합을 이룬 국가.

물형(物形)圓 물건의 생김새.

물-홈圓 (장지를 드나들게 하거나 빈지를 끼기 위하여) 인방에 길게 판 홈을 �.

물화(物化)圓困困 ①물건의 변화. ②천명(天命)을 다하고 죽는 일.

물화(物貨)圓 물품과 재화(財貨).

물활-론(物活論)圓 범심론(汎心論)의 한 형태. 모든 자연물에 생명력이 있다는 생각.

물 흐다다(옛)困 물이 짓다. 짝하다. ¶ 당당이 너와 다믓 ᄒᆞ야 물흐야 이시리로다(杜初11:51).

묽다[묵따]困 ①(죽이나 반죽 따위에) 물기가 너무 많다. ¶ 묽게 쑨 닭죽. ↔되다4. ②(액체의) 농도가 옅다. ¶ 물감을 묽게 타다. ③사람이 야무진 데가 없이 무르다. * 묽어·묽고[물꼬]

묽디-묽다[묵띠묵따]困 매우 묽다.

묽숙-하다[묵쑤카-]困困 알맞게 묽다.

묽스그레-하다[묵쓰-]困困 조금 묽은 듯하다. ¶ 문을 바르는 데 쓸 풀은 좀 묽스그레하게 쑤는 것이 좋다.

못¹[묻]圓 고기잡이에 쓰는 큰 작살. * 못이[무시]·못만[문-]

못²[묻]의 ①(장작이나 볏단·채소 따위의) 묶음을 세는 단위. 속(束). ¶ 장작 한 못. ②생선을 세는 단위. [생선 열 마리가 한 뭇임.] ¶ 낙지한 못. ③지난날, 조세(租稅)를 계산하기 위한, 토지의 넓이의 단위. [열 줌이 한 뭇이고, 열 뭇이 한 짐임.] * 못이[무시]·못만[문-]

못³[묻]관 수적으로 여럿임을 뜻하는 성상 관형사. ¶ 뭇 사건이 연달아 일어나다.

뭇-가름[묻까-]圓困困 묶음으로 된 물건을 여러 묶음으로 갈라 묶는 일.

뭇-갈림[묻깔-]圓 지난날, 베어 놓은 볏단을 지주와 소작인이 절반씩 나누어 가지던 일.

뭇-나무[묻-]圓 단으로 묶은 땔나무.

뭇다[묻따][뭇으니·뭇어]困困 ①조각을 모아서 잇다. 여러 개를 붙여서 만들다. ¶ 배를 뭇다. ②조직이나 모임을 만들다. ¶ 친목계를 뭇다.

뭇-따래기[묻-]圀 연달아 나타나서 남을 괴롭히는 각색의 사람들.

뭇-떡잎[묻떡닙]圀 떡잎이 셋 이상인 것. 다자엽(多子葉). 圝쌍떡잎·외떡잎. ＊뭇떡잎이[묻떡니피]·뭇떡잎만[묻떡님-]

뭇떡잎-식물(-植物)[묻떡님썽-]圀 밑씨가 셋 이상의 떡잎을 가진 식물. 〔소나무나 삼나무 따위.〕 다자엽식물.

뭇-매[문-]圀 여러 사람이 한꺼번에 덤비어 때리는 매. 뭍매. ¶뭇매를 때리다. /뭇매를 맞다.

뭇매-질[문-]圀圎 여러 사람이 덤비어 함부로 때리는 짓.

뭇-발길[묻빨낄]圀 ①여러 사람의 발길. ②'여러 사람의 나무람'을 비유하여 이르는 말.

뭇발길-질[묻빨낄-]圀圎 여러 사람의 발길질.

뭇-방치기[묻빵-]圀圎 주책없이 남의 일에 간섭하는 짓, 또는 그 무리.

뭇-별[묻뼐]圀 많은 별. 중성(衆星).

뭇-사람[묻싸-]圀 여러 사람. 많은 사람. ¶뭇사람의 눈길을 끌다.

뭇-생각[묻쌩-]圀 잡다하게 많은 생각. ¶뭇생각에 잠 못이루다.

뭇-소리[묻쏘-]圀 여러 사람이 저마다 이러니저러니 하는 말.

뭇-시선(-視線)[묻씨-]圀 여러 사람의 눈길. ¶뭇시선을 끌다.

뭇-입[묻닙]圀 여러 사람이 나무라는 말. 중구(衆口). ¶쓸데없이 뭇입에 오르내리다.

뭇-종[무쫑/문쫑]圀 무 장다리의 어린 대.

뭇-줄[묻쭐]圀 삼으로 드린 굵은 바.

뭇-짐승[묻찜-]圀 여러 짐승. 백수(百獸).

뭇치다洎 (옛)묻히다. ¶紅塵에 뭇친 분네(丁克仁.賞春曲).

뭉다圎〈옛〉묶다. ¶이제 類롤 조차 뭇거(圓覺上一之一38).

뭉개다㊀洎 일을 빨리 하지 못하고 머무적거리다. 뭉그대다. ¶그까짓 일을 가지고 며칠씩이나 뭉개다니!
㊁圎 문질러 으깨거나 짓이기다. ¶송충이를 밟아 뭉개다. /담배꽁초를 구둣발로 밟아 뭉개다.

뭉개-지다洎 문질러서 으깨지다. ¶비석에 새겨진 묘비명이 다 뭉개졌다. /삶은 감자가 다 뭉개졌다.

뭉거-지다洎 〈뭉그러지다〉의 준말.

뭉게-구름圀 '적운(積雲)'·'쎈구름'의 딴 이름.

뭉게-뭉게㊀ (구름이나 연기가) 잇달아 피어오르는 모양. ¶구름이 뭉게뭉게 피어오르다. 圝뭉개뭉개.

뭉구리圀 ①바짝 깎은 머리. ②'중'을 조롱조로 이르는 말. 뭉구리.

뭉그-대다㊀洎 ☞뭉개다.
㊁圎 몸을 제자리에서 그냥 비비대다.

뭉그-뜨리다圎 힘껏 뭉그러지게 하다. 뭉그러트리다. ¶벽돌담을 쌓으려고 돌담을 뭉그뜨리다. 圝뭉그라뜨리다. ㉾뭉크러뜨리다.

뭉그-지다洎 (높이 쌓인 물건이) 무너져 주저앉다. ¶토담이 큰비에 뭉그러졌다. 㑳뭉거지다. 圝뭉그라지다. ②☞뭉크러지다.

뭉그러-트리다圎 뭉그러뜨리다. 圝뭉그라트리다. ㉾뭉크러트리다.

뭉그적-거리다[-꺼-]洎圎 자꾸 뭉그적뭉그적하다. 뭉그적대다. 圝뭉그작거리다.

뭉그적-대다[-때-]洎圎 뭉그적거리다.

뭉그적-뭉그적[-쩍-]㉟ ①圎洎(나아가지 못하고) 제자리에서 조금 큰 동작으로 게으르게 행

동하는 모양. ¶뭉그적뭉그적하지 말고 산책이라도 하렴. ②圎洎(나아가지 못하고) 제자리에서 눌러앉아 비비대는 모양. ③圎洎(일을 제때에 하지 못하고) 우물쭈물하는 모양. ¶제 할 일을 뭉그적뭉그적 뒤로 미루기만 하는 사람. 㑳뭉긋뭉긋. 圝뭉그작뭉그작.

뭉그적-이다㊀洎 (나아가지 못하고) 제자리에서 조금 큰 동작으로 게으르게 행동하다. 圝뭉그작이다.
㊁圎 (나아가지 못하고) 제자리에서 잇달아 무겁게 비비대다. 圝뭉그작이다.

뭉그-지르다[~지르니·~질러]圎圝 무너져 주저앉게 하다. 뭉기다.

뭉근-하다圎 불이 느긋이 타거나, 불기운이 세지 않다. ¶뭉근한 불에 물을 고다. **뭉근-히**㉟.

뭉글-거리다洎 자꾸 뭉글뭉글한 느낌을 주다. 뭉글대다. 圝뭉글거리다. ㉾뭉글거리다.

뭉글-대다洎 뭉글거리다.

뭉글-뭉글㉟圎 멍울진 것이 물렁물렁하여 이리저리 불거지며 미끄러운 느낌. 圝뭉글뭉글. ㉾뭉글거리다.

뭉긋-거리다[-귿꺼-]洎 〈뭉그적거리다〉의 준말. 뭉긋대다. 圝뭉긋거리다.

뭉긋-대다[-귿때-]洎 뭉긋거리다.

뭉긋-뭉긋[-귿-]㉟圎洎 〈뭉그적뭉그적〉의 준말. 圝뭉긋뭉긋.

뭉긋-하다[-귿그타-]圎 ①약간 비스듬하다. ¶뭉긋한 지붕. ②조금 굽어져 휘우듬하다. ¶산등성이가 뭉긋한 능선을 이루며 뻗어 있다.

뭉기다圎 무너져 주저앉게 하다. 뭉그지르다.

뭉-때리다圎 능청맞게 시치미를 떼다. ¶다 아는 일을 뭉때리지 말고 빨리 말해라. ②할 일을 일부러 아니하다.

뭉텅㉟ 대번에 꽤 큰 덩어리로 자르거나 잘리어 끊어지는 모양. 圝뭉땅. ㉾뭉텅. **뭉떵-뭉떵**㉟.

뭉떵뭉떵-하다圎 여럿이 다 뭉떵하다. 圝뭉땅뭉땅하다. ㉾뭉텅뭉텅하다.

뭉떵-하다圎 큰 덩어리로 뚝 잘라 놓은 듯이 짤막하고 뭉툭하다. 圝뭉땅하다. ㉾뭉텅하다.

뭉뚝㉟圎 ①(굵직한 것이) 끝이 잘린 듯이 무딘 모양. ②생김새가 뚱뚱하면서 짤막한 모양. 圝뭉똑. ㉾뭉툭. **뭉뚝-뭉뚝**㉟圎.

뭉뚱-그리다圎 ①되는대로 대강 뭉치어 싸다. ¶봇짐을 뭉뚱그리다. ②여러 사실을 하나로 포괄하다. ¶뭉뚱그려 말하다. 圝뭉땅그리다.

뭉실-뭉실㉟圎 통통하게 살쪄서 부드러운 느낌을 주는 모양. 圝뭉실뭉실.

뭉우리-돌圀 뭉우리돌.

뭉우리-돌圀 모난 데가 없이 둥글고 큼직한 돌. 무우석(無隅石). 뭉우리.

뭉쳐-나다[-처-]洎 풀이나 나무가 무더기로 더부룩하게 나다.

뭉치圀 ①한데 뚤뚤 뭉치거나 뭉뚱그린 덩이. ¶원고 뭉치. /돈 뭉치. ②소의 뒷다리 윗볼기의 밑에 붙은 고깃덩이. ③《의존 명사적 용법》한데 뭉치거나 뭉뚱그린 덩이를 세는 단위. ¶지폐 두 뭉치. /주먹밥 세 뭉치.

뭉치다㊀洎 ①(여럿이 합쳐지거나 어울려서) 한 덩어리가 되다. ¶피가 뭉치어 엉겨 붙다. /솜이 뭉치다. ②하나로 단결하다. ¶온 국민이 한마음으로 뭉치다. 圝뭉치다.
㊁圎 한 덩어리가 되게 하다. ¶눈을 뭉치어 눈사람을 만들다. 圝뭉치다.

뭉치-사태圀 소의 뭉치에 붙은 고기. 곰국거리로 쓰임.

뭉치 —뜨리 —치다 /·쳐뜨리다

뭉쿠리·뜨리다[타] 몽크리치게 뒤, 약수가

뭉크리·뜨리다[타] 이주 몽크리치게 하다.

뭉크리·지다[자] 몽크리어 지거나 나치게 되다.

뭉크려·지다[자] 뭉그러지다.

뭉크리·트리다[타] 몽그리뜨리다.

뭉크러·트리다[타]

뭉실·뭉실[부]

뭉우리·돌[명]

뭉치[명]

뭉키·다[자]

뭉클—거리다[자]

뭉클—하다[형]

뭉툭—하다[형]

뭉특—하다[형]

뭐[대]

뭣[대]

무:디다[형] 무디다.

무:디—다[형]

무:디—다[타]

무:지—기[부]

무지—다[형]

무:지개[명]

뮈:트[명] 무치트.

뮈:제—콩크레트[명] (musique concrète)

뮈지—크[명]

뮤:즈[명] (Muse)

뮤:지컬[명] (musical)

뮤:지컬—드라마[명] (music drama)

뮤:지컬—쇼[명] (musical show)

뮤:지컬—코미디[명] (musical comedy)

뮤:지컬—홀[명] (music hall)

므디[자]

므시[명]

무:롭디[타]

므:로디[명]

미시—다[타]

미:스—다[타]

미:스—라[명]

미:크론[명] (micron)

미:스—다[타]

미:스—라[명]

ㅁ슴

미:-경험(未經驗)[명][하타] 아직 경험하지 못함.

미:계(迷界)[-계/-게][명]〔불교에서〕미망(迷妄)의 세계. 중생계(衆生界). ↔오계(悟界).

미곡(米穀)[명] ①'쌀'로 순화. ②쌀과 갖가지 곡식.

미곡-상(米穀商)[-쌍][명] 쌀과 갖가지 곡식을 사고파는 일, 또는 그런 사람이나 가게. 미상(米商). 쌀장사. 쌀장수. 쌀가게. 싸전.

미곡^연도(米穀年度)[-쌍][명] 미곡의 통계적 처리를 위하여 정한 기간, 곧 11월 1일부터 다음 해 10월 31일까지의 1년간.

미골(尾骨)[명] 척추의 맨 아랫부분에 있는 뼈. 3~5개의 작은 뼈로 이루어짐. 꽁무니뼈. 꼬리뼈. 미저골(尾骶骨).

미골(尾骨)[명] ☞꼬리대기.

미공(微功)[명] ①대수롭지 않은 공로. ②자기의 공로를 겸손하게 이르는 말.

미:과(未果)[명][하타] 아직 결과를 짓지 못함.

미:과(美果)[명] ①(맛이 좋고) 아름다운 과실. ②좋은 결과.

미관(味官)[명] ☞미각 기관(味覺器官).

미관(美官)[명] ☞명환(名宦).

미:관(美觀)[명] 좋은 경치. 아름다운 경관. ¶도시의 미관을 해치다.

미관(微官)[명][Ⅰ][명] 보잘것없는 관직. 소관(小官). [Ⅱ][대] 관리가 자기를 낮추어 이르는 말. 소관.

미관-말직(微官末職)[-찍][명] 지위가 아주 낮은 관직. 미말지직(微末之職). ↔고관대작.

미:관^지구(美觀地區)[명] 도시의 미관을 살리기 위하여 특별히 설정한 지구.

미괄-식(尾括式)[명] 글의 끝 부분에 중심 내용이 있는 산문 구성 방식. ☞두괄식·양괄식·중괄식.

미광(微光)[명] 희미하고 약한 빛.

미:구(未久)[명][하형] 오래지 않음. 《주로, '미구에'의 꼴로 쓰임.》 ¶입춘도 지났으니 미구에 봄이 오겠지.

미구(微軀)[명] ①미천한 몸. 신분이 낮은 몸. ②남에게 '자기 몸'을 겸손하게 이르는 말.

미구(彌久)[명][하형] 동안이 매우 오램.

미:구불원(未久不遠)[명][하형] 얼마 오래지 않고 가까움.

미국(米麴)[명] 쌀누룩.

미국-톤(美國ton)[명] ☞쇼트톤(short ton).

미국-흰불나방(美國-)[-구킨-라-][명] 불나방과의 곤충. 날개 길이 3cm가량. 온몸이 희며, 날개에 검은 점이 있는 것도 있음. 유충은 플라타너스·미루나무 및 농작물의 잎을 갉아 먹는 해충으로 미국이 원산임. 흰불나방.

미:궁(迷宮)[명] ①한번 들어가면 쉽게 빠져나올 길을 찾을 수 없게 된 곳. ②(범죄 사건 따위가) 복잡하게 얽혀서 판단하거나 해결하기 어렵게 된 상태. ¶사건이 미궁에 빠지다.

미:귀(未歸)[명][하자] 아직 돌아오지 않음.

미균(黴菌)[명] ☞세균(細菌).

미그^전:투기(MIG戰鬪機)[명] 소련의 대표적인 제트 전투기의 한 가지.

미:급(未及)[명][하형] 아직 미치지 못함. 아직 차지 아니함. ¶미급한 수준.

미:급(未急)[명][하형] 그다지 급하지 않음.

미:기(未幾)[명][하형] 동안이 얼마 되지 않음. 《주로, '미기에'의 꼴로 쓰임.》 ¶그가 몸을 피한 지 미기에, 곧 수색대가 들이닥쳤다.

미:기(美技)[명] 훌륭한 연기나 기술. 파인 플레이.

미:기(美妓)[명] 아름다운 기생.

미꾸라지[명] 기름종갯과의 민물고기. 몸길이 20cm가량. 몸은 가늘고 길며 입가에 다섯 쌍의 수염이 있음. 등은 검푸르고 배는 회며 피부가 미끌미끌함. 논이나 개천·호수·못 등의 진흙 속에서 삶. 이추(泥鰍). 추어(鰍魚).

미꾸라지 용 됐다[속담] 미천하고 보잘것없던 사람이 크게 잘되었다는 말.

미꾸라지 한 마리가 온 웅덩이를 흐려 놓는다[속담] 한 사람의 좋지 않은 행동이 어떤 집단이나 여러 사람에게 나쁜 영향을 미친다는 말.

미꾸리[명] 기름종갯과의 민물고기. 생김새와 몸의 크기가 모두 미꾸라지와 비슷하나 수염이 더 많고 크며, 수염이 짧음. 몸빛은 등쪽의 반이 어두운 감람색, 배 쪽의 반이 담청색이며 옆구리에 여러 줄의 세로띠가 있음. 연못이나 논도랑 및 얕은 물에서 진흙 속의 유기물을 먹고 삶.

미끄러-뜨리다[타] 미끄러지게 하다. 미끄러트리다.

미끄러-지다[자] ①미끄러운 곳에서 밀려 나가거나 넘어지다. ¶얼음판에서 미끄러지다. ☞매끄러지다. ②(자동차·기차 따위가) 무리 없이 또는 거침없이 나아가다. ¶기차는 플랫폼으로 천천히 미끄러져 나갔다. ③시험 등에서 떨어지거나 차지하고 있던 자리에서 밀려나다. ¶시험에 미끄러지다.

미끄러-트리다[타] 미끄러뜨리다.

미끄럼[명] (얼음판이나 미끄럼대 따위에서) 미끄러지는 일, 또는 그런 놀이.

미끄럼-대(-臺)[-때][명] 아이들이 앉아서 미끄러져 내려올 수 있도록 널빤지 따위로 경사지게 만든 놀이 시설. 미끄럼틀.

미끄럼-마찰(-摩擦)[명] 운동 마찰의 한 가지. 물체의 일정한 면이 다른 물체의 표면을 따라 줄곧 접촉하면서 운동할 때에 작용하는 마찰.

미끄럼-틀[명] ☞미끄럼대.

미끄럽다[-따][미끄러우니·미끄러워][형][비] 거침없이 저절로 밀려 나갈 만큼 번드럽다. ¶길이 얼어서 미끄럽다. ☞매끄럽다.

미끈-거리다[자] 자꾸 미끈미끈하다. 미끈대다. ¶미끌거려서 미끈거려 손으로 잡기가 쉽지 않다. ☞매끈거리다.

미끈-대다[자] 미끈거리다.

미끈둥-하다[형][어] 미끈한 맛이 제법 많다. ☞매끈둥하다.

미끈-미끈[하형] 겉면이 번드러워서 닿으면 자꾸 밀려 나가는 모양. ☞매끈매끈.

미끈-유월(←六月)[-뉴-][명] [미끄러지듯이 한 달이 지나간다는 뜻으로] '음력 유월'을 이르는 말. ☞깐깐오월·어정칠월.

미끈-하다[Ⅰ][자어] 미끄러워서 발이나 손이 붙지 않고 미끄러지거나 밀려 나가다. [Ⅱ][형어] ①미끄러울 정도로 흠이나 거침새가 없다. ¶미끈한 나무줄기. ②생김새가 보기에 훤칠하고 말쑥하다. ¶미끈하게 생긴 청년. ☞매끈하다. 미끈-히[무].

미끌-미끌[무][하형] (거죽이) 매우 미끄러운 모양. ☞매끌매끌.

미끼[명] ①낚싯밥. ②'사람이나 동물을 꾀어 들이는 물건이나 수단'을 비유하여 이르는 말. ¶돈을 미끼로 삼다.

미나리[옛] 내밀다. ¶人讚福盛ᄒ샤 미나거신 ᄐᆨ애(樂範.處容歌).

미나리[명] 산형과의 다년초. 동양 특산으로 습한 땅에 절로 나기도 하고 미나리꽝에서 가꾸기도 함. 줄기는 30 cm가량 자라고, 잎은 깃 모양의 겹잎이며, 여름에 꽃이 회고 작은 꽃이 모여 핌. 잎과 줄기는 먹음. 근채(芹菜). 수근(水芹).

미나리-꽝 명 미나리를 심어 가꾸는 논.

미나리-아재비 명 미나리아재빗과의 다년초. 산이나 들에 나는데 줄기와 잎에는 굵은 털이 있음. 밑동의 잎은 잎꼭지가 길고, 줄기의 잎은 잎꼭지가 없음. 6월경에 줄기 끝에 누런 꽃이 핌. 독성이 있으나 잎은 한방에서 약재로 쓰임. 모간(毛茛). 모근(毛菫).

미나마타-병(みなまた《水俣病》) 명 유기 수은 중독으로 생긴 만성 신경 질환. 1953년경부터 일본 규수 구마모토 현(縣) 미나마타 만(灣) 주변에서 유기 수은에 중독된 어패류를 먹고 집단적으로 발생한 병. 언어 장애·시야 협착·사지 마비 등의 증상을 나타내며, 발광하여 사망에 이르기도 함.

미-남(美男) 명 〈미남자(美男子)〉의 준말. ¶ 미남 배우. ↔추남(醜男).

미-남자(美男子) 명 얼굴이 잘생긴 남자. 호남아(好男兒). 준미남.

미:납(未納) 명 하타 되자 (내어야 할 돈을) 아직 내지 못함. ¶ 재산세를 미납하다.

미:납-금(未納金) [-끔] 명 아직 내지 못한 돈.

미:납-세(未納稅) [-쎄] 명 아직 내지 못한 세금.

미:납-자(未納者) [-짜] 명 (세금·공과금·사용료 따위를) 아직 내지 못한 사람.

미너렛(minaret) 명 이슬람교 사원에 있는 첨탑(尖塔). 여기서 기도 시간을 알리는 종을 울리며, 축제일에는 불을 켬.

미네-굴[-꿀] 명 굴과의 바닷물조개. 굴과 비슷하나 훨씬 크고 길둥근꼴임. 민물이 흘러드는 바다 밑바닥에 삶. 식용함. 토화(土花).

미네랄(mineral) 명 칼슘·망간·코발트·철·인·황 등의 무기질 영양소.

미네랄-워터(mineral water) 명 광물질 곧 무기질 영양소나 이산화탄소 등이 녹아 있는 물. 음료수나 양주(洋酒)에 타는 물로 많이 쓰임.

미네르바(Minerva) 명 로마 신화에 나오는 여신. 주피터의 딸로, 지혜·전쟁·학예의 여신. 〔그리스 신화의 아테네에 해당함.〕

미:녀(美女) 명 얼굴이 아름다운 여자. 미인(美人). 미희(美姬). ↔추녀(醜女).

미:년(未年) 명 태세(太歲)의 지지(地支)가 미(未)로 된 해. (기미년(己未年)·신미년(辛未年) 따위.) 양해.

미녕-하다(靡寧~) 형여 〈미령하다〉의 본딧말.

미노르카(Minorca) 명 닭의 한 품종. 지중해 미노르카 섬 원산의 난용종(卵用種). 몸집이 크고 깃털 빛깔은 흑색·백색 등임.

미농-반지(美濃半紙) 명 반지(半紙) 크기의 미농지.

미농-지(美濃紙) 명 (일본 특산의) 종이의 한 가지. 닥나무의 껍질로 만드는데 썩 얇고 질기며 깨끗하고 흼.

미뉴에트(minuet) 명 프랑스에서 시작되어 17~18세기경 유럽을 중심으로 보급된 4분의3 박자의 춤곡. 모음곡이나 소나타의 셋째 악장으로도 쓰임.

미늘 명 ① (물린 물고기가 빠지지 않도록) 낚시의 끝 안쪽에 있는, 가시랭이 모양의 작은 갈고리. 구거(鉤距). ②〈갑옷미늘〉의 준말.
미늘(을) 달다 관용 (기와나 비늘 모양으로) 위쪽의 아래 끝이 아래쪽의 위 끝을 덮어 누르게 꾸미다.

미늘-창(-槍) 명 끝이 두 가닥 또는 세 가닥으로 갈라져 있는 창.

미니(mini) 명 ① '소형'의 뜻으로 쓰이는 말. ¶ 미니 카세트. ②〈미니스커트〉의 준말. ②참맥시·미니.

미니멈(minimum) 명 최소 한도. 극소(極小). 극솟값. ↔맥시멈.

미니-스커트(mini-skirt) 명 치마 끝이 무릎 위까지 쑥 올라오는, 짧은 스커트. ②미니.

미니어처(miniature) 명 실물과 같은 모양으로 정교하게 만들어진 작은 모형(模型). 〔영화의 트릭 촬영에 쓰이는 건물 모형 따위.〕

미:다[자] ① 털이 빠져 살이 겉으로 드러나다. ② 찢어지다.

미:다² 타 팽팽하게 켕긴 가죽이나 종이 따위를 잘못 건드려 구멍을 내다.

미:다³[타] (싫게 여기어) 따돌리고 멀리하다.

미:닫-이[-다지] 명 옆으로 밀어 여닫는 방식, 또는 그런 문이나 창문. 참여닫이.

미:달(未達) 명 하자 되자 (어떤 한도나 표준에) 아직 이르지 못함. ¶ 정원(定員) 미달.

미:달-일간(未達一間) 명 하형 모든 일에 다 밝아도 오직 한 부분만은 서투름.

미담(美談) 명 (남을 감동시킬 만한) 갸륵한 행동에 대한 이야기.

미:담(微曇) 명 하형 엷은 박담(薄曇).

미:답(未踏) 명 하타 아직 아무도 밟지 않음. ¶ 전인(前人)미답.

미대-난도(尾大難掉) 명 하형 〔꼬리가 커서 흔들기가 어렵다는 뜻으로〕 '어떤 일의 끝이 크게 벌어져 처리하기 어려움'을 이르는 말.

미:-대다[타] ① (하기 싫거나 잘못된 일을 남에게) 자꾸 넘기다. ¶ 자기 일을 남에게 미대다. ② (일을) 질질 끌어 가다. ¶ 언제 적 일을 아직까지 미대고 있느냐?

미더덕 명 원삭동물 미더덕과의 한 가지. 몸은 누런 갈색으로 가늘고 기며 자루 끝이 바위에 붙어 있음. 겉껍질은 섬유질과 같은 물질로 매우 딱딱하고 암수한몸임. 먹을 수 있으며 우리나라 연안에 분포함.

미:덕(美德) 명 아름다운 덕성. 도덕적인 훌륭한 행동. 영덕(令德). ¶ 양보의 미덕.

미덥다[-따] 〔미더우니·미더워〕 형ㅂ 믿음성이 있다. ¶ 그 사람의 약속은 미덥다.

미:도(迷途) 명 ☞미로(迷路).

미독(味讀) 명 하타 글의 내용을 충분히 음미하면서 읽음. ¶ 수상록을 미독하다.

미:돈(迷豚) 명 〔미련한 자식이란 뜻으로, 남에게〕 '자기 아들'을 낮추어 이르는 말. 〔흔히, 편지글에서 씀.〕 가돈(家豚). 미아(迷兒). 비미식(迷息).

미:동(美童) 명 ① 잘생긴 사내아이. ② 남색(男色)의 상대가 되는 아이. ☞면2.

미동(微動) 명 하자 (아주) 조금 움직임. ¶ 미동도 하지 않고 태연히 앉아 있다.

미두(米豆) 명 하자 현물 없이 미곡을 사고파는 일. 미곡의 시세를 이용하여 약속만으로 거래하는 일종의 투기 행위. 기미(期米).

미두-장(米豆場) 명 미두를 하는 곳.

미:득(未得) 명 하타 아직 얻지 못함. ↔기득.

미들-급(middle級) 명 권투·태권도 따위에서, 중량별 체급의 한 가지. 아마추어 권투는 71 kg 이상 75 kg 미만, 태권도 남자 일반부는 76 kg 초과 83 kg 이하임. 참라이트 미들급·라이트 헤비급.

미등(尾燈)圈 자동차 따위의 뒤에 붙은 등.

미등(微騰)圈하자 (물가 따위가) 조금 오름.

미:-등기(未登記)圈하자 되자 아직 등기를 하지 아니함. ¶ 미등기 가옥.

미디(middy)圈 〈미디스커트〉의 준말. 참맥시·미니.

미디-스커:트(middy skirt)圈 치마 길이 종아리의 중간쯤을 가리는 스커트. 준미디.

미:디어(media)圈 매체(媒體). 매개체. 수단. 특히, 전달의 수단이 되는 문자나 영상 따위를 이름.

미:라(mirra 포)圈 사람이나 동물의 시체가 바짝 말라 원형(原形)에 가까운 상태로 있는 것.

미라-성(Mira星)圈 고래자리에 있는 변광성(變光星). 약 11개월 마다 밝기가 2등급에서 10등급까지 변화함. 평균 지름은 태양의 600배, 지구에서의 거리는 약 250광년.

미락(微落)圈하자 (물가 따위가) 조금 떨어짐.

미란(迷亂) '미란하다'의 어근.

미란(糜爛·靡爛)圈하자 썩어 문드러짐.

미란다^원칙(Miranda原則)圈 경찰이나 검찰이 피의자로부터 자백을 받기 전에 반드시 변호인 선임권·진술 거부권 등 피의자의 권리를 알려 주어야 하는 원칙.

미란-하다(迷亂-)圈어 정신이 헷갈려 어지럽다.

미래圈 못자리를 고르는 데 쓰는 농기구의 한 가지.

미:래(未來)圈 ①(현재를 기준하여) 아직 다가오지 않은 때. 장래. ¶ 미래를 설계하다. 반현재·과거. ②불교에서, 삼세(三世)의 하나, 곧 죽은 뒤의 세상. 내세. ③앞으로 있을 동작이나 상태를 나타내는 어법. ③올적.

미:래-기(未來記)圈 앞일을 예언하여 적은 기록. 참문(識文).

미:래-사(未來事)圈 앞으로 닥쳐올 일. 앞일. ¶ 미래사를 누가 알리오.

미:래-상(未來像)圈 주기로 이상(理想)으로 그리는, 미래의 모습. ¶ 나의 미래상.

미:래-세(未來世)圈 불교에서 이르는 삼세의 하나. 미래의 세상, 곧 앞으로 닥쳐올 불세(佛世). 또는 죽은 뒤에 다시 태어날 세상. 내세(來世). 후세(後世). 반현세·과거세.

미:래^시제(未來時制)圈 활용어의 시제의 한 갈래. 동작이 일어나는 시간이, 말하는 이가 말하는 시간보다 나중인 시제. 선어말 어미 '-겠'이나, 관형사형 어미 '-ㄹ'로 나타냄. 〔'내일도 계속 눈이 오겠다.'에서 '오겠다' 따위.〕

미:래^완료(未來完了)[-와-]圈 시제에서의 완료상(完了相)의 한 가지. 미래의 동작이 완료됨을 보이는 시제. 완료 완료에 '-겠-'을 더하여 쏨. 〔'지금쯤 도착했겠다.'에서 '도착했겠다' 따위.〕 올적끝남.

미:래-주의(未來主義)[-의/-이]圈 20세기 초에 이탈리아에서 일어난 전위 예술 운동의 한 경향. 전통을 부정하고 기계 문명이 가져온 도시의 약동감과 속도감을 새로운 미(美)로서 표현하려고 한 것이 그 주된 특징임. 1909년 시인 마리네티의 '미래주의 선언'이 그 효시임.

미:래^진:행(未來進行)圈 시제에서의 진행상(進行相)의 한 가지. 미래에 동작이 진행 중일 것임을 보이는 시제. 현재 진행에 '-겠-'을 더하여 쏨. 〔'친구들과 한창 놀고 있겠다.'에서 '놀고 있겠다' 따위.〕 올적내아가기.

미:래^진:행^완료(未來進行完了)[-와-]圈 시제에서의 완료상(完了相)의 한 가지. 진행되는

동작이 미래의 어느 때에 이미 끝나 있을 것임을 보이는 시제. 〔'보름 후에나 가게 되면, 그곳의 벚꽃은 벌써 피고 있었겠다.'에서 '…고 있었겠다'의 꼴로 나타냄.〕 올적내아가기끝남.

미:래-파(未來派)圈 미래주의를 신봉하는 예술상의 한 파.

미:래-학(未來學)圈 미래의 사회를 예측하고 그 모델을 연구하는 학문.

미랭(未冷) '미랭(未冷)하다'의 어근.

미랭(微冷) '미랭(微冷)하다'의 어근.

미:랭-시(未冷尸)圈 아주 늙어서 사람 구실을 제대로 하지 못하는 사람을 이르는 말.

미:랭-하다(未冷-)圈어 채 식지 아니하다.

미랭-하다(微冷-)圈어 조금 차다.

미량(微涼) '미량하다'의 어근.

미량(微量)圈 아주 적은 분량. ¶ 미량의 독극물이 검출되다.

미량^영양소(微量營養素)[-녕-]圈 ①식물이 자라는 데 매우 적은 양이기는 하지만 꼭 필요한 원소. 〔철·아연·망간·구리·염소 따위.〕②적은 양으로 효과를 나타내는 동물의 영양소. 〔비타민 따위.〕 미량 요소. 미량 원소.

미량^요소(微量要素)[-뇨-]圈 ☞미량 영양소.

미량^원소(微量元素)圈 ☞미량 영양소.

미량-하다(微涼-)圈어 조금 서늘하다.

미레 ☞먹미레.

미레-자圈 'T'자 모양의 제도용 자. 티자.

미레-질(微冷)圈 대패를 반대로 돌려 쥐고 앞으로 밀어 깎는 일.

미려(美麗) '미려하다'의 어근.

미려-관(尾閭關)圈 ☞미려혈(尾閭穴).

미:려-하다(美麗-)圈어 아름답고 곱다. ¶ 미려한 용모. /미려한 산하를 굽어보다. **미려-히**哉.

미려-혈(尾閭穴)圈 한방에서, 등마루 뼈 끝에 있는 경혈(經穴)을 이르는 말. 미려관(尾閭關).

미력(微力)圈하자 ①힘이 적음. 적은 힘. ②남을 위하여 보태는 '자기의 힘'을 겸손하게 이르는 말. ¶ 미력하나마 도움이 되신다면….

미련圈하자스스형 (태도나 행동이) 어리석고 둔함. 융통성 없이 꽉 막혀 부리고 있다. 반매련. **미련-히**哉. **미련스레**哉.

미:련(未練)圈 생각을 딱 끊을 수 없음, 또는 그런 마음. ¶ 쓸데없는 미련은 버려라.

미련(未練)圈 '쓸데없는'의 어근.

미련(尾聯)圈 한시의 율시(律詩)에서, 제7구와 제8구. 곧, 마지막 연. 결련(結聯). 참경련(頸聯).

미련-쟁이圈 '미련한 사람'을 홀하게 이르는 말. 반매련쟁이.

미련-퉁이圈 '몹시 미련한 사람'을 얕잡아 이르는 말. 반매련퉁이.

미:련-하다(未練-)圈어 ☞미숙(未熟)하다.

미렷-하다[-려타-]圈어 살이 쪄서 군턱이 져 있거나 턱이 두툼하다.

미령(靡寧) '미령하다'의 어근.

미령-하다(靡寧-)圈어 (어른이) 병으로 말미암아 몸이 편하지 못하다. **본**미녕(靡寧).

미:로(迷路)圈 ①한번 들어가면 드나드는 곳이나 방향을 알 수 없게 된 길. ②동물이나 인간의 학습 연구에 이용되는 장치의 한 가지. 출발점에서 도착점에 이르는 길을 섞갈리게 해놓고, 잘못 가는 횟수를 세거나 걸리는 시간을 제어, 그 횟수나 시간이 줄어드는 것을 평가함. 미도(迷途). ③=내이(內耳). ④'해결책을 못 찾아 갈팡질팡하는 상태'를 비유하여 이르는 말. ¶ 미로 속을 헤매다.

미:로-아(迷路兒)圏〈미아(迷兒)〉의 본딧말.

미록(麋鹿)圏 고라니와 사슴.

미뢰(味蕾)圏 〔뢰/-뤠〕圏 척추동물의 미각 기관(味覺官). 〔혓바닥에 많이 분포되어 있음.〕

미:료(未了)圏周囲 ◁미필(未畢).

미루-나무(←美柳-)圏 버드나뭇과의 낙엽 활엽교목. 미국에서 들여왔다 하여 미류(美柳)라 불리기도 하였음. 크기는 지름이 1 m, 높이 30 m가량에 이름. 잎은 넓은 달걀 모양인데, 길이가 너비보다 긴 것이 양버들과 다른 점임. 포플러.

미루다圄 ①(일을) 나중으로 밀어 넘기다. ¶ 오늘 일을 내일로 미루지 마라. ②(일이나 책임을) 남에게 떠넘기다. ¶ 자기 책임을 남에게 미루지 마라. ③이미 알려진 사실로써 다른 것을 비추어 헤아리다. ¶ 미루어 짐작하다. /하나를 미루어 둘을 안다.

미루적-거리다[-꺼-]囤 자꾸만 미루적미루적하다. 미루적대다. 준미적거리다.

미루적-대다[-때-]囤 미루적거리다.

미루적-미루적[-정-]圄周囲 일을 자꾸 미루어 시간을 끄는 모양. 준미적미적.

미류-나무(美柳-)圏 '미루나무'의 잘못.

미르圏〔옛〕용. ¶ 미르 룡:龍[訓蒙上10].

미륵(彌勒)圏 ①〈미륵보살〉의 준말. ②'돌부처'를 두루 이르는 말.

미륵-보살(彌勒菩薩)[-뽀-]圏 도솔천에 살며, 56억 7000만 년 후에 미륵불로 나타나 중생을 제도한다는 보살. 준미륵.

미륵-불(彌勒佛)[-뿔]圏 미륵보살의 후신(後身)으로 나타날 장래의 부처.

미름(米廩)圏 쌀 창고.

미리圄 어떤 일이 생기거나 벌어지기 전에 먼저. ¶ 가뭄에 미리 대비하다.

미리내圏 '은하(銀河)' 또는 '은하수'의 방언.

미리-미리囤 '미리'를 강조하는 말. ¶ 미리미리 준비하다.

미림(味淋·味醂)圏 찹쌀지에밥에 소주나 누룩을 섞어 빚어 재강을 짜낸, 일본식 양주법으로 빚은 술. 맛이 달며, 조미료로 씀.

미:립(微粒)圏 경험으로부터 얻은 묘한 이치. 요령. ¶ 미립을 얻다.

미립(米粒)圏 쌀알.

미립(微粒)圏 ①작은 알맹이. ②누에의 미립자병의 병원체가 되는 포자(胞子).

미:립-나다[-립-]困 경험을 통하여 묘한 이치나 요령이 생기다.

미-립자(微粒子)[-짜]圏 (맨눈으로는 보기 힘든) 매우 미세한 입자.

미립자-병(微粒子病)[-짜뼝]圏 누에의 전염병의 한 가지. 몸에 반점이 생겨 죽게 됨.

미립자^병:원체(微粒子病原體)[-짜-]圏 누에의 미립자병을 일으키는 병원체.

미:만(未滿)圏周囲 정한 수나 정도에 차지 못함. ¶ 20세 미만의 젊은이들.

미만(彌滿·彌漫)圏 ①널리 가득 참. ②(어떤 기운이나 유행 따위가) 널리 퍼져 있음.

미:말(未末)圏 십이시(十二時)의 미시(未時)의 끝. 〔하오 3시에 가까운 무렵.〕

미말직(微末之職)[-찌-]圏 ☞미관말직.

미:망(未忘)圏 잊을 수가 없음.

미망(迷妄)圏周困 (사리에 어두워) 실제로는 없는 것을 있는 것처럼 생각하는 일, 또는 그런 잘못된 생각. ¶ 미망 속에서 자신을 잃고 헤매는 현대인.

미:망-인(未亡人)圏 〔따라 죽지 못한 사람이란 뜻으로〕 남편이 죽고 홀몸이 된 여자. '춘추좌씨전'의 '장공편(莊公篇)'에 나오는 말임. 과부.

미맥(米麥)圏 쌀과 보리.

미:맹(未萌)圏周囲 ①싹이 아직 트지 않음. ②변고가 아직 생기지 않음.

미맹(味盲)圏 특정의 물질에 대해서 맛을 느끼지 못하는 상태, 또는 그런 사람.

미:명(未明)圏周囲 날이 채 밝지 않음, 또는 그런 때. 잔야(殘夜). ¶ 미명에 길을 나서다.

미:명(美名)圏 훌륭하게 내세운 이름. 그럴듯한 명목이나 명분. ¶ 자선 사업이란 미명 아래 사욕을 채우다.

미:명-귀(未命鬼)圏 남의 아내로서 젊어서 죽은 귀신. 남편의 후처에게 붙어 때때로 앓게 하거나 해롭게 한다 함.

미모(眉毛)圏 눈썹.

미:모(美貌)圏 (여자의) 아름다운 얼굴 모습. ¶ 미모의 중년 여인. /미모가 빼어나다.

미모사(mimosa)圏 콩과의 일년초. 원산지인 브라질에서는 다년초인 관상 식물. 줄기는 30 cm가량 자라는데, 잔털과 가시가 있음. 여름에 담홍색 꽃이 피고 꼬투리를 맺음. 잎을 건드리면 곧 아래로 늘어지면서 마치 시든 것같이 오므라듦. 신경초. 감응초. 함수초.

미목(眉目)圏 ①눈썹과 눈. ②(눈썹과 눈의 생김새가 용모를 결정한다는 데서) 얼굴 모양을 이르는 말. ¶ 미목이 수려한 젊은이.

미:몽(迷夢)圏 〔흐릿한 꿈이라는 뜻으로〕 무엇에 홀린 듯이 똑똑하지 못하고 얼떨떨한 정신 상태. ¶ 미몽에서 깨어나다.

미묘(美妙)'미묘(美妙)하다'의 어근.

미묘(微妙)'미묘(微妙)하다'의 어근.

미:묘-하다(美妙-)[형] (무엇이라 표현할 수 없을 만큼) 아름답고 묘하다. 미묘-히튀.

미묘-하다(微妙-)[형] ①섬세하고 묘하다. ②섬세하고 야릇하여 무엇이라고 딱 잘라 말할 수 없다. ¶ 미묘한 변화. /미묘한 차이. 미묘-히튀.

미:문(未聞)圏周囲 아직 듣지 못함. ¶ 미문의 기이한 사건.

미:문(美文)圏 아름다운 글.

미:문(美聞)圏 좋은 소식.

미물(微物)圏 ①작고 보잘것없는 물건. ②벌레 따위 작은 동물. ③'변변치 못한 인간'을 비유하여 이르는 말. ¶ 제 앞가림도 못하는 미물에 지나지 않습니다.

미:미(美味)圏 (입에 맞는) 좋은 맛.

미미(微微)'미미(微微)하다'의 어근.

미미-하다(微微-)[형] 보잘것없이 작거나 희미하다. ¶ 미미한 존재. 미미-히튀.

미믹(mimic)圏 연극 따위에서, 대사 없이 손짓이나 몸짓으로 어떤 감정을 표현하는 기술. 표정술.

미반(米飯)圏 쌀밥.

미:발(未發)圏周囲 ①일이 아직 일어나지 아니함. ↔기발(旣發). ②아직 출발하지 아니함.

미:-발표(未發表)圏周囲周囲 아직 발표하지 않음. ¶ 생전의 미발표 작품이 많이 발견되다.

미:방(未方)圏 이십사방위의 하나. 남남서에서 서쪽으로 15도까지의 방위. 정방(丁方)과 곤방(坤方)의 사이. 미(未). ↔축방(丑方).

미:백(美白)圏 살갗을 아름답고 희게 하는 것. ¶ 미백 효과. /미백 크림.

미-백색(微白色)[-쌕]圏 부유스름하게 흰 빛깔.

미복(微服)**명**[하자] (지위가 높은 사람이) 남의 눈에 띄지 않도록 초라한 옷차림으로 변장하는 일.

미복-잠행(微服潛行)[-짱-]**명**[하타] 남이 알아보지 못하게 미복으로 슬그머니 다님. ㉥미행.

미:봉(未捧)**명**[하타] ☞미수(未收).

미봉(彌縫)**명**[하타] (잘못된 것을) 임시변통으로 이리저리 꾸며 대어 맞춤.

미봉-책(彌縫策)**명** 임시로 꾸며 대어 눈가림만 하는 일시적인 대책. ¶미봉책 아파트.

미분(米粉)**명** 쌀가루.

미분(微分)**명** 〔수학에서〕 ①어떤 함수의 미분계수를 구하는 셈법. ②독립 변수(獨立變數)의 미소한 증분(增分). ③〈미분학〉의 준말.

미분^기하학(微分幾何學)**명** 기하학의 한 분과. 미적분을 써서 곡선이나 곡면의 성질을 연구함.

미분^방정식(微分方程式)**명** 미지(未知) 함수의 도함수(導函數)를 포함한 방정식.

미:-분양(未分讓)**명** 정해진 양의 일부 또는 전부가 분양되지 않음. ¶미분양 아파트.

미-분자(微分子)**명** 매우 작은 분자.

미분-학(微分學)**명** 함수(函數)의 미분에 관한 성질을 연구하는 수학의 한 분과. ㉥미분.

미:-분화(未分化)**명**[하자][되자] 아직 분화하지 않음.

미:불(未拂)**명**[하타] 아직 지불하지 아니함.

미불(美弗)**명** ☞미화(美貨).

미:비(未備)**명**[하타] 완전하지 못함. 제대로 갖추어져 있지 아니함. ¶서류 미비. /이번 조치는 미비한 점이 많다.

미:비-점(未備點)[-쩜]**명** 완전하지 못하거나 제대로 갖추어져 있지 않은 부분.

미쁘다[미쁘니·미뻐]**형** 믿음성이 있다. 미덥다. ¶갸륵하고 미쁘도다. ¶우리 젊은이여!

미:사(美事)**명** 아름다운 일. 기릴 만한 일.

미:사(美辭)**명** ①아름다운 말. ②아름답게 꾸민 말. 여사(麗辭).

미사(missa 라)**명** ①가톨릭교회에서 거행하는 최대의 예배 의식. 천주를 찬미하고 속죄를 원하며, 은총을 기원하는 것으로, 예수의 최후의 만찬을 본떠서 함. 성제(聖祭). ②☞미사곡.

미사-곡(missa曲)**명** 미사의 의식에서 신도가 부르는 찬가. 미사.

미사리¹**명** 삿갓이나 방갓·전모의 안쪽에 대어, 머리에 쓸 때에 걸려 얹히게 만든 둥근 테두리.

미사리²**명** (산중에서 풀뿌리나 나뭇잎·열매 따위를 먹고 사는 몸에 털이 많이 난 자연인.

미:사-여구(美辭麗句)**명** (듣기에 좋게) 아름답게 꾸민 말과 글귀. 아름다운 문구. ¶진실성 없이 미사여구만 늘어놓은 글.

미사일(missile)**명** 로켓이나 제트 엔진으로 추진되어, 주로 유도 장치에 의하여 자동적으로 목표에 이르는 무기. 〔지대공, 지대지, 공대지, 공대공 따위로 분류됨.〕 유도탄(誘導彈).

미삼(尾蔘)**명** 인삼의 잔뿌리.

미삼-차(尾蔘茶)**명** 미삼으로 달인 차.

미:상(未詳)**명**[하자] 알려지지 않음. 자세하지 않음. ¶작자 미상의 작품.

미상(米商)**명** 쌀장사, 또는 쌀장수. 미곡상.

미:상(迷想)**명** 어지럽게 헷갈린 생각. 갈피를 잡지 못하는 생각.

미상(微傷)**명**[하자] 가벼운 상처를 입음, 또는 그런 상처.

미:상불(未嘗不)**부** 아닌 게 아니라 과연. 미상비(未嘗非). ¶경치가 미상불 절경이로다.

미:상비(未嘗非)**부** ☞미상불(未嘗不).

미:-상환(未償還)**명**[하자] 아직 갚지 않음.

미색(米色)**명** ①쌀의 빛깔. ②좀 노르께한 빛깔.

미:색(美色)**명** ①아름다운 빛깔. ②아름다운 여자의 얼굴, 또는 그런 여자. ¶미색이 출중하다.

미색(迷色)**명**[하자] 가톨릭의 칠죄종(七罪宗)의 하나. 여색(女色)에 빠지는 일.

미:생(未生)**명** 미년(未年)에 난 사람. 양띠.

미:생-마(未生馬)**명** 바둑에서, 두 집을 짓지 못하여 완전히 살지 못한 상태를 이르는 말.

미:-생물(微生物)**명** (박테리아처럼) 현미경으로만 볼 수 있는 작은 생물을 통틀어 이르는 말.

미생지신(尾生之信)**명** '미련하고 우직하게 지키는 약속'을 이르는 말. 〔'사기'의 '소진전'에 나오는 말로, 중국 춘추 시대에 미생이라는 사람이, 여자와 다리 밑에서 기다리다, 물에 휩쓸려 죽었다는 고사에서 유래함.〕

미선(尾扇)**명** ①지난날, 나라 잔치 때 쓰던 의장(儀仗)의 한 가지. 부채와 같으나 자루가 긺. ②대오리의 한끝을 가늘게 쪼개어 둥글게 펴고 그것을 실로 엮어 종이를 바른 부채.

미선-나무(尾扇-)**명** 물푸레나뭇과의 낙엽 관목. 충북 군자산 산기슭에 자라는 우리나라의 특산종임. 높이 1m가량. 가지는 자줏빛이 돌며 끝이 아래로 처지고 잎은 마주남. 꽃은 전해에 맺혔다가 봄에 잎보다 먼저 핌. 흰 꽃이 피는 기본종 외에도 분홍미선·상아미선·푸른미선·둥근미선 등 여러 종이 있음.

미:설(未設)**명**[하타] 아직 차리거나 베풀어 놓지 아니함. ↔기설(既設).

미:성(未成)**명** ①[하자] 아직 성인(成人)이 못 됨. ②[하타] 아직 다 이루지 못함. ②→기성(既成).

미성(尾星)**명** ①이십팔수(二十八宿)의 하나. 동쪽의 여섯째 별자리. ㉥미(尾). ②☞혜성(彗星).

미:성(美聲)**명** 아름다운 (고운) 목소리.

미성(微誠)**명** ①조그마한 정성. 미침(微忱). ②'자기의 정성'을 겸손하게 이르는 말.

미성(微聲)**명** 겨우 들릴 만한 작은 소리.

미:-성년(未成年)**명** ①되기 않은 나이, 또는 그 사람. 미정년(未丁年). ②법률에서 만 20세가 되지 못한 나이. ↔성년(成年).

미:성년-자(未成年者)**명** 아직 성년이 되지 않은 사람. 미성년인 사람. ¶미성년자 보호법.

미:-성숙(未成熟)**명**[하자] ①아직 채 여물지 못한 상태에 있음. ②익숙하지 아니함.

미:-성인(未成人)**명** 아직 결혼하지 아니하여 어른이 되지 못한 사람.

미:-성취(未成娶)**명**[하자] 아직 장가를 들지 아니함. ②미취. ☞미장가(-). →기성(既娶).

미:성-품(未成品)**명** 아직 완성되지 않은 물품.

미세(微細)**명**[하자] (분간하기 어려울 만큼) 매우 가늘고 작음. ¶미세한 가루. /미세한 차이.

미세기¹**명** 밀물과 썰물.

미:세기²**명** 두 짝을 한 편으로 밀어 겹쳐서 여닫게 된 문이나 창.

미:세기³**명** 광산에서, 땅속으로 비스듬히 파 들어간 구덩이.

미-세포(微細胞)**명** 매우 작은 세포.

미셀러니(miscellany)**명** 수필 가운데서, 논리성보다는 필자의 개성과 서정에 중점을 둔 신변잡기류의 수필. 〔수상(隨想)·잡문 등.〕

미션^스쿨(mission school)**명** 기독교에서, 교육과 전도를 목적으로 세운 학교.

미소(媚笑)**명**[하자] 아양 부리는 웃음.

미소(微小)[-하]톙 아주 작음. ¶미소한 세균. / 미소한 실체. ↔거대(巨大).

미소(微少)[-하]톙 아주 적음. ¶미소한 차이.

미소(微笑)[-하]쟈 소리를 내지 않고 빙긋이 웃음, 또는 그런 웃음. ¶미소를 머금다. /미소를 짓다. /입가에 미소를 띠다.

미-소년(美少年)톙 얼굴이 예쁜 소년.

미소^망:상(微小妄想)톙 자기 자신을 과소평가하는 망상. ↔발양 망상(發揚妄想).

미:속(美俗)톙 아름다운 풍속, 미풍(美風).

미송(美松)톙 미국 동부 및 서부에서 산출되는 소나무의 한 가지, 또는 그 재목. 높이는 100 m에 이르며 재목은 적황색 또는 적색을 띰. 건축재 및 펄프 원료로 쓰임.

미쇄(微瑣)톙 '미쇄하다'의 어근.

미쇄-하다(微瑣-)톙 자질구레하고 보잘것없다.

미수톙 설탕물이나 꿀물에 미숫가루를 탄 음료. 미식(麇食).

미:수(未收)톙[하]톙 아직 다 거두지 못함. 미봉(未捧). ¶시청료의 미수가 많다.

미:수(未遂)톙[하]톙 ①[뜻한 바를] 아직 이루지 못함. ②범죄에 착수하여 행위를 끝내지 못했거나 결과가 발생하지 않은 일. ¶방화(放火) 미수. /미수에 그치다. ↔기수(旣遂).

미수(米壽)톙 ['米' 자를 풀면 '八十八'이 되는 데서] '여든여덟 살'을 달리 이르는 말.

미수(眉壽)톙[하]쟈 [눈썹이 세도록 오래 산다는 뜻으로] 남에게 축수(祝壽)할 때 이르는 말. ¶부디 미수하소서.

미:수(美鬚)톙 아름다운 수염.

미수-가리톙 잘못 삼아서 못 쓰게 된 것만을 한데 묶어 놓은 삼 꼭지.

미:수-금(未收金)톙 아직 거두어들이지 못한 돈.

미:수-범(未遂犯)톙 범죄의 실행에 착수하였으나 그 행위를 끝내지 않았거나 결과가 발생하지 아니한 범죄, 또는 그 범인.

미수-연(米壽宴)톙 여든여덟 살까지 장수한 것을 축하하여 베푸는 잔치.

미:수-죄(未遂罪)[-죄/-쮀]톙 미수로 그친 범죄.

미숙(未熟) '미숙하다'의 어근.

미:-숙련공(未熟練工)[-슐련-]톙 일에 아직 익숙하지 아니한 직공.

미:숙-아(未熟兒)톙 달이 덜 차서 태어난 아이. [몸무게가 2.5 kg 이하인 신생아.] ↔성숙아.

미:숙-하다(未熟-)[-수카-]톙 ①[음식이나 과실 따위가] 아직 익지 않다. ②[일에] 익숙하지 아니하여 서투르다. 미련(未練)하다. ¶운전면허증을 딴 지 얼마 안 돼 운전이 미숙하다.

미:술(美術)톙 공간 및 시각의 미를 표현하는 예술. [회화·건축·조각 따위.]

미:술-가(美術家)톙 미술품을 창작하는 예술가.

미:술-관(美術館)톙 미술품을 보관하고 전시하여 일반의 감상·연구에 이바지하는 시설.

미:술^대:학(美術大學)톙 미술에 관한 전문적 이론과 기예(技藝)를 연구하는 단과 대학.

미:술-사(美術史)[-싸]톙 미술의 변천과 발달 과정에 관한 역사.

미:술-품(美術品)톙 [예술적으로 만든] 미술의 작품. [회화·조각·공예 따위.]

미숫-가루[-수까-/-숟까-]톙 미수를 만드는 가루. 찹쌀이나 멥쌀·보리쌀 따위를 볶아서 매에 갈아 가는 체로 친 가루.

미스(miss)톙 실책이나 오류. ¶서브 미스. /교정 미스.

미스(Miss)²톙 ①[미혼 여성의 성(姓) 앞에 붙여] '양(嬢)'의 뜻을 나타내는 영어식 호칭. ¶미스 김. ②미혼 여성. 처녀. ③일부 명사 앞에 쓰이어, 그 명사가 나타내는 범위 안의 대표적인 미인으로 선발된 미혼 여성. ¶미스 코리아.

미스터(mister, Mr.)톙 [남성의 성(姓) 앞에 붙여] '군(君)·씨(氏)' 등의 뜻을 나타내는 영어식 호칭. ¶미스터 박. ↔미스.

미스터리(mystery)톙 ①[설명할 수 없는] 이상한 일이나 사건. ¶미스터리 사건. /미스터리를 풀다. ②추리 소설. 탐정 소설.

미시톙 '미수'의 잘못.

미시톙 [옛] 미숫가루. ¶미시 쵸:麨(訓蒙中20).

미:시(未時)톙 ①[십이시의 여덟째 시. 하오 1시부터 3시까지의 동안. ②이십사시의 열다섯째 시. 하오 1시 30분부터 2시 30분까지의 동안. 훈미.

미시(微視)톙 《일부 명사 앞에 쓰이어》 작게 보임, 또는 작게 봄. ↔거시(巨視).

미시^경제학(微視經濟學)톙 경제 사회 구조를 미시적 이론과 분석에 따라서 설명하려는 근대 경제학의 한 분야. ↔거시 경제학.

미시-기의(微示其意)톙[-의/-이]톙[하]쟈 [분명히 말하지 아니하고] 뜻만 약간 비쳐 보임.

미시-적(微視的)[관]톙 ①[인간의 감각으로는 식별할 수 없는] 미세한 크기의 (것). ¶미시적 관찰. /미시적인 세계. ②[사회·경제 현상 따위를 개별적·부분적으로 분석하려는 (태도·방법). ¶미시적 관점. /미시적으로 접근하다. ↔거시적.

미시적 분석(微視的分析)[-뿐-]톙 경제학에서의 분석 방법의 한 가지. 가계나 기업 같은 개별적 경제 주체의 경제 활동을 분석함으로써 경제 현상을 해명하려는 방법. ↔거시적 분석.

미시적 세:계(微視的世界)[-세계/-쎄게]톙 맨눈으로는 볼 수 없고 현미경에 의해서만 볼 수 있는 미세한 세계. ↔거시적 세계.

미시즈(Mrs.)톙 [기혼 여성의 성(姓) 앞에 붙여] '부인·여사'를 뜻하는 영어식 호칭.

미:식(未熄)톙 변고나 사건이 그치지 않음.

미:식(米食)톙[하]쟈 쌀밥을 상식(常食)으로 함.

미:식(美食)톙[하]쟈 맛있는 음식을 먹음, 또는 그 음식. ↔악식(惡食).

미:식(美飾)톙[하]쟈 아름답게 꾸밈.

미식(迷息)톙 [변변치 못한 자식이라는 뜻으로] '자기의 아들이나 딸'을 겸손하게 일컫는 말. ⓗ미돈(迷豚)·미아(迷兒).

미:식(麇食)톙 ☞미수.

미:식-가(美食家)[-까]톙 맛있는 음식만 가려 먹는 취미를 가진 사람.

미식-축구(美式蹴球)[-꾸]톙 미국에서 발달한 럭비와 비슷한 구기. 공을 상대편 엔드 존(end zone)에 터치다운을 하거나 킥으로 크로스바를 넘김으로써 득점함. 헬멧·프로텍터를 갖추고 한 편이 11명으로 구성됨. 풋볼. 아메리칸 풋볼.

미:신(未伸)톙 미덥지 못함.

미:신(未愼)톙 남을 높여 그의 '병(病)'을 이르는 말. 병환(病患).

미신(迷信)톙 종교적·과학적 관점에서 헛된 것으로 여기는 믿음. [흔히, 점복(占卜)·굿 따위가 따르는 민속 신앙을 이름.] ¶미신 타파. /미신을 믿다.

미신(微臣)톙 ①톙 지위가 낮은 신하. ②때 신하가 임금 앞에서, '자기'를 겸손하게 일컫는 말.

미-신경(味神經)**명** ☞미각 신경(味覺神經).

미실(迷失)**명**(하타) 정신이 어지럽고 헷갈려 일을 잘못함.

미:심(未審)**명**(하형)(스형) ①(일이 확실하지 않아) 마음을 놓을 수 없음. ②자세히 알지 못함. 불심(不審). ¶미심한 점을 물어보다. **미심-히**(부). **미심스레**(부).

미:심-쩍다(未審-) [-따] **형** (일이 분명치 못하여) 마음에 거리끼다. ¶틀림없다고는 하지만 어딘지 미심쩍은 데가 있다. **미심쩍-이**(부).

미싯-가루명 '미숫가루'의 잘못.

미싱(←sewing machine)**명** 재봉틀.

미아(迷兒)**명** ①길을 잃고 헤매는 아이. (본)미로 아(迷路兒). ②☞미돈(迷豚). ②비미식(迷息).

미안(未安)**명**(하형)(스형) ①(남에게 폐를 끼쳐) 마음이 편하지 못하고 거북함. ¶기다리게 해서 미안합니다. ②(남을 대하기가) 조금 부끄럽고 겸연쩍음. ¶만나기가 미안해서 망설이다. ②손히 양해를 구하는 뜻을 나타내는 말. ¶미안, 나 먼저 일어날게. /미안하지만, 차 좀 빼 주세요. **미안-히**(부). **미안스레**(부).

미:안(美顏)**명** ①아름다운 얼굴. ②얼굴을 아름답게 하는 일.

미:안-수(美顏水)**명** 얼굴의 살결을 곱게 하기 위해 바르는, 액체로 된 화장품.

미안-쩍다(未安-) [-따] **형** 미안한 느낌이 있다. ¶나는 먼저 자리를 떠야 하는 것이 친구들에게 미안쩍었다. **미안쩍-이**(부).

미:약(媚藥)**명** ①성욕을 돋우는 약. 음약(淫藥). 비춘약(春藥). ②연정을 일으키게 하는 약.

미약(微弱)**명** '미약하다'의 어근.

미약-하다(微弱-) [-야카-]**형여** 미미하고 약하다. 보잘것없다. ¶세력이 미약하다.

미양(微恙)**명** ①대수롭지 않은 병. ②남에게 자기의 '병'을 겸손하게 이르는 말.

미어(謎語)**명** 수수께끼.

미어-뜨리다[-어-/-여-]**타** '미다²'의 힘줌말. 미어트리다.

미어-지다[-어-/-여-]**자** ①(팽팽해진 가죽이나 종이 따위가) 해어져 구멍이 나다. ②꽉 차서 터질 듯하다. ¶볼이 미어지게 밥을 퍼 넣다. ③(가슴이 찢어지는 듯이) 심한 고통이나 슬픔을 느끼다. ¶돌아가신 어머니만 생각하면 가슴이 미어진다.

미어-터지다[-어-/-여-]**자** 꽉 차서 곧 터질 듯하다. ¶출근 시간에는 전철 안이 미어터진다.

미어-트리다[-어-/-여-]**타** 미어트리다.

미역명 냇물이나 강물에 몸을 담그고 씻거나 노는 일. ¶미역을 감다. ②멱⁴.

미역²명 갈조류 미역과의 일년생 바닷말. 엽상체 식물로 우리나라의 남해에서 많이 남. 길이는 1.5 m가량 자라며 암갈색을 띰. 감곽(甘藿). 해채(海菜). ②멱⁵.

미역-국[-꾹]**명** 장물에 미역을 넣어 끓인 국. 곽탕(藿湯). ②멱국.

미역국(을) 먹다**관용** '직위에서 떨리어 나거나 시험에 떨어지다'를 속되게 이르는 말.

미역-귀[-뀌]**명** 미역의 대가리. 곽이(藿耳).

미:연(未然)**명** 아직 그렇게 되지 않은 상태. 《주로, '미연에'의 꼴로 쓰임.》 ¶안전사고를 미연에 방지하다.

미열(微熱)**명** 건강한 몸의 체온보다 조금 높은 체온. ¶미열이 있다. /미열이 계속되다.

미온(未穩)**명** '미온하다'의 어근.

미온(微溫)**명**(하형) 미지근함.

미온-수(微溫水)**명** 미지근한 물. ¶밀가루를 미온수로 개다.

미온-적(微溫的)**관명** (태도에 적극성이 없고) 미적지근한 (것). ¶미온적 반응. /미온적으로 대처하다.

미:온-하다(未穩-)**형여** 평온하지 못하다.

미:완(未完)**명**(하타) 〈미완성〉의 준말. ¶미완의 대기(大器).

미:-완성(未完成)**명**(하타)(되자) 아직 완성되지 아니함. ¶미완성 교향곡. ②미완(未完).

미:용(美容)**명**(하타) 얼굴이나 머리 등을 곱게 매만짐. 미장(美粧).

미:용-사(美容師)**명** 얼굴이나 머리를 곱게 다듬는 일을 직업으로 하는 사람.

미:용-술(美容術)**명** 얼굴이나 머리 모양 등을 아름답게 가꾸는 기술.

미:용-실(美容室)**명** ☞미장원(美粧院).

미:용-원(美容院)**명** ☞미장원(美粧院).

미:용^체조(美容體操)**명** 몸매를 아름답게 만들기 위하여 하는 여러 가지 체조.

미우(眉宇)**명** 이마의 눈썹 언저리.

미우(微雨)**명** 보슬비.

미욱-스럽다[-쓰-따] [~스러우니·~스러워] **형여** 미욱한 데가 있다. ¶미욱스럽게 앞으로 나가기만 한다. **잘**매욱스럽다. **미욱스레**(부).

미욱-하다[-우카-]**형여** 미련하고 어리석다. ¶미욱한 짓만 골라 한다. **잘**매욱하다.

미운-털명 몹시 미워하여 못살게 구는 언턱거리. ¶미운털이 박히다.

미움명 밉게 여기는 마음. ¶미움을 사다.

미워-하다(타여) 밉게 여기다. 밉게 보다. ¶죄는 미워해도 사람을 미워해서는 안 된다.

미:월(未月)**명** 〔월건(月建)에 십이지의 미(未)가 드는 달로〕 '음력 유월'의 딴 이름. **참**계하(季夏).

미월(眉月)**명** 눈썹같이 생긴 초승달.

미:육(美育)**명** 예술을 통하여 정서를 순화함으로써 인격을 닦는 교육. 〔지육·덕육·체육과 더불어 교육의 한 부분임.〕

미음(一)**명** 한글 자모의 자음 'ㅁ'의 이름.

미음(米飮)**명** 쌀이나 좁쌀을 푹 끓여 체에 밭인 음식. ②밈.

미:음(美音)**명** 아름다운 소리. 고운 소리.

미음(微吟)**명**(하타) 나직한 목소리로 읊조림.

미음(微陰)**명** ①'음력 오월'을 달리 이르는 말. 우월(雨月). ②(하형) ☞박음(薄陰).

미음자-집(-字-)[-짜-] **명** ☞ㅁ자집.

미:의(微意)[-의/-이]**명** '자기의 마음이나 성의'를 겸손하게 이르는 말. 〔흔히, 남에게 물건을 보낼 때 씀.〕 미지(微志). 미충(微衷).

미:-의식(美意識)[-의/-이-]**명** 미(美)에 대하여 느끼고 판단하는 의식.

미-이다²(〔'미다²'의 피동〕 미어뜨림을 당하다. ②'미어지다'의 잘못.

미이라(mirra 포)**명** '미라(mirra)'의 잘못.

미익(尾翼)**명** 항공기의 동체(胴體) 뒤 꼬리 부분의 수직 및 수평 날개. 꼬리 날개.

미:인(美人)¹**명** 얼굴이 아름다운 여자. 미녀(美女). 미인(佳人). 여인(麗人).

미인(美人)²**명** 미국 사람.

미:인-계(美人計)[-게/-게]**명** 얼굴이 예쁜 여성을 이용하여 남을 꾀는 계략. ¶미인계를 쓰다.

미:인-도(美人圖)**명** 미인을 그린 그림. 미인화(美人畫).

미ː인-박명(美人薄命)[-방-]뗑 아름다운 여자는 운명이 기박하거나 수명이 짧은 경우가 많다는 뜻으로 이르는 말. 가인박명. 홍안박명.

미ː인-화(美人畫)뗑 ☞미인도(美人圖).

미ː일(未日)뗑 일진(日辰)의 지지(地支)가 미(未)로 된 날. [기미일(己未日)·을미일(乙未日) 따위.] 양날.

미작(米作)뗑 ☞벼농사.

미작-환지(米作換地)[-자콴-]뗑 개간되어 있어 논을 만들 수 있는 땅.

미장¹뗑 한방에서, 똥이 굳어서 잘 나오지 않을 때, 똥구멍에 넣는 약을 이르는 말. [검은엿으로 대추씨처럼 만든 것.]

미장²뗑하타 건축 공사에서, 벽이나 천장에 회반죽 등을 바름, 또는 그런 일.

미ː장(美匠)뗑 ☞의장(意匠).

미ː장(美粧)뗑하타 (머리나 얼굴을) 아름답게 다듬는 일. 미용(美容).

미ː장(美裝)뗑하타 아름답게 꾸미고 차림.

미ː-장가(未-)뗑 아직 장가를 들지 않음. ⑪미성취(未成娶).

미장-공(-工)뗑 미장을 업으로 하는 사람.

미ː장-원(美粧院)뗑 머리나 얼굴 모습을 아름답게 매만져 주는 일을 영업으로 하는 집. 미용실. 미용원.

미장-이뗑 '미장공'을 달리 이르는 말.

미장-질뗑하자 똥이 굳어 잘 나오지 않을 때, 파내어서 미장을 넣는 일.

미쟁-이뗑 '미장이'의 잘못.

미저-골(尾骶骨)뗑 ☞미골(尾骨).

미ː-적(美的)[-쩍]관뗑 미에 관한 (것). 미를 느끼는 (것). ¶미적 감각이 뛰어나다. /건물의 미적인 면을 중시하다.

미적-거리다[-꺼-]짜 ①자꾸 미적미적하다. ②〈미루적거리다〉의 준말. ¶일을 미적거리다 보니 어느덧 마감일이 다 되었다. 미적대다.

미ː적 관찰(美的觀察)[-쩍콴-] 미의식(美意識)을 가지고 대상을 관찰하는 일.

미적-대다[-때-]타 미적거리다.

미적-미적[-쩍-]뛰 ①조금씩 앞으로 미는 모양. ②〈미루적미루적〉의 준말.

미ː적 범ː주(美的範疇)[-쩍뻠-] 미(美)의 독특한 성질을 몇 가지의 기본적인 유형으로 분류한 것. [우미·숭고미·비장미 따위.]

미-적분(微積分)[-뿐]뗑 수학에서, 미분과 적분을 아울러 이르는 말.

미적지근-하다[-찌-]형여 ①따스한 기운이 조금 있는 듯하다. ¶국이 미적지근하다. 웬매작지근하다. ②(태도나 행동이) 소극적이고 흐리멍덩하다. ¶가타부타 말없이 미적지근한 태도를 보이다. 미적지근-히뛰.

미전(米廛)뗑 ☞싸전.

미ː전(美展)뗑 '미술 전람회'의 준말.

미ː-전향(未轉向)뗑하자되자 종래의 사상이나 이념 따위를 바꾸지 않고 유지함. ¶미전향 장기수. ↔전향.

미절뗑 [국거리로 쓰는] 허섭스레기 쇠고기.

미점(米點)뗑 동양화에서, 산수화의 필법의 한 가지. 붓을 옆으로 뉘어서 점을 찍는 표현법. [중국 송나라 때의 미불(米芾) 부자에 의하여 시작되었음.]

미ː-점(美點)[-쩜]뗑 ①성품의 아름다운 점. ②웬장점(長點).

미ː-정(未正)뗑 십이시(十二時)의 미시(未時)의 한가운데. [하오 2시.]

미ː-정(未定)뗑하타 아직 결정하지 못함. ↔기정(旣定).

미ː정-고(未定稿)뗑 아직 완성되지 아니한 원고. 미정초(未定草).

미ː-정년(未丁年)뗑 ☞미성년(未成年).

미ː정-초(未定草)뗑 ☞미정고(未定稿).

미ː제(未濟)뗑 ①(하는 일이) 아직 끝나지 않았거나 해결되지 아니함. ¶미제 사건. ↔기제(旣濟)¹. ②〈미제괘〉의 준말.

미제(美製)뗑 미국에서 만든 물건.

미ː제-괘(未濟卦)뗑 육십사괘의 하나. 이괘(離卦)와 감괘(坎卦)를 위아래로 놓은 괘. 불 밑에 물이 있어서 물이 불을 이기지 못함을 상징함. 웬미제.

미ː조(美爪)뗑 손톱을 아름답게 다듬는 일, 또는 그 손톱.

미조(迷鳥)뗑 다른 지방으로 날아가다가 길을 잘못 든 철새.

미ː-족(未足)뗑하형 아직 넉넉하지 못함.

미족다타〈옛〉뒤미처 좇다. ¶이 願不思議롤 세여도 닐그며 미조차 니저(月釋21:174).

미ː-좌(未坐)뗑 (집터나 묏자리 따위가) 미방(未方)을 등진 좌향, 또는 그런 자리.

미ː좌-축향(未坐丑向)[-추캉]뗑 (집터나 묏자리 따위가) 미방을 등지고 축방을 향한 좌향.

미주(美洲)뗑 아메리카.

미ː주(美酒)뗑 맛이 썩 좋은 술. 가주(佳酒).

미주^신경(迷走神經)뗑 연수(延髓)에서 나온 열 번째의 뇌신경. 목·가슴·내장에 분포하여 지각(知覺)과 내장의 운동·분비를 맡음.

미주알뗑 똥구멍을 이루고 있는 창자의 끝 부분. 밑살.

미주알-고주알뗑 아주 하찮은 일까지 속속들이. 고주알미주알. ¶미주알고주알 캐묻다.

미주알고주알 밑두리콧두리 캔다(속담) 속속들이 자세히 조사함을 이르는 말.

미즈(Ms)뗑 [기혼·미혼의 구별이 없이] 여성의 성 앞에 붙여 쓰는 영어식 호칭. [미국의 여성 해방 운동에서 생겨난 조어임.] ↔미스터.

미즙(米汁)뗑 ☞쌀뜨물.

미증(微增)뗑하자타 조금 불어남. 미미하게 늚. ¶내년 교육 예산이 미증하다.

미ː-증유(未曾有)뗑하형 아직까지 한 번도 있어 본 적이 없음. 전대미문. ¶미증유의 대사건. 웬광고(曠古)하다.

미ː-지(-紙)뗑 밀[蜜]을 먹인 종이.

미ː지(未知)뗑하형 아직 알지 못함. ¶미지의 세계를 동경하다. ↔기지(旣知).

미지(微旨)뗑 깊고 미묘한 뜻.

미지(微志)뗑 ☞미의(微意).

미지근-하다형여 ①따스한 기운이 좀 있는 듯하다. ¶방바닥이 미지근하다. 웬매지근하다. ②(태도나 행동이) 소극적이다. ¶청중들의 반응이 미지근하다. 미지근-히뛰.

미지근해도 흥정은 잘한다(속담) 누구에게나 한 가지 재주는 있다는 말.

미ː-지급(未支給)뗑하타되자 이미 주도록 되어 있는 돈이나 물건을 아직 주지 아니함.

미지다타[옛] 밀치다. ¶미질 애: 挨(訓蒙下10).

미ː지-수(未知數)뗑 ①(방정식 따위에서) 값이 알려져 있지 않은 수. ↔기지수. ②앞으로 어떻게 될지 속셈할 수 없는 일. ¶보상을 얼마나 받게 될지는 미지수이다.

미ː지-칭(未知稱)뗑 모르는 사람이나 사물·처소를 가리키는 대명사. [누구·무엇·어디 따위.]

미진(未盡) '미진하다'의 어근.

미진(微塵)몡 ①아주 작은 티끌이나 먼지. ②아주 작고 변변치 못한 물건.

미진(微震)몡 진도(震度) 1의 지진. 가만히 있는 사람이나 지진에 민감한 사람에게만 느껴지는 정도의 약한 지진.

미진-설(微塵說)몡 뉴턴이 제창한, 빛의 기인(起因)에 관한 설. 발광체가 내쏘는 일종의 미진이 눈을 자극하여 빛을 느끼게 된다는 내용. 〔오늘날에는 파동설(波動說)로 말미암아 부정되고 있음.〕

미:진-처(未盡處)몡 아직 끝내지 못하고 남아 있는 부분.

미:진-하다(未盡-)혱여 아직 다하지 못하다. 아직 충분하지 못하다. ¶1차 조사에서 미진했던 부분을 철저히 재조사하다.

미질(美質)몡 아름다운 성질이나 본바탕.

미:착(未着)혱여 아직 도착하지 않음.

미채(迷彩)몡 위장 방법의 한 가지. 군복이나 비행기·전차·건물 따위에 여러 가지 색을 불규칙하게 칠하여 다른 물체와 구별하기 어렵게 만드는 일. ㉾위장(僞裝).

미채(薇菜)몡 ☞고비나물.

미처뷘 《주로 '못하다'·'모르다'·'않다'·'없다' 따위의 부정하는 말과 함께 쓰이어》아직. 채. ¶미처 몰랐다. /음식이 미처 준비가 되지 않았다.

미천(微賤) '미천하다'의 어근.

미천-하다(微賤-)혱여 (신분이나 사회적 지위가) 보잘것없고 천하다. 세미(細微)하다. ¶미천한 신분.

미:첩(美妾)몡 용모가 아름다운 첩.

미첩(眉睫)몡 ①눈썹과 속눈썹. ②(시간적으로나 공간적으로) 매우 밭은 사이.

미:초(未初)몡 십이시(十二時)의 미시(未時)의 처음. 〔하오 1시가 막 지난 무렵.〕

미:추(美醜)몡 아름다움과 추함.

미추-골(尾椎骨)몡 꼬리 쪽에 있는 등골뼈.

미추름-하다혱여 한창때에, 건강하여 이들이들하고 아름다운 태가 있다. ㉾매초름하다. **미추름-히**뷘.

미충(微衷)몡 ☞미의(微意).

미:취(未娶)몡하짜 〈미성취(未成娶)〉의 준말. ↔기취(旣娶).

미취(微醉)몡하짜 술에 약간 취함.

미:-취학(未就學)몡 아직 학교에 들어가지 아니함. ¶미취학 아동.

미치-광이몡 ①미친 사람. ②'언행이 정상적인 상태를 벗어난 사람'을 얕잡아 이르는 말. ¶저런 미치광이하고야 상종할 수가 있나. ③'어떤 일에 지나치게 열중하는 사람'을 홀하게 이르는 말. ㉾⑦매치광이.

미치광이 풋나물 캐듯[족답] 일을 아주 거칠게 한다는 뜻.

미치광이-풀몡 가짓과의 다년초. 높이 30 cm가량. 잎은 달걀 모양이며, 4~5월에 검은빛을 띤 자주색 꽃이 핌. 깊은 산의 습지나 그늘에 절로 남. 독이 있어 잘못 먹으면 미치는 증상이 생긴다고 함. 뿌리와 잎은 약용품. 낭탕.

미치다¹囨囵 ①(일정한 곳에) 가 닿거나 이르다. ¶손이 선반에까지 미치다. /면사무소 못미쳐 학교가 있다. /공급량이 수요량에 못 미친다. ②(어떤 사실에) 말이나 생각이 이르다. ¶이야기가 자기 신상 문제에 미치자 슬그머니 나갔다.

미치다囮囮 ①(어떤 대상에) 힘이나 작용이 가 닿다. ¶부모의 잘못이 자식에게까지 미치다. ②끼치다. ¶크나큰 영향을 미치다. ㉾맞다.

미치다²囵 ①정신에 이상이 생기다. ¶그녀는 전쟁 통에 자식을 잃고 끝내 미치고 말았다. ②(언행이) 정상적인 상태를 벗어나다. ¶너미쳤니, 그런 말을 하게. ㉾매치다. ③어떤 일에 지나칠 정도로 푹 빠지다. ¶춤에 미치다. / 노름에 미치다. ④정신이 나갈 정도로 매우 괴로워하다. ¶수금이 안 돼 미치겠다. /보고 싶어 미치겠다.

미친 중놈 집 헐기다[족답] 당치도 않은 일에 어수선하고 분주하게 떠들거나 날뛴다는 뜻.

미친 체하고 떡판에 엎드러진다[족답] 도리를 잘 알면서도 눈 딱 감고 욕심을 부린다는 뜻.

미쳐 날뛰다[관용] 미친 듯이 마구 야단법석을 떨다.

미친-개몡 ①미쳐서 헤매는 개. 광견(狂犬). ②'하는 짓이 몹시 고얀한 사람'을 욕으로 이르는 말. ¶박 씨는 술만 마시면 미친개가 된다.

미친개 눈엔 몽둥이만 보인다[족답] 한 가지 일에 되게 혼이 난 다음에는 모든 것이 그것같이만 보인다는 말.

미친-년몡 ①'정신이 이상해진 여자'를 욕으로 이르는 말. ②'말이나 하는 짓이 실없는 여자'를 욕으로 이르는 말.

미친-놈몡 ①'정신이 이상해진 남자'를 욕으로 이르는 말. ②'말이나 하는 짓이 실없는 남자'를 욕으로 이르는 말.

미칠-이(-隸)몡 한자 부수의 한 가지. '隷' 등에서 '隶'의 이름.

미침(微忱)몡 ☞미성(微誠).

미:침(美稱)몡 ①아름답게 일컫는 이름. ②아름다운 칭찬.

미쾌(未快) '미쾌하다'의 어근.

미:쾌-하다(未快-)혱여 병이 아직 다 낫지 아니하다.

미크로-코스모스(Mikrokosmos 독)몡 ①소우주(小宇宙). ②우주의 축도(縮圖)로서의 인간. 마이크로코즘. ↔마크로코스모스.

미크로-톰(Mikrotom 독)몡 현미경으로 볼 수 있도록 시료의 조각을 얇게 절단하는 장치.

미크론(micron)몡 미터법에서의 길이의 단위. 1000분의 1 mm. 〔기호는 μ〕

미타(未妥) '미타하다'의 어근.

미타(彌陀)몡 〈아미타불〉의 준말.

미타-불(彌陀佛)몡 〈아미타불〉의 준말.

미타^삼존(彌陀三尊)몡 아미타불과 그 협시(脇侍)인 관세음보살, 대세지보살을 아울러 이르는 말. 아미타 삼존. ㉾삼존.

미타-찬(彌陀讚)몡 조선 시대의 불가(佛歌)의 한 가지. 미타불의 법신을 예찬한 노래로, 처용무(處容舞)의 둘째 회(回) 첫머리에 부름.

미:타-하다(未妥-)혱여 온당하지 아니하다. 타당하지 아니하다. **미타-히**뷘 ¶미타히 여기다.

미:태(美態)몡 아름다운 자태.

미:태(媚態)몡 아양을 떠는 태도.

미:터(meter)믜 미터법에 따른 길이의 기본 단위. 1 m는 100 cm. 〔기호는 m〕

미:터-글라스(meter+glass)몡 미터법에 따른 눈금을 새긴 유리그릇. 액체를 계량하는 데 쓰임.

미:터-기(meter器)몡 ①전기나 가스·수도 따위의 자동 계기를 두루 이르는 말. ②☞택시미터.

미:터-법(meter法) [-뻡] 圀 미터를 길이, 리터를 부피, 킬로그램을 질량의 기본 단위로 하는 십진법적 도량형(度量衡).

미:터-원기(meter原器) 圀 미터법에 따라 길이의 기준으로 만들어 국제 도량형국이 보관하고 있는 길이 1 m의 것.

미:터-자(meter-) 圀 미터법에 따라 눈금을 새긴 자를 두루 이르는 말.

미:터-제(meter制) 圀 전기·가스·택시 따위의 요금을 미터기가 가리키는 대로 치르는 제도.

미토콘드리아(mitochondria) 圀 동식물의 세포질 속에 많이 들어 있는 과립 모양의 물질. 단백질과 지방이 주성분인데, 세포 내의 대사에 중요한 구실을 함.

미투리 圀 삼이나 노 따위로 짚신처럼 삼은 신. [흔히, 날을 여섯 개로 함.] 마혜. 망혜. 승혜.

미트(mitt) 圀 야구에서, 포수(捕手)나 일루수가 공을 받기 위하여 손에 끼는 가죽 장갑.

미:팅(meeting) 圀 ①하자 (남녀 간의) 만남. ②모임. 집회.

미편(未便) 圀 '미편하다'의 어근.

미:편-하다(未便-) 혬여 편하지 아니하다. 언짢다. ¶ 심기(心氣)가 미편하다.

미품(美品) 圀 아름답고 좋은 물품.

미품(微禀) 하다 격식을 갖추지 아니하고 넌지시 아룀.

미:풍(美風) 圀 아름다운 풍속. 미속. ↔악풍.

미풍(微風) 圀 솔솔 부는 약한 바람. 솔솔바람.

미:풍-양속(美風良俗) [-냥-] 圀 아름답고 좋은 풍속. 양풍미속(良風美俗).

미필(未畢) 圀하다 아직 마치지 못함. 미료(未了). ¶ 병역 미필.

미:-필연(未必然) 혬여 반드시 그렇지는 않음. 꼭 그런 것은 아님.

미필-자(未畢者) [-짜] 圀 (어떤 과정이나 일을) 다 마치지 못한 사람. ¶ 병역 미필자.

미:필적 고:의(未必的故意) [-쩍-의/-쩍이] 자기의 행위로 말미암아 어떤 범죄 결과가 일어날 수 있음을 알면서도 그 결과의 발생을 인정하여 받아들이는 심리 상태.

미:학(美學) 圀 (자연이나 인생·예술에 나타나는 아름다움의 현상·가치 따위를 연구 대상으로 하여) 미의 본질과 구조를 경험적 또는 형이상학적으로 연구하는 학문. 심미학(審美學).

미:학-적(美學的) [-쩍] 관圀 미학을 기초로 한 (것). ¶ 미학적 기능.

미한(微汗) 圀 ⇨경한(輕汗).

미:-해결(未解決) 하다되자 아직 해결하지 못함. ¶ 미해결 사건.

미행(尾行) 圀하다 ①남의 뒤를 몰래 따라감. ②경찰관 등이 요시찰인이나 용의자의 뒤를 밟으며 그 행동을 감시함.

미:행(美行) 圀 아름다운 행실.

미행(微行) 圀하다 ①<미복잠행>의 준말. 간행(間行). ②국제법에서, 외교 사절이나 국가 원수가 신분을 외국 관헌에게 알리지 않고 사적으로 하는 여행.

미현(迷眩) 圀 '미현하다'의 어근.

미현-하다(迷眩-) 혬여 정신이 헷갈리어 갈피를 못 잡고 어지러우며 어수선하다.

미협(未協) 圀 '미협하다'의 어근.

미:협-하다(未協-) [-혀파-] 혬여 뜻이 서로 맞지 아니하다.

미형(未瑩) 圀 '미형하다'의 어근.

미:형(美形) 圀 아름다운 모양.

미:형-하다(未瑩-) 혬여 똑똑하지 못하고 어리석다.

미혹(迷惑) 圀하자되자 ①마음이 흐려서 무엇에 홀림. ¶ 재물에 미혹되다. ②정신이 헷갈려 갈팡질팡 헤맴. ¶ 긴 미혹의 세월을 보내다.

미:혼(未婚) 圀 (성인으로서) 아직 결혼하지 않음. ¶ 혼기가 지난 미혼 여성. ↔기혼(旣婚).

미:혼-모(未婚母) 圀 아직 결혼하지 않은 몸으로 아이를 낳은 여자.

미:혼-자(未婚者) 圀 미혼인 사람. ↔기혼자.

미:화(美化) 圀하자되자 아름답게 꾸미는 일. ¶ 환경 미화. /자기의 행위를 미화하다.

미화(美貨) 圀 미국의 화폐. [단위는 '달러(dollar)'] 미불(美弗).

미:화-법(美化法) [-뻡] 圀 수사법상 강조법의 한 가지. 표현하려는 대상을 짐짓 사실보다 미화하여 나타내는 표현 방법. [도둑을 '양상군자(梁上君子)'라고 하는 따위.]

미:화-원(美化員) 圀 <환경 미화원>의 준말.

미:-확인(未確認) 圀하타되자 아직 확인되지 아니함. ¶ 미확인 보도에 의하면….

미:확인^비행^물체(未確認飛行物體) 圀 정체를 알 수 없는 비행 물체. [비행접시 따위.] 유에프오.

미황(未遑) 圀 '미황하다'의 어근.

미황-색(微黃色) 圀 노르스름한 빛깔.

미:황-하다(未遑-) 혬여 미처 겨를이 없다.

미:효(美肴) 圀 ⇨가효(佳肴).

미후(獼猴) 圀 원숭잇과의 포유동물. 원숭이 가운데 가장 흔하고, 길들이기가 쉬우며, 재주를 잘 부림.

미:흡(未洽) 圀하여 흡족하거나 만족하지 못함.

미:흡-처(未洽處) 圀 흡족하지 못한 부분.

미:희(美姬) [-히] 圀 아름다운 여자. 가희(佳姬). 미녀(美女).

믹서(mixer) 圀 ①시멘트·모래·자갈 따위를 뒤섞어 콘크리트로 만드는 기계. 콘크리트 믹서. ②(채소나 과실 따위를 잘게 갈아) 즙이나 가루를 내는 데 쓰는 전기 기구. ③방송국 등에서, 음량이나 음질을 조정하는 장치, 또는 그런 일을 하는 사람.

민(民) 団 지난날, 조상의 무덤이 있는 곳의 백성이 그 고을 원에게 자기를 일컫던 말.

민-(접두) 《일부 명사 앞에 붙어》 '꾸밈새나 붙어 딸린 것이 없음'을 뜻함. ¶ 민가락지. /민비녀. /민저고리.

-민(民) 접미 《일부 명사 뒤에 붙어》 '사람'·'국민'·'백성' 따위의 뜻을 나타냄. ¶ 실향민. /영세민. /유랑민.

민가(民家) 圀 일반 백성들이 사는 살림집. 여염집. 민호(民戶).

민간(民間) 圀 ①일반 서민의 사회. ②'관(官)이나 군대에 속하지 않음'을 나타내는 말. ¶ 민간 자본.

민간-단체(民間團體) 圀 민간인으로 이루어진 단체.

민간^방:송(民間放送) 圀 민간의 자본으로 설립하여 광고료 따위로 경영하는 방송. 준민방(民放). ↔공공 방송. 상업 방송.

민간^설화(民間說話) 圀 옛날부터 민간에 말로 전해 오는 이야기. 비민담(民譚).

민간^신:앙(民間信仰) 圀 예로부터 민간에 전해 오는 신앙.

민간-약(民間藥) [-냑] 圀 민간에서 예로부터 쓰이어 내려오는 약.

민간^외:교(民間外交)[-가뇌-/-가눼-]圏 민간인끼리 예술이나 스포츠 등을 통하여 친선 관계를 이루는 외교.

민간-요법(民間療法)[-뇨뻡]圏 민간에서 옛날부터 전해 오는, 경험을 바탕으로 한 질병(疾病) 치료법.

민간^은행(民間銀行) 개인이나 사법인(私法人)이 설립하여 운영하는 보통 은행. 〔중앙은행이나 특수 은행에 상대되는 말.〕 ⓟ시중 은행.

민간-인(民間人)圏 (관리나 군인이 아닌) 보통 사람. ↔관인.

민간-질조(民間疾苦)圏 정치의 변동이나 부패로 말미암아 받는 백성의 괴로움.

민간^항:공(民間航空)圏 민간 기업이 운용하는 항공, 또는 항공사. ⓟ민항.

민감(敏感) '민감하다'의 어근.

민감-하다(敏感-)圏 느낌이나 반응이 날카롭고 빠르다. 감각이 예민하다. ¶유행에 민감하다. /국제 정세에 민감하게 대처하다. 민감-히圐.

민-갓머리[-갇-]圏 한자 부수의 한 가지. '冠'·'冥' 등에서의 '宀'의 이름.

민-거지圏 '민걸이'의 잘못.

민-걸이[-거리]圏 기둥면의 너비와 보의 어깨의 너비가 꼭 같을 때, 보의 어깨가 기둥면에 꼭 닿게 깎아 내는 일.

민경(民警)圏 민간과 경찰.

민곤(民困)圏 국민의 곤궁.

민국(民國)圏 민주 정치를 하는 나라.

민군(民軍)圏 ☞민병(民兵).

민궁(-宮)圏 장기에서, 두 사(士)가 죽고 장(將)만 남은 궁.

민궁(民窮)圏圐 국민이 가난하고 구차함.

민궁-재갈(民窮財渴)圏❨ 국민의 생활은 어렵고 나라의 재물은 바닥이 남.

민권(民權)[-꿘]圏 국민의 권리. 신체와 재산 등을 보호 받을 권리나 정치에 참여할 수 있는 권리 따위. ¶민권을 신장하다.

민권^운:동(民權運動)[-꿘눈-]圏 전제 정치를 반대하고 민권의 신장을 꾀하는 운동.

민권-주의(民權主義)圏 ①민권의 신장을 목적으로 하는 주의. ②삼민주의의 하나. 참정권을 국민에게 평등하게 주자는 주의.

민꽃-식물(-植物)[-꼳씽-]圏 ☞포자식물(胞子植物). ↔꽃식물.

민-날圏 (창이나 칼 따위의) 집 속에 들어 있지 않고 그대로 드러난 날.

민-낯[-낟]圏 화장을 하지 않은 여자의 얼굴. * 민낯이[-나치]·민낯만[-난-]

민단(民團)圏 〈거류민단(居留民團)〉의 준말.

민달(敏達)圏❨ 민첩하여 온갖 일에 통달함.

민-달팽이圏 민달팽이과의 연체동물. 달팽이같이 생겼으나 껍데기가 없음. 몸길이 6cm가량. 몸빛은 회갈색이며 검은 줄이 있고, 온몸이 미끈미끈함. 배 부분의 신축에 의하여 움직이며, 자웅 동체(雌雄同體)로 음습한 곳에 삶. 괄태충.

민담(民譚)圏 설화의 한 가지. 뚜렷한 시대적 배경이나 무대가 없는, 평범한 인물의 흥미로운 체험 따위가 주된 내용임. ⓑ민간 설화.

민답(民畓)圏 민간인 소유의 논.

민답(悶畓) '민답하다'의 어근.

민답-하다(悶畓-)[-다파-]圏 (사정이 딱하여) 안타깝고 답답하다. 민울하다. 민답-히圐.

민-대가리圏 〈민머리〉의 속된 말.

민도(民度)圏 국민의 문화생활의 수준. ¶민도가 높다.

민도(憫悼)圏圐 (사정을) 딱하고 섧게 여김.

민-도리圏 '납도리'의 잘못.

민-도리-집圏 '납도리집'의 잘못.

민둥-민둥圐圐 산에 나무가 없어 번번한 모양. ⓒ맨둥맨둥. 민둥민둥-히圐.

민둥-산(-山)圏 나무가 없이 흙이 드러난 번번한 산. 독산(禿山). 벌거숭이산.

민들레圏 국화과의 다년초. 산이나 들의 양지바른 곳에 자라는데, 원줄기가 없고 잎은 땅속줄기에서 무더기로 남. 봄에 꽃자루 하나가 나와 그 끝에 노랗거나 흰 꽃 한 송이가 피며, 열매에는 하얀 관모가 달림. 어린잎은 나물로 먹고, 뿌리는 한방에서 발한(發汗)이나 강장(强壯)의 약재로 쓰임. 금잠초(金簪草). 포공영(蒲公英).

민등뼈-동물(-動物)圏 ☞무척추동물. ↔등뼈동물.

민란(民亂)[밀-]圏 ☞민요(民擾).

민력(民力)[밀-]圏 국민의 노동력이나 재력.

민련(憫憐) '민련하다'의 어근.

민련-하다(憫憐-)[밀-]圐 딱하고 가엾다. 민련-히圐.

민렴(民斂)[밀-]圏圐 백성에게서 돈이나 물품을 거두어들임.

민막(民瘼)[밀-]圏 ☞민폐(民弊).

민망(民望)圏 ①국민의 희망. ②국민으로부터 받는 신망. ¶민망이 두터운 정치인.

민망(憫惘) '민망하다'의 어근.

민망-스럽다(憫惘-)[-따]圐(~스러우니·~스러워) 보기에 답답하고 딱하여 걱정스럽거나 안쓰러운 데가 있다. ¶민망스럽기 짝이 없다. 민망스레圐.

민망-하다(憫惘-)圐 보기에 답답하고 딱하여 걱정스럽거나 안쓰럽다. ¶혼자 떠나 보내기가 민망하다. 민망-히圐.

민-머리圏 ①벼슬하지 못한 사람. ②정수리까지 벗어진 대머리. ③쪽 찌지 않은 머리.

민-며느리圏 (장차 며느리를 삼으려고) 미리 데려다 기르는 여자 아이.

민멸(泯滅)圏圐❨ 형적이나 모습이 아주 없어짐. 민몰(泯沒).

민몰(泯沒)圏圐❨ ☞민멸(泯滅).

민무늬-근(-筋)[-끈]圏 내장이나 혈관의 벽을 이루는 근육의 한 가지. 섬유에 가로무늬가 없고 불수의적(不隨意的) 운동을 함. 평활근(平滑筋).

민무늬^토기(-土器)[-니-]圏 청동기 시대에 사용한 무늬 없는 토기. 무문 토기.

민-물圏 물에 있는 짠지 않은 물. 담수(淡水). ↔바닷물·짠물.

민물-고기[-꼬-]圏 민물에서만 사는 고기를 통틀어 이르는 말. 단물고기. 담수어(淡水魚). ↔바닷물고기·짠물고기.

민물-낚시[-락씨]圏 (강이나 호수·저수지 등) 민물에서 하는 낚시. ⓑ바다낚시.

민물-도요圏 도요과의 새. 몸길이 18cm가량. 여름철과 겨울철 깃의 색깔이 다른데, 여름에는 적갈색 바탕에 검은 반점이 있고 겨울 깃은 회색 바탕에 갈색 반점이 있음. 갯벌이나 해변·하구 또는 내륙의 물가에서 작은 무리를 이루고 삶. 우리나라에서는 흔한 나그네새임.

민민(憫憫) '민민하다'의 어근.

민민-하다(憫憫-)圐 몹시 딱하여 안쓰럽다. 민민-히圐.

민박(民泊)**명**[하자] 민가(民家)에 숙박함.

민박(憫迫)'민박하다'의 어근.

민박-하다(憫迫-)[-바카-]**형여** 애가 탈 정도로 걱정스럽다.

민방(民放)**명** <민간 방송>의 준말.

민-방공(民防空)**명** 민간에서 하는 방공.

민-방위(民防衛)**명** 적의 군사적 침략이나 천재지변으로 말미암은 인명·재산상의 피해를 막기 위하여 민간인이 펴는 비군사적인 방위 행위.

민방위-대(民防衛隊)**명** 민방위를 목적으로 편성된 조직.〔지역 민방위대와 직장 민방위대가 있음.〕

민법(民法)[-뻡]**명** ①개인의 신분이나 재산의 상속·처분에 관하여 규정한 사법(私法)의 일반법. ②민법의 법전(法典).

민법-학(民法學)[-뻐콱]**명** 민법의 이론을 연구하는 학문.

민병(民兵)**명** 평상시에는 생업에 종사하고, 비상시에만 병역에 복무하는 군대, 또는 그 대원. 민군.〔참〕관병(官兵)·관군(官軍).

민병-대(民兵隊)**명** 민병으로 편성된 군대.

민병-제(民兵制)**명** 평상시에는 저마다 직장에서 일하고, 전쟁이 일어났을 경우에만 무장을 하여 군대를 이루는 제도.

민복(民福)**명** 국민의 복리(福利).

민본-주의(民本主義)[-의/-이]**명** '민주주의'를 달리 이르는 말.

민-비녀(-)**명** 무늬도 새기지 않고 파란도 칠하지 않은 은비녀.

민사(民事)**명** ①일반 국민에 관한 일. ②사법상(私法上)의 법률관계에 관련되는 사항. ¶ 민사 재판. ↔형사(刑事).

민사(悶死)**명**[하자] 몹시 고민하다가 죽음.

민사-범(民事犯)**명** 민사상(民事上)의 불법 행위, 또는 그 범인.

민사-법(民事法)[-뻡]**명** 민사에 관한 법률을 통틀어 이르는 말.〔민법·상법과 그 절차법인 민사 소송법 따위.〕

민사^사:건(民事事件)[-껀]**명** 민사 소송의 대상으로, 사법(私法)에 의하여 다루어지는 개인 사이의 사건.

민사^소송(民事訴訟)**명** 개인 사이 분쟁이나 이해 충돌을 국가의 재판권에 따라 법률적·강제적으로 해결·조정하기 위한 소송. ㉱민소(民訴).

민사^재판(民事裁判)**명** 법원이 민사 사건에 관해서 하는 재판. ↔형사 재판.

민사^책임(民事責任)**명** 불법 행위에 대한 민법상의 손해 배상 책임. ↔형사 책임.

민사^회:사(民事會社)[-회-/-훼-]**명** 상행위이외의 어업·광업·농업 등의 영리 행위를 목적으로 하는 사단 법인. ↔상사 회사(商事會社).

민산(民散)**명**[하자] 포학한 정치로 백성이 배겨나지 못하여 흩어짐.

민-색떡(-色-)**명** 아무 꾸밈새 없이 밥소라에 수북이 담은 여러 빛깔의 색절편. ↔갖은색떡.

민생(民生)**명** 국민의 생활. ¶ 민생 치안. ②일반 국민. 생민(生民).

민생-고(民生苦)**명** 일반 국민의 생활고. ¶ 민생고를 해결하다.

민생-주의(民生主義)[-의/-이]**명** 삼민주의의 하나. 모든 계급적 압박을 멀치고 국민 생활을 풍족하게 하고자 하는 주의.

민서(民庶)**명** ⇨민중(民衆).

민선(民選)**명**[하자] 국민이 뽑음. ¶ 민선 시장(市長). ↔관선(官選)·국선(國選).

민선^의원(民選議員)**명** 국민이 선출한 의원.

민성(民聲)**명** 국민의 여론.

민성-함(民聲函)**명** 국민이 여론을 적어 넣을 수 있도록 관청 같은 데에 마련해 놓은 상자.

민소(民訴)**명** ①억울하고 원통한 사정에 대한 백성들의 호소. ②<민사 소송>의 준말.

민-소매(-)**명** 소매가 없는 윗옷.

민속(民俗)**명** 민간의 풍속(습속). 민풍(民風).

민속(敏速)'민속하다'의 어근.

민속-극(民俗劇)[-끅]**명** 민간에 전해 오는 습속이나 전설 등을 내용으로 한 연극.

민속-놀이(民俗-)[-노-]**명** 각 지방의 풍속과 생활의 모습이 반영된, 민간에 전하여 오는 놀이.

민속^무:용(民俗舞踊)[-송-]**명** 각 지방의 생활과 풍속을 내용으로 민간에 전해 오는 무용.〔강강술래·봉산탈춤 따위.〕

민속-사회(民俗社會)[-싸회/-싸훼]**명** 전통적 풍속·신앙 등이 잘 전승되고 있는 민간의 사회.

민속^소:설(民俗小說)[-쏘-]**명** <옛날부터 전하여 오는> 민간 사회의 독특한 풍속이나 습관 따위를 소재로 한 소설.

민속-악(民俗樂)**명** '민속 음악'을 줄이어 이르는 말.

민속^음악(民俗音樂)**명** 옛날부터 민간에서 전해 오는 민족 고유의 음악.

민속-촌(民俗村)**명** 옛 민속을 보존함으로써 전통미를 간직하고 있는 마을.

민속-하다(敏速-)[-소카-]**형여** 날쌔고 빠르다. 민속-히**부**.

민속-학(民俗學)[-소칵]**명** 예로부터 민간에 전해 내려오는 습관·전설·신앙 따위를 과학적으로 연구하는 학문.

민수(民需)**명** 민간의 수요(需要). 민간에서 필요로 하는 일. ↔관수(官需).

민수-기(民數記)**명** 구약 성서에서 '모세 오경'의 하나. 이스라엘 민족이 시나이로부터 약속의 땅 가나안으로 가는 도중에 겪은 고난을 기록한 책임.

민숭-민숭[부][하자] ①털이 날 자리에 털이 없어 번번한 모양. ②산에 나무나 풀이 없어 번번한 모양. ③술을 마신 뒤에도 취하지 않고 멀쩡한 모양. ㉱맨송맨송. 민숭민숭-히**부**.

민습(民習)**명** 국민의 관습.

민심(民心)**명** 국민이 지켜야 할 바른길.

민시(民時)**명** 춘경(春耕)·제초(除草)·추수(秋收) 등의 바쁜 농사철. 인시(人時).

민심(民心)**명** 백성들의 마음. 민정(民情). ¶ 민심은 천심(天心). / 민심을 수습하다.

민아무간(民我無間)〔백성(남)과 나 사이에 간격이 없다는 뜻으로〕'위정자나 지도자가 백성과 한마음이 됨'을 이르는 말.

민약-설(民約說)[-썰]**명** ⇨사회 계약설.

민약^헌:법(民約憲法)[미냐컨뻡]**명** ⇨민정 헌법(民定憲法).

민어(民魚)**명** 민어과의 바닷물고기. 몸길이 90 cm가량. 입은 뭉툭하고 아래턱이 위턱보다 짧으며 턱에 두 쌍의 구멍이 있음. 몸빛은 등 쪽이 회청색, 배 쪽은 연한 회색임. 근해의 바다에서 삶.

민-엄호(-厂戶)**명** 한자 부수의 한 가지. '厄'·'厘' 등에서의 '厂'의 이름. 민엄호밑.

민엄호-밑(-厂戶-)[-밑]**명** ⇨민엄호. *민엄호밑으로[-미치]·민엄호밑을[-미틀]·민엄호밑만[--민-]

민업(民業)**명** 민간인이 경영하는 기업. ↔관업.

민연 (泯然) '민연(泯然)하다'의 어근.

민연 (憫然) '민연(憫然·憫然)하다'의 어근.

민연-하다 (泯然-) 〖형어〗 형적이 없다. 가뭇없다. 민연-히🔟.

민연-하다 (憫然--憫然-) 〖형어〗 딱하다. 민연-히🔟.

민영 (民營) 〖명〗 민간인이 경영함. ¶민영 탄광. ↔관영(官營)·국영(國營).

민영^방:송 (民營放送) 〖명〗 민간의 자본으로 민간인이 경영하는 방송.

민영-화 (民營化) 〖명〗〖하타〗〖되자〗 관에서 운영(경영)하던 것을 민간인의 경영 체제로 바꿈. ¶국영 기업체의 민영화를 추진하다.

민예 (民藝) 〖명〗 민중의 생활 속에 전해진, 민족 고유의 공예나 예능을 두루 이르는 말.

민완 (敏腕) 〖명〗〖하어〗 일을 빠르고 재치 있게 잘 처리하는 솜씨. ¶민완 형사.

민완-가 (敏腕家) 〖명〗 일을 빠르고 재치 있게 잘 처리하는 사람.

민요 (民謠) 〖명〗 (예술적 가곡에 상대하여) 민중 속에서 자연적으로 생겨나 오랫동안 전해 내려오는, 민중의 생활 감정이 소박하게 담긴 노래를 통틀어 이르는 말.

민요 (民擾) 〖명〗 폭정(暴政) 따위에 항거하여 일반 백성이 일으키는 소요. 민란(民亂).

민요-곡 (民謠曲) 〖명〗 민요 형식으로 된 가곡.

민요-조 (民謠調) [-쪼] 〖명〗 민요풍의 가락. ¶민요조의 노래.

민요-풍 (民謠風) 〖명〗 민요의 가락이나 내용을 담은 형식.

민욕 (民辱) 〖명〗 민족의 치욕. 민족적인 치욕.

민울 (悶鬱) '민울하다'의 어근.

민울-하다 (悶鬱-) 〖형어〗 민답(悶沓)하다.

민원 (民怨) 〖명〗 국민(주민)의 원망.

민원 (民願) 〖명〗 ①주민이 행정 기관에 대하여 어떤 행정 처리를 요구하는 일. ¶민원 사항. /민원 사무. /민원이 발생하다. ②국민의 소원이나 청원.

민원-서류 (民願書類) 〖명〗 민원 사항에 관한 서류, 곧 해당 관청에 제출하는 신고서나 허가원·증명원 따위의 서류.

민유 (民有) 〖명〗 민간인의 소유. ↔국유.

민-음표 (-音標) 〖명〗 점이 붙지 아니한 보통의 음표. [온음표, 2분음표, 4분음표, 8분음표 따위.] 단순 음표. 〖참〗점음표.

민의 (民意) [미늬/미니] 〖명〗 국민의 의사. ¶민의를 당정에 반영하다.

민-의원 (民議院) [미늬-/미니-] 〖명〗 구(舊)헌법의 양원제 국회에서, 참의원(參議院)과 함께 국회를 구성하던 한 원(院). 다른 나라의 하원에 해당함. 〖준〗참의원.

민-의원 (民議員) [미늬-/미니-] 〈민의원의 원〉의 준말.

민의원^의원 (民議院議員) [미늬-/미니-] 〖명〗 민의원을 구성하던 국회의원. 〖준〗민의원(民議員).

민인 (民人) 〖명〗 ☞인민(人民).

민자 (民資) 〖명〗 민간 자본. ¶민자의 유치.

민장 (民狀) 〖명〗 지난날, '국민의 송사·청원 등에 관계되는 서류'를 이르던 말.

민재 (民財) 〖명〗 백성의 재물. 국민의 재산.

민-저고리 〖명〗 회장을 대지 않은 저고리. 〖참〗회장저고리.

민적 (民籍) 〖명〗 ①조선 말기에, 주민의 호구(戶口)를 조사하여 기록하던 장부. ②지난날, '호적(戶籍)'을 달리 이르던 말.

민정 (民政) 〖명〗 ①공공의 안녕 유지와 복리 증진을 꾀하는 정무(政務). ②(군인이 아닌) 민간인이 하는 정치, 또는 그 정부. ↔군정(軍政).

민정 (民情) 〖명〗 ①국민의 살아가는 사정과 형편. ¶민정을 살피다. ②☞민심(民心).

민정^헌:법 (民定憲法) [-뻡] 〖명〗 국민이 선출한 의회에 의하여, 또는 국민 투표에 의하여 제정된 헌법. 민약 헌법. 〖참〗흠정 헌법.

민족 (民族) 〖명〗 같은 지역에서 오랫동안 공동생활을 함으로써 언어나 풍습 따위 문화 내용을 함께하는 인간 집단. 겨레.

민족^국가 (民族國家) [-꾸까] 〖명〗 단일한 민족이 하나의 국가를 차지하고 있거나, 한 민족이 국민의 대다수를 이루고 있는 상태의 국가.

민-족두리 (-) 〖명〗 장식을 달지 않은 족두리. 검은 비단 여섯 폭으로, 속에 솜을 넣어 육각형으로 만듦.

민족^문화 (民族文化) [-종-] 〖명〗 한 민족의 공통적 감정·언어·풍습·생활환경 등을 터전으로 하여, 그 민족의 특성을 나타낸 문화.

민족-사 (民族史) [-싸] 〖명〗 민족이 겪어 온 역사.

민족-상잔 (民族相殘) [-쌍-] 〖명〗〖하자〗 ☞동족상잔(同族相殘).

민족-성 (民族性) [-썽] 〖명〗 한 민족의 특유한 성질.

민족-시 (民族詩) [-씨] 〖명〗 ①민족 공통의 감정이나 체험이 자연 발생적으로 우러나와 이루어진 시. [민요 따위.] ②한 민족의 전설이나 설화에서 취재하여 창작한 시. [이규보(李奎報)의 '동명왕편(東明王篇)' 따위.]

민족^심리학 (民族心理學) [-씸니-] 〖명〗 각 민족의 특질을 신화나 종교·풍습·언어·예술·사회 제도 등에 걸쳐 심리학적으로 연구하는 학문.

민족-아 (民族我) 〖명〗 ①민족의 한 사람으로서의 나. ②민족의 주관. ③민족의 주체.

민족^운:동 (民族運動) 〖명〗 민족의 통일이나 독립을 이룩하여, 민족이 마땅히 누려야 할 권리를 되찾기 위하여 펴는 활동.

민족-의식 (民族意識) [-조긔/-조기-] 〖명〗 ①같은 민족에 속한다는 자각. ②민족이 단결하여 그 존속과 독립을 공고히 하고, 민족의 발전을 꾀해야 한다는 생각.

민족^자결 (民族自決) [-짜-] 〖명〗 다른 민족이나 국가의 간섭을 받지 않고, 자기 민족의 귀속이나 정치 조직을 그 민족 스스로 결정하는 일.

민족^자결주의 (民族自決主義) [-짜-의/-짜-이] 〖명〗 각 민족은 정치적 운명을 스스로 결정할 권리가 있으며, 다른 민족의 간섭을 받을 수 없다는 주장. 제1차 세계 대전 직후인 1918년, 미국의 대통령 윌슨이 제창했음.

민족^자본 (民族資本) [-짜-] 〖명〗 (식민지 또는 발전도상국 등에서) 외국 자본에 저항하는 그 나라의 토착 자본. ↔매판 자본(買辦資本).

민족-자존 (民族自存) [-짜-] 〖명〗 민족이 스스로의 힘으로 삶을 누려 나감.

민족-정신 (民族精神) [-쩡-] 〖명〗 ①한 민족을 결속시키는 공통의 정신. ②어떤 민족의 이상으로 하는 정신. 〖비〗민족혼.

민족-주의 (民族主義) [-쭈의/-쭈이] 〖명〗 ①다른 민족의 지배에서 벗어나 독립된 나라를 이루려는 주의. ②삼민주의(三民主義)의 하나. 피압박 민족의 해방과 민족 자결 및 평등한 권리를 주장하는 주의.

민족-중흥 (民族中興) [-쭝-] 〖명〗 쇠약해진 민족이 다시 번영을 이루는 일. ¶민족중흥의 영주, 광개토 대왕.

민족-혼(民族魂)[-조콘]명 그 민족만이 지니고 있는 고유한 정신. ¶민족혼을 일깨우다. 비민족정신.

민주(民主)명 ①주권이 국민에게 있음. ②〈민주주의〉의 준말.

민주^공:화국(民主共和國)명 주권이 국민 전체에 있는 공화국. 곧, 정체는 민주제로, 국체는 공화제를 채택한 나라.

민주-국(民主國)명 〈민주 국가〉의 준말.

민주^국가(民主國家)[-까]명 민주 정체로 된 나라. 주권이 국민에게 있는 나라. 준민주국(民主國).

민주^국체(民主國體)명 주권이 국민에게 있는 국체. ↔군주 국체.

민주-대:다타 몹시 귀찮고 싫증나게 굴다.

민주-스럽다형 '면구스럽다'의 잘못.

민주-적(民主的)관명 민주주의에 따르거나 민주 정신에 맞는 (것). ¶민주적 방법. /민주적인 개혁.

민주^정체(民主政體)명 통치권이 국민의 대표자에 의하여 행사되는 정치 형태. ↔군주정체(君主政體).

민주^정치(民主政治)명 민주주의를 기본으로 하여 행하는 정치. ↔전제 정치.

민주^제:도(民主制度)명 주권이 국민에게 있는 정치 제도.

민주-주의(民主主義)[-의/-이]명 주권이 국민에게 있고 국민을 위하여 정치를 하는 제도, 또는 그런 정치를 지향하는 사상. 준민주(民主). ↔전제주의(專制主義).

민주-화(民主化)명하자타되자 (체제나 사고방식이) 민주주의에 맞는 것으로 됨, 또는 그렇게 되게 함. ¶민주화 운동.

민-죽절(-竹節)[-쩔]명 아무 장식이 없는 죽절 비녀.

민-줄명 개미를 먹이지 않은 연줄.

민중(民衆)명 (국가나 사회를 이루고 있는) 다수의 일반 국민. 흔히, 피지배 계급으로서의 일반 대중을 가리킴. 민서(民庶).

민중-가요(民衆歌謠)명 민중이 한마음·한뜻으로 즐겨 부를 수 있도록 만들어진 노래.

민중^예:술(民衆藝術)[-네-]명 ①일반 대중 사이에서 생겨나 사랑받는 예술. ②(일부 특권층이나 특정 계층의 점유물이 아닌) 일반 대중을 위한 예술. ↔귀족 예술.

민중-화(民衆化)명하자타되자 ①민중에 동화(同化)하거나 동화시킴. ②민중의 것으로 되거나 되게 함.

민지(民智)명 국민의 슬기.

민지(敏智)명 예민한 슬기.

민-짜명 ☞민패.

민-책받침(←-辶-)[-빧-]명 한자 부수의 한 가지. '廷'·'廻' 등에서의 '廴'의 이름.

민천(旻天)명 ①사천(四天)의 하나인, 가을 하늘. ②[하늘을 신격화하여 이르는 말로] 어진 하늘.

민첩(敏捷)'민첩하다'의 어근.

민첩-하다(敏捷-)[-처파-]형여 재빠르고 날래다. ¶동작이 민첩하다. **민첩-히**튀.

민초(民草)명 '일반 백성'을 강한 생명력을 가진 잡초에 비유하여 이르는 말.

민촌(民村)명 조선 시대에, 상사람이 모여 살던 마을. ↔반촌(班村).

민-촌충(-寸蟲)명 '무구조충'의 구용어.

민춤-하다형 미련하고 덜되다.

민충(民衷)명 백성의 고충.

민취(民娶)명하자 지난날, 양반으로서 상사람의 딸과 혼인하던 일. ↔반취(班娶).

민치(民治)명 국민을 다스림.

민트(mint)명 ☞박하.

민틋-하다[-튿타-]형여 울퉁불퉁한 데가 없이 평평하고 미끈하다. **민틋-이**튀.

민-패명 아무런 꾸밈새가 없고 유달리 드러난 데도 없는 물건. 민짜.

민폐(民弊)[-폐/-폐]명 민간에 끼치는 폐해. 민막(民瘼). ¶민폐를 끼치다. /민폐를 근절하다.

민풍(民風)명 ☞민속(民俗).

민-하다형여 좀 미련하다. ¶민하게 굴다.

민항(民航)명 〈민간 항공〉의 준말.

민혜(敏慧)'민혜하다'의 어근.

민혜-하다(敏慧-)[-혜-/-혜-]형여 재빠르고 슬기롭다.

민호(民戶)명 ☞민가(民家).

민화(民畫)명 지난날, 실용을 목적으로 무명인이 그렸던 그림. 소박하고 파격적이며 익살스러운 것이 특징임.

민화(民話)명 민간에 전해 오는 이야기.

민활(敏活)'민활하다'의 어근.

민활-하다(敏活-)형여 날쌔고 활발하다. **민활-히**튀.

민회(民會)[-회/-훼]명 고대 그리스·로마 시대의 도시 국가에 있었던 시민의 총회.

민휼(憫恤)명하타 불쌍한 사람을 도와줌.

밑(옛)①불기. ¶밑 둔: 臀(訓蒙上27). ②동구멍. ¶밑 항: 肛(訓蒙上27). ③밑[本]. ¶밑 본: 本(類合下63. 石千28).

믿-기다[-끼-]자 ['믿다'의 피동) 믿어지다. ¶네 말이 믿기지 않는다.

믿다[-따]타 ①그렇게 여겨 의심하지 않다. ¶약속을 철석같이 믿다. ②(종교나 미신을) 받들고 따르다. ¶신을 믿다. /미신을 믿다. ③남의 도움을 기대하다. ¶친구를 믿고 상경하다. ④마음을 붙이고 든든히 여기다. ¶회사를 믿고 열심히 일하다.

믿는 나무에 곰이 핀다속담 믿고 있는데 뜻밖에 파탄이 생긴다는 말.

믿는 도끼에 발등 찍힌다속담 믿고 있던 사람으로부터 해를 입는다는 말. 아는 도끼에 발등 찍힌다.

믿음명 ①믿는 마음. ¶자신에 대한 믿음. ②기독교에서, 하느님을 믿어 우러르는 일. 신앙. ¶믿음이 깊다.

믿음-성(-性)[-씽]명 믿을 만한 바탕이나 성질. 믿음직한 성질.

믿음성-스럽다(-性-)[-씽-따][~스러우니·~스러워]형비 믿음성이 있어 보이다. ¶그의 말은 언제나 믿음성스럽다. **믿음성스레**튀.

믿음직-스럽다[-쓰-따][~스러우니·~스러워]형비 믿음직한 데가 있다. **믿음직스레**튀.

믿음직-하다[-지카-]형여 믿음성이 있다. ¶사람이 믿음직하다.

밀[1]명 볏과의 1, 2년생 재배 식물. 높이는 1m가량이고 5월에 꽃이 핌. 페르시아 원산으로 세계 각지에서 재배하며, 열매는 빻아 밀가루를 만듦. 참밀. 소맥.

밀[2]명 꿀 찌꺼기를 끓여 만든 물질. 꿀벌이 집을 짓는 데 밑자리로 삼는 벌개로 씀. 납. 밀랍. 황랍.

밀[3]명 광산에서, 함지질할 때 나오는 사금이나 사석 따위.

밀(mil)의 야드파운드법의 길이의 단위. [1인치의 1000분의 1]

밀-가루[-까-]**명** 밀의 가루. 맥분(麥粉). 소맥분(小麥粉). 진말(眞末).

밀가루 장사 하면 바람이 불고 소금 장사 하면 비가 온다[속담] 운수가 사나우면 공교롭게도 일이 매번 뒤틀려짐을 이르는 말.

밀-갈퀴명 벌통에서 밀을 따는 갈퀴.

밀감(蜜柑)명 운향과의 상록 활엽 관목. 높이는 3m가량 자라고, 잎은 달걀꼴에 톱니가 없음. 초여름에 흰 다섯잎꽃이 피고 열매는 초겨울에 황적색으로 익음. 제주도와 일본 등지에서 오래전부터 과수로 가꿈. 열매는 귤. 귤나무.

밀갑(蜜匣)명 밀부(蜜符)를 넣어 두는 갑.

밀-개떡명 밀가루나 밀기울로 반대기를 지어 쪄 먹는 떡.

밀-거래(密去來)명하타(되자) 법을 어기고 몰래 하는 거래. ¶마약을 밀거래하다.

밀:-걸다[-거타][밀거나·밀게)형동 훤하게 멀겋다. ☻말갛다.

밀계(密計)[-계/-게]**명** 비밀히 꾸미는 계책(計策). 밀책(密策). 비계(祕計).

밀계(密契)[-계/-게]**명하자** 비밀히 계약을 맺음, 또는 그 계약.

밀계(密啓)[-계/-게]**명하타** 신하가 임금에게 넌지시 아룀, 또는 그 글. 비계(祕啓).

밀고(密告)하타자 남몰래 넌지시 일러바침. 고자질함. ¶거사 계획을 밀고하다.

밀:-골무명 밀랍으로 만든 골무. [손가락 끝이 상했을 때 낌.]

밀과(蜜菓·蜜果)명 ☞유밀과.

밀교(密敎)명 ①불교에서, 해석이나 설명을 할 수 없는 가르침이나 경전. [주문·진언(眞言) 따위.] ②후기 대승 불교의 한 파. 대일경과 금강정경에 의하여 일어났음. 비교(祕敎). ③임금이 생전에 종친이나 측근에게 남모르게 뒷일을 부탁하여 내린 교서. ①②↔현교(顯敎).

밀-국수[-쑤]**명** 밀가루와 날콩가루로 만든 국수, 또는 그것을 장국에 만 것.

밀:-굽명 말의 다리에 병이 났거나 편자를 박지 않아 절룩거려서 앞으로 밀려난 굽.

밀기(密記)명하타 비밀히 적음, 또는 비밀히 적은 기록.

밀:-기름명 밀과 참기름을 섞어 끓여서 만든 머릿기름.

밀-기울명 밀을 빻아 체로 가루를 내고 남은 찌끼. 맥부(麥麩). 맥피(麥皮).

밀-깜부기명 깜부깃병에 감염된 밀. 이삭이 병들어 새까맣게 됨.

밀:-나물[-라-]**명** 백합과의 다년생 덩굴풀. 산과 들에 남. 잎자루 밑에 턱잎이 변한 덩굴손이 있어 다른 물건을 감으며, 초여름에 황록색 꽃이 핌. 어린순은 나물로 먹음.

밀:-낫[-랃]**명** 풀을 밀어 깎는 낫. *밀:낫이[-라시]·밀:낫만[-란-]

밀:다[미니·밀어]**타** ①힘을 주어 앞으로 나아가게 하다. ¶유모차를 밀다. ②반반해지도록 깎다. ¶수염을 밀다. /대패로 송판을 밀다. ③표면에 붙은 것이 떨어지도록 문지르다. ¶때를 밀다. ④등사하거나 인쇄하다. ¶등사기로 밀다. ⑤(가루 반죽을 방망이로) 넓고 얇게 펴다. ¶만두피를 밀다. ⑥추천하거나 추대하다. 내세워 지지하거나 도와주다. ¶회장으로 밀다. ⑦반반해지도록 문지르다. ¶구겨진 바지를 다리미로 밀다. ⑧'미루다'의 잘못.

밀담(密談)[-땀]**명하자** 은밀히 의논함, 또는 그 의논. ¶밀담을 나누다.

밀:-대[-때]**명** ①물건을 밀어젖힐 때 쓰는 막대. ②소총에서 노리쇠 뭉치와 연결되어 밀었다 당겼다 하는 긴 쇠.

밀도(密度)[-또]**명** ①(어떤 면적이나 부피를 차지하고 있는) 빽빽한 정도. ¶밀도가 높다. ②내용의 충실한 정도. ¶밀도가 높은 수업. ③물리학에서, 기본 단위의 체적 내에서의 일정한 물질의 질량. [단위는 보통 C.G.S. 단위인 g/cm^3을 씀.]

밀도(密屠)[-또]**명하타** 〈밀도살〉의 준말. 도살(盜殺).

밀-도살(密屠殺)[-또-]**명하타** 허가 없이 가축을 도살함. ☻밀도·밀살.

밀:-돌[-똘]**명** 돌확 같은 데에 양념이나 곡식 따위를 갈아 부스러뜨리는 데 쓰는, 납작하고 반들반들한 돌.

밀-동자(-童子)명 수파련(水波蓮)의 장식으로 쓰는 밀로 만든 동자의 형상.

밀:-따기명하자 벌통에서 밀을 떼어 내는 일.

밀-따리명 늦벼의 한 가지. 까끄러기가 없고 빛깔이 붉음.

밀-떡명 꿀물·설탕물 또는 간수 등에 밀가루를 반죽하여 익히지 않은 날떡. 부스럼에 약으로 붙임.

밀:-똘레명 ①둥글넓적하게 뭉친 밀덩이. ②'길들어 윤이 나거나 살이 쪄서 윤택한 물건'을 비유하여 이르는 말.

밀:-뜨리다타 갑자기 세차게 밀어 버리다. 밀트리다.

밀랍(蜜蠟)명 ☞밀².

밀레니엄(millennium)명 [서력에 바탕을 둔 개념으로] 1000년의 기간, 특히 1000의 단위 연도에서 시작되는 해로부터 1000년 동안의 기간을 이르는 말.

밀레니엄 버그(millennium bug) 컴퓨터가 1900년대의 연도와 2000년 이후의 연도를 구별하지 못하여 생긴 오류. 컴퓨터의 연도 표시를 마지막 두 자리로 표시한 데에서 비롯됨.

밀려-가다자 ①여럿이 한꺼번에 떼를 지어 가다. ¶사람들이 유세장으로 밀려가다. ②(바람 따위의 힘에) 떠밀려서 가다. ¶바람에 밀려가는 돛단배.

밀려-나다자 ①떠밀을 당하여 어느 위치에서 다른 쪽으로 밀리다. ¶밖으로 밀려나다. ②어떤 자리에서 물러나거나 쫓겨나다. ¶사장 자리에서 밀려나다.

밀려-다니다자 ①뒤에서 미는 힘으로 다니다. ¶인파에 이리저리 밀려다니다. ②여럿이 떼를 지어 이곳저곳 돌아다니다.

밀려-닥치다자 한꺼번에 여럿이 들이닥치다. ¶손님이 한꺼번에 밀려닥치다.

밀려-들다[~드니·~들어]**자** 여럿이 한목에 들이닥치다. ¶공연장 문이 열리자 관객이 밀려들었다.

밀려-오다자 ①여럿이 한꺼번에 떼를 지어 오다. ¶환영 인파가 밀려오다. ②(바람 따위의 힘에) 떠밀려서 오다. ¶큰 파도가 밀려오다. ③(어떤 현상이나 유행 따위가) 거세게 일어나거나 들어오다. ¶피로가 밀려오다. /서양 문물이 밀려오다.

밀렵(密獵)명하타 허가를 받지 않고 몰래 사냥함, 또는 그런 사냥.

밀렵-꾼(密獵-)명 허가를 받지 않고 몰래 사냥하는 사람.

밀리(←millimeter)의 〈밀리미터〉의 준말.

밀리-그램(milligram)똉 질량의 단위. 1그램의 1000분의 1.〔기호는 mg〕

밀리다¹짜 ①미처 처리하지 못한 일이나 물건이 모여 쌓이다. ¶숙제가 밀리다. ②약해지거나 뒤처지게 되다. ¶석차가 2등이나 밀렸다. ③차들이 몰려들어 빨리 움직이지 못하다. ¶퇴근 시간에는 늘 차가 밀린다.

밀-리다²짜〔'밀다'의 피동〕밂을 당하다. ¶상대의 힘에 밀리다.

밀리-뢴트겐(Milliröntgen 독)똉 물리학에서, 엑스선(X線)이나 감마선(γ線)의 양을 나타내는 단위의 하나. 뢴트겐의 1000분의 1.〔기호는 mR〕

밀리-리터(milliliter)똉 1리터의 1000분의 1.〔기호는 ml〕

밀리-몰(millimole)똉 화학에서, 농도(濃度)의 단위. 1몰의 1000분의 1.

밀리-미크론(millimicron)똉 길이의 단위. 1미크론의 1000분의 1.〔기호는 mμ〕

밀리-미터(millimeter)똉 길이의 단위. 1미터의 1000분의 1.〔기호는 mm〕㊤밀리.

밀리-바(millibar)똉 기압을 나타내는 국제 단위. 1바의 1000분의 1.〔기호는 mb 또는 mbar〕㊭헥토파스칼.

밀리-볼트(millivolt)똉 전압(電壓)의 실용 단위. 1볼트의 1000분의 1.〔기호는 mV〕

밀리-암페어(milliampere)똉 전류의 실용 단위. 1암페어의 1000분의 1.〔기호는 mA〕

밀림(密林)똉 큰 나무들이 빽빽하게 들어선 수풀.

밀링^머신(milling machine)똉 회전축에 고정한 칼날로 공작물을 깎는 기계.

밀:-막다[-따]타 핑계를 대어 거절하다.

밀-만두(-饅頭)똉 ①밀가루로 빚은 만두. ②매끄러운 사람을 농조로 이르는 말.

밀매(密賣)똉하타되짜 금제품(禁制品)을 몰래 팖. ¶마약을 밀매하다.

밀-매음(密賣淫)똉하짜 법을 어기고 몸을 파는 일.

밀모(密毛)똉 빽빽하게 난 털.

밀모(密謀)똉하타 (주로 나쁜 일을) 비밀히 꾀함, 또는 그 모의.

밀-무역(密貿易)똉하타 세관(稅關)을 통하지 않고 몰래 하는 무역. ㊭밀수(密輸).

밀-문(-門)똉 안이나 밖으로 밀어서 열게 된 문.

밀-물똉 바닷물이 일정한 때에 해안으로 밀려 들어오는 현상, 또는 그 바닷물.〔하루에 두 번씩 밀려 들어옴.〕㊢썰물. ㊭조수(潮水).

밀물똉〔옛〕밀물. ¶밀믈리 사ᄋᆞ리로다(龍歌67章).

밀밀(密密)'밀밀하다'의 어근.

밀밀-하다(密密-)혱 아주 빽빽하게 들어서 있다. 밀밀-히혱

밀-반입(密搬入)똉하타되짜 허가 없이 물건을 들여옴. ¶마약을 밀반입하다. ↔밀반출.

밀-반죽똉 밀가루의 반죽.

밀-반출(密搬出)똉하타되짜 허가 없이 물건을 날라서 냄. ¶외화 밀반출. ↔밀반입.

밀:-방망이똉 가루 반죽을 밀어서 펴는 데 쓰는 방망이.

밀-범벅똉 밀가루에 청둥호박과 청대콩 같은 것을 섞어 만든 범벅.

밀보(密報)똉하짜타 몰래 알림(보고함), 또는 그렇게 하는 보고.

밀-보리똉 ①밀과 보리. ②쌀보리.

밀봉(密封)똉하타 (딴 사람이 열지 못하도록) 단단히 봉함. ¶봉투를 밀봉하다.

밀봉(蜜蜂)똉 꿀벌.

밀봉-교육(密封敎育)똉 (간첩이나 특수 요원을 양성하기 위하여) 일정한 곳에서 외부와의 접촉을 금하고 실시하는 비밀 교육.

밀부(密夫)똉 남편이 있는 여자가 남몰래 관계하는 남자. 샛서방.

밀부(密符)똉 조선 시대에, 유수(留守)나 감사(監司)·병사(兵使)·수사(水使) 등에게 병란이 일어나면 즉시 군사를 동원할 수 있도록 내리던 병부(兵符).

밀부(密婦)똉 아내가 있는 남자가 남몰래 관계하는 여자.

밀:-붓[-붇]똉 붓털에 밀을 먹여 빳빳하게 맨 붓. ＊밀:붓이[-부시]·밀:붓만[-분-]

밀삐똉 지게에 매어 걸머지는 끈.

밀삐-세장똉 지겟의 윗세장 아래에 가로 박은 나무. 여기에 밀삐의 위 끝을 맴.

밀사(密事)[-싸]똉 남이 모르도록 하는 일.

밀사(密使)[-싸]똉 비밀히 보내는 사자(使者).

밀살(密殺)[-쌀]똉하타 ①(사람을) 몰래 죽임. ②〈밀도살(密屠殺)〉의 준말.

밀상(密商)[-쌍]똉하짜 법을 어기며 몰래 하는 장사, 또는 그 장수.

밀생(密生)[-쌩]똉하짜 매우 빽빽하게 남.

밀서(密書)[-써]똉 비밀히 보내는 편지.

밀선(密船)[-썬]똉 법을 어기고 몰래 다니는 배. ¶밀선으로 외국에 밀입국하다.

밀선(蜜腺)[-썬]똉 꽃의 단물을 내는 조직이나 기관(器官). 꿀샘.

밀선^식물(蜜腺植物)[-썬싱-]똉 밀선을 가진 식물. 꽃에서 단물을 내어 개미나 벌 같은 곤충을 모여들게 하여 가루받이를 함.

밀-소주(-燒酒)똉 밀과 누룩으로 곤 소주.

밀송(密送)[-쏭]똉하타되짜 몰래 보냄.

밀수(密輸)[-쑤]똉하타되짜 법을 어기고 몰래 하는 수출이나 수입. ㊭밀무역(密貿易).

밀수(蜜水)[-쑤]똉 꿀물.

밀수-꾼(密輸-)[-쑤-]똉 밀수를 직업적으로 하는 사람.

밀-수입(密輸入)[-쑤-]똉하타되짜 법을 어기고 몰래 하는 수입. ↔밀수출.

밀-수제비똉 밀가루를 묽게 반죽하여 끓는 장국에 조금씩 떼어 넣고 익힌 음식.

밀-수출(密輸出)[-쑤-]똉하타되짜 법을 어기고 몰래 하는 수출. ↔밀수입.

밀수-품(密輸品)[-쑤-]똉 세관을 거치지 않고 몰래 다른 나라에서 들여온 물건.

밀식(密植)[-씩]똉하타 배게 심음. 빽빽이 심기. ¶볏모를 밀식하다. ㊭남몰래 심음.

밀실(密室)[-씰]똉 아무나 함부로 드나들지 못하게 하고 비밀히 쓰는 방.

밀-쌈똉 밀전병에 나물·고기·설탕·깨소금 등의 소를 넣어서 말아 놓은 음식.

밀-알똉 ①밀의 낟알. ②'어떤 일의 작은 밑거름이 되는 것'을 비유하여 이르는 말.

밀알-지다혱 얼굴이 반반하게 생기다.

밀약(密約)똉하타 비밀히 약속함, 또는 그 약속. 짬짜미. ¶거사를 밀약하다.

밀어(密漁)똉하짜 법규를 어기고 몰래 물고기를 잡음.

밀어(密語)똉하짜 ①(남이 알아듣지 못하게) 비밀히 하는 말. ¶둘만의 밀어를 나누다. ②밀교(密敎)에서, 여래(如來)의 교의(敎義)를 설명하는 말.

밀어(蜜語)똉 남녀 간에 은밀히 나누는 달콤한 말. ¶밀어를 속삭이다.

밀어-내다타 힘을 가하여 물러나게 하다. ¶의자를 뒤로 밀어내다. /선배를 밀어내고 승진하다.

밀어-닥치다㉂ (여러 사람이나 일이) 한꺼번에 몰려 다다르다.

밀어-뜨리다㉣ 힘껏 떼밀거나 밀치어 있던 자리에서 움직이게 하다. 밀어트리다. ¶ 말다툼 끝에 상대를 밀어뜨리다.

밀어-붙이다[-부치-]㉣ ①밀어서 한쪽 구석에 붙어 있게 하다. ¶ 책상들을 구석 쪽으로 밀어 붙이고 바닥을 닦았다. ②한쪽으로 힘주어 밀다. ¶ 불도저가 흙을 밀어붙이다. ③고삐를 늦추지 않고 계속 밀다. ¶ 상대편을 밀어붙여 승리를 거두다.

밀어-상통 (密語相通)㉤㉸㉯ 서신으로 남몰래 서로의 의사를 주고받음.

밀어-젖히다[-저치-]㉣ ①밀문을 힘껏 밀어서 열다. ¶ 창문을 힘껏 밀어젖히다. ②사람이나 물건 따위를 힘껏 밀어서 한쪽으로 기울어지게 하다. ¶ 우리는 사람들을 밀어젖히고 앞으로 나아갔다.

밀어-제끼다 '밀어젖히다'의 잘못.

밀어-제치다㉣ 매우 세차게 밀어 뒤로 가게 하다. ¶ 밀어제치는 사람들 때문에 차에 타지 못했다.

밀어-주다㉣ ①적극적으로 도와주다. ②특정한 지위를 차지하도록 내세워 지지하다. ¶ 우리는 그를 대표로 밀어주기로 결정했다.

밀어^차기㉤ 태권도의 발 기술의 한 가지. 상대의 공격을 막은 다음에 상대의 몸통이나 얼굴을 발바닥으로 밀어 차는 동작.

밀어-트리다㉣ 밀어뜨리다.

밀왈다[㉵ [옛]] 밀치다. ¶ 밀와들 졔:擠(訓蒙下24).

밀운 (密雲)㉤ 두껍게 낀 구름.

밀원 (蜜源)㉤ 꿀벌이 꿀을 빨아 오는 근원, 곧 단물을 내는 꽃.

밀원^식물 (蜜源植物)[-씽-]㉤ 밀원이 되는 식물. [평지·아카시아·메밀·토끼풀 따위.]

밀월 (蜜月)㉤ ①결혼 초의 즐겁고 달콤한 동안. ②'밀월여행'의 준말.

밀월-여행 (蜜月旅行)[-려-]㉤ ☞신혼여행(新婚旅行). ㉰밀월(蜜月).

밀유 (密諭)㉤㉸㉯ 넌지시 타이름.

밀음-쇠[-쇠/-쉐]㉤ (가방이나 가죽 띠 따위에 장치된) 밀면 끝이 위로 들리는 쇠.

밀의 (密意)[밀릐/밀리]㉤ 은밀한 뜻. 숨은 뜻.

밀의 (密議)[밀릐/밀리]㉤㉸㉯ 비밀히 의논함, 또는 비밀히 하는 논의.

밀-입국 (密入國)[-꾹]㉤㉸㉯ 정식 절차를 밟지 않고 몰래 입국함.

밀:-장 (-障)[-짱]㉤ 〈밀장지〉의 준말.

밀장 (密葬)[-짱]㉤㉸㉯ 남의 땅이나 묏자리에 몰래 지내는 장사.

밀장 (密藏)㉤ ①㉸㉯ 몰래 감추어 둠. ②불교에서, 진언종(眞言宗)의 경전(經典)을 이르는 말.

밀:-장지 (←-障子)[-짱-]㉤ 옆으로 밀어서 여닫는 장지. ㉰밀장.

밀전 (密栓)[-쩐]㉤㉸㉯㉯ 단단히 마개로 막음, 또는 그 마개.

밀-전병 (-煎餠)㉤ 밀가루로 만든 전병.

밀접 (密接)[-쩝]㉤㉱ ①관계가 썩 가까움. ¶ 날씨는 우리 생활과 밀접한 관련이 있다. ②썩 가깝게 맞닿아 있음. ¶ 바다와 밀접한 지역. **밀접-히**㉮.

밀정 (密偵)[-쩡]㉤㉸㉯ 남몰래 사정을 살핌, 또는 그런 사람. 스파이.

밀제 (蜜劑)[-쩨]㉤ (먹기 좋도록) 꿀을 바른 환약.

밀조 (密造)[-쪼]㉤㉸㉯ ①금제품(禁制品)을 몰래 만듦. ¶ 마약을 밀조하다. ②법을 어기고 몰래 만듦.

밀조 (密詔)[-쪼]㉤㉸㉯ 은밀히 내린 조서(詔書).

밀주 (密奏)[-쭈]㉤㉸㉯ 임금 임금에게 아룀.

밀주 (密酒)[-쭈]㉤㉸㉯ 허가 없이 몰래 술을 담금, 또는 그 술. ¶ 밀주를 담그다.

밀주 (蜜酒)[-쭈]㉤ 꿀과 메밀가루를 섞어 빚은 술.

밀지 (密旨)[-찌]㉤ 임금의 비밀스러운 명령.

밀집 (密集)[-찝]㉤㉸㉯ 빽빽하게 모임. ¶ 밀집해 있는 인가(人家).

밀-짚[-찝]㉤ 밀의 이삭을 떨어낸 줄기. * 밀짚이[-찌피]·밀짚만[-찜-]

밀짚-꽃[-찝꼳]㉤ 국화과의 일년초 또는 이년초. 오스트레일리아 원산의 관상용 식물로 높이는 60～90 cm, 잎은 어긋맞게 남. 6～9월에 가지 끝에 여러 가지 빛깔의 꽃이 핌. * 밀짚꽃이[-찝꼬치]·밀짚꽃만[-찝꼰-]

밀짚-모자 (-帽子)[-찝-]㉤ 밀짚으로 결어서 만든 여름 모자. 맥고모자.

밀착 (密着)㉤㉸㉯㉯ ①빈틈없이 단단히 달라붙음. ¶ 밀착 수비. /밀착 취재. ②서로의 관계가 매우 가깝게 됨. ¶ 어느 쪽에도 밀착하지 않는 등거리 외교를 펴다. ③현상한 건판이나 필름 그대로의 크기로 인화지에 인화함.

밀착^인화 (密着印畵)㉤ 확대기를 거치지 않고 음화 필름을 직접 인화지나 양화 필름을 대고 복사하는 일.

밀책 (密策)㉤ ☞밀계(密計).

밀-천신 (-薦新)㉤ 햇밀가루로 부친 전병으로 지내는 고사(告祀).

밀쳐-놓다[-처노타]㉣ 어떤 물건을 자신이 있는 곳이 아닌 다른 곳으로 옮겨 놓다. ¶ 남편은 식욕이 없는지 밥상을 한쪽으로 밀쳐놓았다.

밀-초 (蜜-)㉤ 밀로 만든 초. 납밀(蠟蜜). 납촉(蠟燭). 황초. 황촉(黃燭).

밀초 (蜜炒)㉤㉸㉯ 한방에서, 약재에 꿀을 발라 불에 볶는 일.

밀:-치㉤ 마소의 안장이나 길마에 딸린 기구, 마소의 꼬리 밑에 걺.

밀:-치다㉣ 세게 밀다. ¶ 문을 밀치며 들어서다. /어깨를 밀치다.

밀:치락-달치락[-딸-]㉮㉸㉯ 서로 밀고 잡아당기고 하는 모양. ¶ 서로 자기들의 주장(主張)만 옳다고 밀치락달치락 싸우다.

밀칙 (密勅)㉤ 비밀히 내린 칙지(勅旨).

밀크-세이크 (milk shake)㉤ 우유에 달걀·설탕·향료·얼음 따위를 넣어 만든 음료수.

밀크-캐러멜 (milk+caramel)㉤ 우유를 섞어 만든 캐러멜.

밀타-승 (密陀僧)㉤ ①한방에서, 납을 산화(酸化)시켜 만든 누른 빛깔의 가루를 이르는 말. 살충약으로 씀. ②'일산화납'의 딴 이름.

밀타-유 (密陀油)㉤ 밀타승을 들기름에 녹여서 만든 유화용(油畵用)의 채료(彩料).

밀탐 (密探)㉤㉸㉯ 은밀히 하는 정탐.

밀통 (密通)㉤㉸㉯ ①부부가 아닌 남녀가 몰래 정을 통함. ②형편을 몰래 알려 줌.

밀:-트리다㉣ 밀뜨리다.

밀파 (密派)㉤㉸㉯㉯ (밀정 따위를) 몰래 파견함. ¶ 간첩을 밀파하다.

밀:-펌프 (-pump)㉤ 펌프의 한 가지. 원통과 피스톤, 위로 열리는 날름쇠로 된 펌프. 물을 높은 데로 퍼 올리는 데 쓰임. ㉰빨펌프.

밀폐(密閉)[-폐/-페]**명하타되자** 틈 없이 꼭 막거나 닫음. ¶밀폐된 용기.

밀-푸러기명 국에 밀가루를 풀어 만든 음식.

밀-풀명 밀가루로 쑨 풀.

밀-피(밀皮)명 활시위에 바른 밀을 문지르고 셋고 하는 가죽이나 베 조각.

밀항(密航)명하자 법을 어기고 몰래 해외로 항해(航행)함.

밀행(密行)명하자 ①남몰래 다님. ②비밀히 감. 잠행(潛行).

밀화(密畫)명 화면에 가득 차도록 대상을 설명적으로 치밀하게 그린 그림.

밀화(蜜花)명 호박(琥珀)의 한 가지. 밀과 같은 누른빛을 띠며 젖송이 같은 무늬가 있음.

밀화-잠(蜜花簪)명 밀화 조각에 꽃을 새기고 은으로 고달을 한 비녀.

밀화-장도(蜜花粧刀)명 밀화로 장식한 장도.

밀화-패영(蜜花貝纓)명 밀화 구슬을 꿰어 단 갓끈.

밀환(蜜丸)명하타 한방에서, 약 가루를 꿀에 반죽하여 알약을 만드는 일, 또는 그렇게 만든 알약(丸藥).

밀회(密會)명 [-회/-훼]**하자** 비밀히 모이거나 만나거나 함, 또는 그 모임. ¶밀회를 즐기다.

밈:명 〈미음(米飮)〉의 준말.

밉광-스럽다[-꽝-따][~스러우니·~스러워서] **형비** 지나치게 밉살스럽다. **밉광스레부**.

밉다[-따][미우니·미워]**형비** ①(얼굴이나 생김새가) 볼품이 없다. ¶밉게 생긴 얼굴. ②(하는 짓이나 말이) 마음에 거슬려 싫다. ¶미운 짓만 골라 한다. ↔곱다4.

미운 벌레 모로 긴다족담 미운 사람의 행동은 무엇이든 다 비워에 거슬린다는 말.

미운 아이(놈) 떡 하나 더 준다족담 겉으로만 귀여워함을 이르는 말.

미운 털이 박혔나족담 자기를 괜히 미워하는 사람을 보고 '왜 못살게 구느냐?'는 뜻으로 되물어 나무라는 말.

밉둥-뚱명 어린아이의 미운 짓.

밉둥-스럽다형비 '밉살스럽다'의 잘못.

밉디-밉다[-따][~미우니·~미워]**형비** '밉다'의 힘줌말. 몹시 밉살스럽다.

밉-보다[-뽀-]**타** 밉게 보다. ¶올케가 시누이를 밉보다.

밉보-이다[-뽀-]**자** ('밉보다'의 피동] 밉게 보이다. ¶며느리가 시아버지에게 밉보이다.

밉살-맞다[-쌀맏따]**형** 〈밉살스럽다〉의 속된 말.

밉살머리-스럽다[-쌀-따][~스러우니·~스러워]**형비** 〈밉살스럽다〉의 속된 말. **밉살머리스레부**.

밉살-스럽다[-쌀-따][~스러우니·~스러워서] **형비** 몹시 미움을 받을 만한 데가 있다. ⑪맵살스럽다. **밉살스레부**.

밉-상(-相)명 [-쌍] 밉게 생긴 얼굴, 또는 그런 사람. ¶얼굴이 그렇게 밉상만은 아니다. ↔곱상.

밉스(MIPS)명 컴퓨터의 연산 속도를 나타내는 단위. 1밉스는 1초에 1백만 회의 명령을 실행함.

밋명 〈옛〉 배의 키. ¶밋 타:舵(訓蒙中25).

밋구무명 〈옛〉 밑구멍. ¶밋구무:屁眼(四解上16).

밋밋-하다[민미타-]**형여** ①(생김새가) 거칠새 없이 꽤 길고 곧다. ⑪맷맷하다. ②경사나 굴곡이 거의 없이 평탄하고 비스듬하다. ¶가슴이 밋밋하다. /산줄기가 밋밋하게 뻗어 있다. ③두드러진 특징이 없이 평범하다. ¶밋밋한 투구(投球). **밋밋-이부**.

밍근-하다형어 좀 미지근하다. ¶숭늉이 밍근하다. ⑭매근하다. **밍근-이부**.

밍밍-하다형여 ①음식 맛이 몹시 싱겁다. ②술이나 담배 맛이 독하지 않다. ③마음이 몹시 허전하고 심심하다. ⑭맹맹하다. **밍밍-히부**.

밍크(mink)명 족제빗과의 동물. 북아메리카 원산. 족제비와 비슷하나 좀 더 큼. 몸빛은 갈색 또는 암갈색임.

밍크-코:트(mink coat)명 밍크의 털로 만든 코트.

및민부 '그 밖에 또', '~와 함께 또'를 뜻하는 접속 부사. ¶사회·경제 및 문화의 발달 과정.

믲다(믲따)자 〈미치다〉의 준말. • 믲는[민-]

믲다(믲따)옛자 미치다. ¶녯 사롬 風流룰 미출가 못 미출가(丁克仁.賞春曲).

밑(믿)명 ①사물의 아래나 아래쪽. ¶돌 밑. /밑에서 솟아난다. ②부피나 깊이가 있는 사물의 아랫부분이나 아래쪽. ¶바다 밑. ③사물의 바탕이나 근본. ¶밑이 든든해야 한다. ④(지위·조직·계통 등에서) 낮은 자리. ¶밑에서의 건의 사항. ⑤(가족 관계에서의) 손아래. ¶밑의 동생. ⑥(지배·보호·영향 등을 받는 처지임을 나타냄. (주로, '밑에'의 꼴로 쓰임.) ¶일제 지배 밑에서 시달리던 우리 겨레. /어진 어머니 밑에서 자란 한석봉. ⑦〈밑동〉·〈밑구멍〉·〈밑절미〉의 준말. ⑧속꽃의 가랑이가 갈라는 곳에 붙이는 마름모꼴 헝겊. ⑨수학에서, a를 y제곱하면 x가 될 때의 a. 곧, $y=\log_a x$에서의 a. • 밑이[미치]·밑을[미틀]·밑만[민-]

밑 빠진 독(가마/항아리)에 물 붓기족담 ①아무리 애써 하더라도 아무 보람이 없는 경우를 이르는 말. ②아무리 벌어도 쓸 곳이 많아 항상 모자라는 경우를 이르는 말

밑도 끝도 없다관용 ①(앞뒤 맥락이 어수선하여) 종잡을 수 없다. 갈피를 잡을 수 없다. ¶밑도 끝도 없는 유언비어. ②(앞뒤 없이 불쑥 내놓아) 갑작스럽고 종작이 없다.

밑(이) 구리다관용 숨기고 있는 잘못이나 범죄 때문에 떳떳하지 못하다.

밑(이) 질기다무겁II관용 한곳에 눌어붙으면 좀처럼 떠나지 않는 성질이 있다.

밑-가지[믿까-]명 나무 밑 부분에 돋아난 가지.

밑-각(-角)명 [믿깍] 수학에서, 다각형의 밑변 양 끝을 꼭짓점으로 하는 내각(內角).

밑-감명 [믿깜] 바탕이 되는 재료.

밑-갓명 [믿깓] 갓의 한 가지. [뿌리를 먹음.] • 밑갓이[믿까시]·밑갓만[믿깐-]

밑-거름[믿꺼-]명 ①씨를 뿌리거나 모를 내기 전에 주는 거름. 원비(元肥). ⑪웃거름·덧거름. ②어떤 목적을 이루는 데 바탕이 되는 것을 이르는 말. ¶그동안의 경험을 밑거름으로 삼다.

밑-거리[믿꺼-]명 단청(丹靑)할 때, 먼저 한 번 바르는 엷은 옥색의 채색(彩色).

밑-구멍[믿꾸-]명 ①밑으로나 밑바닥에 뚫린 구멍. ②'항문(肛門)'이나 '여자의 음부(陰部)'를 상스럽게 이르는 말. ⑥밑구.

밑구멍으로 호박씨 깐다족담 겉으로는 안 그런 척하면서 남모르게 엉큼한 짓을 한다는 말.

밑-그림[믿끄-]명 ①애벌로 모양만을 초잡아 그린 그림. 원화(原畫). ②수본(繡本)으로 쓰려고 종이나 헝겊에 그린 그림.

밑-글[믿끌]명 ①(배우는 책에서) 이미 배운 글. ②(이미 알고 있는) 밑천이 되는 글.

밑-널[믿-]명 밑에 댄 널빤지. 저판(底板).

밑-넓이[민-]圏 입체 도형에서 밑면의 넓이. 밑면적.

밑-도드리[믿또-]圏 궁중 연례악(宴禮樂)인 '수연장지곡(壽延長之曲)'의 우리말 이름. 웃도드리가 편곡된 뒤의 이름.

밑-돈[믿똔]圏 일정한 목적을 이루기 위하여 마련하는 돈. ¶밑돈을 대다.

밑-돌[믿똘]圏 ①동바리의 밑을 받친 돌. ②담이나 건축물의 밑바닥에 놓은 돌.

밑-돌다[믿똘-][~도나·~돌아]回 어느 기준에 못 미치다. ¶목표를 밑도는 실적. ↔웃돌다.

밑-동[믿똥]圏 ①긴 물건의 밑 아랫동아리. ②줄기에서 뿌리에 가까운 부분. ③나물 따위의 뿌리. 嶥밑.

밑두리-콧두리[믿뚜-콛뚜-]圏 (확실히 알기 위해) 근본을 자세히 자꾸 캐묻는 근본. 嶥미주알고주알.

밑-둥圏 '밑동'의 잘못.

밑-둥치[믿뚱-]圏 둥치의 맨 밑 부분.

밑-들다[믿뜰-][~드니·~들어]回 (무나 감자 따위의) 뿌리가 굵게 자라다.

밑막이-문골(-፡፡-꼴)[믿-꼴]圏 문짝의 밑에 가로 낀 나무.

밑-말[민-]圏 ①(남에게 부탁 따위를 할 때) 미리 다짐하여 일러두는 말. ②ㅁ원어(原語).

밑-머리[민-]圏 (치마머리나 다리를 드릴 때) 본디부터 있는 제 머리털. 본머리. ↔딴머리.

밑-면(-面)[민-]圏 ①밑바닥의 면. ②입체의 밑 부분을 이루는 평면.

밑-면적(-面積)[민-]圏 ㅁ밑넓이.

밑-바닥[믿빠-]圏 ①(그릇 따위의) 바닥이 되는 밑 부분. 저면(底面). ②(비유적으로 쓰이어) 사회의 맨 하층. ¶밑바닥 생활. ③(빤히 들여다보이는) 남의 속뜻. ¶밑바닥이 빤한 말. ④'사물이나 현상의 바탕에 깔린 근본적인 것'을 비유하여 이르는 말. ¶이 작품 밑바닥에는 동양 사상에 대한 동경이 깔려 있다.

밑-바대[믿빠-]圏 속곳 밑 안쪽에 덧대는 천.

밑-바탕[믿빠-]圏 ①사물의 근본을 이루고 있는 실체. ¶부지런함은 성공의 밑바탕이 되었다. ②사람의 타고난 근본 바탕. ¶밑바탕이 착한 사람.

밑-반찬(-飯饌)[믿빤-]圏 오래 두고 언제든 손쉽게 내먹을 수 있게 만든 반찬. 〔젓갈이나 자반·장아찌 따위.〕

밑-받침[믿빧-]圏回回 ①밑에 받치는 물건. ②어떤 일의 바탕으로서 받쳐 줌, 또는 받쳐 주는 것. ¶향토 발전의 밑받침이 되다.

밑-밥[믿빱]圏 낚시할 때, 물고기가 일정한 곳에 모여들도록 미끼로 던져 놓는 먹이.

밑-변(-邊)[믿뻔]圏 (삼각형이나 사다리꼴 의) 밑바닥을 이루는 변.

밑-불[믿뿔]圏 (불을 피울 때 불씨로 쓰는) 본래부터 살아 있는 불.

밑-살[믿쌀]圏 ①ㅁ미주알. ②<보지>의 속된 말. ③소의 볼깃살의 한 가지. 국거리로 쓰임.

밑-세장[믿쎄-]圏 지게의 맨 아래의 세장.

밑-쇠[믿쐬·믿쒜]圏 쇠로 만든 그릇이나 연장의 깨어진 것과 새것을 웃돈을 주고 바꿀 때, 그 깨어진 그릇이나 연장.

밑-술[믿쑬]圏 ①약주를 뜨고 난 찌꺼기 술. 모주(母酒). ②술이 빨리 발효하도록 해 넣는 묵은 술.

밑-실개[믿씰깨]圏 그네의 줄에 걸쳐지고 발로 디디거나 엉덩이를 붙이게 만든 물건. 앉을깨.

밑-실[믿씰]圏 재봉틀의 실톳에 감긴 실.

밑-씨[민-]圏 수정(受精)한 뒤에 씨가 될 암꽃술의 기관. 배주(胚珠).

밑-씻개[믿씯깨]圏 지난날, 뒤를 본 뒤 '밑을 씻어 내는 물건'을 통틀어 이르던 말.

밑-알[미달]圏 (암탉이 제자리에 찾아들도록) 닭의 둥지에 넣어 두는 달걀. 소란(巢卵).

밑-음(-音)[미듬]圏 음악에서, 3화음이나 7화음 등의 화음을 구성하는 데 기초가 되는 맨 밑의 음. 근음(根音).

밑-자리[믿짜-]圏 ①(위치가 낮은) 밑의 자리. ¶맨 밑자리에 앉다. ②사람이 깔고 앉는 자리. ③(맷방석이나 바구니 따위를 결을 때, 먼저 결기 시작하는 그 밑바닥 부분. ④음악에서, 화음의 밑음이 낮은 음에 놓인 자리.

밑-절미[믿쩔-]圏 일이나 물건의 기초, 또는 본디부터 있는 바탕. 嶥밑.

밑-점(-點)[믿쩜]圏 ㅁ기점(基點).

밑-정[믿쩡]圏 젖먹이의 똥오줌을 누는 횟수.

밑-줄[믿쭐]圏 드러냄표의 한 가지. 주의를 끌기 위하여, 가로쓰기의 글귀 아래에 긋는 줄. ¶밑줄을 긋다. /밑줄 친 말.

밑-줄기[믿쭐-]圏 (나무나 풀 따위) 줄기의 밑 부분.

밑-지다[믿찌-]回回 들인 밑천보다 얻는 것이 적어 손해를 보다. 살닿다. ¶밑지고 팔다. /주식에 투자해서 백만 원을 밑졌다.

밑져야 본전이(속담) ①일이 잘못되어도 손해 볼 것은 없다는 말. ②손해 볼 것이 없으니 한번 해 보아야 한다는 말.

밑지는 장사(관용) 이득은커녕 손해 보는 일.

밑-짝[믿짝]圏 (맷돌 따위) 아래위 두 짝이 한 벌로 된 물건의 아래짝. ↔위짝.

밑-창[믿-]圏 ①신발의 바닥 밑에 붙이는 창. 嶥속창. ②'배나 그릇 따위의 맨 밑바닥'을 속되게 이르는 말.

밑-천[믿-]圏 ①장사나 영업의 기초가 되는 돈이나 물건, 또는 재주나 기술. ¶장사 밑천. / 밑천을 대 주다. ②ㅁ본전(本錢). ¶밑천을 뽑다. ③'자지'의 곁말.

밑천도 못 찾다(건지다)(관용) 무엇을 하려다 오히려 손해보 본다.

밑천이 드러나다(관용) ①평소 가려져 있던 성품이 나타나다. ②밑천이 다 없어지다.

밑천이 짧다(관용) 밑천이 적거나 부족하다.

밑-층(-層)[민-]圏 아래층. 하층(下層).

밑-판(-板)[믿-]圏 밑에 대는 판. 밑이 되는 판.

ㅁ딘[몰디]圏 (옛)마디. ¶ㅁ딘 졀:節(訓蒙上1).

ㅁ루[몰리·몰리]圏 (옛)①마루. 용마루. ¶ㅁ루 동:棟(訓蒙中6). ②으뜸가는 것. 처음. ¶ㅁ루 종:宗(訓蒙上32). /正히ㄹ 正호 ㅁ루니니(釋譜序3).

ㅁ루다[1][몰라]回 (옛)마르다. ¶ㄱ술히 洞庭엣 돌히 ㅁ루고(杜初8:5).

ㅁ루다[2][몰아]圏 (옛)마르다. 마름질하다. ¶ㅁ룰 지:裁(訓蒙下19).

ㅁ루다[3][몰아]圏 (옛)모르다. ¶山林에 뭇처이셔 至樂을 ㅁ룰언뎡(丁克仁.賞春曲).

ㅁ룬감圏 (옛)곶감. ¶ㅁ룬 감:乾柿(老解下34).

ㅁ쇼圏 (옛)마소. 말과 소. ¶ㅁ쇼롤 갓 곳갈 식워 밥 머기나 다ㄹ랴(月印上32).

ㅁ숨圏 (옛)마음. ¶셜온 ㅁ숨을 머굼고(恩重7). 嶥ㅁ솜.

ㅁ술圏 (옛)마을. ¶ㅁ술 려:閭. ㅁ술 리:里. ㅁ술 촌:村(訓蒙上8). 嶥ㅁ솔.

ㅁ숧圏 (옛)마을. ¶믈근 ㄱ룻ㅎ 고비 ㅁ술홀 아나 흐르ㄴ니(杜初7:3).

모습 900

므솜몡〈옛〉마음. ¶하놇 므슨몰 뉘 고티ᅀᆞ뇌리(龍歌85章). /感온 므슴 뮈울 써라(月釋序14).

므솜ᄀᆞ장튀〈옛〉마음껏. ¶므솜ᄀᆞ장 모다 ᄉᆞ랑ᄒᆞ야도(釋譜13:41).

므야지몡〈옛〉망아지. ¶므야지를 티디 말라(杜初 23:36). /므야지 구:駒(訓蒙上18).

므양몡〈옛〉매양. 번번이. ¶졋줄 곤고노라 므양 우ᄂᆞᆫ 아히 골와 이 누고 뎌 누고 ᄒᆞ면 얼운답디 아녜라(古時調).

므이몡〈옛〉매우. ¶소리를 므이 ᄒᆞ야 니ᄅᆞ샤디(翻小10:27). 參므비믜.

므음몡〈옛〉마음¹. ¶우리 ᄆᆞᆯ히 온지비 남더니(杜重4:11). 參ᄆᆞ숨.

므음몡〈옛〉마음. ¶거믄고 대현을 티니 ᄆᆞ음이 다 눅더니(古時調). 參ᄆᆞ숨.

므춤몡〈옛〉마침내. 마지막에. ¶갑던 여희오 므춤매 머릴 도로혀 브라노라(杜初9:22).

므춤몡〈옛〉마침. 마지막. ¶終은 므츠미라(訓誎). /므춤 졸:卒(類合下13).

므춤내튀〈옛〉마침내. ¶므춤내 제 ᄠᅳ들 시러 펴디 몯홀 노미 하니라(訓誎).

ᄆᆞᆫ돌다타〈옛〉만들다. ¶뎌 귀윈 흐터내야 人傑을 ᄆᆞᆫ돌고쟈(鄭澈.關東別曲). 參밍골다·ᄆᆞᆫ돌다.

ᄆᆞᆯ지다타〈옛〉만지다. ¶믄질 무:撫(訓蒙下32).

ᄆᆞᆯ몡〈옛〉만. ¶그 ᄆᆞᆯ이 몬져 닐오디(翻小9:66).

ᄆᆞᆯ아들몡〈옛〉맏아들. ¶ᄆᆞᆯ아ᄃᆞ리 즐어 업스니(月釋序14).

ᄆᆞᆯ아자비몡〈옛〉큰아버지. ¶ᄆᆞᆯ아자비 빅:伯(訓蒙上31).

ᄆᆞᆯ몡〈옛〉말[馬]. ¶ᄆᆞᆯ 우횟 대버믈(龍歌87章).

ᄆᆞᆯ²몡〈옛〉변(便). ¶ᄆᆞᆯ 보며 오좀 눌 삐(牧牛29).

ᄆᆞᆯ³몡〈옛〉마름[藻]. ¶ᄆᆞᆯ 조:藻(訓蒙上9).

ᄆᆞᆯ구쉬몡〈옛〉말구유. ¶ᄆᆞᆯ구쉬:馬槽(訓蒙中12).

ᄆᆞᆯ보기몡〈옛〉용변(用便). ¶차바ᄂᆞᆯ 머거도 自然히 스러 ᄆᆞᆯ보기를 아니ᄒᆞ며(月釋1:26). 參ᄆᆞᆯ².

ᄆᆞᆯ아타〈옛〉('ᄆᆞᄅᆞ다'의 활용형〕말라. 마름질하여. ¶칼로 ᄆᆞᆯ아 낸가(丁克仁.賞春曲).

ᄆᆞᆯ외타타〈옛〉말리다. ¶놀개 ᄆᆞᆯ외노라 고기 잡ᄂᆞᆫ 돌해 ᄀᆞ독ᄒᆞ얏도다(杜初7:5).

ᄆᆞᆰ다형〈옛〉맑다. ¶ᄇᆞᆰ ᄇ르매 江漢이 ᄆᆞᆰ도다(杜初8:16).

못튀〈옛〉가장. ¶왼녀긔 ᄒᆞᆫ 點을 더으면 못 노ᄑᆞᆫ소리오(訓誎).

못내튀〈옛〉못내. ¶수플에 우ᄂᆞᆫ 새ᄂᆞᆫ 春氣를 못내 계위(丁克仁.賞春曲).

못노ᄑᆞᆫ소리몡〈옛〉가장 높은 소리. 거성(去聲). ¶去聲은 못노ᄑᆞᆫ소리라(訓誎).

못ᄂᆞᆺ가ᄇᆞᆫ소리몡〈옛〉평성(平聲). 가장 낮은 소리. ¶平聲은 못ᄂᆞᆺ가ᄇᆞᆫ소리라(訓誎).

못ᄃᆞ록자타〈옛〉('못다'의 활용형〕마치도록. ¶날 못ᄃᆞ록(杜初21:7).

못아들몡〈옛〉맏아들. ¶젼쳐의 못아돌 흥이 병 드럿거늘(五倫3:13). 參못아돌.

못다타〈옛〉마치다². ¶목숨 ᄆᆞᆾ리잇가(龍歌51章). /아츠미 ᄆᆞᆾ도록(杜初16:66).

믜몡〈옛〉들¹. ¶믜 야:野(訓蒙上4). 參밀.

미다¹타〈옛〉동여매다. ¶밀 결:結(石千2).

미다²타〈옛〉매다². 김매다[除草]. ¶프를 미야 두듥 ᄀᆞ싀 두놋다(杜初7:34).

미돔몡〈옛〉매듭. 마디. ¶미돔마다 猛火ㅣ 스라(楞解8:66).

미비튀〈옛〉매우. ¶엇뎨 미비 아니 티ᄂᆞᆫ다(三綱.烈女9). 參미이·믜이.

미샹튀〈옛〉매양. 늘. 언제든지. ¶미샹 주렛ᄂᆞᆫ 져믄 아ᄃᆞ른 ᄂᆞ비치 서의ᄒᆞ도다(杜初7:2).

미야미몡〈옛〉매미. ¶미야미 션:蟬(訓蒙上22).

미야ᄒᆞ다형〈옛〉매정하다. ¶사ᄉᆞᆷ 엇뎨 미야커뇨 ᄒᆞ대(三綱.孝18).

미양몡〈옛〉매양. 늘. ¶마히 미양이랴 장기 연장 다스려라(古時調).

미이튀〈옛〉몹시. 매우. ¶미이 브로맨 ᄂᆞ소솔 거싀 일ᄂᆞ니라(杜初24:62). 參미비·믜이.

미치다자〈옛〉맺히다. ¶罪 미치면(金三4:63).

민관〈옛〉맨. ¶믠 우層의(鄭澈.關東別曲).

민돌다타〈옛〉만들다. ¶내 혼볼 칼을 민돌려 ᄒᆞ노라(朴解上15). 參밍골다·ᄆᆞᆫ돌다.

민-믈몡〈옛〉맹물. ¶민므레 글혀 머거도(救簡3:105).

밉다형〈옛〉맵다. 사납다. 맹렬하다. ¶旋嵐風은 ᄀᆞ장 미볼 ᄇᆞ르미라(釋譜6:30).

밋밋ᄒᆞ다형〈옛〉매끈매끈하다. ¶갓과 솔쾌 보ᄃᆞ랍고 밋밋ᄒᆞ야(月釋2:40).

밋치다자〈옛〉맺히다. ¶峯따라 밋쳐 잇고(鄭澈.關東別曲). 參미치다.

밍골다타〈옛〉만들다. ¶새로 스믈여듧 字를 밍ᄀᆞ노니(訓誎). 參민돌다·ᄆᆞᆫ돌다.

및다타〈옛〉맺다. ¶ᄃᆞᆫ겨셔 쁜겨셔 다 호가지로 여르미 믯잣ᄃᆞ니(杜重1:4).

ᄆᆡ몡〈옛〉들. ¶ᄆᆡ햇 구루믄 ᄂᆞᆺ기 믈로 건나가고(杜初14:12).

ᅀᅵ몡〔옛 자음의 하나.〕'ㅁ'의 순경음. 〔개신(改新) 한자음 표기에 쎴을 뿐, 국어에서의 사용례가 없어 음운 단위라 볼 수 없음.〕

ᄡᄉ〈옛〉미음시옷. 'ㅁ'과 'ㅅ'의 합용 병서(合用竝書). 받침으로만 쓰임. ¶올호 녀그로 새불 값도습고(釋譜6:21).

ㅂ[자모] 비읍. ①한글 자모의 여섯째. ②자음의 하나. 목젖으로 콧길을 막고 두 입술을 다물었다가 떼면서 내는 안울림소리의 파열음. 받침의 경우에는 입술을 떼지 아니함.

ㅂ[조] (옛) 중세 국어의 관형격 조사. 'ㅁ' 뒤에 쓰임. ¶覃땀ㅂ字짱(訓誒). / 사룹 뜨리리잇가(龍歌15章). ㅅ.

-ㅂ닌다[口난-][어미] 모음으로 끝난 어간이나 높임의 '-시-'에 붙어, 듣거나 보거나 겪은 바에 따라 그것이 마땅한 사실임을 일러 주는 뜻을 나타내는, 하오체의 종결 어미. ¶소나기는 여름에 많이 옵는다. ㈜-습닌다.

ㅂ니까[口-][조] 모음으로 끝난 체언에 붙어, 묻는 뜻을 나타내는 합쇼체의 종결형 서술격 조사. ¶이게 마지막 인삽니까? ㈜읍니까.

-ㅂ니까[口-][어미] 모음으로 끝난 어간이나 높임의 '-시-'에 붙어, 묻는 뜻을 나타내는 합쇼체의 종결 어미. ¶갑니까. /봅니까. /옵니까. ㈜-습니까.

ㅂ니다[口-][조] 모음으로 끝난 체언에 붙는 '다'의 높임말로, 어떤 사실을 단순히 베풀어 말하거나 동작이나 상태의 어떠함을 나타내는 합쇼체의 종결형 서술격 조사. ¶잘사는 나랍니다. ㈜읍니다.

-ㅂ니다[口-][어미] 모음으로 끝난 어간이나 높임의 '-시-'에 붙어, 동작이나 상태의 어떠함이나 어떤 사실을 단순히 베풀어 말하는 뜻을 나타내는, 합쇼체의 종결 어미. ¶비가 옵니다. / 그게 아닙니다. ㈜습니다.

ㅂ디까[口-][조] 모음으로 끝난 체언에 붙어, 지난 일을 돌이켜 묻는 뜻을 나타내는 하오체의 종결형 서술격 조사. ¶무슨 샙디까? ㈜입디까.

-ㅂ디까[口-][어미] 모음으로 끝난 어간이나 높임의 '-시-'에 붙어, 상대편이 듣거나 본 과거의 사실에 대해서 묻는 뜻을 나타내는, 하오체의 종결 어미. ¶신부가 예쁩디까?/나보고 그리 오랍디까? ㈜-습디까.

ㅂ디다[口-][조] 모음으로 끝난 체언에 붙어, 지난 일을 돌이켜 말하는 뜻을 나타내는 하오체의 종결형 서술격 조사. ¶근래에 보기 드문 훌륭한 솜씹디다. ㈜입디다.

-ㅂ디다[口-][어미] 모음으로 끝난 어간이나 높임의 '-시-'에 붙어, 듣거나 본 과거의 사실을 돌이켜 말하는 뜻을 나타내는, 하오체의 종결 어미. ¶하십디다. ㈜-습디다.

-ㅂ딘다[口-][어미] 모음으로 끝난 어간이나 높임의 '-시-'에 붙어, 듣거나 보거나 겪은 과거의 사실을 돌이켜 말하는 뜻을 나타내는, 하오체의 종결 어미. ¶명절이면 꼭 성묘를 하곤 합딘다. ㈜-습딘다.

ㅂ'벗어난끝바꿈[비읍뻐서-끝빠-][명] ☞ ㅂ 불규칙 활용.

ㅂ'변:칙'활용(-變則活用)[비음뺜치콰룡][명] ☞ ㅂ 불규칙 활용.

ㅂ'불규칙'용:언(-不規則用言)[비읍뿔-칭농-][명] ㅂ 불규칙 활용을 하는 용언. ('곱다→고와, 돕다→도와, 눕다→누워, 덥다→더워' 따위.)

ㅂ'불규칙'활용(-不規則活用)[비읍뿔-치콰룡][명] 어간 끝음절의 받침 'ㅂ'이 모음으로 시작되는 어미 앞에서 '오(우)'로 바뀌는 불규칙 활용. ('돕다→도와, 덥다→더워' 따위.) ㅂ 벗어난끝바꿈. ㅂ 변칙 활용.

-ㅂ쇼[-쏘][어미] ⟨-ㅂ시오⟩의 준말. [-ㅂ시오'보다 높임의 뜻이 덜함.) ¶-어서 옵쇼. /편히 주무십쇼. /안녕합쇼.

-ㅂ시다[-씨-][어미] 모음이나 'ㄹ'로 끝난 동사 어간이나 높임의 '-시-'에 붙어, 어떤 행동을 함께 하자고 이끄는 뜻을 나타내는, 하오체의 종결 어미. ¶조용히 합시다. /함께 가십시다. ㈜-읍시다.

-ㅂ시오[-씨-][어미] 모음으로 끝난 동사 어간이나 높임의 '-시-'에 붙어, 손윗사람에게 권하거나 소망의 뜻을 나타내는, 합쇼체의 종결 어미. ¶돌아오십시오. /부디 건강하십시오. /안녕히 계십시오. ㈜-ㅂ쇼.

바[명] ⟨참바⟩의 준말.

바[명] 서양 음악의 칠음 체계에서, 네 번째 음이름. 계이름 '파'와 같음.

바[의] (관형사형 뒤에 쓰이어) ①앞에서 말한 내용이나 일 따위를 나타냄. ¶평소에 느낀 바를 적어라. ②'일의 방법'의 뜻을 나타냄. ¶어찌할 바를 모르다. ③'어차피 그리된 일이나 형편'의 뜻을 나타냄. ¶어차피 벌을 받을 바에는 먼저 받겠다.

바:(bar)[1][명] ①악보(樂譜)의 마디, 또는 마디로 나누는 세로줄. ②높이뛰기 등에서, 높이를 나타내기 위해 걸쳐 놓는 가로 막대.

바:(bar)[2][명] 카운터가 있으며, 주로 양주를 파는 서양식 술집.

바:(bar)[3][의] ①압력의 단위. ②기상학에서, 기압을 나타내는 단위. (밀리바 따위.)

바가지[명] ①박을 타서 만든 그릇. ②〖의존 명사적 용법〗박을 타서 만든 그릇에 액체·가루·곡물 따위를 담아 분량을 세는 단위. ¶쌀 두 바가지. /물 한 바가지. ③아내가 남편에게 늘어놓는 불평이나 불만의 말.

바가지(를) 긁다[관용] (가정생활의 일로) 아내가 남편에게 불평이나 불만의 말을 늘어놓다.

바가지(를) 쓰다[관용] (남의 속임수에 걸리어) 부당하게 많은 대금을 치르거나 도맡아 책임을 지게 되다.

바가지(를) 씌우다[관용] ①(남을 속이어) 부당하게 많은 대금을 받아 내다. ②어떤 일의 책임을 남에게 덮어씌우다.

바가지(를) 차다[관용] ☞쪽박(을) 차다.

-바가지[접미] 〖일부 명사 뒤에 붙어〗 '비하'의 뜻을 더하는 말. ¶고생바가지. /주책바가지.

바가지-요금(-料金)[명] 실제보다 터무니없이 비싼 요금.

바텔(bagatelle 프)[명] ['소품(小品)'이라는 뜻으로) 가벼운 피아노 소곡(小曲)을 이르는 말.

바각[부][자타] 마른 호두와 같이 작고 단단한 물건이 서로 맞닿아서 가볍게 문질러질 때 나는 소리. ㈜버각. ㈛빠각. 바각-바각[부][자타]

바각-거리다[자타] -꺼-][자타] 자꾸 바각바각하다. 바각대다. ¶천장에서 쥐가 바각거리다. ㈜버걱거리다. ㈛빠각거리다.

바각-대다[-때-][자타] 바각거리다.

바:걸(bar-girl)圆 바에서 손을 접대하는 여자. 호스티스.

바게트(baguette 프)圆 막대기 모양의 기다란 프랑스 빵.

바:겐세일(bargain-sale)圆 기간을 정하여 상품을 특별히 정가보다 싼값으로 파는 일. 특매(特賣). ¶ 바겐세일 기간 중이라 백화점은 사람들로 붐볐다.

바고니圆(옛) 바구니. ¶ 바고니 단:篝(訓蒙中11).

바곳[-곧]圆 옆에 손잡이 자루가 달린 길쭉한 송곳의 한 가지. *바곳이[-고시]·바곳만[-곤]

바구니圆 대오리나 싸리로 둥글고 속이 깊게 결어 만든 그릇.

바:구미圆 바구밋과의 곤충을 통틀어 이르는 말. 강미.

바:구밋-과(-科)[-미꽈/-믿꽈]圆 곤충강 딱정벌레목의 한 과. 몸길이는 4 mm가량이며, 몸빛은 갈색 또는 흑갈색임. 부리는 가늘고 길며 아래로 굽어 있음. 유충은 쌀·보리·옥수수 따위의 해충임.

바그르르闬函 ①적은 양의 액체가 넓게 퍼지면서 끓어오르는 모양, 또는 그 소리. ②잔거품이 한꺼번에 많이 일어나는 모양, 또는 그 소리. 图버그르르. 圈빠그르르.

바글-거리다函 자꾸 바글바글하다. 바글대다. 图버글거리다. 圈빠글거리다.

바글-대다函 바글거리다.

바글-바글闬函 ①적은 양의 액체가 자꾸 끓어오르는 모양, 또는 그 소리. ¶ 된장찌개가 바글바글 끓고 있다. ②잔거품 따위가 자꾸 일어나는 모양. ③살아 움직이는 것이 한군데 많이 모여 오글거리는 모양. ¶ 바퀴벌레가 찬장에 바글바글하다. 图버글버글. 圈빠글빠글. 蛔보글보글.

-바기圈 '-배기'의 잘못.

바깥[-깓]圆 ①('안'에 대하여) 밖이 되는 곳. 밖. ¶ 바깥 경치를 바라보다. ②한데. ¶ 바깥에서 동생을 기다리다. ③'바깥주인'을 달리 이르는 말. ¶ 바깥에서 하는 일이라 저는 모릅니다. *바깥이[-까치]·바깥을[-까틀]·바깥만[-깐-]

바깥-공기(-空氣)[-깓꽁-]圆 ①외부 세계의 움직임이나 분위기'를 비유하여 이르는 말. ¶ 바깥공기를 살피다. /바깥공기가 심상찮다.

바깥-나들이[-깓-]圆函 나들이.

바깥-날[-깐-]圆 ①(집 안에서) 바깥의 날씨를 이르는 말. ¶ 바깥날이 음산하다.

바깥-뜰[-깐-]圆 바깥채에 딸린 뜰. ↔안뜰.

바깥-마당[-깐-]圆 대문 밖에 있는 마당. ↔안마당.

바깥-목(-目)[-깐-]圆 기둥 같은 것의 바깥쪽.

바깥-문(-門)[-깐-]圆 ①바깥채에 딸린 문. ②겹 문의 바깥쪽에 달린 문. 외문(外門). ↔안문.

바깥-바람[-깓빠-]圆 ①다른 지방이나 다른 나라의 기운이나 흐름. ¶ 바깥바람을 쐬다. ②바깥의 공기, 또는 바람. ¶ 바깥바람이 차다.

바깥-반상(-飯床)[-깓빤-]圆 임금에게 올리던 수라상. ↔안반상.

바깥-방(-房)[-깐빵]圆 바깥채에 딸린 방. ↔안방.

바깥-벽(-壁)[-깐뼉]圆 (물건의) 바깥쪽의 벽. 밭벽. 외벽(外壁). ↔안벽.

바깥-부모(-父母)[-깓뿌-]圆 '아버지'를 달리 일컫는 말. 바깥어버이. 밭부모. ↔안부모.

바깥-사돈(-査頓)[-깓싸-]圆 부부의 '친아버지'를 양편 사돈집에서 서로 일컫는 말. 밭사돈. ↔안사돈.

바깥-사람[-깓싸-]圆 자기의 '남편'을 예사롭게 또는 낮추어 이르는 말. ↔안사람.

바깥-상제(-喪制)[-깓쌍-]圆 남자 상제. 밭상제. ↔안상제.

바깥-소문(-所聞)[-깓쏘-]圆 ①밖에서 들려오는 소문. ②항간에 떠도는 소문. 외문(外聞).

바깥-소식(-消息)[-깓쏘-]圆 ①밖에서 전해오는 소식. ②밖에서 일어나는 일들의 형편이나 상태. ¶ 집에만 있어서 바깥소식에는 감감하다.

바깥-손님[-깓쏜-]圆 남자 손님. ↔안손님.

바깥-식구(-食口)[-깓씩꾸]圆 (한 집안의) 남자 식구. ↔안식구.

바깥-심부름[-깓씸-]圆函 ①바깥주인이 시키는 심부름. ②바깥일에 관한 심부름. ↔안심부름.

바깥-애[-까대]圆 (지난날) ①여자 하인이 상전에게 자기의 남편을 일컫던 말. ②상전이 여자 하인의 남편을 가리켜 일컫던 말.

바깥-양반(-兩班)[-깐냥-]圆 ①(그 집의) 바깥주인을 높이어 이르는 말. ¶ 바깥양반 안에 계신가요? ↔안양반. ②남에게 자기 '남편'을 달리 이르는 말. ¶ 바깥양반은 출타 중입니다.

바깥-어른[-까더-]圆 〈바깥주인〉의 높임말.

바깥-어버이[-까더-]圆 바깥부모. 밭어버이. ↔안어버이.

바깥-옷[-까돋]圆 ①바깥식구의 옷. ↔안옷. ②바깥출입을 할 때 입는 옷. *바깥옷이[-까도시]·바깥옷만[-까돈-]

바깥-일[-깐닐]圆 ①집 밖에서 하는 일. ¶ 늦도록 바깥일을 하다. ②집안 살림 이외의 일. ¶ 종일 바깥일만 보다. ↔안일. ③집 밖에서 일어나는 일.

바깥-주인(-主人)[-깐쭈-]圆 남자 주인. 밭주인. 蛔바깥어른. ↔안주인.

바깥-지름[-깐찌-]圆 관(管) 따위의, 바깥 쪽으로 잰 지름. 외경(外徑). ↔안지름.

바깥-짝[-깐-]圆 ①일정한 거리에서 더 벗어난 범위. ②한시(漢詩)에서, 대구(對句)를 이루는 두 짝 중 뒤에 있는 짝. ③두 짝으로 된 것의 바깥에 있는 짝. ↔안짝.

바깥-쪽[-깐-]圆 ①밖으로 향한 쪽. ¶ 바깥쪽으로 한 걸음 물러서다. ②밖으로 드러난 부분. ¶ 바깥쪽에는 그림으로 치장하다. 밭쪽. ↔안쪽.

바깥-채[-깐-]圆 (안과 밖의 두 채로 이루어진 집에서) 바깥쪽에 있는 집채. ↔안채.

바깥-출입(-出入)[-깐-]圆函 바깥에 나다니는 일. ¶ 바깥출입을 삼가다. /오랜만에 바깥출입을 하다.

바깥-치수(-數)[-깐-]圆 (기둥·관 따위의) 바깥쪽으로 잰 길이. ↔안치수.

바께쓰(バケツ일.←bucket)圆 '양동이'로 순화.

바-꽃[-꼳]圆 미나리아재빗과의 다년초. 줄기 높이 1 m가량. 잎은 손바닥 모양이며, 늦여름에 투구 모양의 청자색 꽃이 핌. 덩이뿌리는 '부자(附子)'라 하는데, 독이 있으며 한약재로 쓰임. 쌍간국(雙艦菊). 오두(烏頭). *바꽃이[-꼬치]·바꽃만[-꼰-]

바꾸다匣 ①어떤 물건을 주고 그 대신 다른 물건을 받다. ¶ 원화를 달러로 바꾸다. /빈 병을 모아 엿으로 바꿔 먹었다. ②본디의 상태나 질을 다른 상태로 또는 다른 것으로 만들다. ¶ 설계를 바꾸다. /머리 모양을 바꾸다. ③이제까지의 것을 버리고 다른 것으로 것 같다. ¶ 담당자를 바꾸다. /옷을 바꿔 입고 나오다. ④본디 있던 곳에서 다른 곳으로 옮기다. ¶ 자리를 바꾸다. ⑤피륙이나 쌀을 사다. ¶ 무명 한 필을 바꾸어 이불을 꾸미다.

바꾸-이다[자] 『'바꾸다'의 피동』 서로 바꾸어지다. ⑥바뀌다.

바꿈-질[명][하타] 물건과 물건을 바꾸는 짓.

바뀌다[자] 〈바꾸이다〉의 준말. ¶ 그 사이에 실무 책임자가 바뀌었더군.

바끄러움[명] 바끄러운 마음(느낌). ⑥바끄럼. ⑩부끄러움.

바끄러워-하다[자타여] 바끄러운 태도를 나타내다. 바끄럽게 생각하다. ⑩부끄러워하다.

바끄러이[부] ①일을 잘못하거나 양심에 거리끼어, 남을 대할 면목이 없거나 떳떳하지 못하게. ②스스러움을 느끼어 수줍게. ⑩부끄러이.

바끄럼[명] 〈바끄러움〉의 준말. ⑩부끄럼.

바끄럽다[―따][바끄러우니·바끄러워][형ㅂ] ①양심에 거리끼어 남을 대할 낯이 없다. ②수줍은 느낌이 있다. ⑩부끄럽다.

바나나(banana)[명] ①파초과의 상록 다년초. 열대나 아열대 지방에서 과수로 재배되는데, 품종이 많음. 높이는 3～10 m, 넓고 긴 잎은 파초와 비슷함. 여름부터 가을에 걸쳐 굵은 꽃줄기에 담황색 꽃이 피며, 길고 둥근 열매는 누른빛으로 익는데, 씨가 없고 향기가 있음. ②바나나의 열매. 감초(甘蕉).

바나듐(vanadium)[명] 금속 원소의 한 가지. 퇴적암이나 석탄의 회분 속에 들어 있으며 진한 회색임. 합금 재료나 촉매 등으로 쓰임. 〔V/23/50.9414〕

바나위다[형] 사람됨이 어수룩한 맛이 없이 매우 인색하다.

바늘-실[명] 바늘과 실.

바느-질[명][하타] 바느실로 옷 따위를 짓거나 꿰매거나 하는 일. ¶ 바느질 솜씨가 좋다.

바느질-값[―깝][명] 바느질삯. * 바느질값이[―깝씨]·바느질값만[―깜―]

바느질-고리[―꼬―][명] (바늘·실·가위 따위) 바느질에 쓰이는 물건들을 담아 두는 그릇. ⑥반짇고리.

바느질-삯[―싹][명] 바느질해 주고 받는 품삯. 바느질값. * 바느질삯이[―싹씨]·바느질삯만[―쌍―]

바느질-실[―씰][명] 바느질에 쓰는 실.

바느질-자[―짜][명] 바느질할 때에 쓰는 자. 포백척.

바느질-품[명] 생활 수단으로서 하는 삯바느질. ¶ 바느질품으로 생계를 삼다.

바느질할-치(―齒)[명] 한자 부수의 한 가지. '齨'·'齫' 등에서의 '齒'의 이름.

바늘[명] ①한끝이 뾰족한, 가늘고 긴 물건을 통틀어 이르는 말. 〔시침바늘·주삿바늘·낚싯바늘 따위.〕②옷 따위를 짓거나 기울 때 쓰이는, 끝이 뾰족하고 가늘고 긴 강철로 된 용구. ③뜨개질할 때에 실을 뜨는 용구. ④시계·나침반·계기 따위의 숫자나 눈금을 가리키는 것.

바늘 가는 데 실 간다[속담] '으레 따르게 되어 있는 두 사람이나 사물의 밀접한 관계'를 이르는 말.

바늘 도둑이 소도둑 된다[속담] 작은 도둑이라도 진작 그것을 고치지 않으면 장차 큰 도둑이 된다는 말.

바늘로 찔러도 피 한 방울 안 난다[속담] ①'사람

의 생김새가 단단하고 야무지게 보임'을 이르는 말. ②'사람의 성격이 빈틈이 없거나 매우 인색함'을 이르는 말.

바늘-겨레[명] 바늘을 꽂아 두는 물건. 속에다 솜이나 머리털 같은 것을 넣고 헝겊 조각을 씌워 만듦. 바늘방석.

바늘-구멍[―꾸―][명] ①바늘로 뚫은 구멍. ②'겨우 바늘이나 들어갈 만한 작은 구멍'을 비유하여 이르는 말. ¶ 시험에 합격하기가 낙타가 바늘구멍 통과하기보다 어렵다. ③바늘귀.

바늘구멍으로 하늘 보기[속담] (사물의 전체를 보지 못하는) '시야가 좁은 관찰 태도'를 비유하여 이르는 말.

바늘구멍으로 황소바람 들어온다〔추운 겨울철에는 벽이나 문에 조그만 틈만 있어도 찬바람이 제법 세게 들어온다는 뜻으로〕'작은 것이라도 때에 따라서는 소홀히 해서는 안 됨'을 이르는 말.

바늘-귀[―뀌][명] 실을 꿸 수 있도록 바늘 머리에 뚫어 놓은 구멍. 바늘구멍.

바늘-꽃[―꼳][명] 바늘꽃과의 다년초. 습지에 절로 나는데, 잎은 넓은 버들잎 모양이고 무딘 톱니가 있음. 여름에 붉은 자줏빛 꽃이 핌. 민간에서 전초(全草)를 말리어 바늘꽃이라 하여 약으로 씀. * 바늘꽃이[―꼬치]·바늘꽃만[―꼰―]

바늘-대[―때][명] 돗자리나 가마니를 칠 때 날 속으로 씨를 먹이는 막대기 모양의 도구.

바늘-땀[명] 바느질에서 바늘로 한 번 뜬 눈, 또는 그 길이.

바늘-밥[―빱][명] 바느질할 때에 생기는, 더 쓸 수 없을 만큼 짧게 된 실의 동강.

바늘-방석(―方席)[명] ①바늘을 꽂아 두는 물건. 바늘겨레. ②'그대로 있기가 몹시 거북하고 불안한 자리'를 비유하여 이르는 말.

바늘방석에 앉은 것 같다[관용] '그 자리에 있기가 몹시 거북하고 불안스러움'을 비유하여 이르는 말.

바늘^세:포(―細胞)[명] ⇨자세포(刺細胞).

바늘-쌈[명] 바늘 스물네 개를 은박지 따위로 납작하게 싼 것.

바늘-허리[명] 바늘의 중간 부분. ¶ 아무리 바빠도 바늘허리에 실 묶어서 못 쓴다.

바니시(varnish)[명] 도료(塗料)의 한 가지. 수지(樹脂) 따위를 녹여 만든 투명·반투명의 액체로, 바르면 윤기가 남. 니스.

바닐라(vanilla)[명] 난초과의 다년생 만초. 길둥근 잎이 줄기 끝에 어긋맞게 나고 황록색 꽃이 핌. 오이처럼 생긴 열매를 발효시켜 바닐린을 만듦.

바닐린(vanillin)[명] 합성 향료의 한 가지. 덜 익은 바닐라 열매를 발효하여 만든 무색(無色)의 결정. 과자·빵·담배·화장품 등의 향료로 널리 쓰임.

바눌[옛] 바늘. ¶ 바눌 아니 마치시면(龍歌52章). /바눌 침: 鍼(訓蒙中14).

바다[명] ①지구 상에서, 육지 이외의 부분으로 소금물이 괴어 있는 곳. 지구 표면적의 약 4분의 3을 차지하며, 3억 6천만 ㎢에 이름. 해양. ②'일대에 널리 펼쳐져 있음'을 비유하여 이르는 말. ¶ 들판은 온통 유채의 바다다. ③달이나 화성 표면의 어둡게 보이는 부분. ¶ 고요의 바다.

바다는 메워도 사람의 욕심은 못 채운다[속담] '사람의 욕심은 끝이 없음'을 이르는 말.

바다가다[타] [옛] 밟아 가다. ¶ 도지기 자처 바다가아(月釋1:6).

바다-가마우지[명] 가마우짓과의 바다 철새. 크기는 까마귀만 하며, 몸빛은 녹색을 띤 흑색임. 해안의 낭떠러지나 암초 등에 둥지를 틀고 번식을 하며, 난바다의 물고기를 잡아먹고 삶.

바다-거북[명] 바다거북과의 하나. 등딱지의 길이 1 m가량. 등딱지는 심장 모양으로 푸른빛임. 몸집이 크며, 네발이 지느러미처럼 생겨서 헤엄치기에 알맞음. 바다에서 물고기나 바닷말을 먹고 사는데, 산란 때 해안의 모래땅에 올라와 구덩이 속에 100~200개의 알을 낳음. 태평양과 인도양의 열대와 아열대 해역에 널리 분포함. 푸른거북.

바다-낚시[-낙씨][명] 바다에서 물고기를 낚는 일. ㉪민물낚시.

바다디니다[타] 〈옛〉받들어 가지다. ¶이 바다디니논 相이라(圓覺下三之二79).

바다-뱀[명] ①바다에 사는 뱀을 통틀어 이르는 말. ②바다뱀과의 바닷물고기. 뱀장어와 비슷하게 생겼는데, 몸길이는 150 cm가량임. 몸빛은 등 쪽이 회갈색이고 배는 은백색이며 송곳니가 억셈. 물뱀.

바다-사자(-獅子)[명] 물갯과의 동물. 물개와 비슷하나 몸집이 훨씬 큼. 몸빛은 엷은 적갈색. 우는 소리가 사자와 비슷함. 북태평양에 많이 삶.

바다-색(-色)[명] 파랑과 청록의 중간색.

바다-제비[명] 슴새과의 새. 참새만 하며 몸빛은 암갈색에 허리는 백색임. 날개와 꽁지 끝이 제비와 비슷함. 발가락 사이에 물갈퀴가 있고 부리는 갈퀴 모양으로 꼬부라져 있음. 해변에서 물고기를 잡아먹고 사는 여름새임. 둥지는 식용함. 해연(海燕).

바다-코끼리[명] 바다코끼릿과의 바다짐승. 몸길이 3.5 m, 몸무게 3 t가량. 해마(海馬)와 비슷하나 귓바퀴가 없고 코가 코끼리 모양으로 20 cm가량 늘어져 있음. 새우·오징어·물고기 등을 잡아먹으며, 북양(北洋)이나 미국의 캘리포니아 연안에서 번식함. 해마(海馬). 해상(海象).

바다-표범(-豹)[명] 물범과의 동물. 생김새는 물개와 비슷하나 귓바퀴가 없음. 몸길이는 1.5~2 m로, 몸빛은 회색이며 등에 작은 검은 점이 있음. 네발은 지느러미 모양이며 뭍에서는 기어 다님. 해표(海豹).

바닥[명] ①물체의 거죽을 이룬 부분. ¶반드르르한 마루의 바닥. /울퉁불퉁한 바닥을 흙손으로 고르다. ②밑창. 저면(底面). ¶연못의 바닥이 드러나다. /숟가락으로 밥그릇의 바닥을 긁는다. ③피륙 따위의 짜임새. ¶바닥이 고운 모시. ④다 썼거나 없어져서 수량이 다한 상태. ¶양식이 바닥이 나다. ⑤지역이나 일대를 뜻함. ¶항구 바닥에서 이름난 장사(壯士).

바닥(을) 긁다[관용] 경제적으로 최저 생활을 하다. 계급의 최하층을 맴돌다.

바닥(을) 보다[관용] (일을 다 하거나 돈이나 물건을 다 써 없애어서) 끝장을 보다.

바닥(을) 짚다[관용] 광산 등에서, 땅의 바닥 쪽으로 향하여 파 가다.

바닥(을) 치다[관용] 시세 따위가 하한가에 이르다. ¶주가가 바닥을 치다.

바닥(이) 드러나다[관용] 겉으로 나타나지 않았던 본색이 드러나다. ¶하루도 못 가서 흉계의 바닥이 드러난다.

바닥-걸레질[-걸-][명][하자] 논바닥이 울퉁불퉁하여 물이 고루 퍼지지 않을 때, 높은 데의 흙을 낮은 데로 끌어 내려 편평하게 하는 일.

바닥-권(-圈)[-꿘][명] (성적이나 시세 따위가) 더 이상 내려가기 어려울 만큼 낮은 상태에 속하는 범위. ¶주가가 바닥권을 맴돌다.

바닥-나다[-땅-][자] ①(돈·물건 따위를) 다 써서 없어지게 되다. ¶밑천이 바닥나다. ②(신바닥 따위가) 해져서 구멍이 나다. ¶바닥난 고무신.

바닥-내다[-땅-][타] 일정한 분량의 것을 다 써 버리다. 모두 없애다.

바닥-세(-勢)[-쎄][명] (인기나 시세 따위가) 더 이상 내려가기 어려울 만큼 낮은 상태에 있는 상황. ¶주가가 바닥세에 머물러 있다.

바닥-쇠[-쐬/-쒜][명] ①'벼슬이 없는 양반'을 속되게 일컫던 말. ②그 지방에 오래전부터 사는 사람. ㉪본토박이.

바닥-자[-짜][명] 물체의 기울기나 바닥의 높낮이를 살피는 데 쓰는 자.

바닥-재(-材)[-째][명] 건물의 바닥에 쓰는 건축 재료.

바닥-짐[-찜][명] 선체(船體)의 안정을 유지하기 위하여, 배의 바닥에 싣는 물이나 모래·흙 따위의 중량 화물. 밸러스트.

바닥-칠(-漆)[명] 여러 겹으로 바르는 칠에서 맨 먼저 바르는 칠.

바-단조(-短調)[-쪼][명] '바' 음을 으뜸음으로 하는 단조.

바닷-가[-따까/-닫까][명] 바닷물과 땅이 서로 닿는 곳, 또는 그 근처의 땅. 해변. 해안.

바닷-개[-따깨/-닫깨][명] 물개. 해구(海狗).

바닷-게[-따께/-닫께][명] 바다에서 사는 게를 통틀어 이르는 말.

바닷-고기[-따꼬-/-닫꼬-][명] 바닷물고기.

바닷-길[-따낄/-닫낄][명] 바다에서 배가 다니는 일정한 물길. 해로(海路).

바닷-말[-딴-][명] 바다에서 나는 조류(藻類)를 통틀어 이르는 말. 해조(海藻).

바닷-모래[-단-][명] 바다에서 나는 모래. 해사.

바닷-물[-단-][명] 바다의 짠물. 해수(海水). 해조(海潮). ↔민물.

바닷-물고기[-단-꼬-][명] 바다에서 사는 물고기. 짠물고기. 해어(海魚). 바닷고기. ↔민물고기.

바닷물-조개[-단-][명] 바다에서 사는 조개. ㉫바닷조개.

바닷-바람[-따빠-/-닫빠-][명] (낮 동안) 바다에서 뭍으로 부는 바람. 갯바람. 해풍. ↔뭍바람.

바닷-사람[-따싸-/-닫싸-][명] 배를 타고 바다에 나가 일하는 사람.

바닷-새[-따쌔/-닫쌔][명] 바다에서 사는 새를 두루 이르는 말. 해조(海鳥).

바닷-조개[-따쪼-/-닫쪼-][명] 〈바닷물조개〉의 준말.

바당[명] 〈옛〉바닥. ¶밠바당·솑바당.

바대[명] ①홑적삼이나 고의의 잘 해지는 부분에 안으로 덧대는 헝겊 조각. ②바탕의 품.

바독[명] 〈옛〉바둑. ¶바독 긔:棋(訓蒙中19).

바동-거리다[자타] 자꾸 바동바동하다. 바동대다. ¶다리를 바동거리며 떼를 쓴다. ㉫버둥거리다·버동거리다.

바동-대다[자타] 바동거리다.

바동-바동[부][하타] ①(자빠지거나 주저앉거나 매달려서) 팔과 다리를 내저으며 몸을 자꾸 움직이는 모양. ②[하자]괴로운 처지에서 벗어나려고 애를 쓰는 모양. ㉫버둥바둥·버둥버둥.

바둑[명] ①가로세로 각 열아홉 줄을 그어 361개의 교차점을 이루고 있는 반 위에, 두 사람이 흰 돌과 검은 돌을 번갈아 두어서 에워싼 집의

크기로 승부를 겨루는 놀이. 혁기(奕棋). ②〈바
둑돌〉의 준말.
바둑-강아지[-깡-]명 털에 검은 점과 흰 점이
뒤섞여 있는 강아지.
바둑-돌[-똘]명 바둑을 두는 데 쓰는 돌.〔검은
돌과 흰 돌이 있음.〕기자(棋子). 기석. 바둑
알. ㉳돌·바둑.
바둑-말[-뚱-]명 털에 검은 점과 흰 점이 바둑
무늬처럼 뒤섞여 있는 말.
바둑-머리[-뚱-]명 어린아이의 머리털을 조금
씩 모숨을 지어 여러 갈래로 땋은 머리.
바둑-무늬[-뚱-늬]명 두 가지 빛깔의 점이 알
록알록 엇바뀌어 놓인 무늬. 바둑문.
바둑-문(-紋)[-뚱-]명 바둑무늬.
바둑-쇠[-쐬/-쒜]명 마고자에 다는 바둑돌 모
양의 단추.
바둑-알명 바둑돌.
바둑-은(-銀)명 은으로 바둑돌만 하게 만들어
쓰던 옛날 돈.
바둑-이명 털에 검은 점과 흰 점이 바둑무늬처
럼 뒤섞여 있는 개.
바둑-점(-點)[-쩜]명 바둑돌과 같이 동글동글
한 점.
바둑-판(-板)명 바둑을 두는 데 쓰는 네모진
판. 가로세로 각각 열아홉 줄이 그어져 있음.
기국(棋局). 기반(棋盤).
바둑판-연(-板鳶)[-년]명 연의 한 가지. 바둑
판처럼 가로세로 줄을 긋고, 한 칸씩 건너 먹
칠을 한 연.
바둥-거리다자 〈바둥거리다〉의 큰말. 바둥대다.
바둥-대다자타 바둥거리다.
바둥-바둥부(하)자타〈바둥바둥〉의 큰말.
바드득부(하)자타 단단하거나 반들반들하고 질긴
물건을 마주 비비거나 갈 때에 나는 조금 무거
진 소리. ¶이를 바드득 갈다. ㈜부드득. ㈜빠
드득. ㈜보드득. **바드득-바드득**부(하)자타.
바드득-거리다[-꺼-]자타 자꾸 바드득바드득
하다. 바드득대다. ㈜부드득거리다. ㈜빠드득
거리다.
바드득-대다[-때-]자타 바드득거리다.
바드름-하다형어 밖으로 약간 벋은 듯하다.
¶앞니가 약간 바드름하다. ㉳바듬하다. ㈜버
드름하다. **바드름-히**부.
바득-바득[-빠-]부 ①굳이 우기는 모양. ¶자
기 말이 옳다고 바득바득 우기다. ②끈지게 조
르는 모양. ¶장난감을 사 달라고 바득바득 조
르다. ③악착스레 애쓰는 모양. ¶혼자의 힘
으로 이루려고 바득바득 애쓴다. ㈜부득부득.
㈜빠득빠득.
바들-거리다자타 자꾸 바들바들하다. 바들대다.
㈜부들거리다.
바들-대다자타 바들거리다.
바들-바들부(하)자타 (춥거나 두렵거나 하여) 크
게 드러나지 않게 몸을 떠는 모양. ¶두려워서
몸을 바들바들 떨다. ㈜부들부들.
바듬-하다형어〈바드름하다〉의 준말. ㈜버듬하
다. **바듬-히**부.
바듯-하다[-드타-]형어 ①꼭 맞아서 빈틈이 없
다. ¶구두가 발에 바듯하다. ㈜바뜻하다. ②어
떤 정도나 시간에 간신히 미치다. ¶먹고 살
기에도 바듯하다. /예산이 바듯하다. /3시까지
거기에 도착하기에는 시간이 조금 바듯하다.
㈜바뜻하다. **바듯-이**부.
바디명 베틀이나 자리틀 따위에 딸린 기구의 한
가지. 날을 고르며 씨를 치는 구실을 함.

바디-나물명 산형과의 다년초. 산이나 들의 습
지에 나는데, 줄기 높이는 80~150 cm. 잎은
잎자루가 길고 깃 모양으로 갈라지며, 여름에
자줏빛 꽃이 핌. 어린잎은 나물로 먹고, 뿌리
는 한방에서 '전호(前胡)'라 하여 기침·담(痰)
등에 약재로 씀.
바디-질하자 베나 가마니 따위를 짤 때 바디
로 씨를 치는 일.
바디-집명 바디를 끼우는 테. 바디틀.
바디집-비녀[-삐-]명 바디집 두 짝의 머리를
잡아 꿰는 쇠나 나무.
바디-치다자 바디질을 하다.
바디-틀명 ☞바디집.
바드라옴형〔옛〕〔'바드랍다'의 명사형〕위태로
움. ¶장촛 늘구매 艱難ᄒᆞ야 바드라오믈 맛났
도다〔杜重2:54〕.
바드랍다형(ㅂ)〔옛〕위태롭다. ¶便安ᄒᆞ야 바드랍
디 아니호시며〔月釋2:5〕.
바따라-지다형 음식의 국물이 바특하고 맛이
있다.
바:라명〈파루(罷漏)〉의 변한말. ¶지금은 문을
닫았으니, 바라 치거든 가사이다〔烈女春香守
節歌〕.
바:라(←哱囉·鈸鑼)명 ①☞나각. ②〈자바라(啫
哱囉)〉의 준말.
바라타〔옛〕〔'바라다'의 활용형〕걸따라. ¶실에롤
바라 書帙을 ᄀᆞᆮ기〔杜初7:6〕.
바:라기명 음식을 담는 조그마한 사기그릇. 크
기는 보시기만 한데 입이 좀 더 벌어졌음.
바라다타 생각한 대로 이루어지기를 원하다. 기
대하다. ¶조국의 통일을 바라다. /돈을 바라고
한 일이 아니다.
바라다-보다타 바라보다. ¶엄마는 밖에서 노는
아이들을 물끄러미 바라다보았다.
바라문(←婆羅門].Brahman 범)명 ①☞브라만.
②〈바라문교〉의 준말.
바라문-교(←婆羅門敎)명 고대 인도에서 바라
문 계급을 중심으로 발달한 종교. 인도교(印度
敎). ㈜바라문.
바라문-천(←婆羅門天)명 ☞범천왕(梵天王).
바라밀(←波羅蜜)명〈바라밀다〉의 준말.
바라밀다(←波羅蜜多.paramita 범)[-따]〔불
교에서, 차안(此岸)에서〕열반의 피안(彼岸)으
로 간다는 뜻으로〕'보살의 수행'을 이르는
말. ㈜바라밀.
바라-보다타 ①대상을 바로 향하여 보다. ¶말
없이 상대편의 얼굴만 바라보다. ②현상이나
사태를 자신의 시각으로 관찰하다. ¶세상을
바라보는 눈. ③실현 가능성이 있는 일에 기대
나 희망을 가지다. ¶우승을 바라보다. /노모는
아들이 성공하기를 바라보고 살아왔다. ④어떤
나이에 이를 날을 가까이 두고 있다. ¶나이
70을 바라보다. 바라다보다.
바라보-이다자 〔'바라보다'의 피동〕멀리서 눈
에 띄다. ¶멀리 설악산이 바라보이다.
바:라-수(←哱囉手)명〈자바라수〉의 준말.
바라지¹명 (햇빛이 들도록) 바람벽 위쪽에 낸
자그마한 창. 들창. 바라지창.
바라지²명〔일부 명사와 함께 쓰이어〕①온
갖 일을 돌보아 주는 일. ¶남편 바라지에 온
정성을 쏟다. ②입을 것, 먹을 것 따위를 대어
주는 일. ¶수발. ㈜하숙 바라지.
바라지³명 절에서 영혼을 위하여 시식(施食)할
때에 경문(經文)을 받아 읽거나 시식을 거들어
주는 사람.

바:라-지다 Ⅰ제 ①맞닿아 있거나 오므라져 있던 것이 갈라져서 틈이 생기다. ¶밤송이가 바라지다. ②사람의 사이가 버성기게 되다. ③(사람의 몸이나 식물의 가지 따위가) 옆으로 퍼지거나 벋게 되다. ¶가지가 바라지다. /키는 크지 않고 옆으로만 바라지다. ⑤벌어지다.
Ⅱ형 ①(작은 키에) 어깨와 가슴통이 넓다. ¶딱 바라진 어깨. ②(그릇이) 속은 얕고 위가 바듬하다. ¶바라진 사발. ③마음이 옹졸깊지 못하다. ¶이해심이라곤 하나도 없는 바라진 녀석…. ④말이나 행동이 나이에 비하여 지나치게 야무지다. ¶아직 어린 녀석이 좀 바라진 데가 있어.

바라지-창(-窓)몡 ☞바라지.

바:라-춤(←哱囉-)몡 부처에게 재(齋)를 지낼 때, 바라를 울리고 천수다라니(千手陀羅尼)를 외면서 추는 춤.

바라크(baraque 프)몡 ①임시로 지은 허술한 집. 가건물. ②군대의 막사(幕舍).

바락閉 성이 나서 갑자기 기를 쓰거나 소리를 지르는 모양. ¶바락 성을 내다. 閉버럭. **바락-바락**閉 바락바락 대들다. /바락바락 소리를 지르다.

바람[몡 ①기압의 변화로 일어나는 대기의 흐름. ¶바람이 일다. /바람이 불다. ②어떤 기구를 써서 일으키는 공기의 흐름. ¶선풍기 바람이 너무 세다. ③(공이나 타이어 따위에 들어 있는) 공기. ¶바람이 새다. /바람이 빠진 축구공. ④(어떤 대상이나 이성에) 마음이 끌리어 들뜬 상태. ¶바람이 나다. /바람을 피우다. ⑤'풍병(風病)'을 속되게 이르는 말. ¶바람을 다스리다. /바람이 도지다. ⑥지나치게 부풀려 하는 말이나 행동. ¶제발 바람 좀 작작 불어라. ⑦사회적으로 널리 퍼지고 있는 일시적인 유행. ¶민주화 바람. /자유화 바람. /투기 바람이 불다. /교육계에 새 바람이 일다. ⑧매우 빠름을 이르는 말. 《주로, '바람같이'·'바람처럼'의 꼴로 쓰임.》¶바람처럼 사라지다.

바람 부는 날 가루 팔러 가듯[속담] '하필 조건이 좋지 않은 때에 일을 시작함'을 이르는 말.

바람 부는 대로 살다[속담] 뚜렷한 주관이 없이 그때그때의 형편에 따라 살다.

바람 앞의 등불[속담] '생명이나 어떠한 일이 매우 위태로운 상태에 있음'을 이르는 말.

바람이 불어야 배가 가지[속담] 모든 조건이 잘 갖추어져야 일이 제대로 이루어짐을 뜻하는 말.

바람(을) 넣다[관용] 남을 부추겨서 어떤 일을 하려는 마음이 생기도록 만들다. ¶바람을 넣어 앞장서게 하다.

바람(을) 쐬다[관용] ①바람을 맞다. 바람을 맞게 하다. ②산책하다. ¶바람 쐬러 잠시 나왔다. ③한동안 다른 고장에 머물면서, 그 곳 풍습 등을 보고 듣고 하다. ¶외국에 나가 바람 쐬고 오렴.

바람(을) 잡다[관용] ①마음이 들떠 돌아다니다. ②허황된 짓을 꾸미다. ¶학원 가지 말고 오락실 가자며 바람을 잡다. ③(이성에 끌리거나 하여) 들뜬 생각을 하다.

바람(을) 켜다[관용] 바람난 짓을 하다.

바람(이) 나가다[관용] ①안에 차 있는 바람이 (공기가) 밖으로 나가다. ②한창 일던 기운이 사그라지다.

바람(이) 들다[관용] ①무 따위의 속살에 구멍이 생겨 푸석푸석하게 되다. ¶바람 든 무. ②허황한 마음이 들어 들뜬 상태가 되다. ③다 되어 가는 일에 엉뚱한 탈이 생기다.

바람(이) 자다[관용] ①들뜬 마음이 가라앉다. ②걱정거리나 귀찮은 일이 없어지다. ¶가지 많은 나무에 바람 잘 날 없단다. ③불던 바람이 그치다.

바람[2]몡 바라는 일. 소망. 염원. ¶남북통일은 우리 겨레 모두의 한결같은 바람이다.

바람[3]몡 ①〔용언의 어미 '-ㄴ(은)'·'-는' 뒤에서 '바람에'의 꼴로 쓰이어〕'원인'이나 '까닭'을 뜻함. ¶급히 달려오는 바람에 서류를 놓고 왔다. /불쑥 내미는 바람에 깜짝 놀랐잖아. ②《'일부 명사 뒤에서 '바람으로'의 꼴로 쓰이어》 으레 갖추어야 할 것을 제대로 갖추지 아니한 차림새임을 뜻함. ¶셔츠 바람으로 손님을 맞다. /버선 바람으로 달려나와 친구를 반기다.

바람[4]몡 실이나 노끈 따위의 한 발가량 되는 길이. ¶한 바람의 노끈. /명주실 두 바람.

바람-개비몡 ①종이 따위로 접어서 바람의 힘으로 돌게 만든 장난감. 팔랑개비. ②☞풍향계(風向計).

바람-결[-껼]몡 ①일정한 방향으로 흐르는 공기의 움직임. ¶훈훈한 바람결. ②꼭 집어서 말할 수는 없으나 들은 적은 있는 경우를 이르는 말. 《주로, '바람결에'의 꼴로 쓰임.》¶바람결에 들은 소문.

바람-구멍[-꾸-]몡 ①공기가 드나들도록 뚫어 놓은 구멍. ¶창문에 바람구멍을 내다. ②(가리어진 것에) 절로 뚫려 있는 구멍. ¶벽에 바람구멍이 나 있군.

바람-기(-氣)[-끼]몡 ①바람이 부는 기운. 바람의 기세. ¶바람기가 자자 수면은 마치 거울과 같다. ②조금 느껴지는 바람의 기운. ¶바람기가 있는 서늘한 실내. ③이성에게 쉬이 끌리는 들뜬 성질. ④아내 또는 남편 있는 사람이 다른 이성에게 마음이 끌리는 성질. ¶바람기가 있는 사내.

바람-꼭지[-찌]몡 튜브의 바람을 넣는 구멍에 붙은 꼭지.

바람-꽃[-꼳]몡 큰 바람이 일 조짐으로 먼 산에 구름같이 끼는 보얀 기운. • 바람꽃이[-꼬치]·바람꽃만[-꼰-].

바람-나다제 ①(이성 관계로) 마음이 들뜨다. ¶바람난 처녀. ②일에 능률이 한창 나다.

바람-둥이몡 ①늘 마음이 들떠 큰소리치며 돌아다니는 사람. 풍객(風客). ②바람피우며 다니는 사람. 플레이보이.

바람-막이몡 ①바람이 몰아치는 데를 막는 물건. ②하자바람을 막는 일.

바람막이-고무몡 튜브 등에 넣은 바람이 나오지 못하게 막는 고무. 지렁이고무.

바람만-바람만閉 바라보일 만한 정도로 뒤에 멀찍이 떨어져 따라가는 모양. ¶앞서가는 그녀를 바람만바람만 뒤따라간다.

바람-맞다[-맏따]제 ①풍병에 걸리다. ②몹시 마음이 들뜨다. ③상대가 약속을 지키지 않아 허탕 치다. ¶애인한테 바람맞다.

바람맞-히다[-마치-]탄 〔'바람맞다'의 사동〕남을 속게 하다. 허탕 치게(헛물켜게) 하다. ¶급한 일이 생겨 친구를 바람맞혔다.

바람-머리몡 바람을 쐬면 머리가 아픈 증세.

바람-받이[-바지]몡 바람을 몹시 받는 곳. ¶바람받이에서 자란 나무.

바람-벽(-壁)몡 건물의 둘레나 칸살 사이를 막은 부분. 벽1. ¶바람벽을 치다.

바람-살[-쌀]몡 세찬 바람의 기운. ¶매운 바람살을 안고 나아가다.

바람-세(-勢)몡 불어 대는 바람의 기세. ¶ 바람세가 꺾이다. /바람세를 보고 배를 내다.

바람-잡이몡 야바위꾼이나 소매치기 따위의 한 통속으로서, 일을 꾸미려고 미리 남의 얼을 빼는 구실을 하는 사람.

바람직-스럽다[-쓰-따][~스러우니·~스러워]혱ㅂ 바라는 대로 된 데가 있다. ¶ 바람직스럽지 못한 행동. **바람직스레**분.

바람직-하다[-지카-]혱옘 바라는 대로 된 듯한 상태다. ¶ 흡연은 학생으로서 바람직한 행동이 아니다.

바람-총(-銃)몡 대나 긴 나무통 속에 화살처럼 만든 것을 넣어 입으로 불어서 쏘는 총.

바람-풍(-風)몡 한자 부수의 한 가지. '颮'·'飈' 등에서의 '風'의 이름.

바람-피우다재 배우자가 아닌 이성에게 마음이 끌리어 일시적으로 애정 관계를 가지다.

바:몡 중이 등에 지고 다니는 자루 모양의 큰 주머니. 걸낭. (본)발낭(鉢囊).

바:**래다**[I]재 본디의 빛깔이 옅어지거나 윤기가 없어지다, 또는 그 때문에 볼품이 없어지다. ¶ 빛깔이 바랜 낡은 옷.
[II]타 (볕에 쬐거나 약물을 쓰거나 하여) 빛깔을 희게 하다. ¶ 깃광목을 삶아 봄볕에 바래다.

바래다²타 길을 떠나거나 되돌아가는 사람을 배웅하거나 그 자리에서 바라보면서 보내다. ¶ 손님을 버스 정류장까지 바래다.

바래다-주다타 길을 떠나거나 되돌아가는 사람을 배웅해 주다. ¶ 서울 가는 친구를 바래다주고 오는 길이다.

바램몡 '바람²'의 잘못.

바:**랭이**몡 볏과의 일년초. 밭에 많이 나는 잡초. 줄기는 아랫부분이 땅 위로 벋으며 마디에서 수염뿌리가 나고, 잎은 좁고 긴 버들잎 모양임.

바로분 (1)(굽지 아니하고) 곧게. ¶ 선을 바로 긋다. (2)올바르게. 정직하게. ¶ 마음을 바로 지다. (3)제대로 바르게. ¶ 모자를 바로 써라. (4)동안을 두지 않고 곧. ¶ 지금 바로 떠나라. (5)(다른 데 들르지 않고, 또는 시간이 늦어지지 않게) 곧장. ¶ 학교에서 바로 집으로 돌아오다. (6)다른 것이 아니라 곧. ¶ 범인은 바로 저 사람이다. /그 정신력이 바로 승리의 원동력이다.

바로²[I]몡 기본 자세(차려 자세)로 돌아가는 동작. [II]갬 '바로'하라는 구령. ¶ 우로봐! 바로!

바로미터(barometer)몡 (1)기압계. (2)사물의 수준·상태를 아는 기준이나 척도가 되는 것. ¶ 문맹률은 한 민족의 문화 수준을 가늠하는 바로미터다.

바로-잡다[-따]타 (1)굽은 것을 곧게 하다. ¶ 굽은 가지를 바로잡다. (2)잘못되거나 그릇된 것을 고치거나 바르게 하다. ¶ 오자(誤字)를 바로잡다. /사회 질서를 바로잡다.

바로크(baroque 프)몡 17~18세기에 유럽, 특히 프랑스·이탈리아 등지에서 유행한 그림·건축·조각·문학·음악·장식 미술 등의 한 양식. 베르사유 궁전이 이 양식의 대표적인 건물임.

바루몡 (옛) 파루(罷漏). ¶ 미실 바루 텨든 니러ㄴ 시븟고(翻朴上49).

바루다타 바르게 하다. ¶ 대오(隊伍)를 바루다.

바륨(barium)몡 은백색의 금속 원소의 한 가지. 상온에서 물을 분해하고 공기 중에서 잘 산화하며, 가열하면 녹색을 띠고 내면서 타서 산화바륨이 됨. [Ba/56/137.33]

바르다¹[바르니·발라]타르 (1)종이나 헝겊 따위에 풀칠을 하여 다른 물체에 붙이다. ¶ 흰 종이로 벽을 바르다. (2)액체나 가루 따위를 다른 물체에 묻히다. ¶ 얼굴에 분을 바르다. /김에 참기름을 발라서 굽다. (3)찬흙 따위를 다른 물체에 붙이거나 입히다. ¶ 벽돌에 시멘트를 바르다.

바르다²[바르니·발라]타르 (1)겉을 싸고 있는 것을 벗기거나 헤치거나 하여 속에 든 알맹이를 집어내다. ¶ 알밤을 바르다. (2)한데 어울려 있는 것 속에서 필요한 것(필요하지 않은 것)만 골라내다. ¶ 생선의 살을 바르다.

바르다³[바르니·발라]혱르 (1)비뚤어지거나 굽지 않고 곧다. ¶ 물건을 바르게 놓다. /줄을 바르게 긋다. (2)도리나 사리에 맞아 어긋남이 없다. ¶ 경위가 바르다. /예절이 바른 사람. (3)정직하여 남을 속이는 일이 없다. ¶ 천성이 바른 사람. (4)햇볕이 잘 비치다. ¶ 볕이 바른 남향집.

바르르분혱 (1)얇고 가벼운 것이 발발 떠는 모양. ¶ 나뭇잎이 바람결에 바르르 떤다. (2)적은 물이 바그르르 끓어오르는 소리, 또는 그 모양. ¶ 주전자의 물이 바르르 끓어오른다. (3)경망스럽게 발끈 성을 내는 모양. ¶ 걸핏하면 바르르 성을 내곤 한다. (4)(몸집이 작은 것이 경련을 일으키듯) 바들바들 떠는 모양. ¶ 성질을 삭이느라 입술을 바르르 떤다. (5)얇고 가벼운 것이 쉽게 타오르는 모양. (큰)버르르. (거)파르르.

바르작-거리다[-꺼-]타 자꾸 바르작바르작하다. 바르작대다. ¶ 일을 바르작거리며 자꾸 잠꼬대를 한다. (큰)바릊거리다. (센)버르적거리다. (세)빠르작거리다.

바르작-대다[-때-]타 바르작거리다.

바르작-바르작[-빠-]분혱타 (괴로움이나 어려운 고비에서 헤어나려고) 팔다리를 내저으며 몸을 자꾸 움직이는 모양. (큰)바릊바릊. (센)버르적버르적. (세)빠르작빠르작.

바르-집다[-따]타 (1)오므라진 것을 벌려 펴다. (2)남이 모르는 일을 들추어내다. ¶ 비밀을 바르집다. (3)일을 크게 떠벌리다. ¶ 사소한 일을 바르집어 말한다. (큰)버르집다.

바른판 오른. 오른쪽의.

바른-걸음몡 군대에서 의식이나 행군 때, 77 cm의 보폭(步幅)으로 1분간에 120보를 걷는 걸음.

바른-그림씨몡 □규칙 형용사.

바른-길몡 (1)쪽 곧은 길. (2)도덕에 맞는 길. 참된 도리. ¶ 학생들을 바른길로 인도하다.

바른-대로분 사실과 어그러짐이 없이. 사실 그대로. ¶ 바른대로 말하라.

바른-말몡 사리(도리)에 맞는 말. ¶ 말이야 바른 말이지 그게 무슨 소설이냐.

바른-손몡 오른손.

바른-쪽몡 오른쪽. 우측(右側).

바른-편(-便)몡 오른편.

바른-풀이씨몡 □규칙 용언.

바릊-거리다[-릍꺼-]타 〈바르작거리다〉의 준말. 바릊대다. (센)버릇거리다. (세)빠릇거리다.

바릊-대다[-릍때-]타 바릊거리다.

바릊-바릊[-릍빠-]분혱타 〈바르작바르작〉의 준말. (센)버릇버릇.

바리¹몡 (1)놋쇠로 만든 여자의 밥그릇. 오목주발과 같으나 중배가 더 내밀고 뚜껑에 꼭지가 있음. (2)바닥에서 아가리 쪽으로 벌어져 올라가 아가리의 지름이 20 cm 이상인 토기.

바리²몡 (의존 명사적 용법) 소나 말 따위의 등에 잔뜩 실은 짐을 세는 말. ¶ 나무 바리. /곡식 한 바리. (2)윷놀이에서, '말 한 개'를 이르는 말.

바리-공주(-公主)圏 무당이 지노귀새남을 할 때에 모시는 젊은 여신(女神).

바리-나무圏 소나 말에 바리로 실은 땔나무.

바리-때圏 절에서 쓰는 중의 밥그릇. 나무로 대접처럼 만들어 안팎에 칠을 올림.

바리때-집圏 중이 쓰는 가사와 바리때를 간수해 두는 집.

바리-바리圏 여러 바리. ¶바리바리 짐을 싸다.

바리새-교(←Pharisaee敎)圏 ☞바리새파.

바리새-파(←Pharisaee派)圏 기원전 2세기 후반에 일어난 유대교의 한 종파. 모세의 율법을 엄격히 지켰으나, 그 교도들은 형식과 위선에 빠져 예수를 비방하고 잡아다가 십자가에 못박히게 하였음. 바리새교.

바리-설포(-布)圏 바리때를 간수할 때 사용하는 긴 천.

바리^수건(-手巾)圏 바리때를 닦는 행주.

바리안-베圏〔한 필을 접어서 바리 안에 담을 수 있는 베라는 뜻으로〕'썩 고운 베'를 이르는 말. 바리포.

바리-전(-廛)圏 조선 시대에, 서울의 종로에서 놋그릇을 팔던 가게.

바리캉(bariquant 프)圏 '이발기'로 순화.〔제조회사명인 'Bariquand et Mare'에서 유래함〕

바리케이드(barricade)圏 적군의 침입이나 공격을 막기 위해 길목 등에 임시로 설치해 놓은 장애물. ¶경찰이 친 바리케이드를 뚫고 들어가다.

바리콘(バリコン)圏→variable condenser)圏 가변 축전기(可變蓄電器).

바리-탕기(-湯器)[-끼]圏 사기로 바리처럼 만든 국그릇.

바리톤(baritone)圏 ①남자 목소리에서 테너보다 낮고 베이스보다 높은 목소리, 또는 그 음역의 가수. ②관악기에서, 베이스보다 조금 높은 음의 악기. 주로 군악대용으로 쓰임.〔바리톤 색소폰, 오보에 바리톤 따위.〕

바리-포(-布)圏 바리안베.

바림圏 색칠할 때에 한쪽을 진하게 하고 다른 쪽으로 갈수록 차차 엷게 칠하는 일. 그러데이션. 선염(渲染).

바루튀〔옛〕바로. 곧게. 세로. ¶바루 自性을 스못 아르샤(月釋序18).

바룬다〔옛〕바르다. 곧다. ¶直온 바룰씨라(月釋序18).

바롤圏〔옛〕바다. ¶바룰래 가누니(龍歌2章).

바롬圏〔옛〕발6. 두 팔을 펴서 벌린 길이. ¶바롬 탁:托(訓蒙下34).

바바루아(bavarois 프)圏 양과자의 한 가지. 우유와 달걀, 설탕 등에 젤라틴을 섞어서 익힌 다음 틀에 부어 굳힌 과자.

바:바리(←Burberry)圏〈바바리코트〉의 준말.

바:바리-코:트(←Burberry coat)圏 방수 처리한 무명 개버딘의 레인코트, 또는 그와 비슷한 천으로 만든 코트.〔영국의 바바리사가 개발한 레인코트의 상표명에서 유래함〕 準바바리.

바베큐(barbecue)圏 '바비큐'의 잘못.

바:벨(barbell)圏 역도(力道)나 근육 단련에 쓰이는 운동 기구. 철봉의 양 끝에 쇠로 된 원반을 끼운 것. 역기(力器).

바벨-탑(Babel塔)圏 ①구약 성경의 창세기(創世記)에 나오는 전설상의 탑.〔노아의 자손들이 바벨에다 하늘에 닿는 탑을 쌓아 올리다가, 하나님의 노여움을 사서 이루지 못했다 함.〕 ②'공상적인 계획이나 시도(試圖)'를 비유하여 이르는 말.

바:보圏 ①지능이 부족하여 정상적으로 판단하지 못하는 사람. ②'어리석고 멍청한 사람'을 얕잡아 또는 욕으로 이르는 말. ¶바보 취급을 당하다. /그 말을 믿은 내가 바보지.

바:보-상자(-箱子)圏 '텔레비전'을 부정적인 면을 강조하여 이르는 말.

바:보-스럽다[-따][~스러우니·~스러워]웰비 모자라고 바보 같은 데가 있다. ¶바보스러운 웃음을 짓다.

바:보-짓[-짇]圏 어리석고 못나게 노는 짓. * 바:보짓이[-지시]·바:보짓만[-진-].

바:비큐(barbecue)圏 소나 돼지 등을 통째로 직접 불에 굽는 요리. 미국에서 야외 파티용으로 발달했음.

바쁘다[바쁘니·바빠]웰 ①해야 할 일이 많아서 쉴 겨를이 없다. ¶바쁜 나날을 보내다. ②몹시 급하다. ¶갑자기 바쁜 일이 생기다. ③한 가지 일에만 매달려 마음의 여유가 없거나 딴 겨를이 없다. ¶입에 풀칠하기도 바쁘다. ④'어떤 행동이 끝나자마자 곧'의 뜻을 나타냄.(주로, '-기가 바쁘게'의 꼴로 쓰임.) ¶집에 들어서기가 바쁘게 다시 나간다.

바삐튀 바쁘게. ¶바삐 서두르다.

바:사기(←八朔-)圏 '사리에 어둡고 이해력이 부족한 사람'을 조롱하여 이르는 말.

바삭튀하짜티 ①잘 마른 가랑잎 따위를 밟을 때 나는 소리. ¶방금 문밖에서 바삭하는 소리가 났다. ②잘 마른 것이 서로 닿거나 바스러질 때 나는 소리. ③비교적 작은 것이 산산이 부서지거나 깨어지는 모양. ¶유리그릇이 바삭 깨지다. 큰버석. 센바싹. **바삭-바삭**튀하짜티 ¶바삭바삭한 튀밥 과자.

바삭-거리다[-거-]짜티 자꾸 바삭바삭하다. 바삭대다. 큰버석거리다.

바삭-대다[-때-]짜티 바삭거리다.

바서-지다짜 단단한 물체가 잘게 조각이 나다. 큰부서지다. ¶겨울이 산산이 바서지다.

바셀린(vaseline)圏 석유를 증류하고 남은 기름을 고도로 정제(精製)한, 무색 또는 담황색의 유지(油脂). 큰버셀린. 큰상표명임.

바:소圏 한방에서, 곪은 데를 째는 데 쓰는 날이 있는 기구. 피침(披鍼).

바-소쿠리圏 싸리로 만든 삼태기.

바수다티〔물체를〕 두드리어 잘게 깨뜨리다. ¶왕소금을 잘게 바수다. 準빻다. 큰부수다.

바수-지르다[~지르니·~질러]티ㄹ 닥치는 대로 마구 바수다. 큰부수지르다.

바순:(bassoon)圏 관현악에 많이 쓰이는 목관 악기의 한 가지. 목관 악기 가운데서 가장 낮은 음을 냄. 파곳(fagott).

바스-대:다짜 ①진득이 있지 못하고 몸을 자꾸 움직이다. ¶바스대는 아이를 다독다독 잠재우다. ②마음이 설레다. ¶가슴이 바스대어 잠을 못 이루다. ③자꾸 바스락바스락 소리를 내다. 큰부스대다.

바스라기圏 잘게 바스러진 물건. ¶과자 바스라기. 큰부스러기.

바스락튀하짜티 마른 검불이나 얇은 종이 따위를 밟거나 건드리거나 뒤적일 때 나는 소리. ¶수풀 속에서 바스락 소리가 났다. 큰버스럭. 센빠스락. 큰보스락. **바스락-바스락**튀하짜티. **바스락-거리다**[-거-]짜티 자꾸 바스락바스락하다. 바스락대다. 큰버스럭거리다.

바스락-대다[-때-]짜티 바스락거리다.

바스락-장난[-짱-]圏 자지레한 장난.

바스러-뜨리다配 바스러지게 하다. 바스러트리다. ¶꽃병을 바스러뜨리다./바싹 마른 낙엽을 밟아 바스러뜨리다. 閤부스러뜨리다.

바스러-지다配 ①(어떤 물체가) 깨어져 잔 조각이 나다. ¶바닥에 떨어진 유리가 바스러져 산산조각이 났다. ②덩이를 이룬 것이 흐슬부슬 헤지다. ③(나이에 비해) 얼굴이 몹시 여위고 주름이 잡히다. ¶그 예쁘던 얼굴이 몰라보게 바스러졌다. ①②閤부스러지다.

바스러-트리다配 바스러뜨리다. ¶흙덩이를 바스러트리다. 閤부스러트리다.

바스스晑 ①바스라기가 이리저리 흩어지는 모양, 또는 그 소리. ②(앉았거나 누웠다가) 조용히 몸을 일으키는 모양. ③(하)머리털 같은 것이 조금 흐트러져 거벼운 모양. ¶잠에서 막 깼는지 바스스한 머리를 하고 나왔다. ④미닫이 따위를 조용히 여닫는 모양, 또는 그 소리. 閤부스스.

바스켓(basket)晑 〔'바구니'라는 뜻으로〕 농구대의 링과 거기에 드리워 놓은 밑이 없는 그물.

바슬-바슬(하)晑 덩어리진 가루 따위가 말라서 쉽게 바스러지는 모양. 閤버슬버슬. ㉮파슬파슬.

바심[1]晑配 집을 지을 재목을 연장으로 깎거나 다듬는 일.

바심[2]晑配 ①풋바심. ②타작.

바심-질晑配 재목을 바심하는 일.

바싹[1]晑자配 〔바삭〕의 센말. 閤버썩.

바싹[2]晑 ①물기가 아주 없이 마르거나 타 버린 모양. ¶논바닥이 바싹 마르다./약이 바싹 졸았다. ②아주 가까이 다가가는 모양. ¶바싹 다가서다. ③몹시 긴장하는 모양. ¶정신을 바싹 차리다./몸이 바싹 달다. ④몹시 죄는 모양. ¶허리띠를 바싹 죄다. ⑤외곬으로 우기는 모양. ¶고집을 바싹 부리다. ⑥많이 줄어드는 모양. ¶식량이 바싹 줄다./오랜 병으로 몸이 바싹 야위다. 閤버썩²·부썩². 웝바싹. 바싹-바싹晑

바야흐로晑 ①이제 한창. ¶바야흐로 인생의 황금기에 접어들다. ②이제 막. 지금 바로. ¶바야흐로 해가 솟으려 한다.

바오달晑(옛) 군영(軍營). 군막(軍幕). ¶바오달영:營(訓蒙中8).

바오달터晑(옛) 군영터. 군막터. ¶바오달터:營盤(訓蒙中8).

바운드(bound)晑(하)자(되)자 공이나 자동차 따위가 튀면서 뛰어 오르는 일.

바위晑 ①부피가 아주 큰 돌. 바윗돌. 암석. ②가위바위보에서 주먹을 내민 것. '가위'에는 이기고, '보'에는 짐.
　바위를 차면 제 발부리만 아프다［속담］ 일시적인 홍분으로 일을 저지르면 자기만 손해라는 말.
　바위에 달걀 부딪치기［속담］ 아무리 해도 승산이 없는 부질없는 짓을 함을 이르는 말.

바위-너설晑 바위가 삐죽삐죽 내민 험한 곳.

바위-섬晑 바위가 많은 섬, 또는 바위로 이루어진 섬.

바위-솔晑 돌나물과의 다년초. 산지의 바위에 절로 나는데 줄기는 30 cm가량. 잎은 두껍고 길이 뾰족하며, 9월경에 흰 꽃이 핌. 열매를 맺고 나면 말라 죽음.

바위^식물(－植物) [－싱－]晑 바위틈이나 바위 위에 나는 식물을 통틀어 이르는 말. 지의류(地衣類)나 선태류 따위. 암생 식물.

바위-옷 [－옫]晑 바윗돌에 긴 이끼. *바위옷이 [－오시]·바위옷만 [－온－]

바위-옹두라지晑 바위의 울퉁불퉁한 뿌다구니, 또는 그러한 바위.

바위-자리晑 바위 모양으로 만든 불상(佛像)의 대좌(臺座).

바위-취晑 범의귓과의 상록 다년초. 우리나라 중부 이남의 습지에 잘 자람. 온몸에 적갈색의 긴 털이 있으며, 짧은 뿌리줄기에서 잎이 모여 나고, 5월경에 흰 꽃이 핌. 민간에서 생즙을 내어 백일해·종기·화상·동상 등에 약으로 씀.

바위-틈晑 ①바위의 갈라진 틈. ②바위와 바위의 틈. ¶그는 바위틈에 엎드려 몸을 숨겼다.

바윗-돌 [－윋똘－윈똘]晑 바위.

바윗-등 [－위뜽－윈뜽]晑 바위의 위. 바위의 윗부분.

바윗-장 [－위짱－윈짱]晑 넓적한 바위.

바음자리-표 [－음－標]晑 ☞낮은음자리표.

바이晑 《주로 '없다'·'아니다'·'못하다' 따위의 부정어와 함께 쓰이어》 아주. 전연. 도무지. ¶내 그 사람을 바이 모르는 바는 아니나….

바이러스(virus)晑 ①보통의 현미경으로는 볼 수 없을 정도의 미생물. 유행성 감기, 천연두 따위의 병원체임. 여과성 병원체. ②컴퓨터를 비정상적으로 작용하게 만드는 프로그램. ¶백신 프로그램을 설치하여 바이러스를 예방하다.

바이-메탈(bi-metal)晑 열팽창률이 다른 얇은 두 금속판을 맞붙인 것. 온도의 변화에 따라 한쪽으로 구부러지는 성질을 이용하여 자동 온도 조절기 등에 이용됨.

바이브레이션(vibration)晑 〔'진동(振動)'이란 뜻으로〕 성악이나 기악에서 소리를 떨리게 내는 일, 또는 그런 소리.

바이블(bible)晑 ①기독교의 성서(聖書). 성경(聖經). ②'어떤 분야에서 가장 권위가 있고, 지침이 될 만한 서적'을 비유하여 이르는 말. ¶경영학의 바이블.

바이샤(vaiśya 범)晑 고대 인도의 카스트의 셋째 계급. 농·공·상업에 종사하던 서민 계급을 이름. 폐사(吠舍). 閤브라만·크샤트리아·수드라.

바이스(vise)晑 작은 공작물을 틀로 된 아가리에 물려 고정시키는 공구.

바이애슬론(biathlon)晑 동계 올림픽 경기 종목의 한 가지. 스키와 사격의 두 경기로 된 복합 경기로서, 스키의 주행 시간과 사격의 점수로 우열을 겨룸.

바이어(buyer)晑 물건을 사기 위하여 외국에서 온 상인. 수입상. ¶외국 바이어와 계약을 맺다.

바이어스(bias)晑 ①옷감을 올에 대하여 비끼어 마른 선. ②올이 비끼어 교차된 옷감. ③〈바이어스 테이프〉의 준말.

바이어스^테이프(bias tape)晑 천을 나비 2 cm 정도로 비끼어 잘라 만든 테이프. 시접이나 진동 둘레 따위를 싸고 꿰매는 데 쓰임. 閤바이어스.

바이얼레이션(violation)晑 농구에서, 파울 이외의 규칙 위반을 이르는 말. ¶워킹 바이얼레이션.

바이-없다 [－업따]阅 ①견줄 데 없이 매우 심하다. ¶기쁘기 바이없다. ②어찌할 도리가 없다. ¶그 일을 감당할 길이 바이없다. ②바이-없이晑

바이오닉스(bionics)晑 생물 공학. 〔'biology(생물학)'와 'electronics(전자 공학)'의 합성어.〕

바이오리듬(biorhythm)晑 (인간의) 생명 활동에서 신체·감정·지성 등에 주기적으로 나타나는 일정한 현상. 생체 리듬.

바이오-산업(bio産業)**명** 생명 공학의 기술을 농업이나 공업에 이용하여 기업화한 산업.

바이오세라믹스(bioceramics)**명** 인공 치아·인공 뼈·인공 관절 따위와 같이 생체의 대용물로 이용되는 의료용 세라믹.

바이오센서(biosensor)**명** 생물의 효소나 항체 따위가 특정한 물질과만 반응하는 것을 이용하여 물질의 성질을 조사하는 계측기. 식품 제조 과정에서의 알코올이나 유기산, 어육의 신선도 따위를 측정하는 데 이용함.

바이오칩(biochip)**명** 세포 속의 단백질이 가지는 전기적 성질을 응용한 소자. 디엔에이(DNA) 따위 생화학 물질을 집적시킨 것으로 고도의 방식으로 정보를 인식하고 처리함.

바이오테크놀로지(biotechnology)**명** 생물 특유의 기능인 유전·증식·대사(代謝) 등을 물질의 생산이나 검출 등에 이용하는 기술. 생명 공학.

바이올렛(violet)**명** ①제비꽃. ②보랏빛. 자색(紫色). 자줏빛.

바이올리니스트(violinist)**명** 바이올린 연주자. 제금가(提琴家).

바이올린(violin)**명** 대표적인 현악기의 한 가지. 말총으로 만든 활로 네 줄을 켜서 연주하는데, 음색이 화려함. 제금(提琴).

바이올린-족(violin族)**명** 바이올린·비올라·첼로·콘트라베이스 등 '바이올린을 중심으로 한 현악기'를 통틀어 이르는 말.

바이킹(Viking)**명** 8세기~10세기경, 유럽의 여러 해안을 휩쓸던, 모험적·호전적인 '북방 노르만 족'을 통틀어 이르는 말.

바이타글라스(Vitaglass)**명** 자외선을 잘 투과하는 유리. 일광욕실이나 바이타램프에 쓰임. 〔상품명임.〕

바이타램프(vitalamp)**명** 자외선을 많이 내는 전구. 〔상품명임.〕

바이탈륨(Vitallium)**명** 코발트·크롬·몰리브덴 등의 합금. 인조골(人造骨)의 재료로 쓰임.

바이트(bite)**명** 금속을 자르거나 깎을 때 선반 따위 공작 기계에 붙여 쓰는, 날이 있는 공구.

바이트(byte)**명** Ⅰ 하나의 단위로 다루어지는 이진 문자의 집합.
Ⅱ의 컴퓨터가 처리하는 정보량의 기본 단위. 8비트(bit)를 1바이트로 하며, 영문자 한 자의 표기 능력 단위가 됨. 〔기호는 B〕

바인더(binder)**명** ①서류 따위를 철하는 데 쓰이는 물건. ②벼나 보리를 베어서 단으로 묶는 농업용 기계.

바올[-올]**명** 〔옛〕방울. ¶ 노른샛 바오리실쏙(龍歌44章).

바자명 대나무·갈대·수수깡 따위로 발처럼 엮은 것. 울타리를 만드는 데 씀. 파자(笆子).

바자(bazaar)**명** 자선 사업 등의 자금을 마련하기 위하여 여럿이 벌이는 일시적인 전시품 판매장. 바자회. 자선시(慈善市).

바자니다재 〔옛〕바장이다. ¶ 오르며 느리며 헤뜨며 바자니니(鄭澈.續美人曲).

바자-울명 바자로 만든 울타리.

바:자위다형 성미가 너무 깐깐하여 너그러운 맛이 없다.

바자-회(bazaar會)〔-회/-훼〕**명** ☞바자(bazaar). ¶ 바자회를 열다.

바작-바작[-빠-]**부** ①**하자타** 잘 마른 물건을 자꾸 씹거나 빻거나 할 때 나는 소리, 또는 그 모양. ¶ 과자를 바작바작 씹어 먹다. ②**하자** 잘 마른 물건이 타 들어가는 소리, 또는 그 모양. ③마음이 점점 죄어드는 모양. ¶ 바작바작 속

이 탄다. ④애가 타서 입술이 점점 마르는 모양. ⑤**하자** 진땀이 자꾸 돌아나는 모양. ¶ 바작 진땀이 맺히다. 콘버적버적. 센빠작빠작.

바잡다[-따]〔바자우니·바자워〕**형**비 ①마음이 자꾸 끌리어 참기 어렵다. ¶ 친구가 보고 싶어 마음이 바잡다. ②마음이 조마조마하고 염려스럽다. ¶ 혹시나 일이 잘못될까 하여 바잡다.

바잣-문(-⌀門)〔-잗-〕**명** 바자울에 낸 사립문.

바장-이다재 부질없이 같은 길이나 가까운 거리를 오락가락 거닐다. ¶ 한동안 복도를 바장이다가 문득 기발한 생각이 떠올랐다. 콘버정이다.

바-장조(-長調)〔-쪼〕**명** '바' 음을 으뜸음으로 하는 장조.

바제도-병(Basedow病)〔-뼝〕**명** 갑상선의 기능 항진 또는 이상으로 말미암아 갑상선이 붓고, 눈알이 불거지는 병.

바조명 〔옛〕바자. ¶ 바조 파:笆. 바조 리:籬(訓蒙中6)./바조 준:稇(訓蒙下18).

바주카(bazooka)**명** ☞바주카포의 준말.

바주카-포(bazooka砲)**명** 포신(砲身)을 어깨에 메고 직접 조준하여 발사하는, 휴대용 로켓식 대전차포(對戰車砲). 준바주카.

바지명 ①두 가랑이가 진 한복의 아랫도리 겉옷. ②〈양복바지〉의 준말.

바지명 〔옛〕기술자. ¶ 匠ᄋ 바지라(法華序21).

바:지(barge)**명** 운하나 하천·항만 같은 데서, 화물을 나르는 데 쓰이는 바닥이 편평한 짐배. 바지선.

바:-지게명 ①발채를 얹은 지게. ②접을 수 없게 만든 발채.

바지라기명 ☞바지락.

바지락명 백합과의 조개. 껍데기는 길이 4 cm, 높이 3 cm가량으로 부채 모양임. 빛깔은 다양하며 잘 바뀜. 어린 조개는 족사(足絲)로 돌에 붙어삶. 자갈이 섞인 모래펄에 많음. 바지라기. 바지락조개.

바지락-젓〔-쩓〕**명** 바지락의 살로 담근 것. ＊바지락젓이[-쩌시]·바지락젓만[-쩐-]

바지락-조개〔-쪼-〕**명** ☞바지락.

바지랑-대〔-때〕**명** 빨랫줄을 받치는 장대.

바지랑이명 〔옛〕바지랑대. ¶ 兀ᄀ:바지랑이(才物卷六物譜1).

바지런-하다형여 **스** 일에 꾸준하고 열심임. ¶ 그는 무슨 일이고 바지런을 떤다. 콘부지런. 바지런-히부. 바지런스레부.

바지로이부 〔옛〕공교하게. ¶ 古體옛 그를 조처 바지로이 히숫다(杜初23:39).

바:지-선(barge船)**명** ☞바지(barge).

바지-저고리명 ①바지와 저고리. ②'제구실을 못하는 못난 사람, 또는 무지렁이 촌사람'을 조롱하여 이르는 말. ¶ 말이 사장이지 아무 권한도 없는 바지저고리다.

바지지부**하자** 뜨거운 쇠붙이 따위에 물이나 물기가 있는 물건이 닿아서 졸아붙을 때 나는 소리, 또는 그러한 모양. 바지직. ¶ 장조림이 바지지 졸아붙다. 콘부지지. 센빠지지.

바지직부**하자** ①☞바지지. ②질긴 천 따위가 조금씩 터질 때 나는 소리, 또는 그러한 모양. ③무른 똥을 급히 눌 때 좀 되바라지게 나는 소리. 콘부지직. 센빠지직. **바지직-바지직**부**하자**

바지직-거리다[-꺼-]재 자꾸 바지직바지직하다. 바지직대다.

바지직-대다[-때-]재 바지직거리다.

바지-춤명 바지의 허리 부분을 접어 여민 사이. ¶ 바지춤을 여미다. /바지춤을 추키다.

바짓-가랑이[-가까-/-짇까-]명 바지의 다리를 꿰는 부분. ⅋가랑이.

바짓-단[-따만/-짇딴]명 바지의 아래 끝을 접어서 감친 부분.

바짓-부리[-뿌-/-짇뿌-]명 바짓가랑이의 끝 부분. ¶바짓부리가 물에 젖다.

바즌명 〔옛〕바자. ¶바즌문 남녁(老解下1).

바짝투 ①물기가(액체가) 좋아들거나 아주 마르는 모양. ¶빨래가 바짝 마르다. /국물이 바짝 졸았다. ②몹시 달라붙는 모양. ¶턱밑까지 바짝 다가서다. ③매우 긴장하는 모양. ¶정신을 바짝 차리다. ④몹시 죄는 모양. ¶허리띠를 바짝 죄다. ⑤갑자기 늘거나 주는 모양. ⑥몸이 몹시 마른 모양. ¶몸이 바짝 여위다. 큰버쩍. 참바싹².

바짝-바짝투

바치다¹타 ①웃어른에게 드리다. ¶은사께 바치는 글월. 비드리다¹. ②자기의 정성이나 힘·목숨 등을 남을 위해서 아낌없이 다하다. ¶교육에 일생을 바치다. ③공물(貢物)·세금 따위를 내다.

바치다²타 (이성이나 음식 따위를) 지나칠 정도로 좋아하거나 즐기다. ¶술을 바치다. 센빠치다.

바캉스(vacance 프)명 (주로 피서나 휴양을 위한) 휴가. ¶동해안으로 바캉스를 떠나다.

바커스(Bacchus)명 로마 신화에 나오는, 술의 신. 〔그리스 신화의 디오니소스에 해당함.〕

바켄(Backen 독)명 스키 신의 앞부분을 스키에 고정시키는 쇠고리.

바:-코:드(bar code)명 상품의 관리를 컴퓨터로 처리할 수 있도록 상품에 표시해 놓은 막대 모양의 기호. 국명·회사명·상품명 등이 표시됨.

바퀴¹ 〔Ⅰ〕명 굴대를 중심으로 돌거나 구르게 만든, 둥근 테 모양의 물건을 두루 이르는 말. ¶자동차의 바퀴. /물레의 바퀴.
〔Ⅱ〕의 어떠한 곳을 원을 그리며 빙 도는 횟수를 세는 말. ¶운동장을 한 바퀴 돌다.

바퀴²명 바큇과의 곤충. 몸길이 1~1.5 cm. 몸은 길둥글고 납작하며 몸빛은 황갈색임. 음식물과 옷가지에 해를 끼침. 여러 종류가 전 세계에 분포함. 바퀴벌레. 비렴(蜚蠊). 향랑자(香娘子).

바퀴-벌레명 ☞바퀴².

바퀴-살명 자전거 등의 바퀴에서, 굴대통과 테를 잇는 가느다란 막대기나 철사.

바퀴-자국[-꿔자-/-뢴짜-]명 바퀴가 달린 탈것이 지나간 흔적. 바큇적.

바탕¹명 ①사람의 타고난 성질이나 체질 또는 재질(才質). ¶바탕이 선량한 사람. ②어떤 물건의 재료 또는 품질. ¶바탕의 결이 곱다. ③직물이나 물체의 바닥 또는 빛깔. ¶노란 바탕에 녹색 무늬. ④사물이나 현상의 근본을 이루는 기초. ¶한(恨)을 바탕으로 한 작품. /민주화가 이루어진 바탕에는 성숙한 시민 의식이 있었다.

바탕²의 ①활을 쏘아 살이 이르는 거리 정도의 길이를 나타내는 말. ¶활 한 바탕. ②어떤 일을 한차례 끝내는 동안을 세는 단위. ¶윷놀이를 몇 바탕 하다. ③무렵이나 때. ¶늙은 바탕에 쓴 작품.

바탕³명 〔옛〕①마당. 자리. ¶이 노니는 바탕이니라(金三2:19). ②일터. 본바탕. ¶져근덛 날 료흔 제 바탕의 나가보자(古時調).

바탕-색(-色)명 물체가 본디 가지고 있는 빛깔.

바탕-흙[-흑]명 질그릇의 밑감으로 쓰는 흙.
* 바탕흙이[-흘기] · 바탕흙만[-흥-]

바탱이명 중두리와 비슷하게 생긴 작은 오지그릇의 한 가지. 중두리보다 배가 더 나왔고 아가리는 좁음.

바:터(barter)명하 물물 교환(物物交換).

바:터^무:역(barter貿易)명 ☞바터제.

바:터-제(barter制)명 ①화폐를 매개로 하지 않고, 물품과 물품을 직접 교환하는 매매 형식. ②두 나라 사이의 수출입액을 일정한 기간 안에 완전히 균형을 이루게 하여 거래 차액의 결제를 생략하는 무역 방식. 바터 무역.

바:텐더(bartender)명 바(bar)의 카운터에서 주문을 받고 칵테일 따위를 만드는 사람.

바통(bâton 프)명 ①←배턴(baton). ②(주로 '넘기다'·'받다'와 함께 쓰이어) '권한이나 의무·역할 따위를 주고받음'을 비유하여 이르는 말. ¶그가 바통을 이어받아 새 회장이 되었다.

바퇴다 〔옛〕버티다. ¶바퇼 듀:拄(訓蒙下17). /祥雲이 집픠는 동 六龍이 바퇴눈 동(鄭澈.關東別曲).

바투투 ①두 물체 사이가 썩 가깝게. ¶바투 다가서다. ②시간이 썩 짧게. ¶혼인 날짜를 바투 잡다. ③길이가 매우 짧게. ¶고삐를 바투 잡다.

바투-보기명 ☞근시(近視).

바투보기-눈명 ☞근시안(近視眼).

바특-하다[-트카-]형 ①두 대상이나 물체·시간 따위의 사이가 가깝거나 짧다. ¶시간이 너무 바특하다. ②(음식의) 국물이 좋고 적어 톡톡하다. ¶국물이 바특하다. 바특-이투.

바티다타 〔옛〕바치다. ¶바틸 뎡:呈. 바틸 공:貢(訓蒙下21).

바티스카프(bathyscaphe 프)명 심해(深海) 관측용 잠수정.

바회명 〔옛〕바위. ¶바회 아래셔 사놋다(杜初7:31).

바회명 〔옛〕바퀴. ¶輪는 바회라(月釋2:38).

바히투 〔옛〕바이. 전혀. ¶말씀을 굴희여 내면 결을 일이 바히 업고(古時調).

바히다타 〔옛〕베다(斬). ¶제 모맷 고기를 바혀 내는듯시 너겨 하며(釋譜9:12).

박¹명 ①박과의 일년생 만초. 재배 식물인데, 줄기는 잔털이 많고 덩굴손으로 다른 물건을 감으면서 벋음. 여름에 흰 꽃이 피며, 열매는 크고 둥굶. 박속은 나물로 먹고, 거죽은 삶아 말려 바가지를 만듦. 포로(匏蘆). ②〈머리통〉의 속된 말. ¶박 터지게 싸우다.

박(을) 타다관용 바라던 일이 어그러지다.

박 패듯관용 마구 패는 모양을 이르는 말.

박²명 (물이 새지 않도록 하기 위해) 배의 널빤지에 난 틈을 메우는 데 쓰는 물건.

박³ 〔Ⅰ〕명 노름판에서, 여러 번 대를 잡고 물주 노릇을 하는 일, 또는 그런 사람.
〔Ⅱ〕의 노름에서, 여러 번 지른 판돈을 세는 단위.

박⁴투 ①단단한 것을 세게 한 번 문지르거나 긁는 소리, 또는 그 모양. ②얇고 질긴 천이나 종이 따위를 단번에 찢는 소리, 또는 그 모양. 큰벅. 센빡. 박-박투 ①박박 긁다. /종이를 박박 찢다.

박(拍)명 국악기의 한 가지. 나뭇조각 또는 상아 조각으로 만든 타악기로서, 풍악이나 춤을 시작할 때와 마칠 때, 또는 곡조의 박자를 고르는 데 쓰임. ②〈박자〉의 준말.

박(剝)명 〔박괘(剝卦)〉의 준말.

박(箔)명 금속을 종잇장처럼 얇게 펴서 늘인 것. 〔금박·은박 따위.〕

박(泊)[의] 객지에서 묵는 밤의 횟수를 세는 단위. ¶3박 4일 일정으로 귀국하다./2박 3일 동안 동해안에서 여름휴가를 즐겼다.

박겁(迫劫)[-껍][명][하타] 협박하여 을러댐.

박격(迫擊)[-격][명][하타] 적에게 바싹 다가가서 공격함. 덤비어서 몰아침.

박격(搏擊)[-격][명][하타] 몹시 후려침.

박격(駁擊)[-격][명][하타] 다른 사람의 주장이나 이론을 비난하거나 공격함.

박격-포(迫擊砲)[-격-][명] 보병의 전투를 지원하는 데 쓰이는 근거리용 곡사포(曲射砲).

박-고지[-꼬-][명] 여물지 않은 박을 길게 오려서 말린 반찬거리.

박공(牔栱·欂栱)[-꽁][명] 합각머리나 맞배지붕의 양쪽 끝머리에 'ㅅ' 모양으로 붙인 두꺼운 널 또는 벽. 박풍(牔風).

박괘(剝卦)[-꽤][명] 육십사괘의 하나. 간괘(艮卦)와 곤괘(坤卦)가 위아래로 놓은 괘로서, 산이 땅에 붙음을 상징함. ⊛박(剝).

박-구기[-꾸-][명] 쪽박으로 만든 구기.

박-국(-局)[-꾹][명] 박의 흰 살을 썰어 넣고 끓인 장국. 포탕(匏湯).

박국(博局)[-꾹][명] 바둑 따위의 놀음을 하는 판.

박근(迫近)[-끈][명] 정한 날짜가 바싹 다가와 가까움. ¶입학시험 날짜가 박근하다.

박급(薄給)[-끕][명] ☞박봉(薄俸).

박-김치[-낌-][명] 여물지 않은 박을 납작납작 잘게 썰어서 담근 김치.

박-나물[-빵][명] 여물지 않은 박을 얇게 저미고 쇠고기를 섞어서 볶은 뒤, 갖은 양념을 하고 주물러서 만든 나물. 포채(匏菜).

박눌(朴訥)[명] '박눌하다'의 어근.

박눌-하다(朴訥-)[-빵][형][여] 꾸밈이 없이 소박하고 말주변이 없다.

박다[-따][타] ①어떤 물건을 다른 물체에 꽂거나 끼우다. ¶말뚝을 박다./자개를 박은 소반. ②음식에 소를 넣거나 무엇을 붙이다. ¶송편에 콩소를 박다./전에 대추를 박다. ③사진이나 인쇄물을 찍다. ¶기념 사진을 박다./명함을 박다. ④틀이나 판으로 눌러서 찍다. ¶다식판으로 다식을 박다. ⑤식물이 뿌리를 내리다. ⑥(글씨를 쓸 때에) 글자의 획 하나하나를 또렷이 쓰다. ¶글씨를 또박또박 박아 쓰다. ⑦바느질에서, 실을 곱걸어서 꿰매다. ¶재봉틀로 치마를 박다. ⑧바느질을 하다. ¶바느질 땀을 고르게 박다. ⑨장기를 둘 때에 궁이나 사를 가운데 궁밭에 들여보내다. ⑩어떤 목적 아래 사람을 어떤 조직체 등에 들어가 있게 하다. ¶끄나풀을 몰래 박아 두고 정보를 수집하다. ⑪머리나 자동차 따위를 다른 물체에 부딪치다. ¶출입문에 이마를 박다. ⑫머리나 얼굴 따위를 푹 숙이거나 눌러서 대다. ¶그릇에 코를 박고 허겁지겁 먹는다.

박-다위[-따-][명] 삼노나 종이를 꼬아서 만든 멜빵. 짐짝을 메는 데 씀.

박달[-딸][명] 〈박달나무〉의 준말.

박달-나무[-딸라-][명] 자작나뭇과의 낙엽 활엽 교목. 깊은 산에 나는데 높이는 30 m가량. 껍질은 검은 회색이며 봄에 갈색 꽃이 이삭 모양으로 핌. 나무의 질이 단단하여 목제품의 재료로 쓰임. ⊛박달.

박담(薄曇)[-땀][명][하형] (하늘에 엷은 구름이 끼어서) 날씨가 약간 흐림, 또는 그런 날씨. 미담(微曇). 미음(微陰).

박답(薄畓)[-땁][명] 메마른 논. ↔옥답(沃畓).

박대(薄待)[-때][명][하타] 성의 없이 아무렇게나 대접함. 푸대접. ¶손님을 박대하다. ↔후대(厚待).

박덕(薄德)[-떡][명] ①[하형] 덕이 적음. ↔후덕. ②'자기의 덕행'을 겸손하게 이르는 말.

박도(迫到)[-또][명][재] 가까이 닥쳐옴. ¶좋은 기회가 박도하다.

박도(博徒)[-또][명] 노름꾼.

박동(搏動)[-똥][명][하자] 맥박이 뜀. ¶심장 박동 소리.

박두(迫頭)[-뚜][명][하자] (기일이나 시간이) 가까이 닥쳐옴. 당두(當頭). ¶기대하시라, 개봉(開封) 박두. /마감 날짜가 박두하다.

박두(樸頭)[-뚜][명] 촉을 나무로 만든 화살. [무난나, 활쏘기를 배울 때나 무과(武科)를 보일 때 썼음.]

박락(剝落)[방낙][명][하자][되자] ①발라 놓은 칠 따위가 벗겨짐. ¶벽화의 일부가 박락되다. ②돌이나 쇠붙이에 새겨 놓은 글씨 따위가 오래되어 긁히고 깎이어 없어짐.

박람(博覽)[방남][명][하타] ①책을 두루 많이 읽음. ¶서사(書史)를 박람하여 관통하지 못한 것이 없다. ②여러 곳을 다니며 널리 많은 것을 봄.

박람-강기(博覽强記)[방남-][명][하자] 널리 여러 가지 책을 많이 읽고 기억을 잘함.

박람-회(博覽會)[방남회/방남훼][명] 산업이나 기술 따위의 발전을 위하여 농업·공업·상업 등에 관한 물품을 모아, 일정한 기간 동안 여러 사람에게 보이는 모임. ¶산업 박람회.

박래-품(舶來品)[방내-][명] 지난날, '서양에서 들어온 상품'을 이르던 말.

박략(薄略)[방냑][명] '박략하다'의 어근.

박략-하다(薄略-)[방냐카-][형][여] 매우 간략하다. 후하지 못하고 아주 약소하다. 박략-히[부].

박력(迫力)[방녁][명] (행동에서 느껴지는) 강하게 밀고 나가는 힘. ¶박력이 넘치다. /일을 박력 있게 처리하다.

박력-분(薄力粉)[방녁뿐][명] 글루텐의 함량에 따라 나눈 밀가루 종류의 한 가지. 찰기가 적은 메진 밀가루. 과자나 도넛 등을 만드는 데 알맞음. ⊛강력분·중력분.

박렴(薄斂)[방념][명][하타] 〈박부렴(薄賦斂)〉의 준말.

박론(駁論)[방논][명][하타][되자] 다른 사람의 학설이나 견해 따위를 비난하고 공격함, 또는 그이론. 논박.

박름(薄廩)[방늠][명] ☞박봉(薄俸).

박리(剝離)[방니][명][하타] (가죽·껍질 또는 붙어 있던 것을) 벗김. ¶가죽을 박리하여 가공하다.

박리(薄利)[방니][명] 적은 이익. ↔폭리(暴利).

박리-다매(薄利多賣)[방니-][명][하타] 상품의 이익을 적게 보고 많이 팔아 이윤을 올리는 일.

박리-주의(薄利主義)[방니-의/방니-이][명] 이익을 적게 내고 팔기를 많이 하는 경영 태도(방식).

박막(薄膜)[방-][명] ①얇은 막. ②동식물의 몸 안의 기관을 싸고 있는 얇은 꺼풀.

박막-질(薄膜質)[방-찔][명] 박막처럼 생긴 물질.

박만(撲滿)[방-][명] ☞벙어리저금통.

박매(拍賣)[방-][명] ☞경매(競賣).

박멸(撲滅)[방-][명][하타][되자] 모조리 잡아 없앰. ¶해충을 박멸하다.

박명(薄明)[방-][명] ①희미하게 밝음. ②해가 뜨기 전이나 해가 진 뒤에 한동안 하늘이 희미하게 밝아 있는 현상, 또는 그 무렵.

박명 (薄命) [박-] [명][하형] ①운명이 기구함. ¶박명한 생애. ②목숨이 짧음. ¶박명한 시인.

박모 (薄暮) [박-] [명] 해가 진 뒤로 컴컴하기 전까지의 어스레한 동안. 땅거미.

박무 (薄霧) [박-] [명] 엷게 긴 안개.

박문 (博文) '박문하다'의 어근.

박문 (博聞) [박-] [명][하자] 사물에 대해 널리 들어 많이 앎.

박문 (駁文) [박-] [명] (다른 사람의 학설이나 견해 따위를) 논박하는 글.

박문-강기 (博聞强記) [박-] [명][하타] 사물에 대하여 널리 듣고 보고, 그것을 잘 기억함.

박문-약례 (博文約禮) [박-냥녜] [명][하자] 널리 학식을 쌓아서 사리에 밝고 예절을 잘 지킴.

박문-하다 (博文-) [박-] [형] 학문에 널리 통하여 밝다.

박물 (博物) [박-] [명] ①여러 가지 사물에 대하여 두루 많이 앎. ②여러 가지 사물과 그에 대한 참고가 될 만한 물건. ③'박물학'의 준말.

박물-관 (博物館) [박-] [명] 역사·민속·산업·과학·예술 등에 관한 자료를 널리 수집, 보관하고 전시하여 사회 교육과 학술 연구에 도움이 되게 만든 시설. ¶민속 박물관.

박물-군자 (博物君子) [박-] [명] 온갖 사물을 널리 잘 아는 사람.

박물-세고 (博物細故) [박-] [명] 자질구레한 사물.

박물-표본 (博物標本) [박-] [명] 동물·식물·광물·지질(地質) 등의 표본.

박물-학 (博物學) [박-] [명] 동물학·식물학·광물학·지질학 등을 통틀어 이르는 말. ㉣박물.

박민 (剝民) [박-] [명] 과중한 조세나 부역 따위로 백성을 괴롭힘.

박박¹ [-빡] [부] ①털 따위를 아주 짧게 깎는 모양. ¶머리를 박박 밀다. ②자꾸 가는 소리, 또는 그 모양. ③몹시 우기는 모양. ¶혼자서만 박박 우기다. ㉣벅벅. ⒨빡빡.

박박² [-빡] [부] 얼굴이 몹시 얽은 모양. ⒨빡빡.

박박-이 [-빠기] [부] 틀림없이. ¶그가 오늘은 박박이 나타날 것이다. ㉣벅벅이. ⒨빡빠기.

박배 [명] 문짝에 돌쩌귀·고리·배목 따위를 박아서 문틀에 끼워 맞추는 일.

박-별 [-뼐] [명] 〈호박벌〉·〈어리호박벌〉의 준말.

박보 (博譜) [-뽀] [명] 장기 두는 법을 풀이한 책.

박복 (薄福) [-뽁] [명][형] 복이 적음. 복이 없음. 팔자가 사나움. ¶박복한 상(相).

박봉 (薄俸) [-뽕] [명] 적은 봉급. 박급(薄給). 박름(薄廩). ¶박봉에 시달리는 월급쟁이들.

박부 (薄夫) [-뿌] [명] 경박한 남자.

박부득이 (迫不得已) [-뿌-] [부][하형] 일이 매우 급하여 어찌할 수 없음. 박어부득(迫於不得). ¶박부득이 완공 시기를 앞당기다.

박-부렴 (薄賦斂) [-뿌-] [명][하타] 세금을 적게 거둠. ㉣박렴.

박빙 (薄氷) [-삥] [명] ①살얼음. ②근소한 차이. 《주로, '박빙의'의 꼴로 쓰임.》 ¶박빙의 승부. /박빙의 차로 승리하다.

박사 (博士) [-싸] [명] ①대학원의 박사 과정을 졸업하여 학위 논문의 심사와 시험에 합격한 사람에게 주는 학위, 또는 그 학위를 가진 사람. ②'널리 아는 것이 많거나 어느 부분에 능통한 사람'을 비유하여 이르는 말. ¶그가 골동품 감별에는 박사다. ③조선 시대, 성균관·홍문관·규장각·승문원에 딸린 정칠품 벼슬. ④고구려·백제 때에, 학문이나 전문 기술에 종사하는 사람에게 주던 벼슬.

박사 (薄紗) [-싸] [명] 얇은 사(紗). ¶박사 고깔.

박사 (薄謝) [-싸] [명] 약간의 사례. 박의(薄儀).

박산 (薄饊) [-싼] [명] 산자에 꿀이나 조청을 발라 흰 세반(細飯)을 묻힌 강정의 한 가지.

박살 [-쌀] [명] 산산이 부서지는 일. ¶박살이 나다. /박살을 내다.

박살 (撲殺) [-쌀] [명][하타] 손으로 쳐서 죽임.

박살 (撲殺) [-쌀] [명][하타] 때려 죽임. 타살.

박상 (剝喪) [-쌍] [명][하자][되자] ①벗겨져 없어짐. ②빼앗기어 잃음. ¶아(我) 생존권의 박상됨이 무릇 기하(幾何)ㅣ 며…(已未獨立宣言書).

박상-해 (雹霜害) [-쌍-] [명] 우박이나 서리로 말미암은 농작물의 피해. ¶박상해를 입다.

박-새 [-쌔] [명] 박샛과의 새. 몸길이 14 cm가량으로 참새만 한다. 머리와 목은 흑색, 빰과 배는 흰색, 등은 회색이며 날개에 흰 띠가 있음. 겨울새이며 보호조임.

박색 (薄色) [-쌕] [명] (주로 여자의) 아주 못생긴 얼굴, 또는 그러한 여자. ↔일색(一色).

박서 (薄暑) [-써] [명] 초여름의 대단하지 않은 더위.

박석 (薄石) [-썩] [명] 넓적하고 얇은 돌.

박설 (駁說) [-썰] [명] 다른 사람의 학설이나 견해를 비난하고 공격하는 일, 또는 그 설(說).

박설 (薄雪) [-썰] [명] 자국눈.

박섬 (縛苫) [-썸] [명] 복쌈.

박섭 (博涉) [-썹] [명][하타] ①여러 가지 책을 많이 읽음. 섭렵(涉獵). ②널리 사물을 보고 들음.

박세 (迫歲) [-쎄] [명] 섣달 그믐이 다가옴.

박소 (朴素) '박소(朴素)하다'의 어근.

박소 (薄少) '박소(薄少)하다'의 어근.

박소-하다 (朴素-) [-쏘-] [형] ㉯소박하다.

박소-하다 (薄少-) [-쏘-] [형] 얼마 되지 아니하다.

박-속 [-쏙] [명] 박 안의, 씨가 박혀 있는 하얀 부분. ¶박속처럼 흰 살갗.

박속 (薄俗) [-쏙] [명] 경박한 풍속.

박속-같다 [-쏙깓따] [형] 피부나 치아 따위가 곱고 하얗다. ¶속살이 박속같다.

박속-나물 [-쏭-] [명] 덜 여문 박을 타서 삶아 속을 버리고 살만 긁어서 무친 나물.

박송 (薄松) [-쏭] [명] 소나무를 얇게 켠 널.

박수 [-쑤] [명] 남자 무당.

박수 (拍手) [-쑤] [명][하자] (환영·축하·격려·찬성 등의 뜻으로) 손뼉을 여러 번 치는 일. ¶박수를 치다. /귀한 손님을 박수로 맞이합시다.

박수-갈채 (拍手喝采) [-쑤-] [명][하자] 많은 사람이 일제히 손뼉을 치면서 환영하거나 칭찬하는 일. ¶박수갈채가 쏟아지다.

박수-례 (拍手禮) [-쑤-] [명] 박수로 하는 인사.

박스 (box) [명] ①상자. 궤. ②[의존 명사적 용법] 상자를 단위로 세는 말. ¶맥주 열 박스.

박스-권 (box圈) [명] 주가가 일정한 가격 폭 안에서만 오르내릴 때에 그 가격의 범위.

박승 (縛繩) [-쏭] [명] ☞포승(捕繩).

박시 (博施) [-씨] [명][하자] 많은 사람에게 널리 사랑과 은혜를 베풂.

박시-제중 (博施濟衆) [-씨-] [명][하자] 널리 사랑과 은혜를 베풀어 많은 사람을 구제함.

박식 (博識) [-씩] [명][하형] 보고 들어서 아는 것이 많음, 또는 그런 사람. ¶금석문에 박식한 사람.

박신-거리다 [-씬-] [자] 끊임없이 박신박신하다. 박신대다. ¶많은 사람으로 박신거리다. ㉣벅신거리다.

박신-대다 [-씬-] [자] 박신거리다.

박신-박신[-씬-씬]甲허자 사람이나 짐승 따위가 좁은 곳에 많이 모여서 활발하게 움직이는 모양. ¶장터에는 사람들이 박신박신한다. 쎈벅신벅신.

박-쌈명하자 (남의 집에 보내려고) 음식을 담아 보자기로 쌈, 또는 그렇게 싼 함지박.

박쌈-질명하자 음식을 박쌈으로 도르는 일.

박씨부인-전(朴氏夫人傳)명 지은이와 지은 때를 알 수 없는 국문 고대 소설. 병자호란을 배경으로 한 군담(軍談) 소설. 박씨전.

박씨-전(朴氏傳)명 ☞박씨부인전.

박아(博雅)명하형 학식이 많고 사리의 분별이 올바름, 또는 그러한 사람.

박아-디디다타 발끝에 힘을 주어 디디다.

박악(薄惡) '박악하다'의 어근.

박악-하다(薄惡-)[-아카-]형어 ①야박하고 모질다. ¶성품이 박악하다. ②됨됨이가 썩 좋지 못하다. ¶박악한 물건을 보내오다.

박애(博愛)명하타 뭇사람을 차별 없이 두루 사랑함. 범애(汎愛). ¶박애 정신.

박애-주의(博愛主義)[-의/-이]명 인류는 모두 평등하며 인종·국가·계급 등을 초월하여 널리 서로 사랑해야 한다는 주의. 사해동포주의.

박약(薄弱)명하형 ①의지나 세력 따위가 굳세지 못하고 여림. ¶의지가 박약하다. ②불충분하거나 모자람. ¶과학적 근거가 박약하다.

박어부득(迫於不得)甲허형 ☞박부득이(迫不得已).

박옥(璞玉)명 다듬거나 갈지 아니한 옥돌.

박옥-혼금(璞玉渾金)[바고콘-]명 〔아직 갈지 않은 옥과 제련하지 않은 금이라는 뜻으로〕 '순박하고 꾸밈이 없는 사람'을 비유하여 이르는 말.

박용(舶用)명하타 선박에 씀, 또는 그 물건. ¶박용 엔진.

박용^기관(舶用機關)명 선박의 원동기로 쓰이는 기관.

박용-탄(舶用炭)명 선박의 증기 기관에 쓰이는 석탄.

박우(薄遇)명하타 불친절한 대접. 박한 대우.

박-우물[바구-]명 바가지로 물을 뜰 수 있는 얕은 물. ↔두레우물.

박운(薄雲)명 엷게 낀 구름.

박운(薄運)명하형 ☞불운(不運).

박은-이명 책을 인쇄한 사람. 인쇄인.

박음-질명하타 ①실을 곱걸어서 꿰매는 바느질. 〔온박음질과 반박음질이 있음.〕 ②재봉틀로 옷감 따위를 박는 일.

박음-판(-版)명 ☞인쇄판(印刷版).

박읍(薄邑)명 ☞잔읍(殘邑).

박의(薄衣)[바긔/바기]명 얇은 옷.

박의(薄儀)[바긔/바기]명 〔'약소한 예물'이라는 뜻으로〕 '남에게 주는 예물'을 겸손하게 이르는 말. 박사(薄謝).

박이(雹異)명 우박이 내려서 농작물 등에 해를 끼치는 일.

-박이접미 ①〔일부 명사 뒤에 붙어, '그것이 박혀 있는 사람이나 짐승 또는 물건'임을 나타냄. ¶점박이./금니박이. ②〔일부 명사 또는 동사 어간 뒤에 붙어〕 무엇이 박혀 있는 곳 또는 한곳에 일정하게 고정되어 있음을 나타냄. ¶장승박이./붙박이.

박이-것[-건]명 ①박아서 만든 것을 통틀어 이르는 말. ②박이옷. 歐뜯이것. * 박이것이[-거시]·박이것만[-건-]

박이-겹것[-껀]명 박음질하여 지은 겹옷. * 박이겹거시[-꺼시]·박이겹것만[-껀-]

박이-끌명 때려 박아서 자국만을 내는 끌.

박이다¹자 ①한곳에 붙어 있거나 끼어 있다. ¶불에 점이 박이다. ②〔오랜 버릇 따위〕 몸에 배다. ¶커피에 인이 박이다. ③〔어떤 생각 따위가〕 깊이 배다. ¶낡은 사상이 머릿속에 박여 있다. ④손바닥이나 발바닥 같은 데 못이 생기다. ¶손바닥에 못이 박이다.

박-이다²타 〔'박다'의 사동〕 사진이나 인쇄물을 박게 하다. ¶명함을 박이다. /사진을 박이다.

박이부정(博而不精)명하형 많은 것을 알고 있으나 정밀하지 못함.

박이-연(-鳶)명 연의 한 가지. 점이나 눈알 따위의 무늬를 넣은 연.

박이-옷[-옫]명 박음질하여 지은 옷. 박이것. * 박이오시[-오시]·박이옷만[-온-]

박인-방증(博引旁證)명하자 널리 많은 예를 끌어대고 두루 증거를 보임.

박자(拍子)[-짜]명 ①음악에서, 리듬의 바탕으로 셈여과 여린박이 규칙적으로 되풀이되는 음악적 시간의 기본 단위. 壺박(拍). ②음악이나 춤의 가락을 돕는 장단. ¶박자를 맞추다.

박작-거리다[-짝-]자 자꾸 박작박작하다. 박작대다. ¶많은 사람이 몰려 박작거린다. 쎈벅적거리다.

박작-대다[-짝때-]자 박작거리다.

박작-박작[-짝짝]甲하자 좁은 곳에 많은 사람이 모여 어수선하게 들끓는 모양. 쎈벅적벅적.

박잠(駁雜) '박잡하다'의 어근.

박잡-하다(駁雜-)[-짜파-]형어 (지식이나 생각 따위가) 뒤섞이어 어수선하다. ¶박잡한 생각.

박장(拍掌)[-짱]명 손바닥을 침.

박장긔(옛) 바둑과 장기. ¶여나무 후子 아런 박장긔 버려 두고(古時調).

박-장기(-將棋·-將碁)[-짱-]명 '바둑과 장기'를 아울러서 이르는 말.

박장-대소(拍掌大笑)[-짱-]명하자 손뼉을 치며 한바탕 크게 웃음.

박재(雹災)[-째]명 우박으로 말미암은 재해.

박재(薄才)[-째]명 변변치 못한 재주. 비재.

박전(搏戰)[-쩐]명하자 맞붙어 때리며 싸움.

박전(薄田)[-쩐]명 메마른 밭.

박전-박답(薄田薄畓)[-쩐-땁]명 메마른 밭과 논.

박절(迫切)[-쩔] '박절하다'의 어근.

박절-기(拍節器)[-쩔-]명 ☞메트로놈.

박절-하다(迫切-)[-쩔-]형어 인정이 없고 매몰스럽다. ¶박절하게 거절하다. 박절-히甲.

박접(剝棧)[-쩝]명 가지접의 한 방법. 대목(臺木)의 편평한 옆면의 껍질을 나란한 폭으로 조금 벗긴 다음, 그 자리에 옆면을 칼로 자른 접수(棧穗)를 대어 동여매는 방법.

박정(薄情)[-쩡] '박정하다'의 어근.

박정-스럽다(薄情-)[-쩡-따][~스러우니·~스러워]형비 박정한 데가 있다. 박정스레甲.

박정-하다(薄情-)[-쩡-]형어 인정이 없고 쌀쌀하다. ¶박정한 사람. 박정-히甲.

박제(剝製)[-쩨]명하타퇴자 동물의 살과 내장을 발라내고 그 안에 솜이나 심을 넣어 꿰맨 다음에 방부제로 처리하여, 살아 있을 때와 같은 모양으로 만드는 일, 또는 그 표본.

박주(-主)[-쭈]명 노름판의 물주.

박주(薄酒)[-쭈]명 ①맛이 좋지 않은 술. ②'남에게 대접하는 술'을 겸손하게 이르는 말. 주(粗酒).

박주가리[-쭈-]**명** 박주가릿과의 다년생 만초. 산과 들에 절로 나는데, 줄기는 3m가량. 여름에 엷은 자줏빛 꽃이 핌. 줄기와 잎에서 흰급이 나오는데, 잎·열매·뿌리는 한방에서 약재로 쓰고 연한 순은 먹기도 함. 새박덩굴.

박주-산채(薄酒山菜)**명** 변변치 못한 술과 산나물. ¶아해야, 박주산채일망정 없다 말고 내어라〈古詩調〉. ②'남에게 대접하는 술과 안주'를 겸손하게 이르는 말.

박죽-목[-(木)[-쭝-]**명** 물방아의 방앗공이에 가로로 박혀 있는 짤막한 나무. 〔십자목이 돌다가 마주 닿을 때 방앗공이가 걸리어 올라가게 됨.〕

박:-쥐[-쮜]**명** 박쥣과의 짐승. 새처럼 날아다니는 유일한 포유류. 몸과 머리는 쥐처럼 생겼고 앞다리의 발가락 사이의 피막이 날개 구실을 함. 낮에는 어두운 곳에 숨어 있다가 밤에만 날아다님. 시력은 거의 퇴화되고, 특수한 기관에서 초음파를 내어 장애물을 피함. 복익(伏翼). 비서(飛鼠). 편복(蝙蝠).

박:쥐-구실[-쮜-]**명** '제 이익을 노리어 유리한 편에만 붙좇는 행동'을 이르는 말.

박:쥐-나무[-쮜-]**명** 박쥐나뭇과의 낙엽 활엽 관목. 숲 속에 나는데, 높이는 3m에 이름. 손바닥 모양으로 갈라진 잎이 어긋맞게 나며, 5~7월에 노란 꽃이 핌. 어린잎은 먹을 수 있음.

박:쥐-우산(-雨傘)[-쮜-]**명** 자루가 달린 금속제의 뼈대에 천을 씌운 우산. 펴면 박쥐가 날개를 편 것과 같은 모양임. 양우산(洋傘).

박:쥐-족(-族)[-쮜-]**명** ①'낮에는 쉬고 밤에만 활동하는 사람'을 이르는 말. ②'이리저리 이로운 편만 붙좇는, 「지조가 없는 사람」'을 이르는 말.

박:쥐-향(-香)[-쮜-]**명** 지난날, 여러 가지 향료를 반죽하여 박쥐 모양으로 만들어 몸에 차던 향의 한 가지.

박지(薄地)[-찌]**명** 메마른 땅.

박지(薄志)[-찌]**명** ①**형** 의지가 약함. ②'(적은 사례'라는 뜻으로) '남에게 보내는 예물'을 겸손하게 이르는 말. ②⇨촌지(寸志).

박지(薄紙)[-찌]**명** 얇은 종이. ¶박지로 포장하는 과자.

박-지르다[-찌-][~지르니·~질러]**타르** 힘껏 차거나 내질러 쓰러뜨리다.

박지-약행(薄志弱行)[-찌야캥]**명** 의지가 약하고 일을 해낼 기력이 없음.

박지타지(縛之打之)[-찌-]**명하타** ⇨박타.

박직(剝職)[-찍]**명하자** 관직을 박탈함.

박직(樸直)[-찍] '박직하다'의 어근.

박직-하다(樸直-)[-찌카-]**형여** 꾸밈이 없고 순직하다.

박진(迫眞)[-찐]**명하형** (표현 따위가) 현실의 모습에 가까움.

박진-감(迫眞感)[-찐-]**명** 예술적 표현에서, 현실의 모습과 똑같을 만큼 진실감이 넘치는 느낌. ¶박진감 넘치는 명연기.

박진-력(迫進力)[-찐녁]**명** 세차게 밀고 나아가는 힘.

박차(拍車)**명** ①말을 빨리 달리게 하기 위하여, 승마용 구두의 뒤축에 댄, 쇠로 만든 톱니 모양의 물건. ②일이 더 빨리 진행되도록 더하는 힘. ¶기술 개발에 박차를 가하다.

박차(薄茶)**명** ①맛이 변변치 못한 차. ②'남에게 대접하는 차'를 겸손하게 이르는 말. ¶박차이지만 맛있게 드세요.

박-차다[**타** ①발길로 냅다 걷어차다. ¶대문을 박차고 나가다. ②(부닥치는 어려움 따위를) 힘차게 물리치다. ¶난관을 박차고 나아가다. ③흥분하여 갑자기 내쳐 버리다. ¶자리를 박차고 일어나다.

박찬(薄饌)**명** ①변변치 못한 반찬. ②'남에게 대접하는 반찬'을 겸손하게 이르는 말.

박채(博採)**명하타** 널리 찾아 모음.

박채-중의(博採衆議)[-의/-이]**명하타** 널리 여러 사람의 의견을 들어 받아들임.

박처(薄妻)**명하자** 아내를 박절하게 대함. 아내에게 인정 없이 대함.

박철(縛鐵)**명** 못을 박기가 어려운 곳에 못 대신 검쳐 대는 쇳조각.

박-첨지(朴僉知)**명** 고대 인형극에 쓰이던 민속 인형의 한 가지. 꼭두각시놀음에서 박첨지 역을 함.

박첨지-놀음(朴僉知-)**명** ⇨꼭두각시놀음.

박초(朴硝)**명** 한방에서, 초석(硝石)을 한 번 구워서 만든 약재. 이뇨제로 쓰임.

박초(縛草)**명** 나무에 접을 붙인 다음에 곁으로 묶어 두는 볏짚 따위.

박초-바람(舶趠-)**명** 음력 오월에 부는 바람. 박초풍.

박초-풍(舶趠風)**명** ⇨박초바람.

박충(朴忠) '박충하다'의 어근.

박충-하다(朴忠-)**형여** 순박하고 충직하다.

박-치기1**명하자타** 머리, 특히 이마로 사람이나 물건을 들이받는 일.

박-치기2**명하타** 배의 널빤지 사이 또는 물이 스며들 만한 틈을 쇠붙이 따위로 메우는 일.

박친(Vakzin 독)**명** '백신(vaccine)'의 잘못.

박타(縛打)**명하타** 묶어 놓고 마구 때림. 박지타지(縛之打之).

박-타다[①(톱 따위로) 박을 두 쪽으로 가르다. ②일이 틀려 버리다. 낭패가 되다.

박탁(剝啄)**명하타** 문을 두드림.

박탁-성(剝啄聲)[-썽]**명** 문을 두드리는 소리.

박탈(剝脫)**명하자타** (칠 따위가) 벗겨짐, 또는 벗겨 냄.

박탈(剝奪)**명하타되자** 남의 재물이나 지위·자격 따위를 권력이나 힘으로 빼앗는 일. ¶자유를 박탈하다. /선거권이 박탈되다.

박태(薄胎)**명** 매우 얇게 만든 도자기의 몸.

박태기-나무(박태기-)**명** 콩과의 낙엽 활엽 관목. 중국 원산의 관상용 식물로 높이는 3~5m. 잎은 심장 모양으로 어긋맞게 남. 4월경에 잎보다 먼저 홍자색 꽃이 피고, 8~9월에 꼬투리가 익음.

박테리아(bacteria)**명** 세균(細菌).

박테리오파:지(bacteriophage)**명** 바이러스의 한 가지. 박테리아에 기생하여 균체(菌體)를 액화시켜 증식함.

박토(剝土)**명하타되자** 노천 광상(露天鑛床) 같은 곳에서, 땅 윗부분의 흙을 들어내는 일.

박토(薄土)**명** 메마른 땅. ↔옥토(沃土).

박-통(薄-)**명** 타지 않은 온통의 박.

박통(博通)**명하자** 널리 통하여 많이 앎.

박투(搏鬪)**명하자** 맞붙어 때리며 싸움.

박판(薄板)**명** 얇은 널빤지나 철판.

박편(剝片)**명** ①벗겨진 조각. ②⇨격지.

박편(薄片)**명** 얇은 조각.

박편^석기(剝片石器)[-끼]**명** 큰 돌의 박편을 다듬어 연장으로 쓴 구석기 시대의 석기.

박풍(膊風)**명** ⇨박공(膊栱).

박피(剝皮)**명하타** 껍질을 벗김.

박피(薄皮)**명** 얇은 껍질.

박하(薄荷)[바카][명] ①꿀풀과의 다년초. 습지에 절로 나는데 재배하기도 함. 줄기 높이는 60~100 cm이며, 뿌리줄기로 번식함. 길둥근 잎이 마주나고 여름에 연한 자줏빛 꽃이 핌. 잎에서 박하유를 뽑으며, 한방에서는 말린 잎을 약재로 씀. 영생이. 민트. ⊃박하뇌.

박하-뇌(薄荷腦)[바카뇌/바카눼][명] 박하유를 고체로 만든 무색의 결정체. 청량제·살균제 등으로 쓰임. 박하정. 박하정. 멘톨.

박-하다(駁-)[바카-][타여] (남의 학설이나 견해 따위를) 비난하거나 공격하여 말하다.

박-하다(薄-)[바카-][형여] ①(남에 대한 마음씀이나 태도가) 너그럽지 못하고 쌀쌀하다. ¶인심이 박하다. /학점이 박하다. ②이익이나 소득이 보잘것없이 적다. ¶이문(利文)이 박하다. ③두께가 매우 얇다. ↔후(厚)하다.

박하-물부리(薄荷-)[바카-뿌-][명] 박하뇌를 넣어서 물부리처럼 만든 것. [담배를 끊을 때 텁텁한 입을 달래기 위하여 담배처럼 빪.)

박하-빙(薄荷氷)[바카-][명] ⊃박하뇌.

박하-사탕(薄荷沙糖)[바카-][명] 박하유를 넣어 만든 사탕.

박하-수(薄荷水)[바카-][명] ①박하의 잎을 쪄서 받아 낸 물. 위장약 등으로 쓰임. ②박하정(薄荷精)에 물을 탄 것.

박하-유(薄荷油)[바카-][명] 박하의 잎을 증류하여 만든 기름과 같은 액체. 특이한 향기와 시원한 맛이 있어 식료품의 향료 등으로 널리 쓰임. 박하.

박하-정(薄荷精)[바카-][명] 박하유와 알코올을 섞어 만든 무색투명한 휘발성의 액체.

박하-정(薄荷錠)[바카-][명] ⊃박하뇌(薄荷腦).

박학(博學)[바각][명][하형] 학식이 넓고 아는 것이 많음. ↔천학(淺學).

박학(薄學)[바각][명][하형] 학식이 얕고 아는 것이 적음. 천학(淺學).

박학-다문(博學多聞)[바각따-][명][하형] 학식과 견문이 넓음.

박학-다식(博學多識)[바각따-][명][하형] 학식이 넓고 아는 것이 많음.

박학-다재(博學多才)[바각따-][명][하형] 학식이 넓고 재주가 많음.

박한(薄汗)[바칸][명] ⊃경한(輕汗).

박할(剝割)[바칼][명][하타] ⊃할박(割剝).

박해(迫害)[바캐][명][하되자] (힘이나 권력 따위로) 약한 처지의 사람을 괴롭히거나 해를 입힘. ¶종교적 박해. /박해를 받다. /박해를 당하다. /박해에 시달리다.

박해(雹害)[바캐][명] (농작물 따위의) 우박으로 말미암아 입는 피해.

박행(薄行)[바캥][명] 경박한 행동.

박행(薄幸)[바캥] '박행하다'의 어근.

박행-하다(薄幸-)[바캥-][형여] 행복하지 못하다.

박혁(博奕·博奕)[바켱][명] 장기와 바둑.

박홍(薄紅)[바콩][명] 연붉은 빛깔.

박흡(博洽)[바캅] '박흡하다'의 어근.

박흡-하다(博洽-)[바크파-][형여] 널리 배워서 아는 것이 많아 사물에 막히는 데가 없다. 박흡-하다.

박-히다[바키-][자] ①('박다'의 피동) 박음을 당하다. ¶가시가 박히다. /사진이 잘 박히다. ②어떤 모습이나 생각 따위가 인상 깊이 새겨지다. ¶그녀의 우아한 모습이 뇌리에 박혀 사라지지 않는다. /반공 정신이 뼛속까지 박히다. ③(주로 '틀'·'판'과 함께 쓰이어) 어떤 것이

규격화되다. ¶판에 박힌 직장 생활에 염증을 느끼다.

밖[박][명] ①담이나 벽 따위로 둘러서 가린 장소를 벗어난 쪽이나 곳. 바깥. ¶사무실 밖으로 나가다. /밖에서 기다리다. ②('속'에 대하여) 겉으로 드러나 보이는 쪽이나 부분. ¶감정을 밖으로 드러내다. /밖으로 보기에는 착한 것 같다. ③일정하게 한정되어 있는 곳을 벗어난 곳. ¶공이 라인 밖으로 나가다. ④자기의 가정이나 자기가 딸린 데가 아닌 다른 데. ¶저녁 식사를 밖에서 한다. /자기 일거리를 밖으로 돌리다. ⑤(의존 명사적 용법) 어떠한 범위나 한계를 넘어선 부분. 외(外). ¶상상 밖의 일. ⑬③↔안. *밖이[바끼]·밖만[방-]

밖에[조] 오직 그것뿐임을 뜻함. 《(으로 부정의 말이 뒤따름.)》 하나밖에 없는 아들. /이대로 기다릴 수밖에 없다.

반[명] 얇게 펴서 만든 조각. ⊃솜반.

반(을) **짓다**[관용] 과자나 떡 따위를 둥글고 얇게 조각을 내어 만들다.

반(反)[명] 변증법의 세 단계의 하나. 반립(反立). 반정립. 정(正). 정반합(正反合).

반(半)[명] ①둘로 똑같이 나눈 것 가운데 한 부분. ¶두 사람이 반씩 나누다. ②(시간·공간·일 따위의) 중간이 되는 부분. ¶학습 시간이 반쯤 지났다. /이제 겨우 반쯤 왔다. /일이 아직 반에도 미치지 않은 상태다. ③(일부 명사 앞에 붙어) '거의 그와 비슷한', '중간 정도의' 등의 뜻을 나타내는 말. ¶반죽음. /반농담. /반공일.

반(을) **타다**[관용] 반으로 가르다.

반(叛)[명] ⊃암키와.

반(班)[명] ①하나의 단체를 몇으로 나눈 작은 집단. ¶연구 내용에 따라 반을 나누다. /한 학년이 5개의 반으로 이루어져 있다. ②한 동(洞)의 통(統)을 다시 가른, 우리나라 행정 조직의 최하 단위. ¶우리 반의 반장.

반(盤)[명] 소반·예반·쟁반 따위를 통틀어 이르는 말.

반-(反)[접두] 일부 명사 앞에 붙어, '반대되는', '반대하는'의 뜻을 나타내는 말. ¶반비례. /반작용. /반혁명. /반민주. /반체제.

반:가(半價)[-까][명] 반값.

반가(班家)[-까][명] 양반의 집안. ¶반가의 법도.

반:-가공품(半加工品)[명] 완전하게 가공되지 않은 미완성 상태의 물품.

반:-가부좌(半跏趺坐)[명][하자] 불교에서, 책상다리를 하고 앉는 법의 한 가지. 오른발을 왼편 허벅다리에 얹고 왼발을 오른쪽 무릎 밑에 넣고 앉는 앉음새. 결가부좌.

반:가-상(半跏像)[명] 반가부좌로 앉은 불상.

반:각(半角)[명] ①어떤 각의 절반. ②활자의 절반 크기의 공간. 이분. ¶반각을 띄우다.

반:각(返却)[명][하타] (보낸 물건을 받지 아니하고) 도로 돌려보냄.

반:간(反間)[명] ⊃이간(離間).

반:-간접조:명(半間接照明)[-쪼-][명] 조명 방식의 한 가지. 대부분의 빛은 위로 향하게 하고 일부의 빛만을 아래로 비치게 하는 조명.

반:감(反感)[명] 상대편의 말이나 태도 등을 불쾌하게 생각하여 반발하거나 반항하는 감정. ¶반감을 사다. /반감을 갖다(품다).

반:감(半減)[명][하자타][하되자] 절반으로 줆, 또는 절반으로 줄임. ¶값을 반감하다. /생산량이 반감되다.

반:감(飯監)**명** 조선 시대에, 궁중에서 음식물과 진상품(進上品)을 맡아보던 벼슬아치.

반:-감기(半減期)**명** 방사성 원소의 원자가 붕괴하여 다른 원자로 변할 때, 본디의 원자 수가 최초의 절반으로 줄어들 때까지 걸리는 시간.

반갑다[-따][반가우니·반가워]**형**田 (그리던 사람을 만나거나 좋은 일이 일어나서) 마음이 즐겁고 기쁘다. ¶ 오랜 가뭄 끝에 반가운 비가 오다. **반가이**튀 ★손님을 반기다. **반가움명**

반:-값(半-)[-갑]**명** 정해진 값의 절반 되는 값. 반가(半價). 반금. ¶ 철 지난 옷을 반값에 사다. ＊반:값이[-갑씨]·반:값만[-감-]

반:개(半開)**명**①**하자타**(문 따위가) 반쯤 열림, 또는 반쯤 엶. ②**하자**(꽃이) 반쯤 핌.

반갱(飯羹)**명** 밥과 국.

반거(盤踞·蟠踞)**명** 〔단단하게 뿌리를 박고 서린다는 뜻으로〕'넓은 땅을 차지하여 세력을 떨침'을 이름.

반거(盤據·蟠據)**명하자** 어떠한 곳에 근거를 잡고 지킴. 근거를 단단히 잡음.

반:-거들충이(半-)**명** 무엇을 배우다가 그만두어 다 이루지 못한 사람. ★반거충이.

반:-거충이(半-)**명** 〈반거들충이〉의 준말.

반:-거치(半鋸齒)**명** 식물의 잎 가장자리에 있는, 아래로 향하여 생긴 톱니 모양.

반:-건성유(半乾性油)[-뉴]**명** 공기 중에 두면 차차 산화하여 차진 기운이 더하나 마르지는 않는 지방유. 〔참기름·목화씨 기름 따위.〕

반:-걸음(半-)**명**① 한 걸음 거리의 절반 걸음. 반보(半步). 경보(頃步). ¶ 반걸음 뒤로 물러서다. ② 군대의 의식 때, 보폭을 바른걸음의 반으로 하여 걷는 걸음.

반:격(反擊)**명하자타** 쳐들어오는 적의 공격을 막아서 되잡아 공격함. ¶ 반격에 나서다. /반격을 가하다.

반:-격전(反擊戰)[-쩐]**명** 적의 공격을 막아 공세로 나가는 전투나 경기.

반결(盤結)**명하자되자** 서려서 얽힘.

반:-결구배추(半結球-)**명** 배추의 한 품종. 포기 모양이 완전한 공 모양을 이루지 않고, 잎의 끝 부분이 벌어진 채로 자람.

반:-결음(半-)**명**① 기름기가 반쯤 묻어 배게 함. ② 지난날, 기름을 적게 먹여 조금만 겯게 하여 신던 가죽신.

반경(反耕)**명하타되자** '번경(反耕)'의 잘못.

반:경(半徑)**명**① 행동이 미치는 범위. ¶ 행동 반경을 넓히다. ② 반지름의 구용어.

반계-곡경(盤溪曲徑)[-계-경/-게-경]**명** 〔울퉁불퉁한 길이라는 뜻으로〕'일을 순리대로 하지 않고 그릇된 방법으로 무리하게 함'을 이르는 말.

반계-수록(磻溪隨錄)[-계-/-게-]**명** 조선 영조 46(1770)년에 간행한 유형원(柳馨遠)의 저서. 26권 13책의 목판본. 여러 가지 제도를 연구·고증한 내용.

반:고(反古·反故)**명** ⇨반고지(反古紙).

반고(反庫)**명하타** '번고(反庫)'의 잘못.

반고(盤古·盤固)**명**① 중국에서, 천지개벽 때 처음으로 태어났다고 하는 전설상의 천자(天子). ② 아득한 옛날. ⓐ태고(太古).

반:-고리-관(半-管)**명** 척추동물의 내이(內耳)에 있는, 평형 감각을 맡고 있는 기관. 반원형으로 된 세 개의 관에 림프가 차 있어 그 움직임으로 몸의 평형과 위치를 감각함. 삼반규관(三半規管). 세반고리관.

반:-고지(反古紙)**명** 글씨 따위를 써서 못 쓰게 된 종이. 반고(反古).

반:-고체(半固體)**명** 액체가 약간 엉긴 상태의 무른 고체. 〔묵·두부 따위.〕

반:-고형식(半固形食)**명** ⇨연식(軟食).

반:곡(反曲)**명하자** 뒤로 젖혀지거나 구부러짐. 반대로 휨. 반굴(反屈).

반:곡(盤曲)**명하자** 얽혀 꼬부라짐. 반굴(盤屈).

반:골(反骨)**명**이나 피륙 따위의 절반 폭.

반:골(反骨·叛骨)**명** 권위나 권세 또는 세상의 풍조 따위에 타협하지 않고 저항하는 기골(氣骨), 또는 그런 기골을 가진 사람. ¶ 반골 기질을 타고나다.

반:공(反共)**명하자** 공산주의에 반대하는 일.

반:공(反攻)**명하자** 공격을 당하거나 막고만 있던 쪽이 반대로 공격에 나섬. ¶ 반공에 나서다.

반:공(半工)**명**① 한 사람 몫의 반 정도밖에 안 되는 일손의 양. ② 반품.

반:공(半空)**명**〈반공중〉의 준말. 건공(乾空). 반천(半天). ¶ 반공을 날다.

반공(飯工)**명** 왕조 때, 대궐 안에서 밥 짓는 일을 맡아보던 사람.

반공(飯供)**명하자** 끼니때마다 음식을 바치는 일. 조석으로 하는 밥상 이바지.

반:-공산주의(反共産主義)[-의/-이]**명** 공산주의를 반대하는 일, 또는 그런 주의.

반:-공일(半空日)**명** 〔하오의 한나절을 쉬는 날이라는 뜻으로〕'토요일'을, 일요일에 상대하여 이르는 말. 반휴일. ↔온공일.

반:-공전(半工錢)**명** 온 삯의 절반 되는 품삯.

반:-공중(半空中)**명** 그리 높지 않은 공중. 건공중. ⓐ반공.

반과(飯菓)**명** 밥과 과자.

반과(飯顆)**명** 밥알.

반:관-반:민(半官半民)**명** 어떤 사업을 정부와 민간 기업이 공동으로 출자하여 경영하는 형태. ¶ 반관반민의 업체.

반교-문(頒敎文)**명** 왕조 때, 나라에 경사가 있을 때에 널리 백성에게 알리려고 펴던 임금의 교서.

반:구(反求)**명하자** 어떤 일의 원인 등을 자신에게 돌려 반성하는 일.

반:구(半句)**명** 〔한 글귀의 반이라는 뜻으로〕아주 적은 말. ¶ 일언반구.

반:구(半球)**명**① 구를 그 중심을 지나는 평면으로 2등분한 것의 한쪽. ② 지구를 반으로 나눈 것의 한쪽.

반:구(返柩)**명하자** 객지에서 죽은 사람의 시체를 자기 집으로 돌려 옴. 반상(返喪).

반구(斑鳩·斑鳩)**명** ⇨산비둘기.

반:-구두(半-)**명** 신울을 낮게 하여 발등이 드러나게 만든 구두. 반화(半靴).

반:-구비(半-)**명** 쏜 화살이 높지도 낮지도 않게 알맞게 날아가는 일. ⓐ원구비.

반:구-형(半球形)**명** 구(球)를 반으로 가른 모양. 반구의 모양.

반:군(反軍)**명** 군부(軍部)에 반대함.

반:군(叛軍)**명** ⇨반란군.

반:굴(反屈)**명하자** 뒤로 젖혀짐. 반대 방향으로 굽음. 반곡(反曲).

반굴(盤屈)**명하자** ⇨반곡(盤曲).

반:궁(半弓)**명** 대궁(大弓)의 절반 정도 크기의 짧은 활. 앉아서 쏨.

반궁(泮宮)**명** 조선 시대에, 성균관과 문묘(文廟)를 아울러 이르던 말.

반:권(反卷)圓하자 식물의 잎이나 꽃잎 따위가 뒤로 젖혀져 말림.

반:-그늘(半-)圓 ☞반그림자.

반:-그림자(半-)圓 ①크기를 가진 광원에 비치어 생긴 물체의 그림자 가운데, 약간은 빛이 들어간 흐릿한 부분. [빛이 전혀 들지 않은 본그림자와 구분하여 이르는 말.] 반그늘. 반영(半影). ↔본그림자. ②태양 흑점의 바깥 부분이 이루는 흐릿한 부분.

반근(盤根)圓 서리어 얽힌 나무뿌리.

반근-착절(盤根錯節)[-쩔]圓 [서린 뿌리와 엉클어진 마디란 뜻으로] '뒤얽혀서 처리하기 어려운 일'을 이르는 말. '후한서(後漢書)' '우후전(虞詡傳)'에 나오는 말임.

반:-금(半-)圓 반값.

반:금(返金)圓하타 꾸었거나 맡았던 돈을 도로 돌려줌, 또는 그 돈.

반급(班給)圓하타 나누어 줌.

반급(頒給)圓하타 왕조 때, 임금이 봉록이나 물품 등을 신하들에게 나누어 주던 일.

반기 잔치나 제사를 지낸 뒤에 몫몫이 담아 여러 사람에게 돌라 주는 음식. ¶ 반기를 도르다.

반:기(反旗)圓 ①어떤 체제를 쓰러뜨리기 위하여 행동하려 할 때 그 집단의 표시로 내세운 기. 반기(叛旗). ②반대의 뜻이나 기세를 나타내는 표시. ¶ 반기를 들다.

반:기(半期)圓 ①한 기간의 절반. ②한 해의 절반.

반:기(半旗)圓 조의(弔意)를 나타내기 위하여 다는 국기. [깃대 끝에서 기폭만큼 내려 다는데, 댕기 모양의 검은 천을 깃봉 밑에 덧달기도 함.] 조기(弔旗).

반:기(叛起)圓 배반하여 일어남.

반:기(叛旗)圓 ☞반기(反旗).

반기(飯器)圓 밥그릇.

반기다타 반가워하다. 반갑게 대하다. ¶ 찾아온 옛 친구를 반기다.

반:-기록^영화(半記錄映畫)[-롱녕-]圓 실제로 일어난 사건을, 그 일어난 곳을 배경으로 하여 제작한 극영화. 세미다큐멘터리 영화.

반-기생(半寄生)圓 어떤 식물이 엽록소로 광합성을 하면서, 한편으로는 다른 식물에 기생하여 부족한 수분이나 양분을 섭취하며 살아가는 일. ⚫전기생(全寄生) 식물.

반:기-조례(半旗弔禮)圓하자 반기를 달고 조의를 나타냄.

반깃-반(-盤)[-기빤/-긴빤]圓 반기를 도르는 데 쓰이는 목판이나 소반.

반:-나마(半-)튀 반이 조금 지나게. ¶ 맡은 일을 반나마 해치우다.

반:-나절(半-)圓 한나절의 반쯤 되는 동안. 반향(半晌). ¶ 반나절이면 끝날 일.

반:-나체(半裸體)圓 살을 다 가리지 않고 반쯤 드러낸 몸. 상반신이나 하반신이 맨몸인 상태. ⚫반라.

반:-날(半-)圓 하루 낮의 절반. 한나절. 반일(半日).

반:납(返納)圓하타 (꾸거나 빌린 것을) 도로 돌려줌. ¶ 대출된 책을 반납하다.

반낭(頒囊)圓 조선 시대에, 궁중에서 정월 첫 자일(子日)과 첫 해일(亥日)에, 재상이나 가까운 신하에게 비단 주머니를 나누어 주던 일, 또는 그 주머니.

반:년(半年)圓 한 해의 반인 여섯 달. 반세(半歲).

반:노(叛奴)圓 상전을 배반한 종.

반:-농(半農)圓 생업으로 하는 일의 절반가량이 농업인 상태.

반:-농가(半農家)圓 생업의 절반 정도가 농업인 농가.

반:농-공(半農半工)圓 생업으로 농사를 지으면서 한편으로 가내 공업도 하는 상태.

반:농-반:도(半農半陶)圓 생업으로 농사를 지으면서 한편으로 도자기도 굽는 상태.

반니쏘리圓 (옛) 훈민정음의 'ㅿ'의 소리. 반치음(半齒音). ¶ ㅿ는 半니쏘리니(訓解).

반:-다지(半-)圓 ①기둥 같은 데에 구멍을 팔 때, 내다지로 파지 않고 기둥 몸피의 반쯤만 되게 파는 일. ②'반닫이'의 잘못.

반:-닫이(半-)[-다지] 궤의 한 가지. 앞부분의 위쪽 절반이 문짝으로 되어 있어서 아래로 젖혀 여닫음.

반:-달(半-)¹圓 한 달의 절반. 반삭(半朔). 반월(半月). ¶ 반달이 지나도록 소식이 없다.

반:-달(半-)²圓 ①반쯤 이지러진 달. 반월(半月). ②반달 모양으로 된 종이 연의 꼭지.

반:달-꼴(半-)圓 반달같이 생긴 모양. 반월형.

반:달-낫(半-)[-랃]圓 날이 반쯤 휘어서 반달 모양으로 생긴 낫. • 반:달낫이[-라시]·반:달낫만[-란-]

반:달^돌:칼(半-)圓 청동기 시대에 곡식의 이삭을 따는 데에 쓰던 반달 모양의 석기.

반달리즘(vandalism)圓 도시의 공공시설이나 문화 예술을 파괴하는 행위.

반:달-문(半-門)[-믄]圓 윗부분을 반달 모양으로 둥글게 만든 문. 반월문(半月門).

반:달-연(半-鳶)[-련]圓 꼭지에 반달 모양의 색종이를 붙인 연.

반:달음-질(半-)圓하자 거의 뛰다시피 빨리 걷는 일. ¶ 반달음질을 치다.

반:달-차기(半-)圓 태권도의 발기술의 한 가지. 몸통 공격을 막을 때나 상대편을 공격할 때, 정면으로 선 상태에서 발로 반원을 그리면서 차는 동작.

반답(反畓)圓하타 '번답(反畓)'의 잘못.

반:당(反黨)圓 ①반역을 피하는 무리. 반도(叛徒). ②하자 당원으로서 당을 배반하는 일.

반:대(反對)圓되자 ①두 사물이 위치·방향·순서 따위에서 서로 등지거나 맞섬, 또는 그러한 상태. ¶ 반대의 방향. ②하자타 어떤 의견이나 제안 등에 찬성하지 아니함. ¶ 의안에 반대하다. ②→찬성.

반대(胖大)圓 '반대하다'의 어근.

반:대^간섭(反對干涉)圓 다른 나라의 불법한 간섭을 물리치기 위하여 하는 간섭.

반:대^개:념(反對概念)圓 동위 개념 가운데서 서로 가장 큰 분량이나 정도의 차이를 나타내는 개념. [색이라는 개념 가운데서의 백(白)과 흑(黑) 따위.]

반:대-급부(反對給付)[-뿌]圓 쌍방이 의무를 가지는 계약에서, 한쪽의 급부에 대하여 다른 한쪽이 해야 할 그와 대등한 급부. [물건을 판 사람이 상품을 넘겨주고, 산 사람이 대금을 지급하는 따위.]

반대기圓 ①(가루로 반죽한 것이나 삶은 푸성귀 따위를) 얄팍하고 둥글넓적하게 만든 조각. ¶ 반대기를 짓다. ②'소래기'의 방언.

반:대^당(反對當)(反對當)圓 전칭 긍정 명제와 전칭 부정 명제와의 대당 관계. [한편이 참이면 다른 편은 거짓이나, 한편이 거짓이라도 다른 편이 반드시 참이라고는 할 수 없는 것.]

반:대-론(反對論)圓 반대되는 논설.

반:대-말(反對-)圓 ☞반의어.

반:대^명사(反對名辭)몡 두 명사가 지시하는 각각의 사물의 내포(內包) 사이에 최대의 차이가 있을 경우의 두 명사의 관계.〔흑(黑)과 백(白)의 관계 따위.〕

반:대^무:역풍(反對貿易風)몡 무역풍의 상층에서 무역풍과 반대 방향으로 부는 바람. 적도 부근의 북반구에서는 남서풍, 남반구에서는 북서풍이 됨.

반:대-색(反對色)몡 서로 보색(補色) 관계를 이루는 빛깔.〔빨강에 대한 녹색 따위.〕

반:대-설(反對說)몡 반대하는 뜻을 나타내는 견해나 이론.

반:대^신:문(反對訊問)몡 증인 신문에서, 증인 신청을 한 당사자가 먼저 신문한 다음에 그 상대편 당사자가 하는 신문.

반:대-어(反對語)몡 ⇨반의어(反義語).

반:대-쪽(反對-)몡 반대되는 방향(편).

반:대-파(反對派)몡 반대되는 처지에 있는 파.

반:대-표(反對票)몡 표결 때, 반대의 뜻을 적어 낸 표. 부표(否票). ↔찬성표.

반대-하다(胖大-)혭 몸이 피둥피둥하게 살지고 크다.

반:-덤핑(反dumping)몡 국제 경쟁에서 우위에 서기 위해 국내 판매 가격이나 생산비보다 싼 가격으로 상품을 수출한 것에 대해, 수입국에서 덤핑한 만큼의 관세를 부과하는 일.

반:덤핑^관세(反dumping關稅)몡 (덤핑을 방지하기 위하여) 덤핑 상품에 매기는 징벌적인 관세.

반도몡〈옛〉개똥벌레. ¶ 반도 형:螢(訓蒙上21).

반:도(半島)몡 대륙에서 바다 쪽으로 길게 뻗어 나와 3면이 바다인 큰 육지.

반:도(半途)몡 ①나아가는 길의 도중. ¶ 일기 불순으로 반도에 되돌아왔다. ②일을 다 끝맺지 못한 상태에서의 어느 때. 중도(中途).

반:도(叛徒)몡 반란을 꾀하거나, 반란을 함께 일으킨 무리. 반당(反黨).

반도(蟠桃)몡 삼천 년 만에 한 번씩 열매를 맺는다는 전설상의 복숭아.

반도네온(bandoneón 스)몡 탱고 음악의 연주에 쓰이는 악기. 아코디언과 비슷하며 단추 모양의 건반으로 연주함.

반:도-미(半搗米)몡 속겨가 벗겨지지 않을 정도로만 쓿은 쌀.

반:도-반:자(半陶半瓷)몡 ⇨반자기(半瓷器).

반:도이폐(半途而廢)[-폐/-폐]몡[허] ⇨중도이폐(中途而廢).

반:-도체(半導體)몡 상온(常溫)에서 전기를 전도하는 성질이 양도체와 절연체의 중간 정도되는 물질을 통틀어 이르는 말.

반:도체^소자(半導體素子)몡 반도체를 이용한 전자 회로 소자.〔정류기(整流器)·트랜지스터·발광 소자 따위.〕

반:-독립(半獨立)[-동닙]몡 한 나라의 주권 일부를 다른 나라로부터 제한받고 있는 상태.

반:-독립국(半獨立國)[-동닙꾹]몡 ⇨일부 주권국.

반:-동(反動)몡[허] ①어떤 작용에 대하여 그 반대로 작용함. ¶ 버스가 급정거하는 바람에 그 반동으로 쓰러졌다. ②진보적이거나 발전적인 움직임을 반대하여 강압적으로 가로막음. ¶ 반동으로 몰리다.

반:동-기(反動期)몡 ⇨반항기.

반:동-력(反動力)[-녁]몡 ①반동하는 힘. ②반동으로 말미암아 생기는 힘.

반:동-분자(反動分子)몡 반동적인 행위를 하는 사람.

반:동-적(反動的)관몡 ①어떤 작용에 대하여 그 반대로 작용하는 (것). ②진보적인 대세를 거스르려는 경향이 있는 (것). ¶ 반동적 사상. / 반동적인 세력.

반:동^정당(反動政黨)몡 진보적이지 못한 정당이 '보수적인 정당'을 이르는 말.

반:동-주의(反動主義)[-의/-이]몡 폭력적인 수단을 써서라도 옛 체제의 유지나 부활을 꾀하려는 극단적인 보수주의.

반되몡〈옛〉개똥벌레. ¶ 반되:螢(訓解).

반되블몡〈옛〉반딧불. ¶ 반도브를 가져:取螢火(圓覺上二之三40).

반두몡 그물의 한 가지. 양 끝에 막대기를 대어 두 사람이 맞잡고 물고기를 몰아 잡도록 되어 있음. 조망(罩網).

반두(飯頭)몡 절에서 대중이 먹을 밥이나 죽을 마련하는 사람, 또는 그 직책.

반:-두부(半豆腐)몡 ⇨되두부.

반둥-거리다쟈 자꾸 반둥반둥하다. 반둥대다. ¶ 일은 않고 반둥거리기만 한다. 큰번둥거리다. 쎈빤둥거리다. 거판둥거리다.

반둥-대다쟈 반둥거리다.

반둥-반둥뷔 보기에 매련스럽도록 게으르게 마냥 놀기만 하는 모양. ¶ 날마다 반둥반둥 놀고만 있다. 큰번둥번둥. 쎈빤둥빤둥. 거판둥판둥.

반드럽다[-따][반드러우니·반드러워]혭 ①갈깔한 데가 없이 매우 매끄럽다. ¶ 방판이 반드럽다. ②사람됨이 어수룩한 맛이 없고 약삭빠르다. ¶ 교활하고 반드러운 사람. 큰번드럽다. 쎈빤드럽다.

반드레-하다혭어 실속 없이 겉모양만 반드르르하다. ¶ 겉보기만 반드레하다. 큰번드레하다. 쎈빤드레하다.

반드르르뷔[하][형] 윤기가 있고 매끄러운 모양. ¶ 이마에 반드르르하게 윤기가 흐른다. 큰번드르르. 쎈빤드르르.

반드시뷔 꼭. 틀림없이. ¶ 꿈은 반드시 이루어진다.

반득뷔[하][쟈] ①작은 불빛 따위가 한 번 빛나는 모양. ¶ 불빛이 반득 스치고 지나간다. ②물건의 바닥이나 거죽이 뒤척임에 따라 비치는 광선의 상태가 갑자기 바뀌는 모양, 또는 그리 되게 하는 모양. 큰번득. 쎈빤득·빤득. **반득-반득**뷔[하]쟈타.

반득-거리다[-꺼-]쟈타 자꾸 반득반득하다. 반득대다. 큰번득거리다. 쎈빤득거리다.

반득-대다[-때-]쟈타 반득거리다.

반득-이다쟈타 ①빛이 반사하여 빛나다 말다 하다. ②눈빛이 세게 빛나며 빛나다. ¶ 사자가 눈을 반득이며 먹잇감을 노려본다. 큰번득이다. 쎈빤득이다·빤득이다·빤뜩이다.

반들-거리다쟈타 ①매우 반들반들하다. ¶ 마룻바닥이 반들거린다. ②자꾸 반들반들하다. ¶ 허구한 날 집에서 반들거리고 있다. 반들대다. 큰번들거리다. 쎈빤들거리다. 거판들거리다.

반들-대다쟈 반들거리다.

반들-반들뷔 ①[하][형]매끄럽게 윤기가 흐르는 모양. ¶ 반들반들하게 윤이 나는 마루. ②[하][형](사람됨이) 어수룩한 맛이 없이 약삭빠른 모양. ¶ 반들반들한 녀석. ③[하]별로 하는 일이 없이 빤빤하게 게으름만 부리는 모양. ¶ 젊은 녀석이 날마다 반들반들 놀기만 해서야. 큰번들번들. 쎈빤들빤들. 거판들판들.

반듯-반듯[-듣빤듣]甲혱 여럿이 모두 반듯한 모양. ¶책들이 반듯반듯 꽂혀 있다. 큰번듯번듯. 셴반뜻반뜻.

반듯-하다[-드타-]혱 ①기울거나 굽거나 찌그러져 있지 않고 바르다. ¶선이 반듯하다. ②생김새가 반반하고 말끔하다. ¶이목구비가 반듯하다. 큰번듯하다. 셴반뜻하다. **반듯-이**甲 ¶모자를 반듯이 쓰다.

반-등(反騰)[반-]명하자 내렸던 시세가 갑자기 올라감. ¶주가가 반등하다. ↔반락(反落).

반등(攀登)명하자 ☞등반.

반디-불명 ☞개똥벌레.

반딧-불[-빧/-딛뿔]명 밤에 개똥벌레의 꽁무니에서 반짝이는 불빛. 형광(螢光). 형화(螢火). **반딧불로 별을 대적하랴**(속담) '하찮은 것이 아무리 억척을 부려도 되지 않을 일을 함'을 이르는 말.

반딧-불이[-빧리/-딛뿌리]명 ☞개똥벌레.

반드기甲 〔옛〕 반드시. 꼭. 마땅히. ¶네 이제 반드기 알라(月釋17:78).

반듯하다甲 〔옛〕 반듯하다. ¶方正은 모나미 반듯할 씨오(月釋2:41).

반뜩甲하자타 〈반득〉의 센말. 큰번뜩.

반뜩-이다자타 〈반득이다〉의 센말. 큰번뜩이다. 셴반뜩이다.

반뜻[-뜯]甲 작은 불빛 따위가 갑자기 나타났다가 곧 사라지는 모양. ¶건너편에서 불빛이 반뜻 보이더니 금세 사라졌다. 큰번뜻. **반뜻-하다**甲하자.

반뜻-반뜻[-뜯뜯]甲혱 〈반듯반듯〉의 센말. 큰번뜻번뜻.

반뜻-하다[-뜨타-]혱 〈반듯하다〉의 센말. ¶반뜻하게 지은 건물. /책상을 반뜻하게 놓다. 큰번뜻하다.

반-라(半裸)[발-]명 〈반나체〉의 준말. ¶반라의 여인상.

반-락(反落)[발-]명하자 오르던 시세가 갑자기 떨어짐. 하락. ¶주가가 반락하다. ↔반등.

반락(般樂)[발-]명하자 마음껏 즐기며 놂.

반:-란(叛亂·反亂)[발-]명하자 정부나 지배자에게 반항하여 내란을 일으킴. 역란(逆亂). ¶반란을 일으키다. /반란을 모의하다.

반란(斑爛)[발-]명 ①여러 빛깔이 섞여서 알록달록하게 빛남. ②한방에서, '마마의 발진이 곪아 터져 문드러짐'을 이르는 말.

반:란-군(叛亂軍)[발-]명 반란을 일으킨 군대. 난군(亂軍). ¶반란군을 토벌하다.

반:란-죄(叛亂罪)[발-죄/발-줴]명 군인이나 준군인(準軍人)이 무기를 가지고 무리를 지어 반란을 일으키거나 이적(利敵) 행위를 한 죄.

반-려(伴侶)[발-]명 ①(생각이나 행동을 함께하는) 짝이 되는 동무. ¶인생의 반려. ②'늘 가까이하거나 가지고 다니거나 하는 것'을 비유하여 이르는 말. ¶여행의 반려로서 책이 늘 그의 손에 들려 있다.

반:려(返戾)[발-]명하자되자 ☞반환(返還). ¶사표를 반려하다.

반려-암(斑糲岩)[발-]명 화성암의 한 가지. 암녹색 또는 검푸른 얼룩무늬가 휘색에 섞여 있는 돌.

반려-자(伴侶者)[발-]명 반려가 되는 사람. 짝1. ¶평생의 반려자인 아내.

반력(頒曆)[발-]명하자 왕조 때, 임금이 신하에게 책력을 주던 일.

반:-례(返禮)[발-]명하자 ☞회례(回禮).

반-로(返路)[발-]명 돌아오는 길. 회로(回路).

반록(頒祿)[발-]명하자 왕조 때, 임금이 관리들에게 녹봉을 주던 일.

반:-론(反論)[발-]명하타 남의 의견에 대하여 반대 의견을 말함. 또는 그 의론. ¶반론을 제기하다.

반료(頒料)[발-]명하자 왕조 때, 나라에서 달마다 요(料)를 나누어 주던 일.

반룡(蟠龍·盤龍)[발-]명 (아직 하늘에 오르지 못하고) 땅에 서리고 있는 용.

반룡(攀龍)[발-]명하자 〔용의 비늘을 끌어 잡는다는 뜻으로〕 '세력 있는 사람의 도움으로 출세함'을 비유하여 이르는 말.

반룡-부봉(攀龍附鳳)[발-]명 〔용을 끌어 잡고 봉황에게 붙는다는 뜻으로〕 '훌륭한 임금을 좇아서 공명을 세움'을 비유하여 이르는 말.

반:-륜(半輪)[발-]명 ①둥근 모양의 반쪽. 반원(半圓). ②'반달2'의 잘못.

반:-리(反理)[발-]명하자되자 ☞배리(背理).

반:-립(反立)[발-]명 ☞반(反).

반-립(飯粒)[발-]명 밥알.

반마(斑馬)[발-]명 얼룩말.

반:-마상치(半馬上-)명 지난날, 남자가 신던 가죽신의 한 가지.

반:-만년(半萬年)[발-]명 오천 년. ¶반만년 역사.

반:-만성(半蔓性)[-썽]명 식물의 줄기가 꿋꿋하지 못하고 거의 덩굴처럼 되는 성질.

반만캐甲 〔옛〕 반만큼. 반쯤. ¶道上 無源水을 반만칸 디허두고(朴仁老.陋巷詞).

반:-말(半-)[발-]명 ①'해라'와 '하게', '하게'와 '하오'의 중간 정도에 해당하는 말씨로서, 존대도 하대도 아니게 말끝을 흐려서 하는 말. 〔'밥 먹지'·'여기 와서 좀 앉지'하는 따위.〕 ②함부로 낮추어 하는 말. ¶제대로 배운 게 없어 아무에게나 반말을 한다.

반:말-지거리(半-)명하자 반말로 함부로 지껄이는 말, 또는 그런 말투. ¶누구에게 반말지거리냐?

반:말-질(半-)명하자 반말을 하는 짓. ¶너 어따 대고 반말질이야?

반:말-하다(半-)자 반말의 말씨를 써서 말하다. ¶아무에게나 반말해서는 안 된다.

반맥(班脈)명 양반의 자손, 또는 그 계통.

반:-맹(半盲)명 한쪽 눈이 보이지 않음, 또는 그런 사람. 애꾸눈. 애꾸눈이.

반:-맹-증(半盲症)[-쯩]명 시야의 절반이 보이지 않는 병증.

반:-머리동이(牛-)명 머리 쪽에 좁다란 색종이를 붙인 연.

반:-면(反面)[1]명 《주로 '반면에'의 꼴로, '-은/는' 활용형 다음에 쓰이어》 앞의 말과는 다름을 나타내는 말. ¶이 천은 열에 강한 반면에 습기에는 약하다.

반:-면(反面)[2]명하자 다른 고장에서 지내다가 고향으로 돌아와서 부모를 뵘.

반:-면(半面)명 ①전면의 절반. ¶지면의 반면을 화보로 꾸미다. ②사물의 어느 한쪽 면. 상대되는 다른 한쪽 면. ③얼굴을 좌우로 구분했을 때의 어느 한쪽.

반:-면(盤面)[발-]명 ①바둑·장기 따위의 판의 겉면. ②바둑이나 장기의 판에 전개되는 승부의 형세. 국면(局面). ¶반면이 좋지 않다. ③바둑에서 덤을 셈하지 않은 상태. ¶반면으로 두 집을 이기다.

반:-면-교사(反面敎師)[발-]명 〔극히 나쁜 면만을 가르쳐 주는 선생이라는 뜻으로〕 ①중국에서 제

국주의자·반동파·수정주의자를 이르는 말. ②따르거나 되풀이해서는 안 되는 나쁜 본보기로서의 사람이나 일을 이르는 말.

반:-면식(半面識)**명** 〔잠깐 만난 일이 있었을 뿐인데도 얼굴을 기억하고 있다는 뜻에서〕 조금 아는 처지. ¶그와는 반면식도 없다.

반:면지분(半面之分)**명** 얼굴만 겨우 알 뿐 교제가 아직 두텁지 못한 사이.

반:명(返命·反命)**명[하자]** ☞복명(復命).

반명(班名)**명** ①양반이라고 이르는 신분. ②반(班)의 이름.

반:모(反毛)**명** 모직물이나 털실 따위의 지스러기를 처리하여 다시 원모(原毛)의 상태로 만든 재제품(再製品).

반:-모음(半母音)**명** 국어에서, 이중 모음을 이루는 온전하지 못한 모음. 'ㅑ·ㅕ·ㅛ·ㅠ/ㅒ·ㅖ'의 첫소리인 'ㅣ[j]', 'ㅘ·ㅙ/ㅝ·ㅞ'의 첫소리인 'ㅗ/ㅜ[w]'가 이에 해당함. 반홀소리.

반:-목(反目)**명[하자]** 서로 맞서서 미워함. ¶반목과 대립. /반목을 해소하다.

반:목-질시(反目嫉視)[-찔씨]**명[하자]** 서로 미워하고 시기하는 눈으로 봄.

반묘(斑貓)**명** 한방에서, '가뢰'를 약재로 이르는 말. 성질은 차며, 나력(瘰癧)에 쓰임.

반:무(反武)**명[하자]** 지난날, 여러 대(代)를 무관으로 내려오던 집안이 문관의 집안으로 바뀌었다가, 그 자손이 다시 무관으로 돌아가는 경우를 이르는 말.

반:문(反問)**명[하타]** 남의 물음에는 답하지 않고 도리어 되받아 물음. 되물음. ¶그는 웃으면서 사실이라고 반문했다.

반문(斑紋)**명** 알록달록 아롱진 무늬.

반:-물명 검은빛을 띤 짙은 남빛. 감색(紺色). 반물색. ¶반물 치마.

반:물-색(-色)**명** ☞반물.

반:-물질(反物質)[-찔]**명** 반입자(反粒子)인 양전자·반양자·반중성자로 이루어지는 물질. 이론적일 뿐, 실재는 아직 확인되지 않았음.

반미(飯米)**명** 밥쌀.

반:-미개(半未開)**명** 인류 사회의 발전 단계에서 미개와 문명과의 중간적 단계.

반:-미치광이(半-)**명** '말이나 하는 짓이 마치 정신이 나간 것같이 실없는 사람'을 욕으로 이르는 말.

반미-콩(飯米-)**명** '밥밑콩'의 잘못.

반:민(反民)**명** ①☞반민족. ¶반민 특위. ②☞반민주.

반:-민족(反民族)**명** 민족에 반역되는 일. 반민. ¶반민족 행위.

반:-민주(反民主)**명** 민주주의에 반대하는 일, 또는 반대되는 일. 반민. ¶반민주 세력.

반-바닥명 활쏘기에서, '엄지손가락이 박힌 뿌리'를 이르는 말.

반:-바지(半-)**명** 가랑이가 무릎을 덮지 않는 짧은 바지.

반:박(反駁)**명[하타][되자]** 남의 의견이나 비난에 대하여 맞서 공격하여 말함. ¶반박의 여지가 없다. /국한문 혼용 주장에 대하여 즉각적으로 반박 성명을 내다.

반:박(半拍)**명** 음악에서의 한 박(拍)의 반.

반박(斑駁)**명** ①여러 빛깔이 한데 뒤섞여 아롱진 것. ②여러 가지 것이 한데 섞이어 서로 같지 아니함.

반박지탄(斑駁之歎)[-찌-]**명** 한편으로 치우치는 불공정한 처사에 대한 개탄.

반:반(半半)**명** ①절반으로 가른, 또는 갈라진 각각. ¶찬반(贊反)이 반반이다. ②반의반.

반반(班班)**명** 각 반의.

반반-하다형[여] ①바닥이 고르고 반듯하다. ¶땅을 반반하게 고르다. ②생김새가 얌전하고 예쁘장하다. ¶반반한 얼굴. ③물건이 제법 쓸 만하고 보기에 좋다. ¶반반한 옷가지. ④지체가 남만 못지않게 상당하다. ¶반반한 집 자손. 圖번번하다. **반반-히튀**.

반:발(反撥)**명[하자][되자]** ①되받아 퉁겨짐. ②상대에 대하여 언짢게 여겨 그에 반항하는 태도를 나타내는 일. ¶반발이 심하다. /부당한 처사에 반발하다.

반발(班髮·斑髮)**명** 반백(斑白)의 머리털.

반:발ˆ계ː수(反撥係數)[-계/-게-]**명** 두 물체가 충돌하기 전의 속도와 충돌 후의 속도의 비.

반:발-력(反撥力)**명** 반발하는 힘.

반:발-심(反撥心)[-씸]**명** 반발하는 마음.

반:-밤(半-)**명** 하룻밤의 절반. 반소(半宵). 반야(半夜). ¶원고 한 장 쓰는 데 반밤이나 걸렸다.

반:-방전(半方甎)**명** 직사각형으로 된 벽돌.

반:백(半白)**명** ①센 머리털이 절반이나 되는 머리털. ¶반백의 노인. ②현미와 백미가 반씩 섞임, 또는 그런 쌀.

반:백(半百)**명** 백의 절반. 백 살의 절반. ¶이미 반백을 넘다.

반백(斑白·頒白)**명** 희끗희끗하게 센 머리털. ¶반백의 중노인.

반벌(班閥)**명** 양반의 문벌.

반:-벙어리(半-)**명** 혀가 짧거나 하여 남이 잘 알아듣기 어렵게 말을 하는 사람.

반:-베(斑-)**명** 반물의 실과 흰 실을 섞어 짠, 폭이 좁은 무명. 띠나 수건감으로 쓰임. 반포(斑布).

반:벽(返璧)**명[하타]** 남이 선물로 보낸 물건을 받지 않고 도돌려 보냄.

반병-두리명 놋쇠로 둥글고 바닥이 편평하게 만든 국그릇.

반:-병신(半病身)**명** ①몸이 성하지 못하여 행동이 부자유스러운 사람. ②☞반편이.

반:-보(半步)**명** 반걸음. ¶반보 앞으로(뒤로).

반:-보기명 지난날, 갓 결혼한 새색시끼리나 일가친척 관계의 부녀자끼리 만나 보고 싶을 때, 양편 집의 중간 지점까지 서로 나와서 만나 보던 풍습.

반:복(反復)**명[하자][되자]** 되풀이함. ¶같은 동작을 여러 번 반복하다.

반:복(反覆)**명[하타]** ①말이나 행동을 이랬다저랬다 하여 자주 고침. ¶변덕과 반복으로 신뢰를 잃다. ②생각을 엎치락뒤치락함.

반:복(叛服)**명** 반역과 복종.

반:복-기호(反復記號)[-끼-]**명** ☞도돌이표.

반:복-무상(反覆無常)[-봉-]**명[하형]** 언행이 이랬다저랬다 하여 종잡을 수 없음.

반:복-무상(叛服無常)[-봉-]**명[하형]** 배반했다 복종했다 하여 그 태도가 한결같지 아니함.

반:복-법(反復法)[-뻡]**명** 수사법상 강조법의 한 가지. 같거나 비슷한 어구를 되풀이하여 문장의 의미를 강조하는 표현 방법. 〔'산에는 꽃 피네, 꽃이 피네' 하는 따위.〕

반:복-소인(反覆小人)[-쏘-]**명** 언행을 이랬다저랬다 하는, 변변치 못한 사람.

반:-복자(半卜者)[-짜-]**명** 망건의 한 가지. 복자망건과 일자망건의 중간 형태의 망건.

반:복-형(反復形) [-보켱]**명** 연결 어미의 한 갈래. 동사에만 있는 것으로, 동작이 거듭됨을 나타냄. 반드시 상반되는 동사끼리 어울려 쓰임. 〔'오락가락한다'에서의 '-(으)락' 따위.〕

반:-봇짐(牛褓-) [-보쩜/-본찜]**명** 손으로 들고 다닐 수 있는 작은 봇짐. ¶반봇짐을 싸다.

반-봉(牛封)**명** 강이 덜 얼거나 덜 풀려서 떼로도 썰매로도 다닐 수 없는 기간.

반:-봉건(牛封建)**명** 사회 제도나 사람의 의식 속에 봉건적 경향이 남아 있는 상태.

반:부(返附)**명하타** 되돌려 보냄.

반부(班祔)**명** 지난날, 대를 이을 자식이 없는 사람의 신주(神主)를 조상의 사당에 함께 모시던 일.

반:부새(명) 말이 좀 거칠게 내닫는 일.

반:분(牛分)**명하타되자** 절반으로 나눔, 또는 절반의 분량. 반분(牛牛). ¶유산을 반분하다.

반:-불(牛-)**명** 촉광을 낮추어서 켜는 등불.

반:-불겅이(牛-)**명** ①빛깔과 맛이 제법 좋은 중길의 살담배. ②'반쯤 불그레하게 익은 고추'를 이르는 말.

반:비(反比)**명** 한 비(比)의 전항(前項)과 후항(後項)을 바꾸어 이루어진 비. 〔A:B에 대한 B:A 따위.〕 역비(逆比). ↔정비(正比).

반:비(牛臂)**명** 한복 저고리 위에 덧입는 웃옷의 한 가지. 깃과 소매가 없거나 아주 짧음. **참**마고자.

반비(飯婢)**명** 지난날, 밥 짓는 일을 맡아보던 여자 하인. **참**동자아치.

반:-비례(反比例)**명하자** ①어떤 양이 다른 양의 역수(逆數)에 비례되는 관계. 역비례. ¶자동차의 공기 저항은 속도에 반비례한다. ↔정비례. ②어떤 사실에 반대로 비례가 되는 일. ¶도시 인구의 증가 폭이 클수록 이와 반비례하여 농촌 인구의 감소 폭도 커지게 된다.

반:비알-지다(牛-)**형** 땅이 약간 비탈지다.

반빗(飯-) [-삗]**명** 지난날, 반찬 만드는 일을 맡아보던 여자 하인. 찬모(饌母). *반빗이[-비시]·반빗만[-빈-]

반빗-간(飯-間) [-빈깐]**명** 반찬을 만드는 곳. 찬간(饌間).

반빗-아치(飯-) [-비다-]**명** 지난날, 반빗 노릇을 하던 사람. 찬비(饌婢).

반빗-하님(飯-) [-비다-]**명** 지난날, 하인들이 리 '반빗아치'를 조금 높이어 일컫던 말.

반:-빙(牛氷)**명하타** ①반쯤 얼어붙음, 또는 그 얼음. ②〈반취(牛醉)〉의 속된 말.

반빙(頒氷)**명하자** 여름철에 임금이 신하들에게 얼음을 나누어 주던 일, 또는 그 얼음.

반:사(反射)[명]**하타되자** 빛이나 전파 따위가 어떤 물체의 표면에 부딪혀서 되돌아오는 현상. ¶빛의 반사. ②자극에 대하여 기계적으로 일어나는 신체의 생리적인 반응. ¶조건 반사.

반:사(牛士)**명** 지난날, '반쪽 선비'라는 뜻으로, '양반의 서자(庶子)'를 얕잡아 이르던 말.

반:사(牛死)**명하자** 반죽음. ¶모진 추위로 반사 지경에 이르다.

반사(班師)**명** ①**하자** 지난날, 군사를 철수시키던 일. ②개신교에서, 주일 학교(主日學校)의 선생을 이르는 말.

반사(頒賜)**명하타** 임금이 물건을 나누어 줌.

반:-사각(反射角)**명** 반사선과 법선(法線)이 만드는 각. 빛의 경우, 그 각도의 크기는 입사각(入射角)과 같음.

반:-사경(反射鏡)**명** 빛을 반사하는 거울.

반:-사광선(反射光線)**명** 입사 광선이 반사하여 처음의 매질(媒質) 속을 향해 진행하는 광선. 반사선. ↔입사 광선.

반:-사능(反射能)**명** 반사된 빛 에너지와 입사 에너지의 비(比). **참**반사율.

반:-사등(反射燈)**명** 반사경을 써서, 빛을 한쪽으로 집중시켜 비추게 한 등.

반:-사로(反射爐)**명** 천장의 반사열을 이용하여 원료를 녹이는 형식의 용광로.

반:사^망:원경(反射望遠鏡)**명** 물체에서 오는 빛을 대물렌즈인 오목 반사경으로 반사시키고, 접안렌즈로 상(像)을 확대하여 보는 망원경.

반:사^방지막(反射防止膜)**명** 반사를 막기 위해 렌즈의 표면에 입힌 얇은 막.

반:-사선(反射線)**명** ☞반사 광선.

반:-사시(反射時)**명** 생체(生體)가 자극을 받은 때로부터 실제로 반사가 일어날 때까지 걸리는 시간. 보통 0.2~0.3초 이하임.

반:-사열(反射熱)**명** 볕이나 불에 단 물체에서 내쏘는 열.

반:-사^운:동(反射運動)**명** 반사에 의하여 무의식적으로 일어나는 운동.

반:-사율(反射率)**명** 입사(入射) 에너지와 반사 에너지의 비율. **참**반사능.

반:사^이:익(反射利益)**명** 법률이 공익을 보호하기 위하여 어떠한 규제를 함으로써 일반인들이 간접적으로 누리게 되는 이익.

반:사^작용(反射作用)**명** ①심리상으로 반사 운동이 일어나는 작용. ②파동(波動)이 반사되는 작용.

반:사-재(反射材)**명** 원자로의 노심(爐心)에서 발생한 중성자가 밖으로 새는 것을 막기 위하여, 노심을 둘러싸는 반사체로 쓰는 물질. 〔흑연·베릴륨·중수(重水) 따위.〕

반:사-적(反射的)**관명** 어떤 자극에 무의식적으로 반응하여 일어나는 (것). ¶반사적 행동. /쿵 하는 소리에 반사적으로 몸을 벌떡 일으키다.

반:사-체(反射體)**명** 반사하는 물체.

반:사^측각기(反射測角器) [-깍끼]**명** 광물의 결정면(結晶面)에 빛을 반사시켜서 그 결정면의 각(角)을 재는 기구.

반:사-파(反射波)**명** 매질(媒質) 속을 진행하는 파동이 다른 매질의 경계면에서 반사하여 방향을 바꾸는 파동.

반:-사회적(反社會的) [-회-/-훼-]**관명** 사회의 규범이나 질서 또는 이익에 반대되는 (것). ¶반사회적 견해. /반사회적인 집단 행위.

반:사회^집단(反社會集團) [-회-딴/-훼-딴]**명** 공공 사회의 질서와 규범을 거스르는 불순한 집단. 〔절도단 따위.〕

반:-삭(牛朔)**명** 한 달의 절반. 반달. ¶소식이 끊긴 지도 어느덧 반삭이 지났다.

반:-산(牛産)[명]**하자** 한방에서, '유산(流産)'·'낙태(落胎)'를 달리 이르는 말. 소산(小産).

반살미[명]**하타** 혼인 뒤에 신랑이나 신부를 일갓집에서 처음으로 초대하는 일.

반삽(飯插)**명** 밥주걱.

반:상(反常)**명하자** 이치에 어긋남.

반:상(返償)**명** ☞반구(返柩).

반:상(返償)**명하타되자** 꾸거나 빌린 것을 돌려서 갚음.

반상(班常)**명** 양반과 상사람을 아울러 이르는 말. 상반(常班). ¶반상의 구별. /반상의 타파.

반상(飯床)**명** ①끼니 음식으로 밥과 반찬을 차린 상차림. ②〈반상기〉의 준말.

반상(盤上)圀 ①반의 위. ②바둑판이나 장기판 위. ¶반상의 묘수.

반상-기(飯床器)圀 격식을 갖추어 밥상 하나를 차리게 만든 한 벌의 그릇. 쥰반상.

반:상-낙하(半上落下) [-나카]圀혜좌 '반쯤 올라가다가 떨어진다는 뜻으로' '처음에는 정성껏 하다가 중도에 그만두어 버림'을 이르는 말.

반:상-반:하(反上反下)圀혜좌 '위아래 어느 쪽에도 들지 않는다는 뜻으로' '성질이나 태도가 모호함'을 이르는 말.

반-상회(班常會) [-회/-훼]圀 행정 조직의 최하 단위인 반(班)의 구성원이 갖는 월례 모임.

반색혜좌 '매우 바라던 사물이나 기다리던 사람을 보고서' 몹시 반가워함. ¶반색을 하며 반기다. /휴가 온 아들을 보고 반색하시는 어머니.

반색(斑色)圀 어룽진 빛깔.

반:생(半生)圀 한평생의 절반. 반평생. ¶반생을 예술에 바치다.

반:생-반:사(半生半死)圀혜좌 거의 죽게 되어 생사를 알 수 없는 지경에 이름. ¶(춘향이) 애고애고 섧게 울 제, 자진하여 반생반사하는구나(烈女春香守節歌).

반:생-반:숙(半生半熟)圀혜좌 '반쯤은 설고 반쯤은 익었다는 뜻으로' '기예(技藝) 따위가 아직 익숙지 못함'을 이르는 말.

반:서(反噬)圀혜좌 '기르던 동물이 도리어 주인을 문다는 뜻으로' '은혜를 원수로 갚음'을 이르는 말.

반석(盤石·磐石)圀 ①넓고 편평한 바위. 너럭바위. ②'아주 믿음직스럽고 든든함'을 비유하여 이르는 말. ¶회사를 반석 위에 올려놓다. /반석 같은 국방 태세.

반선(盤旋)圀혜좌 산길 같은 것이 빙빙 굽이돌아서 오르게 됨.

반:-설음(半舌音)圀 훈민정음에서의 'ㄹ' 소리. 반혓소리.

반:성(反省)圀혜좌 자기의 언행·생각 따위의 잘못이나 옳고 그름을 깨닫기 위해 스스로를 돌이켜 살핌. ¶일기를 쓰면서 그날의 일과(日課)를 반성하다. /반성의 기미가 보인다.

반:성(半醒)圀혜좌 술기운이나 졸음이 반쯤 깸. 쥰반취(半醉).

반성(伴星)圀 연성(連星) 가운데서 빛이 어둡고 질량이 작은 쪽의 별. →주성(主星).

반:-성양(半成樣)圀혜좌 사물이 절반쯤 이루어짐.

반-성운(伴星雲)圀 중성운(重星雲) 가운데서 질량이 작은 쪽의 성운.

반성^유전(伴性遺傳) [-뉴-]圀 성염색체(性染色體) 속에 있는 유전자로 말미암아 일어나는 유전 현상.

반:성-코:크스(半成cokes)圀 석탄을 저온으로 건류하여 만든 코크스.

반:세(半世)圀 한평생의 절반. 반세상.

반:세(半歲)圀 한 해의 절반. 반년(半年).

반:세계(反世界) [-계/-게]圀 ☞반우주.

반:세기(半世紀)圀 한 세기의 절반, 곧 50년. ¶분단 반세기. 쥰사반세기.

반:세상(半世上)圀 ☞반세(半世).

반-세포(伴細胞)圀 속씨식물의 체관 옆에 붙어 있는 길쭉한 세포. 체관에 공급하는 영양분의 저장 조직으로 알려져 있음.

반:소(反訴)圀혜좌 민사 소송에서, 소송이 진행되는 도중에 피고가 원고에 대하여 제기하는 소송. 맞소송.

반:소(半宵)圀 ①한밤중. ②쥰반밤.

반:소(半燒)圀혜좌 (건물 따위가) 반쯤 탐. ¶화재로 가옥이 반소되다. 쥰전소(全燒).

반:-소경(半-)圀 ①애꾸눈. ②'시력이 몹시 약한 사람'을 비유하여 이르는 말. ③'문맹(文盲)'을 비유하여 이르는 말. ¶학교 근처에도 가 본 적이 없는 목불식정의 반소경이다.

반:-소매(半-)圀 팔꿈치 정도까지만 내려오는 짧은 소매. 반팔.

반소사(飯疏食)圀 '반찬 없는 거친 밥이라는 뜻' '안빈낙도(安貧樂道)하는 군자의 생활'을 이르는 말.

반:-소설(反小說)圀 전통적인 소설의 개념을 부정하고 새로운 수법에 의한 소설의 가능성을 추구하려는 소설. 1950년대 이후 프랑스의 작가들에 의하여 시도되었음. 앙티로망.

반:-소작(半小作)圀혜좌 자작 농토와 소작 농토를 아울러 가지고 농사를 함, 또는 그렇게 하는 농사.

반:속(反俗)圀 세상 일반의 사고(思考)나 생활 방식을 따르지 아니함.

반송(返送)圀혜타 다른 물건에 붙여서 함께 딸려 보냄. ¶편지 속에 어머니의 사진이 반송되어 왔다.

반:송(返送)圀혜타둬좌 도로 돌려보냄. 환송(還送). ¶수취인 불명으로 편지가 반송되다.

반송(搬送)圀혜타둬좌 (화물 따위를) 운반하여 보냄. ¶화물을 반송하다.

반송(蟠松)圀 키가 작고 가지가 가로 뻗어서 옆으로 퍼진 소나무.

반송-대(搬送帶)圀 ☞컨베이어.

반송-사(伴送使)圀 지난날, 중국 사신을 호송하던 임시 벼슬.

반송식 통신^방식(搬送式通信方式)圀 전신·전화선 또는 전력선에 변조(變調)된 고주파 전류를 보내어, 그를 이용하는 통신 방식.

반:-송장(半-)圀 '아주 늙거나 병이 들어 거의 죽은 사람이나 다름없게 된 사람'을 비유하여 이르는 말. ¶반송장이나 다름없는 몰골.

반송^전:신(搬送電信)圀 반송파(搬送波)를 이용한 전신.

반송-파(搬送波)圀 전신·전화·텔레비전 따위의 음성이나 영상의 신호파를 전송하는 데 쓰이는 고주파 전류.

반:수(反數) [-쑤]圀 ☞역수(逆數).

반:수(半睡)圀 〈반수반성〉의 준말.

반:수(半數) [-쑤]圀 전체의 절반의 수. ¶반수 이상이 찬성하다.

반수(伴隨)圀혜타 짝이 되어 따름.

반수(班首)圀 ①수석(首席)의 자리에 있는 사람. ②지난날, 보부상의 우두머리.

반수(礬水)圀 명반(明礬)을 녹인 물에 아교를 섞은 것. 잉크나 먹·채료 따위가 번지는 것을 막는 데 쓰임.

반:-수둑이(半-)圀 어떤 물건이 바싹 마르지 아니하고 반쯤만 수둑수둑하게 마름, 또는 그러한 물건.

반:수-반:성(半睡半醒)圀 깊이 잠들지 못하고 반쯤 깨어 있음. 쥰반수.

반:수-성(半數性) [-썽]圀 생식 세포가 체세포의 반수의 염색체를 가지고 있는 상태, 또는 그러한 성질.

반:수^가스(半水性gas) [-썽-]圀 발생로(發生爐)가스와 수성(水性)가스와의 혼합 가스.

반:수^세:대(半數世代)圀 감수 분열에서 수정(受精)이 될 때까지의 세대. 쥰배수 세대.

반:수^염(半數染色體)[명] 감수 분열 때 체세포 염색체 수의 반이 된 염색체.

반:수-주의(半獸主義)[-의/-이][명] ①인간의 성적 본능을 만족시키자는 주의. ②사람의 동물적 본능을 강조하여 성욕을 꾸밈 없이 그려서 나타내는 문예상의 한 주의.

반:숙(半熟)[명][하타] (음식 따위를) 반쯤만 익힘, 또는 그렇게 익힌 것. ¶ 달걀 반숙. 逊완숙.

반:숙-란(半熟卵)[-쑹-][명] 반쯤 익힌 달걀.

반:숙-마(半熟馬)[-쑹-][명] ①조금 길들인 말. ②지난날, 작은 공이 있는 벼슬아치에게 내리던 상의 한 가지. 공무(公務)로 어디를 갈 때, 조금 길든 말을 얻어 탈 수 있는 특전(特典)을 베풀었음.

반순(反脣)[명][하타] '번순(反脣)'의 잘못.

반:승(半僧)[명] ☞비승비속(非僧非俗).

반:-승낙(半承諾)[명][하타] 대체로 좋다는 정도로 하여 두는 승낙. ¶ 반승낙이라도 받은 게 다행이다.

반:승-반:속(半僧半俗)[명] ☞비승비속(非僧非俗). ¶시인지 산문인지 알 수 없는 반승반속의 글.

반:시(半時)[명] 아주 짧은 동안. ¶ 반시도 가만히 있지 못하다.

반:시(半翅)[명] 꿩과의 새. 메추라기와 비슷하나 좀 더 큼. 얼굴과 목은 노랗고, 등에는 회흑색의 얼룩무늬가 있음.

반시(盤柿)[명] 납작감.

반:시-기호(反始記號)[명] ☞다 카포(da capo).

반시-뱀(飯匙-)[명] 살무삿과의 뱀. 오키나와·대만 등지에 분포하는 독사. 몸길이 1.6 m가량. 머리는 세모꼴로 순가락처럼 생기고 등은 담황색에다 두 줄의 암갈색 고리무늬가 있음. 나무 위나 풀밭에서 쥐 따위를 잡아먹고 삶.

반:-시옷(半-)[-옫][명] 한글의 옛 자모(字母)의 하나인 'ㅿ'의 이름. *반:시옷이[-오시]·반:시옷만[-온-]

반식(伴食)[명][하자] ①배식(陪食). ②'아무 능력도 없이 어떠한 직(職)에 앉아 자리만 지키고 있음'을 이르는 말.

반:-식민지(半植民地)[-싱-][명] 주권(主權)을 가지고 있기는 하나 실질적으로는 식민지나 다름없는 나라.

반:신(半身)[명] 온몸의 절반.

반:신(半信)[명][하타] 완전히 믿지는 아니함.

반:신(返信)[명] 회답하는 편지나 전보. 회신(回信). 逊왕신(往信).

반:신(叛臣)[명] 임금에게 반역한 신하.

반:신-료(返信料)[-뇨][명] '회신료'의 이전 일컬음.

반:신-반:의(半信半疑)[-바늬/-바니][명][하타] 반쯤은 믿고 반쯤은 의심함. ¶ 반신반의하는 표정을 짓다. 逊차신차의.

반:신-반:인(半神半人)[명] 〔반은 신이고 반은 사람이라는 뜻으로〕'아주 영묘(靈妙)한 사람'을 이르는 말.

반:신-불수(半身不隨)[-쑤][명] 뇌출혈·혈전·종양 따위로 말미암아 몸의 절반이 마비되는 일, 또는 그런 사람.

반:신-상(半身像)[명] 상반신의 사진·초상·소상(塑像) 따위를 통틀어 이르는 말.

반:신-욕(半身浴)[-뇩][명] 명치 또는 배꼽 아래 부분까지만 따뜻한 물에 담그는 목욕법.

반:실(半失)[명][하자] 절반가량 잃거나 손해를 봄.

반:심(半心)[명] ①할까 말까 하는 마음. ②참되게 먹지 아니하는 마음. 진정이 아닌 마음.

반:심(叛心)[명] 배반하려는 마음. 반의(叛意). 배심(背心). 逊반심을 품다.

반:쌍(半雙)[명] 쌍으로 된 것의 한쪽.

반:-아카데미(反academy)[명] 고지식한 관학적(官學的) 경향을 지양하고, 청신하고 진취적인 학풍을 이루려는 정신.

반암(斑岩)[명] 얼룩무늬가 박혀 있는 암석.

반:-암부(半暗部)[명] 태양의 흑점 주위의 옅은 흑색 부분. 부분 그늘.

반:액(半額)[명] 정해진 금액의 절반 값. ¶ 정기 반액 세일. /청소년의 입장료는 반액이다.

반:야(半夜)[명] ①한밤중. ②☞반밤.

반야(般若←Prajñā 범)[명] 만물의 본질을 이해하고 불법(佛法)의 참다운 이치를 깨닫는 지혜.

반야-경(般若經)[명] 불교에서, 완전한 지혜의 실천이라는 '반야바라밀의 깊은 이치를 설(說)한 경전'을 통틀어 이르는 말.

반야-바라밀(←般若波羅蜜)[명] 불교에서, '지혜의 완성', '완전한 지혜'의 뜻으로 이르는 말.

반야바라밀다-심경(←般若波羅蜜多心經)[-따-][명] 대반야경의 정수(精髓)를 뽑아 간결하게 설한 경. 逊반야심경·심경².

반야-심경(般若心經)[명] 〈반야바라밀다심경〉의 준말.

반야-정관(般若正觀)[명] ①지혜와 선정(禪定). ②분별과 망상을 떠난 지혜로써 잡념을 버리고 정신 통일을 한 상태.

반야-탕(般若湯)[명] ☞곡차(穀茶).

반:양(半養)[명] 배내. ¶ 반양으로 키우는 소.

반:-양성자(反陽性子)[-냥-][명] 逊반양자.

반:-양식(半洋式)[-냥-][명] 절반 서양식을 본뜬 격식. ¶ 집 안을 반양식으로 꾸미다.

반:-양자(反陽子)[-냥-][명] 양자의 반입자(反粒子). 양자와 만나면 소멸되어 에너지로 바뀌는 성질이 있음. 반양성자. 앤티프로톤.

반:-양장(半洋裝)[-냥-][명] ①제본법의 한 가지. 속장을 실로 매고, 겉장을 속장에 붙여 책을 다음 겉장과 속장을 함께 마무르는 방식, 또는 그렇게 제본한 책. ②반쯤 서양식으로 꾸민 옷차림.

반:어(反語)[명] ①뜻을 강조하기 위하여, 표현하려는 뜻과는 반대되게 하는 말. ②어떤 말에 빗대어, 그 반대되는 뜻을 강조하는 말. ②아이러니. 逊반어법.

반:어(半漁)[명] 逊반어업(半漁業).

반:어-법(反語法)[-뻡][명] 수사법상 변화법의 한 가지. 표현하려는 본뜻과는 반대되는 말을 함으로써 문장의 의미를 강화하는 표현 방법. 〔'참 푸지게도 준다(인색하다).', '꽝장한 미인인걸(못생겼다).', '만세 불렀다(포기했다).' 따위 따위.〕

반:-어업(半漁業)[명] 주로 어업을 하면서 다른 일도 겸하여 하는 일. 반어(半漁).

반:-여태혜(半女太鞋)[-녀-/-녀-혜][명] 지난날, 남자가 신던 가죽신의 하나. 여태혜와 비슷함.

반:역(反逆·叛逆)[명][하자타] ①나라와 겨레를 배반함. ¶ 민족 반역 행위. ②통치자에게서 나라를 다스리는 권한을 빼앗으려고 함. ¶ 반역을 꾀하다.

반:역(反譯)[명][하타][되자] ①옛글 따위를 지금의 말로 바꾸어 옮김. ②☞번역(翻譯). ③☞중역(重譯).

반:역-자(反逆者)[-짜][명] 반역한 사람. ¶ 민족 반역자를 처단하다.

반:역-죄(反逆罪)[-쬐/-꿰][명] 반역 행위를 한 죄.

반연(絆緣)[명] 뒤얽힌 인연.

반연(攀緣)[명][하타] ①더위잡고 기어오름. ②속된 인연에 끌림. ③권력 있는 사람에게 의지하여 출세함.

반연-경(攀緣莖)[명] 다른 물건에 달라붙거나 다른 물건을 더위잡고 뻗어 가는 식물의 줄기. 포도나무·담쟁이덩굴 따위.

반연-성(攀緣性)[-썽][명] (담쟁이나 호박처럼) 다른 물건에 달라붙거나 다른 물건을 더위잡고 뻗어 가는 식물의 성질.

반연^식물(攀緣植物)[-씽-][명] 반연성을 가진 만초. 포도나무·담쟁이·완두 따위.

반열(班列)[명] 품계·신분·등급의 차례. 반차(班次). ¶반열에 서다. /정승의 반열에 오르다.

반-염송-포(半鹽菘包)[-념-][명] 얼갈배추.

반영(反映)[명][하자]빛 따위가 반사하여 비침. ②[하타]어떤 영향이 다른 것에 미쳐 나남. ¶민의(民意)를 반영하다.

반-영(反影)[명] 반사하여 비친 그림자.

반-영(半影)[명] ☞반그림자. ↔본영(本影).

반영(繁纓)[명] 말의 뱃대끈과 안장 양쪽에 늘어뜨리는 가슴걸이.

반:-영구(半永久)[-녕-][명] 거의 영구에 가까움.

반:-영구-적(半永久的)[-녕-][관][명] 거의 영구에 가까운 (것). ¶반영구적인 건물.

반옥(飯玉)[명][殮]할 때, 죽은 사람의 입에 쌀과 섞어서 넣던 구슬.

반-올림(半-)[명] 셈할 때, 끝수가 4 이하일 때는 버리고 5 이상일 때는 10으로 올려서 계산하는 셈법. 〔12.4는 12로, 12.5는 13으로 하는 따위.〕

반:와(泮蛙)[명] 〔'성균관(成均館)'의 개구리'란 뜻으로〕'아무 일도 하지 않고 자나깨나 책만 읽는 사람'을 농조로 이르는 말.

반완(蟠蜿)[명][하자] 서리서리 굼틀거림.

반외(盤外)[명] 〔바둑/바네-〕①바둑·장기판 밖. ②바둑·장기의 대국 이외.

반요^식물(攀繞植物)[-씽-][명] 반연성(攀緣性)·전요성(纏繞性)이 있는 식물. 담쟁이덩굴·포도나무·나팔꽃·칡 따위.

반:우(返虞)[명][하자] 장사 지낸 뒤에 신주(神主)를 모셔 집으로 돌아오는 일. 반혼(返魂).

반:-우주(反宇宙)[명] 모든 물질이 반입자(反粒子)로 되어 있다고 하는 우주. 반세계.

반:원(半圓)[명] 원을 이등분한 한 부분.

반:원(半圓)[명] 지난날, 오십 전짜리 은화(銀貨)를 이르던 말. 광무(光武) 연대에 썼음.

반원(班員)[명] 반을 이루고 있는 구성원.

반:-원주(半圓周)[명] 원둘레를 지름으로 이등분한 한쪽.

반:-원-형(半圓形)[명] 반원처럼 생긴 모양.

반:월(半月)[명] ①☞반달1. ②☞반달2.

반:월-문(半月門)[명] ☞반달문.

반:월-창(半月窓)[명] 반달 모양의 창.

반:월-판(半月瓣)[명] 대동맥과 폐동맥의 출구에 있는, 반달같이 생긴 세 개의 판막. 피가 거꾸로 흐르는 것을 막는 일을 함.

반:월-형(半月形)[명] ☞반달꼴.

반:위(反胃)[명] ☞번위(反胃).

반:유(泮儒)[명] 지난날, 성균관에서 생활하면서 공부하던 유생(儒生).

반:-유대주의(反Judea主義)[-의/-이][명] 인종적·종교적·경제적인 이유로 유대 인을 배척·전멸시키려는 사상.

반:-유동체(半流動體)[-뉴-][명] 되직한 유동체. 죽 따위와 같이 찰기가 강한 액체.

반:음(半音)[명] 온음의 절반이 되는 음정. 반음정(半音程).

반:-음계(半音階)[-계/-게][명] 각 음의 사이가 반음으로 이루어진 음계.

반:-음양(半陰陽)[명][한] 남녀추니.

반:-음정(半音程)[명] ☞반음(半音).

반:응(反應)[명][하자] ①생체가 자극이나 작용을 받아 일으키는 변화나 움직임. ¶민감한 반응을 보이다. ②화학에서, 물질과 물질이 서로 작용하여 화학 변화를 일으키는 일. ¶산(酸)에 반응하여 빛깔이 변하다.

반:응^물질(反應物質)[-찔][명] 서로 작용하여 화학 반응을 일으키는 물질.

반:응^속도(反應速度)[-또][명] 화학 반응이 일어나는 속도. 반응 물질의 농도·온도·압력·촉매 따위에 따라 달리 나타남.

반:응-열(反應熱)[-녈][명] 화학 반응에 따라 발생하거나 흡수하는 열.

반:의(叛意)[바늬/바니][명] 배반하려고 하는 의사. 반심(叛心). ¶반의를 품다.

반의(斑衣)[바늬/바니][명] 여러 가지 빛깔의 옷감으로 지은 때때옷.

반:의-반(半-半)[바늬-/바네-][명] 절반의 절반, 곧 4분의 1. 반반. 반지반(半之半).

반:의-어(反意語)[바늬-/바니-][명] 어떤 낱말에 반대되는 뜻을 지닌 낱말. 반대말. 반대어. ↔동의어.

반의지희(斑衣之戱)[바늬-히/바니-히][명] '늙어서도 부모에게 효양(孝養)을 일으키는 말. 〔중국의 노래자(老萊子)가 나이 일흔에 때때옷을 입고 어리광을 부려 부모를 위로한 고사에서 유래함.〕

반이(搬移)[명][하타] 짐을 운반하여 옮김. 세간을 싣고 이사함.

반:-인(泮人)[명][하] 관사람.

반:-일(半-)[-닐][명] ①하루 일의 절반. ②어떤 일의 절반.

반:일(反日)[명][하자] 일본에 대하여 반대함. ¶반일 감정이 고조되다.

반:-일(半日)[명] 하루의 절반. ¶반일 근무.

반:-일-조(半日潮)[-쪼][명] 약 반일의 주기가 지는 천체의 기조력(起潮力)에 따라 일어나는 조석(潮汐).

반입(搬入)[명][하타][되자] (어떤 곳에) 물건을 들여옴. ¶전시품을 반입하다. ↔반출.

반:-입자(反粒子)[-짜][명] 보통의 소립자와 물리적 성질은 같으나, 전하(電荷)나 자기(磁氣) 모멘트의 부호가 반대인 소립자.

반:-잇소리(半-)[-니쏘-/-닛쏘-][명] ☞반치음.

반자(盤子)[명] 더그매를 두고, 천장을 평평하게 만든 시설. 〔아래쪽 겉면이 천장을 이룸.〕

반자(를) 받다[관용] 몹시 노하여 펄펄 뛰다.

반:-자기(半瓷器)[명] 질그릇에 가까운 사기그릇. 또는 사기그릇에 가까운 질그릇. 반도자기.

반:-자동(半自動)[명] 기계 장치에서, 부분적으로 이루어지는 자동. ¶반자동 소총. 참전자동.

반:-자성(反磁性)[명] 자장(磁場) 안에 든 물체가 자장과 반대 방향으로 자화(磁化)하는 성질. 초전도체의 금속에서 강하게 나타남.

반:-자(半子)[명] 〈반자지명(半子之名)〉의 준말.

반:-자(半字)[명] 글자의 획을 줄여서 간편하게 나타낸 한자. 〔'擔'을 '担', '體'를 '体'로 쓰는 따위.〕 약자(略字). 약필(略筆). ↔정자(正字). 참속자(俗字).

반자(班資)[명] 지위와 녹봉.

반:자성-체(反磁性體)명 반자성을 나타내는 물체. [금·은·구리 같은 초전도체, 산소 이외의 기체 및 유기 물질, 유리, 염류 따위.]

반자-지(一紙)명 반자의 겉면(천장)을 꾸미기 위해 바르는 종이.

반:자지명(牛子之名)명 [아들이나 다름없이 여긴다는 뜻으로]'사위'를 달리 이르는 말. ㉤반자.

반자-틀명 반자를 들이기 위하여 나무나 철사로 가로세로 짜서 만든 틀.

반작튀하자타 빛이 반작이는 모양. ㉣번적. ㉵반짝2·빤작·빤짝. 반작-반작튀하자타

반작(反作)명 '번작(反作)'의 잘못.

반:작(牛作)명하타 ①☞소작(小作). ②수확량이 평년작의 절반밖에 되지 않음, 또는 그런 정도의 수확량.

반작-거리다[一꺼一]자타 자꾸 반작반작하다. 반작대다. ㉣번적거리다.

반작-대다[一때一]자타 반작거리다.

반:-작용(反作用)명하자 ①어떤 물체가 다른 물체에 힘을 미쳤을 때, 동시에 똑같은 크기의 힘이 되미치어 옴, 또는 그 힘. ②어떤 움직임에 대해 반대의 움직임이 생겨나는 일. ¶무리한 추진으로 반작용이 일어나다.

반작-이다[一때一]자 빛이 잠깐 나타났다 없어지다, 또는 그리되게 하다. ¶저기 멀리서 반작이는 물체가 뭔지 확인하고 오너라. ㉣번적이다. ㉵반짝이다·빤짝이다.

반:-장(泮長)명 [반궁(泮宮)의 수장(首長)이란 뜻으로]'대사성(大司成)'을 달리 일컫던 말.

반:장(返葬)명하타 객사한 사람을 그가 살던 곳이나 고향으로 옮겨다 장사 지내는 일.

반:장(叛將)명 반란을 일으킨 장수.

반장(班長)명 '반(班)'이라는 이름을 붙인 집단의 통솔자 또는 책임자. ¶조사 반장. /1반의 반장으로 뽑히다.

반:-장경(牛長徑)명 타원의 긴지름의 반.

반:-장부(牛一)명 [두 나무 도막을 맞대어 이을 때]한쪽 나무에만 만든 짧은 장부.

반:-장화(牛長靴)명 목의 길이가 보통 장화의 절반 정도로 짧은 장화.

반:적(叛賊)명 자기 나라를 배반한 역적.

반전(反田)명하타 '번전(反田)'의 잘못.

반:전(反戰)명 전쟁을 반대함. ¶반전 시위.

반:전(反轉)명하자타 ①반대쪽으로 구르거나 돎. ②일의 형세가 뒤바뀜. ¶전세(戰勢)가 반전되다. ㉥역전(逆轉). ③사진에서, 현상한 음화(陰畫)를 양화(陽畫)로 만드는 일.

반:전(牛錢)명 '매우 적은 돈'을 비유하여 이르는 말. ¶천 원은커녕 반전도 없네.

반전(班田)명 왕조 때, 나라에서 백성에게 나누어 주던 밭.

반:전^기류(反轉氣流)명 상공(上空)의 공기가 해면의 공기보다 따뜻한 기류.

반:전^도형(反轉圖形)명 같은 도형이면서 보고 있는 동안에 원근이나 그 밖의 조건이 다르게 보이는 도형.

반:전^문학(反戰文學)명 전쟁을 반대하는 사상이나 주장 따위를 주제로 다룬 문학.

반:전^필름(反戰film)명 반전 현상으로 직접 양화(陽畫)로 만들 수 있는, 슬라이드용이나 소형 영화용 따위의 필름.

반:-절(牛一)명 ①허리를 굽혀 양손을 바닥에 짚고 앉아 고개를 숙여서 하는 여자의 절. ②아랫사람의 절을 받을 때, 그 답례로 윗몸을 반쯤 굽혀서 하는 절.

반:절(反切)명 ①한자의 독음(讀音)을 다른 두 한자로 나타내는 방법. 첫 글자의 초성과 둘째 글자의 중성·종성을 따는 것으로, 가령 '東'자의 독음을 '德紅切'이라 하는 따위. ②한글의 '자모(字母)'를 달리 이르는 말. [《훈몽자회(訓蒙字會)》의 범례에 전함.] ③〈반절본문〉의 준말.

반:절(牛切·牛截)명하타 절반으로 자름. ②백지 등의 전지(全紙)를 절반으로 자른 것.

반:절(牛折)명하타 반으로 꺾거나 반으로 가름. 절반. ¶문제를 반절도 못 풀다.

반:절-본문(反切本文)명 한글을 그 자모순에 따라 자음자와 모음자를 결합시켜 배열한 일람표. '가갸 거겨 고교 구규 그기그/나냐 너녀 노뇨 누뉴 느니느/하햐 허혀 호효 후휴 흐히흐' 등으로 되어 있으며, 한글을 처음 배우는 데 이용되었음. ㉤반절·본문.

반:점(牛點)명하타 ①온전한 점수의 절반. ¶반점을 주다. ②아주 조금'의 뜻. ¶구름 반점도 없이 맑게 갠 하늘. ③반 시간. ¶반점이 더 지나다. ④문장 부호의 한 가지로 ','의 이름. ㉤콤마.

반점(斑點)명 얼룩얼룩한 점. 얼룩점. ¶이마에 반점이 생기다.

반점(飯店)명 [밥을 파는 가게의 뜻으로]'음식점'을 중식(中式)으로 이르는 말.

반점-병(斑點病)[一뼝]명 식물의 잎이나 줄기에 반점이 생기는 병.

반:정(反正)명하자타 [정도(正道)로 돌아감, 또는 돌이킴의 뜻으로]①난리를 바로잡음. ②지난날, 나쁜 임금을 폐하고 새 임금이 들어서던 일. ¶인조(仁祖) 반정. /반정을 일으키다.

반정(斑晶)명 화성암 등의 낱알이 작은 석기(石基) 속에 흩어져 있는 비교적 큰 결정.

반:정^공신(反正功臣)명 반정 때 공이 큰 사람에게 내리던 공신의 칭호.

반:-정립(反定立)[一닙]명 변증법에서, 정립된 명제에 대립되는 형식으로 정해진 명제. 정반합(正反合)의 '반(反)'에 해당함. 안티테제.

반:-정부(反政府)명 정부에 반대하는 일. ¶반정부 인사. /반정부 시위.

반:-제(返濟)명하타되자 빌려 쓴 금품을 갚음.

반:-제품(牛製品)명 가공이 덜 되어 아직 완전한 제품이 되지 못한 물건.

반:조(牛租)명 쌀에 뉘가 반쯤 섞여 있는 일.

반:조(返照)명하타 ①빛이 반사되어 되쪼임, 또는 그 빛. ②자저녁 햇빛을 받아 하늘이 붉게 비침, 또는 그 햇빛.

반:조-문(頒詔文)명 지난날, 나라에 경사가 있을 때 백성에게 널리 알리던 조서(詔書).

반:조-반:미(牛租牛米)명 뉘가 반쯤 섞인 쌀.

반족(班族)명 양반의 겨레붙이.

반종(班種)명 양반의 씨.

반:좌(反坐)명하타 지난날, 남을 무고한 사람에게, 그 사람이 받았을 형량으로 처벌하던 일.

반:좌-율(反坐律)명 지난날, 남을 무고(誣告)한 사람에게 반좌의 형(刑)을 내리던 법률.

반:주(牛周)명 ①한 바퀴의 반. ②둘레의 반을 도는 일.

반주(伴走)명하자 마라톤 경주 등에서, 자동차나 자전거로 선수와 함께 달리는 일.

반주(伴奏)명하타 성악이나 기악의 연주에 맞추어 다른 악기로 보조적으로 연주하는 일. ¶반주 음악. /피아노 반주에 맞추어 합창하다.

반주(斑紬)명 ☞아랑주.

반주(飯酒)명 끼니때 밥에 곁들여서 술을 마심, 또는 그렇게 마시는 술.

반-주권국(半主權國) [-꿘-]명 주권을 완전히 행사하지 못하고, 국제법상 그 일부가 제한되어 있는 나라. 일부 주권국.

반주그레-하다혱 얼굴이나 모습이 보기에 반반하다. 囹번주그레하다.

반주-상(飯酒床) [-쌍]명 반주를 차려 놓은, 간단한 술상.

반:-주인(泮主人) [-쭈-]명 ☞관주인(館主人).

반죽명하타 가루에 물을 부어 이기는 일, 또는 그렇게 이긴 것. ¶밀가루의 반죽이 녹다.
  반죽(이) 좋다관용 (성미가 언죽번죽하여) 노염이나 부끄럼을 타는 일이 없다.

반:-죽음(半-)명하자되자 (몸시 맞거나 어려움을 겪어서) 거의 죽게 된 상태. 반사(半死).

반죽-필(斑竹筆)명 붓대를 반죽으로 만든 붓.

반:-중간(半中間)명 ☞중간(中間).

반:-중성자(反中性子)명 중성자의 반입자. 질량은 중성자와 거의 같고 자기(磁氣) 모멘트는 반대임. 〔기호는 n̄, 또는 N〕

반:증(反證)명하타되자 ①어떤 주장에 대하여 그것을 부정할 증거를 드는 일, 또는 그 증거. ¶반증을 들다. ②어떤 사실이나 행동이 어떤 일에 대하여 반대가 된다는 것을 증명하는 것. ¶입대를 앞두고 외국 국적을 취득한 것은 국방 의무를 다할 생각이 없다는 반증이 아니고 무엇인가? ③민사 소송법상 상대편이 신청한 사실이나 본증을 반박하기 위한 증거. ④형사 소송법상 사실의 부존재(不存在)를 증명하는 재료. ↔본증(本證).

반:지(半紙)명 붓글씨를 연습하는 데 쓰이는 일본식 종이의 한 가지. 크기는 가로 35 cm, 세로 25 cm가량임.

반지(斑指·斑指)명 한 짝으로만 된 가락지. 보석 따위 장식을 붙이기도 함.

반-지기(-) [일부 명사 뒤에 붙어] 쌀이나 어떤 물건에 다른 잡것이 섞인 것을 나타낼 때 쓰는 말. ¶돌반지기./뉘반지기.

반지랍다 [-따] [반지라우니·반지라워]혱 ①기름기가 묻어서 윤이 나고 매끄럽다. 囹번지랍다. ②하는 짓이 얄미울 정도로 교활하다.

반지레부하혱 매끄럽고 윤이 나서 반지르르한 모양. ¶기름기가 반지레 도는 얼굴. 囹번지레. 쎈빤지레.

반지르르부하혱 ①기름기 같은 것이 묻어서 윤이 나고 매끄러운 모양. ¶반지르르한 얼굴. /반지르르 윤이 나는 마루. ②말이나 행동 따위가 실속은 없이 겉으로만 그럴듯한 모양. ¶말은 반지르르하게 잘한다. 囹번지르르. 쎈빤지르르.

반:-지름(半-)명 원이나 구(球)의 중심에서 그 원주나 구면(球面)에 이르는 선분, 또는 그 길이. ¶반지름 10 cm의 원.

반:지반(半之半)명 ☞반의반.

반지-빠르다 [~빠르니·~빨라]혱르 ①말이나 하는 짓이 얄밉게 반드럽다. ¶반지빠른 행동. ②어중간하여 쓰기에 알맞지 아니하다.

반직(伴直)명하자 두 사람이 함께 번을 듦, 또는 그 일.

반:-직선(半直線) [-썬]명 한 직선이 선상(線上)의 한 점에 의하여 둘로 나누어진 경우, 그 각각의 부분을 이르는 말.

반:-직업적(半職業的) [-쩍]관명 직업 이외의 다른 일을 거의 직업으로 삼다시피 하는 (것). ¶사진 촬영은 이제 반직업적인 일이 되었다.

반진(斑疹)명 한방에서, 마진(痲疹)·성홍열(猩紅熱) 등과 같이 '온몸에 붉고 좁쌀만 한 것이 돋는 병'을 이르는 말.

반진-고리 [-꼬-]명 〈바느질고리〉의 준말.

반질-거리다자 ①매끄럽게 윤기가 흐르다. ¶마가 반질거리다. ②일을 살살 피하면서 게으름을 피우다. ¶일은 하지 않고 반질거리기만 한다. 반질대다. 囹번질거리다. 쎈빤질거리다.

반질-대다자 ☞반질거리다.

반질-반질부 ①하혱 윤기가 흐르고 반지러운 모양. ②하자 자꾸 게으름만 피우며 반질거리는 모양. ¶눈에 띄지 않는 곳에서 반질반질 놀기만 한다. 囹번질번질. 쎈빤질빤질.

반:집(半-)명 비기는 것을 피하기 위하여 덤을 주고 두는 바둑에서 생기는 계산상의 집. 반호(半戶).

반-짓다 [-짇따] [~지으니·~지어]타ㅅ (과자나 떡 따위를) 둥글고 얇게 조각을 내어 만들다.

반짝부 ①무엇을 아주 가볍고 빠르게 들어 올리는 모양. ¶아이를 반짝 들어 올리다. ②수그렸던 얼굴 따위를 갑자기 쳐드는 모양. ¶고개를 반짝 쳐들다. ③감았던 눈을 갑자기 뜨는 모양. ¶반짝 눈을 뜨다. ④갑자기 정신이 들거나 어떤 생각 따위가 머리에 떠오르는 모양. ¶반짝 정신이 들다. /귀가 반짝 뜨이는 말. 囹번쩍. **반짝-반짝**부.

반짝²명하자타 〈반작〉의 센말. ¶어둠 속에서 불빛이 반짝 빛났다. 囹번쩍². 쎈빤짝.

반짝-이다자 〈반작이다〉의 센말. 囹번쩍이다. 쎈빤짝이다.

반:-쪽(半-)명 ①한 개를 두 쪽으로 쪼갠 한 쪽. ¶사과 반쪽도 서로 나누어 먹다. ②'살이 몹시 빠지고 야위었음'을 이르는 말. ¶앓고 나더니 얼굴이 반쪽이 되었다. ③'온전하지 못하거나 불완전한 것'을 비유하여 이르는 말. ¶당이 불참한 반쪽 국회.

반차(班次)명 ☞반열(班列).

반차-도(班次圖)명 왕조 때, 나라의 의식에서 문무백관이 늘어서는 차례를 적은 그림.

반찬(飯饌)명 밥에 곁들여 먹는 음식. 부식(副食)·부식물. 식찬(食饌). 준찬. 硏공차비.
  반찬 먹은 개관용 구박을 받아도 아무 말 못하는 처지를 두고 하는 말.
  반찬 먹은 고양이[괭이] 잡도리하듯관용 잘못을 저지른 사람을 마구 혼내 주는 모양.

반찬-감(飯饌-) [-깜]명 ☞반찬거리.

반찬-거리(飯饌-) [-꺼-]명 반찬을 만드는 데 쓰이는 여러 가지 재료. 반찬감. ¶시장에 반찬거리를 사러 가다. 준찬거리.

반찬-단지(飯饌-) [-딴-]명 ①반찬을 담아 두는 작은 항아리. ②'필요할 때 필요한 물건을 잘 갖추어 내어 놓는 사람'을 농으로 이르는 말.

반창(瘢瘡)명 상처의 흔적.

반창-고(絆瘡膏)명 상처를 보호하거나 붕대 따위를 고정시키는 데에 쓰는 접착성 헝겊이나 테이프. ¶일회용 반창고.

반:채-층(半彩層)명 태양 대기의 최하층부.

반:천(半天)명 ①하늘의 한가운데. 중천. ②☞반공중(半空中).

반:-천하수(半天河水)명 한방에서, '교목의 구멍이나 대를 잘라 낸 그루터기에 괸 빗물'을 약재로 이르는 말.

반:청(半晴)명 날씨가 반쯤 갬.

반:청-반:담(半晴半曇)명 날씨가 반쯤은 개고 반쯤은 흐림.

반-체제(反體制)명 그 시대의 국가·사회를 지배하는 정치 체제에 저항하여 그것을 변혁하려고 꾀하는 일. ¶반체제 인사(人士).

반-초(半草)명 ☞반흘림.

반초(飯鮹)명 ☞꼴뚜기.

반-초서(半草書)명 반쯤 흘려 쓴 글씨.

반-촌(泮村)명 지난날, 성균관 근처에 있는 동네를 이르던 말.

반촌(班村)명 조선 시대에, 양반들이 모여 사는 마을을 이르던 말. ↔민촌(民村).

반쵸(옛)파초(芭蕉). ¶반쵸 파:芭. 반쵸 쵸:蕉(訓蒙上8).

반-추(反芻)명하타 ①소나 염소 따위가 한번 삼킨 먹이를 다시 입속으로 되올려 씹어서 삼키는 일. 되새김질. 새김질. ②어떤 일을 되풀이하여 음미하거나 생각하거나 하는 일. ¶그가 남긴 말을 곰곰이 반추해 보다.

반추-동물(反芻動物)명 소화 형태상 반추하는 특성을 가진 동물. 〔소·염소 따위.〕

반추-위(反芻胃)명 반추 동물의 위. 동물에 따라 3실 또는 4실로 나뉘어져 있다.

반-추-증(反芻症)[-쯩]명 신경성 위장 장애로 말미암아, 삼킨 음식물이 불수의적(不隨意的)인 일 안으로 역류하는 병증.

반출(搬出)명하타되자 운반하여 냄. ¶불법으로 문화재를 반출하다. ↔반입.

반출-증(搬出證)[-쯩]명 반출을 인정하는 증서. ¶목재 반출증.

반-춤(半-)명 '춤추는 듯이 흔들거리는 동작'을 이르는 말. 반춤줄.

반-취(半醉)명하타 술에 약간 취함. ¶반취 상태. 魯만취·반성(半醒).

반취(班娶)명하타 상사람으로서 양반의 딸에게 장가드는 일. ↔민취(民娶).

반-취-반-성(半醉半醒)명하형 반쯤 취하고 반쯤 깨어 있음.

반-측(反側)명하타 ①(잠을 이루지 못하거나 어떤 생각에 잠겨) 누운 채로 몸을 이리저리 뒤척임. 魯전전불매. ②하타옳지 않은 마음을 품고 배반함.

반-치기(半-)명 ①지난날, 가난한 양반을 이르던 말. ②쓸모없는 사람.

반-치음(半齒音)명 훈민정음의 'ㅿ'의 소리. 반잇소리.

반-칙(反則)명하자 (주로 운동 경기 따위에서) 규칙을 어김. 또는 규칙에 어긋남. 파울. ¶반칙을 하여 퇴장당하다.

반-침(半寢)명 큰 방에 딸린, 물건을 넣어 두게 된 작은 방.

반침(伴寢)명하자 ☞동숙(同宿).

반-코트(半coat)명 길이가 허리와 무릎의 중간쯤까지 내려오는 외투. 하프 코트.

반-타작(半打作)명하자 ①배메기. ②'소득이나 수확이 예상했던 양의 절반 정도밖에 되지 못함'을 이르는 말. ¶올해는 태풍으로 과실을 반타작밖에 못했다.

반-탁(反託)명하자 신탁 통치를 반대함. ↔찬탁(贊託).

반-탈태(半脫胎)명 자기(瓷器)의 탈태의 한 가지. 진탈태(眞脫胎)보다 조금 두껍고 반투명체로 됨.

반-턱(半-)명 반가량의 정도.

반토(攀土)명 ☞산화알루미늄.

반토^시멘트(攀土cement)명 ☞알루미나 시멘트(alumina cement).

반-통(泮通)명하자 조선 시대에, 성균관의 대사성(大司成)을 뽑을 때에 추천하는 세 사람의 후보자에 포함되던 일.

반-투과성(半透過性)[-썽]명 ☞반투성.

반-투-막(半透膜)명 화학·생물학에서, 반투성을 지닌 막. 〔원형질의 세포막이나 방광막·콜로디온막 따위.〕②빛을 잘 통과시키지 않는 막.

반-투명(半透明)명하형 ①어떤 물체를 통하여 볼 때에 그 반대쪽이 흐릿하게 보임. ¶반투명 유리. ②한쪽에서는 다른 쪽이 환히 보이지만 반대쪽에서는 이쪽이 전혀 보이지 않음. ¶반사 유리의 반투명 효과.

반-투명-체(半透明體)명 반투명한 물체.

반-투-벽(半透壁)명 용액 중의 용매는 통과시키나 용질은 통과시키지 않는 막이나 벽. 〔방광막·세포막 따위.〕

반-투-성(半透性)[-썽]명 원형질막 따위가 용액이나 혼합물 중에서 어떤 성분의 일부만을 가려 통과시키는 특성. 반투과성.

반-파(半破)명하자되자 반쯤 부서짐. ¶폭발로 건물이 반파되다.

반-팔(半-)명 ☞반소매.

반패(頒牌)명하타 ☞방방(放榜).

반-패부(半貝付)명 장롱 따위 방세간의 앞면의 어느 한 부분에만 자개를 박는 일, 또는 그렇게 만든 가구.

반-편(半偏)명 ①한 개를 절반으로 나눈 한 편짝. ②〈반편이〉의 준말.

반-편-스럽다(半偏-)[-따][~스러우니·~스러위]형ㅂ 사람됨이 어엿하지 못하고 지능이 모자란 것 같다. 반편스레부 ¶남이 욕을 해도 반편스레 웃고만 있다.

반-편-이(半偏-)명 지능이 보통 사람보다 매우 낮은 사람. 반병신. 준반편.

반-평면(半平面)명 평면을 한 직선으로 이등분했을 때 생기는 각 부분.

반-평생(半平生)명 (지금까지 살아온) 평생의 절반이 되는 동안. 반생. ¶반평생을 무대에서 보낸 노배우의 자서전.

반-포(反哺)명하타 〔까마귀의 새끼가 자라서 먹이를 물어다가 늙은 어미에게 먹인다는 뜻으로〕'자식이 자라서 늙은 부모를 봉양(奉養)함, 또는 은혜를 갚음'을 비유하여 이르는 말. 안갚음.

반포(斑布)명 ☞반베.

반포(頒布)명하타되자 (국가에서 공적인 일을 모든 사람이 알도록) 세상에 널리 펴. ¶훈민정음을 반포하다.

반-포-조(反哺鳥)명 〔반포하는 새라는 뜻으로〕'까마귀'를 달리 이르는 말.

반-포지효(反哺之孝)명 자식이 자라서, 어버이가 길러 준 은혜에 보답하는 효성.

반-품(半-)명 하루 품의 절반. 반공(半工).

반-품(返品)명하자타되자 사들인 물품 따위를 도로 돌려보냄, 또는 그러한 물품. ¶불량품을 반품하다. /재고를 반품하다.

반-풍수(半風水)명 서투른 풍수.

반풍수 집안 망친다(속담)'서투른 재주를 함부로 부리다가 도리어 일을 그르치게 됨'을 이르는 말.

반-하(半夏)명 ①천남성과의 다년초. 들에 나는데, 잎은 작은 세 잎으로 된 겹잎이며 6월경에 포(苞)에 싸인 육수 화서(肉穗花序)의 꽃. 구경(球莖)은 한약재로 쓰임. 끼무릇. ②한방에서, '반하의 뿌리'를 약재로 이르는 말. 담·구토·기침·습증 등에 쓰임.

반ː하(半夏)²명 불교에서, 하안거(夏安居)의 결하(結夏)와 하해(夏解)의 중간을 이르는 말.

반ː하-곡(半夏麴)명 한방에서, '반하와 백반과 생앙을 섞어 만든 누룩'을 이르는 말.

반ː-하다¹재여 ①어느 이성(異性)이나 일에 홀린 듯이 마음이 끌리다. ¶그 여자의 미모에 반하다. /매력적인 음색(音色)에 반했다. ②사람됨이나 성품 등이 매우 마음에 들다. ¶덕성스러운 인품에 반하다.

반ː-하다²형여 ①어두운 가운데 빛이 약하게 환하다. ¶등잔불이 반하게 비치다. ②(무슨 일의 결과가) 또렷하다. ¶보지 않아도 결과는 불을 보듯 반하다. ③바쁜 가운데 잠간 겨를이 생겨 한가하다. ¶농번기가 지나서 좀 반하다. ④궂은비가 멎고 잠깐 해가 나서 반하다. ¶한낮에는 하늘이 좀 반했다. ⑤(늘 계속되던 걱정거리가) 한동안 뜸하다. ⑥(심하던 병세가) 좀 덜하고 그만하다. ④빤하다. 반-히튀 ①유리창을 통해 방 안이 반히 들여다보인다.

반ː-하다(反-)재여 반대가 되다. 《주로, '반하여'·'반하는'의 꼴로 쓰임.》 ¶매출은 준 데 반하여 수익은 증가하였다. /기대에 반하는 결과를 가져왔다.

반ː-한(返翰)명 ㄷ회한(回翰).

반ː-할인(半割引)명하타되자 어떤 액수의 반을 할인함. ¶조조(早朝) 반할인.

반함(飯含)명하타 염(殮)할 때, 죽은 사람의 입 속에 구슬과 쌀을 물리는 일.

반ː-함수호(半鹹水湖)명 염분이 24%가량 들어 있는 호수.

반합(飯盒)명 밥을 지을 수 있게 만든 알루미늄제의 휴대용 식기.

반ː합성^섬유(半合成纖維)[-썽-]명 천연 섬유질에 화학 처리를 하여 만든 인조 섬유.

반ː항(反抗)명하자 (부모나 손윗사람, 또는 권력이나 권위 등에) 순히 따르지 아니하고 맞서거나 대듦. ¶어른에게 반항하다.

반ː항-기(反抗期)명 아동의 정신 발달의 한 단계로, 자의식(自意識)이 강렬해져서 반항하는 시기. 부모와 손윗사람에게 순히 따르려 들지 아니하는 시기임. 보통, 신체적 자립에 따르는 3, 4세 때와 정신적 자립에 따르는 12, 13세 때의 두 차례로 나타남. 반동기.

반ː항-심(反抗心)명 반항하는 마음.

반ː항-아(反抗兒)명 (기성 세대나 권력·권위 등에) 순히 따르지 아니하고 맞서거나 대드는 사람. ¶문단의 반항아.

반ː항-적(反抗的)관명 반항하는, 또는 그런 태도나 경향이 있는 (것). ¶반항적인 태도.

반ː해(半楷)명 해서(楷書)보다 조금 더 부드럽게 하여 행서(行書)에 가깝게 쓰는 글씨체.

반ː핵(反核)명 (일부 명사 앞에 쓰이어) 핵무기나 핵연료의 사용을 반대함. ¶반핵 시위.

반핵(盤覈)명하타 곡절을 자세히 캐물음.

반ː행(半行)명 행서보다 조금 더 부드럽게 흘리어 행서에 가깝게 쓰는 글씨체.

반행(伴行)명하자 ㄷ동행(同行)1.

반행(頒行)명하타되자 책을 반포하여 발행함.

반ː향(反響)명 ①음파가 어떤 물체에 부딪쳐 같은 소리로 다시 들려오는 현상. 울림. ②어떤 일에 대한 반응으로 나타나는 현상, 또는 그 의견이나 논의. ¶우리 측의 정상(頂上) 회담 제의가 큰 반향을 불러일으켰다.

반ː향(半晌)명 ㄷ반나절.

반향(班鄕)명 양반이 많이 살던 고장.

반ː향^증상(反響症狀)[-쌍] 명 다른 사람의 말이나 몸짓을 무의식적으로 되풀이하는 병적인 증상. 〔의지 장애의 한 가지임.〕

반ː-허락(半許諾)명하타 반쯤 허락함. ¶반허락이라도 받은 셈 치겠다.

반혀쏘리(옛) 훈민정음의 'ㄹ'의 소리. 반설음(半舌音). ¶ㄹ 는 半혀쏘리니 閭령ㆆ字쭝 처섬 펴아나ᄂ 소리 ㄱᄐ니라(訓諺).

반ː-혁명(反革命)[-형-]명 혁명을 뒤엎어 구체제의 부활을 꾀하는 일, 또는 그 운동.

반ː현(半舷)명 군함의 승무원을 우현 당직과 좌현 당직으로 나누었을 때의 그 한쪽.

반ː-혓소리(半-)[-혀쏘-/-혈쏘-]명 ㄷ반설음.

반ː호(半戶)명 ①지난날, 세금이나 추렴 따위를 다른 집의 절반이나 그 이하로 내는 집을 이르던 말. ↔독호(獨戶). ②ㄷ반집.

반호(班戶)명 양반의 집. ↔상호(常戶).

반ː혼(返魂)명하타 ㄷ반우(返虞).

반혼(盤婚)명하자 지난날, 상사람이 양반집 자녀와 혼인하던 일.

반ː혼-제(返魂祭)명 반우할 때 지내는 제사.

반ː-홀소리(半-)[-쏘-]명 ㄷ반모음.

반홍(攀紅)명 도자기에 쓰는 붉은 채색. 〔녹반(綠礬)을 태워서 만듦.〕

반ː화(半靴)명 ㄷ반구두.

반ː-화방(半火防)명 한옥에서, 집의 바깥 벽을 중방 아래는 돌을 섞어서 두껍게 합벽(合壁)을 치고, 위는 흙으로만 얇게 바른 벽.

반ː환(返還)명 ①하타되자 (받거나 빌린 것을) 도로 돌려줌. 반려(返戾). ¶영토를 반환하다. ②하자 되돌아오거나 되돌아감. ¶반환 지점을 돌다.

반환(盤桓)¹명 어정어정 머뭇거리며 그 자리에서 멀리 떠나지 못하고 서성이는 일.

반환(盤桓)² '반환하다'의 어근.

반ː환-점(返還點)[-쩜]명 (방향을 바꾸어) 되돌아오거나 되돌아가는 지점.

반환-하다(盤桓-)형여 성이나 궁궐 따위가 넓고 크다.

반ː-환형(半環形)명 둥근 고리의 반쪽과 같이 생긴 모양.

반회(盤回)[-회/-훼]명하타 물의 흐름이나 길이 빙구불 돌게 됨.

반ː-회장(半回裝)[-회/-훼-]명 ①여자 저고리의 끝동·깃·고름만을 자줏빛이나 남빛 천으로 꾸민 회장. ②ㄷ반회장저고리.

반ː회장-저고리(半回裝-)[-회/-훼-]명 반회장으로 꾸민 여자의 저고리. 반회장.

반ː휴(半休)명하자 한나절만 일하고 쉼, 또는 그런 날.

반ː-휴일(半休日)명 오전이나 오후 한나절만 일하고 쉬는 날. 반공일(半空日).

반ː흉반ː길(半凶半吉)명 한편으로는 길하기도 하고 한편으로는 흉하기도 함, 또는 그런 일.

반흔(瘢痕)명 상처나 부스럼 따위가 나은 자리에 남은 자국. ¶반흔이 남다.

반ː-흘림(半-)명 초서(草書)와 행서(行書)의 중간쯤 되게 흘려 쓰는 글씨체. 반초(半草).

받¹명(옛) 밖. 겉. ¶받 표:表(石千10). 受히.

받²명(옛) 발. ¶받도 제여굄 논호며(月釋1:45).

받개명(옛) 흙받기. ¶받개:泥托(訓蒙中16).

받-걷이[-꺼지]명하타 ①받을 돈이나 물건을 여기저기서 거두어들이는 일. ¶받걷이를 다니다. ②남이 무엇을 요구하거나 또는 괴로움을 끼칠 때, 그것을 잘 받아들여 돌보아 주는 일.

받-낳이[반나-]**몡**(하)(자) 실을 사서 베를 짜는 일.

받-내다[-때] 몸을 움직이지 못하는 사람의 대소변을 받아 내다.

받다[-따] **Ⅰ**(자)①색깔·모양이 어떤 것에 어울리다. ¶그는 검은색 옷이 잘 받는다. ②음식이 비위에 맞아 잘 먹힌다. ¶오늘은 술이 잘 받는다. ③화장품 따위가 곱게 잘 발리거나, 사진이 더 잘 나오는 특성이 있다. ¶화장이 잘 받다.
Ⅱ(타)①(다른 사람이) 주는 것을 가지다. ¶선물을 받다. ②(내서류나 무는 돈 따위를) 거두어들이다. ¶입학 원서를 받다. /세금을 받다. ③자기에게로 오거나 떨어지는 것을 손으로 잡다. ¶공을 받다. ④(흐르거나 쏟아지는 것을) 그릇에 담기게 하다. ¶수돗물을 받아 밥을 짓다. ⑤(자기에게 베풀어지는 어려운 과정을) 겪다. 치르다. ¶교육 훈련을 받다. ⑥작용이나 영향 등을 입다. 작용이 미치는 대로 두다. ¶감명을 받다. /햇빛을 받아 빛깔이 바래다. ⑦(의견이나 평가 등을) 듣게 되다. ¶칭찬을 받다. /호평을 받다. ⑧(노래나 소리에서) 다른 사람의 뒤를 이어 부르다. ¶앞 사람의 노랫가락을 받아 부르다. /앞 사람의 시구(詩句)를 받아 화답하다. ⑨일을 떠맡다. ¶주문을 받다. /손님을 받다. /환자를 받다. ⑩(우산 따위를) 펴서 들다. ¶우산을 받다. ⑪밑에서 괴다. 기울어진 담을 기둥으로 받다. ⑫(산모를 도와 태어나는 아기를) 거두다. ¶쌍둥이를 받다. ⑬구체적인 행동이나 대답을 요구당하다. ¶도전을 받다. /전화를 받다. /질문(취조)을 받다. ⑭(어떤 일이나 사태를) 당하다. 입다. ¶구박을 받다. /의심을 받다. /죄를 받다. /벌을 받다. ⑮(물건을) 도매로 사들이다. ¶수박 한 접을 받아다 팔다. ⑯해진 버선이나 신 따위를 덧대어 깁다. ¶버선볼을 받다. ⑰(머리나 뿔, 자동차 따위로) 대상을 세게 부딪다. ¶어두워서 전봇대를 받을 뻔했다. ⑱정수나 학위를 받다. ¶박사 학위를 받다. ⑲총이나 칼 따위를 맞다. ¶내 칼을 받아라! ⑳다른 사람의 행동을 응대하다. 《주로 '받아 주다'의 꼴로 쓰임.》 ¶응석을 받아 주다.

받는 소는 소리 치지 않는다(속담) 일을 능히 처리할 수 있는 역량이 있는 사람은 공연한 큰소리를 치지 않는다는 말.

받아 놓은 밥상(속담) '일이 이미 확정되어 틀림없음'을 이르는 말.

받다(타) 〈옛〉①받들다. ¶ㅂ린물 바다 빗기 느즉다(杜初10:3). ②받들다. 바치다. 받들어 드리다. ¶奉온 바들 쎄라(月釋序13).

-받다[-따] (접미)(일부 명사 뒤에 붙어) '입다'·'당하다'의 뜻을 나타냄. ¶사랑받다. /버림받다. /요구받다. /의심받다.

받두듥(몡)〈옛〉밭두둑. ¶받두듥 룡:壟. 받두듥 판:畈(訓蒙上7).

받-들다[-뜰-][~드니·~들어](타) ①공경하여 높이 모시다. ¶노부모를 잘 받들다. ②가르침이나 뜻 따위를 높이 여기며 따르다. ¶스승의 뜻을 받들다. ③물건을 밑에서 받아 잘 올려 들다. ¶잔을 받들다.

받들어-총(-銃)[-뜨러-] **Ⅰ**(몡) 집총(執銃) 때의 경례로, 차려 자세에서 왼손으로 총의 중심부를 잡아 몸의 중앙부까지 들어 곧게 세우고, 오른손은 펴서 총목에 대어 경의를 나타내는 자세.
Ⅱ(감) '받들어총' 하라는 구령.

받아-넘기다(타) ①넘어온 공을 다시 쳐서 상대편 쪽으로 내다. ②남의 말을 받아내서 대답을 잘 해치우다. ¶기자들의 질문을 잘 받아넘기다.

받아-들이다(타) ①다른 사람이 주는 것을 받아서 자기의 것으로 하다. ¶보내온 물건을 받아들이다. ②남의 좋은 점을 자기의 것에 끌어들이어 이용하다. ¶외국의 문물을 받아들이다. /새 학설을 받아들이다. ③남의 말이나 청 따위를 옳다고 인정하여 들어주다. ¶충고를 받아들이다. /상대편의 요구 조건을 받아들이다. ④떠맡아 맞이하다. ¶난민을 받아들이다. ⑤어떤 사실 따위를 인정하고 수용하다. ¶불행을 현실로 받아들이다.

받아-먹다[-따](타) (주는 것을) 받아서 먹다. ¶새끼 제비들이 어미 제비한테서 먹이를 받아먹고 산다.

받아-쓰기(몡)(하) 초등학교 등에서, 맞춤법 따위를 올바로 익히게 하려고, 부르는 어구나 문장 등을 받아쓰게 하는 일.

받아-쓰다[~쓰니·~써](타) ①남이 부르는 대로 쓰다. ②받아쓰기로 쓰다.

받아-치다(타) 다른 사람의 공격이나 비판·농담 따위를 대응하여 응수하다. ¶상대의 농담을 농담으로 받아치다.

받을-어음(몡) 부기에서, 소지인 또는 어음 채권자로서 지급을 받을 권리가 있는 어음. ↔지급어음.

받자(-짜)(몡)(하) ①남이 괴롭게 굴거나 당부하는 일 따위를 잘 받아 주는 일. ¶귀엽다고 받자를 해 주었더니 버릇이 없다. ②지난날, 관아에서 환곡(還穀)이나 조세(租稅)를 받아들이던 일.

받-잡다[-짭따][~자오니·~자와](타)(보) '받다'를 겸손하게 이르는 말. ¶아버지의 뜻을 받잡다.

받ㅈ오며다〈옛〉☞받ㅈ오다.

받ㅈ오다〈옛〉①받들어 바치다. ¶풍류 받ㅈ오며 바리 받ㅈ오샤(法華7:2). ②받들다. ¶百姓이 다 본 받ㅈ뵈미 ㄱ툴씨(月釋2:72).

받히다[바치-] **Ⅰ**(자)①먹은 것이 잘 내리지 않고 치밀어 오르다. ¶속이 받히다. ②어떤 기운이나 심리 작용이 강하게 일어나다. ¶화가 받히다. /설움이 받히다. ③앉았거나 누웠을 때 바닥이 딱딱하게 배기다. ¶등이 받히다.
Ⅱ(타) ①('받다'의 힘줌말) ㉠우산이나 양산 따위를 펴서 들다. ¶우산을 받치다. ㉡밑에서 다른 물건으로 괴다. ¶넘어지지 않게 기둥을 받치다. /책받침을 받치다. ②어떤 물건의 안이나 속에 다른 물건을 껴 대다. ¶내복을 받쳐 입다. ③주변에서 돕다. ¶조연이 잘 받쳐 주어 주인공의 연기가 살았다. ④한글에서, 모음 글자 아래에 자음 글자를 붙여 적다. ¶'사'에 'ㄴ'을 받치면 '산'이 된다.

받침(몡) ①물건의 밑을 받치어 괴는 물건. ¶받침으로 돌을 괴다. ②한글에서, 한 음절의 끝소리가 되는 자음. ('책'의 'ㄱ'이나 '마당'의 'ㅇ' 따위.) ③(말음)·종성.

받침^규칙(-規則)(몡) 음운 규칙의 한 가지. 국어의 자음이 종성으로 쓰일 때에, 제 음가(音價)를 내지 않고 다른 음가를 가지게 되는 법칙. 종성이 어말(語末)이나 다른 자음 앞에서 파열되지 않고 폐쇄 상태로 끝나는 불파(不破) 현상과 밀접한 관련이 있음. ('부엌→부억, 값도→갑도, 낱알→낟알'로 소리 나는 따위.) 음말 법칙. 종성 규칙.

받침-대(-臺)[-때]圀 무거운 물건 따위를 받쳐 놓는 데 쓰는 물건.

받침-돌[-똘]圀 ①물건의 밑바닥에 받쳐 놓은 돌. ②남방식 고인돌에서, 덮개돌을 받치고 있는 돌. ②지석(支石).

받침-두리圀 양복장 따위의 밑에 받침처럼 덧대어 괴는 나무.

받침-박[-빡]圀 ①그릇 따위를 얹거나 받쳐 놓는 함지박. ②이남박으로 이는 곡식을 따르는 바가지.

받침-뿌리圀 ⇨지근(支根).

받침-점(-點)[-쩜]圀 ⇨지점(支點).

받침-틀圀 물건의 밑바닥을 받치는 틀.

받-히다¹[바치-]⅏ 〔'받다'의 피동〕 떠받음을 당하다. ¶소에게 받히다.

받-히다²[바치-]⅏ 〔'받다'의 사동〕 생산자나 도매상이 소매상에게 상품을 단골로 대 주다.

발圀①(사람이나 짐승의 다리에서) 발목뼈 아래의 부분. ¶발에 꼭 맞는 신. ②가구 따위의 밑을 받쳐 균형을 잡고 있는, 짧게 도드라진 부분. ¶장롱의 발. ③걸음. 발걸음. ¶발이 빠른 선수. ④한시(漢詩)의 시구 끝에 다는 운자(韻字). ¶발을 달다. ⑤『의존 명사적 용법』걸음을 세는 단위. ¶서너 발을 물러서다.

발 없는 말이 천 리 간다〔속〕 말을 삼가야 함을 경계하는 뜻의 말.

발(을) 벗고 따라가도 못 따르겠다〔속〕 신발까지 벗고 쫓아가도 따라가지 못하겠다는 뜻으로, 능력·수준 차이가 커서 경쟁이 되지 못하는 경우를 비유하여 이르는 말.

발 벗고 나서다〔관용〕적극적으로 나서다. ¶그는 친구의 일이라면 언제든지 발 벗고 나서는 사람이다.

발 뻗고 자다〔관용〕걱정되거나 애쓰던 일이 끝나 마음을 놓다.

발에 채다〔차이다〕〔관용〕여기저기에 혼하게 널려 있다. ¶요즘은 발에 차이는 게 사장이라네.

발(을) 구르다〔관용〕몹시 안타까워 애를 태우다. ¶발을 동동 구르며 부상자들이 구조되는 것을 지켜보다.

발(을) 끊다〔관용〕서로 오가지 아니하거나 관계를 끊다. ¶그와는 발 끊은 지 오래라네.

발(을) 벗다〔관용〕①신은 것을 벗다. ②아무것도 신지 아니하다.

발(을) 빼다〔씻다〕〔관용〕어떤 일에서 관계를 끊고 물러나다. ¶동업하던 일에서 발을 빼기가 어렵다.

발(을) 타다〔관용〕강아지 따위가 처음으로 걸음을 걷기 시작하다.

발(이) 길다〔관용〕(무엇을 먹게 된 자리에 한몫 끼게 되어) 먹을 복이 있다.

발이 내키지 않다〔관용〕선뜻 행동으로 옮기지 마음이 나지 않다.

발(이) 넓다〔너르다〕〔관용〕사교의 범위가 넓다. 지면(知面)이 많다. ¶김 씨는 그래도 이쪽 방면에서는 발이 넓은 편이다.

발(이) 뜨다〔관용〕(어떤 곳에) 자주 다니지 아니하다. 이따금씩 다니다.

발(이) 맞다〔관용〕(걸을 때 보조가 맞는다는 뜻으로) 말이나 행동이 일치하다.

발(이) 묶이다〔관용〕(어떤 사연으로 말미암아) 오지도 가지도 못하게 되다. ¶태풍으로 제주도에서 발이 묶인 관광객들.

발이 손이 되도록 빌다〔관용〕〔손만으로는 모자라서 발로도 빈다는 뜻으로〕'간절히 비는 모

습'을 형용하여 이르는 말. ¶발이 손이 되도록 빌며 사정하니까 결국은 부탁을 들어주더라.

발이 익다〔관용〕자주 다녀 보아서 그 길에 익숙하다. ¶발이 익은 골목길.

발이 잦다〔관용〕(어떤 곳에) 자주 다니다.

발이 저리다〔관용〕(양심의 가책 따위로) 마음이 켕기다. ¶제 발이 저리니까 저렇게 자꾸 변명하지.

발(이) 짧다〔관용〕(무엇을 먹게 된 자리에 늦게 이르거나 끼지 못하여) 먹을 복이 없다.

발²圀 가늘게 쪼갠 대오리나 갈대 같은 것으로 엮어 무엇을 가리는 데 쓰는 물건. ¶발을 내리다.

발³圀①피륙의 날과 씨의 굵고 가는 정도. ¶발이 고운 모시. ②국수 따위의 가락의 굵고 가는 정도. ¶발이 굵은 국수.

발⁴圀 전에 없던, 새로 생겨난 좋지 못한 버릇이나 예. ¶잔소리가 아주 발이 되겠다.

발⁵圀〈쇠발〉의 준말.

발⁶圀①길이를 잴 때, 두 팔을 펴서 벌린 길이. ¶한 발. 두 발 둘레의 고목. ②((주로 '새끼' 따위의 뒤에 쓰이어)) 약간의 그것이라는 말. ¶잠깐 사이에 새끼 발이나 꼬았다.

발(跋)圀〈발문(跋文)〉의 준말.

발(發)圀 탄알·포탄·화살 따위의 수효를 나타내는 말. 방(放). ¶한 발의 총성. /화살 세 발이 10점에 맞다.

-발젭미 《일부 명사 뒤에 붙어》①'기세' 또는 '힘'을 뜻함. ¶끗발./말발. ②'효과'의 뜻을 나타냄. ¶글발./약발./화장발.

-발(發)젭미 《일부 명사 뒤에 붙어》①거기서 (그 시간에) 떠난다는 뜻을 나타냄. ¶부산발./서울발./12시발. ②그곳에서의 발신(發信)임을 뜻함. ¶뉴욕발./에이피(A.P)발 통신.

발-가락[-까-]圀 발의 앞 끝에 따로 갈라져 나는 부분. 족지(足指).

발가락-뼈[-까-]圀 발가락을 이루는 14개의 뼈. 지골(趾骨).

발가벗-기다[-벋끼-]⅏ 〔'발가벗다'의 사동〕①발가벗게 하다. ¶어린애를 발가벗기고 몸을 씻기다. ②가진 것을 몽땅 써서 없애게 하거나 털어 가지다. 嬰벌거벗기다. 嬰빨가벗기다.

발가-벗다[-벋따]⅏ ①알몸이 되도록 입은 옷을 모두 벗다. ¶발가벗고 일광욕을 하다. ②꾸밈이나 가린 것이 없이 본디의 모습 그대로 드러나다. 嬰벌거벗다. 嬰빨가벗다.

발가-숭이圀①옷을 입지 않은 알몸. ¶냇가의 발가숭이 아이들. ②'흙이 드러나 보일 정도로 나무나 풀이 없는 산이나 들'을 비유하여 이르는 말. 嬰벌거숭이. 嬰빨가숭이.

발-가지圀 ⇨접미사(接尾辭). ⇦머리가지.

발가-지다⅏ 속의 것이 뒤집혀서 겉으로 드러나다. ¶석류 열매가 발가지다.

발각(發覺)圀⅏ 숨기던 것이 드러남. ¶부정(不正)이 발각되다.

발간(發刊)圀⅏⅏ 책이나 신문 등을 박아 펴냄. ¶잡지를 발간하다.

발간(發柬)圀⅏ 초대하는 글을 보냄.

발간적복(發奸摘伏)[-빡] 圀⅏⅏ 정당하지 못한 일이나 숨겨진 죄상을 들추어냄.

발-감개圀 지난날, 버선 대신으로 발에 감던 좁고 긴 무명. 막일을 할 때나 먼 길을 걸을 때 흔히 이용했음. 감발.

발강圀 발간 빛깔. 발간 물감. ¶발강과 노랑의 중간색. 嬰벌경. 嬰빨강.

발강-이圀①발간 빛깔의 물건. 閨벌겅이. 쎈빨강이.

발:갈다[-가타][발가니·발개]혬①조금 연하고 산뜻하게 붉다. ¶얼굴이 발갛게 상기되다. ②아주 터무니없다. 《주로, '발간'의 꼴로 쓰임.》 閨벌겋다. 쎈빨갛다.

발간 거짓말관용 새빨간 거짓말.

발간 상놈관용①더할 나위 없는 상놈. ②'말이 나 하는 짓이 막된 사람'을 욕으로 이르는 말.

발:개-지다재 발갛게 되다. ¶창피해서 얼굴이 발개지다. 閨벌게지다. 쎈빨개지다.

발갯-깃[-갣낃]圀 죽은 꿩의 날개에서 뽑은 깃. 깃 같은 것에 기름을 찍어 바르는 데 쓰임.

・**발갯깃이**[-갣끼시]・**발갯깃만**[-갣낀-]

발:-거리圀①간사한 꾀로 남을 은근히 해롭게 하는 짓. ②남이 못된 일을 꾀하는 것을, 다른 사람에게 알리는 짓.

발-걸음[-꺼름]圀 발을 옮겨서 걷는 걸음. ¶발걸음을 옮기다. /발걸음이 무겁다.

발걸음도 안 하다관용〔누구를〕찾아오거나 찾아가거나 하는 일이 전혀 없다. 발그림자도 아니하다.

발걸음을 재촉하다관용 길을 서둘러 가다.

발걸음이 가볍다관용 마음이나 몸이 가벼워 걸음이 날래다.

발걸음이 떨어지지 않다관용 마음이 안 놓여 선뜻 떠나지 못하다.

발-걸이圀①책상의 다리 사이에 발을 걸쳐 놓을 수 있게 가로지른 나무. ②자전거를 탈 때 발을 걸쳐 저어 가게 되어 있는 부분.

발검(拔劍)圀 검을 칼집에서 뺌.

발견(發見)圀혬되재 〔남이 미처 찾아내지 못하였거나 세상에 널리 알려지지 않은 것을〕먼저 찾아냄. ¶신대륙을 발견하다. /새로운 별이 발견되다.

발고(發告)圀혬되재 ☞고발(告發).

발-고무래圀 농기구의 한 가지. 고무래에 발이 대여섯 개 달린 물건. 흙덩이를 고르고 씨를 뿌린 뒤 흙을 긁어 덮는 데에 쓰임.

발관(發關)圀혬 지난날, 상관(上官)이 아랫사람에게 공문을 보내던 일.

발괄圀혬타 지난날, 관아에 억울한 사정을 말이나 글로 하소연하던 일.

발광(發光)圀혬재 빛을 냄.

발광(發狂)圀혬재①병으로 미친 증세가 일어남. ②미친 듯이 날뜀.

발광-기(發光器)圀 발광 동물의 체표(體表)에 있는, 생물 발광을 위하여 분화된 특별한 기관.

발광^도료(發光塗料)圀 ☞야광 도료.

발광^동:물(發光動物)圀 몸에서 빛을 내는 동물. 〔야광충·개똥벌레 따위.〕

발광^박테리아(發光bacteria)圀 스스로 빛을 내는 세균. 발광 세균.

발광^반:응(發光反應)圀 상온(常溫)에서 발광 현상을 나타내는 화학 반응.

발광^생물(發光生物)圀 제 몸에서 빛을 내는 기능을 가진 생물.

발광^세:균(發光細菌)圀 ☞발광 박테리아.

발광^식물(發光植物)[-씽-]圀 제 몸에서 빛을 내는 기능을 가진 식물.

발광^신:호(發光信號)圀 빛을 내어 하는 신호. 선박에서 명멸등(明滅燈)으로 다른 선박이나 육지와 신호하는 따위.

발광-지(發光紙)圀 발광 도료를 발라 어두운 곳에서 빛이 나게 만든 종이.

발광-체(發光體)圀 스스로 빛을 내는 물체. 광원(光源). 광체. ↔암체(暗體).

발광-충(發光蟲)圀 몸에서 빛을 내는 곤충. 개똥벌레 따위.

발구圀①산에서 마소가 끄는 썰매. ②'걸채'의 잘못.

발군(拔群)圀혬 여럿 가운데서 특히 뛰어남. 일군(逸群). 《주로, '발군의'의 꼴로 쓰임.》 ¶발군의 실력을 과시하다. /발군의 성적으로 합격하다.

발군(發軍)圀혬 ☞발병(發兵).

발군(撥軍)圀혬 지난날, 역마(驛馬)를 몰아 중요한 문서를 변방에 급히 전하던 군졸.

발굴(發掘)圀혬타되재①땅속에 묻혀 있는 유적 따위를 파냄. ¶고분(古墳)을 발굴하다. ②아직 알려지지 않은, 뛰어난 인재나 희귀한 물건을 찾아냄. ¶인재를 발굴하다.

발-굽[-꿉]圀 동물의 굽. 굽.

발권(發券)[-꿘]圀혬타되재 은행권(銀行券)·공채권(公債券) 등을 발행함.

발권^은행(發券銀行)[-꿔는-]圀 은행권을 발행하는 권한을 가진 은행.

발권^제:도(發券制度)[-꿘-]圀 은행권을 발행하는 제도.

발그대대-하다혬여 산뜻하지 않게 발그스름하다. 閨벌그데데하다. 쎈빨그대대하다.

발그댕댕-하다혬여 빛깔이 고르지 않게, 또는 격에 맞지 않게 발그스름하다. 閨벌그뎅뎅하다. 쎈빨그댕댕하다.

발그레閉혬여 조금 곱게 발그스름한 모양. ¶그러한 볼. 閨벌그레.

발-그림자[-끄-]圀 찾아오거나 찾아가거나 하는 발걸음.

발그림자도 아니하다관용 ☞발걸음도 안 하다.

발그무레-하다혬여 엷게 발그스름하다. ¶동쪽 하늘이 발그무레하게 물들기 시작한다. 閨벌그무레하다.

발그속속-하다[-쏘카-]혬여 수수하게 발그스름하다. 閨벌그숙숙하다. **발그속속-히**閉.

발그스름-하다혬여 발그스름하다. 閨벌그스레하다. 쎈빨그스레하다.

발그스름-하다혬여 조금 발갛다. 발그레하다. ¶발그스름하게 상기된 얼굴. 閨벌그스름하다. 쎈빨그스름하다. **발그스름-히**閉.

발그족족-하다[-쪼카-]혬여 빛깔이 산뜻한 맛이 없이 발그스름하다. 閨벌그죽죽하다. 쎈빨그족족하다. **발그족족-히**閉.

발근(拔根)圀혬타①뿌리를 뽑음. ②〔어떤 현상의〕근거가 되는 것을 아주 없애 버림. ③종기(腫氣)의 근(根)을 뽑음.

발근(發根)圀혬재되재 뿌리가 나오거나 뿌리를 내림.

발금(發禁)圀혬타 〈발매 금지〉의 준말.

발급(發給)圀혬타되재 발행하여 줌. 발부(發付). ¶여권을 발급하다.

발긋-발긋[-귿-귿]閉혬 붉은 점이 군데군데 박인 모양. ¶모기한테 물린 곳이 발긋발긋하게 부어 올랐다. 閨벌긋벌긋. 쎈빨긋빨긋. **발긋-이**[-그시-]閉.

발기(-記)圀 사람이나 물건 이름을 죽 적은 글발. 건기(件記).

발기(勃起)圀혬재되재①갑자기 불끈 일어남. ②음경(陰莖)이 충혈하여 딴딴하고 꼿꼿해짐.

발기(發起)¹圀혬타되재 앞장서서 새로운 일을 꾸며 시작함. ¶학교의 설립을 발기하다.

발기(發起)²圓〔불교에서〕①경문(經文)을 먼저 낭독하는 사람. ②학인(學人)들이 둘러앉아 경의 뜻을 토론할 때에 경전을 읽는 사람.

발-기계(-機械)[-끼계/-끼게]圓 〔동력을 쓰지 않고〕사람이 발로 움직이는 기계. 발틀.

발:기다团 속에 있는 것이 드러나게 헤치어 발리거나 찢어서 바라지게 하다. ¶밤송이를 발기다. (큰)벌기다.

발:-기름圓 짐승의 뱃가죽 안쪽에 붙은 기름 덩어리.

발기-문(發起文)圓 새로운 일을 일으킬 때에 그 취지와 목적 따위를 적은 글.

발기-발기團 여러 조각으로 잇달아 발기어 찢는 모양. ¶원고를 발기발기 찢어 없애다.

발기^부전(勃起不全)圓 과로나 내분비 장애, 뇌척수 질환 등의 원인으로 음경(陰莖)의 발기가 불충분한 병적인 상태.

발기-인(發起人)圓①어떤 일을 발기한 사람. ¶후원회 발기인. ②주식회사의 설립을 기획하여 정관(定款)에 서명한 사람.

발기-회(發起會)[-회/-훼]圓 어떤 일을 시작하려고 발기하여 모이는 모임.

발-길[-낄]圓①걸음을 걷거나 차거나 할 때의 '발', 또는 그 '발의 힘'을 이르는 말. ¶발길로 걸어차다. ②오가는 발걸음. ¶발길을 끊다. /요즘은 발길이 뜸하다. ③앞으로 움직여 걸어 나가는 발. ¶발길을 돌리다. /발길 닿는 대로 걷다.

발길-질[-낄-]圓하자타 발길로 걸어차는 짓. ¶무작스럽게 발길질을 하다. (준)발질.

발길-쟁이[-낄-]圓 못된 짓을 하며 함부로 여기저기 돌아다니는 사람.

발깍團①(일이나 상태가) 갑자기 딴판으로 바뀌어 소란해지거나 야단스러워지는 모양. ¶온 동네가 발깍 뒤집히듯 소란하다. ②갑작스레 기운을 내는 모양. ¶문을 발깍 밀치고 들어서다. ③갑자기 심하게 성을 내는 모양. ¶발깍 화를 내면서 대들다. (큰)벌꺽. (센)빨깍. (여)발칵. 발깍-발깍團.

발깍-거리다[-꺼-]자团 자꾸 발깍발깍하다. 발깍대다. (큰)벌꺽거리다. (여)발칵거리다.

발깍-대다[-깨-]자타 발깍거리다.

발깍-발깍團①團①(음료수 따위를 시원스레 들이켜는 소리, 또는 그 모양. ②하자빚어 담근 술이 괴어오르는 소리, 또는 그 모양. ③하자삶는 물건이 끓으면서 나는 소리, 또는 그 모양. ④하자타진 반죽 따위를 이길 때 나는 소리. (큰)벌꺽벌꺽. (여)발칵발칵.

발-꿈치圓하자 발의 뒤쪽의 전체.

발끈하자①참을성이 없이 갑자기 성을 내는 모양. ¶대수롭지 않은 일에 발끈 성을 내다. ②(어떤 일이나 상태가) 갑자기 딴판으로 바뀌는 모양. ¶그 소식이 전해지자, 온 사무실이 발끈 뒤집히듯 소란해졌다. ③갑자기 일어나거나·솟아오르는 모양. ¶해가 발끈 나오다. (큰)벌끈. (센)빨끈. 발끈-발끈하자.

발끈-거리다자 자꾸 발끈발끈하다. 발끈대다. (큰)벌끈거리다.

발끈-대다자 발끈거리다.

발-끝[-끋]圓 발의 앞 끝. ¶소리 안 나게 발끝으로 걷다. *발끝이[-끄치]·발끝을[-끄틀]·발끝만[-끈-].

발낭(鉢囊)[-랑]圓〈바랑〉의 본딧말.

발노(發怒)[-로]圓하자 성을 냄.

발-노구[-로-]圓 발이 달린 노구솥.

발-놀림[-롤-]圓하자 발을 이리저리 움직이는 일. ¶발놀림이 빠르다.

발다团〔옛〕곁따르다. 더불다. ¶鬼物은 어즈메 바라 두니는다(杜初8:12).

발단(發端)[-딴]圓하자 어떤 일이 벌어지는 실마리. ¶사건의 발단은 다음과 같다.

발달(發達)[-딸]圓하자되자①(생체 따위가) 자라서 차차 완전한 모양과 기능을 갖추어 감. ¶심신의 발달. ②어떤 것의 구실·규모 등이 차차 커져 감. 진보 발전함. ¶도로의 발달이 교통의 발달을 촉진한다. /저기압이 발달하다. ③훌륭한 기능을 발휘할 수 있는 상태로 됨. ¶청각이 발달하다.

발달^심리학(發達心理學)[-딸-니-]圓 정신의 성장과 발달을 대상으로 하여 그 일반적 경향이나 법칙 따위를 연구하는 심리학의 한 부문. 발생 심리학.

발달^지수(發達指數)[-딸-]圓 아동의 성숙 정도를 나타내는 지수. 심리 측정 방법에 따라 산출한 발달 연령을 생활 연령으로 나눈 것임.

발대(發隊)[-때]圓하자 (순찰대·기동대 등) '대(隊)'라는 이름이 붙는 조직체를 새로 만들어 활동을 시작함.

발-덧[-떧]圓 길을 오래도록 걸어서 생긴 발의 병. ¶발덧이 나서 발바닥을 부르트다. *발덧이[-떠시]·발덧만[-떤-]

발도(拔刀)[-또]圓하자 칼을 칼집에서 뺌.

발-돋움[-또-]圓①키를 돋우느라고 발 밑에 괴고 서는 물건. ②하자키를 돋우느라고 발 밑을 괴거나 발끝만 디디고 서는 짓. 종부돋움. ¶발돋움하여 바라보다. ③하자더 높은 단계로 나아감. ¶선진국 대열로 발돋움하다.

발동(發動)[-똥]圓①(그 기능이) 활동을 일으킴. 움직이기 시작함. 일어남. ¶호기심이 발동하다. ②하자되자어떤 법적 권한 따위를 행사함. ¶사법권을 발동하다. ③하자동력을 일으킴. ¶차가 발동이 잘 걸리지 않는다.

발동-기(發動機)[-똥-]圓 동력을 일으키는 기계. 특히, 내연 기관을 이름.

발동기-선(發動機船)[-똥-]圓 내연 기관을 동력으로 하는 선박. (준)발동선·기선.

발동기-정(發動機艇)[-똥-]圓☞모터보트.

발동-력(發動力)[-똥녁]圓 동력을 일으키는 힘.

발동-선(發動船)[-똥-]圓〈발동기선〉의 준말.

발-동작(-動作)[-똥-]圓 발을 정해진 방식이나 순서에 따라 움직이는 일.

발-뒤꾸머리[-뛰-]圓〈발뒤꿈치〉를 속되게 이르는 말. (준)뒤꾸머리.

발-뒤꿈치[-뛰-]圓 발뒤축의 발바닥 부분 이외의 뒤쪽 부분. 발뒤축. (준)뒤꿈치.
발뒤꿈치가 달걀 같다[속담] '미운 사람에 대해서는 없는 허물도 만들어 가면서 나무란다'는 뜻의 말.

발-뒤축[-뛰-]圓 발뒤꿈치. (준)뒤축.

발-등[-뜽]圓 발의 윗부분.
발등에 불이 떨어지다[붙다][관용] 급한 일이 갑자기 눈앞에 닥치다.
발등(을) 디디다[관용] 남이 하려고 하는 일을 앞질러서 먼저 하다.
발등을 밟히다[관용] 자기가 하려던 일을 남이 앞질러서 먼저 하다.
발등(을) 찍히다[관용] 배신을 당하다. ¶가장 신임했던 부하 직원에게 발등을 찍히다니….
발등의 불을 끄다[관용] 눈앞에 닥친 다급한 일을 먼저 처리하다.

발-등거리[-뚱-]圏 임시로 쓰려고 허름하게 만든 작은 초롱.

발등-걸이[-뚱-]圏 ①씨름에서, 발뒤꿈치로 상대편의 발등을 밟아 넘기는 재주. ②철봉대 등에 두 손으로 매달렸다가 두 발등을 걸치고 거꾸로 매달리는 일. ③하자남이 하려는 일을 앞질러서 먼저 하는 짓.

발딱튀 ①누웠거나 앉았다가 갑자기 일어나는 모양. ¶ 발딱 일어나다. ②갑자기 뒤로 반듯하게 드러눕거나 자빠지는 모양. ¶ 자리에 발딱 드러눕다. 团벌떡. 쎈빨딱. **발딱-발딱**튀.

발딱-거리다[-꺼-]재타 자꾸 발딱발딱하다. 발딱대다. 团벌떡거리다. 쎈빨딱거리다.

발딱-대다[-때-]재타 발딱거리다.

발딱-발딱[-딱]튀 ①하자타재�)박이 빠르게 자꾸 뛰는 모양. ②하자타심장의 고동으로 가슴이 두근거리는 모양. ③하타물 따위를 단숨에 들이켜는 모양. ④하자타(부자유스러운 상태에서) 마음대로 힘을 쓰거나 몸을 놀리고 싶어서 몹시 애를 쓰는 모양. 团벌떡벌떡. 쎈빨딱빨딱.

발-떠퀴圏 사람이 가는 곳을 따라서 길흉화복이 생기는 일.

발라-내다타 ①겉에 둘러싸여 있는 것을 벗기거나 헤집고 속의 것을 끄집어내다. ¶ 뼈를 발라내다. ②필요한 것만을 따로 추리어 내다. ¶ 요점을 발라내다. ③남의 것을 교묘하게 빼앗아 가지다. ④남의 비밀을 들추어 내다. ⑤일을 잘 처리하다.

발라당튀 ①하자가볍게 뒤로 발딱 넘어지거나 드러눕거나 하는 모양. ¶ 눈길에서 발라당 자빠지다. 团벌러덩. ②((주로 '까지다'와 함께 쓰이어)) 순진한 맛이 없이 약삭빠른 모양. ¶ 사람이 발라당 까졌다. 匉발랑. **발라당-발라당**튀하자.

발라드(ballade 프)圏 ①자유로운 형식의 짧은 서사시. 담시(譚詩). ②서사적인 가곡. 담가(譚歌). 담시곡. ③대중음악에서, 사랑을 주제로 한 감상적인 노래.

발라-맞추다[-맏-]타 그럴듯한 말로 겉만 꾸며 대어 속여 넘기다.

발라-먹다[-따]타 남을 속여 재물을 빼앗아 가지다.

발란(撥亂)圏하자 어지러운 세상을 다스려 편안하게 함.

발랄(潑剌)圏 '발랄하다'의 어근.

발랄라이카(balalaika)圏 우크라이나의 민속 악기의 한 가지. 공명(共鳴) 상자는 삼각형이고 현(絃)은 세 가닥임.

발랄-하다(潑剌-)圏어 (표정이나 행동이) 밝고 활기가 있다. ¶ 발랄한 젊은이.

발랑(鉢囊)圏 〈바랑〉의 본딧말.

발랑튀 〈발라당〉의 준말. ¶ 발랑 자빠지다. 团벌렁. **발랑-발랑**튀.

발랑-거리다재타 자꾸 발랑발랑하다. 발랑대다. 团벌렁거리다. 쎈빨랑거리다.

발랑-대다재타 발랑거리다.

발랑-발랑튀 재빠른 동작으로 가분가분 움직이는 모양. 团벌렁벌렁. 쎈빨랑빨랑.

발랑발랑-하다圏어 성격·행동 따위가 가볍고 재빠르다. 团벌렁벌렁하다. 쎈빨랑빨랑하다.

발레(ballet 프)圏 음악과 미술을 곁들인 예술적인 무용.

발레리:나(ballerina 이)圏 발레에서의 여성 무용수, 특히 주역을 맡은 사람.

발렌타인-데이(Valentine Day)圏 '밸런타인데이'의 잘못.

발령(發令)圏하타 되자 법령·사령(辭令)·경보

따위를 발표하거나 공포함. ¶ 경보(警報)가 발령되다. /국장으로 발령되다.

발로(發露)圏하자 되자 (숨겨 두었거나 간직하고 있었던 것이) 겉으로 드러남. ¶ 애국심의 발로.

발록-거리다[-끼-]재타 자꾸 발록발록하다. 발록대다. 团벌룩거리다.

발록-구니[-꾸-]圏 하는 일 없이 놀면서 공연히 돌아다니는 사람.

발록-대다[-때-]재타 발록거리다.

발록-발록[-빨-]튀하타 탄력 있는 물체가 저절로 바라졌다 오므라졌다 하는 모양. ¶ 콧구멍이 발록발록하다. 团벌룩벌룩.

발록-하다[-로카-]圏어 틈이 조금 바라져 있다. ¶ 틈이 발록하다. 团벌룩하다.

발론(發論)圏하자 먼저 말이나 의논 따위를 꺼냄. ¶ 요구 사항을 발론하다.

발룽-거리다재타 자꾸 발룽발룽하다. 발룽대다. 团벌룽거리다.

발룽-대다재타 발룽거리다.

발룽-발룽튀하자 탄력 있는 물체가 가볍게 바라졌다 오므라졌다 하는 모양. 团벌룽벌룽.

발름튀하자 탄력 있는 물체가 크게 바라졌다 오므라지는 모양. ¶ 코를 발름하다. 团벌름. **발름-하**튀. **발름-발름**튀하자.

발름-거리다재타 자꾸 발름발름하다. 발름대다. 团벌름거리다.

발름-대다재타 발름거리다.

발름-이다재타 탄력 있는 물체가 크게 바라졌다 오므라졌다 하다, 또는 그렇게 하다. 团벌름이다.

발름-하다圏어 틈이 조금 바라져 있다. ¶ 발름한 틈이 나다. 团벌름하다.

발리(volley)圏 테니스나 축구 따위에서, 공이 땅에 떨어지기 전에 도로 치거나 차는 일.

발리다[I]재 ['바르다¹'의 피동] 바름을 당하다. ¶ 벽에 발린 벽지.
[II]타 ['바르다¹'의 사동] 바르게(바르도록) 하다.

발리다²[I]재 ['바르다²'의 피동] 발라냄을 당하다. ¶ 밤톨이 발려 나오다.
[II]타 ['바르다²'의 사동] 발라내게 하다. ¶ 아우에게 밤톨을 발리다.

발:리다³타 ①둘 사이를 떼어서 넓히다. ¶ 틈을 발리다. ②오므라진 것을 펴서 열다. ¶ 입을 발리다. ③열어서 속의 것을 드러내다. ¶ 껍질을 까서 발리다. 团벌리다².

발리-슛(volley shoot)圏 축구에서, 날아오는 공이 땅에 닿기 전에 발로 차는 슛.

발리-킥(volley kick)圏 축구에서, 날아오는 공이 땅에 닿기 전에 차는 것.

발림튀 살살 발라맞추는 짓. ¶ 발림으로 하는 말인 줄 알면서, 그래도 기뻤다.

발림²圏 판소리에서, 소리를 하면서 하는 가벼운 몸짓이나 팔짓 따위. 너름새.

발림-수작(-酬酌)圏 발라맞추는 수작. ¶ 발림수작이라는 것이 뻔히 드러나다.

발마(撥馬)圏 지난날, 발군(撥軍)이 타던 말.

발막圏 지난날, 노인이 신던 마른신의 한 가지. 앞부리가 넓적하게 생겼는데 거기에 가죽을 대었음. 발막신.

발-막(-幕)圏 조그마한 오막살이 집.

발막-신[-씬]圏 ▷발막.

발맘-발맘튀 ①남의 뒤를 살피면서 한 발 한 발 뒤따르는 모양. ¶ 아이의 뒤를 발맘발맘 따라나서다. ②팔을 벌리어 한 발씩 또는 다리를 벌리어 한 걸음씩 재어 나가는 모양.

발-맞추다[-맏-]짜 여러 사람이 함께 일을 함에 있어, 서로 움직임을 합쳐 돕다.

발매몡하타 산판의 나무를 한목에 베어 냄.

발매(를) 넣다관용 발매를 시작하다.

발매(를) 놓다관용 촘촘히 서 있는 나무를 한목에 베어 없애다.

발매(發賣)몡하타되자 상품을 팖, 또는 팔기 시작함. ¶새로운 제품을 발매하다.

발매^금:지(發賣禁止)몡하타 팔지 못하게 하는 행정 처분. ¶발매 금지 도서. 준발금(發禁).

발매-나무몡 발매로 생긴 땔나무.

발매-소(發賣所)몡 ☞발매처.

발매-처(發賣處)몡 상품 따위를 파는 곳. 발매소(發賣所).

발매-치몡 발매 때, 베어 낸 큰 나무에서 쳐낸 굵고 긴 가지로 된 땔나무.

발명(發明)[1]몡하타되자 (그때까지 없던 기술이나 물건 따위를) 새로 생각해 내거나 만들어 냄. ¶전화기를 발명하다. /특효약을 발명하다.

발명(發明)[2]몡하타 ①경사(經史)의 뜻을 스스로 깨달아 밝힘. ②하잘것 잘못이 없음을 말하여 밝힘. 변명. 폭백(暴白). ¶혐의가 없음을 발명하다.

발명-가(發明家)몡 (그때까지 없던 기술이나 물건 따위를) 새로 생각해 내거나 만들어 내는 일을 전문적으로 하는 사람.

발명-권(發明權)[-꿘]몡 발명자가 발명에 따른 이권을 독점할 수 있는 권리. 〔특허권 따위.〕

발명-무로(發明無辜)몡하형 죄가 없음을 밝힘. ¶죄가 없음. 무죄를 변명할 방법이 없음.

발명-왕(發明王)몡 (에디슨과 같이) 특별히 많은 발명을 한 사람을 이르는 말.

발명-품(發明品)몡 발명한 물건.

발모(發毛)몡 몸에 털이 남. ¶발모 촉진제.

발-모가지몡 〈발목〉의 속된 말. 발목쟁이.

발모-제(發毛劑)몡 몸에 털이 나게 하는 약. 모생약(毛生藥).

발-목몡 다리와 발이 이어지는 관절 부분.

발목(을) 잡히다관용 ①어떤 일에 꽉 잡혀서 벗어날 수가 없다. ②남에게 어떤 약점을 잡히다.

발목(撥木)몡 비파(琵琶)를 타는 데 쓰이는, 나무로 만든 물건.

발목-마디[-몽-]몡 절지동물의 다리 끝의 마디. 그 끝에 발톱이 있음. 부절(跗節).

발목-물[-몽-]몡 발목이 잠길 정도의 얕은 물.

발목-뼈몡 발목을 이루고 있는 뼈. 부골(跗骨). 족근골(足根骨).

발목-쟁이[-쨍-]몡 발모가지.

발묘(拔錨)몡하자 (닻을 거두어 올린다는 뜻으로) 배가 출항함. ↔투묘(投錨).

발묵(潑墨)몡 (수묵화를 그리거나 붓글씨를 쓸 때) 먹물이 번져서 퍼짐.

발문(跋文)몡 책의 본문 끝에 그 내용의 대강이나 또는 그에 관련된 일을 간략하게 적은 글. 권말기(卷末記). 발사(跋辭). 후기(後記). 준발(跋). ↔서문(序文).

발미(跋尾)몡 지난날, 검시관(檢屍官)이 살인의 원인이나 정황 따위를 조사하여 기록하던 의견서.

발-밑[-믿]몡 ①발바닥. ¶발밑에서 피가 난다. ②발바닥이 향하거나 닿는 자리. • 발밑이[-미치]•발밑을[-미틀]•발밑만[-민만]

발-바닥[-빠-]몡 발의 아래쪽의 편평한 부분. 족장(足掌).

발바리몡 ①개의 한 품종. 몸집이 작고 얼굴이 평평하며 주둥이가 매우 짧음. 애완견으로 중국이 원산지임. ②'경망스럽게 이리저리 잘 돌아다니는 사람'을 비유하여 이르는 말.

발-바심몡하타 곡식의 이삭을 발로 짓밟아서 낟알을 떨어내는 일.

발-바투부 때를 놓치지 않고 재빠르게.

발반(發斑)몡하자 천연두나 홍역을 앓을 때, 살갗에 빨간 반진(斑疹)이 돋아나는 상태.

발발[1]부 ①춥거나 겁이 나거나 하여 오들오들 떠는 모양. ②추위에 발발 떨다. ②하잖은 것을 가지고 몹시 아까워하는 모양. ¶적은 돈을 쓰는데도 발발 떤다. ③몸을 바닥에 대고 작은 동작으로 기는 모양. ¶발발.

발발[2]부 많이 삭은 종이나 헝겊 따위가 손대기가 무섭게 그냥 찢어지는 모양.

발발[3]부 〈빨빨〉의 여린말.

발발(勃勃)'발발하다'의 어근.

발발(勃發)몡하자되자 어떤 큰일이 갑자기 일어남. ¶전쟁이 발발하다.

발발-거리다자 〈빨빨거리다〉의 여린말. 발발대다.

발발-대다자 발발거리다.

발발-하다(勃勃-)형어 사물이 한창 성하다.

발밤-발밤부 발길이 가는 대로 한 걸음 한 걸음 천천히 걷는 모양. ¶발밤발밤 나선 게 예까지 왔네.

발밭다[-받-]형 기회를 재빠르게 붙잡아 잘 이용하는 소질이 있다. 《주로, '발밭게'의 꼴로 쓰임.》

발배(發配)몡하타되자 지난날, 죄인을 배소(配所), 곧 귀양살이할 곳으로 보내던 일.

발-버둥〈발버둥이〉의 준말.

발버둥-이[명] 《주로 '치다'와 함께 쓰이어》 ①마음에 언짢거나 하여 누워서 다리를 번갈아 버둥거리며 몸부림하는 짓. ¶아이가 병원에 가지 않으려고 발버둥을 친다. ②'수단과 방법을 가리지 않고 온갖 애를 다 쓰는 일'을 비유하여 이르는 말. ¶기우는 사업을 되살리려고 발버둥이를 치다. 준발버둥.

발버둥-질몡하자 발버둥이 치는 짓. 준버둥질.

발-병(-病)[-뼝]몡 《주로, '나다'와 함께 쓰이어》 발에 생긴 병. ¶십 리도 못 가서 발병 나다.

발병(發兵)몡하자 군사를 일으켜서 보냄. 발군(發軍). 참출병.

발병(發病)몡하자되자 병이 남. ¶발병 원인을 찾다. /콜레라가 발병하다.

발병-부(發兵符)몡 조선 시대에, 발병을 신중하고 정확하게 하기 위하여, 왕과 병권(兵權)을 맡은 지방관이 미리 나누어 가지던 신표(信標). 준병부.

발-보이다타 ①재주를 자랑하느라고 일부러 드러내 보이다. ②무슨 일의 끝만을 잠깐 드러내 보이다. 준발뵈다.

발복(發福)몡하자되자 운이 틔어 복이 닥침.

발복지지(發福之地)[-찌-]몡 〔장차 운이 트일 땅이란 뜻에서〕'좋은 묏자리'를 이르는 말.

발본(拔本)몡하타 사물의 근본 원인을 뽑아 없앰. ②하자 장사에서 밑천을 뽑음.

발본-색원(拔本塞源)몡하타 폐단의 근본 원인을 아주 없앰. 〔춘추좌씨전에 나오는 말임.〕 ¶밀수(密輸)를 발본색원하다.

발-뵈다[-뵈-/-뷔-]타 〈발보이다〉의 준말.

발부(發付)몡하타되자 증서나 영장 따위를 발행함. 발급(發給). ¶소집 영장을 발부하다.

발부(髮膚)명 머리털과 피부.

발-부리[-뿌-]명 발끝의 뾰족한 부분. 족첨(足尖). ¶돌에 발부리를 채다.

발분(發憤·發奮)명하자 마음을 굳게 먹고 힘을 냄. 분발. ¶선수들의 발분으로 경기를 승리로 이끌다.

발분-망식(發憤忘食)명하자 (무슨 일을 이루려고) 발분하여 끼니마저 잊고 힘씀.

발-붙이다[-부치-]자 무엇에 의거하거나 근거하여 발판으로 삼다. ¶흉악범이 이 사회에 발붙이지 못하게 하다.

발붙임[-부침]명 의지할 곳. ¶약간의 발붙임이라도 있어야 사업을 시작해 보지.

발비명 재래식 한옥의 서까래 위에 산자(橃子)를 얹고, 알매가 새지 않도록 그 위에 까는 잡살뱅이 나뭇조각.

발-빠르다[~빠르니·~빨라]혈르 어떤 일에 대처하는 데 있어 날래고 재빠르다. ¶통상 압력에 발빠르게 대응하다.

발-뺌명하자 책임을 면하려고 슬슬 피하는 짓, 또는 그러한 변명. ¶그는 불리해지니까 슬쩍 발뺌을 한다.

발사(發射)[-싸-]명하타되자 총포나 로켓 따위를 쏨.

발사(跋辭)[-싸-]명 ☞발문(跋文).

발사-각(發射角)[-싸-]명 ☞사각(射角).

발사-대(發射臺)[-싸-]명 (유도탄 따위의) 발사하는 장치.

발사-약(發射藥)[-싸-]명 탄알의 발사나 로켓 등의 추진에 쓰이는 액체나 고체의 화약.

발산(發散)[-싼]명 ①하자타되자 (속에 들어 있는 열이나 냄새 따위가) 밖으로 퍼져 흩어짐, 또는 퍼져서 흩어지게 함. ¶향기를 발산한다. ②하자타되자 (정열이나 울분 따위를 행동으로 나타내어) 밖으로 풀어 없앰. ¶젊음을 발산하다. ③수학에서, 변수(變數)가 극한값을 가지지 않고 한없이 커지거나 작아지는 뜻. ↔수렴(收斂)1. ④광학에서, 광선속(光線束)이 한 점에서 나온 것처럼 퍼지면서 나아가는 상태를 이르는 말.

발산-개세(拔山蓋世)[-싼-]명 〈역발산기개세(力拔山氣蓋世)〉의 준말.

발산^광선속(發散光線束)[-싼-]명 한 점에서 흩어져 나가는 광선속.

발산^렌즈(發散lens)[-싼-]명 평행 광선을 발산시키는 렌즈. [오목 렌즈를 이름.]

발산-류(發散流)[-싼뉴]명 식물이 수분을 잎에서 발산함에 따라 뿌리가 수분을 빨아들이는 작용.

발산-수열(發散數列)[-싼-]명 수렴(收斂)하지 않는 수열.

발산^작용(發散作用)[-싼-]명 ☞증산 작용.

발삼(balsam)명 침엽수에서 분비되는 끈끈한 액체. 접착제·향료 등으로 쓰임.

발상(發祥)[-쌍]명하자 ①어떤 일이 처음으로 일어남(나타남). ¶문명의 발상. ②상서로운 조짐이 나타남.

발상(發喪)[-쌍]명하자 상제가 머리를 풀고 울기 시작함으로써 초상난 것을 이웃에 알리는 일. 거애(擧哀).

발상(發想)[-쌍]명 ①하타 새로운 생각을 내놓음, 또는 그 새로운 생각. ¶기발한 발상. ②사상이나 감정 따위를 표현하는 일. ③시적(詩的)인 발상. ③악곡이 지닌 정서 따위를, 연주할 때의 빠르기나 강약 등으로 표현하는 일.

발상^기호(發想記號)[-쌍-]명 ☞나타냄표.

발상-지(發祥地)[-쌍-]명 ①나라를 세운 임금이 태어난 땅. ②역사적으로 일 따위가 처음으로 일어난 곳. ¶인류 문명의 발상지.

발-살[-쌀]명 발가락의 사이. 발새. * 발살이[-써시]·발살을[-써를]·발살만[-쌀만-]

발살의 때관용 '아주 하찮은 것'을 비유하여 이르는 말. ¶발살의 때만큼도 안 여긴다.

발-새[-쎄]명 발살.

발색(發色)[-쌕]명 ①염색물이나 컬러 필름 따위의 빛깔의 상태. ②하자 (어떤 처리를 하여) 빛깔이 나게 함.

발생(發生)[-쌩]명하자되자 ①어떤 현상이 일어남. ¶사고의 발생을 막다. ②어떤 것이 새로 생겨남. ¶해충이 발생한다. ③난자(卵子)나 배자(胚子)가 자라서 하나의 개체가 됨.

발생^생리학(發生生理學)[-쌩-니-]명 생물이 발생하는 과정 가운데 형태의 구성과 작용을 연구하는 과학.

발생^심리학(發生心理學)[-쌩-니-]명 ☞발달심리학.

발생-적(發生的)[-쌩-]관명 발생에 관계되는 (것). ¶자연 발생적 현상./생물의 발생적인 측면.

발생적 연:구(發生的研究)[-쌩쩍연-] 사물의 발달·변화에 관하여, 그 발생 과정의 시간적·인과적인 과정을 살피는 연구 방법.

발생적 정:의(發生的定義)[-쌩-정의/-쌩-정이] 정의를 내려야 할 것의 본질적 속성을 밝히기 어려운 경우, 그것의 발생 방법이나 성립 조건을 나타내어 정의로 삼는 것.

발생-학(發生學)[-쌩-]명 생물학의 한 분야. 생물의 개체 발생에 대하여 연구함.

발선(發船)[-썬]명하자 배가 떠남. 배를 띄움. ↔착선(着船).

발설(發說)[-썰]명하타되자 말을 입 밖에 냄. ¶회의 내용을 발설하다.

발섭(跋涉)[-썹]명하타 〔산을 넘고 물을 건넌다는 뜻으로〕 여러 곳을 두루 돌아다님. ¶해마다 여러 고장을 발섭하다.

발성(發聲)[-썽]명하타되자 (성악 등에서 기초적인 훈련으로써) 목소리를 내는 일, 또는 그 목소리. ¶발성 연습. /발성이 좋다.

발성-기(發聲器)[-썽-]명 ☞발음 기관.

발성-법(發聲法)[-썽-]명 (성악 등에서 기초적인 훈련으로써) 목소리를 조절하여 내는 방법.

발성^영화(發聲映畫)[-썽녕-]명 영상과 함께 소리가 들리도록 제작한 영화. ↔무성 영화(無聲映畫).

발셔다자 (옛) 명울 서다. 핏발 서다. ¶발설혼:脈(訓蒙字35).

발소(撥所)[-쏘]명 조선 시대에, 서울과 평안도 의주(義州) 사이에 군데군데 두었던 역참(驛站). 国참(站).

발-소리[-쏘-]명 걸을 때 발이 땅에 닿아서 나는 소리. ¶발소리가 나다. /발소리를 죽이다.

발송(發送)[-쏭]명하타되자 물건이나 우편물 따위를 부침. ¶화물의 발송.

발송-인(發送人)[-쏭-]명 물건이나 편지·서류 따위를 부친 사람.

발송-전(發送電)[-쏭-]명 발전과 송전.

발-솥[-쏱]명 발이 세 개 달린 솥. * 발솥이[-쏘치]·발솥을[-쏘틀]·발솥만[-쏜-]

발-쇠[-쇠/-쉐]명 남의 비밀을 캐내어 다른 사람에게 일러 주는 짓. 国발5.

발쇠(를) 서다관용 남의 비밀을 캐내어 다른 사람에게 알려 주다.

발:쇠-꾼[-쇠-/-쉐-]圀 남의 비밀을 캐내어 다른 사람에게 일러 주는 짓을 습관적으로 하는 사람.

발수(拔穗)圀하타 (벼·보리 따위의 좋은 씨앗을 받으려고) 잘 익은 이삭을 골라서 뽑는 일, 또는 그 이삭.

발수(發穗)圀하자 벼·보리 따위의 이삭이 팸. 출수(出穗).

발신(發身)圀하자 미천하고 가난한 처지에서 벗어나 형편이 펴임.

발신(發信)[-씬]圀하타되자 ①통신을 위해 전파를 보냄. ¶조난 신호를 발신하다. ②편지를 부치거나 전보를 보냄. ¶합격 소식을 전보로 발신하다. ↔수신(受信)¹·착신(着信).

발신-국(發信局)[-씬-]圀 우편이나 전신 따위를 보낸 우체국이나 전신 전화국.

발신-기(發信機)[-씬-]圀 ①신호를 보내는 기계. ②☞송신기.

발신-인(發信人)[-씨닌]圀 편지나 전보 따위를 부친 사람. ↔수신인.

발신-주의(發信主義)[-씬-의/-씬-이]圀 먼 곳에 있는 이에 대한 의사 표시는 발신과 동시에 효력이 생긴다고 하는 주의. ↔도달주의.

발신-지(發信地)[-씬-]圀 발신한 곳.

발심(發心)圀하타 ①무슨 일을 하겠다고 마음을 먹음. ②불도(佛道)에 들고자 하는 마음을 일으킴.

발-싸개圀 (버선에 발이 잘 들어가도록) 버선 신을 때에 발을 싸는 천.

발싸심圀하자 ①팔다리와 몸을 비틀면서 부스대는 짓. ②무슨 일을 하고 싶어서 애를 쓰며 들먹거리는 짓. ¶남의 일에 참견하고 싶어서 발싸심하다.

발-씨圀 길을 걸을 때 발걸음을 옮겨 놓는 모습. ¶발씨가 가볍다.

발씨(가) 서투르다관용 (자주 다니지 않은 길이어서) 길이 익숙하지 못하다.

발씨(가) 익다관용 (자주 다닌 길이어서) 길이 익숙하다.

발-씨름圀 다리씨름.

발아(發芽)圀하자되자 ①풀이나 나무에서 싹이 틈. ②씨앗이나 포자가 활동을 시작하여 새 식물체가 껍데기를 찢고 나오는 현상. 아생(芽生).

발아-기(發芽期)圀 싹이 트는 시기.

발-아래圀 서 있는 곳의 바로 아래, 또는 굽어볼 수 있는 곳. ¶산꼭대기에 오르니 구름이 발아래에 있다.

발아-력(發芽力)圀 싹이 트는 힘. 발아세.

발아-법(發芽法)[-뻡]圀☞출아법.

발아-세(發芽勢)圀☞발아력.

발아^시험(發芽試驗)圀 씨앗의 발아율과 발아력을 시험하는 일.

발아-율(發芽率)圀 뿌린 씨앗 가운데서 싹이 트는 비율. ¶발아율이 꽤 높은 편이다.

발악(發惡)圀하자 사리를 가리지 않고 온갖 짓을 다 하며 버둥거리거나 악을 씀. ¶최후의 발악. /발악하며 마구 덤비다.

발악-스럽다(發惡-)[-쓰-따][-스러우니·-스러워]휑ㅂ 어떠한 일에나 견디어 내는 힘이 다부지다. 발악스레휂.

발안(發案)圀하타 ①어떤 새로운 안을 생각해 냄. ②의안을 내놓음. 발의(發議).

발안-권(發案權)[-꿘]圀 의회에 의안을 제출할 수 있는 권한.

발안-자(發案者)圀 ①의안을 생각해 낸 사람. ②토의에 부칠 의안을 제출한 사람.

발암(發癌)圀하자 암이 생김. 암이 생기게 함.

발암^물질(發癌物質)[-찔]圀 암이 생기게 하는 물질.

발-야구(-野球)[-랴-]圀 야구와 비슷한 규칙 아래, 발로 공을 차서 승부를 겨루는 경기. 족구(足球).

발양(發陽)圀하자 양기가 왕성해짐. 정력이 성해짐.

발양(發揚)圀하타되자 (정신이나 기운·기세 따위를) 떨쳐 일으킴. ¶사기를 발양하다.

발양^망:상(發揚妄想)圀 자기 자신을 과대평가하여 바라는 바가 충족되었다고 생각하는 망상. ⤳미소 망상(微少妄想).

발양-머리(發陽-)圀 양기가 왕성하게 일어나는 시기, 곧 한창때.

발어(發語)圀☞발언(發言).

발언(發言)圀하자타 말을 함. 의견을 말함, 또는 그 말. 발어(發語). ¶발언 기회를 얻다.

발언-권(發言權)[-꿘]圀 회의 등에서 발언할 수 있는 권리. ¶발언권을 얻다. ⤳언권.

발-연(-鳶)[-련]圀 연의 한 가지. 양쪽 가에 발 모양의 종이를 붙인 연.

발연(勃然·艴然)圀 '발연하다'의 어근.

발연(發煙)圀하자 연기를 냄.

발연-대로(*勃然大怒)圀하자 발끈하며 몹시 성을 냄.

발연-변색(勃然變色)圀하자 발끈 성을 내며 얼굴빛이 달라짐.

발연-제(發煙劑)圀 연기를 내는 데 쓰는 약제. 흔히, 연막이나 신호용 따위 군용으로 쓰임.

발연-탄(發煙彈)圀 발연제를 재어 쓰는 탄알. 총으로 쏘거나 던져서 연막(煙幕)을 치는 데 씀. 웬연막탄.

발연-하다(勃然-·艴然-)휑어 발끈 성을 내는 태도가 세차고 갑작스럽다. 발연히휂.

발열(發熱)圀하자되자 ①(물체가) 열이 남, 또는 열을 냄. 열을 방출함. ②(몸의 건강의 이상으로) 체온이 보통 상태보다 높아짐, 또는 그런 증상.

발열-량(發熱量)圀 일정한 양의 연료가 완전히 연소했을 때 생기는 열량.

발열^반:응(發熱反應)圀 열을 내면서 진행되는 화학 반응. 탄소(炭素)의 연소 따위. ↔흡열 반응.

발열^요법(發熱療法)[-료뻡]圀 말라리아를 접종하거나 발열제를 주사하여 인위적으로 체온을 높여서 병을 치료하는 방법.

발열-제(發熱劑)[-제]圀 체온을 높이는 작용을 하는 약제.

발열-체(發熱體)圀 열을 내는 물체.

발염(拔染)圀하타 무늬 없이 염색된 천의 일부분에 탈색제를 섞은 풀을 찍어 바탕색의 일부를 뺌으로써 무늬를 내는 일.

발염-제(拔染劑)圀 발염에서, 천의 바탕색을 빼는 데 쓰이는 약제. 산화 발염제·환원 발염제 등이 있음.

발원(發源)圀하자 ①강물의 흐름이 비롯함, 또는 그 근원. ②(어떤 사상이나 현상 등이) 발생하여 일어남, 또는 그 근원. ③발원지.

발원(發願)圀하자 신불에게 소원을 빎. ¶부처님께 발원하여 얻은 아들.

발원-문(發願文)圀 시주(施主)가 서원(誓願)을 적은 글. 원문(願文).

발원-지(發源地)[명] ①강물의 근원이 비롯된 곳. ¶한강(漢江)의 발원지. ②사상이나 현상이 발생하여 일어난 곳. ¶고대 문명의 발원지.

발월(發越) '발월하다'의 어근.

발월-하다(發越-)[형여] 기상이 빼어나다.

발육-하다(發育)[명][하자] 생물이 차차 자라남.

발육-기(發育期)[-끼][명] 자라는 시기. 성장기.

발육^부전(發育不全)[-뿐-][명] 여러 가지 원인으로 말미암아 몸의 어느 기관이나 조직 등이 제대로 자라지 못한 상태.

발육-지(發育枝)[-찌][명] ☞열매가지.

발육^지수(發育指數)[-찌-][명] 태어난 때의 몸무게를 100으로 잡아 그때그때의 몸무게를 그 것에 대한 비율로 나타낸 수.

발음(發音)[명][하타][되자] 허·이·입술 등을 이용하여 말을 이루는 소리를 내는 일, 또는 그 소리. 소리내기. ¶발음이 또렷하다.

발음(發蔭)[명][하자] 선음(先蔭)이 내려 운수가 터짐. 조상의 덕으로 후손의 운수가 열림.

발음-기(發音器)[명] 〈발음 기관〉의 준말.

발음^기관(發音器官)[명] ①동물체의, 소리를 내는 기관. 발성기. 준발음기. ②인체의, 말소리를 내는 기관. 음성 기관.

발음^기호(發音記號)[명] 언어의 음을 표기하는 데 쓰이는 기호. 발음 부호. 표음 기호. 음성 기호.

발음^부호(發音符號)[명] ☞발음 기호.

발음-체(發音體)[명] 그 자체가 진동되어 소리가 나는 물체. 〔악기의 소리가 나는 부분 따위.〕

발의(發意)[바리/바리][명][하타] (계획이나 구상 따위를) 생각해 냄.

발의(發議)[바리/바리][명][하타] 회의 등에서 의 안을 내놓음, 또는 그 의안. 발안(發案).

발인(發靷)[명][하자] 장사를 지낼 때, 상여가 집에서 떠나는 일.

발인-기(發靷記)[명] 발인하기 전에 대문간에 써 붙이는, 장사에 관한 기록.

발인-제(發靷祭)[명] 상여가 집을 떠날 때 상여 앞에서 지내는 제사.

발-자국[-짜-][명] ①발로 밟은 곳에 남아 있는 발의 자국. 족적(足迹). ②〔의존 명사로 쓰임〕 '한 발을 떼어 놓은 걸음'의 뜻. ¶서너 발자국 물러서다.

발-자귀[명] '발자국'의 방언.

발-자욱[명] '발자국'의 잘못.

발자-창(-瘡)[-짜-][명] 한방에서, '입아귀나 아래턱의 작은 부스럼'을 이르는 말.

발-자취[-짜-][명] ①발로 밟은 흔적. ②사람이 지나간 흔적. ③'지나온 과거의 역정'을 비유하여 이르는 말. ¶나라의 근대화에 큰 발자취를 남기다. 주로(足跡).

발자-하다[-짜-][형] 성미가 급하다.

발작(發作)[-짝][명][하자][되자] ①어떤 증상이 갑자기 일어나는 일. ¶경련과 같은 발작을 일으키다. ②어떤 감정이 갑자기 일어남.

발작성^해수(發作性咳嗽)[-짝썽-][명] 백일해나 폐렴 등을 앓을 때, 발작적으로 일어나는 기침.

발작-적(發作的)[-짝쩍][관명] ①심한 증상이 갑자기 일어났다가는 곧 사라지는 (것). ¶발작적인 고열이 되풀이되다. ②갑자기 감정이 고조되거나, 또는 거의 무의식 상태에서 순간적으로 어떤 동작을 하는 (것). ¶발작적으로 범행을 저지르다.

발작-증(發作症)[-짝쯩][명] 발작하는 증세.

발-장구[명] ①헤엄을 칠 때, 두 발을 물 위로 들었다 내렸다 하면서 물을 차는 짓. ②어린아이

가 엎드리어 기어가려고 두 발을 들었다 내렸다 하는 짓. ¶발장구를 치다.

발-장단(-짱-)[명] 흥에 겨워 발끝이나 발뒤꿈치로 장단을 맞추는 짓. ¶음악에 맞추어 발장단을 하다.

발-재간(-才幹)[-째-][명] 발로 무엇을 다루는 재간.

발-재봉틀(-裁縫-)[명] 발로 밟아서 돌리게 되어 있는 재봉틀. 준발틀.

발적(發赤)[-쩍][명] 염증 등으로 피부의 한 부분이 충혈하여 붉은빛을 띠게 되는 증상.

발전(發展)[-쩐][명][하자] ①세력 따위가 성하게 뻗어 나감. ¶수출액이 국내 굴지의 규모로 발전하다. ②어떤 상태가 보다 좋은 상태로 되어 감. ¶옛 모습은 찾아볼 수 없을 만큼 발전된 도시. ③어떤 일이 낮은 단계에서 보다 높거나 복잡한 단계로 나아감. ¶하찮은 일이 큰 사건으로 발전하다.

발전(發電)[-쩐][명][하자] 전기(電氣)를 일으킴.

발전-관(發電管)[-쩐-][명] 진동 전류를 일으키는 데 쓰이는 진공관.

발전-기(發電機)[-쩐-][명] 수력이나 화력·원자력 따위를 이용해 전기를 일으키는 기계.

발전^기관(發電器官)[-쩐-][명] 특수한 종류의 물고기에서 볼 수 있는, 전기를 일으키는 기관.

발전도상-국(發展途上國)[-쩐-][명] 경제 발전이 선진 공업국보다 뒤떨어진 상태에 있는 나라. 개발도상국.

발전-량(發電量)[-쩐냥][명] 발전한 전기의 총량.

발전-력(發電力)[-쩐녁][명] 전기를 일으키는 힘.

발전-상(發展相)[-쩐-][명] 발전한 모습. ¶이 책을 통해 회사의 발전상을 한눈에 볼 수 있다.

발전-성(發展性)[-쩐씽][명] 발전할 가능성. ¶발전성이 있는 사업.

발전-소(發電所)[-쩐-][명] 수력이나 화력·원자력 따위로 발전기를 움직여서 전기를 일으키는 곳, 또는 그 시설.

발전-적(發展的)[-쩐-][관명] 보다 발전한 단계로 번어 가는 (것). ¶기구의 발전적 통폐합. / 발전적으로 마음을 해 온 운동.

발전-체(發電體)[-쩐-][명] 전기를 일으키는 물체.

발정(發情)[-쩡][명][하자] 포유류의 성숙한 암컷이 본능적으로 성욕을 일으키는 일. 〔생리적으로 교미가 가능한 상태가 됨.〕

발정(發程)[-쩡][명][하자] 길을 떠남. 계정(啓程). 비출발.

발정-기(發情期)[-쩡-][명] 포유류의 성숙한 암컷이 주기적으로 발정하는 시기.

발정^호르몬(發情hormone)[-쩡-][명] 여성 호르몬의 한 가지. 주로 난소(卵巢)에서 분비되어, 자궁과 젖샘 등의 성징(性徵)의 발달을 촉진함. 포유류의 경우 발정을 촉진하기도 함.

발제(髮際)[-쩨][명] 〈발찌〉의 본딧말.

발-족(-足)[명] 한자 부수의 한 가지. '距'·'蹴' 등에서의 '足'의 이름.

발족(發足)[-쪽][명][하자][되자] 어떤 단체나 모임 따위가 새로 만들어져 활동을 시작함. ¶선거 대책 위원회를 발족하다.

발종-지시(發蹤指示)[-쫑-][명][하타] 〔사냥개를 풀어서 짐승이 있는 곳을 가리켜 잡게 한다는 뜻으로〕 방법을 가리켜 보임.

발주(發注)[-쭈][명][하타] 제품이나 상품 따위를 주문함. ¶부품을 발주하다. ↔수주(受注).

발-주저리[-쭈-][명] 해진 버선이나 양말 따위를 신은 너절한 발.

발진(發疹) [-찐] 명 하자 열병 따위로 말미암아 피부나 점막에 좁쌀만 한 종기가 돋는 일, 또는 그 종기.

발진(發振) [-찐] 명 하자 전기 진동을 일으킴, 또는 그 상태.

발진(發進) [-찐] 명 하자타 (군함이나 항공기 따위가) 기지를 출발하여 나아감. ¶초계기(哨戒機)가 항공모함에서 발진하다.

발진-기(發振器) [-찐-] 명 전기 진동 따위를 일으키는 장치.

발진-시(發震時) [-찐-] 명 지진동(地震動)이 처음으로 일어난 시각.

발진-열(發疹熱) [-찐녈] 명 쥐벼룩이 옮기는 리케차로 말미암아 일어나는 급성 전염병.

발진^티푸스(發疹typhus) [-찐-] 명 법정 전염병의 한 가지. 온몸에 발진이 생기고 40 ℃ 내외의 고열이 계속되는데, 병원체는 리케차의 일종임. 장미진(薔薇疹).

발-질 명 하자 〈발길질〉의 준말.

발-짓 [-찓] 명 하자 발을 움직이는 동작. ¶발짓으로 가라 한다. *발짓이[-찌시]·발짓만[-찐-]

발-짝의 발을 한 번 떼어 놓는 걸음의 수효를 세는 말. ¶아기가 혼자서 두어 발짝 걸음을 옮겼다.

발짝-거리다 [-꺼-] 타 자꾸 발짝발짝하다. 발짝대다. 큰벌쩍거리다.

발짝-대다 [-때-] 타 발짝거리다.

발짝-발짝 [-빨-] 부 하다 ①일어나려고 애를 쓰며 조금씩 움직이는 모양. ②적은 물에서 빨래를 조금씩 비벼 빠는 모양. 큰벌쩍벌쩍·활짝불짝.

발쭉 부 ①하자타 속에 든 것이 보일락 말락 하게 조금 바라졌다 닫히는 모양. ②하자입을 조금 벌려 소리 없이 웃는 모양. ¶소리 없이 발쭉 웃는 아리따운 모습. 큰벌쭉. 쎈빨쭉. **발쭉-발쭉** 부 하자타.

발쭉-거리다 [-꺼-] 자타 ①속에 든 것이 보일 듯 말 듯 자꾸 바라졌다 닫혔다 하다. ②입을 조금 벌려 소리 없이 자꾸 웃다. 발쭉대다. 큰벌쭉거리다.

발쭉-대다 [-때-] 자타 발쭉거리다.

발쭉발쭉-하다 [-빨쪼카-] 형여 여럿이 다 발쭉하다. 큰벌쭉벌쭉하다. 쎈빨쭉빨쭉하다.

발쭉-하다 [-쪼카-] 형여 좁고 긴 것이 약간 벌어져서 쳐들려 있다. 큰벌쭉하다. 쎈빨쭉하다.

발쭉-이 부.

발찌 명 한방에서, '목뒤의 머리털이 난 가장자리의 부스럼'을 이르는 말. 큰발제(髮際).

발차(發車) 명 하자 기차·자동차 따위가 떠남. ¶개문(開門) 발차 엄금.

발차(發差) 명 하자 왕조 때, 죄를 지은 사람을 잡아 오라고 사람을 보내던 일.

발착(發着) 명 하자 출발과 도착. 착발(着發).

발-창(-窓) 명 발을 끼워서 만든 창. 염창(簾窓).

발채[1] 명 소의 배에 붙어 있는 기름.

발-채[2] ①지게에 얹어서 짐을 담는 제구. 싸리나 대오리로 둥글넓적하게 걸어 만듦. ②걸챗불의 바닥에 까는 거적자리.

발천(發闡) 명 하자 되자 ①(둘러싸였거나 가려 있던 것이) 열리어 드러남. ②앞길을 개척하여 세상에 나섬.

발초(拔抄) 명 하자 되자 글 가운데서 중요한 대목만을 뽑아 적음, 또는 그 기록.

발총(發塚) 명 하자 ☞굴총(掘塚).

발출(發出) 명 하자 되자 빼어 냄.

발췌(拔萃) 명 하자 되자 글 가운데서 필요하거나 중요한 대목만을 가려 뽑음, 또는 그 글. ¶논문에서 발췌하다.

발췌-곡(拔萃曲) 명 오페라와 같은 큰 규모의 악곡에서 주요 부분이나 유명한 부분만을 골라 하나의 음악으로 엮은 곡.

발췌-안(拔萃案) 명 가려 뽑은 안건.

발측 [옛] 발뒤축. ¶발측:跟(訓蒙).

발-치 명 ①누웠을 때 발이 있는 쪽. ¶남의 발치에 드러눕다. ②어떤 사물의 아랫부분이나 끝 부분이 되는 곳. ¶외국에 나갔다가 선산 발치에나 묻힐 생각으로 돌아왔다. ↔머리맡.

발치(拔齒) 명 하자 이를 뽑음.

발칙-스럽다 [-쓰-따] [~스러우니·~스러워] 형비 발칙한 태도가 있다. **발칙스레** 부.

발칙-하다 [-치카-] 형여 ①하는 짓이 아주 괘씸하다. ②몹시 버릇이 없다. ¶발칙한 짓만 골라 하는구나.

발칫-잠 [-치짬·-친짬] 명 남의 발치에서 자는 잠. ¶남의 집에서 발칫잠을 자며 자식을 가르쳤다.

발칵 부 ①(주로 '뒤집다'·'뒤집히다'와 함께 쓰이어) 일이나 상태가 갑자기 딴판으로 바뀌어 소란해지거나 야단스러워지는 모양. ¶회사 안이 발칵 뒤집히다. ②갑작스레 기운을 내는 모양. ¶발칵 창문을 열다. ③갑자기 심하게 성을 내는 모양. ¶발칵 화를 내다. 큰벌컥. 활발깍. **발칵-발칵** 부.

발칵-거리다 [-꺼-] 자타 자꾸 발칵발칵하다. 발칵대다. 큰벌컥거리다. 활발깍거리다.

발칵-대다 [-때-] 자타 발칵거리다.

발칵-발칵 [-빨-] 부 ①하다 음료수 등을 시원스레 들이켜는 소리, 또는 그 모양. ②하다빚어 담근 술이 괴어오르는 소리, 또는 그 모양. ③하자삶는 물건이 끓으면서 나는 소리, 또는 그 모양. ④하자진 반죽 따위를 이길 때 나는 소리, 또는 그 모양. 큰벌컥벌컥. 활발깍발깍.

발코니(balcony) 명 ①서양식 건축에서, 옥외로 달아 낸, 지붕이 없고 난간이 있는 대. 노대(露臺). ②극장의 이 층 좌우에 낸 특별석.

발탁(拔擢) 명 하자 되자 많은 사람 가운데서 특별히 사람을 뽑아 씀. 탁발. ¶국가 대표로 발탁되다.

발-탕기(鉢湯器) [-끼] 명 보통 사발보다 아가리가 오긋한 사발.

발태(發兌) 명 하자타 서적 따위를 펴내어 팖.

발-톱 명 발가락 끝을 덮어 보호하는, 뿔같이 단단한 부분.

발톱-눈 [-톱-] 명 발톱의 양쪽 구석과 살이 맞닿은 부분.

발-틀 명 ①☞발기계. ②〈발재봉틀〉의 준말.

발파(發破) 명 하자 되자 바위 같은 데에 구멍을 뚫고 폭약을 넣어서 터뜨리는 일.

발-판(-板) 명 ①어떤 곳을 오르내리거나 건너다니기 위하여 걸쳐 놓은 것. ②비계의 걸쳐 놓은 널. ③(높은 데 오르거나 높은 곳의 물건을 집거나 할 때) 발밑에 괴는 물건. ¶발판 위에 올라서서 손이 닿지 않는다. ④도약 운동에서, 뛰는 힘을 돕는 데 쓰이는 도구. 도약판. ¶발판을 힘차게 구르다. ⑤'어떤 목적을 이루기 위하여 이용하는 수단'을 비유하여 이르는 말. ¶결혼을 새로운 인생의 발판으로 삼다. ⑥악기나 기계 따위에서, 발을 얹고 밟아 소리를 내게 하거나 무엇을 움직이게 하는 부분. ¶오르간의 발판.

발포(發布)**명타되자** 〔법령·정강(政綱) 따위를〕 사회에 널리 펴서 알림. ¶계엄령을 발포하다.

발포(發泡)**명하자** 거품이 일어남.

발포(發疱)**명하자** 피부에 물집이 생김.

발포(發砲)**명하자** 총포를 쏨. ¶발포 명령을 내리다.

발포(發捕)**명하타** 지난날, 죄를 지은 사람을 잡으려고 포교(捕校)를 보내던 일.

발포^스티렌^수지(發泡styrene樹脂)**명** 거품 모양의 공간이 있는 가벼운 합성수지의 한 가지. 단열재·포장재 등으로 쓰임.

발표(發表)**명타되자** ①널리 드러내어 알림. ¶합격자 발표. /연구 발표. ②여러 사람 앞에서 의견이나 생각을 진술함. ¶그는 숫기가 없어서 발표를 잘 못한다.

발표-회(發表會)[-회/-훼]**명** 〔학문의 연구 결과나 예술 작품 등을〕 여러 사람 앞에서 발표하는 모임. ¶공동 연구 발표회./무용 발표회.

발-풀무명 골풀무.

발-품명 걸어 다니는 수고. ¶발품을 팔다.

발-하다(發-)**타여** ①빛이나 소리 따위를 내다. ¶빛을 발하다. /기성(奇聲)을 발하다. ②드러내어 알리다. ¶경고를 발하다.

발한(發汗)**명하자** 취한(取汗).

발한-제(發汗劑)**명** ☞취한제(取汗劑).

발함(發艦)**명하자** ①군함이 항구를 떠남. ②항공기가 항공모함에서 날아오름.

발항(發航)**명하자** 배가 뱃길에 오름.

발항(發港)**명하자** 출항(出港). ↔착항(着港).

발해(渤海)**명** 고구려의 장수 대조영(大祚榮)이 세운 나라. 요동을 제외한 고구려의 옛 영토를 거의 회복하여 한때 세력을 크게 떨쳤음. 신라 말엽, 요나라에 패망함. 〔699~926〕

발해(發解·拔解)**명하자되자** 지난날, 과거의 '초시(初試) 합격'을 이르던 말.

발행(發行)**명타되자** ①책이나 신문 따위를 인쇄하여 사회에 펴냄. ¶책을 발행하다. ②(관공서·학교·회사 등이) 증명서 따위를 만들어 그것을 필요한 사람에게 내어 줌. ③(정부가) 화폐를 만들어 사회에 내놓음. ¶공채(公債)를 발행하다.

발행^가격(發行價格)[-까-]**명** 주식이나 사채 따위를 발행할 때의 가격.

발행-고(發行高)**명** ☞발행액.

발행-권(發行權)[-꿘]**명** 출판물 따위를 발행할 수 있는 권리.

발행-세(發行稅)[-쎄]**명** 사채(社債)·증권·주권(株券)·상품권 등을 발행할 때 징수하는 인지세(印紙稅).

발행^시:장(發行市場)**명** 유가 증권의 발행으로 장기 자금의 수급(需給)이 이루어지는 증권의 일차적 시장.

발행-액(發行額)**명** 유가 증권이나 화폐를 발행한 총액수. 발행고. ¶화폐의 발행액.

발행-인(發行人)**명** ①출판물을 발행하는 사람. 펴낸이. ¶시사 주간지 발행인. ②어음이나 수표 따위를 발행한 사람. 발행자.

발행-자(發行者)**명** 발행인.

발행^주식(發行株式)**명** 발행 예정 주식 가운데 이미 발행된 주식.

발행-처(發行處)**명** 출판물을 발행한 곳.

발:-향(-香)**명** 지난날, 여성이 노리개로 차던 향의 한 가지. 한숭향(漢沖香)을 둥글게 비벼 자른 도막들을 실에 꿰어 만들었음.

발향(發向)**명하자** 목적지를 향해 길을 떠남.

발-허리명 발의 잘록한 중간 부분.

발-헤엄(-)**명하자** 몸을 세우고 발만을 움직여서 치는 헤엄.

발현(發現·發顯)**명하자타되자** 〔숨겨져 있던 것이〕 드러남, 또는 드러나게 함. ¶욕망의 발현.

발현^악기(撥絃樂器)[-끼]**명** 현을 손가락으로 뜯거나 채 따위로 켜서 소리를 내는 악기. 〔기타·만돌린·하프 따위〕

발호(跋扈)**명하자** 함부로 세력을 휘두르거나 제 멋대로 날뜀. ¶악덕 상인이 발호하다.

발호-시령(發號施令)**명하자** 명령을 내려서 그대로 시행함.

발화(發火)**명하자되자** 불이 남.

발화(發話)**명하자** 입을 열어 말을 함. 말을(이야기를) 꺼냄.

발화-성(發火性)[-썽]**명** 어떤 온도에서 쉽게 발화하는 성질. ¶발화성이 높은 물질.

발화-시(發話時)**명** 말하는 사람이 말을 시작하는 때. ↔사건시.

발화^온도(發火溫度)**명** ☞발화점.

발화^장치(發火裝置)**명** ☞점화 장치.

발화-전(發火栓)**명** ☞점화 플러그.

발화-점(發火點)[-쩜]**명** ①어떤 물질이 공기 속이나 산소 속에서 가열되어 저절로 타기 시작하는 최저 온도. 발화 온도. 착화점(着火點). ⑪화점.

발회(發會)[-회/-훼]**명하자** ①새로 회(會)를 조직하여 첫 모임을 엶, 또는 그 첫 모임. ②증권 거래소에서, 그해에 처음으로 여는 입회(立會). ↔납회.

발-회목[-회-/-훼-]**명** 다리와 발이 이어지는 관절의 잘록하게 들어간 곳.

발효(發效)**명하자** 〔법률이나 규칙 등이〕 효력을 나타내게 됨. ¶새 법령이 발효되다.

발효(醱酵)**명하자되자** 효모·세균·곰팡이 등의 작용으로 유기물이 분해 또는 산화·환원하여 알코올이나 탄산가스 등으로 변하는 현상. ¶발효 식품.

발효-균(醱酵菌)**명** 발효 작용을 일으키는 미생물. 효모균.

발효-소(醱酵素)**명** 유기 화합물을 분해하여 발효 작용을 일으키는 효소.

발효-열(醱酵熱)**명** 유기물이 발효할 때 생기는 열.

발효-유(醱酵乳)**명** 우유 따위에 유산균이나 효모를 섞어 발효시켜 만든 유제품. 〔요구르트·젖산 음료 따위〕

발훈(發訓)**명하자** 훈령(訓令)을 내림.

발휘(發揮)**명타되자** 〔지니고 있는 재능이나 힘 따위를〕 충분히 부리어 드러냄. 떨치어 나타냄. ¶지도력을 발휘하다.

발흥(勃興)**명하자되자** 갑자기 기운을 얻어 성해짐. ¶민주주의의 발흥.

발흥(發興)**명하자** 일어나 흥함.

밝-기[발끼]**명** 밝은 정도. ¶조명의 밝기를 조절하나.

밝다[박따] **Ⅰ자** ①날이 새어 환해지다. ¶어느새 날이 밝았다. ②어둡던 곳이 환하게 되다. ③새해가 되다. ¶희망찬 새해가 밝았다. *밝아·밝고[발꼬]·밝는[방-]
Ⅱ형 ①(어떤 물체가 발하는) 빛이 환하다. ¶가로등이 밝다. ②(어떤 빛깔에서 받는 느낌이) 깨끗하고 산뜻하다. ¶밝은 청색. ③시력이나 청력이 좋다. ¶귀가 밝다. /눈이 밝다. ④(분위기나 성격·표정 따위가) 즐겁고 명랑하다. ¶밝은 표정. ⑤(어떤 일에 관하여) 막힌 데

없이 잘 알다. ¶사리에 밝다. /지리에 밝다. /세상 물정에 밝다. ⑥(하는 일이) 바르고 떳떳하다. ¶밝은 사회. ⑦(앞날이) 기대할 만한 상태이다. ¶전망이 밝은 사업. ↔어둡다. ⑮⑧밝히다. * 밝아·밝고[밝꼬]·밝지[밝찌]

밝은-홀소리[-쏘-]몡 양성 모음.

밝혀-내다[발켜-]타 (옳고 그름 따위를) 분명하게 알 수 있도록 드러내다. ¶진실을 밝혀내다. /사건의 진상을 밝혀내다.

밝-히다[발키-]타 ①『'밝다'의 사동』 어두운 것을 환히 밝게 하다. ¶등불이 어둠을 밝히다. ②일의 옳고 그름을 가려 분명하게 하다. ¶죄상을 밝히다. ③사실·형편 따위를 설명하여 이르다. ¶신분을 밝히다. /까닭을 밝히다. ④자지 아니하고 밤을 새우다. ¶자식 걱정에 뜬눈으로 밤을 밝히다. ⑤어떤 것을 특별히 좋아하다. ¶돈을 지나치게 밝히다.

밟:다[밤따]타 ①두 팔을 벌려 길이를 재다. ②발로 한 걸음씩 걸어서 거리를 헤아리다. ③차츰차츰 앞으로 나아가다. * 밟아·밟고[밥꼬]·밟:는[밤-]

밟:다[밥따]타 ①발로 디디거나 누르다. ¶잔디를 밟지 마시오. ②어떤 곳에 가다. ¶10년 만에 고향 땅을 밟다. ③남의 뒤를 몰래 쫓아가다. ¶범인의 뒤를 밟다. ④(전에 다른 사람이 한 일을) 그대로 되풀이하다. ¶전철(前轍)을 밟다. ⑤(어떤 순서나 절차를) 거치다. ¶박사 과정을 밟다. /출국 절차를 밟다. ⑥힘으로 눌러 못살게 굴다. ¶약자를 힘으로 밟다. * 밟아·밟고[밥꼬]·밟:는[밤-]

밟:다듬이[밥따-]몡하타 피륙이나 종이 같은 것을 밟아서 구김이 펴지게 다듬는 일.

밟-히다[발피-]타 『'밟다'의 피동』 밟음을 당하다. ¶발등이 구둣발에 밟히다.

밨동몡 (옛) 발등. ¶왼녁 밨동을 올호녁 무루페 연고(法華1:55).

밨바당몡 (옛) 발바닥. ¶밨바당이 平ᄒᆞ샤디(月釋2:40).

밤¹몡 해가 진 뒤부터 날이 새기 전까지의 동안. ¶밤을 새우다. /동짓달 기나긴 밤. /긴 밤을 하얗게 밝히며 편지를 쓴다. ↔낮.

  밤 말은 쥐가 듣고 낮 말은 새가 듣는다[속담] 비밀히 한 말이라도 새어 나가기 쉬우니 항상 말을 조심하라는 뜻.

  밤 잔 원수 없고 날 샌 은혜 없다[속담] 원한이나 은혜는 세월이 지나면 쉬이 잊힌다는 말.

  밤을 돕다[관용] 밤을 이용하다. 《주로 '밤을 도와'의 꼴로 쓰임.》 ¶밤을 도와 달려오다.

밤²몡 밤나무의 열매.

밤³몡 송치가 어미의 배 속에서 섭취하고 자라는 물질.

밤⁴몡 놋쇠 물을 부어 놋그릇을 만드는 거푸집.

밤-거리[-꺼-]몡 밤의 길거리. ¶밤거리를 쏘다니다.

밤-게몡 밤겟과의 게. 크기는 밤톨만 하며 등딱지는 흑갈색·담청색·암청색·암청색 따위로 빛깔이 다름. 바닷가의 모래 땅이나 진흙 속이나 강 어귀에 삶.

밤-경단(-瓊團)몡 밤 고물을 묻힌 경단.

밤-공기(-空氣)[-꽁-]몡 밤의 공기. ¶밤공기가 차다.

밤-교대(-交代)[-꾜-]몡 밤과 낮으로 번갈아 일하는 경우, 밤에 드는 대거리. ↔낮교대.

밤-기운[-끼-]몡 밤에 느껴지는 서늘한 기운.

밤-길[-낄]몡 밤에 걷는 길. 밤의 길.

밤:-꽃[-꼳]몡 밤나무의 꽃. 밤느정이. * 밤:꽃이[-꼬치]·밤:꽃만[-꼰-]

밤-꾀꼬리[-꾀-/-꿰-]몡 나이팅게일.

밤:-나무몡 참나뭇과의 낙엽 교목. 높이 5~10m. 초여름에 흰 꽃이 피고, 열매인 밤은 가시 송이에 싸여 자라는데 익으면 송이가 벌어짐. 나무는 단단하여 토목·건축용으로 쓰임. 평남과 함남 이남 지역에서 자람. 율목(栗木).

밤:나무-벌레몡 밤나무하늘소의 유충. 밤나무·굴밤나무·졸참나무 따위를 파 먹는 해충임.

밤:나무-산누에나방(-山-)몡 산누에나방과의 곤충. 편 날개 길이 12cm가량. 몸빛은 갈색이며 양쪽 날개에 둥근무늬가 하나씩 있음. 유충은 밤나무 따위의 잎을 갉아 먹는 해충임.

밤-나방몡 밤나방과의 곤충. 편 날개 길이 3cm가량. 몸빛은 황회색이며 날개는 담홍색이고, 뒷면은 담갈색임. 유충은 털이 없고 원통형으로 비대하며, 밤에 농작물을 해침.

밤-낚시[-낙씨]몡 밤에 하는 낚시.

밤-낮[-낟] Ⅰ몡 밤과 낮. 일야(日夜). 주야(晝夜). * 밤낮이[-나지]·밤낮만[-난-] Ⅱ부 밤이나 낮이나. 늘. 언제나. ¶밤낮 실험에만 몰두하다.

  밤낮을 가리지 않다[관용] 쉬지 않고 계속하다. ¶밤낮을 가리지 않고 연구하다.

  밤낮이 따로 없다[관용] 어떤 일을 밤낮 쉬지 않고 계속하다.

밤낮-없이[-나뒤씨]부 늘. 언제나. 항상. ¶자식을 위해 밤낮없이 애쓰시는 부모님.

밤-놀이[-노리]몡하자 밤에 노는 놀이. 야유(夜遊).

밤:-눈¹몡 말의 앞다리의 무릎 안쪽에 붙은 군살. 현제(懸蹄).

밤-눈²몡 밤에 물체 등을 보는 눈의 능력.

  밤눈이 어둡다[관용] (정상적인 시력을 가진 사람에 비하여) 어두운 곳에서 물체를 또렷이 보지 못하다.

밤-눈³몡 밤에 내리는 눈.

밤:-느정이몡 밤나무의 꽃. 밤꽃. 준밤늧.

밤:-늧[-늗]몡 〈밤느정이〉의 준말. * 밤:늧이[-느치]·밤:늧만[-는-]

밤-늦다[-늗따]형 밤이 깊다. ¶밤늦은 시각. /밤늦게 집으로 찾아오다.

밤-단자(-團餈)몡 밤 고물을 묻힌 단자.

밤-대거리(-代-)[-때-]몡 (광산에서, 밤과 낮으로 패를 갈라 일할 때) 밤에 들어가 일하는 대거리. ↔낮대거리.

밤-도둑[-또-]몡 밤을 타서 남의 물건을 훔치는 짓, 또는 그런 사람.

밤둥만부 (옛) 한밤중. ¶日出을 보리라 밤둥만 니러ᄒᆞ니(鄭澈. 關東別曲).

밤-들다[~드니·~들어]자 밤이 깊어 가다. 으슥해지다. ¶이따가 밤들거든 떠나자.

밤:-떡몡 밤을 섞어서 찐 떡.

밤:-똥몡 (주로 어린이의 경우에) 밤마다 누게 버릇이 된 똥.

밤-마을몡 밤에 이웃에 놀러 가는 일. ¶밤마을을 다니다.

밤-무대(-舞臺)몡 밤업소에서 연예인이 공연하는 무대. ¶밤무대에서 노래하다.

밤-바람[-빠-]몡 밤에 부는 바람.

밤-밥¹[-빱]몡 저녁 끼니가 지나서, 밤늦게 먹는 밥. 참야식(夜食).

밤:-밥²몡 보늬를 벗긴 밤을 두어서 지은 밥.

밤:-배[-빼]몡 밤에 다니는 배. ¶오늘 밤배를 타면 내일 새벽녘에는 닿을 수 있을 것이다.

밤:-버섯[-섣]명 송이과의 버섯. 높이 10 cm 가량. 갓의 표면은 다갈색이며 줄기는 속이 비어 있음. 가을에 밤나무나 졸참나무 따위의 썩은 밑동에서 나는데, 먹을 수 있음. ＊밤:버섯이[-서시]·밤:버섯만[-선-]

밤:-벌레명 꿀꿀이바구미의 유충. 몸이 토실토실하고 빛깔은 노르스름함. 밤알을 파 먹는 해충임.

밤:-볼명 입속에 밤을 문 것처럼 볼록하게 살이 찐 볼.

밤볼(이) 지다관용 볼이 볼록하게 살이 찌다.

밤:-비[-삐]명 밤에 내리는 비. 야우(夜雨).

밤비에 자란 사람속담 '어리석고 덜된 사람'을 조롱조로 이르는 말.

밤:-빛[-삗]명 ⇨밤색. ＊밤:빛이[-삐치]·밤:빛만[-삔-]

밤-사이[-싸-]명 밤이 지나는 동안. ¶밤사이에 일어난 일들. ⓑ밤새.

밤-새[-쌔]명 〈밤사이〉의 준말. ¶밤새에 마음이 변한 모양이다.

밤새-껏[-껃]⬆ 밤새도록. 온밤 동안. ¶밤새껏 뜬눈으로 지새우다.

밤-새다재 밤이 지나 날이 밝아 오다. 《주로, '밤새도록'의 꼴로 쓰임.》 ¶밤새도록 공부하다.

밤-새우다재 잠을 자지 않고 밤을 꼬박 밝히다. ¶밤새워 기다려도 꿩 구워 먹은 소식이다.

밤새움[-쎄-]명자 잠을 자지 않고 밤을 새우는 일. ¶상가(喪家)에서 밤새움을 하다. ⓑ밤샘.

밤:-색(-色)명 익은 밤의 껍질과 같은 빛깔. 밤빛. 갈색.

밤:-샘하자 〈밤새움〉의 준말. ¶밤샘 공부.

밤:-소[-쏘]명 밤을 삶아 으깨어 만든 소. ¶밤소를 넣은 송편.

밤-소경명 밤눈이 어두운 사람.

밤-소일(-消日)명하자 놀이 따위로 밤을 보내는 일. ¶마작으로 밤소일하다.

밤-손님[-쏜-]명 '도둑'의 곁말. 야객(夜客).

밤:-송이명 밤을 싸고 있는, 가시가 돋친 겉껍데기. 율방(栗房).

밤-안개명 밤에 끼는 안개.

밤:-알명 밤의 날개의 알.

밤:-암죽(-粥)명 밤으로 쑨 암죽. 보늬를 벗긴 밤을 물에 불려 강판에 간 다음, 물을 치면서 체에 걸러 쑴.

밤:-얽이명 짐을 동일 때에 곱걸어 매는 매듭. ¶밤얽이를 치다.

밤-업소(-業所)[-쏘]명 밤에 영업하는 유흥 주점.

밤:-엿[-녇]명 밤톨만 한 크기로 동그랗게 빚어 콩고물이나 깨를 묻힌 엿. 율당(栗糖). ＊밤:엿이[-녀시]·밤:엿만[-년-]

밤:-윷[-뉻]명 밤톨만 하게 만든 윷짝. ＊밤:윷이[-뉴치]·밤:윷만[-뉸-]

밤-이슬[-니-]명 밤에 내리는 이슬.

밤이슬 맞는 놈관용 '도둑놈'의 곁말.

밤:-일[-닐]명하자 ①밤에 하는 일. 야간작업. ↔낮일. ②'방사(房事)'를 에둘러서 이르는 말. ②야사(夜事).

밤:-자갈[-짜-]명 밤톨만 한 자갈. 할률석(割栗石).

밤잔-물명 밤을 지낸 자리끼.

밤:-잠[-짬]명 밤에 자는 잠. ¶악몽으로 밤잠을 설치다. ↔낮잠.

밤:-장(-場)[-짱]명 ①밤에 서는 장. 야시장. ¶밤장이 서다. ②명절 대목 등에 밤늦게까지 서는 장.

밤-재우다타 하룻밤을 지내게 하다. ¶밤재운 익모초 생즙을 이른 아침에 짜서 마시다.

밤:-저녁[-쩌-]명 그다지 깊지 않은 밤. ¶밤저녁이 되면서 기온이 차차 내려가다.

밤:-죽(-粥)명 삶은 밤과 쌀로 쑨 죽. 쌀을 갈아서 죽을 쑤다가 밤을 삶아 체에 내린 것을 넣고 쑴.

밤-중(-中)[-쭝]명 밤이 깊은 때. 밤의 한가운데. 야중(夜中). ¶밤중에 어딜 나가니?

밤중⬆ 〈옛〉한밤중. ¶밤중만 슬흐뎌 우리 님의 귀에 들리리라(古時調).

밤:-즙(-汁)명 날밤을 갈아서 낸 즙을 익혀서 묵처럼 만든 음식.

밤-차(-車)명 (정해진 노선을) 밤에 다니는 자동차나 기차. ¶밤차로 떠나다.

밤:-초(-炒)명 밤으로 만든 과자의 한 가지. 날밤을 삶아 물을 섞어 조려 만듦.

밤:-콩명 콩의 한 가지. 알이 굵고, 빛깔은 밤색이며 맛이 구수함.

밤:-톨명 밤의 낱알. ¶밤톨만 한 녀석이 감히 내게 덤비다니.

밤:-편명 날밤을 갈아 낸 즙에 녹말과 꿀을 넣고 조려서 굳힌 떡.

밤-하늘명 밤의 하늘. ¶밤하늘에 반짝이는 별들.

밥1명 ①쌀·보리 따위 곡식을 씻어서 솥 같은 데에 안치고 물을 부어 끓여 익힌 음식. 메1. ¶잡곡으로 지은 밥. ②끼니로 먹는 음식. 식사. ¶밥을 굶다. ③동물의 먹이. ¶물고기 밥. ④정해진 모가치. ¶제 밥도 못 찾아 먹다. ⑤'남에게 눌려 지내거나 이용만 당하는 사람'을 비유하여 이르는 말. ¶재는 내 밥이야. /독재 정권의 밥이 되다.

밥 빌어다가 죽 쑤어 먹을 놈자식속담 '성질이 게으른데다가 소견마저 없는 사람'을 욕으로 이르는 말.

밥 구경을 못하다관용 밥을 전혀 먹지 못하고 굶다. ¶밥 구경을 못한 지 사흘이나 되었다.

밥 먹듯 하다관용 (흔히 있는 일처럼) 예사로 하다. ¶거짓말을 밥 먹듯 하다.

밥(을) 주다관용 (시계의) 태엽을 감다.

밥2명 도둑에게 고통을 주어서 저지른 죄를 사실대로 말하게 하는 일. ¶밥을 내다.

밥3명 《연장을 뜻하는 일부 명사 뒤에 붙어》 '무엇을 베거나 깎을 때에 생기는 재료의 부스러기'임을 뜻함. ¶톱밥. /대팻밥.

밥-값[-깝]명 ①밥을 먹는 데 드는 돈. ¶밥값을 내다. ②밥벌이가 될 정도의 구실. ¶제 밥값도 못하는 녀석. ＊밥값이[-깝시]·밥값만[-깜-]

밥고리명 〈옛〉밥 담는 그릇. 고리. ¶밥고리:食籠(訓蒙中10).

밥-공기(-空器)[-꽁-]명 밥을 담는 데 쓰는 공기.

밥-그릇[-끄른]명 밥을 담아 먹는 그릇. 반기(飯器). 식기(食器). ＊밥그릇이[-끄르시]·밥그릇만[-끄른-]

밥그릇이 높으니까 생일만큼 여긴다속담 '조금 대접을 해 주니까 더 우쭐해하는 사람'을 두고 비웃는 말.

밥그릇 싸움관용 제 실속만 채우려고 하는 싸움.

밥-도둑[-또-]명 ①'일은 하지 않고 밥이나 축내는 사람'을 빈정대어 이르는 말. ⓑ밥벌레. ②'입맛을 돋우어 밥을 많이 먹게 하는 반찬'을 비유하여 이르는 말.

밥-맛[밤맏]囤 ①밥의 맛. ¶밥맛이 좋은 쌀. ②밥을 비롯한 음식을 먹고 싶은 욕망. ¶밥맛이 떨어지다. /밥맛이 당기다. ＊밥맛이[밤마시]·밥맛만[밤만-]

밥-없다[밤마덥따]囧 하는 짓 따위에 정나미가 떨어지거나 상대하기가 싫다. **밥맛없-이**휁.

밥-물[밤-]囤 ①밥을 지을 때 솥에 붓는 물. ②밥이 끓을 때 넘쳐흐르는 물. 곡정수(穀精水). 식정수(食精水).

밥-밑[밤믿]囤 밥을 지을 때 쌀 밑에 놓는 콩·보리쌀·팥 따위의 잡곡류. ＊밥밑이[밤미치]·밥밑을[밤미틀]·밥밑만[밤민-]

밥밑-콩[밤믿-]囤 밥밑으로 안치는 콩.

밥-받이[-빠지]囤 도둑에게 밥을 내는 일. 죄인의 자백을 받는 일.

밥-벌레[-뻴-]囤 '일은 하지 않고 밥이나 축내는 사람'을 빈정대어 이르는 말. ⑪밥도둑.

밥-벌이[-뻐리]囤囧 ①겨우 밥이나 먹고 살아갈 정도의 벌이. ¶그것으로는 밥벌이도 안 된다. ②먹고살기 위하여 하는 벌이. ¶밥벌이가 될 만한 일을 찾다.

밥-보[-뽀]囤 '밥을 많이 먹는 사람'을 조롱하여 이르는 말. 식충이.

밥-보자(-褓子)[-뽀-]囤 ⑨밥보자기.

밥-보자기(-褓-)[-뽀-]囤 밥그릇이나 밥상을 덮는 베보자기. 밥보자.

밥-빼기囤 아우 타느라고 밥을 많이 먹는 아이.

밥-상(-床)[-쌍]囤 밥과 반찬을 차려 놓는 상(床). 소반(小盤). 식상(食床).

밥상-머리(-床-)[-쌍-]囤 밥상의 한쪽 언저리. ¶밥상머리에 앉아 음식을 권하다.

밥-소라[-쏘-]囤 밥이나 떡국·국수 따위 음식을 담는 큰 놋그릇.

밥-솥[-쏟]囤 밥을 짓는 솥. ＊밥솥이[-쏘치]·밥솥을[-쏘틀]·밥솥만[-쏜-]

밥-쇠[-쐬/-쒜]囤 절에서 밥 먹을 때를 알리기 위하여 되게 번 치는 종.

밥-숟가락[-쑫까-]囤 밥을 떠먹는 숟가락. 쑬. ⑤밥숟갈.

밥숟가락(을) 놓다뫤 ⑤밥숟가락(을) 놓다.

밥-숟갈[-쑫깔]囤 〈밥숟가락〉의 준말.

밥-술[-쑬]囤 ①몇 술 정도의 적은 밥. ¶밥술이나 뜨고 일해야지. ②밥숟가락.

밥술(을) 놓다뫤 '죽다'의 곁말. 밥숟가락(을) 놓다.

밥술이나 뜨다[먹다]뫤 사는 것이 그런대로 궁색하지 않다.

밥-식(-食)[-씩]囤 한자 부수의 한 가지. '飮'·'飽' 등에서의 '食'의 이름.

밥-쌀囤 밥을 지을 쌀. 반미(飯米).

밥-알囤 밥의 낱낱의 알. 반과(飯顆). 반립(飯粒). 밥풀.

밥-자리[-짜-]囤 '직장'을 속되게 이르는 말.

밥-자배기[-짜-]囤 밥을 담아 두는 자배기.

밥-잔치[-짠-]囤 국수나 떡 같은 것을 쓰지 않고 밥으로만 간단히 차린 잔치.

밥-장(-醬)[-짱]囤 메주를 많이 넣고 되직하게 담근 간장. ¶밥장을 담그다.

밥-장사[-짱-]囤囧 밥을 파는 장사.

밥-장수[-짱-]囤 밥을 파는 사람.

밥-주걱[-쭈-]囤 나무나 놋쇠 등으로 부삽처럼 만든, 밥을 푸는 기구. 반삽. ⑤주걱.

밥-주머니[-쭈-]囤 '밥이나 축내고 아무 일도 하지 않는 사람'을 조롱하여 이르는 말. ⑪밥도둑.

밥-줄[-쭐]囤 ①☞식도(食道). ②[먹고 살아가는 줄이란 뜻으로] '직업'을 속되게 이르는 말. ③식근(食根).

밥줄이 끊어지다[떨어지다]뫤 '직업을 잃다'를 속되게 이르는 말. ¶밥줄이 끊어져 살길이 막막하다.

밥-죽(옛) 밥주걱. ¶밥쥭 쵸:杓(訓蒙中19).

밥-집[-찝]囤 밥을 파는 집.

밥-통(-桶)囤 ①밥을 담는 통. ②☞위(胃). ③'먹는 것만 한 사람 몫을 할 뿐, 다른 일에는 제구실을 하지 못하는 사람'을 조롱하여 이르는 말. ¶그 녀석은 정말 밥통이야.

밥통이 떨어지다뫤 '일자리를 잃게 됨'을 속되게 이르는 말.

밥-투정囧囤 밥을 먹을 때에 부리는 투정. ¶식성이 까다로워서 밥투정이 심하다.

밥-풀囤 ①풀 대신에 무엇을 붙이는 데 쓰는 밥알. ②밥알(밥알).

밥풀-강정囤 유밀과(油蜜菓)의 한 가지. 산자밥풀을 겉에 묻힌 강정.

밥풀-과자(-菓子)囤 쌀로 튀기어 조청으로 버무려서 만든 과자.

밥풀-눈[-룬]囤 눈꺼풀에 밥알 같은 군살이 붙어 있는 눈.

밥풀눈-이[-루니]囤 밥풀눈을 가진 사람.

밥풀-칠(-漆)囤囧囤 밥풀을 이겨서 바르는 일, 또는 그런 칠.

밥-하다[바파-]囧囚 밥을 짓다.

밧(옛) ①밖. ¶城郭 밧 뉘 지비(杜初23:25). ②겉. ¶밧 표:表(訓蒙上35). ⑪밖.

밧-가락(옛) 발가락. ¶밧가라ᄀ로 싸ᄒᆞᆯ 누르시니(釋譜6:39).

밧고다(옛) 바꾸다. ¶밧고몰 다 몯ᄒᆞ면(蒙法46). /쌔를 피히 밧고리러든(杜初9:7).

밧-긔(옛) ('밧'의 처격형) 밖에. ¶城 밧긔 브리 비취여(龍歌69章). ⑪밖.

밧긔시-다(옛) 투구 아니 밧기시면(龍歌52章). /기릐말 밧기시니(龍歌58章).

밧다[받따]囚 〈바수다〉의 준말. ⑤붓다². ＊밧아·밧는[반-]

밧다(옛) 받다. 받치다. 고이다. ¶꿈의ᄂᆞ 님을 보려 턱 밧고 비겨시니(鄭澈.思美人曲).

밧다(옛) 벗다. ¶ᄂᆞᆫ믈 밧ᄂᆞᆫ 오솔 아니 바사(龍歌92章).

밧-둥(옛) 발등. ¶밧둥 부:跗(訓蒙上29). ⑪밠둥.

밧-바닥(옛) 발바닥. ¶밧바다애 시요미 ᄂᆞᆫᄂᆞᆫ(楞解10:79). ⑪밠바당.

밧-보다(옛) 바쁘다. ¶밧볼 망:忙(類合下7). ⑪밠보다.

밧-뒤(옛) 밭(田). ¶종쥐 밧뒤ᄂᆞᆫ 엇기예 쉽거니와(古時調).

밧-잣(옛) 외성(外城). ¶밧잣 부:郛. 밧잣 곽:郭(訓蒙中8).

밧-줄[바쭐/받쭐]囤 참바로 된 줄. ¶떨어지지 않게 밧줄로 꽁꽁 묶어라.

밧집[받찝]囤 밧집(椰). ¶밧집 곽:椰(訓蒙中35).

밨(옛) 밖. ¶城 밨긔 브리 비취여(龍歌69章). /萬里 밨기라(月釋1:1). ⑪밧¹.

방:窓판의 맨 가운데 자리.

방을 따다뫤 윷놀이에서 말을 방에서 꺾인 첫 밭에 놓는다.

방(坊)囤 ①지난날, 서울의 오부(五部)를 다시 나누었던 행정 구획. 오늘날의 동(洞)과 비슷함. ②조선 시대에, 황해도와 평안도에서 면(面)을 이르던 말.

방(房)¹[명] 사람이 거처하기 위하여 집 안에 만들어 놓은 칸. 방사(房舍). 실(室)¹. ¶방이 비다.
　방 보아 똥 싼다[속] 사람의 지위를 보아 대접을 달리한다.
　방을 놓다[관] 온돌방의 방바닥을 만들다.
방(房)²[명] 〈방성(房星)〉의 준말.
방(傍·旁)[명] 한자 부수의 한 갈래. '敎·利·邦' 등에서의 '攵'·'刂'·'阝' 따위와 같이 글자의 오른쪽에 붙는 부수를 통틀어 이르는 말. ↔변(邊)
방(榜)[명] ①〈방문(榜文)〉의 준말. ¶현상범을 잡으려고 방을 붙이다. ②〈방목(榜目)〉의 준말.
방:(放)[의] ①총포를 쏘거나 남포를 터뜨리는 횟수를 세는 말. 발(發). ¶총 한 방. ②방망이나 주먹으로 때리는 횟수를 세는 말. ¶한 방에 나가떨어지다. /훔런 두 방. ③방귀를 뀌는 횟수를 세는 말. ④사진을 찍는 횟수나 필름 장수를 세는 단위.
방가(邦家)[명] 나라. 국가.
방:가(放暇)[명] ☞휴가(休暇).
방:가(放歌)[명][하자] 큰 소리로 노래를 부름.
방가위(方可謂)[부] 〈방가위지〉의 준말.
방가위지(方可謂之)[부] 진실로 그렇다고 이를 만하게. ㉰방가위.
방가지-똥[명] 국화과의 일·이년초. 길가에 절로 나는데, 줄기 높이 1m가량이며 속이 비었음. 잎은 엉겅퀴와 비슷하며 가시가 없음. 초여름에 가지 끝에 누른빛의 두상화(頭狀花)가 핌.
방:각(倣刻)[명][하자] 본디의 모양새를 그대로 본떠서 새김.
방각(傍刻)[명][타] 도장의 옆면에 글자를 새김, 또는 그렇게 새겨진 글자.
방각-본(坊刻本)[-뽄][명] 조선 후기에, 민간 출판업자가 영리를 목적으로 출판한 책. 주로 목판으로 만듦. 방각판(坊刻版).
방각-탑(方角塔)[명] 탑신(塔身)의 평면을 네모지게 만든 탑.
방각-판(坊刻版)[명] ☞방각본.
방간(防奸)[명][하자] 간사한 짓을 못하게 막음.
방간(坊間)[명] ☞시정(市井). 항간(巷間).
방갈로(bungalow)[명] ①지붕이 낮고 베란다가 있는, 나무로 지은 작은 집. 인도 벵갈 지방의 민가에서 유래한 건축 양식임. ②여름철에 산이나 바닷가에서 지낼 수 있게 만든 작은 집.
방감-하다(方酣)[형여] 기운이나 흥이 한창 무르익어 있다.
방감-하다(方酣)[형여] '방감하다'의 어근.
방-갓(方-)[-갇][명] 상제(喪制)가 밖에 나갈 때 쓰는 갓. 가는 대오리로 삿갓 비슷하게 결어서 만듦. 방립. * 방갓이[-가시]·방갓만[-갇-].
방갓-쟁이(方-)[-갇쩽-][명] '방갓을 쓴 사람'을 흘하게 이르는 말.
방강(防江)[명] ☞둑².
방개(紡車)[명] 〈물방개〉의 준말.
방거(紡車)[명] ☞물레¹.
방:-게[명] 바위겟과의 게. 껍데기는 네모꼴로 암녹색임. 바닷가에 가까운 민물의 모래 속에 삶. 해찰(蟹).
방:게-젓[-젇][명] 방게를 간장에 담가 익힌 것. * 방게젓이[-저시]·방게젓만[-전-].
방결(防結)[명][하자] 조선 시대에, 고을 아전이 백성에게 논밭의 세금을 덜어 주고 기한 전에 돈을 받아 아전끼리 돌려쓰기도 하고 사사로이 쓰기도 하던 일. 방납(防納).
방경(方磬)[명] '방향(方響)'의 잘못.
방경(邦慶)[명] 나라의 경사.

방계(傍系)[-계/-게][명] 직계(直系)에서 갈려져 나온 계통. ¶방계 조직.
방계^인족(傍系姻族)[-계/-게][-][명] 배우자의 방계 혈족 및 방계 혈족의 배우자.
방계^존속(傍系尊屬)[-계/-게][-][명] 방계 혈족에 속하는 존속. 백숙 부모·백숙 조부모 등.
방계-친(傍系親)[-계/-게][-][명] 같은 시조에서 갈려 나간 친족 사이의 관계.
방계^친족(傍系親族)[-계/-게][-][명] '방계 혈족과 방계 인족'을 통틀어 이르는 말.
방계^혈족(傍系血族)[-계/-게-쪽][명] 같은 시조(始祖)로부터 갈려 나간 혈족. 백숙 부모·형제자매·조카 등.
방계^회:사(傍系會社)[-계회/-게훼-][명] 어느 회사의 계통을 이어받은 회사로서, 자회사(子會社)보다는 그 관계가 밀접하지 않고 비교적 독자적인 경영권을 갖는 회사.
방:고(倣古)[명][하자] 옛것을 본뜸.
방-고래(房-)[-꼬-][명] 방 구들장 밑으로 낸 고랑. 불길과 연기가 통하여 나가게 되어 있음. 갱도(炕洞). ㉰고래².
방:고-주의(倣古主義)[-의/-이][명] 옛날의 한 문학을 추종하는 주의.
방곡(坊曲)[명] 이(里) 단위의 마을.
방곡(防穀)[명][하자] 곡식을 다른 곳으로 실어 내지 못하게 막음.
방:곡(放哭)[명][하자] 목을 놓아 욺. ¶대성 방곡.
방:곡(放穀)[명][하자] 저장한 곡식을 팔기 위하여 시장에 내놓는 일.
방골(方骨)[명] 두개골의 하나로서, 아래턱을 떠받치는 작은 뼈.
방공(防共)[명][하자] 공산주의 세력이 들어오거나 커지는 것을 막음. ¶방공 태세를 갖추다.
방공(防空)[명][하자] 항공기나 미사일에 의한 공중으로부터의 공격을 막음. ¶방공 시설.
방공^연:습(防空演習)[-년-][명] ☞방공 훈련.
방공해사(妨工害事)[명][하자] 남의 일에 방해를 놓아 해롭게 함.
방공-호(防空壕)[명] 공습 때에 대피하기 위하여 땅속에 마련한 시설. 대피호.
방공^훈:련(防空訓練)[-훌-][명] 공습에 의한 피해를 막기 위하여, 적의 공습을 가상하여 실시하는 훈련. 방공 연습.
방과(方果·方果)[명] ☞모과.
방:과(放課)[명][하자] 학교에서, 그날의 수업이 끝남, 또는 수업을 끝냄. 《주로, '전'·'후'·'시간'과 함께 쓰임.》 ¶방과 후의 특별 활동.
방관(傍觀)[명][하자] (그 일에 상관하지 않고) 곁에서 보기만 함. ¶방관만 하지 말고 와서 일 좀 도우라.
방관-자(傍觀者)[명] 방관하는 사람.
방관-적(傍觀的)[관] 직접 관여하지 않고 방관하는 (것). ¶방관적 성격. /방관적인 태도.
방:광(放光)[명][하자] 빛을 내쏨.
방광(放曠)[명] '방광하다'의 어근.
방광(膀胱)[명] 콩팥에서 흘러나오는 오줌을 한동안 저장하는, 엷은 막으로 된 주머니 모양의 기관. 오줌통.
방광^결석(膀胱結石)[-썩][명] 방광 안에 결석이 생기는 병. 몹시 아프며 피오줌, 방뇨 장애 등을 일으킴.
방광-암(膀胱癌)[명] 방광 점막에 생기는 암.
방광-염(膀胱炎)[-념][명] 세균의 감염 등으로 방광 점막에 생기는 염증. 오줌이 자주 마렵고, 눌 때에는 몹시 아픔.

방광^종양(膀胱腫瘍)閔 방광의 벽에 생기는 종양. 오줌을 눌 때에 아프고 피가 남.

방:광-하다(放曠-)혱 마음이 느긋하여 사물에 거리낌이 없다.

방교(邦交)閔 ☞국교(國交).

방:교(放校)閔하재 교칙을 어긴 학생에게 학교를 그만두게 함. 출학(黜學).

방:구閔 북과 비슷한 농악기의 한 가지. 자루가 없이 고리만 달려 있어 줄을 꿰어 메고서 침. 소리는 소고와 비슷함.

방구(防口)閔하재 말을 퍼뜨리지 못하게 입을 틀어막음.

방구(旁求)閔하타 두루 찾아서 구함.

방:-구들(房-)[-꾸-]閔 밑으로 고래를 켜서 방을 닙히게 만든 방바닥. 온돌. ¶방구들을 놓다. /방구들이 절절 끓는다. 준구들.

방:구리閔 물을 긷는 질그릇. 동이와 비슷하나 좀 작음.

방구-매기閔 양쪽 추녀 끝보다 처마의 중간을 조금 배부르게 하는 일. ↔일자매기.

방:-구멍閔 연의 한복판에 뚫은 둥근 구멍.

방:-구석(房-)[-꾸-]閔 ①방의 구석. ¶방구석에 세워 놓다. ②'방'이나 '방 안'을 낮추어 이르는 말. ¶방구석에 틀어박히다.

방국(邦國)閔 나라. 국가.

방:귀閔 장(腸)에서 생겨 항문으로 나오는 구린내가 나는 기체. 방기(放氣). ¶방귀 냄새. /방귀를 뀌다.

방귀가 잦으면 똥 싸기 쉽다(속담) 무슨 일이든지 소문이 잦으면 실현되기 쉽다는 말.

방귀 뀐 놈이 성낸다(속담) '제가 잘못하고서 도리어 성냄'을 이르는 말.

방:귀(放歸)閔 돌아가게 놓아둠.

방:귀-벌레閔 폭탄먼지벌레과의 곤충. 몸길이 2 cm가량. 몸빛은 누르고 겉날개는 검음. 적의 공격을 받으면 배의 끝에서 악취가 나는 가스를 냄. 방비충(放屁蟲).

방그레閔하재 입만 빙긋이 벌리며 소리 없이 부드럽게 웃는 모양. ¶방그레 미소 지어 보이다. 큰벙그레. 센빵그레.

방글閔 입을 조금 벌리고 소리 없이 귀엽고 부드럽게 한 번 웃는 모양. 큰벙글. 센빵글. **방글-방글**閔하재

방글-거리다재 자꾸 방글방글하다. 방글대다. 큰벙글거리다. 센빵글거리다.

방글-대다재 방글거리다.

방금(防禁)閔하타 막아서 못하게 금함.

방:금(放禽)閔하타 잡아 두었던 새를 놓아줌.

방금(方今) Ⅰ閔 바로 조금 전이나 후. 방장(方將). 방재(方在). ¶그는 방금까지 여기 있었다. Ⅱ甲 바로 조금 전이나 후에. 금방. 방장(方將). 방재(方在). ¶방금 소개받은 홍길동입니다.

방긋[-귿]甲하재 입을 예쁘게 벌리며 소리 없이 부드럽게 한 번 웃는 모양. ¶방긋 웃는 아기. 큰벙긋. 센방끗·빵긋·빵끗. **방긋-방긋**甲하재

방긋-거리다[-귿-]재 자꾸 방긋방긋하다. 방긋대다. 큰벙긋거리다.

방긋-대다[-귿때-]재 방긋거리다.

방긋-하다[-그타-]혱 조금 열려 있다. ¶창문이 방긋하다. 큰벙긋하다. 센방끗하다·빵긋하다·빵끗하다. **방긋-이**甲

방기(防己)閔 ①새모래덩굴과의 낙엽 활엽 만목. 남쪽 지방의 섬에 자라는데 줄기 높이는 7 m가량. 초여름에 연한 녹색 꽃이 피고, 열매는 가을에 까맣게 익음. ②한방에서, '방기나 댕댕이덩굴의 줄기'를 약재로 이르는 말. 이뇨·부종·각기 등에 쓰임.

방기(芳紀)閔 ☞방춘(芳春).

방:기(放氣)閔 ☞방귀.

방:기(放棄)閔하타 버려 두고 돌보지 않음. 내버림. ¶의무를 방기하다.

방-기휘(房忌諱)閔하재 해산한 집에서 부정(不淨)을 막기 어려울 경우에, 산실(産室)만을 부정과 통하지 않게 하는 일.

방:-꾼(榜-)閔 조선 시대에, 방(榜)을 전하던 사령(使令).

방꼿[-끋]閔하재 〈방긋〉의 센말. 큰벙꼿. 센빵꼿.

방꼿-하다[-끄타-]혱 〈방긋하다〉의 센말. 큰벙꼿하다. 센빵꼿하다.

방:-나다재 집안의 재물이 다 없어지다.

방:-나다(榜-)재 ①과거에 급제한 사람의 성명이 발표되다. ②일이 되고 안 되는 것이 드러나서 끝나다. 탁방나다.

방납(防納)閔하재 ①조선 시대에, 공물(貢物)을 돈으로 대신 바치던 일. ②☞방결(防結).

방내(坊內)閔 마을 안. ¶동내 방내에 그가 곧 장가간다는 소문이 자자하다.

방내(房內)閔 방 안.

방:-내다타 『'방나다'의 사동』 집안 살림을 죄다 없애다.

방년(芳年)閔 여자의, 스무 살 안팎의 꽃다운 나이. 방령(芳齡). ¶방년 19세.

방:념(放念)閔하타 마음에 두지 않음. 마음을 놓음. ¶그 일에 대해서는 방념해 주십시오.

방:뇨(放尿)閔하재 오줌을 눔. ¶방뇨 금지.

방:담(放談)閔하재 생각나는 대로 거리낌 없이 말함, 또는 그 말. ¶방담을 나누다. /취재 기자 방담.

방담[-땀]閔 '방담하다'의 어근.

방:담-하다(放膽-)혱 (하는 일이나 성미가) 시원시원하고 대담하다.

방대(方臺)閔 악기를 받쳐 놓는 여러 가지 모양의 제구.

방대(厖大·尨大) '방대하다'의 어근.

방:대-하다(厖大-·尨大-)혱 규모나 양이 매우 크거나 많다. ¶방대한 계획. /방대한 예산. **방대-히**甲

방도(方道·方途)閔 어떤 일을 치러 나갈 길이나 방법. ¶좋은 방도다 하다.

방독(防毒)閔하재 독가스를 막아 냄.

방독^마스크(防毒mask)閔 ☞방독면.

방독-면(防毒面)閔 ①독가스나 연기 따위로부터 호흡기나 눈 등을 보호하기 위하여 얼굴에 쓰는 마스크. 가스 마스크. 방독 마스크.

방독-의(防毒衣)閔 [-도긔/-도기]閔 독가스로부터 몸을 보호하기 위하여 화학적으로 처리한 의복.

방:돈(放豚)閔 ①놓아기르는 돼지. ②'제멋대로 자란 아이'를 욕으로 이르는 말.

방동(方冬)閔 '음력 시월'을 달리 이르는 말. 상동(上冬).

방동사니閔 사초과의 일년초. 들이나 습한 땅에 흔히 나는데, 잎은 뿌리에서 나고 세모진 꽃줄기는 곧게 자람. 여름에 적갈색 꽃이 이삭 모양으로 핌. 모양이 왕골과 비슷하나 조금 작음.

방두(方斗)閔 모가 진 말. 모말.

방:둥-구부렁이閔 방둥이가 구부러진 길짐승. 대개 암컷에 있음.

방:둥이閔 길짐승의 엉덩이.

방등-산(方登山)**명** 고대 가요의 한 가지. 신라 말에 방등산의 도둑에게 잡힌 한 부인이, 자기 남편이 자기를 구해 주지 아니함을 원망하여 지은 노래. 〔가사는 전하지 아니하고, '고려사'의 '삼국속악조(三國俗樂條)'에 그 설화 내용만이 실려 전함.〕

방란(芳蘭)[-난]**명** 향기가 좋은 난초.

방:랑(放浪)[-낭]**명·하자타** 정처 없이 이곳저곳 떠돌아다님. ¶이역(異域)에서 방랑하다.

방:랑-객(放浪客)[-낭-]**명** ☞방랑자.

방:랑-기(放浪記)[-낭-]**명** 방랑 생활을 적은 기록.

방:랑-벽(放浪癖)[-낭-]**명** 정처 없이 떠돌아 다니기를 좋아하는 버릇.

방:랑-시(放浪詩)[-낭-]**명** 방랑 생활을 읊은 시(詩).

방:랑-자(放浪者)[-낭-]**명** 이곳저곳을 떠돌아 다니는 사람. 방랑객. 떠돌이.

방략(方略)[-냑]**명** 어떠한 일을 이루기 위하여 세운 방법과 계략.

방:량(放良)[-냥]**명·하타·되자** 지난날, 노비(奴婢)를 풀어 주어 양인(良人)이 되게 하던 일.

방:렬(放列)[-녈]**명** 사격을 할 수 있도록 포(砲)를 옆으로 죽 늘어놓음, 또는 그 대형.

방렬(芳烈)[-녈]'방렬하다'의 어근.

방렬-하다(芳烈-)[-녈-]**형여** ①향기가 몹시 짙다. ②☞의열(義烈)하다.

방령(方領)[-녕]**명** 백제 때, 오방(五方)의 장관.

방령(芳齡)[-녕]**명** ☞방년(芳年).

방례(邦禮)[-녜]**명** 나라의 전례(典禮).

방로(房勞)[-노]**명** 방사(房事)로 말미암은 피로.

방:론(放論)[-논]**명·하타** 생각나는 대로 거리낌 없이 논함, 또는 그 논의.

방루(防壘)[-누]**명** 적의 공격을 막기 위해 쌓은 성이나 진지. ¶방루를 쌓다.

방:류(放流)[-뉴]**명·하타·되자** ①가두어 놓은 물을 터서 흘려보냄. ¶댐의 물을 방류하다. ②(기르기 위하여) 어린 물고기를 물에 놓아 줌. ¶한강에 잉어 새끼를 방류하다.

방리(方里)[-니]**명** (땅을 잴 때) 사방 일 리(里)가 되는 넓이.

방립(方笠)[-닙]**명** ☞방갓.

방만(放漫) '방만하다'의 어근.

방:만-하다(放漫-)[**형여**] (하는 일이나 생각이) 야무지지 못하고 엉성하다. ¶방만한 경영. **방만-히**뭐.

방망이[1]**명** 나무 따위를 둥글고 길게 깎아 만들어, 무엇을 두드리는 데 쓰는 도구. 〔다듬잇방망이·빨랫방망이 따위.〕

방망이(를) 들다[관용] 남의 일에 훼살을 놓다.

방망이[2]**명** ①어떠한 일에 참고될 만한 사항을 간단하게 추려 적은 책. ②'커닝'을 하려고 글씨를 잘게 쓴 쪽지'를 속되게 이르는 말.

방망이-질[1]**명·하타** 방망이로 두드리는 짓. ②**하자타**'가슴이 몹시 두근거리는 모양'을 비유하여 이르는 말. ¶가슴이 방망이질하다.

방망이-찜질[명·하타] 방망이로 인정사정없이 마구 때리는 일. ¶방망이찜질을 당하고 마을에서 쫓겨나다.

방:매(放賣)[**명·하타·되자**] 물건을 내놓고 마구 팖. 척매(斥賣). ¶재고품을 방매하다.

방:매-가(放賣家)[**명**] 팔려고 내놓은 집.

방면(放免)[1]**명** 죄수나 지역수가 있는 방향. ①강원도 방면. ②어떤 분야. ¶문학 방면.

방면(方面)[2]**명** 네모반듯하게 생긴 얼굴.

방:면(放免)**하타·되자** ①육체적·정신적으로 얽매인 상태에 있던 것을 풀어 줌. ②구금 중인 피의자나 형기를 마친 재소자를 내보냄. 석방. ¶무죄 방면.

방명(方命)**명·하자** 명령을 어김.

방명(芳名)**명** 〔꽃다운 이름이란 뜻으로〕 남의 이름을 높이어 이르는 말. 방함(芳銜).

방명-록(芳名錄)[-녹]**명** 특별히 기념하기 위하여, 남의 성명을 기록해 두는 책. 방명함. ¶방명록에 기록하다. **쫀**인명록.

방모(紡毛)**명** ①☞방모사. ②**하자** 짐승의 털로 실을 뽑음.

방모-사(紡毛絲)**명** 짐승의 털을 자아서 만든 털실. 방모(紡毛).

방:목(放牧)**명·하자** 소나 말·양 따위의 가축을 놓아기름. 방축(放畜). ¶젖소를 방목하다.

방:목(榜目)**명** 고려 시대에, 과거에 급제한 사람의 성명을 적던 책. **쫀**방(榜).

방:목-장(放牧場)[-짱]**명** 소나 말·양 따위의 가축을 놓아기르는 곳.

방무-림(防霧林)**명** 논밭을 해무(海霧)의 피해로부터 보호하기 위하여 해안 지대에 조성한 숲.

방묵(芳墨)**명** ①향기가 좋은 먹. ②남의 편지나 글을 높이어 이르는 말.

방문(方文)**명** ☞약방문(藥方文)의 준말.

방문(房門)**명** 방으로 드나드는 문.

방:문(訪問)**명·하자타** 어떤 사람이나 장소를 찾아가서 만나거나 봄. ¶모교를 방문하다.

방:문(榜文)**명** 여러 사람에게 널리 알리기 위하여 길거리나 사람이 많이 모이는 곳에 써 붙이는 글. **쫀**방(榜).

방:문-객(訪問客)**명** 찾아온 손.

방:문-기(訪問記)**명** 어떤 곳을 방문하여 그곳의 사정이나 인상 따위를 적은 글.

방문-주(方文酒)**명** 맛을 좋게 하기 위하여 특별한 방법으로 빚은 술.

방문-차(房門次)**명** 지게문의 덧문이나 다락문 같은 데에 붙이는, 그림이나 글씨.

방문-턱(房門-)**명** 방문의 문턱. ¶걸음마를 배우는 아기가 방문턱에 걸려 넘어지다.

방:문^판매(訪問販賣)**명** 판매원이 소비자가 있는 가정 등에 직접 찾아가 상품을 판매하는 일. ¶화장품 방문 판매.

방물(房-)**명** 여자에게 소용되는 화장품·바느질 기구·패물 따위를 통틀어 이르는 말.

방물(方物)**명** 지난날, 감사나 수령이 임금에게 바치던 그 고장의 산물.

방물-장사(명·하자) 방물을 팔러 다니는 일.

방물-장수명 방물을 팔러 다니는 여자.

방:미(訪美)**명·하자** 미국을 방문함.

방미-두점(防微杜漸)**명·하타** 어떤 일이 커지기 전에 미리 막음.

방:-밑(方-)[-밑]**명** 재래식 건축에서, 벽이 땅에 닿는 부분. 하방의 밑. 방저(枋底). *방밑이[-미치]·방밑을[-미틀]·방밑만[-민-]

방-바닥(房-)[-빠-]**명** 방의 바닥.

방발명 광산에서, 굿을 꾸리는 데 양쪽에 버티어 세우는 기둥.

방:방(放榜)**명** 조선 시대에, 과거에 급제한 사람에게 증서를 주던 일. 반패(頒牌).

방방-곡곡(坊坊曲曲)[-꼭]**명** 한 군데도 빼놓지 아니한 모든 곳. 각처. 도처(到處). ¶만세 소리가 삼천리 방방곡곡에 울려 퍼지다. **쫀**곡곡.

방방-이(房房-)**뭐** 방마다. ¶방방이 손님으로 가득 찼다.

방-배석(方拜席)**명** 지난날, 벼슬아치가 예식에 참여할 때에 깔던 네모진 자리.

방백(方伯)**명** ☞관찰사(觀察使).

방백(傍白)**명** 연극에서, 연기자가 청중에게는 들리나 무대 위의 상대편에게는 들리지 않는 것으로 약속하고 말하는 대사.

방백-신(方伯神)[-씬]**명** 음양도(陰陽道)에서, 방위를 다스린다는 신.

방:벌(放伐)**명** ①쫓아내어 죽임. ②덕을 잃고 학정을 일삼는 군주를 쳐서 내쫓는 일. 중국의 역성 혁명관(易姓革命觀)에 의한 것임. ¶선양(禪讓)과 방벌.

방범(防犯)**명하자** 범죄가 일어나지 않도록 막음. ¶방범 순찰을 실시하다.

방법(方法)**명** 어떤 목적을 달성하기 위하여 취하는 수단. ¶수단과 방법을 가리지 않다. /좋은 방법을 생각해 내다.

방법-론(方法論)[-뻡논]**명** 학문의 연구 방법에 관한 의론.

방벽(防壁)**명** ①외적을 막기 위해 쌓은 담벽. ¶방벽을 쌓다. ②어떤 것을 지키는 구실을 하는 것. ¶조국의 방벽이 되다.

방:벽(放辟)**명하자** 거리낌 없이 제멋대로 행동함.

방보(坊報)**명** 지난날, 방(坊)에서 관아에 올리던 보고.

방보(防報)**명** 지난날, 상급 관아의 지휘대로 업무를 수행할 수 없을 때에 그 이유를 적어 올리던 보고.

방:보(放步)**명하자** 마음 내키는 대로 걸음, 또는 그 걸음.

방-보라(명) ①벽을 만들 때에, 폭이 좁아 중깃과 옛가지를 쓰기 거북한 곳에 옛가지 대신 세로 지르는 나무오리. ②설외를 얽기 위하여 벽선과 벽선 사이를 버티는 막대기.

방부(防腐)**명하자** 썩지 못하게 막음. ¶방부 작용.

방부(房付)**명** 선방에 안거를 청하거나 먼 길을 가는 중이 객지의 절에 가서 묵어가기를 부탁하는 일.

　방부(를) **들이다**(관용) 방부를 허락하여 받아들이다.

방부-성(防腐性)[-썽]**명** 어떤 물질을 썩지 않게 하는 성질.

방부-재(防腐材)**명** 건축 재료나 침목(枕木) 같은 것이 박테리아나 버섯 따위의 작용으로 썩는 것을 막기 위하여 쓰는 재료. 크레오소트 따위.

방부-제(防腐劑)**명** 미생물의 생육을 막고, 물건이 썩지 않게 하는 약제. 〔알코올이나 포르말린 따위.〕 ¶방부제를 첨가한 식품.

방분(方墳)**명** (고분 중에서) 봉분의 모양이 네모진 무덤.

방:분(放糞)**명하자** 똥을 눔.

방불(彷彿·髣髴)**명** '방불하다'의 어근.

방:불-하다(彷彿−·髣髴−)**형여** ①거의 비슷하다. ¶영웅호걸과 방불하다. ②무엇과 같이 느끼게 하다. 《주로, '〜을 방불케 하다'의 꼴로 쓰임.》 ¶실전을 방불케 하는 훈련. **방불-히**부.

방비(防備)**명하자** 적의 침공이나 재해를 막을 준비를 함, 또는 그 준비. ¶방비를 강화하다.

방비-책(防備策)**명** 방비하는 대책.

방:비-충(放屁蟲)**명** ☞방귀벌레.

방사(方士)**명** 신선의 술법을 닦는 사람.

방사(坊舍)**명** 절에서, 중이 거처하는 방.

방사(房事)**명하자** 남녀가 잠자리하는 일. 밤일. 성교. 야사(夜事). 양사(陽事). 행방(行房).

방사(房舍)**명** ☞방(房)¹.

방:사(放射)**명하자되자** ①물체가 빛이나 열 같은 에너지를 밖으로 내뿜음. 복사(輻射). ¶빛을 방사하다. ②중앙의 한 점에서 바퀴살 모양으로 내뻗음. ¶소독약을 방사하다.

방:사(放赦)**명** 가톨릭에서, 영신적 이익을 위하여 성직자가 십자가나 상본(像本)·묵주 등에 기도해 주는 준성사의 한 가지. **참**축성(祝聖).

방:사(放肆)**명** '방사(放肆)하다'의 어근.

방:사(放飼)**명하타** 가축을 놓아먹임.

방사(紡絲)**명하자** 섬유를 자아서 실을 뽑음, 또는 그 실.

방:사-기(放射器)**명** 액체나 기체를 방사하는 기구.

방:사-능(放射能)**명** 물질을 구성하는 원자가 저절로 붕괴하여 방사선을 방출하는 성질, 또는 그 현상.

방:사능^병기(放射能兵器)**명** 모든 생물·공기·물 따위의 환경을 방사성 물질로 오염시켜 사람을 해치는 병기.

방:사능-비(放射能−)**명** 방사능을 띤 비. 방사능우.

방:사능-우(放射能雨)**명** ☞방사능비.

방:사능^원소(放射能元素)**명** ☞방사성 원소.

방:사능-전(放射能戰)**명** 방사능 무기를 사용하여 싸우는 전쟁.

방:사능-증(放射能症)[-쯩]**명** 방사선에 쬐었을 때에 일어나는 여러 가지 증세. 방사선 장애.

방:사능-진(放射能塵)**명** ☞방사진(放射塵).

방사-림(防沙林)**명** 산이나 바닷가에, 모래가 비에 씻기거나 바람에 날리는 것을 막기 위하여 만들어 놓은 숲.

방-사백(旁死魄)**명** 사백(死魄)의 다음날인 음력 초이튿날.

방:사-상(放射狀)**명** 중앙의 한 점에서 사방으로 바퀴살처럼 죽죽 뻗친 모양. 방사형.

방:사상-균(放射狀菌)**명** ☞방선균(放線菌).

방:사-선(放射線)**명** 방사성 원소의 붕괴에 따라 방출되는 입자선 및 복사선. 프랑스의 물리학자 베크렐이 발견하였음.

방:사선-과(放射線科)[-꽈]**명** 방사선을 이용하여 병을 진단하거나 치료하는 과.

방:사선^요법(放射線療法)[-뇨뻡]**명** 방사선을 이용하여 질병을 치료하는 요법.

방:사선^의학(放射線醫學)**명** 방사선의 인체에 대한 치료 효과를 연구하는 의학.

방:사선^장애(放射線障礙)**명** ☞방사능증.

방:사-성(放射性)[-썽]**명** 물질이 방사능을 지니고 있는 성질.

방:사성^동위^원소(放射性同位元素)[-썽−]**명** 방사성을 지니고 있는 동위 원소.

방:사성^물질(放射性物質)[-썽−찔]**명** 방사성 원소를 지니는 물질.

방:사성^오염(放射性汚染)[-썽−]**명** 방사성 물질의 의한 오염.

방:사성^원소(放射性元素)[-썽−]**명** 스스로 방사선을 내뿜는 원소. 방사능 원소.

방:사-열(放射熱)**명** ☞복사열(輻射熱).

방:사-진(放射塵)**명** 핵이 폭발할 때 핵분열로 생기는, 방사능을 지닌 먼지. 낙진. 방사능진.

방:사-하다(放肆−)**형여** (하는 짓이) 거리낌이 없이 제멋대로이다.

방:사-하다(倣似−)**형여** 아주 비슷하다. ¶방사한 사건이 또 발생했다.

방:사-형(放射形)**명** ⇨방사상(放射狀).

방산업(防産業)**명** 〈방위 산업〉의 준말.

방:산(放散)**명**[**되자**]**[하자**] 제멋대로 흩어짐. ②[하타] 풀어서 헤침. ¶ 고약한 체취를 방산하다.

방산(謗訕)**명**[**하타**] 남을 나무라며 비웃음.

방:산-충(放散蟲)**명** 원생동물 방산충류의 플랑크톤을 통틀어 이르는 말. 공 모양의 껍데기는 규산질로 딱딱하며 주위에 수많은 헛발이 실처럼 돋아나 있음. 몸길이가 5 mm가량.

방상(棒狀)**명** 〈봉상(棒狀)〉의 본딧말.

방상-시(方相氏)**명** 구나(驅儺)할 때의 나자(儺者)의 한 가지. 지난날, 인산(因山)이나 잡혀가 높은 사람의 행상(行喪)에 앞서 광중(壙中)의 악귀를 내쫓는 데 쓰이었음.

방새(防塞)**명** 적의 공격이나 침입을 막는 요새.

방색(方色)**명** '동·서·남·북·중앙'의 다섯 방위에 따른 '청·백·적·흑·황'의 다섯 가지 빛깔.

방색(防塞)**명**[**하타**] 막아서 못하게 함.

방색-기(方色旗)**명**[-끼] 동·서·남·북·중앙의 다섯 방위에 따라 각기 빛깔을 달리한 기.

방:생(放生)**명** 불교에서, 사람에게 잡혀 죽게 된 생물을 놓아주는 일. ¶ 물고기를 방생하다.

방생(傍生)**명** 불교에서, 벌레·날짐승·물고기 따위를 통틀어 이르는 말.

방:생-회(放生會)**명**[-회/-훼] 사람에게 잡힌 산 물고기나 산 짐승을 사서 살려 보내는 의식. 흔히, 음력 삼월 삼짇날이나 팔월 보름에 함.

방서(方書)**명** 방술(方術)을 적은 글.

방서(芳書)**명** '남의 편지'를 높이어 이르는 말. 방한(芳翰).

방:석(方席)**명** 앉을 때에 깔고 앉는 작은 자리. 좌욕(坐褥).

방:석(放釋)**명**[**하타**]**[되자**] 용서하여 놓아줌.

방석-니(方席-)**명**[-성-]**명** 송곳니 바로 다음에 있는 어금니.

방석-집(方席-)**명**[-집]**명** '요정(料亭)'을 속되게 이르는 말.

방선(防船)**명** 조선 시대에, 수영(水營)에 딸렸던 병선(兵船)의 한 가지.

방:선(放禪)**명**[**하자**] 일정한 기간의 참선(參禪)을 마치고 쉼.

방선(傍線)**명** 세로쓰기에서, 어떤 부분을 두드러지게 나타내려 할 때 글줄의 오른편에 내려 긋는 줄. ¶ 방선을 긋다.

방:선-균(放線菌)**명** 곰팡이와 세균의 중간 형태의 미생물. 가늘고 긴 실 모양인데, 곰팡이처럼 균사(菌絲)를 만들며, 주로 흙 속에서 삶. 방사상균(放射狀菌).

방:선균-병(放線菌病)**명**[-뼝]**명** 방선균에 의해서 발생하는 만성 전염병.

방설(防雪)**명**[**하자**] 눈에 의한 피해를 막음.

방설-림(防雪林)**명** 눈에 의한 피해를 막기 위하여 조성한 숲.

방성(房星)**명** 이십팔수의 하나. 동쪽의 넷째 별자리. ⓒ방(房)².

방:성(放聲)**명**[**하자**] 크게 소리를 지름, 또는 크게 지르는 소리. ¶ 서로 격해져서 방성이 오가다.

방:성(榜聲)**명** 지난날, 방꾼이 방을 전하기 위하여 크게 알리던 소리.

방:성-대곡(放聲大哭)**명**[**하자**] ⇨방성통곡.

방성-머리(房)**명** 보나 도리·평방(平枋) 등에 그리는 단청(丹青)의 한 가지. 꽃 한 송이를 주로 하고 실과 휘를 어긋맞게서 그림.

방:성-통곡(放聲痛哭)**명**[**하자**] 목을 놓아 크게 욺. 방성대곡. ¶ 비보를 듣고 방성통곡하다.

방:세(房貰)**명**[-쎄] 남의 집 방에 세를 들고 내는 돈. ¶ 방세를 내다. /방세가 밀리다.

방-세간(房-)**명**[-쎄-] 방 안에 갖추어 두고 쓰는 세간. ¶ 방세간이나 장만하고 살다.

방소(方所)**명** 방위(方位). ¶ 소인의 신세는 부운(浮雲)과 같사오니⋯⋯어찌 방소(方所)를 두리잇고(許筠.洪吉童傳).

방소(를) **꺼리다**(관용) 어떠한 방위를 언짢아하며 꺼리다.

방:소(放笑)**명**[**하자**] 큰 소리로 웃음.

방소-항변(妨訴抗辯)**명** 민사 소송에서, 피고가 원고의 소송 조건의 결함을 지적하여 본안(本案)의 변론을 거부할 수 있는 소송상의 권리.

방속(邦俗)**명** 지방의 풍속.

방손(傍孫)**명** 방계 혈족의 자손.

방:송(放送)**명**[**하타**]**[되자**] 보도나 음악·연극·스포츠 따위를 라디오나 텔레비전의 전파에 실어서 내보냄. ¶ 경기 실황을 녹화로 방송하다.

방:송(放送)²**명**[**하타**] 죄인을 감옥에서 나가도록 풀어 주던 일.

방:송^교:육(放送敎育)**명** 방송을 통하여 베푸는 교육.

방:송-국(放送局)**명** 일정한 시설을 갖추어 방송을 하는 기관.

방:송-극(放送劇)**명** 라디오나 텔레비전을 통해서 방송하는 극. 드라마. ¶ 텔레비전 방송극.

방:송-극본(放送劇本)**명**[-뿐]**명** 방송극의 전개, 장면, 배우의 대사, 동작, 음악, 음향 효과 등을 지정한 대본(臺本).

방:송-기(放送機)**명** 라디오나 텔레비전 송신기.

방:송-망(放送網)**명** 라디오·텔레비전의 각 방송국을 연결시켜 동시에 같은 프로그램을 방송하는 체제. 네트워크. ¶ 전국의 방송망을 연결하다.

방:송-법(放送法)**명**[-뻡]**명** 방송 사업의 내용을 규정한 법률.

방:송^수신기(放送受信機)**명** 라디오 수신기, 또는 텔레비전 수상기.

방:송-실(放送室)**명** 방송을 하는 방.

방:송^주파수(放送周波數)**명** 방송에 사용되는 주파수.

방:송-파(放送波)**명** 방송에 사용되는 중파·단파·초단파·극초단파 등을 통틀어 이르는 말.

방수(方手)**명** 방법과 수단.

방수(防水)**명**[**하자**] 물이 새거나 스며들거나 넘쳐 흐르는 것을 막음. ¶ 방수 가공.

방수(防戌)**명**[**하자**] 국경을 지킴. 수자리.

방수(防守)**명**[**하타**] 막아서 지킴.

방:수(放水)**명**[**하타**] 물을 흘려보냄.

방:수(放囚)**명**[**하타**] 죄수를 놓아줌.

방수(芳樹)**명** ①방향(芳香)이 있는 나무. ②꽃이 한창 피어 있는 나무.

방수(傍受)**명**[**하타**] 무선 통신에서, 당사자가 아닌 다른 사람이 그 통신을 우연히 또는 고의적으로 수신함.

방수^도시(防守都市)**명** 국제법상 무차별 공격의 위법성(違法性)이 아닌 것으로 되어 있는, 방어력을 갖춘 도시. ↔개방 도시·무방비 도시.

방수(防守同盟)**명** ⇨방어 동맹.

방:수-로(放水路)**명** 홍수를 막거나 발전을 위하여 인공으로 만든, 물을 흘려보내는 수로.

방수-림(防水林)**명** 수해를 막기 위하여 강가나 바닷가에 만들어 놓은 숲.

방수-모(防水帽)**명** 방수 처리가 된 모자.

방수-복(防水服)**명** 방수 처리가 된 옷.

방수-제(防水劑)명 종이나 헝겊·건물 등에 물이 배거나 스며들지 않도록 바르는 약제.

방수-지(防水地)명 물이 스며들지 않도록 만든 천.

방수-지(防水紙)명 방수제를 발라서 가공한 종이. 내수지(耐水紙).

방수-층(防水層)명 지붕이나 지하실의 벽과 바닥 등에, 물기가 스며드는 것을 막기 위하여 방수 재료로 시공한 부분.

방수-포(防水布)명 방수 처리를 한 피륙.

방수-화(防水靴)명 방수 처리를 하여 만든 신.

방순(芳醇)¹명 향기롭고 맛이 좋은 술.

방순(芳醇)² '방순하다'의 어근.

방순-하다(芳醇-)형여 향기롭고 진하다.

방술(方術)명 ①방법과 기술. ②도교에서, 방사(方士)의 술법.

방습(防濕)명하자 습기를 막음. ¶방습 공사.

방습-재(防濕材)[-째]명 건물 내부에 습기가 스며드는 것을 막기 위하여 사용하는 재료. [도료·합성수지 따위.]

방습-제(防濕劑)[-쩨]명 습기를 막는 데 쓰이는 약제. [염화칼슘·오산화인(五酸化燐) 따위.]

방승(方勝)명 ☞금전지(金箋紙)

방승-매듭(方勝-)명 끈이나 꼰 실 따위로 납작하고 네모지게 맺는 매듭.

방:시(榜示)명하타 지난날, 방문(榜文)을 붙여 널리 보이던 일.

방시레부하자 소리 없이 입만 약간 벌리고 아주 정겹게 웃는 모양. ¶아기가 엄마를 보고 방시레 웃는다. 센방시레. 세빵시레.

방식(方式)명 일정한 형식이나 방법. 법식(法式). ¶경기 방식. /방식이 다르다.

방식(防蝕)명하자 금속 표면의 부식을 방지하는 일. ¶방식 가공.

방식-제(防蝕劑)[-쩨]명 금속 표면의 부식을 방지하는 데 쓰이는 약제.

방실부 입을 약간 벌리고 소리 없이 정겹게 웃는 모양. 센벙실. 세빵실. **방실-방실**부하자 ¶방실방실 웃는 우리 아가.

방실-거리다자 방실방실하다. 방실대다. ¶아이가 방실거리고 웃다. 큰벙실거리다.

방실-대다자 방실거리다.

방실-판(房室瓣)명 심장의 심방과 심실 사이에 있는 판막. 혈액의 역류를 막음.

방심(芳心)명 ①아름다운 마음. ②(남의) 친절한 마음. 방정(芳情). 방지(芳志).

방:심(放心)명하자 ①마음을 다잡지 아니하고 놓아 버림. ¶적을 앞에 두고 방심을 하다. /조심하면 평생 행복, 방심하면 평생 불행. ②걱정하던 마음을 놓음. ②석려(釋慮).

방심(傍心)명 삼각형의, 하나의 내각의 이등분선과 다른 두 개의 외각의 이등분선이 교차되는 점. 방접원의 중심.

방싯[-싣]부하자 입을 귀엽게 벌리며 소리 없이 한 번 가볍게 웃는 모양. ¶소리 없이 방싯 웃어 보이다. 큰벙싯. 세빵싯. **방싯-방싯**부하자

방싯-거리다[-싣꺼-]자 자꾸 방싯방싯하다. 방싯대다. 큰벙싯거리다.

방싯-대다[-싣때-]자 방싯거리다.

방수쥬명〈옛〉비단 이름. ¶방소쥬:紬細(同文下24). /방수쥬:紡絲(漢清10:56)

방아명 곡식을 찧거나 빻는 기구. [디딜방아·물레방아 따위.] ¶방아로 곡식을 찧다.

방아-게명 달랑게과의 게. 등딱지 길이 9mm, 폭 11mm가량이며, 다리는 회색에 암적 얼룩

무늬가 있음. 바닷가나 강가의 진흙 속에 살며, 간조(干潮) 때에 많이 볼 수 있음. 황해 연안에 분포함.

방아-굴대[-때]명 물레방아 바퀴의 중심을 가로지른 굵은 나무.

방아-깨비명 메뚜깃과의 곤충. 여름철 풀밭에서 많이 볼 수 있는데, 몸빛은 녹색 또는 회색이며 머리는 길고 뾰족함. 앞날개가 배보다 길고 뒷다리가 매우 크며, 다리 끝을 잡아 쥐면 방아를 찧듯 몸을 끄덕거림.

방아-다리명 노리개의 한 가지. 허수아비와 비슷하며, 금·은·옥 따위로 만듦.

방아-두레박명 지렛대를 이용하여 물을 푸게 만든 두레박.

방아-벌레명 방아벌렛과의 곤충. 몸은 원통형으로 흑색이며, 더듬이는 톱니 모양임. 고목이나 흙 속에 사는데 보리 뿌리를 갉아 먹음. 도깨벌레.

방아-살명 소의 등심머리와 채끝 사이에 해당하는 대부분의 등심살.

방아-쇠[-쇠/-쒜]명 ①화승총에서, 화승을 끼는 굽은 쇠. 총을 쏠 때, 귀약에 불을 붙이는 데 쓰임. ②소총이나 권총 따위의 발사 장치. 방아틀뭉치에 붙어 있으며 손가락으로 잡아당겨 발사하게 됨. ¶방아쇠를 당기다.

방아-채명 방앗공이를 끼운 긴 나무.

방아-촉(鐵)[-쪽]명 물레방아의 방앗공이 끝에 달린 무쇠 촉.

방아-타:령(-)명 방아를 주제로 한, 경기·서도 민요의 한가지. 4분의 3 박자로 되어 있음.

방아틀-뭉치명 총의, 방아쇠가 달려 있는 쇠뭉치 부분.

방아-품명 품삯을 받고 방아를 찧어 주는 일, 또는 그 품삯.

방아-확명 방앗공이가 떨어지는 자리에 놓인, 돌절구 모양의 우묵한 돌. 확1.

방안(方案)명 일을 처리할 방법이나 계획. ¶구체적인 방안을 모색하다.

방안(方眼)명 '모눈'의 구어체.

방:안(榜眼)명 지난날, '갑과(甲科)에 둘째로 급제한 사람'을 이르던 것.

방안-지(方眼紙)명 ☞모눈종이.

방안^지도(方眼地圖)명 동서남북으로 좌표선이 그어져 있는 지도.

방앗-간(-間)[-아깐/-안깐]명 방아를 놓고 곡식을 찧거나 빻는 곳. 정미소.

방앗-공이[-아꽁-/-안꽁-]명 방아확에 든 곡식 따위를 내리찧는 공이.

방앗-삯[-아싹/-안싹]명 방아를 찧는 삯. 도정료(搗精料). ☞방앗삯이[-아싹씨/-안싹씨]·방앗산만[-아쌍-/-안쌍-]

방애(妨礙)명하타되자 거치적거리어 일이 순조롭게 진행되지 못하도록 함.

방애-물(妨礙物)명 방애가 되는 물건. 비방해물.

방약(方藥)명 ①약제(藥劑)를 조합하는 일. ②처방에 따라 지은 약.

방약무인(傍若無人)[-냥-]명하형 곁에 아무도 없는 것같이 거리낌 없이 함부로 말하거나 행동하는 태도가 있음. ¶방약무인한 태도에 우리 모두는 아연해했다.

방:양(放養)명하타 놓아기름.

방어(邦語)명하국어(國語).

방어(防禦)명하타 상대편의 공격을 막음. ¶방어 태세를 하다. ↔공격.

방:어(放語)명하자 ☞방언(放言).

방어(魴魚)**명** 전갱잇과의 바닷물고기. 몸길이 1m 이상. 몸은 긴 물렛가락 모양임. 등은 회청색, 배는 은백색이며 주둥이에서 꼬리지느러미까지 희미한 황색 띠가 있음.

방어(防禦機制)**명** 두렵거나 불쾌한 정황 또는 욕구 불만에 직면했을 때, 스스로를 방어하기 위하여 자동적으로 취하는 적응 행위. 〔도피·억압·동일시·보상·투사·퇴행 따위.〕 적응 기제.

방어-동맹(防禦同盟)**명** 다른 나라의 공격에 대하여, 두 나라 이상이 공동으로 방어할 것을 목적으로 맺은 동맹. 방수 동맹.

방어-망(防禦網)**명** ①적이 쳐들어오는 것을 막기 위하여 병력과 시설을 그물처럼 늘어놓은 전술적 체계. ¶ 적의 방어망을 뚫다. ②정박 중인 함선을 어뢰의 공격에서 보호하기 위하여 그 주위에 둘러친 쇠그물.

방어-벽(防禦壁)**명** ①방어하기 위하여 쌓은 벽. 또는 그런 역할을 하는 것을 이르는 말. ②컴퓨터 네트워크에서 정보 보호를 위하여 인터넷으로부터의 접속을 한 군데서만 하게 하고 거기서 정보의 흐름을 통제하는 방법.

방어-사(防禦使)**명** 조선 시대에, 경기 이북의 각 도에 두어 병권을 장악하고 요지를 지키게 했던 종이품의 무관 벼슬.

방어-선(防禦線)**명** 적의 공격을 막기 위하여 진지를 구축하여 놓은 전선. ¶ 적의 방어선을 돌파하다. / 마지막 방어선이 무너지다.

방어-율(防禦率)**명** 야구에서, 투수가 한 경기에 허용하는 점수의 평균적 수치. 투수의 자책점을 투구 횟수로 나눈 다음, 이에 9를 곱하여 얻음.

방어-전(防禦戰)**명** ①방어를 위주로 하는 전투. ②프로 권투 따위에서, 챔피언이 타이틀을 지키기 위해 갖는 경기. ¶ 방어전을 갖다.

방어-진(防禦陣)**명** 방어 진지.

방어^**진지**(防禦陣地)[명] 적의 공격을 막기 위하여 지형 지물을 이용해서 만든 진지. 방어진. ¶ 방어 진지를 구축하다.

방어^**해**:**역**(防禦海域)**명** 군사상의 방어를 위하여 지정된 해역.

방언(方言)**명** ①표준어와는 다른, 어떤 지역이나 지방에서만 쓰이는 특유한 언어. 사투리. ⑲표준어. ②개신교에서, 성령을 받은 신자가 늘어놓는, 뜻을 알 수 없는 말.

방:언(放言)**명하** 무책임하게 함부로 말함, 또는 그 말. 방어(放語).

방:언-고론(放言高論)**명하자** 아무 거리낌 없이 드러내 놓고 큰 소리로 말함.

방언-학(方言學)**명** 언어학의 한 분야로, 방언에 관하여 연구하는 학문.

방역(防役)**명자** 조선 시대에, 시골 백성이 부역(賦役) 대신으로 돈이나 곡식 등을 미리 바치던 일.

방역(防疫)**명하타** 전염병의 발생·침입·전염 따위를 막음, 또는 그것을 위해 마련하는 조처. ¶ 여름철 방역 대책을 세우다.

방역(邦譯)**명하타** 외국의 글을 국어로 옮김, 또는 그 옮긴 글. ¶ '자본론'의 방역.

방역-진(防疫陣)[-전]**명** 방역을 위한 의료 진용. ¶ 방역진을 파견하다.

방연(方椽)**명** ①모지게 만든 서까래. ②굴도리 밑에 받치는 네모진 나무.

방연-광(方鉛鑛)**명** '방연석(方鉛石)'의 구용어.

방연-석(方鉛石)**명** 등축 정계(等軸系)의 연회색 광석. 금속처럼 윤이 나는 황화연(黃化鉛)으로, 납의 중요한 원료임.

방:열(放熱)**명하자되자** 열을 발산함, 또는 그 열. ¶ 방열 작용.

방:열-기(放熱器)**명** ①열을 발산시켜 공기를 따뜻하게 하는 난방 장치. ②공기나 물의 열을 발산시켜 기계를 냉각시키는 장치. 라디에이터.

방열형 음극(傍熱型陰極)음극이 그 곁에 있는 가열기로부터 열을 받아 열전자를 방출하는 형태의 진공관.

방:영(放映)**명하타되자** 텔레비전으로 방송함. ¶ 특집 드라마가 내일 저녁에 방영될 예정이다.

방영(芳詠)**명** '남의 시가(詩歌)'를 높이어 이르는 말. 방음(芳吟).

방예-원조(方枘圓鑿)**명** 〔모난 자루와 둥근 구멍은 서로 맞지 않는다는 뜻으로〕 '사물이 서로 맞지 아니함'을 비유하여 이르는 말. ⑳예조(枘鑿). ⑲방저원개.

방옥(房屋)**명** ⇨가방(假房).

방외(方外)[-외/-웨]**명** ①세속 밖, 곧 세속을 초월한 세계. ②구역 밖.

방외(房外)[-외/-웨]**명** 방의 바깥.

방외-객(方外客)[-외/-웨-]**명** 그 일과는 상관이 없는 사람. ¶ 방외객을 끌어들이다.

방외-범색(房外犯色)[-외/-웨-]**명하자** 자기의 아내가 아닌 다른 여자와 육체관계를 맺음.

방외-사(方外士)[-외/-웨-]**명** 세속을 벗어난 고결한 사람.

방외-학(方外學)[-외/-웨-]**명** 유교에서, 도교나 불교를 이르는 말.

방용(芳容)**명** 〔꽃다운 용모라는 뜻으로〕 남의 '용모'를 높이어 이르는 말.

방울[-울]**명** 주로, 쇠붙이로 둥글게 만들고 그 속에 단단한 물건을 넣어, 흔들면 소리가 나게 되어 있는 물건. 영탁(鈴鐸). ¶ 방울을 울리다.

방울²[-울]**명** ①구슬처럼 둥글게 맺힌 액체의 덩이. ¶ 이슬 방울. ②〔의존 명사적 용법〕 둥글게 맺힌 액체의 덩이를 세는 단위. ¶ 물 한 방울.

방울-꽃[-꼳]**명** '방방울'을 아름답게 이르는 말. *방울꽃이 [-꼬치]·방울꽃만 [-꼰-]

방울-나귀[-라-]**명** 몸은 작으면서 걸음이 빠른 나귀.

방울-낚시[-락씨]**명** 낚싯줄에 방울을 달아 놓고 그 소리에 따라 물고기를 낚아 올리는 낚시.

방울-눈[-눈]**명** 방울처럼 둥글고 큰 눈.

방울-방울[-울-울]**명** 한 방울 한 방울. ¶ 이슬이 잎새에 방울방울 맺혔다.

방울-뱀[-울-]**명** 살무삿과의 독사. 몸길이 2m가량. 몸빛은 황록색이며 등에는 암갈색의 마름모꼴 연속 무늬가 있음. 꼬리 끝에 방울 모양의 각질(角質)이 있어 위험을 당하면 흔들어 소리를 냄. 북아메리카의 사막 지대에 주로 분포함.

방울-벌레[-울-]**명** 귀뚜라밋과의 곤충. 몸빛은 흑갈색이며 더듬이의 길이가 몸의 3배나 됨. 풀숲에 사는데, 가을에 두 날개를 비벼서 고운 소리를 냄.

방울-새[-쌔]**명** 되샛과의 새. 수컷의 머리와 가슴·허리는 녹색임. 흔한 텃새로, 울음소리가 매우 고우며 다른 새의 울음소리를 흉내 내기도 함.

방울-집게[-께]**명** 못을 뽑는 연장의 한 가지. 못대가리를 무는 부분이 둥글게 되어 있음.

방원(方圓)**명** 모진 것과 둥근 것.

방위(方位)**명** 동서남북을 기준으로 하여 정한 방향. 방소(方所). 방향.

방위 보아 똥 눈다[속담] 사람의 지위를 보아서 대접한다는 말.

방위(邦威)**명** ⇨국위(國威).

방위(防圍)**명하타** (적을) 막아서 에워쌈.

방위(防衛)**명**(하타) 적이 쳐들어오는 것을 막아서 지킴. ¶우리 국군의 철통 같은 방위 태세.

방위-각(方位角)**명** 어떤 방향과 천정(天頂)을 포함한 평면이 기준 방향과 이루는 각.

방위^도법(方位圖法) [-뻡]**명** 지도 투영법의 한 가지. 지도의 중심으로부터 지도 상의 어떤 점까지의 방위각을 정확하게 나타낼 수 있는 도법.

방위-력(防衛力)**명** 방위하는 힘. ¶방위력 강화.

방위-비(防衛費)**명** 국가 예산에서 국토방위를 위하여 지출하는 경비. ¶방위비 지출이 늘다.

방위-사통(防僞私通)**명** 지난날, 아전들이 보내던 공문. '防僞'의 두 글자를 찍어서 사서(私書)가 아님을 표시하였음.

방위^산:업(防衛産業)**명** 국가 방위를 위한 무기나 전략 자재 등의 군수 물자를 생산하는 모든 산업. 군수 산업. ⑥방산(防産).

방위-선(方位線)**명** 방향과 위치를 나타내기 위해 그어 놓은 날줄과 씨줄.

방위-선(防衛線)**명** 적의 공격을 막기 위하여 부대가 배치되어 있는 전선.

방위-세(防衛稅) [-쎄]**명** 국토 방위를 위하여, 국방력을 증강하는 데 필요한 재원 확보를 목적으로 걷는 세금.

방위^소집(防衛召集)**명** 현역의 지원 또는 향토 방위를 위하여, 예비역·보충역·국민역의 장병을 대상으로 하는 병역 소집. 1994년 12월 31일 이후 폐지됨.

방위^신(方位神)**명** ➡오방신장(五方神將).

방위^조약(防衛條約)**명** 집단 안전 보장의 필요에 따라, 방위를 목적으로 국가 간에 맺는 조약. ¶한미(韓美) 방위 조약.

방위-주(防衛株)**명** 외국 자본이나 바람직하지 못한 자본에 의해서 기업이 지배되는 것을 막기 위하여 발행하는 주식.

방유(防油)**명** 대만에서 나는 방장(芳樟)을 증류하여 얻는 휘발성의 액체. 비누 향료로 쓰임.

방음(防音)**명**(하타) 시끄러운 소리를 막음. 특히, 소리가 실내로 들어오거나 실내에서 밖으로 나가는 것을 막음. 차음(遮音). ¶방음 시설.

방음(吟吟)**명** ➡방영(方詠).

방음^스테이지(防音stage)**명** 방음 장치를 한 발성 영화의 실내 촬영장.

방음^장치(防音裝置)**명** 외부의 소음이 실내로 들어오는 것을 막고, 또 실내의 음향이 외부로 새어 나가는 것을 막는 장치.

방음-재(防音材)**명** 소리를 흡수하는 성질을 지닌 건축 재료. [코르크·유리 섬유·펠트 따위.]

방음^카메라(防音camera)**명** 발성 영화를 찍을 때, 찍는 소리가 나지 않게 만든 촬영기.

방의(謗議) [-의/-이]**명**(하타) 남을 비방하는 의론.

방:이다[타] ①윷놀이에서, 말을 방에 놓다. ②목표한 자리를 힘 있게 치다. ¶한 대 방이다.

방이^설화(旁岹說話)**명** 신라 때의 설화. '흥부전'과 비슷한 내용인데, '동사강목' 등에 전함.

방인(邦人)**명** 자기 나라 사람.

방:인(旅人)**명** (물레를 쓰지 아니하고) 틀로 도자기를 만드는 사람.

방인(傍人)**명** 옆의 사람. 곁의 사람.

방:일(放逸)**명** 제멋대로 거리낌 없이 방탕하게 놂. ¶방일했던 생애.

방:일(訪日)**명**(하타) 일본을 방문하는 일.

방임(坊任)**명** 지난날, 방(坊)의 공무를 맡아보던 구실아치.

방임(房任)**명** 지난날, 지방 관아의 육방(六房)의 임무.

방:임(放任)**명**(하타)(되자) 간섭하지 아니하고 내버려 둠. ¶제멋대로 하도록 방임하다.

방:임-주의(放任主義) [-의/-이]**명** ①간섭을 하지 않고 마음대로 하게 하는 주의. ②윤리학에서, 선악을 구별하는 데 있어 서로 다른 갖가지 견해를 허용하는 타협적·포용적인 주의.

방:임^행위(放任行爲)**명** 적법도 위법도 아닌, 법이 간여하지 않는 행위. [산책·식사·독서 등과 같은 행위.]

방:임-형(放任形)**명** 용언의 연결 어미의 한 갈래. 문장에서 주어의 서술어 구실을 하면서, 뒤에 말하는 사실을 제한하지 아니하고 그대로 놓아둠을 나타냄. ['-더라도·-ㄹ지라도·-(으)ㄴ들·-(으)나마' 따위.] ⑩구속형.

방자(放恣)**명** 남이 못되기를, 또는 남에게 재앙이 내리도록 귀신에게 비는 짓.

방자(房子·幇子)**명** 조선 시대에, 지방 관아에서 부리던 남자 하인.

방자(芳姿)**명** (젊은 여인의) 꽃다운 자태.

방자(放恣) '방자하다'의 어근.

방:자-고기(放-) 다른 양념은 하지 않고 소금만 뿌려서 구운 짐승의 고기.

방:자-무기(放恣無忌)**명**(하형) 하는 짓이 건방지고 꺼림이 없음.

방:자-스럽다(放恣-) [-따] [~스러우니·~스러워]**형**(ㅂ) 방자한 태도가 있다. 방자스레**부**.

방:자-하다(放恣-)**형여** 꺼리거나 삼가는 태도가 보이지 않고 교만스럽다. 자방하다. 자일하다. ¶어른 앞에서 방자하구나. 방자-히**부**.

방잠(防潛)**명** 적의 잠수함에 대한 방어.

방잠(防潛網)**명** 잠수함의 침입을 막기 위하여 해협이나 항만 입구 같은 데에 치는 그물.

방장(方丈)**¹명** ①사방 1장(丈)인 넓이, 또는 그 넓이의 방. ②절에서, 주지가 거처하는 방, 또는 그 주지를 일컫는 말.

방장(方丈)**²명** ①중국의 삼신산(三神山)의 하나. ②'지리산'을 달리 이르는 말.

방장(方將) **[Ⅰ]명** 방금(方今).
[Ⅱ]부 방금(方今). 장차.

방장(坊長)**명** 지난날, 서울의 행정 구역인 방(坊)의 우두머리.

방장(房帳) [-짱]**명** ①(겨울에 외풍을 막기 위하여) 방 안에 치는 휘장. ¶방장을 두르다. ②'모기장'의 방언.

방장(房掌)**명** 조선 시대에, 승정원과 지방 관아에 둔 육방(六房)의 부서.

방장부절(方長不折)**명**(하자) [한창 자라는 초목을 꺾지 않는다는 뜻으로] '장래성이 있는 사람에게 혜살을 놓지 않음'을 이르는 말.

방재(方在) **[Ⅰ]명** 방금(方今).
[Ⅱ]부 ➡방금(方今).

방재(防材)**명** (적의 배가 드나들지 못하도록) 항만이나 중요한 뱃길에 통나무를 쇠줄로 엮어 막아 놓은 것.

방재(防災)**명**(하자) (화재·수재 따위의) 재해를 막음. ¶방재 시설.

방재^설비(防災設備)**명** 건축 설비에서, 재해 방지를 목적으로 하는 일체의 설비. [방화·소화·피회 설비 따위.]

방저(枋底)**명** ➡방밑.

방저-원개(方底圓蓋)**명** [네모난 바닥에 둥근 뚜껑이란 뜻으로] '사물이 서로 맞지 아니함'을 이르는 말. ⑪방예원조.

방적(紡績)**명**(하자) 동식물의 섬유를 가공하여 실을 뽑는 일. ¶방적 공장. ⑪길쌈.

방적-견사(紡績絹絲)[-껸-]명 지스러기 고치나 솜솜 따위를 원료로 하여 뽑은 견사.

방적^공업(紡績工業)[-꽁-]명 동식물의 섬유를 가공하여 방적하는 섬유 공업. 방적업.

방적^기계(紡績機械)[-끼계/-끼게]명 방적사를 만드는 기계.

방적^돌기(紡績突起)[-똘-]명 거미류의 항문 근처에 있는, 사마귀 모양의 3쌍의 돌기.〔여기서 거미줄이 나옴.〕

방적-면사(紡績綿絲)[-정-]명 면화를 자아서 만든 실, 또는 방적 기계로 만든 면사를 통틀어 이르는 말.

방적-사(紡績絲)[-싸-]명 ①면화·양모·삼·고치 등의 섬유를 가공하여 만든 실. ②방적 기계로 만든 외올 면사(綿絲).

방적-업(紡績業)명 ☞방적 공업.

방전(方田)명 네모반듯한 논.

방전(方甎)명 네모반듯한 벽돌.

방:전(放電)명하자 ①대전체(帶電體)에서 전기가 방출되는 현상. ↔충전. ②기체 따위의 절연체를 통하여 양극 간에 전류가 흐르는 현상.〔불꽃 방전 따위.〕

방:전-관(放電管)명 관 속에 네온·아르곤 따위의 기체나 수은 증기를 봉입(封入)하여 방전할 수 있게 한 전자관.

방:전-등(放電燈)명 기체 속에서의 방전에 의한 빛을 이용하는 전등.〔형광등·수은등·네온 전구 따위.〕

방:전-차(放電叉)명 절연체인 에보나이트 손잡이 끝에 금속 막대를 구부러지게 한 것. 라이덴병 및 다른 대전체를 방전시킬 때 쓰임.

방점(傍點)[-쩜]명 ①보는 사람의 주의를 끌기 위하여 글자의 곁이나 위에 찍는 점. ②15세기 국어 표기에서, 음절의 성조를 나타내기 위하여 글자의 왼쪽에 찍던 점. ②사성점(四聲點).

방접-원(傍接圓)명 수학에서, 삼각형의 한 변과 다른 두 변의 연장선에 접하는 원.

방정맞게 진중하지 못하고 몹시 가볍게 하는 말이나 행동. ¶방정을 떨다.

방정(方正)'방정하다'의 어근.

방정(芳情)명 ☞방심(芳心). ¶베풀어 주신 방정과 후의에 감사합니다.

방정-꾸러기명 '방정을 잘 떠는 사람'을 놀림조로 이르는 말.

방정-꾼명 '방정을 떠는 사람'을 낮잡아 이르는 말.

방정-맞다[-맏-]형 말이나 하는 짓이 몹시 경망스럽고 주책없다. ¶방정맞은 소리.

방정-스럽다[-따][~스러우니·~스러워]형ㅂ 보기에 방정맞다. **방정스레**부.

방정-식(方程式)명 식 중의 미지수에 특정한 값을 주었을 때만 성립되는 등식. ↔항등식.

방정-하다(方正-)형여 말이나 행동이 바르고 점잖다. ¶품행이 방정하다. **방정-히**부.

방제(方劑)명 약을 조제함, 또는 그 약.

방제(防除)명하자 ①재앙을 막아서 없앰. 예방하여 없앰. ¶공해의 방제. ②농작물의 병충해를 예방하거나 없앰. ¶미리 농약을 준비해 논에 방제 작업을 하다.

방제(旁題)명 신주(神主)의 아래 왼쪽에 쓴, 제사를 받드는 사람의 이름.

방조(傍助)명하자 곁에서 도와줌.

방조(傍祖)명 직계가 아닌 조상, 곧 육대조(六代祖) 이상의 조상의 형제.

방조(幇助)명하자 남의 범죄나 자살 등을 도와줌. ¶자살을 방조하다.

방조-림(防潮林)명 해안 지방에서, 바닷바람에 의한 염해(塩害)나 해일·조수(潮水) 따위의 피해를 막기 위하여 만든 숲.

방조-범(幇助犯)명 남의 범죄 수행을 방조함으로써 성립되는 범죄, 또는 그 범인. 가담범.

방조-제(防潮堤)명 해일 따위를 막기 위하여 해안에 쌓은 둑.

방조-죄(幇助罪)[-쬐/-쮀]명 다른 사람의 범죄 수행을 방조함으로써 성립되는 죄.

방:종(放縱)명하여 아무 거리낌 없이 함부로 행동함. ¶도덕적 기준이 없는 자율은 방종으로 흐르기 쉽다.

방종(傍腫)명 부스럼이 번져서 곁으로 돋은 작은 부스럼.

방주(方舟)명 ①네모난 모양의 배. ¶노아의 방주. ②하자두 척의 배를 나란히 둠.

방주(方柱)명 네모난 기둥.

방주(方主)명〈방주감찰〉의 준말.

방주(蚌珠)명 ☞진주(眞珠).

방주(旁註·傍註)명 본문의 옆에 단 주석.

방주-감찰(房主監察)명 조선 시대에, 사헌부의 감찰의 우두머리. 준방주.

방죽(←防築)명 물을 막기 위해 쌓은 둑. ¶방죽이 무너지다. 본방축(防築).

방죽-갓끈[-깓-]명 연밥을 잇따라 꿰어서 만든 갓끈.

방중(房中)명 ①방 안. ②절간 안. ②사중(寺中).

방중-술(房中術)명 방사(房事)의 방법과 기교.

방증(傍證)명하타 (어떤 사실을) 간접적으로 증명하는 데 도움을 주는 증거. ¶방증을 수집하다.

방지(防止)명하타 어떤 일이 일어나지 않도록 막음. ¶사고 방지 대책.

방지(芳志)명 ☞방심(芳心).

방지(方志)명 본체에서 갈려 나간 가다.

방-지기(房-)명 ①방을 지키는 사람. ②지난날, 관아의 심부름꾼의 하나. ②방직(房直).

방지-책(防止策)명 방지하기 위한 방책. ¶도난 방지책. /청소년 범죄 방지책.

방직(方直)'방직하다'의 어근.

방직(房直)명 ☞방지기.

방직(紡織)명하타 ①실을 만드는 일과 피륙을 짜는 일. ②실을 날아서 피륙을 짬.

방직^공업(紡織工業)[-꽁-]명 원료에서 실을 만드는 방적 공업과, 그 실을 날아서 피륙을 짜는 직조 공업을 아울러 이르는 말.

방직^기계(紡織機械)[-끼계/-끼게]명 실을 날아서 피륙을 짜는 기계.

방직-물(紡織物)[-정-]명 방직 기계로 짠 피륙.

방직-하다(方直-)[-지카-]형여 (심성 따위가) 바르고 곧다. ¶성품이 방직하다.

방진(方陣)명 ①사각형 모양으로 친 진. ②가로세로 또는 대각선으로 늘어놓은 숫자의 합이 모두 같게 되도록 자연수를 펼쳐 놓은 것. ②마방진(魔方陣).

방진(防塵)명 먼지가 들어오는 것을 막음.

방:짜명 질 좋은 놋쇠를 녹여 거푸집에 부은 다음, 불에 달구어 가며 두드려서 만든 그릇. ¶방짜 유기.

방차(防遮)명하타 막아서 가림.

방차(紡車)명 ☞물레.

방참(傍參)명하자 방청하려고 참여함.

방창(方暢)'방창하다'의 어근.

방창-하다(方暢-)형여 바야흐로 화창하다.

방:채(放債)명하자 여유 있는 돈을 남에게 빚으로 줌. 돈놀이.

방책(方策)[명] 방법과 꾀. ¶해결 방책을 세우다.

방책(防柵)[명] 말뚝을 박아서 만든, 적을 막기 위한 울타리.

방ː척(放擲)[명][하타] 내던져 버림. 내버려 둠.

방천(防川)[명] 둑을 쌓아서 냇물이 넘쳐 들어오는 것을 막음, 또는 그 둑. 냇둑. ¶방천을 든든히 쌓다. /홍수로 방천이 무너지다.

방천-길(防川-)[-낄][명] 방천 위로 난 길.

방천-숲(防川-)[-숩][명] 냇물이 넘쳐 들어오는 것을 막기 위하여 가꾼 숲. •방천숲이[-수피]·방천숲만[-숨-]

방첨-탑(方尖塔)[명] ☞오벨리스크.

방첩(防諜)[명][하자] 적의 첩보 활동을 막고, 비밀이 새어 나가지 못하게 함. ¶방첩 활동.

방청(傍聽)[명] (직접적인 관계가 없는 사람이) 회의나 토론·공판(公判) 따위를 곁에서 들음. ¶국회의 본회의를 방청하다.

방청-객(傍聽客)[명] 방청하는 사람. 방청인.

방청-권(傍聽券)[-꿘][명] 방청을 허락하는 표.

방청-석(傍聽席)[명] 방청인이 앉는 자리.

방청-인(傍聽人)[명] ☞방청객.

방초(防草)[명] 용마루의 양쪽 끝에 아귀를 물리지 않게 내림새를 엎어서 마무른 것.

방초(芳草)[명] 향기로운 풀. 봄의 싱그러운 풀. ¶녹음(綠陰)방초.

방초-박이(防草-)[명] 수막새가 빠지지 않도록 박는 못.

방-초석(方礎石)[명] 네모난 주춧돌.

방촌(方寸)[명] ①(사방 한 치의 넓이라는 뜻으로) '좁은 땅'을 뜻함. ②(마음이 한 치 사방의 심장에 깃든다는 뜻으로) '가슴속', 곧 '마음'을 뜻함. ¶대지(大志)를 방촌에 품다.

방추(方錐)[명] 〈방추형(方錐形)〉의 준말. ②네모지게 날을 세운 송곳.

방추(紡錘)[명] ①물레의 가락. ②☞북².

방추-근(紡錘根)[명] 방추형으로 생긴 저장근(貯藏根). [고구마 따위].

방추-형(方錐形)[명] 밑면이 정사각형인 각뿔. ⑥방추(方錐).

방추-형(紡錘形)[명] 물렛가락처럼 생긴 모양, 곧 원기둥꼴의 양 끝이 뾰족한 모양.

방축(防築)[명] 〈방죽〉의 본딧말.

방-축(防縮)[명][하타] 직물 따위가 줄어들지 아니하게 함.

방ː축(放畜)[명][하타] ☞방목(放牧).

방ː축(放逐)[명]①[되자] 그 자리에서 쫓아냄. ②〈방축향리〉의 준말.

방축^가공(防縮加工)[-까-][명] 직물이 세탁 따위로 줄어들지 않도록 하는 가공.

방ː축-향리(放逐鄕里)[-추캉니][명] 조선 시대에, 벼슬을 삭탈하고 제 고향으로 내쫓던 일. ⑥방축(放逐).

방춘(芳春)[명] ①꽃이 한창인 봄. ¶방춘 가절. ②꽃다운 나이. 방기(芳紀).

방춘-화시(方春和時)[명] 바야흐로 봄이 한창 화창한 때.

방ː출(放出)[명][하타][되자] ①입자나 전자기파의 형태로 에너지를 내놓음. ¶에너지의 방출. ②비축해 둔 물자나 자금을 풀어서 일반에게 제공함. ¶정부미 방출. /자금 방출. ③프로 구단에서, 보유한 선수를 시장에 내놓음.

방ː출-궁인(放出宮人)[명] 왕조 때, 궁인으로 있다가 궁 밖으로 나와 살게 된 여자.

방ː출-미(放出米)[명] (정부에서) 내놓는 쌀.

방충(防蟲)[명][하타] 해충을 막음.

방충-망(防蟲網)[명] 파리나 모기·나방 따위 벌레들이 날아 들어오지 못하도록 창 같은 데에 치는 그물.

방충-제(防蟲劑)[명] 해충이 싫어하는 특이한 냄새로 해충이 꾀지 못하게 하는 약제. 〔장뇌(樟腦)·나프탈렌 따위.〕

방취(防臭)[명][하타] 좋지 못한 냄새가 풍기지 못하도록 막음.

방취-제(防臭劑)[명] 좋지 못한 냄새를 없애는 데 쓰이는 약제.

방ː치(放置)[명][하타] 그대로 버려 둠. 기치(棄置). ¶쓰레기를 길가에 방치하다.

방친(傍親)[명] 방계(傍系)의 친척.

방-친영(房親迎)[명][하자] 나이 어린 신랑 신부가 초례를 하고 삼일(三日)을 치른 때에, 신부가 신방에 들어가서 얼마 동안 가만히 앉아 있다가 나오는 일.

방침(方枕)[명] ☞사방침(四方枕).

방침(方針)[명] 〔방향을 가리키는 지남침이라는 뜻으로〕 무슨 일을 처리해 나가는 계획과 방향을 이르는 말. ¶경영 방침.

방카쉬ː랑스(bancassurance)[명] 은행 등의 금융 기관이 보험 회사와 연계하여 보험 상품을 개발·판매하는 것.

방타(滂沱)[명][하자] ①비가 세차게 내림. ②눈물이 줄줄 흘러내림.

방탄(防彈)[명][하자] 탄알을 막음.

방탄(放誕)'방탄하다'의 어근.

방탄-구(防彈具)[명] 탄알을 막는 도구나 장치.

방탄-복(防彈服)[명] (날아오는) 탄알이 뚫고 들어오지 못하도록 특수 섬유 따위로 만든 옷.

방탄-유리(防彈琉璃)[-뉴-][명] (날아드는) 탄알이 뚫지 못하도록 특수하게 가공해서 만든 유리.

방탄-조끼(防彈-)[명] 소총이나 권총 사격을 받았을 때, 탄알이 뚫고 들어오지 못하도록 특수 섬유 따위로 만든 조끼.

방탄-차(防彈車)[명] 탄알을 막을 수 있게 만든 승용차.

방ː탄-하다(放誕-)[형여] 터무니없는 소리만 하여 허황하다.

방ː탕(放蕩)[명][하여] 주색(酒色)에 빠져 행실이 추저분함. ¶방탕한 생활을 청산하다. **방탕-히**[부].

방ː탕-아(放蕩兒)[명] 방탕한 생활을 하는 남자. 탕아. 탕자.

방토(方土)[명] 어느 한 지방의 땅.

방토(邦土)[명] ☞국토(國土).

방토(防土)[명] 흙이 무너져 내리는 것을 막기 위하여 만들어 놓은 시설.

방통(旁通)[명][하타] 자세하고 분명하게 앎.

방통이[명] 내기로 쏘거나 새를 잡는 데 쓰이는 작은 화살.

방-틀(方-)[명] ①모를 낼 때, 못줄 대신으로 쓰이는, 눈금이 찍힌 나무틀. ②통나무나 각재를 같은 길이로 잘라서 네모지게 귀를 맞추어 '井'자 모양으로 둘러 짠 틀.

방틀-굿(方-)[-굳][명] 방틀을 쌓아, 땅속으로 곧게 파 내려간 광산(鑛山) 구덩이. •방틀굿이[-구시]·방틀굿만[-군-]

방파-제(防波堤)[명] 난바다로부터 밀려오는 거친 파도를 막아 항구 안의 수면을 잔잔하게 유지하기 위하여 항만에 쌓은 둑.

방판(防板)[명] 방모받이용한 널빤지.

방판(幫判)[명] 조선 말기에, 기기국(機器局)·전환국(典圜局)과 인천·부산·원산항의 감리서(監理署)의 한 벼슬.

방패(方牌)圈 조선 시대에, 관아에서 부리던 하인들이 허리에 차던 네모진 나무 패.

방패(防牌)圈 ①칼이나 창·화살 등을 막는 데 쓰던 무기. ②'무슨 일을 하는 데 있어서 앞장을 세울 만한 것, 또는 그런 사람'을 비유하여 이르는 말. ¶청년은 조국의 방패.

방패-간(防牌干)圈 한자 부수의 한 가지. '乎'·'年' 등에서의 '干'의 이름.

방패-막이(防牌-)圈[하타] 어떤 것을 내세워 자기에게 닥쳐오는 공격이나 영향 따위를 막아 내는 일, 또는 그런 수단이나 방법. ¶권력을 방패막이로 삼아 부정을 저지르다.

방패^비늘(防牌-)圈 방패 모양을 한 물고기의 비늘. [상어의 비늘 따위].

방패-연(防牌鳶)圈 복판에 방구멍이 있는, 네모 반듯한 연.

방편(方便)圈[불교에서] ①그때그때의 형편에 따라서 편하고 쉽게 이용하는 수단. ¶일시적인 방편. ②보살이 진실의 가르침으로 이끌기 위하여 임시로 세운 법문.

방폐(防弊)圈[-폐/-폐] 폐단을 막음.

방폐(房嬖)圈[-폐/-폐] 지난날, 감사(監司)나 수령(守令) 등의 사랑을 받는 '기생'을 이르던 말.

방포(方袍)圈[네모진 두루마기란 뜻으로] '가사(袈裟)'를 이르는 말.

방:포(放砲)圈[하자] 지난날, 군중(軍中)의 호령으로 공포(空砲)를 놓아 소리를 내던 일.

방풍(防風)圈[하자] 바람을 막음. ¶방풍 장치.

방풍(防風)²圈 ①한방에서, 방풍나물의 묵은 뿌리를 약재로 이르는 말. ②☞방풍나물.

방풍-나물(防風-)圈 산형과의 다년초. 약용 식물로 재배하는데, 줄기는 1 m가량. 뿌리는 10~20 cm의 방추형이며 여름에 흰 꽃이 핌. 한방에서 2년생의 뿌리를 취한(取汗)이나 거담(祛痰)에 약으로 씀. 방풍².

방풍-림(防風林)圈[-님]圈 바람을 막기 위하여 가꾼 숲. 바람막이 숲.

방풍-원(防風垣)圈 바람을 막기 위하여 만든 울타리.

방풍^중방(防風中枋)圈 바람을 막기 위하여 머름처럼 기둥 아래에 낀 중방.

방풍-채(防風菜)圈 방풍나물의 싹을 잘라서 데친 뒤에 소금과 기름에 무친 나물.

방풍-판(防風板)圈 바람을 막기 위하여 맞배지붕의 양쪽 끝 박공 아래에 붙인 널빤지.

방:-하다(放-)[타여] '방메하다'가 줄어서 된 말. ②죄인을 놓아주다.

방:-하다(倣-)[타여] [그림·글씨·조각 따위의] 본을 뜨다.

방학(放學)圈[하자] 학교에서 학기나 학년이 끝난 뒤, 또는 더위·추위가 심한 일정 기간 동안 수업을 쉬는 일, 또는 그 기간. ¶방학 숙제.

방한(防寒)圈[하자] 추위를 막음. ¶방한 용구.

방:한(芳翰)圈 ☞방서(芳書).

방:한(訪韓)圈[하자] 한국을 방문함. ¶방한 사절단.

방한-구(防寒具)圈 추위를 막는 온갖 기구.

방한-모(防寒帽)圈 추위를 막으려고 쓰는 모자.

방한-벽(防寒壁)圈 추위를 막기 위한 벽.

방한-복(防寒服)圈 추위를 막으려고 입는 옷.

방한-화(防寒靴)圈 추위를 막으려고 신는 신.

방:함(芳銜)圈 ☞방명(芳名).

방함-록(芳銜錄)圈[-녹]圈 ☞방명록.

방합-례(房合禮)圈[-합녜]圈[하자] 전통 혼례에서, 초례를 마친 다음 신방에서 신랑과 신부가 만나 인사함, 또는 그 예식.

방해(妨害)圈[하타][되자] 남의 일에 훼살을 놓아 못하게 함. ¶옆방의 텔레비전 소리가 공부에 방해된다.

방해(를) **놓다**[관용] 남에게 방해가 되는 짓을 하다. ¶일이 성사되지 못하게 방해를 놓다.

방해(螃蟹)圈 ☞방게.

방해-꾼(妨害-)圈 남의 일에 방해를 놓는 사람을 얕잡아 이르는 말.

방해-물(妨害物)圈 방해가 되는 물건. ⑪방애물.

방해-석(方解石)圈 탄산칼슘을 주성분으로 하는 광물의 한 가지. 무색투명하며 유리와 같은 광택이 있음.

방해-죄(妨害罪)圈[-쬐/-쮀]圈 권리자의 행위나 수익(受益)을 방해함으로써 성립하는 죄. [공무 집행 방해죄·업무 방해죄 따위].

방향(方向)圈 ①향하거나 나아가는 쪽. 방위. ¶서쪽 방향. /떠나기 직전에 방향을 바꾸다. ②뜻이 향하여 나아가는 곳. ¶앞으로의 방향을 미리 정하다.

방향(方響)圈 아악기(雅樂器)의 한 가지. 상하두 단으로 된 가자(架子)에 장방형의 철판을 각각 여덟 개씩 드리우고, 두 개의 채로 쳐서 소리를 냄.

방:향(芳香)圈 좋은 향기. 가방(佳芳).

방향^계:수(方向係數)圈[-게-/-게-]圈 평면 해석 기하학에서, 직선의 방향을 나타내는 계수.

방향^여현(方向餘弦)圈[-녀-]圈 '방향 코사인'의 구용어.

방:향-유(芳香油)圈[-뉴]圈 식물의 잎·열매·꽃봉오리·수지(樹脂)에서 얻는, 좋은 향기가 있는 휘발성의 액체. 향료의 원료로 쓰이며, 장뇌유·박하유 따위가 있음.

방:향-제(芳香劑)圈 좋은 향기를 가지고 있는 약제를 통틀어 이르는 말.

방:향족^화:합물(芳香族化合物)圈[-조화합-]圈 유기 화합물의 한 족. 분자 안에 벤젠 고리를 가진 화합물을 통틀어 이르는 말.

방향^코사인(方向cosine)圈 해석 기하학에서, 공간의 유향 직선(有向直線)이 각 좌표축과 이루는 각의 코사인.

방향-키(方向-)圈 비행기의 방향을 조정하는 장치. 수직 꼬리 날개 뒤쪽에 붙어 있음. 방향타.

방향-타(方向舵)圈 ☞방향키.

방향^탐지기(方向探知機)圈 지향성(指向性)이 강한 수신 안테나를 회전시켜 전파가 오는 방향을 탐지하는 장치.

방헌(邦憲)圈 ☞국법(國法).

방험-병(防險餠)圈 밤·대추·호두·곶감 등을 살로만 짓찧어서 두껍게 조각을 지어 볕에 말린 음식. 피난 때나 구황(救荒)에 씀.

방형(方形)圈 네모반듯한 모양.

방형(邦刑)圈 나라의 형률. 형률(刑律).

방호(防護)圈[하타] 위험 따위를 막아 안전하게 보호함. ¶시설을 방호하다.

방혼(芳魂)圈 미인의 영혼.

방화(防火)圈[하자] 화재를 미리 막음. ¶방화 훈련.

방화(邦貨)圈 ①우리나라의 화폐. ②자기 나라의 화폐. ↔외화(外貨).

방화(邦畫)圈 자기 나라에서 제작된 영화. ↔외화(外畫).

방:화(放火)圈[하자] 일부러 불을 지름. ¶왜적의 악탈과 방화를 일삼다. 활실화(失火).

방:화(榜花)圈 지난날, '과거에 급제한 사람 가운데 나이가 가장 어리고 지체가 가장 높은 사람'을 이르던 말.

방화^가공(防火加工)명 (종이나 베·목재 따위에) 불이 잘 붙지 않도록 하는 가공.

방화^도료(防火塗料)명 (나무 따위에 발라서) 불이 잘 붙지 않도록 하는 도료.

방화-림(防火林)명 불이 번지는 것을 막기 위하여, 삼림의 주변 같은 데에 불에 강한 나무를 심어서 만든 숲.

방:화-범(放火犯)명 방화죄를 저지른 사람.

방화-벽(防火壁)명 불이 번지는 것을 막기 위하여 건물의 내부 같은 데에 설치한, 내화 구조(耐火構造)의 벽.

방화-사(防火沙)명 화재 때, 불을 끄는 데 쓰려고 마련해 둔 모래.

방화-선(防火線)명 불이 번지는 것을 막기 위하여, 얼마간의 너비를 빈 땅으로 둔 지대.

방화-수(防火水)명 화재 때, 불을 끄는 데 쓰려고 마련해 둔 물.

방화-수(防火樹)명 불이 번지는 것을 막기 위하여 집이나 삼림의 둘레에 심는 나무. [은행나무·아왜나무 등 불에 강한 나무를 심음.]

방:화-자(放火者)명 불을 지른 사람.

방화-전(防火栓)명 ☞소화전.

방화-제(防火劑)명 방화 가공이나 방화 도료 따위에 쓰이는 물질.

방:화-죄(放火罪)[-쬐/-꿰]명 건조물·차량 따위에 일부러 불을 지름으로써 성립되는 죄.

방환(方環)명 네모진 고리.

방환(坊還)명 지난날, 방(坊)에서 꾸어 주던 환곡.

방:환(放還)명하타 되자 지난날, 귀양살이하던 사람을 풀어 줌에 집으로 돌려보냄.

방황(彷徨)명하자타 정처 없이 헤매며 돌아다님. ¶ 거리를 방황하다. ②하자할 바를 모르고 갈팡질팡함. ¶ 방황하는 마음.

방황^변:이(彷徨變異)명개체 변이.

방회(傍灰)[-회/-훼]명 광중(壙中)의 관(棺) 언저리에 메우는 석회.

방:효(倣效)명하타 남을 따라 그대로 본받음.

방훈(芳薰)명 꽃다운 향기. 향기로운 냄새.

방휼지세(蚌鷸之勢)[-찌-]명 [도요새가 방합을 먹으려고 껍데기 속에 주둥이를 넣는 순간 방합이 껍데기를 닫아 버려, 결국 서로 다투는 형세가 된다는 뜻으로] '서로 물러섬이 없이 맞서서 다투는 판세'를 이르는 말.

방휼지쟁(蚌鷸之爭)[-찌-]명 '제삼자만 이롭게 하는 다툼'을 이르는 말. [방합과 도요새가 다투는데, 어부가 와서 지친 방합과 도요새를 다 거두어 갔다는 고사에서 유래함.] 견토지쟁.

방하명 〈옛〉 방아. ¶ 방하 딕:碓(訓蒙中11. 四解上49). ②다듬잇돌. ¶ 방하논 어젯 바맛소리로다(杜初3:36).

방핫고명 〈옛〉 방앗공이. ¶ 杵는 방핫괴니 굴근 막다히 그튼 거시라(釋譜6:26).

밧다자 〈옛〉 바빠하다. ¶ 比丘僧을 보시고 더욱 바초시니(月印44章).

밭[받]명 ①물을 대지 않고 작물을 심어 가꾸는 땅. 전(田). ②무엇이 주로 이루어지거나 차 있는 땅. ¶ 대나무 밭. /인삼 밭. ③장기나 고누·윷놀이 따위에서 말이 머무르는 자리. * 밭이[바치]·밭을[바틀]·밭만[반만]

밭을 사려면 변두리를 보라 [속담] 농토를 사려면 경계선을 반드시 알아야 한다는 말.

밭 팔아 논 살 때는 이밥[흰 쌀밥] 먹자는 뜻 [속담] 못한 것을 버리고 나은 것을 취할 때는 더 낫게 되기를 바라고 한 것인데, 그렇지 못했을 때를 두고 하는 말.

밭-[받]접투 《일부 명사 앞에 붙어》 '바깥'의 뜻을 나타냄. ¶ 밭걸이. /밭다리. /밭부모. /밭사돈. /밭주인.

밭-갈이[받까리]명하자 밭을 가는 일.

밭-걷이[받거지]명하자 밭에 심은 작물을 거두어들이는 일. ¶ 밭걷이를 마치다.

밭-걸이[받꺼리]명하자 씨름에서, 다리를 밖으로 대어 상대편의 오금을 걸거나 당기거나 밀거나 하는 기술. ↔안걸이.

밭-고랑[받꼬-]명 밭의 이랑과 이랑 사이의, 홈이 진 곳. ②밭골.

밭-곡(-穀)[받꼭]명〈밭곡식〉의 준말.

밭-곡식(-穀-)[받꼭씩]명 밭에서 나는 곡식. [보리·밀·콩·팥 따위.] 전곡(田穀). 전작(田作). ②밭곡.

밭-골[받꼴]명〈밭고랑〉의 준말.

밭-구실[받꾸-]명 지난날, 밭을 부치는 사람이 물던 소작료.

밭-귀[받뀌]명 밭의 한쪽 귀퉁이.

밭-날갈이[받-]명 소로 며칠 동안 걸려서 갈 만큼의 넓은 밭.

밭-농사(-農事)[받-]명하자 밭에서 농사를 지음. 전작(田作). 참논농사.

밭다[받따]형 ①액체가 바특하게 졸다. ②몸에 살이 빠져서 여위다. ¶ 난민들은 살이 밭고 피이 없어 보였다. ③(근심이나 걱정 따위로) 몹시 안타깝고 조마조마해지다. ¶ 간이 밭아 오르다. * 밭아·밭는[반-]

밭다²[받따]타 건더기가 섞인 액체를 체 따위에 걸러 국물만 받아 내다. ¶ 콩국을 체에 밭다. * 밭아·밭는[반-]

밭다³[받따]형 ①재물 따위를 탐하는 정도가 지나치게 심하다. ¶ 돈에 밭다. ②입이 지나치게 짧다. ¶ 입이 밭다. /음식에 밭다. ③어떤 일정 정도가 심하다. ¶ 그는 여색에 밭은 사람이다. * 밭아·밭고[받꼬]

밭다⁴[받따]형 ①시간적으로 너무 여유가 없다. ¶ 밭은 일정. /떠날 날짜가 밭다. ②길이가 매우 짧다. ¶ 밭은 키. /목이 밭다. ③숨결이 가쁘고 급하다. ¶ 밭은 숨을 몰아쉬다. * 밭아·밭고[받꼬]

밭다형 〈옛〉 뱉다. ¶ 춤을 만히 바툰면(救簡1:82). ②밭비하다.

밭다리^걸:기[받따-]명 씨름에서, 다리 기술의 한 가지. 상대편의 오른쪽 다리가 앞으로 나와 있을 때, 오른쪽 다리로 상대편의 오른쪽 다리의 바깥을 걸고 샅바를 당겨 오른쪽 가슴으로 밀어 넘어뜨리는 공격 기술. 참안다리 걸기.

밭-도랑[받또-]명 밭 가로 둘려 있는 도랑. ②밭돌.

밭-도지(-賭地)[받또-]명 밭의 소작료로 받는 곡식 따위의 현물. ¶ 밭도지 내.

밭-돌[받똘]명〈밭도랑〉의 준말.

밭-두둑[받뚜-]명 밭의 두둑. 두둑. 밭두렁.

밭-두렁[받뚜-]명 밭두둑.

밭-둑[받뚝]명 밭 가에 둘려 있는 둑.

밭-뒤다[받뛰-]자 밭을 거듭 갈다.

밭-때기[받-]명 ①'밭떼기'의 잘못. ②'밭뙈기'의 잘못.

밭-떼기[받-]명 채소·과일·곡물 따위를 수확하지 않은 채, 밭에 있는 그대로 모개로 사는 일.

밭-뙈기[받-]명 '얼마 되는 밭'을 얕잡아 이르는 말. ¶ 손바닥만 한 밭뙈기.

밭-매기[받-]명하자 밭의 김을 매는 일.

밭-머리[받-]명 밭이랑의 양쪽 끝이 되는 부분.

밭-못자리[반모짜-/반몯짜-]**명** 밭이나 마른논에서 물 없이 가꾸는 못자리.

밭-문서(-文書)[반-]**명** 밭의 소유권을 증명하는 문서.

밭-번지기[받뻔-]**명** 씨름에서, 왼쪽 다리를 상대편 앞으로 내어 디디어, 공격해 오는 것을 막는 기술. ↔안번지기.

밭-벼[받뼈]**명** 밭에 심는 벼. 육도(陸稻). 한도(旱稻).

밭-벽(-壁)[받뼉]**명** ☞바깥벽.

밭-보리[받뽀-]**명** 밭에 심는 보리. **참**논보리.

밭-부모(-父母)[받뿌-]**명** ☞바깥부모.

밭-사돈(-查頓)[받싸-]**명** ☞바깥사돈.

밭-상제(-喪制)[받쌍-]**명** ☞바깥상제.

밭-어버이[바더-]**명** ☞바깥어버이.

밭은-기침명 병이나 버릇으로, 힘도 들이지 않고 소리도 크지 않게 자주 하는 기침.

밭은-오금명 활의 대림끝과 한오금 사이.

밭-이다[바치-] **[Ⅰ]자** ['밭다'의 피동] 국물이 새어 나오도록 체 같은 데에 밭음을 당하다.
[Ⅱ]타 ['밭다'의 사동] 국물이 새어 나오도록 체 같은 데에 밭게 하다.

밭-이랑[반니-]**명** 밭의 이랑. **참**논이랑.

밭-일[반닐]**명하자** 밭에서 하는 농사일.

밭-작물(-作物)[받짱-]**명** 밭에서 거두는 농작물.

밭장-다리[받짱-]**명** 걸을 때 두 발끝이 바깥쪽으로 벌어지는 다리, 또는 다리가 그렇게 생긴 사람. ↔안짱다리.

밭-쟁이[받쨍-]**명** 채소 농사를 전업으로 하는 사람.

밭-전(-田)[받쩐]**명** 한자 부수의 한 가지. '畠'·'畦' 등에서의 '田'의 이름.

밭-주인(-主人)[받쭈-]**명** ☞바깥주인.

밭지밀(-至密)[받찌-]**명** 임금이 거처하는 방. ↔안지밀.

밭-집[받찝]**명** ①'백성이 사는 집'의 궁중말. ②농막(農幕).

밭-쪽[받-]**명** ☞바깥쪽.

밭-치다[받-]**타** '밭다'의 힘줌말.

밭-풀[받-]**명** 밭에 나는 잡풀.

배명 ①(척추동물의) 위장 따위가 들어 있는 가슴과 골반 사이의 부분. ②길쭉한 물건의 가운데 부분. ¶배가 불룩한 독. ③위장(胃腸). ¶배가 고프다. ④[의존 명사적 용법] 짐승이 새끼를 낳거나 알을 까거나 하는 횟수를 세는 단위. ¶한 배에 아홉 마리를 낳다.

　배가 남산만(앞 **남산만**) **하다속담** 여자가 임신을 하여 배가 몹시 부르다.

　배보다 배꼽이 더 크다속담 '딸린 것이 주되는 것보다 더 크거나 더 많음'을 이르는 말.

　배(가) 맞다관용 ①남녀가 떳떳하지 못하게 관계를 맺다. ②(떳떳하지 못한 일을 하는 데) 서로 뜻이 통하다.

　배(가) 아프다관용 남이 잘되는 것이 시샘이 나서 심술이 나다. ¶친구가 성공하는 것을 보니 배 아프구나?

　배(를) 내밀다관용 남에게 아쉽게 굴거나 남의 말에 쉽게 응하지 않고, 배짱을 튀기다.

　배(를) 불리다(채우다)관용 옳지 못한 방법으로 재물 따위를 모아들여서 자기의 욕심을 충족시키다.

　배(를) 앓다관용 남이 잘되는 것이 못마땅하고 심술이 나서 속을 태우다.

배²명 물 위에 떠다니며 사람이나 짐 따위를 실어 나르게 만든 탈것. 선박. 선척(船隻).

　배 지나간 자리관용 아무 흔적도 남지 않은 상태를 이르는 말.

배³명 배나무의 열매. **참**쾌과.

　배 먹고 이 닦기속담 〔배를 먹으면 이까지 닦이어 희어진다는 데서〕 '좋은 일이 거듭해서 생기게 되는 경우'를 이르는 말.

　배 주고 속(배 속) **빌어먹는다속담** '큰 것은 남에게 주고서 하찮은 것만 차지하게 되는 경우'를 이르는 말.

배(胚)**명** ①식물의 씨 속에서 자라 싹트는 부분. 배아(胚芽). 씨눈. ②동물의 알 속에서 자라 새끼가 되는 부분. ②배자(胚子).

배:(倍)**명** ①갑절, 또는 곱절. ¶한 해 사이에 빛이 배로 늘었다. ②[의존 명사적 용법] 일정한 수나 양이 그 수만큼 거듭됨을 이르는 말. ¶힘이 세 배나 들다.

배(杯)**의** 술이나 음료를 담은 잔을 세는 단위. ¶술 한 배.

배:(拜)**의** 〔절한다는 뜻으로〕 주로 편지 글에서, 경의를 나타낸는 뜻으로 자기의 이름 아래에 쓰는 말. ¶홍길동 배.

-배(杯·盃)**접미** 《일부 명사 뒤에 붙어》 운동 경기 등에서, '트로피'의 뜻을 나타냄. ¶대통령배 전국 고교 야구 대회.

-배(輩)**접미** 《일부 명사 뒤에 붙어》 '무리'·'들'의 뜻을 나타냄. ¶소인배. /불량배. /폭력배. /모리배.

배:가(倍加)**명하자타되자** 갑절로 늘어남, 또는 갑절로 늘림. ¶노력을 배가하다. /우주 과학에 대한 흥미가 배가하다.

배각(부하자타) 작고 단단한 물건이 서로 닿아 갈려서 나는 소리. ᆯ비각. ꤰ빼각. 배각-배각(부하자타).

배각(排却)**명하자되자** 물리쳐 버림.

배각-거리다[-꺼-]**자타** 자꾸 배각배각하다. 배각대다. ᆯ비각거리다.

배각-대다[-때-]**자타** 배각거리다.

배갈(←白干儿 중)**명** 수수를 원료로 빚은 중국식 소주. 고량주. 백주(白酒).

배:갑(背甲)**명** 등딱지.

배:강(背講)**명하자** 책을 보지 않고 돌아앉아서 욈. 배독(背讀). 배송(背誦).

배:객(陪客)**명** 배빈(陪賓).

배:건(焙乾)**명하자** 불에 쬐어 말림.

배격(排擊)**명하자되자** (남의 사상·의견 따위를) 싫어하여 물리침. ¶기회주의를 배격하다.

배:견(拜見)**명** ①(높은 분을) 삼가 만나 뵘. ②(남의 편지나 작품 등을) 공경하는 마음으로 봄. 배관(拜觀).

배:경(背景)**명** ①뒤쪽의 경치. ↔전경(前景). ②무대의 안쪽 벽에 그린 그림, 또는 무대 장치. ③사진이나 그림 등에서 그 주요 제재(題材) 뒤편에 펼쳐진 부분. ④작품의 시대적·역사적인 환경. ¶개화기를 배경으로 한 대하소설. ⑤뒤에서 돌보아 주는 힘. 뒷받침이 되는 힘. ¶정치적 배경이 든든하다. ⑥사건이나 환경을 둘러싼 주위의 정경. ¶사건의 배경. /역사적 배경.

배:경^음악(背景音樂)**명** 영화나 연극·방송극 등에서, 그 장면의 분위기를 돋우려고 연주하는 음악. **참**배음(背音).

배:경^화:법(背景畫法)[-뻡]**명** ☞투시 도법(透視圖法).

배:계(拜啓)[-계/-게]**명** '삼가 아룀'의 뜻으로, 편지의 첫머리에 인사 차림으로 쓰는 말.

배:-계절 (拜階節) [-계-/-께-] 명 계절(階節)
보다 한 층을 낮추어, 절하기 위해서 만든 무
덤 앞의 평평한 자리. 배제절(拜除切).

배-고프다 [~고프니·~고파] 형 ①배 속이 비어
서 음식을 먹고 싶은 느낌이 간절하다. 시장하
다. ¶두 끼나 굶었더니 지금은 몹시 배고프다.
②끼니를 잇지 못할 정도로 생활이 넉넉하지
못하고 궁핍하다. ¶배고픈 생활. /배고팠던 기
억이 지금은 추억으로 남아 있다.

배고픈 놈더러 요기시키란다(속담) 제 일도 처
리하지 못하는 사람에게 되지도 않을 것을 요구
한다는 말.

배고픔 명 배가 고픈 느낌이나 상태. ¶배고픔에
시달리다.

배-곯다 [-골타] 재 늘 먹는 것이 적어서 배가
차지 아니하다. 굶거나 주리거나 하여 고통을
받다. ¶배곯고 자란 어린 시절.

배:관 (拜觀) 명하타 ☞배견(拜見).

배:관 (配管) 명하타 (가스나 물 등) 액체나 기
체를 보내기 위하여 관을 부설함, 또는 그 부
설물.

배:관 (陪觀) 명하타 지위가 높은 사람을 모시고
함께 구경함.

배:관-공 (配管工) 명 배관 일을 하는 기술자.

배:관-도 (配管圖) 명 배관 상태를 나타낸 도면.

배:광 (背光) 명 ☞후광(後光).

배:광-성 (背光性) [-씽] 명 식물의 뿌리 등이 빛
의 자극을 받았을 때 그 반대쪽으로 굽는 성
질. ↔향광성. 웹굴광성·배일성.

배:교 (背敎) 명하타 ①종교의 교의(敎義)를 저버
림. ②믿던 종교를 버리거나 다른 종교로 개
종함.

배구 (胚球) 명 동물이 맨 처음 생길 때에, 생식
세포가 분열하여 속이 빈 공 모양으로 배열
된 것.

배:구 (配球) 명 ①야구에서, 투수가 타자에
따라 적절히 공을 조절하여 던지는 일. ②축구·
농구·배구 등에서 다른 선수에게 공을 알맞게
넘겨 주는 일.

배구 (倍舊) 명 그 전의 갑절. 배전(倍前).

배구 (排球) 명 구기(球技)의 한 가지. 두 팀이
네트를 사이에 둔 직사각형의 코트 안에서 공
을 손으로 쳐 넘기는 경기. 공을 상대 코트에
떨어지게 하거나 실수·반칙 등을 하게 만들어
서 득점함.

배:궤 (拜跪) 명하타 절하고 꿇어앉음.

배:근 (背筋) 명 사람의 등에 있는 근육을 통틀어
이르는 말. 등살.

배:근 (配筋) 명하타 건축에서, 철근을 설계에 따
라 벌여 놓는 일.

배:근 (培根) 명하타 뿌리를 북돋우어 줌.

배:금 (拜金) 명하타 돈을 지나치게 소중히 여김.

배:금-주의 (拜金主義) [-의/-이] 명 돈이나 돈
의 힘을 가장 소중한 것으로 여기어, 그것에
집착하는 주의.

배:급 (配給) 명하타되자 ①돌라 줌. 별러서 줌.
②영리를 목적으로 하지 않고 상품을 나누어
주는 일. ¶식량 배급. ③통제 경제 아래에서,
수량이 한정된 물자나 물품 따위를 특별한 방
법 또는 기관을 통하여 소비자에게 파는 일.
④상품 따위를 생산자에게 소비자에게 옮김,
또는 그런 유통 과정. ¶한 여름에 영화사에
배급되는 영화는 대작이 주류를 이룬다.

배:급-망 (配給網) [-금-] 명 효율적인 배급을
위하여 체계적으로 조직된 계통.

배:급-소 (配給所) [-쏘] 명 배급품을 내어 주는
곳. 또는 그런 일을 맡아보는 기관.

배:급-제 (配給制) [-쩨] 명 국가에서 식량이나
생활필수품 따위를 배급하는 제도.

배:급-표 (配給票) 명 배급품을 받을 수 있음을
증명하는 표.

배:급-품 (配給品) 명 배급하는 물품.

배기 (排氣) 명하타 ①안에 든 공기를 밖으로 뽑
아냄. ②내연 기관 등에서, 쓸모없게 된 증기나
가스를 밖으로 내보냄, 또는 그 증기나 가스.

-배기 준명 ①나이를 나타내는 말에 붙어, 거기
에 걸맞은 나이를 먹었음을 뜻함. 〔주로, 어린
아이에 대하여 씀.〕 ¶세 살배기. ②(일부 명사
뒤에 붙어) 앞말의 특성을 지닌 사람이나 사물
을 속되게 이르는 뜻을 나타냄. ¶귀퉁배기. /
대짜배기. /공짜배기.

배기-가스 (排氣gas) 명 내연 기관 등에서 내부
연소를 하고 나서 밖으로 배출되는 가스.

배기-갱 (排氣坑) 명 광산에서 갱내의 공기를 밖
으로 뽑아내기 위하여 설치한 수갱(竪坑)이나
갱도.

배기-관 (排氣管) 명 내연 기관 등에서 쓸모없게
된 증기나 가스를 밖으로 뽑아내는 관.

배기-기 (排氣機) 명 ☞배기펌프.

배기다 재 어려운 일을 잘 참고 견디다. 어떠한
경우든지 참고 지내다. ¶힘든 일을 배겨 내지
못하다. /날을 잘 먹고는 하루도 못 배긴다.

배기다² 재 바닥에 닿는 몸의 부분에 단단한 것
이 받치는 힘을 느끼다. ¶몸이 배기다. /궁둥
이가 배겨서 더 못 앉아 있겠다.

배기-량 (排氣量) 명 엔진 따위의 열기관에서, 실
린더 안의 피스톤이 맨 위에서 맨 아래까지 내
려갈 때에 배출되는 기체의 양.

배기-종 (排氣鐘) 명 배기펌프를 달아 속을 진공
으로 하여, 여러 가지 실험에 쓰는 종 모양의
용기(容器). 대개 유리로 만듦.

배기-판 (排氣瓣) 명 내연 기관 등에서, 배기가스
를 기통(氣筒)에서 내보내는 판. 폐기판.

배기-펌프 (排氣pump) 명 밀폐된 용기 속의 공
기를 뽑아내어 진공에 가까운 상태로 만드는
펌프. 배기기.

배:-꼬다 재 ①(끈 같은 것을) 배배 틀어서 꼬
다. ②밉살스레 비꼬다. ③몸을 바르게 가지지
못하고 배배 틀다. ¶경련으로 몸을 배꼬다.

배-꼽 명 ①배 한가운데에 있는, 탯줄을 끊은 자
리. ②열매의 꽃받침이 붙었던 자리. ③소의
양지머리에 붙은 고기.

배꼽에 어루쇠를 붙인 것 같다(속담) 눈치가 빠
르고 경우가 밝아 남의 속을 들여다보듯이 환
히 안다는 말.

배꼽 밑에 털 나다(관용) 어른이 되다.

배꼽(을) 빼다(관용) 배꼽이 빠질 정도로 몹시
우습다. ¶배꼽을 빼는 영화.

배꼽(을) 쥐다(관용) 우스움을 참지 못하고 배를
움켜쥔 채 크게 웃다.

배꼽(이) 웃다(관용) 하는 짓이 어이가 없거나
가소롭게 짝이 없다.

배꼽-노리 [-꼽-] 명 배꼽이 있는 언저리.

배꼽-시계 (-時計) [-씨계/-씨게] 명 '배가 고픈
느낌으로써 끼니때 따위를 헤아리는 일'을 익
살스럽게 이르는 말.

배꼽-쟁이 [-쨍-] 명 '배꼽이 유난히 큰 사
람'을 조롱조로 이르는 말.

배꼽-점 (-占) [-쩜] 명 골패(骨牌)로 떼는 점의
한 가지.

배꼽-점(-點)[-쩜]**명** 바둑판 한가운데에 있는 점, 또는 그곳에 놓은 바둑돌. 어복점(於腹點). 천원(天元). 천원점.

배꼽-참외[-차뇌/-차뭬]**명** 꽃받침이 붙었던 자리가 유달리 볼록하게 나온 참외.

배꿋[-끋]**부하자**①물건의 사개가 잘 들어맞지 않고 어긋나는 모양. ②일이 잘못되어 어긋나는 모양. **관**비끗. **센**삐끗. **배꿋**부하자.

배꿋-거리다[-끋-]**자** 자꾸 배꿋배꿋하다. 배꿋대다. **관**비끗거리다.

배꿋-대다[-끋-]**자** 배꿋거리다.

배-나무명 능금나뭇과 배나무속(屬)의 낙엽 활엽 교목. 과실나무의 한 가지로, 높이는 2~3 m. 봄에 흰 다섯잎꽃이 피고 가을에 열매를 맺는데, 맛이 달고 과즙이 많음. 이목(梨木).

배낭(胚囊)**명** 종자식물의 밑씨 안에 있는 자성 배우체(雌性配偶體). 나중에 그 안에서 배(胚)가 생김.

배-낭(背囊)**명** 물건을 넣어 등에 질 수 있도록 천이나 가죽으로 주머니처럼 만든 것.

배-낭여행(背囊旅行)[-녀-]**명** 최소한의 경비를 들여서 하는 여행을 이르는 말. 필요한 물품을 미리 준비하여 배낭에 넣고 다님.

배내명 남의 가축을 길러서, 다 자라거나 새끼를 친 뒤에 주인과 나누어 가지는 일. 반양(半養).

배-내-똥명①갓난아이가 태어난 뒤에 처음으로 누는 똥. 태변. 태시(胎屎). ②사람이 죽을 때 누는 똥.

배-내-옷[-옫]**명** ☞깃저고리. *배:내옷이[-오시]·배:내옷만[-온-]

배-내-냄새[-낸-]**명** 갓난아이의 몸에서 나는, 젖내와 비슷한 냄새.

배-내-니[-낸-]**명** 젖니.

배내-딸[-내딸/-낻딸]**명** 배내로 약속하고 기르는 닭. *배냇닭이[-내딸기/-낻딸기]·배냇닭만[-내땅-/-낻땅-]

배내-돼지[-내돼-/-낻돼-]**명** 배내로 약속하고 기르는 돼지.

배-냇-머리[-낸-]**명** 태어나서 한 번도 깎지 않은 어린아이의 머리털. 산모(産毛). 태발(胎髮).

배-냇-버릇[-내뻐릇/-낻뻐릇]**명** [날 때부터 지니고 있는 버릇이라는 뜻으로] 오래되어 고치기 힘든 버릇. *배:냇버릇이[-내뻐르시/-낻뻐르시]·배:냇버릇만[-내뻐른-/-낻뻐른-]

배-냇-병신(-病身)[-내뼁-/-낻뼁-]**명** 날 때부터의 병신.

배냇-소[-내쏘/-낻쏘]**명** 배내로 약속하고 기르는 소.

배-냇-저고리[-내쩌-/-낻쩌-]**명** ☞깃저고리.

배-냇-짓[-내찓/-낻찓]**명하자** 갓난아이가 자면서 웃거나 눈·코·입 등을 쫑긋거리는 짓. *배:냇짓이[-내찌시/-낻찌시]·배:냇짓만[-내찓-/-낻찓-]

배냉이-벌레명 방패벌렛과의 곤충. 몸길이 3.5 mm가량. 몸빛은 흑갈색, 날개는 반투명으로 검은 얼룩무늬가 있음. 배나무나 벚나무의 잎 뒤에서 진을 빨아 먹는 해충임.

배너^**광고**(banner廣告)**명** 홈 페이지에, 주로 직사각형이나 띠 모양으로 만들어 넣는 인터넷상의 광고.

배농(排膿)**명하자** 곪은 자리를 째서 고름을 빼냄.

배뇨(排尿)**명하자** 오줌을 눔.

배:다[1]**자**①물기 따위가 스며들거나 스미어 나오다. ¶옷에 기름이 배다. /손에 땀이 배다. ②버릇이 되어 익숙해지다. ¶일이 손에 배다.

③냄새가 스며들어 오래도록 남아 있다. ¶담배 냄새가 옷에 배다. ④느낌·생각 따위가 느껴지거나 남아 있다. ¶민족 정서가 배다.

배:다[2][1]**자타**①식물의 줄기 속에 이삭이 생기다, 또는 이삭을 가지다. ¶벼 포기마다 벌써 이삭이 배었다. ②물고기 따위의 배 속에 알이 들다, 또는 알을 가지다. ¶명태가 알을 배는 시기. ③근육이 딴딴하게 뭉친 덩이가 생기다. ¶하루 종일 걸었더니 다리에 알이 배었다. [2]**타** 배 속에 아이나 새끼를 가지다. ¶아기를 배다.

배지 아니한 아이를 낳으라 한다속 없는 것을 내라며 무리하게 요구한다는 말.

배:다[3]**타** '배우다'의 잘못.

배:다[4]**형**①여럿의 간격이 서로 매우 가깝다. 촘촘하다. ¶싹이 배게 돋아나 있다. ②들어차 있어 빈자리가 거의 없이 비좁다. ③소견이 좁다.

배:다지다 **옛**(딸)①망하다. ¶나라히 배디 아니터든(杜初6:2). ②망치다. 결딴내다. 없애다. ¶크닌 나라홀 배며 지불 亡호고(內訓1:1).

배-다르다[~다르니/~다라]**형目** 형제자매가 아버지는 같으나 낳은 어머니가 다르다. (주로, '배다른'의 꼴로 쓰임.) ¶배다른 형제.

배-다리명①배를 나란히 잇달아 띄워 그 위에 널빤지를 건너질러 놓은 다리. 선교(船橋). 선창(船艙). 주교(舟橋). ②교각을 세우지 않고 널조각을 늘어놓은 다리. 부교(浮橋).

배다릿-집[-리찝/-릳찝]**명** 도랑 위에 걸쳐 놓은 배다리 끝에 바로 대문이 있는 집.

배:-단(拜壇)**명** 배례하기 위하여 신위(神位) 앞에 만들어 놓은 단.

배:-달명 〈배달나라〉의 준말. 한자를 빌려 '倍達'로 적기도 함.

배:달(配達)**명하타되자** 〈물품을〉 가져다가 몫몫이 갈라서 여러 군데로 나누어 줌. ¶우유 배달.

배:달-겨레명 '우리 겨레'를 예스럽게 또는 멋스럽게 이르는 말. 배달민족.

배:달-나라[-라-]**명** '상고(上古) 시대의 우리 나라'를 이르는 말. **준**배달.

배:달-민족(-民族)**명** ☞배달겨레. **준**배달족.

배:달-원(配達員)**명** 배달하는 일을 직업으로 삼는 사람. ¶신문 배달원.

배:달-족(-族)**명** 〈배달민족〉의 준말.

배달직임(排闥直入)**명하자** 주인의 승낙 없이 함부로 남의 집에 들어감.

배담-작용(排膽作用)**명** 쓸개즙이 쓸개의 수축에 따라 십이지장으로 스며드는 현상.

배:-당(配當)**명하타되자**①알맞게 벼르거나 벌러서 줌, 또는 그 액(額)이나 양. ¶시간 배당. ②주식회사가 이익금을 주주에게 몫몫이 나누어 주는 일.

배:당-금(配當金)**명** 배당하는 돈, 특히 주식에 대한 배당 이익.

배:당-락(配當落)[-낙]**명** 매매되는 주식에서, 최근의 배당금을 받을 권리가 없는 상태. ↔배당부.

배:당-률(配當率)[-뉼]**명** 출자액에 대한 배당금의 비율.

배:당-부(配當附)**명** 매매되는 주식에서, 최근의 배당금을 받을 권리가 있는 상태. ↔배당락.

배:당^소:득(配當所得)**명** 법인으로부터 받은 이익, 이자의 배당, 잉여금의 분배 등으로 말미암은 소득.

배:당-주(配當株)**명** 주주에게 현금을 배당하는 대신으로 나누어 주는, 불입이 끝난 주식.

배:당-체(配糖體)명 당류가 알코올·페놀류의 수산기(水酸基)와 결합한 화합물.

배:덕(背德)명하자 윤리·도덕에 어그러짐. ¶배덕 행위.

배:도(背道)명하자 도리에 어긋남.

배:도(配島)명하타 섬으로 귀양 보냄.

배:도-겸행(倍道兼行)명하자 이틀에 갈 길을 하루에 걸음.

배:독(拜讀)명하타 상대편을 공경하면서 그의 글월을 읽음. 배람(拜覽). 배송(拜誦).

배:독(背讀)명하타 ⇨배강(背講).

배-돌다[~도니·~돌아]자 한데 어울리지 아니하고 떨어져 밖으로만 돌다. ¶모두 배돌기만 하니 모임이 엉망이다. 큰베돌다.

배동명 이삭이 패려고 대가 불룩해지는 현상. ¶배동이 서다.

배동-바지명 벼가 배동이 설 무렵.

배-두렁이명 어린아이가 입는, 배만 겨우 가리는 ः 짧은 두렁이.

배동근-끌명 날이 밖으로 반달 모양을 이룬 끌.

배둥근-대패명 날의 가운데가 둥근 대패. 나무의 면을 둥글게 밀어내는 데 쓰임.

배드민턴(badminton)명 경기장 가운데에 친 네트를 사이에 두고, 라켓으로 셔틀콕이 바닥에 떨어지지 않도록 서로 쳐 넘겨 득점을 겨루는 경기.

배듬-하다형 〈배스듬하다〉의 준말. 큰비듬하다. 배듬-히투.

배:등(倍騰)명하자 물건 값이 갑절로 오름.

배-따라기명 ①서경(西京) 악부(樂府) 열두 가지 춤의 한 가지. 배를 타고 중국으로 떠나는 사신의 출발 광경을 보이는 춤. 선유락. ②서도 잡가(西道雜歌)의 한 가지. 배따라기 춤을 출 때 맨 나중에 부르는 노래. 이선악곡(離船樂曲). 큰배떠나기.

배딱-거리다[-꺼-]자 자꾸 배딱배딱하다. 배딱대다. 큰비딱거리다. 세빼딱거리다.

배딱-대다[-때-]자 배딱거리다.

배딱-배딱[-빼-]투 ①하자 물체가 자꾸 이리저리 갸울어지는 모양. ②여러 개가 모두 배딱한 모양. 큰비딱비딱. 세빼딱빼딱.

배-딱지[-찌]명 게·거북 따위의 배를 싸고 있는, 뼈처럼 단단한 껍데기. 등딱지.

배딱-하다[-따카-]형 ①물체가 한쪽으로 조금 배스듬하게 갸울다. ¶고개가 배딱하다. 큰비딱하다. ②성격이나 행동 따위가 바르지 못하고 조금 배뚤어져 있다. 세빼딱하다. 배딱-이투.

배-때명 〈배때기〉의 준말.

배때가 벗다[관용] 행동이나 말이 매우 거만하고 건방지다.

배-때기명 〈배〉의 속된 말. 준배때.

배-떠나기명 〈배따라기〉의 본딧말.

배뚜로투 배뚤어지게. ¶줄을 배뚜로 맞추다. / 뭐가 못마땅한지 자꾸 배뚜로 나간다. 큰비뚜로. 세빼뚜로.

배뚜름-하다형 조금 배뚤어져 있다. 큰비뚜름하다. 세빼뚜름하다. 배뚜름-히투.

배뚝-거리다[-꺼-]자타 자꾸 배뚝배뚝하다. 배뚝대다. 큰비뚝거리다. 세빼뚝거리다.

배뚝-대다[-때-]자타 배뚝거리다.

배뚝-배뚝투 ①하자타 물체가 한쪽으로 갸울어지며 흔들거리는 모양. ②하타 한쪽 다리가 짧거나 바닥이 고르지 못하여 배틀거리며 걷는 모양. 큰비뚝비뚝. 세빼뚝빼뚝.

배뚤-거리다자타 자꾸 배뚤배뚤하다. 배뚤대다. 큰비뚤거리다. 세빼뚤거리다.

배뚤다[배뚜니·배뚤어]형 ①물체가 반듯하지 않고 한쪽으로 갸울거나 쏠려 있다. ②마음이 바르지 못하고 비꼬여 있다. 큰비뚤다. 세빼뚤다.

배뚤-대다자타 배뚤거리다.

배뚤-배뚤투하자타 ①물체가 자꾸 이리저리 갸우뚱거리는 모양. ②물체가 곧지 않고 이리저리 고부라지는 모양. 큰비뚤비뚤. 세빼뚤빼뚤.

배뚤배뚤-하다형여 물체가 곧지 않고 이리저리 고부라져 있다. ¶배뚤배뚤한 어린아이의 글씨. 큰비뚤비뚤하다. 세빼뚤빼뚤하다.

배뚤어-지다자 ①반듯하지 않고 한쪽으로 갸울어지거나 쏠리다. ¶액자가 배뚤어지다. ②마음이나 성격 따위가 바르지 못하고 배꼬이다. ③성이 나서 뒤틀어지다. 큰비뚤어지다. 세빼뚤어지다.

배라-먹다[-따]타 (먹고살 길이 없어) 남에게 거저 얻어먹다. 세빌어먹다.

배란(排卵)명하자되자 성숙기에 이른 포유류 암컷의 난소에서 성숙한 난자가 배출되는 일.

배:람(拜覽)명하타 ⇨배독(拜讀).

배랑-뱅이명 '거지'를 얕잡아 이르는 말. 큰비렁뱅이.

배래명 ①육지에서 멀리 떨어진 바다 위. 참바다. ②〈배래기〉의 준말.

배-래기명 ①물고기의 배의 부분. ②한복의 소매 아래쪽에 물고기의 배처럼 불룩하게 둥글게 부분. 준배래.

배:량(倍量)명 (어떤 양의) 갑절이 되는 양.

배럴(barrel)의 야드파운드법에서의 부피의 단위. 주로, 액체의 계량에 씀. 석유 1배럴은 약 159리터.

배럴-스커:트(barrel skirt)명 허리와 치맛자락에 주름을 잡아서 둥근 통 모양으로 만든 스커트.

배:려(背戾)명하자되자 배반되고 어그러짐.

배:려(配慮)명하타 여러모로 자상하게 마음을 씀. 염려해 줌. 배의(配意). ¶불편함이 없도록 각별히 배려하다.

배:령(拜領)명하타 ⇨배수(拜受).

배:례(拜禮)명하자 절하는 예(禮), 또는 절하여 예를 표함. /국기 배례. /부처 앞에 배례하다.

배:롱(焙籠)명 화로에 씌워 놓고 젖은 기저귀나 옷 따위를 얹어 말리는 기구.

배:롱-나무명 ⇨백일홍.

배:롱-질(焙籠-)명하자 젖은 기저귀나 옷 따위를 배롱에 얹어 말리는 일.

배:뢰(蓓蕾)[-뢰/-뤠]명 막 피려고 하는 꽃봉오리.

배:료(配料)명 지난날, 귀양살이하는 사람에게 주던 식료품.

배:륜(背倫)명하자 윤리에 어그러짐.

배:리(背理)명하자되자 ①도리에 어긋남. 이치에 맞지 않음. ②부주의에서 생기는 추리의 착오. 반리(反理).

배:리(陪吏)명 조선 시대에, 세자를 곁에서 모시던 나이 어린 아전(衙前).

배리다형 ①생선이나 동물의 피 또는 날콩을 씹을 때에 나는 냄새나 맛이 나다. ②하는 짓이 좀스럽고 다랍고 아니꼽다. ③너무 적어서 마음에 차지 않다. 큰비리다.

배리-배리투하형 배틀어질 정도로 야윈 모양. ¶몸이 배리배리하다. 큰비리비리.

배:리-법(背理法)[-뻡]명 ⇨귀류법(歸謬法).

배리착지근-하다[-찌-]휑어 맛이나 냄새가 조금 배리다. ㉖배리치근하다·배착지근하다·배치근하다. ㉑비리척지근하다.

배리근-하다휑어 〈배리착지근하다〉의 준말. ㉑비리치근하다.

배립(排立)몡하자 줄을 지어 죽 늘어섬.

배릿-배릿[-린삐렡]튀하영 ①맛이나 냄새가 매우 배릿한 상태. ②좀스럽고 다랍고 아니꼬움을 느끼는 모양. ¶하는 짓을 보니 속이 배릿배릿하다. ㉑비릿비릿.

배릿-하다[-리타-]휑어 조금 배린 듯하다. ¶배릿한 갯바람. ㉑비릿하다. 배릿-이튀.

배-멀미몡하자 '뱃멀미'의 잘못.

배메기몡하자 지주와 소작인이 소출(所出)을 똑같이 나누어 가지는 일, 또는 그 제도. 반타작. 병작(竝作).

배메기^농사[-農事] 배메기로 짓는 농사.

배메깃-논[-긴-] 배메기로 부치는 논.

배-면(背面)몡 뒤쪽. 등 쪽. ↔복면(腹面).

배:명(拜命)몡하자 명령·임명을 삼가 받음.

배목몡 문고리나 삼배목(三排目)에 꿰는 쇠. 못처럼 생겼으나, 대강이에 구멍이 있어 자물쇠를 꽂게 되었음.

배:문(拜聞)몡하타 전해 주는 말을 공경하는 마음으로 들음.

배:문(配文)몡 지난날, 죄인을 유배할 때 형조(刑曹)에서 유배지의 관아에 보내던 통지.

배문(排門)몡 지난날, 죄인의 집 문에 그 죄목을 써서 붙이던 일.

배:-문자(背文字)[-짜]몡 책의 표지의 등 쪽에 박은 글자.

배:물-교(拜物敎)몡 원시 종교 형태의 한 가지로, 주물(呪物)의 효능을 믿고 숭배하는 종교.

배미몡 ①〈논배미〉의 준말. ¶마을 앞 큰 배미. ②〔의존 명사적 용법〕논의 뙈기를 세는 말. ¶개울 건너 열두 배미의 논.

배민(排悶)몡하자 괴로움을 물리침.

배-밀이¹몡하자 ①어린아이가 엎드려서 배로 기어 다니는 짓. ②씨름의 들재간의 한 가지. 상대편을 배로 밀어서 넘어뜨리는 기술.

배-밀이²몡하자 세 줄을 파되, 가운데 줄을 조금 넓게 파는 대패.

배-밀이³몡하자 문살을 맞춘 뒤, 종이 바를 쪽을 대패질하여 고르게 하는 일.

배반(杯盤·盃盤)몡 ①술을 마시는 잔과 그릇, 또는 술상에 놓인 그릇이나 그 안에 담긴 음식. ②흥겹게 노는 잔치.

배반(胚盤)몡 조류나 파충류 따위의 알의 노른자 위에 희게 되어 있는 원형질.

배:-반(背反·背叛)몡하자 신의를 저버리고 돌아섬. 등지고 나섬. ¶친구를 배반하다.

배반^사:건(排反事件)[-껀] 수학의 확률론에서, 둘 이상의 사건이 있을 때 한 사건이 일어나면 다른 사건은 절대로 일어나지 않을 경우, 그 사건 상호 간의 관계를 이르는 말.

배:반-자(背反者)몡 배반한 사람.

배:방(陪房)몡 하인들이 거처하는 방.

배:-배튀 여러 번 꼬이거나 뒤틀린 모양. ¶실을 배배 꼬다. /배배 틀다. /배배 틀린 운명. ㉑비비.

배:백(拜白)몡 '엎드려 사뢴다'는 뜻으로, 편지 끝의 이름 아래에 쓰는 말.

배뱅잇-굿[-이쑨/-인꾿]몡 서도(西道) 지방의 민속악의 한 가지. 한 사람이 창(唱)으로 여러 역할을 도맡아 하는 푸닥거리로, 죽은 배뱅이의 넋을 불러 부모와 만나게 하려는 무당·박수

들의 경쟁이 그 내용임. ＊배뱅잇굿이[-이꾸시/-] ·배뱅잇굿만[-이꾼-/-인꾼-]

배변(排便)몡하자 대변을 배설함.

배:별(拜別)몡하자 '공경하는 사람과의 작별'을 높이어 이르는 말.

배:병(配兵)몡하자 (공격이나 방어를 할 중요한 곳에) 병사를 배치함, 또는 그 병사.

배:복(拜伏)몡하자 공경하는 마음으로 절하여 엎드림. 엎드려 절함.

배:복(拜覆·拜復)몡 '삼가 회답(回答)함'의 뜻으로, 한문 투의 편지 글 첫머리에 쓰는 말. 경복(敬復). 복계(復啓).

배:본(配本)몡하타되자 ①책을 가져다 줌. ¶신간 도서를 각 서점에 배본하다. ②출판물을 예약한 사람에게 나누어 줌.

배:-부(背夫)몡하자 남편을 배반함.

배:-부(背部)몡 ①등 부분. ↔복부(腹部). ②어떤 면(面)의 뒤쪽.

배:부(配付)몡하타되자 나누어 줌. 돌라 줌. ¶시험지를 배부하다.

배-부르다[~부르니·~불러]휑르 ①(음식을 많이 먹거나 하여) 배가 불룩하다. ¶고기를 배부르게 먹다. ②넉넉하여 아쉬운 것이 없다. ¶배부른 소리를 한다. ③임신하여 배가 불룩하다.

배부른 흥정관용 급히 서둘지 않고 천천히 배짱을 튀겨 가며 물건을 흥정하는 일, 또는 그런 식으로 일을 처리함.

배:-부세(配賦稅)[-쎄]몡 조세 징수에서, 미리 조세 수입의 금액을 결정하여, 그것을 납세자나 과세 목표물에 별러 매기는 세.

배부장-나리몡 '배가 불룩하게 나온 사람'을 조롱조로 이르는 말.

배:분(配分)몡하타되자 몫몫이 나누어 줌. 분배. ¶이익 배분.

배불(排佛)몡하자 불교를 배척함. ¶배불 사상.

배-불뚝이몡 배가 불뚝하게 나온 사람, 또는 물건.

배불리튀 배부르게. ¶배불리 먹고 잘살다.

배불^숭유^정책(排佛崇儒政策)몡 조선 시대에, 불교를 배척하고 유교를 숭상하던 정책.

배-붙이기[-부치-]몡 명주 올이 겉으로, 무명 올이 안으로 가게 짠 피륙.

배비(排比)몡하자 비례에 따라 몫몫이 나눔.

배:빈(陪賓)몡 ①지위가 높은 사람을 모시고 자리를 함께하는 손. 배객(陪客). ②주빈(主賓) 이외의 손.

배빗-대[-비때/-빋때]몡 베틀에 딸린 기구의 한 가지. 도투마리에 베실을 감을 때, 그 사이사이에 대는 나뭇가지.

배:사(背斜)몡 물결 모양으로 습곡(褶曲)이 진 지층의 봉우리 부분. ↔향사(向斜).

배:사(拜賜)몡하타 (웃어른이 주는 것을) 공손히 받음.

배:사(拜謝)몡하자 (웃어른에게) 삼가 사례함.

배:사(拜辭)몡하타 공손히 사양함.

배:사(倍蓰)몡 〔배(倍)는 갑절, 사(蓰)는 다섯 곱절의 뜻으로〕 갑절 이상 댓 곱절 가량.

배:사-곡(背斜谷)몡 지층의 배사 부분이 침식을 받아 이루어진 골짜기.

배:사̂구조(背斜構造)명 지각의 변동이나 압력으로 생긴, 낙타의 등과 같은 모양의 지질 구조. 〔석유 광상(鑛床)은 대개 이 구조임.〕

배:-사령(陪辭令)명 지난날, 벼슬아치를 따라다니던 사령. 배하인.

배사-문(排沙門)명 쌓인 모래를 흘려 없애기 위하여 만든 수문(水門).

배:사-축(背斜軸)명 지층의 배사(背斜)가 되는 부분의 중축(中軸).

배삭(排朔)명하타 한 달에 얼마씩 나누어 몇 달에 걸쳐 나누어 줌. 배월(排月).

배:산임수(背山臨水)명 산을 등지고 강을 바라보는 지세(地勢).

배:상(拜上)명 '삼가 올림'의 뜻으로, 흔히 한문 투의 편지 글 끝에 쓰는 말.

배:상(拜相)명하타 정승 벼슬을 삼가 임명받음.

배상(賠償)명하타 남에게 입힌 손해를 물어 줌. ¶피해를 배상하다.

배상-금(賠償金)명 배상하는 돈. ¶배상금을 물다.

배상-꾼(賠償-)명 배상부리는 사람.

배상-부리다자 거드름을 피우며 몸을 아끼고 꾀만 부리다.

배:색(配色)명하타 두 가지 이상의 색을 섞음, 또는 섞은 그 색.

배:서(背書)명하자 ①책장이나 서면(書面) 따위의 뒤쪽에 글씨를 씀, 또는 그 글씨. ②어음·수표 등 지시 증권의 소유자가 그 증권의 뒷면에 필요한 사항을 적고 서명하여 상대편에게 주는 일. ②뒷보증·이서(裏書)·전서(轉書).

배:서-인(背書人)명 배서에 따라 어음·수표 등의 지시 증권을 양도 또는 입질(入質)한 사람.

배:석(拜席)명 의식(儀式)에서, 절하는 곳에 까는 자리.

배:석(陪席)명하타 웃어른을 모시고 자리를 함께함. ¶정상 회담에 통역관이 배석하다.

배:석̂판사(陪席判事)명 합의제 재판에서, 재판장 이외의 판사.

배:선(配船)명하타 (일정한 항로나 구간에 따라) 배를 벌리어 배치함.

배:선(配線)명하타되자 ①전선을 끌어다 닮. ¶옥내 배선 공사. ②전기 기기나 전자 부품 등의 각 부분을 전선으로 이음.

배:선-도(配線圖)명 전기나 전자 장치의 각 부품의 배선과 수량 따위를 기호로 나타낸 그림.

배:선-반(配線盤)명 ①전화 교환국에서, 전화 가입자로부터 오는 전선을 끌어들여서 교환기에 이끌기 전에 우선 통제하기 위하여 달아 놓은 장치. ②라디오 수신기 등에서, 진공관이나 코일 따위의 여러 가지 부품을 달아 놓는 반.

배:선-함(配線函)명 가공(架空) 케이블을 가공 나선(裸線)에 접속시키는 곳에 두는 함. 그 안에 피뢰기(避雷器)·가용관(可鎔片)·단자반(端子盤) 등을 설비하여 지나친 전압이나 전류로 말미암은 케이블의 피해를 막음.

배설(排泄)명하타 ①안에서 밖으로 새어 나가게 함. ②생물체가 몸 안에 생긴 노폐물을 몸 밖으로 내보내는 일. 걸러내기. 배출(排出).

배설(排設)명하타되자 의식이나 연회 등에서, 필요한 여러 가지 제구를 차려 놓음. 진설.

배설-강(排泄腔)명 배설기와 생식기를 겸한 장관(腸管)의 끝 부분. 양서류·파충류·조류 따위에서 볼 수 있음.

배설-기(排泄器)명 생체의 배설 작용을 하는 기관. 신장·요관 따위.

배설-물(排泄物)명 배설된 물질.

배설-방(排設房)명 조선 시대에, 궁중에서 차일·휘장 따위를 치는 일을 맡아보던 곳.

배설̂작용(排設作用)명 생체가 노폐물이나 불필요한 물질 등을 배설하는 작용.

배:성(陪星)명 →위성(衛星).

배:소(拜掃)명하타 조상의 묘를 깨끗이 하고 정성스레 돌봄.

배:소(配所)명 죄인이 귀양살이를 하는 곳. ¶배소에 가다.

배:소(焙燒)명하타되자 광석을 융해점 이하에서 가열하여 그 화학적 조성(組成)을 변화시키는 야금상(冶金上)의 준비 조작.

배:속(配屬)명하타되자 어떤 곳에 배치하여 일하게 함. ¶배속 부대. /신입 사원이 영업부에 배속되다.

배:속̂장:교(配屬將校)[-짱-]명 편제(編制)에 따른 소속 부대를 떠나, 일정 기간 동안 다른 부대의 지휘 아래 배치되는 장교. 특히 훈련 교관으로 학교나 훈련소 따위에 배치되는 장교를 이름.

배:송(拜送)명하타 ①해로움이나 괴로움을 끼치는 사람을 조심스럽게 보냄. ②지난날 민속에서, 천연두를 앓은 뒤 13일 만에 두신(痘神)을 떠나보내던 일.
배송(을) 내다관용 ①두신을 배송하는 의식을 하다. ②'쫓아내다'의 곁말.

배:송(拜誦)명하타 →배독(拜讀).

배:송(背誦)명하타 →배강(背講).

배:송(配送)명하타 배달과 발송. 곧, 가져다 여러 군데로 나누어 주거나 부치어 보내 줌. ¶신문을 각 지방에 배송하다.

배:수(拜手)명하자 두 손을 맞잡고 절함.

배:수(拜受)명하타되자 공손한 마음으로 삼가 받음. 배령(拜領).

배:수(配水)명하타 ①상수도 등의 물을 여러 군데로 보냄. ¶배수 공사. ②논에 물을 댐.

배:수(配囚)명 귀양살이하는 죄수.

배:수(倍數)명 ①갑절이 되는 수. ②자연수 'a'를 다른 자연수 'b'로 나누어 나머지 없이 떨어질 때 'b'에 대한 'a'를 이르는 말. ¶6과 9는 3의 배수다. ②↔약수(約數).

배수(排水)명되자 ①하타불필요한 물을 다른 곳으로 흘려 보냄. ¶배수 작업. /배수 시설. ②물에 뜬 물체가 그것이 물속에 잠긴 만큼의 부피의 물을 사방으로 밀어냄.

배:수(陪隨)명하타 높은 사람을 모시고 따름.

배수-갱(排水坑)명 갱내의 물을 밖으로 뽑아내기 위하여 만든 갱도.

배:수-관(配水管)명 상수도의 물을 보내는 관. ¶배수관이 터지다.

배수-관(排水管)명 물을 뽑아내는 관.

배수-구(排水口)명 불필요한 물을 빼거나 물이 빠지는 곳.

배수-구(排水溝)명 →배수로.

배수-량(排水量)명 ①물에 뜬 배가 그 무게로 밀어내는 물의 분량. 〔그 분량이 그 배의 중량이 됨.〕②펌프가 뽑아내는 물의 분량.

배수-로(排水路)명 불필요한 물이 빠져나갈 수 있도록 만든 물길. 배수구(排水溝). ¶장마에 대비하여 배수로를 내다.

배:수-성(倍數性)[-썽]명 어떤 생물에서 염색체의 수가, 같은 종(種)의 통상적인 기본 염색체 수의 갑절로 되어 있는 현상.

배:수̂세:대(倍數世代)명 수정이 끝난 뒤부터 감수 분열할 때까지의 세대. 준반수 세대.

배ː수-지(配水池)圓 급수 구역에 수돗물을 공급하기 위하여 만든 큰 저수지.

배ː수-진(背水陣)圓 물을 등지고 치는 진. 〔'사기(史記)'의 '회음후전(淮陰侯傳)'에 나오는 말로, 한나라의 한신(韓信)이 강을 등지고 진을 쳐서 병사가 물러서지 못하고 힘을 다하여 싸우도록 하여 조나라의 군사를 물리쳤다는 고사에서 유래함.〕

배수진을 치다(판용) 어떤 일에 실패하면 다시는 일어설 수 없다는 결사적인 각오로 임하다. ¶배수진을 치고 최후의 일전(一戰)을 벌이다.

배ː수-체(倍數體)圓 배수성(倍數性)의 개체.

배ː수-탑(配水塔)圓 배수하기 위하여 높이 가설한 탱크.

배수-펌프(排水pump)圓 불필요한 물을 뽑아내는 데 쓰는 펌프.

배수ᄼ현ː상(排水現象)圓 식물이 내부의 불필요한 수분을 물의 형태로 배출하는 현상.

배-숙(-熟)圓 배의 껍질을 벗기고 통으로 삶은 뒤, 통후추를 드문드문 박고 끓인 꿀물에 담근 음식. 이숙(梨熟).

배스듬-하다(形어) 한쪽으로 조금 기운 듯하다. ¶모자를 배스듬하게 쓰다. (준)배듬하다. (작)비스듬하다. 배스듬-히(부).

배스름-하다(形어) 거의 비슷한 듯하다. (작)비스름하다. 배스름-히(부).

배숙-거리다[-꺼-]자 자꾸 배숙배숙하다. 배숙대다. (준)배숙거리다.

배숙-대다[-때-]자 배숙거리다.

배숙-배숙[-빼-]부(하자) 무슨 일을 탐탁하게 여기지 않고 자꾸 배도는 모양. (준)베숙베숙.

배숙-하다[-스카-](形어) 한쪽으로 조금 배스듬하다. ¶벽에 배숙하게 걸린 달력. (준)베숙하다·비숙하다. 배숙-이(부).

배슬-거리다¹자 어떤 일을 슬슬 피하며 자꾸 배돌다. 배슬대다¹. ¶일은 하지 않고 슬슬 눈치를 보면서 배슬거리기만 한다. 배슬거리다.

배슬-거리다²자 힘없이 자꾸 배쓱거리다. 배슬대다². ¶병든 닭처럼 배슬거리다. (작)비슬거리다.

배슬-대다¹자 ☞배슬거리다¹.

배슬-대다²자 ☞배슬거리다².

배슬-배슬¹부어 어떤 일을 슬슬 피하며 배도는 모양. (큰)베슬베슬.

배슬-배슬²부(하자) 힘없이 배쓱거리는 모양. ¶배슬배슬 걷다. (작)비슬비슬.

배숫-하다[-스타-](形어) 한쪽으로 조금 가울다. (준)비숫하다. 배숫-이(부).

배ː승(拜承)圓(하타) 공손히 받음(들음).

배승(倍勝) '배승하다'의 어근.

배ː승(陪乘)圓(하자타) 수레 따위에, 지체 높은 사람을 모시고 탐.

배ː승-하다(倍勝-)(形어) 갑절이나 더 낫다.

배ː시(陪侍)圓(하타) 지체 높은 사람을 가까이에서 모심.

배시시(부) 다소곳한 모습으로 소리 없이 가볍게 웃는 모양. ¶형은 대답 대신 배시시 웃기만 하였다.

배ː식(配食)¹圓(하타) (군대나 단체 같은 곳에서) 음식을 몫몫이 줌(날라 줌). ¶배식 당번. /배식 시간.

배ː식(配食)²圓(하타) ☞배향(配享).

배ː식(陪食)圓(하자타) 웃어른을 모시고 함께 음식을 먹음. 반식(伴食). 시반(侍飯). 시식(侍食).

배ː식(培植)圓(하타) 식물을 심어 가꿈.

배ː신(背信)圓(하타) 신의를 저버림. ¶배신을 당하다. /친구를 배신하다.

배ː신(陪臣) [Ⅰ]圓 ☞가신(家臣). [Ⅱ]대 지난날, 제후의 신하가 천자에 대하여 자기를 일컫던 말.

배ː신-감(背信感)圓 배신을 당하고 느끼는 속상한 감정. ¶배신감이 들다.

배ː신-자(背信者)圓 배신한 사람. ¶배신자로 몰리다.

배실-거리다자 '배슬거리다¹'의 잘못.

배ː심(背心)圓 배반하려는 마음. 반심(叛心).

배ː심(陪審)圓(하자) ①재판의 심리에 배석함. ②배심원이 재판의 기초 또는 심리에 참여함.

배ː심-원(陪審員)圓 (일반 국민으로부터 선출되어) 배심 재판에 참여하는 사람. (비)참심원.

배ː심ᄼ재판(陪審裁判)圓 배심원들의 의견을 토대로 하는 재판.

배-쌈圓 뱃바닥의 언저리에 나무나 고무 타이어 등으로 빙 둘러싸서 일정한 높이로 붙여 올린, 배의 벽을 이루는 부분. 배의 충격을 완화하고 파손을 방지하는 기능을 함.

배쓱-거리다[-꺼-]자 자꾸 배쓱배쓱하다. 배쓱대다. (큰)비쓱거리다.

배쓱-대다[-때-]자 배쓱거리다.

배쓱-배쓱[-빼-]부(하자) 이리저리 쓰러질 듯하면서 배스듬히 나가는 모양. (큰)비쓱비쓱.

배아(胚芽)圓 ☞배(胚).

배아-미(胚芽米)圓 ①배아가 다 떨어져 나가지 않도록 쓿은 쌀. ②벼를 물에 담갔다가 싹이 터서 나올 듯할 때 말려서 쓿은 쌀.

배악-비[-빡]圓 가죽신의 창이나 울 속에 넣는, 넝마 따위를 여러 겹으로 두껍게 붙인 것. 배포(褙布). (준)백비.

배ː안(拜顏)圓(하타) (윗사람의) 얼굴을 뵘.

배알圓 '창자'를 속되게 이르는 말. (준)밸.

배알이 꼴리다(뒤틀리다)(판용) 비위에 거슬려 아니꼽게 생각되다.

배ː알(拜謁)圓(하타) 지체 높은 분을 만나 뵘. 면알(面謁). ¶왕을 배알하다.

배-앓이[-아리]圓 배를 앓는 병.

배암圓 '뱀'의 잘못.

배ː암-투명(背暗投明)圓(하자) 〔어둠을 등지고 밝은 데로 나아간다는 뜻으로〕 그릇된 길을 버리고 바른길로 나아감.

배ː압(背壓)圓 증기 원동기나 내연 기관에서 뿜어내는 증기나 가스의 압력.

배ː액(倍額)圓 두 배의 값. ¶배액을 들이다.

배ː약(背約)圓(하자) 약속을 저버림.

배ː양(培養)圓(하타) ①식물을 가꾸어 기름. ¶종묘 배양. ②역량을 길러 냄. ¶국력 배양. /인재를 배양하다. ③미생물이나 동식물의 조직의 일부를 인공적으로 길러 증식시킴. ¶배양된 바이러스.

배ː양-기(培養基)圓 미생물을 배양하는 데 쓰는 영양물. 보통, 육즙에다 펩톤이나 우무 따위를 섞어서 만듦. 배지(培地).

배ː양-액(培養液)圓 미생물이나 동식물의 조직 따위를 배양하는 데 필요한 모든 영양소가 들어 있는 시험액.

배ː양-토(培養土)圓 꽃이나 목본 식물 따위를 재배하는 데 쓰려고 인위적으로 거름을 섞어 걸게 만든 흙.

배어-나다자 (어떤 기운이나 물기 따위가) 스미어 나오다. ¶입가에 미소가 배어나다. /손바닥에서 땀이 배어나다.

배어-들다 [~드니·~들어]丞 (어떤 기운이나 물기 따위가) 속에까지 스미다. /냄새가 배어들다. /어둠이 배어들다. /빗물이 속옷까지 배어들다.

배-어루러기冏 배에 난 털의 빛깔이 얼룩얼룩한 짐승.

배:역(背逆)冏[하타] 은혜를 저버리고 배반함.

배:역(配役)冏[하타] 영화나 연극 따위에서 배우에게 어떤 역(役)을 맡김, 또는 맡긴 그 역.

배연(排煙)冏 ①굴뚝 따위에서 뿜어 나오는 연기. ②[하타][되자]건물 따위의 안에 찬 연기를 밖으로 뽑아냄.

배연-소방차(排煙消防車) 화재 때, 건물 안에 차 있는 연기를 빼내고 바깥 공기를 들여보낼 수 있도록 만든 소방차.

배:열(配列·排列)冏[하타][되자] 일정한 차례나 간격으로 죽 벌여 놓음. ¶연대순으로 배열하다.

배엽(胚葉)冏 동물의 개체 발생 초기에 나타나는 세 켜의 세포층. 내배엽·중배엽·외배엽으로 되어 있음.

배:영(背泳)冏 수영법의 한 가지. 위를 향해 반듯이 누워서 치는 헤엄. 등헤엄. 송장헤엄.

배:외(拜外)[~외/~웨]冏[하타] 외국의 문물이나 사상 따위를 떠받듦. ¶배외 사상. ↔배외(排外).

배외(排外)[~외/~웨]冏[하타] 외국 사람이나 외국의 문물·사상 따위를 꺼리어 물리침. ¶배외 정책. ↔배외(拜外).

배용자冏〈옛〉'배다'의 명사형) ①망침[滅]. ¶勇猛호 士卒호 되 배요물 사랑하고(杜詩21:36). ②망함. 멸망함. ¶쁘데 大戎이 배요물 기들워(杜詩24:22).

배:우(配偶·配耦)冏 ⇨배필(配匹).

배우(俳優)冏 ①영화나 연극 등에서, 극중(劇中)의 인물로 분(扮)하여 연기하는 사람. ¶주역을 맡은 배우. ②⇨광대2.

배우다[타] ①남의 가르침을 받다. ¶선배로부터 일을 배우다. ②남이 하는 일을 본받아 그대로 하다. ¶부모를 보고 배우다. ③학문을 익히다. ¶대학에서 함께 배운 친구. ④경험 따위를 쌓아서 알게 되다. ¶여행을 통해서 인생을 많이 배우다. ⑤습관이나 습성이 몸에 붙다. ¶술을 배우다.

배운 도둑질 같다[속] 버릇이 되어 어떤 일을 자꾸 하게 된다는 말.

배:우^상속인(配偶相續人)冏 배우자인 상속인.

배:우^생식(配偶生殖)冏 두 생식 세포가 한 몸이 되어 새로운 개체를 만드는 생식.

배:우-자(配偶子)冏 유성 생식에서, 짝이 되는 두 가지의 세포가 서로 합하여 새로운 개체를 만드는 생식 작용에서 합체나 접합에 관여하는 개개의 생식 세포. 〔정자·난자 따위.〕

배:우-자(配偶者)冏 (남편이 아내를, 아내가 남편을) '부부로서 짝이 되는 상대자'라는 뜻으로 이르는 말. ¶배우자를 고르다.

배:우자^접합(配偶子接合)[-저팝]冏 단세포 생물에서, 배우자에 의하여 이루어지는 접합. ↔개체 접합.

배:우-체(配偶體)冏 세대 교번(世代交番)이 이루어지는 식물에서, 배우자를 만들어 유성 생식을 하는 세대의 식물체.

배움-배움冏 보거나 듣거나 하여 배운 지식이나 교양. ¶배움배움이 그저 그런 사람.

배움-터冏 배우는 곳. 학원(學園).

배웅[하타] 떠나는 사람을 일정한 곳까지 따라 나가 작별하여 보냄. 배행(陪行). ¶떠나는 친구를 정류장까지 배웅하다.

배월(排月)冏[하타] ⇨배삭(排朔).

배:위(拜位)冏 제사 따위에서, 헌관(獻官)이 나아가 절하는 자리.

배:위(配位)冏 부부가 다 죽었을 때 그 '아내'를 높이어 이르는 말.

배:위(配位)冏 왕조 때, 세자가 나고 들 때 그를 모시고 따르던 일.

배:위^결합(配位結合)冏 원자 간의 결합에서, 한쪽 원자에에서만 제공되는 두 개의 원자가 전자(原子價電子)로만 이루어지는 결합.

배:위-설(配位說)冏 착화합물 안에 금속 원자를 중심으로 일정 수의 원자나 이온 또는 기(基)가 입체적으로 결합·배치되어 있다고 하는 설.

배:위^화합물(配位化合物)[-합-]冏 ⇨착화합물(錯化合物).

배유(胚乳)冏 ⇨배젖.

배:율(倍率)冏 도형이나 상(像) 따위를 확대하거나 축소할 때의 비율. ¶배율이 큰 망원경.

배율(排律)冏 한시체(漢詩體)의 한 가지. 오언(五言)이나 칠언(七言)의 대구(對句)를 여섯 구 이상 짝수로 배열한 것.

배:은(背恩)冏[하자] 은혜를 저버림. 고은(孤恩). ↔보은(報恩).

배:은-망덕(背恩忘德)冏[하형] 입은 은덕을 저버리고 배반함, 또는 그런 태도가 있음.

배:음(背音)冏 라디오 방송 등에서, 대사나 해설 등의 효과를 내기 위하여 뒤에서 흘러 보내는 음악이나 음향. 효과음. 배경 음악.

배:음(倍音)冏 어떤 진동체가 내는 여러 가지 음 가운데, 원음(原音)보다 많은 진동수를 가진 음.

배의(配意)[-의/-이]冏[하타] ⇨배려(配慮).

배:일(排日)'冏[하자] 일본(日本)을 꺼리어 물리침. ¶배일 운동. ⓐ항일(抗日).

배:일(配日)²冏[하타] 하루에 얼마씩 일정하게 갈라서 나눔.

배:일-성(背日性)[-썽]冏 식물의 뿌리 따위가 햇빛의 자극을 받았을 때, 그 반대쪽으로 굽는 성질. →향일성. ⓐ배광성.

배:임(背任)冏[하타] 자기가 맡은 임무를 저버림. ¶배임 행위.

배:임-죄(背任罪)[-쬐/-쮀]冏 남의 일을 맡아 처리하는 사람이 그 임무에 위배되는 행위를 함으로써 재산상의 이득을 취하거나 제삼자로 하여금 이익을 취득하게 하여, 임무를 맡긴 본인에게 손해를 끼쳤을 때 성립되는 죄.

배:입(삽入)冏[하타] 정해진 수량보다 갑절이나 듦.

배잉(胚孕)冏[하타] 아이나 새끼를 뱀.

배자(~子)冏〈패자(牌子)〉의 변한말.

배자(胚子)冏 ⇨배(胚).

배자(排字)冏[하타] 글씨를 쓰거나 조판을 할 때, 글자를 알맞게 벌여 놓음.

배:자(褙子)冏 저고리 위에 입는, 조끼 모양으로 생긴 덧저고리.

배자-예채(~子例債)冏 지난날, 잡혀가는 죄인이 법사(法司)의 사령(使令)에게 뇌물로 주던 돈.

배:장-품(陪葬品)冏 ⇨부장품(副葬品).

배-재기冏 '아이를 배어 배가 부른 여자'를 농조로 이르는 말.

배-저녁나방[-녁-]冏 밤나방과의 곤충. 몸길이 1.5~2cm이며, 몸빛은 회록색임. 4~5월경에 나타나며, 유충은 배나무·벚나무·콩류 따위의 해충임.

배:적(配謫)冏[하타][되자] 지난날, 유배할 죄인을 귀양지로 보내던 일.

배:전(倍前)[명] [이전의 갑절이란 뜻으로] 전보다 더함을 이르는 말. (주로, '배전의'의 꼴로 쓰임.) 배구(倍舊). ¶배전의 노력을 하다. /배전의 애호를 바랍니다.

배:전(配電)[명][하자] 전력이나 전류를 필요한 수요자에게 공급함.

배:전-반(配電盤)[명] 발전기나 변압기 등의 운전을 제어하고, 그 발생 전력을 끄는 데 필요한 기구·계기 따위를 한데 모아서 장치한 반(盤).

배:전-선(配電線)[명] 발전소나 변전소에서 수요자에게 전력을 보내기 위하여 가설한 전선.

배:전-소(配電所)[명] 발전소나 변전소에서 보내 온 전력을 다시 수요자에게 공급하는 곳.

배:-젊다[-절따][형] 나이가 아주 젊다.

배:점(背點)[-쩜][명] 천구 상에서 태양 향점의 반대의 점. ↔향점(向點).

배:점(配點)[-쩜][하][되][자] 점수를 배정함, 또는 배정한 그 점수. ¶배점이 높은 문제.

배:접(褙接)[명][하][타] 종이나 헝겊 따위를 겹쳐 붙임. ¶헝겊을 배접하다.

배:정(拜呈)[명][하][타] 공손히 받들어 올림. 진상(進上)함. 근정(謹呈).

배:정(配定)[명][하][타][되][자] 나누어서 몫을 정함. ¶수업 시간을 배정하다.

배정(排定)[명][하][타][되][자] 여러 군데로 나누어 벌여 놓음. ¶진열대에 상품을 배정하다.

배:-젖[胚-][-젇][명] 씨앗 속에 있어, 식물이 싹틀 때에 배(胚)의 양분이 되는 조직. 배유(胚乳). 씨젖. *배젖이[-저지]·배젖만[-전-]

배:제(背題)[명] 지난날, 백성들이 낸 소장(訴狀)의 뒤쪽에 판결(判決)한 내용을 기록하던 일, 또는 그 제사(題辭).

배:제(配劑)[명][하][타][되][자] 여러 가지 약제를 알맞게 섞음, 또는 그 약제.

배제(排除)[명][하][타][되][자] 대상을 일정 범위에서 제외함. ¶폭력의 배제. /무력 사용을 배제하지 않겠다고 공언하다. /사회 복지 정책에서 배제된 계층이 많다.

배:-제절(拜除切)[-쩨-][명] ☞배계절(拜階節).

배:-좁다[-쫍따][형] 자리가 몹시 좁다. ¶이곳은 여럿이 지내기에는 배좁다. 큰비좁다.

배:종(背腫)[명] ☞등창.

배:종(陪從)[명][하][타] 지체 높은 분을 모시고 따라감.

배-주(-舟)[명] 한자 부수의 한 가지. '般'·'船'·'航' 등에서의 '舟'의 이름.

배주(杯酒·盃酒)[명] 잔에 따른 술, 또는 잔술.

배주(胚珠)[명] ☞밑씨.

배주룩-배주룩[-뻐-][부][하][형] 여러 개의 끝이 다 배주룩한 모양. 큰비주룩비주룩. 센빼주룩빼주룩.

배주룩-하다[-루카-][형][여] 물체의 끝이 쏙 내밀려 있다. ¶새순이 배주룩하다. 센빼주룩하다. 배주룩-이[부] ¶배주룩이 내민 새싹들.

배죽[1][부][하] ①어떤 형체나 모습이 잠깐 살짝 나타나거나 내미는 모양. ¶모임에 얼굴만 배죽 내밀고 갔다. ②무슨 일이 못마땅하거나 남을 비웃거나 할 때, 입을 쏙 내미는 모양. ¶말도 않고 입만 배죽 내밀다. 큰비죽1. 센삐죽1·삐쭉1. 배죽-이[부]. ②배죽-배죽[부][하].

배죽[2][부][하] 물체의 한 부분(끝)이 쏙 내밀려 있는 모양. ¶서랍의 닫힌 틈으로 편지가 배죽 나와 있다. 큰비죽2. 센삐쭉2·삐죽2·삐쭉2. 배죽-이[부]. 배죽-배죽[부][하].

배죽-거리다[-꺼-][타] (남을 비웃거나 못마땅한 일이 있을 때) 입을 쏙 내밀고 실룩거리다. 배죽대다. 큰비죽거리다.

배죽-대다[-때-][타] 배죽거리다.

배:준(陪繏)[명] 제식(祭式)에서, 가운데에 놓이는 준(繏)의 좌우에 벌여 놓는 그릇.

배중-론(排中論)[-논][명] ☞배중률.

배중-률(排中律)[-뉼][명] 형식 논리학에서, 두 개의 모순된 개념 사이에는 제삼자가 존재할 수 없다는 논리. 배중론. 배중 원리. 참동일률·모순율.

배중^원리(排中原理)[-월-][명] ☞배중률.

배:증(倍增)[명][하][타][되][자] 갑절로 늚, 또는 갑절로 늘림. ¶수입량이 배증하다.

배:지(胚)[명] 〈배1〉의 속된 말.

배지[-찌][명] 〈패지(牌旨)〉의 변한말.

배:지(培地)[명] ☞배양기(培養基).

배:지(陪持)[명] ①지난날, 지방 관아에서 장계(狀啓)를 가지고 서울에 가던 사람을 이르던 말. ②☞기발(騎撥).

배지(badge)[명] 휘장(徽章). ¶의원 배지. /학교 배지를 달다.

배-지기[명] 씨름의 들기술. 상대편을 엉덩이로 들거나 배를 지거나 하여 넘어뜨리는 공격 기술. 〔엉덩배지기·왼배지기·들어돌려배지기 따위〕.

배-지느러미[명] 물고기의 배에 달린 지느러미. 복기(腹鰭).

배:지-성(背地性)[-썽][명] 식물의 줄기·가지·잎 등이 중력(重力)이 작용하는 반대 방향, 곧 땅 위쪽으로 자라는 성질. →향지성. 참굴지성.

배:진(拜診)[명][하][타] (웃어른께) 공손히 진찰함.

배:진(拜塵)[명][하][자] 〔윗사람이 탄 수레가 일으키는 먼지를 보고도 절을 한다는 뜻으로〕 '윗사람이나 권력가에게 아첨함'을 이름.

배:진(倍振)[명] 〈배진동〉의 준말.

배:-진동(倍振動)[명][하자] 기본 진동에 대하여 그 배수로 진동함, 또는 그 진동. 준배진.

배-질[명][하자] ①노를 저어 배를 가게 하는 일. ②'앉아서 끄덕끄덕 조는 것'을 농조로 이르는 말.

배:징(倍徵)[명][하][타] 정한 액수의 갑절을 거두어들임.

배짝[부] 살가죽이 쪼그라질 정도로 마른 모양. 큰비쩍. 센빠짝.

배짱[명] ①어떻게 하겠다고 단단히 다져 먹은 속마음. ②조금도 굽히지 않고 배를 내밀며 버티려는 성품이나 태도. ¶두둑한 배짱. /배짱을 부리다.

배짱(을) 내밀다[관용] 배짱 있는 태도로 나오다. ¶배짱을 내밀고 말을 듣지 않는다.

배짱(을) 통기다[관용] 자기의 주장을 양보하려 하지 않고, 끝까지 버티다.

배짱(이) 맞다[관용] 서로 뜻이 잘 맞다.

배쪽[부][하] 〈배죽1〉의 센말. ¶혀를 배쪽 내밀다. 큰비쭉1. 센빼쭉1.

배쭉[부][하] 〈배죽2〉의 센말. 큰비쭉2. 센빼쭉2.

배차(坯車)[명] 도자기를 만드는 데 쓰는 물레. 둥근 널조각 위에 흙뭉치를 놓고 돌리면서 도자기를 만듦. 물레2.

배:차(配車)[명][하][타][되][자] 일정한 노선이나 구간에 차를 배당하여 운행함. ¶배차 간격.

배차(排次)[명][하][타] 차례를 징함, 또는 그 정해진 차례.

배착-거리다[-꺼-][자] 〈배치작거리다〉의 준말. 배착대다. 큰비척거리다.

배착-대다[-때-][타] 배착거리다.

배착-배착[-빼-]튀<u>하</u> 〈배치작배치작〉의 준말. ⑪비척비척.

배착지근-하다[-찌-]혱어 〈배리착지근하다〉의 준말. ⑪비척지근하다.

배:찰(拜察)몡타 공순한 마음으로 살핌.

배:참혱자 꾸지람을 듣고 그 화풀이를 다른 데다 함, 또는 그 화풀이.

배참(排站)혱자 지난날, 길을 떠나기 전에 지나갈 역참(驛站)을 미리 배정하던 일.

배:창(背瘡)몡 ☞등창.

배창(俳倡)몡 ☞광대2.

배척몡 굵고 큰 못을 뽑을 때에 쓰는 연장. 쇠로 만든 지레의 한 끝이 노루발장도리의 끝같이 되어 있음.

배척(排斥)몡혱되자 반대하여 물리침. 빈척(擯斥). ¶외제 상품을 배척하다. /반대파에게 배척을 당하다.

배:청(拜聽)몡혱타 공손히 들음. ¶스승의 말씀을 배청하다.

배초-향(排草香)몡 꿀풀과의 다년초. 줄기 높이 0.4~1 m. 7~9월에 입술 모양의 자줏빛 꽃이 피며, 특수한 향내가 남. 산과 들의 물기가 많은 습한 곳에 절로 나는데, 약용으로 쓰며 어린잎은 먹음.

배:추몡 십자화과의 이년초. 채소의 한 가지. 길둥근 잎은 뿌리에서부터 포개져 자라는데 속잎은 황백색, 겉잎은 녹색임. 잎·줄기·뿌리를 다 먹을 수 있으며, 특히 잎은 김치를 담그는 데 씀. 백채(白菜).

배:추-김치몡 배추로 담근 김치.

배:추-꼬랑이몡 배추의 뿌리.

배:추-벌레몡 ①배추의 해충을 통틀어 이르는 말. ②배추흰나비의 유충.

배:추-속대[-때]몡 배추의 속에 올라오는 잎. 배추의 속잎.

배:추속대-쌈[-때-]몡 배추속대로 싸서 먹는 쌈.

배:추속대-찜[-때-]몡 배추속대와 쇠고기를 썰어 양념한 다음, 물을 붓고 국물이 바특하게 끓인 찜.

배:추씨-기름몡 배추 씨로 짠 기름.

배:추-좀나방몡 좀나방과의 곤충. 날개 길이 1.4 cm가량. 앞날개는 회흑색에 흰 무늬가 있고 뒷날개는 회색임. 무나 배추 따위의 해충임.

배:추-흰나비[-힌-]몡 흰나빗과의 곤충. 흔히 볼 수 있는 나비로, 몸빛은 희고 앞날개의 끝은 검음. 유충은 배추·무·양배추 따위의 해충임. 백접(白蝶).

배축(胚軸)몡 속씨식물의 배(胚)의 중심을 이루는 줄기 모양의 부분. 위쪽은 자라서 떡잎과 어린눈이 되며, 아래쪽은 어린뿌리가 됨. 씨눈줄기.

배:(倍出)몡하<u>자</u>되<u>자</u> (소출이나 생산량 따위가) 갑절이나 더 남.

배출(排出)몡혱타되자 ①불필요한 물질을 밀어서 밖으로 내보냄. ¶공해 배출 업소를 적발하다. ②☞배설(排泄).

배:출(輩出)몡혱되자 인재가 잇달아 나옴. ¶많은 인재를 배출한 명문 학교.

배출-구(排出口)몡 불필요한 물질을 밖으로 밀어 내보내는 곳.

배출-형(排出型)몡 침·오줌·위액 등의 속에 그 사람의 혈액형을 나타내는 물질이 배출되는 유형의 사람.

배:춧-국[-꾹/-쭉]몡 배추를 넣고 끓인 국.

배:춧-속[-쑥/-쏙]몡 ①배추에서 겉잎에 싸인 속의 연한 잎. ②(배추로 김치를 담글 때) 배추 잎 사이에 넣는 양념.

배:치(背馳)몡혱자되자 서로 반대가 되어 어긋남. ¶이론과 실제가 배치되다.

배:치(配置)몡혱타 ①사람을 알맞은 자리에 나누어 앉힘. ¶적재적소에 인력을 배치하다. ②물건을 알맞은 자리에 나누어 둠. ¶학습 효과를 고려한 책상의 배치.

배치(排置)몡혱타되자 갈라 나누어 늘어놓음. 배포(排布). 포치(布置).

배치-하다혱어 〈배리착지근하다〉의 준말. ¶배치근한 냄새가 나다. ⑪비치근하다.

배:치-도(配置圖)몡 ①인원이나 물자의 배치를 표시한 도면. ②(공장 따위에서) 여러 기계를 장치한 위치를 표시한 도면.

배치작-거리다[-꺼-]타 자꾸 배치작배치작하다. 배치작대다. ¶배치작거리며 걷다. ⑥배작거리다. ⑪비치적거리다.

배치작-대다[-때-]타 배치작거리다.

배치작-배치작[-빼-]튀<u>하</u> 가볍게 배트작거리는 모양. ⑥배작배작. ⑪비치적비치적.

배치^프로세싱(batch processing)몡 ☞일괄 처리(一括處理).

배칠-거리다몡혱타 자꾸 배칠배칠하다. 배칠대다. ¶술에 잔뜩 취해 배칠거리다. ⑪비칠거리다.

배칠-대다자타 배칠거리다.

배칠-배칠튀혱자타 이리저리 배틀거리는 모양. ⑪비칠비칠.

배코몡 상투를 앉으려고 머리털을 깎아 낸 자리. 배코(를) 치다관용 ①상투 밑의 머리털을 돌려 깎다. ②면도하듯이 머리를 빡빡 깎다.

배코-칼몡 배코를 치는 칼.

배타(排他)몡혱타 남이나 다른 생각 따위를 배척함. ¶배타 사상.

배타-성(排他性)[-썽]몡 ①남이나 다른 생각 따위를 배척하는 성질. ¶배타성이 강하다. ②한 개의 목적물에 관한 물권(物權)이, 같은 내용을 가진 다른 권리의 존재를 허락하지 않는 일.

배타-심(排他心)몡 남이나 다른 생각 따위를 배척하는 마음. ¶배타심을 버리다.

배타-적(排他的)관몡 다른 사람이나 다른 생각 따위를 배척하려는 경향이 있는 (것). ¶배타적 국수주의. /배타적인 태도.

배타적 경제^수역(排他的經濟水域)[-경-] 연안으로부터 200해리 수역 안에 들어가는 바다. 연안국은 이곳에서 모든 경제적 권리를 배타적으로 독점함.

배타-주의(排他主義)[-의/-이]몡 다른 사람이나 다른 사상·생각 따위를 배척하여 받아들이려 하지 않는 사상 경향.

배-탈(-頉)몡 복통·설사 따위의 배 속 병을 통틀어 이르는 말. 뱃덧. ¶배탈이 나다.

배태(胚胎)몡혱타되자 ①아이나 새끼를 뱀. ②어떤 일이 일어날 빌미를 속으로 지님. ¶불행의 씨앗을 배태하다.

배터리(battery)몡 ①'건전지'·'전지'·'축전지'로 순화. ②야구에서, '투수와 포수'를 아울러 이르는 말. ¶배터리를 이루다.

배턴(baton)몡 릴레이 경주에서, 주자(走者)가 가지고 뛰다가 다음 주자에게 넘겨주는 짤막한 막대기. 바통.

배턴^터치(baton+touch)몡 릴레이 경주에서, 주자가 다음 주자에게 배턴을 넘겨주는 일.

배토(坏土)몡 질그릇의 원료로 쓰이는 흙.

배:토(培土)**명하자** 식물을 흙으로 북돋아 줌, 또는 북돋아 준 그 흙.

배-통명〈배〉의 속된 말.

배:통(背痛)**명** 한방에서, 늑막염·폐렴 따위로 흉격(胸膈)과 등이 몹시 아픈 병을 통틀어 이르는 말.

배-통이명〈배통〉의 속된 말.

배트(bat)명 야구나 소프트볼 등에서, 공을 치는 방망이.

배트작-거리다[-꺼-]**타** 자꾸 배트작배트작하다. 배트작대다. 흰비트적거리다. 센페트작거리다.

배트작-대다[-때-]**타** 배트작거리다.

배트작-배트작[-빼-]**부하타** 몸을 잘 가누지 못하여 약간 배틀거리는 모양. ¶서투른 걸음걸이로 배트작배트작 걸어가다. 흰비트적비트적. 센페트작페트작.

배틀**부하타** 힘이 없거나 어지러워, 또는 잘못하여 금방 쓰러질 듯한 모양. ¶쓰러질 듯 몸을 배틀하다가 일어섰다. 흰비틀. 센페틀. 배틀-배틀**부하타**.

배틀-거리다**타** 자꾸 배틀배틀하다. 배틀대다. 흰비틀거리다.

배틀-걸음명 배틀거리며 걷는 걸음. 흰비틀걸음.

배:틀다[배트니·배틀어]**타** ①힘 있게 꼬면서 틀다. ¶빨래를 배틀어 짜다. /닭 모가지를 배틀다. ②일을 어그러지게 하다. 흰비틀다.

배틀-대다**타** 배틀거리다.

배:-틀리다[재 『'배틀다'의 피동』 배틂을 당하다. ¶팔목이 배틀리다. 흰비틀리다.

배:틀어-지다**자** ①물체가 어느 한쪽으로 꼬이거나 돌려지다. ¶나무가 말라 배틀어지다. ②일이 순조롭게 이루어지지 않고 꼬이게 되다. ¶계획이 배틀어지다. ③(못마땅하여) 마음이 틀어지다. 흰비틀어지다.

배틀-하다**형여** 감칠맛이 있게 조금 배릿하다. 흰비틀하다.

배팅(batting)명 야구에서의 타격.

배팅-오더(batting order)명 야구에서, 타석에 들어서는 순서. 윤오더.

배:판(背版)명 ☞등쪽.

배:판(倍版)명 (책 따위의) 어떤 규격의 갑절이 되는 크기. ¶사륙(四六) 배판.

배판(排判)**명하타되자** 벌러서 차림. ¶육조 배판.

배:판(褙板)명 배접할 때, 바닥에 깔고 쓰는 널.

배-편(-便)명 배가 오고 가는 편. 선편(船便). ¶배편을 이용하다. /배편으로 오다.

배:포(配布)**명하타되자** (신문이나 책자 따위를) 널리 나누어 줌. ¶유인물을 배포하다.

배포(排布·排鋪)**명하타** ①궁리를 하여 일을 이리저리 조리 있게 꾀함. ②마음속에 품은 뜻의 크기나 정도. ¶배포가 두둑하다. /배포가 크다. ③☞배치(排置).

배포(가) 유(柔)하다**관용** 급하거나 어려운 형편에도 당황하지 않고 여유를 보일 만큼 성미가 유들유들하다.

배:포(焙脯)명 쇠고기나 돼지고기를 넓게 저며 소금을 친 다음, 화롯불에 배롱을 씌우고 그 위에 놓아 말린 포육(脯肉).

배:포(褙布)명 ☞배악비.

배-표(-票)명 배를 타는 표. 선표(船票).

배표-분화(胚表分化)명 수정란(受精卵)의 각 부분이 배엽을 이루고, 이것이 다시 각 기관으로 분화하는 현상.

배:품(拜稟)**명하타** (어른에게) 공손히 여쭘.

배:풍(背風)명 뒤에서 불어오는 바람.

배:피(拜披)**명하타** (어른의 편지 따위를) 공손히 펴 봄.

배:필(配匹)명 부부로서의 짝. 배우(配偶). ¶배필로 삼다. /배필을 구하다.

배:하(拜賀)**명하타** 삼가 축하함.

배:-하다(拜-)**타여** 조정에서 벼슬을 내리다.

배:-하인(陪下人)명 ☞배사령(陪使令).

배:한(背汗)명 등에서 나는 식은땀.

배:한(背寒)명 한방에서, 등에 오싹오싹한 추위를 느끼는 증세를 두루 이르는 말.

배:합(配合)**명하타되자** 이것저것을 일정한 비율로 알맞게 섞어 합침. ¶사료를 잘 배합하다.

배:합^금:기(配合禁忌)[-끔-]명 약제를 배합할 때, 서로의 화학 작용에 의하여 효력이 없어지거나 감소되는 배합을 피하는 일.

배:합-률(配合率)[-합뉼]명 배합하는 비율.

배:합^비:료(配合肥料)[-삐-]명 농작물에 필요한 양의 질소·인·칼륨이 골고루 들어가도록 여러 가지를 섞어서 만든 비료.

배:합^사료(配合飼料)[-싸-]명 동물 사육에 필요한 영양소를 알맞게 배합하여 만든 사료.

배:합-토(配合土)명 식물 성장에 필요한 무기질 비료, 유기 물질, 토양 개량제 따위를 알맞게 섞어서 만든 토양.

배해^처:분(排害處分)명 위험성이 있는 자를 사회로부터 격리하여 사회에 대한 침해를 예방하는 처분. 윤보안 처분.

배:행(陪行)**명하타** ①윗사람을 모시고 따라감. ¶스승을 배행하다. ②배웅. ¶친구를 배행하다.

배:행(輩行)명 서로 비슷한 또래의 친구.

배:향(配享)**명하타되자** ①공신의 신주를 종묘에 모시던 일. ②학덕이 있는 사람의 신주를 문묘나 서원 따위에 모시던 일. 배식(配食)². 종사(從祀). ¶공자를 문묘에 배향하다.

배:혁(背革)명 책 표지의 등만을 가죽으로 입히는 일, 또는 그 가죽.

배:현(配玄)명 ☞우선회.

배화(排貨)**명하자** 특정한 나라나 사람의 물화(物貨)를 물리쳐 거래하지 아니함.

배:화-교(拜火敎)명 ①불을 신의 상징으로서 숭배하는 종교를 통틀어 이르는 말. 현교(祆敎). ②〈조로아스터교〉의 딴 이름.

배-화채(-花菜)명 배를 얇게 썰어 꿀이나 설탕에 재웠다가, 꿀을 탄 오미잣국에 넣고 실백을 띄운 화채.

배회(徘徊)[-회/-훼]**명하자** 목적 없이 이리저리 거닒. 지회(遲徊). ¶밤거리를 배회하다.

배회-고면(徘徊顧眄)[-회/-훼-]명 목적 없이 이리저리 거닐면서 이리저리를 기웃거림.

배회-증(徘徊症)[-회쯩/-훼쯩]명 정신병의 한 가지. 쓸데없이 여기저기를 나돌아다니는 증세.

배:후(背後)명 ①등 뒤. 뒤쪽. ¶배후에서 공격하다. ②사건 따위의, 표면에 드러나지 않는 부분. 막후. ¶배후 세력. /배후에서 조종하다.

배:훼(背毀)**명하타** 뒤에서 헐뜯음.

백(白)명 ①(흰색)의 준말. ②(백지)의 준말. ¶백을 쥐고 바둑을 두다. ③〈백군〉의 준말. ②②↔흑.

백(伯)명 〈백작〉의 준말.

백(back)명 ①유력한 백이 있다. ②테니스나 축구 등의 경기에서, 뒤쪽에서 주로 수비를 담당하는 사람. 후위(後衛). ③하타뒤로 가거나 보냄. ¶자동차는 백할 때 조심해야 한다.

백(bag)명 가방.

백(百)**수관** 열의 열 곱절. 곧 아흔아홉에 하나를 더한 수(의).

백 번 듣는 것이 한 번 보는 것만 못하다[족담] 여러 번 말로만 듣는 것보다 실제로 한 번 보는 것이 더 낫다는 말. 백문(百聞)이 불여일견(不如一見).

백-(白)[접두]《(일부 명사 앞에 붙어)》'빛깔이 희다'는 뜻을 나타냄. ¶백설기. /백자기. /백포도주. /백장미.

-백(白)[접미]《(말하는 사람의 이름 뒤에 붙어)》'말씀드린다'는 뜻을 나타냄. ¶관리인백. /주인백.

백가(百家)[-까]명 ①여러 학자. 백자(百子). ②〈백가서〉의 준말.

백가-서(百家書)[-까-]명 여러 학자의 저서. 준백가.

백가-쟁명(百家爭鳴)[-까-]명 ①많은 학자나 논객이 거리낌 없이 자유로이 논쟁하는 일. ②1956년에 중국 공산당이 사회주의 문화 정책의 한 정치 구호로 내건 말. 공산주의 이론도 다른 사상과 개방적으로 경쟁하는 가운데 그 지도적 위치를 차지해야 한다고 한 주장. ②백화제방.

백-가지(白-)[-까-]명 겉껍질의 빛깔이 황백색인 가지. 관상용으로 가꿈.

백각(白-)[-깍]명 흰 빛깔의 석영(石英).

백-각사(百各司)[-깍싸]명 조선 시대에, 서울 안의 모든 관아를 통틀어 이르던 말.

백-각전(百各廛)[-깍쩐]명 조선 시대에, 평시서(平市署)에서 관할하던 서울의 여러 전(廛).

백간(白簡)[-깐]명 아무 내용도 적지 않고 흰 종이만 넣은 편지.

백간-잠(白乾蠶)[-깐-]명 ☞백강잠.

백-간죽(白簡竹)[-깐-]명 담뱃대로 쓰는 흰 설대.

백강-균(白殭菌)[-깡-]명 사상균(絲狀菌)의 한 가지. 누에에 기생하여 백강병을 일으킴.

백강-병(白殭病)[-깡뼝]명 백강균이 체표(體表)에 기생함으로써 일어나는 누에의 병. 이 병에 걸린 누에는 식욕이 줄어들고, 체표에 검은 반점이 나타나면서 죽음.

백강-잠(白殭蠶)[-깡-]명 한방에서, '죽어서 몸빛이 희게 변한 누에'를 약재로 이르는 말. 풍증(風症) 따위를 다스리는 데 쓰임. 백간잠(白乾蠶).

백-강홍(白降汞)[-깡-]명 승홍수에 암모니아수를 더한 뒤, 그 침전물을 걸러 말린 흰 가루. 눈병이나 옴 따위 피부병의 연고로 쓰임.

백-개자(白芥子)[-깨-]명 갓의 씨앗. 한방에서 기침과 담을 다스리는 약재로 쓰임.

백건(白鍵)[-껀]명 건반 악기의 흰 건. 참흑건(黑鍵).

백겁(百劫)[-껍]명 매우 오랜 세월.

백견-병(白絹病)[-견뼝]명 오이·담배·콩·삼 따위에 생기어 껍질을 썩게 하고, 때로는 전체를 말라 죽게 하는 병. 담자균의 기생이 원인임.

백경(白鏡)[-껑]명 빛깔 없는 알을 끼운 안경.

백계(白鷄)[-꼐]명 털의 빛이 흰 닭. 옥계(玉鷄).

백계(百計)[-꼐/-꼐]명 온갖 계책. 여러 가지의 꾀.

백계-노인(白系露人)[-꼐-/-꼐]명 1917년의 시월 혁명(十月革命) 후 소비에트 정권에 반대하여 해외로 망명한 러시아 사람. [흰색을 그들의 상징으로 삼은 데서 유래함.]

백계-무책(百計無策)[-꼐-/-꼐]명 온갖 계책이 다 소용없음. 계무소출(計無所出).

백고천난(百苦千難)[-꼬-]명 온갖 고난. 많은 고통.

백곡(白麴)[-꼭]명 ☞백국(白麴).

백곡(百穀)[-꼭]명 온갖 곡식.

백골(白骨)[-꼴]명 ①(죽은 사람의) 살이 다 썩은 뒤에 남은 흰 뼈. ¶백골이 진토되어 넋이라도 있건 없건(古時調). ②옻칠을 하기 전의 목기(木器)나 목물(木物).

백골-난망(白骨難忘)[-꼴-]명 죽어 백골이 된다 하여도 은혜를 잊을 수 없음.

백골-송(白骨松)[-꼴-]명 ☞백송(白松).

백골-양자(白骨養子)[-꼴량-]명하타 ☞신주양자(神主養子).

백골-집(白骨-)[-꼴찝]명 ①'단청(丹靑)하지 않은 전각(殿閣)'을 속되게 이르는 말. ②'아무 칠도 하지 않은 집'을 속되게 이르는 말.

백골-징포(白骨徵布)[-꼴-]명 조선 말기에, 죽은 사람의 이름을 산 사람의 것처럼 문서에 올려놓고 군포(軍布)를 징수하던 일.

백-곰(白-)[-꼼]명 털빛이 흰 곰.

백공(百工)[-꽁]명 ①온갖 장인(匠人), 곧 온갖 기술자. ②☞백관(百官).

백공-기예(百工技藝)[-꽁-]명 온갖 장인(匠人)의 재주.

백공천창(百孔千瘡)[-꽁-]명 [백의 구멍, 천의 부스럼, 곧 상처투성이란 뜻으로] '갖가지 폐단으로 엉망진창이 된 상태'를 이르는 말.

백과(白瓜)[-꽈]명 박과의 일년생 만초. 참외의 변종(變種)으로 잎은 손바닥 모양이며 꽃은 노란색임. 여름에서 가을에 걸쳐 길둥근 흰색 열매를 맺는데, 열매로는 장아찌를 만들어 먹음.

백과(白果)[-꽈]명 ☞은행(銀杏).

백과(百果)[-꽈]명 온갖 과일. ¶오곡과 백과가 무르익다.

백과(百科)[-꽈]명 ①여러 가지 학과. 모든 과목. 모든 분야. ②〈백과사전〉의 준말.

백과-사전(百科事典)[-꽈-]명 학문·예술을 비롯한 모든 분야에 걸친 사항을 사전 형식으로 분류·배열하여 해설해 놓은 책. 백과전서. 준백과(百科).

백과-전서(百科全書)[-꽈-]명 ①☞백과사전. ②일정한 체계 아래, 모든 학술·기예를 부문별로 해설한 총서(叢書).

백과전서-파(百科全書派)[-꽈-]명 18세기 후반에, 프랑스에서 간행된 백과전서의 편찬에 종사하였거나 협력한 학자나 사상가들.

백과-주(百果酒)[-꽈-]명 온갖 과일의 즙을 소주에 타서 만든 술.

백관(百官)[-꽌]명 모든 벼슬아치. 백공(百工). 백규(百揆). 백료(百僚). ¶문무(文武)백관.

백관-유사(百官有司)[-꽌뉴-]명 조정의 많은 관리.

백광(白光)[-꽝]명 ①흰색의 빛. 백색광. ②☞코로나.

백광-석(白廣席)[-꽝-]명 넓고 큰, 흰 돗자리.

백교-향(白膠香)[-꾜-]명 단풍나무의 진. 한방에서, 지혈과 종기·피부병의 치료제로 씀.

백구(白球)[-꾸]명 야구·배구·골프 따위에 쓰이는 흰 공.
  백구의 향연[관용] 화려하게 펼쳐지는 야구·배구·골프 경기.

백구(白駒)[-꾸]명 흰 망아지.

백구(白鷗)[-꾸]명 ☞갈매기.

백구(百口)[-꾸]명 ①많은 가족. ②여러 가지 구구한 변명.

백구-과극(白駒過隙)[-꾸-]圓〔흰 망아지가 달리는 것을 문틈으로 보는 것과 같이 눈 깜박할 동안이라는 뜻에서〕'세월(인생)이 덧없이 빨리 지나감'을 이르는 말. ㈜구극(駒隙).

백국(白菊)[-꾹]圓 흰 국화.

백국(白麴)[-꾹]圓 흰 누룩. 백곡(白麵).

백군(白軍)[-꾼]圓 경기에서 양편을 청백(靑白) 또는 홍백(紅白)으로 가를 때, 흰 빛깔의 상징물을 사용하는 편. ㈜백(白).

백귀(百鬼)[-뀌]圓 온갖 귀신.

백귀-야행(百鬼夜行)[-뀌-]圓ㅎ자〔온갖 잡귀가 밤에 나다닌다는 뜻으로〕'아주 흉악한 무리들이 설치고 돌아다님'을 이르는 말.

백규(白揆)[-뀨]圓 ☞백관(百官).

백그라운드(background)圓 '배경(背景)'으로 순화.

백금(白金)[-끔]圓 금속 원소 중에서 가장 무거운, 은백색의 귀금속 원소. 전성(展性)과 연성(延性)이 좋고 고온에서도 산화하지 않음. 장식품이나 이화학용 기계·전극 등에 쓰임. 〔Pt/78/195.08〕

백금(白金)[-끔]圓 많은 돈.

백금^석면(白金石綿)[-끔성-]圓 염화백금산의 용액에 적신 석면을 구워 만든 것. 접촉법에 의한 황산 제조에서 중요한 촉매가 됨.

백금^이리듐(白金iridium)[-끔-]圓 백금과 이리듐과의 합금. 단단하고 팽창률이 낮으며 화학 약품에 침식되지 않아, 국제적 표준 원기(原器)나 만년필 펜촉 등에 쓰임.

백금족^원소(白金族元素)[-끔-]圓 원소 주기율표 제8속의 귀금속. 루테늄·로듐·팔라듐·오스뮴·이리듐·백금의 여섯 원소.

백금-흑(白金黑)[-끔-]圓 백금의 검은 가루. 염화백금산(塩化白金酸)에 용기 포름산 나트륨이나 포르말린 등을 작용시켜 만듦. 산화·환원의 촉매로 쓰임.

백급(白芨)[-끔]圓 한방에서, '대왐풀'을 약재로 이르는 말. 외과약으로 바르기도 하고 먹기도 하는데, 지혈의 효력이 있음.

백기(白氣)[-끼]圓 흰빛의 기체.

백기(白旗)[-끼]圓①바탕이 흰 기. ②군사(軍使)의 표지로 쓰이는 흰 기. ③항복의 표지로 쓰이는 흰 기. ㈜항기(降旗).

백기(를) 들다판용 항복하다. 굴복하다.

백-김치(白-)[-낌-]圓 배추를 통째로 소금에 싱겁게 절여 썬은 다음, 맵지 않은 소를 잎 사이에 넣어 소금물을 부어 익힌 김치.

백낙(伯樂)[뱅-]圓 '인물을 알아보는 안목이 있는 사람'을 비유하여 이르는 말. 〔주(周)나라 때, 말의 감정을 잘하였던 '백낙'의 이름에서 유래함.〕

백낙-일고(伯樂一顧)[뱅-]圓〔전국책(戰國策)'연책(燕策)'에 나오는 말로, 명마(名馬)가 백낙을 만나 비로소 세상에 알려진다는 뜻으로〕'현자(賢者)가 그를 알아주는 지기(知己)를 만나게 됨'을 이르는 말.

백난(百難)[뱅-]圓 온갖 고난.

백난지중(百難之中)[뱅-]圓 온갖 고난을 겪는 가운데. ¶백난지중에서 목표를 잃지 않는다.

백-날(百-)[뱅-]Ⅰ圓 아이가 난 지 백 번째가 되는 날. 백일(百日).
Ⅱ閉 늘. 언제나. ¶백날 말로만 떠든다. /백날 애써 봐야 헛일이다.

백납(白-)[뱅-]圓 살가죽에 흰 어루러기가 생겨 점점 커지는 병. 백전풍(白癜風).

백납(이) 먹다판용 살가죽에 흰빛의 어루러기가 생기다.

백-내장(白內障)[뱅-]圓 안구의 수정체가 부옇게 흐려지는 눈병.

백-넘버(back+number)圓 운동선수의 등에 붙이는 번호.

백-네트(back+net)圓 야구장에서, 포수 뒤쪽에 쳐 놓은 그물. 백 스톱.

백년-가약(百年佳約)[뱅-]圓 젊은 남녀가 결혼하여 한평생을 함께 지낼 것을 굳게 다짐하는 아름다운 언약. ¶백년가약을 맺다.

백년-대계(百年大計)[뱅-계/뱅-게]圓 먼 장래를 내다보고 세우는 계획. 백년지계. ¶교육은 나라의 백년대계.

백년-손(百年-)[뱅-]圓 ☞백년지객.

백년지객(百年之客)[뱅-]圓〔언제까지나 깍듯이 대해야 하는 어려운 손이라는 뜻으로〕처가에서 '사위'를 대접하여 이르는 말. 백년손.

백년지계(百年之計)[뱅-계/뱅-게]圓 ☞백년대계.

백년-초(百年草)[뱅-]圓 ☞선인장.

백년-하청(百年河淸)[뱅-]圓〔황허 강의 물이 맑기를 기다린다는 뜻으로〕'아무리 바라고 기다려도 실현될 가망이 없음'을 이르는 말.

백년-해락(百年偕樂)[뱅-]圓ㅎ자 부부가 되어 한평생을 즐겁게 지냄.

백년-해로(百年偕老)[뱅-]圓ㅎ자 부부가 되어 서로 사이 좋게 화락하게 함께 늙음.

백단(白檀)[-딴]圓 ☞자작나무.

백단(百端)[-딴]圓 온갖 일의 실마리.

백단-유(白檀油)[-딴뉴]圓 백단향의 나뭇조각을 물과 함께 증류하여 얻는, 황색의 끈끈한 휘발성 기름. 특이한 향기가 있어 향료나 약재로 쓰임.

백-단향(白檀香)[-딴-]圓 단향과의 반기생(半寄生) 상록 교목. 높이 6∼10 m. 잎은 길둥글고 줄기는 청백색에 광택이 있음. 암수딴그루이며, 꽃은 처음에 연두색이었다가 빨간색으로 변함. 심재(心材)는 누르스름하고 향기가 있어 예부터 향료로 이용되었고, 불상(佛像) 등 조각물의 재료로도 쓰임. 인도 원산이며, 열대의 각지에서 재배함.

백담(白毯)[-땀]圓 흰빛의 담(毯).

백담(白痰)[-땀]圓 허옇고 묽은 가래.

백답(白畓)[-땁]圓 (날이 몹시 가물어서) 아무 것도 심지 못한 논.

백당(白糖)[-땅]圓 흰빛의 사탕. 백사탕. 백설탕.

백-당포(白唐布)[-땅-]圓 ☞당모시.

백대(白帶)[-때]圓 조례(弔禮)나 제례 때 띠는 흰 술띠.

백대(白帶)²[-때]圓〈백대하〉의 준말.

백대(百代)[-때]圓 오랜 세월.

백대지과객(百代之過客)[-때-]圓〔한번 지나가고 나면 영원히 돌아오지 않는 나그네라는 뜻으로〕'세월'을 비유하여 이르는 말.

백대지친(百代之親)[-때-]圓 여러 대에 걸쳐 가까이 지내 오는 친분.

백-대하(白帶下)[-때-]圓 대하증의 한 가지. 질(膣)에서 나오는 허연 분비물. 생리적인 것과 병적인 것이 있음. 백대(白帶)².

백-댄서(back+dancer)圓 가수의 노래에 맞춰서 춤추는 일을 직업으로 하는 사람.

백덕(百德)[-떡]圓 온갖 덕행.

백도(白徒)[-또]圓①과거를 거치지 않고 벼슬아치가 되는 일, 또는 그 사람. ②훈련되어 있지 않은 군사.

백도(白桃)[-또]圖 복숭아의 한 품종. 모양이 둥글며, 살이 희고 무르며 아주 닮.

백도(白道)[-또]圖 천구(天球) 상에서의 달의 궤도.

백동(白銅)[-똥]圖 〈백통〉의 본딧말.

백동-돈(白銅-)[-똥-]圖 〈백통돈〉의 본딧말.

백동-딱지(白銅-)[-똥-찌]圖 〈백통딱지〉의 본딧말.

백-동백나무(白冬柏-)[-똥백-]圖 녹나뭇과의 낙엽 관목. 잎은 길둥글며 끝이 뾰족함. 봄에 새싹과 함께 노란 꽃이 가지 위에 모여 피고, 둥근 열매는 9월에 익음.

백동-전(白銅錢)[-똥-]圖 〈백통전〉의 본딧말.

백동-화(白銅貨)[-똥-]圖 〈백통화〉의 본딧말.

백두(白頭)[-뚜]圖 ⇨백수(白首).

백-두구(白荳蔲)[-뚜-]圖 흰 육두구의 뿌리. 한방에서 위한(胃寒)·구토에 약재로 씀.

백두-대간(白頭大幹)[-뚜-]圖 한반도의 등서로 크게 갈라 놓은 산줄기를 이르는 말. 백두산에서 시작하여 동쪽 해안선을 끼고 남으로 뻗다가 태백산을 거쳐 남서쪽의 지리산에 이르는 산줄기로, 그 길이가 1400 km에 달함. 두류산·금강산·설악산·덕유산 등이 자리잡고 있음.

백-두루미(白-)[-뚜-]圖 ⇨두루미2.

백두-옹(白頭翁)[-뚜-]圖 ①머리가 허옇게 센 늙은 남자. ②할미꽃.

백등(白藤)[-뜽]圖 흰 꽃이 피는 등나무.

백등-색(白藤色)[-뜽-]圖 백등의 꽃과 같은 흰 빛깔.

백-등유(白燈油)[-뜽-]圖 원유(原油)를 정제하여 만든 등유. 무색투명하고 방향(芳香)이 있음.

백-라이트(back-light)圖 무대의 뒤쪽에서 비추는 조명.

백란(白卵)[뱅난]圖 해묵은 누에서. 빛깔이 검지 않고 누른빛을 띠고 있음.

백란(白蘭)[뱅난]圖 ⇨백목련(白木蓮).

백람(白藍)[뱅남]圖 인디고(indigo)를 아연 가루로 환원시켜서 만든 흰 가루. 푸른빛의 물감을 만드는 데 쓰임.

백랍(白蠟)[뱅납]圖 백랍벌레의 집, 또는 백랍벌레의 수컷의 유충이 분비한 물질을 가열·용해하여 찬물로 식혀서 만든 물건. 고약·초 따위의 원료로 쓰임. 납(蠟). 수랍(水蠟).

백랍(白蠟)[뱅납]圖 ⇨땜납.

백랍-금(白蠟金)[뱅납끔]圖 육십갑자의 경진(庚辰)과 신사(辛巳)에 붙이는 납음(納音). 좗양류목.

백랍-나무(白蠟-)[뱅납-]圖 쥐똥나무.

백랍-벌레(白蠟-)[뱅납뻘-]圖 둥근깍지진딧과의 곤충. 진딧물같이 작고 몸빛은 등황색이며 등에 적갈색의 줄무늬가 있음. 쥐똥나무·광나무 따위에 기생함. 수컷의 유충은 백랍의 원료가 되는 흰 물질을 분비함. 백랍충.

백랍-초(白蠟-)[뱅납-]圖 백랍으로 만든 초.

백랍-충(白蠟蟲)[뱅납-]圖 ⇨백랍벌레.

백량-미(白粱米)[뱅냥-]圖 조의 한 품종. 알이 굵고 빛깔이 흰 조.

백련(白蓮)[뱅년]圖 ①흰빛의 연꽃. ②〈백목련〉의 준말.

백렴(白薟)[뱅념]圖 ①⇨가회톱. ②한방에서, '가회톱의 뿌리'를 약재로 이르는 말. 〔학질·경간(驚癇)·대하(帶下) 따위에 쓰임.〕

백령백리(百伶百俐)[뱅녕뱅니]圖ᄒᆡ 여러 가지 일에 매우 영리함.

백로(白露)[뱅노]圖 이십사절기의 열다섯째. 처서와 추분 사이에 듦, 9월 8일경. 이 무렵에 이슬이 내리며 가을 기운이 스며들기 시작한다고 함.

백로(白鷺)[뱅노]圖 왜가릿과의 새를 통틀어 이르는 말. 몸길이 28~142 cm. 날개는 크고 꽁지는 짧음. 다리와 발은 길며, 목은 'S'자 모양으로 굽어짐. 숲이 있는 민물과 바닷가에 살면서 물고기·개구리·뱀·물벌레 따위를 잡아먹음.

백로-주(白露酒)[뱅노-]圖 방문주의 한 가지. 쌀을 특별히 깨끗하게 씻어 담그는데, 술이 썩 맑음.

백로-지(白鷺紙)[뱅노-]圖 〈갱지〉의 속된 말.

백록(白鹿)[뱅녹]圖 흰 사슴.

백뢰(白賴)[뱅뇌/뱅눼]圖ᄒᆞᄌᆞ 신문(訊問)을 받을 때 죄가 없는 것처럼 꾸며 댐.

백료(白醪)[뱅뇨]圖 빛깔이 보얀 술의 한 가지. 쌀·차좁쌀·누룩 따위로 빚음.

백료(百僚·百寮)[뱅뇨]圖 ⇨백관(百官).

백룡(白龍)[뱅뇽]圖 빛깔이 흰 용. 〔천제(天帝)의 사자(使者)라고 함.〕

백룡-어복(白龍魚服)[뱅농-]圖 '높은 지위에 있는 사람이 미행(微行)하다가 재난을 당함'을 이르는 말. 〔신령스러운 백룡이 물고기로 둔갑하였다가 어부에게 잡혀하는 고사에서 유래.〕

백리(白狸)[뱅니]圖 북극 지방에 사는 흰 여우.

백리(白痢)[뱅니]圖 흰 곱똥을 누는 이질.

백리(白糧)[뱅니]圖 여러 가지 근심. 백우(百憂).

백리-남방(百里南邦)[뱅니-]圖 먼 남쪽 나라.

백리지명(百里之命)[뱅니-]圖 고대 중국에서, 사방 백리쯤 되는 나라, 곧 '제후국의 정령(政令)'을 이르는 말.

백리지재(百里之才)[뱅니-]圖 〔사방 백 리쯤 되는 땅을 다스릴 만한 재주라는 뜻으로〕 사람됨과 수완이 보통 사람보다 크기는 하나 썩 크지는 못함을 이르는 말.

백리-향(百里香)[뱅니-]圖 꿀풀과의 낙엽 관목. 높은 산이나 바닷가 바위틈에 절로 자라며, 덩굴져 옆으로 기는 줄기는 단단하고 향기가 있음. 여름에 분홍색 꽃이 피며 잎은 약재나 소스의 원료로 쓰임.

백린(白燐)[뱅닌]圖 ⇨황린(黃燐).

백림(伯林)[뱅님]圖 '베를린'의 한자음 표기.

백립(白笠)[뱅닙]圖 흰 베로 싸개를 한 갓. 〔지난날, 대상(大祥) 후 담제(禫祭) 때까지 상제(喪制)가 쓰거나, 국상 때 일반 백성이 썼음.〕

백마(白馬)[뱅-]圖 털빛이 흰 말. 흰말.

백마(白麻)[뱅-]圖 ⇨어저귀.

백마(白魔)[뱅-]圖 '큰 재해를 입힐 만큼 많이 내린 눈'을 악마에 비유하여 이르는 말.

백마비마-론(白馬非馬論)[뱅-]圖 중국 전국 시대의 학자 공손룡(公孫龍)의 논법. 백(白)은 색깔을 가리고 말은 형태를 가리키므로 백마는 말이 아니라는 논리. 〔궤변을 농(弄)하는 비유로 쓰임.〕 좗견백동이(堅白同異).

백마-통(白馬通)[뱅-]圖 한방에서, '흰말의 오줌'을 약재로 이르는 말.

백막(白幕)[뱅-]圖 ⇨백미꽃.

백막(白膜)[뱅-]圖 ⇨공막(鞏膜).

백만-교태(百萬嬌態)[뱅-]圖 온갖 아양.

백만-금(百萬金)[뱅-]圖 매우 많은 돈이나 재물. ¶백만금으로도 살 수 없는 우정.

백만-언(百萬言)[뱅-]圖 썩 많은 말. ¶백만언을 소비하였으나 허사였다.

백만-장자(百萬長者)[뱅-]圖 재산이 매우 많은 사람. 큰 부자.

백-말(白-)[명] '흰말'의 잘못.
백망(百忙)[뱅-][명] 몹시 바쁨.
백매(白梅)[뱅-][명] ①흰 매화. ②매실(梅實)을 소금에 절인 것. 한방에서, 중풍·설사·유증(乳腫) 따위에 약으로 씀. ⓒ염매(塩梅).
백면(白麵)[뱅-][명] ①ㄷ메밀국수. ②ㄷ메밀가루.
백면-서생(白面書生)[뱅-][명] 글만 읽고 세상일에 경험이 없는 사람.
백면-장(白麵醬)[뱅-][명] 밀가루로 메주를 만들어 담근 간장.
백면-지(白綿紙)[뱅-][명] 품질이 좋은 백지(白紙)의 한 가지.
백모(白茅)[뱅-][명] ㄷ띠3.
백모(伯母)[명] 큰어머니.
백모-근(白茅根)[뱅-][명] 한방에서, '띠의 뿌리'를 약재로 이르는 말. [지혈제로 쓰임.]
백-모란(*白牡丹)[뱅-][명] 꽃이 흰 모란.
백목(白木)[뱅-][명] ㄷ무명.
백목(白目)[뱅-][명] 눈알의 흰자위.
백목(柏木)[뱅-][명] ㄷ잣나무.
백-목련(白木蓮)[뱅몽년][명] 목련과의 낙엽 교목. 중국 원산의 관상 식물인데, 높이는 15 m. 이른 봄에 잎보다 먼저 향기 있는 흰 꽃이 가지 끝에 피고, 열매는 가을에 갈색으로 익음. 백란(白蘭). 생정(生庭)2. 옥란(玉蘭). ⓒ백련.
백목-전(白木廛)[뱅-전][명] ㄷ면포전(綿布廛).
백묘(白描)[뱅-][명] 동양화에서, 모필(毛筆)에 의한 묵선(墨線)으로만 그린 그림, 또는 그러한 기법. 백묘화.
백묘-화(白描畵)[뱅-][명] ㄷ백묘(白描).
백무-가관(百無可觀)[뱅-][명] [많은 것 가운데에서] 볼 만한 것이 하나도 없음.
백무-소성(百無所成)[뱅-][명] [하는 일마다] 아무것도 이루어지는 것이 없음.
백무-일실(百無一失)[뱅-씰][명] [무슨 일에나] 한 번도 실패나 실수가 없음.
백무-일취(百無一取)[뱅-][명] [많은 언행 중에서] 무엇 하나 쓸 만한 것이 없음.
백-묵(白-)[뱅-][명] 녹말로 쑨 흰 묵.
백묵(白墨)[뱅-][명] ㄷ분필.
백문(白文)[뱅-][명] ①주석(註釋)·토·구두점 등을 달지 않은 한문. ②조선 시대에, '관인(官印)이 찍히지 않은 증서'를 이르던 말.
백문(百聞)[뱅-][명][하다] 여러 번 들음.
백문이 불여일견(不如一見)[속담] 여러 번 말로만 듣는 것보다 실제로 한 번 보는 것이 더 나음. 백 번 듣는 것이 한 번 보는 것만 못하나. ¶백문이 불여일견이라고, 전시장으로 나와서는 눈으로 확인하세요.
백물(百物)[뱅-][명] 온갖 물건.
백미(白米)[뱅-][명] 희게 쓿은 멥쌀. 흰쌀.
백미에 뉘 섞이듯[속담] '아주 드물어서 좀처럼 찾아보기 어려움'을 이르는 말.
백미(白眉)[뱅-][명] 여러 사람 중에서 가장 뛰어난 사람, 또는 많은 것 중에서 가장 뛰어난 것. ['삼국지(三國志)'의 '촉지(蜀志)' 마량전'에 나오는 말로, 중국 촉한(蜀漢)의 마씨(馬氏) 집 다섯 형제가 모두 재주가 뛰어났으나, 그중에서도 눈썹에 흰 털이 섞인 마량(馬良)이 가장 뛰어났다는 고사에서 유래함.] ¶현대시의 백미로 꼽을 만한 것들에는 어떤 것이 있을까?
백미(白薇)[뱅-][명] ①ㄷ백미꽃. ②한방에서, '백미꽃의 뿌리'를 약재로 이르는 말. [풍증·학질에 약으로 쓰임.]

백미(百媚)[뱅-][명] [사람을 홀리는] 온갖 아양.
백미-꽃(白薇-)[뱅-꼳][명] 박주가릿과의 다년초. 산에 절로 나는데, 줄기는 50 cm가량. 잎은 끝이 뾰족한 길둥근 모양이며, 5~7월에 짙은 자줏빛 꽃이 핌. 잎은 민간에서 강장제 따위로 쓰임. 백막(白幕). 백미(白薇). * 백미꽃이[-꼬치]·백미꽃만[-꼰-].
백-미러(back+mirror)[명] 자동차 등에서 운전자가 뒤쪽을 볼 수 있게 달아 놓은 거울. ¶백미러로 뒤를 살피다.
백미-병(白米病)[뱅-뼹][명] 쌀밥만 늘 먹음으로써 비타민 B1이 부족하여 생기는 병. [각기병 따위.]
백민(白民)[뱅-][명] 아무 벼슬이 없는 백성. 서민. 평민.
백반(白斑)[-빤][명] ①흰 반점. ②흰 반점이 생기는 피부병. ③태양 표면의 흑점 부근에서 흔히 볼 수 있는, 빛이 특히 강하여 흰 얼룩무늬처럼 보이는 부분.
백반(白飯)[-빤][명] ①쌀밥. 흰밥. ②흰밥에 국과 반찬을 곁들여 파는 한 상의 음식.
백반(白礬)[-빤][명] 황산알루미늄 수용액에 황산칼륨 수용액을 넣었을 때 석출되는 정팔면체의 무색의 결정. 물에 잘 녹고 수렴성(收斂性)이 있으며, 매염제(媒染劑)나 의약품 등에 쓰임. 명반(明礬).
백반(百般)[-빤][명] 갖가지. 제반(諸般).
백반-곽탕(白飯藿湯)[-빤-][명] 쌀밥과 미역국. [재래 풍속으로 생일 때 먹는 음식.]
백반-병(白斑病)[-빤뼹][명] 채소 잎의 표면에 회갈색의 작은 반점이 생기는 병. 반점이 차차 커지면서 중심부로부터 회백색으로 변하며, 심하면 말라 죽게 됨.
백반-총탕(白飯蔥湯)[-빤-][명] [쌀밥과 팟국이란 뜻으로] '반찬이 변변찮은 검소한 음식'을 뜻하는 말.
백발(白髮)[-빨][명] 하얗게 센 머리털. ¶백발이 성성하다. ⑪학발.
백발-노인(白髮老人)[-빨로-][명] 머리털이 허옇게 센 노인.
백발-백중(百發百中)[-빨-쭝][명][하자] ①쏘기만 하면 어김없이 맞음. ¶백발백중의 명사수. ②계획이나 예상 따위가 꼭꼭 들어맞음. ¶요즘은 일기 예보가 백발백중이다.
백발-증(白髮症)[-빨쯩][명] 젊은 나이에 머리털이 하얗게 세는 증상.
백발-홍안(白髮紅顔)[-빨-][명] 흰 머리에 소년처럼 불그레한 얼굴.
백발-환흑(白髮還黑)[-빨-][명][하자] ①허옇게 센 머리털에 검은 머리털이 다시 남. ②도로 젊어짐. ¶나이 칠십에 백발환흑이라니….
백방(白放)[-빵][명][하다][되자] 죄 없음이 밝혀져 놓아줌. ¶무죄 백방.
백방(百方)[-빵][명] ⦗주로 '백방으로'의 꼴로 쓰이어⦘ ①온갖 방법. ¶백방으로 손을 쓰다. ②여러 방면. 천방(千方). ¶백방으로 수소문하다.
백방-사주(白紡絲紬)[-빵-][명] 흰 누에고치만으로 실을 켜서 짠 명주.
백방-천계(百方千計)[-빵-계/-빵-게][명] 여러 가지 방법과 온갖 계책.
백배(百拜)[-빼][명][하자] 여러 번 절을 함, 또는 그 절. ¶돈수(頓首)백배.
백배(百倍)[-빼][부] ⦗백 곱절이라는 뜻으로⦘ 비교할 수 없을 만큼 아주. ¶아우보다 형이 백배 낫다.

백배-사례(百拜謝禮) [-빼-] [하자] 매우 고마워서 거듭거듭 사례함. 백배치사.

백배-사죄(百拜謝罪) [-빼-죄/-빼-줴] [명][자여] 여러 번 절을 하며 거듭거듭 용서를 빎. ¶아들의 병역 기피에 대하여 장관은 백배사죄하였다.

백배-치사(百拜致謝) [-빼-] [명][하자] ☞백배사례(百拜謝禮).

백배-하다(百倍-) [-빼-] [자여] (주로 '기운'·'사기' 따위의 일부 명사와 함께 쓰이어) 크게 더하여지다. ¶사기 백배한 군사들은 전투를 승리로 이끌었다.

백백-교(白白敎) [-백꾜] [명] 1923년에 차병간(車秉幹)이 경기도 가평(加平)에서 창시한 유사 종교(類似宗敎).

백번(百番) [-뻔] [부] ①여러 번 거듭. ¶백번 타일러도 소용없다. /백번 죽어 마땅하다. ②전적으로 다. ¶백번 잘한 일. /교통이야 이쪽이 백번 낫지요.

백범(白帆) [-뻠] [명] 흰 돛.

백벽(白壁) [-뼉] [명] 흰 벽.

백벽-미하(白璧微瑕) [-뼥-] [하형] [희고 아름다운 구슬에 있는 조그만 흠이란 뜻으로] '거의 완전하나 약간의 흠이 있음'을 비유하는 말.

백변(白邊) [-뼌] [명] ①나무의 심(心)에서 바깥 쪽의 좀 무르고 흰 부분. ↔황장(黃腸). ②같은 겨레붙이에서 기울어진 집안.

백변(白變) [-뼌] [명][하자] 하얗게 바뀜.

백변(百變) [-뼌] [명][하자] 여러 번 바뀜. 가지각색으로 바뀜. 백변하는 방칙.

백-변두(白藊豆) [-뼌-] [명] ①흰 변두. ②한방에서, '흰 변두의 열매'를 약재로 이르는 말. 소화를 돕고 설사를 그치게 하는 약재로 씀.

백변-재(白邊材) [-뼌-] [명] 통나무의 백변 부분에서 켜낸 목재.

백병(白兵) [-뼝] [명] ①칼집에서 뽑은 칼. 백인(白刃). ②칼·창 등 접근전에 쓰이는 무기.

백병(白餠) [-뼝] [명] 흰떡.

백병(百病) [-뼝] [명] 온갖 병. 만병(萬病).

백병-전(白兵戰) [-뼝-] [명] 칼·총검 등을 휘두르며 양편이 뒤섞여서 싸우는 접근전. ¶백병전을 벌이다. ❀육탄전.

백병-통치(百病統治) [-뼝-] [명][하자] 만병통치.

백복(百福) [-뽁] [명] 온갖 복. 만복(萬福).

백-복령(白茯苓) [-뽕녕] [명] 빛깔이 흰 복령. 한방에서 담증·부증·습증·설사 따위에 씀.

백-복신(白茯神) [-뽁씬] [명] ☞복신(茯神).

백복-장엄(百福莊嚴) [-뽁짱-] [명] 많은 선행(善行)으로 복을 쌓은 공덕(功德)에 의하여 갖추어진 부처의 삼십이상(三十二相).

백부(伯父) [-뿌] [명] 큰아버지. ⓟ세부(世父).

백부(柏府) [-뿌] [명] 고려·조선 시대에, '사헌부(司憲府)'를 달리 이르던 말.

백부-근(百部根) [-뿌-] [명] 파부초(婆婦草)의 뿌리. 한방에서 기침을 다스리는 데에 쓰고, 민간에서는 살충제로도 씀.

백부근-주(百部根酒) [-뿌-] [명] 붉은 백부근을 주머니에 넣어 술에 담가 우려낸 것. 민간에서 기침약으로 쓰임.

백-부자(白附子) [-뿌-] [명] 미나리아재빗과의 다년초. 산의 관목 숲이나 풀밭에서 자라는데, 원줄기는 높이가 1m에 이름. 7~8월을 연노랑 바탕에 자줏빛이 도는 꽃이 피는데 꽃잎은 두 개임. 마늘쪽 같은 뿌리는 진경제(鎭痙劑) 및 진통제로 쓰임.

백부-장(百夫長) [-뿌-] [명] (고대 로마 군대의 단위인) 백 명의 군사를 거느리는 부장(部將).

백분(白粉) [-뿐] [명] ①(밀이나 쌀 따위의) 흰 가루. ②여자들이 얼굴을 화장할 때 바르는 흰 가루. 연분(鉛粉). 연화(鉛華). ❀분(粉).

백분(百分) [-뿐] [명] '십분'을 과장하여 이르는 말. ¶영어 실력을 백분 발휘하다.

백분-비(百分比) [-뿐-] [명] 백분율.

백분-산(百分算) [-뿐-] [명] 백분율에 관한 계산.

백분-율(百分率) [-뿐뉼] [명] 전체의 수나 양의 100분의 1을 단위로 하여 나타내는 비율. 백분비. 퍼센티지.

백분-표(百分標) [-뿐-] [명] 백분율을 나타낼 때 쓰는 부호. 〔기호는 %〕

백불유인(百不猶人) [-뿔류-] [하형] 백이면 백 가지가 모두 남보다 못함.

백:비[-뻬-] [명] 〈배약비〉의 준말.

백비-탕(白沸湯) [-뻬-] [명] 맹탕으로 끓인 물. 백탕.

백빈(白鬢) [-삔] [명] 허옇게 센 귀밑털. 상빈.

백사(白沙) [-싸] [명] 흰모래.

백사(白蛇) [-싸] [명] 빛깔이 흰 뱀.

백사(白絲) [-싸] [명] 흰 실.

백사(百司) [-싸] [명] 많은 관서(官署). 많은 관리.

백사(百事) [-싸] [명] 여러 가지의 일. 온갖 일. 만사(萬事). ¶백사가 다 순조롭다.

백사(帛絲) [-싸] [명] 명주실.

백-사과(白-瓜) [-싸-] [명] 참외의 한 품종. 빛깔이 희며 살이 연함.

백-사기(白沙器) [-싸-] [명] 백 사기.

백사불성(百事不成) [-싸-썽] [명][하자] 여러 가지 일이 이루어지지 않음. 하는 일마다 실패하여 되는 일이 없음.

백사-여의(百事如意) [-싸-의/-싸-이] [명][하자] 모든 일이 뜻한 대로 이루어짐.

백사-일생(百死一生) [-싸-쌩] [명] 여러 차례 죽을 고비를 겪다가 겨우 살아남. 구사일생.

백사-장(白沙場) [-싸-] [명] 강가나 바닷가의 흰 모래가 깔려 있는 곳.

백사-지(白沙地) [-싸-] [명] 흰 모래가 깔려 있는 땅.

백사-청송(白沙靑松) [-싸-] [명] 흰 모래밭에 푸른 소나무가 어우러진 해안이나 강변의 아름다운 경치를 이르는 말.

백-사탕('白沙糖) [-싸-] [명] ☞백당(白糖).

백-산호(白珊瑚) [-싸-] [명] 산호과의 자포동물. 가지가 적고 가지마다 끝이 둥긂. 주로, 세공품을 만드는 데 쓰임.

백산-흑수(白山黑水) [-싼-쑤] [명] 백두산과 헤이룽 강을 아울러 이르는 말.

백삼(白衫) [-쌈] [명] 제관(祭官)이 제복(祭服)에 받쳐 입는 흰 빛깔의 홑옷.

백삼(白蔘) [-쌈] [명] 잔뿌리를 따고 껍질을 벗겨 볕에 말린 인삼. ⓟ홍삼(紅蔘).

백상(白象) [-쌍] [명] 석가여래의 협시(脇侍)인 보현보살(普賢菩薩)이 타고 있는 흰 코끼리.

백상-지(白上紙) [-쌍-] [명] ☞모조지.

백색(白色) [-쌕] [명] 하얀 빛깔. ⓟ백(白).

백색-광(白色光) [-쌕꽝] [명] 백색의 빛. 낮 동안의 햇빛처럼 아무 빛깔이 없는 빛. 백광. 주광(晝光).

백색^시멘트(白色cement) [-쌕-] [명] 철의 함량이 1% 안팎인 흰빛의 시멘트.

백색^왜성(白色矮星) [-쌔꽤-] [명] 백색 미광(微光)의 항성. 밀도가 매우 높은 것이 특색임.

백색^인종(白色人種) [-쌔긴-] 圐 피부색으로 나눈 인종의 하나. 피부가 흰 것이 가장 큰 특색이며, 유럽 민족의 대부분이 이에 딸림. ⓐ백인종. ⓑ유색 인종(有色人種).

백색-체(白色體) [-쌕-] 圐 엽록소가 없어져 희게 된 엽록체. 〔콩나물 따위〕.

백색^테러(白色terror) [-쌕-] 圐 반정부 운동이나 혁명 운동을 누르기 위하여 지배 계급이 하는 탄압 행위. 〔프랑스 왕권의 상징인 흰 백합에서 유래함.〕

백서(白書) [-써] 圐 정부가 정치·경제·외교 등에 관한 실정이나 시책을 국민에게 알리기 위하여 발표하는 보고서. 〔영국 정부에서, 공식 보고서에 흰 표지를 씌운 데서 유래함.〕 ¶ 경제 백서.

백서(白鼠) [-써] 圐 흰쥐.

백서(帛書) [-써] 圐 비단에 쓴 글. 글을 쓴 비단.

백-서향(白瑞香) [-써-] 圐 팥꽃나뭇과의 상록 활엽 관목. 바닷가 산기슭에 나는데, 봄에 흰 꽃이 핌. 관상용으로 가꾸기도 함.

백석(白石) [-썩] 圐 흰 돌.

백석(白晳) [-썩] 圐閲 살빛, 특히 얼굴빛이 희고 잘생김.

백-석영(白石英) [-써경] 圐 빛깔이 없는 맑은 수정.

백선(白銑) [-썬] 圐 선철(銑鐵)의 한 가지. 탄소 함유량이 3.5 % 이하이며, 주로 제강(製鋼)의 원료로 쓰임.

백선(白線) [-썬] 圐 흰 줄. 흰 선.

백선(白鮮) [-썬] 圐 운향과의 다년초. 산기슭에 절로 나는데, 줄기는 90 cm가량. 뿌리는 굵고 희며, 줄기는 나무처럼 단단함. 5~6월에 분홍 꽃이 핌. 뿌리는 한약재로 쓰임. 검화.

백선(白磻) [-썬] 圐 질그릇의 원료인 백토(白土).

백선(白癬) [-썬] 圐 백선균에 의하여 일어나는 전염성 피부병. 쇠버짐.

백선(百選) [-썬] 圐 백 개를 가려 뽑음, 또는 그 백 개. ¶ 영시(英詩) 백선. ·고전(古典) 백선.

백설(白雪) [-썰] 圐 흰 눈.

백설-고(白雪糕) [-썰-] 圐 ⇨백설기.

백-설기(白-) [-썰-] 圐 시루떡의 한 가지. 물내린 멥쌀가루를 고물 없이 시루에 찐 떡. 밤·대추·석이·실백 따위의 고명을 두어서 찌기도 함. 백설고. ⓐ설기. ⓑ흰무리.

백설-조(白舌鳥) [-썰-] 圐 ①⇨지빠귀. ②⇨때까치. ③⇨개똥지빠귀.

백설-총이(白雪驄-) [-썰-] 圐 온몸의 털빛이 희고 주둥이만 검은 말.

백-설탕(▼白雪糖) [-썰-] 圐 ⇨백당(白糖).

백설-풍(白屑風) [-썰-] 圐 머리가 늘 가렵고 비듬이 생기는 병. 두풍(頭風).

백성(百姓) [-썽] 圐 ①'국민'의 예스러운 말. ¶ 백성은 나라의 근본이다. ②지난날, 사대부가 아닌 일반 평민을 이르던 말. 창맹(蒼氓).

백세(百世) [-쎄] 圐 오랜 세대.

백세(百歲) [-쎄] 圐 오랜 세월.

백세-소주(百洗燒酒) [-쎄-] 圐 쪄 낸 쌀가루와 보리에 누룩을 넣어 곤 소주.

백세지사(百世之師) [-쎄-] 圐 후세에까지 모든 사람의 스승으로 우러름을 받을 만한 사람.

백세지후(百歲之後) [-쎄-] 圐 〔'백 년 뒤'라는 뜻으로〕 '사람의 죽은 뒤'를 에둘러서 이르는 말. 백세후.

백세-창(百世瘡) [-쎄-] 圐 〔누구든지 죽기 전에 한 번은 치르는 병이라는 뜻으로〕 '두창(痘瘡)'을 이르는 말.

백세-후(百歲後) [-쎄-] 圐 ⇨백세지후.

백^센터(back center) 圐 배구에서, 후위(後衛)의 가운데 자리, 또는 그 위치에 서는 사람.

백소(白蘇) [-쏘] 圐 ⇨들깨.

백-소주(白燒酒) [-쏘-] 圐 빛깔을 들이지 않은 보통의 소주. ↔홍소주.

백손(白損) [-쏜] 圐 인쇄하기 전, 수송 도중에 흠이 나서 못 쓰게 된 신문용지. ↔흑손(黑損).

백송(白松) [-쏭] 圐 소나뭇과의 상록 침엽 교목. 중국 특산으로 높이는 15 m, 지름은 1.7 m가량. 밋밋한 껍질은 차차 비늘처럼 벗겨져 회백색으로 됨. 잎은 세 개씩 모여나고, 꽃은 5월에 피며, 열매는 이듬해 10월에 익음. 관상용으로 심으며, 천연기념물로 지정된 것도 있음. 백골송.

백-송고리(白-) [-쏭-] 圐 맷과의 새. 날개 길이 36 cm, 부리 3 cm가량으로 온몸이 흼. 성질이 굳세고 동작이 날쌔어 사냥용으로 귀히 여김. 백송골.

백-송골(白松鶻) [-쏭-] 圐 ⇨백송고리.

백수(白手) [-쑤] 圐 ⇨백수건달.

백수(白水) [-쑤] 圐 ①맑고 맑은 물. ②'깨끗한 마음'을 비유하여 이르는 말.

백수(白首) [-쑤] 圐 허옇게 센 머리. 백두(白頭).

백수(白叟) [-쑤] 圐 노인. 늙은이.

백수(白壽) [-쑤] 圐 〔'百'에서 '一'을 빼면 '白'이 된다는 데서〕 '99세'를 이르는 말.

백수(白鬚) [-쑤] 圐 허옇게 센 수염.

백수(百獸) [-쑤] 圐 온갖 짐승. 뭇짐승.

백수(伯嫂) [-쑤] 圐 맏형수.

백수-건달(白手乾達) [-쑤-] 圐 돈 한 푼 없이 빈둥거리며 놀고먹는 건달. 백수.

백수-문(白首文) [-쑤-] 圐 '천자문'을 달리 이르는 말. 〔후량(後梁)의 주흥사(周興嗣)가 하룻밤 사이에 이를 만들고 머리털이 허옇게 세었다는 고사에서 유래한 말.〕

백수-백복(百壽百福) [-쑤-뽁] 圐 갖가지로 써 놓은 ශ수자(壽字)의 수복자(壽福字).

백수-북면(白首北面) [-쑤-] 圐 재덕(才德)이 없는 사람은 늙어서도 북쪽을 향하여 스승의 가르침을 빈다는 뜻.

백수-습복(百獸慴伏) [-쑤-뽁] 圐閲 온갖 짐승이 두려워서 엎드림.

백수-증(白水症) [-쑤쯩] 圐 한방에서, '심장병으로 말미암아 다리에서부터 부어오르는 병'을 이르는 말.

백수-풍신(白首風神) [-쑤-] 圐 머리가 센 노인의 좋은 풍채.

백수-풍진(白首風塵) [-쑤-] 圐 늙바탕에 치르는 온갖 고생. 늙바탕에 겪는 세상의 어지러움.

백숙(白熟) [-쑥] 圐閲 고기나 생선 따위를 양념하지 않고 맹물에 푹 삶아 익힘, 또는 그렇게 익힌 음식.

백숙(伯叔) [-쑥] 圐 네 형제 중의 맏이와 셋째.

백숙-병(白熟餠) [-쑥뼝] 圐 밀가루를 술·물·꿀로 각각 따로 반죽한 것을 한데 주물러서 조각을 낸 뒤에 번철에 익힌 떡.

백-스윙(backswing) 圐閲 야구나 테니스·골프 따위에서, 공을 칠 때 반동을 주기 위하여 배트나 라켓·클럽 등을 뒤로 들어올리는 일.

백-스크린(back+screen) 圐 야구에서, 투수가 던지는 공이 타자에게 잘 보이도록 외야 중앙에 설치하는 녹색의 벽.

백^스톱(back stop) 圐 ①야구장에서, 포수 뒤에 친 철망 따위. 백네트. ②테니스장에서, 베이스라인의 뒤에 친 철망이나 벽 따위.

백^스트레치(back stretch)**명** 육상 경기장에서, 출발선 반대편의 직선 주로(走路).

백승(百勝)[─쏭]**명****하자** (수많은 싸움에서) 언제나 이김.

백시(白柿)[─씨]**명** 곶감.

백신(vaccine)**명** ①여러 가지 전염병의 병원균으로 만든 세균성 제제(製劑)를 통틀어 이르는 말. ②컴퓨터에서, 바이러스를 찾아내고 손상된 디스크를 복구하는 프로그램.

백실(白失)[─씰]**명****하자** 밑천까지 몽땅 잃음.

백씨(伯氏)**명** '남의 맏형'을 높이어 일컫는 말.

백아(白鵝)**명**☞거위¹.

백아-절현(伯牙絕絃)**명**☞절현(絕絃).

백악(白堊)**명** ①유공충(有孔蟲)이나 미생물의 시체가 쌓여서 된 석회질의 흰 암석. ②석회로 칠한 흰 벽. ③☞백토(白土).

백악(百惡)**명** 온갖 못된 짓. 모든 악(惡).

백악-계(白堊系)[─꼐·─께]**명** 백악기에 이루어진 지층.

백악-구비(百惡具備)[─꾸─]**하형** 사람됨이 온갖 못된 점을 다 갖추고 있음.

백악-기(白堊紀)[─끼]**명** 중생대를 셋으로 나눈 것 중의 마지막 지질 시대.

백악-질(白堊質)[─찔]**명** 백악의 성질. 백토질.

백안(白眼)**명** 〔눈알의 흰자위라는 뜻으로〕업신여기거나 냉대하여 흘겨보는 눈. ↔청안(靑眼).

백안(白雁)**명** 흰 기러기.

백안-시(白眼視)**명****하자** 업신여기거나 냉대하여 흘겨봄. 〔'진서(晉書)'의 '완적전(阮籍傳)'에 나오는 말로, 진나라 때의 죽림칠현의 한 사람인 완적이 반갑지 않은 손님은 백안으로 대하고, 반가운 손님은 청안(靑眼)으로 대한 데서 유래함.〕↔청안시(靑眼視).

백안-작(白眼雀)**명** 동박새.

백야(白夜)**명** 밤에 어두워지지 않는 현상, 또는 그런 밤. 북극과 남극에 가까운 지방에서 여름철 일몰과 일출 사이에 박명(薄明) 현상이 계속되어 생김. **참**극야(極夜).

백약(百藥)**명** 온갖 약. ¶백약이 무효다.

백약-전(百藥煎)[─쩐]**명** 〔한방에서〕①오배자와 찻잎·누룩을 섞어 버무려서 발효시킨 약. 기침·담증·하혈·치질 등에 씀. ②☞아선약.

백약지장(百藥之長)[─찌─]**명** 〔백약의 으뜸이란 뜻으로〕'술'을 달리 이르는 말.

백양(白羊)**명** 흰 양.

백양(白楊)**명** 버드나뭇과의 낙엽 교목. 깊은 산이나 물가에 나는데, 높이는 15∼20 m. 4월경 잎이 나기 전에 적갈색 꽃이 늘어져 핌. 재목은 성냥개비·세공물(細工物)·제지용으로 쓰임. 황철나무.

백양(百樣)**명** 여러 가지 모양. 백태(百態).

백양-궁(白羊宮)**명** 양자리.

백양-지(白洋紙)**명** 색이 하얗고 질이 아주 좋은 서양 종이.

백어(白魚)**명**☞뱅어.

백억^세:계(百億世界)[─쎄계/─쎄게]**명** 부처가 백억 화신이 되어 교화(敎化)하는 세계, 곧 온 세상을 이름.

백억-신(百億身)[─씬]**명** 〈백억 화신〉의 준말.

백억^화:신(百億化身)[─어화─]**명** 헤아릴 수 없이 많은 석가의 화신. **준**백억신.

백업(back-up)**명****하자** ①야구에서, 수비자의 실책에 대비하여 그 뒤를 다른 수비자가 받쳐 주는 일. ②컴퓨터 파일의 원본(原本)을 복사하여 저장하는 일.

백-여우(白─)[뱅녀─]**명** ①흰 여우. 백호(白狐). ②'요사스러운 여자'를 비유하여 이르는 말. **참**불여우.

백연(白煙)**명** 흰 연기.

백연(白緣)**명** 여러 가지 인연.

백연-광(白鉛鑛)**명** '백연석'의 구용어.

백연-석(白鉛石)**명** 납(鉛)의 주요한 원료. 주성분은 탄산연으로, 백색·회색·회흑색을 띰.

백-연와(白煉瓦)[뱅녀놔]**명**☞내화 벽돌.

백열(白熱)[─녈]**명** ①물체에서 흰빛이 나도록 몹시 높은 온도에서 가열하는 일. ②**하자**빛이나 정열 따위가 최고조에 이름, 또는 그 힘이나 열정.

백열^가스등(白熱gas燈)**명** 가스맨틀을 씌운 가스등. 흰빛을 물꽃이 남. 백열 와사등.

백열-등(白熱燈)[─뜽]**명** 백열 가스등이나 백열 전등 따위를 통틀어 이르는 말.

백열-선(白熱線)[─썬]**명** 백열전구 속의, 불이 켜지는 텅스텐 따위의 줄.

백열^와사등(白熱瓦斯燈)**명**☞백열 가스등.

백열-적(白熱的)[─쩍]**관명** 정열이나 힘의 정도가 극도에 다다른 (것).

백열-전(白熱戰)[─쩐]**명** 있는 힘을 다하여 맹렬히 싸우는 싸움이나 경기.

백열-전구(白熱電球)**명** 진공 또는 특별한 기체를 넣은 유리공 안에 가는 저항선(텅스텐 선 따위)을 넣어 흰빛을 내게 만든 전구.

백열-전등(白熱電燈)**명** 백열전구를 사용하는 전등.

백열^텅스텐^전구(白熱tungsten電球)**명** 필라멘트를 텅스텐으로 한 전구. 보통 사용하는 전구임.

백염(白塩)**명** 정제(精製)한 흰 소금.

백엽(百葉)**명**☞처녑.

백엽고-병(白葉枯病)[─꼬뼁]**명** 박테리아의 기생으로 일어나는 벼의 병. 잎의 끝에서부터 시작되어 물결 모양으로 하얗게 마름.

백엽-다(柏葉茶)[─따]**명** 동쪽으로 뻗은 잣나무의 잎을 따서 말렸다가 달인 차.

백엽-상(百葉箱)[─쌍]**명** 온도·습도·기압 등을 재기 위하여 만든 상자.

백엽-주(柏葉酒)[─쭈]**명** 측백나무의 잎을 담가서 우려낸 술.

백-영사(白靈砂)[뱅녕─]**명** 수은(水銀)을 고아서 하얀 결정으로 만든 것. 약으로 쓰임. 분상(粉霜). 은상(銀霜).

백옥(白玉)**명** 흰 옥(구슬).

백옥(白屋)**명** (띠로 지붕을 인) 가난한 사람의 초라한 집.

백옥-경(白玉京)[─껑]**명**☞옥경(玉京).

백옥-루(白玉樓)[백공누]**명** '문인(文人)이나 묵객(墨客)의 죽음'을 이르는 말. 〔문인이나 묵객이 죽은 뒤에 간다는 천상(天上)의 누각 이름에서 유래함.〕 **준**옥루.

백옥-무하(白玉無瑕)[배공─]**하형** 〔흠이 없는 흰 구슬이라는 뜻으로〕'아무 흠이나 결점이 없음, 또는 그런 사람'을 비유하여 이르는 말.

백옥-반(白玉盤)[─빤]**명** 〔백옥으로 만든 쟁반이라는 뜻으로〕'둥근 보름달'을 비유하여 이르는 말.

백옥-유(白玉釉)**명** 도자기를 구울 때 칠하는 잿물의 한 가지. 납유리 가루로 만든 사기물.

백완-반(白玩盤)**명** 돌날 돌잡이 때, 여러 가지 물건을 벌여 놓는 반. 〔그 반 위에 놓인 물건 중에서 맨 먼저 집는 것으로 그 아이의 장래를 점침.〕 돌상.

백우(白雨)**명** ①☞소나기. ②☞우박.

백우(百憂)명 여러 가지 근심. 백리(百罹).

백우-선(白羽扇)명 새의 흰 깃으로 만든 부채.

백운(白雲)¹명 흰 구름. ↔흑운(黑雲).

백운(白雲)²명 절의 큰방 윗목 벽에 써 붙여서 손의 자리임을 나타내는 문자.

백-운모(白雲母)명 관삭 또는 편삭의 운모의 한 가지. 색이 없거나 연하며 광택이 남. 전기 절연체로 내열 보온 재료로 씀. 흰돌비늘.

백운-석(白雲石)명 백운암 성분의 광물. 탄산석회 및 마그네슘·철·망간의 탄산염 광물. 마름모꼴의 결정으로 광택을 냄.

백운-소설(白雲小說)명 고려 고종 때, 이규보(李奎報)가 지은 시화(詩話) 및 잡기(雜記). 삼국 시대부터 고려 시대까지의 여러 시 작품을 해설한 내용임.

백운-타(白雲朶)명 국화의 한 종류. 꽃이 희며 꽃판이 크고 두꺼움.

백운-향(白雲香)명 ☞이화주(梨花酒).

백월(白月)¹명 빛이 희고 밝은 달. 명월(明月). 소월(素月).

백월(白月)²명 불교에서, 한 달을 두 보름으로 갈라서 계명(戒命)을 설(說)할 때, 선보름을 이르는 말. ↔흑월(黑月).

백-유마(白油麻)명 [불뮤-]명 참깨.

백의(白衣)[배긔/배기]명 ①흰옷. ②포의(布衣). ③'속인(俗人)'을 후로는 말.
　백의의 천사관용 '간호사(看護師)'를 아름답게 이르는 말.

백의-관음(白衣觀音)[배긔-/배기-]명 33관음의 하나. 흰옷을 입고 흰 연꽃 가운데에 앉은 관음.

백의-민족(白衣民族)[배긔-/배기-]명 [예부터 흰옷을 즐겨 입은 데서] '한민족'을 이르는 말.

백의-용사(白衣勇士)[배긔-/배기-]명 [치료 중에 흰옷을 입은 데서] '상이군인'을 이르는 말.

백의-재상(白衣宰相)[배긔-/배기-]명 ☞백의 정승.

백의-정승(白衣政丞)[배긔-/배기-]명 지난날, '유생(儒生)으로 있다가 단번에 의정(議政) 벼슬에 오른 사람'을 이르던 말. 백의재상.

백의-종군(白衣從軍)[배긔-/배기-]명하자 벼슬 없이 군대를 따라 싸움터로 나아감.

백이사지(百爾思之)명하자 이모저모 많이 생각함.

백인(白人)명 백색 인종에 딸린 사람.

백인(白刃)명 서슬이 시퍼런 칼날. 백병(白兵).

백인(百人)명 (제각기 성질이 다른) 많은 사람.

백인(百忍)명 모든 어려움을 참고 견디어 냄.

백인-백색(百人百色)[-쌕]명 많은 사람이 저마다 달리 가지는 특색.

백-인종(白人種)명 〈백색 인종〉의 준말.

백일(白日)명 ①구름이 조금도 끼지 않은 맑은 날의 밝은 해. ②대낮.

백일(百日)명 ☞백날.

백일-기도(百日祈禱)[-끼-]명하자 (어떤 목적으로) 백 일을 기한하고 드리는 기도.

백일-기침(百日-)명 ☞백일해(百日咳).

백일-몽(白日夢)명 [한낮에 꾸는 꿈이란 뜻으로] '헛된 공상'을 비유하여 이르는 말.

백일^승천(白日昇天)명 정성스럽게 도를 닦아 육신을 가진 채 신선이 되어 대낮에 하늘로 올라감. 육신 승천(肉身昇天).

백일-수(百日收)[-쑤]명 빚의 본전과 이자를 백 일로 나누어 일정한 액수를 날마다 거두어들이는 일. 또는 그 빚.

백일-장(白日場)[-짱]명 ①조선 시대에, 유생의 학업을 권장하기 위하여 각 지방에서 베풀던, 시문(詩文) 짓기 시험. ②시문(詩文) 짓기를 겨루는 공개 행사.

백일-재(百日齋)[-째]명 사람이 죽은 지 백 일 만에 드리는 불공. ⓐ백재(百齋).

백일-주(百日酒)[-쭈]명 빚은 뒤 백 일 동안 땅속에 묻어 두었다가 먹는 술.

백일-천하(百日天下)명 ①나폴레옹 1세가 엘바섬을 탈출하여 파리에 들어가 제정(帝政)을 부활한 뒤, 워털루의 싸움에서 패하여 퇴위할 때까지의 약 백 일 간의 천하 지배. ②'짧은 기간 동안 전권(全權)을 장악했다가 물러나는 경우'를 비유하여 이르는 말.

백일-초(百日草)명 국화과의 일년초. 멕시코 원산의 관상 식물로 줄기는 60~90 cm. 6~8월에 긴 꽃줄기 끝에 국화 비슷한 꽃이 오랫동안 피는데 빛깔이 다양함. 백일홍.

백일-하(白日下)명 세상 사람이 다 알도록 뚜렷하게. 《주로, '백일하에'의 꼴로 쓰임.》¶ 그의 죄상이 백일하에 드러나다.

백일-해(百日咳)명 백일해균으로 일어나는 어린이의 호흡기 전염병. 한번 걸리면 일생 면역이 됨. 백일기침. 효증(哮症).

백일-홍(百日紅)명 ①부처꽃과의 낙엽 소교목. 중국 원산의 관상물로 높이는 3~7 m. 나무껍질은 연붉은 자줏빛이고, 여름에서 가을에 걸쳐 붉은 꽃이 핌. 배롱나무. 자미. ②☞백일초.

백자(白子)[-짜]명 〈백지〉의 본딧말.

백자(白字)[-짜]명 '白' 자를 새긴 왕세자의 도장.

백자(白瓷·白磁)[-짜]명 ☞백자기(白瓷器).

백자(百子)[-짜]명 ☞백가(百家).

백자(伯姉)[-짜]명 맏누이.

백자(柏子)[-짜]명 ☞잣.

백-자기(白瓷器)[-짜-]명 흰 자기. 백자(白瓷).

백자-도(百子圖)[-짜-]명 동양화에서, 여러 사내아이가 노는 모양을 그린 그림.

백자-말(柏子末)[-짜-]명 잣가루.

백자-인(柏子仁)[-짜-]명 한방에서, '측백나무 열매의 씨'를 약재로 이르는 말. 〔허한(虛汗)이나 어린이의 경간(驚癇) 따위에 약으로 씀.〕

백자-천손(百子千孫)[-짜-]명 많은 자손.

백자^청화(白瓷青華)[-짜-]명 ☞청화 자기.

백자-탕(白子湯)[-짜-]명 ☞이리탕.

백자-판(柏子板)[-짜-]명 잣나무를 켠 널빤지.

백작(伯爵)[-짝]명 오등작(五等爵)의 셋째 작위. 후작의 아래, 자작의 위. ⓐ백(伯).

백-작약(白芍藥)[-짜갹]명 ①작약과의 다년초. 산지에 나는데 높이는 40~50 cm. 뿌리는 굵고 육질임. 잎은 뒷면이 흰빛을 띠며, 6월경에 원줄기 끝에 흰 꽃이 한 송이씩 핌. ②한방에서, '말린 작약의 뿌리'를 약재로 이르는 말. 〔부인병이나 진통에 쓰임.〕

백정(←白丁)[-쩡]명 〔지난날〕①소나 돼지 따위를 잡는 일을 업으로 하던 사람. 도한(屠漢). 백정(丁). 포정(庖丁). 포한(庖漢). ②버들고리 겯는 일을 업으로 하던 사람.
　백장도 올가미가 있어야 한다속담 장사에는 밑천이 있어야 한다는 뜻.
　백장이 버들잎 물고 죽는다속담 죽을 때에도 자기의 근본을 잊지 않는다는 뜻.

백장-고누[-짱-]명 우물고누를 둘 때, 먼저 두는 편이 첫수에 상대편 말의 갈 길을 막는 짓.

백재(百齋)[-째]몡〈백일재〉의 준말.

백저(白苧)[-쩌]몡 빛깔이 하얗게 누인 모시. 눈모시.

백전(白錢)[-쩐]몡 ☞백통전.

백전(白戰)[-쩐]몡 ①맨손으로 하는 싸움. ②문인(文人)들이 글재주를 겨루는 일.

백전(白顚)[-쩐]몡 ☞별박이².

백전(百戰)[-쩐]몡 수많은 싸움. ¶백전의 용사.

백전-계(百全計)[-쩐계/-쩐게]몡 안전하고 빈틈없는 계책.

백전-노장(百戰老將)[-쩐-]몡 ①수없이 많은 싸움을 치른 노련한 장수. ②'세상일을 많이 겪어서 여러 가지로 능란한 사람'을 비유하여 이르는 말. ⑪백전노졸.

백전-노졸(百戰老卒)[-쩐-]몡 ①많은 전투를 치른 노련한 병사. ②'세상일을 많이 치러서 모든 일에 노련한 사람'을 비유하여 이르는 말. ⑪백전노장.

백전-백승(百戰百勝)[-쩐-쑹]몡하자 싸울 때마다 번번이 다 이김. 백전불패. ¶백전백승의 무적 군대.

백전-불패(百戰不敗)[-쩐-]몡하자 ☞백전백승.

백전-풍(白癜風)[-쩐-]몡 ☞백납.

백절불굴(百折不屈)[-쩔-]몡하자〔백 번 꺾여도 굴하지 않는다는 뜻에서〕어떠한 어려움에도 굽히지 않음. 백절불요.

백절불요(百折不撓)[-쩔-]몡하자 ☞백절불굴.

백-점토(白粘土)[-쩜-]몡 도자기의 원료인, 흰 찰흙.

백접(白蝶)[-쩝]몡 ①흰나비를 통틀어 이르는 말. ②☞배추흰나비.

백접-도(白蝶圖)[-쩝또]몡 동양화에서, 온갖 나비가 가지가지 꽃에서 노니는 모습을 그린 그림.

백정(白丁)[-쩡]몡 ☞백장.

백정-창(白疔瘡)[-쩡-]몡 한방에서, '털구멍에 나는 종기'를 이르는 말.

백제(白帝)[-쩨]몡 오방신장(五方神將)의 하나. 가을을 맡은 서쪽의 신.

백제(百濟)[-쩨]몡 우리나라의 고대 왕국 중의 하나. 고구려의 왕족인 온조(溫祚)가 한반도의 남서쪽에 자리 잡아 세운 나라로, 의자왕(義慈王) 때 나당(羅唐) 연합군에게 패망함 [B.C.18~A.D.660]

백조(白鳥)[-쪼]몡 ☞고니.

백조(白潮)[-쪼]몡 1922년에 홍사용(洪思容)·이상화(李相和) 등에 의해 창간된 순문학 동인지. 초기 낭만주의 문학 운동의 중심적 역할을 하였음. 통권 3호까지 발행됨.

백조어(白條魚)[-쪼-]몡 잉엇과의 민물고기. 몸길이 20~30 cm로 길고 납작함. 강준치와 비슷하나 몸 너비가 좀 더 넓음. 입이 위로 향해 있고 비늘은 둥금. 몸빛은 등 쪽이 푸른 갈색, 배 쪽은 은백색임.

백조-자리(白鳥-)[-쪼-]몡 북반구에 있는 큰 성좌. 별의 배열이 백조가 날아가는 모양과 비슷함. ⑪북십자성(北十字星).

백족지충(百足之蟲)[-쪽찌-]몡 그리마·노래기·지네 따위와 같이 발이 많은 벌레를 통틀어 이르는 말.

백족-충(百足蟲)[-쪽-]몡 ☞노래기.

백종(百種)[-쫑]몡 ☞백중날.

백주(白酒)[-쭈]몡 ①흰 빛깔의 술. ②☞배갈.

백주(白晝)[-쭈]몡 대낮. ¶백주의 도심에서 일어난 살인 사건.

백주-에(白晝-)[-쭈-]몜 아무 까닭 없이. 벌건 대낮에. 실제로 안 될 일을 터무니없이. ¶백주에 봉변을 당하다. ⑪백줴.

백주-창탈(白晝搶奪)[-쭈-]몡하타 대낮에 남의 물건을 함부로 빼앗음.

백주^현:상(白晝現像)[-쭈-]몡 사진 기술에서, 특수 장치로 된 현상 탱크를 이용하여 밝은 곳에서 하는 현상.

백중(百中·百衆)[-쭝]몡〈백중날〉의 준말.

백중(伯仲)[-쫑]몡 ①맏형과 둘째 형. ②하힣(기술이나 지식 따위가) 서로 어금지금하여 우열을 가리기 힘듦.

백중-날(百中-)[-쭝-]몡 명일(名日)의 하나로 음력 칠월 보름날. 불가에서는 하안거(夏安居)를 마친 뒤 대중 앞에 허물을 말하여 참회를 구하며, 절에서 재를 올림. 백종(百種). ⑫백중.

백중-력(百中曆)[-쭝녁]몡 앞으로 올 100년 동안의 일월(日月)·성신(星辰)·절후(節候) 따위를 미리 헤아려 만든 책력. ⑪천세력(千歲曆).

백중-맞이(百中-)[-쭝-]몡하자 ①백중날에 불공을 드림, 또는 그 불공. 백중불공. ②무당이 백중날에 굿을 함, 또는 그 굿.

백중-물(百中-)[-쭝-]몡 백중날이나 그 무렵에 많이 오는 비.

백중-불공(百中佛供)[-쭝-]몡하자 ☞백중맞이.

백중-사리(百中-)[-쭝-]몡 일 년 중, 백중 무렵에 밀물 수위가 가장 높아지는 상태.

백중-세(伯仲勢)[-쭝-]몡 ☞백중지세.

백중숙계(伯仲叔季)[-쭝-계/-쭝-께]몡 네 형제의 차례. 백(伯)은 맏이, 중(仲)은 둘째, 숙(叔)은 셋째, 계(季)는 막내를 이름.

백중지간(伯仲之間)[-쭝-]몡 서로 어금지금하게 맞서는 사이.

백중지세(伯仲之勢)[-쭝-]몡 서로 어금지금하여 우열을 가리기 어려운 형세. 백중세.

백줴[-줴]몜〈백주에〉의 준말.

백지(←白子)[-찌]몡 흰 바둑돌. ⑫백자(白子). ⑫백(白). ↔흑자.

백지(白地)[-찌]Ⅰ몡 ①(농사가 안 되어) 거둘 것이 없는 땅. ②정해진 임자가 없는 상태. Ⅱ몜 생판으로. 백판(白板)². ¶밑천도 없이 백지 무슨 장사냐?

백지(白芷)[-찌]몡 한방에서, '구릿대의 뿌리'를 약재로 이르는 말.〔감기로 말미암은 두통·통증 따위에 씀.〕

백지(白紙)[-찌]몡 ①흰 빛깔의 종이. ②아무것도 쓰지 않은 종이. 공지(空紙). ③〈백지상태〉의 준말. 생판. ¶백지나 다름없다. ④한지(韓紙)의 한 가지. 닥나무 껍질로 만든, 빛깔이 흰 종이.

백-지도(白地圖)[-찌-]몡 대륙·섬·나라 등의 윤곽만 그린, 기입 연습용 또는 분포도 작성용의 지도. 암사 지도(暗射地圖).

백지^동맹(白紙同盟)[-찌-]몡 시험 때, 학생들이 모두 짜고 답안지에 답을 쓰지 않고 그냥 내는 일.

백지-마(白脂麻)[-찌-]몡 ☞참깨.

백지-상태(白紙狀態)[-찌-]몡 ①종이에 아무것도 쓰지 않은 상태. ②어떤 사물에 대하여 아무것도 아는 것이 없는 상태. ¶그는 자연 과학 분야에는 백지상태였다. ③어떤 사물에 대하여 아무런 선입견이 없는 상태. ⑫백지.

백지^수표(白地手票)[-찌-]몡 수표 요건의 전부 또는 일부를 비워 두어, 후일 소지자에게 그것을 완성하도록 권리를 준 수표.

백지-애매(白地曖昧)[-찌-]명[하형] 까닭 없이
죄를 얻고 화를 당하여 억울함.

백지^어음(白地-)[-찌-]명 어음 발행자가 어
음 소지인에게, 어음 금액·지불지·만기 등 어
음 요건의 전부 또는 일부의 보충권(補充權)을
부여한 어음.

백지^위임장(白紙委任狀)[-찌-짱]명 위임자의
성명만 써 놓고 다른 것은 수임자(受任者)의
마음대로 쓰게 하는 위임장.

백지-장(白紙張)[-찌짱]명 ①흰 종이의 낱장.
②'새하얀 것'을 비유하여 이르는 말. ¶ 얼굴
이 백지장이 되다.

백지장도 맞들면 낫다[속담] 아무리 쉬운 일이라
도 혼자 하는 것보다 서로 힘을 합쳐서 하면
더 쉽다는 뜻.

백지^징세(白地徵稅)[-찌-]명 ①천재지변 따
위로 수확이 전혀 없는 땅에 세금을 물리는
일. ②조세를 물 만한 재산이나 납세 의무가
없는 사람에게 까닭 없는 세를 물리거나, 아무
관계 없는 사람에게 빚을 물리는 일. 준백징.

백지^형법(白地刑法)[-찌-쁩]명 일정한 형벌
만 법률로 규정하고, 그 범죄의 구성 요건의
규정을 다른 법령에 양보한 형벌 법규.

백지-화(白紙化)[-찌-]명[하타][되자] 백지상태가
됨. 없었던 것으로 함. ¶ 여행 계획을 백지화
하다.

백질(白質)[-찔]명 ①흰 빛깔을 지니는 성질.
②고등 동물의 신경 중추부 가운데서 신경 섬
유의 집합을 이루는 부분.

백징(白徵)[-찡]명[하타] 〈백지 징세〉의 준말.
생징(生徵).

백차(白車)명 차체(車體)에 흰 칠을 한, 경찰·
헌병 등의 순찰차.

백-차일(白遮日)명 흰 빛깔의 차일.
백차일 치듯[관용] '흰옷을 입은 사람이 매우 많
이 모인 모양'을 이르는 말.

백-창포(白菖蒲)명 ☞이창포(泥菖蒲).

백채(白菜)명 ☞배추.

백-채문(白彩紋)명 흰 선으로 이루어진 채문.
지폐 등에 많이 씀. ↔흑채문.

백척-간두(百尺竿頭)[-깐-]명〔백 자나 되는
높은 장대 끝이라는 뜻으로〕'매우 위태롭고
어려운 지경'을 이르는 말. 준간두.

백척-장고(百尺丈高)[-짱-]명〔백 자나 되는〕
매우 높은 높이.

백천만-겁(百千萬劫)명 한없는 햇수. 영원한
시간.

백천만-사(百千萬事)명 온갖 일.

백철(白鐵)명 빛깔이 흰 쇠붙이.〔양은·니켈·함
석 따위.〕

백철-광(白鐵鑛)명 '백철석'의 구용어.

백철-석(白鐵石)[-썩]명 철의 황화 광물. 누런
빛깔에 금속 광택이 있음.

백첩(白貼)명 접는 부채의 한 가지. 종이와 살
에 칠을 하지 않은, 살이 40~50개 되는 아주
큰 부채.

백청(白淸)명 희고 품질이 좋은 꿀.

백-청자(白青瓷)명 ☞청백자(青白瓷).

백체(白體)명 황체가 수정하지 않았을 경우에
그 기능을 잃고 퇴축(退縮)되어 하얗게 변화된
결합 조직성의 작은 덩어리.

백초(百草)명 온갖 풀.

백초-상(百草霜)명 ☞앉은검정.

백-초서(白貂鼠)명 ☞흰담비.

백초-피(白貂皮)명 흰담비의 모피.

백총(白摠)명 조선 시대에, 관리영(管理營)의
일을 맡아보던 정삼품 벼슬.

백축(白丑)명 한방에서, '흰 나팔꽃의 씨'를 약
재로 이르는 말.〔대소변을 통하게 하며, 부종·
적취(積聚)·요통에 씀.〕

백출(白朮)명 한방에서, '삽주의 덩어리진 뿌
리'를 약재로 이르는 말.〔성질이 따뜻하여 비
위(脾胃)를 돕고 소화 불량이나 구토·설사·습
증(濕症) 등에 씀.〕 결력(乞力枷). 산강(山
薑). 산계(山薊). 준창출(蒼朮).

백출(百出)명[하자] 여러 가지로 많이 나옴. 수없
이 많이 나타남. ¶ 묘안이 백출하다.

백출-산(白朮散)[-싼]명 한방에서, 토사(吐瀉)
따위에 쓰는 탕약. 백출을 주로 하여 지음.

백출-주(白朮酒)[-쭈]명 백출을 넣어 담근 술.

백충(白蟲)명 '조충'의 구용어.

백충-창(白蟲倉)명 ☞오배자(五倍子).

백치(白雉)명 흰 꿩.

백치(白痴)명 ①뇌수의 장애나 질병 따위로 정
신 작용의 발달이 저지되어, 연령에 비해 지능
이 낮은 사람. 바보. 천치. ②뇌수의 장애 같은
것으로 말미암아 정신 작용이 완전히 못한 병.

백치(白齒)명 희고 깨끗한 이. 호치(皓齒).

백치-미(白痴美)명 지능이 좀 모자란 듯하고
표정이 없는 데서 느끼는 아름다움.

백치-천재(白痴天才)명 백치이면서도, 어떤
한 가지 일에는 뛰어난 재주를 가진 사람.

백^코:트(back court)명 테니스나 농구 등에서
의 뒤쪽 코트.

백탁(白濁)명 ①한방에서, '오줌이 뿌옇고 걸쭉한
병'을 이르는 말. ②[하자]오줌이 뿌옇고 걸쭉함.

백탄(白炭)명 화력이 가장 센 참숯. 빛깔이 희
읍스름함. ↔검탄(黔炭).

백탈(白脫)명 아무런 죄가 없다는 사실이
분명히 밝혀짐.

백탈(白頉)명 아무 까닭 없이 신역(身役)을 면
하는 일.

백탕(白湯)명 ☞백비탕(白沸湯).

백태(白苔)명 ①몸의 열기나 그 밖의 원인으로
혓바닥에 끼는 황백색의 물질. ②눈병의 한 가
지. 눈알에 덮이는 희끄무레한 막.

백태(百態)명 여러 가지 자태. 온갖 자태. 백양
(百樣). ¶ 백인(白人) 백태.

백태^청기(白胎青器)명 ☞청백자(青白瓷).

백토(白土)명 빛깔이 희읍스름하고 잔모래가 많
이 섞인 흙. 백악(白堊).

백토(白兎)명 털빛이 흰 토끼.

백^토스(back toss)명 배구에서, 세터가 공을
자기의 뒤쪽으로 올려 주는 토스.

백토-질(白土質)명 ☞백악질(白堊質).

백통(←白銅)명 구리·아연·니켈의 합금. 은백색
으로, 화폐나 장식품 등에 쓰임. 본백동.

백통-대(←白銅-)명 백통으로 만든 담뱃대. 백
통대.

백통-돈(←白銅-)명 ☞백통전. 본백동돈.

백통-딱지(←白銅-)[-찌]명 백통으로 만든 몸
시계의 껍데기. 본백동딱지.

백통-전(←白銅錢)명 동전의 한 가지. 백통으로
만든 은빛의 주화. 백전. 백통돈. 백통화. 본백
동전.

백통-죽(←白銅竹)명 ☞백통대.

백통-화(←白銅貨)명 ☞백통전. 본백동화.

백파(白波)명 흰 물결.

백파(白播)명[하타] 거름을 주지 않은 맨땅에 씨
를 뿌림.

백-파이프(bag pipe)똉 스코틀랜드의 민속 악기. 가죽 주머니에 서너 개의 음관이 달려 있는 고음(高音)의 퉁소.

백판(白板)¹똉 흰 널빤지.

백판(白板)² **Ⅰ**똉 아무것도 없는 형편이나 모르는 상태. **Ⅱ**뿐 아주 생소하게. 생판. 백지(白地). ¶일의 공정에 관해서 백판 모르는 사람이 일을 맡았다.

백팔^번뇌(百八煩惱)[-뇌/-눼]똉 불교에서 이르는 108가지의 번뇌. 사람의 6가지 감각기관으로 느끼는 고(苦)·락(樂)·불고불락(不苦不樂)이 있어 18가지가 되고, 또 여기에 탐(貪)·불탐이 있어 36가지가 되는데, 이것을 과거·현재·미래에 각각 풀면 108가지가 됨.

백팔십-도(百八十度)[-씹또]똉 정반대로 바뀐 상태를 이르는 말. ¶태도가 백팔십도로 바뀌다.

백팔^염:주(百八念珠)[-렴-]똉 실에 작은 구슬 108개를 꿰어 그 끝을 맞맨 염주. 이것을 돌리며 염불을 하면 백팔 번뇌를 물리쳐 무상(無想)의 경지에 이른다 함.

백팔-종(百八鐘)[-쫑]똉 절에서, 섣달 그믐날 밤 또는 새벽과 저녁에 108번씩 치는 종. 인간의 백팔 번뇌를 없앤다고 함.

백패(白牌)똉 지난날, 소과(小科)에 급제한 생원·진사에게 주던 백지의 증서.

백폐(百弊)[-폐/-폐]똉 온갖 폐단. 많은 폐단.

백폐-구존(百弊俱存)[-폐-/-폐-폐]켕[하자] 온갖 폐단이 모두 있음.

백폐-구흥(百廢俱興)[-폐-/-폐-폐]켕[하자] 온갖 쇠폐(衰廢)한 일이 다시 일어남.

백포(白布)똉 흰 베.

백포(白泡)똉 ①물의 흰 거품. ②말 따위의 짐승이 입에서 내는 흰 거품.

백포(白袍)똉 흰 도포.

백-포도주(白葡萄酒)똉 청포도를 주성분으로 하여 빚은 맑은 포도주.

백포-장(白布帳)똉 흰 베로 만든 휘장.

백표(白票)똉 ①흰색의 표. ②투표할 때 기권의 뜻으로, 아무것도 적지 않은 투표용지.

백하(白蝦)[배카]똉 ☞쌀새우.

백하-해(白蝦醢)[배카-]똉 ☞새우젓.

백학(白鶴)똉 ☞두루미².

백한(白鵬)[배칸]똉 꿩과의 새. 꿩과 비슷하나 꽁지가 좀 더 긺. 머리에 자흑색의 도가머리가 있고 다리는 붉음. 등은 회고 배에는 검은색과 붉은색의 긴 털이 있음. 암컷은 작은데 암탉과 비슷함. 숲 속에 살며, 강인한 조류이어서 애완용 또는 사냥새로 기름.

백합(白蛤)[배캅]똉 백합과의 조개. 껍데기는 거의 둥글며 연회색에 길이 8 cm가량. 민물이 흘러드는 얕은 바다의 모래나 진흙 속에 삶. 무명조개.

백합(白鴿)[배캅]똉 ☞집비둘기.

백합(百合)[배캅]똉 ①백합과의 다년초. 관상용으로 재배되는 식물. 땅속의 비늘줄기에서 한 나의 줄기가 돋아나는데, 높이는 30~100 cm. 5~6월에 줄기 끝에 2,3개의 꽃이 옆으로 핌. 나리¹. ②한방에서, '백합의 뿌리'를 약재로 이르는 말.

백합-화(百合花)[배카퐈]똉 백합의 꽃. 나리꽃.

백해(百害)[배캐]똉 온갖 해로움.

백해(百骸)[배캐]똉 온몸을 이루는 모든 뼈.

백해-구통(百骸俱痛)[배캐-]켕[하형] 온몸이 안 아픈 데가 없이 다 아픔.

백해-무익(百害無益)[배캐-]켕[하형] 해롭기만 하고 조금도 이로울 것이 없음. ¶너에게는 백해무익한 일이니 절대로 하지 마라.

백-핸드(backhand)똉 테니스나 탁구 등에서, 그립을 잡은 손의 손등이 상대편을 향하도록 하는 타구 방법. [참]포핸드.

백행(百行)[배캥]똉 온갖 행동. ¶효도는 백행의 근본이다.

백-혈구(白血球)[배켤-]똉 혈구의 한 가지. 핵이 있으나 모양이 일정하지 않은 아메바 모양의 세포. 몸 속으로 침투하는 세균을 잡아먹음. 흰피톨. [참]적혈구.

백혈-병(白血病)[배켤뼝]똉 혈액 속의 백혈구가 정상보다 많아지는 병.

백형(伯兄)[배켱]똉 맏형.

백호(白虎)[배코]똉 ①주산(主山)에서 오른쪽으로 갈려 나간 산줄기. 우백호(右白虎). ②민속에서, 서쪽 방위의 '금(金)'기운을 맡은 태백신을 상징한 짐승. 범의 모습으로 무덤 속의 오른쪽 벽과, 관의 오른쪽에 그렸음. ③이십팔수 중에서 서쪽에 있는, 규(奎)·누(婁)·위(胃)·묘(昴)·필(畢)·자(觜)·삼(參)의 일곱 별을 통틀어 이르는 말.

백호(白狐)[배코]똉 흰 여우. 백여우.

백호(白毫)[배코]똉 부처의 32상(相)의 하나. 눈썹 사이에 난 터럭으로, 광명을 무량세계(無量世界)에 비친다 함. 불상에는 진주·비취·금 따위를 박아 표시함.

백호-기(白虎旗)[배코-]똉 ①조선 시대의 대오방기의 하나. 진영의 오른편 문에 세워서 우군(右軍)·우영(右營) 또는 우위(右衛)를 지휘함. 흰 바탕에 백호와 운기(雲氣)가 그려져 있고 가장자리는 누른빛임. ②대한 제국 때의 의장기(儀仗旗)의 한 가지.

백-호마(白胡麻)[배코-]똉 ☞참깨.

백-호접(白蝴蝶)[배코-]똉 흰나비.

백호-주의(白濠主義)[배코-의/-배코-이]똉 오스트레일리아에서 백인(白人) 이외의 인종, 특히 황색 인종의 입국이나 정주(定住)를 배척하던 주의.

백홋-날(白虎-)[배콘-]똉 백호로 된 산(山)의 등성이.

백홍(白虹)[배콩]똉 빛깔이 흰 무지개.

백화(白花)[배콰]똉 흰 꽃.

백화(白話)[배콰]똉 현대 중국의 회화체 언어.

백화(白禍)[배콰]똉 백색 인종이 권력이나 세력을 휘둘러 유색 인종에게 화를 입히는 일. [참]황화(黃禍).

백화(白樺)[배콰]똉 ☞자작나무.

백화(百花)[배콰]똉 온갖 꽃. 여러 가지 꽃.

백화(百貨)[배콰]똉 온갖 화물. 여러 가지 상품이나 재화(財貨).

백화-난만(百花爛漫)[배콰-]켕[하형] 온갖 꽃이 피어서 아름답게 흐드러짐.

백-화등(白花藤)[배콰-]똉 협죽도과의 상록 만목. 따뜻한 지방의 산지에 남. 잎은 길둥글며 마주나고, 5~6월에 하얀 꽃이 피었다가 차차 노랑으로 변함. 잎과 줄기는 한방에서 해열제나 진통제 따위로 쓰임.

백화-문(白話文)[배콰-]똉 백화로 된 중국의 글.

백화^문학(白話文學)[배콰-]똉 중국의 근대 문학을, 형식 및 용어에 주안점을 두고 이르는 이름. 고문(古文)의 배격과 민중을 위한 문학을 꾀한 것으로, 1915년 후스(胡適)가 주창하였음.

백화-사(白花蛇)[배콰-]똉 ☞산무애뱀.

백화^소:설(白話小說)[배콰-]圈 중국의 근대 이전의 소설로서, 구어(口語)로 씌어진 소설.

백화-왕(百花王)[배콰-]圈 '모란'을 달리 이르는 말.

백화-요란(百花燎亂)[배콰-]圈勳 온갖 꽃이 불타오르듯이 피어 찬란함.

백화-점(百貨店)[배콰-]圈 일상생활에 필요한 온갖 상품을 각 부문별로 나누어 파는 대규모의 현대식 상점. ↔단일 상점.

백화-제방(百花齊放)[배콰-]圈 ①[많은 꽃이 한꺼번에 핀다는 뜻으로]'갖가지 학문이나 사상이 개방적으로 발표됨'을 비유하여 이르는 말. ②☞백가쟁명(百家爭鳴).

백화-주(百花酒)[배콰-]圈 온갖 꽃을 넣어 빚은 술.

백화-춘(百花春)[배콰-]圈 찹쌀로만 빚은 술.

백화^현:상(白化現象)[배콰-]圈 빛이나 철·마그네슘 따위의 양분이 부족하여 색소가 만들어지지 않아, 식물체가 백색으로 되거나 색이 엷어지는 현상.

백황-색(白黃色)[배쾅-]圈 희끄무레한 누런빛.

백회-혈(百會穴)[배쾨-/배퀘-]圈 정수리의 숨구멍 자리. 숫구멍. 정문(頂門).

백흑(白黑)[배쿠]圈 [백과 흑이라는 뜻으로] 두 가지 대응되는 것을 나타내는 데 쓰이는 말. [흔히, '시와 비'·'선과 악'·'참과 거짓' 따위의 뜻으로 쓰임.] 흑백(黑白).

백흑지변(白黑之辨)[배쿠찌-]圈 시와 비, 선과 악, 참과 거짓 따위를 구별하고 가려내는 일.

백희(百戲)[배키]圈 온갖 연희(演戲).

밴(van)圈 [짐을 옮기는 마차라는 뜻으로] 짐을 싣기 위하여 만든 소형차. 운전석과 조수석을 제외한 나머지 좌석을 없애 그곳에 짐을 실음.

밴대圈〈밴대보지〉의 준말.

밴대-보지圈 음모(陰毛)가 나지 않은, 어른의 보지. 준밴대.

밴대-질圈 여자끼리 성교를 흉내 내는 짓. ¶밴대질을 치다.

밴댕이圈 청어과의 바닷물고기. 몸길이 15cm 가량. 전어와 비슷하며 등은 청록색, 배는 은백색임. 우리나라 서남해 연안과 일본 근해에서 많이 남.

밴댕이[소갈머리]관용 '아주 좁고 얕은 심지(心志)'를 이르는 말.

밴댕이-젓[-젇]圈 밴댕이로 담근 젓. ＊밴댕이젓이[-저시]·밴댕이젓만[-전-]

밴:덕圈 요랬다조랬다 하여 변하기를 잘하는 마음이나 태도. 반덕. ¶밴덕을 떨다. /밴덕을 부리다. 준변덕.

밴:덕-꾸러기圈 밴덕을 잘 부리는 사람. 준변덕꾸러기.

밴:덕-맞다[-덩맏따]勳 밴덕을 부리는 태도가 있다. 반덕맞다. 준변덕맞다.

밴:덕-스럽다[-쓰-따][~스러우니·~스러워]勳勳 보기에 밴덕을 부리는 성질이나 태도가 있다. 반덕스럽다. 준변덕스럽다. 밴덕스레튁

밴:덕-쟁이[-쩽-]圈 밴덕스러운 사람. 반덕쟁이. 준변덕쟁이.

밴둥-거리다困 자꾸 밴둥밴둥하다. 밴둥대다. 준빈둥거리다. 켄삔둥거리다. 큰팬둥거리다.

밴둥-대:다困 밴둥거리다.

밴둥-밴둥튁勳 하는 일 없이 얄밉게 게으름만 부리는 모양. ¶날마다 밴둥밴둥 놀고만 지내다. 준빈둥빈둥. 켄삔둥삔둥. 큰팬둥팬둥.

밴드(band)[1]圈 끈. 띠. ¶고무 밴드.

밴드(band)[2]圈 취주악이나 재즈 따위의 악단. 악대. 합주단.

밴들-거리다困 자꾸 밴들밴들하다. 밴들대다. 준빈들거리다. 켄삔들거리다. 큰팬들거리다.

밴들-대:다困 밴들거리다.

밴들-밴들튁勳 하는 일 없이 빤빤스럽고 얄밉게 게으름만 부리는 모양. 준빈들빈들. 켄삔들삔들. 큰팬들팬들.

밴조(banjo)圈 미국 민요나 재즈 따위의 경쾌한 음악의 반주에 쓰이는 현악기의 한 가지. 손가락으로 줄을 뜯거 연주함.

밴텀-급(bantam級)圈 권투·태권도 따위에서, 중량별 체급의 한 가지. 아마추어 권투는 51kg 이상 54kg 미만, 태권도 남자 일반부는 54kg 초과 58kg 이하임. 참플라이급·페더급.

밸圈〈배알〉의 준말.

밸을 쓰다관용 ①배짱을 부리다. ②성미를 부리다.

밸이 꼴리다[뒤틀리다]관용 아니꼽고 비위에 거슬려 몹시 부아가 나다.

밸러스트(ballast)圈 ①선체(船體)의 안정을 유지하기 위하여 배의 바닥에 싣는 석탄·돌·쇠 따위의 물건. [지금은 물로 대신함.] 바닥짐. ②철도의 선로나 도로 등에 까는 자갈.

밸런스(balance)圈 ①'균형'으로 순화. ↔언밸런스. ②수지 대차(收支貸借)의 균형.

밸런타인데이(Valentine Day)圈 성(聖) 밸런티누스가 순교한 제일(祭日)인 2월 14일. 유럽에서는 남녀 간에 선물을 주고받으며, 여성이 남성에게 구애(求愛)하는 풍습이 있음.

밸브(valve)圈 ①관(管)이나 용기(容器) 따위에 붙어 있어, 기체의 압력 또는 기체나 액체가 드나드는 것을 조절·제어하는 장치. 판(瓣). ②금관 악기에서, 반음계 연주를 할 수 있도록 관의 길이를 조절하는 장치. ②피스톤.

뱀:圈 파충강 뱀목의 동물을 통틀어 이르는 말. 몸은 가늘고 길며 온통 비늘로 덮였음. 다리·눈까풀·귓구멍 등이 없고, 혀가 길며 끝이 둘로 갈라졌음. 대부분이 난생하며 변온 동물임. 세계 각지의 육지와 바다에서 삶.

뱀:-날圈☞사일(巳日).

뱀:-눈圈 '독살스럽게 생긴 눈'을 비유하여 이르는 말.

뱀:-도랏[-랃]圈☞사상자(蛇床子). ＊뱀:도랏이[-라시]·뱀:도랏만[-란-]

뱀:-딸기圈 장미과의 다년초. 산과 들에 절로 나는데, 줄기가 땅 위로 벋으면서 마디에서 뿌리가 내림. 4~5월에 노란 꽃이 피고, 둥근 열매가 붉게 익음. 사매(蛇苺). 지매(地苺). 잠매(蠶苺).

뱀:-띠圈☞사생(巳生).

뱀:-무圈 장미과의 다년초. 무와 비슷한데, 줄기 높이 25~100cm로 잔털이 많음. 산과 들에 절로 나며, 잎과 줄기는 먹음.

뱀:-밥圈 쇠뜨기 포자의 줄기. 회고 연하여 나물로 먹기도 함. 토필(土筆).

뱀:뱀이圈 [‘배움배움이’가 줄어서 된 말로] 예의범절이나 도덕에 대한 교양. ¶뱀뱀이가 없는 사람.

뱀:-술圈 소주 따위의 술에 뱀을 넣어 우려낸 술.

뱀:-장어(-長魚)圈 뱀장어과의 민물고기. 몸길이 60cm가량. 몸은 가늘고 길쭉하여 뱀과 비슷함. 5~12년간 민물에서 살다가 산란기에 바다 깊은 곳으로 내려가 알을 낳음. 만리(鰻鱺). 준장어.

뱀:-해圈☞사년(巳年).

뱁-대[-때]圈☞뱁댕이.

뱁-댕이[-땡-]圀 베를 짤 때, 날이 서로 붙지 않도록 사이사이에 지르는 가는 막대. 뱁대.

뱁:-새[-쌔]圀 휘파람샛과의 새. 날개 길이 5 cm, 꽁지 6 cm가량. 굴뚝새와 비슷하나 더 곱고 예쁨. 등은 갈색, 배는 담황갈색, 다리는 회적색임. 매우 민첩함. 여름과 가을에 떼를 지어 다니며 벌레를 잡아먹는 익조(益鳥)임.
　뱁새가 황새를 따라가면 다리가 찢어진다[俗] '남이 한다고 덩달아 제힘에 겨운 일을 하게 되면 도리어 큰 화를 당하게 됨'을 이르는 말.

뱁:새-눈[-쌔-]圀 작고 가늘게 옆으로 쩨진 눈.

뱁:새눈-이[-쌔-]圀 작고도 샐룩한 눈을 가진 사람.

뱁티스트(Baptist)圀 〔개신교에서〕 ①세례를 행하는 사람. ②침례교의 신도.

뱃-가죽[배까/밷까]圀 〈뱃살〉의 속된 말.
　뱃가죽이 땅 두께 같다[俗] '염치없고 배짱이 센 사람'을 조롱하여 이르는 말.
　뱃가죽이 등에 붙다[慣] 굶어서 배가 홀쭉하고 몹시 허기지다.

뱃-고동[배꼬/밷꼬]圀 신호를 하기 위하여 배에 장치한, '붕' 소리를 내는 고동.

뱃-구레[배꾸/밷꾸]圀 사람이나 짐승의 배의 통. 뱃집².

뱃-길[배낄/밷낄]圀 배가 다니는 길. 물길. 선로(船路). 수로(水路).

뱃-노래[밴-]圀 ①배를 저으며 부르는 노래. 도가(棹歌). 뱃소리. ②뱃사람들의 생활을 주제로 하여 지은 노래. 선가(船歌).

뱃-놀이[밴-]圀하자 배를 타고 즐기는 놀이. 선유(船遊). 주유(舟遊).

뱃-놈[밴-]圀 '뱃사람'을 얕잡아 이르는 말.

뱃대-끈[배때-/밷때-]圀 ①안장이나 길마를 지을 적에 마소의 배에 걸쳐서 조르는 줄. ②여자의 치마나 바지 위에 매는 끈.

뱃-덧[배떧/밷떧]圀 먹은 것이 체하여 음식을 잘 받지 않는 병. 배탈. 뱃덧증. ▶뱃덧이[배떠시/밷떠시]·뱃덧만[배떤-/밷떤-]

뱃-두리[밷뚜-]圀 항아리의 한 가지. 양념 따위를 넣어 두는 데 씀.

뱃-머리[밴-]圀 배의 앞 끝. 이물. ¶뱃머리를 돌리다.

뱃-멀미[밴-]圀하자 배를 탔을 때 어지럽고 메스꺼워 구역질이 나는 일, 또는 그런 증세. 선취(船醉). 선훈(船暈). ¶뱃멀미가 나다.

뱃-바람[배빠-/밷빠-]圀 배를 타고 쐬는 바람.

뱃-밥[배빱/밷빱]圀 배에 물이 새어 들지 못하게 틈을 메우는 물건.

뱃-병(-病)[배뼝/밷뼝]圀 (사람의) 배에 생기는 온갖 병.

뱃-사공(-沙工)[배싸-/밷싸-]圀 (주로 노로 젓는) 배를 부리는 사람. 선부(船夫). 啚사공.

뱃-사람[배싸-/밷싸-]圀 배에서 일을 하는 사람. 선인(船人). 수부(水夫).

뱃-삯[배싹/밷싹]圀 배를 타거나 배에 짐을 싣는 데 내는 돈. 선가(船價)¹. ▶뱃삯이[배싸끼/밷싸끼]·뱃삯만[배쌍-/밷쌍-]

뱃-살[배쌀/밷쌀]圀 배의 살이나 가죽.

뱃-소리[배쏘-/밷쏘-]圀 ①뱃사공이 노를 저어 나아갈 때에 노 젓는 동작에 맞추어 부르는 소리. ②⇨뱃노래.

뱃-속[배쏙/밷쏙]圀 마음속. ¶뱃속이 편하다. / 뱃속이 들여다보이다. / 뱃속을 알 수가 없다.
　뱃속을 채우다[慣] 염치없이 자기 욕심만 차리다.
　뱃속이 검다[慣] 마음보가 더럽고 음흉하다.

뱃-숨[배쑴/밷쑴]圀 배에 힘을 주어 깊이 쉬는 숨.

뱃-심[배씸/밷씸]圀 자신을 굽히지 않고 소신대로 밀고 나가는 배짱. ¶뱃심을 부리다.
　뱃심(이) 좋다[慣] 뱃심을 부릴 수 있는 비위가 좋다. ¶뱃심 좋게 대들다.

뱃-일[밴닐]圀하자 배에서 하는 일.

뱃-자반[배짜-/밷짜-]圀 생선을 잡은 곳에서 바로 소금에 절여 만든 자반.

뱃-장사[배짜-/밷짜-]圀하자 물건을 배에 싣고 다니면서 하는 장사.

뱃-장수[배짱-/밷짱-]圀 뱃장사를 하는 사람.

뱃-전[배쩐/밷쩐]圀 배의 양쪽 가장자리 부분. 선현(船舷). 현(舷). 현측(舷側).

뱃-줄[배쭐/밷쭐]圀 배에 맨 밧줄. 배를 매어 두거나 고는 데에 쓰임.

뱃-지게[배찌-/밷찌-]圀 배의 짐을 나르는 데 쓰는 지게.

뱃-짐[배찜/밷찜]圀 배에 실은 짐, 또는 배에 실어 나르는 짐. 선복(船卜). 선하(船荷). 선화(船貨).

뱃-집¹[배찜/밷찜]圀 네 귀에 추녀를 달지 않고, 두 쪽 머리에 박공만 대어 끊은 듯이 마물러 지은 집. 맞배집.

뱃-집²[배찜/밷찜]圀 배의 통. 뱃구레. ¶뱃집이 꽤 크다.

뱅-圀 ①일정한 범위를 한 바퀴 도는 모양. ¶뜰을 한 바퀴 뱅 돌다. ②둘레를 둘러싸는 모양. ¶담으로 뱅 둘러싸이다. ③갑자기 정신이 아찔해지는 모양. ¶머리가 뱅 돌다. ④갑자기 눈물이 글썽해지는 모양. 啚빙. 셰뼁. ①③④카팽².

뱅그레-圀 입을 가로 살며시 벌리며 부드럽게 웃는 모양. 啚빙그레. 셰뼁그레.

뱅그르르-圀하자 ①작은 것이 매끄럽게 한 바퀴 도는 모양. 啚빙그르르. ②눈물이 눈시울에 맺혀 도는 모양. 셰뼁그르르. 카팽그르르.

뱅글-圀 입을 약간 벌리면서 소리 없이 부드럽게 웃는 모양. 啚빙글. 셰뼁글. **뱅글-뱅글**圀

뱅글-거리다짜 입을 약간 벌리면서 소리 없이 자꾸 부드럽게 웃다. 뱅글대다. ¶대답은 하지 않고 뱅글거리기만 한다. 啚빙글거리다.

뱅글-대다짜 뱅글거리다.

뱅글-뱅글圀 작은 원을 그리면서 매끄럽게 도는 모양. 啚빙글빙글. 셰뼁글뼁글.

뱅긋[-귿]圀 입을 살짝 벌리며 소리 없이 귀엽게 웃는 모양. 啚빙긋. 셰뼁긋·뼁끗.

뱅긋-이圀 그녀는 얼굴을 붉히며 뱅긋이 웃어 보였다. 뱅긋-거리다.

뱅긋-거리다[-귿꺼-]짜 자꾸 뱅긋뱅긋하다. 뱅긋대다. 啚빙긋거리다.

뱅긋-대다짜 뱅긋거리다.

뱅끗[-끋]圀하자 〈뱅긋〉의 센말. 셰뼁끗.

뱅니圀 무당의 넋두리에서, 죽은 사람의 넋이 그 배우자를 가리키는 말.

뱅-뱅圀 ①물건 따위가 자꾸 도는 모양, 또는 돌리는 모양. ¶팽이를 뱅뱅 돌리다. ②정신이 자꾸 어찔해지는 모양. ③사람이 하는 일 없이 요리조리 슬슬 돌아다니는 모양. 啚빙빙. 셰뼁뼁. 카팽팽.

뱅시레-圀 입을 살며시 벌릴 듯하면서 소리 없이 예쁘게 웃는 모양. 啚빙시레. 셰뼁시레.

뱅실圀 온화한 표정으로 수줍은 듯이 부드럽게 웃는 모양. 啚빙실. 셰뼁실. **뱅실-뱅실**圀하자

뱅실-거리다짜 자꾸 뱅실뱅실하다. 뱅실대다. 啚빙실거리다.

뱅실-대다짜 뱅실거리다.

뱅싯[-싣]튀혀자 입을 살며시 벌릴 듯하면서 소리 없이 가볍게 한 번 웃는 모양. ¶말을 전한 다음 한 번 뱅싯 웃고 물러가다. 관빙싯. 셴뱅싯. 뱅싯-이튀. 뱅싯-뱅싯튀혀자.

뱅싯-거리다[-싣때-]자 자꾸 뱅싯뱅싯하다. 뱅싯대다. 관빙싯거리다.

뱅싯-대다[-싣때-]자 뱅싯거리다.

뱅:어 명 ①뱅엇과의 바닷물고기. 몸길이 10cm 가량으로 몸은 길. 몸빛은 희고 반투명함. 봄에 하천을 거슬러 올라가 알을 낳음. 백어. ②괴도 라치의 잔새끼.

뱅:어-젓[-젇]명 괴도라치의 잔새끼로 담근 것. *뱅:어젓이[-저시]·뱅:어젓만[-전-]

뱅:어-포(-脯)명 괴도라치의 잔새끼를 여러 마리 붙여서 만든 포.

-뱅이접미 일부 명사 뒤에 붙어, 그러한 습관·성질·모양의 것임을 얕잡아 이르는 뜻을 나타냄. ¶게으름뱅이. /주정뱅이.

뱅:충-맞다[-맏따]형 똘똘하지 못하고 어리석 다. ¶뱅충맞은 아이. 관빙충맞다.

뱅:충-이명 뱅충맞은 사람. 관빙충이.

뱉:다[밷따]타 ①입 안에 든 것을 입 밖으로 내보내다. ¶침을 뱉다. ②차지했던 것을 도로 내놓다. ¶착복한 돈을 뱉어 내다. ③말 따위를 함부로 마구 하다. ¶욕을 마구 뱉다. *뱉어·뱉는[밴-]

뱌비다타 ①두 물체를 맞대어서 가볍게 문지르다. ¶손으로 눈을 뱌비다. ②손바닥 등으로 재료를 문질러서 둥글거나 가락이 되게 만들다. ¶알약을 뱌비다. ③양념이나 재료 따위를 한데 뒤섞어 버무리다. ④구멍을 뚫으려고 송곳 따위로 이리저리 돌리다. 관비비다.

뱌비-대다타 자꾸 대고 뱌비다. 관비비대다.

뱌비작-거리다[-꺼-]타 자꾸 뱌비작뱌비작하다. 뱌비작대다. ¶뺨을 뱌비작거리다. 준뱌빗거리다. 관비비적거리다.

뱌비작-대다[-때-]타 뱌비작거리다.

뱌비작-뱌비작[-빠-]튀혀 무엇을 자꾸 뱌비는 모양. 준뱌빗뱌빗. 관비비적비비적.

뱌비-치다타 함부로 뱌비작거리다.

뱌빗-거리다[-빋꺼-]타 〈뱌비작거리다〉의 준말. 뱌빗대다. 관비빗거리다.

뱌빗-대다[-빋때-]타 뱌빗거리다.

뱌빗-뱌빗[-빋빧]튀혀 〈뱌비작뱌비작〉의 준말. 관비빗비빗.

뱌틀다[-]옛 뱌비다. 비틀다. ¶뱌틀 넘:捻. 뱌빌 멸:搣(訓蒙下23).

반:덕 요랬다조랬다 하여 변하기를 잘하는 마음이나 태도. 관변덕.

반:덕-맞다[-덩맏따]형 반덕스럽다. 뱅덕맞다. 관변덕맞다.

반:덕-스럽다[-쓰-따][~스러우니·~스러워] 형ㅂ 보기에도 반덕을 부리는 성질이나 태도가 있다. 뱅덕맞다. 뱅덕스럽다. 관변덕스럽다. 뱐덕스레튀.

반:덕-쟁이[-쟁-]명 뱐덕스러운 사람. 뱅덕쟁이. 관변덕쟁이.

반들-거리다 '밴들거리다'의 잘못.

반들-대다다 '밴들대다'의 잘못.

반들-반들튀혀 '밴들밴들'의 잘못.

뱌미주룩튀혀 물건의 끝이 비어져 나올 듯이 조금 내밀려 있는 모양. 관빈미주룩. 뱌미주룩-이튀.

반반-하다형여 조금 반반하다. ¶얼굴 생김새가 반반하다. 반반-히튀.

반주그레-하다형여 깜찍하게 반주그레하다.

반죽-거리다[-꺼-]자 얄밉게도 자꾸 빈정대다. 반죽대다. 셴빤죽거리다.

반죽-대다[-때-]자 반죽거리다.

반:-하다형여 조금 반하다. 셴빤하다.

밥-뛰다자 깡충깡충 뛰다.

버구튀 〈옛〉 다음으로. 버금으로. ¶버거 舍利弗 目揵連의 물 五百을 濟渡ᄒᆞ시니(釋譜6:18). 관벅다.

버걱튀형자타 크고 단단한 물건이 맞닿아서 문질러질 때 나는 소리. ¶이 문은 여닫을 때마다 버걱 소리를 낸다. 彊바각. 셴뻐걱. 버걱-버걱튀형자타.

버걱-거리다[-꺼-]자타 자꾸 버걱버걱하다. 버걱대다. 彊바각거리다.

버걱-대다[-때-]자타 버걱거리다.

버겁다[-따][버거우니·버거워]형ㅂ 힘에 겨워 다루거나 치러 내기에 벅차다. ¶버거운 상대. /짐이 너무 커서 나르기에 버겁다.

버국새명 〈옛〉 뻐꾸기. ¶버국새는 곧마다셔 봆 곡식 심그물 뵈아ᄂᆞ다(杜重4:19).

버굿명 〈옛〉 보굿. ¶그믈 버굿:網瓢兒(譯語上22).

버그(bug)명 루틴이나 컴퓨터를 설계하는 과정에서 일어나는 잘못이나 기능 결함, 또는 시스템 오동작의 원인이 되는 프로그램의 잘못.

버그러-뜨리다타 버그러지게 하다. 버그러트리다.

버그러-지다자 사이가 벌어져 틈이 생기다. ¶창틀이 버그러지다. 셴뻐그러지다.

버그러-트리다타 버그러뜨리다.

버그르-르튀형자 ①많은 양의 액체가 넓게 퍼지면서 끓어오르는 소리, 또는 그 모양. ②큰 거품이 한꺼번에 많이 일어나는 소리, 또는 그 모양. 彊바그르르. 셴뻐그르르.

버근관 〈옛〉 ('벅다'의 활용형) 버금가는. 다음가는. ¶양지 摩耶夫人만 몯ᄒᆞ실ᄊᆡ 버근 夫人이 ᄃᆞ외시니라(釋譜6:1). 관벅다.

버근-하다형 맞붙인 곳이 꼭 달라붙지 않고 틈이 벌다. 버근-히튀.

버글-거리다자 버글버글하다. 버글대다. ¶광장에 버글거리는 군중. 彊바글거리다. 셴뻐글거리다.

버글-대다자 버글거리다.

버글-버글튀형자 ①많은 양의 액체가 자꾸 끓어오르는 모양, 또는 그 소리. ¶국물이 버글버글 끓다. ②거품 따위가 자꾸 버그르르 일어나는 모양. ¶비누 거품이 버글버글 일다. ③살아 움직이는 것이 한군데 많이 모여 우글거리는 모양. ¶구더기가 버글버글하다. 彊바글바글. 셴뻐글뻐글.

버금명 (서열이나 차례에서) 으뜸의 다음.

버금-가다자 (서열이나 차례에서) 으뜸의 다음이 되다. 다음가다. ¶으뜸에 버금가는 자리.

버금딸림-음[-音]명 으뜸음보다 완전5도 아래의 음. [딸림음 다음으로 중요한 음임.] 하속음(下屬音). 관딸림음·으뜸음.

버굿-하다[-그타-]형여 맞붙은 곳에 틈이 벌어져 조금 벙긋하다. ¶담벽이 갈라져서 버굿하다. 셴뻐긋하다.

버꾸(←法鼓)명 농악기의 한 가지. 자루가 달린 작은 북. 모양은 소고와 같으나 크기는 훨씬 큼.

버꾸-놀음(←法鼓-)명형자 농부들이 버꾸를 치면서 노는 놀음.

버꾸-재비(←法鼓-)명 농악에서 버꾸를 치는 사람.

버꾸-춤(←法鼓-)圓 농악에서 버꾸재비들이 버꾸를 치면서 추는 춤.

버나-리 남사당패의 여섯 가지 놀이 중에서 둘째 놀이인 '대접돌리기'를 이르는 말.

버나-쇠[-쇠/-쉐]圓 남사당패에서, 버나재비의 우두머리.

버나-재비圓 남사당패에서, 대접돌리기를 하는 재인(才人).

버ː너(burner)圓 기체나 액체 연료 따위를 연소시키는 장치. 〔가스버너 따위.〕

버ː니어(vernier)圓 ☞아들자.

버덩圓 나무는 없고 잡풀만 우거진, 좀 높고 평평한 거친 들.

버덩 〈옛〉①뜰층계. ¶버덩 폐:陛(訓蒙中6). ②다듬잇돌. ¶버덩 팀:砧(訓蒙中11). ③모탕. ¶버덩 심:椹. 버덩 질:櫍(訓蒙中15).

버둥-거리다재타 자꾸 버둥버둥하다. 버둥대다. ¶팔다리를 버둥거리다. /살아가려고 버둥거리다. ֎바동거리다.

버둥-대다재타 버둥거리다.

버둥-버둥튀 ①하타〈자빠지거나 주저앉거나 매달려서〉팔과 다리를 심하게 내저으며 몸을 자꾸 움직이는 모양. ¶버둥버둥 몸부림을 치다. ②재자〉어떤 처지에서 벗어나려고 크게 애를 쓰는 모양. ¶살려고 버둥버둥하는 모습이 애처롭다. ֎바동바동.

버둥-질하자 ①〈발버둥질〉의 준말. ②〈말버둥질〉의 준말.

버드-나무圓 ①버들을 통틀어 이르는 말. 양류(楊柳). ②버드나뭇과의 낙엽 교목. 아무 곳에서나 잘 자라는데, 높이는 20m가량. 잎은 끝이 뾰족하고 가장자리에 안으로 굽은 잔톱니가 있음. 4월경에 꽃이 피는데, 그 꽃을 '버들개지'라 함. 세공재(細工材)로 쓰고, 가로수·풍치목으로 많이 심음. 버들.

버드나무-벌레圓 버드나무하늘소의 유충. 경간(驚癎)에 한약재로 쓰임.

버드나무-하늘소[-쏘]圓 하늘솟과의 곤충. 온몸에 황토색의 짧은 털이 났음. 암컷에는 원통 모양의 산란관이 유천우(柳天牛).

버드러-지다재 ①끝이 밖으로 벌어지다. ¶앞니가 버드러지다. ②부드럽던 것이 굳어서 뻣뻣하여 되다.

버드렁-니圓 바깥쪽으로 버드러진 앞니. ↔옥니.

버드름-하다형어 밖으로 약간 벋은 듯하다. ֎버듬하다. 垒바드름하다. ฅ삐드름하다. **버드름-히**튀 ¶앞니가 버드름히 돋아나다.

버들圓 ☞버드나무.

버들-가지圓 버드나무의 가지.

버들-강아지圓 ☞버들개지.

버들-개지圓 버드나무의 꽃. 솜과 비슷하며, 바람에 날려 흩어짐. 버들강아지. 유서(柳絮). 垒개지.

버들-고리圓 고리버들의 가지로 결어서 만든, 옷 따위를 넣는 고리.

버들-낫[-랏]圓 낫의 한 가지. 보통 낫보다 날이 짧음. *버들낫이[-라시]·버들낫만[-란-]

버들-붕어圓 천상엇과의 민물고기. 몸길이 7~8cm. 몸은 나뭇잎 모양이고 몸빛은 암녹색인데, 옆면에는 흑갈색의 'U'자 무늬가 많음. 더러운 물에서도 잘 살며 다른 물고기를 공격하는 성질이 있음. 하천이나 늪·연못 등에서 삶.

버들-상자(-箱子)圓 고리버들로 결어 만든 상자.

버들-올벼圓 올벼의 한 가지. 한식(寒食) 뒤에 심는데, 이삭에 까끄라기가 있음.

버들-옷[-드론]圓 ☞대극(大戟). *버들옷이[-드로시]·버들옷만[-드론-]

버들-잎[-립]圓 버드나무의 잎. *버들잎이[-리피]·버들잎만[-림-]

버들치圓 잉엇과의 민물고기. 몸길이가 8~15cm. 몸빛은 회황갈색인데, 옆구리에 짙은 갈색 비늘 모양의 무늬가 흩어져 있음.

버들-피리圓 ①버들가지의 껍질로 만든 피리. ②버들잎을 접어 물고 피리 소리를 내는 일.

버듬-하다형어 〈버드름하다〉의 준말. ֎바듬하다. **버듬-히**튀.

버ː디(birdie)圓 골프에서, 기준 타수보다 하나 적은 타수로 홀(hole)에 공을 쳐 넣는 일. 垒보기(bogey)·이글(eagle)·파(par).

버라이어티-쇼ː(variety show)圓 노래·춤·촌극·곡예 따위를 한데 엮은, 아주 변화가 많고 다양한 쇼.

버러시니자〈옛〉['벌다'의 활용형〕 벌리어 있으니. ¶골골이 버러시니(鄭澈.關東別曲).

버러지圓 벌레. ¶버러지만도 못한 놈.

버럭튀 갑자기 화를 몹시 내거나 소리를 냅다 지르는 모양. ¶버럭 화를 내다. /버럭 소리를 지르다. ֎바락. **버럭-버럭**하자.

버럼圓 사냥에서, 새를 잡은 매를 받을 때 끼는 두꺼운 장갑.

버ː렁圓 물체가 차지한 둘레. 또는, 어떠한 일의 범위.

버려-두다타 ①잘 간수하지 않고 아무렇게나 그냥 놓아두다. ¶자동차를 길가에 버려두다. ②혼자 있게 남겨 놓다. ¶아이를 집에 버려두고 일터로 향하다.

버력圓 하늘이나 신불이 사람의 죄악을 징계하느라고 내린다는 벌. ¶버력을 내리다. **버력(을) 입다**관용 버력을 당하다. ¶저 버력을 입을 놈.

버력圓 ①물속의 밑바닥에 기초를 만들거나, 수중 구조물의 근부(根部)를 방호하기 위하여 물속에 집어넣는 돌. ②광석 따위를 캘 때 나오는, 광물의 성분이 섞이지 않은 잡석. ②←감돌.

버력-탕圓 광산에서, 버력을 버리는 곳.

버르르튀하자 ①〈소견이 좁은 사람이〉대수롭지 않은 일에 성을 내는 모양. ¶버르르 화를 잘 내다. ②꽤 많은 액체가 가볍게 끓어오르는 모양, 또는 그 소리. ③가볍게 몸을 떠는 모양. ¶온몸이 버르르 떨리다. ④얇은 종이나 마른 검불 같은 데 불이 붙어 가볍게 타오르는 모양. ֎바르르. ฅ푸르르.

버르장-머리圓 《주로 '없다'·'고치다'와 함께 쓰이어》'버릇'을 얕잡아 이르는 말. ¶에이, 버르장머리 없는 녀석 같으니라고.

버르장-이圓 '버릇'을 구어적으로 이르는 말.

버르적-거리다[-꺼-]타 자꾸 버르적버르적하다. ֎버릇거리다. 垒바르작거리다. ฅ뻐르적거리다.

버르적-대다[-때-]타 버르적거리다.

버르적-버르적[-뻐-]튀하타 〈고통이나 어려운 고비에서 헤어나려고〉팔다리를 내저으며 몸을 자꾸 움직이는 모양. ¶좁은 틈새로 버르적버르적 기어 나오다. ֎버릇버릇. 垒바르작바르작. ฅ뻐르적뻐르적.

버ː르-집다[-따]타 ①오므라진 것을 벌려서 펴다. ②숨은 일을 들추어내다. ③작은 일을 크게 떠벌리다. ¶공연히 일을 버르집어 놓다. ֎바르집다.

버름-버름하형 여기저기 다 버름한 모양.

버름-하다[형]① 틈이 좀 벌어져 있다. ¶ 창문이 버름하다. ② 마음이 서로 맞지 아니하다. 버름-히[부]

버릇[-를][명] ① 여러 번 거듭하는 사이에 몸에 배어 굳어 버린 성질이나 짓. 습벽(習癖). ¶ 버릇을 고치다. /좋지 못한 버릇이 생겼다. /세살 버릇 여든까지 간다. ② 어른에 대하여 차려야 할 예의. ¶ 버릇이 없다. * 버릇이[-르시]·버릇만[-른-]

버릇-되다[-를뙤/-른뙤][자] 버릇으로 굳어지다. ¶ 거짓말도 자주 하면 버릇된다.

버릇-소리[-를쏘-][명] ☞습관음(習慣音).

버릇-없다[-르덥따][형] 어른에 대한 예절을 차릴 줄 모르다. ¶ 버릇없는 아이. **버릇없-이**[부] ¶ 아무에게나 버릇없이 굴다.

버릇-하다[-르타-][조동]《동사 어미 '-아'·'-어'·'-여' 뒤에 쓰이어》 앞의 동작을 자주 되풀이함을 나타냄. ¶ 싫은 음식도 자꾸 먹어 버릇해야 한다.

버릇-거리다[-를꺼-][타]〈버르적거리다〉의 준말. 버릇대다. 쪤바릇거리다.

버릇다[-를따][타] 파서 헤집어 놓다. 헤집어서 흩어지게 하다. ¶ 쓰레기통을 버릇다. * 버릇어·버릇는[-른-]

버릇-대다[-를때-][타] 버릇거리다.

버릇-버릇[-를쁘릇][부][하다]〈버르적버르적〉의 준말. 쪤바릇바릇.

버리다[타] ① 쓰지 못할 것을 없애거나 처치하다. ¶ 못 쓰게 된 종이를 버리다. ② 어떤 성격이나 나쁜 버릇 따위를 떼어 없애다. ¶ 나쁜 버릇은 버려라. ③ 어떤 생각이나 소망 따위를 떨쳐 없애다. ¶ 허튼 생각을 버리다. /가당찮은 소원은 버려라. ④ 직업이나 직장 따위를 그만두고 손을 떼다. ¶ 가업(家業)을 버리고 이어 오다. ⑤ 가정이나 고향 등을 돌보지 않고 떠나거나 관계를 끊다. ¶ 처자를 버리다. /고향을 버리고 떠나다. ⑥ 주의하거나 돌보지 않고 망치거나 망치게 하다. 또는, 더럽혀 쓰지 못하게 하다. ¶ 과로로 몸을 버리다. /아이를 그대로 두면 버리게 된다. /흙탕물이 튀어 옷을 버렸다. ⑦《'목숨'·'생명' 따위 낱말과 함께 쓰이어》 살아 있기를 단념하다. ¶ 목숨을 버릴지언정 이름을 더럽힐 수는 없다.

버리다[조동]《활용 어미 '-아'·'-어'·'-여' 뒤에 쓰이어》 위의 동작을 끝내어 치움의 뜻을 나타냄. ¶ 삼켜 버리다. /던져 버리다.

버리다[옛] ¶ 밥 오나든 입 버리고 줌 오나든 눈 ㅁ모며(金三5:25).

버리다[옛] 벌이다. ¶ 每日 히 도됴 ㅃ 供養앳 거슬 버리고(月釋10:120).

버림[명] 어림수를 만드는 방법의 한 가지. 구하고자 하는 자리까지의 숫자는 그대로 두고 그 아랫자리인 숫자를 모두 0으로 하는 일. ↔반올림. 쯥반올림.

버림-받다[-따][자] 버림을 당하다. 버려진 바가 되다. ¶ 사랑하던 사람에게서 버림받다.

버림-치[명] 못 쓰게 되어 버려 둔 물건.

버:마재비[명] ☞사마귀².

버무리[명] 버무리떡.

버무리다[타] 어떤 것에 다른 것을 골고루 뒤섞다. ¶ 김치를 버무리다.

버무리-떡[명] 쌀가루에 콩이나 팥 따위를 한데 버무려 만든 떡. 버무리.

버물다¹[버무니·버물어][자] 못된 일이나 범죄 따위에 관계하다. 연루되다.

버물다²[타] '버무리다'의 잘못.

버물리다[Ⅰ][자]〖'버무리다'의 피동〗 버무림을 당하다. 한데 뒤섞여 버무려지다.
[Ⅱ][타]〖'버무리다'의 사동〗 버무리게 하다. ¶ 나물을 버물리다.

버블^현:상(bubble現象)[명] 투자·생산 따위의 실제의 조건이 따르지 않는데도 물가가 오르고 부동산 투기가 심해지고 증권 시장의 값이 열되면서 돈의 흐름이 활발해지는 현상. 포말 현상.

버:새[명] ① 말과의 짐승. 수말과 암나귀 사이에 난 잡종으로 노새와 비슷하나 몸이 더 작고 체질이 약함. 결제(駃騠). ② 수말과 암노새 사이에 난 잡종의 말.

버석[부][하다자] ① 잘 마른 가랑잎 따위가 밟혀을 때 나는 소리. ② 부숭부숭한 물건이 부스러질 때 나는 소리. 쪤바삭. 쎈버썩. **버석-버석**[부][하다자].

버석-거리다[-꺼-][자타] 자꾸 버석버석하다. 버석대다. 쪤바삭거리다.

버석-대다[-때-][자타] 버석거리다.

버선[명] 발에 꿰어 신는 물건. 흔히 무명으로 짓는데, 솜버선·겹버선·홀버선 등이 있음.

버선-등[-뜽][명] 버선의, 발등에 닿는 부분.

버선-목[명] 버선의, 발목에 닿는 부분.

버선목이라 (오장을) 뒤집어 보이지도 못하고[속담] 아무리 의심을 풀고 밝히려 해도 상대편이 수긍하지 않을 경우를 이르는 말.

버선-발[명] 버선만 신은 발. ¶ 버선발로 뛰어나와 손을 잡고 반가워하다.

버선-본(-本)[-뽄][명] 버선을 지을 때, 감을 마르는 데 쓰는, 종이로 된 본보기.

버선-볼[-뽈][명] ① 버선의 너비. ② 버선을 기울 때에 바닥 앞뒤쪽에 덧대는, 두 폭을 맞붙인 헝겊 조각.

버선-코[명] 버선의 앞쪽 끝에 뾰족하게 치켜 오라간 부분.

버섯[-섣][명] 산이나 들의 그늘진 땅이나 썩은 나무 등에 돋아나는 하등 식물의 한 가지. 대부분이 우산 모양인데, 영양 기관인 균사체와 자실체로 번식함. 먹을 수 있는 것과 독을 지닌 것 등 종류가 다양함. 균심(菌蕈). * 버섯이[-서시]·버섯만[-선-]

버섯-갓[-섣깓][명] ☞균산(菌傘). * 버섯갓이[-선까시]·버섯갓만[-선깐-]

버섯-구름[-섣꾸-][명] ☞원자구름.

버섯-나물[-선-][명] 마른 버섯을 물에 불려 쇠고기나 돼지고기를 넣고 양념을 하여 볶은 나물.

버섯-벌레[-섣뻘-][명] 버섯벌레과의 곤충. 몸길이 7mm가량. 몸빛은 광택이 나는 녹색이고 몸은 긴 달걀 모양임. 버섯에 기생하는데, 전 세계에 분포함.

버-성기다[형] ① 벌어져서 틈이 있다. ② 사귀어 지내는 사이가 탐탁하지 않다. ¶ 사소한 다툼으로 둘 사이가 버성기게 되었다. ③ 분위기가 자연스럽지 못하고 서먹서먹하다. ¶ 분위기가 너무 버성겨서 일찍 자리를 떴다.

버스(bus)[명] ① 많은 사람을 동시에 실어 나를 수 있는 대형의 승합 자동차. ¶ 시내 버스. ② 컴퓨터의 하드웨어에서, 여러 장치나 기능 단위 사이를 연결하여 신호나 정보를 전송하는 공용(共用)의 선로.

버스러-지다[자] ① 곁에 있는 것이 뭉그러져 흩어지다. ② 벗겨져서 해어지다. ¶ 방석이 버스러지다. ③어떤 범위 안에 들지 못하고 벗어나다. ¶그 일은 기대에 너무 버스러진다.

버스럭閉〔하자타〕마른 검불이나 종이 따위를 밟거나 건드릴 때 나는 소리. ¶뜰에서 버스럭 소리가 났다. 셈바스락. 솅삐스럭. 솅부스럭. **버스럭-버스럭**閉〔하자타〕

버스럭-거리다[-꺼-]困타 자꾸 버스럭버스럭하다. 버스럭대다. ¶버스럭거리는 소리에 잠이 깼다. 솅바스락거리다.

버스럭-대다[-때-]困타 버스럭거리다.

버스름-하다혱에 버스러져서 사이가 버름하다. **버스름-히**閉.

버스트(bust)閉 가슴, 특히 여자의 가슴둘레.

버슬-버슬閉혱에 덩어리진 가루 따위가 말라서 쉽게 버스러지는 모양. 솅바슬바슬. ④퍼 슬퍼슬.

버슷(옛)閉 버섯. ¶버슷 쇼:栮. 버슷 균:菌(訓蒙上13).

버슷버슷-하다[-슽뻐스타-]혱에 여러 사람 사이가 모두 버슷하다.

버슷-하다[-스타-]혱에 두 사람 사이가 서로 버스러져 잘 어울리지 아니하다.

버썩¹閉〔하자타〕〈버석〉의 센말. 솅바싹.

버썩²閉 ①물기가 아주 없거나 타 버린 모양. ¶버썩 마른 논. ②아주 가까이 들러붙는 모양. ③아주 단단히 죄는 모양. ④외곬으로 우기는 모양. ⑤많이 줄어드는 모양. 솅바싹². 솅부썩². **버썩-버썩**閉.

버워리閉(옛) 벙어리. ¶버워리 암:瘖. 버워리 아:瘂(訓蒙中34).

버으리왇다困(옛) 버그러뜨리다. 버그러져 떠나다. ¶녀름지싀스매 나라홀 버으리와다쇼미 머도다(杜初7:5). /坐禪호믈 버으리왇디 아니ᄒᆞ놋다(杜初9:24).

버을다困(옛) 사이가 틀어서 벌다. ¶어울면 모더 버으는 거시니(月釋2:15). 솅벙을다.

버저(buzzer)閉 전자석(電磁石)을 이용하여 진동판을 진동시켜 소리를 내는 장치.

버저-비:터(buzzer beater)閉 농구에서, 종료 버저와 동시에 던진 슛이 골이 되는 일.

버적-버적[-쩌-]閉〔하자타〕잘 마른 물건을 자꾸 씹거나 빻거나 할 때 나는 소리, 또는 그 모양. ②〔하자〕잘 마른 물건이 타 들어가는 소리, 또는 그 모양. ③마음이 점점 죄어드는 모양. ¶버적버적 애타는 내 심정을 누가 알아줄꼬. ④애가 타서 입술이 점점 마르는 모양. ⑤〔하자〕진땀이 자꾸 돋아나는 모양. 솅바작바작. 솅삐적뻐적.

버:전(version)閉〔컴퓨터에서〕①어떤 소프트웨어가 몇 번 개정되었는지를 나타내는 번호. 기능이 보완되거나 추가될 때 버전을 올려 나감. ②한 소프트웨어를 서로 다른 시스템 환경에서 사용할 수 있도록 각각 제작된 프로그램을 이르는 말.

버젓-하다[-저타-]혱에 《주로 '버젓하게'·'버젓한'의 꼴로 쓰이어》 ①흠잡히거나 굽힐 것이 없이 떳떳하고 의젓하다. ¶하는 짓이 버젓하다. ②남의 축에 빠지지 않을 만큼 의젓하고 번듯하다. ¶버젓한 신분. 솅빠젓하다. **버젓-이**閉 금연 구역에서 버젓이 담배를 피우다. ¶이제 어디든 버젓이 나설 수 있다.

버정-이다困 아무 생각 없이 짧은 거리를 오락가락하다. ¶시냇가를 버정이다. /골목에서 버정이다. 솅바장이다.

버즘閉(옛) 버짐. ¶버즘 선:癬(訓蒙中33).

버즘-나무閉 버즘나뭇과의 낙엽 교목. 가로수로 흔히 심는데 높이는 30 m에까지 이름. 잎은 여러 갈래로 깊게 갈라져 있으며 암회색이나 회백색을 띤 나무껍질은 큰 조각으로 터서 떨어짐. 열매는 긴 과병(果柄) 끝에 방울 모양으로 달림.

버:지다困 ①베어지거나 조금 긁히다. ¶면도날에 버지다. ②가장자리가 닳아서 찢어지게 되다. ¶종이를 접었던 자리가 버지다.

버짐閉 백선균(白癬菌)에 의하여 일어나는 피부병을 통틀어 이르는 말. 특히, 얼굴의 백선을 이르며, 마른버짐·진버짐 등이 있음.

버쩍閉 ①물기가 몹시 졸아들거나 아주 마르는 모양. ¶논물이 버쩍 줄다. ②몹시 달라붙는 모양. ¶버쩍 달라붙어서 간청하다. ③몹시 긴장하거나 힘을 주는 모양. ¶정신이 버쩍 들다. /버쩍 힘을 주어 밀어붙이다. ④몹시 죄는 모양. ⑤갑자기 늘거나 주는 모양. ¶손님이 버쩍 늘다. ⑥몸이 몹시 마른 모양. 솅바짝. **버쩍-버쩍**閉.

버찌閉 벚나무의 열매. 앵두만 하며, 맛이 새콤하고 닮. 체리. 준버찌.

버치閉 자배기보다 조금 깊고 크게 만든 질그릇.

버캐閉 간장이나 오줌 따위 액체 속에 섞여 있던 소금기가 엉기어서 뭉쳐진 찌끼. ¶소금 버캐. /오줌 버캐.

버커리閉 늙고 병들거나 고생살이로 말미암아 살이 빠지고 쭈그러진 여자.

버크럼閉(buckram) 풀이나 아교 따위를 먹여서 빳빳하게 한 아마포(亞麻布). 책의 장정(裝幀)이나 양복 깃에 심으로 씀.

버:크셔-종(Berkshire種)閉 돼지 품종의 한 가지. 영국에서 개량한 것으로, 몸통·다리·주둥이가 짧고 턱이 두꺼우며, 체질이 강건하고 번식력이 왕성함.

버클(buckle)閉 가죽 허리띠 따위를 죄어 고정시키는 장치로 되어 있는 장식물.

버:클륨(berkelium)閉 초우라늄 원소의 한 가지. 사이클로트론으로 가속(加速)한 헬륨을 아메리슘에 작용시켜 인공적으로 만든 원소. 〔Bk/97/247〕

버킷(bucket)閉 기중기 끝에 붙어 흙이나 모래 따위를 퍼 올리는 통.

버터(butter)閉 우유 속의 지방을 분리하여 응고시킨 영양 식품. 우락(牛酪).

버터-밀크(buttermilk)閉 분리기로 처리한 우유에서 버터를 빼낸 액체. 가공 음료나 분말 우유 따위의 제조에 쓰임.

버텅閉(옛) 뜰층계. ¶버텅 폐:陛(訓蒙中6).

버텅아래閉(옛) 폐하(陛下). ¶陛下는 버텅아래니 皇帝를 바로 몯 솔바 버텅아래를 솔ᄂᆞ니라(月釋2:65).

버튼(button)閉 ①누름단추. ②전기 장치에 전류를 단속(斷續)시키는, 손으로 누르는 단추.

버티다 Ⅰ困 ①어려움을 참고 지내다. ¶물만 마시며 일주일 동안 버티다. ②맞서서 저항하다. ¶이 못하겠다고 버티다. Ⅱ타 ①쓰러지지 않도록 괴거나 가누다. ②이어 가다. 견디어 배기다. ¶다리가 차량의 무게를 버티지 못하고 무너졌다.

버팀-대[-때-]閉 〔물건을〕쓰러지지 않게 받치는 장대. 지주(支柱).

버팀-목(-木)閉 〔물건을〕쓰러지지 않게 버티어 세우는 나무.

버팅(butting)閉 권투 경기에서, 머리로 상대편 선수를 받는 반칙 행위.

버퍼(buffer)[명] 〔'완충 장치'의 뜻으로〕컴퓨터에서, 필요한 정보를 일시 축적하거나 동작 속도가 다른 장치 사이에 데이터를 전송할 경우, 데이터를 일시적으로 머물러 있도록 하는 영역이나 레지스터.

버히다[타] 〈옛〉베다(斬). ¶나모 버히는 소리 丁ㅎ고(杜初9:12).

벅[부] ①단단한 것을 세게 한 번 문지르거나 긁는 소리, 또는 그 모양. ②천이나 종이 따위를 단번에 찢는 소리, 또는 그 모양. ③단번에 줄을 긋는 소리, 또는 그 모양. ㈜벅4. ㈁뻑. 벅-벅[부] 뒤퉁수만 비벼 벅벅 긁다.

벅국새[명] 〈옛〉뻐꾸기. ¶벅국새:布穀(譯解補47).

벅다[자] 〈옛〉버금가다. ¶聖朱에 벅게코져 ᄒᆞ샬디댄(圓覺上一之二75). /버글 부:副(訓蒙中1).

벅벅[-] [부] ①머리털이나 수염 따위를 아주 짧게 깎는 모양. ②억지를 쓰면서 몹시 우기는 모양. ¶자기가 옳다고 끝까지 벅벅 우기다. ㈜박박¹. ㈁뻑뻑.

벅벅-이[-] [부] 틀림없이. ㈜박박이. ㈁뻑뻑이.

벅수[-쑤]명 기다란 통나무 두 개에 각각 익살스러운 남녀의 얼굴 모양과 '天下大將軍'·'地下女將軍'이라는 글자를 새기고 마을 어귀에 세워 부락의 수호신상(守護神像)으로 삼던 표목(木).〔기다란 돌을 이용하는 것도 있음.〕㈜장승.

벅스킨(buckskin)[명] ①사슴이나 양의 가죽. ②사슴 가죽처럼 짠 모직물. ¶벅스킨 장갑.

벅신-거리다[-씬-][자] 자꾸 벅신벅신하다. 벅신대다. ㈜박신거리다.

벅신-대다[-씬-][자] 벅신거리다.

벅신-벅신[-씬-씬][부][하자] 사람이나 짐승 따위가 한데 많이 모여서 활발하게 움직이는 모양. ¶구경꾼이 벅신벅신하다. ㈜박신박신.

벅적-거리다[-쩍거-][자] 자꾸 벅적벅적하다. 벅적대다. ㈜박작거리다.

벅적-대다[-쩍때-][자] 벅적거리다.

벅적-벅적[-쩍뻐쩍][부][하자] 사람이 많이 모여 수선스럽게 들끓는 모양. ¶거리가 인파로 벅적벅적하다. ㈜박작박작.

벅차다[형] 벅차다. 정도에 넘쳐 감당하기가 어렵다. ¶하루에 끝내기는 좀 벅차다. ②(생각이나 느낌이) 넘칠 듯이 가득하다. ¶가슴 벅찬 감격.

벅차-오르다[~오르니·~올라][자르] 큰 감격이나 기쁨으로 가슴이 몹시 뿌듯하여 오다. ¶합격 소식을 듣자 가슴이 벅차올랐다.

번[명] 〈시룻번〉의 준말.

번(番) [Ⅰ]명 ①차례를 바꾸어 갈마드는 일. ②차례로 숙직·당직 등을 하는 일. ¶번을 서다. [Ⅱ]의 ①일의 차례나 횟수를 세는 단위. ¶둘째 번. /여러 번.
번을 나다[관용] 번을 치르고 나오다. 입직(入直)하였다가 끝마치고 나오다.
번을 들다[관용] 번차례가 되어 번소(番所)로 들어가다.

번가(煩苛·繁苛) '번가하다'의 어근.

번-가루[-까-]명 곡식 가루를 반죽할 때에 물손을 맞추어 가며 덧치는 가루.

번가-하다(煩苛-·繁苛-)[형여] ①번거롭고 까다롭다. ②(법 따위가) 너무 복잡하고 가혹하다.

번각(翻刻·飜刻)[명][하자] ☞복각(覆刻).

번각-본(翻刻本)[-뽄]명 ☞복각본.

번간(煩簡)[명] 번거로움과 간략함. 번잡함과 간소함.

번갈(煩渴)[명] ☞번갈증.

번-갈다(番-) [~가니·~갈아][자타] 차례에 따라 갈마들다. (주로, '번갈아'·'번갈아서'의 꼴로 쓰임.) ¶번갈아 근무하다. /쌍둥이를 번갈아 가며 쳐다보다.

번갈아-듣다(番-) [-따][~들으니·~들어][타ㄷ] 한 번씩 차례에 따라 듣다. ¶피해자와 가해자의 이야기를 번갈아듣다.

번갈아-들다(番-) [~들어][자] (근무 따위가) 차례에 따라 갈마들다. 차례를 돌려가며 일을 맡다.

번갈아-들이다(番-)[타] 〔'번갈아들다'의 사동〕서로 번을 갈아들게 하다.

번갈-증(煩渴症)[-쯩] 병적으로 가슴이 답답하고 몹시 목이 마른 증상. 번갈.

번개[명] ①양전(陽電)과 음전(陰電)의 구름 사이의 방전 현상으로, 몹시 빠르게 번쩍이는 빛. 전광(電光). ②'동작이 아주 빠르고 날랜 사람이나 사물'을 비유하여 이르는 말. ¶번개같이 달아나다.
번개가 잦으면 천둥을 한다[속담] 어떤 일의 조짐이 잦으면 반드시 그 일이 이루어지고야 만다는 뜻.

번개-매미충(-蟲)[명] 멸구과의 곤충. 몸길이 4mm가량의 매미. 몸빛은 담황색인데, 등에는 번갯불 모양의 무늬가 있음. 벼·소나무 따위의 해충임.

번개-무늬[-니] [명] ☞뇌문(雷紋).

번갯-불[-개뿔·-갠뿔]명 번개의 불빛. 전광(電光). 전화(電火).
번갯불에 솜 구워 먹겠다[속담] '거짓말을 쉽게 잘함'을 비유하여 이르는 말.
번갯불에 콩 볶아 먹겠다[속담] 번갯불이 번쩍하는 사이에 해치울 만큼 재빠르다는 뜻.

번거-롭다(-)[-따][~로우니·~로워][형비] ①일의 갈피가 복잡하고 어수선하다. ¶등록 절차가 번거롭다. ②조용하지 않고 어수선하다. 번거로이[부].

번거-하다[형여] 자리가 몹시 어수선하다. 번거히[부].

번게(番-) 〈옛〉번개. ¶업던 번게를 하늘히 불기시니(龍歌30章). /번게 면:電(訓蒙上2).

번견(番犬)[명] 집을 지키거나 망을 보는 개.

번경(反耕)[명][하자·되자] 논을 여러 번 갈아 뒤집음.

번고(反庫)[명][하자] ①창고의 물건을 뒤적거려 조사함. ②구역질하여 토함.

번고(煩告)[명][하타] 번거롭게 일러바침.

번고(煩苦)[명][하자] 번민하여 괴로워함.

번국(番國)[명] 오랑캐 나라.

번국(藩國)[명] 제후(諸侯)의 나라. 번방(藩邦).

번극(煩劇·繁劇) '번극하다'의 어근.

번극-하다(煩劇-·繁劇-) [-그카-][형여] 몹시 번거롭고 바쁘다.

번급(煩急) '번급하다'의 어근.

번급-하다(煩急-) [-그파-][형여] 몹시 번거롭고도 급하다.

번-기수(番旗手)[명] 왕조 때, 대궐에서 번들어서 호위하던 기수.

번뇌(煩惱)[-뇌/-눼]명 ①[하자] 마음이 시달려서 괴로움. 괴로운 심정. '마음이나 몸을 괴롭히는 모든 망념(妄念)'을 이르는 말.〔욕망·노여움·어리석음 따위.〕

번뇌-마(煩惱魔)[-뇌-/-눼-]명 불교에서 이르는 사마(四魔)의 하나. 탐욕·진에(瞋恚)·우치(愚痴) 등이 사람을 괴롭히고 어지럽게 하여 수행에 방해가 되는 일.

번뇌-탁(煩惱濁)[-뇌-/-눼-]**명** 불교에서 이르는 오탁(五濁)의 하나. 애욕을 탐하며 마음을 괴롭히고 여러 가지 죄를 범하는 것.

번다(煩多) '번다하다'의 어근.

번다-스럽다(煩多-)[-따][~스러우니·~스러워]**형비** 번다한 데가 있다. **번다스레뷔**.

번다-하다(煩多-)**형어** 번거롭게 많다. **참다번**. ¶이런 일 저런 일로 몹시 번다하다. **번다-히뷔**.

번답(反畓)**명하타** 밭을 논으로 만듦. ↔번전.

번데기명 ①완전 변태를 하는 곤충에서, 유충기(幼蟲期)와 성충기(成蟲期) 사이에 한동안 활동을 멈추고 있는 시기. ②누에 번데기를 양념하여 삶거나 볶은 음식.

번둥-거리다재 자꾸 번둥번둥하다. 번둥대다. **참반둥거리다**. **센뻔둥거리다**. **큰펀둥거리다**.

번둥-대다재 번둥거리다. ¶날마다 번둥대며 놀다.

번둥-번둥뷔하재 보기에 미련스럽도록 게으르게 마냥 놀기만 하는 모양. **참반둥반둥**. **센뻔둥뻔둥**. **큰펀둥펀둥**.

번드기뷔 (옛) 환하게. 뚜렷이. ¶부톄 번드기 니ᄅ디 아니ᄒ시고(楞解5:30).

번드럽다[-따][번드러우니·번드러워]**형비** ①껄끄러운 데가 없이 매우 미끄럽다. ¶바닥이 얼음판처럼 번드럽다. ②사람됨이 어수룩한 맛이 없이 매우 약삭빠르다. ¶요즘 젊은이들은 너무 번드럽다. **참반드럽다**. **센뻔드럽다**.

번드레-하다[-따] 외모가 번드르르하다. **참반드레하다**. **센뻔드레하다**.

번드르르뷔하형 윤기가 있고 매끄러운 모양. ¶얼굴이 번드르르하다. **참반드르르**. **센뻔드르르**.

번드시뷔 (옛) 뚜렷이. ¶네 번드사 아디 몯ᄒ놋다(楞解3:86). **참반드기·번드시**.

번드-치다타 ①물건을 한 번에 뒤집다. ②마음을 바꾸다.

번득뷔하자타 ①불빛 따위가 한 번 빛나는 모양. ¶번득하는 불빛. ②물건의 바닥이나 거죽이 뒤척임에 따라, 비치는 광선 상태가 갑자기 바뀌는 모양, 또는 그리 되게 하는 모양. **참반득**. **센뻔득·뻣득**. **번득-번득뷔하자타**.

번득-거리다[-꺼-]**자타** 자꾸 번득번득하다. **번득대다**. ¶햇빛에 금테 안경이 번득거리다. **참반득거리다**.

번득-대다[-때-]**자타** 번득거리다.

번득-이다자타 ①빛이 반사하여 빛나다 말다 하다. ②눈빛이 생기 있게 빛나다. ¶눈빛을 번득이며 노려보다. ③생각이나 기운 따위가 문득 비치다. ¶번득이는 재치. /기저가 번득이다. /살의가 번득이다. **참반득이다**. **센뻔득이다·뻣득이다**.

번득ᄒ다형 (옛) ①뚜렷하다. ¶境과 智왜 번득ᄒ며(圓覺序38). ②번듯하다. ¶너모 번득ᄒ연(翻朴上17).

번들(bundle)**명** 컴퓨터를 구매할 때, 하드웨어나 주변 장치뿐만 아니라 소프트웨어도 포함한 가격에 사는 일.

번들-거리다재 ①몹시 번들번들하다. ¶땀으로 이마가 번들거리다. ②자꾸 번들번들하다. ¶번들거리며 말을 듣지 않는다. 번들대다. **참반들거리다**. **큰펀들거리다**. **센뻔들거리다**.

번들-대다재 번들거리다.

번들-번들뷔 ①하형 매끄럽게 윤기가 흐르는 모양. ¶번들번들하게 하다. ②하형(사람됨이) 수록한 데가 없이 약삭빠른 모양. ¶너무 번들번들한 인물이라 상대하기도 싫다. ③하재 아무 하는 일 없이 뻔뻔하게 게으름만 부리는 모양.

¶번들번들 게으름만 피운다. **참반들반들**. **센뻔들뻔들**. **큰펀들펀들**.

번듯-번듯[-듣뻗]**뷔하형** 여럿이 모두 번듯한 모양. ¶종이를 번듯번듯하게 자르다. **참반듯반듯**. **센뻔듯뻔듯**.

번듯-하다[-드타-]**형어** ①기울거나 굽거나 찌그러지지 아니하고 바르다. ¶번듯한 책장. ②생김새가 훤하고 말끔하다. ¶이목구비가 번듯하다. /아들이 번듯하게 생겼군. ③형편이나 위세 따위가 버젓하고 당당하다. ¶번듯한 직장. **참반듯하다**. **센뻔듯하다**. **번듯-이뷔**.

번디명 (옛) 번지. ¶번디 륙:磟. 번디 독:碡(訓蒙中17).

번득시뷔 (옛) 뚜렷이. ¶구만리 댱텬의 번득시 걸려 이셔(古時調). **참번드시·번드시**.

번득뷔하형 〈번득〉의 센말. **참반뜩**.

번뜩-이다자타 〈번득이다〉의 센말. ¶눈빛이 번뜩이다. **참반뜩이다**.

번뜻[-뜯]**뷔** 작은 불빛 따위가 갑자기 나타났다가 이내 없어지는 모양. ¶번뜻 비치다가 사라진 불빛. **참반뜻**.

번뜻-번뜻[-뜯뻗]**뷔하형** 〈번듯번듯〉의 센말. **참반뜻반뜻**.

번뜻-하다[-뜨타-]**형어** 〈번듯하다〉의 센말. **참반뜻하다**.

번란(煩亂) '번란하다'의 어근.

번란-하다(煩亂-)[별-]**형어** 마음이 괴롭고 어지럽다.

번례(煩禮)[별-]**명** 번거로운 예법. **비욕례**(縟禮).

번로(煩勞)[별-]**명하형** 일이 번거로워서 피로움. **번로-히뷔**.

번론(煩論)[별-]**명하타** 번거롭게 논의함, 또는 그러한 언론.

번롱(翻弄·飜弄)[별-]**명하타되자** 이리저리 마음대로 놀림.

번루(煩累)[별-]**명** 번거로운 근심과 걱정.

번민(煩懣)**명하재** 가슴속이 답답함.

번망(煩忙·繁忙) '번망하다'의 어근.

번망-하다(煩忙-·繁忙-)**형어** 번거롭고 매우 바쁘다.

번무(煩務)**명** 어수선하고 번거로운 일.

번무(繁茂)**명하형** 초목이 무성함. 번성(蕃盛).

번무(繁務)**명** 매우 바쁜 사무.

번문-욕례(繁文縟禮)[-농녜]**명** 번거롭게 형식만 차린, 까다로운 규칙과 예절. **준번욕**.

번민(煩悶)**명하자** 마음이 번거롭고 답답하여 괴로워함. ¶번민에 시달리다.

번-바라지(番-)[-빠-]**명하자** 번을 든 사람에게 먹을 것을 대 주며 치다꺼리를 하는 일.

번방(番房)[-빵]**명** 번을 들 때에 묵는 방.

번방(藩邦)[-빵]**명** ☞번국(藩國).

번번-이(番番-)[-뻔-]**명** 여러 번 다. 매번 다. 매양. ¶하는 일마다 번번이 실패하다.

번번-하다[형어] ①바닥이 거칠 것 없이 편편하고 번듯하다. ②생김새가 곱살스럽다. ③물건이 보기 좋고 꽤 쓸 만하다. ¶번번한 세간 하나 없다. ④지체가 남만 못지않게 상당하다. **참반반하다**. **번번-히뷔**.

번복(翻覆·飜覆)**명하타** ①이리저리 뒤집힘. ②이리저리 뒤쳐 고침. ¶진술을 번복하다.

번본(翻本·飜本)**명** ☞복각본(覆刻本).

번-분수(繁分數)[-쑤]**명** 분자나 분모의 어느 한쪽 또는 양쪽이 분수로 된 분수. 복분수(複分數). ↔단분수(單分數).

번사(燔師)**명** 사기 굽는 가마에 불을 때는 일을 맡아 하는 사람.

번삭(煩數) '번삭하다'의 어근.

번삭-하다(煩數-)[-사카-]**형여** 번거롭게 잦다.

번상(番上)**명하자** 지난날, 시골의 군사를 골라 뽑아서 서울의 군영(軍營)으로 보내던 일.

번상(番床)[-쌍]**명** 지난날, 번들 때에 자기 집에서 차려 내오던 밥상.

번-서다(番-)**자** 번들어 지키다.

번설(煩說)**명** ①너저분한 잔말. ¶쓸데없는 번설만 늘어놓는다. ②**하타** 마구 떠들어 소문을 냄.

번설(煩屑) '번설(煩屑)하다'의 어근.

번설(煩褻) '번설(煩褻)하다'의 어근.

번설-하다(煩屑-)**형여** 성가실 정도로 번거롭고 자질구레하다.

번설-하다(煩褻-)**형여** 번잡스럽고 더럽다.

번성(蕃盛·繁盛)**명** ①**하자** 붇거나 늘어나거나 하여 한창 잘되어 성함. 번연. 번창. ¶자손이 번성하다. / 한때 번성했던 신발 수출 산업. ②**하형** 초목이 무성함. 번무(繁茂).

번소(番所)**명** 번을 드는 곳.

번속(蕃俗)**명** 오랑캐의 풍속. 야만의 풍속.

번쇄(煩瑣·煩碎) '번쇄하다'의 어근.

번쇄-철학(煩瑣哲學)**명** ☞스콜라 철학.

번쇄-하다(煩瑣-·煩碎)**형여** 번거롭고 자질구레하다.

번수(番數)[-쑤]**명** 차례의 수효.

번순(反脣)**하타** 입술을 비쭉거리며 비웃음.

번식(繁殖·蕃殖·蕃息)**명하자되자** 붇고 늘어서 많이 퍼짐. 산식(産殖). ¶세균이 번식하다.

번식-기(繁殖期)[-끼]**명** 동물이 새끼를 치는 시기.

번식^기관(繁殖器官)[-끼-]**명** 식물의, 번식을 맡은 기관. 〔꽃·포자·자낭·씨·열매 따위.〕

번식-력(繁殖力)[-씽녁]**명** 번식하는 힘. ¶번식력이 뛰어나다. /번식력이 왕성하다.

번식-률(繁殖率)[-씽뉼]**명** 일정한 기간에 암수 한 쌍이 낳은 새끼가 자라서 성숙기에 이르는 비율.

번식성^염(繁殖性炎)[-썽념]**명** 세포나 섬유의 번식 또는 증식을 주체로 하는, 염증의 한 형(型).〔결핵·신장염·나병 따위.〕

번안(翻案·飜案)**명하타되자** ①안건(案件)을 뒤집어 놓음. ②남의 작품을 그 구상이나 줄거리는 바꾸지 아니하고 다른 표현 양식을 써서 새로운 작품으로 고쳐 짓는 일.

번안^소:설(翻案小說)**명** 원작의 줄거리는 그대로 두고, 인정·풍속·지명·인명 같은 것을 자기 나라의 것으로 바꾸어 번역한 소설.

번역(翻譯·飜譯)**명하타되자** 한 나라의 말로 된 글의 내용을 다른 나라 말로 바꿔 옮김. 반역(反譯). 준역(譯).

번역-가(翻譯家)[-까]**명** 번역을 업으로 하는 사람.

번역-관(翻譯官)[-꽌]**명** 조선 말기에, 외국어를 번역하기 위하여 두었던 관리.

번역-권(翻譯權)[-꿘]**명** 저작권의 한 가지. 어떤 저작물을 번역·출판할 수 있는 권리.

번역-극(翻譯劇)[-끅]**명** 외국의 희곡을 번역하여 상연하는 극.

번역-물(翻譯物)[버녕-]**명** 번역한 문서나 작품.

번역-시(翻譯詩)[-씨]**명** 원시(原詩)를 다른 나라 말로 번역한 시.

번연(翻然·飜然) '번연하다'의 어근.

번연(蕃衍)**명하자** ☞번성(蕃盛).

번연-개오(翻然開悟)**명하자** 이제까지 모르던 사리(事理)를 문득 깨달음.

번연-하다(翻然-·飜然-)**형여** 깨달음이 갑작스럽다. 번연-히**부**.

번열(煩熱)**명** ☞번열증.

번열-증(煩熱症)[-쯩]**명** 한방에서, '몸에 열이 몹시 나고 가슴속이 답답하며 괴로운 증세'를 이르는 말. 번열.

번영(繁榮)**명** ①**하자** 일이 성하게 잘됨. ¶날로 번영하는 사업. ②**하형** 번성하고 영화로움. ¶번영한 조국.

번옥(燔玉)**명** 인공으로 만든 옥.

번외(番外)[버뇌/버눼]**명** 계획에 들어 있지 않음. ¶번외 경기. 번외로 치다.

번요(煩擾) '번요하다'의 어근.

번요-하다(煩擾-)**형여** 번거롭고 요란스럽다.

번욕(繁縟)**명** 〈번문욕례〉의 준말.

번우-하다(煩憂-)**형여** 괴롭고 근심스럽다.

번울(煩鬱) '번울하다'의 어근.

번울-하다(煩鬱-)**형여** 번거롭고 답답하다.

번위(反胃)**명** 한방에서 이르는, 위경(胃經)의 탈의 한 가지. 구역질이 나고 음식을 마구 토함. 반위(反胃).

번육(燔肉)**명** 구운 고기.

번육(膰肉)**명** 제사에 쓰고 난 고기.

번육(蕃育·繁育)**명** 왕성하게 길러 키움.

번은(燔銀)**명** 품질이 아주 낮은 은.

번의(翻意·飜意)[버늬/버니]**명하타** 먹었던 마음을 뒤집어 돌림. ¶귀국 계획을 번의하다.

번인(蕃人)**명** ①야만인. 미개인. ②☞번족(蕃族).

번작(反作)**명하타** ①조선 시대에, 아전들이 허위 문서를 작성하여 환곡(還穀)을 부정하게 출납하던 일. ②부정행위를 함.

번작(燔灼)**명하타** 불에 구움.

번잡(煩雜)**명하형**[스형] 번거롭게 뒤섞여 어수선함. ¶번잡을 떨다. /번잡한 도심. 번잡스레**부**.

번적[부]**하자형** 빛이 번적이는 모양. **찡**반작. **쎈**번쩍². 뻔적·뻔쩍. **번적-번적**[부]**하자타** ¶새 차에 번적번적을 윤을 내다.

번적-거리다[-꺼-]**자타** 자꾸 번적번적하다. 번적대다. **찡**반작거리다.

번적-대다[-때-]**자타** 번적거리다.

번적-이다[자타] 빛이 잠깐 나타났다 없어지다, 또는 그리되게 하다. **찡**반작이다. **쎈**번쩍이다. 뻔적이다·뻔쩍이다.

번전(反田)**명하타** 논을 밭으로 만듦. ↔번답.

번제(燔祭)**명** 구약 시대에, 유대 인이 짐승을 통째로 구워 하느님께 바치던 제사.

번조(煩燥)**명** ☞번조증.

번조(燔造)**명하타** (질그릇·사기그릇 따위를) 구워서 만들어 냄.

번조-관(燔造官)**명** 조선 시대에, 번조하는 일을 맡아보던 벼슬아치.

번조-증(煩燥症)[-쯩]**명** 한방에서, 마음이 답답하고 처운이 높은 증세를 이르는 말. 번조.

번족(蕃族)**명** 대만의 토족(土族), 번인(番人).

번족(蕃族·繁族)**명하형** 자손이 번성함, 또는 그런 집안.

번주그레-하다[형여] 얼굴이나 겉모습 따위가 보기에 번번하다. ¶말만 번주그레하게 늘어놓다. **찡**반주그레하다.

번죽-거리다[-꺼-]**자** 얼굴은 번번하게 생긴 사람이 이죽거리면서 느물거린다. 번죽대다. **쎈**뻔죽거리다.

번죽-대다[-때-]困 번죽거리다.

번지圕 농기구의 한 가지. 논밭의 흙을 고르거나 탈곡한 곡식을 긁어모으는 데 쓰임.

번지(番地)圕 토지를 조각조각 나누어서 매겨 놓은 땅의 번호.

번지(蕃地)圕 오랑캐가 사는 땅. 미개한 땅.

번지기圕 씨름 자세의 한 가지. 몸을 바로잡고 힘을 써서 공격을 막는 자세.

번:지다困 ①(액체의 묻은 자리가) 차차 넓게 퍼지다. ¶먹물이 번지다. ②(그 자리에 있지 않고) 넓은 범위로 차차 옮아가다. ¶불이 번지다./전염병이 번지다. ③(작은 일이 크게 벌어져) 널리 옮겨 퍼지다. ¶소문이 번지다.

번지럽다[-따][번지러우니·번지러워]웹비 기름기가 묻어서 미끄럽고 윤이 나다. ¶군복이 때에 절어 번지럽다. 좽반질럽다.

번지레튀웹 조금 번지르르한 모양. 좽반지레. 쎈뻔지레.

번지르르튀웹 ①기름기나 물기 같은 것이 묻어서 몹시 미끄럽고 윤이 나는 모양. ¶얼굴에 기름기가 번지르르하다. ②실속은 없이 겉으로만 그럴듯한 모양. ¶쥐뿔도 없으면서 번지르르하게 말만 늘어놓다. 좽반지르르. 쎈뻔지르르.

번지-수(番地數)[-쑤]圕 번지의 수.
  번지수가 틀리다[다르다]관용 딱 들어맞지 않거나 방향이 다르다.
  번지수를 잘못 찾다[짚다]관용 잘못 짚어 엉뚱한 데를 찾아가다.

번지:^점프(bungee jump)圕〔'bungee'는 탄성 고무라는 뜻으로〕 고정 물체에 한쪽 끝을 단단히 묶은 긴 고무줄에 발목이나 몸통을 묶고 높은 다리나 탑 등에서 뛰어내림으로써 짜릿한 긴장감을 즐기는 스포츠.

번지-질圕困 번지로 흙을 고르는 일.

번질-거리다困 ①미끄럽게 윤기가 흐르다. ②일은 하지 않고 게으름만 피우다. 번질대다. 좽반질거리다. 쎈뻔질거리다.

번질-대다困 번질거리다.

번질-번질튀 ①웹유기가 흐르고 번지러운 모양. ¶마룻바닥이 번질번질윤이 나다. ②困困자꾸 게으름만 피우며 번질거리는 모양. 좽반질반질. 쎈뻔질뻔질.

번-째(番-)圕 차례나 횟수를 나타내는 말. ¶첫 번째. /몇 번째 시도냐?

번쩍[1]튀 ①무엇을 아주 가볍고 쉽게 들어 올리는 모양. ¶쌀가마를 번쩍 치고 가다. ②수그렸던 얼굴 따위를 갑자기 쳐드는 모양. ¶다리를 번쩍 올리다. ③감았던 눈을 갑자기 크게 뜨는 모양. ④불쑥 어떤 생각이 떠오르거나 갑자기 정신이 드는 모양. ¶귀가 번쩍 뜨이는 말. ⑤무엇이 순간적으로 눈에 띄는 모양. ¶눈에 번쩍 띄다. 쎈뻔쩍. 번쩍-번쩍.

번쩍²튀困困〈번적의 센말. ¶번갯불이 번쩍 빛나다. 좽반짝². 쎈뻔쩍.

번쩍-이다困困〈번적이다의 센말. 좽반짝이다. 쎈뻔쩍이다.

번차(番次)圕 번을 드는 차례.

번-차례(番次例)圕 돌려 가며 갈마드는 차례.

번창(繁昌)圕困困 한창 잘되어 성함. 번성(繁盛). ¶사업이 해마다 번창하다.

번철(燔鐵)圕 지짐질에 쓰는 솥뚜껑을 젖힌 모양의 무쇠 그릇. 적철(炙子). 전철(煎鐵).

번초(蕃椒)圕 ⇨고추.

번토(燔土)圕 질그릇이나 사기그릇 따위의 원료로 쓰이는 흙.

번트(bunt)圕困困 야구에서, 타자가 배트를 공에 가볍게 대는 타격법. ¶보내기 번트.

번폐(煩弊)[-폐/-페]圕웹困웹 번거로운 폐단. **번폐스럽**튀.

번포(番布)圕 지난날, 군정(軍丁)들이 신역(身役) 대신에 바치던 무명.

번품(煩稟)圕困困 번거롭게 여쭘.

번:-하다困困 ①어두운 가운데 조금 훤하다. ③동녘 하늘이 번하다. ②(무슨 일의 결과가) 뚜렷하다. ¶다음 얘기는 듣지 않아도 번하다. ③바쁜 가운데 잠깐 겨를이 생겨 한가하다. ¶일거리가 쌓여 번할 겨를이 없다. ④궂은비가 멎고 잠깐 해가 나서 맑다. ¶잠깐 번하더니 또 비가 쏟아진다. ⑤(늘 계속되던 걱정거리가) 한동안 뜸해지다. ⑥(심하던 병세가) 좀 덜하고 그만하다. 좽반하다. 쎈뻔하다. **번-히**튀.
  ¶번히 알고 있는 일을 속이려 한다.

번행-초(蕃杏草)圕 석류풀과의 다년초. 따뜻한 지방의 바닷가에 나는데, 줄기는 덩굴져 60 cm 가량 벋음. 잎은 길둥근 삼각형이며 어긋맞게 나고, 봄부터 가을까지 노란 꽃이 핌. 온 포기는 민간에서 위장약으로 쓰임.

번호(番號)[I]圕 차례를 나타내는 호수. ¶번호를 매기다.
  [II]감 제식 훈련에서, 대형의 순서대로 번호를 부르라는 구령.

번호-기(番號器)圕 자동 회전식으로 된, 번호를 찍는 기계.

번호-부(番號簿)圕 번호를 적어 놓은 책.

번호-순(番號順)圕 번호의 차례. ¶번호순으로 입장하다.

번호-패(番號牌)圕 (나무·플라스틱·금속 따위로 만든) 번호를 적은 패.

번호-표(番號票)圕 번호를 적은 표.

번화(繁華) '번화하다'의 어근.

번화-가(繁華街)圕 도시의 번화한 거리.

번화-하다(繁華-)困 번성하고 화려하다.

번휴(番休)圕困困 지난날, 태평할 때 나라에서 번(番) 들 장정(壯丁)을 당분간 쉬게 하던 일.

벌[옛]圕 벗. ¶벗 버딘 줄 아논(鄭澈.關東別曲). /벗이 믿붐이 이슈미니라(小解1:9).

벋-가다[-까-]困 올바른 길에서 버드러져 가다. ¶청소년 시기는 벋가기 쉬운 때다. 쎈뻗가다.

벋-나가다[번-]困 ⇨벗나가다.

벋-나다[번-]困 ①끝이 밖으로 벋게 나다. ¶가지가 벋나다. ②옳은 길을 따르지 않고 잘못된 길로 나가다.

벋-놓다[번노타]困 ①바로잡지 아니하고 벋가게 내버려 두다. ②잠을 자야 할 때에 자지 않고 그대로 지나가다. ¶코 고는 소리에 긴 밤을 벋놓았다.

벋-니圕〈버드렁니〉의 준말.

벋다[-따][I]困困 ①(나뭇가지나 덩굴 따위가) 길게 자라다. ②(길 따위가) 길게 이어져 가다. ③힘이 미치다. ¶온 마을에 세력이 벋어 있다. ④바깥으로 잦혀지다. 쎈뻗다. [II]웹 끝이 바깥으로 버드러져 있다. ¶앞니가 벋다. ↔옥다.

벋어 가는 칡도 한(限)이 있다속담 사물은 무엇이든지 한도가 있다는 뜻.

벋-대다[-때-]困 순종하지 않고 힘껏 버티다. ¶벋대지 말고 내 말을 들어라. 쎈뻗대다.

벋-디디다[-띠-]困困 ①발에 힘을 주어 버티어 디디다. ②금 밖으로 나가 디디다. ④벋딛다. 쎈뻗디디다.

벌디룯다 〈옛〉거부하다. 막다. ¶벌디롤 거: 拒. 벌디룰 한:捍(類合下25).

벌-딛다[-딛따]타 〈벌디디다〉의 준말. 비뻗딛다.

번버틈-하다[-뻐-]형① ①두 끝이 바깥쪽으로 벋어서 버름하다. ②말이나 행동이 좀 거만스럽다. ③사이가 틀려 버성기다.

번버스름-하다[-뻐-]형어 서로의 마음이 맞지 않아 사이가 벌어져 있다.

벋-새[-쌔]명 거의 평면으로 된 지붕의 기와.

벋-서다[-써-]자 버티어 맞서다. 비뻗서다.

벋음-씀바귀명 국화과의 다년초. 밭이나 들에 나는데, 줄기는 땅에 붙어서 벋음. 잎은 깃 모양으로 갈라졌으며, 봄과 여름에 누런빛의 꽃이 꽃줄기 끝에 핌. 강원·경기·경남·제주 등지에 분포하는데, 뿌리줄기와 어린잎은 나물로 먹음.

벋장[-짱]명 서로 엇갈린 부재(部材) 사이에 경사지게 설치하여 그것을 버티는 부재.

벋장-다리명 '벋정다리'의 잘못.

벋장-대다[-짱-]자 순종하지 않고 자꾸 버티다. 비뻗장대다.

벋정-다리[-쩡-]명 ①자유롭게 구부렸다 폈다 하지 못하고 항상 뻗치기만 하는 다리, 또는 그런 다리를 가진 사람. ②뻣뻣해서 마음대로 굽힐 수가 없게 된 물건. 비뻗정다리.

벋쳐-오르다[-처-][~오르니·~올라]자르 (물줄기나 불줄기 같은 것이) 벋쳐서 위로 오르다. 비뻗쳐오르다.

벋치다자 '벋다'의 힘줌말.

벌¹명 매우 넓고 평평한 땅. 예펄.

벌² [Ⅰ]명 ①옷이나 그릇 따위가 짝을 이루거나 여러 가지가 한데 모여서 갖추어진 한 덩이. ¶옷을 벌로 장만하다.
[Ⅱ]의 ①옷을 세는 단위. ¶두루마기 한 벌. ②옷이나 그릇 따위가 짝을 이루거나 여러 가지가 모여서 갖추어진 한 덩이를 세는 단위. ¶치마저고리 한 벌. /반상기 두 벌.

벌³명 벌목의 곤충 가운데 개미류를 제외한 것을 통틀어 이르는 말. 몸은 머리·가슴·배의 세 부분으로 되어 있고, 머리에 한 쌍의 촉각과 세 개의 홑눈이 있음. 배는 많은 마디로 되어 있고, 가슴에 두 쌍의 날개와 세 쌍의 다리가 있음. 암컷은 꼬리 끝의 산란관에 독침이 있음. 독립 생활, 기생 생활, 단체 생활을 하는 여러 종류가 있음.

벌(罰)명 죄를 짓거나 잘못을 저지른 사람을 억눌러 그 잘못을 깨닫게 하고, 자유를 억제하거나 괴로움을 주는 일. ¶벌을 받다.

벌개-미명 꿀벌들이, 집을 짓는 밑자리에 밀랍을 붙여 지은 집. 새끼벌을 기르며 꿀과 화분을 갈무리하는 곳으로 이용함.

벌거벗-기다[-벋끼-]타 〔'벌거벗다'의 사동〕 벌거벗게 하다. ¶아이를 벌거벗기고 씻기다. ⓐ발가벗기다. 비뻘거벗기다.

벌거-벗다[-번따]자 ①알몸이 되도록 옷을 죄다 벗다. ¶벌거벗고 자는 아이. ②꾸밈이나 가린 것 없이 본디 모습 그대로 드러나다. ¶벌거벗은 산. ⓐ발가벗다. 비뻘거벗다.

벌거벗고 환도(環刀) 차기〔속담〕격에 전혀 어울리지 않아 어색함을 이르는 말.

벌거벗은 손님이 더 어렵다〔속담〕①어린아이를 대접하기가 더 어렵다는 말. ②가난한 사람을 대접하기가 더 어렵다는 말.

벌거-숭이명 ①옷을 입지 않은 알몸. ¶개구쟁이들이 벌거숭이로 물놀이를 즐겼다. ②'돈이나 재산을 다 탕진하고 빈털터리가 된 사람'을 비유하여 이르는 말. ¶그 많던 재산을 다 날리고 하루아침에 벌거숭이가 되었다. ⓐ발가숭이. 비뻘거숭이.

벌거숭이-산(-山)명 흙이 벌겋게 드러나 보일 정도로 나무나 풀이 없는 산. 민둥산.

벌거ㅎ다〈옛〉벌겋다. ¶고존 촌 곳부리 벌거ㅎ미 이긔옛도다(杜初10:38).

벌겅명 벌건 빛이나 빛깔. ⓐ발강. 비뻘겅.

벌겅-이명 벌건 빛깔의 물건. ⓐ발강이. 비뻘겅이.

벌:걸다[-거타][벌거니·벌게]형어 ①연하게 붉다. ¶벌건 눈. ②아주 터무니없다. (('벌건'의 꼴로 쓰임.)) ¶벌건 거짓말. ⓐ발갛다. 비뻘걸다.

벌:게-지다자 벌겋게 되다. ¶화를 삭이지 못해 얼굴이 벌게지다. ⓐ발개지다. 비뻘게지다.

벌과-금(罰科金)명 ⇨벌금.

벌교(筏橋)명 뗏목을 이어 만든 다리.

벌:-구멍[-꾸-]명 벌통의 구멍.

벌데데-하다형어 좀 보기 싫게 벌그스름하다. ¶술기운으로 벌그데데해진 얼굴. ⓐ발그대대하다. 비뻘그데데하다.

벌뎅뎅-하다형어 격에 어울리지 아니하게 벌그스름하다. ⓐ발그댕댕하다. 비뻘그뎅뎅하다.

벌그레부(형어) 조금 곱게 벌그스름한 모양. ¶술기운으로 벌그레한 볼. ⓐ발그레.

벌그름-하다형어 〈벌그스름하다〉의 준말. 벌그름-히부.

벌그무레-하다형어 옅게 벌그스름하다. ¶벌그무레하게 물들기 시작한 하늘. ⓐ발그무레하다.

벌그숙숙-하다[-쑤카-]형어 수수하게 벌그스름하다. ⓐ발그속속하다. 비뻘그숙숙하다.

벌그스레-하다형어 벌그스름하다. ⓐ발그스레하다. 비뻘그스레하다.

벌그스름-하다형어 조금 벌겋다. 벌그스레하다. ¶노을빛에 물들어 벌그스름한 갈대밭. ⓐ벌그름하다. ⓐ발그스름하다. 비뻘그스름하다. 벌그스름-히부.

벌그죽죽-하다[-쭈카-]형어 빛깔이 고르지 못하고 칙칙하게 벌그스름하다. ⓐ발그족족하다. 비뻘그죽죽하다. 벌그죽죽-히부.

벌금(罰金)명 ①재산형(財産刑)의 한 가지. 범죄의 처벌로서 부과하는 돈. ¶300만원 이하의 벌금에 처하다. ②규약 위반에 대한 징계로 물리는 돈. 벌과금. ¶모임에 불참하면 벌금을 물린다.

벌금-형(罰金刑)명 범죄의 처벌 방법으로 벌금을 부과하는 형(刑). ↔체형(體刑).

벌긋-벌긋[-끋벌긋]부 산뜻하지 못한 붉은 점이 군데군데 있는 모양. ¶벌긋벌긋한 민둥산. ⓐ발긋발긋. 비뻘긋뻘긋. 벌긋벌긋-이부.

벌:기다타 속에 있는 것이 드러나게 헤치어 벌리거나 찢어서 벌어지게 하다. ¶밤송이를 벌기어 밤톨을 꺼내다. 비뻘기다.

벌꺽부 ①(일이나 상태가) 갑자기 딴판으로 바뀌어 소란해지거나 야단스러워지는 모양. ¶온 집안이 벌꺽 뒤집히다. ②갑작스레 기운을 내는 모양. ¶대문을 벌꺽 열다. ③심하게 발끈성을 내는 모양. ¶벌꺽 화를 내다. ⓐ발칵. 비뻘꺽. ⓐ벌컥. 벌꺽-벌꺽부.

벌꺽-거리다[-꺼-]자타 자꾸 벌꺽벌꺽하다. ⓐ발칵거리다. 비뻘꺽거리다.

벌꺽-대다[-때-]자타 벌꺽거리다.

벌꺽-벌꺽[-꺽벌꺽]부 ①음료수 따위를 시원스레 들이켜는 소리, 또는 그 모양. ②(하자)빛어 담근 술 따위가 괴어오르는 소리, 또는 그 모양. ③(하자)삶는 물건이 끓으면서 나는 소리,

또는 그 모양. ④**하자타** 진 반죽 따위를 이기거나 진흙 따위를 밟을 때 나는 소리. *발깍깍. ⚑벌컥벌컥.

벌-꿀圐 꿀. ¶아카시아 벌꿀.

벌끈閠하자 ①참을성이 없이 벌컥 성을 내는 모양. ¶벌끈 신경질을 부린다. ②(어떤 일이나 상태가) 갑자기 뒤집어엎을 듯이 시끄러운 모양. ¶난데없는 맹수의 출현으로 온 거리가 벌끈 뒤집혔다. ⚑발끈. ⚑뻘끈. **벌끈-벌끈**하자.

벌끈-거리다困 자꾸 벌끈벌끈하다. 벌끈대다. ⚑발끈거리다.

벌끈-대다 벌끈거리다.

벌-낫[-랃]閠 크고 자루가 긴 낫. 무성한 갈대 따위를 휘둘러 베는 데 씀. *벌낫이[-라시]·벌낫만[-란-]

벌:다[버니·벌어]困 ①틈이 나서 사이가 뜨다. ¶마루청의 틈이 벌다. ②맞닿은 자리가 벌어지다. ③(식물의 잎이나 줄기가) 옆으로 벌어나다. ¶모 포기가 잘 벌어나 풍년이 들겠다.

벌:다²[버니·벌어]閉 ①일을 하여 돈벌이하다. ¶노동으로 생활비를 벌다. ②벌받거나 욕을 일을 스스로 하다. ¶욕을 벌다. /매를 벌다. ③득을 보다. ¶일 년은 벌고 들어가다. /밥을 얻어먹어 밥값을 벌다.

벌:다³[버니·벌어]閄 물건의 몸피가 한 주먹이나 한 아름에 들 정도보다 좀 더 크다. ¶아름에 벌다.

벌떡閠 ①누웠거나 앉았다가 갑자기 급하게 일어나는 모양. ¶자리에서 벌떡 일어나다. ②별안간 뒤로 자빠지는 모양. ¶벌떡 드러눕다. ⚑발딱. ⚑뻘떡. **벌떡-벌떡**閠.

벌떡-거리다[-꺼-]困타 자꾸 벌떡벌떡하다. 벌떡대다. ⚑발딱거리다.

벌떡-대다[-때-]困타 벌떡거리다.

벌떡-벌떡[-떡-]閠 ①하자타맥이 거칠게 자꾸 뛰는 모양. ¶맥이 벌떡벌떡 뛰다. ②하자타심장이 심하게 두근거리는 모양. ¶어제나 놀랐던 아직도 가슴이 벌떡벌떡한다. ③하타물 따위를 단숨에 많이 들이켜는 모양. ¶벌떡벌떡 물을 들이켜다. ④하자타(부자유스런 상태에서) 힘을 쓰거나 몸을 놀리고 싶어 몹시 애쓰는 모양. ⚑발딱발딱. ⚑뻘떡뻘떡.

벌떡-증(-症)[-쯩]閠 화가 벌떡벌떡 일어나는 병증.

벌러덩閠하자 갑자기 뒤로 넘어지거나 드러눕거나 하는 모양. ¶빙판길에서 벌러덩 자빠지다. ⚑벌렁. ⚑발라당. **벌러덩-벌러덩**閠하자.

벌렁閠 〈벌러덩〉의 준말. **벌렁-벌렁**閠.

벌렁-거리다困 자꾸 벌렁벌렁하다. 벌렁대다. ¶벌렁거리고 돌아다니다. /숨이 차서 어깨와 가슴이 벌렁거리다. ⚑발랑거리다. ⚑뻘렁거리다.

벌렁-대다困타 벌렁거리다.

벌렁-벌렁閠하자 재빠른 동작으로 거분거분 움직이는 모양. ⚑발랑발랑. ⚑뻘렁뻘렁.

벌렁벌렁-하다閄 성격·행동 따위가 아주 가볍고 재빠르다. ⚑발랑발랑하다. ⚑뻘렁뻘렁하다.

벌렁-코閠 넓적하게 벌어진 코.

벌레閠 ①곤충이나 기생충과 같은 하등 동물을 통틀어 이르는 말. 버러지. 곤충. ②'어떤 일에 열중하는 사람'을 비유하여 이르는 말. ¶일 벌레.

벌레 먹은 배추[삼] 잎 같다[속담] '얼굴에 검버섯이 나거나 기미가 끼어 보기 흉한 모습'을 비유하여 이르는 말.

벌레-그물閠 ⇨포충망(捕蟲網).

벌:레스크(burlesque)閠 저급한 풍자와 익살이 섞여 내용이 해학적인 희가극.

벌레잡이^식물(-植物)[-싱-]圐 ⇨식충 식물.

벌레잡이-잎[-입]圐 날아 붙는 벌레를 움켜잡아 소화 흡수하는 기능이 있는 식충 식물의 잎. * 벌레잡이잎이[-이피]·벌레잡이잎만[-임-]

벌레-집圐 (고치 따위와 같이) 벌레가 들어가 살려고 지은 집.

벌레-충(-蟲)圐 한자 부수의 한 가지. '蚊'·'融' 등에서의 '虫'의 이름. 벌레훼.

벌레-혹(-虫)圐☞충영(蟲瘿).

벌레-훼(-虫)圐 ⇨벌레충.

벌레-전(罰禮錢)圐 조선 시대에, 의금부의 선임 도사(都事)가 신임 도사로부터 받던 돈.

벌룩-거리다[-꺼-]困타 자꾸 벌룩벌룩하다. 벌룩대다. ⚑발룩거리다.

벌룩-대다[-때-]困타 벌룩거리다.

벌룩-벌룩[-뻘-]閠하자타 탄력 있는 물체가 벌어졌다 우므러졌다 하는 모양. ⚑발룩발룩.

벌룩-하다[-루카-]閄 틈이 조금 크게 벌어져 있다. ⚑발룩하다.

벌룽-거리다困타 자꾸 벌룽벌룽하다. 벌룽대다. ⚑발룽거리다.

벌룽-대다困타 벌룽거리다.

벌룽-벌룽閠하자타 탄력 있는 물체가 부드럽게 벌어졌다 우므러졌다 하는 모양. ⚑발룽발룽.

벌름閠하자타 탄력 있는 물체가 크고 넓게 벌어졌다 우므러지는 모양. ⚑발름. **벌름-벌름**閠하자타.

벌름-거리다困타 자꾸 벌름벌름하다. 벌름대다. ¶코를 벌름거리다. ⚑발름거리다.

벌름-대다困타 벌름거리다.

벌름-이다困타 탄력 있는 물체가 부드럽고 넓게 벌어졌다 우므러졌다 하다, 또는 그렇게 되게 하다. ⚑발름이다.

벌름-하다閄 틈이 좀 넓게 벌어져 있다. ⚑발름하다. **벌름-히**閠.

벌:-리다¹困〔'벌다²'의 피동〕돈벌이가 되다. ¶돈이 잘 벌리는 장사를 하다.

벌:리다²困 ①두 사이를 떼어서 넓히다. ¶팔을 벌리다. ②우므러진 것을 펴서 열다. ¶자루를 벌리다. /한참 만에 입을 벌렸다. ③열어서 속의 것을 드러내다. ¶조개껍데기를 벌리다. ⚑발리다³.

벌:-매듭閠 끈목을 벌 모양으로 매는 매듭. ¶벌매듭으로 지어 드린 자주 댕기.

벌-모閠 ①⇨허튼모. ②모판 밖에 볍씨가 떨어져 자라난 모. ③일을 겉날려서 하는 말. ¶이문이 적다고 마무리를 벌모로 하다.

벌목(伐木)閠하타 나무를 벰. 간목(刊木).

벌목-꾼(伐木-)閠 벌목을 생업(生業)으로 삼는 일꾼.

벌-물閠 ①논이나 그릇에 물을 넣을 때 딴 데로 흘러 나가는 물. ②맛도 모르고 마구 들이켜는 물. ¶술을 벌물 켜듯 마신다.

벌-물(罰-)圐 고문을 하거나 벌을 줄 때 억지로 먹이는 물. 벌수(罰水).

벌-바람[-빠-]閠 벌판에서 부는 바람.

벌배(罰杯)閠 술자리에서, 주령(酒令)을 어긴 사람에게 벌로 주는 술잔.

벌번(罰番)閠 벌을 들 차례가 아닌데, 벌로 들게 하는 번. 벌직(罰直).

벌벌閠 ①춥거나 두려워서 몸을 크게 떠는 모양. ¶무서워서 벌벌 떨다. ②하찮은 것을 가지고 몹시 아까워하는 모양. ¶푼돈을 내면서도 벌벌 떤다. ③몸을 구부려 좀 큰 동작으로 기는 모양. ¶벌벌 기다. ⚑발발¹.

벌:-벙거지명 편쌈을 할 때 쌈꾼들이 쓰는 벙거지. 말뚝벙거지의 양쪽 위에 짚으로 테두리를 여러 개 틀어 얹고 종이로 꽃송이를 만들어 붙임.

벌봉(罰俸)명 ☞감봉(減俸).

벌부(筏夫)명 뗏목을 물에 띄워 타고서 물건을 나르는 일꾼.

벌-불명 등잔불이나 촛불 따위의 심지 옆으로 뻗치어 퍼지는 불, 또는 아궁이에 불을 땔 때 밖으로 내뻗치는 불. ¶벌불이 지다.

벌:-비명 분봉(分蜂)할 때 그릇이나 자루 따위에 벌을 쓸어 넣는 비.

벌빙(伐氷)명 (간직해 두었다가 쓰려고) 강이나 호수에서 얼음장을 떠냄.

벌-사양명 혼례 때, 신부의 큰머리 밑에 쪽을 찌는 머리. 준벌쌍.

벌상(伐喪)[-쌍]명하타 남의 묘지에 투장(偸葬)하는 사람을 두들겨 내쫓는 일.

벌-새명 벌상과의 새. 새 종류 가운데 몸집이 가장 작은 새로, 작은 것은 말벌만 한 크기임. 나는 힘이 강해 공중에 정지한 상태에서 뾰족한 부리로 꽃에 모여드는 곤충을 잡아먹거나 꽃의 꿀을 빨아 먹음. 종류는 300종 이상에 이름.

벌-생명 〈벌사양〉의 준말.

벌-서다(罰-)재 잘못을 하여 일정한 곳에서 벌을 받다. ¶복도에서 두 손을 들고 벌서다.

벌선(伐善)[-썬]명하타 자기의 선행을 자랑함.

벌성지부(伐性之斧)[-썽-]명 〔성명(性命)을 베는 도끼라는 뜻으로〕'여색에 지나치게 빠지면 사람의 성명에 해로움'을 경계하여 이르는 말.

벌수(罰水)[-쑤]명 ☞벌물.

벌-술명 맛도 모르고 마구 마시는 술. 벌주.

벌-술(罰-)[-쑬]명 놀이판 같은 데서 벌로 억지로 먹이는 술. 벌주(罰酒).

벌써부 ①이미 오래전에. ¶벌써 떠났다. ②예상보다 빠르게. 어느새. ¶벌써 가려고?/내 나이 벌써 마흔이다.

벌:-씌다[-쐬/-쒜-]재 ①벌에 쏘이다. ②밤이 익기도 전에 밤송이가 터져 벌어지다.
벌씐 사람 같다속담 말대꾸도 없이 오자마자 달아나듯 가 버리는 사람을 이르는 말.

벌-쓰다(罰-)[~쓰니·~써]재 잘못한 일이 있어 벌을 받다.

벌:씌우다(罰-)[-씨-]타 〔'벌쓰다'의 사동〕 벌 쓰게 하다.

벌:-어-들이다타 일을 하여 돈이나 물건을 벌어 서 가져오다. ¶무역으로 큰돈을 벌어들인다.

벌:-어-먹다[-따]재 벌이를 하여 먹고 살아가다. ¶품팔이로 근근이 벌어먹다.

벌:-어-지다재 ①갈라져 틈이 생기다. ¶벽의 틈이 벌어지다. ②맞닿아 있던 것이 멀어지다. ¶격차가 벌어지다./다리가 잘 벌어진다. ③(인간관계가) 버성기게 되다. ¶둘의 사이가 벌어지다. ④(눈앞에) 펼쳐지다. ¶눈앞에 벌어진 초원. ⑤(어떤 일이) 일어나거나 진행되다. ¶싸움이 벌어지다./수해 복구 사업이 벌어지다./윷판이 벌어지다. ⑥가로 벌거나 퍼지다. ¶그 남자의 키는 잘막하나 가슴은 딱 벌어졌다. ①②③⑥재바라지다.

벌에명 벌레. ¶그믈 잇는 벌에 돌엣도다(杜初24:47)./벌에 틍:蟲(訓蒙下3).

벌열(閥閱)명하형 나라에 공로가 많고 벼슬 경력이 많은 집안. 벌족(閥族).

벌-윷[-륜]명 ①윷놀이에서, 정한 자리 밖으로 떨어져 나간 윷짝. ②윷판 없이 노는 윷. * 벌윷이[-류치]·벌윷만[-륜-]

벌:음명 건물의 한 면에서 보이는 몇 칸살의 죽 벌어져 있는 길이.

벌:-이명하타 일을 하여 돈을 버는 일. ¶요즘은 벌이가 시원찮다.

벌:이다타 ①일을 베풀어 놓다. ¶잔치를 벌이다./마무리는 하지 않고 일만 벌여 놓는다. ②여러 개의 물건을 죽 늘어놓다. ¶상품을 벌여 놓다. ③(영업을 목적으로) 시설을 차리다. ¶가게를 벌이다. ④어떤 일을 행하다. ¶시위를 벌이다./싸움을 벌이다./논쟁을 벌이다.

벌:이-줄명 ①물건이 넘어지거나 기울어지지 않게 당겨 매는 줄. ②과녁의 솔대를 켱겨 매는 줄. ③종이 연에 벌여 매는 줄.
벌이줄(을) 잡다관용 종이 연에 벌이줄을 벌여 매다.

벌:이-터명 벌이하는 일터.

벌:인-춤명 '이미 손에 댄 일을 중간에 그만둘 수 없음'을 이르는 말. ¶이왕 벌인춤이니 여기서 끝장을 보자.

벌:임-새명 일이나 물건 따위를 많이 벌여 놓은 형편이나 모양새. ¶벌임새가 조화롭다.

벌:잇-속[버리쏙/버린쏙]명 ①벌이하여 생기는 잇속. ②벌이하는 속내.

벌:잇-자리[버리짜-/버린짜-]명 돈벌이하는 자리.

벌:잇-줄[버리쭐/버린쭐]명 돈벌이하는 길. ¶벌 잇줄이 끊어지다.

벌전(罰錢)[-쩐]명 벌로 내는 돈.

벌점(罰點)[-쩜]명 잘못에 대해 벌로 따지는 점수. 다른 점수에서 벌로 빼내는 점수. ¶벌점이 높다./벌점을 받다.

벌제위명(伐齊爲名)[-쩨-]명 '어떤 일을 곁으로는 하는 체하면서 속으로 딴전을 부림'을 이르는 말. 〔중국 전국 시대 연나라의 장수 악의(樂毅)가 제나라를 칠 때, 제나라의 전단(田單)이 이간질을 한 고사에서 유래함.〕

벌족(閥族)[-쪽]명 ☞벌열(閥閱).

벌주(罰酒)[-쭈]명 ☞벌술. ↔상주(賞酒).

벌-주다(罰-)타 벌을 당하게 하다. ¶죄지은 자를 벌주다.

벌직(罰直)[-찍]명 ☞벌번(罰番).

벌:-집[-찝]명 ①벌이 알을 낳고 먹이와 꿀을 갈무리하며 사는 집. 봉방(蜂房). 봉소(蜂巢). ②소의 양(胖)에 있는, 벌집 모양으로 생긴 고기.
벌집을 건드리다관용 건드려서는 안 될 것을 공연히 건드려 큰 탈을 만났을 때 하는 말.

벌:집-위[-찝-]명 반추 동물(反芻動物)에게 있는 벌집 모양의 둘째 위. 음식물을 섞어서 다시 입으로 내보내는 일을 함. 봉소위(蜂巢胃). 제이 위(第二胃).

벌쩍-거리다[-꺼-]타 자꾸 벌쩍벌쩍하다. 벌쩍대다. ☞발짝거리다.

벌쩍-대다[-때-]타 벌쩍거리다.

벌쩍-벌쩍[-쩍-]부 ①일어나려고 애를 쓰며 이리저리 자꾸 움직이는 모양. ②많은 물에서 빨래를 대강대강 비벼 빠는 모양. ☞발짝발짝.

벌쭉부 ①하자타 속에 든 것이 보일락말락하게 조금 벌어졌다 닫히는 모양. ②하자타 조금 크게 벌려 소리 없이 웃는 모양. ☞발쭉. 셴뻘쭉. **벌쭉-벌쭉**부하자타

벌쭉-거리다[-꺼-]자타 ①속에 든 것이 보일 듯 말 듯 자꾸 벌어졌다 닫힌다 하다. ②입을 조금 크게 벌리면서 소리 없이 자꾸 웃다. 벌쭉대다. ☞발쭉거리다.

벌쭉-대다[-때-]**지타** 벌쭉거리다.

벌쭉벌쭉-하다[-쭈카-]**형여** 여럿이 다 벌쭉하다. **찬**발쭉발쭉하다. **셴**뻘쭉뻘쭉하다.

벌쭉-하다[-쭈카-]**형여** 좁고 긴 것이 벌어져서 쳐들려 있다. **찬**발쭉하다. **셴**뻘쭉하다. **벌쭉-이**튀.

벌창명자 ①물이 많아 넘쳐흐름. ②물건이 많이 퍼짐.

벌채(伐採)명하타 나무를 베어 내거나 섶을 깎아 냄. 채벌(採伐). ¶무분별한 벌채로 삼림이 훼손되다.

벌책(罰責)명하타 죄과(罪過)를 꾸짖어 가볍게 벌함. ¶벌책 처분./벌책을 가하다.

벌초(伐草)명하자타 (봄과 가을에) 무덤의 잡풀을 베어서 깨끗이 함.

벌초-사래(伐草-)명 묘지기가 벌초하는 값으로 부쳐 먹는 논밭.

벌충명하타되자현(손실을 입거나 모자라는 것을) 다른 것으로 보태어 채움. ¶결손을 벌충하다.

벌-치명 벌판에 심어 놓기만 하고 가꾸지 않은 참외.

벌칙(罰則)명 법규를 어겼을 때의 처벌을 정해 놓은 규칙. ¶벌칙을 정하다.

벌커나이즈^파이버(vulcanized fiber)명 무명 또는 펄프 섬유를 염화아연의 짙은 수용액에 담근 다음 압축하여 만든 가죽 대용품의 상품명. **준**파이버.

벌컥튀 ①(상태나 일이) 갑자기 판판으로 바뀌어 소란해지거나 야단스러워지는 모양. ¶온 마을이 벌컥 뒤집히다. ②갑자기 기운을 내는 모양. ¶문을 벌컥 열다. ③갑자기 성을 세게 내는 모양. ¶그는 그녀의 말을 듣고 화를 벌컥 내었다. **찬**발칵. **참**벌꺽. **벌컥-벌컥**튀.

벌컥-거리다[-꺼-]**지타** 자꾸 벌컥벌컥하다. 벌컥대다. **찬**발칵거리다. 벌꺽거리다.

벌컥-대다[-때-]**지타** 벌컥거리다.

벌컥-벌컥[-꺽-]튀**하타** 음료수 따위를 아주 시원스레 들이켜는 소리, 또는 그 모양. ¶목이 말라 물을 벌컥벌컥 들이켰다. ②**하자**빚어 담근 술이 괴어서 버글거리며 솟아오르는 소리, 또는 그 모양. ③**하자**삶는 빨래 따위가 끓을 때 나는 소리, 또는 그 모양. ④**하자타**진흙이나 지직한 반죽 따위를 이길 때 나는 소리. **찬**발칵발칵. **참**벌꺽벌꺽.

벌-타령명 '무슨 일에 규율이 없고 난잡함'을 이르는 말. ¶주인이 없다고 일을 벌타령으로 한다.

벌-통(-桶)명 꿀벌을 치는 통.

벌-판명 넓은 들판. 만주 벌판.

벌-하다(罰-)타여 죄를 짓거나 잘못을 저지른 사람에게 벌을 주다. ¶유괴범을 엄히 벌하다.

벌-흙[-흑]명 광산 구덩이에서 광물이 나기 전의 흙. ＊벌흙이[-흑기]·벌흙만[-흥-].

범명 ☞호랑이.

> **범도 새끼 둔 골을 두남둔다**(속담) '악인이라도 제 자식에 대한 사랑을 갖음'을 이르는 말.
> **범도 제 말**[소리] **하면 온다**(속담) ①당사자가 없다고 함부로 흉을 보지 말라는 말. ②'남의 말을 하는데 공교롭게 그 사람이 나타나는 경우'를 이르는 말.
> **범 없는 골에 토끼가 스승이라**(속담) '잘난 사람이 없는 곳에서 못난 사람이 잘난 체함'을 이르는 말.
> **범에게 날개**(속담) '세력(위세) 있는 사람이 더욱 좋은 조건을 갖추게 됨'을 이르는 말.

> **범에게 물려 가도 정신만 차리면 산다**(속담) '아무리 위험한 경우에 처하더라도 정신만 차리면 그 위험한 고비를 모면할 수 있다'는 말.

범(梵)명 인도 바라문교에서 이르는, 우주의 최고 원리 또는 최고 신.

범(犯)의 그 사람이 형벌을 받은 횟수를 나타내는 말. ¶전과 5범.

범(汎)-(접두)(일부 명사 앞에 붙어) '널리 전체에 걸치는'의 뜻을 나타냄. ¶범민족. /범국민적./범사회적.

-범(犯)(접미)(일부 명사 뒤에 붙어) '범행하·범인'의 뜻을 나타냄. ¶강도범./형사범./정치범./양심범./흉악범.

범:각(梵閣)명 ☞범궁(梵宮).

범:간(泛看)명하타 눈여겨보지 아니하고 데면데면하게 봄.

범:강-장달이(范彊張達-)명 ['범강'과 '장달'은 삼국지연의(三國志演義)에 나오는 인물인데, 키가 크고 기운이 세며 흉악하게 생겼다 하여] '키가 크고 흉악하게 생긴 사람'을 이르는 말.

범:경(凡境)명 (신령스러운 땅에 상대하여) '보통의 땅'을 이르는 말.

범:경(凡境)명 진실로 평범한 경내(境內).

범:계(犯戒)[-계/-게]명하자 계율을 어김.

범:계(犯界)[-계/-게]명하자 남의 지경(地境)을 침노함.

범:-고래명 돌고랫과의 포유동물. 몸길이는 수컷이 10m, 암컷이 7m가량이며, 몸빛은 검은데 가슴과 옆구리에 뚜렷한 흰 무늬가 있음. 주둥이는 뭉툭하며 40~50개의 날카로운 이가 있음. 40마리가량씩 떼 지어 다니는데, 물개와 물고기를 잡아먹음. 북극·남극 및 여러 해양에 분포함. 도극경(倒戟鯨).

범골(凡骨)명 ①(남다른 재주나 능력이 없는) 평범한 사람. 범인(凡人). ②신라 때, 성골(聖骨)이나 진골(眞骨)이 아닌 '평민'을 이르던 말.

범:-골수로(汎骨髓癆)[-쑤-]명 골수 조혈 조직(造血組織)의 모든 계통이 폐쇄된 상태.

범:과(犯科)[-꽈]명하자 ☞범법(犯法).

범:과(犯過)명하타 허물을 저지름.

범:과(泛過)명하자 차근차근하게 하지 않고 데면데면하게 지나침.

범:-국민-적(汎國民的)[-궁-]관명 국민 대다수에 관계되는 (것). ¶범국민적 염원. /범국민적인 운동.

범:-굴(-窟)명 범이 사는 굴. 호굴. 호혈(虎穴).

범:궁(梵宮)명 ①범천(梵天)의 궁전. ②'절과 불당'을 아울러 이르는 말. 범각(梵閣).

범:궐(犯闕)명하자 대궐을 침범함.

범글다자 (옛) 얽히다. ¶오히려 疑悔예 범그로이 다(楞嚴4:4).

범:금(犯禁)명하자 금하는 일을 어기고 함.

범:-꼬리명 여뀟과의 다년초. 산골짜기의 양지바른 곳에 자람. 뿌리줄기는 짧고 크며 잔뿌리가 많음. 꽃줄기는 30~80cm 자라며, 6~7월에 원기둥꼴의 꽃이 이삭 모양으로 핌.

범:-나비명 ☞호랑나비.

범:나비-벌레명 호랑나비의 유충. 몸빛은 녹색이고, 머리 위에는 뿔이 두 개 있음. 탱자나무·향나무 등의 잎을 갉아 먹는 해충임.

범:-날명 ☞인일(寅日).

범:납(梵衲)명 중(僧).

범:독(泛讀)명하타 정신을 기울이지 않고 데면데면하게 읽음.

범:-돔團 황줄검정잇과의 바닷물고기. 몸길이 20cm가량. 나비고기와 비슷하나 조금 길고 옆으로 납작함. 몸빛은 황색으로 옆구리에 다섯 줄의 검은 세로띠가 있음. 연안의 암초 사이에서 작은 동물을 잡아먹고 사는데, 관상용으로도 기름.

범:-띠團 ⇨인생(寅生).

범:람(氾濫·汎濫)[-남]團[허자] ①물이 차서 넘쳐흐름. 범일(汎溢). ¶장마로 강이 범람하다. ②바람직하지 못한 것들이 많이 나돎. ¶외래품의 범람.

범:람-원(氾濫原)[-나뭔]團 큰물이 질 때에 물에 잠기는, 하천의 양쪽 곁에 있는 낮은 땅. 홍함지.

범:령(犯令)[-녕]團[허자] 법령·명령을 어김.

범:령-론(汎靈論)[-녕논]團 범리론(汎理論)과 범의론(汎意論)을 조화시킨 것으로, 우주의 본체는 의지와 관념이라는 설.

범:례(凡例)[-네]團 책머리에 그 책을 읽어 나가는 데 필요한 사항들을 본보기로 따서 적은 글. 일러두기.

범:례(範例)[-네]團 모범을 삼으려고 든 예.

범:로(犯路)[-노]團[허자] ①못 다니게 된 길을 어기고 다님. ②길을 침범하여 집을 지음.

범:론(汎論·汎論)[-논]團 ①대강대강 설명한 개괄적인 언론. ②⇨범론(汎論).

범:론(汎論)[-논]團 요령을 알 수 없는 이론. 데면데면하게 들떠 놓고 하는 말. 범론(汎論).

범:류(凡類)[-뉴]團 평범한 사람의 부류. ¶범류가 어찌 그 깊은 속뜻을 알겠습니까?

범:리-론(汎理論)[-니-]團 만물의 본체는 이성(理性)이라는 학설. 〔헤겔의 논리적 유심론(唯心論)을 말함〕.

범:마(犯馬)團[허자] 〔지난날〕①'상급 관원의 앞을 지나는 하급 관원이 말을 내리지 아니함'을 이르던 말. ②'하마비(下馬碑)'가 있는 데에서 말을 내리지 아니함'을 이르던 말.

범:망-경(梵網經)團 대승(大乘)의 보살이 지켜야 할 계율 중의 제일경(第一經). 상권에는 보살의 심지(心地)를, 하권에는 대승의 계율을 설하였음.

범:문(梵文)團 ⇨범서(梵書).

범:물(凡物)團 하늘과 땅 사이에 있는 모든 물건. 만물(萬物).

범:미-주의(汎美主義)[-의/-이]團 모든 것은 있는 그대로의 형태에 미적(美的) 성질을 지니고 있다고 보는 견지.

범:민(凡民)團 (관리가 아닌) 보통 사람. 서민.

범:방(犯房)團[허자] 방사(房事)를 함.

범:배(凡輩)團 범인(凡人).

범:백(凡百)團 ①모든 사물. ②상규(常規)에 벗어나지 않는 언행.

범:백-사(凡百事)[-싸]團 온갖 일. 갖가지 일.

범벅團 ①곡식 가루에 호박 같은 것을 섞어서 된풀처럼 쑨 음식. ②'한데 뒤섞여서 갈피를 잡을 수 없이 된 사물'을 비유하여 이르는 말. ¶양편이 한데 범벅이 되어 싸운다. ¶'액체 따위가 몸에 잔뜩 묻은 상태'를 비유하여 이르는 말. ¶눈물로 범벅이 된 얼굴.

범벅에 꽂은 저〔箸〕라[속] '일이 튼튼하게 되지 않았음'을 비유하여 이르는 말.

범벅^타:령團 경기 잡가(京畿雜歌)의 한 가지. 한 여인의 부정한 행실을 통하여 뒷사람에게 일부종사(一夫從事)의 교훈을 일깨워 주는 내용으로, 무당이 굿거리에 맞추어 부르는 노래임.

범:범(泛泛) '범범하다'의 어근.

범:범-하다(泛泛-)團예 사물에 대하여 꼼꼼하지 않고 데면데면하다. 범범-히튀.

범:법(犯法)[-뻡]團[허자] 법에 어긋나는 일을 함. 법을 어김. 범과(犯科). ¶범법 행위.

범:-자(犯法者)[-짜]團 법짜[團] 법을 어긴 사람.

범:본(範本)團 본보기.

범:부(凡夫)團 ①⇨범인(凡人). ②불교에서, '번뇌에 얽매여 생사(生死)를 초월하지 못하는 사람'을 이르는 말.

범:-부채團 붓꽃과의 다년초. 높이 1m가량. 칼 모양의 잎이 넓게 퍼져 철부채 비슷하며, 여름에 황적색의 여섯잎꽃이 핌. 산지나 바닷가에서 자라는데, 관상용으로 재배함. 뿌리줄기는 한방에서 약재로 쓰임.

범:분(犯分)團[허자] 자기의 신분을 생각하지 않고 윗사람에게 버릇없는 짓을 함.

범:사(凡事)團 ①모든 일. ¶범사에 감사하라. ②평범한 일.

범:살-장지(←―障子)團 창문의 장살·동살을 성기게 어긋매껴서 짠 장지문.

범상(凡常) '범상하다'의 어근.

범:상(犯上)團[허자] 아랫사람이 윗사람에게 해서는 안 될 짓을 함.

범:상-하다(凡常-)團예 대수롭지 않고 예사롭다. 심상(尋常)하다. ¶눈빛으로 보아 범상한 인물이 아니다. 범상-히튀 ¶이번 사태는 범상히 여길 일이 아니다.

범:색(犯色)團[허자] 함부로 색을 씀.

범:색-건판(汎色乾板)[-껀-]團 ⇨팬크로매틱 건판.

범:-생명관(汎生命觀)團 물질과 마음을 구별하지 않고 모든 것을 영화(靈化)하여 생명과 의지를 가진다고 생각한 미개인들의 생명관 또는 자연관.

범:서(凡書)團 평범한 책.

범:서(梵書)團 ①범자(梵字)로 쓴 글. 범문(梵文). ②⇨불경(佛經).

범:선(帆船)團 돛단배.

범:설(汎說)團[허타] 개설(槪說).

범:성(凡聖)團 범인(凡人)과 성인(聖人).

범:성-설(汎性說)團 모든 일에 성적(性的)인 것을 강조하는 학설. 프로이트의 이론.

범:성-일여(凡聖一如)團 상(相)의 차이는 있으나 이성(理性)에 있어서는 범부(凡夫)나 성자(聖者)가 같다는 말.

범소(凡小) '범소하다'의 어근.

범:소(犯所)團 죄를 저지른 그 자리.

범:소-하다(凡小-)團예 인물이 평범하고 작다.

범:속(凡俗)團[허자] 평범하고 속됨.

범:속-성(凡俗性)[-썽]團 평범하고 속된 특성.

범:수(犯手)團[허타] ①남에게 먼저 손찌검을 함. ②범용(犯用).

범:승(凡僧)團 ①평범한 중. 어리석고 평범한 중. ②평범하게 사는 중. '아직 승강(僧綱)에 맡겨지지 않은 법사 자리의 중'을 이름.

범:승(梵僧)團 계행(戒行)을 지키는 깨끗한 중. 조촐한 행덕(行德)이 있는 중.

범:식(範式)團 ①예절이나 기물(器物) 따위의 본보기로 삼을 만한 양식. ②⇨공식(公式).

범:신-교(汎神教)團 신이 곧 우주이며, 우주가 곧 신이라고 믿는 종교. 만유신교(萬有神教).

범:신-론(汎神論)[-논]團 신과 우주를 똑같은 것으로 보는 종교관 또는 철학관. 만유신론.

범:실(凡失)團 운동 경기 등에서, 평범한 실수. ¶범실이 잦다.

범:심-론(汎心論)[-논][명] 만물에는 모두 마음이 있다고 하는 설. 만유심론(萬有心論).

범:-아귀[명] 엄지손가락과 집게손가락의 갈라진 사이.

범아일여-론(梵我一如論)[명] 인도 우파니샤드 철학에서, 우주의 근본 원리인 범(梵)과 개인의 중심인 아(我)가 같다는 설.

범:안(凡眼)[명] 보통 사람의 안목과 식견.

범:안(犯顏)[명][하자] 임금이 싫어하는 낯빛을 하는데도 거리낌 없이 바른말로 간(諫)함.

범:애(汎愛)[명][하자] 뭇사람을 차별 없이 두루 사랑함. 박애(博愛).

범:애-주의(汎愛主義)[-의/-이][명] 18세기 독일에서 일어난, 인류애를 기초로 한 계몽주의적 교육 운동. 교육의 전능과 인간성의 선(善)을 믿고 심신의 조화와 훈육에 중점을 두었음.

범:야(犯夜)[명][하자] 지난날, 인정(人定)을 친 뒤 파루(罷漏)를 치기 전에 함부로 밤거리를 나다니던 일.

범:야(汎野)[명] 야당권(野黨圈)의 모든 사람, 또는 그 세력. ↔범여(汎與).

범:어(梵語)[명] ☞산스크리트.

범:어-법(範語法)[-뻡][명] 언어를 가르치는 한 방법. 실물이나 그림을 보이고 나서 그것에 해당하는 낱말의 발음을 가르친 다음에 낱말의 사용법을 알려 줌.

범:어사(凡於事)[명] 세상의 모든 일.

범:여(汎與)[명] 여당권(與黨圈)의 모든 사람, 또는 그 세력. ↔범야(汎野).

범연(泛然)[명] '범연하다'의 어근.

범:연-하다(泛然-)[형여] 차근차근한 맛이 없이 데면데면하다. 범연-히[부].

범:염(犯染)[명][하자] ①남들이 언짢아 하는 일에 끼어들게 되거나 끌려들게 됨. ②초상집에 드나드는 일.

범:영(帆影)[명] 물에 비친 돛 그림자, 또는 멀리 있는 배의 돛의 모양.

범:왕(梵王)[명] 〈범천왕〉의 준말.

범:용(凡庸)[명][하자] 평범하고 용렬함, 또는 그런 사람.

범:용(犯用)[명][하자] 남의 물건이나 잘 맡아 두어야 할 물건을 써 버림. 범수(犯手).

범:용(汎用)[명] 여러 가지 용도로 널리 쓰는 것.

범:용^기관(汎用機關)[명] 여러 가지 용도에 사용할 수 있도록 제작된, 출력 범위 30마력 이하의 내연 기관.

범:우(凡愚)[명] 평범하고 어리석은 사람.

범:월(犯越)[명][하자] 불법으로 남의 나라 국경을 넘어서 들어감.

범:월-죄인(犯越罪人)[-쬐-/-쮀-][명] 남의 나라에 불법으로 들어간 사람.

범:위(範圍)[명] ①얼마만큼 한정된 구역의 언저리. ¶중간고사 범위. ②어떤 힘이 미치는 한계. 테두리. ¶활동 범위. /조사할 대상의 범위를 정하다.

범:음(梵音)[명] ①범왕(梵王)의 음성. ②불경을 읽는 소리. ③불보살의 음성. ④부처의 가르침.

범:음-심원(梵音深遠)[명] 부처의 삼십이상(三十二相)의 하나. 목소리가 맑고 부드러워 멀리까지 들리는 상.

범:의(犯意)[버믜/버미][명] 범죄 행위라는 것을 알면서도 그 일을 하려고 하는 생각. 죄를 저지를 뜻. 魯고의(故意).

범:의-귀[버믜-/버메-][명] 범의귓과의 상록 다년초. 높은 산의 축축한 땅에서 자람. 줄기는

땅에 누워 뻗으며, 잎은 뿌리에서 모여남. 여름에 흰 다섯잎꽃이 핌. 우리나라 특산으로 관상용임. 잎은 기침이나 동상의 약제로 쓰임.

범:의-론(汎意論)[버믜-/버미-][명] 만물의 본질을 의지(意志)라고 하는 유심론 일파의 학설. 〔쇼펜하우어의 철학이 이에 해당함.〕

범:의-어(汎意語)[버믜-/버미-][명] 한 가지의 말이 연상(聯想)과 유추(類推)에 의하여 두 가지 이상의 뜻으로 해석될 수 있는 말.

범:인(凡人)[명] 평범한 사람. 보통 사람. 범골(凡骨). 범배(凡輩). 범부(凡夫).

범:인(犯人)[명] 죄를 저지른 사람. 범죄인. ¶범인을 검거하다. /집요한 추적 끝에 범인을 체포하였다.

범:인^은닉죄(犯人隱匿罪)[-쬐-/-쮀][명] 벌금 이상의 형에 해당하는 죄를 지은 사람을 숨겨 주거나 도망가게 함으로써 성립하는 죄. 魯은닉죄.

범:일(氾溢·汎溢)[명][하자] 물이 넘쳐흐름. 범람.

범:입(犯入)[명][하자] 못 들어가게 되어 있는 곳을 어기고 들어감.

범:자(梵字)[-짜][명] 산스크리트를 적는 데 쓰는 인도의 옛 글자.

범:작(凡作)[명] 평범한 작품.

범:작(犯斫)[명][하타] 베지 못하게 금한 나무를 함부로 베어 냄.

범:장(犯葬)[명][하타] 남의 산소의 경계를 무시하고 그 안에 들어가 장사를 지냄.

범:장(犯贓)[명][하타] ①장물죄를 저지름. ②☞탐장(貪贓).

범:장(帆檣)[명] 돛대.

범:재(凡才)[명] 평범한 재주, 또는 그런 재주밖에 없는 사람.

범:재(凡材)[명] 평범한 인재.

범:재(犯齋)[명][하자] 가톨릭에서, 단식재와 금육재를 어김을 이르는 말.

범:적(犯跡·犯迹)[명] 죄를 저지른 흔적.

범:전(梵殿)[명] ☞불당(佛堂).

범:절(凡節)[명] 법도에 맞는 모든 절차나 질서.

범:접(犯接)[명][하자] 조심성 없이 함부로 가까이 가서 접촉함.

범:정(犯情)[명] 범죄의 정황(情況).

범:종(梵鐘)[명] 절에서 사람을 모이게 하거나 시각을 알리기 위하여 치는 큰 종.

범:죄(犯罪)[-쬐/-쮀][명] ①죄를 지음, 또는 지은 죄. ②법률에 따라 형벌을 받아야 할 위법 행위. ¶범죄를 저지르다.

범:죄^과학(犯罪科學)[-쬐-/-쮀-][명] 범죄의 원인·성질·결과·종류 따위를 과학적으로 연구하는 학문.

범:죄^능력(犯罪能力)[-쬐-녁/-쮀-녁][명] 위법 행위를 할 수 있는 사실상의 능력.

범:죄^단체(犯罪團體)[-쬐-/-쮀-][명] 형법상의 범죄를 실행할 목적으로 조직된 단체.

범:죄^소:설(犯罪小說)[-쬐-/-쮀-][명] 범죄 사건을 제재로 하여 쓴 통속 소설. 魯추리 소설.

범:죄^심리학(犯罪心理學)[-쬐-니-/-쮀-니-][명] 범죄인의 심리적 현상을 연구하는, 심리학의 한 부문.

범:죄-인(犯罪人)[-쬐-/-쮀-][명] 죄를 저지른 사람. 범인(犯人). 범죄자.

범:죄-자(犯罪者)[-쬐-/-쮀-][명] ☞범죄인.

범:죄-지(犯罪地)[-쬐-/-쮀-][명] 범죄의 구성 요건에 해당하는 행위나 그 결과의 전부 또는 일부가 이루어진 곳.

범:죄-학(犯罪學)[-죄-/-�줴-]몡 범죄의 원인·성질 따위를 인류학적 또는 사회학적으로 연구하는 학문.

범:죄^행위(犯罪行爲)[-죄-/-쮀-]몡 범죄가 되는 행위. 범행.

범:주(帆走)몡하자 배가 돛에 바람을 받아 물 위를 나아감.

범:주(泛舟)몡하자 배를 물에 띄움. 부주(浮舟).

범:주(範疇)몡 ①(일반적으로) 같은 성질을 가진 부류 또는 범위. ¶같은 범주에 들다. ②사물의 개념을 분류할 때 가장 기본적이고 보편적인 최고의 유개념(類槪念). 카테고리.

범:찬(梵讚)몡 산스크리트로 부르는, 불덕(佛德)을 찬미한 글.

범:찰(梵刹)몡 절. 사찰(寺刹).

범:책(凡策)몡 평범한 꾀.

범:천(梵天)몡 ⇨범천왕.

범:천-왕(梵天王)몡 ①바라문교의 교조인 조화의 신. 〔우주 만물의 창조신으로 사바 세계를 주재한다고 함.〕 ②제석천(帝釋天)과 함께 정법(正法)을 수호하는 신. 〔부처가 세상에 나올 때마다 가장 먼저 설법을 청한다고 함.〕 바라문천. 범천. 砮범왕.

범:-천후(汎天候)몡 동일한 물리적 작용으로 말미암아 수일 또는 수 주에 걸쳐 비교적 넓은 범위에 지속되는 기후 상태.

범:청(泛聽)몡하자 주의를 기울이지 않고 대면대면하게 들음.

범:칙(犯則)몡하자 규칙을 어김.

범:칙-금(犯則金)[-끔]몡 도로 교통법 따위의 규칙을 어긴 사람에게 과하는 벌금.

범:칙-물자(犯則物資)[-칭-짜]몡 규칙을 어기고 비밀히 거래하는 물자.

범:칭(汎稱·泛稱)몡 넓은 범위로 두루 일컬음(부름), 또는 그 이름.

범:타(凡打)몡하자 야구에서, 희생타·투점타·안타 따위가 되지 못한 평범한 타격.

범:타(犯打)몡하자 윗사람을 때림.

범:태-육신(凡胎肉身)[-씬]몡 사람의 몸을 통틀어 태어난 보통 사람의 몸. 砮화신(化身).

범퇴(凡退)[-퇴-튀]몡하자 야구에서, 타자가 아무 소득 없이 물러감. ¶삼자 범퇴를 당하다.

범:패(梵唄)몡 ①석가여래의 공덕을 찬미하는 노래. ②불경을 읽을 때, 곡조에 맞게 읊는 소리.

범퍼(bumper)몡 자동차의 앞에 장착되어 있는 완충 장치. ¶범퍼에 부딪히다.

범:포(犯逋)몡 나라에 바칠 돈이나 곡식을 써 버림. ¶공금을 범포하다.

범:포(帆布)몡 돛을 만드는 피륙.

범:품(凡品)몡 보통 물건. 예사로운 물건.

범:필(犯蹕)몡하자 임금이 거둥할 때 연(輦)을 지나가거나 가까이 다가감, 또는 그런 무엄한 짓.

범:-하다(犯-)타예 ①(법률·규칙 따위를) 어기다. ¶계율을 범하다. ②(그릇된 일을) 저지르다. ¶오류를 범하다. ③(남의 권리·재산·정조 따위를) 무시하거나 빼앗거나 짓밟다. ¶감히 범할 수 없는 위엄. /유부녀를 범하다. ④(넘어서는 안 될 경계를) 함부로 또는 모르고 들어가다. ¶국경을 범하다.

범:학(梵學)몡 ①불교에 관한 학문. ②범어(梵語)에 관한 학문.

범:한(犯限)몡하자 제한된 것을 범함. 제한되어 있는 범위를 넘어섬.

범:-해몡 ⇨인년(寅年).

범:행(犯行)몡하자 법을 어기는 짓. 범죄 행위. ¶범행을 자백하다.

범:행(梵行)몡 ①불도(佛道)의 수행. ②음욕(淫慾)을 끊은 맑고 깨끗한 행실.

범:호-밑(--)[-믿]몡 ⇨범호엄. *범:호밑이[-미치]·범:호밑을[-미틀]·범:호밑만[-민-]

범:호-엄(-虎广)몡 한자 부수의 한 가지. '虎'·'處' 등에서의 '虍'의 이름. 범호밑.

범:혼(犯昏)몡하자 날이 저물어 어둑어둑하여짐. 땅거미가 짐.

범홀(泛忽)'범홀하다'의 어근.

범:홀-하다(泛忽-)형여 데면데면하여 탐탁하지 않다. 범홀-히뭐.

범:화(汎化)몡 어떤 특정한 자극에 대한 반응을 형성한 뒤에, 그 자극과 약간 다른 자극을 주어도 같은 반응이 일어나는 현상.

범:휘(犯諱)몡하자 ①웃어른의 이름을 함부로 부름. ②남의 비밀을 들추어냄.

법(法)Ⅰ몡 ①국가의 강제력이 따르는 온갖 규범. ¶법대로 처리하다. ②(불교에서) ㉠삼보(三寶)의 하나. ㉡물(物)·심(心)·선(善)·악(惡)의 모든 사상.
Ⅱ의 ①(동사의 관형사형 어미 '-는' 뒤에 쓰이어) ㉠예의. 도리. ¶세상에, 그런 법이 어디 있니?/애, 손님이 오셨는데 밖에 세워 두는 법이 어디 있니? ㉡방법. 방식. ¶그림 그리는 법. /요리하는 법을 배우다. ㉢'으레 그렇게 됨'을 나타내는 말. ¶노력하는 사람에게는 못 당하는 법이다. ②(동사의 '-는'·'-라는'의 꼴 뒤에서 '있다'·'없다'와 함께 쓰이어) 그것이 당연하거나 이미 버릇이 된 사실임을 나타내는 말. ¶아무리 궁해도 죽으라는 법은 없다. /그는 아무리 급해도 서두르는 법이 없다. ③(어미 '-ㄹ' 뒤에 쓰이어) 어떤 일이 그럴 것 같다는 뜻을 나타내는 말. ¶이번 일이 잘될 법은 하다만.

법 밑에 법 모른다(속담) 법을 가장 잘 지켜야 할 곳에서 도리어 법을 어기는 수가 많다는 말.

법은 멀고 주먹은 가깝다(속담) 사리를 따지기 전에 완력부터 부린다는 말.

법 없이 살다(관용) 선량하여 법의 규제가 없어도 올바르게 살 수 있다. ¶그이야말로 법 없이도 살 사람이다.

-법(法)접미 (일부 명사 뒤에 붙어) '방법' 또는 '규칙'의 뜻을 나타냄. ¶교수법. /강조법. /요리법.

법가(法家)[-까]몡 ①중국 전국 시대에, 천하를 다스리는 데는 덕치(德治)보다 법치(法治)가 근본이라고 주장한 관자(管子)·상앙(商鞅)·한비자(韓非子) 등의 학파. ②법률가. 법률 학자. ③예법(禮法)을 소중히 여기는 집안.

법가(法駕)[-까]몡 임금이 거둥할 때 타던 수레의 한 가지. 문묘(文廟)·전시(殿試) 등에 갈 때 이용했음.

법-감정(法感情)[-깜-]몡 법이나 법 집행에 대해 느끼는 감정.

법강(法綱)[-깡]몡 법률(法律)과 기율(紀律). 법기(法紀).

법강(法講)[-깡]몡 조선 시대에, 예식(禮式)을 갖추어 임금 앞에서 하던 강의. 〔아침·낮·저녁 세 차례 하였음.〕

법검(法劒)[-껌]몡 '부처의 가르침이 번뇌를 잘라 버리는 것임'을 칼에 비유하여 이르는 말.

법경(法境)[-껑]몡 육경(六境)의 하나. '의식(意識)의 대상'을 이르는 말.

법계(法系)[-꼐/-꼐]圓 법제(法制) 또는 법문화(法文化)의 계통. [로마 법계·영미(英美) 법계·중국 법계·인도 법계 따위.]

법계(法戒)[-꼐/-꼐]圓 ⇨율법(律法).

법계(法界)[-꼐/-꼐]圓 ①불법의 범위. ②불교의 사회. ③〈법조계〉의 준말.

법계(法階)[-꼐/-꼐]圓 불도를 닦는 사람을 그 닦은 정도의 차이에 따라 등급별로 나눈 수행(修行) 계급.

법계-불(法界佛)[-꼐-/-꼐-]圓〔여래(如來)는 법계에 널리 통한다는 데서〕'여래'를 달리 일컫는 말.

법계-신(法界身)[-꼐-/-꼐-]圓 ⇨법신(法身).

법고(法鼓)圓 부처 앞에서 치는 작은 북.

법-공양(法供養)[-꽁-]〔하다〕 부처의 가르침을 중생에게 전해 주는 일. 〔불경을 읽어 들려 주는 따위.〕

법과(法科)[-꽈]圓 ①법률에 관한 과목. ②대학에서, 법률을 연구하는 학과.

법관(法官)[-꽌]圓 사법권을 행사하여 형사(刑事) 및 민사상(民事上)의 재판을 맡아보는 공무원. ⑧사법관.

법구(法句)[-꾸]圓 불교 경문(經文)의 문구.

법구폐생(法久弊生)[-꾸뻬-/-꾸뻬-]圓 좋은 법도 세월이 오래되면 폐단이 생김.

법국(法國)[-꾹]圓 '프랑스'의 한자음 표기.

법권(法眷)[-꿘]圓 같은 법문(法門)에서 수행하는 동료.

법권(法權)[-꿘]圓 법률의 권한. 법적 권한.

법규(法規)[-뀨]圓 ①'법률의 규정·규칙·규범'을 통틀어 이르는 말. ②국민의 권리와의 무를 규정하여 '활동을 제한하는 법률이나 규정'을 통틀어 이르는 말.

법규^명:령(法規命令)[-뀨-녕]圓 법규의 성질을 가진 명령. 국민에게 의무를 지우거나 국민의 권리를 제한하는 것을 내용으로 하는 명령.

법^규범(法規範)[-뀨-]圓 법을 구성하는 개개의 규범. 법률 규범.

법규^재량(法規裁量)[-뀨-]圓 행정 관청의 재량의 한 가지. 구체적인 사실이 법률 요건에 적합한가 어떤가에 대한 재량의.

법규-집(法規集)[-뀨-]圓 법규를 모아 놓은 책.

법금(法禁)[-끔]圓〔하다〕 법으로써 금함, 또는 그러한 법령.

법기(法紀)[-끼]圓 ⇨법강(法綱).

법기(法器)[-끼]圓 ①불도를 능히 수행할 수 있는 소질이 있는 사람. ②불전(佛前)에 공양하거나 재(齋)를 올릴 때, 밥을 담는 그릇. ②불기(佛器).

법난(法難)[법-]圓 불교 교단이나 포교하는 사람이 받는 박해.

법담(法談)[-땀]圓 ①불법을 이야기하는 일, 또는 그 이야기. ②좌담식으로 불교의 교리를 서로 묻고 대답하는 일.

법답(法畓)[-땁]圓 법사(法師)에게서 물려받은 논.

법당(法堂)[-땅]圓 불상을 모시고 설법도 하는 절의 정당(正堂). 법전(法殿).

법도(法度)[-또]圓 ①법률과 제도. ②(생활상의) 예법이나 제도. ¶ 법도 있는 집안.

법도(法道)[-또]圓 ①법률 등을 지켜야 할 도리. ②⇨불도(佛道).

법등(法燈)[-뜽]圓 ①부처 앞에 올리는 등불. ②〈세상의 어두움을 밝히는 등불과 같다는 뜻으로〉'불법(佛法)'을 이르는 말. 불등(佛燈).

법라(法螺)[법나]圓 ⇨나각(螺角).

법랍(法臘)[법납]圓 중이 된 뒤로부터 치는 나이. 〔한여름 동안을 안거(安居)하면 한 살로 침.〕¶ 대사의 세수(世壽)는 65세이나 법랍은 하(夏) 45이다.

법랑(法瑯)[법낭]圓 금속기·도자기 따위의 표면에 구워 올려 윤이 나게 하는 유약(釉藥). 에나멜. 파란.

법랑-유(琺瑯釉)[법낭-]圓 법랑으로 된 잿물.

법랑-질(琺瑯質)[법낭-]圓 ⇨에나멜질.

법려(法侶)[법녀]圓 불법(佛法)을 같이 배우는 벗.

법력(法力)[법녁]圓 ①법률의 힘, 또는 효력. ②불법(佛法)의 위력.

법령(法令)[법녕]圓 법률과 명령을 아울러 이르는 말. ⑤영(令).

법령^심사권(法令審査權)[법녕-꿘]圓 명령·규칙·처분이 헌법과 법률에 위배되는지의 여부를 심사하는 권리.

법령-집(法令集)[법녕-]圓 법령을 모아 편찬한 간행물.

법례(法例)[법녜]圓 법률을 적용하거나 시행하는 데 있어서 준거로 하여야 할 일반 통칙.

법례(法禮)[법녜]圓 ⇨예법(禮法).

법론(法論)[법논]圓 불법(佛法)의 본의(本義)에 관한 이론. 종론(宗論).

법류(法類)[법뉴]圓 같은 종지(宗旨) 아래 같은 파(派)에 속하는 절이나 승려.

법륜(法輪)[법뉸]圓 부처의 교화와 설법. 〔부처의 정법이 외도(外道)와 사견(邪見)을 부수고 거침새 없이 나아감을 수레바퀴가 굴러 가는 것에 비유한 말.〕

법률(法律)[범뉼]圓 사회생활을 유지하기 위한 강제적인 규범. 국가가 제정하고 국민이 준수하는 법의 규율.

법률-가(法律家)[범뉼-]圓 법률을 연구하여 이에 정통한 사람, 곧 법률의 전문가.

법률^고문(法律顧問)[범뉼-]圓 법률에 대해서 어느 개인이나 단체·관청 등의 자문에 응하여 의견을 말해 주는 직무, 또는 그 사람.

법률-관계(法律關係)[범뉼-계/범뉼-게]圓 사회생활 가운데 법률에 의하여 규정되는 관계.

법률^규범(法律規範)[범뉼-]圓 ⇨법 규범.

법률만능-사상(法律萬能思想)[범뉼-]圓 사회생활에서의 법의 가치를 극도로 중요시하여, 법에 관한 지식과 기능을 지나치게 평가하는 사상이나 사회관.

법률-문제(法律問題)[범뉼-]圓 소송에서, 사실 문제에 대하여 그 사실에 대한 법률의 적용이나 해석 문제.

법률^발안권(法律發案權)[범뉼-꿘]圓 법률안을 의회에 제출할 수 있는 권리.

법률^사:무소(法律事務所)[범뉼-]圓 변호사가 법률상의 여러 가지 사무를 보는 사무소.

법률^사:실(法律事實)[범뉼-]圓 법률 요건을 구성하는 하나하나의 사실.

법률^사:항(法律事項)[범뉼-]圓 헌법상 법률로써 정하여야 할 것으로 규정한 사항.

법률-서(法律書)[범뉼써]圓 ①법률에 관한 서적. ②법령·명령을 모아서 엮은 법규집.

법률-심(法律審)[범뉼-]圓 소송 사건에 관한 사실심(事實審)을 거친 재판에 대하여, 그 법령 위반의 유무만을 심사하여 재판하는 상소심급(上訴審級). ↔사실심.

법률^심사권(法律審査權)[범뉼-꿘]圓 법원이 재판에 적용하여야 할 법률이 헌법에 적합한가를 심사하는 권한. 〔헌법 재판소가 가짐.〕

법률-안 (法律案) [범뉴란] 圓 법률의 초안(草案). 密법안.

법률안^거:부권 (法律案拒否權) [범뉴란-꿘] 대통령이, 의회에서 가결한 법률안에 대한 동의를 거부할 수 있는 권한.

법률^요건 (法律要件) [범뉼료껀] 圓 법률상의 효과를 발생시키기 위하여 필요한 사실의 총체. 그 사실들의 전체가 법률을 적용할 수 있는 대상이 됨.

법률^철학 (法律哲學) [범뉼-] 圓 ⇨법철학.

법률-학 (法律學) [범뉼-] 圓 ⇨법학.

법률^행위 (法律行爲) [범뉼-] 圓 사법상(私法上)의 효과를 생기게 하는 의사 표시. 매매·대차(貸借)·유언 등 사건 발생의 원인이 되는 행위.

법률-혼 (法律婚) [범뉼-] 圓 혼인 신고 따위와 같은 일정한 법률상의 절차를 거쳐서 성립된 혼인 관계. ↔사실혼.

법률혼-주의 (法律婚主義) [범뉼-의/범뉼-이] 圓 일정한 법률상의 절차를 거쳐야 비로소 혼인의 성립을 인정하는 주의.

법률^효:과 (法律效果) [범뉼-] 圓 법률 요건이 갖추어짐으로써 생기는 법률상의 일정한 결과.

법리 (法理) [범니] 圓 ①법률의 원리. ②법에 내재하는 사리(事理). ③법적인 논리 ·불교에서 이르는, 불법의 진리, 또는 교법(敎法)의 도리.

법리^철학 (法理哲學) [범니-] 圓 ⇨법철학.

법리-학 (法理學) [범니-] 圓 ①법률에 관한 일반적 원리를 연구하는 학문. ②⇨법철학.

법망 (法網) [범-] 圓 '범죄자에 대한 법률의 제재'를, 물고기에 대한 그물에 비유하여 이르는 말. ¶법망을 빠져나가다.

법맥 (法脈) [범-] 圓 불교에서, 교법(敎法)을 전하는 계통을 이르는 말.

법면 (法面) [범-] 圓 둑·호안(護岸)·절토(切土) 따위의 경사면.

법멸 (法滅) [범-] 圓下 불교에서, 불법(佛法)이 멸망하는 일을 이름.〔정법(正法) 5백 년, 상법(像法) 1천 년, 말법(末法) 1만 년이 지나면 불법이 멸망한다고 함.〕

법명 (法名) [범-] 圓 ①중이 되는 사람에게 종문(宗門)에서 속명(俗名) 대신에 새로 지어 주는 이름. 승명(僧名). ②불가(佛家)에서 승가에게 붙여 주는 이름. 계명(戒名). ③불교에 귀의한 재가자에게 주는 이름. 법호.

법모 (法帽) [범-] 圓 법관이 법정에서 법복(法服)을 입을 때에 쓰는, 일정한 형식의 모자.

법무 (法務) [범-] 圓 ①법률에 관한 사무. ②절의 불법 및 법회 의식에 관한 사무, 또는 그것을 맡아보던 고대의 승직(僧職).

법무 (法舞) [범-] 圓 고구려 때부터 궁중에서 정재(呈才)에 추던 춤.

법무-관 (法務官) [범-] 圓〈군 법무관〉의 준말.

법무-부 (法務部) [범-] 圓 중앙 행정 기관의 하나. 검찰·행형(行刑)·출입국 관리·인권 옹호 등 법무 행정을 맡아봄.

법무-사 (法務士) [범-] 圓 ①'군 판사(軍判事)'의 이전 일컬음. ②남의 부탁을 받아 법원이나 검찰청에 제출할 서류를 작성해 주는 일을 업으로 하는 사람.

법무-아문 (法務衙門) [범-] 圓 조선 말기에, 사법 행정·경찰·사유(赦宥) 등의 사무를 관리하고 고등 재판소 이하의 각 재판소를 감독하던 사법 관청.

법무^행정 (法務行政) [범-] 圓 법률관계 및 시설의 지휘·구성 및 감독에 관한 사무를 맡아서 처리하는 일. 密법정(法政).

법문 (法文) [범-] 圓 ①법률을 적은 글. ②불경(佛經)의 글.

법문 (法門) [범-] 圓 ①중생이 불법으로 들어가는 문. ②법사(法師)의 문정(門庭).

법문 (法問) [범-]下 불법(佛法)에 대하여 문답함, 또는 그 문답.

법문-화 (法文化) [범-]下되자 법문으로 만듦. 법문이 되게 함.

법물 (法物) [범-] 圓 법사(法師)에게서 물려받은 논밭이나 돈 따위의 재물.

법변 (←法釆) [-뻔] 圓 한방에서, 일정한 법식에 따라 제대로 만든 좋은 '숙지황(熟地黃)'을 이르는 말. 密법하.

법보 (法寶) [-뽀] 圓 삼보(三寶)의 하나. '불경'을, 보배와 같이 귀중하다는 뜻으로 이르는 말.

법복 (法服) [-뽁] 圓 ①법정에서 법관들이 입는 옷. ②법의(法衣). ③제왕의 예복.

법사 (法司) [-싸] 圓 조선 시대에, 형조(刑曹)와 한성부(漢城府)를 아울러 이르던 말.

법사 (法事) [-싸] 圓 ⇨불사(佛事).

법사 (法師) [-싸] 圓 ①불법에 정통하고 교법(敎法)의 사표가 되는 중. ②⇨법주(法主).

법사 (法嗣) [-싸] 圓 법통(法統)을 이어받은 후계자. 불법상의 제자.

법사^당상 (法司堂上) [-싸-] 圓 조선 시대에, 법사(法司)의 당상관인 형조(刑曹)의 판서·참판·참의와 한성부(漢城府)의 판윤·좌윤·우윤을 통틀어 이르던 말.

법-사학 (法史學) [-싸-] 圓 인간의 법 생활의 역사를 연구하는 학문.

법-사회학 (法社會學) [-싸회-/-싸훼-] 圓 법을 사회적인 사회 현상의 하나로서 고찰하고, 법의 형성·발전·소멸의 법칙성을 연구하는 경험 과학.

법상 (法床) [-쌍] 圓 설법하는 중이 올라앉는 상.

법상 (法相) [-쌍] 圓 ①불교에서, 천지 만유(萬有)의 모양, 또는 그것을 설명하는 교법(敎法)을 이르는 말. ②일부 국가에서, '법무부 장관'을 일컫는 말.

법상-종 (法相宗) [-쌍-] 圓 유식(唯識)을 종지(宗旨)로 삼는 불교의 한 종파. 자은종(慈恩宗).

법서 (法書) [-써] 圓 ①체법(體法)이 될 만큼 잘 쓴 글씨로 만든 서첩(書帖). 법첩(法帖). ②법률 서적. ③법에 정통한 사람이 판례·법률·주석 등을 자료로 하여 사사로이 편찬한 법률서.

법서 (法誓) [-써] 圓 부처가 중생을 제도(濟度)하려 하는 서원(誓願).

법석 [-썩]下 시끄럽게 떠듦, 또는 그 모양. ¶법석을 떨다.

법석 (法席) [-썩] 圓 법회 대중이 둘러앉아 불법을 강(講)하는 자리. 법연(法筵).

법석-거리다 [-썩꺼-]자 자꾸 법석법석하다. 법석대다. ¶잔칫집은 좀 법석거려야 어울린다.

법석-대다 [-썩때-]자 법석거리다.

법석-법석 [-썩뻑썩]부튀 여럿이 시끄럽게 떠드는 소리, 또는 그 모양.

법석-이다 [-써기-]자 여럿이 시끄럽게 떠들다.

법선 (法線) [-썬] 圓 ①물리에서, 거울 광선이 경계면과 만나는 점으로부터 그 면에 수직으로 그은 직선. ②수학에서, 곡선 또는 곡면 위의 일정한 점의 접선 또는 접평면에 수직인 선.

법성 (法性) [-썽] 圓 불교에서 이르는, 우주에 존재하는 모든 사물의 본성. 만유(萬有)의 본체. 密성(性)[2].

법성(法城)[-썽]圀 튼튼하고 모든 악을 막아 준다 하여 '불법(佛法)'을 성(城)에 비유하여 이르는 말.

법성(法聲)[-썽]圀 ①설법(說法)하는 소리. ②경전을 읽는 소리.

법성-종(法性宗)[-썽-]圀 신라 문무왕 때, 원효 대사가 개창(開創)한 불교의 한 종파. 일체 만유는 모두 같은 법성을 지녔으며 모든 중생은 성불할 수 있다는 종지(宗旨)를 편 종파임. 해동종(海東宗).

법성-토(法性土)[-썽-]圀 삼불토(三佛土)의 하나. 법신불(法身佛)이 사는 불토.

법수(法水)[-쑤]圀 중생의 번뇌를 깨끗이 씻어 정(淨)하게 한다 하여 '불법(佛法)'을 물에 비유하여 이르는 말.

법수(法手)[-쑤]圀 방법과 수단.

법수(法首)[-쑤]圀 난간 귀퉁이에 세운 기둥머리.

법수(法數)[-쑤]圀 '제수(除數)'의 구용어.

법술(法術)[-쑬]圀 ①방법과 기술. ②방사(方士)의 술법.

법술-사(法術士)[-쑬-]圀 술법(術法)으로 재주를 부리는 방사(方士).

법시(法施)[-씨]圀 불교에서 이르는, 삼시(三施)의 하나. 타일러 깨달음을 베푸는 일.

법식(法式)[-씩]圀 ①법도와 양식. 의식 등의 규칙. ②☞방식(方式). ③불전(佛前)의 법요 의식(法要儀式).

법신(法身)[-씬]圀 ①삼신(三身)의 하나로, 법계의 이치와 일치하는 부처의 몸, 또는 그 부처가 설한 정법(正法). 법계신. ②중.

법신-덕(法身德)[-씬-]圀 삼덕(三德)의 하나. 열반을 얻은 이에게 갖추어진 덕. 곧, 영구불멸의 법성(法性)을 구비함을 이름.

법신-불(法身佛)[-씬-]圀 삼신불(三身佛)의 하나. 대일여래불(大日如來佛)을 이르는 말. 비로자나불.

법-실증주의(法實證主義)[-씰쯩-의/-씰쯩-이]圀 법학의 연구 대상을 실정법(實定法)에 국한하고, 법을 형식 논리적으로 포착하려고 하는 처지.

법악(法樂)圀 ①나라에서 의식과 법도에 맞게 연주하던 정악(正樂). ②불교의 엄숙한 음악.

법안(法案)圀〔'법률안'의 준말.〕¶법안을 제출하다. /법안을 마련하다.

법안(法眼)圀 불타의 오안(五眼)의 하나. 모든 법을 관찰하는 눈.

법약(法藥)圀 중생의 번뇌를 없앤다 하여 '불법(佛法)'을 약에 비유하여 이르는 말.

법어(法語)圀 ①부처의 말씀. 불어(佛語)1. ②불도를 설교하는 말이나 글. ②☞법언(法言).

법언(法言)圀 바른 도리로 법도가 되게 하는 말. 법어(法語).

법언(法諺)圀 법에 관한 격언이나 속담.

법업(法業)圀 불법에 관한 사업. 법사(法事). 불사(佛事).

법역(法域)圀 ①법령의 효력이 미치는 지역적 범위. ②법령의 적용 범위.

법연(法筵)圀 ①예식을 갖추고 임금이 신하를 만나 보던 자리. ②임금 앞에 절하는 자리. ③불도를 설법하는 자리. ④☞법석(法席).

법열(法悅)圀 ①불법을 듣고 진리를 깨달아 마음에서 일어나는 기쁨. 깊은 이치를 깨달았을 때의 사무치는 기쁨. ¶청자의 고운 색을 보노라면 생의 법열을 느낀다.

법옹-사(法翁師)圀 ☞노법사(老法師).

법왕(法王)圀 ①〔법을 설(說)하는 주왕(主王)이라는 뜻에서〕'석가여래'를 높이어 일컫는 말. ②☞교황(敎皇).

법왕-청(法王廳)圀 ☞교황청.

법요(法要)圀 ①불법의 요의(要義), 곧 진리의 본질. ②☞법회(法會).

법우(法友)圀 불법으로 맺어진 벗.

법우(法雨)圀〔불법이 중생을 덕화(德化)함이 비와 같이 빠짐이 없다는 뜻으로〕'불법의 은혜'를 비유하여 이르는 말.

법원(法院)圀 사법권, 곧 재판하는 권한을 가진 국가 기관. 재판소.

법원(法源)圀 법의 존립 원인으로서의 현실적 사실. 무엇이 법이냐를 정할 때에 그 근거로서 드는 것을 말함. 보통, 제정법과 관습법을 주요시함.

법원^행정(法院行政)圀 ☞사법 행정. ㉰법정.

법유(法油)圀 들기름.

법의(法衣)[버비/버비]圀 (가사·장삼 따위) 중이 입는 옷. 법복(法服).

법의(法意)[버비/버비]圀 법률의 근본 취지.

법의(法義)[버비/버비]圀 불법의 본의(本義).

법-의식(法意識)[버븨/버비-]圀 법에 대하여 인간이 가지고 있는 규범의식, 또는 사회의식.

법-의학(法醫學)[버븨/버비-]圀 응용 의학의 한 부문. 의학을 기초로 하여 법률적으로 중요한 사실 관계를 연구하고 해석하며 감정하는 학문.

법익(法益)圀 법률에 의해 보호되는 생활상의 이익.

법익-설(法益說)[-씰]圀 공법(公法)은 공익(公益)을, 사법(私法)은 사익(私益)을 목적으로 한 법이라는 법률상의 학설.

법인(法人)圀 자연인이 아니면서 법률상으로 권리 능력이 부여되는 사단과 재단. 공법인(公法人)과 사법인(私法人)이 있음. ㉰무형인(無形人). ↔자연인.

법인(法印)圀 불교를 외도(外道)와 구별하는 표지. 불법의 진실과 부동 불변함을 나타냄.

법-인격(法人格)[-껵]圀 법률상의 인격.

법인-세(法人稅)[-쎄]圀 국세의 하나로, 법인체에 매기는 소득세.

법장(法藏)[-짱]圀 부처의 교법, 또는 그것을 실천함으로써 쌓인 공덕.

법적(法跡)[-쩍]圀 불교가 전파되어 간 자취.

법-적(法的)[-쩍]괜圀 법률에 따라 판단하거나 처리하는 (것). ¶법적 규제. /법적 조치를 취하다. /법적인 절차.

법전(法典)[-쩐]圀 어떤 종류의 법규를 체계적으로 정리하여 엮은 책.

법전(法殿)[-쩐]圀 ①☞법당(法堂). ②임금이 조하(朝賀)를 받던 정전(正殿).

법전(法煎)[-쩐]쮄㉰ 약재(藥材)를 방문(方文)대로 달이거나 고는 일.

법정(法廷·法庭)[-쩡]圀 법관이 재판을 행하는 장소. 재판정. ¶법정에 서다. /법정 진술. /법정에 출두하다.

법정(法定)[-쩡]쮄㉰ 법으로 규정함. ¶법정 기일. /법정 선거 비용. /법정 최고형에 처하다.

법정(法政)[-쩡]圀 법률과 정치. ②〈법원 행정〉의 준말.

법정^가격(法定價格)[-쩡까-]圀 법으로 정한 가격.

법정^경:찰(法廷警察)[-쩡-]圀 법정에서의 질서 유지를 위하여 필요한 조치를 취할 수 있는 재판권의 한 작용.

법정^과:실 (法定果實) [-쩡-] 몡 어떤 재물을 사용하게 하고 그 대가로 받는 금품. [임대료·지대(地代)·이자 따위.] ↔천연 과실.

법정^관리 (法定管理) [-쩡괄-] 몡 부채가 많아 운영이 곤란하다고 판단되는 기업에 대하여 법원이 제삼자를 지정하여 기업 활동 전반을 관리토록 하는 것.

법정^금리 (法定金利) [-쩡-니] 몡 법률로 정한 금리.

법정^기간 (法定期間) [-쩡-] 몡 어떤 절차 등에 관하여 법률로 정해 놓은 기간. 〔호적상의 신고 기간이나 상고(上告) 기간 따위.〕 ↔재정 기간.

법정^대:리 (法定代理) [-쩡-] 몡 본인의 위임에 의하지 않고, 법률의 규정에 의하여 생기는 대리. ↔임의 대리.

법정^대:리인 (法定代理人) [-쩡-] 몡 본인의 위임과는 관계없이, 법률에 따라 당연히 대리권을 가지는 사람.

법정^대:위 (法定代位) [-쩡-] 몡 대위 변제(代位辨濟)에서 정당한 이익을 가지는 제삼자가 채권자의 승낙 없이 채권자를 대위하는 일.

법정^모:욕죄 (法廷侮辱罪) [-쩡-죄/-쩡-쮀] 몡 법원의 권위를 침해함으로서 성립되는 죄. 검사(檢事)의 공소를 기다리지 않고 법관이 독자적으로 처벌할 수 있음.

법정-범 (法定犯) [-쩡-] 몡 행위의 도덕적인 선악과 관계없이, 행정 법규의 위반만으로 성립되는 범죄. 행정범. ↔자연범·형사범.

법정^비:가 (法定比價) [-쩡-까] 몡 복본위제(複本位制)의 나라에서, 법률에 따라 정해진 금·은 상호 간의 가치의 비율.

법정^상속분 (法定相續分) [-쩡-뿐] 몡 법률에 정해진 상속분.

법정^상속주의 (法定相續主義) [-쩡-주의/-쩡-주이] 몡 상속인을 법률로써 정하여 임의로 변경함을 인정하지 않는 주의.

법정-수 (法定數) [-쩡-] 몡 어떤 법률 행위를 성립시키는 데 필요한 수효.

법정^의:무 (法定義務) [-쩡-] 몡 법률의 규정에 따라 마땅히 지는 의무.

법정^이:율 (法定利率) [-쩡-] 몡 법에서 정한 이율. ↔약정 이율.

법정^이:자 (法定利子) [-쩡-] 몡 법률의 규정에 따라 당연히 생기는 이자. 〔그 이율은 법정 이율에 의함.〕 ↔약정 이자.

법정^재산제 (法定財產制) [-쩡-] 몡 부부 사이의 재산의 귀속(歸屬)이나 관리 방법 등을 법률로써 규정하는 제도.

법정^적립금 (法定積立金) [-쩡쩡님끔] 몡 ⇨법정 준비금.

법정^전염병 (法定傳染病) [-쩡-뼝] 몡 (콜레라·페스트·장티푸스 등과 같이) 환자의 격리 수용을 법률로 규정한 전염병.

법정^준:비금 (法定準備金) [-쩡-] 몡 주식회사가 그 손실을 메울 목적으로 적립할 것을 법률로 증명하는 준비금. 법정 적립금. ↔임의 준비금.

법정^증거주의 (法定證據主義) [-쩡-의/-쩡-이] 몡 법관의 사실 인정이 반드시 증거에 의해야 한다든지, 일정한 증거가 있을 때는 반드시 어떤 사실을 인정해야 한다는 소송법상의 주의. ↔자유 심증주의(自由心證主義).

법정^통화 (法定通貨) [-쩡-] 몡 법률에 따라 강제 통용력이 인정된 화폐. 법정 화폐. ⓓ법화.

법정^투쟁 (法廷鬪爭) [-쩡-] 몡 소송 당사자의 한쪽이 법정을 활용하여 자기의 정당함을 여론에 호소하기 위해 심리(審理) 때 관련된 사실이나 정치적 주장 등을 진술하는 일.

법정^혈족 (法定血族) [-쩡-쪽] 몡 사실상의 혈연 관계는 아니나, 법률상 혈족으로 다루어지는 관계. 양부모와 양자 관계, 전처 출생자와 계모와의 관계. 준혈족. ↔자연 혈족.

법정-형 (法定刑) [-쩡-] 몡 각각의 범죄에 대하여 형법 등에 규정되는 형.

법정^화:폐 (法定貨幣) [-쩡-폐/-쩡-페] 몡 ⇨법정 통화. ⓓ법폐(法幣).

법정^후:견인 (法定後見人) [-쩡-] 몡 법률의 규정에 따라 당연히 후견인이 된 사람.

법제 (法制) [-쩨] 몡 ①법률과 제도. ②법률로 정해진 여러 가지 제도.

법제 (法製) [-쩨] 몡하타 ①물건을 정해진 방법대로 만듦. ②한방에서, 약의 성질을 좀 달리할 때에 정해진 방법대로 가공하는 일.

법제-사 (法制史) [-쩨-] 몡 법제의 역사, 또는 그것을 연구하는 학문.

법-제자 (法弟子) [-쩨-] 몡 불법(佛法)을 공부하는 사람.

법제-처 (法制處) [-쩨-] 몡 중앙 행정 기관의 하나. 국무총리 직속 기관으로, 국무 회의에 상정될 법령안과 총리령안(案) 및 부령안(部令案)의 심사와 기타 법제에 관한 사무를 맡아봄.

법제-화 (法制化) [-쩨-] 몡하타되자 법률로 정하여 놓음.

법조 (法條) [-쪼] 몡 법률의 조문. 법령의 조항. 법조문.

법조-계 (法曹界) [-쪼계/-쪼게] 몡 (법관이나 검사·변호사 등) 사법(司法)에 관한 실무에 종사하는 사람들의 사회. ⓓ법계.

법조-문 (法條文) [-쪼-] 몡 ⇨법조(法條).

법조-인 (法曹人) [-쪼-] 몡 (법관이나 검사·변호사 등) 사법(司法)에 관한 실무에 종사하는 사람.

법주 (法主) [-쭈] 몡 ①법문(法門)의 으뜸이라 하여 '부처'를 일컫는 말. ②불법에 통달한 사람. ③법회를 주재(主宰)하는 사람. 법사(法師). ④어떤 불교 종파의 우두머리.

법주 (法酒) [-쭈] 몡 법식대로 빚은 술.

법-주권 (法主權) [-쭈꿘] 몡 의회에서 제정하는 법 자체에 주권이 존재한다고 보는 개념.

법지-법 (法之法) [-찌-] 몡 ['대로'와 함께 쓰이어〕법에 규정된 그대로 하여 조금도 융통성이 없음을 나타내는 말. ¶ 법지법대로 다스리다.

법-질서 (法秩序) [-찔써] 몡 법에 의하여 유지되는 질서. ¶ 법질서 확립.

법-철학 (法哲學) 몡 법과 법 현상(法現象) 및 법의 궁극적 가치 등의 철학적 고찰을 연구 대상으로 하는 학문. 법률 철학. 법리학. 법리 철학.

법첩 (法帖) 몡 ⇨법서(法書).

법청 (碌青·法青) 몡 푸른 에나멜 유약인 경태람(景泰藍)을 입혀 만든 도자기의 빛.

법체 (法體) 몡 우주에 있는 모든 사물의 실체.

법치 (法治) 몡하타 법률에 따라 다스림, 또는 그 정치.

법치-국 (法治國) 몡 〈법치 국가〉의 준말.

법치^국가 (法治國家) [-까] 몡 국민의 의사에 따라 제정된 법률을 기초로 하여 국가 권력을 행사하는 나라. ⓓ법치국.

법치-주의 (法治主義) [-의/-이] 몡 권력자의 전제를 배격하고 국가 권력의 행사가 법률에 따를 것을 주장하는 근대 입헌 국가의 정치 원리.

법칙(法則)**명** ①지켜야 할 규칙. 전칙(典則). ②일정한 조건 아래에서 반드시 성립되는 사물 상호 간의 필연적·본질적인 관계. ¶만유인력의 법칙. ③수학의 연산 방식.

법칙^과학(法則科學) [-꽈-] **명** 현상을 법칙적으로 설명하고 또 예측하는 과학, 곧 '자연 과학'을 가리킴. ↔역사 과학.

법통(法統)**명** ①불법(佛法)의 전통. 법문의 계통. ②참된 계통이나 전통. ¶삼백 년 이어온 남도창(南道唱)의 법통.

법-평면(法平面)**명** 공간 곡선의 한 점을 지나며, 그 점에서의 접선에 수직인 평면.

법폐(法幣) [-폐/-뼤] **명** 〈법정 화폐〉의 준말.

법풍(法風) 중생의 번뇌를 다 날려 보낸다는 뜻에서, '불법(佛法)'을 바람에 비유하여 이르는 말.

법하(法牙) [버파] **명** 〈법변〉의 본딧말.

법-하다(法-) [-하파-] **조형태** 《동사 어미 '-ㄹ'·'-을' 뒤에 쓰이어》과거 또는 현재의 일을 추상적으로 '그러한 듯싶다', 또는 '그러할 듯싶다'는 뜻을 나타내는 말. ¶자초지종을 듣고 보니 그럴 법하다.

법학(法學) [버팍] **명** 법률에 관한 학문. 법률학.

법학-과(法學科) [버팍꽈] **명** 대학에서, 법학을 연구하는 학과.

법학-도(法學徒) [버팍또] **명** 법학을 배우고 연구하는 학생.

법학-자(法學者) [버팍짜] **명** 법학을 연구하는 학자.

법해(法海) [버패] **명** '불법(佛法)의 넓고 큼'을 바다에 비유하여 이르는 말.

법험(法驗) [버펌] **명** 불법(佛法)의 영험. 수도를 함으로써 나타나는 효험.

법형(法兄) [버평] **명** 불가에서, '한 스승에게서 법을 함께 받은 사람'을 높이어 일컫는 말.

법호(法號) [버포] **명** ➩법명.

법화(法花) [버퐈] **명** ①중국 원나라·명나라 때에 많이 나온 삼채 도기(三彩陶器). ②도자기의 몸에 무늬를 그리되 그 윤곽을 가는 진흙의 선으로 그리고, 이 윤곽을 경계로 하여 남빛·자줏빛·누른빛 등 여러 가지 색의 도료(塗料)로 모양을 낸 자기.

법화(法貨) [버퐈] **명** 〈법정 통화〉의 준말.

법화-경(法華經) [버퐈-] **명** 〈묘법연화경〉의 준말.

법화^삼매(法華三昧) [버퐈-] **명** 참회(懺悔)나 멸죄(滅罪) 등을 위하여, '법화경'을 열심히 읽으며 수도에 힘쓰는 일.

법화-종(法華宗) [버퐈-] **명** '천태종'의 딴 이름. ('법화경'을 근본 교의(敎義)로 함.]

법황(法皇) [버퐝] **명** ➩교황(敎皇).

법회(法會) [버푀/버풰] **명** ①불법을 강설(講說)하는 모임. ②죽은 이를 위하여 재(齋)를 올리는 일, 또는 그 모임. ②법요(法要).

벗¹[벋] **명** ①염전에 걸어 놓고 소금을 굽는 가마. 염부(鹽釜). ②〈벗집〉의 준말. * 벗이[버시]·벗만[번-]

벗²[벋] **명** (숯불이나 장작불을 피울 때) 불씨에서 옮겨 붙는 숯이나 장작. * 벗이[버시]·벗만[번-]

벗이 닿다[관용] 숯이나 장작이 여러 개가 한데 닿아서 불이 잘 피어나게 되다.

벗³[벋] **명** ①(나이나 처지 등이 비슷하여) 서로 가까이 사귀는 사람. 친구. 붕배(朋輩). 붕우(朋友). 우인(友人). ②'사람이 늘 가까이하여 닿아서 심심함이나 지루함을 달래는 사물'을 비유하여 이르는 말. ¶책은 평생의 벗이다. /술을 벗 삼아 지내다. * 벗이[버시]·벗만[번-]

벗 따라 강남 간다[속담] 자기는 하고 싶지 않으나 남에게 끌려 덩달아 하게 된다는 말.

벗-가다[벋까-] **자** 〈벗나가다〉의 준말.

벗-개다[벋깨-] **자** 구름이 벗어지고 날이 개다.

벗-걸다[벋껄-] [~거니·~걸어] **자** 염밭에 소금 굽는 가마를 걸다.

벗겨-지다[벋껴-] **자** 『'벗기다'의 피동』①벗김을 당하여 벗어지다. ¶바람에 모자가 벗겨지다. / 벗겨진 이마. /누명이 벗겨지다.

벗-기다¹[벋끼-] **자** ①『'벗다'의 피동』벗김을 당하다. ¶옷이 벗긴 채 묶이다.

벗-기다²[벋끼-] **타** ①『'벗다'의 사동』옷이나 모자·신 따위를 벗게 하다. ¶옷을 벗기다. /안경을 벗기다. ②본체를 싸고 있는 가죽이나 껍질을 떼어 내다. ¶귤 껍질을 벗기다. ③(씌웠거나 덮었거나 한 것을) 걷거나 떼어 내어 속이 드러나게 하다. ¶뗏장을 벗기다. ④(걸어 놓은 것을) 떼어 버리다. ¶벽에 걸린 옷가지들을 벗겨 내리다. ⑤거죽을 긁어 내다. ¶때를 벗기다. ⑥(문고리·빗장 따위의 걸린 것을) 빼거나 끌러 열리게 하다. ¶빗장을 벗기다. ⑦감추어진 것이 드러나게 하다. ¶우주의 신비를 벗기다. ⑧(누명 따위에서) 벗어나게 하다. ¶누명을 벗기다.

벗기다[타] (옛) 베끼다. ¶히오니 즈름쌈 글월 벗기는 갑시 얼마나 ᄒᆞ뇨(老解下16).

벗-나가다[번-] **자** 일정한 테두리 밖으로 벗어져 나가다. 번나가다. ②벗나가다.

벗:-님[번-] **명** '벗³'을 다정하게 이르는 말. ¶세상 벗님네들 내 말 좀 들어 보소.

벗다[벋따] [타] ①(쓰거나 신은 것 따위를) 몸에서 떼어 내다. ¶저고리를 벗다. /모자를 벗다. ②(몸에 지거나 메거나 걸었던 것을) 몸에서 떼어 놓다. ¶지게를 벗다. ③(어떤 동물이 그 성장 과정에서) 껍질 따위를 떼어 놓는 과정을 거치다. ¶뱀이 허물을 벗다. ④(의무나 책임 따위에서) 물러나 자유로워지다. ¶책임을 벗다. ⑤(억울한 죄나 형벌 따위에서) 헤어나거나 용서받다. ¶누명을 벗다. ⑥(잘못된 생각이나 습관 따위를) 고치어 바로잡다. ¶낡은 인습을 벗어 버리다. ⑦(정신적 억눌림이나 괴로운 처지에서) 헤어나다. ¶죄 책감을 벗고 일어서다. ⑧(물질적 또는 정신적 부채를) 다 갚다. ¶빚을 벗다. ⑨(어리숙하거나 미숙하거나 한 태도 따위를) 없애게 되다. ¶촌티를 벗다. ⑩어떤 직업에서 물러나다. ¶군복을 벗다. /관모를 벗다. * 벗어·벗는[번-] **Ⅱ자** 벗어지다. ¶촌티가 벗다. * 벗어·벗는[번-]

벗:-바리[벋빠-] **명** 뒤에서 힘이 되어 주는 사람. 곁에서 도와주는 사람.

벗바리(가) 좋다[관용] 뒤에서 돌보아 주는 사람이 많다.

벗-새 '벌새'의 잘못.

벗어-나다[자타] ①어떤 표적이나 범위·경계의 밖으로 나가다. ¶논제에서 벗어나다. /국경을 벗어나다. ②(부자유, 짐 되는 일, 어려운 환경 등에서) 헤어나다. ¶중책에서 벗어나다. ③남에게 인정을 받지 못하게 되다. ¶선생님의 눈에서 벗어나다. ④어떤 기준이나 도리에 어긋나다. ¶예의에 벗어난 행동. /학생 신분에 벗어나다.

벗어난-그림씨명 ☞불규칙 형용사.
벗어난-씨끝명 ☞불규칙 씨끝.
벗어난-풀이씨명 ☞불규칙 용언.
벗어-던지다타 (낡은 틀이나 체면, 방법 따위를) 단호히 벗어 내치다. ¶가난 때문에 체면은 벗어던진 지 오래다.
벗어-부치다자 세차게 대들 기세로 옷을 벗다. 벗어젖히다. ¶웃옷을 벗어부치고는 씩씩거리며 대들다.
벗어-붙이다타 '벗어부치다'의 잘못.
벗어-젖히다[-저치-]타 벗어부치다.
벗어-제치다타 '벗어젖히다'의 잘못.
벗어-지다자 ①(옷·모자·신·안경 따위가) 몸에서 흘러내리거나 떨어져 나가다. ¶안경이 벗어지다. ②(덮었거나 얽었거나 걸었거나 가리었던 것이) 젖혀지다. ¶뚜껑이 벗어지다. /문고리가 벗어지다. ③무엇에 스치어 거죽이 깎이다. ¶살갗이 벗어지다. /칠이 벗어지다. ④머리털이 빠져 대머리가 되다. ¶이마가 벗어지다. ⑤(어떤 기미나 티가) 없어져 미끈하게 되다. 벗다. ¶촌티가 벗어지다. ⑥(누명 따위가) 없어지다. ¶누명이 벗어져 다행이다.
벗-집[벋찝]명 염밭에 벗을 걸어 놓고 소금을 굽는 집. 염막(塩幕). 준벗집.
벗:-트다[벋-][~트니·~터]자 서로 이제껏 쓰던 경어를 그만두고 무간하게 사귀기 시작하다.
벗-풀[벋-]명 택사과의 다년초. 높이 70cm가량. 쇠귀나물과 비슷하며 여름에 흰 꽃이 핌. 못·무논·물가 등에서 자람.
벗:-하다[벋타-]자타 ①벗으로 삼다. ¶자연과 벗하며 살다. ②벗트고 허물없이 지내다. ¶저 둘은 서로 벗하는 사이라네.
벙거지명 ①지난날, 병졸이 머리에 쓰던 모자. 털로 검고 두껍게 갓처럼 만들었음. 徵전립(戰笠). ②〈모자〉의 속된 말.
벙그레부하자 만족한 듯이 입을 조금 크게 벌리면서 소리 없이 부드럽게 웃는 모양. 재방그레. 쎄뻥그레.
벙글-거리다자 자꾸 벙글벙글하다. 벙글대다. ¶친구가 뭐가 그리 좋은지 아까부터 벙글거린다. 재방글거리다. 쎄뻥글거리다.
벙글다자 (옛)사이가 틀리어서 벌다. ¶벙그러진 柯枝 휘두드려 날나 주어 담고(古時調).
벙글-대다자 벙글거리다.
벙긋-[-귿]부하자 만족스러운 표정으로 입을 좀 크게 벌리면서 소리 없이 부드럽게 한 번 웃는 모양. 재방긋. 쎄뻥긋·뻥끗. 벙긋-벙긋부하자 ¶아이는 너무 좋아서 입이 절로 벙긋벙긋한다.
벙긋-거리다[-귿-]자 자꾸 벙긋벙긋하다. 벙긋대다. 재방긋거리다.
벙긋-대다[-귿-]자 벙긋거리다.
벙-긋[-귿-]그다 조금 크게 열려 있다. 재방긋하다. 쎄벙끗하다·뻥긋하다·뻥끗하다.
벙긋-이부.
벙끗[-끋]부하자 〈벙긋〉의 센말. 재방끗. 쎄뻥끗.
벙끗-하다[-끋타-]형어 〈벙긋하다〉의 센말. 재방끗하다. 쎄뻥끗하다.
벙벙-하다형여 ①정신이 얼떨떨하다. ¶어안이 벙벙하다. /영문을 몰라 벙벙하게 서 있다. 쎄뻥뻥하다. ②물이 빠지지 못하고 가득 차 있다. ¶들판에 물이 벙벙하다. 벙벙-히부.

벙시레부하자 소리 없이 입만 약간 크게 벌리고 아주 순하게 웃는 모양. 재방시레. 쎄뻥시레.
벙실명 입을 조금 크게 벌리고 소리 없이 복스럽게 웃는 모양. 재방실. 쎄뻥실. 벙실-벙실명
벙실-거리다자 자꾸 벙실벙실하다. 벙실대다. 재방실거리다.
벙실-대다자 벙실거리다.
벙싯[-싣]부하자 입을 조금 크게 벌리며 소리 없이 한 번 가볍게 웃는 모양. 재방싯. 쎄뻥싯. 벙싯-벙싯부하자
벙싯-거리다[-싣거-]자 자꾸 벙싯벙싯하다. 벙싯대다. 재방싯거리다.
벙싯-대다[-싣때-]자 벙싯거리다.
벙어리명 언어 장애로 말을 못하는 사람. 아자(啞者).
벙어리 냉가슴 앓듯족담 '답답한 사정이 있어도 남에게 말하지 못하고 혼자 애태우는 경우'를 이르는 말.
벙어리 발등 앓는 소리라족담 '노랫소리나 글 읽는 소리가 신통하지 않음'을 비유하여 이르는 말.
벙어리 속은 그 어미도 모른다족담 설명을 듣기 어려운 처지인 '사정을 정확히 알 수 없다'는 말.
벙어리 재판족담 (양편 말이 다 분명하지 못하여) '시비를 가리기가 매우 어려운 경우'를 이르는 말.
벙어리 호적(胡狄)을 만나다족담 〔가뜩이나 말이 통하지 않는 오랑캐를 벙어리가 만났다는 뜻으로〕 '서로 입을 다물고 말을 하지 않는 경우'를 이르는 말.
벙어리-매미명 매미의 암컷. 〔울지 못하기 때문에 생긴 이름.〕
벙어리-뻐꾸기명 두견과의 새. 뻐꾸기와 비슷하나 조금 작고, 날개 길이 20cm, 꽁지 길이 12~17cm. 등은 회색이고 아래쪽은 황갈색임. 아침 일찍 울기 시작하여 종일 욺. 봄에 다른 새의 둥지에 알을 낳음.
벙어리-장갑(-掌匣)명 엄지손가락 외의 네 손가락이 한데 들어가도록 만든 장갑.
벙어리-저금통(-貯金筒)명 푼돈을 넣어 모아 두는 저금통. 박산(撲滿). 항통(缿筒).
벙을다타 (옛)사이가 벌다. ¶부터 벙으로미 머디 아니하야(楞解5:86). 徵벌을다.
벙커(bunker)명 ①배의 석탄 창고. ②골프 코스 중 장애물의 하나로, 모래가 들어 있는 우묵한 곳. ③엄폐호(掩蔽壕).
벙커시:-유(bunker C油)명 선박용 보일러의 연료로 쓰이는 중유(重油)의 한 가지. 점착성이 강하고, 잔류 탄소분이 많음.
벙테기명 ①〈벙거지〉의 낮은말. ②〈군외복귀〉다기.
벙:-하다형여 정신이 또렷하지 않고 멍하다. 벙-히부 ¶이 녀석아, 벙히 쳐다보지만 말고 말을 해라.
빛[벋]명 〈벚꺼〉의 준말. *벚이[버지]·벚만[번-].
빛-꽃[벋꼳]명 ①벚나무의 꽃. 앵화. ②화투짝의 한 가지. 벚꽃을 그린, 3월을 상징하는 딱지. *벚꽃이[벋꼬치]·벚꽃만[번꼰-].
빛-나무[번-]명 장미과의 낙엽 활엽 교목. 산과 들에 나며 관상용으로 심기도 하는데, 높이는 20m에 이름. 잎은 길둥글며, 봄에 분홍빛이나 흰빛의 꽃이 핌. 열매인 버찌는 앵두만 하며 초여름에 검게 익는데 먹을 수 있음. 나무껍질은 민간에서 약재로 쓰임.

별다(別) (옛) 베어지다. ¶ 것과 살퀘 버음며(數解)

배들(①삼십이나 무명실·명주실 따위로 짠 피륙. (②〈삼베〉의 준말.)

배드기다(타) 당하여 오거나 하는데도 그리 괴하여 나지 않다.

배겟-머리[-겓-] 누울 때에 베개를 베고 자는 머리 쪽. ¶ 베개를 베고 자는

배겟-모[-겓-] 베갯잇의 양쪽 가에 대어 마구리를 막는 꾸밈새. 조그마한 널조각에 수를

배겔-공사(-工事) 베갯밑을 파는 공사.

배겔-송(-誦) 누워 있으면서 외는 송경.

배기다(타) 몸이나 그림 따위를 그대로 배어 나오게 하다. ¶ 베갯머리에서

배겨-오(-) 베개에 덮어씌우는 천. 베갯잇.

배고니아(begonia) 베고니앗과의 한 해살이 또는 여러해살이 화초.

배고니드 베고니아의 준말.

배네딕트 (Benedict) 이탈리아의 수도원장.

배네룩스 (Benelux) 벨기에·네덜란드·룩셈부르크 세 나라.

배독스 (Benedict) 벨기에·네덜란드·룩셈부르크 세 나라.

배니션-블라인드 (Venetian blind) 얇은 판조각을 나란히 붙여 만든 발.

배니스 (veneer合板) 얇은 널조각을 여러 겹으로 붙인 판자.

배니어 (veneer) 베니어합판.

배니하다(타) 베어서 하다.

배다(타) 누에시가 베게 배다.

배다(다태) ①날이 선 연장으로 자르거나.

배다(타) ①땀이 배다.

배다(Veda) 바라문교의 경전.

비뚤-어지다(자) 한쪽으로 쏠리어 있거나 굽어지다.

비뚤-다(~뚜니, ~뚤어) 바르지 않고 한쪽으로 쏠려 있다.

비뚤-이[-](명) 비뚤어진 사람.

비뚜-ㄹ시 (명) [bed scene] 침대

비랑다 (veranda) 건물의 안쪽에서.

배레 (béret) 프랑스 모자.

배르망 (vermouth) 포도주.

배르사이조약 (Versailles條約) 1919년 프랑스.

배륨 (beryllium) 은백색의.

배리에이션 (variation) 변주곡.

배비론 (hévatron) 양자를 낸다.

배스트 (best) 가장 잘하는.

배스트-멤버 (best member) 가장 뛰어난.

배스트-셀러 (best seller) 잘 팔리는 책.

배신호 (vest) 안쪽저고리.

배일 (Bev) 십억 전자볼트. [billion elec-tron volt]

배일리움 (beryllium)

베슬-거리다[-] 자꾸 베슬베슬하다. 베슬대다.
중베슬거리다.
베슬-대다[-] 베슬거리다.
베슬-베슬[-] 어떤 일을 슬슬 피하며 베도
는 모양.
¶베실 섬을 만드는 실. 마사(麻絲). 포사(布絲).
베-실[-] 삼실로 만든 실. 마사(麻絲).
베-어림[-] 헌것. 동으나 일부 운동을
하는 축에든 일. ¶베어림이 가늑.
베-옷[-] 베로 지은 옷. ¶삼동(三冬)에 베
옷입다. * 베옷[-오시]·베웃만[-은-]
베-이[-]다[자타²] 베다² 의 피동.
¶[베지다] 베이다.
베-이스(base)[] 아구에서, 가장 낮은
음역(音域). 모도는 그 연주라든 악기.
베-이스(bass)[] 1냥아이에서, 남자의 가
음역(音域), 모노는 그 가수. (페이스와 드램
음을 마주). ③아구에서 죄저 음부(首部). 저음
(低音). ④콘트라베이스의 준말.
베-이스-드럼(bass drum) 지름 70~80 cm 이
상의 목제로 큰 금속체의 원통의 양면에 가죽막을
씨우고 부체로 처서 치는 타이프. 관현악·관
악 합주에서 저
베-이스-라인(base line)[] 1테니스에서, 코드
양쪽 끝의, 네트와 평행한 선. ②아구에서, 베
이스와 베이스를 있는 선.
베-이스-캠프(base camp) 1등산할 때, 근거
지로 하는 고정 천막, ②포로 아주 동네자, 베
넌 시 근거지 전에 마뜻 지방에서 하는 합숙
훈련의 근거지. ③아구군의 준동 기지.
베-이스-클레프(bass clef) 낮은음자리표.
음부 가호(音部記號). 낮은음자리표.
베-이스-트롬본(bass trombone) 저음(低音)
이 누운 아래로 싸인 사람이 내부.

베-이식(BASIC)[] 컴퓨터의 프로그래밍을 연어
의 하나. 컴퓨터의 입부르 싶본 할
러 어. 컴퓨터 이른 시본드로포스 메기
충용시스 이른 근거에서 화상이 발전한 메서
베-이식 All-purpose Symbolic Instruction Code]
     [Beginner's
베-이지(beige)[] 밝은 회색을 띤 황색.
베-이징(北京人)[] 중47 홍적세(洪積世)의
     (特ζ,和)
베-이컨(bacon)[] 이름의 생선이를 즐긴으
로, 축육이나 인부 무드는 가마에서 쓰는 가루.
베-이킹-파우더(baking powder)[] 빵을 마를
구울 때 부풀게 이든을 위하여 쓰는 가루.
베-이킹 [] 1이어들이 얼음을 가더거나 꾸미
2무엇을 써서 숨기는 것을 비우하여 이르는
말. ¶베일에의 싸인 사건의 내막.
베-자루[] 베임에의 만든 자루.
베-전(-廛)[하] 포전(布廛)(布廛).
베-전[업체(하)]
베잡-베잡이[] 여칫과의 여칫을 보는 보든
     벌레의 섬에 수체(蝲蟶)를
베-쟁이[] 어릿광대 이른 바른 마른 따위를
구워 몸을 풀게 위하여 쓰는 가루.
베-짱이[] 1여칫들이 얼음을 가더거나
2무엇을 써서 숨기는 것을 비우하여 이르는

베크렐-선(Becquerel線)[] 우라늄에서 나오는
방사선을 이전에 이르던 말. 현재는 알파·선·베
타선·감마선으로 분류.
베타(beta·그)[] 1그리스 어 자모의 둘째의 인
B(β)'의 이름. ②[베타선(beta線)]의 준말.
③[베타선(beta版)]의 준말.
베-타·버전(beta version)[] 소프트웨어를 정
식으로 발매하기 전에 시험용으로 배포하는 것.
베-타·붕괴(beta崩壞)[-파/-메][] 중성자가 양
성자로 변하든가 양성자로 변하면서, 원자핵
의 분성이.
베타-선(beta線)[] 원자핵의 베타 붕괴 때 나
오는, 고속도의 전자(電子)로 된 방사선의. 방사
선중 가장 심하게 구부러짐. 중베타.
베타-성(beta星)[] 한 성좌 중에서 밝기가 둘
째의.
베타-입자(beta粒子)[-따-][] 베타선을을 형성하

베타트론(betatron)[] 높은 전압을 쓰지 않고
도 큰 전자·원을 전자를 가속하는 가속
기의 하나. 드는 교류 전자석에 의하여 마주
코 자기 마당을 반복시킬 때 그 누의 주변에
따라 생기는 전기력을 이용함.
베테랑(vétéran·프)[] 어떤 방면에 오랫동안 종
사하여 기술이나 기능이 뛰어난 사람. 노련한
사람.
베틀·올-노래[-] 베의 필릴 때 부르는 노래.
베틀-가(-歌)[] 베틀에서 베를 짜는 일을
구전 민요의 한 가지. 부녀자가 노래
베틀-다리[-마-][] 베틀을 받치는 자로, 가로
누운으로 길고 굵은 나무.
베틀-신[] 베틀신감에 대단 신.
베틀-신대[-때][] 베틀신을 동두머리를 걸어 잡
는, 개의 위아래의 바자.
베틀-신들[-때][] 베틀을 움두러아 맞대, 그 끝에 베틀신이
잇 되운 아래로 긴 부채이는 바다.
베틀-짚이[] 베틀 신문들이나.

베툼[동][베프니/베룸] (베풀다의 이어) 일을 베풀다.
베푸-다[타] ¶한을 진치로 베풀다.
베-품다[타][베푸니/베푼] ①어떤 일을 차리게
벌이다. ②남에게 일을 번체 하다.
¶선정[善政] 베풀다. /그동안 주신
베프르다[베푸니]를 감사드립니다.
베-드(vector)[] 1크기와 방향을 가진 양(量).
(속도·힘·가속도 등.) ②스칼라. ③심리학에
서, 개체 내부에 목표를 추진시킨
든는 양.
벤-다이어그램(Venn diagram)[] 심리적 적
집합의 상호 관계를 부분들 식게 나
타낸 그림. (영국의 논리학자 벤[J. Venn]이
고안함에서 데서 불어진 이름.)
벤젠(benzene)[] 콜타르에서 언어지는, 특유의
냄새가 있는 무색투명한 액체. 자동차·비우
기의 연료나 염료·약품·녹으로 쓰임. 벤졸.
벤젠-중독(benzene中毒)[] 벤젠 가스의 흡수에
의하여 일으키는 중독. 두통·현기증·호흡 곤란이
나타나거나 지으구와 체믈이 수척의
벤졸(benzol)[] 벤젠.
¶벤졸[]·벤젠.

벤진 (benzine)**몡** 석유를 분류(分溜)해서 얻는 휘발유의 한 가지. 특유의 냄새를 갖는 무색의 액체로 휘발성이 강함. 용매 또는 옷의 얼룩을 지우는 데 쓰임. 석유 벤진.

벤처^기업 (venture企業)**몡** 첨단 기술이나 신기술을 개발하여 이를 전문화·기업화하는, 비교적 작은 규모의 기업. 컴퓨터의 소프트웨어, 생물 공학 부문에 많음.

벤처^캐피털 (venture capital)**몡** 고도의 기술을 가지고 있어 장래성은 있으나, 아직 경영 기반이 약하여 불확실성과 위험이 따르는 기업 활동에 모험 투자되는 자본.

벤치 (bench)**몡** ①(대합실이나 공원 등에 두어) 몇 사람이 같이 앉을 수 있게 만든 긴 나무의자. ¶공원 벤치. ②운동 경기장 안의 선수석과 감독석. **⮑더그아웃.**

벤치마:킹 (bench-marking)**몡** **하타** 기업이 특정 분야에서 뛰어난 업체의 제품이나 기술, 경영 방식 등을 면밀히 분석하여 자사의 경영과 생산에 응용하는 일.

벤토나이트 (bentonite)**몡** 응회암(凝灰岩) 따위가 풍화하여 된 흙. 도자기·석유 정제 등에 이용됨.

벨 (bell)**몡** 전기를 이용하여 소리가 나도록 한 장치. ¶벨을 누르다.

벨로니테 (Belonite 독)**몡** 화산(火山) 형식의 한 가지. 뾰족한 탑 모양의 화산.

벨:로드롬 (velodrome)**몡** 경주로(競走路)를 안쪽으로 비탈지게 만든, 사이클 전용 경기장.

벨로체 (veloce 이)**몡** 악보에서, 빠르기를 지시하는 말. '빠르게'의 뜻.

벨벳 (velvet)**몡** 거죽에 곱고 부드러운 털이 돋게짠 비단. 비로드. 우단(羽緞).

벨-소리 (bell-)**몡** 벨이 울릴 때 나는 소리.

벨칸토 (bel canto 이)**몡** 이탈리아에서 18세기에확립된, 가창법의 한 가지. 소리의 아름다움이 특히 강조됨.

벨트 (belt)**몡** ①허리띠. ¶가죽 벨트를 매다. ②기계에서, 동력을 전달하기 위한 피대(皮帶).

벨트^컨베이어 (belt conveyer)**몡** 바퀴 사이에 넓은 벨트를 걸어 돌리면서 그 위에 물건을 실어 연속적으로 일정한 곳에 운반하는 장치. 대량 생산 방식의 공장이나 광산·토목 공사장 등에서 사용함.

벰베르크^인견사 (bemberg人絹絲)**몡** 인조견(人造絹)의 한 가지. 〔제조법의 특허를 가진 독일벰베르크사(社)의 상표명임.〕

벵갈라 (bengala 네)**몡** '철단'의 이전 일컬음.

벵골^어 (Bengal語)**몡** 인도유럽 어족(語族)의 인도아리아 어파(語派)에 속하는 언어의 하나. 방글라데시 일대에서 쓰임.

벼 ①볏과의 일년초. 동인도 원산의 식용 작물로, 논이나 밭에 심음. 줄기는 속이 비고 마디가 있으며, 높이는 1 m가량. 잎은 가늘고 길며, 가을에 줄기 끝에 이삭이 나와 꽃이 핀 다음 열매를 맺음. 그 열매를 찧은 것이 쌀임. ②벼의 열매. 정조(正租).

벼의 〈옛〉 '따위'의 뜻을 나타냄. ¶사발과 그릇 벼들 사쟈(老解上29).

벼곰팡잇-병 (-病)**몡** [-이뼝/-인뼝] 벼에 기생하는 곰팡이로 말미암아 생기는 병. 늦벼에 많이 발생함.

벼기다 **짜** 〈옛〉 우기다. 고집하다. ¶벼기더시니뉘러시니잇가(鄭敍.鄭瓜亭).

벼-까라기 **몡** 벼의 까라기. **⮑벼까락.**

벼-까락 **몡** 〈벼까라기〉의 준말.

벼-농사 (-農事)**몡** **하짜** 벼를 가꾸고 거두는 일. 도작(稻作). 미작(米作).

벼-때 **몡** 벼를 거두어들이는 시기.

벼락 **몡** ①전기를 가진 구름과 구름 사이, 또는 구름과 땅 사이에서 일어나는 방전 현상. 번개와 천둥이 따름. 낙뢰(落雷). 벽력(霹靂). ②'크게 입는 타격'을 비유하여 이르는 말. ③'호된 꾸지람'을 비유하여 이르는 말. ④'갑자기 이루어지는 것'을 비유하여 이르는 말.

벼락 치는 하늘도 속인다 **속담** 속이려 들면 못 속일 것이 없다는 말.

벼락 맞을 소리 **관용** 천벌을 받아 마땅할 만큼 당찮은 말.

벼락(을) 맞다 **관용** ①(못된 짓을 하여) 천벌을 받다. ②심하게 꾸중을 듣다.

벼락(이) 내리다[떨어지다] **관용** ①큰 변이 생기다. ②크게 꾸지람을 듣게 되다. ¶할아버지로부터 벼락이 내렸다.

벼락-감투 [-깜-]**몡** '갑자기 얻어 하게 된 관직이나 직책'을 조롱조로 이르는 말. ¶벼락감투를 쓰다.

벼락-같다 [-깓따]**형** ①'일이나 행동 따위가 몹시 빠름'을 이르는 말. ¶벼락같은 주먹이 날아가다. ②'소리가 크고 요란함'을 이르는 말. ¶목소리가 벼락같다. **벼락같-이무.**

벼락-공부 (-工夫) [-꽁-]**몡** **하짜** 시험 날짜가 가까이 닥쳐서야 갑자기 서둘러 하는 공부.

벼락-김치 [-낌-]**몡** (날배추나 날무를 간장에 절여서) 당장 먹게 만든 김치.

벼락-닫이 [-따지]**몡** 위짝은 붙박이고, 아래짝만 내리닫이로 되어 있는 창.

벼락-대신 (-大臣) [-때-]**몡** '성질이 독하고 야무져, 어떤 어려움도 견뎌 내는 사람'을 비유하여 이르는 말.

벼락-덩이 [-떵-]**몡** '밭을 맬 때 크게 뒤집어 엎는 흙덩이'를 비유하여 이르는 말.

벼락-바람 [-빠-]**몡** '무섭게 몰아치는 기세'를 비유하여 이르는 말.

벼락-방망이 [-빵-]**몡** '뜻하지 않게 갑자기 얻어맞는 매', 또는 '호되게 맞는 매'를 비유하여 이르는 말.

벼락-부자 (-富者) [-뿌-]**몡** '갑작스럽게 된 부자'를 비유하여 이르는 말. 졸부. 폭부(暴富).

벼락-불 [-뿔]**몡** ①번갯불. ②'몹시 무서운 명령'을 비유하여 이르는 말. ¶벼락불이 떨어지다.

벼락-장 (-醬) [-짱]**몡** '급하게 담그는 고추장'을 비유하여 이르는 말. 〔매주 무거리와 굵은 고춧가루를 버무려 물을 붓고, 2~3일 띄웠다가 소금을 쳐서 먹음.〕

벼락-출세 (-出世) [-쎄]**몡** **하짜** '갑작스러운 출세'를 비유하여 이르는 말.

벼락-치기 '갑자기 서둘러 하는 일'을 비유하여 이르는 말. ¶집을 벼락치기로 짓다.

벼랑 **몡** 험하고 가파른 비탈, 또는 그러한 지형.

벼로[1]몡 〈옛〉 벼루. ¶벼로앤 쇠우므렛 므리 추고(杜初8:9). /벼로 연:硯(訓蒙上34).

벼로[2] 〈옛〉 벼랑. ¶벼로:峭崖(漢淸7:39). **⮑비레.**

벼록몡 〈옛〉 벼룩. ¶벼록 조:蚤(訓蒙上23).

벼루[1]몡 먹을 가는 데 쓰는, 돌이나 자기(瓷器) 따위로 만든 문방구.

벼루[2]몡 강가나 바닷가의 낭떠러지.

벼룩몡 벼룩과의 기생 곤충. 몸길이 1~3 mm이며 몸빛은 적갈색임. 뒷다리가 특히 발달하여 잘 뜀. 사람과 가축의 피를 빨며 병원균을 옮기기도 함.

벼룩도 낯짝이 있다[속담] '몹시 뻔뻔스러운 사람'을 두고 이르는 말.

벼룩의 간을[선지를] **내먹는다**[속담] '조그만 이익을 당치 않은 곳에서 얻어내려 하는 경우'를 이르는 말.

벼룩-나물[-룽-] [명] 석죽과의 이년초. 높이 25 cm가량. 밭두둑 같은 곳에 저절로 남. 여름에 흰 꽃이 피고, 열매는 삭과(蒴果)임. 어린 잎과 줄기는 먹을 수 있음.

벼룩-시장(-市場) [-씨-] [명] 노상(路上)에서 열리는 중고품 교환 시장. [프랑스 파리 근교의 도로 상에서 서는 시장에서 유래함.]

벼룩이-자리[명] 석죽과의 일년초 또는 이년초. 줄기는 가늘게 여러 갈래로 갈라져 나오며 높이 25 cm가량. 들이나 밭에 절로 남. 벼룩자리.

벼룩-자리[-짜-] [명] ☞벼룩이자리.

벼룻-길[-루낄] [명] 강가나 바닷가의 낭떠러지로 통하는 비탈길.

벼룻-돌[-루똘·룯똘] [명] 벼루의 재료가 되는 돌. 연석(硯石).

벼룻-물[-룬-] [명] 먹을 갈기 위하여 벼룻돌에 붓는 물. 연수(硯水).

벼룻-집[-루찝·룯찝] [명] 벼루·먹·붓·연적 따위를 넣어 두는, 납작한 상자나 조그만 책상. 연갑(硯匣). 연상(硯床).

벼르다[벼르니·벌러] [자타] 어떤 일을 하려고 마음속으로 준비를 단단히 하고 기회를 엿보다. ¶잔뜩 벼르기만 하다가 때를 놓쳤다.

벼르던 아기 눈이 먼다[속담] 기대가 너무 크면 실망도 따를 수 있음을 이르는 말.

벼르다[벼르니·벌러] [타] 어떤 비율에 따라 여러 몫으로 고르게 나누다. ¶적은 돈이지만 잘 벌러 쓰기로 했다.

벼름[명][하타] 여러 몫으로 고르게 별러 줌, 또는 그런 일.

벼름-벼름[부][하타] 무슨 일을 하려고 자꾸 벼르는 모양. ¶벼름벼름하다가 기회를 놓쳤다.

벼름-질[명][하타] 별러서 고루 나누는 일.

벼리[명] ①그물의 위쪽 코를 꿰어 오므렸다 폈다 하는 줄. 벼릿줄. ②일이나 글의 가장 중심되는 줄거리.

벼리다[타] 날이나 끝이 무디어진 연장을 불에 달구고 두드리고 하여 날카롭게 만들다. ¶낫을 벼리다. /괭이를 벼리다.

벼릿-줄[-리쭐·릳쭐] [명] ☞벼리.

벼뤌[명] [옛] 베갯머리. 머리맡. ¶黃昏의 돌이 조차 벼마텉 빗혀니[關東別曲].

벼-메뚜기[명] 메뚜깃과의 곤충. 몸길이가 3.5 cm가량. 몸빛은 황록색, 날개는 담갈색임. 뒷다리가 길어 잘 뜀. 벼의 해충임. 메뚜기.

벼슬[명] 지난날, 관아에 나아가 공무를 맡아보던 자리, 곧 '관직(官職)'을 이르던 말.

벼슬-길[-낄] [명] 벼슬아치가 되는 일. 사도(仕途). 사로(仕路). 환로(宦路). ¶벼슬길이 막히다. /벼슬길에 오르다.

벼슬-살이[명][하자] 벼슬아치 노릇을 하는 일.

벼슬-아치[명] 벼슬에 있으면서 나랏일을 맡아보는 사람. 관원(官員).

벼슬-자리[-짜-] [명] 벼슬의 직위. ¶벼슬자리에서 물러나다.

벼슬-하다[자여] 벼슬아치가 되다. 벼슬길에 오르다.

벼-쭉정이[-쩡-] [명] 알맹이가 들지 않은 벼 이삭.

벼-팔이[명][하자] (장사를 목적으로) 돈을 주고 벼를 사들이는 일.

벼-화(-禾) [명] 한자 부수의 한 가지. '科'·'秀' 등에서의 '禾'의 이름.

벼-훑이[-훌치] [명] 벼를 훑어 내는 데 쓰이던 재래식 농구(農具)의 한 가지. 두 개의 나뭇가지나 수숫대 등의 한 끝을 동여매서 집게처럼 만듦. 도급기(稻扱機).

벽[명][하자] 〈비역〉의 준말.

벽(壁) [명] ①집의 둘레나 방을 둘러막은 부분. 바람벽. ¶벽을 허물다. ②'극복하기 어려운 한계나 장애'를 비유하는 말. ¶마음의 벽을 허물다.

벽에 부딪히다[관용] 어떤 장애물에 가로막히다. ¶계획이 벽에 부딪히다.

벽(을) 쌓다[관용] 서로 사귀던 관계를 끊다. ¶친척들과 벽을 쌓고 지낸 지가 벌써 오래다.

벽(壁) 2[명] 〈벽성(壁星)〉의 준말.

벽(癖) [명] ①무엇을 너무 지나치게 즐기는 성향. ②[일부 명사 뒤에 붙어] 고치기 어려울 만큼 굳어진 버릇. ¶낭비벽. /방랑벽.

벽(壁) [옛] 벽돌. ¶벽 벽: 壁(訓蒙中18).

벽-간(壁間) [-깐] [명] 벽의 기둥과 기둥 사이의 부분.

벽-감(壁龕) [-깜] [명] 서양 건축에서, 벽에 오목하게 파 놓은 부분. [조각품이나 꽃병 따위를 세워 둠.] 니치(niche).

벽개(劈開) [-깨] [명][하자] ①금이 가서 갈라짐. ②(광물·암석 등이) 일정한 방향으로 결을 따라 조개짐. ➡열개(裂開).

벽개-면(劈開面) [-깨-] [명] (광물·암석 등이) 쪼개져서 갈라진 면.

벽거(僻居) [-껴] [명][하자] 외지고 궁벽한 곳에서 삶.

벽-걸이(壁-) [-꺼리] [명] 벽이나 기둥에 장식으로 걸어 두는 것을 통틀어 이르는 말. ¶벽걸이 시계.

벽견(僻見) [-껸] [명] 어느 한쪽으로 지나치게 치우친 소견이나 의견.

벽경(僻境) [-껑] [명] 벽지(僻地).

벽경(壁經) [-껑] [명] '서경(書經)'의 고본(古本). [중국 노나라 때 공자의 옛집 벽 속에서 발견된 데서 붙여진 이름.] 벽중서(壁中書).

벽계(碧溪) [-꼐] [명] 물이 매우 맑아 푸른빛이 도는 시내.

벽계-산간(碧溪山間) [-꼐-/-깨-] [명] 푸른 시내가 흐르는 산골짜기.

벽계-수(碧溪水) [-꼐-/-깨-] [명] 푸른빛이 도는 맑고 깨끗한 시냇물.

벽곡(辟穀) [-꼭] [명][하자] (곡식 대신에) 솔잎·대추·밤 따위를 날것으로 조금씩 먹고 삶.

벽공(碧空) [-꽁] [명] 푸른 하늘. 벽천(碧天).

벽-난로(壁煖爐) [병 날-] [명] 방 안의 벽면에다 아궁이를 내고 벽 속으로 굴뚝을 통하게 한 난로. 페치카. ♣벽로(壁爐).

벽담(碧潭) [-땀] [명] 푸른빛이 감도는 깊은 못.

벽도(碧桃) [-또] [명] ①〈벽도화〉의 준말. ②선경(仙境)에 있다는 복숭아의 한 가지.

벽도-화(碧桃-) [-또-] [명] 복숭아나무의 한 가지. 천엽(千葉)의 꽃이 하얗게 핌. 열매는 매우 작고 먹지 못함.

벽도-화(碧桃花) [-또-] [명] 벽도나무의 꽃. ♣벽도(碧桃).

벽-돌(甓-) [-똘] [명] 진흙에 모래나 석회 따위를 차지게 반죽하여 네모나게 찍어 구워 낸 돌. 건축 재료로 쓰임. 전석(磚石).

벽돌-공(甓-工) [-똘-] [명] 벽돌을 만드는 직공.

벽돌-담(甓-) [-똘-] [명] 벽돌로 쌓은 담.

벽돌-무덤(甓-) [-똘-] [명] 벽돌을 쌓아 만든 무덤.

벽돌-문(甓-紋)[-똘-]圓 빛깔이 다른 벽돌을 엇바꾸어 깔아 놓은 것 같은 무늬.

벽돌-집(甓-)[-똘-]圓 벽돌로 지은 집.

벽두(劈頭)[-뚜]圓 ①글이나 말의 첫머리. ②일의 첫머리. 일의 시작. ¶신년(新年) 벽두. /회의 벽두부터 장내가 소란하다.

벽력(霹靂)[병녁]圓 벼락.

벽력-같다(霹靂-)[병녁깐따]휑 목소리가 매우 크고 우렁차다. ¶벽력같은 소리로 학생들을 꾸짖다. **벽력같-이**뷔.

벽력-화(霹靂火)[병녁콰]圓 육십갑자의 무자(戊子)와 기축(己丑)에 붙이는 납음(納音). 참송백목(松柏木).

벽련(劈鍊)[병년]圓 둥근 나무를 대가리만 네모지게 대강 다듬은 길이 3m가량 되는 뗏목.

벽로(碧鷺)[병노]圓▷해오라기.

벽로(僻路)[병노]圓 사람의 왕래가 드문 으슥한 길.

벽로(壁爐)[병노]圓〈벽난로〉의 준말.

벽론(僻論)[병논]圓 한쪽으로만 치우쳐서 도리에 맞지 않는 말.

벽루(僻陋)¹[병누]圓 외진 두멧구석.

벽루(僻陋)²'벽루하다'의 어근.

벽루(壁壘)[병누]圓 성벽으로 둘러싸인 성채.

벽루-하다(僻陋-)[병누-]휑예 성질이 괴팍하고 견문이 좁다.

벽류(碧流)[병뉴]圓 (물빛이 푸르게 보일 정도로) 맑은 물줄기.

벽립(壁立)[병닙]'벽립하다'의 어근.

벽립-하다(壁立-)[병니파-]휑예 (낭떠러지 따위가) 깎아지른 듯이 솟아 있다.

벽면(壁面)[병-]圓 벽의 거죽. ¶벽면이 울퉁불퉁하다.

벽모(碧毛)[병-]圓 빛깔이 푸른 털.

벽-바닥(壁-)[-빠-]圓 사금(沙金)을 캐내는 구덩이의 밑이 석벽(石壁)으로 된 바닥.

벽보(壁報)[-뽀]圓 여러 사람에게 알리려고 종이에 써서 벽이나 게시판 등에 붙이는 글. ¶벽보가 나붙다. /벽보를 붙이다.

벽보-판(壁報板)[-뽀-]圓 벽이나 담에 벽보를 붙이도록 마련해 놓은 널빤지.

벽사(辟邪)[-싸]圓하㉳ 요사스러운 귀신을 물리침. ¶팥죽을 뿌리는 것은 붉은색이 벽사한다는 풍습에서다.

벽사-문(辟邪文)[-싸-]圓 요사스러운 잡귀(雜鬼)를 물리치기 위하여 쓴 글.

벽산(碧山)[-싼]圓▷청산(靑山).

벽상(壁上)[-쌍]圓 벽면의 위쪽 부분. ¶액자를 벽상에 걸다.

벽상-토(壁上土)[-쌍-]圓 육십갑자의 경자(庚子)와 신축(辛丑)에 붙이는 납음. 참금박금.

벽색(碧色)[-쌕]圓 짙푸른 빛깔.

벽서(僻書)[-써]圓 ①편벽된 내용을 기록한 책. ②세상에 흔하지 않은 기이한 책.

벽서(壁書)[-써]圓하㉳ (널리 알릴 일을) 벽에 쓰거나 써 붙임, 또는 그 글.

벽선(壁線)[-썬]圓 기둥에 붙여 세우는 네모진 굵은 나무.

벽설(僻說)[-썰]圓 한쪽으로 치우친 견해. 도리에 맞지 않는 설.

벽성(僻姓)[-썽]圓 썩 드문 성.

벽성(壁星)[-썽]圓 이십팔수의 하나. 북쪽의 일곱째 별자리. 준벽(壁)².

벽손[-쏜]圓 장롱의 아래층 군쇠 옆에 끼우는 넉 장의 널조각.

벽수(碧水)[-쑤]圓 매우 맑고 깊어 푸른빛이 도는 물. 비녹수(綠水).

벽-신문(壁新聞)[-씬-]圓 뉴스 등 시사적인 내용을 신문 형식으로 꾸며서 벽이나 게시판 같은 데에 붙이는, 벽보의 한 가지.

벽심(壁心)[-씸]圓▷심살.

벽안(碧眼)圓 ①눈동자가 파란 눈. ¶벽안의 미인. ②서양 사람.

벽안-자염(碧眼紫髯)圓 [파란 눈과 붉은 수염이라는 뜻으로] '서양 사람'을 이르는 말.

벽연(僻言)圓 한쪽으로 치우쳐 도리에 벗어난 말. 편벽된 말.

벽-오동(碧梧桐)圓 벽오동과의 낙엽 활엽 교목. 높이 15 m가량. 껍질은 녹색을 띠며, 잎은 3~5갈래로 갈라져 있음. 여름에 황록색 꽃이 피고, 열매는 가을에 익음. 인가 부근에 심는데, 재목은 가구나 악기 등을 만드는 재료로 쓰임. 참청동音(靑桐).

벽옥(碧玉)圓 ①푸른빛이 나는 고운 옥. ②석영(石英)의 변종. 불순물이 많고 불투명함. 빛은 녹색·홍색 등으로 도장 재료나 가락지 같은 장식에 쓰임.

벽와(碧瓦)圓 푸른 기와. 청기와.

벽운(碧雲)圓 푸른빛이 도는 구름.

벽원(僻遠)'벽원하다'의 어근.

벽원-하다(僻遠-)휑예 외지고 멀다.

벽음(壁飮)圓 한방에서, 양쪽 가슴 아래에 모인 물기가 흔들리어 나는 병을 이르는 말. [위속에 탈이 생겨서 일어남.]

벽읍(僻邑)圓 외진 고을.

벽-이단(闢異端)圓하㉳ 이단을 물리침.

벽인-향(辟人香)圓 지난날, 대보름에 여자들이 다리밟기를 할 때, 맨 앞의 여자가 사람을 비키라고 불을 피워 들던 향.

벽자(僻字)[-짜]圓 흔히 쓰이지 않는 낯선 글자.

벽자(僻者)[-짜]圓 마음이 비뚤어진 사람.

벽장(壁欌)[-짱]圓 벽을 뚫어 문을 내고, 그 안을 장처럼 꾸며 물건을 넣게 만든 곳. ¶벽장에서 이불을 꺼내다.

벽장-돌(甓-)[-짱똘]圓 네모반듯하고 썩 크게 만든 벽돌.

벽장-문(壁欌門)[-짱-]圓 벽장에 달아 놓은 문.

벽장-코[-짱-]圓 콧등이 넓적하고 우묵한 코, 또는 그런 코를 가진 사람.

벽재(僻在)[-째]圓하㉳ 벽지에 외따로 있음.

벽재(藥材)[-째]圓 드물게 쓰이는 약재(藥材).

벽재-일우(僻在一隅)[-째-]圓 외진 곳의 한구석에 외따로 있음.

벽적(癖積)[-쩍]圓 한방에서, 배 속에 뭉치 같은 것이 생기는 병을 이르는 말. [식사를 잘못한 것이 원인이 되어, 창자의 림프샘이 부어올라 창자 속이 헐기도 하고, 창자의 일부가 굼틀거리는 증세가 일어남.]

벽제(僻除)[-쩨]圓하㉳ 지난날, 지위 높은 사람의 행차 때, 구종 별배(驅從別陪)가 잡인의 통행을 막아 길을 치우던 일.

벽제-관(碧蹄館)[-쩨-]圓 경기도 고양시에 있던 옛 역관(驛館). 조선 시대에, 중국을 드나드는 사신이 묵던 곳.

벽-조목(霹棗木)[-쪼-]圓 벼락 맞은 대추나무. [민속에서, 이 나뭇가지를 지니고 다니면 요사한 기운을 물리친다고 함.]

벽-좌우(辟左右)[-쫘-]圓하㉳ (밀담을 나누려고) 곁에 있는 사람을 물림.

벽중-서(壁中書)[-쭝-]圓☞벽경(壁經).

벽지(僻地)[-찌]圀 (도시에서 멀리 떨어진) 으슥하고 한적한 곳. 외진 곳. 두메. 벽경(僻境). 벽처(僻處). ¶도서 벽지 주민을 위한 봉사 활동.

벽지(壁紙)[-찌]圀 건물의 벽에 바르는 종이. 도배지.

벽지(擘指)[-찌]圀 엄지손가락.

벽-지다(僻-)圀 '외지다'의 잘못.

벽창-우(←碧昌牛)圀 ①평안북도의 벽동(碧潼)·창성(昌城) 지방에서 나는, 크고 억센 소. ②〈벽창호〉의 본딧말.

벽창-호(←碧昌牛)圀 '미련하고 고집이 센 사람'을 비유하여 이르는 말. 폰벽창우.

벽채圀 광산에서, 광석을 긁어모으거나 파내는 데 쓰이는 호미 모양의 연장.

벽처(僻處)圀 □벽지(僻地).

벽천(碧天)圀 □벽공(碧空).

벽천(壁泉)圀 건물의 벽에 붙인 조각물의 입 등에서 물이 나오도록 만든 분수.

벽청(碧靑)圀 구리에 녹이 나서 생긴 푸른색.

벽체(壁體)圀 건물의 벽이 되는, 측면이 넓고 두께가 얇은 부분. ¶아파트 벽체가 갈라지다.

벽촌(僻村)圀 외진 곳에 있는 마을.

벽-치다(壁-)짜 윗가지를 얽고 그 위에 이긴 흙을 발라서 벽을 만들다.

벽태(碧苔)圀 푸른 이끼.

벽토(壁土)圀 벽에 바른 흙.

벽토(闢土)圀 땅을 갈아 쓸모 있게 만듦.

벽토-지(闢土地)圀하짜 〈벽토척지〉의 준말.

벽토-척지(闢土拓地)[-찌]圀하짜 버려두었던 땅을 일구어서 쓸모 있는 땅으로 만듦. 준벽토지(闢土地).

벽파(碧波)圀 푸른 물결.

벽파(僻派)圀 조선 영조 때, 사도 세자(思悼世子)의 폐위를 둘러싸고 일어났던 당파 싸움에서, 세자를 무고하여 비방하던 파. 〔노론(老論) 계통이 이에 딸렸음.〕참시파(時派).

벽파(劈破)圀하짜 ①(조각조각) 쪼개어 깨뜨림. ②(발기발기) 찢어발김.

벽파-문벌(劈破門閥)圀하짜 문벌을 가리지 않고 인재(人材)를 뽑아 씀.

벽-하다(僻-)[벼카-]휑어 ①(지역이) 한쪽으로 치우쳐서 외지다. ②(성질이나 언행이) 보통과 다르게 괴벽하다.

벽항(僻巷)[벼캉]圀 외진 곳에 있는 동네.

벽항-궁촌(僻巷窮村)[벼캉-]圀 외진 곳에 있는 가난한 마을.

벽해(碧海)[벼캐]圀 짙푸른 바다.

벽해-상전(碧海桑田)[벼캐-]圀 □상전벽해.

벽향(僻鄕)圀 외따로 떨어져 있는 시골.

벽혈(碧血)[벼켤]圀 '지극한 정성'을 이르는 말. 〔자결한 충신의 피가 변하여 벽옥(碧玉)이 되었다는 고사에서 유래함.〕

벽호(癖好)[벼코]圀하타 인이 박일 정도로 좋아함.

벽화(壁畫)[벼콰]圀 (건물이나 고분 등의) 벽에 장식으로 그린 그림. 〔넓은 뜻으로는 기둥이나 천장에 그린 것도 가리킴.〕

변圀 남이 모르게 자기들끼리만 암호처럼 쓰는 말. 변말. ¶장사치 변.

변(便)圀 〈대소변(大小便)〉의 준말.

변(邊)¹圀 한자(漢字) 부수의 한 갈래. '休'·'江'·'衣'와 같이 글자의 왼쪽에 붙은 부수(部首)를 통틀어 이르는 말. ↔방(傍).

변(邊)²圀 ①〈변리(邊利)〉의 준말. ②□이율.

변(邊)³圀 ①(어떤 장소나 물건의) 가장자리. ②다각형을 이루는 하나하나의 직선. ③방정식이나 부등식 등 관계식의 양쪽의 항(項). ④바둑판에서, 중앙과 네 귀를 뺀 변두리 부분. ⑤과녁의 복판이 아닌 부분.

변(辯·辨)圀 자기의 의견이나 생각을 말하는 것. 〔문어투의 말임.〕 ¶사퇴의 변을 피력하다.

변(變)圀 ①사건. 사고. 변고. 횡액. ¶산길을 오다가 무슨 변이라도 당했나? ②상도(常道)에 벗어난 일. 예사롭지 않은 일. ¶멀쩡한 날씨에 우박이라니, 거 참 변일세.

변(籩)圀 대오리를 결어서 만든, 과실을 담아 놓는 데 쓰이는 제기(祭器). 굽이 높고 뚜껑이 있음.

변강(邊疆)圀 □변경(邊境).

변:강쇠-가(-歌)[-쇠-/-쉐-]圀 □가루지기타령.

변:강쇠^타:령[-쇠-/-쉐-]圀 □가루지기타령.

변:개(變改)圀하타짜 □변경(變更).

변:격(變格)[-껵]圀 본디의 격식이나 규칙에서 벗어난 일. 보통과는 다른 격식이나 규칙. 변칙(變則). ↔정격(正格).

변:격^동:사(變格動詞)[-껵똥-]圀 □불규칙동사.

변:격^용:언(變格用言)[-껵농-]圀 □불규칙용언(不規則用言).

변:격^형용사(變格形容詞)[-껵경-]圀 □불규칙 형용사.

변:경(邊境)圀 나라와 나라의 경계가 되는 변두리 지역. 변강. 변계. 변방. 변새. 변지.

변:경(變更)圀하타짜 바꾸어 고침. 변개. 변역(變易). ¶여행 계획을 변경하다. /출발 시간이 변경되다.

변계(邊戒)[-계/-게]圀 변경 지방을 경계하는 일.

변계(邊境)[-계/-게]圀 □변경(邊境).

변:고(變故)圀 재변(災變)이나 사고. ¶변고를 당하다. 비탈·사고.

변:광-성(變光星)圀 밝기가 변하는 별.

변:괴(變怪)[-괴/-궤]圀하짜 ①괴이한 일. 이상야릇한 재변(災變). ②이치에 어긋나는 못된 짓.

변구(辯口)圀 □언변(辯言).

변:국(變局)圀 ①보통 때와 다른 국면. 예사롭지 않은 사태. ②하짜 판국이 변함.

변기(便器)圀 ①똥오줌을 받아 내는 그릇. 변지. ②똥오줌을 누도록 만든 기구. ¶변기가 막히다.

변-놀이(邊-)圀 □돈놀이.

변:덕(變德)圀 이랬다저랬다 하여 변하기를 잘하는 일, 또는 그러한 성질. ¶변덕을 떨다. / 변덕을 부리다. /변덕이 심하다. 줜밴덕·반덕.

변덕이 죽 끓듯 하다관용 걷잡을 수 없을 만큼 자주 변덕을 부리다.

변:덕-꾸러기(變德-)圀 '변덕을 잘 부리는 사람'을 낮잡아 이르는 말. 줜밴덕꾸러기.

변:덕-맞다(變德-)[-덕맏따]휑 변덕스럽다. 줜밴덕맞다·반덕맞다.

변:덕-스럽다(變德-)[-쓰-따][~스러우니·~스러워]휑비 보기에 변덕을 부리는 성질이나 태도가 있다. 변덕맞다. ¶변덕스러운 겨울 날씨. /변덕스럽게 행동하다. 줜밴덕스럽다·반덕스럽다. 변덕스레!

변:덕-쟁이(變德-)[-쟁-]圀 '변덕스러운 사람'을 낮잡아 이르는 말. 줜밴덕쟁이·반덕쟁이.

변독(便毒)圀 □음식창(飮蝕瘡).

변-돈(邊-)[-똔]圀 변리를 받기로 하고 빚으로 주는 돈. 변문(邊文). 변전(邊錢).

변:동(變動)명하자되자 (상태가) 변하여 움직임. ¶물가 변동. /주가의 변동이 심하다.

변:동-비(變動費)명 조업도(操業度)나 생산량의 증감에 따라 변동되는 비용. [직접 재료비·노무비 따위.] 가변 비용. ↔고정비.

변:동-성(變動性)[-썽]명 변동하는 성질.

변:동^소:득(變動所得)명 해마다 일정하지 않고 변동하는 소득.

변동-일실(便同一室)[-씰]명 사이가 아주 가까워 한집안 식구처럼 지내는 일.

변:동-환(變動換率)명 환율을 고정시키지 않고 외국환이나 외환 증서의 수급 사정에 따라 변동하게 하는 환시세. ↔고정 환율.

변:동^환:율제(變動換率制)[-쩨]명 환율을 고정시키지 않고, 외환 시장의 수급에 따라 자유로이 변동하게 하는 제도. ↔고정 환율제.

변두(藊豆)명 콩과의 재배 만초(蔓草). 잎은 참잎과 비슷하며, 여름에 꽃자루가 나와 나비 모양의 흰색이나 담자색의 꽃이 꽃줄기 위에 핌. 씨는 어렸을 때 꼬투리와 함께 먹고, 잎은 약재로 쓰임.

변두(邊頭)명 〈변두통〉의 준말.

변-두리(邊-)명 ①어떤 지역의 가장자리가 되는 곳. ¶도시의 변두리. ②그릇 따위 물건의 가장자리. ¶쟁반의 변두리.

변두-통(邊頭痛)명 ☞편두통(偏頭痛). ㉣변두.

변:란(變亂)[별-]명 어떤 변고로 말미암아 세상이 어지러워지는 일. 사변으로 말미암은 소란. ¶변란이 일어나다.

변:량(變量)[별-]명 통계에서, 서로 다른 여러 가지 값을 취할 수 있는 양.

변려-문(駢儷文)[별-]명 한문체의 한 가지. 주로, 4자 또는 6자의 대구(對句)를 많이 써서 읽는 사람에게 미감(美感)을 주는 화려한 문체. 변체문. 사륙문(四六文). 사륙변려문. 사륙체. ㉣변문(駢文)·여문(儷文).

변:론(辯論)[별-]명하다 ①사리를 밝혀 옳고 그름을 말함. ②소송 당사자나 변호인이 법정에서 하는 진술.

변:론-가(辯論家)[별-]명 변론에 능한 사람.

변:론^능력(辯論能力)[별-]명 법정에서 변론 또는 소송 행위를 할 수 있는 능력. [형사 소송의 상고심(上告審)에서는 변호인만이 이 능력을 가지게 됨.]

변:론-주의(辯論主義)[별-의/별-이]명 ①민사 소송법상, 소송의 해결, 또는 심리(審理) 자료의 수집을 당사자의 권능(權能)과 책임으로 하는 주의. ②형사 소송법상, 당사자 쌍방의 주장과 변론에 따라서 재판하는 주의.

변:류-기(變流器)[별-]명-녁] 직류(直流)를 교류(交流)로, 교류를 직류로 바꾸는 장치.

변:리(辨理)[별-]명하다 일을 판별하여 처리하는 일.

변리(邊利)[별-]명 남에게 돈을 빌려 쓴 대가로 치르는 일정한 비율의 돈. 길미. 이(利). ㉣변(邊)2.

변:리^공사(辨理公使)[별-]명 제3급의 외교 사절. 특명 전권 공사의 아래, 대리 공사의 위. [우리나라 직제에서는 인정하지 않음.]

변:리-사(辨理士)[별-]명 특허·의장·실용신안(實用新案)·상표 등의 신청이나 출원 따위의 대행을 업으로 하는 사람. ㉤특허 변리사.

변-말명 변으로 쓰는 말. 변. ㉤은어(隱語).

변:명(辨明)명-하다타 ①사리를 가려내어 똑똑히 밝힘. 변백(辨白)을 붙이다. ②하자타(자신의 잘못이나 실수에 대하여) 남이 납득할 수 있도록 설명함. 발명(發明)2. ¶구구한 변명을 잔뜩 늘어놓다. /더 이상 구차하게 변명할 여지가 없다.

변:명(變名)명하자 (본이름을 숨기고) 다른 이름을 씀, 또는 그 이름.

변:명-무로(辨明無路)명하형 (남의 오해에 대하여) 변명할 길이 없음.

변:모(變貌)명하자 모습이 달라짐, 또는 그 모습. 변용(變容). ¶농촌 생활의 변모. /시골 마을이 신도시로 변모했다.

변:모-없다(變貌-)[-업따]형 ①고지식하고 무뚝뚝하여 변통성이 없다. ②남의 사정은 아랑곳하지 않고 말이나 행동을 함부로 하는 태도가 있다. ¶안사돈 앞인데도 변모없게 군다. 변모없-이부

변:-모음(變母音)명 ①[게르만 어, 특히 독일어에서] 모음 'a·o·u'가 뒤따르는 'i'나 'e'의 영향으로 음질을 바꾸는 현상, 또는 그 바뀐 음. [ä·ö·ü'로 표시함.] ②[우리말에서] 모음 'ㅏ·ㅓ·ㅗ·ㅜ' 등이 그 뒤 음절의 'ㅣ' 모음을 직접, 또는 자음을 건너서 만날 때 'ㅣ'를 닮아서 'ㅐ·ㅔ·ㅚ·ㅟ'등으로 바뀌는 현상. 움라우트.

변:무(拚舞)명하자 기뻐서 덩실덩실 춤을 춤, 또는 그 춤.

변:무(辨誣)명하타 사리를 따져서 억울함을 밝힘.

변문(駢文)명 〈변려문(駢儷文)〉의 준말.

변문(邊文)명 ☞변돈.

변:물(變物)명 ①보통과 다른 별난 물건. 색다른 물건. ②괴짜.

변:미(變味)명하자 음식이 쉬거나 상하여 맛이 달라짐, 또는 변한 음식 맛.

변:민(邊民)명 변방에 사는 백성.

변:박(辨駁·辯駁)명하타 자기의 옳음을 주장하고 상대편의 잘못된 점을 지적하여 논박함. ¶비방에 대한 변박. /변박할 길이 없다.

변:발(辮髮·編髮)명 ①하자 머리를 땋아 늘임, 또는 그 머리. ②(지난날, 만주족의 풍습으로) 남자의 머리를, 둘레는 밀어 깎고 가운데의 머리만을 땋아서 뒤로 길게 늘이던 머리. 편발.

변방(邊方)명 ☞변경(邊境).

변방(邊防)명 변방의 방비.

변:백(辨白)명하타되자 ☞변명(辨明).

변:법(變法)[-뻡]명 ①하자법률을 고침, 또는 그 법률. ②변칙적인 방법이나 방식.

변:법-자강(變法自彊)[-뻡짜-]명 낡은 법을 고치어 스스로 나라를 강하게 함. [중국 청나라 말기에 혁신을 부르짖던 식자(識者)들이 내세운 개혁 운동의 표어.]

변변찮다[-찬타]형 '변변하지 아니하다'가 줄어서 된 말. ¶대접이 변변찮다. /음식 솜씨가 변변찮다. *변변찮아[-차나]·변변찮소[-찬쏘]

변변-하다형여 ①별다른 흠이 없이 그런대로 괜찮다. ¶얼굴이 변변한 편이군. ②잘 갖추어져 제 수집을 해낼 만하다. ¶대접도 변변하게 못해 드렸다. ③격에 어울리게 의젓하다.
변변-히부 ¶남편 노릇 한번 변변히 못해 주었다.

변:별(辨別)명하타되자 ①서로 다른 점을 구별함. 식별. ②(옳고 그름이나 착하고 악함 따위를) 분별함. ¶시비를 변별하다.

변:별-력(辨別力)**명** 사물의 시비·선악 등을 분별할 수 있는 힘. ¶변별력이 떨어지다.

변:별-역(辨別閾)[-력]**명** 일정한 자극의 강도를 증대 또는 감소하여 그 차이를 변별하는 데 필요한 자극의 최소량. 식별역(識別閾).

변:별^학습(辨別學習)[-씁]**명** 변별 반응을 형성하는 학습. 정(正), 부(負) 두 자극을 계속해서 제시하여 보내고, 정 자극에 대한 반응만이 변별되도록 하는 학습 형식.

변:병(辨柄)**명** ☞철단(鐵丹).

변보(邊報)**명** 변방에서 들어오는 보고나 경보.

변:보(變報)**명** 변고를 알리는 보고. ¶뜻밖의 변보를 받고 놀라다.

변:복(變服)**명****하자** (남이 잘 알아보지 못하도록) 평소와 다르게 옷을 차려입음, 또는 그 옷. 개복(改服). ¶왕이 변복을 하고 미행에 나서다.

변:복조^장치(變復調裝置)[-조-]**명** 전화선을 통해 컴퓨터가 정보를 전송할 수 있도록 해 주는 통신 장치. 곧, 디지털 신호를 아날로그 신호로 변조하여 보내고, 보내 온 아날로그 신호를 원래의 디지털 신호로 복조하는 장치. 모뎀(modem).

변불신기(便不神奇)**명****하형** 듣던 것과는 달리 별로 신기할 것이 없음.

변비(便祕)**명** 〈변비증〉의 준말. 비결(祕結).

변비(邊備)**명** 변경(邊境)의 경비.

변비(邊鄙)**명** ①중앙에서 멀리 떨어져서 하찮고 궁벽함, 또는 그런 시골. ②변방의 땅.

변비-증(便祕症)[-쯩]**명** 대변이 순조롭게 누어지지 않는 증세. 준변비.

변:사(辯士)**명** ①입담이 좋아서 말을 잘하는 사람. ②무성 영화 시대에, 영화에 맞춰 그 줄거리나 대화 내용을 설명하던 사람.

변:사(變死)**명****하자** ①뜻밖의 변고로 죽음. 횡사(橫死). ¶추락 사고로 변사를 당하다. ②자해(自害)하여 죽음. ☞자살.

변:사(變事)**명** 보통 일이 아닌 변스러운 일.

변:사(變詐)**명****하자** ①요사스럽게 요랬다조랬다함, 또는 요리조리 속임. ②(병세가) 갑작스레 달라짐.

변:사(變辭)**명****하자** 이미 한 말을 이러니저러니 하며 바꿈, 또는 그 바꾼 말.

변:사-스럽다(變詐-)[-따][-스러우니·-스러워]**형ㅂ** 보기에 변사를 부리는 성질이나 태도가 있다. 변사스레**부**.

변:사-자(變死者)**명** 자살이나 타살 또는 재앙 등으로 말미암아 죽은 사람.

변:사-체(變死體)**명** 변사자의 시체. ¶실종 사흘 만에 변사체로 발견되다.

변:상(辨償)**명****하타** ①빚을 갚음. 변제(辨濟). ②남에게 입힌 손해를 돈이나 물건 따위로 물어 줌. 판상(辦償). ¶피해자에게 차량 수리비를 변상하다.

변:상(變狀)**명** 보통과는 다른 상태나 상황.

변:상(變相)**명** ①바뀐 모습이나 형상. ②지옥과 극락의 여러 모양을 그린 그림. ③부처와 보살의 법신(法身)이 여러 모습으로 변한 모양.

변:상(變喪)**명** ①변사(變死)로 말미암은 상사(喪事). ②자손이 그 조상보다 먼저 죽는 일.

변상중지(邊上重地)**명** 변경 지방의 중요한 땅.

변새(邊塞)**명** ①☞변경(邊境). ②변경에 있는 요새.

변:색(變色)**명****하자****되자** ①빛깔이 달라짐. 감색(減色). ②(화가 나서) 얼굴빛이 달라짐. ③동물이 주위의 빛깔에 따라 몸빛을 바꿈.

변:색-병(變色病)[-뼝]**명** 엽록체의 감소나 다른 색소의 증가 등으로 꽃이나 잎의 빛깔이 달라지는 병. 〔위황병(萎黃病) 따위.〕

변:석(辯釋)**명****하타** 일의 옳고 그름을 분명하게 풀어 밝힘.

변:석(辨析)**명****하타** 일의 옳고 그름을 따지어 가림. 사리를 가리어 밝힘.

변:석(辨釋)**명****하타** 일의 옳고 그름을 분명하게 가려 설명함.

변:설(辯舌)**명** 입담 좋게 잘하는 말. 재치 있는 말솜씨. 변구(辯口).

변:설(變說)**명****하자** 이제까지 자기가 주장해 오던 설(說)을 바꿈. ¶오류를 깨닫고 변설하다.

변성(邊城)**명** 변경에 있는 성.

변:성(變成)**명****되자** 변하여 다르게 됨.

변:성(變性)**명****하자****되자** ①성질이 달라짐, 또는 그 달라진 성질. ②천연 단백질이 물리적·화학적 자극을 받아 본디의 성질을 잃는 일. ③공업용 원료를 식용으로 유용(流用)하지 못하도록 다른 물질을 첨가하는 일. ④세포가 조직의 기능이 어떤 장애로 형태적인 변화를 일으키는 일.

변:성(變姓)**명****하자** 다른 성(姓)으로 바꿈, 또는 그 바꾼 성.

변:성(變聲)**명****하자** 목소리가 달라짐.

변:성^광:상(變成鑛床)**명** 변성 작용의 영향을 받아 본디의 광물 조성과는 다른 성질이 된 광상.

변:성-기(變成器)**명** 전자 유도 작용으로 한쪽 회로에서 받은 교류 전력을 변성하여 다른 쪽의 회로에 공급하는 전기 부품.

변:성-기(變聲期)**명** (사춘기에 일어나는 생리 현상으로) 목소리가 달라지는 시기.

변:성-남:자(變成男子)**명** 불교에서, '부처의 힘으로 여자가 남자로 바뀌어 태어나는 일'을 이르는 말. 〔여자는 성불(成佛)이 어려우므로 남자로 태어나 불법을 깨닫게 하기 위한 것이라고 함.〕

변:성남자-원(變成男子願)**명** 불교에서의 사십팔원(四十八願)의 하나. 여자가 부처를 믿어서 죽은 뒤에 남자의 몸으로 다시 태어나기를 바라는 소원.

변:성^매독(變性梅毒)**명** 성병(性病)의 한 가지. 병균에 감염된 후, 잠복기를 거쳐 수 년이나 수십 년 뒤에 그 증상이 나타나서 신경 계통을 침범하는 매독.

변:-성명(變姓名)**명****하타** 성과 이름을 다른 것으로 바꿈, 또는 그 바꾼 성과 이름.

변:성^알코올(變性alcohol)**명** 소량의 메틸알코올이나 가솔린 등을 섞어, 그 독성이나 냄새 때문에 식용으로 쓸 수 없도록 한 에틸알코올.

변:성-암(變成岩)**명** 변성 작용으로 그 성질이나 조직이 바뀐 암석을 통틀어 이르는 말.

변:성^작용(變成作用)**명** 땅속에서, 암석이 새로운 온도나 압력 등의 영향으로 그 광물 조성이나 조직 따위가 바뀌는 일.

변:성-제(變性劑)**명** 어떤 물질의 성질이나 상태를 특정 용도에 맞게 변성시키기 위하여 첨가하는 약제.

변소(便所)**명** 대소변을 볼 수 있게 만들어 놓은 곳. 뒷간. 측간(廁間).

변:속(變速)**명****하자** 속도를 바꿈.

변:속-기(變速機)[-끼]**명** ☞변속 장치.

변:속^장치(變速裝置)[-짱-]**명** (자동차 따위) 원동기에서 회전 속도나 회전력을 바꾸는 장치. 변속기.

변:쇠 (變衰)[-쇠/-쉐]圀하자 변하여 쇠함.

변수 (邊戍)圀 변경을 지키는 일, 또는 변경을 지키는 사람.

변:수 (變數)圀 ①수식 따위에서, 일정한 범위 안에서 여러 가지 수치로 변할 수 있는 수. ↔상수(常數)·항수(恒數). ②어떤 정세나 상황 따위의 가변적 요인. ¶변수로 작용하다.

변:-스럽다 (變-)[-따][~스러우니·~스러워]圀ㅂ 일이 예사롭지 않고 이상하다. ¶무엇인지 변스러운 징조가 보인다.

변시 (變時)〈옛〉편수. ¶변시: 餛飩(訓蒙中20).

변시 (便是)图 (다른 것이 아니라) 이것이 곧. ¶벼슬을 사양하고 낙향하여 한운야학(閑雲野鶴)을 벗하여 소요하니, 변시 촌옹 야로라.

변:시-증 (變視症)[-쯩]圀 물체가 이지러져 보이는 눈병.

변:-시체 (變屍體)圀 변사(變死)한 시체.

변:신 (變身)圀하자 몸이나 모습을 다르게 바꿈, 또는 그 바뀐 모습.

변:신-술 (變身術)圀 변신하는 기술.

변:심 (變心)圀하자 마음이 변함. ¶변심한 애인.

변심-거리 (邊心距離)圀 정다각형의 중심에서 변까지의 거리.

변-쓰다 [~쓰니·~써]재 남이 모르게 암호로 말하다.

변:씨-만두 (卞氏饅頭)圀 ☞편수².

변:압 (變壓)圀하자 압력을 바꿈.

변:압-기 (變壓器)[-끼]圀 전자 유도 작용을 이용하여 교류의 전압이나 전류의 값 따위를 바꾸는 장치. 트랜스포머.

변:양 (變樣)圀 모양을 바꿈.

변역 (邊域)圀 변경 지역. 변토(邊土).

변:역 (變易)圀하자타 다르게 바뀜, 또는 다르게 바꿈. 변개(變改). 변경(變更).

변:역 (變域)圀 함수에서, 변수가 취할 수 있는 값의 범위.

변:역-생사 (變易生死)[-쌩-]圀 삼계(三界)의 윤회를 이미 벗어난 성자(聖者)가 성불(成佛)하기까지 받는 삼계 밖의 생사. [원(願)에의 한 생사이므로 몸과 수명이 자유자재로 변한다고 함.]↔분단생사.

변연-대비 (邊緣對比)圀 나란히 놓인 두 가지 빛깔의 경계를 응시할 때, 그 경계를 따라서 뚜렷이 나타나는 색채 대비.

변:온^동:물 (變溫動物)圀 ☞냉혈 동물.

변옹 (便癰)圀 한방에서, 가래톳이 서서 멍울이 생기는 병을 이르는 말. 혈산(血疝).

변:용 (變容)圀하자 사물의 형태나 모습이 바뀜, 또는 그 바뀐 형태나 모습. 변모(變貌).

변:위 (變位)圀하자 물체가 그 위치를 바꿈, 또는 그 크기나 방향을 나타내는 양(量).

변:위^기호 (變位記號)圀 ☞임시표.

변:위^전:류 (變位電流)[-절-]圀 외부 전계(電界)의 변위(變位)에 따라 유전체(誘電體) 속을 흐르는 전류. 전속 전류.

변:음 (變音)圀 ①원음이 변하여 된 음. ②플랫(♭) 기호가 붙어 반음 내려간 음. ↔영음.

변읍 (邊邑)圀 변경에 외따로 떨어져 있는 고을.

변:이 (便易)圀 ①매우 괴이한 일. 이변. ②하자 같은 종류의 생물의 개체가 어떤 사정으로 전혀 다른 성질이나 형상을 나타내는 일.

변:이 (變移)圀하자 변하여 옮김. 변천(變遷).

변:이^계:수 (變異係數)[-계-/-게-]圀 표준 편차를 평균값으로 나누어서 백분율로 나타낸 수.

변:인 (變因)圀 성질이나 모습이 변하는 원인.

변자 (邊子)圀 물건의 가장자리에 대는 꾸미개.

변:작 (變作)圀하자타 되자 ☞변조(變造).

변장 (邊將)圀 지난날, 첨사(僉使)·만호(萬戶)·권관(權管) 등을 통틀어 이르던 말.

변:장 (變裝)圀하자 (본디 모습을 감추려고) 얼굴·옷차림·머리 모양 등을 고쳐서 다르게 꾸밈, 또는 그 다르게 꾸민 모습. ¶남자가 여자로 변장하다. /농군으로 변장한 모습.

변:장-술 (變裝術)圀 변장하는 기술. ¶변장술에 능하다.

변재 (邊材)圀 통나무의 거죽 부분. 겉재목. ↔심재(心材).

변:재 (辯才)圀 말재주. 말솜씨. 구재(口才).

변:재 (變災)圀 뜻하지 않은 재앙.

변전 (邊錢)圀 ☞변돈.

변:전 (變轉)圀하자 되자 (사물이) 어떤 상태에서 다른 상태로 바뀌어 달라짐. ¶수시로 변전하는 국제 정세.

변:전-소 (變電所)圀 발전소에서 보내오는 높은 교류의 전압을 낮추거나 정류(整流)하여 보내는 시설을 해 놓은 곳.

변:절 (變節)圀하자 ①절개를 저버림. ¶충신으로 알려진 그의 변절은 뜻밖이었다. ②(내세워 오던) 주의나 주장을 바꿈. ¶개인의 영달(榮達)을 위해 변절하다. ③계절이 바뀜. 환절(換節).

변:절-기 (變節期)圀 ☞환절기.

변:절-자 (變節者)[-짜]圀 변절한 사람.

변:정 (辨正·卞正)圀하자 사리를 따져서 일을 바로잡음.

변점 (變情)圀 변경의 형편과 사정.

변:정-원 (辨定院)圀 조선 시대에, 노예에 관한 문서를 보관하고 송사(訟事)를 처리하던 관아.

변:제 (辨濟)圀하자 ☞변상(辨償).

변:제 (變除·製制)圀하자타 소상(小祥)을 마친 뒤에 상복을 벗고 수질(首経)을 벗음, 또는 대상(大祥)을 마친 뒤에 상복을 벗음.

변:조 (遍照)圀하자 부처의 광명이 온 세상과 사람의 마음을 두루 비침.

변:조 (變造)圀하자 ①(이미 만들어진 물체를) 손질하여 고쳐 만듦. 개작(變作). ②(문서나 유가 증권 따위의) 형태나 내용을 다르게 고침. ¶수표를 변조하다. 참위조(僞造).

변:조 (變調)圀하자 ①바꾸어 가는 사조(思潮).

변:조 (變調)圀하자 되자 ①상태가 바뀜, 또는 상태를 바꿈. ¶변조를 일으키다. ②고주파 지속 전류의 진폭이나 주파수·위상(位相) 따위를 신호로 변화시킴. ¶주파수 변조. 참전조(轉調).

변:조-관 (變調管)圀 변조 작용을 하는 진공관.

변:조-기 (變調器)圀 변조 작용을 하는 장치.

변:조^어음 (變造-)圀 서명(署名) 이외의 어음 문언(文言)을 거짓으로 변조한 어음.

변:조^요법 (變調療法)[-뻡]圀 인체에 어떤 자극을 주어 변화를 일으킴으로써 저항력을 높이고 병을 고치는 요법.

변:조^화:폐 (變造貨幣)[-폐/-페]圀 (천 원권을 만 원권으로 고치는 등) 부정하게 변조한 화폐.

변족 (邊族)圀 문벌(門閥)이 좋은 집안 중에서 쇠퇴한 일가.

변:종 (變種)圀 ①생물에서, 같은 종(種)이면서도 보통 것과 다른 것. ②'성질이나 언행 등이 남과 별나게 다른 사람'을 속되게 이르는 말.

변:주 (變奏)圀하자 어떤 주제를 바탕으로 하여, 그 리듬이나 선율·화성 따위를 여러 가지로 바꾸어 연주함, 또는 그 기법.

변:주-곡(變奏曲)**명** 어떤 주제를 바탕으로, 그 리듬이나 선율·화음 따위에 다양한 변화를 주 어서 새로 만든 악곡. 베리에이션.

변죽(邊-)**명** 그릇이나 과녁 따위의 가장자리.

변죽(을) 울리다판용 바로 집어 말하지 않고, 상대가 알아챌 수 있을 정도로 에둘러서 말하다.

변죽-울림(邊-)**명** 에둘러서 주는 암시.

변:증(辨證)**명하타** ①변별(辨別)하여 증명함. ②직각(直覺) 또는 경험에 의하지 아니하고, 개념을 분석하여 사리를 연구하는 일.

변:증(變症)[-쯩]**명** 이랬다저랬다 하며 자꾸 변하는 병증(病症).

변:증-법(辨證法)[-뻡]**명** ①그리스 철학에서, 진리에 이르기 위한 수단으로서의 문답법(問答法). ②헤겔 철학에서, 유동 변화하는 현실을 동적(動的)으로 파악하여 그 모순·대립[正反]의 의의를 인정하려는 사고법(思考法). 하나의 사물[定立]이 그 발전 과정에서 스스로의 내부에 존재하는 모순으로 말미암아 자신을 부정하는 것[反定立]이 생기고, 다시 이 모순을 스스로 지양[止揚]함으로써 보다 높고 새로운 것[總合]에 이르게 된다는 논리.

변:증법적 발전(辨證法的發展)[-쩍뻘쩐] 자기 모순을 지양함으로써 이루어지는 진전.

변:증법적 유물론(辨證法的唯物論)[-쩍쩍-] 마르크스·엥겔스의 세계관으로, 자연과 사회의 역사적 발전을 물질적 존재의 변증법적 발전으로 설명하는 이론. 유물 변증법.

변지(胼胝)**명** ⇨못3.

변지(邊地)**명** ①변두리의 땅. ②⇨변경(邊境).

변진(邊鎭)**명** 변경을 지키는 군영(軍營).

변:질(變質)**명하타되자** 물질이나 사물의 성질이 바뀜. ¶노여움이 살기(殺氣)로 변질하다./변질된 우유.

변:질-자(變質者)[-짜]**명** (정신 작용이 바르지 않아) 병적으로 성격이 이상한 사람.

변:채(變彩)**명** 광물(鑛物)이 광선을 비추고 광물의 방향을 바꾸면, 바뀔 때마다 무지갯빛이 번쩍이며 변하는 현상.

변:천(變天)**명** 구천(九天)의 하나. 동북쪽 하늘.

변:천(變遷)**명하타되자** (세월이 흐르는 동안에) 변하여 달라짐. 변이(變移). ¶우리말의 변천.

변:체(變體)**명하타되자** 본디의 모양이나 체재가 바뀌거나 그것을 바꿈, 또는 변하여 달라진 모양이나 체재. (주로, 서체(書體)를 말할 때 쓰임.) 이체(異體).

변체-문(騈體文)**명** ⇨변려문(騈儷文).

변:출불의(變出不意)[-부리/-뿌리]**명하자** 생각지도 않은 괴이한 일이 일어남.

변:치(變置)**명하타** ①다른 것으로 바꾸어 놓음. ②소임을 다하지 못한 관리를 다른 사람으로 바꿈.

변:칙(變則)**명하자** 보통의 규칙이나 원칙에서 벗어나 달라짐, 또는 그런 형태나 형식. 변격(變格). ¶변칙 운영. ↔정칙(正則).

변:칙-동(變則動)**명** ⇨불규칙 동사.

변:칙^용-언(變則用言)[-칭농-]**명** ⇨불규칙 용언(不規則用言).

변:칙^형용-사(變則形容詞)[-치겨-]**명** ⇨불규칙 형용사.

변:칙^활용(變則活用)[-치콰룡]**명** ⇨불규칙 활용.

변:침(變針)**명하타** 배가 침로(針路)를 바꿈.

변:칭(變稱)**명하타** 명칭을 바꿈, 또는 바뀐 그 명칭.

변:탈(變脫)**명하자타** 방사성 원소가 방사선을 내어서 다른 원소로 변하는 일.

변탕(邊鐋)**명** 목재의 가장자리를 곧게 밀어 내거나 모서리를 턱지게 깎아 내는 대패.

변:태(變態)**명** ①모습이 변하는 일, 또는 그 변한 모습. ②식물의 줄기·잎·뿌리 등이 보통과는 아주 다른 형태로 변하는 일. ③하자동물이 알에서 부화하여 성체(成體)가 되기까지 여러 가지 형태로 변하는 일. 탈바꿈. ¶누에가 번데기로 번데기가 성충으로 변태하다. ④⟨변태성욕⟩의 준말.

변:태-경(變態莖)**명** 어떤 특수 작용을 하기 위하여 형태가 변화된 식물의 줄기. (덩굴손이나 연근 따위).

변:태-근(變態根)**명** 어떤 특수 작용을 하기 위하여 형태가 변화된 식물의 뿌리. (저장뿌리·공기뿌리 따위).

변:태^성:욕(變態性慾)**명** 본능의 이상(異常)이나 정신의 이상으로 나타나는 변질된 성욕. (사디즘·마조히즘 따위). 성도착. 준변태.

변:태^심리(變態心理)[-니]**명** 정신의 장애나 이상(異常)으로 일어나는 심리.

변:태^심리학(變態心理學)[-니-]**명** 심리학의 한 분야. 이상 심리 소유자의 심리 상태를 연구 대상으로 함. 이상 심리학.

변:태^호르몬(變態hormone)**명** 곤충이 변태를 하는 데 필요한 호르몬.

변토(邊土)**명** ⇨변역(邊域).

변통(便通)**명** 변비로 잘 나오지 않던 똥이 잘 나오는 일.

변통(便痛)**명** (흔히 변비증 따위로 말미암아) 똥을 눌 때에 일어나는 아픈 증세.

변:통(變通)**명하타되자** ①그때그때의 상황에 따라 융통성 있게 일을 처리함. ②(돈이나 물건을) 돌려 씀. ¶여비를 변통하다./이러고만 있을 게 아니라 돈을 변통해 냅시다.

변:통-성(變通性)[-성]**명** 이리저리 변통하는 성질, 또는 그런 주변. 탄력성. ¶고지식하기만 하여 도무지 변통성이 없다.

변:통-수(變通-)[-쑤]**명** 변통하는 방법이나 수단. ¶아무리 생각해도 뾰족한 변통수가 없네.

변폐(便閉)[-페/-폐]**명하자** 한방에서, '똥이 막히어 나오지 않는 증세'를 이르는 말.

변폭(邊幅)**명** ①올이 풀리지 않게 짠, 피륙의 가장자리 부분. 식서(飾緒). ②하타거죽을 휘갑쳐서 꾸미는 일. ⇨표폭(表幅).

변:풍(變風)**명** 정통적·정상적이 아닌 문학 풍조.

변:-하다(變-)**자어** 전과 달라지거나 딴것으로 되다. ¶마음이 변하다. /10년이면 강산도 변한다.

변:한(弁韓)**명** 삼한(三韓)의 하나. 한반도의 남쪽에 위치한 십여의 군장(君長) 국가로 이루어졌던 나라로, 뒤에 신라에 병합됨. 가라한(駕羅韓).

변:한-말(變-)**명** 변하여 된 말.

변:함-없다(變-)[-합떠]**형** 달라짐이 없다. 그대로다. ¶변함없는 우정. 변함없-이**부**.

변:해(辯解)**명하타** 잘 설명하여 밝힘.

변-향부(便香附)**명** 한방에서, '어린 사내아이의 오줌에 오래 담가 두었다가 꺼낸 향부자(香附子)'를 약재로 이르는 말.

변:혁(變革)**명하타되자** (사회나 제도 등을) 근본적으로 바꾸어 아주 달라지게 함. 개변(改變). 혁2. ¶인터넷이 생활의 일대 변혁을 일으켰다.

변혈(便血)[명] 대변에서 섞여 나오는 피.
변혈-증(便血症)[-쯩][명] 대변에 피가 섞여 나오는 증세.
변:형(變形)[명][하자][되자] ①모양이 달라지거나 달라지게 함, 또는 그 달라진 모양. ¶ 목재는 건조 과정에서 변형이 올 수 있다. ②탄성체(彈性體)가 형체나 용적을 바꾸는 일.
변:형-균(變形菌)[명] 마른 나무나 마른 잎에 번식하여 아메바 모양의 운동을 하는 균류.
변:형-능(變形能)[공업 용어로] 재료가 변형될 수 있는 한도.
변:형^생성^문법(變形生成文法)[-뻡][명] ☞생성 문법.
변:형-엽(變形葉)[-녑][명] 보통의 잎의 기능과 크게 다른 작용을 하도록 형태가 변한 잎. [저장엽(貯藏葉)·엽침(葉針)·권수(卷鬚) 따위.]
변:호(辯護)[명][하타] ①그 사람에게 유리하도록 주장하여 도와줌. ②친구를 변호하는. ②법정에서 변호인이 검사의 공격으로부터 피고인의 처지를 해명하고 옹호함. ¶ 변호를 맡다.
변:호-권(辯護權)[-꿘][명] 형사 소송법상 피고인이나 피의자의 이익을 보호하기 위하여 행하는 권리.
변:호-사(辯護士)[명] 법률에 규정된 자격을 가지고 소송 당사자의 의뢰 또는 법원의 선임(選任)에 의하여, 소송 사무나 기타 일반 법률 사무를 행하는 것을 업으로 하는 사람.
변:호-인(辯護人)[명] 형사 피고인의 변호를 맡은 변호사.
변:화(變化)[명][하자][되자] 사물의 모양·성질·상태 등이 달라짐. ¶ 시대적 변화에 대응하다.
변:화-구(變化球)[명] 야구의 투구나 배구의 서브 등에서, 진행 방향이 휘거나 뚝 떨어지거나 하여 변화하는 공.
변:화^기호(變化記號)[명] ☞변화표.
변:화-난측(變化難測)[명][하형] 변화가 몹시 심하여 이루 헤아리기 어려움.
변:화-무궁(變化無窮)[명][하형] 변화가 한없이 많음.
변:화-무상(變化無常)[명][하형] 변화가 많거나 심하여 종잡을 수 없음.
변:화-무쌍(變化無雙)[명][하형] 변화가 더할 수 없이 많거나 심함.
변:화-법(變化法)[-뻡][명] 문장 수사법의 한 가지. 단조로움을 없이 하여 문장에 생기 있는 변화를 주기 위한 표현 수법. [도치법·인용법·경구법·대구법 등이 이에 딸림.]
변:화불측(變化不測)[명][하형] 변화가 심하여 이루 헤아릴 수 없음.
변:화-신(變化身)[명] 부처 삼신(三身)의 하나로, 중생 제도(衆生濟度)를 위하여 여러 가지로 변신할 불신(佛身). 화신(化身).
변:화-토(變化土)[명] 삼불토(三佛土)의 하나. 응신불(應身佛)이 사는 불토.
변:화-표(變化標)[명] 악곡에서, 본디의 음에 반음계적 변화를 주기 위하여 쓰는 표. 올림표·내림표·겹올림표·겹내림표 따위가 있음. 변화기호.
변환(邊患)[명] 변방(邊方)에서 생기는 근심. [외적의 침입이나 반란 따위.]
변:환(變幻)[명][하자] 갑자기 나타났다 사라졌다 하는 일. 출몰이나 변화가 종잡을 수 없이 빠르다는 것을 이르는 말. ¶ 변환 자재(自在).
변:환(變換)[명][하자타] ①(어떤 사물이) 전혀 다른 사물로 변하여 바뀜, 또는 바꿈. ¶ 열에너지를 전기 에너지로 변환한다. ②수학에서, 하

나의 좌표계(座標系)로 표시된 공간의 점의 위치 따위를 다른 좌표계로 나타내는 일. ③물리학에서, 어떤 핵종(核種)이 다른 원소의 핵종으로 바뀌는 일.
별[명] [옛] 별. ¶ 별 양:陽(訓蒙下1).
별2[명] [옛] 볏2. ¶ 별 화: 鏵(訓蒙中17).
별:[명] ①태양·지구·달을 제외한 천체. [넓은 뜻으로는 모든 천체를 가리키고, 좁은 뜻으로는 항성(恒星)만을 가리킴.] 성두(星斗). ②'별을 도안화한 모양'을 가리키는 말. ¶ 별을 오리다. ③'장성(將星) 급의 직위나 그 직위에 있는 사람'을 속되게 이르는 말. ¶ 별을 달다.
별 결듯 하다[관용] 별이 총총 박히듯 하다. ¶ 창검(槍劍)이 별 결듯 한 적진 속으로 뛰어들다.
별(別)[관] 보통과 다른. ¶ 별 이상한 소리를 다 듣겠구나.
-별(別)[접미] [일부 명사 뒤에 붙어] '구별'·'나눔'의 뜻을 나타냄. ¶ 능력별. / 직업별.
별가(別家)[명] ①딴 집. 별택(別宅). ②작은집. 소실의 집.
별가(別駕)[명] ①고려 시대에, 중추원의 이속(吏屬). ②조선 시대에, 승정원의 서리(書吏).
별-가락(別-)[명] 보통의 가락과 다른 가락.
별간(別間)[명] ☞별실(別室).
별-간장(別-醬)[명] ☞손님장.
별-간죽(別間竹)[명] 특별히 잘 만든 담배설대.
별감(別監)[명] [조선 시대] ①나라에서 조사·감독 등의 일로 지방에 파견하던 임시 벼슬. ②왕정서(掖庭署)의 예속(隷屬)의 하나. ③유향소(留鄕所)의 좌수(座首)의 버금 자리. ④남자 하인끼리 서로 부르던 존칭.
별갑(鼈甲)[명] 한방에서, '자라의 등딱지'를 이르는 말. [학질·한열(寒熱)·적취(積聚) 등의 약으로 쓰임.]
별강(別講)[명] 지난날, 임금이 하루에 두 차례씩 참찬관(參贊官) 이하의 벼슬아치들에게 글을 강론하던 일.
별개(別個)[명] (어떤 것에) 함께 포함시킬 수 없는 것. 딴것. ¶ 별개의 문제.
별-거(別-)[명] '별것'을 구어적으로 이르는 말. ¶ 별거 아니니 신경 쓰지 마.
별거(別居)[명][하자] (부부 또는 한가족이) 따로 떨어져 삶. 딴살림을 함. ¶ 오랫동안 아내와 별거하다. ↔동거(同居).
별-걱정(別-)[-쩡][명] 공연한 걱정. 쓸데없는 걱정. 별난 걱정. ¶ 별걱정을 다 하시는군요.
별건(別件)[-껀][명] ①보통 것과는 매우 다르게 된 물건. ②별개의 건(件). ③〈별사건〉의 준말.
별-건곤(別乾坤)[명] (사람이 사는 세계라고는 생각할 수 없는) 별천지. 별세계.
별건^체포(別件逮捕)[-껀-][명] 어떤 사건의 용의자로 체포해야 할 경우에, 그 사건에 대한 유력한 증거를 확보하지 못했을 때, 우선 다른 혐의로 체포하는 일.
별검(別檢)[명] 조선 시대에, 전설사(典設司)의 종팔품 벼슬이나 빙고(氷庫)·사포서(司圃署)의 정팔품 벼슬.
별-것(別-)[-껏][명] ①별난 것. ¶ 소문만 요란했지 실지로 가 보니 별것 아니더라. ②다른 것. ¶ 이 문제는 그것과는 별것이다. ♣ 별것이[-거시]·별것만[-건-]
별게(別揭)[명][하타] 따로 게시함. ¶ 자세한 내용은 별게한 안내문을 참조하시오.
별격(別格)[-껵][명] 보통의 격식과는 다른 격식. 별다른 격식.

별견(瞥見)圏(하타) 홀끗 봄. 대강 훑어봄.
별고(別故)圏 ①특별한 사고. 별다른 탈. ¶그 사이 별고 없는가? ②다른 까닭. ¶별고가 있어서 온 것이 아니고, 그저 궁금하여 왔다네.
별고(別庫)圏 소중한 물건을 넣어 두기 위하여 특별히 따로 만든 곳집.
별곡(別曲)圏 〔중국식 한시(漢詩)에 대하여 독특한 가락이라는 뜻으로〕우리나라의 '가사(歌辭)'를 이르는 말. 〔관동별곡·청산별곡 따위.〕
별곤(別棍)圏 특별히 크게 만든 곤장.
별공(別貢)圏 고려 시대에, 공물로 받던 특별한 토산물.
별관(別館)圏 본관 외에 따로 지은 건물.
별-구경(別-)圏 별다른 구경. 쉽게 할 수 없는 구경. ¶별구경을 다 해 보는군.
별-구청(別求請)圏 지난날, 사신이 외국에 나갈 때 거쳐가는 지방 관아에서 관례로 받던 여비 외에 따로 받던 여비.
별군(別軍)圏 본군(本軍) 이외의 별개의 군대.
별-군직(別軍職)圏 조선 시대에, 별군직청(別軍職廳)에 딸린 무관 벼슬. 왕의 호위와 벼슬아치 적간(摘奸)의 일을 맡아보았음.
별궁(別宮)圏 ①왕이나 왕세자의 혼례 때 왕비나 세자빈을 맞아들이던 궁전. ②특별히 따로 지은 궁.
별-궁리(別窮理)[-니]圏 다른 궁리. 별의별 궁리. ¶별궁리를 다 해 보아도 별로 신통한 방법이 없다.
별기(別記)圏(하타) 본문에 덧붙여 따로 적음, 또는 그 기록.
별기-군(別技軍)圏 조선 고종 18(1881)년에 조직한 우리나라 최초의 신식 군대. 일본인 교관을 채용하여 사관 생도를 양성하고 군사 훈련을 시켰음.
별-꼭지(-)[-찌]圏 썩 작게 만들어 붙인 연의 꼭지, 또는 그런 꼭지를 붙인 연.
별-꼴(別-)圏 별나게 눈에 거슬리어 보이거나 아니꼬운 꼴. ¶참, 별꼴 다 보겠네.
별:-꽃[-꼳]圏 석죽과의 이년초. 산이나 길가에 절로 나는데, 줄기 높이는 10∼30 cm. 줄기 아래에 많은 가지를 쳐서 마치 덩굴처럼 보임. 5∼6월에 하얀 다섯잎꽃이 줄기 끝에 핌. 민간에서 최유제(催乳劑)로 씀. * 별:꽃이[-꼬치]·별:꽃만[-꼰-]
별-나다(別-)[-라-]圏 보통 것과 매우 다르다. 별하다. ¶성질이 별나다. /별난 짓만 골라 하네.
별:-나라[-라-]圏 어느 한 별, 또는 별들이 모여 있는 세계를 지구와 같은 인간 세계로 여기어 이르는 어린이 말. ¶이 동화는 별나라에서 지구로 온 외계인 이야기다.
별납(別納)[-람]圏(하타) ①정식으로 바치는 것 외에 따로 더 바침. ②한데 껴서 바치지 아니하고 따로따로 바침. ③다른 방법으로 요금을 치름. ¶우편 요금 별납.
별-놈(別-)[-롬]圏 ①(성질이나 언행 따위가) 별난 놈. ¶세상에 별 다 보겠네. ②여러 가지 이상한 것. (주로, '별놈의'의 꼴로 쓰임.) ¶살다보니 별놈의 소리를 다 듣는구나.
별-다례(別茶禮)圏 명절이나 삭망(朔望) 외에 특별한 일이 있을 때 지내는 다례.
별-다르다(別-)[~다르니·~달라]圏(르) 유난히 다르다. 평상시와 다르다. ¶집안에 별다른 일은 없느냐?
별단(別單)[-딴]圏 지난날, 임금에게 올리던 문서에 덧붙이는 문서나 명부(名簿).

별단^예:금(別段預金)[-따녜-]圏 (정기 예금·보통 예금·당좌 예금 등과는 달리) 고객으로부터 의뢰받은 일시적 자금을 처리하기 위하여 설치한 잡종 예금.
별달리(別-)圖 별다르게. ¶음악에 별달리 흥미가 없다.
별당(別堂)[-땅]圏 ①몸채의 곁이나 뒤에 따로 떨어지게 지은 집. ②절에서, 주지나 경스승 같은 이가 거처하는 방.
별대(別隊)[-때]圏 본대(本隊) 밖에 따로 독립되어 있는 부대.
별도(別途)[-또]圏 ①딴 방도나 방면. ¶별도의 수입. ②딴 용도. ¶별도로 쓸 데가 있는 돈.
별-도리(別道理)圏 별다른 방법. 달리 쓸 수 있는 방도. ¶별도리 없이 물러나다.
별동(別棟)[-똥]圏 따로 떨어져 있는 집채.
별동-대(別動隊)[-똥-]圏 (특별 임무를 띠고) 본대와는 독립해서 행동하는 부대. 旭특공대.
별:-똥圏 ☞유성(流星).
별:똥-돌圏 ☞운석(隕石).
별:똥-별圏 ☞유성(流星).
별-뜨기(別-)圏 대한 제국 때, '별순검(別巡檢)'을 달리 이르던 말.
별러-주다(하타) 몫으로 나누어 주다.
별로(別路)圏 ①남과 헤어져 떠나는 길. 이별하는 길. ②다른 길.
별-로(別-)圖 ('아니하다'·'없다'·'못하다' 따위의 부정의 말을 뒤따르게 하여) '그다지'·'별반' 등의 뜻을 나타냄. ¶요즘은 별로 바쁘지 않다.
별록(別錄)圏 따로 만든 기록.
별루(別淚)圏 이별을 슬퍼하여 흘리는 눈물.
별리(別離)圏(하자) ☞이별(離別).
별-말(別-)圏 별다른 말. 뜻밖의 말. 별소리. ¶그래, 고맙다는 말 외에 별말은 없더냐?/이 사람, 별말을 다 하네. 彦별말씀.
별-말씀(別-)圏 〈별말〉의 높임말.
별-맛(別-)[-맏]圏 별다른 맛. 유별난 맛. ¶철 지난 과일은 비싸기만 하고 별맛이 없다. ②☞별미(別味). * 별맛이[-마시]·별맛만[-만-]
별명(別名)圏 본이름 외에 그 사람의 성격·용모·태도 따위의 특징을 따서 남이 지어 부르는 이름. 닉네임. 별칭. ↔본명.
별명(別命)圏 다른 명령. 별도의 명령.
별묘(別廟)圏 왕실에서, 사친(私親)의 신주를 모시던 사당.
별무-가관(別無可觀)圏(하타) 특별히 볼 만한 것이 없음. ¶소문과는 달리 별무가관이다.
별:-무늬[-니]圏 별 모양을 본떠서 꾸민 무늬.
별-무반(別武班)圏 고려 숙종 때 편성된 군대의 하나. 윤관(尹瓘)이 여진을 치기 위하여 기병(騎兵)을 중심으로 만들었음.
별무-신통(別無神通)圏(하타) 별로 신통할 것이 없음.
별-문서(別文書)圏 조선 시대에, 서울의 각 방(坊)에서 호적 따위 공공 사무를 맡아보던 사역(使役)의 한 가지.
별문석(別紋席)圏 별난 꽃무늬를 놓아서 짠 돗자리.
별-문제(別問題)圏 ①딴 문제. 갈래가 다른 문제. ¶이것과 그것은 별문제이다. ②별난 문제. 별의별 문제. ¶먹고사는 데 별문제 없다.
별물(別物)圏 ①보통이 아닌 특별한 것. ②〈별사람〉의 속된 말.
별미(別味)圏 특별히 좋은 맛, 또는 그런 음식. 별맛. ¶이 고장은 비빔밥이 별미다.

별미-쩍다(別味-) [-따] 〖혱〗 말이나 행동이 상황에 어울리지 않게 괴상하게 멋없다. ¶난처한 질문에 별미쩍게 씩 웃고 말았다.

별:-박이¹〖명〗 높이 떠올라서 아주 조그맣게 보이는 연.

별:-박이²〖명〗 이마에 흰 점이 있는 말. 백전(百顚). 적로마(的盧馬).

별:-박이³〖명〗 살치 끝에 붙은 쇠고기. 〔쇠고기 중에서 가장 질김.〕

별반(別飯)〖명〗☞별밥.

별반(別般) 〖Ⅰ〗〖명〗 보통과 다름. 별양(別樣). ¶별반 사견. 〖Ⅱ〗〖부〗《주로 '아니하다'·'없다'·'못하다'·'모르다' 따위 부정의 말과 함께 쓰이어》'그다지'·'특별하게'의 뜻을 나타냄. 별양(別樣). ¶공장 규모가 별반 크지 않다./품질이 별반 좋은 줄 모르겠다.

별반-거조(別般擧措)〖명〗 보통과 다른 행동. 따로 취하는 조처.

별반-조처(別般措處)〖명〗 특별히 다르게 하는 조처.

별-밥(別-)〖명〗 콩·팥 같은 것을 넣어) 보통 밥과 다르게 지은 밥. 별반(別飯).

별방(別房)〖명〗☞작은집. 첩(妾).

별배(別杯)〖명〗 이별의 술잔.

별배(別陪)〖명〗 지난날, 벼슬아치의 집에서 사사로이 부리던 하인.

별-배달(別配達)〖명〗〈별배달우편〉의 준말.

별배달-우편(別配達郵便)〖명〗 통상 배달 시간 외에도 특별한 배달인에 의하여 배달하는 우편 제도의 한 가지. 등기·속달·소포 등의 특수 우편물이 이에 해당함. ⓒ별배달.

별-배종(別陪從)〖명〗 지난날, 임금의 거둥에 배종(陪從)하던 임시 벼슬. 〔한직(閑職)에 있는 문관이 임명되었음.〕

별-백지(別白紙) [-찌]〖명〗 품질(品質)이 아주 좋은 백지.

별법(別法) [-뻡]〖명〗①딴 방법. ②별난 법. ③불교에서 이르는 보편적인 가르침이 아닌, 방편(方便)에 따른 가르침.

별별(別別)〖관〗 별의별. 온갖. 가지가지. ¶오래 살다 보니 별별 이야기를 다 듣는군.

별보(別報)〖명〗 딴 보고. 특별한 소식.

별-복정(別卜定) [-쩡]〖명〗 지방의 산물을 정해 놓은 양 외에 중앙이나 각 지방 관아에 더 바치던 일.

별본(別本)〖명〗①별도로 된 책이나 문서. ②보통의 것과 다른 모양이나 본채.

별봉(別封)〖명〗〖하타〗①따로 싸서 봉함, 또는 그런 편지. ②지난날, 지방 벼슬아치가 그 지방 산물을 정례(定例)로 중앙 관아에 바칠 때에, 거기에 다시 웃짐을 덧붙여 보내던 일.

별부(別付)〖명〗 지난날, 왕실에서 특별히 중국에 물건을 주문하던 일.

별부(別賦)〖명〗 이별을 주제로 한 시가(詩歌).

별비(別備)〖명〗①특별한 준비. ②굿을 할 때, 무당에게 목돈 외에 따로 더 주는 돈.

별:-빛 [-삗]〖명〗 별의 반짝이는 빛. 성광(星光). 성망(星芒). ¶희미한 별빛. *별:빛이 [-삐치]·별:빛만 [-삔-]

별사(別使) [-싸]〖명〗①특별한 임무를 띤 사신. ②따로 보내는 사신.

별사(別事) [-싸]〖명〗 딴 일. 특별한 일.

별사(別辭) [-싸]〖명〗①이별의 말. ②그 외의 말.

별-사건(別事件) [-껀]〖명〗①특별한 사건. ②관련이 없는 딴 사건. ⓒ별건(別件).

별-사람(別-)〖명〗 보통과 다른 사람. 생김새나 언행 따위가 별난 사람. 별인(別人). ¶돈이 싫다니, 별사람 다 보겠네.

별사-배달(別使配達) [-싸-]〖명〗 특별히 따로 사람을 시켜서 배달하는 일.

별산-제(別産制) [-싼-]〖명〗 부부가 따로따로 재산을 소유하는 제도.

별-생각(別-)〖명〗①별다른 생각. ¶별생각 없이 한 말이니까 오해하지 마시오. ②별별 생각. ¶약속 시각이 지나자 별생각이 다 들었다.

별서(別墅) [-써]〖명〗 (자기네) 농장 가까이에 별장처럼 따로 지은 집.

별석(別席) [-썩]〖명〗①따로 마련한 자리. ②특별히 잘 마련하여 베푼 자리. ¶별석을 차리다.

별선(別扇) [-썬]〖명〗 특별히 잘 만든 부채.

별선(別選) [-썬]〖명〗〖하타〗〖되자〗①특별히 따로 뽑음. ②지난날, 사정(射亭)의 임원을 다시 뽑을 때, 적임자가 없으면 다른 사정의 사람을 골라서 정하던 일.

별선^군관(別選軍官) [-썬-]〖명〗 조선 시대에, 대전(大殿)을 지키던 군관. 특별히 뽑힌 장사들로 조직하였음.

별설(別設) [-썰]〖명〗〖하타〗 특별히 따로 마련함.

별성(別星) [-썽]〖명〗①☞봉명 사신. ②〈호구별성〉의 준말.

별성-마마(別星媽媽) [-썽-]〖명〗〈호구별성〉의 높임말. ⓒ마마(媽媽)1.

별성-행차(別星行次) [-썽-]〖명〗 지난날, 봉명 사신(奉命使臣)의 행차를 이르던 말.

별세(別世) [-쎄]〖명〗〖되자〗〔세상을 하직한다는 뜻으로〕'죽음'을 높이어 이르는 말. 기세(棄世). ¶여든 살을 일기로 별세하시다.

별-세계(別世界) [-계/-게]〖명〗①인간이 살고 있는 세계와는 다른, 딴 세계. 속세와는 매우 다른 좋은 세계. 별천지. 별건곤. 별유천지. ③자기가 있는 곳과는 아주 다른 환경이나 사회.

별-세초(別歲抄)〖명〗 지난날, 죄인에 대한 사면(赦免)이 있을 때 해당자의 이름을 뽑아서 임금에게 보고하던 일.

별소^금:지주의(別訴禁止主義) [-쏘-의/-쏘-이]〖명〗 동일한 사건에 관계되는 소송이 여러 번 제기되는 일을 막기 위하여 그 소송에 딸린 모든 문제를 함께 제기하도록 하고, 이후에는 제기할 수 없도록 하자는 주의.

별-소리(別-)〖명〗 별말. ¶듣자 듣자 하니, 나중엔 별소리를 다 하는군.

별송(別送) [-쏭]〖명〗〖하타〗 따로 보냄. ¶책값은 별송하겠습니다.

별-수(別-) [-쑤]〖명〗①《주로 '있다'·'없다'와 함께 쓰이어》별다른 방법. 뾰족한 묘방. ¶친구와 의논했으나 별수가 없었다./그 사람이라고 별수 있겠어? ②여러 가지 방법. 별의별 수단. ¶별수를 다 써 보았다.

별수(別數) [-쑤]〖명〗 특별히 좋은 운수. ¶그렇게 기다리고만 있으면 무슨 별수라도 생길 줄 아느냐?

별-수단(別手段) [-쑤-]〖명〗①별다른 수단. 뾰족한 꾀. ¶너라고 별수단 있겠느냐? ②별의별 수단.

별순(別巡) [-쑨]〖명〗〖하타〗 특별히 순행(巡幸)함, 또는 그 순행.

별-순검(別巡檢)〖명〗 대한 제국 때, 제복을 입지 않고 사찰 업무에 종사하던 순검.

별-스럽다(別-) [-따] 〔~스러우니·~스러워서〕〖혱ㅂ〗 보기에 별다르다. 여느 때와 다르게 이상하다. 별나다. ¶ 초가을에 눈이 오다니 참 별스럽구나. **별스레**[—] 올해는 별스레 비가 많이 내렸다.

별시(別時)[—씨]명 서로 헤어질 때.

별시(別試)[—씨]명 조선 시대에, 나라에 경사가 있을 때나 병년(丙年)마다 보이던 과거.

별-시계(—時計)[—계/—게]명 별의 위치로 각을 짐작하던, 고대 자연 시계의 하나.

별식(別式)[—씩]명 별다른 방식. 별의별 방식.

별식(別食)[—씩]명 (일상 먹는 음식이 아닌) 색다른 음식.

별-신(—辰)[—씬]명 ☞별진.

별신-굿(別神—)[—씬꾿]명하자 ①남부 지방에서 어민들이 하는 굿. ②서울 근방에서 무당이 하는 굿. •별신굿이[—씬꾸시]·별신굿닷[—씬꾿—].

별신-대(別神—)[—씬때]명 별신굿을 할 때 세우는 신장대.

별실(別室)[—씰]명 ①딴 방. 별간(別間). ¶ 별실에서 따로 만나다. ②☞작은집.

별안-간(瞥眼間)[—]명 (눈 깜박하는 동안이란 뜻으로) 갑작스럽고 아주 짧은 동안. ¶ 별안간에 일어난 일이라 영문을 모르겠다.

별양(別樣)[Ⅰ]명 ☞별반(別般). [Ⅱ]부 ☞별반(別般).

별-연죽(別煙竹)명 특별히 잘 만든 담뱃대.

별영(別營)[—]명 조선 시대, 친군영(親軍營)의 하나. 고종 21년에 세워, 25년에 총어영(摠禦營)이라 고쳐 부름.

별영-색(別營色)[—]명 조선 시대, 호조의 한 부서. 공물(貢物)의 값을 치르는 일과 훈련도감에 딸린 군사에 대한 급료 지급의 일을 맡아보았음.

별옴둑가지-소리(別—)[—까—]명 별의별 괴상한 소리. ¶ 별옴둑가지소리를 다 하는군.

별원(別院)[—]명 ①절의 칠당(七堂) 이외에 중이 거처하기 위하여 지은 건물. ②본사(本寺)에 딸린, 따로 지은 조그만 절.

별원(別願)[—]명 부처나 보살이 각각 개별적으로 세운 서원(誓願). [아미타불의 48원(願), 약사불의 12원 등.] ↔총원(總願).

별유(別諭)[—]명 임금이 특별히 내리는 유고(諭告)나 유지(諭旨).

별-유사(別有司)[—]명 지난날, 서울의 각 방(坊)에서 호적과 그 밖의 공공사무를 맡아보던 사역(使役)의 한 가지.

별유-천지(別有天地)[—]명 ☞별세계. ¶ 가지 위에 두견새는 불여귀(不如歸)로 화답하니 별유천지 비인간(非人間)이라[鼈主簿傳].

별유-풍경(別有風景)[—]명 세상에서 흔히 볼 수 없는 좋은 경치.

별은(別銀)[—]명 '황금(黃金)'을 달리 이르는 말.

별의(別意)[—]명 ①딴 뜻. 딴 생각. 타의(他意). ¶ 뭐 별의가 있어서 하는 말은 아닐세. ②별별을 아쉬워하는 마음.

별의-별(別—別)[벼릐—/벼레—]관 가지가지로 별다른. 별별(別別). ¶ 서가에는 별의별 책들이 다 꽂혀 있다.

별-이끼(別—)명 별이낏과의 일년초. 습지에 나며, 줄기는 여러 갈래로 갈라져 땅 위로 뻗는데, 높이는 5cm가량. 봄에서 가을에 걸쳐 연한 녹색의 꽃이 핌. 세계 각지에 널리 분포함.

별인(別人)[—]명 ①별사람. ②딴 사람.

별-일(別—)[—릴]명 ①별다른 일. ¶ 별일 없이 지내다. ②드물고 이상한 일. ¶ 살다 보니 별일을 다 겪는군.

별-입시(別入侍)[—씨]명하자 지난날, 신하가 사사로운 일로 임금을 뵈던 일.

별자(別子)[—짜]명 ☞서자(庶子).

별-자리[—]명 ☞성좌(星座).

별-세전(別稅錢)[—]명 지난날, 전세(田稅)를 받을 때 정해진 액수 외에 따로 더 받던 돈.

별장(別莊)[—짱]명 (본집 외에) 경치 좋은 곳이나 피서지·피한지 같은 데에 따로 마련한 집.

별장(別章)[—짱]명 ①이별의 아쉬움을 주제로 한 시문(詩文). ②딴 장(章).

별장(別將)[—짱]명 군군(別軍)의 장교.

별장(別將)[—짱]명 ①고려 시대, 무관의 정칠품 벼슬. 낭장(郎將)의 아래임. ②조선 시대, 용호영(龍虎營)의 으뜸 장수로서 종이품 벼슬. ③용호영 이외의 각 영의 정삼품 벼슬. ④지방의 산성(山城)·도진(渡津)·포구(浦口)·보루(堡壘)·소도(小島) 등의 수비를 맡던 무관의 종구품 벼슬.

별장-지기(別莊—)[—짱—]명 별장을 지키며 관리하는 사람.

별재(別才)[—]명 별다른 재주, 또는 그런 재주를 가진 사람.

별저(別邸)[—쩌]명 본저(本邸) 외에 따로 마련한 저택.

별전(別奠)[—쩐]명 상조에게 임시로 지내는 제사.

별전(別電)[—쩐]명 ①따로 친 전보. ②딴 계통으로 들어온 전보.

별전(別傳)[—쩐]명 일인 일사(一人一事)에 관한 일사 기문(逸事奇聞)을 소설적으로 서술한 것. [전기 소설(傳奇小說)의 일종으로, 당대(唐代)에 성행하였음.]

별전(別殿)[—쩐]명 본전 외에 따로 지은 전각.

별전(別錢)[—쩐]명 조선 말기에, 화폐를 주조할 때 만든 기념 화폐. [글씨나 그림 등을 새긴 것으로, 장식품으로 이용되었음.]

별정(別定)[—쩡]명하타 따로 정함. ¶ 별정 요금.

별정(別情)[—쩡]명 이별의 정.

별정^우체국(別定郵遞局)[—쩡—]명 (우체국이 없는 지역에서, 나라의 허가를 받아) 개인의 부담으로 시설을 갖추고 체신(遞信) 업무를 경영하는 특별한 우체국.

별정-직(別定職)[—쩡—]명 국가 공무원 중에서, 특수 경력직에 딸린 공무원의 한 가지. 국회 전문 위원, 선거 관리 위원회 및 각급 노동 위원회의 상임 위원, 감사원의 사무 차장 등이 이에 딸림.

별제(別製)[—쩨]명 특별히 만듦, 또는 그 물건. 특제(特製).

별제-권(別除權)[—쩨꿘]명 파산 재단(破產財團)에 딸린 특정 재산에 대하여, 일반 채권자에 앞서 변제받을 수 있는 권리. 특별한 선취 특권(先取特權)이나 질권(質權)을 가진 자가 이 권리를 가짐.

별종(別種)[—쫑]명 ①딴 종자(種子). ②딴 종류. ③☞별짜. ¶ 그는 한여름에도 긴소매만 입는 별종이다. ④'특별히 선사하는 물건'을 예스럽게 이르는 말.

별좌(別坐)[—쫘]명 조선 시대, 서울의 각 관아에 딸린 정·종오품 낭관(郎官)의 하나.

별좌(別座)[—쫘]명 불사(佛事)가 있을 때 부처 앞에 음식을 차리는 일, 또는 그 음식을 차리는 사람.

별주(別酒)[—쭈]명 ①이별을 아쉬워하며 나누는 술. ②특별한 방법으로 빚은 술.

별주부-전(鼈主簿傳)[—쭈—]명 ☞토끼전.

별중-승(別衆僧)[-쭝-]圀 갈마(羯磨)에 참석하지 않고 무리를 지어 자기네끼리 멋대로 의식을 행하는 중들.

별증(別症)[-쯩]圀 어떤 병에 딸려서 생기는 딴 증세. ¶산후(産後) 별증.

별지(別紙)[-찌]圀 서류나 편지 등에 따로 적어 덧붙이는 종이쪽. ¶약도를 별지에 그려 넣다.

별-지장(別支障)圀 별다른 지장. ¶별지장 없이 일이 잘 진행되다.

별:-진(-辰)圀 한자 부수의 한 가지. '農'·'辱' 등에서의 '辰'의 이름. 별신.

별-진상(別進上)[-砲圀] 지난날, 정해진 것 외에 따로 진상을 올리던 일, 또는 그 진상.

별집(別集)[-찝]圀 (서책을 내용에 따라 분류할 때) 개인의 시문집을 이르는 말. ↔총집(總集).

별-짓(別-)[-찓]圀 보통과 다른 행동거지. ¶별짓을 다했지만 계약은 성사되지 않았다. *별짓을[-지슬]·별짓만[-진-]

별짜(別-)圀 별스러운 짓을 하거나 별스럽게 생긴 사람. 별종(別種).

별:-자리(別-)圀 '준장(准將) 이상의 장군'을 속되게 일컫는 말.

별쭝-나다圐 언동이 매우 별스럽다. 별쭝맞다. ¶별쭝나게도 왜 지금 그런 소리를 하는가?

별쭝-맞다[-맏따]圐 별쭝나다.

별쭝-스럽다[-따][~스러우니·~스러워]圐圓 보기에 별쭝나다. 별쭝스레圁.

별차(別差)圀 ①별다른 차이. ¶기술에는 별차가 없다. ②조선 시대에, 동래(東萊)와 초량(草梁)의 시장(市場)에 보내던 일본어 통역.

별찬(別饌)圀 별다르게 잘 만든 반찬. ¶용장·봉장·반닫이를 되는대로 팔아다가 별찬 진지 대접하오(烈女春香守節歌).

별-채(別-)圀 딴채. ¶할아버지께서는 별채에 거처하신다.

별책(別冊)圀 따로 엮은 책. ¶별책으로 된 부록.

별책(別策)圀 별다른 계책.

별-천지(別天地)圀 ☞별세계.

별첨(別添)圀圓 (서류 따위를) 따로 덧붙임.

별체(別體)圀 ①보통과 다른 서체. ②보통과 다른 문체.

별초(別抄)圀 ①고려 시대에, 정규군 외에 특별하게 조직된 군대. ②<별초군>의 준말.

별초-군(別抄軍)圀 조선 시대에, 성균관 근처에 사는 장정으로 조직됐던 군병의 하나. ⓦ별초.

별치(別置)圀圓 ①따로 둠. ②특별히 설치함, 또는 그것.

별-치부(別致賻)圀 조선 시대에, 삼품 이하의 시종(侍從)이나 대시(臺侍)가 상사(喪事)를 당했을 때, 임금이 내리던 부의(賻儀).

별칙(別勅)圀 특별한 칙명. [규정이나 전례(前例)를 깨고 일을 행하는 경우에 내림.]

별칭(別稱)圀 달리 부르는 이름. 별명(別名). ¶봉래산은 금강산의 별칭이다.

별택(別宅)圀 ①본집 외에 따로 마련해 놓은 집. ②딴 집. ⑧별가(別家).

별택(別擇)圀圓되자 특별히 가려 뽑음.

별파(別派)圀 딴 유파(流派).

별-판(別-)圀 ①따로 차리는 판. ¶사람들이 많아 별판을 차리다. ②뜻밖에 벌어진 좋은 판세. ③아주 별스러운 도량(度量).

별-판부(別判付)圀圓砲 지난날, 상주문(上奏文)에 대하여 임금이 특별한 의견을 덧붙이던 일, 또는 그 의견.

별편(別便)圀 ①별도로 보내는 편지. ②딴 인편이나 차편. ¶물건은 별편으로 보내다.

별:-표(-標)圀 별 모양의 표. [★, ☆, * 따위.] ¶별표 참조. /일정은 별표와 같습니다.

별표(別表)圀 따로 붙인 표. ¶별표 일정에 의하여 대회를 진행한다.

별품(別品)圀 ①별스러운 물품. 특별한 물품. ②또 다른 물품.

별-하다(別-)圐 보통과 다르다. 별나다. ¶음식 맛이 좀 별하다.

별항(別項)圀 딴 항목. ¶별항 참조.

별행(別行)圀 따로 잡은 글줄. ¶단락이 바뀔 때는 별행을 잡아서 쓴다.

별호(別號)圀 ①딴 이름. 딴 칭호. ②☞호(號). ②당호(堂號).

별화(別畫)圀 단청(丹青)한 뒤에 사람·꽃·새 등을 공간에 그려 넣는 일.

별후(別後)圀 헤어진 뒤. ¶별후에 별고 없이 지내고 있습니다.

볋(옛)벼랑. ¶별해 브론 빗 다호라(樂範.動動). 餐비례·벼로2.

볌:圀 반지나 병마개 등이 헐거워 꼭 맞지 않을 때, 꼭 맞도록 사이에 끼우는 헝겊이나 종이. 뱀1.

볍새圀 (옛)뱁새. ¶物을 體호야서 볍새의 안자 쇼물 춫히 너그노라(杜初20:47).

볍쌀圀 (잡곡 쌀에 대하여) 입쌀·찹쌀 같은 벼의 쌀을 이르는 말.

볍씨圀 벼의 씨. ¶새 품종의 볍씨를 구하다.

볏1[볃] 닭·꿩 등의 머리 위에 세로로 붙은, 톱니 모양의 납작하고 붉은 살 조각. 계관(鷄冠). *볏이[벼시]·볏만[변-]

볏2[볃] 보습 위에 비스듬히 대어 흙이 한쪽으로 떨어지게 한 쇳조각. *볏이[벼시]·볏만[변-]

볏-가락[벼까-/볃까-]圀 벼의 까끄라기.

볏-가리[벼까-/볃까-]圀 차곡차곡 쌓은 볏단더미.

볏가릿-대[벼까린때/볃까릳때]圀 농가에서, 정월 열나흗날이나 보름날에 그해의 풍년을 빌기 위하여 짚으로 둑(纛)처럼 만들어 벼·수수·조·기장 따위의 이삭을 싸서 세우는 장대.

볏-가을[벼까-/볃까-]圀圓砲 벼를 거두어 타작하는 일.

볏-귀[벼뀌]圀 쟁기 뒷면의, 삼각형으로 오뚝하게 내민 부분.

볏뉘圀 (옛)볕기. ¶구룸 낀 볏뉘도 �왼 적이 없건마논(古時調).

볏-단[벼딴/볃딴]圀 벼를 베어 묶은 단.

볏-모[변-]圀 벼의 모. 앙묘(秧苗).

볏-밥[변밥]圀 보습으로 논밭을 갈 때, 볏으로 받아 넘긴 흙.

볏-섬[벼썸/볃썸]圀 벼를 담은 섬.

볏-술[벼쑬/볃쑬]圀 가을에 벼로 갚기로 하고 외상으로 먹는 술.

볏-자리[벼짜-]圀 쟁기의 한마루에 볏이 기대게 한 자리.

볏-집[벼찌-]圀 쟁기에 딸리는 한 부분. 한쪽에 구멍을 뚫어서 쟁기 볏 따방 오른편에 대는 조붓한 널조각.

볏-짐[벼찜/볃찜]圀 (지거나 메거나 싣거나 하여 날라 가려고) 묶거나 쌓아 놓은 볏단의 뭉텅이.

볏-짚[벼찝/볃찝]圀 벼의 이삭을 떨어낸 줄기. 고초(藁草). ⑥짚. *볏짚이[벼찌피/볃찌피]·볏짚만[벼찜-/볃찜-]

병:(丙)圀 ①십간(十干)의 셋째. ②<병방(丙方)>의 준말. ③<병시(丙時)>의 준말.

병(兵)圈 ①'이등병부터 병장까지의 군인'을 통틀어 이르는 말. ①《일부 명사 뒤에 붙어》'군인'임을 나타냄. ¶보충병. /부상병. /휴가병.
병:(病)圈 ①생물체의 온몸 또는 일부의 정상적인 생리 기능이 파괴되어 건강에 이상이 생기거나 고통을 느끼게 되는 현상. ¶병이 낫다. ㉠병환. ②일부 명사 뒤에 붙어, 그런 종류(성질)의 병임을 나타냄. ¶귓병. /위장병. /전염병. /해소병. ③사물에 생기는 탈. 고장(故障). ④좋지 못한 버릇이나 흠. ¶남을 못 믿는 것도 병이다.
병 주고 약 준다[속담] 해를 입혀 놓고서 돕는 체한다.
병(瓶)圈 ①액체 따위를 담는, 목이 좁은 그릇. 유리·사기·오지 따위로 만듦. ②[의존 명사적 용법] 액체 따위를 병(瓶)에 담아 그 분량을 세는 단위. ¶주스 세 병.
병가(兵家)圈 ①병법(兵法)에 밝은 사람. ②전장(戰場)의 군인. ③중국 전국 시대의 제자백가(諸子百家)의 하나로, 병술(兵術)을 논하던 학파.
병:가(病家)圈 병을 앓는 사람이 있는 집. 환가(患家).
병:가(病暇)圈 병으로 말미암은 휴가. ¶병가를 내다.
병가-상사(兵家常事)圈 〔이기고 지는 일은 전쟁에서 흔히 있는 일이라는 뜻으로〕'한 번의 실패에 절망하지 말라는 뜻'으로 쓰는 말. ¶한 번의 실수는 병가상사니라.
병가자-류(兵家者流)圈 병학(兵學)에 밝은 사람.
병간(屛間)圈 절의 판도방(判道房)이나 법당 문의 좌우에 있는 칸.
병:-간(病看)圈하타 (병간호)의 준말.
병:-간호(病看護)圈하타 앓는 사람을 잘 보살펴 도와줌. ㉠병간.
병감(病監)圈 병이 든 죄수를 수용하는 감방.
병갑(兵甲)圈 ①무기와 갑옷과 투구. 갑장(甲仗). 갑철(甲鐵). ②무장한 병사.
병:객(病客)圈 ①늘 병을 앓는 사람. 포병객(抱病客). ②㉠병자(病者).
병거(兵車)圈 전쟁에 쓰는 수레.
병:거(病去)圈하자 한곳에 걸이 삶.
병:거(竝擧)圈하타 (어떤 일을 설명할 때) 두 가지 이상의 예(例)를 함께 듦.
병거(屛去)圈하타 물리쳐 버림.
병거(屛居)圈하자 세상에서 물러나 집에만 들어앉아 있음.
병:견(竝肩)圈하자 ㉠비견(比肩).
병결(倂結)圈하타 행선지나 용도가 다른 차량을 한 열차로 편성하는 일.
병:결(病缺)圈하자 병으로 결석(결근)함.
병겸(倂兼)圈하타 두 가지 이상의 일을 겸함.
병:고(病苦)圈 ①병으로 말미암은 고통. 질고(疾苦). 환고. ¶오랜 병고에 시달리다. ②불교에서 이르는 사고(四苦)의 하나.
병:고(病故)圈 병에 걸린 사고. 질고(疾故).
병:골(病骨)圈 병이 잦은 허약한 몸, 또는 그런 사람.
병:과(丙科)圈 조선 시대에, 과거의 복시(覆試) 합격자에게 전시(殿試)를 보여, 성적순에 따라 갑·을·병으로 분류하던 세 등급 가운데 셋째 등급. ㉠갑과(甲科)·을과(乙科).
병과(兵戈)圈 〔싸움에 쓰는 창이란 뜻으로〕'무기' 또는 '전쟁'을 이르는 말.

병과(兵科)[-꽈]圈 군무(軍務)의 종류에 따라 가른 종별. 〔보병·포병·병참·헌병 따위.〕 병종(兵種).
병:과(倂科)圈하타 동시에 두 가지 이상의 형벌을 지우는 일. 〔자유형과 벌금형을 아울러 지우는 따위.〕
병관-좌평(兵官佐平)圈 백제 때, 육좌평의 하나. 마병(馬兵)을 맡아보았음.
병교(兵校)圈 ㉠장교(將校).
병구(兵具)圈 전쟁에 쓰는 도구. 무구(武具). 병기(兵器). 전구(戰具).
병:구(病軀)圈 병든 몸. 병체(病體). ¶병구를 이끌고 고향으로 돌아갔다.
병:-구완(←病救援)圈하타 앓는 사람을 잘 돌보아 시중드는 일. 간병(看病). 병시중. ¶병구완 3년에 효자 없다더라. ㈜병구원(病救援).
병:-구원(病救援)圈하타 〈병구완〉의 본딧말.
병권(兵權)[-꿘]圈 〈병마지권〉의 준말. ¶병권을 장악하다.
병:-권(秉權)圈하자 권력을 잡음.
병:균(病菌)圈 ㉠병원균(病原菌). ㈜균.
병:근(病根)圈 ①병의 근원. 병원(病原). ②(깊이 배어서 고치기 어려운) 나쁜 습관의 근본 원인.
병기(兵器)圈 전투에 쓰는 여러 가지 기구를 통틀어 이르는 말. 병구(兵具). 병장기. ㈜금혁.
병기(兵機)圈 ①전쟁의 기회. 전기(戰機). ②전쟁의 기략(機略). ②군략(軍略).
병:기(倂記·竝記)圈하타되자 함께 적음.
병:기(竝起)圈하자 두 가지 이상의 것이 한꺼번에 일어남.
병:기(病期)圈 병의 경과를 그 특징에 따라 나눈 시기. 〔초기·잠복기·회복기 따위.〕
병기-고(兵器庫)圈 병기를 넣어 두는 창고. 군기고.
병기-창(兵器廠)圈 병기를 만들거나 수리하는 부대. 조병창(造兵廠).
병기-학(兵器學)圈 병기의 이론·구조·제조법 등을 연구하는 학문.
병꽃-나무(病-)[-꼰-]圈 인동과의 낙엽 활엽 관목. 산기슭 양지쪽에 나는데, 높이는 2~3 m. 잎은 끝이 뾰족한 달걀 모양이며 마주남. 늦봄에 병 모양의 누런 녹색 꽃이 피는데 차차 붉은색으로 변함.
병:-나다(病-)㉠ ①몸에 병이 생기다. ¶좀 쉬어 가며 해라. 병날까 무섭다. ②사물에 잘못이나 탈이 나다.
병-나발(←瓶喇叭)圈 나발을 불듯 병을 거꾸로 입에 대고 속에 든 액체를 들이켜는 일. ¶술을 병나발로 마시다.
병나발(을) 불다[관용] 병을 거꾸로 입에 대고 속에 든 액체를 들이켜다.
병난(兵難)圈 전쟁으로 말미암아 입는 재난.
병:난(病難)圈 병으로 말미암아 드는 재난.
병:뇌(病惱)[-뇌/-눼]圈 병으로 괴로워함.
병단(兵端)圈 전쟁의 실마리. 전단(戰端).
병:독(倂讀)圈하타 두 가지 이상의 책을 번갈아 가며, 또는 참조하면서 읽음.
병:독(病毒)圈 병의 원인이 되는 독기.
병:동(病棟)圈 병원 안에 있는 여러 병실로 된 한 채의 건물. ¶내과 병동.
병:-들다(病-)[-드니/-들~]㉠ ①(몸이) 병에 걸리다. ¶병든 몸으로 집을 나서다. ②정신 상태가 건전하지 아니하게 되다. ¶물질 만능의 세상이 사람들을 병들게 했다.

병-따개(瓶-)[명] 병의 마개를 여는 데 쓰이는 도구.

병:란(丙亂)[-난][명] 〈병자호란〉의 준말.

병란(兵亂)[-난][명] 나라 안에서 싸움질하는 난리. 병변(兵變).

병략(兵略)[-냑][명] ☞군략(軍略).

병량(兵糧)[-냥][명] ☞군량(軍糧).

병려-문(騈儷文)[명] ‘변려문’의 잘못.

병력(兵力)[-녁][명] 〈병사·병기 등의 총체로서의〉 군대의 힘. 군력(軍力). ¶병력을 동원하다.

병:력(並力)[-녁][명][하자] 힘을 한데 어우름.

병:력(病歷)[-녁][명] ①이제까지 걸렸던 병의 경력. ②어떤 병에 걸리고부터의 경과.

병:렬(並列)[-녈][명][하자타][되자] ①여럿이 나란히 벌여 섬. 여럿을 나란히 벌여 세움. ②두 개 이상의 도선(導線)이나 전지 따위를 같은 극끼리 연결하는 일. ②↔직렬(直列).

병:렬^합성어(並列合成語)[-녈-씽-][명] 두 낱말이 어우러져 한 낱말을 이룸에 있어, 각각 제 뜻을 지니고 있으면서 한 품사를 이루고 있는 합성어. [마소·형제·자매·강약 따위.] ❸융합 합성어.

병:록(病錄)[-녹][명] 병의 진단이나 치료 경과 등을 적은 기록.

병:류(並流)[-뉴][명][자] 유체(流體)가 같은 방향으로 흐름. ↔향류(向流).

병:리(病理)[-니][명] 병의 원인·발생·경과 및 그 변화 등에 관한 이론. 병의 원리.

병:리^생리학(病理生理學)[-니-니-][명] 병의 원인·과정 등을 생리학적 측면에서 연구하는 학문.

병:리-학(病理學)[-니-][명] 병리를 밝히기 위하여 병의 상태나 병체(病體)의 조직 구조, 기관의 형태 및 기능의 변화 따위를 연구하는 기초 의학.

병:리^해:부(病理解剖)[-니-][명] 병의 원인이나 병태(病態), 치료 효과, 사인(死因) 등을 해명하기 위하여 병사한 사람의 사체를 해부하는 일.

병:리^해:부학(病理解剖學)[-니-][명] 병리 해부에 따라 병의 원인이나 병으로 말미암은 장기(臟器)나 조직의 변화, 사인(死因) 등을 연구하는 학문.

병:리^화:학(病理化學)[-니-][명] 병의 원인과 경과 등을 화학적 방면에서 연구하는 학문. 병리.

병:립(並立)[-닙][명][하자][되자] 나란히 섬. 동시에 존재함.

병:립^개:념(並立概念)[-닙깨-][명] ☞동위 개념.

병마(兵馬)[명] ①병사와 군마(軍馬). ②군대·군비·무기 등 ‘군(軍)이나 전쟁에 관한 모든 일’을 통틀어 이르는 말.

병:마(病馬)[명] 병든 말.

병:마(病魔)[명] ‘병’을 ‘악마’에 비유하여 이르는 말. ¶기아와 병마에 시달리는 난민.

병-마개(瓶-)[명] 병의 아가리를 막는 마개.

병마-사(兵馬使)[명] 고려 시대에 둔 무관 벼슬. 성종 8(989)년에 처음으로 양계(兩界)에 설치한 지방 행정 기구임.

병마-절도사(兵馬節度使)[-또-][명] 조선 시대에, 각 지방에 두어 병마를 지휘하던 종이품의 무관. ⑥병사·절도사.

병마지권(兵馬之權)[-꿘][명] 군을 편제하여 통수할 수 있는 권능. 통수권. ⑥병권.

병막(兵幕)[명] 군인들의 아가리를 막는 막사.

병:막(病幕)[명] 전염병 환자를 격리시켜 수용하기 위해 임시로 지은 집.

병:맥(病脈)[명] 병든 사람의 맥박.

병-머리(瓶-)[명] 보·도리·평방(平枋)에 그리는 단청의 한 가지. 꽃송이를 ‘품(品)’자 모양으로 마주 그리고, ‘실’과 ‘휘’를 어긋매겨서 그림.

병:명(病名)[명] 병의 이름. ¶병명도 모르는 질병에 걸려 죽다.

병-목(瓶-)[명] 병의 잘록한 부분.

병목^현:상(瓶-現象)[-모껸-][명] 도로의 폭이 병목처럼 갑자기 좁아진 곳에서 일어나는 교통 체증 현상.

병:몰(病沒)[명][하자] ☞병사(病死).

병무(兵務)[명] 병사(兵事)에 관한 사무.

병무^소집(兵務召集)[명] ‘근무 소집’의 구용어.

병무-청(兵務廳)[명] 국방부에 딸린 행정 기관. 징집·소집 등 병무 행정에 관한 사무를 맡아봄.

병문(兵門)[명] ☞군문(軍門).

병문(屏門)[명] 골목 어귀의 길가.

병:문(病文)[명] 〔병이 있는 글이라는 뜻으로〕 잘못된 흠이 있는 글.

병:-문안(病問安)[명][하자] 병으로 앓고 있는 이를 찾아가서 위로하는 일. ⑪문병(問病).

병문-친구(屏門親舊)[명] ‘늘 길거리에 모여 뜬 벌이를 하는 막벌이꾼’을 이르는 곁말. 장석친구(長席親舊).

병문^파수(屏門把守)[명] 임금이 거둥할 때, 길 어귀를 지키던 군사.

병:반(病斑)[명] 병으로 말미암아 생기는 피부의 반점.

병반(餠盤)[명] 마그마가 수성암 지층의 성층면을 따라 들어가서 둥근 떡 모양으로 굳어진 화성암.

병:발(並發·併發)[명][하자][되자] 두 가지 이상의 일이 한꺼번에 일어남. ¶사고가 병발하다. /맹장염에 복막염이 병발하다.

병:방(丙方)[명] 이십사방위의 하나. 남남동에서 남쪽으로 15도까지의 방위. 사방(巳方)과 오방(午方)의 사이. ⑥병(丙). ↔임방(壬方).

병방(兵房)[명][조선 시대] ①승정원(承政院)과 지방 관아의 육방(六房)의 하나. 병조(兵曹)의 집무 규정에 관한 일을 맡아보았음. ②지방 관아의 병방의 아전.

병법(兵法)[-뻡][명] 군사 작전의 방법. 군법(軍法).

병:법(秉法)[명] 불전(佛前)에서 의식을 집행하는 사람의 직명(職名).

병법-가(兵法家)[-뻡까][명] 병법에 통달한 사람. 병법의 전문가.

병법-서(兵法書)[-뻡써][명] 병법에 관한 책.

병:벽(病癖)[명] 병적(病的)으로 굳어진 버릇.

병변(兵變)[명] ☞병란(兵亂).

병:변(病變)[명] 병이 원인이 되어 일어나는 생체의 변화.

병복(屏伏)[명][하자] 세상을 피하여 숨어 삶.

병:-본리(並本利)[-볼-][명][하자] ☞구본변.

병:부(丙部)[명] ☞자부(子部).

병부(兵部)[명] ①신라 때, 군사에 관한 일을 맡아보던 관아(官衙). ②고려 시대의 육부(六部)의 하나. 군사에 관한 일을 맡아보았음.

병부(兵符)[명] 〈발병부(發兵符)〉의 준말.

병부(兵簿)[명] 병사(兵士)의 명부(名簿).

병:부(病父)[명] 병든 아버지.

병:부(病夫)[명] ①병든 남편. ②병든 남자.

병:부(病婦)[명] ①병든 아내. ②병든 여자.

병부-절(兵符卩)[명] 한자 부수의 한 가지. ‘卯’·‘卷’ 등에서의 ‘卩’·‘㔾’의 이름.

병부^주머니(兵符-)[명] 왕조 때, 발병부(發兵符)를 넣던 주머니.

병:-불공(病佛供)圈[허자] 병이 낫기를 비는 불공.

병불염사(兵不厭許)圈 전쟁에서는 적을 속이는 간사한 꾀도 꺼리지 아니함.

병:불이신(病不離身)圈[하형] 병이 몸에서 떠날 날이 없음.

병비(兵批)圈 병조(兵曹)에서 무관의 벼슬을 골라서 뽑던 일, 또는 그 벼슬.

병비(兵備)圈 전쟁의 준비. 군비(軍備).

병사(兵士)圈 ①사졸(軍士). ②사병(士兵).

병사(兵舍)圈 병영(兵營). 영사(營舍).

병사(兵使)圈〈병마절도사〉의 준말.

병사(兵事)圈 군대·전쟁·병역 등에 관한 일.

병:사(病死)圈[허자] 병으로 죽음. 병몰. 병폐(病斃). ㉠병졸(病卒).

병:사(病邪)圈 한방에서, '오래된 병자가 정신이 이상해져서 부리는 야릇한 성미'를 이르는 말.

병:사(病舍)圈 ①병원의 건물. ②병실이 있는 건물.

병:산(竝算)圈[하타][되자] 함께 포함하여 계산하는 일. ¶시간 거리 병산 제도.

병살(倂殺)圈 '병살타'의 준말.

병살-타(倂殺打)圈 야구에서, 누상에 있는 한 명의 주자와 타자가 다 아웃이 되는 타구.

병:상(病床)圈 병자가 눕거나, 또는 누워 있는 침상. ¶병상에 눕다.

병:상(病狀)圈 병의 상태. 병태(病態).

병:상-병(病傷兵)圈 전장(戰場)에서 병들거나 다친 병사.

병:상^일지(病床日誌)[-찌]圈 ①병상에 있는 사람이 쓰는 일기. ②의사나 간호사가 환자의 상태나 병의 경과 따위를 날마다 적은 기록.

병:상-첨병(病上添病)圈[하자] 앓는 중에 또 만 병이 겹쳐 생김.

병:색(病色)圈 병든 사람의 얼굴빛. ¶병색이 완연하다. /얼굴에 병색이 뚜렷하다.

병서(兵書)圈 병법(兵法)에 관한 책.

병:서(竝書)圈[하타] 우리말에서, 같은 자음(子音) 두 자나 다른 자음 두 자 또는 세 자를 가로로 나란히 쓰는 일. ['ㄲ·ㅄ·ㅴ' 따위.]

병:석(病席)圈 병자가 앓아누워 있는 자리. 병욕(病褥). ¶병석에 누운 지가 벌써 두 해나 지났다.

병선(兵船)圈 ①전쟁에 쓰는 모든 배. 군선. 몽동(艨艟). 전선(戰船). 전함. ②'소맹선(小猛船)'의 고친 이름.

병:설(竝設·倂設)圈[하타][되자] (같은 곳에 둘 이상의 것을) 함께 설치함. ¶병설 중학교.

병:성(病性)圈[-썽]圈 병의 성질. 병질(病質).

병세(兵勢)圈 군대의 세력. 군세(軍勢).

병:세(病勢)圈 병의 상태. 병의 경과. ¶악화되었던 병세가 호전되나다.

병:소(病所)圈 ①몸 가운데 병이 있는 부분. 병처(病處). 환부(患部). ②병자가 있는 곳. 병실.

병:소(病巢)圈 병원균이 침입하여 조직이 허물어진 부분.

병쇠(病衰)圈 '병쇠하다'의 어근.

병:쇠-하다(病衰-)圈[-쇠-/-쉐-]圈[형여] ➡병약하다.

병:수(倂垂)圈[하자] 함께 후세에 남음.

병-수사(兵水使)圈 병사(兵使)와 수사(水使)를 아울러 이르는 말.

병:-술(瓶-)[-쑬]圈 병에 담은 술, 또는 병에 담아서 파는 술.

병술(丙戌)圈 육십갑자의 스물셋째.

병술-집(瓶-)[-쑬찝]圈 병술을 파는 집.

병:시(丙時)圈 이십사시의 열두째 시. 상오 10시 30분부터 11시 30분까지의 동안. ㉠병(丙).

병:-시중(病-)圈[하타] 앓는 사람을 돌보아 시중 드는 일. 병구완. ¶병시중을 들다.

병식(屏息)圈[하자] (겁이 나서) 소리를 내지 못하고 숨을 죽임.

병:신(丙申)圈 육십갑자의 서른셋째.

병:신(病身)圈 ①몸의 어느 부분이 온전하지 못한 몸, 또는 그런 사람. 불구자. ¶다리 병신. ②늘 병을 앓거나 고칠 수 없는 병에 걸린 몸, 또는 그런 사람. ¶폐를 앓는 병신. ③온전한 형체를 갖추지 못하거나 제구실을 못하는 물건. ¶짝을 잃어 병신이 된 신발. ④정신적·지능적으로 모자라는 사람. ¶여러 사람이 한 사람 병신 만들기는 쉽다. ⑤남을 얕잡아 욕하는 일. ¶병신, 잘난 체하네.

병신 자식이 효도한다 대수롭지 않던 사람이 뜻밖에도 믿던 사람보다 오히려 더 나은 구실을 할 때 이르는 말.

병:신(이) 육갑(六甲)한다[관용] 못난 사람이 엉뚱한 짓을 할 때 조롱조로 이르는 말.

병:신-구실(病身-)[-꾸-]圈[하자] 보기에 병신이나 다름없는 못난 짓.

병:신-성-스럽다(病身-)[-썽-따][~스러우니·~스러워]圈[형비] 병신처럼 못나고 어리석어 보이다.

병:실(病室)圈 ①병원에서, 환자가 있는 방. ②병자가 누워 있는 방. 병소(病所).

병:심(病心)圈 ①병을 앓는 처지의 마음. ②근심이 있는 마음.

병:아(病兒)圈 병든 아이. 병을 앓는 아이.

병아리圈 닭의 새끼.

병아리 오줌[관용] '고리타분하고 정신이 좀 희미한 사람'을 속되게 이르는 말.

병:안(病眼)圈 병이 난 눈.

병액(兵厄)圈 전쟁으로 말미암은 재액.

병액(兵額)圈 군사의 수효.

병:야(丙夜)圈 하루의 밤을 오야(五夜)로 나눈 셋째. 하오 열한 시부터 상오 한 시까지의 사이. 삼경(三更).

병약(病弱)圈 '병약하다'의 어근.

병:약-하다(病弱-)[-야카-]圈[형여] ①병에 시달려 몸이 허약하다. ②몸이 허약하여 병에 걸리기 쉽다. 병쇠(病衰)하다. ↔강건(健健)하다.

병어圈 병엇과의 바닷물고기. 몸길이 60 cm가량으로, 넓적한 타원형임. 몸빛은 청색을 띤 은백색. 입과 눈이 아주 작음. 난해성(暖海性) 어종으로 식용함.

병어-주둥이圈 '입이 썩 작은 사람'을 농조로 이르는 말.

병역(兵役)圈 국민의 의무로서 일정한 기간 군에 복무하는 일. ¶병역을 필하다.

병역^기피(兵役忌避)[-끼-]圈 (몸을 숨기거나 어떤 핑계를 대거나 하여) 병역의 의무를 일부러 피하는 일.

병역^면:제(兵役免除)[-영-]圈 (불구자나 폐질자 등에 대하여) 병역을 면제하는 일.

병역-법(兵役法)[-뻡]圈 국민의 병역 의무에 관한 사항을 규정한 법률.

병역^의:무(兵役義務)圈 국민의 4대 의무의 하나. 국토 방위를 위하여 일정 기간 군에 복무해야 하는 의무.

병역^제:도(兵役制度)[-쩨-]圈 국방을 위한 병원(兵員) 충족에 관한 제도. [강제병 제도와 자유병(또는 지원병) 제도가 있는데, 전자는 징병제와 민병제로, 후자는 의용병제와 용병제로 나뉨.]

병영(兵營)**명** ①병사가 집단으로 들어 거주하는 집. 병사(兵舍). 영사(營舍). ②병마절도사가 있던 영문(營門).

병:오(丙午)**명** 육십갑자의 마흔셋째.

병:와(病臥)**명 □**와병(臥病).

병와-가곡집(瓶窩歌曲集)[-찝]**명** 조선 정조 때에 편찬된 것으로 보이는 시조집. 편자는 알 수 없으나, 수록 작가는 172명이고 수록 시조는 1109수임.

병:욕(病褥)**명** 병석(病席).

병:용(竝用·倂用)**명**[하타]**되자** 아울러 같이 씀. ¶국한문을 병용하다. (참)혼용.

병원(兵員)**명** 병사, 또는 병사의 수효.

병:원(病院)**명** 병자나 부상자를 진찰하고 치료하는 곳. [법제적으로는, 환자 30명 이상의 수용 시설을 갖춘 곳이 병원, 그렇지 못한 곳은 의원 또는 진료소임.]

병:원(病原·病源)**명** 병의 원인이나 근원. 병근(病根). 병인(病因).

병:원-균(病原菌)**명** 병의 원인이 되는 세균. 병균(病菌).

병:원^미생물(病原微生物)**명** 병원체가 되는 미생물.

병:원-선(病院船)**명** 병원 시설을 갖추고 상병자(傷病者)나 조난자를 수용하여 진찰과 치료를 하거나 수송하는 배.

병:원-체(病原體)**명** 생물체에 기생하여 어떤 병을 일으키는 생물. [세균·바이러스 따위.]

병:원-충(病原蟲)**명** 병원체가 되는 원생동물.

병:월(丙月)**명** 월건(月建)의 천간(天干)이 병(丙)으로 된 달.

병위(兵威)**명** 군대의 위력. 병마(兵馬)의 위세.

병:유(竝有·倂有)**명**[하타] 〔두 가지 이상의 것을〕 한데 아울러서 가짐.

병:이지성(秉彛之性)**명** 〔인간으로서의 떳떳한 길을 지켜 나가려는〕 타고난 천성.

병:인(丙寅)**명** 육십갑자의 셋째.

병인(兵刃)**명** 칼이나 창 따위와 같이 날이 있는 병기(兵器).

병:인(病人)**명 □**병자(病者).

병:인(病因)**명 □**병원(病原).

병:인-교난(丙寅教難)**명 □**병인박해.

병:인-론(病因論)[-논]**명** 병의 원인을 연구하는 기초 의학의 한 부문.

병:인-박해(丙寅迫害)[-바캐]**명** 조선 고종 3(1866.병인)년에 일어났던, 대원군에 의한 천주교 박해 사건. 병인교난.

병:인-양요(丙寅洋擾)[-냥-]**명** 조선 고종 3(1866.병인)년에, 대원군의 천주교 탄압으로 프랑스 함대가 강화도를 침범한 사건.

병:인^요법(病因療法)[-뇨뻡]**명** 병의 원인을 없애거나 다스림으로써 병을 치료하는 방법. (참)대증 요법(對症療法).

병:일(丙日)**명** 일진(日辰)의 천간(天干)이 병(丙)으로 된 날.

병:입-고황(病入膏肓)[-꼬-] 〔병이 고황에 들었다는 뜻으로〕 '병이 몸속 깊이 들어 고치기 어렵게 되었음'을 이르는 말.

병:입-골수(病入骨髓)[-꼴쑤]**명** 〔병이 골수에 들었다는 뜻으로〕 '병이 뼛속 깊이 스며들 정도로 그 뿌리가 깊고 중함'을 이르는 말.

병:자(丙子)**명** 육십갑자의 열셋째.

병자년 까마귀 빈 뒷간 들여다보듯[속담] '무엇을 찾는 사람이 행여나 하고 구차스럽게 여기저기 기웃거림'을 비웃어 이르는 말.

병:자(病者)**명** 병을 앓는 사람. 병객(病客). 병인(病人). 환자. ¶그는 가난한 병자를 치료하는 데 일생을 바치기로 결심하였다.

병:자-국치(丙子國恥)**명** 〔병자년에 당한 나라의 수치란 뜻으로〕 '병자호란'을 이르는 말.

병:자-사화(丙子士禍)**명** 조선 세조 2(1456.병자)년에, 성삼문(成三問) 등 사육신(死六臣)이 단종의 복위를 꾀하다가 실패함으로써 일어난 사화.

병:자^성:사(病者聖事)**명** 가톨릭교에서 이르는 칠성사(七聖事)의 하나. 병이 들거나 늙어서 죽을 위험이 있는 신자를 하느님에게 맡겨 구원을 비는 성사.

병:자-수호조규(丙子修好條規)**명 □**강화도 조약.

병:자-수호조약(丙子修好條約)**명 □**강화도 조약.

병:자-호란(丙子胡亂)**명** 조선 인조 14(1636.병자)년에 청나라가 침입해 온 난리. 〔이듬해 정월에 청과 굴욕적인 화약(和約)을 맺음.〕 (준)병란(丙亂)·호란(胡亂).

병:작(竝作·幷作)**명**[하타] **□**배메기.

병:작-농(竝作農)[-장-]**명**[하자] 배메기로 짓는 농사.

병:작-반수(竝作半收)[-빤-]**명 □**배메기.

병:작-인(竝作人)**명** 배메기 농사를 짓는 사람.

병장(兵仗)**명** 〈병장기〉의 준말.

병장(兵長)**명** 국군의 사병 계급의 하나. 상등병의 위, 하사의 아래로 사병 계급 중 가장 높은 계급임.

병장(屏帳)**명** 병풍과 장막.

병:장(病狀)**명** 지난날, 병으로 일을 쉬겠다는 뜻을 적어 윗사람에게 올리던 글.

병장-기(兵仗器)**명**〈병장〉의 준말. (준)병장.

병적(兵籍)**명** ①군인의 적(신분). 군적(軍籍). ②〈병적부〉의 준말.

병적(屏迹)**명**[하자] 자취를 감추어 버림.

병:-적(病的)[-쩍]**관명** 육체나 정신이 정상이 아닌 (것). ¶병적 망상. /병적인 흥분 상태.

병적-부(兵籍簿)[-뿌]**명** 군인의 신분에 관한 것을 기록하는 장부. (준)병적.

병:점(病占)[-쩜]**명**[하자] 병에 관한 길흉을 알려고 치는 점.

병정(兵丁)**명** 병역에 복무하고 있는 장정.

병정-개미(兵丁-)**명** 몸이 크고, 특히 머리와 턱이 발달한 일개미. 외적의 침입을 막거나 파수병으로서의 구실을 함.

병정-놀이(兵丁-)**명**[하자] 아이들 놀이의 한 가지. 군사 훈련이나 전투 같은 것을 본떠서 노는 놀이. 전쟁놀이.

병정^타:령(兵丁-)**명** 경기 지방의 휘모리 잡가(雜歌)의 한 가지. 대한 제국 때, 신식 군대의 훈련 모습을 익살스럽게 묘사한 노래.

병제(兵制)**명 □**군제(軍制).

병:제(竝製)**명** 보통으로 만든 물품. ↔상제(上製)·특제(特製).

병조(兵曹)**명** 고려와 조선 시대의 육조(六曹)의 하나. 무선(武選)·군무(軍務)·의위(儀衞)·우역(郵驛) 등에 관한 일을 맡아보았음.

병조-림(甁-)**명**[하자] 음식물을 썩지 않게 처리해 병에 넣어 봉하는 일, 또는 그렇게 한 식품.

병조-선(兵漕船)**명** 조선 시대에, 전투와 조운(漕運)의 두 가지로 쓰던 배.

병조-적간(兵曹摘奸)[-깐]**명**[하자] 〔병조(兵曹)가 간신을 골라내던다는 뜻으로〕 '엄격하고 철저한 분석·조사'를 이르는 말.

병조^판서(兵曹判書)**명** 조선 시대, 병조의 정이품 으뜸 벼슬. 대사마(大司馬). (준)병판.

병:존(竝存)**명**하자 둘 이상이 함께 존재함. ¶신·구파가 병존하다.

병졸(兵卒)**명** ⇨군사(軍士).

병:졸(病卒)**명**하자 〈병사(病死)〉의 높임말.

병:종(丙種)**명** 갑·을·병 등으로 차례나 등급을 매길 때, 그 셋째 종류.

병종(兵種)**명** 육해공군의 군인을 그 임무에 따라서 나눈 종별. 병과(兵科).

병:좌(丙坐)**명** (집터나 묏자리 따위가) 병방(丙方)을 등진 좌향, 또는 그런 자리.

병:좌-임향(丙坐壬向)**명** (집터나 묏자리 따위가) 병방(丙方)을 등지고 임방(壬方)을 향한 좌향.

병:주-고향(竝州故鄕)**명** '오래 살아서 고향처럼 정든 타향'을 이르는 말. [당나라의 시인 가도(賈島)가 병주(竝州)에서 오래 살다가 떠날 때 한 말에서 유래함.]

병:-주머니(病-)[-쭈-]**명** 여러 가지 병을 가진 몸뚱이나 그러한 몸을 가진 사람을 빗대어 이르는 말.

병:-줄(病-)[-쭐]**명** 오래도록 앓아 온 병이나 큰 병.
　병줄(을) 놓다**관용** 오래 앓던 병이나 큰 병에서 벗어나다.

병:중(病中)**명** 병을 앓고 있는 동안.

병:증(病症)[-쯩]**명** 병의 증세, 또는 앓는 증세.

병:증(病證)[-쯩]**명** 한방에서 이르는, 병의 상태나 성질.

병:진(丙辰)**명** 육십갑자의 쉰셋째.

병진(兵塵)**명** ⇨전진(戰塵). 풍진(風塵).

병:진(竝進)**명**하자되자 함께 나란히 나아감.

병:진^운:동(竝進運動)**명** 물리학에서, 강체(剛體) 또는 질점계(質點系)의 각 점이 평행으로만 이동하는 운동.

병:진-자(丙辰字)**명** 조선 세종 18(1436.병진)년에 수양 대군의 글씨를 본으로 하여 만든 연활자(鉛活子).

병:질(病質)**명** ①병의 성질. 병성(病性). ②병에 걸리기 쉬운 체질.

병:질-밑(病疾-)[-믿]**명** ⇨병질엄. ＊병:질밑이[-미치]·병:질밑을[-미틀]·병:질밑만[-민-]

병:질-안(病疾-)[-짜]**명** ⇨병질엄.

병:질-엄(病疾广)**명** 한자 부수의 한 가지. '病'·'痛' 등에서의 '广'의 이름. 병질밑. 병질안.

병:집(病-)[-찝]**명** ①(성격이나 행동 따위에) 깊이 뿌리 박힌 결점. 병처(病處). 병통. ¶잔소리 많은 게 자네의 병집일세. ②탈의 원인. ¶고장 난 기계의 병집을 찾아내다.

병참(兵站)**명** 군대에서, 군사 작전에 필요한 물자의 보급 관리 및 재산·영현(英顯) 처리 등을 담당하는 병과.

병참^기지(兵站基地)**명** 병참 업무의 근거지.

병참-선(兵站線)**명** 작전 부대와 병참 기지를 잇는 도로·철도·항로 등의 시설을 이르는 말.

병창(艇艙)**명** 선박의 칸막이.

병:창(竝唱)**명** ①произвольга야금 따위를 연주하면서 노래하는 일. ¶가야금 병창.

병:처(病妻)**명** 병든 아내.

병:처(病處)**명** ①몸의 병이 있는 부분. 병소(病所). 환부(患部). ②⇨병집.

병:체(病體)**명** 병든 몸. 병구(病軀).

병:체-결합(竝體結合)**명** (동물의) 둘 이상의 개체가 신체의 일부에서 서로 결합되어 있는 상태. [허리가 한데 붙은 쌍둥이의 경우 따위.]

병:촉(秉燭)**명**하자 촛불을 켜서 듦.

병:-추기(病-)**명** '병으로 늘 앓거나 자주 드러눕는 사람'을 속되게 이르는 말.

병:축(秉軸)**명**하자 [중축(中軸)을 잡는다는 뜻으로] 정권을 잡음.

병축(病畜)**명** 병든 가축.

병:출(迸出)**명**하자 ⇨용출(湧出).

병:충(病蟲)**명** 농작물을 병들게 하는 벌레.

병:충-해(病蟲害)**명** (식물이나 농작물 따위가) 병균이나 해충으로 말미암아 입는 해.

병:치(倂置·竝置)**명**하타되자 둘 이상의 것을 같은 자리에 두거나 나란히 설치함.

병치-돔(-돔)**명** 병치돔과의 바닷물고기. 몸길이 20 cm가량. 몸은 마름모 모양이고 몸빛은 엷은 갈색을 띤 푸른빛임. 동해와 남해에 분포함.

병:-치레(病-)**명**하자 병을 앓거나 자주 앓는 일. ¶병치레하느라고 얼굴이 많이 야위었다.

병:침(丙枕)**명**하자 임금이 잠자리에 듦, 또는 그 시각. [병야(丙夜)에 임금이 잠자리에 드는 데서 온 말.]

병:칭(竝稱)**명**하타되자 (훌륭하거나 뛰어난 점에 있어서) 나란히 일컬음. ¶화양 계곡은 그 유수함에 있어서 무주 구천동과 병칭된다.

병:탄(倂吞·併吞)**명**하타되자 [아울러 삼킨다는 뜻으로] 남의 재물·영토·주권 등을 강제로 한데 아울러서 제 것으로 삼음.

병:탄^합병(倂吞合倂)[-뼝]**명** ⇨흡수 합병.

병:탈(病頉)**명** ①병으로 인한 탈. ②하자병을 내세워 핑계를 댐. ¶병탈하고 회의에 불참하다.

병탕(餠湯)**명** ⇨떡국.

병:태(病態)**명** 병의 상태. 병상(病狀).

병:통(病-)**명** ⇨병집. ¶자네는 너무 서두르는 것이 병통이라니까.

병판(兵判)**명** 〈병조 판서〉의 준말.

병:패(病敗)**명** ⇨병폐(病弊).

병:폐(病弊)[-폐/-페]**명** (오랜 세월을 지나는 동안에) 그 사물의 내부에 생긴 폐해. 병패(病敗). ¶해묵은 병폐를 말끔히 씻어 내다.

병:폐(病廢)[-폐/-페]**명**하자 병으로 말미암아 몸을 잘 쓰지 못하게 됨.

병:폐(病斃)[-폐/-페]**명**하자 ⇨병사(病死).

병풍(屛風)**명** (주로 집 안에서) 장식을 겸하여 무엇을 가리거나 바람을 막거나 하기 위하여 둘러치는 물건. 여러 쪽으로 접게 만듦.
　병풍을 치다**관용** 어떤 대상을 중심으로 사람들이 둘러서거나 둘러앉다. ¶장터에서 사람들이 병풍을 치고 약장수의 익살을 구경하였다.

병:풍상서(病風傷暑)**명**하자 [바람에 병들고 더위에 상한다는 뜻으로] '세상살이에 시달리고 꼬들림'을 비유하여 이르는 말.

병:풍상성(病風喪性)**명**하자 병으로 말미암아 마음이 상하여 본성을 잃어버림.

병풍-석(屛風石)**명** 능의 위쪽 봉분 둘레에 둘러 세운 네모꼴의 넓적한 돌.

병풍-차(屛風次)**명** '병풍을 꾸밀 그림이나 글씨'를 이르는 말.

병풍-틀(屛風-)**명** 병풍의 바탕이 되는, 나무오리로 짠 긴 네모꼴의 틀.

병:필지임(秉筆之任)[-찌-]**명** [사필(史筆)을 잡은 소임(所任)이란 뜻으로] 예문관(藝文館)의 '검열(檢閱)'을 이르던 말.

병학(兵學)**명** 병법(兵法)이나 군사(軍事)에 관한 학문.

병:합(倂合)**명**하자타되자 ⇨합병(合倂).

병:해(病害)**명** (농작물이나 가축이) 병으로 말미암아 입는 피해.

병:행(竝行)〔명〕〔하자타되자〕 ①함께 나란히 감. ¶ 도로와 철도가 병행하다. ②〔둘 이상의 일을〕 아울러서 한꺼번에 함. ¶ 공부와 운동을 병행하다.

병:행-맥(竝行脈)〔명〕 ☞나란히맥.

병:행^본위제(竝行本位制)〔명〕 두 가지 이상의 화폐, 주로 금화와 은화를 본위 화폐로 삼는 제도.

병:행불패(竝行不悖)〔하자〕 '한꺼번에 두 가지 일을 치르면서도 사리에 어긋나지 아니함'을 이르는 말.

병혁(兵革)〔명〕 ①무기. ¶ 병혁을 갖추다. ②전쟁.

병화(兵火)〔명〕 전쟁으로 말미암아 일어나는 화재. 전화(戰火).

병화(兵禍)〔명〕 전쟁으로 말미암아 입는 재화(災禍). 전화(戰禍).

병:환(病患)〔명〕 〈병(病)〉의 높임말. ¶ 할아버지께서는 병환 중이시다.

병:후(病後)〔명〕 병을 앓고 난 뒤. ¶ 병후 조리를 잘하다.

병:후^면:역(病後免疫)〔명〕 한 번 병을 치른 뒤에 다시는 그 병에 걸리지 않게 되는 후천적 면역.

병ㅎ다〔옛〕 앓다. ¶ 등에 병ㅎ늘 업고(救簡1:65).

볕[볃]〔명〕〈햇볕〉의 준말. ¶ 볕이 들다. /볕이 따갑다. /볕에 그을리다. ②양지. ¶ 볕에 앉아 졸고 있는 고양이. * 볕이[벼치]·볕을[벼틀]·볕만[변—]

볕-기(—氣)[볃끼]〔명〕 햇볕의 기운.

볕-뉘[볃—]〔명〕 잠깐 드는 볕, 또는 볕기. ¶ 구름 낀 볕뉘도 �씐 적이 있었마는(古時調).

보¹〔명〕〈보시기〉의 준말.

보²〔명〕〈들보¹〉의 준말.

보:〔옛〕 보습. 쟁기. ¶ 보 려(犁)(訓蒙中17).

보:(保)¹〔명〕〈보포(保布)〉의 준말.

보:(保)²〔명〕 ①〈보증〉의 준말. ¶ 보를 서다. ②〈보증인〉의 준말. ¶ 내가 보가 되리다.

보(洑)〔명〕 논에 물을 대기 위하여 둑을 쌓고 흐르는 냇물을 가두어 두는 곳. ¶ 보가 터지다. /보를 틀다(막다).

보:(補)〔명〕 왕과 왕족의 예복에 다는 흉배를 이르던 말. 〔용보·봉황보·수보 따위.〕

보:(補)²〔명하자〕 어떤 관직(직책)을 맡김. ¶ 임(任) 국무 위원, 보 교육 과학 기술부 장관.

보(褓)〔명〕 ①물건을 싸거나 덮기 위하여 네모지게 만든 천. ②가위바위보에서, 손바닥을 펴서 내민 것. '바위'에는 이기고 '가위'에는 짐.

보:(寶)〔명〕〈어보(御寶)〉의 준말.

보(甫)〔의〕 지난날, 평교간(平交間)이나 손아랫사람을 부를 때, 이름 뒤에 붙여 쓰던 말. ¶ 김철수 보는 장래가 유망한 청년이다.

보(步)〔의〕 걸을 때, 걸음의 수효를 세는 말. 걸음. ¶ 오십 보 백 보.

-보〔접미〕 일부 명사, 동사·형용사 어간 뒤에 붙어, 그것을 유달리 즐기거나 그 정도가 심한 사람임을 나타냄. ¶ 떡보. /울보. /울보.

-보〔접미〕 일부 명사 뒤에 붙어, 그것이 잔뜩 쌓인 것을 나타냄. ¶ 심술보. /울음보. /웃음보.

-보(補)〔접미〕 어떤 관직명의 뒤에 붙어, 그 보좌 관임을 나타냄. ¶ 차관보.

보:가(保家)〔명하자〕 한 집안을 온전히 지키어 나감. ¶ 보가위국(保家).

보:가(補家)〔명〕 바둑에서, 본디 차지한 큰 집에 더 보탬이 되는 작은 집을 이르는 말.

보각〔명〕 액체가 괼 때 거품이 솟아오르면서 나는 소리. **보각-보각**〔부〕

보:각(補角)〔명〕 수학에서, 두 각의 합이 180°일 때, 한쪽 각을 다른 각에 대하여 이르는 말.

〔이 경우, 두 각은 서로 보각을 이룬다고 함.〕

보각-거리다[—꺼—]〔자〕 자꾸 보각보각하다. 보각대다. 보각거리다.

보각-대다[—때—]〔자〕 보각거리다.

보:각-본(補刻本)[—뽄]〔명〕 목판(木版)의 판면이 고르지 않거나 없어진 부분이 있거나 할 때, 부분 또는 전면을 보수하여 박은 책.

보:간-법(補間法)[—뻡]〔명〕 함수의 값을 구하는 근사 계산법.

보:감(寶鑑)〔명〕 ①〔보배로운 거울이라는 뜻으로〕 본보기. 모범. ②〔온갖 일을 처리하는 데〕 본보기가 될 만한 것들을 한데 모아 엮은 책. ¶ 가정(家庭) 보감.

보:강(補強)〔명하타되자〕 〔모자라는 곳이나 약한 부분을〕 보태고 채워서 튼튼하게 함. ¶ 대표 팀을 신인 선수들로 보강하다.

보:강(補講)〔명하타되자〕 〔교사 또는 학교의 사정으로 말미암은〕 결강·휴강을 보충하기 위해 강의함, 또는 그 강의.

보:개(寶蓋)〔명〕 ①불탑(佛塔) 상륜(相輪)의 보륜(寶輪)과 수연(水煙) 사이에 있는 닫집 모양의 부분. ②보주(寶珠) 등으로 장식된 천개(天蓋). ③보륜 위의 닫집.

보:개^천장(寶蓋天障)〔명〕 〔궁전이나 불전 등에서〕 한가운데를 높게 하여 보개처럼 만든 천장.

보:갱(補坑)〔명하자〕 광산에서, 갱이 무너지지 않도록 보호하는 일.

보:거-상의(輔車相依)[—의/—이]〔명하자〕 〔수레의 덧방나무와 바퀴처럼〕 떨어질 수 없는 밀접한 관계로 서로 돕고 의지함.

보:건(保健)〔명〕 건강을 지켜 나가는 일.

보:건^교:사(保健敎師)〔명〕 학교에서, 학생의 건강을 보살펴 주며 위생과 보건에 관한 교육을 담당하는 교사.

보:건-림(保健林)[—님]〔명〕 먼지나 매연 등을 막아 공중 위생에 이바지하게 하려고 도시나 공장 부근에 가꾸는 수풀.

보:건^복지^가족부(保健福祉家族部)[—찌—뿌]〔명〕 중앙 행정 기관의 하나. 위생·식품·방역·의정(醫政)·약정(藥政) 및 사회 보장, 아동·노인·장애인 복지, 가족 등에 관한 사무를 맡아봄.

보:건-소(保健所)〔명〕 시와 군·구에 설치한 보건 행정 기관. 병의 예방과 치료 또는 공중 보건 향상에 관한 일을 맡아봄.

보:건-실(保健室)〔명〕 학교에서, 학생의 건강·위생에 관한 일을 맡아보는 곳.

보:건^체조(保健體操)〔명〕 건강의 유지와 증진을 꾀하여 하는 체조.

보:건^휴가(保健休暇)〔명〕 ☞생리 휴가.

보:검(寶劍)〔명〕 ☞보도(寶刀). ⑪명검.

보:격(補格)[—껵]〔명〕 문장에서, 체언이 보어 구실을 하게 되는 조사의 성격.

보:격^조:사(補格助詞)[—껵쪼—]〔명〕 문장에서, '되다'·'아니다' 앞의 체언에 붙어, 그 체언이 보어임을 표시하는 격 조사. 〔가령 '나는 학생이 아니다.'·'그분이 박사가 되었다.' 등에서 '이'·가'를 이름.〕 기움자리토씨.

보:결(補缺)〔명하타되자〕 ①빈자리를 채움. 보궐(補闕). ¶ 보결 입학. ②결점을 보충함.

보:결-생(補缺生)[—쌩]〔명〕 〔정원에 빈자리가 생기어〕 보결로 입학한 학생.

보:결^선:거(補缺選擧)〔명〕 ☞보궐 선거.

보:결^시험(補缺試驗)〔명〕 학교에서, 보결생을 뽑기 위해 따로 보는 시험.

보:결^의원(補缺議員)〔명〕 보궐 선거에서 당선된 의원.

보:계(補階)[-계/-게]명 (마루를 더 넓게 쓰기 위하여) 대청 앞에 잇대어 만든 자리.

보:계-판(補階板)[-계-/-게-]명 보계에 쓰는 좌판(坐板). ❀보판.

보고조 '더러'·'에게'의 뜻을 나타내는 부사격 조사. ¶너보고 그런 참견 하라더냐?/누구보고 하는 소리니?

보:고(保辜)명하타 왕조 때, 피해자의 부상이 다 나을 때까지 가해자에 대한 처벌을 보류하던 일.

보:고(報告)① 하자타 되자 주어진 임무에 대하여 그 결과나 내용을 말하나 글로 알림. ¶경과 보고. /보고를 드리다. ②〈보고서〉의 준말.

보:고(寶庫)명 ①보물처럼 귀중한 것이 갈무리되어 있는 곳. ¶지식의 보고. /경주는 불교문화의 보고이다. ②재화(財貨)가 많이 나는 곳. ¶중동 지방은 석유의 보고다.

보:고-문(報告文)명 문장 종류의 한 가지. 어떤 일에 대하여 연구했거나 조사한 내용을 남에게 보고하기 위하여 쓴 글.

보:고^문학(報告文學)명 ⫐기록 문학.

보:고-서(報告書)명 보고하는 내용을 적은 문서. ¶보고서를 작성하다. /우리 회사 상품의 판매 현황을 조사하여 보고서로 제출하시오. ⟶보고.

보:곡(譜曲)명 ⫐악보(樂譜).

보:공(補空)명하타 ①빈 곳을 채워서 메움, 또는 그 메우는 물건. ②시체를 관에 넣고 빈 곳을 옷가지 따위로 채워서 메움, 또는 메우는 그 물건.

보:과(報果)명 한 일의 보람, 또는 한 일에 대한 결과.

보:과-습유(補過拾遺)명하타 임금의 잘못을 바로잡아 고치도록 함.

보:관(保管)명하타 되자 (물건 따위를) 맡아서 관리함. ¶이 자전거는 분해가 가능해서 보관이 편리하다. /귀중품의 보관이다.

보:관(寶冠)명 [보배로운 관이라는 뜻으로] 훌륭하게 꾸민 관.

보:관-계(步管系)[-계/-게]명 극피동물의 수관계(水管系). 많은 관족(管足)이 붙어 있으며, 운동·호흡·포식(捕食)을 맡음.

보:관-료(保管料)[-뇨]명 (창고업자 등이) 물건을 보관하여 준 대가로 받는 돈.

보:관-림(保管林)[-님]명 절에서 보호·관리하는 국유림(國有林).

보:관-증(保管證)[-쯩]명 (어떤 물건을) 보관하고 있음을 증명하는 문서. ¶현금 보관증.

보:관^창고(保管倉庫)명 물품을 맡아서 보관하는 곳.

보:관-함(保管函)명 물품을 간직하고 관리하기 위하여 넣어 두는 함.

보:교(步轎)명 조선 시대에, 벼슬아치가 타던 가마의 한 가지. 정자 모양의 지붕에 사방을 장막으로 둘렀음.

보:교-꾼(步轎-)명 보교를 메는 사람.

보:교-판(補橋板)명 배다리 위에 거는 널빤지.

보:구(報仇)명하타 앙갚음.

보구치명 민어과의 바닷물고기. 몸길이 30cm가량. 참조기와 비슷하나 몸빛이 희고 가슴지느러미가 길며, 아래턱이 위턱을 덮음. 수심 40~100m의 모래와 개펄에 사는데, 우리나라 및 중국·인도 등의 연해(沿海)에 분포함.

보:국(保國)명하자 나라를 보호함.

보:국(報國)명하자 나라의 은혜에 보답함.

보:국(輔國)명하자 ①나랏일을 도움. ②〈보국숭록대부〉의 준말.

보:국-숭록대부(輔國崇祿大夫)[-쑝록때-]명 조선 시대, 정일품의 종친(宗親)·의빈(儀賓)·문무관의 품계. ⟶보국.

보:국-안민(輔國安民)명하자 나랏일을 돕고 백성을 편안하게 함.

보:국^포장(保國褒章)명 국가 안보에 공이 큰 사람, 또는 위험을 무릅쓰고 인명과 재산을 구조한 사람에게 주는 포장.

보:국^훈장(保國勳章)[-구훈-]명 국가 안보에 공이 많은 사람에게 주는 훈장. 〔통일장·국선장·천수장·삼일장·광복장의 다섯 등급이 있음.〕

보:군(步軍)명 지난날, '보병(步兵)'을 이르던 말.

보:군(補軍)명하자 일꾼을 도움.

보굿[-굳]명 ①굵은 나무의 비늘같이 생긴 껍질. ②(그물을 물 위에 뜨게 하려고) 그물의 벼리에 듬성듬성 매다는 나무껍질 따위의 가벼운 물건. * 보굿이[-구시]·보굿만[-굳-]

보굿-켜[-굳-]명 나무의 겉껍질 안쪽의 껍질.

보:궐(補闕)명하타 되자 ⫐보결(補缺).

보:궐^선:거(補闕選擧)명 선거에 의해 선출된 의원 등이 그 임기 중에 사직·실격·사망 등으로 יל 일미암아 결석이 생긴 경우에 하는 선거. 보결 선거. ❀보선(補選).

보:균(保菌)명하타 병균을 몸에 지니고 있음.

보:균^식물(保菌植物)[-싱-]명 병원균을 체내에 지니고 있으면서 장기간 또는 절대로 병증을 나타내지 않는 식물. 보독 식물(保毒植物).

보:균-자(保菌者)명 전염병의 병원체를 몸에 지니고 있으면서 아무런 증상이 나타나지 않는 상태의 사람.

보그르르부하자 ①적은 양의 물 따위가 끓어오르는 모양, 또는 그 소리. ②잔 거품이 한꺼번에 일어나는 모양, 또는 그 소리. 큰부그르르. 센뽀그르르.

보글-거리다자 자꾸 보글보글하다. 보글대다. 큰부글거리다. 센뽀글거리다.

보글-대다자 보글거리다.

보글-보글부하자 ①적은 양의 물 따위가 자꾸 보그르르 끓는 모양, 또는 그 소리. ¶된장찌개가 보글보글 끓는다. ②거품 따위가 자꾸 보그르르 일어나는 모양. 큰부글부글. 센뽀글뽀글. 잘바글바글.

보금-자리명 ①새의 둥지. ②'살기에 편안하고 아늑한 곳'을 비유하여 이르는 말. ¶사랑의 보금자리.

보금자리(를) 치다관용 보금자리를 만들다.

보:급(普及)명하타 되자 널리 펴서 알리거나 사용하게 함. ¶컴퓨터가 널리 보급되었다.

보:급(補給)명하타 ①(물자 등을) 계속 대어 줌. ¶수분을 보급하다. ②모자라거나 떨어진 물자를 대어 줌. ¶식량을 보급하다.

보:급-계(補給係)[-계/-께]명 보급품을 맡아서 관리하는 부서, 또는 그 사람.

보:급^기지(補給基地)[-끼-]명 (전투 지역이나 함선에) 군수품을 대어 주는 근거지.

보:급-량(補給量)[-냥]명 보급품의 수량.

보:급-로(補給路)[-노]명 보급품을 나르는 데 이용되는 길. 보급선(補給線). ¶보급로가 막히다.

보:급-망(補給網)[-금-]명 보급을 위하여 체계적으로 조직된 계통.

보:급-선(補給船)[-썬]명 보급품을 실어 나르는 배.

보:급-선(補給線)[-썬]**명** ☞보급로.
보:급-소(補給所)[-쏘]**명** 보급품을 맡아 다루는 곳.
보:급-자(補給者)[-짜]**명** 보급하여 주는 사람, 또는 그러한 기관.
보:급-판(普及版)**명** 널리 보급시킬 목적으로 원판보다 종이나 제본의 질을 낮추고 값을 싸게 하여 박아 낸 출판물.
보:급-품(補給品)**명** 보급하는 물품.
보-기명 <본보기>의 준말. ¶보기를 들다.
보:기(步騎)**명** 보병과 기병.
보:기(補氣)**명하자** 약이나 음식 따위를 먹어서 기운을 돋움. 보원(補元).
보:기(寶器)**명** 보배로운 그릇. 귀중한 그릇.
보:기(bogey)**명** 골프에서, 기준 타수보다 하나 많은 타수로 홀(hole)에 공을 쳐 넣는 일. ☞이글(eagle)·버디(birdie)·파(par).
보깨다자 ①(먹은 음식물이 잘 삭지 않아) 배 속이 거북하다. ¶음식을 급히 먹었더니 속이 보깬다. ②(무슨 일이 뜻대로 되지 않아) 마음이 자꾸 쓰이어 불편하다.
보꾹명 지붕 안쪽의 겉면. [반자가 없는 가옥의 천장.] ¶서까래가 갈빗대처럼 드러난 보꾹.
보난자그램(bonanzagram)**명** 문장의 빈 곳에 알맞은 낱말이나 글자를 채워 넣음으로써 완전한 문장을 완성하게 하는 추리 퀴즈.
보-내기(洑-)**명하자** 논에 물을 대기 위하여 봇도랑을 내는 일.
보내기^번트(-bunt)**명** 야구에서, 주자를 다음 누로 보내기 위하여 타자가 공에 배트를 가볍게 대어 내야로 굴리는 타법. 희생 번트.
보내다타 ①(물품 따위를) 한 곳에서 다른 곳으로 가게 하다. 부치다. ¶편지를 보내다. ②(사람이나 자동차 따위를) 가게 하다. 파견(派遣)하다. ¶연락원을 보내다. /구급차를 보내다. ③헤어져 가게 하다. 이별하다. 죽어서 헤어지다. ¶정든 임을 보내다. ④(결혼·양자 등) 어떤 인연을 맺게 해 주다. ¶시집을 보내다. ⑤시간이나 세월을 지나가게 하다. ¶한가로운 나날을 보내다. ⑥(속뜻을 전할 양으로) 어떤 표정을 짓거나 동작을 해 보이다. ¶반기는 시선을 보내다. ⑦(어떤 시설물을 통하여) 물자 따위를 대 주다. 공급하다. ¶산간벽지에까지 전기를 보내다. ⑧사람을 일정한 곳에 소속되게 하다. ¶대학에 보내다. /아들을 군대에 보내다.
보내-오다타 ①(사람이나 사물 따위를) 어떤 사람이 있는 쪽으로 움직여 위치를 옮기다. ¶생일에 보내온 축전. ②일정한 임무나 목적으로 가게 하다. ¶보좌관을 보내오다. ③(상대편에게) 자신의 마음을 알도록 표현하다. ¶그 사람이 소녀 가장에게 온정을 보내왔다.
보:너스(bonus)**명** 상여금. ¶연말 보너스. /보너스를 타다.
보늬[-니]**명** 밤이나 도토리 따위의 속껍질.
보니다타 <옛> 자세히 보다. ¶들을 제는 우레러니 보니는 눈이로다(鄭澈.關東別曲).
보닛(bonnet)**명** ①여성 또는 어린이용의 모자. [머리 위에서 뒷머리에 걸쳐 깊이 쓰고, 끈으로 턱에 맴.] ②기계류의 덮개, 특히 자동차 앞 엔진 부분의 덮개.
보다¹타 ①눈으로 대상의 존재나 형태적 특징을 알다. ¶나는 새를 보다. ②(시각으로) 즐기거나 감상하다. ¶영화를 보다. ③(대상의 내용이나 상태 등을 알려고 살피다. ¶선을 보다. /맛을 보다. ④(일 따위를) 맡아서 하다. ¶친목회

의 일을 보다. ⑤맡아서 관리하거나 지키다. ¶아이를 보다. /집을 보다. ⑥(어떤 행사나 격식 따위를) 치르거나 겪다. ¶시험을 보다. ⑦자손이 생기거나 며느리나 사위를 맞이하다. ¶손자를 보다. ⑧(궂은일이나 좋은 일을) 맞이하거나 당하다. ¶욕을 보다. /재미를 보다. ⑨마무리를 짓다. ¶결말을 보다. ⑩평가하다. 그렇게 여기다. ¶좋지 않게 보다. /만만히 볼 상대가 아니다. ⑪고려하다. 생각하다. ¶사정을 보다. ⑫똥이나 오줌을 몸 밖으로 내보내다. ¶뒤를 보다. /소피를 보러 가셨다. ⑬(올바르지 못하게) 이성 간에 정을 통하다. ¶샛서방을 보다. ⑭물건을 사거나 팔러 가다. ¶시장을 보다. ⑮(음식상 따위를) 차리다. ¶손님이 오셨으니 상을 좀 보아라. ⑯(볼일이 있어) 만나다. ¶자네를 보러 왔다. ⑰의사가 환자를 진찰하다. ¶원장님은 오전에만 환자를 보십니다. ⑱신문이나 잡지 따위를 구독하다. ¶보던 신문을 끊다. ⑲남의 결점 따위를 들추어 말하다. ¶친구의 흉을 보다.
보기 좋은 떡이 먹기도 좋다속담 겉이 아름다워야 속도 좋다는 뜻.
보자 보자 하니까 얻어 온 장(醬) 한 번 더 뜬다속담 '못되게 구는 것을 보고 참으니까 고치기는커녕 더욱더 밉살스럽게 행동함'을 비유하여 이르는 말.
보란 듯이관용 남이 보고 부러워하도록 자랑스럽거나 떳떳하게. ¶보란 듯이 성공을 하고 말 테다.
볼 낯(이) 없다관용 얼굴을 대할 수 없을 만큼 미안하다. 얼굴을 대할 면목이 없다.
볼 장(을) 다 보다관용 일이 다 틀려 버리다. 일이 아주 끝장이 나다. ¶일이 이쯤 되면 볼 장 다 본 셈이다.
보다²조동 동사의 어미 '-아'·'-어' 뒤에 쓰이어, 시험 삼아 함을 나타냄. ¶한번 생각해 볼게. /들다리도 두드려 보고 건너라.
보다³조형 용언의 어미 '-ㄴ가'·'-는가'·'-ㄹ까'·'-을까'·'-나' 등의 뒤에 쓰이어, 짐작이나 막연한 자기 의향을 나타냄. ¶어제보다 더 더운가 보다. /해낼 자신이 있는가 보다. /여기서 살까 보다. /밖에 비가 오나 보다.
보다⁴ IⅠ무 한층 더. 더 좋은 방법. ⅠⅠ조 체언에 붙어 쓰이어, 두 가지를 대비(비교)함을 나타내는 부사격 조사. ¶언니보다 동생이 더 크다. /어제보다 오늘이 덥다.
보-단자(保單子)**명** 조선 시대에, 신분을 보증하던 문서.
보:답(報答)**명하자타** 남의 은혜나 호의를 갚음. ¶부모님의 은혜에 보답하다.
보대끼다자 ①시달려 괴로움을 겪다. ¶아이들 등쌀에 한참을 보대끼다. ②(배 속이 탈이 나서) 배가 쓰리거나 울렁울렁하다. ☞부대끼다.
보:덕(報德)**명하자타** 남의 은덕을 갚음.
보:데의 법칙(Bode-法則)[-의/-에-] 태양에서 각 행성까지의 평균 거리를 나타내는 법칙.
보:도(步道)**명** ☞인도(人道). ☞차도(車道).
보:도(保導)**명하자** 보살피며 지도함.
보:도(報道)**명하자타퇴조** (신문이나 방송으로) 새 소식을 널리 알림, 또는 그 소식. ¶신속 정확한 보도가 신문의 생명이다.
보:도(輔導)**명하자** 도와서 바르게 이끎. 보익(輔翊). ¶직업 보도.
보:도(寶刀)**명** 보배로운 칼. 보검(寶劍).

보:도ˆ관:제(報道管制)圏 (정부 등에서) 비상 시에 필요에 따라 취재나 보도 활동을 제한하는 일.

보:도-국(報道局)圏 방송국 따위에서, 보도에 관한 일을 맡아보는 부서.

보:도ˆ기관(報道機關)圏 사회에서 일어난 일들을 널리 일반에게 알릴 것을 목적으로 조직된 기관.

보도독튀ⓗⓐ타 ☞보드득. 쎈뽀도독. 보도독-보도독튀ⓗⓐ타.

보도독-거리다[-꺼-]ⓩ타 자꾸 보도독보도독하다. 보도독대다.

보도독-대다[-때-]ⓩ타 보도독거리다.

보도록튀 (옛)볼수록. ¶人心이 ㅊ ㅈ텨야 보도록 새롭거늘(鄭澈.星山別曲).

보:도-부(報道部)圏 (어떤 단체나 기관 등에서) 보도에 관한 일을 맡아보는 부서.

보:도-블록(步道block)圏 보도 바닥에 까는 시멘트 블록.

보:도ˆ사진(報道寫眞)圏 보도를 목적으로 찍은 사진.

보:도-원(報道員)圏 먼 곳의 일을 현지에서 취재하여 보도하는 사람.

보:도-진(報道陣)圏 (어떤 일을 보도하기 위하여 구성된 인적 조직.

보:독(報毒)圏ⓗⓩ 품고 있던 원한을 독(毒)으로 앙갚음함.

보독-보독[-뽀-]튀ⓗ 몹시 보독한 모양. 큰부둑부둑. 쎈뽀독뽀독.

보:독ˆ식물(保毒植物)圏 [-셍-] ☞보균 식물.

보독-하다[-도카-]ⓗ 물기가 거의 말라 보송보송하다. 큰부둑하다. 쎈뽀독하다.

보-동(洑垌)圏 [-똥] 보막이로 쌓은 둑. 봇둑.

보:동-공양(普同供養)圏 누구나 함께 참여할 수 있는 공양.

보동-되다[-뙤-]/-뛔-]ⓗ ①길이가 짧고 가로 퍼지다. ②키가 작고 통통하다.

보동-보동튀ⓗ 살이 통통하게 찌고 보드라운 모양. 큰부둥부둥. 꽤포동포동.

보-두다(保-)[Ⅰ]ⓩ (보증인이 되어) 보증서에 이름을 쓰다.
[Ⅱ]타 보증인을 세우다.

보드기圏 크게 자라지 못한 나무.

보드득튀ⓗⓐ타 단단하고 반질반질한 물건을 서로 세게 문지를 때 나는 소리. 보도독. ¶잠결에 이를 보드득하고 갈다. 큰부드득. 쎈뽀드득. 곕바드득. 보드득-보드득튀ⓗⓐ타.

보드득-거리다[-꺼-]ⓩ타 자꾸 보드득보드득하다. 보드득거리다.

보드득-대다[-때-]ⓩ타 보드득거리다.

보드랍다[- 따][보드라우니·보드라워]ⓗⓑ ①(거칠거나 딱딱하지 않고) 무르고 매끈매끈하다. ¶보드라운 살결. ②(가루나 모래 따위가) 곱고 잘다. ¶보드라운 모래. ③(사람됨이나 마음씨가) 곱고 순하며 붙임성이 있다. ¶마음씨가 보드랍다. ④동작이 유연하다. ¶몸놀림이 보드랍다. 큰부드럽다.

보드레-하다ⓗ 퍽 보드라운 느낌이 있다. ¶보드레한 비단의 감촉. 큰부드레하다.

보드빌(vaudeville 프)圏 음악과 무용을 곁들인 풍자적인 통속 희극.

보:드-지(board紙)圏 판지(板紙).

보드카(vodka 러)圏 러시아 특산의 술. 알코올 농도 40~60%로, 호밀·감자·옥수수 등을 원료로 함.

보득-솔[-쏠]圏 가지가 많고 작달막하게 딱 바라진 소나무.

보들-보들튀ⓗ 살갗에 닿는 느낌이 매우 보드라운 모양. ¶보들보들한 옷감. 큰부들부들².

보듬다[-따]타 가슴에 대어 품듯이 안다. ¶어머니가 갓난아이를 보듬고 젖을 먹인다.

보디(body)圏 ①권투에서, '몸통 부분'을 이르는 말. ②비행기나 자동차의 몸체 부분.

보디가:드(bodyguard)圏 경호원(警護員).

보디-랭귀지(body language)圏 (음성이나 문자로 나타내지 않고) 표정·몸짓·손짓 등 온갖 몸놀림으로 상대편에게 뜻이나 느낌을 전하는 일.

보디ˆ블로:(body blow)圏 권투에서, 상대편의 몸통 부분을 치는 일.

보디빌딩(body-building)圏 (역기나 아령 운동 등으로) 근육을 잘 발달시켜 우람하고 보기 좋은 몸매를 가꾸는 일.

보디-워:크(body work)圏 권투에서, 경기 중에 상반신을 움직이는 동작.

보디ˆ페인팅(body painting)圏 알몸에 그림물감을 써서 환상적인 그림을 그리는 일. 미국에서 비롯된 예술 운동의 한 형태임.

보드랍다圏 (옛)보드랍다. ¶ㅎ다가 사루미 이든 보드라온 모슴 가지닌(法華1:216).

보-따리(褓-)圏 ①물건을 보자기에 싼 뭉치. ②[의존 명사적 용법] 보자기에 꾸린 뭉치를 세는 단위. ¶헌 책 한 보따리.
보따리(를) 싸다관용 지금까지의 관계를 끊거나 하던 일을 그만두다.
보따리(를) 풀다관용 ①숨은 사실을 폭로하다. ¶그가 보따리를 풀자, 사건의 전모가 속속들이 드러났다. ②계획했던 일을 실제로 시작하다. ¶막상 보따리를 풀긴 했지만, 어려움이 한둘이 아니다.

보따리-장수(褓-)圏 ①물건을 보자기에 싸 가지고 다니면서 파는 사람. ②'작은 규모로 하는 장사'를 비유하여 이르는 말.

보라¹圏 빨강과 파랑을 혼합한 중간색. 보라색. 보랏빛.

보라²圏 쇠로 쐐기처럼 크게 만든 연장. 통나무나 장작을 팰 때, 도끼로 찍은 자리에 이것을 박아 도끼머리로 내리쳐 나무가 쪼개지게 함.

보라-매圏 그해에 난 새끼를 길들여서 사냥에 쓰는 매.

보라-머리동이圏 머리에 보랏빛의 종이를 붙여서 만든 연.

보라-색(-色)圏 빨강과 파랑을 혼합한 중간색. 보라. 보랏빛.

보라-성게圏 만두성게과의 극피동물. 몸은 폭이 넓은 부채 모양이고 온몸에 두껍고 뺏뺏한 가시가 있음. 몸빛은 진한 보라색. 우리나라와 일본 연안의 암초 등에 삶.

보라-장기(-將棋)圏 오래 들여다보기만 하고 빨리 두지 않는 장기.

보라-초圏 꼭지 이외의 전체를 보랏빛으로 물들인 연(鳶).

보라-치마圏 위쪽 절반은 희고 아래쪽 절반은 보랏빛으로 된 연.

보라-탈圏 탈춤놀이에 쓰는, 보랏빛의 탈.

보라-털圏 보라털과의 바닷말. 짙은 자갈색의 가는 털 모양이고, 연안의 얕은 물에 떼를 지어 자람. 먹을 수 있음.

보:란(寶欄)圏 옛 건축물의 헌함(軒檻) 또는 난간의 한 종류.

보:란-좌(寶欄座)圀 옛 건축물에서 보란을 돌려 놓은 대좌(臺座).

보람圀 ①조금 드러나 보이는 표적. ¶보람이 남아 있다. ②ⓗ자잊지 않기 위하여, 또는 구별이 되게 하기 위하여 표시를 함, 또는 그 표시. ¶보람을 두어 잊지 않게 하다. ③〔한 일에 대한〕 좋은 결과. 효력. ¶삶의 보람을 느끼다. / 이렇게 풍작을 이룬 것은 알뜰히 가꾼 보람이다.

보람-되다[-뒈-/-뛔-]圀 한 일에 대한 좋은 결과나 가치, 만족감이 있다. ¶하루하루를 보람되게 지내다.

보:람-유(寶藍釉)圀 ▷보석 남유(寶石藍釉).

보람-줄[-쭐]圀 읽던 곳을 표시해 두기 위하여 책갈피에 장치해 둔 술(끈). 가름끈.

보람-차다圀 매우 보람이 있다. 해 볼 만한 의의가 있다. ¶보람찬 하루.

보랏-빛[-라삗/-랃삗]圀 ▷보라. 보라색. * 보랏빛이[-라삐치〕 · 보랏빛만[-랃삔-] · 보랏빛도[-라삗또-] · 보랏빛[-라삗-/-랃삗-]

보:력(補力)圀 현상(現像)을 마친 사진 원판의 화상(畫像)의 농담(濃淡)이 불충분할 때에 약품으로 고치는 일.

보:력(寶曆)圀 '임금의 나이'를 높이어 이르는 말. 보령(寶齡). 보산(寶算). ¶보력 쉰다섯에 승하(昇遐)하시다.

보:련(寶輦)圀 ▷옥교(玉轎).

보:령(寶齡)圀 ▷보력(寶曆).

보:로-금(報勞金)圀 ①국가 보안법 위반자를 체포하거나 수사 기관에 통보하였을 때, 압수물이 있을 경우 상금과 함께 지급하는 돈. ②반국가 단체나 그 관련 구성원으로부터 금품을 취득하여 수사 기관에 제공하였을 경우, 그 금품 중에서 지급하는 돈.

보로기圀〔옛〕포대기. 기저귀. ¶보로기 강:襁. 보로기 보:褓(訓蒙中24).

보로통-하다圀ⓐ ①부어오르거나 부풀어 올라서 볼록하다. ¶불만스러운 빛이 얼굴에 나타나 있다. ¶저만 따돌린다고 보로통하게 토라졌다. 働부루퉁하다. 셈뾰로통하다. 보로통-히튀.

보:록(譜錄)圀 악보를 모아 실은 책.

보:록(寶錄)圀 보배로운 기록.

보롬圀〔옛〕보름. ¶二月ㅅ 보로매 아스 노피 현 燈ㅅ블 다호라(樂範.動動).

보:료圀〔솜이나 짐승의 털로 속을 넣어〕앉는 자리에 늘 깔아 두는 요.

보:루(堡壘)圀 ①적의 공격이나 접근을 막기 위하여 돌·흙·콘크리트 따위로 튼튼하게 쌓은 진지. 보채(堡砦). ②'지켜야 할 대상'을 비유하여 이르는 말. ¶민주주의의 보루.

보:루(寶樓)圀 '누(樓)'를 아름답게 이르는 말.

보루(ボール.일←board)圀 담배를 묶어 세는 단위. 담배 열 갑을 이름.

보:류(保留)圀ⓗ되자 〔어떤 일의 결정을〕뒤로 미루어 둠. ¶발표를 보류하다.

보:류(補流)圀 다른 곳으로 이동한 바닷물을 채우듯이 흘러드는 바닷물의 흐름.

보:륜(寶輪)圀 불탑에서, 상륜(相輪)의 중심이 되는 부분.

보르도-액(Bordeaux液)圀 농업용 살균제의 한 가지. 석회수에 황산구리 용액을 섞은 유제(乳劑). 석회보르도액.

보르르튀ⓗ자 ①몸집이 작은 것이 가볍게 떠는 모양. ②좁은 그릇에서 물이 끓어오르는 모양, 또는 그 소리. ③얇고 잘 마른 것이 타오르는 모양. 셈부르르. ㉑포르르.

보름圀 ①열닷새 동안. ¶떠난 지 벌써 보름이 지났다. ②〔'보름날'의 준말.〕¶정월 보름.

보름-날圀 음력으로, 그달의 열다섯째 되는 날. 망일(望日). 㽗보름.

보름-달[-딸]圀 음력 보름날 밤에 뜨는 둥근 달. 만월(滿月). 망월(望月)¹.

보름-사리圀 ①〔매월 두 차례의 한사리 가운데〕음력 보름날의 사리. ②보름 무렵에 잡힌 조기. 㽗그믐사리.

보름-차례(-茶禮)圀 음력 보름날마다 집안 사당에서 지내는 차례. 망다례(望茶禮).

보름-치¹圀 음력 보름께 비나 눈이 오는 날씨. ¶보름치 탓에 달 보기는 글렀다.

보름-치²圀 보름 동안 충당할 분량. ¶보름치 식량.

보리圀 ①볏과의 이년초. 서아시아 원산의 식용 작물. 가을에 씨를 뿌려 초여름에 거두는데, 열매는 주요 잡곡의 한 가지임. ②보리의 열매.

보리(←菩提.Bodhi 범)圀〔불교 용어로서, 도(道)·지(智)·각(覺) 등으로 번역되는 말로〕①세속적인 번뇌를 끊고 얻는 깨달음의 경지. ②깨달음을 얻고 극락왕생하는 일. ③▷불도(佛道). ①②보제.

보리-강(←菩提講)圀 극락왕생을 위하여 법화경(法華經)을 강설하는 법회.

보리-고추장(-醬)圀 보리쌀로 밥을 짓거나 시루에 쪄서 삭힌 뒤에 담근 고추장.

보리-깜부기圀 여물지 못하고 검게 병든 보리 이삭. 맥노(麥奴).

보리-논圀 그루갈이로 보리를 심은 논, 또는 그 보리를 베어 낸 논. 맥답(麥畓).

보리-농사(-農事)圀 보리의 씨를 뿌리고 가꾸어 거두어들이는 일. 맥농(麥農). 맥작(麥作).

보리-누룸圀 보리가 누렇게 익는 철.
보리누룸까지 세배한다(속담) '지나치게 예의를 차림'을 농조로 이르는 말.

보리-도량(←菩提道場)圀 ①보살이 성도(成道)한 곳. 또는 성도를 얻으려고 수행하는 곳. ②석존이 생전에 수도하던 성지(聖地). ㉑도량.

보리-동지(-同知)圀 지난날, '곡식을 바치고 명목만의 벼슬을 한 사람'을 조롱하여 이르던 말. 맥동지(麥同知).

보리-막걸리[-껄-]圀 보리쌀로 빚어서 담근 막걸리. 맥주(麥酒).

보리-맥(-麥)圀 한자 부수의 한 가지. '麴'·'麯' 등에서의 '麥'의 이름.

보리-문(←菩提門)圀 사문(四門)의 하나인 서문(西門), 곧 보리로 들어가는 문.

보리-바둑圀 '법식이나 정석을 모르고 아무렇게나 두는 바둑'을 조롱하여 이르는 말.

보리-밟기[-밥끼]圀ⓗ자 〔보리의 웃자람과 표토가 부풀어 올라 뿌리가 들뜨는 것을 막기 위하여〕이른 봄에 보리 싹의 그루터기를 밟는 일.

보리-밥圀 쌀에 보리쌀을 섞거나 보리쌀만으로 지은 밥.
보리밥에는 고추장이 제격이다(속담) 무엇이든지 제격에 맞도록 하는 것이 좋다는 말.

보리밥-나무[-밤-]圀 보리수나뭇과의 상록 관목. 작은 어긋맞게 나며, 잎은 은백색이나 갈색 비늘털이 있고, 잎은 어긋맞게 난다. 9~10월에 은백색의 꽃이 피고, 열매는 이듬해 4~5월에 발갛게 익는데 먹을 수 있음.

보리-밭[-받]圀 보리를 심은 밭. * 보리밭이[-바치] · 보리밭을[-바틀] · 보리밭만[-반-]
보리밭에 가 숭늉 찾는다(속담) '지나치게 서둘러서 행동함'을 비유하여 이르는 말.

보리-살타(←菩提薩埵.Bodhisattva 범)圓 ☞보살(菩薩).

보리-새우圓 보리새웃과의 절지동물. 몸길이 24 cm가량. 몸빛은 연한 청색·적갈색·검은색 따위. 우리나라·일본·타이완 연해에 널리 분포함.

보리-성(←菩提聲)圓 염불하는 소리.

보리-소주(─燒酒)圓 보리밥에 누룩을 섞어 담갔다가 곤 소주.

보리수(←菩提樹)圓 보리수나무의 열매.

보리-수(←菩提樹)¹圓 ①불교에서, 석가가 그 아래에 앉아서 도를 깨쳤다는 나무. ❀사유수(思惟樹). ②뽕나뭇과의 상록 활엽 교목. 인도 원산으로, 높이는 30 m가량. 열매는 무화과와 비슷함.〔불교에서 신성시하는 나무임.〕③피나뭇과의 낙엽 교목. 중국 원산으로, 높이는 3∼10 m. 초여름에 담황색의 꽃이 피며, 잘고 단단한 열매가 열리는데, 염주(念珠)를 만드는 데 쓰임.

보리수-나무(←菩提樹─)圓 보리수나뭇과의 낙엽 활엽 관목. 우리나라에서는 평남 이남에서 자라는데, 높이는 3 m가량. 잎은 길둥글며 뒷면에 은백색의 비늘털이 있음. 초여름에 황백색 꽃이 피고, 가을에 먹을 수 있는 둥근 열매가 붉게 익음.

보리-수단(─水團)圓 삶은 통보리에 녹말을 골려 데친 것을 실백(實栢)과 함께 찬 오미잣물에 띄운 음료.

보리-술圓 보리로 빚은 술.

보리-숭늉圓 보리밥을 퍼낸 솥에 물을 붓고 끓인 숭늉. 맥탕(麥湯).

보리-심(菩提心)圓 ①불도(佛道)에 들어가 참다운 도를 구하는 마음. ②☞불심(佛心).

보리-쌀圓 보리의 열매를 찧어서 껍질을 벗긴 곡식.

보리-윷[─윧]圓 법식도 없이 아무렇게나 되는 대로 노는 윷. •보리윷이[─유치]·보리윷만[─윤─]

보리-자(←菩提子)圓 보리수의 열매. 염주를 만드는 데 쓰임. 보리주.

보리자-염주(←菩提子念珠)圓 보리수 열매로 만든 염주.

보리-장기(─將棋)圓 '법식을 모르고 아무렇게나 두는 장기'를 조롱하여 이르는 말.

보리-주(菩提珠)圓 ☞보리자.

보리-죽(─粥)圓 보리쌀을 갈아 풀처럼 쑨 죽.

보리-차(─茶)圓 볶은 겉보리를 넣어서 끓인 차. 맥차(麥茶).

보리-타작(─打作)圓 ①<u>하자</u>보릿단을 태질하거나 탈곡기로 훑어 알곡을 떨어내는 일. ②<u>하타</u>'매를 되게 때림'을 속되게 이르는 말.

보리-풀圓 ①보리를 갈 땅에 밑거름으로 쓰기 위하여 벤 풀이나 나뭇잎. ②<u>하자</u>보리풀을 베어 옴.

보리-피리圓 보리 줄기를 잘라서 만든 피리.

보:린(保隣)圓<u>하자</u>이웃끼리 서로 돕는 일.

보:린^사:업(保隣事業)圓 ☞인보 사업.

보릿-가루[─까─]圓 보리를 볶아서 빻은 가루. 맥분(麥粉).

보릿-가을[─까─]圓 보리가 익어서 거둘 만하게 된 계절. 맥추(麥秋).

보릿-거름[─꺼─]圓 보리를 심을 밭에 넣는 밑거름.

보릿-겨[─껴─]圓 보리의 속겨.

보릿-고개[─꼬─]圓 지난날, 묵은 곡식은 떨어지고 보리는 아직 여물지 않아, 농가

의 식생활에서 가장 어려움을 겪게 되는 음력 사월경을 이르던 말. 맥령(麥嶺).

보릿고개가 태산보다 높다<u>속</u> '보릿고개 넘기가 매우 힘듦'을 비유하여 이르는 말.

보릿-자루[─짜─/─릳짜─]圓 보리가 든 자루.

보릿-재[─째/─릳째]圓 보리밭에 낼 재거름.

보릿-짚[─리찝/─릳찝]圓 보리 이삭을 떨어낸 뒤의 줄기. •보릿짚이[─리찌피/─릳찌피]·보릿짚만[─리찜/─릳찜]

보릿짚-모자(─帽子)圓 '밀짚모자'의 잘못.

보:링(boring)圓 ①구멍을 뚫는 일. 천공(穿孔). ②시추(試錐).

보:링^머신(boring machine)圓 이미 뚫어 놓은 구멍이나 기통(汽筒) 따위의 속을 둥글게 깎아 넓힐 때 쓰이는 기계.

보-막이(洑─)圓<u>하자</u> 보를 막기 위하여 둑을 쌓거나 고치는 일.

보-만두(樑饅頭)圓〈보점만두〉의 준말.

보:매튄 언뜻 보기에. 언뜻 보아 짐작하건대. ¶보매 그가 주인인 듯했다.

보:메(baumé 프)圓 액체의 비중을 나타내는 단위.〔기호:°Bé〕

보:메^비:중계(Baumé比重計)[─계/─게]圓 액체의 비중을 재는 기계.

보:면(譜面)圓 ①☞악보(樂譜). ②악보를 큰 종이에 적은 것.

보:명(保命)圓<u>하자</u> 목숨을 보전함.

보:명-주(保命酒)圓 감초·육계(肉桂)·홍화(紅花)·설탕 등을 베주머니에 넣고 소주에 담가서 5∼6일 동안 우려낸 술.

보:모(保姆)圓 ①(일정한 자격을 가지고) 유치원·보육원·양호 시설 등에서 보육에 종사하는 여자 직원. ②왕조 때, 왕세자를 기르던 여자.

보:무(步武)圓 씩씩하게 걷는 걸음걸이.

보:무-당당(步武堂堂)圓<u>하형</u> (행진하는) 걸음걸이가 씩씩하고 위엄이 있음. ¶보무당당한 우리 국군. 보무당당-히튄.

보무라지圓 ①종이·헝겊 따위의 잔부스러기. ❀보물. ②'보푸라기'의 잘못.

보:무-타려(保無他慮)圓<u>하형</u> 아주 확실하여 조금도 의심할 여지가 없음.

보:문-각(寶文閣)圓 고려 시대에, 경연(經筵)과 장서(藏書)를 맡아보던 관아.

보:문-품(普門品)圓 ☞관음경(觀音經).

보물圓〈보무라지〉의 준말.

보:물(寶物)圓 ①보배로운 물건. 썩 드물고 귀한 물건. 보재(寶財). 보화(寶貨). ②국보 다음가는 문화재. ¶우리나라 보물 1호는 흥인지문이다.

보:물-섬(寶物─)[─썸]圓 보물이 있는 섬. 보물이 숨겨져 있다는 섬.

보:물-찾기(寶物─)[─찾끼]圓 (주로 어린이 놀이에서) 상품의 이름을 적은 쪽지를 여기저기 감추어 놓고, 그것을 찾은 사람에게 적힌 대로 상품을 주는 놀이.

보:믜(옛) 녹. ¶壁上에 걸린 칼이 보믜가 나단 말가(古時調).

보믜거다재(옛) 녹슬었다. ¶돗는 물 셔셔 늙고 드는 칼 보믜거다(古時調).

보믜다재(옛) 녹슬다. ¶朝天路 보믜닷 말가(古時調). ❀보믜다.

보믜다재(옛) 녹슬다. ¶쇠 보믤 슈:鏽(訓蒙下15). /銀印이 보믜니(杜初20:10).

보바리슴(bovarysme 프)圓 자기를 현실의 자기가 아닌, 분수 이상의 존재로 인식하는 정신

작용. 〔플로베르의 소설 '보바리 부인'의 여주 인공의 성격에서 유래함.〕

보:발(步撥)명 조선 시대에, 걸어서 급한 공문 서를 전하던 사람.

보:배(←寶貝)명 ①금은(金銀)·주옥(珠玉) 등의 귀중한 물건. ②'매우 귀중한 사람'을 비유하여 이르는 말. ¶어린이는 나라의 보배. /우리 집안의 보배. 본보패.

보:배-롭다(←寶貝-)[-따][∼로우니·∼로워] 형ㅂ 보배로 삼을 만한 가치가 있다. 매우 귀중하다. ¶보배로운 물건. /보배로운 유산. 보배로이 부.

보:배-스럽다(←寶貝-)[-따][∼스러우니·∼스러워] 형ㅂ 보기에 귀하고 소중한 데가 있다. 보배스레 부.

보:법(步法)[-뻡]명 걷는 법. 걸음걸이.

보:법(譜法)[-뻡]명 악보의 법식.

보:병(步兵)명 육군 병과의 하나. 소총이나 기관총 등을 가지고 싸우는 육군의 주력 부대, 또는 그에 딸린 군인. 보졸(步卒).

보:병(寶甁)명 절에서 쓰는 '꽃병'이나 '물병' 따위를 아름답게 이르는 말.

보:병-것(步兵-)[-낃]명 조선 시대에, '보병목(步兵木)으로 지은 옷'을 이르던 말. *보:병것이[-꺼시]·보:병것만[-껀-]

보:병-궁(寶甁宮)명 ⇨물병자리.

보:병-대(步兵隊)명 보병으로 편성된 군대.

보:병-목(步兵木)명 조선 시대에, 보병의 옷감으로 백성이 바치던, 올이 굵고 거친 베.

보:병-행진(步兵行進)[-찐]명하자 많은 사람이 한 걸음의 걸음 발을 맞추어 걸어감.

보:복(報服)명 존속(尊屬)이 비속(卑屬)에 대하여 입는 복(服).

보:복(報復)명하자타 앙갚음. ¶정치적 보복. /범인의 보복이 두려워 경찰에 신고하는 것이 망설여진다.

보:복-관세(報復關稅)[-꽌-]명 자기 나라의 수출품에 대하여 어떤 나라가 부당하게 높은 관세를 물릴 경우, 그 나라로부터의 수입품에 대해서도 높은 관세를 물리는 일.

보:복지리(報復之理)[-찌-]명 응보가 있는 자연의 이치.

보:본(報本)명하자타 태어나거나 자라난 근본을 잊지 않고 그 은혜를 갚음.

보:본(補本)명하타 밑진 본전을 채움.

보:본-반시(報本反始)명하자 〔근본에 보답하고 처음으로 돌아간다는 뜻으로〕'조상의 은혜에 보답함'을 이르는 말.

보:부-상(褓負商)명 봇짐장수와 등짐장수를 아울러 이르는 말. 부보상.

보:부족(補不足)명하타 모자라는 것을 채움.

보:부-청(褓負廳)명 조선 말기에, 전국의 보부상들을 관장하던 관청.

보:불(黼黻)명 왕조 때, 임금이 입던 예복의 치마같이 만든 곤상(袞裳) 자락에 수놓은 무늬. 도끼 모양과 '亞' 모양을 수놓았음.

보:비(補庇)명하타 보호하고 돌보아 줌.

보:비(補肥)명하타 덧거름.

보:비(補裨)명하타 보태어 도움.

보:비-력(保肥力)명 땅이 거름기를 오래 지니는 힘. ¶보비력이 떨어지다.

보:비리명 다랍게 인색한 사람.

보:-비위(補脾胃)명하자 ①위경(胃經)의 기운을 돋움. ②남의 비위를 잘 맞추어 줌. ¶남의 보비위나 일삼는 쓸데 빠진 사람.

보빈(bobbin)명 ①방직용구의 한 가지. 실을 감는 통 또는 막대. ②전선을 감아서 코일이나 저항기를 만드는 통. ③재봉틀에서, 밑실을 감은 실패를 넣어 두는 북.

보:빙(堡氷)명 내륙빙(內陸氷)의 끝이 바다로 흘러들어 해안을 둘러쌈으로써 이루어진 낭떠러지 모양의 얼음덩이.

보:빙(報聘)명하자 국제간에, 답례로 외국을 방문하는 일.

보빈(명)(옛)보배. ¶君位를 보비라 홀씨(龍歌83章).

보-뺄목명 기둥을 뚫고 나온 들보의 머리 끝.

보:사(步射)명하타 지난날, 군영에서 활쏘기나 총 쏘기 연습을 할 때에 달음질해 나아가면서 과녁을 향해 쏘던 일.

보:사(報謝)명하자타 ①물품 등을 보내어 은혜를 갚고 은덕에 감사함. ②부처에 대한 보은의 뜻으로 승려에게 보시(布施)를 함. ③불사(佛事)를 맡은 중에게 보시(布施)를 함.

보:사(補瀉)명 한방에서, '보(補)하는 일과 사(瀉)하는 일'을 아울러 이르는 말. 〔허증(虛症)은 보하고, 실증(實症)은 사하여 다스림.〕

보:사(寶砂)명 금강사(金剛砂)의 가루.

보:사-제(報祀祭)명 기우제를 지낸 뒤에 비가 내렸을 때, 감사의 뜻으로 올리는 제사.

보삭부하자타 물기 없는 물건이 가볍게 바스러질 때 나는 소리. 센부석. 센보싹·뽀삭. 보삭-보삭부하자타.

보삭-거리다[-꺼-]자타 자꾸 보삭보삭하다. 보삭대다. 센부석거리다.

보삭-대다[-때-]자타 보삭거리다.

보삭-보삭[-뽀-]부하타 살이 좀 부어오른 모양. 센부석부석.

보:산(寶算)명 ⇨보력(寶曆).

보:산-개(寶傘蓋)명 부처 앞에서 재(齋)를 올릴 때 쓰는, 보배 구슬로 꾸민 우산 모양의 휘장.

보살(菩薩)명 ①부처에 버금가는 성인. 보리살타. ②(보살승)의 준말. ③'고승(高僧)'을 높이어 이르는 말. ④'나이 많은 여신도'를 대접하여 이르는 말. ⑤(보살할미)의 준말.

보:살(補殺)명하자타 야구에서, 야수가 공을 잡아 누수(壘手)에게 던져 타자 또는 주자를 아웃시키는 데 간접적으로 도움을 주는 일.

보살-감투(菩薩-)명 ①돼지의 똥집에 붙은 고기의 한 부분. ②갓의 속겁질 안에 있는, 갓의 대가리에 씌운 꺼풀의 한 부분.

보살-계(菩薩戒)[-계/-게]명 대승(大乘)의 보살들이 받아 지니는 계율.

보살-도(菩薩道)명 불과(佛果)를 구하는 보살이 닦는 길.

보살-승(菩薩乘)명 불교의 삼승(三乘)의 하나. 스스로 부처가 됨과 아울러 남을 깨달음에 이르게 하는 가르침. ⇨보살도.

보살-탑(菩薩塔)명 보살의 사리(舍利)를 넣고 쌓은 일곱 층의 탑.

보-살피다타 ①어리거나 생활이 어려운 이 등을 돌보아 주다. ¶고아들을 보살피다. ②관심을 갖고 관리하다. ¶국정을 보살피다. /못자리를 보살피다.

보살-할미(菩薩-)명 머리를 깎지 않은 채 승복을 입고 절에서 불도를 닦는 늙은 여신도. 준보살.

보살-형(菩薩形)명 보살처럼 부드럽고 온화한 얼굴 모양.

보:삼(步衫)명 장옷처럼 생긴 우장(雨裝).

보:상(報償)團[하자타][되자] ①남에게 진 빚이나 받은 물건을 갚음. ¶국채 보상 운동. ②어떤 것에 대한 대가로 함. ¶노고에 대해 보상하다.

보:상(補償)團 ①[하타][되자]남에게 끼친 재산상의 손해를 금전으로 갚음. ¶피해 보상. ②국가 또는 공공 단체가 국민이 입은 재산상의 손해를 갚아 주는 일. ③심리학에서, 욕구 불만에 빠졌을 경우에 다른 행동을 함으로써 그 불만을 다스리는 일. ¶보상 심리.

보:상(輔相)團[하자] 백관(百官)을 거느리고 임금을 도와서 나라를 다스리는 일, 또는 그 사람.

보:상(褓商)團 봇짐장수.

보:상-금(補償金)團 보상하는 돈.

보:상-화(寶相華)團 ①당초(唐草)무늬의 주체로 사용된 오판화(五瓣花). [불교에서 이상화(理想化)한 꽃임.] ②<보상화문>의 준말.

보:상화-문(寶相華紋)團 보상화를 주제로 한 장식용 당초(唐草)무늬. 준보상화.

보:새(寶璽)團 ☞어새(御璽).

보:색(補色)團 ①'혼합했을 때 무채색이 되는 두 색, 또는 그 두 색의 관계'를 이르는 말. [빨강과 청록, 보라와 황록의 관계 따위.] 여색(餘色). ②심리학에서, '한 빛깔의 소극적 잔상(殘像)으로서 나타나는 빛깔'을 이르는 말.

보:색^잔상(補色殘像)[-짠-]團 어떤 색을 뚫어지게 바라보다가 갑자기 다른 곳으로 눈을 옮겼을 때, 먼저 보던 색의 보색이 잔상으로 나타나는 현상.

보:생-불(寶生佛)團 ☞보생여래.

보:생-여래(寶生如來)[-녀-]團 밀교에서 이르는 금강계의 오불(五佛)의 하나. 보생불.

보-서다(保-)[자] 보증을 서다.

보:석(步石)團 ①디디고 다니려고 깔아 놓은 돌. ②섬돌.

보:석(保釋)團[하타][되자] 일정한 보증금을 내게 하고 구류 중인 미결수를 석방하는 일. ¶피고인이 보석으로 풀려나다.

보:석(寶石)團 색채와 광택이 아름답고 산출량이 적기 때문에 장식용 등으로 귀중히 여겨지는 광물. [다이아몬드·에메랄드·사파이어·루비·비취 따위.] 보옥(寶玉).

보:석-금(保釋金)[-끔]團 <보석 보증금>의 준말.

보:석^남유(寶石藍釉)[-성-]團 경태람(景泰藍)의 청색과 자색을 도자기에 응용한 잿물 빛깔. 보람유.

보:석^보증금(保釋保證金)[-쁘-]團 보석이 허락되었을 경우에, 보석되는 피고인이 내는 보증금. 준보석금.

보:석-상(寶石商)[-쌍]團 보석이나 보석으로 만든 패물을 사고파는 가게, 또는 그런 직업이나 장수.

보:석-원(保釋願)團 보석을 허가해 줄 것을 바라는 내용의 신청, 또는 그 서류.

보:선(保線)團[하타] 철도의 선로를 보호하며 관리하는 일.

보:선(普選)團 <보통 선거>의 준말.

보:선(補選)團[하타][되자] <보궐 선거>의 준말.

보:선(補繕)團[하타] 보충하고 수선함.

보:선-공(保線工)團 보선 작업을 하는 사람.

보:섭(步涉)團[하자] 길을 걷고 물을 건넘.

보세(洑稅)[-쎄]團 <보수세>의 준말.

보:세(保稅)團 관세의 부과를 미루는 일.

보:세(普世)團 온 세상.

보:세^가공(保稅加工)團 외국에서 수입한 원료를 관세 부과가 미뤄진 상태에서 가공하는 일.

보:세^가공^무:역(保稅加工貿易)團 보세품을 가공하여 수출하는 방식의 무역.

보:세^공장(保稅工場)團 보세 구역의 한 가지. 수입한 물품을 보세 상태에서 제조·가공·개장(改裝)할 수 있도록 허가된 공장.

보:세^구역(保稅區域)團 수입 화물을 관세의 부과가 미루어진 채로 놓아 둘 수 있는 지역. [보세 창고·보세 공장·보세 전시장 따위.]

보:세^수입(保稅輸入)團 (가공 무역을 장려하기 위하여) 관세 부과 등의 복잡한 절차를 밟지 않게 하는 수입 방법.

보:세^장치장(保稅藏置場)團 통관 절차를 밟기까지 임시로 물품을 두는 보세 구역.

보:세^전:시장(保稅展示場)團 (박람회·전시회 등의 운영을 위하여) 외국 물품을 보세 상태로 놓아 두거나 전시하는 곳.

보:세^제:도(保稅制度)團 (가공 무역이나 중계 무역의 촉진을 위하여) 수입 상품이 보세 구역에 있는 동안에는 관세의 부과를 미루는 제도.

보:세^창고(保稅倉庫)團 특허 보세 구역의 한 가지. 통관 절차가 끝나지 않은 외국 화물을 보관할 수 있게 허가된 창고.

보:세-품(保稅品)團 보세 상태에 있는 물품.

보:세^화:물(保稅貨物)團 통관 절차를 끝내지 않은 외국 화물.

보션(옛) 버선. ¶보션 말:韈(訓蒙中23).

보:소(譜所)團 족보를 만들기 위해 임시로 설치한 사무소(譜廳).

보:속(補贖)團[하타] 가톨릭에서, 지은 죄 때문에 일어난 나쁜 결과를 보상하는 일.

보:속(保續音)團 화음의 진행에 있어서, 길게 지속하는 음.

보송-보송[무][하타] ①잘 말라서 물기가 없고 보드라운 모양. ¶빨래가 보송보송 잘 말랐다. ②(얼굴이나 살결이) 때가 빠지고 보드라운 모양. ③땀방울이 조금씩 솟아난 모양. ¶이마에 땀방울이 보송보송 맺히다. ④솜털 따위가 돋아 있는 모양. ¶아기 뺨에 솜털이 보송보송하게 나 있다. 큰부숭부숭.

보:수(步數)¹團 바둑이나 장기에서 어려운 수를 푸는 방법.

보:수(步數)²[-쑤]團 걸음의 수효.

보수(保手)團 <보증 수표>의 준말.

보:수(保囚)團[하타] 죄수를 보석(保釋)함.

보:수(保守)團[하타] 오랜 습관·제도·방법 등을 소중히 여겨 그대로 지킴. ↔혁신.

보:수(保授)團[하타] 보증하는 사람을 맡음.

보:수(補修)團[하타][되자] 상했거나 부서진 부분을 손질하여 고침. ¶둑을 보수하다.

보:수(報酬)團 ①[하타]고마움에 보답함, 또는 그 보답. ②노력의 대가나 사례의 뜻으로 주는 돈이나 물품. ¶일당(日當)치고는 보수가 괜찮다.

보:수-계(步數計)[-쑤계/-쑤게]團 걸을 때의 걸음의 수를 자동적으로 세는 계기. 보측계. 측보기.

보:수^공사(補修工事)團 보수하는 공사.

보:수^교:육(補修教育)團 ☞보습 교육.

보:수-당(保守黨)團 보수주의를 정치상의 기본 방침으로 내세우는 당파.

보:수-비(補修費)團 보수하는 데 드는 돈.

보:수-성(保守性)[-썽]團 보수적인 경향이나 성질. ¶보수성이 강한 집안.

보-수세(洑水稅)[-쎄]團 지난날, 봇물을 쓰는 값으로 내던 돈이나 곡식. 수세(水稅). 준보세.

보:수-적(保守的)관명 보수의 경향이 있는 (것). ¶보수적 태도. /보수적인 생각. ↔진보적·혁신적.

보:수-주의(保守主義)[-의/-이]명 현재의 상태나 질서를 지키기를 좋아하고, 전통과 관습을 중히 여겨서 급격한 변화는 원하지 않는 주의 주장. ↔진보주의·혁신주의.

보:수-파(保守派)명 보수주의를 받드는 파.

보스(boss)명 ①수령(首領). 영수(領袖). 거물 (巨物). 실력자. ¶보스 기질이 강하다. ②(폭력이나 범죄 집단 따위에서의) 우두머리. 두목.

보스락하자타 마른 검불·나뭇잎·종이 따위를 밟거나 뒤적일 때 나는 소리. ¶나무 뒤에서 보스락하는 소리가 난다. 큰부스럭. 셴뽀스락. 찰바스락. 보스락-보스락하자타

보스락-거리다[-꺼-]자타 자꾸 보스락보스락하다. 보스락대다. 큰부스럭거리다.

보스락-대다[-때-]자타 보스락거리다.

보스락-장난[-짱-]명 좀스럽게 보스락거리는 장난.

보스^정치(boss政治)명 정계의 우두머리가 심복과의 사사로운 관계를 바탕으로 행하는 정치.

보스턴-백(Boston bag)명 바닥이 긴 네모꼴이고 가운데가 불룩한 여행용 가방.

보슬-보슬[부 ①하자 눈이나 비가 가늘고 성기게 조용히 내리는 모양. ¶봄비가 보슬보슬 내린다. ②하형 덩이가 쉽게 부스러지는 모양, 또는 덩이를 이루려 해도 기름기가 적어서 잘 엉기지 않는 모양. ¶너무 보슬보슬해서 반죽이 잘 안 된다. 큰부슬부슬. ②가포슬포슬.

보슬-비명 보슬보슬 내리는 가랑비. 큰부슬비.

보습명 쟁기나 극쟁이의 술바닥에 맞추는 삽 모양의 쇳조각. 땅을 갈아 흙덩이를 일으키는 데 쓰임. 쟁기날.

보:습(補習)명하타 정규 학습의 부족을 보충하기 위하여 학습함, 또는 그 학습.

보:습(補濕)명하타 피부가 건조해지지 않도록 적당한 수분을 공급하여 촉촉함을 유지하는 것.

보:습-과(補習科)[-꽈]명 일정한 과정을 마친 사람이 학력을 보충하기 위하여 받는 교육 과정.

보:습^교:육(補習敎育)[-꾜-]명 이미 직업을 가진 사람에게 지식과 기술 수준을 더 높이기 위하여 베푸는 교육. 보수 교육.

보습-살[-쌀]명 소의 볼기에 붙은 고기.

보승-지(保勝地)명 ☞경승지(景勝地).

보:시(←布施)명하타 절이나 중 또는 가난한 이 등에게 돈이나 물품을 베풂, 또는 베푸는 그 돈이나 물품. 포시.

보:시(普施)명하타 은혜를 널리 베풂.

보:시(報時)명하타 시각을 알림.

보시기명 ①(김치나 깍두기 따위를 담는) 작은 사발. ②『의존 명사적 용법』 김치나 깍두기를 보시기에 담아 그 분량을 세는 단위. ¶나박김치 한 보시기. ②보시.

보:식(補植)명하타 (인공 조림에서, 심은 나무의 일부가 죽거나 하여 빈 땅이 생길 때) 나무를 더 심는 일.

보:신(保身)명하자 ①몸을 안전하게 지킴. 보신 명. ②자신의 몸·명성·재물 등을 잃지 않으려고 약게 행동하는 일.

보:신(報身)명 부처의 삼신(三身)의 하나. 수행을 쌓은 과보(果報)에 의하여 공덕(功德)이 쌓인 불신(佛身).

보:신(補身)명하타 (보약이나 영양 식품을 먹어서) 몸의 원기를 도움. 몸보신.

보:신(補腎)명하자 (보약이나 영양 식품을 먹어서) 정력(精力)을 도움.

보:-신명(補身命)☞보신(保身).

보:신-불(報身佛)명 삼신불(三身佛)의 하나. 노사나불(盧舍那佛)인 아미타불.

보:신-술(保身術)명 ☞호신술.

보:신지책(保身之策)명 자신의 안전을 지켜 나가는 계책. 준보신책.

보:신-책(保身策)명 〈보신지책〉의 준말.

보:신-탕(補身湯)명 [몸의 원기를 돕는 탕국이라는 뜻에서] '개장국'을 달리 이르는 말.

보십명 [옛] 보습. ¶보십 소:耜(類合上28).

보:싯-돈(←布施-)[-시똔/-싣똔]명 보시로 받은 돈.

보싹부 하자타 〈보삭〉의 센말. 큰부썩.

보-쌈(褓-)1명 ①지난날, 양반집 딸이 둘 이상의 남편을 섬겨야 할 팔자인 경우, 팔자땜을 하기 위하여 외간 남자를 보자기에 씌워 붙잡아다가 딸과 재운 다음에 죽이던 일. ②노총각이 과부를 보에 몰래 싸서 데려와 부인으로 삼던 일. ③'뜻밖에 누구에게 붙잡혀 가는 일'을 비유하여 이르는 말.

보-쌈(褓-)2명 양푼만 한 그릇 바닥에 먹이를 붙이고, 고기가 들어갈 만한 구멍을 낸 보자기로 싸서 물속에 가라앉혀 놓고 물고기를 잡는 일, 또는 그 기구.

보-쌈(褓-)3명 소고기나 돼지고기를 삶아 보에 싸서 눌렀다가 썰어 먹는 음식.

보쌈-김치(褓-)명 알맞은 길이로 썬 무와 배추에 갖은 양념을 한 소를, 넓은 배추 잎에 싸서 담근 김치. 흔히, 보쌈을 하여 먹음. 쌈김치.

보쌈-질(褓-)명하타 다림질할 때, 옷을 축축한 보자기에 싸 두어 눅지게 하는 일.

보슈명 [옛] 보시기. ¶보슈:甌(訓蒙中12).

보아(boa)명 보아과의 큰 뱀. 남아메리카에 분포하는 독이 없는 뱀으로, 길이는 약 5 m. 몸빛은 암갈색이며, 등에는 15~20개의 황갈색의 큰 무늬가 있음. 왕뱀.

보아-주다타 (잘못 따위를 탓하지 않고) 눈감아 주다. ¶이번 한 번만 보아주시오. 준봐주다.

보-아지명 판잣집 같은 작은 집에서, 들보 구실을 하는 물건.

보아-하니부 살펴보니. 보아서 짐작하건대. ¶보아하니 학생은 아닌 것 같다. 준봐하니.

보아-한들부 살펴본다고 하여도. 좋게 보아도. ¶보아한들 자네 소원대로는 될 성싶지 않네.

보:안(保安)명하타 ①안전을 유지하는 일. ¶수사상 보안이 필요하다. ②사회의 안녕과 질서를 지키는 일. ¶보안 사범 일제 검거.

보:안(保眼)명하타 눈을 보호함.

보:안-경(保眼鏡)명 눈을 보호하려고 쓰는 안경. 양목경(養目鏡).

보:안^경:찰(保安警察)명 국가·사회의 안녕과 질서의 유지를 목적으로 하는 경찰. 치안 경찰.

보:안-관(保安官)명 미국의 군(郡)에서 치안을 맡아보는 민선(民選)의 관리.

보:안-등(保安燈)명 조명과 방범을 목적으로 골목길 등에 설치해 놓은 전등.

보:안-림(保安林)[-님] 공익상의 필요에 따라 국가가 벌채·개간을 금지하여 보호하고 관리하는 산림. 보존림.

보:안-법(保安法)[-뻡] 〈국가 보안법〉의 준말.

보:안^처:분(保安處分)명 (내란죄나 외환죄 등) 특정 범죄의 재범(再犯)을 막기 위해 형벌 대신 교육이나 보호 따위를 하는 처분. 참배해 처분.

보암-보암閔 이모저모로 보아서 짐작할 만한 겉모양. (주로, '보암보암에'·'보암보암으로'의 꼴로 쓰임.) ¶보암보암으로는 감당해 낼 것 같더라.

보암직-하다[-지카-]閔어 볼 만한 값어치가 있다.

보야호로閔 〈옛〉바야흐로. ¶조식을 길러야 보야흐로 父母 은혜를 안다 ᄒᆞ니라(朴解上51).

보야ᄒᆞ로閔 〈옛〉바야흐로. ¶보야ᄒᆞ로 孝道로 天下를 다스리샤더(內訓1:66).

보:약(補藥)閔 몸을 보(補)하는 약. 보제(補劑). ¶보약을 짓다.

보:양(保養)閔閔타 편히 쉬면서 건강의 회복을 꾀함. 旬휴양.

보:양(補陽)閔閔자 (보약 등을 먹어서) 몸의 양기(陽氣)를 도움. ↔보음(補陰).

보:양^도시(保養都市)閔 (피서지·피한지로서의 조건을 갖추었거나 온천 등이 있어) 보양지로 발달한 도시.

보:양-지(保養地)閔 보양하기에 알맞은 곳.

보:양-청(輔養廳)閔 조선 시대에, 원자(元子)나 원손(元孫)의 보좌와 교도의 일을 맡아보던 관아.

보:얄다[-야타][보야니·보얘]閔어 (연기나 안개가 긴 것같이) 투명하지 않고 희끄무레하다. ¶안개가 보얗게 끼다. 旬부옇다. 旬뽀얗다.

보:얘-지다자 보얗게 되다. 旬부예지다. 旬뽀얘지다.

보:어(補語)閔 문장에서 주어와 서술어만으로는 뜻이 불완전한 경우, 그 서술어의 설명의 부족함을 보완하는 말. '되다', '아니다' 따위가 서술어인 경우 꼭 있어야 하는 문장 성분임. ('물이 얼음이 되다.'·'그는 천재가 아니다.'에서의 '얼음이'·'천재가' 따위.) 기움말.

보:여(寶輿)閔 천자(天子)의 수레.

보:영(報營)閔閔타 조선 시대에, 고을의 수령이 감영(監營)에 보고하던 일.

보:옥(寶玉)閔 ①보배로운 구슬. ②☞보석(寶石).

보:온(保溫)閔閔타되자 ①온도를 일정하게 유지함. ②따뜻한 기운을 잘 유지함.

보:온-밥통(保溫桶)閔 밥의 온도를 일정하게 유지하도록 만든 밥통.

보:온-병(保溫瓶)閔 속에 든 물건의 온도를 일정하게 유지하는 데 쓰이는 병. (이중으로 된 유리병 사이가 진공상태로 되어 있음.)

보:온-재(保溫材)閔 열의 전도가 낮은 재료. 보온하는 데 쓰는 재료.

보:완(補完)閔閔타 모자라는 것을 더하여 완전하게 함. ¶부족한 자료를 보완한다.

보:외(補外)[-외/-웨]閔閔타 조선 시대에, 직위가 높은 벼슬아치를 지방의 수령으로 좌천시키던 일.

보요閔 〈옛〉배게. 촘촘하게. ¶급겨지 보요 박은 잣덩이 무듸드록 돈녀보새(古時調).

보:요(步搖)閔☞떨잠.

보:우(保佑)閔閔타 보호하고 도움. ¶하느님이 보우하사 우리나라 만세.

보우지차(鳽羽之嗟)閔 백성이 전쟁터에 끌려 나 있어서 그 어버이를 봉양하지 못하는 탄식.

보:원(補元)閔閔자 ☞보기(補氣).

보:원(報怨)閔閔자 앙갚음.

보:위(保衛)閔閔타되자 보전하여 지킴. 보호하고 방위함. ¶나라를 보위하다.

보:위(寶位)閔 ☞보조(寶祚).

보:유(保有)閔閔타되자 가지고 있음. ¶우리 군은 우수한 무기를 많이 보유하고 있다.

보:유(補遺)閔閔타되자 빠진 것을 나중에 거두어 보충함, 또는 그 보충한 것. ¶백과사전의 보유편을 새로 발간하다.

보:유-고(保有高)閔 가지고 있는 물건의 수량. ¶외환 보유고.

보:유-량(保有量)閔 가지고 있는 물건의 분량이나 수량. ¶원유 보유량.

보:유-미(保有米)閔 (농가에서 식량용으로, 또는 정부가 식량의 수급 조절용으로) 가지고 있는 쌀. ¶정부 보유미를 방출하다.

보유스레-하다閔어 보유스름하다. 旬부유스레하다. 旬뽀유스레하다.

보유스름-하다閔어 빛깔이 진하지 않고 조금 보얗다. 보유스레하다. 旬부유스름하다. 旬뽀유스름하다. **보유스름-히**閔.

보:유-자(保有者)閔 (어떤 기능·자격·기록 따위를) 가지고 있는 사람. ¶높이뛰기 세계 신기록 보유자.

보:육(保育)閔閔타 ①(어린이를) 보살펴 기름. ¶아이들 보육에 힘을 쓰다. ②유아의 정상적인 발달을 목적으로 유치원·보육원·탁아소 등에서 베푸는 교육.

보:육-기(保育器)[-끼]閔 체온 조절 중추가 발달되지 아니한 미숙아나 이상이 있는 신생아를 넣어 두는 격리 보온 기기. 온도와 습도가 자동적으로 조절되고 산소 공급이 가능한 인큐베이터.

보:육-원(保育院)閔 고아나 기아(棄兒) 등을 수용하여 일정한 나이까지 돌보는 시설. 고아원.

보:은(報恩)閔閔자 은혜를 갚음. ↔배은(背恩).

보:은(寶銀)閔 ☞말굽은.

보:음(補陰)閔閔자 (보약 등을 먹어서) 몸의 음기(陰氣)를 도움. ↔보양(補陽).

보:응(報應)閔閔자되자 ☞응보(應報).

보:이(boy)閔 ☞웨이터(waiter).

보-이다Ⅰ자 ('보다'의 피동) (눈에) 뜨이다. ¶바다가 보이는 찻집. /안경을 벗고도 잔글자가 잘 보인다. 旬뵈다.
Ⅱ타 ('보다'의 사동) ①보게 하다. ¶그림을 보이다. ②남의 눈에 뜨이게 하다. ¶추태를 보이다. /내 속을 보이다. 旬뵈다.

보이다조동 (용언 어미 '-아'·'-어'·'-여' 뒤에 쓰이어) 짐작의 뜻을 나타냄. ¶아주 건강해 보인다.

보이^소프라노(boy soprano)閔 변성기 전의 사내아이의 높은 목소리, 또는 그 음역(音域)의 소년 가수.

보이^스카우트(Boy Scouts)閔 1908년 영국에서 창설되어 세계 각국에 보급되어 있는 국제적인 소년 단체. 소년단. 旬걸 스카우트.

보이콧(boycott)閔 ①어떤 일을 공동으로 받아들이지 않고 물리치는 일. ②쟁의 행위의 한 가지. 근로자들이 동맹하여 어떤 특정 제품을 사지 말도록 소비자들에게 호소하는 행위. 불매 동맹.

보:익(補益)閔閔타 보태어 도움. 비익(裨益).

보:익(輔翊·輔翼)閔閔타 ☞보도(輔導).

보:인(保人)閔 보서는 사람. 旬보증인.

보일(voile)閔 세계 꼰 연사(撚絲)를 써서 평직으로 성기게 짠 얇은 피륙. 여름철의 여성복·어린이 옷·커튼 감 등으로 쓰임.

보일러(boiler)閔 ①(난방 시설이나 욕탕 등에 더운물을 보내기 위하여) 물을 끓이는 시설.

②(증기 기관 따위를 움직이기 위하여) 밀폐된 강철통 속에서 고압의 증기를 일으키는 장치. ②기관(汽罐).

보-일보(步一步)[부] 한 걸음 한 걸음. 조금씩.

보일-시(-示)[명] 한자 부수의 한 가지. '神'·'祭'등에서의 '示'의 이름.

보일시-변(-示邊)[명] 한자 부수의 한 가지. '보일시'가 글자의 변으로 올 때 'ネ'로 약하여 쓰는 자형의 이름.

보일-유(boil油)[명] 들기름이나 아마인유 등의 건성유에 금속 산화물을 섞어서 끓인 기름. 페인트나 인쇄 잉크 등을 녹이는 데 쓰임.

보-임(補任)[명][하타][되자] 어떤 직(職)에 보(補)하여 임명함. ¶환경부 차관에 보임되다.

보임-새[명] ☞외관(外觀).

보잇-하다[-이타-][형여] 조금 보유스름한 듯하다. ¶보잇한 봄 안개가 마을을 덮다.

보우[명][옛] 보시기. ¶보우 구: 甌(譯語下13).

보오리[명][옛] 봉우리. ¶그 묏 보오리 쇠머리 ㄱ톨씩(月釋1:27).

보자(褓子)[명] ☞보(褓)자기.

보자기[명] 바다 속에 들어가서 조개나 미역 등 해산물을 따는 사람. ⑪해녀(海女).

보자기(褓-)[명] 물건을 싸는 데 쓰이는 작은 보. 보자(褓子).

보-자-력(保磁力)[명] 영구 자석이나 강자성체에서, 방해하는 힘을 받아도 그에 대항하여 쇠를 끌어당기는 힘을 오래 지니는 힘.

보잘것-없다[-껏업따][형] 볼 만한 값어치가 없을 정도로 하잖다. ¶보잘것없는 물건. ⑪하잘것없다. **보잘것없이**[부]

보:-장(保障)[명][하타][되자] 잘못되는 일이 없도록 보증함. ¶안전 보장. /신분 보장.

보:-장(報狀)[명] 지난날, 상부 관아에 보고하던 문서.

보-장(寶藏)[명][하타] ①아주 소중하게 보관함. ②불교에서, 중생의 괴로움을 덜어 주는 부처의 가르침을 이르는 말.

보:장-점령(保障占領)[-녕][명] 조약(條約)의 이행을 상대국에게 강제하기 위하여 상대국의 영토 일부를 점령하는 일.

보:-재(補材)[명] 한방에서, 보약으로 쓰이는 약재.

보:-재(寶財)[명] ☞보물(寶物).

보-쟁기[명] 보습을 댄 쟁기.

보쟁이다[타] 부부가 아닌 남녀가 은밀한 관계를 계속 맺다.

보:-전(保全)[명][하타][되자] 온전하게 잘 지키거나 지님. ¶환경 보전에 관한 지식. /영토를 보전하다.

보:-전(補塡)[명][하타][되자] 부족한 부분을 보충하여 채움. 결손을 메움. 보충. 전보(塡補). ¶적자(赤字)를 보전하다.

보:-전(補箋)[명] ①☞부전(附箋). ②(어음이나 수표 등에서) 배서(背書)나 보증을 적을 자리가 없을 때 덧붙이는 종이쪽지.

보:-전(寶典)[명] ①귀중한 책. ②일상생활에 편리하게 쓰이는 내용의 책. ¶가정 의학 보전.

보:전^소송(保全訴訟)[명] 강제 집행의 보전을 목적으로 하는 특별 민사 소송 절차. 〔가처분과 가압류를 이름.〕

보:전^이:자(補塡利子)[명] 채무자가 채권자의 돈이나 곡물 따위를 이용한 데 대하여 그 보수로 내는 돈이나 물건.

보:전^처:분(保全處分)[명] 채무자가 재산을 은닉하거나 처분해 버리면 채권자의 권리를 얻을

수 없으므로 개인의 권리를 보전하기 위하여, 판결의 확정 또는 강제 집행까지의 사이에 법원이 명하는 잠정적 처분.

보:-정(補正)[명][하타] ①모자라는 것을 보충하고 잘못된 것을 바르게 고침. ②(실험이나 관측, 근삿값 계산 등에서) 외부적 원인에 의한 오차를 없애고 참에 가까운 값을 구하는 일. ¶오차의 보정.

보:-정(補整)[명][하타] 모자라는 것을 보충하고 정돈하여 완전한 것이 되게 함. ¶체형을 보정하다.

보:-정^진:자(補整振子)[명] 팽창률이 다른 금속을 사용하여, 온도의 변화에 관계없이 일정한 길이를 유지하도록 만든 흔들이.

보제(菩提)[명] ☞보리.

보:-제(補劑)[명] ①보약(補藥). ②주약(主藥)의 작용을 돕거나 그 부작용을 막거나 하기 위하여 쓰는 약제. 조제(助劑).

보:-조(步調)[명] ①(여럿이 줄지어 걸을 때의) 걸음걸이 또는 걸음의 속도. ¶보조가 맞다. /보조를 맞추다. ②여러 사람이 함께 행동할 때, 그 방침이나 행동 통일의 상태. ¶공동 보조를 취하다.

보:-조(補助)[명][하타] ①모자라거나 넉넉지 못한 것을 보태어 돕는 일, 또는 도움이 되는 그것. ¶국가에서 보조를 받다. /경비의 일부를 보조하다. ②남을 돕는 일, 또는 그 사람. ¶간호 보조. /보조 병력. /편집 일을 보조하다.

보:-조(寶祚)[명] 제왕의 자리. 보위(寶位).

보조개[명] 웃을 때 볼에 오목하게 우물져 들어가는 자리. 볼우물.

보:조^관념(補助觀念)[명] 수사(修辭)에서, 나타내고자 하는 내용이 잘 드러나도록 돕는 관념. 〔'내 마음은 호수'에서 원관념인 '내 마음'을 비유하는 '호수' 따위.〕

보:조-금(補助金)[명] ①보조하여 주는 돈. ②국가가 공공 단체나 개인 등의 사업을 돕기 위하여 교부(交付)하는 돈. 교부금.

보:조^기관(補助機關)[명] 행정 관청에 딸리어 그 직무를 돕는 기관.

보:조^기억^장치(補助記憶裝置)[-짱-][명] 컴퓨터에서 주기억 장치의 용량을 확장해 주는, 외부에 딸린 기억 장치. 외부 기억 장치.

보:조^날개(補助-)[명] 비행기의 주날개 뒤쪽의 가장자리에 붙어 있는, 필요에 따라 움직일 수 있는 날개. 보조익(補助翼).

보:조^단위(補助單位)[명] 기본 단위를 더 작게 나누거나 몇 곱절로 늘린 단위. 〔길이의 기본 단위인 m에 대하여, km, cm, mm 따위.〕↔기본 단위.

보:조^동:사(補助動詞)[명] (홀로는 문장의 주체를 서술할 힘이 없어) 본용언(본동사와 본형용사) 다음에서 그 뜻을 돕는 동사. 〔'감상을 적어 두다.'에서 '두다' 따위.〕 도움움직씨. 조동사. ⑪본동사.

보:조-부(補助簿)[명] 주된 장부의 기록을 더 명확하게 하기 위하여 갖추는 장부.

보:조-비(補助費)[명] 국가나 공공 단체가 어떤 목적을 위하여 주는 돈. ¶생활 보조비. /국고 보조비.

보:조^비:료(補助肥料)[명] ☞자극 비료.

보:-조사(補助詞)[명] 체언·부사·활용 어미 따위에 붙어서 어떤 뜻을 더해 주는 조사. 〔'도·은·는·만·까지·마저·조차…' 따위.〕 도움토씨. 특수 조사.

보:조^어:간(補助語幹)명 용언의 어간과 어미 사이에 끼어서 그 뜻을 여러 가지로 도와주는 말. 〔'가겠다·먹었다·오시다·하옵고·갈리다' 등에서의 '-겠-·-었-·-시-·-옵-·-리-'따위를 이르는데, 학교 문법에서는 '-겠-·-었-·-시-·-옵-·-리-' 따위는 선어말 어미로, '-리-'따위는 파생 접사로 다룸.〕도움줄기.

보:조-역(補助役)명 도와주는 구실, 또는 그런 구실을 하는 사람.

보:조^용:언(補助用言)명 (홀로 문장의 주체를 서술할 힘이 없어) 본용언(본동사와 본형용사) 다음에서 그 뜻을 돕는 동사나 형용사. 〔보조 동사와 보조 형용사가 이에 딸림.〕⑪본용언.

보:조-원(補助員)명 돕는 구실을 하는 사람. 보조인. ¶ 간호 보조원.

보:조^원장(補助元帳)[-짱]명 총계정 원장의 계정 과목의 내용을 자세히 기록하는 원장(元帳).

보:조-익(補助翼)명 ☞보조 날개.

보:조-인(補助人)명 ①☞보조원. ②형사 소송법에서, 피고인 또는 피의자의 보조자를 이르는 말.

보:조-장(補助帳)[-짱]명 ☞보조 장부.

보:조^장부(補助帳簿)명 부기에서, 주요 장부를 보충하기 위하여 계정(計定)의 명세나 거래의 내용 따위를 기록하는 장부. 보조장.

보:조-적(補助的)관 주된 것에 대하여 보조가 되는 (것). ¶ 보조적 수단. /보조적인 임무.

보:조적 연결^어:미(補助的連結語尾)[-쩍년-] 연결 어미의 한 가지. 본용언에 보조 용언을 연결하는 어말 어미. 〔'의자에 앉아 있다.', '학교에 가지 않았다.', '영화를 보게 되었다.'에서의 '-아'·'-지'·'-게' 따위.〕

보:조^정:리(補助定理)[-니]명 수학에서, 주된 정리를 증명하기 위하여 보조로 쓰이는 정리. 예비 정리.

보:조-참가(補助參加)명 계속(繫屬) 중인 민사 소송에, 제삼자가 당사자의 어느 한편을 보조하여 소송 행위에 참가하는 일. ↔당사자 참가.

보:조-함(補助艦)명 주력함(主力艦)이나 항공모함 이외의 함정을 통틀어 이르는 말.

보:조-항(補助港)명 주된 항구에 대하여 보조적 구실을 하는 항구.

보:조^형용사(補助形容詞)명 (홀로는 문장의 주체를 서술할 힘이 없어) 본용언(본동사와 본형용사) 다음에서 그 뜻을 돕는 형용사. 〔'이 꽃은 아름답지 아니하다.'에서의 '아니하다' 따위.〕도움그림씨.

보:조-화(補助貨)명 〈보조 화폐〉의 준말.

보:조^화폐(補助貨幣)[-폐/-페]명 법정 화폐의 한 가지. 본위 화폐의 보조로서 소액의 거래에 쓰이는 화폐. 〔주화나 지폐 따위.〕⑪보조화.

보:족(補足)명하타 모자라는 것을 보충하여 덧붙임. ¶ 보족 설명.

보:존(保存)명하타되자 잘 지니어 상하거나 없어지거나 하지 않도록 함. ¶ 유물(遺物)을 보존하다. /환경을 보존하다.

보:존^과학(保存科學)명 물질적인 구조와 재질의 변화·노화·붕괴 등의 방지를 연구하는 과학. 〔주로, 문화재의 보존에 응용됨.〕

보:존^등기(保存登記)명 등기되어 있지 않은 부동산의 소유권을 보존하기 위하여 처음으로 등기부에 올리는 일.

보:존-림(保存林)[-님]명 ☞보안림.

보:존-비(保存費)명 어떤 물건이나 재산을 보존하는 데 드는 돈.

보:존^수역(保存水域)명 어업 자원의 보존을 위하여 연안국이 공해(公海)에 설정하여 어로(漁撈)를 제한하는 특정 수역.

보:존^식품(保存食品)명 오래 보존할 수 있도록 가공한 식품.

보:존^혈액(保存血液)명 혈액이 굳지 않도록 항응고제를 섞어 저온에서 보존한 혈액. 긴급 수혈에 쓰임.

보:졸(步卒)명 ☞보병(步兵).

보:졸-장(步卒將)[-짱]명 (탈것을 타고 다닐 만한 신분인데) '탈것이 없어 걸어만 다니는 사람'을 놀으로 이르는 말.

보:종(步從)명하타 ①임금이 거둥할 때, 벼슬아치들이 걸어서 뒤따르던 일. ②높은 벼슬아치의 행차 때, 노문(路文)을 받은 역에서 보내어 따르게 하던 역졸(驛卒).

보:좌(補佐·輔佐)명하타 윗사람 곁에서 사무를 도움. ¶ 장관을 보좌하다.

보:좌(寶座)명 ①☞연화좌(蓮花座). ②☞옥좌(玉座).

보:좌-관(補佐官)명 (윗사람의 직무를) 보좌하는 관리.

보:좌-인(補佐人)명 보좌하는 사람.

보죠개명 〔옛〕보조개. ¶ 보조개 협:頰(訓蒙上25).

보:주(補註)명하타 설명이 부족한 부분을 보충하기 위해 덧붙인 풀이.

보:주(寶珠)명 ①보배로운 구슬. ②☞여의주(如意珠). ③불탑의 구륜(九輪) 위에 얹은 꽃다기 장식.

보:중(保重)명하타 건강이나 안전을 위하여 몸을 아낌. ¶ 옥체(玉體) 보중하소서.

보증(保證)명하타되자 ①(남의 신분·경력이나 어떤 사물에 대하여) 틀림이 없음을 증명하거나 책임을 짐. ¶ 신원 보증. /품질 보증. ②채무자가 채무를 이행하지 않을 경우에 본인을 대신하여 제삼자가 채무를 부담하는 일. ¶ 보증을 서다. ③☞담보(擔保). ⑥보(保)².

보증^계:약(保證契約)[-계-/-게-]명 채무자가 채무를 이행하지 못할 때, 제삼자가 대신 갚겠다는 내용의 계약.

보증-금(保證金)명 계약이나 채무의 이행을 보증하는 담보로 상대편에게 내는 돈. ¶ 계약 보증금.

보증^대:부(保證貸付)명 대차 계약(貸借契約)에서, 채무자 외에 제삼자의 보증을 조건으로 하는 대부.

보증^보:험(保證保險)명 매매·고용·도급 등의 계약에서 채무 불이행에 의하여 채권자가 입게 되는 손해를 전보(塡補)하기 위한 보험. 채무자를 보험 계약자, 채권자를 피보험자로 함.

보증^사채(保證社債)명 사채 발행 회사가 이자의 지급과 원금 상환에 대하여 금융 기관의 보증을 받아 발행하는 사채. ↔무보증 사채.

보증-서(保證書)명 보증하는 글. 보증한다는 뜻을 적은 문서.

보증^수표(保證手票)명 ①은행이 지급을 보증한 수표. ②자기앞 수표. ⑪보수(保手).

보증-인(保證人)명 어떤 사람의 신원이나 채무 등을 보증하는 사람. 증인. ⑥보(保)². ⑪보인.

보증-주(保證株)명 일정한 이익 배당이 약속된 주식.

보증^준:비(保證準備)명 은행권 발행의 보증으로 상업 어음이나 국채, 그 밖의 유가 증권을 준비하는 일, 또는 그 증권. ↔정화 준비(正貨準備).

보증^채:권(保證債權) [−꿘] 圓 보증 채무에 대한 채권.

보증^채:무(保證債務) 圓 채무자가 채무를 이행하지 아니할 때, 본인을 대신하여 제삼자가 부담하는 채무.

보증^책임(保證責任) 圓 채무자가 채무를 이행하지 아니할 때, 그 채무를 이행해야 하는 보증인의 책임.

보:지(−) 圓 여자의 음부(陰部). 소문(小門). 여근(女根). 음문(陰門). 하문(下門).

보:지(保持)[−하타−되자] 어떤 상태를 온전하게 간직함(지님). ¶선수권을 오래 보지하다.

보:지(報知)圓−하타 알림. 기별함.

보지락 圓 비가 온 분량을 나타내는 말. 〔보습이 들어갈 만큼 땅속으로 스며 들어간 비의 양을 이름.〕 ¶단비가 한 보지락 내렸다.

보:직(補職)圓−하타−되자 구체적인 직무의 담당을 맡음, 또는 그 직분. ¶보직을 변경하다. /국장으로 보직되다.

보:−집합(補集合)[−지팝] 圓 '여집합(餘集合)'의 구용어.

보짱 圓 꿋꿋하게 가지는 생각. 속으로 품은 요량. ¶보짱이 세다. /보짱이 다르다.

보찜−만두(褓−饅頭) 圓 잘게 빚어 만든 여러 개의 작은 만두를 보에 싸서 찐 만두. ㉜보만두.

보차다타 〈옛〉 보채다. ¶衆生 보차디 아니호리라 盟誓호야(月釋7:48).

보:채(堡砦) 圓 보루(堡壘).

보:채(報債)圓−하타 빚을 갚음.

보채다타 심하게 졸라 성가시게 굴다. ¶아기가 젖을 달라고 보챈다.

> **보채는 아이 밥 한 술 더 준다**[속담] '조르며 서두르는 사람이나 적극적으로 구하는 사람에게 더 잘해 주게 됨'을 이르는 말.

보:처(補處)圓 〔부처의 자리를 보충한다는 뜻으로〕 이전 부처가 입멸(入滅)한 뒤에 부처가 되어 그 자리를 채우기 위한 보살.

보:−처자(保妻子)圓−하자 (가장으로서) 아내와 자식을 돌봄.

보:천(普天)圓 ⇨천하(天下).

보:천−교(普天敎)圓 증산(甑山) 강일순(姜一淳)의 제자인 차경석(車京錫)이 정읍(井邑)에서 창시한, 흠치교(吽哆敎) 계통의 유사 종교.

보:천−솔토(普天率土)圓 온 천하.

보:천지하(普天之下)圓 넓은 세상.

보:철(補綴)圓−하타 ①보충하여 한데 엮음. ②고인(古人)의 자구(字句) 등을 꿰어 맞추어서 시문(詩文)을 지음. ③상한 이를 고치거나 의치(義齒)를 해 박는 일.

보:첨(補添)圓−하타 덧붙이어 채움.

보:첩(譜牒)圓 ⇨족보(族譜).

보:첩−여비(←步屧如飛)[−첨녀−]圓−하형 걸음이 마치 날아가듯이 빠름.

보:청(普請)圓−하타 〔절에서〕 ①널리 시주(施主)를 청함. ②사람들에게 노역(勞役)에 종사해 줄 것을 청하는 일.

보:청(譜廳)圓 ⇨보소(譜所).

보:청−기(補聽器)圓 귀가 어두운 사람이 청력을 보강하기 위하여 귀에 꽂는 작은 확성 장치.

보:체(保體)圓 〔불교에서, 몸을 보호한다는 뜻으로〕 살아 있는 사람의 축원문의 이름 밑에 쓰는 말.

보:체(補體)圓 동물의 신선한 혈액이나 림프액 속에 있는, 효소 비슷한 단백질의 한 가지. 살균성이 있으며 면역 반응에 관여함.

보:체(寶體)圓 〔'귀중한 몸'이라는 뜻으로〕 편지 글에서 상대편을 높여 이르는 말. 옥체(玉體). 존체(尊體). ¶보체 더욱 보중(保重)하옵소서.

보:초(步哨)圓 군대에서, 경비를 하거나 망을 보는 임무, 또는 그런 임무를 띤 병사. 보초병. 초병. 파수병. ¶보초를 서다.

보:초(堡礁)圓 섬이나 육지의 해안선을 따라 얕은 바다에 나란히 발달한 산호초.

보:초−망(步哨網)圓 부대의 경비를 위하여 여러 곳에 배치해 놓은 보초의 조직.

보:−병(步哨兵)圓 ⇨보초(步哨).

보:총(補聰)圓−하타 미처 생각이 미치지 못한 일을 일깨워 줌.

보:추 圓 제힘으로 일을 해내겠다는 성질, 곧 '진취성'을 속되게 이르는 말. 《주로, '보추 없다'의 꼴로 쓰임.》

보:춘−화(報春花)圓 난초과의 상록 다년초. 건조한 숲에 나는데 관상용으로 심기도 함. 잎은 가늘고 길며, 5〜6월에 연한 황록색 세잎꽃이 피는데, 입술 모양의 꽃잎은 흰 바탕에 자줏빛 반점이 있음.

보:충(補充)圓−하타−되자 모자란 것을 채움. 보전(補塡). ¶결원(缺員)을 보충하다.

보:충−권(補充權)[−꿘]圓 백지 어음에 소정의 요건을 보충함으로써 완전한 어음을 만들어, 서명인의 의무를 발생하게 하는 권리.

보:충−대(補充隊)圓 ①단위 부대의 결원을 채울 병력을 관리하는 부대. ②배속 근무 명령을 받기 전의 장병을 수용하는 부대. ③조선 시대에, 양반의 비첩(婢妾) 소생이 치러야 했던 군역(軍役)의 한 가지.

보:충−병(補充兵)圓 군 편제(編制)에서, 부족한 병력을 채우기 위한 병사.

보:충^수업(補充授業)圓 정규 학습의 부족을 보충하기 위하여 베푸는 수업.

보:충−역(補充役)[−녁]圓 구병역의 한 가지. 징병 검사 결과 현역 복무를 할 수 있겠다고 판정된 사람 가운데서 현역병으로 편입되지 아니하던 역.

보:충−적(補充的)관형 보충이 되는 (것). ¶보충적 해설. /상호 보충적인 요소.

보:충^판결(補充判決)圓 ⇨추가 판결.

보:측(步測)圓−하타 일정한 보폭으로 걸어서, 그 걸음 수로 거리를 어림하는 일. 걸음짐작.

보:측−계(步測計)[−계/−게]圓 ⇨보수계.

보:칙(補則)圓 법령의 규정을 보충하기 위하여 마련한 규칙.

보컬(vocal)圓 노래 부르는 일을 악기 연주에 상대하여 이르는 말.

보:크(balk)圓 ①야구에서, 주자가 누상에 있을 때 투수가 규정에 벗어난 투구 동작을 하는 경우에 범하는 반칙. ②배드민턴에서, 서비스할 때 상대편을 현혹시키는 동작을 하는 경우에 범하는 반칙. ③볼링에서, 투구 전에 파울라인을 넘는 일.

보:크사이트(bauxite)圓 알루미늄의 원광(原鑛)이 되는 암석.

보:−타이(bow tie)圓 나비 모양으로 가로로 짧게 매는 넥타이. 나비넥타이.

보:탑(寶塔)圓 ①귀한 보옥(寶玉)으로 장식한 탑. ②'탑'을 아름답게 이르는 말. ③⇨다보탑.

보:탑(寶榻)圓 임금이 앉는 자리. 옥좌(玉座). 용상(龍床).

보:태(步態)圓 걸음걸이의 자태.

보:**태**(補胎)**명**하자 (약을 쓰거나 영양식을 먹여) 아이 밴 여자의 기력을 도움.

보태-**기**명 더하기.

보태다**타** ①모자라는 것을 채우다. ¶학비를 보태다. ②더하다. ¶힘을 보태다. /네 것까지 보태면 모두 열 개가 된다.

보:**토**(補土)**명**하자 (우묵한 땅을) 흙으로 채움.

보:**통**(普通) **Ⅰ명** 특별하거나 드물거나 하지 않고 예사로움. ¶보통 성적. →특별. **Ⅱ부** 대체로. 대개. 흔히. ¶보통 일곱 시에는 일어난다.

보:**통**-**감:각**(普通感覺)**명** ⇨유기 감각.

보:**통**^**개:념**(普通概念)**명** ⇨일반 개념.

보:**통**^**거:래**(普通去來)**명** 주식의 거래 방법의 한 가지. 매매 약정일로부터 3일째 되는 날에 주권과 대금을 주고받는 일.

보:**통**^**교:육**(普通敎育)**명** 사회인으로서 필요한 기초적 교양을 베푸는 교육.〔초등학교·중학교·고등학교의 교육이 이에 딸림.〕

보:**통**-**내기**(普通-)**명** 《주로 '아니다'와 함께 쓰이어》 뛰어나지 않은 보통의 사람. 여느내기. ¶그 집 막내란, 알고 보니 보통 내기가 아니더라.

보:**통**^**명사**(普通名詞)**명** 같거나 서로 비슷한 종류의 사물에 두루 쓰이는 이름을 나타내는 단어.〔아버지·산·꽃 따위.〕두루이름씨. 일반 명사. 참고유 명사.

보:**통**-**법**(普通法)[-뻡]**명** ⇨일반법. →특별법.

보:**통**^**비:칭**(普通卑稱)**명** ⇨예사 낮춤.

보:**통**-**석**(普通席)**명** ⇨일반석.

보:**통**^**선:거**(普通選擧)**명** (재산·성별·학력 등에 제한을 두지 않고) 모든 성인에게 선거권과 피선거권을 주는 제도. 준보선. ↔제한 선거.

보:**통**-**세**(普通稅)[-쎄]**명** 지방 자치 단체가 일반 경비에 충당하기 위하여 부과하는 조세.〔취득세·재산세·등록세·면허세 따위.〕↔목적세.

보:**통**^**심리학**(普通心理學)[-니-]**명** ⇨일반 심리학(一般心理學).

보:**통**^**열차**(普通列車)[-녈-]**명** 급행이 아닌 열차. 완행열차.

보:**통**^**예:금**(普通預金)[-녜-]**명** 은행 예금의 한 가지. 예금자가 언제나 손쉽게 예금하거나 찾아 쓸 수 있는 방식의 예금.

보통^**우편**(普通郵便)**명** 접수한 날의 다음 날로부터 3일 이내에 배달하는 우편. 참빠른우편.

보:**통**^**은행**(普通銀行)**명** ⇨일반 은행.

보:**통**^**작물**(普通作物)[-장-]**명** 식용으로 하는 일반 농작물. ↔특용 작물.

보:**통**^**존칭**(普通尊稱)**명** ⇨예사 높임.

보:**통**-**주**(普通株)[-쭈]**명** ⇨통상주(通常株).

보:**통**-**학교**(普通學校)[-꾜]**명** 일제 강점기에, '초등학교'를 이르던 말.

보**퉁이**(褓-)**명** 물건을 보자기에 싼 덩이.

보:**트**(boat)**명** 서양식의 작은 배. 단정(短艇). ¶보트를 띄우다.

보:**파**(補播)**명**하타 뿌린 씨앗이 싹이 트지 않았거나 잘 자라지 않았을 때, 그 자리에 다시 씨앗을 뿌리는 일.

보:**판**(保版)**명**하타 활자 인쇄판을 해판(解版)하지 않고 보관하여 둠.

보:**판**(補板)**명**〈보계판(補階板)〉의 준말.

보:**패**(寶貝)**명**〈보배〉의 본딧말.

보:**편**(普遍)**명** ①모든 것에 두루 미침. ②모든 사물에 공통되는 성질. ↔특수.

보:**편**^**개:념**(普遍概念)**명** ⇨일반 개념.

보:**편**-**론**(普遍論)[-논]**명** 특수보다 보편을, 개체보다 전체를 앞세워야 한다는 주장.

보:**편**-**성**(普遍性)[-썽]**명** 모든 것에 두루 통하는 성질. 모든 경우에 두루 적용되는 성질. ¶보편성을 띠는 주장.

보:**편**-**적**(普遍的)**관명** 보편성을 띠는 (것). ¶편적 가치. /보편적인 기준.

보:**편**-**주의**(普遍主義)[-의/-이]**명** 개체보다는 보편이 보다 참된 실재(實在)라고 하는 주장. ↔개체주의.

보편-**타당**(普遍妥當)**명**하형 특별하지 않고 사리에 맞아 타당함.

보:**편타당**-**성**(普遍妥當性)[-썽]**명** 어떤 경우에도 두루 통용되고 적용되는 성질. ¶보편타당성을 지니는 논리.

보:**편**-**화**(普遍化)**명**하자타 되자 특수한 것으로부터 보편적인 것이 되거나 되게 함. ¶인터넷 사용이 보편화되다.

보:**폐**(補弊)**명**[-폐/-페]**명**하타 폐단을 바로잡음.

보:**포**(保布)**명** 조선 시대에, 보인(保人)에게서 군보(軍保)로 거두어들이던 베나 무명. 군보포. 준보(保)[1].

보:**폭**(步幅)**명** 한 걸음의 너비. ¶보폭이 좁다.

보:**표**(譜表)**명** 음표나 쉼표 따위를 적기 위하여 다섯 줄의 평행선을 그은 것.

보푸라기**명** 보풀의 낱개. 튼부푸러기.

보풀**명** 종이·피륙 따위의 거죽에 일어나는 잔털. ¶옷에 보풀이 일다. 튼부풀.

보풀다[보푸니·보풀어]**자** 종이나 피륙의 거죽에 보푸라기가 일어나다. 튼부풀다.

보풀-**리다**타 〖'보풀다'의 사동〗 보풀게 하다. 튼부풀리다.

보풀-**명주**(-明紬)**명** 고치실의 찌끼로 짠, 보푸라기가 많이 일어나는 명주.

보풀-**보풀**부명 보푸라기가 잘게 일어난 모양. 튼부풀부풀.

보:**필**(補筆)**명**하타 (서화나 문장 등에) 더 써넣거나 그려 넣거나 함.

보:**필**(輔弼)**명**하타 ①임금의 정사(政事)를 도움. ②윗사람의 일을 도움. ¶사장을 보필하다.

보:**필지신**(輔弼之臣)[-찌-]**명** 임금을 보필하는 신하.

보:**필지임**(輔弼之任)[-찌-]**명** 임금을 보필하는 임무. ¶보필지임을 다하다.

보:**필지재**(輔弼之才)[-찌-]**명** 임금을 보필할 만한 능력, 또는 그러한 인재.

보:-**하다**(補-)[1]**타여** 어떤 직무를 맡아보게 하다. ¶영업부장을 기획실장에 보하다.

보:-**하다**(補-)[2]**타여** 영양분이 많은 음식이나 보약·침·뜸 따위로 원기(元氣)를 돕다. ¶침으로 기를 보하다.

보:-**하다**(報-)**타여** 알리다. 기별하다. ¶급박한 정황을 보하다.

보:**학**(譜學)**명** 계보(系譜)에 관한 학문.

보:**한-집**(補閑集)**명** 고려 고종 때, 최자(崔滋)가 이인로(李仁老)의 파한집(破閑集)을 본떠서 지은 책. 야사(野史)나 기녀(妓女)들의 이야기를 모아 엮은 내용. 3권 1책.

보:**합**(步合)**명** 어떤 수의 다른 수에 대한 비율.〔소수·분수·퍼센트, 할·푼·리 따위로 나타냄.〕

보:**합**(保合)**명** 시세가 거의 변동 없이 그대로 계속되는 일.

보:**합**-**산**(步合算)[-싼]**명** (돈을 빌리거나 할 경우에) 원금·이율·기간·이자 중에서 세 값은 알고 하나는 모를 때, 그 모르는 값을 구하는 셈법.

보:합-세(保合勢)[-쎄]圓 보합을 유지하는 시세.

보:해(補害)圓하 손해를 보충함.

보:행(步行)圓 ①하걸어가는 일. 걷기. ¶ 보행이 불편하다. ②먼 길에 보내는 급한 심부름, 또는 그 심부름꾼. ¶ 보행을 급히 보내다.

보:행-객(步行客)圓 걸어서 다니는 사람.

보:행-객주(步行客主)[-쭈]圓 지난날, 보행객만을 치던 집. 보행집.

보:행-기(步行器)圓 유아에게 걸음을 익히게 하는 데 쓰는, 바퀴 달린 기구.

보:행기관(步行器官)圓 동물이 걷는 데 사용하는 운동 기관.

보:행-꾼(步行-)圓 ①'보행객'을 낮추어 이르는 말. ②삯을 받고 먼 길에 급한 심부름을 가는 사람.

보행-삯(步行-)圓 '길품삯'의 잘못.

보:행-인(步行人)圓 ▷보행자.

보:행-자(步行者)圓 걸어 다니는 사람. 보행인. ¶ 보행자는 이쪽 길로 다니시오.

보:행-집(步行-)[-찝]圓 ▷보행객주.

보:허-탕(補虛湯)圓 해산 후의 허약한 몸을 보(補)하는 탕약.

보:험(保險)圓 사망·화재·사고 등 뜻하지 않은 사고에 대비하여, 미리 일정한 보험료를 내게 하고, 사고가 일어났을 때 일정한 보험금을 주어 그 손해를 보상하는 제도. ¶ 보험에 가입하다.

보:험-가격(保險價格)[-까-]圓 보험에 들 목적물을 돈으로 평가한 액수. 보험 가액.

보:험-가액(保險價額)[-까-]圓 ▷보험 가격.

보:험-계:약(保險契約)[-게-/-게-]圓 보험자인 보험 회사와 피보험자인 가입자 사이에 맺는, 보험료나 보험금 등에 관한 계약.

보:험-금(保險金)圓 보험 사고가 생겼을 때, 보험 회사가 피보험자 또는 보험금을 받을 사람에게 지불하는 돈.

보:험-기간(保險期間)圓 보험자가 보험 책임을 지는 기간.

보:험-료(保險料)[-뇨]圓 보험에 가입한 사람이 보험자에게 내는 일정한 돈.

보:험-약관(保險約款)[-냑꽌]圓 보험자가 미리 정해 놓은, 보험 계약에 관한 여러 가지 조항.

보:험-업(保險業)圓 보험의 경영을 목적으로 하는 사업.

보:험-의(保險醫)[-허믜/-허미]圓 보험 회사로부터 위촉을 받아, 생명 보험에 가입하는 사람의 건강을 진찰하는 의사.

보:험-자(保險者)圓 피보험자로부터 보험료를 받고, 사고가 발생했을 때는 보험금을 지급할 의무를 지는 자, 곧 보험 회사를 이름. ↔피보험자.

보:험^증권(保險證券)[-꿘]圓 보험 계약이 성립한 뒤에 보험자가 발행하여 피보험자에게 주는 증권. 보험 증서.

보:험^증서(保險證書)圓 ▷보험 증권.

보:험^회:사(保險會社)[-회-/-훼-]圓 (정부의 허가를 얻어) 보험 사업을 영위하는 회사.

보헤미안(Bohemian)圓 사회의 규범이나 습속을 무시하고 자유롭게 살아가는 사람을 이르는 말. 魯집시(Gypsy).

보:현-보살(普賢菩薩)圓 이지(理智)와 깨달음의 덕을 갖추고 석가의 포교를 돕는 보살. 석가의 오른쪽 협시(脇侍)로, 흔히 흰 코끼리를 타고 있음.

보:현십원가(普賢十願歌)圓 고려 초에 균여 대사(均如大師)가 지은 11수의 향가(鄕歌). 보현보살의 십종 원왕(十種願往)을 노래로 지은 것임.

보:혈(補血)圓하되자 약을 먹어서 몸의 조혈(造血) 작용을 도움.

보:혈(寶血)圓 기독교에서, '인류의 죄를 대신 씻기 위하여 예수가 십자가에 못 박혀 흘린 피'를 이르는 말.

보:혈-제(補血劑)[-쩨]圓 빈혈의 치료나 예방을 위하여 쓰는 약. 조혈제.

보:혜-사(保惠師)[-혜-/-헤-]圓⑥성령(聖靈).

보:호(保護)圓하타 (위험 따위로부터) 약한 것을 잘 돌보아 지킴. ¶ 어린이 보호 구역.

보:호^감호(保護監護)圓 범죄자의 재범 방지를 위하여, 사회로부터 격리 수용하고 감호 교화하여, 사회 복귀에 필요한 직업 훈련 등을 베푸는 일. 魯감호.

보:호^관세(保護關稅)圓 국내 산업을 보호하기 위하여 자국 상품과 경쟁하는 수입품에 대하여 부과하는 관세. 魯보호세.

보:호^관찰(保護觀察)圓 보호 처분을 받은 소년이나 가출소(假出所)한 범죄자 등에게, 일정한 준수 사항을 지키게 하여 그 행동을 관찰하면서 지도하는 일.

보:호-국(保護國)圓 보호 조약에 따라 다른 나라로부터 외교나 군사 등에 관하여 안전의 보장을 받는 나라. [국제법상 반주권국에 해당함.]

보:호^근로자(保護勤勞者)[-글-]圓 법률에 따라 취업 제한을 두고 특별히 보호하는 근로자. [나이 어린 근로자나 여성 근로자 등.]

보:호-림(保護林)圓 풍치(風致)의 보존이나 학술 연구 및 동식물 보호 등의 필요에 따라 나라에서 지정하여 보호하는 숲.

보:호^무:역(保護貿易)圓 국내 산업의 보호·육성을 위하여, 정부가 보호 관세, 수입 할당제 등의 방법으로 외국 무역에 간섭하는 일. 관리 무역. ↔자유 무역.

보:호^무:역주의(保護貿易主義)[-쭈의/-쭈이]圓 국내 산업을 외국 산업과의 경쟁으로부터 보호해야 한다는 주장.

보호^버력(保護-)圓 수중 구조물의 땅에 박힌 부분을 방호하기 위하여 물속에 집어넣는 돌.

보:호-색(保護色)圓 주변의 빛깔과 비슷한 빛깔로 되어 있는 동물의 몸빛. 다른 동물의 공격을 피하고 자기 몸을 보호하는 구실을 함. 가밀색. 魯경계색.

보:호-세(保護稅)[-쎄]圓〈보호 관세〉의 준말.

보:호세-율(保護稅率)[-쎄-]圓 보호 관세에 적용되는 세율.

보:호-수(保護樹)圓 풍치(風致)의 보존, 학술 연구, 번식 등을 위하여 보호하는 나무.

보:호^수역(保護水域)圓 수산 자원의 보호를 위하여 어업이 제한되는, 공해의 특정 구역.

보:호-자(保護者)圓 ①환자나 노약자 등 약한 처지에 있는 사람을 보호하는 사람. ②미성년자에 대하여 친권을 행사할 수 있는 사람.

보:호^정치(保護政治)圓 다른 나라의 보호 아래 하는 정치.

보:호-조(保護鳥)圓 천연기념물이나, 멸종의 우려가 있는 새 등을 보호하기 위하여 법률로 잡지 못하게 하는 새. [크낙새·딱따구리 따위.] 금조(禁鳥).

보:호^조약(保護條約)圓 국제법상 보호 관계를 맺는 조약.

보:호^조치(保護措置)圓 경찰관이 행동이 수상한 사람, 또는 미아나 병자로서 응급 구호를 해야 할 만한 사람, 정신병자 등을 경찰 기관이나 병원, 구호 기관 등에 인도하는 일.

보:호-주의(保護主義)[-의/-이]**명** ①보호 무역의 실현을 주장하는 사상, 또는 그 운동. ②형법에서, 범인의 국적이나 범죄지(犯罪地)를 가리지 않고, 자국 또는 자국민의 이익을 침범하는 모든 범죄에는 자국의 형법을 적용해야 한다는 주의.

보:호-처:분(保護處分)**명** 가정 법원이나 지방 법원 소년부가 소년에게 선고할 수 있는 처분. 〔보호 감호, 치료 감호, 보호 관찰의 세 가지가 있음.〕

보:화(寶貨)**명** ☞보물(寶物).

보:화(寶華)**명** ①보옥(寶玉)으로 장식한, 존귀한 꽃. ②제불(諸佛)이 앉는 연꽃, 또는 연화대.

보:훈(報勳)**명하자** 공훈에 보답함.

복참복과의 바닷물고기를 통틀어 이르는 말. 몸이 뚱뚱하고 비늘이 거의 없음. 공격을 받으면 공기를 들이마시어 배를 불룩하게 하는 버릇이 있음. 고기는 식용하나 간장과 난소 등에 강한 독이 있음. 복어. 하돈(河豚).

복[복]**명** ①보드랍고 무른 물건의 거죽을 세게 갈거나 긁는 소리. ②무르고 두툼한 물건을 찢는 소리. **큰**북⁴. 복-복**무**.

복(伏)**명** 〈복날〉의 준말.

복(服)**명** 〈복제(服制)〉의 준말.
　복(을) 벗다[관용] 복제의 기한이 지나다.
　복(을) 입다[관용] 복제에 따라 상복을 입다.

복(卜)**명** 〈복술(卜術)〉의 준말.

복(福)**명** ①편안하고 만족한 상태와 그에 따른 기쁨. 좋은 운수. 복조(福祚). 행복. ¶복을 듬뿍 타고난 사람. /신불(神佛)에 복을 빌다. ②좋은 운수로 얻게 되는 기회나 몫. ¶먹을 복을 타고나다. /자식 복이 많다.

복(幅)**명** 불가사리·갓걸이·별가사리 등의 극피동물에서 팔처럼 쭉 내민 부분. **참**삼천발이.

복(蹼)**명** 동물의 물갈퀴.

복(復)**감** 초상(初喪) 때 초혼(招魂)하는 소리.

복-(復)〔접두〕(일부 명사 앞에 붙어) '거듭됨'을 뜻함. ¶복비례. /복소수.

-복(服)〔접미〕 일부 명사 뒤에 붙어, 그러한 '옷'임을 뜻함. ¶학생복. /기성복. /작업복.

복가(福家)[-까]**명** ①복이 많은 집안. ②길(吉)한 터에 지은 집.

복각(伏角)[-깍]**명** 자침(磁針)이 수평면과 이루는 각도. 자기 적도(磁氣赤道)에서 0°, 자극(磁極)에서 90°가 됨. 경각(傾角). 경차(傾差).

복각(覆刻·復刻)[-깍]**명하타되자** 한번 새긴 책판을 원본으로 하여 그대로 삼아 다시 목판으로 새기는 일, 또는 그 판. 번각(翻刻).

복각-본(覆刻本)[-깍뽄]**명** 한번 새긴 책판을 원본으로 삼아 그대로 다시 목판으로 새겨 펴낸 책. 번각본. 번본(翻本).

복간(復刊)[-깐]**명하타되자** 간행을 중지하였거나 폐지하였던 출판물(특히 정기 간행물)을 다시 간행함. ¶광복 후에 복간된 신문.

복강(腹腔)[-깡]**명** 척추동물의 몸에서 위·장·간장·췌장·신장·방광·자궁 등이 들어 있는 부분.

복강^임:신(腹腔姙娠)[-깡-]〔-〕 ☞복막 임신.

복개(覆蓋)[-깨]**명** ①뚜껑. 덮개. ②하타덮개를 덮음. ¶하천을 복개하다.

복거(卜居)[-꺼]**명하자** 좋은 땅을 찾아서 살 곳을 정함. 복지(卜地).

복거지계(覆車之戒)[-꺼-계/-꺼-게]**명** 〔앞 수레가 엎어지는 것을 보고 뒤의 수레가 조심

한다는 뜻으로〕 '앞 사람의 실패가 뒤따르는 사람에게는 경계가 될'을 뜻하는 말.

복건(幅巾·幞巾)[-껀]**명** ①지난날, 심의(深衣)·학창의(鶴氅衣)에 갖추어 머리에 쓰던 건. ②어린 사내아이가 돌날이나 명절 때 머리에 쓰는 건.

복걸(伏乞)[-껄]**명하타** 엎드리어 빎. 간절하게 빎. ¶응낙해 주시기를 복걸합니다.

복검(覆檢)[-껌]**명하타되자** 사체(死體)를 두 번째 검증함.

복계(伏鷄)**명** '부계(伏鷄)'의 잘못.

복계(復啓)[-꼐]**명** 편지 글에서 '답장 말씀을 드립니다'의 뜻으로, 답장 첫머리에 쓰는 말. 경복(敬復). 배복(拜復).

복계(復啓)[-꼐/-께]**명하타** 임무를 마치고 돌아와 임금에게 엎드려 아룀.

복고(復古)[-꼬]**명** ①하자과거의 체제나 사상·전통 따위로 돌아감. ②하타되자파괴된 것을 다시 본디의 상태로 고침.

복고(腹稿)[-꼬]**명하타** 시문(詩文) 등을 지을 때 먼저 마음속으로 구상하는 일, 또는 그 내용.

복고(覆考)[-꼬]**명하타** 되풀이하여 조사하고 생각함.

복고-적(復古的)[-꼬-]**관명** 과거의 사상이나 전통으로 되돌아가려는 (것). ¶복고적 경향. / 복고적인 화풍.

복고-조(復古調)[-꼬쪼]**명** 〔새로운 풍조에 대하여〕 과거의 사상이나 전통 속에서 어떤 보람을 찾으려는 경향. ¶복고조 패션.

복고-주의(復古主義)[-꼬-의/-꼬-이]**명** 과거의 체제나 전통으로 되돌아가려는 주의.

복고-풍(復古風)[-꼬-]**명** 과거의 모습으로 되돌아간 제도나 풍속, 또는 그런 유행. ¶복고풍이 유행하다.

복공-증(腹空症)[-꽁쯩]**명** ☞헛헛증.

복공-판(覆工板)[-꽁-]**명** 지하철 공사 따위로 인하여, 도로를 파헤친 곳에 차량이 통행할 수 있도록 깔아 놓은 철제판.

복과(復科)[-꽈]**명하타** 지난날, 과거에서 낙방시킨 사람을 다시 합격시키던 일.

복과(複裹)[-꽈]**명** ☞복쌈.

복과(複果)[-꽈]**명** 〈복화과(複花果)〉의 준말.

복과재생(福過災生)[-꽈-]**명하자** 복이 너무 지나치면 도리어 재앙이 생김.

복-관세(複關稅)[-꽌-]**명** 한 나라 안에서 똑같은 화물에 대하여 높고 낮은 두 가지의 관세율을 설정하는 제도.

복-관절(複關節)[-꽌-]**명** 둘 이상의 뼈로 구성된 관절. 〔팔꿈치 관절 따위.〕↔단관절.

복광(複光)[-꽝]**명** 복색광(複色光).

복괘(復卦)[-꽤]**명** 육십사괘의 하나. 곤괘(坤卦)와 진괘(震卦)가 거듭된 것으로 우레가 땅속에서 움직이기 시작함을 상징함. **준**복괘.

복교(復校)[-꾜]**명하자되자** 휴학이나 정학(停學) 또는 퇴학하였던 학생이 그 학교에 다시 다니게 됨. 복학(復學).

복구(復仇)[-꾸]**명하타되자** 원수를 갚음.

복구(復舊)[-꾸]**명하타되자** ①부서지거나 파괴된 것을 다시 본디의 상태로 고침. ¶수해 지역 복구 작업. ②컴퓨터에서, 시스템에 문제가 생겨 작동하지 않을 때, 문제가 생기기 전 상태로 회복시키는 일. ¶파일 복구가 불가능하다.

복구-공사(復舊工事)[-꾸-]**명하타** 파괴된 것을 다시 본디의 상태대로 고치는 공사.

복-구례(復舊例)[-꾸-]명하타되자 한때 없어졌던 전례(前例)를 다시 회복함.

복구^현:상(復舊現象)[-꾸-]명 어떤 장애를 받았던 생물체가 다시 회복하는 현상.

복국-지(複局地)[-꾹찌]명 전화국이 둘 이상 있는 도시. ↔단국지.

복군(卜軍)명 '짐꾼'의 잘못.

복-굴절(複屈折)[-꿀쩔]명 빛이, 광학적(光學的)으로 이방성(異方的)인 결정체로 들어갈 때 둘로 나뉘어 이중으로 굴절하는 현상. ↔단굴절.

복권(復權)[-꿘]명하타되자 법률상 일정한 자격이나 권리를 상실한 사람이 이를 다시 되찾음. ¶100여 명의 확신범이 사면 또는 복권되다.

복권(福券)[-꿘]명 ①공공 기관 등에서 어떤 사업 자금을 마련하기 위하여 널리 파는, 당첨금이 따르는 표. ②경품권. 복표(福票).

복궤(複軌)[-꿰]명 ①두 가닥으로 된 궤도. ②(복궤 철도)의 준말. ↔단궤.

복궤^철도(複軌鐵道)[-꿰-또]명 상하행(上下行) 열차가 각각 왕래할 수 있는 복선 궤도에 의하여 운행하는 철도. 준복궤. ↔단궤 철도.

복귀(復歸)[-뀌]명하자되자 본디의 자리나 상태로 되돌아감. ¶원대(原隊) 복귀.

복극(複極)[-끅]명 전지나 전기 분해에서 분극(分極)을 방해하는 일.

복극-제(復極劑)[-끅쩨]명 ☞소극제(消極劑).

복근(腹筋)[-끈]명 복벽(腹壁)을 이루고 있는 근육.

복근(複根)[-끈]명 가랑이진 뿌리. ↔단근.

복근(複筋)[-끈]명 철근 콘크리트의 구조에서, 두 개 이상으로 된 철근.

복기(服鰭)[-끼]명 배지느러미.

복기(復棋·復碁)[-끼]명하타 한 번 두고 난 바둑의 경과를 검토하기 위하여 처음부터 두었던 차례대로 다시 벌여 놓는 일.

복길(卜吉)[-낄]명하타 좋은 날을 가려서 받음.

복-날(伏-)[봉-]명 ①'복(초복·중복·말복)'이 되는 날. ②'초복'·'중복'·'말복'을 아울러 이르는 말. 복일(伏日). 준복.

복년(卜年)[봉-]명 ①왕조(王朝)가 몇 년이나 계속될 것인가를 점(占)치는 일. ②왕조가 유지되어 온 햇수.

복-놀이(伏-)[봉-]명하자 복날에 복달임하며 모여서 노는 놀이.

복닥-거리다[-딱꺼-]자 몹시 복닥복닥하다. 복닥대다. ¶대합실은 귀성객들로 복닥거렸다.

복닥-대다[-딱때-]자 복닥거리다.

복닥-복닥[-딱딱]부위자 많은 사람이 좁은 곳에 모여 수선스럽게 뒤끓는 모양.

복닥-판[-딱-]명 '떠들썩하고 복잡하여 정신을 차릴 수 없는 판국'을 이르는 말. ¶동네가 온통 복닥판이다.

복-달임(伏-)[봉따림]명 ①복(伏)이 든 몹시 더운 철. ②하자복날에 복더위를 물리친다 하여 고깃국을 끓여 먹으며 노는 일. ¶복날도 되고 했으니 복달임이나 해야겠다.

복당(復黨)[-땅]명하자되자 (제명되거나 탈당했던 사람이) 이전에 속해 있던 당에 다시 들어감.

복당(福堂)[-땅]명 지난날, '옥(獄)'을 익살조로 달리 이르던 말.

복당-류(複糖類)[-땅뉴]명 ☞이당류(二糖類).

복대(腹帶)[-때]명 임부(妊婦)가 태아의 자리를 안정되게 하려고 배에 감는 띠.

복대기¹[-때-]명 《주로 '치다'와 함께 쓰이어》 복대기치는 일. ¶시어머니가 며느리에게 복대기를 치다.

복대기²[-때-]명 광석을 빻아 금을 거의 골라낸 뒤에 남은 광석 가루. 방아확 밑바닥에 처지거나 물과 함께 흘러나옴. 광미(鑛尾).

복대기-금(-金)[-때-]명 복대기 속에서 다시 골라낸 금. 참청화금(靑化金).

복대기다[-때-]자 ①많은 사람이 시끄럽게 떼 들어 대거나 복잡하게 왔다 갔다 하다. ¶복대기는 시장 골목은 언제나 정겹다. ②제정신을 차리지 못할 정도로 쾌치거나 몰아치다. ¶여러 가지 일에 복대기어서 쉴 겨를이 없다.

복대기-탕(-湯)[-때-]명 복대기를 삭히는 데 쓰이는 커다란 통.

복대깃-간(-間)[-때낀/-때낀간]명 복대기를 삭혀 복대기금을 잡는 공장.

복-대리(複代理)[-때-]명하자 대리인이 자기가 대리 행사할 권리의 전부나 일부를 다시 다른 사람에게 대리하게 함, 또는 그런 일을 대리하는 사람.

복대리-인(複代理人)[-때-]명 복대리를 위임받은 사람.

복-더위(伏-)[-떠-]명 〈삼복더위〉의 준말.

복덕(福德)[-떡]명 ①타고난 복과 후한 마음. ②타고난 행복.

복덕-방(福德房)[-떡빵]명 건물이나 토지 등의 매매·대차 등에 관한 중개나 대행을 하는 곳. 참부동산업.

복덕-성(福德星)[-떡썽]명 ['길(吉)한 별'이란 뜻으로] '목성'을 달리 이르는 말. 준복성.

복덕-일(福德日)[-떠길]명 사람의 생년월일의 간지(干支)를 팔괘(八卦)에 배당하여서 가린, 길한 일진의 날.

복-덩어리(福-)[-떵-]명 복덩이.

복-덩이(福-)[-떵-]명 '매우 귀중한 사물이나 사람'을 비유하여 이르는 말. 복덩어리.

복도(複道)[-또]명 건물 안의 방과 방, 또는 건물과 건물을 잇는, 지붕이 있는 좁고 긴 통로. 각도(閣道). 골마루. 낭하(廊下). ¶복도에서는 뛰어다지 마라.

복도-지(複圖紙)[-또-]명 설계도나 지도 따위를 모사하는 데 쓰이는 얇은 종이. 투사지. 트레이싱 페이퍼.

복-독(-毒)[-똑]명 복어의 생식샘, 특히 간장과 난소 등에 들어 있는 독(毒).

복독(服毒)[-똑]명하자 독약을 먹음. 음독.

복-되다(福-)[-뙤-/-뛔-]형 복을 받아 기쁘고 흐뭇하다. ¶복된 만년의 나날을 지내다.

복두(幞頭)[-뚜]명 과거에 급제한 사람이 홍패(紅牌)를 받을 때 쓰던 관.

복-등화(覆燈火)[-뚱-]명 육십갑자의 갑진(甲辰)과 을사(乙巳)에 붙이는 납음(納音). 참천하수(天河水).

복-띠(服-)명 상복(喪服)에 띠는 베띠.

복락(福樂)[봉낙]명 행복과 즐거움. ¶복락을 누리다.

복란(鰒卵)[봉난]명 전복의 알.

복랍(伏臘)[봉납]명 삼복(三伏)과 납일(臘日).

복력(福力)[봉녁]명 행복한 운수.

복련(覆蓮)[봉년]명 불교 미술에서, 꽃부리가 아래로 향한 연꽃무늬. ↔앙련(仰蓮).

복련-좌(覆蓮座)[봉년-]명 연꽃을 엎어 놓은 모양의 무늬를 둘레에 새겨 만든 대좌(臺座). ↔앙련좌(仰蓮座).

복령(茯苓)[봉녕]몡 구멍장이버섯과의 버섯. 벤 소나무의 땅속뿌리에 기생함. 한방에서 약재로 쓰임.

복령-피(茯苓皮)[봉녕-]몡 한방에서, '복령의 껍질'을 약재로 이르는 말. 이뇨제로 쓰임.

복레(復禮)[봉녜]몡하자 예(禮)에 따라 행함. 예를 바르게 실천함.

복록(福祿)[봉녹]몡 (녹봉에 변동이 있던 벼슬 아치가) 다시 원래의 녹봉을 받게 되는 일.

복록(福祿)[봉녹]몡 ①복과 녹(祿). ②행복.

복룡(伏龍)[봉뇽]몡 [못 속에 숨어 하늘에 올릴 시기를 기다리는 용이란 뜻으로] 은거하여 '세 상에 알려지지 않은 인재'를 비유하여 이르는 말. 비침룡.

복룡-간(伏龍肝)[봉뇽-]몡 재래식 부엌의 아궁 이 속에서 오랫동안 불기운을 받아 누렇게 변 한 '흙'을 한방에서 약재로 이르는 말. 한방에 서 부종·대하 등에 쓰임.

복류(伏流)[봉뉴]몡하자 땅 위를 흐르던 물이 선상지(扇狀地)나 사막 등에서 땅속으로 스며 들어 흐르는 일, 또는 그 흐름.

복리(福利)[봉니]몡 행복과 이익. ¶국민의 복 리를 꾀하는 여러 시책.

복리(複利)[봉니]몡 복리법으로 계산하는 이자. 복변리. 중리(重利). ↔단리(單利).

복리-법(複利法)[봉니뻡]몡 일정 기간마다 이 자를 원금에 합치고, 그 합계액을 다음 기간의 원금으로 하여 거기에 이자를 붙여 나가는 이 자 계산법. 중리법(重利法). ↔단리법.

복리-비(福利費)[봉니-]몡 ⇨복리후생비의 준말.

복리^사:업(福利事業)[봉니-]몡 ⇨복지 사업.

복리^시:설(福利施設)[봉니-]몡 ⇨복지 시설.

복리-표(複利表)[봉니-]몡 복리 계산을 한눈에 알 수 있도록 나타낸 표.

복리-후생비(福利厚生費)[봉니-]몡 복리와 후 생에 관한 비용. [법정 복리비·후생비·퇴직금 따위.] 준복리비.

복마(卜馬)[봉-]몡 ①짐을 싣는 말. ②다 자란 수말. ②상마. ⇨피마.

복마-전(伏魔殿)[봉-]몡 [마귀가 숨어 있는 전 당(殿堂)이라는 뜻에서] 번지르르한 명목 아래 끊임없이 음모가 꾸며지고 있는 '악(惡)의 근 거지'를 뜻하는 말.

복막(腹膜)[봉-]몡 복벽(腹壁)의 안쪽에서 내 장을 싸고 있는 얇은 막.

복막-염(腹膜炎)[봉망념]몡 복막에 생기는 염증.

복막^임:신(腹膜姙娠)[봉-]몡 수정란이 복막 에 착상하여 자라는 자궁 외 임신의 한 가지. 복강 임신.

복망(伏望)[봉-]몡하자 (웃어른의 처분을) '엎 드려 (삼가) 바랍니다'의 뜻으로, 한문 투의 편지 글에서 쓰는 말. 복원(伏願). ¶선처해 주 시기를 복망하나이다.

복면(腹面)[봉-]몡 (동물의 몸에서) 배가 있는 쪽. 배의 면. ↔배면(背面).

복면(覆面)[봉-]몡하자 (남이 알아보지 못하 게) 얼굴의 일부 또는 전부를 헝겊 따위로 가 림, 또는 가리는 데 쓰이는 물건.

복면-강도(覆面强盜)[봉-]몡 (남이 알아보지 못하게) 얼굴의 일부 또는 전부를 헝겊 따위로 가리고 남의 물건을 빼앗는 도둑.

복멸(覆滅)[봉-]몡하자되자 (국가·집단·집안 따위가) 망해 버림, 또는 없애 버림.

복명(復命)[봉-]몡하타 명령에 따라 처리한 일 의 결과를 보고함. 반명(返命).

복명(腹鳴)[봉-]몡 사람이나 짐승의 배에서 나 는 소리. [창자 속의 것이 움직일 때 남.]

복명-복창(復命復唱)[봉-]몡하타 상급자가 내 린 지시나 명령을 그대로 반복하여 말함, 또는 그렇게 하라는 명령.

복명-서(復命書)[봉-]몡 복명하는 내용을 적은 문서.

복-명수(複名數)[봉-쑤]몡 ⇨제등수(諸等數). ↔단명수(單名數).

복명^어음(複名-)[봉-]몡 채무자의 이름이 두 사람 이상 적혀 있는 어음. ↔단명 어음.

복모(伏慕)[봉-]몡하자 '엎드려 그리워함'의 뜻으로, 한문 투의 편지 글에서 쓰는 말.

복모구구(伏慕區區)[봉-]몡 '엎드려 그리워하 는 정이 그지없나이다'의 뜻으로, 한문 투의 편지 글에서 쓰는 말. 복모불임.

복모불임(伏慕不任)[봉-]몡 ⇨복모구구.

복-모음(複母音)[봉-]몡 ⇨이중 모음.

복몰(覆沒)[봉-]몡하자되자 ①배가 뒤집혀 가 라앉음. ②(집안이) 아주 망해 버림.

복묘(覆墓)[봉-]몡하자 장사 지낸 뒤 사흘째 되는 날에 하는 성묘(省墓).

복무(服務)[봉-]몡하자 직무를 맡아 일함. ¶군 의관으로 복무하다.

복무-규정(服務規程)[봉-]몡 직무를 맡아 일하 는 사람이 지켜야 할 규칙.

복무-연한(服務年限)[봉-]몡 복무하기로 정해 진 일정 기간의 햇수.

복문(複文)[봉-]몡 ⇨겹문장. ↔단문(單文).

복-물(伏-)[봉-]몡 복날 또는 그 무렵에 많이 내리는 비.

복-받치다[-빧-]자 ①안이나 밑에서 솟아오르 다. ②이떤 감정이 치밀어 오르다. ¶복받치는 슬픔을 억누를 길이 없다. 웬북받치다.

복발(復發)[-빨]몡하자되자 (가라앉았던 근심 이나 설움 따위가) 다시 일어남.

복발(覆鉢)[-빨]몡 불탑의 노반(露盤) 위 에 놓는, 바리때를 엎어 놓은 것처럼 생긴 부분.

복방(複方)[-빵]몡 일정한 처방에 따라 다른 약품과 섞어 만든 약제, 또는 그러한 처방이나 방문. ↔단방(單方).

복배(伏拜)[-빼]몡하자 엎드려 절함.

복배(腹背)[-빼]몡 ①배와 등. ②앞과 뒤.

복배-수적(腹背受敵)[-빼-]몡하자 앞뒤로 적 의 공격을 받음.

복배지수(覆杯之水)[-빼-]몡 [엎지른 물이라는 뜻으로] '다시 돌이킬 수 없음'을 뜻하는 말.

복백(伏白)[-빽]몡 '엎드려 (삼가) 사뢰나이 다'의 뜻으로, 한문 투의 편지 글에서 흔히 쓰 는 말.

복법(伏法)[-뻡]몡하자 ⇨복주(伏誅).

복벽(復辟)[-뼉]몡하자 물러났던 임금이 다시 왕위에 오름. 중조(重祚).

복벽(腹壁)[-뼉]몡 복강을 둘러싸고 있는 안쪽 바닥. 피부·근육·복막 등으로 이루어져 있음.

복벽(複壁)[-뼉]몡 두 겹으로 된 벽.

복벽^반:사(腹壁反射)[-뼉빤-]몡 복부의 피부 를 자극했을 때 복근(腹筋)이 반사적으로 오므 라드는 현상.

복-변리(複邊利)[-뼌-]몡 ⇨복리(複利).

복병(伏兵)[-뼝]몡 ①하자 적이 쳐들어오기를 숨어 기다렸다가 갑자기 습격하는 군사, 또는 그 군사를 숨기는 일. ②'뜻밖의 장애가 되어 나타난 경쟁 상대'를 뜻하는 말. ¶예기치 않 은 복병을 만나 당황하다.

복-보수(復報讎)[-뽀-][명][하자] 앙갚음.
복-복선(複複線)[-뽁썬][명] 두 쌍의 복선 선로
가 나란히 놓여 있는 철도.
복부-장자(福福長者)[-뿍짱-][명] 복이 많은 부
자(富者).
복본(複本)[-뽄][명] ①원본(原本)과 똑같게 만
든 여러 통의 부본(副本). ②(환어음에 대하여)
하나의 어음상의 권리를 나타내기 위하여 발행
되는 몇 통의 어음 증권.
복-본위(複本位)[-뽄뉘][명] 〈복본위제〉의 준말.
↔단본위.
복본위-제(複本位制)[-뽄뉘-][명] 금과 은 등
두 가지 이상의 본위 화폐를 인정하고 있는 통
화 제도. 양본위제. ❀복본위. ↔단본위제.
복-본적(複本籍)[-뽄-][명] 한 사람이 두 곳 이
상의 호적에 등재되어 있는 경우, 그 잘못 실
은 본적을 뜻하는 말.
복부(腹部)[-뿌][명] ①(사람이나 동물의) 배 부
분. ↔배부(背部). ②물건의 중간 부분. ¶ 선체
(船體)의 복부가 파손되다.
복부(僕夫)[-뿌][명] 종으로 부리는 남자. 복종.
복부-국(複部國)[-뿌-][명] (분리된) 두 개 이상
의 지역으로 이루어진 나라.
복-부르다(復-)[-뿌-][~부르니·~불러][타든]
초혼(招魂)하다.
복-부인(福婦人)[-뿌-][명] '부동산 투기를 일
삼는 가정부인'을 속되게 이르는 말.
복부점^음부(複附點音符)[-뿌쩜 음-][명] ☞겹점
음표.
복-부호(複符號)[-뿌-][명] 두 개의 부호를 위
아래로 함께 적은 부호 '±, ≦' 따위를 이르
는 말. 복호.
복분(福分)[-뿐][명] 복을 누리는 분수.
복-분수(複分數)[-뿐쑤][명] ☞번분수(繁分數).
복분-자(覆盆子)[-뿐-][명] 한방에서, '복분자딸
기의 열매'를 약재로 이르는 말.
복분자-딸기(覆盆子-)[-뿐-][명] 장미과의 낙엽
활엽 관목. 산기슭의 따뜻한 곳에서 자라는데
높이는 3 m가량. 잎은 깃 모양의 길둥근 겹잎
이며, 5~6월에 분홍색 꽃이 핌. 열매는 7~8
월에 붉게 익으나 점차 검게 변함. 고무딸기.
복-분해(複分解)[-뿐-][명][하타][되자] 두 가지 화
합물이 서로 반응하여 새로운 두 가지 화합물
이 되는 변화.
복불복(福不福)[-뿔-][명] 복분(福分)의 좋고,
좋지 아니한 정도. 곧, 사람의 운수. ¶ 당첨되고
안 되고는 복불복이니 신청서나 한번 내 보자.
복불재강(服不再降)[-뿔-][명] 상례(喪禮)에서,
이중으로 강복(降服)하지 않음. 〔본생가(本生
家)나 친정 부모의 복을 한 등 떨어지는 것이
나, 그 경우의 부재모상(父在母喪)의 복(服)을
다시 한 등 떨어뜨리지는 않는다는 말.〕
복비(腹誹)[-삐][명][하타] (말로는 나타내지 않
고) 마음속으로만 욕함.
복비(複比)[-삐][명] 두 개 이상의 비(比)에서,
전항(前項)끼리의 곱을 전항으로 하고, 후항
(後項)끼리의 곱을 후항으로 한 비. 〔a:b와
c:d의 복비는 ac:bd.〕 상승비. ↔단비(單比).
복비(福費)[-삐][명] 부동산 거래를 중개한 부덕
방에 수수료로 주는 돈.
복비(僕婢)[-삐][명] ☞비복(婢僕).
복-비례(複比例)[-삐-][명] 비례식의 한쪽 또는
양쪽이 복비의 관계에 있는 것. ↔단비례.
복빙(復氷)[-삥][명] 얼음을 압축하면 압축면의
녹는점이 내려가 쉽게 녹으나 압력을 없애면

녹는점이 올라가 다시 얼음으로 되돌아가는
현상.
복사[-싸][명] 〈복숭아〉의 준말.
복사(卜師)[-싸][명] 점쟁이.
복사(伏射)[-싸][명][하다] 소총 사격법의 한 가
지로, 엎드려서 쏘는 일.
복사(服事)¹[-싸][명] 가톨릭에서, 성사(聖事)를
집전하는 사제의 시종(侍從).
복사(服事)²[-싸][명][하다타] 복종하여 섬김.
복사(袱紗)[-싸][명] 비단으로 만든 조그마한 보
자기.
복사(複絲)[-싸][명] 겹실.
복사(複寫)[-싸][명][하타][되자] ①사진·문서 따위
를 본디 것과 똑같이 박는 일. ②(종이를 두
장 이상 포개어) 같은 문서를 한꺼번에 여러
벌 만드는 일. ③그림 따위를 그대로 본떠서
만듦. ④컴퓨터에서, 파일 따위를 복제하는 일.
복사(蝮蛇)[-싸][명] ☞살무사.
복사(輻射)[-싸][명][하자] (열이나 빛 따위를) 한
점으로부터 사방으로 내쏨, 또는 그러한 현상.
방사(放射).
복사(覆沙)[-싸][명] 흐르는 물에 실려 와서 논
밭을 덮은 모래.
복사-계(輻射計)[-싸계/-싸게][명] 복사선의 강
도(強度)를 재는 계기.
복사-기(複寫機·複寫器)[-싸-][명] 문서나 자료
등을 복사하는 데 쓰이는 기계.
복사-꽃[-싸꼳][명] 〈복숭아꽃〉의 준말. *복사
꽃이[-싸꼬치]·복사꽃만[-싸꼰-]
복사-나무[-싸-][명] 〈복숭아나무〉의 준말.
복사^난:방(輻射煖房)[-싸-][명] 바닥·벽·천장
등에 배관하여, 거기에 더운물이나 증기를 보
내어 그 복사열로 실내를 따뜻하게 하는 방법.
복사-담(蝮蛇膽)[-싸-][명] 한방에서, '살무사의
쓸개'를 약재로 이르는 말.
복사-뼈[-싸-][명] 발회목 위에 양쪽으로 도도록
이 불거진 뼈. 거골(距骨). 과골(踝骨).
복사-선(輻射線)[-싸-][명] 물체로부터 방출되
는 전자파. 적외선·가시광선·자외선·엑스선
등을 통틀어 이르는 말.
복사^안:개(輻射-)[-싸-][명] 지표면의 방사 냉
각으로 수증기를 많이 지니고 있던 지표면의
공기가 냉각되어 생기는 안개.
복사^에너지(輻射energy)[-싸-][명] 전자기파가
운반하는 에너지. 고온의 물체가 내쏘는 열복
사의 에너지 따위.
복사-열(輻射熱)[-싸-][명] 복사선이 물체에 흡
수되어 생기는 열. 방사열(放射熱).
복사^전:류(輻射電流)[-싸절-][명] 송신 안테나
에서 흐르는 전류.
복사^전:송(複寫電送)[-싸-][명] ☞모사 전송.
복사-지(複寫紙)[-싸-][명] 복사하는 데 끼워
쓰는 종이. 먹지. 묵지(墨紙). 탄산지.
복사-체(輻射體)[-싸-][명] 빛·열·전파 등의 전
자기파를 방출하는 물체.
복사-판(複寫版)[-싸-][명] ①복사하는 데 쓰이
는 인쇄판. ②복사해 낸 서책 따위.
복사-필(複寫筆)[-싸-][명] 종이와 종이 사이에
복사지를 끼워서 복사할 때 연필처럼 쓰는 기구.
복산형 꽃차례(複繖形-次例)[-싼-꼳-][명] ☞복
산형 화서(複繖形序).
복산형 화서(複繖形花序)[-싼-][명] 무한 화서(無
限花序)의 한 가지. 산형 화서의 꽃대 끝에 다
시 부챗살 모양으로 갈라져 피는 화서. 복산형
꽃차례.

복상(卜相)[−쌍]圀 새로 정승을 가려 뽑음.

복상(服喪)[−쌍]圀 거상(居喪)을 입음.

복상(福相)[−쌍]圀 복스럽게 생긴 얼굴. 행복을 누릴 것으로 보이는 생김새. ↔빈상(貧相).

복상(複相)[−쌍]圀 유성 생식을 하는 생물에서, 염색체를 두 쌍 가진 시기의 것. ↔단상(單相).

복상(複像)[−쌍]圀 여러 개의 거울에 반사되어 나타난 여러 상.

복상-사(腹上死)[−쌍−]圀働자 (심장 마비 등의 원인으로) 남녀가 잠자리하는 중에 남자가 여자의 배 위에서 갑자기 죽는 일.

복색(服色)[−쌕]圀 ①옷의 모양과 빛깔. ¶계절에 따른 복색의 변화. ②지난날, 신분이나 직업에 따라 달리 입던 옷의 모양이나 빛깔.

복색(複色)[−쌕]圀 서로 다른 두 가지 이상의 색이 어우러져 이루어진 색.

복색-광(複色光)[−쌕꽝]圀 단색광이 섞이어 이루어진 빛. 복광(複光).

복-생선(−生鮮)[−쌩−]圀 '복¹'의 잘못.

복서(卜筮)[−써]圀働자 ▷괘서(卦筮).

복서(伏暑)[−써]圀働자 더위를 먹음. 음서(飮暑). ②복날의 더위.

복서-증(伏暑症)[−써쯩]圀 더위를 먹어 열이 나고 복통이나 토사(吐瀉) 등의 증세를 나타내는 병증.

복선(伏船)[−썬]圀 해전에서 적선을 기습하기 위하여 요긴한 목에 몰래 숨겨 두는 병선.

복선(伏線)[−썬]圀 ①소설이나 희곡 등에서, 나중에 있을 사건에 대하여 미리 넌지시 비쳐 두는 기법. ②뒷일을 헤아려서 몰래 미리 마련해 두는 준비. ¶나중에 거절하기 위해 미리 복선을 깔아 두다.

복선(復膳)[−썬]圀働자 임금의 수라상에서 한때 줄였던 음식의 가짓수를 이전과 같이 다시 차리던 일.

복선(複線)[−썬]圀 ①겹줄. ②〈복선 궤도〉의 준말. ↔단선(單線).

복선(覆船)[−썬]圀働자 배가 엎어짐.

복선^궤:도(複線軌道)[−썬−]圀 상행선과 하행선을 따로 부설하여 각각 한쪽 방향으로만 운행하게 되어 있는 철도. 복선 철도. ㊀복선 궤도.

복선-법(複選法)[−썬뻡]圀 간접 선거 방식으로 피선거인을 선거하는 방법.

복선율^음악(複旋律音樂)[−써뉴률막]圀 ▷다성부 음악.

복선^철도(複線鐵道)[−썬−또]圀 ▷복선 궤도. ㊀복철.

복선화음(福善禍淫)[−썬−]圀働자 착한 사람에게는 복이 돌아가고 악한 사람에게는 재앙이 돌아감.

복설(復設)[−썰]圀働자둼자 없어졌던 것을 다시 베풂. ¶유급(留級) 제도를 복설하다.

복성(卜姓)[−쎙]圀働자 지난날, 첩을 얻을 때 같은 성을 피하고 다른 성에서 고르던 일.

복성(福星)[−쎙]圀 〈복덕성(福德星)〉의 준말.

복성(複姓)[−쎙]圀 두 자로 된 성. 〔남궁(南宮)·황보(皇甫)·사공(司空) 따위.〕

복성(複星)[−쎙]圀 공간적으로는 많이 떨어져 있으나 방향이 같아서 겹쳐 보이거나 가깝게 보이는 두 개 이상의 별. 광학적 이중성.

복성-설(復性說)[−썰]圀 중국 윤리학설의 한 가지. 사람의 본성은 선(善)한 것인데 감정이나 욕망 때문에 악(惡)이 생겨나는 것이므로, 모름지기 본성으로 돌아가야 한다는 주장.

복성-스럽다(福星−)[−쎙−따][∼스러우니·∼스러워](형)(ㅂ) 얼굴이 둥그스름하고 복이 있어 보이다. ¶복성스러운 인상. **복성스레**(부).

복성-암(複成岩)[−쎙−]圀 두 가지 이상의 광물로 이루어진 암석.

복성-종(複成種)[−쎙−]圀 잡종 강세(雜種強勢)를 이용하여 육성한 농작물의 품종. 합성 품종.

복성^화:산(複成火山)[−쎙−]圀 화구(火口)나 칼데라 안에 다른 분화구가 또 생긴 화산. 복식 화산. ㊀복화산.

복세(複稅)[−쎄]圀 두 가지 이상의 조세로 이루어져 있는 조세 제도.

복세포^동:물(複細胞動物)[−쎄−]圀 ▷다세포 동물.

복세포^생물(複細胞生物)[−쎄−]圀 ▷다세포 생물.

복세포^식물(複細胞植物)[−쎄−싱−]圀 ▷다세포 식물.

복-소수(複素數)[−쏘쑤]圀 실수와 허수의 합으로 이루어지는 수. 〔실수 a, b를 써서 '$a+bi$'와 같은 형태로 나타내는 수를 이름.〕

복소-함수(複素函數)[−쏘−쑤]圀 함수에서, 독립 변수나 종속 변수가 모두 복소수인 함수. ㊀실함수.

복속(服屬)[−쏙]圀働자 복종하여 따름. 속복.

복속(復屬)[−쏙]圀働자둼자 지난날, 퇴직시킨 아전을 다시 복직시키던 일.

복송(伏頌)[−쏭]圀働자 '엎드려 (삼가) 송축하나이다'의 뜻으로, 한문 투의 편지 글에서 쓰는 말.

복송(復誦)[−쏭]圀働자 되풀이하여 읽거나 외거나 함. ¶소월의 시를 복송하다.

복수(伏受)[−쑤]圀働자 〔윗사람이 주는 것을 엎드려 받는다는 뜻으로〕 공손히 받음.

복수(復水)[−쑤]圀 수증기를 응축시켜 물이 되게 하는 일, 또는 그 물.

복수(復讐)[−쑤]圀働자 ①자기에게 쓰라린 변을 겪게 한 대상에게 그와 같은 고통을 경험하게 갚음하는 일. ¶지난번의 패배를 복수하다. ②원수를 갚음. 앙갚음.

복수(腹水)[−쑤]圀 (복막염·간경변 등의 질환으로) 복강(腹腔)에 액체가 괸 상태, 또는 그 괸 액체. ¶복수가 차다.

복수(福壽)[−쑤]圀 복을 누릴 운수.

복수(複數)[−쑤]圀 ①둘 이상의 수. ↔단수(單數). ②명사나 대명사가 가리키는 사물이 둘 이상임을 나타내는 말.

복수(覆水)[−쑤]圀働자 그릇이 넘어져 쏟아진 물.

복수^관세(複數關稅)[−쑤−]圀 동일 품목에 대하여 두 가지 이상의 세율을 정해 놓고, 상대국에 따라 구분하여 적용하는 관세.

복수상 꽃차례(複穗狀−次例)[−쑤−꼳−]圀 ▷복수상 화서.

복수상 화서(複穗狀花序)[−쑤−]圀 무한 화서(無限花序)의 한 가지. 수상 화서의 꽃대에 다시 수상(穗狀)으로 갈라져 피는 화서. 보리·밀 따위의 화서. 복수상 꽃차례.

복수-심(復讐心)[−쑤−]圀 앙갚음하려는 마음.

복수-작용(復水作用)[−쑤−]圀 증기(蒸氣)를 다시 물로 만드는 작용.

복수-전(復讐戰)[−쑤−]圀 ①복수하는 싸움. ②지난번 패배의 욕됨을 씻으려고 벌이는 경기. ②설욕전.

복수-초(福壽草)[−쑤−]圀 미나리아재빗과의 다년초. 숲 속에 나는데, 관상용으로 심기도 함. 줄기 높이는 10~30 cm, 뿌리줄기에는 수염뿌리가 많음. 4월 초순에 노란 꽃이 원줄기와 가지 끝에 한 송이씩 핌. 한방에서는 뿌리를 강심제나 이뇨제로 씀.

복수^투표(複數投票) [-쑤-]명 불평등 선거 방식의 한 가지. 특수한 자격을 가지는 한 선거인이 두 표 이상의 투표권을 가짐.

복수^환:율(複數換率) [-쑤-]명 국제 수지의 균형과 외환 시세의 안정을 위하여 적용하는 두 가지 이상의 환율.

복술(卜術) [-쑬]명 점을 치는 방법.

복숭아 [-쑹-]명 복숭아나무의 열매. 도실(桃實). ㉰복사.

복숭아-꽃 [-쑹-꼳]명 복숭아나무의 꽃. 도화(桃花). ㉰복사꽃. • 복숭아꽃이 [-쑹-꼬치] • 복숭아꽃만 [-쑹-꼰-]

복숭아-나무 [-쑹-]명 장미과의 낙엽 소교목. 과실나무의 한 가지로, 높이는 3 m가량. 늦봄에 잎보다 먼저 백색이나 담홍색 꽃이 피고 열매인 '복숭아'는 여름에 붉은빛을 띠며 익는데, 맛은 달고 심. ㉰복사나무.

복숭아-뼈 [-쑹-]명 복사뼈.

복숭아-정과(-正果) [-쑹-]명 꿀에 복숭아 살을 재어 만든 정과.

복숭아-화채(-花菜) [-쑹-]명 껍질을 벗긴 복숭아를 얇게 썰어서, 얇게 썬 배와 함께 꿀이나 설탕에 재어 두었다가 꿀물을 타고 잣을 띄워서 만든 화채.

복숭앗-빛 [-쑹아삗/-쑹안삗]명 익은 복숭아의 발그스름한 빛깔. * 복숭앗빛이 [-쑹아삐치/-쑹안삐치] • 복숭앗빛만 [-쑹아삔-]

복-스럽다(福-) [-쓰-따] [~스러우니·~스러워]형ㅂ (얼굴의 생김새 따위가) 복이 있어 보이다. ¶ 달덩이처럼 복스럽게 생긴 얼굴. **복스레**튀.

복슬-복슬 [-쓸-쓸]튀하형 (짐승이) 살이 찌고 털이 많이 난 모양. ¶ 복슬복슬한 강아지. ㉰복슬복슬.

복습(復習) [-씁]명하타 배운 것을 되풀이하여 익힘. ¶ 예습과 복습을 철저히 하다. ↔예습.

복승(複勝) [-씅]명〈복승식〉의 준말.

복승-식(複勝式) [-씅-]명 경마·경륜 따위에서, 1등과 2등의 순서에 구애됨 없이 동시에 맞히는 방식. ㉰복승. ㉠단승식.

복시(複視) [-씨]명 하나의 물체가 둘로 보이거나 겹쳐 보이거나 하는 일, 또는 그런 눈.

복시(覆試) [-씨]명 조선 시대에, 초시(初試)에 급제한 사람에게 두 번째로 보이던 과거. 회시(會試).

복식(服飾) [-씩]명 ①옷의 꾸밈새. ②옷과 그 장식품을 아울러 이르는 말.

복식(復飾) [-씩]명하자 중이 되었던 사람이 속세로 나와 다시 머리를 기르는 일.

복식(複式) [-씩]명 ①둘, 또는 그 이상으로 되는 형식이나 방식. ↔단식. ②〈복식 부기〉의 준말.

복식^경:기(複式競技) [-씩껑-]명 테니스·배드민턴·탁구 등에서 두 사람씩 한 조를 이루어 겨루는 경기. ↔단식 경기.

복식^디자인(服飾design) [-씩-]명 옷과 그 장식품 등을 전문으로 하는 디자인.

복식^부기(複式簿記) [-씩뿌-]명 모든 거래를 차변(借邊)과 대변(貸邊)으로 나누어서 적는 방식의 부기. ㉰복식. ↔단식 부기.

복식-품(服飾品) [-씩-]명 (몸에 걸치거나 옷에 달거나 하여) 옷차림을 아름답게 꾸미는 꾸미개.

복식^학급(複式學級) [-씨칵끕]명 초등학교나 중학교 등에서, 둘 이상의 학년을 하나로 편성한 학급.

복식^호흡(腹式呼吸) [-씨코-]명 배의 근육을 움직여서 횡격막을 신축시키면서 하는 호흡 방법. ㉠흉식 호흡.

복식^화:산(複式火山) [-씨콰-]명 ☞복성 화산.

복신(茯神) [-씬]명 한방에서, '복령(茯苓)'을 약재로 이르는 말. 백복신(白茯神).

복신(福神) [-씬]명 사람에게 복을 가져다 준다는 신. 행복의 신.

복실-자방(複室子房) [-씰-]명 겹씨방. ㉰복자방. ↔단실 자방.

복심(伏審) [-씸]명 '엎드려 (삼가) 살핀다'의 뜻으로, 한문 투의 편지 글에서 쓰는 말.

복심(腹心) [-씸]명 ①겉으로 드러나지 않은 속마음. ¶ 복심을 털어놓다. ②☞심복(心腹).

복심(覆審) [-씸]명하타 ①한 번 심사한 것을 다시 심사함. ②상급심에서 하급심의 심리(審理)와는 관계없이, 다시 심리하여 판단을 내리는 일, 또는 그러한 심리.

복심지질(腹心之疾) [-씸-]명 ①배나 가슴을 앓는, 고치기 어려운 병. ②'덜어 버릴 수 없는 근심'을 비유하여 이르는 말.

복-십자과(復十字) [-씹짜]명 결핵 예방을 뜻하는 만국 공통의 표지(標識). 붉은 색의 '十'표.

복싱(boxing)명 권투(拳鬪).

복-쌈(褔-)명 정월 보름날에 먹는 김쌈. 박섬(縛苫). 복과(褔裹).

복아(腹芽)명 한 잎겨드랑이〔葉腋〕에서 돋아난 둘 이상의 싹.

복악(複萼)명 겹으로 된 꽃받침.

복안(腹案)명 마음속에 품고 있는 생각(계획). ¶ 복안이 서다. / 구체적인 복안을 가지고 회의에 나가다.

복안(複眼)명 ☞겹눈.

복알(伏謁)명하타 (지체가 높은 사람을) 삼가 엎드려 뵘.

복약(服藥)명하타 약을 먹음. 복용(服用).

복약-자리(服藥-) [-짜-]명 약국에서 단골로 대어 놓고 약을 지어 가는 사람을 이르는 말.

복어(-魚)명 ☞복[1].

복업(復業)명하자 한동안 그만두었던 직업이나 직무에 다시 종사함.

복역(卜役)명 왕조 때, 나라에서 백성에게 부담시키던 노역이나 병역(兵役).

복역(服役)명하자 ①나라에서 의무로 지운 일, 곧 병역이나 부역을 치름. ②징역을 삶.

복역(僕役)명 종으로서 하는 일.

복역-수(服役囚) [-쑤]명 징역살이를 하고 있는 죄수.

복역-혼(服役婚) [보겨콘]명 가난한 남자가 결혼할 여자의 집에서 일정 기간 일을 해 주고 그 대가로 장가를 드는 결혼 풍속.

복연(復緣)명하자 (한때 관계를 끊었던 부부나 양자가) 다시 이전의 관계로 돌아감.

복열(伏熱)명 ☞경열(庚熱).

복열(伏炎)명 ☞경열(庚熱).

복염(複塩)명 두 가지 이상의 염(塩)이 일정한 비율로 결합된 화합물.

복엽(複葉)명 ①☞겹잎. ¶ 우상(羽狀) 복엽. ②☞천엽(千葉). ③비행기의 주익(主翼)이 아래위 두 개로 된 것. 또는 그 날개. ↔단엽.

복엽-기(複葉機) [-끼]명〈복엽 비행기〉의 준말. ↔단엽기.

복엽^비행기(複葉飛行機) [-삐-]명 주익(主翼)이 아래위 두 짝으로 된 비행기. ㉣복엽기. ↔단엽 비행기.

복용(服用)명하타 약을 먹음. 복약(服藥). ¶비타민을 하루에 한 알씩 복용하다.

복욱(馥郁) '복욱하다'의 어근.

복욱-하다(馥郁-) [보구카-]형어 풍기는 향기가 그윽하다. ¶복욱한 국화 향기.

복운(復運)명 회복되는 기운(시운). ¶천지의 복운에 제(際)하고 세계의 변조(變潮)를 승(乘)한….

복운(福運)명 행복을 누릴 좋은 운수.

복원(伏願)명하타 ☞복망(伏望).

복원(復元·復原)명하타되자 원래대로 회복함. ¶문화재의 복원. ⟨옛 성곽의 복원 공사.

복원(復員)명하타되자 ①군대를 전시 편제로부터 평시 편제로 되돌림. ②전시 체제를 풀어 소집 군인을 집으로 돌려보냄. ↔동원(動員).

복원(復圓)하자 일식 또는 월식이 끝나고 해나 달이 본디의 둥근 모양으로 돌아감, 또는 둥근 모양으로 돌아간 그 상태.

복원-력(復元力) [-녁]명 ①손상되거나 변형된 물체가 본디 상태로 되돌아가려고 하는 힘. ②수면에 뜬 배가 다른 힘으로 말미암아 기울어졌을 때, 배의 중력(重力)과 부력(浮力) 따위의 힘이 작용하여 정상적인 상태로 되돌아가려고 하는 힘.

복원-령(復員令) [-녕]명 복원을 지시하는 명령. ↔동원령.

복원-성(復元性) [-썽]명 기울어진 배나 비행기 등이 복원력에 의해 정상적인 상태로 되돌아가려고 하는 성질.

복위(復位)명하자되자 한때 폐위되었던 임금이나 후비(后妃)가 다시 그 자리에 오름.

복유(伏惟)부 삼가 엎드려 생각하옵건대.

복은(伏隱)명하자 납작 엎드려 몸을 숨김.

복음(福音)명 ①반가운 소식. ②기독교에서, 그리스도에 의해서 인류가 구원을 받게 된다는 기쁜 소식, 또는 그것을 전하는 가르침. ③⟨복음서.

복음(複音)명 ①발음하는 동안에 처음과 나중이 다르게 소리 나는 모음과 자음〔곧, 모음 'ㅑ·ㅕ·ㅛ·ㅠ·ㅒ·ㅖ·ㅘ·ㅝ·ㅞ·ㅢ'와 자음 'ㅊ·ㅋ·ㅌ·ㅍ·ㄲ·ㄸ·ㅃ·ㅆ·ㅉ' 따위〕. 겹소리. ②두 개 이상의 높이가 다른 음을 동시에 냄으로써 이루어지는 음. ↔단음(單音).

복음^사:덕(福音四德)명 가톨릭에서, 예수가 복음으로써 가르친 네 가지 덕행, 곧 겸손·가난·정결·순명(順命)을 이름.

복음-서(福音書)명 신약 성서 중 예수의 생애와 언행을 적은 마태복음·마가복음·누가복음·요한복음의 네 책을 아울러 이르는 말. 복음.

복음^성:가(福音聖歌)명 기독교적 신앙과 교리를 제재로 한 가요. 가스펠송.

복음-주의(福音主義) [-의/-이]명 복음을 받들어 실천하는 것을 중심으로 하는 주의. 특히, 믿음으로 구원을 얻는 것을 강조함.

복음-회(福音會) [-회/-훼]명 기독교회에서, 복음을 연구하거나 전도하기 위한 모임.

복응(服膺)명하타 (가르침 따위를) 마음에 간직하여 잊지 않음.

복의(復衣) [보긔/보기]명 초혼(招魂)할 때 쓰는, 죽은 사람의 옷.

복이-나인(僕伊內人)명 조선 시대에, 나인에게 딸린 하인을 이르던 말.

복익(伏翼)명 ☞박쥐.

복인(服人)명 일 년이 안 되게 상복(喪服)을 입는 사람.

복인(福人)명 복이 많은 사람. 유복한 사람.

복인(福因)명 복을 누리게 되는 원인.

복인-복과(福因福果) [-꽈]명 불교에서, 선행(善行)으로 말미암아 행복한 과보(果報)를 누리게 됨을 뜻하는 말. 선인선과.

복일(卜日)명하타 그날의 길흉(吉凶)을 점침. 점을 쳐서 좋은 날을 가림.

복일(伏日)명 ☞복날.

복임(復任)명하자되자 이전의 관직으로 다시 돌아옴. ⑪복직.

복임-권(複任權) [-꿘]명 복대리인(複代理人)을 선임할 수 있는 대리인의 권한.

복자[1](-字)명 ⟨복자망건⟩의 준말.

복자[2](-字)명 ⟨기름복자⟩의 준말.

복자(卜者) [-짜]명 점쟁이.

복자(伏字·覆字) [-짜]명 ①조판(組版)에서, 필요한 활자가 없는 곳에 임시로 활자를 뒤집어서 넣어 둔 것. ②하자되자 인쇄물에서, 밝히기를 꺼려 '○'이나 '×' 따위의 표를 찍음, 또는 그 표.

복자(福者) [-짜]명 교황청에서 모든 신도의 모범으로 공경할 만하다고 지정하여 공표한 사람. 〔'성인(聖人)'의 다음 품계에 해당함.〕

복자-리(服-) [-짜-]명 ⟨복인(服人)⟩의 속된 말.

복자-망건(-網巾) [-짜-]명 망건의 한 가지. 편자가 길고 당의 둘레는 짧아서 위가 오그라지게 되어 있음. ㉣복자.

복-자방(福子房) [-짜-]명 ⟨복실자방⟩의 준말. 겹씨방.

복-자엽(複子葉) [-짜-]명 ☞쌍떡잎. ↔단자엽.

복-자예(複雌蕊) [-짜-]명 두 개 이상의 심피(心皮)로 이루어진 자예. ↔단자예.

복-자음(複子音) [-짜-]명 국어에서, 둘 이상의 단자음으로 이루어진 자음. 'ㅊ·ㅋ·ㅌ·ㅍ·ㄲ·ㄸ·ㅃ' 따위. 거듭소리. 겹닿소리. 중자음. ↔단자음.

복작-거리다 [-짝꺼-]자 자꾸 복작복작하다. 복작대다. ⑪북적거리다.

복작-대다 [-짝때-]자 복작거리다.

복작-복작 [-짝뽁짝]부하자 많은 사람이 좁은 곳에 모여 수선스럽게 들끓는 모양. ¶백화점에 고객들이 복작복작 들끓다. ⑪북적북적.

복작-식(複作式) [-짝씩]명 같은 시기에, 같은 논이나 밭에 두 가지 이상의 곡식이나 채소를 심는 재배 방식.

복잡(複雜) '복잡하다'의 어근.

복잡-노동(複雜勞動) [-짬-]명 ☞숙련노동. ↔단순노동.

복잡다기(複雜多岐) '복잡다기하다'의 어근.

복잡다기-하다(複雜多岐-) [-짬따-]형어 ☞복잡다단하다.

복잡다단(複雜多端) '복잡다단하다'의 어근.

복잡다단-하다(複雜多端-) [-짬따-]형어 일이 얽히고 설키어 갈피를 잡기 어렵다. 복잡다기하다. ¶예측할 수 없을 만큼 복잡다단한 세계 정세.

복잡-반응(複雜反應) [-짬빠능]명 심리학에서, 자극과 반응 사이에 여러 고등 정신 작용이 끼는 반응. 복합 반응.

복잡-스럽다(複雜-) [-짬쓰-따][~스러우니·~스러워]형ㅂ (여러 가지 사물이나 사정 등이) 겹치거나 뒤섞여 어수선한 데가 있다. ¶일이 복잡스럽게 얽히다. **복잡스레**부.

복잡-하다(複雜-) [-짜파-] 혱어 (여러 가지 사물이나 사정 등이) 겹치고 뒤섞여 어수선하다. ¶복잡한 사정.

복장(-짱) 명 〈복정(卜定)〉의 변한말.

복장(伏藏) [-짱] 명 ①덮드려 숨음. ②하타 깊이 감추어 둠. ③하타 불상을 만들 때, 부처의 가슴에 금·은·칠보 따위를 넣음.

복장(服裝) [-짱] 명 옷, 또는 옷차림.

복장(腹臟) [-짱] 명 ①가슴 한복판. 흉당(胸腔). ¶복장을 치며 한탄하다. ②속마음에 품고 있는 생각. ¶복장이 검다.

복장(이) 타다관용 (답답하거나 울화가 치밀어) 가슴이 타다. 애간장이 타다.

복장(이) 터지다관용 몹시 마음에 답답함을 느끼다. ¶그의 답답한 언행을 보노라면 복장이 터질 것만 같다.

복장(福將) [-짱] 명 지혜나 용맹보다는 운이 좋아서 싸움에 번번이 이기는 복 있는 장수.

복장(複葬) [-짱] 명 장사를 지내고 일정 기간 뒤에 다시 뼈를 처리하는 장례 방식. ↔단순장.

복재(伏在) [-째] 명하자 겉으로 드러나지 않고 속에 숨겨져 있음.

복-재기(服-) [-째-] 명 〈복인(服人)〉의 속된 말.

복적(復籍) [-쩍] 명하자 혼인이나 입양 등으로 호적을 떠났던 사람이 이혼(離婚)으로 말미암아 본디 호적으로 되돌아가는 일.

복전(福田) [-쩐] 명 [복을 거두는 밭이라는 뜻으로] 불교에서, 공양을 받을 만한 법력이 있는 이에게 공양하고 선행을 쌓아서 내생(來生)의 복을 마련하는 일을 뜻하는 말.

복절(伏節)[1] [-쩔] 명 절개를 굳게 지킴.

복절(伏節)[2] [-쩔] 명 삼복(三伏)이 든 더운 철.

복절(腹節) [-쩔] 명 곤충의 배 부분을 이루는 고리 모양의 마디.

복점(卜占) [-쩜] 명하타 점을 쳐서 길흉(吉凶)을 미리 가리는 일. 점복.

복점(複占) [-쩜] 명하타 두 업체가 시장을 독점하려고 경쟁적으로 동일 상품을 시장에 공급함, 또는 그런 형태. �241과점·독점.

복정(卜定) [-쩡] 명 ①왕조 때, 상급 관아에서 하급 관아에 지시하여 그 지방의 산물을 거두어 바치게 하던 공물의 액수. ②지정한 일에 대하여 꼭 실행하도록 강요하는 일. 241복장.

복정(을) 씌우다관용 복정을 안기다.

복정(을) 안기다관용 억지로 부담을 지우다.

복정(을) 안다관용 억지로 맡아 부담하다.

복제(服制) [-쩨] 명 ①상례(喪禮)에서 정한 오복(五服)의 제도. 241복(服). ②의복에 관한 제도나 규정.

복제(複製) [-쩨] 명하타되자 ①본디의 것과 똑같이 만듦, 또는 만든 그것. ②미술품이나 저작물을 인쇄·복사·녹음 등의 방법으로 원형 그대로 만드는 일, 또는 만든 그것.

복제-판(複製版) [-쩨-] 명 복제한 책이나 그림 따위.

복제-품(複製品) [-쩨-] 명 복제한 물품.

복조(復調) [-쪼] 명하타 변조파(變調波)에서 신호를 이끌어 냄, 또는 그러한 조작.

복조(福祚) [-쪼] 명 〈복(福)〉.

복-조리(福笊籬) [-쪼-] 명 정월 초하룻날 새벽에 팔러 다니는 조리.

복족-강(腹足綱) [-쪽깡] 명 연체동물의 한 강(綱). 잘 발달한 머리와 평평하고 잘 길 수 있는 발이 있고 똬리같이 생긴 껍데기를 가졌음. [고둥·소라·전복·달팽이·우렁이 따위.]

복종(服從) [-쭝] 명하자 남의 명령·요구·의지 등에 그대로 따름. ¶상관의 명령에 복종하다.

복종(僕從) [-쭝] 명 ⇨복부(僕夫).

복좌(複座) [-좌] 명 (주로 항공기에서) '조종석이 두 자리임, 또는 그런 형식의 항공기임'을 나타내는 말. 복좌 전투기. ↔단좌(單座).

복죄(服罪·伏罪) [-죄/-줴] 명하자 죄를 순순히 인정함. ¶판결에 복죄하다.

복주(伏奏) [-쭈] 명하타 (임금 앞에) 엎드리어 아룀.

복주(伏誅) [-쭈] 명하자 형벌을 받아 죽음. 사형을 당함. 복법(伏法).

복주(輻輳·輻湊) [-쭈] 명하자 〈폭주〉의 본딧말.

복주-감투 [-쭈-] 명 지난날, 중이나 노인들이 겨울철에 쓰던 방한모의 한 가지. 양옆을 내리면 볼까지 가릴 수 있게 만들었음. 241감투.

복주-병진(輻輳竝臻) [-쭈-] 명 〈폭주병진〉의 본딧말.

복중(伏中) [-쭝] 명 초복에서 말복까지의 동안.

복중(服中) [-쭝] 명 기년복(朞年服) 이하의 상복(喪服)을 입고 있는 동안.

복중(腹中) [-쭝] 명 ①배 속. ②복중의 아기.

복지(卜地) [-찌] 명하자 ⇨복거(卜居).

복지(伏地) [-찌] 명하자 땅에 엎드림.

복지(服地) [-찌] 명 양복감.

복지(蔔枝) [-찌] 명 ⇨기는가지.

복지(袱紙) [-찌] 명 〈약복지(藥袱紙)〉의 준말.

복지(福地) [-찌] 명 ①복을 누리며 잘 살 만한 땅. ¶가나안 복지. ②풍수설에서, '지덕(地德)이 좋은 땅'을 뜻하는 말. ③⇨지당(地堂).

복지(福祉) [-찌] 명 만족할 만한 생활 환경. ¶직원의 복지 향상에 힘쓰다.

복지^국가(福祉國家) [-찌-까] 명 국가의 기본 목표를 국민의 생존권의 보장과 생활상의 행복을 늘려 나가는 데 두는 국가.

복지부동(伏地不動) [-찌-] 명하자 [땅에 엎드려 움직이지 아니한다는 뜻으로] '마땅히 해야 할 일을 하지 않고 몸을 사림'을 비유하여 이르는 말.

복지^사:업(福祉事業) [-찌-] 명 국민의 생활상의 행복을 늘려 나가기 위해서 하는 온갖 사업. 복리 사업.

복지^사회(福祉社會) [-찌-회/-찌-훼] 명 사회 보장 제도가 잘 운영되어 사회 구성원의 생활이 향상되고 행복하게 생존권을 누리는 사회.

복지^시:설(福祉施設) [-찌-] 명 국민의 사회 복지를 위한 시설. [보육원·양로원 등.] 복리 시설.

복지^연금(福祉年金) [-찌-] 명 〈국민 복지 연금〉의 준말.

복직(復職) [-찍] 명하자되자 한때 그 직(職)을 그만두었던 사람이 다시 본디의 자리로 돌아옴. 복임(復任). ¶군 복무를 마치고 회사에 복직하다.

복-진자(複振子) [-쩐-] 명 강체(剛體)를, 그 내부의 한 고정점을 지나는 축에 매달아 중력의 작용으로 그 주위를 진동하게 만든 장치. 강체 진자. 실체 진자. 합성 진자.

복차(卜-) 명 〈복채(卜債)〉의 변한말.

복차(伏-) 명 〈복처(伏處)〉의 변한말.

복착(服着) [-착] 명하타 ①옷을 입음. ②입은 옷.

복찰(卜察) 명하타 점을 쳐서 살핌.

복차-다리(-차따-/-찬따-) 명 큰길을 가로질러 흐르는 작은 개천에 놓은 다리.

복창(伏悵) 명하혱 '마음에 섭섭하고 궁금함'의 뜻으로, 한문 투의 편지 글에서 쓰이는 말.

복창(復唱)[명][하타] (말로써 들은 명령이나 지시 내용을 확인하기 위하여 그 자리에서) 명령이나 지시의 말을 그대로 소리 내어 외는 일.

복창(復窓)[명] ☞겹창.

복창-증(腹脹症)[一증][명] 배 속에 탈이 생겨 배가 팽팽하게 부어오르는 병.

복재(卜債)[명] 점을 친 대가로 점쟁이에게 주는 돈. 倒복차.

복처(伏處)[명] 조선 시대에, 순라군이 머무르면서 경비를 하던 초소. 倒복차.

복-처리(福一)[명] 복이 없어 무슨 일을 하든지 잘 되지 않는 사람을 두고 이르는 말.

복철(複鐵)[명] 〈복선 철도〉의 준말. ↔단철.

복철(覆轍)[명] 〔앞서 가던 수레의 엎어진 자취라는 뜻으로〕앞 사람이나 남이 실패한 전례(前例). 전철(前轍).

복첨(福籤)[명] 상금이나 경품이 걸린 제비뽑기.

복첩(卜妾)[명] 자기와 성(姓)이 다른 여자를 가려 첩으로 맞아들이다.

복초(伏醋)[명] 복날에 술을 삭혀서 만든 초.

복축(卜築)[명] 점(占)으로, 살 만한 곳을 가려서 집을 지음.

복축(伏祝)[명][하타] '엎드려 축원함'의 뜻으로, 한문 투의 편지 글에서 쓰는 말.

복-치마(服一)[명] 거상(居喪)하는 여자가 상복으로 입는 치마.

복칭(複稱)[명] ①둘 이상의 사물을 아울러 이르는 이름. ②복잡한 명칭. ↔단칭(單稱).

복태(卜駄)[명] 말에 실은 짐바리.

복토(覆土)[명][하자] (씨를 뿌린 다음에) 흙을 덮음, 또는 그 흙.

복통(腹痛)[명] ①배의 동증. 배가 아픈 증세. ②[하자]매우 원통하고 답답함, 또는 그런 상태. ¶저 꼴을 보고 있자니, 복통할 노릇이다.

복판[명] ①일정한 공간이나 사물의 한가운데. ¶과녁 복판에 명중시키다. /마당 복판. ②소의 갈비나 대접, 또는 도가니의 중간에 붙은 고기.

복표(福票)[명] ☞복권(福券).

복학(卜學)[보캄][명] 복술(卜術)에 관한 학문.

복학(復學)[보캄][명][되자] (정학·휴학·퇴학 등으로) 학교를 떠나 있던 학생이 다시 그 학교에 다니게 됨. 복교(復校).

복학(腹瘧)[명] 한방에서, 비장(脾臟)이 부어 배 속에 뜬든한 것이 생기면서 한열(寒熱)이 심히 나는 어린아이의 병을 이름. 자라배.

복학(을) 잡다[관용] 복학의 병근(病根)을 없애어 병을 그치다.

복학-생(復學生)[보캄쌩][명] 복학하여 학교에 다니는 학생.

복합(伏閤)[보캄][명][하자] 왕조 때, 나라에 큰일이 있을 때 관원이나 유생이 대궐 문 앞에 엎드려 상소(上訴)하던 일.

복합(複合)[보캄][명][하타][되자] 두 가지 이상의 것이 하나로 합쳐짐, 또는 그렇게 합침. ¶여러 요인이 복합되어 빚어진 대형 사고.

복합-개:념(複合概念)[보캄깨―][명] 많은 속성과 내용을 포함하는 개념. '동물'·'꽃'·'새' 등과 같은 개념. 복합적 개념. ↔단순 개념.

복합-관(複合管)[보캄판][명] 하나의 진공관 안에 둘 이상의 진공관을 넣은 관.

복합-국(複合國)[보캄꾹][명] ☞복합 국가. ↔단일국.

복합^국가(複合國家)[보캄꾸까][명] 둘 이상의 국가가 결합하여 이루어진 국가. 〔아메리카 합중국·영국 연방 따위.〕복합국.

복합^대:명사(複合代名詞)[보캄때―][명] 둘 이상의 말이 어우러진 대명사. 〔이이·저이 따위.〕

복합^동:사(複合動詞)[보캄똥―][명] 둘 이상의 말이 어우러진 동사. 〔여닫다·드나들다 따위.〕

복합-란(複合卵)[보캄난][명] 한가운데 있는 난세포와 그것을 싸고 있는 난황 세포가 한 알껍질 속에 들어 있는 알. ↔단일란.

복합^명사(複合名詞)[보캄―][명] 둘 이상의 말이 어우러진 명사. 〔고무신·가루약 따위.〕

복합^박자(複合拍子)[보캄빡짜][명] 2박자 또는 3박자 등의 단순 박자가 겹쳐서 이루어진 박자. 〔4박자·6박자·8박자 등.〕

복합^반:응(複合反應)[보캄빠능][명] ☞복잡반응.

복합^부:사(複合副詞)[보캄뿌―][명] 둘 이상의 말이 어우러진 부사. 〔싱글벙글·좀더 따위.〕

복합^비타민제(複合vitamin劑)[보캄―][명] 두 가지 이상의 비타민을 혼합하여 만든 약제.

복합^사회(複合社會)[보캄싸회/보캄쌔훼][명] 같은 문화 단위 안에 함께 있으면서 서로 융합되지 않는 복수의 집단을 가진 사회. ↔단순 사회.

복합^삼각주(複合三角洲)[보캄쌈―주][명] 두 이상의 하천이 하나의 하구로 흘러들 때 이루어지는, 경계가 분명하지 않은 두 개의 삼각주.

복합^섬유(複合纖維)[보캄써뮤][명] 서로 다른 두 가지 이상의 섬유를 혼합한 섬유.

복합-세(複合稅)[보캄쎼][명] 하나의 화물에 대하여 종가세(從價稅)나 종량세(從量稅) 등 서로 다른 과세 표준에 따라 이중으로 부과하는 과세 제도.

복합-수(複合數)[보캄쑤][명] ☞합성수.

복합-어(複合語)[보캄버][명] (합성어나 파생어와 같이) 둘 이상의 형태소로 이루어진 말. 〔지붕·맏아들·들다리·치밀다 따위〕. 겹씨. 倒합성어·파생어.

복합^영농(複合營農)[보캄녕―][명] 미곡(米穀) 농사와 원예·축산, 특용 작물 재배 등을 아울러 하는 농업 경영.

복합-음(複合音)[보캄뿜][명] 진동수가 다른 둘 이상의 순음의 결합으로 된 음.

복합-적(複合的)[보캄쩍][관] 두 가지 이상의 것이 하나로 합쳐져 있는 (것). ¶복합적요인. /복합적인 증세.

복합적 개:념(複合的概念)[보캄쩍깨―][명] ☞복합 개념.

복합적 삼단^논법(複合的三段論法)[보캄쩍쌈―뻡][명] 둘 이상의 삼단 논법 사이에서, 하나의 삼단 논법의 결론이 다른 삼단 논법의 전제가 되는 논법. 연결 추리.

복합^조:사(複合助詞)[보캄쪼―][명] 둘 이상의 조사가 결합하여 된 조사. 〔보다는·에서부터 따위.〕

복합-체(複合體)[보캄―][명] 두 가지 이상의 것이 결합하여 하나로 된 것.

복합^형용사(複合形容詞)[보캄펑―][명] 둘 이상의 말이 어우러진 형용사. 〔손없다·검붉다 따위.〕

복합^화:산(複合火山)[보캄화―][명] 몇 개의 화산이 겹쳐서 이루어진, 구조가 복잡한 화산. 〔복성 화산 따위.〕

복항(復航)[보캉][명][하자] 배가 떠났던 항구로 다시 돌아가는(돌아오는) 항해. 귀항(歸航).

복행(伏幸)[보캥][명] 〔한문 투의 편지 글에서〕'자신의 다행함'을 겸손하여 이르는 말.

복-허리(伏一)[보커―][명] 복중(伏中)의 가장 무더운 고비. ¶복허리를 넘기다.

복호(伏虎)[보코][명] 엎드려 있는 범.

복호(復戶)[보코]�� 조선 시대에, 충신·효자·절부(節婦)에게는 요역(徭役)과 전세(田稅) 이외의 잡부금을 면제하던 일.

복호(複號)[보코]�� ☞복부호(複符號).

복호-결(復戶結)[보코-]�� 조선 시대에, 복호 때문에 생기는 재정의 부족을 보충하기 위하여, 일반 조세 중에서 따로 모아 예비하던 일.

복혼(複婚)[보콘]�� 아내 또는 남편이 동시에 두 사람 이상 있는 혼인 형태. [일부다처혼·일처다부혼·집단혼 따위.] ↔단혼(單婚).

복화(複花)[보콰]�� 꽃이나 꽃차례의 수가 변태적으로 늘어서 된 기형의 꽃.

복화-과(複花果)[보콰-]�� 여러 꽃에서 생긴 많은 열매가 한데 모여서 하나의 열매처럼 생긴 과실. [오디나 파인애플 따위.] 다화과. ☞복과. ☞단과화.

복-화산(複火山)[보콰-]�� 〈복성 화산〉의 준말.

복화-술(腹話術)[보콰-]�� 입술을 거의 움직이지 않으며, 제 목소리와는 다른 목소리를 내어 마치 다른 사람이 말하는 것처럼 느끼게 하는 기술. [인형극 등에서 쓰임.]

복화-실험(複化實驗)[보콰-]�� 동시에 들어오는 두 가지 이상의 감각 자극에 대한 동시적 인식의 실험.

복-화합물(複化合物)[보콰함-]�� 화합물끼리 결합하여 생긴 화합물.

복-활차(複滑車)[보콰-]�� ☞겹도르래.

볶다[복따]�� ①마른 식품을 냄비 등에 담아 불에 올려놓고 조금 눌을 만큼 저으면서 익히다. ¶콩을 볶다. ②채소나 고기 따위를 냄비에 넣어 불에 올려놓고 물이나 기름을 바탕서 부어 뒤적거리면서 익히다. ¶나물을 볶다. ③못 견디도록 재촉하거나 시달리게 하다. ¶일을 빨리 하라고 들들 볶다. ④'머리를 곱슬곱슬하게 파마하다'를 속되게 이르는 말. ＊볶아·볶는[볶-]

볶은 콩 먹기[속담] '그만 먹겠다면서도 결국은 다 먹어 버림'을 비유하여 이르는 말.

볶아-때리다[볶아치다'를 낮잡아 이르는 말.

볶아-치다자 ①몹시 급하게 몰아치다. ¶빨리 내놓으라고 볶아치다. ②몹시 성가시게 하다.

볶은-장(-醬)�� 쇠고기를 말려서 만든 가루에 깨·생강·후춧가루·파 등을 넣고, 간장·기름·설탕을 쳐서 주무른 뒤 지직하게 볶은 음식. 초장(炒醬).

볶음�� ①어떤 재료에 양념을 하여 기름이나 간장에 볶는 일, 또는 그 음식. ②《일부 명사 뒤에 쓰이어》 볶아서 만든 음식의 뜻을 나타내는 말. ¶오징어볶음.

볶음-밥�� 밥과 잘게 썬 고기·당근·감자 따위를 섞으면서 기름으로 볶아 소금이나 간장으로 간을 맞춘 음식.

볶-이다자 [『볶다'의 피동] 볶음을 당하다. ¶콩이 볶이다. /날마다 성화 같은 재촉에 볶이다.

본(本)¹�� ①모범이 될 만한 일. ¶아우도 형의 본을 받아 효성이 지극하다. ②〈본보기〉의 준말. ③본보기로 삼기 위해 오려 만든 종이. 형지(型紙). ¶본을 뜨다.

본(本)²�� 〈본관(本貫)〉의 준말. ¶성(姓)은 같으나 본이 다르다.

본(本)³�� 〈본전(本錢)〉의 준말.

본(本)관 (지금 말하고 있는) '이'의 뜻을 나타냄. ¶본 사건의 해결은 시간 문제다.

본-(本)접두 《일부 명사 앞에 붙어》 '근본·본디' 등을 뜻함. ¶본바탕. /본고향. /본마음.

-본(本)접미 일부 명사 뒤에 붙어, 그것이 뜻하는 내용의 '책'임을 나타냄. [초간본·중간본·개정본 따위].

본가(本家)�� 분가하기 이전의 본디의 집. 본집. ↔분가.

본가(本價)[-까]�� ☞본값.

본가-댁(本家宅)[-땍]�� '본가'를 높여 이르는 말.

본각(本覺)�� 불교에서 이르는 삼각(三覺)의 하나. 현상계(現象界)의 제상(諸相)을 초월한 궁극의 깨달음.

본간(本幹)�� 근본이 되는 줄기. 원줄기.

본-값(本-)[-깝]�� (물건을 팔기 위하여) 그 물건을 사들일 때의 값. 본가(本價). 본전(本錢). 원가(原價). ＊본값이[-깝씨]·본값만[-깜-]

본갱(本坑)�� 광산에서의 주되는 갱도.

본거(本據)�� 생활이나 활동의 중심이 되는 곳. 본거지. ¶인천에 본거를 둔 가공 무역 업체.

본거-지(本據地)�� 근거지.

본건(本件)[-껀]�� 이 사건. 이 안건. 이 일. ¶본건은 증거 불충분으로 다시 경찰로 넘긴다.

본격(本格)[-껵]�� ①본디의 격식이나 방식, 또는 그러한 것을 갖추고 있는 것. ②본래의 바른 방식.

본격^소:설(本格小說)[-껵쏘-]�� 소설의 제재를 사회의 현실에서 구하여 인간의 심리적 갈등을 보다 객관적으로 그리는 예술적 가치를 중시하는 소설.

본격-적(本格的)[-껵쩍]관명 ①본래의 형식이나 방식에 따르고 있는 (것). ¶본격적인 한국화의 기법을 익히다. ②어떤 일의 진행 상태가 제 궤도에 올라 제격에 맞게 적극적인 (것). ¶본격적 협상. /본격적인 여름이 다가왔다. ③격조가 높은 (것). ¶본격적인 작품.

본격-화(本格化)[-껵콰]명하자타되자 본격적이 됨, 또는 본격적이 되게 함. ¶출전에 앞서 강화 훈련을 본격화하다.

본견(本絹)�� 명주실만으로 짠 비단. 순견(純絹). ↔인조견.

본-결(本-)[-껼]�� 지난날, 비(妃) 또는 빈(嬪)의 친정을 이르던 말. ＊본결이[-껴치]·본결을[-껴를]

본결-나인(←本-內人)[-껸-]�� 비(妃)나 빈(嬪)이 본결에서 데리고 들어온 나인.

본-계집(本-)[-계-/-게-]�� 〈본처(本妻)〉의 속된 말.

본-고사(本考査)�� 본시험을 예비 시험에 상대하여 이르는 말. ¶본고사를 치르다.

본-고장(本-)�� ①☞본바닥. 본처(本處). ¶제주도는 귤의 본고장이다. ②☞본고향. ⓒ본곳.

본-고향(本故鄉)�� 본디의 고향. 본고장.

본-곳(本-)[-곧]�� 〈본고장〉의 준말. ＊본곳이[-고지]·본곳만[-곤-]

본과(本科)�� 〈과〉 예과(豫科)·속성과(速成科)·강습과(講習科) 등의 별과(別科)가 있는 학교에서, 중심이 되는 과.

본관(本官)�� Ⅰ과 ①왕조 때, 제 고을의 수령(守令)을 일컫던 말. 본관 사또. ②겸관(兼官)에 대하여 그 사람의 본래의 관직. Ⅱ대 관직에 있는 사람이 직무상 자기를 일컫는 말. 본직(本職).

본관(本貫)�� ☞관향(貫鄉). ⓒ본(本)².

본관(本管)�� 수도관·가스관·하수관 등의 지관(支管)에 대하여, 본줄기가 되는 굵은 관.

본관(本館)�� 별관(別館)이나 분관(分館)에 대하여, 주가 되는 건물.

본교(本校)명 ①분교(分校)에 대하여, 중심이 되는 학교. ②(자기가 다니고 있는) 이 학교. ②‡=우리학교.

본국(本局)명 ①지국(支局)이나 분국(分局)에 대하여, 중심이 되는 국(局). ②(자기가 딸리어 있는) 이곳의 국(局).

본국(本國)명 ①(외국에 있는 사람의) 자기가 태어난 나라. 자기의 국적이 있는 나라. 고국(故國). 모국(母國). 본방(本邦). 조국. ②식민지나 피보호국에 대하여 그 보호국을 이름. 본토(本土). ③이 나라.

본국-검(本國劍)[-꺽]명 십팔기, 또는 무예 이십사반의 하나. 요도(腰刀)로 하는 검술의 한 가지.

본국-법(本國法)[-뻡]명 당사자의 국적(國籍)이 있는 나라의 법률.

본국-어(本國語)명 (외국에 있는 사람의) 자기 나라의 고유한 말. 모국어.

본권(本權)[-꿘]명 사실 관계로서의 점유(占有)를 정당화시키는 실질적인 권리. 〔소유권·지상권(地上權)·질권(質權) 따위.〕

본-궤도(本軌道)명 ①일이 본격적으로 되어 나가는 단계(형편). ¶본궤도에 오르다. /생산이 본궤도에 들어서다. ②근간이 되는 중요한 궤도. ¶우주선이 본궤도에 진입하다.

본-그늘(本-)명 ➡본그림자.

본-그림(本-)명 ➡원그림.

본-그림자(本-)명 ①물체에 가리어 광원(光源)의 빛을 전혀 받지 못하는 부분. 본그늘. 본영(本影). ↔반그림자. ②태양의 흑점 한가운데에 있는 검은 부분.

본-금(本-)명〈본금새〉의 준말.

본금(本金)명 ➡본전(本錢).

본-금새(本-)명 본값의 높고 낮은 정도. ⑥본금.

본급(本給)명 수당 따위를 합하지 아니한, 기본 되는 급료. 기본급. 본봉(本俸).

본기(本紀)명 기전체의 역사책에서, 제왕의 사적을 적은 내용. 기(紀). ⚑열전(列傳).

본-길(本-)명 ①본디의 길. ②바른 길.

본-남편(本男便)명 개가(改嫁)하기 전의 남편. 본부(本夫).

본년(本年)명 올해.

본-노루명 태어난 지 오래된, 늙고 큰 노루.

본능(本能)명 (동물이, 경험이나 학습 등을 통하여 후천적으로 터득한 것이 아닌) 선천적으로 타고난 성질이나 능력. 〔동물의 종(種)에 따른 고유한 행동 양식을 이름.〕

본능-적(本能的)관형 본능에 따라 움직이려고 하는 (것). ¶본능적 욕구. /본능적으로 느끼다.

본능-주의(本能主義)[-의/-이]명 본능을 충족시키는 일을 인생의 최대 목적으로 삼는 인생관.

본답(本畓)명 (못자리에 대하여) 볏모를 옮겨 심을 논.

본당(本堂)명 ①절에서, 본존(本尊)을 모신 주된 건물을 이름. ②가톨릭에서, 주임 신부가 머무르고 있는 성당을 이름. ☞본당 신부.

본대(本隊)명 ①군대에서, 전위(前衛)에 대하여 사령부(지휘부)가 있는 후속 부대를 이름. ②(자기가 딸려 있는) 이 부대.

본댁(本宅)명 ①〈본집〉의 높임말. ②〈본댁네〉의 준말.

본댁-네(本宅-)[-땡-]명 첩에 대하여 정실(正室)을 이르는 말. ⑥본댁.

본-데명 보아서 배운 범절이나 지식 또는 솜씨. ¶본데가 있는 사람이다.

본데-없다[-업따]형 보아서 배운 범절이나 지식이 없다. 본데없-이위 ¶본데없이 자라서 예절을 모르다.

본도(本島)명 군도(群島)나 열도(列島) 중에서, 중심이 되는 큰 섬.

본-도(本道)명 ①(지름길이 아닌) 본래의 길. ②바른 방법. 바른 도리.

본동(本洞)명 (자기가 살고 있는) 이 동네.

본-동사(本動詞)명 보조 용언의 도움을 받는 동사. 자립성을 가지고 홀로 문장의 주체를 서술하는 기능을 가짐. 자동사와 타동사의 구별이 있음. 〔'그는 어제 떠나 버렸다.'에서의 '떠나(떠나다)' 따위.〕으뜸움직씨. ☞보조 동사.

본드(bond)명 접착제의 한 가지. 〔본디는 상품명임.〕

본-등기(本登記)명 확정된 등기, 곧 등기의 본디의 효력인 대항력을 발생시키는 등기. ↔가등기.

본디(本-)명 어떤 사물의 처음. 또는, 겉으로 드러난 모습과는 다른 사물의 근본. 본래. 본시(本是). 원래. ¶나도 본디는 매우 건강한 체격이었지.

본딧-말[-딘-]명➡원말.

본디(本-)〔옛〕본디. ¶귀마팃 터리는 본디 절로 세오(杜初10:10).

본때명 이렇다 하고 보일 만한 본보기.

본때(가) 있다관용 ①본보기로 삼을 만한 데가 있다. ②멋이 있다.

본때를 보이다관용 (다시는 되풀이되지 않게) 엄하게 다스리다. ¶다시는 그런 일 없도록 본때를 보여 주어야겠다.

본-뜨다(本-)[~뜨니·~떠]타 ①무엇을 본보기로 하여 그대로 좇아 하다. ¶착한 행실을 본뜨다. ②어떤 일이나 물건을 본으로 하여 그대로 꾸미거나 만들다. ¶추사(秋史)의 글씨를 본떠 놓은 수(繡).

본-뜻(本-)[-뜯]명 ①근본이 되는 뜻. ②➡본의(本意). ¶그의 본뜻을 모르겠다. ＊본뜻이 [-뜨시]·본뜻만[-뜬-]

본란(本欄)[-놜-]명 ①잡지 등의 중심이 되는 난(欄). ②(화제로 삼고 있는) 바로 이 난(欄).

본래(本來)[볼-]명➡본디.

본래-공(本來空)[볼-]명 불교에서, 이 세상에 있는 만물은 모두 가짜 존재이며, 본디 아무것도 없는 빈 것이라는 뜻으로 이르는 말.

본래-면목(本來面目)[볼-]명 불교에서, 중생이 본디부터 지니고 있는, 천연 그대로의 심성(心性)을 이르는 말.

본래-성불(本來成佛)[볼-]명 불교에서, 모든 중생은 본디부터 부처라는 뜻으로 이르는 말.

본래-유(本來有)[볼-]명 사람마다 본디부터 지니고 있는 불성(佛性). ⑥본유.

본력(本曆)[볼-]명 약본력(略本曆) 등에 대하여, 그 바탕이 되는 자세한 달력.

본령(本領)[볼-]명 ①일의 근본이 되는 주요한 점. ¶민주 정치의 본령은 주권재민에 있다. ②본래의 특질, 또는 특성. ¶수리를 따지는 일에서 본령을 발휘하다.

본론(本論)[볼-]명 ①논문이나 논설 등의 중심이 되는 부분. ¶본론은 증명과 단정의 두 부분으로 이루어져 있다. ☞서론·결론. ②(화제로 삼고 있는) 이 논(論). ¶본론의 핵심은 바로 여기에 있다.

본루(本壘)[볼-]명 야구에서, 포수 앞에 놓여 있는 베이스. 〔타자가 1루·2루·3루를 돌아 이곳으로 돌아오면 득점이 됨.〕홈 베이스.

본루-타(本壘打)[볼-]명 ➡홈런.

본류(本流) [볼-] 명 ①강이나 내의 원줄기. ↔지류(支流). ②중심이 되는 계통. 주된 유파. ¶ 자연주의 문학의 본류.

본리(本利) [볼-] 명 ☞본변(本邊).

본-마나님(本-) 명 남의 '본처(本妻)'를 높이어 일컫는 말.

본-마누라(本-) 명 '아내'를 첩에 상대하여 이르는 말. 圏큰마누라.

본-마음(本-) 명 본디 품은 마음. 본심. 본의(本意). 본정(本情). ¶ 본마음을 털어놓다. 圏본맘.

본-말(本末) 명 ①일의 처음과 끝. ¶ 일의 본말을 뒤바꾸다. ②일의 주가 되는 중요한 것과 그것에 딸린 대수롭지 않은 것. ¶ 본말을 분별하지 못하니 일을 제대로 해내겠나?

본-맘(本-) 명 〈본마음의 준말〉

본망(本望) 명 본디부터의 소망. 원원(本願).

본맥(本脈) 명 산맥·광맥·엽맥(葉脈)·혈맥(血脈) 등의 원줄기. ↔지맥(支脈).

본-머리(本-) 명 (딴머리에 대하여) 자기의 머리에서 돋아 자란 머리털. 밑머리. ¶ 본머리의 숱이 적다. ↔딴머리.

본명(本名) 명 ①본이름. 실명(實名). ↔가명·별명. ②가톨릭에서, 영세 때에 성인(聖人)의 이름을 따서 짓는 이름을 이르는 말. 圏세례명.

본명(本命) 명 ①태어난 해의 간지(干支). ②타고난 수명(壽命). ¶ 본명을 다하다.

본-모습(本-) 명 본디의 모습.

본목(本木) 명 (다른 섬유가 섞이지 않은) 순수한 무명.

본무(本務) 명 본래의 직무. 본분으로 하는 임무.

본-무대(本舞臺) 명 ①연극이나 쇼 따위를 정식으로 공연하는 무대. ②어떤 일을 정식으로 하는 장소. ¶ 정치의 본무대에 나서다.

본문(本文) 명 ①(서문이나 발문 따위에 대하여) 그 책의 주요 내용을 이룬 부분의 글. ②(주석·번역문 따위에 대하여) 본디의 글. ③〈반절본문〉의 준말.

본문(本門) 명 ①☞정문(正門). ②불교에서, 중생 본유의 묘리(妙理)를 밝히는 법문(法門).

본-문제(本問題) 명 ①(지엽적인 문제에 대하여) 중심이 되는 문제. ②(지금 화제로 삼고 있는) 이 문제.

본미사(本missa) 명 (가톨릭에서, 미사 가운데 '말씀의 전례' 부분을 예비 미사라고 부르는 데 대하여) '성찬(聖餐)의 전례(典禮)' 부분을 이르는 말.

본-밀(本-) [-밀] 명 〈본밑천〉의 준말. • 본밑이 [-미치]·본밑을 [-미틀]·본밑만 [-민-]

본-밑천(本-) [-믿-] 명 자본으로서 본디 들여놓은 돈. 圏본밑.

본-바닥(本-) 명 ①본디부터 사는 곳. ¶ 본바닥 사람은 드물다. ②어떤 물건이 본디부터 생산되는 곳이나 많이 생산되는 곳. 근원지. 본고장. ¶ 인삼의 본바닥은 개성이다.

본-바탕(本-) 명 사물의 근본이 되는 바탕, 또는 타고난 바탕. 본체(本體). 본판(本板). ¶ 다급할 때 사람됨의 본바탕이 드러난다.

본-받다(本-) [-따] 昰 어떤 일이나 행동 따위를 본보기로 하여 그대로 따라 하다. ¶ 어른은 아이들이 본받을 만한 행동을 해야 한다.

본방(本方) 명 한방에서, 의서(醫書)에 있는 그대로의 약방문(藥方文)을 이르는 말.

본방(本邦) 명 ☞본국(本國).

본방(本房) 명 왕조 때, 임금의 장인댁(丈人宅)을 이르던 말.

본범(本犯) 명 재물에 장물성(臟物性)을 부여하는 기본적인 재산 범죄, 또는 그러한 범죄를 저지른 사람.

본법(本法) [-뻡] 명 법률 조문(條文)에서, 그 법률 자체를 가리키는 말. 이 법률. ¶ 본법의 규정에 의하여…. /본법의 효력은 공포 즉시 발생한다.

본변(本邊) 명 본전과 변리. 본리(本利).

본병(本病) 명 아주 낫지 않고 때때로 재발하는, 본디부터 앓고 있는 병. 본증(本症). 본질(本疾). ¶ 본병이 도지다.

본보(本報) 명 신문 보도에서, 그 신문 자체를 스스로 이르는 말. ¶ 본보에 이미 보도된 바와 같이….

본보(本譜) 명 오선지(五線紙)에 적은 정식 악보. ↔약보(略譜).

본보-기(本-) 명 ①본을 받을 만한 것, 또는 본으로 보여 줄 만한 것. 귀감(龜鑑). ¶ 남의 본보기가 되는 행동. ②일의 처리되기 되는가를 알리기 위하여 실제로 보여 주는 것. ¶ 본보기로 벌을 내리다. ③☞견본. ¶ 본보기를 보고… 圏보기·본(本)[1].

본보기를 내다〖관용〗①본보기가 될 물건을 만들다. ②어떤 일의 본보기가 되게 하다.

본-보다(本-) 昰 무엇을 본보기로 삼아 그대로 따라 하다. ¶ 옛 사람들의 행흥을 본보다.

본봉(本俸) 명 ☞본급(本給). 기본급.

본부(本夫) 명 ①본남편. ②본사내.

본부(本部) 명 어떤 조직의 중심이 되는 기관, 또는 그것이 있는 곳. ¶ 대학 본부. /수사 본부.

본부^사령(本部司令) 명 사령부급 이상의 군부대에서, 부대의 경비·시설·행정 등을 맡아보는 사령실의 우두머리.

본부-석(本部席) 명 운동 경기나 대회 등을 지휘·관전하기 위하여, 지휘 본부가 차지하고 있는 자리.

본부-장(本部長) 명 회사 따위 조직의, 본부를 지휘하고 책임지는 사람.

본분(本分) 명 ①그 사람이 마땅히 하여야 할 본디의 의무. ¶ 학생의 본분. ②자기에게 알맞은 분수. ¶ 본분을 지키다.

본사(本寺) 명 ①관할 구역에 딸린 여러 말사(末寺)를 통할하는 큰절. 본산(本山). ②자기가 출가하여 중이 된 절. ③(자기가 딸려있는) 이 절.

본사(本社) 명 ①지사에 대하여) 그 회사의 중심이 되는 사업체. ¶ 본사로 발령을 받다. ↔지사(支社). ②(자기가 일하고 있는) 이 회사. ②당사(當社).

본사(本事) 명 근본이 되는 일.

본사(本師) 명 〔불교에서〕①(으뜸가는 스승이란 뜻으로〕'석가여래'를 이르는 말. ②종조(宗祖)로서 존경받는 스승.

본사(本詞) 명 한 편의 글이나 가사(歌詞) 따위에서, 중심이 되는 글이나 가사.

본-사내(本-) 명 ①'본남편'을 낮추어 이르는 말. 본서방. ②(샛서방을 가진 여자의) 본디의 남편. 본부(本夫).

본산(本山) 명 ①☞본사(本寺). ②어떤 일의 근원이 되는 곳.

본-살(本-) 명 (노름판 따위에서) 밑천으로 가졌던 본디의 돈의 액수. ¶ 본살 생각이 나다.

본살-하다(本-) 재여 노름판 따위에서 잃었던 밑천을 도로 찾다.

본새(本-) 명 ①생김생김. 생긴 모양새. ¶ 고양이의 본새는 영락없는 범이야. ②몸놀림이나 버릇의 됨됨이. ¶ 말하는 본새가 꼭 제 아비 같다.

본색(本色)**명** ①본디의 빛깔. ¶본색보다 더 산뜻한 빛깔. ②본디의 성질. ¶본색을 감추다. / 일이 급해지더니 본색이 드러나더라.

본생(本生)**명** 〈본생가〉의 준말.

본생-가(本生家)**명** 양자로 간 사람의 생가. 생가. ⊕본생. ↔양가(養家).

본생-부모(本生父母)**명** 양자로 간 사람의 생가의 부모. 본생친. 생부모. ↔수양부모·양부모.

본생-친(本生親)**명** ⇨본생부모.

본서(本署)**명** (지서·분서 등에 대하여) 본부가 되는 관서.

본-서방(本書房)**명** 본사내.

본선(本船)**명** 선단(船團) 따위에서, 중심이 되는 배.

본선(本線)**명** 도로나 철도·전선 등에서 주가 되는 선. 간선(幹線). ¶경부 본선. ↔지선(支線).

본선(本選)**명** (예선에 대하여) 우승자를 결정하는 마지막 선발. 본선에 진출하다. ⊕예선.

본선^인도(本船引渡)**명** ⇨에프오비(FOB).

본설(本說)**명** 근본이 되는 설.

본성(本姓)**명** 본디의 성(姓).

본성(本性)**명** (사람의) 본디의 성질. 타고난 성질. 천성(天性). ¶본성이 어질다.

본세(本稅)**명** 부가세를 부과하는 데 기준이 되는 조세.

본소(本訴)**명** 민사 소송에서, 피고로부터 반소(反訴)의 제기 등이 있을 경우, 그 계기가 된 계속(繫屬) 중인 소송.

본숭-만숭(튀하타) 관심이 없이 건성으로 대하는 모양. ¶나를 보고도 본숭만숭한다.

본시(本是)**명** 본디. ¶본시의 사명. /그는 본시부터 그렇다.

본-시험(本試驗)**명** (예비 또는 모의시험 등에 대하여) 주되는 시험이나 실제의 시험. ¶본시험에 합격하다.

본식(本式)**명** 본디의 방식. 정식의 방식.

본실(本室)**명** ⇨정실(正室).

본심(本心)**명** ①본마음. 본의. 본정(本情). ¶그도 본심은 착하다. ②꾸밈이나 거짓이 없는 참마음. ¶본심을 드러내다.

본안(本案)**명** ①민사 소송법에서, 원고의 주장에 따라 심리(審理)의 대상이 되어 있는 사안(事案)의 내용 그 자체를 이르는 말. ②근본이 되는 안건.

본안^판결(本案判決)**명** 민사 소송에서, 소(訴)에 따른 원고의 주장이 온당한가 온당하지 않은가를 판단하는 판결. ↔소송 판결.

본액(本額)**명** 돈의 본디 액수.

본업(本業)**명** (겸하고 있는 직업에 대하여) 주가 되는 직업. 본직(本職). ¶그 작가는 의사가 본업이다. ↔부업. ⊕주업(主業).

본연(本然)**명**하형 (인공을 가하지 아니한) 자연 그대로의 상태. 본디 그대로의 모습. ¶인간 본연의 모습. /대자연을 본연의 모습대로 보존한다. 본연-히튀.

본연지성(本然之性)**명** 사람이 본디부터 지니고 있는 순수한 심성.

본엽(本葉)**명** 떡잎 뒤에 나오는 보통의 잎. 본잎.

본영(本影)**명** 본그림자. ↔반영(半影).

본영(本營)**명** 총지휘관이 있는 군영(軍營). 본진.

본-예산(本豫算)[-녜-]**명** 한 회계 연도의 연간 예산으로서 처음에 편성된 예산. ⊕추가 경정 예산.

본-용언(本用言)[-뇽-]**명** 보조 용언의 도움을 받아 주체를 서술하는 용언. 본동사와 본형용

사. [‘먹어 치우다.’, ‘교실이 별로 넓지 아니하다.’에서 ‘먹어(먹다)’·‘넓지(넓다)’ 따위.] ⊕보조 용언.

본원(本院)**명** ①분원(分院)이나 지원(支院)에 대하여, 중심이 되는 원(院). ↔분원. ②〈자기가 소속되어 있는〉 이 원(院).

본원(本源)**명** 사물의 근원. ¶만물의 본원.

본원(本願)**명** ①본래의 소원. 본망(本望). ②불교에서, 부처와 보살이 일체중생을 구하려고 세운 서원(誓願).

본원-왕생(本願往生)**명** 불교에서, 아미타불의 본원에 따라 극락정토에 왕생하는 일.

본원-적(本源的)[관명] 사물의 근원이 되는 (것). ¶학문의 본원적 연구에 힘쓰다. /본원적인 문제를 해결하다.

본위(本位)**명** ①원래의 위치. 이전의 지위. ¶본위로 돌아가다. ②생각이나 행동의 중심이 되는 기준. ¶자기 본위의 사고방식.

본위^기호(本位記號)**명** ⇨제자리표.

본위^상속(本位相續)**명** 법정 상속권자가 상속 ⊕대습 상속.

본위^제:도(本位制度)**명** 한 나라의 화폐 제도의 기준이 되는 본위 화폐를 근거로 하여 화폐 가치를 확정하고 유지하는 제도.

본위-화(本位貨)**명** 〈본위 화폐〉의 준말.

본위^화:폐(本位貨幣)**명** [-폐/-폐] 그 나라의 화폐 제도의 기초가 되는 화폐. ⊕본위화.

본유(本有)**명**하자 ①본디부터 있음. 태어나면서부터 지니고 있음. (주로, ‘본유의’의 꼴로 쓰임.) ②〈본래유〉의 준말. ③불교에서 이르는 사유(四有)의 하나. 현재 생존하는 몸과 마음을 이름.

본유^관념(本有觀念)**명** 사람이 태어나면서부터 지니고 있는 선천적 관념. 생득 관념. ↔습득 관념.

본의(本意)[보늬/보니]**명** ①본디의 뜻. 본디부터 품어 온 생각. 본뜻. ¶본의 아니게 실수를 하다. ②본마음. 본심. 본정(本情).

본의(本義)[보늬/보니]**명** ①(말이나 글자의) 본디의 뜻. ②근본이 되는 가장 중요한 의의.

본-이름(本-)[-니-]**명** (가명이나 별명·예명 등에 대하여) 본디의 이름. 본명.

본인(本人)[] **Ⅰ명** ①그 사람 자신. 당사자. 자신. ¶본인이 시인한 사실./본인의 의사가 중요하다. **Ⅱ대** 말하는 사람이 ‘자기’를 일컫는 말. ¶본인의 충정을 헤아려 주십시오.

본일(本日)**명** ①오늘. 금일(今日). ②이날.

본-잎(本-)[-닙]**명** ⇨본엽(本葉). *본잎이[-니피]·본잎만[-님-]

본자(本字)**명** 약자(略字)·속자(俗字)·고자(古字) 등에 대하여, 해서체에서 기본으로 삼는 한자. ⊕정자(正字).

본적(本籍)**명** ①호적이 있는 곳. 원적(原籍). ②〈본적지〉의 준말.

본적-지(本籍地)[-찌]**명** 본적이 있는 곳. 관적(貫籍). 원적지. ⊕본적.

본전(本傳)**명** (어떤 사람의 전기 중에서) 주가 되는 전기(傳記).

본전(本錢)**명** ①밑천으로 들인 돈. 본값. 본금(本金). ¶본전을 까먹다. ⊕본(本)³. ②꾸어 준 돈에서 이자를 붙이지 아니한 본디의 돈. 원금. 원본. ¶이자는커녕 본전도 못 건졌다.

본전도 못 찾다(관용) 일한 보람은 고사하고 도리어 하지 않은 것만도 못하다. ¶지금 그런 말을 꺼냈다가는 본전도 못 찾는다.

본전-꾼 (本錢-)圀 ①사람들이 모이거나 하는 자리에 언제나 으레 와 있는 사람. ②술자리 같은 데서, 끝까지 앉아 있는 사람.

본전-치기 (本錢-)圀하재 (이익을 남기지 않고) 본밑천만 받고 파는 일. ¶본전치기라도 하고 그만 장사를 끝내자.

본점 (本店)圀 ①(지점이나 분점 등에 대하여) 영업의 중심이 되는 점포. ↔지점(支店). ②이 상점. ②본포(本鋪).

본정 (本情)圀 본마음. 본심(本心). 본의(本意). ¶본정을 헤아리지 못하다.

본-정신 (本精神)圀 본디 그대로의 맑은 정신. 제정신. ¶끝내 본정신을 잃지 않다.

본제 (本第)圀 고향에 있는 본집. 본가(本家).

본제 (本題)圀 ①(논설 등에서) 중심이 되는 제목이나 과제. ¶이제부터 본제로 들어가겠습니다. ②본디의 제목. 원제(原題). ③이 제목.

본제-입납 (本第入納)[-납]圀 ('본집으로 들어가는 편지'라는 뜻으로) 자기 집에 편지를 부칠 때, 편지 겉봉의 자기 이름 아래에 쓰는 말.

본조 (本朝)圀 ①우리나라의 조정(朝廷). 우리나라. 아조(我朝). ②현존하는 왕조.

본존 (本尊)圀 ①절의 중앙에 안치되어 신앙의 중심이 되는 부처. 주불(主佛). ②(으뜸가는 부처라는 뜻으로) '석가모니불'을 이르는 말.

본존-상 (本尊像)圀 법당 중앙에 모신 본존의 상(像).

본종 (本宗)圀 성과 본(本)이 같은 일가붙이.

본종 (本種)圀 ①본디부터 그곳에 있던 종자. 재래종. ②(변종에 대하여) 본래의 종자.

본죄 (本罪)[-죄/-줴]圀 ①가톨릭에서 이르는, 자신의 자유의사로 지은 죄. ②개신교에서 이르는, 원죄(原罪). ③이 죄. 법에 규정된 죄명.

본주 (本主)圀 본디의 주인.

본-줄기 (本-)圀 근본이 되는 줄기.

본증 (本症)[-쯩]圀 ☞본병(本病).

본증 (本證)圀 재판에서, 주장 책임을 지는 당사자가 주장 사실을 증명하기 위하여 제출하는 증거. ↔반증(反證).

본지 (本旨)圀 본디의 뜻. 본디의 취지.

본지 (本地)圀 (자기가 살고 있는) 이 땅. 이곳. 당지(當地).

본지 (本紙)圀 ①(호외 따위에 대하여) 신문의 중심이 되는 지면. ②(자기가 관계하고 있는) 이 신문. 우리 신문.

본지 (本誌)圀 (자기가 관계하고 있는) 이 잡지. 우리 잡지.

본지^수적 (本地垂迹)圀 부처나 보살이 중생을 교화(敎化)하기 위한 방편으로 여러 가지 다른 신령의 모습으로 나타나는 일.

본직 (本職)Ⅰ圀 ①(겸직에 대하여) 본래의 직무. 주된 직무. ②본래의 직업. 본업. Ⅱ대 공무원이 남 앞에서 '자신'을 가리켜 일컫는 말. 본관(本官).

본진 (本陣)圀 ☞본영(本營).

본질 (本疾)圀 본병(本病).

본질 (本質)圀 (사물이 본디부터 지니고 있는) 가장 중요한 근본적인 성질이나 요소. ¶소설의 본질. /문제의 본질을 파헤치다.

본질-적 (本質的)[-쩍]圀 본질에 관계되는 (것). ¶본질적 차이. /본질적인 문제.

본질적 속성 (本質的屬性)[-쩍쏙씽] 사물에 있어서 없어서는 안 될 징표로, 그것을 부정하면 그 사물 자체를 부정해 버리게 되는 것. ↔우유적 속성(偶有的屬性).

본-집 (本-)圀 ①분가하였거나 딴 집에 나가서 사는 사람이 '자기의 가족이 살고 있는 집'을 이르는 말. ¶본집에서 연락이 오다. ②☞본가(本家). ¶본집이 어디지? 준본댁(本宅).

본-채 (本-)圀 여러 채로 된 집에서 주가 되는 집채. ¶본채에 딸려 있는 마당.

본처 (本妻)圀 ☞정실(正室).

본처 (本處)圀 본고장.

본처^목사 (本處牧師)[-싸]圀 개신교의 감리교회에서, 휴직(休職) 중에 있는 목사를 일컫는 말.

본청 (本廳)圀 지청(支廳)에 대하여, 중심이 되는 관청. 중앙 관청.

본체 (本體)圀 ①그 사물의 실제 모습. 본바탕. 정체(正體). ②(기계 따위에서, 부속물 이외의) 중심되는 부분. ¶컴퓨터의 본체. ③철학에서, 이성(理性)에 의해서만 파악할 수 있는, 현상의 바탕이 되는 존재.

본체-계 (本體界)[-게/-게]圀 현상 세계의 근본이 되는 세계. 본체의 세계. ↔현상계.

본체-론 (本體論)圀 ☞존재론.

본체-만체위하터 보고도 보지 않은 척하는 모양. 보는 척 마는 척하는 모양. ¶그 사람, 날 보고도 본체만체하며 지나가더라.

본초 (本初)圀 사물의 시초. 사물의 근본.

본초 (本草)圀 ①한방에서, 약초 또는 약재로 쓰이는 식물·동물·광물을 통틀어 이르는 말. ②〈본초학〉의 준말.

본초-가 (本草家)圀 본초학을 연구한 사람. 본초학에 대해 지식이 깊은 사람.

본초^자오선 (本初子午線)圀 경도(經度)와 시각(時刻)의 기준이 되는 자오선. [그리니치 자오선을 이르는 말.]

본초-학 (本草學)圀 한방의 약물학으로, 약재로 쓰이는 식물·동물·광물에 대하여 그 형태나 효능 등을 연구하는 학문. 준본초.

본-치圀 남의 눈에 뜨이는 태도나 모습.

본칙 (本則)圀 ①근본이 되는 법칙. 원칙. ②법령의 본체가 되는 부분. ↔부칙(附則).

본태 (本態)圀 ①본디의 모습. ②실제의 모습. ¶병원균의 본태를 알아내다.

본택 (本宅)圀 〈본댁(本宅)〉의 잘못.

본토 (本土)圀 ①(딸린 섬 등에 대하여) '그 나라의 주된 국토'를 가리키는 말. ②(식민지나 피보호국에 대하여) 그 보호국을 가리키는 말. 본국(本國). ③자기가 사는 고장. 본디 살던 고장. 본향(本鄕). ④(지명과 함께 쓰이어) '바로 그 고장'을 가리키는 말. ¶제주도 본토 말씨로 말하니까 통 알아들을 수가 없다.

본토-박이 (本土-)圀 대대로 그 고장에서 살아 내려오는 사람. 바닥쇠. 본토인. ¶울릉도 본토박이. 준토박이.

본토-불 (本土弗)圀 군표(軍票)에 대하여, 미국의 정화(正貨)인 '달러'를 이르는 말.

본토-인 (本土人)圀 ☞본토박이.

본토-종 (本土種)圀 본디부터 그 고장에서 나는 종자. 토종.

본토지인 (本土之人)圀 그 고장에서 대대로 살아 내려온 사람.

본판 (本板)圀 본바탕. ¶본판이 저 모양이다.

본포 (本圃)圀 모종이나 묘목을 옮겨 심을 밭.

본포 (本鋪)圀 ①(본점)의 준말. ②특정 상품을 제조하고 판매하는 데 주가 되는 점포.

본향 (本鄕)圀 ①본디 살던 고장. 본토(本土). ②시조(始祖)가 난 땅. ②관향(貫鄕).

본형(本刑)[명] (부가형에 대하여) 법원의 판결로 써 선고된 주형(主刑).

본형(本形)[명] 본디의 모양. 원형(原形).

본회(本會)[-회/-훼][명] ①〈본회의〉의 준말. ②이 회. ¶본회의 회원.

본회(本懷)[-회/-훼][명] ①본디부터 품고 있는 생각. ②본디부터 품고 있는 소망.

본-회의(本會議)[-회의/-훼이][명] ①(위원회 등의 예비 회의에 대하여) 구성원 전원이 참가 하는 정식 회의. ¶본회의에 상정되다. ②국회 에서, 전체 의원으로 구성되는 회의. ㉾본회.

볼¹[명] 빰의 가운데 부분. ¶발그레한 볼.

볼²[명] ①좁고 기름한 물건의 너비. ¶볼이 넓은 발. ②해진 버선의 앞뒤 바닥에 덧대어 깁는 헝겊 조각. ¶버선에 볼을 대다. ③연장의 날 을 버릴 때에 덧대는 쇳조각.

볼(을) 받다[관용] 해진 버선의 앞뒤 바닥에 헝 겊을 덧대어서 깁다.

볼:(ball)[명] ①공. 구(球). ¶테니스 볼. ②야구 에서, 스트라이크가 아닌 투구(投球). ¶볼을 던지다. /볼 스트라이크 투 볼.

볼-가심[명][하자] 아주 적은 음식으로 시장기를 면 함, 또는 그렇게 하는 일.

볼가-지다[자] ①속에 든 것이 둥글게 거죽으로 톡 비어져 나오다. ¶눈이 톡 볼가진 금붕어. ②숨겨졌던 일이나 어떤 현상이 두드러지게 드 러나거나 갑자기 생겨나다. ¶자질구레한 불평 들이 불거져 나오다. ㉾불거지다.

볼각-거리다[-꺼-][타] 자꾸 볼각볼각하다. 볼각 대다. ㉾불걱거리다.

볼각-대다[-꺼-][타] ⇨볼각거리다.

볼각-볼각[-깍-][부][하타] ①질긴 물건을 입에 작게 움직이며 자꾸 씹는 모양. ②빨래 따위를 물에 담가 힘주어 자꾸 주물러 빼는 모양. ㉾불 걱불걱.

볼강-거리다[자] 자꾸 볼강볼강하다. 볼강대다. ㉾불겅거리다.

볼강-대다[자] ⇨볼강거리다.

볼강-볼강[부][하자] 단단하고 오돌오돌한 물건이 잘 씹히지 아니하고 입 안에서 요리조리 볼가 지는 모양. ㉾불겅불겅.

볼강-스럽다[-따][~스러우니·~스러워][형ㅂ] 어른 앞에서 삼가는 태도가 없다. 볼강스레[부].

볼-거리¹[-꺼-][명] 구경할 만한 물건이나 일. ¶이번 축제에는 연극·전시회 등 볼거리가 많다.

볼-거리²[명] 한방에서 이르는 돌림병의 한 가지. 주로 어린아이에게 많으며, 이하선(耳下腺)에 염증이 생겨 볼 아래가 불그레하게 부어 오름. ㉾답시종(搭顋腫).

볼-견(-見)[명] 한자 부수의 한 가지. '規'·'覓' 등에서의 '見'의 이름.

볼그대대-하다[형여] 좀 야하게 볼그스름하다. ¶볼그대대하게 취한 얼굴. ㉾불그데데하다.

볼그댕댕-하다[형여] 격에 어울리지 않게 볼그 름하다. ㉾불그뎅뎅하다.

볼그레-하다[형여] 조금 곱게 볼그스름하다. ¶볼 그레한 볼. ㉾불그레하다.

볼그름-하다[형여] 〈볼그스름하다〉의 준말. ㉾불 그름하다. 볼그름-히[부].

볼그무레-하다[형여] 옅게 볼그스름하다. ¶볼그 무레하게 물들다. ㉾불그무레하다.

볼그속속-하다[-쏘-][형여] 수수하게 볼그스 름하다. ㉾불그숙숙하다. 볼그속속-히[부].

볼그스레-하다[형여] ⇨볼그스름하다. ㉾불그스레 하다. 쎈뽈그스레하다.

볼그스름-하다[형여] 새뜻하고 곱게 조금 붉다. ㉾불그스레하다. ㉾불그스름하다. 쎈뽈그스름하다. 볼그스름-히[부].

볼그족족-하다[-쪼카-][형여] 고르지 못하고 좀 칙칙하게 볼그스름하다. ㉾불그죽죽하다. 쎈뽈 그족족하다. 볼그족족-히[부].

볼근-거리다[자타] 자꾸 볼근볼근하다. 볼근대다. ㉾불근거리다.

볼근-대다[자타] ⇨볼근거리다.

볼근-볼근[부][자타] 질기고 단단한 물건을 입에 넣고 자꾸 씹는 모양, 또는 그런 물건이 자꾸 씹히는 모양. ㉾불근불근.

볼긋-볼긋[-귿뿓귿][부][형] 군데군데 곱게 조금 붉은 모양. ㉾불긋불긋. 쎈뽈긋뽈긋. 볼긋볼 긋-이[부].

볼긋-하다[-그타-][형여] 조금 붉은 듯하다. ㉾불 긋하다. 쎈뽈긋하다.

볼기[명] ①궁둥이의 살이 두두룩한 부분. 둔부 (臀部). ¶볼기를 때리다. /볼기를 맞다. ㉾옝 덩이. ②〈볼기긴살〉의 준말.

볼:기-긴살[명] 소의 볼기살에 붙어 있는 길쭉한 살 덩이. ㉾긴살·볼기.

볼:기-지느러미[명] ⇨뒷지느러미.

볼:기-짝[명] 〈볼기〉의 속된 말.

볼:기짝-얼레[명] 기둥 두 개만으로 된 납작한 얼레.

볼-꼴[명] 남의 눈에 뜨이는 모양이나 태도. ¶볼 꼴이 말이 아니다. /볼꼴이 사납다.

볼꼴 좋다[관용] '볼꼴 사나운 것'을 유유하여 이르는 말.

볼끈[부][하자] 도드라지게 치밀거나 솟아오르는 모양. ①힘줄이 볼끈 서다. ②성을 버럭 내는 모양. ¶볼끈 화를 내다. ③[하타] 주먹을 단단히 쥐는 모양. ¶두 주먹을 볼끈 쥐다. ㉾불 끈. 볼끈-볼끈[부][하자타].

볼끈-거리다[자타] 자꾸 볼끈볼끈하다. 볼끈대다. ㉾불끈거리다.

볼끈-대다[자타] ⇨볼끈거리다.

볼끼[명] 지난날, 볼을 싸매는 데 쓰던 방한구의 한 가지. 털가죽이나 헝겊에 솜을 두어 갸름하 게 만들어서 볼을 싸매었음.

볼:-넷(ball-)[-넫][명] ⇨포볼.

볼-달다[-다니-·-달다][자] 무디어진 연장의 날 에 쇳조각을 덧붙이어 버리다.

볼-되다[-되-/-뒈-][형] ①힘에 벅차서 어렵다. ②쾌치는 힘이 매우 단단하다.

볼:-드(bold)[명] 구문(歐文) 활자체에서, 보통체보 다 획이 굵은 체. ㉾고딕.

볼-따구니[명] 〈볼때기〉의 속된 말. 볼통이.

볼-때기[명] 〈볼¹〉의 속된 말. 볼따구니. 볼통이.

볼똑[부][하자] ①볼록 솟아나서 볼가진 모양. ②갑 자기 경망스레 화를 내는 모양. ㉾불뚝. 쎈뽈 똑. 볼똑-볼똑[부][하자타].

볼똑-거리다[-꺼-][자] 자꾸 볼똑볼똑하다. 볼똑 대다. ㉾불뚝거리다.

볼똑-대다[-때-][자] ⇨볼똑거리다.

볼똥-거리다[자] 자꾸 볼똥볼똥하다. 볼똥대다. ㉾불뚱거리다.

볼똥-대다[자] ⇨볼똥거리다.

볼똥-볼똥[부][하자] 걸핏하면 성이 나서 얼굴이 볼록해지는 모양. ㉾불뚱불뚱.

볼락[명] 양볼락과의 바닷물고기. 몸길이 20~ 30 cm. 몸은 풀렛가락 모양이고 주둥이 끝이 뾰족함. 몸빛은 회갈색이며 옆구리에 흑색 가 로띠가 있음.

볼란테(volante 이)명 악보의 나타냄말. '가볍게'의 뜻.

볼레로(bolero 스)명 ①4분의3 박자로 된 스페인의 민속춤, 또는 그 춤곡. ②단추가 없는 여성용의 짧은 웃옷.

볼로미:터(bolometer)명 방사(放射) 에너지의 측정에 쓰이는, 일종의 저항 온도계.

볼록甲하자타 물체의 거죽이 조금 도드라지거나 쪽 내밀린 모양. ¶볼록 튀어나오다. 튄볼룩. 세볼록. ↔오목. **볼록-볼록**甲하자타.

볼록-거리다[-꺼-]자타 자꾸 볼록볼록하다, 또는 그리 되게 하다. 볼록대다. 튄불룩거리다. 세뽈록거리다.

볼록^거울[-꺼-]명 반사면이 볼록한 거울. 넓은 범위의 것이 비치므로 자동차의 백미러 등으로 쓰임. 볼록면경. 철면경. ↔오목 거울.

볼록^다각형(-多角形)[-따가켱]명 어느 내각(內角)이나 모두 180°보다 작은 각으로 되어 있는 다각형. ↔오목 다각형.

볼록-대다[-때-]자타 볼록거리다.

볼록^렌즈(-lens)명 가운데가 볼록하게 도드라진 렌즈. 통과하는 평행 광선을 한 점으로 모음. ↔오목 렌즈.

볼록면-경(-面鏡)[-롱-]명 ☞볼록 거울.

볼록-판(-版)명 인쇄판의 한 양식. 잉크가 묻는 부분이 다른 부분보다 도드록하게 도드라진 인쇄판.〔활판·연판 따위.〕 철판(凸版). ↔오목판.

볼록-하다[-로카-]형여 물체의 거죽이 조금 도드라지거나 쪽 내밀려 있다. ¶배가 볼록하다. 튄불룩하다. 세뽈록하다. **볼록-히**甲.

볼륨(volume)명 ①양감(量感). ¶볼륨이 있는 몸매. ②음량(音量). 성량(聲量). ¶자세히 듣기 위해 라디오의 볼륨을 높이다.

볼:링(bowling)명 실내 경기의 한 가지. 길이 18m가량의 평평한 마루 위에서 지름 20cm가량의 공을 굴려 앞쪽에 세워 놓은 10개의 나무 핀을 넘어뜨려 그 수효로 점수를 계산함.

볼만-장만甲하타 보기만 하고 참견하지 않는 모양. ¶어머니는 아들의 투덜대는 소리를 볼만장만 듣고만 계셨다.

볼만-하다형여 볼 가치가 있다. 구경거리가 될 만하다. ¶볼만한 책을 골라 주다. /볼만한 풍경.

볼-맞다[-맏따]자 ①손발이 잘 맞다. ②낫고 못함이 없이 서로 걸맞다.

볼-추다[-만-]타〔'볼맞다'의 사동〕서로 차이가 없이 꼭 맞게 하다.

볼-메다형 성난 태도가 있다.《주로, '볼멘'의 꼴로 쓰임.》¶볼멘 목소리로 불만을 말하다.

볼멘-소리명 볼만스럽거나 성이 나서 퉁명스럽게 하는 말소리. ¶볼멘소리로 투덜거리다.

볼모명 ①어떤 약속을 보증하는 뜻으로 이편 사람을 상대편에게 넘겨 주어, 거기서 머물러 있게 하는 일, 또는 넘겨진 그 사람. ②어떤 일을 자기에게 유리하게 흥정하기 위하여 상대편 쪽의 사람을 자기 쪽에서 감금하는 일, 또는 감금당해 있는 그 사람. 유질(留質). 인질. ¶볼모로 잡히다.

볼-받이[-바지]명 바닥에 볼을 댄 버선.

볼:^베어링(ball bearing)명 굴대와 축받이 사이에 여러 개의 강철 알을 끼워서, 그것들이 구름으로써 굴대가 받는 마찰을 줄일 수 있게 만든 부품.

볼-살명 뺨의 한복판에 도드록하게 붙어 있는 살. ¶볼살이 처지다.

볼세비즘(Bolshevism)명 볼셰비키의 정치사상 및 주의. ↔멘셰비즘.

볼셰비키(Bol'sheviki 러)명〔'다수파'라는 뜻으로〕러시아 사회 민주 노동당의 좌파. 직업적 혁명가들에 의해 중앙 집권화된 당 조직 및 프롤레타리아 계급 독재를 주장함. 1918년에 러시아 공산당으로 개칭함. ↔멘셰비키.

볼-쌤명 남의 눈에 뜨이는 모양이나 태도. 남의 눈에 뜨이는 체면이나 예모(禮貌).

볼썸-사납다[-따]〔~사나우니·~사나워〕형비 체면이나 예모(禮貌)를 차리지 않아 보기에 언짢다. ¶행락철만 되면 볼썸사나운 춤판이 여기저기서 벌어진다.

볼쏙甲 ①하자 갑자기 쏙 내밀거나 비어져 나오는 모양. ¶그렇게 볼쏙 튀어나오면 어떡하니! ②하타 앞뒤를 헤아림이 없이 함부로 말을 하는 모양. ¶볼쏙 말대답을 하다. 튄불쑥. **볼쏙-볼쏙**甲하자타.

볼쏙-거리다[-꺼-]자 자꾸 볼쏙볼쏙하다. 볼쏙대다. 튄불쑥거리다.

볼쏙-대다[-때-]자 볼쏙거리다.

볼쏙-하다[-쏘카-]형여 볼록하게 쏙 나와 있다. 튄불쑥하다. **볼쏙-이**甲.

볼씨명 디딜방아나 물방아의 쌀개를 받치고 있는, 기둥처럼 된 나무나 돌.

볼-우물명 ☞보조개.

볼:-일[-릴]명 해야 할 일. 볼장. 용건(用件). 용무(用務). ¶급한 볼일이 생겨서 좀 늦었습니다.

볼:^카운트(ball count)명 야구에서, 타석에 들어선 타자에게 투수가 던진 공 가운데 스트라이크의 수와 볼의 수.

볼칵-거리다[-꺼-]자타 자꾸 볼칵볼칵하다. 볼칵대다. 튄불컥거리다.

볼칵-대다[-때-]자타 볼칵거리다.

볼칵-볼칵[-뻘-]甲하자타 진흙을 자꾸 밟거나 묽은 반죽 따위를 자꾸 이기거나 할 때 나는 소리, 또는 그 모양. 튄불컥불컥.

볼타-미:터(voltameter)명 전량계.

볼타^전:지(Volta電池)명 황산에 구리판(양극)과 아연판(음극)을 담가서 만든 전지.

볼통-거리다자 자꾸 볼통볼통하다. 볼통대다. 튄불퉁거리다.

볼통-대다자 볼통거리다.

볼통-볼통甲 ①하자 걸핏하면 퉁명스러운 말을 함부로 볼쏙볼쏙하는 모양. ¶볼통볼통 불평을 늘어놓다. ②하자 물건의 거죽이 군데군데 볼가져 통통한 모양. 튄불퉁불퉁.

볼통-스럽다[-따]〔~스러우니·~스러워〕형비 보기에 볼통볼통한 태도가 있다. 튄불퉁스럽다. **볼통스레**甲.

볼통-하다형여 둥근 모양으로 볼가져 있다. ¶볼통하게 내민 앞가슴. 튄불퉁하다. **볼통-히**甲.

볼-통이명 ☞볼따기. 볼따구니.

볼트(bolt)명 둥근 쇠막대의 한쪽 끝에 대가리가 있고, 다른 끝은 나사로 되어 있는 것. 너트와 함께 기계를 죄는 데 쓰임. 참너트(nut).

볼트(volt)의 전압(電壓)의 실용 단위. 1볼트는 1옴의 도선(導線)에 1암페어의 전류가 흐를 때의 전압.〔기호는 V〕

볼트-미:터(voltmeter)명 전압계.

볼:-펜(ball pen)명 펜 끝에 끼운 조그만 강철 알이 종이 따위와 마찰하는 대로 굴러서 펜대 안의 유성(油性) 잉크를 새어 나오게 만든 펜.

볼-품명 겉으로 보이는 모양새. ¶볼품이 좋다.

볼품-사납다[-따][~사나우니·~사나워]**형**田
겉으로 보기에 흉하다.

볼품-없다[-푸멉따]**형** 겉으로 보기에 초라하
다. 보아 줄 만한 데가 없다. ¶볼품없는 꼬락
서니. **볼품없-이**♥

볼프람(Wolfram 독)**명** □텅스텐.

볼프람-철광(Wolfram鐵鑛)**명** 텅스텐의 주요한
광석. 철·망간·산소 등으로 이루어짐. 철망간중석.

볼-호령(-號令)**명**하자 볼멘소리로 거만하게 하
는 꾸람. ¶볼호령이 떨어지다.

봄명 ①한 해의 네 철 가운데의 첫째 철. 겨울과
여름 사이의 계절로 입춘에서 입하 전까지를
이름. ¶만물이 소생하는 봄. ②'한창 때'를
비유하여 이르는 말. ¶인생의 봄. ③'희망찬
앞날'을 비유하여 이르는 말. ¶나와 내 가족
의 봄을 위하여 오늘도 나는 씨를 뿌린다.
봄(을) 타다판용 ①봄철이 되면 입맛을 잃고
잘 먹지 못하여 몸이 약해지다. ②봄기운 때문
에 마음을 안정하지 못하여 기분이 들뜨다.

봄-가물[-까-]**명** 봄철에 드는 가뭄. 봄가뭄. 춘
한(春旱). ¶봄가물이 들다.

봄-가뭄[-까-]**명** 봄가물.

봄-가을명 봄과 가을.

봄-갈이명하자 봄철에 논밭을 가는 일. 춘경
(春耕). ↔가을갈이. ②<봄갈이팥>의 준말.

봄갈이-팥[-팓]**명** 껍질은 희고 속이 붉은, 팥
의 한 품종. 봄갈이. ¶봄갈이팥이[-파치]·
봄갈이팥을[-파틀]·봄갈이팥만[-판-]

봄-기운[-끼-]**명** 봄을 느끼게 해 주는 기운,
또는 그 느낌. ¶봄기운이 완연하다.

봄-김치명 봄배추 등으로 담근 김치.

봄-꽃[-꼳]**명** 봄에 피는 꽃. ¶봄꽃이 만발하
다. *봄꽃이[-꼬치]·봄꽃만[-꼰-]

봄-꿈명 ①봄날에 꾸는 꿈. ②덧없는 일이나
헛된 공상·망상' 따위를 비유하여 이르는 말.
춘몽.

봄-나들이명하자 봄기운을 즐기기 위하여 산이
나 들로 나가는 일.

봄-날명 봄철의 날. 봄철의 날씨.

봄-날명 ①봄에 짠 무명.

봄-내㉿ 봄철 동안 내내. ¶봄내 바쁘게 지내다.

봄놀다자 (옛) 뛰놀다. ¶봄놀 상:翔(訓蒙下6).

봄뇌다자 (옛) 뛰놀다. ¶踊온 봄뇔 씨오(月釋
2:14).

봄-누에명 봄에 치는 누에. 춘잠(春蠶). ↔가을
누에.

봄-눈명 봄에 내리는 눈. 춘설(春雪).

봄눈 슬듯[녹듯]판용 ①봄에 눈이 녹아 없어지
듯이 '무엇이 오래가지 아니하고 이내 슬어 없
어짐'을 비유하여 이르는 말. ②'먹은 것이 금
방 소화되어 내리는 것'을 이르는 말.

봄-맞이명하자 봄을 맞이하는 일. 봄을 맞이서
베푸는 놀이.

봄맞이-꽃[-꼳]**명** 앵초과의 일년초, 또는 이년
초. 들에 절로 나는데, 줄기 높이는 10 cm가량
임. 봄에 흰 오판화(五瓣花)가 핌. *봄맞이꽃
이[-꼬치]·봄맞이꽃만[-꼰-]

봄-물명 ①봄이 되어 얼음과 눈이 녹아서 흐르
는 물. ②봄철에 지는 물. ¶봄물이 지다.

봄-바람[-빠-]**명** 봄철에 동쪽이나 남쪽에서 불
어오는 바람. 춘풍(春風).

봄-밤[-빰]**명** 봄철의 밤. 춘야. 춘소(春宵).

봄^방학(-放學)[-빵-]**명** 초등학교·중학교·고
등학교에서, 학년이 바뀌는 2월 말경에 일 주
일 안팎으로 하는 방학. 珝여름 방학·겨울 방학.

봄베(Bombe 독)**명** 압축된 수소나 프로판 가스
따위의 기체를 넣는, 두꺼운 강철로 만든 원통
형의 용기.

봄-베기명 봄철에 벤 땔나무.

봄-볕[-뼏]**명** 봄철에 내리쬐는 따사로운 햇볕.
춘양(春陽). ¶봄볕에 얼굴이 까맣게 탔다.
*봄볕이[-뼈치]·봄볕을[-뼈틀]·봄볕만[-
뼌-]

봄-보리[-뽀-]**명** 이른 봄에 씨를 뿌리이 첫여
름에 거두어들이는 보리. 춘맥. ↔가을보리.

봄-비[-삐]**명** 봄에 내리는 비. 춘우(春雨).

봄-빛[-삐]**명** 봄의 기운이나 경치. 봄철임을 느
낄 수 있게 하는 자연의 현상. 춘색(春色). ¶봄
빛이 물들어 가는 산과 들. /봄빛이 짙어 가다.
*봄빛이[-삐치]·봄빛만[-삔-]

봄-새명 봄철이 계속되는 동안. ¶봄새에 가뭄이
계속되다.

봄-여름[-녀-]**명** 봄과 여름.

봄-옷[보몯]**명** 봄철에 입는 옷. *봄옷이[보모
시]·봄옷만[보몬-]

봄-채마(-菜麻)**명** 봄에 가꾸어서 먹는 채소.

봄-철명 봄인 철. 춘계. 춘기(春期). 춘절.

봄-추위명 이른 봄의 추위. 춘한(春寒).

봅슬레이(bobsleigh)**명** 스위스의 알프스 지방에
서 발달한 겨울 운동의 한 가지. 썰매로 급커
브를 빠르게 미끄러지는 활강(滑降) 경기. 〔
인승과 2인승이 있음.〕

봇명 (옛) 벗나무. ¶ 樺皮 봇(漢淸13:28).

봇기다자 (옛) 볶이다. ¶ 여듧 受苦에 봇겨 能히
벗디 몯홀쎄(月釋序4).

봇-논(洑-)[-본]**명** 봇물을 대는 논.

봇-도랑(洑-)[보또-/본또-]**명** 봇물을 끌어대
기 위하여 만든 도랑. 봇돌.

봇-돌[보돌/본돌]**명** 아궁이 양쪽에 세우는 돌.

봇-돌(洑-)[보똘/본똘]**명** □봇도랑.

봇-둑(洑-)[보뚝/본뚝]**명** 보를 둘러 막은 둑.
보동(洑垌).

봇-물(洑-)[본-]**명** 보에 괸 물. 보에서 나오는
물. ¶연극이 끝나자 봇물이 터지듯 관람객들
이 밀려 나왔다.

봇-줄[보쭐/본쭐]**명** 써레나 쟁기 따위를 마소에
매는 줄.

봇-짐(褓-)[보찜/본찜]**명** 보자기에 싼 짐.
봇짐 내어 주며 앉아라 한다속닽 속으로는 가
기를 바라면서 겉으로는 붙잡는 체한다.

봇짐-장수(褓-)[보찜-/본찜-]**명** 물건을 보자
기에 싸서 지고 다니며 파는 사람. 보상(褓商).

봊다타 (옛) 볶다. ¶ 焦煎은 봇굴씨라(月釋序4). /
봇글 람:爁(訓蒙下13).

봉¹명 <봉돌>의 준말.

봉²명 그릇 따위의 뚫어진 구멍이나 이의 썩은
부분에 박아서 메우는 딴 조각. ¶이에 봉을
해 넣다.

봉(을) 박다판용 그릇의 뚫어진 구멍이나 이의
썩은 부분에 딴 조각을 대어 메우다.

봉³명 ①간혀 있던 공기나 가스가 좁은 통로로 맥
없이 빠져나올 때에 나는 소리. 쳄뽕². ②별 따
위가 날 때 나는 소리. 큰붕¹. **봉-봉㉿**하자타

봉(封)**명** ①종이로 싼 물건의 덩이. ②물건 속
에 따로 싸서 넣은 물건. ¶봉을 박다. ③혼인
때, 신랑 집에서 선채(先綵) 외에 따로 신부
집으로 보내는 돈. ④[의존 명사적 용법] 물건
을 봉지 따위에 담아 그 분량을 세는 단위. ¶과
자 세 봉.

봉(峯)**명** 산봉우리.

봉:(鳳)명 ①〈봉황〉의 준말. ②봉황의 수컷. ③어수룩하여 무엇이나 막대 빼앗아 먹기 좋은 사람'을 농으로 이르는 말. ¶내가 네 봉이냐!/봉을 잡다.

봉:가(鳳駕)명 ☞봉련(鳳輦).

봉강(封疆)명 ①제후(諸侯)로 봉할 때 내리는 땅. 봉토(封土). ②봉토의 경계. ⊚봉경(封境).

봉강(棒鋼)명 압연하여 막대 모양으로 만든 강철.

봉건(封建)명 ①봉토(封土)를 나누어 제후(諸侯)를 세운다는 뜻으로] 군주가 직접 관할하는 땅 이외의 땅을 제후에게 나누어 주어 그 봉토를 다스리게 하던 일. ②☞봉건 제도.

봉건^국가(封建國家)[-까]명 봉건 제도를 바탕으로 성립된 국가.

봉건-사상(封建思想)명 봉건 사회의 성립과 존속의 바탕이 되었던 인습적·전제적(專制的)인 사상. 주종 관계나 충효의 정신 등을 중시하였음.

봉건^사회(封建社會)[-회/-훼]명 봉건 제도를 바탕으로 한 사회. 군주·제후·교회 등이 그 토지를 농노(農奴)에게 경작시켜 농산물을 거두어들이고 노역(勞役)을 시킴으로써 자급자족의 경제가 이루어졌음.

봉건^시대(封建時代)명 봉건 제도가 국가나 사회 생활의 기준이었던 시대.

봉건^유제(封建遺制)[-뉴-]명 근대 사회에 아직 남아 있는 봉건 사회의 특질. [봉건적인 신분 의식이나 가족주의 따위.]

봉건-적(封建的)관명 ①신분이나 지위 등 상하 관계의 질서만을 중히 여기거나, 개인의 자유나 권리를 존중하지 않는 (것), 또는 그러한 사고 방식인 (것). ②봉건 제도의 성격을 가지고 있는 (것). ¶봉건적 신분 제도/봉건적 관념.

봉건-제(封建制)명 ☞봉건 제도.

봉건^제:도(封建制度)명 군주와 제후 사이의 주종 관계를 바탕으로 하여 확립되었던 정치 제도. 봉건. 봉건제.

봉건-주의(封建主義)[-의/-이]명 ①봉건 사회의 사상. ②봉건적인 의식이나 문화의 성격.

봉:견(奉見)명하타 삼가 받들어 봄.

봉경(封境)명 흙을 쌓아서 표시한 영토의 경계. ②☞봉강(封疆).

봉경(烽警)명 봉화를 올려 알리는 경보.

봉:고(奉告)명하타 삼가 아룀.

봉고(bongo)명 라틴 아메리카의 음악에 사용되는 북의 한 가지. 크고 작은 두 개가 한 벌임.

봉-고도(棒高跳)명 ☞장대높이뛰기.

봉고-파직(封庫罷職)명 왕조 때, 어사(御史)나 감사(監司)가 부정을 저지른 원을 파면시키고 관고(官庫)를 봉하여 잠그던 일. 봉고파출.

봉고-파출(封庫罷黜)명 ☞봉고파직.

봉곳[-곧]부하염 ①그릇에 담은 것이 그 그릇의 전보다 조금 높이 솟아 있는 모양. ②언덕이나 산봉우리 따위가 조금 높직이 솟아 있는 모양. ③겹쳐서 붙인 종이 따위가 조금 들떠 있는 모양. ②붕긋. 봉곳-이부. 봉곳-봉곳부하염.

봉:공(奉公)명 ①나라와 사회를 위하여 이바지함. ②☞봉직(奉職).

봉공-근(縫工筋)명 넓적다리 안쪽에 있는 근육의 한 가지.

봉과(封裏)명하타 물건을 싸서 봉함.

봉:교(奉教)명하자 ①임금이나 윗사람의 가르침을 받듦. ②가톨릭교에서, '천주의 가르침을 믿고 실행함'을 이르는 말.

봉:교-서(奉教書)명 임금의 명령을 받들어 글을 쓰던 일, 또는 그 글.

봉군(封君)명하타 조선 시대에, 왕자·종친·훈신(勳臣) 등을 대군이나 군(君)에 봉하던 일.

봉군(烽軍)명 〈봉수군(烽燧軍)〉의 준말.

봉군(蜂群)명 벌의 떼.

봉:급(俸給)명 일정한 업무에 계속 근무하는 데에 대한 대가로 받는 보수. [연봉·월급 따위.] 신수(薪水).

봉:급생활-자(俸給生活者)[-쌩-짜]명 봉급을 받아 생계를 이어 가는 사람. 샐러리맨.

봉:급-쟁이(俸給-)[-쨍-]명 '봉급생활자'를 홀하게 이르는 말.

봉긋[-근]부하염 꽤 도도록하거나 소복하게 솟아 있는 모양. ¶가슴이 봉긋하다. /저기 봉긋한 야산 너머가 우리 집이다. 봉긋-이부. 봉긋-봉긋부하염.

봉기(蜂起)명하자 벌 떼처럼 많은 사람이 한꺼번에 들고 일어남. ¶민중 봉기.

봉:납(捧納)명하타 ①물건을 바쳐 올림. 봉상(捧上). ②물건을 거두어들임. 봉입(捧入).

봉년(逢年)명하자 풍년을 만남. 봉풍(逢豊).

봉노명 ☞봉놋방.

봉놋-방(-房)[-노빵/-노빵]명 지난날, 주막집에서 여러 나그네가 함께 묵을 수 있던 큰 방. 주막방. 봉노.

봉:답(奉畓)명 〈봉천답(奉天畓)〉의 준말.

봉:답(奉答)명하타 삼가 대답함.

봉당(封堂)명 재래식 한옥에서, 안방과 건넌방 사이의 마루를 놓을 자리에 흙바닥을 그대로 둔 곳.

봉:대(奉戴)명하타되자 삼가 받들어 모심. ¶주상(主上)의 뜻을 봉대하다.

봉대(棒-)명 ☞봉홧둑.

봉:도(奉導)명하자 임금이 행차할 때, 그 거가(車駕)를 편안히 모시라고 별감(別監)들이 목청을 돋우어 외치던 일.

봉:독(奉讀)명하타 삼가 받들어 읽음.

봉-돌[-똘]명 (낚시를 가라앉게 하기 위하여) 낚싯줄에 매는 돌이나 납덩이. 낚싯봉. ②봉1.

봉두(峯頭)명 산봉우리의 맨 위. 봉머리. ¶구름 위로 솟은 봉두.

봉:두(鳳頭)명 ①봉황의 머리 모양으로 만든 장식물. ②〈봉두고임〉의 준말.

봉두(蓬頭)명 ☞쑥대머리.

봉:두-고임(鳳頭-)명 전각(殿閣)의 기둥머리에 대는 봉의 머리 모양의 꾸밈새. ②봉두.

봉두-난발(蓬頭亂髮)명하자 쑥대머리로 더부룩하게 엉클어짐, 또는 그 머리털. ②봉발.

봉랍(封蠟)명 [-납]명 마개로 막은 데나 물건을 봉한 자리에 바르는 밀랍.

봉래-산(蓬萊山)[-내-]명 ①여름철의 '금강산'을 이르는 이름. ⊚개골산·풍악산. ②중국의 삼신산(三神山)의 하나.

봉:련(鳳輦)[-년]명 임금이 타던 가마의 한 가지. 꼭대기에 금동(金銅)의 봉황을 달아 놓았음. 봉가(鳳駕).

봉:로(奉老)[-노]명하자 늙은 어버이를 받들어 모심. ⓓ봉양.

봉:록(俸祿)[-녹]명 ☞녹봉(祿俸).

봉:류(捧留)[-뉴]명하타 지난날, 거두어들인 물건을 받아서 간수해 두던 일.

봉:리(鳳梨)[-니]명 ☞파인애플.

봉:린(鳳麟)[-닌]명 [봉황과 기린을 아울러 이르는 말로] '재주가 뛰어난 젊은 남녀'를 비유하여 이르는 말.

봉만(峯巒)명 산꼭대기의 뾰족뾰족한 봉우리.

봉-머리(峯-)명 ☞봉두(峯頭).

봉:명(奉命)**명**[하자] (임금의) 명령을 받듦.

봉:명^사:신(奉命使臣)**명** 임금의 명에 따라 외국으로 가는 사신. 별성(別星).

봉:모(鳳毛)**명** ①'자식의 재주가 할아버지나 아버지에 뒤지지 아니함'을 이르는 말. ②'뛰어난 글재주나 풍채'를 이르는 말.

봉:모-인각(鳳毛麟角)[〔봉황의 털과 기린의 뿔이란 뜻으로〕'뛰어난 인물' 또는 '희귀한 물건'을 비유하여 이르는 말.

봉묘(封墓)**명**[하자] 무덤 위에 흙을 더 얹음, 또는 흙을 더 얹은 그 무덤.

봉문(蓬門)**명** 〔쑥대로 엮어 만든 문이란 뜻으로〕①'가난한 사람의 집' 또는 '은거하는 사람의 집'을 이르는 말. ②남 앞에서 '자기의 집'을 겸손하게 이르는 말.

봉물(封物)**명** 왕조 때, 시골에서 서울에 있는 벼슬아치에게 보내는 선물을 이르던 말. ¶바리바리 실은 봉물.

봉미(封彌)**명**[하자] 지난날, 과거의 답안지 오른편 끝에 이름·생년월일·주소 따위를 써서 봉하여 붙이던 일.

봉:미(鳳尾)**명** ①봉황의 꽁지, 또는 그런 모양의 것. ②거문고의 끝.

봉밀(蜂蜜)**명** 꿀.

봉바르동(bombardon 프)**명** 튜바와 비슷한 대형의 저음(低音) 금관 악기.

봉-바리(봉바리) 바리의 한 가지. 놋쇠로 만든 여자용 밥그릇.

봉:반(奉盤)**명**[하자] 소반을 받듦.

봉발(蓬髮)**명**〈봉두난발〉의 준말.

봉방(蜂房)**명** 벌집. 봉와(蜂窩).

봉변(逢變)**명**[하자] ①남에게 욕을 당함. ¶싸움을 말리려다가 봉변만 당했다. ②뜻밖에 화를 입음.

봉:별(奉別)**명**[하자더] 윗사람과 이별을 함.

봉별(逢別)**명** 만남과 이별.

봉:보-부인(奉保夫人)**명** 조선 초기에, 외명부의 한 품계. 종일품으로, 임금의 유모에게 내리던 칭호.

봉:복(逢福)**명**[하자] 복을 만남. 좋은 일을 만남.

봉:복-절도(捧腹絕倒)[-쩔또]**명**[하자] ☞포복절도.

봉봉(bonbon 프)**명** 과줄이나 양주(洋酒) 같은 것을 사탕이나 초콜릿으로 싼 과자.

봉봉-거리다[자태] 자꾸 봉봉 소리가 나다, 또는 그런 소리를 내다. 봉봉대다. ㉥봉붕거리다.

봉봉-대다[자태] 봉봉거리다.

봉부동(封不動)**명**[하자] 물건을 창고에 넣고 단단히 봉하여 쓰지 못하게 함.

봉분(封墳)**명**[하자] 흙을 둥글게 쌓아 무덤을 만듦, 또는 그 흙 무더기. 성분(成墳).

봉분-제(封墳祭)**명** 장사 때, 봉분한 뒤에 그 자리에서 지내는 제사. 평토제(平土祭).

봉비(封妃)**명**[하자] 왕비를 세움. 왕비로 봉함.

봉:사명 ☞소경.

봉사 기름 값 물어 주기[속담] '전혀 관계 없는 일에 억울하게 배상(賠償)을 내게 되는 경우'를 이르는 말.

봉사 단청(丹青) **구경**[속담] 본다고 보기는 하나, 그 참모습을 모르고 본다는 말.

봉사 등불 쳐다보듯[속담] '서로 아무 관계 없이 지냄'을 이르는 말.

봉:사(奉仕)**명**[하자] ①(나라나 사회 또는 남을 위하여) 자신의 이해를 돌보지 아니하고 몸과 마음을 다하여 일함. ¶봉사 활동. /사회에 봉

사하다. ②장수가 물건을 싼값으로 파는 일. ¶재고품 처분을 위한 봉사 판매.

봉:사(奉事)**명**[하자] ①어른을 받들어 섬김. ②조선 시대에, 봉상시(奉常寺)의 종팔품 벼슬.

봉:사(奉祀)**명**[하자] 조상의 제사를 받들어 지냄. 봉제사. 주사(主祀). ¶외손(外孫) 봉사.

봉사(封事)**명** 임금에게 보내는 상소문.

봉:사-가격(奉仕價格)[-까-]**명** 장수가 물건을 특별히 싸게 파는 값.

봉:사-료(奉仕料)**명** 고객이 시중을 받은 대가로 시중해 준 이에게 주는 돈.

봉:사-손(奉祀孫)**명** 조상의 제사를 받들어 지내는 자손. ㉥사손(祀孫).

봉:사-자(奉仕者)**명** 봉사하는 사람.

봉산(封山)**명** 왕조 때, 나라에서 벌채(伐採)를 금지하던 산.

봉:산^탈:춤(鳳山-)**명** 황해도 봉산 지방에 전해 내려오는 탈춤. 〔중요 무형 문화재 제17호.〕

봉살(封殺)**명**[하자][되자] ☞포스 아웃.

봉:상(奉上)**명**[하자] 임금에게 물건을 봉하여 바침.

봉:상(捧上)**명**[하자] 봉납(捧納).

봉상(棒狀)**명** 막대기 모양. ㉥방상.

봉:상-시(奉常寺)**명** 조선 시대에, 제향(祭享)과 시호(諡號)에 관한 일을 맡아보던 관아. ㉥태상부(太常府).

봉서(封書)**명** ①봉투에 넣어서 봉한 편지. 봉장(封狀). ②임금이 종친이나 근신(近臣)에게 내리던 편지. ③왕비가 그 친정에 보내던 편지.

봉서-무감(封書武監)**명** 왕조 때, 봉서를 전하는 일을 맡아보던 무예별감(武藝別監).

봉선(封禪)**명**[하자] 고대 중국에서, 임금이 태산에서 흙으로 단을 만들어 하늘에 제사 지내던 일.

봉:선-자(鳳仙子)**명** 한방에서, '봉선화의 씨'를 약재로 이르는 말.

봉:선-화(鳳仙花)**명** 봉선화과의 일년초. 관상용으로 심는 화초의 한 가지로, 줄기 높이는 60cm가량. 잎은 어긋 맞고 초봉하고 가장자리에 톱니가 있으며, 여름에 분홍·빨강·주홍·보라·하양 등의 꽃이 핌. 봉숭아.

봉:선화-가(鳳仙花歌)**명** 조선 헌종 때, 정일당(貞一堂) 남씨(南氏)가 지은 가사. 봉선화를 기린 내용으로 모두 100구로 이루어져 있음.

봉세(峰勢)**명** 산봉우리의 형세.

봉소(烽所)**명** ㄷ봉홧둑.

봉소(蜂巢)**명** ㄷ벌집.

봉:소(鳳簫)**명** '소(簫)'를 아름답게 이르는 말.

봉소-위(蜂巢胃)**명** 벌집위.

봉:솔(奉率)**명**[하자] 〈상봉하솔〉의 준말.

봉:송(奉送)**명**[하자][되자] ①웃어른을 전송함. ↔봉영. ②소중한 것을 받들어 보냄. ¶성화를 봉송하다.

봉송(封送)**명**[하자] 물건을 싸서 보냄.

봉송(鬅鬆)**명** '봉송하다'의 어근.

봉송-하다(鬅鬆-)**형여** 머리털이 흩어져 더부룩하고 부스스하다.

봉쇄(封鎖)**명**[하자][되자] ①사람이나 물건이 드나들지 못하도록 막음. ¶출입구를 봉쇄하다. ②실력으로 상대국의 해상 교통을 막는 일. ¶항구를 봉쇄하다. ③상대국의 대외적인 경제 교류를 막는 일. ¶경제 봉쇄. /무역 봉쇄.

봉쇄^정책(封鎖政策)**명** 상대국의 일정한 지역이나 교류 상대 지역을 봉쇄함으로써 정치적 목적을 이루려는 정책.

봉쇄^탄:전(封鎖炭田)**명** 법률로써 채광 작업을 금지하고 있는 탄전. ↔가행 탄전(稼行炭田).

봉쇄^함:대(封鎖艦隊)몡 봉쇄 수역 부근을 순찰하면서 봉쇄 임무를 하는 함대.

봉쇄^화:폐(封鎖貨幣)[-폐/-폐]몡 경제 공황이나 국제 수지의 위기 등에서 벗어나기 위해서 취하는 화폐 정책. 대외 채무를 외화로 지급하는 것을 금하는 조처 따위.

봉:수(奉受)몡하타 삼가 받음.

봉수(封手)몡하자 장기나 바둑의 대국에서, 대국이 그날에 끝나지 못하고 다음 날까지 계속될 때, 그날의 마지막 수(手)를 종이에 써서 봉해 놓는 일, 또는 그 마지막 수.

봉:수(捧受)몡하타 (돈이나 물건을) 거두어서 받음. 비수납(收納).

봉수(逢受)몡하타 (남의 돈이나 물건을) 맡음.

봉수(逢授)몡하타 (남의 돈이나 물건을) 맡김.

봉수(烽燧)몡 ⇨봉화(烽火).

봉수(蓬首)몡 ⇨쑥대머리.

봉수-구면(蓬首坵面)몡 헝클어진 머리와 때가 낀 얼굴.

봉수-군(烽燧軍)몡 지난날, 봉화 올리는 일을 맡아보던 군사. 준봉군(烽軍).

봉수-대(烽燧臺)몡 ⇨봉홧둑.

봉수-제(烽燧制)몡 고려·조선 시대에, 봉화를 올려 병란(兵亂) 등의 급한 소식을 알리던 통신 제도.

봉술(棒術)몡 여섯 자 정도 되는 막대기를 무기로 사용하는 무술의 한 가지.

봉:숭아몡 ⇨봉선화(鳳仙花).

봉숭화몡 '봉선화'의 방언.

봉:승(奉承)몡하타 (웃어른의) 뜻을 이어받음. ¶선친의 유지(遺志)를 봉승하다.

봉:시(奉侍)몡 내시(內侍)의 한 벼슬.

봉시(逢時)몡하자 때를 만남.

봉시불행(逢時不幸)몡하자 (공교롭게) 좋지 아니한 때를 만남.

봉시-장사(封豕長蛇)몡 〔큰 돼지와 긴 뱀이란 뜻으로〕'잔인하고 탐욕스러운 사람'을 비유하여 이르는 말.

봉신(封神)몡하타 흙으로 단을 쌓고 신을 모심.

봉신-대(封神臺)몡 죽은 이의 넋이 돌아가 의지한다는 곳.

봉실(蓬室)몡 〔쑥대로 인 집이란 뜻으로〕①'가난한 사람의 집'또는 '은거하는 사람의 집'을 이르는 말. ②남 앞에서 '자기의 집'을 겸손하게 이르는 말.

봉:심(奉審)몡하타 임금의 명을 받들어 능(陵)이나 종묘(宗廟)를 살피던 일.

봉싯[-싣]부하자 예쁘게 입을 조금 벌리고 소리 없이 웃는 모양. 봉싯-봉싯부자.

봉싯-거리다[-싣꺼-]자 자꾸 봉싯봉싯하다. 봉싯대다.

봉싯-대다[-싣때-]자 봉싯거리다.

봉:안(奉安)몡하타 '안치(安置)'를 높이어 이르는 말. ¶부처의 진신 사리(眞身舍利)를 봉안하다.

봉:안(鳳眼)몡 ①봉황의 눈. ②〔봉황의 눈처럼〕눈꼬리가 위로 치켜진 눈.

봉애(峯崖)몡 벼랑으로 된 험한 산봉우리.

봉애(蓬艾)몡 ⇨다북쑥.

봉액(縫掖)몡 〈봉액지의〉의 준말.

봉액지의(縫掖之衣)[-찌의/-찌이]몡 지난날, 선비가 입던, 옆이 넓게 터진 옷. 준봉액.

봉:양(奉養)몡하타 부모나 조부모를 받들어 모심. ¶할머니를 봉양하다. 비봉로(奉老).

봉역(封域)몡 봉토(封土)의 구역.

봉:영(奉迎)몡하타 귀인(貴人)이나 웃어른을 받들어 맞음. ↔봉송(奉送).

봉영(逢迎)몡하타 남이나 상대편의 뜻을 맞추어 줌. 비영합(迎合).

봉예(鋒銳)'봉예하다'의 어근.

봉예-하다(鋒銳-)톙여 성질이 날카롭고 재빠르다.

봉오리몡 〈꽃봉오리〉의 준말.

봉와(蜂窩)몡 ⇨봉방(蜂房).

봉왕(蜂王)몡 ⇨여왕벌.

봉:요(奉邀)몡하타 (웃어른을) 삼가 청함.

봉요(蜂腰)몡 ①〔벌의 허리처럼〕잘록하게 생긴 허리. 비개미허리. ②한시(漢詩)의 평측법(平仄法)의 한 가지.

봉욕(逢辱)몡하자 욕된 일을 당함. 욕을 봄. 견욕(見辱). ¶봉욕을 간신히 면하다.

봉우리몡 〈산봉우리〉의 준말.

봉운(峯雲)몡 ①산봉우리에 끼어 있는 구름. ②산봉우리 모양의 구름.

봉읍(封邑)몡 제후의 영지(領地).

봉의-군신(蜂蟻君臣)[-의/-이-]몡 〔벌과 개미에게도 임금과 신하의 구별이 있다는 뜻으로〕위계질서를 말할 때 앞세우는 말.

봉:의-꼬리(鳳-)[-의-/-에-]몡 고사릿과의 다년생 상록 양치식물. 돌 양지쪽이나 산기슭의 바위틈에서 자라며, 잎자루의 길이는 40cm가량. 우리나라의 남부·일본 등지에 분포함.

봉인(封印)몡하타 봉한 자리에 도장을 찍음, 또는 그 도장. 인봉(印封).

봉인(鋒刃)몡 창이나 칼의 날.

봉인^파:훼죄(封印破毀罪)[-죄/-줴]몡 공무원이 집행한 봉인이나 또는 압류(押留)의 표지를 손상시킴으로써 성립되는 죄.

봉입(封入)몡하타 물건을 속에 넣고 봉함.

봉:입(捧入)몡하타 ⇨봉납(捧納).

봉:-자석(棒磁石)몡 ⇨막대자석.

봉작(封爵)몡[지난날〕①제후에게 영지(領地)를 주고 관작(官爵)을 내리던 일. ②외명부·내명부의·의빈(儀賓) 등을 봉하던 일.

봉:잠(鳳簪)몡 머리에 봉황의 모습을 새긴 비녀. 봉채(鳳釵).

봉장(封狀)[-짱]몡 ⇨봉서(封書).

봉장(封章)몡하타 ⇨상소(上疏).

봉:장(鳳欌)몡 봉황을 새긴 장롱.

봉장-풍월(逢場風月)몡 아무 때나 어느 자리에서나 즉흥적으로 시를 지음.

봉재(封齋)몡 '사순절(四旬節)'의 구용어.

봉재-수일(封齋首日)몡 '재의 수요일'의 구용어.

봉적(逢賊)몡하자 도둑을 만남.

봉:적(鳳炙)몡 '닭고기 산적'을 익살스레 이르는 말.

봉적(鋒鏑)몡 창 끝과 살촉.

봉전(葑田)몡 줄의 뿌리가 썩어서 진흙과 같이 쌓여 그 위에 농작물을 가꿀 수 있게 된 논밭.

봉접(蜂蝶)몡 벌과 나비.

봉:접(鳳蝶)몡 ⇨호랑나비.

봉:정(奉呈·捧呈)몡하타 (문서나 문집 따위를) 삼가 드림. ¶회갑 기념 논문집 봉정.

봉정(峯頂)몡 산봉우리의 맨 꼭대기.

봉제(縫製)몡하타 재봉틀 따위로 박아서 만듦.

봉제-공(縫製工)몡 봉제 일에 종사하는 직공.

봉:-제사(奉祭祀)몡 ⇨봉사(奉祀).

봉제-선(縫製線)몡 재봉틀로 박았을 때 생기는 솔기.

봉제-품(縫製品)圀 (옷·장난감·인형 등) 재봉틀
이나 손으로 바느질하여 만든 물건.

봉:조(鳳鳥)圀 ⇨봉황(鳳凰).

봉:죽(←奉足)圀하자 일을 주장하는 사람을 곁
에서 도와줌. ¶봉죽을 들다.

봉:죽-꾼(←奉足-)圀 봉죽을 드는 사람.

봉지圀 '바지'의 궁중말.

봉:지(奉旨)圀하자 임금의 뜻을 받듦.

봉:지(奉持)圀 임금의 거둥 때 말을 타고 용대
기(龍大旗)를 받들던 금군(禁軍).

봉지(封紙)圀 ①종이 따위로 만든 주머니. ②[의
존 명사적 용법] 봉지에 담긴 것을 세는 단위.
¶라면 두 봉지.

봉:직(奉職)圀하자 공직(公職)에서 일함. 봉공
(奉公). ¶모교에서 봉직하다.

봉째꾼圀 '난봉쟁이'를 속되게 이르는 말.

봉착(逢着)圀하자되자 맞닥뜨림. 당면함. ¶새
로운 국면에 봉착하다.

봉:창(奉唱)圀하자 엄숙하고 공손한 마음으로
노래를 부름. ¶애국가를 봉창하다.

봉창(封窓)圀 ①창문을 봉함, 또는 봉한 창
문. ②벽에 구멍을 내어 종이를 바른 창.

봉창(蓬窓)圀 배의 창문.

봉창-고지圀 음식은 제 것을 먹고 삯만 받고 일
하는 고지.

봉창-질하자 물건을 몰래 모아 감추어 두는 짓.

봉창-하다타 ①물건을 감추어 둠. ②손해를
벌충하다. ¶전번에 밑진 것을 봉창하다.

봉채(封采)圀 〈봉치〉의 본딧말.

봉:채(鳳釵)圀 ⇨봉잠(鳳簪).

봉책(封冊)圀 왕후(王侯)로 봉한다는 내용을 적
은 군주의 조서(詔書).

봉:천-답(奉天畓)圀 ⇨천수답(天水畓). 천둥지
기. ⑤봉답.

봉초(捧招)圀하자 죄인으로부터 범죄 사실에 대
한 진술을 들음.

봉:추(鳳雛)圀 [봉황의 새끼라는 뜻으로] ①'재
주와 지략이 뛰어난 소년'을 비유하여 이르는
말. ②'아직 세상에 알려지지 않은 영웅'을 비
유하여 이르는 말.

봉:축(奉祝)圀하자 삼가 축하함. ¶부처님 오신
날 봉축 법요식.

봉축(封築)圀하자 (무덤을 만들기 위하여) 흙을
쌓아 올림.

봉:충(鳳-)圀 봉황을 그린 충항아리.

봉충-다리圀 (사람이나 물건의) 한쪽이 짧은 다
리. ¶책상의 봉충다리 밑을 괴다.
  봉충다리의 울력걸음쪽딸 능력이 좀 모자라는
  사람을 여럿이 함께 하는 일에는 한몫 낄 수
  있다는 말.

봉치(←封采)圀 혼례 전에 신랑 집에서 신부 집
으로 채단(采緞)과 예장(禮狀)을 보내는 일,
또는 그 물건. 圐봉채(封采).

봉치-함(←封采函)圀 봉치를 넣어 보내는 함.

봉:칙(奉勅)圀하자 임금의 명령을 받듦.

봉:친(奉親)圀하자 어버이를 받들어 모심.

봉침(蜂針)圀 벌의 산란관. [침 모양으로 생겼음.]

봉침(鳳枕)圀 봉황을 수놓은 베개.

봉침(縫針)圀 '바늘'로 순화.

봉칫-시루(←封采-)[-치루/-친루-]圀 봉치
를 보내고 받는 집에서 각각 축복의 뜻으로 쪄
놓는 떡시루.

봉:탕(鳳湯)圀 '닭고기로 끓인 국'을 익살스럽
게 이르는 말.

봉토(封土)圀하자 ①(무덤이나 제단을 만들기
위하여) 흙을 쌓아 올림. ②제후를 봉하여 땅을
내줌, 또는 그 땅. ②봉강(封疆)·영지(領地).

봉투(封套)圀 편지나 서류 따위를 넣기 위하여
종이 따위로 만든 주머니. 서통(書筒). ¶서류
봉투. /편지를 봉투에 넣다.

봉패(逢敗)圀하자 실패를 당함.

봉표(封標)圀 ①능원(陵寢) 자리를 미리 정하여
놓고 세우는 표. ②봉산(封山)의 경계를 나타
내는 표.

봉풍(逢豊)圀 ⇨봉년(逢年).

봉피(封皮)圀 물건을 싼 종이.

봉필(蓬蓽)圀 [쑥대나 가시덤불로 지붕을 인 집
이란 뜻으로] ①'가난한 사람의 집' 또는 '은
거하는 사람의 집'을 이르는 말. ②남 앞에서
'자기의 집'을 겸손하게 이르는 말.

봉필-생휘(蓬蓽生輝)圀 가난한 집에 귀인이 찾
아왔음을 영광스럽게 여긴다는 뜻으로 하는 말.

봉-하다(封-)¹타예 ①(문이나 봉투의 부리, 그
릇의 아가리 따위를) 열지 못하게 단단히 붙이
다. ¶투표함을 봉하다. ②입을 다물어 말을 하
지 아니하다. ¶입을 봉하다.

봉-하다(封-)²타예 ①천자가 영지를 주어 제후
로 삼다. ②(왕이) 작위(爵位)나 작품(爵品)을
내려 주다. ¶부부인(府夫人)에 봉하다.

봉함(封緘)圀하타 편지나 문서 따위를 봉투에
넣고 봉하는 일.

봉함-엽서(封緘葉書)[-녑써]圀 우편엽서의 한
가지. 넓이가 엽서보다 크나 겹쳐 접으면 엽서
와 같은 크기로 됨.

봉합(封合)圀하타 봉하여 붙임.

봉합(縫合)圀하타 외상(外傷)으로 갈라진 자리
나 수술한 자리를 꿰매어 붙임. ¶봉합 수술.

봉:행(奉行)圀하타 웃어른이 시키는 일을 삼가
거행함. ¶분부대로 봉행하다.

봉:헌(奉獻)圀하타 (신불이나 존귀한 분에게)
물건을 바침. ¶절에 때종을 봉헌하다.

봉:헌^기도(奉獻祈禱)圀 가톨릭에서, 주께서
주신 몸과 마음을 찬송과 봉사(奉仕)의 제물로
드린다는 뜻의 기도문.

봉혈(封穴)圀 ①하자 구멍을 막음. 구멍에 흙을
덮어 메워 버림. ②개미구멍.

봉호(封號)圀 임금이 내린 호(號).

봉호(蓬蒿)圀 ⇨다북쑥.

봉화(烽火)圀 변란(變亂) 따위를 알리기 위하여
봉홧둑에서 올리는 횃불. 낭연(狼煙). 봉수(烽燧).
  봉화(를) 올리다(들다)관용 ①봉홧불을 켜서
  높이 올리다. ②'어떤 큰일을 앞장서서 시작
  함'을 비유하여 이르는 말.

봉화(逢禍)圀하자 불행한 변고를 당함.

봉화-간(烽火干)圀 조선 시대에, 봉수군(烽燧
軍)으로 종사하던 사람.

봉화-대(烽火臺)圀 ⇨봉홧둑.

봉화-재(烽火-)圀 봉홧둑이 있는 산.

봉화-지기(烽火-)圀 봉홧둑을 지키던 사람.

봉:환(奉還)圀하타 도로 돌려드림.

봉환(封還)圀하타 (사표 따위를 받아들이지 않
고) 봉한 채 그대로 돌려보냄.

봉홧-대(烽火-)圀 진달래 가지 끝
에 기름을 바르고, 불을 붙여 들고 다니는 제구.

봉홧-둑(烽火-)[-화뚝/-활뚝]圀 봉화를 올릴
수 있게 되어 있는 곳. 봉대(烽臺). 봉소(烽
所). 봉수대. 봉화대.

봉홧-불(烽火-)[-화뿔/-활뿔]圀 봉화로 드는
횃불.

봉홧불에 산적 굽기[관용] '지나치게 서둘러 일을 그르치게 함'을 비유하여 이르는 말.

봉:황(鳳凰)명 고대 중국에서 상서로운 새로 여기던 상상의 새. 머리는 뱀, 턱은 제비, 등은 거북, 꼬리는 물고기 모양이며, 깃에는 오색의 무늬가 있다고 함. 봉조(鳳鳥). 봉황새. 춘봉(鳳).

봉:-루(鳳凰樓) [-누] 〔봉황이 깃들이는 다락이란 뜻으로〕'임(임금)이 계시는 곳'을 아름답게 이르는 말.

봉:황-무(鳳凰舞)명 영산회상곡(靈山會相曲)에 맞추어 추는 춤.

봉:황-문(鳳凰紋)명 봉황을 본뜬 무늬. 예부터 서상문(瑞祥紋)으로서 장식이나 그림 등에 많이 쓰였음.

봉:황-새(鳳凰-)명 ⇨봉황.

봉:황-음(鳳凰吟)명 조선 세종 때 윤회(尹淮)가 지은 악장(樂章). 조선의 창업을 찬양한 내용으로 되어 있음.

봉:황-의(鳳凰衣) [-의/-이]명 새끼가 깨어 나온 새알의 얇은 속껍질.

봉:황-자리(鳳凰-)명 남천(南天)에 있는 새 모양의 별자리.

봉후(封侯)명하타 제후로 봉함, 또는 그 제후.

봉오리명 ⇨꽃봉오리.

봉우리〔옛〕봉우리. ¶묏봉오리 봉:峯(訓蒙上3).

봁명 〔옛〕보. 들보. ¶므릐와 보히 들어뎨쇼딕 니르느다(杜初9:28).

봐¹준 타동사 '보다'의 활용형 '보아'가 줄어든 말. ¶이것 좀 봐. /잘 봐 두어라.

봐²준 보조 형용사 '보다'의 활용형 '보아'가 줄어든 말. ¶비가 오나 봐. /그만둘까 봐. /그가 오나 봐.

봐:-주다타 〈보아주다〉의 준말.

봐:-하니부 〈보아하니〉의 준말.

뵈명 〔옛〕베. ¶뵈 포:布(訓蒙中30).

뵈놀다자 〔옛〕베를 날다. ¶뵈놀 심:紙(訓蒙下19).

뵈:다[뵈-/붸-] **I**타 〈보이다〉의 준말. ¶화가 나니까 눈에 뵈는 게 하나도 없더라.
II타 〈보이다〉의 준말. ②웃어른을 대하다. ¶아버님을 뵈러 고향으로 내려갔다.

뵈다형 〔옛〕배다. 꽉 차서 빈틈이 없다. ¶셔볼 빈 길헤 軍馬ㅣ 뵈니이다(龍歌98章).

뵈짱이명 〔옛〕질경이. ¶뵈짱이 부:苯. 뵈짱이 이:苢(訓蒙上15).

뵈-시위(-侍衛)[뵈-/붸-]갑 임금의 거동 때, 조심해서 잘 모시라는 뜻으로 별감이 외치던 소리.

뵈야다타 〔옛〕재촉하다. ¶天命을 疑心ᄒᆞ실ᄊᆡ 쑤므로 뵈야시니(龍歌13章).

뵈야타타 〔옛〕재촉하다. ¶芒鞋를 뵈야 신고 竹杖을 훗더디니(鄭澈.星山別曲).

뵈야호로부 〔옛〕바야흐로. ¶도기기 뵈야호로 롤라호더니(翻小9:66). 참보야호로.

뵈왓ᄇ다형 〔옛〕매우 바쁘다. ¶事勢ㅣ ᄀᆞ장 뵈왓ᄇ더라(杜初24:13). 참비왓브다.

뵘명 [뵘/뷈]명 틈이 생긴 데를 메우거나 받치는 일.

뵙:다[뵙따/뷉따]타 '뵈다'를 공손하게 이르는 말. ¶선생님을 뵙고 말씀드리겠습니다.

뵛오리명 〔옛〕베올. ¶뵛오리 루:縷. 뵛오리 로:纑(訓蒙中24).

부명 기선이나 공장 등에서 내는 기적(汽笛) 소리. 부-부부.

부(父)명 아버지.

부(夫)명 혼인 관계에 있는 남자. 남편.

부(缶)명 아악기의 한 가지. 흙을 구워서 밥소라 비슷하게 만든 타악기로, 대나무 채로 변죽을 쳐서 소리를 냄. 토고(土鼓). 참질장구.

부:(否)명 ①'아님'의 뜻을 나타내는 말. ②가부(可否) 표결에서의 반대. ¶가(可) 10표, 부 15표로 부결되다. ②↔가(可).

부(府)명 고려·조선 시대에, 대도호부사 또는 도호부사가 있던 지방 관아.

부(部) **I**명 ①업무 조직에서의 부서의 하나. ②우리나라 중앙 행정 기관 분류의 하나. ¶국무회의는 각 부의 장관이 모이는 회의다.
II의 ①전체를 어떤 기준으로 나눈 하나하나임을 나타내는 말. ¶제일 부. ②책·잡지·신문 따위를 세는 단위. ¶신문 500부.

부:(富)명 ①특정한 경제 주체에 딸린 재화의 총계. ②많은 재물, 또는 넉넉한 생활. 오복(五福)의 하나. ¶부를 축적하다.

부:(賦)명 ①대구(對句)의 형식으로 각운(脚韻)을 가지는 한문 문체의 한 가지. ②시경(詩經)의, 시의 내용에 따른 분류의 한 가지. 마음에 느낀 것을 사실 그대로 읊은 것. ③과문 육체(科文六體)의 한 가지.

부:(負) **I**명 '음(陰)'의 구용어.
II의 ⇨짐².

부-(不)접두 'ㄷ·ㅈ'이 두음(頭音)에 오는, 일부 한자어 앞에 붙어, 그렇지 아니함을 나타냄. ¶부도덕. /부자유. /부적당.

부-(副)접두 직위를 나타내는 일부 한자어 앞에 붙어, 그 직위에 '버금감'을 나타냄. ¶부사장. /부회장. /부면장.

-부(附)접미 ①(〈날짜 뒤에 붙어〉) 문서나 서신의 작성·발송의 시일임을 나타냄. ¶3월 10일부 발송. /5월 1일부 발령. ②일부 명사 뒤에 붙어, 거기에 딸려 있음을 나타냄. ¶대사관부 무관.

-부(部)접미 일부 한자어 뒤에 붙어, 그러한 부분임을 나타냄. ¶중심부. /어휘부.

부:가(附加)명하타되자 (이미 있는 것에) 덧붙임.

부:가(富家)명 부잣집.

부:가가치(附加價値)명 기업이 일정 기간의 생산 과정에서 새로이 만들어 낸 가치. 매출액에서 재료비·동력비·연료비·감가상각비 등을 뺀 것.

부:가^가치세(附加價値稅) [-쎄]명 사업에서 생기는 부가 가치를 과세 표준으로 하여, 그 사업을 경영하는 개인이나 법인에게 매기는 세금.

부:가^보:험료(附加保險料) [-뇨]명 보험료 중 보험 회사의 경비에 충당하는 부분.

부:가-옹(富家翁)명 부잣집 노인.

부:가^원가(附加原價) [-까]명 원가 계산상으로는 원가에 포함되나, 손익 계산상으로는 비용을 구성하지 않는 원가. 〔기업가의 임금, 자기 자본의 이자 따위.〕

부:가-형(附加刑)명 주형(主刑)에 덧붙여 내리는 형벌. ↔주형.

부각명 김·다시마 따위에 찹쌀 풀을 발라 말린 것을 기름에 튀긴 것.

부:각(負角)명 '음각(陰角)'의 구용어.

부:각(俯角)명 ⇨내려본각. ↔앙각(仰角).

부각(浮刻)명 ①하자타되자 (사물의) 특징을 두드러지게 드러냄, 또는 두드러지게 드러남. ¶개성이 뚜렷이 부각되다. ②⇨돋을새김.

부:각(腐刻)명하타 약물을 써서 유리나 금속 따위에 그림이나 글씨를 새기는 일. 식각(蝕刻).

부:감(俯瞰)**명**하타되자 높은 곳에서 아래를 내려다봄. 부시(俯視). 부감(俯瞰). 하감(下瞰).

부:감-도(俯瞰圖)**명** ⇨조감도(鳥瞰圖).

부-감목(副監牧)**명** 가톨릭에서, 감목이 부재중이거나 공석일 때 그 권한을 대행하는 성직자를 일컫는 말.

부-갑상선(副甲狀腺)[-쌍-]**명** 갑상선 뒤에 붙은 내분비 기관. 상하 좌우 4개의 작은 조직 덩어리로 되어 있는데, 골의 형성, 칼슘과 인의 대사 등과 밀접한 관계가 있음. 곁목밑샘. 상피 소체(上皮小體).

부:강(富强)**명**하형 나라의 재정이 넉넉하고 군사력이 튼튼함. ②〈부국강병〉의 준말.

부개비-잡히다[-자피-]**자** 하도 졸라서 하기 싫은 일을 마지못해 하게 되다.

부객(浮客)**명** 떠돌아다니는 나그네.

부:거(赴擧)**명**하자 과거(科擧)를 보러 감.

부:거(副車)**명** 임금의 거둥 때, 거가(車駕) 외에 여벌로 따라가던 수레.

부걱**무** 액체가 괼 때 비교적 큰 거품이 솟아오르면서 나는 소리. **부걱-부걱무**하자.

부걱-거리다[-꺼-]**자** 자꾸 부걱부걱하다. 부걱대다. ⑧보각거리다.

부걱-대다[-때-]**자** ⇨부걱거리다.

부:건(副件)[-껀]**명** ⇨여벌.

부:검(剖檢)**명**하타 시체를 해부하여 죽은 원인을 검사(확인)하는 일.

부검지 짚의 잔 부스러기.

부견(膚見)**명** 피상적인 관찰. 천박한 생각.

부:결(否決)**명**하타되자 회의에서, 의안을 승인하지 않기로 결정함. ¶법률안이 부결되다. ↔가결.

부경(浮輕)**명** '부경하다'의 어근.

부경-하다(浮輕-)**형여** ①말이나 행동이 경솔하다. ②부피에 비해 무게가 가볍다.

부계(父系)[-계/-게]**명** 아버지 쪽의 혈통에 딸린 계통. ↔모계(母系).

부계(伏鷄)[-계/-게]**명** 알을 품고 있는 닭.

부계^가족(父系家族)[-계-/-게-]**명** 아버지 쪽의 혈통을 주로 하여 이룬 가족. 남계 가족. ↔모계 가족.

부계^제:도(父系制度)[-계-/-게-]**명** 가계(家系)가 아버지 쪽의 혈통에 따라 상속되는 제도. ↔모계 제도.

부계-친(父系親)[-계-/-게-]**명** 아버지 쪽의 혈족. 부계 혈족. ↔모계친.

부계^혈족(父系血族)[-계-쪽/-게-쪽]**명** ⇨부계친(父系親). ↔모계 혈족.

부:고(訃告)**명**하타 사람의 죽음을 알림, 또는 그런 글. 고부. 부보(訃報). 부음(訃音). 통부(通訃). 휘음(諱音). ¶부고를 받다.

부:-고환(副睾丸)**명** 남성 생식기의 일부. 불알 뒤쪽에 있는 가늘고 긴 기관인데, 정자(精子)를 정낭(精囊)으로 보내는 구실을 함.

부곡(部曲)**명** 신라 때부터 조선 초기에 걸쳐, 천민이나 죄인을 집단으로 수용하여 농기구·병기·유기 따위를 생산하게 하던 특수 행정 구획.

부골(富骨)**명** 부자답게 생긴 골상(骨相).

부:골(跗骨)**명** ⇨발목뼈.

부:골(腐骨)**명** 골수염이나 골막염 등으로 말미암아 뼈의 일부가 썩어서 주위의 골조직(骨組織)으로부터 떨어져 나간 뼈.

부공(婦功)**명** ①부인의 공덕, 또는 공적. ②가정에서 부녀자가 하는 일.

부:공(賦貢)**명**하타 바칠 공물을 매김.

부:과(附過·付過)**명**하자 관원의 잘못이나 허물을 관원 명부에 적어 두던 일.

부:과(副果)**명** ⇨헛열매.

부:과(賦課)**명**하타되자 세금이나 물릴 돈을 매겨서 부담하게 함. ¶벌과금을 부과하다.

부:과-금(賦課金)**명** 부과된 돈. 부금(賦金).

부:관(附款)**명** 법률 행위에서 생기는 효과의 발생과 소멸, 또는 그 일반적인 내용을 제한하기 위하여, 당사자가 특별히 덧붙인 사항. 〔조건이나 기한 따위.〕

부:관(俯觀)**명**하타 ⇨부감(俯瞰).

부:관(副官)**명** ①군대에서, 전투 명령을 제외한 모든 개인 기록과 공무상의 통신, 인사 기록 및 명령의 배포, 기타 행정 업무를 맡아보는 참모 장교, 또는 그 병과(兵科). ②〈전속 부관(專屬副官)〉의 준말.

부:관-참시(剖棺斬屍)**명** 왕조 때, 사후에 큰 죄가 드러난 사람에게 내리던 극형. 죄인의 관을 쪼개어 시신의 목을 베었음. ❀참시.

부:광(富鑛)**명** ①금속의 함유량이 많은 광석. ②산출량이 많은 광산. ↔빈광(貧鑛).

부:광-대(富鑛帶)**명** 풍부한 광맥을 지닌 광산 지대.

부:광-체(富鑛體)**명** 광상(鑛床) 가운데 쓸 만한 광물이 많은 부분.

부교(父敎)**명** ①아버지의 교훈(가르침). ②아버지의 명령. ②부명(父命).

부교(浮橋)**명** ⇨배다리.

부:교(副校)**명** 조선 말기의 무관 계급의 한 가지. 정교(正校)의 아래, 참교(參校)의 위.

부:교(富驕)**명** 재산이 좀 있다고 부리는 교만.

부:교^신경(副交感神經)**명** 자율 신경의 한 가지. 호흡·소화·순환 등을 지배하며, 교감 신경과는 반대의 작용을 함.

부:-교수(副教授)**명** 대학교수의 직위의 한 가지. 정교수의 아래, 조교수의 위.

부:-교재(副教材)**명** 교과서에 곁들여 보조적으로 쓰이는 교재.

부구(浮具)**명** 사람의 몸이 물에 떠 있게 하는 데 쓰는 도구. 〔수영용·구명용 등이 있음.〕

부구(浮漚)**명** ⇨자바라.

부국(部局)**명** 관공서나 회사 등에서 담당하여 다루는 국(局)·부(部)·과(課) 등을 통틀어 이르는 말.

부:국(富局)**명** ①부자답게 보이는 상(相). ②풍수지리에서, '산수가 잘 어울린 좋은 판국'을 뜻하는 말.

부:국(富國)**명** ①경제력이 넉넉한 나라. ↔빈국(貧國). ②나라를 넉넉하게 하는 일.

부:국-강병(富國强兵)[-깡-]**명** 나라의 경제력을 넉넉하게 하고, 군사력을 튼튼하게 하는 일. ❀부국강병.

부군(夫君)**명** 상대편을 높이어, 그의 '남편'을 일컫는 말. ¶부군의 건강은 어떠신지요?

부:군(府君)**명** '돌아가신 아버지, 또는 대대의 할아버지'를 높이어 일컫는 말. 〔주로, 위패(位牌)나 지방(紙榜)에 쓰는 말.〕 ¶현고(顯考) 학생(學生) 부군 신위(神位).

부:군-당(府君堂)**명** 왕조 때, 각 관아에서 신령에게 제사 지내던 집.

부권(父權)[-꿘]**명** ①남자가 가족의 통제를 위하여 가지는 가장권(家長權). ②아버지의 친권(親權). ↔모권(母權).

부권(夫權)[-꿘]**명** 남편이 아내에 대하여 가지는 신분 및 재산상의 권리.

부권(婦權)[-꿘]**명** ☞여권(女權).
부:귀(富貴)**명** 재산이 많고 사회적 지위가 높음. ↔빈천(貧賤).
부:귀-공명(富貴功名)**명** 재산이 많고 지위가 높으며, 공을 세워 이름이 드러남.
부:귀-다남(富貴多男)**명** 재산이 많고 지위가 높으며, 아들이 많음.
부:귀-영화(富貴榮華)**명** 재산이 많고 지위가 높으며 영화로움. ¶부귀영화를 누리다.
부:귀-재천(富貴在天)**명** 부귀를 누리는 일은 하늘의 뜻에 달려 있어서 사람의 힘으로는 어찌할 수 없음을 이르는 말.
부:귀-화(富貴花)**명** 부귀한 상이 있다는 뜻으로, '모란꽃'을 달리 이르는 말.
부그르르부[어자 ①물 따위가 야단스럽게 끓어오르는 모양, 또는 그 소리. ¶주전자의 물이 부그르르 끓다. ②큰 거품이 한꺼번에 일어나는 모양, 또는 그 소리. ⑳보그르르. ⑭뿌그르르.
부극(掊克)**명하타** ①권세를 믿고 함부로 금품을 거두어들임. ②조세(租稅)를 부당하게 거두어들임으로써 백성을 괴롭힘.
부근(斧斤)**명** 큰 도끼와 작은 도끼.
부:근(附近)**명** 가까운 언저리. 근처.
부글-거리다자 자꾸 부글부글하다. 부글대다. ⑳보글거리다. ⑭뿌글거리다.
부글-대다자 부글거리다.
부글-부글부[어자 ①물 따위가 자꾸 부그르르 끓는 모양, 또는 그 소리. ②거품 따위가 자꾸 부그르르 일어나는 모양. ③마음이 언짢거나 복잡하여 속이 끓는 듯하는 모양. ¶어제 일로 부아가 부글부글 치밀어 오르다. ⑳보글보글. ⑭뿌글뿌글.
부:금(賦金)**명** ①☞부과금. ②(연부·월부 등) 일정한 기간마다 부어 나가는 돈.
부:급(負笈)**명하타** 〔책 상자를 진다는 뜻으로〕 '타향으로 공부하러 감'을 이르는 말.
부:급-종사(負笈從師)[-종-]**명하타** 〔책 상자를 지고 스승을 따른다는 뜻으로〕 '먼 곳에 있는 스승에게로 공부하러 감'을 이르는 말.
부기명 세상일에 어둡고 사람의 마음을 알아차리지 못하는 어리석은 사람. 북숭이.
부:기(附記)**명하타** 본문에 덧붙여서 적음, 또는 그 기록. ¶책 끝에 집필 동기를 부기하다.
부기(浮氣)**명** (몸의 이상으로) 부은 상태. ¶부기를 빼다. /얼굴에서 부기가 빠지다.
부:기(簿記)**명** (회사·상점·은행 등에서) 돈의 출납이나 재산의 증감 등을 일정한 방식으로 정리하여 장부에 적는 방법.
부:-기감(副技監)**명** 이전의, 기술직 3급 공무원의 직급. 지금의 '부이사관'.
부:기^등기(附記登記)**명** 주등기(主登記)에 덧붙여 그 일부를 변경하는 등기.
부기우기(boogie-woogie)**명** 재즈의 한 가지. 한마디를 8박자로 하는 흥겨운 곡(노래).
부:기-장(簿記帳)[-짱]**명** 부기에 쓰이는 장부.
부:기-학(簿記學)**명** 부기의 원리와 방법을 연구하는 학문.
부꾸미명 찹쌀가루·밀가루·수수 가루 등을 반죽하여 번철에 지진 떡. 전병(煎餅).
부끄러움명 부끄러워하는 마음(느낌). ¶부끄러움을 타다. ⑳부끄럼. ⑭바끄러움.
부끄러워-하다자타어 부끄러운 태도를 나타내다. 부끄럽게 생각하다. ¶남 앞에 나서기를 부끄러워하다. ⑳바끄러워하다.

부끄러이부 ①(자기의 잘못이나 결점 따위를 강하게 의식하여) 남을 대하기가 떳떳하지 못하게. ¶자신의 직업을 부끄러이 여기다. ②스스럼을 느껴서 수줍게. ¶부끄러이 고개를 숙이다.
부끄럼명 〈부끄러움〉의 준말. ⑳바끄럼.
부끄럽다[-따]〔부끄러우니·부끄러워서〕**형ㅂ** ①(자기의 잘못·결점 따위를 강하게 의식하여) 남을 대하기가 떳떳하지 못한 데가 있다. ②스스럼을 느껴서 수줍다. ¶남자 앞에서는 부끄러워 고개도 못 든다. ⑳바끄럽다.
부-나방명 ☞불나방.
부-나비명 ☞불나방.
부:납(賦納)**명하자** 부과금을 냄.
부낭(浮囊)**명** ①사람의 몸이 물에 떠 있게 하는 기구.〔구명대·구명동의 따위.〕②☞부레.
부내(部內)**명** ①한 조직이나 기관의 안. ¶부내의 비밀을 누설하다. ②관공서나 회사 등의 부(部)의 내부. ↔부외(部外).
부-넘기명 솥을 건 아궁이에서 방고래로 불이 넘어가게 된, 조금 높게 쌓은 부분.
부녀(父女)**명** 아버지와 딸.
부녀(婦女)**명** 〔'부인과 여자'라는 뜻으로〕 '여성'을 뜻함. 부녀자.
부녀-자(婦女子)**명** ☞부녀(婦女).
부:농(富農)**명** 많은 농지를 가지고 있어 생활이 넉넉한 농가, 또는 그런 농민. 부농가. ↔빈농.
부:-농가(富農家)**명** ☞부농(富農).
부-늑골(浮肋骨)[-꼴]**명** ☞가늑골(假肋骨).
부:니(腐泥·浮泥)**명** 바다나 호수 밑바닥에 쌓인 유기물이 썩어서 변한 검은 진흙.
부:니-암(腐泥岩)**명** 부니가 굳어서 된 바위.
부닐다[부니니·부닐어]**자** ①붙임성 있게 굴며 잘 따르다. ②일을 도와주며 고분고분하다.
부대듯-하다[-드타-]**형어** (신열이 나서 불이 달듯) 몸이 몹시 뜨겁다. 부대듯-이부.
부대일-내(不多日內)[-래]**명** (여러 날이 아닌) 며칠 이내.
부닥-뜨리다자 ①몸에 부딪힐 정도로 맞닥뜨리다. ¶막 대문을 나서자마자 손님과 부닥뜨렸다. ②(닥쳐온 일에) 직접 당하다. ¶뜻하지 않은 난관에 부닥뜨리다. 부닥트리다.
부닥-치다자 ①세게 부딪치다. ¶자전거가 벽에 부닥쳤다. ②어려운 문제나 반대에 직면하다. ¶난관에 부닥치다.
부닥-트리다자 부닥뜨리다.
부단(不斷) '부단하다'의 어근.
부단-하다(不斷-)**형어** (꾸준히 잇대어) 끊임이 없다. 《주로, '부단한'의 꼴로 쓰임.》 ¶부단한 노력. 부단-히부.
부달시의(不達時宜)[-의/-이]**명** (지나치게 완고하여) 시대의 흐름에 적응하려는 융통성이 없음.
부:담(負擔)**명** ①하타 어떤 일이나 의무·책임 따위를 떠맡음, 또는 떠맡게 된 일이나 의무·책임 따위. ¶보내는 쪽에서 우송료를 부담하다. ②〈부담롱〉의 준말.
부:담-감(負擔感)**명** 어떤 일이나 책임·의무 따위를 떠맡은 것에 대한 짐스러운 느낌. ¶경제적인 부담감이 크다.
부:담-금(負擔金)**명** 부담하는 돈. ¶수익자 부담금.
부담기명 〈옛〉 불가래. ¶부담기:椀槎子(才物譜).
부:담-롱(負擔籠)[-농]**명** 물건을 담아서 말에 싣는 농짝. ⑳부담.

부:담-마(負擔馬)圀 부담롱을 싣고, 그 위에 사람이 타게 꾸민 말.

부:담-스럽다(負擔-)[-따][~스러우니·~스러워]혱圀 부담이 되는 듯한 느낌이 있다. 부담스레.

부:담-액(負擔額)圀 부담해야 할 돈의 액수.

부답(不答)圀하짜 대답하지 아니함. ¶묵묵(默默)부답.

부답복철(不踏覆轍)[-뽁-]圀 (뒤집힌 앞 수레의 수레바퀴 자국을 다시 밟지 않는다는 뜻으로) 앞사람과 같은 실패를 다시 되풀이하지 아니함.

부당(不當)圀하혱 도리에 벗어나서 정당하지 않음. 사리에 맞지 아니함. ¶부당 요금. /부당한 요구. 부당-히圀.

부당(夫黨)圀 아내가 '남편 쪽의 본종(本宗)'을 이르는 말.

부당(婦黨)圀 남편이 '아내 쪽의 본종(本宗)'을 이르는 말.

부당당(不當當)'부당당하다'의 어근.

부당-하다(不當當-)혱여 아주 사리에 맞지 않다.

부당^이:득(不當利得)圀 정당하지 않은 방법으로 얻는 이득.

부당지사(不當之事)圀 정당하지 아니한 일.

부당지설(不當之說)圀 사리에 맞지 않은 말.

부:대(附帶)圀하타 (일부 명사 앞에 쓰이어) 주된 일에 결부하여 붙임. ¶부대 비용.

부:대(負袋)圀 ⇨포대(包袋).

부대(浮貸)圀하짜 금융 기관이나 회사의 회계원이 직무를 이용하여 부정 대출을 하는 일.

부대(部隊)圀 ①(군대의 일부를 이루는) 한 단위의 군인 집단. ②같은 목적 아래 행동을 같이하는 집단. ¶응원 부대. /박수 부대를 동원하다.

부대(富大)'부대하다'의 어근.

부대끼다짜 ①무엇에 시달려서 괴로움을 당하다. ¶빚 독촉에 부대끼다. ②(배 속이 탈이 나서) 배가 쓰리거나 울렁울렁하다. ¶속이 부대끼다. 타보대끼다.

부:대^면:적(附帶面積)圀 건물에서 보조적인 구실을 하는 공간의 면적. (주택에서는 살림방 이외의 면적을 이름.)

부:대-범(附帶犯)圀 기소(起訴)된 범죄에 결부려 있는 범죄.

부-대부인(府大夫人)圀 조선 시대에, 대원군의 아내에게 내리던 작호(爵號).

부대불소(不大不小)[-쏘]혱혱 크지도 작지도 않고 알맞음.

부:대-사건(附帶事件)[-껀]圀 주된 사건에 결달려 있는 사건.

부:대-사업(附帶事業)圀 주된 사업에 결달하여 하는 사업.

부:대^상:고(附帶上告)圀 민사 소송법에서, 상고로 시작된 소송 절차에서 피상고인이 원심 판결 또는 제일심 판결 가운데서 자기에게 불리한 부분의 변경을 바라는 신청.

부:대^상:소(附帶上訴)圀 민사 소송법에서, 피상소인이 상소인의 상소에 부대하여 원심 판결을 자기에게도 유리하게 변경시킬 것을 신청하는 상소.

부:대-시설(附帶施設)圀 기본이 되는 건축물 따위에 덧붙어 있는 시설.

부:대-찌개(部隊-)圀 햄·소시지 따위를 재료로 하여 끓인 찌개. (미군 부대에서 나온 고기를 재료로 끓였던 데서 유래함.)

부:대^청구(附帶請求)圀 민사 소송법에서, 주된 청구에 부대하여 청구되는 과실·손해 배상·위약금·권리 행사 비용의 청구.

부-대체물(不代替物)圀 일반 거래에서, 같은 종류로서 값이 같다고 하여도 바로 그것이 아니면 안 되는 물질이나 물건. (토지·미술품·골동품 따위.) ↔대체물.

부:대-하다(富大-)혱여 몸집이 뚱뚱하고 크다. ¶몸이 부대하다.

부:대^항:소(附帶抗訴)圀 민사 소송법에서, 피항소인이 항소에 부대하여 원재판에 대한 불복의 주장을 하고, 항소 절차에서의 원심의 범위를 자기에게 유리하게 확장하는 신청.

부덕(不德)圀하혱 덕이 없음. 덕이 부족함. ¶내가 부덕한 탓이다.

부덕(婦德)圀 부녀자로서 지녀야 할 어질고 너그러운 덕행.

부도(不渡)圀 수표나 어음의 발행 액수보다 예금 액수가 부족하여 그 지급을 받지 못하게 되는 일. ¶부도를 막다.

부도(父道)圀 아버지로서 지켜야 할 도리.

부:도(附圖)圀 어떤 책에 부속된 그림이나 지도·도표 따위. ¶지리 부도.

부도(浮屠·浮圖)圀 ①'부처'. ②고승(高僧)의 사리나 유골을 넣고 쌓은 둥근 돌탑. ¶이 절에는 국보급의 부도가 두 기 있다. ③'중'을 달리 일컫는 말.

부도(婦道)圀 부녀자로서 지켜야 할 도리. ¶부도를 지키다.

부도-나다(不渡-)짜 기한이 되어도 수표나 어음에 적힌 돈을 지급받지 못하게 되다.

부도-내다(不渡-)타 기한이 되어도 수표나 어음에 적힌 돈을 지급하지 못하게 되다.

부-도덕(不道德)圀하혱 도덕에 어긋남. 도덕적이 아님. ¶부도덕한 행위.

부도^수표(不渡手票)圀 부도가 난 수표. 곧, 지급 날짜에 지급인으로 지정된 은행이 지급을 거절한 수표. 공수표(空手票).

부:도심(副都心)圀 대도시에서, 도심과는 따로 형성되어 도심의 기능을 분담하고 있는 업무·상업상의 번화가.

부도^어음(不渡-)圀 지급인이 지급을 거절한 어음. 만기일에 지급되지 않은 어음.

부도옹(不倒翁)圀 (넘어지지 않는 늙은이라는 뜻으로) '오뚝이'를 이르는 말.

부도-체(不導體)圀 열이나 전기가 거의 통하지 않는 물체. (유리·자기(磁器)·운모 따위.) 불량 도체. 절연체. ↔도체·양도체.

부:-독본(副讀本)[-뽄]圀 주된 교과서에 결부여, 보조 교재로 쓰이는 학습용의 독본. ↔정독본.

부동(不同)圀하혱 서로 같지 않음. ¶표리(表裏)가 부동하다.

부동(不動)圀하짜 ①움직이지 않음. ¶부동 상태. /부동 자세. ②마음이 안정되어 흔들리지 않음. ¶부동의 목표. /부동의 신념으로 일을 추진하다.

부동(浮動)圀하짜 ①떠서 움직임. ②고정하여 있지 않고 이리저리 이동함. ¶부동 인구. ③진득하지 못하고 들뜸.

부동(符同)圀하짜 (그릇된 일을 하기 위하여) 몇 사람이 어울려서 한통속이 됨.

부동^관절(不動關節)圀 두 뼈가 단순히 이어져 있을 뿐, 관절 운동이 적은 뼈의 연결부. ↔가동 관절(可動關節).

부동-명왕 (不動明王)圓 불교에서의 팔대 명왕의 하나. 대일여래(大日如來)가 모든 악마와 번뇌를 항복시키기 위하여 분노한 모습으로 나타난 형상. 부동존(不動尊).

부동-산 (不動産)圓 토지와 그것에 정착된 건물이나 수목 등의 재산. ↔동산.

부동산^금융 (不動産金融) [-금늉/-그뮹]圓 부동산을 담보하여 자금을 융통하는 일.

부동산^등기 (不動産登記)圓 부동산의 권리관계를 공시하기 위하여 등기부에 기재하는 일, 또는 그러한 제도.

부동산^보:험 (不動産保險)圓 (가옥 등) 부동산에 생기는 손해를 메울 것을 목적으로 하는 보험. [화재 보험·건물 보험 따위].

부동산^신:탁 (不動産信託)圓 수탁자가 신탁을 받을 때, 그 신탁 재산으로 부동산을 받아들이는 신탁.

부동산-업 (不動産業)圓 토지나 건물 등의 매매·대차·교환 등에 관한 중개나 대행을 하는 직업.

부동산-질 (不動産質)圓 부동산을 목적으로 하는 질권(質權). ↔동산질.

부동산^취:득세 (不動産取得稅) [-쎄]圓 취득세 중에서 매매나 증여 등에 따른 부동산 취득에 대하여, 그 취득 가격을 표준으로 하여 취득자에게 매기는 조세.

부동-성 (浮動性) [-썽]圓 기본적인 것이 정하여지지 않아서 확정성이 없는 성질.

부동심 (不動心)圓[하자] 어떤 외계의 충동을 받아도 마음이 움직이지 않음, 또는 그러한 마음.

부동-액 (不凍液) [-(겨울철에)] 자동차 엔진의 냉각수를 얼지 않게 하기 위하여 쓰는 액체.

부동^자금 (浮動資金)圓 일정한 자산으로 붙박여 있지 않고, 투기적 이익을 얻기 위하여 시장에 유동하고 있는 대기성(待機性) 자금.

부동-자세 (不動姿勢)圓 움직이지 아니하고 똑바로 서 있는 자세. ¶부동자세를 취하다.

부동-존 (不動尊)圓 ☞부동명왕(不動明王).

부동-주 (浮動株)圓 (투기자나 증권업자의 소유 주처럼) 투자를 목적으로 시장에서 항상 사고 팔 수 있는 주식. ↔고정주.

부동-초 (不動哨)圓 고정된 초소에서 자리를 떠 나지 않고 근무하는 초병(哨兵). 입초(立哨). ↔동초.

부동-표 (浮動票)圓 선거 때, 그때그때의 기분이나 상황의 변화에 따라 지지하는 정당이나 후보자를 바꾸는 표. ↔고정표.

부동-항 (不凍港)圓 겨울에도 해면이 얼지 않는 항구. ↔동항(凍港).

부두 (埠頭)圓 항구에서, 배를 대어 여객이 타고 내리거나 짐을 싣고 부리는 곳. 웹선창(船艙).

부두-꾼 (埠頭-)圓 부두에서 배의 짐을 나르는 노동자.

부두둑튀[하자타] 〈부드득〉의 변한말.

부두-세 (埠頭稅) [-쎄]圓 선주(船主)가 국가에 내는 부두 사용료.

부둑-부둑[-뿌-]튀[하형] 매우 부둑한 모양. 웹보독보독. 쎈뿌둑뿌둑.

부둑-하다[-두카-]튀[형어] 물기가 거의 말라 굳은 듯하다. 웹보독하다. 쎈뿌둑하다.

부둣-가 (埠頭-) [-뚜까/-둗까]圓 부두가 있는 근처.

부둥-부둥튀[하형] 살이 통통하게 찌고 부드러운 모양. 쎈보둥보둥. 큰뿌둥뿌둥.

부둥켜-안다[-따]자타 꼭 끌어안다. ¶부둥켜 안고 울다.

부둥키다타 두 팔로 힘껏 안거나 두 손으로 힘껏 붙잡다. 웹붙둥키다.

부동-팥 [-팓]圓 ①여물기는 했으나 아직 덜 말라서 부둥부둥한 대로 따서 쓰는 팥. ②아주 굵고 붉은 팥. *부둥팥이[-파치]·부둥팥을[-파틀]·부둥팥도[-판-].

부드드-하다튀[형어] (인색하여) 잔뜩 움켜쥐고 놓기 싫어하는 태도가 있다. 쎈뿌드드하다.

부드득튀[하자타] 단단하거나 뻣뻣하고 질긴 물건을 마주 문지르거나 갈 때에 나는 둔한 소리. ¶이를 부드득 갈다. 쟉바드득·보드득. 쎈뿌드득. 큰부두둑. **부드득-부드득**튀[하자타].

부드득-거리다[-끄-]자타 자꾸 부드득부드득하다. 부드득대다. 쟉바드득거리다·보드득거리다.

부드득-대다[-때-]자타 ☞부드득거리다.

부드럽다[-따][부드러우니·부드러워]형[ㅂ] ①거칠거나 딱딱하지 않고 무르고 매끈매끈하다. ¶살결이 부드럽다. ②사람 됨됨이나 마음씨가 곱고 순하며 붙임성이 있다. ¶마음씨가 부드럽다. ③일의 형편이나 동작이 빽빽하지 아니하 부드럽다. ④(가루 따위가) 매우 잘고 곱다. ¶밀가루가 부드럽다. ⑤술이 독하지 아니하여서 목으로 넘기기 좋다. ¶양주보다는 소주가 부드럽다. 쟉보드랍다.

부드레-하다튀[형어] ①제법 부드럽다. ¶부드레한 감촉. ②(상대가 약하여) 만만해 보이다. 쟉보드레하다.

부득기소 (不得其所) [-끼-]圓[하자] ☞부득기위.

부득기위 (不得其位) [-끼-]圓[하자] (훌륭한 능력을 지니고도) 그 능력을 펴 볼 만한 자리를 얻지 못함. 부득기소.

부득-부득[-뿌-]튀 ①굳이 우기는 모양. ¶자기의 판단이 옳다고 부득부득 우기다. ②끈지게 조르는 모양. 쟉바드바득. 쎈뿌득뿌득.

부득불 (不得不) [-뿔]튀 아니할 수 없어. 마지못하여 결국. 불가불. ¶부득불 일을 함께 하다.

부득요령 (不得要領) [-뇽뇨-]圓[하자] ☞요령부득(要領不得).

부득의 (不得意) [-드긔/-드기]圓[하형] 바라거나 뜻하던 바를 이루지 못함.

부득이 (不得已)튀[하형] 하는 수 없이. 마지못하여. 불가피. ¶부득이한 사정으로 부탁을 거절하다.

부득지 (不得志) [-찌]圓[하자] (때를 만나지 못하여) 품은 뜻을 이루지 못함.

부득책 (不得策)圓[하자] 계책이 서지 아니함.

부들[1]圓 명주실이나 무명실로 꼬아서 매듭지어 놓은 줄. 가야금이나 거문고 등의 현악기의 현(絃)을 잇는 데 씀. 염미(染尾).

부들[2]圓 부들과의 다년초. 늪이나 연못가에 절로 나는데, 줄기는 1 m가량이며 잎은 가늘고 깊. 여름에 누른 꽃이 이삭 모양으로 핌. 잎으로는 방석, 줄기로는 부채를 만들기도 함. 한방에서 꽃가루를 '포황(蒲黃)'이라 하여 지혈이나 통경(通經)·이뇨제로 씀. 향포(香蒲).

부들-거리다자타 자꾸 부들부들하다. 부들대다. 쟉바들거리다. 큰푸들거리다.

부들-기圓 잇댄 부분의 뿌리 쪽. ¶어깨 부들기.

부들-기직圓 '부들자리'의 잘못.

부들-대다자타 부들거리다.

부들-부들튀[하자타] (춥거나 분하거나 무서워서) 몸을 크게 떠는 모양. ¶모욕적인 말을 듣고 몸을 부들부들 떨다. /공포에 질려 부들부들 떨다. 쟉바들바들. 큰푸들푸들.

부들-부들²[부|형] 살갗에 닿는 느낌이 매우 부드러운 모양. ❸보들보들.

부들-부채[명] 부들의 줄기를 결어 만든 부채.

부들-자리[명] 부들의 잎이나 줄기로 결어 만든 자리. 포석(蒲席).

부듯-하다[-드타-][형여] ①꼭 맞아서 헐렁거리지 아니하다. ❸바듯하다. ②집어넣거나 채우는 것이 한도보다 조금 더하여 불룩하다. ¶부듯한 돈봉투. ③(기쁨이나 감격 따위가) 마음에 가득 차서 벅차다. ¶가슴이 부듯하다. ❹뿌듯하다. 부듯-이[부].

부등(不等)[명] '부등하다'의 어근.

부등-가(不等價)[-까][명] 값이나 값어치가 같지 않음, 또는 그러한 값이나 값어치.

부등-가리[명] 부삽 대신으로 쓰는 기구. 흔히, 오지그릇이나 질그릇의 깨진 조각으로 만들어 씀.

부등-깃[-긴][명] 갓난 날짐승 새끼의 덜 자란 깃. *부등깃이[-기시]·부등깃만[-긴-]

부등변^삼각형(不等邊三角形)[-가켱][명] 세 변의 길이가 서로 다른 삼각형.

부등속^운동(不等速運動)[명] 속도가 일정하지 않은 운동. ↔등속 운동.

부등-식(不等式)[명] 수학에서, 두 수(數) 또는 두 식(式)의 관계를 부등호로 나타낸 것.〔A> B 따위.〕↔등식.

부등-엽(不等葉)[명] 한 나무에 달렸으면서도 위치에 따라 모양이나 크기에 차이가 있는 잎.〔전나무나 담쟁이덩굴의 잎 따위.〕

부등-표(不等標)[명] ☞부등호.

부등-하다(不等-)[형여] ①서로 같지 않다. ②층이 져서 고르지 않다.

부등-호(不等號)[명] 두 수의 크고 작음을 나타내거나 같지 않음을 나타내는 기호.〔<, > 따위.〕부등표. ↔등호.

부:디[부] '꼭'·'아무쪼록'의 뜻으로, 부탁이나 소원을 말할 때 쓰는 말. ¶부디 성공하기를 바란다.

부디기[명] 삶은 국수를 솥에서 건져 내는 데 쓰는 기구.

부디-치다[자] ①'부딪치다'의 잘못. ②'부딪다'의 잘못.

부딪다[-딛따][자타] 물체와 물체가 세게 마주 닿다. 물체와 물체를 세게 마주 대다. ¶뒤차가 앞차에 부딪다. *부딪어·부딪는[-딛-]

부딪-뜨리다[-딛-][타] 아주 힘 있게 부딪게 하다. 부딪트리다.

부딪-치다[-딛-][자타] '부딪다'의 힘줌말. ¶몸을 벽에 부딪치다.

부딪-트리다[-딛-][타] 부딪뜨리다.

부딪-히다[-디치-][자] 〔'부딪다'의 피동〕 부딪음을 당하다. ¶정신없이 달려가다가 자전거에 부딪히다.

부뚜[명] 곡식에 섞인 쭉정이나 티끌을 날리기 위하여 바람을 일으키는 데 쓰는 돗자리. 풍석(風席). ❺붗돗.

부뚜막[명] 부엌의, 아궁이 위에 걸어 놓은 솥 언저리의 평평한 자리.
    부뚜막의 소금도 집어넣어야 짜다[속담] 손쉽게 할 수 있는 일이나 좋은 기회가 있어도 이용하지 않으면 소용이 없다는 말.

부뚜-질[하타] 부뚜를 펴서 중턱을 밟고, 두 손으로 양쪽 끝을 쥐고 흔들어 바람을 일으키는 일. 풍석질.

부라[감]〔'불을 불어라'는 뜻으로〕대장간에서 풀무질할 때 하는 소리.

부라리다[타] 위협하느라고 눈을 부릅뜨고 눈알을 사납게 굴리다. ¶눈을 부라리며 대들다.

부라-부라[Ⅰ][명] 어린아이가 어른들의 부라질에 따라 두 다리를 번갈아 오르내리는 동작. [Ⅱ][감] 부라질을 시킬 때 하는 말.

부라-질[하자] ①젖먹이의 두 겨드랑이를 껴서 붙잡고 좌우로 흔들며, 두 다리를 번갈아 오르내리게 하는 짓. ②몸을 좌우로 흔드는 짓.

부라퀴[명] ①야물고도 암팡스러운 사람. ②자기에게 이로운 일이면 기를 쓰고 영악하게 덤비는 사람.

부락(部落)[명] ☞촌락(村落).

부란(孵卵)[명][하자타] 알이 깸, 또는 알을 깜.

부:란(腐爛)[명] 썩어 문드러짐.

부란-기(孵卵器)[명] 정온기(定溫器)의 한 가지로, 달걀을 인공적으로 부화시키는 데 쓰는 기구. 부화기(孵化器).

부랑(浮浪)[명][하자] 일정한 거처나 직업이 없이 떠돌아다님.

부랑-배(浮浪輩)[명] 부랑자의 무리.

부랑-아(浮浪兒)[명] 일정한 거처가 없이 떠돌아다니는 아이.

부랑-자(浮浪者)[명] 일정한 거처나 직업이 없이 떠돌아다니는 사람.

부랑-패류(浮浪悖類)[명] 일정한 직업이 없이 허랑한 짓이나 하고 떠돌아다니는 무리.

부라-부라[부] 매우 급히 서두르는 모양. ¶부라부라 짐을 꾸리다.

부랴-사랴[부] 몹시 급하고 부산하게 서두르는 모양. ¶차 시간에 대어 가려고 부랴사랴 달려가다.

부러[부] 거짓으로. 일부러. 짐짓. ¶부러 유쾌한 표정을 짓다.

부러-뜨리다[타] 부러지게 하다. 부러트리다. 분지르다. ¶나무젓가락을 부러뜨리다.

부러워-하다[타여] 부럽게 생각하다. ¶친구의 미모를 부러워하다.

부러-지다[자] 꺾여서 동강이 나다.
    부러진 칼자루에 옻칠하기[속담] 쓸데없는 일을 함을 이르는 말.

부러-트리다[타] 부러뜨리다.

부:럼[명] ①(일년 내내 부스럼을 앓지 않게 된다 하여) 정월 보름날에 까서 먹는 밤·잣·호두·땅콩 따위를 이르는 말. ②'부스럼'의 방언.

부럽다[-따][부러우니·부러워][형ㅂ] (자기보다 낫거나 좋거나 잘되는 것을 보고) 자기도 그와 같이 되고 싶은 마음이 많다. ¶다복한 그의 집안이 못내 부럽다. 부러이[부].

부레[명] ①물고기의 배 속에 있는 공기주머니. 〔몸의 비중을 조절하는 구실을 함.〕부낭(浮囊). 어표(魚鰾). ②〈부레풀〉의 준말.

부레-끓다[-끌타][자] 몹시 성이 나다.

부레끓-이다[-끄리-][타]〔'부레끓다'의 사동〕부레끓게 하다.

부레-뜸[하타] 연줄을 빳빳하고 억세게 하기 위하여 부레 끓인 물을 먹이는 일.

부레-질[명] 부레풀로 물건을 붙이는 일.

부레-풀[명] 말린 민어의 부레를 끓여서 만든 풀. 붙는 힘이 매우 강하여 목기(木器)를 붙이는 데 흔히 쓰임. 어교(魚膠). 어표교(魚鰾膠). ❷부레.

부력(浮力)[명] 유체(流體) 속에 있는 물체를 떠오르게 하는 유체의 힘.

부:력(富力)[명] 부(富)의 정도나, 부로 말미암아 얻어지는 힘. 재력(財力).

부:련(副輦)[명] 거둥 때 임금이 탄 연보다 앞서 가던 빈 연. ☞정련(正輦).

부:렴(賦斂)명하타 조세를 매겨서 거둠.

부령(部令)명 행정 각부 장관이 소관 사무에 관하여 내는 법령.

부:령(副令)명 조선 시대에, 종친부(宗親府)에 둔 종오품 벼슬.

부:령(副領)명 대한 제국 때, 무관 계급의 하나. 정령(正領)의 아래, 참령(參領)의 위.

부로(父老)명 한 동네에서 나이가 많은 어른을 높이어 일컫는 말.

부로(俘虜)명 ☞포로(捕虜).

부:록(附錄)명 ①책의 끄트머리 등에 참고 자료로 덧붙이는 인쇄물. ¶권말(卷末) 부록. ②책이나 잡지와는 별도로, 덤으로 붙여 따로 내는 책이나 물건. ¶별책 부록.

부룡(浮龍)명 절의 법당 같은 곳의 천장에 만들어 놓은 용 모양의 장식. 듬돋.

부루뿐 한꺼번에 없어지 아니하고 오래도록 늘려서.

부루-나가다재 (일정한 기간에 써서 없어질 분량의 물건이) 그 기간이 다 지났는데도 좀 남아 있게 되다.

부루-말명 '흰말'의 잘못.

부루-퉁이명 불룩하게 불거져 나온 물건.

부루퉁-하다형여 ①부어올라 불룩하다. ②불만스러운 빛이 얼굴에 나타나 있다. ¶동생은 뭐가 불만인지 종일 부루퉁한 표정으로 말도 안 한다. 閉보로통하다. 甽뿌루퉁하다. **부루퉁-히**뿐.

부룩명 보리밭이나 채소밭 따위의 밭두둑 사이나 빈 자리에 다른 종류의 농작물을 듬성듬성 심는 일. 阅대우.

 부룩(을) 박다(치다)관용 곡식이나 채소를 심은 두둑 사이사이에 다른 것을 듬성듬성 더 심다.

부룩-소[-쏘]명 작은 수소.

부룩-송아지[-쏭-]명 아직 길들이 않은 송아지.

부룻-론[-론]명 무더기로 놓인 물건의 부피. ¶쌀가마의 부룻이 엄청나게 크다. *부룻이[-루시]·부룻만[-룬-].

부룻-동[-루똥·-룬똥]명 상추의 줄기.

부류(浮流)명하자 물 위에 떠서 흐름.

부류(部類)명 어떤 공통적인 성격 등에 따라 나눈 갈래. ¶그런 부류의 사람이라면 딱 질색이다.

부류^기뢰(浮流機雷)[-뢰/-뤠]명 ①부낭 따위에 적합(敵艦)의 통로나 정박지에 부류시키는 기뢰. ②매어 둔 줄이 끊어져 흘러 나간 기뢰.

부르-걷다[-따]타 옷소매나 바짓가랑이를 힘차게 걷어 올리다.

부르다¹[부르니·불러]타르 ①(말이나 글 따위로) 남을 오라고 하다. ¶엄마가 아이를 손짓하여 부른다. ②노래를 하다. ¶노래를 부르다. ③물건 값을 말하다. ¶비싸게 부르다. ④소리를 내어 외치다. ¶다 같이 만세를 부릅니다. ⑤무엇이라고 가리켜 말하거나 이름을 붙이어 일컫다. ¶저 산을 개골산이라고 부릅니다. ⑥이름 따위를 읽으며 대상을 확인하다. ¶출석을 부르다. ⑦(말이나 행동이 어떤 일을) 초래하다. ¶화를 부르다. /피는 피를 부른다.

부르다²[부르니·불러]형 ①배 속이 차서 가득하다. ¶너무 많이 먹었더니 배가 부르다. ②불룩하게 부풀거나 내민 상태에 있다. ¶아이를 가져 배가 부르다.

부르-대다재 (남을 나무라거나 하는 것처럼) 야단스럽게 떠들어 대다.

부르르뿐하자 ①춥거나 무섭거나 하여 몸을 움츠리면서 가볍게 떠는 모양. ¶온몸이 부르르 떨리다. ②좁은 그릇에서 물이 끓어오르는 모양, 또는 그 소리. ③한데 모인 나뭇개비에 불이 붙어 타오르는 모양. 甽보르르. 甽푸르르.

부르릉뿐 자동차 따위의 발동을 걸 때 나는 소리. 甽부르릉-부르릉뿐하자.

부르릉-거리다재타 자꾸 부르릉부르릉하다. 부르릉대다.

부르릉-대다재 부르릉거리다.

부르주아(bourgeois 프)명 자본가. 자본주의 사회의 부자. ↔프롤레타리아.

부르주아^국가(bourgeois國家)[-까]명 부르주아가 지배권을 가진 국가.

부르주아^문학(bourgeois文學)명 시민 문학.

부르주아^사회(bourgeois社會)[-회/-훼]명 ①시민 사회. ②자본주의 사회.

부르주아지(bourgeoisie 프)명 계급으로서의 부르주아를 이르는 말. 〔오늘날에는 자본가 계급을 이름.〕 시민 계급. 유산 계급(有産階級). ↔프롤레타리아트.

부르주아^혁명(bourgeois革命)[-형-]명 부르주아지가 주체가 되어 봉건제를 넘어뜨리고 자본주의 사회 체제를 세운 혁명. 〔프랑스 혁명이나 영국 시민 혁명 등이 대표적인 예.〕 시민 혁명.

부르-쥐다타 (주먹을) 힘을 들여 주다.

부르-짖다[-짇따]재 ①큰 소리로 외치거나 말하다. ¶만세를 부르짖다. ②어떤 의견이나 주장을 열렬히 말하다. ¶여권 신장을 부르짖다. ③원통한 사정을 큰 소리로 말하다. ¶울며 부르짖다.

부르카(burqa)명 전통적으로 이슬람 여성들이 얼굴을 가리기 위하여 걸치는 천.

부르터-나다재 감추어져 있던 일이 드러나다. ¶묵은 병폐가 부르터나다.

부르트다[부르트니·부르터]재 ①살가죽이 들뜨고 속에 물이 괴다. ¶발바닥이 부르트다. ②물것에 물려 살이 도톨도톨하게 부어오르다. 阅부르다.

부름자리-토씨[-짜-]명 ☞호격 조사.

부름-켜명 ☞형성층(形成層).

부릅뜨다[부릅뜨니·부릅떠]타 (보기 사납도록) 눈을 크게 뜨다. ¶눈을 부릅뜨고 호령하다.

부릍다[-릍따]재 〈부르트다〉의 준말. *부릍는[-른-].

부리¹명 ①새나 짐승의 주둥이. 구문(口吻). ②물건의 끝이 뾰족한 부분. ¶총의 부리. ③병이나 자루 따위의, 한 끝의 열린 부분. ¶호리병의 부리.

 부리(가) 잡히다관용 종기가 곪느라고 한가운데가 뾰족해지다.

부:리²명 '(한 집안의) 조상의 혼령이나 대대로 모시는 귀신'을 무당이 일컫는 말.

부:리(附利)명하자 이자가 붙음.

부리나케뿐 몹시 급하게. ¶밥을 먹자마자 부리나케 달려갔다.

부리다¹타 ①(사람을 시켜) 일을 하게 하다. ¶일꾼을 부리다. ②(마소 따위를 몰아서) 일을 시키다. ¶소를 부리다. ③(기계나 기구 따위를) 조종하다. ¶차를 부리다. ④(재주나 꾀를) 피우다. ¶요술을 부리다. ⑤(행동이나 성질 따위를) 계속 드러내거나 보이다. ¶고집을 부리다.

부리다²타 ①(마소·수레·자동차·배 등에 실려 있는 짐을) 내려놓다. ¶부두에 화물을 부리다. ②활에서 시위를 벗기다.

부리-망(-網)명 가는 새끼로 그물처럼 얽어서 소의 주둥이에 씌우는 물건.

부리-부리[─허형] 눈망울이 크고 담찬 기운이 있음. ¶부리부리한 눈이 시원스럽다.

부리-이다[자] 〖'부리다'의 피동〗 남으로부터 부림을 받다.

부린-활[명] 시위를 벗긴 활. ↔얹은활.

부림-꾼[명] 남에게 부림을 받는 사람.

부림-말[명] ☞목적어(目的語).

부림-자리[─짜─][명] ☞목적격(目的格).

부림자리-토씨[─짜─][명] ☞목적격 조사.

부마(夫馬)[명] 마부와 말.

부:마(付魔)[명][하자] 귀신이 들림.

부:마(副馬)[명] 필요에 따라 갈아타기 위하여 예비로 함께 끌고 다니는 말.

부:마(駙馬)[명] 〈부마도위〉의 준말.

부:마-도위(駙馬都尉)[명] 임금의 사위. 국서(國壻). ⑥부마.

부:마-자(付魔者)[명] 귀신이 들린 사람.

부말(浮沫)[명] 물거품.

부:망(副望)[명] 조선 시대에, 삼망(三望) 가운데서 둘째를 이르던 말.

부:망(敷網)[명] 들그물.

부맥(浮脈)[명] 피부에 손끝을 대기만 해도 뛰는 것을 쉽게 알 수 있는 맥. ↔침맥(沈脈).

부맥(浮麥)[명] 밀의 쭉정이.

부:메랑^효:과(boomerang效果)[명] 선진국이 개발도상국에 경제 원조나 투자를 한 결과, 그 나라의 생산이 수요를 초과함으로써 선진국으로 역수출(逆輸出)되어, 선진국의 해당 산업과 경쟁하게 되는 일.

부면(部面)[명] (어떤 것을) 여러 부분으로 나눈 것 중의 한 면. ¶물리적인 부면에 관한 일.

부명(父名)[명] 아버지의 이름.

부명(父命)[명] 아버지의 명령. 부교(父敎).

부명(虛名)[명] 허명(虛名).

부:명(富名)[명] 큰 부자로서의 명성.

부모(父母)[명] 아버지와 어머니. 어버이. 양친. ¶부모를 공경하다. ⑥고당.

부모-국(父母國)[명] ☞조국(祖國).

부모-상(父母喪)[명] 아버지나 어머니를 여의어 치르는 상사. 친상(親喪).

부:목(負木)[명] 절에서 땔나무를 하는 사람.

부목(浮木)[명] 물 위에 떠다니는 나무.

부:목(副木)[명] 팔다리가 부러지거나 했을 때, 뼈나 근육을 고정시키기 위하여 일시적으로 대는 나무.

부:목(腐木)[명] 썩은 나무.

부:문(赴門)[명][하자] 지난날, 과거를 보기 위하여 과장(科場)에 들어가던 일.

부:문(訃聞)[명] 사람이 죽었다는 소식. 부음(訃音). ¶부문을 듣다.

부문(浮文)[명] 진실성이 없는, 경박한 문장.

부문(部門)[명] 전체를 여러 가지로 갈라 분류하는 하나하나의 부분. ¶노벨상 문학 부문에서 수상하다.

부민(浮民)[명] 이리저리 떠돌아다니는 백성. ¶경제가 혼란에 빠지자 부민이 늘어났다.

부:민(富民)[명] 생활이 넉넉한 국민.

부:바 **Ⅰ**[명][하자] 〈부부바〉의 준말. **Ⅱ**[감] 〈부바바〉의 준말.

부박(浮薄)[명] '부박하다'의 어근.

부박-하다(浮薄─)[─바카─][형] 실없고 경솔하다. ¶행동거지가 부박하다.

부:방(赴防)[명] 조선 시대에, 서북의 변경을 방비하기 위하여 파견 근무를 하던 일.

부방(趺方)[명] 신주(神主) 밑에 까는 네모 받침.

부-방파제(浮防波堤)[명] 파도를 막기 위하여 항만의 일정한 곳에 잇대어 놓은 뗏목이나 방주 따위.

부:-배합(富配合)[명][하타] 시멘트와 모래·자갈을 섞어 콘크리트를 만들 때, 시멘트를 정해진 분량보다 많이 섞는 배합. ↔빈배합.

부:벽(付壁)[명] 벽에 붙이는 그림이나 글씨.

부:벽-서(付壁書)[─써][명] 벽에 붙이는 글씨.

부별(部別)[명] ①전체를 몇 부서로 나누는 일. ②부서마다 따로따로 함. ¶부별 연수회.

부:별(賦別)[명][하타] 나누어 배당함. 할당.

부:병(富兵)[명] ☞강병(强兵).

부:보(訃報)[명] ☞부고(訃告).

부보(部譜)[명] 합주할 때의 각 성부(聲部)별 연주자의 악보.

부:보-상(負褓商)[명] ☞보부상.

부:복(俯伏)[명][하자] 고개를 숙이고 엎드림. ¶제단(祭壇) 아래 부복하다.

부:본(副本)[명] 원본을 복사하거나 베낀 것. 부서(副書). ↔정본(正本).

부부(夫婦)[명] 남편과 아내. 내외¹. 부처(夫妻). ⑩내외분.

　　부부 싸움은 칼로 물 베기[속담] 〔칼로 물을 베어도 흔적이 없듯이〕 내외간의 싸움은 아무 일도 없었던 것처럼 곧 화합한다는 말.

부부-간(夫婦間)[명] ☞내외간(內外間).

부부-성(夫婦星)[명] 견우성과 직녀성을 아울러 이르는 말.

부부-애(夫婦愛)[명] 부부 사이의 사랑.

부부-유별(夫婦有別)[명][하형] 오륜(五倫)의 하나. 부부 사이에는 엄격히 지켜야 할 인류의 구별이 있음.

부-부인(府夫人)[명] 조선 시대에, 외명부(外命婦)의 한 품계. 정일품인 왕비의 어머니와 대군의 아내의 칭호.

부부^재산제(夫婦財産制)[명] 혼인으로 인해 생기는 부부간의 재산 관계를 규정하는 제도.

부부지약(夫婦之約)[명] ☞약혼(約婚).

부부지정(夫婦之情)[명] 부부간의 애정.

부분(部分)[명] 전체를 몇으로 나눈 것 중의 하나. ↔전체.

부분^그늘(部分─)[명] ☞반암부(半暗部).

부분^사회(部分社會)[─회/─훼][명] (전체 사회에 대하여) 사회를 이루는 요소로서의 일정한 조직 집단.

부분^색맹(部分色盲)[─생─][명] 일부분의 색만을 가리지 못하는 색맹. ⑪전색맹(全色盲).

부분-식(部分蝕)[명] 일식과 월식에서, 해나 달의 일부분만 가려지는 현상. ⑥분식(分蝕). ↔개기식.

부분^월식(部分月蝕)[─씩][명] 달의 일부분만이 가려지는 월식 현상. ↔개기 월식.

부분^일식(部分日蝕)[─씩][명] 해의 일부분만이 가려지는 일식 현상. ↔개기 일식.

부분-적(部分的)[관] 전체가 아닌 한 부분에만 한정되는 (것). ¶부분적 기능. /부분적으로 나타나는 현상. ↔전체적.

부분^집합(部分集合)[─지팝][명] 어떤 집합이 다른 집합에 속하거나 같거나 할 때, 그 다른 집합에 대하여 어느 집합을 이르는 말.

부분-품(部分品)[명] 기계 따위의 전체의 한 부분을 이루는 물품. ⑥부품.

부:불(賦拂)[명][하타] 여러 차례 나누어 지급함.

부:불^신:용(賦拂信用)[명] 상품을 미리 건네주고, 돈은 일정한 기간 안에 여러 차례 나누어 받는 일.

부:-비강(副鼻腔)몡 (콧속에서 이어져) 두개골에 있는 공기 구멍. 점막으로 싸여 있음.

부:비강-염(副鼻腔炎) [-념]몡 축농증.

부비다目 '비비다'의 잘못.

부비-대다目 '비비대다'의 잘못.

부:비^트랩(booby trap)몡 사람이나 물체가 건드리면 터지도록 보이지 않게 위장하여 설치한 장치.

부빙(浮氷)몡 ①물 위에 떠 있는 얼음덩이. ②하자강에서 얼음 조각을 떠냄.

부사(父師)몡 아버지와 스승, 또는 아버지 겸 스승.

부사(府使)몡 대도호부사(大都護府使)나 도호부사를 두루 일컫던 말.

부:사(副使)몡 정사(正使)를 수행하면서 보좌하던 사신(使臣).

부:사(副詞)몡 주로 용언(用言) 앞에 쓰이어, 그 용언의 뜻을 분명히 한정하는 말. 문장을 수식하는 구실을 하는데, 쓰임에 따라 성분 부사(성상·의태·의성·지시·부정 부사), 문장 부사, 접속 부사로 나뉨. 〔'잘 달리다.', '매우 뜨겁다.', '데굴데굴 굴러 가다.'에서의 '잘·매우·데굴데굴' 따위.〕어찌씨.

부:사-격(副詞格) [-껵]몡 문장에서, 체언이 부사어 구실을 하게 하는 조사의 성격.

부:사격^조:사(副詞格助詞) [-껵쪼-]몡 문장의 체언 뒤에 붙어서, 그 체언이 용언을 꾸미도록 하는 조사. 〔'집에서 논다.', '나더러 하란다.', '바다로 가자.', '삽으로 파다.', '소처럼 억세다.' 등에서 '에서·더러·로·으로·처럼' 따위.〕어찌자리토씨.

부:사-관(副士官)몡 국군의 준사관(准士官)과 병(兵) 사이의 계급인 하사·중사·상사·원사를 통틀어 이르는 말.

부:사-구(副詞句) [-꾸]몡 문장에서 부사처럼 용언을 꾸미는 구. 〔'너는 더 빨리 걸어라.'에서의 '더 빨리.'〕

부사리몡 머리로 잘 떠받는 버릇이 있는 황소.

부:사-어(副詞語)몡 문장에서 주로 용언을 한정하며, 경우에 따라서는 관형사·부사 또는 문장 전체를 한정하기도 하는 말. 부사, 부사의 구실을 하는 단어·어절·관용어, 체언에 부사격 조사가 붙은 말, 용언의 명사형 또는 명사절에 부사격 조사가 붙은 말, 형용사의 어간에 어미 '-게'가 붙은 말 등이 부사어가 됨. 〔'몹시 춥다.', '먹을 만큼 먹었다.', '아이들이 놀이터에서 놀고 있다.', '고집이 세게 생겼다.'에서의 '몹시·먹을 만큼·놀이터에서·고집이 세게' 따위.〕

부:사-장(副社長)몡 회사에서 사장 다음가는 지위, 또는 그 지위에 있는 사람.

부:사-절(副詞節)몡 문장에서 용언을 한정하여 부사어 구실을 하는 절. 〔'세월이 물이 흐르듯 흐른다.', '꽃잎이 소리도 없이 떨어진다.', '나는 혀가 닳도록 타일렀다.'에서 '물이 흐르듯'·'소리도 없이'·'혀가 닳도록' 따위.〕

부사지(父事之)하자 (아버지뻘 되는 어른을) 아버지처럼 대접함.

부:사-형(副詞形)몡 용언이 활용할 때, '-아(어)··게·지··고'따위의 어미가 붙어 부사의 구실을 하는 어형(語形). 어찌꼴.

부산몡하형스끼 급하게 서두르거나 시끄럽게 떠들어 어수선함. ¶부산을 떨다. /잔치 준비로 온 집안이 부산하다.

부:-산물(副産物)몡 ①어떤 제품을 만드는 과정에서, 그에 딸려 얻어지는 다른 산물. ②어떤

일의 발생이나 진행에 따라서 일어나는 다른 일.

부산-처(不山處)몡 산이 없는 곳, 곧 평야 지대.

부-삽몡 아궁이의 재를 치거나 불을 담아 옮기는 데 쓰는 작은 삽. 화삽.

부삽(浮澁)몡 '부삽하다'의 어근.

부삽-하다(浮澁-) [-싸파-]헝여 반죽 같은 것이 단단하지 않고 부슬부슬하다.

부상(父喪)몡 부친상. ↔모상(母喪).

부:상(付上)몡하타 편지나 물건 따위를 웃어른에게 부쳐 드림.

부상(扶桑)몡 동쪽 바다의 해가 뜨는 곳에 있다고 하는 신령스러운 나무, 또는 그것이 있다는 곳.

부:상(負商)몡 등짐장수. 粵보부상.

부:상(負傷)몡하자 몸에 상처를 입음. 상이(傷痍). ¶부상을 당하다.

부상(浮上)몡하자 ①물 위로 떠오름. ¶잠수함이 부상하다. ②어떤 현상이나 일이 관심의 대상이 되거나, 어떤 사람이 보다 나은 위치로 올라섬. ¶우승 후보로 부상하다.

부:상(副賞)몡 정식의 상 외에 따로 덧붙여서 주는 상. ¶오십만 원을 부상으로 받다.

부:상(富商)몡 자본이 넉넉한 상인.

부상-국(扶桑國)몡 중국의 전설에서, 동쪽 바다 속에 있다고 일컬어진 나라.

부:상-자(負傷者)몡 다쳐서 상처를 입은 사람.

부생(浮生)몡 덧없는 인생.

부:생(復生)몡하자 ①없어졌던 것이 다시 생겨남. ☞부활. 소생(蘇生).

부:생(腐生)몡 ▷사물 기생(死物寄生).

부생모육(父生母育)몡하자 〔'아버지는 낳게 하고 어머니는 낳아 기름'의 뜻에서〕어버이가 (나를) 낳아 길러 줌.

부:생^식물(腐生植物) [-싱-]몡 부생하는 식물. 〔박테리아·균류 등의 대부분이 이에 딸림.〕

부생지론(傅生之論)몡 사형 죄에 이의(異議)가 있을 때, 감형(減刑)을 주장하는 변론.

부서(父書)몡 아버지가 씀. 〔아버지가 아들에게 주는 편지 글 끝에 쓰는 말.〕

부서(夫壻)몡 =남편.

부서(附書)몡 훈민정음에서, 중성(中聲)인 모음은 초성(初聲)의 아래나 오른쪽에 붙여서 쓴다는 표기 방식. 粵병서(竝書)·연서(連書).

부서(符書)몡 ▷부참(符讖).

부서(部署)몡 (일정한 조직체 안에서) 일의 성격에 따라 여럿으로 나누어진 구실, 또는 장소. ¶담당 부서. /생산 부서.

부:서(副書)몡 ▷부본(副本).

부:서(副署)몡하자 법령이나 조약 따위를 새로 제정할 때, 그 문서에 대통령이 서명한 뒤를 따라 각 국무 위원이 서명하는 일.

부:서(賦序)몡 한문 문체의 하나. 부(賦)에 붙이는 서시(序詞).

부서-뜨리다目 〈부서트리다〉의 준말.

부서-지다자 ①(단단한 물건이) 깨어져 조각이 나다. ¶뼈가 부서지다. 粵바서지다. ②(일정한 형체의 것이) 망가지다. ¶책상이 부서지다. ③희망이나 기대 따위가 어그러지다. ¶우승의 꿈이 산산이 부서지다. ④부스러지다. ¶과자가 부석부석 부서지다. ⑤액체가 다른 물체에 세게 부딪혀 사방으로 흩어지다. 또는, 빛이 반사되어 눈부시게 퍼지다. ¶파도가 부서지는 바위섬.

부서-트리다目 〈부서뜨리다〉의 준말.

부석몡하자타 물기 없는 물건이 부스러질 때 나는 소리, 또는 그 모양. 粵보삭. 쎈부썩1·뿌석.

부석-부석乭하자타.

부석(斧石)[명] 칼슘이나 알루미늄 따위가 들어 있는 규산염 광물. 도끼 모양이며, 붕소를 함유하고 있는 것이 특징임.

부석(浮石)¹[명] ①☞속돌. ②물 위에 일부분만 드러나 있어, 떠 있는 것처럼 보이는 암석.

부석(浮石)²[명][하자] 산의 바위를 깨어 석재(石材)로 뜨는 일. 채석(採石). ②공사에 쓰고 남은 석재.

부:석(剖析)[명][하타] ①조개어 가름. ②해결함.

부석-거리다[-꺼-][자타] 자꾸 부석부석하다. 부석대다. ㉢보삭거리다.

부석-대다[-때-][자타] 부석거리다.

부석-부석[-뿌-][부][하형] 살이 윤기 없이 부어 오른 모양. ㉢보삭보삭.

부석-종(浮石종)[종] '화엄종'의 딴 이름.

부석-하다[-서카-][형여] 살이 제법 부은 듯하다. ¶며칠 앓더니 얼굴이 부석해졌다.

부선(浮選)[명] 〈부유 선광〉의 준말.

부:선거(浮船渠)[명] 부침(浮沈)이 가능한 선박 수리용의 부양식(浮揚式) 독(dock).

부:선-망(父先亡)[명] 아버지가 어머니보다 먼저 죽음. ↔모선망.

부:설(附設)[명][하타][되자] 딸리어 설치함. ¶공장에 기숙사를 부설하다.

부설(浮說)[명]부언(浮言). 표설(漂說).

부:설(敷設)[명][하타][되자] (철도·해저 전선·기뢰 따위를) 설치함. ¶철도를 부설하다.

부:설-권(敷設權)[-꿘][명] 철도 따위를 부설할 수 있는 권리. ¶외국에 철도 부설권을 주다.

부:설^수뢰(敷設水雷)[-뢰/-뤠][명] (적의 함선을 폭파할 목적으로) 바다에 부설해 놓은 수뢰. 기계 수뢰.

부:설-함(敷設艦)[명] 기계 수뢰를 싣고 다니면서 필요한 곳에 부설하는 일을 맡은 군함.

부섬(富贍)[어] '부섬하다'의 어근.

부섬-하다(富贍-)[형여] 재물이나 학식이 넉넉하고 풍족하다.

부성(父性)[명] (자식에 대해) 아버지로서 지니는 성질. ↔모성(母性).

부섬(富盛)[어] '부섬하다'의 어근.

부:성(賦性)[명]☞품성(稟性).

부-성분(副成分)[명] 주성분에 딸린 성분. ↔주성분.

부성-애(父性愛)[명] 자식에 대한 아버지의 사랑. ↔모성애.

부:성-하다(富盛-)[형여] 재산이 넉넉하다.

부세(浮世)[명] 덧없는 세상. 뜬세상.

부:세(賦稅)[명][하타] 세금을 매겨서 물림.

부셸(bushel)[의] 야드파운드법에서, 주로 밀이나 과실의 용량을 나타내는 데 쓰는 단위. 1부셸은 8갤런.

부:소(赴召)[명][하자] 임금의 부름을 받고 그 앞에 나아가거나 나옴.

부:속(附屬)[명][하자][되자] 주된 것에 딸려 있음. ¶부속 기관.

부속(部屬)[명][하자][되자] 어떤 부류나 부문에 딸림.

부:속-기(附屬器)[-끼][명] ①딸려 있는 기관(器官). ②자궁에 딸려 있는 난관(卵管)과 난소(卵巢)를 아울러 이르는 말.

부:속-물(附屬物)[-쏭-][명] 딸려 있는 물건.

부:속^병:원(附屬病院)[-뼝-][명] (의학 연구와 환자 치료를 목적으로) 의과 대학에 부설한 병원.

부:속-서류(附屬書類)[-써-][명] 주된 서류에 첨부하여 딸린 서류.

부:속^성분(附屬成分)[-썽-][명] 문장에서 주성분의 내용을 수식하거나 한정하는 성분. 관형어와 부사어가 이에 딸림. 종속 성분. ㉢주성분·독립 성분.

부:속-실(附屬室)[-씰][명] ①어떤 방에 딸린 방. ②비서직에 해당하는 일을 하는 방.

부:속-품(附屬品)[명] (어떤 기계나 기구의) 본체에 딸린 물건.

부:속-학교(附屬學校)[-쏘각꾜][명] (교육 연구와 교육 실습을 위하여) 대학 등에 부설한 학교. 〔부속 중학교·부속 고등학교 등.〕

부:속-해(附屬海)[-쏘캐][명] 육지 또는 반도(半島)나 섬으로 둘러싸인 바다.

부-손[명] 화로에 꽂아 두고 쓰는 작은 부삽.

부:송(付送)[명][하타] 물건을 부쳐서 보냄.

부쇠(옛) 부시. ¶부쇠:火鎌(譯解下18).

부:수(附隨)[명][하자][되자] 주되는 것에 따라감, 또는 따라서 일어남. ¶권리에는 의무가 부수되는 법이다.

부:수(俘囚)[명]☞포로(捕虜).

부:수(負數)[명] '음수(陰數)'의 구용어.

부:수(部首)[명] 한문 자전(字典)에서 글자를 찾는 데 편리하도록 분류하여 나타낸 자획(字畫)의 공통 부분. 〔'部·趙·達' 등에서의 'ß·走·辶' 따위.〕

부:수(部數)[-쑤][명] 책·신문·잡지 등의 수효. ¶발행 부수. /주문 부수.

부:수(副帥)[명]부장(副將).

부수다[타] ①조각이 나게 두드려 깨뜨리다. 깨다4. ¶낡은 담장을 부수다. ㉢바수다. ②(일정한 형체의 것을) 망가뜨리다. ¶열쇠가 없어 문을 부수고 들어갔다. ㉢붓다².

부수-뜨리다[타] 힘있게 부수어 버리다. 부수트리다.

부:수-비용(附隨費用)[명] 주된 비용에 부수하는 비용.

부수^식물(浮水植物)[-싱-][명] 물에 떠서 사는 수생 식물(水生植物)의 한 가지. 〔개구리밥·마름 따위.〕 부엽 식물.

부:수-입(副收入)[명] (기본 수입 외에) 부업 따위로 얻는 수입. ㉢잡수입.

부:수-적(附隨的)[관]무엇에 종속적으로 따르는 (것). ¶부수적 조건. /부수적인 효과.

부수-지르다[-지르니·~질러][타] 사정없이 마구 부수다. ㉢바수지르다.

부:수-청:령(俯首聽令)[-녕][명][하자] 윗사람의 위엄에 눌려 고분고분 명령에 따름.

부수-트리다[타] 부수뜨리다.

부숫그리다[자]〈옛〉 수다스럽게 떠들다. ¶揚雄이 또 河東賦롤 지서 뇌노니 오직 부숫그려 하놀로 올여 보내요물 기들오노라(杜初21:11).

부숭-부숭[부][하형] ①(잘 말라서) 물기가 없고 부드러운 모양. ②(얼굴이나 살결이) 때가 빠지고 부드러운 모양. ③살이 부어오른 모양. ㉢보송보송.

부:스(booth)[명] 칸막이한 자리나 좌석.

부스-대다[자] ①가만히 있지 못하고 자꾸 군짓을 하다. ②자꾸 부스럭부스럭 소리를 내다. ¶부스대지 말고 좀 조용히 해! ㉢바스대다.

부스러기[명] 잘게 부스러진 물건. ¶과자 부스러기. ㉢바스라기.

부스러-뜨리다[타] 부스러지게 하다. 부스러트리다. ㉢바스러트리다.

부스러-지다[자] ①(어떤 물체가) 깨어져 잔 조각이 나다. ¶과자가 부스러지다. ②덩이를 이룬 것이 흐슬부슬 헤지다. ㉢바스러지다.

부스러-트리다囼 부스러뜨리다. ④부서트리다. ④바스러트리다.

부스럭囝④자타 마른 검불이나 종이 따위를 밟거나 뒤적일 때 나는 소리. ④보스락. ④뿌스럭. ④버스럭. **부스럭-부스럭**囝④자타.

부스럭-거리다[-꺼-]재타 자꾸 부스럭부스럭하다. 부스럭대다. ④보스락거리다.

부스럭-대다[-때-]재타 부스럭거리다.

부스럭지圀 '부스러기'의 잘못.

부스럼圀 피부에 나는 여러 가지 종기를 통틀어 이르는 말.

부스스囝 ①부스러기가 헤지는 모양, 또는 그 소리. ②(앉았거나 누웠다가) 천천히 몸을 일으키는 모양. ③하형머리털 같은 것이 몹시 헝클어져 꺼벙한 것. ¶자다 일어났는지 머리가 부스스하다. 푸시시. ④바스스.

부:스터-국(booster局)圀 방송의 수신이 곤란한 지역에 설치되는, 중계용 텔레비전 방송국.

부슬-부슬囝 ①하자눈이나 비가 가늘고 성기게 하염없이 내리는 모양. ¶가을비가 부슬부슬 내리는 아침. ②하형덩이가 쉽게 부스러지는 모양, 또는 덩이를 이루려 해도 물기가 적어서 잘 엉기지 않는 모양. ¶밀가루 반죽이 말라서 부슬부슬 떨어진다. ④보슬보슬. ②기부슬푸슬.

부슬-비圀 부슬부슬 내리는 비. ④보슬비.

부시圀 부싯돌을 쳐서 불똥이 일어나게 하는 쇳조각. 수금(燧金). 화도(火刀).

부시(를) 치다囝囝 부시로 부싯돌을 쳐서 불을 일으키다.

부시(罘罳)圀 참새나 비둘기 따위의 새가 앉지 못하게 전각(殿閣)의 처마에 치는 철망.

부:시(俯視)圀하타 ⇨부감(俯瞰).

부시(婦寺)圀 고려·조선 시대에, 궁중에서 일을 보는 여자와 환관(宦官)을 아울러 일컫던 말.

부:시(副試)圀 고려·조선 시대에, 과거의 시험관으로, 상시(上試)의 다음 자리.

부시(麩豉)圀 밀기울로 만든 된장.

부시다[1]囼 ①그릇 따위를 깨끗이 씻었다. ¶먹고 난 그릇을 부시다. ②'부수다'의 잘못.

부시다[2]囼 (빛살이나 빛깔이 강렬하여) 마주 보기가 어렵도록 눈이 어리어리하다. ¶눈이 부시도록 파란 가을 하늘.

부시시囝하형 '부스스'의 잘못.

부시-쌈지圀 부시·부싯돌·부싯깃 등을 넣는 쌈지.

부시-통(-桶)圀 부시·부싯돌·부싯깃 등을 넣어두는 작은 통.

부식(扶植)圀하타되자 〔뿌리를 박아 심는다는 뜻으로〕어떠한 곳에 영향력이나 힘의 기틀을 구축함. ¶당내(黨內)에 세력을 부식하다. ②도와서 서게 함.

부-식(副食)圀 〈부식물〉의 준말. ↔주식(主食).

부:식(腐植)圀 동식물이 흙 속에서 썩어, 불완전하게 분해되어 이루어진 흑갈색의 물질.

부:식(腐蝕)圀하타되자 ①썩어 문드러짐. ②금속 따위의 표면을 약품의 작용으로 변화시키는 일. 따위의 표면을 약품의 작용으로 변화시키는 일.

부:식-니(腐植泥)[-싱-]圀 부식질로 된 호수 바닥의 퇴적물.

부:-식동판(腐蝕銅版)[-똥-]圀⇨에칭.

부:-식물(副食物)[-씽-]圀 주식에 곁들여서 먹는 음식. 반찬. ②부식. ↔주식물.

부:-식비(副食費)[-삐]圀 부식에 드는 비용. ↔주식비.

부:식-성(腐植性)[-씽]圀 썩은 고기를 즐겨 먹는 동물의 식성.

부:식-제(腐蝕劑)[-쩨]圀 조직에 작용하여 그것을 파괴하고 썩게 하는 약품.〔산·알칼리·염산 따위.〕

부:식-질(腐植質)[-찔]圀 식물질의 부패로 생기는 갈색 또는 암흑색의 물질.

부:식-층(腐植層)圀 부식질이 많이 섞인 흙의 층.

부:식-토(腐植土)圀 부식질을 20% 이상 포함하고 있는 흙. 썩은 흙. 대체로 녹색이나 갈색을 띠며 유기 성분이 많고 기름짐. 부토.

부:식-품(副食品)圀⇨부식물.

부:신(符信)圀 지난날, 글자를 적고 도장을 찍은 나뭇조각이나 두꺼운 종잇조각을 둘로 쪼개어 서로 나누어 가졌다가 뒷날에 서로 맞추어서 증표로 삼던 물건.

부:신(副腎)圀 좌우 신장 위에 한 쌍 있는 내분비 기관. 수질(髓質)과 그것을 둘러싼 피질(皮質)로 이루어짐. 곁콩팥.

부:-신경(副神經)圀 척추동물에 있는, 운동을 맡은 열한째의 뇌신경.

부:신경^마비(副神經痲痹)圀 부신경의 마비로 일어나는 뇌신경 마비의 한 가지. 목이 기울어 비뚤어지는 증세를 나타냄.

부:신^수질(副腎髓質)圀 부신의 중앙부를 이루고 있는 내분비 조직. 아드레날린을 분비함.

부:신-종(副腎腫)圀 부신 피질 세포에 생기는 악성 종양.

부:신지우(負薪之憂)圀⇨채신지우(採薪之憂).

부:신지자(負薪之資)圀〔'나뭇짐이나 짊어질 하찮은 자질'이란 뜻으로〕①자신의 자질을 겸손하여 이르는 말. ②'보잘것없는 천한 출신'을 이르는 말.

부:신^피질(副腎皮質)圀 부신의 바깥쪽을 둘러싸는 내분비 조직. 부신 피질 호르몬을 분비함.

부실(不實)圀하형 ①믿음성이 적음. ②내용이 충실하지 못함. ¶부실 경영. ③몸이 튼튼하지 못함. ¶몸이 부실하다. ④곡식이 잘 여물지 못함. ¶벼 이삭이 부실하다.

부:실(副室)圀⇨작은집. ↔정실(正室).

부실-기업(不實企業)圀 경영이 실하지 못하고 재정 상태가 불안정한 기업.

부실-화(不實化)圀하자 내용이나 실속이 없게 됨.

부:심(副審)圀 운동 경기에서 주심을 돕는 심판.

부:심(腐心)圀하자 〔마음을 썩인다는 뜻으로〕근심·걱정이 있거나 무엇을 생각해 내기 위해 몹시 애씀. ¶문제 해결을 위해 부심하다.

부싯-깃[-시낃/-싣낃]圀 부시를 칠 때 불똥을 받아서 불을 붙이는 물건. 쑥 잎·수리취 등을 불에 볶아 비벼서 만듦. 화융(火絨). ②깃4.
* 부싯깃이[-시께시/-싣께시]·부싯깃만[-시낀-/-싣낀-]

부싯-돌[-시돌/-싣돌]圀 질이 단단하여 부시로 쳐서 불을 일으키는 데 쓰는 차돌의 하나. 수석(燧石). 화석(火石).

부쓰리다재 (옛)부끄러워하다. ¶善知識을 부쓰리노라(圓覺下三之二97). 忝그러다.

부썩[1]囝하타 〈부석〉의 센말. ⑤보싹.

부썩[2]囝 ①외곬으로 우기는 모양. ②눈에 뜨이게 뚜렷이 나아가거나 늘어나거나 자라거나 줄어드는 모양. ¶키가 부썩 크다. ④바싹2. ④버썩2.
부썩-부썩囝 ¶성적이 부썩부썩 나아지고 있다.

부아圀 ①圀폐장(肺臟). ②분한 마음. ¶부아가 나다. /부아를 내다. /부아가 치밀다. /부아를 돋우다.

부:아(副芽)圀⇨덧눈.

부아-통(명)〈부아〉의 속된 말. ¶부아통이 터지다.

부:악(副萼)(명) 꽃받침의 바깥쪽에 잇대어 난 꽃받침 모양의 포엽(苞葉).

부압(負壓)(명) 대기압보다 낮은 압력.

부앗-김[―가낌/―앋낌](명) 부아가 일어나는 때. 《주로, '부앗김에'의 꼴로 쓰임.》 ¶부앗김에 편지를 찢어 버렸다.

부:앙(附―)(명)〈부항(附缸)〉의 변한말.

부:앙(俯仰)(명)(하타) ①아래를 내려다봄과 위를 처다봄. ②일상의 행동. 면앙(俛仰).

부:앙-기중기(俯仰起重機)(명) ☞데릭 기중기.

부:앙-무괴(俯仰無愧)[―괴/―궤](명)〔하늘에 대해서나 사람에 대해서나〕양심에 조금도 부끄러운 데가 없음.

부:앙-천지(俯仰天地)(명)(하자) ☞앙천부지.

부액(扶腋)(명)(하타) ☞곁부축.

부:약(負約)(명)(하자) ☞위약(違約).

부:-약정(副約正)[―쩡](명) 조선 시대에, 향약(鄕約)의 일을 맡아보던 직책의 한 가지. 도약정(都約正)의 아래.

부양(扶養)(명)(하타)(되자) 〔생활 능력이 없는 사람의〕생활을 돌봄. ¶가족을 부양하다. 뷔생양(生養).

부양(浮揚)(명)(하자타) 가라앉은 것이 떠오름, 또는 떠오르게 함. ¶경기(景氣)를 부양하다.

부양-가족(扶養家族)(명) 〔처자나 노부모 등〕자기가 생활을 돌보고 있는 가족.

부양-료(扶養料)[―뇨](명) ☞부양비.

부양-비(扶養費)(명) 부양하는 데 드는 비용. 부양료.

부양^의:무(扶養義務)(명) 법률상, 일정한 범위의 친족 간에 서로 지고 있는 생활 보장의 의무.

부양-책(浮揚策)(명) 침체된 경기(景氣)를 다시 일으키는 방책. ¶경기 부양책.

부어(浮魚)(명) 해면 가까이를 헤엄쳐 다니는 물고기. 〔다랑어·고등어·정어리 따위.〕

부:어(鮒魚)(명) ☞붕어.

부어-내리다(자타) 비·햇빛 따위가 쏟아 붓듯이 한꺼번에 많이 내리거나 비치다.

부어-오르다[~오르니.~올라](재타) 살갗 따위가 부어서 부풀어 오르다. ¶얼굴이 부어오르다.

부어-터지다(자) ①부풀어서 터지다. ②'잔뜩 화가 나다'를 속되게 이르는 말. ¶부어터진 표정으로 온종일 투덜거린다.

부:언(附言)(명)(하자타) 덧붙여서 말함, 또는 그 말. ¶한마디 더 부언하고자 합니다.

부언(浮言)(명) 근거 없이 떠돌아다니는 말. 부설(浮說). 유언(流言). 표설(漂說).

부언(婦言)(명) 부녀자의 말. 여성의 말씨.

부언-낭설(浮言浪說)(명) ☞유언비어.

부언-유설(浮言流說)[―뉴―](명) ☞유언비어.

부얼-부얼(부)(하여) ①살이 통통하게 찌고 탐스럽게 생긴 모양. ②'북슬북슬'의 잘못.

부업(父業)(명) ①아버지의 직업 또는 사업. ②대대로 이어 내려오는 직업. 세업(世業). ¶나는 부업을 계승하고자 한다.

부업(婦業)(명) 여자가 하는 일. 여자의 직업.

부:업(副業)(명) 본업 외에 따로 가지는 직업. 여업(餘業). ↔본업(本業).

부엉-부엉(부) 부엉이의 우는 소리.

부엉-새(명) ☞부엉이.

부엉-이(명) 올빼밋과의 새를 통틀어 이르는 말. 날개 길이 32cm가량. 몸빛은 회색 바탕에 갈색 또는 담황색의 가는 가로무늬가 있음. 올빼미와 비슷한데, 눈은 크고 머리 꼭대기에 귀

모양의 깃털이 있음. 세계 각지에 분포함. 부엉새.

부엉이-살림(명) 자기도 모르는 사이에 부쩍부쩍 느는 살림.

부엉이-셈(명) 〔제 먹이도 제대로 찾아 먹지 못한다는 데서〕이해관계에 어두운 셈.

부엌[―억](명) 가정집에서, 음식을 만드는 곳. 준뷔. *부엌이[―어키]·부엌만[―엉―]

부엌에서 숟가락을 얻었다(속담) 대단찮은 일을 하고서는 큰 공이나 세운 듯이 자랑함을 비유하여 이르는 말.

부엌-간(―間)[―억깐](명) 부엌으로 쓰는 칸.

부엌-데기[―억떼―](명) 부엌일을 맡아서 하는 여자를 속되게 이르는 말.

부엌-문(―門)[―엉―](명) 부엌으로 드나드는 문.

부엌-비[―억삐](명) 부엌에서 쓰는 비.

부엌-살림[―억쌀―](명) ①부엌에서 쓰는 온갖 세간. ¶부엌살림을 장만하다. ②식생활과 관련된 여러 가지 집안일. ¶부엌살림을 꾸려 나가다.

부엌-일[―엉닐](명)(하자) 부엌에서 하는 일. 〔음식을 만들거나 설거지를 하는 일 따위.〕

부엌-칼[―억―](명) ☞식칼.

부여(夫餘·扶餘)(명) ①중국 동베이 지방에 살던 고대 민족의 하나. ②〈부여국〉의 준말.

부:여(附與)(명)(하타)(되자) 사람에게 권리·명예·임무 따위를 지니게 해 주거나, 사물이나 일에 가치·의의 따위를 붙여 줌. ¶동기 부여. /의미를 부여하다. /권리를 부여하다. 뷔부여(賦與).

부:여(賦與)(명)(하타)(되자) 나누어 줌. ¶하늘이 부여한 재능. 뷔부여(附與).

부여-국(夫餘國)(명) 고대 초기 국가의 하나. 부여족이 중국 동베이 지방의 쑹화 강(松花江) 유역에 세운 나라로 494년에 고구려에 통합됨. 준부여.

부여-안다[―따](타) 두 팔로 부둥켜안다.

부여-잡다[―따](타) 붙들어 잡다. ¶도둑의 팔을 부여잡다. /어머니와 두 딸은 서로 손을 부여잡고 이별을 아쉬워하였다.

부:역(附逆)(명)(하자) 국가에 반역하는 일에 가담함. ¶6·25 전쟁 때 부역을 한 사람.

부:역(負役)(명) 국민이 지는 공역(公役)의 의무.

부:역(赴役)(명)(하자) ①부역(賦役)을 치르러 나감. ②사사로이 서로 일을 도와줌.

부:역(賦役)(명) 국가나 공공 단체가 국민에게 의무적으로 지우는 노역(勞役). ¶부역에 동원되다.

부:역-자(附逆者)[―짜](명) 부역한 사람.

부:연-부녀(附椽·婦椽)(명) 들연 끝에 덧얹는 짧고 네모진 서까래. 며느리서까래. 사연(師椽).

부:연(敷衍·敷演)(명)(하타) 〔어떤 설명에 대하여〕덧붙여서 자세히 설명함. ¶부연 설명.

부:연-간판(附椽間板)(명) 부연 사이를 막아서 끼는 널조각.

부:연^개:판(附椽蓋板)(명) 부연 위에 덮어서 까는 널조각.

부:연^누르개(附椽―)(명) 부연의 뒷목을 눌러 박은 누르개.

부:연^추녀(附椽―)(명) 부연을 달기 위하여 이어 낸 추녀.

부엽(浮葉)(명) 물 위에 떠 있는 잎.

부엽^식물(浮葉植物)[―씽―](명) 뿌리는 물속으로 내리고, 잎은 물 위로 뜨는 식물. 부수 식물.

부:엽-토(腐葉土)(명) 낙엽 따위가 썩어서 된 흙. 원예 비료로 쓰임.

부영(浮榮)(명) 〔세상의〕덧없는 영화.

부:-영사(副領事)명 총영사관이나 영사관에서 영사를 보좌하는 외교관.

부:영양-호(富營養湖)명 물속에 영양분이 풍부하고, 많은 플랑크톤이 살고 있는 호소(湖沼). 대체로 깊이가 얕고, 물은 녹색 또는 황록색을 띰. ↔빈영양호(貧營養湖).

부:영양-화(富營養化)명 일정한 곳에 갇힌 물에 하수나 공장 배수 등이 흘러들어, 물속의 영양 염류인 질소나 인 등의 양이 늘어나는 현상.

부:영이명 ①선명하지 않은 부연 빛. ②털빛이 부연 짐승.

부:열다[-여타][부여니·부:예]형동 (연기나 안개가 긴 것같이) 투명하지 않고 희끄무레하다. ¶부연 하늘. /흙먼지가 부옇게 일다. 짱보얗다. 쎄뿌옇다.

부:예-지다재 부옇게 되다. ¶빛이 바래어 부에진 벽지. 짱보애지다. 쎄뿌예지다.

부옹(婦翁)대 (사위에 대하여) 장인(丈人)이 자신을 일컫는 말.

부와(夫瓦)명 ⇨수키와.

부왕(父王)명 아버지인 임금.

부외(部外)[-외/-웨]명 관공서나 회사 따위의 조직에 딸리지 않은 외부. ↔부내(部內).

부외^채:무(簿外債務)[-외/-웨-]명 재산 목록이나 대차 대조표, 손익 계산서 등 영업 보고서에 적지 아니한 숨겨진 채무.

부요(婦謠)명 부녀자들이 부르던 민요.

부요(富饒) '부요하다'의 어근.

부:요-하다(富饒-)형여 ⇨부유(富有)하다.

부용(芙蓉)명 ①아욱과의 낙엽 관목. 중국 원산의 관상 식물로 높이는 1~3 m. 가지에 짧은 털이 있으며, 8~10월에 담홍색 꽃이 핌. 목부용. ②'연꽃'의 딴 이름. ③<부용장>의 준말.

부:용(附庸)명 ①작은 나라가 독립하지 못하고 큰 나라에 딸리어 있는 일. ②남의 힘에 기대어 따로 서지 못하는 일.

부용(婦容)명 여자의 몸맵시.

부:용-국(附庸國)명 남의 나라에 딸리어, 그 보호와 지배를 받고 있는 나라.

부용-자(芙蓉姿)명 아름다운 여자의 몸맵시.

부:용-장(芙蓉帳)명 부용을 그린 방장(房帳). 준부용.

부용-향(芙蓉香)명 지난날, 혼인 때에 피우던 향의 한 가지. 향꽂이에 꽂아서 족두리하님이 들고 신부 앞에 서서 감.

부용-화(芙蓉花)명 목부용(木芙蓉)의 꽃.

부:우(祔右)명하타 합장(合葬)할 때, 아내를 남편의 오른쪽에 묻는 일. ↔부좌(祔左).

부운(浮雲)명 ①뜬구름. ②'덧없는 인생이나 세상'을 비유하여 이르는 말.

부원(部員)명 부(部)에 딸려 있는 사람. ¶신입부원.

부:원(富源)명 재물이 생기는 근원.

부:원-군(府院君)명 조선 시대에, 왕비의 아버지나 정일품 공신(功臣)의 작호(爵號).

부:-원수(副元帥)명 지난날, 전시(戰時)에 두던 임시 벼슬. 도원수(都元帥)·상원수(上元帥)·원수 등의 다음가는 장수.

부월(斧鉞)명 옛날 중국에서, 천자(天子)가 출후에게 생살권(生殺權)의 상징으로서, 또는 출정하는 장군에게 통솔권의 상징으로서 주던, 작은 도끼와 큰 도끼.

부월-당전(斧鉞當前)명하자 〔작은 도끼와 큰 도끼가 눈앞에 있다는 뜻으로〕 극형(極刑)으로 죽음이 눈앞에 닥쳤음을 뜻하는 말.

부월지하(斧鉞之下)[-찌-]명 〔옛날 중국에서, 권력의 상징으로 삼았던 작은 도끼와 큰 도끼의 아래라는 뜻으로〕 '천자(天子)의 위엄'을 뜻하는 말.

부위(部位)명 어느 부분이 전체에 대하여 차지하는 위치. ¶몸의 여러 부위. /다친 부위를 소독하다.

부:위(副尉)명 대한 제국 때, 무관 장교 계급의 하나. 정위(正尉)의 아래, 참위(參尉)의 위.

부유(浮遊·浮游)명하자타 ①공중이나 물 위에 떠다님. ②여기저기 놀며 다님. ③갈 곳을 정하지 않고 떠돌아다님.

부유(富有) '부유하다'의 어근.

부:유(富裕)명하형 재물이 많아 생활이 넉넉함. ¶부유한 생활. ↔곤궁.

부유(蜉蝣)명 ⇨하루살이.

부유(腐儒)명 실제 생활에 아무런 구실도 못하는 선비나 학자.

부유^기관(浮遊器官)명 수중 동물의 몸에서, 뜨고 가라앉는 구실을 맡은 운동 기관.

부유^기뢰(浮遊機雷)[-뢰/-뤠]명 물속 또는 물 위에 띄워 두는 기뢰. ↔계류 기뢰.

부유^생물(浮遊生物)명 ⇨플랑크톤.

부유^선:광(浮遊選鑛)명 유용(有用) 광물을 분리하는 선광법의 한 가지. 잘게 부순 광석에 약간의 기름을 넣은 물을 부어서 저으면, 물에 잘 젖지 않는 광물 입자가 기포에 묻어 나오게 됨. 준부선(浮選).

부유스레-하다형여 부유스름하다. 짱보유스레하다. 쎄뿌유스레하다.

부유스름-하다형여 빛깔이 진하지 않고 좀 부옇다. 부유스레하다. 짱보유스름하다. 쎄뿌유스름하다. 부유스름-히부.

부유^식물(浮遊植物)[-싱-]명 줄기나 잎이 물속에 잠겨 뿌리가 거의 없는 수생 식물을 통틀어 이르는 말. 〔통발·벌레먹이말·개구리밥 따위.〕

부유-인생(蜉蝣人生)명 〔하루살이 인생이라는 뜻으로〕 '인생의 덧없음'을 비유하여 이르는 말.

부:유-천하(富有天下)명 〔온 천하의 부(富)를 다 가졌다는 뜻으로〕 '천자(天子)의 부력(富力)'을 이르는 말.

부:유-층(富裕層)명 재산이 넉넉하여 물질적으로 풍요롭게 사는 계층, 또는 그런 계층의 사람들. ¶이 동네에는 부유층이 많다. 짱빈민층.

부:유-하다(富有-)형여 재물이 많다. 부요하다.

부육(扶育)명하타 돌보아서 기름.

부육(傅育)명하타 소중히 돌보아 기름. ¶세자(世子)를 부육하다.

부:육(腐肉)명 짐승의 썩은 고기.

부:윤(府尹)명 ①조선 시대에, 종이품의 외관직(外官職). ②일제 강점기에, 부(府)의 행정 사무를 맡아보던 우두머리. 지금의 시장(市長).

부윤(富潤) '부윤하다'의 어근.

부:-윤옥(富潤屋)명 재물이 넉넉하면 겉보기에도 집안이 윤택해 보임을 이르는 말.

부:윤-하다(富潤-)형여 재물이 넉넉하다.

부:음(訃音)명 사람의 죽음을 알리는 기별. 부고(訃告). 부문(訃聞). 휘음(諱音). ¶부음을 받다. /부음을 전하다.

부:응(孚應)명하자 ①믿음이 두터워 부처나 신명(神明)에 통함. ②천명과 인사(人事)가 일치함.

부:응(副應)명하자 (어떤 일에) 좇아서 따름. ¶어머니의 기대에 부응하다.

부:의(附議)[-의/-이]명하타 (의논해야 할 일을) 회의에 붙임. ¶회의에 안건을 부의하다.

부:의(賻儀)[-의/-이]명 초상난 집에 부조로 돈이나 물건을 보내는 일, 또는 그런 돈이나 물건. 향료(香料). 향전(香奠).

부:의-금(賻儀金)[-의-/-이-]명 부의로 내는 돈. 비조위금.

부:-의식(副意識)[-의-/-이-]명 ☞잠재의식.

부:-의장(副議長)[-의-/-이-]명 의장을 보좌하며, 의장에게 사고가 있을 때에 그 직무를 대리하는 직위, 또는 그 직위에 있는 사람.

부이(buoy) 명 ☞계선 부표(繫船浮標).

부:-이사관(副理事官)명 일반직 3급 공무원의 직급. 이사관의 아래, 서기관의 위.

부:-이-어(附耳語)명 ☞귀엣말.

부:익부(富益富)[-뿍]명하자 부자일수록 더욱 큰 부자가 됨. 비조위빈.

부인(夫人)명 남을 높이어 그의 '아내'를 일컫는 말. 귀부인(貴夫人). 영규(令閨). 영실(令室). 합부인. 현합(賢閤).

부:인(否認)명하자퇴자 시인하지 않음. ¶범죄를 부인하다. ↔시인(是認).

부인(婦人)명 결혼한 여자.

부:인(副因)명 주된 원인이 아닌 이차적인 원인. 간접적인 원인. ↔주인(主因).

부인-과(婦人科)[-꽈]명 여성 생식기의 병을 다루는 임상 의학의 한 분과.

부:인-권(否認權)[-꿘]명 파산자가 파산 선고 전에 그 재산에 관하여 파산 채권자에게 손해를 끼칠 행위를 한 경우, 파산 관재인(管財人)이 이를 부인함으로써 그 효력을 잃게 하는 권리.

부인-병(婦人病)[-뼝]명 여성 생식기의 질환 및 여성 호르몬에 의한 신체의 이상을 통틀어 이르는 말.

부인-복(婦人服)명 부인용의 옷.

부인-석(婦人席)명 모임 따위에서, 여성이 앉도록 마련된 자리.

부인-용(婦人用)[-뇽]명 부인이 쓰거나 이용하게 되어 있는 것.

부인-회(婦人會)[-회/-훼]명 (교양·취미·오락·사회봉사 등을 목적으로) 부인들이 조직한 모임.

부일(父日)명 부모의 제삿날.

부:임(赴任)명하자 임명을 받아 임지(任地)로 감. ¶새 직장으로 부임하다. 비착임.

부자(父子)명 아버지와 아들.

부자(夫子)명 '덕행이 높아 만인의 스승이 될 만한 사람'을 높이어 일컫는 말.

부:자(附子)명 한방에서, '바꽃의 어린뿌리를 말린 것'을 약재로 이르는 말.

부:자(富者)명 살림이 넉넉한 사람. 재산이 많은 사람. 재산가. ↔빈자(貧者).

부자-간(父子間)명 아버지와 아들 사이.

부-자량(不自量)명하자 (자기의 능력·분수 등을) 스스로 헤아리지 못함, 또는 자신을 알지 못하는 상태.

부자-상전(父子相傳)명하자 ☞부전자전.

부자연(不自然)'부자연하다'의 어근.

부자연-스럽다(不自然-)[-따] [-스러우니·-스러워]형비 부자연한 데가 있다. ¶부자연스러운 태도. **부자연스레**부.

부자연-하다(不自然-)형여 (태도 따위가) 자연스럽지 못하다.

부-자유(不自由)명하형스형 자유롭지 못함. ¶행동에 부자유를 느끼다. **부자유스레**부.

부자-유친(父子有親)명하형 오륜(五倫)의 하나. '아버지와 아들 사이의 도(道)는 친애(親愛)에 있음'을 이르는 말.

부-자지명 불알과 자지.

부자-탕(附子湯)명 한방 탕약의 한 가지. 말린 바꽃의 어린뿌리를 달인 것으로, 중풍·신경통·관절염 따위에 씀.

부:작(符作)명 〈부적(符籍)〉의 변한말.

부:-작용(副作用)명 ①어떤 약의, 병을 낫게 하는 작용에 곁들여 나타나는 해로운 다른 작용. 〔진통제에 의한 식욕 부진 따위.〕 ¶부작용이 생기다. /부작용이 없다. ②어떤 일에 곁들여 일어나는 바람직하지 못한 일. ¶농촌의 도시화에 따른 부작용.

부-작위(不作爲)명 마땅히 해야 할 행위를 일부러 하지 않는 일. ↔작위(作爲).

부작위-범(不作爲犯)명 마땅히 해야 할 행위를 하지 않음으로써 성립되는 범죄. ↔작위범.

부작위^채:무(不作爲債務)명 채무자가 어떤 일정한 행위를 하지 않을 것을 내용으로 하는 채무. 〔상업상의 경쟁을 하지 않기로 하는 채무 따위.〕 ↔작위 채무.

부-잔교(浮棧橋)명 밀물과 썰물로 수면의 높이가 바뀜에 따라 함께 오르내리게 되어 있는 잔교.

부잡(浮雜)'부잡하다'의 어근.

부잡-스럽다(浮雜-)[-쓰-따] [-스러우니·-스러워]형비 부잡한 데가 있다. **부잡스레**부.

부잡-하다(浮雜-)[-자파-]형여 사람됨이 경솔하고 추잡스럽다.

부:잣-집(富者-)[-자찝/-잗찝]명 재산이 많고 살림이 넉넉한 집. 부가(富家).

부잣집 맏며느리 같다[속담] 여자의 얼굴이 복스럽고 후덕하게 생겼다.

부잣집 외상보다 비렁뱅이 맞돈이 좋다[속담] 장사에는 외상을 경계해야 한다는 말.

부장(部長)명 부(部)의 책임자(우두머리).

부장(部將)명 ①조선 시대에, 오위(五衛)의 종육품 벼슬. ②조선 시대에, 포도청의 군관.

부:장(副將)명 장(將)의 다음 자리에서 장을 보좌하는 사람, 또는 그 지위.

부:장(副將)명 대장(大將)이나 주장(主將)의 다음 자리에서 대장 또는 주장을 보좌하는 장수. 부수(副帥).

부:장(副章)명 훈장(勳章)의 정장(正章)에 곁들여 주는 기장(紀章).

부:장(副葬)명하자 임금이나 귀족의 장례 때, 죽은 이가 생전에 쓰던 기구나 세간 따위를 시체와 함께 묻는 일.

부장-기(不杖朞)명 상례(喪禮)에서의 오복(五服)의 하나. 재최(齊衰)만 입고 지팡이를 짚지 않는, 한 돌 동안만 입는 복(服).

부:장-품(副葬品)명 죽은 이를 묻을 때 시체와 함께 묻는 물건. 배장품(陪葬品).

부재(不才)명 재주가 없음.

부재(不在)명하자 그곳에 있지 아니함. ¶정책(政策) 부재.

부재(部材)명 철재·목재 등 구조물에 쓰이는 재료.

부:재(覆載)명 〔만물을 덮고 있는 하늘과 만물을 싣고 있는 땅이라는 뜻으로〕 '천지'를 이름.

부재다언(不在多言)명하자 여러 말 할 것 없음.

부재-모상(父在母喪)명하자 아버지는 살아 있고 어머니가 먼저 죽음, 또는 그 상사(喪事).

부재-자(不在者)명 ①그 자리에 있지 않은 사람. ②법률에서, 본디의 주소를 떠나서 그곳에 있는 자기의 재산을 관리할 수 없는 상태에 있는 사람.

부재자^투표(不在者投票)**명** 투표일에 정당한 사유로 투표소에 갈 수 없는 유권자가 우편으로 미리 하는 투표. 군인, 해외 여행자 등이 하는 투표 방식임.

부재^주주(不在株主)**명** 회사의 경영에는 참여하지 않고 이익 배당에만 참여하는 군소 주주.

부재-중(不在中)**명** 집 또는 직장에 없는 동안. ¶부재중에 손님이 찾아오다.

부재^증명(不在證明)**명** ☞알리바이.

부재-지주(不在地主)**명** 농지가 있는 곳에 살지 않는 지주.

부재-차한(不在此限)**명** 어떤 경우에 한해서만은 규정에 얽매이지 아니하는 일. 〔예외임을 말할 때 흔히 쓰는 말.〕 ¶자녀의 경우는 부재차한이야.

부-저〈부젓가락〉의 준말.

부저(buzzer)**명** '버저'의 잘못.

부:적(附籍)**명** ①남의 호적에 얹음, 또는 그 호적. ②호적부에 없는 호적을 새로 호적에 올림, 또는 그 호적.

부:적(符籍)**명** (악귀나 잡신을 쫓기 위하여) 붉은색으로 글자나 모양을 그린 종이. 벽 등에 붙이거나 몸에 지니고 다니거나 함. 신부(神符). ¶부적을 간직하다. 유부작(符作).

부적(簿籍)**명** 관청의 장부나 문서. 부첩(簿牒).

부-적격(不適格)[-껵]**명하형** (어떤 일에) 알맞은 자격을 지니지 못함. ☞적격.

부적격당(不適當) '부적당하다'의 어근.

부적당-하다(不適當-)[-땅-]**형여** (어떤 기준이나 정도 따위에) 적당하지 않다. ¶교육자로는 부적당한 사람. ☞부적하다.

부-적응(不適應)**명하자** 적응하지 못함. ¶시대의 변화에 부적응하다.

부적응-아(不適應兒)**명** 심리학에서, 환경에 잘 적응하지 못하는 아이.

부-적임(不適任)**명하형** 그 임무에 알맞지 아니함.

부적절(不適切) '부적절하다'의 어근.

부적절-하다(不適切-)[-쩔-]**형여** (어떤 일에) 알맞지 아니하다. ¶부적절한 방법.

부적-하다(不適-)[-쩌카-]**형여** 〈부적당하다〉의 준말.

부-적합(不適合)[-쩌캅]**명하형** 알맞게 들어맞지 아니함. ¶부적합한 판정.

부:전명 색 헝겊으로 만든 작은 병 모양의 노리개. 두 개를 맞대어 묶어 여자 아이들이 차고 다님.

부전(不全)**명하형** (몸의 기능이나 발육 등이) 온전하지 않음. 불완전함. ¶발육이 부전하다.

부전(不戰)**명** 전쟁이나 경기를 하지 않음.

부:전(附箋)**명** 서류에 문제점이나 의견 따위를 적어 덧붙이는 쪽지. 보전(補箋). 부전지.

부:전(副殿)**명** 절에서, 불당(佛堂)을 맡아서 돌보는 중을 이르는 말.

부전-골(跗前骨)**명** ☞척골(蹠骨).

부:-전기(負電氣)**명** ☞음전기(陰電氣).

부전^마비(不全痲痺)**명** 어떤 기관의 기능이 상실된 것이 아니고 약화된 상태의 마비.

부전-부전(不戰不戰)**부형** 남의 바쁜 사정은 생각하지 않고 자기가 하고자 하는 일만 하려고 자꾸 서두르는 모양.

부전-승(不戰勝)**명** (추첨이나 상대편의 기권 따위로) 싸우지 않고서 경기에 이기는 일.

부전-자승(父傳子承)**명하자** ☞부전자전.

부전-자전(父傳子傳)**명하자** 대대로 아버지가 아들에게 전함. 부자상전. 부전자승. ¶부전자

전이라더니 그 아들도 형편없는 망나니더군.

부:-전-조개(不戰-)**명** 여자 아이들의 노리개의 한 가지. 모시조개나 제비조개의 껍데기 두 쪽을 맞대고, 온갖 빛깔의 헝겊으로 바른 뒤에 끈을 달아 참.

부전조개 이 맞듯(속태) ①'빈틈없이 잘 들어맞음'을 이르는 말. ②'사이가 아주 가까움'을 비유하여 이르는 말.

부전^조약(不戰條約)**명** 전쟁의 포기를 내용으로 하는 조약.

부:전-지(附箋紙)**명** ☞부전(附箋).

부절(不絕)**명하자** 끊이지 않음. ¶소식 부절.

부절(剖折)**명하타** 쪼개어 나눔.

부절(符節)**명** 돌이나 대나무쪽으로 만든 부신(符信). 〔지난날, 주로 사신(使臣)의 신표(信標)로 쓰여 있음.〕

부절(跗節)**명** ☞발목마디.

부절여루(不絕如縷)[-려-]**명하자** 실처럼 가늘면서도 끊어지지 않고 계속 이어감. ¶부절여루하며 들리는, 은은한 퉁소 소리.

부-절제(不節制)[-쩨]**명하타** 절제하지 않음. 절도 있는 생활을 하지 않음. ¶담배를 부절제하여 폐병을 얻고 말았다.

부:절제-하다(不節制-)[-쩨-]**형여** 생활을 알맞게 조절하지 못하고 방탕하다. ¶부절제한 생활.

부:점(附點)[-쩜]**명** ☞부점음표.

부:점-음표(附點音標)[-쩜音-]**명** ☞점음표.

부:접(附接)**명** 다른 사람이 쉽게 따를 수 있는 성품이나 태도.

부접(을) 못하다(관용) 가까이 사귀거나 접근하지 못하다. ¶워낙 성미가 까다로워 아랫사람이 부접을 못한대네.

부-젓가락[-저까-/-젇까-]**명** (화로에 꽂아 두고) 불덩이를 집는 데 쓰는 쇠젓가락. 화저. ☞부저.

부정(不正)**명하형** 바르지 않음. 바르지 못한 일. ¶부정한 행위. /부정을 일삼다.

부정(不定)**명하형** 일정하지 않음. ¶주거 부정.

부정(不貞)**명하형** (남편으로서 또는 아내로서) 정조를 지키지 않음. ¶부정한 행실.

부정(不逞) '불령(不逞)'의 잘못.

부정(不淨)**명** ①**하형** 깨끗하지 못함. ②사람이 죽는 따위의 불길한 일. ¶부정이 들다. ③무당 굿의 첫 거리. ①부정-히**부**.

부정(을) 보다(관용) (꺼리고 피해야 할 몸으로) 부정한 일을 보다.

부정(을) 치다(관용) 무당이 굿을 할 때, 첫 거리로 부정한 일을 없애다.

부정(을) 타다(관용) 부정한 일로 해를 입다.

부정(不精) '부정하다'의 어근.

부:정(否定)**명하타되자** 그렇지 않다고 함. 그렇다고 인정하지 아니함. ¶사실을 부정하다. ↔긍정.

부정^경:업(不正競業)**명** ☞부정 경쟁.

부정^경:쟁(不正競爭)**명** 부정한 방법으로 동업자의 이익을 해치는 영업상의 경쟁 행위. 부정 경업.

부정^관사(不定冠詞)**명** 인도유럽 어에서, 관사의 한 가지. 명사의 단수형 앞에 쓰여, '하나의'‥‥'어느' 등의 뜻을 나타냄. ↔정관사.

부정-근(不定根)**명** (뿌리가 나는 곳이 아닌) 줄기나 잎에서 나는 뿌리. 막뿌리.

부-정기(不定期)**명** 시기나 기한이 일정하지 않음. ¶부정기 간행물. /부정기로 다니는 기선. ↔정기.

부정기-선(不定期船)**명** 부정기로 운항하는 배.
↪정기선.

부정기-형(不定期刑)**명** 형기(刑期)를 확정하지
않고 복역 성적을 보아 석방의 시기를 결정하
는 형. ↪정기형.

부정-당(不正當) '부정당하다'의 어근.

부정당-하다(不正當−)**형여** 정당하지 아니하다.
↪정당하다.

부정^대:명사(不定代名詞)**명** 가리키는 대상이
일정하지 않은 대명사. ('아무'·'아무개'·'아
무것' 따위.) 부정칭 대명사.

부정-맥(不整脈)**명** 심장의 박동이 고르지 못한
상태. ↪정맥.

부정-명색(不正名色)**명** 부정한 방법으로 얻은
떳떳하지 못한 재물.

부:정^명:제(否定命題)**명** 부정 판단을 언어로
나타낸 것. 소극 명제.

부정-모혈(父精母血)**명** (아버지의 정(精)과 어
머니의 피라는 뜻으로) '자식은 정신과 몸을
부모에게서 물려받았음'을 이르는 말.

부:정-문(否定文)**명** 부정을 나타내는 부사 '아
니(안)'나 '못'을 쓰거나, 부정의 뜻을 나타내
는 용언 '아니다·아니하다(않다)·못하다·말
다'를 써서 만든 문장. ↪긍정문.

부정^방정식(不定方程式)**명** 계수가 유리수이고
두 개 이상의 미지수를 갖는 대수 방정식에서,
정수나 유리수의 해를 구하는 방정식.

부정-법(不正法)[−뻡]**명** 법의 이념이나 정신에
어긋나는 법.

부:정^부:사(否定副詞)**명** 성분 부사의 한 갈
래. 용언(동사·형용사)의 내용을 부정하는 방
식으로 한정하는 말. ('그는 아직 안 일어났
다.'에서의 '안' 따위.)

부정-부패(不淨腐敗)**명하자** 생활이 깨끗하지
못하고 썩을 대로 썩음. ¶부정부패를 척결하다.

부정-사(不定詞)**명** 서양 문법에서, 수·인칭·시
간 등에 의한 제한을 받지 않는 동사의 형태.

부정^선:거(不正選擧)**명** 부정한 수단이나 방법
에 의한 선거.

부정^소:지(不淨燒紙)**명** 몸소지를 살라 올리기
전에 부정한 것을 가시기 위하여 사르는 소지.

부정^수소(不定愁訴)**명** 몸에 이렇다 할 탈이
없는데도 막연히 몸의 어느 부분의 고통이나
장애를 호소하는 증상.

부-정아(不定芽)**명** 잎겨드랑이가 아닌 곳, 곧
보통 싹이 나지 않는 자리에서 나는 싹. ↪정
아(定芽).

부정액^보:험(不定額保險)[−뽀−]**명** 보험 사고
발생에 따른 손해의 실액(實額)을 표준으로 하
여 보전 금액(補塡金額)이 결정되는 보험. ↪정
액 보험.

부:정-어(否定語)**명** 부정하는 뜻을 나타내는
말. ('아니'·'아니다' 따위.)

부:정-적(否定的)**관명** ①그렇지 않다고 부정하
는 내용을 갖는 (것). ¶부정적 관념. /부정적인
견해. ②바람직하지 못한 (것). ¶부정적 관
계. /부정적인 영향을 주다.

부:정적 개:념(否定的概念)[−깨−] 어떤 성질
이나 상태의 비존재(非存在)를 나타내는 개념.
('행복'에 대한 '불행', '성공'에 대한 '실
패' 따위.) 소극적 개념. ↪긍정적 개념.

부정-적분(不定積分)[−뿐]**명** 적분 가능한 연속
함수의 적분. ↪정적분.

부정-지(不定枝)**명** 모양·크기·자리 등이 정상
이 아닌 가지.

부정지속(釜鼎之屬)**명** 솥·가마 등, 부엌에서 쓰
는 그릇을 통틀어 이르는 말.

부정직(不正直) '부정직하다'의 어근.

부정직-하다(不正直−)[−지카−]**형여** 정직하지
않다.

부정-처:분(不正處分)**명하타** 부정한 방법으로
물건을 처분함.

부정^축재(不正蓄財)[−째]**명** 부정한 수단과 방
법으로 재물을 모음.

부정칭^대:명사(不定稱代名詞)**명** ☞부정 대명
사(不定代名詞).

부정^투표(不正投票)**명** 부정한 수단과 방법으
로 하는 투표.

부:정^판단(否定判斷)**명** 주사(主辭)와 빈사(賓
辭)의 불일치를 나타내는 판단. ('A는 B가 아
니다.' 따위.) 소극적 판단.

부정-풀이(不淨−)**명하자** (사람이 죽은 집에서)
부정을 없애기 위하여 무당이나 판수를 시켜
악귀를 물리치는 일.

부정-품(不正品)**명** 부정한 방법으로 만들었거
나 부정한 수단으로 얻은 물건.

부정-풍(不定風)**명** 풍향이나 풍속 등이 일정하
지 않은 바람.

부정-하(不精−)**형여** 조촐하거나 깨끗하지 못
하다. 거칠고 지저분하다.

부정-행위(不正行爲)**명** 옳지 못한 짓.

부정-형(不定形)**명** 일정하지 않은 모양이나 양식.

부정형^시(不定形詩)**명** (산문시 따위와 같이)
일정한 형식에 들어맞지 않는 시, 곧 정형시가
아닌 시.

부-정확(不正確)**명하형** 정확하지 않음. ¶부정
확한 제보만으로 경찰력을 동원할 수는 없다.

부제(不悌) '부제(不悌)하다'의 어근.

부제(不齊) '부제(不齊)하다'의 어근.

부:제(祔祭)**명** 삼년상을 마친 뒤에, 신주를 그
조상의 신주 곁에 모실 때 지내는 제사.

부제(婦弟)**명** 편지 글에서, 매부에 대하여 처남
이 자기를 일컫는 말.

부:제(副祭)**명** 가톨릭에서, 부제품(副祭品)을
받은 성직자. 사제(司祭)의 아래, 차부제(次副
祭)의 위.

부:제(副題)**명** (주로 내용을 알리기 위하여) 책
이나 논문 등의 제목 밑에 덧붙이는 작은 제
목. 부제목. 부표제. ↪주제(主題).

부:-제목(副題目)**명** ☞부제(副題).

부:-제학(副提學)**명** 조선 시대에, 비변사·교서
관(校書館)·승문원 등의 정삼품 당상관.

부제-하다(不悌−)**형여** 연장자에 대하여 공손하
지 못하다.

부제-하다(不齊−)**형여** 가지런하지 못하다. 정
돈되어 있지 않다.

부:-제학(副提學)**명** 조선 시대에, 홍문관(弘文
館)에 둔 정삼품 당상관.

부절업다(−−)**형** (옛) 덧없하다. 부질없다. ¶부절업
다:等閑(訓蒙下8).

조조(父祖)**명** 아버지와 할아버지, 또는 조상.

부조(不調)**명하형** (날씨나 건강 상태 따위가)
고르지 못함. ¶위장 기능의 부조.

부조(扶助)**명하타** ①남을 도와줌. ¶생계 부조.
②잔칫집이나 상가(喪家) 등에 물건이나 돈을
보냄, 또는 그 물건이나 돈.

부조는 않더라도 제상(祭床)**이나 치지 말라**(속담)
도와주지는 않아도 좋으니, 방해는 하지 말라
는 말.

부조(浮彫)**명하타되자** ☞돋을새김.

부조 (浮藻)몜 물에 떠 있는 마름.

부조 (浮躁)몜 '부조하다'의 어근.

부조-금 (扶助金)몜 부조로 내는 돈.

부-조리 (不條理)몜 ①하형 조리가 서지 아니함. 도리에 맞지 아니함. ¶사회의 부조리. ②실존주의 철학에서, 인생의 의의(意義)를 발견할 수 없는 절망적인 상황을 가리키는 말.

부조-전래 (父祖傳來)[-절-]몜하자 선조(先祖)로부터 전하여 내려옴. ¶부조전래의 가훈.

부조-증 (不調症)[-쯩]몜 ☞월경 불순.

부조지전 (不祧之典)몜 공신(功臣)의 죽은 뒤에, 왕조 때, 신주(神主)를 영구히 사당에 제사 지내게 하던 특전.

부조-초 (不凋草)몜 중국 쓰촨 성(四川省)의 나무숲 속에 나는 풀. 잎 모양은 겨우살이풀과 같으며 겨울에도 마르지 아니함. 가을에 열매가 열리며 뿌리는 염주(念珠)와 비슷한데, 한방에서 파극천(巴戟天)이라 하여 약재로 쓰임.

부조-하다 (浮躁-)형回 성질이 들뜨고 방정맞다. ¶부조한 됨됨이. /인품이 부조하다.

부-조화 (不調和)몜하형 서로 잘 어울리지 아니함.

부족 (不足)몜하형 어떤 한도에 모자람. 넉넉하지 않음. ¶수면 부족. /연습 부족.

부:족 (附族)몜 붙이기일가.

부족 (部族)몜 조상이 같다는 생각으로 뭉치고, 공통의 언어와 종교 등을 가지며, 하나의 정치적 통솔 아래에 있는 지역적 생활 공동체. 〔원시 민족 또는 미개 민족의 단위임.〕

부족가론 (不足可論)[-까-]몜 이야기할 거리가 되지 못함.

부족-감 (不足感)[-깜]몜 부족하다는 느낌. ¶부족감을 느끼다.

부족^국가 (部族國家)[-꾹까]몜 부족에 의하여 형성된 국가. 〔원시 사회로부터 고대 통일 국가가 성립하기까지의 과도적인 국가 형태임.〕

부족-분 (不足分)[-뿐]몜 모자라는 몫. ¶부족분을 보충하다.

부족^사회 (部族社會)[-싸회/-싸훼]몜 씨족이 뭉쳐 부족을 이루고 살던 원시 사회.

부족-수 (不足數)[-쑤]몜 불완전수의 한 가지. 어떤 수의 양의 약수의 합이 그 수의 배수보다 작은 수. 〔가령, 8은 그 약수(1·2·4·8)의 합이 배수인 16보다 작은 15이므로 부족수가 됨.〕↔과잉수

부족-액 (不足額)몜 (어떤 액수에서) 모자라는 금액. ¶부족액을 채우다.

부족-증 (不足症)[-쯩]몜 원기가 쇠하여 몸이 약해지는 증세.

부:존-자원 (賦存資源)몜 경제적 목적으로 이용될 수 있는 모든 천연자원.

부종 (不從)몜하타 따르지 아니함.

부:종 (付種)몜하타 ☞파종(播種).

부종 (浮腫)몜 ☞부증(浮症).

부:종^계:약 (附從契約)[-게-/-게-]몜 계약 당사자의 한쪽의 결정에 대하여, 다른 쪽에서는 그대로 따라야만 하는 계약. ↔상호 계약.

부:좌 (祔左)몜하타 합장(合葬)할 때, 아내를 남편의 왼쪽에 묻는 일. ↔부우(祔右).

부좌 (跗坐)몜 그릇을 올려놓는 받침.

부주 (父主)몜 아버님. 〔편지 글에 쓰이는 한문 투의 말.〕

부주 (←父祖)몜 자손에게 유전하는 소질. ¶방랑벽이 그 집안의 부주이다.

부주 (←扶助)몜하타 '부조(扶助)'의 잘못.

부주 (泛舟)몜하자 ☞범주(泛舟).

부:-주교 (副主教)몜 가톨릭에서, 주교의 다음 자리.

부-주의 (不注意)[-의/-이]몜하자 주의하지 아니함. 주의가 모자람. ¶부주의로 인한 실수.

부주-전 (父主前)[-쩐]몜 아버님께. 〔편지 글에 쓰이는 한문 투의 말.〕 ¶부주전 상서(上書).

부주-풍 (不周風)몜 '서북풍(西北風)'을 달리 이르는 말.

부:중 (府中)몜 ①도호부(都護府) 또는 대도호부의 안. ②중국의 왕조에서, 재상(宰相)이 집무하는 관아를 이르던 말.

부중-생어 (釜中生魚)몜 〔오래 밥을 짓지 못하여 솥 안에 물고기가 생겨났다는 뜻으로〕 '매우 가난함'을 비유하여 이르는 말. '후한서'의 '범염전(范冉傳)'에 나오는 말임.

부중어 (釜中魚)몜 〔가마솥 안에 든 고기라는 뜻으로〕 '목숨이 위급한 처지에 있음'을 비유하여 이르는 말. '자치통감'의 '한기(漢記)'에 나오는 말임.

부:즉다사 (富則多事)[-따-]몜하자 재물이 많으면 일도 많음.

부즉불리 (不卽不離)[-뿔-]몜하자 붙지도 않고 떨어지지도 않음. 〔두 사람 또는 두 사물의 관계에서 이르는 말.〕

부증 (浮症)몜 피하 조직의 틈에 조직액(組織液) 또는 림프액이 많이 괴어 몸의 전체 또는 일부가 부어오른 상태. 부종(浮腫).

부지 (不知)몜하타 알지 못함.

부:지 (付紙)몜하타 얇은 종이를 겹으로 붙임, 또는 그렇게 붙인 종이.

부지 (扶持·扶支)몜하타되자 고생을 참고 어려움을 버티어 나감. ¶목숨을 부지하다.

부지 (浮紙)몜하타 종이를 떠서 만듦.

부지 (敷地)몜 집을 짓거나 길을 내거나 하는 데 쓰이는 땅. ¶공원 부지. /공장 부지.

부지-거처 (不知去處)몜하자 간 곳을 알지 못함.

부지기수 (不知其數)몜 그 수를 알지 못함. 매우 많음. ¶폭설 때문에 지각한 사람이 부지기수였다.

부지깽이몜 아궁이에 불을 땔 때 쓰는 나무 막대기. 화곤(火棍). 화장(火杖).

부지-꾼몜 실없는 짓을 잘하는 심술궂은 사람.

부:지-꾼 (負持-)몜 '짐꾼'의 잘못.

부지대몜 〔옛〕부지깽이. ¶부지대:竈杖(才物譜 卷一地譜).

부지런-하다 (不知-)형 스형 일에 열성이 있고 꾸준함. ¶부지런을 떨다. 쟁바지런. 부지런-히튀 ¶부지런히 일하다. 부지런스레튀.

부지불각 (不知不覺)몜 미처 깨닫지 못하는 결. 알지 못하는 사이. 《주로, '부지불각에'의 꼴로 쓰임.》 ¶부지불각에 일이 잘못되어 가고 있었다.

부지불식-간 (不知不識間)[-씩깐]몜 알지 못하는 사이. 《주로, '부지불식간에'의 꼴로 쓰임.》 ¶부지불식간에 저지른 일.

부:-지사 (副知事)몜 지사를 도와서 지방 행정 사무를 처리하는 국가 공무원.

부지-세상 (不知世上)몜하자 세상일의 돌아가는 형편을 알지 못함.

부지-세월 (不知歲月)몜하자 세월이 가는 줄을 알지 못함. ¶노름에 정신이 팔려 부지세월이군.

부지-중 (不知中)몜 알지 못하는 사이(동안). 《주로, '부지중에'의 꼴로 쓰임.》 ¶부지중에 일어난 사고. /부지중에 기한을 넘기고 말았다.

부지지(부-)(하자) ①뜨거운 쇠붙이 따위에 물이나 물기가 있는 물건이 닿아서 졸아붙을 때 나는 소리, 또는 그 모양. ②젖은 나무가 탈 때 나는 소리. ㉈바지지. ㈁뿌지지.

부지직(부-)(하자) ①뜨거운 쇠붙이 따위에 물기 있는 물건이 닿아서 갑자기 졸아붙을 때 나는 소리, 또는 그러한 모양. ②질긴 천 따위가 조금씩 터질 때 나는 소리, 또는 그러한 모양. ③무른 똥을 급히 눌 때 되바라져 나는 소리. ㉈바지직. ㈁뿌지직. **부지직-부지직**(부-)

부지직-거리다[-꺼-](재) 자꾸 부지직부지직하다. 부지직대다. ㉈바지직거리다.

부지직-대다[-때-](재) 부지직거리다.

부지-체면(不知體面)(명)(하자) ☞불고체면.

부지하세월(不知何歲月)(명) 언제 될지 그 기한을 알지 못함. ¶언제 끝날지 부지하세월이다.

부-직(付職)(명)(하타) ①벼슬자리에 앉게 하여 줌. ②직업을 가지게 됨.

부-직(副職)(명) 본직(本職) 외에 겸하고 있는 직책.

부-직포(不織布)(명) 짜지 않고 섬유를 그대로 열과 압력을 가하여 천 모양으로 만든 것. [펠트 따위.]

부진(不振)(명)(하형) (세력이나 성적 또는 활동 따위가) 움츠러들거나 떨어져 활발하지 못함. ¶학업 성적이 부진하다. /판매가 부진하다.

부진(不進)(명)(하자) 앞으로 나아가지 못함.

부진(不盡)(명)(하자) 다함이 없음. 언제까지고 계속하여 끊임이 없음.

부진-수(不盡數)[-쑤](명) 수학에서, 나누어서 똑 떨어지지 않는 수.

부진-자(浮塵子)(명) ☞진디등에.

부질(婦姪)(명)☞인질(姻姪).

부질(麩質)(명) 곡식알 속에 있는 단백질.

부-질(賦質)(명) 타고난 바탕.

부질-간(-間)[-깐](명) 놋그릇을 만드는 공장의 대장간.

부질-없다[-업따](형) 대수롭지 아니하거나 쓸모가 없다. ¶부질없는 일. **부질없-이**(부) ¶부질없이 울기만 한다.

부집(하자) 화를 돋우어 말다툼을 함, 또는 그 말다툼.

부집(父執)(명) 〈부집존장〉의 준말.

부-집게[-께](명) 숯불 따위를 집는 집게.

부집-존장(父執尊長)[-쫀-](명) 아버지의 친구로서, 나이가 아버지와 비슷한 어른. ㉈부집.

부쩍(부) ①외곬으로 강하게 우기는 모양. ¶부쩍 우기다. ②몹시 달라붙는 모양. ③갑자기 늘거나 주는 모양. ¶강물이 부쩍 불었다. ④힘이나 기세 등을 단번에 크게 내는 모양. ¶부쩍용을 쓰다. **부쩍-부쩍**(부)

부-차(副次)(명) ☞이차(二次).

부차-시(副次視)(명)(하타) 부차적인 것으로 보거나 다룸. ¶긴급한 문제를 부차시한다.

부차-적(副次的)(관)(명) (본디의 것이나 주요한 것에 대하여) 종속된 관계이거나 한층 떨어진 관계인 (것). ¶부차적 기능. /부차적인 문제.

부-착(附着·付着)(명) ①(하자타)(되자) 들러붙어서 떨어지지 아니함. ¶포스터를 벽에 부착하다. ②(물리에서, 분자 사이의 힘에 의하여 종류가 다른 두 물질이 서로 들러붙는 성질.

부-착-근(附着根)[-끈](명) 줄기를 다른 물체에 붙이기 위하여 줄기에서 나오는 짧은 뿌리.

부-착-력(附着力)[-창녁](명) ①들러붙는 힘. ②물리에서, 서로 다른 두 종류의 물질이 접촉했을 때에 서로 들러붙는 힘.

부-착-물(附着物)[-창-](명) 붙어 있는 물건. ¶부착물을 떼어 내다.

부-착-어(附着語)(명) ☞교착어(膠着語).

부-찰(俯察)(명)(하타) 아랫사람의 형편을 두루 굽어 살핌.

부-참(符讖)(명) 뒷날에 일어날 일을 미리 알아선 비밀히 적어 놓은 글. 부서(符書).

부창-부수(夫唱婦隨)(명) 남편이 주장하고 아내가 이에 따름. [부부의 화합하는 도리를 뜻하는 말.] ㉈남창여수.

부채(명) 손으로 부쳐서 바람을 일으키는 간단한 기구. 선자(扇子).

부-채(負債)(명)(하자) 남에게 빚을 짐, 또는 그 빚. ¶부채를 갚다.

부-채(賦彩·傅彩)(명)(하자) ☞설채(設彩).

부-채-계:정(負債計定)[-계-/-게-](명) 부기(簿記)에서, 부채의 증감을 기록하고 계산하기 위하여 마련된 계정. ↔자산 계정.

부채-고리(명) 쥘부채의 사북에 꿰어 놓은 고리.

부채-꼭지[-찌](명) 쥘부채의 사북이 박힌 대가리.

부채-꼴(명) ①부채처럼 생긴 모양. 선상(扇狀). ②원의 두 반지름과 호(弧)로 둘러싸인 부분.

부:채여산(負債如山)(명)(하형) 빚이 산더미같이 많음.

부채-잡이(명) 〔소경이 지팡이는 오른손에, 부채는 왼손에 쥐므로〕소경을 상대로 말할 때 '왼쪽'을 이르는 말. ㉈막대잡이.

부채-질(명) ①(하자)부채를 흔들어 바람을 일으키는 짓. ②(하타)흥분된 감정을 격렬하게 하거나 싸움 따위를 더욱 부추기는 말이나 행동. ¶남의 일에 공연히 부채질하지 마시오. /불난 집에 부채질한다.

부채-춤(명) 부채를 들고 추는 춤.

부책(簿冊)(명)☞문부(文簿). 장부(帳簿).

부챗-살[-채쌀/-챋쌀](명) 부채의 뼈대가 되는 여러 개의 가는 대오리.

부처(명) ①불교의 교조인 석가모니. 부도(浮屠). ②불상(佛像). ③대도(大道)를 깨친 불교의 성자(聖者). ④'화를 낼 줄 모르고 자비심이 두터운 사람'을 비유하여 이르는 말. ¶부처와 같은 사람. ①~③불타(佛陀). ㈁부처님.

부처(夫妻)(명) 남편과 아내. 부부(夫婦).

부처(部處)(명) 정부 기관으로서의 '부'와 '처'를 아울러 이르는 말.

부처-꽃[-꼳](명) 부처꽃과의 다년초. 밭둑이나 습지에 나는데, 줄기는 곧고 네모지며 높이 1m가량임. 잎꼭지는 거의 없고 여름에 홍자색의 여섯 잎꽃이 핌. *부처꽃이[-꼬치]·부처꽃만[-꼰-]

부처-님(명) 〈부처〉의 높임말.
부처님 가운데[허리] 토막(속담) (부처처럼) 어질고 착한 사람이라는 뜻.

부처님 오신 날(명)석가 탄신일.

부처-손(명) 부처손과의 다년생 상록 양치식물. 산의 바위나 나무에 절로 나는데 높이는 30cm가량. 깃 모양으로 갈라진 줄기는 습기가 많을 때는 퍼지고, 건조할 때는 오므라듦. 한방에서 하혈이나 통경에 약재로 쓰임.

부처-혼(父處婚)(명) 신부가 신랑 쪽으로 거처를 옮기는 혼인. 현대 사회의 혼인 방식. →모처혼.

부척(浮尺)(명)(하자) 묘지의 거리를 잴 때, 높낮이가 고르지 못한 땅바닥에 줄을 대지 않고, 팽팽하게 켕겨서 잣수를 헤아리는 일. ↔답척.

부:척(副尺)(명) '아들자'의 구용어.

부척(跗蹠)(명) 새의 다리에서, 경골(脛骨)과 발가락 사이의 부분.

부천(部薦)[명][하타] 고려·조선 시대에, 무과(武科)에 급제한 사람 중에서 부장(部將)이 될 만한 사람을 천거하던 일.

부천(膚淺) '부천하다'의 어근.

부천-하다(膚淺-)[형][여] (언행이) 천박하다.

부:첩(府貼)[명] 관청에서 보내는 간단한 편지.

부첩(簿牒)[명] 관아의 장부와 문서. 부적(簿籍).

부:청(俯聽)[명][하타] 공손한 태도로 주의 깊게 들음.

부체(浮體)[명] 액체 위에 떠 있는 물체.

부쳐-지내다[-쳐-][자] 남에게 기대어 살아가다.

부초(麩炒)[명][하타] 한방에서, 약재(藥材)에 밀가루를 묻혀서 볶는 일.

부:촉(咐囑)[명][하타] (일을) 남에게 부탁함.

부:-촉매(負觸媒)[-촌-][명] 화학 반응에서, 반응의 속도를 느리게 하는 촉매. ↔정촉매.

부:촌(富村)[명] 부자가 많은 마을. 살기가 넉넉한 마을. ↔빈촌(貧村).

부:-총리(副總理)[-늬][명] 국무총리가 특별히 위임하는 사무를 처리하고, 총리의 유고(有故) 때에 그 직무를 대행하는 직위, 또는 그 사람.

부:-총장(副總長)[명] 대학교 등에서, 총장을 도우며 총장의 유고(有故) 때에 그 직무를 대행하는 직위, 또는 그 사람.

부:-총재(副總裁)[명] 총재를 도우며 총재의 유고(有故) 때에 그 직무를 대행하는 직위, 또는 그 사람.

부:추[명] 백합과의 다년초. 중국과 인도 원산의 재배 식물. 비늘줄기에서 가늘고 긴 육질의 잎이 나옴. 잎은 먹으며, 씨는 한방에서 '구자(韭子)'라 하여 약재로 쓰임.

부:-구(-韭)[명] 한자 부수의 한 가지. '鐵'·'釐' 등에서의 '韭'의 이름.

부:추기다[타] 남을 들쑤시어 어떤 일을 하게 만들다. 추기다. ¶싸움을 걸도록 자꾸 부추기다.

부:축[명][하타][되자] 〈곁부축〉의 준말. ¶그들은 다친 사람을 양쪽에서 부축하고 걸었다.

부출-돌[-똘][명] 뒷간 바닥에 부출 대신 좌우에 놓아서 발로 디디게 된 돌.

부출[명] ①양복장 따위의 네 귀에 선 기둥. ②뒷간 바닥에 놓아 발로 디디게 된 널빤지.

부:츠(boots)[명] 목이 긴 구두.

부치다¹[자] 힘(실력)이 미치지(감당하지) 못하다. ¶나에게는 힘에 부치는 일이다.

부치다²[타] (부채 같은 것으로) 흔들어서 바람을 일으키다. ¶부채를 부쳐 땀을 들이다.

부치다³[타] (편지나 물건 따위를) 보내다. ¶인편에 짐을 부치다. /아들에게 학비와 용돈을 부치다.

부치다⁴[타] 논밭을 다루어서 농사를 짓다. ¶논 열 마지기를 부치다.

부치다⁵[타] 번철 따위에 기름을 두르고 밀가루 반죽 따위를 넓적하게 펴 가며 지져 만들다. ¶누름적을 부치다.

부치다⁶[타] ①회부(回附)하다. ¶사건을 공판에 부치다. ②어떤 처리(처치)를 하기로 하다. ¶비밀에 부치다. /그 사건은 불문(不問)에 부치기로 했다. ③(어떤 자연물 따위에) 마음을 의탁하다. ¶사시(四時) 풍경에 부쳐 읊은 노래. ④먹고 자는 일 따위를 남에게 신세지다. ¶남에게 기대어 살다. ¶늙은 몸을 친척집에 부치어 지내다. ⑤《주로 '부쳐'·'부치는'·'부침'의 꼴로 쓰이어》(어떤 행사 또는 기념일에 즈음하여) 글로써 의견을 나타내다. 〔주로, 글의 제목이나 부제에 씀.〕¶국군의 날에 부쳐. /청소년에 부치는 서(書).

부치다[자] 〈옛〉부치이다. ¶버텅에 서리던 버드른 브로매 부치놋다(杜初9:21).

부치들다[자] 〈옛〉붙들다. ¶松間細路에 杜鵑花를 부치들고(丁克仁.賞春曲).

부치-이다[자] 『'부치다²'의 피동』 (부채 따위로) 부침을 당하다.

부:칙(附則)[명] (법률이나 규칙을 보충하기 위하여) 끝에 덧붙이는 규정이나 규칙. ↔본칙.

부친(父親)[명] 〈아버지〉의 높임말.

부친-상(父親喪)[명] 아버지의 상사(喪事). 부상(父喪). ¶부친상을 당하다. ↔모친상.

부침(浮沈)[명][하자] ①물 위에 떠올랐다 잠겼다 함. ②'성(盛)함과 쇠(衰)함'을 비유하여 이르는 말. 〔인생의 기복이나 세상의 변천을 뜻하는 말.〕¶부침이 심한 인생(생애).

부침-개[명] 기름에 부치는 음식을 통틀어 이르는 말. 〔빈대떡·저냐·전병 따위.〕지짐이.

부침개-질[명][하자] 지짐질.

부침-질[명][하자] 지짐질.

부칭(浮秤)[명] 액체의 비중을 재는 비중계(比重計)의 한 가지.

부치[명] 〈옛〉부추. ¶부치 혜: 薤(訓蒙上13).

부:케(bouquet 프)[명] 주로, 결혼식 때 신부가 드는 작은 꽃다발. 화혼 부케. /부케를 던지다.

부킹(booking)[명] ①'예약'으로 순화. ¶골프장 부킹. ②나이트클럽·카바레 등에서, '이성의 짝을 즉석에서 만나게 해 주는 일'을 속되게 이르는 말.

부타디엔(butadiene)[명] 불포화 탄화수소의 한 가지. 인화성이 있는 무색의 기체이며 압력을 주면 액화함. 합성 고무의 원료로서 중요함.

부:탁(付託)[명][하자타] 어떤 일을 하여 달라고 당부하여 맡김. ¶취직을 부탁하다.

부탄(浮誕) '부탄하다'의 어근.

부탄(butane)[명] 천연가스 등에 들어 있는 무색 무취의 기체. 연료나 화학 공업의 원료가 됨. 부탄가스.

부:탄-가스(butane gas)[명] ☞부탄.

부:탄올(butanol)[명] 부탄의 수소 원자 하나가 히드록시기로 치환된 지방족 1가(價) 알코올을. 무색의 액체로, 물에 잘 녹으며 네 가지의 이성질체가 있음. 1부탄올은 당(糖)의 아세톤 부탄을 발효나 프로필렌의 합성으로 만듦. 비닐 수지 따위를 녹이는 용제로 씀. 부틸알코올. 〔화학식은 C₄H₉OH〕

부탄-하다(浮誕-)[형][여] 경솔하고 허황하다.

부터[조] 《체언이나 부사어에 붙어》'동작이 비롯되는 처음'의 뜻을 나타내는 보조사. ¶이것부터 시작하자. /아침 7시부터 일을 하다.

부텨[명] 〈옛〉부처. ¶부텨를 佛이시다 ᄒᆞᄂᆞ니라(月釋序8). /부텨와 祖師왜(楼法44).

부:토(腐土)[명] 썩은 흙. 부식토(腐植土).

부토(敷土)[명][하자] 흙이나 모래를 펴서 깖, 또는 그 흙이나 모래.

부:-통령(副統領)[-녕][명] 대통령을 보좌하고, 대통령의 유고(有故) 때에는 그 직무를 대행하는 직위, 또는 그 직위에 있는 사람.

부티[명] 베를 짤 때, 베틀의 말코 두 끝에 끈을 매어 허리에 두르는 넓은 띠.

부:-티(富-)[명] 부유하게 보이는 모습이나 태도. ¶부티가 나다. /부티가 흐르다. ↔빈티.

부티르-산(←butyric酸)[명] 지방산 따위에 들어 있는 빛깔이 없는 액체. 썩은 버터 같은 냄새가 나며, 물에 잘 녹음. 합성 향료의 원료임. 낙산(酪酸).

부티르산-균(←butyric酸菌)**명** 탄수화물을 발효시켜 많은 부티르산을 생성하여 하는 균. 흙·물·곡물·우유 등에 들어 있음. 낙산균(酪酸菌).

부:틸-알코올(butyl alcohol)**명** ▷부탄올.

부:팅(booting)**명** 컴퓨터에서, 전원을 넣어 작업할 수 있는 환경이 만들어지기까지의 과정.

부:판(負板·負版)**명** 최복(衰服)의 등 뒤에 늘어뜨리는 베 조각.

부판(浮板)**명** 헤엄칠 때, 물에서 몸이 잘 뜨게 하는 널빤지.

부:판(剖判)**하자타** 둘로 갈라서 나눔, 또는 둘로 갈려 나뉨.

부:패(－牌)**명** 광업(鑛業)을 함께 경영하는 사람. **참**맞부패·삼부패.

부:패(符牌)**명** 지난날, 병부(兵符)·마패(馬牌) 등을 통틀어 이르던 말.

부:패(腐敗)**명하자되자** ①썩음. 미생물의 작용으로 유기물, 특히 단백질이 악취를 내면서 분해되는 현상. ¶부패된 생선. ②정신적으로 타락함. ¶부패한 관리. /부패를 척결하다.

부:패-균(腐敗菌)**명** 단백질·지방, 그 밖의 유기물을 부패시키는 세균을 통틀어 이르는 말. 〔유산균·대장균·고초균 따위.〕 부패 박테리아.

부:패-물(腐敗物)**명** 부패한 물질.

부:패-박테리아(腐敗bacteria)**명** ▷부패균.

부:패-병(腐敗病)[－뼝] (감자나 고구마 따위) 부드럽고 물기 많은 식물의 줄기나 뿌리가 말라 죽게 되는 병.

부:패-상(腐敗相)**명** 부패한 상태나 모양. ¶그 시대의 부패상이 잘 반영된 작품.

부:패-열(腐敗熱)**명** 유기물이 썩을 때 나는 열.

부페(buffet 프)**명** '뷔페'의 잘못.

부:편(否便)**명** 토의 또는 표결에서, 어떤 안건에 대하여 반대하는 편. ↔가편(可便).

부평-초(浮萍草)**명** ▷개구리밥.

부:포(副砲)**명** 군함에 장비한 주포의 보조로 쓰이는 중·소 구경의 속사포. ↔주포(主砲).

부-포대(浮砲臺)**명** 지난날, 항만의 방어를 위하여 바다 위에 설치했던 포대.

부:표(否票)**명** 표결에서의 반대표. ↔가표(可票)·찬표(贊票).

부:표(附票·付票)**명** ①▷찌지. ②**하자** 쪽지를 붙임, 또는 그 쪽지. ¶하물에 부표를 달다.

부:표(附表)**명** 문서 따위에 덧붙인 도표.

부표(浮漂)**명하자** 물 위에 떠서 떠돌아다님.

부표(浮標)**명** ①물 위에 띄워 표적으로 삼는 물건. ②▷낚시찌.

부표^식물(浮漂植物)[－싱－]**명** 잎은 물 위에 뜨고 뿌리는 물속에서 영양을 얻는 식물.〔개구리밥·마름 따위.〕

부:－표제(副標題)**명** ▷부제(副題).

부푸러기**명** 부풀의 낱개. ¶부푸러기가 일어나다. **참**보푸라기.

부풀명 종이나 피륙 따위의 거죽에 일어나는 잔털. **참**보풀.

부풀다(부푸니·부풀어)**자** ①(물체의) 부피가 커지다. ¶빵이 제대로 부풀었다. ②살가죽이 붓거나 커지다. ¶젖이 부풀다. ③종이나 피륙 따위의 거죽에 부푸러기가 일어나다. ④희망이나 기대에 마음이 벅차다. ¶부푼 꿈. /기대에 부풀다. ⑤실제보다 과장되다. ¶소문이란 시간이 지날수록 부풀어 나게 마련이다.

부풀-리다[타] 〔'부풀다'의 사동〕 부풀게 하다. ¶풍선을 불어 크게 부풀렸다. /수출 실적을 부풀리다. **참**보풀리다.

부풀-부풀[부]**형** 부푸러기가 잘게 일어난 모양. **참**보풀보풀.

부품(部品)**명** 〈부분품〉의 준말.

부품모습(父母貌習)**명하자** 부모의 모습을 고루 닮음.

부프다[부프니·부퍼]**형** ①(물건의) 무게는 가벼우나 부피는 크다. ②성질이 거칠고 급하다.

부픈-살명 굵은 화살. ↔몸빠진살.

부픈-짐명 무게는 나가지 않지만 부피가 큰 짐. ↔뭉근짐.

부픗-부픗[－픋픗]**부**형 ①무게는 나가지 아니하지만 부피가 매우 큰 듯한 모양. ②실속은 없이 매우 엉성하게 큰 모양.

부피명 입체가 공간 속에서 차지하는 크기. 체적.

부피^팽창(－膨脹)**명** ▷체적 팽창(體積膨脹).

부피^팽창^계:수(－膨脹係數)[－계－/－게－]**명** ▷체적 팽창 계수.

부피^팽창률(－膨脹率)[－뉼]**명** ▷체적 팽창 계수.

부:하(負荷)**명** ①**하자** 짐을 짐, 또는 그 짐. ②**하타** 책임을 짐. 일을 맡김. ¶사명을 부하하다. ③**하자되자** 발전기·원동기 등의 기계에서 나오는 에너지를 소비함. ¶부하가 걸리다.

부하(部下)**명** 어떤 사람 아래 딸리어 그 지시에 따라야 하는 사람. 속료(屬僚). 수하(手下). **비**솔정(率丁). ↔상관(上官).

부:-하다(富－)**형여** ①생활이 넉넉하다. 재산이 많다. ¶부한 생활을 누리다. ②살이 쪄서 몸이 뚱뚱하다. ¶몸이 너무 부하다.

부:하-율(負荷率)**명** 일정 기간의 평균 전력 소비량의 최대 소비량에 대한 비율.

부:합(附合)**명하자되자** ①서로 맞대어 붙임. ②소유자가 서로 다른 두 개 이상의 물건이 결합하여 물리적 또는 사회 경제적으로 보아 뗄 수 없는 상태가 되는 일. 〔원칙적으로 하나의 물건으로 취급됨.〕

부:합(符合)**명하자되자** 서로 조금도 틀림이 없이 꼭 들어맞음. 계합(契合). ¶민주주의에 부합하는 정치.

부:항(附缸)**명** ①한방에서, 고름이나 나쁜 피를 빨아내기 위하여 살갗 위에 부항단지를 붙이는 일. ②〈부항단지〉의 준말. **변**부앙.

부:항(副港)**명** 어떤 항구의 기능을 보조하기 위한 항구.

부:항-단지(附缸－)[－딴－]**명** 한방에서, 고름이나 나쁜 피를 빨아내기 위하여 살갗 위에 붙이는 종지만 한 단지. **준**부항.

부항-항아리(附缸缸－)**명** '부항단지'의 잘못.

부행-신(浮行神)**명** ▷뜬것.

부허(浮虛)**명** '부허하다'의 어근.

부허지설(浮虛之說)**명** 떠돌아다니는 허황한 말.

부허-하다(浮虛－)**형여** 근거가 없고 허황하다.

부:험(符驗)**명** 〔조선 시대에〕 ①금군(禁軍)이 밤에 성문을 드나들 때 가지고 다니던 표신(標信). ②중국에 가는 사신이 지니던 증표. 비단으로 짠 횡축(橫軸)에 말을 수놓았음.

부형(옛)**부**'부엉이. ¶부형! **부**鳴鳴(訓解). **참**부훵이.

부형(父兄)**명** ①아버지와 형. ②학교에서, '학생(아동)의 보호자'를 두루 일컫는 말.

부형-자제(父兄子弟)**명** 아버지나 형의 가르침을 받고 자라난 젊은이.

부:형-제(賦形劑)**명** 약을 어떤 모양으로 만들거나 또는 분량을 늘리기 위하여 넣는 녹말·젖당·글루코오스 등의 물질. 〔약을 쉽게 사용하기 위한 것임.〕

부호(扶護)**명하타** 도와서 보호함.

부:호(符號)몜 ①어떤 뜻을 나타내는 기호. ②수학에서, 양수(陽數)·음수(陰數)를 나타내는 기호. 〔곧, 양의 부호인 '＋', 음의 부호인 '－'.〕

부:호(富豪)몜 재산이 많고 세력이 있는 사람. 큰 부자.

부호-수(釜戶首)몜 도자기 굽는 가마에 불을 넣는 화장(火匠)의 우두머리.

부화(浮華)〈옛〉부아. 허파. ¶부화 폐:肺(訓蒙上27).

부:화(附和)몜하자 (자기 주견이 없이) 남의 의견에 따름.

부화(浮華)'부화(浮華)하다'의 어근.

부화(富華)'부화(富華)하다'의 어근.

부화(孵化)몜하자타되자 동물의 알이 깸, 또는 알을 깸. 알까기.

부:화-뇌동(附和雷同)[-뇌-/-눼-]몜하자 아무런 주견이 없이 남의 의견이나 행동에 덩달아 따름. 뇌동부화.

부화-율(孵化率)몜 수정란 중에서 실지로 깬 알의 비율. ¶부화율을 높이다.

부화-장(孵化場)몜 알을 인공적으로 깨는 곳.

부화-하다(浮華-)혱여 겉보기만 화려하고 실속이 있다.

부:화-하다(富華-)혱여 부유하고 호화롭다.

부:활(復活)몜 ①하자 죽었다가 되살아남. 부생(復生). ¶예수의 부활. ②하자타되자 쇠퇴하거나 폐지했던 것이 다시 성하게 됨, 또는 그렇게 함. ¶군국주의의 부활.

부:활-절(復活節)[-쩔]몜 예수의 부활을 기념하는 축제일. 춘분이 지난 뒤의 첫 만월 다음의 일요일임. 부활 주일.

부:활^주일(復活主日)[-쭈-]몜 ☞부활절.

부:황(付黃)몜하자 조선 시대에, 임금의 재가(裁可)를 받은 문서의 고쳐야 할 곳에 누런 종이쪽지를 붙이던 일.

부황(浮黃)몜 오래 굶어서 살가죽이 누렇게 부어오르는 병. ¶부황이 나다. /부황이 들다.

부황-증(浮黃症)[-쯩]몜 부황의 증세.

부:회(附會)[-회/-눼]몜하자 억지로 끌어다 맞춤. ¶견강부회.

부회(部會)[-회/-눼]몜 부문별로 나뉜 조직에서, 각 부 단위로 가지는 모임. ↔총회(總會).

부:-회장(副會長)[-회-/-눼-]몜 회장을 도우며, 회장의 유고(有故) 때에 그 직무를 대행하는 직위, 또는 그 직위에 있는 사람.

부횡이몜〈옛〉부엉이. ¶부횡이 휴:鵂(訓蒙上15). 웹부헝.

부:흥(復興)몜하자타되자 쇠(衰)하였던 것이 다시 일어남, 또는 쇠하였던 것을 다시 일어나게 함. 흥복(興復). ¶경제 부흥.

부:흥-상(復興相)몜 부흥한 모습. ¶괄목할 만한 부흥상.

부:흥-회(復興會)[-회/-눼]몜 개신교에서, 교인들의 믿음을 부흥시키기 위해 가지는 특별 기도회.

북몜 타악기의 한 가지. 나무나 쇠붙이가 따위로 둥글게 통을 만들고 양쪽 마구리에 가죽을 팽팽하게 씌워서 두드림. 고(鼓).

북은 칠수록 맛이 난다쪽담 무슨 일이나 하면 할수록 길이 나고 잘된다는 뜻.

북은 칠수록 소리가 난다쪽담 못된 사람과 싸우면 손해만 커진다는 말.

북을 메우다관용 북통 양쪽에 가죽을 켕기어 씌우다.

북²몜 ①베틀에 딸린 부속품의 한 가지. 씨올의 실꾸리를 넣는 제구로, 날 틈으로 오가며 씨를 푸는 구실을 함. 방추(紡錘). ②재봉틀에서 밑실을 감은 실통을 넣는 물건.

북³몜 나무나 풀의 뿌리를 싸고 있는 흙. ¶북을 돋우다. /고추밭에 북을 주다.

북⁴뷔 ①부드럽고 무른 물건의 거죽을 세게 갈거나 긁는 소리. ②무르고 두툼한 물건을 대번에 찢는 소리. 웹복. 웹뿍. 북-북뷔 ¶책장을 북북 찢다.

북(北)몜 북쪽. ↔남(南).

북간(北間)[-깐]몜 지난날, 의금부(義禁府)의 북쪽 감방(監房)을 이르던 말.

북-감사(北監司)[-깜-]몜 ☞안무사(按撫使).

북-감자(北甘藷)[-깜-]몜 ☞감자.

북경-인(北京人)[-꼉-]몜 ☞베이징인.

북계(北界)[-꼐/-꼐]몜 ①고조선의 평양 이서(以西)의 땅. ②동물 지리학상의 구역. 아시아·유럽·북아메리카 대륙을 포함하는 지역. ↔남계(南界).

북-고(北鼓)[-꼬]몜 한자 부수의 한 가지. '鼖'·'鼗' 등에서의 '鼓'의 이름.

북곡(北曲)[-꼭]몜 중국 북방계(北方系)의 가곡 및 그것을 바탕으로 한 희곡. 원곡(元曲).

북관(北關)[-꽌]몜 지난날, '함경남북도 지방'을 두루 이르던 말.

북교(北郊)[-꾜]몜 ①북쪽 교외. ②지난날, '서울 창의문(彰義門) 밖의 일대'를 가리키던 말.

북구(北歐)[-꾸]몜 ☞북유럽. ↔남구(南歐).

북-구라파(北歐羅巴)[-꾸-]몜 ☞북유럽.

북국(北國)[-꾹]몜 북쪽에 위치한 나라. ↔남국(南國).

북군(北軍)[-꾼]몜 미국의 남북 전쟁 때 북부 여러 주의 군대를 이르던 말. ↔남군.

북궐(北闕)[-꿜]몜 지난날, 서울의 창덕궁과 경희궁에 대하여 '경복궁'을 이르던 말.

북극(北極)[-끅]몜 ①지구의 자전축(自轉軸)의 북쪽 끝의 지점. ②북극과 그 부근의 지역. ¶북극 탐험. ③자석의 북쪽을 가리키는 극. 자북극(磁北極). ④북천(天球)의 극의 하나. 지축의 북쪽 연장선이 천구와 만나는 점. ↔남극.

북극^거:리(北極距離)[-끅꺼-]몜 어떤 천체에서 천구의 북극까지의 각거리(角距離). ↔남극거리.

북극-계(北極界)[-끅꼐/-끅꼐]몜 생물 지리학상의 한 구역. 북극을 중심으로 스칸디나비아 북부, 시베리아 북부, 알래스카·캐나다 북부 및 그린란드를 포함하는 지역. ↔남극계.

북극-곰(北極-)[-끅꼼]몜 ☞흰곰.

북극-광(北極光)[-끅꽝]몜 북극에 나타나는 극광. ↔남극광.

북극-권(北極圈)[-끅꿘]몜 (북극을 중심으로 한) 북위 66°33′ 이북의 지역. ↔남극권.

북극-성(北極星)[-끅썽]몜 천구의 북극에 가장 가까운 별. 위치가 거의 변하지 않기 때문에 북쪽 방향을 아는 데 이용됨. 북신(北辰).

북극^지방(北極地方)[-끅찌-]몜 북극권 안에 위치하는 지역. ↔남극 지방.

북극-해(北極海)[-끄캐]몜 북극권에 있는 바다. 아시아·유럽·북아메리카의 세 대륙에 둘러싸여 있음. 북빙양.

북-꿩(北-)몜 꿩의 새. 만주 특산으로 우리나라 특산의 꿩과 비슷하나, 몸빛이 더 엷고 광택이 적음. 우리나라 북부 및 우수리·아무르에 분포함.

북-녘(北-) [붕녁] 명 북쪽 방면. 북방(北方). ↔남녘. *북녘이[붕녀키]·북녘만[붕녕-]

북단(北端) [-딴] 명 북쪽 끝. ↔남단.

북당(北堂) [-땅] ☞자당(慈堂).

북대(北帶) [-때] 명 식물 분포 구역의 한 가지. 북반구의 열대권 이북의 광대한 지역.

북대서양^조약^기구(北大西洋條約機構) [-때-끼-] 명 북대서양 조약에 가맹하여 있는 미국·영국·캐나다·독일 등에 의하여 설립된 집단 안전 보장 조직. 벨기에의 브뤼셀에 본부가 있음. 나토(NATO).

북덕-명주(-明紬) [-땅-] 명 질이 좋지 않은 고치에서 뽑은 실로 짠 명주.

북덕-무명 [-땅-] 명 질이 좋지 않은 목화나 누더기 솜 따위를 자아서 짠 무명.

북덕-지(-紙) [-떡찌] 명 몹시 구겨지고 부푸러기가 일어난 종이.

북데기 [-떼-] 명 짚이나 풀 따위의 엉클어진 뭉텅이.

북도(北道) [-또] 명 ①경기도의 북쪽에 있는 도. 곧, 황해도·평안도·함경도를 아울러 이르는 말. ②대종교(大倧敎)에서, 백두산의 북쪽 지방을 이르는 말. ↔남도.

북독(北瀆) [-똑] 명 조선 시대, 사독(四瀆)의 하나. 지금의 용흥강(龍興江).

북-돋다 [-똗따] 태 〈북돋우다〉의 준말.

북-돋우다 [-또두-] 태 ①식물의 뿌리를 흙으로 덮어 주다. ②용기나 의욕 등의 심리 작용이 강하게 일어나도록 자극을 주다. ¶기운을 북돋우다. /용기를 북돋우다. ㉾북돋다.

북동(北東) [-똥] 명 북쪽과 동쪽의 중간에 해당하는 방위. 동북.

북동-풍(北東風) [-똥-] 명 ☞동북풍.

북두 [-뚜] 명 말이나 소의 등에 실은 짐과 배를 얼러서 매는 줄.

북두(北斗) [-뚜] 명 〈북두칠성〉의 준말.

북두-갈고리 [-뚜-] 명 북두 끝에 매단 갈고리.

북두-성(北斗星) [-뚜-] 명 ☞북두칠성.

북두-칠성(北斗七星) [-뚜-썽] 명 큰곰자리에서 가장 뚜렷하게 보이는, 국자 모양으로 된 일곱 개의 별. 북두성. ㉾북두·칠성.

북두칠성이 앵돌아졌다[속담] '일이 낭패가 되었음'을 비유하여 이르는 말.

북-등(-燈) [-뜽] 명 안에 촛불을 켜서 들고 다니게 만든 등. 대오리로 테를 하고 종이를 발라 조그마한 북 모양으로 만듦.

북-떡 [지난날, 민간에서 돌림병이 돌 때에 병을 예방하는 뜻으로 베틀의 북으로 식구 수대로 쌀을 떠서 만들어 먹던 흰무리.

북로(北虜) [붕노] 명 북쪽에 있는 오랑캐.

북로(北路) [붕노] 명 ①북쪽으로 가는, 또는 북쪽에 있는 큰길. ②지난날, '서울에서 함경도로 통하는 길'을 이르던 말.

북로-남왜(北虜南倭) [붕노-] 명 북쪽의 오랑캐와 남쪽의 왜적.

북록(北麓) [붕녹] 명 산의 북쪽 기슭.

북류(北流) [붕뉴] 명하자 북쪽으로 흐름.

북마(北馬) [붕-] 명 지난날, '함경북도에서 나는 말'을 이르던 말.

북-마구리(北-) [붕-] 명 광산에서, 남북으로 뚫린 구덩이의 북쪽 마구리. ↔남마구리.

북마-남선(北馬南船) [붕-] 명 ☞남선북마.

북마:크(book mark) 명 인터넷에서, 자주 찾는 사이트를 별도로 등록하여 바로 접속할 수 있게 하는 것.

북망-산(北邙山) [붕-] 명 〔옛날 중국의 베이망산(北邙山)에 제왕·귀인·명사 등의 무덤이 많았다는 데서〕'무덤이 많은 곳, 또는 사람이 죽어서 묻히는 곳'을 이름. 북망산천.

북망-산천(北邙山川) [붕-] 명 ☞북망산.

북면(北面) [붕-] 명 ①북쪽의 면(面). ¶건물의 북면을 손질하다. ②하자 북쪽을 향함. ¶북면하여 서 있는 동상. ③하자〔지난날, 임금은 남쪽을 향해 앉고 신하는 북쪽을 향해 앉은 데서〕'임금을 섬김'을 이르던 말.

북문(北門) [붕-] 명 북쪽으로 낸 문. ↔남문.

북미(北美) [붕-] 명 ☞북아메리카.

북-바늘 [-빠-] 명 베틀의 북 속에 실꾸리를 넣고, 그것이 솟아 나오지 못하도록 북 시울에 끼우는 대오리.

북-반구(北半球) [-빤-] 명 지구의 적도 이북의 부분. ↔남반구.

북-받자 [-빧짜] 명 곡식 따위를 고봉으로 되어서 받는 일.

북-받치다 [-빧-] 자 ①안이나 밑에서 솟거나 치밀다. ¶눈물이 북받치다. ②어떤 감정이 치밀어 오르다. ¶북받치는 설움. ㉾복받치다.

북방(北方) [-빵] 명 ①북쪽. ②북녘. ③북쪽 지방. 삭방(朔方). ↔남방.

북방^불교(北方佛敎) [-빵-] 명 기원전 3세기경 인도 아소카 왕(Aśoka王) 때부터 인도 북부에서 발달하여 우리나라·중국·티베트·일본 등지에 퍼진 불교를 통틀어 이르는 말. 대승 불교가 중심임.

북백(北伯) [-빽] 명 조선 시대에, '함경도 관찰사'를 달리 이르던 말.

북벌(北伐) [-뻘] 명하자 북방(北方)의 지역을 정벌함. 북정(北征).

북변(北邊) [-뼌] 명 ①북쪽 변방. ②☞북비(北鄙).

북병(北瓶) [-뼝] 명 〈북수병(北水瓶)〉의 준말.

북-병사(北兵使) [-뼝-] 명 조선 시대에, 북병영의 병마절도사.

북-병영(北兵營) [-뼝-] 명 조선 시대에, 함경도 경성(鏡城)에 두었던 군영(軍營).

북부(北部) [-뿌] 명 ①어떤 지역에서의 북쪽 부분. ②조선 시대에, 한성 5부 중의 북쪽 지역, 또는 그 지역의 관아를 이르던 말. ↔남부.

북-북동(北北東) [-뿍똥] 명 북쪽과 북동쪽과의 사이.

북-북서(北北西) [-뿍써] 명 북쪽과 북서쪽과의 사이.

북비(北鄙) [-삐] 명 함경북도의 변두리 땅. 북변(北邊).

북빙-양(北氷洋) [-삥냥] 명 ☞북극해(北極海).

북-살무사(北-) [-쌀-] 명 살무삿과의 독사. 몸 길이 60~80 cm. 몸빛은 대체로 황갈색 바탕에 흑갈색 줄무늬가 있음. 산이나 밭에서 볼 수 있는데, 맹독이 있음.

북삼(北蔘) [-쌈] 명 ①함경도에서 나는 산삼. ②중국 동북부의 간도 지방에서 나는 인삼.

북상(北上) [-쌍] 명하자 북쪽으로 올라감. ¶A급 태풍이 북상하고 있다. ↔남하(南下).

북-상투 [-쌍-] 명 ①아무렇게나 튼 상투. ②함부로 뭉쳐 튼 여자 머리.

북새 [-쌔] 명 여러 사람이 한데 모여 부산을 떨며 법석이는 일. ¶북새를 떨다. /북새를 부리다.

북새(를) 놓다[관용] 여러 사람이 한곳에서 부산하게 법석거리다.

북새-질 [-쌔-] 명하자 북새 놓는 일.

북새-통[-쌔-]몡 북새 놓는 상황. ¶아이들 북새통에 정신을 차릴 수가 없다.

북새-판[-쌔-]몡 북새를 놓는 판.

북새-풍(北塞風)[-쌔-]몡 북쪽의 추운 지방에서 불어오는 찬 바람.

북서(北西)[-써]몡 북쪽과 서쪽의 중간에 해당하는 방위. 서북.

북서-풍(北西風)[-써-]몡 북서쪽에서 불어오는 바람. 서북풍. 여풍(麗風).

북-석(-石)[-썩]몡 무덤 앞의 상석(床石)을 괴는, 북 모양으로 다듬은 둥근 돌. 고석(鼓石).

북-소리[-쏘-]몡 북을 칠 때 나는 소리.

북송(北送)[-쏭]몡하타뙤再 물건이나 사람을 북쪽으로 보냄.

북수(北水)[-쑤]몡 절에서, '뒷물'을 이르는 말.

북수(北首)¹[-쑤]몡 함경도 지방에서 만들어 내던 기와의 한 종류.

북수(北首)²[-쑤]몡 상례(喪禮)에서, 죽은 사람의 머리를 북쪽으로 하여 누이는 일.

북수-병(北水瓶)[-쑤뼝]몡 절에서, 북수를 담는 병. 魯북병.

북숫-대(北水-)[-쑤때/-쑫때]몡 절에서, 북수를 부어 가면서 항문을 씻는 홈이 팬 나무 그릇.

북숭이[-쏭-]몡 ①☞부기. ②〈털북숭이〉의 준말.

북슬-강아지[-쓸-]몡 털이 북슬북슬하고 몸집이 큰 강아지.

북슬-북슬[-쓸-쓸]周형 (짐승이) 살이 찌고 털이 많이 난 모양. 魯복슬복슬.

북신(北辰)[-씬]몡 ☞북극성(北極星).

북-십자성(北十字星)[-씹짜-]몡 '백조자리'를 남십자성에 상대하여 이르는 말.

북-씨(北-)[-씨]몡 ☞북위(北緯).

북-아메리카(北America)몡 육대주(六大洲)의 하나. 신대륙의 북반부. 파나마 이북의 아메리카 대륙 및 그린란드를 비롯한 섬들을 포함하는 지역. 북미(北美).

북안(北岸)[-딴]몡 (강이나 바다·호수의) 북쪽 기슭.

북양(北洋)[-냥]몡 북쪽 바다. 帝紐(北洋).

북양^어업(北洋漁業)몡 북태평양·베링 해·오호츠크 해 등 북양을 어장(漁場)으로 삼는 어업.

북어(北魚)몡 마른 명태. 건명태.

　북어 뜯고 손가락 뺀다帝 '거짓으로 꾸미거나 과장함'을 이르는 말.

　북어 껍질 오그라들듯판용 '재산 같은 것이 점점 줄어드는 상태'를 비유하여 이르는 말.

북어-구이(北魚-)[-떠-]몡 북어를 토막 처서 물에 불린 다음 양념하여 구운 음식.

북어-보풀음(北魚-)몡 더덕북어를 두드려서 잘게 뜯은 살.

북어-쾌(北魚-)몡 북어 스무 마리를 한 줄에 꿰어 놓은 것.

북엇-국(北魚-)[-꾸꾹/-꺼꾹]몡 잘게 뜯은 북어를 물에 불려 간장·기름으로 양념하여 끓인 맑은장국.

북영(北營)몡 ①조선 고종 때, 함경도 경성(鏡城)에 두었던 친군영(親軍營)의 하나. ②조선 시대에, '함경도의 감영(監營)'을 달리 이르던 말.

북용(北茸)몡 지난날, 함경도에서 나던 녹용.

북위(北緯)몡 적도 이북의 위도. 북씨. ↔남위(南緯).

북위(北魏)몡 중국 남북조 시대의 북조 최초의 나라.〔선비족의 탁발규(拓跋珪)가 세웠음.〕

북위-선(北緯線)몡 적도 이북의 위선. ↔남위선(南緯線).

북-유럽(北Europe)몡 유럽의 북부, 곧 덴마크·스웨덴·노르웨이·핀란드·아이슬란드 등의 지역을 이르는 말. 북구(北歐). 북구라파.

북인(北人)몡 조선 시대의 사색당파의 하나. 유성룡(柳成龍)을 중심으로 하는 남인(南人)에 대하여, 이산해(李山海)를 중심으로 하는 당파, 또는 그에 딸린 사람.

북-자극(北磁極)[-짜-]몡 ☞자북극(磁北極).

북장(北醬)[-짱]몡 함경도에서 만드는 된장.

북-장구(←杖鼓)[-짱-]몡 북과 장구.

북-장지(←障子)[-짱-]몡 앞뒤를 모두 종이로 바른 장지문.

북적(北狄)[-쩍]몡 사이(四夷)의 하나. '북쪽 오랑캐'라는 뜻으로, 지난날 중국에서 그들의 북쪽에 사는 이민족을 얕잡아 이르던 말. 적인(狄人).

북적-거리다[-쩍꺼-]재 자꾸 북적북적하다. 북적대다. ¶가게 안이 손님들로 북적거린다. 魯복작거리다.

북적-대다[-쩍때-]재 북적거리다.

북적-북적[-쩍뿍쩍]周자 ①많은 사람이 좁은 곳에 모여 수선스럽게 들끓는 모양. ②좀 되직한 액체 상태의 것이 그릇에서 부글부글 끓어오르는 모양. 魯복작복작.

북전[-쩐]몡 ①활의 줌통에서 엄지손가락이 닿는 곳. ②줌손 엄지손가락의 첫째 마디와 둘째 마디를 아울러 이르는 말.

북점(北點)[-쩜]몡 지평선과 자오선이 만나는 점 가운데서 천구의 북극에 가까운 점.

북정(北征)[-쩡]몡 북벌(北伐).

북정(北庭)[-쩡]몡 ①집 안의 북쪽에 있는 뜰. ②성균관 안에 있는 명륜당의 북쪽 마당.〔지난날, 유생들이 승학시(陞學試)를 보던 곳.〕

북종(北宗)[-쫑]몡 ①중국의 신수(神秀)를 종조(宗祖)로 하는 선종(禪宗)의 한 파. ②〈북종화〉의 준말.

북종-화(北宗畫)[-쫑-]몡 중국 회화의 2대 계보의 하나. 당나라 때 이사훈(李思訓)에서 비롯된 유파로, 누대(樓臺)와 금벽 산수(金碧山水)를 세밀하게 나타내는 것이 특색임. 魯북종·북화. 帝남종화.

북-주기[-쭈-]몡하타 농작물의 뿌리를 흙으로 두둑하게 덮어 주는 일.

북지(北至)[-찌]몡〔하지(夏至)에 해가 북회귀선까지 이르는 데서〕'하지'의 딴 이름. ↔남지(南至).

북진(北進)[-찐]몡하자 북쪽으로 나아감.

북진(北鎭)[-찐]몡 함경도의 육진(六鎭) 지방.

북-쪽(北-)몡 북극을 가리키는 쪽. 북(北). ¶북쪽 지역. ↔남쪽.

북창(北窓)몡 북쪽으로 낸 창문. ↔남창.

북창-삼우(北窓三友)몡〔백거이(白居易)의 시에서 온 말로〕'거문고·술·시(詩)'를 아울러 이르는 말.

북-채몡 북을 치는 자그마한 방망이.

북천(北天)몡 북쪽 하늘. ↔남천(南天)¹.

북천-가(北遷歌)몡 조선 철종 때, 김진형(金鎭衡)이 지은 장편 기행 가사.〔유배지에서의 생활을 읊은 내용.〕

북청^사자놀음(北靑獅子-)몡 함경남도 북청군 일대에 전해 내려오는 민속놀이. 정월 대보름에 잡귀를 물리친다 하여 사자를 꾸미어 집집마다 다니며 춤을 춤.〔중요 무형 문화재 제15호.〕

북촌(北村)圀 ①북쪽에 있는 마을. ②조선 시대에, 서울 안에서 북쪽에 있는 동네들을 두루 이르던 말. ↔남촌.

북-춤圀 ①지난날, 나라 잔치 때에 기생이 북을 메고 추던 춤. ②북을 메고 추는 고전 무용. 무고(舞鼓).

북측(北側)圀 ①북쪽. ②(서로 마주하고 있을 때) 북쪽에 자리한 쪽. ¶북측 대표단. ↔남측.

북치圀 그루갈이로 열린 작은 오이.

북-치(北-)圀 북쪽 지방의 산물 또는 생물. ↔남치.

북칠(北漆)圀[하자] 돌에 글자를 새길 때, 글씨를 쓴 얇은 종이에 밀을 칠하여 뒤쪽에 비치는 글자의 테두리를 그려서 돌에 붙이고, 문질러서 글씨 자국이 나도록 내려 앉히는 일.

북침(北侵)圀[하자] 남쪽에서 북쪽으로 침략함. ↔남침.

북-통(-筒)圀 북의 몸이 되는 둥근 나무통.

북통(을) 지다[관용] 경을 읽는 동안에 병자가 죽어 경쟁이가 북을 지고 쫓겨나다.

북통(을) 지우다[관용] 경을 읽는 동안에 병자가 죽어 경쟁이에게 북을 지워 쫓아내다.

북-틀圀 북을 올려놓는 틀.

북-편(-便)圀 장구를 칠 때, 손으로 치는 면. ↔채편.

북포(北布)圀 조선 시대에, '함경북도에서 나는 삼베'를 이르던 말.

북표(北標)圀 지도에서, 북쪽을 가리키는 표.

북풍(北風)圀 북쪽에서 불어오는 바람. 광막풍. 된바람. 삭풍(朔風). 호풍(胡風). ↔남풍.

북풍-받이(北風-)[-바지]圀 북쪽에서 불어오는 바람을 마주 받는 곳.

북학(北學)[부칵]圀 ①조선 영·정조 때, 청나라의 진보된 문물제도를 본받아 우리나라의 주린 성을 개혁하자고 주장한 실학(實學)의 한 학풍. ②중국 남북조 시대에, 북조(北朝)에서 발달한 학풍. ↔남학(南學).

북학-론(北學論)[부캉논]圀 조선 시대에, 실학자들이 청나라를 본받아 문물제도를 개량하고자 내세웠던 주장.

북학-의(北學議)[부카긔/부카기]圀 조선 정조 때의 실학자 박제가(朴齊家)가 중국 북경(北京)을 내왕하며, 그곳의 제도와 습관 등을 조목별로 적어 놓은 책. 거선(車船)·성벽·궁실·도로·교량·축목 등 모두 39편으로 이루어져 있음.

북학-파(北學派)[부칵-]圀 조선 시대에, 북학을 주장한 실학의 한 파. 박지원·이덕무·홍대용·박제가 등이 대표적 인물임.

북한(北限)[부칸]圀 (생물 분포 따위의) 북쪽 한계.

북한(北韓)[부칸]圀 휴전선 이북의 한국. ↔남한(南韓).

북-한대(北寒帶)[부칸-]圀 북극권에 딸린 지역. 북위 66° 33′ 이북인 한대로서, 반 년은 낮, 반 년은 밤이 계속되며 몹시 추움. ↔남한대.

북해(北海)[부캐]圀 북쪽의 바다. 북양(北洋). 〔유럽 대륙과 영국의 사이에 있는 바다. 〔대서양의 부속해임.〕

북행(北行)[부캥]圀[하자] 북쪽으로 감.

북-향(-香)[부캥]圀 옥(玉)으로 조그마한 북처럼 만들어, 향료를 담아 몸에 차고 다니는 물건.

북향(北向)[부캥]圀[하자] 북쪽을 향함, 또는 그 방향. ¶북향으로 낸 대문. ↔남향.

북향-집(北向집)[부캥찝]圀 대청이 북쪽을 향해 있는 집. ↔남향집.

북향-판(北向-)[부캉-]圀 북쪽을 향한 집터 또는 묏자리.

북호(北胡)[부코]圀 북쪽 오랑캐의 나라.

북홍(北紅)[부콩]圀 매우 짙은 붉은 물감.

북화(北畫)[부콰]圀〈북종화〉의 준말.

북-회귀선(北回歸線)[부쾨-/부퀘-]圀 북위 23° 27′의 위선. 하지 때 해가 이 선의 바로 위에 옴. 하지선. ↔남회귀선.

분의 ①사람을 가리킬 때 그를 높이는 뜻으로 쓰는 말. ¶저기 계신 분. ②사람의 수를 셀 때 높이는 뜻을 나타내는 말. ¶손님 두 분.

분(分)의〈분수(分數)〉의 준말. ¶분에 넘치는 대접을 받다. ②〈분세(分稅)〉의 준말.

분(盆)圀 화초나 나무를 심는 그릇. 화분. **분에 심어 놓으면 못된 풀도 화초라 한다**[속담] 못난 사람도 좋은 지위에 앉혀 놓으면 잘나 보인다는 말.

분(粉)圀 ①가루. 분말. ②〈백분(白粉)〉의 준말. ¶분을 바르다. ③흰빛을 내는 채색.

분(憤·忿)圀 원통하고 억울한 마음이나 생각. 분심(憤心). ¶분을 삭이다. /분을 못 이겨 울다.

분(糞)圀 똥.

분(分)의 ①시간 단위의 한 가지. 한 시간의 60분의 1. ¶3시 30분. ②각도·경위도 등의 단위. 1도의 60분의 1. ¶북위 38도 2분.

분(分)수립 리(釐)의 10배, 일(一)의 10분의 1이 되는 수(의). 곧, 10⁻¹. 푼.

-분(分)접미 ①《수사 뒤에 붙어》 전체를 몇으로 나누는 부분을 뜻함. ¶4분의 3. ②《일부 명사 또는 수량·기간을 나타내는 명사구 뒤에 붙어》 몫이 되는 분량을 뜻함. ¶3인분. /열 사람 분. ③《일부 명사 뒤에 붙어》 그런 물질의 성분임을 뜻함. ¶당분. /지방분.

분-가(分家)圀[하자] 가족의 구성원이 딴 집으로 나가 딴살림을 차림, 또는 딴살림을 차린 그 집. 분호(分戶). ¶분가를 시키다. ↔본가(本家).

분-가루(粉-)[-까-]圀 ①분의 가루. ②분처럼 하얀 가루.

분-가시(粉-)[-까-]圀 분의 중독으로 얼굴에 생기는 여드름 같은 부스럼.

분간(分揀)圀[하다][되자] 서로 같지 아니함을 가려서 앎. ¶방향을 분간하다. /옳고 그름을 분간하다.

분갑(粉匣)[-깝]圀 분을 담는 갑.

분개(分介)圀[하다] 부기(簿記)에서, 거래를 대변(貸邊)과 차변(借邊)으로 나누고, 각각의 계정과목을 정하여 적는 일.

분개(分槪)圀[하다] 사리를 분별하여 헤아림.

분-개(憤慨)圀[하자][되자] 몹시 화를 냄. 매우 분하게 여김. 분탄(憤歎). ¶부당한 처사에 분개하다.

분개-없다(分槪-)[-업따]휑 사리를 분별하여 헤아릴 만한 슬기가 없다. **분개없-이**튀.

분개-장(分介帳)[-짱]圀 회계 장부의 한 가지. 일기장(日記帳)에 적어 놓은 거래 내용을 원장(元帳)에 적기 위하여 대변과 차변으로 나누고 그 발생 순서에 따라 자세히 적는 장부.

분거(分居)圀[하자] 한곳에 살지 않고 여기저기에 나뉘어 삶.

분격(憤激)圀[하자] 매우 노엽고 분하여 크게 성을 냄. 격분(激憤). ¶분격에 차다. /분격을 사다.

분-격(奮激)圀[하다] 세차게 마음을 떨쳐 일으킴. ¶분격하여 재도전하다.

분-격(奮擊)圀[하타] 세차게 힘을 떨치고 일어나 적을 침.

분견(分遣)**명하타되자** 조직체의 구성원의 일부를 갈라서 다른 데로 보냄.

분견-대(分遣隊)**명** 본대에서 따로 갈라져 나와 근무하는 작은 부대.

분-결(粉-)[-껼]**명** 분의 곱고 부드러운 결. ¶분결처럼 보드라운 손.

분:-결(憤-)[-껼]**명** ☞분김. ¶분결에 뒤통수를 한 대 쥐어박았다.

분경(分境)**명** ☞분계(分界).

분경(奔競)**명하타** 지지 않으려고 몹시 다툼, 또는 그 다툼질.

분경(紛競)**명** ☞분쟁(紛爭).

분계(分界)[-계/-게]**명** 서로 나뉜 두 지역의 경계. 분경(分境).

분계-선(分界線)[-계/-게-]**명** 서로 나뉜 지역의 경계가 되는 선. ¶군사 분계선.

분고(奔告)**명하타** 달려가서 빨리 알려 줌.

분곡(分穀)**명하자** 거두어들인 곡식을 몫몫이 나눔.

분골(粉骨)**명하자** 〈분골쇄신〉의 준말.

분골-보효(粉骨報效)**명하자** 있는 힘을 다하여 은혜를 갚음.

분골-쇄신(粉骨碎身)**명하자** 〔뼈가 가루가 되고 몸이 부서진다는 뜻으로〕있는 힘을 다하여 노력함. 분신쇄골. 쇄골분신. ⑥분골·쇄신.

분-공장(分工場)**명** 본공장에서 따로 갈라져 나온 공장.

분과(分科)[-꽈]**명하타** 각 전문 과목이나 업무별로 갈라 나눔, 또는 그 나뉜 과목이나 업무.

분과(分課)[-꽈]**명하타** 일을 나누어 맡기 위하여 몇 개의 과(課)로 나눔, 또는 그 나뉜 과. ¶업무의 확장으로 분과하다.

분과-회(分科會)[-꽈회/-꽈훼]**명** 대규모의 회의 따위에서, 그 채택된 의제의 내용에 따라 각각 전문 분야별로 나누어 이루어지는 회의.

분관(分管)**명하타** 나누어서 관할함.

분관(分館)**명** 본관에서 나누어 따로 세운 기관이나 건물.

분광(分光)**명하자** 프리즘을 통과한 광선이 파장이 다른 단색광(單色光)으로 나뉘는 일.

분광(分鑛)**명** 광주(鑛主)에게 일정한 사용료를 내고 일정한 기간 동안 마음대로 채굴하는 일, 또는 그런 광산. ⑧만광.

분광(粉鑛)**명** 가루 모양으로 부서진 광석.

분광-계(分光計)[-계/-게]**명** 각도를 재기 위한 눈금이 있는 분광기.

분광-기(分光器)**명** 빛을 스펙트럼으로 분산시켜서 그 강도와 파장을 관측하는 장치.

분광^분석(分光分析)**명** ☞스펙트럼 분석.

분광^사진(分光寫眞)**명** 분광기에 촬영 장치를 하여 찍은 사진. 스펙트럼의 사진.

분광^시:차(分光視差)**명** 항성(恒星)의 스펙트럼과 광도(光度)의 관계를 이용하여 계산한 항성의 거리.

분광^연성(分光連星)[-년-]**명** 망원경으로는 분리하여 식별할 수 없으나, 스펙트럼선에 나타나는 주기적 변화에 따라 검출할 수 있는 연성. ↔실시 연성(實視連星).

분광^측광(分光測光)**명** 천체 스펙트럼을 관측하여 천체의 광도(光度)를 결정하는 일.

분광-학(分光學)**명** 빛의 스펙트럼을 연구하는 광학의 한 분과. 원자나 분자의 구조를 알아보는 데 중요한 실마리를 줌.

분광^화:학(分光化學)**명** 스펙트럼을 분석하여 분자의 구조를 밝히려는 화학.

분:괴(憤愧)[-괴/-궤]**명하타** ①분하게 여기고 부끄러워함. ②마음에 뉘우침.

분교(分校)**명** 본교에서 멀리 떨어진 다른 지역에 따로 세운 같은 계통의 학교.

분-교장(分校場)**명** 본교에서 멀리 떨어진 지역의 학생들을 수용하기 위하여 따로 세운 교사(校舍). ¶벽지 분교장의 어린이들.

분구(分區)**명하타** ①지역을 일정하게 나눔, 또는 나눈 그 구역. ②구(區)를 몇 개로 나눔, 또는 나눈 그 구역.

분국(分局)**명** 본국(本局)에서 갈라져 나가 따로 설치된 국(局).

분권(分權)[-꿘]**명하자되자** 권력을 분산함. ↔집권(集權)

분권-적(分權的)[-꿘-]**관명** 권력을 분산하는 (것). ¶분권적 체제. /분권적인 제도.

분권-주의(分權主義)[-꿘-의/-꿘-이]**명** 〈지방 분권주의〉의 준말.

분궤(奔潰·犇潰)**명하자** ☞궤주(潰走).

분궤(粉潰)**명하자되자** 가루처럼 부스러져 흩어짐.

분규(紛糾)**명** 의견이나 주장이 대립되어 일이 어지럽게 뒤얽히는 일. ¶유산을 둘러싼 분규.

분극(分極)**명** ①전매질(電媒質)을 전기장에 놓으면 그 양쪽 끝에 양전기와 음전기가 나타나는 현상. ②전지 안에 생긴 가스가 극판(極板)에 차서 반대 방향의 기전력을 내는 현상.

분극^전:류(分極電流)[-쩔-]**명** 물질의 분극으로 말미암아 생기는 전류.

분극화 현:상(分極化現象)[-그롸-]**명** (사회의 여러 세력이) 서로 대립하는 두 개의 극으로 분화 또는 집중하는 현상.

분근(分根)**명하자** (번식을 시키려고) 하나의 뿌리를 갈라서 여럿으로 나눔, 또는 나눈 그 뿌리. ¶달리아의 뿌리를 분근하여 심다.

분금(分金)**명하타** 무덤에 관(棺)을 묻을 때 그 관의 위치를 똑바로 정하는 일.

분급(分級)**명** 물이나 공기와 같은 유체(流體) 속에서 고체 입자의 떨어지는 속도가 그 입자의 크기에 따라 다름을 이용하여 그들을 둘 이상의 입자군(粒子群)으로 나누는 일.

분급(分給)**명하타** 나누어 줌. 분여(分與). ¶구호품을 분급하다.

분기(分岐)**명하타되자** 나뉘어서 여럿으로 갈라짐, 또는 그 갈래.

분기(分期)**명** 한 해를 석 달씩, 넷으로 나눈 기간. ¶삼사(三四) 분기.

분기(紛起)**명하자** 여기저기서 말썽이 생김.

분:기(噴氣)**명하자** 증기나 가스 따위를 뿜어냄, 또는 뿜어내는 증기나 가스.

분:기(憤氣)**명** 분한 기운. 원통한 생각. ¶분기를 발하다. /분기를 참지 못하다. /분기를 가라앉히다.

분:기(奮起)**명하자** 기운을 내어 힘차게 일어남. ¶오등(吾等)이 자(玆)에 분기하도다.

분:기-공(噴氣孔)**명** 화산 활동의 여세로 땅속에서 화산 가스를 뿜어내는 구멍이나 갈라진 틈.

분:기-등등(憤氣騰騰)**명하자** 분한 마음이 세차게 치밀어 오름.

분기-선(分岐線)**명** 여러 갈래로 갈라진 선로(線路)나 길.

분기-점(分岐點)[-쩜]**명** 여러 갈래로 갈라지는 지점, 또는 시점. 분점(分點).

분:기-충천(憤氣衝天)**명하자** 분한 마음이 하늘을 찌를 듯이 솟구쳐 오름. 분기탱천.

분:기-탱천(憤氣撑天)**명하자** ☞분기충천.

분:-김(憤-)[-낌]**명** 분이 왈칵 난 서슬. 분결. 《주로, '분김에'의 꼴로 쓰임.》 ¶ 분김에 욕설을 퍼붓다.

분-꽃(粉-)[-꼳]**명** 분꽃과의 일년초. 관상용 화초의 한 가지. 줄기 높이는 60 cm가량. 잎은 달걀 모양. 여름부터 가을에 걸쳐 빨강·노랑·하양 등 다양한 빛깔의 꽃이 핌. 열매는 까맣게 익는데, 속에 흰 가루가 들어 있음. * 분꽃이[-꼬치]·분꽃만[-꼰-].

분꽃-나무(粉-)[-꼰-]**명** 인동과의 낙엽 활엽 관목. 산기슭에 나는데, 높이는 2 m가량. 잎은 넓은 달걀 모양에 톱니가 있고 마주남. 봄에 향기가 짙은 연한 자홍색 꽃이 피고, 길둥근 열매는 가을에 검게 익음.

분납(分納)**명-하타** 전액을 몇 차례로 나누어서 냄. ¶ 수업료를 분납하다.

분-내(粉-)**명** 분의 냄새.

분:-내(分內)**명** 제 분수에 맞는 정도의 것(일). ↔분외(分外).

분:내-사(分內事)**명** 제 분수에 맞는 일.

분네의 ①'분'을 좀 데면데면하게 이르는 말. ¶ 저 분네가 새로 온 이오? ②둘 이상의 사람을 높여 이르는 말.

분:노(憤怒)**명-하자** 분하여 몹시 성을 냄.

분뇨(糞尿)**명** 똥오줌. 시뇨(屎尿).

분단(分段)**명-하타되자** ①사물을 여러 단계로 나눔, 또는 나눈 그 단계. ②문장을 내용에 따라 몇 단락으로 나눔, 또는 나눈 그 단락.

분단(分團)**명-하타** ①한 단체를 구성 단위로서의 작은 집단으로 나눔, 또는 그 집단. ②학습 능률을 올리기 위하여 한 학급을 몇으로 나눔, 또는 그 하나.

분단(分斷)**명-하타되자** 끊어서 동강을 냄. ¶ 국토 분단.

분단-국가(分斷國家)[-까]**명** 본디 한 나라였으나 전쟁 또는 외국의 지배 등으로 말미암아 둘 이상으로 갈라진 나라.

분단-생사(分段生死)**명** 불교에서, 육도(六道)에 윤회하는 범부(凡夫)의 나고 죽는 일을 이르는 말. 〔범부는 각자의 업인(業因)에 따라 신체의 크고 작음과 목숨의 길고 짧음이 구별되어 있어 '분단(分段)'이라고 함.〕↔변역생사(變易生死).

분단-신(段段身)**명** 불교에서, 육도(六道)의 중생이 그 업인(業因)에 따라 받은 육신을 이르는 말. 범부(凡夫)의 몸.

분단-윤회(分段輪廻)[-눈회/-눈훼]**명** 불교에서, 분단생사의 윤회, 곧 '나서 죽고 죽어서 다시 태어나는 생애를 되풀이하는 일'을 이르는 말.

분-단장(粉丹粧)**명-하자** 얼굴에 분을 바르며 곱게 꾸미는 일. ¶ 곱게 분단장을 한 신부.

분담(分擔)**명-하타** (일이나 부담 따위) 나누어서 맡음. ¶ 업무 분담. /비용을 분담하다.

분담-금(分擔金)**명** 나누어서 부담하는 돈.

분답(紛畓)**명-하자** 〔잡답(雜畓). ¶ 집 안에서 분답 떨지 말고 밖에 나가 놀아라.

분당(分黨)**명-하자타되자** ①당파를 가름. ②당파가 갈라짐, 또는 그 갈라진 당파. ¶ 동서 분당.

분당(粉糖)**명** 가루로 된 사탕.

분대(分隊)**명** 〈분대질〉의 준말.

분대(分帶)**명** 〈분합대(分合帶)〉의 준말.

분대(分隊)**명** ①군대 편성 단위의 한 가지. 소대 아래의 단위로, 가장 작은 부대. ②본대에

서 갈라져 나온 대. ③**하자** 한 부대를 여러 부대로 나눔.

분대(盆臺)**명** ⇨분받침.

분대(粉黛)**명** 〔분과 눈썹먹이라는 뜻으로〕①'분을 바른 얼굴과 눈썹먹으로 그린 눈썹'을 뜻함. ②'화장한 아름다운 여자'를 뜻함.

분대-꾼(**명** 남에게 분대질하는 사람.

분대-장(分隊長)**명** 분대를 지휘 통솔하는 직위, 또는 그 직위에 있는 부사관. 보통 하사로서 임명함.

분대-질(**명-하자** 남을 괴롭게 하여 말썽을 일으키는 짓. ¶ 분대질을 치다. **준**분대.

분도(分度)**명** ⇨분한(分限).

분도-기(分度器)**명** '각도기(角度器)'의 구용어.

분독(粉毒)[-똑]**명** 분에 들어 있는 연분(鉛粉), 또는 그로 말미암아 피부에 생기는 염증 따위.

분:독(憤毒)[-똑]**명** 분하여 일어나는 독기.

분:-돋움(憤-)**명-하타** 남의 분을 돋우는 일. ¶ 공연한 일로 분돋움하지 말게.

분동(分洞)**명-하타** 한 동네를 두 동네 이상으로 나눔, 또는 나뉜 그 동네.

분동(分棟)**명-하자** ①여러 집채로 가름. ②본병동(本病棟) 소재지 이외의 지역에 병동을 따로 지음, 또는 따로 지은 그 병동.

분동(分銅)**명** 천평칭으로 물건의 무게를 달 때, 무게의 표준으로서 한쪽 저울판 위에 올려놓는 쇠붙이로 된 추.

분등(分等)**명-하타** 등급(等級)을 나눔.

분등(奔騰)**명-하자** (물건 값이) 갑자기 뛰어오름. ¶ 주가(株價)가 분등하다. ↔분락(奔落).

분:-등(噴騰)**명-하자** 기운차게 뿜어 오름.

분:등-천(噴騰泉)**명** ⇨비등천(沸騰泉).

분디(**명** 산초나무의 열매. 기름을 짜거나 약재 따위로 씀.

분디-나무(**명** ⇨산초나무.

분락(奔落)[불-]**명-하자** (물건 값이) 갑자기 크게 내림. ↔분등(奔騰).

분란(芬蘭)[불-]**명** '핀란드'의 한자음 표기.

분란(紛亂)[불-]**명-하형** 어수선하고 떠들썩함. ¶ 집안에 분란을 일으키다.

분략(焚掠)[불-]**명-하타** 집을 불태우고 재물을 빼앗음. ¶ 오랑캐가 마을을 분략하다.

분:량(分量)[불-]**명** 무게·부피·수량 등의 많고 적음과 크고 작은 정도. ¶ 트럭 두 대 분량의 모래. **준**양(量).

분:려(奮勵)[불-]**명-하자** 기운을 떨치어 힘씀.

분력(分力)[불-]**명** 둘 이상의 작은 힘이 모여 한 힘을 이룰 때의 그 각각의 작은 힘을 이르는 말. ↔합력(合力).

분:력(奮力)[불-]**명** 힘을 떨치어 일으킴. 기운을 냄. ¶ 패배를 설욕하려고 분력하다.

분로(分路)[불-]**명** 전류 회로 중의 두 점을 다른 도선으로 잇는 일, 또 그 부분.

분류(分流)[불-]**명-하자** 본류에서 갈라져 흐름, 또는 그 물줄기. 지류(支流).

분류(分溜)[불-]**명** 액체의 혼합물을 각 성분의 비점(沸點)의 차이를 이용해서 증류하여 분리하는 방법. 분별 증류.

분류(分類)[불-]**명-하타되자** ①사물을 공통되는 성질에 따라 종류별로 가름. ¶ 우편물을 지역별로 분류하다. ②전체를 몇 가지로 구분하여 체계를 세움. ¶ 동물을 분류하다.

분류(奔流)[불-]**명-하자** 내달리듯이 세차게 빨리 흐름, 또는 그러한 흐름.

분류두공부시-언해(分類杜工部詩諺解) [불─] 명 조선 성종 때, 의침(義砧)·조위(曹偉) 등이 두보(杜甫)의 시를 우리말로 번역한 책. [25권 17책] 두시언해.

분류-학(分類學) [불─] 명 생물의 유전적·형태적 차이에 바탕을 두고, 그 상호 간의 유연(類緣) 관계를 연구하는 생물학의 한 분과.

분리(分利) [불─] 명하자 ①이익을 나눔. ②급성 질환에서 높던 체온이 갑자기 내려 정상 체온으로 되돌아감, 또는 그 상태.

분리(分厘) [불─] 명 돈·저울·자 따위의 단위인 푼과 리. (변)푼리.

분리(分離) [불─] 명하타되자 따로 나뉘어 떨어짐, 또는 그렇게 되게 함. ¶쓰레기 분리 수거./소유와 경영을 분리하다. /증권부와 고등부로 분리되다.

분리-기(分離器) [불─] 명 혼합물 가운데서 모양이나 성질이 다른 물질을 분리하는 장치.

분리-도(分離島) [불─] 명 ☞대륙도(大陸島).

분리-음(分離音) [불─] 명 ☞데타세(détaché).

분리-파(分離派) [불─] 명 ①본당(本黨) 또는 본파(本派) 등에서 나뉘어 갈라져 나간 파. ②☞시세선.

분립(分立) [불─] 명하자되자 따로 갈라져서 섬, 또는 갈라서 세움. ¶삼권 분립.

분마(奔馬) 명 ①빨리 닫는 말. ②'세찬 기세'를 비유하여 이르는 말.

분만(分娩) 명하타 ☞해산(解産).

분만(憤懣) '분만하다'의 어근.

분만-기(分娩期) 명 아이를 낳을 시기.

분만-실(分娩室) 명 병원에서 아이를 낳을 때에 쓰는 방.

분-하다(憤懣─) 형여 분하고 답답하다. 분울하다.

분만^휴가(分娩休暇) 명 ☞출산 휴가.

분말(粉末) 명 가루.

분:-말(噴沫) 명 거품을 내뿜음.

분말-기(粉末機) 명 고체물을 빻아 가루로 만드는 기계.

분망(奔忙) '분망하다'의 어근.

분망-하다(奔忙─) 형여 몹시 바쁘다. ¶분망한 나날을 보내다. 분망-히 부.

분매(分賣) 명하타 한 부분씩 나누어 팖. ¶토지를 조금씩 분매하다.

분맥(分脈) 명 주맥(主脈)에서 갈라진 산맥·광맥·혈맥 따위의.

분면(粉面) 명 ①분으로 화장한 얼굴. ②신주(神主)의 분을 바른 쪽, 곧 신주의 앞쪽.

분멸(焚滅) 명하자타되자 불에 타서 없어지거나 불에 태워서 없앰.

분명(分明) 부 틀림없이 확실하게. ¶분명 나는 그렇게 말한 적이 있다.

분명(奔命) 명하자 임금의 명령을 받들기 위하여 바삐 뛰어다님.

분명-코(分明─) 부 틀림없이 아주 확실하게.

분명-하다(分明─) 형여 ①모습이나 소리 따위가 흐리지 않고 또렷하다. ¶말소리가 분명하게 들린다. ②흐릿한 점이 없이 확실하다. ¶사람됨이 분명하다. /맺고 끊는 것이 분명하다. 분명-히 부.

분몌(分袂) [─메/─메] 명하자 서로 작별함. 메분. 분수(分手).

분모(分母) 명 분수 또는 분수식에서, 가로줄의 아래에 적는 수, 또는 식. ↔분자(分子).

분묘(墳墓) 명 무덤.

분묘^기지권(墳墓基地權) [─꿘] 명 남의 땅 위에 묘지를 설정한 사람에게 관습법상 인정되는 지상권(地上權) 비슷한 물권(物權).

분:무(噴霧) 명하타 (물이나 약품 따위를) 안개처럼 내뿜음.

분:무-기(噴霧器) 명 (물이나 약품 따위를) 안개처럼 내뿜는 기구. 뿜이개. 안개뿜이.

분:문(噴門) 명 식도(食道)와 위(胃)가 이어지는 부분. (참)유문(幽門).

분문(糞門) 명 ☞항문(肛門).

분문-열호(分門裂戶) [─녈─] 명 한 친족 또는 한 당파 속에서 패가 갈림.

분-물(粉─) 명 분을 개어 쓰는 물.

분-미투리(粉─) 명 실로 총을 만들고 분을 발라서 곱게 삼은 미투리.

분박(分箔) 명하자 누에가 자람에 따라, 자리를 넓혀 주기 위해 다른 잠박으로 갈라 내는 일.

분반(分半) 명하자 반(半)으로 나눔. 반분. ¶소출(所出)을 분반하다.

분반(分班) 명하타 둘 또는 그 이상의 반(班)으로 나눔, 또는 그 나뉜 반.

분:반(噴飯) 명하자 〔입에 든 밥을 내뿜는다는 뜻으로〕 웃음을 참을 수 없음.

분-받침(盆─) 명 화초분을 올려놓는 받침. 도자기 따위로 만듦. 분대(盆臺).

분:발(奮發) 명하자 마음과 힘을 떨쳐 일으킴. 발분. ¶금메달을 목표로 분발하다.

분방(分房) 명하자 ①지난날, 어떤 일을 몇 개 관아(官衙)에서 나누어 맡게 함. ②부부가 방을 따로따로 씀.

분방(奔放) 명하자 체면이나 관습 같은 것에 얽매이지 아니하고 마음대로임. ¶분방한 생활.

분방-자재(奔放自在) 명 생각이나 행동하는 것이 거리낌 없고 마음대로임.

분배(分配) 명하타되자 ①몫몫이 나눔. 배분(配分). ¶이익을 분배하다. ②경제학에서, 생산자가 생산에 참여하여 공헌한 비율에 따라 고르게 소득이 돌아가게 하는 과정을 이르는 말.

분배^국민^소:득(分配國民所得) [─궁─] 명 생산 활동에 참가한 개개의 생산 요소에 지급되는 소득의 합계. 국민 소득을 분배 면에서 본 것.

분배-액(分配額) 명 분배하는 돈의 액수.

분백(粉白) 명 ①분처럼 흰 빛깔. ②분처럼 흰 백지.

분벽-사창(粉壁紗窓) [─싸─] 명 〔희게 꾸민 벽과 비단으로 바른 창이란 뜻으로〕 '아름다운 여자가 거처하는 방'을 이르는 말.

분변(分辨) 명하타 사물의 차이를 밝힘. 변별(辨別). ¶까마귀는 암수를 분별하기 힘들다.

분별(分別) 〔옛〕 시름. 걱정. ¶술利弗가 닐오되 분별 말라(釋譜 6:27).

분별(分別) 명하타 ①사물을 종류에 따라 나누어 가름. ¶형체를 분별할 수 없을 정도로 어둡다. ②(무슨 일을) 사리에 맞게 판단함, 또는 그 판단력. ¶분별 있는 행동을 하다. ③화학에서, 혼합물을 단계적으로 분리하는 일.

분별-력(分別力) 명 ①사물을 구별하여 가르는 능력. ②(무슨 일을) 사리에 맞게 판단할 수 있는 능력. ¶분별력이 부족하다.

분별-없:다(分別─) [─벗업따] 형 사리에 맞도록 앞뒤를 생각하는 신중함이 없다. ¶분별없는 행동. 분별없-이 부.

분별^증류(分別蒸溜) [─뉴] 명 ☞분류(分溜).

분별할-변(分別─采) 명 한자 부수의 한 가지. '釉'·'釋' 등에서 '采'의 이름.

분별ᄒ다 〈옛〉염려하다. 근심하다. 생각하다. ¶ᄒ녀ᄀ론 분별ᄒ시고 ᄒ녀ᄀ론 깃거 구쳐 니러 절ᄒ시고(釋譜6:3).

분:병(憤病)[-뼝]명 분을 못 이겨 생기는 병.

분복(分服)명하타 약 따위를 몇 번에 나누어 먹음. ¶하루에 세 번 분복하다.

분복(分福)명 타고난 복. ¶분복대로 살다.

분본(粉本)명 (동양화의) 밑그림. 소묘(素描).

분봉(分封)명하타 봉건 시대에, 군주가 제후에게 땅을 주어 다스리게 하던 일.

분봉(分蜂)명하자 여왕벌이 새 여왕벌에게 집을 물려주고, 일벌의 일부와 함께 따로 새 집을 만드는 일.

분부(分付·吩咐)명하타 윗사람의 '당부'나 '명령'을 높여 이르는 말. ¶분부를 거역하다. /할아버지께서 분부하신 일.

분부(分賦)명하타 세금이나 부역 따위를 나누어서 부과함.

분:분(忿憤)명하타 분하고 원통하게 여김.

분분(芬芬)'분분(芬芬)하다'의 어근.

분분(紛紛)'분분(紛紛)하다'의 어근.

분분-설(紛紛雪)명 펄펄 날리는 눈.

분분-하다(芬芬-)형여 향기롭다. ¶산야에 핀 꽃이 향기도 분분하다.

분분-하다(紛紛-)형여 ①뒤숭숭하고 시끄럽다. ¶세상이 분분하다. ②(흩날리는 모양이) 이리저리 뒤섞이어 어수선하다. ③(의견이 分分하여서) 갈피를 잡을 수 없다. ¶의견이 분분하여 아직도 결론을 내지 못했다. 분분-히튀.

분비(分泌)명하타되자 세포가 생명의 유지에 필요한 물질을 만들어 그것을 세포 밖으로 배출하는 현상. ¶호르몬을 분비하다.

분:비(奮臂)명하자 팔뚝을 걷어붙이며 뽐냄. 보란 듯이 자랑함.

분비-나무명 소나뭇과의 상록 침엽 교목. 고산 지대에 자라며, 높이는 25 m가량이고 껍질은 회백색임. 5월에 자색 꽃이 피고, 녹갈색의 열매는 9월에 익음. 잎은 전나무와 비슷하나 좀 가늘고, 뒷면은 흰빛을 띰. 나무는 가볍고 부드러워 펄프재 따위로 씀.

분비-물(分泌物)명 분비샘으로부터 분비되어 나온 물질. 〔침·위액·땀·젖 따위.〕

분비-샘(分泌-)명 동물의 분비 작용을 하는 세포가 모여서 조직을 형성한 것. 〔외분비샘과 내분비샘이 있음.〕

분비-선(分泌腺)명 '분비샘'으로 순화.

분비^세:포(分泌細胞)명 분비샘을 구성하는 세포.

분비^신경(分泌神經)명 샘세포를 흥분시킴으로써 분비를 촉진하는 신경.

분비-액(分泌液)명 분비샘에서 분비되는 액체. 〔침·위액·젖·땀·정액 따위.〕

분사(分社)명 ①본사에서 갈리어 나간, 본사의 하부 기관이나 사업체. ②하타되자기업을 분할하는 일.

분사(分詞)명 인도유럽 어족(語族)의 여러 언어에서 나타나는 동사의 어형 변화의 한 가지. 동사가 형용사적 기능을 갖게 된 형태.

분사(焚死)명하자 ☞소사(燒死).

분:사(憤死)명하자 ①분을 이기지 못하여 죽음. ②분하고도 아깝게 죽음.

분:사(噴射)명하타 (기체 따위를) 세차게 내뿜음. ¶혼합 가스를 분사하다.

분:사난(忿思難)명 〔분할 때에는 나중에 닥칠 어려운 처지를 생각하라는 뜻으로〕 '분할 때일

수록 냉정하고 신중히 행동해야 함'을 이르는 말.

분:사^추진식 비행기(噴射推進式飛行機)[-뻬-] ☞제트기(jet機).

분산(分散)명 ①하자되자 갈라져 흩어짐, 또는 흩어지게 함. ¶인구 분산. ②파장(波長)이 다른 여러 빛이 프리즘이나 회절격자를 통과할 때 굴절률의 차이로 말미암아 갈라지는 현상. ③어떤 물질 안에 다른 물질이 자디잔 알갱이 형태로 흩어져 있는 현상. ④수학에서, 평균을 중심으로 변량(變量)들이 흩어져 있는 정도를 알기 위하여, 각 편차의 제곱의 합을 전체 도수로 나눈 값을 이르는 말.

분산(奔散)명하자 달아나 흩어짐.

분산(墳山)명 무덤을 쓴 산.

분산^처:리(分散處理)명 컴퓨터의 중앙 처리 장치로부터 독립하거나, 단말기에서 정보 데이터를 처리하는 방식.

분살(焚殺)명하타 불에 태워 죽임.

분상(奔喪)명하자 먼 곳에서 부모의 부음(訃音)을 듣고 급히 집으로 돌아감.

분상(粉狀)명 가루 모양.

분상(粉霜)명 ☞백영사(白靈砂).

분상(墳上)명 무덤의 봉긋한 부분.

분서(分署)명 (경찰서·세무서·소방서 등) 본서(本署)의 관할 아래 따로 세운 관서(官署). 비지서.

분서(焚書)명 (학문이나 언론 탄압의 수단으로) 책을 불태우는 일.

분서-갱유(焚書坑儒)명 중국의 진(秦)나라 시황제(始皇帝)가 정치에 대한 비판을 금하려고 책을 불사르고, 학자들을 산 재로 구덩이에 묻어 죽인 일. 갱유분서.

분석(分石)명 조선 시대에, 지방 관리가 환곡에 쭉정이나 돌을 섞어 분량을 늘리고, 곡식을 도둑질하던 일.

분석(分析)명하타되자 ①복합된 사물을 그 요소나 성질에 따라서 가르는 일. ¶원인 분석. /심리 분석. ↔종합. ②화학적 또는 물리적 방법으로 물질의 원소를 가르는 일. ↔합성.

분석(糞石)명 ①장(腸) 안에 형성된 결석(結石). 주로, 충수(蟲垂) 안에서 발견되는 것으로, 충수염의 결과나 충수의 굴절에 의해 생김. 장석(腸石). ②동물의 배설물이 화석으로 된 것.

분석^비:평(分析批評)[-뼤-]명 작품의 성분이나 요소를 세부적으로 분석하여 하는 비평. ↔종합 비평.

분석-적(分析的)[-쩍]관명 (어떤 현상에 대하여 판단을 내리거나 할 때) 여러 관점에서 몇 가지 요소로 분해하여 생각하려는 (것). ¶분석적 연구. /분석적으로 검토하다.

분석적 정:의(分析的定義)[-쩍쩡의/-쩍쩡이] 개념을 구성하고 있는 단순한 요소로까지 분해하여 그 구성 요소 전체를 보이는 정의.

분석-표(分析表)명 분석의 결과를 나타낸 표.

분석^화:학(分析化學)[-서콰-]명 화학의 한 분야. 화학 분석의 방법을 이론적·실제적으로 연구하는 학문.

분설(分設)명하타되자 (어떤 시설이나 사무소 따위를) 나누어서 따로 설치함. ¶지방 도시에 영업소를 분설하다.

분설(粉雪)명 ☞가랑눈. 세설(細雪).

분성(分性)명 물질의 극히 작은 데까지 나뉘어져 퍼질 수 있는 성질. 〔한 숟가락의 소금이 한 그릇의 물을 짜게 하는 일 따위.〕

분-성적 (粉成赤)명하타 연지 같은 것을 많이 쓰지 않고 분으로만 엷게 꾸미는 화장.

분세 (分稅) [-쎄]명 지난날, 물가에 따라 세율을 정하여 받던 잡세 (雜稅)의 한 가지. 준분 (分).

분-세수 (粉洗手)명하자 ①세수하고 분을 바름. ②덩어리 분을 바르고 바르고 하는 세수.

분소 (分所)명 본부가 아닌 곳에 따로 마련한 사무소나 영업소 따위.

분속 (分速)명 1분간을 단위로 하여 재는 속도. 참시속·초속.

분속 (分屬)명하타되자 나누어서 별러 붙임.

분손 (分損)명 해상 보험의 목적물로서의 선박 또는 짐의 일부가 감실 (減失)되었을 경우의 손해. ↔전손 (全損).

분쇄 (粉碎)명하타되자 ①가루가 되도록 부스러 뜨림. ¶바위를 분쇄하다. ②상대편을 철저하게 처부숨. ¶적을 분쇄하다.

분쇄-기 (粉碎機)명 고체를 알맞은 크기로 부수는 기계. 크러셔.

분-쇠 (粉-) [-쐬/-쒜]명 분의 재료의 한 가지. 납에 식초를 부어 부석부석하게 만든 것.

분수 (分水)명되자 두 갈래 이상으로 갈라져 흐름, 또는 갈라져 흐르는 그 물.

분수 (分手)명하자 ☞분폐 (分袂).

분수 (分受)명하타 한목에 받지 아니하고 나누어서 받음.

분수 (分數)¹[-쑤]명 어떤 수를 다른 수로 나누는 것을 분자와 분모로 나타낸 것. ↔정수.

분:수 (分數)²명 ①자기의 처지에 마땅한 한도. 분한 (分限). ¶제 분수도 모르고 까분다. /분수에 맞는 생활. 준분 (分). ②사물을 분별하는 슬기. ¶분수가 없는 사람.

분수 (噴水)명 물을 뿜어내게 되어 있는 설비, 또는 뿜어내는 그 물.

분수-계 (分水界) [-게/-게]명 땅에 내린 비가 둘 이상의 수계 (水界)로 갈라지는 경계. 분수선.

분수-공 (噴水孔)명 물을 뿜어내는 구멍.

분:수-기 (噴水器)명 물을 뿜어 올리는 기구.

분:수-대 (噴水臺)명 (공원 등에) 물을 뿜어 올리기 위하여 설비한 시설.

분수-령 (分水嶺)명 ①분수계 (分水界)가 되어 있는 산등성이. 분수 산맥. ②'일이 어떻게 될 것인가가 결정되는 고비'를 비유하여 이르는 말. ¶이번 경기가 결승 진출의 분수령이 될 것이다.

분수^방정식 (分數方程式) [-쑤-]명 분모에 미지수가 들어 있는 방정식.

분수^산맥 (分水山脈)명 ☞분수령 (分水嶺).

분수상별 (分袖相別)명 〔소맷자락을 떼고 서로 헤어진다는 뜻으로〕함께 있던 사람과 헤어짐을 이르는 말.

분수-선 (分水線)명 ☞분수계 (分水界).

분수-식 (分數式) [-쑤-]명 분수를 포함한 유리식.

분:수-없다 (分數-) [-업따]형 ①무엇을 분별할 만한 지혜가 없다. 분수를 모르다. ②아무 요량이 없다. ¶분수없는 행동을 하다. 분수없-이튀 ¶분수없이 덤벼든 일이니 금방 실패할 수밖에 없지.

분수-작별 (分手作別) [-별]명하자 손을 놓고 이별함.

분:수-지 (噴水池)명 분수대에 딸린 못. 분수가 떨어져서 괴도록 되어 있음.

분:수-탑 (噴水塔)명 탑처럼 높이 만든 분수대.

분숙 (分宿)명하자 일행이 여러 곳에 나뉘어서 숙박함. ¶두 여관에 분숙하다.

분승 (分乘)명하자 일행이 둘 이상의 탈것에 나뉘어서 탐. ¶자동차 두 대에 분승하다.

분식 (分食)명하타 ①나누어 먹음. ②나누어 가짐.

분식 (分蝕)명 〈부분식 (部分蝕)〉의 준말.

분식 (粉飾)명하타 내용이 없이 겉만 좋게 꾸밈. 겉치장.

분식 (粉食)명하타 (빵·국수 등) 곡식의 가루로 만든 음식, 또는 그런 음식을 먹음.

분식^결산 (粉飾決算) [-껼싼]명 기업이 부당한 방법으로 그 재정 상태나 경영 실적을 실제보다 지나치게 좋게 또는 지나치게 줄여서 결산하는 일.

분식^예:금 (粉飾預金) [-싱녜-]명 은행이 그 수신 (受信) 성적을 가공적으로 올리기 위하여 장부상으로만 늘리는 외면상의 예금.

분식^회계 (粉飾會計) [-시케/-시퀘게]명 기업이 부당한 방법으로 그 재정 상태나 경영 실적을 실제와 다르게 장부에 기록하는 일.

분신 (分身)명 ①본체 (本體)에서 갈라져 나간 지체 (支體). ¶작품은 나의 분신이다. ②하타부처가 중생을 구하기 위하여 여러 가지 모습으로 세상에 나타나는 일, 또는 그 모습.

분신 (焚身)명하자 (스스로) 몸을 불사름. 소신 (燒身).

분신-쇄골 (粉身碎骨)명하자 ☞분골쇄신.

분신-자살 (焚身自殺)명하자 자기의 몸에 불을 질러 스스로 목숨을 끊음.

분실 (分室)명 본부가 아닌 곳에 따로 마련한 사무실. ¶부산 분실. /지방 분실.

분실 (紛失)명하타되자 (자기도 모르는 사이에) 잃어버림. ¶서류를 분실하다. ↔습득.

분실-물 (紛失物)명 (자기도 모르는 사이에) 잃어버린 물건.

분:심 (憤心)명 분한 마음. 분 (憤).

분암 (紛岩)명 사장석·각섬석·휘석 등이 섞인 화성암.

분압 (分壓)명 혼합 기체를 구성하는 각 성분의 기체가 단독으로 전체 용적 (容積)을 차지했다고 가정했을 경우의 압력.

분액-깔때기 (分液-)명 (물과 기름 따위와 같이) 서로 섞이지 않는 액체를 따로따로 분리하는 데 쓰는, 코르크가 달린 깔때기.

분액-불 (分額拂) [-뿔]명 치러야 할 돈을 몇 번으로 나누어서 치르는 일. 참할부.

분야 (分野)명 사물을 어떤 기준에 따라 구분한 각각의 영역, 또는 범위. ¶미술 분야.

분양 (分讓)명하타되자 많은 것이나 큰 덩이를 갈라서 여럿에게 넘겨줌. ¶아파트 분양.

분양-권 (分讓權)명 분양받은 아파트 따위의 입주권.

분양-지 (分讓地)명 전체를 여러 부분으로 갈라서 파는 땅.

분얼 (分蘖)명하자 (벼나 보리와 같이) 땅속에 있는 마디에서 포기가 갈라져 나오는 일.

분업 (分業)명하타 ①일을 나누어서 함. ②한 제품의 공정을 몇 가지 단계 또는 부분별로 나누어, 여러 사람이 분담하여 생산하는 일. ¶분업에 의한 대량 생산.

분업-화 (分業化) [부녀봐]명하자타되자 분업의 방식으로 됨, 또는 되게 함. ¶생산의 분업화.

분여 (分與)명하타되자 ☞분급 (分給).

분연 (扮演)명하자타 배우가 극중 인물로 분장하여 연기함.

분연 (憤然)어기 '분연하다'의 어근.

분:연 (奮然)부하 크게 힘을 내는 모양. 분연-히튀 ¶자유를 위해 분연히 일어나다.

분:연-하다(憤然-)[혬어] 벌컥 성을 내다. 분연-히[튀] ¶ 분연히 자리를 박차고 일어나다.

분열(分列)[혬하자] (사람이나 차 따위가) 몇 줄로 나뉘어 늘어섬, 또는 늘어서게 함. ¶ 분열 행진.

분열(分裂)[혬하자 되자] ①하나가 여럿으로 갈라짐. ¶ 당내에서 분열이 일어나다. ②생물의 세포나 핵이 갈라져서 증식되는 일. ¶ 세포 분열.

분열-법(分裂法)[-뻡]명 무성 생식법의 한 가지. 규조류와 같이 한 몸이 분열하여 번식하는 방식.

분열성^핵(分裂性核)[-썽-]명 중성자(中性子)의 영향을 받아 분열 작용을 일으키는 핵.

분열-식(分列式)명 군대 의식의 한 가지. 일정한 대형을 갖춘 여러 부대가 행진하며, 사열단 앞에 이르렀을 때 경례를 하는 의식 절차.

분열^조직(分裂組織)명 식물의 조직 중 세포 분열을 활발히 하여 새로운 세포를 만들어 내는 조직.

분열-증(分裂症)[-쯩]명 〈정신 분열증〉의 준말.

분:외(分外)[부뇌/부눼]명 분수의 밖. 분수에 넘치는 일. ¶ 분외의 대접을 받다. ↔분내(分內).

분요(紛擾) '분요하다'의 어근.

분요-하다(紛擾-)[혬어] 어수선하고 소란스럽다.

분운(分韻)[혬하자] (여러 사람이 모여 한시를 지을 때) 서로 운자(韻字)를 나누고, 그 운자에 맞추어 시를 짓는 일.

분운(紛紜) '분운하다'의 어근.

분운-하다(紛紜-)[혬어] ①일이 복잡하게 얽혀서 어지럽다. ②(이러니저러니 하여) 세상이 떠들썩하다.

분울(憤鬱) '분울하다'의 어근.

분:울-하다(憤鬱-)[혬어] 분을 삭이지 못하여 가슴이 답답하다. 분:만(憤懣)하다.

분원(分院)명 (병원이나 학원 등의) 본원(本院) 외에 따로 둔 시설. ↔본원.

분:원(忿怨)명 몹시 분하게 여기며 원망함, 또는 그 원망.

분위기(雰圍氣)명 〔지구를 싸고 있는 공기라는 뜻에서〕 어떤 환경이나 어떤 자리 등에서 저절로 만들어져서 감도는 느낌. ¶ 가정적인 분위기. / 새 직장의 분위기를 익히다.

분유(分有)[명하타] 나누어 가짐.

분유(粉乳)명 가루우유.

분:유(噴油)[명하자] 지하의 유전(油田)에서, 석유가 천연가스의 압력에 의하여 땅 위로 높이 분출하는 일.

분:유-정(噴油井)명 ☞자분정(自噴井).

분음(分陰)명 촌음(寸陰)보다 짧은 시간. 아주 짧은 시간. ¶ 분음을 아끼다.

분:의(分義)[부늬/부니]명 분수를 지켜서 도리에 맞게 행동하는 일.

분의(分誼)[부늬/부니]명하자 정의(情誼)를 나눔.

분의(紛議)[부늬/부니]명 분분한 의론.

분익(分益)[명하자] 이익을 나눔.

분익-농(分益農)[부닝-]명 지주와 소작인이 수확을 일정 비율로 나누기로 하고 짓는 농사.

분익^농민(分益農民)[부닝-]명 분익 소작을 하는 농민.

분익^소:작(分益小作)[-쏘-]명 분익농의 방식으로 하는 소작.

분일-제(分日制)[-쩨]명 한 해 동안의 최저 출석 일수를 정하고, 학과별로 종료제(終了制)를 채택하는 교육 제도.

분임(分任)[명하타] 임무를 나누어 맡음.

분임-조(分任組)명 집단 사회에서, 어떤 임무를 분담하기 위하여 구성된 말단 조직.

분자(分子)명 ①어떤 집단을 이루는 각각의 구성원. ¶ 열성 분자. ②물리학에서, 물질의 화학적 성질을 잃지 않고 존재하는 최소 입자를 이르는 말. ③분수의 가로줄 위에 있는 수. ③↔분모(分母).

분자간-력(分子間力)[-녁]명 ☞분자 간 힘.

분자^간:화:합물(分子間化合物)[-함-]명 서로 다른 분자 사이에 있는 결합력의 작용으로 전형적인 원자 결합도(結合圖)로 나타낼 수 없는 화합물을 통틀어 이르는 말.

분자^간:힘(分子間-)명 분자와 분자 사이에 서로 작용하는 힘. 〔인력(引力)과 척력(斥力)이 있음.〕분자간력. 분자 간력.

분자^구조(分子構造)명 분자 중에 있는 원자 상호 간의 결합 상태.

분자^농도(分子濃度)명 ☞몰 농도(mole濃度).

분자-량(分子量)명 탄소 12의 원자의 질량을 12로 하고, 이것을 기준으로 하여 나타낸 각 분자의 상대적 질량.

분자-력(分子力)명 ☞분자 간 힘.

분자^물리학(分子物理學)명 분자의 물리학적 특성을 연구하는 학문.

분자-병(分子病)[-뼝]명 생체 단백질 분자의 이상으로 생기는 선천성 질환. 〔이상 혈색소증(異狀血色素症) 따위.〕

분자-살(分子-)명 일정한 방향으로 달리는 분자의 흐름. 분자선(分子線).

분자^생물학(分子生物學)명 생물체를 구성하고 있는 고분자 화합물, 특히 핵산과 단백질의 분자 구조를 고찰하여 생명 현상을 설명하려는 학문.

분자-선(分子線)명 ☞분자살.

분자-설(分子說)명 물질을 모여서 물질을 구성한다고 주장한 아보가드로(Avogadro)의 가설(假說). 〔1811년에 발표되었음.〕

분자^스펙트럼(分子spectrum)명 기체 분자에 의하여 방출되는 빛의 스펙트럼.

분자-식(分子式)명 물질을 이루는 분자의 조성(造成)과 원자의 수를 나타내는 화학식. 〔H_2O, CO_2, NaCl 따위.〕

분자^운:동(分子運動)명 물질을 구성하고 있는 분자 또는 원자의 끊임없는 운동.

분자^펌프(分子pump)명 고속 회전체와 기체 사이의 점성(粘性)과 마찰을 이용한 진공 펌프.

분자^화:합물(分子化合物)[-함-]명 몇 종류의 분자가 서로 다시 결합하여 된 고차 화합물.

분작(分作)[명하타] 한 논밭을 서로 나누어서 농사를 지음, 또는 그런 농사.

분잡(紛雜)[명하여] 많은 사람이 북적거려 어수선함. ¶ 분잡을 떨다. 분잡-히[튀].

분장(分掌)[명하타] 일이나 사무를 한 부분씩 나누어 맡음. ¶ 사무를 분장하다. / 친구와 업무를 분장하다.

분장(分贓)[명하자] 장물(贓物)을 나눔.

분장(扮裝)[명하타] ①몸치장·옷차림을 매만져 꾸밈. ②배우가 작품 속의 인물의 모습으로 옷차림이나 얼굴을 꾸밈, 또는 그 모습. ¶ 시골 아낙네로 분장하다.

분장-사(扮裝師)명 배우들의 분장을 전문으로 맡아 하는 사람.

분장-실(扮裝室)명 배우가 분장을 할 수 있도록 만들어 놓은 방.

분재(分財)[명하타] 재산을 가족이나 일가붙이에게 나누어 줌.

분재(盆栽)[명][하타] 관상(觀賞)을 위하여, 화분에 심어서 줄기나 가지를 운치 있게 다듬거나 변형시켜 가꾼 나무, 또는 그렇게 가꾸는 일.

분잿-깃(分財-)[-깃낀/-깻낀][명] 분재해서 돌아온 몫. * 분깃깃이[-재끼시/-잰끼시]·분잿 깃만[-재낀-/-잰낀-]

분:쟁(忿爭)[명][하자] 성을 내며 다툼.

분쟁(紛爭)[명][하자] 어떤 말썽 때문에 서로 시끄럽게 다투는 일, 또 다툼. 분경(紛競). ¶영토 분쟁. /분쟁을 일으키다.

분전(分錢)[명] '푼돈'의 잘못.

분:전(奮戰)[명][하자] 힘을 다하여 싸움. 힘껏 싸움. ¶최후까지 분전하다.

분:전-입미(分錢粒米)[-저님-][명] 아주 적은 돈과 곡식. ⑨푼전미.

분절(分節)[명]①[하타][되자] 하나로 이어진 것을 몇 개의 도막으로 가르는 일, 또는 가른 그 도막. ②조음(調音).

분절^운:동(分節運動)[명] 포유류의 소장(小腸)에 나타나는 소화 운동의 한 가지. 일정한 간격을 둔 수축과 이완의 연속으로 분절의 형성을 되풀이하는 운동. 소장의 내용물과 소화액과의 혼합을 위한 것임.

분절-음(分節音)[명] 분절을 자음과 모음으로 분리할 수 있는 음. 〔'강(ㄱ·ㅏ·ㅇ)', '닭(ㄷ·ㅏ·ㄹ·ㄱ)' 따위.〕

분점(分店)[명] 본점(本店)에서 따로 마련한 점포. ¶분점을 내다. ↔본점.

분점(分點)[-쩜][명]①선이나 길 따위가 갈라지는 점. 분기점. ②천구 상에서, 황도(黃道)와 적도가 만나는 점.

분점-월(分點月)[-쩌뭘][명] 달이 춘분점을 지나고서부터 다시 춘분점을 지나기까지에 걸리는 평균 시간.〔약 27.32158일, 곧 27일 7시간 43분 4초 7.〕⑧교점월(交點月).

분-접시(粉-)[-씨][명] 분을 개는 데 쓰이는, 작은 접시.

분:제(分際)[명] ☞분한(分限).

분제(粉劑)[명] 가루로 된 약제. ⑨액제·정제.

분젠-등(Bunsen燈)[명] ☞분젠 버너.

분젠^버:너(Bunsen burner)[명] 가느다란 금속관으로부터 가스를 분출시켜 공기와 혼합하여 점화함으로써 고열을 얻는 장치. 분젠등.

분젠^전:지(Bunsen電池)[명] 묽은 황산을 담은 오지그릇에 아연판을 넣고, 그것을 다시 탄소봉(炭素棒)이 든 진한 질산 속에 넣은 일차 전지.

분종(盆種)[명][하타] 화초를 화분에 심음, 또는 심은 그 화초.

분주(分株)[명][하타] ☞포기나누기.

분주(分註)[명][하자] 본문 사이에, 두 줄로 나누어 작은 글자로 주석을 다는 일, 또는 그 주석.

분주(奔走)[명][하자] 몹시 바쁘게 뛰어다님.

분주-다사(奔走多事)[명][하형] 바쁘고 일이 많음.

분주불가(奔走不暇)[명][하형] 몹시 바빠서 겨를이 없음.

분주-스럽다(奔走-)[-따][~스러우니·~스러워][형][비] 분주한 데가 있다. **분주스레**[부].

분-주지(粉周紙)[명] 무리풀을 먹여 잘 다듬어 만든 두루마리. 전라남도에서 나며, 빛이 희고 바탕이 단단함.

분주-하다(奔走-)[형][여] 이리저리 바쁘고 수선스럽다. ¶분주한 연말연시. /요즘은 너무 분주해서 정신이 하나도 없다. **분주-히**[부].

분지(糞-)[명] '똥과 오줌'을 함께 이르는 말.

분지(分地)[명][하자] 땅을 나누어 줌, 또는 그 땅.

분지(分枝)[명][하자] 줄기에서 갈라져 나온 가지.

분지(盆地)[명] 산이나 높은 대지(臺地)로 둘러싸인 평평한 땅.

분지(粉脂)[명] 분과 연지. 지분(脂粉).

분지(糞池)[명] ☞변기(便器).

-분지(分之)[접미] (분수를 읽을 때) 얼마로 '등분한 것 중의 몇'이라는 뜻. ¶5분지 3.

분지르다[분지르니·분질러][타여] 부러뜨리다. ¶나뭇가지를 분질러 아궁이에 넣다.

분:진(粉塵)[명] 티끌.

분:진(奮進)[명][하자] 힘을 떨쳐 일으켜 앞으로 나아감. 힘을 다하여 나아감.

분집(坌集)[명][하자] 무더기로 마구 모여듦. 답치기로 모여듦.

분징(分徵)[명][하타][되자]①여러 번으로 나누어서 받음. ②여러 사람에게 나누어서 받음.

분책(分冊)[명][하타][되자] 한 권의 책을 여러 권으로 갈라서 제본함, 또는 그 책.

분:천(噴泉)[명] 땅 위로 힘차게 솟아오르는 지하수. 비천(飛泉).

분철(分綴)[명][하타][되자] (문서나 신문 따위를) 여러 권으로 나누어서 맴. ¶서류를 분철하다.

분철(分鐵)[명] 분광업자(分鑛業者)가 그 생산량의 일부나 그에 해당하는 돈을 광주(鑛主)에게 나누어 줌, 또는 그 광석이나 돈.

분철^금점(分鐵金店)[명] 분철 방식으로 경영하는 금점. 무회계 금점(無會計金店).

분첩(分貼)[명][하타] 약재(藥材)를 나누어서 첩약(貼藥)을 만듦, 또는 그렇게 만든 첩약.

분첩(粉貼)[명]①화장할 때 분을 찍어 바르는 기구. ②두꺼운 종이를 병풍처럼 접고 기름에 갠 분을 발라 결은 문방구.

분첩(粉牒)[명] 석회를 바른 성가퀴.

분청-사기(粉青沙器)[명] 청자에 백토(白土)로 분을 바른 다음 다시 구워 낸 조선 시대의 자기.〔고려청자의 뒤를 이은 자기임.〕

분청-음(粉清飲)[명] 오줌이 잘 나오게 하는 한 방약. 임질·황달·습열 따위에 씀.

분체(分體)[명] 모체가 분열하여, 모체와 크기가 거의 같은 두 개체로 나뉘는 일.

분체(粉體)[명] 고체 입자가 많이 모여 있는 상태의 물체.

분초(分秒)[명] 분과 초, 곧 아주 짧은 시간. ¶분초를 다투는 일.

분촌(分寸)[명] 분과 촌, 곧 매우 사소한 것. 아주 근소한 것. ¶분촌을 가지고 다투다.

분추(奔趨)[명][하자] 급히 달려감.

분:출(噴出)[명][하타][되자]①(좁은 곳에서 액체나 기체가) 세차게 뿜어 나옴, 또는 내뿜음. ¶용암이 분출하다. ②요구나 욕구 따위가 한꺼번에 터져 나옴, 또는 그렇게 되게 함. ¶집단 이기주의의 분출.

분:출-구(噴出口)[명] 뿜어내는 구멍.

분:출-물(噴出物)[명] 내뿜은 물질.

분:출-암(噴出岩)[명] ☞화산암(火山岩).

분취(奔取)[명][하타] 나누어 가짐.

분치(奔馳)[명][하자] 빨리 달림.

분칠(粉漆)[명][하자][타] '얼굴에 분을 바르는 일'을 낮잡아 이르는 말.

분침(分針)[명] 시계의 분을 가리키는 긴 바늘. 각침(角針). 장침(長針). ⑨큰바늘.

분칭(分秤)[명] (약이나 금은 따위를) 한 푼쭝으로부터 20냥쭝까지 달 수 있게 된 저울. 약저울. 약칭(藥秤). 약형(藥衡).

분탄(粉炭)명 가루 모양의 석탄. ↔괴탄(塊炭).
분:탄(憤歎)명하자타 분개(憤慨).
분탕(粉湯)명 ①밀가루를 풀어서 끓인 맑은장국. ②여러 가지 고명을 넣어 만든 평안도식 도미국수. ③☞당면(唐麵).
분탕(焚蕩)명하타 ①재산을 죄다 없애 버림. ②몹시 시끄럽거나 야단스럽게 구는 일.
분탕-질(焚蕩-)명하타 분탕을 치는 짓.
분토(粉土)명 쌀을 쓿을 때 섞는, 희고 보드라운 흙가루. 토분(土粉).
분토(墳土)명 무덤의 흙.
분토(糞土)명 썩은 흙.
분토지언(糞土之言)명 쓸모가 없는 말. 이치에 닿지 않는 말. 더러운 말.
분통(粉桶)명 분을 담는 통.
분:통(憤痛)명하형 몹시 분하여 마음이 쓰리고 아픔. ¶분통이 터지다. /참으로 분통한 일이다.
분통-같다(粉桶-)[-갇따]형 도배를 새로 하여 방이 아주 깨끗하다. 분통같-이튀.
분:투(奮鬪)명하자 있는 힘을 다하여 싸우거나 노력함. ¶합격을 위하여 분투하다.
분:투-노력(奮鬪努力)명하자 있는 힘을 다하여 노력함.
분:투-쟁선(奮鬪爭先)명하자 있는 힘을 다하여 앞서기를 다툼.
분파(分派)명하자 ①여러 갈래로 나뉘어 갈라짐, 또는 갈라져 나온 것. ②중심 세력에서 갈라져 작은 파를 이룸, 또는 그 파벌이나 유파. 지류(支流).
분파-주의(分派主義)[-의/-이]명 한 조직체 안에서, 한 파(派)가 자기 파의 주장만을 내세워 남의 주장을 물리치는 태도.
분판(粉板)명 분(粉)을 기름에 개어 널조각에 바른 판. 아이들의 붓글씨 연습 때 종이 대용으로 쓰였음.
분:패(憤敗)명하자 일을 잡쳐서 실패함.
분:패(憤敗)명하자 (이길 수 있는 것을) 분하게 짐. 원통하게 짐.
분포(分布)명하자되 ①여기저기 흩어져 널리 퍼져 있음. ¶인구 분포. ②동식물이, 그 종류에 따라 서로 다른 구역에 나서 자라는 일. ¶이 꽃은 우리나라 남부에 분포한다.
분포-도(分布圖)명 분포된 상태를 나타내는 지도나 도표. ¶식물 분포도. /방언(方言) 분포도.
분포-율(分布率)명 분포하여 있는 비율.
분표(分表)명 지난날, 흉년이 들었을 때 괴해의 정도에 따라 논밭의 조세를 덜어 주던 일.
분:-풀이(憤-)명하자 (앙갚음을 하거나 다른 대상에게 분을 터뜨리거나 하여) 분한 마음을 풀어 버리는 일. 해원(解寃). 설분(雪憤). ¶엉뚱한 사람에게 분풀이하다.
분필(分筆)명하타 한 필지(筆地)로 된 토지를 여러 필지로 나눔. ¶대지를 분필하다. ↔합필.
분필(粉筆)명 소석고(燒石膏)를 반죽하여 막대 모양으로 굳혀 만든 것. 칠판에 글씨를 쓰는 데 사용함. 백묵(白墨).
분하(分下)명하타 지난날, 관아의 벼슬아치들에게 연례(年例)에 따라 물품을 나누어 주던 일.
분-하다(扮-)자여 배우가 작품 속의 인물의 모습으로 꾸미다. 분장하다. ¶햄릿으로 분하여 열연하다.
분:-하다(忿-·憤-)형여 ①(당하지 않을 일을 당하여) 억울하고 원통하다. ¶멸시당한 일이 분하다. ②서운하고 아깝다. ¶다 이긴 시합을 져서 분하다.

분:한(分限)명 ①신분의 정도. 〔높음과 낮음, 또는 위아래 따위.〕 분수(分數)². 분제(分際). ②실용 가치가 있는 일정한 한도나 양. 분도(分度). ¶흉년에는 분한 없는 참쌀보다는 느루 먹는 보리가 더 요긴하다.
분한(이) 있다관용 ①(보기보다는) 그리 많지 않다. ②얼마 안 되는 듯해도 여러 군데로 별러 쓸 수가 있다.
분:한(憤恨)명하 분하고 한스러움.
분할(分割)명하타되 둘 또는 그 이상으로 나눔. ¶연구비를 분할하여 지급하다.
분할(分轄)명하타되 둘 또는 그 이상으로 나누어서 관할함.
분할-급(分割給)명하타 (돈을) 몇 차례로 나누어서 치르는 일. ↔일시불.
분할-불(分割拂)명하타 ☞분할급.
분할^상속(分割相續)명 한 재산을 여러 상속인에게 그 상속분에 따라 나누어 상속하는 일.
분할^상환(分割償還)명 몇 번으로 나누어 갚음. ¶10년 분할 상환을 조건으로 대출을 받다.
분할^지도(分割地圖)명 한 지역을 몇 군데로 갈라서 세밀히 그린 지도.
분합(分合)명하자타 나누었다 합하였다 함.
분합(分閤)명 대청 앞쪽으로 한 칸에 네 짝씩 드리는 긴 창살문.
분합(粉盒)명 분을 담는 합.
분합-대(分合帶)[-때]명 지난날, 웃옷에 눌러 띠던 실띠의 한 가지. 준분대.
분합-들쇠(分閤-)[-뜰쇠/-뜰쒜]명 분합을 두 짝씩 올려 걸도록 도리에 박은 들쇠.
분합^장영창(分閤長映窓)[-짱-]명 분합 안쪽에 드리는 미닫이.
분-항아리(粉缸-)명 분을 담아 두는 자그마한 사기 항아리.
분해(分解)명하타되 ①여러 부분으로 이루어진 것을 낱낱의 부분으로 가름. ¶총기를 분해하다. /기계를 분해하여 소제하다. ②화합물을, 간단한 분자식을 가진 둘 이상으로 더 다른 물질로 나눔. ②↔합성.
분해-기(分解機)명 기계나 기구를 분해하는 데 쓰는 연장. 〔드라이버 따위.〕
분해-능(分解能)명 현미경·망원경·사진 렌즈 따위의 대상에 대한 최소의 식별 능력.
분해-열(分解熱)명 분해 반응에 따라서 출입하는 반응열의 한 가지.
분해^전:압(分解電壓)명 전해질 용액을 계속적으로 전기 분해를 할 수 있는 최소의 전압.
분해^증류법(分解蒸溜法)[-뉴뻡]명 ☞크래킹.
분향(焚香)명하자 (부처 또는 죽은 이를 위하여) 향을 피움. 소향(燒香). ¶제단에 분향하다. /영정에 분향하다.
분향-재배(焚香再拜)명하자 분향을 하고 두 번 절을 함. ¶분향재배를 올리다.
분형(焚刑)명 지난날, 죄인을 불에 태워 죽이던 형벌. 화형(火刑).
분호(分戶)명하타 ☞분가(分家).
분호(分毫)명 일분(一分) 일호(一毫), 곧 '정도나 분량이 썩 적음'을 나타내는 말. ¶분호의 오차도 없다. ☞추호(秋毫).
분:홍(粉紅)명 〈분홍빛〉의 준말.
분:홍-머리동이(粉紅-)명 분홍빛으로 된 머리동이.
분:홍-방(粉紅榜)명 지난날, 세도가(勢道家)의 어린아이까지도 과거에 합격시켰던 부조리를 비웃어 이르던 말.

분:홍-빛(粉紅-) [-삗] 圐 흰빛이 섞인 붉은빛. 분홍색. 핑크빛. ⓒ분홍. *분:홍빛이 [-빼치]·분:홍빛만[-뺀-]

분:홍-색(粉紅色) 圐 분홍빛. 석죽색(石竹色). 핑크색.

분:홍-치마(粉紅-) 圐 ①분홍빛의 치마. ②위는 희고 아래는 분홍빛으로 된 연.

분화(分化) [-화] 圐𝕒❘𝕫𝕒 ①하나의 것이 진보·발달하여 복잡해짐에 따라 여러 이질적인 부분으로 갈라지는 일. ¶직업의 종류가 분화하다. ②생물체의 조직이나 기관(器官)이 특수화의 방향으로 잘게 갈라져 발달하는 일.

분화(盆花) 圐 화분에 심어 놓은 꽃.

분화(紛華) 圐 '분화하다'의 어근.

분화(焚火) 圐𝕒❘𝕒 불을 사름, 또는 타는 불.

분:화(噴火) 圐𝕒❘𝕫 ①불을 내뿜음. ②화산의 화구에서 화산재·수증기·용암 따위를 내뿜는 일.

분:화-구(噴火口) 圐 화산의 분출물을 내뿜는 구멍. 화구(火口).

분화-하다(紛華-) 𝕙𝕖 분잡하고 화려하다.

분회(分會) [-회/-훼] 圐 본부 외의 지역이나 직장 따위에 따로 마련한 회(會). ¶청년회 분회.

분회(粉灰) [-회/-훼] 圐 ⇨소석회(消石灰).

분획(分劃) [-획/-훽] 圐𝕒❘𝕒 토지 따위를 경계를 지어 가름.

분:휘(奮揮) 圐𝕒❘𝕒 기운을 떨쳐 널리 드러냄.

붇 (옛] 붓. ¶필 筆(訓蒙上34).

붇:다[-따] [불으니·불어] 𝕫𝕒 ①물에 젖어서 부피가 커지다. ¶떡쌀이 붇다. ②부피가 늘거나 수효가 많아지다. ¶강물이 붇다. /재산이 붇다.

불¹圐 ①물질이 열이나 빛을 내면서 타는 현상, 또는 그때 생기는 열·빛·불꽃. ¶가랑잎에 불이 붙다. /아궁이에 불을 지피다. ②어둠을 밝히는 빛. 광명. 등화(燈火). ¶등잔에 불을 켜다. ③화재(火災). ¶산에 불이 나다. ④욕정·정열·탐욕 따위를 비유하여 이르는 말. ¶욕정의 불. /마음에 불이 일어나다.

　불 없는[꺼진] 화로, 딸 없는 사위[죸] 아무 쓸모가 없게 된 것을 이르는 말.

　불을 끄다[판용] 급한 일을 서둘러 처리하다.

　불(을) 놓다[판용] 폭약을 터뜨리기 위하여 도화선에 불을 붙이다.

　불(을) 받다[판용] 남으로부터 큰 욕을 당하거나 큰 해를 입다.

　불(을) 주다[판용] 남에게 큰 곤욕·해를 입히다.

불²圐 결체나 옹구에서, 아래로 늘어져 짐을 싣게 된 부분.

불³圐 '불알'의 준말.

불(不) 圐 ①과거에서, 강경과(講經科)의 성적 등급의 한 가지. 통(通)·약(略)·조(粗)·불(不)의 네 등급 중의 최하등. ②맞춤기에서, 다섯 대에 대도 맞히지 못한 성적.

불(弗) 圐 '달러(dollar)'의 한자음 표기.

불(佛)¹圐 〈불타(佛陀)〉의 준말.

불(佛)²圐 〈불란서(佛蘭西)〉의 준말.

불-[접두] (일부 명사 앞에 붙어) '붉은 빛깔을 가진'의 뜻을 나타냄. ¶불개미. /불곰. /불여우. /불호박.

불-(不)[접두] 일부 한자어 앞에 붙어, 그 말을 부정하는 뜻을 나타냄. ¶불공평. /불완전. /불합리.

불가(不可) 圐𝕒❘𝕒 ①옳지 않음. 좋지 않음. ¶남을 비방함은 불가하다. ②할 수 없음. 되지 않음. ¶주차(駐車) 불가. →가(可).

불가(佛家) 圐 ①불교를 믿는 사람, 또는 그 사회. 불문(佛門). 불법계. 석가. 석문(釋門). 석씨(釋氏). 승문(僧門). ②⇨절¹.

불가(佛歌) 圐 부처를 찬송하여 부르는 노래. 찬불가.

불가-결(不可缺) 𝕒❘𝕙𝕖 없어서는 아니 됨. 꼭 있어야 함. ¶필요 불가결의 요소.

불가-근(不可近) 圐 가까이할 것이 아님. 가까이하기가 어려움.

불가근-불가원(不可近不可遠) 圐 가까이할 수도 멀리할 수도 없음.

불-가능(不可能) 𝕒❘𝕙𝕖 할 수 없음. 불능. ¶내 사전에 불가능이란 말은 없다. ↔가능.

불-가당(不可當) 𝕒❘𝕙𝕖 ①당해 낼 수 없음. ②가당하지 않음.

불-가래 圐 '부삽'의 방언.

불가-무(不可無) 𝕒❘𝕙𝕖 없어서는 아니 됨.

불-가물 圐 아주 심한 가물.

불가부득(不可不得) 𝕗❘𝕦 ⇨부득이(不得已).

불-가분(不可分) 圐 나누려고 해도 나눌 수 없음. 멜 수 없음. ¶불가분의 관계. →가분(可分).

불가분^급부(不可分給付) [-뿌] 圐 (성질이나 가치를 상하게 하지 않고는) 나눌 수 없는 급부. ↔가분 급부.

불가-분리(不可分離) [-불-] 圐 떼려야 멜 수가 없음.

불가분-물(不可分物) 圐 (한 채의 건물 따위와 같이) 나눌 수 없는 물건. ↔가분물.

불가불(不可不) 𝕗❘𝕦 ⇨부득불(不得不).

불가불념(不可不念) [-렴] 圐 마음에 두어 생각하지 않을 수 없음.

불가사리¹圐 쇠를 먹고 산다는 상상의 짐승. 몸은 곰, 코는 코끼리, 다리는 범과 비슷하게 생겼는데, 악몽(惡夢)을 물리치며 사기(邪氣)를 쫓는다고 함.

불가사리²圐 극피동물의 한 가지. 몸은 다섯 또는 그 이상의 팔로 되어 있어 마치 별 모양과 같으며, 입은 배에, 항문은 등에 붙어 있음. 팔에 붙은 많은 관족(管足)으로 운동함. 바다에서 살거나 조개류 따위를 잡아먹음. 오귀발. 해성(海星).

불가사의(不可思議) [-의/-이] ❙ 圐𝕙𝕖 ①말로 나타낼 수도 없고 마음으로 헤아릴 수도 없는 오묘한 이치 또는 가르침. ¶불가사의한 자연의 신비. ②상식으로는 생각할 수 없는 이상야릇한 일. ¶불가사의한 사건.

　❙❙ 𝕤𝕒 나유타(那由他)의 1만 배, 무량수(無量數)의 1만분의 1이 되는 수(의). 곧, 10^{64}.

불가-서(佛家書) 圐 불교에 관한 서적. 불교의 경전. ⓒ불서.

불가-설(不可說) 圐 ①불교에서, 말로는 설명할 수 없고, 체득할 수밖에 없는 일을 이르는 말. [부처의 덕(德) 따위에 대해서 이르는 말.] ②말로 설명할 수 없는 일.

불가승수(不可勝數) [-쑤] 圐 수효가 하도 많아서 셀 수가 없음.

불가-시광선(不可視光線) 圐 '비가시광선'의 구용어.

불가-시선(不可視線) 圐 '비가시광선'의 구용어.

불가-어(佛家語) 圐 불교에서 쓰는 말.

불가역^반:응(不可逆反應) [-빠능] 圐 역반응이 극히 일어나기 어려운 화학 반응.

불가역^변:화(不可逆變化) [-뺀-] 圐 장차 원래대로 다시 변화할 가능성이 없는 변화. [열의 전도·마찰·확산 따위.] 비가역 변화. ↔가역 변화.

불가입-성(不可入性) [-썽]명 ⇨애찬성(礙竄性).
불-가지(不可知)명 알 수 없음.
불가지-론(不可知論)명 ①초경험적인 것의 존재나 본질은 인식할 수 없다고 주장하는 인식론. ②인간은 신을 인식할 수 없다고 주장하는 종교적 인식론.
불가-침(不可侵)명 침범할 수 없음.
불가침-권(不可侵權) [-꿘]명 국제법상 외국 원수(元首)나 외교 사절이 누리는 불가침의 특권. 〔신체·명예에 관한 불가침권과 관사(館舍)·문서에 관한 불가침권 등이 있음.〕
불가침^조약(不可侵條約) 나라와 나라 사이에 서로 상대국을 침략하지 않을 것을 약속하는 조약.
불가피(不可避) '불가피하다'의 어근.
불가피-하다(不可避-)형여 피할 수가 없다. ¶불가피한 사정으로 결근하다.
불가항-력(不可抗力) [-녁]명 (천재지변·우발 사고 따위와 같이) 사람의 힘으로는 어찌할 수 없는 힘이나 사태. ¶불가항력의 사고.
불가-해(不可解)명형 이해할 수 없음. 알 수 없음. ¶불가해한 행위.
불가-형언(不可形言)명 말로는 이루 다 나타낼 수가 없음.
불각(不覺)명하타 깨닫지 못함.
불각(佛閣)명 ⇨불당(佛堂).
불간(不干)명 <불간섭>의 준말.
불-간섭(不干涉)명형자타 간섭하지 아니함. ¶내정(內政) 불간섭. 준불간.
불간지서(不刊之書)명 영원히 전하여 없어지지 않을 양서.
불감(不堪)명하타 ①견디어 내지 못함. ②<불감당(不堪當)>의 준말.
불감(不敢) '불감하다'의 어근.
불감(不感)명하타 느끼지 못함.
불-감당(不堪當)명하타 감당하지 못함. 준불감.
불감당(不敢當) '불감당하다'의 어근.
불감당-하다(不敢當-)형여 감히 대적하여 당해 내기가 어렵다.
불감생심(不敢生心)명하타 (힘에 부쳐) 감히 엄두를 내지 못함. 불감생의.
불감생의(不敢生意) [-의/-이]명하타 ⇨불감생심.
불감앙시(不敢仰視)명하타 (두려워서) 감히 쳐다보지 못함.
불감-증(不感症) [-쯩]명 ①성교할 때, 성감(性感)을 느끼지 못하는 증세. 참냉감증. ②감각이 둔한 성질. ¶도덕 불감증에 걸리다.
불감-청(不敢請)명 마음에는 간절하지만 감히 청하지 못함.
불감청이언정 고소원(固所願)이라관용 감히 청하지는 못할 일이나 본래부터 바라던 바라. 고소원이나 불감청이라. 참고소원.
불감출두(不敢出頭) [-뚜]명하타 (두려워서) 감히 머리를 내밀지 못함.
불감출성(不敢出聲) [-썽]명하자 (위엄에 눌려서) 감히 소리를 내지 못함.
불-감하다(不敢-)형여 감히 할 수 없다.
불-갑사(-甲紗)명 [-싸]빛깔이 매우 붉은 갑사.
불-강아지명 몹시 여윈 강아지.
불-같다(-갇따)형 ①(성격 따위가) 매우 급하고 격렬하다. ¶성미가 불같다. ②(정열·신념·감정 따위가) 뜨겁고 강렬하다. ¶불같은 정열. ③다그치는 기세가 드세거나 무섭다. ¶불같은 독촉이 빗발치다. 불같-이부.

불-개명 일식(日蝕) 또는 월식(月蝕) 때 해나 달을 갉아 먹는다고 하는 상상의 짐승.
불-개미명 개밋과의 곤충. 일개미는 몸길이 5∼8mm이고, 몸빛은 암적황색인데 온몸에 누런 털이 배게 남. 낙엽송의 잎으로 높은 집을 짓고 그 밑의 땅속에 삶.
불-개입(不介入)명하자 (어떤 일에) 개입하지 않음.
불개-항(不開港)명 외국과의 통상이 허용되지 않는 항구.
불거(拂去)명하타 ①떨어 버림. ②뿌리치고 감.
불-거웃[-꺼웉]명 불두덩에 난 털. 준불것. *불거웃이[-꺼우시]·불거웃만[-꺼운-]
불거-지다자 ①속에 든 둥근 물건이 거죽으로 툭 비어져 나오다. ¶해어진 양말 밖으로 발가락이 불거져 나왔다. ②숨겨졌던 일이나 어떤 현상이 갑자기 드러나거나 생겨나다. ¶문제가 불거져 나오다. ③무엇이 둥글게 솟아오르다. ¶종기가 툭 불거지다. ①②준불가지다.
불걱-거리다[-꺼-]타 자꾸 불걱불걱하다. 불걱대다. 참불거리다.
불걱-대다[-때-]타 불걱거리다.
불걱-불걱[-뻑-]부하타 ①질긴 물건을 많이 물고 입을 크게 움직이며 자꾸 씹는 모양. ②빨래 따위를 거칠게 주물러 빠는 모양. 참불각불각.
불건성-유(不乾性油) [-뉴]명 공기 속에 두어도 건조하여 굳어지지 않는 기름. 〔잠기름·동백기름 따위〕. ↔건성유.
불건전(不健全) '불건전하다'의 어근.
불건전-하다(不健全-)형여 건전하지 못하다. ¶불건전한 생활. /불건전한 취미.
불-깃[-껻]명 <불거웃>의 준말. *불것이[-꺼시]·불것만[-껀-]
불경-거리다자 자꾸 불경불경하다. 불경대다. 참불강거리다.
불경-대다자 불경거리다.
불경-불경부하자 단단하고 우둘우둘한 물건이 잘 씹히지 않고 입 안에서 이리저리 불거지는 모양. 참불강불강.
불경-이명 붉은빛의 살담배. 홍초(紅草).
불견실(不堅實) '불견실하다'의 어근.
불견실-하다(不堅實-)형여 견실하지 못하다.
불결(不潔)명형 깨끗하지 않음. 더러움. ¶불결한 주방. ↔청결(淸潔).
불결^공포(不潔恐怖) 공포증의 한 가지. 아무리 깨끗이 씻어도 더러운 것 같은 불안을 느끼는 증세.
불-결실(不結實) [-씰]명하자 열매를 맺지 못함. 일이 이루어지지 못함.
불경(不敬)명형하형스형 (마땅히 경의를 표해야 할 사람에게) 예의가 없음. ¶불경을 저지르다. 불경스레부.
불경(佛經)명 불교의 가르침을 적은 경전. 내전(內典). 범서(梵書). 불전(佛典). 석전(釋典). 준경(經)[1].
불-경기(不景氣)명 물건의 거래가 활발하지 않고, 상업이나 생산 활동에 활기가 없는 상태. 불황. ↔호경기.
불-경제(不經濟)명 경제적이 아님. 낭비가 많음. 허투루 씀.
불경-죄(不敬罪) [-쬐/-쮀]명 경의를 표해야 할 사람이나 사물에 대하여 불손한 언행을 함으로써 성립하는 죄. 〔1947년 이전의 일본에서, 황실·신궁·황릉에 대한 불경 행위로써 성립하던 죄에서 온 말.〕

불경지설(不經之說)圓 허망하고 간사한 말. 간교하여 미덥지 못한 말.

불계(不計)[-계/-게]圓하타 ①옳고 그름이나 이해관계를 따지지 않음. ②바둑에서, 승패가 뚜렷하여 집의 수효를 세지 않음. ¶불계로 이기다. ③사정을 가리지 않음.

불계(佛戒)[-계-/-게-]圓 부처가 정한 계율. 〔오계(五戒)·십계(十戒)·구족계(具足戒) 따위.〕

불계(佛界)[-계-/-게-]圓 ①어려 부처가 사는 세계. 정토(淨土). ②십계(十界)의 하나. 부처의 세계.

불계-승(不計勝)[-계-/-게-]圓 바둑에서, 불계로 이김. ↔불계패.

불계지주(不繫之舟)[-계-/-게-]圓 〔매여 있지 않은 배란 뜻으로〕 ①무념무상의 경지를 이르는 말. ②'정처 없이 떠돌아다니는 사람'을 비유하여 이르는 말.

불계-패(不計敗)[-계-/-게-]圓 바둑에서, 불계로 짐. ↔불계승.

불고(不告)圓하타 알리지 않음.

불고(不辜)圓 허물이 없는 사람.

불고(不顧)圓하타 돌보지 않음. 돌아보지 않음.

불고-가사(不顧家事)圓하자 집안일(가정)을 돌보지 않음. ¶나라를 위하여 불고가사하다.

불-고기(不-)圓 쇠고기 따위 살코기를 얇게 저며서 양념을 하여 재었다가 불에 구워 먹는 음식, 또는 그 고기.

불고-불리(不告不理)圓 고소(告訴)가 없는 것은 심리(審理)하지 않는다는 원칙.

불고-염치(不顧廉恥)圓하자 염치를 생각하지 않음. ¶불고염치하고 손을 내밀다.

불고이거(不告而去)圓 가겠다는 말도 없이 떠남. 말없이 사라짐.

불고이거(不顧而去)圓하자 뒤도 돌아보지 아니하고 그대로 감.

불고-이해(不顧利害)圓하자 이롭고 해로움, 또는 이익과 손해를 생각하지 아니함. ¶불고이해하고 그 일에 참여하다.

불고-전후(不顧前後)圓하자 일의 앞뒤를 돌아보지 아니함.

불고지-죄(不告知罪)[-죄/-�劍]圓 부작위범의 한 가지. 법을 위반한 자를 알면서도 수사 기관에 알리지 않음으로써 성립하는 죄.

불고-체면(不顧體面)圓하자 체면을 생각하지 아니함. 부지체면. ¶불고체면하고 부탁하다.

불골(佛骨)圓 ☞불사리(佛舍利).

불-곰圓 곰과의 동물. 몸길이 2 m가량으로 곰 중에서 가장 크며, 등에 혹 모양의 융기가 있음. 몸빛은 갈색이나 주둥이와 머리는 암갈색임. 헤엄을 잘 치며 나무에도 잘 오름. 잡식성인데 썩은 고기를 즐겨 먹음. 겨울 동안 굴속에서 겨울잠을 잠. 우리나라의 북부 지방, 시베리아 등지에 분포함.

불공(不攻)圓하자 공격하지 않음. 치지 않음.

불공(不恐)圓하타 두려워하지 않음.

불공(不恭)圓 '불공하다'의 어근.

불공(佛工)圓 불상(佛像)이나 불구(佛具) 따위를 만드는 사람.

불공(佛供)圓하자 부처 앞에 공양하는 일. 불향.

불공대천(不共戴天)圓하자 〔한 하늘 아래서는 같이 살 수 없다는 뜻으로〕 '도저히 그냥 둘 수 없을 만큼 원한이 깊이 사무침'을 비유하여 이르는 말. 대천지수. 불구대천.

불공-드리다(佛供-)圓 공양을 드리다.

불공-밥(佛供-)[-빱]圓 ☞퇴식밥.

불공불손(不恭不遜) '불공불손하다'의 어근.

불공불손-하다(不恭不遜-)[-쏜-]圓여 공손하지 않고 버릇이 없다.

불공설화(不恭說話)圓 공손하지 않은 태도로 함부로 하는 말.

불공-스럽다(不恭-)[-따][~스러우니·~스러워]圓비 공손하지 아니한 데가 있다. 불공스레團.

불공-쌀(佛供-)圓 불공을 드리는 데 쓰는 쌀.

불공자파(不攻自破)圓하자 (적의 진지나 성 따위가) 치지 아니하여도 스스로 깨어짐.

불-공정(不公正)圓하형 공정하지 아니함. ¶불공정 거래.

불-공평(不公平)圓하형 공평하지 아니함.

불공-하다(不恭-)圓여 공손하지 않다. 고분고분하지 않다.

불공함락(不攻陷落)[-낙]圓하타 (적의 성이나 진지 따위를) 공격하지 않고 함락시킴.

불과(佛果)圓 불도를 수행함으로써 얻는 좋은 결과.

불과(不過)團하형 《주로 수량을 나타내는 말 앞에 쓰이어》 그 정도에 지나지 못함을 나타내는 말. ¶우리 군사는 불과 삼 천이다. /그것은 일시적 현상에 불과하다.

불과시(不過是)團 ①겨우. 기껏해서. ②이는 다만. ¶불과시 제 힘자랑일 뿐이다.

불관(不關)圓하자 관계하지 아니함. ¶성패는 불관하고 일을 시작하다.

불관지사(不關之事)圓 아무 관계가 없는 일. ¶나와는 불관지사라.

불괴옥루(不愧屋漏)[-괴옹누-/-궤옹누-]圓 〔'옥루'는 집에서 가장 구석진, 사람의 눈에 잘 띄지 않는 곳이란 뜻으로〕 '군자(君子)는 남이 보지 않는 곳에서도 부끄러운 행동을 하지 아니함'을 이르는 말.

불교(佛敎)圓 세계 3대 종교의 하나. 기원전 5세기 초엽에 인도의 석가모니가 설법한 가르침. 이 세상에서의 온갖 번뇌를 버리고, 수행을 통하여 깨달음에서 부처가 됨을 목적으로 함. 대승 불교와 소승 불교로 크게 나뉨. 불법(佛法).

불교-도(佛敎徒)圓 불교를 믿는 사람. 불교 신도. 준불도(佛徒).

불교-문화(佛敎文化)圓 불교를 바탕으로 하여 발달한 문화.

불교^미:술(佛敎美術)圓 불교에 관계되는 미술. 〔사원 건축·불상 조각·불교 회화·불구(佛具) 공예 따위.〕

불교^음악(佛敎音樂)圓 불교의 의식 및 신앙생활에 쓰이는 음악. 참범패.

불구(不久)圓하형 오래지 않음. 《주로, '불구에'의 꼴로 쓰임.》 ¶광명의 날이 불구에 올 것이다.

불구(不具)圓 ①몸의 어떤 부분이 온전하지 못함. ¶불구의 몸으로 이룩한 일. ②편지의 끝에 붙여, 내용이나 격식을 제대로 갖추지 못하였음을 나타내는 말. ¶이만 그치겠습니다. 불구. ②참불비(不備).

불구(不拘) '불구하다'의 어근.

불구(佛具)圓 불사(佛事)에 쓰이는 기구.

불-구경圓하자 불 난 것을 구경하는 일.

불구대천(不俱戴天)圓 ☞불공대천.

불-구덩이[-꾸-]圓 세차게 타오르는 불의 속.

불구:동:사(不具動詞)圓 ☞불완전 동사.

불구문달(不求聞達)圓하자 유명해지기를 바라지 않음. 명예를 구하지 않음.

불구소절(不拘小節)**명**하자 자잘한 의리·명분·예절 따위에 얽매이지 않음.

불-구속(不拘束)**명**하타 되자 구속하지 아니함. ¶불구속으로 송치하다.

불-구슬[-꾸-]**명** 불빛처럼 붉은 구슬.

불구-아(不具兒)**명** 몸의 어느 부분이 온전하지 못한 어린이. 지체 부자유아.

불구-자(不具者)**명** 몸의 어느 부분이 온전하지 못한 사람. 병신. 지체 부자유자.

불구-하다(不拘)**자여** 거리끼지 않다. 구애받지 않다. 《주로, '-에도(-음에도) 불구하고'의 꼴로 쓰임.》 ¶공사다망하신데도 불구하고 왕림해 주셔서 대단히 감사합니다.

불국(佛國)**명** ①부처가 사는 나라, 곧 극락정토. ②불교를 믿는 나라. 비불토.

불군(不群)**명**하형 다른 사람들과는 비교할 수 없을 만큼 매우 뛰어남.

불굴(不屈)**명**하자 어려움에 부닥쳐도 굽히지 않고 끝까지 해냄. 《주로, '불굴의'의 꼴로 쓰임.》 ¶백절(百折) 불굴의 정신.

불궤(不軌)**명**하자 ①법을 지키지 아니함. ②모반(謀叛)을 꾀함. ¶불궤를 꾸미다.

불궤지심(不軌之心)**명** ①법이나 도리에 벗어나는 마음. ②모반을 꾀하는 마음.

불-귀[-뀌]**명** 화승총의 총열에 불을 대는 구멍. 준귀.

불귀(不歸)**명** 〔한번 가서는 돌아오지 않는다는 뜻으로〕'죽음'을 비유하여 이르는 말.

불귀-객(不歸客)**명** 〔돌아올 수 없는 사람이란 뜻으로〕'죽은 사람'을 비유하여 이르는 말. ¶영영 불귀객이 되다.

불-귀신(-鬼神)[-뀌-]**명** 미신(迷信)에서, 불을 맡아 다스리거나 불을 낸다고 하는 귀신. 염정(炎精).

불-규율(不規律)**명** 규율이 서지 아니함.

불-규칙(不規則)**명**하형 ①규칙에서 벗어나 있음. ②고르지 않음. 일정하지 않음.

불규칙^동:사(不規則動詞)[-똥-]**명** 불규칙 활용을 하는 동사. ('잇다→이으니, 구르다→굴러' 따위.〕 변격 동사. 변칙 동사. 벗어난움직씨. ↔규칙 동사. 참불규칙 활용.

불규칙^용:언(不規則用言)[-칭농-]**명** 불규칙 활용을 하는 용언. 〔변격 동사와 형용 용사를 아울러 이름.〕 변격 용언. 변칙 용언. 벗어난풀이씨. ↔규칙 용언. 참불규칙 활용.

불규칙-적(不規則的)[-쩍]**관명** 규칙적이 아닌 (것). ¶불규칙적 현상. /불규칙적으로 식사를 하면 건강에 해롭다.

불규칙^형용사(不規則形容詞)[-치켱-]**명** 불규칙 활용을 하는 형용사. ('낫다→나으니, 밉다→미우니' 따위.〕 변격 형용사. 변칙 형용사. 벗어난그림씨. ↔규칙 형용사. 참불규칙 활용.

불규칙^활용(不規則活用)[-치콰룡]**명** 용언이 활용할 때 어간의 일부가 변하거나, 특정한 어미가 붙거나, 어간과 어미가 함께 변하는 일. 〔'돕다→도와서, 낫다→나으니' 따위.〕 변칙 활용. ↔규칙 활용.

불-균형(不均衡)**명**하형 균형이 잡혀 있지 않음. 고르지 못함. ¶계층 간의 불균형.

불데데-하다형여 좀 천박하게 불그스름하다. 참볼대대하다.

불뎅뎅-하다형여 격에 어울리지 않게 불그스름하다. 참볼대댕하다.

불그레-하다형여 조금 곱게 불그스름하다. 참볼그레하다. ¶술기운이 올라 얼굴이 불그레하다.

불그름-하다형여 〈불그스름하다〉의 준말. 참볼그름하다. 불그름-히뮤.

불그무레-하다형여 엷게 불그스름하다. 참볼그무레하다.

불그숙숙-하다[-쑤카-]형여 수수하게 불그스름하다. 참볼그속속하다. 불그숙숙-히뮤.

불그스레-하다형여 불그스름하다. 참볼그스레하다. 쎈뿔그스레하다.

불그스름-하다형여 조금 붉다. 불그스레하다. 준불그름하다. 참볼그스름하다. 쎈뿔그스름하다. 불그스름-히뮤.

불그죽죽-하다[-쭈카-]형여 고르지 못하고 좀 칙칙하게 불그스름하다. 참볼그족족하다. 쎈뿔그죽죽하다. 불그죽죽-히뮤.

불근(不近) '불근(不近)하다'의 어근.

불근(不勤) '불근(不勤)하다'의 어근.

불근-거리다자타 자꾸 불근불근하다. 불근대다. 참볼근거리다.

불근-대다자타 불근거리다.

불근-불근뮤하자타 질기고 단단한 물건을 입에 넣고 자꾸 씹는 모양, 또는 그런 물건이 자꾸 씹히는 모양. 참볼근볼근.

불-근신(不謹愼)**명**하자 몸을 삼가서 조심하지 않음.

불근인정(不近人情) '불근인정하다'의 어근.

불근인정-하다(不近人情-)형여 인정에 어그러짐이 있다. 참불인정하다.

불근-하다(不近)형여 가깝지 아니하다.

불근-하다(不勤)형여 근실(勤實)하지 못하다.

불금(不禁)**명**하타 금하지(말리지) 아니함.

불급(不及)**명**하자 미치지 못함. ¶이번 작황은 평년작에도 불급하다.

불급(不急)**명**하형 급하지 아니함. 빠르지 아니함. ¶불요(不要)불급.

불긋-불긋[-귿뿔귿]뮤하형 군데군데 붉은 모양. 참볼긋볼긋. 쎈뿔긋뿔긋. 불긋불긋-이뮤.

불긋-하다[-그타-]형여 조금 붉은 듯하다. 참볼긋하다. 쎈뿔긋하다.

불긍(不肯)**명**하타 ①승낙하지 아니함. 들어주지 아니함. ②즐겨 하지 아니함.

불긍저의(不肯底意)[-의/-이]**명**하타 마음속으로 승낙하지 아니함. 마음에 즐기지 아니함.

불-기(-氣)[-끼]**명** 불기운. ¶방에 불기가 없어 꽤 추운데 같다.

불기(不起)**명**하자 〔병으로 누운 채〕 다시 일어나지 못하게 죽음.

불기(不羈)**명** 〔잡아맬 수 없다는 뜻에서〕 행동이 자유로움. 구속을 받지 아니함.

불기(佛紀)**명** 석가모니가 입멸한 해를 원년으로 삼는 불가(佛家)의 기원(紀元). 〔기원전 544년부터 시작함.〕

불기(佛器)**명** 부처의 공양미를 담는 데 쓰는 구리 그릇. 법기(法器).

불-기둥[-끼-]**명** 기둥 모양으로 높이 솟아오르는 불길.

불-기소(不起訴)**명** 유죄(有罪)가 될 가망이 없거나 정상(情狀)에 의하여 기소가 적당하지 않다고 인정될 때, 검사가 공소(公訴)를 제기하지 않는 일. ¶불기소 처분.

불-기운[-끼-]**명** 불의 뜨거운 기운. 불기. ¶불기운이 약하다.

불기이회(不期而會)[-회/-훼]**명**하자 뜻하지 아니한 기회에 우연히 만남.

불긴(不緊) '불긴하다'의 어근.

불긴지사(不緊之事)**명** 요긴하지 아니한 일.

불긴-하다(不緊-)[혱어] 꼭 있어야 하는 것이 아니다. 긴요하지 않다. 불긴-히[문].

불-길[-낄][명] ①활활 타오르는 불꽃. ¶불길을 잡다. /불길에 휩싸이다. ②'세차게 타오르는 감정이나 정열'을 비유하여 이르는 말. ¶분노의 불길.

불길(不吉) '불길하다'의 어근.

불길지사(不吉之事)[-찌-][명] 불길한 일. 좋지 않은 일.

불길지조(不吉之兆)[-찌-][명] 불길한 일이 있을 징조. 불상지조(不祥之兆).

불길-하다(不吉-)[혱어] 길하지 아니하다. 좋지 못하다. ¶불길한 예감이 들다.

불-김[-낌][명] 불의 뜨거운 기운. 열.

불-깃[-낀][명] 산불이 번지지 않게 하기 위하여 타고 있는 곳의 언저리를 미리 태워 버리는 일. ＊불깃이[-끼시]·불깃만[-낀-]

불-까다[타] 동물의 불알을 발라내다. 거세(去勢)하다. ¶불깐 돼지.

불-꽃[-꼳][명] ①붉게 타오르는 불. ¶불꽃이 이글거리다. ②금속이나 돌 따위가 서로 부딪칠 때 일어나는 불빛. 화염(火焰). ＊불꽃이[-꼬치]·불꽃만[-꼰-]

불꽃(이) **튀다**[관용] 다툼이나 경쟁이 치열하다. ¶불꽃 튀는 선거전.

불꽃-같다[-꼳깓따][혱] 일어나는 형세가 대단하다. ¶불생애의 자립을 위한 열정이 불꽃같다. 불꽃같-이[문].

불꽃-놀이[-꼰-][명] (경축이나 기념 행사 등에서) 화약을 쏘아 올려 공중에서 여러 가지 빛깔이나 무늬의 불꽃이 퍼지게 하는 놀이.

불꽃^반:응(-反應)[-꼳빠능][명] ☞염색(焰色)반응.

불꽃^방:전(-放電)[-꼳빵-][명] 높은 전압으로 한 두 전극 사이의 기체가 절연성(絕緣性)을 잃고, 불꽃을 내면서 순간적으로 큰 전류가 흐르는 방전 현상. 섬화 방전(閃火放電).

불꽃-심(-心)[-꼳씸][명] ☞염심(焰心).

불-꾸러미[명] 불씨를 옮기려고 잎나무나 짚 뭉치 따위에 옮겨 붙인 불.

불끈[문] ①[하자] 두드러지게 치밀거나 솟아오르는 모양. ¶근육이 불끈 솟다. ②[하자] 성을 벌컥 내는 모양. ¶성질 화를 내다. ③[하형] 주먹을 갑자기 단단히 쥐는 모양. ¶주먹을 불끈 쥐다. ㉠불끈. **불끈-불끈**[하자타].

불끈-거리다[자타] 자꾸 불끈불끈하다. 불끈대다. ㉠불끈거리다.

불끈-대다[자타] 불끈거리다.

불-나다[-라-][자] 불이 쉽게 끄기 어려운 상태로 일어나다. ¶창고에 불나다.

불난 데 풀무질한다[속담] 남의 잘못된 일을 더 잘못되게 충동질하거나 성난 사람을 더욱 성나게 충동질한다는 말.

불-나방[-라-][명] 불나방과의 곤충. 편 날개 길이 40 mm가량. 앞날개는 다갈색 바탕에 흰색의 폭이 넓은 줄무늬가 있고, 뒷날개는 주황색 바탕에 네 개의 검은 무늬가 있음. 콩·머위·뽕나무 따위의 잎을 갉아 먹는 해충임. 등아(燈蛾). 부나방.

불-난리(-亂離)[-랄-][명] ①불이 나서 집이나 재물이 불타고 인명이 다치는 따위의 무섭고 끔찍스러운 상태. ②시비가 일어 혼잡하고 어지러운 상태.

불납(不納)[-랍][명][하타] 세금이나 공납금 따위를 내지 않음.

불납^결손액(不納缺損額)[-랍껼쏘낵][명] 불납으로 말미암아 결손이 된 조세의 액수.

불내다[-래-][자] 『'불나다'의 사동』 불이 나게 하다. ¶창고에 불내다.

불념(不念)[-렴][대] 〔편지 글에서 '재주가 없다'는 뜻으로〕 자기를 낮추어 일컫는 말.

불노(不怒)[-로][명][하자] 성내지 않음.

불-놀이[-로리][명] (쥐불이나 줄불 따위와 같이) 불을 놓거나 화약을 터뜨리거나 하며 노는 놀이. 화희(火戱).

불농불상(不農不商)[-롱-쌍][명][하자] 농사도 짓지 아니하고 장사도 하지 아니하며 그저 놀고 지냄.

불-놓이[-로-][명][하자] 총으로 사냥하는 일.

불능(不能)[-릉][명] ①능력이 없음. 불가능. ¶재기(再起) 불능.

불능-범(不能犯)[-릉-][명] 행위의 성질로 보아 의도하는 결과의 발생이 전혀 불가능하기 때문에 범죄를 구성하지 않는 행위. 〔신에게 빎으로써 남을 죽게 하려는 행위 따위.〕

불:다[부니·불어] [Ⅰ][자] ①바람이 일어나다. ¶태풍이 불다. /아침저녁으로는 선선한 바람이 분다. ②유행·변화 따위가 일어나 휩쓸다. ¶감원 바람이 불다. [Ⅱ][타] ①입술을 오므리거나 하여 입김을 내어 내다. ¶손을 호호 불다. /휘파람을 불다. ②관악기를 입에 대어 입김으로 소리를 내다. ¶피리를 불다. /나팔을 불다. ③지은 죄를 사실대로 말하다. ¶공모한 사실을 불다.

불고 쓴 듯하다[속담] 집이 너무 가난하여 아무것도 없이 깨끗이 비었다는 말.

불면 꺼질까 쥐면 터질까[속담] 자녀를 끔찍이 아끼며 소중히 기른다는 말.

불단(佛壇)[-딴][명] 부처를 모셔 놓은 단. 수미단(須彌壇).

불당(佛堂)[-땅][명] 부처를 모신 집. 범전(梵殿). 불각(佛閣). 불우(佛宇). 불전(佛殿).

불-당그래[-땅-][명] 아궁이에 불을 밀어 넣거나 그러내는 데 쓰는 작은 고무래.

불-더미[-떠-][명] 불이 붙은 더미. ¶화약을 지고 불더미 속으로 뛰어드는 것이나 마찬가지다.

불-더위[명] 몹시 심한 더위. 불볕더위. ¶삼복 불더위에 초목(草木)이 다 타는 듯하다.

불덕(佛德)[-떡][명] 부처가 갖춘 공덕.

불-덩어리[-떵-][명] 불덩이.

불-덩이[-떵-][명] ①(숯이나 석탄 따위의) 불이 붙어 타고 있는 덩이. ②'열이 심한 몸이나 뜨겁게 단 물체'를 비유하여 이르는 말. ¶불덩이 같은 몸. 불덩이.

불도(佛徒)[-또][명] 〈불교도〉의 준말.

불도(佛道)[-또][명] ①부처의 깨달음에 이르기까지의 가르침이나 수행. 보리. ②부처의 가르침. 법도(法道). 비불교(佛敎).

불도그(bulldog)[명] 영국이 원산인 개의 한 품종. 머리가 크고 넓적하며 양쪽 볼이 처져서 사나워 보이나 성질은 온순함. 코는 납작하고 네 다리는 휘었음. 몸빛은 백색·담황갈색 등 여러 가지인데, 투견용·호신용·애완용 등으로 기름.

불도저(bulldozer)[명] 흙 따위를 밀어내어 땅을 고르는 건설용 차량의 한 가지.

불-돋우개[명] '심돋우개'의 잘못.

불-돌[-똘][명] 화로의 불이 쉬 사위지 않도록 눌러 놓는 돌이나 기와 조각.

불-되다[-되-/-뒈-][혱] ①누르거나 죄는 힘이 세다. ②구박이 심하다.

불-두덩[-뚜-]명 남녀 생식기 위쪽 언저리의 두두룩한 부분.

불두덩-뼈[-뚜-]명 ㄷ치골(恥骨).

불두-화(佛頭花)[-뚜-]명 불두화나무의 꽃. 승두화(僧頭花).

불두화-나무(佛頭花-)[-뚜-]명 인동과의 낙엽 활엽 관목. 높이는 3m가량. 여름에 흰 꽃이 한데 어우러져 큰 공 모양으로 피고, 둥근 열매는 초가을에 붉게 익음. 중부 이남에 분포하는데, 흔히 절에서 관상용으로 심음.

불등(佛燈)[-뜽]명 ㄷ법등(法燈).

불-등걸[-뜽-]명 불이 활짝 핀 숯등걸.

불-땀명 (땔나무의) 불기운의 세고 약한 정도. ¶ 장작이 덜 말라서 불땀이 적다.

불땀-머리명 (자랄 때 햇볕을 많이 받아서) 불땀이 좋은 나무의 남쪽 부분.

불땔-감[-깜]명 ①불을 땔 만한 재료. ②'쓸모 없는 사람'을 조롱하여 이르는 말.

불땔-꾼명 심사가 비뚤어져 남의 일에 헤살 놓기를 좋아하는 사람.

불-똥명 ①심지의 끝이 다 타서 숯처럼 굳어진 부분. ②타는 물체에서 튀어 흩어지는 작은 불덩이.

불똥(이) 튀다관용 사건이나 말썽의 꼬투리가 엉뚱한 사람에게 번지다.

불똥-앉다[-안따]재 등화앉다.

불뚝부형자 ①불끈 솟아나와 불거진 모양. ②갑자기 화를 내는 모양. ¶불뚝 화를 내다. 환볼똑. 세뿔뚝. **불뚝-불뚝**부형자.

불뚝-거리다[-꺼-]재 자꾸 불뚝불뚝하다. 불뚝대다. 환볼똑거리다.

불뚝-대다[-때-]재 불뚝거리다.

불뚝-성[-썽]명 불뚝하고 내는 성.

불뚱-거리다재 자꾸 불뚱불뚱하다. 불뚱대다. 환볼똥거리다.

불뚱-대다재 불뚱거리다.

불뚱-불뚱부형자 걸핏하면 성이 나서 얼굴이 불룩해지는 모양. 환볼똥볼똥.

불뚱-이명 걸핏하면 불뚝성을 잘 내는 성질, 또는 그런 사람. 환볼똥이가 나다. ¶불뚱이를 내다.

불란(不亂)어근 '불란하다'의 어근.

불란-사(-紗)명 여름 옷감으로 쓰이는 서양 직물의 한 가지.

불란서(佛蘭西)명 '프랑스'의 한자음 표기. 준불(佛)².

불란-하다(不亂-)형여 흐트러지지 아니하다. 어지럽지 아니하다. ¶불란한 매스 게임.

불량(不良)명하형스물 ①질(質)이나 상태 따위가 좋지 않음. ¶불량 제품. /성적 불량. ②품행이 좋지 않음. ¶불량 청소년. **불량스레**부.

불량(佛糧)명 불공(佛供)에 쓸 곡식.

불량-기(不良氣)[-끼]명 행실이나 성품 따위가 나쁜 기질. ¶얼굴에 불량기가 흐른다.

불량-답(佛糧畓)명 〈불양답〉의 본딧말.

불량^도(체)(不良導體)명 ㄷ부도체. ↔양도체.

불량-배(不良輩)명 상습적으로 비행(非行)을 저지르는 사람, 또는 그런 무리.

불량-분자(不良分子)명 ①성행(性行)이 불량한 사람. ②(어떤 조직체 안에서) 성행이 좋지 않은 소수의 사람.

불량-소년(不良少年)명 불량한 행위를 일삼아 하는 소년.

불량-아(不良兒)명 품행이 좋지 못한 아이.

불량-자(不良者)명 행실이 좋지 못한 사람.

불량-품(不良品)명 품질이 좋지 않은 물건.

불러-내다타 불러서 나오게 하다. ¶친구를 밖으로 불러내어 만나다.

불러-들이다타 불러서 들어오게 하다. ¶시어머니가 며느리를 방 안으로 불러들였다.

불러-오다타 ①불러서 오게 하다. ¶의사를 집에 불러오다. ②(어떤 행동이나 상태·감정 따위를) 일어나게 하다. ¶폭우가 막대한 재해를 불러왔다.

불러-일으키다타 ①남을 부추기거나 하여 어떤 행동이나 상태가 일어나게 하다. ¶여론을 불러일으키다. /의욕을 불러일으키다. ②어떤 일이 다른 사람의 감동을 자아내다.

불력(佛力)명 부처의 공력. 부처의 힘.

불렴(不廉)어근 '불렴하다'의 어근.

불렴-하다(不廉-)형여 값이 싸지 아니하다.

불령(不逞)명하자 (현재의 체제에 대하여) 불만을 품고 제멋대로 행동하는 일.

불령-분자(不逞分子)명 (체제에 대하여) 불만을 품고 제멋대로 행동하는 사람.

불령지도(不逞之徒)명 불령분자의 무리.

불로(不老)명 '불로(不老)하다'의 어근.

불로(不勞)명 '불로(不勞)하다'의 어근.

불로불사(不老不死)[-싸]명하자 늙지도 아니하고 죽지도 아니함.

불로불소(不老不少)[-쏘]명 늙지도 아니하고 젊지도 아니함.

불로^소-득(不勞所得)명 노동의 대가로 얻는 소득이 아닌 소득. 〔이자·배당금·부동산 임대료 따위.〕 ↔근로 소득.

불로^소-득세(不勞所得稅)[-쎄]명 불로 소득에 대하여 부과하는 세금. 〔상속세·증여세·양도 소득세 따위.〕

불로장생(不老長生)명하자 늙지 않고 오래오래 삶. ¶불로장생의 비법을 전수하다.

불로-초(不老草)명 먹으면 늙지 않는다는 약초. 〔선경(仙境)에 있다고 함.〕

불로-하다(不老-)재여 늙지 아니하다.

불로-하다(不勞-)재여 일하지 아니하다.

불록(不祿)명 〔지난날〕①녹을 다 타지 않고 죽는다는 뜻으로, '선비의 죽음'을 이르던 말. ②'제후(諸侯)의 죽음'을 다른 나라에 알릴 때 겸손하게 이르던 말.

불룩부형자 물체의 거죽이 크게 두드러지거나 쑥 내밀린 모양. ¶아랫배가 불룩 나오다. /버지께서 배를 불룩해 보였다. 환볼록. 세뿔룩. **불룩-불룩**부형자.

불룩-거리다[-꺼-]재타 자꾸 불룩불룩하다. 불룩대다. 환볼록거리다. 세뿔룩거리다.

불룩-대다[-때-]재타 불룩거리다.

불룩-하다[-루카-]형여 물체의 거죽이 크게 두드러지거나 쑥 내밀려 있다. ¶주머니가 불룩하다. 환볼록하다. 세뿔룩하다. **불룩-이**부.

불륜(不倫)명 (남녀 관계가) 윤리에서 벗어남. ¶불륜 행위. /불륜을 저지르다.

불리(不利)명하형 이롭지 아니함. ¶불리한 형세. ↔유리(有利).

불-리다¹ 재타 ①『'불다'의 피동』 바람을 받아서 날리어지다. ¶바람에 불려 멀리 날아가다. ②타 『'불다'의 사동』①악기를 불게 하다. ②사실대로 말하게 하다.

불리다² 재타 『'부르다'의 피동』①남에게 부름을 받다. ¶형에게 불려 가다. ②노래가 불려 지다. ¶요즘 청소년들에게 가장 많이 불리는 유행가. ③이름이 붙여지다. 일컬어지다. ¶홍콩은 동양의 진주로 불린다.

불리다³[타] 〖'부르다²'의 사동〗(배를) 부르게 하다.

불리다⁴[타] 〖'붇다'의 사동〗①물건을 물에 축여서 붇게 하다. ¶볍씨를 불린다. ②부피가 늘거나 수효가 많아지게 하다. ¶재산을 불린다.

불리다⁵[타] ①쇠를 불에 달구어 성질을 변화시키다. ¶쇠를 불린다. ②타작할 때, 곡식을 부치거나 까불어서 잡것을 날려 버린다. ③과거에 급제한 사람에게 선배 되는 사람이 축하하러 찾아와서 삼진삼퇴(三進三退) 등을 시키고 괴롭히다.

불리-우다[자] '불리다²'의 잘못.

불림[명] 쇠를 불 속에 넣어 불리는 일.

불림²(一)[하자] ①윷판을 부는 일. ②(노름판 같은 곳에서) 무엇이라고 불러서 남에게 알리는 짓.

불립^문자(不立文字)[一립一짜][명] 〔문자로써 세우지 않는다는 뜻으로〕불도(佛道)의 깨달음은 마음에서 마음으로 전해지는 것이지, 문자나 말로 전해지는 것이 아니라는 말.

불만(不滿)[명][하형][스형] 마음에 차지 않는 느낌, 또는 그런 마음의 표시. ¶불만의 소리가 높다. /불만이 쌓이다. **불만-히**[부]. **불만스레**[부].

불-만족(不滿足)[명][하형][스형] (바라거나 마음먹은 대로 이루어지지 아니하여) 만족스럽지 아니함, 또는 그런 상태. ¶애써 한 일이 불만족한 결과로 끝났다. **불만족스레**[부].

불망(不忘)[명][하타] 잊지 않음. ¶오매(寤寐)불망.

불망-기(不忘記)[명] 잊지 않기 위하여 적어 놓은 글. 메모. 비망록(備忘錄).

불망지은(不忘之恩)[명] 잊지 못할 은혜.

불매(不買)[명][하타] 사지 아니함. ¶불매 운동.

불매(不賣)[명][하타] 팔지 아니함.

불매^동맹(不買同盟)[명] (생산자에 대한 제재 수단으로서) 소비자가 단결하여 어떤 상품을 사지 않기로 하는 약속, 또는 그 조직. 보이콧.

불면(不免)[명][하형] 면할 수가 없음. ¶문책(問責) 불면의 처지에 놓이다.

불면(不眠)[명][하자] 잠을 자지 않음, 또는 잠을 자지 못함. ¶불면에 시달리다.

불면불휴(不眠不休)[명][하자] 〔자지도 아니하고 쉬지도 아니한다는 뜻으로〕곧 잠시도 쉬지 아니하고 힘써 일함을 이르는 말. ¶불면불휴의 노력을 기울이다.

불면-증(不眠症)[一쯩][명] 잠을 잘 수 없는 상태가 오래도록 지속되는 증세.

불멸(不滅)[명][하자] 영원히 없어지지 않음. 멸망하지 않음. ¶불멸의 업적. /나는 영혼이 불멸하다는 것을 믿는다.

불멸(佛滅)[명] 석가모니의 죽음.

불명(不明)[명][하형] ①분명하지 않음. 잘 알 수 없음. ¶불분명. ②수취인 불명. ②사리에 어두움. ¶불명의 소치(所致).

불명(佛名)[명] ①부처의 이름. 〔아미타여래·다보여래 등.〕불호(佛號). ②불법에 귀의한 사람에게 붙이는 이름.

불명료(不明瞭)[명] '불명료하다'의 어근.

불명료-하다(不明瞭一)[一뇨一][형여] 불분명하다.

불명-수(不名數)[一쑤][명] 단위의 이름을 붙이지 아니한 수. 무명수(無名數). ↔명수.

불-명예(不名譽)[명][하형][스형] 명예롭지 못함. 불명예스레[부].

불명예-제대(不名譽除隊)[명] 군사 법원에서 유죄 판결을 받아야 하는 제대. ↔명예제대.

불-명확(不明確)[명][하형] 명확하지 아니함.

불모(不毛)[명] ①땅이 메말라 농작물이 자라지 않는 일, 또는 그런 땅. ¶불모의 땅. ②'아무런 발전도 결실도 얻지 못함'을 비유하여 이르는 말. ¶불모의 시대.

불모(佛母)[명] ①석가모니의 어머니. ②불상(佛像)을 그리는 사람.

불모이동(不謀而同)[명][하형] 미리 짜거나 의논하거나 하지 않았는데도 의견이 같음.

불모-지(不毛地)[명] ①식물이 자라지 않는 거칠고 메마른 땅. 불모지지. ②'어떤 사물이나 현상이 발달되어 있지 않은 곳'을 비유하여 이르는 말. ¶야구의 불모지. /조선 공업의 불모지.

불모지지(不毛之地)[명] ☞불모지.

불-목[명] 온돌방의 아랫목에서도 가장 더운 자리, 곧 아궁이가 가까워 불길을 많이 받는 곳. ¶불목을 차지하다.

불목(不睦)[명][하형] 집안끼리 또는 형제끼리 서로 사이가 좋지 아니함.

불목-하니[一모카一][명] 절에서 밥 짓고 물 긷는 일을 맡아서 하는 사람.

불무[붉의·붉믈][명][옛] 풀무. ¶불무로 한 象을 노기며(圓覺上一之二17). /불무 야:冶(訓蒙下7). /붉긔 能히 펴디 몯하야(南明下71).

불무(不無)[명] '불무하다'의 어근. ↔불유.

불무-하다(不無一)[형여] 없지 않다. ¶감회가 불무하다.

불문(不文)¹[명] 〈불성문(不成文)〉의 준말.

불문(不文)² '불문하다'의 어근.

불문(不問)[명][하타] ①묻지 아니함. ②밝히지 않고 덮어 둠. 캐묻지 아니함. ¶이번 사건은 불문에 부치기로 결정했다. ③가리지 아니함. ¶남녀를 불문하고 해당 분야 자격증 소지자를 찾습니다.

불문(佛文)[명] 프랑스 어로 된 글.

불문(佛門)[명] ☞불가(佛家). 석문(釋門).

불문가지(不問可知)[명] 묻지 않아도 알 수 있음. ¶그가 집에 없다는 것은 불문가지다.

불문곡절(不問曲折)[一쩔][명][하타] 어떻게 된 영문인지를 묻지 아니함. 《주로, '불문곡절하고'의 꼴로 쓰임.》 ¶불문곡절하고 거절하다.

불문곡직(不問曲直)[一찍][명][하타] 옳고 그름을 묻지 아니함. 《주로, '불문곡직하고'의 꼴로 쓰임.》 ¶불문곡직하고 멱살부터 잡다.

불문-법(不文法)[一뻡][명] 조문화(條文化)되어 있지 않으나 관례상 인정되는 법. 〔관습법·판례법 따위.〕 ↔성문법.

불문-율(不文律)[一뉼][명] ①☞불문법. ↔성문율(成文律). ②은연중에 서로 납득하여 지키고 있는 규칙. ¶상급생이 회장직을 맡는 것이 불문율처럼 되어 있다.

불문-하다(不文一)[형여] 글에 대한 지식이 없다.

불-문학(佛文學)[명] 프랑스 문학.

불문^헌:법(不文憲法)[一뻡][명] 체계적으로 성문화하지 않은 헌법.

불뭇골[一묻一][명][옛] 골. ¶불뭇골 패:韛(訓蒙下7).

불미(不美)[명] '불미하다'의 어근.

불미(佛米)[명] 부처 앞에 올리는 밥을 짓는 쌀. 마지쌀.

불미-스럽다(不美一)[一따][~스러우니·~스러워][형비] 불미한 데가 있다. ¶불미스러운 일을 저질렀다. **불미스레**[부].

불미-하다(不美一)[형여] 아름답지 못하고 추잡하다. 떳떳하지 못하다.

불민(不敏) '불민(不敏)하다'의 어근.

불민(不憫·不愍) '불민(不憫·不愍)하다'의 어근.

불민-하다(不敏-)[형여] ①기민(機敏)하지 못하다. ②어리석고 굼뜨다.

불민-하다(不憫-·不愍-)[형여] 딱하고 가엾다. ¶불민한 처지를 동정하다.

불-바다(-)[명] ①사나운 기세로 넓은 지역에 걸쳐서 타오르는 불. 화해(火海). ②(밤에) 수많은 불이 환히 켜진 너른 지역. ¶온통 불바다를 이룬 서울의 야경(夜景).

불반(佛盤)[명] ☞불발우(佛鉢盂).

불발(不拔)[명][하자] ①(아주 든든하여) 빠지지 아니함. ¶만고(萬古) 불발. ②(의지가 굳어) 흔들리지 아니함.

불발(不發)[명][하자][되자] ①탄알이나 폭탄이 발사되지 않거나 터지지 아니함. ②계획했던 일을 못하게 됨. ¶여행 계획이 불발로 끝나다.

불발(佛鉢)[명] ☞마지밥그릇(摩旨鉢器).

불-발기[명] 세 쪽이나 네 쪽 장지의 한가운데를 교창(交窓)이나 완자창처럼 짜고 창호지를 바르는 방식. 위아래 부분은 종이로 안팎을 싸서 바름.

불발-우(佛鉢盂)[명] 불발을 받쳐 들고 다니는 큰 쟁반. 불반(佛盤).

불발-탄(不發彈)[명] 불발한 탄알이나 폭탄.

불-밤송이[명] 익기 전에 말라 떨어진 밤송이.

불범(不凡)[명] '불범하다'의 어근.

불범(不犯)[명][하자]남자와 여자가 서로 사통(私通)하지 아니함. ②[하타] 범하지 아니함.

불범-하다(不凡-)[형여] ☞비범(非凡)하다.

불법(不法)[명][하형] 법에 어긋나 있음. 비법(非法). ¶불법 주차. ↔합법(合法).

불법(佛法)[명] 부처의 가르침. 불교(佛敎). ¶불법에 귀의하다. 비불도(佛道).

불법^감금(不法監禁)[-깜-][명] (법에 따르지 아니하고) 남을 감금하여 그 자유를 속박함.

불법-계(佛法界)[-께/-께][명] ☞불가(佛家).

불법승(佛法僧)[-쑹][명] 불보(佛寶)·법보(法寶)·승보(僧寶)의 '삼보(三寶)'를 아울러 이르는 말. 곧, 부처와 부처의 가르침인 불법(佛法)과, 불법을 받드는 중.

불법-적(不法的)[-쩍][관명] 법에 어긋나는 (것). ¶불법적 방법. 불법적으로 취득하다.

불법^점유(不法占有)[-쩌뮤][명] 정당한 권리도 없이 남의 것을 점유함.

불법^행위(不法行爲)[-버팡-][명] 고의 또는 과실에 의하여 남의 권리를 침해함으로써 손해를 입히는 행위.

불법-화(不法化)[-버콰][명][하자타][되자] 합법이 아닌 것으로 됨, 또는 그리되게 함. ¶국책(國策)에 어긋나는 사회 단체를 불법화하다.

불-벼락[명] 호된 꾸짖음. ¶불벼락이 내리다.

불-벼룩[명] 몹시 심하게 무는 벼룩.

불벽(佛壁)[명] 화반(花盤)과 화반 사이의 빈 데를 메우는, 흙으로 된 벽. [당代에서는, 흔히 여기에 불상(佛像)을 그리기 때문에 이르는 말.]

불-벽돌(-甓-)[-똘][명] ☞내화 벽돌.

불변(不辨)[명][하타] 분간하지 못함. ¶선악을 불변하다.

불변(不變)[명][하자] 변하지 아니함. 변하게 하지 아니함. ¶불변의 진리. ↔가변(可變).

불변경-주의(不變更主義)[-의/-이][명] 형사 소송법상의 직권주의(職權主義)의 한 가지. 공소를 제기한 이상 취소를 허용하지 아니하는 주의. ↔변경주의.

불변^기간(不變期間)[명] 소송 행위에서, 변경하지 못하도록 법률로 정해 놓은 기간.

불변^비:용(不變費用)[명] ☞고정비.

불변-색(不變色)[명] 오래도록 변하지 아니하는 빛깔, 또는 그런 채료(彩料). ¶불변색 사진.

불변-성(不變性)[-썽][명] 변하지 않는 성질.

불변^자본(不變資本)[명] 원료·보조 재료·노동 수단 등 생산 수단의 구입에 지출되는 자본. ↔가변 자본.

불-병풍(-屛風)[명] 바람받이에 놓인 화로에 바람을 막기 위해서 치는 병풍. 흔히, 조그마하게 세 쪽으로 만듦.

불-별(-별)[명] 몹시 뜨겁게 내리쬐는 별. *불별이[-벼치]·불별을[-벼틀]·불별만[-변-]

불별-나다[-변-][자] 불별이 내리쬐다.

불별-더위[-변더-][명] 불더위.

불보(佛寶)[명] 삼보(三寶)의 하나. 스스로 진리를 깨닫고, 또 남을 깨닫게 하는 부처를 보배롭다는 뜻으로 이르는 말.

불-보살(佛菩薩)[명] 부처와 보살.

불복(不服)[명][하자] ①복종하지 아니함. 불복종. ¶상관의 명령에 불복하다. ②복죄(服罪)하지 아니함.

불복-상고(不服上告)[-쌍-][명] ☞상고(上告).

불복^신청(不服申請)[-씬-][명] ①부당한 행정 처분의 취소·변경을 관계 행정 기관에 청구하는 일. ②[법의 관결에 불복하여, 동일 또는 상급 법원에 그 취소나 변경 재판을 요구하는 일.

불-복일(不卜日)[명][하자] (혼인이나 장례 따위를) 날을 받지 아니하고 지냄.

불-복종(不服從)[-쫑][명][하자] 복종하지 아니함. 불복. ¶명령에 불복종하다.

불-부채[명] 불을 부치는 부채. 화선(火扇).

불-동서(不分東西)[명][하자] 동서를 가리지 못할 만큼 어리석음.

불분명(不分明)[명] '불분명하다'의 어근.

불분명-하다(不分明-)[형여] 분명하지 아니하다. 불명료하다. ¶기억이 불분명하다.

불분상하(不分上下)[명][하자] 위아래를 가리지 못함. 상하를 분간하지 못함.

불분승부(不分勝負)[명][하자] 승부를 가리지 못함.

불분주야(不分晝夜)[명][하자] 밤낮을 가리지 아니하고 힘씀.

불-붙다[-붇따][자] ①물체에 불이 당기어 타기 시작하다. ②어떤 일이 치열하게 되다. ¶쌍방의 공방이 불붙기 시작하다.

불붙는 데 키질하기[속담] 일이 잘못되어 가는 판인데, 옆에서 충동질하여 더욱 잘못되어 가게 한다는 뜻.

불비(不備)[명][하형] ①제대로 갖추지 못함. ¶서류 불비. ②글이 제대로 정리되어 있지 않다는 뜻으로, 한문 투의 편지 글 끝에 덧붙이는 말. ¶불비 상서(上書). ②[불구(不具).

불비지혜(不費之惠)[-혜/-헤][명] 자기에게는 손해됨이 없고, 남에게는 보탬이 되는 은혜.

불빈(不貧)[명] '불빈하다'의 어근.

불빈-하다(不貧-)[형여] 가난하지 아니하다.

불-빛(-빛)[명] ①타는 불의 빛. 화광(火光). ②등불·전등 따위에서 비치는 빛. ¶불빛이 새어 나오다. *불빛이[-삐치]·불빛만[-삔-]

불사(不仕)[-싸][명][하자] 벼슬을 시켜도 나서서 하지 아니함.

불사(不死)[-싸][명] ①[하자]죽지 아니함. ¶장생(長生)불사. ②'염불을 하다가 죽은 속인의 혼령'을 무당 사회에서 이르는 말.

불사(가) 세다[관용] 조상 중에 불사가 된 이가 있어 자손을 기르는 데 탈이 많다.

불사(不似)[-싸][명] '불사하다'의 어근.

불사(不俟·不竢) [−싸−]圓해타 기다리지 아니함.

불사(不辭) [−싸−]圓해타 사양하지 아니함. ¶일전(一戰)을 불사하다.

불사(佛寺) [−싸−]圓 ☞절1.

불사(佛事) [−싸−]圓 불가(佛家)에서 하는 행사. 법사(法事). 법업(法業).

불사(佛師) [−싸−]圓 불상(佛像)을 만드는 사람.

불-사르다[∼사르니·∼살라]타로 ①불에 태워 없애다. 사르다. ¶기록을 불사르다. ②어떤 것을 남김없이 없애 버리다. ¶청춘을 불사르다.

불-사리(佛舍利)圓 석가모니의 유골. 불골. 사리.

불사불멸(不死不滅) [−싸−]圓해자 가톨릭에서 이르는, 신(神)의 특성의 한 가지로, 죽지도 아니하고 없어지지도 아니하는 일.

불사-상(佛事床) [−싸−]圓 무당이 굿할 때 차리는 제물상.

불사-신(不死身) [−싸−]圓 ①어떤 병이나 상해(傷害)·고통 등에도 견디어 내는 몸, 또는 그런 몸. ②어떤 어려움이나 실패에도 꺾이지 않는 일, 또는 그런 사람. ¶불사신의 용기.

불사-약(不死藥) [−싸−]圓 먹으면 죽지 않는다는 선약(仙藥).

불사영생(不死永生) [−싸−]圓해자 죽지 아니하고 영원히 삶.

불사이군(不事二君) [−싸−]圓 한 사람이 두 임금을 섬기지 아니함. ¶충신은 불사이군이라.

불사-조(不死鳥) [−싸−]圓 ①'어떠한 고난에도 굴하지 않고 이겨 내는 사람'을 비유하여 이르는 말. ②500년마다 제단(祭壇)의 불에 타 죽고는 그 재 속에서 다시 태어난다는 새. 이집트 신화에 나오는 '피닉스'를 이르는 말. 불새.

불사-초(不死草) [−싸−]圓 ☞맥문동(麥門冬).

불사-하다(不似−) [−싸−]톈예 닮지 아니하다.

불살(不殺) [−쌀]圓해타 죽이지 아니함.

불-살생(不殺生) [−쌀−]圓해타 살아 있는 것을 죽이지 아니함.

불삽(黻翣) [−쌉]圓 발인(發靷) 때, 상여의 앞뒤에 세우고 가는 제구. '亞'자 모양을 그린 널조각에 긴 자루를 대었음.

불상(不祥) [−쌍]圓 '불상(不祥)하다'의 어근.

불상(不詳) [−쌍]圓 '불상(不詳)하다'의 어근.

불상(佛相) [−쌍]圓 부처의 얼굴 모습.

불상(佛像) [−쌍]圓 부처의 모습을 조각이나 그림으로 나타낸 것. 부처. 불체(佛體).

불-상견(不相見) [−쌍−]圓해자타 (뜻이 맞지 않아서) 서로 만나지 아니함.

불-상놈(−常−) [−쌍−]圓 아주 천한 상놈.

불-상능(不相能) [−쌍−]圓해톈 사이가 서로 좋지 아니함.

불-상당(不相當) [−쌍−]圓해톈 알맞지 아니함.

불-상동(不相同) [−쌍−]圓해톈 (두 사물이) 서로 같지 아니함.

불-상득(不相得) [−쌍−]圓 서로 마음이 맞지 아니함.

불상-사(不祥事) [−쌍−]圓 상서롭지 못한 일. 좋지 아니한 일. ¶불상사가 일어나다.

불-상용(不相容) [−쌍−]圓해타 서로 용납하지 아니함.

불-상응(不相應) [−쌍−]圓해자 ①서로 응하지 아니함. ②서로 어울리지 아니함.

불상지언(不祥之言) [−쌍−]圓 상서(祥瑞)롭지 못한 말.

불상지조(不祥之兆) [−쌍−]圓 ☞불길지조.

불상-하다(不祥−) [−쌍−]톈예 상서롭지 못하다. 경사스럽지 아니하다.

불상-하다(不詳−) 자세하지 아니하다. 자세히 알 수 없다. ¶작자(作者)가 누구인지 불상하다.

불-상합(不相合) [−쌍−]圓해자 서로 맞지 아니함. 서로 부합되지 아니함.

불상-화(佛桑花) [−쌍−]圓 아욱과의 상록 관목. 온실에서 재배하며, 겨울에서 초봄 사이에 붉은 다섯잎꽃이 핌.

불-새[−쌔]圓 ☞불사조.

불생불멸(不生不滅) [−쌩−]圓 불교에서 이르는, 생겨나지도 아니하고 죽어 없어지지도 아니하는, 상주불멸(常住不滅)하는 진여(眞如)의 경지. 불생불사.

불생불사(不生不死) [−쌩−싸]圓 ☞불생불멸.

불생-일(佛生日) [−쌩−]圓 ☞불탄일(佛誕日).

불서(佛書) [−써]圓 〈불가서(佛家書)〉의 준말.

불서(拂曙) [−써]圓 새벽. 날이 샐 무렵. 불효(拂曉).

불석(不惜) [−썩]圓해타 아끼지 아니함.

불석-신명(不惜身命) [−썩씬−]圓해자 불법(佛法)을 위하여 목숨을 아끼지 아니함.

불석천금(不惜千金) [−썩−]圓 많은 돈을 아끼지 아니함.

불선(不宣) [−썬]圓 〔충분히 다 말하지 못하였다는 뜻으로〕한문 투의 편지 글 끝에 덧붙이는 말. 손윗사람에게는 쓰지 아니함.

불선(不善) [−썬]圓해톈 좋지 못함. 착하지 아니함.

불선거행(不善擧行) [−썬−]圓해자 맡은 일을 잘 해내지 못함.

불선불후(不先不後) [−썬−]圓해자 공교롭게도 꼭 좋지 아니한 때를 만남.

불설(不屑) [−썰]圓해타 대수롭지 않게 여기어 마음에 두지 아니함.

불설(佛說) [−썰]圓 부처의 가르침. 불교의 가르침.

불섬(不贍) '불섬하다'의 어근.

불섬-하다(不贍−) [−썸−]톈예 (살림이) 넉넉하지 못하다.

불-섭생(不攝生) [−썹−]圓해자 (폭음·폭식 또는 과로 따위를 함으로써) 섭생을 잘하지 못함.

불성(不成) [−썽]圓해자 이루어지지 못함.

불성(不誠) [−썽]圓해톈 〈불성실〉의 준말.

불성(佛性) [−썽]圓 ①부처의 본성. ②모든 사람이 본디 지니고 있는, 부처가 될 수 있는 자비스러운 성질.

불성(佛聖) [−썽]圓 '부처'를 거룩하게 일컫는 말.

불-성공(不成功) [−썽−]圓해자 성공하지 못함.

불-성립(不成立) [−썽닙]圓해자 성립되지 아니함.

불성모양(不成模樣) [−썽−]圓 ①형체가 이루어지지 못함. ②몹시 가난하여 옷차림이 허술함.

불-성문(不成文) [−썽−]圓 글자로 써서 나타내지 아니함. 성문화되어 있지 아니함. 盎불문(不文).

불-성설(不成說) [−썽−]圓 〈어불성설〉의 준말.

불-성실(不誠實) [−썽−]圓해톈 성실하지 못함. ¶불성실한 근무 자세. 盎불성.

불성인사(不省人事) [−썽−]圓해자 ☞인사불성.

불-세례(−洗禮)圓 기독교에서, 성령의 충만으로 죄악과 부정(不淨)을 불살라 깨끗하게 됨을 이르는 말. 화세(火洗).

불세지공(不世之功) [−쎄−]圓 세상에 다시 없는 큰 공로.

불세지재(不世之才) [−쎄−]圓 세상에 다시 없는 큰 재주, 또는 그런 재주를 가진 사람.

불-세출(不世出)[-쎄-]圓[하형] 세상에 다시 없을 만큼 뛰어남.《주로, '불세출의'의 꼴로 쓰임.》¶불세출의 명장(名將).
불소(不少) '불소하다'의 어근.
불소(弗素)[-쏘]圓플루오르.
불-소급(不遡及)[-쏘-]圓[하타] ①소급하지 아니함. ②법률이 그 제정 이전의 사실에 소급하여 적용되지 아니하는 일. ¶불소급의 원칙.
불소-하다(不少-)[-쏘-]圓어 적지 아니하다. ¶그런 사례가 불소하다.
불-소화(不消化)[-쏘-] 소화가 되지 아니함.
불-속[-쏙]圓 ①'매우 고통스러운 지경'을 비유하여 이르는 말. 화중. ¶전쟁의 불속. ②'총포탄이 터지고 날아드는 속'을 비유하여 이르는 말. ¶불속을 뚫고 돌진하다.
불속(不俗) '불속하다'의 어근.
불속-하다(不俗-)[-쏘카-]圓어 속되지 아니하다.
불손(不遜)[-쏜]圓[하형] 공손하지 아니함. 거만함. ¶불손한 언동. **불손-히**[무].
불수(不隨)[-쑤]圓 (병 따위로) 몸이 마음대로 움직이지 아니하는 일. ¶반신(半身)불수.
불수(佛手)[-쑤]〈불수감〉의 준말.
불수-감(佛手柑)[-쑤-]圓 불수감나무의 열매. ⑩불수.
불수감-나무(佛手柑-)[-쑤-]圓 운향과의 상록관목. 높이는 3m가량. 여름철에 엷은 자줏빛의 다섯잎꽃이 피고, 겨울에 길둥근 열매가 익음. 과육은 없으나 향기가 좋음. 서리가 없는 따뜻한 지방에서 화분 등에 심어 재배함.
불수-강(不銹鋼)[-쑤-]圓 녹슬지 않는 강철. 스테인리스 스틸. 스테인리스강.
불수-근(不隨筋)[-쑤-]圓〈불수의근〉의 준말.
불-수년(不數年)[-쑤-]圓 두세 해가 다 걸리지 아니하는 동안.
불수다언(不須多言)[-쑤-]圓[하형] 여러 말 할 필요가 없음.
불수-산(佛手散)[-쑤-]圓 해산을 전후하여 쓰는 탕약. 궁귀탕(芎歸湯).
불-수의(不隨意)[-쑤의/-쑤이]圓 마음대로 되지 아니함.
불수의-근(不隨意筋)[-쑤의-/-쑤이-]圓 ☞제대로근. ⑩불수근. ↔수의근.
불-수일(不數日)[-쑤-]圓 이삼 일이 걸리지 아니하는 동안. ¶불수일 내에 끝낼 일.
불숙(不熟)[-쑥]圓 ①[자]익지 아니함. ②[하형] 익숙하지 아니함.
불숙련-노동(不熟練勞動)[-쑹년-]圓 특별한 훈련을 거치지 아니하고도 익힐 수 있는 단순한 노동. ⑭단순 노동.
불순(不純)[-쑨]圓[하형] 순수하지 못함. 순진하지 아니함. ¶불순한 생각. **불순-히**[무].
불순(不順)[-쑨]圓[하형] ①고분고분하지 아니함. ¶성질이 불순하다. ②순조롭지 못함. ¶날씨가 불순하다. **불순-히**[무].
불-순물(不純物)[-쑨-]圓 순수하지 못한 물질. ¶불순물이 섞인 기름. ⑭잡물.
불순-분자(不純分子)[-쑨-]圓 사상·이념 따위가 그 조직의 것과 달라 비판적으로 지적되는 사람.
불-순종(不順從)[-쑨-]圓[하자] 순종하지 아니함.
불시(不時)[-씨]圓 뜻하지 아니한 때.《주로, '불시로'·'불시의'·'불시에'의 꼴로 쓰임.》¶불시의 방문객. /회의를 불시에 소집하다. ②제철이 아닌 때.

불시지수(不時之需)[-씨-]圓 때 아닌 때에 하게 되는 음식 따위.
불시-착(不時着)[-씨-]圓[자] (항공기가 고장, 연료 부족, 기상 악화 등의 사고로) 예정 외의 지점에 임시로 착륙하는 일. 불시 착륙.
불시^착륙(不時着陸)[-씨창뉵]圓 ☞불시착(不時着).
불식(不食)[-씩]圓[하타] 먹지 아니함.
불식(不息)[-씩]圓[하자] 쉬지 아니함.
불식(佛式)[-씩]圓 ①불가(佛家)의 방식. ②불교의 의식. ¶불식 장례.
불식(拂拭)[-씩]圓[하타][되자] 말끔하게 씻어 없앰. ¶오해를 불식하다.
불식자포(不食自逋)[-씩짜-]圓[하자] 떼어먹지 않았는데도 공금(公金)이 저절로 축나는 일.
불식지공(不息之工)[-씩찌-]圓 쉬지 아니하고 차근차근 꾸준히 하는 일.
불식지보(不食之報)[-씩찌-]圓 조상의 음덕으로 자손이 잘되는 응보.
불신(不信)[-씬]圓[하타] 믿지 아니함. ¶불신에 빠지다. /불신을 초래하다. /남을 불신하면 남도 너를 불신한다.
불신(佛身)[-씬]圓 부처의 몸. 불체(佛體).
불신-감(不信感)[-씬-]圓 믿지 못하는 마음. 미덥지 아니한 느낌. ¶불신감을 해소하다.
불-신실(不信實)[-씬-]圓[하형] 신실하지 아니함. 미덥지 아니함.
불-신용(不信用)[-씬뇽]圓[하타] 신용하지 아니하거나 못함.
불-신임(不信任)[-씨님]圓[하타] 신임하지 아니함. ¶내각을 불신임하다.
불신임^결의(不信任決議)[-씨님겨릐/-씨님겨리]圓 신임하지 아니한다는 뜻의 의회의 의사 표시. 보통, 의원 내각제에서 의회가 내각이나 국무 위원에 대하여 행하는 것을 가리킴.
불신임-안(不信任案)[-씨님안]圓 불신임의 뜻을 의결하기 위한 의안. ¶국회에서 내각 불신임안을 제출하다.
불신-자(不信者)[-씬-]圓 (종교인의 처지에서) 신앙을 가지지 아니한 사람을 일컫는 말.
불신지심(不臣之心)[-씬-]圓 신하로서 임금을 섬기지 아니하려는 마음.
불신지심(不信之心)[-씬-]圓 믿지 않는 마음.
불신-행위(不信行爲)[-씬-]圓 신의에 어긋나는 행위. 믿을 수 없는 행위.
불실(不實)[-씰]圓 '부실(不實)'의 잘못.
불실기본(不失其本)[-씰-]圓[하자] 본분(本分)을 잃지 아니함.
불실본색(不失本色)[-씰-]圓[하자] 본색을 잃지 아니함.
불실척촌(不失尺寸)[-씰-]圓[하자] 〔한 자 한 치도 잃지 않는다는 뜻으로〕 조금도 법도에 어그러지지 아니함.
불심(不審)[-씸]圓[하형] ①자세히 알지 못함. 미심(未審). ②의심스러움.
불심(佛心)[-씸]圓 ①부처의 자비심. 부처와 같은 자비스러운 마음. 보리심. ②중생이 본디부터 지니고 있는 부처로서의 본성.
불심^검문(不審檢問)[-씸-]圓 거동이 수상한 사람에 대하여 경찰관이나 헌병 등이 길거리 같은 곳에서 검문하는 일. 직무 질문.
불심상관(不甚相關)[-씸-]圓[하형] 크게 관계될 것이 아님.
불심상원(不甚相遠)[-씸-]圓[하형] 크게 다르지 아니하고 거의 같음.

불쌍-하다[형]어] 가엾고 애처럽다. ¶그의 처지가 불쌍하다. **불쌍-히**[튀].

불-쏘다[타] ①(과녁을) 맞히지 못하다. ②(목적을) 이루지 못하다.

불-쏘시개[명] (장작을 때거나 숯불을 피울 때) 불을 옮겨 붙이기 위하여 먼저 쓰는 잎나무나 관솔 따위. ㈜쏘시개.

불쑥[튀] ①갑자기 쑥 내밀거나 비어져 나오는 모양. ¶주먹을 불쑥 내밀다. ②[하타]앞뒤를 헤아림이 없이 함부로 말을 하는 모양. ¶불쑥 말을 꺼내다. ㈜불쑥. ㈜불쑥. **불쑥-불쑥**[튀][하타].

불쑥-거리다[-꺼-][자타] 자꾸 불쑥불쑥하다. 불쑥대다. ㈜불쑥거리다.

불쑥-대다[-때-][자타] 불쑥거리다.

불쑥-하다[-쑤카-][형어] 불룩하게 나와 있다. ㈜불쑥하다. **불쑥-히**[튀].

불-씨[명] ①불을 일으키는 데 쓰려고 재 속에 묻어 두는 작은 불덩이. ¶불씨가 꺼지다. ②'소동이나 사건 따위를 불러일으키는 실마리'를 비유하여 이르는 말. ¶말썽의 불씨가 되다.

불안 (不安)[명][하][스형] ①걱정이 되어 마음이 편하지 아니함, 또는 그런 마음. ¶불안에 떨다. /불안한 표정. ②[분위기 따위가] 술렁거리어 뒤숭숭함. ¶국제 정세가 불안하다. **불안-히**[튀]. **불안스레**[튀].

불안 (佛眼)[명] ①부처의 눈. ②자비로운 눈. ③불교의 오안(五眼)의 하나. 모든 법의 참모습을 환히 볼 수 있는 불심의 기능.

불안 (佛顏)[명] ①부처의 얼굴. ②부처와 같은 자비로운 얼굴. ③죽은 사람의 얼굴.

불안-감 (不安感)[명] 불안한 느낌. ¶불안감에 휩싸이다.

불안-기 (不安期)[명] 질서가 바로잡히지 아니하여 불안스러운 시기.

불안-심 (不安心)[명] ①불안한 마음. ②[하자]안심이 되지 아니함.

불-안전 (不安全)[명][하형] 안전하지 못함.

불-안정 (不安定)[명][하형] 안정성이 없거나 안정되지 못함. ¶경제적 불안정이 심화되다.

불-알[명] 포유동물의 수컷의 생식 기관의 일부. 정자를 만들고 남성 호르몬을 분비함. 고환(睾丸). ㈜불.

불알 두 쪽만 대그락대그락한다[속담] 아무것도 가진 것이 없고 알몸뿐이라는 말.

불알 밑이 근질근질하다[속담] 좀이 쑤셔서 가만히 앉아 있지 못한다는 말.

불알을 긁어 주다[속담] 남의 비위를 맞추어 주며 아첨한다는 말.

불알-친구 (-親舊)[명] 남자 사이에서, '어릴 때부터 같이 놀면서 친하게 지낸 친구'를 이르는 말.

불앗다[타][옛] 불까다. ¶불아슬 션:騸. 불아슬 돈:豚(訓蒙下4).

불야-성 (不夜城)[명] 등불이 많이 켜져 있어 밤에도 낮처럼 밝은 곳. 흔히, '도시의 환락가나 번화가의 밤 풍경'을 형용할 때 쓰는 말. ['서지리지'에 나오는 말로, 밤에도 해가 떠 밝았다고 하는 중국 불야현에 있었다는 성(城)에서 유래함.] ¶불야성을 이룬 도심의 밤거리.

불양 (祓禳)[명][하타] 귀신에게 빌어 재앙을 물리침. 굿이나 푸닥거리를 함.

불양-답 (←佛糧畓)[명] (부처에게 올릴 쌀을 생산하는) 절에 딸린 논밭. 불량답.

불어 (不漁)[명] 고기가 잘 잡히지 아니하는 일. 흉어(凶漁). ↔대어(大漁).

불어 (佛語)[명] ①부처의 말. 부처의 가르침. 법어(法語). 불언(佛言).

불어 (佛語)[명] 프랑스 어.

불어-나다[자] 본디보다 커지거나 많아지다. ¶장마로 강물이 불어나다.

불어-넣다[-너타][타] 목적하는 바 정신이나 생각을 갖도록 자극이나 영향을 주다. ¶청소년에게 애향심을 불어넣다.

불-어리[명] 바람에 불티가 날리는 것을 막기 위하여 화로에 들씌우는 것. 위에 통풍 구멍이 뚫려 있음.

불어-먹다[-따][타] 돈이나 재물을 함부로 다 써서 없애다.

불어-세다 〈불어세우다〉의 준말.

불어-세우다[타] 사람을 따돌려 보내다. ㈜불어세다.

불어-오다[자] 바람이 이쪽 방향으로 불다. ¶태풍이 불어오다.

불어-제치다[자] 바람이 세차게 불다.

불어-치다[자] 바람이 거세게 불다.

불언 (不言)[명][하자] 말을 하지 아니함.

불언 (佛言)[명] ☞불어(佛語)¹.

불언가상 (不言可想)[명][하형] 말을 하지 않아도 능히 짐작할 수가 있음.

불언가지 (不言可知)[명] 말을 하지 않아도 능히 알 수가 있음.

불언불소 (不言不笑)[-쏘][명][하자] 말도 하지 아니하고 웃지도 아니함.

불언불어 (不言不語)[명][하자] 말을 아니함.

불언실행 (不言實行)[명][하타] 말없이 실행함.

불여귀 (不如歸)[명] ☞두견새.

불-여우[-려-][명] ①갯과의 동물. 산속에 사는 여우의 한 가지. 우리나라 북부와 만주 동부에 분포함. ②흔히, '변덕스럽고 요사스러운 여자'를 비유하여 이르는 말.

불-여의 (不如意)[-의/-이][명][하형] 일이 뜻처럼 잘되지 않음. ¶매사가 불여의하다.

불역 (不易)[명][하자형] 바뀌지 않음. 고칠 수 없음. ¶만고(萬古)불역.

불역 (佛譯)[명][하타][되자] 프랑스 어로 번역함, 또는 그 번역문.

불역지론 (不易之論)[-찌-][명] 어느 시대에도 변하지 아니하는 정론(正論).

불역지전 (不易之典)[-찌-][명] 언제까지나 고쳐지지 아니할 규정.

불연 (不然) '불연하다'의 어근.

불연 (不燃)[명] 타지 아니함. ¶불연 재료.

불연 (佛緣)[명] 부처와의 인연. 불교와의 인연.

불연 (怫然)[튀][하형] 갑자기 성을 왈칵 내는 모양. **불연-히**[튀] 불연히 소리를 지르다.

불연-성 (不燃性)[-썽][명] 불에 타지 않는 성질. ¶불연성 건축 자재. ↔가연성.

불-연속 (不連續)[명][하형] 연속되어 있지 아니함. 도중에 끊어져 있음.

불연속-면 (不連續面)[-송-][명] (대기 중에서) 풍향·풍속·온도 등의 기상 요소가 다른, 두 기단(氣團)의 경계면.

불연속-선 (不連續線)[-썬][명] 불연속면이 지표와 만나는 선. [이 선의 양쪽에서는 기온·습도·풍향·풍속 등이 불연속적으로 변함.]

불연즉 (不然則)[튀] 그렇지 않으면.

불연지단 (不然之端)[명] (어떤 일의) 그렇지 아니한 사단(事端).

불연-하다 (不然-)[형어] 그렇지 아니하다. ¶우리에게 자유를 달라, 불연하면 죽음을 달라.

불염-포(不塩脯)圈 소금을 치지 아니하고 만든 육포(肉脯).

불예(不豫)圈圈 임금이나 왕비가 편치 아니함.

불온(不穩) '불온하다'의 어근.

불온(不穩)圈圈 ①온당하지 아니하고 험악함. ¶태도가 불온하다. ②치안(治安)을 해칠 우려가 있음. ¶불온 문서. /불온한 사상.

불온당(不穩當) '불온당하다'의 어근.

불온당-하다(不穩當-)圈에 온당하지 아니하다.

불온-하다(不溫-)圈에 ①따뜻하지 아니하다. ②고분고분하지 아니하다.

불완-석(不完石)圈 덜 담거나 축이 나거나 하여 제대로 차지 아니한 곡식 섬.

불-완전(不完全)圈 (필요한 조건이 빠지거나 틀리거나 하여) 완전하지 못함. ¶청소년은 신체적으로 아직 불완전한 상태다. ↔완전.

불완전^경:쟁(不完全競爭)圈 같은 품질의 상품이 수요의 이질성에 따라 제한된 경쟁을 하는 시장 형태.

불완전^동:사(不完全動詞)圈 어미의 활용이 완전하지 못하여 몇 가지 형태로만 활용하는 동사. [가로다·달다·데리다 따위.] 불구 동사. 안갖춘움직씨.

불완전^명사(不完全名詞)圈 ☞의존 명사. ↔완전 명사.

불완전^변:태(不完全變態)圈 곤충의 변태 형식의 하나. 유충에서 번데기를 거치지 아니하고 곧 성충으로 됨. [잠자리·하루살이 따위에서 볼 수 있음.] 웹완전 변태.

불완전-수(不完全數)圈 부족수와 과잉수를 아울러 이르는 말.

불완전^어음(不完全-)圈 필요한 기재 사항을 적지 아니하였거나 기재 사항을 말소한 어음.

불완전^연소(不完全燃燒)[-년-]圈 산소의 공급이 불완전한 상태의 연소. ↔완전 연소.

불완전-엽(不完全葉)[-녑]圈 ☞안갖춘잎.

불완전^이:행(不完全履行)圈 채무자가 채무의 이행을 하기는 하였으나, 그 내용이 계약의 취지, 거래의 관행, 성실의 원칙에 비추어 불완전한 것.

불완전^자동사(不完全自動詞)圈 어미의 활용이 완전하지 못한 자동사. [가로다 따위.] 안갖춘제움직씨.

불완전^종지(不完全終止)圈 ☞못갖춘마침.

불완전^주권국(不完全主權國)[-꿘-]圈 ☞일부 주권국.

불완전^중립국(不完全中立國)[-닙꾹]圈 중립국으로서의 의무를 완전히 이행하지 못하는 나라.

불완전^취:업(不完全就業)圈 근로자가 그 능력을 충분히 발휘할 수 없는 상태에 취업하고 있는 일. ['잠재 실업'과 겹치는 부분도 있음.]

불완전^타동사(不完全他動詞)圈 어미의 활용이 완전하지 못한 타동사. [달다·데리다 따위.] 안갖은남움직씨.

불완전^형용사(不完全形容詞)圈 보충하는 말이 있어야 서술이 완전해지는 형용사. [같다·비슷하다·아니다 따위.] 안갖은그림씨.

불완전-화(不完全花)圈 ☞안갖춘꽃.

불-완품(不完品)圈 완성되지 아니하였거나 완전하지 아니한 물품.

불-왕법(不枉法)[-뻡]圈 뇌물은 받았으나 국법을 굽히지 아니함.

불요(不要) '불요하다'의 어근.

불요불굴(不撓不屈)圈圈 [휘지도 않고 굽히지도 않는다는 뜻으로] '한번 먹은 마음이 흔들리거나 굽힘이 없음'을 이르는 말. 《주로, '불요불굴의'의 꼴로 쓰임.》 ¶불요불굴의 의지로 일을 처리하다.

불요불급(不要不急)圈圈 꼭 필요하거나 급하지 아니함. ¶불요불급의 공사.

불요식^행위(不要式行爲)[-시캥-]圈 특별한 형식이나 방식을 필요로 하지 않는 법률 행위. ↔요식 행위.

불-요인(不要因)圈 원인을 필요로 하지 아니하는 일, 또는 원인이 없어도 그 효력에는 영향이 없는 일.

불요인^증권(不要因證券)[-꿘]圈 증권상의 권리가, 그 원인이 되어 있는 법률 관계의 유효한 존재를 필요로 하지 않는 유가 증권. 무인 증권(無因證券). ↔요인 증권.

불요-하다(不要-)圈에 필요하지 아니하다.

불용(不用)圈圈 ①쓰지 아니함. ②圈 소용이 없음. 쓸데없음.

불용(不容)圈圈 받아들이지 아니함. 용납하지 아니함. ¶외부 집회 불용.

불용-건(不用件)圈 쓰지 아니하거나 쓰게 되어 내놓은 물건.

불용-성(不溶性)[-썽]圈 액체에 녹지 아니하는 성질. ¶불용성 물질. /불용성 지방산. ↔가용성(可溶性).

불-우(不遇)圈圈 ①(포부나 재능은 있어도) 좋은 때를 만나지 못함. ¶불우한 일생을 보낸다. ②살림이나 형편이 딱하고 어려움. ¶불우한 이웃을 도웁시다.

불우(不虞)圈 미처 생각하지 못한 일. 뜻밖에 일어나는 일.

불우(佛宇)圈 ☞불당(佛堂).

불우-비(不虞備)圈 뜻밖에 일어나는 일에 대한 준비. 불우지비(不虞之備).

불우-시(不遇時)圈圈 때를 만나지 못함.

불우지변(不虞之變)圈 뜻밖에 일어난 변고.

불우지비(不虞之備)圈 ☞불우비.

불우지탄(不遇之歎)圈 좋은 때를 만나지 못한 것에 대한 한탄.

불우지환(不虞之患)圈 뜻밖의 환난.

불우헌-집(不憂軒集)圈 조선 성종 때의 학자인 불우헌(不憂軒) 정극인(丁克仁)의 가사(歌辭)를 모은 문집. 2권 1책.

불운(不運)圈圈 운수가 좋지 아니함, 또는 그러한 운수. 박운(薄運). 불행. ¶불운이 겹치다.

불울(怫鬱)圈圈 불만이나 불평이 있어 화가 치밀고 가슴이 답답함.

불-원(不遠)[Ⅰ]圈圈 (거리나 시간이) 멀지 아니함. ¶불원 장래. /약속한 날이 불원하다. [Ⅱ]圈 오래지 않아서. ¶불원 만나게 될 것이다. /불원 떠날 것이니 그리 아시오.

불원(不願)圈圈 《주로 동작성 명사 앞에 쓰이어》 바라지 아니함.

불원-간(不遠間)圈 오래지 아니한 동안. 《주로, '불원간'·'불원간에'의 꼴로 쓰임.》 ¶불원간 그가 올 것이다. /불원간에 무슨 연락이 있겠지.

불원-천리(不遠千里)[-철-]圈圈 [천 리도 멀다고 여기지 않는다는 뜻으로] '먼 길을 열심히 달려가는 것'을 형용하여 이르는 말. ¶친구를 만나러 불원천리하고 달려가다.

불원천-불우인(不怨天不尤人)圈 [하늘이나 남을 원망하지 아니한다는 뜻으로] 잘되나 못되나 남을 원망하지 않고, 분수를 지켜 자기 수양에 노력함을 이르는 말.

불유여력(不遺餘力)**圐**힘을 남김없이 다 쏟음. 있는 힘을 다함.

불유쾌(不愉快)'불유쾌하다'의 어근.

불유쾌-하다(不愉快-)**혱**유쾌하지 아니하다. 불쾌하다. ¶생각할수록 불유쾌하다.

불유-환(不遊環)**圐**병·그릇 따위의 양쪽 귀에 놓거나 돌지 않도록 붙박혀 있는 고리.

불윤(不允)**圐혱퇴**임금이 신하의 청을 허락하지 아니함. 윤허하지 아니함. ↔윤허(允許).

불윤^비:답(不允批答)**圐**임금이 의정(議政)의 사직(辭職)을 윤허하지 아니함.

불융통-물(不融通物)**圐**법률상 권리의 대상이 될 수 있으나 거래의 대상이 될 수 없는 물건. 〔공용물이나 금제품(禁制品) 따위.〕↔융통물.

불은(佛恩)**圐**부처의 은덕.

불음(不飮)**圐혱**마시지 아니함. ¶불음 불식(不食)하여 모은 재산.

불음주-계(不飮酒戒)[-계/-게]**圐**술 마시는 일을 금하는 계율. 〔오계(五戒) 또는 십계(十戒)의 한 가지임.〕

불응(不應)**圐혱퇴**응하지 아니함. 듣지 아니함. ¶임의 동행에 불응하다.

불의(不意)[부릐/부리]**圐**뜻밖. ¶불의의 사고를 당하다.

불의(不義)[부릐/부리]**圐혱혱**①옳지 아니한 일. 사람의 도리에서 벗어나는 일. ¶불의에 항거하다. ↔정의(正義). ②윤리에서 벗어난 남녀 관계. ¶불의의 관계를 맺다.

불의(佛儀)[부릐/부리]**圐**불교의 의식(儀式).

불의영리(不義榮利)[부릐-니/부리-니]**圐**옳지 못한 방법으로 얻은 영화와 명리(名利).

불의지변(不義之變)[부릐-/부리-]**圐**뜻밖의 변고. 뜻밖의 봉변.

불의지인(不義之人)[부릐-/부리-]**圐**도리에 어긋나는 일을 하는 사람.

불의지재(不義之財)[부릐-/부리-]**圐**부당한 방법으로 모은 재산.

불의출행(不宜出行)[부릐-/부리-]**圐**그날의 운기(運氣)가 먼 길을 떠나기에 마땅하지 아니함.

불의행세(不義行勢)[부릐-/부리-]**圐**도리에 벗어나는 짓.

불이다짜〔옛〕불리다. ¶ㅂ리미 비롤 부러 羅刹鬼國에 불여 가(法華7:50).

불-이익(不利益)[-리-]**圐혱혱**이익이 되지 아니함. ¶불이익을 감수하다.

불-이행(不履行)[-리-]**圐퇴**이행하지 아니함. ¶계약 불이행.

불인(不人)**圐**사람답지 못한 사람.

불인(不仁)¹**圐혱**몸의 한 부분이 마비되어 움직이기 어려움.

불인(不仁)² '불인하다'의 어근.

불인(不忍)**圐혱**차마 하기 어려움.

불-인가(不認可)**圐퇴**인가하지 아니함.

불인-견(不忍見)**圐혱혱**〈목불인견〉의 준말. ¶불인견의 사고 현장.

불인-문(不忍聞)**圐혱혱**차마 들을 수가 없음.

불인-언(不忍言)**圐혱혱**차마 말할 수가 없음.

불인정지(不忍正視)**圐**(너무 끔찍하거나 추악하여) 차마 바로 볼 수가 없음.

불인정-하다(不人情-)**혱혱**〈불근인정하다〉의 준말.

불인지심(不忍之心)**圐**차마 할 수 없는 마음.

불인지정(不忍之政)**圐**참기 어려운 가혹한 정치.

불인-하다(不仁-)**혱혱**어질지 못하다.

불일(不一)**圐혱혱**①고르지 아니함. ②〈불일치〉의 준말.

불일(不日)**圐**〈불일내〉의 준말.

불일기단(不一其端)**圐**일의 가닥이나 실마리가 한둘이 아님.

불일-내(不日內)[-래]**圐**며칠 안. 며칠 걸리지 아니하는 동안. 《주로, '불일내로'·'불일내에'의 꼴로 쓰임.》불일간. ¶불일내에 인사 발표가 있다고 한다.∎불일(不日).

불일성지(不日成之)**圐퇴**며칠 안으로 이룸.

불일송지(不日送之)**圐퇴**며칠 안으로 보냄.

불-일치(不一致)**圐혱혱**일치하지 아니함. ¶의견의 불일치. ∎불일.

불임(不姙)**圐혱**임신되지 아니함. 임신하지 못함. ¶불임 수술.

불임(不稔)**圐혱짜**식물이 씨를 맺지 못하는 일.

불임-법(不姙法)[-뻡]**圐**인위적으로 수태 기능을 막아 불임이 되게 하는 방법. ∎피임법.

불임-증(不姙症)[-쯩]**圐**임신하지 못하는 병증.

불입(挿入)**圐혱**☞납부(納付).

불입-금(挿入金)[-끔]**圐**☞납부금.

불입-액(挿入額)**圐**☞납부금.

불입^자본(挿入資本)[-짜-]**圐**'납입 자본'의 구용어.

불-잉걸[-링-]**圐**불이 이글이글하게 핀 숯덩이. ∎잉걸.

불자(不字)**圐**①못 쓰게 생긴 물건. ②검사에 불합격한 물건. ¶불자를 맞다.

불자(佛子)[-짜]**圐**①불제자. ②중생(衆生).

불자(佛者)[-짜]**圐**불제자(佛弟子).

불-자동차(-自動車)**圐**☞소방차.

불장(佛葬)[-짱]**圐**불교 의식으로 지내는 장사.

불장(佛藏)[-짱]**圐**불상을 모신 곳.

불-장난(-)**圐혱짜**①불을 가지고 노는 일. ②'위험한 일'을 비유하여 이르는 말. 〔특히, 남녀 간의 무분별한 연애나 정사 따위를 이름.〕¶사춘기의 불장난. ③'전쟁을 도발하는 행위'를 비유하여 이르는 말.

불적(佛跡·佛蹟)[-쩍]**圐**①석가의 유적. ②불교의 사적(史跡). ③부처의 족적(足跡).

불전(-錢)[-쩐]**圐**노름판에서, 집주인에게 떼어 주는 돈. ¶불전을 떼다.

불전(佛典)[-쩐]**圐**☞불경(佛經).

불전(佛前)[-쩐]**圐**①부처 앞. ¶불전에 바치다. ②부처가 나기 전. ¶불전 250년.

불전(佛殿)[-쩐]**圐**☞불당(佛堂).

불전(佛錢)[-쩐]**圐**부처 앞에 바치는 돈.

불제(祓除)[-쩨]**圐혱퇴짜**(신에게 빌어서, 재앙·죄·살·부정 따위의) 상서롭지 못한 것을 떨어 버림.

불-제자(佛弟子)**圐**'불교에 귀의한 사람'을 두루 일컫는 말. 불자(佛子). 불자(佛者).

불조(佛祖)[-쪼]**圐**①불교의 개조(開祖). 곧, 석가모니. ②부처와 조사(祖師).

불조-계(佛祖系)[-쪼계/-쪼게]**圐**석가모니불을 교주로 하여 이어 내려온 불교의 계통.

불-조심(-操心)**圐혱짜**불이 나지 아니하도록 마음을 씀. ¶자나 깨나 불조심.

불-종(-鐘)[-쫑]**圐**불이 난 것을 알리기 위하여 치는 종. 화종(火鐘).

불종(佛鐘)[-쫑]**圐**절에 있는 종.

불좌(佛座)[-쫘]**圐**불당(佛堂) 안의, 부처를 모신 자리.

불-줄[-쭐]**圐**〈불줄기〉의 준말.

불-줄기[-쭐-]圀 불알 밑에서부터 항문에 이르는 힘줄. ⊕불줄.

불지(佛智)圀[-찌]圀 부처의 원만한 지혜.

불-질圀(하자타) ①아궁이 따위에 불을 때는 일. ②총·대포 따위를 쏘는 일.

불-집[-찜]圀 ①석등(石燈) 따위의 불을 켜 넣는 부분. ②아주 말썽이 되거나 위험성이 있는 곳을 이르는 말.
　　불집(을) 건드리다〔내다〕관용 위험을 스스로 만들다.

불쩍-거리다[-꺼-]目 자꾸 불쩍불쩍하다. 불쩍대다. ¶아낙네들이 눈 녹은 개울에서 불쩍거리며 빨래를 하고 있다.

불쩍-대다[-때-]目 ☞불쩍거리다.

불쩍-불쩍[-쩍-]튀하타 빨래 따위를 시원스럽게 비벼 빠는 모양. 웧발짝발짝.

불차탁용(不次擢用)圀 관계(官階)의 차례를 밟지 아니하고(어기고) 특별히 벼슬에 등용함.

불착(不着)圀(되자) ①하자 도착하지 아니함. ②하타 착용하지 아니함.

불찬(不贊)圀(하자타)〈불찬성〉의 준말.

불-찬성(不贊成)圀(하자타) 찬성하지 아니함. ⊕불찬(不贊).

불찰(不察)圀 잘 살피지 아니한 잘못. 주의를 기울이지 아니함으로써 저지른 잘못. ¶모두가 내 불찰인데 누구를 탓하겠소.

불찰(佛刹)圀 ☞절①.

불참(不參)圀(하자) 참가하거나 참석하지 아니함. ¶불참을 선언하다. /회의에 불참하다. /경기에 불참하다. ↔참가·참석.

불참-자(不參者)圀 참가 또는 참석하지 아니한 사람. 오지 않은 사람.

불-처사(佛處士)圀 부처같이 어질고 착한 사람을 일컫는 말.

불천(佛天)圀 ①불자(佛者)가 '부처'를 하늘같이 높여 일컫는 말. ②부처와 천신(天神).

불천-위(不遷位)圀 ☞불천지위.

불천지위(不遷之位)圀 (지난날, 나라에 끼친 큰 공훈으로) 사당에 영구히 모시기를 나라에서 허락한 신위(神位). 불천위.

불-철저(不徹底)[-쩌]圀(하형) 철저하지 아니함. ¶조사가 불철저하다.

불철-주야(不撤晝夜)圀(하자) 밤낮을 가리지 아니함. 《주로, '불철주야'·'불철주야로'의 꼴로 쓰임.》 ¶불철주야 학업에 정진하다. /불철주야로 연구에만 몰두하다.

불청(不聽)圀(하타) ①듣지 아니함. ②청한 것을 들어주지 아니함.

불청-객(不請客)圀 청하지 않았는데 스스로 오거나 우연히 온 손.

불청-불탁(不淸不濁)圀 ①하형 맑지도 흐리지도 않음. ②훈민정음 초성 체계 중 'ㅇ·ㄴ·ㅁ·ㅇ·ㄹ·ㅿ' 등에 공통되는 음운적 특질, 곧 유성 자음(有聲子音)을 이름.

불체(佛體)圀 ☞불신(佛身). ②☞불상(佛像).

불체포^특권(不逮捕特權)[-꿘]圀 국회의원의 2대 특권의 하나. 현행범이 아닌 이상 회기(會期) 중 국회의 동의 없이는 체포 또는 구금되지 않는 특권. ⓐ면책 특권.

불초(不肖)Ⅰ圀 ①못나고 어리석음, 또는 그러한 사람. ¶불초하나마 제가 이 사업을 이어받게 되었습니다. ②어버이의 이름을 더럽힐 만큼 어리석고 못난 자식. 어버이의 유업(遺業)을 이어받을 만한 재능이 없는 사람. ¶불초한 자식.

Ⅱ대 ①('불초한 사람'이란 뜻으로) 웃어른에게 '자기'를 낮추어 일컫는 말. ②〈불초자(不肖子)〉의 준말.

불초-고(不肖孤)대〔불초한 고자(孤子), 또는 고애자(孤哀子)란 뜻으로〕부모가 죽은 뒤 졸곡(卒哭)까지, 상제(喪制)가 자기 스스로를 일컫는 말.

불초-남(不肖男)대 ☞불초자.

불초-녀(不肖女)대〔주로 편지 글 따위에서〕딸이 부모에 대하여 자기를 낮추어 일컫는 말.

불초-손(不肖孫)대〔주로 편지 글 따위에서〕손자가 조부모에 대하여 자기 스스로를 낮추어 일컫는 말.

불초-자(不肖子)대〔주로 편지 글 따위에서〕아들이 부모에 대하여 자기를 낮추어 일컫는 말. 불초남. ⊕불초.

불초-자제(不肖子弟)圀 어버이의 덕행이나 업적을 이어받을 만한 자질이 없는 자손.

불촉(不觸)圀(하타) 손을 대지 아니함. 건드리지 아니함.

불출(不出)圀 ①하자 밖에 나가지 아니함. ②하형 못나고 어리석음, 또는 그런 사람. ¶사람이 좀 불출이야.

불출(拂出)圀(하자타) ☞지급(支給).

불-출마(不出馬)圀(하자) 출마하지 아니함.

불출범안(不出凡眼)圀(하형) 보통 사람의 눈으로도 알 수 있을 만큼 선악이 분명함.

불출소료(不出所料)圀 미리 짐작했던 바와 같음.

불출-증(拂出證)[-쯩]圀 금전·물품 따위를 지급한 사실과 그 내용을 증명하는 문서.

불충(不忠)圀(하자) 충성을 다하지 아니함.

불-충분(不充分)圀(하형) 충분하지 아니함. ¶설명이 불충분하다.

불충불효(不忠不孝)圀(하형) 충효를 다하지 아니함.

불충-스럽다(不忠-)[-따]〔~스러우니·~스러워〕圀目 보기에 불충한 데가 있다. ¶불충스러운 일. 불충스레圀.

불-충실(不充實)圀(하형) 충실(充實)하지 아니함. ¶성적이 불충실하다.

불-충실(不忠實)圀(하형) 충실(忠實)하지 아니함. ¶불충실한 근무 태도.

불충-하다(不忠-)圀目 충성을 다하지 못하다.

불취(不取)圀(하타) 가지지 아니함.

불취(不就)圀(하자) (세상일에) 나서지 아니함.

불취동성(不娶同姓)圀(하자) 성(姓)이 같은 사람끼리는 혼인을 하지 아니함.

불측(不測)圀(하형)(스윙) ①짐작하기 어려움. ¶사태 발전이 불측하다. ②마음보가 음흉함. ¶불측한 소행. 불측스레圀.

불측지변(不測之變)[-찌-]圀 뜻밖에 일어나는 변고나 사고.

불-치(不齒)圀 총으로 잡은 새나 짐승. ↔매치.

불치(不治)圀(하자) ①병이 낫지 아니함. 병을 다스릴 수 없음. ¶불치의 병에 걸리다. ②정치가 잘못되어 어지러움.

불치(不齒)圀〈불치인류〉의 준말.

불치-병(不治病)[-뼝]圀 다스릴 수 없는 병. 낫지 않는 병.

불치불검(不侈不儉)圀(하형) 사치하지도 검소하지도 아니하고 수수함.

불치인류(不齒人類)[-일-]圀 사람 축에 들지 못함.

불치하문(不恥下問)圀(하형) (학식·지위·나이 따위가) 자기보다 아래인 사람에게 묻는 일을 부끄러워하지 아니함.

불천-소(명) (식용으로 쓰기 위하여) 거세(去勢)하여 기른 소[牛].

불-친절(不親切)(명)(하형) 친절하지 아니함. ¶손님 대접이 불친절하다.

불친화-성(不親和性)(명) 종류가 다른 물질과는 서로 화합하지 아니하는 성질.

불-침(-鍼)(명) ①불에 달군 쇠꼬챙이. ②흔히, 장난삼아 자는 사람을 깨우려고, 성냥개비를 태워 만든 숯 같은 것을 살갗에 붙여 세우고 불을 붙여 뜨겁게 하는 것. ¶불침을 놓다.

불침(不侵)(명)(하타) 침략하지 아니함, 또는 침범하지 아니함.

불침-번(不寢番)(명) 밤에 자지 아니하고 번을 서는 일, 또는 그 사람. ¶불침번을 서다.

불침-질(-鍼-)(명) 불에 달군 쇠꼬챙이로 살을 지지는, 옛날 형벌의 한 가지.

불컥-거리다[-꺼-](자타) 자꾸 불컥불컥하다. 불컥대다. ⊛불칵거리다.

불컥-대다[-때-](자타) 불컥거리다.

불컥-불컥[-뿔-](부)(자타) 진흙을 자꾸 밟거나, 좀 되직한 반죽 따위를 자꾸 이기거나 할 때 나는 소리. ⊛불칵불칵.

불-콩(명) 콩의 한 가지. 꼬투리는 희고, 열매는 붉고 굵으며 껍질이 얇음.

불콰-하다(형여) 술기운을 띠거나 혈기가 좋아 얼굴이 불그레하다.

불쾌(不快) '불쾌하다'의 어근.

불쾌-감(不快感)(명) 불쾌한 느낌이나 감정. ¶불쾌감을 주다.

불쾌-스럽다(不快-)[-따](형비)[~스러우니·~스러워](명)(하) 마음이 상쾌하지 않은 데가 있다. 불쾌스레(부).

불쾌-지수(不快指數)(명) 날씨에 따라 사람이 느끼는 쾌·불쾌의 정도를 기온과 습도의 관계로 나타내는 수치. 〔보통, 지수 70 이하는 쾌적, 75는 반수가 불쾌, 80 이상이면 거의 모두가 불쾌함을 느낌.〕

불쾌-하다(不快-)(형여) ①(어떤 일로 기분이 상하여) 마음이 상쾌하지 않다. ¶불쾌한 언사. ↔유쾌하다. ②몸이 찌뿌드드하여 편하지 않다. ¶감기 몸살 때문에 몹시 불쾌하다. 불쾌-히(부).

불타(佛陀←Buddha 범)(명) 바른 진리를 깨달은 사람, 곧 부처. 〔흔히, 석가여래를 이름.〕각왕(覺王). 대각세존. ⊛불(佛)1. ④금선(金仙).

불-타다(자) ①불이 붙어서 타다. ¶마을이 불타다. ②정열이나 감정이 북받치다. ¶의욕에 불타다.

불타-오르다(자) ①불이 붙어서 타오르다. ②정열이나 감정이 세차게 끓어오르다. ¶가슴에 불타오르는 애국심.

불탁(佛卓)(명) 부처를 모신 탁자(卓子).

불탄-일(佛誕日)(명) 석가모니가 태어난 날, 곧 음력 4월 8일을 이름. 불생일(佛生日). 석탄일.

불탑(佛塔)(명) 절의 탑.

불태우다(타) 〖'불타다'의 사동〗①불을 붙여 타게 하다. ¶집을 불태우다. ②정열이나 감정을 북받치게 하다. ¶사랑을 불태우다.

불토(佛土)(명) ①부처의 세계인 '극락정토'를 이르는 말. ②부처가 교화한 국토. ⑪불국(佛國).

불통(不通)(명)(하타)(되자) 교통이나 통신 따위가 막혀 연락이 되지 아니함. ¶소식 불통. /전화가 불통되다.

불-통일(不統一)(명)(하자) 통일되지 아니함. ¶의견의 불통일로 휴회(休會)되다.

불퇴(不退)[-퇴/-퉤](명) ①(하자) 물러나지 아니함. ②물리지 아니함. ¶일수(一手)불퇴. ③☞불퇴전.

불퇴거-죄(不退去罪)[-퇴-죄/-퉤-퀘](명) ☞퇴거 불응죄.

불-퇴전(不退轉)[-퇴-/-퉤-](명)(하자) ①굳게 믿어 마음을 굽히지 않음. ¶불퇴전의 용기. ②보살이 수행에만 힘써 마음을 늦추지 아니하는 일. ⊛불퇴.

불-투도(不偸盜)(명)(하타) 훔치지 아니함.

불-투명(不透明)(명)(하형) ①투명하지 않음. ¶불투명한 유리. ②(말이나 태도가) 분명하지 않음. ¶불투명한 태도. ③(앞으로의 전망이) 확실하지 않음. ¶주식 경기가 불투명하다.

불투명-색(不透明色)(명) 맑지 아니한 빛깔.

불투명-체(不透明體)(명) 빛을 통과시키지 못하는 물체.

불투수-층(不透水層)(명) 지하수가 전혀 스며들지 못하거나 스며들기 어려운 지층. 〔점토층·화성암층 따위.〕

불퉁-거리다(자) 자꾸 불퉁불퉁 말하다. 불퉁대다. ⊛불퉁거리다.

불퉁그러-지다(자) 물건의 마디 따위가 불퉁불퉁하게 되다.

불퉁-대다(자) 불퉁거리다.

불퉁-불퉁(부) ①(하자)걸핏하면 부루퉁하여 퉁명스러운 말을 함부로 불쑥불쑥 하는 모양. ②(하형)물건의 거죽이 군데군데 불거져 고르지 못한 모양. ⊛불퉁불퉁.

불퉁-스럽다(-따)(형비)[~스러우니·~스러워](형비) 보기에 불퉁불퉁한 태도가 있다. ⊛불퉁스럽다. 불퉁스레(부).

불퉁-하다(형여) 둥근 모양으로 불거져 있다. ⊛불퉁하다.

불-특정(不特定)[-쩡](명) 특별히 정하지 아니함. ¶불특정 다수인을 대상으로 여론 조사를 실시하다.

불특정-물(不特定物)[-쩡-](명) 거래 물건을 구체적으로 지정하지 아니하고 종류·품종·수량만으로 지시된 물건. 〔쌀 두 가마니, 사과 한 상자 따위〕. ↔특정물.

불-티(명) 타는 불에서 튀는 아주 작은 불똥.

불티-같다[-갇따](형) (불티가 이리저리 흩어져 없어지는 것처럼) 내놓기가 무섭게 금방 다 팔리거나 없어지다.

불티-나다(형) 내놓기가 무섭게 팔리거나 없어지다. ¶날씨가 더워지자 에어컨이 불티나게 팔린다.

불-판(-板)(명) (석쇠·번철처럼) 불에 올려놓고 고기 따위를 굽는 기구를 통틀어 이르는 말. ¶불판을 갈다.

불판-령(-令)[-녕](명) 매우 급한 명령. ¶위에서 불판령이 내리다.

불패(不敗)(명)(하자) 지지 아니함. 《주로, '불패의'의 꼴로 쓰임.》¶불패의 전력.

불패(不牌)(명) 윷놀·마작의 패를 지을 때 맞지 아니함, 또는 그 패.

불펜(bullpen)(명) 야구장에서, 구원 투수가 경기 중에 투구 연습을 하는 곳.

불편(不便)(명)(하형)(스형) ①편하지 아니함. 거북스러움. 불평(不平). ¶몸이 불편하다. ②편리하지 아니함. ¶불편을 감수해야 하다. /교통이 몹시 불편하다. ②↔편리. 불편스레(부).

불편(不偏)(명)(하자) (어느 한쪽으로) 기울거나 치우치지 아니함.

불편부당(不偏不黨)명형 어느 한쪽으로 기울거나 치우치지 아니하고 아주 공평함. ¶불편부당이 우리 신문사의 사시(社是)이다. 참무편무당하다.

불평(不平)명 ①하타 마음에 들지 않아 못마땅하게 여김, 또는 그것을 말이나 행동으로 나타냄. ¶상사에게 불평을 하다. ②하형 스형☞불편(不便). **불평스레**투.

불평-가(不平家)명 불평이 많은 사람. 불평객.

불평-객(不平客)명 ☞불평가.

불평-꾼(不平-)명 불평이 많은 사람을 홀하게 이르는 말.

불-평등(不平等)명형 한쪽으로 치우쳐 있거나 차별이 있어 고르지 아니함. ¶불평등한 대우를 받다.

불평등^선:거제(不平等選擧制)명 선거인의 선거권에 차등을 두어, 각 선거인의 선거권이 평등하지 않은 선거 제도. ↔평등 선거제(平等選擧制).

불평등^조약(不平等條約)명 조약 당사국의 국력이 대등하지 아니한 관계로, 약소국이 불리한 조건 아래 맺는 조약. 〔강대국이 약소국에 대하여 강제하는 조약.〕

불평만만(不平滿滿)명형 마음이 불평으로 가득 차 있음.

불평-분자(不平分子)명 어떤 조직체에서, 그 시책이나 운영 등에 대하여 불만을 품고 있는 사람. ¶불평분자를 무마하다.

불평-불만(不平不滿)명 마음에 차지 않아 못마땅하거나 언짢게 여기는 것. ¶불평불만을 늘어놓다.

불폐풍우(不蔽風雨)[-폐/-폐-]명하자 (집이 헐어서) 바람과 비를 가리지 못함.

불-포화(不飽和)명 포화 상태에 이르지 아니함, 또는 그런 상태.

불포화^증기(不飽和蒸氣)명 압력이 최대한도에 이르지 못한 증기. ↔포화 증기.

불포화^지방산(不飽和脂肪酸)명 이중 결합이 하나 이상 있는 지방산. 참기름이나 식물성 지방에 들어 있으며, 상온에서는 액체임.

불포화^화:합물(不飽和化合物)[-합-]명 분자 안에 탄소 원자 사이의 이중 결합 또는 삼중 결합을 포함하고 있는 유기 화합물.

불풍-나게투 매우 바쁘게 드나드는 모양. ¶불풍나게 들락거리다.

불피풍우(不避風雨)명하자 비바람을 무릅쓰고 일을 함. ¶불피풍우하고 방방곡곡을 돌아다니다.

불필다언(不必多言)명형 여러 말을 할 필요가 없음.

불-필요(不必要)명형 필요하지 아니함. ¶불필요한 물건. /불필요한 말참견을 삼가다.

불필장황(不必張皇)명 말을 길게 늘어놓을 필요가 없음.

불필재언(不必再言)명형 다시 말할 필요가 없음.

불필타구(不必他求)명형 달리 더 구할 필요가 없음, 곧 자기 것만으로도 넉넉함.

불하(不下)명하자 ①어떤 수량보다 적지 아니함. ②어떤 것에 비하여 못하지 아니함. ③굴복하지 아니함.

불하(拂下)명하타 국가 또는 공공 단체의 재산을 민간에 팔아넘기는 일. ¶불하를 받다. /국유지를 불하하다. 참매상(買上).

불하일장(不下一杖)[-짱]명하타 죄인이 매 한 대도 맞기 전에 미리 자백하는 일. 《주로, '불하일장에'의 꼴로 쓰임.》 ¶불하일장에 죄상을 실토했다.

불학(不學)명 ①하타 배우지 못함. ②하형 학문적 발전이나 성과가 없음.

불학(佛學)명 불교에 관한 학문.

불학무식(不學無識)[-항-]명형 배우지 못하여 아는 것이 없음.

불학이문장(不學而文章)명 배우지 아니하고도 문장이 뛰어난 사람, 곧 타고난 문장가.

불한(佛韓)명 ①프랑스와 한국. ②프랑스 어와 한국어.

불한-당(不汗黨)명 ①떼를 지어 다니는 강도. 명화적(明火賊). 화적. ②남을 괴롭히는 파렴치한 무리. ¶저 녀석은 하는 짓이 불한당 같다. 참한당.

불한불열(不寒不熱)명 춥지도 덥지도 아니함. 알맞게 따뜻함.

불함-문화(不咸文化·弗咸文化)명 백두산을 중심으로 하여, 우리 민족이 이룩한 고대 문화. 〔최남선(崔南善)의 논설에서 비롯된 말.〕

불함-산(不咸山)명 '백두산'의 딴 이름.

불합(不合)명 '불합하다'의 어근.

불-합격(不合格)[-격]명하자되자 시험이나 검사 따위에 합격하지 못함. 낙방.

불합격-자(不合格者)[-격짜]명 합격하지 못한 사람.

불합격-품(不合格品)[-격-]명 심사나 검사에서, 불합격된 물품.

불합당(不合當)명 '불합당하다'의 어근.

불합당-하다(不合當-)[-땅-]형여 딱 들어맞거나 알맞지 아니하다. ¶이치에 불합당하다.

불-합리(不合理)[-니]명형 이치에 맞지 아니함. 합리적이 아님. ¶불합리한 정책.

불합리-성(不合理性)[-니썽]명 불합리한 성질, 또는 그러한 요소. ¶행정 절차의 불합리성이 드러나다.

불-합의(不合意)[-하븨/-하비]명하자 의사가 일치하지 아니함. ¶그 문제는 불합의로 끝났다.

불합-하다(不合-)[-하파-]형여 ①뜻이 맞지 아니하다. ②사이가 좋지 아니하다.

불항-비(不恒費)명투임시비(臨時費).

불해산-죄(不解散罪)명 [-죄/-줴] 폭행이나 협박을 하기 위하여 모인 군중이, 이를 단속할 권한이 있는 공무원의 세 번 이상의 해산 명령에 불응함으로써 성립하는 죄.

불행(不幸)명형 ①행복하지 아니함. ②운수가 나쁨. 불운(不運). ¶나에게 이런 불행이 닥칠 줄이야. ↔행복.

불행 중 다행(不幸中多幸)관용 불행한 가운데도 그나마 요행으로 잘된 일. ¶불행 중 다행으로 목숨은 건졌다.

불-행위(不行爲)명 고의 또는 과실로 어떤 행위를 하지 않는 일.

불향(佛享)명하자 ☞불공(佛供).

불향-답(佛享畓·佛饒畓)명 ☞불양답(佛糧畓).

불허(不許)명 ①되자 허락하지 아니함. 허가하지 아니함. ¶입국을 불허하다. /증축을 불허하다. ②하지 못함. ¶낙관을 불허하다. ↔허가·허락.

불-허가(不許可)명하타 허가하지 아니함.

불허-복제(不許複製)[-제]명 저자나 판권(版權) 소유자의 허가 없이 출판물·그림·음반 따위를 복제할 수 없음.

불현-듯[-듣]투 〈불현듯이〉의 준말.

불현-듯이[부] ①갑자기 생각이 치밀어 걷잡을 수 없게. ¶불현듯이 그 친구가 생각난다. /불현듯이 집에 가고 싶다. ②어떤 행동을 갑작스럽게 하는 모양. ¶불현듯이 자리를 박차고 일어났다. ㉜불현듯.

불현성^감:염(不顯性感染) [-썽-] [명] 잠복기가 지나도 발병하지 아니하는 상태. 잠복 감염.

불현성^유행(不顯性流行) [-썽뉴-] [명] 감염이 되었으나 발병하지 않은 상태의 유행.

불협화-음(不協和音) [-혀롸-] [명] ①☞안어울림음. ②'잘 조화되지 않는 상태나 관계'를 비유하여 이르는 말. ¶동업 관계에 불협화음이 생기다. ↔협화음.

불협화^음정(不協和音程) [-혀롸-] [명] ☞안어울림 음정. ↔협화 음정.

불호(不好) [명] ①[하형] 좋아하지 아니함. ②[하형] 상황이나 형세 따위가 좋지 아니함.

불호(佛號) [명] ①별명(佛名). ②불교에 귀의한 사람의 불교식의 호.

불호-간(不好間) [명] 서로 좋아하지 않는 사이.

불호-광경(不好光景) [명] 서로 사이가 나빠 다투는 광경. 보기에 사나운 광경.

불-호령(-號令) [명][하자] ①갑작스럽게 내리는 다급하고 무서운 호령. ②몹시 심한 꾸지람. ¶할아버지의 불호령이 떨어지다.

불-호박(-琥珀) [명] 빛깔이 매우 붉은 호박.

불혹(不惑) [명] ①<불혹지년>의 준말. ②[하자] 부질없이 망설이거나 무엇에 마음이 흘리거나 하지 아니함.

불혹지년(不惑之年) [-찌-] [명] '마흔 살의 나이'를 이르는 말. ['논어(論語)'의 '사십이불혹(四十而不惑)'에서 나온 말.] ☞불혹.

불-화(-火) [명] 한자 부수의 한 가지. '炳'·'煙' 등에서의 '火'의 이름. '無'·'熱' 등에서 쓰일 때는 자형이 '灬'로, 명칭은 '연화발'로 바뀜.

불화(不和) [명][하자] 서로 화합하지 못함, 또는 서로 사이좋게 지내지 못함. ¶고부간(姑婦間)의 불화를 해소하다.

불화(弗化) [명] ☞플루오르화.

불화(弗貨) [명] '달러'를 단위로 하는 화폐.

불화(佛畫) [명] 부처의 모습을 그린 그림, 또는 불교에 관한 것을 제재로 한 그림.

불화-물(弗化物) [명] ☞플루오르화물.

불화-수소(弗化水素) [명] ☞플루오르화수소.

불화-칼슘(弗化calcium) [명] ☞플루오르화칼슘.

불-확실(不確實) [-씰] [명][하형] 확실하지 아니함. ¶미래가 불확실하다.

불확실-성(不確實性) [-씰썽] [명] 확실한 판단의 바탕이 되는 체계적인 지도 원리(철학)가 없는 시대적 현상을 이르는 말. [경제학자 갈브레이드의 용어.]

불-확정(不確定) [-쩡] [명][하자] 확정적이 아님. ¶계획은 아직 불확정한 상태이다.

불확정^기한(不確定期限) [-쩡-] [명] 다가올 시기가 확정적이 아니거나 또는 확정할 수 없는 기한. [생존과 사망의 시기 따위.]

불확정^채:무(不確定債務) [-쩡-] [명] 채권의 목적인 급부(給付)가 불확정한 채무.

불환^지폐(不換紙幣) [명] 정화(正貨)와 바꿀 수 없는 지폐. ↔태환 지폐.

불활성^기체(不活性氣體) [-썽-] [명] ☞비활성 기체. 희가스(稀gas).

불황(不況) [명] 경기(景氣)가 좋지 못한 일, 곧 경제 활동 전체가 침체되는 상태. 불경기. ¶경기가 불황의 늪에 빠지다. ↔호황.

불황^카르텔(不況Kartell) [명] 불황으로 상품의 가격이 생산비를 밑돌게 되었을 때, 이를 타개하기 위하여 결정되는 기업 협정.

불효(不孝) [명] ①[하자]효도를 하지 아니함. ¶부모에게 불효하다. ②[하형]효성스럽지 못함. ¶불효한 자식. ↔효.

불효(拂曉) [명] 불서(拂曙).

불효막심(不孝莫甚) '불효막심하다'의 어근.

불효막심-하다(不孝莫甚-) [-씸-] [형여] 부모에게 효성스럽지 아니함이 매우 심하다. ¶불효막심한 자식.

불효-부(不孝婦) [명] 시부모에게 효도하지 아니하는 며느리.

불효부제(不孝不悌) [명][하자] 부모에게 효성스럽지 못하고 어른에게 공손하지 못함.

불효-자(不孝子) [Ⅰ] [명] 불효한 자식. 불효자식. [Ⅱ] [대] [편지 글에서] 부모에게 자식이 자기를 낮추어 이르는 말. ¶불효자가 올립니다.

불효-자식(不孝子息) [명] ☞불효자.

불후(不朽) [명][하자] 썩지 아니함, 곧 영원히 없어지지 아니함. (주로, '불후의'의 꼴로 쓰임.) ¶불후의 명작.

불후지공(不朽之功) [명] 오래도록 남아 빛날 큰 공로.

불휘(옛) 뿌리. ¶根은 불휘라(月釋2:15). /불휘 기픈 남군(龍歌2章).

불휘(不諱) [명] ①[하타]거리낌 없이 바른말을 하는 일. ②[피할 수 없다는 뜻으로] '죽음'을 이르는 말.

불휫들궐(옛) 뿌리등걸. ¶불휫들궐 골:楄(訓蒙下6).

불휴(不休) [명][하자] 쉬지 아니함. ¶불휴의 고행.

붉가시-나무[불가-] [명] 참나뭇과의 상록 활엽 교목. 높이 10~20m. 달걀 모양의 잎은 두껍고 끝이 뾰족함. 5월에 갈색의 꽃이 핌. 재목은 붉고 단단하며, 배·수레·농기구 등을 만드는 데 쓰임.

붉-나무[붕-] [명] 옻나뭇과의 낙엽 교목. 높이는 7m가량. 굵은 가지가 드문드문 나오고 잔가지는 황색이며 털이 없음. 잎에 달리는 벌레집을 오배자라 하여 한약재나 염료로 쓰고. 오배자나무.

붉다[북따] [형] 빛깔이 핏빛이나 저녁놀 빛과 같다. ¶붉은 고추. /단풍이 붉게 물든 가을 산. * 붉다[불꼬]

붉덩-물[북떵-] [명] 붉은 황토가 섞이어 탁하게 된 물.

붉-돔[북똠] [명] 도밋과의 바닷물고기. 몸길이는 40cm가량. 참돔과 비슷하나 조금 작고 머리 위쪽이 급히 솟아 있음. 몸빛은 붉은데, 배 쪽은 담색이고 청록색의 반점이 있음. 우리나라 중부 이남, 남전, 근해, 중국해 등지에 분포함. 꽃도미.

붉디-붉다[북띠북따] [형] 아주 진하게 붉다.

붉어-지다[자] 점점 붉게 되어 가다. ¶농담 한마디에 얼굴이 붉어지다.

붉으락-푸르락[부][하자] 몹시 화가 나거나 흥분하거나 해서 얼굴빛이 붉게 또는 푸르게 변하는 모양.

붉은-간토기(-土器) [명] 그릇의 겉면에 붉은 칠을 바르고 반들거리게 문질러서 구운 토기. 신석기·청동기 시대의 유물임.

붉은-거북 [명] 바다거북과의 한 가지. 등딱지의 길이 1m가량. 등은 붉은 갈색. 네 다리는 지느러미 모양으로 넓적함. 지방은 비누 원료로 쓰임. 전 세계에 분포함.

붉은-말 [명] 바닷말의 한 가지. 엽록소 외에 붉은 색소를 가지고 있어 붉은빛이나 붉은 자줏빛을 띰. 홍조(紅藻).

붉은-발명 부스럼의 독기로 그 언저리에 나타나는, 붉게 충혈된 핏줄. 홍사(紅絲).

붉은발(이) 서다[관용] 부스럼 언저리에 붉은발이 나타나다.

붉은-보라명 붉은빛을 띤 보라.

붉은-빛[-삗]명 핏빛이나 저녁놀 빛 같은 빛깔. ⑪붉은색. *붉은빛이[-비치]·붉은빛만[-빈-]

붉은-색(-色)명 핏빛이나 저녁놀 색 같은 색깔. 적색(赤色). ⑪붉은빛.

붉은-차돌명 빛깔이 붉은 반투명의 차돌. 홍석영(紅石英).

붉은-토끼풀명 콩과의 다년초. 높이는 30~60cm가량. 잎은 세 갈래로 쪼개졌으며 잎자루가 긺. 여름에 담홍색 또는 홍자색의 작은 나비 모양의 꽃이 핌. 서남아시아 원산으로 유럽·북미 등에서 널리 재배됨.

붉은-팥[-판]명 껍질 빛이 검붉은 팥. 적두(赤豆). 적소두(赤小豆). *붉은팥이[-파치]·붉은팥을[-파틀]·붉은팥만[-판-]

붉은-피톨명 ☞적혈구(赤血球).

붉을-적(-赤)명 한자 부수의 한 가지. '赦'·'赫' 등에서의 '赤'의 이름.

붉-히다[불키-]타 부끄럽거나 성이 나거나 하여 얼굴빛을 붉게 하다. ¶얼굴을 붉히다.

붏명 (옛) ☞풀무.

붐(boom)명 ①갑자기 수요가 늘어나 값이 크게 오르는 일. 부동산 붐. ②갑자기 유행하거나 성행하는 일. ¶해외 여행 붐이 일다.

붐비다형 ①많은 사람이 들끓어서 혼잡하다. ¶시장이 몹시 붐비다. ②많은 사물이 한데 뒤섞여서 매우 복잡하다. ¶일이 붐비다.

붐:-하다형 〈희붐하다〉의 준말. ¶동녘 하늘이 붐하며 밝아 온다. 붐-히튀.

붑명 (옛) 북. ¶붑 텨 사르몰 모도오더(釋譜 6:28). /바밋 붑소리는 萬戶에 묽고(杜初22:17). 참붚.

붑괴다자 (옛) 끓어 뒤섞이다. ¶淫水는 두 ᄀᆞᆷ 스이에 붑괴놋다(杜重1:3).

붑마치명 (옛) 북마치 부: 枹(訓蒙中12).

붓[붇]명 ①가는 대 끝에 다발로 한 짐승털을 묶고, 먹어 그림물감을 찍어 글씨를 쓰거나 그림을 그려 데 쓰는 물건. ②(연필·만년필·볼펜 따위) 글씨나 그림에 쓰이는 기구를 두루 이르는 말. *붓이[부시]·붓만[분-]

붓을 꺾다(던지다)[관용] 문필 생활을 그만두다. 붓을 놓다. ¶그는 일제 말기에 붓을 꺾고 숨어 살았다.

붓을 놓다[관용] ①쓰기를 그만두다. 다 쓰다. 각필(擱筆)하다. ¶할 말은 많으나 이만 붓을 놓겠습니다. ②☞붓을 꺾다.

붗명 (옛) 북. [식물의 뿌리를 싸고 있는 흙.] ¶붗 도돌 비: 培(訓蒙下5).

붗그리다타 (옛) 부끄러워하다. ¶小를 붗그리고 大를 ᄉᆞ랑ᄒᆞ니라(月釋14:62). 참부ᇧ리다.

붓-글씨[붇-]명 붓으로 쓴 글씨.

붓-꽃[붇꼳]명 붓꽃과의 다년초. 산이나 들에 절로 나는데, 관상용으로 심기도 함. 잎은 긴 칼 모양이며, 뿌리줄기가 가로 벋어 쌓이 돋고 뿌리가 내림. 초여름에 자줏빛 꽃이 핌. 수창포(水菖蒲). *붓꽃이[붇꼬치]·붓꽃만[붇꼰-]

붓-끝[붇끝]명 ①붓의 뾰족한 끝. 필단(筆端). ②붓의 놀림새. 문자나 문장에 느껴지는 힘. 필두(筆頭). 필봉(筆鋒). *붓끝이[붇끄치]·붓끝을[붇끄틀]·붓끝만[붇끈-]

붓-날다[분-]자 [~나니·~날아] 말이나 행동이 경솔하고 들뜨다.

붓날-리다[분-]타 ['붓날다'의 사동] 말이나 행동을 경솔하고 들뜨게 하다.

붓:다¹[붇따][부으니·부어]자A ①살가죽이나 몸의 특정 기관이 부풀어 오르다. ¶손등이 붓다. ②'화가 나서 뾰로통해지다'를 속되게 이르는 말. ¶잔뜩 부어 있다.

붓:다²[붇따]타 〈부수다〉의 준말. 참빗다. *붓는[분-]

붓:다³[붇따][부으니·부어]타A ①액체나 알갱이로 된 물건 등을) 그릇 따위에 쏟아 넣다. ¶가마솥에 물을 붓다. /자루에 쌀을 붓다. ②씨앗을 배게 뿌리다. ¶무씨를 붓다. ③(불입금·곗돈 따위를) 정기적으로 치르다. ¶적금을 붓다.

붓-대[붇때]명 붓의 자루. 필관(筆管).

붓도도다타 (옛) 북돋우다. ¶붓도돌 비:培. 붓도돌 자:籽(訓蒙下5).

붓-두껍[붇두-]명 붓의 촉을 끼워 두는 물건. 붓의 뚜껑. 준두겁.

붓-방아[붇-]명 글을 쓸 때 생각이 잘 떠오르지 아니하여 붓대만 놀리고 있는 짓.

붓방아(를) 찧다[관용] 쓰려는 글의 내용이 머리에 잘 떠오르지 아니하여 붓대만 자꾸 놀리다.

붓-셈[붇쎔]명하다태 종이 따위에 숫자를 써서 하는 계산. 필산(筆算).

붓순-나무[붇순-]명 붓순나뭇과의 상록 활엽 교목. 숲 속의 습지에서 자라는데, 높이는 3~5m. 잎은 어긋나고 길둥글며 특이한 향기가 있음. 4월에 꽃이 피며, 초가을에 열매가 익는데 독이 있음. 나무껍질과 열매는 향료로 쓰임.

붓-율(-聿)[분뉼]명 ☞오직율.

붓-질[붇찔]명하다 붓을 놀려서 그림을 그리는 일.

붓티다타 (옛) 부치다. 보내다. ¶淸光을 쥐여내 여 鳳凰樓의 붓티고져(鄭澈.思美人曲).

붛명 (옛) 씨. ¶붗種는 어딘 붗이라 ᄒᆞ논 마리라(月釋2:7).

붕¹명 ①갇혀 있던 공기 따위가 좁은 통로로 빠져 나오면서 나는 소리. ¶방귀를 붕 뀌다. 센뿡. ②비행기나 벌 따위가 날 때 나는 소리. 참봉³. 붕-붕부.

붕²명 ①공중에 갑자기 떠오르거나 가슴이 뿌듯하게 흥분하는 모양. ¶어찌나 좋았던지 공중에 붕 뜨는 기분이었다. ②무엇이 허망하게 없어져 버린 모양. ¶하루아침에 집도 절도 없이 붕 뜬 신세가 되다.

붕(崩)명자 〈붕어(崩御)〉의 준말.

붕괴(崩壞)[-괴/-궤]명하다자되자 ①허물어져 무너짐. 궤붕. 붕궤. 붕퇴. ¶건물이 붕괴하다. ②방사선 원소가 방사선을 내며 다른 원소로 바뀌는 현상.

붕궤(崩潰)[-괴/-궤]명하다자되자 ☞붕괴(崩壞).

붕긋[-귿]부하형 ①그릇에 담은 것이 그 그릇의 전보다 높이 솟아 있는 모양. ②언덕이나 산봉우리 따위가 높직이 솟은 모양. ③겹쳐서 붙인 종이 따위가 들떠 있는 모양. 참봉긋. 붕긋-이부·붕긋-하다형하

붕당(朋黨)명 뜻이 같은 사람끼리 모인 단체. 당붕. ¶붕당 정치. 준당(黨).

붕대(繃帶)명 상처나 헌데 따위에 감는, 소독한 얇은 헝겊 띠. ¶붕대를 감다.

붕도(鵬圖)명 크게 품은 뜻. 원대한 계획. ¶선진 조국의 건설을 위한 붕도.

붕락(崩落)[-낙]圀하자되자 ①무너져서 떨어짐. ②물건 값이 갑자기 크게 떨어짐. ②폭락(暴落).

붕배(朋輩)圀 나이 또는 지위가 비슷한 벗. 같은 또래. 벗3.

붕붕-거리다자타 자꾸 붕붕 소리가 나다, 또는 그런 소리를 내다. 붕붕대다. 작봉봉거리다.

붕붕-대다자타 붕붕거리다.

붕비(朋比)圀하타 붕당(朋黨)을 지어 자기편을 두둔함.

붕사(硼砂)圀 붕산나트름의 흰 결정(結晶). 특수 유리의 원료나 도자기 유약의 원료 및 방부제 따위에 쓰임.

붕사구^반:응(硼砂球反應)圀 금속의 정성 분석(定性分析)의 한 가지. 붕사 가루를 백금선에 묻혀서 가열하면 유리구슬 모양의 붕사구가 생기는데, 여기에 금속의 산화물을 묻혀서 가열하면 금속의 종류에 따라 특유한 색을 나타냄.

붕사-땜(硼砂-)圀하타 붕사의 가루나 녹인 액을 써서 쇠붙이를 때우는 일.

붕산(硼酸)圀 붕소(硼素)를 함유하는 무기산으로 진주 광택이 나는 비늘 모양의 결정이나 가루. 살균력은 약하나 생체에 대한 자극이 약하기 때문에 소독·세척·연고 따위로 쓰임.

붕산-면(硼酸綿)圀 붕산수에 적신 약솜. 상처의 소독이나 염증을 막는 데 쓰임.

붕산-수(硼酸水)圀 붕산을 녹인 물. 방부제·소독제 따위로 쓰임.

붕산^연:고(硼酸軟膏)[-년-]圀 백색 연고에 정제(精製) 라놀린과 붕산을 함께 반죽하여 만든 연고. 화상(火傷)이나 찰과상 따위에 방부성 연고로 쓰임.

붕-새(鵬-)圀 고대 중국의 전설에 나오는 상상의 새. 날개 길이가 삼천 리나 되고 단번에 구만 리를 난다고 함.

붕성지통(崩城之痛)〔성이 무너져 내리는 슬픔이란 뜻으로〕'남편을 여읜 아내의 슬픔'을 이르는 말. 참고분지통(鼓盆之痛).

붕소(硼素)圀 비금속 원소의 한 가지. 흑갈색의 단단한 반도체의 고체. 천연으로는 붕산·붕사의 형태로 산출됨. [B/5/10.81]

붕숭-하다형여 〈봉송(鬆鬆)하다〉의 변한말.

붕:어圀 잉어과의 민물고기. 몸길이 20~40 cm. 편평한 몸에 입이 작고 수염이 없음. 몸빛은 사는 물에 따라 다르나, 보통 등이 황갈색, 배는 은백색이며 개울이나 못에 삶. 부어(鮒魚).

붕어(崩御)圀하자 임금이 세상을 떠남. 선어(仙馭). 안가(晏駕). ¶ 황제께서 붕어하시다. 준붕(崩). 비승하.

붕:어-과자(-菓子)圀 붕어 모양으로 만든 과자. 붕어사탕.

붕:어-마름圀 붕어마름과의 다년생 수초. 얕은 물에서 자라며, 줄기의 길이는 20~40 cm. 여름에 홍자색 꽃이 핌.

붕:어-빵圀 ①붕어 모양의 틀에 밀가루 반죽과 팥소를 넣어 만든 풀빵. ②'서로 얼굴이 매우 닮은 사람'을 비유하여 이르는 말. ¶ 너는 아버지와 붕어빵이구나.

붕:어-사탕(*-砂糖)圀 ①붕어과자. ②'속이 빈, 실속 없는 사람'을 비유하여 이르는 말.

붕:어-연적(-硯滴)圀 벼루에 먹을 갈 때 쓸 물을 담아 두는, 붕어 모양으로 만든 그릇.

붕:어-자물쇠[-쐬/-쒜]圀 붕어 모양으로 만든 자물쇠.

붕:어-저냐圀 붕어로 만든 저냐.

붕:어-톱圀 붕어처럼 등이 둥글게 생긴 톱. 나무 표면에 홈을 만들 때 쓰임.

붕우(朋友)圀 ☞벗3.

붕우-유신(朋友有信)圀 오륜(五倫)의 하나. 벗 사이의 도리는 믿음에 있음.

붕우-책선(朋友責善)[-썬]圀하자 벗끼리 서로 좋은 일을 하도록 권함.

붕익(鵬翼)圀 ①붕새의 날개. ②'앞으로 계획하고 있는 큰 사업'을 비유하여 이르는 말. ③'비행기'를 비유하여 이르는 말.

붕-장어(-長魚)圀 붕장어과의 바닷물고기. 몸길이 90 cm가량으로, 생김새는 장어와 비슷함. 몸빛은 등이 다갈색, 배가 흰색임. 우리나라와 일본 등지의 근해에 분포함.

북적-토(北積土)圀 암석의 풍화물(風化物)이 중력에 의해 비탈을 미끄러져 내려오거나 무너져 내려서 쌓인 흙.

붕정(鵬程)〔붕새가 날아가는 거리라는 뜻으로〕아득히 먼 길. 멀고 먼 앞길.

붕정-만리(鵬程萬里)[-말-]圀 ①머나먼 노정(路程). ②원히 펼쳐진 긴 앞길. ¶ 붕정만리 떠나는 졸업생 여러분.

붕탑(崩塌)圀하자 무너져서 두려빠짐.

붕퇴(崩頹)[-퇴/-퉤]圀하자되자 ☞붕괴(崩壞).

붗다圀 옛 붓치다. ¶ 사르미 ㅁ수물 부처 뮈울 씨(牧牛36).

붗돗[붓똗]圀 '부뚜'의 본딧말. *붗돗일[붇또시]·붗돗만[붇똔-]

붙다[붇따]자 ①서로 떨어지지 않게 되다. ¶ 광고판에 광고지가 붙어 있다. ②서로 가까이 마주 닿다. ¶ 조금씩 저쪽에 앉으시오. 좀 붙어 따르다. 추종하다. ¶ 적군에 붙다. /다수파에 붙다. ④(본디 없던 것이) 새로이 생기다. ¶ 나쁜 습관이 붙다. ⑤불이 옮아 당기다. ¶ 불이 붙다. ⑥시험 따위에 뽑히다. ¶ 취직 시험에 붙다. ⑦보태어지다. 더 늘다. ¶ 실력이 붙다. /가죽 수당이 붙다. /살이 붙으니 더 좋아 보인다. ⑧딸리다. ¶ 차고(車庫)가 붙어 있는 집. ⑨아주 가까이 사귀다. ¶ 늘 붙어 다니는 두 사람. ⑩별러서 속하게 하다. ¶ 교환 공사에는 인부 열 명이 붙었다. ⑪암수가 교미(交尾)하다. ⑫겨루는 일 따위가 서로 어울려 시작되다. ¶ 싸움이 붙다. /시비가 붙다. ③이름이 생기다. ¶ 돼지라는 별명이 붙다. ④생명이 끊어지지 않고 있다. ¶ 숨이 붙어 있다. *붙어·붙는[분-]

붙-당기다[붇땅-]타 붙잡아 당기다.

붙-동이다[붇똥-]타 붙들어서 매다.

붙-들다[붇뜰-][~드니·~들어]타 ①꽉 쥐다. ¶ 바위너설을 붙들고 올라가다. ②달아나는 것을 잡다. ¶ 달아나는 도둑을 붙들다. ③가지 못하게 말리다. ¶ 손님을 붙들다. ④도와주다. ¶ 실의에 빠진 이를 붙들어 주다.

붙-리다[붇띠-]자 〔'붙들다'의 피동〕붙듦을 당하다. ¶ 도둑이 방범 대원에게 붙들리다.

붙-따르다[붇-][~따르니·~따라]타 ☞붙좇다.

붙-매이다[붇-]자 〔다른 일을 할 겨를이 없게〕몸이 어떤 일에 붙어 매이다. ¶ 집안일에 붙매이다.

붙-박다[붇빡따]타 한곳에 꽉 박이어 움직이지 않게 하다. 《주로, '붙박아'의 꼴로 쓰임.》¶ 천장에 전등을 붙박아 놓았다.

붙박-이[붇빠기]圀 한곳에 꽉 들어박혀 움직이지 아니하거나 움직일 수 없는 것. ¶ 붙박이로 된 옷장. ②정해져 있어 변하지 아니하는 일. ¶ 그 가게에만 붙박이로 다닌다.

붙박-이다[붙빠기-]짜 『'붙박다'의 피동』 한곳에만 박혀 있어 움직이지 아니하다. ¶ 하루 종일 집 안에 붙박여 있다.

붙박이-별[붙빠기-]몡 ☞항성(恒星).

붙박이-장(-欌)[붙빠기-]몡 움직일 수 없게 벽에 붙여 만든 장.

붙박이-창(-窓)[붙빠기-]몡 여닫지 못하게 고정된 창. ↔열창.

붙-안다[부단따]타 두 팔로 부둥켜 안다. ¶ 이 산가족들은 서로를 붙안고 눈물을 흘렸다.

붙어-먹다[-따]짜 ①남에게 의지하여 물질적인 이득이나 도움을 얻다. ②〈간통하다〉의 속된 말.

붙여-지내다짜 '부쳐지내다'의 잘못.

붙-움키다[부둠-]타 '부둥키다'의 본딧말.

붙은-돈(거슬러 받아야만 어떤 액수를 치를 수 있는) 한 푼 또는 한 장으로 된 돈. ¶ 붙은 돈밖에 없으니 외상값은 내일 받으세요.

붙은-문자(-文字)[-짜]몡 어떤 사물을 설명하는 데 꼭 들어맞는 숙어(熟語).

-붙이[부치]웝미 (일부 명사 뒤에 붙어) ①같은 겨레임을 나타내는 말. ¶ 겨레붙이. /일가붙이. /피붙이. ②그 물건에 딸린 같은 종류임을 나타내는 말. ¶ 쇠붙이. /금붙이.

붙이기-일가(--家)[부치-]몡 (성과 본이 같다고 하여) 형식상 한 조상의 자손처럼 지내는 일가. 부족(附族).

붙-이다¹[부치-]타 『'붙다'의 사동』 ①꽉 달라붙어 떨어지지 않게 하다. ¶ 벽지를 벽에 붙이다. ②가까이 닿게 하다. 근접시키다. ¶ 책상을 벽 쪽으로 붙여 놓아라. ③(둘 사이를) 어울리게 하다. 소개(매개)하다. ¶ 화해를 붙이다. / 흥정을 붙이다. ④불이 붙게 하다. 점화하다. ¶ 담뱃불을 붙이다. ⑤암수를 교미시키다. ¶ 발정한 돼지를 수컷과 붙이다. ⑥(마음·취미 따위를) 몸에 붙게 하다. ¶ 취미(재미)를 붙이다. /마음을 붙이고 살다. ⑦딸리게 하다. 배속시키다. ¶ 경호원을 붙이다.

붙-이다²[부치-]타 ①조건을 달다. 다른 의견을 보태다. ¶ 조건을 붙이다. ②(이름을) 달다. 명명(命名)하다. ¶ 바둑이라는 이름을 붙이다. ③(뺨을) 때리다. ¶ 따귀를 한 대 붙이다. ④윷판에 말을 달다. ⑤내기에서, 돈을 태우다. ⑥말을 걸거나 추근대며 다가서다. ¶ 말을 붙이며 악수를 청하다.

붙임-대[부치때]몡 『붙임때』 탕개붙임에서, 가로 죽 붙인 널빤지가 서로 어긋나지 못하게 하느라고 위아래쪽으로 대는 나무오리.

붙임-붙임[부치붙임] Ⅰ몡 ☞붙임성. Ⅱ무 남과 붙임성 있게 잘 사귀는 모양.

붙임-성(-性)[부치썽]몡 남과 잘 사귀는 성질, 또는 그런 말씨나 행동. 붙임붙임. ¶ 붙임성이 있다. /붙임성이 좋다.

붙임-줄[부치쭐]몡 악보에서, 같은 높이의 두 음을 잇는 줄. 두 음을 이어 한 음으로 연주함을 나타냄. 결합선. 타이(tie).

붙임-질[부침-]몡하타 나뭇조각 따위를 맞대어 풀로 붙이는 일.

붙임-틀[부침-]몡 베니어판 같은 널빤지를 붙이는 데 쓰는 틀.

붙임-판(-板)[부침-]몡 나뭇조각을 붙이는 데 쓰는, 쇠로 만든 판.

붙임-표(-標)[부침-]몡 ①사전 등에서 합성어나 접사 또는 어미임을 나타내거나, 우리말과 외래어 또는 한자어가 결합됨을 나타내는 데

쓰이는 부호 '-'의 이름. ②구문(歐文)에서, 두 낱말을 잇거나, 행(行)이 꺾일 때 쓰이는 부호 '-'의 이름. 접합부.

붙임-풀[부침-]몡 바느질할 때 쓰는, 좀 되직하게 쑨 풀.

붙임-혀[부침-]몡 추녀의 양옆에 붙이는 반쪽 서까래.

붙-잡다[붙짭따]타 ①붙들어 잡다. ¶ 손잡이를 붙잡다. /동생을 놓치지 않으려고 동생의 소매를 꼭 붙잡았다. ②달아나지 못하게 잡다. ¶ 도둑을 붙잡다. ③가지 못하게 말리다. ¶ 손님을 붙잡다. ④일자리를 잡다. ¶ 좋은 직장을 붙잡다. ⑤쓰러지거나 흔들리지 않게 잡아 주거나 도와주다. ¶ 아내의 마음을 붙잡다.

붙잡-히다[붙짜피-]짜 『'붙잡다'의 피동』 붙잡음을 당하다. ¶ 범인이 붙잡히다.

붙-장(-欌)[붙짱]몡 부엌에 붙여 만든 장.

붙-좇다[붙쫃따]짜타 (공경하는 마음이나 섬기는 뜻으로) 가까이하며 따르다. 붙따르다.

붚〈옛〉 북. ¶ 鼓는 부피라(釋譜13:21). ㉑붐.

붚-달다[붇딸-][~다니·~달아]짜 말과 행동이 괄괄하다.

붚-대다[붇때-]타 붚달게 굴다.

뷕[뷕]몡〈부엌〉의 준말. ＊뷔:이[뷔키]·뷕:만[뷍-]

뷔〈옛〉 비. ¶ 뷔 츄:筆(訓蒙上18).

뷔겔(Bügel 독)몡 전동차의 지붕 위에서 전기를 끌어들이는 집전(集電) 장치의 한 가지.

뷔다¹짜〈옛〉 비다. ¶ 뷜 공:空(類合下49). /繡幕이 뷔여 잇다(鄭澈.思美人曲). ㉑뷔다.

뷔다²타〈옛〉비다. ¶ 뷜 애:刈(訓蒙下5).

뷔틀다타〈옛〉비틀다. ¶ 고부며 뷔트디 아니며(月釋17:53).

뷔페(buffet 프)몡 여러 가지 음식을 차려 놓고, 먹을 사람이 손수 덜어 먹을 수 있게 한 식당. ¶ 한식 뷔페.

뷰렛(burette)몡 액체의 용적(容積)을 측정하면서 배출·적하(滴下)할 수 있는, 유리관으로 만든 실험 기구.

뷰:어(viewer)몡 슬라이드 따위의 투명 양화(透明陽畫)를 보기 위한 장치.

브나로오^운^동(Vnarod運動)몡 농민을 주체로 사회 개혁을 이루고자 일으킨 계몽 선전 운동. 1870년 러시아에서 청년 귀족과 학생이 주동이 되어 일어났음.

브라(bra)몡〈브래지어〉의 준말.

브라:마(Brāhma 범)몡 바라문교에서 이르는, 우주의 창조에 참여한 최고신(最高神). 불교에서는 '범천(梵天)'으로서 나타남.

브라:마(Brahma)몡 닭의 품종의 한 가지. 동인도 원산의 육용종(肉用種)으로 몸집이 크고, 체질이 강하여 기르기 쉬움.

브라:마나(Brāhmana 범)몡 '베다(Veda)'에 딸음가는 바라문교의 경전(經典).

브라만(Brahman)몡 고대 인도의 카스트의 첫째 계급. 가장 높은 지위인 승려 계급으로 제사와 교법을 다스림. 바라문(婆羅門). ㉑크샤트리아·바이샤·수드라.

브라보(bravo 이)갑 '잘한다'·'신난다'·'좋다' 따위와 같은 뜻으로, 몹시 기뻐하거나 칭찬하거나 할 때 지르는 소리.

브라스^밴드(brass band)몡 ☞관악대.

브라우저(browser)몡 컴퓨터에서, 인터넷을 검색할 때 문서·영상·음성 따위의 정보를 얻기 위하여 사용하는 프로그램.

브라운-관(Braun管)[명] 진공관의 한 가지. 전류의 강약을 빛의 강약으로 바꾸는…

브라운 운-동(Brown運動)[명] …

브라운-지(Brown紙)[명] …

브래지어(brassiere)[명] …

브래킷(bracket)[명] (2)벽의 …

브랜드(brand)[명] 상표(商標)로. ¶고급 …

브랜디(brandy)[명] 포도주 …알코올 40%…

브레이크(brake)[명] ①자동차·자전거 따위…

브레이크(break)[명] ①구기에서, …

브레인(brain)[명] ('두뇌'라는 뜻에서) 정부나…

브레인스토밍(brainstorming)[명] 자유로운 토론을…

브레인 트러스트(brain trust)[명] …

브레인 댄스(brain dance)[명] …

브로드(broad)[명] …

브로드캐스팅(broadcasting)[명] …

브로드클로스(broadcloth)[명] …

브로마이드(←bromide)[명] …

브로치(brooch)[명] …

브로커(broker)[명] 중개인(仲介人)…

브론즈(bronze)[명] 청동 또는 청동 제품…

브론토사우루스(brontosaurus)[명] …

브롬(Brom)[명] …

브롬-수(Brom水)[명] …

브롬-지(Brom紙)[명] …

브롬-화(Brom化)[명] …

브롬-화은(Brom化銀)[Br/35/79.90] …

불꽃-불[명] 불이 타면서 내는 빛.

불-나다[자] …

불-내다[타] …

불-놓다[자] …

불다[타] …

브리더 리액터(←breeder reactor)[명] …

브리지(bridge)[명] ①카드놀이의 한 가지. …

브리타니아 합금(Britannia合金)[명] 주석…

브리핑(briefing)[명] …

브리태니커[명] …

브릴리언트(brilliant)[명] …

브이-시-아르(VCR)[명] 비디오카세트 리코더(video cassette recorder).

브이-아이-피(VIP)[명] [very important person]…

브이-오-에이(VOA)[명] '미국의 소리' 방송. [Voice of America]

브이-제이(VJ)[명] 비디오자키(video jockey).

브이-티-아르(VTR)[명] (video tape recorder).

브이-티-에프(VHF)[명] [very high frequency]

브이-티-오(VTO)[명] …

붐동기다 〔동〕 □ㅁ음 자래에 불등

붐 〔명〕 불 좌. ¶붐을 그티. 다타나는 거섬세(月輝

붐곳 〔명〕 불 좌·火 〔훈(訓蒙下35).

붐다 〔자〕 ¶붐소 를붙·때다. 〔類合下

붐라우스 (blouse) 〔명〕 여자나 어린이가 입는,

붐라인드 (blind) 〔명〕 담이 햇빛을 가리는

붐랙리스트 (blacklist) 〔명〕 주의나 감시를 필요로 하는 인물을 적은 명부(名簿). ¶붐랙리스트에

붐랙마켓 (black market) 〔명〕 암시장(暗市場).

붐랙박스 (black box) 〔명〕 ①항공기의 속도·장치·

붐랙커피 (black coffee) 〔명〕 설탕과 크림을 넣지

붐랙코미디 (black comedy) 〔명〕

붐랙홀 (black hole) 〔명〕 항성이 진화의 최종 단계

붐레이저·코트 (blazer coat) 〔명〕

붐로킹 (blocking)〔명〕〔배〕 ①구에서, 상대

붐로그 (blog)〔명〕

붐록 (block)〔명〕①인쇄·

붐록건·축 (block建築) 〔명〕

붐록경·제 (block經濟) 〔명〕

붐록버·스터 (blockbuster) 〔명〕

붐론드 (blond) 〔명〕

붐루·라운드 (Blue Round) 〔명〕

붐루머 (bloomer)〔명〕①스커트가

붐루·벨트 (blue belt)〔명〕 청정 수역(清淨水域).

붐루·스 (blues)〔명〕 ①(미국의 흑인 음악에서 비롯

붐루·진 (blue jeans)〔명〕

붐루·칩 (blue chip)〔명〕

붐루·칼라 (blue-collar)〔명〕

붐루·필름 (blue film)〔명〕

붐르다 〔자〕 〔옛〕 ¶블르믈 연:燃

붐비다 〔자〕 ¶블비믈 적다.

붐빗나다 〔자〕 ¶빗나고

붐그리다 〔자〕

붓 〔명〕 〔옛〕 ¶심지.

붓글·씨 〔명〕

붓꽃 〔명〕

붓나·물 〔명〕 ¶붓다.

붓다 〔자〕 〔옛〕

붓두·껍 〔명〕

붓대 〔명〕

붓촉 〔명〕

붓줄 〔명〕

붕 〔명〕

비 〔명〕 먼지나 쓰레기 따위를 쓸어 내는 데 쓰는 도구.

비 〔명〕〔옛〕

비 〔명〕〔妣〕

비 〔접〕〔非〕

비 〔접〕〔比〕

비 〔조〕〔옛〕

비:(非)圓 그름. 도리에 어긋남. ¶ 그 사건의 시와 비를 가리다. ↔시(是).

비:(脾)圓 〈비장(脾臟)〉의 준말.

비(碑)圓 〔어떤 인물이나 공적을 기념하기 위하여〕 돌에 글자를 새겨서 세워 놓은 물건. 비석.

비:(賁)圓 〈비괘(賁卦)〉의 준말.

비-(非)쩝투 〔일부 한자어 앞에 붙어〕 부정(否定)의 뜻을 나타냄. ¶ 비능률. /비무장. /비폭력.

-비(費)쩝미 〔일부 한자어 뒤에 붙어〕 '비용'의 뜻을 나타냄. ¶ 교통비. /재료비. /접대비. /하숙비.

비:가(比價)[-까]圓 다른 것과 비교한 가치 또는 가격. ¶ 보리의 쌀에 대한 비가.

비:가(悲歌)圓 슬픔을 나타낸 시가(詩歌). 애조를 띤 노래. 애가(哀歌). 엘레지.

비:-가시광선(非可視光線)圓 사람의 눈에 보이지 않는 복사선의 하나. 〔자외선·적외선 따위.〕 ↔가시광선.

비가역^변:화(非可逆變化)[-뼌-]圓 가역 변화가 아닌 변화. 〔열의 전도·마찰·확산 따위.〕

비각(角)圓 〔물과 불의 관계처럼〕 서로 상극이 되는 일.

비:각(祕閣)圓 중요 문서 따위를 깊이 간직해 두던 궁중의 서고(書庫). 비부(祕府).

비각(碑閣)圓 안에 비를 세워 놓은 집.

비갈(碑碣)圓 비(碑)와 갈(碣).

비:감(悲感)圓하圓 슬픈 느낌. 슬픈 감회. ¶ 비감에 잠기다. 비감-히圄.

비:강(粃糠)圓 ①쭉정이와 겨. ②변변치 못한 음식. ③하찮은 물건.

비:강(鼻腔)圓 콧구멍에서 인두(咽頭)에 이르기까지의 빈 곳. 콧속.

비:강-진(粃糠疹)圓 피부에 생기는 쌀겨 비슷한 비늘, 특히 머리 부분의 비듬을 이름.

비:개(悲慨)圓 슬퍼하고 개탄함.

비-개석(碑蓋石)圓 비신(碑身) 위에 올려놓은 지붕 모양의 돌. 가첨석(加檐石).

비거(飛去)圓하짜 날아가 버림. 날아감.

비거(飛車)圓 공중을 날아다니는 수레. 〔임진왜란 때 정평구(鄭平九)가 발명했다고 함.〕

비:거(備擧)圓하짜 빠짐없이 갖춤.

비거(vigour)圓 설탕이나 엿에 우유와 향료를 넣어 만든 과자.

비:-거도-선(鼻刀船·鼻艍舠船)圓 ☞거도선.

비-거리(飛距離)圓 ①야구나 골프에서, 친 볼이 날아간 거리. ②스키의 점프 경기에서, 점프대에서 착지한 지점까지의 거리.

비-거스렁이圓하짜 비가 갠 뒤에 바람이 불고 기온이 낮아지는 일.

비:-거주자(非居住者)圓 ①국내에 주소·거소를 두지 아니한 사람. ②거주자가 아닌 사람으로서 국내 원천 소득이 있는 개인.

비:거주^지역(非居住地域)圓 지구 위에서, 사람이 영속적으로 살 수 없는 지역.

비격꽉하짜타 크고 단단한 물건이 서로 닿아 갈려서 나는 소리. ㉠배각. ㈅삐걱. 비격-비격꽉하짜타.

비격-거리다[-꺼-]짜타 자꾸 비격비격하다. 비격대다. ¶ 비격거리는 층계를 밟고 올라가다. ㈅배각거리다.

비격-대다[-때-]짜타 비격거리다.

비겁(卑怯) '비겁하다'의 어근.

비:-겁-하다(卑怯-)[-거파-]휑㉠ ①겁이 많다. ②하는 짓이 떳떳하지 못하고 야비하다. ¶ 비겁한 행동.

비게-질圓하짜 말이나 소가 가려운 곳을 긁느라

고 나무나 바위 같은 데에 몸을 대고 비비는 짓.

비겨미圓 쟁기 따위의 봇줄이 소의 뒷다리에 닿지 않게 하려고, 두 끝을 턱이 지게 하여 봇줄에 꿰는 막대.

비격(飛檄)圓하짜 되짜 급히 격문(檄文)을 돌림, 또는 그 격문.

비격-진천뢰(飛擊震天雷)[-찐철뢰-/-찐철뿨]圓 조선 선조 때, 화포공(火砲工) 이장손(李長孫)이 발명한 폭탄. 〔임진왜란 때 크게 활용되었음.〕 진천뢰.

비:견(比肩)圓하짜되짜 〔어깨를 나란히 한다는 뜻으로〕 낫고 못함이 없이 서로 비슷함. 병견(竝肩). ¶ 그와 비견할 만한 사람이 없다.

비:견(鄙見)圓 자기의 의견이나 소견을 겸손하게 이르는 말.

비:결(祕訣)圓 ①〔무슨 일을 하는 데 있어〕 남이 알지 못하는 가장 효과적인 방법. ¶ 성공의 비결. ②예언이나 점괘 따위를 상징적으로 적은 글이나 책. 비약(祕鑰). 비요(祕要). ¶ 토정(土亭)비결.

비결(祕結)圓 ☞변비(便祕).

비:-결정론(非決定論)[-쩡논]圓 인간의 의지는 어떤 다른 원인에 제약받지 않고 자율적으로 결정할 수 있다고 주장하는 학설. 자유 의지론. ↔결정론.

비:-결정질(非結晶質)[-쩡-]圓 일정한 모양이나 구조를 가지지 아니하는 고체. 㽉비정질.

비:경(祕境)圓 ①신비스러운 곳. ②사람이 가 본 적이 거의 없는, 알려지지 아니한 지역. ③경치가 빼어나게 아름다운 곳. ¶ 금강산의 비경.

비:경(祕經)圓 ☞잠언(箴言). 불행한 책.

비:경(鼻鏡)圓 콧구멍 안을 진찰할 때 쓰는, 자루 끝에 반사경을 붙인 의료 기구.

비경이圓 베틀의 잉아와 사침대 사이에 있어 날실을 걸치게 되어 있는 기구. 세 개의 가는 나무오리로 얼레 비슷하게 벌려서 만들었음. 삼각(三脚).

비계¹[-계/-게]圓 돼지 따위의 가죽 안쪽에 두껍게 붙은 기름의 켜. 돈지(豚脂). 비곗살. ¶ 비계 한 점.

비계²[-계/-게]圓 건축 공사 등에서, 높은 곳에서 일을 할 수 있도록 긴 나무나 쇠 파이프 등으로 가로세로 얽어서 만든 시설.

비:계(祕計)[-계/-게]圓 ①남몰래 꾸며 낸 꾀. ②〔혼자만 아는〕 신묘한 계책.

비:계(祕啓)[-계/-게]圓하짜 ☞밀계(密啓).

비계-목(-木)[-계-/-게-]圓 건축 공사 등에서, 비계를 매는 데 쓰는 가늘고 긴 통나무.

비곗-덩어리[-계떵-/-겐떵-]圓 ①돼지 따위에서 뭉쳐진 비계. ②'몹시 살찐 사람'을 비유하여 이르는 말.

비곗-살[-계쌀-/-겐쌀]圓 ①☞비계¹. ②'사람의 통통한 살'을 낮잡아 이르는 말.

비:고(祕庫)圓 다른 사람이 보아서는 안 될 귀중한 물건을 감추어 두는 곳집. 비부(祕府).

비:고(備考)圓 ①참고하기 위해 갖추어 둠. ②어떤 내용에 참고가 될 만한 사항을 덧붙여 적음, 또는 덧붙인 그 사항.

비:고-란(備考欄)圓 비고 사항을 적기 위하여 마련한 난. ¶ 비고란에 참석 여부를 표시하다.

비고로사멘테(vigorosamente 이)圓 악보의 나타냄말. '힘차게'·'씩씩하게'의 뜻.

비:곡(祕曲)圓 특별한 집안이나 특별한 사람에게만 전수되어 내려온 악곡.

비:곡(悲曲)圓 슬픈 곡조. 비조(悲調).

비곤(憊困) '비곤하다'의 어근.

비:곤-하다(憊困-)[형어] 지쳐서 고단하다.

비:골(腓骨)[명] ⇨종아리뼈.

비:골(鼻骨)[명] ⇨코뼈.

비:골(髀骨)[명] ⇨넓적다리뼈.

비:공(鼻孔)[명] ⇨콧구멍.

비:-공개(非公開)[명][하타][되자] 공개하지 않음. ¶비공개 회담. /비공개 자료.

비:-공식(非公式)[명] 공식이 아니고 사사로움. ¶비공식 회견.

비:공식-적(非公式的)[-쩍][관][명] 공식이 아니고 사사로운 (것). ¶비공식적 모임. /비공식적인 방법.

비:과세^소:득(非課稅所得)[명] 사회적인 고려나 과세 기술상의 요청에 따라 세금을 매기지 않는 소득. 〔어린이 저금의 이자, 국가 유공자의 연금 따위.〕

비관(祕關)[명] 몰래 보내는 관문(關文).

비:관(悲觀)[명] ①[하타][되자] 일이 뜻대로 되지 않아 슬퍼하거나 실망함. ¶세상을 비관하다. ②인생은 괴로움과 악뿐이므로 바랄 것이 없다는 염세관. ↔낙관.

비:관-론(悲觀論)[-논][명] 사물의 어두운 면만을 보고, 어떤 일에도 희망을 갖지 않는 염세적인 이론. ↔낙관론.

비:관론-자(悲觀論者)[-논-][명] 모든 일에 비관론을 앞세우는 사람. ↔낙관론자.

비:관세^장벽(非關稅障壁)[명] 정부가 관세 이외의 방법으로 외래품을 차별하는 일. 〔수입 수량의 제한, 수출 보조금의 지급 따위가 이에 해당함.〕

비:관-적(悲觀的)[-쩍][관][명] 일이 잘 풀리지 않고 앞날에 희망이 없는 것으로 생각하는 (것). ↔낙관적.

비괘(比卦)[명] 육십사괘의 하나. 감괘(坎卦)와 곤괘(坤卦)가 거듭된 것. 땅 위에 물이 있음을 상징함. 준비(比)[2].

비괘(否卦)[명] 육십사괘의 하나. 건괘(乾卦)와 곤괘(坤卦)가 거듭된 것. 하늘과 땅이 서로 사귀지 못함을 상징함. 준비(否).

비괘(賁卦)[명] 육십사괘의 하나. 간괘(艮卦)와 이괘(離卦)가 거듭된 것. 산 밑에 불이 있음을 상징함. 준비(賁).

비:괴(匪魁)[명] [-괴/-궤][명] 비적(匪賊)의 괴수.

비:교(比較)[명][하타][되자] (둘 이상의 사물을) 서로 견주어 봄. 비량(比量). ¶누구와도 비교가 안 될 만큼 경험이 풍부하다. /품질을 비교하다.

비교(飛橋)[명] 매우 높게 걸린 다리.

비:교(祕敎)[명] ①⇨밀교(密敎). ②비밀의 의식을 존중하는 종교.

비:교격^조:사(比較格助詞)[-격쪼-][명] 체언이나 용언의 명사형 뒤에 붙어서 그것과 다른 것을 서로 견줌을 나타내는 격조사. 〔'과'·'와'·'같이'·'만큼'·'보다'·'처럼'·'하고' 따위.〕 견줌자리토씨.

비:교^문법(比較文法)[-뻡][명] 같은 계통에 딸린 두 가지 이상의 언어를 대상으로 하여, 그 언어 사이의 친연 관계(親緣關係) 따위를 비교·연구하는 학문.

비:교^문학(比較文學)[명] 두 나라 이상의 문학을 비교하여 서로의 문학 양식·사상·조류·영향 관계 등을 과학적·실증적으로 연구하는 학문.

비:교^언어학(比較言語學)[명] 언어학의 한 분야. 같은 계통에 딸린 두 가지 이상의 언어의 구조를 비교하여, 서로의 계통적 관계나 변천·발달 등을 연구함.

비:교^연:구(比較研究)[명] 둘 이상의 사물을 비교하여 서로의 같고 다름, 또는 관련이나 계통을 밝히는 일.

비:-교인(非敎人)[명] 교인이 아닌 사람.

비:교-적(比較的)[Ⅰ][부] 일반적인 기준에 견주어 비교적 자세히 나타나 있다. /비교적 쉬운 문제. [Ⅱ][관][명] 일반적인 기준에 견주어 보는 (것). ¶비교적 고찰. /비교적인 관점.

비:교전^상태(非交戰狀態)[명] 직접 교전은 하지 않으나 교전 당사국의 어느 한쪽을 도움으로써 다른 당사국과 대치하고 있는 긴장 상태.

비:-교전자(非交戰者)[명] 전장(戰場)에 나가 있으나 직접 전투에는 참가하지 않는 사람. 〔신문 기자·의무 요원·군목(軍牧) 따위.〕

비:교-표(比較表)[명] 어떤 일의 내용이나 결과를 비교하여 나타낸 표.

비:구(比丘)[명] 출가하여 구족계(具足戒)를 받은 남자 중. 비구승. ⇨대사문.

비구(飛球)[명] ⇨플라이 볼.

비:구(髀臼)[명] 골반의 바깥쪽 아래에 있는, 궁둥이뼈의 일부인 오목한 부분. 〔넓적다리뼈의 머리가 물려서 비구관절을 이룸.〕 관골구(髖骨臼).

비:구-관절(髀臼關節)[명] 비구에 대퇴골의 머리가 물려서 된 관절. 고관절(股關節).

비:구-니(比丘尼)[명] 출가하여 구족계(具足戒)를 받은 여자 중. 이승(尼僧).

비-구름[명] ①비를 머금은 검은 구름. ②'난층운(亂層雲)'의 딴 이름.

비:구상(非具象)[명] 구상적인 대상을 도외시하고 직관이나 상상으로 자유로이 표현하려고 하는 예술의 한 경향. 참추상(抽象).

비:구-승(比丘僧)[명] ⇨비구. ↔대처승.

비:-군사화(非軍事化)[명][하타][되자] 군사적인 것이 되지 않게 함. 군사적인 목적이나 성격을 없앰. ¶원자력을 비군사화하다.

비:굴(卑屈)[명][하형][스형] 용기가 없고 비겁함. 줏대가 없고 품성이 천함. ¶비굴한 행동. 비굴-히[부] 비굴스레[부].

비:궁(祕宮)[명] 비밀의 궁전, 또는 신비에 싸여 있는 궁전.

비궁(匪躬)[명][하자] (임금이나 나라를 위하여) 몸을 돌보지 않고 충성을 다함.

비:극(悲劇)[명] ①인생의 불행이나 슬픔을 제재로 하여 슬픈 결말로 끝맺는 극. ↔희극(喜劇). ②매우 비참한 사건. ¶남북 분단의 비극. /비극이 일어나다.

비:-극영화(非劇映畫)[-궝녕-][명] 극영화가 아닌 영화. 〔기록 영화·과학 영화·교육 영화 따위.〕

비:극-적(悲劇的)[-쩍][관][명] 비극과 같이 슬프고 비참한 (것). ¶비극적 결말. /비극적 운명. /비극적인 내용.

비근(卑近) '비근하다'의 어근.

비:근(鼻根)[명] 불교에서 이르는 육근(六根)의 하나. 후각 기관인 '코'를 이르는 말.

비근-거리다[자] 자꾸 비근비근하다. 비근대다. ¶비근거리는 상자.

비근-대:다[자] 비근거리다.

비근-비근[부][하자] 물건의 사개가 느즈러져서 이리저리 흔들리는 모양.

비:근-하다(卑近-)[형어] (늘 보고 들을 수 있을 정도로) 흔하고 가깝다. 《주로, '비근한'의 꼴로 쓰임.》 ¶비근한 예(例).

비금(飛禽)[명] 날아다니는 새. 날짐승.

비금-비금[-_][부][형] 서로 비슷비슷한 모양.

비:-금속 (非金屬)[명] 금속의 성질을 가지지 아니하는 물질을 통틀어 이르는 말. [일반적으로 전기나 열의 전도성이 나쁘고 금속광택을 지니지 아니함.] ↔금속 광물.

비:-금속 (卑金屬)[명] 공기 중에서 산화(酸化)하기 쉬운 금속을 통틀어 이르는 말. [아연·알루미늄·주석 따위.] ↔귀금속.

비:금속-광택 (非金屬光澤) [-꽝-][명] 금속의 광택이 아닌 광택을 통틀어 이르는 말. [유리의 광택, 수지(樹脂)의 광택 따위.]

비:금속^원소 (非金屬元素)[명] 금속 원소가 아닌 원소를 통틀어 이르는 말. [산소·수소·질소·탄소 따위.] ↔금속 원소.

비금-주수 (飛禽走獸)[명] 날짐승과 길짐승. 준비주(飛走).

비:-급 (備急)[명][하타] 급할 때 쓰려고 준비함, 또는 그 준비.

비-긋다 [-귿-][자][ㅅ] 비를 잠시 피하여 그치기를 기다리다.

비:기 (丕基)[명] 군왕(君王)이 한 나라를 다스리는 큰 기업(基業).

비:기 (肥己)[명][하자] 〈비기윤신〉의 준말.

비기 (飛騎)[명] 썩 날쌘 기병(騎兵).

비:기 (祕記)[명] ①길흉이나 화복 따위를 예언한 기록. ②비밀히 기록함, 또는 그런 기록.

비:기 (祕機)[명] ①심오하여 쉽게 짐작할 수 없는 중요한 일. ②비밀의 기계(機械).

비:기 (祕器)[명] ①상례(喪禮)에 쓰는 기구. ②비밀의 도구. 비장의 무기.

비기다[1][자타] ①빗대어 말하다. 비유하다. ¶군자의 마음을 흔히 맑은 물에 비긴다. ②견주어 보다. 비교하다. ¶네 실력은 그 사람과 비길 바가 못 된다. ¶옆집 아저씨는 비길 데 없이 선량한 사람이다.

비기다[2] [1][자타] (서로 어금지금하여) 승부를 내지 못하다. 무승부가 되다. ¶결승에서 비기다. /바둑을 비기다. 준빅다. [2][타] 줄 것과 받을 것을 서로 에우다. ¶서로 주고받을 것을 비기다. 준빅다.

비기다[3][자] 비스듬히 기대다. ¶난간에 비기어 서서 먼 산을 바라보다.

비기다[4][타] 뚫어진 구멍에 다른 조각을 붙여 대 우다. ¶양말 구멍에 헝겊을 비겨 꿰매다.

비기다 〈옛〉의지하다. 기대다. ¶턱 밧고 비겨시니 蕣濛도 초도출샤(鄭澈.思美人曲).

비:기-윤신 (肥己潤身)[명][하자] 제 몸만을 이롭게 함. 준비기.

비:기지욕 (肥己之慾)[명] 제 몸만을 이롭게 하려는 욕심.

비김-수 (-手) [-쑤][명] 바둑이나 장기에서, 서로 비기게 되는 수. 준빅수.

비껴-가다[자] ①비스듬히 스쳐 지나다. ¶공이 골대를 살짝 비껴갔다. ②어떤 감정, 표정, 모습 따위가 잠깐 스쳐 지나가다. ¶후회하는 빛이 그의 눈가를 비껴갔다.

비껴-들다[1] [~드니·~들어][자타] 비스듬히 들다. ¶차가운 햇살이 벽 틈으로 비껴들었다.

비껴-들다[2] [~드니·~들어][타] 엇비스듬하게 위로 쳐들다. ¶총을 비껴들다.

비껴-쓰다 [~쓰니·~써][타] 모자 따위를 옆이나 뒤로 비스듬히 쓰다.

비:-꼬다[타] ①(끈 따위를) 비틀어서 꼬다. ②몸을 비비 틀다. ¶몸을 비꼬며 애교를 떨다. ③(남의 결점 같은 것을) 바로 들어 말하지 않

고 에둘러서 빈정거리다. ¶그는 항상 남의 말을 꼬아서 듣는다. 준꼬다.

비:-꼬-이다[자] ①[꼬다'의 피동] 비틀려 꼬여지다. ¶비꼬인 성격. ②일이 제대로 풀리지 아니하고 잘못되어 가다. ¶아침부터 하는 일마다 비꼬인다. 준비꾀다.

비:꾀다 [-꾀/-꿰-][자] 〈비꼬이다〉의 준말.

비꾸러-지다[자] ①몹시 비뚤어지다. ②그릇된 방향으로 벗어나 나가다. ¶계획이 비꾸러지다. 셈삐꾸러지다.

비끄러-매다[타] 서로 떨어지지 않게 붙잡아 매다.

비끗 [-끋][부] ①[하자]물건의 사개가 꼭 들어맞지 않고 어긋나는 모양. ②[하자]일이 잘못되어 어긋나는 모양. ¶비끗 잘못하면 비밀이 탄로 난다. ③[하자타]팔이나 다리를 접질리는 모양. ¶발목을 비끗하다. 찬배끗. 셈삐끗. 비끗-비끗[부][하자].

비끗-거리다 [-끋-][자타] 자꾸 비끗비끗하다. 비끗대다. 찬배끗거리다.

비끗-대다 [-끋때-][자] 비끗거리다.

비끼다 [1][자] ①비스듬히 놓이거나 늘어지다. ②비스듬히 비치다. ¶저녁놀이 비끼다. ③얼굴에 어떤 표정이 잠시 드러나다. ¶입가에 차가운 웃음이 비꼈다. [2][타] 비스듬히 놓거나 차거나 하다. ¶고개를 비낀 채 앉아 있다.

비나리[명] 아첨을 하면서 남의 비위를 맞춤. ¶비나리를 치다.

비:-난 (非難)[명][하타] (남의 잘못이나 흠 따위를) 책잡아 나쁘게 말함. ¶비난을 퍼붓다.

비:-내구재 (非耐久財)[명] (견딜 힘이 약하거나 변질되거나 하여) 오래도록 쓸 수 없는 재(財). ↔내구재.

비:너스 (Venus)[명] 로마 신화에서의, 미(美)와 사랑의 여신. [그리스 신화의 아프로디테에 해당함.]

비녀[명] 쪽 찐 머리가 풀어지지 않도록 꽂는 여자의 장신구. 잠(簪).

비녀 (婢女)[명] 계집종.

비녀-장[명] ①바퀴가 빠지지 않도록 굴대 머리 구멍에 지르는 큰 못. ②인방(引枋)이나 물러나지 않도록 기둥과 인방 머리를 얼러서 구멍을 내뚫고 꽂는 나무못. 잠(簪).

비:-년 (比年)[명] 가까운 해. 근년(近年).

비:-노동력^인구 (非勞動力人口) [-녀긴-][명] 생산 연령 가운데, 통학·질병·가사 등으로 인하여 실제로는 노동 시장에 나타나지 않는 인구.

비노리[명] 볏과의 일년초. 양지바른 길가에 나는데, 높이 25 cm가량. 여름에 긴 타원형의 녹색 또는 보라색의 작은 꽃이 핌. 사료 식물임.

비:-논리적 (非論理的) [-놀-][관][명] 논리적이 아닌 (것). 조리가 닿지 않는 (것). ¶비논리적 사고. /비논리적인 글.

비:-농가 (非農家)[명] 농촌에 살기는 하나, 농사를 짓지 않는 집.

비:-뇨기 (泌尿器)[명] 오줌의 생성과 배설을 맡은 기관(器官).

비:뇨^결핵 (泌尿器結核)[명] 비뇨기에 생긴 결핵성 염증.

비:뇨기-과 (泌尿器科) [-꽈][명] 비뇨기에 관한 질병을 연구·치료하는 의학의 한 분과.

비누[명] 때를 씻는 데 쓰는 세척제. [고급 지방산의 수용성 알칼리 금속염을 주제(主劑)로 하여 만듦.]

비누-질[명][하자타] 때를 씻기 위하여 비누를 문지르거나 골고루 칠하는 짓.

비누-화 (-化)[명][하자타][되자] ①지방을 가수 분해 하여 비누와 글리세린을 만드는 화학 변화. ②에스테르를 알코올과 산 또는 염(塩)으로 가수 분해 하는 반응. 감화(鹼化).

비눗-갑[-匣] [-누깝/-눋깝][명] 비누를 담아 두는 갑.

비눗-기[-누끼/-눋끼][명] 비눗물의 기운. ¶비눗기가 다 가시게 말끔히 헹구다.

비눗-물[-눈-][명] 비누를 푼 물.

비눗-방울[-누빵-/-눋빵-][명] 둥글둥글하게 방울이 진 비누 거품.

비뉘흥다[형] (옛) 비리다. ¶어제 바미 東녁 브러 미 피를 부러 비뉘흥니(杜初8:2).

비늘[명] ①어류나 파충류 따위의 표피를 겹쳐서 덮고 있는 얇고 단단한 딱지. ②물고기 비늘 모양의 물건을 통틀어 이르는 말.

비늘-구름[명] '권적운(卷積雲)'의 딴 이름.

비늘-긁기[-글끼][명] 생선의 비늘을 긁어 내는 데 쓰는, 쇠로 만든 기구.

비늘-김치[명] 김치의 한 가지. 무를 돌려 가며 칼로 깊이 에고, 그 틈에 김칫소를 넣어 통김치와 함께 담근 것.

비늘-눈[-룬][명] 식물의 겉눈으로서 비늘잎에 싸여 있는 것을 이르는 말. 인아(鱗芽).

비늘-살[명] (햇빛은 막고, 통풍은 잘 되게 하기 위하여) 문살을 일정한 간격으로 비늘처럼 비껴 짠 문.

비늘-잎[-립][명] 땅위줄기의 밑동 등에 붙어 있는, 비늘 모양으로 변태한 잎. 겨울눈을 싸서 보호함. 인엽(鱗葉). * 비늘잎이[-리피]·비늘잎만[-름-]

비늘-줄기[명] 식물의 땅속줄기의 한 가지. 땅속의 짧은 줄기의 둘레에 양분을 저장하여 두꺼워진 잎이 많이 붙어서 둥근 공 모양을 이룸. 〔나리·양파·수선화 따위에서 볼 수 있음.〕 인경(鱗莖).

비능률-적 (非能率的)[-늘쩍][관][명] 능률적이 아닌 (것). ¶비능률적 유통 단계. /비능률적인 방법.

비닉 (庇匿)[명][하타] 덮어서 감춤.

비닉 (祕匿)[명][하타] 몰래 감춤.

비닐 (vinyl)[명] 아세틸렌을 주된 원료로 하는 합성수지. ¶비닐로 만든 우산.

비닐론 (vinylon)[명] 비닐계(系) 수지(樹脂)로 만든 합성 섬유의 한 가지. 성질이나 감촉이 솜과 비슷하며, 마찰에 강하고 습기를 잘 흡수함. 옷감·그물 등에 쓰임.

비닐-봉지 (vinyl封紙)[명] 비닐로 만든 봉지.

비닐^섬유 (vinyl纖維)[명] 비닐 수지의 용액으로부터 만들어 낸 합성 섬유. 비스코스를 혼합해서 만든 것도 있으며, 내수성(耐水性)이 강함.

비닐^수지 (vinyl樹脂)[명] 염화비닐 수지, 초산비닐 수지, 폴리비닐 알코올계(系) 수지 따위를 중합(重合)하여 얻는 '합성수지'를 통틀어 이르는 말.

비닐^인쇄 (vinyl印刷)[명] 플라스틱 인쇄의 한 가지. 특수 잉크를 써서 비닐 시트, 비닐 필름 따위에 하는 인쇄.

비닐-판 (vinyl板)[명] 비닐 계통의 수지(樹脂)를 재료로 하여 만든 레코드판.

비닐-하우스 (vinyl+house)[명] 채소의 촉성 재배 또는 열대 식물을 가꾸기 위하여 비닐로 만든 온상. ¶비닐하우스에서 채소를 속성 재배하다.

비닐-화 (vinyl化)[명] 유기 화합물과 아세틸렌을 작용시켰을 때 비닐 유도체가 생기는 반응.

비:다[Ⅰ][자] ①속에 든 것이 없는 상태가 되다. ¶주머니가 비었다. ②가진 것이 없는 상태가 되다. ¶빈 몸으로 돌아오다. ③사람이 없는 상태가 되다. ¶텅 빈 집. ④그 자리를 차지하고 있는 것이 없는 상태가 되다. ¶빈 땅. ⑤아는 것이 없는 상태가 되다. ¶머리가 빈 사람. ⑥수량이나 액수가 모자라는 상태가 되다. ¶한 사람이 비다. /거스름돈에서 백 원이 빈다. [Ⅱ][타] '비우다'의 잘못.

빈 수레가 요란하다[속] 실속 없는 사람이 겉으로 더 떠들어 댄다.

비:-다듬다[-따][타] 곱게 매만져 다듬다. ¶머리를 비다듬다.

비단 (飛湍)[명] 물살이 센 여울.

비:단 (緋緞)[명] 명주실로 두껍고 광택이 나게 짠 피륙을 통틀어 이르는 말. 견직물. 필백(疋帛). ¶비단 저고리. ⑳단(緞).

비단 (非但)[부] 《주로 '아니다' 따위 부정하는 말 앞에 쓰이어》'다만'의 뜻을 나타내는 말. ¶비단 건강에만 좋을 뿐 아니라….

비:단-개구리 (緋緞-)[명] 무당개구리.

비:단-결 (緋緞-)[-껼][명] 비단 바탕의 곱고 부드러운 결. ¶비단결이 곱다. /비단결 같은 마음씨.

비:단-구렁이 (緋緞-)[명] 보아과(科) 비단구렁이아과(亞科)의 뱀. 몸길이 1.5~6.5 m. 몸빛은 담갈색, 머리에 누런 반문(斑紋)이 있음. 숲 속의 나무 위에 살며, 작은 동물이나 새를 잡아먹고, 한 배에 10~100개의 알을 낳음. 동남아시아 일대에 분포함. 비단뱀.

비:단-길 (緋緞-)[-낄][명] ☞실크 로드.

비:단백석 (非蛋白石)[-썩][명] 짙은 붉은빛의 반사광을 내는 단백석.

비-단백질 (非蛋白質)[-찔][명] 단백질이 아닌 물질.

비:단-뱀 (緋緞-)[명] ☞비단구렁이.

비:단-벌레 (緋緞-)[명] 비단벌렛과의 곤충. 몸길이 3~4 cm로 길쭉하고, 몸빛은 금록색. 앞날개에 구릿빛의 굵은 세로줄이 있음. 유충은 감나무·벚나무 등의 줄기를 갉아 먹는 해충임. 우리나라·일본 등지에 분포함.

비:단-보 (緋緞褓)[-뽀][명] 비단으로 만든 보.

비단보에 개똥(똥 (싼다)[속] 겉모양은 그럴듯하나 내용은 흉하고 추잡함을 이르는 말.

비:단-신 (緋緞-)[명] 양쪽 옆의 거죽을 비단으로 댄 신.

비:단-실 (緋緞-)[명] ☞명주실. 견사(絹絲).

비:단-옷 (緋緞-)[-다논][명] 비단으로 지은 옷을 통틀어 이르는 말. 금의(錦衣). * 비:단옷이[-다노시]·비:단옷만[-다논-]

비단옷 입고 밤길 가기[속] 생색나지 않거나 보람 없는 일을 공연히 한다는 말.

비:단-팥 (緋緞-)[-판][명] 팥의 한 가지. 껍질이 조금 두꺼우며, 검붉은 빛에 검은 점이 어룽어룽 박혀 있음. * 비:단팥이[-파치]·비:단팥만[-판-]·비:단팥만[-판-]

비:단-풀 (緋緞-)[명] 비단풀과의 홍조식물. 실처럼 가는 줄기는 10 cm가량 곧게 서고, 가지가 많이 갈라지며, 빛깔은 어두운 자줏빛임. 외양(外洋)의 바다 속에 나는데, 식용 또는 풀을 쑤는 재료로 쓰임.

비:답 (批答)[명] 신하의 상소(上疏)에 대한 임금의 하답(下答).

비:당 (備堂)[명] 조선 시대에, 비변사의 통정대부(通政大夫) 이상의 당상관을 일컫던 말.

비:대 (肥大)몡하형 ①살이 쪄서 몸집이 크고 뚱뚱함. ¶몸이 너무 비대하여 운신이 힘들다. ②권한이나 조직 따위가 필요 이상으로 큼. ¶비대한 조직.

비대 (碑臺)몡 비(碑)의 밑받침 돌.

비:-대다타 남의 이름을 빌려 대다. ¶친구를 비대어 부탁하다.

비:대발괄하자타 딱한 사정을 하소연하며 간절히 청하여 빎. ¶못 보낸다는 것을 비대발괄하여 가까스로 허락을 받았다.

비:대-증 (肥大症) [-쯩]몡 신체 조직이나 장기의 일부가 병적(病的)으로 지나치게 커지는 증세.

비덕 (菲德)몡하형 덕이 박함, 또는 그런 사람. ¶비덕한 사람.

비데 (bidet 프)몡 ①여성용 국부(局部) 세척기. ②물로 성기나 항문을 씻어 주는 기구. 주로 변기에 설치하는데, 대소변을 본 후 밸브를 누르면 변기 중앙의 분사구에서 물이 나옴.

비:도 (非道)몡 도리나 인정에 어긋남.

비:도 (匪徒)몡 ☞비적(匪賊).

비:도 (悲悼)몡하자 (사람의 죽음을) 슬퍼함.

비:도덕-적 (非道德的) [-쩍]관몡 도덕적이 아닌 (것). 도덕에 벗어나는 (것). ¶비도덕적 판단. /비도덕적인 행위.

비:도-산고 (悲悼酸苦)몡하형 (손아랫사람의 죽음을 당하여) 코허리가 시고 속이 쓰라리도록 몹시 슬픔. ㉠비산(悲酸).

비독 (飛讀)몡하타 여기저기 건너뛰어 읽음.

비동 (飛棟)몡 높은 용마루의 보.

비:-동맹국 (非同盟國)몡 ①동맹국이 아닌 나라. ②비동맹주의 정책을 펴고 있는 나라.

비:동맹-주의 (非同盟主義) [-의/-이]몡 동서두 진영의 어느 쪽과도 동맹을 맺지 않고 중립 국끼리 단결하여 평화를 지키려는 주의. [제2차 세계 대전 이후 아시아와 아프리카의 신생 국가 사이에서 일어난 외교 정책의 흐름이다.]

비두로기 (옛)비둘기. ¶비두로기새는 우루들 우르더 버꾸당이사 난 됴해(鄕樂.維鳩曲).

비두리 (옛)비둘기. ¶우는 비두리와 삿기 치는 제비예(杜初6:13).

비둔 (肥鈍)몡 '비둔하다'의 어근.

비:-둔하다 (肥鈍-)형 ①몸이 뚱뚱하여 동작이 굼뜨다. ②옷을 두껍게 입어서 몸 놀리기가 자유롭지 못하다.

비둘기몡 비둘기목(目)에 딸린 새를 통틀어 이르는 말. 야생종과 집비둘기로 크게 나뉨. 머리가 작고 둥글며 부리가 짧음. 성질이 순해 길들이기 쉽고, 날개의 힘이 강하여 멀리 날 수 있음. 귀소성(歸巢性)을 이용하여 원거리 통신에 쓰기도 하며, 예부터 평화를 상징하는 새로 여김.

비둘기-장 (-檣)몡 비둘기를 기르는 새장.

비둘기-파 (-派)몡 강경 수단을 피하고, 온건하게 사태에 대처하려는 사람들을 이르는 말. ↔매파.

비듬몡 머리의 살갗에서 생기는 허연 잔 비늘. [각질화된 표피가 엷게 벗겨지는 것.] 두구(頭垢). 풍설(風屑).

비듬-하다형 〈비스듬하다〉의 준말. ㉠배듬하다. 비듬-히부.

비등 (比等)몡 '비등하다'의 어근.

비:등 (沸騰)몡하자 되자 ①액체가 끓어오름. ②물 끓듯 세차게 일어남. ¶여론이 비등하다.

비등 (飛騰)몡하자 높이 날아오름. 비양(飛揚).

비:-등기선 (非登記船)몡 등기의 대상이 되지 아니하는 선박. [총톤수 20톤 미만의 선박 따위.] ↔등기선.

비:등-비등 (比等比等)부하형 여럿이 다 비슷하게. ¶모두 비등비등해서 우열을 가리기 힘들다.

비:등-점 (沸騰點) [-쩜]몡 ☞비점(沸點).

비:등-천 (沸騰泉)몡 고온의 온천 가스와 수증기가 함께 분출하여, 뜨거운 물이 거품 모양으로 부글거리며 끓어오르듯 솟아 나오는 온천. 분등천.

비:등-하다 (比等-)형 견주어 보아 서로 비슷하다. ¶실력이 비등하다.

비디오 (video)몡 ①텔레비전에서, 음성에 대하여 '화상(畫像)' 부분을 이르는 말. ↔오디오. ②텔레비전의 영상 신호를 다루는 장치나 회로. ③〈비디오테이프리코더〉의 준말. ④〈비디오카세트리코더〉의 준말. ⑤〈비디오테이프〉의 준말.

비디오-디스크 (videodisk)몡 텔레비전의 영상 신호와 음성 신호를 녹화한 원반.

비디오^아:트 (video art)몡 비디오를 사용하여 제작한 영상 표현을 통틀어 이르는 말.

비디오-자키 (video jockey)몡 비디오 영상을 능숙하게 조작하여 일반인에게 소개하는 사람. 브이제이.

비디오-카세트 (video cassette)몡 영상을 기록하는 비디오테이프를 카세트 형태로 만든 영상 재생 장치.

비디오카세트-리코:더 (video cassette recorder)몡 비디오테이프리코더의 한 가지. 카세트로 된 비디오테이프를 사용한다. [약호는 VCR] ㉠비디오.

비디오-테이프 (video tape)몡 영상 신호와 음성 신호를 기록하기 위한 자기(磁氣) 테이프. ㉠비디오.

비디오테이프-리코:더 (video tape recorder)몡 화상 신호를 기록하고 재생하는 장치. [약호는 VTR] ㉠비디오.

비디오텍스 (videotex)몡 전화 회선 등을 이용하여, 정보 센터의 컴퓨터에 기억된 문자나 도형 정보를 사무실 등의 텔레비전 화면이나 개인용 컴퓨터의 영상 표시 장치에 비치게 하는 장치.

비:-디프테리아 (鼻diphtheria)몡 디프테리아균의 비점막(鼻粘膜) 감염으로 생기는 병.

비딱-거리다 [-꺼-]자 자꾸 비딱비딱하다. 비딱대다. ㉠배딱거리다. ㉘삐딱거리다.

비딱-대다 [-때-]자 비딱거리다.

비딱-비딱 [-삐-]부 ①하자물체가 자꾸 이리저리 기울어지는 모양. ②하형여러 개가 모두 비딱한 모양. ㉠배딱배딱. ㉘삐딱삐딱.

비딱-하다 [-따카-]형 ①물체가 한쪽으로 비스듬히 기울다. ¶모자를 비딱하게 쓰고 나가다. ②생각이나 행동 따위가 바르지 못하고 조금 비뚤어져 있다. ¶비딱한 행동. ㉠배딱하다. ㉘삐딱하다. 비딱-이부.

비뚜로부 비뚤어지게. ¶줄을 비뚜로 서다. ㉠배뚜로. ㉘삐뚜로.

비뚜름-하다형어 한쪽으로 조금 비뚤어져 있다. ¶비뚜름하게 줄을 긋다. ㉠배뚜름하다. ㉘삐뚜름하다. 비뚜름-히부 ¶모자를 비뚜름히 쓰다.

비뚝-거리다 [-꺼-]자타 자꾸 비뚝비뚝하다. 비뚝대다. ¶수레바퀴가 비뚝거리며 굴러 가다. ㉠배뚝거리다. ㉘삐뚝거리다.

비뚝-대다 [-때-]자타 비뚝거리다. ¶술에 취해 자꾸 비뚝대다.

비뚝-비뚝[-삐-]𝑩 ①〖하자타〗물체가 한쪽으로 기울어지며 흔들거리는 모양. ②〖하타〗한쪽 다리가 짧거나 바닥이 고르지 못하여 비틀거리며 걷는 모양. ⑳배뚝배뚝. ⑩삐뚝삐뚝.

비뚤-거리다〖자타〗 자꾸 비뚤비뚤하다. 비뚤대다. ⑩삐뚤거리다.

비뚤다[비뚜니·비뚤어]𝒉 ①물체가 반듯하지 못하고 한쪽으로 기울어지거나 쏠려 있다. ¶줄이 비뚤다. ②마음이 바르지 못하고 비꼬여 있다. ¶성격이 비뚤다. ⑳배뚤다. ⑩삐뚤다.

비뚤-대다〖자타〗 비뚤거리다.

비뚤-비뚤𝑩〖하자타〗①물체가 자꾸 이리저리 기우뚱거리는 모양. ②물체가 이리저리 구부러지는 모양. ⑳배뚤배뚤. ⑩삐뚤삐뚤.

비뚤비뚤-하다〖혱〗 물체가 곧지 않고 이리저리 구부러져 있다. ¶줄이 비뚤비뚤하다. ⑳배뚤비뚤하다. ⑩삐뚤삐뚤하다.

비뚤어-지다〖자〗 ①반듯하지 못하고 한쪽으로 기울거나 쏠리다. ¶줄이 한쪽으로 비뚤어지다. ②마음이나 성격 따위가 바르지 못하고 비꼬이다. ¶성격이 비뚤어지다. ③성이 나서 뒤틀어지다. ¶그는 조그마한 일에도 잘 비뚤어진다. ⑳배뚤어지다. ⑩삐뚤어지다.

비뚤-이𝒉 ①몸의 어느 부분이 비뚤어져 정상적인 자세가 아닌 사람. ②마음이 비뚤어져 있는 사람. ③비탈진 땅. ⑩삐뚤이.

비:라리-청〖하타〗①구구한 말을 하며 남에게 무엇을 청하는 짓. 비라리청. ¶아무리 어려워도 남에게 비라리 치지는 않는다. ②〖하자〗민속에서, 곡식이나 천 따위를 되도록 많은 사람으로부터 얻어 모아, 그것으로 제물을 장만하여 귀신에게 비는 일.

비:라리-청(-請)𝒉〖하자〗 비라리.

비:래(比來)𝒉 요즈음. 근래(近來).

비래(飛來)𝒉〖하자〗 ①날아서 옴. ②비행기를 타고 옴. ¶홍콩에서 비래하다.

비:량(比量)𝒉〖불교〗비교(比較). ②이미 아는 사실로써 아직 모르는 사실을 미루어 아는 일. 〔연기가 오르는 것을 보고 불이 있음을 아는 것 따위〕

비:량(鼻梁)𝒉 콧마루.

비:력(臂力)𝒉 팔의 힘.

비:련(悲戀)𝒉 이루어지지 못하고 비극으로 끝나는 사랑. ¶비련의 주인공.

비렴(飛廉)𝒉〔중국 전설에서〕①바람을 다스린다는 신(神). 풍백(風伯). ②바람을 일으킨다는 상상의 새.

비렴(蜚蠊)𝒉 ⇨바퀴².

비렴-급제(飛廉及第)[-쩨-]𝒉 지난날, 과거에서 소과(小科)를 거치지 아니하고 대번에 대과(大科)에 급제한 일을 이르던 말.

비:례(比例)𝒉①예를 들어 견주어 봄. ②어떤 수나 양이 두 곱, 세 곱 따위로 변화함에 따라 다른 수나 양도 그렇게 되는 일. 정비례. ¶수입에 비례하는 지출. ③두 수나 양의 비율이 다른 두 수나 양의 비율과 같은 일, 또는 그런 관계에 있는 수나 양을 다루는 산법(算法). ¶이 책의 가로세로는 신문의 가로세로에 비례한다. 준비(比)¹. ④물체의 각 부분 사이의 비율. ¶인체의 비례를 무시한 작품.

비:례(非禮)𝒉 예의에 어긋나는 일. ¶비례를 저지르다.

비례(菲禮)𝒉 변변하지 못한 예물.

비:례(備禮)𝒉〖하자〗 예를 갖춤.

비:례^계:수(比例係數)[-계-/-게-]𝒉 ⇨비례 상수.

비:례^대:표제(比例代表制)𝒉 정당의 총득표수의 비례에 따라서 당선자 수를 결정하는 선거 제도.

비:례-량(比例量)𝒉 ①비례 관계를 이루는 몇 개의 정량(定量). ②서로 비례 관계를 이루면서 변하는 두 량.

비:례^배:분(比例配分)𝒉 주어진 수나 양을 주어진 비율에 따라 나누는 계산법. 안분 비례(按分比例).

비:례^상수(比例常數)𝒉 변화하는 두 양이 비례할 때의 그 비의 값, 또는 반비례할 때의 그 곱의 값. 비례 계수. 비례 정수.

비:례^선:거(比例選擧)𝒉 비례 대표제에 의한 선거.

비:례-세(比例稅)[-쎄]𝒉 과세 대상의 가격에는 관계없이 같은 세율로 부과하는 세. ⑳누감세·누진세.

비:례-식(比例式)𝒉 두 비(比)의 값이 같음을 나타내는 식. 〔$a:b=c:d$ 따위.〕

비:례^정:수(比例定數)𝒉 ⇨비례 상수.

비:례-주(比例株)𝒉 무액면주(無額面株).

비:례^준:비법(比例準備法)[-뻡]𝒉 은행권 발행 제도의 한 가지. 은행이 태환권(兌換券)을 발행할 때에는, 그 발행액에 대하여 일정한 비율의 정화(正貨) 또는 금은(金銀)을 준비해야 하는 것.

비:례-중수(比例中數)𝒉 ⇨비례 중항.

비:례^중항(比例中項)𝒉 수학에서, 두 내항(內項)이 같은 비례식의 그 내항. 〔$a:b=b:c$일 때의 b를 a와 c의 비례 중항이라 함.〕 비례 중수. 중수(中數).

비:례-항(比例項)𝒉 수학에서, 비례를 이루고 있는 각 항.

비로-드(←veludo 포)𝒉 ⇨벨벳.

비로소𝑩 어느 한 시점을 기준으로 해서 '그 전까지는 이루어지지 않았던 사건이나 사태가 이루어지거나 변화하기 시작함'을 나타내는 말. ¶이야기를 듣고 비로소 오해가 풀렸다. /아들은 아버지의 뜻을 비로소 알게 되었다.

비로자나(毘盧遮那)𝒉 ⇨비로자나불.

비로자나-불(毘盧遮那佛)𝒉 지덕의 빛으로 온 세상을 두루 비춘다는 부처. 법신불(法身佛). 비로자나. ⑳노자나불.

비로-전(毘盧殿)𝒉 비로자나불을 모신 법당.

비록𝑩 (('-라 하더라도'·'-(이)지만' 등의 말을 뒤따르게 하여)) 어떠한 조건 등을 가정으로 내세울 때 쓰는 말. 설령. 설사. ¶비록 나이는 어리지만 생각이 아주 깊다. /비록 그것이 사실이라 하더라도 믿어지지 않는다.

비:록(祕錄)𝒉 비밀의 기록, 또는 일반에게 공개되지 않은 중요한 기록. ¶태평양 전쟁 비록.

비록-일(飛鹿日)𝒉 음양가(陰陽家)에서, 집을 짓는 데에 크게 나쁜 날을 이르는 말.

비:론(比論)**명**[하타] ①비교하여 논함. ¶ 두 작품을 함께 비론하다. ②유사점을 들어서 연구하여 거기서 결론을 예상함.

비롯다[자]〈옛〉비롯하다. ¶ 효도는 어버이 섬김애 비롯고(小解2:31). ⑳비롯다.

비롯-되다[-롣뙤/-롣뛔]**자** (그때부터) 어떤 일이 시작되다. ¶ 그것은 어제오늘에 비롯된 문제가 아니다.

비롯-하다[-로타-]**[Ⅰ]자어** 처음으로 시작하다. ¶ 충청에서 비롯한 일.
[Ⅱ]타어 여럿을 벌여 이를 때, 그 가운데의 어떤 것으로 처음을 삼다.《주로, '비롯하여'·'비롯한'의 꼴로 쓰임.》¶ 이장을 비롯한 마을 사람들. / 아버지를 비롯하여 온 가족이 모였다.

비:료(肥料)**명** 거름.〔질소·인산·칼리가 중요한 3요소이며, 유기 비료와 무기 비료로 나뉨.〕

비:료^식물(肥料植物)[-싱-]**명** 거름으로 이용하기 위하여 재배하는 식물.〔자운영·토끼풀 따위.〕

비:료^작물(肥料作物)[-장-]**명** ⇨녹비 작물.

비:료-학(肥料學)**명** 비료의 성질·성분·제조법·사용법 및 비료와 토질과의 관계 따위를 연구하는 학문.

비루 개나 나귀·말 따위 짐승의 피부가 헐고 털이 빠지는 병. ¶ 비루 오르다.

비루(飛樓)**명** 높이 세운 누각.

비:루(悲淚)**명** 슬퍼서 흘리는 눈물.

비루(鄙陋)**명** '비루하다'의 어근.

비:루-관(鼻淚管)**명** 누낭(淚囊)의 아래 끝에서 하비도(下鼻道)로 통하는 누관. 누비관.

비루-먹다[-따]**자** 개나 나귀·말 따위 짐승이 비루에 걸리다. ¶ 비루먹은 망아지.

비루수**부**〈옛〉비로소. ¶ 치위에 비루수 쏼리ᄂᆫ 오매(杜初21:14). ⑳비르소.

비:루-하다(鄙陋-)**형어** (행동이나 성질 따위) 품위가 없고 천하다. ¶ 비루한 이야기. / 비루한 행동에 눈살을 찌푸리다.

비:류(比類)**명** 비교할 만한 것. 동등한 것. ¶ 세계에 비류가 없는 걸작.

비:류(非類)**명** ①같지 아니한 종류. ②사람 같지 아니한 사람.

비류(飛流)**명** (나는 듯이) 아주 세차게 흘러내림, 또는 그 흐름.

비륜(比倫)**명** '비륜하다'의 어근.

비:륜-하다(比倫-)**형어** 비교하여 같은 또래나 종류가 될 만하다. ¶ 탱자와 유자는 모양이 비륜하다.

비르서**부**〈옛〉비로소. ¶ 비르서 疎解圖 밍ᄀᆞ로니(圓覺序80). ⑳비르소·비르수.

비르소**부**〈옛〉비로소. ¶ 世예 업슨 저조롤 비르소 알리로소니(杜初8:18). ⑳비르수.

비르수**부**〈옛〉비로소. ¶ 비르수 이 乾坤애 王室이 正ᄒᆞ도소니(杜重5:22).

비르숨**명**〈옛〉비롯함. ¶ 갏간도 ᄆᆞ춈과 비르숨 업스니(圓覺上二之三64).

비름**명** 비름과의 일년초. 밭이나 길가에 나는데, 줄기는 1 m가량임. 잎은 넓고 달걀 모양이며 잎자루가 긺. 여름에 줄기 끝에 황록색의 잔꽃이 핌. 어린잎은 먹을 수 있음.

비릇다**자타**〈옛〉비롯하다. ¶ 처엄 비릇ᄂᆫ 거시 因이오非ᄆᆞᆺ니 始(類合下63).

비릇다[-릗-]**타** 아이가 곧 태어날 듯한 상태가 되다. 진통이 시작되면서 산기(産氣)를 나타내다. ¶ 애를 비릇다. * 비릇어·비릇는[-른-]

비:리(非理)**명** 도리에 어그러지는 일. ¶ 사회의 비리를 파헤치다.

비리(鄙俚)**명** '비리하다'의 어근.

비리다**형** ①물고기 또는 동물의 피나 날콩을 씹을 때에 나는 냄새나 맛과 같다. ¶ 생선의 비린 냄새. ②하는 짓이 좀스럽고 더럽고 아니꼽다. ¶ 그만 비리게 굴게. ③너무 적어서 마음에 차지 않다. ¶ 상금이 비리다.

비리-비리**부**[하타] 몹시 여위고 약한 모양. ¶ 겉으로 보기에는 비리비리해도 당찬 데가 있다. ⑳배리배리.

비리척지근-하다[-찌-]**형어** 맛이나 냄새가 조금 비리다. ¶ 상한 물고기가 비리척지근한 냄새를 풍기다. ⑳비리척근하다·비척근하다·비치근하다. ⑳배리척근하다.

비리치근-하다**형어**〈비리척지근하다〉의 준말. ⑳배리치근하다.

비:리(鄙俚)-하다**형어** 언어나 풍속 따위가 속되고 촌스럽다. ¶ 비리한 잡가(雜歌).

비:리-호송(非理好訟)**명** 이치에 닿지 않는 송사(訟事)를 잘 일으킴.

비:린(比隣)**명** 처마를 잇대고 있는 이웃. 가까운 이웃.

비린(鄙吝)**명** '비린하다'의 어근.

비린-내**명** 비린 냄새. 성취(腥臭). ¶ 생선 비린내가 심하다.
비린내(가) 나다**관용** ⇨젖비린내(가) 나다.

비:린-하다(鄙吝-)**형어** ①마음이 고상하지 못하고 더럽다. ②다랍게 인색하다.

비릿-비릿[-릳삗릳]**부**[하타] ①비린내나 냄새나 맛이 매우 비릿하다. ¶ 비릿비릿한 냄새를 풍기다. ②좀스럽고 구차스러워 더럽고 아니꼽다. ⑳배릿배릿.

비릿-하다[-리타-]**형어** 조금 비린 듯하다. ¶ 비릿한 냄새가 코를 찌르다. ⑳배릿하다. 비릿-이**부**.

비:마(肥馬)**명** 살찐 말.

비마(飛馬)**명** 나는 듯이 빨리 달리는 말.

비마(草麻·萆麻·蓖麻)**명** ⇨아주까리.

비:마-경구(肥馬輕裘)**명**〔살진 말과 가벼운 갖옷이라는 뜻으로〕 부귀한 사람이 나들이할 때의 차림새를 이르는 말.

비마-자(草麻子)**명** ⇨아주까리씨. 피마자.

비:만(肥滿)**명**[하여] 살이 쪄서 몸이 뚱뚱함. ¶ 몸이 비만하여 잘 뛰지 못한다.

비:만-증(肥滿症)[-쯩]**명**〔-쯩〕 몸에 지방질이 많아져서 지나치게 뚱뚱해지며 운동 장애나 기능 장애를 일으키는 증세.

비말(飛沫)**명** 잘게 튀어 퍼지는 물방울. ¶ 파도의 비말을 덮어쓰다.

비말^감:염(飛沫感染)**명** 호흡기 전염병의 가장 일반적인 감염 형태. 환자가 재채기나 기침을 할 때 튀어나온 병원균에 의하여 감염됨.

비:망(備忘)**명** (기록을 하거나 하여) 잊어버릴 때를 위하여 대비하는 일.

비:망-기(備忘記)**명** 왕조 때, 임금의 명령을 적어 승지(承旨)에게 전하던 문서.

비:망-록(備忘錄)[-녹]**명** 잊었을 때에 대비하여 기록해 두는 책자. 메모랑기(不忘記).

비:매-품(非賣品)**명** 일반에게는 팔지 아니하는 물건.〔견본 또는 특정한 사람에게만 배부하는 물건 따위.〕

비면(碑面)**명** 비문(碑文)을 새긴, 비석의 표면.

비:명(非命)**명** 재해나 사고 따위로 죽는 일. ¶ 비명에 가다. ↔천명(天命).

비:명(悲鳴)**명** 몹시 놀라거나 괴롭거나 다급하거나 할 때에 지르는 외마디 소리. ¶ 자다가 별안간 비명을 지르다.

비명(碑銘)**명** 비면(碑面)에 새긴 글.

비:명-횡사(非命橫死)[-횡-/-휑-]**명**[하다] 뜻밖의 재난이나 사고 따위로 죽음.

비:모(鼻毛)**명** 코털.

비목(飛木)**명** ☞ 자귓밥.

비목(費目)**명** (인건비·사무비·교통비 따위) 비용을 용도에 따라서 분류한 항목. 비용을 지출하는 명목. ¶ 경비를 비목에 맞게 기입하다.

비목(碑木)**명** 나무를 깎아서 세운 비.

비:목어(比目魚)**명** ☞ 넙치.

비:몽사몽(非夢似夢)**명** 꿈속 같기도 하고 생시(生時) 같기도 한 어렴풋한 상태. ☞ 비몽비몽.

비:몽사몽-간(非夢似夢間)**명** 비몽사몽의 상태에 있는 동안. ¶ 비몽사몽간에 흘려 들은 말이라 기억이 나질 않는다.

비:무장(非武裝)**명** 무장을 하지 아니함, 또는 그러한 상태.

비:무장^도시(非武裝都市)**명** ☞ 무방비 도시.

비:무장^지대(非武裝地帶)**명** 조약에 따라서 무장이 금지되어 있는 지역. 중립 지대.

비:문(卑門)**명** 남에 대하여 '자기 가문(家門)'을 낮추어 이르는 말.

비:문(祕文)**명** ①비밀스러운 주문(呪文). ②비밀문서.

비문(碑文)**명** 비석에 새긴 글. 비지(碑誌). 비판(碑版).

비:문(鼻門)**명** 콧구멍.

비:문(鼻紋)**명** 소의 코 언저리에 있는 무늬. 사람의 지문(指紋)처럼 개체에 따라 무늬가 다름.

비:-문화적(非文化的)**관명** 문화적이 아닌 (것). ¶ 비문화적 생활 방식. /비문화적인 사회.

비:-민주적(非民主的)**관명** 민주적이 아닌 (것). ¶ 비민주적 제도. /비민주적 통치. /비민주적으로 독점하다.

비:밀(祕密)**명** ①남에게 보이거나 알려서는 안 되는 일의 내용. ¶ 비밀이 탄로나다. /비밀을 누설하다. ②숨겨져 있어서 외부에서는 알 수 없는 상태, 또는 그 내용. ¶ 전략이 비밀에 싸여 있다. ③아직 밝혀지지 않은 사실, 또는 알려지지 않은 속내. ¶ 우주의 비밀을 탐구하다. ④남에게 알려지지 아니함. ¶ 비밀 공작.

비:밀^결사(祕密結社)[-싸]**명** (흔히, 정치적·종교적·범죄적 목적으로) 가입자 이외의 사람, 특히 정부 같은 데 대하여 존재나 조직·목적 따위를 비밀로 하고 있는 단체.

비:밀-경찰(祕密警察)**명** (독재 정부 따위가 권력을 유지하기 위하여) 반대파의 동태를 감시하고, 그 활동을 탄압하기 위하여 조직된 경찰.

비:밀^누:설죄(祕密漏泄罪)[-루-쬐/-루-쮀] '업무상 비밀 누설죄'의 준말.

비:밀-리(祕密裡)**명** (어떤 일이) 남에게 알려지지 않은 가운데 행하여지고 있는 상태. 비밀한 가운데. (주로, '비밀리에'의 꼴로 쓰임.) ¶ 비밀리에 이루어진 계약. /비밀리에 회의가 속개되다.

비:밀-문서(祕密文書)**명** 남에게 알려서는 아니 될 문서. 비문(祕文).

비:밀^선:거(祕密選擧)**명** 비밀 투표로 하는 선거. ↔공개 선거.

비:밀-스럽다(祕密-)[-따][~스러우니·~스러위]**형비** 무엇인가 감추려는 기색이 있다. ¶ 비밀스러운 이야기를 나누다. **비밀스레**[부].

비:밀^외:교(祕密外交)[-미뢰-/-미뤠-]**명** 교섭 내용을 국민에게 알리지 않고 비밀리에 하는 외교.

비:밀^침:해죄(祕密侵害罪)[-죄/-쮀]**명** 남의 비밀을 침해하거나 봉한 편지 따위를 뜯어보거나 함으로써 성립되는 죄.

비:밀^통신(祕密通信)**명** 통신 내용이 외부에 누설되지 않도록 고안한 통신.

비:밀^투표(祕密投票)**명** 선거인의 투표 내용을 비밀로 하는 투표. ↔공개 투표.

비:밀-하다(祕密-)**형여** ①비밀에 속하는 성질이 있다. ¶ 비밀한 사연. ②남에게 알리지 않으려는 태도가 있다. ¶ 비밀한 활동이 남의 눈에 띄다. ①비밀-히[부].

비:밀-회(祕密會)[-회/-웨]**명** ①비밀히 하는 모임. ②공개되지 않은 국회의 회의.

비-바람(雨-)**명** ①비와 바람. ¶ 탑이 비바람에 깎이다. ②비를 몰아오면서 부는 바람. ¶ 비바람이 휘몰아치는 벌판.

비바리[명] 바다에서 바닷말·조개 따위를 채취하는 처녀. **준**비발이.

비바리는 말똥만 보아도 웃는다[속담] 어린 처녀는 우습지 않은 일에도 곧잘 웃는다는 말.

비바체(vivace 이)**명** 악보에서, 빠르기를 지시하는 말. '빠르고 경쾌하게'의 뜻.

비바치시모(vivacissimo 이)**명** 악보에서, 빠르기를 지시하는 말. '가장 생기 있고 빠르게'의 뜻.

비바크(Biwak 독)**명** 등산에서, 천막을 치지 않고 바위 그늘이나 나무 그늘, 눈구덩이 따위를 이용한 간단한 야영을 이르는 말.

비박(非薄)'비박하다'의 어근.

비:박(臂膊)**명** 팔과 어깨.

비박-하다(菲薄-)[-바카-]**형여** ①가진 것이 적다. 가난하다. ②재주나 덕망이 변변하지 못하다.

비반(肥胖)'비반하다'의 어근.

비-반하다(肥胖-)**형여** 몸에 살이 쪄서 뚱뚱하다.

비발[명] 〈비바리〉의 준말.

비발[명] 드는 돈. 비용(費用).

비:방(比方)**명**[하다] 서로 견주어 봄. 비교함. ¶ 두 제품을 꼼꼼히 비방하다.

비:방(祕方)**명** ①자기만이 알고 있는 비밀한 방법. 비법. ¶ 비방을 써서 약을 짓다. /비방을 써서 아저씨의 생명을 구하다. ②비밀히 전해 오는 약방문.

비방(誹謗)**명**[하다] 남을 나쁘게 말함. 남을 헐뜯고 욕함. 산방(訕謗). ¶ 동료를 비방하다. /욕설과 비방을 퍼붓다.

비:-방수호(非放水湖)**명** 물이 흘러들기만 하고 흘러 나가지는 않는 호수.

비:배(肥培)**명**[하다] 식물에 거름을 주어 가꿈.

비:배^관리(肥培管理)[-괄-]**명** 농작물의 씨를 뿌려서 거두어들일 때까지의 모든 손질.

비:백불난(非帛不煖)[-빨란]**명**[하다] 〔비단옷이 아니면 따뜻함을 느끼지 못한다는 뜻으로〕 노인의 쇠약한 지경을 이르는 말.

비:백비:연(非白非煙)[-삐-]**명** 〔백경(白鏡)도 아니고 연경(煙鏡)도 아니라는 뜻으로〕 흰빛도 검은빛도 아닌, 아주 엷은 자수정의 빛깔을 이르는 말.

비백-서(飛白書)[-써]**명** 한자(漢字) 서체의 한 가지. 글자의 획에 회끗회끗한 흰 자국이 나도록 쓰는 것으로, 글씨 형태는 팔분(八分)과 비슷함.

비:버(beaver)圐 비버과의 동물. 큰 땅다람쥐와 비슷하나 귀가 작고, 꼬리는 배의 노처럼 넓적하며, 뒷발에는 물갈퀴가 발달하였음. 몸빛은 밤색 또는 흑색임. 하천이나 늪에 살면서 나무·흙·돌 따위로 댐을 만듦. 북유럽 및 북아메리카의 동북부에 분포함. 해리(海狸).

비:번(非番)圐 당번이 아님, 또는 그런 사람. ¶오늘은 비번이라 집에서 쉰다. ↔당번.

비-벌레圐 촉수동물의 한 가지. 몸길이 10cm가량. 몸은 가늘고 긴데, 한쪽 끝에 말굽 모양의 흑자색 촉수 뭉치가 있어 비처럼 보임. 항문이 입 가까이에 있고 심장이 없음.

비범(非凡)똇 '비범하다'의 어근.

비:범-인(非凡人)圐 비범한 사람.

비:범-하다(非凡-)톙 평범하지 않다. 특히 뛰어나다. 불범(不凡)하다. ¶비범한 재능. ↔평범하다. 비범-히톾.

비:법(非法)圐 ⇨불법(不法).

비:법(祕法)[-뻡]圐 ①비밀의 방법. ②비방(祕方). ¶비법을 전수하다.

비벽(鄙僻)똇 '비벽하다'의 어근.

비:벽-하다(鄙僻-)[-벼카-]톙여 성질이 못나고 편벽되다.

비:변(不變)圐하타 전부터 전하여 온 좋지 못한 풍습을 타파함.

비:변(鄙邊)圐 ⇨비지(鄙地).

비:변-사(備邊司)圐 조선 시대에, 국방에 관한 일을 맡아보던 관아.

비보(飛報)圐하타 급히 통지함. 급보. ¶비보를 띄우다. /비보를 받고 급히 나서다.

비:보(祕報)圐하타 남몰래 보고함.

비:보(祕寶)圐 비밀히 간직하는 보배.

비:보(悲報)圐 슬픈 소식. ¶비보가 날아들다. /뜻밖의 비보를 접하다. ↔희보(喜報).

비:보(裨補)圐하타 도와서 모자람을 채움.

비보(vivo 이)圐 악보에서, 빠르기를 지시하는 말. '빠르고 활발하게'의 뜻.

비-보라圐 세찬 바람과 함께 휘몰아치는 비.

비복(婢僕)圐 계집종과 사내종. 노비. 복비.

비복-근(腓腹筋)[-끈]圐 고등 척추동물의 하퇴부 뒤쪽의 피부 밑에 있는 큰 근육.

비:본(祕本)圐 소중히 간직하여 남에게 보이지 않는 책.

비봉(飛蓬)圐 〔바람에 날리는 마른 쑥잎이란 뜻으로〕①'흔들려서 안정되지 못한 모양'을 비유하여 이르는 말. ②'나그네, 또는 나그네의 외로움'을 비유하여 이르는 말.

비:봉(祕封)圐하타 남이 보지 못하도록 단단히 봉함, 또는 그렇게 봉한 것.

비:부(祕府)圐 ⇨비각(祕閣). 비고(祕庫).

비부(婢夫)圐 계집종의 남편.

비:부(鄙夫)圐 어리석고 천한 사람. 도량이 좁은 사람. 이익을 탐하는 사람.

비부-쟁이(婢夫-)圐 '비부(婢夫)'의 속된 말.

비:-부피(比-)圐 단위 질량(1g)이 차지하는 물체의 부피. 〔밀도(密度)의 역수로 나타낸 수치임.〕비용(比容).

비:분(非分)圐 ①신분이나 한도를 넘는 일. 분수에 맞지 않는 일. ②도리에 어긋나는 일.

비:분(悲憤)圐하자 슬프고 분함. ¶비분의 눈물.

비:분-강개(悲憤慷慨)圐하자 〔의롭지 못한 일이나 잘못되어 가는 세태 따위가〕슬프고 분하여 마음이 북받침.

비:분-총탁(非分寵擢)圐 분에 넘치는 총애를 받고 벼슬 자리에 등용되는 일.

비:-불능(非不能)[-릉]圐 능히 할 수 있는 일을 일부러 하지 아니함.

비:불발설(祕不發說)[-썰]圐하타 비밀에 붙여 두고 말을 내지 아니함.

비브라토(vibrato 이)圐 현악기나 관악기 또는 성악에서 음정을 아래위로 가볍게 떨어 울리게 하는 기법.

비브라폰(vibraphone 이)圐 철금(鐵琴)의 한 가지. 쇠로 만든 음판(音板) 밑에 전기 장치의 공명체를 붙여서 여운의 진동음 효과를 살린 타악기.

비브리오(vibrio 라)圐 간균(桿菌)의 한 가지. 콜레라균·장염(腸炎) 비브리오가 이에 딸림.

비빅다타 〔옛〕비비다. ¶누늘 비비여 드롤 브라면(圓覺上一之二144). 졥비빅다.

비비圐 비빗듯이 여러 번 꼬이거나 뒤틀린 모양. ¶비비 꼬다. /비비 틀다. /칡덩굴이 소나무를 비비 감아 벋어 가다. 졥배배.

비:비圐 긴꼬리원숭잇과의 동물. 몸길이 70~140cm, 꼬리 길이 55~70cm. 몸빛은 암갈색이며, 얼굴은 개와 비슷함. 아프리카 지역에 분포함. 개코원숭이.

비:비(比比)톾 ①낱낱이. 죄다. ②흔히. 자주.

비:비-개연(比比皆然)圐하톙 어느 것이나 죄다 그러함.

비비다타 ①두 물체를 맞대어서 서로 문지르다. ¶두 손을 싹싹 비비다. ②어떤 음식물에 다른 음식물 따위를 넣고 한데 뒤섞어서 버무리다. ¶고추장에 밥을 비비다. ③손가락이나 손바닥으로 어떤 재료를 문질러서 둥글게 만들거나 가락이 되게 만들다. ¶환약(丸藥)을 비비다. ④끝이 뾰족한 연장으로 구멍을 뚫으면서 이리저리 돌리다. ¶송곳을 비비다. ⑤〔노끈 따위를〕꼬다. ¶심지를 비비다. 졥뱌비다.

비비대-기圐 ①마구 비벼대는 일. ②복잡한 일을 치르느라고 부산하게 움직임.

비비대기-치다자 ①좁은 곳에서 여러 사람이 서로 몸을 비비대듯이 하며 움직이다. ¶만원 버스에서 빠져나오느라고 한참이나 비비대기쳤다. ②복잡한 일을 치르느라고 부산하게 움직이다.

비비-대다타 자꾸 대고 비비다. ¶두 손으로 자꾸 얼굴을 비비대다. 졥뱌비대다.

비비배배톾 종달새 따위가 우는 소리.

비비-송곳[-곧]圐 두 손바닥으로 자루를 비벼서 구멍을 뚫는 송곳. 자루가 가늘고 길며, 촉이 네모졌음. *비비송곳이[-고시]·비비송곳만[-곧-]

비:비:에스(BBS)圐 ⇨전자 게시판. 〔bulletin board system〕

비:비-유지(比比有之)圐하톙 드물지 않고 흔함.

비비적-거리다[-꺼-]타 자꾸 비비적비비적하다. 비비적대다. ¶앉아서 자꾸 발바닥을 비비적거리다. 졥뱌비작거리다.

비비적-대다[-때-]타 비비적거리다.

비비적-비비적[-쩍-]톾하타 무엇을 자꾸 비비는 모양. ¶경단을 만들기 위해 반죽을 비비적비비적하다. 졥비빗빗빗. 졥뱌비작뱌비작.

비비추圐 백합과의 다년초. 산지의 냇가에서 자라는데, 줄기는 곧게 서며 높이 40cm가량. 옥잠화와 비슷한 잎이 모두 뿌리에서 돋아 비스듬히 퍼짐. 여름에 통 모양의 엷은 자줏빛 꽃이 핌. 연한 잎은 먹을 수 있음.

비빈(妃嬪)圐 비(妃)와 빈(嬪).

비빔圐 밥이나 국수 따위에 고기·나물 등을 섞고 양념을 더하여 비빈 음식.

비빔-국수[-쑤]圓 삶아 건진 국수에 여러 가지 양념을 섞어 비빈 국수.

비빔-냉면(-冷麵)圓 육수(肉水)는 없이, 고기 나 홍어회·나물 따위를 넣고 양념하여 비빈 냉면.

비빔-밥[-빱]圓 볶은 고기나 나물 따위에 양념 을 넣고서 비빈 밥. 골동반(骨董飯).

비빗-거리다[-빋꺼-]目 〈비비적거리다〉의 준 말. 비빗댄다. 碣바빗거리다.

비빗-대다[-빋때-]目 비빗거리다.

비빗-비빗[-빋삐빋]閭하다 〈비비적비비적〉의 준말. 碣바빗바빗.

비발다目 〔옛〕 밸다. ¶허믈 비바투니(蒙法31). 헐발다·비왈다.

비:사(比辭)圓 비유로 쓰는 말.

비:사(卑辭)圓 '자기의 말'을 겸손하게 이르는 말.

비:사(祕史)圓 세상에 드러나지 아니한 역사. 숨겨진 역사상의 사실. ¶고려 말의 비사. /건 국 초기의 외교 비사.

비:사(祕事)圓 비밀로 하고 있는 일.

비:사(鄙舍)圓 '자기의 집'을 겸손하게 이르는 말.

비:-사량(非思量)圓 선종(禪宗)에서, 생각에 얽 매이지 않고 잡념을 버리는 일.〔좌선(坐禪)에 서의 요체(要諦)가 됨.〕

비사리圓 싸리의 껍질. 노를 꼬는 데 쓰임.

비사문천-왕(毘沙門天王)圓 '다문천왕(多聞天 王)'의 딴 이름.

비사-주석(飛沙走石)圓하자 □양사주석.

비:사-증(鼻麵症)[-쯩]圓 한방에서, 코의 혈관 이 확장되어 '코가 점점 커지고 두툴두툴해지 며 붉어지는 병증'을 이르는 말.

비사치-기圓 아이들 놀이의 한 가지. 손바닥만 한 납작하고 네모진 돌을 비석처럼 세워 놓고, 얼마쯤 떨어진 곳에서 돌을 던져 맞히거나 발 로 돌을 차서 맞히어 넘어뜨리는 놀이.

비사-치다目 똑바로 말하지 않고, 에둘러서 은 근히 깨우치다.

비산(飛散)圓하자 사방으로 날아 흩어짐.

비:산(砒酸)圓 비소 화합물의 한 가지. 비소나 무수 아비산(無水亞砒酸)을 질은 질산 등과 함 께 가열하여 얻은 무색의 결정으로 독성이 강 함. 염료·안료·농약 따위의 원료로 쓰임.

비산(悲酸)圓하자 〈비도산고〉의 준말.

비:산-납(砒酸-)圓 비소와 납의 화합물. 살충 제로 쓰임. 비산연.

비:산^석회(砒酸石灰)[-서쾨/-서쿼]圓 비산 과 석회유(石灰乳)로 만든 하얀 가루. 살충제 로 씀.

비:산-연(砒酸鉛)圓 □비산납.

비:-삼망(備三望)圓 조선 시대에, 한 사람의 벼 슬아치를 뽑을 때에 세 사람의 후보자를 갖추 어 천거하던 일.

비:상(非常)圓 ①예사로운 일이 아닌 긴급 사 태, 또는 이에 대응하기 위하여 신속히 내려지 는 명령. ¶비상이 걸리다. ②하엵예사롭지 아 니함. ¶비상한 관심을 모으다. ③하엵평범하 지 않고 뛰어남. ¶비상한 솜씨. /재주가 비상 하다. ②③비상-히閭.

비상(飛上)圓하자 날아오름. ¶하늘을 향하여 비상하는 종달새.

비상(飛翔)圓하자目 새 따위가 하늘을 낢. ¶비 행기가 하늘로 비상하고 있다.

비:상(砒霜)圓 비석(砒石)을 승화시켜서 만든 결정체. 독약임.

비상(悲傷)圓 '비상하다'의 어근.

비:상-경계(非常警戒)[-계/-게]圓 중대한 사 건 따위가 일어나거나 일어날 우려가 있을 때, 특정 지역을 특히 엄중하게 경계하는 일.

비:상-경보(非常警報)圓 비상사태가 일어났을 때 음향이나 신호 따위로 위급을 알리는 일, 또는 그 신호.

비:상-계엄(非常戒嚴)[-계-/-게-]圓 전쟁 또 는 전쟁에 준하는 사태로 사회 질서가 극도로 혼란된 지역 등에 선포하는 계엄.

비:상-구(非常口)圓 건물이나 탈것 따위에서, 보통 때는 닫아 두고 돌발 사고가 일어났을 경 우에만 사용하는 출입구.

비:상^구:제^절차(非常救濟節次)圓 판결이 확 정된 뒤, 현저한 하자가 발견되었을 경우에 인 정되는 재심·비상 상고 등의 구제 절차.

비:-상근(非常勤)圓 상근이 아닌 근무. 한정된 날이나 한정된 시간에만 출근하여 근무하는 일.

비:상-금(非常金)圓 비상용으로 쓰기 위하여 마련해 둔 돈.

비:상^대:권(非常大權)[-꿘]圓 비상사태가 발 생했을 때, 국가를 보위하기 위하여 국정 전 반에 걸쳐 비상조치를 할 수 있는 대통령의 권한.

비:상^대:기(非常待機)圓 비상사태에 대처하기 위하여 준비를 갖추고 대기하는 일.

비:상-망(非常網)圓 비상사태에 대비하기 위하 여 어떤 지역에 그물처럼 이리저리 쳐 놓은 경 계 태세.

비:상-비(非常費)圓 뜻하지 않은 일이 일어났 을 때 쓰려고 미리 마련해 두는 경비.

비:상-사건(非常事件)[-껀]圓 예사롭지 아니한 특별한 사건.

비:상-사태(非常事態)圓 대규모의 재해나 소요 따위 긴급을 요하는 사태. ¶비상사태가 발생 하다. 图국가 비상사태.

비:상^상:고(非常上告)圓 형사 소송에서, 판결 이 확정된 후 사건의 심판이 법령에 위반되었 음을 이유로 하여 검찰 총장이 대법원에 신청 하는 특별 구제 절차.

비:상-석(砒霜石)圓 □비석(砒石).

비:상-선(非常線)圓 범죄 사건이나 재해 따위 가 발생했을 때, 범인의 도주나 일반인의 출입 등을 막기 위하여 비상경계를 하는 구역, 또는 그런 구역을 둘러싼 선. ¶비상선을 치다.

비:상-소집(非常召集)圓 ①긴급한 사태가 일어 났을 때 필요한 사람을 급히 불러 모으는 일. ②전시 등에 예비역을 소집하는 일.

비:상-수단(非常手段)圓 비상한 일이 일어났을 때 취하게 되는 임기응변의 수단. ¶비상수단을 취하다. /비상수단을 강구하다.

비:상-시(非常時)圓 뜻밖의 긴급한 사태가 일 어난 때. ¶비상시에 대비하다. ↔평상시.

비:상-시국(非常時局)圓 전쟁이나 사변 등으로 국가가 중대한 위기에 처한 시국.

비:상-식(非常食)圓 비상시에 대비한 식량.

비:상-적(非常的)[-쩍]판圓 상식에 벗어 난 (것). ¶비상식적 발언. /비상식적인 행위.

비:상-용(非常用)[-뇽]圓 비상시에 쓸, 또는 그때 쓰는 물건. ¶비상용 식량.

비:상임^이:사국(非常任理事國)圓 국제 연합 안전 보장 이사회를 구성하는 15개 이사국 중 5개 상임 이사국 이외의 이사국.〔총회에서 선 출되며 임기는 2년임.〕

비:상-조치(非常措置)圓 ①비상한 일이 일어났 을 때 취하는 일시적인 조치. ②국가가 그 안

전을 위협받는 비상사태에 처했을 때, 대통령이 국정 전반에 걸쳐서 취하는 특별한 조치.

비:상^착륙(非常着陸)[-창뉵]**명** 비행 중인 항공기에 돌발적인 사고가 일어났을 때 예정 지점이 아닌 곳에 임시로 착륙하는 일.

비:상-하다(悲傷-)**혱** 마음이 슬프고 아프다. 비상-히**부**.

비:색(比色)**명하타** 색의 농도나 색조 따위를 비교하는 일.

비:색(否塞)**명하자** ①(운수 따위가) 꽉 막힘. ¶운수가 비색하다. ②불행하여짐.

비:색(翡色)**명** (고려청자의 빛깔과 같은) 푸른 빛깔.

비:색-계(比色計)[-꼐/-꼐]**명** 비색 분석에 쓰이는 장치. [통과하는 가시광선의 흡수 현상을 분석에 이용함.]

비:색^분석(比色分析)[-뿐-]**명** 용액의 빛의 농도나 색조 따위를 표준 용액과 비교하여 정량하는 분석법.

비:색-증(鼻塞症)[-쯩]**명** 한방에서, 코가 막히어 숨 쉬기에 힘이 들고 냄새를 못 맡게 되는 병을 이르는 말.

비:-생산적(非生産的)**관명** 생산적이 아닌 (것). ¶비생산적 토론. /비생산적인 논쟁.

비서(飛絮)**명** 바람에 날리는 버들개지.

비서(飛鼠)**명** ☞박쥐.

비:서(祕書)**명** ①요직에 있는 사람에 직속하여 그의 기밀 사무 따위를 맡아보는 직위, 또는 그 사람. ②남에게 공개하지 않고 비밀히 간직하고 있는 장서. ¶외교 비서.

비:서-관(祕書官)**명** 고위 공무원에 딸리어 기밀 사무 따위를 맡아보는 공무원.

비:서-실(祕書室)**명** 비서관이나 비서가 사무를 보는 방, 또는 그 기관. ¶대통령 비서실.

비:석(沸石)**명** 나트륨·칼슘·알루미늄 등의 함수 규산염 광물.

비:석(砒石)**명** 비소·황·철로 이루어진 광물. 흑회색의 흙덩이 비슷하며 강한 독이 있음. 비상석.

비석(碑石)**명** ①☞비(碑). ②☞빗돌.

비석-차기(碑石-)**명** '비사치기'의 잘못.

비선(飛仙)**명** 하늘을 날아다니는 신선.

비:선(祕線)**명** 비밀리에 거느리거나 관계를 맺고 있는, 비공식적이고 사적인 인적 조직 따위의 계통.

비설(飛雪)**명** 바람에 흩날리며 내리는 눈, 또는 바람에 흩날려 쌓인 눈.

비:설(祕說)**명** 비밀로 하여 일반에게 공개하지 않은 논설이나 학설.

비:설(脾泄)**명** 위에 탈이 생겨 소화가 안 되고 설사가 나는 병.

비-설거지(-)**명하자** (비가 오려고 할 때) 물건들을 비에 맞지 않게 거두거나 덮거나 하는 일. **준**설거지.

비성(飛星)**명** ☞유성(流星).

비:세(非勢)**명** 바둑이나 장기 따위에서, 이롭지 못한 국면. 불리한 형세. ¶비세를 느끼다.

비소(卑小)**명** '비소하다'의 어근.

비:소(砒素)**명** 비금속 원소의 한 가지. 금속 광택을 지닌 회색 결정체와 누른색 가루의 두 가지가 있음. 비소 화합물은 독성이 강하며, 농약·의약 등에 쓰임. [As/33/74.9216]

비소(鼻笑)**명하타** 코웃음, 또는 코웃음을 침.

비소(誹笑)**명하타** 비웃음.

비:-소비물(非消費物)**명** 한 번 써도 없어지지 아니하고, 두 번 이상 같은 용도에 쓸 수 있는 물건.

비:-소설(非小說)**명** 소설 이외의 서적.

비:-소수(非素數)**명** ①1과 그 수 자신 외에도 약수를 가진 자연수. [2와 3의 곱인 6 따위.] 합성수.

비:소^요법(砒素療法)[-뻡]**명** (매독이나 피부병 따위에) 비소 화합물을 써서 치료하는 방법.

비:소-제(砒素劑)**명** 비소가 들어 있는 약제.

비:소^중독(砒素中毒)**명** 비소 화합물을 먹거나 비화수소(砒化水素) 가스를 들이마셨을 때에 일어나는 중독.

비:소-진(砒素疹)**명** 비소가 섞인 약을 먹거나 바른 뒤에 그 중독으로 생긴 발진(發疹).

비:소-하다(卑小-)**혱** 보잘것없이 작다. ¶자연 앞에 인간이란 얼마나 비소한 존재인가.

비:속(卑俗)**명혱** 격(格)이 낮고 속됨, 또는 그러한 풍속. ¶비속한 말씨. /비속한 노래.

비:속(卑屬)**명** 혈연관계에서, 자기의 아들과 같거나 그 이하의 항렬에 속하는 친족. 아들·손자 등의 직계 비속과, 조카·종손 등의 방계 비속으로 나뉨. ↔존속(尊屬).

비:속-어(卑俗語)**명** ☞비어(鄙語).

비:손(-)**명하타** 두 손을 싹싹 비비면서 신에게 소원을 비는 일.

비웃-거리(-)[비욷-]**명** [-소꺼-/-손꺼-]**명** 남의 비웃음을 받을 만한 일, 또는 그런 사람.

비:송-사건(非訟事件)[-껀]**명** 국가가 사법상(私法上)의 법률관계에 특별히 관여하는 사건. [법인(法人)에 관한 사건, 회사의 정리·청산에 관한 사건 따위.]

비:쇠(憊衰)**명하자** [-쇠/-쉐]**명하자** 몹시 고달파서 쇠약하여짐.

비:수(匕首)**명** 날이 썩 날카롭고 짧은 칼. ¶비수같이 예리한 질문.

비:수(悲愁)**명하타** 슬퍼하고 근심함, 또는 슬픔과 근심.

비:수(備數)**명하타** 일정한 수효를 채움.

비:수-기(非需期)**명** (어떤 물품의) 쓰임이 많지 않은 때. ↔성수기. **합**비철.

비수리(-)**명** 콩과의 다년초. 산기슭이나 들에서 자라며 줄기는 1m가량. 위쪽은 가늘고 짧은 많은 가지로 갈라짐. 8~9월에 잎보다 짧은 흰 꽃이 잎겨드랑이에 모여서 핌. 줄기는 광주리를 만드는 재료로 쓰임.

비:수-비(匕首匕)**명** 한자 부수의 한 가지. '化'·'北' 등에서의 '匕'의 이름.

비:술(祕術)**명** 남에게 알려지지 않은 비밀의 술법. ¶불로장생의 비술.

비슈누(Viṣṇu 범)**명** 브라마·시바와 함께 힌두교의 세 주신(主神)의 하나. 네 팔을 가졌으며, 용(龍) 위에서 명상하는 자세로 세계의 질서를 유지한다고 봄.

비슈누-교(Viṣṇu敎)**명** 비슈누를 최고신으로 섬기는 힌두교의 한 파.

비스듬-하다(-)**혱여** 한쪽으로 조금 기운 듯하다. **준**비듬하다. **쎈**배스듬하다. 비스듬-히**부**. ¶의자에 비스듬히 앉아 책을 읽다.

비스러-지다(-)**자** 둥글거나 네모반듯하지 않고 조금 비뚤어지다.

비스름-하다(-)**혱여** 거의 비슷한 듯하다. ¶비스름하게 생긴 물건. **쎈**배스름하다. 비스름-히**부**. ¶비스름히 생긴 얼굴.

비스무트(Wismut 독)**명** 금속 원소의 한 가지. 붉은빛을 띤 은백색의 금속으로, 전기나 열을 잘 전하지 못하며, 융점(融點)이 매우 낮음. 안료·의약품 등에 쓰임. 창연(蒼鉛). [Bi/83/208.9804]

비스코:스(viscose)명 목재 펄프에 수산화나트륨 수용액과 이황화탄소를 더한, 불그레하고 차진 용액. 비스코스 인견(人絹)이나 셀로판의 원료로 쓰임.

biological=스^레이온(viscose rayon)명 ☞비스코스 인조 견사.

비스코:스-스펀지(viscose sponge)명 비스코스를 해면(海綿) 모양으로 굳힌 것. 연한 물건을 씻기에 알맞음.

비스코:스^인견(viscose人絹) 〈비스코스 인조 견사〉의 준말.

비스코:스^인조^견사(viscose人造絹絲)명 비스코스를 원료로 해서 만든 섬유. 비스코스 레이온. ㉣비스코스 인견.

비스킷(biscuit)명 밀가루에 버터·우유·설탕·향료 따위를 섞어서 반죽하여 일정한 모양으로 구워 낸 양과자.

비스타^비전(Vista Vision)명 1954년에 미국에서 개발한, 표준보다 큰 화면으로 된 영화의 한 방식. 보통 필름의 갑절쯤 되는 크기의 필름을 사용한 것으로 화면의 선명도(鮮明度)가 뛰어남.

비스토(visto 이)명 악보의 나타냄말. '쾌속하게'의 뜻.

비슥-거리다[-꺼-]재 자꾸 비슥비슥하다. 비슥대다.

비슥-대다[-때-]재 비슥거리다.

비슥-비슥[-쎅-]무재 ①어떤 일을 힘들여 하지 않는 모양. ②자꾸 따로 떨어져 가까이 아니하는 모양.

비슥-하다[-스카-]형여 한쪽으로 조금 비스듬하다. ¶모자를 비슥하게 쓰고 나오다. ㉣배슥하다. 비슥-이부 ¶비슥이 벽에 기대다.

비슬-거리다재 자꾸 비슬비슬하다. 비슬대다. ㉣배슬거리다².

비슬-대다재 비슬거리다.

비슬-먹다 휜자동 힘없이 비쓱거리는 모양. ¶비슬비슬 걸어가다. ㉣배슬배슬².

비:습(比濕)명 공기 속에 포함된 수증기의 양을 나타내는 말. 단위 체적의 공기 속에 포함된 수증기의 질량을 그 공기의 질량으로 나눈 수치.

비습(肥濕)명 '비습(肥濕)하다'의 어근.

비습(卑濕)명 '비습(卑濕)하다'의 어근.

비:-하다(肥濕-)[-스파-]형여 몸이 살지고 습한 기운이 많다.

비:-하다(卑濕-)[-스파-]형여 땅이 낮고 습기가 많다.

비슷비슷-하다[-슫쎄스타-]형여 여럿이 다 서로 비슷하다. ¶우리 반 아이들은 키가 모두 비슷비슷하다.

비슷-하다¹[-스타-]형여 한쪽으로 조금 기울다. ㉣배슷하다. 비슷-이부 ¶비슷이 기울다.

비슷-하다²[-스타-]형여 거의 같다. 닮은 점이 많다. ¶형제처럼 얼굴이 비슷하다.

비슷한-말[-스탄-]명 거의 같은 뜻으로 쓰이는 말. 유의어.

비승(飛昇)명하자 ☞승천(昇天).

비:승-비속(非僧非俗)명〔중도 아니고 속인도 아니라는 뜻으로〕'이것도 저것도 아닌 어중간한 것'을 비유하여 이르는 말. 반승(半僧). 반승반속.

비:시(非時)명 ①제때가 아닌 때. 제철이 아닌 때. ②불교의 계율(戒律)에서, 음식물을 먹어서는 안 되는 때. 〔정오 이후를 이름.〕

비시(飛矢)명 ☞유시(流矢).

비:시:(BC) 서력(西曆) 기원전(紀元前). ↔에이디(AD). 〔Before Christ〕

비:시:^무:기(BC武器)명 생물 화학 무기. 〔바이러스·세균·독가스 등이 주체가 된 무기.〕〔biological and chemical weapon〕

비:시-식(非時食)명 불교에서, 비시(非時)에 하는 식사, 곧 식사를 해서는 안 되는 때에 하는 식사를 이르는 말.

비:시:지:(BCG)명 소의 결핵균을 분리시켜 얻은 결핵 예방 백신. 〔Bacillus Calmette Guérin〕

비:시:지:^접종(BCG接種)[-쫑]명 〔결핵의 예방을 위하여〕비시지를 인체에 접종하는 일.

비식(非食)명 변변치 못한 음식.

비:식(鼻息)명 콧숨.

비신(碑身)명 비문(碑文)을 새긴 빗돌.

비:-신사적(非紳士的)관명 신사답지 아니한 (것). 교양이 없고 점잖지 못한 (것). ¶비신사적 언동. /태도가 비신사적이다.

비:실(備悉)명하타 필요한 것을 두루 잘 앎. ¶상례(喪禮)에 대하여 비실하신 어른을 호상(護喪)으로 모시다.

비실-거리다재 자꾸 비실비실하다. 비실대다.

비실-대다재 비실거리다.

비실-비실부하자 흐느적흐느적 힘없이 비틀거리는 모양. ¶비실비실 걸어가다가 넘어졌다.

비:-실용적(非實用的)관명 실용적이 아닌 (것). ¶비실용적 학문. /비실용적인 사치품.

비:심(費心)명하자 마음을 씀. 애를 씀.

비싸다 형 값이 정도에 지나치게 많다. 값이 싸지 않다. ¶비싼 옷. /과일 값이 너무 비싸다. ②다른 사람의 요구에 쉽게 응하지 않고 도도하게 행동하다. (주로, '비싸게'의 꼴로 쓰임) ¶비싸게 굴다. ③어떤 일에 대한 대가가 보통을 넘는 상태에 있다. ¶성공을 위해 비싼 대가를 치러야 했다. ↔싸다⁴.

비싼 밥 먹고 흔한 걱정 한다[속담] 쓸데없는 걱정은 하지 말라는 뜻으로 이르는 말.

비:싼-흥정명하자 ①물건을 비싸게 산 흥정. ②유리한 조건이 되게 한 흥정. ↔싼흥정.

비:싸다 ①마음에는 있으면서도 안 그런 체하다. ¶너무 비싸지 말고 내 말대로 해. ②무슨 일에나 어울리기를 싫어하다. ¶사람은 좋지만 비싸는 점이 있다.

비쓱-거리다[-꺼-]재 자꾸 비쓱비쓱하다. 비쓱대다. ¶비쓱거리며 논길을 걸어가다. ㉣배쓱거리다.

비쓱-대다[-때-]재 비쓱거리다.

비쓱-비쓱[-쎅-]무재 이리저리 쓰러질 듯하면서 비스듬히 나아가는 모양. ㉣배쓱배쓱.

비씨(妃氏)명 지난날, 왕비로 간택(揀擇)된 아가씨를 높이어 일컫던 말.

비스다[빗어]타 〔옛〕단장하다. 꾸미다. ¶名利롤 랑후야 모몰 비스고(永嘉上26). /マ장 빗어 됴흐 양후고(月釋2:5).

비:아(非我)명 자아(自我)가 아닌 것. 자아에 대립하여 존재하는 모든 것. ↔자아.

비아냥-거리다자타 얄밉게 빈정거리다. 비아냥대다. ¶남의 일에 공연히 비아냥거리다.

비아냥-대다자타 비아냥거리다.

비아냥-스럽다[-따][~스러우니·~스러워]형 비아냥거리는 태도가 있다. 비아냥스레부

비아냥-하다자타 얄밉게 빈정거리며 놀리다.

비아소관(非我所關)명 내 소관이 아닌 것. 나와 아무런 관계도 없는 일.

비악甼 병아리의 우는 소리. ⑩삐악. **비악-비 악**甼하타.

비-안개몡 비가 쏟아질 때 안개처럼 부옇게 흐려 보이는 현상.

비-압축성(非壓縮性) [-썽]몡 (물 따위의 유체와 같이) 압력을 가하여도 그 부피가 변하지 않는 성질. ¶비압축성 유체.

비-애(悲哀)몡 슬픔과 설움. ¶비애에 젖다.

비애-미(悲哀美)몡 (예술 작품 등에서) 슬픔 속에서 느끼는 아름다움.

비-야(鄙野)몡 구석진 시골.

비-야(-約)몡 화투 놀이에서, 비 넉 장을 갖추어 이룬 약.

비약(飛躍)몡하자 ①높이 뛰어오름. ②급격히 발전하거나 향상됨. ¶선진국으로 비약하다. ③(이론이나 말·생각 따위가) 밟아야 할 단계나 순서를 거치지 않고 앞으로 나아감. ¶논리의 비약.

비-약(秘藥)몡 ①남이 모르는 비방(秘方)으로 지은 약. ②효력이 매우 좋은 약.

비-약(秘鑰)몡 ☞비결(秘訣).

비약-법(飛躍法) [-뻡]몡 수사법상 변화법의 한 가지. 차례를 좇아 평탄하게 서술해 나가던 문장의 흐름을 시간적·공간적인 거리를 뛰어넘은 새로운 국면으로 전개하는 표현 방법. 〔'인생이란 따지고 보면 그런 걸세. 이제 그만 가세.' 하는 따위.〕

비약-적(飛躍的) [-쩍]관몡 급격하게 향상·발전하는 (것). ¶비약적 진보. /비약적인 경제 성장.

비양몡 얄미운 태도로 빈정거림. ¶비양을 치다.

비양(飛揚)몡하타 ①잘난 체하고 거드럭거림. ¶그녀가 비양하여 내던진 말에 모두 인상을 찌푸렸다. ②높은 지위에 오름. ③☞비등(飛騰).

비-양심적(非良心的)관몡 양심적이 아닌 (것). 양심을 속이는 (것). ¶비양심적 태도. /비양심적인 사람이 많은 사회는 퇴보하기 마련이다.

비어(鰏魚)몡 ☞날치³.

비어(飛語·蜚語)몡 근거 없이 떠도는 말. 무책임한 평판. 비언(飛言). ¶유언(流言)비어.

비-어(鄙語·卑語)몡 상스러운 말. 천한 말. 낮은말. 비언(鄙言).

비-어(秘語)몡 비밀스러운 말. 남이 모르게 은밀히 주고받는 말.

비-어(備禦)몡하타 미리 준비하여 막음.

비어-지다[-어-/-여-]자 ①속에 들었던 것이 밖으로 쑥 내밀다. ¶갈라진 타이어 틈으로 튜브가 비어져 나오다. ②숨었거나 숨겨져 있던 것이 드러나다. ¶화만 나면 야비한 본성이 비어져 나온다.

비어-홀:(beer hall)몡 맥주를 전문으로 파는 술집. 간단한 요리도 제공함.

비언(飛言)몡 ☞비어(飛語).

비-언(鄙言)몡 ☞비어(鄙語).

비-언(鄙諺)몡 상스러운 말. 저속한 속담.

비-업(조業)몡 큰 사업. 대업(大業). 홍업(洪業). ¶왕자(王者)의 비업.

비-에이치시:(BHC)몡 농약으로 쓰인 유기 염소계 살충제. [Benzene Hexachloride]

비엔날레(biennale 이)몡 〔'2년마다'의 뜻으로〕 2년마다 열리는 국제적인 미술 전람회. 瓺트리엔날레.

비-엘(B/L)몡 선하 증권. [bill of lading]

비역몡하자 남자끼리 성교하듯이 하는 짓. 계간(鷄姦). 남색(男色). 瓺벽.

비역-살[-쌀]몡 궁둥이 쪽의 살.

비연(飛鳶)몡하자 연을 날리는 일. 연날리기.

비:-연시(非聯詩)몡 연(聯)을 나누지 아니한 시.

비:열(比熱)몡 어떤 물질 1g의 온도를 섭씨 1도 높이는 데 필요한 열량.

비열(卑劣·鄙劣) '비열하다'의 어근.

비:열(脾熱)몡 한방에서, 비장(脾臟)에 열기가 생기는 병을 이르는 말.

비:열-하다(卑劣--·鄙劣-)형여 성품이나 하는 짓이 천하고 용렬하다. ¶비열한 행위.

비:염(鼻炎)몡 코의 점막에 생기는 염증. 비카타르. 코카타르.

비:영리^단체(非營利團體) [-니-]몡 자체의 영리를 추구하지 아니하고 공공의 이익을 목적으로 하는 단체. ↔영리 단체.

비영비영-하다형여 병으로 몸이 파리하고 기운이 없다.

비:-예(睥睨)몡하타 ①곁눈으로 흘겨봄. ②(겁을 주려고) 무섭게 노려봄.

비오甼 솔개의 우는 소리. 비오-비오甼.

비오디(BOD)몡 생물학적 산소 요구량. [Biochemical Oxygen Demand]

비-오리몡 오릿과의 새. 몸길이 66cm가량. 원앙과 비슷하나 좀 더 큼. 몸빛은 흰색인데 날개는 오색찬란한 자줏빛임. 항만이나 연못 등에서 살며 암수가 늘 함께 놂. 수계(水鷄). 자원앙(紫鴛鴦).

비:오-판(B五版)몡 책의 판형의 한 가지. 비판(B版) 전지를 열여섯 겹으로 접은, 가로 176mm, 세로 250mm 크기. 사륙 배판과 거의 비슷하며, 큰 책, 잡지, 사무용지 등에 많이 이용됨. 瓺비판(B版).

비:옥(肥沃)몡하형 땅이 걸고 기름짐. 비요(肥饒). ¶논밭이 비옥하다.

비:옥(翡玉)몡 붉은 점이 박힌 비취옥.

비:옥-가봉(緋玉可封) 〔'붉은 비단옷과 옥관자(玉貫子)'라는 뜻으로〕 당상관(堂上官)의 관복을 이르던 말.

비:옥-가봉(比屋可封) [-까-] 〔집집마다 표창할 만한 인물이 많다는 뜻으로〕 '나라에 착하고 어진 사람이 많음'을 이르는 말.

비:옥-도(肥沃度) [-또]몡 땅의 걸고 기름진 정도.

비:옥-토(肥沃土)몡 작물(作物)이 자라기에 알맞은, 걸고 기름진 땅.

비올라(viola 이)몡 현악기의 한 가지. 줄이 네 개이며 활로 문질러서 소리를 냄. 차분한 음색을 지녔으며 합주에 많이 쓰임.

비올렌토(violento 이)몡 악보의 나타냄말. '격렬하게'의 뜻.

비올론-첼로(violoncello 이)몡 ☞첼로.

비-옷[-옫]몡 비에 젖지 않도록 하기 위해 옷 위에 덧입는 옷. 우의(雨衣). * 비옷이[-오시]·비옷만[-온-]

비왈다타 〔옛〕 빌다. ¶비와들 토: 吐(類合下6). 瓺비럴다.

비:요(肥饒)몡하형 ☞비옥(肥沃).

비:요(秘要)몡 ☞비결(秘訣).

비요(匪擾)몡 비적(匪賊)의 무리가 일으키는 소요.

비:용(比容)몡 물체의 부피를 그 질량으로 나눈 값. 밀도의 역수(逆數)와 같음. 비부피.

비:용(費用)몡 무엇을 사거나 어떤 일을 하는 데 드는 돈. 비발². 용비. ¶비용이 들다. /여행 비용을 부담하다.

비:용-설(費用說)몡 재화의 가치는 그것을 생산하는 데에 쓰인 노동이나 비용에 따라서 결정된다는 학설. 瓺노동 가치설.

비-우(-雨)圓 한자 부수의 한 가지. '雲'·'雷' 등에서의 '雨'의 이름.

비우(飛宇)圓 ☞비첨(飛檐).

비-우다[ː『'비다'의 사동』①안에 든 것을 없애어 그 자리를 비게 하다. ¶그릇을 비우다. / 상자를 비우다. ②있던 사람이 나가고 그 자리만 남게 하다. ¶방을 비우다. /사무실을 비우다. ③(살던 집을) 내주다. ④(일하던 자리에서 떠나) 한동안 그 자리에 있지 아니하다. ¶일 자리를 비우지 말게.

비우숨圓 〔옛〕〔'비웃다'의 명사형〕 ¶비우수믈 免티 몯흐리니(月釋21:15).

비-우호적(非友好的)圓劃 (말·행동·태도 따위가) 사이좋게 지내려는 것이 아닌 (것). 우호적이 아닌 (것). ¶비우호적 관계. /비우호적인 발언.

비:운(否運)圓 막힌 운수.

비운(飛雲)圓 바람에 불리어 날아가는 구름.

비:운(悲運)圓 슬픈 운명. 불행한 운명. ¶비운의 왕자.

비웆圓 〔옛〕 청어. ¶비웆 청: 鯖(訓蒙上20).

비웃[-욷]圓 (생선으로서의) 청어. *비웃이[-우시]·비웃만[-운-]

비웃-구이[-욷꾸-]圓 비웃에 양념을 하여 구운 반찬.

비:웃다[-욷따]태 빈정거리거나 업신여기다, 또는 그런 뜻으로 웃다. ¶사람들이 모두 나의 꿈을 비웃었다. *비웃어·비웃으니[-운-]

비:웃-음圓 비웃는 일, 또는 그 웃음. 조소(嘲笑). ¶남에게 비웃음을 사다.

비웃적-거리다[-욷쩍꺼-]태 비웃는 태도로 자꾸 빈정거리다. 비웃적대다.

비웃적-대다[-욷쩍때-]태 비웃적거리다.

비:원(秘苑)圓 궁궐 안의 동산과 정원. 금원(禁苑). 어원(御苑).

비:원(悲願)圓①중생을 구하려는 부처나 보살의 서원(誓願). ②온갖 힘을 기울여서 이루려고 하는 비장한 소원. ¶남북통일은 우리의 비원이다.

비:원(備員)圓 정한 인원이 다 갖추어지는 일.

비:원(鄙願)圓 '자기의 소원'을 겸손히 이르는 말.

비:위(非違)圓 법에 어긋나는 일. ¶공무원의 비위가 발각되다.

비:위(妣位)圓 돌아가신 대대(代代)의 할머니와 돌아가신 어머니의 위(位). ↔고위(考位).

비:위(脾胃)圓①비장(脾臟)과 위(胃). ②음식 맛이나 어떤 사물에 대하여 좋고 언짢음을 느끼는 기분. ¶생선이 비위에 맞지 않다. ③아니꼽거나 언짢은 일을 잘 견디어 내는 힘. ¶그 사람은 비위를 맞추기가 힘들다.
비위가 떡판[떡함지]에 가 넘어지겠다[속담] 떡판 옆을 가다가 짐짓 넘어지되 체하여 떡을 먹을 만큼 비위가 좋다.
비위(가) 사납다[관용] 남의 하는 짓이 비위에 거슬리고 언짢다.
비위(가) 상하다[관용]①마음에 언짢아 기분이 상하다. ②음식이 입에 맞지 않아 역겨운 느낌이 들다.
비위(가) 좋다[관용]①무슨 음식이나 즐겨 먹고 잘 삭이다. ②아니꼬운 일이나 언짢은 일 따위를 잘 견디어 낸다.
비위(가) 틀리다[관용] 마음에 언짢아 기분이 틀어지다.
비위(를) 거스르다[관용] ☞비위(를) 건드리다.

비위(를) 건드리다[관용] 남의 마음을 언짢게 하다. 비위가 상하도록 작용하다. 비위(를) 거스르다. ¶왜 가만히 있는 사람 비위를 건드리고 그래.
비위에 거슬리다[관용]①음식의 맛이 식성에 맞지 아니하다. ②남의 하는 짓이 아니꼽고 언짢다.

비:위-난정(脾胃難定)圓①하자圓비위가 뒤집혀 가라앉지 않음. 비위가 느긋느긋함. ②밉살스러운 꼴이 마음에 아니꼬움.

비:-위생적(非衛生的)圓劃 위생적이 아닌 (것). ¶비위생적 환경. /비위생적인 생활.

비:유(比喩·譬喩)圓하태 어떤 사물의 모양이나 상태 등을 보다 효과적으로 표현하기 위하여 그것과 비슷한 다른 사물에 빗대어 표현함, 또는 그 표현 방법. [빗대는 방법에 따라 직유·은유·제유·의인 등이 있음.] ¶비유로 설명하다. /비유를 들다.

비:유(卑幼)圓 항렬이 낮은 사람이나 나이가 어린 사람.

비:유-법(比喩法)[-뻡]圓 수사법의 한 가지. 표현하려는 대상을 다른 대상에 빗대어 나타내는 표현 방법을 통틀어 이르는 말. 〔직유법·은유법·풍유법·제유법·의인법 따위가 이에 딸림.〕

비육圓 〔옛〕 병아리. ¶비육: 鷄雛(訓解).

비:육(肥肉)圓 살진 짐승의 고기.

비:육(肥育)圓하태 가축을 육용(肉用)으로 쓰기 위하여 짧은 시일에 살이 찌게 기르는 일. ¶소를 비육하다.

비:육불포(非肉不飽)[-뿔-]圓하형 〔고기가 아니고서는 배가 부르지 않다는 뜻으로〕 노인의 쇠약해진 상태를 이르는 말.

비:육-우(肥育牛)圓 (고기를 많이 얻기 위하여) 특별히 살지게 기른 소.

비:육지탄(髀肉之歎)[-찌-]圓 능력을 발휘하여 보람 있는 일을 하지 못하고 헛되이 세월만 보내는 것을 한탄함을 이르는 말. 〔'삼국지(三國志)'의 '촉지(蜀志)'에 나오는 말로, 중국 촉나라의 유비(劉備)가, 말을 타고 천하를 호령하는 몸이 되지 못하고 헛되이 세월만 보내어, 넓적다리의 살만 찌게 됨을 한탄했다는 고사에서 유래함.〕

비:육-판(B六版)圓 책의 판형(版型)의 한 가지. 비판(B版) 전지(全紙)를 서른두 겹으로 접은, 가로 128 mm, 세로 182 mm의 크기. 사륙판과 거의 비슷하며, 일반 단행본에 많이 이용됨. 圝비판(B版).

비:율(比率)圓 둘 이상의 수를 비교하여 나타낼 때, 그중 한 개의 수를 기준으로 하여 나타낸 다른 수의 비교 값. ¶비율이 낮다. /이번 선거는 무소속 출마자의 비율이 높은 편이다. 준비(比)[1]·율(率).

비:율―분석법(比率分析法)[-뻡]圓 기업체 등에서, 경영의 각 요인 사이의 비율을 분석함으로써 경영 성적을 밝혀내는 방법.

비:율빈(比律賓)圓 '필리핀'의 한자음 표기.

비:음圓 '빔[1]'의 잘못.

비:음(庇蔭)圓①차양의 그늘. ②하태 두둔하여 보살펴 줌. ¶신(神)의 비음을 입다.

비음(碑陰)圓①비신(碑身)의 뒷면. ↔비표(碑表). ②비석의 뒷면에 새긴 글.

비:음(鼻音)圓①자음의 한 갈래. 입 안의 통로를 막고 코로 공기를 내보내면서 내는 소리. 〔울림소리 'ㅁ·ㄴ·ㅇ'이 이에 딸림.〕 통비음(通鼻音). 圕구음(口音). ②코가 막힌 듯이 내는 소리. ¶비음이 섞인 목소리. 콧소리.

비읍뗑 한글 자모(字母)의 자음 'ㅂ'의 이름.

비:읍(悲泣)뗑톄자 슬피 욺.

비:의(非義)[-의/-이]뗑하자 의리에 어긋남, 또는 도리에 벗어남.

비:의(悲意)[-의/-이]뗑 슬픈 뜻, 또는 슬퍼하는 뜻.

비:의(備擬)[-의/-이]뗑 조선 시대에, 벼슬아치를 임명할 때 이조(吏曹)와 병조(兵曹)에서 세 사람의 후보자를 추천하던 일. 쳄삼망(三望).

비:이성-적(非理性的)관뗑 이성적이 아닌 (것). ¶ 비이성적 판단. /비이성적인 행동.

비:-이성주의(非理性主義)[-의/-이]뗑 ☞비합리주의(非合理主義).

비:이슬뗑 ①비와 이슬. 우로(雨露). ②비 내린 뒤에 잎 따위에 맺힌 물방울.

비:익(比翼)뗑 〈비익조〉의 준말.

비:익(裨益·毘益)뗑하타되자 ☞보익(補益).

비:익(鼻翼)뗑 콧방울.

비:익-연리(比翼連理)[-잉녈-]뗑 〔비익조와 연리지(連理枝)라는 뜻으로〕'부부 사이의 금실이 썩 좋음'을 비유하여 이르는 말.

비:익-조(比翼鳥)[-쪼]뗑 ①암컷과 수컷이 각각 눈과 날개가 하나씩이라서 짝을 짓지 않으면 날지 못한다는 상상의 새. 준비익. ②'금실이 좋은 부부'를 비유하여 이르는 말.

비:인(非人)뗑 ①사람답지 못한 사람. ②속세를 버린 중이 스스로를 이르는 말.

비인(飛人)뗑 법당(法堂)의 천장이나 벽 등에 '나는 사람'의 모습을 그려 놓은 그림.

비:인(鄙人)Ⅰ뗑 시골 사람. 두멧사람. Ⅱ떼 남자가 자기를 낮추어 이르는 말. 소인(小人).

비:-인간(非人間)뗑 ①(성품이나 행실이) 사람답지 못한 사람. ②(인간 세상이 아니라는 뜻으로) 경치가 매우 아름다운 선경(仙境)을 이르는 말. ¶ 별유천지(別有天地) 비인간.

비:인간-적(非人間的)뗑 사람답지 못한 (것). 사람으로서 차마 할 수 없는 (것). ¶ 비인간적 행위. /비인간적인 대우.

비:-인도적(非人道的)관뗑 인도에 어긋나는 (것). ¶ 비인도적 처사. /비인도적인 만행을 저지르다.

비:-인정(非人情)뗑 인정이 없는 일. 휀몰인정.

비:일비:재(非一非再)하뗑 ①한두 번이 아니고 많음. ¶ 약속을 어기는 일이 비일비재하다. ②한둘이 아니고 많음. ¶ 실패하는 예가 비일비재였다.

비:자(子子)뗑 천자(天子)의 적자(嫡子). 원자(元子). 태자(太子).

비자(婢子)Ⅰ뗑 조선 시대에, 별궁·본궁·종친 사이의 문안 편지를 전달하던 여자 종. Ⅱ떼 지난날, 여자가 자기를 낮추어 이르던 말.

비:자(榧子)뗑 한방에서, 비자나무의 열매를 약재로 이르는 말. 〔구충제로 쓰이는데, 특히 촌충 구제(驅除)에 유효함.〕

비자(visa)뗑 외국인의 입국 허가 증명. 사증(査證). ¶ 비자를 발급받다.

비:-자금(祕資金)뗑 기업의 공식적인 재무 감사에서도 드러나지 않고 세금 추적도 불가능하도록 특별 관리하는 부정한 자금을 통틀어 이르는 말. 주로, 무역과 계약 따위의 거래에서 관례적으로 발생하는 리베이트와 커미션 및 회계 처리의 조작 등을 통하여 조성됨. ¶ 비자금을 조성하다.

비:자-나무(榧子-)뗑 주목과의 상록 침엽 교목. 높이는 25 m가량 자람. 잎은 두껍고 작으며 끝이 뾰족함. 봄에 꽃이 피고, 가을에 길둥근 열매가 열림. 나무는 건축·가구·바둑판 따위를 만드는 데 쓰임.

비:자발적 실업(非自發的失業)[-쩍써럽] 일할 능력과 의사가 있어도 일자리가 없어서 생기는 실업.

비잔틴^건:축(Byzantine建築)뗑 동로마 제국, 곧 비잔틴 제국을 중심으로 유행한 건축 양식. 큰 돔(dome)과 색대리석(色大理石) 등의 호화로운 재료, 화려한 모자이크 장식 등을 갖춘 성당 건물이 그 특색임.

비잔틴^교:회(Byzantine教會)[-회/-훼]뗑 '그리스 정교회'의 딴 이름.

비잠주복(飛潛走伏)〔'날고, 헤엄치고, 달리고, 기는 것'이라는 뜻으로〕새·물고기·짐승·벌레 따위를 두루 이르는 말.

비잡이뗑 쟁기의 성에와 물추리막대를 잇는 줄.

비:장(祕藏)뗑하타되자 남이 모르게 감추어 두거나 소중히 간직함. ¶ 비장의 무기. /비장의 카드를 내밀다. /가보(家寶)로 삼아 비장하다.

비장(脾腸)뗑 ☞장딴지.

비:장(備藏)뗑하타되자 두루 갖추어서 간직함.

비:장(脾臟)뗑 위(胃)의 왼쪽 뒤에 있는 내장의 한 가지. 둥글고 해면(海綿) 모양으로 되어 있으며, 림프구를 만들고 노쇠한 적혈구를 파괴하는 구실을 함. 지라. 준비(脾).

비장(悲壯)'비장하다'의 어근.

비장(裨將)뗑 조선 시대에, 감사(監司)·유수(留守)·병사(兵使)·수사(水使) 등을 수행하던 무관. 막료(幕僚). 막비(幕裨).

비:장(鄙莊)뗑 남에게 자기 소유의 논밭을 겸손하게 이르는 말.

비장-근(脾腸筋)뗑 장딴지의 근육.

비장근^경련(脾腸筋痙攣)[-년]뗑 장딴지에 갑자기 일어나는 경련, 곧 다리에 쥐가 나는 증세.

비:장-미(悲壯美)뗑 비장한 데서 느껴지는 아름다움. ¶ 그 영화의 압권은 라스트 신의 비장미에 있다.

비:장-하다(悲壯-)혱여 슬프고도 장하다. 슬픔 속에서도 의기를 잃지 않고 꿋꿋하다. ¶ 비장한 각오. /비장한 결의가 엿보인다. 비장-히튄.

비재(非才·菲才)뗑 ①변변치 못한 재주. 단재. ②남 앞에서 자기 재능을 겸손하게 이르는 말.

비:재산적 손:해(非財産的損害)[-쩍쏜-] 재산 이외의 손해, 곧 생명·신체·명예·자유 등이 침해됨으로써 생기는 손해.

비:-저항(比抵抗)뗑 ☞저항률(抵抗率).

비적(飛跡)뗑 윌슨의 안개 상자나 거품 상자 등을 방사선 따위의 대전 입자(帶電粒子)가 통과할 때 생기는 자국.

비적(匪賊)뗑 떼를 지어 돌아다니면서 살인·약탈 등을 일삼는 도둑. 비도(匪徒). 적비(賊匪).

비적-비적[-뼈-]튄 무엇에 싸인 물건이 자꾸 비어져 나오는 모양.

비:적-성(非敵性)[-썽]뗑 적(敵)으로 대할 만한 성질을 가지고 있지 아니한 상태. ¶ 비적성 국가.

비전(飛電)뗑 ①번쩍하는 번개. ②매우 급한 전보.

비전(飛箭)뗑 날아오는 화살.

비:전(祕傳)뗑 ①비밀로 하여 특정한 사람에게만 전수되는 것. ¶ 비전의 가양주(家釀酒). ②하타되자 비밀히 전하여 줌.

비:전(費錢)[명][하자] 돈을 헛되이 써서 없앰.

비전(vision)[명] 미래에 대한 구상. 미래상. ¶앞날의 비전을 제시하다.

비:-전문가(非專門家)[명] 전문가가 아닌 사람. 아마추어.

비:-전문적(非門的)[관명] 전문적이 아닌 (것). ¶비전문적 분야./비전문적인 사람.

비:^전:원(B電源)[명] 전자관(電子管)의 음극과 양극 사이에 가하는 직류 전압을 얻기 위한 전원. ↔에이 전원(A電源).

비:-전투원(非戰鬪員)[명] 직접 전투에 참가하지 않고, 전투 이외의 업무를 보는 교전국의 군인.

비:-전해질(非電解質)[명] 용액 중에서 전리(電離)하지 않는 물질. 〔수크로오스·알코올·벤젠·에테르 따위.〕 ↔전해질.

비:-전향(非轉向)[명] 종래의 사상이나 이념을 끝내 바꾸지 않음. 魯미전향.

비:전형^계^약(非典型契約) [-계-/-게-][명] ☞무명 계약(無名契約).

비:절참절(悲絶慘絶)[명][하형] 말할 수 없이 비참함. 참절비절.

비:점(批點)[명] 과거 등에서, 시관(試官)이 응시자가 지은 시나 문장을 평가할 때, 특히 잘 지은 대목에 찍던 둥근 점.

비:점(沸點)[-쩜][명] 액체가 끓기 시작할 때의 온도. 끓는점. 비등점(沸騰點).

비:접(←避接)[명][하자] 앓는 사람이 자리를 옮겨서 병을 다스리는 일. ¶시골로 비접을 보내다. /비접을 나가다. 魯피접.

비:정(批正)[명][하자] 비평하여 잘못된 점을 고침. ¶기탄없는 비정을 바랍니다.

비:정(非情)[명][하형] ①인간다운 감정을 가지지 않음. ②인정이 없이 몹시 쌀쌀함. ¶젖먹이를 버린 비정한 여인.

비:정(秕政)[명] 잘못되어 어지러운 정치. 예정(穢政). ¶비정을 바로잡다. /비정을 캐다.

비:-정규(非正規)[명] 정규가 아닌 것.

비:-정규군(非正規軍)[명] 정규군이 아닌 군대. ↔정규군.

비:-정상(非正常)[명] 정상이 아닌 것. ¶지능의 발달이 비정상이다. ↔정상.

비:정상-적(非正常的)[관명] 정상적이 아닌 (것). ¶비정상적 방법. /비정상적인 과열 경기.

비:-정질(非晶質)[명] 〈비결정질〉의 준말.

비:제(鄙第)[명] '자기의 집'을 겸손하게 이르는 말. 폐려(弊廬). 폐사(弊舍). 폐옥(弊屋).

비조(飛鳥)[명] 하늘을 나는 새. 날짐승.

비:조(悲調)[명] 슬픈 곡조. 비곡(悲曲).

비:조(裨助)[명][하자] 도와줌.

비조(鼻祖)[명] 일을 가장 먼저 시작한 사람. 원조(元祖). 〔사람은 태내(胎內)에서 맨 먼저 코부터 모양을 이룬다는 설(說)에서 비롯된 말.〕 ¶우리나라 유학(儒學)의 비조.

비조불입(飛鳥不入)[새도 날아들지 못할 만큼] 성(城)이나 진지(陣地)의 '방비가 물샐틈없이 튼튼함'을 이르는 말.

비:조석(非朝夕)[-썩][명] 〔아침이 아니면 저녁이란 뜻으로〕 '시기(時期)가 가까이 닥침'을 이르는 말.

비:-조직적(非組織的)[-쩍][관명] 조직적이 아닌 (것). ¶비조직적 행동. /비조직적인 대응.

비:족(鄙族)[명] 자기의 겨레붙이를 남 앞에서 겸손하게 일컫는 말.

비:-좁다[-따][형] 자리가 몹시 좁다. ¶비좁은 골목길. /교실이 비좁다. 魯배좁다.

비좌(碑座)[명] 비대(碑臺)에서 비신(碑身)이 놓이는 자리.

비주(飛走)[명] 〈비금주수(飛禽走獸)〉의 준말.

비주룩-비주룩[-쀼-][부][하형] 여러 개의 끝이 다 비주룩한 모양. 魯배주룩배주룩. 縣삐쭈룩삐쭈룩.

비주룩-하다[-루카-][형여] 물건의 끝이 쑥 내밀려 있다. 魯배주룩하다. 縣삐쭈룩하다. 비주룩-이[부].

비:-주류(非主流)[명] ①(사상·학술 따위의 여러 갈래에서) 중심에서 벗어난 갈래. ②어떤 조직이나 단체에서 영향력이 작은 세력. ↔주류(主流).

비죽1[부][하타] ①어떤 형체나 모습이 잠깐 슬쩍 나타나거나 내미는 모양. ¶그는 이따금 사무실에 얼굴만 비죽 내밀 뿐이다. ②마음에 못마땅하거나 남을 비웃거나 할 때, 입을 쑥 내미는 모양. ¶그녀는 걸핏하면 입을 비죽한다. 魯배죽1. 縣삐쭉1·삐죽1·삐쭉1. 비죽-이[부]. ②비죽-비죽[부][하타].

비죽2[부] 물체의 한 부분(끝)이 쑥 내밀려 있는 모양. 魯배죽2. 縣비쭉2·삐죽2·삐쭉2. 비죽-이[부]. 비죽-비죽[부][하타].

비:죽(比竹)[명] (피리나 생황 등) 대나무로 만든 관악기.

비죽-거리다[-꺼-][타] (남을 비웃거나 못마땅한 일이 있을 때) 입을 쑥 내밀고 실룩거리다. 비죽대다. ¶질투가 나서 입을 비죽거린다. 魯배죽거리다.

비죽-대다[-때-][타] 비죽거리다.

비:준(比準)[명][하타][되자] 서로 견주어 보는 일. 대조(對照).

비:준(批准)[명][하타][되자] ①신하의 상주(上奏)를 임금이 재가(裁可)하는 일. ②조약의 체결에 대하여, 국가가 최종적으로 확인하고 동의함, 또는 그 절차. ¶한일 조약을 비준하다.

비:준^교환(批准交換)[명] 비준을 마친 조약문을 당사국끼리 서로 바꿈. 〔비준 교환에 따라 조약의 효력이 발생함.〕

비:중(比重)[명] ①어떤 물질의 질량과 그것과 같은 체적의 표준물질의 질량과의 비. 〔고체나 액체의 경우, 표준물질로서 보통의 증류수를 사용함.〕 ②다른 사물에 비교했을 때의 중요성의 정도. ¶국제 사회에서 비중이 높아지고 있다.

비:중-계(比重計)[-게/-게][명] 물질의 비중을 재는 기구를 통틀어 이르는 말. 〔부칭(浮秤)·비중병·비중 천칭 등이 있음.〕 하이드로미터.

비:중-병(比重甁)[명] 비중계의 한 가지. 주로 액체의 비중을 재는 데 쓰는, 유리로 만든 작은 병.

비:중^선:광(比重選鑛)[명] 광물의 비중 차이를 이용하여 유용 광물(有用鑛物)을 가려내는 일.

비:중^천칭(比重天秤)[명] 비중계의 한 가지. 공기나 액체 속에서 부력(浮力)의 차이를 이용하여, 고체나 액체의 비중을 재는 기구.

비:중-표(比重表)[명] 액체 및 고체의 비중의 값을 나타낸 표.

비:즈(beads)[명] 수예품이나 여성복 따위에 장식용으로 쓰이는 작은 유리 구슬. 〔실을 꿰는 구멍이 있음.〕

비즈니스(business)[명] '사업'으로 순화.

비즈니스맨(businessman)[명] 사업가. 실업가.

비:증-보살(悲增菩薩)[명] 불교에서, 중생을 교화하려고 부처에게 비는 보살. 중생 구제를 바라지만 자신은 색계(色界)에 오래 머물며 빨리 성불하기를 원하지 아니함.

비지¹명 ①두부를 만들 때, 두유(豆乳)를 짜고 남은 찌꺼기. ②콩을 불려 갈아서 찌개나 국에 넣으려고 두유를 짜내지 않은 것, 또는 그것을 끓인 음식.

비지 먹는 배는 연약과(軟藥果)도 싫다 한다 속담 하찮은 음식일지라도 먹어서 배가 부르면 좋은 음식이라도 더 당기지 않는다는 말.

비지²명 광석과 모암(母岩)의 가루가 섞여서 된 물질. 단층(斷層)으로 말미암은 광맥(鑛脈)과 모암의 마찰로 생기게 된 것임.

비:지(批旨)명 상소에 대하여 임금이 내리는 하답(下答).

비지(扉紙)명 ▷속표지.

비지(碑誌)명 ▷비문(碑文).

비:지(鄙地)명 자기가 사는 곳을 겸손하게 이르는 말. 비변(鄙邊). 비처(鄙處).

비지^껍질[-쩔-]명 살가죽의 겉껍질.

비지-땀명 무척 힘드는 일을 할 때 몹시 쏟아져 나오는 땀. ¶비지땀을 흘리다. /비지땀을 쏟으며 일하다.

비지-떡명 ①비지에 쌀가루나 밀가루를 넣어 빈 대떡처럼 부친 떡. ②'보잘것없는 것'을 비유하여 이르는 말. ¶싼 게 비지떡이라고 품질이 엉망이다.

비:진(備盡)명하타 마음과 힘을 다함.

비-질명하자타 비로 쓰는 일. ¶매일 아침 마당을 비질한다.

비:집다[-따]타 ①맞붙은 데를 벌려 틈을 내다. ¶뚜껑을 비집어 열다. ②좁은 틈을 헤쳐서 넓히다. ¶군중 사이를 비집고 들어가다. ③눈을 비벼서 다시 뜨다. ¶눈을 비집고 보아도 찾을 수 없다.

비짓-국[-지꾹·-찌꾹]명 비지를 넣고 끓인 국.

비짓국 먹고 용트림한다속담 실속은 없으면서도 겉모양만 그럴듯하게 꾸밈을 이르는 말.

비짜루명 백합과의 다년초. 줄기 높이는 1 m가량. 가지가 많이 벋어 가는 실 모양의 잎이 가지마다 촘촘히 붙음. 암수딴그루로, 늦은 봄에 옅은 녹색의 잔 꽃이 잎겨드랑이에 핌. 어린잎은 식용함. 우리나라 및 일본·대만 등지에 분포함.

비쩍부 살가죽이 쭈그러질 정도로 마른 모양. ¶며칠 앓고 나더니 비쩍 말랐다. 작배짝. 센삐쩍.

비쭈기-나무명 차나뭇과의 작은 상록 활엽 교목. 잎은 길둥근꼴에 끝이 뾰족한데 어긋맞게 남. 암수딴그루로, 5~6월에 흰 잎겨드랑이에 1~3송이씩 피고, 둥근 열매는 10월에 검게 익음. 관상용이며, 재목은 세공재로 쓰임. 우리나라 및 일본·대만 등지에 분포함.

비쪽¹부하타 〈비죽¹의 센말. ¶못마땅한지 입을 비쪽하였다. 작배쪽¹. 센삐쪽¹.

비쭉²부하자 〈비죽²의 센말. ¶비쭉 내민 바위. 작배쪽². 센삐쪽².

비:차(非次)명하자 차례에 맞지 않음, 또는 차례에 따르지 않음.

비찰(飛札)명 ①몹시 급한 편지. ②편지를 급히 띄우는 일.

비:참(悲慘)명하형 (차마 눈 뜨고 볼 수 없을 만큼) 슬프고 참혹함. ¶비참한 광경. 비참-히부.

비:창(悲愴)명하형 마음이 몹시 슬픔.

비책(祕策)명 비밀의 계책. ¶비책을 짜내다.

비:처(鄙處)명 ▷비지(鄙地).

비:척(肥瘠)명 ①몸의 살찜과 여윔. ②땅의 기름짐과 메마름.

비척-거리다[-꺼-]타 〈비치적거리다〉의 준말. 비척대다. 작배착거리다.

비척-걸음[-꺼름]명 비치적거리면서 걷는 걸음.

비척-대다[-때-]타 비척거리다.

비척-비척[-쩍-]부하자 〈비치적비치적〉의 준말. 작배착배착.

비척지근-하다[-찌-]형여 〈비리척지근하다〉의 준말. 작배착지근하다.

비천(卑賤)'비천(卑賤)하다'의 어근.

비천(飛天)명 하늘을 나는 신선 또는 선녀. 천녀(天女). 천인(天人).

비천(飛泉)명 ①폭포수. ②▷분천(噴泉).

비:천(備薦)명하타 지난날, 의정대신(議政大臣)이 천거하여 벼슬을 시키던 일.

비천(鄙淺)'비천(鄙淺)하다'의 어근.

비천-상(飛天像)명 비천(飛天)을 나타낸 그림, 또는 조각.

비-천하다(卑賤-)형여 신분이 낮고 천하다. ¶출신이 비천하다. ↔존귀하다.

비:천-하다(鄙淺-)형여 촌스럽고 천박하다.

비:-철(非-)명 (옷·음식·상품 따위가) 계절에 맞지 않음. 제철이 아님.

비:철^금속(非鐵金屬)명 철 이외의 금속을 통틀어 이르는 말. 〔구리·알루미늄·니켈·납·아연·주석·백금 따위.〕

비첨(飛檐)명 (모양내어 지은 한식 기와집의) 번쩍 들린 처마. 비첨(飛宇).

비:첩(婢妾)명 종으로서 첩이 된 여자.

비첩(碑帖)명 비문(碑文)을 종이에 박아 낸 것, 또는 그것을 첩(帖)으로 만든 것. 탁본. 답본.

비:-체중(比體重)명 키에 대한 몸무게의 백분율.

비:-추(悲秋)명 ①쓸쓸한 가을. ②하자 가을철을 쓸쓸히 여겨 슬퍼함.

비추다Ⅰ자 견주어 보다. 《주로, '~에 비추어'의 꼴로 쓰임.》 ¶예산에 비추어 보다. /내 경험에 비추어 볼 때 이번 일은 실패할 가능성이 높다.

Ⅱ타 ①빛을 보내어 밝게 하다. ¶달빛이 들판을 비추다. ②거울이나 물 따위에 모습이 나타나게 하다. ¶거울에 얼굴을 비추다. ③빛을 받게 하다. ¶햇빛에 필름을 비추다.

비추-이다자 〔'비추다'의 피동〕 비춤을 받다. 준비치다.

비:축(備蓄)명하타되자 (만일의 경우에 대비하여) 미리 모아 둠. ¶식량을 비축하다.

비:축-미(備蓄米)명 [-충-]비축하여 놓은 쌀.

비충(飛蟲)명 날벌레.

비취(翡翠)명 〈비취옥〉의 준말.

비취-금(翡翠衾)명 〔비취색의 비단 이불이라는 뜻으로〕 신혼부부가 덮는 화려한 이불.

비취다자 〈비추이다〉의 준말.

비취-색(翡翠色)명 비취의 빛깔. 짙은 녹색.

비취-옥(翡翠玉)명 보석의 한 가지. 반투명이고 짙은 녹색을 띠며 유리와 같은 광택이 있는 경옥(硬玉). 준비취.

비:취-유(翡翠釉)명 맑은 가을 하늘과 같은 질은 청색의 잿물.

비:취-잠(翡翠簪)명 비취옥으로 만든 비녀.

비:층-구름(-層-)명 ▷난층운.

비:치(備置)명하타되자 갖추어 둠. ¶구급약품을 비치해 두었다. /참고 도서를 비치하다.

비:치-가운(beach gown)명 바닷가에서, 해수욕복 위에 입는 가운.

비치근-하다형여 〈비리척근하다〉의 준말. 작배치근하다.

비치다 [I]쩐 ①빛이 나서 환하게 되다. ¶등불이 비치다. ②물체의 그림자가 나타나 보인다. ¶미닫이에 비친 사람의 그림자. ③빛이 반사하여 거울이나 수면에 모양이 나타나 보인다. ¶연못에 비친 수양버들의 늘어진 모습. ④(투명하거나 반투명한 것을 통하여) 속의 것이 드러나 보인다. ¶모시 적삼 아래로 속살이 비치다. ⑤눈을 통하여 어떤 인상이 느껴지다. ¶외국인의 눈에 비친 한국.
[II]타 ①(상대편의 생각을 알아보려고, 또는 자기의 의사를) 넌지시 조금 말하다. ¶대통령 선거에 출마할 의사를 비치다. ②얼굴 따위를 잠시 나타내다. ¶코빼기도 비치지 않는다.
비치적-거리다 [-꺼-] 타 자꾸 비치적비치적하다. 비치적대다. ¶약간 비치적거리는 걸음걸이. 흰비척거리다. 짱배치작거리다.
비치적-대다 [-때-] 타 비치적거리다.
비치적-비치적 [-뻬-] 퓐하타 한쪽으로 약간 비트적거리는 모양. ¶술에 취하여 비치적비치적 걷다. 흰비척비척. 짱배치작배치작.
비:치-파라솔 (beach+parasol) 명 해수욕장에서 햇볕을 가리기 위하여 쓰는 큰 양산.
비칠-거리다쩐타 자꾸 비칠비칠하다. 비칠대다. 짱배칠거리다.
비칠-대다쩐타 비칠거리다.
비칠-비칠 퓐하자타 이리저리 비틀거리는 모양. 짱배칠배칠.
비침-도 (-度)명 ⇨조도(照度).
비:칭 (卑稱)명 낮추어 일컫는 말. ↔경칭·존칭.
비:-카타르 (鼻catarrh)명 ⇨코카타르.
비:커 (beaker)명 화학 실험용의, 귀때가 달린 원통형 유리그릇.
비:컨 (beacon)명 〔'봉화'라는 뜻에서〕 항로나 항공로 표지, 또는 표지등. 짱라디오 비컨.
비:-컨대 (比-) 퓐 ①비교하여 보건대. 비교하자면. ②비유하건대.
비:켜-나다 [I]쩐 몸을 옮겨 물러나다. ¶김 선생이 오자 학생들은 복도 옆으로 비켜났다.
[II]쩐타 ①어떤 장소에서 벗어나다. ②어떤 문제·사건 따위의 핵심이나 중심에서 벗어나다.
비:켜-덩이 명 김을 맬 때 흙덩이를 옆으로 빼내는 일, 또는 그 흙덩이.
비:켜-서다쩐 몸을 옮겨 물러서다. ¶자동차 경적 소리에 놀라 얼른 한옆으로 비켜서.
비키니 (bikini)명 상하가 분리되어 브래지어와 팬티로 이루어진 여자용 수영복.
비:키다 [I]쩐 (무엇을 피하여) 조금 자리를 옮기다. ¶달려오는 자전거를 보고 한옆으로 비켰다.
[II]타 ①(방해가 되지 않게) 조금 옮겨 놓다. ¶화분을 비켜 놓다. ②피하여 방향을 조금 바꾸다. ¶영식이 집을 비켜 가다. /태풍이 남해안을 비켜 나갔다. ③(다른 사람을 위하여) 자리를 다른 곳으로 옮기다. ¶김 선생과 할 얘기가 있으니 자리 좀 비켜 주십시오.
비타민 (vitamin)명 영양소의 한 가지. 동물의 성장에 꼭 필요한 유기 화합물이며, 체내에서는 합성되지 아니함. 비타민 A·B·C 등 여러 가지가 있음.
비타민^결핍증 (vitamin缺乏症) [-쭝]명 비타민의 부족으로 일어나는 생리 기능의 장애. 〔야맹증·각기 따위.〕
비타민^과:잉증 (vitamin過剩症) [-쭝]명 비타민이 몸 안에 너무 많아서 일어나는 생리 기능의 장애. 식욕 부진이나 구토·황달 따위의 증상이 나타남.

비타민^디: (vitamin D)명 비타민의 한 가지. 혈액 중의 칼슘을 조절하며, 모자라면 구루병이 생김. 간유(肝油)·달걀 노른자 따위에 들어 있음.
비타민^비: (vitamin B)명 ⇨비타민 비 복합체.
비타민^비:^복합체 (vitamin B複合體) [-보칸-]명 이전에 비타민 비라 불리던 것으로, 비타민 B₁·B₂·B₆·B₁₂·B₁₃·니코틴산·판토텐산 등의 여러 성분의 혼합물을 이르는 말.
비타민^비:^식스 (vitamin B₆)명 비타민 비 복합체의 한 가지. 항피부염 인자와 미생물류의 성장 인자이며 쌀겨·효모 따위에 들어 있음. 짱피리독신.
비타민^비:^원 (vitamin B₁)명 비타민 비 복합체의 한 가지. 모자라면 식욕 감퇴·각기·신경증 등이 생김. 쌀겨·효모 따위에 들어 있음. 짱티아민.
비타민^비:^투 (vitamin B₂)명 비타민 비 복합체의 한 가지. 모자라면 구내염·설염·피부염 등이 생김. 간장(肝臟)·달걀 노른자·우유 따위에 들어 있음.
비타민^비:^트웰브 (vitamin B₁₂)명 비타민 비 복합체의 한 가지. 모자라면 악성 빈혈이 생김. 쇠간 따위에 들어 있음.
비타민^시: (vitamin C)명 비타민의 한 가지. 모자라면 괴혈병이 생김. 과일·야채 따위에 들어 있음. 아스코르브산.
비타민^에이 (vitamin A)명 비타민의 한 가지. 모자라면 발육 불량, 세균에 대한 저항력 감퇴, 야맹증 등이 일어남. 간유(肝油)·버터·야채 따위에 들어 있음.
비타민^에이치 (vitamin H)명 비타민의 한 가지. 쥐에게 다량의 달걀 흰자를 주었을 때 피부염 등의 장애를 일으키는데, 이를 치료하는 성분으로서 발견되었음. 달걀 노른자·쇠간 따위에 많이 들어 있음.
비타민^엘 (vitamin L)명 비타민의 한 가지. 쥐의 젖의 분비를 돕는 인자로서 쇠간·효모 등에서 분리되었으나, 사람에 대한 효과는 확실하지 않음.
비타민^엠 (vitamin M)명 비타민의 한 가지. 비타민 비 복합체의 구성 요소. 모자라면 빈혈이 생김. 시금치·효모·쇠간 따위에 들어 있음. 엽산(葉酸).
비타민^이: (vitamin E)명 비타민의 한 가지. 모자라면 불임·유산 등이 일어남. 식물성 기름·야채 따위에 들어 있음. 토코페롤.
비타민-제 (vitamin劑)명 비타민 결핍증을 예방 또는 치료하기 위한 영양제.
비타민^케이 (vitamin K)명 비타민의 한 가지. 모자라면 혈액의 응고 시간이 길어짐. 양배추·시금치·간유 따위에 들어 있음.
비타민^피: (vitamin P)명 비타민의 한 가지. 모세 혈관의 저항력을 높이고, 그 투과성이 지나치게 증대하는 것을 막음. 레몬·후추 따위에 들어 있음.
비:-타협적 (非協協的) [-쩍]관명 타협적이 아닌 (것). ¶비타협적 태도. /그는 모든 일에 비타협적이다.
비탄 (飛彈)명 날아오는 탄환. 비환(飛丸).
비:탄 (悲歎·悲嘆)명하타 슬퍼하며 탄식함. ¶비탄에 잠겨 있다.
비탈명 ①산이나 언덕 따위의 비스듬히 기울어진 부분. ¶비탈을 오르다. ②⇨기울기.
비탈-길 [-낄]명 비탈진 언덕의 길. 사경(斜徑). 사로(斜路).

비:-탈저(脾脫疽)[-쩌]몡 가축병인 '탄저(炭疽)'가 사람에게 걸린 경우를 이르는 말.

비탈-지다혱 땅이 가파르게 기울어져 있다. 경사지다. ¶비탈진 밭.

비:탕(沸湯)몡 끓는 물.

비:토(肥土)몡 기름진 흙. 기름진 땅. 거름흙. 옥토(沃土).

비:토(veto)몡 거부(拒否). 거부권. ¶특정 정치 세력을 싫어하는 비토 세력이 있다.

비:통몡 질이 낮은 백토.

비:통(悲痛)몡하형 몹시 슬프고 가슴이 아픔. ¶비통한 심정. 비통-히부.

비:통(鼻痛)몡 코의 아픔. 코가 아픈 증세.

비:통(臂痛)몡 팔의 윗마디가 저리고 아픈 병.

비:트(beat)몡 ①현악기 등에서, 지휘자의 지휘봉이나 손의 상하 운동으로 나타내는 박자. ②(헤엄칠 때의) 물장구. ③맥놀이. ④박자. 특히 대중음악에서 강한 악센트의 리듬을 이름. ¶비트가 강한 음악.

비트(bit)의 ①컴퓨터의 정보 처리 장치가 저장할 수 있는 정보의 최소량. 〔8비트, 16비트 따위.〕 ②이진법(二進法)에서 쓰는 숫자, 곧 0과 1.

비트적-거리다[-꺼-]타 자꾸 비트적비트적하다. 비트적대다. ¶술이 거나하여 비트적거리며 돌아갔다. 좡배트작거리다. 쎄삐트적거리다.

비트적-대다[-때-]타 비트적거리다.

비트적-비트적[-삐-]부하어 몸을 잘 가누지 못하여 약간 비틀거리는 모양. 좡배트작배트작. 쎄삐트적삐트적.

비:트^제너레이션(beat generation)몡 〔'패배의 세대'라는 뜻으로〕 미국 현대 문학사에서 로스트 제너레이션의 뒤를 이은 세대를 이르는 말. 기성의 도덕·질서·정신에서 벗어나 인간의 본디 그대로의 모습을 그리는 것이 특징임.

비틀부하타 힘이 없거나 어지러워, 또는 몸의 균형을 잃어 금방 쓰러질 듯한 모양. 좡배틀. 쎄삐틀. 비틀-비틀부하타.

비틀-거리다타 자꾸 비틀비틀하다. 비틀대다. 좡배틀거리다.

비틀-걸음몡 비틀거리는 걸음. 좡배틀걸음.

비:틀다[비트니·비틀어]타 ①힘 있게 꼬면서 틀다. ¶팔을 비틀다. ②일을 어그러지게 만들다. ¶담당자의 의견을 무시하고 위에서 일을 비틀어 버렸다. 좡배틀다.

비틀-대다타 비틀거리다.

비:틀-리다자 〖'비틀다'의 피동〗 비틂을 당하다. ¶손목이 비틀린 채로 끌려가다. 좡배틀리다.

비:틀어-지다자 ①물체가 어느 한쪽으로 틀어져서 꼬이다. ¶말라서 비틀어진 명태. ②일이 순조롭게 되지 않고 잘못되다. ¶잘 진행되던 일이 자금 관계로 결국에 비틀어졌다. ③사이가 나빠지다. ¶두 사람 사이가 비틀어지고 말았다. 좡배틀어지다.

비틀-하다혱어 감칠맛이 있게 조금 비릿하다. ¶아기의 몸에는 아직도 비틀한 젖내가 배어 있다. 좡배틀하다.

비틈-하다혱어 말뜻이 바로 드러나지 않고 짐작하여 알 만큼 그럴듯하다. 비틈-히부.

비파(枇杷)몡 비파나무의 열매.

비파(琵琶)몡 동양의 현악기의 한 가지. 인도에서 중국을 거쳐 삼국 시대에 우리나라에 들어왔음. 다섯 줄의 향비파와 넉 줄의 당비파가 있음.

비파-나무(枇杷-)몡 장미과의 상록 교목. 과실나무의 한 가지로, 높이는 10m가량. 잎은 크고 길둥글며, 뒷면에 황갈색 털이 있음. 늦가을에 흰 꽃이 피고, 열매는 이듬해 6월경에 노랗게 익는데 맛이 닮.

비파-엽(枇杷葉)몡 비파나무의 잎. 한방에서, 학질·구토·각기·기침·주독(酒毒) 따위에 약으로 씀.

비:판(批判)몡하자타 ①비평하여 판단함. ¶엄정하게 비판하다. ②좋고 나쁨, 옳고 그름을 따져 말함. 〔부정적인 의미로 쓰이는 것이 보통임.〕 ¶신랄하게 비판하다. ③칸트 철학에서, 이성(理性)의 능력을 음미·검토하는 것.

비판(碑版)몡 ⇨비문(碑文).

비:-판(B版)몡 인쇄용지의 규격의 한 가지. 가로 1030mm, 세로 1456mm 크기를 기본으로 삼아, 긴 변을 절반으로 자른 크기를 B1판으로 함.

비:판-력(批判力)[-녁]몡 비판하는 능력. 옳고 그름을 따져 밝혀내는 힘.

비:판-적(批判的)관 ①비판하는 태도나 처지를 취하는 (것). ¶비판적 시각. /비판적인 태도.

비:판-주의(批判主義)[-의/-이]몡 비판적인 정신으로 사물을 보는 태도. 비평주의.

비:판^철학(批判哲學)몡 선험적 관념론에 바탕을 두고 비판주의의 처지에 서는 철학. 선험철학.

비패(鄙悖)몡 '비패하다'의 어근.

비:패-하다(鄙悖-)혱어 비열하고 도리에 어긋나다.

비편(比偏)〈옛〉적(敵). ¶되는 엇뎨 센 비편이리오(杜初7:25). 참피편.

비:평(批評)몡하자타 사물의 좋고 나쁨, 옳고 그름 따위를 평가함. ¶문학 비평.

비:평-가(批評家)몡 ⇨평론가.

비:평-사(批評史)몡 문예 비평의 변천과 발달의 역사.

비:평-안(批評眼)몡 비평하는 눈, 곧 사물의 시비나 선악 따위를 판정하는 안목.

비:평^예:술(批評藝術)[-녜-]몡 하나의 예술 작품으로서의 문예 비평.

비:평-주의(批評主義)[-의/-이]몡 ⇨비판주의(批判主義).

비:-포장도로(非鋪裝道路)몡 포장이 되지 않은 도로. ↔포장도로.

비폭(飛瀑)몡 썩 높은 데서 떨어지는 폭포.

비:-폭력주의(非暴力主義)[-풍녁쭈의/-풍녁쭈이]몡 옳고 그르고 간에 모든 폭력을 반대하는 주의. 좡간디이즘.

비폭-징류(飛瀑澄流)[-쩡뉴]몡 높은 데서 떨어지는 폭포와 맑게 흐르는 물.

비:표(祕標)몡 (남들은 모르고 자기들만 알 수 있도록 표시한) 비밀한 표지(標識).

비표(碑表)몡 비신(碑身)의 앞면. ↔비음(碑陰).

비:-표준어(非標準語)몡 표준어가 아닌 말.

비:품(祕${稟})몡 임금에게 비밀히 아룀.

비:품(備品)몡 관공서나 회사 등에서 업무용으로 갖추어 두는 물건. 〔소모품이 아닌, 비교적 오래 보존하는 물건.〕 ¶사무실에 비품을 구비해 두다. ↔소모품.

비:풍(悲風)몡 구슬픈 느낌을 불러일으키는 바람. 흔히, '가을바람'을 이름.

비:풍-참우(悲風慘雨)몡 〔구슬픈 바람과 모진 비라는 뜻으로〕 '비참한 처지'를 비유하여 이르는 말. ¶비풍참우의 신세.

비프-스테이크(beef-steak)圓 두껍게 썬 쇠고기에 소금과 후춧가루를 뿌려 구운 음식. ⓒ스테이크.

비프-커틀릿(beef+cutlet)圓 쇠고기에 밀가루와 푼 달걀 및 빵가루를 차례로 묻혀서 기름에 튀긴 요리.

비필(飛筆)圓ⓗ타 글씨를 썩 빨리 쓰는 일, 또는 빨리 쓴 글씨.

비:하(卑下)圓ⓘⓗ타자기를 낮춤, 또는 남을 업신여기어 낮춤. ¶자신을 지나치게 비하하는 것도 바람직하지 않다. ②ⓗ휑ⓒ땅이 낮음. ⓛ지위가 낮음.

비:-하다(比-)ⓘ타ⓛ여 견주다. 비교하다. ¶노력에 비하여 성과가 미미하다. /어머니의 사랑을 어디에다 비하랴.

비:하-정사(鼻下政事)〔코밑에 있는 것, 곧 입에 관한 정사라는 뜻으로〕'겨우 먹고 살아가는 일'을 비유하여 이르는 말.

비:-학자(非學者)[-짜]圓①학자가 아닌 사람. 학문이 없는 사람. ②불교에서, 소승(小乘)·대승(大乘)의 학문을 닦지 않는 사람.

비:한(悲恨)圓 슬픈 원한.

비:-합리(非合理)[-합니]圓ⓗ휑 불합리.

비:합리-성(非合理性)[-합니썽]圓 이성(理性)에 의하여 파악할 수 없고 논리를 초월하고 있는 성질. ↔합리성.

비:합리-적(非合理的)[-합니-]ⓟ圓 합리적이 아닌 (것). ¶비합리적 요소. /비합리적인 생각. ↔합리적.

비:합리주의(非合理主義)[-합니-의/-합니-이]圓 철학에서, 궁극적이든 모든 이성(理性)에 의하여 파악할 수 없는 것이라는 생각. 〔신비주의·낭만주의 따위.〕 비이성주의.

비:-합법(非合法)[-뻡]圓 법률의 규정에 위반되는 일. ¶비합법 활동. ↔합법.

비:합법^운:동(非合法運動)[-뻐분-]圓 비합법으로 하는 사회적 행위. 법률이 정하는 범위를 벗어나 비밀히 하는 사회 운동. 지하 운동.

비:-합법적(非合法的)[-뻡 적]ⓟ圓 합법적이 아닌 (것). ¶비합법적 투쟁. /비합법적으로 돈을 벌다. ↔합법적.

비:-합헌성(非合憲性)[-하펀썽]圓 ☞위헌성(違憲性).

비:항(卑行)圓 낮은 항렬. 조카뻘 이하의 항렬. ↔존항(尊行).

비:핵무장^지대(非核武裝地帶)[-행-]圓 핵무기의 제조·저장·실험·배치·사용 등을 하지 않기로 한 지대. ⓒ비핵 지대.

비:핵^지대(非核地帶)[-찌-]圓 〈비핵무장 지대〉의 준말.

비:행(非行)圓 도리나 도덕 또는 법규에 어긋나는 행위. ¶비행 청소년.

비행(飛行)圓ⓗ자타 (항공기 따위가) 하늘을 날아다님. ¶야간 비행. /저공 비행.

비행-가(飛行家)圓 비행을 전문적으로 하는 사람.

비행-기(飛行機)圓 항공기의 한 가지. 프로펠러를 돌리거나 가스를 내뿜어서 하늘을 나는 기계. 비행기를ⓟ 태우다ⓟ 남을 치켜세우다.

비행^기관(飛行器官)圓 새나 곤충 따위가 하늘을 나는 데 쓰이는, 날개 등의 운동 기관.

비행기-구름(飛行機-)圓 ☞비행기운.

비행기^대패(飛行機-)圓 재목의 굽은 면을 깎는 데 쓰는 대패. 손잡이가 있어 모양이 비행기와 비슷함.

비행기-운(飛行機雲)圓 비행기가 높은 하늘을 날아간 자리에 길게 꼬리를 끌며 나타나는 흰 구름. 비행기구름. 비행운. 항적운(航跡雲).

비행^기지(飛行基地)圓 비행대(飛行隊) 또는 비행 활동의 근거지.

비행-단(飛行團)圓 공군의 부대 편성의 한 단위. 비행 사단(飛行師團)의 아래이며, 둘 또는 세 전대(戰隊)로 이루어짐.

비행-대(飛行隊)圓 비행기로써 편성된 부대.

비행-모(飛行帽)圓 조종사 등 항공기의 승무원이 비행 중에 쓰는 모자.

비행-복(飛行服)圓 조종사 등 항공기의 승무원이 비행 중에 입는 옷.

비행-사(飛行士)圓 비행기를 조종하는 사람.

비행-선(飛行船)圓 (수소나 헬륨 따위) 공기보다 가벼운 기체를 채워서 대기 중에 띄우고, 추진용 프로펠러로 비행하는 항공기. 항공선(航空船).

비:행^소:년(非行少年)圓 이웃이나 사회에 해가 되는 짓을 하였거나 그런 짓을 할 가능성이 있는 소년. ⓐ문제아(問題兒).

비행-술(飛行術)圓 비행기를 조종하는 기술. ¶비행술이 뛰어나다.

비행-운(飛行雲)圓 ☞비행기운.

비행-장(飛行場)圓 비행기가 뜨고 내리는 데 필요한 설비를 갖춘 넓은 장소. ¶군용 비행장. ⓐ공항.

비행-접시(飛行-)[-씨]圓 접시 모양의 미확인 비행 물체. ⓐ유에프오(UFO).

비행-정(飛行艇)圓 동체(胴體)가 보트 모양으로 되어 있는 큰 수상 비행기.

비:허(脾虛)圓 한방에서, 지라의 기능이 약하여 소화가 잘되지 않아 몸이 쇠약해지는 병을 이르는 말.

비현(憮眩)'비현하다'의 어근.

비:-현실적(非現實的)[-쩍]ⓟ圓 현실적이 아닌 (것). ¶비현실적 세계. /비현실적인 이야기.

비:-현업(非現業)(현장에서 행해지는 노동 업무에 대하여) 일반적인 관리 사무 부문을 이르는 말.

비:현-하다(憮眩-)ⓗ여 피곤하여서 머리가 어지럽다.

비:-형(B型)圓 ABO식 혈액형의 한 가지. 수혈을 할 때 B형과 O형인 사람에게 피를 받을 수 있고, B형과 AB형인 사람에게 피를 줄 수 있음.

비:형^간:염(B型肝炎)圓 ☞수혈성 황달.

비:호(庇護)圓ⓗ타 감싸 보호함. ¶자식이라고 무작정 비호하지 마라.

비호(飛虎)圓 나는 듯이 날쌘 범.

비호-같다(飛虎-)[-갇따]ⓗ 매우 용맹스럽고 날쌔다. 비호같-이ⓟ.

비:호-권(庇護權)[-꿘]圓 정치적 망명이나 피란을 요청해 오는 외국인을 보호하는 국제법상의 권리.

비:호-죄(庇護罪)[-쬐/-쮀]圓 '범인 은닉죄'나 '증거 인멸죄' 등을 달리 이르는 말.

비화(〈옛〉비파(琵琶). ¶비화 슬:瑟(訓蒙中32). / 비핫 비:琵(訓蒙中32). / 비핫 파:琶(訓蒙中32).

비화(飛火)圓①튀어 박히는 불똥. ②ⓗ자ⓛ타 (사건 따위가) 관계가 없는 사람에게까지 미침. ¶그 싸움의 비화는 걷잡을 수 없게 되었다. /사건이 의외의 방향으로 비화했다.

비화(飛花)圓 바람에 흩날리는 꽃잎.

비화(飛禍)圓 남의 일 때문에 당하는 화.

비:화(祕話)똉 세상에 알려지지 않은 숨은 이야기. ¶제2차 세계 대전의 비화.

비:화(悲話)똉 슬픈 이야기. 애화(哀話).

비:화-수소(砒化水素)똉 비소와 수소의 화합물. 독성이 강하여 독가스로 쓰임.

비:-화합물(非化合物)[一함一]똉 화합물이 아닌 물질. 곧, 단 한 가지만으로 이루어진 물질.

비환(飛丸)똉 ⇨비탄(飛彈).

비환(悲歡)똉 슬픔과 기쁨.

비:활성^기체(非活性氣體)[一썽一]똉 다른 물질과 화합하지 않는 기체. 불활성 기체. 희가스.

비황(砒黃)똉 품질이 낮은 비석(砒石).

비황(備荒)똉하 흉년이나 재해에 대하여 미리 대비하는 일.

비:황^식물(備荒植物)[一싱一]똉 ⇨구황 식물.

비황-저곡(備荒貯穀)똉하 흉년에 대비하여 곡식을 저장해 둠, 또는 그 곡식.

비:회(悲懷)[一회/一훼]똉 슬픈 생각. 슬픈 마음.

비:회(鄙懷)[一회/一훼]똉 남에게 대하여 자기의 '생각'을 겸손하게 이르는 말.

비:-효율(非效率)똉 들인 노력에 비하여 얻어진 결과가 보잘것없이 작음. ↔효율.

비:효-율(肥效率)똉 비료의 효과를 나타내는 비율. 농작물의 수확량을 비교해서 측정함.

비:효율-적(非效率一)[一쩍]관똉 들인 노력에 비하여 얻어진 결과가 보잘것없거나 작은 (것). ¶비효율적인 유통 구조. ↔효율적.

비후(肥厚) '비후하다'의 어근.

비:후(悲吼)똉 크고 사나운 짐승이 슬피 욺, 또는 그 울음.

비:후성^비:염(肥厚性鼻炎)[一썽一]똉 비강(鼻腔)의 점막이 부어서 두꺼워지는 병. 만성 비염의 한 가지로, 코가 막히는 등의 증상이 따름.

비:후-하다(肥厚一)혱 살이 쪄서 몸집이 크고 두툼하다.

비:훈(祕訓)똉 비밀히 내리는 훈령.

비:훈(鼻薰)똉하 훈약(薰藥)의 기운을 콧구멍에 쐬는 일.

비훼(誹毁)똉하 남의 약점이나 허물 따위를 드러내어 헐뜯음.

비:-흉위(比胸圍)똉 키에 대한 가슴둘레의 백분율.

비흐니타〈옛〉('빗다'의 활용형〕뿌리니. ¶後에 두 줄기를 비흐니(月釋1:14).

비:희(祕戱)[一히]똉 남몰래 숨어서 즐기는 짓. 〔특히, 남녀의 방사(房事)를 이름.〕

비:희(悲喜)[一히]똉 슬픔과 기쁨.

비:희-교집(悲喜交集)[一히一]똉하 슬픈 일과 기쁜 일이 한꺼번에 닥침.

비:희-도(祕戱圖)[一히一]똉 ⇨춘화도(春畫圖).

빅똉〔바둑에서〕①두 집을 가지지 못해서 살 수는 없지만 상대도 자충이 되어 단수를 칠 수 없는 상황이 되는 일. ②쌍방의 집 수효가 같아서 비기는 일.

빅-뉴:스(big news)똉 놀라운 소식 또는 기사.

빅다[一따]재〈비기다⑤의 준말.

빅딜:(big+deal)똉 산업계의 대규모 구조 조정 과정에서, 대기업들이 서로 중복되는 경쟁력 없는 사업 부문을 포기하거나 맞바꿈으로써 기업의 경쟁력을 강화하는 일.

빅-뱅(big bang)똉 ①천문에서, 우주를 탄생시킨 대폭발. ②경제에서, 금융 규제 완화. 금융 혁신.

빅뱅-설(Big-Bang說)똉 ⇨대폭발설.

빅-수(一手)[一쑤]똉〈비김수⑤의 준말.

빅-장(一將)[一짱]똉 장기에서, 대궁이 된 때, 또는 비김수로 장군을 불러서 비기게 된 장군.

빅토리(victory)똉 〔'승리'라는 뜻으로〕흔히 운동 경기에서 응원할 때 이기라고 외치는 소리.

빈(賓)똉 지난날의 관례(冠禮) 때, 그 절차를 잘 알아서 그 일을 주선하던 손의 한 사람.

빈(嬪)똉 조선 시대, 정일품인 내명부의 칭호.

빈가(貧家)똉 가난한 집.

빈가(頻伽)똉〈가릉빈가(迦陵頻伽)〉의 준말.

빈-개념(賓概念)똉 ⇨빈사(賓辭). ↔주개념.

빈객(賓客)똉 귀한 손. 손님. 큰손².

빈계(牝鷄)똉 [一계/一게] 암탉.

빈계-사신(牝鷄司晨)[一계/一게一]〔암탉이 새벽에 울 때를 맡았다는 뜻으로〕'내주장(內主張)'을 비꼬아 이르는 말.

빈고(貧苦)똉하 가난하고 고생스러움. ¶빈고를 이겨 내다.

빈곤(貧困)똉하 ①(주로 물질적인 것이 넉넉하지 못하여) 살림살이가 어려움. ¶빈곤에 시달리다. /가정이 빈곤하여 제대로 배우지 못했다. ②필요한 것이 없거나 모자람. ¶상상력의 빈곤. /기술력이 빈곤하다. 빈곤-히閉.

빈곤^망:상(貧困妄想)똉 미소(微小) 망상의 한 가지. 자기 자신을 지나치게 가난하다고 생각하는 망상.

빈공(賓貢)똉 고려 시대에, 외국인으로서 과거의 1차 시험에 급제한 사람을 일컫던 말.〔주로, 송나라 사람들이었음.〕

빈과-록(蘋科綠)똉 도자기에 입히는, 푸른빛의 잿물.

빈광(貧鑛)똉 ①금속의 함유량이 적은 광석. ②산출량이 적은 광산. ↔부광(富鑛).

빈:-구석똉 부족한 점이나 빈틈.

빈국(貧局)똉 ①가난한 사회. ②농사가 잘되지 않는 메마른 땅. ③⇨빈상(貧相).

빈국(貧國)똉 가난한 나라. 경제력이 약한 나라. ↔부국(富國).

빈궁(貧窮)똉하 가난하여 생활이 몹시 어려움. ¶빈궁한 생활. /빈궁에 허덕이다. 빈궁-히閉.

빈궁(嬪宮)똉 왕세자의 비(妃).

빈궁(殯宮)똉 죽은 왕세자나 빈궁(嬪宮)의 관을 발인(發靷) 때까지 두던 곳.

빈농(貧農)똉 가난한 농민, 또는 농가. 세농(細農). ¶빈농의 아들로 태어나다. ↔부농(富農).

빈뇨-증(頻尿症)[一쯩]똉 오줌이 지나치게 자주 마려운 병증. 삭뇨증(數尿症).

빈대똉 빈댓과의 곤충. 몸길이 5 mm가량. 몸은 둥글면서 몹시 납작하고, 몸빛은 적갈색임. 고약한 냄새를 풍기며, 인가(人家)에 살면서 밤에 기어 나와 사람의 피를 빨아 먹는 해충임.

빈대도 낯짝[콧등]이 있다속 지나치게 염치가 없는 사람을 나무라는 말.

빈대 붙다관용 수고하지 아니하고 거저 한몫 끼다. ¶꼭 먹을 때만 나타나서 빈대 붙는다.

빈대-고동똉 빈대고둥과의 한 가지. 길둥근꼴에 껍데기는 진한 갈색이고, 나사 모양의 가는 가시가 있음. 암초 부근에 사는데, 세계 곳곳에 분포함.

빈대-떡똉 녹두를 갈아 나물이나 고기 같은 것을 섞어서 전병처럼 부쳐 만든 음식. 녹두전병.

빈대-밤똉 잘고 납작하게 생긴 밤.

빈대-붙이[一부치]똉 빈대붙잇과의 곤충. 빈대와 비슷하며, 몸길이는 5~6 mm. 몸의 표면이 도톨도톨하며, 미나릿과 식물의 해충임. 우리나라와 일본 등지에 분포함.

빈도(頻度)〖명〗어떤 일이 되풀이되어 일어나는 정도. 빈도수. 잦기. ¶사용 빈도. /사고 발생 빈도가 높다.

빈도(貧道)〖대〗중이 자기를 겸손하게 일컫는 말. 소승(小僧). 빈승(貧僧).

빈도-수(頻度數)[-쑤]〖명〗☞빈도(頻度).

빈둥-거리다〖자〗자꾸 빈둥빈둥하다. 빈둥대다. 🔟밴둥거리다. 🔢삔둥거리다.

빈둥-대다〖자〗빈둥거리다.

빈둥-빈둥〖부〗〖하자〗하는 일 없이 매우 얄밉게 게으름만 부리는 모양. ¶멀쩡한 젊은이가 빈둥빈둥 놀고만 지내다. 🔟밴둥밴둥. 🔢삔둥삔둥.

빈들-거리다〖자〗자꾸 빈들빈들하다. 빈들대다. 🔢삔들거리다. 🔢삔들거리다.

빈들-대다〖자〗빈들거리다.

빈들-빈들〖부〗〖하자〗하는 일 없이 뺀뻔스럽고 얄밉게 게으름만 부리는 모양. ¶빈들빈들 놀지만 말고 공부 좀 해라. 🔟밴들밴들. 🔢삔들삔들.

빈랑(檳榔)[빌-]〖명〗빈랑나무의 열매. 성질이 온(溫)하며, 심복통·설사·두통 등에 쓰임.

빈랑-나무(檳榔-)[빌-]〖명〗종려나뭇과의 상록 교목. 높이 10~25 m. 줄기는 원기둥 모양으로 곧고, 잎은 길이가 1~2 m나 됨. 달걀 모양의 열매는 '빈랑(檳榔)'이라 하는데, 먹을 수 있고 약재로 쓰이기도 함.

빈려(賓旅)[빌-]〖명〗외국에서 온 나그네.

빈례(賓禮)[빌-]〖명〗〖하자〗예의를 갖추어 손으로 대접함.

빈례(殯禮)[빌-]〖명〗☞장례(葬禮).

빈마(牝馬)〖명〗암말.

빈-말〖명〗〖하자〗실속이 없는 말. ¶빈말만 잔뜩 늘어놓는다. /빈말이라도 고맙다.

빈맥(頻脈)〖명〗☞속맥(速脈).

빈모(牝牡)〖명〗(짐승의) 암컷과 수컷. 🔟암수.

빈모(鬢毛)〖명〗살쩍.

빈미주룩〖부〗〖하자〗물건의 끝이 비어져 나올 듯이 좀 내밀려 있는 모양. 🔟밴미주룩. **빈미주룩-이**〖부〗.

빈민(貧民)〖명〗가난한 사람들. 세민(細民).

빈민-가(貧民街)〖명〗빈민들이 모여 사는 거리나 동네. ¶어린 시절을 빈민가에서 보내다.

빈민-굴(貧民窟)〖명〗몹시 가난한 사람들이 모여 사는 지역.

빈민-촌(貧民村)〖명〗주로 도시에서, 가난한 사람들이 모여 사는 동네.

빈민-층(貧民層)〖명〗가난한 사람이 속하는 사회의 계층. 🔟부유층.

빈발(頻發)〖명〗〖하자〗(사건 따위가) 자주 일어남. ¶교통사고가 빈발하다.

빈발(鬢髮)〖명〗살쩍과 머리털.

빈-방(-房)〖명〗①사람이 없는 방. ②거처하지 않고 비워 둔 방.

빈-배합(貧配合)〖명〗지정된 양보다 시멘트를 덜 섞은 콘크리트의 배합. ↔부배합(富配合).

빈번(頻繁)〖명〗'빈번하다'의 어근.

빈번-하다(頻繁-)〖형〗일이 매우 잦다. 빈삭하다. ¶차량의 왕래가 빈번하다. **빈번-히**〖부〗.

빈:-볼(bean ball)〖명〗('빈(bean)'은 '머리'의 속어로〕야구에서, 투수가 타자를 위협하기 위하여 일부러 타자의 머리 부근을 겨누어 던지는 공.

빈부(貧富)〖명〗가난함과 넉넉함. 빈자와 부자. ¶빈부의 격차.

빈부귀천(貧富貴賤)〖명〗가난하고 넉넉함과, 귀하고 천함. ¶빈부귀천을 막론하다.

빈분(繽紛)〖명〗'빈분하다'의 어근.

빈분-하다(繽紛-)〖형〗많은 것이 뒤섞여 있다. 〔흔히, 수많은 꽃잎이 뒤섞여 지천으로 떨어지는 모양을 형용하는 말.〕

빈붕(賓朋)〖명〗손으로 대접하는 친구.

빈빈(彬彬)〖명〗'빈빈(彬彬)하다'의 어근.

빈빈(頻頻)〖명〗'빈빈(頻頻)하다'의 어근.

빈빈-하다(彬彬-)〖형어〗①외관과 내용이 고루 갖추어져서 훌륭하다. ②빛깔이 모두 성하다.

빈빈-하다(頻頻-)〖형어〗썩 잦다. ¶연락이 빈빈하다. **빈빈-히**〖부〗¶빈빈히 오가는 사람들.

빈사(賓辭)〖명〗논리학에서, 명제의 주사(主辭)에 결합되어 그것을 진술하는 개념. 〔'소는 동물이다.', '꽃이 아름답다.'에서 '동물', '아름답다' 따위.〕객어(客語). 빈개념. 술어. ↔주사(主辭).

빈사(瀕死)〖명〗거의 죽을 지경에 이름. ¶중상을 입고 빈사 상태에 놓이다.

빈사경(瀕死境)〖명〗☞빈사지경.

빈-사과(-菓·-果)〖명〗유밀과의 한 가지. 강정을 만들고 남은 잔부스러기를 기름에 지진 다음, 조청으로 버무리어 뭉쳐서 육각형으로 썰어 만듦.

빈사-지경(瀕死地境)〖명〗거의 죽게 된 처지나 형편. 빈사경(瀕死境). ¶빈사지경에 빠지다. / 빈사지경에 이르다. /빈사지경을 헤매다.

빈삭(頻數)〖명〗'빈삭하다'의 어근.

빈삭-하다(頻數-)[-사카-]〖형어〗☞빈번하다. **빈삭-히**〖부〗.

빈-삼각(-三角)〖명〗바둑에서, 어느 한 점을 중심으로 옆과 위 또는 아래로 한 점씩을 붙여 놓아 이룬 석 점을 이르는 말. 흔히, 말을 쓸 때에 이를 꺼림.

빈상(貧相)〖명〗①궁상맞고 초라한 인상. 빈국(貧局). ¶그는 얼굴이 빈상이다. ↔복상(福相). ②궁상맞은 모습. 가난한 양상.

빈상-설(鬢上雪)〖명〗1908년에 나온 이해조(李海朝)의 신소설.

빈소(殯所)〖명〗발인(發靷) 때까지 관(棺)을 놓아 두는 방. ¶고인의 빈소를 지키다.

빈소(嚬笑)〖명〗얼굴을 찌푸리는 일과 웃는 일, 곧 슬픔과 기쁨.

빈-속(空腹)〖명〗먹은 지가 오래되어 시장한 배 속. 공복(空腹). ¶빈속에 커피를 마셨더니 속이 쓰리다.

빈-손(空-)〖명〗①아무것도 가진 것이 없는 손. 맨손. ②돈이나 물건 따위를) 아무것도 가진 것이 없는 상태. ¶빈손으로 왔다가 빈손으로 가는 인생. **빈손 털다**〖관용〗①하는 일이 허사로 돌아가다. ②가졌던 재물을 몽땅 날려 버리다.

빈승(貧僧)〖Ⅰ〗〖명〗불도(佛道)가 깊지 못한 중. 〖Ⅱ〗〖대〗☞빈도(貧道).

빈실(賓室)〖명〗☞객실(客室).

빈씨(嬪氏)〖명〗세자빈으로 뽑힌 아가씨를 가례(嘉禮) 전에 일컫던 말.

빈약(貧弱)〖명〗①가난하고 약함. ¶빈약한 국가. ②보잘것없음. ¶빈약한 지식. /체격이 빈약하다.

빈연(賓筵)〖명〗손을 대접하는 자리.

빈영양-호(貧營養湖)〖명〗생물이 필요로 하는 영양분을 충분히 가지고 있지 않은 호소(湖沼). ↔부영양호(富營養湖).

빈와(牝瓦)〖명〗암키와. ↔모와(牡瓦).

빈우(牝牛)〖명〗암소. ↔모우(牡牛).

빈읍(貧邑)〖명〗가난한 고을.

빈익빈(貧益貧)〖-삔〗〖명〗〖하자〗가난한 사람일수록 경제 활동의 기회가 적으므로 더욱 가난해지게 마련임을 이르는 말. ↔부익부(富益富).

빈자(貧者)圏 가난한 사람. ↔부자(富者).

빈자-떡圏 '빈대떡'의 잘못.

빈:-자리圏 ①사람이 앉아 있지 않은 자리. ¶빈 자리가 생기다. ②결원이 되어 있는 직위. 공석 (空席). ¶사람을 새로 뽑아 빈자리를 메우다.

빈자-소인(貧者小人)圏 가난한 사람은 굽죄이 는 일이 많아서 기를 펴지 못하므로, 옹졸한 사람이 되기 쉽다는 말.

빈자-일등(貧者一燈)[-뜽]圏 [가난한 사람이 부처에게 바치는 등(燈) 하나는 부자의 등 만 개보다도 더 공덕(功德)이 있다는 뜻으로] '참 마음의 소중함'을 비유하여 이르는 말.

빈전(殯殿)圏 죽은 왕이나 왕비의 관(棺)을 발 인(發靷) 때까지 두던 곳.

빈정-거리다재타 자꾸 빈정빈정하다. 빈정대다. ¶빈정거리는 말투가 마음에 안 든다.

빈정-대다재타 빈정거리다.

빈정-빈정閏하자타 남을 비웃으며 놀리는 모양.

빈조(蘋藻)圏 물속에서 나서 물 위로 떠오르는 풀과 물속에서 자라는 풀.

빈주(貧廚)圏 가난한 집의 부엌, 곧 '가난한 살 림'을 이르는 말.

빈주(賓主)圏 손과 주인을 아울러 이르는 말.

빈주(蠙珠)圏 ☞진주(眞珠).

빈:-주먹圏 ①아무것도 가진 것이 없는 주먹. ②'어떤 일을 하는데 마땅히 가지고 있어야 할 것이 없는 상태'를 비유하여 이르는 말. ¶빈 주먹으로 일을 시작하다. 맨주먹.

빈주지례(賓主之禮)圏 손과 주인 사이에 지켜 야 할 예절.

빈즉다사(貧則多事)[-따-]圏 가난한 집에 번 거로운 일이 많음.

빈지圏 〈널빈지〉의 준말.

빈지-문(-門)圏 한 짝씩 끼웠다 떼었다 하게 된 문. [가게의 덧문 따위.]

빈:-집圏 ①사람이 살지 않는 집. ②식구들이 밖에 나가 비워 놓은 집. 공가(空家).

빈:-창자圏 [음식을 먹지 않아서 또는 먹은 음 식이 다 삭아서] 비어 있는 창자.

빈처(貧妻)圏 가난에 쪼들리는 아내.

빈척(擯斥)圏하타되자 ☞배척(排斥).

빈천(貧賤)圏하혈 가난하고 천함. ↔부귀. 빈 천-히閏.

빈천지교(貧賤之交)圏 가난하고 어려운 때의 사귐, 또는 그러한 때에 사귄 친구.

빈첩(嬪妾)圏 임금의 첩.

빈청(賓廳)圏 왕조 때, 의정대신(議政大臣)들이 모여서 회의하던 곳.

빈촌(貧村)圏 가난한 사람들이 사는 마을. 궁촌 (窮村). ↔부촌.

빈:-총(-銃)圏 탄알을 재지 않은 총.

빈추-나무圏 장미과의 낙엽 활엽 관목. 높이 1.5m가량이고 가지에는 가시가 있음. 4월에 노란 꽃이 피는데 향기가 있으며, 가을에 익는 핵과(核果)는 먹을 수 있음.

빈축(嚬蹙·顰蹙)圏 [얼굴을 찡그린다는 뜻 으로] 남을 비난하거나 미워함. ¶빈축을 받 다. /빈축을 사다.

빈출(頻出)圏하혈 자주 나타남. 뻔질나게 일어 남. ¶오자와 탈자가 빈출하다.

빈:-칸圏 비어 있는 칸. ¶빈칸에 답을 써넣으 시오.

빈타(貧打)圏하자 야구에서, 타격 성적이 좋지 않은 상태, 곧 안타가 적은 일.

빈:-탈타리圏 빈털터리. ㊟탈타리.

빈:-탕圏 ①잣·호두·땅콩 등의 과실에서, 속에 알갱이가 들어 있지 않은 것. ②속이 빈 물건. 실속이 없는 것. ¶빈탕을 치다.

빈:-털터리圏 재산을 다 없애고 아무것도 없게 된 사람. 빈탈타리. ¶사업에 실패하여 빈털터 리가 되다. ㊟털터리.

빈:-틈圏 ①사이가 떨어져 비어 있는 부분. ¶빈 틈이 생기다. ②허술한 부분. ¶그가 하는 일 에는 빈틈을 찾을 수가 없다.

빈:틈-없다[-트빕따]휑 ①비어 있는 사이가 없 다. ¶빈틈없는 빡빡한 일정. ②허술한 데가 없 이 야무지고 철저하다. ¶빈틈없는 사람. /빈틈 없는 성격. 빈틈-이閏 ¶빈틈없이 경계하다.

빈-티(貧-)圏 가난하게 보이는 모습이나 태도. ¶빈티가 나다. /빈티를 내다. /빈티가 흐르다. ↔부티.

빈핍(貧乏)圏하혈 가난함. 빈곤함.

빈한(貧寒)어근 '빈한하다'의 어근.

빈한-하다(貧寒-)휑어 살림이 몹시 가난하여 집안이 쓸쓸하다. ¶빈한한 살림살이. 빈한-히閏.

빈함(殯含)圏 염(殮)을 할 때, 시신(屍身) 의 입에 물리는 구슬.

빈해(瀕海)圏하혈 바다에 가까움, 또는 그곳이 나 그 지역.

빈혀圏 〈옛〉비녀. ¶흐 빈혀롤 프느니(翻小 10:15). /빈혀 계:笄(訓蒙中24).

빈혈(貧血)圏 혈액 속에 적혈구나 헤모글로빈이 줄어든 상태. ↔다혈(多血).

빈혈-기(貧血氣)[-끼]圏 빈혈 증세가 있는 기색.

빈혈-성(貧血性)[-썽]圏 ①빈혈로 말미암아 생 기는 병의 성질. ¶빈혈성 심장병. ②빈혈을 일 으키기 쉬운 체질.

빈혈-증(貧血症)[-쯩]圏 빈혈 상태이거나 빈혈 을 일으키기 쉬운 증세.

빈호(貧戶)圏 가난한 집.

빛圏 〈옛〉①빛. ¶네 네 비들 가파(楞解4:31). ②값. ¶겨집 죵이 비디 언메싀가(月釋8:81).

빋디다휑 〈옛〉값없다. ¶됴흔 거시 빋디디 아니 코(翻朴上15).

빋쓰다휑 〈옛〉비싸다. ¶믈읫 잇는 빋쓴 거시라 도(翻朴上61).

빌:다[비니·빌어] [Ⅰ]재타 ①(신·부처에게) 소원 이 이루어지도록 바라며 청하다. ¶부처님께 아들의 합격을 빌다. ②잘못을 용서해 달라고 간곡히 청하다. ¶용서를 빌다.
[Ⅱ]타 ①(남의 것을) 거저 달라고 사정하다. ¶동냥을 빌다. ②'빌리다'의 잘못.
비는 데는 무쇠도 녹는다족담 지성으로 잘못을 빌면 용서받을 수 있다는 말.

빌딩(building)圏 철근 콘크리트 따위로 지은 고 층 건물. ¶고층 빌딩. /빌딩 신축이 활발하다.

빌라(villa)圏 ①별장식 주택. 교외 주택. ②고급 빌라. ②다세대 주택이나 연립 주택을 흔히 이 르는 말.

빌레몬-서(←Philemon書)圏 신약 성서 중의 한 편. 사도 바울이 신도 빌레몬에게 보낸 목회 서간(牧會書簡).

빌리다타 ①(나중에 돌려주기로 하고) 남의 물 건을 얻어다가 쓰다. 빌려 오다. ¶빌린 연필 을 잃어버렸다. ②남의 도움을 입다. ¶친구의 힘을 빌리다. /술기운을 빌리지 않고는 말을 못 한다. ③어떤 형식이나 사실을 갖다가 쓰다. ¶일기 형식을 빌린 자전적 소설. ④어떤 일을 하기 위해 기회를 얻다. ¶이 자리를 빌려 다 시 한 번 감사의 말씀을 드립니다.

빌립보-서(←Philippi書)圏 신약 성서 중의 한 편. 사도 바울이 로마의 감옥에서 빌립보에 있는 초대 교회에 보낸 목회 서간(牧會書簡).

빌먹다[짜]囲(옛) 빌어먹다. ¶ 나라해 빌머그라 오시니(月釋1:5).

빌미圏 (재앙이나 병 따위의) 불행이 생기는 원인. ¶ 놀란 것이 빌미가 되어 시름시름 앓아눕다.

빌미-잡다[-따]囲 빌미로 삼다. 불행이 생기는 원인으로 삼다.

빌미ᄒᆞ다囲(옛) 빌미잡다. ¶ 빌미ᄒᆞ모ᄅᆞᆯ 즐겨 ᄒᆞᄂ니라(杜初16:19).

빌:-붙다[-붇-]자 (남의 환심을 사려고) 들러붙어서 알랑거리다. ¶ 주인에게 빌붙어 근근이 자리를 유지하다.

빌빌囲 ①여리고 느리게 움직이는 모양. ¶ 시간이 없는데 빌빌하던 기계마저 멈춰 버렸다. ②축 처진 채로 느리게 움직이는 모양. ¶ 남의 눈치나 슬슬 보면서 종일 빌빌하는 태도부터 고쳐라.

빌빌-거리다자 자꾸 빌빌하다. 빌빌대다. ¶ 빌빌거리는 걸 보니 어디가 아픈 모양이다.

빌빌-대다자 빌빌거리다.

빌어-먹다[-따]囲 (먹고살 길이 없어) 남에게 거저 얻어먹다. 동냥하다. ¶배라먹다. ¶ 남을 속이지는 않겠다. ¶배라먹다.

> **빌어먹는 놈이 콩밥을 마다할까**(속담) 한창 궁한 판이나 좋고 나쁜 것을 가릴 만한 처지가 못 된다는 말.

빌어-먹을(관감) 일이 뜻대로 되지 않거나 속이 상할 때 쓰는 말. ¶ 빌어먹을 녀석. /이런 빌어먹을!

빌트-인(built-in)圏 가전제품 따위를 주로 부엌 가구나 벽 안에 내장한 뒤 표면을 말끔하게 마무리하는 공법. ¶ 빌트인 식기 세척기.

빔:¹圏 《일부 명사 뒤에 붙어》 명절이나 잔치 같은 때에 새 옷으로 차려입는 일, 또는 그 옷. ¶ 추석빔.

빔:²圏하囲 (촉이나 자루·장부 따위를 끼울) 구멍이 헐거울 때 종이나 헝겊 또는 가죽의 조각 따위를 감아서 끼움.

빔:(beam)圏 ①건물이나 구조물의 들보나 도리. ②빛이나 전자(電子) 따위의 흐름.

빔:-안테나(beam antenna)圏 한 방향으로만 집중하여 전파를 송수신하는 안테나. 텔레비전 전파의 수신에 널리 이용됨.

빔:-컴퍼스(beam compass)圏 보통의 컴퍼스로는 그릴 수 없는 큰 원을 그릴 때 쓰는, 기다란 막대처럼 된 컴퍼스.

빕ㄷ-서다[-떠-]자 ①비켜서다. ②약속을 어기다.

빗¹[빋]圏 머리털을 빗는 데 쓰는 기구. * 빗이[비시]·빗도[빋−].

빗²[빋]圏 지난날, 사무 조직의 한 구분을 나타내던 말. 〔지금의 '부(部)'나 '과(課)'와 같음.〕색(色)¹. * 빗이[비시]·빗만[빈−].

빗-[빋]접투 ①《일부 동사 앞에 붙어》 '비뚜로'·'잘못'의 뜻을 나타냄. ¶ 빗나가다. /빗디디다. /빗맞다. ②《일부 명사 앞에 붙어》 '기울어진'의 뜻을 나타냄. ¶ 빗금. /빗면.

빗-가다[빋까-] I 자〈빗나가다〉의 준말. II 자囲〈빗나가다〉의 준말.

빗-각(-角)[빋깍]圏 직각이나 평각(平角)이 아닌 각. 〔예각·둔각 따위.〕

빗-각기둥(-角-)[빋까-]圏 옆모서리가 밑면에 수직이 아닌 각기둥. ↔직각기둥.

빗각^삼각형(-角三角形)[빋깍쌈가켱]圏 세 각이 빗각인 삼각형.

빗-금[빋끔]圏 ①☞사선(斜線). ②대응·대립·대등한 것을 함께 보이는 단어와 구, 또는 절 사이에 쓰이는 쉼표 '/'의 이름.

빗기다¹(옛) 비뚜로. 비스듬히. ¶ 醉仙을 빗기 시러(鄭澈.關東別曲).

빗-기다²[빋−]囲 남의 머리털을 빗어 주다.

빗-길[빋낄/빋낄]圏 비가 내리는 길, 또는 빗물에 덮인 길. ¶ 빗길에 운전 조심해라.

빗-꽂이[빋-] 지면(地面)에 대하여, 비스듬히 꽂는 꺾꽂이의 한 방식.

빗-나가다[빋-] I 자 ①기대나 예상과 다르다. ¶ 예측이 빗나가다. ②행동·태도가 그릇된 방향으로 나가다. ¶ 빗나간 생각. ㉝빗가다·빗나다. II 자囲 비뚜로 나가다. ¶ 화살이 과녁에서 빗나가다. /총알이 목표물을 빗나가다. ㉝빗가다·빗나다.

빗-나다[빋−] I 자〈빗나가다〉의 준말. II 자囲〈빗나가다〉의 준말.

빗다[빋따]囲 머리털을 빗으로 가지런히 고르다. * 빗어·빗는[빈−].

빗-대다[빋때-]囲 ①사실과 다르게 비뚜름하게 말하다. ¶ 그렇게 빗대지 말고 사실대로 말해라. ②바로 지적하지 않고 간접적으로 넌지시 지적해 말하다. ¶ 빗대어 말하다.

빗더-서다[빋떠-]자 ①바로 서지 않고 방향을 좀 틀어서 서다. ②다른 곳으로 비켜서 서다. ㉝빗서다.

빗-돌(碑-)[비똘/빋똘]圏 비(碑)를 만든 돌. 비석(碑石).

빗-듣다[빋뜯따][~들으니·~들어]囲ㄷ (말을) 잘못 듣다. 횡듣다. ¶ 친구의 말을 빗듣고 잘못 전하다.

빗-디디다[빋띠-]囲 디딜 곳을 바로 디디지 못하고 다른 곳을 잘못 디디다. ¶ 계단을 빗디디어 넘어지다.

빗-뚫다[빋뚤타]囲 바로 뚫지 않고 어긋나게 뚫다.

빗-뛰다[빋-]자 ①비뚜로 뛰다. ②잘못 뛰다.

빗-뜨다[빋-][~뜨니·~떠]囲 눈망울을 바로 뜨지 않고 옆으로 흘겨 뜨다. ¶ 눈을 빗뜨고 노려보다.

빗-맞다[빈맏따]자 ①목표에 맞지 아니하고 어긋나서 딴 자리에 맞다. ¶ 화살이 빗맞다. ②한 일이 잘못되어 딴 방향으로 이루어지다. ¶ 예상이 빗맞다.

빗-먹다[빈-]자 톱으로 나무를 쪼갤 때, 먹줄대로 나가지 아니하고 비뚜로 나가다.

빗-면(-面)[빈-]圏 수평면과 90° 이내의 각을 이루고 있는 평면.

빗-모서리[빈-]圏 각뿔이나 각뿔대의 두 이웃한 빗면이 만나는 모서리.

빗-물[빈-]圏 비가 내려서 괸 물. 천상수(天上水). ¶ 빗물이 떨어지다.

빗-물다[빈-][~무니·~물어]囲 옆으로 좀 비뚤어지게 물다. ¶ 마도로스파이프를 빗물다.

빗물(옛) 빗물. ¶ 빗물 료:潦(訓蒙上6).

빗-밑[빈믿]圏 《'가볍다'·'무겁다' 등과 함께 쓰이어》 내리던 비가 그치어 날이 개기까지의 과정. * 빗밑이[빈미치]·빗밑을[빈미틀]·빗밑만[빈민−].

> **빗밑이 가볍다**(관용) 비가 내리다가 날이 개기까지의 동안이 오래지 않다.

> **빗밑이 무겁다**(관용) 비가 내리다가 날이 개기까지의 동안이 오래고 지루하다.

빗-반자[빋빤-]圏 바닥을 경사지게 만든 반자.

빗-발[비빨/빋빨]몜 (보기에) 줄이 죽죽 진 것처럼 떨어지는 빗발이 굵어지다.

빗발-치다[비빧-/빋빨-]쩌 ①빗줄기가 세차게 쏟아지다. ②(탄알 따위가) 빗발처럼 세차게 쏟아지다. ¶ 총알이 빗발치다. ③(독촉이나 비난 따위가) 몹시 심하게 계속되다. ¶ 항의 전화가 빗발치다.

빗-방울[비빵-/빋빵-]몜 비가 되어 떨어지는 물방울. ¶ 빗방울이 굵어지다.

빗-변(-邊)[빋뼌]몜 ①비스듬히 기울어진 변. ②직각 삼각형에서 직각에 마주 대한 변.

빗-보다[빋뽀-]태 사실대로 보지 못하고 잘못 보다.

빗-빠지다[빋-]쩌 빗디디어 빠지다.

빗-살[빋쌀]몜 빗의 가늘게 갈라진 낱낱의 살. 즐치(櫛齒). ¶ 빗살이 부러지다.

빗살^무늬[빋쌀-니]몜 (빗살 같은 것으로 그은 듯이) 비스듬한 줄이 촘촘히 새겨진 무늬.

빗살무늬^토기(-土器)[빋쌀-니-]몜 빗살로 그은 것 같은 평행선 무늬가 음각(陰刻)되어 있는 토기. 신석기 시대의 토기로서 유라시아 대륙 북부를 비롯하여 우리나라 등지에서 발견됨. 즐문토기.

빗살-문(-門)[빋쌀-]몜 살을 엇비슷하게 어긋매껴 촘촘히 짜서 만든 문.

빗살^완자창(←-卍字窓)[빋쌀-]몜 살을 엇비슷한 '卍' 자 모양으로 만든 창.

빗살-창(-窓)[빋쌀-]몜 살을 엇비슷하게 어긋매껴 촘촘히 짜서 만든 창.

빗-서다[빋써-]쩌 〈빗더서다〉의 준말.

빗-소리[비쏘-/빋쏘-]몜 비가 내리는 소리. 우성(雨聲).

빗-속[비쏙/빋쏙]몜 비가 내리는 가운데. 우중(雨中). ¶ 빗속을 무릅쓰고 달려오다.

빗-솔[비쏠]몜 빗살 사이에 긴 때를 빼는 솔.

빗-아치[비다-]몜 지난날, 관아의 어떤 빗에서 일하는 사람.

빗-원뿔(-圓-)[비뤈-]몜 축(軸)이 밑면에 수직이 되지 않는 원뿔.

빗-자루[비짜-/빋짜-]몜 ①비에 달린 자루. ②▷비.

빗장[빋짱]몜 〈문빗장〉의 준말. ¶ 빗장을 걸다./빗장을 풀다.

빗장을 지르다[관용] 마음속의 생각을 남에게 드러내지 아니하고 굳게 지키다.

빗장-걸이[빋짱-]몜 씨름 수의 한 가지. 오른쪽 다리로 상대편의 오른쪽 다리를 밖으로 걸고 몸을 왼쪽으로 젖히는 기술.

빗장-고름[빋짱-]몜 저고리의 머리가 안쪽으로 숙고 구김살이 없이 반반하게 맨 옷고름.

빗장-둔태[빋짱-]몜 빗장이 꽂히도록 구멍을 뚫어서 댄 기름한 나무토막.

빗장-뼈[빋짱-]몜 가슴의 앞면 위쪽에 있는 뼈. 'S' 자 모양으로 좌우에 한 쌍을 이루는데, 안쪽은 가슴뼈에 이어지고 바깥쪽은 어깨뼈에 이어져 있음. 쇄골(鎖骨).

빗-접[빋쩝]몜 (빗·빗치개·빗솔 등) 머리를 빗는 데 쓰는 기구를 담아 두는 그릇. 기름에 결은 종이를 접어서 만듦.

빗접-고비[빋쩝꼬-]몜 빗접을 꽂아 벽에 걸어 두는 물건. 가는 나무오리로 네모지게 짜서 만듦.

빗-줄기[비쭐-/빋쭐-]몜 (보기에) 줄이 진 것처럼 굵고 세차게 내리치는 빗방울. ¶ 빗줄기가 가늘어지다.

빗-질[빋찔]몜하태 빗으로 머리를 빗는 짓.

빗-천장(-天障)[빋-]몜 삿갓 모양으로 경사가 져 있는 천장.

빗-치개[빋-]몜 빗살 틈에 낀 때를 빼거나 가르마를 타는 데 쓰는 기구. 뿔이나 쇠붙이로 만드는데, 한끝은 둥글며 얇고, 다른 한끝은 가늘고 뾰족함.

빗-투영(-投影)[빋-]몜 ▷사투영(斜投影).

빗-판(-板)[빋-]몜 유즐동물의 빗살해파리강만이 가진 운동 기관. 몸에 난 아주 가는 털이 빗살처럼 빽빽이 늘어서 있는 것. 이것을 움직여 물속을 헤엄쳐 다님. 줄판(櫛板).

벘다[빋교·빋따]혱 〈옛〉 가로 되다. 비뚤다. ¶ 빗근 남글 느라 나마시니(龍歌86章)./구브며 빗디 아니ᄒᆞ니(南明上47).

빗어러〈옛〉 ▷비스다.

빙뭐 ①주위를 한 바퀴 도는 모양. ¶ 운동장을 한 바퀴 빙 돌다. ②둘레를 둘러싸는 모양. ¶ 사람들이 주위에 빙 둘러서다. ③정신이 아찔해지는 모양. ¶ 머리가 빙 돌다. ④갑자기 눈물이 글썽해지는 모양. ¶ 눈물이 빙 돌다. ꝗ팽. 쎈삥. ①③④ꝗ핑.

빙거(憑據)몜하태 어떤 사실을 증명할 만한 증거를 댐. 또는 그런 증거.

빙결(氷結)몜하쩌 얼음이 얼어붙음. 동결.

빙결(氷潔) '빙결하다'의 어근.

빙결-하다(氷潔)혱여 얼음처럼 맑고 깨끗하다.

빙경(氷鏡)몜 얼음처럼 맑고 싸늘하게 보이는 달. 빙륜(氷輪).

빙고(氷庫)몜 얼음을 넣어 두는 창고. 빙실. 능음.

빙고(憑考)몜하태 (사실이 정확한가를) 여러 가지 근거에 비추어 상세히 검토함.

빙고(bingo)몜 카드에 적힌 수를 하나하나 지워 나가면서 승부를 겨루는 놀이.

빙공영사(憑公營私)[-녕-]몜하태 공적(公的)인 일을 빙자하여 개인의 이익을 꾀함.

빙과(氷菓)몜 아이스캔디·셔벗 등의 얼음과자.

빙괴(氷塊)[-괴/-궤]몜 얼음의 덩이.

빙구(氷球)몜 ▷아이스하키.

빙그레뭐하쩌 입만 약간 벌리고 소리 없이 부드럽게 웃는 모양. ¶ 빙그레 웃는 얼굴. ꝗ뱅그레. 쎈삥그레.

빙그르뭐 미끄럽게 한 바퀴만 도는 모양.

빙그르르뭐 미끄럽게 미끄러져 한 바퀴 도는 모양. ¶ 회전의자를 빙그르르 돌리다. ꝗ뱅그르르. 쎈삥그르르. ꝗ핑그르르.

빙글뭐 입을 슬며시 벌리며 소리 없이 한번 부드럽게 웃는 모양. ꝗ뱅글. 쎈삥글. **빙글-빙글**뭐하쩌.

빙글-거리다[-끄러-]쩌 자꾸 빙글빙글하다. 빙글대다. ¶ 무슨 좋은 일이 있는지 자꾸 빙글거리다. ꝗ뱅글거리다.

빙글-대다[-끄대-]쩌 빙글거리다.

빙글-빙글뭐 큰 원을 그리면서 매끄럽게 도는 모양. ¶ 팔랑개비가 빙글빙글 돌다. ꝗ뱅글뱅글. 쎈삥글삥글.

빙긋[-귿]뭐하쩌 입을 조금 벌리면서 소리 없이 한번 웃는 모양. ¶ 대답 대신 빙긋하고 웃어 보이다. ꝗ뱅긋. 쎈삥긋·뼁긋·삥긋. **빙긋-이**뭐 빙긋 웃다. **빙긋-빙긋**뭐.

빙긋-거리다[-귿꺼-]쩌 자꾸 빙긋빙긋하다. 빙긋대다. ꝗ뱅긋거리다.

빙긋-대다[-귿때-]쩌 빙긋거리다.

빙기(氷肌)몜 ①▷빙부(氷膚). ②매화(梅花)의 맑고 고움을 형용하여 이르는 말.

빙기(氷技)몜 ▷스케이팅.

빙기(氷期)**명** 빙하 시대 가운데서 특히 기후가 한랭하여 온대 지방까지도 빙하로 덮였던 시기. 빙하기.

빙기옥골(氷肌玉骨)[-꼴]**명** 〔얼음 같은 살결과 옥 같은 뼈대라는 뜻으로〕①'매화(梅花)'를 형용하여 이르는 말. 빙자옥질. ②'미인(美人)'을 형용하여 이르는 말.

빙꿋[-끋]**부**하자 ('빙긋'의 센말. 셈뻥끗.

빙낭(氷囊)**명** 얼음찜질에 쓰는 얼음주머니. 고무·비닐·방수포(防水布) 따위로 만듦.

빙당(氷糖)**명** 얼음사탕.

빙렬(氷裂)[-녈]**명** ①얼음이 갈라지는 일. ②얼음이 갈라진 금 모양의 무늬.

빙렴(氷廉)[-념]**명** 추위로 말미암아 땅에 묻은 송장이 어는 일.

빙례(聘禮)[-네]**명** ☞혼례(婚禮).

빙륜(氷輪)[-뉸]**명** ☞빙경(氷鏡).

빙모(聘母)**명** 장모(丈母).

빙무(氷霧)**명** 추운 지방에서, 공중에 뜨는 미세한 얼음의 결정으로 말미암아 생기는 안개.

빙문(聘問)**명** 예를 갖추어서 찾아봄.

빙문(憑文)**명** ☞빙표(憑票).

빙문(憑聞)**명**하타 간접으로 들음.

빙물(聘物)**명** 빙문(聘問) 때 가지고 가는 예물.

빙박(氷泊)**명** 배가 물길을 가는 중에 물이 얼어서 배가 얼어붙음.

빙반(氷盤)**명** 얼음판.

빙벽(氷壁)**명** 눈이나 얼음으로 덮인 암벽. ¶ 히말라야의 빙벽을 오르다.

빙부(氷夫)**명** 지난날, 강에서 얼음을 떠내는 일에 종사하던 사람.

빙부(氷膚)**명** 얼음처럼 희고 깨끗한 살결. 빙기(氷肌).

빙부(聘父)**명** 장인(丈人).

빙-빙(聘) **부** ①물건 따위가 자꾸 빙 도는 모양. ¶ 팔랑개비가 빙빙 돌다. ②정신이 자꾸 아찔해지는 모양. ¶ 빈혈 탓인지 눈앞이 빙빙 돈다. ③사람이 하는 일 없이 이리저리 슬슬 돌아다니는 모양. ¶ 하릴없이 공원만 빙빙 돌다. 셈뻥뻥.

빙빙과거(氷氷過去)**명**하자 '어름어름하는 사이에 어느덧 세월을 다 보냈다거나, 진실되지 못하게 어름어름 살아옴'을 익살스럽게 이르는 말.

빙-사과(氷沙菓)**명** '빈사과'의 잘못.

빙산(氷山)**명** 남극이나 북극의 바다에 떠 있는 거대한 얼음덩이. 바다로 밀려 내려온 빙하가 갈라져 생긴 것임.
  빙산의 일각(一角)**관용** '외부로 나타나 있는 것은 일부분이고 나머지는 숨겨져 있음'을 비유하여 이르는 말. ¶ 이번에 밝혀진 세무 비리는 빙산의 일각에 불과하다.

빙상(氷上)**명** 얼음 위.

빙상^경기(氷上競技)**명** 스케이팅·아이스하키 등 얼음 위에서 하는 여러 가지 경기.

빙석(氷釋)**명**하자 ☞빙해(氷解).

빙설(氷雪)**명** ①얼음과 눈. ②'청렴과 결백'을 비유하여 이르는 말.

빙설^기후(氷雪氣候)**명** 한대 기후형의 한 가지. 일 년 내내 빙설에 덮여 있고, 가장 따뜻한 달의 평균 기온이 0 ℃ 이하인 기후.

빙수(氷水)**명** ①얼음물. ②얼음을 눈처럼 간 다음 그 속에 삶은 팥·설탕 따위를 넣어 만든 청량음료. ¶ 과일 빙수.

빙시(憑恃)**명**하타 남의 힘에 의지함.

빙시레(부)하자 입을 슬며시 벌리면서 소리 없이 부드럽게 웃는 모양. 셈뻥시레.

빙식(氷蝕)**명** 빙하로 말미암은 침식. 빙하가 이동할 때 바위를 깎아 내기도 하고, 얼고 녹는 일이 되풀이됨으로써 바위가 부서지기도 함.

빙식-곡(氷蝕谷)[-꼭]**명** 곡빙하(谷氷河)의 침식으로 단면(斷面)이 'U'자 모양으로 된 계곡.

빙식^단구(氷蝕段丘)[-딴-]**명** 여러 차례에 걸친 빙식 작용으로 이루어진 단구.

빙식^윤회(氷蝕輪廻)[-싱뉘화/-싱뉜훼]**명** 빙하에 의한 침식 작용의 윤회. 유년기·장년기·만장년기(晚壯年期)·노년기의 차례로 지형이 변함.

빙식-호(氷蝕湖)[-시코]**명** ☞빙하호.

빙신(憑信)**명**하타 남을 믿고 의지함.

빙실(부) 입을 조금 벌릴 듯하면서 소리 없이 한 번 부드럽게 웃는 모양. 셈뻥실. 셈삥실. 빙실-빙실부

빙실(氷室)**명** ☞빙고(氷庫).

빙실-거리다자 자꾸 빙실빙실하다. 빙실대다. 셈뺑실거리다.

빙실-대다자 빙실거리다.

빙심옥호(氷心玉壺)[-시모코]**명** 얼음이나 옥같이 깨끗하고 고운 마음.

빙싯[-싣]**부**하자 입을 슬며시 벌릴 듯하면서 소리 없이 한 번 화기롭고도 가볍게 웃는 모양. 셈뻥싯. 셈삥싯-이(부). 빙싯-빙싯(부)하자

빙싯-거리다[-싣께-]자 자꾸 빙싯빙싯하다. 빙싯대다. 셈뺑싯거리다.

빙싯-대다[-싣때-]자 빙싯거리다.

빙야(氷野)**명** 빙원(氷原).

빙어**명** 바다빙어과의 바닷물고기. 몸길이 15 cm 가량. 몸은 가늘고 길며 머리는 뾰족함. 몸빛은 연한 회색 바탕에 은백색 세로줄이 하나 있음. 이른 봄 산란기에 하천으로 올라감. 우리나라 북부 및 일본 중부 이북에 분포함.

빙예(氷瞖)**명** 한방에서, 눈에 아무 이상이 없는 듯하면서도 앞이 잘 보이지 않는 눈병을 이르는 말.

빙옥(氷玉)**명** ①얼음과 옥, 곧 '맑고 깨끗하여 아무 티가 없음'을 비유하여 이르는 말. ②'훌륭한 장인과 사위'를 아울러 이르는 말.

빙용(聘用)**명**하타 예(禮)를 갖추어 사람을 맞이하여 씀.

빙원(氷原)**명** 지표(地表)가 얼음으로 뒤덮인 넓은 벌판. 빙야(氷野).

빙의(憑依)[-의/-이]**명**하자되자 ①다른 것에 몸이나 마음을 기댐. ②떠도는 영혼이 다른 사람의 몸에 붙음. ¶ 빙의 현상.

빙인(人)**명** ☞월하빙인의 준말.

빙자(憑藉)**명**하타 ①남의 힘을 빌려 그것에 의지함. ¶ 권력을 빙자하여 큰소리치다. ②말막음으로 내세워 핑계를 댐. ¶ 병을 빙자하여 면담에 응하지 않다.

빙자옥질(氷姿玉質)[-찔]**명** ☞빙기옥골.

빙장(聘丈)**명** '장인(丈人)'의 높임말.

빙전(氷田)**명** 얼음이 언 논밭.

빙점(氷點)[-쩜]**명** 물이 얼기 시작하거나 얼음이 녹기 시작하는 온도, 곧 0 ℃. 결빙점. 어는점. 얼음점.

빙점-하(氷點下)[-쩜-]**명** ☞영하(零下).

빙정(氷程)**명** 얼음이 언 길.

빙정(氷晶)**명** 대기(大氣) 중의 수증기가 0 ℃ 이하로 냉각되었을 때 생기는 미소(微小)한 얼음의 결정. 〔상층운(上層雲)을 형성함.〕

빙정-석(氷晶石)圓 나트륨과 알루미늄의 플루오르화물. 무색 또는 백색의 광택 있는 덩어리. 약 560℃에서 반투명의 결정체로 바뀜. 황산에 녹으면서 플루오르화수소를 발생시킴.

빙정옥결(氷貞玉潔)[-결]圓 절개가 얼음이나 옥(玉)과 같이 조금도 흠이 없고 순결함.

빙주(氷柱)圓 고드름.

빙주-석(氷洲石)圓 무색투명한 방해석(方解石)의 한 가지. 니콜 프리즘을 만드는 데 쓰임.

빙준(憑準)圓困困 어떤 근거에 의하여 표준을 삼거나 일을 해 나감.

빙질(氷質)圓 (사용 목적에 따라서 구분한) 얼음의 질. ¶빙질이 좋은 스케이트장.

빙-초산(氷醋酸)圓 순도가 높은 초산. 상온 또는 저온일 때는 얼음 모양의 고체로 됨. ⓐ아세트산.

빙:충-맞다[-맏따]圈 똘똘하지 못하고 어리석다. ¶빙충맞게 울기는 왜 우니? ⓐ뱅충맞다.

빙충-맞이圓 '빙충이'의 잘못.

빙:충-이圓 빙충맞은 사람. ⓐ뱅충이.

빙층(氷層)圓 해마다 얼음이 겹쳐 쌓여서 마치 지층처럼 된 얼음의 층.

빙침(氷枕)圓 속에 얼음이나 냉수를 넣어서 베는, 고무나 비닐로 만든 베개. 열이 있을 때 머리를 차게 하기 위하여 씀.

빙탁(氷卓)圓 〈빙하탁〉의 준말.

빙탄(氷炭)圓 ①(얼음과 숯이라는 뜻으로) '성질이 서로 상반되거나 크게 차이가 나는 것'을 비유하여 이르는 말. ②〈빙탄불상용〉의 준말.

빙탄-간(氷炭間)圓〔얼음과 숯처럼〕서로 화합할 수 없는 사이. ¶두 사람은 서로 빙탄간이다.

빙탄불상용(氷炭不相容)[-쌍-]圓〔얼음과 숯처럼〕'두 사물이 서로 화합할 수 없음'을 이르는 말. ⓐ빙탄.

빙택(聘宅)圓 남을 높여서 그의 '처가(妻家)'를 이르는 말.

빙퇴-석(氷堆石)[-퇴/-퉤]圓 빙하에 의하여 운반되어서 쌓인 암석·모래·점토 따위. 퇴석.

빙통그러-지다困 하는 짓이 꼭 비뚜로만 나가다. ¶그쪽에서 빙통그러지기만 하니 성사(成事)가 어렵다.

빙판(氷板)圓 얼음판, 또는 얼어붙은 땅바닥.

빙편(氷片)圓 ⇨용뇌향(龍腦香).

빙폐(聘幣)圓 [-폐/-페]圓 경의(敬意)를 표하기 위하여 보내는 예물.

빙표(憑票·憑標)圓 (지난날의) 여행 증명서. 여행 허가증. 빙문(憑文).

빙하(氷河)圓 높은 산이나 고위도 지방의 만년설이 그 무게의 압력으로 얼음덩이가 되어, 천천히 비탈면을 흘러 내려와 강처럼 흐르는 것.

빙하^계류(氷河溪流)[-계-/-게-]圓 빙하로 말미암아 생긴 산골짜기의 시냇물.

빙하-곡(氷河谷)圓 빙하로 말미암아 생긴 골짜기.

빙하-기(氷河期)圓 ⇨빙기(氷期).

빙:-하다圈ⓞ 술이 잔뜩 취하여 정신이 어질어질하여 멍하다.

빙하^성층(氷河成層)圓 빙하와 함께 흘러내린 암석이나 모래가 쌓여서 된 지층.

빙하^시대(氷河時代)圓 지질 시대 중 기후가 한랭하고 빙하가 발달하였던 시대. 빙기(氷期)와 간빙기로 나뉨.

빙하^원공(氷河圓孔)圓 빙하의 녹은 물을 따라 흘러 내려온 조약돌 때문에 바위에 팬 둥근 구멍.

빙하-탁(氷河卓)圓 큰 퇴석(堆石)이 햇볕을 가려 그 부분만 녹지 않고 남아서 탁자 모양을 이룬 빙하. ⓐ빙탁.

빙하-토(氷河土)圓 빙하의 통과로 말미암아 운반되어서 쌓인 흙.

빙하-호(氷河湖)圓 빙하의 침식과 퇴적 작용에 의하여 생긴 큰 웅덩이에 물이 괴어서 된 호수. 빙식호.

빙해(氷海)圓 얼어붙은 바다. 또는 얼음으로 뒤덮인 바다.

빙해(氷解)圓困困 ①얼음이 녹음. ②꺼림한 감정이 싹 없어짐. 의문이나 의심이 완전히 풀림. 빙석(氷釋). ¶감정의 응어리가 빙해하다.

빙화(氷花)圓 나무나 마른 풀잎 따위에 수분이 얼어붙어 흰 꽃 모양을 이룬 것.

빙환(氷紈)圓 얼음같이 희고 고운 명주.

빚[빋]圓 ①(꾸어 쓴 돈이나 외상값 등) 남에게 갚아야 할 돈. 부채(負債). 차금(借金). ¶빚을 갚다. ②'갚아야 할 은혜 따위'를 비유하여 이르는 말. *빚이[비지]·빚만[빈-]

빚 주고 빰 맞기[속담] 남에게 후한 일을 하고도리어 욕을 본다는 말.

빚(을) 놓다[관용] 남에게 빚을 주다.

빚(을) 주다[관용] 이자를 받기로 하고 남에게 돈을 꾸어 주다.

빚-거간(-居間)[빋꺼-]圓困 빚지시를 직업으로 하는 일, 또는 그 사람. ⓐ빚지시.

빚-꾸러기[빋-]圓 이곳저곳에 빚을 많이 진 사람.

빚-내다[빈-]困 빚을 얻다. ¶빚낸 돈으로 장사를 시작하다.

빚-놀이[빈-]圓 '돈놀이'의 잘못.

빚다[빋따]困 ①흙 따위를 이겨서 어떤 형태를 만들어 내다. ②가루를 반죽하여 경단·만두·송편·주악 따위를 만들다. ¶송편을 빚다. ③지에밥과 누룩을 버무려 술을 담그다. ¶술을 빚다. ④어떤 일을 만들거나 사건 따위를 일으키다. ¶물의를 빚다. *빚어·빚는[빈-]

빚-더미[빋떠-]圓 '많은 빚을 진 상태'를 비유하여 이르는 말. ¶빚더미에 올라앉다.

빚-돈[빋똔]圓 빚으로 쓰는 돈. 빚으로 주는 돈. ¶빚돈으로 사업을 확장하다.

빚-두루마기[빋두-]圓 많은 빚에 얽매어 헤어날 수 없게 된 사람.

빚-물이[빈-]圓困 남의 빚을 대신 갚아 줌.

빚-받이[빋빠지]圓困 남에게 빚으로 준 돈을 받아들임.

빚-보증(-保證)[빋뽀-]圓困 다른 사람이 빚을 내는 데 참여하여 보증하는 일. ¶빚보증을 서다.

빚어-내다困 ①흙 따위를 이겨서 어떤 형태를 만들어 내다. ¶도자기를 빚어내다. ②가루를 반죽하여 만두·송편 따위를 만들어 내다. ③지에밥과 누룩을 버무려 술을 담가 내다. ④어떤 일이나 사건 따위를 만들어 내다.

빚-잔치[빋짠-]圓 빚쟁이들이 몰려와서 빚진 사람의 남은 물건을 빚돈 대신 가져가는 일.

빚-쟁이[빋쨍-]圓 빚을 준 사람을 얕잡아 이르는 말. ¶빚쟁이에게 시달리다.

빚-지다[빋찌-]困 ①남에게 빚을 내어 쓰다. ¶빚진 돈을 갚다. ②남에게 신세를 지다. ¶친구에게 늘 빚지고 산다.

빚진 죄인(이라)[속담] 빚을 진 사람은 죄인처럼 빚쟁이에게 굽실거리게 된다는 말.

빛-지시[빈찌-]〖명〗〖허자〗빛을 내거나 놓거나 하는 일의 중간에 들어 소개하는 일, 또는 그 사람. ㉺빛거간.

빛[빈]〖명〗 ①(태양·별·등불 따위에서 나와) 시신경을 자극하여 무엇을 알아볼 수 있게 하는 것. ¶태양의 밝은 빛. ②(물체가 나타내는) 빛깔. 색(色)¹. ¶검붉은 빛의 열매. ③(표정이나 행동에서 느껴지는) 기색(氣色)이나 태도. ¶불안해하는 빛이 얼굴에 역력히 드러나다. ④번쩍이는 광택. ¶빛이 나도록 장롱을 닦다. ⑤희망 또는 영광 등을 비유하여 이르는 말. ¶고 아들의 빛이 되다. ⑥무엇을 느끼게 하는 분위기. ¶가을의 쓸쓸한 빛이 짙어 가다. *빛이[비치]·빛만[빈-]

빛 좋은 개살구〖속담〗보기에는 그럴듯하나 실속이 없는 것을 이르는 말.

빛을 보다〖관용〗세상에 알려져 제 가치를 인정받다. ¶작가가 죽은 후에야 빛을 본 작품.

빛을 잃다〖관용〗보잘것없는 상태로 되다. 가치가 떨어지거나 헛되이 되다. ¶김 선수의 뛰어난 활약도 팀의 패배로 빛을 잃었다.

빛-깔[빈-]〖명〗물체의 거죽에 나타나는 빛의 성질, 곧 색(色)·색깔·색채. ¶파란 빛깔.

빛-나다[빈-]〖자〗①빛이 환하게 비치다. ¶빛나는 아침 해를 바라보다. ②윤이 나다. ¶대리석 바닥이 번쩍번쩍 빛나다. ③영광스럽고 자랑스러워 아주 훌륭하게 보이다. ¶빛나는 전통문화.

빛내다[빈-]〖타〗『'빛나다'의 사동』①빛나게 하다. ②(명예 따위를) 화려하게 세상에 드러내어 보이다. ¶나라의 이름을 빛내다.

빛-바래다[빈빼-]남거나 오래되다. 《주로, '빛바랜'의 꼴로 쓰임.》¶빛바랜 사진.

빛-발[빈빨]〖명〗내어 뻗치는 빛의 줄기.

빛-살[빈쌀]〖명〗비치어 나가는 빛의 가닥. 광선.

빛-색(色-)[빈쌕]〖명〗한자 부수의 한 가지. '艶'·'艷' 등에서의 '色'의 이름.

빛-없다[비덥따]〖형〗생색이 없다. 보람이 없다. 볼 낯이 없다. **빛없-이**[-이] ¶그동안의 고생이 빛없이 되고 말았다.

빛-접다[빈쩝따]〖형ㅂ〗조금도 굽죄이는 데가 없이 어연번듯하고 떳떳하다.

빋다〖옛〗뿌리다. ¶여러 가짓 香 비흐며(月釋2:39). / 이제 世會이 큰 法을 니르시며 큰 法雨를 비흐시며(釋譜13:26). ㉺뻐다.

붓디〖옛〗바디. ¶붓디 구:筬, 붓디 셩:筬(訓蒙中18).

붓디집〖옛〗바디집. ¶붓디집:筬筐(訓蒙中18).

부라〖명〗소라. ¶부라 부는 호령을 불키미라(兵學指南1:4).

부라다〖타〗〖옛〗바라다. 바라보다. ¶西ㅅ 녀그로 瑤池롤 부라니(杜初6:8). / 부랄 희:希(類合上30).

부람〖명〗〖옛〗바람. ¶건너신 날온 마춤 사오나온 부람의(新語2:1). ㉺부롬².

부랍다[부라와]〖형ㅂ〗〖옛〗가렵다. ¶瘡이 져기 부랍거든(救簡下3).

부럽다[부려워]〖형〗〖옛〗가렵다. ¶病 후야 머리 빗디 몯호니 니 하 므러 부려워 셜워커늘(續三孝3).

부리다¹〖타〗〖옛〗버리다. ¶棄논 부릴씨라(月釋序10). / 捨논 부릴씨라(月釋序14).

부리다²〖타〗〖옛〗벌이다. ¶排논 부릴씨라(永嘉下73).

부리다³〖타〗〖옛〗바르다². 베다². ¶부르며 부리논 두 이레(永嘉下18).

부르다〖타〗〖옛〗바르다¹. ¶時ㅣ 옮드록 블근 것과 粉과롤 부르니(杜重1:6).

부롬¹〖명〗〖옛〗바람벽. ¶石은 돌히오 壁은 부르미니 부롬 ᄀ티 션 바회롤 石壁이라 ᄒᆞᄂᆞ니라(釋譜9:24).

부롬²〖명〗〖옛〗바람(風). ¶불휘 기픈 남군 부르매 아니 뮐쌔(龍歌2章).

부롬가비〖명〗〖옛〗바람개비. ¶부롬가비 익:鷁(訓蒙上17).

부롯〖명〗〖옛〗보리수. 보리수나무 열매. ¶十月애 아ᄋᆞ 겨미면 부롯 다호라(樂範.動動).

부사다〖자〗〖옛〗부서지다. 바서지다. ¶이제야 아ᅀᆞ오니 가슴이 부사디ᄂᆞᆫ 도ᄒᆞ여이다(恩重17).

부ᄉᆞ다[부ᅀᅡ]〖타〗〖옛〗바수다. 부수다. ¶부ᅀᆞᆯ 쇄:碎(類合下59). ㉺부수다.

부시다〖자〗〖옛〗눈부시게 비치다(照). ¶光風霽月이 부는도 부식는도(朴仁도老.獨樂堂). ㉺부시다.

부ᅀᆞ다[부ᇫ·보ᅀᅩ디]〖타〗〖옛〗부시다. 부수다. ¶보ᅀᆞᆯ 모물 엇데 드틀 ᄀᆞ티 부ᅀᅳ디 몯관대(月釋21:219). /大黃 흐分을 사ᄒᆞ라 보ᅀᅡ(救解下19).

부ᅀᅩ다〖타〗〖옛〗부시다. ¶光明이 부ᇫ와미예 비취여(月釋14:22).

부ᇫ춫다〖형〗〖옛〗자잘하다. ¶흐믈며 凡常이 부ᇫ춫일 엇메 足히 뻐 니르리오(永嘉下70).

부ᇫ드다〖형〗〖옛〗바스러뜨리다. ¶이 모몰 부ᇫ녀 듣글만 너겨(恩重26).

부싀다〖자〗〖옛〗눈부시게 비치다. ¶부싈 죠:照. 부싈 요:曜(訓蒙下1).

부야미〖명〗〖옛〗☞부얌.

부야흐로〖부〗〖옛〗바야흐로. ¶부야흐로:方可(同文下47). ㉺보야흐로.

부얌〖명〗〖옛〗뱀. ¶부야미 가칠 므러(龍歌7章).

부의다〖형〗〖옛〗눈부시다. ¶히ㅅ빗 눈에 부의다(譯類補1). ㉺부싀다.

부이다〖형〗〖옛〗눈부시다. ¶부일 영:暎(倭解上6). ㉺부싀다.

불¹〖명〗〖옛〗벌². ¶날마다 흔 불 벗고 흔 불 ᄀᆞ라 닙ᄂᆞ니(老解下45).

불²〖명〗〖옛〗팔. ¶불:臂(訓解). / 불 베오 누어(杜初8:28). ㉺ᄇᆞᆯ.

불³〖명〗〖옛〗발(丈). ¶옷 譬喩에셔 즈믄 ᄇᆞ리 倍히 하니(月釋21:16).

불⁴〖명〗〖옛〗①벌. 겹(重). ¶너흰 고존 一萬 ᄇᆞ리로다(杜初10:9). ②번. 쩡淨 경居 텬天이 렝禮롤 아라 세 볼을 값도라놀(月印151章).

불기〖부〗〖옛〗밝게. ¶불기 보아 글우미 업전마론(月釋17:11).

불기다〖형〗〖옛〗밝히다. ¶하눌히 불디기시니(龍歌30章). /大義를 불기실씨(龍歌66章).

불뎡〖명〗〖옛〗팔뚝. ¶불뎡 굣고(翻小10:13).

불셔〖부〗〖옛〗벌써. ¶梨花논 불셔 디고(鄭澈.關東別曲).

불써〖부〗〖옛〗벌써. ¶엇데 불써 맏ᄂᆞ뇨(楞解3:25).

불와다〖옛〗〔'붋다'의 활용형〕밟아. ¶蹢躅을 므니 불와(鄭澈.關東別曲).

불이다〖자〗〖옛〗밟히다. ¶ 몰게 불이며 쇠게 뛸여(救簡1:79).

불키다〖형〗〖옛〗밝히다. ¶아직 小宗앳 法으로 뻐 불키노니(家禮1:18).

불톡〖명〗〖옛〗팔뚝. ¶두 무룹과 두 불톡과 뎡바기(月釋21:7).

붉가숭이〖명〗발가숭이. 잠자리. ¶붉가숭아 붉가숭아 져리 가면 죽ᄂᆞ니라 이리 오면 사ᄂᆞ니라(古時調).

붉다¹〔형〕〈옛〉밝다. ¶히와 돌와 별왜 다 붉디 아니ᄒᆞ며(月釋2:15).

붉다²〔옛〕붉다. ¶브스왠 저긔 블근 ᄆᆞ수미 허니(杜初7:15). 〔참〕븕다.

붉쥐〔명〕〈옛〉박쥐. ¶붉쥐 편:蝙. 붉쥐 복:蝠(訓蒙上22).

붉히다〔옛〕밝히다. ¶붉히다:達朝(漢淸1:27).

ᄇᆞᆲ다〔발바·발와〕〔타立〕〈옛〉밟다. ¶ᄡᅡ흘 ᄇᆞᆯ보딕 ᄃᆞᆯ ᄇᆞᆲ둧ᄒᆞ고 므를 ᄇᆞᆯ보딕 ᄯᅡ ᄇᆞᆲᄃᆞ흐더니(釋譜6:34).

ᄇᆞᆲ〔옛〕팔. ¶블흘 드르시니(月印192章). 〔참〕볼².

ᄇᆞᆺ〔조〕곧. 만. ¶王ㅅ 너를 ᄉᆞ랑티 아니ᄒᆞ시린댄 커니와(釋譜11:30).

ᄇᆞᆺ아디다〔자〕〈옛〉부서지다. ¶드트리 ᄃᆞ외이 ᄇᆞᆺ아디거늘(釋譜6:31).

비¹〔명〕〈옛〉배〔梨〕.

비²〔명〕〈옛〉배〔舟〕. ¶ᄀᆞᄅᆞ매 비 업거늘(龍歌20章).

비³〔명〕〈옛〉배〔腹〕. ¶腹을 비라(楞解9:64).

-빈〔접미〕〈옛〉들. 무리. 따위. ¶이 글 ᄒᆞ기로 뼈 벌비 하니(杜重1:49).

비골폼〔옛〕배고픔. ¶비골폼과 목몰롬과(月釋2:42).

비골ᄑᆞ다〔형〕〈옛〉배고프다. ¶아니 비골ᄑᆞ며(內訓二上21).

비다¹〔자〕〈옛〉배다. 스미다. ¶좀올 무티면 좀이 비오(楞解5:88).

비다²〔타〕〈옛〉배다〔孕〕. ¶아기를 비여 나ᄒᆞ시니(釋譜11:18).

비다³〔타〕〈옛〉배다. 촘촘하다. ¶별 비다:星密(漢淸1:8).

비ᄃᆞ리〔명〕〈옛〉배다리. ¶비ᄃᆞ리 방:航. 비ᄃᆞ리 항:航(訓蒙中25).

비복〔명〕〈옛〉배꼽. ¶비보글 셜흔 붓글 ᄡᅳ라(牛疫8). 〔참〕빗복.

비브르〔옛〕배부르게. ¶주린 매 고기를 비브르 먹디 몯ᄒᆞᆫ야(杜初22:29).

비브르다〔비블어〕〔형立〕〈옛〉배부르다. 포:飽. 비브를 어:餘(訓蒙下19).

비브리〔옛〕배불리. ¶ᄒᆞᄅᆞ 세 씨식 뎌롤 주어 밥을 비브리 먹이고(朴解上10).

비ᅀᆞᆯ〔명〕〈옛〉배알. 내장〔內臟〕. ¶ᄯᅩ 구리 토빈거싀 비ᅀᆞᆯ흘 빠혀며(月釋21:43).

비아다〔타〕〈옛〉재촉하다. ¶갓득에 못 슬빈 白髮은 졎추 어이 비안다(古時調.金天澤). 〔참〕아다.

비앗ᄇᆞ다〔형〕〈옛〉바쁘다. ¶九萬里 長天에 무슴일 빗앗바셔(古時調). 〔참〕빗ᄇᆞ다.

비야다〔옛〕재촉하다. ¶芒鞋를 비야 신고 竹杖을 훗더니(鄭澈.星山別曲).

비야미〔명〕〈옛〉뱀². 〔참〕비얌.

비얌〔명〕〈옛〉뱀. ¶蛇ᄂᆞᆫ 비야미오 狗ᄂᆞᆫ 가히라(月釋21:42).

비얌댱어〔명〕〈옛〉뱀장어. ¶비얌댱어 만:鰻(訓蒙上20).

비얏ᄇᆞ다〔형〕〈옛〉바쁘다. 〔참〕비앗ᄇᆞ다.

비양〔명〕〈옛〉뺑대쑥. ¶비양:青蒿(訓蒙上9).

비어〔명〕〈옛〉뱅어. ¶비어 쵸:鱮(訓蒙上20).

비ᄎᆞᆯ〔명〕ᄃᆞ빛.

비치〔명〕〈옛〉배추. ¶비치 숭:菘(訓蒙上14).

비호다〔타〕〈옛〉배우다. ¶學은 비홀씨라(釋譜序2). /비홀 학:學(訓蒙下31).

비ᄒᆞ다〔타〕〈옛〉베풀다. ¶天地位로 비ᄒᆞ야 道ㅣ 中에 녀거든(法華3:155).

비ᄒᆞᆺ〔명〕〈옛〉버릇. ¶손저 모단 비ᄒᆞ시 이실씨(月釋21:32).

빅빅ᄒᆞ다〔형〕〈옛〉빽빽하다. ¶빅빅흔 대수헤 ᄯᅩ 겨ᅀᆞ레 筍ㅣ 나며(杜重1:14).

빅셜아ᄆᆞᆯ〔명〕〈옛〉부루말. ¶빅셜아ᄆᆞᆯ:白馬(譯語下28).

빅셩〔명〕〈옛〉백성. ¶빅셩 민:民(訓蒙中1). /빅셩 밍:氓(類合下43).

빗〔명〕〈옛〉노〔槽〕. ¶비와 빗과 ᄇᆞ리고(永嘉下22). 〔참〕빛.

빗고물〔명〕〈옛〉배의 고물. ¶빗고물 쵸:艄. 빗고물 튝:舳(訓蒙中26).

빗곱〔명〕〈옛〉배꼽. ¶빗곱:臍(無寃1:26). 〔참〕빗복.

빗곶〔명〕〈옛〉빗곶:梨花(譯解).

빗니물〔명〕〈옛〉배의 이물. ¶빗니물 로:艫(訓蒙中26).

빗대〔명〕〈옛〉돛대. ¶빗대 위:桅. 빗대 쟝:檣(訓蒙中25).

빗돛〔명〕〈옛〉배돛. ¶빗돛굴 여러 큰 믌겨레 메여 가라(杜重2:61).

빗보록〔명〕〈옛〉배꼽. ¶빗보록:肚臍兒(譯語上35).

빗복〔명〕〈옛〉배꼽. ¶빗보ᄀᆞ로 放光ᄒᆞ샤(月釋2:29). /빗보기 깁고 둔겁고(月釋2:57).

빗실〔명〕〈옛〉뱃전. ¶빗실울 현:舷(訓蒙中26).

빛〔명〕〈옛〉상앗대. 노〔槽〕. ¶비 달흘 사ᄅᆞ미 ᄒᆞ마 빛출 슬피ᄂᆞ니(杜初8:54).

ᄲ〔옛〕비읍기역. 'ㅂ'과 'ㄱ'의 합용 병서. 초성(初聲)으로만 쓰임. 뒷날 'ㄲ' 소리로 변함.

ᄳᅢ다〔옛〕깨다. ¶ᄡᅢ여:析(語録2). 〔참〕ᄢᅢ다.

ᄭᅮᆯ〔옛〕꿀. ¶기둥 들온 딘 버리 므룰 흘렛고(杜重14:9). 〔참〕ᄭᅮᆯ.

ᄯ〔옛〕비읍디귿. 'ㅂ'과 'ㄷ'의 합용 병서. 초성(初聲)으로만 쓰임. 뒷날 'ㄸ' 소리로 변함.

ᄣᅡ〔옛〕['ᄣᅳ다'의 활용형〕ᄯᅡ. ¶果實 ᄣᅡ 머기더니(月釋2:12). /멀위랑 ᄃᆞ래랑 ᄣᅡ 먹고(樂詞.青山別曲).

ᄣᅡᆯ기〔명〕딸기. ¶ᄣᅡᆯ기 미:苺(訓蒙上12).

ᄲᅥ나다〔자타〕〈옛〉떠나다. ¶서ᄅᆞ ᄲᅥ나ᄂᆞᆫ 일이 업시 살고져 ᄒᆞ노라(仁宜王듸 諺簡).

ᄲᅥ디다〔자〕〈옛〉①떨어지다. 또 떨어지다. ¶ᄃᆞ리예 ᄲᅥ딜 므룰(龍歌87章). /놈의게 ᄲᅥ디디 말거시라(老解下38). ②터지다. ¶ᄲᅥ딜 탁:坼(類合下56).

ᄲᅥ러디다〔자〕〈옛〉떨어지다. ¶命終ᄒᆞ야 넉시 無間地獄애 ᄲᅥ러디옛거늘(月釋21:20).

ᄣᅥᆯ기〔명〕〈옛〉떨기. ¶곳 ᄣᅥᆯ기롤 나아오디 아니ᄒᆞᄆᆞᆯ 웃노라(杜初13:31).

ᄲᅥᆯ다〔옛〕떨다. ¶振을 ᄲᅥᆯ씨오(月釋2:14).

ᄲᅥᆯ티다〔타〕〈옛〉떨치다. ¶구스를 ᄲᅥᆯ티니(杜初23:54).

ᄣᅦ¹〔명〕〈옛〉떼. 무리¹. ¶옥식 빗체 굴근 ᄣᅦ 구룸 문흔 비단(老解下22).

ᄣᅦ〔명〕〈옛〉떼⁴. ¶筏은 ᄣᅦ니(楞解上3).

ᄲᅩ로〔부〕〈옛〉따로. ¶卓운 ᄲᅩ로 난 양이라(圓覺序2). 〔참〕ᄶᅩ로.

ᄲᅱ〔명〕〈옛〉띠. ¶ᄲᅱ 모:茅(訓蒙上9). 〔참〕ᄯᅱ.

ᄲᅱ놀다〔자〕〈옛〉뛰놀다. ¶ᄲᅱ놀 됴:跳. ᄲᅱ놀 턱:躍(訓蒙下27). /힌 영은 ᄲᅱ놀오 누른 영운 셋도다(杜初25:23).

ᄲᅱ다〔옛〕뛰다. ¶三界로 ᄲᅱ여 디나샤(金剛上8). /ᄲᅱᆯ 약:躍(石千32).

ᄲᅳ다¹〔옛〕뜨다¹. ¶이 모미 ᄲᅳᆫ 구룸 ᄀᆞᆮ거니(杜初9:17).

ᄲᅳ다²〔자〕〈옛〉뜨다². ¶ᄲᅳᆯ 부:浮(訓蒙下12).

ᄲᅳ다³〔옛〕뜨다³. ¶閣애셔 ᄣᅮᆷ이 언메나 머뇨(老解上43).

ᄲᅳ다⁴〔옛〕뜨다⁷. ¶누늘 ᄲᅳ거나 금거나 ᄒᆞ야(月釋8:8).

뜨다5 타 〈옛〉 뜨다10. ¶ 뜸 뜨다:炙(譯語上63).

뜨다6 타 〈옛〉 (그네를) 뛰다. ¶ 萬里옛 글위 뜨긴 風俗이 호가지로다(杜初11:15).

뜨다7 휑 〈옛〉 뜨다11. ¶ 뜬 나긔:懶驢(譯解下31).

뜨다8 휑 〈옛〉 다르다. ¶ 호 불도 놈과 견조면 만 히 뜨리라(老解下76).

뜯 몡 〈옛〉 뜻. 생각. ¶ 뜯 졍:情. 뜯 지:志(訓蒙上29). /뜯 ᄉ:思(類合下11).

뜯다9 타 〈옛〉 듣다. ¶ 됴호 菜蔬롤 ᄠᅥ더(杜初20:51).

뜯다비 튀 〈옛〉 뜻대로. ¶ 求ᄒᆞ논 이롤 뜯다비 일우고(月釋21:150).

뜯듣다 자 〈옛〉 듣다. 떨어지다. ¶ 이스리 모매 뜯듣놋다(杜初3:43). ᄒᆞ듯듣다.

뜰 몡 〈옛〉 뜰. ¶ 사ᄅᆞ미 뜰헤 ᄂᆞ라오시니(月釋2:64).

ᄠᅴ우다 타 〈옛〉〔'ᄠᅴ우다'의 뜻으로〕① 물이나 공중에 뜨게 하다. ¶ 믈군 모새 피히 빌홀 ᄠᅴ워 놀리로다(杜重1:14). ② 누룩이나 메주 따위를 뜨게 하다. 뜸들이다. ¶ ᄠᅴ올 류:飽(訓蒙下12).

ᄲᅵ다 타 〈옛〉 찌다5. ¶ 싸히 ᄲᅵᄂᆞᆫ 돗ᄒᆞ니 헌 부체 나맷고(杜初3:6).

ᄠᅳ다 타 〈옛〉 따다(摘). ¶ 쌍을 ᄠᅳ고(內訓2下69).

ᄠᅩ 튀 〈옛〉 따로. 유다르게. ¶ ᄒᆞ나히 ᄠᅩ로 달아(月釋2:46).

ᄠᅥ 몡 〈옛〉 때2. ¶ ᄠᅥ 무든 옷 닙고(釋譜6:27).

삐 자모 쌍비읍. 'ㅂ'의 된소리. 목청으로 콧길을 막으면서 숨길을 닫고, 입술을 다물었다가 떼면서 소리 내는 무성음.

빠각 튀 하자타 〈바각〉의 센말. ᄒᆞ뻐걱.

빠각-거리다 [-꺼-] 자타 〈바각거리다〉의 센말. 빠각대다. ᄒᆞ뻐걱거리다.

빠각-대다 [-때-] 자타 빠각거리다.

빠개다 타 ① 작고 단단한 물체를 두 쪽으로 갈라서 조각을 내다. ¶ 호두를 돌로 빠개다. ② 작고 단단한 물체의 틈을 넓게 벌리다. ③ 다 되어 가는 일을 어긋나게 하다. ¶ 다 된 일을 빠개 버리다. ᄒᆞ뻐개다.

빠그라-지다 자 빠개져서 못 쓰게 되다. ¶ 상자가 빠그라져 못 쓰게 되다. ᄒᆞ뻐그러지다.

빠그르르 튀 하자 〈바그르르〉의 센말. ¶ 병마개를 따자 거품이 빠그르르 솟아오른다. ᄒᆞ뻐그르르.

빠근-하다 휑어 ① (힘든 일 끝에) 몸의 근육이 켕기어서 움직이기에 좀 거북한 느낌이 있다. ¶ 어깨가 빠근하다. ② (어떤 일이) 힘에 좀 벅차다. ¶ 이 일이 혼자 힘으로는 좀 빠근하겠다. ᄒᆞ뻐근하다. 빠근-히 튀.

빠글-거리다 자 〈바글거리다〉의 센말. 빠글대다. ᄒᆞ뻐글거리다.

빠글-대다 자 빠글거리다.

빠글-빠글 튀 하자 〈바글바글〉의 센말. ᄒᆞ뻐글뻐글.

빠기다 자 얄밉게 으스대며 젠체하다. 우쭐대며 자랑하다. ᄒᆞ뻐기다.

빠꼼-벼슬 몡 조선 시대에, 곡물·포백·은·돈 등으로 공명첩(空名帖)을 사서 얻던 벼슬.

빠꼼1 튀 하휑 작은 틈이나 구멍이 깊고 또렷하게 나 있는 모양. ¶ 빠꼼하게 뚫린 구멍을 통해 동정을 살피다. ᄒᆞ뻐꿈1. 빠꼼-히 튀 ¶ 창문이 빠꼼히 열려 있다. 빠꼼-빠꼼 튀 하휑.

빠꼼2 튀 하휑 ① 담배를 세게 빨면서 피우는 모양. ¶ 빠꼼 담배를 피우다. ② 물고기 따위가 동근 입을 벌렸다 다물었다 하는 모양. ᄒᆞ뻐꿈2. 빠꼼-빠꼼 튀 하.

빠꼼-거리다 자 ① 자꾸 담배를 세게 빨다. ¶ 담배를 빠꼼거리다. ② 물고기 따위가 자꾸 동근 입을 빠꼼하게 벌렸다 오므렸다 하다. 빠꼼대다. ᄒᆞ뻐꿈거리다.

빠꼼-대다 타 빠꼼거리다.

빠닥-빠닥 튀 하휑 (물건이) 물기가 없어 보드랍지 못하고 빡빡한 모양. ¶ 빠닥빠닥하게 마른 명태. ᄒᆞ뻐덕뻐덕.

빠-대다 자 할 일 없이 이리저리 쏘다니다.

빠드득 튀 하자휑 〈바드득〉의 센말. ¶ 분해서 빠드득 이를 갈다. ᄒᆞ뿌드득.

빠드득-거리다 [-꺼-] 자타 〈바드득거리다〉의 센말. 빠드득대다. ᄒᆞ뿌드득거리다.

빠드득-대다 [-때-] 자타 빠드득거리다.

빠득 튀 하자휑 〈바득바득〉의 센말. ¶ 끝까지 빠득빠득 우겨 대다. ᄒᆞ뿌득뿌득.

빠득빠득-하다 [-드카-] 휑 ① 말이나 행동이 고분고분하지 아니하고 빡빡하다. ᄒᆞ뻐득뻐득하다. ② 입 안에 떫은맛이 있다.

빠듯-하다 [-드타-] 휑 〈바듯하다〉의 센말. ¶ 빠듯한 생활비. /일정이 빠듯하다. ᄒᆞ뿌듯하다.

빠:-뜨리다 타 ① (어떤 곳이나 어떠한 상태에) 빠지게 하다. ¶ 함정에 빠뜨리다. /곤경에 빠뜨리다. ② 갖추어야 할 것을 잘못하여 빼놓다. ¶ 명부에서 빠뜨리다. ③ 지녔던 것을 잃어버리다. ¶ 수첩을 빠뜨리다. 빠트리다.

빠르기-표 (-標) 몡 악곡(樂曲)의 빠르기를 나타내는 기호. 속도 기호.

빠르다 [빠르니·빨라] 휑르 ① 어떤 동작을 하는 데 걸리는 시간이 짧다. 움직임이 보통보다 재다. ¶ 발걸음이 빠르다. /몸놀림이 빠르다. ② 어떤 변화나 결과가 나타나는 데 걸리는 시간이 짧다. 과정이 짧다. ¶ 약의 효험이 빠르다. /일의 진척이 빠르다. ③ 어떤 일을 하는 데 시간적으로 아직 이르다. 기준보다 이르다. ¶ 학교에 가기에는 아직 빠르다. ④ 어떤 일을 알아차리는 데 날래다. ¶ 눈치가 빠르다. /이해가 빠르다.

빠르작-거리다 [-꺼-] 자 〈바르작거리다〉의 센말. 빠르작대다. ¶ 그곳에서 기어 나오려고 빠르작거리다. ᄒᆞ뻐릇거리다. ᄒᆞ뻐르적거리다.

빠르작-대다 [-때-] 자 빠르작거리다.

빠르작-빠르작 튀 하자 〈바르작바르작〉의 센말. ᄒᆞ뻐르적뻐르적.

빠른-우편 (-郵便) 몡 접수한 날의 다음 날까지 배달되는 우편. ᄒᆞ보통 우편.

빠릇-거리다 [-를꺼-] 타 〈빠르작거리다〉의 준말. ᄒᆞ바릇거리다.

빠릇-대다 [-를때-] 타 빠릇거리다.

빠릿빠릿-하다 [-린-리타-] 휑 똘똘하고 행동이 매우 빠르다.

빠삭-하다 [-사카-] 휑어 '어떤 일을 낱낱이 알고 있어 환하다'를 속되게 이르는 말. ¶ 컴퓨터에 빠삭하다.

빠스락 튀 하자타 〈바스락〉의 센말. ᄒᆞ뻐스럭.

빠이빠이 (←bye-bye) 갑 (어린이나 무간한 사이끼리) '잘 가', '안녕' 등의 뜻으로, 헤어질 때 하는 인사말.

빠작-빠작 튀 하자타 〈바작바작〉의 센말. ¶ 가슴이 빠작빠작 타다. ᄒᆞ뻐적뻐적.

빠져-나가다 [-저-] 자타 제한된 환경이나 경계의 밖으로 나가다. ¶ 섬에서 빠져나가다. /포위망을 빠져나가다.

빠져-나오다 [-저-] 자타 제한된 환경이나 경계의 밖으로 나오다. ¶ 도둑의 소굴에서 빠져나오다. /마을을 빠져나오다.

빠:지다¹🅹 ①깊은 곳에 떨어지다. ¶구덩이에 빠지다. /하수구에 빠지다. ②묻히다. ¶눈에 무릎까지 빠지다. /수렁에 빠지다. ③물에 떠 있거나 헤엄치지 못하고 물속에 잠기다. ¶물에 빠져 허우적대다. ④무슨 일에 마음을 빼앗기어 헤어나지 못하다. ¶도박에 빠져 재산을 탕진하다. ⑤어려운 처지에 놓이다. ¶궁지에 빠지다. ⑥꾐이나 계략에) 속아 넘어가다. ¶꾐에 빠지다. ⑦박혔거나 끼었거나 막혔던 것이 그 자리에서 나오다. ¶이가 빠지다. /마개가 빠지다. ⑧들어 있어야 할 것이 들어 있지 아니하다. ¶명단에서 내 이름이 빠졌다. /글자 한 자가 빠졌다. ⑨모임이나 조직 등에서 떠나다. ¶단체 활동에서 빠지다. ⑩기운이나 살 따위가 줄거나 없어지다. ¶몸의 살이 빠지다. ⑪들어 있던 것이 밖으로 나가거나 없어지거나 하다. ¶풍선에서 공기가 빠지다. /열 개에서 하나가 빠졌다. ⑫긴 속을 거쳐서 저편으로 나가다. ¶연기가 굴뚝으로 빠지다. ⑬있던 데서 딴 데로 가다. ¶옆길로 빠지다. ⑭남이나 다른 것에 비하여 좀 못 미치거나 뒤떨어지다. ¶체력은 남에게 빠지지 않는다. ⑮결석하다. ¶국어학 강의 시간에 빠지다. ⑯그릇의 밑바닥이 떨어져 나가다. ¶밑 빠진 독에 물 붓기. ⑰묻어 있는 얼룩 따위가 없어지다. ¶얼룩이 빠지다. /때가 빠지다. ⑱생김새가 미끈하게 균형이 잡히다. ¶몸매가 잘 빠졌다.

빠:지다²🅹 《일부 형용사의 어미 '-아·-어' 뒤에 쓰이어》 아주 심하도록 그리 됨을 뜻함. ¶약아 빠진 사람. /낡아 빠진 양복.

빠지지🅱🅹 〈바지지〉의 센말. 🆎뿌지지.

빠지직🅱🅹 〈바지직〉의 센말. 🆎뿌지직.

빠:짐-없다[-업따]🅷 하나도 빠놓지 않고 모두 다 있다. 빠짐없-이🅱 준비물을 빠짐없이 챙겨라.

빠:짐-표(-標)🅼 비워 두는 글자의 자리를 나타내는 부호인 '□' 표의 이름.

빠치다🅣 〈바치다²〉의 센말.

빠:-트리다🅣 빠뜨리다.

빡🅱 〈박〉의 센말. 🆎빡.

빡빡🅱 ①〈박박〉의 센말. ②〈박박²〉의 센말. ③담배를 잇달아 세게 빠는 소리, 또는 그 모양. 🆎빡빡.

빡빡-이🅱 〈박박이〉의 센말. 🆎빡빡이.

빡빡-하다[-빠카-]🅷 ①물기가 적어 보드라운 맛이 없다. ¶팥죽이 빡빡하다. ②여유가 없이 빠듯하다. ¶그 일을 다 처리하기에는 날짜가 너무 빡빡하다. ③꽉 끼어서 헐렁하지 아니하다. ¶책상 서랍이 빡빡하다. ④두름성이 적고 고지식하다. ¶상대가 너무 빡빡해서 교섭이 어렵다. 🆎빽빽하다. 빡빡-이🅱.

빡작지근-하다[-짝찌-]🅷 가슴이나 어깨 같은 데가 좀 빠근하게 아프거나 거북한 느낌이 있다. 🆎빽적지근하다. 빡작지근-이🅱.

빤둥-거리다🅹 〈반둥거리다〉의 센말. 빤둥대다. 🆎뺀둥거리다. 🅿판둥거리다.

빤둥-대다🅹 빤둥거리다.

빤둥-빤둥🅱🅹 〈반둥반둥〉의 센말. 🆎뺀둥뺀둥. 🅿판둥판둥.

빤드럽다[-따]〈빤드러우니·빤드러워〉🅷🅱 〈반드럽다〉의 센말. 🆎뺀드럽다.

빤드레-하다🅷 〈반드레하다〉의 센말. ¶빤드레한 옷차림. 🆎뺀드레하다.

빤드르르🅱🅷 〈반드르르〉의 센말. ¶빤드르르한 마룻바닥. 🆎뺀드르르.

빤득🅱🅷🅹🅣 〈반득〉의 센말. 🆎뺀득.

빤득-이다🅹🅣 〈반득이다〉의 센말. 🆎뺀득이다.

빤들-거리다🅹 〈반들거리다〉의 센말. 빤들대다. 🆎뺀들거리다. 🅿판들거리다.

빤들-대다🅹 빤들거리다.

빤들-빤들🅱🅹🅷 〈반들반들〉의 센말. 🆎뺀들뺀들. 🅿판들판들.

빤뜩-이다🅹🅣 〈반득이다〉·〈반뜩이다〉·〈빤득이다〉의 센말. 🆎뺀뜩이다.

빤빤-스럽다[-따] [~스러우니·~스러워]🅷🅱 보기에 아주 빤빤한 태도가 있다. 🆎뺀뺀스럽다. 빤빤-스레🅱.

빤빤-하다🅷 부끄러워해야 할 만한 일이 있어도 부끄러운 줄 모르고 예사롭다. ¶빤빤한 얼굴로 대든다. 🆎뺀뺀하다. 빤빤-히🅱.

빤작🅱🅷🅹🅣 〈반작〉의 센말. ¶밤 하늘에 별이 빤작 빛난다. 🆎뺀적. 🅂빤짝.

빤작-이다🅹🅣 〈반작이다〉의 센말. 🆎뺀적이다. 🅂빤짝이다.

빤지레🅱🅷 〈반지레〉의 센말. 🆎뺀지레.

빤지르르🅱🅷 〈반지르르〉의 센말. ¶빤지르르한 이마. /빤지르르한 말만 한다. 🆎뺀지르르.

빤질-거리다🅹 〈반질거리다〉의 센말. 빤질대다. 🆎뺀질거리다.

빤질-대다🅹 빤질거리다.

빤질-빤질🅱🅹🅷 〈반질반질〉의 센말. 🆎뺀질뺀질.

빤짝🅱🅷🅹🅣 〈반작〉·〈반짝²〉·〈빤작〉의 센말. ¶빤짝 불이 켜진다. 🆎뺀짝.

빤짝-이다🅹🅣 〈반작이다〉·〈반짝이다〉·〈빤작이다〉의 센말. 🆎뺀짝이다.

빤:-하다🅷🅰 〈반하다²〉의 센말. 🆎뻔하다¹.

빨의 일이 되어 가는 형편과 모양. ¶그 빨로 하다가는 굶기 십상이다.

빨가벗-기다[-벋끼-]🅣 〈발가벗기다〉의 센말. 🆎뻘거벗기다.

빨가-벗다[-벋따]🅹 〈발가벗다〉의 센말. 🆎뻘거벗다.

빨가-숭이🅼 〈발가숭이〉의 센말. 🆎뻘거숭이.

빨강🅼 〈발강〉의 센말. 🆎뻘겅.

빨강-이🅼 〈발강이〉의 센말. 🆎뻘겅이.

빨강-자주(-紫朱)🅼 빨강이 짙게 섞인 자줏빛.

빨:갈다[-가타]〈빨가니·빨갈게〉🅷🅰 〈발갛다〉의 센말. ¶빨간 고추. 🆎뻘겋다.

빨:개-지다🅹 〈발개지다〉의 센말. ¶술 한 잔에 얼굴이 빨개지다. 🆎뻘게지다.

빨갱이🅼 '공산주의자'를 속되게 이르는 말.

빨그대대-하다🅷🅰 〈발그대대하다〉의 센말. 🆎뻘그데데하다.

빨그댕댕-하다🅷🅰 〈발그댕댕하다〉의 센말. 🆎뻘그뎅뎅하다.

빨그스레-하다🅷🅰 〈발그스레하다〉의 센말. 🆎뻘그스레하다.

빨그스름-하다🅷🅰 〈발그스름하다〉의 센말. 🆎뻘그스름하다.

빨그족족-하다🅷🅰 〈발그족족하다〉의 센말. 🆎뻘그죽죽하다.

빨긋-빨긋[-귿-귿]🅱🅷🅰 〈발긋발긋〉의 센말. 🆎뻘긋뻘긋.

빨깍🅱 〈발깍〉의 센말. 🆎뻘꺽.

빨끈🅱🅷🅹 〈발끈〉의 센말. 🆎뻘끈.

빨다¹〈빠니·빨아〉🅣 ①무엇에 입을 대어 액체를 입속으로 당겨 들이다. ¶아기가 젖을 빨다. /벌이 꿀을 빨다. ②무엇을 입속에 넣어 혓바닥으로 핥거나 녹이거나 먹거나 하다. ¶사탕을 입에 넣고 빨다. /아기가 손가락을 빨다. ③(공기의 압력을 이용하여 액체나 가루 따위를) 겨 들이다.

빨다²[빠니·빨아]타 옷이나 천 따위를 물에 씻어 깨끗하게 하다. ¶체육복을 빨다.

빨다³[빠니·빨아]형 끝이 차차 가늘어져 뾰족하다. ¶턱이 빤 얼굴.

빨-대[-때]명 물이나 음료수 따위를 빨아 먹는 데 쓰는 가는 대롱.

빨딱튀〈발딱〉의 센말. 큰뻘떡.

빨딱-거리다[-꺼-]재타〈발딱거리다〉의 센말. 빨딱대다. 큰뻘떡거리다.

빨딱-대다[-때-]재타 빨딱거리다.

빨딱-빨딱튀하자타〈발딱발딱〉의 센말. 큰뻘떡뻘떡.

빨랑-거리다재〈발랑거리다〉의 센말. 빨랑대다. 큰뻘렁거리다.

빨랑-대다재 빨랑거리다.

빨랑-빨랑튀하자〈발랑발랑〉의 센말. ¶일을 빨랑빨랑 해치우다. 큰뻘렁뻘렁.

빨랑-하다형여〈발랑발랑하다〉의 센말. 큰뻘렁뻘렁하다.

빨래명①하자 때 묻은 옷이나 피륙 따위를 물에 빠는 일. 세탁. ②빨랫감, 또는 빤 것.

빨래-집게[-께]명 빨랫줄에 넌 빨래가 날아가거나 떨어지지 않도록 집어서 고정시켜 두는 기구.

빨래-터명 냇가나 샘터 같은 곳에 있는, 빨래하는 자리.

빨래-판(-板)명 빨래를 할 때 빨래를 올려놓고 빠는, 가로로 족족 골이 진 판.

빨랫-감[-래깜/-랟깜]명 빨래할 거리. 빨래.

빨랫-돌[-래똘/-랟똘]명 빨래를 올려놓고 빠는 넓적한 돌.

빨랫-말미[-랜-]명 장마 때 빨래를 말릴 만큼 잠깐 날이 드는 겨를. 참나무말미.

빨랫-방망이[-래빵-/-랟빵-]명 빨래를 두드려서 빠는 데 쓰이는 넓적한 방망이.

빨랫-비누[-래삐-/-랟삐-]명 빨래할 때 쓰는 비누. 세탁비누.

빨랫-줄[-래쭐/-랟쭐]명 빨래를 널어 말리는 줄. ¶빨랫줄에 옷을 널다.

빨르다형〈빠르다〉의 잘못.

빨리튀하타 빠르게. ¶걸음을 빨리 걷다. /빨리 일을 마치고 퇴근하자. **빨리-빨리**튀.

빨-리다 ①재〈'빨다¹'·'빨다²'의 피동〉빨을 당하다. ¶모기에게 피를 빨리다. /빨래는 단물에 더 잘 빨린다.
②타〈'빨다¹'·'빨다²'의 사동〉빨게 하다. ¶아기에게 젖을 빨리다. /동생에게 옷을 빨렸다.

빨-병(-甁)[-뼝]명 먹는 물을 넣어서 가지고 다니며 마실 수 있게 만든 물병. 수통(水筒).

빨-부리[-뿌-]명 ☞물부리.

빨빨튀 작은 몸집으로 바쁘게 이리저리 쏘다니는 모양. 큰뻘뻘¹. 예발발³.

빨빨²튀 땀을 많이 흘리는 모양. ¶땀을 빨빨 흘리면서 짐을 나르다. 큰뻘뻘².

빨빨-거리다재 빨빨 쏘다니다. 빨빨대다. ¶밤낮 어딜 그렇게 빨빨거리고 다니는가? 큰뻘뻘거리다. 예발발거리다.

빨빨-대다재 빨빨거리다.

빨아-내다타 속에 있는 것을 빨아서 겉으로 나오게 하다. ¶독을 빨아내다.

빨아-들이다타 ①수분·기체 따위를 빨아서 속으로 들어오게 하다. ¶물을 빨아들이다. /담배

연기를 빨아들이다. ②'마음을 강하게 끌어들임'을 비유하여 이르는 말.

빨아-먹다[-따]타 남의 것을 우려내어 제 것으로 만들다.

빨아-올리다타 밑에 있는 것을 빨아서 올라오게 하다. ¶지하수를 빨아올리다.

빨쪽튀하자타〈발쪽〉의 센말. 큰뻘쭉.

빨쪽-빨쪽-하다[-쪼카-]형여〈발쪽발쪽하다〉의 센말. 큰뻘쭉뻘쭉하다.

빨쪽-하다[-쪼카-]형여〈발쪽하다〉의 센말. 큰뻘쭉하다.

빨치산(←partizan 러)명 ☞파르티잔.

빨-판명 낙지 따위의 발이나 거머리 따위의 입과 같이, 다른 동물이나 물체에 달라붙는 기관. 흡반(吸盤).

빨-펌프(-pump)명 피스톤에 날름쇠가 달린 펌프. 피스톤을 누르면 날름쇠가 열려 물이 올라오고 피스톤을 올리면 날름쇠가 닫히면서 물이 밖으로 흐름. 참밀펌프.

뺏뻣-하다[빧빠타-]형여 ①물건이 단단하고 �곂곂하다. ¶종이가 너무 뺏뺏하다. ②풀기가 세다. ¶뺏뻣하게 풀을 먹인 옷. ③태도나 성질이 고분고분하지 않고 억세다. ¶뺏뻣하게 굴다. **뺏뻣-이**튀. **뺏뻣-하다**.

빵튀 ①갑자기 무엇이 요란하게 터지는 소리. ¶버스 바퀴가 빵 터지다. ②공을 세게 차는 모양, 또는 그 소리. ¶공을 빵 차다. ③작은 구멍이 뚫리는 모양, 또는 그 소리. ¶구멍이 빵 뚫린 천막. 큰뻥². 참팡. **빵-빵**튀하자타.

빵(←pão 포)명 ①곡식 가루를 반죽하여 익힌 음식. 빵을 굽다. /아침 식사로 빵과 우유를 먹다. ②사람이 먹고살 음식이나 식량을 비유하여 이르는 말. ¶사람은 빵만으로는 살 수 없다.

빵-가루[-까-]명 말린 빵으로 낸 가루. 튀김옷으로 쓰임. ¶새우에 빵가루를 입혀 튀기다.

빵그레튀하자〈방그레〉의 센말. 큰뻥그레.

빵글튀하자〈방글〉의 센말. 큰뻥글.

빵글-거리다재〈방글거리다〉의 센말. 빵글대다. 큰뻥글거리다.

빵글-대다재 빵글거리다.

빵긋[-귿]튀하자〈방긋〉의 센말. 큰뻥긋. 세빵끗.

빵긋-하다[-그타-]형여〈방긋하다〉의 센말. 큰뻥긋하다. 세빵끗하다.

빵-깐명 '감방(監房)'의 변말.

빵꾸(パンク 일.←puncture)명 '펑크'로 순화.

빵끗[-끋]튀하자〈방긋〉·〈방끗〉·〈빵긋〉의 센말. 큰뻥끗.

빵끗-하다[-끄타-]형여〈방긋하다〉·〈방끗하다〉·〈빵긋하다〉의 센말. 큰뻥끗하다.

빵-따냄명 바둑에서, 빵때림으로 상대편의 돌을 따 내는 일.

빵-때림명하자 바둑에서, 돌 네 개로 상대편의 돌 한 점을 에워싸서 잡음, 또는 그 일.

빵-빵튀하자타 자동차 따위가 잇달아 경적(警笛)을 울리는 소리.

빵빵-거리다재타 (자동차 따위가) 잇달아 경적을 울리는 소리를 내다. 빵빵대다.

빵빵-대다재타 빵빵거리다.

빵빵-하다형여 ①속이 가득 차 있다. ¶밥을 배가 빵빵하도록 먹다. ②'속이 꽉 차서 크고 탄력이 있다'를 속되게 이르는 말. ¶엉덩이가 빵빵하다. ③'배경과 힘이 있어 영향력이 크다'를 속되게 이르는 말. ¶집안이 빵빵하다.

빵시레튀하자〈방시레〉의 센말. 큰뻥시레.

빵실튀〈방실〉의 센말. 큰뻥실.

빵싯[-싣]**튀**[하자] 〈방싯〉의 센말. ㈜뻥싯.
빵-점(-點)[-쩜]**명** 〈영점(零點)〉의 속된 말. ¶빵점 맞았다. /사교적인 면에서는 빵점이다.
빵-집[-찝]**명** 빵을 만들어 파는 집.
빨:다[빠타]**타** 찧어서 가루를 만들다. ¶ 고추를 빻다. * 빻아[빠-]·빻는[빤-]·빻소[빠쏘]
빼튀 ①어린아이가 새되게 우는 소리. ②피리 따위를 부는 소리. ㈜뻬. **-빼튀·-빼튀**하자
빼각[하자타] 〈배각〉의 센말. ㈜뻬걱. ㈜빽각.
빼곡[튀][하형] 사람이나 물건이 어떤 공간에 가득 차 있는 모양. ¶창고에 쌀가마들이 빼곡하다. **빼곡-히**[하] 엽서에 빼곡히 적힌 사연.
빼:기[명][하타] 뺄셈을 함. ↔더하기.
-빼기[접미] 일부 명사 뒤에 붙어, 그런 특성이 있는 사람이나 물건의 뜻을 더하는 접미사. ¶곰빼기. /밥빼기. /악착빼기.
빼:-깃[-긴]**명** 매의 꽁지 위에 표를 하기 위하여 덧꽂아 맨, 새의 깃. * 빼:깃이[-기시]·빼: 깃만[-긴-]
빼깍[튀][하자타] 〈빼각〉의 센말. ㈜뻬걱.
빼꿋[-끈]**튀**[하자] 〈배꿋〉의 센말. ㈜뻬꿋.
빼:-내다[타] ①꽂히거나 박힌 것을 뽑아내다. ¶가시를 빼내다. /벽에서 못을 빼내다. ②남의 것을 돌라내다. ¶중요한 서류를 빼내다. ③여럿 가운데서 필요한 것을 골라내다. ¶알짜만 빼내다. ④남을 꾀어서 나오게 하다. ¶경쟁사에서 기술자를 빼내다. ⑤얽매인 몸을 자유롭게 해 주다. ¶아들을 유치장에서 빼내려고 갖은 수단을 동원하다.
빼:-놓다[-노타]**타** ①한데 끼일 것을 못 끼게 하다. ¶나만 빼놓고 가기냐?/김치의 맛을 내는 데 빼놓을 수 없는 것이 바로 젓갈이다. ②여럿 가운데서 어떤 것을 골라 놓다. ¶쓸 만한 것은 따로 빼놓다.
빼:다 Ⅰ**자** ①(어떤 일을) 굳이 하지 않으려고 하다. ¶몇 번을 빼다가 목청을 가다듬어 노래 한 가락을 부른다. ②빼물다. ¶사고를 저지른 후 시내 쪽으로 뺀 것 같다.
Ⅱ**타** ①(속에 들어 있는 것을) 밖으로 나오게 하다. ¶주머니에서 손을 빼다. /타이어의 바람을 빼다. ②(꽂히거나 박힌 것을) 뽑다. ¶못을 빼다. ③많은 것 가운데서 일부를 덜어 내다. ¶두 사람 몫을 빼다. /열에서 여섯을 빼면 넷이다. ↔더하다. ④여럿 가운데서 일부를 골라내다. ¶몇 개만 빼고 나머지는 다 내다 버려라. ⑤(힘·기운·살 따위를) 줄이거나 없애다. ¶기운을 빼다. /뱃살 좀 빼라. /넋을 빼고 쳐다보다. ⑥길게 뽑아 늘이다. ¶목을 빼고 종일토록 기다리다. ⑦(목소리를) 길게 뽑다. ¶목청을 멋드러지게 빼다. ⑧(옷을) 맵진하게 차려입다. ¶새 옷을 쪽 빼고 나서다. ⑨(행동이나 태도를) 짐짓 꾸며서 하다. ¶점잔을 빼다. ⑩(당하지 않겠다고) 슬슬 피하다. ¶꽁무니를 빼다. ⑪꼭 그대로 물려받다. ¶아들은 걸음걸이까지 제 아버지를 쏙 뺐다. ⑫(저금이나 보증금 따위를) 찾다. ¶카드로 돈을 빼다. ⑬(든 것을) 비우다. ¶방을 빼다. ⑭(때나 얼룩 따위를) 제거하다. ¶바지의 얼룩을 빼다.
빼도 박도 못하다[관용] 이러지도 저러지도 못하는 난처한 처지를 이르는 말.
빼:-닮다[-담따]**타** 생김새나 성품 따위를 그대로 닮다. ¶아버지를 빼닮은 아들.
빼:-도리[하명] 풍판(風板)이 기댈 수 있도록 뱃집의 양쪽 기둥 위에 얹어 밖으로 길게 내밀게 한 도리.

빼:도리[2][명][하타] 사물의 짜임새를 고르기 위하여 요리조리 변통하는 일.
빼:-돌리다[타] 슬쩍 빼내어 다른 곳으로 보내거나 남이 모르는 곳에 감추다. ¶회사의 기밀을 빼돌려 외부에 유출시키다.
빼딱-거리다[-꺼-]**자** 〈배딱거리다〉의 센말. 빼딱대다. ㈜삐딱거리다.
빼딱-대다[-때-]**자** 빼딱거리다.
빼딱-빼딱[튀][하자][하형] 〈배딱배딱〉의 센말. ㈜삐딱삐딱.
빼딱-하다[-따카-]**형어** 〈배딱하다〉의 센말. ㈜삐딱하다.
빼뚜로[튀] 〈배뚜로〉의 센말. ㈜삐뚜로.
빼뚜름-하다[형어] 〈배뚜름하다〉의 센말. ¶모자를 빼뚜름하게 쓰다. ㈜삐뚜름하다.
빼뚝-거리다[-꺼-]**자타** 〈배뚝거리다〉의 센말. 빼뚝대다. ㈜삐뚝거리다.
빼뚝-대다[-때-]**자타** 빼뚝거리다.
빼뚝-빼뚝[튀][하자타] 〈배뚝배뚝〉의 센말. ㈜삐뚝삐뚝.
빼뚤-거리다[자타] 〈배뚤거리다〉의 센말. 빼뚤대다. ㈜삐뚤거리다.
빼뚤다[빼뚜니·빼뚤어]**형** 〈배뚤다〉의 센말. ㈜삐뚤다.
빼뚤-대다[자타] 빼뚤거리다.
빼뚤-빼뚤[튀][하자타] 〈배뚤배뚤〉의 센말. ㈜삐뚤삐뚤.
빼뚤빼뚤-하다[형어] 〈배뚤배뚤하다〉의 센말. ㈜삐뚤삐뚤하다.
빼뚤어-지다[자] 〈배뚤어지다〉의 센말. ¶성미가 빼뚤어지다.
빼:-먹다[-따]**타** ①(남의 물건을) 돌라내어 가지다. ②(말이나 글의 구절 같은 것을) 빠뜨리다. ¶한 자도 빼먹지 않고 외우다. ③(꼭 해야 할 일을) 일부러 하지 않다. ¶강의를 빼먹다.
빼:-물다[~무니·~물어]**타** ①혀를 빼어 이 사이에 들이밀고 꼭 누르다. ②(거만한 태도로, 또는 성이 나서) 입을 뿌루퉁하게 내밀다.
빼-박다[타] '빼쏘다'의 잘못.
빼빼[튀][하형] 살가죽이 쪼그라져 붙을 만큼 야윈 모양. ¶몸이 빼빼 마르다. ㈜삐삐[2].
빼:-쏘다[타] 매우 닮다. ¶얼굴이나 몸매가 제 어미를 빼쏘다.
빼앗-기다[-알끼-]**타** ('빼앗다'의 피동〉 빼앗음을 당하다. ¶마음을 빼앗기다. ㈜뺏기다.
빼앗다[-알따]**타** ①남의 것을 강제로 제 것으로 만들다. ¶돈을 빼앗다. /힘으로 빼앗아 가다. ②남의 일이나 시간 따위를 억지로 가로채거나 차지하다. ¶일거리를 빼앗다. /시간을 빼앗다. ③남의 생각이나 마음을 쏠리게 하여 사로잡다. ¶그의 마음을 빼앗다. ④남의 정조 따위를 짓밟다. ¶순결을 빼앗다. ⑤합법적으로 남의 자격이나 권리 따위를 못하게 하다. ¶국수전 타이틀을 빼앗다. ㈜뺏다. * 빼앗아~빼앗는[-안-]
빼어-나다[형] 여럿 가운데서 특히 뛰어나다. ¶인물이 빼어나다.
빼:-입다[-따]**타** 옷을 맵진하게 잘 차려입다. ¶정장을 빼입다.
빼주룩-빼주룩[튀][하형] 〈배주룩배주룩〉의 센말. ㈜삐주룩삐주룩.
빼주룩-하다[-루카-]**형어** 〈배주룩하다〉의 센말. ㈜삐주룩하다.
빼죽[1][튀][하자] 〈배죽[1]〉의 센말. ㈜삐죽[1]. ㈜뺴쭉[1].
빼죽[2][튀][하형] 〈배죽[2]〉의 센말. ㈜삐죽[2]. ㈜뺴쭉[2].
빼짝[튀] 〈배짝〉의 센말.

빼쪽-빼쪽(부)(형) 여럿이 다 빼쪽한 모양. ¶ 끝이 빼쪽빼쪽하다. (큰)삐쭉삐쭉.

빼쪽-하다[-쪼카-](형)(어) 물체의 끝이 뾰족하게 날카롭다. ¶ 빼쪽한 송곳. (큰)삐쭉하다.

빼죽[1](부)(타) 〈배죽[1]〉·〈배쪽[1]〉·〈빼죽[1]〉의 센말. (큰)삐쭉[1].

빼죽[2](부)(형) 〈배죽[2]〉·〈배쪽[2]〉·〈빼죽[2]〉의 센말. (큰)삐쭉[2].

빼치다(타) ①빠져나오게 하다. ¶ 악의 소굴에서 빼치다. ②끝이 빨갛게 하다.

빼트작-거리다[-꺼-](타) 〈배트작거리다〉의 센말. 빼트작대다. (큰)삐트적거리다.

빼트작-대다[-때-](타) 빼트작거리다.

빼트작-빼트작(부)(하자) 〈배트작배트작〉의 센말. (큰)삐트적삐트적.

빼틀(하자) 〈배틀〉의 센말. (큰)삐틀.

빽[1](부) 갑자기 높고 날카롭게 지르는 소리. (큰)삑. (센)-빽.

빽[2](부) 여럿이 좁은 곳에 촘촘히 들어 있는 모양. ¶ 난롯가에 빽 둘러앉다.

빽빽-거리다[-꺼-](자) 갑자기 빽빽 소리를 지르다. 빽빽대다. (큰)삑삑거리다.

빽빽-대다[-때-](자) 빽빽거리다.

빽빽-하다[-카-](형)(여) ①사이가 배좁게 촘촘하다. ¶ 거리를 빽빽하게 메운 환영 인파. ②구멍이 좁아서 빨아들이기에 답답하다. ¶ 물부리가 빽빽하다. ③속이 좁아서 융통성이 없고 답답하다. ¶ 그 사람, 너무 빽빽하게 굴더라. ④국물이 적고 건더기가 많아서 되다랗다. ①②④(큰)삑삑하다. 빽빽-이(부).

빽둥-거리다(자) 〈밴둥거리다〉의 센말. 빽둥대다. (큰)삑둥거리다. (참)팬둥거리다.

빽둥-대다(자) 빽둥거리다.

빽둥-빽둥(부)(하자) 〈밴둥밴둥〉의 센말. (큰)삑둥삑둥. (참)팬둥팬둥.

빽들-거리다(자) 〈밴들거리다〉의 센말. 빽들대다. (큰)삑들거리다. (참)팬들거리다.

빽들-대다(자) 빽들거리다.

빽들-빽들(부)(하자) 〈밴들밴들〉의 센말. (큰)삑들삑들. (참)팬들팬들.

빽질-거리다(자) 자꾸 빽질빽질하다. 빽질대다. ¶ 그만 빽질거리고 일 좀 해라.

빽질-대다(자) 빽질거리다.

빽질-빽질(부)(하자) 일을 충실히 하지 아니하고 요령을 피우며 얄밉게 구는 모양.

빽질-이(부) '빽질거리는 사람'을 속되게 이르는 말.

뺄-목(명) 도리의 끝이 기둥을 뚫고 내민 부분.

뺄:-셈[-쎔](명)(하자) 어떤 수를 빼기로 셈함, 또는 그런 셈법. 감법. 감산(減算). ↔덧셈.

뺄:-셈-법(-法)[-쎔뻡](명) 뺄셈을 하는 법. ↔덧셈법.

뺄:-셈^부호(-符號)[-쎔-](명) 뺄셈을 나타내는 부호 '─'의 이름. 마이너스. 뺄셈표. ↔덧셈부호.

뺄:-셈-표(-標)[-쎔-](명) 뺄셈 부호. ↔덧셈표.

뺏:-기다[뺃끼-](자) 〈빼앗기다〉의 준말. ¶ 강도에게 지갑을 뺏겼다.

뺏:-다[뺃따](타) 〈빼앗다〉의 준말. * 뺏어·뺏:는[-뺀-]

뺏지(badge)(명) '배지(badge)'의 잘못.

뺑(부) 〈뱅〉의 센말. (큰)삥. (참)팽[2].

뺑그레(부)(하자) 〈뱅그레〉의 센말. (큰)삥그레.

뺑그르르(부)(하자) 〈뱅그르르〉의 센말. (큰)삥그르르. (참)팽그르르.

뺑글(부) 〈뱅글〉의 센말. (큰)삥글.

뺑글-뺑글(부) 〈뱅글뱅글〉의 센말. (큰)삥글삥글.

뺑긋[-귿](부) 〈뱅긋〉의 센말. (센)뺑끗.

뺑꿋[-끋](부)(하자) 〈뱅긋〉·〈뱅꿋〉·〈뺑긋〉의 센말. (큰)삥끗.

뺑당-그리다(타) 고개를 비틀어 싫다는 뜻을 나타내다. (큰)삥당그리다.

뺑:-대[-때](명) ①베나 무명 따위를 날아 도투마리에 감을 때에 켜가다 지르는 제구.〔쑥대·대오리 따위.〕②뺑대쑥의 줄기.

뺑:대-쑥[-때-](명) 국화과의 다년초. 뿌리줄기가 길게 뻗어 번식하며, 줄기 높이는 1m가량. 산이나 들에 절로 나는데, 늦여름에 갈색 꽃이 줄기 끝에 핌. (준)뺑쑥.

뺑-뺑(부)(하자) 〈뱅뱅〉의 센말. (큰)삥삥. (참)팽팽.

뺑뺑-이(명) 숫자가 적힌 원판이 회전할 때 화살로 쏘아 맞혀 그 등급을 정하는 기구, 또는 그것으로 하는 노름.

뺑소니(명) 몸을 빼쳐서 급히 몰래 달아나는 짓. ¶ 뺑소니 운전사. 뺑소니를 치다.

뺑소니-차(-車)(명) 사람을 치어 죽이거나 다치게 한 사고를 내고 도망친 차량.

뺑소니-치다(자) 몸을 빼쳐서 급히 도망치다.

뺑시레(부)(하자) 〈뱅시레〉의 센말. (큰)삥시레.

뺑실(부) 〈뱅실〉의 센말. (큰)삥실.

뺑싯[-싣](부)(하자) 〈뱅싯〉의 센말. (큰)삥싯.

뺑:-쑥(명) 〈뺑대쑥〉의 준말.

뺑줄(명) ①남이 날리는 연줄을 긴 장대나 돌멩이를 맨 실로 걸어 당겨서 빼앗는 짓. ②남의 일을 가로채는 짓.

뺑줄(을) 치다(관용) 남의 연이나 사물을 중간에서 가로채다.

빠드득(부)(하자)(타) 틈에 빠듯하게 끼인 물체가 들어가거나 빠져나올 때 세게 마찰하여 나는 소리. (준)삐드득. **빠드득-빠드득**(부)(하자)(타).

빠드득-거리다[-꺼-](자)(타) 자꾸 빠드득빠드득하다. 빠드득대다. (준)삐드득거리다.

빠드득-대다[-때-](자)(타) 빠드득거리다.

빤죽-거리다[-꺼-](자) 〈반죽거리다〉의 센말. 빤죽대다.

빤죽-대다[-때-](자) 빤죽거리다.

빤:-하다(형)(여) 〈반하다〉의 센말.

뺨(명) ①얼굴의 양옆에 살이 도독한 부분. ¶ 뺨을 때리다. /뺨을 맞다. ②좁고 기름한 물건의 폭.

뺨-따구니(명) '뺨따귀'의 잘못.

뺨-따귀(명) 〈뺨〉의 속된 말. (준)따귀.

뺨-살[-쌀](명) ①소의 뺨에 붙은 고기. ②소의 뭉치의 거죽에 붙은 고기.

뺨-치다(타) 다른 것보다 못하지 않다. 훨씬 낫다. ¶ 조조 뺨칠 정도의 꾀.

뻐개다(타) ①좀 크고 단단한 물체에 세게 힘을 들여 틈을 벌리거나 조각을 내다. ¶ 통나무를 뻐개다. ②다 되어 가는 일을 어긋내다. (참)빠개다.

뻐걱(부)(하자)(타) 〈버걱〉의 센말. (참)빠각.

뻐그러-지다(자) 〈버그러지다〉의 센말. (참)빠그라지다.

뻐그르르(부)(하자) 〈버그르르〉의 센말. (참)빠그르르.

뻐근-하다(형)(여) ①(좀 힘든 일 뒤에) 몸의 근육이 켕기어 움직이기에 좀 거북한 느낌이 있다. ¶ 어깨가 뻐근하다. ②가슴이 어떤 느낌으로 꽉 차서 뻐개지는 듯하다. ¶ 감격으로 가슴이 뻐근하다. (참)빠근하다. **뻐근-히**(부).

뻐글-거리다(자) 〈버글거리다〉의 센말. 뻐글대다. (참)빠글거리다.

뻐글-대다(자) 뻐글거리다.

뻐글-뻐글(부)(하자) 〈버글버글〉의 센말. (참)빠글빠글.

뻐기다困 으스대며 젠체하다. 뽐내다. 困빠기다.

뻐꾸기명 두견과의 새. 두견이와 비슷하나 훨씬 큼. 몸빛은 검은빛을 띤 회색. 개개비 따위의 다른 새 둥지에 알을 낳아 새끼를 기르며, 주로 곤충류를 잡아먹고 삶. 곽공(郭公). 뻐꾹새. 포곡조.

뻐꾸기-시계 (-時計) [-계/-게]명 ☞뻐꾹종.

뻐꾹튀 뻐꾸기의 우는 소리.

뻐꾹-새[-쌔]명 ☞뻐꾸기.

뻐꾹-종 (-鐘) [-쫑]명 괘종시계의 한 가지. 시간이 되면 조그마하게 만든 뻐꾹구가 안에서 튀어나와 '뻐꾹뻐꾹' 하고 욺. 뻐꾸기시계.

뻐끔[1]튀형 틈 또는 구멍이 크고 뚜렷하게 나 (뚫려) 있는 모양. 困빠끔[1]. 뻐끔-히튀 ¶ 포탄 자국이 뻐끔히 나 있다. 뻐끔-뻐끔튀형

뻐끔[2]튀하타 ①담배를 힘 있게 빨면서 피우는 모양. ②물고기 따위가 둥근 입을 벌렸다 다물었다 하는 모양. 困빠끔². 뻐끔-뻐끔튀형

뻐끔-거리다타 ①자꾸 담배를 힘 있게 빨다. ②물고기 따위가 둥근 입을 뻐끔하게 벌렸다 오므렸다 하다. 뻐끔대다. 困빠끔거리다.

뻐끔-대다타 뻐끔거리다.

뻐덕-뻐덕튀형 (물건이) 물기가 없어 부드럽지 못하고 빡빡한 모양. 困빠닥빠닥.

뻐드러-지다困 〈버드러지다〉의 센말.

뻐드렁-니명 바깥쪽으로 뻐드러진 앞니.

뻐드렁-이명 뻐드렁니가 난 사람.

뻐드름-하다형여 〈버드름하다〉의 센말.

뻐득뻐득-하다[-드카-]형여 말이나 행동이 고분고분하지 않다. 困빠득빠득.

뻐르적-거리다[-꺼-]타 〈버르적거리다〉의 센말. 뻐르적대다. 困빠르작거리다.

뻐르적-대다[-때-]타 뻐르적거리다.

뻐르적-뻐르적튀하형 〈버르적버르적〉의 센말. 困빠르작빠르작.

뻐-세다형 뻣뻣하고 거세다.

뻐스럭튀하타 〈버스럭〉의 센말. 困빠스락.

뻐적-뻐적튀하타 〈버적버적〉의 센말. 困빠작빠작.

뻐젓-하다[-저타-]형여 〈버젓하다〉의 센말.

뻐쭈-하다형여 불쑥 내밀다.

뻐치다困 '뻗치다'의 잘못.

뻑[백]의 센말. 困빡.

뻑-뻑튀 〈벅벅〉의 센말. 困빡빡.

뻑뻑-이튀 〈벅벅이〉의 센말. 困빡빡이.

뻑뻑-하다[-카-]형 ①물기가 적어서 부드러운 맛이 없다. ①반죽이 뻑뻑하다. ②여유가 없이 빠듯하다. ¶ 기한이 너무 뻑뻑하다. ③두름성이 적고 고지식하다. ¶ 사람이 그렇게 뻑뻑해서야. ④국물보다 건더기가 그들먹하게 많다. 困빡빡하다. 뻑뻑-이튀 ¶ 찌개를 뻑뻑이 끓이다.

뻑적지근-하다[-쩍찌-]형여 가슴이나 어깨 같은 데가 뻐근하고 거북한 감이 있다. ¶ 온몸이 뻑적지근하다. 困빡작지근하다. 뻑적지근-히튀.

뻔둥-거리다困 〈번둥거리다〉의 센말. 뻔둥대다. 困빤둥거리다.

뻔둥-대다困 뻔둥거리다.

뻔둥-뻔둥튀困 〈번둥번둥〉의 센말. 困빤둥빤둥. 困펀둥펀둥.

뻔드럽다[-따] [뻔드러우니·뻔드러워]형[ㅂ] 〈번드럽다〉의 센말.

뻔드레-하다형여 〈번드레하다〉의 센말. 困빤드레하다.

뻔드르르튀하형 〈번드르르〉의 센말. 困빤드르르.

뻔득튀하자타 〈번득〉의 센말. 困빤득.

뻔득-이다困困 〈번득이다〉의 센말. 困빤득이다.

뻔들-거리다困 〈번들거리다〉의 센말. 뻔들대다. 困빤들거리다.

뻔들-대다困 뻔들거리다.

뻔들-뻔들튀困형 〈번들번들〉의 센말. 困빤들빤들. 困펀들펀들.

뻔뜩-이다困困 〈번뜩이다〉·〈번득이다〉·〈뻔득이다〉의 센말. 困빤뜩이다.

뻔뻔-스럽다[-따] [~스러우니·~스러워]형[ㅂ] 보기에 아주 뻔뻔한 태도가 있다. ¶ 저 친구, 대답하는 태도가 뻔뻔스럽군. 困빤빤스럽다. 뻔뻔스레튀.

뻔뻔-하다형여 잘못된 일이 있어도 부끄러운 줄 모르고 예사롭다. ¶ 저 사람, 아주 뻔뻔하구먼. 困빤빤하다. 뻔뻔-히튀.

뻔적-하다困 〈번적〉의 센말. 困빤작. 씬뻔쩍.

뻔적-이다困困 〈번적이다〉의 센말. 困빤작이다. 씬뻔쩍이다.

뻔죽-거리다[-꺼-]困 〈번죽거리다〉의 센말. 뻔죽대다.

뻔죽-대다[-때-]困 뻔죽거리다.

뻔지레-하다튀하형 〈번지레〉의 센말. ¶ 뻔지레하게 치장하다. 困빤지레.

뻔지르르튀하형 〈번지르르〉의 센말. ¶ 뻔지르르하게 꾸미다. 困빤지르르.

뻔질-거리다困 〈번질거리다〉의 센말. 뻔질대다. 困빤질거리다.

뻔질-나다[-라-]형 매우 잦다. 《주로, '뻔질나게'의 꼴로 쓰임.》¶ 뻔질나게 드나들다. 씬뻔찔나다.

뻔질-대다困 뻔질거리다.

뻔질-뻔질튀困형 〈번질번질〉의 센말. 困빤질빤질.

뻔쩍튀하자타 〈번적〉·〈번쩍²〉·〈뻔적〉의 센말. ¶ 뻔쩍하고 번갯불이 하늘을 가른다. 困빤쩍짝.

뻔쩍-이다困困 〈번적이다〉·〈번쩍이다〉의 센말. 困빤짝이다.

뻔찔-나다[-라-]형 〈뻔질나다〉의 센말.

뻔-하다¹형여 〈번하다〉의 센말. 困빤하다. 뻔-히튀 ¶ 뻔히 알면서 되묻는다.

뻔-하다²困 〈어미 '-ㄹ'·'-을' 뒤에 쓰이어〉'까딱하면 그렇게 될 형편이었으나 결국 그렇게 되지 않았음'을 뜻함. ¶ 하마터면 넘어질 뻔했다.

뻗-가다[-까-]困 〈벋가다〉의 센말.

뻗다[-따] I困타 ①〈벋다〉의 센말. ②〈죽다¹〉의 속된 말. ③'지치거나 힘이 없거나 하여 길게 눕다'를 속되게 이르는 말. ¶ 주먹 한 방에 쫙 뻗어 버렸다. II타 (꼬부렸던 것을) 쭉 펴다. ¶ 두 다리 뻗고 자다.

뻗-대다[-때-]困 〈벋대다〉의 센말.

뻗-디디다[-띠-]타 〈벋디디다〉의 센말. 준뻗딛다.

뻗-딛다[-띧따]타 〈벋딛다〉의 센말. 본뻗디디다.

뻗-서다[-써-]困 〈벋서다〉의 센말.

뻗장-다리명 '뻗정다리'의 잘못.

뻗장-대다[-짱-]困 〈벋장대다〉의 센말.

뻗정-다리[-쩡-]명 〈벋정다리〉의 센말.

뻗-지르다[-찌-] [~지르니·~질러]타困 이 끝에서 저 끝까지 뻗치서 내지르다.

뻘질리다[-찔-]困 〖'뻗지르다'의 피동〗뻗지름을 당하다.

뻗쳐-오르다[-처-][~오르니·~올라]재르 〈번쳐오르다〉의 센말.

뻗-치다재 '뻗다'의 힘줌말. ¶힘이 뻗치다. / 다리를 뻗치다.

뻗-팔이명 선천적으로나 병으로 말미암아 꾸부러지지 않는 팔, 또는 그런 팔을 가진 사람.

뻗-히다[뻐치-]재 ('뻗다'의 피동) 쭉 펴지다. ¶다리가 저려서 잘 뻗히지 않는다.

뻘명 '개흙'의 방언.

-뻘젭미 《사회적 또는 혈연적 관계를 나타내는 대다수 명사 뒤에 붙어》'서로의 관계(촌수나 항렬)'를 나타냄. ¶동생뻘. /사돈뻘. /아저씨뻘.

뻘거-벗기다[-벋끼-]타 〈벌거벗기다〉의 센말. 좝빨가벗기다.

뻘거-벗다[-벋따]재 〈벌거벗다〉의 센말. 좝빨가벗다.

뻘거-숭이명 〈벌거숭이〉의 센말. 좝빨가숭이.

뻘겅명 〈벌겅〉의 센말. 좝빨강.

뻘겅-이명 〈벌겅이〉의 센말. 좝빨강이.

뻘-겋다[-거타][뻘거니·뻘게]형형 〈벌겋다〉의 센말. ¶뻘겋게 충혈된 눈. 좝빨갛다.

뻘게-지다재 〈벌게지다〉의 센말. ¶농담 한마디에 얼굴이 뻘게진다. /그는 남들 앞에만 서면 얼굴이 뻘게진다. 좝빨개지다.

뻘그데데-하다형여 〈벌그데데하다〉의 센말. 좝빨그대대하다.

뻘그뎅뎅-하다형여 〈벌그뎅뎅하다〉의 센말. 좝빨그댕댕하다.

뻘그스레-하다형여 〈벌그스레하다〉의 센말. 좝빨그스레하다.

뻘그스름-하다형여 〈벌그스름하다〉의 센말. 좝빨그스름하다.

뻘그죽죽-하다[-주카-]형여 〈벌그죽죽하다〉의 센말. 좝빨그죽죽하다.

뻘긋-뻘긋[-귿-귿]부형 〈벌긋벌긋〉의 센말. 좝빨긋빨긋하다.

뻘꺼부 〈벌꺽〉의 센말. 좝빨깍.

뻘끈부형자 〈벌끈〉의 센말. 좝빨끈.

뻘-추니명 '제멋대로 쏘다니는 계집아이'를 조롱하여 이르는 말.

뻘떡부 〈벌떡〉의 센말. 좝빨딱.

뻘떡-거리다[-꺼-]재타 〈벌떡거리다〉의 센말. 뻘떡대다. 좝빨딱거리다.

뻘떡-대다[-때-]재타 뻘떡거리다.

뻘떡-뻘떡부형자타 〈벌떡벌떡〉의 센말. 좝빨딱빨딱.

뻘렁-거리다재타 〈벌렁거리다〉의 센말. 뻘렁대다. 좝빨랑거리다.

뻘렁-대다재타 뻘렁거리다.

뻘렁-뻘렁부형자 〈벌렁벌렁〉의 센말. 좝빨랑빨랑.

뻘렁뻘렁-하다형여 〈벌렁벌렁하다〉의 센말. 좝빨랑빨랑하다.

뻘-바탕명 '개펄'의 방언.

뻘뻘[1]부 바쁘게 이리저리 쏘다니는 모양. 좝빨빨[1].

뻘뻘[2]부 땀을 몹시 흘리는 모양. ¶땀을 뻘뻘 흘리다.

뻘뻘-거리다재 뻘뻘 쏘다니다. 뻘뻘대다. 좝빨빨거리다.

뻘뻘-대다재 뻘뻘거리다.

뻘쭉부재자타 〈벌쭉〉의 센말. 좝빨쭉.

뻘쭉뻘쭉-하다[-쭈카-]형여 〈벌쭉벌쭉하다〉의 센말. 좝빨쭉빨쭉하다.

뻘쭉-하다[-쭈카-]형여 〈벌쭉하다〉의 센말. 좝빨쭉하다.

뻣뻣-하다[뻗뻐타-]형여 ①물건이 단단하고 �ꛝ꘷하다. ¶풀기의 표된 대다. ②풀기가 썩 세다. ¶베옷에 풀을 먹여 뻣뻣하게 하다. ③태도나 성질이 고분고분하지 않고 억세다. ¶뻣뻣하게 맞서다. 뻣뻣-이부.

뻣-세다[뻗쎄-]형 뻣뻣하고 억세다.

뻥[1]명 ①'뻥짜'의 준말. ②'몹시 과장함'을 속되게 이르는 말. ¶뻥치다.

뻥[2]부 ①갑자기 무엇이 요란하게 터지는 소리. ②공을 세차게 차는 모양, 또는 그 소리. ¶공을 뻥 차다. ③큰 구멍이 뚫리는 모양, 또는 그 소리. ¶뻥 뚫린 구멍. 참평1. 뻥-하다부자타.

뻥그레부형 〈벙그레〉의 센말. 좝빵그레.

뻥글부 〈벙글〉의 센말. 좝빵글.

뻥글-거리다재타 〈벙글거리다〉의 센말. 뻥글대다. 좝빵글거리다.

뻥글-대다재 뻥글거리다.

뻥긋[-귿]부형자타 〈벙긋〉의 센말. 셰뻥끗.

뻥긋-하다[-그타-]형여 〈벙긋하다〉의 센말. 좝빵긋하다. 셰뻥끗하다.

뻥-까다'거짓말하다'를 속되게 이르는 말. 뻥치다.

뻥끗[-끋]부형자 〈벙긋〉·〈벙끗〉·〈뻥긋〉의 센말. 좝빵끗.

뻥끗-하다[-끄타-]형여 〈벙긋하다〉·〈벙끗하다〉·〈뻥긋하다〉의 센말. 좝빵끗하다.

뻥-나다재 '비밀이 드러나다'를 속되게 이르는 말. 좝뿡나다.

뻥-놓다[-노타]재 '과장하여 말하거나 거짓말하다'를 속되게 이르는 말. ¶뻥놓지 말고 사실대로 말해라.

뻥-뻥부자 연해 큰소리를 치는 모양. ¶자신도 없으면서 큰소리만 뻥뻥 친다.

뻥뻥-거리다재 자꾸 큰소리를 치다. 뻥뻥대다.

뻥뻥-대다재 뻥뻥거리다.

뻥벙-하다형여 〈벙벙하다〉의 센말.

뻥시레부형자 〈벙시레〉의 센말. 좝빵시레.

뻥실부 〈벙실〉의 센말. 좝빵실.

뻥싯[-싣]부형 〈벙싯〉의 센말. 좝빵싯.

뻥-쟁이명 '거짓말쟁이'를 속되게 이르는 말.

뻥짜명 '거짓말' 또는 '소망이 아주 틀어져 버리는 일'을 속되게 이르는 말. 준뻥1.

뻥-치다재 뻥까다.

뻥-튀기하다 ①쌀·옥수수 등을 밀폐된 용기 속에서 가열하여 튀기는 일, 또는 그렇게 튀긴 것. ②'어떤 것을 과장하여 부풀리는 일'을 비유하여 이르는 말. ¶소문을 뻥튀기해 퍼트리다.

뻬:빠(페이퍼 일.←paper)명 '사포(砂布)'로 순화.

뻰찌(펜치 일.←pince 프)명 '펜치'로 순화.

뻰끼(펜키 일.←pek 일)명 '페인트'로 순화.

뼈명 ①척추동물의 얼개를 이루어 몸을 받치고 있으며, 골세포와 그 사이를 채우는 기질(基質)로 이루어진 단단한 조직. 골(骨). ¶뼈가 굵다. /뼈가 부러지다. ②중심 내용. 일의 핵심. ¶뼈만 추려 이야기하다. ③기개(氣槪). 기골(氣骨). ¶뼈 있는 사나이. ④속뜻. 저의(底意). ¶뼈 있는 말.

뼈(가) 빠지게관용 〔뼈가 빠질 정도로〕'고통이 사무치거나 일이 힘에 겨움'을 비유하여 이르는 말. ¶한번 잘살아 보려고 뼈 빠지게 하였다.

뼈도 못 추리다관용 〔죽은 뒤에 추릴 뼈도 없다는 뜻으로〕아주 박살이 나거나 녹아 없어지다.

뼈를 깎다(갈다)[관용] 갖은 고생을 다하다. 온 갖 노력을 기울이다.

뼈에 사무치다[관용] 원한이나 고통 따위가 깊고 강렬하다.

뼈-고도리[명] 뼈로 만든 화살촉.

뼈-골(-骨)[명] 한자 부수의 한 가지. '體'·'髓' 등에서의 '骨'의 이름.

뼈-끝[-끋][명] ①뼈마디의 끝. ②뼈에 붙은 고기. * 뼈끝이[-끄치]·뼈끝을[-끄틀]·뼈끝만[-끈-]

뼈-낚시[-낙씨][명] 짐승이나 물고기 따위의 뼈로 만든 낚시.

뼈-다귀[명] 뼈의 낱개.

뼈-대[명] ①몸을 이루고 있는 뼈의 크고 작은 생김새. 골간(骨幹). 골격. ¶뼈대가 굵다. ②사물을 이루고 있는, 중심 되는 얼개. ¶문장의 뼈대. /뼈대가 튼튼한 건물.

뼈대(가) 있다[관용] ①문벌이 좋다. ¶뼈대 있는 집안의 후손. ②심기가 굳고 꿋꿋하다.

뼈대-근(-筋)[명] ⇨골격근(骨格筋).

뼈-도가니[명] 소의 무릎 종지뼈에 붙은 질긴 고기. 곰이나 회를 만드는 데 많이 씀.

뼈-들다[뼈드니·뼈들어][자] ①오래 끌면서도 힘만 들고 끝이 나지 않다. ②연장을 가지고 손장난을 하다.

뼈들어-지다[자] (칼이나 낫 따위 연장의) 날이 무디어 들지 않게 되다.

뼈-뜯이[-뜨지][명] 소의 뼈에서 뜯어낸 매우 질긴 고기.

뼈-마디[명] ①뼈와 뼈가 이어진 부분. 골관절. 골절. ¶뼈마디가 쑤시다. ②뼈의 낱낱의 도막.

뼈-물다[뼈무니·뼈물어][자] ①무슨 일을 하려고 단단히 벼르다. ¶이번에는 꼭 이겨야겠다고 속으로 뼈물었다. ②옷치장을 하다. ③성을 내다. ¶뭐가 못마땅해서 잔뜩 뼈물고 있나?

뼈-바늘[명] 뼈로 만든 뜨개바늘.

뼈-붙이[-부치][명] 여러 가지 뼈.

뼈-아프다[~아프니·~아파][형] (살 속의 뼈가 아플 정도로) 슬픔·뉘우침·울분 등이 마음 깊이 사무치다. 뼈저리다. ¶뼈아프게 후회하다.

뼈-연장[명] 석기 시대에, 짐승의 뼈로 만들어 쓰던 연장. 골기(骨器). ⑪골각기.

뼈-오징어[명] 오징엇과의 연체동물. 몸통 18 cm, 다리 9 cm가량. 등에 흰 가로줄무늬가 많음. 몸통 속에 들어 있는, 뼈처럼 된 석회질 물질은 약재로 씀.

뼈-저리다[형] (뼛속이 저릴 정도로) 실망·후회·슬픔·울분 등이 마음속 깊이 사무치다. 뼈아프다. ¶불효한 것이 이제야 뼈저리게 뉘우쳐진다.

뼈-지다[형] ①(겉으로는 무른 듯하나) 속이 옹골차고 단단하다. ¶그는 어린 나이 달리 워낙 뼈진 사람이라 장정도 그 앞에선 맥을 못 춘다. ②하는 말이 매우 야무지다. ¶어린것이 당돌하고 뼈진 말을 곧잘 한다.

뼘[1][명] ⇨뼘.

뼘²[Ⅰ][명] ①엄지손가락과 다른 손가락의 잔뜩 벌린 거리. ②장뼘.
[Ⅱ][의] 엄지손가락과 다른 손가락으로 잰 길이를 세는 단위. ¶한 뼘. /두 뼘.

뼘-내기[명][하자] 돈치기의 한 가지. 맞힐 돈과 던진 목대와의 거리가 정해진 뼘을 벗어나면 그 사람은 떨어지고 딴 사람이 하게 됨.

뼘-다[-따][타] 뼘으로 길이를 재다. ¶종이의 크기를 뼘어 보다.

뼘-들이로[부] 동안을 별로 두지 아니하고 잇따라 갈마들어서. ¶제자들이 뼘들이로 찾아오다.

뼘:-치[명] (주로 낚시에서) '길이가 한 뼘쯤 되는 물고기'를 이르는 말.

뼛-가루[-까루/-뺃-][명] ⇨골분(骨粉).

뼛-골(-骨)[뼈꼴/뺃꼴][명] ⇨골수(骨髓).

뼛골에 사무치다[관용] 골수에 사무치다. ¶원한이 뼛골에 사무치다.

뼛골(을) 빼다[관용] 기운이 다하게 만들다.

뼛골(이) 빠지다[관용] 뼛골이 다하도록 고생하다. ¶뼛골 빠지게 일하다.

뼛-성[뼈썽/뺃썽][명] 갑자기 일어나는 짜증. ¶뼛성을 내다.

뼛-속[뼈쏙/뺃쏙][명] ⇨골수(骨髓). ¶찬 바람에 뼛속까지 파고든다. /뼛속에 사무치는 그리움.

뽀그르르[부][하자] 〈보그르르의 센말〉. ⑨뿌그르르.

뽀글-거리다[자] 〈보글거리다의 센말〉. 뽀글대다.

뽀글-대다[자] 뽀글거리다.

뽀글-뽀글[부][하자] 〈보글보글〉의 센말. ⑨뿌글뿌글.

뽀도독[부][하자][타] 〈보도독〉의 센말.

뽀독-뽀독[부][하자][타] 〈보독보독〉의 센말. ¶뽀독뽀독하게 누에고치. ⑨뿌둑뿌둑.

뽀독-하다[-도카-][형] 〈보독하다의 센말〉. ⑨뿌둑하다.

뽀드득[부][하자] 〈보드득〉의 센말. ⑨뿌드득.

뽀로통-하다[형] 〈보로통하다의 센말〉. ¶심사가 뒤틀렸는지 뽀로통해서 말도 안 한다. ⑨뿌루퉁하다.

뽀록-나다[-롱-][자] '들통 나다'를 속되게 이르는 말. ¶거짓말이 뽀록나다.

뽀뽀[명][하자] '입맞춤'의 어린이 말.

뽀삭[부][자][타] 〈보삭〉의 센말. ⑨뿌석.

뽀스락[부][하자][타] 〈보스락〉의 센말. ⑨뿌스럭.

뽀:얗다[-야타] [뽀야니·뽀얘][형롬] 〈보얗다〉의 센말. ⑨뿌옇다.

뽀:얘-지다[자] 〈보얘지다〉의 센말. ⑨뿌예지다.

뽀유스레-하다[형여] 〈보유스레하다〉의 센말. ⑨뿌유스레하다.

뽀유스름-하다[형여] 〈보유스름하다〉의 센말. ⑨뿌유스름하다.

뽄새[명] '본새'의 잘못.

뽈그스레-하다[형여] 〈볼그스레하다〉의 센말. ⑨뿔그스레하다.

뽈그스름-하다[형여] 〈볼그스름하다〉의 센말. ⑨뿔그스름하다.

뽈그족족-하다[-쪼카-][형여] 〈볼그족족하다〉의 센말. ⑨뿔그죽죽하다.

뽈긋-뽈긋[-귿-귿][부][하여] 〈볼긋볼긋〉의 센말. ⑨뿔긋뿔긋.

뽈긋-하다[-그타-][형여] 〈볼긋하다〉의 센말. ⑨뿔긋하다.

뽈똑[부][하자] 〈볼똑〉의 센말. ⑨뿔뚝.

뽈록[부][하자] 〈볼록〉의 센말. ⑨뿔룩.

뽈록-거리다[-꺼-][자][타] 〈볼록거리다〉의 센말. 뽈록대다. ⑨뿔룩거리다.

뽈록-대다[-때-][자][타] 뽈록거리다.

뽈록-하다[-로카-][형여] 〈볼록하다〉의 센말. ⑨뿔룩하다.

뽐-내다[Ⅰ][자] 우쭐대다. 잘난 체하다. ¶공부 좀 잘한다고 꽤나 뽐내고 다닌다.
[Ⅱ][자][타] 보란 듯이 자랑하다. ¶힘을 뽐내다. /노래 실력이 있다고 뽐내다.

뽑-다[-따][타] ①(박혀 있거나 꽂혀 있는 물건을) 잡아당기어 나오게 하다. ¶가시를 뽑다. /책꽂이에서 책을 뽑아 오다. ②(속에 들어 있는 기체나 액체를) 밖으로 나오게 하다. ¶주사기로 피를 뽑다. /지하수를 뽑아 올리다. ③(여럿 가운데서) 가려내다. 가려서 가지다. ¶장학생을 뽑다. /제비를 뽑다. ④(어떤 일에 들인 돈을) 도로 가지다. ¶밑천을 뽑다. ⑤(필요하지 않은 것을) 없어지게 하다. 없애다. ¶선입견을 뽑아 버리다. ⑥목소리를 길게 내다. ¶민요 가락을 간드러지게 뽑다. ⑦길게 뻗치다. ¶자라가 목 길게 뽑다. ⑧길게 생긴 물건을 만들다. ¶실을 뽑다. ⑨운동 경기 따위에서 점수를 얻다. ¶전반전에 두 골을 뽑았다.

뽑아-내다[타] ①박힌 것을 잡아당기어 밖으로 뽑다. ¶못을 뽑아내다. ②(여럿 가운데서) 어떤 것을 가려서 뽑다. ¶책장에서 사전을 뽑아내 다. ③속에 들어 있는 기체나 액체를 밖으로 빼내다. ¶피를 뽑아내다. ④비용을 들인 만큼 거두어들이다. ¶일 년 만에 투자 원금을 뽑아냈다. ⑤운동 경기 따위에서 점수를 내다. ¶후반 5분 만에 한 골을 더 뽑아냈다.

뽑-히다[뽑피-][자] [‘뽑다’의 피동] 뽑음을 당 하다. 선출되다. ¶대의원으로 뽑히다.

뽕[1]〔명〕⇨뽕잎.
    뽕도 따고 임도 보고[본다]〔속담〕두 가지 일을 동시에 이룸을 이르는 말.
뽕[2]〔명〕 〈봉③의 센말. 〔본〕뿅.
뽕[3]〔명〕 〈히로뽕〉의 속된 말.
뽕-나다[자] ①‘비밀이 드러나다’를 속되게 이르 는 말. 〔본〕뿅나다. ②⇨뽕빠지다.
뽕-나무[명] 뽕나뭇과의 낙엽 활엽 교목 또는 관 목. 6월경에 엷은 노랑의 작은 꽃이 이삭 모양 으로 피며, 열매인 ‘오디’는 검은 자줏빛으로 익는데 먹을 수 있음. 잎은 누에의 먹이가 되며, 뿌리의 껍질은 한방에서 약재로 씀. 상목(桑木).
뽕나무-겨우살이[명] 겨우살잇과의 기생목(寄生 木)의 한 가지. 뽕나무 가지 사이의 껍질에서 줄기가 나와 마치 다른 나뭇가지를 꽂아 놓은 것 같은 모양을 이룸. 줄기와 잎은 한약재로 쓰임. 상상기생(桑上寄生).
뽕나무-벌레[명] 뽕나무하늘소의 유충. 뽕나무의 해충인 나무굼벵이의 한 가지로, 한방에서 약 재로 쓰임.
뽕나무-하늘소[-쏘][명] 하늘솟과의 곤충. 몸길 이 4cm가량. 몸빛은 약간 푸르스름한 빛깔을 띤 흑색임. 뽕나무의 해충. 상천우(桑天牛).
뽕-놓다[-노타][타] 남의 비밀을 들추어내다.
뽕-밭[-받][명] 뽕나무 밭. • 뽕밭이[-바치]·뽕 밭을[-바틀]·뽕밭만[-반-].
뽕-빠지다[자] 손해를 크게 보아 밑천이 다 없어 지다. 뽕나다.
뽕뽕[부] ①(하자타) 막혔던 공기가 좁은 구멍으로 잇달아 터져 나오는 소리. ②(하자) 자그마한 구 멍이 잇달아 뚫어지는 소리, 또는 여기저기 뚫 어진 모양. ¶창호지에 구멍이 뽕뽕 뚫려 있다. 〔큰〕뿅뿅.
뽕뽕-거리다[자타] 자꾸 뽕뽕하는 소리가 나다. 뽕뽕대다. 〔큰〕뿅뿅거리다.
뽕뽕-대다[자타] 뽕뽕거리다.
뽕-잎[-닙][명] 뽕나무 잎. 상엽(桑葉). 뽕1. • 뽕 잎이[-니피]·뽕잎만[-님-].
뽕짝[명] ‘트로트’를 속되게 이르는 말.
뽀두라지[명] 뾰루지.
뽀로통-하다[형] 얼굴에 불만을 잔뜩 품은 기 색이 있다. 〔큰〕뿌루퉁하다.
뽀롱-뽀롱[부](하형) (성질이 부드럽지 아니하여) 남에게 까다롭고 톡톡 쏘기를 잘하는 모양.

뾰루지[명] 뾰족하게 부어오른 작은 부스럼. 뾰두 라지.
뾰조록-하다[-로카-][형어] 끝이 뾰족하게 내밀 어 있다. 〔큰〕뿌주룩하다. **뾰조록-이**[부].
뾰족-구두[-꾸-][명] ⇨하이힐.
뾰족-뾰족[부][하형] 여럿이 다 뾰족한 모양. ¶봄 이 되자 새싹들이 뾰족뾰족 고개를 내민다. 〔큰〕뿌죽뿌죽. **뾰쪽뾰쪽**.
뾰족-하다[-조카-][형어] ①물체의 끝이 날카롭 다. ¶뾰족하게 솟은 산봉우리. 〔큰〕뿌죽하다. 〔센〕뾰쪽하다. ②계책 따위가 신통하다. ¶포기하 는 것 외에는 별 뾰족한 수가 없다. **뾰족-이**[부]. ¶마루를 뚫은 못이 뾰족이 나와 있다.
뾰주리-감[명] 몸이 좀 길쭉하고 끝이 뾰족한 감. 〔장준·고추감 따위〕.
뾰쪽-뾰쪽[부][하형] 〈뾰족뾰족〉의 센말. ¶뾰쪽뾰 쪽한 고슴도치의 가시. 〔큰〕뿌쪽뿌쪽.
뾰쪽-하다[-조카-][형어] 〈뾰족하다〉의 센말. 〔큰〕뿌쪽하다.

뿌그르르[부][하자] 〈부그르르〉의 센말. 뽀그르르.
뿌글-거리다[자] 〈부글거리다〉의 센말. 뿌글대다. 〔작〕뽀글거리다.
뿌글-대다[자] 뿌글거리다.
뿌글-뿌글[부][하자] 〈부글부글〉의 센말. 〔작〕뽀글 뿌글.
뿌다구니[명] 물건의 삐죽하게 내민 부분. ¶나무 뿌다구니에 이마를 부딪히다. 〔준〕뿌다귀.
뿌다귀[명] 〈뿌다구니〉의 준말.
뿌덕뿌덕-하다[-더카-][형어] ①부드럽지 못하 고 아주 빡빡하다. ②맛이 떫어 입 안이 텁텁 하다.
뿌두둑[부][하자타] 〈뿌드득〉의 변한말.
뿌둑-뿌둑[부][하형] 〈부둑부둑〉의 센말. 〔작〕뽀독 뽀독.
뿌둑-하다[-두카-][형어] 〈부둑하다〉의 센말. 〔작〕뽀독하다.
뿌드드-하다[형어] ①〈부드드하다〉의 센말. ②〈찌 뿌드드하다〉의 준말.
뿌드득[부][하자타] 〈부드득〉의 센말. 〔작〕빠드득·뽀 드득. 〔여〕뿌드득.
뿌드득-거리다[-꺼-][자타] 〈부드득거리다〉의 센말. 뿌드득대다. 〔작〕빠드득거리다.
뿌드득-대다[-때-][자타] 뿌드득거리다.
뿌득-뿌득[부] 〈부득부득〉의 센말. 〔작〕빠득빠득.
뿌듯-하다[-드타-][형어] 〈부듯하다〉의 센말. 〔작〕뽀듯하다.
뿌루퉁-하다[형어] 〈부루퉁하다〉의 센말. 〔작〕뽀로 통하다.
뿌리[명] ①식물의 한 부분으로서, 땅속으로 뻗어 줄기를 떠받치고, 물이나 양분을 빨아올리는 기관. ②깊이 박힌 물건의 밑동. ¶기둥의 뿌 리. ③사물의 근본. ¶가문의 뿌리. ④깊숙이 자리 잡아 굳어진 것. ¶한약으로 병의 뿌리를 다스리다. 〔④〕근(根).
    뿌리(가) 깊다[관용] 내력이나 연원(淵源)이 오 래다. ¶두 집안 사이의 뿌리 깊은 원한.
    뿌리(를) 뽑다[관용] 폐단이나 해(害)의 근원을 말끔히 없애 버리다. ¶사회적 악폐를 뿌리 뽑다.
뿌리-골무[명] 뿌리 끝에 있는, 모자 모양으로 생 긴 조직. 〔생장점을 보호하는 작용을 함.〕근관(根冠).
뿌리-내리다[자] 정착하다. 뿌리박다. ¶백제의 문화가 현해탄을 건너 일본 땅에 뿌리내렸다. / 서울에 뿌리내리고 산 지도 어언 10년이다.

뿌리다 **Ⅰ**[자][타] 눈이나 빗방울이 날려 떨어지다. ¶가랑비가 뿌린다.

Ⅱ[타] ①물이나 물건을 흩다. ¶마당에 물을 뿌리다. /유인물을 뿌리다. ②돈을 마구 쓰다. ¶유흥가에 돈을 뿌리고 다니다. ③소문 따위로 사람들의 입에 오르내리다. ¶염문을 뿌리다.

뿌리-등걸[명] 뿌리가 붙어 있는 나무의 등걸.

뿌리-박다[-따][자][타] 터를 잡아 정착하다. ¶고향에 뿌리박고 살다.

뿌리박-히다[-바키-][자] 어떤 것이 토대가 되어 깊이 자리가 잡히다. ¶남존여비 사상이 깊이 뿌리박혀 있다.

뿌리-압(-壓)[명] 식물의 뿌리가 땅속에서 흡수한 수분을 물관으로 밀어 올리는 압력. 근압(根壓).

뿌리-끝[-끋][명] 뿌리의 끝. 근말(根末).

뿌리-줄기[명] 식물의 줄기가 변하여 땅속에 뿌리처럼 뻗어 나가게 된 것. 〔연(蓮)뿌리 따위.〕 [한]땅속줄기.

뿌리-채소(-菜蔬)[명] ⇨근채(根菜).

뿌리-치다[타] ①붙잡은 것을 힘껏 채어 놓치게 하거나 붙잡지 못하게 하다. ¶손을 뿌리치다. ②(권하거나 청하는 것을) 물리치다. ¶유혹을 뿌리치다. /가족의 만류를 뿌리치다. ③따라오지 못하게 하다. ¶경쟁자를 뿌리치다.

뿌리-털[명] 식물의 뿌리 끝에 실같이 가늘게 난 털. 근모(根毛).

뿌리-혹[명] 고등 식물의 뿌리에 생기는 혹 모양의 조직. 세균이나 균사(菌絲)의 침입으로 이상(異狀) 발육하여 생김. 근류(根瘤).

뿌리혹-균(-菌)[-균][명] 콩과 식물의 뿌리에 기생하여 뿌리혹이 생기게 하는 세균.〔뿌리에 질소질 영양을 공급하는 유익한 세균임.〕 근류균. 근류 박테리아. 뿌리혹박테리아.

뿌리혹-박테리아(-bacteria)[명] ⇨뿌리혹균.

부석[부][하자][타] 〈부석〉의 센말. [한]뿌삭.

뿌스럭[부][하자][타] 〈부스럭〉의 센말. [한]뽀스락.

뿌:-영다[-여타][뿌여니·뿌예][형] 〈부옇다〉의 센말. [한]뽀얗다.

뿌:예-지다[자] 〈부예지다〉의 센말. [한]뽀애지다.

뿌유스레-하다[형여] 〈부유스레하다〉의 센말. [한]뽀유스레하다.

뿌유스름-하다[형여] 〈부유스름하다〉의 센말. [한]뽀유스름하다.

뿌장귀[명] 뿔처럼 길쭉하게 내민 가장귀.

뿌지지[부][하자] 〈부지지〉의 센말. [한]빠지지.

뿌지직[부][하자] 〈부지직〉의 센말. [한]빠지직.

뿍[부] 〈북〉의 센말.

뿐[의] 《용언 뒤에 쓰이어》 '다만 어떠하거나 어찌할 따름'이라는 뜻을 나타내는 말. ¶그저 보고플 뿐이다. /가라기에 갔을 뿐이다.

뿐2[조] 《체언에 붙어》 '그것만이고 더는 없음' 또는 '오직 그렇게 하거나 그러하다는 것'의 뜻을 나타내는 말. ¶나에게는 너뿐이다. /가진 것은 이것뿐이다. /내 동생은 학교에서뿐만 아니라 집에서도 말썽꾸러기였다.

뿔1[명] ①(소·염소·사슴 따위) 동물의 머리에 난 단단하고 뾰족한 것. ¶뿔이 돋다. /뿔로 받다. ②물건의 머리나 표면에 툭 튀어나온 부분. 각(角)1.

뿔 뺀 쇠 상이라[속담] 지위는 높지만 실권(實權)이 없음을 비유하는 말.

뿔2[명] 〈성〉의 센말. ¶뿔이 단단히 나서 며칠 째 말도 안 한다.

뿔-각(-角)[명] 한자 부수의 한 가지. '解'·'觸' 등에서의 '角'의 이름.

뿔-개미[명] 개밋과의 곤충. 일개미는 몸길이 6~8 mm이고, 몸빛은 검은색임. 나무의 썩은 부분에서 삶.

뿔-관자(-貫子)[명] 짐승의 뿔로 만든 관자.

뿔그스레-하다[형여] 〈불그스레하다〉의 센말. [한]뿔그스레하다.

뿔그스름-하다[형여] 〈불그스름하다〉의 센말. [한]뿔그스름하다.

뿔그죽죽-하다[-쭈카-][형여] 〈불그죽죽하다〉의 센말. [한]뿔그죽죽하다.

뿔긋-뿔긋[-귿-귿][부][형] 〈불긋불긋〉의 센말. [한]뿔긋뿔긋.

뿔긋-하다[-귿타-][형여] 〈불긋하다〉의 센말. [한]뿔긋하다.

뿔-끝[-끋][명] 삼사미와 후궁(猴弓)의 뽕나무가 서로 맞닿은 부분. *뿔끝이[-끄치]·뿔끝을[-끄틀]·뿔끝만[-끈-]

뿔-나다[-라-][자] 〈성나다〉의 속된 말. ¶자기만 빼놓고 놀러 갔다고 잔뜩 뿔났더라.

뿔-나비[-라-][명] 뿔나빗과의 나비. 편 날개 길이 4.8 cm가량. 몸빛은 흑갈색으로 각 날개에는 등적색의 가로띠무늬가 있음. 아랫입술 수염이 서로 붙어서 긴 뿔처럼 뻗어 나온 것이 특징임.

뿔나비-나방[-라-][명] 뿔나비나방과의 곤충. 몸길이 1 cm, 날개 길이 3 cm가량. 몸빛은 암갈색이고 앞날개에는 닻 모양의 얼룩무늬가 있음. 유충은 양치식물의 해충임. 닻나비.

뿔-다귀[-따-][명] 〈성〉의 속된 말. ¶뿔다귀가 나다.

뿔뚝[부][하자] 〈불뚝〉의 센말. [한]뽈뚝.

뿔룩[부][하자] 〈불룩〉의 센말. [한]뽈룩.

뿔룩-거리다[-꺼-][자][타] 〈불룩거리다〉의 센말. 뿔룩대다. [한]뽈록거리다.

뿔룩-대다[자][타] 〈불룩대다〉의 센말. 뿔룩거리다.

뿔룩-뿔룩[부][하자][타] 〈불룩불룩〉의 센말. [한]뽈록뿔룩.

뿔룩-하다[-루카-][형여] 〈불룩하다〉의 센말. [한]뽈룩하다.

뿔-매[명] 수릿과의 새. 몸길이 71~76 cm로 수리보다 작음. 등은 암갈색이고 깃털의 끝은 백색인데 가슴과 배에는 흑색의 세로무늬가 있음. 날개와 꽁지는 길고 둥글며, 하늘에 원을 그리며 낢. 높은 산의 숲 속에 살며 사냥할 때 부림.

뿔-매미[명] 뿔매밋과의 곤충. 몸길이 7 mm가량. 몸빛은 흑색인데 온몸에 황백색의 털이 많음. 앞가슴에 뿔 모양의 돌기가 두 쌍 있음. 잡초의 줄기 따위에서 사는데, 일본과 우리나라에 분포함.

뿔-면(-面)[명] 한 정점(定點)을 지나되, 그 점을 포함하지 않는 평면 상의 일정 곡선의 각 점을 통과하는 직선군(直線群)으로 생기는 면.

뿔-벌레[명] 뿔벌레과의 곤충. 몸길이 4 mm가량. 몸빛은 적갈색인데 온몸에 엷은 빛깔의 털이 나 있으며, 등에 뿔 모양의 돌기가 있음.

뿔뿔-이[부] 저마다 따로따로 흩어지는 모양. ¶전쟁 때 가족이 뿔뿔이 헤어졌다.

뿔-쇠오리[-쇠-/-쉐-][명] 갈매깃과의 새. 몸길이 20 cm가량. 바다쇠오리와 비슷하나 더 작음. 머리는 흑색, 등은 회색, 배는 흰색임. 섬의 해안이나 암초에서 삶.

뿔-잔(-盞)[명] 뿔로 만든 술잔.

뿔-잠자리[명] 뿔잠자릿과의 곤충. 편 날개 길이 8 cm, 몸길이 3 cm가량. 촉각이 길며, 앉을 때 날개를 위로 뻗쳐 세움. 여름에 양지쪽 풀밭에 모여 삶.

뽈-종다리圓 종다릿과의 새. 종달새와 비슷하나 부리가 더 큼. 등과 배는 황갈색에 짙은 세로무늬가 있고, 몸의 아랫면은 엷음. 울 때에는 머리의 흰 털을 뿔처럼 뻗치는 것이 특징임. 풀밭이나 논 근처에 삶.

뽈-체(-體)圓 하나의 뿔면과 하나의 평면으로 둘러싸인 입체.

뽈-테圓 뿔로 만든 안경테.

뽉다圖 '붉다'의 방언.

뽐:다[-따]囤 ①(속에 있는 기체나 액체 따위를) 세차게 밖으로 내보내다. ¶연기를 뽐다. ②(웃음이나 감정 따위를) 표정에 잔뜩 드러내 보이다. ¶독기를 뽐다. /분노를 뽐다.

뽐어-내다囤 속의 것을 뽐어서 밖으로 나오게 하다. ¶분화구에서 화산재를 뽐어내다.

뽐이-개圓 ☞분무기(噴霧器).

뽕圓 '봉¹'의 센말. ㉝뽕².

뽕-뽕囝 ①圀困囤 막혔던 공기가 좁은 구멍에 잇달아 터져 나오는 소리. ②圀困 큰 구멍이 잇달아 뚫어지는 소리, 또는 여기저기 뚫어진 모양. ③圀困 자동차의 경적 따위가 잇달아 울리는 소리. ㉝뽕뽕.

뽕뽕-거리다困囤 자꾸 뽕뽕하는 소리가 나다. 뽕뽕대다. ㉝뽕뽕거리다.

뽕뽕-대다困囤 뽕뽕거리다.

뿌루퉁-하다囹囮 얼굴에 불만을 잔뜩 품은 기색이 있다. 뿌루퉁하다.

뿌주룩-하다[-루카-]囹囮 끝이 뿌죽하게 내밀어 있다. ㉝뾰조록하다. 뿌주룩-이囝.

뿌죽-뿌죽囹囮 여럿이 다 뿌죽한 모양. ¶머리카락이 뿌죽뿌죽 서다. /바위들이 뿌죽뿌죽하다. ㉝뾰족뾰족. ㉂뿌쭉뿌쭉.

뿌죽-하다[-주카-]囹囮 끝이 차차 날카롭고 빨다. ㉝뾰족하다. 뿌죽-이囝.

뿌쭉-뿌쭉囝囮 〈뿌죽뿌죽〉의 센말. ㉝뾰쪽뾰쪽.

뿌쭉-하다[-쭈카-]囹囮 〈뿌죽하다〉의 센말. ㉝뾰쪽하다.

삐囝 ①어린아이의 우는 소리. ②피리나 휘슬 따위를 부는 소리. 삐-삐. 삐-삐하다圀困囤

삐걱圀困囤 〈비걱〉의 센말. ㉝삐각. ㉂삐꺽.

삐걱-빼각囝圀困囤 삐걱거리는 소리와 빼각거리는 소리가 한데 어울려 나는 소리.

삐꺽圀困囤 〈삐걱〉의 센말. ㉝삐각.

삐꾸러-지다困 〈비꾸러지다〉의 센말.

삐끗[-끋]囝 〈비끗〉의 센말. ㉝삐끗.

삐끼圓 '유흥업소에 고용되어 호객 행위를 하는 사람'을 속되게 이르는 말.

삐:다¹困 (괴었던 물이) 잦아지거나 빠져서 줄다. ¶마당에 괴었던 물이 삐다.

삐:다²困囤 (몸의 어느 부분이) 비틀리거나 하여 뼈마디가 어긋나다. ¶손목이 삐다. /발목을 삐어 걷기 힘들다.

삐-대다困 한군데에 오래 진대 붙어서 괴롭게 굴다. ¶남의 집에 달포나 삐대고 있으면서 미안해하는 기색도 없다.

삐드득圀困囤 틈에 빠듯하게 끼인 물체가 들어가거나 빠져나올 때 세게 문질러지며 나는 소리. 삐드득-삐드득圀困囤

삐드득-거리다[-꺼-]困囤 삐드득거리다. ㉝빠드득거리다.

삐딱-거리다[-꺼-]困 〈비딱거리다〉의 센말. 삐딱대다. ㉝삐깍거리다.

삐딱-대다[-때-]困 삐딱거리다.

삐딱-삐딱囝困囮 〈비딱비딱〉의 센말. ㉝삐딱삐딱.

삐딱-하다[-따카-]囹囮 〈비딱하다〉의 센말. ㉝삐깍하다.

삐뚜로囝 〈비뚜로〉의 센말. ㉝삐뚜로.

삐뚜름-하다囹囮 〈비뚜름하다〉의 센말. ㉝삐뚜름하다.

삐뚜-거리다[-꺼-]困囤 〈비뚜거리다〉의 센말. 삐뚜거리다. ㉝삐뚝거리다.

삐뚝-대다[-때-]困囤 삐뚝거리다.

삐뚝-삐뚝囝困囤 〈비뚝비뚝〉의 센말. ㉝삐뚝.

삐뚤-거리다困囤 〈비뚤거리다〉의 센말. 삐뚤대다. ㉝삐뚤거리다.

삐뚤다[삐뚜니·삐뚤어]囹 〈비뚤다〉의 센말. ㉝삐뚤다.

삐뚤-대다困囤 삐뚤거리다.

삐뚤-삐뚤囝困囤 〈비뚤비뚤〉의 센말. ㉝삐뚤.

삐뚤삐뚤-하다囹囮 〈비뚤비뚤하다〉의 센말. ㉝삐뚤삐뚤하다.

삐뚤어-지다困 〈비뚤어지다〉의 센말. ¶삐뚤어진 생각. /성격이 삐뚤어지다. /줄이 삐뚤어지다. ㉝삐뚤어지다.

삐뚤-이圓 〈비뚤이〉의 센말.

삐라(bira 일.←bill)圓 '전단(傳單)'의 잘못.

삐리圓 남사당패에서, '신출내기'를 이르는 말.

삐삐¹圓 '무선 호출기(無線呼出機)'를 흔히 이르는 말. ¶삐삐를 치다.

삐삐²囝囮 비틀리도록 바싹 여윈 모양. ¶몸이 삐삐 마르다.

삐악囝 〈비악〉의 센말.

삐져-나오다[-져-]困 속에 있는 것이 밖으로 불거져 나오다. ¶솜이 삐져나온 이불. /속옷이 삐져나오다.

삐주룩-삐주룩囝囮 〈비주룩비주룩〉의 센말. ㉝삐쭈룩삐쭈룩.

삐주룩-하다[-루카-]囹囮 〈비주룩하다〉의 센말. ㉝삐쭈룩하다.

삐죽¹囝囮 〈비죽〉의 센말. ㉝삐죽¹. ㉂삐쭉¹.

삐죽²囝囮 〈비죽²〉의 센말. ㉝삐죽². ㉂삐쭉².

삐죽-이圓 '걸핏하면 토라지는 사람'을 조롱하여 이르는 말.

삐쩍囝 〈비쩍〉의 센말.

삐쭉¹囝困囤 〈비죽¹〉·〈삐쭉¹〉·〈삐죽¹〉의 센말. ㉝삐죽¹.

삐쭉²囝困囤 〈비죽²〉·〈삐쭉²〉·〈삐죽²〉의 센말. ㉝삐죽².

삐쭉-삐쭉囝囮 여럿이 다 삐쭉한 모양. ¶삐쭉삐쭉 돋은 장미 가시. ㉝삐쭉삐쭉.

삐쭉-하다[-쭈카-]囹囮 물체의 끝이 뿌루룩하게 날카롭다. ㉝삐죽하다.

삐:지다困 ☞삐치다².

삐:치다¹困 일에 시달리어 피곤하게 되다.

삐:치다²困 마음이 비틀어져 토라지다. 삐지다. ¶그녀는 조그마한 일에도 잘 삐친다.

삐:치다³囤 (글씨의) 삐침 획을 긋다.

삐:침-석삼(-三)[-쌈]圓 한자 부수의 한 가지. '形'·'彦' 등에서의 '彡'의 이름. 터럭삼.

삐:침-별圓 ☞삐침별.

삐:침-별(-丿)圓 한자 부수의 한 가지. '乃'·'久' 등에서의 '丿'의 이름. 삐침.

삐트적-거리다[-꺼-]困 〈비트적거리다〉의 센말. 삐트적대다. ㉝삐트작거리다.

삐트적-대다[-때-]困 삐트적거리다.

삐트적-삐트적투하타 〈비트적비트적〉의 센말.
丞삐트작삐트작.

삐틀투하타 〈비틀〉의 센말. 丞삐틀.

삑투 갑자기 새되게 내거나 지르는 소리. 丞삑1.
-삑-투.

삑삑-거리다[-꺼-]자 자꾸 삑삑 소리를 내다.
삑삑대다. 丞삑삑거리다.

삑삑-대다[-때-]자 삑삑거리다.

삑삑-하다[-삐카-]혱임 ①빈틈이 없이 촘촘하
다. ¶사람들이 삑삑하게 들어섰다. ②구멍이
좁아 빨아들이기에 답답하다. ③국물이 적고
건더기가 많아서 되다랗다. 丞빽빽하다. 삑삑-
이투.

삔둥-거리다자 〈빈둥거리다〉의 센말. 삔둥대다.
丞빈둥거리다.

삔둥-대다자 삔둥거리다.

삔둥-삔둥투하자 〈빈둥빈둥〉의 센말. 丞삔둥삔
둥.

삔들-거리다자 〈빈들거리다〉의 센말. 삔들대다.
丞삔들거리다. 丞삔들거리다.

삔들-대다자 삔들거리다.

삔들-삔들투하자 〈빈들빈들〉의 센말. 丞삔들삔
들. 丞삔들삔들.

삘기명 띠의 어린 새순.

삘기-살명 죽바나 쥐머리에 붙은 쇠고기.

삥투 〈빙〉의 센말. 丞뼁. 丞핑.

삥그레투하자 〈빙그레〉의 센말. 丞뼁그레.

삥그르르투하자 〈빙그르르〉의 센말. 丞뼁그르
르. 丞핑그르르.

삥글명 〈빙글〉의 센말. 丞뼁글.

삥글-삥글투 〈빙글빙글〉의 센말. 丞뼁글뼁글.

삥긋-[-귿]투하자 〈빙긋〉의 센말. 丞뼁긋.

삥끗-[-끋]투하자 〈빙긋〉·〈빙끗〉·〈삥긋〉의 센말.

삥등-그리다타 고개를 돌려 싫다는 뜻을 나타
내다. 丞뼁당그리다.

삥땅투하타 '남에게 건네기 위해 받아 놓은 돈
따위의 일부를 가로채는 짓'을 속되게 이르는
말. ¶삥땅을 치다.

삥-삥투하자 〈빙빙〉의 센말. 丞뼁뼁. 丞핑핑.

삥시레투하자 〈빙시레〉의 센말. 丞뼁시레.

삥실투 〈빙실〉의 센말. 丞뼁실.

삥싯-[-싣]투하자 〈빙싯〉의 센말. 丞뼁싯.

ㅄ 비읍시옷. 'ㅂ'과 'ㅅ'의 합용 병서. ①옛글
에서, 초성으로 쓰인 경우, 뒷날 'ㅆ' 소리로
변함. ②현대어에서, 받침으로 쓰이는 경우,
'ㅄ' 뒤에 모음으로 시작되는 어미가 이어지면
'ㅅ'이 발음되고, 자음으로 시작되는 어미나
조사가 이어지면 'ㅅ'은 발음되지 않음. ¶없
어지다. /가없다./없는.

뻐투 〈옛〉써. ¶以논 뻐 ᄒ논 ᄠᆮ다라(月釋序5).

뻐곰투 〈옛〉써. 엇메 뻐곰 싀어미 싀아비롤 拜
謁ᄒ리오(杜初8:67).

뻑다타 〈옛〉썩다. ¶외나모 뻐근 ᄃ리(鄭澈.關東
別曲). 丞석다.

뽀다타 〈옛〉쏘다. ¶뽈 사:射(訓蒙下9).

뽁명 〈옛〉쑥. ¶뽁 번:蘩. 뽁 애:艾(訓蒙上9).

뽀다타 〈옛〉쓰다(用). ¶用은 뽈씨라(訓諺).

뽀다2타 〈옛〉쓰다(冠). ¶삿갓 빗기 뽀고 누역으
로 오슬 삼아(古時調).

뽀다3혱 〈옛〉쓰다(苦). ¶뽄 ᄂ믈 데워 내여 ᄃ
도록 싀어 보새(古時調).

뽀써리명 쓰레질. ¶門庭을 닦거서 뽀써리 ᄒ노
라(杜初10:39).

뽈게명 〈옛〉쓸개. ¶뽈게 담:膽(訓蒙上27).

뽈다타 〈옛〉쓸다. ¶뽈 소:掃(類合下8).

씨명 〈옛〉씨(種子). ¶됴ᄒ 씨 심거든 됴ᄒ 여름
여루미(月釋1:12).

뽀눈명 〈옛〉싸라기눈. ¶뽀눈 션:霰(訓蒙下2).

뽀다타 〈옛〉싸다. 둘러싸다. ¶雲霞 ᄀᄒ 기부로
뻐 뽀면(杜初16:57).

뽈명 〈옛〉쌀. ¶ᄒᆫ 뽈 米(月釋8:90).

ㅺ 〈옛〉비읍시옷기역. 'ㅂ'·'ㅅ'·'ㄱ'의 합용 병
서. 초성(初聲)으로만 쓰임. 뒷날 'ㄲ' 소리로
변함.

뻬다타 〈옛〉깨다. 깨뜨리다. ¶그 뜯 사교미 端
正호미 나모 뻬ᄃᆺ호며(法華序22).

뻬티다타 〈옛〉깨뜨리다. ¶큰 돌에롤 벼라기 뻬
티니(杜初18:19).

뻬혀다타 〈옛〉깨뜨리다. ¶다시 鄭虛로 뻬혀면
(楞解3:68). 뻬혀다.

뻬혀다타 〈옛〉깨뜨리다. ¶이를 뻬혀 둘헤 밍ᄀ
라(法華4:46).

뻬디다타 〈옛〉꺼지다. 빠지다. ¶브리 뻬디거늘
(釋譜23:47). / 뻬딜 멸:滅(訓蒙下35). / 오히려
뻬디디 아니ᄒ 시니(楞解1:35).

뻬다타 〈옛〉꿰다. ¶ᄒᆫ 사래 뻬니(龍歌23章).

뻬알다타 〈옛〉꿰뚫어 알다. ¶뻬아라 기튼 恨이
업스니(杜初24:37).

뽈명 〈옛〉꿀. ¶뽈 짓는 버리(楞初21:6). 丞뽈.

뀌이다타 〈옛〉꾸이다. ¶뀌일 더:貸(訓蒙下2).

ᄢ명 〈옛〉때. ¶밤낫 여슷 ᄢ로(釋譜9:32. 月釋
7:65). 丞ᄢ.

ᄢ다자타 〈옛〉끄다. 꺼지다. ¶브리 즉자히 ᄢ거
늘(釋譜6:33). /욕화(欲火)롤 ᄒ마 ᄢ샤(月印
101章).

ᄢ리다 〈옛〉꾸미다. 싸다. ¶하ᄂᆞ 기브로 太子
롤 ᄢ려 안ᄉᆞ바(月釋2:43).

ᄢᆯ1명 〈옛〉끌. ¶ᄢᆯ 착:鑿(訓蒙中16).

ᄢᆯ2명 〈옛〉[ᄢᆯ'의 목적격형]¶ᄒᆫ ᄢᆯ 닐
오미 아니라(圓覺下二之二19).

ᄢᆷ명 〈옛〉틈. ¶金으로 싸해 ᄭᄅᆞ롤 ᄢᆷ 업게 ᄒ
면(釋譜6:24).

ᄢᆡ명 〈옛〉때. ¶아ᄎᆞ ᄢᆡ브터 深山애 이셔 사ᄅᆞ미
이리 설우르고(釋譜11:28).

ᄢᅵ명 〈옛〉끼. 때. ¶每끼 밥 뻐어나(楞解7:15).

ᄢᅵ니명 〈옛〉끼니. ¶여슷 ᄢᅵ니ᄂᆞ 낫 새 밤 세히
라(月釋7:65).

ᄢᅵ다타 〈옛〉끼다3. ¶활 ᄢᅵ고 시울 울여(杜初
10:26).

ᄢᅵ들다타 〈옛〉껴들다. 부축하다. ¶달애며 ᄢᅵ들
며(小解6:12).

ᄢᅵ우다타 〈옛〉끼우다. ¶끼울 감:嵌(訓蒙下20).

ᄢᅵ명 〈옛〉틈. ¶문득 보니 바횟 ᄢᅵ예 프른 너추
레 ᄒ 외 여렷거늘(三綱.孝子30).

ᄭᄭ다타 〈옛〉까다. ¶바몰 ᄭᄭ고(杜初7:32). /알 ᄭᄭ
며 젓 머겨 나하(法華2:116).

ㅳ 〈옛〉비읍시옷디근. 'ㅂ'·'ㅅ'·'ㄷ'의 합용 병
서. 초성(初聲)으로만 쓰임. 뒷날 'ㄸ' 소리로
변함.

ᄠᄋ명 〈옛〉때1. ¶ᄒᆫ ᄠᄋ 계도록 긴다가(月釋7:9).

ᄠ리명 〈옛〉부스럼(腫氣). 수두(水痘). ¶ᄠ리 포:
疱(訓蒙中33).

ᄠᅵ다자 〈옛〉찌다. ¶瓶읫 믈이 ᄠᅵ며 다돈 이피
열어늘(月印178章).

ᄠᅵ르다타 〈옛〉찌르다. ¶ᄠᅵᆯ 톄:觝. ᄠᅵᆯ 촉:觸
(訓蒙下).

뿌려디다자 〈옛〉깨지다. 찢기다. ¶子規 새 바
미 우니 묏대 뿌려디고(杜初9:8).

뿌리다타 〈옛〉때리다. 때려 깨뜨리다. ¶돌기알
ᄒ 나ᄎᆞᆯ 뿌려(救解上27).

ㅄ 〈옛〉비읍지읏. 'ㅂ'과 'ㅅ'의 합용 병서. 초성(初聲)으로만 쓰임. 뒷날 '�' 소리로 변함.

쫙 몡 〈옛〉짝. ¶ 짝:隻(訓解) / 合은 對ㅎ야 서르 짝 마촐씨니(月釋序7).

쪽 몡 〈옛〉쪽. 조각. ¶ 쪽 판:瓣(訓蒙下5).

똔머리 몡 〈옛〉짠 머리. 상투. ¶ 됴ᄂᆞᆫ 똔머리니 부텻 뎡바깃 쎠 노ᄑᆞ샤 똔머리 ᄀᆞᄐᆞ실씨(月釋8:34).

쫓다 톤 〈옛〉쫓다. ¶ 버미 ᄯᅩ차 오거늘(月釋10:24).

쬐다 톤 〈옛〉쬐다. ¶ 오직 ᄌᆞ오라셔 등어리 쬐오(杜初8:47).

쁜디다 톤 〈옛〉돌보다. 근념(勤念)하다. ¶ 룢天之心애 그 아니 쁜디시리(龍歌116章).

쁫다 톤 〈옛〉찟다. ¶ ᄀᆞ龍올 쁫저 머거늘(釋譜6:32).

ᄡᆞ다 [1] 톤 〈옛〉①(기름 따위를) 짜다. ¶ ᄯᅩ 기름 ᄡᆞᄂᆞᆫ 殃과 말 저올로(法華7:119). ②(피륙 따위를) 짜다. ¶ 뵈 ᄡᆞᄂᆞᆫ 功을 구틔여 아ᄃᆞ기 ᄒᆞ리아(杜初11:24). ③사개를 맞추어 기구를 만들다. ¶ 車檻은 술위 우희 檻 ᄡᅩᆯ 씨라(楞解8:88).

ᄡᆞ다 [2] 혱 〈옛〉맛이 짜다. ¶ 鹹은 ᄡᅩᆯ 씨라(月釋1:23).

쩨다 톤 〈옛〉쩨다. 찟다. ¶ 제 손토비 쇠 ᄃᆞ외야 제 모몰 쩨야 ᄇᆞ려 죽고져 호ᄃᆡ(月釋1:29).

ㅌ 〈옛〉비읍티읕. 'ㅂ'과 'ㅌ'의 합용 병서. 초성(初聲)으로만 쓰임.

ᄩᅵ다 톤 〈옛〉터지다. ¶ 온가짓 줄싱이 머리옛 骨髓 ᄩᅥ디며(月釋2:38)/ᄩᅥ디며 믈우믄(楞解8:102).

쀠놀다 톤 〈옛〉뛰놀다. ¶ 엇뎨 나비 여숫 窓의 쀠노로미 이시리오(金三5:11).

쀠다 톤 〈옛〉뛰다. ¶ 말와매 두위이저 흰 고기 쀠놋다(杜初25:19).

쀠우다 톤 〈옛〉뛰게 하다. 뛰어오르게 하다. ¶ 헌 번 쀠운둘 ᄂᆞ미 오ᄅᆞ리잇가(龍歌48章).

ᄠᅳ다 톤 〈옛〉트다. ¶ 손바리 어러 ᄠᅳ고 갓과 솔쾌 주게라(杜初25:26).

ᄠᅳᆮ다 톤 〈옛〉뜯다. ¶ 손소 머리 ᄠᅳᆮ고(月釋10:24).

ᄠᅡ다 톤 〈옛〉①타다8. ¶ 거믄고 ᄠᅡ고 하놀과 ᄶᅡ홀 보더라(杜初24:38). ②타다4. ¶ 쌀혼 믈과 ᄎᆞᆫ믈 ᄠᅡ니(東醫湯液1).

ㅸ1 [순경음 비읍] 〈옛〉옛 자음의 하나. 'ㅂ'의 순경음. 아래위 입술이 닿을락 말락 한 상태에서 나는 유성음. 〔15세기 중엽에 소멸됨.〕 ¶ 대범〔大虎〕. /ᄀᆞ올〔邑〕. /글발〔文〕.

ㅸ2 조 〈옛〉'ㅁ' 받침 아래 쓰인 관형격 조사. ¶ 斗둟ㅸ字쭝(訓解).

ㅅ [시옫]<자모> 시옷. ①한글 자모의 일곱째. ②자음의 하나. 목젖으로 콧길을 막고 혀의 앞바닥을 윗잇몸에 가까운 입천장의 앞바닥에 닿을락말락 붙여, 내쉬는 숨으로 그 사이를 갈면서 내쉬어 소리 내는 안울림소리. 받침의 경우에는, 혀의 앞바닥이 입천장의 앞바닥에 맞닿아 입김을 막는 소리로서 'ㄷ'과 같음. * ㅅ이 [시오시] · ㅅ만[시온—]

ㅅ<조> 〔옛〕중세 국어의 관형격 조사. ¶狄人ㅅ 서리예 가사(龍歌4章). /님금 德(龍歌118章). /眞實ㅅ 무슨매(蒙法1). 참ㅿ · ㄱ · ㄷ · ㅂ · ㆆ².

ㅅ^변:칙^활용(—變則活用) [시온뺀치콰룡]<명> ☞ㅅ 불규칙 활용.

ㅅ^불규칙^용:언(—不規則用言) [시온뿔—칭농—]<명> ㅅ 불규칙 활용을 하는 용언. 〔긋다 · 붓다 · 잇다 · 젓다 따위.〕

ㅅ^불규칙^활용(—不規則活用) [시온뿔—치콰룡]<명> 어간 끝 음절의 받침 'ㅅ'이 모음으로 시작되는 어미 앞에서 탈락하는 불규칙 활용. 〔'낫다→나으니 · 나아, 짓다→지으니 · 지어' 등으로 되는 따위.〕 ㅅ 변칙 활용.

사<명> 〔골무나 타래버선의 두 쪽을 합쳐 마무를 때〕 가장자리를 위아래로 번갈아 겹쳐 꿰매는 바느질법.

사²<명> 서양 음계의 G 음의 우리나라 음이름. 〔사장조의 '도(do)'에 해당함.〕

사<조> 〔옛〕야. 라야. ¶本이 固ㅎ야사 邦이 寧ㅎ리라 ㅎ니(常解18). 참사.

사:(士)<명> 장기짝의 한 가지. '士'자로 나타낸 장기짝의 한 가지. 한 편에 두 개씩으로 모두 네 개가 있음. 궁밭 안에서만 한 칸씩 자유로이 움직이면서 장을 지킴.

사:(巳)<명> ①십이지의 여섯째. 뱀을 상징함. ②〈사방(巳方)〉의 준말. ③〈사시(巳時)〉의 준말.

사:(死)<명> 죽음. ¶생과 사. ↔생(生).

사(私)<명> ①사사로움. ¶공과 사를 구분하다. ↔공(公). ②자기나 자기편의 이익만 꾀하는 일. ③숨기어 드러내지 않는 일.

사(邪)<명> ①바르지 아니한 일. ↔정(正). ②〈사기(邪氣)〉의 준말.

사(社)<명> 〈회사〉의 준말. ¶우리 사의 영업 전략. ②고대 중국에서, 토지의 수호신, 또는 그 신에게 지내는 제사를 이르던 말.

사(使)<명> ①고려 시대, 삼사(三司) · 밀직사(密直司) 등의 장관. ②고려 · 조선 시대, 목(牧) · 도호부(都護府) 등 지방 관아의 으뜸 벼슬. 〔목사 · 부사(府使) 따위.〕

사(砂)<명> 풍수지리에서, 혈(穴) 주위의 형세를 이르는 말.

사(師)<명> 〈사패(師旅)〉의 준말.

사(射)<명> 육예의 하나. 활을 쏘는 법. 사예.

사(紗)<명> 얇고 발이 성긴 비단. 여름 옷감으로 많이 쓰임.

사:(赦)<명> ①☞사면(赦免). ②〈사전(赦典)〉의 준말.

사:(詞)<명> 〔악부(樂府)의 변체로〕한시(漢詩)의 한 체(體).

사(辭)<명> 한문 문체의 한 가지. 부(賦)와 비슷한데, 흔히 운어(韻語)로 씀.

사:(事)<의> ('-ㄹ' · '-을' 뒤에 쓰이어) '일' · '것'을 뜻하는 문어 투의 말. ¶4월 말일까지 반드시 출두할 사.

사:(四)〔Ⅰ〕<수> 넷. 〔Ⅱ〕<관>《일부 단위를 나타내는 명사 앞에 쓰이어》①그 수량이 넷임을 나타내는 말. ¶사 년. /사 미터. ②그 순서가 네 번째임을 나타내는 말. ¶사 장. /사 등.

사(沙 · 砂)<수관> 섬세(纖細)의 10분의 1, 진(塵)의 10배가 되는 수(의). 곧, 10⁻⁸.

사(絲)<수관> 모(毛)의 10분의 1, 홀(忽)의 10배가 되는 수(의). 곧, 10⁻⁴.

-사(士)<접미> 일부 명사 뒤에 붙어, 그 방면의 전문적 기능이 공인되거나 학문이 일정한 수준에 이른 사람임을 뜻함. ¶변호사. /운전사. /기관사.

-사(史)<접미> 일부 명사 뒤에 붙어, 그 분야의 '역사'임을 뜻함. ¶동양사. /철학사. /국문학사. /정치 경제사.

-사(寺)<접미>《일부 명사 뒤에 붙어》'절'의 뜻을 나타냄. ¶불국사. /해인사.

-사(社)<접미>《일부 명사 뒤에 붙어》어떤 '기관'이나 '회사'임을 뜻함. ¶신문사. /통신사. /잡지사. /출판사.

-사(事)<접미>《일부 명사 뒤에 붙어》'일'을 뜻함. ¶중대사. /가정사.

-사(師)<접미> 일부 명사 뒤에 붙어, 그 방면에 전문적인 기능을 가진 사람임을 뜻함. ¶요리사. /이발사.

-사(詞)<접미>《일부 명사 뒤에 붙어》'품사'임을 뜻함. ¶형용사. /자동사.

-사(辭)<접미>《일부 명사 뒤에 붙어》'말'이나 '글'임을 뜻함. ¶개회사. /취임사.

-사<어미> '-시어'의 준말. ['보우하시어→보우하사, 돌아오시어→돌아오사' 따위.]

사:가(四家)<명> 조선 정조(正祖) 때의 실학 대가(實學大家) 박제가(朴趾源)를 사우(師友)로 모신, 이덕무(李德懋) · 유득공(柳得恭) · 박제가(朴齊家) · 이서구(李書九)의 네 실학자. 〔선조 때의 사대가(四大家)에 맞추어 이들을 '후사가(後四家)' 또는 '실학 사가(實學四家)'라고도 함.〕

사:가(史家)<명> 〈역사가〉의 준말.

사가(私家)<명> ☞사삿집.

사가(查家)<명> ☞사돈집.

사가(師家)<명> 스승의 집.

사:가(賜暇)<하자> 조정에서 관리에게 휴가를 주던 일.

사가-댁(査家宅) [—땍] <명> 〈사돈집〉의 높임말. 사돈댁.

사:가-독서(賜暇讀書) [—써] <명> 조선 시대에, 유능한 젊은 문신들을 뽑아 휴가를 주어 독서당에서 공부하게 하던 일.

사가-판(私家版)<명> ☞가각본(家刻本).

사각<부> ①싱싱한 배나 사과 따위를 가볍게 씹을 때 나는 소리. ②눈 따위를 밟을 때 나는 소리. ③갈대나 풀을 먹인 빳빳한 천 따위가 마찰할 때 나는 소리. 용서걱. 셴싸각. 사각-사각<부><자타>

사:각(四角)<명> ①네 각. ②네 개의 모진 귀가 있는 모양. 네모. ③〈사각형〉의 준말.

사:각(史閣)**명** 조선 시대에, 사고(史庫) 안의 실록(實錄)을 넣어 두던 곳.

사:각(死角)**명** ①(사정거리 안에 있으면서도) 장애물이나 총포 따위의 구조로 사격할 수 없는 범위. ②(가까운 곳에 있으면서도) 눈길이나 영향이 미치지 못하는 일이나 범위.

사각(射角)**명** 총포를 사격할 때, 그 총신이나 포신이 수평면과 이루는 각도. 발사각.

사각(斜角)**명** '빗각'의 구용어.

사각(斜脚)**명** 비스듬히 걸어가는 일, 또는 그러한 걸음걸이.

사각(寫角)**명** 사진기의 촬영 각도.

사각-거리다[-꺼-]**자타** 자꾸 사각사각 소리가 나다, 또는 그런 소리를 내다. 사각대다. **준**서걱거리다.

사:각-건(四角巾)[-껀]**명** 지난날, 부모상을 당한 상제가 소렴(小殮) 때부터 성복(成服) 때까지 쓰던, 베로 된 건(巾). 〔두건과 같으나 위를 막지 않고 네모지게 만들었음.〕

사각-근(斜角筋)[-끈]**명** 목 근육의 한 가지. 숨을 들이쉬는 일을 돕는 구실을 함.

사:각-기둥(四角-)[-끼-]**명** 옆면과 밑면이 사각형으로 된 각기둥. **참**각기둥.

사각-대다[-때-]**자타** 사각거리다.

사:각-도(四角墻)[-또]**명** '사각기둥'의 구용어.

사각-도(斜角墻)[-또]**명** '빗각기둥'의 구용어.

사:각-모(四角帽)[-깡-]**명** 〈사각모자〉의 준말.

사:각-모자(四角帽子)[-깡-]**명** (주로 대학 졸업식 때 쓰는) 윗면이 네모진 모자. 사방모자. **준**각모·사각모.

사각-본(私刻本)[-뻰]**명** ①민간에서 사사로이 펴낸, 관본(官本)이 아닌 책. 가각본(家刻本). ↔관본. ②개인이 비용을 들여 펴낸 책.

사:각-뿔(四角-)**명** 밑면이 사각형인 각뿔. 네모뿔.

사:각-식(四角植)[-씩]**명하타** 논밭에 네모반듯하게 곡식 따위를 심음.

사:각-주(四角柱)[-쭈]**명** '사각기둥'의 구용어.

사각-주(斜角柱)[-쭈]**명** '빗각기둥'의 구용어.

사:각-지대(死角地帶)[-찌-]**명** ①위치의 각도상 사물이 보이지 아니하게 되는 곳, 또는 거울이 사물을 비출 수 없는 곳. ¶차선을 바꿀 때는 사각지대를 주의해야 한다. ②'관심이나 영향이 미치지 못하는 영역'을 비유하여 이르는 말. ¶안전의 사각지대.

사:각-추(四角錐)[돼]**명** '사각뿔'의 구용어.

사:각-치부(四脚置簿)**명** ☞사개다리치부.

사:각-팔방(四角八方)**명** 모든 방면. 여기저기. 사방팔방.

사:각-형(四角形)[-가형]**명** 네 개의 직선으로 둘러싸인 평면 도형. 네모꼴. 사변형. **준**각형·사각.

사간(司諫)**명** 조선 시대, 사간원(司諫院)의 종삼품 벼슬.

사:간(死諫)**명하타** 죽음을 무릅쓰고 간함.

사간(射干)**명** 한방에서, '범부채의 뿌리'를 약재로 이르는 말. 어혈·후증(喉症) 따위에 쓰임.

사간-원(司諫院)**명** 조선 시대, 삼사(三司) 중 하나. 임금에게 간(諫)하는 일을 맡아보던 관아. **준**간원.

사:간-통(四間通)**명** 방 하나 크기만큼의 칸수를 네 칸으로 만든 건축 양식.

사갈(沙-)**명** 지난날, 산에 오르거나 얼음 위를 걸을 때 미끄러지지 않도록 밑바닥에 못을 박아 신던 나막신.

사갈(蛇蠍)**명** ①뱀과 전갈. ②'남을 해치거나,

몹시 불쾌한 느낌을 주는 사람'을 비유하여 이르는 말.

사갈-시(蛇蠍視)[-씨]**명하타** (뱀과 전갈을 보듯) 남을 나쁘게 여겨 몹시 싫어함.

사감(私感)**명** 사사로운 감정.

사감(私憾)**명** 사사로운 일로 품은 유감(遺憾).

사감(舍監)**명** ①기숙사에서 기숙생들의 생활을 감독하는 사람. ②지난날, 궁방(宮房)의 논밭을 관리하던 사람.

사:강-웅예(四強雄蕊)**명** 이생 웅예(離生雄蕊)의 한 가지. 한 꽃 속에서 여섯 개의 수술이 있는데, 네 개는 길고 두 개는 짧음. 〔나리꽃 따위의 수술.〕 **참**이강웅예(二強雄蕊).

사:개명 ①상자 따위의 네 귀퉁이가 꼭 물리도록 가로나무와 세로나무의 끝을 요철(凹凸) 모양으로 파낸 부분, 또는 그런 짜임새. ②건축에서, 도리나 장여를 박기 위해 기둥머리를 네 갈래로 오려 낸 부분, 또는 그 짜임새.

사개(가) 맞다[관용] 말이나 사리의 앞뒤 관계가 딱 들어맞는다.

사:개다리-치부(四介-置簿)**명** 지난날, 개성 상인들 사이에 쓰이던 복식 부기의 한 가지. 금품의 출입을 여러 과목으로 나누어 대차(貸借)를 밝혀 적었음. 개성 부기. 사각치부. **준**사개다리치부.

사:개-대승(四個大乘)**명** 대승 불교의 사대 종파. 화엄종·천태종·진언종·선종의 네 종파를 이름.

사:개-맞춤[-맏-]**명** 기둥머리에 사개를 내어 맞추는 일, 또 그 부분.

사:개-치부(四介置簿)**명** 〈사개다리치부〉의 준말.

사:개-통(四介-)**명** ☞화통.

사:객(使客)**명** 지난날, 연로(沿路)의 수령이 외국으로 파견되어 가는 '봉명 사신(奉命使臣)'을 높이어 일컫던 말.

사객(詞客)**명** 시문(詩文)을 잘 짓는 사람.

사:객(謝客)**명하자** 찾아온 손을 만나지 아니하고 사절함.

사갱(斜坑)**명** 갱구에서, 땅속으로 비스듬히 파 내려간 갱도.

사:거(死去)**명하자** 죽어서 세상을 떠남. 사망. **높**서거.

사거(絲車)**명** 물레를 돌리는 바퀴. 물레바퀴.

사거(辭去)**명하자** 작별하고 떠나감.

사:-거리(四-)**명** 네거리.

사-거리(射距離)**명** 발사된 탄알·포탄·미사일 따위가 도달할 수 있는 곳까지의 거리.

사:건(事件)[-껀]**명** ①문제가 되거나 관심을 끌 만한 일. ¶유괴 사건. /엽기적 사건. ②〈소송 사건〉의 준말. ¶민사 사건.

사:건-시(事件時)[-껀-]**명** 문장이 나타내는 사건이 일어난 시점. 시간과 관련되는 문장을 설명할 때 쓰임. ↔발화시.

사검(査檢)**명하타** ☞검사(檢査).

사:겁(四劫)**명** 불교에서, 세계가 생성(生成)하여 다시 공허(空虛)로 돌아가기까지를 네 시기로 나누어 이르는 말. 곧, 성겁(成劫)·주겁(住劫)·괴겁(壞劫)·공겁(空劫).

사격(寺格)**명** 〔본산(本山)·별원(別院)·말사(末寺) 따위의〕 절의 자격이나 등급.

사격(射擊)**명하타** 총이나 대포·활 등을 쏨.

사격^경:기(射擊競技)[-껨-]**명** 사격장에서, 정해진 총기와 탄약으로 표적을 쏘아 득점을 겨루는 경기.

사격-권(射擊圈)[-껀]**명** 총포를 쏘아 목표물을 맞힐 수 있을 만한 범위.

사격-수(射擊手)[-쑤]**명** ☞사수(射手).

사격-술(射擊術) [-쑬]圐 사격하는 기술.
사격-장(射擊場) [-짱]圐 사격 연습을 할 수 있게 표적 따위의 시설을 해 놓은 곳. 旧사적장.
사견(私見)圐 개인의 사사로운 의견. ¶ 공식적인 자리이니만큼 사견은 배제해 주십시오.
사견(邪見)圐 요사스러운 생각이나 바르지 못한 의견.
사견(絲繭)圐 명주실을 뽑기 위하여 쓰이는 고치. 웜종견(種繭).
사결(辭訣)圐하자 작별 인사의 말을 함.
사:경(四更)圐 하루의 밤을 다섯으로 나눈 넷째 시각. 상오 1시부터 3시까지. 정야(丁夜).
사:경(四京)圐 고려 시대의 네 서울. 곧, 남경(南京:서울)·동경(東京:경주)·중경(中京:개성)·서경(西京:평양).
사:경(四經)圐 ①시경·서경·역경·춘추의 네 경서. ②좌씨춘추(左氏春秋)·곡량춘추(穀梁春秋)·고문상서(古文尙書)·모시(毛詩)의 네 가지 책.
사:경(四境)圐 사방의 경계. 사방의 국경.
사:경(死境)圐 죽음에 이른 경지. 죽게 된 지경. ¶ 사경을 헤매는 병자. /사경에서 벗어나다.
사경(私耕)圐 ①☞사래1. ②☞새경.
사경(私徑)圐 사사로운 이익을 위한, 올바르지 못한 길. 곡경(曲徑).
사경(沙耕·砂耕)圐 ☞사경법.
사경(査經)圐하자 개신교에서, 교인들이 모여 성경을 함께 공부함, 또는 그 일.
사경(斜徑)圐 비탈길.
사경(斜頸)圐 한방에서, 목이 뒤틀려서 머리가 한쪽으로 기울어지는 병증을 이르는 말.
사경(寫經)圐하타 불교에서, 후세에 전하거나 공양하기 위하여 경문을 붓으로 베끼는 일, 또는 그 베낀 경문.
사경-견폐성(蛇驚犬吠聲) [-폐-/-폐] 윈진살의 한 가지. 궁합에서, 뱀띠와 개띠는 서로 꺼린다는 말.
사경-답(私耕畓)圐 ☞사래논.
사경-법(沙耕法) [-뻽]圐 깨끗이 씻은 모래에 식물이 자라는 데 필요한 성분을 녹인 용액만을 주어서 식물을 재배하는 방법. 사경.
사경-전(私耕田)圐 ☞사래밭.
사-경제(私經濟)圐 개인이나 사법인(私法人)의 자유 경쟁에 따르는 경제. 〔가정·회사·조합의 경제 따위.〕 ↔공경제.
사:경-추(四更-)圐 ☞사경추니.
사:경-추니(四更-)圐 보통 닭보다 일찍 사경쯤에 우는 닭. 사경추.
사경-회(査經會) [-회/-훼]圐 개신교에서, 교인들이 일정한 기간을 정하여 성경 공부를 하는 모임.
사:계(四季) [-계/-게]圐 ①봄·여름·가을·겨울의 사철. 사시(四時). ②〈사계삭(四季朔)〉의 준말. ③☞월계화(月季花).
사:계(四界) [-계/-게]圐 ①천계(天界)·지계(地界)·수계(水界)·양계(陽界)를 통틀어 이르는 말. ②불교에서, 세상의 만물을 이루는 땅·물·불·바람의 네 원소를 이르는 말.
사:계(四計) [-계/-게]圐 사람이 삶을 충실하게 살아가는 데 필요한 네 가지 기본이 되는 계획. 곧, 하루의 계획은 새벽에, 한 해의 계획은 봄에, 일생의 계획은 부지런함에, 한 집안의 계획은 화목함에 있다는 말.
사계(司計) [-계/-게]圐 조선 말기에, 국가의 회계 사무를 맡아보던 관원.

사계(私計) [-계/-게]圐 ①자기 혼자의 생각이나 계획. ②사사로운 이익을 위한 교계.
사계(沙界·砂界) [-계/-게]圐 불교에서, 항하(恒河)의 모래처럼 '수많은 세계' 또는 '무량(無量)·무수(無數)인 것'을 이르는 말.
사계(邪計) [-계/-게]圐 바르지 못한 나쁜 계책. 간사한 꾀.
사:계(事戒) [-계/-게]圐하자 불교에서, 모든 계행(戒行)을 지키는 일.
사계(射界) [-계/-게]圐 쏜 탄알이 미치는 범위.
사계(射楔) [-계/-게]圐 지난날, 활을 쏘기 위하여 사정(射亭)에 모이는 사원(射員)들로 조직되었던 단체.
사:계(捨戒) [-계/-게]圐하자 불교에서, 계율을 버리고 지키지 아니함을 이르는 말.
사계(詐計) [-계/-게]圐 남을 속이려는 간사한 꾀.
사계(斯界) [-계/-게]圐 (지금 말하고 있는) 이 방면의 사회. 이 분야. ¶ 사계의 권위자.
사:계-도(四季圖) [-계-/-게-]圐 병풍 따위에, 사철의 독특한 풍경을 그린 그림.
사:-계명(四誠命) [-명]圐 천도교에서 이르는 네 가지 계명. 번복하는 마음을 두지 말 것, 물욕이 서로 가리게 하지 말 것, 헛말로 혹세(惑世)하지 말 것, 한울님을 속이지 말 것을 이름.
사:-계삭(四季朔) [-계-/-게-]圐 봄·여름·가을·겨울의 각 계절의 마지막 달. 〔음력 삼월·유월·구월·선달을 아울러 이름.〕 웜사계.
사:-계절(四季節) [-계-/-게-]圐 ☞사철(四-). ¶ 사계절이 뚜렷한 우리나라.
사계ᄉ편사(射楔便射)圐 지난날, 사계의 사원(射員)들이 편을 갈라 활 솜씨를 겨루던 일.
사:계-화(四季花) [-계-/-게-]圐 ☞월계화.
사:고(四苦)圐 불교에서, 사람이 평생 동안에 겪는 '생(生)·노(老)·병(病)·사(死)'의 네 가지 괴로움을 이르는 말. 사환(四患).
사:고(史庫)圐 조선 시대에, 역사에 관한 기록이나 중요한 서적을 보관하던, 정부의 곳집.
사:고(死苦)圐 ①불교에서 이르는 사고(四苦)의 하나. 중생으로서 벗어날 수 없는 죽음의 괴로움을 이름. ②죽을 때의 고통.
사고(私考)圐 자기 혼자만의 생각. 사사로운 고찰.
사고(私稿)圐 사사로운 원고. 사초(私草).
사고(社告)圐 회사에서 내는 광고. ¶ 사원 모집에 관한 사고.
사:고(事故)圐 ①뜻밖에 일어난 사건이나 탈. ¶ 자동차 사고./추락 사고가 나다. 旧변고(變故). ②어떤 일의 까닭. ¶ 무슨 사고로 어제 결석을 했느냐? ③사람에게 해를 입히거나 말썽을 일으키는 짓. ¶ 사고를 치다.
사고(思考)圐하타 ①생각함. 궁리함. ②☞사유(思惟). ③문제 해결의 과정에서, 그 결론에 이르기까지의 심리 작용.
사:고-결(事故缺)圐 어떤 사고로 말미암은 결근이나 결석.
사-고기(私-)圐 ①관청의 허가 없이 몰래 잡은 쇠고기. 사육(私肉). ②'여럿이 나누어 가져야 할 것을 혼자서 차지하는 물건'을 빗대어 이르는 말.
사고-력(思考力)圐 사고하는 능력.
사:고-무(四鼓舞)圐 고전 무용의 한 가지. 네 개의 북을 사방에 걸어 놓고 돌아가며 빠르게 치면서 추는 춤.
사:고-무인(四顧無人)圐하형 주위에 사람이 없어 쓸쓸함.

사:고-무친(四顧無親)명하형 〔사방을 돌아보아도 친척이 없다는 뜻으로〕의지할 만한 데가 전혀 없음을 이르는 말. ¶사고무친의 외로운 신세. /사고무친한 타향.

사:고-뭉치(事故-)명 '걸핏하면 사고를 저지르는 사람'을 속되게 이르는 말. 사끗덩어리.

사고-방식(思考方式)명 어떤 문제를 궁리하고 헤아리는 방법과 태도. ¶고루한 사고방식. /사고방식이 건전하다.

사:고-전서(四庫全書)명 청나라 건륭(乾隆) 황제의 칙선(勅選)으로, 궁중과 민간의 장서 총 1만 223부 17만 2626권을, 경(經)·사(史)·자(子)·집(集)의 네 부문으로 나누고, 일종 통씩을 등본(謄本)하여 보관한 총서.

사:고-팔고(四苦八苦)명 〔인간의 온갖 괴로움을 이르는 말〕불교에서, 생로병사(生老病死)의 사고(四苦)와 사랑하는 이와 헤어지는 고통, 구하여도 얻지 못하는 고통, 원수나 미워하는 사람과 만나는 고통, 오온(五蘊)이 성한 고통 등 여덟 가지 괴로움을 아울러 이르는 말.

사고-팔다(事故~)〔~파니·~팔아(물건 따위를) 사기도 하고 팔기도 하다. ¶농산물을 사고팔다.

사곡(邪曲)명 '사곡(邪曲)하다'의 어근.

사곡(私穀)명 '사곡(私曲)하다'의 어근.

사곡(私穀)명 개인의 소유의 곡식. ↔공곡.

사곡(絲穀)명 〈사신곡복(絲身穀腹)〉의 준말.

사곡-하다(邪曲-)[-고카-]형예 마음이 요사스럽고 바르지 못하다.

사곡-하다(私曲-)[-고카-]형예 사사롭고 바르지 못하다.

사:골(四骨)명 '소의 네 다리뼈'를 이르는 말. 곰거리로 씀.

사:골(死骨)명 죽은 사람의 뼈.

사골(篩骨)명 두개골의 일부. 두 눈구멍 사이에 있는, 벌집같이 생긴 뼈.

사:곳-덩어리(事故-)[-고떵-]→-곧떵-]명 ☞사고뭉치.

사공(司空)명 ①고려 시대, 삼공(三公)의 하나. ②조선 시대에, '공조 판서'를 달리 이르던 말.

사:공(四空)명 사방의 하늘.

사공(沙工·砂工)명 〈뱃사공〉의 준말.
  사공이 많으면 배가 산으로 간다〔올라간다〕속담 주장하는 사람이 없이 저마다 나서니거니 하면 일이 제대로 되지 않음을 이르는 말.

사:과(四科)명 ①천도교에서, 도를 닦는 네 과정인 '성(誠)·경(敬)·신(信)·법(法)'을 이르는 말. ②유학(儒學)의 네 가지 학과인 덕행(德行)·언어(言語)·정사(政事)·문학(文學).

사과(沙果·砂果)명 사과나무의 열매. 평과(苹果).

사과(絲瓜)명 ☞수세미외.

사:과(謝過)명하타 자기의 잘못에 대하여 용서를 빎. ¶사과의 선물. /사과를 받다.

사과-나무(沙果-)명 장미과의 낙엽 교목. 과실나무의 한 가지로, 봄에 잎보다 먼저 하양 또는 연분홍 꽃이 가지 끝에 핌. 열매인 '사과'는 빛깔이 시면서도 단맛이 있음. 국광·홍옥·부사 등 품종이 많음.

사과-문(謝過文)명 사과하는 뜻을 적은 글.

사과-산(沙果酸)명 유기산의 한 가지. 덜 익은 사과나 복숭아 등에 들어 있는 이염기산(二鹽基酸)·탄소·수소·산소 등을 주성분으로 하는 무색 결정성 화합물. 능금산.

사과-주(沙果酒)명 사과즙을 발효시켜서 만든 알코올성 음료.

사과-즙(沙果汁)명 사과에서 짜낸 즙.

사과-참외[-차뫼/-차뭬]명 살이 아주 연하고 물이 많은 참외.

사:과-탕(四-湯)명 소의 뼈도가니·허파·꼬리·아롱사태를 넣어 곤 곰국.

사:관(仕官)명 ①병사를 거느리는 무관. ②'장교(將校)'를 통틀어 이르는 말.

사:관(仕官)명 ①왕조 때, 부하가 다달이 초하룻날에 상관을 찾아뵈던 일.

사:관(史官)명 왕조 때, 역사를 기록하던 관원. 고려 시대에는 사관(史館)의 수찬(修撰)·검열(檢閱) 등을, 조선 시대에는 예문관의 검열과 승정원의 주서(注書) 등을 일컬었음. 사신(史臣).

사:관(史館)명 고려 초기에, 왕의 언행과 정치 및 백관의 행적 등 모든 시정(時政)을 기록하는 일을 맡아보던 관아. 뒤에 예문춘추관(藝文春秋館)으로 고침.

사:관(史觀)명 역사적 사실을 파악하여 해석하는 근본적인 견해. 역사관.

사:관(四關)명 한방에서, 곽란(癨亂)을 다스리기 위하여 손과 발의 네 관절에 침을 놓아 통기(通氣)를 시키는 곳을 이르는 말.
  사관(을) 트다관용 사관에 침을 놓다.

사관(舍館)명 객지에 머무르는 동안 남의 집에서 잠시 기숙함, 또는 그 집.

사관(査官)명 왕조 때, 검사하는 일을 맡아보던 벼슬아치.

사관(蛇管)명 ①열(熱)을 흡수하거나 방출하는 면적을 크게 하기 위하여, 나선형으로 만든 관. ②☞호스(hose).

사관(絲管)명 〔줄을 타거나 대롱을 불어 소리내는 악기라는 뜻으로〕'관현(管絃)' 또는 '음악'을 이르는 말.

사관(篩管)명 ☞체관.

사관(辭官)명 왕조 때, 임금의 명령을 전하던 내시(內侍) 등의 벼슬아치.

사:관-생도(士官生徒)명 사관학교에서 장교가 되기 위해 교육을 받고 있는 생도.

사관-청(仕官廳)명 조선 시대에, 포교가 포장(捕將)의 집 근처에 머물면서 공무(公務)를 보던 곳.

사:관-학교(士官學校)[-꾜]명 육·해·공군의 사관을 양성하는 학교.

사:관-후보생(士官候補生)명 사관이 되기 위하여 소정의 교육 훈련을 받는 사람.

사:광(四光)명 화투 놀이에서, 네 개의 광(光) 패로서 이루어지는 약.

사광(沙鑛·砂鑛)명 사금이나 사석(砂錫) 따위를 캐내는 곳. 사광상(砂鑛床).

사광(射光)명 빛을 내쏨.

사광(斜光)명 비스듬히 비추는 광선.

사-광상(沙鑛床)명 ☞사광(沙鑛).

사패(師卦)명 육십사괘의 하나. 곤괘(坤卦)와 감괘(坎卦)를 위아래로 놓은 괘. 땅속에 물이 있음을 상징함. ☞사(師).

사:괴-석(四塊石)[-괴-/-꿰-]명 벽이나 돌담을 쌓는 데 쓰이는, 한 사람이 네 덩이를 질 수 있을 만한 크기의 돌.

사:교(四敎)명 ①석가의 일생 동안의 가르침을 넷으로 나누는 것. 곧, 장교(藏敎)·통교(通敎)·별교(別敎)·원교(圓敎). ②시(詩)·서(書)·예(藝)·악(樂)의 네 가지. ③문(文)·행(行)·충(忠)·신(信)의 네 가지 가르침. ④부덕(婦德)·부언(婦言)·부용(婦容)·부공(婦功)의 네 가지 가르침.

사교(司敎)圄 대종교에서, 신심이 독실하고 덕망이 높은 원로에게 주는 명예 칭호.

사:교(死交)圄 죽을 때까지도 변하지 않을 만큼 두터운 사귐.

사교(私敎)圄 사사로운 사귐.

사교(邪敎)圄 그릇된 교리(敎理)로 사회에 해를 끼치는 종교. 사종(邪宗). →정교(正敎).

사교(社交)圄㉠ 사회생활에서의 사람끼리의 사귐. 사회생활상의 교제. ¶사교 모임.

사교(斜交)圄㉠ 두 평면이나 직선이 비스듬하게 교차함. ㉠직교(直交).

사교(斜橋)圄 기울게 놓인 다리.

사교(詐巧)圄㉠ 교묘하게 속임. 교사(巧詐).

사교-가(社交家)圄 사교를 잘하는 사람. 널리 교제하기를 좋아하는 사람.

사교-계(社交界)[-계/-게]圄 (특히, 상류층 사람들이) 교제하는 사회.

사교-댄스(社交dance)圄 ㉠사교춤.

사교-도(邪敎徒)圄 사교를 믿는 사람.

사교-병(社交病)[-뼝]圄 ㉠성병(性病).

사교-복(社交服)圄 무도회·야회(夜會)·연회 등에 참석할 때 격식에 맞추어 차려입는 옷.

사교-성(社交性)[-썽]圄 ①사회생활을 하고자 하는 인간의 특성. 사회성. ②남과 잘 사귀는 성질, 또는 남과 사귀기를 좋아하는 성질. ¶사교성이 좋은 사람. ㉠사교성.

사교-술(社交術)圄 사교하는 솜씨.

사-교육(私敎育)圄 개인이나 사법인 등이 베푸는 교육. ↔공교육.

사교육-비(私敎育費)[-삐]圄 공교육비 이외에 학부모가 자녀의 교육을 위하여 추가로 지출하는 경비. [교재비·학용품비·과외비 따위.]

사교-적(社交的)迥圄 사교를 잘하는 (것). 사교에 익숙한 (것). ¶사교적인 사람. /사교적인 성격.

사교-춤(社交-)圄 (무도회 등에서) 사교를 목적으로 음악에 맞추어 남녀가 짝을 지어 추는 서양식 춤. 사교댄스.

사구圄 (옛)①새김(釋). ¶그 뜻 사교의(圓覺序 9). ②새김[刻·銘]. ¶鍾鼎에 사교물 조조 보느니(杜初3:10).

사구(司寇)圄 조선 시대에, '형조 판서(刑曹判書)'를 달리 일컫던 말.

사:구(四球)圄 ㉠포볼.

사:구(死句)[-꾸]圄 시구(詩句) 가운데서, 은은히 풍기는 정취가 없는 구. ↔활구.

사:구(死球)圄 ㉠데드볼2.

사구(沙丘·砂丘)圄 해안·사막 등지에서, 바람에 의해 운반·퇴적되어 이루어진 모래 언덕.

사구(査究)圄㉠ 조사하여 밝힘.

사구(射毬)圄 지난날, 호반이나 한량들이 즐기던 운동의 한 가지. 한 사람이 말을 타고 모구(毛毬)를 끌면서 달려가면, 뒤에서 여러 사람이 말을 타고 쫓아가면서 촉(鏃)이 없는 화살로 모구를 쏘아 맞히던 운동.

사구일생(四俱一生)[-쌩]圄 ㉠사귀일생.

사구-체(絲球體)圄 신장의 피질부에 있는, 공 모양의 작은 모세 혈관 덩어리.

사:구-팔가(四衢八街)圄 사면팔방으로 통하는 길.

사:국(史局)圄 지난날, 사관(史官)이나 사초(史草)를 꾸미던 실록청(實錄廳)이나 일기청(日記廳)을 두루 이르던 말.

사:국(事局)圄 일이 되어 가는 판국.

사:군(使君)圄 지난날, '나라의 사신(使臣)'을 높이어 일컫던 말.

사:군(事君)圄㉠ 임금을 섬김.

사:군(師君)圄 '스승'을 높이어 일컫는 말.

사:군(嗣君)圄 ㉠사왕(嗣王).

사:군이충(事君以忠)圄 세속 오계의 하나로, 임금은 충성으로써 섬겨야 한다는 계율.

사:-군자(士君子)圄 학식이 많고 덕망이 높은 사람을 이르는 말.

사:-군자(四君子)圄 ①[품성이 군자와 같이 고결하다는 뜻으로] '매화·난초·국화·대나무'의 넷을 이르는 말. ②동양화에서, 매화·난초·국화·대나무를 소재로 하여 그린 묵화.

사:-군자(使君子)圄 사군자과의 상록 만목. 높이는 7m가량. 잎은 달걀 모양이며 여름에 흰 꽃이 핌. 열매는 니코틴 중독의 중화제나 살충제 따위로 쓰임.

사:군자-탕(四君子湯)圄 한방에서, 인삼·백출·백복령·감초의 네 가지를 한 돈쭝씩 넣어 달인 탕약을 이르는 말. 원기(元氣)와 소화를 돕는 데에 쓰임.

사:군지도(事君之道)圄 임금을 섬기는 도리.

사굴(私掘)圄㉠ ①남의 무덤을 허가 없이 사사로이 파냄. ②사사로이 광물을 캐내는 일.

사굴(蛇窟)圄 뱀의 굴.

사:궁(四窮)圄 살아가기에 매우 딱한 네 가지 처지. 늙은 홀아비, 늙은 홀어미, 부모 없는 아이, 자식 없는 늙은이를 통틀어 이르는 말. ㉠환과고독.

사권(私權)[-꿘]圄 사법(私法)에서 인정되는 재산과 신분에 관한 권리. ↔공권(公權).

사권-화(絲圈花)圄 철사를 가지로 하여 비단으로 만든 조화(造花).

사:-궤장(賜几杖)圄 지난날, 늙어서 벼슬을 그만두는 대신이나 중신(重臣)에게 임금이 안석(案席)과 지팡이를 내리던 일.

사귀(邪鬼)圄 요사스러운 잡귀. 사매(邪魅).

사귀다㉠㉡ 서로 얼굴을 익혀 가깝게 지내다. 교제하다. ¶여러 해 사귀어 온 친구.

사:귀-신속(事貴神速)圄 일을 하는 데는 신속함을 중히 여긴다는 말.

사:귀일성(四歸一成)[-쌩]圄 넷이 모여 하나가 되는 일. [목화 네 근이 솜 한 근으로, 수삼 네 근이 건삼 한 근으로 되는 따위.] 사구일생.

사귐-성(-性)[-썽]圄 사람들과 잘 사귀는 성품. ㉠사교성.

사규(寺規)圄 절의 규칙.

사규(社規)圄 회사의 규칙.

사그라-들다㉠ 삭아서 없어져 가다.

사그라-뜨리다㉡ 사그라지게 하다. 사그라트리다. ¶불을 사그라뜨리다. /분(忿)을 사그라뜨리다.

사그라-지다㉠ 삭아서 없어지다. ¶그 말을 듣자, 분한 마음이 금세 사그라졌다.

사그라-트리다㉡ 사그라뜨리다.

사그랑이圄 다 삭아서 못 쓰게 된 물건.

사그랑-주머니圄 ['다 삭아 버린 주머니'라는 뜻으로] 거죽 모양만 남고 속은 다 삭은 물건을 이르는 말.

사-그릇(沙-)[-른]圄 〈사기그릇〉의 준말. *사그릇이[-르시]·사그릇만[-른-]

사:극(四極)圄 사방의 맨 끝.

사:극(史劇)圄 ㉠역사극의 준말.

사극(伺隙)圄㉠㉡ 기회를 기다림. 틈을 엿봄.

사:근(四近)圄 가까운 사방.

사:근(事根)圄 ㉠사본(事本).

사근사근-하다迥㉠ ①(성질이) 붙임성이 있고 친절하며 상냥하다. ②(배나 사과처럼) 씹히는 맛이 연하다. ㉤서근서근하다. **사근사근-히**㉡.

사근-주(莎根酒)圄 한방에서, 향부자의 뿌리로 담근 술을 약재로 이르는 말. 〔건위제나 진통제 따위로 쓰임.〕

사:근취원(捨近取遠)圄하자 가까운 것을 버리고 먼 것을 취함.

사글사글-하다围여 (생김새나 성질이) 상냥하고 부드럽다. ¶사글사글한 눈매. 倈서글서글하다.

사글-세(←朔月貰)〔-쎄〕圄①집이나 방을 빌려 쓰고 다달이 내는 세. 월세. ②〈사글셋방〉의 준말.

사글셋-방(←朔月貰房)〔-쎄빵/-쎈빵〕圄 사글세를 받고 빌려 주는 방. 倈사글세.

사금(沙金·砂金)圄 강바닥이나 해안의 모래에 섞여 있는 금. 금모래.

사:금(賜金)圄 사례로 주는 돈.

사금-광(沙金鑛)圄 사금을 캐는 금광.

사금-석(沙金石)圄 석영(石英)의 한 가지. 적철석이나 운모의 세편(細片)을 많이 함유한 광물. 점점이 빨간빛을 내므로 장식용으로 씀.

사금석-유(沙金石釉)圄 천연의 사금석에서 추출한 잿물. 다금유(茶金釉).

사금-파리(沙金-)圄 사기그릇의 깨어진 조각.

사:급(賜給)圄하타 (물품 따위를) 나라에서 내려 줌. 사여(賜與).

사:기(士氣)圄①싸우려 하는 병사들의 씩씩한 기개. ¶드높은 국군의 사기. ②사람들이 일을 이룩하려는 기개. ¶사원들의 사기 저하.

사기(仕記)圄 지난날, 벼슬아치의 출근을 기록하던 문서. 사진기(仕進記).

사:기(史記)圄 역사적 사실을 적은 책. 사서. 사승(史乘). 사적(史籍). 사책(史冊).

사:기(四氣)圄 철에 따라 바뀌는, 따스하고 덥고 서늘하고 찬 네 가지 기운.

사기(寺基)圄 절터.

사:기(死期)圄①목숨이 다할(다한) 때. 임종(臨終). ②목숨을 버려야 할 때.

사기(私記)圄 사사로운 기록.

사기(邪氣)圄①한방에서, 몸에 병을 가져온다는 풍한서습(風寒暑濕) 따위의 나쁜 기운. ②요사스럽고 나쁜 기운. 倈사.

사기(沙器·砂器)圄 ☞사기그릇.

사:기(使氣)圄하자 혈기를 부림.

사:기(社基)圄 회사의 기초.

사:기(社旗)圄 회사의 기.

사:기(事記)圄 사건 내용을 적은 기록.

사:기(事機)圄 일의 기틀.

사:기(射技)圄 활을 쏘는 솜씨.

사기(射騎)圄①궁술(弓術)과 마술(馬術). ②사수(射手)와 기수(騎手).

사기(詐欺)圄 부정한 목적으로 남을 속여 착오에 빠지도록 하는 행위. ¶사기를 치다. /사기를 당하다.

사:기(肆氣)圄하자 함부로 방자한 성미를 부림.

사:기(辭氣)圄 ☞사색(辭色).

사기-그릇(沙器-)〔-른〕圄 백토로 빚어서 구워 만든 매끄럽고 단단한 그릇. 사기. 倈도기(陶器)·자기(瓷器). * 사기그릇이〔-르시〕·사기그릇만〔-른-〕

사기-꾼(詐欺-)圄 사기를 일삼는 사람. 사기사(詐欺師). 사기한(詐欺漢).

사기다타 (옛)①새기다. ¶그 쁘들 사기거든(法華6:38). ②새기다1. ¶刻은 사길씨라(月釋2:49).

사기-담(沙器-)圄 사기그릇이나 오지그릇·질그릇 따위의 깨어진 조각을 모아 둔 곳.

사기-대접(沙器-)圄 사기그릇으로 된 대접. 倈사대접.

사기-사(詐欺師)圄 ☞사기꾼.

사기-술(詐欺術)圄 남을 속이는 꾀(재주).

사-기업(私企業)圄 민간에서 출자한 자본으로 운영하는 기업. ↔공기업.

사기-장(沙器匠)圄 사기그릇을 만드는 일을 전문으로 하는 사람.

사기-전(沙器廛)圄 사기그릇을 파는 가게. 사기점.

사기-점(沙器店)圄①사기그릇을 구워 만드는 곳. ②☞사기전.

사기-죄(詐欺罪)〔-쬐/-쮀〕圄 남을 속여, 자기 또는 남이 금품을 받거나 불법으로 재산상의 이익을 얻음으로써 성립되는 죄.

사:기지은(四奇之恩)圄 가톨릭에서, 부활한 뒤의 무손상(無損傷)·광명(光明)·신속(迅速)·투철(透徹)의 네 가지 놀라운 은혜를 이르는 말.

사기-질(沙器質)圄 ☞에나멜질.

사:기-충천(士氣衝天)圄하자 사기가 하늘을 찌를 듯함. ¶사기충천한 병사들.

사기^파:산(詐欺破產)圄 파산자가 파산 선고 전후에, 자기 또는 남의 이익을 꾀하거나 채권자를 해칠 목적으로 그 재산의 규모 등을 변경하는 일.

사기-한(詐欺漢)圄 ☞사기꾼.

사기-횡령(詐欺橫領)〔-횡녕/-휑녕〕圄하타 사기하여 남의 재물을 불법으로 차지함.

사기-흙(沙器-)〔-흑〕圄 사기그릇을 만드는 데 쓰는 하얀 빛깔의 흙. * 사기흙이〔-흘기〕·사기흙만〔-흥-〕

사깃-물(沙器-)〔-긴-〕圄 사기그릇을 구울 때 애벌 구운 그릇을 담가 내는 잿물.

사나-나달圄 사날이나 나달. 3, 4일이나 4, 5일.

사나이圄 남자. 특히, 한창때의 젊은 남자. ¶사나이 대장부. 倈사내.

사나올판 〔옛〕사날1. 삼사 일. ¶사나올 머구릴 뷔여 오니(月釋1:45).

사-나흘圄 사흘이나 나흘. 倈사날1.

사:난(死難)圄하자 국난을 극복하기 위하여 목숨을 버림.

사날1圄 〈사나흘〉의 준말. ¶사날이면 끝날 일.

사날2圄①제멋대로만 하는 태도 또는 성미. ¶사날 좋게 남의 방에서 자고 있다. ②비위 좋게 남의 일에 참견을 잘하는 일. ¶사날이 좋아서 아무 일에나 간섭이다.

사:납다타 (-따)〔사나우니·사나워(웠)〕①하는 짓이나 몸가짐 따위가 억세고 거칠다. ¶성질이 몹시 사나운 개. /사납게 몰아붙이다. ②생김새가 험상궂다. ¶사나운 얼굴로 노려보다. ③비바람 따위가 몹시 세차다. ¶비바람이 사납게 몰아치다. ④인정이 메마르고 거칠다. ¶인심이 사나운 동네. ⑤운수가 좋지 아니하다. ¶팔자가 사납다.

사나운 개 콧등 아물 틈(날)이 없다[속] 싸우기 좋아하는 사람은 상처가 아물 날이 없다는 말.

사낭(沙囊)圄 ☞모래주머니.

사내圄①〈사나이〉의 준말. ②남의 '남편'을 얕잡아 이르는 말. ③'남자'를 달리 이르는 말. ¶웬 낯선 사내가 집 앞을 서성거린다. ↔계집.

사내(寺內)圄 절 안.

사내(舍內)圄 교사(校舍)·숙사(宿舍) 따위의 안.

사내(社內)圄 회사 안(내부). 사중(社中).

사내끼圄 물고기를 잡을 때, 물에 든 고기를 건져 내는 기구. 긴 자루 끝의 갈래 진 곳을 망처럼 얽어 만듦.

사내-놈圀 〈사나이〉의 속된 말.

사내-대장부(一大丈夫)圀 '대장부'를 힘주어 이르는 말. ¶사내대장부가 그만한 일로 풀이 죽어서야 되겠니.

사내-보(社內報)圀 사보의 한 가지. 사내에서 사원들과 그 가족을 대상으로 펴내는 간행물. ↔사외보.

사내-아이圀 남자 아이. 남아. ⓨ아이놈.

사내^유보(社內留保)圀 매기(每期) 이익 처분의 결과로 사내에 축적된 금액. [각종 적립금 등이 이에 해당됨.]

사내-자식(-子息)圀 ①〈사나이〉의 속된 말. ②〈아들〉의 속된 말.

사내-종圀 남자 종. ↔계집종.

사냥圀하재 ①(총이나 그물 따위로) 야생의 짐승을 잡는 일. 수렵. 전렵(畋獵). ②육식 동물이 다른 동물을 먹이로 잡는 일. ¶호랑이가 사슴을 사냥하다.

사냥-개[-깨]圀 ①사냥할 때 부리기 위하여 길들인 개. 엽견(獵犬). 엽구(獵狗). ②〈염탐꾼〉의 속된 말.

사냥개-자리[-깨-]圀 북두칠성 남쪽에 있는 별자리. 5월 하순 무렵 저녁에는 천정(天頂)에 옴.

사냥-꾼圀 사냥하는 사람, 또는 사냥을 업으로 하는 사람. 엽부(獵夫). 엽호(獵戶).

사냥-철圀 ①수렵법에서 일 년 중에 사냥이 허가되어 있는 시기. ②어떤 짐승을 사냥하기에 알맞은 철. 수렵기.

사냥-총(-銃)圀 사냥에 쓰는 총. 엽총.

사냥-터圀 사냥을 하는 곳. 엽장(獵場).

사:녀(士女)圀 ①선비와 부인. ②남자와 여자.

사:년(巳年)圀 태세(太歲)의 지지(地支)가 사(巳)로 된 해. [기사년·을사년 따위.] 뱀해.

사념(邪念)圀 사악한 생각. ¶사념을 떨쳐 버리다.

사념(思念)圀하재 마음속으로 생각함, 또는 그 생각. 사려. ¶깊은 사념에 빠지다.

사녕(邪佞)圀 간사하면서 아첨하는 일.

사노(私奴)圀 〈사노비〉의 준말. ↔관노.

사-노비(私奴婢)圀 지난날, 개인의 집에서 부리던 노비. ⓨ사노. ↔관노비.

사:농공상(士農工商)圀 선비·농부·장인(匠人)·상인(商人)의 네 가지 신분을 아울러 이르던 말.

사농-시(司農寺)圀 고려·조선 시대에, 궁중의 제사에 쓰는 곡식과 적전(籍田)의 일을 맡아보던 관아. ⓝ봉상시(奉常寺).

사뇌-가(詞腦歌)[-뇌/-눼-]圀 '향가(鄉歌)'를 달리 이르는 말.

사뇌-조(詞腦調)[-뇌쪼/-눼쪼]圀 사뇌가(詞腦歌)의 가락.

사느랗다[-라타][사느라니·사느래]혱ⓒ ①물체의 온도나 체온이 조금 차다. ¶사느랗게 식은 숭늉. ②놀라거나 하여 가슴속이 사늘한 느낌이 있다. ¶뜻밖의 소식에 가슴이 금방 사느랗게 느껴진다. ③인정이 싹 가신 듯한 느낌이 있다. ¶안경 너머의 사느란 눈매. ⓔ서느렇다. ⓢ싸느랗다.

사늘-하다혱ⓔ ①물체의 온도나 기운이 몹시 산산하다. ¶새벽 공기가 사늘하다. ②놀라거나 하여 가슴속에 찬 기운이 도는 듯하다. ¶가슴이 사늘하게 식다. ③인정이 싹 가신 듯하다. ¶사늘한 표정. /사늘한 태도. ④(분위기 따위가) 살랑한 느낌이 도는 듯하다. ¶사무실 안 위기가 사늘하다. ⓔ서늘하다. ⓢ싸늘하다. **사늘-히**흭.

사니(沙泥·砂泥)圀 모래가 섞인 진흙.

사니-질(沙泥質)圀 진흙과 모래가 섞여 있는 토질.

사다탄 ①대금을 치르고 물건이나 어떤 권리를 자기의 것으로 하다. ¶학용품을 사다. /큰 농장을 사다. ②임금을 치르거나 치르기로 하고 노동력을 얻다. ¶짐꾼을 사다. ③돈을 치르고 사람을 청하여 즐기다. ¶악단을 사서 여흥을 즐기다. ④물건을 주고 돈을 마련하다. ¶마늘 접이나 팔아서 돈을 좀 샀지. ⑤상대편으로 하여금 어떤 마음을 일으키게 하다. ¶듣기 좋은 말로 환심을 사다. ⑥자기가 한 말이나 행동으로 말미암아 괴로운 일이 자신에게 미치다. ¶반감을 사다. /빈축을 사다. /공연한 말로 원한을 사다. ⑦(어떤 사람의 능력·태도 등의) 값어치를 인정하다. ¶그의 재능을 높이 사다.

사서 고생(을) 하다판용 안 해도 될 일을 제 스스로 만들어 괴로운 일을 당하게 되다.

사-다리圀 〈사다리〉의 준말.

사다리-꼴圀 네 변에서 한 쌍의 대변(對邊)이 평행인 사변형.

사다리-차(一車)圀 사다리를 장착한 특수차. 화재 진압이나 이삿짐 운반에 쓰임.

사다-새圀 사다샛과의 물새. 몸길이 65~80 cm. 몸빛은 희고 부리가 길며, 아래 부리에 수축할 수 있는 턱주머니가 달려 있음. 다리는 짧고 물갈퀴가 있음. 유럽 남동부, 중국 북부 등지에 많이 수 있음. 제호(鵜鶘). 펠리컨.

사닥-다리[-따-]圀 높은 곳에 올라갈 때에 디디고 오르게 만든 기구. ⓦ사다리.

사닥다리-분하(-分下)[-따-][-하]圀하재 여러 사람에게 물건이나 돈을 나누어 줄 때, 그 분수에 따라 층이 지게 주는 일.

사:단(四端)圀 사람의 본성에서 인(仁)·의(義)·예(禮)·지(智)에서 우러나오는 측은(惻隱)·수오(羞惡)·사양(辭讓)·시비(是非)의 네 가지 마음 씨. ['맹자'에서 유래함.]

사:단(事端)圀 ①일의 실마리. 사건의 실마리. ②'사달'의 잘못.

사단(社團)圀 ①일정한 목적을 위하여 조직된 단체로서, 그 단체 자체가 사회에서 하나의 단일체로서 활동하는 것. ⓝ재단. ②〈사단 법인(社團法人)〉의 준말.

사단(社壇)圀 〈사직단(社稷壇)〉의 준말.

사단(師團)圀 (육군과 해병대의 편제에서) 전술상 독립된 부대. 육군에서는 군단의 아래, 연대의 위임.

사단(紗緞)圀 사(紗)와 비단.

사단^조(詞壇)圀 문인들의 사회. 문단.

사단^법인(社團法人)圀 일정한 목적을 위해 조직된 단체로서, 법률상 그 권리·의무의 주체로 인정받은 것. 공익 사단 법인과 영리 사단 법인의 구별이 있음. ⓝ재단 법인.

사단-장(師團長)圀 사단을 지휘·통솔하는 지휘관. [보통, 소장(少將)으로써 보함.]

사-단조(-短調)[-쪼]圀 '사' 음을 으뜸음으로 하는 단조.

사단-주속(紗緞紬屬)圀 ⇨사라능단(紗羅綾緞).

사달(대단찮은) 사고나 탈. ¶사달이 나다.

사:달(四達)圀하재 (길이) 이리저리 사방으로 통함. 사통(四通).

사:달-오통(四達五通)圀 ⇨사통오달.

사:담(史談)圀 역사적인 사실에 관한 이야기. 사화.

사담(私談)圀하재 사사로운 이야기. 사사로이 하는 이야기. ↔공담(公談).

사담(卸擔)명하타 ①(진 짐을) 내려놓음. ②(책임을) 벗음.

사답(寺畓)명 절에 딸린 논.

사답(私畓)명 개인 소유의 논. ↔공답.

사당(沙糖)명 (옛)사탕. ¶ 사당(砂糖瘡13).

사²당명 지난날, 여러 지방을 떠돌아다니면서 노래와 춤을 팔던 여자, 또는 그 무리. 한자를 빌려 '寺黨·社黨·社堂'으로 적기도 함. 사당패. 웹남사당.

사당(私黨)명 사사로운 목적으로 모인 무리.

사당(邪黨)명 간사한 무리. 간악한 무리.

사당(祠堂)명 신주를 모신 집, 또는 신주를 모시기 위하여 집처럼 자그마하게 만든 것. 사당집. 사우(祠宇).

사:당-무(─舞)명 봉산 탈춤에서, 중들의 파계 장면을 보여 주는 춤. 사당춤.

사당-방(祠堂房)명 신주를 모셔 둔 방. 사우방.

사당-양자(祠堂養子)[─냥─]명 ▷신주양자(神主養子).

사당-집(祠堂─)[─찝]명 ▷사당(祠堂).

사:당-춤명 ▷사당무.

사당-치레(祠堂─)명하자 ①사당을 보기 좋게 꾸미는 일. ②▷면치레.

사당치레하다가 신주 개 물려 보낸다[속담] 겉만 꾸미려고 애쓰다가 정작 요긴한 것은 잃어버리고 만다는 뜻.

사:당-패(─牌)명 ▷사당².

사대명 투전이나 골패 따위에서, 같은 짝을 모으는 일.

사:대(四大)명 ①불교에서, 땅·물·불·바람의 네 가지를 만물의 근원이라는 뜻에서 이르는 말. ②도교에서, 도(道)·천(天)·지(地)·왕(王)의 네 가지를 우주에 있는 가장 큰 것이라는 뜻에서 이르는 말. ③팔·다리·머리·몸통의 네 부분, 곧 사람의 육신.

사대(私貸)명하타 (공금이나 남의 돈을) 사사로이 꾸어 씀. 참유용(流用).

사:대(事大)명하자타 ①약자가 강자를 붙좇아 섬김. ②작은 나라가 큰 나라를 섬김.

사대(查對)명하타 지난날, 중국에 보내는 표(表)와 문서를 살피어 확인하던 일.

사대(師大)명 〈사범 대학〉의 준말.

사:-대가(四大家)명 ①조선 선조 때의 이름난 네 사람의 한학자, 이정구(李廷龜)·신흠(申欽)·장유(張維)·이식(李植). ②중국 원(元)나라 말기의 이름난 네 화가, 황공망(黃公望)·예찬(倪瓚)·오진(吳鎭)·왕몽(王蒙). ③중국 명(明)나라 때, 시서화(詩書畫)에 걸쳐 이름 높던 네 대가, 심주(沈周)·당백호(唐伯虎)·문징명(文徵明)·동기창(董其昌).

사:대교린-주의(事大交隣主義)[─의/─이]명 조선 시대에, 큰 나라인 중국은 섬기고, 왜(倭)나 여진(女眞) 등 이웃 종족과는 잘 사귀어 탈 없이 지내자던 주의.

사:대^기서(四大奇書)명 중국 명나라 때의 네 편의 걸작 장편 소설인 '수호지(水滸誌)'·'삼국지연의(三國志演義)'·'서유기(西遊記)'·'금병매(金甁梅)'를 이르는 말. 〔'금병매' 대신 '비파기'를 넣기도 함.〕

사:대-당(事大黨)명 ①세력이 강한 쪽을 붙좇아 실리를 구하는 무리. ②▷수구당.

사:-대문(四大門)명 조선 시대에, 서울 도성(都城)의 동서남북에 세운 네 성문. 흥인지문(興仁之門)·돈의문(敦義門)·숭례문(崇禮門)·숙정문(肅靖門)을 이름. 웹사문.

사:-대부(士大夫)명 〔지난날〕①문벌이 높은 사람을 일컫던 말. ②문무(文武)의 양반을 평민에 상대하여 일컫던 말. 웹사부.

사:대-사상(事大思想)명 주견(主見)이나 자주성이 없이 강한 세력을 붙좇아 안전을 꾀하는 사상.

사:대-삭인(四大─)[─씬]명 〈사대육신(四大六身)〉의 속된 말.

사대-석(莎臺石)명 능침(陵寢)의 병풍석 대신으로 쓰는 돌.

사:대^성인(四大聖人)명 고금동서(古今東西)에 으뜸가는 네 성인. 곧, 공자·석가·예수·소크라테스를 이르는 말. 〔소크라테스 대신에 마호메트를 넣기도 함.〕사성.

사:대-육신(四大六身)[─씬]명 〔두 팔·두 다리·머리·몸통이란 뜻으로〕 '온몸'을 이르는 말.

사:대접(沙─)명 〈사기대접〉의 준말.

사:대^제:자(四大弟子)명 석가의 제자 가운데서 특히 훌륭한 네 제자. 수보리(須菩提)·가전연(迦旃延)·가섭(迦葉)·목건련(目犍連)을 이름.

사:대-주(四大洲)명 ▷사주(四洲).

사:대-주의(事大主義)[─의/─이]명 주체성 없이, 강대국을 맹목적으로 섬기려 하거나 강대국의 문화·학문 등을 무비판적으로 받아들이려 하는 주의.

사댁(査宅)명 ▷사돈댁.

사:덕(四德)명 〔유교에서〕①주역이 밝힌 자연의 네 가지 원리. 곧, 원(元)·형(亨)·이(利)·정(貞)을 이름. ②부인이 갖추어야 할 네 가지 품성. 곧, 착한 마음씨, 고운 말씨, 얌전한 솜씨, 깨끗한 맵시를 이름. ③인간이 지켜야 할 네 가지 덕. 곧, 효도·우애·충성·신의를 이름. ②③사행(四行).

사:도(士道)명 선비로서 마땅히 지켜야 할 도리.

사도(司徒)명 ①고려 시대, 삼공(三公)의 하나. ②조선 시대에, 호조 판서를 달리 이르던 말.

사도(仕途)명 벼슬길.

사:도(四都)명 조선 시대에, 유수(留守)를 두었던 개성·광주·수원·강화의 네 도읍.

사도(私屠)명하타 관청의 허가를 받지 않고 가축을 잡는 일.

사도(私道)명 ①공명하지 못한 방법(도리). ②개인이 내어 쓰는 길. 사유지에 낸 길. ↔공도.

사도(邪道)명 올바르지 않은 길. 사로(邪路). ↔정도(正道).

사:도(使徒)명 ①기독교에서, 예수가 복음을 널리 전하기 위하여 특별히 뽑은 열두 제자. 종도(宗徒). ②신성한 일을 위하여 헌신적으로 일하는 사람을 비유하여 이르는 말. ¶ 평화의 사도.

사도(師道)명 스승으로서 마땅히 지켜야 할 도리.

사도(斯道)명 ①유교에서, 유교의 도덕을 이르는 말. ②(학문이나 기예 등에서의) 이 분야. 이 방면. 이 길.

사도-공(寫圖工)명 작성된 도면을 그대로 베끼는 일을 업으로 하는 사람.

사도-기(寫圖器)명 팬터그래프를 써서 원도(原圖)를 축소하거나 확대하여 등사하는 기계.

사:도^신경(使徒信經)명 기독교의 바탕이 되는 핵심 교리를 담은 신앙 고백문. 초대 교회 이후 주일 미사나 예배 때 신자들이 신앙을 고백하는 뜻에서 욈.

사:도-팔도(四都八道)[─또]명 조선 시대에, 우리나라의 전 지역을 이르던 말.

사:도-행전(使徒行傳)명 신약 성서 중의 한 편. 누가의 저작으로, 베드로와 바울의 복음 행적과 초대 교회의 건설 및 발달 과정이 기록되어 있음.

사:독(四瀆)명 왕조 때, 나라의 운명과 관련이 깊다 하여 해마다 제사를 지내던 네 강. 곧, 낙동강(洛東瀆)·한강(南瀆)·대동강(西瀆)·용흥강(北瀆)을 아울러 이르던 말.

사독(邪毒)명 병을 일으키는 나쁜 독기.

사독(蛇毒)명 독사의 독선(毒腺)에서 나온 독.

사독(肆毒)명하자 독한 성미를 함부로 부림.

사돈(查頓)명 ①자녀의 혼인으로 맺어진 두 집안의 어버이끼리, 또는 그 두 집안의 같은 항렬이 되는 친족끼리 서로를 부르는 말. ②혼인한 두 집안끼리 서로 아래 항렬이 되는 친족을 부르는 말. 인친(姻親). ¶ 사돈을 맺다.

사돈 남(의) 말 한다속담 제 일은 제쳐 놓고 남의 일에만 참견함을 이르는 말.

사돈 밤 바래기속담 이편에서 바래다 주면 곧 이어 다음번에는 상대편에서 바래다 주고 하여 자꾸 반복이 됨을 이름.

사돈의 팔촌관용 '남이나 다름없는 매우 먼 친척임'을 뜻함.

사돈-댁(查頓宅)[-땍]명 ①〈안사돈〉의 높임말. 사댁. ᄌ사부인. ②〈사돈집〉의 높임말. ᄌ사가댁.

사돈-도령(查頓-)명 '사돈집 총각'을 대접하여 일컫는 말.

사돈-집(查頓-)[-찝]명 사돈의 집. 사가(查家). ᄌ사가댁·사돈댁.

사돈집 잔치에 감 놓아라 배 놓아라 한다속담 저와는 상관없는 일에 간섭함을 이름.

사돈-하다(查頓-)재 사돈 관계를 맺다. ¶ 두 집안이 이번에 사돈하게 되었다.

사:동(使童)명 관청이나 회사 같은 곳에서 잔심부름을 하는 아이. ᄌ사환(使喚).

사동(絲桐)명 '거문고'를 달리 이르는 말.

사:-동사(使動詞)명 문장의 주어인 주체가 남으로 하여금 어떤 동작을 하도록 함을 나타내는 동사. 동사나 일부 형용사 어근에 접사 '-이·-히··기··우··구··추·' 등이 붙어서 이루어짐. 〔먹이다·넓히다·울리다·웃기다·세우다·돋구다·낮추다 따위.〕 사역 동사. 하임움직씨. ↔주동사.

사:동^조:동사(使動助動詞)명 보조 동사의 한 가지. 주되는 서술어의 내용이 실제로 그리 되도록 만드는 뜻을 더해 줌. ('공부하게 하다.'에서 '하다'나 '잘 되게 만들다.'에서 '만들다' 따위가 이에 해당함.〕

사:동-치마(四-)명 전체를 세로로 4등분하여 네 가지 빛깔로 꾸민 연.

사-되다(私-)형 '삿되다'의 잘못.

사-되다(邪-)형 '삿되다'의 잘못.

사두(射頭)명 어떤 사정(射亭)을 대표하는 활량들의 우두머리.

사두개-파(←Saddoukaîoi派)명 ①기원전 2세기경 바리새파에 대항하여 일어난 유대교의 한 파. ②'물질주의자'를 비유하여 이르는 말.

사:두-고근(四頭股筋)명 넓적다리 앞쪽에 있는 네 개의 크고 단단한 근육. 대퇴 사두근.

사둔(查頓)명 '사돈(查頓)'의 잘못.

사둘명 손잡이가 길고 국자처럼 생긴, 고기 잡는 그물.

사득(查得)명하타 (사실을) 조사하여 알아냄.

사-들이다타 물건 따위를 사서 들여오다. ¶ 가구를 사들이다. /토지를 사들여 농장을 만들다.

사-등롱(紗燈籠)[-농]명 사(紗)로 겉을 둘러 바른 등롱. ᄌ사롱.

사디스트(sadist)명 사디즘의 경향이 있는 사람.

사디즘(sadism)명 이성(異性)을 학대함으로써 성적 쾌락을 느끼게 되는 변태 성욕의 한 가지. 가학 성애(加虐性愛). 가학애(加虐愛). ↔마조히즘.

사ᄃ새(옛) 사다새. ¶ 사ᄃ새 뎨:鵜(訓蒙上16).

사:또(←使道)〔지난날〕 ①부하인 장졸이 그 주장(主將)을 일컫던 말. ②백성이 고을 원을 공대하여 일컫던 말.

사또 떠난 뒤에 나팔 분다속담 마땅히 하여야 할 일을 제때가 지난 뒤에야 함을 조롱하여 이르는 말.

사-뜨다[-뜨니·-떠]타 (골무나 타래버선의 두 쪽을 합쳐 마무를 때) 가장자리를 위아래로 번갈아 겹쳐 꿰매다.

사뜻-하다[-뜨타-]형여 깨끗하고 말쑥하다. ¶ 옷맵시가 사뜻하다. 사뜻-이튀.

사라-능단(紗羅綾緞)명 얇은 사(紗)붙이와 두꺼운 단(緞)붙이 따위의 비단을 아울러 이르는 말. 사단주속(紗緞紬屬).

사라다명 '샐러드'로 순화.

사라사(saraça 포)명 사람이나 새·짐승·꽃 따위 무늬를 여러 가지 빛깔로 날염한 피륙.

사라센(Saracen)명 고대 그리스 로마에서 시리아 부근의 아랍 인을 부르던 이름. 중세 이후에는 이슬람교도를 통틀어 일컫던 이름.

사라-수(沙羅樹)명 용뇌향과의 상록 교목. 히말라야 산기슭에서 인도 중서부에 걸쳐 자라는데, 높이는 30m가량. 잎은 길둥근 달걀 모양이며 끝이 뾰족함. 3월경에 노란 꽃이 핌. 사라쌍수.

사라-쌍수(沙羅雙樹)명 ①석가가 사라수 숲에서 열반(涅槃)에 들 때, 그 사방에 한 쌍씩 서 있었다는 사라수. ②ᄌ사라수.

사라지(지난날, 한지(韓紙)를 기름에 결어 두 루주머니같이 만들어 차던 담배쌈지.

사라지다재 ①모양이나 자취가 없어지다. ¶ 하늘에 총총했던 별이 하나 둘 사라지다. ②어떤 생각이나 감정 따위가 없어지다. ¶ 슬픈 감정이 사라지다. ③'죽다'를 에둘러 이르는 말. ¶ 형장의 이슬로 사라지다. ⑫ᄅᄉᄅ스럽다.

사락-거리다[-꺼-]재타 자꾸 사락사락 소리가 나다, 또는 그런 소리를 내다. 사락대다. ¶ 마른 나뭇잎이 바람결에 사락거리다.

사락-대다[-때-]재타 사락거리다.

사락-사락[-싸-]튀하자타 어떤 물체가 서로 가볍게 스치는 듯한 소리.

사란(絲欄)명 ᄌ정간(井間).

사란(Saran)명 그물이나 낚싯줄, 텐트감 등으로 쓰이는 합성 섬유의 한 가지. 〔상표명에서 유래함.〕

사:람명 ①가장 진보된 고등 동물. 지능이 높고 서서 걸으며, 말·연모·불을 사용하면서 문화를 만들어 내고, 사유하는 능력을 지님. 인간. 인류. ¶ 사람은 만물의 영장이다. ②법률상 권리와 의무의 주체인 자연인. ③사회나 집단의 구성원. ¶ 저기는 이 회사 사람이다. /이제 모일 사람은 다 모였나? ④어느 고장의 출신자. 겨레붙이. ¶ 서울 사람. /우리나라 사람. /김씨네 집안 사람. ⑤어른. 성인. ¶ 사람 구실 할 나이가 되었다. /한 사람 몫을 한다. ⑥인격자. 도덕적 인간. ¶ 사람다운 사람. /훌륭한 사람. ⑦사람됨. 인품. ¶ 사람이야 그만이지. /무던한

사람. ⑧남과 대화할 때 '자기 아내'를 겸손하게 이르는 속담. (주로, '이 사람이'의 꼴로 쓰임.) ¶ 이 사람이 담은 술입니다. ⑨쓸 만한 인물. 인재. ¶ 요즘은 사람 구하기가 너무 힘들다. ⑩불특정의 '세상 사람.' ¶ 사람들의 입에 오르내리는 소문. ⑪내객. 손님. 참석자. ¶ 예식장을 꽉 메운 사람들. ⑫상대편의 대상이 되어 있는 '자기' 또는 '남'. ¶ 왜 사람을 못살게 구는 거야. /허, 사람을 마구 다루네. ⑬'이'·'그' 따위 대명사에 이어 쓰이어, '자기와 친근한 사람'을 가리킴. ¶ 에끼, 이 무정한 사람아. /야, 이 사람아 그래 얼마 만인가. ⑭[의존 명사적 용법] 사람을 세는 단위. ¶ 한 사람. / 여러 사람.

사람 나고 돈 났지 돈 나고 사람 났나[속담] 아무리 돈이 귀중하다고 해도 사람보다 더 귀중할 수는 없다는 뜻으로 이르는 말.

사람 위에 사람 없고 사람 밑에 사람 없다[속담] 사람이라면 누구나를 막론하고 자유롭고 평등한 권리를 누릴 수 있다는 말.

사람은 열 번 (다시) 된다[속담] 사람은 살아가는 동안에 여러 번 변화하고 발전한다는 뜻.

사람은 죽으면 이름을 남기고 범은 죽으면 가죽을 남긴다[속담] 인생의 목적은 좋은 일을 하여 후세에 이름을 남기는 데 있다는 뜻.

사람은 키 큰 덕을 입어도 나무는 키 큰 덕을 못 입는다[속담] 나무는 큰 나무가 있으면 그 밑의 작은 나무는 자라지 못하나, 사람은 큰 인재가 나면 그 주위 사람이 덕을 입는다는 말.

사람의 새끼는 서울로 보내고 짐승 새끼는 시골[제주]로 보내라[속담] 사람은 넓고 큰 곳에서 자라야 출세할 기회가 많다는 말.

사람(을) 버리다[관용] 좋지 못한 사람이 되다.
사람(을) 잡다[관용] 극심한 곤경으로 몰아넣다. ¶ 내가 언제 그랬느냐. 괜히 사람 잡는 소리를 하지 마라.
사람(이) 되다[관용] 도덕적으로나 인격적으로 사람으로서의 자질을 갖춘 인간이 되다.
사람 죽이다[관용] ①어처구니없는 말을 하여 사람을 곤경에 몰아넣다. ②웃기는 소리나 시늉을 하여 요절복통하게 하다. ¶ 저 녀석 곱사춤을 보게나. 정말 사람 죽인다. ③사람의 마음을 황홀하게 할 정도로 좋다. ¶ 이 동치미 맛이 사람 죽인다.

사:람-값[-깝]명 사람으로서의 가치나 구실. ¶ 제발 사람값 좀 해라. *사:람값이[-깝씨]·사:람값만[-깜-].
사:람-대:이름씨(-代-)명 ☞인칭 대명사.
사:람-됨[-됨/-뜀]명 사람의 됨됨이. ¶ 사람됨이 분명하다.
사:람-멀미명 사람이 많은 데서 느끼는 어지러운 증세.
사:람사-람-이명 사람마다.
사:람-인(-人)명 한자 부수의 한 가지. '令'·'企' 등에서의 '人'의 이름.
사:람인-변(-人邊)명 한자 부수의 한 가지. '伊'·'住' 등에서의 'ㅣ'의 이름.
사랑명하자타 ①아끼고 위하며 한없이 베푸는 일, 또는 그 마음. ¶ 어머니의 사랑. ②남녀 간에 정을 들여 애틋이 그리는 일, 또는 그러한 관계나 상대. ¶ 사랑하는 사이. /사랑에 눈멀다. ③동정(同情)하여 너그럽게 베푸는 일, 또는 그 마음. ¶ 수재민을 위한 사랑의 손길. ④어떤 사물이나 대상을 몹시 소중히 여김, 또는 그 마음. ¶ 그는 별을 사랑하고 하늘을 사랑하였

다. /음악을 사랑하는 사람들의 모임. ⑤기독교에서, 궁휼(矜恤)과 구원(救援)을 위하여 예수를 내려 보낸 하나님의 뜻.
사랑(舍廊·斜廊)명 ①한옥에서, 주로 바깥주인이 거처하는 곳. 외당. 외실. ¶ 손님을 사랑으로 모셔라. ②남 앞에서 '자기의 남편'을 높이어 일컫는 말. ¶ 사랑에서 하시는 일이라 저는 잘 모릅니다.
사랑-놀이(舍廊-)명하자 지난날, 사삿집에서 사랑에 음식을 차리고 기생을 청하여 풍류와 술을 즐기면서 놀던 일.
사랑-니명 성년기에 입속 맨 안쪽 끝에 돋아나는 어금니. 지치(智齒).
사랑-문(舍廊門)명 대문 안에서 사랑방이나 사랑채로 드나드는 문.
사랑-방(舍廊房)명 사랑채에 있는 방, 또는 사랑으로 쓰는 방. 상방(上房).
사랑-스럽다[-따][~스러우니·~스러워]형ㅂ 사랑하고 싶은 정이 일어나게 귀엽다. ¶ 옛고 사랑스럽던 모습이 아직도 눈에 선하다. 사랑스레튀.
사랑-싸움명하자 사랑하는 남녀나 부부 사이에 일어나는 악의 없는 다툼.
사랑-양반(舍廊兩班)[-냥-]명 ①남의 남편을 그의 아내 앞에서 높이어 일컫는 말. ②지난날, 하인에 대하여 그 집 남자 주인을 일컫던 말.
사랑옵다[-따][사랑오우니·사랑오워]형ㅂ 마음껏 들도록 귀엽다. 본사랑홉다.
사랑-채(舍廊-)명 사랑으로 쓰이는 집채.
사랑홉다[-따]형ㅂ 《사랑옵다》의 본딧말.
사례¹명 지난날, 마름이나 묘지기가 보수로 소작료 외에 부쳐 먹던 논밭. 사경(私耕).
사례²명 추녀 끝에 잇대어 댄 네모난 서까래.
사례³(옛)이랑. ¶ 저 너머 사래 긴 바틀 언제 갈려 하느니(古時調).
사래-논명 소작료 없이 사래로 부쳐 먹는 논. 사경답(私耕畓).
사래-답(-畓)명 '사래논'의 잘못.
사래-밭[-받]명 소작료 없이 사래로 부쳐 먹는 밭. 사경전. *사래밭이[-바치]·사래밭을[-바틀]·사래밭만[-반-].
사래-쌀명 지난날, 묘지기나 마름에게 보수로 주던 쌀.
사래-전(-田)명 '사래밭'의 잘못.
사래-질명하타 곡식을 키 따위로 살라서 굵고 무거운 것과 잘고 가벼운 것을 따로 가려내는 짓.
사:략(史略)명 간략하게 쓴 역사.
사략(쁘略)명 '사략하다'의 어근.
사략-하다(쁘略-)[-랴카-]형 사소하고 간략하다.
사:량(四樑)명 들보 네 개를 세로로 얹어 한 칸 반 넓이로 집을 짓는 방식.
사량(思量)명하자튀 ☞사료(思料).
사량(飼糧)명 가축의 먹이.
사:량-집(四樑-)[-찝]명 사량으로 지은 집.
사:레명 잘못 삼킨 음식이 숨구멍으로 조금 들어갔을 때 재채기처럼 뿜어 나오는 상태.
사:레-들다[~드니·~들어]자 사레들리다.
사:레-들리다자 목구멍에 걸리다. 사레들다. ¶ 밥을 급히 먹다가 사레들리다.
사려명 윷판의 방에서 날밭 쪽으로 첫째 자리, 곧 방과 안찌의 사이.
사려(思慮)명하자튀 여러 가지로 신중하게 생각함, 또는 그 생각. 사념. ¶ 사려가 부족하다. / 그는 사려가 깊은 사람이다.

사:력(死力)명 ▷죽을힘. ¶사력을 다하다.
사력(私力)명 (개인의) 사사로운 힘.
사:력(事力)명 일의 되어 가는 형편과 재력.
사력(社歷)명 ①회사의 역사. 사사(社史). ②입
사 후의 경력이나 햇수.
사력(沙礫·砂礫)명 모래와 자갈.
사력(肆力)하자 ▷진력(盡力).
사력^단구(沙礫段丘)[-딴-]명 평평하고 두꺼
운 사력층(沙礫層)으로 된 단구.
사력-지(沙礫地)[-찌]명 모래와 자갈로 된 땅.
사련(邪戀)명 떳떳하지 못한 남녀 간의 사랑.
사련(思戀)명(이성을) 그리워함. 그립게
여김.
사렵(射獵)명하타 활로 하는 사냥.
사령(司令)명 ①군대나 함선을 지휘하고
감독하는 일, 또는 그 사람. ②연대급 이상의
부대에서 일직(日直) 등 당번의 책임을 맡은
장교.
사:령(四齡)명 누에의 석 잠 잔 뒤로부터 넉 잠
잘 때까지의 사이.
사:령(四靈)명 전설상 신령하다는 네 가지 동
물. 곧, 기린·봉황·거북·용.
사령(寺領)명 절에서 소유하는 영지(領地).
사령(死靈)명 죽은 사람의 영혼. ↔생령(生靈).
사령(私領)명 ①개인 소유의 영지(領地). ②제
후(諸侯)의 영지.
사:령(使令)명하자 지난날, 각 관아에서 심부름하
던 사람. ②하자 명령하여 일을 하게 함.
사:령(赦令)명 지난날, 나라에 경사가 있어 죄
인을 놓아줄 때 내리던 명령.
사령(辭令)명 ①남에게 응대하는 말. ②관직이
나 공직의 임면(任免)에 대한 공식적인 발령.
③〈사령장(辭令狀)〉의 준말.
사령-관(司令官)명 사령부에서 군대를 통수하
는 직책, 또는 그 직책을 맡은 사람.
사:령-방(使令房)명 지난날, 사령들이 모여 있
던 곳. 사령청(使令廳).
사령-부(司令部)명 함대나 사단급 이상의 부대,
또는 위수(衛戍) 지구의 지휘관이 부대를 통수
(統帥)하는 본부.
사령-서(辭令書)명 ▷사령장(辭令狀).
사령-선(司令船)명 사령관이 함대를 지휘·통솔
할 때 타는 배.
사:령^숭배(死靈崇拜)명 미개 신앙 형태의 한
가지. 사람의 영혼이 죽은 뒤에 사령(死靈)이
되어 산 사람의 화복(禍福)에 영향을 준다고
믿고 이를 섬기는 일.
사령-장(辭令狀)[-짱]명 관직이나 공직의 임면
에 대한 내용을 적어 당사자에게 주는 문서.
사령서. ②사령.
사:령-청(使令廳)명 ▷사령방.
사령-탑(司令塔)명 ①군함에서, 사령관이나 함
장이 지휘하기에 편하도록 높은 위치에 설비를
한 곳. ②작전·지시 따위를 하는 중추부. ¶한국
축구의 사령탑.
사:례(四禮)명 관례(冠禮)·혼례(婚禮)·상례(喪
禮)·제례(祭禮)의 네 가지 예(禮).
사례(私禮)명 비공식적으로 사사로이 차리는
인사.
사:례(事例)명 일의 전례나 실례(實例). ¶성공
사례.
사례(射禮)명 활을 쏘는 예법. 활을 쏠 때에 행
하는 의식.
사:례(謝禮)명하자타 (언행이나 금품으로) 고마
운 뜻을 나타내는 인사. ¶사례의 뜻을 전하다.

사:례-금(謝禮金)명 사례의 뜻으로 주는 돈. 사
례비(謝禮費). ¶돈을 찾아 주고 약간의 사례
금을 받았다.
사:례-비(謝禮費)명 ▷사례금.
사:례-편람(四禮便覽)[-필-]명 조선 숙종 때,
이재(李縡)가 관혼상제(冠婚喪祭)에 관한 제도
와 절차에 대하여 적은 책. 8권 4책.
사로(仕路)명 벼슬길.
사:로(死路)명 ①막다른 길. ②죽음의 길.
사로(邪路)명 ▷사도(邪道).
사로(沙路·砂路)명 모래가 깔린 길.
사로(思路)명 (글을 지을 때) 생각을 더듬어 나
아가는 길.
사로(斜路)명 ①큰길에서 갈라져 비껴 나간 길.
②비탈길.
사로-자다자 (마음이 불안하거나 초조하여) 자
는 듯 마는 듯 하게 자다.
사로-잠그다[~잠그니·~잠가]타 (빗장이나 자
물쇠 따위를) 고리에 반쯤 걸어 놓다.
사로-잡다[-따]타 ①산 채로 붙잡다. 생포하다.
¶적병을 사로잡다. /곰을 사로잡다. ②마음이
쏠리도록 만들다. ¶마음을 사로잡다.
사로잡-히다[-자피-]자 『 '사로잡다'의 피
동』 ①산 채로 잡히다. ¶적에게 사로잡히다.
②마음이 쏠리어 얽매이다. ¶공포에 사로잡히다.
사:록(四綠)명 음양설에서 이르는 구성(九星)의
하나. 곧, 목성(木星)을 이름.
사:록(史錄)명 역사에 관한 기록.
사록(寫錄)명하타 베낌. 옮겨 씀.
사:록(鷗鷺)명 사향노루.
사:론(士論)명 선비들 사이의 공론(公論).
사:론(史論)명 역사에 관한 논설이나 주장.
사론(私論)명 개인의 사사로운 논설이나 주장.
↔공론(公論).
사론(邪論)명 정당하지 못한 이론이나 주장.
사롱(紗籠)명 ①〈사등롱〉의 준말. ②현판(懸板)
에 먼지가 앉지 못하게 덮어씌우는 깁(紗).
사롱(斜籠)명 한식 건축물에서, 대문이나 중문
위에 만들어 댄 창살.
사룽(sarong 말)명 자바 토인과 말레이 인·인도
인 등의 회교도가 허리에 감아서 입는 옷. 참사
리(sari).
사뢰다[-뢰-/-뤠-]타 삼가 말씀을 드리다. 아
뢰다. ¶사뢸 말씀 많사오나 이만 줄이나이다.
사:료(史料)명 역사의 연구와 편찬에 필요한 문
헌이나 유물 따위의 자료. 사재(史材).
사료(思料)명하타되자 생각하여 헤아림. 사량(思
量). ¶그를 포상함이 옳은 줄로 사료됩니다.
사료(飼料)명 가축 따위의 먹이.
사료^식물(飼料植物)[-싱-]명 가축의 사료로
쓰이는 식물.
사료^작물(飼料作物)[-짱-]명 사료로 쓰기 위
해 재배하는 식물. 〔보리·귀리·옥수수·고구
마 따위.〕 먹이 작물.
사:료-학(史料學)명 사료를 발견·수집하여 분
류·정리하는 따위의 기술적 처리를 다루는 역
사학의 한 분과.
사룡(蛇龍)명 이무기가 변하여 된다는 용.
사루(沙漏·砂漏)명 모래시계.
사:류(士類)명 선비의 무리.
사류(絲柳)명 ▷수양버들.
사:륙(四六)명 ①〈사륙문(四六文)〉의 준말.
②〈사륙판(四六版)〉의 준말.
사:륙-문(四六文)[-룽-]명 ▷변려문(騈儷文).
②사륙.

사:륙^반:절(四六半切) [-빤-]명 책의 판형의 한 가지. 사륙판의 절반 크기의 규격.

사:륙^배:판(四六倍版) [-빼-]명 책의 판형의 한 가지. 사륙판의 갑절 크기의 규격.

사:륙-변려문(四六駢儷文) [-뼐-]명 ☞변려문.

사:륙-체(四六體)명 ☞변려문(駢儷文).

사:륙-판(四六版)명 ①종이의 규격판의 한 가지. 가로 78.8 cm, 세로 109.1 cm로 B판 1번 크기보다 조금 큼. ②책의 판형의 한 가지. 사륙판 전지를 서른두 겹으로 접은 가로 130 mm, 세로 190 mm 크기. 준사륙. ☞비판(B版).

사:륜(四輪)명 ①네 개의 바퀴. ②불교에서, 이 세상을 땅 밑에서 받치고 있다는 삼륜(三輪)에 공륜(空輪)을 더한 것을 이름.

사:륜-차(四輪車)명 바퀴가 넷인 차.

사르다¹[사르니·살라]타르 키로 곡식 따위를 까불러 못 쓸 것을 가려내다.

사르다²[사르니·살라]타르 ①불에 태워 없애다. 불사르다. ¶낙엽을 사르다. ②아궁이나 화덕 따위에 불을 일으켜 붙이다. ¶화덕에 불을 사르다.

사르르 튀 ①맺혔거나 묶인 것 또는 얽힌 것이 힘없이 풀리는 모양. ¶끈이 사르르 풀리다. ②얼음이나 눈 따위가 저절로 녹는 모양. ¶사탕이 입 안에서 사르르 녹다. ③졸음이 살며시 오거나 눈이 살며시 감기거나 하는 모양. ¶사르르 감기는 눈. ④살며시 움직이는 모양. ¶나룻배가 사르르 미끄러지듯 사르르 움직였다. ⑤기운이나 감정이 저절로 풀리는 모양. ¶노여움이 사르르 풀리다. ⑥몸 또는 몸의 일부가 살살 아픈 모양. ¶배가 사르르 아프다. 큰스르르.

사름명 모를 심은 지 4~5일 뒤에, 뿌리가 땅에 잘 내려 모가 생생한 상태. 활활착(活着).

사름명 (마소 따위의) 세 살의 나이.

사릉(斜稜)명 '빗모서리'의 구용어.

사리¹명 〈한사리〉의 준말.

사리²명 ①국수나 새끼 따위를 사려서 감은 뭉치. ¶사리를 추가하다. ②[의존 명사적 용법] 국수나 새끼 따위를 사려서 감은 뭉치를 세는 단위. ¶국수 한 사리.

사리³명 ①윷놀이에서, 모나 윷을 이르는 말. ②[의존 명사적 용법] 윷놀이에서, 모나 윷을 세는 단위. ¶모 두 사리.

사리(私利)명 사사로운 이익. ↔공리(公利).

사리(舍利·奢利←śarira 범)명 ①부처나 성자의 유골.〔오늘날에는 화장한 뒤에 나오는 작은 구슬 모양의 것만을 가리킴.〕불사리(佛舍利). ②불타의 법신(法身)의 유적(遺跡)인 경전.

사:리(事理)명 일의 이치. ¶사리에 닿는 말.

사리(射利)명하자 수단 방법을 가리지 않고 이곳을 노림.

사리(闍梨←ācārya 범)명 ①중들에게 몸소 덕행을 가르치는 스승. ②고려 시대에, 귀족의 아들로서 절에 들어와 중이 된 아이를 대접하여 부르던 말.

사리(瀉痢)명[하자 ☞설사(泄瀉).

사리(sari 힌)명 인도에서 주로 힌두교도의 여성이 입는 옷. 허리를 두르고 머리를 덮거나 어깨 너머로 늘어뜨림.

사리다¹타 ①(국수나 새끼 따위를) 헝클어지지 않게 빙빙 둘러서 포개어 감다. ②(뱀 따위가 몸을) 똬리처럼 감다. ③(비어져 나온 못 끝 따위를) 꼬부려 붙이다. ④(접먹은 짐승 따위가 꼬리를) 뒷다리 사이에 끼다. ⑤(몸을) 아끼다. ¶몸을 사리다. ⑥정신을 바짝 가다듬다. ¶마음을 굳게 사려 먹다. ①②자료서리다².

사리-물다[~무니·~물어]타 이를 악물다.

사리-사리 튀 ①연기가 가늘게 위로 올라가는 모양.

사리-사리²튀 ①사려 놓거나 사려 있는 모양. ¶새끼를 꼬아서 사리사리 사려 놓다. ②(어떤 감정이) 복잡하게 사려 있는 모양. ¶사리사리 얽힌 생각을 털어놓다. 큰서리서리.

사리-사욕(私利私慾)명 개인의 이익과 욕심. ¶사리사욕만 채우다.

사리-염(寫利塩)명 ☞황산마그네슘.

사리-탑(舍利塔)명 부처의 사리를 모셔 둔 탑.

사리-풀명 가짓과의 일년초 또는 이년초. 잎은 달걀 모양이고 줄기 높이 1 m가량. 각지에 야생하는데, 잎과 씨에 맹독이 있어 마취제 따위로 쓰임.

사:린(四隣)명 ①사방의 이웃. ②사방에 이웃한 나라들.

사:린-교(←四人轎)명 〈사인교〉의 변한말.

사:린-남여(←四人籃輿)명 〈사인남여(四人籃輿)〉의 변한말.

사:린-방상(←四人方牀)명 〈사인방상(四人方牀)〉의 변한말.

사:림(士林)명 ☞유림(儒林).

사:림(史林)명 역사에 관한 책.

사림(詞林)명 ①시문(詩文)을 모아 엮은 책. ②시인이나 문인들의 사회. ②문단(文壇).

사림(辭林)명 ☞사전(辭典).

사립명 〈사립문〉의 준말.

사:립(四立)명 입춘(立春)·입하(立夏)·입추(立秋)·입동(立冬)의 네 절기.

사립(沙粒)명 모래알.

사립(私立)명 개인이나 민간 단체가 설립하여 유지하는 일. 반공립·국립.

사립(絲笠)명 명주실로 싸개를 하여 만든 갓.

사립(簑笠)명 도롱이와 삿갓.

사립-대학(私立大學) [-때-]명 사인(私人)이나 사법인(私法人)이 설립하여 경영하는 대학.

사립-문(-門) [-]명 [-ㅁ-]명 사립짝을 달아서 만든 문. 시비(柴扉). 준사립.

사립-짝명 나뭇가지를 엮어서 만든 문짝. 사립문의 준말. 준삽짝.

사립-학교(私立學校) [-리팍꾜]명 사인(私人)이나 사법인(私法人)이 설립하여 경영하는 학교. 참공립학교.

사로다[살아들]타 (옛) (목숨을) 살리다. ¶白龍을 살아내시니(龍歌22章). /주그널 도로 사루느니(法華2:203).

사로잡다[-땁]타 (옛) 사로잡다. ¶사로자불 부:俘(訓蒙下25).

사룸명 (옛) 사람. ¶사룸 인:人(訓蒙上2. 類合上16). /네 사룸 드리샤(龍歌58章).

사마(司馬)명 ①주(周)나라 때, 육경(六卿)의 하나. 군정(軍政)을 맡아보았음. ②조선 시대에, '병조 판서'를 달리 이르던 말. ③〈사마시(司馬試)〉의 준말.

사:마(四魔)명 불교에서 이르는 네 가지 마. 곧, 온마(蘊魔)·번뇌마(煩惱魔)·사마(死魔)·천마(天魔).

사:마(死魔)명 ①불교에서 이르는 사마(四魔)의 하나. 수명을 빼앗고 오온(五蘊)을 파멸시키는 악마. ②죽음의 신.〔'죽음'을 마물(魔物)로 보아 이르는 말.〕

사마(邪魔)명 불교에서, 몸과 마음을 괴롭혀 수행을 방해하는 사악한 마귀를 이르는 말.

사:마(駟馬)명 네 필의 말이 끄는 수레, 또는 그 네 필의 말.

사마괴〔명〕〈옛〉사마귀1. ¶사마괴 염:黶. 사마괴 지:痣(訓蒙中34).

사:마귀1〔명〕피부 위에 도도록하게 생기는 각질(角質)의 작은 군살. ⑨흑자(黑子).

사:마귀2〔명〕사마귓과의 곤충. 몸은 가늘고 길며, 머리는 삼각형임. 몸빛은 녹색 또는 황갈색. 앞다리가 길고 크며, 그 끝에 낫처럼 생긴 돌기가 있어 벌레를 잡아먹기에 편리함. 우리나라·일본·중국 등지에 분포함. 당랑(螳螂). 버마재비.

사마륨(samarium)〔명〕회토류 원소의 한 가지. 누르스름한 회색을 띤 단단하고 무거운 금속. 가열하면 산화물이 되고, 무기산에 잘 녹음. 약한 자연 방사능을 지님.〔Sm/62/150.4〕

사마^방:목(司馬榜目)〔명〕조선 시대에, 새로 합격한 진사와 생원의 성명·연령·주소·본적 및 사조(四祖)를 기록한 명부.

사마-소(司馬所)〔명〕조선 시대에, 고을마다 생원과 진사들이 모이던 곳.

사마-시(司馬試)〔명〕⇨감시(監試). ⑥사마.

사마치〔명〕지난날, 융복(戎服)을 입고 말을 탈 때 두 다리를 가리던 아랫도리옷.

사막(沙漠·砂漠)〔명〕강수량이 적고 식물이 거의 자라지 않으며, 자갈과 모래로 뒤덮인 매우 넓은 불모의 땅.

사막^기후(沙漠氣候)[−끼−]〔명〕건조 기후형의 한 가지. 밤낮의 기온 차가 심하고 태양열이 강하며 식물이 자랄 수 없음. 연평균 강수량은 250 mm 이하임.

사막-꿩(沙漠−)〔명〕사막꿩과의 새. 비둘기와 비슷하며 날개 길이 25 cm가량. 몸빛은 담황갈색인데 등에 검은 반점이 있음. 아시아 중부의 사막 지대에 살며, 장거리를 날지만 귀소성(歸巢性)이 없음.

사막-뢰(沙漠雷)[−망뇌/−망눼]〔명〕사막 지대에서 강풍에 모래 먼지가 날릴 때 일어나는 천둥.

사:막-스럽다[−쓰−따][~스러우니·~스러워]〔형〕보기에 사막한 데가 있다. ⑩심악스럽다. **사막스레**〔부〕.

사막^식물(沙漠植物)[−썽−]〔명〕사막에서 자라는 식물. 건조한 기후나 소금기에 강하며, 일반적으로 잎이나 줄기 등에 살이 많음.〔선인장 따위.〕

사막^지대(沙漠地帶)[−찌−]〔명〕사막으로 되어 있는 지대.

사:막-하다[−마카−]〔형〕①몹시 악하다. ②가혹하여 용서함이 없다. ⑩심악하다.

사:말(巳末)〔명〕십이시의 사시(巳時)의 끝.〔상오 11시에 가까운 무렵.〕

사:말(四末)〔명〕①가톨릭에서 이르는, 사람이 면하지 못할 네 가지 종말. 곧, 죽음·심판·천당·지옥. ②두 손과 두 발의 끝.

사망(死亡)〔명〕장사에서 이익을 많이 보는 운수.

사:망(死亡)〔명〕〔하자〕죽음. 사거(死去). ⑨서거(逝去)·영면(永眠)·작고(作故).

사:망-률(死亡率)[−뉼]〔명〕①특정한 원인으로 사망한 사람의 수와 그 원인에 관련된 전체의 인원과의 비율. ¶비행기 사고 사망률. ②어느 한 구 집단을 대상으로 한 1년간의 사망자 수가 그해의 전체 인구에서 차지하는 비율.

사:망^보:험(死亡保險)〔명〕피보험자가 사망한 때에 한하여 보험금을 지급하는 생명 보험의 한 가지.

사:망^신고(死亡申告)〔명〕사람이 죽었을 때 진단서 등과 함께 그 사실을 관청에 알리는 일, 또는 그 문서.

사:망-자(死亡者)〔명〕죽은 사람.

사:망지환(死亡之患)〔명〕죽음의 재앙.

사:망^진:단서(死亡診斷書)〔명〕사람이 죽은 사실을 진단하여 적은 의사의 증명서.

사:매(死−)〔명〕지난날, 권세 있는 자가 사사로이 백성을 잡아들여 때리던 매. ⑨린치·사형(私刑).

사매(邪魅)〔명〕⇨사귀(邪鬼).

사매(蛇莓·蛇苺)〔명〕⇨뱀딸기.

사매-질(私−)〔명〕〔하타〕사매로 때리는 짓.

사:맥(死脈)〔명〕①죽음이 임박한 상태의 약한 맥박. ②광석을 다 채굴하여 광물이 거의 없어진 광맥.

사:맥(事脈)〔명〕일의 내력과 갈피.

사맥(絲脈)〔명〕지난날 귀부인을 진찰할 때, 손목에 실을 맨 뒤 옆방에서 의원이 그 한끝을 잡고 실을 통하여 느껴지는 맥박을 헤아려 병의 증세를 진단하던 일.

사:맹(四孟)〔명〕맹춘(孟春)·맹하(孟夏)·맹추(孟秋)·맹동(孟冬)을 아울러 이르는 말. 사맹삭(四孟朔).

사:-맹삭(四孟朔)〔명〕봄·여름·가을·겨울의 각 첫 달. 곧, 음력 정월·사월·칠월·시월. 사맹. 사맹월.

사:-맹월(四孟月)〔명〕⇨사맹삭(四孟朔).

사:면(四面)〔명〕①전후좌우의 모든 방면. 사방(四方). ②네 쪽의 면. 네 면.

사:면(事面)〔명〕⇨사체(事體).

사:면(赦免)〔명〕〔하타〕〔되자〕죄를 용서하여 형벌을 면제함. 사(赦). ¶사면 복권(復權). /정치범을 사면하다.

사면(斜面)〔명〕①비스듬한 면. 비탈진 면. ②'빗면'의 구용어.

사면(絲麵)〔명〕발이 가는 국수. 실국수.

사면(辭免)〔명〕〔하타〕(맡아보던 일자리를) 그만두고 물러남. 사임(辭任).

사:-면각(四面角)〔명〕입체각의 한 가지. 네 평면이 공통의 정점에서 만나 뾰족한 모양을 이룬 각.

사면-묘사(斜面描寫)〔명〕대상을 정면이 아닌 엇비슷한 위치에서 묘사하는 일.

사:면별-니[−리]〔명〕①사면벌넛과의 곤충. 사람 음부의 겨웃 속에 알을 낳고 사는 작고 납작한 모양의 이. 모두충(毛蠹蟲). 모슬(毛蝨). ②'이곳저곳으로 다니며 아첨을 잘하는 사람'을 조롱조로 이르는 말.

사:면-잠(四眠蠶)〔명〕(알에서 깬 뒤) 네 번 잠을 자는, 곧 네 번 허물을 벗고 나서 고치를 짓는 누에.

사:면-장(赦免狀)[−짱]〔명〕죄를 사면한다는 뜻을 적은 서장(書狀). ⑥면장.

사:면-체(四面體)〔명〕네 개의 삼각형으로 둘러싸인 입체. 삼각뿔.

사:면-초가(四面楚歌)〔명〕사방이 모두 '적으로 둘러싸인 형국'이나 '누구의 도움도 받을 수 없는 고립된 상태'를 이르는 말.〔'사기'의 '항우본기(項羽本記)'에 나오는 말로, 초나라 항우가 사면을 둘러싼 한나라 군사 쪽에서 들려오는 초나라의 노랫소리를 듣고 초나라 군사가 이미 항복한 줄 알고 놀랐다는 고사에서 유래함.〕

사:면-춘풍(四面春風)〔명〕⇨두루춘풍. 사시춘풍.

사:면-팔방(四面八方)〔명〕사면과 팔방. 모든 방면. ¶사면팔방이 산으로 둘러막힌 마을.

사:멸(死滅)〔명〕〔하자〕〔되자〕죽어 없어짐.

사:명(死命)몡 ①다 죽게 된 목숨. 죽을 목숨. ¶가까스로 사명을 건지다. ②죽음과 삶. 사생(死生). ¶사명을 초월하다.

사:명(社名)몡 회사의 이름.

사:명(社命)몡 회사의 명령.

사:명(使命)몡 ①맡겨진 임무. ¶중대한 사명. ②사신(使臣)으로서 받은 명령.

사명(師命)몡 스승의 명령.

사명(詞命·辭命)몡 ①임금의 말이나 명령. ②사신이 외교 무대에서 하는 말.

사:명(賜名)몡하자 공이 있는 신하에게 임금이 이름을 내려 줌, 또는 그 이름.

사:명-감(使命感)몡 맡겨진 임무를 수행하려는 기개나 책임감. ¶투철한 사명감으로 임무를 완수하다.

사:-명산(四名山)몡 우리나라에서 경치가 좋기로 이름난 금강산·구월산·묘향산·지리산을 아울러 이르는 말.

사:-명일(四名日)몡 설·단오·추석·동지의 네 명일을 아울러 이르는 말. 사명절(四名節).

사:-명절(四名節)몡 ⇨사명일(四名日).

사모(私募)몡 ①새로 주식이나 사채 등을 발행할 때, 널리 일반으로부터 모집하지 않고 발행 회사와 특정한 관계가 있는 곳에서 모집하는 일. ②금융 기관이나 거액 투자자가 주(株)를 대량으로 처분할 때, 주(株)의 급격한 시세 변동을 막기 위하여 거래소 직원이 거래소 밖에서 이를 사들이거나 매개하는 일.

사모(邪謀)몡 옳지 못한 모책(謀策).

사모(思慕)몡하여 ①마음에 두고 몹시 그리워함. ¶사모하는 사람. ②우러러 받들며 마음으로 따름. ¶스승을 사모하다.

사모(師母)몡 스승의 부인.

사:모(紗帽)몡 지난날, 관원이 관복을 입을 때 쓰던, 검은 사(紗)로 만든 모자. 오늘날에는 흔히 전통 혼례 때 신랑이 씀. 오사모(烏紗帽).

사모에 갓끈[관용구]영자(格子) 제격에 맞지 않아 어울리지 않는 모양을 이르는 말.

사모(詐謀)몡하여 거짓으로 속임.

사모(詐謀)몡 속여 넘기려는 꾀.

사모-곡(思母曲)몡 작자와 연대 미상의 고려 가요. 어머니의 사랑을 기린 내용으로 6구체 단련(單聯)임. 〔'악장가사(樂章歌詞)'와'시용향악보(時用鄕樂譜)'에 실려 전함.〕

사:모-관대(紗帽冠帶)몡 사모와 관대를 아울러 이르는 말.

사모-님(師母-)몡 ①'스승의 부인'을 높이어 일컫는 말. ②'윗사람의 부인' 또는 '남의 부인'을 높이어 일컫는 말.

사모바:르(samovar 러)몡 러시아 전래의 특유한 주전자. 구리나 은으로 만든 둥근 그릇 중앙에 세로로 관을 장치하고 그 속에 숯불을 넣어서 물을 끓임.

사:모-뿔(紗帽-)몡 사모의 뒤쪽에 가로 꽂은, 잠자리 날개 모양의 뿔.

사:모-싸개(紗帽-)몡 사모를 싸 바른 사(紗).

사:모-정(四-亭)몡 네모반듯한 정자.

사:모-턱(紗帽-)몡 (건축이나 목공 등에서) 나무의 귀를 네모지게 파낸 턱. ¶사모턱이 지다.

사목(司牧)몡하자 가톨릭이나 성공회에서, 교직자가 신도를 다스리고 지도하는 일. ¶사목 위원회.

사:목(事目)몡 왕조 때, 공사(公事)에 관하여 정해 놓았던 규칙.

사:목(肆目)몡하자 보고 싶은 대로 봄.

사목지신(徙木之信)[-찌-]몡 나라를 다스리는 사람은 백성에 대한 약속을 어기지 아니함을 밝히는 일. 〔진(秦)나라 상앙(商鞅)이 수도의 남문(南門)에 세워 둔 큰 나무를 북문(北門)까지 옮기는 자에게 상금을 준다는 약속을 하고, 그 약속을 지킴으로써 법령의 미더움을 보여 주었다는 고사에서 유래함.〕

사:못-집(四-)[-모짐/-몯찝]몡 지붕이 네모꼴로 된 집.

사:몽비몽(似夢非夢)몡 ⇨비몽사몽.

사:묘(四廟)몡 부모·조부모·증조부모·고조부모의 위패를 모신 사당.

사무(寺務)몡 절의 사무(事務).

사무(私務)몡 사사로운 일. ↔공무(公務).

사무(私貿)몡 지난날, 대궐에서 쓰는 물품을 공계(貢契)에서 바치기를 기다리지 않고 수시로 상인들에게서 사들이던 일.

사:무(社務)몡 회사의 업무. 회사의 일.

사:무(事務)몡 관공서나 기업체 등에서 문서나 장부 등을 다루는 일. ¶경리 사무. /행정에 관한 사무. /사무를 보다.

사무(師巫)몡 ⇨무당.

사:무-가(事務家)몡 사무를 보는 사람. 사무에 능숙한 사람.

사:무-관(事務官)몡 일반직 5급 공무원. 서기관(書記官)의 아래, 주사(主事)의 위.

사:무^관리(事務管理)[-괄-]몡 ①법률상 의무는 없으나 남을 위하여 그의 일을 관리하는 일. 〔남의 세금을 대신 납부해 주는 일 따위.〕 ②기업 경영에서, 생산이나 판매 등 경영 활동의 합리화를 위한 일들을 계획·통제·조정하는 일.

사:무-국(事務局)몡 주로, 일반 행정 사무를 맡아보는 상급의 부서. ¶유엔 사무국.

사:무-복(事務服)몡 사무를 볼 때 입기 위하여 특별히 만든 옷.

사무사(思無邪) '사무사하다'의 어근.

사무사-하다(思無邪-)형옌 마음이 올바르다. 마음에 조금도 그릇됨이 없다.

사:무송(使無訟)몡하여 서로 타협하여 시비가 없도록 함.

사:무-실(事務室)몡 사무를 보는 방.

사:무여한(死無餘恨)몡 죽어도 한이 없음.

사:무-원(事務員)몡 ⇨사무직원.

사:무^자동화(事務自動化)몡 〔문서의 작성·보관·전송 등〕 사무실에서 처리하는 일을 컴퓨터·팩시밀리 등을 활용하여 자동화하는 일. 오에이(OA).

사:무-장(事務長)몡 사무직원을 지휘하고 그 사무를 관리하는 우두머리.

사:무-적(事務的)관몡 ①실제 사무에 관한 (것). ¶사무적 처리. /사무적인 일. ②무엇을 하는 데 진심이나 성의가 없이 형식적·기계적·상투적 태도를 보이는 (것). ¶사무적 태도. /사무적으로 대하다.

사:무-직(事務職)몡 사무를 맡아보는 직종. ↔생산직.

사:무-직원(事務職員)몡 (기술직원에 대하여) 사무를 맡아보는 직원. 사무원.

사무치다 속까지 깊이 미치어 닿다. ¶가슴에 사무치는 애절한 사연.

사:무한신(事無閑身)몡 하는 일이 없이 한가한 몸이라는 뜻.

사:문(四門)몡 ①네 개의 문. 사방의 문. ②〈사대문(四大門)〉의 준말.

사문(寺門)몡 절의 문.

사:문(死文)[명] ①실제로 효력이 없는 법령이나 문장. ②내용이 충실하지 않은 불필요한 문장이나 글.

사:문(死門)[명] ①술가(術家)의 팔문(八門) 가운데 흉한 문의 하나. ②불교에서, 저승에 들어가는 문, 곧 '죽음'을 이르는 말.

사문(沙門)[명] 불교에서, 출가(出家)하여 도를 닦는 사람을 이르는 말. 중. 상문(桑門).

사문(査問)[명][하타] 조사하여 따져 물음.

사문(師門)[명] 스승의 집. 스승의 문하(門下).

사문(蛇紋)[명] 뱀 껍질 모양의 무늬.

사:문(赦文)[명] 지난날, 나라에 경사가 있을 때, 죄수를 석방하라고 임금이 내리던 글.

사문(斯文)[명] ①유교에서, 유교의 도의 또는 그 문화를 이르는 말. ②'유학자(儒學者)'를 높이어 이르는 말.

사문-결박(私門結縛)[명][하타] 지난날, 권세 있는 집안에서 사람을 사사로이 잡아들여서 자유를 얽매던 일.

사문-난적(斯文亂賊)[명] 유교 사상에 어긋나는 언행을 하는 사람.

사-문서(私文書)[명] 사인(私人)이 권리나 의무 또는 사실 증명에 관하여 작성한 문서. ↔공문서. [참]사서(私書). 증서(私署證書).

사문서^위조죄(私文書僞造罪)[-죄/-쭤][명] 사문서를 거짓으로 꾸미거나 임의로 고쳐 꾸밈으로써 성립되는 죄.

사문서^훼기죄(私文書毁棄罪)[-죄/-쭤][명] 문서 훼기죄의 한 가지. 권리나 의무에 관한 남의 문서를 파손함으로써 성립되는 죄.

사문-석(蛇紋石)[명] 사문암(蛇紋岩) 중에서 마그네슘과 규산을 주성분으로 하는 광물. 덩이 모양, 비늘 모양 등의 것이 있으며, 빛깔은 담녹색·암녹색으로 반투명이며 윤이 남. 장식품이나 건축 재료 등으로 이용됨.

사문-암(蛇紋岩)[명] 사문석(蛇紋石)을 주성분으로 하는 암석. 빛깔은 암녹색이며 질이 치밀하고 윤이 남. 무늬가 아름다워 장식용으로 많이 이용됨.

사문-용형(私門用刑)[-농-][명][하타] 지난날, 권세 있는 집안에서 사람을 사사로이 잡아 가두거나 형벌을 가하던 일.

사:문-유관(四門遊觀)[-뉴-][명] 석가가 출가하기 전 태자로 있을 때, 동문 밖에서는 노인을, 남문 밖에서는 병자를, 서문 밖에서는 송장을, 북문 밖에서는 도 닦는 이를 보고, 늙음·병·죽음 등에서 해탈하고자 출가를 결심한 일.

사문-직(斜紋織)[명] ☞능직(綾織).

사:문-화(死文化)[명][하타자][되자] 사문(死文)이 됨, 또는 사문이 되게 함.

사:물(四勿)[명] 공자가 제자 안회에게 말한 네 가지 경계. 곧, 예(禮)가 아니면 보지 말며, 듣지 말며, 말하지 말며, 행하지 말라는 것.

사:물(四物)[명] ①농촌에서 흔히 쓰는 네 가지 민속 타악기. 곧, 꽹과리·징·북·장구. ②〈사물놀이〉의 준말. ③불교에서, 법고(法鼓)·운판(雲板)·목어(木魚)·대종(大鐘)을 아울러 이르는 말.

사:물(死物)[명] ①생명이 없는 것. ↔활물(活物). ②쓰지 못할 물건. 쓸모없는 물건.

사물(私物)[명] 개인이 가지고 있는 물건. 사유물. ↔관물(官物).

사물(邪物)[명] ①요사한 물건. ②부정 타거나 불길한 물건.

사:물(事物)[명] ①일이나 물건. ¶ 사물을 보는 눈이 날카롭다. ②사건과 목적물.

사:물(賜物)[명] ①임금이 내려 주는 물건. ②윗사람이 내려 주는 물건.

사물-거리다[자] 자꾸 사물사물하다. 사물대다. [큰]스멀거리다.

사:물^기생(死物寄生)[명] 생물이, 죽어 있는 동식물에 붙어서 양분을 섭취하며 사는 일. [곰팡이나 버섯 따위.] 부생(腐生).

사:물-놀이(四物-)[-로리][명] 민속 타악기인 사물로 하는 농악 놀이. [준]사물.

사물-대다[자] 사물거리다.

사:물^대:명사(事物代名詞)[명] ☞지시 대명사(指示代名詞).

사물-사물[부][하자] 작은 벌레 따위가 살갗에 기는 것같이 간질간질한 모양. [큰]스멀스멀.

사:물-잠(四勿箴)[명] 사물(四勿)에 대하여 중국 송나라 정이(程頤)가 지은 잠언(箴言). 사잠(四箴).

사:물-탕(四物湯)[명] 한방에서, 숙지황·백작약·천궁·당귀로 지은 탕약. 어린이와 여성의 보혈(補血)에 쓰임.

사뭇[-묻][부] ①사무칠 정도로 매우. ¶ 사뭇 감정이 북받치다. /사뭇 놀라다. ②계속하여 줄곧. ¶ 사뭇 떠들어 대기만 한다. ③아주 딴판으로. ¶ 듣기와는 사뭇 다르다. ④거리낌 없이 마구. ¶ 선생님 앞에서 사뭇 굴다.

사미(沙彌)[명] ①불도를 닦는 20세 미만의 남자를 이르는 말. ②불문에 든 지 얼마 안 되어 불법에 미숙한 어린 남자 수행자를 이르는 말. 사미승(沙彌僧).

사:미(賜米)[명][하자] 지난날, 나라에서 60세 이상의 노인에게 쌀을 하사하던 일, 또는 그 쌀.

사미-니(沙彌尼)[명] 구족계(具足戒)를 받기 이전의 여성 출가자. [참]사미(沙彌).

사미-승(沙彌僧)[명] ☞사미(沙彌).

사미인-곡(思美人曲)[명] 조선 선조 때 정철(鄭澈)이 지은 가사(歌辭). 임금을 그리는 정을 간곡(懇曲)하게 읊은 내용. [〈송강가사(松江歌辭)〉에 실려 전함.]

사:민(士民)[명] ①육예(六藝)를 익힌 백성. ②사족(士族)과 평민.

사:민(四民)[명] ①사농공상(士農工商)의 네 계급의 백성. ②온 백성.

사민(徙民)[명] 왕조 때, 귀족에게 매여서 그 지배를 받던 백성. ↔자유민.

사:민-평등(四民平等)[명] 사농공상의 모든 백성을 평등하게 다루는 일.

사바(←娑婆.sabhā 범)[명] 불교에서, 중생이 갖가지 고통을 참고 견디어야 하는 괴로움이 많은 이 세상. 사바세계. 속세(俗世). 인간 세계. 탁세(濁世). 사바.

사바나(savanna)[명] 열대의 비가 적은 지대의 초원. 키 큰 풀이 밀생(密生)하고 관목이 점재(點在한)다.

사바나^기후(savanna氣候)[명] 열대 기후형의 한 가지. 우기와 건기의 구분이 뚜렷하며, 비가 가장 많은 것은 달의 평균 강수량이 60 mm 이하임.

사바-사바(さばさば 일)[명][하타] 뒷거래를 통하여 떳떳하지 못하게 은밀히 일을 조작하는 일을 속되게 이르는 말.

사바-세계(娑婆世界)[-계/-게][명] ☞사바.

사박-거리다[-꺼-][자타] 자꾸 사박사박하다. 사박대다. [큰]서벅거리다.

사박-대다[-때-][자타] 사박거리다.

사박-사박[-싸-][튀]**[하자타]** ①연한 배·사과 따위를 씹을 때 나는 것과 같은 소리. ②모래밭을 걸을 때 나는 것과 같은 소리. ❸서벅서벅.

사박-스럽다[-쓰-따][~스러우니·~스러워] [형[비]] 보기에 표독하고 당돌하며 인정이 없다. 사박스레[튀].

사:-박자(四拍子)[-짜][명] 음악에서, 강·약·중강(中强)·약의 차례로 네 개의 박(拍)을 가진 박자. 〔2분의4 박자, 4분의4 박자, 8분의4 박자 따위.〕

사반공배(事半功倍)[명] 노력은 적게 들었지만 성과는 많음.

사:반-기(四半期)[명] ⇨사분기(四分期).

사-반상(沙飯床)[명] 사기로 된 반상기(飯床器).

사:반-세기(四半世紀)[명] 한 세기의 4분의 1. 곧, 25년. ❸반세기.

사발(沙鉢)[명] ①사기로 만든 밥그릇이나 국그릇. 아래는 좁고 위는 넓은 모양임. ②[의존 명사적 용법] 밥·국·술 따위를 사발에 담아 그 분량을 세는 단위. ¶밥 한 사발. /막걸리 한 사발.

사발-고의(沙鉢-)[-의/-이][명] 가랑이가 무릎까지만 오는 남자의 짧은 홑바지.

사발-농사(沙鉢農事)[-롱-][명][하] '밥을 빌어 먹음'을 비유하여 이르는 말.

사발-막걸리(沙鉢-)[-껄-][명] (별다른 안주도 없이) 사발을 술잔으로 하여 파는 막걸리.

사발-밥(沙鉢-)[-빱][명] 사발에 담은 밥. 또는, 한 사발의 밥.

사발-색(沙鉢-)[명] 광산에서, 사발에 감돌·감흙·복대ир 따위를 넣고 물에 일어 금분이 있나 없나 보는 일. 사발 시금(沙鉢試金). ¶사발색을 보다.

사발-시계(沙鉢時計)[-계/-게][명] 사발 모양의 둥근 탁상시계.

사발^시금(沙鉢試金)[명] ⇨사발색.

사발-옷(沙鉢-)[-볻][명] 가랑이가 무릎 아래까지만 오는, 여자의 짧은 옷. * 사발옷이[-바로시]·사발옷만[-바론-]

사발-잠방이(沙鉢-)[명] 가랑이가 짧은 쇠코잠방이.

사발-지석(沙鉢誌石)[명] (지석 대용으로) 사발 안쪽에, 묻힌 이에 대한 사연을 먹으로 적고 밀을 발라서 무덤 앞에 묻던 것.

사발-통문(沙鉢通文)[명] 호소문이나 격문 따위에 연명할 때, 주동자(主動者)가 누구인지 모르도록 발기인(發起人)이나 관계자들의 이름을 둥글게 빙 둘러 적은 통문.

사:발허통(←四八虛通)[명][하] 주위에 막힌 데가 없이 사면팔방(四面八方)이 툭 터져서 몹시 허전함.

사:방(巳方)[명] 이십사방위의 하나. 남남동에서 동쪽으로 15도까지의 방위. 손방(巽方)과 병방(丙方)의 사이. ❸사(巳). ↔해방(亥方).

사:방(四方)[명] ①동·서·남·북의 네 방향. ②둘레의 모든 방향. 여러 곳. 사처(四處). ¶가루가 사방으로 흩어졌다.

사방(沙防·砂防)[명] (산·바닷가·강가 등에) 흙이나 모래 따위가 비바람에 씻기어 무너져 내리는 것을 막기 위해, 나무를 심거나 돌을 쌓거나 하는 일.

사방^공사(沙防工事)[명] 사방 시설(沙防施設)을 하는 공사.

사:방-관(四方冠)[명] 지난날, 망건 위에 쓰던 네모반듯한 관.

사방^댐(沙防dam)[명] 하천의 흙이나 모래가 흘러내리는 것을 막기 위해 만든 댐.

사:방-등(四方燈)[명] 위쪽에 끈이나 들쇠가 있어 들고 다닐 수 있는 네모반듯한 등.

사:방-란(四方卵)[-난][명] 초에 담가서 껍질이 물러진 알을 네모진 그릇에 넣고 삶아 굳힌 것.

사방-림(沙防林)[-님][명] 토사(土沙)의 이동이나 모래 먼지 등을 막기 위하여, 해안·하안(河岸)·사구(沙丘) 등의 근처에 조성(造成)한 인공림.

사:방-모자(四方帽子)[명] ⇨사각모자.

사:-방영(四防營)[명] 조선 시대에, 평안도의 창성(昌城)·강계(江界)·선천(宣川)·삼화(三和)의 네 곳에 두었던 군영(軍營).

사:-방위(四方位)[명] 동·서·남·북의 네 방위.

사방^정계(斜方晶系)[-계/-게][명] 결정계(結晶系)의 한 가지. 세 개의 결정축(結晶軸)이 서로 직각으로 만나되 각각의 길이가 다른 것.

사:방-제기(四方-)[명] 네 사람이 서로 마주 둘러서서 차례로 제기를 받아 차는 놀이.

사:방-치기(四方-)[명] 어린이들의 놀이의 한 가지. 땅바닥에 네모나 동그라미 등의 여러 공간을 구분해 놓고, 그 안에서 납작한 돌을 한 발을 들고 나머지 한 발로 차서 차례로 다음 공간으로 옮기어 가서 정해진 공간에 가서는 그 돌을 공중으로 띄워 받아 돌아오는 놀이.

사:방-침(四方枕)[명] 팔꿈치를 괴고 기대 앉을 수 있게 만든 네모난 큰 베개. 방침. ❸장침(長枕).

사:방-탁자(四方卓子)[-짜][명] 선반이 너덧 층으로 되어 있어 책·꽃병·다과(茶果) 따위를 올려놓기에 알맞은, 네모반듯하고 뼈대가 가는 높은 탁자. 사방이 터져 있기 때문에 붙여진 이름임.

사:방-팔방(四方八方)[명] 모든 방면. 여러 방면. 사각팔방(四角八方). ¶사방팔방에서 모여든 사람들.

사방-형(斜方形)[명] '평행 사변형'의 구용어.

사방-휘석(斜方輝石)[명] 사방 정계(斜方晶系)에 딸리는 휘석.

사:배(四拜)[명][하] 네 번 절함.

사:배(四配)[명] 공자묘(孔子廟)에 함께 배향(配享)된 안자(顏子)·증자(曾子)·자사(子思)·맹자(孟子)의 네 현인. 사유(四侑).

사:배(賜杯)[명] 임금이 신하에게 술잔을 내림, 또는 그 술잔.

사:배-체(四倍體)[명] 보통의 4배의 염색체 수를 가진 생물체. 자연계에는 많으나 인공적으로는 이배체(二倍體)의 개체에 콜히친 처리 등을 가하여 얻을 수 있음.

사:백(死魄)[명] (달의 검은 바닥이 줄어들기 시작한다는 뜻으로) 음력 초하룻날, 또는 그날의 달을 이르는 말.

사백(舍伯)[명] 남 앞에서 자기의 '맏형'을 겸손하게 일컫는 말. 가백(家伯). ❸가형(家兄).

사백(詞伯)[명] '시문(詩文)에 능한 사람'을 높이어 일컫는 말. 사종(詞宗).

사:백^사병(四百四病)[-싸-][명] ①불교에서, 사람이 걸리는 모든 병을 이르는 말. 사람의 몸을 이루고 있는 땅·물·불·바람〔地水火風〕등 네 원소의 상태가 고르지 못할 때 각각 101가지씩, 모두 404가지의 병이 일어난다 함. ②한 방에서, 오장에 있는 405종의 병 중에서 죽는 병을 제외한 404종의 병을 이르는 말.

사:백어(死白魚)명 망둥엇과의 바닷물고기. 몸 길이 5cm가량. 몸은 긴 원통형인데 비늘이 없음. 몸빛은 살아 있을 때는 반투명이지만, 죽으면 곧 흰색으로 바뀜. 산란기에는 하구(河口)에 몰려와서 하천을 거슬러 올라감. 우리나라에는 경남의 진해 연안에 분포함.

사번(事煩) '사번하다'의 어근.

사:번-스럽다(事煩-)[-따][~스러우니·~스러워]형[ㅂ] 보기에 일이 많고 번거로운 데가 있다. 사번스레부.

사:번-하다(事煩-)형[여] 일이 많고 번거롭다.

사:범(事犯)명 형벌이 따르는 법령을 어긴 행위. 곧, 형벌을 받을 만한 행위. 〔경제 사범·선거 사범·폭력 사범 따위.〕

사범(師範)명 ①본받을 만한 모범. 남의 스승이 될 만한 모범. ②학술·기예(技藝)·무술 따위를 가르치는 사람. ¶꽃꽂이 사범./태권도 사범.

사범^교:육(師範教育)명 교사의 양성을 목적으로 하는 교육.

사범-대:학(師範大學)명 중학교나 고등학교 교사 양성을 목적으로 하는 단과 대학. 준사대.

사범-학교(師範學校)[-꾜]명 지난날, 초등학교 교사를 양성하던 교육 기관.

사법(司法)명 국가가 법률을 실제의 사실에 적용하는 행위. 법률에 따른 민사·형사상의 재판. 참입법·행정.

사:법(四法)명 ①한시(漢詩)의 구성 방식의 한 가지인 기승전결(起承轉結)의 형식. ②불교의 삼보 중에서 법보를 나눈 교법(教法)·이법(理法)·행법(行法)·과법(果法).

사:법(史法)명 역사의 기록은 직필(直筆)이어야 한다는 원칙.

사:법(死法)명 ①실제로 쓰이지 않는 법률. ②효력을 잃은 법률.

사법(私法)[-뻡]명 개인의 의무나 권리에 대하여 규정한 법률. 〔민법(民法)·상법(商法) 따위.〕 ↔공법(公法).

사법(邪法)명 ①바르지 못한 길. 그릇된 길. ②요사스러운 수법.

사법(師法)명 ①스승으로서 지켜야 할 도리. ②하타 스승으로 삼아 그를 본떠서 배움.

사법(射法)[-뻡]명 활·총포 따위를 쏘는 법.

사법(嗣法)명하자 법사(法師)에게서 불법(佛法)을 이어받음.

사법^경:찰(司法警察)[-경-]명 형사 재판에 관계되는 사건을 다루는 경찰. 범죄 사실의 조사, 범인의 체포 따위에 종사함.

사법-관(司法官)[-꽌]명 사법권을 집행하는 공무원. 보통, 법관(法官)을 가리키는데, 검찰관을 포함해서 이르는 경우도 있음.

사법^관청(司法官廳)[-꽌-]명 사법 사무를 취급하는 관청, 곧 법원.

사법-권(司法權)[-꿘]명 사법을 행하는 국가 통치권의 작용. 곧, 민사·형사·행정의 재판을 포함하는 권능. 참입법권·행정권.

사법^기관(司法機關)명 사법권을 행사하는 국가의 기관을 통틀어 이르는 말.

사법^대:서인(司法代書人)[-때-]명 '법무사(法務士)'의 이전 일컬음.

사법-법(司法法)[-뻡]명 사법 제도 및 사법권의 행사에 관한 법. 법원 조직법, 형사 소송법, 민사 소송법 등을 가리킴.

사법-부(司法府)[-뿌]명 삼권 분립에 따라, 사법권을 행사하는 '법원'을 이르는 말. 참입법부·행정부.

사법^서사(司法書士)[-써-]명 '법무사(法務士)'의 이전 일컬음.

사법^시험(司法試驗)[-써-]명 법관·검찰관·변호사가 되려는 사람의 학식이나 능력을 검정하기 위하여 국가에서 실시하는 시험.

사법^연:수생(司法研修生)[-법년-]명 사법 시험에 합격한 사람으로서 법률에 관한 이론 및 실무와 교양에 대한 수습을 받는 사람. 연수 기간은 2년임.

사-법인(私法人)명 사법에 의하여 설립되고 규율되는 법인. 내부 조직에 따라 사단 법인과 재단 법인으로 나뉘고, 그 목적에 따라 영리 법인과 공익 법인으로 나뉨. ↔공법인(公法人).

사법^재판(司法裁判)[-째-]명 민사 및 형사 재판을 아울러 이르는 말.

사법^재판소(司法裁判所)[-째-]명 사법권을 행사하는 재판소. 우리나라는 행정 재판소를 인정하지 않기 때문에, 현재의 법원은 모두 여기에 해당됨.

사법^처:분(司法處分)명 사법권에 의하여 이루어지는 처분, 곧 법원의 재판.

사법^행정(司法行政)[-뻐팽-]명 사법권의 운영에 필요한 행정 작용. 법원의 인사·회계와 등기·호적·집행관·법무사·판례 편찬(判例編纂) 등에 관한 사무. 법원 행정.

사:빌(sabel 네)명 (본디 군인이나 경찰관이 차던) 서양식 긴 칼.

사:벽(四壁)명 (방의) 사방의 벽.

사벽(沙壁·砂壁)명 모래와 흙을 섞어서 바른 벽.

사벽(邪辟·邪僻)명하다 마음이 비뚤고 편벽됨.

사:변(四邊)명 ①사방의 변두리. ②주위. 근처. ③수학에서, 네 개의 변.

사:변(事變)명 ①사람의 힘으로는 피할 수 없는 천재(天災)나 그 밖의 큰 변고. ②전쟁까지는 이르지 않았으나 병력(兵力)을 동원하지 않을 수 없는 국가적 사태나 난리. ③선전 포고 없이 이루어진 국가 간의 무력 충돌. ¶만주 사변.

사변(思辨)명하자 ①깊이 생각하여 시비를 가림. ②철학의 관념론에서, 경험이나 실증에 의하지 아니하며 순수한 사유(思惟)만으로서 인식에 도달하려는 일.

사변(斜邊)명 '빗변'의 구용어.

사:변-가주서(事變假注書)명 조선 시대, 승정원(承政院)의 정칠품(正七品) 벼슬. 정원 외의 주서(注書)로서, 비변사(備邊司)와 국청(鞠廳)의 일을 맡아보았음. 가관(假官).

사변-적(思辨的)관념 경험에 의하지 않고 순수한 사유(思惟)에 의한 (것). ¶사변적 방법./네 생각은 너무 사변적이어서 관념적이다.

사:변-주서(事變注書)명 지난날, 사관(史官)이 기록한 사변에 관한 공식 기록.

사변^철학(思辨哲學)명 이성(理性)을 유일한 지식의 근거로 하는 철학. 〔피히테, 셸링, 헤겔의 철학을.〕 ↔경험 철학.

사:변-형(四邊形)명 ☞사각형.

사:별(死別)명하자 죽어서 이별함. ¶젊은 나이에 아내와 사별하다.

사:병(士兵)명 부사관 및 병(兵). 병사. ↔장교(將校).

사:병(死病)명 살아날 가망이 없는 병. 걸리기만 하면 죽음에 이른다는 병.

사병(私兵)명 개인이 사사로이 길러 부리는 병사. ↔관병.

사병(詐病)명하자 꾀병.

사:보(四寶)囹 ①붓·먹·종이·벼루를 아울러 이르는 말. ②불교에서, 금·은·유리·수정(水晶)의 네 보배를 이르는 말.

사보(私報)囹 ①하자개인적으로 통보함. ②공적인 전보에 대하여 사사로운 전보를 이르는 말. ↔공보(公報).

사보(私寶)囹 개인이 가지고 있는 보물.

사보(社報)囹 기업이 종업원과 그 가족을 대상으로 하여 펴내는 정기 간행물. 〔사내보와 사외보가 있음.〕

사보(師保)囹 남의 스승이 되어 가르치며 보육(保育)함, 또는 그 사람.

사-보두청(← 私捕盜廳)囹 '사포도청(私捕盜廳)'의 변한말.

사보타:주(sabotage 프)囹하자 태업(怠業).

사보텐(←sapoten 스)囹 '선인장'으로 순화.

사-보험(私保險)囹 〔국가나 공공 단체가 아닌〕사인(私人)이 영위하는 보험.

사복(司僕)囹 〈사복시(司僕寺)〉의 준말.

사복(私服)囹 ①관복(官服)이나 제복이 아닌 보통 옷. ¶토요일은 사복 차림으로 근무한다. ②〈사복형사〉의 준말.

사복(私腹)囹 개인의 이익, 또는 욕심. ¶사복을 채우다.

사복(思服)囹하타 늘 생각하여 마음속에 둠.

사복-개천(司僕-川)[-깨-]囹 〔더러운 개천이라는 뜻으로〕'욕지거리나 상말을 마구 하는, 입이 더러운 사람'을 낮추어 이르는 말.

사복-거렬(司僕-)[-꺼-]囹 지난날, 배종(陪從)의 옷차림에다 벙거지를 쓰고, 벽제(辟除)를 하며 권마성(勸馬聲)을 외치던 하인.

사복-마(司僕馬)[-봉-]囹 사복시에 딸린 말.

사복-시(司僕寺)[-씨]囹 고려·조선 시대에, 궁중의 수레와 말 따위를 관리하던 관아. 준사복(司僕).

사:-복음(四福音)囹 신약 성서의 네 복음서. 곧, 마태복음·마가복음·누가복음·요한복음. 逾사성사(四聖史).

사복-하다(私服-)[-보카-]재어 사복을 입다.

사복-형사(私服刑事)[-보켱-]囹 〔범죄 수사나 잠복 등을 위하여〕사복을 입고 근무하는 경찰관. 준사복(私服).

사:본(事本)囹 일의 근본. 사근(事根).

사본(寫本)囹하타 ①원본을 옮기어 베낌, 또는 그 베껴 놓은 문서나 책. ②원본을 복사하거나 사진으로 찍어 만든 문서나 책. ¶주민 등록증 사본. /통장 사본.

사:부(士夫)囹 〈사대부(士大夫)〉의 준말.

사:부(四部)囹 ①네 부분. ②불교에서, 사중(四衆)을 이르는 말. ③중국에서, 고전을 분류하는 네 부문. 곧, 경부(經部)·사부(史部)·자부(子部)·집부(集部).

사:부(史部)囹 중국 고전을 경(經)·사(史)·자(子)·집(集)의 사부로 분류한 것 중에서 '사'에 딸린 부류. 역사·지리·관직 따위에 관한 책이 이에 해당함. 을부(乙部).

사부(私夫)囹 ①지난날, 관기(官妓)가 남몰래 두고 있던 서방. ②☞샛서방.

사부(思婦)囹 근심에 잠긴 부인.

사부(師父)囹 ①스승과 아버지. ②아버지처럼 존경하는 스승. ③스승을 높이어 일컫는 말.

사부(師傅)囹 ①스승. ②조선 시대에, 세자시강원(世子侍講院)의 으뜸 벼슬인 사(師)와 부(傅). 사는 영의정이 겸하였고, 부는 좌·우의정 중의 한 사람이 겸하였음.

사부(詞賦)囹 운자(韻字)를 달아 지은 한문 문장을 통틀어 이르는 말.

사부(簿部)囹 ☞체관부.

사:부-가(士大家)囹 사대부의 집안.

사부-거리다재 쓸데없는 말을 함부로 자꾸 지껄이다. 사부랑대다. 큰시부렁거리다. 쎄싸부랑거리다.

사부랑-대다재 사부랑거리다.

사부랑-사부랑¹囹하자 쓸데없는 말을 함부로 자꾸 지껄이는 모양. 큰시부렁시부렁. 쎄싸부랑싸부랑.

사부랑-사부랑²囹하형 여러 군데가 다 사부랑한 모양. 큰서부렁서부렁.

사부랑-삽작[-짝]囹 쉽사리 살짝 뛰어 건너거나 올라서는 모양. ¶고양이가 울타리에 사부랑삽작 뛰어오른다. 큰서부렁섭적.

사부랑-하다형어 (묶거나 쌓은 것이) 착 들러붙지 않고 조금 느슨하거나 버름하다. 큰서부렁하다.

사-부인(査夫人)囹 〈사돈댁〉의 높임말.

사부자기囹 ①힘들이지 않고 살짝. ¶담 위에서 사부자기 뛰어내리다. ②남몰래 가만히. ¶방문을 사부자기 열고 들어서다. 큰시부저기.

사부작-사부작[-싸-]囹 잇따라 사부자기 행동하는 모양. 큰시부적시부적.

사:-부주(四柱)囹 격식 또는 규격. ¶사부주가 잘 맞도록 하다. /사부주가 짜이다.

사:부-중(四部衆)囹 ☞사중(四衆).

사:부^합주(四部合奏)[-쭈]囹 〔제1바이올린, 제2바이올린, 비올라, 첼로 등〕4부로 이루어지는 기악 합주. 한 성부의 악기가 두 개 이상인 점이 사중주와 다름.

사:부^합창(四部合唱)囹 4성부로 이루어지는 합창. 한 성부가 두 사람 이상인 점이 사중창과 다름.

사:부-향(士大鄕)囹 사대부가 많이 사는 고을.

사북囹 쥘부채의 살이나 가위다리의 교차된 곳에 박는 못과 같은 물건. ②가장 요긴한 부분.

사:분(四分)囹하타되자 네 부분으로 나눔. ¶천하를 사분하다.

사분(私憤)囹 개인적인 분노. ↔공분(公憤).

사분-거리다재 자꾸 사분사분하다. 사분대다. ¶무엇 때문인지 사분거리며 웃고 있다.

사:분-기(四分期)囹 한 회계 연도를 4등분한 기간. 차례에 따라 일사분기, 이사분기, 삼사분기, 사사분기로 구분됨. 사반기(四半期).

사분-대다재 사분거리다.

사:분-면(四分面)囹 수학에서, 평면 위를 직각으로 교차하는 두 직선으로 4등분했을 때의 그 하나하나의 부분.

사분-사분囹하자 ①가만가만 행동하거나 지껄이는 모양. ②우스갯소리를 슬쩍슬쩍 하며 끈기 있게 지분거리는 모양.

사분사분-하다형어 성질이나 마음씨가 보드랍고 상냥하다. ¶사분사분한 성격인 순이는 곧 그들과 친해졌다. 큰서분서분하다.

사:분-쉼표(四分-標)囹 온쉼표의 4분의 1의 길이에 해당하는 쉼표. 〔彡로 나타냄.〕

사:분-오열(四分五裂)囹 ①여러 갈래로 갈기갈기 찢어짐. ②여러 갈래로 분열되어 질서가 없어짐. ¶당이 사분오열 상태에 빠지다.

사:분-원(四分圓)囹 한 개의 원을 서로 수직인 두 지름으로 나눈 네 부분의 하나하나.

사:분-음(四分音)囹 온음정의 4분의 1인 음정.

사:분-음부(四分音符)囹 ☞사분음표.

사:분음^음악(四分音音樂)**명** 사분음을 사용한 음악. 19세기에서 20세기에 걸쳐 음정(音程)의 세분화에 따라 작곡된 사분음 피아노곡이나 현악곡·합창곡 따위.

사:-음표(四分音標)**명** 온음표의 4분의 1의 길이에 해당하는 음표.〔♩로 나타냄.〕사분음부(四分音符).

사:분^포자(四分胞子)**명** 조류(藻類)에서 볼 수 있는 부동 포자(不動胞子). 단세포인 포자낭(胞子囊) 속에서, 한 개의 모세포(母細胞)로부터 감수 분열에 의하여 네 개의 포자가 만들어짐.

사분-하다형여 좀 사부랑하다. 사분-히**부**

사:-분합(四分閤)**명** 문짝이 넷으로 되어 여닫게 되어 있는 문. 대청 앞쪽 같은 데 닮.

사:불명목(死不暝目)**명하자** (한이 깊이 맺혀) 죽어도 눈을 감지 못함.

사불범정(邪不犯正)**명하자** 요사스러운(바르지 못한) 것은 바른 것을 범하지 못함.

사:불여의(事不如意) [-의/-이]**명하자** 일이 뜻대로 되지 아니함. ¶사불여의하면 그 일에서 손을 떼기로 작정하였다.

사붓 [-붇]**부** 발을 가볍게 얼른 내디디는 모양, 또는 그 소리. ¶ 발을 사붓 내디디다. 쎼사뿟. 캔사뿟. **사붓-이부. 사붓-사붓부하자**

사붓사붓-하다 [-붇싸부타-]**형여** 소리가 거의 나지 않을 정도로 걸음걸이나 움직임이 가볍고 보드랍다. 큰서붓서붓하다. 쎼사뿟사뿟하다. 캔사풋사풋하다.

사-붙이(紗-) [-부치]**명** 발이 곱고 성긴 깁 종류. 사속(紗屬).

사:브르(sabre 프)**명** 펜싱에서 쓰이는 칼의 한 가지, 또는 그 칼로 하는 경기.〔길이 105㎝ 이하, 무게 500g 이하.〕참에페·플뢰레.

사비(私費)**명** 개인이 부담하는 비용. 개인이 가지고 있는 돈. 자비(自費). ¶출장 경비가 모자라 사비로 보충했다. ↔관비(官費)·공비(公費).

사비(私備)**명하** 공용품(公用品)을 개인의 돈으로 마련하여 갖춤.

사비(社費)**명** 회사에서 내는 비용.

사비-생(私費生)**명** 사비로 공부하는 학생. ↔관비생(官費生).

사:팔팔산(四飛八散) [-싼]**명하자** 사방으로 날리어 이리저리 흩어짐.

사빈(沙濱·砂濱)**명** 모래가 깔려 있는 바닷가.

사빈(社賓)**명** 회사의 손님.

사뿐부 소리가 나지 않도록 가볍고 조심스럽게 발을 내디디는 모양. 큰서뿐. 참사푼. **사뿐-히부.**

사뿐-사뿐부하자 복도에서는 뛰지 말고 사뿐 사뿐 걸어 다니세요.

사뿐사뿐-하다형여 ①소리가 나지 아니할 정도로 걸음걸이가 가볍다. ¶ 발걸음이 사뿐사뿐하다. ②잇따라 움직이는 것이 가볍다. 큰서뿐서뿐하다. 참사푼사푼하다.

사뿐-하다형여 ①소리가 나지 아니할 정도로 걸음걸이가 가볍다. ②움직이는 것이 가볍다. 큰서뿐하다. **사뿐-히부.**

사뿟 [-뿓]**부** 〈사붓〉의 센말. 큰서뿟.

사뿟사뿟-하다 [-뿓싸뿓타-]**형여** 〈사붓사붓하다〉의 센말. 큰서뿟서뿟하다.

사비(옛) 새우. ¶ 사비:蝦(訓解).

사:(士師)**명** ①중국 주(周)나라 때, 형벌을 맡아보던 관리. ②구약 성서 시대에, 이스라엘의 종교를 보호하고, 적의 압제로부터 이스라엘 민족을 구하기 위하여 신(神)이 보낸 지도자.

사:사(四史)**명** 삼국 시대까지의 중국의 역사를 기록한 네 권의 역사책. 곧, 사기(史記)·한서(漢書)·후한서(後漢書)·삼국지(三國志).

사:사(四絲)**명** 네 가닥의 실을 꼬아 만든 끈목.

사:사(四士)**명** 각오하고 나선 군사.

사사(私事)**명** 사사로이 할 일. 사삿일. ↔공사.

사사(些事)**명** 사소한 일. 별로 중요하지 않은 일. 쇄사(瑣事).

사사(邪思)**명** 못된 생각. 삐뚤어진 생각.

사사(社史)**명** 회사의 역사. 사력(社歷).

사:사(事事)**명하자** 모든 일. 매사(每事). ¶ 그대가 벌이는 일은 사사가 그릇되네.

사사(師事)**명하자** 스승으로 섬김. 스승으로 섬기며 그의 가르침을 받음. ¶김 선생에게서 서예를 사사하다.

사:사(賜死)**명하자타되자** 지난날, 임금이 죽일 죄인을 대우하여 사약(死藥)을 내려 스스로 목숨을 끊게 하던 일.

사:사(謝辭)**명하자** ①고마움을 나타내는 말. ②사죄하는 말.

사:사(辭謝)**명하자** ⇨사퇴(辭退).

사:사건건(事事件件) [-껀껀] Ⅰ**명** 모든 일. 온갖 사건. 건건사사. ¶사사건건을 다 간섭하다. Ⅱ**부** 일마다. 매사에. 건건사사. ¶사사건건 들 볶는다. **사사건건-이부.**

사:사-기(士師記)**명** 구약 성서 중의 한 편. 여호수아서부터 사무엘 시대까지의 이스라엘 역사를 기록했음.

사사-롭다(私私-) [-따] [~로우니·~로워]형ㅂ 공적(公的)이 아니고, 개인적인 성격을 띠고 있다. (주로, '사사로운'의 꼴로 쓰임.) ¶사사로운 일. /사사로운 원한. **사사로이부.**

사사-망념(私思妄念)**명** 몰래 혼자서 품고 있는 망령된 생각.

사사-망념(邪思妄念)**명** 좋지 못한 갖가지 망령된 생각.

사:물물(事事物物)**명** 모든 사물. 모든 것.

사:-사반기(四四半期)**명** ⇨사사분기.

사:사분기(四四分期)**명** 1년을 네 기(期)로 나눈 그 넷째 기간, 곧 10~12월의 3개월. 사사반기.

사:사불성(事事不成) [-썽]**명하자** 일마다 이루어지지 않음.

사사-스럽다(邪邪-) [-따] [~스러우니·~스러워]형ㅂ 도리에 어긋나고 떳떳하지 못하다. **사사스레부.**

사:사언청(事事言聽)**명하타** 일마다 남의 말을 잘 받아들임.

사:사여생(事死如生)**명하자타** 죽은 이 섬기기를 산 사람 섬기듯 함. ¶사사여생하는 것이 봉제사(奉祭祀)의 근본정신이다.

사:사여의(事事如意) [-의/-이]**명하형** 일마다 뜻대로 됨. ¶세해에는 사사여의하소서.

사:사-오입(四捨五入)**명하타** '반올림'의 구용어.

사:사-조(四四調) [-쪼]**명** 네 음절을 가진 한 쌍이 하나의 시구를 이루는 음수율.

사:산(四山)**명** 사면에 둘러 있는 산들.

사:산(四散)**명하자** 사방으로 뿔뿔이 흩어짐.

사산(寺山)**명** 절의 소유로 되어 있는 산.

사:산(死産)**명하타되자** 임신 4개월 이상이 되어 죽은 태아를 낳음.

사산(私山)**명** 개인이 소유하는 산.

사산(私産)**명** 개인 소유의 재산. 사재(私財).

사산(嗣産)**명** 양자(養子)가 양가(養家)에서 물려받는 재산.

사:산-분리(四散分離) [-불-]**[명][자타]** 사방으로 흩어져 서로 따로따로 떨어짐, 또는 따로따로 떼어 놓음.

사:산-분주(四散奔走)[명][자] 사방으로 뿔뿔이 흩어져 달아남.

사:산-아(死産兒) 시체가 되어 태어난 태아.

사:산화-삼납(四酸化三-)[명] 납이나 산화연을 공기 속에서 400℃ 이상으로 가열하여 얻는 붉은빛의 가루. 붉은 안료(顔料)·도료(塗料) 따위에 쓰임. 연단(鉛丹).

사:산화-삼철(四酸化三鐵)[명] 자철석(磁鐵石)으로서 산출되는 검은빛의 물질. 자성 산화철.

사:설[명][하자] '사설(辭說)'의 변한말.

사살(射殺)[명][하자][되자] (활·총으로) 쏘아 죽임. ¶무장 간첩들은 현장에서 모두 사살되었다.

사삼(沙蔘·砂蔘)[명] ①더덕. ②한방에서, '말린 더덕의 뿌리'를 약재로 이르는 말. 거담제(祛痰劑) 따위로 쓰임.

사삼(私蔘)[명] 지난날, 개인이 사사로이 쩌서 만들던 인삼. ↔관삼(官蔘).

사-삼각형(斜三角形) [-가켱]**[명]** '빗각 삼각형'의 구용어.

사삼-버무레[명] 이삭과 수염이 길고 열매가 약간 푸른빛을 띤 조.

사삽(斜揷)[명][하자] 비스듬히 꽂음.

사삿-사람(私私-) [-사싸-/-삳싸-]**[명]** 사적 자격으로서의 개인. 사인(私人).

사삿-일(私私-) [-산닐]**[명]** 개인의 사사로운 일. 사사(私事).

사삿-집(私私-) [-사쩝-/-삳쩝]**[명]** 개인의 살림집. 사가(私家).

사:상(史上)[명] 〈역사상(歷史上)〉의 준말. ¶사상 초유의 장거(壯擧).

사:상(四相)[명] 불교에서, 생멸(生滅)·변화하는 무상(無常)의 모습을 네 가지로 정리한 것. 생(生)·노(老)·병(病)·사(死), 또는 생상(生相)·주상(住相)·이상(異相)·멸상(滅相).

사:상(四象)[명] ①천체에서, 일(日)·월(月)·성(星)·신(辰)을 이르는 말. ②역(易)에서, 소양(少陽)·태양(太陽)·소음(少陰)·태음(太陰)을 이르는 말. ③땅속의 물·불·흙·돌을 이르는 말.

사:상(死狀)[명] ①거의 죽게 된 상태. ②죽어 버린 상태.

사:상(死相)[명] ①죽은 사람의 얼굴. ②죽음에 가까워진 얼굴. 죽음을 느끼게 하는 얼굴.

사:상(死傷)[명][하자] 죽거나 다침. ②죽은 사람과 다친 사람.

사상(沙上·砂上)[명] 모래 위.

사상(私傷)[명] 공무에 종사하는 시간이 아닌 때에 입은 부상. ↔공상(公傷).

사:상(事狀·事相)[명] 일의 되어 가는 형편.

사:상(事象)[명] 관찰할 수 있는 형태를 취하여 나타나는 여러 가지 일. 사실과 현상. ¶인생의 갖가지 사상.

사:상(思想)[명] ①생각. ¶고루한 사상. ②사고 작용의 결과로 얻어진 체계적의 의식 내용. ③헤겔의 철학 사상. ③사회나 정치에 대한 일정한 견해. ¶진보적 사상.

사:상(捨象)[명][하자] (공통의 성질을 뽑아내기 위하여) 낱낱의 특수한 성질을 고려의 대상에서 제외하는 일.

사상(絲狀)[명] 실과 같이 가늘고 긴 모양.

사상(寫像)[명] ①물체에서 나온 빛이 거울이나 렌즈에 반사·굴절된 후에 모여서 생기는 상(像). ②수학에서, 두 개의 집합 M과 N이 있을 때, M에 속하는 각각의 요소에 N에 속하는 요소를 대응시키는 일, 또는 그 대응 관계.

사:상-가(思想家)[명] 인생이나 사회 문제 등에 대하여 깊은 사상을 가진 사람. 철학 사상 등에 조예가 깊은 사람.

사:상-계(思想界) [-계/-게]**[명]** 사상 활동이 이루어지고 있는 세계, 또는 사상가들의 사회나 체계.

사상균-류(絲狀菌類) [-뉴]**[명]** 실 모양의 균사로 이루어진 진균류. 곰팡이류가 이에 딸림.

사상균-증(絲狀菌症) [-쯩]**[명]** 사상균 때문에 일어나는 병증. 〔백선(白癬)·전풍(癜風)·방선균병(放線菌病) 따위.〕

사상-누각(沙上樓閣)[명] 〔모래 위에 세운 높은 건물이란 뜻으로〕 '겉모양은 번듯하나 기초가 약하여 오래가지 못하는 것, 또는 실현 불가능한 일 따위'를 비유하여 이르는 말.

사:상-범(思想犯)[명] 국가의 질서나 평화를 어지럽히는 사상을 품거나 퍼뜨림으로써 성립되는 범죄, 또는 그 죄를 저지른 사람.

사:상-병(死傷兵) 전투에서 죽거나 다친 병사.

사:상^의학(四象醫學)[명] 조선 고종 때, 이제마(李濟馬)가 주창한 한의학의 한 학설. 사람의 체질을 태양(太陽)·태음(太陰)·소양(少陽)·소음(少陰)으로 나누어, 같은 병이라도 체질에 따라 다른 약을 써야 한다는 학설.

사:상-자(死傷者) 죽은 사람과 다친 사람. ¶열차 사고로 많은 사상자가 생기다.

사상-자(蛇床子)[명] ①산형과의 이년초. 들에 나는데 줄기는 30~70cm. 잎은 깃모양 겹잎이고 여름에 흰 꽃이 피며, 열매에는 가시 모양의 잔털이 있음. 뱀도랏. ②한방에서, '사상자의 씨'를 약재로 이르는 말. 주로, 요통·음위·낭습증 등에 쓰임.

사:상-전(思想戰)[명] 적국 국민의 전의(戰意)를 떨어뜨리기 위하여 펴는 이데올로기 선전.

사:상-제자(泗上弟子)[명] 공자(孔子)의 제자. 〔공자가 사수(泗水) 근처에서 제자들을 가르친 데서 유래한 말.〕

사:상지도(事上之道)[명] 웃어른을 받들고 섬기는 도리.

사상-체(絲狀體)[명] 선태식물의 포자(胞子)의 싹이 터서 생기는, 녹색으로 된 실 모양의 배우체(配偶體). 원사체(原絲體).

사상-충(絲狀蟲)[명] ☞주혈사상충(住血絲狀蟲).

사:-색(四色)[명] ①네 가지 빛깔. ②조선 시대에, 정치적 대립을 일삼던 네 당파, 곧 노론(老論)·소론(少論)·남인(南人)·북인(北人).

사:색(四塞)[명] 사방이 산이나 강 따위로 둘러싸여 있는 요충지. 사색지지(四塞之地).

사:색(死色)[명] 죽을상이 된 얼굴빛. 죽은 사람과 같은 창백한 얼굴빛. ¶얼굴이 사색이 되다.

사색(思索)[명][하자] 줄거리를 세워 깊이 생각함. ¶철학적 사색. /사색에 잠기다.

사색(辭色)[명] 말과 얼굴빛. 사기(辭氣). ¶속마음을 사색에 드러내지 아니하다.

사:색^벼름(四色-) [-뼈-]**[명]** 조선 시대에, 사색당파에게 벼슬을 고루 나누어 시키던 일. 사색 분배(四色分排).

사:색-보(四色保) [-뽀]**[명]** 조선 시대에, 군역을 면제받기 위하여 바치던 무명베나 곡식.

사:색^분배(四色分排) [-뼈-]**[명]** ☞사색 벼름.

사색불변(辭色不變) [-뼌]**[명][하자]** (어려운 일을 당하여도) 태연자약하여 말이나 얼굴빛이 변하지 않음.

사:색-잡놈(四色雜-)[-짬-]명 ①때와 처소를 가리지 아니하고 되는대로 마구 노는 잡놈. ②온 갖 잡놈.

사:색지지(四塞之地)[-찌-]명 ☞사색(四塞).

사:색-판(四色版)명 황·청·적·흑의 네 가지 빛깔로 되어 있는 원색판.

사:생(巳生)명 사년(巳年)에 태어난 사람.〔사생(己巳生)·신사생(辛巳生) 따위.〕뱀띠.

사:생(四生)명 불교에서, 생물을 그 태어나는 방식에 따라 네 가지로 분류한 것, 곧 태생(胎生)·난생(卵生)·습생(濕生)·화생(化生)의 네 가지 생성 형태를 이르는 말.

사:생(死生)명 죽음과 삶. 사명(死命).

사생(私生)명하자 법률상 부부가 아닌 남녀 사이에서 아이가 태어나는 일.

사생(寫生)명하타 자연의 경치나 사물 따위를 보고 그대로 그림. ¶사생 대회. /정물을 사생하다.

사:생-가판(死生可判)명 ☞생사가판.

사:생-결단(死生決斷)[-딴]명하자 (죽고 사는 것을 돌보지 않고) 끝장을 내려고 대듦. ¶사생결단을 내다. /사생결단하고 적진에 뛰어들다.

사:생-관두(死生關頭)명 죽느냐 사느냐의 매우 위태한 고비. 생사관두. ¶사생관두에 서다.

사:생-동고(死生同苦)명하자 죽고 삶을 같이 함. 어떤 어려움도 함께함.

사생-문(寫生文)명 자연이나 인생을 보고 느낀 그대로 묘사하는 글.

사생^식물(沙生植物)[-씽-]명 ☞사지 식물.

사:생-아(私生兒)명 ☞사생자.

사:생-애(私生涯)명 어떤 사람의, 개인으로서의 일생. ↔공생애(公生涯).

사:생-유명(死生有命)명 ①사람의 생사는 다 천명에 달려 있어 인력으로는 어찌할 수 없음을 이르는 말. ②의리를 위하여 죽음을 꺼리지 않음.

사생-자(私生子)명 법률상 부부가 아닌 남녀 사이에서 태어난 아이. 사생아.

사:생-존망(死生存亡)명 ☞생사존망.

사:생-출몰(死生出沒)명 ☞생사존망.

사:생-취의(捨生取義)[-의/-이]명하자 〔목숨을 버리고 의(義)를 취한다는 뜻으로〕'의를 위해서는 생명을 돌보지 아니함'을 이르는 말.

사생-화(寫生畫)명 대상(對象)을 있는 그대로 그린 그림.

사-생활(私生活)명 개인의 사사로운 생활. ¶사생활이 문란하다. /남의 사생활에 간섭하다.

사:서(士庶)명 ①〈사서인(士庶人)〉의 준말. ②일반 평민.

사서(司書)명 ①도서관에서 도서의 정리·보존 및 열람을 맡아보는 직원, 또는 그 직위에 있는 사람. ②조선 시대에, 세자시강원에서 경사(經史)와 도의(道義)를 가르치던 정육품 벼슬.

사:서(四序)명 사시(四時).

사:서(四書)명 유교의 경전인 논어·맹자·중용·대학의 네 가지 책을 아울러 이르는 말.

사:서(史書)명 역사를 기록한 책. 사기(史記). 사승(史乘). 사책(史册).

사서(私書)명 ①사사로운 일을 적은 편지. 개인적인 편지. 사신(私信). ②남몰래 하는 편지. 비밀의 문서.

사서(私署)명 사인으로서의 개인적인 서명.

사서(社鼠)명 〔사당이 함부로 손댈 수 없는 사당에 숨어 사는 쥐라는 뜻으로〕'권력층의 그늘에 숨어 사특한 짓을 일삼는 사람'을 비유하여 이르는 말.

사서(寫書)명하자 책이나 문서를 베낌, 또는 베낀 그 책이나 문서.

사서(辭書)명 사전(辭典). 어전(語典).

사:서(鼯鼠)명 ☞사향뒤쥐.

사:서-삼경(四書三經)명 유교(儒敎)의 경전인 사서와 삼경.

사:서-오경(四書五經)명 유교(儒敎)의 경전인 사서와 오경.

사:서-인(士庶人)명 사대부와 서인. 준사서.

사서^증서(私署證書)명 사인(私人)으로 작성, 서명한 증서. ↔공정 증서(公正證書).

사서-함(私書函)명〈우편 사서함〉의 준말.

사:석(死石)명 바둑에서, 상대편에게 잡혀 죽은 바둑돌. 죽은 돌.

사석(沙石·砂石)명 모래와 돌.

사석(私席)명 사사로운 자리. 사좌(私座). ↔공석(公席).

사석(砂錫)명 암석에서 떨어져 나와 강바닥이나 바다 밑바닥에 모래나 자갈과 함께 퇴적하여 있는 주석의 광석.

사:석(射席)명 사수(射手)의 자리.

사:석(捨石)명 ①바둑에서, 작전상 버릴 셈 치고 놓는 돌. ②토목 공사에서, 물 밑에 던져 넣어 기초로 삼는 돌.

사:석^방파제(捨石防波堤)[-빵-]명 잡석(雜石)으로 둑처럼 비스듬히 쌓아 올린 방파제.

사석지지(沙石之地)[-찌-]명 모래와 돌이 많은 메마른 땅.

사:선(四善)명 옛날 중국에서, 관리의 성적을 매길 때에 표준으로 삼던 네 가지 미덕, 곧 덕의(德義)·청신(淸愼)·공평(公平)·각근(恪勤).

사:선(四禪)명 불교에서, 욕계(欲界)를 떠나 색계(色界)에서 도를 닦는, 초선(初禪)·이선·삼선·사선의 네 과정, 또는 그 세째 과정.

사:선(死線)명 ①죽을 고비. ¶사선을 넘다. ②범죄자나 전쟁 포로들을 가두어 놓은 곳에 설정하여, 이를 벗어나면 도주하는 것으로 보고 총살하도록 규정한 한계선.

사선(私船)명 ①개인 소유의 선박. ②국제法(國際法)상, 사인(私人)의 용도에 쓰이는 선박. ↔공선(公船).

사선(私線)명 민간에서 가설한 철도선·통신선 따위. ¶사선 철도. ↔관선(官線).

사선(私選)명 개인의 뜻대로 선택하거나 선임하는 일.

사선(紗扇)명 ①사(紗)를 발라 만든 부채. ②지난날, 햇슬아치가 외출할 때 풍진(風塵)을 막으려고 얼굴을 가리던 제구. 사붙이를 써서 네 모진 부채 모양으로 만들었음.

사선(射線)명 ①군 사격장에서, 병사가 사격을 하려고 머무르는 선. ¶사선에 엎드리다. ②사격을 할 때, 총신이나 포신의 축(軸)을 목표물을 향하여 연장하는 수평선.

사선(斜線)명 ①비스듬하게 그은 줄. ②하나의 직선이나 평면에 수직이 아닌 선. 빗금.

사선(蛇線)명 뱀이 기어가는 것처럼 구불구불한 선.

사선(許善)명하자 뒤로는 못된 짓을 하면서 겉으로는 착한 체함. 반선(反善).

사:선-무(四仙舞)명 조선 시대에, 나라의 잔치 때에 추던 궁중 무용의 한 가지.

사선^변-호인(私選辯護人)명 피고인이나 피의자가 선임한 변호인. ↔국선 변호인.

사:선-상(四仙床)[-쌍]명 네 사람이 둘러앉게 만든, 네 다리가 달린 네모진 음식상.

사설 (私設)[명]하타 개인이나 민간에서 설립함, 또는 그 기관이나 시설. ¶사설 단체. /사설 기관. ↔공설(公設)·관설(官設).

사설 (私說)[명] 아직 공인되지 않은, 개인의 학설이나 의견.

사설 (邪說)[명] (사람의 마음을 흐리게 하는) 잘못된 설. 이단적인 설.

사설 (社說)[명] 신문이나 잡지 따위에서, 그 사(社)의 주장으로서 싣는 논설.

사설 (絲屑)[명] 실보무라지.

사설 (辭說)[명] ①잔소리로 늘어놓는 말. ¶사설이 길다. ②가사의 내용을 이루는 말. ③판소리 따위에서, 연기자가 사이사이에 엮어 넣는 이야기. ④창을 할 때, 소리를 길게 꺾어 넘기지 않고, 말마디를 몰아붙여 엮어 나가는 장단. 변사살.

사설-시조 (辭說時調)[명] 시조 형식의 한 가지. 초장·중장·종장 가운데 두 구 이상이 길어진 것으로, 특히 중장이 무제한으로 길어지는 경우가 많음. 장시조(長時調). 魯평시조·엇시조.

사설-탐정 (私設探偵)[명] 사사로이 탐정 업무에 종사하는 사람.

사설-고 (司贍庫)[명] ⇨사섬시(司贍寺).

사설-시 (司贍寺)[명] 조선 시대에, 저화(楮貨)를 만들고, 지방 노비의 공포(貢布) 등에 관한 사무를 맡아보던 관아. 사섬고(司贍庫).

사:성 (四姓)[명] ⇨사성(四姓).

사:성 (四柱)[명] 〔'사주(四柱)'라는 뜻으로〕 사주단자의 봉투에 쓰는 말.

　사성(을) 받다[관용] 혼담이 결정되어 신랑의 사주단자를 받다.

　사성(을) 보내다[관용] 혼담이 결정되어 신랑의 사주단자를 신부 집으로 적어 보내다.

　사성(이) 가다[관용] 혼담이 결정되어 신랑의 사주단자를 가지고 가다.

　사성(이) 오다[관용] 혼담이 결정되어 신랑의 사주단자를 가지고 오다.

사:성 (四聖)[명] ①공자·석가·예수·소크라테스의 네 성인. 사대 성인(四大聖人). ②불교에서 이르는, 불(佛)·보살(菩薩)·연각(緣覺)·성문(聲聞)의 사계(四果). ③불교에서 이르는, 아미타불(阿彌陀佛)·관세음보살(觀世音菩薩)·대세지보살(大勢至菩薩)·대해중보살(大海衆菩薩)의 네 성인.

사:성 (四聲)[명] ①한자의 음절의 운(韻)을 성조(聲調)에 따라 분류한 네 가지 유형, 곧 평성(平聲)·상성(上聲)·거성(去聲)·입성(入聲). 사운(四韻). ②현대 중국어의 상평성(上平聲)·하평성(下平聲)·상성(上聲)·거성(去聲)을 아울러 이르는 말.

사성 (莎城)[명] 무덤 뒤를 반달형으로 두둑하게 둘러 쌓은 둔덕.

사:성 (賜姓)[명]하자 임금이 공신에게 성(姓)을 내려 주던 일, 또는 그 성.

사성-보 (四星褓)[─뽀][명] 사주단자를 싸 보내는, 붉은 비단으로 만든 보자.

사:-성사 (四聖史)[명] 가톨릭에서, '사복음(四福音)'을 달리 이르는 말.

사:성-장군 (四星將軍)[명] '대장(大將)'을 달리 이르는 말.

사:성-점 (四聲點)[─쩜][명] 15세기 국어 표기에서, 글자의 왼편에 찍어 사성을 표시하던 점. 방점(傍點). 성점(聲點).

사세 (司稅)[명]하자 세금에 관한 사무를 주관하여 맡아봄.

사세 (些細) '사세하다'의 어근.

사세 (社勢)[명] 사업 규모나 영업 실적 따위에서 본 회사의 형세. ¶사세 확장. /사세가 기울다.

사:세 (事勢)[명] 일의 되어 가는 형편.

사세 (辭世)[명]자 〔이 세상을 떠난다는 뜻으로〕 '죽음'을 이르는 말.

사:세-난처 (事勢難處)[명]하형 일의 형세가 처리하기 어려움.

사:세부득이 (事勢不得已)[부]하형 일의 형세가 그렇게 하지 않을 수 없어서. 세부득이.

사세-하다 (些細─)[형여] ⇨사소(些少)하다.

사-셈 (私─)[명]하타 공동의 재산에 관한 셈을 공개하지 않고 혼자서만 함.

사:소 (死所)[명] ①(보람 있게) 죽을 곳. ¶진주성(晉州城) 싸움에서 사소를 얻다. ②(어떤 사람의) 죽은 곳.

사소 (些少) '사소하다'의 어근.

사소 (私消)[명]하타 공공의 금품을 사사로운 일에 씀. ¶회사 용품을 사소하다.

사소 (私訴)[명]하타 범죄에 의한 손해의 배상이나 장물(贓物)의 반환을 청구하기 위하여, 공소(公訴)에 곁들여서 일으키는 민사 소송.〔현행법에서는 인정되지 않고 있음.〕魯공소.

사-소설 (私小說)[명] ①작가가 자신의 생활 체험이나 심경·감회 따위를 소재로 하여 쓴, 사회성이 적은 소설. ②자전적(自傳的) 형식의 일인칭 소설.

사:소취대 (捨小取大)[명]하자 작은 것을 버리고 큰 것을 취함.

사소-하다 (些少─)[형여] 하찮을정도없이 작거나 적다. 사세(些細)하다. ¶사소한 금액. /사소한 문제로 다투다. **사소-히**[부].

사속 (紗屬)[명] ⇨사붙이.

사속 (嗣續)[명]하자 (집안이나 아버지의) 대(代)를 이음.

사:속-죽 (死粟粥)[─쭉][명] 풋좁쌀로 쑨 죽.

사속지망 (嗣續之望)[명] 대를 이을 희망.

사손 (沙噀·砂噀)[명] 사손류의 극피동물을 통틀어 이르는 말. 해삼(海蔘).

사손 (祀孫)〈봉사손(奉祀孫)〉의 준말.

사:손 (使孫)[명] 조선 시대에, 자녀가 없이 죽었을 때, 그 유산을 이어받는 가까운 친척.

사손 (嗣孫)[명] 대를 이을 손자.

사손 (獅孫)[명] ⇨외손(外孫).

사송 (詞訟)[명] 조선 시대, 민사(民事)에 관한 소송.

사:송 (賜送)[명]하타 임금이 신하에게 물건을 내려 보냄.

사송-아문 (詞訟衙門)[명] 조선 시대에, 사송을 맡아보던 관아들을 통틀어 이르던 말.〔형조·한성부·사헌부와 각 지방 관찰사 등.〕

사:수 (四獸)[명] ①범·표범·곰·큰곰의 네 짐승을 아울러 이르는 말. ②⇨사신(四神).

사:수 (死水)[명] 흐르지 않고 괴어 있는 물. 죽은 물. ↔활수(活水).

사:수 (死囚)[명]〈사형수〉의 준말.

사:수 (死守)[명]하타되자 목숨을 걸고 지킴. ¶진지(陣地)를 사수하다.

사수 (沙水·砂水)[명] 모래에 밭은 물.

사수 (死水)[명] 공공 목적에 공용(公用)되지 아니하는 물. 지하수나 우물물 따위와 같이 한곳에 괴어 있어 다른 곳으로 흘러 나가지 않는 물. ↔공수(公水).

사수 (私讐)[명] 개인적인 원한이나 원수.

사수 (邪祟)[명] 한방에서, 제정신을 잃고 미친 사람처럼 되는 증세를 이르는 말.

사수(査受·査收)**명**[하타] (돈이나 물품·서류 따위를) 잘 조사하여 받음.

사수(射手)**명** 총포나 활 따위를 쏘는 사람. 사격수. ¶ 박격포 사수.

사수(師受)**명**[하타] 스승에게서 학문이나 기예의 가르침을 받음.

사수(詐數)**명** 속임수.

사수(寫手)**명** 글씨를 베끼어 쓰는 사람.

사수리-살명 옛날에 쓰던 화살의 한 가지.

사수-자리(射手-)**명** ☞궁수자리.

사:수^현:상(死水現象)**명** 밀도가 낮고 수온이 높은 바닷물이 상대적으로 밀도가 높고 수온이 낮은 바닷물 위를 덮고 있어, 배가 나아가는 데 장애가 되는 현상.

사숙(司稤)**명** 조선 시대에, 곡창(穀倉)의 일을 맡아보던 벼슬.

사숙(私淑)**명**[하타] 존경하는 사람에게, 직접 가르침을 받을 수는 없으나 그 사람의 인격이나 학문을 본으로 삼고 배움. ¶율곡을 사숙하다.

사숙(私塾)**명** 사사로이 연, 조그만 교육 시설. 가숙(家塾). 글방. 서당(書堂).

사숙(舍叔)**명** 남에게 '자기의 삼촌'을 일컫는 말.

사숙(師叔)**명** 불교에서, '스승의 사형'을 이르는 말.

사:순(四旬)**명** ①40일. ②40년. ③마흔 살.

사:순-재(四旬齋)**명** 기독교에서, 사순절(四旬節) 동안 고기를 금하고 예수의 고난을 되새기는 재계(齋戒).

사:순-절(四旬節)**명** 기독교에서, 예수가 40일 동안 광야에서 금식하고 시험받던 수난을 기억하기 위하여 단식·금식을 하도록 규정한 기간. 부활 주일 전 40일 동안.

사:술(四術)**명** 시(詩)·서(書)·예(禮)·악(樂)의 네 가지 도(道).

사술(邪術)**명** 요사스러운 술법. 못된 술법.

사술(射術)**명** 총포나 화살 따위를 쏘는 기술.

사술(詐術)**명** 남을 속이는 못된 꾀.

사슬¹명 '쇠사슬'의 준말.

사슬²명 조선 시대에, 강경과(講經科)의 등급을 표시하던 패. 동그란 나무조각에 통(通)·약(略)·조(粗)·불(不)의 글자를 썼음.

사슬-고리명 배목과 고리 사이에 사슬이 달린 고리.

사슬-누르미[-루-]**명** 꼬챙이에 꿰지 아니한 누르미.

사슬-누름적[-炙][-루-]**명** 꼬챙이에 꿰지 않은 누름적.

사슬-돈명 〔끈에 꿰지 아니한 흩어진 쇠붙이 돈이란 뜻으로〕 '잔돈'을 달리 이르는 말. 산전(散錢).

사슬-문고리(-["-)[-꼬-]**명** 사슬고리로 된 문고리.

사슬-산적(-散炙)**명** 꼬챙이에 꿰지 아니한 산적. 연산적(連散炙). ㈜산적.

사슬-적(-炙)**명** 꼬챙이에 꿰지 아니한 적(炙).

사슴명 사슴과의 포유동물. 어깨 높이 80 cm가량이고 털빛은 갈색임. 몸은 홀쭉하고 다리가 가늘고 길어 달리는 데 알맞으며, 꼬리는 짧음. 보통 수컷의 머리에는 나뭇가지 모양의 뿔이 있는데 해마다 다시 돋으며, 봄철에 새로 돋은 뿔은 녹용이라 하여 약재로 쓰임. 숲 속이나 초원에서 나뭇잎이나 풀·지의(地衣) 등을 먹고 삶. 우리나라·일본·중국·우수리 등지에 분포함.

사슴-록(-鹿)[-녹]**명** 한자 부수의 한 가지. '麒'·'麗'·'麝' 등에서의 '鹿'의 이름.

사슴-벌레명 사슴벌렛과의 곤충. 몸길이 3~5 cm. 몸빛은 광택 있는 검은색 또는 갈색이며, 수컷의 턱은 집게 모양으로 두 갈래로 갈라져 사슴뿔 같음. 봄과 여름에 나무나 등불에 모여듦. 우리나라·일본·대만·시베리아 등지에 널리 분포함. 하늘가재.

사슴-풍뎅이명 꽃무짓과의 곤충. 몸길이 2 cm가량. 몸빛은 검정색임. 수컷의 머리에는 투구를 쓴 것처럼 뿔돌기가 있고, 끝은 위로 굽었음. 나무진에 모여들며, 우리나라·중국 등지에 분포함.

사습(私習)**명**[하타] ①(스승 없이) 혼자 스스로 배워 익힘. ②활쏘기에서, 정식으로 쓰기에 앞서 연습으로 쓰는 일.

사:승(史乘)**명** 역사상의 사실을 기록한 책. 사기(史記). 서사(史書).

사승(私乘)**명** 개인이 쓴 역사.

사:승(使僧)**명** 사자(使者)인 중.

사승(師承)**명**[하타] 스승에게 가르침을 받음.

사승(師僧)**명** 스승인 중. 스님.

사:-승근(四乘根)**명** 네제곱한 수의 승근. 〔a⁴에 서의 a 따위.〕

사:승-습장(死僧習杖)[-짱]〔죽은 중의 볼기를 친다는 뜻으로〕 '저항력이 없는 사람에게 폭력을 가함'을 이르는 말.

사:시(巳時)**명** ①십이시의 여섯째 시. 상오 9시부터 11시까지의 동안. ②이십사시의 열한째 시. 상오 9시 30분부터 10시 30분까지의 동안. ㈜사(巳).

사:시(四始)**명** 〔그해·그달·그날·그때의 처음이라는 뜻으로〕 '정월 초하룻날 아침'을 이르는 말. 원단(元旦).

사:시(四時)**명** ①한 해의 네 계절, 곧 봄·여름·가을·겨울. 사계. 사서(四序). 사철. ②한 달 가운데의 네 때, 곧 삭(朔:초하루)·현(弦:이레)·망(望:보름)·회(晦:그믐). ③하루의 네 때, 곧 단(旦:아침)·주(晝:낮)·모(暮:저녁)·야(夜:밤).

사:시(四詩)**명** ①시경(詩經)의 네 가지 시체(詩體), 곧 국풍(國風)·대아(大雅)·소아(小雅)·송(頌). ②시경의 네 가지 고전(古典), 곧 노시(魯詩)·제시(齊詩)·한시(韓詩)·모시(毛詩). 〔완전한 형태로 현존하는 것은 모시뿐임.〕

사:시(史詩)**명** 역사적 사실을 소재로 하여 쓴 서사시.

사:시(死時)**명** ①죽을 때. ②죽은 때.

사시(沙匙)**명** ①사기로 만든 숟가락. ②☞스푼.

사시(私諡)**명** 학덕이 뛰어난 선비이거나 하나, 지위가 낮아 나라에서 시호를 내리지 않을 때, 일가나 친척 또는 제자들이 올리던 시호.

사시(社是)**명** 회사나 결사(結社) 따위의 경영상의 기본 방침.

사시(徙市)**명** 지난날, 농사철에 몹시 가물 때, 기우제를 지내고 시장을 옮기던 일.

사:시(捨施)**명**[하타] 절에 시주(施主)함.

사시(斜視)**명** ①안근(眼筋)의 이상으로, 한쪽 눈의 시선은 어떤 목표를 향하고 있는데, 다른 쪽 눈의 시선은 딴 방향을 향하는 것. ②[하타] 곁눈질로 흘겨봄.

사시(鯊翅)**명** 상어 지느러미를 껍질을 벗겨서 말린 식품.

사:시-가절(四時佳節)**명** 네 철의 명절.

사시-나무명 버드나뭇과의 낙엽 교목. 산에 자라는데, 높이 10 m, 줄기가 지름 30 cm가량. 잎은 달걀 모양으로 가장자리에 물결 모양의 톱니가 있으며 약한 바람결에도 잘 파들거림.

봄에 잎보다 꽃이 먼저 핌. 나무는 상자·성냥 개비 따위의 재료로 쓰임.

사시나무 떨듯閏圖 와들와들 몹시 떠는 모양을 빗대어 이르는 말.

사:시-도(四時圖)圖 사철의 자연 경치를 그린 그림.

사시람이圖 가냘픈 사람이나 물건.

사:시^마지(巳時麻旨)圖 절에서, 사시(巳時)에 부처 앞에 올리는 밥.

사:시^불공(巳時佛供)圖 절에서, 사시(巳時)에 올리는 불공.

사:시-철(四時四-)圖 봄·여름·가을·겨울의 네 철 내내의 동안. ¶작년에는 사시사철을 집에서만 보냈다.

사시-안(斜視眼)圖 사팔눈.

사시안-인(斜視眼人)圖 사팔뜨기.

사:시-장철(四時長-)閏 사철의 어느 때나 늘. ¶사시장철 눈에 덮여 있는 산꼭대기.

사:시-장청(四時長青)圖 (대나 소나무같이) 나뭇잎이 일 년 내내 푸름.

사:시-장춘(四時長春)圖 ①일 년 내내 늘 봄과 같음. ②'늘 잘 지냄'을 비유하여 이르는 말.

사:-시절(四時節)圖 봄·여름·가을·겨울의 네 철. ¶춘하추동 사시절.

사:시-춘풍(四時春風)圖 '누구에게나 늘 좋은 낯으로 대하며 무사태평한 사람'을 비유하여 이르는 말. 두루춘풍. 사면춘풍.

사:시-풍류(四時風流)[-뉴]圖 ①사철 어느 때나 늘 풍류로 지내는 일. ②철에 따른 멋스러움.

사:시-한정가(四時閑情歌)圖 ⇨강호사시가.

사식(私食)圖 교도소나 유치장에 갇힌 사람에게, 개인이 들여보내는 음식. ↔관식.

사식(莎植)圖〈사진 식자〉의 준말.

사신(司晨)圖 (새벽을 알리는 일을 맡는다는 뜻으로) '닭'을 달리 이르는 말.

사:신(史臣)圖 지난날, 사초(史草)를 쓰던 신하, 곧 사관(史官).

사신(四神)圖 천지의 사방을 맡아 다스린다는 신. 동쪽의 청룡(青龍), 서쪽의 백호(白虎), 남쪽의 주작(朱雀), 북쪽의 현무(玄武). 사수(四獸).

사신(邪臣)圖 육사(六邪)의 하나. 사심(邪心)을 품은 신하. 사악한 신하.

사신(邪神)圖 재앙을 가져오는 요사스러운 귀신.

사신(私信)圖 개인의 사사로운 편지. 사서(私書). 사한(私翰).

사:신(使臣)圖 지난날, 나라의 명을 받아 외국에 파견되던 신하.

사:-신(捨身)圖围과 ①속세를 버리고 불문(佛門)에 들어감. 출가(出家). ②불도(佛道)를 위하여 목숨을 버림.

사신-곡복(絲身穀腹)[-뽁]圖 입는 것과 먹는 것. 곡복사신(穀腹絲身).

사:신-공양(捨身供養)圖 수행·보은을 위하여 부처나 보살에게 온몸을 바쳐 공양함.

사신-교(邪神敎)圖 사신이나 우상 따위를 받드는 사교(邪敎).

사:신-성도(捨身成道)圖 불교에서, 다른 생물을 구하기 위하여 또는 부처에게 공양하기 위하여 자기 몸을 버림.

사신-인수(蛇身人首)圖 몸은 뱀이고 머리는 사람인 형상. 고대 중국의 복희씨(伏羲氏)의 모습이 이런 괴상한 형상이었다 함.

사:신-행(捨身行)圖 목숨을 아끼지 않고 닦는 수행.

사:실(史實)圖 역사상에 실제로 있었던 일. 역사상의 사실. ¶사실에 근거를 두다.

사:실(私室)圖 개인의 방. 혼자 사사로이 쓰는 방.

사:실(事實) Ⅰ圖 실제로 있거나 실제로 있었던 일. 실사. ¶그런 일이 있었던 것은 사실이다. /사실을 밝히다. Ⅱ闏 실지로. 사실상. ¶사실 그렇다. /사실 그 점에 대해서는 마음속으로 놀라고 있었다.

사실(査實)圖围과 사실(事實)을 조사함.

사실(寫實)圖围과 사물의 실제의 모습을 있는 그대로 나타냄. ¶사실 묘사.

사:실-무근(事實無根)圖闏 사실이라는 근거가 없음. 전혀 사실과 다름. ¶사실무근의 헛소문.

사:실-상(事實上)[-쌍] Ⅰ圖 실제로 있었던 상태. 또는, 현재에 있는 상태. ¶사실상의 권력을 잡다. Ⅱ闏 실지에 있어서. 사실(事實). ¶우리 팀은 사실상 본선 진출이 확정되었다.

사실^소:설(寫實小說)圖 현실을 있는 그대로 그려 낸 소설. 사실주의에 입각하여 쓴 소설.

사:실-심(事實審)圖 소송 사건에서, 법률문제뿐만 아니라 사실의 인정을 중심으로 이루어지는 심리. 제일심(第一審)·항소심(抗訴審)이 이에 해당함. ↔법률심(法律審).

사실-적(寫實的)[-쩍]闎冠 실제의 상태 그대로인 (것). ¶사실적 경향. /사실적으로 묘사하다.

사실-주의(寫實主義)[-의/-이]圖 객관적 사물을 있는 그대로 정확하게 그려 내려고 하는 문학·미술상의 주의. 리얼리즘.

사실-파(寫實派)圖 사실주의 예술을 지향하는 유파.

사:실^행위(事實行爲)圖 법률 효과의 발생에 일정한 의사 표시가 필요하지 않은 행위. 〔주소 설정·유실물 습득·가공(加工) 따위.〕

사:실-혼(事實婚)圖 법률상으로 인정된 혼인이 아니나, 사회 관습상 사실로 인정되는 혼인 관계. ↔법률혼.

사:심(死心)圖 죽음을 각오한 마음.

사심(邪心)圖 도리에 어긋난 못된 마음.

사심(私心)圖 ①제 욕심을 채우려는 마음. ¶사심을 버리다. /사심 없는 충고. ②자기의 생각.

사심(蛇心)圖 남을 해치려는 음험한 마음.

사:심-관(事審官)圖 고려 시대에, 지방을 다스리던 자치 기관의 장. 부역을 고르게 하고 풍속을 바로잡는 일을 맡아보았음.

사심-불구(蛇心佛口)圖 남을 해치려는 음험한 마음을 가지고 있으면서, 입으로는 부처같이 착한 말만 하는 일, 또는 그런 사람.

사-심판(私審判)圖 가톨릭에서, 사람이 죽은 후에 개개인이 따로 받게 되는 심판을 이르는 말. 畲공심판(公審判).

사:십(四十·四拾) Ⅰ㈜ 마흔. Ⅱ冠《일부 단위를 나타내는 명사 앞에 쓰이어》①그 수량이 마흔임을 나타내는 말. ¶사십 미터. /사십 초. /사십 년. ②순서가 마흔 번째임을 나타내는 말. ¶사십 등.

사십에 첫 버선㏖ ①나이 들어서 늦게 관직이나 일자리를 얻게 됨을 이르는 말. ②늙어서야 뜻한 바를 이루게 됨을 이르는 말.

사:십구공-탄(四十九孔炭)[-꾸-]圖 마흔아홉 개의 구멍이 있는 커다란 연탄.

사:십구-일(四十九日)[-꾸-]圖 〔불교에서〕 사람이 죽고 나서 다음 생을 얻을 때까지의 날수. 칠칠일.

사:십구일-재(四十九日齋)[-꾸-]圓 불교에서, 사람이 죽은 지 49일 되는 날에 지내는 재. 칠칠재(七七齋). 사십구재.

사:십구-재(四十九齋)[-꾸-]圓 ☞사십구일재.

사:십팔-원(四十八願)圓 아미타불이 보살이었을 때, 일체 중생을 구하기 위하여 세운 마흔 여덟 가지 서원(誓願).

사슬(옛)圓 댓가지. 산가지. ¶ 사슬 첨:籤. 사슬 듀:籌(訓蒙下22).

사슴圓(옛) 사슴. ¶ 사슴:鹿(訓解).

사:씨-남정기(謝氏南征記)圓 조선 숙종 때, 김만중(金萬重)이 지은 국문 소설. 숙종이 인현 왕후를 내친 사실을 풍자한 작품.

사:아(死兒)圓 죽은 아이.

사:악(四惡)圓 나라를 다스리는 데 있어서의 네 가지의 잘못. '논어'에 나오는 말로, 가르치지 아니하고서 죄를 지으면 죽이는 일, 평소에 훈련도 시키지 않고 있다가는 닷닷않이 공(功)을 요구하는 일, 영(令)을 느슨히 하고 있다가 끝에 가서 심하게 독촉하는 일, 어차피 주어야 할 것을 가지고 인색하게 구는 일을 이름.

사악(邪惡)圓[하]圓 (마음이나 생각이) 간사하고 악독함. ¶ 사악한 성격. 웹특악(慝惡)하다.

사악(肆惡)圓[하]圓 악한 성미를 함부로 부림.

사:악(賜樂)圓[하]圓 임금이 신하에게 풍류(風流)를 내림, 또는 그 풍류.

사-악도(四惡道)[-또-]圓 불교에서, 악인이 죽어서 간다는 네 가지 고통스러운 길. 곧, 지옥·아귀(餓鬼)·축생(畜生)·아수라(阿修羅).

사안(私案)圓 개인적인 생각이나 계획.

사:안(事案)圓 법률적으로 문제가 되어 있는 안건. ¶ 미결 사안.

사안(査案)圓 사건을 조사한 기록.

사안(斜眼)圓 ①흘겨보는 눈. ②사팔눈.

사:안(賜顏)圓[하]圓 자기를 찾아온 아랫사람에게 좋은 낯으로 대함.

사알(私謁)圓[하]圓 사사로운 일로 윗사람을 뵘.

사:알(賜謁)圓[하]圓 임금이 신하에게 만날 것을 허락함.

사암(沙岩·砂岩)圓 모래가 물속에 가라앉아 굳어서 된 바위. 사암석.

사암-석(沙岩石)圓 ☞사암.

사앗-대[-아때/-앝때]圓 〈삿앗대〉의 준말.

사애(私愛)圓[하]圓 ①공평하지 못하고 어느 한 쪽만을 치우치게 사랑함. ②남몰래 어떤 여자를 사랑함.

사:액(賜額)圓[하]圓 임금이 사당이나 서원 등에 이름을 지어 그것을 새긴 편액(扁額)을 내리는 일.

사:액^서원(賜額書院)[-써-]圓 임금이 사액한 서원.

사:야(四野)圓 사방의 들.

사:약(死藥)圓 먹으면 죽는 약.

사약(私約)圓 개인끼리 하는 사사로운 약속.

사:약(賜藥)圓[하]圓 [임금이, 처형해야 할 왕족이나 중신(重臣)에게] 먹고 죽을 약을 내림, 또는 그 약. ¶ 사약을 받다.

사약(瀉藥)圓 설사가 나게 하는 약.

사양(仕樣)圓 '설명(서)'·'품목'·'규격'으로 순화. [일본어 '시요(仕樣)'를 우리 한자음으로 읽은 말.] ¶ 선택 사양. /제품 사양.

사양(斜陽)圓 ①서쪽으로 기울어진 해, 또는 그 햇빛. 사조(斜照). 측일(仄日). ②시세의 변천으로 차츰 사라지거나 몰락해 가는 일을 비유하여 이르는 말. ¶ 사양 기술.

사양(飼養)圓[하]圓 ☞사육(飼育).

사양(辭讓)圓[하]圓 겸손하여 받지 않거나 응하지 않함. ¶ 자리를 사양한다.

사양-길(斜陽-)[-낄]圓 새로운 것에 밀려 점점 몰락해 가는 중. ¶ 사양길로 접어들다. /사양길에 들어서다.

사양^산:업(斜陽産業)圓 새로운 산업의 출현으로 쇠퇴해 가는 산업.

사양-족(斜陽族)圓 세상의 변천으로 몰락한 상류 계급.

사양지심(辭讓之心)圓 사단(四端)의 하나. 겸손하여 남에게 사양할 줄 아는 마음.

사-양토(沙壤土·砂壤土)圓 진흙이 비교적 적게 섞인 보드라운 흙.

사:어(死語)圓 전에는 쓰이었으나 현재는 쓰이지 않는 말. 비폐어(廢語). ↔활어(活語).

사어(沙魚·鯊魚)圓☞모래무지. ②☞상어.

사어(私語)圓 ①사사로이 부탁하는 말. ②[하]圓 드러나지 않게 속삭임. 낮은 목소리로 소곤댐.

사어(射御)圓 활쏘기와 말타기를 아울러 이르는 말.

사어-피(沙魚皮)圓 상어의 껍질. ☞어피.

사:언-시(四言詩)圓 한 구(句)가 넉 자로 된 한시(漢詩).

사:업(事業)圓[하]圓 ①주로, 생산과 영리를 목적으로 하는 지속적인 경제 활동. ¶ 사업을 일으키다. /사업이 망하다. ②일정한 목적을 가지고 진행되는 비영리적인 사회 활동. ¶ 자선 사업.

사:업-가(事業家)[-까]圓 사업을 하는 사람. 사업에 능한 사람. ¶ 자선 사업가.

사:업^공채(事業公債)[-똥-]圓 국가가 사업비로 충당하기 위하여 발행하는 공채.

사:업-소(事業所)[-쏘]圓 어떤 사업의 활동이 이루어지는 장소. 사업장.

사:업^소:득(事業所得)[-쏘-]圓 사업에서 생기는 소득.

사:업^연도(事業年度)[-엄년-]圓 사업의 업무와 결산상의 편의에서 설정한 연도, 곧 결산기와 다음 결산기 사이. 영업 연도.

사:업^자본(事業資本)[-짜-]圓 사업에 투자한 자본. 사업에 필요한 자본.

사:업-장(事業場)[-짱]圓 ☞사업소.

사:업-주(事業主)[-쭈]圓 사업을 경영하는 사람이나 조직체.

사:업-채(事業債)圓 금융 기관 이외의 기업 회사가 발행하는 사채(社債).

사:업-체(事業體)圓 사업하는 기관. ⑥업체.

사:여(賜與)圓[하]圓 나라나 관청에서 하사함. 사급(賜給).

사:역(使役)圓 ①남에게 어떤 동작을 하게 하는 뜻을 나타내는 어법(語法). [먹이다·읽히다·살리다 따위.] ②[하]圓 남을 써서 일을 시킴. ¶ 사역에 차출되다.

사:역^동:사(使役動詞)[-똥-]圓 ☞사동사(使動詞).

사역-원(司譯院)圓 조선 시대에, 번역과 통역에 관한 일을 맡아보던 관아.

사:연(事緣)圓 일의 앞뒤 사정과 까닭. ¶ 어찌된 일인지 사연을 말해 보아라.

사연(師椽)圓☞부연(附椽).

사연(詞筵)圓 문인(文人)들이 모인 자리.

사:연(賜宴)圓[하]圓 지난날, 나라에서 잔치를 베풀던 일, 또는 그 잔치.

사연(辭緣·辭椽)圓 하고자 하는, 말이나 편지의 내용. ¶ 사연이 많은 편지.

사열 (査閱)**명** (**하타** ①검열이나 조사를 위하여, 실지로 하나하나 살펴봄. ②군에서, 사열관이나 지휘관 등이 열병과 분열을 통하여 군사 교육의 성과 및 장비 유지 상태 등을 실지로 살펴봄. ¶부대를 사열하다.

사열-대 (査閱臺)[-때]**명** 사열식 때, 사열관이 올라서게 만든 단.

사열-식 (査閱式)**명** 사열을 하는 의식.

사:염화-규소 (四塩化硅素)**명** 염소의 기류(氣流) 중에서 규소와 탄화규소 또는 탄소와 무수 규소의 혼합물을 가열하여 얻는 무색의 액체. 공기 중에서 발연(發煙)하며 유기 규소 화합물의 합성 원료로 쓰임. [SiCl₄]

사:염화-탄소 (四塩化炭素)**명** 이황화탄소에 염소를 작용시켜서 만드는 무색의 액체. 유지류의 용제 및 살충제 따위에 쓰임. [CCl₄]

사영 (私營)**명** **하타** 개인이 경영함, 또는 그 사업. ↔공영·관영·국영.

사영 (射影)**명** **하타** ①물체가 그림자를 비치는 일, 또는 그 그림자. 투영(投影). ②도형이나 입체를 다른 평면에 옮기는 일, 또는 그것에 의하여 평면에 생기는 도형.

사영 (斜映)**명** 빛이 비스듬히 비침, 또는 그 빛.

사영 (斜影)**명** 비스듬히 비친 그림자.

사영 (寫影)**명** 물체의 형상을 비치어 나타냄, 또는 나타낸 그 그림자.

사영^기하학 (射影幾何學)**명** 기하학 도형의 크기에는 관계없이, 점·직선·평면을 기초 도형으로 하여 그 결합 관계를 연구하는 근세 기하학의 한 체계.

사:예 (四藝)**명** 거문고·바둑·글씨·그림의 네 가지 기예(技藝).

사예 (射藝)**명** 활을 쏘는 기예. 사(射).

사:오 (四五)**판** (일부 단위를 나타내는 명사 앞에 쓰이어) 그 수량이 사나 오임을 나타내는 말. ¶사오 미터. /사오 일 만에 다시 만나게 된다.

-사오- (선미) 공손의 선어말 어미 '-사옵-'의 'ㅂ'이, '-면-·-니-·아도·-ㄹ지' 등의 어말 어미 앞에서, 줄어진 것. 〔있사오면·먹사오니·읽사와도·있사옵지' 등에서의 '사오'.〕

사오납다 (형용) (옛) 사납다. 억세다. ¶夫人 아들 長生이 사오납고(月釋2:4).

사오리 (명) (옛) 발돋움. ¶사오리 등: 凳(訓蒙中10).

사:오-월 (四五月)**명** 사월과 오월. 사월이나 오월.

-사오이다 (어미) 자음으로 끝난 어간이나 시제의 '-았(었)-·'·-겠-' 등에 붙어, '-으오이다'의 뜻을 정중하게 나타내는 합쇼체의 종결 어미. ¶그 일은 제가 맡겠사오이다. **준**-사외다. **활**-소이다.

사:옥 (史獄)**명** 역사에 관계되는 옥사(獄事). **참**사화(史禍).

사옥 (社屋)**명** 회사의 건물. ¶사옥을 신축하다.

사온-서 (司醞署)**명** 고려·조선 시대에, 궁중에서 쓸 술에 관한 일을 맡아보던 관아.

사-온-일 (四溫日)**명** 겨울의 삼한사온(三寒四溫) 가운데 비교적 따뜻한 나흘 동안.

-사옵- (선미) 자음으로 끝난 어간이나 시제의 '-았(었)-·'·-겠-' 등에 붙어, '-으읍-'의 뜻을 정중하게 나타내는 선어말 어미. ¶글을 읽사옵다가…. **준**-삽-.

-사옵니까 [-옴-] (어미) '-사옵-'과 '-나이까'가 합하여 줄어진 말. 자음으로 끝난 어간이나 시제의 '-았(었)-·'·-겠-' 등에 붙어, 묻는 뜻을 나타내는 합쇼체의 종결 어미. ¶내일쯤 오시겠사옵니까?

-사옵니다 [-옴-] (어미) '-사옵-'과 '-나이다'가 합하여 줄어진 말. 자음으로 끝난 어간이나 시제의 '-았(었)-·'·-겠-' 등에 붙어, 어떤 사실을 베풀어 말하는 뜻을 나타내는 합쇼체의 종결 어미. ¶어제 다녀갔사옵니다.

-사옵디까 [-옴-] (어미) '-사옵-'과 '-더이까'가 합하여 줄어진 말. 자음으로 끝난 어간이나 시제의 '-았(었)-·'·-겠-' 등에 붙어, 상대편이 경험한 사실을 돌이켜 묻는 뜻을 나타내는 합쇼체의 종결 어미. ¶쾌차하셨사옵디까?

-사옵디다 [-디-] (어미) '-사옵-'과 '-더이다'가 합하여 줄어진 말. 자음으로 끝난 어간이나 시제의 '-았(었)-·'·-겠-' 등에 붙어, 경험한 사실을 돌이켜 말하는 뜻을 나타내는 합쇼체의 종결 어미. ¶어러움이 많사옵디다.

사옹 (司饔)**명** 조선 시대에, 대궐 안에서 음식을 만들던 사람.

사옹-원 (司饔院)**명** 조선 시대에, 대궐 안의 음식 장만에 관한 일을 맡아보던 관아.

사:왕 (死王)**명** ①죽은 왕. ②불교에서, 염라대왕을 달리 일컫는 말.

사왕 (嗣王)**명** 왕위를 이은 임금. 사군(嗣君).

사:왕-천 (四王天)**명** 불교에서 이르는 육체 육천(慾界六天)의 첫째. 수미산 중턱에 있으며 사천왕(四天王)이 다스린다고 함. **준**사천.

사외 (社外)[-외-/-웨-]**명** ①회사의 건물 밖. ②그 회사 이외의 사람. ¶일을 사외에 맡기다.

-사외다 [-외-/-웨-]**어미** 〈사오이다〉의 준말. ¶실무에는 경험이 없사외다.

사외-보 (社外報)[-외-/-웨-]**명** 사보의 한 가지. 기업이 대외 홍보를 위해 발행하여 외부에 무료로 배포하는 간행물. ↔사내보.

사외^이:사 (社外理事)[-외-/-웨-]**명** 회사의 경영을 직접 일삼는 이사 이외에 회사 밖의 전문가로 선임된 이사. 경영진과 직접적인 관계가 없으므로 객관적인 입장에서 회사의 경영 상태를 감독하고 조언할 수 있음.

사:요 (史要)**명** 역사의 개요, 또는 그것을 쓴 책.

사욕 (私慾)**명** 자기의 이익만을 채우려고 하는 욕망. ¶사리사욕. /사욕을 채우다.

사욕 (邪慾)**명** 그릇된 욕망, 특히 음란한 욕정. ¶사욕에 빠지다.

사육 (沙浴·砂浴)**명** **하자** ①닭·오리 따위 가금류가 모래나 흙을 파헤치며 몸을 비벼 대거나 흙을 끼얹거나 하는 짓. ②모래찜질.

사욕^편정 (邪慾偏情)**명** 가톨릭에서, 도리에 어긋나는 온갖 정욕(情慾)을 이르는 말.

사용 (私用)**명** ①자기 개인의 용건. ②**하타** 공용물을 자기 개인의 일에 씀. ↔공용.

사용 (私傭)**명** **하타** 사사로이 고용함. 사인(私人)에게 고용당함.

사용 (社用)**명** 회사의 소용(용무).

사:용 (使用)**명** **하타** **되자** 사람이나 물건 등을 쓰거나 부림. ¶기구를 사용하다.

사:용^가치 (使用價値)**명** 사람의 욕망을 채워 주는 재화의 정용성. 쓸 만한 가치.

사:용-권 (使用權)[-꿘]**명** 어떤 것을 사용할 수 있는 권리.

사:용^대:차 (使用貸借)**명** 어떤 물건을 빌려서, 무상으로 사용하거나 수익한 뒤에 돌려줄 것을 약속함으로써 성립되는 계약.

사:용-료 (使用料)[-뇨]**명** 무엇을 사용한 값으로 치르는 요금. ¶전화 사용료.

사:용-세 (使用稅)[-쎄]**명** 소비세의 한 가지. 〔유흥세·입장세·통행세 따위.〕

사:용-인(使用人)图 ①⇨사용자. ②근로 계약(고용 계약)에 따라 정신적·육체적인 일을 하고 그 대가로 보수를 받는 사람. 고용인. 근로자.

사:용-자(使用者)图 ①물건이나 시설 등을 쓰는 사람. 사용인. ②근로 계약(고용 계약)에 따라 근로자에게 일을 시키고 그 대가로 보수를 주는 사람. 고용인(雇用人). 고용주. 사용주. ¶ 노동자와 ～.

사:용^절도(使用竊盜) [-또]图 남의 재물을 주인의 승낙 없이 사용한 후에 돌려줄 생각으로 일시 사용하는 행위.

사:용-주(使用主)图 ⇨사용자.

사:우(四友)图 ①〈문방사우(文房四友)〉의 준말. ②눈 속에서 피는 네 가지 꽃, 곧 옥매(玉梅)·납매(臘梅)·수선(水仙)·산다화(山茶花).

사:우(四隅)图 ①네 구석. ②네 모퉁이의 방위, 곧 서남·서북·동남·동북.

사:우(死友)图 ①죽음을 함께할 만한 극히 친한 벗. ②죽은 벗.

사우(社友)图 ①같은 회사나 결사 단체 같은 데서 함께 일하는 동료나 벗. ②사원은 아니나, 회사에서 사원과 같은 대우를 받는 사람.

사우(師友)图 ①스승과 벗. ②스승으로 삼을 만한 벗.

사우(祠宇)图 따로 세운 사당집. 사당(祠堂).

사우(斜雨)图 (바람에 날려) 비스듬히 흩날리며 내리는 비.

사우(絲雨)图 (실같이 가늘게 내리는) 가랑비.

사우(飼牛)图图자 소를 기름, 또는 그 소.

사:우(麝牛)图 ⇨사향소.

사우나(sauna)图 판란드식의, 열기와 증기를 이용한 목욕탕. 사우나탕.

사우나-탕(sauna湯)图 ⇨사우나.

사우-방(祠宇房)图 ⇨사당방(祠堂房).

사우스-포(southpaw)图 ①야구에서, 왼손잡이 투수. 좌완 투수. ②권투에서, 왼손잡이 선수.

사:운(四韻)图 ①네 개의 운각(韻脚)으로 된 율시(律詩). ②⇨사성(四聲).

사운(社運)图 회사의 운명이나 운수. ¶ 사운을 걸다. /사운이 기울다.

사운드-박스(sound-box)图 ①현악기의 소리가 울리는 몸통. ②구식 축음기에서, 바늘의 진동을 받아 소리를 내는 장치.

사운드^트랙(sound track)图 영화 필름의, 소리가 녹음된 부분. 음구(音溝).

사운드-판(sound版)图 대사는 없이 음악이나 음향만 나오는 영화.

사운드^필름(sound film)图 ①발성 영화(發聲映畵). ②녹음에 쓰는 필름.

사:운지시(四韻之詩)图 네 구(句)에 운을 달아 지은 시(詩).

사원(寺院)图 ①절. 사찰. ②이슬람교·힌두교 등의 교당.

사원(私怨)图 사사로운 원한.

사원(沙原·砂原)图 모래벌판.

사원(社員)图 ①회사에 근무하는 사람. 회사원. ¶ 신입 사원. ②사단 법인을 구성하는 사람. ¶ 사원 총회.

사원(射員)图 사정(射亭)에서 활 쏘는 일에 참가한 사람.

사:원(赦原)图图하타 죄인의 정상을 참작하여 용서함. 사면함.

사원-권(社員權) [-꿘]图 사단 법인의 사원이, 사원의 자격으로 법인에 대하여 가지는 권리. 〔공익권과 자익권으로 나뉨.〕

사:원-법(四元法) [-뻡]图 고등 수학의 한 분야. 4차원적 수량 개념인 벡터로부터 상대성 원리에 이르는, 시공(時空) 세계에 관한 이론과 응용을 연구하는 학문.

사원-전(寺院田)图 고려 시대에, 사원에 속한 토지.

사:원추(斜圓錐)图 '빗원뿔'의 구용어.

사:원-합금(四元合金) [-끔]图 네 가지 주성분으로 이루어진 합금.

사:월(巳月)图 〔월건(月建)에 십이지의 사(巳)가 드는 달로〕 '음력 사월'의 딴 이름. ⑪맹하.

사:월(四月)图 한 해의 넷째 달. ⑪사월(巳月)·맹하·등월.

사월(斜月)图 서쪽 하늘에 기운 달. 지는 달.

사월(蜡月)图 '섣달'을 달리 이르는 말. 제월.

사위[1]图 딸의 남편. 여서(女壻).

　사위는 백 년 손이라[속담]〔사위는 영원한 손님이라는 뜻으로〕 사위는 언제나 소홀히 할 수 없는 존재라는 말.

　사위도 반자식(이라)[속담] ①장인과 장모에게 사위가 절반 제 자식이라는 뜻으로, 사위에 대한 정이 자식에 대한 정 못지않다는 말. ②사위도 때로 자식 노릇을 할 때는 한다는 말.

　사위 사랑은(은) 장모[속담] 사위를 사랑하는 마음은 장인보다 장모가 더하다는 말.

사위[2]图图하자 재앙이 올까 염려하여 어떤 사물이나 말을 꺼림. ¶ 그 물건은 이 집에서 사위하니까 치우지 마라.

사위[3]图 ①윷놀이나 주사위 놀이에서 목적한 끗수. ¶ 사위가 좀체로 오르지 않는다. ②〈큰사위②〉의 준말.

사:위(四圍)图 사방의 둘레. 사주(四周). 주위. ¶ 어둠이 사위를 둘러서다.

사위(斜位)图 모체 속에서, 태아의 위치가 바르지 못하여 비스듬히 자리 잡은 상태.

사위(詐僞)图图하자 거짓을 꾸며 속임. 거짓.

사위(嗣位)图图하자 왕위를 이음.

사위다图 불이 다 타서 재가 되다. ¶ 바람이 심해 숯불이 쉬 사위었다.

사위-스럽다 [-따] [~스러우니·~스러워]图也 어쩐지 불길하고 꺼림칙하다. ~ 사위스러운 생각이 들다. 사위스레早.

사:위-토(寺位土)图 절에 딸린 논밭.

사윗-감 [-깜―윋깜]图 사위로 삼을 만한 사람.

사:유(四有)图 불교에서, 중생이 나서 죽고 다시 태어날 때까지의 1기(期)를 넷으로 나눈 것, 곧 생유(生有)·본유(本有)·사유(死有)·중유(中有)를 이르는 말.

사:유(四侑)图 ⇨사배(四配).

사:유(四維)图 ①간(乾)·곤(坤)·간(艮)·손(巽)의 네 방위, 곧 서북·서남·동북·동남. ②나라를 유지하는 데 꼭 필요한 네 가지 근본, 곧 예(禮)·의(義)·염(廉)·치(恥).

사:유(死有)图 불교에서 이르는 사유(四有)의 하나. 중생이 속세에서 살다가 수명이 다하여 막 죽으려고 하는 찰나.

사유(私有)图图하타 개인이 소유함, 또는 그 소유물. ↔공유·국유.

사:유(事由)图 일의 까닭. 연고. 연유(緣由). 정유(情由). ¶ 사유를 밝히다. /사유를 묻다.

사:유(思惟)图图하타 ①논리적으로 생각함. ②철학에서, 감각·지각 이외의 인식 작용. 분석·종합·추리·판단 등의 정신 작용을 뜻함. ③불교에서, '대상(對象)을 마음속에 그리며 생각함'을 이르는 말. ①②사고(思考).

사유(師儒)몡 유학(儒學)의 도를 가르치는 스승.

사:유(赦宥)몡하자 죄를 용서함.

사유-권(私有權)[-꿘] 개인 소유로 할 수 있는 권리. ¶사유권을 인정하다.

사유-림(私有林)몡 개인 또는 사법인(私法人)이 소유하는 산림. ↔공유림·국유림.

사유-물(私有物)몡 개인이 소유하는 물건. 사물 (私物). ↔공유물.

사유-수(思惟樹)몡 '보리수(菩提樹)'를 달리 이르는 말.

사유-장(師儒長)몡 고려·조선 시대에, '대사성 (大司成)'을 달리 이르던 말.

사유^재산(私有財産)몡 개인 또는 사법인(私法人)이 소유하는 재산. ↔국유 재산.

사유^재산제(私有財産制)몡 (모든) 재산을 개인이 소유할 수 있도록 법률로써 보호하며, 소유자의 자유로운 관리·운영에 맡기는 사회 제도.

사유-지(私有地)몡 개인 또는 사법인이 소유하는 토지. 사지(私地). 사토. ↔공유지·국유지.

사유^철도(私有鐵道)[-또]몡 개인 또는 사기업이 소유·경영하는 철도. ㈜사철.

사:육(四肉)몡 네발 달린 짐승의 고기.

사육(私肉)몡 사고기.

사:육(事育)몡하자 어버이를 섬기고 자식을 낳아 기름.

사육(飼育)몡하자되자 짐승 따위를 먹여 기름. 사양(飼養). ¶사슴을 사육하다.

사육^동:물(飼育動物)[-똥-]몡 집에서 먹여 기르는 동물. ↔야생 동물.

사:-육신(死六臣)[-씬]몡 조선 세조 때, 단종의 복위(復位)를 꾀하다가 실패하여 처형당한 여섯 충신. 〔성삼문(成三問)·박팽년(朴彭年)·유응부(兪應孚)·성삼문(柳誠源)·하위지(河緯地)·이개(李塏).〕 ㉰생육신.

사:육-제(謝肉祭)[-쩨]몡 가톨릭 국가에서, 사순절(四旬節) 전 3일에서 1주일 동안에 걸쳐 거행되는 축제. 술과 고기를 먹고 가장행렬 따위를 하며 즐김. 카니발.

사:율(四律)몡 한시(律詩)의 한 가지. 한 구가 오언(五言)이나 칠언(七言)으로 된 여덟 구(句), 곧 네 짝으로 된 시.

사:은(四恩)몡 불교에서, 중생이 이 세상에서 받는 네 가지 은혜. 곧, 부모·중생·국왕·삼보(三寶)의 은혜, 또는 국왕·부모·사장(師長)·시주(施主)의 은혜를 이름.

사은(私恩)몡 사사로이 입은 은혜.

사은(師恩)몡 스승의 은혜.

사:은(謝恩)몡하자 입은 은혜에 대하여 감사함. ¶사은의 꽃다발을 드리다.

사:은-숙배(謝恩肅拜)[-빼]몡하자 임금의 은혜에 감사하며 공손히 절함.

사:은-품(謝恩品)몡 성원(聲援)에 감사하는 뜻으로 사례하는 물품. ¶사은품 증정 행사.

사:은-회(謝恩會)[-회/-훼]몡 졸업생이 스승의 은혜에 감사하는 뜻으로 베푸는 모임.

사음(邪婬)¹몡 불교에서, 남녀 간의 음란한 짓을 이르는 말. 욕사행(欲邪行).

사음(邪婬)² '사음하다'의 어근.

사음(舍音)몡 ☞마름².

사음(寫音)몡하자 글자나 부호 따위로 소리 나는 대로 적음, 또는 그 소리. 표음(表音).

사음^문자(寫音文字)[-짜]몡 ☞표음 문자.

사음자리-표(-音-標)몡 ☞낮은음자리표.

사음-하다(邪婬-)혱여 마음이 사악하고 음란하다.

사:의(死義)[-의/-이]몡하자 의(義)를 위하여 죽음, 또는 그러한 죽음.

사의(私意)[-의/-이]몡 ①자기 개인의 의견. ②자기만의 욕심을 채우려는 마음.

사의(私誼)[-의/-이]몡 오랫동안 사귀어 온 개인 사이의 정분.

사의(私議)[-의/-이]몡 ①사적(私的)인 의논. ②하자 남몰래 논의하고 비평함. 뒤에서 욕함.

사의(邪意)[-의/-이]몡 사악한 마음. 못된 생각.

사:의(宜意)[-의/-이]몡 일이 적절함. 알맞은 일.

사:의(事意)[-의/-이]몡 일의 내용.

사:의(寫意)[-의/-이]몡 그림에서, 사물의 형태보다도 그 내용과 정신을 그려 내는 데 치중하는 화법(畫法).

사:의(簑衣)[-의/-이]몡 ☞도롱이.

사:의(謝意)[-의/-이]몡 ①남의 호의에 대한 감사의 뜻. ¶심심한 사의를 표하다. ②자신의 잘못에 대한 사과의 뜻.

사:의(謝儀)[-의/-이]몡 감사의 뜻을 나타내는 예의, 또는 그 뜻으로 보내는 물품.

사의(辭意)[-의/-이]몡 ①사임 또는 사퇴할 뜻. ¶사의를 비치다. ②말의 뜻.

사-의무(私義務)[-의/-이-]몡 사법(私法) 관계에서 성립되는 의무. ↔공의무(公義務).

사이몡 ①한 곳에서 다른 한 곳까지의 떨어진 공간. ¶서울과 부산 사이. /마을과 학교 사이를 왕래한다. ②어떤 것과 다른 것과의 벌어진 틈. ¶글자와 글자 사이. /사이를 띄우다. ③어떤 때에서 다른 한 때까지의 시간적인 동안. ¶잠깐 사이. ④《주로, '없다'와 함께 쓰이어》시간적 겨를이나 짬. ¶잠시 앉아 쉴 사이도 없다. ⑤어떤 한정된 모임이나 범위 안. ¶친구들 사이에는 인기가 있다. ⑥사람과 사람과의 관계. ¶사랑하는 사이. /사이가 좋지 않다. ㈜새4.

사이(가) 뜨다관용 ①사이가 멀다. ②서로 친하던 관계가 서먹해지게 되다.

사:이(四夷)몡 지난날, 중국에서 주변 민족들을 사방의 오랑캐라 하여 낮추어 이르던 말. 곧 동이(東夷)·서융(西戎)·남만(南蠻)·북적(北狄).

사이(さい[才])몡 일본의 목재·석재의 체적의 단위. 목재는 길이 12자에 한 치, 석재는 사방 누구를 이름.

사이-갈이몡하자 농작물이 자라는 도중에, 그 사이사이의 겉흙을 얇게 갈아서 부드럽게 하는 일. 중경(中耕).

사이다(cider)몡 [본디는 사과주(沙果酒)의 뜻으로] 탄산수에 당분과 향료를 섞어 만든 청량음료.

-사이다어미 모음이나 'ㄹ'로 끝난 동사 어간에 붙어, 청유의 뜻을 나타내는 합쇼체의 종결어미. ¶어서 오사이다. 튌-으사이다.

사이드^드럼(side drum)몡 타악기의 한 가지. 베이스 드럼보다 작으며, 군악이나 취주악·관현악 따위에 두루 쓰임.

사이드라인(sideline)몡 구기에서, 경기장 양쪽에 그어진 선.

사이드^브레이크(side brake)몡 주차 중에 자동차가 움직이지 않도록 하기 위한 브레이크. 손으로 작동함.

사이드^스로:(←side-arm throw)몡 야구에서, 투수가 몸 옆으로부터 공을 던지는 투구법.

사이드^스텝(side step)몡 ①권투에서, 상대편의 타격이 빗나가게 발을 좌우로 옮기면서 피하는 기술. ②댄스에서, 한 발을 옆으로 내고 다른 발을 끌어다 붙이는 동작.

사이드스트로:크 (sidestroke)圈 모잽이혜엄.

사이드^아웃 (side out)圈 테니스에서, 공이 사이드라인 밖으로 나가는 일.

사이드-카: (sidecar)圈 오토바이 등의 옆에 달린 차량, 또는 그런 차량이 달린 오토바이.

사이렌 (siren)¹圈 사이렌과의 동물. 몸길이 80 cm 가량. 몸빛은 등이 검고 흰 점이 드문드문 나 있음. 뱀장어와 비슷하며, 네 개의 발가락을 가진 짧은 앞다리가 있음. 미국 동남부에 분포함.

사이렌 (siren)²圈 시간이나 경보 따위를 알리는 데 쓰이는 음향 장치. 많은 공기 구멍이 뚫린 원판을 빨리 회전시킴으로써 소리가 남.

사이렌 (Siren)³圈 그리스 신화에 나오는 바다의 요정.

사이버 (cyber)圈 〔'전자 두뇌'의 뜻으로〕 컴퓨터 통신망을 이르는 말.

사이버^공간 (cyber空間)圈 컴퓨터에서, 실제 세계와 비슷하게 가상으로 구축한 환경.

사이버네틱스 (cybernetics)圈 기계·동물·사회 등에 나타난 제어와 통신의 유사성을 발견하고, 인공두뇌의 실현과 오토메이션의 개량을 지향하는 과학의 한 분야.

사이버^대:학 (cyber大學)圈 인터넷을 통해 강의를 듣고 학사 학위를 받을 수 있는 대학.

사이보:그 (cyborg←cybernetic+organism)圈 특수한 환경에 적응할 수 있도록, 인공 장기 등으로 몸의 일부를 개조한 인간.

사:이비 (似而非)圈 겉으로는 그것과 같아 보이나 실제로는 전혀 다르거나 아닌 것을 이르는 말. ¶ 사이비 종교.

사이-사이圈 사이와 사이. ¶ 꽃잎을 책갈피 사이사이에 끼우다. ❀새새¹.

사이-시옷 [-욛]圈 우리말에서, 두 개의 형태소 또는 단어가 어울려 합성 명사를 이룰 때, 앞말이 모음으로 끝나고 뒷말의 첫소리가 된소리로 나거나, 뒷말의 첫소리 'ㄴ'·'ㅁ' 앞에서 'ㄴ' 소리가 덧나거나, 뒷말의 첫소리 모음 앞에서 'ㄴㄴ' 소리가 덧날 때, 앞말에 받치어 적는 시옷(ㅅ). 〔냇가·아랫니·댓잎 따위에서의 'ㅅ'.〕 * 사이시옷이 [-오시] · 사이시옷만 [-온-]

사이-좋다 [-조타]圈 서로 친하다.

사이즈 (size)圈 크기. 치수. 척도(尺度). ¶ 신발의 사이즈가 맞지 않는다.

사이-짓기 [-진끼]圈䵌 농사에서, 주된 작물 사이에 딴 작물을 심어 가꾸는 일. 간작(間作).

사이-참 (-站)圈 〈새참〉의 본딧말.

사이코드라마 (psychodrama)圈 심리극.

사이클 (cycle) Ⅰ圈 ① '자전거'로 순화. ② 진동수나 주파수. ③ 주기. ¶ 교류 전류의 사이클. ④ 일반적으로, 사물이 일정한 주기로 순환하는 일. ¶ 경기(景氣)에는 일정한 사이클이 있다. Ⅱ의 진동수나 주파수의 단위. 헤르츠(Hertz)로 표시함.

사이클로이드 (cycloid)圈 한 원이 미끄러지지 않고 직선 위를 굴러 갈 때, 그 원둘레 위의 한 점이 그리는 곡선의 궤적.

사이클로트론 (cyclotron)圈 핵입자를 가속시키는 장치. 원자핵을 인공적으로 파괴하는 일 등에 쓰임.

사이클론 (cyclone)圈 ① 인도양에서 발생하는 강한 열대성 저기압. 우리나라의 태풍에 해당함. ② 유체(流體) 속에 들어 있는 비중이 다른 물질을 원심력을 이용하여 분리하는 장치.

사이클링 (cycling)圈䵌 〔스포츠나 레크리에이션으로〕 자전거를 타고 멀리 나가는 일.

사이클^히트 (cycle hit)圈 야구에서, 한 타자가 한 경기에서 1루타·2루타·3루타·홈런을 두루 친 경우를 이르는 말.

사이키델릭^아:트 (psychedelic art)圈 환각적 분위기를 만들어 내는 예술적 기교나 효과. 실내 장식·조명·포스터 따위에 쓰임.

사이트^엘시: (sight L/C)圈 일람 출급 어음을 발행할 수 있는 신용장.

사이펀 (siphon)圈 ① 기압을 이용해서 높은 데로 끌어 올린 액체를 다시 낮은 곳으로 옮기는 데 쓰는 구부러진 관. ② 수증기의 증기압을 이용하여 커피를 끓이는 유리그릇.

사이-하다타어 사이에 두다. ¶ 담 하나를 두고 사이하여 살다.

사:이후이 (死而後已)타타 〔죽은 뒤에야 일을 그만둔다는 뜻으로〕 죽을 때까지 열심히 노력하여 그치지 아니함.

사익 (私益)圈 개인의 이익. ↔공익.

사익^신:탁 (私益信託) [-씬-]圈 개인의 이익을 목적으로 하는 신탁. ↔공익 신탁.

사:인 (士人)圈 벼슬을 하지 않은 선비. 사자(士子).

사:인 (死人)圈 죽은 사람. 사자(死者).

사:인 (死因)圈 죽게 된 원인. ¶ 사인 규명.

사인 (邪人)圈 사심(邪心)을 품은 사람.

사인 (私人)圈 사적 자격으로서의 개인. 사삿사람. ↔공인.

사인 (私印)圈 개인의 인장. ↔관인.

사인 (社印)圈 회사의 공식 인장.

사인 (沙仁·砂仁)圈 한방에서, 축사밀(縮砂蓥)의 씨를 약재로 이르는 말. 소화제 따위로 쓰임.

사인 (sign)圈䵌 ① 서류 따위에 자기만의 방식으로 서명하는 일, 또는 그 서명. ② 야구 따위 경기에서, 자기편끼리 손짓·몸짓 등으로 주고받는 비밀 신호. ¶ 감독의 사인에 따라 번트를 대다.

사인 (sine)圈 삼각비에서, 직각 삼각형의 한 예각의 대변과 빗변의 비를 그 각에 대해 이르는 말. 〔약호는 sin.〕

사:인-교 (四人轎)圈 앞뒤에 각각 두 사람씩 모두 네 사람이 메는 가마. ❀사린교.

사:인-기 (四人棋)圈 두 사람씩 한 편이 되어 넷이 두는 바둑.

사인^기관 (私人機關)圈 개인이나 사법인(私法人)이 설치한 기관.

사:인-남여 (四人籃輿)圈 네 사람이 앞뒤에서 메는 남여. ❀사린남여.

사:인-방상 (四人方牀)圈 앞뒤 두 사람씩 모두 네 사람이 메는 상여. ❀사린방상.

사인-북 (sign+book)圈 기념으로, 저명 인사나 인기인 등의 사인을 받아 모은 책.

사인^소추 (私人訴追)圈 국가 기관이 아닌, 사인이 행하는 형사 소송.

사:인여천 (事人如天)圈 천도교에서, 한울님을 공경하듯 사람도 서로 공경하고 존중하여야 한다는 가르침.

사:인^증여 (死因贈與)圈 증여자의 사망에 의하여 효력이 발생하는 증여.

사:인^처:분 (死因處分)圈 당사자의 사망에 의하여 효력이 발생하는 법률 행위. 〔유언·사인 증여 따위.〕 ☞사후 처분. →생전 처분.

사인-파 (sine波)圈 삼각 함수의 사인(sine) 곡선에 따라 물결 모양으로 표시되는 파동.

사인-펜 (sign+pen)圈 필기도구의 한 가지. 심(心)은 나일론이나 폴리에스테르의 섬유를 굳혀 만들고 수성(水性) 잉크를 넣음.

사:일(巳日)명 일진(日辰)의 지지(地支)가 사(巳)로 된 날. 〔기사일(己巳日)·정사일(丁巳日) 따위.〕뱀날.

사일(仕日)명 벼슬자리에 있던 날수.

사일(社日)명 입춘 후 다섯 번째의 무일(戊日)과 입추 후 다섯 번째의 무일.

사일(斜日)명 서쪽으로 기운 해. 석양.

사일(奢佚)'사일하다'의 어근.

사일로(silo)명 〔겨울철에 대비하여〕가축의 사료 등을 저장해 두는, 둥근 탑 모양의 저장고.

사일리지(silage)명 ⇨엔실리지.

사:일-성복(四日成服)명하자 죽은 지 나흘 만에 상주 이하 복인들이 상복을 입는 일.

사일-하다(奢佚-)자여 사치스럽고 방탕하게 놀다.

사임(辭任)명하자타 맡고 있던 일자리를 스스로 내놓고 물러남. 사면(辭免). ¶위원직을 사임하다.

사잇-소리[-이쏘-/-읻쏘-]명 두 말이 어울려 한 덩어리의 단어가 될 때에, 그 사이에서 덧나는 소리. 예사소리가 된소리로 변하는 경우의 덧나는 소리나, 앞의 말이 모음으로 끝나고 뒤의 말이 'ㅁ·ㄴ'으로 시작될 때 덧나는 'ㄴ' 소리 따위. 간음(間音).

사잇소리^현ː상(-現象)[-이쏘-/-읻쏘-]명 우리말에서, 두 개의 형태소 또는 단어가 어울려 합성 명사를 이룰 때, 앞말의 끝소리가 울림소리이고, 뒷말의 첫소리가 안울림 예사소리이면 뒤의 예사소리가 된소리로 변하는 현상. 〔앞말이 모음으로 끝난 경우에는 사이시옷을 적음. '초불·촛불·양초·나뭇가지·깃발·밤길[밤낄]·등불[등뿔]…' 따위.〕

사올명〔옛〕사흘. ¶밀므리 사아리로다(龍歌67章).

사ː자(士子)명 ⇨사인(士人).

사ː자(死者)명 죽은 사람. 사인(死人).

사자(私資)명 ⇨사재(私財).

사ː자(使者)명 ①심부름을 하는 사람. ②불교에서, 죽은 사람의 혼을 저승으로 잡아간다는 저승의 차사.

사자(師子)명 불교에서, 스승과 제자 중을 이름.

사자(師資)명 ①스승으로 삼고 의지하는 일, 또는 그 사람. 스승. ②스승과 제자, 스승과 제자 사이.

사자(嗣子)명 대(代)를 이을 아들.

사자(獅子)명 고양잇과의 맹수. 포유동물로, 몸길이 2 m, 꼬리 90 cm, 어깨 높이 1 m가량. 몸빛은 황갈색이고 수컷은 머리에 긴 갈기가 있음. 주로 밤에 얼룩말·기린·영양·멧돼지 등을 잡아먹음. 아프리카의 초원 지대에 분포함.

　　사자 없는 산에 토끼가 왕[대장] **노릇 한다**[속담] 주장 되는 사람이 없게 되면 못난 사람이 세력을 부리며 뽐낸다는 말.

사자(寫字)명 글씨를 베껴 씀.

사자-관(寫字官)명 조선 시대에, 승문원(承文院)과 규장각(奎章閣)에 두었던 벼슬.

사자구명 황줄돔과의 바닷물고기. 몸길이 35 cm가량. 몸빛은 연한 흑자색이고 배는 은빛 광택이 있음. 남해안의 깊은 바다에 분포함.

사자-궁(獅子宮)명 ⇨사자자리.

사자-기(獅子伎)명 ⇨사자놀음.

사자-놀음(獅子-)명 음력 정월 대보름날, 사자탈을 쓰고 집집을 돌면서 하는 민속놀이의 한 가지. 사자기. 사자기(獅子伎).

사자-놀이(獅子-)명 ⇨사자놀음.

사자-무(獅子舞)명 ⇨사자춤.

사자-분신(獅子奮迅)명하자 사자가 미쳐 날뛰듯이, 무슨 일을 하는 데 그 기세가 매우 격렬함을 이르는 말.

사자-생(寫字生)명 책이나 서류 등의 글씨를 베껴 써 주는 일을 업으로 하는 사람.

사자-성(獅子星)명 사자자리의 별.

사ː자-성어(四字成語)명 한자 넉 자로 된 관용구. 〔'勸善懲惡'·'苦盡甘來' 따위.〕

사ː자-어금니(獅子-)명 힘든 일을 하는 데에 없어서는 안 될 사람이나 물건을 비유하여 이르는 말.

사자-자리(獅子-)명 황도 십이궁의 하나. 큰곰자리와 처녀자리 사이에 있는 별자리. 봄에 남쪽 하늘에 보이며, 5월 초순에 자오선을 통과함. 사자궁. 사자좌. 예좌(獅子).

사자-좌(獅子座)명 ①⇨사자자리. ②부처가 앉는 자리.

사ː자-채반(使者-盤)명 사잣밥을 담는 채반.

사자-춤(獅子-)명 정재(呈才)에서 사자탈을 쓰고 추는 춤. 사자무.

사자-코(獅子-)명 (사자의 코같이) 위로 향한 들창코, 또는 그런 코를 가진 사람.

사자-탈(獅子-)명 (사자춤이나 사자놀음에 쓰는) 사자 모양의 탈.

사자-후(獅子吼)명하자 ①(뭇짐승이 사자의 울부짖는 소리에 엎드려 떤다는 뜻으로) 불교에서, 일체(一切)를 엎드려 숭복하게 하는 '부처님의 설법(說法)'을 이르는 말. ②크게 열변을 토함.

사ː잠(四箴)명 ⇨사물잠(四勿箴).

사잠(沙蠶·砂蠶)명 ⇨갯지렁이.

사ː잣-밥(使者-)[-자빱/-잗빱]명 초상난 집에서, 죽은 사람의 넋을 부를 때에 염라부의 사자에게 대접하는 밥. 〔세 그릇의 밥을 담 모퉁이나 대문 밖에 놓았다가 발인할 때 치움.〕

사ː잣-짚신(使者-)[-자찝씬/-잗찝씬]명 저승의 사자에게 신으라고 사잣밥과 함께 놓는 짚신.

사장(司長)명 조선 시대에, 궁내부와 각 부에 딸리었던 사(司)의 우두머리.

사ː장(四葬)명 옛 인도와 중국에서 행하여진 네 가지 장례 방식, 곧 수장(水葬)·화장(火葬)·토장(土葬)과 조장(鳥葬) 또는 임장(林葬).

사ː장(四障)명 불교에서, 도를 닦는 데 따르는 네 가지 장애. 〔번뇌로 말미암은 혹장(惑障), 악업으로 말미암은 업장(業障), 악취(惡趣)의 과보에서 오는 보장(報障), 사견(邪見)으로 말미암은 견장(見障)을 이름.〕

사ː장(四藏)명 불교의 네 가지 경전, 곧 경장(經藏)·율장(律藏)·논장(論藏)에 주장(呪藏)이나 잡장(雜藏)을 넣은 것.

사ː장(死藏)명하타되자 (어떤 물건을) 활용하지 않고 그대로 간직하여 두기만 함.

사장(私藏)명하타 개인이 간직하거나 감추어 둠, 또는 그 물건.

사장(師丈)명 '스승'을 높이어 일컫는 말.

사장(社長)명 ①회사의 대표자. ②조선 시대에, 사창(社倉)의 곡식을 관리하던 사람.

사장(社葬)명 회사가 결사(結社)의 기장(記章).

사장(社葬)명 회사가 맡아 치르는 장례.

사장(査丈)명 사돈집 웃어른을 높이어 일컫는 말.

사장(沙場·砂場)명 모래밭. 모래톱.

사장(師匠)명 학문이나 기예에 뛰어나 남의 스승이 될 만한 사람.

사장(師長)명 스승과 나이 많은 어른.

사장(紗帳)**명** 사로 만든 휘장.
사장(射場)**명** 활터.
사:장(赦狀)[-짱]**명** ①형벌을 면한다는 서장
(書狀). 사면장(赦免狀). ②대사(大赦)와 특사
(特赦)를 명하는 서장(書狀).
사장(詞章·辭章)**명** 시가(詩歌)와 문장.
사장(寫場)**명** ①사진관 안에, 사진 찍는 시설을
갖추어 놓은 곳. ②☞사진관.
사:장(謝狀)**명** ①사례하는 편지. ②사과하는 편지.
사:장(謝章)**명** ☞사표(謝表).
사장(辭狀)**명** ☞사표(辭表).
사:장-간(←鍮匠間)[-깐]**명** 지난날, 옥졸들이
모여 있던 방.
사-장구(沙─)**명** 통이 사기로 된 장구.
사-장석(斜長石)**명** 삼사 정계(三斜晶系)에 딸
리는 소다 석회 장석. 알루미늄·나트륨·칼슘
등이 들어 있는 규산염으로, 유리빛이 나며 흰
색을 띰.
사-장암(斜長岩)**명** 주로 사장석으로 이루어진
화성암의 한 가지.
사-장조(─長調)[-쪼]**명** '사' 음을 으뜸음으로
하는 장조.
사장-파(詞章派)**명** 조선 초·중기에, 도학(道學)
도 중요하지만 문장과 시부(詩賦)도 중요하다
고 하여, 도학파인 조광조(趙光祖) 일파에 맞
서던 일파. [남효온·조위(曺偉)·김일손(金馹
孫)·남곤(南袞) 등이 그 대표적 인물임.] ↔도
학파(道學派).
사:재(史材)**명** ☞사료(史料).
사:재(四宰)**명** 〔'삼재(三宰)의 다음'이라는 뜻으
로〕 조선 시대에, '우참찬(右參贊)'을 일컫던 말.
사재(私財)**명** 개인의 재산. 사산(私産). 사자(私
資). ¶사재를 들여 세운 기념관.
사재(社財)**명** 회사의 재산.
사재(渣滓)**명** 찌꺼기.
사재-기(하)타 필요 이상으로 몰아 사서 쟁여
둠. 매점(買占).
사:재발-쑥(명) ☞산쑥.
사-쟁이(←鍮)**명** 〈옥사쟁이〉의 준말.
사저(私邸)**명** 개인의 저택(邸宅). 사제(私第).
↔공저(公邸)·관저(官邸).
사저(沙底·砂底)**명** 도자기 밑바닥에 잿물이 잘
묻지 아니하여 흙바닥 그대로 남은 좀 껄끄럴
부분.
사저(沙渚·砂渚)**명** 물가의 모래밭. 모래로 된
작은 섬. 사정(沙汀).
사:적(史跡·史蹟)**명** 역사상의 사건과 관계가 있
거나 건조물이 있던 곳. 역사상의 유적.
사:적(史籍)**명** ☞사기(史記).
사:적(私覿)**명** 하타 ①관리가 사사로이 남을 만
남. ②관리가 사사로운 일로 임금을 뵘.
사:적(事跡·事迹)**명** 오랜 동안에 걸쳐 있었던
일이나 사건의 자취. ¶역사상의 사적.
사:적(事績)**명** (어떤 사람이 이루어 놓은) 일의
실적. 업적(業績).
사적(射的)**명** ①과녁. ②하자(총이나 활을 쏘
아) 과녁을 맞힘.
사-적(史的)[-쩍]**관명** 역사에 관계되는 (것).
¶사적 자료. /동학 농민 운동의 사적 고찰. /
사적인 인물.
사-적(私的)[-쩍]**관명** 개인에 관계되는 (것).
¶사적 감정. /사적인 문제를 공론에 부쳐서는
안 된다. ↔공적.
사적-비(寺跡碑)[-삐]**명** 절의 역사를 적은
비석.

사적 유물론(史的唯物論)[-쩡뉴-]구유물 사
관(唯物史觀).
사적 자치(私的自治)[-쩍짜-]**명** 개인 사법 관계
를 개인의 의사에 따라 그 원하는 대로 규율을
정하는 일.
사적-장(射的場)[-짱]**명** 활이나 총을 쏘는 연
습장. ⑭사격장.
사적 제:재(私的制裁)[-쩍쩨-]구사형(私刑).
사:적-지(史蹟地)[-찌]**명** 역사상의 사건과 관
계가 있거나, 그 시설의 자취가 남아 있는 곳.
¶유서가 깊은 사적지.
사:적 현:재(史的現在)[-쩍-]**명** 과거의 일이
나 역사적 사실을 생생하게 묘사하기 위하여
현재형으로 서술하는 일.
사:전(寺田)**명** 절에 딸린 밭.
사:전(死戰)**명** 하자 목숨을 걸고 싸움, 또는 그
런 싸움.
사전(私田)**명** 개인 소유의 논밭. ↔공전(公田).
사전(私電)**명** 사사로운 정보. ↔공전(公電).
사전(私錢)**명** ①〈사천〉의 본딧말. ②지난날, 민
간에서 사사로이 위조한 돈.
사전(私戰)**명** 국가의 의사와는 관계없이, 개인
이나 사사 단체가 사사로운 목적을 이루려고
함부로 외국에 대해 일으킨 전쟁.
사전(沙田·砂田)**명** 모래가 많이 섞인 밭.
사:전(祀典)**명** 제사 지내는 예전(禮典).
사:전(事典)**명** 여러 가지 사항을 모아 일정한
순서로 배열하여 설명·해설한 책. ¶백과사전.
⑨사전(辭典).
사:전(事前)**명** 무슨 일이 있기 전. 무슨 일이
이루어지기 전. 일을 시작하기 전. ↔사후.
사:전(赦典)**명** 지난날, 나라에 경사가 있을 때
에 죄인을 놓아주던 은전. ⑨사(赦).
사:전(賜田)**명** 고려·조선 시대에, 공신(功臣)에
게 왕이 하사하던 밭.
사전(辭典)**명** 낱말을 모아 일정한 순서로 배열
하여, 발음·뜻·용법·어원 등을 해설한 책. 사
서(辭書). 사림(辭林). 어전(語典). ¶영어 사
전. ⑨사전(事典).
사전-꾼(私錢-)**명** 지난날, 가짜 돈을 몰래 만
들던 사람.
사:전-학(史前學)**명** ☞선사학(先史學).
사:절(士節)**명** 선비의 절개.
사:절(四節)**명** 사철.
사:절(死絶)**명** 하자 되자 한집안 사람들이 모두
죽어 대가 끊어짐.
사:절(死節)**명** 목숨을 바쳐 절개를 지킴.
사:절(使節)**명** 어떤 사명을 띠고 국가나 정부를
대표하여 외국에 파견되는 사람. ¶외교 사
절. /친선 사절.
사:절(謝絶)**명** 하타 요구나 제의를 받아들이지
않고 물리침. ¶면회 사절.
사절(辭絶)**명** 하타 사양하여 받아들이지 않음.
사:-절기(四節氣)**명** 이십사절기 중에서 큰 절
기인 춘분(春分)·하지(夏至)·추분(秋分)·동지
(冬至)의 네 절기.
사:절-단(使節團)[-딴]**명** 사절로 외국에 가는
일단. ¶문화 사절단.
사절-면(斜截面)**명** 비스듬히 베어 낸 면.
사:절-지(四折紙)[-찌]**명** 전지(全紙)를 넷으로
접어 자른 크기의 종이.
사:점(死點)**명** 하자 왕복 기관(往復機關) 등에
서, 피스톤이 실린더의 중심선 위에 있어 일시
적으로 속도가 제로가 되는 점.
사접(邪接)**명** 하자 못된 귀신이 몸에 붙음.

사-접시(沙-)[-씨]圀 사기로 만든 접시.
사:정(巳正)圀 십이시의 사시(巳時)의 한가운
데. 〔상오 10시.〕
사정(司正)圀하타 공직(公職)에 있는 사람의 규
율과 질서를 바로잡는 일.
사:정(四正)圀 정북(正北:子)·정남(正南:午)·정
동(正東:卯)·정서(正西:酉)의 네 방위.
사정(邪正)圀 그릇됨과 올바름. 정사(正邪).
사정(私情)圀 사사로운 정. ¶ 사정에 이끌리다.
사정(沙汀·砂汀)圀 물가의 모래밭. 사저(沙渚).
사정(舍亭)圀 ⇨정자(亭子).
사:정(使丁)圀 지난날, 관아나 기관 등에서 잔
심부름을 하던 남자 하인. 소사(小使).
사:정(事情)圀 ①일의 형편이나 그렇게 된 까
닭. ¶ 사정이 딱하다. ②하타타일의 형편이나
그렇게 된 까닭을 말하고 무엇을 간청함. ¶ 양
해해 달라고 사정하다.
　사정이 사촌보다 낫다[속담] 사정만 잘하면 웬만
한 것은 통할 수 있다는 말.
　사정(을) 두다[관용] 남의 형편을 헤아려 생각하
다. ¶ 사정을 두지 않고 모두 빼앗다.
사정(査正)圀하타 그릇된 것을 조사하여 바로
잡음.
사정(査定)圀하타되자 조사하거나 심사하여 결
정함. ¶ 사정 가격.
사정(射亭)圀 ①활량들이 모여 활을 쏘는 활터의
정자. ②활쏘기를 취미로 삼는 사람들의 모임.
사정(射程)圀 사격에서, 탄환이 나가는 최대 거
리. 사정거리. ¶ 사정에서 벗어나다.
사정(射精)圀하자 남자의 성기에서, 정액을 내
쏨. 토정(吐精). 파정(破精).
사정(寫情)圀하자 실정을 그려 냄.
사정-거리(射程距離)圀 ⇨사정(射程). ¶ 사정거
리에 들다.
사정-관(射精管)圀 수정관(輸精管)의 한 부분으
로, 정액을 내쏘는 관.
사:정-사정(事情事情)圀하자타 남에게 여러 가
지로 부탁하고 애원하는 모양. ¶ 사정사정해서
승낙을 받았다.
사:-없다(事情-)[-업따]혱 남의 형편이나
처지 따위를 헤아려 줌이 없이 무자비하다. **사
정없-이**[튀 ¶ 사정없이 내몰다.
사정-편사(射亭便射)圀 ⇨터편사.
사제(司祭)圀 〔가톨릭에서〕 ①주교(主教)와 신
부(神父)를 통틀어 일컫는 말. 제사(祭司). ②주
교의 아래, 부제(副祭)의 위인 성직.
사:제(四諦)圀 불교에서 이르는, 영원히 변하지
않는 네 가지 진리. 곧, 고제(苦諦)·집제(集
諦)·멸제(滅諦)·도제(道諦). 고집멸도.
사제(私第)圀 개인 소유의 집. 사저(私邸). 本사
택(私宅).
사제(私製)圀하타 개인이 만듦, 또는 만든 그
물건. ¶ 사제 폭탄. ↔관제(官製).
사제(舍弟)圀 [I]圀 남에게 대하여 '자기의 아
우'를 겸손하게 일컫는 말. 가제(家弟).
　[II]때 편지 등에서, 아우가 형에 대하여 '자
기'를 일컫는 말. ↔사형(舍兄).
사제(査弟)때 〔편지 글 등에서〕 바깥사돈 사이에,
상대에 대하여 '자기'를 겸손하게 일컫는 말.
사제(師弟)圀 ①스승과 제자. ②불교에서, 한
스승의 불법을 이어받은 후배를 이르는 말.
사:제(賜第)圀하타 ①임금의 명으로, 과거에 급
제한 사람과 똑같은 자격을 주던 일. ②임금의
명령으로, 사제(私第)를 내리던 일.
사제(瀉劑)圀 ⇨하제(下劑).

사제-곡(莎堤曲)圀 조선 광해군 때 박인로(朴仁
老)가 지은 가사. 〔사제(莎堤)의 좋은 경치와
이덕형(李德馨)의 안빈낙도(安貧樂道)하는 생
활을 읊은 내용.〕
사제-삼세(師弟三世)〔스승과 제자와의 인연
은, 전세·현세·내세의 삼세에 미친다는 뜻으
로〕'사제의 관계가 매우 깊음'을 이르는 말.
사제-엽서(私製葉書)[-써]圀 개인이 사사로이
만들어 쓰는 우편엽서. ↔관제엽서.
사제-품(私製品)圀 사사로이 만든 물품.
사:조(四祖)圀 아버지·할아버지·증조할아버지·
외할아버지를 통틀어 이르는 말.
사조(査照)圀하타 사실에 비추어 조사함.
사조(思潮)圀 어떤 시대나 계층의 사람들 사이
에 나타나는 사상의 경향. ¶ 문예 사조.
사조(斜照)圀 ⇨사양(斜陽).
사조(詞藻·辭藻)圀 ①시문(詩文). 시문의 수사
(修辭). 사화(詞華). ②뛰어난 시문, 또는 시문
에 대한 뛰어난 재능.
사조(飼鳥)圀 집에서 기르는 새. 농조(籠鳥).
↔야조(野鳥).
사조(寫照)圀 실제의 모습을 그림, 또는 그 그
림이나 초상화.
사조(辭朝)圀 외직으로 부임하는 관원이 임
금에게 하직하던 일.
사:조-구(四爪鉤)圀 지난날, 주로 적선(敵船)을
잡아당기는 데 쓰던 무기의 한 가지. 네 가
닥이 난 쇠갈고리로, 사슬이나 밧줄에 매어
썼음.
사:조^단자(四祖單子)圀 지난날, 사조(四祖)의
이름·생년월일과 벼슬 등을 적던 단자.
사-조직(私組織)圀 개인이 사사로운 목적을 위
해 만든 조직. ¶ 사조직을 동원하다.
사:족(士族)圀 ①문벌이 좋은 집안, 또는 그 자
손. ②선비의 집안, 또는 그 자손.
사:족(四足)圀 ①짐승의 네발, 또는 네발 달린
짐승. ②'사지(四肢)'를 속되게 이르는 말.
　사족(을) 못 쓰다[관용] (사지를 제대로 움직이지
못한다는 뜻으로) 무엇에 반하거나 혹하여 꼼
짝을 못하다. ¶ 여자라면 사족을 못 쓴다.
사족(蛇足)圀 〈화사첨족(畫蛇添足)〉의 준말.
¶ 사족을 붙이다.
사:족-발이(四足-)[-빠리]圀 네 굽이 흰 말.
사족백이. 은제마(銀蹄馬).
사:족-백이(四足白-)[-빼기]圀 ⇨사족발이.
사:졸(士卒)圀 ⇨사졸(士卒).
사:종(四從)圀 십촌(十寸)뻘의 형제자매. 십촌.
사종(邪宗)圀 ⇨사교(邪教).
사종(師宗)圀 스승으로 받들어 모시는 사람.
사종(詞宗)圀 ⇨사백(詞伯).
사종(肆縱)圀하자 방자하게 제멋대로 행동함.
사종(辭宗)圀 시문(詩文)의 대가.
사:종-성(四種姓)圀 ⇨카스트.
사:좌(巳坐)圀 (집터나 묏자리 따위가) 사방(巳
方)을 등진 좌향, 또는 그런 자리.
사좌(私座)圀 ⇨사석(私席).
사좌(師佐)圀 스님과 상좌(上佐).
사:좌-해향(巳坐亥向)圀 (집터나 묏자리 등에
서) 사방(巳方)을 등지고 해방(亥方)을 향한
좌향.
사:죄(死罪)[-쬐/-쮀]圀 ①죽을죄. 죽어 마땅
한 죄. ②가톨릭에서 이르는, 생명을 빼앗는
죄. 〔살인·자살·낙태 따위.〕
사죄(私罪)[-쬐/-쮀]圀 개인이 사사로운 일로
저지른 죄. ↔공죄(公罪).

사:죄(赦罪)[-죄/-줴]**명하타** ①죄를 용서함. ②가톨릭에서, 고백 성사에 의해 죄를 사하는 일.

사:죄(謝罪)[-죄/-줴]**명하자타** 자신이 지은 죄에 대하여 용서를 빎. ¶피해자에게 사죄하다.

사-주(四周)**명** 사방의 둘레. 사위(四圍).

사-주(四柱)**명** ①사람이 태어난 연·월·일·시의 네 간지(干支). ¶사주가 좋다. ②사주단자(四柱單子). ¶사주를 받다. /사주를 보내다.
　사주(가) 세다관용 살아가는 데 파란곡절이 많은 운명을 타고나다. 팔자가 세다.
　사주(를) 보다관용 사주로 운수를 점치다.

사-주(四洲)**명** 불교에서, 수미산(須彌山)의 사방에 있다고 하는 네 개의 대주(大洲). 사대주(四大洲).

사주(私鑄)**명하타** 돈 따위를 개인이 사사로이 주조함.

사주(沙洲·砂洲)**명** 해안이나 하구 같은 곳에 모래나 자갈 따위가 쌓여서 이루어진 모래톱.

사주(社主)**명** 회사의 주인.

사:주(使酒)**명하자** 술김에 기세를 부림.

사:주(使嗾)**명하자타** (어떤 일을 하거나 마음이 움직이도록) 남을 부추김. 사촉(唆囑). ¶사주를 받다. /배후에서 사주하다. ⓑ지주(指嗾).

사주(師主)**명** '중'을 대접하여 일컫는 말. 스님.

사주(飼主)**명** 가축 따위를 기르는 임자.

사:주-단자(四柱單子)[-딴-]**명** 정혼한 뒤, 신랑 집에서 신랑의 사주를 적어 신부 집에 보내는 간지(簡紙). 사주. ⓐ주단(柱單). ⓑ사성(四星).

사-주뢰(私周牢)[-뢰/-뤠]〈사주리〉의 본딧말.

사-주리(←私周牢)**명** 지난날, 사삿집에서 사사로이 틀던 주리.

사-주인(私主人)**명하자** 조선 시대에, 벼슬아치가 객지에서 사삿집에 묵던 일, 또는 그 집.

사-주쟁이(四柱-)**명** 남의 사주를 보아 주는 일을 업으로 하는 사람.

사주-전(私鑄錢)**명하자** 돈을 사주함, 또는 사주한 그 돈.

사:주-점(四柱占)[-쩜]**명** 사람이 태어난 연·월·일·시의 네 간지(干支)로 운명(運命)을 헤아려 보는 점.

사-주체(斜柱體)**명** '빗각기둥'의 구용어.

사:주-팔자(四柱八字)[-짜]**명** ①사주의 간지(干支)가 되는 여덟 글자. ②타고난 운수. ¶사주팔자가 사납다.

사죽(斜竹)**명** ①과실을 그릇에 괼 때에 무너지지 않도록 꽂는 꼬챙이. ②구겨지거나 쭈그러지기 쉬운 물건을 빳빳하게 버티게 하기 위하여 틈이나 격지에 끼는 가는 대오리.

사죽(絲竹)**명**〔사(絲)는 현악기, 죽(竹)은 관악기란 뜻으로〕'음악'을 달리 이르는 말.

사줄(옛) 사슬. ¶무몝 갈아 사줄왜 씨며 ㅎ마 여희닷ㅎ니(圓覺上二之一46). ⓑ솨줄.

사:중(四中)**명하자** 활쏘기에서, 화살 다섯 대를 쏘아 네 대를 맞히는 일.

사:중(四仲)**명** 중춘(仲春)·중하(仲夏)·중추(仲秋)·중동(仲冬)을 아울러 이르는 말. ⓑ사맹(四孟).

사:중(四重)**명** ①네 겹, 또는 네 겹으로 겹치는 일. ②☞사중금(四重禁).

사:중(四衆)**명** 불타의 네 가지 제자, 곧 비구(比丘)·비구니(比丘尼)·우바새(優婆塞)·우바이(優婆夷). 사부중(四部衆). ⓑ사부(四部).

사중(寺中)**명** 절간 안. 방중(房中).

사중(沙中·砂中)**명** 모래의 속. 모래벌판의 가운데.

사중(社中)**명** ☞사내(社內).

사:중-구생(死中求生)**명하자** ☞사중구활.

사:중-구활(死中求活)**명하자** 죽을 고비에서 한 가닥 살길을 찾음. 사중구생.

사:중-금(四重禁)**명** 불교에서 이르는, 살생(殺生)·투도(偸盜)·사음(邪淫)·망언(妄言)의 네 가지 금계(禁戒). 사중(四重).

사중금(沙中金·砂中金)**명** 육십갑자의 갑오(甲午)와 을미(乙未)에 붙이는 납음(納音). ⓐ산하화(山下火).

사:중-무(四重舞)**명** 네 사람이 한 동아리가 되어 추는 춤.

사:-중삭(四仲朔)**명** 네 철의 각각 가운데 달.〔음력으로 2월·5월·8월·11월.〕사중월(四仲月). ⓐ사맹삭(四孟朔).

사:중-성(四重星)**명** 별 네 개가 우연히 같은 방향으로, 육안으로 하나처럼 겹쳐 보이는 별.

사:중월(四仲月)**명** ☞사중삭.

사:중-주(四重奏)**명** 실내악의 한 가지. 네 개의 다른 악기에 의한 합주이다. ¶현악 사중주.

사:중-창(四重唱)**명** 성부(聲部)가 다른, 네 명의 가수에 의한 중창. ¶혼성 사중창.

사중-토(沙中土·砂中土)**명** 육십갑자의 병진(丙辰)과 정사(丁巳)에 붙이는 납음(納音). ⓐ천상화(天上火).

사:즉동혈(死則同穴)[-똥-]**명하자** (부부가) 죽어서 하나의 무덤에 묻힘.

사증(邪症)[-쯩]**명** 평소에는 멀쩡한 사람이 이따금 미친 듯이 행동하는 증세.

사증(沙蒸)**명하자** 모래찜질.

사증(査證)[-쯩]**명하타** ①조사하여 증명함. ②외국인의 여권을 조사하여, 입국을 허가한다는 증명을 함, 또는 그 증명. ¶입국 사증.

사증(辭證)[-쯩]**명** 소송 당사자가 신청한 증거.

사-증권(私證券)[-꿘]**명** 증권의 발행자가 사인인 유가 증권.〔참고 증권·화물 상환증 따위이다.〕

사지¹명 제사나 잔치 때, 누름적이나 산적을 꽂은 꼬챙이 끝에 감아 늘어뜨리는, 길고 가느다란 종이 오리.

사지²명 배의 멍에 두 끝에 세우는 짧은 나무.

사:지(四知)**명**〔하늘과 땅, 그리고 자신과 상대편이 각각 알고 있다는 뜻으로〕세상에는 '비밀이 없음'을 이르는 말. '후한서'의 '양진전(楊震傳)'에 나오는 말임.

사:지(四肢)**명** ①짐승의 네 다리. ②사람의 두 팔과 다리. 사체(四體). ¶사지가 떨리다.

사:지(四智)**명** 부처가 갖추는 네 가지 지혜. 곧, 대원경지(大圓鏡智)·평등성지(平等性智)·묘관찰지(妙觀察智)·성소작지(成所作智).

사지(寺址)**명** 절터.

사:지(死地)**명** ①죽을 곳. ②살아날 길이 없는 매우 위험한 곳. ¶사지로 몰아넣다.

사지(私地)**명** 개인 소유의 땅. 사유지(私有地).

사:지(私智)**명** ①자기 혼자만의 좁은 생각. ②공정하지 못한 지혜.

사지(邪智)**명** 간사한 지혜.

사지(沙地·砂地)**명** 모래땅.

사지(沙紙·砂紙)**명** ☞사포(沙布).

사지(舍知)**명** 신라 때의 17관등의 열셋째 등급. ⓐ길사(吉士).

사지(事知)'사지하다'의 어근.

사:지곡직(事之曲直)[-찍]**명** 일의 옳고 그름.

사:지-골(四肢骨)**명** 팔다리의 뼈.

사:지^궐랭(四肢厥冷)명 팔다리가 차지는 병.
사:지문지(使之聞之)명하타 자기의 뜻을 남을 시켜서 간접적으로 전함.
사:지-서리(事知書吏)명 조선 시대에, 비변사에 딸려, 일을 많이 알고 손에 익어 능숙하게 처리하던 서리.
사지^식물(沙地植物)[-싱-]명 해안·강가·사막 따위의 모래땅에 자라는 식물을 통틀어 이르는 말. [선인장이나 패랭이꽃 따위.] 사생 식물.
사지-어금니(←獅子-)명 '사자어금니'의 잘못.
사:지오둥(死之五等)명 신분에 따라 달리 이르는 죽음의 다섯 가지 호칭. [천자(天子)는 붕(崩), 제후는 훙(薨), 대부는 졸(卒), 사(士)는 불록(不祿), 서인(庶人)은 사(死).]
사:지유무(事之有無)명 일의 있음과 없음.
사:지^축닉(四肢搐搦)[-츙-]명 뇌척수(腦脊髓)의 병이나 회충 따위로 말미암아, 팔다리의 힘줄이 땅기는 병.
사지-춤(←獅子-)명 '사자춤'의 잘못.
사지-코(←獅子-)명 '사자코'의 잘못.
사지-탈(←獅子-)명 '사자탈'의 잘못.
사:지-통(四肢痛)명 한방에서, 팔다리가 쑤시고 아픈 병을 이르는 말.
사:지-하다(事知-)형여 어떤 일에 매우 익숙하다.
사직(司直)명 ①법에 따라 옳고 그름을 가리는 사람, 곧 법관. [검사를 포함하기도 함.] ¶사직 당국에 고발하다. ②조선 시대에, 오위(五衛)에 딸려 있던 정오품 벼슬.
사직(社稷)명 ①(고대 중국에서, 나라를 세울 때 임금이 단을 쌓아 제사를 지낼 때) 토신(土神)과 곡신(穀神). ②나라 또는 조정.
사직(辭職)명하자타 직무를 그만두고 물러남.
사직-단(社稷壇)[-딴]명 임금이 토신(土神)과 곡신(穀神)에게 제사를 지내던 제단. ㈜사단(社壇).
사직-서(社稷署)[-써]명 조선 시대에, 사직단의 일을 맡아보던 관아.
사직-서(辭職書)[-써]명 ☞사직원(辭職願).
사직-원(辭職願)명 사직할 뜻을 밝히고 허락을 구하는 일, 또는 그 문서. 사직서(辭職書).
사직위허(社稷爲墟)[사직이 폐허가 되었다는 뜻으로] 나라가 망하는 일.
사직지신(社稷之臣)명 나라를 지키는 중신(重臣). 주석지신(柱石之臣).
사직지신(社稷之神)[-찌-]명 (임금이 사직단에서 제사 지내는) 토신(土神)과 곡신(穀神).
사진(仕進)명하자 벼슬아치가 정해진 시각에 출근함. ↔사퇴(仕退).
사:진(四診)명 한방에서, 환자를 진찰하는 네 가지 방법. 곧, 시진(視診)·문진(聞診)·문진(問診)·촉진(觸診)을 이름.
사진(沙塵·砂塵)명 모래가 바람에 날아올라서 자욱한 먼지처럼 보이는 것.
사진(寫眞)명 사진기로 물체의 화상(畫像)을 찍어 내는 기술, 또는 인화지에 나타낸 그 화상.
사진-결혼(寫眞結婚)명하자 사진으로만 선을 보고 하는 결혼.
사진-관(寫眞館)명 사진 찍는 시설을 갖추어 놓고, 고객의 주문에 따라 그 사람의 사진을 찍어 주는 영소. 사장(寫場).
사진-기(仕進記)[-끼]명 ☞사기(仕記).
사진-기(寫眞機)명 렌즈를 사용하여, 필름 또는 건판에 사람이나 물체를 찍는 기계. 카메라.
사진^기자(寫眞記者)명 보도용의 사진을 직업적으로 찍는 사람.

사진^동판(寫眞銅版)명 사진·그림 따위의 밝고 어두운 부분을 그물눈 모양의 크고 작은 점으로 나타낸 인쇄용 볼록판. 그물판. 망판.
사진^등급(寫眞等級)명 별의 밝기를 사진 건판에 나타나는 광도(光度)로 정한 등급.
사진^렌즈(寫眞lens)명 사진기에 붙어 있는 촬영용 렌즈. [초점 거리와 에프(F) 넘버에 의하여 특성을 표시함.]
사진-사(寫眞師)명 사진을 찍는 일을 업으로 하는 사람.
사진^섬광^전구(寫眞閃光電球)명 실내 또는 야간 사진 촬영 때 쓰는 특수한 전구. 전구 속에 알루미늄박(箔)과 산소를 넣고 전류를 통하면, 순간적으로 타서 강렬한 빛을 내게 됨. ㈜섬광 전구.
사진-술(寫眞術)명 사진의 촬영이나 감광 재료 만들기, 또는 현상·인화·확대 등 사진에 관한 기술.
사진^식자(寫眞植字)[-짜]명 사진 식자기에 의한 인쇄 기술의 한 가지. 활자를 쓰지 않고, 문자나 기호 따위를 음화(陰畫)로 만들어서, 인화지나 필름에 한 자 한 자 인자(印字)하는 기법. ㈜사식(寫植).
사진^식자기(寫眞植字機)[-짜-]명 사진 식자를 하는 기계. 하나의 글자를 렌즈에 의하여 여러 가지로 확대·축소·변형할 수 있음.
사:진-신퇴(巳進申退)명 되-퇴]명 지난날, 벼슬아치가 사시(巳時:오전 10시경)에 출근하고 신시(申時:오후 5시경)에 퇴근하던 일.
사진^요판(寫眞凹版)[-뇨-]명 ☞그라비어.
사진^유제(寫眞乳劑)[-뉴-]명 ☞감광제.
사진의부진(辭盡意不盡)[-지늬-/-지니-]명 성어 말은 다 하였으되, 말하고 싶은 뜻은 다하지 못함. [표현이 못 미침을 안타까워하는 말.]
사진^저:작권(寫眞著作權)[-꿘]명 문예·학술·미술에 관한 사진에 대하여 인정되는 저작권.
사진^전:송(寫眞電送)명 사진이나 그림 따위를 전기적 신호로 바꾸고, 유선 또는 무선으로 먼 곳에 보내어 재현하는 방법.
사진^제:판(寫眞製版)명 사진술을 응용하여 인쇄판을 만드는 방법.
사진^철판(寫眞凸版)명 인쇄용 사진판의 한 가지. 아연판이나 동판에 감광제를 바르고, 여기에 영상(影像)을 인화한 다음, 영상이 아닌 부분을 산(酸)으로 부식시켜서 만드는 철판.
사진-첩(寫眞帖)명 사진을 붙여 두기 위한, 두꺼운 종이로 만든 책. 앨범.
사진^측량(寫眞測量)[-층냥]명 지표(地表)를 항공기에서 사진으로 촬영하고, 그것을 바탕으로 측량을 해서 지도를 만드는 일.
사진-틀(寫眞-)명 (벽에 걸거나 책상 위에 놓을 수 있게 하든) 사진이나 그림을 끼워 두는 틀.
사진-판(寫眞版)명 ①사진 제판법에 따라 만든 인쇄판을 통틀어 이르는 말. 콜로타이프·동판·아연판·플라스틱판 따위가 있으며, 제법에 따라 철판(凸版)·요판(凹版)·평판(平版)으로 나뉨. ②신문이나 잡지 따위에서, 사진으로 인쇄된다.
사진^판정(寫眞判定)명 스포츠 경기·경마 따위에서, 고속도 촬영 사진을 이용하여 순위를 판정하는 일.
사진^평판(寫眞平版)명 오프셋 인쇄용의 평판의 한 가지. 알루미늄판 따위의 표면에 감광제를 바르고, 네거티브 필름을 포개어 노출시켜 만드는 인쇄판.

사질(舍姪)圀 남 앞에서 '자기의 조카'를 겸손
하게 일컫는 말.
사질-토(沙質土)圀 모래 성분(成分)이 많은 흙.
사:집(四集)圀 우리나라 불교에서, 초학자가 불
교를 배우는 데에 기본이 되는 네 가지 책. 곧,
서장(書狀)·도서(都序)·선요(禪要)·절요(節要)
를 이름.
사집(私集)圀 (아직 출판되지 않은) 개인의 시
집이나 문집.
사짜-신圀 울이 낮고 코가 큰 남자용 가죽신.
사:차^방정식(四次方程式)圀 미지수의 최고 차
수가 4차인 항을 가지는 방정식. [$ax^4+bx^3+cx^2+dx+e=0$의 꼴로 나타남.]
사:차불후(死且不朽)圀하타 〔죽더라도 썩지 않
는다는 뜻으로〕 육체는 없어져도 그 명성만은
영원히 남는다는 말.
사:-차손(死差損)圀 생명 보험에서, 실제 사망
자 수가 예정 사망자 수보다 많음으로써 생기
는 보험 회사의 손해. ↔사차익.
사:-차원(四次元)圀 차원이 넷 있는 것. 보통,
공간의 3차원에 시간의 1차원을 포함시킨 개념
을 뜻함.
사:차원^공간(四次元空間)圀 물리학, 특히 상
대성 이론에서 3차원 공간에 제4차원으로서의
시간을 합친 네 개의 차원을 통일적으로 생각
한 연속체.
사:차원^세:계(四次元世界)[-계/-게]圀 삼차
원의 세계에 넷째 차원으로서의 시간을 보태
어, 공간과 시간을 합쳐서 생각한 세계. 〔상대
성 이론에서 쓰이는 개념.〕 시공 세계.
사:-차익(死差益)圀 생명 보험에서, 예정 사망
자 수보다 실제 사망자 수가 적음으로써 생기
는 보험 회사의 이익. ↔사차손.
사찬(沙湌·沙飡)圀 신라 때의 17관등의 여덟째 등급.
쥰급벌찬.
사찬(私撰)圀하자 개인이 편찬함, 또는 그 편찬물.
사:찬(賜饌)圀하타 임금이 신하에게 음식을 내
려 줌, 또는 그 음식.
사:찰(四察)圀하타 눈·귀·입·마음의 네 가지로
살피어 아는 일.
사찰(寺刹)圀 절. 범찰(梵刹). 사원(寺院).
사찰(私札)圀 개인 사이에 주고받는 편지. 사함
(私函). ↔공찰(公札).
사찰(伺察)圀하타 (남이 하는 일을) 은근히 엿
보아 살핌.
사:찰(使札)圀 심부름하는 이에게 주어서 보내
는 편지.
사찰(査察)圀하타 ①(규정에 따라 처리되고 있
는지를) 조사하여 살핌. ②지난날, 주로 사상적
동태를 살펴서 조사·처리하던 경찰의 한 직무.
사참(寺站)圀 어떤 절에서 다른 절로 가는 도중에
한동안 쉬었다 떠나거나 끼니를 먹게 되는 절.
사:참(事懺)圀하타 불교에서, 예불이나 송경(誦
經) 따위로 잘못을 뉘우치는 일.
사참(奢僭)圀 '사참하다'의 어근.
사참-하다(奢僭-)圀여 분수에 넘치게 사치하고
방자스럽다.
사창(私娼)圀 당국의 허가 없이 매음하는 여자.
↔공창.
사창(社倉)圀 조선 시대에, 각 고을에 환곡(還
穀)을 쌓아 두던 곳집.
사창(紗窓)圀 사(紗)로 바른 창.
사창-가(私娼街)圀 사창이 많이 모여 있는 곳.
매음굴. 사창굴.
사창-굴(私娼窟)圀 ☞사창가.

사채(私債)圀 사인(私人) 사이에 지는 빚. ¶사
채가 눈덩이처럼 불어나다.
사채(社債)圀 주식회사가 자금을 일반인에게서
빌리기 위하여 발행하는 증권. 〔주식과 달리
일정한 이자가 붙고, 일정한 기한이 지나면 상
환됨.〕 회사채(會社債).
사채권-자(社債權者)[-꿘-]圀 사채의 채권자.
사채^시:장(私債市場)圀 공식 금융 기관의 융
자가 아닌 개인 융자가 거래되는 시장.
사:책(史冊·史策)圀 역사를 적은 문서. 사기(史
記). 사서(史書).
사책(寫冊)圀 ☞수사본.
사처(←下處)圀하자 점잖은 손이 객지에서 묵
음, 또는 묵고 있는 그 집을 높이어 이르는 말.
사:처(四處)圀 여러 곳. 사방.
사처(私處)圀 개인이 거처하는 곳.
사:천(四天)圀 ①네 철의 하늘. 〔봄의 창천(蒼
天), 여름의 호천(昊天), 가을의 민천(旻天),
겨울의 상천(上天).〕 ②〈사천왕〉·〈사왕천〉의
준말.
사천(沙川·砂川)圀 바닥에 모래가 많은 내.
사:천(私賤)圀 지난날, 개인의 집에서 부리거나
매매되던 종.
사천(←私錢)圀 ①개인의 돈. ②여자가 절약하
여 몰래 모은 돈. 쥰사전.
사:천(祀天)圀하자 하늘에 제사 지냄.
사천-대(司天臺)圀 고려 시대에, 천문에 관한
사무를 맡아보던 관아.
사:천-왕(四天王)圀 불교에서, 사왕천의 주신
(主神)으로서, 수미산을 중심으로 한 사방의
세계를 지킨다는 네 신. 〔동쪽의 지국천왕(持
國天王), 서쪽의 광목천왕(廣目天王), 남쪽의
증장천왕(增長天王), 북쪽의 다문천왕(多聞天
王).〕 쥰사왕천.
사:천왕-문(四天王門)圀 불교에서, 절을 지키
게 한다는 뜻으로, 좌우에 사천왕을 만들어 세
운 문.
사:-철(四-)圀 봄·여름·가을·겨울의 네 철. 사
계(四季). 사계절. 사시(四時). 사절(四節).
사철(沙鐵·砂鐵)圀 모래 모양으로 잘게 부스러
져, 하상(河床)이나 해안에 모래나 자갈과 함
께 쌓여 있는 자철광. 철사(鐵砂).
사철(私鐵)圀 〈사유 철도〉의 준말. ↔국철(國鐵).
사:철-나무(四-)[-무]圀 노박덩굴과의 상록
관목. 중부 이남에 나는데, 관상용으로 심기도
함. 높이는 3 m가량이며 잎은 길둥글고 두꺼
움. 6~7월에 녹색 꽃이 피고, 둥근 열매는 가
을에 붉게 익음. 동청(冬青).
사:철-란(四-蘭)圀 난초과의 상록 다년초. 건
조한 숲 속에 나는데, 줄기의 아랫부분이 가로
로 벋으면서 뿌리가 내리고, 흰 줄무늬가 있는
잎은 밑 부분에 모여서 남. 여름에 흰 바탕에
붉은빛이 도는 꽃이 핌.
사:철-베고니아(四-begonia)圀 베고니아과의
다년초. 브라질 원산의 관상용 식물. 높이
15~30 cm. 줄기는 붉은색인데, 아랫부분에서
가지가 많이 갈라짐. 잎은 끝이 뾰족한 심장
모양이며 고르지 않은 톱니가 있음. 흰색, 붉
은색 등의 꽃이 봄부터 가을까지 잇달아 핌.
사:철-쑥(四-)圀 국화과의 다년초. 냇가 모래
땅에 나는데, 줄기 높이는 30~100 cm. 잎은
깃털 모양으로 갈라지고, 8~9월에 노란 꽃이
핌. 어린잎은 먹을 수 있고, 잎과 줄기는 한방
에서 황달 등에 약재로 쓰임. 더위지기. 인진
(茵蔯).

사첩(寺牒)�� 절에서 관청에 보내는 공문서.
사쳇-방(←下處房)[-처빵/-천빵]閔 '웃어른이나 점잖은 손이 묵고 있는 방'을 높이어 이르는 말.
사청(乍晴)閔하재 오던 비가 그치고 잠깐 갬.
사:체(四體)閔 ①사지(四肢). ②서예에서, 네 가지 서체. 〔고문(古文)·전(篆)·예(隸)·초(草).〕
사:체(史體)閔 역사 기술의 체재. 〔기전체(紀傳體)·편년체(編年體)·기사 본말체(紀事本末體)를 삼대 사체라 이름.〕
사:체(死體)閔 사람이나 동물의 죽은 몸뚱이. ¶사체 부검. /사체 유기.
사:체(事體)閔 사리와 체면. 사면(事面).
사체(斜體)閔 오른쪽 또는 왼쪽으로 비스듬히 기울어진 자체(字體). 이탤릭.
사체(寫體)閔 조선 시대에, 사자관(寫字官)이 쓰던 글씨체.
사체(辭遞)閔하재 벼슬을 내놓고 물러남.
사:체^검:안(死體檢案)閔 의사가, 자기가 치료하고 있던 환자가 아닌 사람의 시체에 대하여, 그 사망 사실을 의학적으로 확인하는 일.
사:체^유기죄(死體遺棄罪)[-죄/-쒸]閔 사체나 유골 따위를 방치하거나 은닉함으로써 성립되는 죄.
사:초(巳初)閔 십이시에서 사시(巳時)의 처음. 〔상오 9시가 막 지난 무렵.〕
사초(史草)閔 지난날, 사관(史官)이 기록하여 두던 사기(史記)의 초고(草稿).
사초(私草)閔 ⇨사고(私稿).
사초(莎草)¹閔 ①사초과의 골사초·산사초 등을 통틀어 이르는 말. ②향부자. ③기전한다.
사초(莎草)²閔하자타 무덤에 떼를 입히고 다듬음. 〔흔히, 한식(寒食)에 함.〕
사초(飼草)閔 가축의 사료로 쓰이는 풀.
사-초롱(紗-籠)閔 사(紗)를 겉에 바른 초롱.
사-촉(唆囑)閔하타 ⇨사주(使嗾).
사:촌(四寸)閔 ①네 치. ②아버지의 친형제의 아들들. 웹외사촌.
　사촌이 땅을 사면 배가 아프다쏙밤 '남이 잘되는 것을 기뻐 곱고 질투함'을 이르는 말.
사:촌-척(四寸戚)閔 사촌뻘 되는 척분. 〔곧, 고모의 자녀, 외삼촌의 자녀, 이모의 자녀들 사이의 관계.〕
사:촌^형제(四寸兄弟)閔 사촌 형과 사촌 동생이 되는 사이. 종형제(從兄弟).
사추(邪推)閔하타 (남의 말이나 행동에 대해) 의심을 품고 짐작함. 나쁘게 추측함.
사:-추덕(四樞德)閔 윤리 신학에서의 중요한 네 가지 덕, 곧 지덕(智德)·의덕(義德)·용덕(勇德)·절덕(節德)을 통틀어 이르는 말.
사축閔 품삯으로 농군에게 떼어 주는 논밭.
사축(私蓄)閔하타 개인이 몰래 저축함, 또는 그 저축한 재물.
사축(飼畜)閔하자 가축을 기름.
사축-서(司畜署)[-써]閔 조선 시대에, 마소 이외의 가축을 기르는 일을 맡아보던 관아.
사춘-기(思春期)閔 몸의 생식 기능이 거의 완성되며, 이성(異性)에 관심을 가지게 되는 젊은 시절. 춘기 발동기.
사출(査出)閔하타 조사하여 드러냄.
사출(射出)閔하타되자 ①화살이나 탄알 따위를 쏘아 냄. ②액체 따위를 뿜어냄.
사출-기(射出機)閔 ⇨캐터펄트.
사출-나다(査出-)[-라-]재 조사를 당하여 잘못이나 허물이 드러나다.

사출-맥(射出脈)閔 평행맥(平行脈)의 한 가지로, 잎자루의 맨 끝에서 죽죽 벋어 나간 잎맥. 〔종려(棕櫚)의 잎 같은 것.〕
사출-수(射出髓)[-쑤]閔 나무줄기의 중심부에서 가장자리 쪽으로 방사선처럼 벋어 나간 조직. 〔주로, 물과 양분을 나르는 구실을 함.〕
사출^좌:석(射出座席)閔 전투기 따위에서, 사고가 났을 때 조종사가 밖으로 탈출할 수 있도록 장치된 좌석.
사춤閔 ①갈라지거나 벌어진 틈. ②벽이나 담의 갈라진 틈을 진흙으로 메우는 일. 웹줄눈.
　사춤(을) 치다관용 벽이나 담의 틈을 진흙으로 메우다.
사충(詐忠)閔 거짓으로 꾸미는 충성.
사취(沙嘴·砂嘴)閔 해안에서 바다 가운데로 부리처럼 길게 벋어 나간 모래톱.
사취(詐取)閔하타 거짓으로 속여서 남의 것을 빼앗음. ¶돈을 사취하다.
사취(辭趣)閔 글이나 말의 뜻하는 내용.
사치(奢侈)閔①하자 분수에 넘치게 옷·음식·거처 따위를 치레함. ②한열 쓸閔 분수에 넘치게 호사스러움. ¶옷이 사치스럽다. ②사치스레다.
사치-비(奢侈費)閔 생활필수품 이외의 소비재에 드는 비용.
사치-성(奢侈性)[-썽]閔 사치스러운 성질. ¶사치성 소비재.
사치-세(奢侈稅)[-쎄]閔 비생산적이며 사치적인 소비와 지출에 대하여 부과하는 간접세. 〔우리나라에서는 '특별 소비세'라는 이름으로 과세되고 있음.〕
사치-품(奢侈品)閔 사치스러운 물건.
사:칙(四則)閔 더하기·빼기·곱하기·나누기의 네 가지 셈법. 사칙산(四則算).
사칙(舍則)閔 기숙사나 공동 숙사(共同宿舍) 등에서의 규칙.
사칙(社則)閔 회사의 규칙.
사:칙-산(四則算)閔 ⇨사칙(四則).
사친(私親)閔 ①서자(庶子)의 생모(生母). ②종실(宗室)에서 들어와 즉위한 임금의 친부모. ③임금의 생어머니인 빈(嬪).
사:친(事親)閔하자 어버이를 섬김.
사친(思親)閔하자 어버이를 생각함.
사친-가(思親歌)閔 지은이와 연대를 알 수 없는, 조선 시대의 내방 가사. 〔시집간 여자가 그 친정 부모를 그리워하는 내용.〕
사:친이효(事親以孝)閔 세속 오계의 하나로, 어버이를 효도로써 섬겨야 한다는 계율.
사:친지도(事親之道)閔 어버이를 섬기는 도리.
사친-회(師親會)[-회/-훼]閔 지난날, 학교와 가정과의 관계를 밀접히 하여 학생의 교육 효과를 높이기 위해 교사와 학부모들로 이루어졌던 협력 단체.
사:칠-론(四七論)閔 주자학의 사단(四端)과 칠정(七情)을 연구하는 학문. 〔이황(李滉)이 처음 제창하였음.〕
사침閔 〈사침대〉의 준말.
사침-대[-때]閔 베틀의 비경이 옆에서 날의 사이를 띄워 주는 두 개의 나무 막대. 교곤(攪棍). 교통.
사칭(詐稱)閔하자타 이름·직업·나이·주소 따위를 거짓으로 속여 말함. 위칭(僞稱). ¶사기꾼은 자신이 고위층의 친척이라고 사칭하고 다녔다.
사카로오스(saccharose)閔 ⇨수크로오스.
사카리미터(saccharimeter)閔 검당계(檢糖計).

사카린(saccharin)圓 인공 감미료의 한 가지. 설탕의 약 500배의 단맛을 지니고 있음. 콜타르의 한 성분인 톨루엔을 원료로 하여 만듦. 감정(甘精).

사타구니圓〈살〉의 속된 말. ㉗사타귀.

사타귀圓〈사타구니〉의 준말.

사탁(私橐)圓 사사로이 모아 둔 돈, 또는 그 돈주머니.

사탁(思度)圓하타 생각하고 헤아림.

사탄(沙灘·砂灘)圓 바닥이 모래인 여울.

사탄(詐誕)‘사탄하다’의 어근.

사탄(Satan)圓 기독교에서, 하나님에게 적대하는 ‘악마’를 이르는 말.

사탄-하다(詐誕一)혭엥 언행이 간사하고 허황하다.

사탑(寺塔)圓 절에 있는 탑.

사탑(斜塔)圓 비스듬히 기울어져 서 있는 탑. ¶피사의 사탑.

사탕(*沙糖·砂糖)圓 ①사탕수수나 사탕무를 원료로 하는 대표적인 감미료. 흰색의 결정이며 단맛이 강하고 물에 잘 녹음. ②설탕 따위를 끓여서 여러 가지 모양으로 만든, 단 과자.

사탕-무(*沙糖一)圓 명아줏과의 이년초. 남유럽 원산의 재배 식물. 잎은 근대의 잎과 비슷하고 초여름에 담녹색의 잔꽃이 핌. 뿌리는 무처럼 생겼는데 살이 많고 맛이 달아, 그 즙을 고아서 사탕을 만듦. 감채. 첨채(甜菜).

사탕-밀(*沙糖蜜)圓ㄅ당밀(糖蜜).

사탕-발림(*沙糖一)圓하타 달콤한 말로 비위를 맞추어 살살 달래는 일, 또는 그런 말이나 짓. ¶사탕발림으로 하는 말.

사탕-수수(*沙糖一)圓 볏과의 다년초. 인도 원산의 재배 식물. 잎과 줄기는 옥수수와 비슷하며 높이는 2~4 m. 줄기에서 짠 즙을 고아서 사탕을 만듦. 감자(甘蔗).

사탕-절이(*沙糖一)圓 과일이나 야채 따위를 설탕물에 재어 놓은 일, 또는 그 식품.

사탕-초(*沙糖醋)圓 설탕을 넣고 끓인 초.

사태圓 소의 무릎 뒤쪽 오금에 붙은 고기. 곰거리로 쓰임.

사:태(死胎)圓 배 속에서 죽어 나온 아이.

사태(沙汰·砂汰)圓 ①비로 말미암아 산이나 언덕의 토사(土沙)가 한꺼번에 무너져 내리는 일. ②‘사람이나 물건이 한꺼번에 많이 몰려 나옴’을 비유하여 이르는 말.

사:태(事態)圓 일의 되어 가는 형편이나 상태. ¶사태가 호전되다.

사태(沙胎·砂胎)圓 도자기의 면이 모래알이 박힌 것처럼 거칠거칠하게 된 것.

사태(蛇蛻)圓 한방에서, 살갗이 뱀 허물처럼 되는 증상.

사택(私宅)圓 ‘사제(私第)’를 높여 이르는 말.

사택(舍宅)圓 ①살림집. ②‘관사(官舍)’ 또는 ‘사택(社宅)’을 흔히 이르는 말. ¶교장 사택.

사택(社宅)圓 사원용 주택.

사탸그라하^운:동(Satyagraha運動)圓〔‘진리의 장악’이라는 뜻으로〕1919년에 인도의 간디가 제창한, 무저항·비폭력·불복종의 항영(抗英) 운동.

사:토(死土)圓 풍수지리에서, 한 번 파내었던 흙을 이르는 말.

사토(沙土·砂土)圓 모래흙. 모래땅.

사토(私土)圓ㄅ사유지(私有地).

사토-장이(莎土一)圓 구덩이를 파고 무덤을 만드는 일을 업으로 하는 사람.

사토-질(沙土質)圓 모래 성분으로 된 토질.

사:통(四通)圓하재 (도로 따위가) 사방으로 통함. 이리저리 통함. 사달(四達).

사통(私通)圓하자타 ①공사(公事)에 관하여 편지 따위로 사사로이 통함, 또는 그러한 편지. ②부부 아닌 남녀가 몰래 정을 통함. ②내통(內通).

사:통-오달(四通五達)圓하자 길이 여러 군데로 막힘없이 통함. 사방오통. 사통팔달.

사:통-팔달(四通八達)[-딸]圓하자 ㄅ사통오달.

사퇴(仕退)[-퇴/-퉤]圓하재 벼슬아치가 일과를 마치고 퇴근하는 일. 파사(罷仕). 퇴사(退仕). ↔사진(仕進).

사퇴(蛇退)[-퇴/-퉤]圓 한방에서, ‘뱀의 허물’을 약재로 이르는 말. 어린아이의 풍증(風症)과 외과(外科)에 쓰임.

사퇴(辭退)[-퇴/-퉤]圓 ①하타 사양하여 받아들이지 않음. 사사(辭謝). ②하자타 어떤 지위에서 물러남. ¶의원직을 사퇴하다.

사:투(死鬪)圓하자 죽을힘을 다하여 싸움. ¶사투를 벌이다.

사투(私鬪)圓하자 사사로운 이해나 감정 문제 등으로 서로 다툼, 또는 그런 다툼.

사:투-리圓 (표준어가 아닌) 어느 지역에서만 쓰이는 말. 방언(方言). 와어(訛語). 와언(訛言). 토어(土語). ↔표준어.

사-투영(斜投影)圓 수학에서, 입체에 평행 광선을 비추어, 광선과 수직이 아닌 평면 위에 그림자를 투사하는 일, 또는 그 그림자의 그림. 빗투영.

사특(私慝)圓 숨기고 있는 비행(非行).

사특(邪慝)‘사특하다’의 어근.

사특-하다(邪慝一)[-트카-]혭엥 못되고 악하다. ¶사특한 행동.

사파(娑婆)圓ㄅ사바(娑婆).

사파리(safari)圓 ①(주로, 아프리카 동부에서 하는) 수렵 여행. ②야생의 동물을 놓아기르는 자연 공원에서 차를 타고 다니며 차 안에서 구경하는 일.

사-파수(四把手)圓 기둥 위를 오려 내어 네 모서리만 남겨 놓은 부분.〔그 자리에 도리와 보를 끼워 맞춤.〕

사파이어(sapphire)圓 푸른빛의 강옥석(鋼玉石). 투명한 것은 보석으로 쓰임. 청옥(靑玉).

사판(仕版)圓 벼슬아치의 명부.

사판(私版)圓 개인이 자비(自費)로 출판하는 일, 또는 그 책.

사:판(事判)圓하타 절의 재산을 관리하고 사무를 맡아 처리함.

사판(祠版·祠板)圓ㄅ신주(神主).

사:판-중(事判-)圓 절에서, 재산 관리 등의 사무를 맡아보는 중.

사:판-화(四瓣花)圓ㄅ네잎꽃.

사-팔-눈[-룬]圓 한쪽 눈의 시선이 바르게 향하지 않는 눈, 곧 사시(斜視)의 눈. 또는 그런 눈을 가진 사람. 사시안(斜視眼).

사-팔-뜨기圓 ‘사팔눈을 가진 사람’을 얕잡아 이르는 말. 사시안인(斜視眼人).

사:패(賜牌)圓 고려·조선 시대에, 임금이 왕족이나 공신에게 전지(田地)나 노비를 하사하거나, 전공(戰功)을 세운 향리에게 부역(賦役)을 면하게 해 주던 일, 또는 그에 관한 문서.

사:패-기지(賜牌基地)圓 임금이 준 터.

사:패-지(賜牌地)圓ㄅ사패기지.

사:패지지(賜牌之地)몡 임금이 내려 준 전지
(田地). 사패지.

사:폐(事弊)[-폐/-폐]몡 일의 폐단.

사폐(辭陛)[-폐/-폐]몡하자 지난날, 먼 길을
떠나는 사신이 임금에게 하직 인사를 드리
던 일.

사:포(四包)몡 전각(殿閣) 따위의 목조 건축에
서, 공포(栱包)를 넷으로 겹친 것.

사포(沙布·砂布)몡 유리 가루나 금강사(金剛砂)
따위를 종이나 천에 바른 것. 금속이나 나무
제품 따위의 거죽을 닦거나 문지르는 데 쓰임.
사지(沙紙). 여지(鑢紙).

사포닌(Saponin)몡 식물계에 널리 존재하는 배
당체의 비당(非糖) 부분이 여러 고리 화합물로
이루어진 것을 통틀어 이르는 말. 강심제·이뇨
제 따위로 쓰임.

사-포도청(私捕盜廳)몡 지난날, 백성을 함부로
잡아다가 형벌하는 권세 있는 집을 이르던
말. 사포청. 변사보두청.

사포-서(司圃署)몡 조선 시대에, 궁중의 원
포(園圃)나 채소 따위에 관한 일을 맡아보던
관아.

사-포청(私捕廳)몡 ☞사포도청.

사폭(邪幅)몡 남자 한복 바지의 허리와 마루폭
사이에 잇대어 붙이는 네 쪽의 폭.〔큰사폭과
작은사폭이 있음.〕

사:표(四表)몡〔나라의 사방이라는 뜻으로〕세
상 또는 온 천하를 이르는 말. 사해(四海).

사:표(四標)몡 사방의 경계표.

사:표(死票)몡 선거 때, 낙선된 후보자에게 던
짐으로써 보람 없이 되어 버린 표.

사표(師表)몡 학식과 인격이 높아 세상 사람의
모범이 되는 일, 또는 그런 사람. ¶그 선생님
이야말로 우리가 사표로 삼아야 할 분이다.

사:표(謝表)몡 벼슬을 제수(除授)받은 벼슬아치
가, 임금의 은혜에 감사하는 뜻으로 올리는
글. 사장(謝章).

사표(辭表)몡 사직한다는 뜻을 적어서 내는 문
서. 사장(辭狀). ¶사표를 수리하다.

사푼튀 소리가 크게 나지 않도록 가볍게 움직이
거나 발을 내디디는 모양. 큰서푼. 셴사뿐. 사
푼-사푼튀하자

사푼사푼-하다휑여 ①소리가 나지 않을 정도로
걸음걸이가 가볍다. ②잇따라 움직이는 것이
매우 가볍다. 큰서푼서푼하다. 셴사뿐사뿐하다.

사품몡 어떤 일이나 동작이 진행되는 '마침 그
때(기회)'를 뜻함. 《주로, '사품에'의 꼴로 쓰
임.》¶감시원이 잠시 눈을 돌리는 사품에 슬
쩍 빠져나가다.

사풋[-푿]튀 발을 가볍게 재빨리 내디디는 모
양, 또는 그 소리. ¶얼른 서둘러서 한 걸음 사
풋 내디디다. 큰서풋. 예사붓. 셴사뿟. **사풋-사
풋**튀하자

사풋사풋-하다[-푿싸푸타-]휑여 소리가 거의
나지 아니할 정도로 걸음걸이나 움직임이 가볍
고 보드랍다. 큰서풋서풋하다. 예사붓사붓하다.
셴사뿟사뿟하다.

사:품(士風)몡 선비의 기풍.

사풍(邪風)몡 ①경솔한 언행. 점잖지 못한 태
도. ②좋지 못한 풍습.

사풍-맞다(邪風-)[-맏따]휑 언행이 경솔하다.

사풍-세우(斜風細雨)몡 비껴 부는 바람과 가늘
게 내리는 비. 세우사풍. 세풍사우.

사풍-스럽다(邪風-)[-따][~스러우니·~스러
워]휑ㅂ 언행이 경솔한 데가 있다. **사풍스레**튀.

사프란(saffraan 네)몡 붓꽃과의 다년초. 온대
지방에서 재배하는 관상 식물의 한 가지. 뿌리
는 마늘 모양의 구근(球根)이고 잎은 가늘고
길. 10~11월경에 새 잎 사이에서 연한 자줏빛
의 향기 짙은 꽃이 핌.

사피(斜皮)몡 ①☞돈피(獤皮). ②장구의 줄을
고를 때에 죄었다 늦추었다 하는 가죽 고리.

사피(蛇皮)몡 뱀의 껍질.

사피-장(斜皮匠)몡 조선 시대, 경공장(京工匠)
의 한 가지. 상의원(尙衣院)에 딸린 공장(工
匠)으로, 모피 특히 초피(貂皮)를 다루던 장인
(匠人).

사피즘(sapphism)몡 여자의 동성애. 여성끼리
의 성적 유희.〔고대 그리스의 여성 시인 사포
(Sappho)와 그 문하생들이 즐겼다는 데서 유
래함.〕

사:필(史筆)몡 역사를 기록하는 필법(筆法).

사:필귀정(事必歸正)몡하자 모든 잘잘못은 반
드시 바른길로 돌아옴.

사-하다(瀉-)자여 설사하다.

사:-하다(赦-)타여 죄나 잘못을 탓하거나 벌하
지 않고 용서하다. ¶죄를 사하다.

사:-하다(謝-)자타여 사례하다.

사:-하다(賜-)타여 하사(下賜)하다.

사-하다(辭-)타여 ①사양하다. ¶호의를 사하
다. ②사퇴하다. ③사직하다.

사:학(四學)몡 조선 시대에, 세가 자제(勢家子
弟)를 가르치기 위하여 서울에 설치하였던, 동
학·서학·남학·중학의 네 교육 기관.

사:학(史學)몡〈역사학〉의 준말.

사:학(死學)몡 실제로 활용될 수 없는, 쓸모없
는 학문.

사학(私學)몡 개인이 설립한 교육 기관, 곧 사
립학교. ¶사학의 명문.

사학(邪學)몡 조선 시대에, 주자학에 반대되거
나 위배되는 학문을 가리키던 말.

사학(斯學)몡 이 학문. 그 학문. ¶사학의 권위.

사:학-가(史學家)[-까]몡 역사학을 연구하는
사람.

사한(私恨)몡 ①사사로운 원한. ②마음속에 몰
래 품은 원한.

사한(私翰)몡 사사로이 주고받는 편지. 사신(私
信). ↔공한.

사한-단(司寒壇)몡 조선 시대에, 사한제(司寒
祭)를 지내던 단.

사한-제(司寒祭)몡 조선 시대에, 겨울에 이상
기온으로 따뜻할 때, 눈이 내리지 않을 때, 섣
달에 얼음을 떠서 빙고(氷庫)에 넣을 때, 춘분
날 빙고 문을 열 때에 각각 지내던 제사.

사함(私函)몡 ☞사찰(私札). ↔공함.

사함-석(蛇含石)몡 한방에서 '뱀이 겨울잠을
잘 때에 입에 물고 있다가 봄에 뱉은 흙덩이'
를 약재로 이르는 말. 사황(蛇黃) 대용으로
쓰임.

사합(沙盒·砂盒)몡 사기로 만든 합.

사-사(四合絲)[-싸]몡 네 가닥으로 꼬아 만
든 실.

사:항(四項)몡 ①네 가지 항. ②수학에서, 비례
식·방정식 등의 넷째 항.

사:항(事項)몡 일의 조목.

사항(詐降)몡하자 거짓으로 항복함.

사:해(四海)몡 ①사방의 바다. ②온 천하. 사표
(四表). ¶명성이 사해에 떨치다. ③불교에서,
'수미산(須彌山)을 둘러싼 사방의 바다'를 이
르는 말.

사:해(死骸)團 죽은 사람이나 동물의 몸, 또는 그 몸을 이룬 뼈.

사해(詞海)團 〔사조(詞藻)의 바다라는 뜻으로〕 '문장과 시가의 풍부함'을 이르는 말.

사해(詐害)團(하) 못된 꾀로 남을 속여 해를 입힘, 또는 그러한 해악(害惡).

사:해-동포(四海同胞)團 ➡사해형제.

사:해동포-주의(四海同胞主義)[-의/-이]團 ➡박애주의.

사:해-용왕(四海龍王)團 동서남북 네 바다에 있다는 네 용왕.

사해^행위(詐害行爲)團 채무자가 고의로 재산을 감소시켜 채권자가 충분한 변상을 받을 수 없게 하는 행위.

사:해-형제(四海兄弟)團 〔세상 사람들은 모두 형제와 같다는 뜻으로〕 '세상의 모든 사람'을 친밀하게 이르는 말. '논어'의 '안연편(顏淵篇)'에 나오는 말로, 사해에 있는 사람을 모두 형제라고 한 데서 유래함. 사해동포.

사핵(査覈·査核)團(하) (사실을) 자세히 조사하여 밝혀냄.

사:행(四行)團 ①사람이 마땅히 지켜야 할 충(忠)·효(孝)·우애(友愛)·신의(信義)의 네 가지 도덕 행위. ②➡사덕(四德).

사행(私行)團(하) ①(개인의) 사사로운 행위. ②남몰래 함. 넌지시 함. ③(공무원 등이) 사사로운 일로 외출하거나 여행함.

사행(邪行)團 올바르지 못한 행위. ¶사행을 일삼다.

사:행(使行)團 사신의 행차.

사행(射倖)團(하) 요행을 노림.

사행(蛇行)團(하) ①뱀처럼 구불구불 휘어서 기어감. ②하천 따위가 뱀이 기어가는 모양으로 구불구불하여 흐름.

사행^계:약(射倖契約)[-계-/-게-]團 요행을 노려서 하는 계약. 〔경마·복권 따위.〕

사행-성(射倖性)[-썽]團 요행을 바라는 성질. ¶사행성을 조장하다.

사:행-시(四行詩)團 한 작품, 또는 작품의 각 연(聯)이 넉 줄로 된 시.

사행-심(射倖心)團 요행을 노리는 마음.

사:행정^기관(四行程機關)團 흡입·압축·폭발·배기의 모든 동작을 두 번의 피스톤 운동, 곧 사행정으로 완료하는 내연 기관.

사:향(四向)團 동서남북의 네 방향.

사:향(思鄕)團(하) 고향을 생각함.

사:향(麝香)團 사향노루 수컷의 하복부에 있는 향낭을 쪼개어 말린 흑갈색의 가루. 약재나 향료 따위로 쓰임.

사:향-고양이(麝香-)團 사향고양잇과의 짐승. 몸길이 60 cm, 꼬리 길이 30 cm가량. 고양이와 비슷하며, 생식기와 항문 사이에 사향낭이 있어 냄새를 풍김. 남아프리카와 남아시아에 분포함.

사:향-낭(麝香囊)團 사향노루 수컷의 하복부에 달린 특수한 분비샘. 〔이를 떼어 말린 것이 '사향'임.〕 ⓒ향낭.

사:향-내(麝香-)團 사향의 냄새.

사:향-노루(麝香-)團 사향노룻과의 짐승. 사슴보다 훨씬 작으며, 암수 모두 뿔이 없음. 수컷의 하복부에 사향낭이 달려 있음. 우리나라와 중국·중앙아시아 등지에 분포함. 궁노루. 사록(麝鹿).

사:향-뒤쥐(麝香-)團 뒤쥣과의 짐승. 쥐와 비슷한데, 주둥이가 뾰족하고 눈이 작음. 몸 옆

에 악취를 풍기는 분비샘이 있음. 밤에 인가 근처에서 사람에게 해로운 곤충을 잡아먹고 삶. 인도 원산이며, 동양 전역에 분포함. 사서(麝鼠).

사:향-소(麝香-)團 솟과의 짐승. 북아메리카의 북쪽 끝, 툰드라에 떼를 지어 삶. 어깨 높이 1.5 m가량. 좌우의 뿔이 서로 붙어 있음. 몸에서 특이한 향기가 나며 그 냄새가 멀리까지 풍김. 사우(麝牛).

사:향-수(麝香水)團 사향으로 만든 향수.

사헌-대(司憲臺)團 고려 초기, 정치에 관하여 논의하고 풍속을 바로잡으며, 벼슬아치의 잘못을 가려내어 다스리던 관아.

사헌-부(司憲府)團 ①고려 말기에, 사헌대를 달리 이르던 말. ②조선 시대, 삼사(三司)의 하나. 정사를 비판하고 벼슬아치의 잘못을 가려내어 백성의 억울함을 다스리던 관아. 상대(霜臺). ⓒ헌부.

사:혈(四穴)團 퉁소의 한 가지. 길이 두 치 너푼, 지름 다섯 푼가량의 대나무나 상아 따위로 만드는데, 앞쪽에 셋, 뒤쪽에 한 개의 구멍이 있어 열두 가지의 음(音)을 냄.

사:혈(死血)團 (부르트거나 헌데에 모여 시커멓게 된) 죽은피.

사혈(私嫌)團 개인적인 혐오나 혐의.

사혈(瀉血)團(하) (치료의 목적으로) 환자의 피를 얼마간 뽑아냄.

사:형(死刑)團(하)(되) 범죄인의 생명을 끊는 형벌. 〔교수형(絞首刑)·참형(斬刑)·총살형(銃殺刑)·화형(火刑) 따위.〕 극형(極刑). 생명형(生命刑).

사형(私刑)團 개인이 사사로이 범죄자에게 가하는 제재. 사적 제재. 사형벌(私刑罰). ⓒ사매·린치.

사:형(似形)團 비교적 미세한 광물이 모여, 그 광물의 정형과는 관계없이 산출될 경우의 결정형. ⓒ자형(自形).

사형(舍兄)ⅠⅠ團 남과 말할 때 '자기의 형(兄)'을 겸손하게 일컫는 말. 가형(家兄). ⅡⅠ때 〔주로, 편지 글에서 쓰이어〕 형이 아우에게 대하여 '자기'를 일컫는 말. ↔사제(舍弟).

사형(査兄)團 바깥사돈 사이에 상대편을 높이어 일컫는 말.

사형(師兄)團 ①나이와 학덕(學德)이 자기보다 높은 사람을 높이어 일컫는 말. ②불교에서, 한 스승의 불법(佛法)을 이어받은 선배를 일컫는 말.

사형(詞兄)團 친구로 사귀는 학자나 문인끼리 서로를 높이어 일컫는 말.

사-형벌(私刑罰)團 ➡사형(私刑).

사:형^선고(死刑宣告)團 공판정에서 사형에 처한다는 내용을 알리는 일.

사:형-수(死刑囚)團 사형 선고를 받은 죄수. ⓒ사수(死囚).

사:형-장(死刑場)團 사형을 집행하는 장소. 형장(刑場).

사호(社號)團 회사의 칭호.

사호(絲毫)團 매우 적은 수량.

사:호(賜號)團(하) 임금이 호(號)를 내려 줌, 또는 그 호.

사호다(재) (옛) 싸우다. ¶白骨白 사화 주근 사리미 뫼히(杜重1:4). ☞싸호다.

사혼(私混)團(하) 지난날, 면서원(面書員)이 고복채(考卜債)를 환곡(還穀)과 함께 거두어들이던 일.

사흠[명]〔옛〕싸움. ¶사호문 어느 말미로 定ㅎ리오(杜初7:14).

사:화(士禍)[명] 조선 시대에, 정객(政客)이나 선비들이 정치적 반대파에게 몰리어 입던 큰 화난(禍難), 또는 그 사건.

사:화(四華)[명]〔불교에서〕①석가가 법화경을 설할 때 하늘에서 내려왔다는 네 가지 연꽃. 곧, 만다라화·마하만다라화·만수사화·마하만수사화. ②무량수경에서 이르는 네 가지 연꽃.

사:화(史畫)[명]〈역사화(歷史畫)〉의 준말.

사:화(史話)[명] 역사 이야기. 사담(史談).

사:화(史禍)[명] ①사필(史筆)로 말미암은 옥사(獄事). ②사서(史書)에 관련된 필화(筆禍). ⑪사화(史禍).

사:화(死火)[명] ①꺼진 불. ②불교에서, '죽음'을 불이 꺼짐에 비유하여 이르는 말.

사:화(死貨)[명] 통용되지 않는 돈, 또는 재화.

사화(私和)[하자] ①송사(訟事)의 당사자끼리 화해하여 풀어 버림. ②원한을 품고 있는 사람끼리 화해를 풀고 화해함.

사화(私話)[명] 사사로이 하는 말.

사화(詞華)[명] 아름답게 수식한 시문(詩文). 뛰어난 시문.

사:-화산(死火山)[명] 구조나 암질(岩質)로 보아 화산임이 인정되지만, 유사(有史) 이래로 화산 활동의 기록이 없는 화산. ↔활화산. ⑪휴화산.

사:화-잠(四化暫)[명] 한 해에 네 번 알을 스는 누에. 〔성장이 빠르고 고치가 작음.〕

사:환(仕宦)[하자] 벼슬살이를 함.

사:환(四患)[명] ①정치하는 사람에게 우환이 되는 네 가지 일. 곧, 허위·사사로움·방심·사치. ②☞사고(四苦).

사:환(使喚)[명] 관청이나 사삿집에 고용되어 잔심부름을 맡아 하는 사람. ⑪사동(使童).

사:환(社還)[명] 조선 고종(高宗) 때, '환곡(還穀)'을 고쳐 부르던 이름.

사:환-가(仕宦家)[명] 대대로 벼슬하는 집안.

사환곡-제(社還穀制)[-쩨][명] 조선 시대에, 춘궁기에 농민에게 곡식이나 종자를 꾸어 주었다가 추수한 다음 되돌려 받던 제도.

사:활(死活)[명] 죽음과 삶. 죽느냐 사느냐의 갈림. ¶사활이 걸린 문제.

사-활강(斜滑降)[명] 스키에서, 사면(斜面)을 비스듬히 잘라 직선으로 활강하는 기법.

사핫-술(私-)[-핟쑬/-활쑬][명] 사화하는 뜻으로 함께 나누는 술.

사황(蛇黃)[명] 뱀 쓸개에 병적으로 생기는 물질. 한방에서 약재로 쓰임.

사회(社會)[명]〔옛〕사위. ¶사회 녀리셔 며느리 녁 지블 婚이라 니르고(釋譜6:16).

사회(司會)[-회/-훼][명] ①[하자]집회나 예식 등에서, 진행을 맡아봄. ¶사회를 보다. ②〈사회자〉의 준말.

사:회(死灰)[-회/-훼][명] 불이 꺼진 재.

사:회(沙灰)[-회/-훼][명] 굴 껍데기를 태워서 만든 가루.

사회(社會)[-회/-훼][명] ①공동생활을 하는 인간의 집단. ¶인류 사회. ②(역사적으로) 어떤 특정한 발전 단계를 이룬 집단. ③생활의 터전이나 직업의 동질성 등으로 형성된 사람들의 세계. ¶문인 사회. ④(군대나 학교 등) 어떤 조직체에 딸린 사람의 그 조직체 밖의 세상을 이르는 말. ¶사회 진출. ⑤세상. ¶사회를 놀라게 하다. ⑥지난날, 마을 사람들이 사일(社日)에 모이던 일.

사회의 목탁(木鐸)[관용] 사회를 각성시키고 바른 길로 이끄는 사람이나 사물. 〔흔히, 신문이나 신문 기자를 이름.〕

사회^간:접^자본(社會間接資本)[-회-짜-/-훼--짜-][명]☞사회 자본.

사회^개:량주의(社會改良主義)[-회--의/-훼---이][명] 자본주의 사회의 체제를 유지하면서 점진적으로 그 폐해를 고쳐 나가려는 주의. 개량주의.

사회^개발(社會開發)[-회-/-훼-][명] 교통과 주택, 보건과 교육 등 생활환경을 향상시킴으로써 국민의 복지를 꾀하는 일.

사회^개벽(社會開闢)[-회-/-훼-][명] 천도교에서 이르는 삼대 개벽의 하나. 사회 제도와 생활양식, 물질 등을 변혁시켜 사회를 새롭게 한다는 후천적 인문(人文) 개벽.

사회^경제(社會經濟)[-회-/-훼-][명] ①각 경제 단위의 활동이 사회적 상호 의존에 의하여 이루어지는 경제 상태. ↔고립 경제. ②☞국민 경제.

사회^계:약설(社會契約說)[-회계-썰/-훼게--썰][명] 사회나 국가는 그 구성원인 개인 간의 평등한 계약에 따라 성립한다는 설. 민약설(民約說). ⑪계약설.

사회^계층(社會階層)[-회계-/-훼게-][명] 한 사회 안에서, 능력이나 재산의 정도 또는 지위나 교육 수준 따위로 구별되는 동질성의 인간 집단. 〔서민층·부유층 따위.〕

사회^공학(社會工學)[-회-/-훼-][명] 인간의 사회적 행동을 과학적으로 연구·분석하여 사회생활상의 실제 문제를 해결하려고 하는 학문.

사회^과:정(社會過程)[-회-/-훼-][명] 사회의 구조가 변화하고 발전하는 동태적인 과정. 〔문화적 과정이나 경제적 과정 따위.〕

사회^과학(社會科學)[-회-/-훼-][명] 인간 사회의 여러 현상을 과학적·체계적으로 연구하는 학문을 통틀어 이르는 말. 〔정치학·경제학·사회학·역사학 따위.〕⑪인문 과학(人文科學)·자연 과학(自然科學).

사회-관(社會觀)[-회-/-훼-][명] 사회를 통일적인 전체로 보고 그 의의와 가치 등에 대하여 가지는 견해나 주장.

사회^관계(社會關係)[-회-계-/-훼-게-][명] 사람과 사람 사이에 사회적 행동의 교환이 계속된 결과로 생기는 일정한 인간관계.

사회^교:육(社會敎育)[-회-/-훼-][명] 청소년이나 성인들에게 학교 교육 이외에 사회인으로서 필요한 사항에 대해 베푸는 교육 활동.

사회^구조(社會構造)[-회-/-훼-][명] 사회의 형태를 이루는 여러 기능을 유기적으로 배치하는 기관이나 조직 따위 요소의 체계.

사회^국가(社會國家)[-회-까/-훼-까][명] 국민 각자에 대하여 인간다운 생존을 보장할 것을 임무로 하는 국가. 사회 정의의 실현을 주목적으로 하는 국가.

사회-권(社會權)[-회꿘/-훼꿘][명]〈사회적 기본권(社會的基本權)〉의 준말.

사회^규범(社會規範)[-회-/-훼-][명] 사회생활을 규율하는, 사회 질서를 유지하기 위하여 그 구성원에게 요구하는 당위적(當爲的) 관념. 〔법이나 종교·도덕 따위.〕

사회-극(社會劇)[-회-/-훼-][명] 사회 문제를 다루는 극. 극중의 사건의 사회적 배경이나 기반, 등장인물이 소속된 사회적 환경 등을 중시하는 연극이나 희곡.

사회-단체(社會團體) [-회-/-훼-]圓 사회사업이나 사회 문제의 해결을 목적으로 하는 단체.

사회^도태(社會淘汰) [-회-/-훼-]圓 사회의 진화 속에서, 적응성이 없거나 불필요한 것이 의식적으로 배제되는 따위의 도태.

사회-면(社會面) [-회-/-훼-]圓 신문에서, 일상생활 속의 사건이나 사고 기사를 싣는 지면.

사회^문:제(社會問題) [-회-/-훼-]圓 사회 제도의 모순이나 결함에서 생기는 여러 가지 문제. 〔노동·주택·인구·실업·범죄 문제 따위.〕

사회^민주주의(社會民主主義) [-회-의/-훼-이]圓 폭력 혁명이나 프롤레타리아 독재의 방식을 부정하고, 합법적이고 점진적인 방법으로 사회주의를 실현하려고 하는 주의.

사회-법(社會法) [-회뻡/-훼뻡]圓 (개인의 이해관계에 중점을 두는 시민법에 대하여) 인간의 실질적 평등이나 사회적 조화의 달성을 목적으로 하는 법을 통틀어 이르는 말.〔노동법·경제법·사회 보장 제도 따위.〕

사회^법칙(社會法則) [-회-/-훼-]圓 ①사회 질서를 유지하려는 목적으로 시행되는 모든 법칙. ②사회의 변화, 특히 사회 진화를 지배하는 법칙. ③되풀이하여 생기는 사회 현상을 지배하고 있는 법칙.

사회^변:동(社會變動) [-회-/-훼-]圓 한 사회의 현존하는 질서 및 정신적·물질적 문명의 형태가 변화하는 과정.

사회^변:혁(社會變革) [-회-/-훼-]圓 사회 질서를 의도적으로 바꾸는 일.

사회^병:리(社會病理) [-회-니/-훼-니]圓 개인·집단 문화 현상의 기능 장애나 이상 현상. 곧, 범죄·실업·빈곤 따위의 사회적 질환.

사회^병:리학(社會病理學) [-회-니/-훼-니]圓 사회를 유기체로 보고, 사회 병리의 현상을 사회학적 처지에서 연구하는 학문.

사회^보:장(社會保障) [-회-/-훼-]圓 국민의 질병이나 실업·노쇠 등으로 생기는 생활상의 문제를 국가가 제도적으로 보장하는 일.

사회^보:험(社會保險) [-회-/-훼-]圓 질병·실업·사망 따위의 재난을 당한 근로자나 그 가족을 보호하기 위하여, 국가가 법에 의하여 시행하는 보험 제도를 통틀어 이르는 말.〔산업 재해 보험·건강 보험 따위.〕

사회^복지(社會福祉) [-회-찌/-훼-찌]圓 국민의 생활 안정과 복리 향상을 추구하는 광범한 사회적 시책의 총체.

사회-본능(社會本能) [-회-/-훼-]圓 어떤 종류의 동물이, 개체 유지·종족 보존을 위하여 무리를 이루어 생활하는 선천적 경향.

사회^본위주의(社會本位主義) [-회-의/-훼-이]圓 사회의 존속이나 발전을 위해서는 개인의 복리를 희생시켜도 무방하다고 하는 주의.

사회-봉사(社會奉仕) [-회-/-훼-]圓 사회 복지에 이바지하기 위하여 개인의 이해를 돌보지 않고 하는 행위.

사회-부(社會部) [-회-/-훼-]圓 신문사에서, 신문의 사회면을 맡은 부서. ¶ 사회부 기자.

사회^부조(社會扶助) [-회-/-훼-]圓 ☞공적 부조. 국가 부조.

사회^분화(社會分化) [-회-/-훼-]圓 ☞사회적 분화.

사회-사상(社會思想) [-회-/-훼-]圓 ①사회 체제나 사회 제도의 바람직한 모습에 관하여 체계적(體系的)으로 파악하는 사상. ②사회에 대하여 가지는 생각이나 태도.

사회-사업(社會事業) [-회-/-훼-]圓 사회적으로 보살며 줄 필요가 있는 사람들에 대한 원조·육성·후생을 위한 조직적 활동.〔실업 보호 사업·아동 보호 사업·의료 보호 사업 따위.〕

사회-상(社會相) [-회-/-훼-]圓 사회의 모습. 사회의 실태. 사회의 현상. ¶ 문학 작품은 사회상을 반영하기 마련이다.

사회-생활(社會生活) [-회-/-훼-]圓 ①여러 형태의 인간들이 집단으로 모여 질서를 지키며 살아가는 공동생활. ②군대 따위의 특수한 조직체에서의 생활에 대하여 사회인으로서의 생활. ¶ 군에서 제대하여 차차 사회생활에 적응해 가다. ③벌이나 개미 따위 동물의 군집 생활.

사회-성(社會性) [-회썽/-훼썽]圓 ①어떤 사회가 가지고 있는 성질. ②집단을 만들어 생활하려는 인간의 근본 성질. ③집단생활에 적응이 잘 되는 소질. 사교성. ④흔히 예술 작품에서, 사회 문제에 대하여 관심을 기울이는 경향. ¶ 사회성이 짙은 영화.

사회^소:설(社會小說) [-회-/-훼-]圓 사회 문제나 사회 현실을 주제로 한 소설.

사회^실재론(社會實在論) [-회-째/-훼-째-]圓 사회를 그 구성원인 각 개인들과는 별개의 독자적인 실재로 보고, 개인보다 사회가 우위에 있다고 주장하는 사회학설. 사회 유기체설이 대표적임. ↔사회 유명론.

사회-심(社會心) [-회-/-훼-]圓 사회를, 각 개인의 마음이 종합해서 이루어진 하나의 유기체로 볼 때의 그 마음을 이르는 말.

사회^심리학(社會心理學) [-회-니/-훼-니-]圓 개인 또는 집단의 의식이나 행동을, 그 사회 환경의 모든 조건이나 특성과의 연관 아래에서 해명하려고 하는 심리학의 한 분야.

사회-아(社會我) [-회-/-훼-]圓 남과의 상호 관계를 의식함으로써 일어나는, 사회적 존재로서의 자아의 관념.

사회-악(社會惡) [-회-/-훼-]圓 사회의 구조적 모순에서 비롯되는 악.〔도박·매춘·빈곤·범죄 따위.〕

사회^연대(社會連帶) [-회-/-훼-]圓 사회의 구성원으로서의 상호 의존 관계.

사회^운:동(社會運動) [-회-/-훼-]圓 사회의 변혁이나 개량, 사회 문제의 해결을 위하여 지속적으로 행하는 집단 운동.〔노동조합 운동·여성 운동·학생 운동 따위.〕

사회^위생학(社會衛生學) [-회-/-훼-]圓 사회 대중의 건강 상태 개선과 향상을 꾀하기 위해 그 방책을 연구하는 학문.

사회^유:기체설(社會有機體說) [-회-/-훼-]圓 사회 체제를 생물의 체제와 비교하여, 사회를 자연 유기체와 비슷한 존재로 보는 학설. 콩트·스펜서 등이 주장함.

사회^유대(社會紐帶) [-회-/-훼-]圓 ☞사회적 유대.

사회^유명론(社會唯名論) [-회-논/-훼-논]圓 사회에는 개인이 실재할 뿐 사회는 명목에 지나지 않으며, 개인은 사회보다 우위에 있다고 주장하는 사회학설. ↔사회 실재론.

사회^유:형(社會類型) [-회-/-훼-]圓 ☞사회형(社會型).

사회^윤리(社會倫理) [-회율-/-훼율-]圓 ①인간의 사회적 생활에 관한 행동을 규제하는 도덕적 규범. ↔개인 윤리. ②도덕을 인간의 사회적 조건에서 설명하는 윤리학설.

사회-의식(社會意識) [-회의-/-훼이-] 명 사회의 구성원이 공통으로 가지고 있는 사고(思考)·감정(感情)·의사(意思)의 총체. [도덕·관습·이데올로기·계급 의식 따위.]

사회^의학(社會醫學) [-회-/-훼-] 명 질병 발생의 사회적 요인을 연구하여 사회 환경이나 생활 조건의 개선을 꾀하고, 국민의 건강 향상을 도모하려는 의학.

사회^이동(社會移動) [-회-/-훼-] 명 한 개인이나 집단이 어떤 사회적 위치에서 다른 사회적 위치로 이동하거나 변화하는 일. [수평이동과 수직 이동이 있음.]

사회-인(社會人) [-회-/-훼-] 명 ①사회 구성원으로서의 한 개인. ②(학교나 군대 등) 어떤 조직체 속에서 지내는 사람이 그 조직체 밖의 사람을 가리켜 이르는 말.

사회^인류학(社會人類學) [-회일-/-훼일-] 명 인간 사회를 널리 비교 연구하여, 그것을 기능적·종합적으로 파악하려는 문화 인류학의 한 부문.

사회^입법(社會立法) [-회-뻡/-훼-뻡] 명 사회 문제의 해결을 위하여, 사회 정책적 관점에서 행하는 법률의 제정, 또는 그 법률.

사회-자(司會者) [-회-/-훼-] 명 모임이나 예식·방송 프로그램 등의 진행을 맡아보는 사람. ㉲사회.

사회^자본(社會資本) [-회-/-훼-] 명 국민 경제 발전의 기초가 되는 공공시설. [도로·항만·공항·댐·통신·우편·용수 따위.] 사회 간접 자본.

사회-장(社會葬) [-회-/-훼-] 명 사회에 이바지한 공적이 많은 사람이 죽었을 때에 그와 관련된 각 사회단체가 연합하여 치르는 장례.

사회-적(社會的) [-회-/-훼-] 관명 사회에 관계되는 (것). 사회성을 지닌 (것). ¶사람은 사회적 동물이다. /사회적인 행동.

사회적 감:정(社會的感情) [-회-깜-/-훼-깜-] 사회생활에서 느끼는 감정. [애국심이나 애향심 따위.]

사회적 개:성(社會的個性) [-회-께-/-훼-께-] 한 사회를 다른 사회와 비교하여 볼 때, 그 사회가 갖는 독특한 성질. [국민성이나 지방색 따위.]

사회적 거:리(社會的距離) [-회-꺼-/-훼-꺼-] 개인과 개인, 집단과 집단, 개인과 집단 사이의 친소(親疏)의 정도에서 비롯되는 감정적 거리.

사회적 구속(社會的拘束) [-회-꾸-/-훼-꾸-] 집단이 그 집단의 질서를 유지하기 위하여 구성원의 비사회적 행동을 구속하는 일.

사회적 기본권(社會的基本權) [-회-끼-/-훼-끼-] 국가의 사회 보장 시책에 따라서 이익을 받을 국민의 권리. [건강한 생활을 누릴 권리, 휴식을 취할 권리, 교육을 받을 권리, 근로의 권리, 근로자의 단결권 따위.] ㉲사회권.

사회적 긴장(社會的緊張) [-회-낀-/-훼-낀-] 국제간이나, 한 나라 안의 집단·당파·계급 간의 상호 교섭에서 오는 불화·반목·대립 등의 긴장된 관계나 상태를 이르는 말. [겉으로 드러나지는 않지만 자칫하면 터질 것 같은 잠재적인 투쟁 상태를 이름.]

사회적 부적응아(社會的不適應兒) [-회-뿌-/-훼-뿌-] 소속된 사회 질서에 잘 적응하지 못하는 아동. [나태아(懶怠兒)·불량아 따위.]

사회적 분업(社會的分業) [-회-뿌넙/-훼-뿌넙] 사회 전체의 노동이 농업·공업·상업 등 각종의 산업 분야로 나누어진 상태.

사회적 분화(社會的分化) [-회-뿐-/-훼-뿐-] 사회가 단순하고 동일적인 상태에서 복잡하고 이질적인 상태로 변화하는 과정. 사회 분화(社會分化).

사회적 성:격(社會的性格) [-회-썽격/-훼-썽격] ①남과 잘 어울리는 사교적인 성격. ②같은 집단이나 계층에 딸리는 성원의 성격에서 공통적인 특성을 뽑아내어 유형화한 추상적인 성격의 형(型). [남성적 성격·관료적 성격·보수적 성격 따위.]

사회적 소:득(社會的所得) [-회-쏘-/-훼-쏘-] 근로자가 임금 외에 복리 시설이나 사회 보험 따위로 얻는 간접적인 소득.

사회적 암:시(社會的暗示) [-회-/-훼-] 군중 심리나 소속 집단의 분위기에 이끌리어 어떤 관념이나 신념 따위를 무비판적으로 받아들이는 심리 작용.

사회적 압력(社會的壓力) [-회저갹녁/-훼저감녁] 개인이나 집단의 태도·의견·행동 따위를 특정한 방향으로 유도하거나 변화시키는 사회적 영향.

사회적 욕망(社會的欲望) [-회정농-/-훼정농-] 개인이 국가·법률·도덕·종교 등의 힘을 빌려, 공동의 복리 증진과 사회의 안녕질서를 유지하려고 하는 욕망. [국방·치안·공중 위생·공공시설 등에 대한 욕망 따위.]

사회적 유대(社會的紐帶) [-회정뉴-/-훼정뉴-] 사회생활에서, 어떤 개인이 다른 개인과 굳게 맺어져 있는 상태. [언어·풍속·종교·혈연·지연 따위.] 사회 유대.

사회적 적응(社會的適應) [-회-쩌긍/-훼-쩌긍] 인간이 그가 속해 있는 사회적 환경과 조화를 이루는 일.

사회적 지위(社會的地位) [-회-찌-/-훼-찌-] 소속이나 직업, 출신이나 능력 등에 따라 전체 사회 속에서 차지하는 위치.

사회적 풍토(社會的風土) [-회-/-훼-] 특정한 집단이나 지역 사회에 지속적으로 나타나 보이는 특유의 분위기.

사회^정책(社會政策) [-회-/-훼-] 명 노동 문제나 실업 문제 따위의 사회 문제를 해결하기 위하여 국가나 공공 단체가 베푸는 정책.

사회^제:도(社會制度) [-회-/-훼-] 명 관습이나 법률에 따라 고정되고 조직화된 행위 양식, 곧 사회적으로 지지되고 있는 정치나 경제 제도.

사회^조사(社會調査) [-회-/-훼-] 명 집단이나 사회에서 일어나는 여러 가지 사상(事象)을 알아내기 위하여 실시하는 조사.

사회^조직(社會組織) [-회-/-훼-] 명 인간의 생존과 질서를 유지하기 위하여 일정한 규율로 묶어 놓은 조직.

사회-주의(社會主義) [-회-의/-훼-이] 명 사유 재산 제도를 폐지하고 생산 수단의 사회적 공유(共有)를 기본으로 하는 사회 제도, 또는 그런 사회를 실현하려는 사상.

사회주의^문학(社會主義文學) [-회-의-/-훼-이-] 명 ☞프롤레타리아 문학.

사회^진:화(社會進化) [-회-/-훼-] 명 일정한 방향에 따라 사회가 계속적으로 변화하고 발달하는 일. [자연 과학의 진화론을 사회적으로 응용한 개념임.]

사회^진:화론(社會進化論) [-회-/-훼-] 명 사회는 일정한 방향과 목표 아래 끊임없이 발전하고 변동되어 간다고 보는 이론.

사회^질서(社會秩序) [-회-써/-훼-써]圏 사회
를 구성하는 여러 요소나 세력이 일정한 통제
아래에서 조화를 유지하는 관계.

사회^집단(社會集團) [-회-딴/-훼-딴]圏 상호
의존 관계에 있는 인간의 집합체. 〔가족 등의
공동 집단, 학교나 직장 등의 이익 집단 따위.〕

사회^참여(社會參與) [-회-/-훼-]圏 (학자나
예술가 등이) 사회 문제에 관심을 가지고 그
일에 간섭하는 일. 앙가주망.

사회^철학(社會哲學) [-회-/-훼-]圏 사회를
형이상학적으로 연구하며 그 존재 가치를 규명
하고자 하는 철학의 한 부문.

사회^체육(社會體育) [-회-/-훼-]圏 (학교 교
육 활동 이외의) 일반 사회인이 때와 장소를
가리지 않고 하는 여러 가지 체육 활동.

사회^체제(社會體制) [-회-/-훼-]圏 ①어떤
특정한 주장이나 원리에 의해 통일적으로 질서
화한 사회관계의 총체. ¶파시즘적 사회 체제.
②사회적 역사 발전의 특정 단계. ¶봉건적 사
회 체제. ③어떤 목표나 사태에 일시적으로 대
응하기 위한 사회의 체계. ¶전시 사회 체제.

사회^통계(社會統計) [-회-계/-훼-게]圏 사
회 현상에 관한 여러 가지 통계.〔인구 통계·
경제 통계·문화 통계 따위.〕

사회^통계학(社會統計學) [-회-계-/-훼-게-]
圏 수량적 재료를 기초로 하여, 사회적 대량
현상을 관찰함으로써, 사회 현상의 규칙성·법
칙성을 발견하려는 학문.

사회^통념(社會通念) [-회-/-훼-]圏 사회 일
반에 널리 퍼져 있는 상식이나 견해.

사회^통제(社會統制) [-회-/-훼-]圏 사회가
그 구성 단위인 개인이나 하위 집단의 동조나
복종을 확보하는 수단 및 과정.

사회-학(社會學) [-회-/-훼-]圏 사회관계의
여러 현상 및 사회 조직의 원리·법칙·역사 등
을 체계적·실증적으로 연구하는 사회 과학의
한 부문.

사회^혁명(社會革命) [-회형/-훼형]圏 사회
제도의 근본적인 변혁을 목표로 하는 혁명.

사회-'현:상(社會現象) [-회-/-훼-]圏 ①사회
관계에서 일어나는 법률·종교·정치·교육 등의
온갖 현상. ②개인의 사상(事象)이 아닌 사회
그 자체로서의 사실.

사회-형(社會型) [-회-/-훼-]圏 사회 조직상
으로 나타나 있는 여러 가지 유형.〔이익 사회·
공동 사회, 또는 산업적 사회·군사적 사회 따
위.〕 사회 유형.

사회^형상(社會形象) [-회-/-훼-]圏 다수의
사회관계의 복합현상인 통일체.〔군집·집단·추상성
집합체 등으로 구별됨.〕

사회^형태(社會形態) [-회-/-훼-]圏 사회의
구조적인 형태.〔노예 사회·봉건 사회·자본주
의 사회·사회주의 사회 따위.〕

사회-화(社會化) [-회-/-훼-]囹困困困
①(사회 안에서) 개인끼리의 상호 작용·상호
영향의 과정. ②개인이 사회의 구성원으로서,
그 사회에 동화되어 가는 과정. ③사물이 사회
전반에 퍼져 그 사회 전체의 것이 되는 일. ④사
적인 존재를 공적인 존재로 바꾸어 가는 일.

사횟대(-) (옛) 상앗대. ¶사횟대 고:篙(訓蒙中25.
四解下18).

사:효(四爻)圏 육효(六爻)의 넷째 효.

사:후(死後)圏 죽은 뒤. 신후(身後). ↔생전.
　　사후 약방문(藥方文)囹답 때를 놓치고 난 뒤에
　　기울이는 헛된 노력을 이르는 말.

사후(伺候)圏困 ①웃어른의 분부를 기다림.
②웃어른을 뵙고 문안을 드림.

사:후(事後)圏 일이 끝난 뒤. ¶사후 승낙. ↔사
전(事前).

사후(射侯)圏 활쏘기에서, 과녁으로 쓰는 베.
〔사방 열 자가량이며, 가운데 둥근 표적을
그렸음.〕

사:후^강:도(死後強盜)圏 절도범이 훔친 것을
뺏기지 않으려고, 또는 체포를 피하거나 증거
를 없애려고 폭행이나 협박을 하는 행위.

사:후^강직(死後強直)圏 죽은 뒤에 근육이나
관절 등이 뻣뻣해지는 현상. 죽은 지 2~4시간
이 지나면 나타나기 시작함. 사후 경직.

사:후^경직(死後硬直)圏 ☞사후 강직.

사:후^공명(死後功名)圏 죽은 뒤에 내리는 벼
슬이나 시호(諡號).

사:후^명:장(死後名將)圏 죽은 뒤에 비로소 그
이름이 높게 드러나는 장수.

사후-선(伺候船)圏 조선 시대에, 수군절도사가
있는 군영(軍營)에 딸렸던 척후용 전선(戰船).

사:후-심(事後審)圏 원심(原審)의 기록을 바탕
으로 하여 원판결의 당부(當否)를 심판하는 심
급(審級). 상소심(上訴審)의 한 형태로서, 상고
심[上告審]이 이에 해당함.

사:후^처:분(死後處分)圏 ☞사인 처분.

사훈(社訓)圏 사원(社員)으로서 지켜야 할, 회
사의 방침.

사훈(師訓)圏 스승의 교훈.

사휘(辭彙)圏 ☞어휘(語彙).

사흘-날 [-흔-]圏 <사흗날>의 준말. 圀사흘.

사흘-날圏 ①세 날. ②<초사흗날>·<초사흘>·<사흘
날>의 준말.
　　사흘 굶어 도둑질 아니 할 놈 없다囹답 아무리
　　착한 사람이라도 몹시 궁하게 되면 옳지 못한
　　짓을 하게 된다는 말.
　　사흘이 멀다 하고관용 어떤 일의 횟수가 매우
　　잦게. ¶그는 사흘이 멀다 하고 시골에 계신 부
　　모님을 찾아가 뵙는다.

사흘-돌이圏 사흘에 한 번씩. 《주로, ‘사흘돌이
로’의 꼴로 쓰임.》 ¶벌써 장마철인가, 사흘돌
이로 비가 오네.

사히다困 (옛) 쌓이다. ¶平原에 사힌 쎄는 뫼두
곤 노파 잇고(朴仁老.太平詞).

사호다困 (옛) 썰다. ¶딥 사홀며 버히며(月釋
21:43). /뵈는 ㄱㄴ리 사홀씨라(月釋21:76).

삭圏①무엇을 단번에 베거나 자르는 모양, 또는
그 소리. ¶칼로 종이를 삭 베다. ②무엇을 거
침없이 밀거나 쓸어 버리는 모양. ¶낙엽을 삭
쓸어 모아 태우다. ③조금도 남김없이 모양.
흔적도 없이 아주. ¶삭 치워 버리다. /삭 먹어
버리다. 큰석2. 쎄싹2. **삭-삭**囹.

삭(옛)쌖. ¶神足손 삭 남 곳고(圓覺上二之二
118). /곡식 삭 망:芒(類合下51).쎄샀.

삭(朔)圏Ⅰ①<합삭(合朔)>의 준말. ②<삭일
(朔日)>의 준말.
　　Ⅱ의 ‘달’의 예스러운 말. ¶떠나온 지 삼 삭
　　이 지났느니라.

삭(蒴)圏①선태류의 포자낭. ②☞삭과(蒴果).

**삭-갈다(-갈-)[-깔-]困 <~가니~갈아>困 논을 미리 갈
지 못하고 모낼 때에 이르러 한번 갈다.

삭갈-이 [-까리]圏困 논을 삭가는 일.

삭감(削減) [-깜]圏困困困 깎아서 줄임. 감삭
(減削). ¶예산을 삭감하다.

삭거(削去) [-꺼]圏困困 깎아서 버림. 삭제해
버림.

삭고(朔鼓)[-꼬]명 아악에서, 풍악의 시작을 알릴 때 치는 북의 한 가지. 나무로 만든 틀에 북을 매달고, 틀 위에 해 모양을 꾸며 흰 칠을 하였음.

삭과(削科)[-꽈]명하타 과거(科擧)의 규칙을 위반하여 급제한 사람의 급제를 취소하던 일.

삭과(蒴果)[-꽈]명 열과(裂果)의 한 가지. 속이 여러 칸으로 나뉘고 칸마다 씨가 많이 들어 있는 열매. [나팔꽃·나리 따위.] 삭(蒴).

삭구(索具)[-꾸]명 배에서 쓰는 밧줄이나 쇠사슬 따위를 통틀어 이르는 말.

삭뇨-증(數尿症)[상-쯩]명 한방에서, 오줌이 자주 마려운 병증을 이르는 말. 방광 결석(結石)·요도 질환 따위로 생김. 빈뇨증.

삭다[-따]자 ①오래되어 썩은 것처럼 되다. ¶천이 삭다. ②툭툭하던 것이 물어지다. ¶팔죽이 삭다. ③먹은 음식이 소화되다. ¶먹은 것이 잘 삭지 않는다. ④홍분이나 긴장이 가라앉다. ¶분이 삭다. ⑤젓·김치 따위가 익어서 맛이 들다. ¶새우젓이 잘 삭다. ⑥사람의 얼굴이나 몸이 생기를 잃다. ¶며칠 심하게 앓더니 얼굴이 많이 삭았다.

삭-다례(朔茶禮)[-따-]명 달마다 초하룻날 사당에서 지내는 차례. 窗망다례(望茶禮).

삭도(削刀)[-또]명 절에서, 중들이 머리털을 빡빡하게 밀어 깎을 때 쓰는 칼.

삭도(索道)[-또]명 〈가공 삭도(架空索道)〉의 준말.

삭둑[-뚝]부 연하고 작은 물건을 단번에 베거나 자르는 모양, 또는 그 소리. ¶무를 삭둑 자르다. 웹석둑. 셀싹둑. **삭둑-삭둑**[하자타]

삭둑-거리다[-뚝꺼-]자타 자꾸 삭둑삭둑하다. 삭둑대다.

삭둑-대다[-뚝때-]자타 삭둑거리다.

삭둑삭둑-하다[-뚝싹뚜카-]형여 글의 문맥이 토막토막 끊어져 잘 통하지 않다. 셀싹둑싹둑하다.

삭마(削磨)[상-]명하자타 ①깎고 갊. ②바람이나 수온의 변화, 하천을 흐르는 암석 따위로 바닥을 이룬 암석이 깎이는 일.

삭막(索寞·索寞·索漠) ‘삭막하다’의 어근.

삭막-하다(索莫-·索寞-·索漠-)[상마카-]형여 ①잊어버려 생각이 아득하다. ¶예전의 기억이 삭막하다. ②황폐하여 쓸쓸하다. ¶초겨울의 삭막한 풍경.

삭말(削抹)[상-]명하타 깎아서 지워 버림. 삭제하고 말소함.

삭망(朔望)[상-]명 ①음력 초하루와 보름. ②〈삭망전(朔望奠)〉의 준말.

삭망-고조(朔望高潮)[상-]명 음력 초하루에서 보름 사이의 만조(滿潮).

삭망-월(朔望月)[상-]명 달이 음력 초하루에서 다음 초하루까지, 또는 보름에서 다음 보름까지 가는 데 걸리는 기간. [29일 12시간 44분 3초가량.] 태음월(太陰月).

삭망-전(朔望奠)[상-]명 상중(喪中)에 있는 집에서, 매달 초하룻날과 보름날 아침에 지내는 제사. 준삭망(朔望). 窗삭전(朔奠).

삭맥(數脈)[상-]명 ➡속맥(速脈).

삭면(索麵)[상-]명 밀가루를 소금물로 반죽하여 기름을 치고 얇게 밀어서 실오리처럼 썬 것을 햇볕에 말린 국수. 삶아서 찬물에 담갔다가 먹음.

삭-모[상-]명 논을 삭갈이하여 심은 모.

삭모(削毛)[상-]명하자 털을 깎음.

삭모(槊毛)[상-]명 깃대나 창대 따위의 머리에 이삭 모양의 술을 만들어 다는, 붉은 빛깔의 가는 털. 상모(象毛).

삭박(削剝)[-빡]명하자타 ①깎아서 벗김, 또는 닳아서 벗어짐. ②물·바람·파도 따위의 힘으로 지반(地盤)이 깎여 평평해지는 일.

삭받다자 (옛)삯을 받다. 품값을 받다. ¶삭바도용:備. 삭바돌 고:雇(訓蒙中2).

삭발(削髮)[-빨]명하자 ①길렀던 머리를 박박 깎음, 또는 그러한 머리. 낙발(落髮). 체발(剃髮). ②중이 됨.

삭발-염의(削髮染衣)[-빨려믜/-빨려미]명 불문(佛門)에 들어가 머리털을 깎고 검은 옷을 입음.

삭발-위승(削髮爲僧)[-빨뤼-]명하자 머리를 깎고 중이 됨. 낙발위승(落髮爲僧).

삭방(朔方)[-빵]명 ➡북방(北方).

삭방-도(朔方道)[-빵-]명 고려 성종(成宗) 때 두었던 도(道)의 하나. [지금의 강원도 북부 지방.]

삭변-증(數便症)[-뺜쯩]명 한방에서, 장(腸)에 탈이 나서 대변이 잦은 병증을 이르는 말.

삭북(朔北)[-뿍]명 ➡북방(北方).

삭-삭[-싹]부 ①무엇을 거칠없이 자꾸 밀거나 쓸거나 비비거나 베거나 하는 모양, 또는 그 소리. ¶낙엽을 삭삭 쓸어담다. /색종이를 삭삭 오리다. 웹석석. ②조금도 남김 없이. ¶누룽지를 삭삭 긁어 먹었다. 셀싹싹.

삭삭(數數)[-싹]부 자주자주.

삭삭-거리다[-싹꺼-]자타 자꾸 삭삭 하는 소리가 나다, 또는 그런 소리를 내다. 삭삭대다. 웹석석거리다.

삭삭-대다[-싹때-]자타 삭삭거리다.

삭서(朔書)[-써]명 ①조선 시대에, 승정원(承政院)에서 마흔 살 이하의 문관(당하관)을 추려, 매달 초하룻날에 써내게 하던 해서(楷書)와 전서(篆書). ②지난날, 글방에서 쓰는 습자(習字)를 이르던 말.

삭신[-씬]명 몸의 근육과 뼈마디. ¶몸살로 온 삭신이 다 쑤신다.

삭-심다[-씸따]타 삭갈아서 모를 심다.

삭아-접(削芽椄)명 접붙이기의 한 방법. 접본(椄本)의 측면을 접도(椄刀)로 깎아 접붙일 눈을 붙이고 묶음.

삭여(朔餘)명 한 달이 넘음. 한 달 남짓함. ¶당상(堂喪) 후 삭여를 두문불출하다.

삭역(易易)명하자 해가 바뀜. 새해로 바뀜.

삭연(索然) ‘삭연하다’의 어근.

삭연-하다(索然-)[형여 외롭고 쓸쓸하다. **삭연-히**부 이역(異域)의 객창(客窓)에 삭연히 앉아 고국을 생각하다.

삭월(朔月)명 음력으로 매달 초하룻날의 달.

삭월-세(朔月貰)명 ‘사글세’의 잘못.

삭월세-방(朔月貰房)명 ‘사글셋방’의 잘못.

삭-은니명 벌레 먹은 이. 충치.

삭-이다[『삭다』의 사동]타 ①먹은 것을 소화시키다. ②한창 달아오른 마음을 가라앉히다. ¶분을 삭이다. /마음의 고통을 남몰래 삭이다.

삭일(朔日)명 음력으로 매달 초하룻날. 준삭(朔).

삭적(削籍)[-쩍]명하타 ➡제적(除籍).

삭-전(-田)[-쩐]명 오래 경작하여 땅이 메마른 밭.

삭전(朔奠)[-쩐]명 상중(喪中)에 있는 집에서, 음력 매달 초하룻날 아침에 지내는 제사. 窗망전·삭망전.

삭정-이[-쩡-]閔 (살아 있는 나무에 붙은 채) 말라 죽은 작은 가지.

삭제(削除)[-쩨]閔하타되자 ①깎아서 없앰. ②지워 버림. ¶명단에서 이름을 삭제하다.

삭제(朔祭)[-쩨]閔 왕실에서, 음력 초하루마다 조상에게 지내던 제사.

삭조(索條)[-쪼]閔 ☞강삭(鋼索).

삭지(朔地)[-찌]閔 북방의 추운 땅.

삭직(削職)[-찍]閔하타 〈삭탈관직(削奪官職)〉의 준말.

삭참(朔參)閔하자 음력 초하루마다 사당(祠堂)에 참배하는 일.

삭체(數遞)閔하자타 벼슬아치를 자주 갊, 또는 그런 일.

삭출(削黜)閔하타 벼슬을 빼앗고 내쫓음.

삭-치다(削-)타 ①지우거나 뭉개어 없애 버리다. ②양쪽의 셈을 서로 맞비기다.

삭탈(削奪)閔 〈삭탈관직〉의 준말.

삭탈-관작(削奪官爵)閔하타 ☞삭탈관직.

삭탈-관직(削奪官職)閔하타 지난날, 죄를 지은 사람의 벼슬과 품계를 빼앗고 이름을 사판(仕版)에서 없애던 일. 삭탈관작. ㉮삭직·삭탈.

삭풍(朔風)閔 겨울철에 북쪽에서 불어오는 찬 바람. 북풍(北風). ¶삭풍은 나무 끝에 불고 명월은 눈 속에 찬데(古時調).

삭회(朔晦)[사쾨/사쿼]閔 음력 초하루와 그믐.

삭-히다[사키-]타 〔'삭다'의 사동〕젓·김치 따위를 삭게 하다. ¶단술 항아리를 아랫목에 묻고 삭히다.

삯[삭]閔 ①일을 한 데 대하여 보수로 주는 돈이나 물품. 품삯. 임금(賃金). ¶삯으로 쌀을 받다. ②어떤 물건이나 시설을 이용하고 주는 대가. 세(貰). ¶삯을 내다. *삯이[삭씨]·삯만[상-]

삯閔 (옛) 싹. ¶삭시 나셔 싸홀 틀치다(漢淸 10:3).

삯-꾼[삭-]閔 삯을 받고 일하는 일꾼. 고군(雇軍). 눔. ¶삯꾼이 달리는 농번기.

삯-돈[삭똔]閔 삯으로 받는 돈. 삯전.

삯-말[상-]閔 세를 주고 빌려 쓰는 말(馬).

삯-메기[상-]閔하자 농촌에서, 끼니는 먹지 않고 품삯만 받고 하는 일.

삯-바느질[삭빠-]閔하자 삯을 받고 하는 바느질. ¶삯바느질로 겨우 연명하던 시절.

삯-방아[삭빵-]閔 삯을 받고 찧어 주는 방아.

삯-일[상닐]閔하자 삯을 받고 하는 일. ↔공일.

삯-전(-錢)[삭쩐]閔 ☞삯돈.

삯-짐[삭찜]閔 삯을 받고 나르는 짐. ¶삯짐을 지다.

삯-팔이[삭-]閔하자 삯을 받고 막일을 하여 주는 일. 품팔이. ¶삯팔이로 입에 풀칠을 하다.

삯팔이-꾼[삭-]閔 ☞품팔이꾼.

산(山)閔 ①육지의 표면이 주위의 땅보다 훨씬 높이 솟은 부분. 산악(山岳). ②〈산소〉의 준말. ¶할아버지 산에 벌초하러 가다.

산 집에 방앗공이(가) 논다[귀하다]솝 그 고장의 산물이 오히려 그곳에서는 더 귀하다는 말.

산 밖에 난 범이요 물 밖에 난 고기라솝 ①근거로 삼을 기반을 잃어버려 맥을 못 추게 된 경우를 이르는 말. ②제 능력을 발휘할 수 없는 처지로 몰려난 경우를 가리키는 말.

산보다 골이 더 크다솝 무슨 일이 사리에 맞지 않게 됨을 이르는 말.

산에 가야 범을 잡는다솝 목적을 이룰 수 있

는 방법과 방향으로 행동하여야 성공할 수 있다는 말.

산이 높아야 골이 깊다솝 사람이란 외형부터 커야 그 품은 포부도 크다는 말.

산 진 거북이요 돌 진 가재[자라]라솝 의지할 근거가 든든한 상태임을 이르는 말.

산 넘어 산관용 갈수록 고생이 겹치거나 더 심해짐을 이르는 말.

산 설고 물 설다관용 고향을 멀리 떠나 있어 모든 것이 낯설고 서름서름하다는 말.

산(疝)閔 〈산증(疝症)〉의 준말.

산(算)閔 셈. ¶산이 맞지 않다.

산(酸)閔 물에 녹으면 산성 반응을 나타내는 수소 화합물을 통틀어 이르는 말. 물에 녹았을 때 이온화하여 수소 이온이 생김. 신맛이 있고, 푸른 리트머스 시험지를 붉은빛으로 바꿈. 〔황산·염산·질산 따위.〕 ↔염기.

-산(産)접미 지역을 나타내는 명사 뒤에 붙어, 그곳에서 산출된 물건임을 나타냄. ¶국내산. / 일본산.

산가(山家)閔 산속에 있는 집.

산:가(産家)閔 아이를 해산한 집.

산가(酸價)[-까]閔 유지(油脂) 1 g 중에 함유되어 있는 유리된 지방산을 중화하는 데 필요한 수산화칼륨의 mg 수.

산가야창(山歌野唱)閔 〔산과 들의 노래라는 뜻으로〕시골에서 부르는 소박한 노래.

산:-가지(算-)[-까-]閔 지난날, 수효를 셈할 때 쓰던 물건. 대나 뼈 따위로 젓가락처럼 만듦.

산각(山脚)閔 산기슭.

산간(山間)閔 산과 산 사이. 산골짜기로 된 곳. ¶산간 오지. /산간 지대.

산간-벽지(山間僻地)[-찌]閔 산간의 외진 곳.

산간-벽촌(山間僻村)閔 산간의 외진 마을.

산간^분지(山間盆地)閔 지반이 아래로 휘어들어 감으로써 이루어진 분지.

산간-수(山澗水)閔 산골을 흐르는 물.

산감(山監)閔 〈산감독(山監督)〉의 준말.

산-감독(山監督)[-감-]閔 ①산의 나무를 함부로 베지 못하게 관리·감독하는 사람. ②광산에서 일하는 인부나 작업 상황을 감독하는 사람. ㉮산감.

산강(山薑)閔 ①☞삼주. ②☞백출(白朮).

산:개(刪改)閔하타 글의 잘못된 곳을 지우고 고쳐서 바로잡음.

산:개(散開)閔되자 ①하자 흩어져 벌림. ②하타 전투에서, 적의 포화로부터의 피해를 줄이기 위하여 밀집하고 있던 병사들이 각기 일정한 거리를 두고 흩어짐, 또는 그와 같이 흩어진 대형. 소개(疏開).

산:개^대형(散開隊形)閔 전투를 하기 위하여, 병사들이 일정한 거리를 두고 넓게 벌린 대형. 사격에 유리하고, 아군의 피해를 적게 할 수 있음.

산:개^성단(散開星團)閔 항성이 천구 상의 한 지역에 불규칙하게 모여 있는 별의 집단. ↔구상 성단.

산객(山客)閔 ①속세를 떠나 산에 사는 사람. ②등산하는 사람. 등산객. ③'철쭉'의 딴 이름.

산거(山居)閔하자 산중에서 삶.

산:견(散見)閔되자 여기저기서 보임. 이곳 저곳에서 발견됨.

산경(山徑)閔 산길.

산경(山景)閔 산의 경치.

산계(山系)[-계/-게]圓 하나의 계통을 이루고 있는 몇 개의 산지나 산맥을 통틀어 이르는 말.

산계(山薊)[-계/-게]圓 ①☞삽주. ②☞백출(白朮).

산계(山鷄)[-계/-게]圓 ☞꿩.

산계(散階)[-계/-게]圓 ☞산관(散官).

산계-야목(山鷄野鶩)[-계/-/-게]圓〔꿩과 들오리라는 뜻으로〕'성미가 팔팔하여 다잡을 수 없는 사람'을 비유하여 이르는 말.

산:고(産苦)圓 아이를 낳는 고통. 산로(産勞). ¶산고를 겪다.

산:고(産故)圓 아이를 낳는 일.

산고덕(옛) 상고대. ¶산고딕:花霜(譯語上2).

산고수장(山高水長)圓〔산은 언제까지나 높고, 물은 영원히 흐른다는 뜻으로〕'인자(仁者)나 군자(君子)의 덕이 오래도록 전해짐'을 비유하여 이르는 말.

산고수청(山高水清)圓하자〔산이 높고 물이 맑다는 뜻으로〕자연의 경관이 뛰어남을 이르는 말.

산곡(山谷)圓 산골짜기.

산:곡(産穀)圓하자 곡식을 생산함, 또는 생산한 그 곡식.

산:곡(散穀)圓 흩어진 곡식의 낱알.

산곡-풍(山谷風)圓 산풍(山風)과 곡풍(谷風). 곧, 맑게 갠 날 낮에 골짜기에서 산 위로 치부는 골바람〔谷風〕과, 밤에 산 위에서 골짜기로 내리부는 산바람〔山風〕.

산:골圓 한방에서, '자연동(自然銅)'을 약재로 이르는 말. 절골(折骨) 등 뼈의 병증에 쓰임.

산-골(山-)[-꼴]圓 외진 산속.

산:골(散骨)圓 화장(火葬)한 유골을 나무나 잔디 밑에 묻거나 강이나 산, 혹은 지정된 장소에 뿌리는 장례 방법.

산-골짜기(山-)[-꼴-]圓 산과 산 사이의 깊숙이 패어 들어간 곳. 산곡(山谷). ¶산골짜기로 난 길. ⊕산골짝.

산-골짝(山-)[-꼴-]圓〈산골짜기〉의 준말.

산과(山-)圓 '산국'의 잘못.

산과(山果)圓 산에서 나는 과일.

산:과(産科)[-꽈]圓 임신·분만 등에 관한 전문 의술의 한 분야.

산:과^겸자(産科鉗子)[-꽈-]圓 난산(難産) 때, 의사가 태아의 머리를 집어서 모체 밖으로 꺼내는 데 쓰는 금속제 기구.

산곽(山郭)圓 ①우뚝 높이 솟아 벽같이 된 산. ②☞산촌(山村). ③산중의 성곽.

산곽(山廓)圓 골상학(骨相學)에서, 눈동자의 상반부를 이르는 말.

산:곽(産藿)圓 산모(産母)가 먹을 미역.

산:관(散官)圓 지난날, 일정한 관직이 없이 관계(官階)만을 가지던 벼슬아치. 산계(散階). 산반(散班). 산직(散職).

산:광(散光)圓 ①불규칙하게 흩어진 광선. ②방향이 일정하지 않기 때문에 그늘이 지지 않는 빛.〔북쪽 창으로 들어오는 빛, 흐린 날의 빛, 간유리를 통한 빛 따위.〕

산:광^성운(散光星雲)圓 ☞가스 성운.

산괴(山塊)[-괴/-궤]圓 산계(山系)나 산맥에서 따로 떨어져 있는 산의 덩어리.

산:구(産具)圓 아이를 낳을 때에 쓰는 여러 가지 기구.

산국(山菊)圓 ☞산국화.

산-국화(山菊花)[-구콰]圓 국화과의 다년초. 산이나 들에 나는데 줄기 높이는 60~90 cm. 잔가지를 많이 침. 잎은 깃 모양으로 깊게 갈라지

고 어긋맞게 나며, 가을에 가지 끝에 노란 꽃이 핀다. 꽃은 한방에서 약재로 쓰임. 산국. 들국화.

산군(山君)圓 ①☞산신령. ②〔산의 왕이라는 뜻으로〕'범'을 달리 이르는 말.

산군(山軍)圓 지난날, 나라의 산림(山林)을 지키던 사람.

산군(山郡)圓 ☞산읍(山邑).

산군(山群)圓 산의 무리. 많이 모여 있는 산.

산-군읍(山郡邑)圓 산골에 있는 여러 고을.

산굴(山窟)[-꿀]圓 산속에 있는 굴.

산-굽이(山-)[-꾸비]圓 산의 굽이진 곳.

산궁-수진(山窮水盡)圓 ☞산진수궁.

산규(山葵)圓 ☞고추냉이.

산-그늘(山-)[-끄-]圓 산이 햇빛을 가리어서 생긴 그늘.

산근(山根)圓 ①골상학에서, 콧마루와 두 눈썹 사이를 가리키는 말. ②산줄기가 벋어 나가기 시작한 곳.

산근(酸根)圓 ☞산기(酸基).

산금(山金)圓 암석 중의 석영맥(石英脈)에서 산출되는 자연금(自然金).

산금(山禽)圓 산새.

산기(山氣)圓 산에서 느끼는 맑고 서늘한 기운.

산기(疝氣)圓 ☞산증(疝症).

산:기(産氣)[-끼]圓 아이를 낳을 듯한 기미. 산점(産漸). ¶산기가 있어 병원에 가다.

산:기(産期)圓 아이를 낳을 시기. ¶산기가 가까워지다. /산기를 놓치다.

산:기(酸基)圓 산(酸)의 분자에서 금속과 치환할 수 있는 수소 원자를 뺀 나머지 원자단(原子團). 염(塩)의 음성(陰性) 부분을 이룸. 산근(酸根).

산:-기둥(山-)圓 한옥에서, 벽에 붙지 않고 대청 복판 따위에 따로 선 기둥.

산-기슭(山-)[-끼슥]圓 산 밑의 편평한 부분. 산각(山脚). 산록(山麓). * 산기슭이[-끼슬기]· 산기슭만[-끼승-]

산-길(山-)[-낄]圓 산에 있는 길. 산속의 길. 산경(山徑). 산로(山路).

산-꼬대(山-)圓 밤중에 산 위에 바람이 불어 몹시 추워짐, 또는 그 현상.

산-꼭대기(山-)[-때-]圓 산의 맨 위. 산머리. 산두(山頭). 산정(山頂).

산-나리(山-)圓 백합과의 다년초. 산에 나는데, 줄기 높이는 1~1.5 m. 잎은 버들잎 모양이며, 6~7월에 적갈색 반점이 있는 흰 꽃이 핌. 비늘줄기는 먹을 수 있음.

산-나물(山-)圓 산에 나는 나물. 멧나물. 산채(山菜).

산-난초(山蘭草)圓 ☞각시붓꽃

산내(山內)圓 ①산속. ②절의 경내 안.

산-내림(山-)圓하타 산에서 벤 나무를 평지까지 끌어 내리는 일.

산내^말사(山內末寺)[-싸]圓 본사(本寺)와 같은 산에 있는 말사. ↔산외 말사.

산농(山農)圓 산지(山地)에서 짓는 농사.

산-누에(山-)圓 산누에나방과의 나방의 유충. 누에와 비슷하나 훨씬 크고 무게는 네 배 정도임. 몸 마디가 9개이며 긴 털이 있고, 몸빛은 흑갈색임. 뽕이나 떡갈나무·참나무 따위의 잎을 먹음. 넉잠을 잔 후 번데기가 되며, 담갈색 고치에서는 질이 좋은 실을 뽑음. 산잠(山蠶). 야잠(野蠶). 작잠(柞蠶).

산누에-고치(山-)圓 산누에가 지은 고치. 멧누에고치. 야견(野繭). 작견(柞繭). 작잠견(柞蠶繭).

산누에-나방(山-)[명] 산누에나방과의 곤충을 통틀어 이르는 말. 몸이 아주 크네 주로 밤에 활동함. 유충은 활엽수의 해충임. 멧누에나방. 산잠아(山蠶蛾). 새누에나방. 야잠아(野蠶蛾). 작잠아(柞蠶蛾).

산다(山茶)[명] ▷동백나무.

산다리[명] 팔의 한 가지. 열매가 잘고 쉼.

산다-화(山茶花)[명] 동백나무의 꽃.

산-닥나무(山-)[-당-][명] 팥꽃나뭇과의 낙엽 활엽 관목. 높이 1.5m가량. 여름에 노란 꽃이 핌. 나무껍질은 창호지 등 한지(韓紙)의 원료로 씀.

산-달(山-)[명] 산으로 된 지형. 산지(山地).

산:-달(產-)[-딸][명] 아이를 낳을 달. 산삭. 산월(產月). 해산달.

산달(山獺)[명] ①▷담비. ②▷검은담비. ③▷너구리.

산달-피(山獺皮)[명] ▷잘.

산:답(散畓)[명] 한 사람의 소유로서 여기저기 흩어져 있는 논.

산당(山堂)[명] 〈산신당〉의 준말.

산대[-때][명] 물고기를 뜨거나 하는 데 쓰는, 장대에 그물 주머니를 단 기구.

산대(山臺)[명] ①길가나 빈 터에 높은 대를 쌓아 놓고 연극 따위를 하는 일. 또는 그 임시 무대. ②▷산대놀음. [변]산디.

산:대(散大)[하재] (죽을 때가 임박해서) 눈동자가 커다랗게 열리는 일.

산대(蒜薹)[명] ▷마늘종.

산대-극(山臺劇)[명][하재] ▷산대놀음.

산대-놀음(山臺-)[명][하재] 고려 시대에 비롯되어 조선 시대를 거쳐 오늘날까지 전해 오는 우리 나라 고유의 가면극. 민속적인 놀이의 성격을 띤 것으로 양반이나 파계승에 대한 풍자, 서민 생활, 처첩 관계 등을 풍자적으로 나타냄. 양주 별산대·봉산탈춤·오광대·송파 산대 따위가 전함. 산대. 산대극. 산대놀이. 산대도감극. 산대잡극. 나의(儺儀). 산붕희(山棚戱). 오산(鼇山).

산대-놀이(山臺-)[명][하재] ▷산대놀음.

산대-도감(山臺都監)[명] 산대놀음을 하는 사람들의 모임. [변]산디도감.

산대도감-극(山臺都監劇)[명] ▷산대놀음.

산대-잡극(山臺雜劇)[-끅][명][하재] ▷산대놀음.

산대-탈(山臺-)[명] 산대놀음에 쓰이는 탈. 바가지나 종이·나무를 재료로 하여 만드는데, 상좌탈·연잎탈·노장탈·먹중탈·취발이탈 따위가 있음. [변]산디탈.

산대-판(山臺-)[명] 산대놀음을 하는 곳. [변]산디판.

산-더미(山-)[-떠-][명] 물건이나 일이 매우 많음을 비유하여 이르는 말. ¶쌀가마가 산더미같이 쌓여 있다. / 할 일이 산더미 같다.

산도(山圖)[명] 묏자리의 그림.

산:도(產道)[명] 아기가 태어날 때 지나는 모체 안의 경로(經路).

산도(酸度)[명] ①▷산성도(酸性度). ②염기 한 분자 속에 들어 있는 수산기(水酸基)의 수(數).

산독-증(酸毒症)[-쯩][명] 혈액 속의 산(酸)과 알칼리의 균형이 깨져서 혈장(血漿)이 산성으로 기우는 일, 또는 그때의 증상. 산성병. 산중독(酸中毒). 아시도시스. ↔알칼리 중독.

산:-돈(算-)[-똔][명] 노름판 같은 데서, 산가지 대신으로 셈하는 데 쓰이는 돈.

산-돌림(山-)[-똘-][명] ①여기저기 돌아다니며 한 줄기씩 내리는 소나기. ②산기슭으로 내리는 소나기.

산-돌배(山-)[-똘-][명] ①〈산돌배나무〉의 준말. ②산돌배나무의 열매.

산돌배-나무(山-)[-똘-][명] 장미과의 낙엽 활엽 교목. 마을 근처나 산지에 나는데, 높이는 10m 가량. 늦봄에 흰 꽃이 피고, 둥근 열매는 가을에 노랗게 익는데 먹을 수 있음. 산리. [준]산돌배.

산-돌이(山-)[명] ①다른 산에서 온 호랑이. ②산에 익숙한 사람.

산동(山洞)[명] ▷산촌(山村).

산동(山童)[명] 두메에서 사는 아이.

산:동(散瞳)[명] 교감 신경의 지배를 받는 동공(瞳孔) 확대근의 작용으로, 동공이 확대되는 현상. ↔축동(縮瞳).

산-동네(山-)[-똥-][명] ▷달동네.

산:동-약(散瞳藥)[-냑][명] 동공(瞳孔)을 확대시키는 작용을 하는 약. 백내장(白內障)의 수술이나 안전 검사(眼底檢査) 따위에 쓰임.

산동-주(山東紬)[명] 중국 산동 지방에서 생산되는 명주. 산누에의 고치로 짬. 견주(繭紬).

산-돼지(山-)[-뙈-][명] ▷멧돼지.

산두(山斗)[명] 〈태산북두(泰山北斗)〉의 준말.

산두(山頭)[명] 산꼭대기.

산두-화(山頭火)[명] 육십갑자의 갑술(甲戌)과 을해(乙亥)에 붙이는 납음(納音)오행. [참]윤하수(潤下水).

산드러-지다[자] ①태도가 경쾌하고 맵시 있다. [큰]선드러지다. ②간드러지다.

산득[부] (무엇에 닿거나 하여) 살갗이나 몸에 갑자기 사느란 느낌이 드는 모양. [큰]선득. [센]산뜩. **산득-산득**[부][하재]

산득-거리다[-꺼-][자] 자꾸 산득산득하다. 산득대다. [큰]선득거리다. [센]산뜩거리다.

산득-대다[-때-][자] 산득거리다.

산들-거리다[자] ①바람이 자꾸 산들산들 불다. ②산드러지고 상냥하게 행동하다. 산들대다. [큰]선들거리다.

산들다[산드니·산들어][자] 바라던 일이 글러지다. ¶비가 오는 바람에 운동회는 산들어지고 말았다.

산들-대다[자] 산들거리다.

산들-바람[명] ①산들산들 부는 바람. [큰]선들바람. ②풍력 계급의 3등급에 해당하는 바람. 초속 3.4~5.4 m. 나뭇잎과 잔가지가 일정하게 흔들리고 깃발이 가볍게 나부끼며, 해면은 군데군데 흰 물결이 생김. 연풍(軟風).

산들-산들[부][하재] ①(바람이) 사느랗고 부드럽게 부는 모양. ②시원스러우면서도 가볍게 행동하는 모양. [큰]선들선들.

산-등(山-)[-뜽][명] ▷산등성이.

산-등성(山-)[-뜽-][명] 〈산등성이〉의 준말.

산등성-마루(山-)[-뜽-][명] 산등성이의 가장 높은 곳. 산척(山脊). [준]등성마루·산마루.

산-등성이(山-)[-뜽-][명] 산의 등줄기. 산등. [준]산등성·등성이. [참]능선(稜線).

산디[명] 〈산대(山臺)〉의 변한말.

산디-도감(-都監)[명] 〈산대도감(山臺都監)〉의 변한말.

산디-탈[명] 〈산대탈〉의 변한말.

산디-판[명] 〈산대판〉의 변한말.

산딕[명] [옛] 산디놀음. ¶산딕: 鼇山(譯語下23).

산-딸기(山-)[명] ①산딸기나무의 열매. ②〈산딸기나무〉의 준말.

산딸기-나무(山-)[명] 장미과의 낙엽 활엽 관목. 산이나 들에 나는데, 줄기 높이는 2m가량. 온몸에 가시가 돋아 있음. 6월경에 흰 꽃이 피고, 둥근 열매는 7~8월에 황홍색으로 익는데 먹을 수 있음. [준]산딸기.

산-딸나무(山-)[-라-]圏 층층나뭇과의 낙엽 활엽 교목. 산지의 숲 속에 나는데, 높이는 6m 가량. 잎은 달걀 모양이며 마주남. 6월경에 흰 꽃이 피고, 열매는 10월경에 붉게 익는데 먹을 수 있음.

산:-똥圏 배탈로 말미암아 먹은 음식물이 다 삭지 않고 나오는 똥.

산뜩閏〈산득〉의 센말. ②선뜩.

산뜩-거리다[-꺼-]㊅〈산득거리다〉의 센말. 산 뜩대다. ②선뜩거리다.

산뜩-대다[-때-]㊅ 산뜩거리다.

산뜻[-뜯]閏 (동작이) 시원스럽고 날렵한 모양. ¶시아버지가 들어서자, 새색시는 산뜻 일어나 자리를 비켰다. ②선뜻.

산뜻-하다[-뜨타-]㊅㊇ ①(기분이나 느낌이) 깨끗하고 시원하다. ¶산뜻한 아침 공기. ②(차림새나 생김새가) 아담하고 조출하다. ¶모시 옷 차림이 산뜻하다. ②선뜻하다. 산뜻-이閏.

산-락(散落)[살-]圏㊅ 흩어져 따로 떨어짐.

산-란(産卵)[살-]圏㊅ 알을 낳음.

산-란(散亂)[살-]圏 물리에서, 파동(波動)이나 입자선(粒子線)이 물체에 부딪쳐 여러 방향으로 불규칙하게 흩어지는 일.

산란(散亂)² '산란하다'의 어근.

산:-란-관(産卵管)[살-]圏 곤충의 배 끝에 있는, 알을 낳는 기관. 여치 등에서 볼 수 있으며, 주삿바늘 모양으로 되어 있음.

산:-란-기(産卵期)[살-]圏 알을 낳는 시기.

산-란무륜(散亂無倫)[살-]圏(㊇) 흩어지고 어지러워 갈피를 잡을 수 없음.

산-란성^사고(散亂性思考)[살-썽-]圏 사고 장애의 한 가지. 피로할 때나 꿈꿀 때처럼 여러 단편적인 것이 줄거리도 없이 무질서하게 어울려 엇갈리는 사고.

산-란-파(散亂波)[살-]圏 대기(大氣)의 불규칙한 굴절률 따위로 말미암아 여러 방향으로 진로를 바꾸는 전파.

산-란-하다(散亂-)[살-]㊇ 어지럽고 어수선하다. ¶정신이 산란하다. 산란-히閏.

산:-란^회유(産卵回遊)[살-회-/살-훼-]圏 어류 따위가 알을 낳기 위하여 규칙적으로 이동하는 일. [바다에서 강으로 올라가는 연어·송어 따위나, 강에서 바다로 내려가는 뱀장어·참게 따위].

산-략(刪略)[살-]圏㊅ 문구(文句) 등을 깎아서 줄임. [쪽지나 편지의 첫머리 또는 끝에 쓰는 문투의 말.]

산령(山嶺)[살-]圏 산봉우리. 산봉(山峯).

산령(山靈)[살-]圏 ☞산신령.

산로(山路)[살-]圏 산길.

산:-로(産勞)[살-]圏 ☞산고(産苦).

산록(山麓)[살-]圏 산기슭.

산-록(散錄)[살-]圏 마음에 떠오르는 것을 붓 가는 대로 써 둔 기록.

산록-대(山麓帶)[살-때]圏 식물의 수직 분포상의 한 지대. 산의 맨 아래로 교목대의 아래 지대.

산록^빙하(山麓氷河)[살-삥-]圏 산악 빙하의 한 가지. 산허리에서 산기슭에 걸쳐 펴져 있는 빙하.

산뢰(山籟)[살뢰/살뤠]圏 산바람이 나뭇가지를 스쳐 울리는 소리.

산류(山流)[살-]圏 경사가 급한 골짜기를 타고 흐르는 내.

산:-류(産瘤)[살-]圏 해산(解産) 때, 태아의 신체 일부가 산도(産道)의 압박 때문에 혹같이 부어오르는 증상.

산류(酸類)[살-]圏 산이 있는 화합물을 통틀어 이르는 말. [질산·염산·황산 따위.] ↔염기류.

산:-륜(散輪)[살-]圏 무거운 물건을 옮길 때, 그 밑에 괴는 둥근 나무토막.

산:-륜-질(散輪-)[살-]圏㊅ 산륜을 밑에 괴고 무거운 물건을 밀어 옮기는 일.

산릉(山陵)[살-]圏 ①산과 언덕. ②왕조 때, 인산(因山) 전에 아직 이름을 정하지 않은 새 능을 이르는 말.

산릉(山稜)[살-]圏 능선. ¶산릉을 따라 오르다.

산릉-도감(山陵都監)[살-]圏 임금이나 왕비의 능을 새로 만들 때, 임시로 베풀던 관아.

산리(山里)[살-]圏 산속에 있는 마을.

산리(山理)[살-]圏 민속에서, 묏자리의 내룡(來龍)·방향·위치에 따라 재앙과 복이 좌우된다는 이치를 이르는 말.

산리(山梨)[살-]圏 ①☞산돌배나무. ②☞돌배나무.

산림(山林)[살-]圏 ①산과 숲. 산에 있는 숲. ¶산림 보호. ②도회지에서 멀리 떨어져 있는 산야(山野). ③☞산장(山長).

산림-계(山林契)[살-계/살-게]圏 산림 소유자와 현지 주민이 협력하여, 조림 및 육림 사업을 위해 이·동 단위로 조직한 계.

산림-녹화(山林綠化)[살-노콰]圏 식목(植木)이나 사방 공사(沙防工事)·산림 보호 등으로 산을 푸르게 가꾸는 일.

산림-대(山林帶)[살-]圏 주로 기후·토양 등의 차이에 따라 나타나는 산림의 대상(帶狀) 분포. 대. 수평적 산림대와 수직적 산림대로 나뉨.

산림-문하(山林門下)[살-]圏 학덕은 높으나 벼슬을 하지 않은 선비의 문하.

산림-욕(山林浴)[살-녹]圏 ☞삼림욕.

산림^조합(山林組合)[살-]圏 산림계의 원활한 업무 운영을 도모하여 공동 이익의 증진을 목적으로, 산림 조합법에 따라 설립된 단체.

산림^지대(山林地帶)[살-]圏 산림이 있는 지대.

산림-처사(山林處士)[살-]圏 산골에 파묻혀 글이나 읽고 지내는 사람.

산림천택(山林川澤)[살-]圏〔산과 숲과 내와 못이라는 뜻으로〕'자연'을 이르는 말. ②산택.

산림-청(山林廳)[살-]圏 농림 수산 식품부에 딸린 중앙 행정 기관의 하나. 산림의 보호·육성, 산림 자원의 증식, 임산물의 이용과 개발, 산림 경영의 연구와 개선에 관한 사무를 맡아봄.

산림-학파(山林學派)[살-]圏 조선 연산군 때 무오사화(戊午士禍)를 비롯하여 사화와 당쟁이 심해지자 강호(江湖)에 묻혀 독서와 문장으로 낙을 삼던 학자들.

산-마루(山-)[살-]圏〈산등성마루〉의 준말. ②산정(山頂).

산-마루터기(山-)[살-]圏 산마루의 두드러진 곳.

산막(옛) 움집. ¶산막 와:窩(訓蒙中9).

산막(山幕)[살-]圏 사냥꾼이나 약초를 캐는 사람 등이 쓰려고 산속에 임시로 지은 간단한 막사.

산:-만(刪蔓)[살-]圏 인사는 빼고 바로 할 말로 들어가겠다는 뜻으로, 편지 글 첫머리에 쓰는 말. ¶산만 하옵고, ….

산:-만(散漫)[살-]圏 '산만하다'의 어근.

산:-만^신경계(散漫神經系)[-계-/-게-]圏 신경 세포가 산재하여 그물 모양으로 연결된 미분화(未分化)의 신경계. 자포동물에서 볼 수 있음. ↔집중 신경계.

산:-만-하다(散漫-)[살-]㊇ 어수선하여 질서나 통일성이 없다. ¶주의가 산만하다. /글이 산만하다.

산:-말(명) 살아 있는 말. 적절하고도 꼭 알맞게 표현한 말.

산-망(散亡)(명)[하자][되자] 흩어져 없어짐.

산-망-스럽다[-따][~스러우니·~스러워](형)[ㅂ] 언행이 경망하고 좀스럽다. ¶ 하는 짓이 산망스럽기만 하다. **산망스레**[부].

산매(山魅)(명) 산속에서 산다는 괴물. 요사스러운 산 귀신.
　　산매(가) 들리다[관용] 요사스러운 산 귀신이 몸에 붙다.

산:-매(散賣)(명)[하타] 낱개로 팖. 소매(小賣). ↔도매(都賣).

산:-매-상(散賣商)(명) ☞소매상.

산:-매-업(散賣業)(명) ☞소매업.

산-매자(山-)(명) 산매자나무의 열매.

산매자-나무(山-)(명) 철쭉과의 낙엽 관목. 산 중턱에 나는데, 높이는 1m가량. 잎은 달걀 모양이며 어긋맞게 남. 여름에 불그스름한 네잎 꽃이 피고, 둥근 열매는 가을에 붉게 익음. 열매는 먹을 수 있음.

산:-매-점(散賣店)(명) ☞소매점.

산맥(山脈)(명) 많은 산이 길게 이어져 줄기 모양을 하고 있는 산지. 산줄기. ¶ 태백산맥.

산-머리(山-)(명) 산꼭대기. ¶ 그린 듯이 산머리에 걸려 있는 반달.

산:-멀미(山-)(명) ☞산악병(山岳病).

산:-멱(명) ☞산멱통. 멱통.

산:-멱통(명) 살아 있는 동물의 목구멍. 멱통. 산멱. ¶ 돼지의 산멱통을 찌르다.

산면(山面)(명) 산의 표면

산명(山鳴)(명) ☞산울림.

산:-명(算命)(명)[하자] 운수를 점침, 또는 그 점.

산:-명^선생(算命先生)(명) 명수(命數)의 길흉을 점치는 사람.

산명수려(山明水麗)(명)[하형] 산과 물이 맑고 아름다움, 곧 '자연의 경치가 아름다움'을 이르는 말. ¶ 산명수려한 고장.

산명수자(山明水紫)(명)[하형] 산수의 경치가 매우 아름다움. 산자수명(山紫水明).

산명수청(山明水清)(명)[하형] 산수가 맑고 깨끗함, 곧 '자연의 경치가 좋음'을 이르는 말.

산:-모(產毛)(명) ☞배냇머리. 태발(胎髮).

산:-모(產母)(명) 해산한 지 며칠 되지 않은 여자. 산부(產婦). 해산어미.

산모(酸模)(명) ☞수영.

산-모롱이(山-)(명) 산모퉁이의 휘어져 돌아간 곳. ¶ 산모롱이를 돌아서 가다.

산:-모-섬유(散毛纖維)(명) ☞괴깔.

산-모퉁이(山-)(명) 산기슭의 내민 귀퉁이. ¶ 산모퉁이를 돌아 사라지는 그림자.

산:-목(散木)(명) 재목으로서 쓸모가 없는 나무.

산:-목숨[-쑴](명) 살아 있는 목숨.

산:-몸(명) 살아 있는 몸. 생체(生體).

산무애-뱀(山-)(명) 뱀과의 독이 없는 뱀. 몸길이 1.5m가량. 몸빛은 암갈색이고 목에서 꼬리까지 흰 줄이 양쪽에 있음. 한방에서 '화사(花蛇)'라 하여 문둥병·풍약(風藥)·보신(補身) 등의 약재로 쓰임. 백화사(白花蛇).

산문(山門)(명) ①산의 어귀. ②절, 또는 절의 누문(樓門).

산:-문(產門)(명) 아이 낳는 여자의 음부. 포문(胞門). 해탈문(解脫門).

산:-문(散文)(명) 글자의 수나 운율 따위에 구애됨이 없이, 자유롭게 쓴 보통의 문장. ¶ 산문 형식으로 쓰인 서사시. ↔운문(韻文).

산:-문-시(散文詩)(명) 형식에 따른 시의 한 갈래. 산문체로 쓴 시. 자유시처럼 내재율을 가지나, 행과 연(聯)의 구별이 없음.

산:-문-정신(散文精神)(명) 자유로운 문장을 표현하려는 정신. 곧, 귀족적·봉건적 형식주의를 거부하고, 운문의 외형적 규범 및 비현실적·낭만주의적인 정신을 배제하여, 현실주의에 의해 파악된 시민 사회의 적나라한 현실을 산문으로 표현하려는 정신.

산:-문-체(散文體)(명) 운율의 유무에 따른 문체의 한 갈래. 산문으로 된 보통의 문체. ❀운문체(韻文體).

산:-물(產物)(명) ①그 지방에서 산출되는 물건. ¶ 이 고장의 이름난 산물. ②'어떤 일의 결과로서 생겨나거나 얻게 되는 것'을 비유하여 이르는 말. ¶ 노력의 산물. /시대적 산물.

산미(山味)(명) 산에서 나는 나물이나 과실 따위의 맛.

산:-미(產米)(명) ①농사를 지어 수확한 쌀. ②☞해산쌀.

산미(酸味)(명) 신맛.

산민주(명) 〈옛〉 산매자. ¶ 산민주 욱:梂(訓蒙 上11).

산-바람(山-)[-빠-](명) ①산에서 부는 바람. ②주로 밤에, 산마루에서 산기슭 쪽으로 내리 부는 바람. 산풍(山風). 재넘이.

산-박쥐(山-)[-빡쮜](명) 애기박쥣과의 동물. 몸길이 8cm가량. 박쥐보다 크고 머리 몸이 넓으며 몸빛은 밤색임. 산속에 사는데, 여름철에 날아다니며 곤충을 잡아먹음. 그 똥은 '오령지(五靈脂)'라 하여 한방에서 약재로 쓰임. 산편복(山蝙蝠). 한호충(寒號蟲).

산:-반(散班)(명) ☞산관(散官).

산:-받이[-바지](명) 남사당놀이에서, 덜미를 놀 때 인형과 대화하는 사람.

산:-발(散發)(명)[하자][되자] 일이 한꺼번에 일어나지 아니하고 여기저기서 이따금 일어남. ¶ 지진이 산발하다.

산:-발(散髮)(명)[하자] 머리를 풀어 헤침, 또는 그 머리. ¶ 산발을 한 여인.

산:발-성(散發性)[-썽](명) 전염병 따위가 차례로 퍼지지 않고, 여기저기서 불쑥불쑥 발생하는 성질.

산:-발-적(散發的)[-쩍](관용) 일이 한꺼번에 일어나지 않고, 여기저기서 이따금 발생하는 (것). ¶ 산발적 교전. /산발적으로 지진이 일어나다.

산-밤(山-)[-빰](명) 산밤나무의 열매.

산-밤나무(山-)[-빰-](명) ①산에서 저절로 나서 자란 밤나무. ②참나뭇과의 낙엽 활엽 교목. 산지에서 자라는데, 가을에 밤나무의 열매보다 작은 밤알이 익음. 열매는 먹거나 한방에서 약재로 쓰임.

산방(山房)(명) ①산속에 있는 집, 또는 그 집의 방. 산장(山莊). ②절의 건물. ③《흔히 아호(雅號) 따위의 뒤에 쓰이어》'서재(書齋)'의 뜻을 나타내는 말. ¶ 회재(晦齋) 산방.

산방(訕謗)(명)[하타] 남을 흉보고 헐뜯음. 비방(誹謗).

산:-방(產房)(명) ☞산실(產室).

산:-방(散枋)(명) 도리 위에 서까래를 걸기 위하여 한쪽 머리는 두껍게, 한쪽 머리는 얇게 깎아서 추녀 곁에 붙이는 나뭇조각.

산:-방^꽃차례(織房-次例)[-꼳-] ☞산방화서(織房花序).

산:방-화서(繖房花序)〔명〕 식물에서, 무한 화서(無限花序)의 한 가지. 꽃자루의 길이가 아래에 달리는 것일수록 길어져서 꽃이 거의 평면으로 가지런하게 핌. 〔유채나 마타리 따위.〕 산방 꽃차례.

산배(山背)〔명〕 산등성이의 뒤쪽.

산벌(山伐)〔하자〕 산에 있는 나무를 벰.

산:법(算法)〔-뻡〕〔명〕 셈을 하는 법. 셈법.

산:벚나무(山-)〔-벋-〕〔명〕 장미과의 낙엽 활엽 교목. 바다에 가까운 숲에서 자라는데 관상용으로 심기도 함. 벚나무와 비슷하며 높이는 25 m까지. 나무껍질은 흑갈색이며 있은 길둥글고 가장자리에 톱니가 있음. 봄에 담홍색 꽃이 피고 여름에 열매인 '버찌'가 열림. 산앵(山櫻).

산:-벼락〔명〕〔죽지 않을 정도로 맞은 벼락이란 뜻으로〕 '혼이 날 만큼 호되게 당한 재난'을 비유하여 이르는 말. ¶산벼락을 맞다.

산병(疝病)〔-뼝〕〔명〕 ☞산증(疝症).

산:병(散兵)〔명〕 야전(野戰)에서, 병사를 한군데에 밀집시키지 않고 일정한 간격으로 산개시키는 일, 또는 그 병사. 산졸(散卒).

산:병(散餅)〔명〕 떡의 한 가지. 개피떡 비슷하게 반달 모양으로 빚어 소를 넣고 아주 잘게 만들어, 여러 가지 물감을 들이고 세 개나 다섯 개씩을 붙인 떡. 働꼽장떡.

산:병-선(散兵線)〔명〕 부대를 밀집시키지 않고, 적당한 간격으로 산개시킨 전투선.

산:병-전(散兵戰)〔명〕 부대가 산개한 상태로 하는 전투.

산:병-호(散兵壕)〔명〕 적전(敵前)에 산개한 병사들이 전투 시에 이용하기 위하여 만든 호. 엄보(掩堡). 働참호(塹壕).

산:보(刪補)〔하다〕 불필요한 것은 없애고, 모자라는 것은 보충하는 일.

산:보(散步)〔-뽀〕〔명〕〔하자타〕 ☞산책.

산:-보살(-菩薩)〔명〕 ①불교에서, '덕이 높은 중'을 이르는 말. ②'보살과 같은 어진 마음을 가진 사람'을 비유하여 이르는 말. 働산부처.

산복(山腹)〔명〕 산의 허리. 산의 중턱.

산봉(山峯)〔명〕 산봉우리. 산령(山嶺).

산-봉우리(山-)〔-뽕-〕〔명〕 산의 가장 높이 솟은 부분. 산령(山嶺). 산봉(山峯). ¶한라산 산봉우리. 働봉우리.

산:-부(産婦)〔명〕 ☞산모(産母).

산-부리(山-)〔-뿌-〕〔명〕 산의 어느 부분이 부리같이 쑥 내민 곳.

산:-부인-과(産婦人科)〔-꽈〕〔명〕 임신·분만 및 산인병을 맡아보는 의술의 한 분과, 또는 그러한 것을 전문으로 진료하는 곳.

산:-부처〔명〕 ①불교에서, '도를 통하여 부처처럼 된 중'을 이르는 말. ②'아주 착하고 어진 사람'을 비유하여 이르는 말. 働산보살.

산분(酸分)〔명〕 어느 물질에 포함되어 있는 산(酸)의 양. 働산도(酸度).

산-불(山-)〔-뿔〕〔명〕 산에 난 불. 산화(山火).

산붕(山崩)〔명〕 지진이나 큰비 등으로 산의 일부가 갑자기 무너져 내리는 현상.

산붕-희(山棚戱)〔-히〕〔명〕 ☞산대놀음.

산비(酸鼻)〔명〕 '산비하다'의 어근.

산-비둘기(山-)〔-삐-〕〔명〕 비둘깃과의 새. 몸빛은 회갈색이며 목에 검은 띠무늬가 있음. 흔히 촌락 근처의, 다소 높은 산의 혼합림(混合林)에 사는 텃새임. 반구(頒鳩).

산-비취(山翡翠)〔명〕 ☞자주호반새.

산-비탈(山-)〔-삐-〕〔명〕 산기슭이나 산허리의 비탈진 곳.

산:비-하다(酸鼻-)〔형어〕〔'코가 시큰시큰하다'는 뜻으로〕 몹시 비통하거나 참혹하여서 코가 찡하다.

산빈(山殯)〔명〕 산속에 만들어 놓은 빈소.

산-뽕(山-)〔명〕 ①☞산뽕나무. ②산뽕나무의 잎.

산-뽕나무(山-)〔명〕 뽕나뭇과의 낙엽 활엽 교목. 산과 들에 나는데, 높이는 7~8 m. 잎은 달걀 모양이며 가장자리에 톱니가 있음. 5월경에 꽃이 피고, 열매는 6월경에 익음. 열매는 먹고, 잎은 양잠 사료로 쓰임. 산뽕. 산상(山桑).

산사(山寺)〔명〕 산속에 있는 절.

산사(山査)〔명〕 ①☞산사나무. ②☞산사자.

산:사(散史)〔명〕 지난날, 관직에 있지 않고 민간에 있어 문필에 종사하던 사람.

산사-나무(山査-)〔명〕 장미과의 낙엽 활엽 교목. 산지에서 자라는데, 높이는 6 m가량. 잎은 달걀 모양이며 어긋맞게 나고, 5월경에 흰 꽃이 핌. 한방에서, 열매를 '산사자(山査子)'라 하여, 소화제 따위의 약재로 씀. 산사(山査). 아가위나무.

산-사람(山-)〔-싸-〕〔명〕 산에서 사는 사람.

산사-육(山査肉)〔명〕 한방에서, 씨를 발라낸 산사자의 살을 약재로 이르는 말. 건위 소화제 따위로 쓰임.

산사-자(山査子)〔명〕 한방에서, '산사나무의 열매'를 약재로 이르는 말. 산사(山査). 아가위.

산-사태(山沙汰)〔명〕 지진이나 큰비 등으로, 산 중턱에 있는 암석이나 토사 따위가 갑자기 무너져 내리는 현상. 산태(山汰). ¶갑작스러운 집중 폭우로 산사태가 나다.

산:삭(刪削)〔하자〕 불필요한 글자나 글귀 따위를 지워 버림. 산제(刪除).

산:삭(産朔)〔명〕 임신한 부인이 아이를 낳을 달. 산월(産月). 해산달.

산:산-이(散散-)〔부〕 여지없이 흩어지거나 깨어지거나 하는 모양. ¶산산이 부서지다. /산산이 깨어진 꿈.

산:산-조각(散散-)〔명〕 아주 잘게 부서지거나 깨어진 여러 조각. ¶유리그릇이 바닥에 떨어져서 산산조각이 나다.

산산-하다〔형어〕(공기가) 좀 사늘한 느낌이 있다. ¶산산한 바람. /조석으로 산산한 기운이 감돌다. 働선선하다.

산삼(山蔘)〔명〕 깊은 산속에 저절로 나서 자란 삼. 働가삼(家蔘).

산상(山上)〔명〕 ①산 위. ¶산상에서 내려다보다. ↔산하. ②뫼를 쓰는 일을 하는 곳.

산상(山相)〔명〕 산의 형상이나 기상.

산상(山桑)〔명〕 ☞산뽕나무.

산상^보:훈(山上寶訓)〔명〕 예수가 갈릴리 호숫가의 산 위에서 기독교인으로서의 덕에 관하여 행한 설교, 또는 그 내용이 기록된 '신약 성서'의 마태복음 5~7장을 이르는 말. 산상 수훈(山上垂訓).

산상^수:훈(山上垂訓)〔명〕 ☞산상 보훈.

산-새(山-)〔-쌔〕〔명〕 산에 사는 새를 통틀어 이르는 말. 멧새. 산금(山禽). 산조(山鳥).

산색(山色)〔명〕 산 빛. 산의 경치. ¶금강산은 산색이 수려하다.

산서(山墅)〔명〕 ☞산장(山莊).

산:서(算書)〔명〕 수판 놓는 법을 적은 책.

산석(山石)〔명〕 ①산에 있는 돌. ②능에서 산신제(山神祭)를 지낼 때 쓰는 돌.

산-석류(山石榴) [-성뉴]圐 가을에 꽃이 피는 철쭉의 한 가지.

산성(山城)圐 산에 쌓은 성.

산성(酸性)圐 산의 성질, 또는 어떤 물질이 산의 성질을 하고 있는 일. 신맛이 있고, 푸른 리트머스 시험지를 붉게 변화시킴. ↔염기성.

산성-도(酸性度)圐 ①용액의 산성의 정도. 수소 이온의 농도나 수소 이온 지수로 표시함. ②산의 강도(強度). 산도(酸度).

산성^반:응(酸性反應)圐 산성임을 나타내는 반응. 푸른 리트머스 시험지를 붉은빛으로 변화시키는 따위의 반응. ↔알칼리성 반응.

산성^백토(酸性白土)圐 산성 반응을 나타내는 점토(粘土)의 한 가지. 흰색 또는 담황색을 띤 미세한 분말로서, 건조제나 석유의 탈색 따위에 쓰임.

산성-병(酸性病) [-뼝]圐 ➡산독증(酸毒症).

산성-비(酸性-)圐 황 화합물이 섞여서 수소 이온 농도 지수(pH)가 5.6 이하인 비. 철이나 대리석을 부식시키고 동식물에 피해를 줌.

산성^비:료(酸性肥料)圐 산성인 비료, 또는 계속 사용하면 땅이 산성이 되는 비료. 〔황산암모늄이나 과인산석회 따위.〕

산성^산화물(酸性酸化物)圐 물과 화합하여 산소산을 이루고 염기와 반응하여 염을 만드는 산화물. 〔탄산 무수물·탄산나트륨 무수물 따위.〕 무수물(無水物).

산성^식물(酸性植物) [-싱-]圐 산성 토양에서 잘 자라는 식물. ↔알칼리 식물.

산성^식품(酸性食品)圐 식품이 체내에서 소화 흡수된 뒤, 산성 물질이 생겨 체액(體液)의 산성도를 높이는 식품. 〔곡류·육류·생선 따위.〕 ↔알칼리성 식품.

산성-암(酸性岩)圐 이산화규소가 많이 포함되어 있는 화성암. 〔화강암·유문암(流紋岩) 따위.〕 ↔염기성암.

산성-염(酸性塩)圐 수소 원자가 염기 중의 금속 원자와 치환되어 염이 생길 때, 수소의 일부가 남아 있는 염.

산성^염:료(酸性染料) [-념뇨]圐 색소 분자 속에 산성기(酸性基)를 가지고 산의 성질을 띤 수용성의 합성 염료.

산성-일기(山城日記)圐 조선 인조 때, 어느 궁녀가 쓴 일기체 수필. 병자호란(丙子胡亂)을 중심으로 하여 치욕적인 외교의 일면을 객관적으로 서술하였으며, 아울러 인조반정 때의 일까지도 상세하게 기록하였음.

산성-천(酸性泉)圐 염산이나 황산 따위의 산이 포함되어 있는 광천(鑛泉).

산성^토양(酸性土壤)圐 산성 물질이 많이 들어 있는 흙. 강우량이 많은 곳에 많으며, 농사에는 부적합함.

산성-화(酸性化)[하자타][되자] 산성으로 변함, 또는 산성으로 변화시킴. ¶토양의 산성화.

산세(山勢)圐 산의 형세. ¶산세가 험한 곳.

산소(山所)圐 ①'무덤'을 높이어 이르는 말. ¶할아버지 산소. ②무덤이 있는 곳. 영역(塋域). 歳산. 歳묘소. 歳뫼.

산소(酸素)圐 맛·냄새·빛깔이 없는 기체 원소. 대기 부피의 5분의 1, 물의 질량의 9분의 8, 지각(地殻)의 질량의 2분의 1을 차지하며, 대부분의 원소와 잘 화합함. 〔O/8/15.9994〕

산소-땜(酸素-)圐 ➡산소 용접.

산:-소리圐[하자] 남에게 굽죄이지 않으려고 하는 큰소리.

산소-마스크(酸素mask)圐 〔고공(高空)이나 갱 속 등〕산소가 희박한 곳에 들어갈 때 쓰는 산소 탱크가 연결된 마스크.

산소-산(酸素酸)圐 산소를 포함하고 있는 무기산(無機酸).

산소^아세틸렌^불꽃(酸素acetylene-) [-꼳]圐 ➡산소 아세틸렌염.

산소^아세틸렌염(酸素acetylene焰)圐 산소와 아세틸렌 가스를 적당한 비율로 섞어서 좁은 구멍으로 뿜어 나오게 하여 붙인 불. 철판 따위를 용접하거나 절단하는 데 쓰임. 산소 아세틸렌 불꽃.

산소^요법(酸素療法) [-뻡]圐 ➡산소 흡입.

산소^용접(酸素鎔接)圐 산소와 아세틸렌의 혼합 가스를 연소(燃燒)시켜, 그 불꽃으로 하는 용접. 산소땜.

산소^호흡(酸素呼吸)圐 생물이 외계에서 산소를 흡입하여 체내에서 물질을 산화함으로써 필요한 에너지를 얻고, 이때에 발생하는 이산화탄소를 몸 밖으로 배출하는 일. 유기 호흡.

산소^화:합물(酸素化合物)圐 ➡산화물.

산소^흡입(酸素吸入)圐 호흡 곤란이나 빈혈 등 여러 가지 요인으로 신체 조직 내에 산소가 결핍되었을 때나 전신 마취로 수술을 할 때 등에, 산소를 흡입시켜 조직의 가스 교환을 돕는 일. 산소 요법.

산-속(山-) [-쏙]圐 산의 속. 산내. 산중(山中).

산-솔새(山-) [-쌔]圐 휘파람샛과의 새. 날개 길이 6 cm, 꽁지 길이 5 cm가량. 등 쪽 날개는 암녹색이며 턱·가슴·배는 어두운 흰색임. 활엽수림에서 살며, 우리나라에서는 봄과 가을에 흔히 볼 수 있음.

산송(山訟)圐 산소(山所)에 관한 송사(訟事).

산-송장圐 살아 있으나 죽은 것이나 다름없는 사람을 이르는 말. ¶산송장이 다 되다.

산수(山水)圐 (산과 물이란 뜻으로) ①자연의 경치. ¶산수가 아름답다. ②산에서 흘러내리는 물. ③〈산수화〉의 준말.

산:-수(刪修)圐[하타] 불필요한 자구(字句)나 문장을 지우고 고침. 산정(刪定).

산수(傘壽)圐 〔'傘'자의 획수를 줄여 '仐'로 쓰는 데서〕나이 '여든 살'을 이름.

산:-수(算數)圐 ①수를 셈. ②지난날, 초등학교 교과의 한 가지. 수량이나 도형의 기초적인 원리·법칙 등을 가르쳤음.

산수-도(山水圖)圐 ①산수의 형세를 그린 약도. ②➡산수화(山水畫).

산수-병(山水屛)圐 산수화(山水畫)를 그린 병풍.

산-수소(酸水素)圐 산소와 수소의 화합물.

산수소^불꽃(酸水素-) [-꼳]圐 산소와 수소의 혼합 기체를 태워서 얻은 고온의 불꽃. 약 3000℃로, 백금이나 석영을 녹일 수 있음. 산수소염(酸水素焰).

산수소-염(酸水素焰)圐 ➡산수소 불꽃.

산수소^취:관(酸水素吹管)圐 산수소 불꽃을 내는 데 쓰이는 관.

산-수유(山茱萸)圐 한방에서, 산수유나무의 열매를 약재로 이르는 말. 해열제나 강장제 따위에 쓰임. 석조(石棗).

산수유-나무(山茱萸-)圐 층층나뭇과의 낙엽 활엽 교목. 우리나라의 중부 이남 지역에서 자람. 봄에 잎보다 먼저 노란 꽃이 핌. 길이 1.5 cm가량의 길둥근 열매는 가을에 붉게 익는데 한방에서는 '산수유'라 하여 약재로 쓰임. 석조(石棗).

산수-이(山水異)圐 산수에 일어나는 이상한 일. 〔산붕(山崩)·산명(山鳴)·해일(海溢), 또는 강물이 변하거나 하는 따위.〕

산수-화(山水畫)圐 동양화에서, 자연의 풍경을 제재(題材)로 하여 그린 그림. 산수도(山水圖). ⓐ산수.

산:술(刪述)圐ⓗ타 불필요한 부분을 지우고 기술(記述)함.

산:술(算術)圐 일상생활에 응용할 수 있는 수량에 관한 기초적인 수학, 또는 초보적인 계산법. 산수.

산:술-급수(算術級數)[-쑤]圐 ⇨등차급수.

산:술-적(算術的)[-쩍]관圐 산술의 방식으로 이루어지는 (것). ¶산술적 평균.

산:술^평균(算術平均)圐 여러 수의 합을 그 개수로 나눈 평균값. 상가 평균(相加平均). ←하 평균(廏何平均).

산스크리트(Sanskrit)圐 인도유럽 어족 중 인도·이란 어파에 딸리는 고대 인도 아리아 어. 전 인도의 고급 문장어로서 오늘날까지 내려오며, 불경이나 고대 인도 문학은 이것으로 기록되었음. 범어(梵語).

산승 찹쌀가루를 반죽하여 얇게 밀어서 둥글게 잘라 기름에 지진 떡.

산승(山僧)Ⅰ圐 산사(山寺)의 중. Ⅱ대 중이 자기를 낮추어 이르는 일인칭 대명사.

산:식(産殖)圐ⓗ자ⓕ타 ⇨번식.

산:식(散植)圐 ⇨허튼모.

산:식(算式)圐 가·감·승·제(加減乘除) 등의 부호를 써서 계산하는 순서나 방법을 나타낸 식.

산-식물(酸植物)[-싱-]圐 물의 세포액 가운데 능금산이나 수산(蓚酸)과 같은 유기산이 많이 들어 있는 식물.〔수영·괭이밥·선인장 따위.〕

산신(山神)圐 ⇨산신령.

산:신(産神)圐 민속에서, 출산을 맡은 신. 삼신할미.

산신-각(山神閣)圐 절에서, 산신을 모신 집. 산왕단(山王壇).

산신-나무(山神-)圐 민속에서, 무덤을 보호한다고 하여 무덤 부근에 심는 나무. 산신목(山神木).

산신-당(山神堂)圐 산신을 모신 사당. 산제당(山祭堂). ⓐ산당.

산-신령(山神靈)[-실-]圐 민속에서, 산을 맡아 수호한다는 신령. 산군(山君). 산령. 산신.

산신-목(山神木)圐 ⇨산신나무.

산신-제(山神祭)圐 산신에게 지내는 제사. ⓐ산제(山祭).

산신^탱화(←山神幀畫)圐 산신을 그린 족자.

산:실(産室)圐 ①아이를 낳는 방. 산방(産房). ②어떤 일을 꾸미거나 이루어 내는 곳, 또는 그 바탕. ¶독립운동의 산실.

산:실(散失)圐ⓗ타ⓕ자 〔책이나 문헌·서류 따위가〕 흩어져 잃어버리거나 없어짐. ¶전쟁으로 말미암아 산실된 서류.

산:실-청(産室廳)圐 조선 시대에, 비빈(妃嬪)의 출산에 관한 일을 맡아보던 궁내의 임시 관아.

산:심(散心)圐ⓗ자 ①마음이 어지럽게 흩어짐. ②딴생각을 함. ⓐⓑ방심(放心).

산-쑥(山-)圐 국화과의 다년초. 산지에 나는데, 줄기는 1.5~2 m. 줄기와 잎 뒷면에 흰 솜털이 남. 잎은 쑥보다 조금 넓으며, 8~9월에 노란색의 꽃이 핌. 어린순은 먹고, 잎은 말려서 약재로 씀. 사재발쑥. 애호(艾蒿).

산:아(産兒)圐ⓗ자 아이를 낳음, 또는 그 아이. ¶산아를 제한하다. /산아를 보살피다.

산:아^제:한(産兒制限)圐 인공적인 수단으로 수태나 출산을 제한하는 일.

산:아^조절(産兒調節)圐 산아 제한을 위하여 인공적으로 수태나 출산을 조절하는 일.

산악(山岳·山嶽)圐 육지 가운데 다른 곳보다 두드러지게 솟아 있는 높고 험한 부분. 산(山). ¶산악 지대. /산악 훈련.

산악-국(山岳國)[-꾹]圐 국토의 대부분이 산지인 나라. 산악이 많은 나라.

산악-기상(山岳氣像)[-끼-]圐 산악처럼 씩씩하고 장엄한 기상.

산악^기후(山岳氣候)[-끼-]圐 산악 특유의 기후. 산지가 높아짐에 따라 기온이 낮아지고, 일기의 변화가 심하며 바람도 세어짐.

산악-림(山岳林)[사낭님]圐 산악 지대의 수풀. ↔평지림(平地林).

산악-병(山岳病)[-뼝]圐 높은 산에 올랐을 때, 기압이 낮아지고 산소가 부족하므로써 일어나는 병. 가슴이 뛰고 숨이 가빠지며 두통·구토·이명(耳鳴)·현기증 따위 증상이 따름. 고산병(高山病). 산멀미. 산취(山醉).

산악^빙하(山岳氷河)[-삥-]圐 높은 산의 산마루나 산꼭대기 가까운 계곡에 이루어진 빙하. ⓐ대륙 빙하·대륙 빙하.

산악-숭배(山岳崇拜)[-쑹-]圐 산악을 신성한 존재나 영적인 존재로 믿고 숭배하는 일.

산악-인(山岳人)圐 등산을 남달리 잘하거나 즐기는 사람. ¶산악인들로 구성된 답사반.

산악-자전거(山岳自轉車)[-짜-]圐 산이나 험한 길에서 타기에 적합하도록 만든 자전거.

산악-전(山岳戰)[-쩐]圐 산악 지대에서 벌어지는 전투.

산악^철도(山岳鐵道)[-또]圐 아프트식(Abt式) 철도로 된 산악 지대의 철도.

산악-회(山岳會)[사나쾨/사나퀘]圐 산악을 애호하거나 등산을 즐기는 사람들의 모임.

산안(山眼)圐 민속에서, 묏자리의 좋고 나쁨을 잘 알아보는 눈을 이르는 말.

산앵(山櫻)圐 ⇨산벚나무.

산앵-나무(山-)圐 ①⇨산앵두나무. ②산앵두나무의 열매. 산이스랏.

산앵두-나무(山-)圐 철쭉과의 낙엽 활엽 관목. 산지의 숲 속에 높게 나는데, 높이는 1 m가량. 잎은 가름하면서 양 끝이 뾰족함. 봄에 붉은빛이 나는 꽃이 피고, 가을에 둥근 열매가 붉게 익으며 먹을 수 있음. 산앵두. 산이스랏나무.

산야(山野)圐 산과 들을 아울러 이르는 말. ¶조국의 산야를 굽어보다.

산약(山藥)圐 한방에서, '마의 뿌리'를 약재로 이르는 말. 강장제나 요통·설사 따위에 쓰임.

산:약(散藥)圐 가루약.

산양(山羊)圐 ①솟과의 동물. 산악 지대에 사는데, 몸길이 100~120 cm, 키 68~72 cm. 암수 모두 끝이 뾰족한 뿔이 있으며, 털빛은 주로 회색 또는 다갈색임. ②⇨염소.

산양(山陽)圐 산의 남쪽. ↔산음(山陰).

산양(山養)圐 산에 옮겨 심어 기른 인삼.

산양-유(山羊乳)[-뉴]圐 염소의 젖.

산양-자리(山羊-)圐 ⇨염소자리.

산양-좌(山羊座)圐 ⇨염소자리.

산양-피(山羊皮)圐 염소의 가죽.

산-언덕(山-)圐 산이 언덕처럼 낮아진 부분. 구룡(丘壟).

산:업(産業)圐 ①사람이 생활하기 위하여 하는 일. ②근대의, 생산을 목적으로 하는 사업. 농

업·공업·수산업·임업·광업 따위. 넓게는 생산과 직접 관계되지 않는 상업·금융업·서비스업 따위도 포함시킴.

산:업-계 (產業界) [-계/-께]圓 산업에 종사하는 사람들의 세계(社會). ¶ 산업계 소식.

산:업-공해 (產業公害) [-꽁-]圓 공장에서 배출되는 매연이나 폐수·소음 따위로 말미암은 공해.

산:업-교:육 (產業教育) [-꾜-]圓 (농업·공업·수산업 따위) 생산적인 직업에 필요한 지식·기능·태도 등을 가르치기 위한 교육을 통틀어 이르는 말.

산:업-구조 (產業構造) [-꾸-]圓 한 나라의 국민 경제에 존재하는 각 산업의 짜임새와 그 관계.

산:업-규격 (產業規格) [-뀨-]圓 원료에서부터 기계나 제품에 이르기까지 산업의 모든 물품의 종류나 특성·모양·크기 등을 결정하는 규격.

산:업-금융 (產業金融) [-끔늉/-끄뮹]圓 생산적인 자본을 대상으로 하는 금융.

산:업-기계 (產業機械) [-끼계/-끼게]圓 여러 가지 산업에 직접·간접으로 쓰이는 기계를 통틀어 이르는 말. 〔건설 기계·섬유 기계·화학 기계 따위.〕

산:업-도시 (產業都市) [-또-]圓 산업이 발달한 도시, 또는 주민의 대부분이 산업에 종사하고 있는 도시. 〔공업 도시·광업 도시 따위.〕

산:업-디자인 (產業design)圓 대량으로 생산되는 공산품에 대한 디자인.

산:업-민주주의 (產業民主主義) [-넘-의/-넘-이]圓 산업의 관리 운영에 대하여, 노동자의 발언권과 참가권을 인정하는 사상과 체계.

산:업-박람회 (產業博覽會) [-빵남회/-빵남훼]圓 산업 진흥을 위하여, 여러 가지 산업품을 한자리에 모아 일반에게 관람시키는 박람회.

산:업-부문 (產業部門) [-뿌-]圓 생산을 하는 경제적 행위의 영역.

산:업-사회 (產業社會) [-싸회/-싸훼]圓 여러 가지 산업 분야의 전문적인 지식인과 고도의 기술자가 가장 우대받는, 분업화·전문화·조직화된 사회.

산:업-스파이 (產業spy)圓 기업의 기밀이나 정보를 다른 기업에 몰래 팔거나 제공하거나 하는 사람.

산:업-심리학 (產業心理學) [-씸나-]圓 산업 활동에 종사하는 인간의 심리를 연구 대상으로 하는 응용 심리학의 한 부문. 직업 심리학·노동 심리학·광고 심리학의 세 분야로 나뉨.

산:업-연관표 (產業聯關表) [-넌년-]圓 일정 기간 동안에 이루어진 모든 경제 거래를 산업 부문별로 나누어, 각 부문의 투자와 생산의 상호 관계를 나타낸 표.

산:업-예비군 (產業豫備軍) [-넘네-]圓 자본주의 사회의 고도화에 따라 생기는 완전 실업자나 반실업자 따위의 과잉 노동 인구.

산:업용 로봇 (產業用robot) [-넘농-] 작업 현장에서 인간을 대신하여 노동을 하는 로봇.

산:업용 상품 (產業用商品) [-넘농-]圓 생산자가 재생산을 위하여 사용하는 원료용이나 재료용의 상품.

산:업-의학 (產業醫學)圓 직업병에 대한 임상 의학적 연구를 하는 사회 의학의 한 분야.

산:업-입지 (產業立地) [-찌]圓 산업 활동을 하기 위한, 또는 그 자리의 경제적·지리적 조건.

산:업-자금 (產業資金) [-짜-]圓 산업 활동을 하는 데 필요한 자금. 시설 자금과 운전 자금으로 나눔.

산:업-자본 (產業資本) [-짜-]圓 산업에 투자되어 상품 생산에 쓰이는 자본.

산:업-재해 (產業災害) [-째-]圓 작업 환경이나 작업 활동 등의 노동 과정에서 일어나는 근로자의 신체적 장애. 준산재(產災).

산:업-재해보:상보:험 (產業災害補償保險) [-째-]圓 근로자가 업무상 질병이나 부상 및 사망 등 재해를 입었을 때, 이를 보상하기 위한 보험 제도. 준산재보험.

산:업-지리학 (產業地理學) [-찌-]圓 산업 배치의 합리성을 연구하는 지리학의 한 부문.

산:업-채:권 (產業債券) [-찐]圓 산업 자금을 조달하기 위하여 발행하는 채권.

산:업-체 (產業體)圓 생산하는 업체.

산:업-통상^자원부 (產業通商資源部)圓 중앙 행정 기관의 하나. 상업·금융·공업 및 에너지, 우편·우편환 등에 관한 사무를 맡아봄.

산:업-통제 (產業統制)圓 각 산업 분야에서, 자유 경쟁을 국가의 힘으로 또는 어떤 산업체가 자주적으로 제한하는 일.

산:업-폐:기물 (產業廢棄物) [-페-/-페-]圓 산업 활동에 따라 생긴 폐기물.

산:업-포장 (產業褒章)圓 산업의 개발이나 발전에 공이 있는 사람에게 수여하는 포장.

산:업-표준^규격 (產業標準規格)圓 산업 제품의 생산·유통·소비의 편의를 위하여 제정하는 표준 규격.

산:업-합리화 (產業合理化) [-나리-]圓 생산이나 분배의 과정에서 생산성을 높여 제품의 원가를 낮추고 이윤의 증대를 꾀하는 일.

산:업-항:공 (產業航空)圓 항공 측량이나 기상 관측·농약 살포·어군 탐지 등, 각종 산업에 이용되는 항공.

산:업-혁명 (產業革命) [-녕-]圓 기계의 등장으로 말미암아 이전의 수공업적 산업이 자본주의적인 공장제 산업으로 바뀌게 된 산업 사회의 일대 변혁. 1760년 영국에서 시작되어 유럽 각국에 파급되었음.

산:업-화 (產業化) [-나-]圓하자타 되자 산업으로 됨, 또는 산업으로 돌림. 산업의 형태로 나타남.

산:업-훈장 (產業勳章) [-너푼-]圓 국가 산업 발전에 이바지한 사람에게 수여하는 훈장. 금탑·은탑·동탑·철탑·석탑의 다섯 등급이 있음.

산역 (山役)圓하다 무덤을 만듦, 또는 그 작업.

산역-꾼 (山役-)圓 산역을 하는 사람.

산연 (潸然) [-년]하다 눈물이 줄줄 흐르는 모양.

산-열 (散熱)圓하다 열을 방산(放散)함.

산염 (山鹽)圓 산에서 캐낸 소금. 참암염(巖鹽).

산-염화물 (酸鹽化物) [-념-]圓 산의 수산기를 염소로 바꾸어 놓은 화합물.

산영 (山影)圓 산의 그림자.

산:-영장 (-永葬) [-녕-]圓하다 민속에서, 병을 낫게 하기 위하여 제웅을 병자(病者)의 송장처럼 꾸며 거짓 장사(葬事)를 지내는 일, 또는 그 제웅.

산예 (狻猊)圓 신라 때의 가면극의 한 가지. 사자의 탈을 쓰고 머리와 꼬리를 흔들며 춤을 추는 놀이.

산-올벼圓 쌀알이 작은 올벼의 한 가지.

산옹 (山翁)圓 산골에 사는 늙은이.

산와 (山蝸)圓 ☞달팽이.

산왕-단 (山王壇)圓 ☞산신각(山神閣).

산왕-대신 (山王大神)圓 불교에서, 산을 지키는 신장(神將)을 이르는 말.

산외^말사(山外末寺)[사뇌-싸/사눼-싸]圀 본사(本寺)에서 떨어져 딴 산에 있는 말사(末寺). ↔산내 말사.

산요(山腰)圀 산허리.

산욕(山慾)圀 좋은 묏자리를 얻으려는 욕심.

산:-욕(產褥)圀①해산할 때에 산모가 까는 요. ②☞산욕기.

산:-욕-기(產褥期)[-끼]圀 아이를 낳은 후 생식기가 정상 상태로 회복되기까지의 기간. 보통 6~8주가 걸림. 산욕.

산:-욕-부(產褥婦)[-뿌]圀 산욕에 누워 조리하는 산부(產婦). 산욕기에 있는 여자.

산:-욕-열(產褥熱)[사농녈]圀 해산 때 생식기 속에 생긴 상처에 연쇄상 구균(連鎖狀球菌) 따위가 침입하여 생기는 병.

산용(山容)圀 산의 생김새.

산용-수상(山容水相)圀 산의 우뚝 솟은 모양과 물의 흐르는 모양. 곧, 산천의 형세를 이르는 말. 산용수태(山容水態).

산용-수태(山容水態)圀 ☞산용수상.

산:용^숫:자(算用數字)[-수짜/-순짜]圀 아라비아 숫자.

산우(山芋)圀 ☞마3.

산우(山雨)圀 산에 내리는 비.

산운(山雲)圀 산에 끼어 있는 구름.

산운(山運)圀 민간에서, 묏자리의 좋고 나쁨에 따라 생긴다는 운수.

산:-울(山-)圀〈산울타리〉의 준말.

산:-울(散鬱)圀하자 우울한 기분을 떨어 버림.

산-울림(山-)圀 (땅속의 변화로) 산이 울리는 소리, 또는 그소리. 산명(山鳴). 참메아리.

산:-울타리(山-)圀 살아 있는 나무를 심어서 만든 울타리. 쥰산울.

산:원(產院)圀 산부(產婦)나 초생아(初生兒)를 돌보아 주는 시설을 한 곳.

산:원(散員)圀①직무 없는 인원. ②고려·조선 시대, 정팔품 무관 벼슬.

산:월(產月)圀 해산달. 산삭(山朔).

산:유(產油)圀 원유(原油)를 생산하는 일.

산유(酸乳)圀 우유나 탈지유를 유산균으로 발효시킨 음료.

산:유-국(產油國)圀 원유를 생산하는 나라.

산유-화(山有花)圀 메나리의 한 가지.

산:육(產育)圀하자 아이를 낳아서 기름.

산음(山陰)圀 볕이 잘 안 드는, 산의 북쪽 편. ↔산양(山陽).

산음(山蔭)圀 민속에서, 좋은 자리에 뫼를 씀으로써 그 자손이 받는다는 복.

산읍(山邑)圀 산골에 있는 고을. 산군(山郡).

산:의(產衣)[사늬/사니]圀 갓난아이에게 처음 입히는 깃저고리.

산-이스랏(山-)[-니-랄]圀 ☞산앵두. · 산이스랏이[-니-라시]·산이스랏만[-니-란-].

산이스랏-나무(山-)[-니-란-]圀 ☞산앵두나무.

산인(山人)圀①깊은 산속에서 세상을 멀리하고 사는 사람. ②산속에 사는 중이나 도사.

산:인(散人)圀 세상일을 멀리하고 한가로이 사는 사람.

산일(山日)圀 산속에서의 나날.

산:-일(散佚·散軼·散逸)圀하자 되자 (한데 모은 책이나 서류 따위가) 더러 흩어져서 빠져 없어짐.

산:입(算入)圀하자 (예산이나 경비 따위를) 셈에 넣음. ¶경조금을 복리비에 산입하다.

산:-자(橵子)圀 지붕 서까래나 고미 위에 흙을 받기 위해 엮어 까는 나뭇개비나 수수깡 따위.

산:-자(饊子·橵子)圀 찹쌀가루 반죽을 모나고 넓적하게 썰어 말려 기름에 튀긴 것에, 조청이나 꿀을 바르고 산자밥풀 따위를 묻힌 유밀과.

산-자고(山茨菰·山慈姑)圀 ☞까치무릇.

산:-자-널(橵子-)圀 지붕 서까래 위에 까는 널빤지. 산자판(橵子板).

산-자락(山-)圀 산의 기슭 부분. 산기슭의 비탈진 부분. ¶구름이 산자락에 걸려 있다.

산:자-밥풀(饊子-)圀 산자나 강정 따위의 곁에 묻히기 위하여, 말려서 기름에 튀긴 지에밥.

산자-수명(山紫水明)圀형의 〔산은 자줏빛으로 선명하고 물은 맑다는 뜻으로〕산수의 경치가 썩 아름다움. 산명수자(山明水紫).

산:-자전(字典)圀〔살아 있는 자전이란 뜻으로〕'낱말이나 한자 등을 두루 많이 알고 있는 사람'을 흔히 이르는 말.

산:-자-판(橵子板)圀 ☞산자널.

산작(山雀)圀 ☞곤줄박이.

산작(山鵲)圀 ☞삼광조(三光鳥).

산잠(山蠶)圀 ☞산누에.

산잠-아(山蠶蛾)圀 ☞산누에나방.

산잡(散雜)圀 '산잡하다'의 어근.

산:잡-하다(散雜-)[-자파-]혬 어수선하고 난잡하다.

산:-장(-葬)圀하타 ☞생장(生葬).

산장(山長)圀 초야에 묻혀 사는 학덕이 높은 선비. 산림(山林).

산장(山莊)圀①산에 있는 별장. 산서(山墅). ②산에 오른 사람이 쉬거나 묵을 수 있도록 산속에 베푼 시설을 흔히 이르는 말. ②☞산방(山房).

산:장(散杖)圀하자 지난날, 죄인을 신문할 때, 위협할 의도로 형장(刑杖)이나 태장(笞杖)을 죄인의 눈앞에 벌여 놓던 일.

산장(酸漿)圀①☞꽈리. ②한방에서, 꽈리의 뿌리를 약재로 이르는 말. 허로(虛勞)·번열(煩熱)·황달(黃疸) 따위에 쓰임.

산재(山齋)圀 산에 지은 서재, 또는 산에 운치 있게 지은 집.

산:재(產災)圀〈산업 재해〉의 준말.

산:재(散在)圀하자 되자 여기저기 흩어져 있음.

산:재(散材)圀 쓸모없는 재목이나 인재.

산:재(散財)圀하자 돈을 마구 씀. 재산을 이리저리 하여 없애 버림.

산:재(散齋)圀 제사를 지내기 전에 목욕하고 재계(齋戒)함.

산:-재목(-材木)圀 아직 다듬지 아니한, 산판에서 자른 채로 있는 목재.

산:재^보:험(產災保險)圀〈산업 재해 보상 보험〉의 준말.

산-쟁이(山-)圀 산속에서 사냥이나 약초 캐는 일을 업으로 삼는 사람. 산척(山尺).

산저(山猪·山豬)圀 ☞멧돼지.

산저-담(山豬膽)圀 한방에서, 멧돼지의 쓸개를 약재로 이르는 말. 소화를 돕고 가래를 삭이는 데 쓰임.

산저-황(山豬黃)圀 한방에서, 멧돼지의 배 속에 생기어 뭉킨 누런 물질을 약재로 이르는 말. 간질 치료제나 지혈제로 쓰임.

산적(山賊)圀 산속에 숨어 살면서 남의 재물을 빼앗는 도둑.

산적(山積)圀하자 되자 물건이나 일이 산더미같이 쌓임. ¶해야 할 숙제가 산적해 있다.

산:적(散炙)圀①쇠고기 따위를 길쭉길쭉하게 썰어 양념을 하여 꼬챙이에 꿰어서 구운 적. 적회(炙膾). ②〈사슴산적〉의 준말.

산ː적-꽃이[명] 마룻대 위에 얹힐 서까래 머리 쪽에 구멍을 뚫고 흘러내리지 않도록 잇대어 펜 싸리나 대.

산ː적-도둑(散炙-)[-또-][명] ①'맛있는 음식만 골라 먹는 사람'을 농조로 이르는 말. ②(친정에 와서 이것저것 좋은 것만 챙겨 간다 하여) '시집간 딸'을 농조로 이르는 말.

산-적정(酸滴定)[-쩡][명][하자] 중화할 때, 색소의 빛깔을 이용해서 산의 양을 알칼리의 표준액에 의해 적정함.

산적-하다(山積-)[-쩌카-][형여] 일이나 물건 따위가 산더미처럼 많이 쌓여 있다. ¶산적한 업무량.

산전(山田)[명] 산에 있는 밭.

산전(山巓)[명] 산정(山頂).

산ː전(産前)[명] 아이를 낳기 바로 전. ↔산후.

산ː전(散田)[명] 이곳저곳에 흩어져 있는 밭.

산ː전(散錢)[명] 사슬돈.

산전-수전(山戰水戰)[명] 〔'산에서의 싸움, 물에서의 싸움'이란 뜻으로〕 '세상일의 온갖 고난을 겪은 경험'을 비유하여 이르는 말. ¶산전수전을 다 겪다.

산ː점(産漸)[명] 해산할 기미. 산기(産氣).

산정(山亭)[명] 산속에 지은 정자.

산정(山頂)[명] 산꼭대기. 산전(山巓).

산정(山情)[명] ①산의 정경(情景). ②산에서 느끼는 정취.

산정(山精)[명] ①삽주. ②☞창출(蒼朮). ③산의 정령(精靈).

산ː정(刪定)[하타] ☞산수(刪修).

산ː정(散政)[명] 지난날, 인사 행정을 거치지 않고 임시로 벼슬을 내리던 일.

산ː정(算定)[하타][되자] 셈하여 정함. ¶산정 가격. / 분양가로 산정하다. / 임금으로 산정된 금액.

산제(山祭)[명] 〈산신제〉의 준말.

산ː제(刪除)[하타] ☞산삭(刪削).

산ː제(散劑)[명] 가루로 된 약.

산제-당(山祭堂)[명] ☞산신당(山神堂).

산조(山鳥)[명] 산새.

산ː조(散調)[명] 전통 음악에서, 가야금·거문고·대금 따위를 장구의 반주로 연주하는 기악 독주 악곡. 〔처음에는 진양조로 느리게 시작하여 점점 급하게 중모리·자진모리·휘모리로 바꾸어 연주함.〕 ¶대금 산조. / 가야금 산조.

산조(酸棗)[명] 멧대추.

산조-인(酸棗仁)[명] 한방에서, 멧대추 씨의 속알맹이를 약재로 이르는 말. 원기를 돕고, 땀을 흘리지 않게 함.

산ː졸(散卒)[명] ①☞산병(散兵). ②장기에서, 모나지 않고 흩어져 있는 졸. ↔합졸.

산주(山主)[명] ①산의 임자. ②산대탈을 보존하는 사람. ③무당들이 조직한 신청(神廳) 직명(職名)의 한 가지.

산주(山紬)[명] 명주실의 한 가지.

산ː주(算珠)[명] ①수를 셈하는 데 쓰는 구슬. ②활의 순(巡)을 셈하는 데 쓰는 구슬.

산죽(山竹)[명] 산에 저절로 난 대.

산준수급(山峻水急)[명][하형] 산의 형세가 험하고 물살이 빠름.

산-줄기(山-)[-쭐-][명] 큰 산에서 길게 뻗어 나간 산의 줄기. 산맥.

산중(山中)[명] 산속. ¶산중 생활.

산중-귀물(山中貴物)[명] ①그 고장에서는 나지 않는 귀한 물건. ②산속에서만 나는 귀한 물건.

산^중독(酸中毒)[명] ☞산독증(酸毒症).

산중-신곡(山中新曲)[명] 조선 인조 때, 윤선도(尹善道)가 지은 시조. 〔만흥(漫興)·조무요(朝霧謠)·하우요(夏雨謠)·일모요(日暮謠)·야심요(夜深謠)·오우가(五友歌)·기세탄(饑歲嘆) 등 모두 열두 수로 '고산유고'에 실려 있음.〕

산중-재상(山中宰相)[명] 산중에 은거하면서, 중대한 일이 있을 때에만 나와서 나라의 자문에 응하는 사람. 〔중국 양나라의 도홍경이 산속에 살면서 나라에 대사(大事)가 있을 때는 늘 참여했다는 데서 유래함.〕

산중-호걸(山中豪傑)[명] 〔산속의 호걸이라는 뜻으로〕 '범'을 이르는 말.

산증(疝症)[-쯩][명] 한방에서, 아랫배와 불알에 탈이 생겨 붓고 아픈 병을 이르는 말. 산기(疝氣). 산병(疝病). ㈜산(疝).

산ː-증인(-證人)[명] 어떤 분야의 역사 따위를 생생하게 증언할 수 있는 사람. ¶민주화 운동의 산증인.

산지(山地)[명] ☞산지못.

산지(山地)[명] ①☞산달. ②산이 많고 들이 적은 지대. ③묏자리로 쓰기에 알맞은 땅.

산지(山紙)[명] 산골에서 수공업으로 만들어 내는 질이 낮은 종이.

산지(産地)[명] ①〈산출지〉의 준말. ¶산지 가격. / 사과의 산지. ②사람이 태어난 땅.

산-지기(山-)[명] 남의 산이나 뫼를 맡아 지키는 사람. 산직(山直).

산지니(山-)[명] 산속에서 자라 오랜 해를 묵은 매나 새매. 산진. 산진이. ㈜수지니.

산지-대(山地帶)[명] 낙엽 활엽수가 우거져 있는 지대. 〔우리나라에서는 해발 1000~1500 m의 층이 이에 딸림.〕

산지-못[-몯][명] 재목 따위의 이음이나 맞춤 자리를 든든히 하기 위하여 박는 굵은 나무못. 산지. * 산지못이[-모시]·산지못만[-몬-]

산ː지사방(散之四方)[명][하자] 여기저기 사방으로 흩어짐, 또는 그러한 모양. ¶산지사방으로 흩어지다.

산ː-지식(-知識)[명] 현실 생활에 활용할 수 있는 살아 있는 지식.

산ː-지옥(-地獄)[명] ☞생지옥(生地獄).

산직(山直)[명] ☞산지기.

산ː직(散職)[명] ☞산관(散官).

산진(山陳)[명] ☞산지니.

산진-매(山陳-)[명] ☞산지니.

산진수궁(山盡水窮)[명] 〔산이 다하고 물이 막힌다는 뜻으로〕 피해 나갈 도리가 없는 아주 막다른 지경에 이름. 산궁수진(山窮水盡).

산진해미(山珍海味)[명] ☞산해진미(山海珍味).

산진해착(山珍海錯)[명] ☞산해진미(山海珍味).

산ː질(散帙)[명][하자] ☞낙질(落帙).

산-짐승(山-)[-씀-][명] 산에서 사는 짐승. ㈜멧짐승.

산창(山窓)[명] 산속에 있는 집의 창.

산채(山菜)[명] 산나물.

산채(山寨·山砦)[명] ①산에 돌이나 목책을 둘러서 만든 성채(城砦). ②산적들의 소굴.

산ː책(散策)[명][하자] 〔한가한 마음으로 또는 가벼운 기분으로〕 이리저리 거닒. 산보(散步). ¶강가를 산책하다.

산척(山尺)[명] ①산을 재는 데 쓰는 자. ②☞산쟁이.

산척(山脊)[명] 산등성마루.

산-척촉(山躑躅)[명] ①☞산철쭉. ②☞진달래.

산천(山川)몡 ①산과 내. ②자연, 또는 자연의 경치. 산택(山澤). 산하(山河). ¶고향 산천.

산천초목(山川草木)몡 산과 내와 풀과 나무, 곧 '자연'을 이르는 말.

산-철쭉(山-)몡 철쭉과의 낙엽 활엽 관목. 산지의 습한 땅에 나는데 관상용으로 심기도 함. 높이는 1.5 m가량 자라며 잔가지에는 갈색 털이 있음. 잎은 길둥글거나 갸름하며, 늦봄에 홍자색 꽃이 가지 끝에 핌. 우리나라·일본 등지에 분포함. 산척촉(山躑躅).

산체(山體)몡 산 전체의 생김새.

산초(山草)몡 ①산에서 나는 풀. ②산의 밭에 심은 담배.

산초(山椒)몡 산초나무의 열매. 향신료로 쓰임.

산초(散草)몡 묶어 놓지 않은 살담배.

산초-나무(山椒-)몡 운향과의 낙엽 활엽 관목. 산야에 절로 나는데 높이 3 m가량. 잔가지에 가시가 있고, 잎은 어긋남. 8~9월에 흰 꽃이 산방화서로 피고, 열매는 익기 전에 따서 먹기도 하고 말려서 기름도 짬. 우리나라·중국·일본 등지에 분포함. 분디나무.

산초어(山椒魚)몡 ⇨도룡뇽.

산촌(山村)몡 산속에 자리한 마을. 두메. 산곽(山郭). 산동(山洞).

산-촌(散村)몡 집들이 한곳에 모여 있지 않고 드문드문 흩어져 있는 마을. ↔집촌.

산-출(産出)몡하타되자 물건을 생산해 냄. ¶석탄을 산출하다.

산-출(算出)몡하타되자 계산하여 냄. 셈함. ¶산출된 자료. /두 곳 사이의 거리를 산출하다.

산출-가(算出價)[-까]몡 계산해 낸 값. 셈핀 값. ¶산출가를 정하다.

산출-물(産出物)몡 산출되는 물건. ¶그 지방 특유의 산출물들.

산출-지(産出地)[-찌]몡 산출되는 곳. ¶배의 산출지. ❀산지.

산취(山翠)몡 ⇨산악병(山岳病).

산치(山梔)몡 ⇨산치자나무.

산-치(散置)몡하타 이리저리 흩어 놓음.

산-치성(山致誠)몡 민속에서, 산신령에게 정성을 드리는 일. ¶산치성을 드리다.

산-치자(山梔子)몡 한방에서, '산치자나무의 열매'를 약재로 이르는 말. 이뇨제·지혈제·해열제 따위로 쓰임.

산치자-나무(山梔子-)몡 산에 야생하는 치자나무. 열매는 한방에서 약재로 쓰임. 산치.

산칠(山漆)몡 산에 절로 나는 옻나무.

산타(Santa)몡 〈산타클로스〉의 준말. ¶산타 할아버지.

산타^마리아(Santa Maria)몡 ⇨성모 마리아.

산타클로스(Santa Claus)몡 크리스마스 전날 밤에 굴뚝으로 들어와 어린이들에게 선물을 가져다준다는, 붉은 옷을 입은 흰 수염의 노인. ❀산타.

산-탁목(山啄木)[-탕-]몡 ⇨청딱따구리.

산-탄(散彈)몡하자 ①⇨산탄(散彈). ②포나 총의 사격에서 탄착점이 널리 퍼져 흩어진 것.

산-탄(散彈)몡 폭발과 동시에 많은 잔 탄알이 퍼져 나가게 된 탄환. 가까운 거리에 있는 새나 짐승 따위를 잡는 데나 클레이 사격에 쓰임. 산탄(散彈).

산태몡 〔옛〕 삼태기. ¶산태 궤:黃. 산태 본:畚 《訓蒙字會》.

산태(山汰)몡 산비탈이 무너져 생기는 사태(沙汰). 산사태.

산택(山澤)몡 ①⇨산천. ②〈산림천택〉의 준말.

산-턱(山-)몡 산이 비탈져 내려오다가 조금 두둑해진 곳. ¶산턱을 기어오르다.

산-토끼(山兔)몡 ⇨산토끼.

산-토끼(山-)몡 토끼과의 짐승으로 야생의 토끼를 통틀어 이르는 말. 집토끼에 비하여 앞다리가 훨씬 길며, 몸의 위쪽은 회갈색이나 암갈색이지만 겨울에는 온몸이 하얗게 변함. 유럽과 아시아 각지의 산지에 서식함. 산토(山兔). 야토(野兔).

산토닌(santonin)몡 회충약의 한 가지. 무색무취의 결정성 가루.

산통(疝痛)몡 복부 내장의 질환으로 갑자기 격렬하게 일어나는 간헐적 복통.

산통(産痛)몡 ⇨진통(陣痛).

산-통(算筒)몡 소경이 점칠 때 쓰는, 산가지를 넣는 조그마한 통.

산통(을) **깨다**[관용] 어떤 일을 이루지 못하게 뒤틀다.

산-통-계(算筒契)[-계/-께]몡 계원들이 일정한 곗돈을 내고 통에 든 계알을 흔들어 뽑힌 사람에게 일정한 금액을 태워 주는 계. ❀통계(筒契).

산-통-점(算筒占)몡 산통 속에 꽂거나 완전히 집어넣은 산가지를 구멍으로 집어내어, 그 산가지가 나타내는 수효에 따라 치는 점.

산-파(産婆)몡 ①'조산사(助産師)'의 이전 일컬음. ②⇨산파역.

산-파(散播)몡하타되자 흩어뿌리기.

산-파-법(産婆法)[-뻡]몡 대화를 통하여 상대편의 막연하고 불확실한 지식을 진정한 개념으로 유도하는 교수법의 한 가지. 소크라테스법.

산-파-술(産婆術)몡 해산이나 임부(姙婦)·태아 등을 다루는 기술.

산-파-역(産婆役)몡 어떤 일을 곁에서 잘 주선하여 이루어지게 하는 구실, 또는 그러한 일을 하는 사람. 산파. ¶조합 설립의 산파역을 맡다.

산판(山坂)몡 ⇨멧갓.

산-판(算板)몡 ⇨수판(數板).

산판걸목-돌[-건-똘]몡 석재를 채취할 때, 필요한 크기보다 더 크게 떠낸 돌.

산-패(酸敗)몡하자 음식물이 부패하여 맛이 시어짐, 또는 술이나 지방류 따위의 유기물이 공기 속에서 산화 또는 가수 분해 되어 역한 냄새와 맛이 나는 현상.

산-패-액(酸敗液)몡 산물.

산-패-유(酸敗乳)몡 산패한 젖.

산-편(散片)[-편]몡 깨어져 산산이 흩어진 조각.

산-편복(山蝙蝠)몡 ⇨산박쥐.

산포(山砲)몡 ①〈산포수〉의 준말. ②산악전에 적합하도록 만들어진 대포.

산-포(散布)몡하자타되자 (여기저기) 흩어져 퍼짐, 또는 흩어지게 퍼뜨림.

산:포(散脯)몡 쇠고기를 아무렇게나 조각을 떠서 소금에 주물러 볕에 말린 포.

산포(撒布)몡 '살포(撒布)'의 잘못.

산-포도(山葡萄)몡 ①⇨머루. ②담쟁이덩굴.

산-포-도(散布度)몡 도수 분포(度數分布)의 모양을 조사할 때, 변량(變量)들이 흩어져 있는 정도를 하나하나의 수로 나타낸 값. 〔분산·표준 편차 따위〕.

산-포수(山砲手)몡 산속에서 사냥을 업으로 하며 사는 사람. ❀산포.

산:표(散票)**명**(하자) 투표에서, 표가 한 사람에게 모이지 아니하고 여러 사람에게 흩어짐, 또는 흩어진 그 표.

산풍(山風)**명** 산바람.

산피(山皮)**명** 산짐승의 가죽.

산하(山下)**명** 산 아래. ↔산상.

산하(山河)**명** 자연, 또는 자연의 경치. 산천.

산하(傘下)**명** 어떤 인물이나 기구·조직 따위의 세력 밑. ¶산하 단체. /그 산하에 들다.

산하-화(山下火)**명** 육십갑자의 병신(丙申)과 정유(丁酉)에 붙이는 납음(納音). 魯평지목(平地木).

산:학(産學)**명** 산업과 학문.

산:학(算學)**명** 셈에 관한 학문.

산:학^협동(産學協同)[−하겹똥]**명** 산업계와 교육 기관이 교육과 연구 활동에서의 제휴나 원조를 통하여 기술 교육과 생산성의 향상을 도모하는 일.

산해(山害)**명** 민속에서, 묏자리가 좋지 못하여 입는다는 해. 산화(山禍).

산해(山海)**명** 산과 바다.

산해진미(山海珍味)**명** 산과 바다의 온갖 산물로 차린 음식. 산진해미. 산진해착(山珍海錯). 수륙진미(水陸珍味).

산행(山行)**명**(하자) 산에 감. 산길을 감.

산-허리(山−)**명** ①산 둘레의 중턱. 산요(山腰). ¶산허리에 걸려 있는 구름. ②산등성이의 잘록한 곳. ¶산허리에 난 길.

산:현(散見)**명**(하자) 여기저기에 드문드문 나타남. 魯산견(散見).

산혈(山穴)**명** ①민속에서, 산의 정기가 모였다는 묏자리. ②산에 팬 구멍.

산:혈(産血)**명** 해산할 때 나오는 피.

산협(山峽)**명** ①산속의 골짜기. ②⟹두메.

산형(山形)**명** 산의 생김새.

산:형^꽃차례(繖形−大例)[−꼰−]**명** ⟹산형 화서(繖形花序).

산:형^화서(繖形花序)**명** 무한 꽃차례의 한 가지. 꽃대의 끝에 여러 꽃자루가 방사상(放射狀)으로 나와, 그 끝에 꽃이 하나씩 피는 꽃차례.〔미나리나 파꽃 따위.〕산형 꽃차례.

산호(山戶)**명** 산속에 사는 화전민의 집.

산호(山呼)**명**⟨산호만세⟩의 준말.

산호(珊瑚)**명** 산호과의 자포동물을 통틀어 이르는 말. 나뭇가지 모양의 군체(群體)를 이루고 사는데, 윗면 중앙에 입이 있고 그 주위에 깃털 모양의 촉수가 있음. 죽으면 살이나 기관은 썩고 각질만 남음.

산호-도(珊瑚島)**명** 산호초가 바다 위에 드러나 이루어진 섬.

산호-만세(山呼萬歲)**명** 지난날, 임금에게 축하하는 뜻으로 부르던 만세.〔중국 한나라 무제가 숭산 산에서 제사를 지낼 때 신민(臣民)들이 만세를 삼창한 데서 유래함.〕魯산호(山呼).

산호-망(珊瑚網)**명** 산호를 어획(漁獲)하는 데 쓰이는 어구(漁具).

산호-수(珊瑚樹)**명** ⟹아왜나무.

산호-유(珊瑚釉)**명** 산홋빛 유약.

산호-잠(珊瑚簪)**명** 산호로 만든 비녀.

산호-주(珊瑚珠)**명** 산호로 만든 구슬.

산호-지(珊瑚枝)**명** ⟹산홋가지.

산호-초(珊瑚礁)**명** 산호 군체의 분비물이나 각질 따위가 쌓여서 이루어진 석회질의 암초.

산호-충(珊瑚蟲)**명** 산호류를 이루는 폴립을 통틀어 이르는 말.

산호혼-식(珊瑚婚式)**명** 결혼기념식의 한 가지. 서양 풍속으로, 결혼 35주년을 맞아 부부가 산호로 된 선물을 주고받으며 기념함. 비취혼식(翡翠婚式)이라고도 함. 魯모직혼식(毛織婚式).

산홋-가지(珊瑚−)[−호까−/−홋까−]**명** 나뭇가지처럼 생긴 산호의 가지. 산호지(珊瑚枝).

산홋-빛(珊瑚−)[−호삧/−홋삧]**명** 산호가지의 빛깔과 같이 연한 분홍빛. *산호빛이[−호삐치−홋삐치]·산호빛만[−호삔−/−홋삔−]

산화(山火)**명** 산불.

산화(山花)**명** 산에 피는 꽃.

산화(山禍)**명** 민속에서, 묏자리가 좋지 못하여 입는다는 재앙. 산해(山害).

산:화(散花·散華)**명** ①(하자)〔꽃처럼 떨어진다는 뜻으로〕'전사(戰死)함'을 미화하여 이르는 말. ¶낙동강 전선에서 산화하다. ②(하자)부처에 대한 공양으로 부처 앞에 꽃을 뿌림, 또는 그 일. ③〔설 피는데 열매를 맺지 못한 꽃.

산화(酸化)**명**(하자)(되자) 어떤 물질이 산소와 화합, 또는 어떤 물질에서 수소를 제거함. ↔환원(還元).

산화-구리(酸化−)**명** 구리와 산소의 화합물. 산화 제일구리와 산화 제이구리가 있음. 산화동.

산화-대(酸化帶)**명** 주로, 산화 작용으로 말미암아 변질이 진행된 광상(鑛床)의 부분.

산화-동(酸化銅)**명** ⟹산화구리.

산화-마그네슘(酸化magnesium)**명** 마그네슘의 산화물. 금속마그네슘을 공기 속에서 가열하든지 탄산마그네슘을 열분해하여 얻는 흰 가루. 의약품이나 내화 재료 따위로 쓰임. 고토(苦土). 마그네시아.

산화-물(酸化物)**명** 어떤 원소와 산소와의 화합물을 통틀어 이르는 말. 산소 화합물.

산화-납(酸化−)[−깝]**명** 섬유 위에서 산소와 화합하여야 염색되는 물감.〔아닐린 블랙 따위.〕산화 염료.

산화-바륨(酸化barium)**명** 질산바륨을 가열하여 얻는 무정형의 흰 가루. 수산화바륨이나 과산화물의 제조 원료로 많이 쓰임. 중토(重土).

산화-수소(酸化水素)**명**'물'의 화학적인 이름.

산화-수은(酸化水銀)**명** 수은의 산화물을 통틀어 이르는 말. 산화 제일수은과 산화 제이수은은 이 있음.

산화-아연(酸化亞鉛)**명** 천연적으로는 홍아연광으로 산출되고, 공업적으로는 아연을 태워서 만든 하얀 가루. 공업 약품이나 의약품 및 안료 따위의 원료로 쓰임. 아연화(亞鉛華).

산화-안티몬(酸化Antimon)**명** 안티몬과 산소의 화합물. 안티몬을 공기 속에서 융점 이상으로 가열하여 얻는 흰 결정성 가루.

산화-알루미늄(酸化aluminium)**명** 천연적으로는 강옥석(鋼玉石)으로 산출되고, 공업적으로는 보크사이트나 명반석 따위를 원료로 하여 만들어지는 흰 가루. 알루미늄의 제조 원료나 연마제 따위로 쓰임. 반토(礬土). 알루미나.

산화-염(酸化焰)**명** ⟹겉불꽃.

산화^염:료(酸化染料)[−뇨]**명** ⟹산화 물감.

산화-은(酸化銀)**명** 은과 산소의 화합물. 등축정계의 검은 가루로, 탈(脫)할로겐 등에 쓰임.

산화-제(酸化劑)**명** 산화를 일으키는 물질.〔산소·오존·할로겐 따위.〕↔환원제(還元劑).

산화^제:이구리(酸化第二−)**명** 산화구리의 한 가지. 구리를 공기 속에서 강하게 가열하거나 수산화구리를 가열하여 얻는 검은 가루. 착색제·산화제 따위로 쓰임. 산화 제이동. 흑색 산화동.

산화^제:이동 (酸化第二銅)團 ☞산화 제이구리.

산화^제:이철 (酸化第二鐵)團 천연으로는 적철석(赤鐵石)으로서 산출되고, 공업적으로는 황산철을 가열해서 만드는 붉은빛의 가루. 안료(顔料)·연마재(研磨材) 따위에 쓰임.

산화^제:일구리 (酸化第一—)團 천연으로는 적동석으로서 산출되는 붉은빛의 결정성 가루. 반도체의 성질을 가지며, 습기가 많은 공기 속에서는 산화 제이동으로 됨. 안료, 배의 밑바닥에 칠하는 도료, 광전지 따위에 쓰임. 산화 제일동.

산화^제:일동 (酸化第一銅) [—똥]團 ☞산화 제일구리.

산화^제:일철 (酸化第一鐵)團 공기를 차단한 용기 속에서 철을 575℃ 이상으로 가열했을 때 생기는 검은 가루.

산화-질소 (酸化窒素) [—쏘]團 질소 산화물을 통틀어 이르는 말. 아산화질소·삼이(三二)산화질소·이산화질소 따위가 있음.

산화-철 (酸化鐵)團 철과 산소와의 화합물을 통틀어 이르는 말. 산화 제일철, 산화 제이철, 사삼(四三)산화철 따위가 있음.

산화-칼슘 (酸化calcium)團 석회석을 가열해서 만드는 흰 가루. 물을 가하면 많은 열을 내어 수산화칼슘이 됨. 카바이드의 원료, 토질 개량용 등으로 쓰임. 생석회(生石灰).

산화-탄소 (酸化炭素)團 탄소의 산화물.〔일산화탄소·이산화탄소·이산화삼탄소 따위.〕

산:회 (散會) [—회/—훼]團한자 회를 마치고 흩어짐. ¶간단히 이야기를 끝내고 곧 산회했다.

산:후 (産後)團 아이를 낳은 직후. ¶산모의 산후 조리. ↔산전(産前).

산:후-조리원 (産後調理院)團 산모의 몸조리를 위하여 전문적인 시설을 갖추어 놓은 사설 요양원.

산:후취—(—後娶)團 살아 있는 아내를 두고 다시 장가드는 일.

산힝힘團〈옛〉사냥. ¶산힝 슈:狩(訓蒙下9).

살ㅁ團〈옛〉삿자리. ¶삼 덤:簟(類合上24. 訓蒙中11). /벼개와 삼 가지고(杜初9:25). ◦筒살.

살갇團〈옛〉삿갓. ¶살갇:簑笠(訓蒙中15).

살¹團 ①동물체를 이루고 있는 조직의 하나. 피부 아래에 있어 근육과 더불어 뼈를 싸고 있는 연한 부분. ¶살이 오르다. ②과실의 껍질과 씨 사이에 있는 연한 부분. ③조개·게 따위의 껍데기 속에 차 있는 연한 부분.

살이 살을 먹고 쇠가 쇠를 먹는다[속담] 동포끼리 서로 해침을 이르는 말.

살로 가다[관용] (먹은 것이) 살이 되다.

살을 깎다[관용] 몹시 애쓰며 노력하거나 고생하다. ¶살을 깎는 노력.

살(을) 붙이다[관용] 말이나 글 따위의 뼈대가 되는 부분에, 수식하는 말을 덧붙이다.

살(을) 섞다[관용] 부부 생활을 하다.

살을 에고 소금 치는 소리[관용] 신랄한 꾸지람이나 비판의 말.

살을 에다[관용] 추위나 슬픔이 아주 심하다. ¶살을 에는 추위.

살(이) 깊다[관용] 살이 두껍다.

살²團 ①창문·얼레·부채·갓모·연 따위의 뼈대가 되는 나무오리나 대오리. ②빗의 낱낱의 오리. ③(옷 따위의) 풀기나 윤기. ④떡살로 찍은 무늬. ⑤(주로 합성어에 쓰이어) 해·볕·불 또는 흐르는 물 따위의 내비치는 기운. ¶물살. /햇살. ⑥(주로 합성어에 쓰이어) 주름이나 구김으로 생기는 금. ¶눈살. /이맛살. ⑦〈어살〉의 준말. ⑧〈화살〉의 준말.

살을 먹이다[관용] 화살을 시위에 대고 활을 당기다.

살(을) 박다[관용] 흰떡에 떡살로 무늬를 박다.

살(을) 잡다[관용] 쓰러져 가는 집 따위를 바로 일으켜 세우다, 곧 살잡이를 하다.

살 잡히다[관용] ①구김살이 생기다. ②살얼음이 얼다.

살³團 노름판에서, 걸어 놓은 돈에 더 태우는 돈. ¶살을 대다.

살⁴의《(고유어 수사 뒤에 쓰이어)》나이를 세는 말. ¶일곱 살. 비세(歲).

살⁵團 ①사람이나 물건 따위를 해치는 독하고 모진 기운, 곧 악귀의 짓. ②친족 사이에 좋지 않은 띠앗머리.

살을 맞다[관용] (초상집이나 잔칫집에 갔다가) 어떤 불길한 힘이 작용하여 갑자기 탈이 나다.

살(이) 가다[관용] 대수롭지 않은 일로 다치거나 하는 경우에, 그것을 ‘귀신의 짓’으로 여기어 이르는 말.

살이 끼다[관용] 어떤 불길한 힘이 작용하다.

살(이) 나가다[관용] 살(이) 내리다.

살(이) 내리다[관용] ①달라붙었던 악귀가 떨어져 나가다. ②사나운 띠앗머리가 떨어져 나가다. 살(이) 나가다. ↔살(이) 오르다.

살(이) 붙다[관용] ☞살(이) 오르다.

살(이) 세다[관용] 띠앗머리가 사납다. ¶저 집 형제는 살이 세다.

살(이) 오르다[관용] ①궂은 악귀의 짓이 들러붙다. ②일가친척 사이에 사나운 띠앗머리가 들러붙다. 살(이) 붙다. ↔살(이) 내리다.

살-가죽 [—까—]團 동물의 몸 거죽을 싸고 있는 껍질. 피부.

살갑다 [—따] [살가우니·살가워]톔ㅂ ①(집이나 세간 따위가) 겉으로 보기보다 속이 너르다. ②마음씨가 부드럽고 다정스럽다. ¶안주인의 태도가 무척 살갑다. @슬겁다.

살강團 그릇 따위를 얹어 놓기 위하여 부엌 벽에 드린 선반.

살강 밑에서 숟가락 얻었다[주웠다][속담] 횡재한 것 같으나 임자가 분명하여 아무 보람이 없음을 이르는 말.

살강-거리다丙 자꾸 살강살강하다. 살강대다. @설겅거리다. @쌀강거리다. ㉮살캉거리다.

살강-대:다丙 살강거리다.

살강-살강띔 @丙 설익은 밥이나 콩 따위가 씹힐 때 나는 소리, 또는 그러한 느낌. @설겅설겅. @쌀강쌀강. ㉮살캉살캉.

살-갗 [—깓]團 ①살가죽의 겉면. ②피부. ＊ 살갗이 [—까치]·살갗만 [—깐—]

살-거름團 씨를 뿌릴 때, 씨와 섞어 쓰는 거름. ¶감자 살거름으로 쓰려고 재를 모으다.

살-거리 [—꺼—]團 몸에 붙은 살의 정도와 모양. ¶살거리가 투실하다.

살-걸음團 화살이 날아가는 속도.

살-결 [—껼]團 살갗의 결. ¶고운 살결.

살-결박 (—結縛)團톔 (죄인 따위를) 옷을 벗기고 알몸뚱이로 묶음.

살구團 살구나무의 열매.

살구-꽃團 살구나무의 꽃. 행화(杏花). ＊ 살구꽃이 [—꼬치]·살구꽃만 [—꼰—]

살구-나무團 장미과의 낙엽 소교목. 중국 원산의 과실나무로 높이는 5m가량. 봄에 잎보다 먼저 연분홍 꽃이 피고, 열매는 여름에 노랗게 익음. 열매는 과실로 먹고, 씨는 행인(杏仁)이라 하여 한방에서 약재로 쓰임.

살-군두圈 (꺾쇠 대신 쓰는) 가랫날을 장부의 바닥에 얼러 매는 줄.

살균(殺菌)圈圈囲囲囮 (약품이나 열 따위로) 세균을 죽임. 멸균(滅菌).

살균-력(殺菌力)[-녁]圈 세균을 죽이는 힘.

살균-제(殺菌劑)圈 살균하는 데 쓰이는 약제. 〔승홍·요오드·붕산·알코올·포르말린 따위.〕

살그니囲〈살그머니〉의 준말. 囹슬그니.

살그머니囲 남몰래 넌지시. 웡⟨살그니·살그미⟩. 囹슬그머니.

살그미囲〈살그머니〉의 준말. 囹슬그미.

살근-거리다囚 자꾸 살근살근하다. 살근대다. 囹슬근거리다.

살근-대다囚 살근거리다.

살근-살근囲圈 물체가 서로 맞닿아서 가볍게 비벼지는 모양. ¶다치지 않게 살근살근 문질러라. 囹슬근슬근.

살금-살금囲 눈치를 살펴 가며 몰래 살그머니 하는 모양. ¶살금살금 기어 오다. 囹슬금슬금.

살긋-하다[-그타-]圈囮 샐긋하다. 囹실긋하다. 쎈쌀긋하다. 살긋-이囲.

살-기¹[-끼]圈 몸에 살이 붙은 정도.

살기²圈 연어과의 민물고기. 몸길이 16~20cm. 은어와 비슷하며 몸빛은 은백색인데, 아가미와 옆줄 아래에 갈색 반점이 많음. 숲 속의 맑은 물이나 연못·하천 등에 삶.

살기(殺氣)圈 살인이라도 할 것 같은 무서운 기색이나 분위기. 살벌한 기운. ¶살기 등등한 얼굴.

살기-담성(殺氣膽盛)圈囲圈 살기가 있어서 무엇이라도 무섭지 않음.

살기등등(殺氣騰騰)'살기등등하다'의 어근.

살기등등-하다(殺氣騰騰-)圈囮 살기가 얼굴에 잔뜩 올라 있다.

살기-충천(殺氣衝天)圈囲圈 살기가 가득 차서 하늘을 찌를 듯함.

살-길¹[-낄]圈 화살이 날아가는 길.

살-길²[-낄]圈 살아가기 위한 방도. ¶제각기 살길을 찾아가다.

살-깃[-낏]圈 화살 뒤끝에 붙인 새의 깃. *살깃이[-끼시]·살깃만[-낀-].

살-날[-랄]圈 ①앞으로 살아 있을 날. 살살 게 될 날. ¶우리도 살날이 멀지 않았다.

살-내[-래]圈 몸에서 나는 냄새. 체취(體臭).

살년(殺年)[-련]圈 크게 흉년이 든 해.

살-눈[-룬]圈 ➡주아(珠芽).

살:다¹〔사니·살아〕囚 ①목숨을 이어 가다. 생존하다. ¶고기는 물에서 산다. ②(사람답게) 생활하다. ¶가정을 이루어 살다. ③일정한 거처(처소)에서 지내다. 보금자리를 지키며 누리다. ¶고향에서 살다. /이 고가(古家)에서 오대(五代)째 살고 있다. ④예술 작품 따위가 생동감 있게 표현되다. ¶마지막 한 줄로 이 시(詩)가 살았다. ⑤바둑의 돌이나 장기의 말 따위가 상대에게 잡히지 않게 되다. ¶죽을 뻔했던 대마가 살았다. ⑥불 따위가 꺼지지 않고 빛과 열을 계속 갖고 있다. ¶화로의 짚불이 살아 있다. ⑦유용하다. 쓸모가 있다. ¶산 교훈. /산 역사. /살아 있는 규범. ⑧일정한 장소에서 계속 시간을 보내다. ¶온종일 낚시터에서 살다. ⑨기억 속에 남다. ¶영원히 가슴속에 살아 있을 추억. ①⑥⑥→죽다.

산 (사람) 입에 거미줄 치랴屬囮 사람은 아무리 가난하여도 먹고살 수는 있다는 말.

산 호랑이 눈썹 〔찾는다〕屬囮 도저히 불가능한 것을 얻으려고 함을 이르는 말.

살:다²〔사니·살아〕囮 ①계속 지탱하다. 버티어 지내다. ¶10년을 더 살다. ②어떤 직책이나 신분으로 지내다. ¶벼슬을 살다. /머슴을 살다. ③징역이나 귀양살이 따위를 치르다. ¶징역을 살다.

살:다³〔사니·살아〕圈 기준이나 표준에 조금 크거나 많다. ¶근수를 좀 살게 달아 주오.

살-다듬이圈圈囮 다듬잇살이 오르도록 짓두드리는 다듬이.

살-담배圈 썬 담배. 각연초(刻煙草). 절초(切草). ↔잎담배.

살-닿다[-다타]囚 본밑천에 손해가 나다. 밑지다.

살-대[-때]圈 ①기둥이나 벽 따위가 넘어가는 것을 막기 위하여 버티는 나무. ②〈화살대〉의 준말.

살-덩어리[-떵-]圈 살로 이루어진 덩어리. 살덩이. ¶돼지고기를 살덩어리로만 사다.

살-덩이[-떵-]圈 살덩어리.

살도(殺到)圈 '쇄도(殺到)'의 잘못.

살-돈圈 ①노름의 밑천이 되는 돈. ②어떤 일을 하여 밑질 때, 본디 그 밑천이 되었던 돈. ②육전(肉錢).

살:-돛-스럽다[-따][~스러우니·~스러워]圈囮 말이나 행동 따위가 독살스럽고 당돌하다. **살돛스레**囲.

살뜰-하다圈囮 ①매우 알뜰하다. 규모가 있고 착실하다. ②사랑하고 위하는 마음이 지극하다. ¶시부모를 살뜰하게 보살피다. **살뜰-히**囲.

살-뜸圈囲囮 맨살에다 바로 대고 뜨는 뜸.

살랑囲圈 바람이 가볍게 부는 모양. 囹설렁.

살랑-거리다囚囮 바람이 살랑살랑하다. 살랑대다. 囹설렁거리다. 쎈쌀랑거리다.

살랑-대다囚囮 살랑거리다.

살랑-살랑囲 ①바람이 좀 살랑한 바람이 잇따라 가볍게 부는 모양. ②囲囮囮팔을 가볍게 저어 바람을 내면서 걷는 모양. 囹설렁설렁¹. 쎈쌀랑쌀랑.

살랑살랑-하다囮 매우 살랑한 느낌이 있다. 囹설렁설렁하다. 쎈쌀랑쌀랑하다.

살랑-하다囮 ①사늘한 바람이 불어 조금 추운 듯하다. ¶때는 봄이라지만 아직 바람결이 살랑하다. ②갑자기 놀라 가슴속에 찬바람이 돌다. 囹설렁하다. 쎈쌀랑하다.

살래-살래囲囮 머리 따위를 작은 동작으로 가볍게 가로흔드는 모양. ¶고개를 살래살래 젓다. 囹설레설레. 쎈쌀래쌀래.

살략(殺掠·殺略)圈囲囮 목숨과 금품을 빼앗음.

살롱(salon 프)圈 ①유럽, 특히 프랑스의 상류 사회의 저택에서, 부인이 주최하던 사교적 모임. ②미술 전람회, 또는 전람실. ③다방·미장원·바·카바레 따위의 이름으로 흔히 쓰이는 말.

살롱^음악(salon音樂)圈 ①살롱 같은 곳에서 적은 인원으로 연주하는 가벼운 음악. ②고전적인 명곡을 대중적인 가락으로 편곡한 경음악(輕音樂).

살륙(殺戮)圈囲囮囮 '살육(殺戮)'의 잘못.

살리다¹囮 ①어떤 부분을 없애지 않고 있는 그대로 남겨 두거나 좀 보태거나 하다. ¶원줄기는 살리고 곁가지만 치다. /모서리를 살리다. ②활용하다. ¶배운 지식을 살리다. /경험을 살리다.

살-리다²囮〔'살다'의 사동〕①죽게 되었던 목숨을 살게 하다. ¶죽은 목숨을 살리다. /꺼져 가는 불길을 다시 살리다. ②생활 방도를 강구하여 목숨을 유지하게 하다. ¶가족을 먹여 살리다.

살리실-산(salicyl酸)圀 바늘 모양으로 된 무색의 결정. 뜨거운 물 또는 알코올에 잘 녹음. 신맛과 자극성이 있으며, 강한 살균 작용을 함. 방부제·의약·염료 따위로 널리 쓰임.

살림圀 ①하다 한 집안을 이루어 살아가는 일. ¶ 살림을 나다. /살림을 도맡아서 한다. ②살아가는 상태나 형편. ¶ 살림이 궁하다. /살림이 쪼들리다. ③집 안에서 주로 쓰는 세간. ¶ 살림을 장만하다.

살림(을) 맡다관용 한 집안의 살림 전반에 대한 관리·감독권을 맡아 하다.

살림-꾼圀 ①살림을 맡아서 하는 사람. ②살림을 알뜰하게 잘 꾸려 가는 사람.

살림-때圀 살림에 시달리어 찌든 기색. ¶ 살림때가 묻은 아낙네의 옷차림.

살림-방(-房)[-빵]圀 살림하는 방.

살림-살이圀 ①하다 살림을 차려서 사는 일, 또는 그 규모나 형편. ¶ 단출한 살림살이. ②살림에 쓰이는 세간. ¶ 결혼 3년 만에 살림살이가 꽤 늘었다.

살림-집[-찝]圀 살림하는 집.

살림-터圀 생활하는 곳.

살-막(-幕)圀 어살을 쳐 놓고 물고기가 걸리기를 기다리기 위하여 지어 놓은 움막.

살-막이(煞-)圀 '살풀이'의 잘못.

살-맛[-맏]圀 ①남의 살과 서로 맞닿아서 느끼는 느낌. ②성행위의 즐거움. * 살맛이[-마시]·살맛만[-만-].

살:-맛[-맏]圀 세상을 살아 나가는 재미. ¶ 맛이 안 난다. /살맛을 잃다. * 살:맛이[-마시]·살:맛만[-만-].

살망-살망兩 살망한 다리로 걷는 모양. 큰설명설명.

살망-하다톔어 ①아랫도리가 어울리지 않게 가늘고 길다. ②옷이 몸에 어울리지 않게 짧다. 큰설명하다.

살며시兩 가볍게 또는 드러나지 않게 넌지시. ¶ 살며시 자리를 뜨다. 큰슬며시.

살멸(殺滅)圀하다 죽여 없앰. ¶ 세균을 살멸하다.

살멸-살멸[-멸쌀멸]兩 거듭 살며시 행동하는 모양. 큰슬몃슬몃.

살모넬라-균(salmonella菌)圀 장내 병원균(腸內病原菌)의 한 무리. 장티푸스·파라티푸스·식중독 따위의 원인이 됨.

살모-사(殺母蛇)圀 살무사.

살-목(-木)圀 집을 살잡이할 때, 기둥을 솟구는 지렛대.

살무사圀 살무삿과의 독사. 몸길이 70 cm가량. 대가리는 삼각형이며 목은 가늘고 꼬리는 홀쭉함. 온몸은 어두운 회색에 검은 동전 모양의 무늬가 많음. 음습한 산골짜기나 돌무덤 등에 살며 쥐·개구리 따위를 잡아먹음. 복사(蝮蛇). 살모사(殺母蛇).

살-문(-門)圀 문살을 가로세로 넣어 짠 문.

살미圀 전각(殿閣)이나 누각(樓閣) 따위의 건축에서, 기둥 위와 도리 사이를 장식하는, 촛가지를 짜서 만든 부재(部材).

살미⌢살창(-窓)圀 촛가지를 짜서 살을 박아 만든 창문.

살밑(옛)圀 살밑. ¶ 살밑 촉:鏃(訓蒙中29).

살-밀이하다 문살의 등을 밀어서 장식하는 일.

살-밑圀 말의 꼬리에 걸어 안장에 매는 끈.

살-밑[-믿]圀 화살 끝에 박은 뾰족한 쇠. 살촉. 화살촉. * 살밑이[-미치]·살밑을[-미틀]·살밑만[-민-]

살-바람圀 ①봄철에 부는 찬 바람. ②좁은 틈에서 새어 드는 찬 바람.

살-받이[-바지]圀 (과녁의 앞뒤와 양쪽에) 화살이 날아와 떨어지는 자리.

살-방석(-方席)圀 방석 모양으로 만든, 화살을 닦는 제구.

살벌(殺伐)圀하다 분위기나 풍경, 또는 인간관계 따위가 거칠고 서먹서먹함. ¶ 살벌한 분위기.

살-별圀 꼬리별. 혜성.

살-보시(←布施)圀하다 '여자가 중에게 몸을 허락함'을 조롱하여 이르는 말.

살부지수(殺父之讎)圀 아버지를 죽인 원수.

살-붙이[-부치]圀 ①가까운 혈족. 〔주로, 부모와 자식 관계에서 씀.〕 ②뼈가 붙지 않은 짐승의 살코기.

살비(撒肥)圀하다 비료를 뿌림.

살-빛[-삔]圀 살갗의 빛깔. 색색. * 살빛이[-삐치]·살빛만[-삔-].

살:사(salsa 스)圀 쿠바의 리듬에 로큰롤·솔·재즈 따위를 혼합한 활기에 넘치는 라틴 음악, 또는 그 음악에 맞춰 추는 춤.

살사⌢장치(撒沙裝置)[-싸-]圀 기관차의 바퀴가 헛돌거나 미끄러지는 것을 방지하기 위해 레일 위에 모래를 뿌리는 장치.

살살[1]兩 ①남이 모르게 살그머니. 살금살금. ¶ 살살 뒤를 밟다. ②가만히. ¶ 눈치를 살살 보다. /눈웃음을 살살 치다. ③그럴듯한 말이나 행동으로 남을 달래거나 꾀는 모양. ¶ 살살 꾀어 데려오다. ④바람이 보드랍게 부는 모양. ¶ 살살 부는 봄바람. ⑤(잘 녹는 물질이) 모르는 사이에 녹는 모양. ¶ 사탕이 입 안에서 살 녹는다. 큰슬슬.

살살[2]兩 ①적은 양의 액체가 찬찬히 고루 끓는 모양. ¶ 찻물이 살살 끓는다. ②온돌방의 방바닥이 골고루 뭉긋하게 더운 모양. ¶ 방바닥이 살살 끓는구나. 큰설설1. 쎈쌀쌀.

살살[3]兩 ①살래살래 흔드는 모양. ②작은 벌레가 기어 다니는 모양. 큰설설2.

살살[4]兩 배가 조금씩 쓰리면서 아픈 모양. ¶ 배가 살살 아프다. 쎈쌀쌀.

살살-거리다재 ①작은 벌레가 계속해서 가만가만 기어 다니다. ②눈웃음을 치며 자꾸 알랑거리다. ③계속해서 달래며 가만가만 야살을 떨다. 살살대다.

살살-대다재 살살거리다.

살살-이圀 '간사하게 알랑거리는 사람'을 얕잡아 이르는 말.

살살-하다톔어 ①간사하고 교활하다. ②매우 아슬아슬하다. ③가냘프고 약하다.

살상(殺傷)圀하다튔재 죽이거나 상처를 입힘. ¶ 인명을 살상하다.

살-색(-色)[-쎅]圀 살빛.

살생(殺生)圀하다자타튔재 사람이나 동물 따위의 산 것을 죽임.

살생-계(殺生戒)[-쌩계-쌩게]圀 불교에서, 오계(五戒) 또는 십계(十戒)의 하나. 살생을 해서는 안 된다는 계율.

살생-금단(殺生禁斷)[-쌩-]圀 불교에서, 자비의 정신으로 생물을 애호하기 위하여 새·짐승 따위의 사냥을 금하는 일.

살생-부(殺生簿)[-쌩-]圀 ①계유정난 때, 수양대군이 죽이고 살릴 사람의 이름을 적어 둔 명부. ②어떤 조직에서 '퇴출시킬 사람의 이름을 적은 명부'를 비유하여 이르는 말. ¶ 살생부가 나돌다.

살생-유택(殺生有擇) [-쌩-]圖 세속 오계의 하나로, 함부로 살생을 하지 말아야 한다는 계율.

살생-죄(殺生罪) [-쌩쬐/-쌩쮀]圖 불교에서, 무자비한 살생을 범한 죄, 또는 그 죄로 인해 받는 벌을 이르는 말.

살서-제(殺鼠劑) [-써-]圖 쥐를 죽이는 약. 〔아비산·황린 따위.〕쥐약.

살-성(-性) [-썽]圖 살갗의 성질.

살성(殺星) [-썽]圖 사람의 명수(命數)를 맡고 있다는 불길한 별.

살-소매圖 팔과 소매 사이의 빈틈.

살-손圖 ①연장 따위를 쓰거나 장갑을 끼거나 하지 않고 직접 대어 만지는 손. ¶살손으로 집다가 가시에 찔렸다. ②일을 정성껏 하는 손. ¶잡손이 어이 살손일까?
  살손(을) 붙이다[관용] 일을 다잡아 정성을 다하다. ¶살손을 붙여 마무리 작업을 하다.

살수(殺手) [-쑤]圖 ①칼과 창을 가진 군사. ②지난날, 죄인의 목을 치던 사람. ②망나니.

살수(撒水) [-쑤]圖하자 물을 뿌림.

살-수건(-手巾) [-쑤-]圖 화살을 문질러 닦는 수건. 참살수세미.

살수-기(撒水器) [-쑤-]圖 물을 뿌리는 기구.

살-수세미[-쑤-]圖 활촉을 문질러 닦는 데 쓰는, 대로 만든 수세미.

살수-차(撒水車) [-쑤-]圖 (먼지가 일지 않도록) 한길에 물을 뿌리며 다니는 자동차. 물자동차.

살신성인(殺身成仁) [-씬-]圖하자 몸을 죽여 인(仁)을 이룸, 곧 옳은 일을 위하여 자기 몸을 희생함.〔'논어'의 '위령공편(衛靈公篇)'에 나오는 말임.〕

살-쐐기圖 여름철에 생기는 피부병의 한 가지. 가렵고 따끔거림.
  살쐐기(가) 일다[관용] 살쐐기가 나다.

살아-가다재 ①목숨을 이어 가다. ¶대대로 살아갈 이 땅. ②살림을 해 나가다. ¶행복하게 살아가다.

살아-나다재 ①죽었거나 거의 죽게 된 것이 다시 생명을 얻어 살게 되다. ¶구사일생으로 살아나다. ②꺼지게 된 불이 다시 피어 오르다. ¶휘발유를 뿌리니 죽어가던 모닥불이 살아났다. ③어렵던 고비를 벗어나다. ¶부도 직전이던 회사는 채권단의 배려로 살아났다. ④잊었던 기억이 다시 떠오르다. ¶사진을 보니 옛 기억들이 새록새록 살아난다. ⑤쇠퇴했던 세력이 다시 성해지다. ¶팀워크가 살아난다.

살아-남다[-따]재 ①여럿 가운데 얼마가 죽음을 면하여 살아서 남아 있게 되다. ¶이번 지진으로 살아남은 사람은 몇 안 된다. ②어떤 일이나 효력 따위가 계속되다. ¶가슴에 큰 감동으로 살아남은 고전. ③어떤 분야에서 밀려나지 않고 유지하다. ¶생존 경쟁에서 살아남다.

살아내다타 〈옛〉살려내다. ¶白龍을 살아내시니(龍歌22章).

살아-생이별(-生離別) [-니-]圖 '생이별'을 강조하는 말.

살아-생전(-生前)圖 이 세상에 살아 있는 동안. 곧, '생전'을 강조하는 말. ¶살아생전에 남북통일을 보고 싶다.

살아-오다재 ①목숨을 이어 오다. ¶반평생을 살아오다. ②죽지 않고 돌아오다. ¶전쟁터에서 구사일생으로 살아오다. ③어떤 일정한 일자리에서 일해 오거나 일정 기간 동안 어떤 일을

겪어 오다. ¶그는 30여 년을 교사로 살아왔다. ④어떤 종류의 인생이나 생애·시대 따위를 견디며 지내 오다. ¶고난의 삶을 살아오다.

살아-평생(-平生)圖 사람이 살아가는 일생 내내의 동안. ¶살아평생 이런 희한한 일은 처음 겪는다.

살-언치圖 언치에 덧댄 작은 짚자리나 부대 조각.

살-얼음圖 얇게 살짝 언 얼음. 박빙(薄氷).
  살얼음 밟듯이[관용] (몹시 위험한 지경에서) 매우 조심스럽게.

살얼음-판(-板)圖 ①살얼음이 언 얼음판. ②'몹시 위태롭고 아슬아슬한 지경'을 비유하여 이르는 말. ¶살얼음판을 걷는 듯하다.

살없는-창(-窓) [-럼-]圖 창살이 없이 문얼굴만 있는 창.

살-여울[-려-]圖 급하고 빠른 여울물.

살오늬圖 〈옛〉살의 오늬. 오늬[矢筈]. ¶살오늬 괄:筈(訓蒙下29).

살오다재 〈옛〉살리다. ¶이온 플을 다 살와 내여 수라(顚澈.關東別曲).

살옥(殺獄)圖 조선 시대에, 살인 사건에 대한 '옥사(獄事)'를 이르던 말.

살-올실圖 ☞근섬유(筋纖維).

살육(*殺戮)圖하타되자 (많은 사람을) 마구 죽임. ¶살육을 저지르다.

살육-장(*殺戮場) [-짱]圖 살육이 벌어지는 곳.

살육지변(*殺戮之變) [-찌-]圖 많은 사람을 마구 죽이는 변고.

살의(殺意) [사릐/사리]圖 사람을 죽이려는 생각. ¶살의를 띠다. /살의를 품다. /살의에 가득 찬 눈빛.

-살이〔접미〕(일부 명사나 용언의 어간 뒤에 붙어) 무엇에 종사하거나 기거하여 살아감을 뜻함. ¶고용살이. /더부살이. /시집살이. /타향살이.

살인(殺人)圖하자 사람을 죽임. ¶살인 사건. / 살인 혐의.

살인-강도(殺人强盜)圖 사람을 죽이고 재물을 빼앗는 도둑.

살인-광(殺人狂)圖 사람을 죽이는 데 재미를 붙인 듯이 함부로 살인하는 사람.

살인^광선(殺人光線)圖 사람을 죽이거나 무기를 파괴할 수 있는 강한 에너지를 가진 광선. 〔레이저 광선 따위.〕

살인-귀(殺人鬼)圖 예사로 사람을 죽이는 냉혹한 사람을 악귀에 비유하여 이르는 말. 살인마.

살인-극(殺人劇)圖 사람을 죽이는 소동.

살인-나다(殺人-)재 살인 사건이 생기다.

살인-내다(殺人-)타 사람을 죽이다.

살인-마(殺人魔)圖 ☞살인귀.

살인^미^수(殺人未遂)圖 사람을 죽이려다가 이루지 못함.

살인-범(殺人犯)圖 살인죄를 범한 사람, 또는 그 죄. 살해범.

살인-자(殺人者)圖 살인을 한 사람.

살인-적(殺人的)관圖 사람의 몸이 견디지 못할 정도로 몹시 심한 (것). ¶살인적 더위. /살인적인 한파.

살인-죄(殺人罪) [-쬐/-쮀]圖 (고의로) 사람을 죽임으로써 성립하는 죄.

살-잡다圖하자 기울어져 가는 집 따위를 살대 등으로 버티어 바로 일으켜 세우는 일.

살장[-짱]圖 광산 구덩이 속에서 동발과 띳장 사이에 끼워서 흙과 돌 따위가 떨어지지 않게 하는 나무나 널.

살-전(-錢)圖 '살돈'의 방언.

살-점(-點) [-쩜]圓 큰 덩어리에서 베어 낸 살의 조각.

살정-제(殺精劑) [-쩡-]圓 정자(精子)를 죽이는 약, 곧 피임약.

살-조개圓 ☞꼬막.

살주-마(殺主馬) [-쭈-]圓 주인도 몰라보고 해치는 난폭한 말.

살줄-치다[-쭐-]자 연을 얼리다가 켰던 자리를 바꾸거나, 얼레를 이리저리 넘기어서 다시 풀리게 하다.

살-지다혱 ①몸에 살이 많고 튼실하다. ¶살진 암탉. ②땅이 기름지다. ¶살진 논밭.

살-지르다[~지르니·~질러]자타 ①칸살을 지르다. ②노름판에서, 걸어 놓은 돈에 덧붙이기로 돈을 더 대어 놓다. ③어살을 치다.

살지무석(殺之無惜) [-찌-]圓 죽어도 아깝지 아니함. [지은 죄가 매우 무거움을 이르는 말.]

살-집[-찝]圓 살의 부피. ¶살집이 좋다.

살짓명〈옛〉살깃. ¶살짓 령:翎(訓蒙中29).

살짝圓 ①남에게 들키지 않게 얼른. ¶과자를 살짝 집어 먹다. ②힘들이지 않고 능숙하게. ¶살짝 들어 올리다. ③심하지 않게 약간. ¶살짝 얼굴을 붉힌다. /버섯을 살짝 데치다. ④표 나지 않게 가만히. ¶그녀는 그 일을 내게만 살짝 귀띔해 주었다. 團슬쩍. **살짝-살짝**图.

살짝-곰보[-꼼-]圓 조금 얽은 곰보.

살짝-궁[-꿍]图 '살짝'을 강조하여 이르는 말.

살쩍圓 ①관자놀이와 귀 사이에 난 털. 귀밑털. 빈모(鬢毛). ②〈살쩍밀이〉의 준말.

살쩍-밀이[-쩡-]圓 살쩍을 망건 속으로 밀어 넣는, 대나 뿔로 만든 물건. 團살쩍.

살쭈圓〈쇠살쭈〉의 준말.

살질圓 쏜 화살이 날아가는 모양새.

살-찌다자 몸에 살이 많아지다. 살이 오르다.

　살찐 놈 따라 붓는다〔속담〕실속 없이 남이 하는 대로 따라 할 필요가 없음을 이르는 말.

살찌-우다타〔'살찌다'의 사동〕몸에 살이 많아지게 하다. ¶돼지를 살찌우다.

살-차다타 ①흐르는 살별의 꼬리가 세차다. ②마음씨가 차고 매섭다.

살-창(-窓)圓 인방(引枋)이나 문틀에 살대를 나란히 세워 낸 창. 살창문. 전창(箭窓).

살-창문(-窓門)圓 ☞살창.

살천-스럽다[-따]〔~스러우니·~스러워〕혱ㅂ 쌀쌀하고 매섭다. **살천스레**图.

살초-제(殺草劑)圓 ☞제초제(除草劑).

살-촉(-鏃)圓 화살 끝에 박은 뾰족한 쇠. 살밑. 화살촉.

살충(殺蟲)圓하자 벌레를 죽임.

살충-등(殺蟲燈)圓 해충을 잡기 위해 마련한 등. 유아등(誘蛾燈).

살충-제(殺蟲劑)圓 농작물·가축·인체에 해가 되는 벌레를 죽이거나 없애는 약제. 구충제.

살치圓 쇠갈비의 윗머리에 붙은 고기.

살-치다자 못 쓰게 된 글에 '×' 모양의 줄을 그어 못 쓴다는 뜻을 나타내다.

살-친구(-親舊)圓 남색(男色)의 상대가 되는 친구.

살캉-거리다자 자꾸 살캉살캉하다. 살캉대다. 團설컹거리다. 쎈쌀캉거리다. 예살강거리다.

살캉-대다자 살캉거리다.

살캉-살캉圓하자 설익은 밤이나 콩 따위가 가볍게 씹히는 소리, 또는 그러한 느낌. ¶땅콩이 덜 볶이어 살캉살캉하게 씹힌다. 團설컹설컹. 쎈쌀캉쌀캉. 예살강살강.

살코기圓 (뼈·비계·심줄 따위가 섞이지 않은) 살로만 된 고기. 團정육(精肉).

살쾡이圓 고양잇과의 산짐승. 고양이와 비슷한데 몸집이 좀 크며, 몸빛은 갈색이고, 등에 흑갈색 줄무늬와 얼룩무늬가 있음. 성질이 매우 사나우며, 밤에 꿩이나 다람쥐 따위를 잡아먹음. 들고양이. 삵. 야묘.

살타토(saltato 이)圓 현악(絃樂)에서, 활을 현 위에서 튀게 하여 연주하는 주법. 살타도.

살탄도(saltando 이)圓 ☞살타토.

살-통圓 어떤 물건을 살대를 받친 채로 자리를 옮기는 도구.

살파(撒播)圓하타 (씨를) 골고루 뿌림. ¶볍씨를 살파하다.

살-파지다[-찌-]혱 (힘살이) 살지고 단단하다. ¶나이에 비해 살파지게 생겼다.

살-판[1]**(국궁**(國弓)에서, 화살 50시(矢)를 쏘아 20시를 과녁에 맞추는 일. 團대살판·소살판.

살-판[2]圓 남사당패의 여섯 가지 놀이 중의 셋째 놀이. 땅재주 광대가 두 손으로 땅을 짚고 공중제비를 넘는 일. 살판뜀.

살-판[3]圓 '살얼음판'의 잘못.

살-판(-板)圓 집을 잘갑이할 때에 기둥을 솟구는 데 쓰는 널.

살:판-나다자 좋은 일이나 돈이 생겨 살기가 넉넉해지다. 기를 펴고 살 수 있게 되다. ¶많은 유산이 굴러 들어와 살판났다. /이제 어른들의 간섭이 없어졌으니 살판났구나.

살판-뜀圓 ☞살판2.

살판-쇠[-쇠/-쉐]圓 남사당패에서, 몸을 날려 재주를 넘는 재인(才人)의 우두머리.

살펴-보다타 하나하나 자세히 주의해 보다. ¶주위를 살살이 살펴보다. 준감하다.

살-평상(-平床)圓 바닥에 좁은 나무오리를 일정한 사이를 두고 대어서 만든 평상.

살포圓 논의 물꼬를 트거나 막거나 할 때에 쓰는 네모진 삽.

살포(撒布)圓하타되자 일대에 흩어 뿌림. ¶비행기로 농약을 살포하다.

살포시图 매우 보드랍고 가볍게. 살며시. ¶살포시 눈을 감다.

살포-제(撒布劑)圓 ①소독이나 살충을 위하여 뿌리는 약제를 통틀어 이르는 말. ②몸의 습하기 쉬운 곳에 생기는 습진이나 피부의 상처 따위를 예방하거나 고치기 위하여 뿌리는 외용약.

살-풀이(煞-)圓 ①흉살을 피하려고 하는 굿. ②남도(南道) 살풀이에서 파생된 민속 무용의 한 가지.

살풀이-장단(煞-)圓 무악(巫樂) 장단의 한 가지.

살-품圓 가슴과 옷 사이의 빈틈.

살-풍경(殺風景)圓 ①아주 보잘것없거나 몹시 쓸쓸한 풍경. ②하형아주 단조롭고 흥취가 없음. ¶거리가 매우 살풍경하다. ③살기를 띤 광경.

살피圓 ①두 땅이 맞닿은 경계를 나타낸 표. ②물건과 물건 사이를 구별한 표.

살피다[1]타 ①조심하여 자세히 보다. ¶눈치를 살피다. /집 안의 동정을 살피다. ②어떤 현상을 관찰하거나 미루어 헤아리다. ¶정세를 살피다.

살피다[2]혱 짜거나 엮은 물건이 알파하고 성기다. ¶무명이 너무 살피다. 團설피다.

살짓-살핏[-핃쌀핃]图혱에 (피륙 따위가) 여기저기 살핏살핏 짜인 모양. 團설핏설핏.

살핏-하다[-피타-]혱에 짜거나 엮은 것이 좀 얇고 성긴 듯하다. ¶살핏한 모시. 團설핏하다.

살해(殺害)[명][하타][되자] 남을 죽임. 남의 생명을 해침. ¶유괴한 아이를 살해하다.

살해-범(殺害犯)[명] 사람을 죽인 범인. 살인범.

살-홍(-紅)[명] 홍살문·정문·샛문 따위의 위에 가로 댄 살대.

살활(殺活)[명] 죽임과 살림.

살획(殺獲)[-획/-훽][명][하타] 죽임과 사로잡음, 또는 죽이거나 사로잡음.

삵[삭][명] ☞살쾡이 ¶삵이[살기]·삵만[상-]

삵-괭이[명] '살쾡이'의 잘못.

삵-피(-皮)[삭-][명] 털째로 벗긴 살쾡이의 가죽. 야묘피(野貓皮).

삶:[삼][명] ①사는 일. 살아 있는 일. 생(生). ¶보람찬 삶. /삶에 대해 회의를 느끼다. ↔죽음. ②목숨. 생명. *삶:이[살미]·삶:만[삼-]

삶-기다[삼-][자]『'삶다'의 피동』삶아지다.

삶:다[삼따][타] ①(물건을) 물에 넣고 끓이다. ¶달걀을 삶다. ②(남을) 달래거나 꾀거나 으르거나 하여 고분고분하게 만들다. ¶고집이 센 사람이니 잘 삶아 두어라. ③논밭의 흙을 써레로 썰고 나래질로 골라서 노글노글하게 하다. ¶밭을 삶다. *삶아·삶:고[삼꼬]·삶:는[삼-]

삶-이[명][하자] ①논을 삶는 일. 건삶이와 무삶이가 있음. ②(못자리를 마련하지 않고) 잘 삶은 논에 바로 볍씨를 뿌리는 일. ②수부종.

삷[명][옛] 삽. ¶헌 삿갓 자른 되롱 삷 집고 호미 메고(古時調).

삼[1][명] 태 속의 아이를 싸고 있는 막과 태반(胎盤). 태(胎). 태보(胎褓).

삼(을) 가르다[관용] 해산한 뒤에 탯줄을 끊다. 태를 가르다.

삼[2][명] ①뽕나뭇과의 일년초. 중앙아시아 원산의 재배 식물. 줄기는 1~2.5 m이며 곧게 자람. 잎은 손바닥 모양으로 갈라지는 겹잎이며, 여름에 연녹색 꽃이 핌. 줄기 껍질은 섬유의 원료가 되며 씨로는 기름을 짬. 대마(大麻). 마(麻). ②대마·저마·아마·황마를 두루 이르는 말.

삼[3][명] 병으로 말미암아 눈동자에 좁쌀만 하게 생기는 희거나 붉은 점.

삼[4][명] 뱃바닥에 댄 널.

삼(參)[명] 〈삼성(參星)〉의 준말.

삼(蔘)[명] ①〈인삼〉의 준말. ②'인삼(人蔘)'과 '산삼(山蔘)'을 두루 이르는 말.

삼(三·參)[Ⅰ][수] 셋.
[Ⅱ][관](일부 단위를 나타내는 명사 앞에 쓰이어) ①그 수량이 셋임을 나타내는 말. ¶삼년. /삼 개월. ②그 순서가 세 번째임을 나타내는 말. ¶삼 학년. /교실은 삼 층에 있다.

삼가[명] 삼가는 마음으로 조심하는 마음으로 정중히. ¶삼가 고인의 명복을 빕니다.

삼가다[타] ①무엇을 꺼려 몸가짐 따위를 조심스럽게 하다. ¶말을 삼가다. ②무엇을 꺼려 양(量)이나 횟수가 지나치지 않도록 줄이다. ¶바깥출입을 삼가다. /술과 담배를 삼가시오.

삼-가리(三街里)[명] ☞삼거리.

삼가-하다[타] '삼가다'의 잘못.

삼각(三角)[명] ①세모. ②〈삼각형〉의 준말. ③〈삼법〉의 준말.

삼각(三刻)[명] 세 시각, 또는 셋째 시각.

삼각(三脚)[명] ①☞비경이. ②〈삼각가(三脚架)〉의 준말.

삼각(三覺)[명] 부처가 갖춘 깨달음의 세 가지 상(相), 곧 자각(自覺)·각타(覺他)·각행원만(覺行圓滿)을 아울러 이르는 말.

삼각-가(三角架)[-까][명] 도가니를 걸쳐 놓는 데 쓰는, 정삼각형 모양의 기구.

삼각-가(三脚架)[-까][명] 망원경이나 사진기·나침반 같은 것을 얹어 놓는, 세 발 달린 받침대. 삼발이. ⑥삼각.

삼각-강(三角江)[-깡][명] 조류(潮流) 따위로 삼각주가 형성되지 못하고 하구(河口)가 침식되어 나팔 모양으로 벌어진 강.

삼각-건(三角巾)[-껀][명] 부상자의 응급 치료 따위에 쓰이는 삼각형의 헝겊. 정사각형의 천을 대각선으로 잘라서 만듦.

삼각-관계(三角關係)[-관계/-관게][명] ①세 사람, 또는 세 단체 사이의 관계. ¶한국·일본·중국 간의 삼각관계. ②세 남녀 사이의 연애 관계. ¶삼각관계에 빠지다.

삼각-근(三角筋)[-끈][명] 어깻죽지와 팔의 윗마디뼈를 잇고 있는 삼각형의 근육.

삼각-급수(三角級數)[-끕쑤][명] 삼각 함수를 항(項)으로 하는 급수.

삼각-기둥(三角-)[-끼-][명] 밑면이 삼각형인 각기둥. 삼릉주.

삼각-대(三脚臺)[-때][명] 사진기·기관총 따위를 얹어 놓는, 세 발 달린 받침대.

삼각^동맹(三角同盟)[-똥-][명] 세 나라나 세 사람 사이에 맺어진 동맹.

삼각^무:역(三角貿易)[-강-][명] 두 나라 사이의 무역상의 불균형을 없애기 위하여 제삼국을 개입시켜 서로 균형을 유지해 나가는 무역.

삼각^방정식(三角方程式)[-빵-][명] 미지수나 미지수의 식의 삼각 함수를 포함하는 방정식.

삼각-법(三角法)[-뻡][명] 삼각 함수나 그 응용 등, 삼각형의 변과 각 사이의 양적 관계에 따른 여러 가지 기하학적 도형을 연구하는 수학.

삼각-비(三角比)[-삐][명] 직각 삼각형의 변의 비. ⑧삼각 함수.

삼각-뿔(三角-)[명] 밑면이 삼각형인 각뿔. 세모뿔.

삼각-산(三角山)[-싼][명] '서울 북한산(北漢山)'의 딴 이름. 백운대(白雲臺)·만경대(萬景臺)·인수봉(仁壽峯)의 세 봉으로 이루어짐. '화산(華山)'이라고도 함.

삼각산 바람이 오르락내리락[속담] 바람이 제멋대로 오르락내리락한다는 뜻으로, 거들먹거리고 놀아나는 모양을 이르는 말. 삼각산 풍류.

삼각산 풍류[속담] ☞삼각산 바람이 오르락내리락.

삼각-수(三角鬚)[-쑤][명] 두 빰과 턱에 나 삼각형을 이루고 있는 수염.

삼각-익(三角翼)[-끽][명] ☞델타 날개.

삼각익-기(三角翼機)[-끼][명] 두 날개의 평면 모양이 삼각형인 비행기.

삼각-자(三角-)[-짜][명] 삼각형의 자. 밑각이 $60°$와 $30°$의 직각 삼각자와 $45°$의 이등변 삼각자가 있음. 세모자.

삼각-점(三角點)[-쩜][명] 삼각 측량 때, 기준으로 선정된 세 정점, 또는 그것에 설치한 표지.

삼각-주(三角洲)[-쭈][명] 강물에 떠 내려온 토사(土沙)가 하구(河口)에 퇴적되어 이루어진 충적 평야의 삼각형 땅. 대체로 삼각형을 이루고 있음. 삼릉주(三稜洲). 델타.

삼각-주(三角柱)[-쭈][명] '삼각기둥'의 구용어.

삼각-지(三角-)[명] 곤충을 채집할 때 쓰는 삼각형의 종이봉투.

삼각-철(三角鐵)[명] ☞트라이앵글.

삼각-추(三角錐)[명] '삼각뿔'의 구용어.

삼각^측량(三角測量)[-층냥]뗑 삼각법을 응용한 측량법. 실지 측량이 가능한 거리나 각도에서 실지 측량이 불가능한 거리나 표고(標高) 따위를 구하는 기초적인 방법.

삼각-파(三角波)뗑 방향이 다른 둘 이상의 물결이 겹쳐서 된 불규칙한 높은 파도.

삼각-패(三角貝)뗑 중생대(中生代)의 표준 화석으로, 쥐라기·백악기의 지층에서 많이 찾아볼 수 있는 조개.

삼각-표(三角表)〈삼각 함수표〉의 준말.

삼각^플라스크(三角flask)뗑 밑면이 평평한 원뿔 모양의 플라스크.

삼각^함:수(三角函數)[-가캄쑤]뗑 직각 삼각형에서, 직각이 아닌 밑각의 크기가 일정할 때 그 각도와 삼각비와의 관계를 여섯 가지의 함수로 나타낸 것. 사인(sinθ)·코사인(cosθ)·탄젠트(tanθ)·코탄젠트(cotθ)·시컨트(secθ)·코시컨트(cosecθ). 참삼각비(三角比).

삼각^함:수표(三角函數表)[-가캄쑤-]뗑 삼각 함수의 값을 정리한 표. 준삼각표.

삼각-형(三角形)[-껑]뗑 일직선 상에서 있지 않은 세 개의 점을 세 직선으로 연결하여 이루어진 도형. 세모꼴. 준삼각.

삼간(三竿)뗑하재 ☞일고삼장(日高三丈).

삼간-동발(三間-)뗑 광산에서, 구덩이를 받친 세 개씩의 동바리 중 가운데에 있는 동바리를 이르는 말.

삼간-두옥(三間斗屋)뗑 〔세 칸에 한 말들이밖에 안 되는 집이라는 뜻으로〕 몇 칸 안 되는 '오막살이집'을 비유하여 이르는 말.

삼간-초가(三間草家)뗑 〔세 칸짜리 초가집이라는 뜻으로〕 보잘것없는 초가집을 이르는 말. 삼간초옥. 초가삼간.

삼간-초옥(三間草屋)뗑 ☞삼간초가(三間草家).

삼-간택(三揀擇)뗑하재 임금이나 왕자·왕녀의 배우자를 고를 때, 세 번 고른 다음에 정하던 일.

삼간-통(三間通)뗑 세 칸이 모두 통하게 되어 있는 집.

삼강(三綱)뗑 유교 도덕의 기본이 되는 세 가지 도리. 곧, 임금과 신하[君臣], 아버지와 자식[父子], 남편과 아내[夫婦] 사이에 지켜야 할 떳떳한 도리.

삼-강령(三綱領)[-녕]뗑 '대학(大學)'의 근본 정신인 세 강령. 곧, 명명덕(明明德)·신민(新民)·지어지선(止於至善).

삼강-오륜(三綱五倫)뗑 삼강과 오륜.

삼강-오상(三綱五常)뗑 삼강과 오상. 강상.

삼강-행실도(三綱行實圖)[-또]뗑 조선 세종 때, 설순(偰循) 등이 왕명으로 삼강의 모범이 될 충신·효자·열녀를 사적(史蹟)에서 뽑아 그 덕행을 찬양하여 편찬한 책. 3권 1책.

삼개(三開)뗑 지난날, 죽을죄에 해당하는 죄인이 비록 자복(自服)을 하더라도 세 번 국청(鞠廳)을 열고 신중히 조사·보고하던 일.

삼거(三車)뗑 불교에서, 양거(羊車)·녹거(鹿車)·우거(牛車)를 각각 성문승(聲聞乘)·연각승(緣覺乘)·보살승(菩薩乘)의 삼승(三乘)의 가르침으로 비유하여 이르는 말. 참삼승(三乘).

삼-거리(三-)뗑 ①길이 세 방향(方向)으로 갈려져 있는 곳. 세거리. 삼거리. ②〈갖은삼거리〉의 준말.

삼-거웃[-꺼묻]뗑 삼 껍질을 다듬을 때에 긁혀 떨어진 검불. *삼거웃이[-꺼우시]·삼거웃만[-꺼운-]

삼검(三檢)뗑하재 지난날, 살인 사건이 났을 때 시체를 세 번 검사하던 일, 또는 그 세 번째의 검사.

삼겹-살(三-)[-쌀]뗑 비계와 살이 세 겹으로 되어 있는 것처럼 보이는 돼지고기. 주로 갈비에 붙어 있음.

삼겹-실(三-)[-씰]뗑 세 올로 꼰 실. 삼합사(三合絲).

삼경(三更)뗑 하루의 밤을 다섯으로 나눈 셋째 시각. 하오 열한 시부터 이튿날 상오 한 시까지. 병야(丙夜).

삼경(三京)뗑 고려 시대에, 중경(개성)·서경(평양)·동경(경주), 또는 서경·동경·남경(서울)을 이르던 말.

삼경(三庚)뗑 ☞삼복(三伏).

삼경(三徑·三逕)뗑 〔은자(隱者)가 뜰에 작은 길 세 개를 내고 송(松)·죽(竹)·국(菊)을 심었다는 고사에서〕 은자가 사는 집의 뜰.

삼경(三經)뗑 시경(詩經)·서경(書經)·주역(周易)의 세 경서.

삼경(三敬)뗑 천도교에서, 경천(敬天)·경인(敬人)·경물(敬物)을 아울러 이르는 말.

삼계(三戒)[-계/-게]뗑 ①논어(論語)에서 이르는, 일생 동안 경계해야 할 세 가지일. 〔청년기에는 여색(女色), 중년기에는 투쟁(鬪爭), 노년기에는 이욕(利慾).〕 ②불교에서, 출가계·재가계·도속 공수계를 아울러 이르는 말.

삼계(三界)[-계/-게]뗑 〔불교에서〕 ①생사유전(生死流轉)이 그침 없는 중생계를 욕계(欲界)·색계(色界)·무색계(無色界)의 셋으로 분류한 것. 삼유(三有). ②천계(天界)·지계(地界)·인계(人界), 곧 하늘·사람·땅의 세 세계를 이르는 말. ③과거·현재·미래의 세 세계. ⑨삼세(三世).

삼계(三計)[-계/-게]뗑 곡식을 가꾸는 1년의 계획, 나무를 가꾸는 10년의 계획, 인재를 기르는 종신(終身)의 계획을 이르는 말.

삼계-유일심(三界唯一心)[-계-씸/-게-씸]뗑 불교에서, 삼계는 오직 마음에서 이룩된 것이며 마음만이 유일한 실재(實在)라는 뜻으로 하는 말. 삼계일심(三界一心).

삼계-일심(三界一心)[-계-씸/-게-씸]뗑 ☞삼계유일심.

삼계-제천(三界諸天)[-계-/-게-]뗑 불교에서, 욕계(欲界)·색계(色界)·무색계(無色界)에 있는 모든 하늘을 이르는 말.

삼계-탕(蔘鷄湯)[-계-/-게-]뗑 ☞계삼탕.

삼계-팔고(三界八苦)[-계-/-게-]뗑 불교에서, 삼계의 중생이 겪는다고 하는 여덟 가지 고통. 〔생로병사와 애별리(愛別離)·원증회(怨憎會)·구부득(求不得)·오음성(五陰盛).〕

삼계-화택(三界火宅)[-계-/-게-]뗑 불교에서, 삼계의 괴로움을 불난 집에 비유한 말로, '고뇌가 가득한 세계'를 이르는 말.

삼고(三古)뗑 상고(上古)·중고(中古)·하고(下古)의 세 고대(古代).

삼고(三考)뗑하재 세 번 생각함. 잘 생각함. ¶상황을 삼고하다.

삼고(三苦)뗑 불교에서 이르는 고고(苦苦)·괴고(壞苦)·행고(行苦)의 세 가지 고통.

삼고(三顧)뗑하재 ①세 번 찾아봄. ②〔삼고초려(三顧草廬)의 고사에서〕 '임금이나 윗사람이 특별히 신임하거나 우대하는 일'을 이르는 말.

삼고-초려(三顧草廬)뗑 〔중국 후한(後漢)의 유비(劉備)가 낭양에 은거하고 있던 제갈량(諸葛亮)의 초옥(草屋)을 세 번 찾아가 간청하여 드

디어 제갈량을 군사(軍師)로 맞아들인 일에서]
'인재를 맞아들이기 위해서 여러 번 찾아가서
예를 다하는 일'을 이름.

삼골(三骨)**명** 신라 때, 왕족 및 귀족의 혈통이
던 성골(聖骨)·진골(眞骨)·제이골(第二骨)의
세 가지. ☞골품(骨品).

삼공(三公)**명** ①☞삼정승(三政丞). ②고려 시대
에, 태위(太尉)·사도(司徒)·사공(司空)을 아울
러 이르던 말.

삼공-육경(三公六卿)[-뉵경]**명** 조선 시대에,
삼정승과 육조 판서를 아울러 이르던 말.

삼-공형(三公兄)**명** 조선 시대에, 각 고을의 호
장(戶長)·이방(吏房)·수형리(首刑吏)의 세 관
속. ☞공형.

삼과(三過)**명** 불교에서, 몸과 입과 뜻이 저지르
는 세 가지 허물.

삼과(三寡)**명** 양생법(養生法)의 한 가지. 기호
와 욕심·말·생각을 적게 하여 정(精)·기(氣)·
신(神)을 기르는 일. ☞삼양(三養).

삼관(三館)**명** 조선 시대에, 홍문관(弘文館)·예문
관(藝文館)·교서관(校書館)을 아울러 이르던 말.

삼관(三觀)**명** 불교 천태종의 관법(觀法)에서,
공(空)·가(假)·중(中)의 삼체(三諦)의 진리를
관찰하는 일.

삼관-왕(三冠王)**명** ①운동 경기에서, 세 종목이
나 세 부문에 걸쳐 우승을 하거나 수위를 차지
한 사람. ¶육상에서 삼관왕을 차지하다. ②세
종류의 칭호나 영예를 동시에 가지고 있는 사람.

삼광(三光)**명** 해와 달과 별. 삼정(三精).

삼광-조(三光鳥)**명** 까마귓과의 새. 날개 길이
9 cm, 수컷의 꽁지 길이 30 cm 이상. 등은 수
컷이 암자색, 암컷이 갈색이며 배는 흼. 우리
나라와 일본에서 번식하는 여름새로 암수 한
쌍씩 활엽수림에서 삶. 삼광조(山鵲).

삼교(三校)**명** (인쇄에 넘어가기 전에) 세 번째
보는 교정, 또는 그 교정지.

삼교(三敎)**명** 유교·불교·도교, 또는 유교·불교·
선교의 세 종교.

삼구(三仇)**명** 가톨릭에서, 착한 일을 못하게 방
해하는 육신·세속·마귀의 세 가지를 원수에 비
겨 이르는 말.

삼구(三垢)**명** ☞삼독(三毒).

삼구(三懼)**명** 임금이 조심해야 할 세 가지 일.
곧, 아랫사람의 말을 참고하지 않는 일, 연로
(年老)하여 교만해지는 일, 듣기만 하고 행하
지는 않는 일을 이름.

삼구^부동총(三九不動塚)**명** 민속에서, 음력 삼
월과 구월에 무덤을 건드리면 재앙이 있다 하
여 무덤 옮기기를 피하는 일.

삼국(三國)**명** ①고구려·백제·신라의 세 나라.
②중국 후한(後漢) 말기에 일어난 위(魏)·오
(吳)·촉(蜀)의 세 나라.

삼국^사기(三國史記)[-싸-]**명** 고려 인종
23(1145)년에 김부식(金富軾) 등이 왕명으로
편찬한 역사책. 신라·백제·고구려 세 나라의
개국에서 멸망까지의 역사를 기전체(紀傳體)로
기록하였음. 〔삼국유사(三國遺事)'와 함께 우
리나라 최고(最古)의 사서(史書).〕 50권 10책.

삼국^시대(三國時代)[-씨-]**명** ①우리나라에
서, 신라·백제·고구려가 정립(鼎立)하고 있던
시대. ②중국에서, 위(魏)·오(吳)·촉(蜀)이 정
립하고 있던 시대.

삼국-유사(三國遺事)[-궁뉴-]**명** 고려 충렬왕
때, 중 일연(一然)이 쓴 역사책. 신라·백제·고
구려 세 나라의 사적 및 신화·전설·시가(詩歌)

등이 풍부하게 수록되어 있음. 〔삼국사기(三
國史記)'와 함께 우리나라 최고(最古)의 사서
(史書).〕 5권 3책.

삼군(三軍)**명** ①전군(全軍). ②육·해·공군을 통
틀어 이르는 말. ③지난날, 군대의 중군과 좌
익·우익을 통틀어 이르던 말.

삼군-도총제부(三軍都摠制府)**명** 고려 말기·조
선 초기에, 중외(中外)의 군사를 통할하던 기관.

삼군문(三軍門)**명** 조선 시대에, 훈련도감·금위
영·어영청의 세 군문. 삼영문(三營門).

삼군-부(三軍府)**명** 조선 말기에, 중요한 군무를
의논하던 관아.

삼-굿[-꿋]**명** 삼을 벗기기 위하여 찌는 구덩이
나 큰 솥. *삼굿이[-꾸시]·삼굿만[-꾼-]

삼굿-하다[-꾿따-]**자여** (삼을 벗기려고) 삼굿
에 삼을 넣고 찌다.

삼권(三權)[-꿘]**명** 입법권·사법권·행정권을 아
울러 이르는 말.

삼권^분립(三權分立)[-꿘불-]**명** 국가 권력의
집중으로 인한 폐단을 막기 위하여, 국가 권력
을 입법·사법·행정으로 나누어 분담하는 통치
조직의 기본 원리.

삼귀(三歸)**명** 〈삼귀의(三歸依)〉의 준말.

삼-귀의(三歸依)[-의/-이]**명** 〔불문(佛門)에
처음 들어와서 행하는 의식으로서〕 불(佛)·법
(法)·승(僧)의 삼보(三寶)에 귀의하는 일. ☞삼
귀(三歸).

삼극(三極)**명** ①☞삼재(三才). ②전기의 양극·
음극·그리드의 세 극.

삼극^진공관(三極眞空管)[-찐-]**명** 이극 진공
관의 양극과 음극 사이에 그리드라는 극을 하
나 더 넣어 전류와 전압 등의 증폭이나 변조·
검파 따위에 사용하는 진공관.

삼금(三㶏)[-끔]**명** 대금(大㶏)·중금(中㶏)·소금(小
㶏)의 세 가지 악기(樂器). 삼죽(三竹). 〔본〕삼함
(三㶏).

삼기다[자[타] 〔옛〕①생기다. 태어나다. ¶이 몸이
삼기실제 님을 조차 삼기시니(鄭澈.思美人曲).
②지어 내다. 만들어 내다. ¶호믈 둘헤 눈화
부부를 삼기실사(古時調).

삼-꽃[-꼳]**명** ①삼(麻)의 꽃. 한방에서 약재로
쓰임. ②한방에서, 젖먹이의 피부에 나타나는
불긋불긋한 점을 이르는 말. *삼꽃이[-꼬
치]·삼꽃만[-꼰-]

삼-끈명 삼 껍질로 꼰 끈.

삼-나무(杉-)**명** 낙우송과의 상록 교목. 일본 특
산으로, 줄기는 곧고 높이는 40 m가량. 나무껍
질은 갈색이며, 잎은 짧은 바늘 모양임. 건축이
나 가구재로 쓰임. 삼목(杉木). 삼송(杉松).

삼남(三男)**명** ①셋째 아들. ②세 아들. 삼 형제.
¶슬하에 삼남 이녀를 두다.

삼남(三南)**명** 영남(嶺南)·호남(湖南) 및 충청
(忠淸) 지방을 통틀어 이르는 말. 삼남삼도.

삼남-삼도(三南三道)**명** ☞삼남.

삼남이(명) 지난날 하인(下人)이 쓰던, 대〔竹〕로
결어 만든 모자.

삼-낳이[-나-]**명하자** 삼베를 낳는 일.

삼녀(三女)**명** ①셋째 딸. ②세 딸. 삼 형제.

삼년부조(三年不弔)**명하자** 삼 년의 상기(喪期)
를 마칠 때까지 조상(弔喪)하지 아니하거나 못
함. 삼상불문(三喪不問).

삼년불비(三年不蜚)**명** 〔삼 년 동안이나 날지
않는다는 뜻으로〕'후일에 웅비(雄飛)할 기회
를 기다림'을 이르는 말. '사기'의 '골계 열
전'에 나오는 말로, '三年不蜚不鳴'에서 유래함.

삼년-상(三年喪)**명** 부모의 상을 당하여 세 해 동안 거상(居喪)하는 일. 삼년초토(三年草土). ⑤삼상(三喪).

삼년-초토(三年草土)**명** ☞삼년상(三年喪).

삼-노(蔘-)〈삼노끈〉의 준말.

삼-노끈명 삼 껍질로 꼰 노끈. ⑤삼노.

삼-노두(蔘蘆頭)**명** 인삼(人蔘) 대가리에 붙은 줄기의 밑동.

삼농(蔘農)**명** 인삼을 재배하는 농사.

삼-눈명 눈망울에 삼이 생겨 몹시 쑤시고 눈알이 붉어지는 병.

삼:다[-따]**타** ①남을 자기와의 어떤 관계자가 되게 하다. ¶사위로 삼다. /제자로 삼다. /양자로 삼다. ②무엇을 무엇으로 하거나 무엇으로 여기다. ¶경쟁의 대상으로 삼다. /다시없는 영광으로 삼다. /위기를 전화위복의 계기로 삼다. ③무엇을 무엇으로 가정하다. 《주로, '삼아'의 꼴로 쓰임.》 ¶말을 친구 삼아 이야기하다.

삼:다²[-따]**타** ①짚신이나 미투리 따위를 만들다. ¶짚신을 삼다. ②(삼이나 모시 따위의 섬유를 찢어) 비비어 꼬아서 잇다.

삼다(多多)**명** 〔중국 송(宋)나라의 구양수(歐陽脩)가 말한〕 글 짓는 공부의 세 방면의 노력, 곧 많이 (多作), 많이 읽고(多讀), 많이 생각함(多思)을 뜻하는 말로서 '주다(做多)·간다(看多)·상량다(商量多)'를 일컫는 말.

삼다-도(三多島)**명** 〔바람이 많고 돌이 많고, 여자가 많은 섬이라는 뜻으로〕'제주도'를 달리 이르는 말. ⑥삼무도.

삼-단[-딴]**명** 삼을 묶은 단. 삼을 묶은 단. 삼단 같은 머리관용 '숱이 많고 길이가 긴 머리'를 비유하여 이르는 말.

삼단(三端)**명** 〔군자가 삼가야 할 세 가지 끝이라는 뜻으로〕 문사(文士)의 붓끝, 무사(武士)의 칼끝, 변사(辯士)의 혀끝을 이르는 말.

삼단^교:수(三段敎授)**명** ①교수 과정을 직관(直觀)·총괄(總括)·응용(應用)의 세 단계로 나누어 하는 교수법. ②단원 전개에서, 예비·교수·정리의 세 단계.

삼단^논법(三段論法)[-뻡] 두 개의 전제와 하나의 결론으로 되는 추리 논법. 대전제와 소전제에서, 공통의 매개사(媒名辭)를 매개념(媒概念)으로 하여 결론을 이끌어 냄. ('가축은 동물이다. 돼지는 가축이다. 그러므로 돼지는 동물이다.' 따위와 같은 논법.)

삼단-뛰기(三段-)**명** ☞세단뛰기.

삼-단전(三丹田)**명** 도가(道家)에서 이르는 상(上)·중(中)·하(下)의 세 단전. 곧, 뇌·심장·배꼽 아래의 단전을 이름. 단전(丹田).

삼단^전:법(三段戰法)[-뻡]**명** 배구에서, '리시브·토스·스파이크'의 정통적 공격법.

삼-달덕(三達德)[-떡]**명** 어떠한 경우에도 일반에게 통하는 세 가지 덕(德). 곧, 지(智)·인(仁)·용(勇)을 이름.

삼-당상(三堂上)**명** 〔조선 시대에〕 ①육조의 세 당상관인 판서·참판·참의를 통틀어 이르던 말. ②나라의 큰 행사나 역사(役事) 때 두던 도감(都監)의, 도제조(都提調)·제조·부제조의 세 당상관을 이르던 말.

삼-당숙(三堂叔)**명** 아버지의 팔촌 형제. 삼종숙(三從叔).

삼-대[-때]**명** 삼의 줄기. 마경(麻莖).

삼대(三代)**명** ①아버지와 아들·손자의 세 대(代). 삼세(三世). ¶한 집에서 삼대가 살다. ②중국의 하(夏)·은(殷)·주(周)의 세 왕조.

삼대^개벽(三大開闢)**명** 천도교에서, 정신 개벽, 민족 개벽, 사회 개벽 등 세 가지의 개벽을 아울러 이르는 말.

삼대목(三代目)**명** 신라 진성 여왕 2(888)년에, 각간(角干) 위홍(魏弘)과 대구 화상(大矩和尙)이 왕명으로 엮은 향가집. 〔후세에 전하지 아니함.〕

삼대-선(三-船)**명** 돛대를 세 개 세운 큰 배. 세대박이.

삼-대양(三大洋)**명** 태평양·대서양·인도양을 통틀어 이르는 말.

삼-대월(三大月)**명** 음력으로 연거푸 세 번 계속되는 큰달. ↔삼소월.

삼대-일월(三代日月)**명** 중국에서, 왕도 정치(王道政治)가 잘 이루어졌다는 하(夏)·은(殷)·주(周)의 세 왕조 시대.

삼대^추영(三代追榮)**명** ☞삼대 추숭.

삼대-추숭(三代追崇)**명** 조선 시대에, 종이품 이상의 벼슬아치의 부(父)·조(祖)·증조(曾祖)에게 벼슬을 추증하여 당상관 대우를 하던 일. 삼대 추영.

삼덕(三德)**명** ①정직(正直)·강(剛)·유(柔)의 세 가지 덕. ②지(智)·인(仁)·용(勇)의 세 가지 덕. ③기독교에서 이르는, 믿음·소망·사랑의 세 가지 덕. ④불교에서 이르는, 법신(法身)·반야(般若)·해탈(解脫), 또는 지덕(智德)·단덕(斷德)·은덕(恩德)의 세 가지 덕.

삼덕-송(三德頌)[-쏭]**명** 가톨릭에서, 믿음·소망·사랑의 세 가지 덕을 구하는 기도문을 이르는 말. 삼덕 추영.

삼도(三道·三途)**명** ☞삼악도(三惡道).

삼도(三道)**명** ①부모에 대한 세 가지 효도. 곧, 부모를 봉양하고, 상사(喪事)에 근신하고, 제사를 받드는 일. 삼행(三行). ②불교에서, 성문(聲聞)이나 보살(菩薩)이 수행하는 세 과정으로, 견도(見道)·수도(修道)·무학도(無學道)를 이르는 말. ③군사를 쓰는 세 가지 방법으로, 정병(正兵)·기병(奇兵)·복병(伏兵)을 이르는 말.

삼도-내(三途-)**명** 불교에서, 사람이 죽어서 승으로 가는 길에 건너게 된다는 내를 이르는 말. 삼도천(三途川).

삼도^수군통제사(三道水軍統制使)**명** 임진왜란 때, 이순신에게 경상·전라·충청 삼도의 수군을 통솔하게 하기 위하여 두기 시작한 무관 직. 삼도 제사.

삼도-습의(三度習儀)[-쓰비/-쓰비]**명** 왕조 때, 나라의 큰 의식을 치르기 위해 행하던 세 차례의 예행 연습.

삼도^육군통어사(三道陸軍統禦使)[-꾼-]**명** 조선 고종 때, 충청도 병마절도사로 하여금 삼남(三南)의 잇달은 민란을 효과적으로 수습하게 하기 위하여 경상·전라 양도의 병권까지 겸하게 했던 임시 무관직. ⑤통어사.

삼도-천(三途川)**명** ☞삼도내.

삼도^통:어사(三道統禦使)**명** 조선 후기에, 경기도 수군절도사로 하여금 충청·황해의 수군까지 지휘 통솔할 수 있는 병권을 주어 겸직하게 했던 직책. 통어사.

삼독(三毒)**명** 불교에서, 착한 마음을 해치는 '탐욕·진에·우치'의 세 가지 번뇌를 아울러 이르는 말. 삼구(三垢).

삼독(蔘毒)**명** 인삼이 체질에 맞지 않거나 인삼을 지나치게 먹어서 생기는 신열. 삼불. 삼열(蔘熱).

삼-돌이(三-)圀 감돌이·베돌이·악돌이를 아울러 이르는 말.

삼동(三冬)圀 ①겨울의 석 달. 동삼(冬三). 동삼삭(冬三朔). 비구동(九冬). ②세 해의 겨울. 3년.

삼동(三同)圀하타 세 가지의 물건을 합함. 또는 합한 것.

삼-동네(三洞-)圀 가까운 이웃 동네.

삼동-물림(三-)圀 담뱃설대 중간에 은이나 금으로 몸을 끊려 빼었는가 하는 담뱃대.

삼동-치마(三-)圀 전체 길이를 셋으로 나누어 세 가지 빛깔을 칠한 연.

삼동-편사(三同便射)圀 지난날, 두 사정(射亭)이 각기 당상(堂上)·출신(出身)·한량의 세 계급을 합쳐 편을 짜서 활쏘기를 겨루던 경기.

삼두-박근(三頭膊筋)[-끈]圀 삼각근.

삼두-육비(三頭六臂)[-삐]圀 〔머리가 셋, 팔이 여섯이나 되어 세 사람 몫을 하는 괴물이란 뜻으로〕'몹시 힘이 센 사람'을 비유하여 이르는 말. 삼면육비(三面六臂).

삼두-음(三豆飮)圀 같은 분량의 녹두·팥·검정콩에 물을 붓고 감초나 댓잎을 조금 넣어 끓인 물. 여름에 차 대신 마심.

삼두-정치(三頭政治)圀 고대 로마 공화정 말기에, 두 차례에 걸쳐 세 사람의 유력한 정치가에 의해 이루어진 정치.

삼등(三等)圀 세 번째 등급. ¶삼등 열차.

삼-딸(蔘-)圀 인삼의 열매.

삼라(森羅)圀 '삼라하다'의 어근.

삼라-만상(森羅萬象)[-나-]圀 우주 속에 존재하는 온갖 사물과 모든 현상.

삼라-하다(森羅-)[-나-]혱여 (우거진 숲의 나무처럼) 많이 늘어서 있다.

삼락(三樂)[-낙]圀 군자의 세 가지 즐거움. 곧, 부모가 다 살아 계시고 형제가 다 무고한 일, 위로 하늘과 아래로 사람에게 부끄러울 것이 없는 일, 천하의 영재(英才)를 얻어서 가르치는 일. 군자삼락(君子三樂). 인생삼락. 웹일락·이락.

삼량(三樑)[-냥]圀 보를 석 줄로 놓아 한 칸통으로 집을 짓는 방식.

삼력(三力)[-녁]圀 조선 시대에, 역(力)의 셋째 등급으로 50근 무게의 물건을 두 손에 하나씩 들고 100보를 가던 시험. 웹역(力).

삼렬(森列)[-녈]圀 '삼렬하다'의 어근.

삼렬-하다(森列-)[-녈-]혱여 촘촘하게 늘어서 있다. ¶숲에는 키 큰 나무들이 삼렬해 있다.

삼령(三齡)[-녕]圀 누에의 두 잠이 깬 뒤로부터 석 잠 잘 때까지의 사이.

삼령(三靈)[-녕]圀 ①천(天)·지(地)·인(人), 또는 천·지·인의 신(神). 삼재(三才). ②일(日)·월(月)·성신(星辰).

삼령-오신(三令五申)[-녕-]圀 〔세 번 호령하고 다섯 번 거듭 일러둔다는 뜻으로〕'되풀이하여 자세히 명령함'을 이르는 말.

삼례(三禮)[-녜]圀 ①하자 세 번 절함. ②'예기(禮記)·주례(周禮)·의례(儀禮)'의 세 책.

삼례-업(三禮業)[-녜-]圀 고려 시대에, 잡과(雜科)의 한 과목으로 예기·주례·의례의 삼례로 시험을 보이던 일.

삼로(三老)[-노]圀 노인을 나이에 따라 나눈 세 등급. 백살의 노인을 상수(上壽), 여든 살의 노인을 중수(中壽), 예순 살의 노인을 하수(下壽)라 하는 일.

삼론(三論)[-논]圀 삼론종에서 경론으로 삼는 세 가지 책. 곧, 용수(龍樹) 보살이 지은 중론

(中論)과 십이문론(十二文論), 그 제자인 제파(提婆)가 지은 백론(百論).

삼론-종(三論宗)[-논-]圀 삼론(三論)을 기본 경전으로 하는 대승 불교의 한 파.

삼루(三壘)[-누]圀 야구에서, 이루와 본루 사이에 있는 셋째 베이스.

삼루(滲漏)[-누]圀하자 액체가 스며 나옴.

삼루-수(三壘手)[-누-]圀 야구에서, 삼루를 지키는 선수.

삼루-타(三壘打)[-누-]圀 야구에서, 타자가 한 번에 삼루까지 갈 수 있도록 친 안타.

삼류(三流)[-뉴]圀 (사물을 세 부류로 나눌 때) 일류나 이류에 들지 못하는 가장 낮은 등급. ¶삼류 소설.

삼륙-판(三六版)[-뉵-]圀 책의 판형의 한 가지. 가로 약 103 mm(세 치), 세로 약 182 mm(여섯 치) 크기의 것.

삼륜(三輪)[-뉸]圀 ①세 개의 바퀴. ②불교에서, 이 세상을 떠 밑에서 받치고 있다는 금륜(金輪)·수륜(水輪)·풍륜(風輪)을 통틀어 이르는 말.

삼륜-차(三輪車)[-뉸-]圀 바퀴가 셋인 차.

삼릉(三稜)[-능]圀 ①세 모서리. ②한방에서, '매자기의 뿌리'를 약재로 이르는 말. 산후 악혈(惡血)을 다스리고 적취(積聚)·징가(癥瘕) 따위를 푸는 데 씀.

삼릉-경(三稜鏡)[-능-]圀 ☞프리즘.

삼릉-근(三稜筋)[-능-]圀 '삼각근'의 구용어.

삼릉-장(三稜杖)[-능-]圀 지난날, 죄인을 때리는 데 쓰던 세모 방망이.

삼릉-주(三稜洲)[-능-]圀 ☞삼각주(三角洲).

삼릉-체(三稜體)[-능-]圀 세모진 물체.

삼릉-침(三稜鍼)[-능-]圀 침을 놓을 때 쓰는 세모진 침. 악혈(惡血)을 내거나 하는 데 쓰임.

삼리-혈(三里穴)[-니-]圀 경혈(經穴)의 한 가지. 종지뼈 아래의 바깥쪽으로 오목한 곳.

삼림(森林)[-님]圀 나무가 많이 우거진 곳. 수풀. ¶삼림 자원. /삼림 보호.

삼림-대(森林帶)[-님-]圀 활엽수·침엽수 따위의 교목이 번식하여 큰 삼림을 이룬 지대.

삼림-욕(森林浴)[-님뇩]圀하자 맑은 공기를 쐬고 정신적인 편안을 얻기 위하여 숲 속에 들어가 숲 기운을 쐬는 일. 산림욕.

삼림^지대(森林地帶)[-님-]圀 나무가 많이 우거져 있는 지대.

삼림^철도(森林鐵道)[-님-또]圀 임산물을 운반하기 위해 특별히 부설한 철도.

삼림-학(森林學)[-님-]圀 ☞임학(林學).

삼림^한:계선(森林限界線)[-님-계-/-님-게-]圀 삼림대와 고산대의 경계선. 산이 높아질수록 기후가 차서 삼림대가 없어지고 고산대가 나타남.

삼림^화:재^보:험(森林火災保險)[-님-]圀 화재로 말미암은 삼림의 피해를 메워 주기 위한, 화재 보험의 한 가지.

삼립(森立)[-닙]圀하자 (나무 숲처럼) 빽빽이 들어섬.

삼-마(-麻)圀 한자 부수의 한 가지. '麾'·'麼' 등에서의 '麻'의 이름.

삼-마누라圀 무당굿 열두 거리 가운데 셋째 거리.

삼망(三忘)圀 〔사마천의 '사기(史記)'에 나오는 말로〕 군인이 전장에서 잊어야 할 세 가지 일. 곧, 명령을 받고서는 집을 잊고, 싸움터에 나가서는 부모를 잊고, 공격의 북소리를 듣고서는 자신을 잊어야 한다는 것.

삼망(三望)〔명〕〔조선 시대에〕①벼슬아치를 추천할 때 후보자 셋을 천거하던 일. 망정(望定). ②시호(諡號)를 정할 때, 세 가지를 들어 그중에서 하나를 고르던 일.

삼매(三昧←samādhi 범)〔명〕①불교에서, 잡념을 버리고 한 가지 일에만 정신을 집중하는 일. ②다른 말 아래 쓰이어, 그 일에 열중하여 여념이 없음을 이르는 말. 삼매경. ¶독서삼매.

삼매-경(三昧境)〔명〕☞삼매.

삼매-당(三昧堂)〔명〕절에서, 중이 들어앉아 법화 삼매 또는 염불 삼매를 닦는 법당.

삼매-승(三昧僧)〔명〕삼매당에서 법화 삼매나 염불 삼매를 닦는 중.

삼매야^만다라(←三昧耶曼陀羅)〔명〕불보살이나 명왕(明王)·제천(諸天) 등이 가지고 있는, 기장(器仗)이나 인(印) 등으로 나타낸 만다라.

삼매야-형(三昧耶形)〔명〕부처나 보살(菩薩)의 본원(本願)을 상징하는 칼·활·구슬 따위의 기장(器仗)이나 인계(印契). 〔문수보살(文殊菩薩)이 들고 있는 칼이나 관세음보살이 들고 있는 연꽃 따위.〕

삼막-삼보리(←三藐三菩提.Samyak-sambodhi 범)〔-쌈-〕〔명〕부처의 깨달음, 또는 깨달음의 경지를 이르는 말.

삼면(三面)〔명〕세 방면. ¶삼면이 바다로 둘러싸인 나라.

삼면-각(三面角)〔명〕세 개의 평면이 한 점에서 만날 때 생기는 입체적인 각.

삼면-경(三面鏡)〔명〕거울 세 개가 나란히 붙은 경대(鏡臺). 〔자기의 모습을 세 방향에서 볼 수 있게 만든 거울.〕

삼면^계:약(三面契約)〔-게-/-게-〕〔명〕서로 지가 다른 세 사람 사이에서 맺어지는 계약. 〔채권자·채무자·인수인 사이에 이루어지는 채무 인수 계약 따위.〕

삼면^소송(三面訴訟)〔명〕세 당사자 이상이 서로 대립하여 다투는 소송.

삼면육비(三面六臂)〔-뉴삐〕〔명〕〔얼굴 셋, 팔 여섯이란 뜻으로〕혼자서 여러 사람 몫의 구실을 함을 이르는 말. ¶삼면육비의 맹활약. 참삼두육비(三頭六臂).

삼면-잠(三眠蠶)〔명〕〔알에서 깬 뒤〕세 번 잠을 자는, 곧 세 번 허물을 벗고 나서 고치를 짓는 누에.

삼-명일(三名日)〔명〕☞삼명절.

삼-명절(三名節)〔명〕지난날, 임금의 생일, 정월 초하루, 동지(冬至)의 세 명절을 아울러 이르던 말. 삼명일.

삼모(三毛)〔명〕〔하〕〈삼모작(三毛作)〉의 준말.

삼모-작(三毛作)〔명〕〔하〕일 년 동안에 세 가지의 농작물을 차례로 같은 경지에 재배하는 일, 또는 그런 토지 이용법. 준삼모.

삼모-창(三-槍)〔명〕날이 세모진 창.

삼목(杉木)〔명〕☞삼나무.

삼목지형(三木之刑)〔-찌-〕〔명〕지난날, 죄인의 목에 칼을 씌우고, 발에 차꼬를 채우던 형벌.

삼무(三務)〔명〕봄·여름·가을 세 철의 농사일.

삼무(三無)〔명〕〔예기(禮記)에서, 소리 없는 음악, 체(體)에 입는 예(禮), 복(服) 없는 상(喪)이란 뜻으로〕정신은 있으나 형식이 없음을 이르는 말.

삼무-도(三無島)〔명〕〔도둑이 없고, 거지가 없고, 대문이 없는 섬이란 뜻으로〕'제주도'를 달리 이르는 말. 참삼다도.

삼문(三門)〔명〕①대궐이나 관아 등의 앞에 있는 세 개의 문. 곧, 정문·동협문(東夾門)·서협문(西夾門). ②불교에서, '산문'을 '삼해탈문'에 비유하여 이르는 말. ③불교에서, 교(敎)·율(律)·선(禪)을 아울러 이르는 말.

삼물(三物)〔명〕〈회삼물(灰三物)〉의 준말.

삼물-막(三物幕)〔명〕매장할 때 쓸 석회·모래·백토를 섞기 위하여 세운 뜸집.

삼민-주의(三民主義)〔-의/-이〕〔명〕중국의 쑨원(孫文)이 제창한 중국 민주주의 혁명의 정치 이론. 민족주의·민권주의·민생주의의 세 주의로서, 신해혁명(辛亥革命)의 지도 원리가 되었음.

삼밀(三密)〔명〕불교에서, 손으로 인계(印契)를 맺는 신밀(身密), 입으로 진언(眞言)을 외는 구밀(口密), 마음으로 본존(本尊)을 바라보는 의밀(意密)을 통틀어 이르는 말.

삼밀-유가(三密瑜伽)〔-류-〕〔명〕불교에서, 행자의 삼밀이 여래의 삼밀과 상응 융화하는 일.

삼밀-행법(三密行法)〔-뺍〕〔명〕밀교에서, 삼밀의 행업을 쌓는 일, 또는 그 방법을 이르는 말.

삼바(samba)〔명〕브라질의 대표적인 춤곡, 또는 그 춤. 4분의2 박자로 빠르며 정열적임.

삼박〔부〕작고 연한 물건이 잘 드는 칼에 아주 쉽게 베어지는 모양. 큰섬벅. 센삼빡·쌈박. **삼박-삼박**〔하다〕

삼박-거리다〔-꺼-〕〔자타〕자꾸 삼박삼박하다. 삼박대다. 큰섬벅거리다. 센쌈박거리다.

삼박-대다〔-때-〕〔자타〕삼박거리다.

삼박-삼박〔-쌈-〕〔부〕〔하다〕〔자타〕눈에 먼지 따위가 들어가 자꾸 깜박거리고 싶은 상태. 큰섬벅삼박. 센쌈박쌈박.

삼-박자(三拍子)〔-짜〕〔명〕①음악에서, 3박이 한 단위가 되는 박자. ②어떤 대상에게 있어야 할 세 가지 요소. ¶삼박자를 고루 갖추다.

삼반(三反)〔명〕〔하다〕①세 번 왕복함. ②세 차례나 거듭 반역함.

삼-반규관(三半規管)〔명〕☞반고리관.

삼발-이(三-)〔명〕①발이 셋 붙은 쇠로 만든 기구. 화로의 재 속에 박아 놓고 주전자·냄비 따위를 올려놓아 음식물을 끓이는 데 씀. 동그랑쇠. ②☞삼각가(三脚架).

삼발-점(三-點)〔-쩜〕〔명〕☞귀결부(歸結符).

삼-밭(-밭)〔명〕삼을 심어 가꾸는 밭. 마전(麻田). *삼밭이[-바치]·삼밭을[-바틀]·삼밭만[-반-]

삼밭에 쑥대〔속담〕삼밭에 자라는 쑥대는 저절로 곧아진다는 뜻으로, 좋은 사람들 사이에 있으면 그 영향으로 자기도 모르게 좋은 사람이 됨을 이르는 말. 참마중지봉(麻中之蓬).

삼-밭(蔘-)〔-밭〕〔명〕인삼을 가꾸는 밭. 삼포(蔘圃). *삼밭이[-바치]·삼밭을[-바틀]·삼밭만[-반-]

삼배(三杯)〔명〕석 잔. 술 석 잔.

삼배(三拜)〔명〕〔하다〕①세 번 절함. ②불교에서, 이마를 지면에 대고 세 번 무릎 꿇고 배례하는 예법.

삼배-복목(三-)〔명〕비녀장에 배목 셋을 꿴 장식.

삼배지치(三北之恥)〔명〕세 번 싸워서 세 번 패하는 부끄러움. 곧, 싸울 때마다 지는 부끄러움.

삼배-체(三倍體)〔명〕보통 염색체의 3배의 염색체 수를 가진 생물체. 이배체와 동질인 사배체와의 교잡에 의해 생기는 것으로 보통 씨가 생기지 않음. 씨 없는 과일을 인위적으로 만들어 내는 데 이용됨.

삼백(三白)〔명〕음력 정월에 내리는 눈, 또는 정월 초하루로부터 사흘 동안 내리는 눈.

삼백예순-날(三百-)[-뱅네-]명 일 년을 두고 날마다. 일 년 내내. 변함없이 언제나. ¶삼백예순날 마음 편할 날이 하루도 없다.

삼백-주(三白酒)[-쭈]명 술의 한 가지. 백출(白朮)·백복령(白茯苓)·백하수오(白何首烏)를 같은 분량으로 술 항아리에 넣었다가 20일 만에 건져 내어 마심. 양기를 돕는 데 좋다고 함.

삼백-초(三白草)명 삼백초과의 다년초. 제주도의 습지에서 자라는데 높이는 50~100cm. 흰색 뿌리줄기가 진흙 속을 가로 벋어 번식함. 잎은 염통 모양이고 초여름에 흰 꽃이 핌. 잎·꽃·뿌리가 희다 하여 삼백초라 불리며, 한방에서 중약(重藥)이라 하여 이뇨제 등으로 쓰임.

삼-벌레명 삼하늘소의 유충. 나무굼벵이의 한 가지로 삼의 줄기를 파먹는 해충. 한방에서 경풍의 약재로 쓰임. 마두충. 마충.

삼-법사(三法司)[-싸]명 조선 시대에, 형조(刑曹)·한성부(漢城府)·사헌부(司憲府)를 통틀어 이르던 말. 준삼사.

삼-베명 삼실로 짠 피륙. 마포(麻布). 준베.

삼베-삼명하자 삼 껍질을 찢어서 실을 만들어 베를 짜는 일.

삼베-옷[-옫]명 삼베로 만든 옷. 마의(麻衣). * 삼베옷이[-오시]·삼베옷만[-온-]

삼벽(三碧)명 음양설에서 이르는 구성(九星)의 하나, 곧 목성(木星)을 이름.

삼-별초(三別抄)명 고려 시대의 특수 부대. 13세기 초, 최우(崔瑀)가 치안 유지를 위해 조직한 야별초(夜別抄)가 좌·우별초로 개편되고, 뒷날 몽고의 침입 때 조직된 신의군(神義軍)과 함께 삼별초가 되었음.

삼보(三甫)명 절에서, 주로 손님을 접대하는 일을 맡아보는 중.

삼보(三報)명 불교에서 이르는 세 가지 과보(果報). 곧, 순현보(順現報)·순생보(順生報)·순후보(順後報)를 이름.

삼보(三寶)명 ①부처와, 부처의 가르침을 적은 경전과, 그 가르침을 펴는 중. 곧, 불(佛)·법(法)·승(僧). ②맹자(孟子)에서, 땅·백성·정치를 이르는 말. ③도가(道家)에서, 귀·눈·입을 이르는 말.

삼보-가지(三寶加持)명 불(佛)·법(法)·승(僧)의 가호(加護). 또는 그 가호를 비는 기도.

삼보-리(←三菩提)[불교에서]명 ①성문보리(聲聞菩提)·연각보리(緣覺菩提)·제불보리(諸佛菩提)의 세 가지 보리. ②방편보리(方便菩提)·실지보리(實智菩提)·진성보리(眞性菩提)의 세 가지 보리.

삼보-인(三寶印)명 선종(禪宗)에서 쓰는 도장. 전자(篆字)로 '佛法僧寶(불법승보)'라고 새김.

삼보-일배(三步一拜)명 세 걸음 걷고 한 번 절하는 행위를 반복하는 불교의 수행법.

삼보-정(三步庭)명 아주 좁은 마당.

삼복(三伏)명 ①초복(初伏)·중복(中伏)·말복(末伏)을 통틀어 이르는 말. 삼경(三庚). ②여름철의 가장 더운 기간.

삼복(三復)명하타 세 번 되풀이함.

삼복(三覆)명하타 ①☞삼복제(三覆制). ②삼복제의 세 번째 의대.

삼복-더위(三伏-)[-따-]명 삼복 무렵의 몹시 심한 더위. 준복더위.

삼복-제(三覆制)[-째]명 고려 시대에, 죽을죄를 지은 죄인의 심사를 신중하게 하기 위해 시행하던 삼심 제도(三審制度). 초복(初覆)·재복(再覆)·삼복(三覆)이 있음. 삼복.

삼복-증염(三伏蒸炎)[-쯩-]명 삼복 절기의 찌는 듯한 심한 더위.

삼본(三本)명 순자(荀子)에서 이르는 예(禮)의 세 가지 근본. 곧, 천지(天地)·선조(先祖)·군사(君師)를 이름.

삼봉-낚시(三鋒-)[-낙씨]명 세 갈래의 갈고리가 있는 낚시.

삼부(三父)명 복제(服制)에서, 최복(衰服)인 아버지와 구별하는 세 아버지. 같이 사는 계부, 같이 살지 않는 계부, 친모가 후살이 간 데 따라가서 섬기는 계부를 이름. 관팔모(八母).

삼부(三府)명 입법부·사법부·행정부의 세 기관을 아울러 이르는 말.

삼부(三部)명 ①세 부분. 세 부문. ②밀교에서, 태장계(胎藏界)의 만다라에 있어서의 연화부(蓮華部)·금강부·불부(佛部)를 이르는 말.

삼부(三賦)명 세 종류의 부세(賦稅). 곧, 조(租)·조(調)·조(調)를 이름.

삼부(參附)명 인삼과 부자(附子).

삼부-경(三部經)명 불교에서, 계통이 같은 중요한 세 가지 경전을 묶은 것. 정토(淨土)의 삼부, 대일(大日)의 삼부, 법화(法華)의 삼부.

삼부-곡(三部曲)명 삼부작(三部作)의 악곡.

삼부리(三部-)명 포교(捕校)의 우두머리.

삼-부여(三扶餘)명 고구려의 모체가 되었던 북부여·동부여와 백제의 모체가 되었던 남부여를 통틀어 이르는 말.

삼부^요인(三府要人)명 입법부·사법부·행정부, 곧 국회·법원·정부의 중요한 지위에 있는 사람.

삼-부자(三父子)명 아버지와 두 아들을 아울러 이르는 말. ¶삼부자가 함께 여행을 떠난다.

삼부-작(三部作)명 소설·희곡·음악·그림 따위에서, 세 부분으로 갈라져 있으나 내용적으로 서로 관련되어, 전체적으로 통일되어 있는 작품.

삼-부패(三-)명 분향(分鄕)을 할 때, 세 사람이 동업하는 조직. 관맞부패·부패.

삼부^합주(三部合奏)[-쭈]명 현악기 또는 관악기가 세 성부(聲部)를 맡아서 연주하는 합주.

삼부^합창(三部合唱)명 세 성부(聲部)에 의한 합창. 여성 삼부 합창, 남성 삼부 합창, 혼성 삼부 합창 등이 있음.

삼부^형식(三部形式)명 ☞세도막 형식.

삼부-회(三部會)[-회/-훼]명 14세기 초에 구성된 프랑스의 신분제 의회. 성직자·귀족·평민의 세 신분으로 조직되었음.

삼분(三分)명하다되자 셋으로 나눔. ¶돈을 정확히 삼분해서 나누어 가지다.

삼분-법(三分法)[-뻡]명 대상을 세 가지로 나누어 생각하는 방법. [대·중·소, 또는 천(天)·지(地)·인(人), 또는 과거·현재·미래]

삼분-오열(三分五裂)명하자되자 여러 갈래로 갈리어 흩어짐. ¶당(黨)이 삼분오열 상태에 빠지다.

삼분-정립(三分鼎立)[-닙]명하자 천하를 셋으로 나누어 세 나라가 솥발처럼 서로 벋대어 섬. ¶고구려·백제·신라의 삼분정립 시대.

삼분-천하(三分天下)명하자 한 나라를 세 사람이 나누어 차지함.

삼-불(三-)[-뿔]명 해산(解産)한 뒤에 태(胎)를 사르는 불.

삼-불(蔘-)[-뿔]명 ☞삼독(蔘毒).

삼불(三佛)명 ①삼신(三身). ②서방 정토의 주불(主佛)인 아미타불과, 사바세계의 교주인 석가모니불, 염불하는 중생의 왕생을 보증하는 제불(諸佛)을 이르는 말.

삼-불거(三不去)**명** 칠거(七去)의 사유가 있는
아내라도 버리지 못하는 세 가지 경우. 곧, 부
모의 삼년상을 같이 치른 경우, 장가들 때 가
난하다가 뒤에 부유해진 경우, 돌아가 의지할
곳이 없는 경우를 이름.

삼불^보리(←三佛菩提)**명** 법(法)·보(報)·응(應)
의 삼신(三身)의 불과(佛果). 곧, 법신불 보리
(法身佛菩提)·보신불 보리(報身佛菩提)·응신불
보리(應身佛菩提).

삼-불외(三不畏)[−뵈/−붸]**명** 거상(居喪)
중에 있는 사람이 두려워하지 말아야 한다는
'비·도둑·범'의 세 가지를 이르는 말.

삼불^제:석(三佛帝釋)**명** 무당이 굿할 때에 쓰
는 부채에 그린 그림.

삼-불토(三佛土)**명** 삼신(三身)이 사는 세 불토.
곧, 법신불(法身佛)이 사는 법성토(法性土), 보
신불(報身佛)이 사는 수용토(受用土), 응신불
(應身佛)이 사는 변화토(變化土)를 이름.

삼-불행(三不幸)**명** 맹자(孟子)가 말한 세 가지
불행. 곧, 재산을 모으기에만 전념하는 일, 자
기 처자만을 사랑하는 일, 부모에 대한 효도를
소홀히 하는 일.

삼-불혹(三不惑)**명** 빠지지 말아야 할 세 가지.
곧, 술·여색·재물.

삼-불효(三不孝)**명** 맹자(孟子)가 말한 세 가지
불효. 곧, 부모를 불의(不義)에 빠지게 하는
일, 부모를 가난에 버려 두는 일, 자식이
없어 조상의 제사를 끊기게 하는 일.

삼-불후(三不朽)**명** 언제까지나 스러지지 않는
세 가지. 곧, 세워 놓은 덕(德), 이루어 놓은
공, 후세에 교훈이 될 훌륭한 말.

삼-빛(三−)[−삗]**명** 단청(丹靑)에서, 채색(彩
色)의 진한 정도의 한 단계. 이빛보다 진한 빛
깔. ・삼빛이[−삐치], 삼빛만[−삔−]

삼빡[문] 〈삼박〉의 센말. **큰**섬뻑.

삼사(三士)**명** '삼군 사관학교(三軍士官學校)'를
줄여 이르는 말.

삼사(三史)**명** 중국의 대표적인 세 사서(史書).
사기(史記)·한서(漢書)·후한서(後漢書)를 가리
키지만, 후한서 대신 동관한기(東觀漢記) 또는
전국책(戰國策)을 넣는 경우도 있음.

삼사(三司)**명** ①고려 시대에, 전곡(錢穀)의 출
납과 회계에 관한 사무를 맡아보던 기관. ②조
선 시대에, 사헌부·사간원·홍문관을 통틀어 이
르던 말. ③〈삼법사(三法司)〉의 준말.

삼사(三使)**명** 〔조선 시대에〕 ①중국으로 가던
정사(正使)·부사(副使)·서장관(書狀官)의 세
사신. ②일본으로 가던 통신사(通信使)·부사
(副使)·종사관(從事官)의 세 사신.

삼사(三思)**명하** 무슨 일에 대해, 여러 번 깊
이 생각함.

삼사(三師)**명** 고려 시대에, 태사(太師)·태부(太
傅)·태보(太保)를 통틀어 이르던 말.

삼사(三徙)**명** 맹자(孟子)의 어머니가 어린 맹자
의 좋은 버릇을 기르기 위해 세 번이나 이사한
일. 삼천(三遷).

삼사(三赦)**명** 지난날, 죄를 용서받을 수 있는
세 가지 대상에 드는 사람. 곧, 7세 이하의 어
린이, 80세 이상의 늙은이, 정신 박약자.

삼사(三四)**주관** 일부 단위를 나타내는 명사 앞
에 쓰이어, 그 수량이 셋이나 넷임을 나타내는
말. **¶**삼사 인.

삼사-계(三事戒)[−계/−게]**명** 불교에서, 몸
〔身〕·입(口)·뜻(意)의 삼업(三業)을 삼가는 일,
또는 그것을 경계하는 계율. 삼업계(三業戒).

삼사미[명] ①세 갈래로 갈라진 곳. ②활의 먼오
금과 뿔끝과의 사이, 곧 대와 뽕나무가 서로
이어진 부분.

삼-사미(三沙彌)**명** 나이에 따라 사미를 셋으로
가른 것. 곧, 7~13세의 구오 사미(驅烏沙彌),
14~19세의 응법 사미(應法沙彌), 20세 이상의
명자 사미(名字沙彌).

삼-사반기(三四半期)**명☞**삼사분기.

삼-사반기(三四分期)**명** 1년을 네 기로 나눈,
그 셋째 기간. 곧, 7・8・9월의 3개월. 삼사반기.

삼사-월(三四月)**명** 삼월과 사월.

삼사월 긴긴 해[관용] 음력 삼월과 사월(봄철)의
날이 매우 길게 느껴짐을 이르는 말.

삼사^정계(三斜晶系)[−계/−게]**명** 결정계의 한
가지. 세 축의 길이가 각각 틀리고, 서로 사각
(斜角)을 이루어 얽힌 결정계.

삼사-조(三四調)[−쪼]**명** 시가(詩歌)에 쓰이는
음수율(音數律)의 한 가지. 세 음절과 네 음절
이 되풀이되는 율조. 〔특히, 시조에서 중심이
되는 음수율임.〕

삼사-하다[형여] 서로의 사이가 어울리지 아니하
고 서먹하다. **큰**섬서하다.

삼사-합계(三司合啓)[−계/−게]**명** 조선 시대
에, 사헌부·사간원·홍문관이 합의하여 임금에
게 상주(上奏)하던 일.

삼산(三山)**명** 〈삼신산(三神山)〉의 준말.

삼산화-비소(三酸化砒素)**명** 흰색 또는 무색투
명한 비결정성 덩어리나 분말로 된, 독성이 강
한 약품. 비상(砒霜)·백비(白砒) 따위로 불리
어 왔으며, 쥐약·살충제·매염제(媒染劑)·수피
보존제(獸皮保存劑)로 쓰임. 무수 아비산.

삼산화-황(三酸化黃)**명** 황의 산화물인 무색의
결정성 고체. 물에 녹으면 황산이 되어 강한
산화 작용을 일으키며, 금속 산화물과 화합하
여 황산염을 만듦. 무수 황산.

삼살-방(三煞方)**명** 세살(歲煞)·겁살(劫煞)·재살
(災煞)에 해당하는 불길한 방위.

삼삼(三三)**명** 바둑판의 가로세로 각각 제3선이
만나는 네 귀의 네 점.

삼삼(森森)**명** '삼삼(森森)하다'의 어근.

삼삼오오(三三五五)**명** 서너 또는 대여섯 사람
씩 여기저기 무리 지어 다니거나 무슨 일을 하
는 모양. **¶**삼삼오오 재잘대며 교문을 나서는
학생들.

삼삼-하다[형여] ①음식이 좀 싱거운 듯하면서도
맛있다. **큰**심심하다. ②잊혀지지 않고 눈 앞에
보는 것 같이 또렷하다. **¶**아직도 그때 일이 눈
에 삼삼하다. ③생김새나 됨됨이가 마음이 끌리
게 그럴듯하다. **¶**얼굴이 삼삼하다. **삼삼-히**[부]

삼삼-하다(森森−)[형여] 나무가 우거져서 빽빽이
들어차 있다. **삼삼-히**[부]

삼-삿반(蔘−盤)[−삳빤]**명** 인삼을 담아서 널어
말리는 삿반.

삼상(三上)**명** 〔지난날〕 ①시문(詩文)을 꼽을 때
의 등급의 한 가지. 열두 등급 중의 일곱째 등
급. 이하(二下)와 삼중(三中)의 중간 급임. ②시
문을 구상하기에 알맞은 세 곳. 곧, 마상(馬
上)·침상(枕上)·측상(廁上).

삼상(三喪)**명** ①〈삼년상(三年喪)〉의 준말. ②초
상(初喪)·소상(小祥)·대상(大祥)을 아울러 이
르는 말.

삼상(三殤)**명** 미성년으로 죽은 경우에 그 나이
에 따라 가른 세 가지 구분. 곧, 상상(上殤)·중
상(中殤)·하상(下殤).

삼상(蔘商)**명** 인삼을 파는 장사, 또는 장수.

삼상^교류(三相交流)[명] 전압·전류의 주파수·진폭이 각각 위상의 차가 120°인 교류. [전송 노선수(傳送路線數)에 비하여 전송 전력(傳送電力)이 큼.]

삼상불문(三喪不問)[명][하자] ☞삼년부조.

삼상지탄(參商之歎)[명] 삼성(參星)과 상성(商星)이 멀리 동서로 떨어져 있듯이, 두 사람이 멀리 헤어져서 만나기 어려운 데 대한 한탄.

삼-상향(三上香)[명] 분향(焚香)할 때에 향을 세 번 집어 불에 사르는 일.

삼색(三色)[명] ①세 가지의 빛깔. ②불교에서, 오근(五根)·오경(五境)·무표색(無表色)으로 구분된 색법(色法)을 통틀어 이르는 말.

삼색-과(三色果)[명] ☞삼색과실의 준말.

삼색-과실(三色果實)[-과-][명] 관혼상제(冠婚喪祭)에 쓰이는 세 가지 빛깔의 과실. 흰색의 깎은 밤, 붉게 익은 대추, 검은 잣을 일컬었으나, 근래에는 잣 대신 검게 말린 곶감을 널리 씀. ㉠삼색과.

삼색-군보(三色軍保)[-꾼-][명] 조선 시대의 군보의 하나. 세 사람의 군정(軍丁) 중 두 사람은 군역(軍役)을 면제하는 대신, 베나 무명 따위를 바치게 하던 일.

삼색-기(三色旗)[-끼][명] ①세 가지 빛깔로 된 기. ②프랑스의 국기. 청·백·적으로, 자유·평등·박애를 나타냄.

삼색-도(三色桃)[-또][명] 한 나무에 세 가지 빛깔의 꽃이 피는 복숭아나무.

삼색-보(三色保)[-뽀][명] 삼색군보(三色軍保)로 받은 베나 무명 따위.

삼색-판(三色版)[명] 빨강·파랑·노랑의 세 가지 색으로 분해한 석 장의 판을 세 번 찍어서 원본의 색채 그대로 인쇄하는 제판 인쇄법.

삼색-휘장(三色揮帳)[-새쮜-][명] 상여(喪輿)에 치는 휘장의 한 가지. 빨강·파랑·노랑의 세 가지 빛깔로 되어 있음.

삼생(三生)[명] 불교에서, 전생(前生)과 금생(今生)·후생(後生)을 이르는 말.

삼생(三牲)[명] 종묘 제사 때 차리는 산 제물(祭物)로서의 세 가지 짐승. 곧, 소·양·돼지를 이름.

삼생-아(三生兒)[명] ☞세쌍둥이.

삼생^연분(三生緣分)[-년-][명] [삼생에 걸쳐 끊을 수 없는 연분이라는 뜻으로]'부부 사이의 인연'을 이르는 말. 삼생지연(三生之緣).

삼생^원:수(三生怨讐)[명] 삼생에 걸쳐 끊을 수 없는 깊은 원수.

삼생지연(三生之緣)[명] ☞삼생 연분.

삼선(三選)[명][하자][되자] 선거 따위에서, 세 번 당선됨. ¶ 삼선 의원.

삼-선근(三善根)[명] 불교에서, 온갖 선(善)의 근원이 되는 무탐(無貪)·무진(無瞋)·무치(無癡)를 이르는 말.

삼성(三性)[명] 불교에서 이르는 인간의 세 가지 성품. 곧, 선성(善性)과 악성(惡性)과 무기성(無記性)을 이름.

삼성(三省)¹[명][하자] 하루에 세 번씩 자신이 한 일에 대해 반성함. 매일 몇 번이고 자신을 반성함. ¶ 일일(一日) 삼성 오신(吾身).

삼성(三省)²[명] 고려 시대에, 중앙의 최고 의정 기관(議政機關)이던 중서성(中書省)·문하성(門下省)·상서성(尙書省)을 이르던 말.

삼성(三聖)[명] ①건국 신화에서의 환인·환웅·환검. 삼신(三神). ②세계의 세 성인, 곧 석가·공자·예수. ③고대 그리스의 세 성인, 곧 소크라테스·플라톤·아리스토텔레스. ④중국의 세 성

인. ㉠공자(孔子)·노자·안회(顏回). ㉡요(堯)·순(舜)·우(禹).

삼성(參星)[명] 이십팔수의 하나. 서쪽의 일곱째 별자리. ㉠삼(參).

삼성-교(三聖教)[명] 우리나라 고유 종교의 한 가지. 환인(桓因)·환웅(桓雄)·환검(桓儉)을 숭배하는 종교.

삼성-국문(三省鞫問)[-궁-][명] ☞삼성추국.

삼성-들리다[자] ①음식을 욕심껏 먹다. ②무당이 굿할 때에 음식물을 욕심껏 입에 넣다.

삼성-사(三聖祠)[명] 환인·환웅·환검의 세 성인을 모신 사당.

삼성^장군(三星將軍)[명] '중장(中將)'을 달리 이르는 말.

삼성-추국(三省推鞫)[명] 조선 시대에, 의정부(議政府)·사헌부(司憲府)·의금부(義禁府)의 관원이 모여 앉아서 삼강오륜을 범한 죄인을 심문하던 일. 삼성국문(三省鞫問).

삼성-혈(三姓穴)[명] 제주시 동문 밖에 있는 전설적인 세 구멍. 고(高)·부(夫)·양(良·梁) 삼신이 나와 탐라국을 세웠다 함.

삼세(三世)[명] ①☞삼대(三代). ②불교에서, 전세(前世)·현세(現世)·내세(來世)를 아울러 이르는 말. 삼계(三界). ③☞삼제(三際).

삼세(三稅)[명] 조선 시대의 세 가지 조세(租稅). 곧, 전세(田稅)·대동미(大同米)·호포(戶布) 또는 군포(軍布).

삼-세번(三-番)[명] 더도 덜도 말고 꼭 세 번.

삼세-시방(←三世十方)[명] 불교에서 이르는 삼세와 시방. 곧, 끝없는 시간과 공간.

삼세-요달(三世了達)[명] 부처의 지혜로 과거·현재·미래에 걸친 모든 것을 환히 깨달음.

삼세-인과(三世因果)[명] 불교에서, 과거·현재·미래의 삼세를 통해 인과응보 관계가 있는 일.

삼세-제불(三世諸佛)[명] 과거·현재·미래에 나타나는 모든 부처.

삼세치윤(三歲置閏)[명] 음력에서 윤달이 삼 년만에 한 번씩 드는 일.

삼-세판(三-)[명] 더도 덜도 말고 꼭 세 판.

삼소(三蘇)[명] ①고려 시대에, 임금이 때때로 머물던 우소(右蘇, 개풍군 백마산), 좌소(左蘇, 장단군 백악산), 북소(北蘇, 신계의 기달산)를 이르는 말. ②중국 송대(宋代)의 문장가 소순(蘇洵)·소식(蘇軾)·소철(蘇轍)의 삼부자(三父子)를 아울러 이르는 말.

삼-소월(三小月)[명] 음력에서, 세 번 연거푸 드는 작은 달. ☞삼대월.

삼-소임(三所任)[명] 지난날, 동네 소임인 동장(洞長)·집강(執綱)·풍헌(風憲)의 일을 번갈아 맡아보던 세 사람.

삼속(三屬)[명] 친가·외가·처가의 삼족.

삼-손우(三損友)[명] 사귀어서 손해가 되는 세 가지 유형의 벗. 곧, 편벽된 벗, 착하기만 하고 굿대가 없는 벗, 말만 잘하고 성실하지 못한 벗을 이름. 손자삼우(損者三友). ↔삼익우(三益友).

삼송(杉松)[명] ☞삼나무.

삼-쇠(三-)[-쇠/-쉐][명] 농악·두레·걸립패 등에서 꽹과리를 치는 상쇠·중쇠 다음의 셋째 쇠잡이.

삼수(三手)[명] 임진왜란 때, 훈련도감에 두었던 포수(砲手)·사수(射手)·살수(殺手)를 통틀어 이르던 말.

삼수(三壽)[명] 장수(長壽)를 셋으로 구분한 것. 곧, 100세 이상인 상수(上壽), 80세 이상인 중수(中壽), 60세 이상인 하수(下壽)를 이름.

삼수(滲水)[명][하자] ①물에 잠김. ②물이 스며듦, 또는 그 물.

삼수-갑산(三水甲山)[-싼][명]〔함경남도에 있는 삼수와 갑산이 지세가 험하고 교통이 불편하여 가기 어려운 곳이라는 뜻에서〕'몹시 어려운 지경'을 비유하여 이르는 말. 《주로, '가다'의 활용형과 어울려 쓰임.》¶내일은 삼수갑산에 갈망정…./나중에야 삼수갑산을 가는 한이 있어도….

삼수-량(三手糧)[명]☞삼수미(三手米).

삼수-미(三手米)[명] 조선 시대에, 삼수(三手)를 훈련하는 비용에 쓰려고 거두던 세미(稅米). 삼수량.

삼수-변(三水邊)[명] 한자 부수의 한 가지. '江'·'河' 등에서의 'ㆍ氵'의 이름.

삼수-병(三手兵)[명]☞삼수(三手).

삼순(三旬)[명] ①상순·중순·하순을 통틀어 이르는 말. 삼한(三澣). ②서른 날. ¶떠나온 지 삼순이 지났구나. ③서른 살.

삼순(三巡)[명] ①활을 세 번째 쏘는 차례. ②초순(初巡)·재순(再巡)·삼순(三巡)의 세 차례. ③세 번 순찰함.

삼순-구식(三旬九食)[명]〔서른 날에 아홉 끼니밖에 못 먹는다는 뜻으로〕'가난하여 끼니를 많이 거름'을 이르는 말.

삼승(三乘)[명] ①'세제곱'의 구용어. ②〔중생을 수레에 태워 열반의 언덕으로 실어 나른다는 뜻으로〕성문승(聲聞乘)·연각승(緣覺乘)·보살승(菩薩乘)의 세 가지 교법을 이르는 말. ②☞삼거(三車).

삼승-근(三乘根)[명] '세제곱근'의 구용어.

삼승-비(三乘比)[명] '세제곱비'의 구용어.

삼승-포(三升布)[명]☞석새삼베.

삼시(三始)[명]〔연·월·일의 시작이란 뜻으로〕정월 초하루를 이르는 말. 삼원(三元). 삼조(三朝). 원단(元旦).

삼시(三施)[명] 불교에서, 어려운 이에게 베푸는 세 가지 보시(布施). 곧, 재물을 베푸는 재시(財施), 설법으로 깨달음을 베푸는 법시(法施), 병자나 외로운 이에게 기쁨을 베푸는 무외시(無畏施).

삼시(三時)[명] ①하루의 세 끼니, 또는 세 끼니때. ②과거·현재·미래. ③농사의 세 철. 곧, 봄·여름·가을. ④불교에서, 부처가 열반한 뒤의 불법(佛法)의 성쇠(盛衰)를 나타내는 시대 구분. 곧, 정법시(正法時)·상법시(像法時)·말법시(末法時).

삼시-교(三時教)[명] 불교 법상종(法相宗)에서, 석가 일대의 설교를 유교(有教)·공교(空教)·중도교(中道教)의 삼기(三期)로 구분한 것.

삼시-보(三時報)[명]☞삼시업(三時業).

삼시-선(三時禪)[명] 불교에서, 새벽과 낮과 저녁의 세 때에 하는 좌선(坐禪). 삼시 좌선(三時坐禪).

삼시-업(三時業)[명] 불교에서, 선악의 업(業)을, 그 업과를 받는 시기에 따라 세 가지로 나눈 것. 곧, 이승에서 받는 순현업(順現業), 다시 태어나서 받는 순차업(順次業), 세 번째 태어나서 받는 순후업(順後業). 삼시보(三時報).

삼시^염:불(三時念佛)[명] 불교에서, 새벽·낮·저녁의 세 때에 하는 염불.

삼-시울(三-)[-울][명] 세 가닥으로 비벼 꼰 노끈. ▪삼시울이(-올기) /삼시울-이.

삼시^좌:선(三時坐禪)[명]☞삼시선(三時禪).

삼식(三食)[명] 아침·점심·저녁의 세 끼의 식사.

삼-신[명] 생삼으로 거칠게 삼은 신.

삼신(三身)[명] 불교에서, 부처가 변신하여 세상에 나타낸 세 가지 모습. 곧, 법신(法身)·보신(報身)·응신(應身). 삼불(三佛).

삼신(三辰)[명] 해와 달과 별(특히, 북두칠성)을 통틀어 이르는 말.

삼신(三神)[명] ①☞삼성(三聖). ②민속 신앙에서 이르는, 아기를 점지한다는 신령. 삼신할머니. ②☞삼신상제·삼신제왕.

삼신-메(三神-)[명] 민속 신앙에서, 삼신에게 빌 때 차려 놓는 밥.

삼신-불(三身佛)[명] 불교에서 이르는, 법신불(法身佛)·보신불(報身佛)·응신불(應身佛).

삼-신산(三神山)[명] 중국 전설에서, 신선이 산다는 세 산. 곧, 봉래산(蓬萊山)·방장산(方丈山)·영주산(瀛洲山). 〔우리나라에서는 금강산·지리산·한라산을 이름.〕⊙삼산(三山).

삼신-상제(三神上帝)[명] '삼신(三神)'을 높이어 일컫는 말. 삼신제왕.

삼신-제왕(三神帝王)[명]☞삼신상제.

삼신-풀이(三神-)[명][하자] 삼신에게 비는 일.

삼신-할머니(三神-)[명] '삼신(三神)'을 흔히 일컫는 말. 산신(産神).

삼-실[명] 삼 껍질로 만든 실. 대마사(大麻絲).

삼실(三室)[명] ①☞삼취(三娶). ②낡은 재목으로 세 번째 고쳐 지은 집.

삼심^제:도(三審制度)[명] 같은 사건에 대하여 세 번의 재판을 받을 수 있도록 한 제도.

삼십(三十)[Ⅰ][수] 서른.
[Ⅱ][관]〔일부 단위를 나타내는 명사 앞에 쓰이어〕①그 수량이 서른임을 나타내는 말. ¶삼십 년 /삼십 가구 /우리 모임의 정원은 삼십 명이다. ②그 순서가 서른 번째임을 나타내는 말. ¶삼십 층.

삼십 리 강짜[관용] 매우 심한 강짜.

삼십삼-신(三十三身)[-쌈-][명] 관세음보살이 중생을 제도하기 위하여 나타내 보인다는 서른세 가지의 화신(化身).

삼십삼-천(三十三天)[-쌈-][명]☞도리천.

삼십-성도(三十成道)[-썽-][명] 석가가 서른 살에 득도를 이룬 일.

삼십육-계(三十六計)[-심뉵꼐/-심늒계][명] ①노름의 한 가지. 물주(物主)가 맞힌 사람에게 살돈의 36배를 주는 노름. ②서른여섯 가지의 계략. 많은 꾀. ③형편이 불리할 때, '달아나는 일'을 이르는 말.〔'자치통감(資治通鑑)'에 나오는 말로 '三十六計 走爲上策(서른여섯 가지의 계책 가운데 달아나는 것이 최고의 계책이다.)'에서 유래함.〕

삼십육계 줄행랑이 제일[으뜸][속담] 형편이 불리할 때는 도망쳐 화를 면하는 것이 상책임.

삼십육계(를) 놓다[찾다][관용] 급하게 도망을 치다. 삼십육계 줄행랑을 놓다[치다].

삼십육계 줄행랑을 놓다[치다][관용]☞삼십육계(를) 놓다[찾다].

삼십육-금(三十六禽)[-심뉵끔][명] 오행(五行)에서, 십이지(十二支)에 각각 세 동물을 배분한 서른여섯 가지 짐승. 〔'자(子)'의 제비·쥐·박쥐, '축(丑)'의 소·게·자라 따위.〕

삼십이-상(三十二相)[명] 부처가 갖춘, 서른두 가지의 뛰어난 신체적 특징.

삼십일^본산(三十一本山)[명]〔광복 이전에〕우리나라의 서른한 개로 나뉘어 있던 교구의 본사(本寺).

삼십초^룰:(三十秒rule)[명] 아마추어 농구에서, 공을 가진 팀이 30초 이내에 슈팅을 하게 되어 있는 규칙.

삼-씨[] 삼의 씨. 한방에서 난산(難産)·공수병(恐水病)·변비증 따위의 약재로 씀. 마인(麻仁). 마자(麻子).

삼씨-기름[] 삼씨로 짠 기름. 대마유(大麻油). 마유(麻油). 마자유(麻子油).

삼악(三樂)[] 아악(雅樂)·향악(鄕樂)·당악(唐樂)을 통틀어 이르는 말.

삼-악도(三惡道)[-또][] 불교에서, 중생이 악업의 결과로 죽어서 가게 된다는 세 괴로운 세계. 곧, 지옥도(地獄道)·축생도(畜生道)·아귀도(餓鬼道). 삼도(三道). 삼악추. 삼악취.

삼-악성(三惡聲)[-썽][] 세 가지의 듣기 싫은 흉한 소리. 곧, 초혼(招魂)하는 소리, 불이 나서 외치는 소리, 도둑을 쫓는 소리를 이름. ↔삼희성.

삼-악추(三惡趣)[] ⊏삼악도(三惡道).

삼-악취(三惡趣)[] ⊏삼악도(三惡道).

삼양(三養)[] ①사람이 길러야 할 세 가지 일. 분수에 만족하여 복을 기르고, 음식을 절제하여 기(氣)를 기르고, 낭비를 삼가 재물을 불리는 일. ②삼과(三寡)에 의하여 신(神)·정(精)·기(氣)를 기르는 양생법(養生法). 참삼과(三寡).

삼언-시(三言詩)[] 한시(漢詩)에서, 한 구(句)가 석 자로 된 고체시(古體詩).

삼엄(三嚴)[] 〔엄한 세 사람이란 뜻으로〕'임금과 아버지와 스승'을 이르는 말.

삼엄(森嚴)[] '삼엄하다'의 어근.

삼엄-하다(森嚴-)[] 분위기 따위가 무서우리만큼 엄숙하다. ¶삼엄한 경계. **삼엄-히**[].

삼업(三業)[] 불교에서, 신업(身業)·구업(口業)·의업(意業)을 이르는 말. 곧, 인과응보(因果應報)의 원인이 되는 신체 동작, 언어 표현, 심적(心的) 행위의 세 가지. 준업.

삼업(蔘業)[] 인삼을 생산하는 사업.

삼업-계(三業戒)[-계/-께][] ⊏삼사계.

삼-에스(三S)[] 〔스포츠(sports)·섹스(sex)·스크린(screen), 또는 스피드(speed)의 머리글자를 딴 말로〕운동과 성(性)과 영화, 또는 속도의 세 가지를 가리키는 말.

삼에스^운:동(三S運動)[] 산업의 전문화(specialization)·표준화(standardization)·단순화(simplification)를 촉진하여 생산성 향상을 구체화하려는 운동.

삼에스^정책(三S政策)[] 대중을 3S에 몰두하게 함으로써 정치적 무관심으로 유도하여, 지배자가 마음대로 대중을 조종할 수 있게 하려는 우민 정책(愚民政策)의 한 가지. ☞우민 정책.

삼에프^폭탄(三F爆彈)[] 수소 폭탄의 겉을 천연 우라늄으로 싼 핵폭탄. 〔핵분열(fission) → 핵융합(fusion) → 핵분열(fission)로 반응이 진행되는 데서 붙여진 이름.〕

삼엠^정책(三M政策)[] 사람(man)·돈(money)·무기(munitions)의 세 가지에 관한 정책.

삼여(三餘)[] ⊏독서삼여(讀書三餘).

삼-역성(三易姓)[-썽][] 〔세 번 성을 바꾼다는 뜻으로〕외손녀가 자식을 낳은 것을 이르는 말.

삼연(森然) '삼연하다'의 어근.

삼-연음부(三連音符)[-너늠-][] ⊏셋잇단음표.

삼연-하다(森然-)[] ①나무가 배게 들어서서 무성하다. ②엄숙하다. **삼연-히**[].

삼열(蔘熱)[] ⊏삼독(蔘毒).

삼염화-비소(三塩化砒素)[-념-][] 상온(常溫)에서 무색인 기름 모양의 액체. 공기 중에서 발연(發煙)함. 각종 비소 화합물의 원료임.

삼엽-충(三葉蟲)[] 절지동물 삼엽충류 화석 동물을 통틀어 이르는 말. 가장 큰 것은 몸길이 45 cm가량으로, 타원형이고 납작하며 머리·가슴·꼬리로 구분됨. 평안남도, 황해도 일대의 고생대(古生代) 지층에서 발견됨.

삼-영문(三營門)[] ⊏삼군문(三軍門).

삼오-야(三五夜)[] ⊏십오야(十五夜).

삼오칠언-시(三五七言詩)[] 삼언구(三言句) 두 구(句), 오언구(五言句) 두 구, 칠언구(七言句) 두 구로 이루어진 한시(漢詩).

삼오-판(三五版)[] 책의 판형의 한 가지. 가로 약 84 mm(세 치), 세로 약 148mm(다섯 치) 크기의 것. 참삼륙판.

삼왕(三王)[] 중국 상고 시대의 세 왕. 곧, 하(夏)의 우왕(禹王), 은(殷)의 탕왕(湯王), 주(周)의 문왕(文王) 또는 무왕(武王).

삼외(三畏)[사외/사웨][] 논어에서, 군자가 두려워하며 조심해야 할 세 가지. 곧, 천명(天命)과, 대인(大人)의 말과, 성인(聖人)의 말. 삼구(三懼)·삼단(三端).

삼요(三樂)[] 논어에서, 세 가지 좋아하는 것. 곧, 예악(禮樂)을 좋아하고, 사람의 착함을 좋아하고, 어진 벗이 많음을 좋아하는 익자삼요(益者三樂)와, 교만(驕慢)을 좋아하고, 놀기를 좋아하고, 주색(酒色)을 좋아하는 손자삼요(損者三樂)를 아울러 이르는 말.

삼욕(三慾)[] 불교에서, 식욕(食慾)과 수면욕(睡眠慾)과 음욕(淫慾)의 세 가지 욕심을 통틀어 이르는 말.

삼용(蔘茸)[] 인삼과 녹용.

삼우(三友)[] ①〔백거이(白居易)의 북창삼우시(北窓三友詩)에 나오는 말로〕함께 어울리는 세 가지 운치로, 시와 술과 거문고. ②세한삼우(歲寒三友)인 송(松)·죽(竹)·매(梅). ③산수(山水)·송죽(松竹)·금주(琴酒). ④삼익우(三益友)와 삼손우(三損友).

삼-우(三虞)[] 〔'삼우제(三虞祭)'의 준말〕

삼우-제(三虞祭)[] 장사를 치르고 나서 세 번째 지내는 제사. 준삼우.

삼원(三元)[] ①상원(上元)과 중원(中元)과 하원(下元). ②도가(道家)에서 이르는, 하늘과 땅과 물. ③⊏삼시(三始). ④⊏삼재(三才).

삼원(三垣)[] 〔고대 중국의 천문학에서〕별자리의 세 구획. 곧, 북극 부근의 자미원(紫微垣), 사자궁 부근의 태미원(太微垣), 사견궁(蛇遣宮) 부근의 천시원(天市垣).

삼원(三遠)[] 산수화(山水畵)의 원근법(遠近法). 곧, 산기슭에서 산꼭대기를 쳐다보는 고원(高遠), 산 앞에서 산 뒤쪽을 살피는 심원(深遠), 가까운 산에서 먼 산을 바라보는 평원(平遠)의 세 가지.

삼-원색(三原色)[] 모든 빛깔을 재현할 수 있는 기본적인 세 빛깔. 그림물감에서는 빨강·노랑·파랑, 빛에서는 빨강·녹색·파랑.

삼월(三月)[] 한 해 가운데 셋째가 되는 달. 참진월·계춘·가월.

삼월^삼짇날(三月三-)[-진-][] ⊏삼짇날.

삼월^혁명(三月革命)[-형-]① ①1848년 3월에 독일과 오스트리아 각지에서 일어난 일련의 자유주의적 혁명. ②1917년 3월에 일어난 러시아의 제2차 부르주아 혁명. 〔러시아력(曆)으로는 2월이므로 이월 혁명(二月革命)이라고도 함.〕이월 혁명.

삼위(三位)[] 기독교에서, 성부(聖父)·성자(聖子)·성신(聖神)을 아울러 이르는 말. 성삼위.

삼위-일체(三位一體)몡 ①세 가지 것이 하나로
통일되는 일. 삼자(三者)가 뜻을 모아 하나가
되는 일. ¶학생·학부모·교사가 삼위일체가 되
다. ②기독교에서, 성부(聖父)와 성자(聖子)와
성신(聖神)은 신이 세 가지 모습이 되어 나타
난 것으로, 원래는 한 몸이라는 생각. 좋성삼
위(聖三位).

삼유(三由)몡 지난날, 벼슬아치가 말미를 연기
해 달라고 세 번씩 청하던 일.

삼유(三有)몡 ☞삼계(三界).

삼유-생사(三有生死)몡 불교에서, 삼계(三界)를
유전(流轉)하며 생사를 거듭하는 일, 또는 그
러한 생사를 이르는 말.

삼은(三隱)몡 고려 말기의 성리학자인 포은(圃隱)
정몽주(鄭夢周), 목은(牧隱) 이색(李穡), 야은(冶
隱) 길재(吉再)의 세 사람을 아울러 이르는 말.

삼의(三衣)[사믜/사미]몡 중이 입는 세 가지 가
사. 곧, 대의(大衣)·칠조의(七條衣)·오조의(五
條衣)의.

삼의(三儀)[사믜/사미]몡 ☞삼재(三才).

삼이(三易)몡 〔한문의〕 문장을 쉽게 쓰는 세 가
지 조건. 곧, 보기 쉽게 쓰고, 쉬운 글자를 쓰
고, 읽기 쉽게 써야 한다는 것.

삼-이웃(三-)[-니웃]몡 이쪽저쪽의 가까운 이
웃. ¶삼이웃이 모여 의논한다. /삼이웃 집을
돌아다녀 간신히 돈을 구했다. *삼이웃이[-니
우시]/삼이웃도[-니웃-]

삼-익우(三益友)몡 사귀어서 유익한 세 가지 유
형의 벗. 정직한 벗, 성실한 벗, 견문이 넓은 벗
을 이름. 익자삼우(益者三友). ↔삼손우(三損友).

삼익-주의(三益主義)[-뚜-]몡 기업 경
영에서, 이윤은 자본주와 경영자와 노동자에게
일정한 비율로 분배되어야 한다는 주의.

삼인성호(三人成虎)몡 〔여러 사람이 거리에 범
이 나왔다고 하면, 거짓말이라도 참말로 곧이
듣게 된다는 뜻으로〕 근거 없는 말도 여러 사
람이 하면 믿게 된다는 말.

삼인-칭(三人稱)몡 ☞제삼 인칭.

삼인칭^소^설(三人稱小說)몡 주인공이 삼인칭
대명사로 표현된 소설.

삼일(三一)몡 ①천일(天一)·지일(地一)·태일(泰
一)의 세 신(神). ②도가(道家)에서, 정(精)·신
(神)·기(氣)가 하나로의 도(道)임.

삼일(三日)몡 ①개신교에서, 주일 뒤 사흘째 되
는 날. 곧, 수요일을 예배하는 날로 이르는 말.
②혼인한 지 사흘째 되는 날. ③해산(解産)한
지 사흘째 되는 날.

삼일 안 새색시도 웃을 일속뫼 결혼한 지 삼
일도 안 된 새색시마저도 웃을 일이라는 뜻으
로, 웃지 않고서는 도저히 배길 수 없는 일을
비유적으로 이르는 말.

삼일-곡(三日哭)몡하자 ①사당(祠堂)이 타 버
렸을 때, 사흘 동안 슬피 우는 일. ②오랫동안
울어 댐.

삼일^기도회(三日祈禱會)[-회/-훼]몡 개신교
에서, 주일의 사흘 뒤인 수요일 밤에 갖는 기
도회. 삼일 예배.

삼일^신고(三一神誥)몡 대종교에서, 단군이 한
울·한얼·한울집·누리·참이치의 다섯 가지를 삼
천 단부(三千團部)에게 가르쳤다는 말.

삼일-신행(三日新行)몡 혼례를 치른 지 사흘
만에 하는 혼행(婚行).

삼일^예배(三日禮拜)[-례-]몡 ☞삼일 기도회.

삼일-우(三日雨)몡 〔사흘 동안이나 내리는〕 흡
족한 비. ¶천년 노룡(千年老龍)이 풍운(風雲)

을 언제 어더 삼일우(三日雨)를 더련느다(鄭澈.
關東別曲).

삼일^운:동(三一運動)몡 ☞기미독립운동.

삼일-유가(三日遊街)[-류-]몡 지난날, 과거에
급제한 사람이 사흘 동안 시관(試官)과 선배·
친척 등을 방문하던 일. ¶삼일유가한 연후에
산소에 소분(掃墳)하고 전하(殿下)께 숙배하니
(烈女春香守節歌).

삼일-장(三日葬)몡 죽은 지 사흘 만에 지내는
장사.

삼일-절(三一節)[-쩔]몡 기미독립운동을 기념
하는 국경일. 〔매년 3월 1일.〕

삼일-점고(三日點考)몡 지난날, 수령이 부임한
지 사흘째 되는 날에 관속(官屬)을 점고하던 일.

삼일-정신(三一精神)몡 삼일 운동에서 나타난
우리 겨레의 독립 정신과 평화 애호 정신.

삼일-제(三日製)[-쩨]몡 조선 시대에, 음력 삼
월 삼짇날에 보이던 과거. 화제(花製).

삼일-주(三日酒)[-쭈]몡 담근 지 사흘 만에 마
시는 술.

삼일-천하(三日天下)몡 〔사흘 동안 천하를 얻
는다는 뜻으로〕 '아주 짧은 기간 정권을 잡았
다가 무너짐'을 비유하여 이르는 말.

삼일치^법칙(三一致法則)몡 연극은 하나의 사
건이, 24시간 이내에, 같은 장소에서 전개되어
야 한다는, 때·곳·줄거리의 일치를 주장하는
이론. 17세기에 프랑스의 고전극 작자들에 의
하여 확립된 법칙임.

삼입(渗入)몡하자 물 따위가 스며듦.

삼자(三者)몡 ①세 사람. ¶삼자 회담. ②당사
자가 아닌 사람. 제삼자(第三者). ¶삼자가 끼
어들다.

삼자-대면(三者對面)몡하자 ☞삼조대질.

삼자(三者凡退)[-되/-뒈]몡 야구에서,
타자 세 사람이 잇달아 출루하지 못하고 물러
나는 일. ¶9회 말도 삼자 범퇴로 끝났다.

삼-자승(三自乘)몡 '세제곱'의 구용어.

삼작(三作)몡 ①〈삼작노리개〉의 준말. ②〈대삼
작(大三作)〉의 준말.

삼작-년(三昨年)몡 [-장-]몡 그끄러께.

삼작-노리개(三作-)[-장-]몡 부녀자의 장신구
의 한 가지. 밀화(蜜花)·옥·산호·금·은 따위로
만든 세 개의 노리개를 황색·적색·남색의 세
가닥 진사(眞絲) 끝에 색깔을 맞추어 단 것.
좋삼작. 딸단작노리개.

삼작-야(三昨夜)[-장-]몡 그끄저께 밤.

삼작-일(三昨日)[-장-]몡 그끄저께.

삼-잡이(三-)몡 민간에서, 삼눈을 앓을 때 미신적인
방법으로 예방하는 일.

삼장몡 〈농삼장〉의 준말.

삼장(三長)몡 사가(史家)에게 필요한 세 가지의
자질. 곧, 재지(才智)·학문·식견을 이르는 말.

삼장(三場)몡 과거(科擧)의 초시(初試)의 복시
(覆試)와 전시(殿試)를 통틀어 이르는 말. ¶삼
장 장원(壯元).

삼장(三障)몡 불도 수행이나 선근(善根)을 행하
는 데 있어서의 세 가지 장애. 탐욕(貪慾)·진에
(瞋恚)·우치(愚痴) 등의 번뇌장(煩惱障)과, 오
역(五逆)·십악(十惡) 등의 업장(業障)과, 지옥
(地獄)·아귀(餓鬼)·축생(畜生) 등의 보장(報障).

삼장(三藏)몡 ①불전(佛典)을 세 종류로 분류한
것. 곧, 경장(經藏)·율장(律藏)·논장(論藏). 경
률론(經律論). ②삼장(三藏)에 통달한 고승을
높이어 일컫는 말.

삼장(參場)몡 ☞삼포(蔘圃).

삼장-교(三藏敎)몜 경(經)·율(律)·논(論)의 삼장에 나타난 석가여래의 가르침.

삼장^법사(三藏法師)[-싸-]몜 ①경(經)·율(律)·논(論)의 삼장에 통달한 고승. ②당(唐)나라의 고승인 '현장(玄奘)'을 흔히 일컫는 말.

삼장-선(三橋船)몜 돛대가 세 개 있는 배.

삼장-육재일(三長六齋日)[-뉵쩨-]몜 불교에서, 음력 정월·오월·구월의 각 초하룻날과 보름날을 이르는 말.

삼장-제(三長制)몜 모임 따위에서, 우두머리로 세 사람을 뽑는 제도. 한 사람은 정(正), 두 사람은 부(副)가 됨.

삼재(三才)몜 ①천(天)·지(地)·인(人)의 셋을 이르는 말. 삼극(三極). 삼령(三靈). 삼원(三元). 삼의(三儀). ②관상(觀相)에서, 얼굴의 세 부분. 곧, 이마와 코와 턱.

삼재(三災)몜 불교에서, 세계가 파멸할 때 일어난다는 세 가지 재해. 전란·질병·기근의 소삼재(小三災)와 화재(火災)·수재(水災)·풍재(風災)의 대삼재(大三災)가 있음.

삼재(三宰)[재열(宰列)에서 이상(貳相)의 다음이라는 뜻으로] 좌찬찬(左參贊)을 일컫던 말.

삼재-팔난(三災八難)[-란]몜 삼재와 팔난. 곧, 모든 재난(災難).

삼적(參賊)몜 밭의 인삼을 훔치는 도둑.

삼전(三傳)몜 춘추삼전(春秋三傳). 곧, 좌씨전(左氏傳)·공양전(公羊傳)·곡량전(穀梁傳).

삼전-업(三傳業)몜 고려 시대에, 잡과(雜科)의 한 과목. 삼전(三傳)으로 과거를 보였음.

삼절(三絶)몜 ①세 가지 뛰어난 것. ¶ 송도(松都)의 삼절. ②세 가지 뛰어난 재주, 또는 세 가지 뛰어난 재주를 가진 사람. ③세 수(首)의 절구(絶句). ④위편삼절(韋編三絶).

삼정(三正)몜 ①천(天)·지(地)·인(人)의 올바른 도리. ②삼강(三綱)의 올바른 도리.

삼정(三政)몜 지난날, 나라의 정사(政事) 가운데 가장 중요했던 전정(田政)·군정(軍政)·환곡(還穀)의 세 가지를 이르던 말. ¶ 나라가 어지러우니 삼정이 문란하다.

삼정(三精)몜 ☞삼광(三光).

삼정(參精)몜 인삼의 유효 성분만을 추출하여 만든 약제. 인삼의 진액.

삼-정승(三政丞)몜 조선 시대에, 영의정(領議政)·좌의정(左議政)·우의정(右議政)을 통틀어 이르던 말. 삼공(三公). 몜태정(台鼎).

삼제(三際)몜 불교에서, 과거·현재·미래를 이르는 말. 삼세(三世).

삼제(三諦)몜 불교에서 이르는, 공제(空諦)·가제(假諦)·중제(中諦)의 세 가지 진리.

삼제(芟除)몜하回[풀을 베어 없앤다는 뜻으로] 악인(惡人)·악폐(惡弊) 따위를 아주 없애 버림. ¶ 악습을 삼제하다.

삼조(三曹)몜 지난날, 호조(戶曹)·형조(刑曹)·공조(工曹)를 통틀어 이르던 말.

삼조(三朝)몜 ①☞삼시(三始). ②그달의 초사흗날. ③삼대(三代)의 왕조(王朝), 또는 삼대의 조정(朝廷).

삼조-대면(三造對面)몜하回 ☞삼조대질.

삼조-대질(三造對質)몜 원고·피고·증인이 모여서 하는 무릎맞춤. 삼자대면. 삼조대면.

삼족(三族)몜 ①아버지와 아들과 손자. ②부모와 형제와 처자. ③친족(親族)과 외족(外族)과 처족(妻族). ¶ 옛날, 왕조 시대에는 역모(逆謀)를 꾀한 자에게는 삼족을 멸하던 멸문지화의 형벌이 있었다.

삼족-반(三足盤)[-빤]몜 발이 셋 달린 소반(小盤).

삼족-오(三足烏)몜 ①중국의 신화에 나오는, 해 속에 산다는 세 발 가진 까마귀. ②'태양'을 달리 이르는 말.

삼족^토기(三足土器)몜 고대의, 발이 세 개 달린 토기.

삼존(三尊)몜 ①받들어 모셔야 할 세 분. 곧, 임금과 아버지와 스승. ②불교에서, 본존(本尊)과 그 좌우의 두 협시(脇侍)를 이르는 말. [미타 삼존(彌陀三尊)·약사 삼존(藥師三尊)·석가 삼존(釋迦三尊) 따위.]

삼종(三宗)몜 불교에서, 존재의 실상에 대해 설명하는 세 가지의 교의. 곧, 법상·법성·파상.

삼종(三從)몜 ☞삼종형제의 준말.

삼종-경(三鐘經)몜 '삼종 기도'의 구용어.

삼종^기도(三鐘祈禱)몜 가톨릭에서, 천사 가브리엘의 성모 마리아에 대한 탄생 고지를 기념하여 아침·낮·저녁의 세 차례 종이 울릴 때마다 올리는 기도를 이르는 말. 몜안젤루스.

삼종-매(三從妹)몜 팔촌 누이.

삼종-매부(三從妹夫)몜 팔촌 누이의 남편.

삼종-손(三從孫)몜 칠촌 조카의 아들. 곧, 육촌 형제의 손자.

삼종-수(三從嫂)몜 팔촌 형제의 아내.

삼종-숙(三從叔)몜 아버지의 팔촌 형제. 구촌 아저씨. 삼당숙(三堂叔).

삼종-씨(三從氏)몜 ①자기의 삼종형을 남에게 말할 때 쓰는 말. ②남의 삼종형제를 높이어 이르는 말.

삼종-의탁(三從依托)[-의-/-이-]몜 ☞삼종지의(三從之義).

삼종-자(三從姉)몜 팔촌 손위 누이.

삼종-제(三從弟)몜 팔촌 동생.

삼종-조(三從祖)몜 할아버지의 육촌 형제.

삼종지의(三從之義)[-의-/-이]몜 지난날, 여자가 지켜야 했던 도리. 곧, 어려서는 아버지를, 시집가서는 남편을, 남편이 죽은 뒤에는 아들을 따라야 했던 일. 삼종의탁(三從依托).

삼종-질(三從姪)몜 팔촌 형제의 아들. 구촌(九寸) 조카.

삼종-형(三從兄)몜 팔촌 형.

삼종-형제(三從兄弟)몜 팔촌 형제. 한 고조(高祖)의 후손. 아버지의 재종형제에게서 난 자녀. 몜삼종(三從).

삼주(三走)몜 지난날, 달음질 취재(取才)에서의 셋째 등급을 이르던 말.

삼주-기(三周忌)몜 사람이 죽은 지 만 2년이 되는 제삿날.

삼죽(三竹)몜 ①저·생(笙)·필률(觱篥)의 세 가지 관악기. ②☞삼금(三笒).

삼중(三中)몜 하回국궁(國弓)에서, 화살 다섯 대를 쏘아 세 대를 맞히는 일. ②지난날, 시문(詩文)을 끊을 때의 등급의 하나. 열두 등급 가운데 여덟째 등급. 삼상(三上)과 차상(次上)의 중간 급임.

삼중(三重)몜 ①세 겹. ¶ 삼중 유리. ②세 가지가 겹치는 일, 또는 세 번 거듭되는 일. ¶ 삼중 추돌.

삼중^결합(三重結合)몜 분자 내의 두 원자가 세 개의 원자가(原子價) 단위로 이루어진 결합. [CH≡CH 따위].

삼중-고(三重苦)몜 세 가지 고통이 겹치는 일. 특히, 소경에다 귀머거리·벙어리까지 겹친 사람의 경우를 이르는 말.

삼중-례(三中禮)[-녜]**명** 지난날, 새로 들어온 사원(射員)이 화살 다섯 중 처음으로 세 대를 맞혔을 때, 선생을 비롯하여 여러 사람에게 술잔치를 베풀어 사례하던 일.

삼중-살(三重殺)**명** ⇨트리플 플레이.

삼중-석(三重席)**명** 빈객(賓客)을 예(禮)로써 대접할 때, 세 겹으로 까는 자리.

삼중-성(三重星)**명** 세 개의 별이 우연히 같은 방향에 있어, 육안이나 도수(度數) 낮은 망원경으로는 하나처럼 보이는 별.

삼중^수소(三重水素)**명** 수소의 동위 원소로, 중수소의 한 가지. 질량수가 셋인 인공 방사성 원소. 원자핵은 양자 한 개와 두 개의 중성자로 이루어지며 수소 폭탄의 부료재로, 방사성 추적자 등에 이용됨. 트리틀.

삼중-점(三重點)[-쩜]**명** ①하나의 곡선이 셋으로 나뉘어 갈라져서 통과하는 동일점(同一點). ②불순물이 들어 있지 않은 물질의 기상(氣相)·액상(液相)·고상(固相)이 공존하는 상태.

삼중-주(三重奏)**명** 세 가지 악기에 의한 합주. 피아노·바이올린·첼로에 의한 피아노 삼중주, 바이올린·비올라·첼로에 의한 현악 삼중주 등이 있음.

삼중^주명곡(三重奏鳴曲)**명** 삼중주(三重奏)에 의한 소나타.

삼중-창(三重唱)**명** 성부(聲部)가 다른 세 사람의 가수가 부르는 중창.

삼중^협주곡(三重協奏曲)[-쭈-]**명** 세 개의 독주 악기를 가진 협주곡.

삼지(三知)**명** 도(道)를 깨닫는 데 있어서의 천분(天分)의 세 층. 곧, 나면서부터 아는 생지(生知), 배워서 아는 학지(學知), 애써서 아는 곤지(困知).

삼지(三指)**명** 줌손의 아래 세 손가락.

삼지(三智)**명** 불교에서, 지혜를 세 가지로 분류한 것으로 ①도종지(道種智)·일체지(一切智)·일체종지(一切種智). ②범부(凡夫)와 외도(外道)의 지혜인 세간지(世間智), 성문(聲聞)과 연각(緣覺)의 지혜인 출세간지(出世間智), 불(佛)과 보살의 지혜인 출세간상상지(出世間上上智). ③외지(外智)·내지(內智)·진지(眞智).

삼지구엽-초(三枝九葉草)**명** 매자나뭇과의 다년초. 경기도 이북의 계곡에 절로 나는데, 줄기는 높이 자라다가 세 가닥으로 가지를 치며, 각 가지에 세 개의 잎이 달림. 잎을 말린 것을 한방에서 음양곽(淫羊藿)이라 하여 술에 담가 강장(強壯)·강정제(強精劑)로 씀.

삼지-끈(三指-)**명** 활을 쏠 때 삼지(三指)에 끼는, 실로 만든 가락지.

삼지-놓이(三指-)[-노-]**명** 손가락 셋을 합한 폭(幅)만 한 넓이.

삼지니(三-)**명** 세 살이 된 새매. 동작이 느려서 사냥에 적당하지 못함. 삼진(三陳).

삼지-례(三枝禮)**명** [비둘기는 어미 비둘기가 앉은 자리에서 셋째 가지 아래에 앉는다는 뜻에서] '사람은 마땅히 부모를 공경해야 함'을 이르는 말.

삼지-사방(-四方)**명** '산지사방'의 잘못.

삼지-창(三枝槍)**명** ①⇨당파창(鐘鈀槍). ②⇨포크(fork)의 속된 말.

삼직(三職)**명** 절의 주지(住持)를 돕는 세 교직. 곧, 총무(總務)·교무(教務)·재무(財務)를 이르는 말.

삼-진(三眞)**명** 대종교에서, 사람이 나면서 받는 세 가지의 참된 것. 곧, 성(性)·명(命)·정(精)을 이르는 말.

삼진(三振)**명** ⇨스트라이크 아웃.

삼진(三振)**명** 삼지니.

삼진-삼퇴(三進三退)[-퇴/-퉤]**명** 지난날, 과거에 급제한 사람을 축하하는 뜻으로, 그 선진(先進)이 찾아와서, 세 번 앞으로 나오고 세 번 뒤로 물러가게 하며 불리던 일.

삼-진작(三眞勺)**명** 고려 가요에서 가장 빠른 곡조의 이름. '정과정(鄭瓜亭)'이 이 곡조로 되었음.

삼짇-날[-진-]**명** 음력 삼월 초사흗날. 상사(上巳). 삼월 삼짇날. 중삼(重三). ⓗ삼질.

삼질(三-)**명** ⟨삼짇날⟩의 준말.

삼징칠벽(三徵七辟)**명** 지난날, 나라에서 초야에 묻혀 사는 인재에게 벼슬을 주겠다고 여러 차례 부르던 일.

삼차(三叉)**명** 세 가닥. 세 갈래.

삼차(三次)**명** 정식·방정식·대수 곡선 따위의 차수(次數)가 3인 것.

삼차^곡선(三次曲線)[-썬]**명** 삼차 방정식이 나타내는 곡선.

삼차^방정식(三次方程式)**명** 미지수의 최고먹(最高冪)이 3차인 방정식. [$ax^3+bx^2+cx+d=0$의 꼴로 나타남.]

삼차^산-업(三次産業)**명** ⇨제삼차 산업.

삼차-색(三次色)**명** 두 빛깔을 섞은 이차색에 다시 다른 빛깔 한 가지를 더 섞은 색.

삼차^신경(三叉神經)**명** 뇌신경의 하나. 안신경(眼神經), 상악 신경(上顎神經), 하악 신경(下顎神經)의 셋으로 갈라지며, 안면의 지각(知覺)과 운동을 맡고 있음.

삼차^신경통(三叉神經痛)**명** ⇨안면 신경통.

삼-차원(三次元)**명** 세로·가로·높이의 세 차원을 지닌 입체적 공간.

삼차원^세:계(三次元世界)[-계/-게]**명** 차원이 셋인 공간의 현실적 세계. ⓗ사차원 세계.

삼차원^영화(三次元映畫)[-녕-]**명** ⇨입체 영화(立體映畫).

삼창(三唱)**명**⟨하다⟩**타** 세 번 되풀이해서 외침. ¶ 만세를 삼창하다.

삼채(三彩)**명** 세 가지 빛깔의 유약을 발라 구워 낸 도자기. [당삼채·명삼채(明三彩) 따위.]

삼척(三尺)**명** ①석 자. ②⟨삼척검(三尺劍)⟩의 준말. ③⟨삼척법(三尺法)⟩의 준말.

삼척-검(三尺劍)[-껌]**명** 길이가 석 자 정도 되는 긴 칼. ⓗ삼척.

삼척-동자(三尺童子)[-똥-]**명** [키가 석 자밖에 되지 않는 아이라는 뜻으로] '철부지 어린아이'를 이르는 말. ¶ 삼척동자라도 아는 일.

삼척-법(三尺法)**명** [고대 중국에서, 석 자 길이의 죽간(竹簡)에 법률을 적은 데서] 명문화된 법률을 이르는 말. ⓗ삼척.

삼척-장검(三尺長劍)[-짱-]**명** [길이가 석 자나 되는 장검이라는 뜻으로] 길고 큰 칼.

삼척-추수(三尺秋水)**명** 날이 시퍼렇게 선 긴 칼을 이르는 말.

삼천(三遷)**명**⟨하다⟩**타** 세 번 옮김. ②⟨삼천지교(三遷之敎)⟩의 준말. 삼사(三徙).

삼천(三千)**명** 불교의 천태종에서, 만유(萬有)를 통틀어 이르는 말.

삼천-갑자(三千甲子)[-짜]**명** ①육십갑자의 삼천 배. 곧, 18만 년. ②꼭두각시놀음에 나오는 머리 검은 늙은이.

삼천갑자 동방삭이도 저 죽을 날은 몰랐다[속담] 사람은 누구나 자기에게 닥쳐올 운명에 대해서는 잘 알지 못함을 비유적으로 이르는 말.

삼천갑자 동방삭[관용] 중국 전한의 동방삭이 18만 살이나 살았다는 데서 장수하는 사람을 비유적으로 이르는 말.

삼천^대:천세계 (三千大千世界) [-계/-게]**명** 불교에서 이르는 상상의 세계. 곧, 수미산(須彌山)을 중심으로 이루어진 한 세계의 천 배를 소천세계(小千世界), 소천세계의 천 배를 중천세계(中千世界)라 하는데, 이 중천세계를 천 배한 대천세계와 소, 중의 3종류 천세계를 이름. ⓒ삼천 세계.

삼천-리 (三千里)¹ [-철-]**명** 〈삼천리강산〉·〈삼천리강토〉의 준말.

삼천리 (三千里)² [-철-]**명** 1929년에 김동환(金東煥)이 창간(創刊)한 종합 교양지. 통권 155호까지 발행.

삼천리-강산 (三千里江山) [-철-]**명** 우리나라의 강산. ⓒ삼천리.

삼천리-강토 (三千里疆土) [-철-]**명** 우리나라의 강토. ⓒ삼천리.

삼천-만 (三千萬)명 〔지난날, 우리나라 인구가 약 삼천만이었던 데서〕우리 국민 전체를 가리키던 말. ¶삼천만 동포.

삼천-발이 (三千-)명 삼천발잇과의 극피동물. 몸길이 12 cm가량. 불가사리와 비슷한데 몸빛은 흑갈색이고, 팔 모양으로 생긴 다섯 개의 복(輻)이 있음. 대한 해협 일대에 분포.

삼천^세:계 (三千世界) [-게/-게]**명** 〈삼천 대천세계(三千大千世界)〉의 준말.

삼천지교 (三遷之敎)명 맹자(孟子)의 어머니가 아들의 교육을 위하여 집을 세 번이나 옮긴 일. 어린아이의 교육에는 환경이 매우 중요하다는 뜻으로 쓰임. 맹모삼천. 맹모삼천지교. ⓒ삼천.

삼-첨판 (三尖瓣)명 사람이나 포유류의 심장에서, 우심방(右心房)과 우심실(右心室) 사이에 있는 판막. 심방에서 심실로 들어간 피가 역류하는 것을 막음.

삼첩-계 (三疊系) [-계/-게]**명** 지질 시대의 중생대의 삼첩기에 퇴적된 지층.

삼첩-기 (三疊紀) [-끼]**명** ☞트라이아스기.

삼첩-지 (三疊紙) [-찌]**명** 백지보다 길이와 폭이 크고 두꺼우며, 품질이 낮은 누르께한 종이.

삼청 (三青)명 그림을 그릴 때 쓰는 진채(眞彩)의 한 가지. 빛이 하늘빛처럼 푸름.

삼청 (三清)명 도교(道敎)에서, 신선이 산다는 옥청(玉清)·상청(上清)·태청(太清)의 세 궁을 통틀어 이르는 말.

삼청 (三請)명하타 노래 따위를, 한 사람에게 잇달아 세 번을 청하는 일. ¶삼청을 받다.

삼청-냉돌 (三廳冷突)명 〔방에 불을 때지 않던 금군(禁軍)의 삼청에서 유래한 말로〕'차디찬 방'을 이르는 말.

삼청-좌 (三請座)명하자 혼인 때, 신부 집에서 신랑이 오기를 세 번 청함, 또는 그 일.

삼체 (三體)명 ①세 개의 형체나 물체. ②물질의 세 가지 상태. 곧, 고체·액체·기체. ③글씨의 세 가지 체. 곧, 해서(楷書)·행서(行書)·초서(草書). ④중국 명(明)나라 때부터 쓰인 회화 기법의 세 가지 체. 곧, 해체(楷體)·초체(草體)·행체(行體).

삼체^웅예 (三體雄蕊)명 수꽃술이 세 몸으로 되어 있는 합생 웅예(合生雄蕊)의 한 가지. 〔고추나물의 수꽃술 따위.〕

삼초 (三焦·三膲)명 한방에서 이르는 육부(六腑)의 하나. 상초·중초·하초로 나뉨.

삼초-룰: (三秒rule)명 농구에서, 공격 편의 선수가 상대편 바스켓에 가까운 구역 안에서 3초 이상 머무를 수 없도록 한 규칙. 이를 어기면 반칙이 됨.

삼촌 (三寸)명 ①세 치. ②아버지의 형제.

삼촌-댁 (三寸宅) [-땍]**명** 〈숙모〉의 속된 말.

삼촌불률 (三寸不律)명 (길이가) 짧은 붓.

삼촌-설 (三寸舌)명 〔세 치밖에 안 되는 짧은 혀라는 뜻으로〕'뛰어난 언변(言辯)'을 비유하여 이르는 말. '사기'의 '평원군전(平原君傳)'에 나오는 말로, 중국 전국 시대에, 평원군의 식객 모수(毛遂)가 초나라의 구원병 20만을 동원하도록 설득한 데서 유래함. ¶때로는 삼촌설이 군대보다도 더 큰 힘을 발휘한다.

삼추 (三秋)명 ①가을의 석 달 동안. 구추(九秋). ②세 해의 가을. 곧, 삼 년의 세월. ③긴 세월.

삼추 같다[관용] 기다리는 시간이 매우 지리한 경우를 이르는 말. ¶하루가 삼추 같다.

삼춘 '삼촌(三寸)'의 잘못.

삼춘 (三春)명 ①봄의 석 달 동안. 구춘(九春). ②세 해의 봄.

삼춘-류 (三春柳) [-뉴]**명** ☞능수버들.

삼출 (滲出)명하자[되자] (액체가) 스며 배어 나옴.

삼출성^결핵 (滲出性結核) [-썽-]**명** 삼출성 염증이 주된 증상인 결핵. 발열·객담이 심하며 화학 요법이 잘 듣지 아니함.

삼출성-염 (滲出性炎) [-썽념]**명** 삼출을 주로 하는 급성 염증을 통틀어 이르는 말.

삼출-액 (滲出液)명 ①내부에서 표면으로 스며 나오는 액체. ②염증이나 혈관벽(血管壁)의 이상 때문에 혈관 밖으로 배어 나오는 혈액과 조직 성분의 혼합물.

삼취 (三吹)명 지난날, 군대가 출발할 때에 나팔을 세 번 불던 일.

삼취 (三娶)명하자 세 번째 장가감, 또는 그 세 번째의 아내. 삼실(三室).

삼층-밥 (三層-) [-빱]**명** 삼 층이 되게 지은 밥. 밥을 서툴게 지어서, 솥의 밥이 맨 위는 설고, 중간은 제대로 되고, 맨 아래는 탄 것을 이르는 말.

삼층-장 (三層欌) [-짱]**명** 삼 층으로 된 옷장.

삼치명 고등엇과의 바닷물고기. 몸길이 1 m가량. 몸은 가늘고 길며 작은 비늘로 덮여 있음. 등은 회청색에 배는 은백색임. 옆구리에 7∼8개의 회색 반점이 있으며 이빨이 창끝처럼 날카로움. 식용하며, 우리나라와 일본, 하와이, 오스트레일리아 등지의 근해에 분포함.

삼친 (三親)명 가장 가까운 세 친족 관계. 곧, 부자·부부·형제.

삼칠 (三七)명 '스물한 살'을 달리 이르는 말.

삼칠-일 (三七日)명 ☞세이레.

삼칠일 금기 (三七日禁忌)[관용] 아이를 낳은 뒤 세이레 동안 삼가고 지키는 여러 가지 일.

삼칠-제 (三七制) [-쩨]**명** 지난날, 지주에게 소작료로 소출의 3할을 주고, 소작인이 7할을 차지하던 제도.

삼-칼 (蔘-)명 수삼(水蔘)으로 백삼(白蔘)을 만들 때 꺼풀을 긁어 내는 대칼.

삼키다타 ①입에 넣어 목구멍으로 넘기다. ¶알약을 삼키다. ②큰 것이 작은 것을 휩싸서 흔적도 없이 하다. ¶큰 파도가 고깃배를 삼킨다. ③남의 것을 불법으로 차지하다. ¶사기꾼이 국유지를 삼키려다가 체포되었다. ④(나오려는 눈물·웃음 따위를) 억지로 참다. ¶울분을 삼키다.

삼탄(三歎·三嘆)[명][하타] ①여러 번 한탄함. ②여러 번 감탄함.

삼탄(滲炭)[하타] 탄소 또는 탄소가 발생하는 물질을 철과 밀접시켜서 가열하여, 융점 이하의 온도에서 탄소를 철 속에 삼입(滲入)시키는 방법.

삼탄-강(滲炭鋼)[명] 표면만을 삼탄하여 굳힌 강(鋼). 인성(靭性)이 매우 강하여 마모나 충격·진동에 잘 견딤.

삼태[명] '삼태기'의 방언.

삼태(三胎)[명]〈삼태생〉의 준말.

삼태-그물[명] 대(竹)로 삼태기같이 결은 그물.

삼태기[명] 대나 짚으로 엮어, 거름·흙·쓰레기 따위를 담아 나르는 그릇.

삼태기로 앞 가리기[속담] 속이 뻔히 들여다보이는 것을 하는 어리석음을 이르는 말.

삼태-불[명] 채소, 특히 콩나물·숙주 따위에 지저분하게 많이 난 잔뿌리.

삼태-생(三胎生)[명] 한 태에 세 아이를 낳음. 또는 그 아이들. 세쌍둥이. ⓡ삼태.

삼태-성(三台星)[명] 큰곰자리에 딸린 자미성(紫微星)을 지키는 별. [각 한 쌍씩의 상태성(上台星)·중태성(中台星)·하태성(下台星)으로 이루어짐.]

삼태-육경(三台六卿)[-경][명] 삼정승(三政丞)과 육조 판서(六曹判書).

삼탯-국(三太-)[-때꾹/-탯꾹][명] 콩나물·두부·북어를 넣고 고추장을 풀어서 끓인 국.

삼토(三吐)[명] 손을 극진하게 맞이함을 이르는 말.〔옛날 주공(周公)이, 식사하는 동안 세 번이나 입에 든 음식을 토해 내고 찾아온 사람을 맞이했다는 고사에서 유래함.〕

삼토(蔘土)[명] 인삼을 재배하려고 거름한 땅.

삼투(滲透)[명][자타] ①스며듦. ②용매는 통과시키나 용질은 통과시키지 않는 반투막(半透膜)을 고정시키고, 양쪽에 농도가 다른 용액을 따로 넣으면 일정량의 용매가 반투막을 통해 스며들어 양쪽의 농도가 같아지는 일.

삼투-압(滲透壓)[명] 삼투 현상이 일어날 때, 삼투하려는 용매가 반투막에 주는 압력. 또는 그 힘.

삼투^작용(滲透作用)[명] 농도가 다른 두 용액을 반투막(半透膜)으로 막아 놓았을 때, 그 두 용액의 농도가 서로 같아질 때까지 낮은 농도의 용매가 높은 농도의 용액 속으로 이동하는 작용.

삼파-전(三巴戰)[명] 셋이 서로 얽혀 다투거나 겨룸. ¶삼파전을 벌이다.

삼판(三板)[명]〈삼판선(三板船)〉의 준말.

삼판(杉板)[명] 삼(杉)나무로 된 판자.

삼판-선(三板船)[명] 항구 안에서 사람이나 짐을 나르는 중국식의 작은 배. ⓡ삼판.

삼판-양승(三一兩勝)[-냥-][명][하다] 세 번 승부를 겨루어 두 번 이김, 또는 그런 승부.

삼팔(三八)[명]〈삼팔주(三八紬)〉의 준말.

삼팔-따라지(三八-)[명] ①노름판에서, 세 끗과 여덟 끗이 짝이 된, 한 끗짜리의 패. ②삼팔선 이북에서 월남한 동포'를 속되게 이르던 말.

삼팔-선(三八線)[-썬][명] 북위 38°선. [특히, 제이 차 세계 대전 직후 한반도가 남북으로 나뉘게 된 경계선을 이르는 말.]

삼팔-주(三八紬)[-쭈][명] 중국에서 나던 명주의 한 가지. ⓡ삼팔.

삼포(三浦)[명] 조선 세종 때, 일본과의 통신·교역을 목적으로 개항한 동래의 부산포(釜山浦), 웅천(熊川)의 제포(薺浦), 울산의 염포(塩浦).

삼포(蔘圃)[명] 인삼(人蔘)을 재배하는 밭. 삼밭. 삼장(蔘場).

삼포-식(三圃式)[명]〈삼포식 농법〉의 준말.

삼포식 농법(三圃式農法)[-씽-뻡][명] 농지를 셋으로 나누고, 매년 3분의 1씩을 번갈아 가며 휴경지(休耕地)로 하여 지력(地力)을 회복시키는 농사법. ⓡ삼포식.

삼품(三品)[명] ①벼슬 품계의 정삼품과 종삼품. ②그림의 세 가지 품. 곧, 신품(神品)·묘품(妙品)·능품(能品). ③옛날 선비의 세 가지 품위. 곧, 도덕에 뜻을 둔 선비, 공명에 뜻을 둔 선비, 부귀에 뜻을 둔 선비.

삼하(三下)[명] 지난날 시문(詩文)을 끊을 때, 등급의 한 가지. 열두 등급 가운데서 아홉째 등급. 상중(三中)과 차상(次上)의 중간 단계.

삼하(三夏)[명] ①여름 석 달. ⑪구하(九夏). ②세해의 여름.

삼-하늘소[-쏘][명] 하늘솟과의 곤충. 몸길이 15mm가량. 등은 검은데 회색 잔털이 나 있어 암회색으로 보이고 촉각은 검음. 유충은 '삼벌레'라 하는데 삼의 줄기를 파먹는 해충(害蟲)이며, 성충은 엉겅퀴 잎을 갉아 먹음. 마천우(麻天牛).

삼:-하다[형여] (어린아이의 성질이) 순하지 않고 사납다.

삼학(三學)[명] ①불교를 배워 도를 깨달으려는 이가 반드시 닦아야 할 세 가지. 곧, 계학(戒學)·정학(定學)·혜학(慧學). ②조선 시대에, 음양과에서 과거를 보이던 천문·지리·명과(命課)의 세 학문. ③도학(道學)·유학(儒學)·불학(佛學).

삼헌(三獻)[명]〈삼순(三旬)〉.

삼한(三韓)[명] 상고 시대, 우리나라 남부에 위치해 있던 세 군장(君長) 국가. 곧, 마한(馬韓)·진한(辰韓)·변한(弁韓).

삼한-갑족(三韓甲族)[-쪽][명] 〔우리나라에서〕 대대로 문벌이 높은 집안.

삼한^사:온(三寒四溫)[명] 겨울철에 우리나라와 중국 동북부 등지에서, 대개 사흘쯤 추위가 계속되다가 다음의 나흘쯤은 비교적 포근한 날씨가 계속되는 주기적인 기후 현상.

삼한-중보(三韓重寶)[명] 고려 중엽에 쓰이던 엽전의 한 가지. 〔삼한통보보다 좀 늦게 사용됨.〕

삼한-통보(三韓通寶)[명] 고려 중엽에 쓰이던 엽전의 한 가지.

삼-할미[명] '잔문을 돕는 일을 하는 노파'를 낮추어 일컫는 말.

삼합(三쪽)[명]〈삼겹(三쪽)〉의 본딧말.

삼함(三緘)[명] 절에서, 몸·입·뜻을 삼가라는 뜻으로 거처하는 방에 써 붙이는 글.

삼합-미음(三合米飮)[-함-][명] 쇠고기·해삼·찹쌀을 넣고 물을 부어 흠뻑 끓인 다음, 찹쌀을 넣고 고아서 만든 미음.

삼합-사(三合絲)[-싸][명] ⇨삼겹실.

삼항-식(三項式)[명] 세 개의 항으로 된 다항식.

삼해리-설(三海里說)[명] 영해(領海)의 범위를 썰물 때의 해안선에서 3해리까지로 하는 국제법상의 한 학설.

삼행(三行)[명] ①⇨삼도(三道). ②[하다] 신랑이 세 번째로 처가에 인사하러 감, 또는 그 인사.

삼헌(三獻)[명][하다] 기제사, 상중(喪中) 제례, 시향(時享) 때에 술잔을 세 번 올리는 일. 곧, 초헌·아헌·종헌.

삼혁^오:인(三革五刃)[명] 갑옷·투구·방패의 세 가죽 무장과 칼(刀)·큰 칼(劍)·세모창(矛)·갈래진 창(戟), 화살의 다섯 가지 무기.

삼현(三絃)**명** 거문고·가야금·향비파의 세 현 악기.

삼현-금(三絃琴)**명** 줄이 셋인 거문고.

삼-현령(三懸鈴)[-혈-]**명**[하자] 지난날, 몹시 급 한 공문(公文)을 보낼 때, 봉투에 세 개의 동 그라미를 찍던 일.

삼현^육각(三絃六角)[-뉴각]**명** 삼현과 육각. 거문고·가야금·향비파와 북·장구·해금·피리와 한 쌍의 태평소로 된 기악 편성.

삼현-포(三穴砲)**명** 총신(銃身)이 세 가개 겹쳐 있는 총.

삼혜(三慧)[-혜/-헤]**명** 불교에서, 경전을 들어 서 아는 문혜(聞慧), 진리를 생각하여 아는 사 혜(思慧), 실천 수행하여 아는 수혜(修慧)의 세 가지 지혜.

삼혹(三惑)**명** 불교에서, 도를 닦는 데 장애가 되는 세 가지 번뇌. 〔견사혹(見思惑)·진사혹 (塵沙惑)·무명혹(無明惑).〕

삼혼(三魂)**명** 사람의 몸속에 있다고 하는 태광 (台光)·상령(爽靈)·유정(幽精)의 세 가지 정혼 (精魂).

삼혼-칠백(三魂七魄)**명** 사람의 혼백을 통틀어 이르는 말.

삼화(三和)**명** 불교에서 이르는 근(根)·경(境)· 식(識) 세 가지의 화합.

삼-화음(三和音)**명** 어느 음 위에 3도 음정과 5도 음정의 음을 겹친 화음.

삼환-설(三丸說)**명** 조선 시대의 학자 김석문(金 錫文)이 해·지구·달의 세 천체가 모두 둥글다 고 주장한 학설. 〔박지원의 '열하일기'에 기록 되어 있음.〕

삼황(三皇)**명** 고대 중국의 전설상의 세 임금. 곧, 복희씨(伏羲氏)·신농씨(神農氏)·황제(黃 帝), 또는 천황씨(天皇氏)·지황씨(地皇氏)·인 황씨(人皇氏).

삼-회장(三回裝)[-회-/-훼-]**명** 여자 저고리 의 깃·소맷부리·겨드랑이에 깃을 갖추어 댄 회장.

삼회장-저고리(三回裝-)[-회-/-훼-]**명** 삼회 장으로 된 저고리. 곁마기.

삼-회향(三回向)[-회-/-훼-]**명** 자기가 지은 선근 공덕을 일체 중생의 깨달음을 위해 되돌 아보는 회향의 세 가지. 보리회향(菩提回向), 중생회향(衆生回向), 실제회향(實際回向)을 이름.

삼효(三孝)**명** 유교(儒敎)에서 이르는 세 가지 효행. 첫째, 어버이를 우러러 받들고, 다음에 어버이를 욕되게 하지 않으며, 끝으로 어버이 를 잘 봉양하는 일.

삼-희성(三喜聲)[-히-]**명** 세 가지의 듣기 좋 은 소리. 곧, 다듬이 소리, 글 읽는 소리, 갓난 아이 우는 소리를 이름. ↔삼악성(三惡聲).

삽명 ①땅을 파고 흙을 뜨는 데 쓰는 연장. ②〖의 존 명사적 용법〗흙이나 모래 따위를 삽에 담아 그 분량을 세는 단위. ¶석탄 한 삽. /흙 두 삽.

-삽-선미〈-사옴-〉의 준말. ¶재물이 많삽더니.

삽-괭이[-괭-]**명** 붙이 좁고 자루가 긴 괭이.

삽구(揷句)[-꾸]**명**[하타] 글귀나 인용구 등을 문 장 속에 끼워 넣음, 또는 그 글귀.

삽뇨-증(澁尿症)[삽-쯩]**명** 오줌소태.

삽도(揷圖)[-또]**명** 인쇄물 따위에 끼워 넣어 내용의 이해를 돕는 그림. 삽화(揷畫).

삽듀명〈옛〉삽주. ¶삽듀 튤:茉(訓蒙上13).

삽말(揷-)[삼-]**명**[하자] 말뚝을 박음.

삽목(揷木)[삼-]**명**[하타] ☞꺾꽂이.

삽미(澁味)[삼-]**명** 떫은맛.

삽사리[-싸-]**명** ①개의 한 품종. 털이 북슬북 슬하게 많이 나 있음. 천연기념물 제368호임. 더펄개. 삽살개. ②메뚜깃과의 곤충. 몸길이 3 cm가량. 몸빛은 누르고 날개는 잿빛을 띤 누 런색인데, 배 길이보다 짧음. 수컷은 앞날개가 짧고 끝이 뭉툭함. 여름에 풀밭에서 사는데, 우리나라와 일본·중국 등지에 분포함.

삽살-개[-쌀-]**명** ☞삽사리.

삽살개(의) 뒷다리 (속담) 삽살개 뒷다리처럼 볼 품이 없는 모양을 비유적으로 이르는 말.

삽살개히(옛) 삽살개. ¶大 가히 견 俗呼 삽 살개히 日絡絲狗(訓蒙上10).

삽삽(颯颯) '삽삽(颯颯)하다'의 어근.

삽삽(澁澁) '삽삽(澁澁)하다'의 어근.

삽삽-하다(颯颯-)[-싸파-]**형여** 불어오는 바람 이 쌀쌀하고 쓸쓸하다.

삽삽-하다(澁澁-)[-싸파-]**형여** ①맛이 몹시 떫다. ②매끄럽지 않고 껄껄하다. ③말이나 문 장이 분명치 않아 이해하기 어렵다.

삽상(颯爽) '삽상하다'의 어근.

삽상-하다(颯爽-)[-쌍-]**형여** ①바람이 시원하 게 불어 상쾌하다. ¶삽상한 봄바람. ②(태도나 행동이) 가든가든하고 날렵하다.

삽수(揷穗)[-쑤]**명** 꺾꽂이하려고 식물체에서 잘라 낸 뿌리나 줄기 또는 잎.

삽시(揷匙)[-씨]**명**[하자] 제사 때 숟가락을 메에 꽂는 일.

삽시(霎時)[-씨]**명** 〈삽시간(霎時間)〉의 준말.

삽시-간(霎時間)[-씨-]**명** 아주 짧은 동안. 《주 로, '삽시간에'의 꼴로 쓰임.》 순시(瞬時). 일 순간. ¶삽시간에 먹어 치우다. ㉜삽시.

삽식(揷植)[-씩]**명**[하타] ☞꺾꽂이.

삽앙(揷秧)**명**[하자] 모를 논에 꽂음.

삽어(澁語)**명** 더듬거리는 말. 비눌언(訥言).

삽연(颯然) '삽연하다'의 어근.

삽연-하다(颯然-)**형여** 쏴 부는 바람이 가볍고 시원하다. 삽연-히**부**.

삽요-사(揷腰辭)**명** ☞접요사(接腰辭).

삽입(揷入)**명**[하타][되자] 꽂아 넣음. 끼워 넣음. ¶좌약을 삽입하다. /단서 조항을 삽입하다.

삽입-곡(揷入曲)[-꼭]**명** ☞에피소드.

삽입-구(揷入句)[-꾸]**명** 어떤 문장 가운데에, 그 문장의 성분 따위와 직접 관계가 없이 끼워 넣은 구절.

삽제(澁劑)[-쩨]**명** 맛이 떫은 약제.

삽주[-쭈]**명** 국화과의 다년초. 산지의 건조한 곳에 나는데, 줄기 높이 30~100 cm. 잎은 길 둥글고 가장자리에 톱니가 있으며, 7~10월에 줄기 끝에 흰 꽃이 핌. 한방에서 덩어리진 뿌 리를 백출(白朮), 덩이가 지지 않은 뿌리를 창 출(蒼朮)이라 하여 약재로 씀. 산강(山薑). 산 계(山薊). 산정(山精).

삽주-벌레[-쭈-]**명** 삽주벌렛과의 곤충. 몸길이 약 1.5 mm. 몸빛은 짙은 고동색. 앞뒤 날개에 긴 털이 빽빽이 나 있음. 벼의 해충임.

삽지(揷枝)[-찌]**명**[하자] ☞꺾꽂이.

삽지(揷紙)[-찌]**명**[하자] 인쇄할 때에 기계에 종 이를 먹임.

삽지-공(揷紙工)[-찌-]**명** 인쇄할 때에 기계에 종이를 먹이는 사람.

삽-질[-찔]**명**[하자] 삽으로 땅을 파거나 흙을 떠 내는 일.

삽-짝[-쌍] '사립짝'의 준말.

삽-차(-車)**명** 유압을 이용하여 기계 삽으로 땅 을 파내는 차. 포클레인.

삽체(澁滯)**명·하자** (일이) 걸림이 많아 나아감이 더디어짐.

삽탄(揷彈)**명·하자** 총기에 탄알을 잼.

삽혈(歃血)[사펼]**명·하자** 서로 맹세할 때, 희생으로 잡은 짐승의 피를 나누어 마시거나, 입 언저리에 칠함, 또는 그 일. ¶삽혈 동맹.

삽화(揷花)[사퐈]**명·하자** 꽃꽂이.

삽화(揷畫)[사퐈]**명** (주로, 신문·잡지·서적의 문장 속에서) 문장의 내용을 보완하거나 이해를 돕도록 장면을 묘사하여 그린 그림. 삽도.

삽화(揷話)[사퐈]**명** 문장이나 연극 속에 끼워 넣은, 본 줄거리와는 직접 관계없는 이야기. 에피소드.

삽화-가(揷畫家)[사퐈-]**명** 삽화 그리는 일을 직업으로 하는 사람.

삿[삼]**명** 〈삿자리〉의 준말. • 삿이[사시]·삿만[산-]

삿-갓[삳깓]**명** ①대오리나 갈대로 거칠게 결어서 비나 볕을 가리는 갓. ②버섯의 균산(菌傘). • 삿갓이[삳까시]·삿갓만[삳깐-]

삿갓(을) **씌우다**[관용] ☞바가지(를) 씌우다.

삿갓-가마[삳깓까-]**명** 지난날, 초상 중의 상제가 타던 가마. 가장자리에 흰 휘장을 두르고, 위에 큰 삿갓을 덮어서 꾸몄음. 초교(草轎).

삿갓-구름[삳깓꾸-]**명** 외따로 떨어진 산봉우리의 꼭대기 부근에 걸리는 삿갓 모양의 구름.

삿갓-나물[삳깓나-]**명** 백합과의 다년초. 산지의 숲에 절로 나는데, 키는 30 cm가량. 잎은 버들잎과 비슷하며 줄기에 6~8개의 잎이 돌려남. 여름에 황록색 꽃이 핌. 어린순은 나물로 먹지만 뿌리는 유독성임. 삿갓풀. ☞우산나물.

삿갓-들이[삳깓뜨리]**명** 논에, 삿갓이 들어갈 만큼 드물게 심은 모.

삿갓-반자[삳깓빤자]**명** 반자틀을 하지 않고 서까래에 그냥 바른 반자.

삿갓-버섯[삳깓버섣]**명** 삿갓버섯과의 식용 버섯. 내피막이 없고 줄기가 긺. 학버섯. • 삿갓버섯이[삳깓뻐서시]·삿갓버섯만[삳깓뻐선-]

삿갓-연(-椽)[삳깓년]**명** (보꾹이 천장으로 된 집에서) 보꾹의 겉으로 드러난 서까래.

삿갓-장이[삳깓짱-]**명** 삿갓 만드는 일을 직업으로 하는 사람.

삿갓-쟁이[삳깓쨍-]**명** 삿갓을 쓰고 다니는 사람.

삿갓-집[삳깓찝]**명** 삿갓 모양으로 만든 집.

삿갓-춤[삳깓-]**명** ☞삿갓놀이.

삿기다(옛) 새기다². ¶仙鶴이 삿기 치니(鄭澈.關東別曲).

삿:대[삳때]**명** 〈삿앗대〉의 준말.

삿:대-질[삳때-]**명·하자** ①〈삿앗대질〉의 준말. ②다투거나 대화할 때 상대편을 향해 팔을 뻗치거나 막대기 따위를 내지르는 짓.

삿-되다(私-)[삳뙤-/삳뛔-]**형** 보기에 하는 행동이 개인적인 성질을 띠고 있다.

삿-되다(邪-)[삳뙤-/삳뛔-]**형** 보기에 하는 행동이 바르지 못하고 나쁘다.

삿-반(-盤)[삳빤]**명** 갈대로 채반같이 만든 그릇.

삿-자리[삳짜-]**명** 갈대로 결어 만든 자리. ㉾삿.

상:(上)**명**①(차례나 등급을 '상·중·하' 또는 '상·하'로 나누었을 때) 앞의 부분. 또는 잘하거나 훌륭한 등급.

상:(上)**명**²〈상감(上監)〉의 준말.

상(床)**명** 소반·책상·평상 따위를 통틀어 이르는 말. ¶상을 푸짐하게 차리다.

상을 보다[관용] 음식상을 차리다.

상(相)**명**①얼굴의 생김새. ¶귀인의 상을 가졌다. ②얼굴의 표정. ¶화가 난 상.

상(을) **보다**[관용] ①사람의 상을 보아 길흉·운명을 판단한다. ②지세를 살펴 길흉을 점치다.

상(을) **보이다**[관용] (관상쟁이 따위에게) 관상을 보게 하다.

상(商)**명**¹〈몫〉의 구용어.

상(商)**명**²동양 음악의, 오음(五音) 음계의 둘째 음. ㉾궁상각치우.

상(商)**명**³〈상업〉의 준말.

상(祥)**명** '소상'과 '대상'을 아울러 이르는 말.

상(喪)**명**①〈거상(居喪)〉의 준말. ②부모와 승중(承重)의 조부모, 증조부모와 고조부모 및 맡아들의 상사에 대한 의례.

상(象)**명** 장기에서 '象'자로 나타낸 장기짝의 한 가지. 한 편이 둘씩으로 모두 네 개가 있음. 쓸 용(用) 자 모양으로 앞으로 세 칸, 옆으로 두 칸 건너의 밭으로 움직일 수 있음.

상(想)**명**①작품을 제작하는 작자의 구상(構想). ②불교에서, 만상(萬象)의 모양을 마음에 비쳐들여서 객관적으로 생각하는 정신 작용.

상(像)**명**①광선의 반사 굴절로 인해 생기는 물체의 형상. [실상과 허상이 있음.] ②〈조각이나 그림 따위의〉형체. ¶성모(聖母)의 상. ③일부 명사 뒤에 붙어, 그 부면(部面)에 있어서 바람직한 모습임을 나타냄. ¶어머니상. /지도자상.

상(賞)**명** 잘한 일이나 잘한 일을 기리기 위하여 주는 표적(表迹).

-상(上)**접미** (일부 명사 뒤에 붙어) '그것에 관한'·'그것에 있어서'의 뜻을 나타냄. ¶법률상. /이론상. /역사상. /절차상. /형편상.

-상(狀)**접미** (일부 명사 뒤에 붙어) 모양이나 상태를 뜻함. ¶나선상(螺線狀)·연쇄상(連鎖狀). /포도상(葡萄狀). /방사상(放射狀).

-상(商)**접미** (일부 명사 뒤에 붙어) 그러한 장사(장수)임을 뜻함. ¶고물상. /미곡상. /보부상. /잡화상. /포목상.

상가(桑稼)**명** 누에치기와 농사짓는 일.

상가(商家)**명** 장사를 업으로 하는 집.

상가(商街)**명** 상점이 많이 늘어서 있는 거리.

상가(喪家)**명** ①초상집. ②상제(喪制)의 집. 상갓집.

상가지구(喪家之狗)**명** ①초상집의 개. 주인 없는 개. ②초라한 모습으로 얻어먹을 것만 찾아다니는 이를 빈정거려 이르는 말.

상가^평균(相加平均)**명** ☞산술 평균.

상각(償却)**명·하자** ①보상하여 갚아 줌. ②〈감가상각(減價償却)〉의 준말.

상간(相姦)**명·하자** 남녀가 불의(不義)의 사통(私通)을 함. ¶근친상간.

상간-자(相姦者)**명** 간통한 상대자.

상간-혼(相姦婚)**명** 간통하여 이혼했거나 형(刑)을 선고받은 사람이 상간자와 결혼하는 일.

상:감(上監)**명**〈임금의 높임말. ㉾상(上)².

상감(象嵌)**명**①금속·도자기·목재 등의 표면에 무늬를 새겨 그 속에 금·은 따위를 넣어 채우는 기술, 또는 그 작품. ②연판 따위의 인쇄판에서, 수정할 곳을 도려내고 고친 것을 끼워 넣는 일.

상:감-마마(上監媽媽)**명**〈임금의 높임말.

상감^세:공(象嵌細工)**명** 상감을 하는 세공.

상감^청자(象嵌靑瓷)**명** 장식 무늬를 상감으로 세공하여 만든 청자.

상:-갑판(上甲板)**명** (배의) 맨 위층의 갑판.

상갓-집(喪家-)[-가찝/-갇찝]**명** ☞상가(喪家).

상갓집 개 (노릇)(관용) 천대를 받으면서도 비굴하게 얻어먹으러 기어드는 가련한 꼴을 비유적으로 이르는 말.

상강(霜降)명 이십사절기의 하나. 한로(寒露)와 입동(立冬) 사이로, 10월 23일경임. 이 무렵에 서리가 내리기 시작한다고 함.

상개(床蓋)명 온도의 하강이나 수분의 증발 등을 막기 위하여 덮는 온상의 뚜껑.

상:객(上客)명 ①(자기보다) 지위가 높은 손님. 상좌(上座)에 모실 만한 손님. 상빈(上賓). 큰손². ②☞위요(圍繞)¹.

상객(商客)명 여기저기 떠돌아다니며 장사하는 사람. 상려(商旅).

상객(常客)명 늘 찾아오는 손님.

상거(相距)명 서로 떨어져 있음, 또는 떨어져 있는 두 곳의 거리. ¶한 십 리 상거한 마을.

상-거래(商去來)명 상업상의 거래.

상:-거지(上-)명 말할 수 없을 만큼 불쌍한 거지. ¶거지 중의 상거지.

상:건(上件)[-껀]명 품질이 아주 좋은 물건. 상품(上品). 魯상길.

상건(床巾)[-껀]명 ☞상보(床褓).

상-것(常-)[-껃]명 ①지난날, 양반이 평민을 얕잡아 이르던 말. ②남을 심하게 욕으로 이르는 말. 閉쌍것. ＊상것이[-꺼시]·상것만[-껀-]

상:게(上揭)명하타 위에 게재하거나 게시함, 또는 그 사항. ↔하게(下揭).

상격(相格)명 관상에서 이르는, 사람의 얼굴 생김새. ¶귀인풍의 상격. /상격이 천박하다.

상격(相隔)명하자 서로 떨어져 있음.

상격(賞格)명 ①(공로에 따라) 상을 주는 격식. ②과거에 급제한 사람을 기리기 위하여 임금이 내리던 책 따위. 상전(賞典).

상:견(上繭)명 질이 좋은 상등 누에고치.

상견(相見)명하자 서로 봄.

상견(常見)명 불교에서, 세계나 모든 존재는 영겁 불변의 실재이며, 사람은 죽어나 자아(自我)는 없어지지 않는다고 고집하는 그릇된 견해를 이르는 말. ↔단견(斷見).

상:견(想見)명하자 상상하여 봄.

상견-례(相見禮)[-네]명 ①서로 공식으로 만나 보는 예(禮). ¶양국 원수의 상견례. ②마주 서서 하는 절. ③고려·조선 시대에, 신임 사부(師傅)나 빈객(賓客)이 동궁(東宮)을 뵙던 예(禮).

상:경(上京)명하자 (시골에서) 서울로 올라옴. 상락(上洛). 출경(出京). ¶친구의 부고(訃告)를 받고 급히 상경했다. ↔하경(下京). 魯입경(入京).

상:경(上卿)명 조선 시대, 정일품과 종일품의 판서(判書).

상경(相敬)명하자 ①(마주 이야기를 할 때) 서로 경어를 씀. ②서로 공경함.

상경(常經)명 마땅히고도 떳떳한 도리.

상경(祥慶)명 경사스러운 일. 기쁜 일.

상:계(上界)[-계/-게]명 〈천상계(天上界)〉의 준말. ↔하계(下界).

상:계(上計)[-계/-게]명 ☞상책(上策).

상:계(上啓)[-계/-게]명하타 조정이나 윗사람에게 아룀.

상계(相計)[-계/-게]명하타 채권자와 채무자가 서로 같은 종류의 채권·채무를 가지는 경우에, 그 채권과 채무를 같은 액수로 소멸시키는 일. 상쇄(相殺).

상계(商界)[-계/-게]명 〈상업계(商業界)〉의 준말.

상계(商計)[-계/-게]명 장사하는 수단. 상략(商略).

상계(詳計)[-계/-게]명하타 차근차근 세운 계책.

상계^계:약(相計契約)[-계약/-/-게약-]명 두 사람 이상이 서로 채무(債務)를 지고 있는 경우, 그 채무를 같은 액수로 동시에 소멸시키는 계약. 상쇄 계약.

상계^관세(相計關稅)[-계-/-/-게-]명 상대 수출국이 특정 상품에 대하여 수출 장려금·보조금 등의 혜택을 주어 그 가격을 현저하게 싸게 하였을 때, 수입국이 경쟁력 상계를 위해 과하는 차별 관세.

상:고(上古)명 ①오랜 옛날. 상세(上世). ②역사의 시대 구분의 한 가지. 문헌이 있는 한도에서 가장 오랜 옛날로, 국사에서는 대개 삼한(三韓) 때까지를 이름.

상:고(上考)명 지난날, 관원의 고시(考試)에서 '성적이 우량함'을 이르던 말.

상:고(上告)명하타 ①윗사람에게 아룀. ②상소(上訴)의 한 가지. 고등 법원, 지방 법원 합의부 등의 제2심 판결에 대하여, 법령(法令) 위반 등을 이유로 그 파기 또는 변경을 상급 법원에 신청하는 일. 불복상고. 魯항고(抗告)·항소(抗訴).

상:고(尙古)명하자 옛 문물을 소중히 여김.

상고(相考)명하타 서로 견주어 고찰함. ¶필적(筆跡)을 상고하다.

상고(商高)〈상업 고등학교〉의 준말.

상고(商賈)명 ☞장수⁴.

상고(喪故)명 ☞상사(喪事).

상고(詳考)명하타 자세히 참고함. 상세히 검토함. ¶문헌을 상고하다.

상:고^기각(上告棄却)명 상고의 시기가 법률상 시한을 넘었거나, 심리 결과 적법하지 않거나 이유 없다고 판단되었을 때 내리는 종국 판결.

상고대명 나무나 풀에 눈같이 내린 서리. 몽송(霧淞). 무송(霧淞). 수상.

상:고-대(上古代)명 ☞상고 시대.

상고-머리(上告-)명 앞머리는 가지런히 두고, 뒷머리와 옆머리는 치올려 깎으며, 정수리를 평평하게 깎아 다듬은 머리.

상고-배(商賈輩)명 장사치.

상:고^법원(上告法院)명 상고심을 하는 법원. 곧, 대법원.

상:고-사(上古史)명 상고 시대에 관한 역사.

상고-선(商賈扇)명 품질이 낮은 부채.

상고-선(商賈船)명 상품을 싣고 다니는 장삿배. 상선(商船).

상:고^시대(上古時代)명 역사 시대로서 가장 오랜 시대. 상고대. 상대(上代).

상:고-심(上告審)명 상고한 소송 사건에 대한 심판.

상:고-장(上告狀)[-짱]명 상고의 의사를 표시한 서류.

상:고-하포(上告下布)명 지난날, 나라에 중대한 일이 있을 때, 위로 종묘에 고하고 아래로 백성에 알리던 일.

상골(象骨)명 코끼리의 뼈.

상:공(上工)명 상등(上等)의 기술공.

상:공(上空)명 ①높은 하늘. ②어떤 지역에 수직되는 공중. ¶서울 상공.

상공(相公)명 〈재상(宰相)〉의 높임말.

상공(商工)명 〈상공업〉의 준말.

상공(常貢)명 세공(歲貢)으로 보통 바치는 일정한 물품. 魯별공(別貢).

상공(翔空)명하자 하늘을 날아다님.

상-공업(商工業)명 상업과 공업. 魯상공.

상공^회:의소(商工會議所)[-회의-/-훼이-]몡 상공업자들이 상공업의 개선과 발전을 꾀하여 조직한 사단 법인. 준상의(商議).

상과(桑果)몡 짧은 꽃대에 많은 꽃이 한 덩어리로 엉기어 피며, 열매가 다닥다닥 붙어 여는 과실. [오디·파인애플 따위].

상과(商科)[-꽈] 상업에 관한 교과목.

상과^대:학(商科大學)[-꽈-]몡 상업 및 경제에 관한 전문적인 학술과 경영 기술을 학습하고 연구하는 대학. 준상대.

상:관(上官)몡 직책이 어떤 사람보다 높은 자리에 있는 사람. 윗상사(上司). ↔부하·하관(下官).

상관(相關)몡 ①하타되자 서로 관련을 가짐, 또는 그 관련. ②하자 남의 일에 간섭함. ¶네가 상관할 일이 아니다. ③하자타 남녀가 육체적 관계를 맺음. ④두 개의 양이나 현상이 어느 정도 규칙적으로 같은 시간에 변화되어 가는 성질.

상관^개:념(相關概念)몡 상대 개념 중에서 특히 관계가 깊어, 한쪽이 없으면 다른 한쪽이 존재할 수 없는 개념. ['위'와 '아래', '형'과 '아우' 따위].

상관^계:수(相關係數)[-계-/-게-]몡 상관관계의 성질이나 정도를 나타내는 수치.

상관-관계(相關關係)[-계/-게]몡 ①서로 영향을 줄 수 있는 연관된 관계. ②수학에서, 한쪽의 수량이 변함에 따라 다른 쪽도 변하는 관계.

상관-설(相關說)몡 인식론(認識論)에서, 주관과 객관이 서로 분리될 수 없는 존재라는 이론.

상관-성(相關性)[-썽]몡 두 사물 사이에 상관되는 성질이나 특성.

상-관습(商慣習)몡 상업상의 관습.

상관습-법(商慣習法)[-뻡]몡 상사(商事)에 관한 관습법. 민법(民法)에 우선하는 효력을 지님.

상관-없다(相關-)[-과넙따]몡 ①서로 관련되는 바가 없다. ¶그것은 나와는 상관없는 일이다. ②(주로, '-어도' 절과 함께 쓰이어) 괜찮다. 염려할 것 없다. ¶그 일은 하루 이틀 늦어도 상관없다. 관계없다. **상관없-이**뷔 ①성패에 상관없이 일단 실행하기로 하다. /불황에 상관없이 사업을 늘려 가다.

상관-있다(相關-)[-과닏따]혱 관계있다. ¶그 일은 나와 상관있다.

상:광(上鑛)몡 선광(選鑛)하지 않고 제련소에 보낼 수 있을 만큼 품질이 좋은 광석.

상광(祥光)몡 ☞서광(瑞光).

상:괘(上卦)[-꽤]몡 ①두 괘로 된 육효(六爻)에서 위의 괘. ②가장 좋은 점괘. ↔하괘.

상쾡이몡 돌고랫과의 포유동물(哺乳動物). 돌고래 무리 가운데 가장 작은 종류로, 몸길이가 없고 머리가 둥글며, 주둥이가 튀어나오지 않은 것이 특징임. 우리나라 연해와 인도양 및 서태평양 해안의 얕은 바다에 서식함.

상:교(上敎)몡 ①임금의 지시. ②윗사람의 가르침.

상:구(上矩)몡 외행성(外行星)이 태양의 동쪽에 있어 황경(黃經)의 차가 90°인 경우, 또는 그 시간.

상구(喪具)몡 장례 때 쓰이는 제구(諸具).

상:구-보리(←上求菩提)몡 불교에서, 보살이 깨달음을 얻기 위하여 보리의 지혜를 구하고 닦는 일. ↔하화중생(下化衆生).

상:국(上國)몡 ①지난날, 작은 나라의 조공(朝貢)을 받던 큰 나라. ②강의 상류 지역에 자리 잡고 있는 나라.

상국(相國)몡 조선 시대에, 영의정·좌의정·우의정을 통틀어 이르던 말. 상신(相臣).

상국(喪國)몡 나라를 잃어버림.

상국(霜菊)몡 서리가 내릴 때 피는 국화.

상군(湘君)몡 상수(湘水)의 여신. 중국 상고 시대에, 요(堯)임금의 딸 아황(娥皇)과 여영(女英)이 함께 순(舜)임금에게 시집갔다가, 순임금이 죽자 상수에 몸을 던져 신이 되었다고 함.

상군(廂軍)몡 임금의 거둥 때 호위하던 군사.

상궁(尙宮)몡 조선 시대에, 정오품(正五品) 내명부(內命婦)의 칭호.

상궁지조(傷弓之鳥)몡 [한 번 화살을 맞아 다친 새는 구부러진 나무만 보아도 놀란다는 뜻으로] '한 번 혼이 난 일로 말미암아 무슨 일이든 항상 두려워하고 경계함'을 이르는 말. 경궁지조(驚弓之鳥).

상:권(上卷)몡 상·중·하 세 권 또는 상·하 두 권으로 책을 갈랐을 때의 첫째 권.

상권(商圈)[-꿘]몡 ①어떤 상업의 중심지, 또는 물자의 직접 거래가 이루어지는 지역. ②상업상의 세력권.

상권(商權)[-꿘]몡 상업상의 권리. 상업상의 주도권. ¶상권 다툼. /상권을 장악하다.

상궤(常軌)몡 항상 따라야 할 바른길. ¶언행이 상궤를 벗어나다.

상귀(翔貴)몡하자 ☞등귀(騰貴).

상규(常規)몡 일상의 규칙. 일반적인 규칙. 상률(常律). 상칙(常則).

상그레뷔하자 눈과 입을 귀엽게 움직이며 소리 없이 부드럽게 웃음 짓는 모양. ¶상그레 웃으면서 인사를 대신하다. 쎈쌍그레.

상극(相剋)몡하자되자 ①오행설에서, 목(木)은 토(土)를, 토(土)는 수(水)를, 수(水)는 화(火)를, 화(火)는 금(金)을, 금(金)은 목(木)을 이기는 일을 이르는 말. ↔상생(相生). ②두 사람 또는 사물이 서로 맞지 않거나 마주치면 서로 충돌하는 상태임을 이르는 말. ¶저 두 사람은 서로 상극이다.

상:근(上根)몡 부처의 가르침을 깨닫는 뛰어난 능력과 자질, 또는 그런 능력과 자질을 갖춘 사람. ↔하근(下根).

상근(常勤)몡하자 매일 일정 시간을 근무함. ¶상근 직원.

상근-백피(桑根白皮)몡 한방에서, 뽕나무 뿌리의 속껍질을 약재로서 이르는 말. 이뇨·거담(祛痰)에 효력이 있음. 상백피.

상글-거리다자 자꾸 상글상글하다. 상글대다. 쎈쌍글거리다.

상글-대다자 상글거리다.

상글-방글뷔하자 상글거리면서 방글거리는 모양. 쎈쌍글벙글. 쎈쌍글빵글.

상글-상글뷔하자 눈과 입을 귀엽게 움직이며 소리 없이 자꾸 웃는 모양. ¶상글상글 웃으면서 춤을 추다. 쎈쌍글썽글. 쎈쌍글쌍글.

상:금(上金)몡 품질이 좋은 금.

상금(賞金)몡 상으로 주는 돈.

상금(償金)몡 ①갚아 주는 돈. ②배상(賠償)하여 주는 돈.

상금(尙今)뷔 지금까지. 아직까지. ¶어젯밤에 집을 나간 그는 상금 돌아오지 않았다.

상:급(上級)몡 위의 등급이나 계급. ¶상급 관청. ↔하급.

상급(賞給)몡하타 상으로 줌, 또는 그런 돈이나 물건.

상:급-반(上級班)[-빤]몡 ☞윗반.

상:급^법원(上級法院)[-뻐핀]圓 상하 관계에 있는 법원 사이에서, 등급이 위인 법원. 상급 심을 하는 법원. ↔하급 법원.

상:급-생(上級生)[-쌩]圓 학년이 높은 학생. ↔하급생.

상:급-심(上級審)[-씸]圓 상급 법원에서 하는 소송의 심리(審理). ↔하급심.

상:급-자(上級者)[-짜]圓 계급이 위인 사람.

상긋(-귿)[부] 상냥한 표정으로 소리 없이 가볍게 웃는 모양. ¶상긋 웃어 보이고 자리에서 일어나다. 큰성긋. 셴상끗·쌍긋·쌍끗. 상긋-이[부] 상긋이 웃으면서 고개를 숙이다. 상긋-상긋[부(하자).

상긋-거리다[-귿꺼-]자 자꾸 상긋상긋하다. 상긋대다. 큰성긋거리다.

상긋-대다[-귿때-]자 상긋거리다.

상긋-방긋[-귿빵귿]부(하자) 상긋거리면서 방긋거리는 모양. ¶무슨 좋은 일이 있는지 상긋방긋하면서 돌아온다. 큰성긋병긋. 셴상끗방끗·쌍긋빵긋·쌍끗빵끗.

상긔[부] (옛) 아직. ¶ 소치는 아희들은 상긔 아니 니럿느냐(古時調).

상:기(上記)圓(하자) 어떤 글의 위나 앞에 적음, 또는 그 내용. ¶상기한 바와 같다. ↔하기(下記).

상:기(上氣)圓 [-끼] 피가 머리로 모여 얼굴이 붉어지고 두통·이명(耳鳴) 등을 일으키는 증세. ②[하자](되자)(홍분이나 수치심 때문에) 얼굴이 화끈 달아오름. ¶상기한 얼굴.

상기(相器)圓 재상(宰相)이 될 만한 기량(器量).

상기(祥氣)圓 상서로운 기운.

상기(爽氣)圓 상쾌한 기분.

상기(喪氣)圓 기가 꺾임. 풀이 죽음.

상기(喪期)圓 상복을 입는 동안. 거상 기간.

상기(詳記)圓(하자) 상세히 기록함, 또는 그 기록. 상록(詳錄). ¶제원(諸元)까지 상기해 두다.

상:기(想起)圓(하타)(되자) 지난 일을 생각해 냄. 환상(喚想). ¶불행했던 시절을 상기하다.

상기(霜氣)圓 서리의 찬 기운.

상기다[형] ①공간적으로 사이가 뜨다. ②관계가 깊지 못하고 버성기다. 큰성기다.

상:-기도(上氣道)圓 기도의 윗부분. 비강(鼻腔)·구강(口腔)·인두(咽頭)·후두(喉頭) 등을 통틀어 이르는 말.

상:-기둥(上-)圓 안방과 마루 사이에 있는 가장 중요한 기둥.

상-기생(桑寄生)圓 한방에서, 뽕나무겨우살이의 줄기와 잎을 약재로 이르는 말. 해산 때 딸려 부인병의 요통·동태(動胎)·하혈(下血) 따위의 치료제로 씀.

상:-길(上-)[-낄]圓 여럿 가운데서 가장 좋은 품질. 상질(上秩). ¶상길의 무명. ↔핫길.

상깃-상깃[-긷쌍긷]부(하형) 여러 군데가 모두 상깃한 모양. 큰성깃성깃.

상깃-하다[-긷타-]형 조금 상긴 듯하다. 큰성깃하다.

상끗[-끋]부(하자) <상긋>의 센말. 큰성끗.

상끗-방끗[-끋빵끋]부(하자) <상긋방긋>의 센말. 큰성끗벙끗. 여쌍끗빵끗.

상:냥(上-)圓 '주석(朱錫)'의 이전 일컬음.

상:납(上納)圓(하자)①지난날, 나라에 조세 등을 바치던 일. ¶세곡을 상납하다. ②(뇌물 같은 것으로) 윗사람에게 금품을 바침, 또는 그 금품. ¶금품을 상납하고 이권을 따내다.

상:납-금(上納金)[-끔]圓 ①⇨상납전. ②윗사람에게 바치는 돈.

상:납-미(上納米)[-남-]圓 지난날, 조세로 바치던 쌀, 또는 경창(京倉)에 들이던 쌀.

상:납-전(上納錢)[-쩐]圓 지난날, 조세로 바치던 돈. 상납금.

상냥-스럽다[-따][~스러우니·~스러워]형(비) 보기에 상냥한 데가 있다. ¶손님을 상냥스럽게 대하다. 상냥스레[부].

상냥-하다[형(여) 성질이 사근사근하고 부드럽다. ¶상냥하게 말하다. 상냥-히[부].

상-년(常-)圓①지난날, 신분이 낮은 여자를 낮추어 일컫던 말. ②'본데없이 막된 여자'라는 뜻으로, 그러한 여자를 욕으로 이르는 말. 셴쌍년. 참상놈.

상:년(上年)圓 지난해.

상:념(想念)圓 마음속에 떠오르는 생각. ¶갖가지 상념이 오락가락하다.

상노(床奴)圓 지난날, 밥상을 나르거나 잔심부름을 하던 어린아이.

상:-노인(上老人)圓 ⇨상늙은이.

상-놈(常-)圓①지난날, 신분이 낮은 남자를 낮추어 일컫던 말. 상한(常漢). ②'본데없이 막된 놈'이라는 뜻으로, 버릇이 없는 남자를 욕으로 이르는 말. 셴쌍놈. 참상년.

상:-농(上農)圓 농사를 많이 짓는 농부, 또는 그러한 농가(農家).

상:농-주의(尙農主義)圓 [-의/-이]圓 ⇨중농 주의.

상:-늙은이(上-)圓 늙은이들 중에 가장 나이가 많은 늙은이. 상노인(上老人).

상-다리(床-)[-따-]圓 상에 붙어서 상을 받치는 다리.

상다리가 부러지다[휘어지다][관용] 상에 음식을 매우 많이 차려 놓다. ¶상다리가 휘어지게 잔뜩 차리다.

상:단(上段)圓①글의 첫째 단. ②위의 단. ¶침대 차의 상단.

상:단(上端)圓 위쪽 끝. ¶굴뚝 상단에 피뢰침이 붙어 있다. ↔하단(下端).

상:-단(上壇)圓 절에서, 불상을 봉안한 곳.

상:-단전(上丹田)圓 도가(道家)에서, 삼단전(三丹田)의 하나인 뇌(腦)를 이르는 말.

상:단^축원(上壇祝願)圓 불상을 봉안한 상단을 향하여 축원하는 일.

상:-달(上-)[-딸]圓 <시월상달>의 준말.

상:달(上達)圓(하자)(되자)①아랫사람의 의견 따위를 윗사람에게 알림. ¶하의(下意)상달. ②학문이나 기술 따위가 크게 발달함. ↔하달.

상담(相談)圓(하타) (문제를 풀거나 궁금증을 풀기 위하여) 서로 의논함. 상의(相議).

상담(常談)圓①일상의 평범한 말. ②상스러운 말.

상담(商談)圓(하자) 상업상의 대화나 교섭. ¶수출입 상담을 나누다. /외국 바이어와 상담이 이루어지다.

상담(象膽)圓 한방에서, '건조한 알로에의 액즙'을 약재로 이르는 말. 변비나 살균 작용 따위에 쓰임.

상담(詳談)圓(하자) <와신상담>의 준말.

상담-소(相談所)圓 어떤 일에 관해 묻고 의논할 수 있도록 설치한 사회 시설이나 업소. ¶결혼 상담소. /법률 상담소. /직업 상담소.

상담-역(相談役)[-녁]圓 상담의 상대가 되어 주는 사람. 특히, 회사 같은 곳에서, 중요한 문제에 대한 조언이나 분쟁의 조정 등을 위해서 두는 직책, 또는 그 사람.

상담-원(相談員)圓 상담 활동을 전문으로 하는 사람. 카운슬러.

상답 자녀의 혼인 때, 또는 뒷날에 쓰기 위하여 마련해 둔 옷감.

상:-답(上畓)**명** 토질 따위가 좋아서 벼가 잘되는 논. 상등답(上等畓). ↔하답(下畓).

상:-답(上答)**명** 아랫사람이 윗사람에게 대답이나 회답을 함. ↔하답(下答).

상당(相當)**①**하자**일정한 액수나 수치 따위에 해당함. ¶** 시가 오억 원 상당의 부동산. **②**하자**어느 정도에 가깝거나 알맞게 됨. ¶** 작업량에 상당하는 보수. **③**하형**어지간히 많음. ¶** 영화의 상당 부분이 심의에 걸리다. /상당 기간 노력한 흔적이 보이다. **상당-히**튀.

상당-수(相當數)**명** 어지간히 많은 수. ¶** 상당수의 학생들이 아르바이트를 한다.

상당-액(相當額)**명** 어지간히 많은 금액. ¶** 증권에 상당액을 투자하다. **②**어떤 기준에 알맞은 금액. ¶** 별도로 봉급 상당액을 지급하다.

상당-직(相當職)**명** 지난날, 품계(品階)에 알맞은 벼슬을 이르던 말.

상당-하다(相當―)**형여** 정도가 대단하다. ¶** 상당한 실력가. /그 사람은 영어 실력도 상당하다. **상당-히**튀.

상:-대(上代)**명** ☞ 윗대. **②** ☞ 상고 시대.

상:-대(上隊)**명** ☞ 상대끼.

상대(相對)**①**하자**되자㉠** 서로 마주 대함, 또는 그 대상. ¶** 그런 사람과는 상대하기 싫다. **㉡** 너는 겨룸, 또는 겨룰 만한 대상. ¶** 너는 내 상대도 되지 않는다. **②**〈상대자(相對者)**의 준말. ¶** 경쟁 상대. **③** 철학에서, 서로 관계하고 있어 그것과 떨어져서는 존재할 수 없는 것. 대응. ↔절대.

상대(商大)**명**〈상과 대학〉**의 준말.

상대(霜臺)**명** '사헌부(司憲府)'의 다른 말.

상대^가격(相對價格)[-까-]**명** 어떤 상품을 기준으로 하여 나타낸, 다른 상품의 상대적 교환 가치. ↔절대 가격.

상대^개:념(相對槪念)**명** 다른 개념과의 비교로 그 뜻이 보다 명확해지는 개념.〔하늘과 땅, 밤과 낮 따위.〕↔절대 개념.

상대-국(相對國)**명** 외교 교섭의 상대편이 되는 나라.

상대-권(相對權)[-꿘]**명** 특정인을 의무자로 하는 사권(私權)의 한 가지.〔채무에 대한 채권 따위.〕↔절대권.

상대^높임법(相對-法)[-뻡]**명** 높임법의 한 갈래. 말하는 이가 말 듣는 이를 높이는 법. 해체 (해라체·하게체), 해요체(하오체·합쇼체)의 등분이 있으며, 공손의 선어말 어미 '-옵-·-오-', '-삽-·-사오-', '-잡-·-자오-'를 쓰기도 함.〔'주옵소서'·'했사오니'·'받잡고' 따위.〕**❀** 주체 높임법.

상:-대등(上大等)**명** 신라 때의 가장 높은 벼슬, 또는 그 벼슬아치. 상신(上臣).

상대-매매(相對賣買)**명** 파는 사람과 사는 사람이 합의 계약을 맺고 하는 매매.

상대-방(相對方)**명** ☞ 상대편.

상대-별곡(霜臺別曲)**명** 조선 태종 때 권근(權近)이 지은 경기체가 형식의 노래. 상대(霜臺), 곧 사헌부 내의 생활을 읊어, 조선의 창업을 칭송한 내용.〔'악장가사(樂章歌詞)'에 실려 전함.〕

상대-설(相對說)**명** ☞ 상대주의.

상대-성(相對性)[-썽]**명** 모든 사물이 각각 독립적으로 존재하지 않고, 다른 사물과 의존적인 관계를 지니고 있는 성질.

상대성^원리(相對性原理)[-썽월-]**명** **①** 등속 운동을 하는 모든 관성(慣性)의 좌표계(관측자)에 있어서는, 보편적 물리 법칙은 같은 형태로 나타난다는 원리. **②** ☞ 상대성 이론.

상대성^이:론(相對性理論)[-썽-]**명** 아인슈타인의 체계화한 물리학상의 기본 이론. 상대성 원리를 전제로 한 이론으로, 특수 상대성 이론과 일반 상대성 이론으로 대별됨. 상대성 원리.

상대^속도(相對速度)[-또]**명** 어떤 물체에서 본 다른 물체의 상대적인 속도.

상대^습도(相對濕度)[-또]**명** 어떤 공기에 포함된 수증기의 양과 그 온도에서의 포화 수증기의 양과의 백분비. 관계 습도.

상대-어(相對語)**명** 뜻이 상대되는 말.〔밤과 낮, 소년과 소녀 따위.〕

상대-역(相對役)**명** 연극이나 영화 등에서, 어떤 역의 상대가 되는 역. 특히, 주역(主役)의 상대가 되는 역. ¶** 주인공의 상대역을 맡다.

상대^연대(相對年代)**명** 화석(化石)이나 지질상의 변화 등을 기준으로 하여 추정하는 암석 상호간의 시대적 관계.

상대^운:동(相對運動)**명** 한 물체의 다른 물체에 대한 상대적인 운동.

상대^음감(相對音感)**명** 기준이 되는 음에 따라 상관되는 다른 음의 높이를 식별하는 청각 능력. ↔절대 음감.

상대^의:무(相對義務)**명** 권리에 대하여 서로 대립하는 위치에 있는 의무.〔채권에 대한 채무 따위.〕↔절대 의무.

상대-자(相對者)**명** 서로 상대가 되는 사람. ¶** 경쟁 상대자가 나타나다. **❀** 상대.

상대-적(相對的)**관명** 다른 것과의 관계나 대립·상관 등으로 존재하는 (것). ¶** 상대적 우위. /상대적으로 열세이다. ↔절대적.

상:-대정맥(上大靜脈)**명** 정맥의 한 가지. 머리·얼굴·팔 따위 몸의 위쪽 피를 모아 들이는 큰 핏줄.

상대-주의(相對主義)[-의/-이]**명** 진리나 가치의 절대성을 부인하고 모든 것은 상대적이라는 입장에 서는 학설. 상대설. ↔절대주의.

상대-편(相對便)**명** 서로 상대가 되는 쪽. 상대방. ¶** 상대편과 의논하여 결정하다.

상대^평:가(相對評價)[-까]**명** 한 집단 내에서의 상대적 위치로써 개인의 학력을 평가하는 일. ↔절대 평가.

상:덕(上德)**명** 윗어른에게서 받은 은덕.

상:-도(上都)**명** 고려 시대에, 신라와 고구려의 수도였던 동경(東京:경주)과 서경(西京:평양)을 이르던 말.

상도(常度)**명** 변함없는 법도(法度).

상도(常道)**명** **①** 늘 정해져 있어 변하지 않는 도리. ¶** 정치의 상도. **②** 항상 사람이 지켜야 할 도리. ¶** 상도에 어긋나다.

상도(商道)**명** ☞ 상도덕(商道德).

상도(傷悼)**명**하자**마음이 아플 정도로 몹시 슬퍼함. **상도(痛悼)하다.

상:도(想到)**명**하자**생각이 미침. ¶** 지난 일을 회상하다가 문득 그 일에 상도했다.

상도(霜刀)**명** 서슬이 서릿발처럼 날카로운 칼.

상도-꾼(喪徒-)**명** '상두꾼'의 잘못.

상-도덕(商道德)**명** 상업을 하는 데 있어 지켜야 할 도덕. 상도. 상업도덕.

상-도의(商道義)[-의/-이]**명** ☞ 상도덕.

상-돌(床-)[-똘]**명** 무덤 앞에 제물(祭物)을 차려 놓기 위하여 마련해 놓은 돌상. 석상(石床).

상:동(上冬)[명] '음력 시월'을 달리 이르는 말. 소춘(小春).

상:동(上同)[명] 위에 적힌 사실과 똑같음. 동상.

상동(相同)[명] ①서로 같음. ②생물의 기관이 형태나 기능은 서로 다르나 발생 기원이 같은 일. 〔새의 날개와 짐승의 앞다리 따위.〕 ❀상사(相似).

상동^기관(相同器官)[명] 다른 생물 간의 상동 관계에 있는 기관. 〔사람의 손과 짐승의 앞다리와 새의 날개, 또는 선인장의 가시와 호박의 덩굴손 따위.〕

상:동-인(上洞人)[명] 중국 북부 저우커우뎬(周口店) 부근의 석회암 동굴에서 출토된 화석 인류.

상동-증(常同症)[명] [−쯩][명] 똑같은 동작이나 말 따위를 계속해서 반복하는 정신 질환의 한 증상.

상-되다(常−)[−뙤−/−뛔−][형] 말이나 하는 짓이 본데없고 막되어 천하다. ❀쌍되다.

상:두(上頭)[명] 〈상투〉의 본딧말.

상두(喪−)[명] 〈상여〉의 속된 말.

상두(←桑土)[명] 한방에서, 뽕나무 뿌리의 껍질을 약재로 이르는 말. 이뇨(利尿)·진해(鎭咳) 따위의 약으로 쓰임.

상두-꾼(喪−)[명] 행상(行喪) 때 상여를 메는 사람. 상여꾼.

상두받이-집(喪−)[−바지집/−바짇찝][명] 지나가는 상여가 그 집 대문을 마주친 뒤에야 돌아나가게 자리잡은 집. 〔민속에서 매우 꺼리는 집의 하나임.〕

상두-복색(喪−服色)[−쌕][명] ①상여를 꾸미기 위해 치는 오색의 비단 휘장. ②겉은 번듯하나 속이 보잘것없는 것을 비유하여 이르는 말.

상둣-도가(喪−都家)[−두또−/−둗또−][명] 상여(喪輿)를 두는 집.

상득(相得)[명] '상득하다'의 어근.

상득-하다(相得−)[−드카−][형여] 서로 마음이 맞다.

상:등(上等)[명] 높은 등급. ❀중등·하등.

상:등(上騰)[명][하자] 물가 따위가 오름. ↔하락.

상등(相等)[명] '상등하다'의 어근.

상:등-답(上等畓)[명] ☞상답(上畓).

상:등-병(上等兵)[명] 국군의 사병 계급의 하나. 일등병의 위, 병장의 아래. ❀상병.

상:등-석(上等席)[명] 좋은 자리. ¶상등석에 앉아서 관람을 하다.

상:등-전(上等田)[명] 토질이 썩 좋은 논밭.

상:등-품(上等品)[명] 품질이 좋은 물품.

상등-하다(相等−)[형여] 정도가 서로 같거나 비슷하다.

상:띠(上−)[명] ①연전띠매기에서, 화살을 먼저 던져 짠 띠. ②연전띠매기에서, 활을 쏘아 가장 많이 맞힌 띠. 상대(上隊). ↔하띠.

상:락(上洛)[명][하자] ☞상경(上京).

상락(常樂)[−낙][명] 불교에서 이르는 영원한 즐거움. 곧, 깨달음의 경지.

상:란(上欄)[−난][명] 위의 난. ↔하란(下欄).

상란(喪亂)[−난][명] 전쟁·전염병·천재(天災) 따위로 사람이 많이 죽는 일.

상:람(上覽)[−남][명][하자] ☞어람(御覽).

상람(詳覽)[−남][명][하타] 상세히 봄.

상:략(上略)[−냑][명][하타] 글을 쓰거나 말을 할 때, 앞부분을 쓰지 않고 생략함. ↔하략.

상략(商略)[−냑][명] 상업상의 책략. 장사하는 꾀. 상계(商計).

상략(詳略)[−냑][명] 자세함과 간략함.

상:량(上樑)[−냥][명] ①☞마룻대. ②[하자]집을 지을 때, 기둥에 보를 얹고 마룻대를 올림.

상량(商量)[−냥][명][하타] 헤아려 생각함.

상량(爽凉)[명] '상량하다'의 어근.

상량-대(上樑−)[−냥−][명] '마룻대'의 잘못.

상량-도리(上樑−)[−냥−][명] '마룻대'의 잘못.

상:량-문(上樑文)[−냥−][명] 상량을 축복하는 글. 상량식의 축문. 〔흔히, 붓으로 마룻대에 씀.〕

상:량-식(上樑式)[−냥−][명] 상량할 때에 베푸는 의식.

상:량-신(上樑神)[−냥−][명] ☞성주.

상:량^장여(*上樑長欐)[−냥−][명] 마룻대 밑에서 마룻대를 지고 있는 장여.

상:량^쪼구미(上樑−)[−냥−][명] 마룻대를 받치고 있는 들보 위의 짧은 기둥.

상:량-하다(爽凉−)[형여] 날씨가 상쾌하고 시원하다. ¶상량한 가을 날씨.

상려(商旅)[명] 이곳저곳 떠돌아다니면서 장사하는 사람. 상객(商客).

상련(相連)[−년][명][하자타] 서로 이어짐. 서로 잇댐.

상련(相憐)[−년][명][하자] 서로 가엾게 여겨 동정함.

상:례(上例)[−네][명] 앞이나 위에서 든 예. ¶상례와 같은 일이 한두 건이 아니다.

상례(相禮)[−네][명] ①조선 시대, 통례원(通禮院)의 종삼품 벼슬. 조하(朝賀)·제사 등 예식에 관한 일을 맡아보았음. ②대한 제국 때, 장례원(掌禮院)·예식원(禮式院)의 주임관(奏任官).

상례(常例)[−네][명] 보통 있는 예. 흔히 있는 예. 통례(通例). 항례(恒例). ¶상례처럼 하다.

상례(常禮)[−네][명] 두루 항시 지키는 일상의 예식.

상례(喪禮)[−네][명] 상중(喪中)에 행하는 모든 예절. 흉례(凶禮).

상:로(上路)[−노][명] 장삿길.

상로(霜露)[−노][명] 서리와 이슬.

상:로-교(上路橋)[−노−][명] 다리의 도리 위에 통로를 만들어 놓은 보통의 다리. ❀하로교.

상로-배(常路輩)[−노−][명] 장사치.

상록(常綠)[−녹][명] 겨울에도 잎이 떨어지지 않고 사철 푸른 상태.

상록(詳錄)[−녹][명][하타] ☞상기(詳記).

상록(賞祿)[−녹][명] 왕조 때, 상으로 주던 녹(祿).

상록^관:목(常綠灌木)[−녹꽌−][명] 사철 내내 잎이 푸른 관목. 늘푸른떨기나무.

상록^교목(常綠喬木)[−녹꾜−][명] 사철 내내 잎이 푸른 교목. 늘푸른큰키나무.

상록-송(常綠松)[−녹쏭][명] 사철 내내 잎이 푸른 소나무.

상록-수(常綠樹)[−녹쑤][명] 사철 내내 푸른 나무. 늘푸른나무. ↔낙엽수.

상록^활엽수(常綠闊葉樹)[−녹콰렵쑤][명] 사철 내내 잎이 푸른 활엽수. 늘푸른넓은잎나무.

상론(相論·商論)[−논][명][하타][되자] 서로 의논함. 상의(相議).

상론(常論)[−논][명] 평범한 의론.

상론(詳論)[−논][명][하타] 상세히 논함, 또는 그 논설. ¶헌법에 대하여 상론하다.

상:루하습(上漏下濕)[−누−][명] 〔위에서는 비가 새고 아래로는 습기가 찬다는 뜻으로〕 '허술하고 가난한 집'을 이르는 말.

상:류(上流)[−뉴][명] ①강물 따위가 흘러내리는 위쪽, 또는 그 지역. 물위. ②사회적 지위나 생활 수준·교양 등이 높은 계층. ↔하류.

상:류^계급(上流階級)[-뉴계-/-뉴게-]圏 사회적 지위나 생활 수준·교양 등이 높은 계급.

상:류^사회(上流社會)[-뉴-회/-뉴-훼]圏 상류 계급에 속하는 사람들의 사회. 상층 사회. ↔하류 사회.

상:류-선(上流船)[-뉴-]圏 ⇨물윗배.

상:류-층(上流層)[-뉴-]圏 상류 생활을 하고 있는 사회 계층.

상:륙(上陸)[-뉵]圏하재 (배에서) 뭍으로 오름. ¶ 대규모 관광단이 부산에 상륙했다.

상륙(商陸)[-뉵]圏 한방에서, '자리공의 뿌리'를 약재로 이르는 말. 부종·적취(積聚) 따위를 다스리는 데 쓰임.

상륙(象陸)[-뉵]圏 〈쌍륙(雙六)〉의 본딧말.

상:륙-세(上陸稅)[-뉵쎄]圏 화물을 육지에 내려놓는 데에 부과하는 세금.

상:륙용 주정(上陸用舟艇)[-뉵뇽-]圏 상륙 작전 때에 쓰이는, 인원·장비 등을 육지로 나르는 배.

상:륙^작전(上陸作戰)[-뉵짝쩐]圏 해상으로부터 적지에 상륙하는 공격 작전. ¶ 인천 상륙 작전.

상륜(相輪)[-뉸]圏 ①불탑의 수연(水煙) 바로 아래에 있는, 청동으로 만든 아홉 층의 둥근 테. 구륜(九輪). 공륜(空輪). ②〈상륜탑〉의 준말.

상륜-탑(相輪塔)[-뉸-]圏 한 개의 기둥 위에 상륜을 올린 탑. 철이나 청동으로 만들고 속에 경권(經卷)을 넣어 둠. 준상륜.

상례(常律)[-뉼]圏 일상의 규칙. 보통의 규율. 상규(常規).

상:리(上里)[-니]圏 (위아래로 갈라진 마을의) 윗마을(下里).

상리(相離)[-니]圏하재 서로 떨어짐.

상리(商利)[-니]圏 상업상의 이익.

상리(商理)[-니]圏 장사하는 도리나 이치.

상리(常理)[-니]圏 보통의 도리. 당연한 이치.

상리^공:생(相利共生)[-니-]圏 다른 종류의 생물끼리 서로 이익을 얻는 공생 상태.

상린-관계(相隣關係)[-닌-관/-닌-궤]圏 인접한 부동산의 소유자나 이용자 상호 간의 법적 관계.

상린-자(相隣者)[-닌-]圏 법률적으로, 상린관계에 있는 당사자.

상림(霜林)[-님]圏 서리가 내린 수풀, 또는 서리를 맞아 잎이 시들기 시작한 수풀.

상립(喪笠)[-닙]圏 '방갓'을 상스러이 이르는 말.

상마(-馬)圏 다 자란 수말. 복마. ↔피마.

상:마(上馬)圏 ①좋은 말. ②하재말에 올라탐. ②⇨하마(下馬).

상마(相馬)圏하재 말의 생김새를 보고 그 말의 좋고 나쁨을 감정하는 일.

상마(桑麻)圏 뽕나무와 삼.

상마-잠적(桑麻蠶績)圏 뽕으로 누에를 치고, 삼으로 길쌈하는 일.

상마지교(桑麻之交)圏 전원에서 한가로이 지내는 사람끼리의 수수한 사귐.

상막-하다[-마카-]형여 기억이 분명하지 않고 아리송하다.

상-말(常-)圏 ①하재상스러운 말. 낮은말. 쎈쌍말. ②⇨이언(俚言). 속어.

상망(相望)圏하재 서로 바라봄.

상망(相望)圏 재상이 될 만한 명망(名望).

상망(喪亡)圏하자타 잃어버림. 망해 버림.

상:망(想望)圏하타 ①생각하며 바라봄. 사모함. ②어떤 일이 오기를 마음속으로 그리며 기다림. 기대함.

상망지지(相望之地)圏 서로 바라보이는 매우 가까운 곳, 또는 그 거리.

상-머리(床-)圏 (음식상을 받았을 때의) 상의 앞, 또는 옆. ¶ 상머리에 앉아서 쓸데없는 온갖 넋두리를 늘어놓다.

상:-머슴(上-)圏 (힘도 세고 농사일에도 밝아) 일을 잘하는 장정 머슴.

상:면(上面)圏 윗면. 위쪽의 겉면. ↔하면.

상면(相面)圏하자 ①서로 대면함. ¶ 상면해서 이야기하다. ②서로 처음으로 만나 인사하고 알게 됨. ¶ 그를 처음으로 상면하다.

상:명(上命)圏 상사(上司)의 명령. 상부(上部)의 명령. ¶ 상명 하복. ②임금의 명령.

상명(常命)圏 사람의 보통 수명. 사람이 제 명대로 사는 수명.

상명(爽明)圏 '상명(爽明)하다'의 어근.

상명(詳明)圏 '상명(詳明)하다'의 어근.

상명(喪明)圏하자 ①⇨실명(失明). ②아들의 상사(喪事)를 당하는 일.

상명(償命)圏하재 살인한 사람을 죽임.

상명지통(喪明之痛)圏 아들을 잃은 슬픔.

상:명-하다(爽明-)형여 시원하고 밝다. 상명-히툇.

상명-하다(詳明-)형여 상세하고 분명하다. 상명-히툇.

상모(相貌·狀貌)圏 얼굴의 생김새.

상모(象毛)圏 ①⇨삭모(槊毛). ②농악무에 쓰는, 전립 꼭지에 흰 새털이나 종이 오리로 꾸며 돌리게 된 것.

상모-끝(象毛-)[-끋]圏 상모끝과의 해면동물. 깊이 300~500 m의 바다 밑에 사는 회귀한 생물. 몸은 컵 모양으로, 길이 15 cm가량. 50 cm가량 처진 자루 끝을 진흙에 묻혀 몸을 지탱함. 자루는 장식품으로 쓰임. *상모끝이[-끄치]·상모끝은[-끄틀]·상모끝만[-끈-].

상모-돌리기(象毛-)圏 농악에서, 전복(戰服)을 입고 털상모나 열두 발 상모를 돌리며 추는 춤.

상:-모막이(上-)圏 나무 그릇의 윗마구리에 막아 댄 조각.

상모-솔새(象毛-)[-쎄]圏 상모솔새과의 새. 몸길이 9 cm가량. 부리에 긴 털이 많아 콧구멍을 덮고 있음. 한쪽 날개 길이 5~6 cm. 몸빛은 대체로 황록색이며, 머리 꼭대기에 선명한 황색 띠가 있음. 유라시아 대륙에 분포함.

상:-모전(上毛廛)圏 조선 시대에, 서울 종로에 있던 과실 가게.

상:-목(上-)圏 내나 강의 상류 쪽.

상:-목(上木)圏 ①품질이 썩 좋은 무명. ②품질이 썩 좋은 나무. ③하재⇨상재(上梓).

상목(桑木)圏 ⇨뽕나무.

상목(常木)圏 품질이 변변치 못한 무명.

상목(橡木)圏 ⇨상수리나무.

상목재지(常目在之)[-재-]圏하타 [항상 눈이 거기에 있다는 뜻으로] 늘 눈여겨보게 됨.

상몽(祥夢)圏 길한 조짐이 있는 좋은 꿈. 상서로운 꿈. 길몽(吉夢).

상묘(相墓)圏하타 지관(地官)이 묘지를 가려 잡거나, 쓴 묘를 감정하는 일.

상묘(桑苗)圏 뽕나무 모종.

상모(象毛)圏 '상모(象毛)'의 잘못.

상:무(尙武)圏하재 무(武)를 숭상함(중히 여김). ¶ 상무의 기상(氣像). 쎈상문(尙文).

상무(常務)圏 ①일상의 용무. ②〈상무위원〉의 준말. ③〈상무이사〉의 준말.

상무(商務)圏 상업상의 용무.

상무-관(商務官)명 해외 공관(公館)에 주재하여 통상(通商) 사무를 맡아보는 공무원.

상무-위원(常務委員)명 어떤 위원회나 단체 위에서, 일상의 업무를 처리하기 위하여 선정된 위원. ⓒ상무.

상무-이사(常務理事)명 재단이나 회사 등의 이사 중, 특히 일상의 업무를 집행하는 기관, 또는 그 사람. ⓒ상무.

상:문(上文)명 앞부분의 글. 위의 글.

상:문(上聞)명하타 임금이 듣게 함.

상:문(尙文)명하자 문예를 숭상함(중히 여김). 참상무(尙武).

상:문(闈門)명 조선 시대에, 내시부(內侍府)에 딸려, 궁문(宮門)을 지키는 일을 맡아보던 종팔품 벼슬.

상문(桑門)명 ☞사문(沙門).

상문(喪門)명 지극히 흉한 방위(方位).

상문(傷門)명 술가(術家)의 팔문(八門) 가운데 흉한 문의 하나.

상문(詳問)명하타 상세히 물음, 또는 그 질문.

상문-방(傷門方)명 상문의 방위(方位), 곧 불길한 방위.

상문-살(喪門煞)[-쌀]명 사람이 죽은 방위로부터 퍼진다는 살.

상문-상(喪門床)[-쌍]명 무당이 굿할 때에 뒷전풀이에 쓰는 제물상의 한 가지.

상문-풀이(喪門-)명하자 초상집에서 그 집에 드나드는 사람이 부정(不淨)을 타지 않도록 판수 집에 가서 경을 읽는 일.

상-물림(床-)명 〈큰상물림〉의 준말.

상:미(上米)명 품질이 썩 좋은 쌀. 참중미(中米)·하미(下米).

상:미(上味)명 썩 좋은 맛.

상미(詳味)명하타 찬찬히 맛을 봄. 참음미(吟味).

상미(賞味)명하타 칭찬하면서 맛을 봄. 맛있게 먹음.

상미(賞美)명하타 칭찬함.

상미(嘗味)명하타 맛을 봄. 먹어 봄.

상미만(尙未晩) '상미만하다'의 어근.

상:미-하다(尙未晩-)형여 아직 늦지 아니하다.

상:미-전(上米廛)명 조선 시대에, 서울 종로 서쪽에 있던 싸전.

상민(常民)명 상사람. ⑪상인(常人).

상민-단(商民團)명 조선 시대에, 보부상들로 조직되었던 단체.

상밀(詳密) '상밀하다'의 어근.

상밀-하다(詳密-)형여 자상하고 세밀하다. 상밀-히튀.

상:박(上膊)명 팔꿈치로부터 어깨에 이르는 부분. 상완(上腕). 위팔. 참하박.

상박(相撲)명하자 ①서로 마주 때림. ②씨름.

상박(商舶)명 ☞상선(商船).

상박(霜雹)명 서리와 우박.

상:박-골(上膊骨)[-꼴]명 상박을 이루는 대롱 모양의 긴 뼈. 상완골(上腕骨). 위팔뼈.

상:박-근(上膊筋)[-끈]명 상박골을 싸고 있는 근육.

상:박-동:맥(上膊動脈)[-똥-]명 상박 속에 있는 굵은 동맥.

상:반(上半)명 아래위로 절반 나눈 그 위쪽 부분. ↔하반(下半).

상:반(上盤)명 광맥(鑛脈)의 위쪽에 있는 모암(母岩). ↔하반(下盤).

상반(床飯)명 ☞상밥.

상반(相反)명하자되자 서로 반대되거나 어긋남. ¶相反된 견해.

상반(相伴)명하형 서로 반半임. 서로 어긋지금함. ¶공과(功過)가 상반하다.

상반(相伴)명하자 서로 짝이 됨.

상반(常班)명 상민과 양반. 반상(班常).

상:-반각(上反角)명 비행기의 정면에서 볼 때, 위쪽으로 치켜 오른 날개의 기준면과 수평면이 이루는 각도.

상:-반기(上半期)명 한 해나 어떤 일정 기간을 둘로 나눈 그 앞의 절반 동안. ↔하반기.

상:-반부(上半部)명 둘로 나눈 위쪽 절반 부분. ↔하반부.

상:-반신(上半身)명 사람 몸에서, 허리부터 위의 부분. 윗도리. 윗몸. ¶상반신을 찍은 사진. ⑪상체(上體). ↔하반신.

상반-심(相反心)명 서로 반대되는 마음.

상발(霜髮)명 흰 머리털. 백발(白髮).

상-밥(床-)[-빱]명 음식점에서, 상에 갖추어서 파는 밥. 상반(床飯).

상밥-집(床-)[-빱찝]명 상밥을 파는 집.

상:방(上方)명 위쪽. 위쪽 방향. ↔하방(下方).

상:방(上房)¹명 ①지난날, 관아의 우두머리가 있던 방. ⓒ사랑방.

상:방(上房)²명 절의 서기(書記).

상:방(上枋)명 〈상인방(上引枋)〉의 준말.

상방(相妨)명하자 서로 방해함.

상배(床排)명하자 음식상을 차리는 일. ¶상배를 보다.

상배(喪配)명하자 〈상처(喪妻)〉의 높임말.

상배(賞盃·賞杯)명 공로자나 입상자에게 상으로 주는 잔. 〔금배(金杯)·은배(銀杯)·목배(木杯) 따위.〕

상백-사(常白絲)[-싸]명 우리나라에서 생산되던 흰 명주실, 또는 그 실로 만든 연줄. 참당백사(唐白絲)·떡줄.

상:백시(上白是)[-씨]명 ☞상사리.

상-백피(桑白皮)명 ☞상근 백피(桑根白皮).

상:번(上番)명 ①위의 순번, 또는 그 사람. ②번(番)이 갈리어 교대 근무를 하러 들어가는 사람. 든번. ③하자 지난날, 군인이 돌림 차례가 되어 번을 들러 군영(軍營)으로 들어가던 일. ④하자 지난날, 벼슬이나 지방에서 번을 들기 위해 서울로 올라가던 일. ↔하번(下番).

상:번-병(上番兵)명 〔지난날〕 ①지방에서 교대로 번을 들러 서울로 올라오던 병사. ②군영에서 번을 들 차례가 된 병사.

상벌(賞罰)명 ①상과 벌. ②하타 잘한 것에는 포상하고 잘못한 것에는 벌을 주는 일. ¶상벌 규정.

상법(相法)[-뺍]명 ☞상술(相術).

상법(商法)[-뺍]명 ①장사하는 이치. 장사하는 방법. ②영리 기업의 생산·판매, 또는 상업에 관한 사권(私權) 관계의 법률. ③☞상법전.

상법(常法)[-뺍]명 ①일정한 법규. 변하지 않는 법. ②보통의 방법.

상법(像法)명 불교에서 이르는, 삼시(三時)의 하나. 정법(正法) 다음에 오는 1000년 동안. 〔불법이나 수행은 겉으로 행하여질 뿐, 깨달음의 경지에 들 수 없는 시기.〕 상법시. 참삼시(三時).

상법-시(像法時)[-씨]명 ☞상법(像法).

상법-전(商法典)명 〔법〕 상법에 관한 일반 기본 법규를 통일적·체계적으로 편찬한 성문법(成文法). 상법.

상변(喪變)명 ☞상사(喪事).

상:병(上兵)**명** 〈상등병(上等兵)〉의 준말.
상병(傷兵)**명** 부상당한 병사.
상병(傷病)**명** 부상과 질병.
상병-자(傷病者)**명** 다치고 병이 든 사람.
상보(床褓)[-뽀]**명** 음식상을 덮는 보자기. 상건(床巾).
상보(尙父·尙甫)**명** 임금이 특별한 대우로 신하에게 내리던 칭호의 한 가지.〔중국의 주(周)나라 무왕(武王)이 태공망(太公望)에게 내렸고, 우리나라에서는 고려 경종(景宗)이 신라의 경순왕(敬順王)에게 내렸음.〕
상보(相補)**명** 서로 보충함. ¶상보 관계.
상보(常步)**명** 일제 강점기에, 기마대가 가장 느린 속도로 행진하던 걸음걸이.
상보(商報)**명** ①〈상사(商社)의 회보(會報). ②상업에 관한 소식을 실은 간행물.
상보(詳報)**명하타되자** 자세히 보고함, 또는 그 보고. 자세히 알림, 또는 그 소식. ↔약보(略報).
상보-성(相補性)[-썽]**명** 물리에서, 두 개의 성질이 서로 상보 관계에 있는 성질. 곧, 위치를 확정하면 운동량이 확정되지 않고, 운동량을 확정하면 위치가 확정되지 않는 두 가지 성격의 관계를 이르는 말.〔전자 따위 미소한 입자의 입자성과 파동성의 관계 따위.〕
상복(尙服)**명** 조선 시대에, 의복을 맡아보던 종오품 내명부(內命婦)를 일컫던 말.
상복(常服)**명하타** 약이나 음식 따위를 오랜 기간 동안 계속해서 먹음. ¶종합 비타민을 상복하다.
상복(祥福)**명** 상서로운 일과 복된 일.
상복(喪服)**명** 상중에 있는 상제나 복인이 입는 예복. 소복(素服). 흉복(凶服).
상복(殤服)**명** 여덟 살에서 열아홉 살 사이에 죽은 자녀에 대하여 입던 복제(服制).
상복(償復)**명하타** 갚거나 물어 줌.
상본(像本)**명** 가톨릭에서, 천주나 성인 등의 화상(畫像)을 이르는 말.
상:봉(上峯)**명** 가장 높은 산봉우리.
상봉(相逢)**명하자타** 서로 만남. ¶이산가족 상봉.
상:봉-하솔(上奉下率)**명하자** 위로는 부모를 모시고, 아래로는 아내와 자식을 거느림. 준봉솔.
상:부(上府)**명** ↔상사(上司).
상:부(上部)**명** ①윗쪽 부분. ②보다 높은 직위나 기관. ¶상부의 지시. ↔하부.
상부(相扶)**명하자** 서로 부축함. 서로 도움.
상부(相符)**명하자** 서로 들어맞음.
상부(桑婦)**명** 뽕잎을 따는 부녀자.
상부(喪夫)**명하자** 남편을 여읨. 남편의 상고를 당함. ↔상처(喪妻).
상부(孀婦)**명** 〈청상과부〉의 준말.
상:부˄구조(上部構造)**명** ①윗부분의 구조. ②철학에서, 사회 형성의 기초인 경제 구조에 대하여, 정치·법률·도덕·예술 등의 관념 및 이에 대응하는 제도와 기구의 총체를 이르는 말.〔마르크스주의자가 경제 구조를 하부 구조라고 한 데서 이름.〕상층 구조.
상:-부사(上副使)**명** 상사(上使)와 부사(副使).
상부-살(喪扶煞)[-쌀]**명** 과부가 될 불길한 살.
상부-상조(相扶相助)**명하자** 서로서로 도움. ¶품앗이에는 상부상조의 정신이 살아 있다.
상-부인(湘夫人)**명** 중국 전설에서, 천제(天帝)의 딸로 상군(湘君)과 함께 상수(湘水)에 산다는 여신.
상분(嘗糞)**명하자** ①부모의 병세를 살피기 위하여 그 대변을 맛봄. ②몹시 아첨함을 비유하여 이르는 말.

상분지도(嘗糞之徒)**명**〔똥도 핥을 놈이라는 뜻으로〕'남에게 아첨하여 어떤 부끄러운 짓도 마다하지 않는 사람'을 이르는 말.
상비(常備)**명하타되자** 늘 갖추어 둠. ¶구급약을 상비하다.
상비(喪費)**명** 초상을 치르는 데 드는 모든 비용. 상수(喪需).
상비(傷悲)**명하자** 탄탄하고 슬퍼함.
상비-군(常備軍)**명** 국가 비상사태에 대비하여 편성된 군대, 또는 그런 군인.
상비-금(常備金)**명** 유사시에 대비하여 늘 마련하여 두는 돈.
상비-병(常備兵)**명** 상비군으로 복무하는 병사.
상비-약(常備藥)**명** 언제든지 쓸 수 있도록 늘 갖추어 두는 약.
상비-충(象鼻蟲)**명** 바구밋과의 벌레를 통틀어 이르는 말.
상비-군(常備軍)**명** 평시나 전시에 관계없이 일정 병력과 장비를 갖추고 있는 군함.
상:빈(上賓)**명** ↔상객(上客).
상빈(傷貧)**명하자** 가난에 쪼들려 마음이 상함.
상빈(霜鬢)**명** 희게 센 귀밑털. 백빈(白鬢).
상사(床-)**명** ①'쌍사'의 잘못. ②화살대 아래를 대통으로 싼 부분.
상:사(上巳)**명** ↔삼짇날.
상:사(上士)**명** ①국군의 부사관 계급의 하나. 중사의 위, 원사(元士)의 아래임. ②불교에서, '보살'을 달리 이르는 말.
상:사(上司)**명** 위 등급의 관청이나 기관, 또는 자기보다 계급이 위인 사람. 상부(上府). 윗사람. 상급자. ¶상사의 명령. 団상관(上官). ↔하사(下司).
상:사(上使)**명** ①↔정사(正使). ②하자 지난날, 상급 관아에서 하급 관아에 명하여 죄인을 잡아 오게 하던 일.
상:사(上舍)**명** 지난날, 생원(生員)이나 진사(進士)를 달리 이르던 말.
상사(相似)**명하웸**(모양이) 서로 비슷함. ②'닮음'의 구용어. ③동식물에서, 종류가 다른 생물의 기관이 발생 계통으로는 그 기원이 다르지만, 모양과 기능은 일치하는 현상.〔새의 날개와 곤충의 날개 따위.〕
상사(相思)**명하자** 서로 생각하고 그리워함.
상사(商社)**명** ①상품의 유통에 관한 사업을 하는 기업. ②〈상사 회사〉의 준말.
상사(商事)**명** 상업에 관한 모든 일.
상사(常事)**명** 〈예상사(例常事)〉의 준말.
상사(祥事)**명** ↔대상(大祥).
상사(喪事)**명** (집안의) 사람이 죽은 불행한 일. 상고(喪故). 상변(喪變).
상사(想思)**명하타** 곰곰이 생각함.
상사(殤死)**명하자** 나이가 스무 살이 되기 전에 죽는 일, 또는 그 죽음.
상사(賞詞)**명** 칭찬하는 말.
상사(賞賜)**명하타** 임금이 상으로 줌.
상사-곡(相思曲)**명** 남녀 사이의 서로 그리워하는 정을 읊은 노래.〔조선 시대의 십이 가사의 하나.〕
상사기(常沙器)[-싸-]**명** 품질이 낮은 백사기.
상사˄다각형(相似多角形)[-가켱]**명** 서로 닮은 두 다각형. 곧, 두 도형의 대응되는 각끼리 모두 같거나, 변끼리의 비가 모두 일정한 다각형.
상사-대패명 '쌍사밀이'의 잘못.
상사-도(相似圖)**명** 일정한 비율로 축소하거나 확대한 그림.

상사디야갑 민요, 특히 농부가(農夫歌)의 후렴구의 한 가지. ¶ 에헤야 얼럴럴 상사디야.

상-사람(常-)[-싸-]명 조선 중기 이후에, 양반들이 평민을 이르던 말. 상민(常民). 상인(常人). ↔양반.

상사-례(庠謝禮)명 지난날, 자녀의 스승에게 주는 예물을 이르던 말.

상:사리(上-)명〔웃어른에게 올리는 편지의 첫머리나 끝에 쓰이어〕'사뢰어 올림'의 뜻을 나타내는 말. 상백시(上白是).

상사-마(相思馬)명 발정(發情)하여 성질이 사나워진 수말.

상사^매매(商事賣買)명 당사자의 쌍방 또는 한쪽에 대하여 상행위가 되는 매매.

상사-목명 두드러진 턱이 있고 그 다음이 잘록하게 된 골짜기.

상사-몽(相思夢)명 남녀 사이에 서로 그리워하며 꾸는 꿈.

상사-밀이명 '쌍사밀이'의 잘못.

상-사발(常沙鉢)[-싸-]명 품질이 낮은 사발.

상사-뱀(相思-)명 상사병으로 죽은 남자의 혼이 변하여, 그리워하던 여자의 몸에 붙어 다닌다는 뱀.

상사-범(常事犯)명 국사범(國事犯)이 아닌 보통의 범죄, 또는 그 범인.

상사^법정^이:율(商事法定利率)[-쩡-]명 상행위에 따라 생긴 채무의 법정 이율.

상사-별곡(相思別曲)명 ①조선 태종 때의 학자 양촌(陽村) 권근(權近)이 지은 경기체가. 조선 왕조 창업의 위대함을 노래한 내용으로, '악장가사'에 실려 전함. 모두 5장. ②조선 시대의 십이 가사의 하나. 작자와 연대 미상으로, 남녀 간의 그리움을 노래한 내용.

상사-병(相思病)[-뼝]명 어떤 이성을 그리워한 나머지 생기는 병. 화풍병(花風病). ¶ 상사병이 나다. /상사병을 앓다.

상사^보증(商事保證)명 상행위(商行爲)에 관한 모든 보증.

상사불견(相思不見)명하타 서로 그리워하나 만나지 못함.

상사불망(相思不忘)명하타 서로 그리워하여 잊지 못함.

상사-비(相似比)명 ☞닮음비.

상사^비:송사건(商事非訟事件)[-껀]명 상사에 관한 비송사건. 〔회사 및 경매에 관한 사건, 사채(社債)에 관한 사건, 회사의 청산에 관한 사건 및 상업 등기 따위.〕

상사^시효(商事時效)명 상사 채권의 소멸 시효. 〔상행위로 생긴 채무는 5년 동안 행사하지 않으면 소멸 시효가 이루어짐.〕

상사-원(商社員)명 상사(商社)에 근무하는 사람. ¶ 외국 주재 상사원.

상사^위임(商事委任)명 상행위의 위임.

상:-사일(上巳日)명 음력 정월의 첫 번째 사일(巳日). 〔이날 머리를 빗으면 그해 집 안에 뱀이 들어오고 또한 남녀 모두 빗질을 하지 않았음.〕

상사-일념(相思一念)[-렴]명 서로 그리워하는 한결같은 생각.

상사^중개인(商事仲介人)명 다른 사람들 사이에서 상행위의 중개를 업으로 하는 사람.

상사^채:권(商事債權)[-꿘]명 상행위로 말미암아 생긴 채권.

상-사향(常麝香)[-싸-]명 〔당사향에 대하여〕 우리나라의 사향을 이르는 말.

상사-형(相似形)명 '닮은꼴'의 구용어.

상사-화(相思花)명 수선화과의 다년초. 중국 원산의 관상 식물로, 꽃줄기가 60cm가량. 여름에 연한 홍자색의 여섯잎꽃이 핌. 꽃이 필 무렵은 잎이 이미 시든 뒤이며, 꽃과 잎이 등지어 서로 보지 못한다 해서 이 이름으로 불림. 우리나라·일본 등지에 분포함.

상사^회:사(商事會社)[-회-/-훼-]명 상행위를 위하여 설립된 영리 사단 법인. 〔합명 회사, 합자 회사, 주식회사, 유한 회사 따위.〕㉽상사. ↔민사 회사.

상산(常山)명 ①운향과의 낙엽 활엽 관목. 잎은 길둥글며 어긋나고, 높이는 2m가량. 봄에 황록색 꽃이 피는데, 우리나라의 호남 지방 및 일본에 분포함. 뿌리는 약재로, 목재는 세공용으로 쓰임. ②한방에서, 조팝나무의 뿌리를 약재로 이르는 말. 성질이 차고 독하여 학질이나 담 등의 치료제로 쓰임.

상산(傷産)명 과로 따위로 양수(羊水)가 미리 터져 해산이 힘들게 되는 일.

상:-산-상(上山床)[-쌍]명 굿을 할 때, 무당이 삼마누라에게 올리는 제상(祭床).

상:상(上上)명 그 위에 더 없을 만큼 가장 좋음. 상지상(上之上). 최상(最上).

상:상(上相)명 영의정(領議政).

상:상(上殤)명하자 삼상(三殤)의 하나. 나이 열다섯 살에서 스무 살 사이의 소년이 장가들기 전에 죽음, 또는 그 사람. 장상(長殤). ㉽중상·하상.

상상(床上·牀上)명 ①마루나 의자의 위. ②〔자리에서 일어난다는 뜻으로〕'병의 회복'을 이르는 말.

상:-상(想像)명하타 ①되자 머릿속으로 그려서 생각함. ¶ 상상의 날개를 펴다. ②현재의 지각(知覺)에는 없는 사물이나 현상을 과거의 경험·관념에 근거하여 재생시키거나 만들어 내는 마음의 작용.

상:-상-건(上上件)[-껀]명 상건(上件) 중의 상건. 가장 좋은 것.

상상-기생(桑上寄生)명 ☞뽕나무겨우살이.

상:-상-력(想像力)[-녁]명 상상하는 능력. 상상하는 마음의 작용.

상:상-봉(上上峯)명 여러 봉우리 중에서 제일 높은 봉우리. ¶ 백두산 상상봉에 태극기를 휘날리다.

상:상-외(想像外)[-외/-웨]명 예상 밖. ¶ 상상 외의 �을 올리다.

상:상^임:신(想像姙娠)명 임신에 대한 강박 관념 때문에 일어나는 신체 증상. 입덧이나 태동의 자각 또는 진통 따위가 실제 임신한 증세와 같이 나타남.

상:상-적(想像的)관명 사실이나 현실에 의하지 않고 상상에 의한 (것). ¶ 상상적 체험. /상상적인 그림.

상:-상-치(上上-)명 상치 중에도 상치. 가장 품질이 좋은 물건.

상:-상-품(上上品)명 상품 중의 상품. 최상품.

상:상-화(想像畫)명 실물을 보지 않고 상상하여 그린 그림.

상:-색(上色)명 좋은 빛깔.

상:-색^탁기(上色琢器)[-끼]명 품질이 좋은 탁기.

상:생(上生)명 극락왕생하는 이의 성질이나 그 행위의 차이에 따라서 나눈 아홉 계급 중, 상품(上品)·중품(中品)·하품(下品)의 각각의 상위(上位).

상생(相生)圐[하자] ①오행설(五行說)에서, 금(金)은 수(水)를, 수는 목(木)을, 목은 화(火)를, 화는 토(土)를, 토는 금(金)을 나게 함, 또는 그 관계를 이르는 말. ↔상극(相剋). ②화합하여 함께 발전함. ¶ 노사 상생의 합의.

상생-상극(相生相剋)圐 상생과 상극. 오행설(五行說)에서, 금(金)·목(木)·수(水)·화(火)·토(土)의 운행이 서로 조화되는 관계와 조화될 수 없는 관계를 이르는 말.

상생지리(相生之理)圐 오행(五行)이 상생하는 이치(理致).

상:서(上書)圐[하자] 웃어른에게 글을 올림, 또는 그 글. ↔하서(下書).

상:서(尙書)¹圐 ☞서경(書經).

상서(尙書)²圐 ①고려 시대, 육부(六部)의 우두머리. ㉰육부(六部). ②진시황(秦始皇) 이래의 중국의 상서성(尙書省) 및 당·송 때의 중앙 육부(六部)의 우두머리.

상서(庠序)圐〔학교(鄕校)〕를, 주나라에서는 '상(庠)'으로, 은나라에서는 '서(序)'로 일컬은 데서〕'학교'를 이르는 말.

상서(相書)圐〈관상서(觀相書)〉의 준말.

상서(祥瑞)圐 복스럽고 길한 징조. 경서(慶瑞).

상서-롭다(祥瑞-)[-따][~로우니~로워]圐ᄇ 복스럽고 길한 일이 있을 듯하다. ¶ 상서로운 조짐이 보인다. 상서로이圐.

상서-성(尙書省)圐 ①고려 시대에, 백관(百官)을 총령(總領)하던 삼성(三省)의 하나. ②옛날 중국의, 일반 행정을 집행하던 중앙 관청.

상:석(上席)圐 ①(차례나 위계가 있는 자리에서) 윗자리. ¶ 선생님을 상석으로 모시다. ↔말석.

상석(床石)圐 ☞상돌.

상석(象石)圐 능(陵)·원(園)에 세우는, 사람이나 짐승 모양의 석물(石物).

상:선(上仙·上僊)圐[하자] ①하늘에 올라 선인(仙人)이 됨. ②귀인의 죽음.

상:선(上船)圐[하자] 배에 오름. ↔하선(下船).

상:선(上善)圐 가장 뛰어난 선(善).

상선(相先)圐 ☞맞바둑.

상선(商船)圐 상업을 위해 항해하는 여객선·화물선·화객선(貨客船)을 통틀어 이르는 말. 상고선(商賈船). 상박(商船).

상선-기(商船旗)圐 항해 중인 상선에 달아 국적과 선적(船籍)을 밝히는 기.

상선^포:획(商船捕獲)[-획-획]圐 전시(戰時)에 교전국의 군함이 적국 또는 중립국의 상선을 포획하는 일.

상선^호:송(商船護送)圐 전시(戰時)에 군함이 상선을 호송하는 일.

상선^회:사(商船會社)[-회-/-훼-]圐 상선으로 여객과 화물을 실어 나르는 영리 회사.

상설(常設)圐[하타][되자]《주로, 일부 명사 앞에 쓰이어》항상 마련하여 둠, 또는 그 시설이나 설비. ¶ 상설 시장. /상설 할인 매장.

상설(詳說)圐[하타] 자세하게 속속들이 풀이함, 또는 그 풀이. ¶ 시간 관계상 상설할 수 없다.

상설(霜雪)圐 서리와 눈.

상설-관(常設館)圐 언제든지 이용할 수 있도록 시설을 갖추어 놓은 건물.

상설^영화관(常設映畫館)[-령-]圐 영화만 늘 상영하는 극장.

상설^위원(常設委員)圐 ☞상임 위원.

상:성(上聲)圐 ①한자 사성(四聲)의 하나. 처음이 낮고 끝이 높은 소리. ②15세기 국어의 사성(四聲)의 하나. 훈민정음 등에서는 글자 왼

쪽에 점 두 개로 나타내었음. ¶ 與:영文字·장·로(訓詁). ㉣방점(傍點).

상성(喪性)圐[하자] ①본성을 잃어버리고 마치 딴 사람같이 변함. ¶ 그 여자는 사고로 자식을 잃고 상성이 되었다. ②몹시 보챔. ¶ 어린애처럼 웬 상성이냐?

상:세(上世)圐 ①☞상고(上古). ②☞윗대.

상:세(商勢)圐 상품이 거래되는 상황. 상업의 형세. ¶ 상세가 활발하다.

상세(詳細)圐'상세하다'의 어근.

상세-하다(詳細-)圐[형] 자상하고 세밀하다. 위세하다. ¶ 상세한 풀이. 상세-히圐 ¶ 약도를 상세히 그리다.

상:소(上疏)圐[하자] 임금에게 글을 올림, 또는 그 글. 봉장(封章). 주소(奏疏). 진소(陳疏).

상:소(上訴)圐[하타] 하급 법원의 판결·명령·결정 등에 불복하여 상급 법원의 심리를 청구하는 일.〔항소·상고·항고가 있음.〕

상:소-권(上訴權)[-꿘]圐 법원의 판결·명령·결정 등에 불복하는 당사자가 상급 법원에 상소할 수 있는 소송법상의 권리.

상:소권-자(上訴權者)[-꿘-]圐 상소를 제기할 수 있는 권리를 가진 사람.

상:소-대개(上疏大槪)圐 상소한 글의 줄거리. ㉣소개(疏槪).

상-소리(常-)[-쏘-]圐 상스러운 말. 상스러운 소리. ㉳쌍소리.

상:소-반(常小盤)[-쏘-]圐 값싸게 만든 소반.

상:소^법원(上訴法院)[-쐬-]圐 상소 사건을 심리하는 상급 법원.

상:소-심(上訴審)圐 상소 법원의 심리.

상속(相續)圐[하자][되자] ①이어 줌, 또는 이어받음. ②친족법에서, 호주로서의 권리·의무 또는 재산에 관한 권리·의무를 물려받는 일.〔호주 상속과 재산 상속의 두 가지가 있음.〕

상속^결격(相續缺格)[-결격]圐〔상속에 관한 범죄 행위로〕상속권을 상실하는 일.

상속-권(相續權)[-꿘]圐 상속인이 상속의 효력으로서 가지도록 법률로 인정한 권리.

상속^능력(相續能力)[-능-녁]圐 법률상 상속인이 될 수 있는 자격.

상속-법(相續法)[-뻡]圐 신분과 재산의 상속에 관하여 규정한 법률.

상속-분(相續分)[-뿐]圐 유산 상속인이 여러 명일 때, 그 각 사람이 재산을 물려받는 비율.

상속-세(相續稅)[-쎄]圐 상속 또는 유증(遺贈)으로 재산을 얻은 이에게 부과하는 세금.

상속-인(相續人)圐 상속을 받는 사람. 곧, 상속권이 있는 사람. 상속자. ↔피상속인.

상속-자(相續者)[-짜]圐 ☞상속인.

상속^재산(相續財産)[-쩨-]圐 상속인이 피상속인으로부터 물려받는 재산.

상속^채:권자(相續債權者)[-꿘-]圐 상속 재산의 채권자.

상송(相送)圐[하타] 서로 보냄.

상쇄(相殺)圐[하타] ①되자셈을 서로 비김. ¶ 수입과 지출을 상쇄한다. ②☞상계(相計).

상쇄^계:약(相殺契約)[-계-/-게-]圐 ☞상계계약(相計契約).

상:쇠(上-)[-쇠-/-쉐-]圐 농악에서, 무리의 맨 앞에서 전체를 지휘하며 꽹과리를 치는 사람.

상:수(上手)圐 남보다 나은 솜씨나 수, 또는 그 사람. 고수(高手). ↔하수(下手)1.

상:수(上水)圐 음료수 등으로 쓰기 위하여 수도관을 통해 보내는 맑은 물. ↔하수(下水).

상:수(上壽)**명** ①장수한 것을 상·중·하로 나눌 때 가장 많은 나이, 곧 100세 또는 100세 이상을 이름. ㉮중수(中壽)·하수(下壽). ②**하자**나이가 보통 사람보다 아주 많음, 또는 그 나이. ③㉮헌수(獻壽).

상:수(上數)**명** ㉮상책(上策).

상수(常數)**명** ①수식 따위에서, 늘 일정하여 변하지 않는 값을 가진 수나 양. 항수(恒數). ↔변수. ②물질의 물리·화학적 성질을 표시하는 수치. 곧, 어떠한 상태 아래 있는 물질의 성질에 관한 일정량을 보이는 수로, 비열(比熱)·비중(比重)·굴절률(屈折率) 같은 것. ③불교에서 이르는, 본디 정해진 운명. ③정수(定數).

상수(常隨)**명하타** 일정한 업무를 띠고 늘 따라다님.

상수(喪需)**명** ㉮상비(喪費).

상:수-도(上水道)**명** 음료수 등으로 쓰기 위한 물을 수도관 등으로 급수하는 설비. ㉰수도. ↔하수도.

상:수리명 상수리나무의 열매. 상실(橡實). ㉮도리.

상:수리(上守吏)**명** 신라 때, 볼모 겸 고문으로 지방에서 경주(慶州)에 와 있던 향리.

상:수리-나무명 참나뭇과의 낙엽 교목. 높이 20~25m. 잎은 길둥글고 가장자리에 톱니가 있음. 열매인 '상수리'는 이듬해 10월에 익는 둥근 견과(堅果)로, 먹을 수 있음. 재목은 질이 단단하여 용도가 넓고, 참숯의 원료가 됨. 우리나라·일본·중국 등지에 분포함. 상목(橡木). 참나무.

상:수리-밥명 상수리쌀에 붉은팥 간 것을 넣지은 뒤, 풀 때에 꿀을 쳐서 담은 밥.

상:수리-쌀명 상수리를 삶아먹으 겨울에 얼리었다가, 봄에 녹은 것을 말려서 쓿은 다음, 알갱이에 물을 쳐 가며 빻은 것. 밥·떡·묵을 만들어 먹음.

상수^비:례(常數比例)**명** 어떤 화합물이 조성(組成)될 때에 각 물질 사이의 일정불변한 비례. 정수 비례.

상:순(上旬)**명** 초하루부터 초열흘까지의 동안. 상완(上浣). 상한(上澣). 초순. ㉮중순·하순.

상:순(上脣)**명** 윗입술. ↔하순(下脣).

상술(床─)[─쏠]**명** 안주를 상에 차리고 이에 곁들여서 파는 술.

상:술(上述)**명하타** (문장 따위의) 위에 또는 앞에 말하거나 적음. ¶상술한 바와 같다.

상술(相術)**명** 인상(人相)이나 가상(家相) 따위로 보고 점을 치는 방법. 상법(相法).

상술(商術)**명** 장사하는 솜씨.

상술(詳述)**명하타** 자세하게 진술함. ¶사건의 내용을 상술하다. ↔개술(槪述).

상-스럽다(常─)[─쓰─따][─스러우니·─스러워]**형비** 말씨나 하는 짓이 천하다. ¶상스러운 말버릇. ㉯쌍스럽다. **상스레부**.

상습(常習)**명** (못된 버릇을) 몇 차례고 되풀이하는 일. ¶상습 절도.

상습-범(常習犯)[─뻠]**명** 같은 범죄 행위를 몇 번이고 되풀이하는 일, 또는 그런 죄를 지은 사람. ¶폭행 상습범. /도박 상습범.

상습-자(常習者)[─짜]**명** 어떤 좋지 않은 일을 몇 차례고 되풀이하는 사람.

상습-적(常習的)[─쩍]**관용** 좋지 않은 일을 버릇처럼 하는 (것). ¶상습적 절도. /상습적으로 대마초를 피운다.

상습-화(常習化)[─쏴]**명하타되자** 늘 하는 버릇처럼 반복함. ¶마약 복용을 상습화한다.

상:승(上昇·上升)**명하자되자** 위로 올라감. ¶물가 상승. /인기가 날로 상승하다. ↔하강·하락.

상승(相承)**명하타** ①서로 계승함. ②불교에서, 사승(師僧)이 전해 준 교법을 제자가 그대로 이어 가는 일.

상승(相乘)**명하타** ①둘 이상의 수를 서로 곱함, 또는 그 곱한 결과. ②두 가지 이상의 요소가 서로 효과를 더하는 일.

상승(常勝)**명하자** 번번이 이김. 늘 이김.

상승 가도를 달리다관용 상승하는 기세를 몰아 계속 나아가다.

상:승-경(上昇莖)**명** ㉮덩굴줄기.

상승-군(常勝軍)**명** 적과 싸워서 늘 이기는 군대.

상:승^기류(上昇氣流)**명** 대기 중에서 위로 오르는 공기의 흐름. 구름이나 비의 원인이 됨. ↔하강 기류.

상:승-도(上昇度)**명** 상승하는 정도.

상:승-력(上昇力)[─녁]**명** 위로 올라가는 힘.

상승-비(相乘比)**명** 두 개의 비 $a:b$와 $c:d$에 대하여, 전항(前項)끼리의 곱 ac를 전항으로 하고, 후항(後項)끼리의 곱 bd를 후항으로 한 비. 곧, $ac:bd$. 복비(複比).

상승-상부(相勝相負)**명하자** (싸움이나 내기 따위의) 이기고 진 횟수가 서로 같아 비김.

상:승-선(上昇線)**명** 위로 향해 올라가는 선. ↔하강선(下降線).

상:승-세(上昇勢)**명** 어떤 현상의 상승하는 기세. ¶물가의 상승세가 꺾이다. ↔하락세.

상승^작용(相乘作用)**명** 여러 요소가 겹쳐 작용하여, 따로따로 작용했을 때보다 큰 효과를 나타내는 일. 두 가지 약물의 상승 작용.

상승-장군(常勝將軍)**명** 적과 싸울 때마다 늘 이기는 장군.

상승-적(相乘積)**명** 둘 이상의 수를 서로 곱하여 얻는 값.

상승^평균(相乘平均)**명** ㉮기하 평균.

상:승^한:도(上昇限度)**명** 항공기가 오를 수 있는 가장 높은 고도. [항공기의 성능을 나타내는 용어의 한 가지.]

상승-효과(相乘效果)**명** 상승 작용에 의하여 나타나는 효과.

상:시(上試)**명** 조선 시대, 과거(科擧)의 시관(試官)의 우두머리. ㉮부시(副試).

상시(常時)**명** ①(평상시(平常時))의 준말. ②임시가 아닌 관례대로의 보통 때. 항시(恒時). ¶운전면허증은 상시 휴대하고 다녀야 한다.

상시지계(嘗試之計)[─계/─게]**명** 남의 뜻을 시험하여 떠보는 꾀.

상:식(上食)**명** 상가(喪家)에서, 아침저녁으로 궤연(几筵) 앞에 차려 올리는 음식.

상식(尙食)**명** 조선 시대에, 종오품인 내명부(內命婦)를 일컫던 말.

상식(相識)**명** 서로 면식(面識)이 있음.

상식(常食)**명하타** 늘 먹음, 또는 그 음식. ¶보리밥을 상식하다.

상식(常識)**명** 보통 사람으로서 으레 가지고 있을 일반적인 지식이나 판단력. ¶상식 밖의 행동.

상식-가(常識家)[─까]**명** 상식이 풍부한 사람, 또는 상식적인 사람.

상식-적(常識的)[─쩍]**관용** 상식이 되는 (것). ¶상식적 생각. /상식적으로 판단하다.

상식-학파(常識學派)[─시ㄱ파─]**명** 진리의 마지막 근거를 상식에 두려는 계통 철학의 한 학파. 영국의 토머스 리드를 대표로 하여, 18세기 말에서 19세기 초에 걸쳐서 나타남.

상식-화(常識化)[-시콰]圏(하자타)(되자) 상식적인 것으로 됨, 또는 상식적인 것이 되게 함.

상:신(上申)圏(하타) 상부 기관이나 윗사람에게 의견이나 상황 따위를 말이나 글로 여쭘. 계고(啓告). 凹부하 직원의 표창을 상신하다. 凹품의.

상:신(上臣)圏 상대등(上大等).

상신(相臣)圏 ☞상국(相國).

상신(相信)圏(하타) 서로 믿음.

상신(喪神)圏(하자) ☞실신(失神).

상신(傷神)圏(하자) 정신을 해침.

상신(霜信)圏〔서리와 함께 온 소식이라는 뜻으로〕'기러기'를 이르는 말.

상신-간(相信間)圏 서로 믿는 사이.

상:신-서(上申書)圏 상신할 내용을 기록해 놓은 문서. 凹품의서.

상-신석(信愼石)圏 강원도에서 나는 비상(砒霜). 한방에서, 학질·누창·치루 따위를 다스리는 약재로 씀.

상실(桑實)圏 뽕나무의 열매, 곧 오디.

상실(喪失)圏(하타)(되자) 〔기억이나 자신·자격·권리·의미 등을 주로 추상적인 것을〕잃어버림. ¶가치관 상실. /머리를 다쳐 기억을 상실하다. /응시 자격을 상실하다.

상실(詳悉)圏(하타) 내용을 자세하게 앎.

상실(橡實)圏 ☞상수리.

상실-감(喪失感)圏 무엇인가를 잃어버린 후의 느낌이나 감정, 또는 그런 감정 상태. ¶상실감에 빠지다.

상심(喪心)圏(하자) ☞실심(失心).

상심(傷心)圏(하자타) 마음 아파함. 슬프게 생각함, 또는 그 아픈 마음. 상혼(傷魂). ¶아들의 실패에 몹시 상심하다.

상심(詳審)圏(하타) 자세하게 살핌.

상:-씨름(上-)圏 씨름판에서 우승을 가리는 씨름. 소걸이.

상아(象牙)圏 코끼리의 위턱에 길게 뻗은 두 개의 어금니. 열은 황백색이며 결이 치밀하고 아름다워 여러 가지 세공품에 쓰임.

상아(詳雅)圏 '상아하다'의 어근.

상아(嫦娥)圏 ☞항아(姮娥).

상아-질(象牙質)圏 이의 중앙부를 이루는 황색의 물질. 법랑질(琺瑯質)보다는 연하고, 뼈보다는 단단함.

상아-탑(象牙塔)圏 ①속세를 떠나 조용히 예술을 사랑하는 태도나, 현실 도피적인 학구 태도를 이르는 말. ②대학 또는 대학의 연구실 따위를 달리 이르는 말. 〔프랑스의 비평가 생트뵈브(Sainte Beuve)가 비니(Alfred Vigny)의 태도를 비평한 말에서 유래함.〕

상아-하다(詳雅-)圏여 자상하고 단아하다. 차분하고 예의 바르다.

상아-홀(象牙笏)圏 일품(一品)에서 사품(四品)까지의 벼슬아치가 임금을 뵐 때 조복(朝服)에 갖추어 쥐던, 상아로 만든 홀.

상:악(上顎)圏 위턱. ↔하악(下顎).

상:악-골(上顎骨)[-꼴]圏 위턱을 이루는 한 쌍의 뼈. ↔하악골.

상:악-동(上顎洞)[-똥]圏 부비강(副鼻腔)의 한 가지. 상악골의 가운데에 있는 한 쌍의 공동(空洞)을 가리킴.

상압△증류(常壓蒸溜)[-쯩뉴]圏 원유를 일정한 압력 상태에서 가열하여 약 300℃까지의 유출유(溜出油)와 찌꺼기 기름을 가르는 방법. 〔끓는점의 차이를 이용하여, 등유·경유·가스·가솔린 등으로 갈라 냄.〕↔진공 증류.

상앗-대[-아때/-앋때]圏 물가에서 배를 떼울 때나 물이 얕은 곳에서 배를 밀어 나갈 때 쓰는 장대. ⓒ사앗대·삿대.

상앗대-질[-아때-/-앋때-]圏(하자) 상앗대로 배를 움직이거나 하는 일. ⓒ삿대질.

상아-빛(象牙-)[-아삗/-앋삗]圏 상아의 빛깔, 또는 상아와 같은 빛깔. 곧, 열은 황백색. *상앗빛이[-아삐치/-앋삐치]·상앗빛만[-아삔-/-앋삔-]

상애(相愛)圏(하자) 서로 사랑함.

상애-상조(相愛相助)圏(하자) 서로 사랑하고 서로 도움. 凹상부상조.

상야(霜野)圏 서리가 내린 들. 초목이 서리를 맞아 시든 들.

상야-등(常夜燈)圏 밤새도록 밝혀 두는 등.

상:약(上藥)圏 좋은 약.

상약(相約)圏(하타) 서로 약속함, 또는 그 약속.

상약(常藥)圏 가정이나 개인의 경험에 의하여 쓰는 약. 凹민간약.

상약(嘗藥)圏(하타) ①병자, 특히 앓아누운 임금이나 부모에게 약을 올릴 때 먼저 맛을 보는 일. ②약을 먹음.

상양(相讓)圏(하타) 서로 사양함.

상양(徜徉)圏(하자) 이리저리 거닒.

상양(賞揚)圏(하타) 기리어 높임.

상어(綱-)圏 연골어강(綱) 악상어목(目)의 바닷물고기를 통틀어 이르는 말. 몸길이 40 cm에서 18 m 이상인 것까지 다양함. 원추형의 몸에, 꼬리지느러미는 칼 모양이며 피부는 방패 비늘로 덮여 있음. 난생 또는 난태생으로 성질이 몹시 사나움. 고기는 먹을 수 있고, 껍질은 공구(工具)의 장식으로 씀. 교어(鮫魚). 사어(沙魚).

상:언(上言)圏(하자) 백성이 임금에게 글월을 올림, 또는 그 글월.

상:언-별감(上言別監)圏 임금의 거둥 때에 백성이 올리는 글을 받아들이던 벼슬아치.

상업(商業)圏(하자) 상품을 사고팔아 이익을 얻는 일, 또는 그러한 목적으로 하는 사업. 곧, 도매업·소매업·중개업 따위의 영업. ⓒ상(商)³.

상업-계(商業界)圏 -계/一계〕圏 상업 또는 상업하는 사람들의 사회. ⓒ상계.

상업△고등학교(商業高等學校)[-꾜-꾜]圏 상업에 관한 지식과 실무 교육을 전문적으로 베푸는 실업 고등학교. ⓒ상고.

상업△공황(商業恐慌)[-꽁-]圏 상업 거래에서 투기 활동으로 말미암아 수많은 상사(商社)가 파산을 하게 되는 공황.

상업△교:육(商業敎育)[-꾜-]圏 상업에 필요한 이론과 실기를 가르치는 교육.

상업-국(商業國)[-꾹]圏 상업을 중심으로 한 산업으로 하는 나라.

상업△금융(商業金融)[-끔늉/-끄뮹]圏 상거래에 필요한 운전 자금의 융통. 보통 60일 또는 90일을 기한으로 하는 단기 금융임.

상업△기관(商業機關)[-끼-]圏 상거래에 편의를 주어 상업의 발달을 돕는 기관. 〔은행·해운·철도 따위.〕

상업-도덕(商業道德)[-또-]圏 ☞상도덕.

상업△등기(商業登記)[-뜽-]圏 상법의 규정에 의하여 법정 사항을 공시(公示)할 목적으로 상업 등기부에 하는 등기.

상업△등기부(商業登記簿)[-뜽-]圏 등기소에 비치되어 있는, 상업 등기를 위한 공부(公簿). 회사에 관한 여러 가지 사항을 등기·공시함으로써 거래하는 데 신용을 보증함.

상업^디자인(商業design)몡 상품의 판매를 촉진하기 위한 디자인.〔포스터나 신문 광고, 포장지 따위의 디자인.〕

상업^미:술(商業美術)[-엄-]몡 상업적 목적을 가진 응용 미술의 한 부문.〔광고 도안, 포장 따위.〕

상업^방:송(商業放送)[-빵-]몡 광고 방송 수입 따위로 경영하는 방송 사업.

상업^부:기(商業簿記)[-뿌-]몡 상거래에 따라 생기는 손익의 계산을 주목적으로 하는 부기의 한 가지. 단식(單式)과 복식(複式)으로 나뉨. 일기장·분개장·원장 따위 장부 사업.

상업-신문(商業新聞)[-씬-]몡 불특정 다수(不特定多數)의 독자를 구독 대상으로 하여 발행하는 신문.〔특히, 당파적인 신문인 기관지 따위에 대하여 이르는 말.〕상업지.

상업^신:용(商業信用)[-씨농]몡 산업 자본가 및 상업 자본가가 상품의 거래에 따라 서로 주고받는 신용.〔외상 거래 따위.〕

상업^신:용장(商業信用狀)[-씨농짱]몡 신용장의 한 가지. 수입업자의 의뢰에 따라 거래은행이 어음의 신용에 대해 책임을 지겠다는 내용을 적은 보증서(保證書).

상업^어음(商業-)몡 실제의 상거래가 원인이 되어 발행한 환어음이나 약속 어음. 곧, 상품 매각에 대한 대금으로 발행하는 어음 따위. 상품 어음.

상업-영어(商業英語)[-엄녕-]몡 국제적 상거래를 위하여 쓰이는 영어. 대부분 문학적·외교적 수사(修辭)가 배제된 실무적인 용어를 구사함.

상업^은행(商業銀行)몡 예금을 주된 자금원(資金源)으로 하여 단기의 운전 자금을 공급하는 은행. 시중 은행이나 지방 은행이 그 대표적인 것임.

상업^자본(商業資本)[-짜-]몡 상업에 투자하여 이윤을 얻기 위한 자본.

상업^장부(商業帳簿)[-짱-]몡 상인이 그 영업 및 재산의 상태를 분명히 하기 위하여 상법상의 의무로서 작성하는 장부. 일기장, 재산 목록, 대차 대조표의 세 가지가 있음.

상업^증권(商業證券)[-쯩꿘]몡 상업 거래에 쓰이는 유가 증권.〔어음·수표·화물 인환증(貨物引換證)·선하 증권·창고 증권 따위.〕

상업-지(商業紙)[-찌]몡 ☞상업신문.

상업-학(商業學)[-어콱]몡 상업의 원리와 법칙 등을 연구하는 학문. 물품이 생산되어 소비자에 이르기까지의 운송·금융·보험·창고·경영 등에 대해 연구함. ㉰상학(商學).

상-없다(常-)[-업따]휑 상리(常理)에 벗어나다. 막되고 상스럽다. ¶그런 상없는 짓 하지 마라. **상없-이**튄 ¶상없이 일찍이 와 아래와 실내(室內) 다 큰 병이 나게 하였다(東溟日記).

상여(喪輿)몡 시체를 묘지까지 나르는 제구.〔가마같이 생긴 것으로 상여꾼이 메고 감.〕행상(行喪).

상여(賞與)하 ①상으로 금품을 줌, 또는 그 금품. ②관청이나 회사 같은 데서 직원들의 공적 따위를 참작하여 급료와는 별도로 돈을 줌, 또는 별도로 주는 그 돈.

상여-금(賞與金)몡 상여로 주는 돈. 보너스.

상여-꾼(喪輿-)몡 ☞향도꾼.

상:연(上椽)몡 오량(五樑) 이상의 집에서, 중도리와 마룻대에 가파르게 걸치는, 지붕 위쪽의 서까래.

상:연(上演)몡하타되재 연극 따위를 무대에서 펼쳐 보임. 공연. ¶전국 순회 상연. /춘향전을 상연하다.

상연(爽然)'상연하다'의 어근.

상:연-권(上演權)[-꿘]몡 저작물을 공중 앞에서 연기를 통해 상연하는 권리.

상:연-료(上演料)[-뇨]몡 일정 기간 동안 어떤 작품의 상연권을 저작자로부터 양도받은 데 대하여 치러 주는 돈.

상:연-하다(爽然-)휑여 몸과 마음이 상쾌하다. 아주 시원하다. **상연-히**튄.

상엽(桑葉)몡 뽕잎.

상엽(霜葉)몡 서리를 맞아 단풍이 든 잎사귀.

상엿-소리(喪輿-)[-여쏘-/-엳쏘-]몡 상여를 메고 갈 때 상여꾼들이 부르는 구슬픈 소리. 만가(輓歌). ㉲해로가(薤露歌)·향도가.

상엿-집(喪輿-)[-여찝/-엳찝]몡 상여와 그에 딸린 제구를 넣어 두는 오두막.〔보통, 마을 옆이나 산 밑의 외딴 곳에 지음.〕곳집.

상:영(上映)몡하타되재 (극장 같은 데서) 영화를 영사(映寫)하여 관객에게 보임. ¶동시 상영./외설 영화의 상영을 금지하다.

상:영-권(上映權)[-꿘]몡 영화 저작물을 공중 앞에서 상영하는 권리.

상:-영산(上靈山)몡 영산회상(靈山會相)의 첫째 곡조. 둘째나 셋째 곡조보다 매우 느린데, 네 장(章)으로 되어 있음. ㉲잔영산·중영산.

상예(賞譽)몡하타 칭찬함. 기림.

상:오(上午)몡 밤 열두 시부터 낮 열두 시까지의 사이. 오전(午前). ↔하오(下午).

상:오(晌午)몡 정오(正午).

상:옥(上屋)몡 (부두나 정거장의 플랫폼 같은 곳에서) 화물의 일시 보관을 위해, 또는 승객용으로 지은, 지붕과 기둥만 있는 건물.

상온(常溫)몡 ①늘 일정한 온도. 항온(恒溫). ②일 년 중의 평균 기온. ③보통의 온도. ¶콩기름은 상온에서는 액체 상태다.

상:온(想蘊)몡 오온(五蘊)의 하나. 어떤 사물을 생각하며 옳고 그름, 선하고 악함 따위를 상상하는 마음의 작용.

상온^동:물(常溫動物)몡 ☞정온 동물.

상온-층(常溫層)몡 ①땅속의 온도가 기온의 변동에 영향을 받지 않고 늘 일정한 층. 항온대(恒溫帶). 항온층. ②☞등온층(等溫層).

상:완(上浣)몡 ☞상순(上旬).

상:완(上腕)몡 ☞위팔.

상완(賞玩)몡하타 사물의 아름다움이나 좋은 점을 음미하여 아끼고 사랑함. ¶청자(靑瓷)를 상완하다.

상:완-골(上腕骨)몡 ☞위팔뼈(上膊骨).

상:완^삼두근(上腕三頭筋)몡 위팔의 뒤쪽에 있는 큰 근육.〔주로, 팔꿈치를 펴는 작용을 함.〕삼두박근.

상:완^이:두근(上腕二頭筋)몡 위팔의 앞쪽에 있는 큰 근육. 팔을 굽히는 일을 함.〔이 근육이 수축하면 '알통'이 생김.〕이두박근.

상:왕(上王)몡 〈태상왕(太上王)〉의 준말.

상욕(相辱)몡하재 서로 욕함.

상욕-상투(相辱相鬪)[-쌍-]몡하재 서로 욕설을 퍼부으며 맞붙어 싸움.

상용(常用)몡하타되재 일상적으로 늘 씀. ¶소화제를 상용하다. /영어를 상용하다.

상용(常傭)몡하타 항상 고용하고 있음.

상용(商用)몡 ①상업적인 용무. ¶상용 여권. ②하 장사하는 목적에 씀.

상용(賞用)[명][하타] (어떤 물품이) 마음에 들어 즐겨 사용함.

상용-대수(常用對數)[명] '상용로그'의 구용어.

상용-로그(常用log)[명] 10을 밑으로 하는 로그. 십진법에 의한 수치 계산에 쓰임.

상용-문(商用文)[명] 상업적인 연락이나 거래 따위에 쓰이는 일정한 문체의 사무적인 글.

상용-시(常用時)[명] 일반적으로 쓰이고 있는 시간. 평균 태양시로서 밤 열두 시에서 다음 날 밤 열두 시까지의 24시간을 하루로 함.

상용-어(常用語)[명] 일상생활에 쓰는 말. 늘 쓰는 말. ¶영어를 상용어로 하는 민족.

상용-어(商用語)[명] 상업적인 거래에서 쓰이는 일정한 용어.

상용-차(商用車)[명] 상업적인 목적으로 사용되는 차. 주로, 승객이나 화물을 실어 나르는 데 쓰임. [버스·트럭 따위.]

상용-한자(常用漢字)[-짜][명] 많고 복잡한 한자 사용의 불편을 덜기 위하여, 글자 수를 제한하여 지정한 한자.

상용-화(常用化)[명][하자타][되자] (어떤 제품이나 기술이) 널리 보급되어 일상적으로 널리 쓰이게 되는 것, 또는 그렇게 되게 하는 것. ¶PDA가 상용화된 것은 얼마 되지 않는다.

상용-화(商用化)[명][하자타][되자] (어떤 물건이) 상업용으로 만들어지는 것, 또는 그렇게 되게 하는 것. ¶치매 예방제가 내년쯤에 상용화될 예정이다.

상:우(上愚)[명] '바보는 아니면서도 편벽된 의견을 가진 사람'을 이르는 말.

상우(相遇)[명][하자타] 서로 만남.

상:우(喪偶·喪耦)[명][하자] ⇨상처(喪妻).

상우(賞遇)[명][하타] 잘못을 뉘우치고 마음을 바로잡은 죄수에게 상으로 베풀어 주는 특별 대우.

상우다(傷-)[타] 상하게 하다.

상우-레(相遇禮)[명][하자] 신랑이 처가의 친척과, 또는 신부가 시가의 친척과 정식으로 처음 만나 보는 예식. ⊛동상례.

상운(祥雲)[명] 상서로운 구름. 서운(瑞雲).

상운(祥運)[명] 복되고 길한 운수. 서운(瑞運).

상운(商運)[명] 상업상의 운수. ¶상운이 트이다.

상:원(上元)[명] 삼원(三元)의 하나. 음력 정월 보름날. 정월 대보름. ⊛중원·하원.

상:원(上院)[명] 양원제의 의회에서 하원(下院)과 함께 의회를 구성하는 의원. 우리나라 제2공화국 때의 참의원에 해당함. ⊛하원.

상원(桑園)[명] 뽕나무 밭. 상전(桑田).

상:-원수(上元帥)[명] 고려 시대에, 출정(出征)하는 군대를 통솔하던 장수, 또는 지방의 병권을 쥐고 있던 장수.

상월(祥月)[명] 대상(大祥)을 치르는 달.

상월(霜月)[명] ①서리가 내린 밤의 달. ②'동짓달'을 달리 이르는 말.

상:위(上位)[명] 높은 지위. 높은 순위. ↔하위.

상위(相位)[명] ①정승의 자리. ②의정부의 하례(下隸)가 '의정(議政)'을 일컫던 말.

상위(相違)[명][하자] 서로 어긋남. 서로 틀림. ¶위의 사실과 상위 없음.

상위(常委)[명] 〈상무 위원회〉의 준말.

상위(霜威)[명] ①서리가 내려 찬 기운이 심함. ②서릿발 같은 위엄.

상:위^개:념(上位槪念)[명] 다른 개념보다 크고 넓은 외연(外延)을 가진 개념. '생물'은 '동물'이나 '식물'에 대하여 상위 개념임. 고급 개념. ↔하위 개념.

상:위-권(上位圈)[-꿘][명] 윗길에 속하는 범위. ¶성적이 상위권에 들다. ↔하위권.

상:유(上諭)[명] 임금의 말씀.

상은(傷恩)[명][하자] 은정(恩情)을 상하게 함.

상:음(上音)[명] ①기본음에 대하여, 그것보다 진동수가 많고 높은 음. [음은 기본음과 상음으로 구성되고, 그 강한 정도에 따라 각 음색이 정하여짐.] ②[넓은 뜻의] 배음(倍音).

상:음(上淫)[명][하자] 자기보다 지위가 높은 여자와 사통(私通)함.

상응(相應)[명][하자][되자] ①서로 응함. ¶안팎에서 상응하다. ②서로 맞음. 알맞음. ¶신분에 상응하는 대우. ③서로 기맥이 통함.

상:의(上衣)[-의/-이][명] 윗옷. ↔하의(下衣).

상:의(上意)[-의/-이][명] ①임금의 뜻. ②윗사람의 뜻. 상지(上旨). ↔하의(下意).

상:의(上醫)[-의/-이][명] 진단이나 치료 기술이 뛰어난 의원.

상:의(上議)[-의/-이][명][하타] (어떤 일을) 의제에 올림. 의안으로 올림.

상의(尙衣)[-의/-이][명] 조선 시대에, 정오품인 '내명부(內命婦)'를 일컫던 말.

상의(相依)[-의/-이][명][하자] 서로 의지함.

상의(相議·商議)[-의/-이][명][하타] 서로 의논함. 상론(相論). ¶일단 만나서 그 문제를 상의하자./부모님과 결혼 문제를 상의하다.

상의(常衣)[-의/-이][명] 늘 입고 있는 옷. 보통 때 입는 옷. 평복(平服).

상의(商議)[-의/-이][명] 〈상공 회의소〉의 준말.

상의(詳議)[-의/-이][명][하타] 상세하게 의논함, 또는 그렇게 하는 의논. ¶사건의 해결책을 밤늦도록 상의하다.

상의-원(尙衣院)[-의-/-이-][명] 조선 시대에, 임금의 의대(衣襨)와 대궐 안의 재물을 맡아보던 관아.

상:의-하달(上意下達)[-의-/-이-][명] 윗사람의 뜻을 아랫사람에게 전함. ↔하의상달.

상:의-하상(上衣下裳)[-의-/-이-][명] 저고리와 치마. 윗옷과 아래옷.

상이(相異)[명] '상이하다'의 어근.

상이(桑栮·桑耳)[명] 뽕나무에 돋는 버섯.

상이(傷痍)[명] 몸에 입은 상처. 부상. ¶상이 연금.

상이(傷異)[명] ①제철이 아닌 때에 내린 서리. ②⇨상재(霜災).

상이-군인(傷痍軍人)[명] 전투나 군사상의 공무 중에 부상을 입은 군인.

상이-기장(傷痍記章)[명] 전투나 공무를 수행하다가 다친 사람에게 주는 기장.

상이-용사(傷痍勇士)[명] 군에서 복무하다가 부상을 입고 제대한 병사.

상이-점(相異點)[-쩜][명] 서로 다른 점. ¶두 작품은 여러 면에서 상이점이 많다.

상이-하다(相異-)[형여] 서로 다르다. ¶상이한 환경에서 자란 두 사람.

상:인(上人)[명] 지덕(智德)을 갖춘 중을 높이어 일컫는 말.

상인(常人)[명] 상사람. ⑪상민(常民).

상인(商人)[명] 장수.

상인(喪人)[명] 복인(服制).

상인(霜刃)[명] 서슬이 시퍼런 칼날.

상인^계급(常人階級)[-계-/-게-][명] ①양반이 아닌 보통 백성. ②서민층. 평민층.

상:-인방(上引枋)[명] 기둥과 기둥 사이의 벽 윗부분에 가로지른 나무. 윗중방. ⊛상방(上枋). ⊛중인방·하인방.

상:-인일(上寅日)**명** 정월의 첫 범날. 〔이날 여자가 남의 집에서 대소변을 보면 호환(虎患)을 당한다 하여 바깥출입을 삼갔음.〕

상인해물(傷人害物)**명·하자** 사람을 해치고 물건에 손상을 끼침.

상-일(常-)[-릴]**명·하자** 별다른 기술을 필요로 하지 않는 노동. ¶상일이라도 해야 생계를 유지할 판이다. ⓑ막일.

상일(常日)**명** 보통의 날. 평일.

상일(祥日)**명** 대상(大祥)을 치르는 날.

상일-꾼(常-)[-릴-]**명** 상일을 하여 살아가는 사람. ⓑ막일꾼.

상임(常任)**명·하타** 늘 그 임무를 맡고 있음. ¶상임 지휘자.

상임^위원(常任委員)**명** ①항상 일정한 임무를 담당하는 위원. 상설 위원. ②국회에서, 상임 위원회를 구성하는 위원.

상임^위원회(常任委員會)[-회/-훼]**명** ①일정한 업무를 담당하는 위원회. ②국회에서, 의원을 각 전문 부분별로 나누어 조직한 상설 위원회. 국회 상임 위원회. ⑧상위(常委).

상임^이:사국(常任理事國)**명** ①국제적인 모임에서 이사국의 지위를 가지는 나라. ②국제 연합의 안전 보장 이사회에서 임기의 제약을 받지 않고 계속해서 의석을 보유하는 나라. 곧, 미국·영국·러시아·프랑스·중국의 다섯 나라. ⑧비상임(非常任).

상임^집행^위원(常任執行委員)[-지팽-]**명** 일정한 임무를 늘 맡아 집행하는 위원.

상:-자(上梓)**명·하타** <상재(上梓)>의 본딧말.

상자(相者)**명** ⇨관상쟁이.

상자(桑梓)**명** '조상 대대의 고향'을 이르는 말. 〔'시경(詩經)'에 나오는 말로, 옛날 중국에서 울타리에 뽕나무와 가래나무를 심어 자손에게 남겼다는 데서 유래함.〕

상자(箱子)**명** ①나무나 판지(板紙) 따위로 만든 그릇. 주로 네모나게 만듦. ¶선물 상자. ②〔의존 명사적 용법〕물건을 상자에 담아 그 분량을 세는 단위. ¶사과 한 상자.

상자(橡子)**명** 상수리나 도토리.

상자-다식(橡子茶食)**명** 상수리나 도토리를 갈아 무리를 내어 말려서, 꿀과 반죽하여 판에 박은 다식.

상자-목(桑柘木)**명** 육십갑자의 임자(壬子)와 계축(癸丑)에 붙이는 납음(納音). ⓑ대계수.

상-자성(常磁性)**명** 물체를 자장(磁場) 안에 넣으면, 자장과 같은 방향으로 자화(磁化)되는 성질. 〔자장을 없애면 자성(磁性)을 잃음.〕

상자성-체(常磁性體)**명** 상자성을 나타내는 물체. 강한 자장에 방아들을 찔거나 콩을 볶으면서, '쥐 주둥이 지진다'고 주문을 외면 그 해에는 쥐가 없어진다고 함.〕

상자-주(橡子酒)**명** 상수리나 도토리를 넣고 담근 술.

상:-작(上作)**명** 곡식이 썩 잘됨.

상잔(相殘)**명·하자** 서로 싸우고 해침. ¶골육(骨肉)상잔의 비극.

상:-장(-)**명** 광 구덩이의 동바리 사이와 띳장 사이에 끼워, 천판(天板)이나 좌우의 벽에서 돌이나 흙이 떨어지지 않게 막는 작은 나무.

상:-장(上長)**명** ①나이가 자기보다 위인 사람. 손윗사람. ②지위가 자기보다 위인 사람.

상:장(上狀)**명** 경의(敬意)나 조의(弔意)를 표하여 올리는 편지.

상:장(上場)**명·하타·되자** 주식 따위를 시장 거래의 목적물로 하기 위해 거래소에 등록하는 일. ¶회사의 주식이 증권 거래소에 상장되었다.

상장(喪杖)**명** 상제(喪制)가 짚는 지팡이. 부상(父喪)에는 대나무 막대, 모상(母喪)에는 오동나무 막대를 씀.

상장(喪章)**명** 상중(喪中)임을 나타내기 위해 옷 가슴이나 소매에 다는 표.

상장(喪葬)**명** 장사(葬事)를 비롯하여 상중(喪中)에 치르는 모든 예식.

상장(賞狀)[-짱]**명** 학업·행실·업적 등을 칭찬하는 뜻을 적어서 상으로 주는 증서.

상:-장군(上將軍)**명** ①신라 때, 대장군과 하장군 사이의 지위에 있던 무관. ②고려 시대, 이군(二軍)과 육위(六衛)의 으뜸 장수.

상장-주(上場-)**명** 증권 거래소에 상장된 주식.

상:장^회:사(上場會社)[-회/-훼-]**명** 발행된 주식이 증권 거래소에 상장되어 있는 주식회사.

상재(上-)**명** '상좌(上佐)'의 잘못.

상:-재(上才)**명** 남보다 뛰어난 재주, 또는 그러한 재주를 가진 사람.

상:-재(上梓)〔지난날, 가래나무가 판목(板木)으로 쓰인 데서〕글자를 판목에 새기는 일, 또는 책을 출판하는 일. 상목(上木). ⑭상자(上梓). ⓑ간행.

상:-재(上裁)**명** ①임금의 재가(裁可). ②상부(上部)의 결재.

상재(相才)**명** 재상이 될 만한 재능.

상재(商才)**명** 장사하는 재능.

상재(霜災)**명** 〔철 이르게 또는 철 늦게까지 내리는〕서리 때문에 곡식이 입는 해. 상이(霜異). ⓑ상해(霜害). ¶상재로 수확이 줄다.

상쟁(相爭)**명·하자** 서로 다툼. ¶상쟁을 벌이다.

상-쟁이(相-)**명** <관상쟁이>의 준말.

상자-가(相杵歌)**명** 곡식을 찧는 한 가지. 방아 찧을 때 부르던 노동요로, 부모를 섬기는 효성을 노래한 내용. 작자와 연대 미상. 〔'시용향악보(時用鄕樂譜)'에 실려 전함.〕

상적(相敵)**명** '상적하다'의 어근.

상적(商敵)**명** 상업상의 경쟁자.

상-적광토(常寂光土)[-꽝-]**명** 〔항상 변하지 아니하는 광명 세계라는 뜻으로〕불교에서, '부처의 청소나 빛나는 마음의 세계'를 이르는 말. 상적토.

상적-토(常寂土)**명** ⇨상적광토.

상적-하다(相敵-)[-저카-]**형여** 서로 걸맞거나 비슷하다. ¶나이가 상적하니 금실 또한 좋을 터이겠요.

상:-전(上田)**명** 소출이 많은 좋은 밭. ↔하전(下田). ⓑ상토(上土).

상전(上典)**명** 종에 대하여 그 '주인'을 이르는 말. ¶상전을 모시다. /상전 노릇을 하다.

  상전의 빨래에 종의 뒤축이 회다[속담] 남의 일을 하여 주면 그만한 소득이 있음.

상:-전(上殿)**명·하자** 궁전으로 올라감. 전상(殿上)에 오름.

상전(床廛)**명** 지난날, 잡화를 팔던 가게.

상전(相傳)**명·하타·되자** 대대로 서로 전함.

상전(相戰)**명·하자** 서로 싸움. 서로 겨룸.

상전(桑田)**명** ⇨상원(桑園).

상전(商戰)**명** 상업상의 경쟁.

상전(詳傳)**명** 상세한 전기(傳記).

상전(賞典)**명** ⇨상격(賞格).

상전-벽해(桑田碧海)[-벼캐]**명** 〔뽕밭이 변하여 푸른 바다가 된다는 뜻으로〕'세상일이 덧없이 바뀜'을 이르는 말. 벽해상전. 창상지변(滄桑之變). 창해상전. **준**상해(桑海).

상:전-옥답(上田沃畓)[-땁]**명** 소출이 많은 좋은 밭과 기름진 논.

상-전이(相轉移)**명** 물질이 조건에 따라 한 형태에서 다른 형태로 이행하는 현상. 〔융해·고화·기화·응결 따위.〕

상점(商店)**명** 가게.

상접(相接)**명하자** 서로 한데 닿음. ¶피골이 상접하다.

상:정(上丁)**명** 음력으로 매달 첫째 정(丁)의 날. 연제(練祭)나 담제(禫祭)는 대개 이날에 지냄. **함**중정(中丁)·하정(下丁).

상:정(上程)**명되자** 〔의안을〕 회의에 내놓음. ¶주5일 근무에 대한 법률안을 정기 국회에 상정하다.

상정(常情)**명** 누구나 가지고 있는 보통의 인정.

상정(詳定)**명하타** 왕조 때, 나라의 어떤 제도나 관아에서 쓰는 물건의 값, 세액(稅額), 공물액(貢物額) 등을 심사하고 결정하여 오랫동안 바꾸지 못하게 하던 일.

상정(傷情)**명하자** 정분(情分)을 해침.

상:정(想定)**명하타** 〔어떤 정황을〕 가정으로 생각하여 판정하는 일. ¶이 유적지는 고려 시대의 것으로 상정된다.

상정-례(詳定例)**명** 상정하 규례(規例).

상정-예문(詳定禮文)[-네-]**명** 〈고금상정예문(古今詳定禮文)〉의 준말.

상:제(上帝)**명** 하느님. 천제(天帝).

상:제(上第)**명** 과거에서 첫째로 급제하던 일, 또는 첫째로 급제한 사람.

상:제(上製)**명** 상등으로 만든 것. ¶상제로 꾸민 절약책. →병제(並製).

상제(相制)**명하타** 서로 견제함.

상제(常制)**명** 항상 정해져 있는 제도.

상제(喪制)**명** ①부모 또는 승중(承重) 조부모의 거상(居喪) 중에 있는 사람. 극인(棘人). 상인(喪人). ②상중의 복제(服制).

상제(喪祭)**명** 상례(喪禮)와 제례(祭禮).

상제(霜蹄)**명** 굽에 흰 털이 난 좋은 말(馬).

상제-나비(喪制一)**명** 흰나빗과의 곤충. 편 날개 길이 7cm가량. 몸빛은 검으며, 몸이 둔해서 잘 날지 못함. 7월경에 나타나는데, 유충은 사과나무·벚나무 따위의 잎을 해침.

상제-설(相制說)**명** 몸과 정신 사이에 서로 제약하는 인과 관계를 인정하는 학설.

상:조(尙早)**명** 〈시기상조〉의 준말.

상조(相助)**명하자** 서로 도움. ¶이웃과 상조하며 산다.

상조(相照)**명하타** 서로 대조함.

상조(商調)**명** 동양 고전 음악의 오음계(五音階) 중, 상(商)의 음을 주음으로 하는 음계. **함**오음(五音).

상:족(上簇)**명하타** 막잠을 자고 난 누에를 발이나 섶에 올리는 일.

상:존(尙存)**명하자** 아직 그대로 있음. ¶상존하는 일제의 잔재를 청산하자.

상존(常存)**명** 언제나 존재함. ¶핵무기의 위협이 상존하는 시대.

상:-존호(上尊號)**명** 임금의 성덕(聖德)을 기리기 위하여 존호를 지어서 올림.

상종(相從)**명하자** 서로 따르며 의좋게 지냄. ¶그런 소인배와는 다시는 상종하고 싶지 않다.

상:-종가(上終價)[-까]**명** 증권 거래소에서, 하루에 오를 수 있는 최고 한도까지 올라간 주가(株價). 상한가. →하종가(下終價).

상:좌(上佐)**명** ①행자(行者). ②스승(師僧)의 대를 이을 여러 제자 가운데서 가장 높은 사람.

상:좌(上座)**명** ①윗자리. 높은 자리. →하좌(下座). ②절에서, 주지(住持)·강사(講師)·선사(禪師)가 앉는 자리.

상좌 중의 법고 치듯[속담] 무엇을 아주 빨리 쾅쾅 치는 모양을 비유적으로 이르는 말.

상:좌-승(上座僧)**명** 상좌에 앉는 중.

상:-좌평(上佐平)**명** 백제의 좌평의 으뜸 벼슬.

상:주(上主)**명** 가톨릭에서의 천주(天主).

상:주(上奏)**명하자타** 임금에게 말씀을 아룀. 주상.

상:주(上酒)**명** 썩 좋은 술.

상주(喪主)**명** ①정해진 주인. ②임금. 천자.

상주(常住)**명하자** ①한곳에서 늘 살고 있음. ②불교에서, 생멸의 변화가 없이 늘 존재함. ③→상주승물(常住僧物).

상주(常駐)**명하자** 늘 주둔하거나 주차(駐箚)해 있음. ¶상주 대사(大使). /군대가 상주하다.

상주(喪主)**명** 주장이 되는 상제(喪制). 맏상제.

상주 보고 제삿날 다툰다[속담] 정확히 아는 사람 앞에서 자기의 틀린 것을 고집한다는 뜻.

상주(詳註)**명** 상세한 주석(註釋). ¶상주를 달아 이해를 돕는다.

상주(賞酒)**명** 상으로 주는 술. ↔벌주.

상주-물(常住物)**명** →상주승물(常住僧物).

상주-부단(常住不斷)**명** →상주불멸(常住不滅).

상:주-불(上柱佛)**명** 염주 위에 펜 큰 구슬.

상주-불멸(常住不滅)**명** 불교에서, 본연진심(本然眞心)이 사라지지 않고 영원히 있음을 이르는 말. 상주부단(常住不斷).

상:주-서(上奏書)**명** 임금께 아뢰는 글.

상주-승물(常住僧物)**명** 절에 딸린 논밭이나 건물·집기 따위의 재물을 통틀어 이르는 말. 상주(常住). 상주물.

상:주-안(上奏案)**명** 임금께 올리는 안건.

상주-인구(常住人口)**명** 한 지역에 상주하는 인구. 〔일시적 현재자(現在者)는 제외되고, 일시적 부재자(不在者)는 포함됨.〕

상준(詳準)**명하타** 자세히 견주어 살핌.

상중(喪中)**명** ①상(喪)을 당하고부터 장례를 치를 때까지의 동안. 기중(忌中). ②상제로 있는 동안.

상:중하(上中下)**명** ①위와 가운데와 아래. ②상등과 중등과 하등.

상:지(上旨)**명** 임금의 마음. 상의(上意).

상:지(上肢)**명** 어깨·팔·손을 통틀어 이르는 말. ↔하지(下肢).

상:지(上智)**명** ①보통 사람보다 뛰어난 슬기, 또는 그런 슬기를 지닌 사람. ②가톨릭에서 이르는, 천주의 지혜.

상지(相地)**명하타** 땅의 위치 따위를 보아 길흉을 판단하는 일.

상지(相知)**명하타** 서로 앎, 또는 아는 사이.

상지(相持)**명하자** 양보하지 않고 서로 제 의견을 고집함.

상지(常紙)**명** 품질이 좋지 않은 보통의 종이.

상:지-골(上肢骨)**명** 팔과 손을 이루는 뼈들을 통틀어 이르는 말.

상:지-근(上肢筋)**명** 어깨·팔·손에 있는 근육을 통틀어 이르는 말.

상:지-대(上肢帶)**명** 어깨·팔·손을 지탱하는 골격. 견대(肩帶).

상:지상(上之上)똉 ①지난날, 시문(詩文)을 끊을 때의 등급의 한 가지. 열두 등급 중 최상급. 상지중(上之中)보다 윗길임. ②'더할 수 없이 좋음'을 비유하여 이르는 말.

상:지-전(上知殿)똉 절에서, 대웅전과 법당을 맡아보는 임원의 숙소.

상:지중(上之中)똉 지난날, 시문(詩文)을 끊을 때의 등급의 한 가지. 열두 등급 중 둘째 등급. 상지상(上之上)과 상지하(上之下)의 중간임.

상:지하(上之下)똉 지난날, 시문(詩文)을 끊을 때의 등급의 한 가지. 열두 등급 중 셋째 등급. 상지중(上之中)과 이상(二上)의 중간임.

상:직(上直)똉하자 ①☞당직. ②☞숙직.

상:직(上職)똉 윗자리, 또는 윗자리에 있는 직원.

상직(常職)똉 ①일상의 직무나 직업. ②일정한 직무나 직업.

상:직-꾼(上直-)똉 ①당직이 된 사람. ②☞상직파(上直婆).

상:직-파(上直婆)똉 안채에서 부녀(婦女)들의 심부름을 하는 노파. 상직꾼.

상:질(上秩)[-찔]똉 ☞상길. ↔하질(下秩).

상:질(上質)똉 질이 썩 좋음. ¶상질의 석탄. ↔하질(下質).

상집(翔集)똉하자 날아와 모임.

상징(象徵)똉하타 되자 어떠한 사상이나 개념 따위를, 그것을 상기시키거나 연상시키는 구체적인 사물이나 감각적인 말로 바꾸어 나타내는 일, 또는 그 사물이나 말. 〔'비둘기'는 평화의 상징'이라 할 때의 '비둘기', '백색은 순결의 상징'이라 할 때의 '백색' 따위.〕 표징.

상징-극(象徵劇)똉 인간의 숙명 따위를 암시나 상징에 의하여 표현하는 희곡이나 연극. 자연주의에 대한 반동으로, 19세기 후반 프랑스에서 비롯되었음.

상징-시(象徵詩)똉 19세기 말, 프랑스를 중심으로 하여 일어난 상징주의에 의한 시. 대상의 서술적 표현을 부정하고 음악적·암시적·상징적으로 표현하였음.

상징-어(象徵語)똉 의성어나 의태어와 같이, 자연·사람·동물들의 동작·상태 등을 상징하여 만든 말. 〔달랑달랑·생글생글·출렁출렁·꿀꿀·솔솔 따위.〕

상징-적(象徵的)똉 상징하여 나타낸 (것). ¶상징적 표현. /상징적인 의미.

상징-주의(象徵主義)[-의/-이]똉 19세기 말, 프랑스 시단(詩壇)을 중심으로 일어났던 문학·예술의 한 경향. 고답파의 객관주의에 반대하고, 분석에 의해 포착할 수 없는 주관적 정서를 상징적으로 형상화하여, 대상의 종합적 이미지를 파악하려는 한 것이 그 주된 특징임. 표상주의(表象主義). 심벌리즘.

상징-파(象徵派)똉 상징주의를 주장하는 예술상의 한 파.

상징-화(象徵化)똉하타 되자 상징으로 됨. 상징으로 만듦. ¶우리의 국력을 상징화한 작품.

상:차(上車)똉하자 짐 따위를 차에 싣는 일. ¶모래를 상차하다. ↔하차(下車).

상-차례(床次例)똉 음식상을 차리는 순서.

상차'운:송(相次運送)똉 몇 사람의 운송인이 책임을 연대하여 운송하는 일. 연대 운송.

상착(常着)똉 평소에 입는 옷.

상:찬(上饌)똉 썩 좋은 반찬.

상찬(常餐)똉 늘 먹는 식사.

상찬(常饌)똉 늘 먹는 반찬.

상찬(賞讚)똉하타 되자 ☞찬상(讚賞).

상찰(詳察)똉하타 자세히 살핌.

상:찰(想察)똉 생각하여 헤아림.

상참(常參)똉하자 조선 시대에, 의정을 비롯한 중신들이 날마다 편전(便殿)에서 임금께 나랏일을 아뢰던 일.

상:창(上唱)똉 ①뛰어난 창(唱). ②하타 되자 높은 소리로 창을 함.

상창(傷創)똉 다친 상처.

상채(喪債)똉 초상을 치르느라고 진 빚.

상채(償債)똉하타 빚을 갚음.

상채기똉 '생채기'의 잘못.

상:책(商策)똉 제일 좋은 꾀. 상계(上計). 상수(上數). ¶길이 막힐 때는 돌아가는 게 상책이다. ↔하책(下策).

상책(商策)똉 상업에 관한 계책.

상:처(喪妻)똉하자 아내를 여읨. 상우(喪偶). ⓑ상배(喪配).↔상부(喪夫).

상처(傷處)똉 ①몸의 다친 자리. ¶상처가 덧나다. ②피해를 입은 흔적. ¶전쟁의 상처.

상척(相斥)똉하자 서로 물리침.

상:천(上天)똉 ①하토(下土). ②하느님. ③사천(四天)의 하나인 겨울 하늘.

상천(常賤)똉 상인(常人)과 천인(賤人).

상천(霜天)똉 서리가 내리는 밤의 하늘.

상-천우(桑天牛)똉 ☞뽕나무하늘소.

상:천-하지(上天下地)똉 〔위에 있는 하늘과 아래에 있는 땅이라는 뜻으로〕'온 천지'를 이르는 말.

상:첨(上籤)똉 신묘(神廟) 같은 데서 산가지로 길흉을 점칠 때의, 가장 길한 산가지.

상:청(上廳)똉 윗사람이 있는 처소나 관청. 위청.

상청(常靑)똉 '상청하다'의 어근.

상청(喪廳)똉 〈궤연(几筵)〉의 속된 말.

상청-하다(常靑-)헝어 늘 푸르다.

상:체(上體)똉 몸의 윗부분. ¶상체를 일으키다. ⓑ상반신. ↔하체.

상체(相替)똉하타 서로 바꿈.

상:초(上草)똉 품질이 아주 좋은 살담배.

상:초(上焦)똉 한방에서 이르는 삼초(三焦)의 하나. 횡격막(橫膈膜)의 위. 혈액의 순환과 호흡 기능을 맡은 부위로 심장과 폐장이 이에 딸림. ⓑ중초·하초.

상초(霜草)똉 서리 맞아 시든 풀.

상:초-열(上焦熱)똉 한방에서, 상초(上焦)에 열이 생겨 목구멍이 붓고, 입 안이 헐며, 머리가 아프고, 눈이 벌게지는 병을 이르는 말.

상:총(上寵)똉 임금의 총애. 임금의 은총.

상추똉 국화과의 일년초. 잎을 먹을 수 있어 채소로 널리 재배됨. 가지가 많이 갈라지고 전체에 털이 없음. 꽃은 6~7월에 노랗게 핌. 유럽이 원산지로 전 세계에 분포함.

상추 밭에 똥 싼 개는 저 개 저 개 한다〔속담〕한 번 나쁜 짓을 하다가 들킨 사람은, 나쁜 일이 드러날 적마다 의심을 받게 된다는 말.

상:추(上秋)똉 ①초가을. ②'음력 칠월'을 달리 이르는 말. 신추(新秋).

상추(爽秋)똉 상쾌한 가을.

상추-쌈똉 상추 잎에 밥과 된장·고추장 등을 싸서 먹는 쌈, 또는 그렇게 먹는 음식.

상:춘(上春)똉 ①초봄. ②'음력 정월'을 달리 이르는 말.

상춘(常春)똉 늘 계속되는 봄. 일 년 내내 봄과 같은 기후. ¶상춘의 나라.

상춘(賞春)똉하타 봄 경치를 구경하며 즐김.

상춘-객(賞春客)똉 봄 경치를 즐기는 사람. ⓗ향춘객(享春客).

상춘-곡(賞春曲)**명** 조선 성종 때, 정극인(丁克仁)이 지은 가사. 고향의 봄 경치를 읊은 내용으로, 가사 문학 작품의 효시(嚆矢)라 일컬어짐. 〔'불우헌집(不憂軒集)'에 실려 전함.〕

상춘-등(常春藤)**명** ☞댕댕이덩굴.

상:충(上衝)**명하자** 위로 치밀어 오름.

상충(相沖)**명하자** ①어울리지 않고 서로 마주침. ②〔방위(方位)·일진(日辰)·시(時) 따위가〕 서로 맞질림.

상충(相衝)**명하자되자** 맞지 않고 서로 어긋남. ¶ 의견이 상충되다.

상췌(傷悴)**명하자** 마음이 상하여 얼굴이 파리하고 몸이 축남.

상:측(上側)**명** 위쪽. ↔하측.

상측(喪側)**명** 시체의 곁.

상:층(上層)**명** ①위의 층. ②위의 계급. 높은 계급. ↔하층.

상:층^계급(上層階級)[-계/-게-]**명** 사회적 신분과 생활 수준이 높은 계급, 또는 그런 계층의 사람. ↔하층 계급.

상:층^구조(上層構造)**명** ☞상부 구조.

상:층-기단(上層氣團)**명** 대기(大氣)의 침강 현상에 의하여 발생한, 고층에서의 매우 건조한 기단.

상:층^기류(上層氣流)**명** 상공(上空)의 기류.

상:층-류(上層流)[-뉴]**명** 상층의 조류(潮流) 또는 기류(氣流).

상:층^사:회(上層社會)[-회/-훼]**명** ☞상류 사회(上流社會).

상:층-운(上層雲)**명** 높이에 따른 구름 분류의 한 가지. 중위도 지방의 경우 5~13 km의 고공에 나타나는 구름으로, 미세한 얼음의 결정으로 이루어진 권운(卷雲)·권적운(卷積雲)·권층운(卷層雲)을 이름. 위턱구름. 參중층운·하층운.

상치 '상추'의 잘못.

상:-치(上-)**명** 크기나 종류가 같은 물건들 가운데 질이 가장 좋은 것. 상품(上品). 參중치·하치.

상:치(上齒)**명** 윗니.

상:치(尙齒)**명하자** 나이 많은 사람을 위하는 일. 노인을 존경하는 일.

상치(相馳)**명하자되자** (일이나 뜻이) 서로 어긋남. 어그러짐. ¶ 의견이 상치되다.

상치(常置)**명하자** 늘 비치하거나 설치하여 둠.

상:치-세전(尙齒歲典)**명** 조선 시대에, 신년 초에 조관(朝官)의 부인 중 70세가 넘은 이에게 쌀·고기·소금 따위를 내리던 일.

상:-치은(上齒齦)**명** 윗잇몸. ↔하치은.

상칙(常則)**명** 정해진 규칙. 일상의 규칙. 상규(常規).

상친(相親)**명하자** 서로 가까이 지냄.

상친-간(相親間)**명** 서로 가까이 지내는 사이.

상:침(上針)**명** ①좋은 바늘. ②바느질법의 한 가지. 저고리의 깃이나 보료·방석 따위의 솔기에, 장식으로 실밥이 겉으로 드러나게 하는 박음질.

상침(을) **놓다**판용 박이옷이나 보료·방석 따위의 가장자리에 실밥이 겉으로 드러나게 꿰매다.

상칭(相稱)**명** ①하형서로 균형이 맞음. 서로 같음. ②하자어떤 사물의 구성 요소가 중앙의 수직선 또는 수평선의 양쪽에 고르게 배열되어 서로 대응하고 균형이 잡힘, 또는 그러한 상태.

상쾌(爽快) '상쾌하다'의 어근.

상:쾌-하다(爽快-)**형여** 기분이 아주 시원하고 거뜬하다. 상활(爽闊)하다. ¶ 아침 공기가 상쾌하다. 상쾌-히**부**.

상크름-하다형여 ①옷자 등의 발이 매우 가늘고 성기다. ¶ 상크름한 모시 적삼. ②바람결이 (공기가) 선선하다. ¶ 날씨가 좀 상크름하다. 큰성크름하다.

상큼부 발을 가볍게 사뿐사뿐 들어 걷는 모양. 큰성큼·상큼상큼부 상큼상큼 걸어오다.

상큼-하다[형여 ①옷을 입은 모양이 간동하다. ②윗도리에 비해 아랫도리가 좀 엉성하게 갈쭉하다. 큰성큼하다.

상큼-하다²[형여 (냄새나 맛 따위가) 향기롭고 시원하다. ¶ 상큼한 풀 냄새를 맡으며 들길을 거닐었다.

상탁(床卓)**명** 제상(祭床)과 향탁(香卓).

상:탁하부정(上濁下不淨)[-타카-]**명** 〔윗물이 흐리면 아랫물도 깨끗하지 않다는 뜻으로〕 윗사람의 몸가짐이나 마음가짐이 발라야 아랫사람의 행실도 바르게 된다는 말.

상탄(傷歎·傷嘆)**명하자** 마음이 상하여 슬퍼함.

상탄(賞歎·賞嘆)**명하자** 크게 칭찬함.

상탐(詳探)**명하자** 자세히 찾아봄.

상탑(牀榻)**명** 갈고 앉거나 눕거나 하는 제구. 〔평상(平牀)·와탑(臥榻) 따위.〕 탑(榻).

상:탕(上湯)**명** 온천 안에서 제일 뜨거운 곳. 參중탕·하탕.

상태(狀態)**명** 사물이나 현상이 처해 있는 현재의 모양 또는 형편. ¶ 평온한 상태.

상태(常態)**명** 평상시의 모양이나 형편.

상태-감(狀態感情)**명하자** 외부적 조건보다 몸과 마음의 균형 상태에 따라 나타나는 불안·초조·권태·활기·희망 따위의 감정.

상태-도(狀態圖)**명** 물질의 상태의 변화를 기하학적으로 나타낸 도표.

상태-량(狀態量)**명** 물질이나 물리적 공간인 물질계 또는 장(場)의 거시적 상태에 대해 정해진 값을 취하는 양. 온도·압력 및 농도 등에 따라 결정되는 열역학적인 양.

상:토(上土)**명** 농사짓기에 썩 좋은 땅. ↔하토.

상토(床土)**명** 모판흙.

상:토-권(土土權)[-꿘]**명** 남의 토지를 개간하는 사람이 가지는, 그 토지의 경작권.

상:토하사(上吐下瀉)**명** 위로는 토하고 아래로는 설사함. 준토사(吐瀉).

상통(相-)**명** 〔얼굴'의 속된 말. 상판대기. ¶ 잔뜩 찌푸린 상통.

상:통(上通)**명하자** 아랫사람이 윗사람에 의사를 통하는 일.

상통(相通)**명하자되자** ①서로 길이 트임. ②서로 마음과 뜻이 통함. ③서로 공통됨. ¶ 피차간에 상통되는 점이 많다.

상:통-천(上通-) '상통하다'의 어근.

상:통-천문(上通天文)**명하자** 천문을 환히 앎. 參하달지리(下達地理).

상통-하다(傷痛-)**형여** 마음이 몹시 상하고 아프다.

상:퇴(上腿)[-퇴/-퉤]**명** 하지(下肢)의 윗부분. 골반에서 무릎까지를 가리키는 말. 넓적다리. 대퇴(大腿). ↔하퇴(下腿).

상투명 지난날, 성인 남자의 전형적인 머리 모양. 머리털을 끌어 올려 정수리 위에 틀어서 감아 맨 것. 본상두.

상투가 국수버섯 솟듯속담 되지못하게 어른 세를 하며 남을 함부로 부리는 이를 이르는 말.

상투(를) 잡다[관용] 가장 높은 시세에 주식을 매입하다.

상투(를) 틀다[관용] (총각이) 장가를 가서 어른이 되다.

상투 위에 올라앉다[관용] 상대를 만만히 보아, 깔고 앉는 태도를 취하다.

상투(相鬪)[명][하자] 서로 싸움.

상투(常套)[명] 보통으로 하는 투. 예사의 버릇.

상투-관(-冠)[명] 지난날, 머리털이 적은 노인이 관을 쓸 때, 검은 종이나 베로 만들어 상투에 씌우던 물건.

상투-기둥[명] 위를 상투처럼 만들어 도리에 구멍을 뚫어서 얹게 된 기둥.

상투-고부랑이[명] '상투쟁이'의 잘못.

상투-어(常套語)[명] 버릇이 되어 늘 쓰는 예사로운 말. 투어(套語).

상투-장이[명] '상투쟁이'의 잘못.

상투-쟁이[명] '상투 튼 사람'을 얕잡아 이르는 말.

상투-적(常套的)[관용] 항상 하는 버릇처럼 된 (것). ¶상투적 표현. /상투적인 수법.

상툿-고[-투꼬/-툳꼬] [명] 상투의 틀어 감은 부분.

상툿-바람[-투빠-/-툳빠-] [명] 상투 튼 사람이 갓이나 건(巾)을 쓰지 않고 맨머리로 나선 차림새.

상파(床播)[명][하자] 묘상(苗床)에 씨를 뿌림.

상:-판(上-)¹[명] 첫판. 시작 판. ↔하판¹.

상:판(上-)²[명] 절의 큰방의 윗목. 손님들이 앉게 되어 있음. ↔하판².

상-판(相-)[명] 〈상판대기〉의 준말.

상판(床板)[명] ①판 모양의 평평한 구조체. ②교량에서, 교각과 교각 위에 걸쳐 놓는 바닥판.

상:-판대기(相-)[-때-] [명] 〈얼굴〉의 속된 말. 상통. 준상판.

상-판대기(相-)[명] '상판대기'의 잘못.

상:-팔십(上八十)[-씹] [명] ☞궁팔십(窮八十).

상팔십이 내 팔자[관용] 가난하게 사는 것이 내 팔자라는 말.

상:-팔자(上八字)[-짜] [명] 썩 좋은 팔자. ¶무자식이 상팔자라는 옛말이 딱 들어맞는다.

상:-패(上牌)[명] ①일패·화부·트럼프 따위의 좋은 패. ②조선 시대에, 홍문관(弘文館)의 서책을 출납할 때 쓰던, 상아로 만든 패.

상패(常悖)[명] '상패하다'의 어근.

상패(賞牌)[명] 상으로 주는 패.

상패-하다(常悖-)[형어] 성질이 비틀어져 막되다. 상패-히[부].

상:-편(上篇)[명] 상·하편 또는 상·중·하편으로 된 책의 첫째 편.

상:평(上平)[명] 〈상평성(上平聲)〉의 준말.

상평-곡(常平穀)[명] 조선 시대에, 상평청에 보존해 두던 곡식.

상:-평성(上平聲)[명] 한자의 사성(四聲) 중에서, 평성 서른 운(韻)을 상하로 나눈, 위의 열다섯 운. 처음부터 끝까지 그 소리가 다르지 않음. 준상평. ↔하평성.

상평-창(常平倉)[명] 고려·조선 시대에, 곡가 조정(穀價調整)을 위하여 국가에서 설치한 기관. 풍년이 들 때 곡물을 비싼 값에 사들였다가, 흉년이 들 때 싼값에 팖.

상평-청(常平廳)[명] ①조선 인조 11(1633)년에 설치하여, 상평통보(常平通寶)를 주조하던 관아. ②조선 인조 26(1648)년에 진휼청(賑恤廳)을 고쳐 부른 이름.

상평-통보(常平通寶)[명] 조선 인조 11(1633)년에 만들어 쓰기 시작하여 약 200년간 통용되던 엽전.

상포(常布)[명] 품질이 좋지 않은 베.

상포(商布)[명] 지난날의 상거래에서 화폐 대신으로 쓰던 포목.

상포(商鋪)[명] ☞가게.

상포(喪布)[명] 초상(初喪) 때 쓰는 포목.

상포-계(喪布契)[-계/-게] [명] 초상(初喪) 때의 비용을 서로 돕기 위한 계. 초상계.

상:-표(上表)[명][하자] 임금에게 표(表)를 올림.

상표(商標)[명] 사업자가, 자기가 취급하는 상품을 남의 상품과 구별하기 위하여 붙이는 고유의 표지.

상표-권(商標權)[-꿘] [명] 상표의 등록에 따라, 상표를 독점적으로 사용할 수 있는 권리.

상표-법(商標法)[-뻡] [명] 기업의 신용 확보와 부정한 경쟁의 방지를 목적으로 제정된 상표와 상표권에 관한 법.

상:-품(上品)[명] ①높은 품격. ②☞상치. ③불교에서, 극락왕생의 아홉 등급 중에서 윗자리 셋을 이르는 말. 참중품·하품.

상품(商品)[명] ①사고파는 물품. ②시장에서의 상거래를 목적으로 하여 생산된 유형 또는 무형의 재화(財貨).

상품(賞品)[명] 상(賞)으로 주는 물품.

상품-관:리(商品管理)[-괄-] [명] 재고품의 종류나 수량을 알맞게 유지하며, 상품을 사들여서 고객에게 인도할 때까지 관리하는 일.

상품-권(商品券)[-꿘] [명] 백화점 등의 상점에서 발행한 무기명의 유가 증권. 권면(券面)에 적힌 금액만큼 발행 상점에서 상품과 바꿀 수 있음.

상품^담보(商品擔保)[명] 상품을 은행 대출의 담보물로 하는 일.

상품-명(商品名)[명] 생산자나 공급자가 자기의 상품에게 붙이는 이름.

상품^목록(商品目錄)[-몽녹] [명] 상품의 종류와 품질에 대한 소개, 거래 조건 따위를 적어 고객에게 배부하는 책자.

상품별^링크제(商品別link制)[명] ☞개별 링크제.

상품^신:탁(商品信託)[명] 상품을 관리 또는 처분할 목적으로 하는 신탁.

상품^어음(商品-)[명] ☞상업 어음.

상:-품^연대(上品蓮臺)[-년-] [명] 불교에서 이르는, 극락세계의 가장 높은 연대.

상품^유통(商品流通)[-뉴-] [명] 화폐를 매개로 한 상품의 교환.

상품^작물(商品作物)[-장-] [명] 시장에 내다 팔기 위해 재배하는 농작물.

상품-진열창(商品陳列窓)[명] ☞진열창.

상품-학(商品學)[명] 상품의 합리적 소비를 위해, 상품의 종류·품질·규격·생산 방식 등을 연구하는 학문.

상품-화(商品化)[명][하자타][되자] 상품이 되게 함. 상품으로 됨. 상품화되다 상품화하다.

상품^화:폐(商品貨幣)[-폐/-폐] [명] 물물 교환 시대에 화폐 구실을 하던 물품. 〔조가비·털가죽·조갱·베·곡물 따위.〕 물품 화폐.

상품^회전율(商品回轉率)[-회-뉼/-훼-뉼] [명] 일정 기간의 평균 상품 재고량으로, 그 기간의 상품 매출 원가를 나눈 몫.

상:-풍(傷風)[명] 한방에서, 바람기로 말미암아 생기는 모든 병증을 이르는 말.

상풍(霜楓)[명] 서리 맞은 단풍. 시든 단풍.

상풍-고절(霜風高節)[명] 곤경에 처하여도 굽히지 않는 서릿바람 같은 높은 절개.

상풍-증(傷風症)[-쯩] [명] 한방에서, '코감기'를 이르는 말.

상품-패속(傷風敗俗)圓[하자] 풍속을 문란하게 함, 또는 부패하고 어지러워진 풍속.

상:-피(上皮)圓 거죽을 덮은 가죽.

상피(相避)圓[하자] ①지난날, 일가·친척 등의 관계로 말미암아 같은 곳에서 벼슬하는 일이나, 청송(聽訟)·시관(試官) 따위를 피하던 일. ②가까운 친척인 남녀 사이의 성적(性的)인 관계. ¶상피가 나다. /상피 붙다.

상피(象皮)圓 코끼리의 가죽.

상피리圓 ☞게르치.

상피-병(象皮病)[-뼝]圓 림프관이나 정맥의 국소성 만성 정체나 사상충의 기생으로 말미암아 주위의 피부나 피하 조직이 증식되어, 단단하고 두꺼운 코끼리의 피부와 같이 되는 병.

상:피^세^포(上皮細胞)圓 상피 조직을 이루는 세포.

상:피^소^체(上皮小體)圓 ☞부갑상선.

상:피^조직(上皮組織)圓 동물체의 거죽·체강·기관(器官) 따위의 표면을 싸는 조직. 상피를 이루고 있는 세포가 맞닿아서 된 것으로, 내부 보호·분비·배설·흡수 및 감각 작용을 맡아 함.

상:필(想必)甼 반드시. ¶당신의 생각도 상필 저와 같을 것입니다.

상:하(上下)圓 ①위와 아래. 위아래. ¶상하 좌우로 흔들다. ②낮고 못함. ③윗사람과 아랫사람. 사람이 함심하다. ④높고 낮음. ⑤[하타]오르고 내림.

상하(常夏)圓 일 년 내내 여름과 같은 기후. ¶상하의 섬 하와이.

상하-걸(霜下傑)圓 '국화'를 달리 이르는 말.

상:-하권(上下卷)圓 두 권으로 가른 책의 상권과 하권.

상:하노소(上下老少)圓 윗사람·아랫사람·늙은이·젊은이 모두. 곧, 모든 사람.

상-하다(傷-)[Ⅰ]자어 ①(몸의 어느 부위가) 다치거나 헐거나 하다. ¶한눈팔다가 넘어져서 무릎이 상했다. ②(옷 따위 물건이) 해어지거나 헐거나 하다. ¶땅바닥에 끌리는지 바짓부리가 상했다. ③(음식, 또는 음식의 재료가) 무르거나 썩거나 하다. ¶상한 생선. /우유가 상했다. ④여위다. ¶입시 공부를 하느라고 얼굴이 많이 상했구나. [Ⅱ]자타어 (근심이나 슬픔 등으로) 마음이 언짢게 되다. ¶혹시 제 말씀에 기분이 상하신 것은 아니신지요?/친구의 지나친 농담에 마음을 상하다.

상-하다(尙-)타어 공주나 옹주를 결혼시키다.

상:하-대(上下-)圓 아래위의 영창대.

상:하-동(上下洞)圓 윗동네와 아랫동네.

상:하-동(上下動)圓[하자] 아래위로 움직이는 진동. 진앙(震央) 부근의 지진에서 흔히 볼 수 있음. ↔수평동(水平動).

상:하-부(上下部)圓 상부와 하부.

상:하-분(上下墳)圓 상하장(上下葬)으로 쓴, 부모의 무덤. 연분(連墳).

상:하불급(上下不及)圓〈상하사불급〉의 준말.

상:하사불급(上下寺不及)圓〔아래위 절에서 걸식에 실패했다는 뜻으로〕'양쪽 일에 다 실패함'을 이르는 말. ⬡상하불급.

상:하-상몽(上下相蒙)圓[하자] 윗사람과 아랫사람이 서로 속임.

상:-하수도(上下水道)圓 상수도와 하수도.

상:하-순설(上下脣舌)圓 남의 입에 오르내림. 남의 비평을 받음.

상:-하장(上下葬)圓 부부의 묘를 위아래로 잇대어 자리 잡게 하는 장사.

상:하지분(上下之分)圓 위아래의 분별.

상:하-탱석(上下撑石)圓[하자]〔윗돌 빼어 아랫돌 괴고, 아랫돌 빼어 윗돌 괸다는 뜻으로〕몹시 꼬이고 다급한 일을 임시변통으로 이리저리 견디어 나감을 이르는 말.

상:-하현(上下弦)圓 상현과 하현.

상:하-화목(上下和睦)圓[하자] 위아래가 서로 화목하게 지냄.

상:하-화순(上下和順)圓[하형] 위아래가 서로 마음이 맞고 온화함.

상:학(上學)圓[하자] 학교에서 그날의 공부를 시작함. ↔하학(下學).

상학(相學)圓 인상(人相)이나 수상(手相) 따위로 사람의 성격이나 운명을 판단하는 학문.

상학(商學)圓〈상업학(商業學)〉의 준말.

상학-자(相學者)圓[-짜] 상학을 연구하는 사람.

상:-학종(上學鐘)[-종]圓 상학 시간을 알리는 종. ↔하학종(下學鐘).

상:한(上限)圓 ①(일정한 범위가 있을 때의) 위쪽의 한계. ¶청동기 시대의 상한. /농경지 소유에 상한을 두다. ↔하한(下限). ②수학에서, 집합을 이룬 요소 중 가장 큰 것과 같거나, 큰 요소들 중에서 가장 작은 것.

상:한(上澣)圓 ☞상순(上旬).

상:한(常漢)圓 상놈.

상한(象限)圓 '사분면(四分面)'의 구용어.

상한(傷寒)圓〔한방에서〕①추위 때문에 생기는 열병.〔감기·유행성 열병 따위〕. ②과도한 방사나 지나친 성욕의 억제로 나타나는 병을 이르는 말.

상:한-가(上限價)[-까]圓 ☞상종가(上終價). ↔하한가(下限價).

상한-동계(傷寒動悸)[-계/-게]圓 한방에서, 가슴이 울렁거리는 급성 열병을 이르는 말.

상한-동기(傷寒動氣)圓 한방에서, 적취(積聚)와 한기(寒氣)가 부딪쳐 복통이 크게 일어나는 상한을 이르는 말.

상한-번조(傷寒煩燥)圓 한방에서, 번조가 심한 상한을 이르는 말.

상:한-선(上限線)圓 더 이상 올라갈 수 없는 한계선. ↔하한선.

상한-양증(傷寒陽症)[-냥-]圓 한방에서, 체온이 높아지는 양증의 상한을 이르는 말. 발열·오한·두통·숨가쁨 등의 증세가 나타남. 태양증(太陽症). ⑤양증. ↔상한음증.

상한-음증(傷寒陰症)圓 한방에서, 혈액 순환이 순조롭지 못한 음증의 상한을 이르는 말. 손발이 차가나 기맥(氣脈)이 약해지며, 토사 따위의 증세가 나타남. 태음증(太陰症). ⑤음증. ↔상한양증.

상한-이증(傷寒裏症)圓 한방에서, 찬 것을 좋아하고 더운 것을 싫어하며, 갈증을 느끼고 헛소리를 하며 변비가 생기는 병증을 이르는 말.

상한-전율(傷寒戰慄)圓 한방에서, 열이 높고 오한이 심한 상한을 이르는 말.

상한-표증(傷寒表症)圓 한방에서, 병이 생긴 뒤 이삼 일 동안 머리가 아프고, 팔다리가 느른하며, 오한과 열이 나는 급성 열병을 이르는 말.

상:합(上合)圓 ☞외합(外合).

상합(相合)圓[하자] ①서로 맞음. ②서로 만남.

상:항(上項)圓 위의 항목.

상항(商港)圓 상선이나 무역선의 출입이 많은 항구. 무역항.

상해(桑海)**명**〈한자〉〈상전벽해(桑田碧海)〉의 준말.

상해(傷害)**명하타** 남의 몸에 상처를 내어 해를 입힘. ¶상해 사건이 일어나다. /전치 5주의 상해를 입히다.

상해(詳解)**명하타** 상세하게 풀이함, 또는 상세한 풀이. ¶국문법 상해.

상해(霜害)**명**☞상재(霜災).

상해^보:험(傷害保險)**명** 피보험자가 우연한 사고로 상해를 입었을 때 치료비 및 급료의 지급 등 보험금을 지급하는 보험.〔개인 보험과 사회 보험이 있음.〕

상:해^임시^정부(上海臨時政府)**명** ☞대한민국 임시 정부.

상해-죄(傷害罪)[-쬐/-꿰]**명** 고의로 남의 몸에 상처를 입힘으로써 성립하는 죄.

상해^치:사(傷害致死)**명** 고의로 남의 몸에 상처를 입힌 나머지 죽게 하는 일.

상:행(上行)**명하자** ①위쪽으로 올라감. ②지방에서 서울로 올라감. ↔하행.

상행(常行)**명** ①늘 하는 일. 평소의 행동. ②누구나 하는 보통의 행위. ③옛날부터의 관행.

상행(喪行)**명** 묘지로 장사 지내러 가는 사람들의 행렬. 상여를 따르는 행렬.

상행-삼매(常行三昧)**명** 천태종에서, 여름철의 90일 동안 탑 따위를 돌면서, 입으로 아미타불을 부르고, 마음으로 아미타불을 생각하며 수행하는 일.

상:행-선(上行線)**명** ①지방에서 서울로 올라가는 도로나 선로. ②지방에서 서울로 올라가는 교통수단. ¶상행선 좌석은 3일 전에 매진되었다. ↔하행선.

상-행위(商行爲)**명** 매매·교환·운수·임대·중개 등 영리를 목적으로 하는 행위. ¶불공정한 상행위.

상:행-하효(上行下效)**명** 윗사람이 하는 일을 아랫사람이 본받음.

상:향(上向)**명** ①위쪽으로 향함. ②(상태·수량 따위가) 커지거나 많아지거나 좋아져 감. ¶목표를 상향 조정하다. ③물가 따위 시세가 오름. ¶추곡 수매가를 상향 조정하다. ↔하향(下向).

상:향(尙饗)**명**'신명께서 제물을 받으소서'라는 뜻으로 제례 축문의 끝에 쓰는 말. ☞합쇄하다.

상향(常香)**명** 불전(佛前)에 늘 피워 두는 향.

상:현(上玄)**명** 하늘, 또는 하느님.

상:현(上弦)**명** 음력 7, 8일경에 나타나는 달의 상태. 초승달과 보름달의 중간쯤 되는 반달이며, 활시위 모양이 위를 향하고 있음. 상현달. 초현. ↔하현.

상:현-달(上弦-)[-딸]**명** ☞상현. ↔하현달.

상:혈(上血)**명하자**[되자] ①☞토혈(吐血). ②흥분하여 핏기가 위로 솟구쳐 오름.

상형(相形)**명** 얼굴 모양.

상형(常形)**명** 일정한 모양. 일정한 형식.

상형(象形)**명** ①하타어떤 물건의 모양을 본뜸. ②〈상형 문자〉의 준말.

상형(賞刑)**명** 포상(褒賞)과 형벌.

상형^문자(象形文字)[-짜]**명** 물체의 모양을 본떠서 만든 글자.〔한자(漢字)의 일부와 고대 이집트 문자 따위.〕그림글. ☜상형.

상혜(霜蹊)[-혜/-헤]**명** 서리가 내린 산길.

상:호(上戶)**명** 조선 시대, 연호법(煙戶法)의 한 등급. 서울에서는 현임(現任) 일·이품(一二品)의 벼슬아치의 집, 시골에서는 식구 15인 이상의 집을 이름.

상호(相互)**Ⅰ명** 상대가 되는 이쪽과 저쪽 모두. ¶상호 신뢰. /상호 이해. /상호 작용.
Ⅱ부 상대가 되는 이쪽과 저쪽이 함께. ¶상호 견제하다.

상호(相好)¹**명하자** 서로 좋아함.

상호(相好)²**명**〔불교〕①불신(佛身)의 각 부분의 신체적 특징을 이르는 말. ②얼굴의 모양.

상호(相呼)**명하타** 서로 부름.

상호(桑戶)**명**〔뽕나무로 얽은 지게문이라는 뜻으로〕'가난한 집'을 이르는 말.

상호(常戶)**명** 상민(常民)의 집. ↔반호(班戶).

상호(商戶)**명** ①장사하는 집. ②장사하는 집의 수효.

상호(商號)**명** 상인이 영업상 자기를 표시하기 위하여 쓰는 명칭. 상점이나 회사의 이름.

상호-감응(相互感應)**명** ☞상호유도.

상호^계:약(相互契約)[-계-/-게-]**명** 계약 당사자가 서로 평등하고 자유로운 처지에서 맺는 계약. ↔부종 계약.

상호^교:수법(相互敎授法)[-뻡]**명** 우수한 학생을 조교(助敎)로 뽑아 그로 하여금 다른 학생을 가르치게 하는 교수법.

상호-권(商號權)[-꿘]**명** 상인이 남의 방해를 받지 않고 상호를 사용하며, 남이 부정하게 상호를 사용하는 것을 막을 수 있는 권리.

상호^동화(相互同化)**명** 음운의 동화 현상 가운데, 앞뒤의 두 음이 서로 영향을 끼치는 경우.〔'사이'가 '새'로, '백리'가 '뱅니'로 되는 따위.〕

상호^방위^조약(相互防衛條約)**명** 두 나라 또는 그 이상의 나라 사이에서, 어느 한 나라가 제삼의 나라로부터 침략을 받으면, 나머지 나라가 군사적 원조를 하기로 의무화한 조약.

상호^보:험(相互保險)**명** 같은 위험을 당할 우려가 있는 여러 사람이 단체를 만들어 서로 구제하는 일을 목적으로 하는 비영리 보험. 상호 회사에 의해 운영됨. ↔영리 보험.

상호^보:험^회:사(相互保險會社)[-회-/-훼-]**명** ☞상호 회사(相互會社).

상호^부:금(相互賦金)**명** 일정한 기간을 정하여, 그 중도 또는 만기시에 은행이 가입자에게 일정한 금액을 지급하고, 가입자는 그 기간 내에 그 금액을 나누어 내는 금융 제도.

상호^부조(相互扶助)**명** 서로 돕는 일.

상호^부조론(相互扶助論)**명** 러시아의 크로포트킨의 학설. 생존 경쟁을 생물 및 인간 사회의 진화의 요인이라고 하는 다윈의 학설에 반대하여, 자발적인 상호 부조와 협동 관계를 진화의 요인이라 하였음.

상호^원:조^조약(相互援助條約)**명** 다른 나라로부터 침략을 받았을 때, 서로 원조할 것을 약정(約定)한 조약.

상호^원:조^투표(相互援助投票)**명** 자기가 발의한 의안에 찬성투표를 해 주는 조건으로 상대편이 제출한 의안에 찬성투표를 하는 일.

상호-유도(相互誘導)**명** 한 코일의 전류가 변화하면 이웃 코일에도 전류 현상이 나타나거나 변화가 일어나게 되는 현상. 상호감응. 호상감응. ↔자기 유도·자체 유도.

상호^조약(相互條約)**명** ☞호혜 조약.

상호^조합(相互組合)**명** 가입자 서로의 이익을 꾀하는 것을 목적으로 하는 조합.

상호-주의(相互主義)[-의/-이]**명** 자국인이 상대국(相對國)에서 누리고 있는 범위 안에서 외국인에게도 같은 정도의 권리를 인정한다는 주의.

상호^회:사(相互會社) [-회-/-훼-]**명** 상호 보험을 목적으로 하는 특수 법인. 상호 보험 회사.

상혼(商魂)**명** 장사에 갖은 노력을 다하여 악착같이 돈을 모으려는 상인의 정신. ¶얄팍한 상혼./지칠 줄 모르는 상혼.

상혼(喪魂)**명하자타** 몹시 놀라 얼이 빠짐.

상혼(傷魂)**명하자타** ➡상심(傷心).

상혼-낙담(喪魂落膽) [-땀]**명하자** ➡낙담상혼.

상홀(象笏)**명** 상아로 만든 홀.

상화(옛) 만두. ¶상화 만:饅(訓蒙中20)./혹 효근 상화 먹고(老朴下48).

상화(床花)**명** 잔칫상 따위에 꽂는 조화(造花).

상화(相和)**명하자** 서로 잘 어울림.

상:화(想華)**명** ➡수필(隨筆).

상화(霜花・霜華)**명** ①'서리'를 꽃에 비유하여 이르는 말. ②〈상화떡〉의 준말. ③'흰머리'와 '흰 수염'을 비유적으로 이르는 말.

상화-고(霜花糕)**명** ➡상화떡.

상화-떡(霜花-)**명** 밀가루를 체에 쳐서 누룩과 막걸리 따위로 부풀린 다음, 꿀팥소를 넣고 빚어 시루에 쪄 낸 여름철의 음식. 상화고. 상화병. ㉣상화(霜花).

상화-방(賞花坊)**명** 지난날, 창기(娼妓)를 두고 손님을 받던 기생집.

상화-병(霜花餠)**명** ➡상화떡.

상화-점(霜花店)**명** ➡쌍화점(雙花店).

상확(相確・商確)**명하타** ①서로 의논하여 확정함. ②서로 확인함.

상확(詳確) '상확하다'의 어근.

상확-하다(詳確-) [-화카-]**형예** 자세하고 확실하다. 상확-히**부**.

상환(相換)**명하타되자** 맞바꿈. 서로 교환함. ¶현금과 상환하다.

상환(償還)**명하타되자** ①빚을 갚음. ¶사채(社債)를 상환하다. ②다른 것으로 대신해 돌려줌. 자진하여 어음이나 수표를 환수할 수 있는 권리.

상환^공채(償還公債)**명** 확정 공채의 한 가지. 일정 기간 안에 공채의 원금 상환을 규정한 공채.

상환-권(償還權) [-꿘] 어음·수표의 상환 의무자가 상환 권리자의 상환 청구를 기다리지 않고, 자진하여 어음이나 수표를 환수할 수 있는 권리.

상환^기금(償還基金)**명** 공채를 상환하기 위하여 특별히 마련해 두는 기금.

상환^적립금(償還積立金) [-쩌깁끔]**명** 상환 주식을 갚거나 사채(社債)를 상환하기 위하여 적립하는 준비금.

상환^주식(償還株式)**명** 발행 당초부터 일정한 기간이 지나면 주주에게 상환하도록 되어 있는 주식.

상환-증(相換證) [-쯩]**명** 물품과 맞바꾸는 증서.

상활(爽闊) '상활하다'의 어근.

상:활-하다(爽闊-)**형예** ➡상쾌(爽快)하다.

상:황(上皇)**명** 〈태상황(太上皇)〉의 준말.

상황(狀況)**명** 어떤 일의 그때의 모습이나 형편. ¶피해 상황./심각한 상황.

상황(桑黃)**명** 뽕나무비늘버섯과의 버섯. 산뽕나무에 생기는데, 갓은 검은색이며 고리 홈과 가로세로 홈이 있고, 가장자리는 누런색임. 약용하며 우리나라 북부에 분포함. 상황버섯.

상황(常況)**명** 평상시의 형편.

상황(商況)**명** 상업의 형편. 상품의 거래 상황. ¶상황이 활기를 띠다.

상황-도(狀況圖)**명** 어떤 일의 진행 과정을 나타내 주는 도표.

상황-버섯(桑黃-) [-섣]**명** ➡상황(桑黃). *상황버섯이[-버서시]·상황버섯만[-선-]

상황-실(狀況室)**명** 관청이나 군대 같은 데서, 어떤 일의 전반적인 상황을 파악하기 위해 여러 자료나 설비를 갖추어 두는 특별한 방.

상황-판(狀況板)**명** 상황을 판단할 수 있는 도표 따위의 자료를 붙여 놓은 판.

상:회(上廻) [-회/-훼]**명하타** (어떤 수량이나 기준을) 웃돎. ¶평년작을 상회하다. ↔하회.

상회(相會) [-회/-훼]**명** 서로 만남.

상회(常會) [-회/-훼]**명** 정기적으로 여는 모임.

상회(商會) [-회/-훼]**명** ①상호의 끝 부분을 이루어 상점 또는 회사임을 나타내는 말. ¶평택상회. ②여러 사람이 함께 장사하는 상업상의 조합. ¶나주 배 상회.

상회(傷懷) [-회/-훼]**명하자타** 마음속으로 애통히 여김.

상회-례(相會禮) [-회-/-훼-]**명** 서로 처음으로 만날 때에 하는 인사.

상회-수(桑灰水) [-회-/-훼-]**명** 뽕나무 잿물. 종기를 씻거나 찜질하는 데 쓰임.

상효(霜曉)**명** 서리 내린 새벽.

상:후(上候) [-] **명** ➡성후(聖候). ②**하자** 편지로 웃어른의 안부를 물음.

상:후-하박(上厚下薄)**명하형** 윗사람에게는 후하고, 아랫사람에게는 박함. ↔하후상박.

상훈(賞勳)**명** ①상과 훈장. ¶광복절 기념 상훈 대상자 명단. ②**하타** 훈공을 기리어 상을 줌.

상휼(相恤)**명하타** (재난 따위를 당하여) 서로 돕고 보살핌.

상흔(傷痕)**명** 상처의 흔적. 흉터. ¶전쟁의 상흔.

상:힐(相詰)**명하타** 서로 트집 잡아 비난함.

샅[삳]**명** ①아랫배와 두 허벅다리가 이어진 어름. 고간(股間). 서혜(鼠蹊). ②두 물건 사이의 틈. *샅이[사치]·샅을[사틀]·샅만[산-]

샅[옛] 삿자리. ¶샅터 눕고져 스랑하고(杜初15:9). **참**삳.

샅-바[삳빠]**명** ①씨름할 때 넓적다리와 허리에 매어 상대편의 손잡이로 쓰는, 무명으로 만든 바. ②지난날, 죄인의 다리를 얽어 묶던 바.

샅바^씨름[삳빠-]**명** 다리에 샅바를 걸고 하는 씨름.

샅바-지르다[삳빠-] [~지르니·~질러]**자타** 허리와 다리를 샅바로 묶다. 샅바채우다.

샅바-채우다[삳빠-]**타** ➡샅바지르다.

샅샅-이[삳싸치]**부** 빈틈없이 모조리. 속속들이. 틈마다. ¶샅샅이 뒤지다.

샅-폭(-幅) [삳-]**명** 바지 같은 것의 샅에 대는 좁다란 헝겊.

샅다[옛] 쌓다. ¶돌홀 사하(杜初10:15)./사흘 적:積(類合下58, 石千10).

새[1] (산과 들에서 자라는) 띠나 억새 따위를 통틀어 이르는 말.

새[2] 금의 성분이 들어 있는 구새.

새:[3] ①날짐승을 통틀어 이르는 말. ②참새. 　새 까먹은 소리[속담] 근거 없는 말. 헛소문. 　새는 앉는 데마다 깃이 든다[떨어진다][속담] 이사가 잦으면 세간이 준다는 뜻. 　새도 가지를 가려서 앉는다[속담] 처신을 가려서 하라는 말. 　새 발의 피[속담] 무시해도 좋을 만큼 아주 하찮은 일이나 극히 적은 분량.

새:[4] 〈사이〉의 준말. ¶눈 깜짝할 새./그 새 안녕하신지.

　새(가) 뜨다[관용] ①사이가 좀 떨어져 있다. ②서로의 정분이 가깝지 아니하다.

새[5]**의** 피륙의 날을 세는 단위. ¶석 새 삼베.

새⁶[관] 새로운. 낡지 않은. ¶새 옷. ↔헌.

새 바지에 똥 싼다[속담] 미운 짓만 골라서 한다는 말.

새¹[명][옛] 새로운 것. ¶다시 새롤 비허(法華 3:94). /사괴요믄 蓋墨 기우료매 새 긷디 아니호도다(杜初20:28).

새²[명][옛] 이엉. ¶새 닐 셤:苫(訓蒙下18).

새³[명][옛] 새로. ¶沙彌논 새 出家호 사르미니(釋譜 6:2). /이 闇浮提옛 모딘 일 짓던 중싱이 새 주근 사룸돌히니(月釋21:25).

새(璽)[명]〈국새(國璽)〉의 준말.

새-[접두] '-얗다'꼴로 끝나는 일부 색채 형용사 앞에 붙어, 그 빛깔이 매우 산뜻하게 짙음을 나타냄. ¶새파랗다. /새빨갛다. /새하얗다. /새카맣다.

-새[접미] (일부 명사 또는 용언의 명사형 뒤에 붙어) 됨됨이·상태·정도 따위의 뜻을 나타냄. ¶생김새. /꾸밈새. /모양새. /만듦새. /쓰임새.

새:-가슴[명] ①흉골(胸骨)이 불거져 새의 가슴처럼 생긴 가슴. ②겁이 많거나 도량이 좁은 사람의 마음'을 비유하여 이르는 말.

새갓-통(-桶)[-갇-][명] 생나무를 귀때가 있는 크고 길쭉한 바가지처럼 깎아 물을 한쪽으로 따를 수 있게, 위에 손잡이를 건너질러 단 그릇.

새개(鰓蓋)[명] ☞아감딱지.

새-것[-걷-][명] ①새로 나오거나 새로 알려진 것. ¶자동차를 새것으로 바꾸다. ②아직 한 번도 사용하지 않은 것. ¶포장도 뜯지 않은 새것이다. ③낡지 아니하고 아직 성한 물건. ¶이 구두는 일 년을 신었는데 아직도 새것이다. ↔헌것. *새것이[-거시]·새것만[-건-]

새겨-듣다[-따][~들으니·~들어]타 ①잊지 않도록 주의 깊게 듣다. ¶내일 준비물을 얘기할테니 새겨들으 하세요. ②말하고자 하는 본래의 뜻을 잘 헤아려 듣다. ¶그의 말은 잘 새겨듣지 않으면 오해하기 쉽다.

새경[명] 농가에서, 일 년 동안 일해 준 대가로 주인이 머슴에게 주는 곡물이나 돈. [흔히, 연말에 치름.] 사경(私耕).

새:-고기[명] ①새의 고기. 조육(鳥肉). ②참새의 고기.

새-고자리[명] 지게의 위쪽 세장 위의 좁은 사이.

새골(鰓骨)[명] ☞아감뼈.

새곰-새곰[부][형] 모두가 다 새곰하거나, 몹시 새곰한 모양. ¶새곰새곰한 햇사과. (큰)시굼시굼. (거)새콤새콤.

새곰-하다[형][여] 조금 시다. ¶배추김치가 새곰하다. (큰)시굼하다. (거)새콤하다.

새공(鰓孔)[명] ☞아감구멍.

새그무레-하다[형][여] 조금 새금한 듯하다. (큰)시그무레하다. (거)새크무레하다.

새:-그물[명] 새를 잡는 데 쓰는 그물. 조망(鳥網).

새근-거리다¹[자][타] ①고르지 아니하고 가쁘게 숨 쉬는 소리가 나다, 또는 그런 소리를 내다. ¶동생은 가쁜 숨을 새근거리며 뛰어왔다. (큰)시근거리다. ②어린아이가 곤히 잠들어 숨쉬는 소리가 자꾸 나다. 새근대다. ¶아이가 새근거리며 잔다. (센)쌔근거리다.

새근-거리다²[자][타] (뼈마디가) 조금 신 느낌이 자꾸 들다. 새근대다². ¶삔 발목이 새근거려 걷기에 불편하다. (큰)시근거리다². (거)새큰거리다.

새근-대다¹[자][타] ☞새근거리다¹.

새근-대다²[자] ☞새근거리다².

새근덕-거리다[-꺼-][자][타] 자꾸 새근덕새근덕하다. 새근덕대다. ¶새근덕거리며 급히 걸어

오다. (큰)시근덕거리다. (센)쌔근덕거리다.

새근덕-대다[-꺼-][자][타] ☞새근덕거리다.

새근덕-새근덕[-께-][부][하][자][타] 좀 거칠고 가쁘게 숨 쉬는 모양. (큰)시근덕시근덕. (센)쌔근덕쌔근덕.

새근-발딱[부][하][자][타] 몹시 숨이 차서 새근거리며 할딱이는 모양. ¶새근발딱 달려오더니 맨땅에 털썩 주저앉는다. (큰)시근벌떡. (센)쌔근발딱. 새근발딱-새근발딱[부][하][자][타].

새근발딱-거리다[-따-][자][타] 자꾸 새근발딱새근발딱하다. 새근발딱대다. (큰)시근벌떡거리다.

새근발딱-대다[-따-][자][타] 새근발딱거리다.

새근발딱-이다[자][타] 몹시 숨이 차서 새근거리며 할딱이다.

새근-새근¹[부][하][자][타] ①가쁘게 숨 쉬는 모양. ②곤히 잠든 어린아이가 조용히 숨을 쉬는 모양. (큰)시근¹. (센)쌔근쌔근.

새근-새근²[부][하][형] (뼈마디가) 자꾸 새근한 느낌이 있는 상태. ¶무릎이 새근새근하다. (큰)시근². (거)새큰새큰.

새근-하다[형][여] (뼈마디가) 조금 시다. ¶다친 발목이 새근하다. (큰)시근하다. (거)새큰하다.

새금-새금[부][하][형] 여럿이 다 새금하거나 약간 새금한 모양. (큰)시금시금. (거)새큼새큼.

새금-하다[형][여] 조금 신 맛이 있다. ¶어제 담근 김치가 벌써 새금해졌다. (큰)시금하다. (거)새큼하다. 새금-히[부].

새기다¹[타] ①글씨나 그림 따위를 나무나 돌 같은 데에 파서 나타내다. 조각하다. ¶비석에 비문을 새기다. /팔에 문신을 새기다. ②마음에 깊이 기억하다. 명심하다.

새기다²[타] ①(말이나 글을) 알기 쉽게 풀이하다. ¶뜻을 새기다. ②(외국어를) 번역하다. ¶우리 말로 새긴 소설.

새기다³[타] (소·양 따위의 반추 동물이) 먹은 음식을 게워서 다시 씹다.

새긴-잎[-닙][명] (무의 잎과 같이) 가장자리가 패어 들어간 식물의 잎. *새긴잎이[-니피]·새긴잎만[-님-]

새긴-창(-窓)[명] '새김창'의 잘못.

새김¹[명] 글씨나 그림 따위를 나무나 돌 같은 데에 새기는 일. 새김질².

새김²[명] ①말이나 글의 뜻을 쉽게 풀이함. ②한문이나 외국어를 우리말로 번역함. ③전통적으로 어떤 한자에 붙어 있어 그 뜻을 나타내는 우리말 단어. ['하늘 천(天)'에서의 '하늘' 따위.] ④윷놀이에서, 모나 윷이 나오든지 남의 말을 잡을 때 한 번 더 윷을 던지는 일.

새김-질¹[명][하] ☞반추(反芻).

새김-질²[명] ☞새김¹.

새김-창(-窓)[명] 여러 가지 꽃무늬 따위를 새겨서 만든 창.

새김-칼[명] 조각하는 데 쓰는 칼. 각도(刻刀). 조각도(彫刻刀).

새-까맣다[-마타][~까마니·~까매]형[ㅎ] ①빛깔이 아주 까맣다. ¶새까만 눈동자. (큰)시꺼멓다. (거)새카맣다. ②전혀 아는 것이 없다. ¶국제 정세에 대해서는 아주 새까맣다. ③매우 까마득하다. ¶새까만 후배. ④'아주 잊고 있어 기억에 없음'을 비유하여 이르는 말. (주로, '새까맣게'의 꼴로 쓰임.) ¶약속한 것을 새까맣게 잊고 있었다. ⑤'헤아릴 수 없이 매우 많음'을 비유하여 이르는 말. (주로 '새까맣게'의 꼴로 쓰임.) ¶벌들이 새까맣게 몰려오다.

새-까매지다[자] 새까맣게 되다. ¶여름휴가를 지내고 얼굴이 새까매져 돌아왔다. (큰)시꺼메지다.

새-꽤기똉 띠·갈대·억새 따위의 껍질을 벗긴 줄기. ⑥꽤기.
새꽤기에 손 베었다[속담] 변변치 못한 사람에게, 또는 어쭙잖은 일 때문에 뜻밖의 해를 입었다는 말.
새끼¹똉 짚으로 꼰 줄. 새끼줄.
새끼²똉 ①짐승의 어린것. ¶ 돼지 새끼. ②<자식>의 속된 말. ¶ 제 새끼 예쁘지 않은 사람은 없다. ③본전에 대한 변리.
새끼(를) 치다[관용] ①동물이 새끼를 낳거나 알을 까서 번식하다. ②무엇을 바탕으로 하여 그 수가 늘어나게 하다. ¶ 돈이 새끼를 치다.
새끼-가락똉 새끼손가락과 새끼발가락.
새끼-꼴똉 ☞모형(模型).
새끼-똥구멍[-꾸-]똉 항문 위의 조금 옴폭 들어간 부분.
새끼-발가락[-까-]똉 다섯 발가락 가운데서 가장 작은 발가락.
새끼-발톱똉 새끼발가락의 발톱.
새끼-벌레똉 ☞애벌레.
새끼-손가락[-까-]똉 다섯 손가락 가운데서 가장 작은 손가락.
새끼-손톱똉 새끼손가락의 손톱.
새끼-시계 (-時計)[-계/-게]똉 고대(古代)의 물시계의 한 가지. 새끼 끝에 불을 붙여 타 들어간 길이로써 시간을 헤아리던 것.
새끼-줄똉 ☞새끼¹.
새끼-집똉 짐승의 자궁(子宮).
새끼-틀똉 볏짚으로 새끼를 꼬는 기계.
새:-나다困 비밀이 드러나다. 새다.
새-나무똉 띠나 억새 따위의 땔감.
새-날똉 ①새로 밝아 오는 날. ②새로운 시대. ③닥쳐올 앞날.
새남똉ᄒ여 <지노귀새남>의 준말.
새남-터똉 지금의 서울 신용산(新龍山)의 철교와 인도교 부근의 옛 지명. 〔조선 말기에 죄인의 사형을 집행하던 곳으로, 특히 천주교도들의 순교지로 유명함.〕
새내 (塞內)똉 ①요새의 안. ②중국의 만리장성의 안쪽. ↔새외(塞外).
새-내기똉 '신입생' 또는 '신출내기'를 이르는 말. ¶ 새내기 환영회.
새너토리엄 (sanatorium)똉 ①요양소. 〔특히, 맑은 공기와 햇빛이 풍부한 교외나 고원(高原) 등에 세워진 결핵 요양소.〕 ②학교 부속 병원.
새-노랗다휑 '샛노랗다'의 잘못.
새:누에-나방똉 ☞산누에나방.
새-눈치똉 감성돔과의 바닷물고기. 감성돔과 매우 닮았음. 몸길이 30 cm가량. 몸빛은 연한 회색. 옆구리에 비늘줄과 나란히 암회색 세로띠가 있음. 우리나라 동해와 남해에 분포함.
새-니다困 <옛> 이엉을 이다. ¶ 새니다(譯解 17). /새널 섬: 苫(訓蒙下18).
새:다困 ①(틈이나 구멍으로) 빠져나오거나 흘러나오다. ¶ 바람이 새다. /창문 틈으로 희미한 불빛이 새다. /가마니에서 쌀이 새다. ②비밀이 외부에 알려지다. 새나다. ¶ 말이 새어 나가다. ③(모임 같은 데서) 슬그머니 빠져나가다. ¶ 회의 도중에 새어 나갔구나. ④(돈이나 물건 따위가) 일정 양에서 조금씩 부족해지거나 주인이 모르는 사이에 다른 데로 빠져나가다. ¶ 쓸데없이 새는 돈만 막으면 부자가 될 수 있다. ⑤(대화·토론·발표 따위가) 주된 화제에서 벗어나다. ¶ 대화의 주제가 엉뚱한 방향으로 샌다. ⑥원래 가야 할 곳으로 가지 않고 다른 곳

으로 가다. ¶ 동생은 학원에 가지 않고 친구들과 오락실로 샜다.
새:다²困 (날이) 밝아 오다. ¶ 날이 훤히 새다.
새다³困 '새우다'의 잘못.
새-다래똉 새다래과의 바닷물고기. 몸길이 50 cm가량. 몸 전체가 둥글넓적하며, 폭은 23 cm가량임. 앞이마가 몹시 불룩하며, 주둥이 앞쪽은 거의 수직임. 우리나라의 남해 및 인도양 등지에 분포함.
새-달똉 다음 달. 오는 달. 내월(來月).
새:-대가리똉 ①새의 머리. ②'연(鳶)'의 꼭지'의 딴 이름.
새-댁 (-宅)똉 ①<새색시>의 높임말. ②혼인 때, 혼가(婚家)끼리 서로 부르는 말.
새-되다[-되/-뒈-]휑 목소리가 높고 날카롭다. ¶ 어린아이가 새되게 악을 쓰며 운다.
새:-둥주리똉 짚 따위로 바구니 비슷하게 엮어 만든 새의 보금자리.
새득-새득[-쎄-]튀ᄒ여 약간 시들고 말라 윤기가 없는 모양. ¶ 방 안의 화초들이 새득새득하다. ⑥시득시득.
새:-들다[~드니·~들어]困 ①거간을 하다. 흥정을 붙이다. ②중매를 하다. ¶ 삼촌이 새들어서 이루어진 혼사.
새들-새들튀ᄒ여 약간 시들어 생기가 없는 모양. ¶ 새들새들한 잎. /가물에 싹싹이 새들새들하다. ⑥시들시들.
새:-때똉 끼니와 끼니 사이의 중간 때.
새:-똥똉 새의 똥. 조분(鳥糞).
새뜻-하다[-뜨-]휑ᄒ여 새롭고 산뜻하다. ¶ 옷차림이 새뜻하다. 새뜻-이튀.
새-로튀 ①새롭게 다시. ¶ 새로 시작하자. ②없던 것이 처음으로. ¶ 이 모든 것이 새로 밝혀진 사실들이다.
새로에조 〔조사 '은(는)'의 뒤에 붙어〕 '고사하고'·'물론'·'커녕'의 뜻을 나타내는 보조사. ¶ 예습은새로에 숙제도 안 한다.
새록-새록[-쎄-]튀 ①새로운 물건이나 일이 자꾸 생기는 모양. ¶ 되는 일은 하나도 없고 새록새록 탈만 생긴다. ②거듭 새로움을 느끼게 되는 모양. ¶ 봄이 되니 새록새록 고향 생각이 간절하다.
새-롭다[-따][~로우니·~로워]휑ᄇ ①새삼스럽다. ¶ 학창 시절이 새롭다. ②항상 새것의 상태로 있다. ¶ 네 가방은 언제 봐도 새롭구나. ③전에 없던 것이다. ¶ 새로운 기술. ④(일부 시간이나 수량을 나타내는 말을 주어로 하여) 절실하게 필요하다. ¶ 단돈 만 원이 새롭다. 새로이튀.
새롱-거리다困 자꾸 새롱새롱하다. 새롱대다. ⑥시룽거리다.
새롱-대다困 새롱거리다.
새롱-새롱튀ᄒ여 ①자꾸 실없이 해롱거리며 까부는 모양. ⑥시룽시룽. ②남녀가 점잖지 못한 말로 서로 희롱하는 모양.
새마을^운:동 (-運動)똉 근면·자조·협동 정신을 바탕으로 한 지역 사회 개발 운동. 1970년부터 시작됨.
새마을^포장 (-褒章)똉 새마을 운동을 통하여 지역 사회 개발과 주민 복리 증진에 이바지한 사람에게 주던 포장.
새마을^훈장 (-勳章)똉 새마을 운동을 통하여 국가나 사회 발전에 큰 공을 세운 사람에게 주는 훈장. 자립장·자조장·협동장·근면장·노력장의 다섯 등급이 있음.

새:-막(-幕)圓 새를 쫓기 위해 논이나 밭 가에 임시로 아무렇게나 지은 막.

새-말圓 새로 생긴 말. 신어(新語).

새-말갛다휑 '샛말갛다'의 잘못.

새-말개지다재 '샛말개지다'의 잘못.

새-맑다[-막따]휑 아주 맑다. ¶새맑은 계곡물.

새:-매圓 수릿과의 새. 편 날개의 길이 20∼26 cm. 암컷이 훨씬 큼. 노란 다리, 새카맣고 날카로운 발톱과 부리, 등황색의 눈빛 등을 제외하고는 몸 전체가 회색임. 육식성으로 작은 새를 잡아먹음. 5월에 알을 낳아 번식함. 수컷을 '난추니', 암컷을 '익더귀'라 함. 길들여 사냥용으로 씀. 도롱태2.

새:-머리圓 소의 갈비와 뼈마디 사이에 붙은 고기. 점에 쓰임.

새무룩-하다[-루카-]휑 ①마음에 못마땅하여 말없이 보로통해 있다. 冟시무룩하다. 쎈쌔무룩하다. ②날이 흐리고 습하다. ¶곧 비라도 내릴 것 같은 새무룩한 날씨. 새무룩-이휀.

새:-무리圓 ☞조류(鳥類).

새-문(-門)圓 서대문(西大門), 곧 '돈의문(敦義門)'의 딴 이름. 〔남대문이나 동대문보다 훨씬 나중에 지었다는 뜻으로 일컫던 이름.〕

새-물圓 ①(생선이나 과실 따위의) 새로 나온 것. ¶새물 갈치. ②빨래하여 갓 입은 옷.

새물-거리다재 자꾸 새물새물하다. 새물대다. 冟시물거리다. 쎈쌔물거리다.

새물-내[-래]圓 빨래하여 갓 입은 옷에서 나는 냄새. ¶어머니께서는 새물내 나는 모시옷으로 갈아입으셨다.

새물-대다재 새물거리다.

새물-새물휀휑 입술을 샐그러뜨리며 소리 없이 자꾸 웃는 모양. 冟시물시물. 쎈쌔물쌔물.

새물-청어(-靑魚)圓 새로 나온 청어. ②'일에 경험이 없는 사람'을 비유하여 이르는 말.

새미圓 잉엇과의 민물고기. 몸길이 10∼13 cm. 몸빛은 연한 청색이고, 주둥이는 둥글며 몸 표면에 구름 모양의 얼룩무늬가 없어 다른 잉어류와 구별됨.

새:-박圓 박주가리 열매의 씨. 한방에서 정기를 돕고 허로(虛勞)를 다스리는 데에 쓰임. 작표(雀瓢). 나마자(蘿摩子).

새:-박-덩굴圓 ☞박주가리.

새:-박-뿌리圓 박주가리의 뿌리. 한방에서 강장제로 쓰임. 하수오(何首烏). 토우(土芋).

새:-발-심지(-心-)圓 새의 발처럼 밑에 세 갈래가 되게 꼬아 세워 놓는 심지.

새:-발-장식(-裝飾)圓 쇠로 새 발처럼 만들어 문짝에 박는 꾸밈새.

새:-밭[-받]圓 억새가 우거진 곳. *새밭이[-바치]·새밭을[-바틀]·새밭만[-반-].

새배圓〔옛〕새벽. ¶물곤 새배 머겨 먹여(杜初25:2). /새배 신:晨. 새배 효:曉(訓蒙上1).

새:-벼룩圓 쥐벼룩과의 벼룩. 몸길이 1 mm가량. 닭의 볏에 붙어 피를 빨며, 암종(癌腫)을 일으킴. 사람이나 개·고양이 따위의 몸에도 기생함.

새벽1圓 ①날이 밝을 무렵. 동트기. ②밤 12시부터 날이 샐 때까지의 동안.

새벽 호랑이(다)족답 세력을 잃고 물러나게 된 신세를 비유하여 이르는 말.

새벽2圓 ①누런빛의 차지고 고운 흙. ②누런빛의 차지고 고운 흙에 모래나 말똥 따위를 섞어서 초벽(初壁)에 덧바르는 흙. ③-하재〈새벽질〉의 준말.

새벽-같이[-까치]휀 아침에 아주 일찍이. ¶새벽같이 일어나 신문을 돌리다.

새벽-길[-낄]圓 날이 밝을 무렵에 일찍 걷는 길. ¶새벽길을 떠나다.

새벽-녘[-녁]圓 새벽이 될 무렵. 신명(晨明). 효천(曉天). ¶새벽녘에야 잠이 들었다. *새벽녘이[-녁키]·새벽녘만[-병녕-]

새벽-달[-딸]圓 (음력 하순의) 새벽에 보이는 달.

새벽달 보려고 으스름달 안 보랴족답 아직 닥치지 않은 미래의 일만 생각하여, 지금 당장의 일을 무시할 수는 없다는 뜻.

새벽달 보자고 초저녁부터 기다린다족답 일을 너무 일찍 서두른다는 뜻.

새벽-닭[-딹]圓 새벽에 우는 닭. ¶새벽닭 우는 소리에 잠을 깨다. *새벽닭이[-딸기]·새벽닭만[-땅-]

새벽-동자[-똥-]圓하재 새벽에 밥을 짓는 일.

새벽-바람[-빠-]圓 새벽에 부는 바람.

새벽-밥[-빱]圓하재 새벽에 밥을 지음, 또는 그 밥.

새벽-별[-뼐]圓 '샛별'의 잘못.

새벽-빛[-삗]圓 동이 트는 흰한 빛. *새벽빛이[-삐치]·새벽빛만[-삔-]

새벽-일[-뼐닐]圓 새벽에 하는 일.

새벽-잠[-짬]圓 새벽녘에 든 잠.

새벽-종(-鐘)[-쫑]圓 새벽에 치는 종.

새벽-질[-찔]圓하재 벽이나 방바닥에 새벽을 바르는 일. 冟새벽2.

새별圓〔옛〕샛별. ¶새별:明星(譯語上1).

새보(璽寶)圓 옥새(玉璽)와 옥보(玉寶).

새-봄圓 겨울을 보내고 새로 맞는 이른 봄. 신춘(新春). ¶새봄을 맞이하다.

새부리圓〔옛〕새의 부리. ¶새부리 喙:嘴(訓蒙下6).

새-빨갛다[-가타]〔~빨가니·~빨개〕휑ㅎ 매우 짙게 빨갛다. ¶새빨간 장미./새빨갛게 익은 사과. 冟시뻘겋다.

새빨간 거짓말관용 전혀 터무니없는 거짓말.

새빨개-지다재 새빨갛게 되다. ¶무안을 당하자 얼굴이 새빨개졌다. 冟시뻘게지다.

새-뽀얗다[-야타]〔~뽀야니·~뽀얘〕휑ㅎ 아주 뽀얗다. ¶새뽀얀 안개. 冟시뿌옇다.

새뽀얘-지다재 새뽀얗게 되다. ¶짙은 새벽 안개로 새뽀얘진 오솔길. 冟시뿌예지다.

새-사람圓 ①새로 시집온 사람을 손윗사람이 이르는 말. ¶새사람이 들어오다. ②이전의 나쁜 생활 태도를 버리고 새 출발을 한 사람. ¶새사람이 되어 돌아오다. ③기독교에서, 성령(聖靈)의 힘을 입어 회개하고 거듭난 사람.

새-살圓 헌 자리에 새로 돋아나는 살. 생살.

새살-거리다재 자꾸 새살새살하다. 새살대다. 冟새실거리다·시설거리다.

새살-궂다[-굳따]휑 실없이 새살거리는 데가 있다. 冟새실궂다·시설궂다.

새살-대다재 새살거리다.

새살-떨다〔~떠니·~떨어〕재 실없이 새살스럽게 굴다. 冟새실떨다·시설떨다.

새-살림圓하재 새로 꾸리는 살림. ¶결혼하고서 바로 분가하여 새살림을 차리다.

새살-새살휀하재 샐샐 웃으면서 재미있게 자꾸 지껄이는 모양. 冟새실새실·시설시설.

새살-스럽다[-따]〔~스러우니·~스러워〕휑ㅂ 보기에 새살궂다. 冟새실스럽다·시설스럽다.

새살스레휀.

새:삼¹圀 메꽃과의 일년초. 나무에 붙어사는 기생 식물. 줄기는 황갈색의 철사 모양이고, 잎은 퇴화하여 비늘 모양이며, 기생근으로 양분을 섭취함. 8~9월에 흰 꽃이 핌. 씨앗은 '토사자(菟絲子)'라 하여 한방에서 약재로 쓰임. 토사(菟絲). 圀샘³.

새:삼²圀 ①이미 알고 있는 일인데도 다시금 새롭게. ¶그의 언변에 새삼 놀랐다. /새삼 옛날이 그립다. ②지난 일을 이제 와서 공연히 들추어내는 듯이. ¶새삼 예전의 일을 문제 삼는 이유가 뭐냐?

새삼-스럽다[-따][~스러우니·~스러워]閤봅 ①이미 알고 있는 일인데도 새로운 일인 것처럼 생생한 느낌이 있다. 새롭다. ¶그의 우정이 새삼스럽게 고마웠다. ②지난 일을 이제 와서 공연히 들추어내는 느낌이 있다. ¶새삼스럽게 그 일을 문제 삼는 이유를 모르겠다. 새삼스레圀.

새:-새¹圀〈사이사이〉의 준말.
새:새²圀 실없이 경박하게 웃는 모양. 曾새실새실.
새새-거리다쟈 실없이 까불며 자꾸 웃다. 새새대다. ¶가끔 새새거리를 잘한다.
새새-대다쟈 새새거리다.
새:-새틈圀 모든 사이와 모든 틈. ¶새새틈틈으로 물이 스며들다.
새-색시[-씨]圀 갓 결혼한 젊은 여자. 각시. 신부(新婦). 圀새색. 曾새댁·새아기씨.
새서(璽書)圀 임금의 옥새가 찍힌 문서.
새-서방(-書房)圀 '신랑'을 흔히 일컫는 말.
새서-표리(璽書表裏)圀 임금이 신하에게 주던 포상(褒賞)의 한 가지. 새보를 찍은 유서(諭書)와 관복(官服)감으로 주는 명주나 비단 두 필.
새:-소리圀 새가 우는 소리. 조성(鳥聲).
새-소엽(鰓小葉)圀 ⇨조름.
새수-나다쟈 ①갑자기 좋은 수가 생기다. ②뜻밖에 재물이 생기다.
새수-못하다[-모타-][자어] 손을 대지 못하다.
새-순(-箏)圀 새로 나온 순. ¶감나무의 새순. /새순이 돋아나다.
새시(sash)圀 ①드레스의 허리나 모자 같은 데 달아 장식하는 띠. ②금속제의 창틀이나 어리, 문얼굴 따위. ¶알루미늄 새시.
새신(賽神)圀 신에게 제사를 지내는 일. 곧, 굿이나 푸닥거리 따위를 하는 일.
새-신랑(新郎)[-니-]圀 갓 결혼한 신랑.
새신-만명(賽神萬明)[하쟈] ①굿이나 푸닥거리를 하는 무당. ②경솔하고 방정맞은 사람을 이르는 말.
새실-거리다쟈 자꾸 새실새실하다. 새실대다. 圀시설거리다. 曾새살거리다.
새실-굿[-굳]圀 실없이 새실거리는 데가 있다. 圀시설굿. 曾새살굿.
새실-대다쟈 새실거리다.
새실-떨다[~떠니·~떨어]쟈 실없이 새실스럽게 굴다. 圀시설떨다. 曾새살떨다.
새실-새실圀 실없이 까불며 웃는 모양. 圀시설시설. 曾새살새살. 曾새새²·샐샐.
새실-스럽다[-따][~스러우니·~스러워]閤봅 보기에 새실궂다. 圀시설스럽다. 曾새살스럽다. 새실스레圀.
새-싹圀 ①식물의 새로 돋은 싹. 신아(新芽). ¶장미의 새싹. /새싹이 돋아나다. ②'어린이'를 비유하여 이르는 말. ¶어린이는 나라의 새싹.
새삼圀〈옛〉새삼. ¶새삼 토:菟. 새삼 수:蕬(訓蒙上4).

새-아기圀 시부모가 새 며느리를 친근하게 이르는 말. ¶우리 새아기, 참 부지런도 하다.
새-아기씨圀〈새색시〉의 높임말. 圀새아씨.
새-아씨圀〈새아기씨〉의 준말.
새-아주머니圀 새로 시집온 형수나 제수 또는 아주머니뻘 되는 여자를 일컫는 말.
새:-알圀 ①새의 알. ②참새의 알.
새:-알-사탕(-沙糖)圀 새알만 한 크기로 동그랗게 만든 사탕.
새:-알-심(-心)圀 팥죽 속에, 찹쌀가루나 수수가루 등을 반죽하여 새알만 한 크기로 동글동글하게 빚어 넣은 덩이. 圀샐심.
새:-알-콩圀 콩의 한 가지. 한편은 푸르고, 다른 한편은 검거나 희며 아롱아롱한 점이 있음.
새:-알-팥[-팓]圀 팥의 한 가지. 알이 잘며, 한편은 희고 다른 한편은 아롱아롱한 줄이 있음. * 새:알팥이[-파치] ·새:알팥을[-파틀] ·새:알팥만[-판-].
새암圀하쟈 '샘²'의 잘못.
새암-바르다[르] '샘바르다'의 잘못.
새암-바리圀 '샘바리'의 잘못.
새양圀 ①생강과의 다년초. 열대 아시아 원산인데, 우리나라에서는 중부 이남에서 재배됨. 줄기는 30~50cm. 뿌리는 매운맛에 향기가 좋아서 차(茶)·양념으로 쓰이고, 한방에서 약재로도 쓰임. 생. 생강(生薑). ②새양의 뿌리.
새양-각시[-씨]圀 왕조 때, 새양머리를 한 어린 궁녀를 이르던 말. 애기나인.
새양-나무圀 ⇨생강나무.
새양-머리圀 지난날, 계집아이가 예장(禮裝)을 할 때에 머리를 두 갈래로 갈라서 땋던 머리 모양. 圀생머리.
새양-뿔圀 ①새양의 뿌다귀. ②두 개가 모두 짧게 난 소의 뿔. 생강뿔. 샘뿔.
새양-손이圀 손가락이 모두 잘려서 손이 새양처럼 된 사람.
새양-술圀 새양의 즙을 내어 만든 술. 생강주(生薑酒).
새양-엿[-녇]圀 새양즙을 넣고 곤 엿. 생강엿. * 새양엿이[-녀시] ·새양엿만[-년-].
새양-쥐圀 '생쥐'의 잘못.
새양-쥐치圀 쥐칫과의 바닷물고기. 쥐치와 모양이 비슷하나 몸이 낮음. 비늘이 몹시 거칠고, 몸빛이 회갈색임. 몸 전체의 길이 12cm가량. 우리나라·일본·오스트레일리아 등의 연안에 분포함.
새양-즙(-汁)圀 새양을 짓찧거나 갈아서 짜낸 물. 생강즙(生薑汁).
새양-차(-茶)圀 새양을 넣어 달인 차. 생강차.
새양-초(-醋)圀 새양즙을 넣고 끓여 낸 초. 생강초.
새양-토끼圀 ⇨생토끼.
새양-편圀 새양의 즙을 내어 꿀과 검은 엿을 넣고 조려서 반대기를 지은 다음, 잣가루를 뿌려서 만든 떡.
새-어머니圀 아버지가 새로 맞이한 아내.
새-언니圀 오빠의 아내를 일컫는 말. 曾올케.
새-엄마圀 '새어머니'를 친근하게 일컫는 말.
새열(鰓裂)圀 상어나 가오리 따위의 아가미 뒤쪽에 나 있는 구멍. 호흡을 할 때 이곳에서 물이 나옴.
새오다[타]圀〈옛〉새우다(妬). 시기(猜忌)하다. ¶敬후ㅅ 그를 새오디 말라(杜初22:18). /夫人ㅣ 새와 네 아드를 업게 호리라(月釋2:5).
새옹圀 놋쇠로 만든 작은 솥.

새옹-득실(塞翁得失)[-씰]몡 한때의 이(利)가 뒤에 해(害)가 되기도 하고, 한때의 화(禍)가 뒤에 복(福)을 가져올 수도 있다는 말. [('회남자(淮南子)'의 고사(故事)에서 유래함.] 새옹화복(塞翁禍福). ❀새옹지마.

새옹지마(塞翁之馬)몡 인생의 길흉화복은 항상 바뀌어 미리 헤아릴 수가 없다는 말. [('회남자'의 '인간훈(人間訓)'에 나오는 말로, 옛날에 북방의 한 늙은이가 기르던 말이 달아났다가 준마(駿馬) 한 필을 데려왔는데, 그의 아들이 그 말을 타다가 다리가 부러져 전쟁에 나가지 않게 되어 목숨을 구했다는 고사에서 유래함.] ¶인간 만사 새옹지마. /새옹지마라고 별 날도 오겠지. ❀새옹득실.

새옹-화복(塞翁禍福)몡 ➡새옹득실.

새외(塞外)[-외/-웨]몡 ①성채의 밖. ②변토(邊土), 곧 중국의 만리장성(萬里長城) 밖을 이르던 말. ↔새내.

새요몡 (옛) 새우. ¶새요 하:鰕(訓蒙上10). ❀사비.

새우¹몡 절지동물 중, 다섯 쌍의 다리를 가진 갑각류(甲殼類)를 통틀어 이르는 말. 몸은 머리·가슴 부분과 배 부분으로 되어 있음. 머리와 가슴은 하나의 껍데기로 덮여 있으며, 배 부분은 일곱 마디로 이루어져 있어서 자유로이 구부릴 수 있음.

새우로 잉어를 낚는다[속담] 밑천을 적게 들여 큰 이득을 얻는다는 말.

새우²몡 산자와 기와 사이에 까는 흙.

새우-난초(-蘭草)몡 난초과의 다년초. 뿌리줄기가 새우처럼 마디가 많고 옆으로 벋으며 잔뿌리가 돋음. 잎은 길이 15~25 cm, 폭 4~6 cm이며 주름이 져 있음. 꽃은 4~5월에 흰색·자주색·적자색으로 핌. 우리나라 남부 지방의 숲 속에서 자라는데, 뿌리줄기는 민간에서 강장제로 쓰임. 관상용임.

새우다¹팀 온밤을 자지 않고 뜬눈으로 밝히다. ¶숙제를 하느라고 밤을 새우다.

새우다²팀 샘을 하다. ¶다른 사람의 성공을 새우지 마라.

새우-등몡 새우처럼 구부러진 등.

새우등-지다재 등이 새우처럼 구부러지다. ¶새우등진 할머니.

새우-잠몡 (비좁은 곳에서) 새우처럼 몸을 꼬부리고 자는 잠. ¶텐트 안이 좁아 새우잠을 잤다.

새우-젓[-젇]몡 잔 새우로 담근 젓. 백하해. ❀새젓. ·새우젓이[-저시]·새우젓만[-전-]

새:-을(-乙)몡 한자 부수의 한 가지. '九'·'乭' 등에서의 '乙'·'乚'의 이름.

새-잎[-입]몡 초목의 새로 돋아난 잎. *새잎이[-이피]·새잎만[-임-]

새:-잡다¹[-따]팀 남의 비밀을 엿듣다.

새-잡다²[-따]팀 광산에서, 도태법(淘汰法)에 의하여 도광기(搗鑛機)로 찧은 복대기에서 금가루가 섞인 재를 가려내다.

새:-장(-欌)몡 새를 가두어 기르는 장. 조롱(鳥籠). ¶새장에 갇힌 새.

새-장가몡 남자가 새로 하는 결혼. ¶새장가를 들다.

새전(賽錢)몡하자 신불(神佛) 앞에 돈을 바침, 또는 그 돈.

새:-점(-占)몡 새에게 점괘를 적은 쪽지를 뽑게 하여 그것을 가지고 길흉화복을 판단하는 점.

새:-젓[-젇]몡 〈새우젓〉의 준말. *새:젓이[-저시]·새:젓만[-전-]

새:-조(-鳥)몡 한자 부수의 한 가지. '鳳'·'鳴' 등에서의 '鳥'의 이름.

새-조개몡 새조갯과의 조개. 볼록한 부채꼴의 담갈색 조가비 두 쪽이 속살을 마주 싸고 있음. 조가비 폭 6 cm, 높이 10 cm가량. 진흙 섞인 바닷가 모래땅에서 삶. 흔히 횟감으로 쓰이며, 새고기 맛이 남.

새줄랑이몡 방정맞고 경솔한 사람을 조롱조로 이르는 말. ㉯촐랑이.

새:-중간(-中間)몡 '중간'의 힘줌말. ¶새중간에 끼이다. /새중간에 서서 아주 난처하다.

새:-집¹몡 ①새로 지은 집. ②새로 장만하여 든 집. ③새색시를 허물없이 이르는 말. ❀새댁. ④새로 맺은 사돈의 집.

새:-집²몡 새의 보금자리.

새-집몡 (옛) 초가집. ¶지우넌 오직 새지비니라(杜初6:52). /藿은 새지비라(法華2:244).

새:-쪽몡 '동쪽'의 뱃사람 말.

새:-참몡 일하다가 잠시 쉬는 동안, 또는 그때에 먹는 간단한 음식. ㉯사이참. ❀중참.

새:-창(←腸)몡 소의 창자의 한 부분. 이자머리와 똥창을 합한 부분으로, 국거리로 쓰임.

새척지근-하다[-찌-]혱여 음식이 쉬어서 맛이 약간 새큼하다. /시척지근한 맛이 돈다. ❀새치근하다. ㉰시척지근하다. **새척지근-히**뷔.

새-청몡 날카로운 목소리. 새된 목소리.

새초¹몡 〈새초미역〉의 준말.

새초²몡 조그마하게 만든 엽전.

새초롬-하다[Ⅰ]재여 ➡새치름하다.
[Ⅱ]혱여 ➡새치름하다. **새초롬-히**뷔.

새초-미역몡 길이 70 cm, 폭 7 cm 정도로 잘라서 말린 미역. 장곽보다 짧고 더 검으며 품질이 좋음. ❀새초초.

새:-총(-銃)몡 ①새를 잡는 데 쓰는 공기총. 조총. ②'Y'자 모양의 나뭇가지에 고무줄을 매고 공깃돌을 재어서 튀겨 쏘는 아이들의 장난감.

새:-추(-隹)몡 한자 부수의 한 가지. '雅'·'雁' 등에서의 '隹'의 이름.

새:-치몡 젊은 사람의 머리에 섞여 난 흰 머리카락.

새치근-하다혱여 〈새척지근하다〉의 준말. ㉰시치근하다.

새:-치기몡하자 ①차례를 어기고 남의 자리에 슬며시 끼어드는 것. ¶입장권을 사는데 새치기를 하다. ②맡은 일을 하는 짬짬이 다른 일을 하는 것.

새치롬-하다혱여 '새치름하다'의 잘못.

새치름-하다[Ⅰ]재여 얌전한 체하는 기색을 꾸미다. ❀새초롬하다. ¶눈을 새치름하게 내리깔다. ㉰시치름하다.
[Ⅱ]혱여 시치미를 떼는 태도가 천연덕스럽다. ❀새초롬하다. **새치름-히**뷔.

새치-미몡 천연덕스럽게 시치미를 떼는 태도. ❀새침.

새치-부리다재 아주 사양하는 체하다. ¶욕심이 없는 듯 짐짓 새치부리고 앉아 있다.

새침몡 〈새치미〉의 준말.

새침-데기[-떼-]몡 새침한 버릇이 있는 사람을 홀하게 이르는 말. ❀새침이 아가씨.

새침데기 골로 빠진다[속담] 보기에 얌전한 사람일수록 속은 엉뚱하다는 말.

새침-하다[Ⅰ]재여 짐짓 쌀쌀한 기색을 꾸미다. ㉰시침하다.
[Ⅱ]혱여 쌀쌀맞게 시치미를 떼는 태도가 있다. ¶새침한 표정을 짓다. ㉰시침하다.

새-카맣다[-마타][~카마니·~카매]휑ㆆ 빛깔
이 아주 까맣다. ¶새카맣게 타다. 흰시커멓다.
웹새까맣다.

새-카매지다巫 새카맣게 되다. ¶아이가 하루 종
일 나가 놀더니 손이 새카매져 들어왔다. 흰시커
메지다.

새코-미꾸리똉 기름종갯과의 민물고기. 낙동강·
금강·한강 수계(水系)에 분포하는 우리나라 특
산 어종. 몸길이 15~17 cm. 몸은 옆이 납작하
고, 주둥이는 긴 편. 몸에는 암황색 구름무늬
가 있으며, 맑은 물의 큰 바위나 자갈 틈에 삶.

새:코찌리똉 조의 한 가지. 까끄라기가 길고 써
는 누름.

새콤달콤-하다휑여 조금 시면서 맛깔스럽게 달
다. ¶오렌지 셔벗이 새콤달콤하다. 웹새콤달콤
하다.

새콤-새콤뿐ㆆ여 모두가 다 새콤하거나, 몹시
새콤한 모양. ¶새콤새콤한 사과의 맛. 흰시큼
시큼. 옌새곰새곰.

새콤-하다휑여 〈새곰하다〉의 거센말. ¶새콤한
키위 주스. 옌시곰하다.

새:-콩똉 콩과의 일년초. 들에서 절로 자라는
덩굴 식물로 1~2 m의 긴 줄기에 거친 털이
나 있음. 잎은 길둥글고 8~9월에 밝은 자줏빛
꽃이 핌. 열매는 땅속에 맺는데, 몹시 잘아 새
들의 먹이가 됨.

새크러먼트(sacrament)똉 기독교에서, 신의 은
총을 신도에게 전하는 의식. 가톨릭에서는 '성
사(聖事)'라 하여 성세·견진·성체·고백·병자·
신품·혼인의 일곱 가지가 있으며, 개신교에서
는 세례와 성찬의 두 가지가 있음.

새크무레-하다휑여 〈새그무레하다〉의 거센말.
옌시크무레하다.

새큰-거리다巫 자꾸 새큰새큰하다. 새큰대다.
¶이가 새큰거리며 아프다. 옌시큰거리다. 옌새
근거리다².

새큰-대다巫 새큰거리다.

새큰-새큰뿐ㆆ여 자꾸 새큰한 느낌이 있는 모
양. 옌시큰시큰. 옌새근새근².

새큰-하다휑여 뼈마디 같은 데가 매우 새큰하
다. 옌시큰하다. 옌새근하다.

새큼달큼-하다휑여 조금 새큼하면서 맛깔스럽
게 달다. 옌시큼달큼하다.

새큼-새큼뿐ㆆ여 모두가 다 새큼하거나, 매우
새큼한 모양. 옌시큼시큼. 옌새금새금.

새큼-하다휑여 매우 새금하다. ¶김치가 새큼하
게 익다. 옌시큼하다. 옌새금하다. 새큼-히뿐.

새:-털똉 새의 털.

새:털-구름똉 '권운(卷雲)'·'털구름'의 딴 이름.

새퉁똉 밉살스럽고 경망한 짓. 또는, 어처구니없
는 짓.

새퉁-빠지다巫 매우 새퉁스럽다.

새퉁-스럽다[-따][~스러우니·~스러워]휑ㅂ
어이없을 만큼 새삼스럽다. 새퉁스레뿐.

새퉁-이똉 야살스럽고 경망한 짓, 또는 그런 짓
을 하는 사람.

새-파랗다[-라타][~파라니·~파래]휑ㆆ ①빛
깔이 아주 짙게 파랗다. ¶바닷물이 새파랗
다./새파란 가을 하늘. ②썩 젊다. 아직 어리
다. 《주로, '새파랗게'·'새파란'의 꼴로 쓰
임.》 ¶새파랗게 젊은 사람. ③몹시 놀라거나
춥거나 하여 얼굴에 핏기가 없다. ¶새파랗게
질리다. ⒀새시퍼렇다.

새-파래지다巫 새파랗게 되다. ¶무엇에 놀랐는
지 새파래진 얼굴로 뛰어왔다. 흰시퍼레지다.

새-판똉 새로운 판. 새로 벌이거나 벌어진 판.
¶새판을 벌이다.

새:-팥[-팓]똉 콩과의 일년초. 산과 들에 절로
자라는 덩굴 식물로 줄기 몸에 거친 털이 나
있음. 잎은 녹두와 비슷하나 조금 작고, 8월경
에 노란 꽃이 핌. 열매는 팥보다 훨씬 잘며 우
리나라 전역에 분포함. * 새:팥이[-파치]·새:
팥을[-파틀]·새:팥만[-판-]

새-품똉 억새의 꽃.

새-하얗다[-야타][~하야니·~하얘]휑ㆆ 아주
하얗다. ¶새하얀 눈. 흰시허옇다.

새하얘-지다巫 새하얗게 되다. ¶사십 초반에
머리털이 새하얘지다. 흰시허예지다.

새-해똉 새로 시작되는 해. 신년. ¶새해를 맞이
하다. ↔묵은해.

새해^전갈(―傳喝)똉 지난날, 정초에 양반이나
부잣집 부녀들이 인척·친척의 집에 계집종을
보내어 새해 인사를 전하던 일.

새해^차례(-茶禮)똉 정월 초하룻날 지내는 차
례. 떡국차례. 신세 차례(新歲茶禮).

새:-호리기똉 맷과의 새. 매 비슷한데 날개 길
이 24~28 cm로 좀 작음. 몸빛은 아랫배가 노
르스름하고, 가슴과 옆구리에 검은 점이 많으
며, 꽁지에 검은 갈색의 띠가 있음. 작은 새나
새의 새끼를 잡아먹음.

색1똉 광산에서, 새를 찾기 위해 감돌이나 감흙
또는 복대기의 일부를 떠내어 사발에 담고 물에
일어서 시금(試金)하는 일. ¶색을 보다. 흰사
발 시금(沙鉢試金).

색:2뿐 좁은 틈으로 김이나 바람이 세차게 새어
나오는 소리. 흰색.

색(色)1똉 ①빛깔. ¶색이 짙다. ②색사(色事)
또는 여색(女色). ¶색을 좋아하다. /색을 밝히
다. ③지난날, 사무의 한 분장(分掌)을 이르던
말. 빗2.
색(을) 갈다[관용] 사물을 이것저것 색다른 것으
로 갈아 바꾸다.
색을 쓰다[관용] ①성교를 하다. ②성적 교태를
부리는 일을 흔히 이르는 말.

색(色)2똉 불교에서, 형상과 색채를 가지고, 직
관적 감각으로 인식되는 모든 존재 또는 물질
을 이르는 말. 색법(色法). 웹공(空).

색(sack)똉 어깨에 메고 다닐 수 있게 만든 자
그마한 배낭.

색각(色覺)[-깍]똉 시각에서, 빛깔을 식별하는
감각. 색신(色神).

색-갈이(色-)[-까리]똉ㅎ타 봄에 묵은 곡식을
꾸어 주었다가 가을에 새 곡식으로 길미를 붙
여 받는 일.

색감(色感)[-깜]똉 ①색에 대한 감각. 색채 감
각. ②어떤 색에서 받는 느낌. 색채감. ¶색감
이 부드럽다.

색경(色境)[-꼉]똉 육경(六境)의 하나. '눈으로
볼 수 있는 대상'을 이르는 말.

색계(色界)[-꼐/-꼐]똉 ①불교에서 이르는 삼
계(三界)의 하나. 욕계(欲界)와 무색계의 중간
세계로, 탐욕에서는 벗어났으나 아직 색심(色
心)까지는 벗지 못한 세계. ②여색의 세계.

색골(色骨)[-꼴]똉 지나치게 색을 좋아하는 사
람, 또는 그런 생김새. 호색꾼.

색광(色狂)[-꽝]똉 색을 미친 듯이 좋아하는
사람. 검, 색에 미친 사람. 색정광.

색구(色驅)[-꾸]똉 지난날, 높은 벼슬아치를 따
라다니던 하인배의 우두머리.

색구(索具)똉 '삭구(索具)'의 잘못.

색깔(色-)[─][명] ①빛깔. ¶저고리 색깔이 곱기도 하다. ②정치나 이념상의 경향. ¶정치적 색깔보다는 능력이 우선이다.

색깔-치(色-)[명] 동물 색소의 한 가지. 오징어·문어 등 두족류와 새우·게 따위의 갑각류에게서 볼 수 있는 담청색의 색소. ®색소체.

색난(色難)[─][명] ①자식이 항상 부드러운 얼굴빛으로 부모를 섬기기가 어렵다는 말. ②부모의 얼굴빛을 살펴 항상 그 뜻에 맞게 봉양하기가 어렵다는 말.

색-노끈(色-)[─][명] ①고운 물감을 들인 노끈. ②색종이로 꼰 지노.

색-다르다(色-)[─따─][~다르니·~달라][형ㄹ] 종류가 다르다. 보통과는 달리 특색이 있다. ¶색다른 취미. /색다른 방법을 시도하다.

색달(色疸)[─딸][명] ☞여로달(女勞疸).

색-대(色-)[─때][명] 섬이나 가마니 속에 든 곡식 따위를 찔러서 빼내어 보는 연장. 간색대. 태관(兌管).

색-대님(色-)[─때─][명] 고운 빛이나 무늬가 있는 천으로 만든 대님.

색-대리석(色大理石)[─때─][명] 흰빛이 아닌, 다른 빛깔을 띤 대리석.

색-대자(色帶子)[─때─][명] 오색실로 간걸러서 짠 띠.

색덕(色德)[─떡][명] 여자의 미모와 미덕.

색도(色度)[─또][명] 광학적으로 수치화(數值化)된 빛깔의 성질, 또는 그 수치.

색도(素道)[─또] '삭도(索道)'의 잘못.

색도-계(色度計)[─또계/─또게][명] 색도를 측정하는 기구. 흔히, 삼색 색도계를 사용함.

색-동(色-)[─똥][명] 오색 빛깔의 헝겊을 층이 지게 차례로 잇대어 만든, 아이들의 저고리나 두루마기의 소맷감.

색동(色動)[─똥][명] (놀라거나 성이 나서) 얼굴빛이 변함.

색동-옷(色-)[─똥옫][명] 색동을 대서 만든 옷. * 색동옷이[─똥오시]·색동옷만[─똥온─]

색동-저고리(色-)[─똥─][명] 색동으로 소매를 대어 만든 저고리.

색등(色燈)[─뜽][명] 빨강·노랑·파랑 따위의 빛깔로 비치는 등.

색-떡(色-)[명] 여러 가지 빛깔로 물들여 만든 떡. 색병(色餠).

색량-계(色量計)[생냥계/생냥게][명] 색의 농도를 비교 측정하여 그 색소량(色素量)을 재는 기계.

색론(色論)[생논][명][하자] 조선 시대에, 사색당파 사이에 벌어졌던 논쟁.

색리(色吏)[생니][명] 조선 시대에, 감영(監營)이나 군아(郡衙)에서 전곡(錢穀)의 출납과 관리를 맡아보던 아전.

색마(色魔)[생─][명] 색을 탐내어 비도덕적 행동을 일삼는 사람을 마귀에 비유하여 이르는 말.

색-망치[생─][명] 광산에서 사발색을 볼 때에 쓰는 망치.

색맹(色盲)[생─][명] 빛깔을 가려내지 못하는 상태, 또는 그러한 증상이 있는 사람. 색소경. ®색약.

색면(素麵)[생─] '삭면(索麵)'의 잘못.

색목(色目)[생─][명] 조선 시대, 사색당파의 이름.

색목-인(色目人)[생─][명] 중국 원나라 때, 터키·이란·아라비아 등 서역(西域) 종족들을 통틀어 이르던 말.

색-무명(色-)[생─][명] 물들인 무명.

색-미투리(色-)[생─][명] 총에 여러 가지 물감을 들인 아이들의 미투리.

색-바꿈(色-)[─빠─][명][하타] 같은 데 쓰는 물건 가운데서, 마음에 맞는 것으로 바꿈.

색-바람(色-)[─빠─][명] 이른 가을에 부는 선선한 바람.

색법(色法)[─뻡][명] ☞색(色)². ↔심법(心法).

색병(色餠)[─뼝][명] ①☞색떡. ②☞색전편.

색복(色服)[─뽁][명] 빛깔이 있는 의복. 무색옷.

색-분해(色分解)[─뿐─][명] 컬러 인쇄를 하기 위해 그림이나 사진의 빛깔을 바탕이 되는 몇 가지 색으로 가르는 일.

색-비름(色-)[─삐─][명] 비름과의 일년초. 줄기 높이 1.5 m가량. 8~9월에 담화색의 자잘한 꽃이 핌. 정원에 재배함. 당비름.

색사(色事)[─싸][명] 남녀 간의 정사. 남녀 간의 육체적인 교접. 성교.

색사(色絲)[─싸][명] ☞색실.

색-사발(-沙鉢)[─싸─][명] 광물의 색을 보기 위해 정해 놓고 쓰는 사발.

색-사지(色-)[─싸─][명] 잔치 때, 누름적 꼬챙이 끝에 감는 다섯 가지 빛깔의 종이 오리.

색상(色相)[─쌍][명] ①빛깔의 세 속성의 하나. 어떤 빛깔을 다른 빛깔과 구별하는 데 근거가 되는 빛깔의 특질. ㉠명도(明度)·채도(彩度)). ②☞색조(色調). ¶색상이 다양하다. ③[불교에서, 눈으로 볼 수 있는 형상을 이르는 말.

색상(色傷)[─쌍][명][하자] 방사가 지나쳐서 병이 생김, 또는 그 병.

색-상자(色箱子)[─쌍─][명] 여러 가지 빛깔의 종이로 만든 상자.

색상-환(色相環)[─쌍─][명] 색상에 따라 계통적으로 색을 둥그렇게 배열한 것. 색환(色環).

색색(-색)[색쌕][명] ①잠을 잘 때에 조용히 숨을 쉬는 소리, 또는 그 모양. ②숨을 약간 가쁘고 불규칙하게 쉬는 소리, 또는 그 모양. 큰식식. 쎈쌕쌕.

색색(色色)[─쌕][명] ①여러 가지. ②여러 가지 빛깔. ¶색색으로 꾸미다. 색색-이[부].

색색-거리다[─쌕꺼─][타] 자꾸 색색 소리를 내다. 색색대다. 큰식식거리다.

색색-대다[─쌕때─][타] 색색거리다.

색선(色扇)[─썬][명] 여러 가지 색종이나 색 헝겊을 붙여 만든 부채.

색소(色素)[─쏘][명] 빛깔의 바탕이 되는 물질. 물체가 빛깔을 띠는 데 바탕이 되는 성분. ¶유해 색소. 天연 색소.

색소↑결핍증(色素缺乏症)[─쏘─쫑][명] 선천적으로 피부에 색소가 적은 증세.

색-소경(色-)[─쏘─][명] ☞색맹(色盲).

색소-뇨(色素尿)[─쏘─][명] 체내의 혈색소·담즙 색소 등이 섞어 나오는 오줌.

색소-세:포(色素細胞)[─쏘─][명] 동물의 몸빛을 이루는 색소가 들어 있는 세포.

색소-체(色素體)[─쏘─][명] 식물 세포의 세포질 안에 들어 있는, 색소를 함유한 작은 알갱이. 엽록체·백색체·유색체 등이 있음. ®색깔치.

색소폰(saxophone)[명] 금속제 목관 악기의 한 가지. 세로로 잡고서 불며, 부드러운 음색과 풍부한 음량을 지녔음. 경음악·취주악에 많이 쓰임.

색쇠애이(色衰愛弛)[─쐬/─쒜─][명][하자] 젊어서 사랑받던 미인도 늙어지면 그 사랑을 잃는다는 말.

색↑수차(色收差)[─쑤─][명] 렌즈가 맺는 물체의 상이, 빛의 파장에 따른 굴절률의 차이로, 빛깔에 따라 그 위치나 배율이 달라지는 현상.

색-순응 (色順應) [-쑤능] 圏 광원(光源)에 따라 물체의 빛깔이 달라 보일 때, 그 차이를 적게 하는 눈의 자동 조절 기능.

색스혼: (saxhorn) 圏 금관 악기의 한 가지. 군악대 및 관현악에 편성되는 악기로, 음역(音域)에 따라 여러 종류가 있음.

색:시 [-씨] 圏 ①아직 결혼을 하지 않은 처녀. ¶참한 색시. 비규수(閨秀). ②술집 등의 접대부. ③〈새색시〉의 준말. ¶갓 시집온 색시를 보려고 동네 아낙네들이 모여들었다.

색시 그루는 다홍치마 적에 앉혀야 한다[속] ①아내를 순종하게 하려면 신혼(新婚) 초부터 다잡아야 한다는 뜻. ②사람을 가르치거나 길들이기 위해서는 처음부터 엄하게 다잡아야 한다는 뜻.

색시 짚신에 구슬 감기가 웬일인고[속] 분에 넘치는 호사나 사치는 도리어 보기에 어색하다는 말.

색시 (色視) [-씨] 圏 빛깔이 없는 물체가 빛깔이 있는 것처럼 보이는 눈의 병적 증상.

색:시-걸음 [-씨-] 圏 새색시처럼 조심스럽고 얌전하게 걷는 걸음.

색신 (色身) [-씬] 圏 불교에서, 물질적인 형태를 지닌 육신을 이르는 말.

색신 (色神) [-씬] 圏 ☞색각(色覺).

색-실 (色-) [-씰] 圏 물을 들인 실, 특히 여러 가지 고운 빛깔로 물들인 실. 색사(色絲).

색심 (色心) [-씸] 圏 ①색정(色情)이 있는 마음. ②불교에서, 유형의 물질과 무형의 정신을 이르는 말.

색:싯-감 [-씨깜/-씯깜] 圏 신부가 될 만한 처녀. 색시로 삼을 만한 대상자. 신붓감.

색:싯-집 [-씨찝/-씯찝] 圏 ①접대부를 두고 술을 파는 집. ②결혼한 여자의 친정을 속되게 이르는 말.

색-안경 (色眼鏡) 圏 ①렌즈에 빛깔이 들어 있는 안경. ②'주관이나 감정에 사로잡힌 편견이나 선입관'을 비유하여 이르는 말. ¶색안경을 쓰고 보다.

색약 (色弱) 圏 (색맹만큼 심하지는 않으나) 빛깔을 잘 구별하지 못하는 상태, 또는 그러한 사람. ⏚색맹(色盲).

색-연필 (色鉛筆) [-년-] 圏 물감을 심에 섞어 빛깔이 나게 만든 연필.

색-온도 (色溫度) 圏 발광체의 온도를 나타내는 방법의 한 가지, 또는 그 수치. 직접 잴 수 없는 고온도의 물체나 별 등의 온도를 잴 때 이용됨.

색-옷 (色-) [새곤] 圏 〈무색옷〉의 준말. * 색옷이[새고시]·색옷만[새곤-].

색욕 (色慾) 圏 이성(異性)에 대한 성적인 욕망. 성욕. 음심(淫心).

색원 (塞源) 圏하다 근원을 아주 없애 버림. ¶발본(拔本)색원.

색-유리 (色琉璃) [생뉴-] 圏 빛깔이 있는 유리. 착색유리.

색의 (色衣) 圏 ☞무색옷.

색인 (索引) 圏 책 속의 낱말이나 사항 등을 쉽게 찾아볼 수 있도록 일정한 순서로 배열해 놓은 목록. 찾아보기.

색장-나인 (←色掌內人) [-짱-] 圏 왕조 때, 궁중에서 편지를 전하는 일을 맡아보던 나인.

색전 (塞栓) [-쩐] 圏 혈관 속에 정착하여 혈액의 정상적 순환을 막는 불용성(不溶性) 물질.

색전-증 (塞栓症) [-쩐쯩] 圏 혈관·림프관 등에서 생기거나 외부에서 들어간 이물질(異物質)이

혈관 속으로 들어가 혈관을 막게 됨으로써 일어나는 병증(病症).

색-절편 (色-) [-쩔-] 圏 흰떡에 갖가지 물을 들여 절편판에 박아 낸 떡. 색병.

색정 (色情) [-쩡] 圏 남녀 간의 성적 욕망. 욕정. 정욕. ¶색정을 도발하는 영화.

색정-광 (色情狂) [-쩡-] 圏 ☞색광(色狂).

색정:도:착 (色情倒錯) [-쩡-] 圏 ☞성도착.

색정-적 (色情的) [-쩡-] 판圏 남녀 간의 색정을 도발하는 (것). 성적(性的). ¶색정적 표현. /색정적인 묘사.

색정적 피:해망상 (色情的被害妄想) [-쩡-] 피해망상의 한 가지. 성적(性的)인 폭행을 당하는 것으로 생각하는 이상 심리.

색조 (色-) [-쪼] 圏 지난날, 세곡(稅穀)이나 환곡(還穀)을 받을 때나 타작을 할 때에, 정부나 지주가 간색(看色)으로 받던 곡식.

색조 (色調) [-쪼] 圏 ①빛깔의 조화. ②빛깔의 농담(濃淡)·강약(强弱)·명암(明暗) 따위의 정도나 상태. 색상(色相). ¶색조가 짙은 화장.

색조 (索條) 圏 '삭조(索條)'의 잘못.

색-종이 (色-) [-쫑-] 圏 물을 들인 종이. 색지.

색주 (色紬) [-쭈] 圏 물을 들인 명주.

색주-가 (色酒家) [-쭈-] 圏 손에게 술과 색을 겸하여 파는 술집, 또는 그러한 여자. 색줏집.

색-줄멸 (色-) [-쭐-] 圏 색줄멸과의 바닷물고기. 몸이 정어리와 비슷하고, 옆구리에는 폭이 넓고 푸른빛을 띤 은백색의 세로띠가 한 줄이 있음. 비늘이 몸에 찰싹 붙어 있는데, 비늘 가장자리는 둔한 톱니 모양임. 우리나라 동남해 등지에 분포함.

색줏-집 (色酒-) [-쭈찝/-쭏찝] 圏 ☞색주가.

색즉시공 (色卽是空) [-쯕씨-] 圏 반야심경에 나오는 말로, 이 세상에 존재하는 모든 형체(색)는 공(空)이라는 말. 곧, 형상은 일시적인 모습일 뿐, 실체는 없다는 것. ⏚공즉시색.

색지 (色紙) [-찌] 圏 ☞색종이.

색지움^렌즈 (色-lens) [-찌-] 圏 굴절률이 다른 몇 개의 렌즈를 써서 색 수차(色收差)를 보정(補正)한 렌즈. 소색 렌즈.

색-차지 (色次知) 圏 놀이에 기생을 주선하는 일을 맡은 사람.

색채 (色彩) 圏 ①빛깔. ¶색채가 아름답다. ②'어떤 사물이 지닌 경향이나 성질'을 비유하여 이르는 말. ¶보수적인 색채가 농후하다.

색채-감 (色彩感) 圏 어떤 색채에서 받는 느낌. 색채가 잘 조화되거나 못된 데에 대한 느낌. 색감.

색채^감:각 (色彩感覺) 圏 색채에 대한 감각. 색각(色覺). ¶색채 감각이 뛰어나다.

색채-상징 (色彩象徵) 圏 색채로 어떤 사상(思象)을 상징하는 일. [신호등의 색채로써 직진(直進)·대기(待機) 따위를 나타내거나 색기(色旗)로 일기 예보를 나타내는 따위.]

색채-설 (色彩說) 圏 색채 감각의 현상을 설명하는 심리학적 학설.

색채^영화 (色彩映畫) 圏 ☞천연색 영화.

색-채움 (色-) 圏하자 물건 따위를 구색을 갖추어 채우는 일. ⏚색책.

색채^조절 (色彩調節) 圏 빛깔이 사람에게 주는 심리적·생리적·물질적 영향을 고려하여 피로 방지나 재해 방지, 능률 향상 등에 도움이 되도록 적절하게 빛깔을 조절하는 일.

색채^청:각 (色彩聽覺) 圏 ☞색청(色聽).

색채^토기 (色彩土器) 圏 ☞채화기(彩畫器).

색채^팔면체(色彩八面體)**명** 헤링(Hering)의 사 색설(四色說)에 기초하여 광각(光覺)의 체계를 나타내는 팔면체.

색책(塞責)**하자** 책임을 면하기 위하여 겉으로 만 둘러대어 꾸밈.

색-챔(色-)〈색채움〉의 준말.

색청(色聽)**명** 일정한 소리, 특히 모음을 들으면 일정한 색채를 느끼게 되는 현상. 색채 청각.

색체(色滯)**하형** 얼굴에 화색(和色)이 없음.

색출(索出)**명하자되자** (사람이나 물건을) 뒤져 서 찾아냄. ¶범인을 색출하다.

색칠(色漆)**명하자타** 색을 칠함, 또는 그 칠. ¶크 레용으로 색칠한 그림.

색-코ː트(sack coat)**명** ①남자용 양복의 윗도 리. ②유아용의 짧고 느슨한 겉저고리.

색탐(色食)**명하자** 색을 몹시 탐함.

색태(色態)**명** ①여자의 곱고 아름다운 태도. ②빛깔의 태.

색택(色澤)**명** 빛나는 윤기. 광채(光彩).

색판(色板)**명** 색칠을 한 널빤지.

색판(色版)**명** 빛깔을 넣은 인쇄물.

색한(色漢)[새칸]**명** ①여색을 몹시 좋아하는 사 내. 호색한(好色漢). ②☞치한(痴漢).

색향(色香)[새캉]**명** ①꽃 따위의 빛깔과 향기. ②'아름다운 용모'를 비유하여 이르는 말.

색향(色鄕)[새캉]**명** 미인이 많이 나는 고장.

색환(色環)[새콴]**명** 색상환(色相環).

색황(色荒)[새쾅]**명하자** 여색(女色)에 흠씬 빠 지는 일. 색정을 함부로 쓰는 일.

샌ː-님〈생원님〉의 준말. ①행동이나 성격 이 얌전하거나 고루하고 융통성이 없는 사람 을 농조로 이르는 말.

샌ː님-탈놀 산대놀음에서 쓰는 탈의 한 가지. 늙은 선비의 모습을 나타낸 것이 많음.

샌드백(sandbag)**명** 모래를 담은 자루. 특히, 권 투 연습에서, 치는 힘을 기르기 위하여 걸어 놓고 치는 것.

샌드-스키ː(sand-ski)**명** 눈 대신 모래 위에서 타는 스키.

샌드위치(sandwich)**명** ①얇게 썬 두 쪽의 빵 사이에 고기나 달걀·채소 따위를 넣은 간편한 대용식 빵. ②사이에 끼이거나 끼여 있는 상태 를 비유하여 이르는 말. ¶샌드위치가 되어 이 러지도 저러지도 못하다.

샌드위치-맨(sandwich man)**명** 몸의 앞뒤에 광 고판(廣告板)을 달고, 거리를 걸어다니며 선전· 광고를 하는 사람.

샌드페이퍼(sandpaper)**명** 사지(沙紙). 사포(沙 布). 여지(鑢紙).

샌들(sandal)**명** 발등 부분이 거의 드러나고 끈 이나 밴드로 여미게 되어 있는 여름용 구두.

샌퍼라이즈(Sanforize)**명하자** 직물, 특히 면직 물에 물리적 수지 가공(樹脂加工)을 하여 주름 이 지거나 줄어들지 않게 하는 방법, 또는 그 렇게 가공한 직물. [본디는 상표명]

샐그러-뜨리다타 샐그러지게 하다. 샐그러트리 다. 센실그러뜨리다. 셴셀그러뜨리다.

샐그러-지다자 물체가 한쪽으로 배뚤어지거나 기울어지다. ¶비스듬하게 샐그러진 문짝. 센실 그러지다. 셴셀그러지다.

샐그러-트리다타 샐그러뜨리다. 센실그러트리 다. 셴셀그러트리다.

샐긋[-귿]**부하자타** (어떤 물체가) 한쪽으로 약 간 기울어지는 모양. 살긋. 센실긋. 셴셀긋. 샐 긋-샐긋**부하자타**

샐긋-거리다[-귿꺼-]**자타** 자꾸 샐긋샐긋하다. 샐긋대다. 센실긋거리다. 셴셀긋거리다.

샐긋-대다[-귿때-]**자타** 샐긋거리다.

샐긋-하다[-그타-]**형어** (어떤 물체가) 한쪽으 로 약간 기울어져 있다. 센실긋하다. 셴셀긋하 다. 샐긋-이**부**.

샐기죽부하자타 (어떤 물체가) 한쪽으로 천천히 조금 기울어지는 모양. 센실기죽. 셴셀기죽. 샐 기죽-이**부**. 샐기죽-샐기죽**부하자타**

샐기죽-거리다[-꺼-]**자타** 자꾸 샐기죽샐기죽 하다. 샐기죽대다. 센실기죽거리다. 셴셀기죽 거리다.

샐기죽-대다[-때-]**자타** 샐기죽거리다.

샐ː-녘[-력]**명** 날이 샐 무렵. *샐ː녘이[-려 키]·샐ː녘만[-령-]

샐ː-닢[-립]**명** 〔중국 청나라 때 쓰던 반 푼짜 리의 작은 황동전을 이르던 말로〕 '아주 적 은 돈'을 뜻함. ¶샐닢만큼의 값어치도 없다. *샐ː닢이[-리피]·샐ː닢만[-립-]

샐러드(salad)**명** 채소·과일에 냉육(冷肉)·햄·달 걀 따위를 곁들여 소스를 친 서양 음식.

샐러드-드레싱(salad dressing)**명** 샐러드에 치 는 소스. 〔마요네즈 소스 따위.〕

샐러드-유(salad油)**명** 샐러드에 쓰이는 기름. 〔올리브유 따위.〕

샐러리-맨(←salaried man)**명** 봉급생활자.

샐룩부하자타 근육의 한 부분이 갑자기 움직이 는 모양. 센실룩. 셴쌜룩. 샐룩-샐룩**부하자타**

샐룩-거리다[-꺼-]**자타** 자꾸 샐룩샐룩하다. 샐 룩대다. 센실룩거리다.

샐룩-대다[-때-]**자타** 샐룩거리다.

샐비어(salvia)**명** ①꿀풀과의 일년초. 줄기의 아 랫부분이 목질이며 줄기 높이는 60~90cm. 여 름부터 가을까지 자잘한 종 모양의 빨간 꽃이 조롱조롱 달려 핌. 브라질 원산으로 변종이 많 으며, 흔히 빽빽이 심어 관상용으로 가꿈. ②☞세이지.

샐ː-샐부 실없이 자꾸 살며시 웃는 모양. ¶얄 밉게 샐샐 웃지 마라. 센실실. 참새실새실.

샐ː-심(-心)〈새알심〉의 준말.

샐쭉부하자타 (마음에 고까운 생각이 들어) 입 이나 눈을 한쪽으로 살짝 일그러뜨리는 모양. ¶눈을 샐쭉 흘기다. 센실쭉. 셴쌜쭉. 샐쭉-샐 쭉**부하자타**

샐쭉-거리다[-꺼-]**자타** 자꾸 샐쭉샐쭉하다. 샐 쭉대다. ¶입을 샐쭉거리며 휙 돌아섰다. 센실 쭉거리다.

샐쭉-경(-鏡)[-경]**명** 타원형의 안경.

샐쭉-대다[-때-]**자타** 샐쭉거리다.

샐쭉-하다[-쭈카-]**형어** ①마음에 못마땅하여 조금 싫어하는 태도가 있다. ②한쪽으로 갈쭉 하게 샐그러져 있다. 센실쭉하다. 셴쌜쭉하다. 샐쭉-이**부**.

샘¹명 ①땅에서 물이 솟아 나오는 곳. ¶바위 틈에서 샘이 솟다. ②우물. ③〈샘터〉의 준말. ③생물체 속에서, 어떤 종류의 물질을 분비하 거나 배설하는 세포 조직. 선(腺).

샘²명하 ①자기보다 나은 처지에 있는 사람 을 공연히 미워하거나 싫어함, 또는 그런 마음. ¶대수롭지 않은 일에도 샘을 낸다. ②남 에게 지기를 싫어하고 남이 잘되는 것을 부러 워하는 일, 또는 그런 마음. ¶샘이 많은 아이. 유강샘.

샘³명 〈새삼〉의 준말.

샘-구멍[-꾸-]**명** 샘물이 솟는 구멍.

샘:-나다〔자〕샘하는 마음이 생기다.
샘:-내다〔타〕샘하는 마음을 가지다.
샘:-물〔명〕샘에서 나오는 물. 천수(泉水).
샘:-물-받이〔-바지〕☞샘받이.
샘:-바르다〔~바르니·~발라〕〔형르〕샘이 심하다. 샘이 많다.
샘:-바리〔명〕샘이 심한 사람. 샘이 많은 사람.
샘:-받이〔-바지〕①샘물을 끌어대는 논. 샘물받이. ②샘물이 나는 논.
샘:-솟다〔-솓따〕〔자〕(힘이나 용기 따위가) 왕성하게 일어나다. ¶힘이 샘솟다.
샘:-창자〔명〕☞십이지장.
샘:-터〔명〕①샘이 있는 곳. ②샘이나 우물가의 빨래터. 준샘!.
샘플(sample)〔명〕본보기. 간색. 표본.
샘플링(sampling)〔명〕①‘표본’·‘표본 뽑기’로 순화. ②표본 추출(標本抽出).
샘플-카:드(sample card)〔명〕상품 표본을 카드로 꾸민 것.
샛-〔샌-〕〔접두〕빛깔을 뜻하는 일부 형용사 앞에 붙어, 그 빛깔이 선명하고 짙음을 나타냄. ¶샛노랗다. 큰싯-. 여새파-.
샛-강(-江)〔새깡/샏깡〕〔명〕큰 강에서 갈려 나가 중간에 섬을 이루어 놓고 다시 합쳐지는 작은 강.
샛-검불〔새껌-/샏껌-〕〔명〕새나무에 섞인 잡풀의 검불.
샛-길〔새낄/샏낄〕〔명〕큰길로 통하는 작은 길. 간도(間道). 간로(間路). ¶샛길로 빠지다. /샛길로 질러가다.
샛-노랗다〔샌-라타〕〔~노라니·~노래〕〔형ㅎ〕(빛깔이) 매우 노랗다. ¶샛노란 개나리. /샛노란 은행잎. 큰싯누렇다.
샛노래-지다〔샌-〕〔자〕샛노랗게 되다. 큰싯누레지다.
샛:-눈〔샏-〕〔명〕감은 듯이 살짝 뜨고 보는 눈.
샛:-돔〔샏-〕〔명〕샛돔과의 바닷물고기. 몸길이 20 cm가량. 몸은 길둥근꼴로 등이 위로 튀어나왔으며 머리와 입은 둥글고 작음. 몸빛은 전체적으로 흐릿한 은백색이며, 몸에서 점액을 많이 내어 미끌미끌함. 우리나라의 황해 및 일본 연안 등지에 분포함.
샛마(옛)동남풍.
샛-마파람〔샏-〕‘동남풍’의 뱃사람 말.
샛-말갛다〔샏-가타〕〔~말가니·~말개〕〔형ㅎ〕아주 말갛다. 큰싯멀겋다.
샛-말개지다〔샏-〕〔자〕샛말갛게 되다. 큰싯멀게지다.
샛-멸〔샏-〕〔명〕샛멸과의 바닷물고기. 몸은 가늘고 길며 아주 연함. 몸길이 23 cm가량. 몸빛은 등이 쪽빛을 띤 은빛이고, 배는 흰색임. 심해성(深海性)이며, 부산에서 포항에 이르는 동남 해안에 분포함.
샛:-문(-門)〔샏-〕〔명〕①정문(正門) 외에 정문 가까이 따로 만든 작은 문. ②방과 방 사이를 튼 작은 문.
샛-바람〔샏빠-〕〔명〕‘동풍’의 뱃사람 말.
샛-밥‘곁두리’의 방언.
샛:-벽(-壁)〔새뼉/샏뼉〕〔명〕방과 방 사이를 칸막이한 벽.
샛:-별〔새뼐/샏뼐〕〔명〕①새벽에 동쪽 하늘에서 보이는 ‘금성(金星)’을 이르는 말. 계명성(啓明星). 명성(明星). ②장래에 크게 성장할 만한 사람. 신성(新星). ¶김 선수는 한국 축구계를 이끌어 갈 샛별이다.

샛-비늘치〔샏뼈-〕〔명〕샛비늘칫과의 바닷물고기. 온몸에 발광기(發光器)가 발달되어 있는 고기로, 우리나라 남부 연해와 일본 근해·인도양·대서양 등지에 분포함.
샛:-서방(-書房)〔새써-/샏써-〕〔명〕남편 몰래 관계를 맺고 있는 남자. 간부(間夫). 사부(私夫).
샛:-장지(←-障子)〔새짱/샏짱-〕〔명〕방과 방 사이에 칸막이한 장지. 간장지.
샛줄-멸〔샏쭐-〕〔명〕청어과의 바닷물고기. 몸길이 10 cm가량. 눈퉁멸을 닮았으며, 등은 푸른빛이 나고 아감딱지에서 꼬리지느러미까지에는 곧게 은백색 띠가 있음. 주둥이는 뾰족하고 눈이 머리 크기에 비해 큰 편임.
샛-하얗다‘새하얗다’의 잘못.
생〔명〕☞새앙.
생(生)〔명〕①생명. ¶생을 받다. ②삶. ¶생과 사(死). ↔사(死).
생(笙)〔명〕〈생황(笙簧)〉의 준말.
생(生)〔대〕(흔히, 편지 글에 쓰이어) 윗사람에게 ‘자기’를 낮추어 일컫는 말. 시생(侍生).
생-(生)〔접두〕①《일부 명사 앞에 붙어》①익지 않았거나 마르지 않았음을 나타냄. ¶생쌀. /생나무. ②날것이거나 가공하지 않았음을 나타냄. ¶생굴. /생가죽. ③피륙을 빨거나 누이지 않았음을 나타냄. ¶생명주. /생모시. ④애매하거나 공연함을 나타냄. ¶생고집. /생트집. ⑤살아서 당하는 불행을 나타냄. ¶생고생. /생이별. /생지옥. ⑥직접 낳았음을 나타냄. ¶생부모. /생어머니.
-생(生)〔접미〕①《(성(姓) 뒤에 붙어》 ‘젊은이’ 또는 ‘흔하게 대할 수 있는 사람’임을 나타냄. ¶김생(金生). /허생(許生). ②《(일부 명사 뒤에 붙어》 ‘학생’임을 나타냄. ¶연구생. /실습생.
-생(生)²〔접미〕①연월일이나 간지(干支) 뒤에 붙어, ‘그때에 태어났음’을 나타냄. ¶1933년생. /임신생(壬申生). ②햇수 뒤에 붙어, 생물이 그만한 햇수로 자랐음을 나타냄. ¶20년생 소나무. /8년생 반달곰. ③‘기(期)·학년’ 따위에 붙어, 그에 해당하는 사람(또는 학생)임을 나타냄. ¶2기생. /3학년생.
생가(生家)〔명〕①(그 사람의) 태어난 집. ②양자로 간 사람의 생부모의 집. 본생가(本生家). ②↔양가(養家).
생-가슴(生-)〔명〕공연한 근심이나 걱정으로 상하는 마음. 여생가슴.
생가슴(을) 뜯다(않다)〔관용〕무리하거나 공연한 일로 속을 태우다.
생-가죽(生-)〔명〕다루지 아니한 가죽. 생피(生皮).
생가죽(을) 벗기다〔관용〕갖은 수단을 다하여 재산 따위를 몽땅 앗아 내다.
생-가지(生-)〔명〕①살아 있는 나무의 가지. ②베어서 마르지 않은 나뭇가지. ¶소나무 생가지로 군불을 때다.
생각〔명〕〔하자타〕되자〕①(머리를 써서) 궁리함. 사고(思考). ¶생각을 짜내다. /인간은 생각하는 갈대. ②가늠하여 헤아리거나 판단함. 분별(分別). ¶앞뒤 생각 없이 하다. ③마음이 쏠림. 바라는(하고 싶은) 마음. 관심. 욕심. ¶술 생각이 간절하다. ④무엇을 이루거나 하려고 마음먹음. ¶그만둘 생각이다. ⑤어떤 사물에 대해 가지는 견해. ¶케케묵은(낡은) 생각. ⑥느끼어 일어나는 마음. ¶부끄러운 생각. ⑦(새로운 것 또는 잊고 있던 것이) 머리에 떠오름. 깨달음. ¶좋은 생각이 떠오르다. /겨우 생각이 나다. ⑧(지난 일을) 돌이켜 봄 또는 떠올려 봄. 추억. 기억. ¶고향 생각. /생각을 더듬다.

⑨(앞날의 일을) 머릿속에 그려 봄, 또는 내다봄. 상상. 예측. ¶10년 후의 네 모습을 생각해 봐. ⑩그러거나 그리워하는 마음. 아끼거나 염려하는 마음. ¶어머님 생각. /자식 생각에 밤잠을 설치다. ⑪마음을 씀, 또는 헤아려 주는 마음. 고려. 배려. ¶한 번 더 생각해 주시오. ⑫그렇게 여김. 간주(看做). ¶오지 않으면 포기한 것으로 생각하겠다.

생각다 못하여〔못해〕〔관용〕 아무리 생각해도 신통한 수가 없어서.

생각이 꿀떡 같다〔관용〕 (무엇을 할) 생각이 매우 간절하다.

생각(生角)图 ①갈기 전에 잘라 내거나 뽑아낸 사슴의 뿔. ②삶지 아니한 짐승의 뿔.

생각-나다〔-강-〕图 생각이 일어나다. ¶생각나는 대로 의견을 말씀해 주십시오. /주말 저녁이라 그런지 술이 생각난다.

생각-씨图 ☞관념사(觀念詞).

생-갈이(生-)图〔하타〕①〈홍두깨생갈이〉의 준말. ②'애벌갈이'의 잘못.

생-감(生-)图 삗에서 끊은 온전한 새 천.

생강(生薑)图 ☞새앙.

생강-나무(生薑-)图 녹나뭇과의 낙엽 활엽 관목. 높이 3 m가량이며 달걀 모양의 잎이 돌려남. 암수딴그루인데 2월에 잎보다 먼저 노란 꽃이 핌. 9월에 장과(漿果)가 붉게 익으며, 우리나라 중남부와 중국·일본 등지에 분포함. 꽃과 가지를 꺾으면 향기가 남. 열매로는 기름을 짬. 새앙나무. 생나무.

생강-뿔(生薑-)图 ☞새앙뿔. 생뿔.

생강-손이(生薑-)图 '새앙손이'의 잘못.

생강-엿(生薑-)〔-녓〕图 ☞새앙엿. *생강엿만〔-녀시〕·생강엿엔〔-년-〕

생강-주(生薑酒)图 ☞새앙술.

생강-즙(生薑汁)图 ☞새앙즙.

생강-차(生薑茶)图 ☞새앙차.

생강-초(生薑醋)图 ☞새앙초.

생-거름(生-)图 제대로 썩지 않은 거름.

생-걱정(生-)〔-쩡〕图〔하타〕 대수롭지 않은 일 때문에 하는 공연한 걱정.

생-건지황(生乾地黃)图 한방에서, '날로 말린 지황의 뿌리'를 이르는 말.〔보혈과 지혈(止血) 따위에 약으로 쓰임.〕 건하(乾苄). ⓟ건지황. ⓟ생지황·숙지황.

생겁(生法)图 대수롭지 않은 일로 내는 겁.

생-것〔-껃〕图 날것. 생것을 잘못 먹어 배탈이 나다. *생것이〔-거시〕·생것만〔-건-〕

생게-망게〔하타〕 갑자기 벌어진 뜻밖의 일이 엉뚱하고 터무니없는 모양.

생겨-나다图 전에 없이 생기어 나오다. 생기다. ⓑ출생하다. 발생하다. ¶의혹이 생겨나다.

생견(生絹)图 ☞생명주.

생견(生繭)图 삶지 아니한 고치. ↔건견(乾繭).

생경(生梗)图〔하타〕 두 사람 사이에 불화가 생김.

생경(生硬) '생경하다'의 어근.

생경지-폐(生梗之弊)〔-폐/-폐〕图 두 사람 사이의 불화로 말미암은 폐단.

생경-하다(生硬-)〔-형여〕①세상의 사정에 어둡고 완고하다. ¶그 노인들은 계약 결혼에 대해 생경할 수밖에 없다. ②익숙하지 않아 어색하다. ¶도시 생활이 생경하다 ③시문(詩文)이 어색하고 세련되지 못하다. ¶조잡하고도 생경한 시구(詩句).

생계(生界)〔-계/-게〕图 생물의 사회. 생물의 세계.

생계(生計)〔-계/-게〕图 (의식주의 면에서) 살아갈 방도. 구복지계(口腹之計). 생도(生道). 생로. 활계(活計). ¶생계를 유지하다. /생계가 막연하다.

생계-무책(生計無策)〔-계-/-게-〕图〔하타〕 생계의 방책이 전혀 없음.

생계-비(生計費)〔-계-/-게-〕图 생계에 드는 비용.

생계비^지수(生計費指數)〔-계-/-게-〕图 생계비를 구성하는 상품이나 서비스의 가격 변동을 지수화하고, 이로써 생계비의 오르내림을 측정하려는 여러 가지 물가 지수를 두루 이르는 말. ⓟ물가 지수(物價指數).

생고(生苦)图 불교에서 이르는 사고(四苦)의 하나. 태(胎) 속에 들어서면서부터 태어날 때까지 겪는 고통.

생-고기(生-)图 날고기.

생-고무(生-)图 탄성 고무의 원료. 파라고무나무의 껍질에서 빼낸 유액(乳液)을 초산(醋酸)으로 굳혀 관자 모양으로 만든 것. 탄성 고무의 원료가 됨. 천연고무.

생-고사(生庫紗)图 생견(生絹)으로 짠 고사. ↔숙고사(熟庫紗).

생-고생(生苦生)图〔하타〕 까닭 없이 하는 고생. ¶생고생을 사서 하다.

생-고집(生固執)图 까닭 없이 공연히 부리는 고집.

생-고치(生-)图 (속에 번데기가 살아 있는) 아직 말리지 않은 고치. 생견(生繭).

생곡(生穀)图 ①익히지 않은 곡식. ②〔하타〕곡식이 남. 곡식이 산출됨.

생과(生果)图 ☞생과실(生果實).

생-과부(生寡婦)图 ①남편이 살아 있는데도 멀리 떨어져 있거나 소박을 맞아 혼자 있는 여자. ¶남편이 멀리 지방으로 발령을 받아 졸지에 생과부 신세가 되었다. ②갓 결혼했거나 약혼만 했다가 남자가 죽어 혼자된 여자. ¶생과부로 평생을 수절하다.

생-과실(生果實)图 아직 덜 익은 과실. 생과. 생과일. ⓟ생과실(生實果).

생-과일(生-)图 ①가공하지 않은 싱싱한 과일. ¶생과일 주스. ②☞생과실.

생-과자(生菓子)图 ☞진과자.

생광(生光)图〔하타〕ⓢ①빛이 남. ②자랑스러워 낯이 남. 생색(生色). ¶공사다망하시더라도 일차 왕림해 주시면 생광이겠습니다. ③아쉬운 때에 잘 쓰게 되어 보람이 있음. ¶생광스럽게 썼다. **생광스럽다.**

생-광목(生廣木)图 누이지 아니한 광목.

생-굴(生-)图 익히지 않았거나 절이지 않은, 날것의 굴.

생-귀신(生鬼神)图 제명대로 살지 못하고 억울하게 죽은 사람의 영혼.

생그레图〔하타〕 상냥한 표정으로 눈과 입을 조금 움직여 소리 없이 부드럽게 웃는 모양. ⓔ싱그레. ⓢ쌩그레.

생글图〔하타〕 즐거운 표정으로 소리 없이 부드럽게 웃는 모양. ¶피곤한 기색도 없이 생글 웃어 보이다. ⓔ싱글. **생글-생글**图〔하타〕

생글-거리다图 자꾸 생글생글하다. 생글대다. ⓔ싱글거리다. ⓢ쌩글거리다.

생글-대다图 ☞생글거리다.

생글-방글图〔하타〕 못내 즐거운 듯이 눈과 입을 예쁘게 움직이면서 소리 없이 자꾸 웃는 모양. ⓔ싱글벙글. ⓢ쌩글빵글.

생글-뱅글[閉][하자] 매우 재미있다는 듯이 눈과 입을 예쁘게 움직이면서 소리 없이 자꾸 웃는 모양. **쎈**생글뱅글.

생금(生金)[명] 아직 불리지 아니한, 캐낸 그대로의 금.

생금(生擒)[명][하자] 사로잡음. 생포(生捕).

생급-스럽다[-쓰-따][~스러우니·~스러워][형ㅂ] ①(하는 짓이) 엉뚱하고 갑작스럽다. ②(하는 말이) 터무니없다. **생급스레**[閉].

생긋[-귿][閉][하자] 상냥하게 눈으로 한 번 웃어 보이는 모양. ¶생긋하면서 눈인사로 맞이하다. **큰**싱긋. **쎈**생끗·쌩긋·쌩끗. **생긋-이**[閉]. **생긋-생긋**[閉][하자].

생긋-거리다[-귿꺼-][자] 자꾸 생긋생긋하다. 생긋대다. **큰**싱긋거리다.

생긋-대다[-귿때-][자] 생긋거리다.

생긋-뱅긋[-귿뱅귿][閉][하자] 마음에 흐뭇한 듯이 눈과 입을 귀엽게 움직이면서 소리 없이 자꾸 웃는 모양. **큰**싱긋벙긋. **쎈**생끗뱅끗·쌩긋뱅긋·쌩끗뱅끗.

생긋뱅긋-거리다[-귿뱅귿꺼-][자] 자꾸 생긋뱅긋하다. 생긋뱅긋대다. **큰**싱긋벙긋거리다.

생긋뱅긋-대다[-귿뱅귿때-][자] 생긋뱅긋거리다.

생기(生氣)[명] 싱싱하고 힘찬 기운. ¶생기가 돌다. /생기를 잃다. /비가 내려 작물에 생기가 넘치다. **비**생채(生彩).

생기(生起)[명] 생겨남, 또는 일어남. 발생(發生). 야기(惹起). ¶순간적으로 생기하는 사고.

생기(省記)[명] ①[하자] ⇨약기(略記). ②조선 시대에, 관아에서 당직자의 이름을 기록하던 서류.

생기다¹[자] ①없던 것이 있게 되다. ¶걱정거리가 생기다. ②제 손에 들어오다. ¶돈이 생기다. ③일어나다. 발생하다. ¶탈이 생기다.

생기다²[조동] (어미 '-게' 뒤에 쓰이어) 어떠한 지경에 이르게 되다. ¶큰일나게 생겼다. /다 된 죽에 코 풀게 생겼다.

생기다³[형보] (어미 '-게' 뒤에 쓰이어) '보이다'의 뜻으로 쓰이다. ¶귀엽게 생기다.

생기-론(生氣論)[명] 생물의 생명 현상은 물질적 자연법칙이나 현상으로는 설명이 될 수 없는, 생물 특유의 원리인 생기(生氣)에 의하여 지배되고 파악된다는 이론이나 주장. 생기설.

생기발랄(生氣潑剌) '생기발랄하다'의 어근.

생기발랄-하다(生氣潑剌-)[형여] 생기가 있고 발랄하다. ¶생기발랄한 여학생들.

생기-법(生氣法)[-뻡][명] 일진(日辰)과 나이를 팔괘(八卦)의 수로 나누어 그날의 운수를 알아보는 법.

생기-보다(生氣-)[자] 생기법(生氣法)으로 그날의 운수를 보다.

생기-복덕(生氣福德)[-떡][명] 〈생기복덕일〉의 준말.

생기-복덕일(生氣福德日)[-떠길][명] 생기일과 복덕일이 겹친 아주 길한 날. **준**생기복덕.

생기-설(生氣說)[명] ⇨생기론.

생기-일(生氣日)[명] 생기법에 따라 고른, 운수 좋은 날.

생기-짚다(生氣-)[-집따][자] 생기법(生氣法)에 따라 일진(日辰)과 나이를 팔괘에 맞추어, 길일을 따져 보다.

생기-판(省記板)[명] 조선 시대에, 관아에서 당직자의 이름을 써서 보이던 게시판.

생김-새[명] 생긴 모양. 생김생김.

생김-생김[명] 생김새. ¶생김생김이 참하다.

생-김치(生-)[명] 막 담가서 미처 삭지 않은 김치. 날김치.

생-꾼(生-)[명] ⇨생무지.

생꿋[-끋][閉][하자] 〈생긋〉의 센말. **큰**싱끗. **쎈**생끗. ¶아내는 생끗 웃더니 말을 꺼냈다.

생꿋-뱅끗[-끋뱅끋][閉][하자] 〈생긋뱅긋〉의 센말. **큰**싱끗뱅끗. **쎈**생끗뱅끗.

생:-나무(生-)[명] ⇨생나무.

생-나무(生-)[명] ①베어서 마르지 않은 나무. ②살아 있는 나무. 생목(生木)¹.

생-나물(生-)[명] (나물거리를) 익히지 않고 날것으로 무친 나물.

생-난리(生亂離)[-날-][명] 까닭 없이 매우 시끄럽게 들볶아 대는 판국. ¶생난리가 나다. /생난리를 치다.

생남(生男)[명][하자] 아들을 낳음. 득남(得男). 생자(生子). ↔생녀(生女).

생남-기도(生男祈禱)[명][하자] 아들을 낳게 해 달라고 신불에게 드리는 기도.

생남-례(生男禮)[-녜][명][하자] 아들을 낳고 한턱내는 일. 득남례. 생남턱.

생남-주(生男酒)[명] 생남례로 내는 술.

생남-턱(生男-)[명] ⇨생남례.

생녀(生女)[명][하자] 딸을 낳음. 득녀(得女). ↔생남(生男).

생년(生年)[명] 태어난 해.

생-년월일(生年月日)[명] 태어난 해와 달과 날. ↔졸년월일(卒年月日).

생-년월일시(生年月日時)[-씨][명] 태어난 해와 달과 날과 시각. 참사주(四柱).

생-논(生-)[명] 갈이질이 잘 되지 못한 논.

생-니(生-)[명] 아프거나 썩지 아니한 이. 탈 없이 멀쩡한 이.

생-담배(生-)[명] 피우지도 않으면서 그냥 태우거나 타고 있는 상태로 둔 담배.

생-당목(生唐木)[명] ⇨생옥양목.

생-당포(生唐布)[명] 누이지 않은 당모시.

생도(生徒)[명] ①지난날, 중등학교 이하의 학생을 이르던 말. ②사관학교를 비롯한 군사 교육 기관의 학생.

생도(生道)[명] ⇨생계(生計).

생-돈(生-)[명] 공연히 쓰이거나 억울하게 드는 돈. ¶생돈이 들다.

생동[명] 광맥 중에서 아직 채굴하지 않은 곳.

생동(生動)[명] ①[하자] 살아서 생기 있게 움직임. ②[하형] (그림이나 조각 또는 글씨 따위의 예술품이) 살아 움직이는 듯이 힘이 있음.

생동(生銅)[명] 불리지 않은 구리.

생동-감(生動感)[명] 살아 움직이는 듯한 느낌. 동세(動勢). ¶생동감이 넘치다.

생동-생동[閉][하형] 지치거나 기운이 꺾이지 않고 본디의 원기가 그대로 남아 있어 생생한 모양. ¶날이 샐 때까지 기운이 생동생동했다. **큰**싱둥싱둥.

생동-쌀[명] 생동찰의 쌀. 청량미(靑粱米). 청정미.

생동-찰[명] 이삭에 털이 있고, 낟알이 잘며, 푸른빛을 띠는 차조의 한 가지.

생동-팥(生-)[명] 음력 4~5월에 심는 팥의 한 가지. *생동팥이[-파치]·생동팥을[-파틀]·생동팥만[-판-]

생-되다(生-)[-뙤-/-뛔-][형] 일에 익숙하지 못하고 서투르다. ¶솜씨가 생되어 일을 맡길 수가 없다.

생득(生得)[명] 타고남. 날 때부터 지님.

생득^관념 (生得觀念) [-꽌-] 圓 ☞본유 관념.

생득-설 (生得說) [-썰] 圓 인간은 태어나면서 어떤 일정한 관념이나 사고의 형식을 지니고 태어난다는 주장.

생득-적 (生得的) [-쩍] 관圓 태어날 때부터 지니고 있는. (것). ¶생득적인 언어 습득 능력.

생디칼리슴 (syndicalisme 프) 圓 의회주의를 배격하고 노동조합의 혁명적 직접 행동으로 사회 체제를 바꾸려 하였던 급진적 사회주의 사상.

생-따지 (生-) [-찌] 圓 아직 덜 나은 헌데의 딱지. ¶생딱지가 앉다.

생-딴전 (生-) 圓 엉뚱한 딴 짓. ¶하라는 공부는 안 하고 생딴전만 부린다.

생-땅 (生-) 圓 갈거나 파 본 적이 없는 굳은 땅. 생지(生地). ¶생땅을 일구다.

생때-같다 (生-) [-갇따] 圀 몸이 튼튼하여 통병이 없다. 《주로, '생때같은'의 꼴로 쓰임.》 ¶생때같은 자식을 잃다.

생-떡국 (生-) [-꾹] 圓 쌀가루를 익반죽하여 떡국을 끓인 음식.

생-떼 (生-) 圓 당치도 않은 일에 억지를 부리는 떼. ¶생떼를 부리다. /생떼를 쓰다.

생-떼거리 (生-) 〈생떼〉의 속된 말.

생뚱-맞다 [-맏따] 圀 (하는 짓이나 말이) 앞뒤가 서로 맞지 아니하고 엉뚱하다. ¶생뚱맞은 소리를 잘도 한다.

생뚱-스럽다 [-따] [~스러우니·~스러워] 圀田 (하는 짓이나 말이) 앞뒤가 서로 맞지 아니하고 엉뚱한 데가 있다. **생뚱스레**튄.

생래 (生來) [-내] 圓 ①세상에 태어난 이래. ¶생래 초문이다. ②타고남. ¶생래의 불구.

생랭 (生冷) [-냉] 圓 ☞생랭지물(生冷之物).

생랭지물 (生冷之物) [-냉-] 圓 날것과 찬 것. 생랭(生冷).

생략 (省略) [-냑] 圓하타 (한 부분을) 덜어서 줄이거나 뺌. 약(略). ¶이하 생략.

생략-법 (省略法) [-냑뻡] 圓 수사법상 변화법의 한 가지. 문장을 아예 생략하거나 중도에서 나머지 말을 생략하여 독자에게 함축미나 여운·암시 등을 느끼게 하는 표현 방법. 〔'꽃잎이 진다. 하나, 둘…'〕

생략^삼단^논법 (省略三段論法) [-냑쌈-뻡] 圓 이론은 간결하면서 표현은 강한 효과를 얻기 위하여, 대전제·소전제·결론의 삼단 논법 전개 단계 중 하나를 생략함.

생략-표 (省略標) [-냑-] 圓 ☞줄임표.

생량 (生涼) [-냥] 圓하자 (가을이 되어) 서늘한 기운이 생김.

생량-머리 (生涼-) [-냥-] 圓 (가을이 되어) 서늘해질 무렵.

생력 (省力) [-녁] 圓 힘이나 수고를 줄임.

생력-꾼 (生力-) [-녁-] 圓 기운이 펄펄 솟는 사람.

생력^농업 (省力農業) [-녕-] 圓 (기계화·협동화·집단화 등으로) 노동력을 절약하는 농업.

생력-화 (省力化) [-녀콰] 圓하자타되자 작업의 기계화·자동화 등으로 노동력이나 수고를 줄이는 일.

생령 (生靈) [-녕] 圓 ①생명(生命). ②산 사람의 영혼. ↔사령(死靈). ③☞생민(生民).

생례 (省禮) [-녜] 圓하자 예절의 격식을 줄인다는 뜻으로, 상중(喪中)에 있는 사람이 쓰는 편지 글의 첫머리에 쓰는 말. 생식(省式).

생로 (生路) [-노] 圓 ☞생계(生計).

생로병사 (生老病死) [-노-] 圓 불교에서 이르는 네 가지 고통. 나고, 늙고, 병들고, 죽는 일. 사고(四苦).

생록-지 (生漉紙) [-녹찌] 圓 닥나무의 겉껍질로 뜬 종이.

생률 (生栗) [-뉼] 圓 ①☞날밤². ②껍질과 보늬를 벗기고 나부죽하게 친 날밤. 흔히, 잔치나 제사 때 쓰임.

생률을 치다 관용 날밤의 껍질과 보늬를 벗기고 나부죽하게 다듬다.

생리 (生利) [-니] 圓하자 이익을 냄.

생리 (生理) [-니] 圓 ①생물체의 생명 활동과 관련되는 현상, 또는 그 원리. ②생활의 방식 또는 습성. ¶그 사람의 생리로는 그런 반응을 보이는 것이 이상할 것이 없다. ③☞하자 월경(月經).

생리-대 (生理帶) [-니-] 圓 ☞개짐.

생리-사별 (生離死別) [-니-] 圓하자 살아서도 떨어져 있다 죽어서 아주 헤어짐.

생리^식염수 (生理食鹽水) [-니-] 圓 사람의 체액과 삼투압(滲透壓)을 같게 한 0.9%의 소금물. 체액 대용액(體液代用液). ⓒ식염수.

생리^심리학 (生理心理學) [-니-니-] 圓 심리학적인 사상(事象)을 생리 과정과의 관련에서 파악하여 생리학적 방법으로 연구하는 학문.

생리-위생 (生理衛生) [-니-] 圓 ①생리와 위생. ②생리학과 위생학. ③월경과 관련된 위생.

생리-일 (生理日) [-니-] 圓 월경이 있는 날.

생리^작용 (生理作用) [-니-] 圓 생물의 생활한 작용. 곧, '혈액 순환·호흡·소화·배설·생식 따위의 모든 작용'을 통틀어 이르는 말.

생리-적 (生理的) [-니-] 圓 ①생명 활동과 관계되는 (것). ¶생리적 발작. /생리적인 변화. ②생긴 대로의 본능적인 (것). ¶생리적 본능. /생리적인 욕구.

생리적 분업 (生理的分業) [-니-뿌넙] 圓 생물의 각 기관이 분업적으로 활동하여 기능을 발휘함으로써 유기체를 유지·발달시키는 일.

생리적 영도 (生理的零度) [-니정녕-] 圓 인간의 피부 감각으로 따뜻함이나 차가움을 느낄 수 없는 온도. 〔대개 28~29°C.〕

생리-통 (生理痛) [-니-] 圓 ☞월경통(月經痛).

생리-학 (生理學) [-니-] 圓 생물의 생리 작용과 생명 현상의 유기적 기능을 연구하는 생물학의 한 분야.

생리^휴가 (生理休暇) [-니-] 圓 생리일에 주어지는 유급 휴가. 〔여성 근로자의 청구에 따라 한 달에 하루씩 인정됨.〕

생마 (生馬) 圓 ①길들이지 않은 말. 田야생마(野生馬). ②갓 태어난 망아지.

생마 갈기 외로 질지 바로 질지 속담 〔갓 태어난 망아지의 갈기가 왼쪽으로 늦게 될지, 오른쪽으로 늦게 될지 알 수 없다는 뜻으로〕 어린아이가 자라서 어떤 인물이 될지 미리 예측하기 어렵다는 말.

생마 잡아 길 들이기 (들이기) 속담 버릇없고 배우지 못해서 성깔이 고약한 사람은 가르쳐 바로잡기 어렵다는 뜻.

생마 (生麻) 圓 삶지 않은 삼.

생마-새끼 (生馬-) 圓 ①길들이지 않은 망아지. ②'예의를 모르는 사람'을 속되게 이르는 말.

생-매 (生-) 圓 길들이지 아니한 매.

생매 (生埋) 圓하자되자 (산 것을) 그대로 땅속에 파묻음. 생장(生葬).

생-매장 (生埋葬) 圓하자되자 ①(사람을) 산 채로 파묻음. ②(잘못이 없는 사람에게) 허물을 씌워 어떤 지위에서 몰아내거나 명예를 추락시킴.

생-맥주 (生麥酒) [-쭈] 圓 살균(殺菌) 공정을 거치지 않은 맥주.

생-머리 圓 〈새앙머리〉의 준말.

생-머리(生-)몡 ①(파마 따위를 하지 않은) 나서 자란 그대로의 머리. ¶생머리를 길게 늘어뜨린 소녀. ②아무렇지도 않다가 특별한 이유 없이 갑자기 아픈 머리. ¶생머리를 앓다.

생-먹다(生-)[-따]탄 (남의 말을) 듣지 않다. ¶남의 말을 생먹다가는 후회한다. ②모르는 체하다. ¶자네만 그 일을 생먹긴가?

생-멧소(生-)[-메쏘/-멛쏘]몡 지난날, 소 한 마리 값의 돈을 빌려 쓰고 갚을 때까지 도조(賭租)를 이자로 물던 일.

생면(生面)몡 ①〈생면목〉의 준말. ↔숙면(熟面). ②하자 생면을 냄.

생면-강산(生面江山)몡 ①처음으로 보는 낯선 강산. ②난생 처음 듣고 보는 일.

생면-대책(生面大責)몡하탄 ①막되도 모르면서 관계없는 사람을 그릇 책망함.

생-면목(生面目)몡 낯선 얼굴. 처음 대하는 얼굴. ②생면.

생면부지(生面不知)몡 이전에 만나 본 일이 없어 전혀 모르는 사람, 또는 그런 관계. ¶생면부지인 저를 잘 돌봐 주셔서 감사합니다.

생멸(生滅)몡하자 (우주 만물의) 생겨남과 어지짐.

생명(生命)몡 ①살아 있기 위한 힘의 바탕이 되는 것. 목숨. 생(生). 생령(生靈). ②사물을 유지하는 기간. ¶정비를 잘해야 기계의 생명이 길어진다. ③사물의 핵심(核心). ¶책의 생명은 내용이다. ④어떤 사회적 존재로서의 특질. ¶학자로서의 생명을 잃다. ⑤딴 존재와 구별되는, 생물로서의 특성을 보여 주는 추상적 활동.

생명^**감:정**(生命感情)몡 본능적 욕구와 직접 관련되는 감정. [허기·갈증·성적 흥분 따위].

생명^**공학**(生命工學)몡 생물 특유의 기능인 유전·증식(增殖)·대사(代謝) 등을, 물질의 생산이나 검출(檢出) 등에 이용하는 기술. 바이오테크놀로지.

생명^**과학**(生命科學)몡 생명 현상이나 생물의 갖가지 기능을 밝혀 그 성과를 농업·의학·환경의 보존이나 개선 따위의 인류 복지에 응용하는 종합 과학.

생명-권(生命權)[-꿘]몡 생명에 대한 불법적인 침해로부터 보호받을 법적 권리.

생명-력(生命力)[-녁]몡 생명의 힘. ¶혹독한 추위를 견디어 온 강인한 생명력.

생명-록(生命錄)[-녹]몡 기독교에서, '교인의 명부'를 이르는 말.

생명^**보:험**(生命保險)몡 피보험자가 사망하거나 일정한 연령에 이르러야 일정한 금액의 지급을 약정한 보험.

생명-선(生命線)몡 ①나라나 조직 등이 살아남기 위하여 꼭 지켜야 할 한계, 또는 최저 생활의 여건. ②삶을 보장해 주는 요긴한 수단. ¶안전벨트는 승객의 생명선이다. ③수상(手相)에서, 수명을 나타내는 손금.

생명-소(生命素)몡 생명을 유지하는 데 필요한 요소(要素).

생명-수(生命水)몡 [영적 생명을 유지하는 데 필요한 물이란 뜻으로] 기독교에서, 하나님의 복음을 이르는 말. 생명수. 영생수(永生水).

생명-수(生命樹)몡 ①☞선악과나무. ②생명의 원천이나 인류의 발상지로서의 나무. [북유럽·중동·인도 등지의 민간 신앙이나 신화에 나타남.] 세계수(世界樹).

생명^**연금**(生命年金)[-년-]몡 지급 기일에 살아 있어야만 지급되는 연금.

생명-점(生命點)[-쩜]몡 덜미의 바로 위, 꼭뒤 아래의 약간 오목한 곳. [호흡 중추와 심장 중추가 있는데, 이곳을 바늘로 찌르면 죽음.]

생명-주(生明紬)몡 생사로 짠 명주. 생견(生絹). ②생주(生紬).

생-명주실(生明紬-)몡 ☞생사(生絲).

생명^**철학**(生命哲學)몡 체험으로서의 삶에서 출발하여 삶의 직접적인 파악을 지향하는 철학. [삶의 철학'이라고도 함.]

생명-체(生命體)몡 생명이 있는 물체.

생명-표(生命表)몡 국민의 생존·사망에 대하여, 생존율·사망률·평균 여명(餘命) 등을 연령별·남녀별 등으로 나타낸 표.

생명-형(生命刑)몡 ☞사형(死刑).

생-모(生-)몡 윷놀이에서, 말을 새로 달아야 하는 모.

생모(生母)몡 (자기를) 낳은 어머니. 생어머니. 친어머니. ↔양모(養母).

생-모시(生-)몡 누이지 않은 모시. 생저(生苧).

생:-목(-木)몡 ☞당목(唐木). ②서양목.

생-목(生-)몡 위로 치밀어 오르는, 배 속의 삭지 아니한 음식물. ¶생목이 올라 속이 거북하다.

생목(生木)[1]몡 ☞생나무.

생목(生木)[2]몡 누이지 않은 무명.

생-목숨(生-)[-쑴]몡 ①살아 있는 목숨. ¶생목숨을 끊다. ②생사람의 목숨.

생-몰(生歿)몡 태어남과 죽음. ¶생몰 연대.

생-몰년(生沒年)[-련]몡 태어난 해와 죽은 해. 생졸년(生卒年). ¶생몰년 미상(未詳).

생-무지(生-)몡 어떤 일에 익숙하지 못한 사람. 생꾼. 생수(生手). ¶그런 생무지에게 일을 맡기다니….

생문(生門)몡 술가의 팔문(八門) 가운데 길한 문의 하나.

생-문자(生文字)[-짜]몡 새로 만들어져 널리 쓰이지 않아서 생된 문자나 용어.

생물(生物)몡 ①스스로 영양을 섭취하며, 생장·번식·운동을 기본으로 하는 생활 현상을 가진 유기체. 동물과 식물로 크게 나뉨. 유생물(有生物). ↔무생물. ②☞생물학. ¶생물 수업.

생물^**검:정**(生物檢定)몡 생물이 물질에 대하여 나타내는 생체 반응으로 물질의 성분·효력·성질 따위를 검정하는 일. 화학적 방법으로 측정할 수 없는 극히 적은 양의 물질의 증명이나 정량(定量)에 쓰임.

생물^**계:절**(生物季節)[-계-/-게-]몡 식물의 싹트기나 열매 맺기, 동물의 털갈이나 탈바꿈, 물고기의 회유 등 계절에 따른 생물의 변화.

생물^**공학**(生物工學)몡 생물학적인 과정의 지식과 방법을 기술적인 과제의 해결에 응용하는 과학. 생체 공학. 바이오닉스.

생물-권(生物圈)[-꿘]몡 생물학에서, 생물이 생활하고 있는 장소 전체를 이르는 말. [물속이나 땅속 또는 공중의 극히 얇은 부분에 한정되어 있음.] 생활권.

생물^**기상학**(生物氣象學)몡 대기의 물리적·화학적 환경 조건이나 변화가 생체에 미치는 영향을 연구하는 학문.

생물^**물리학**(生物物理學)몡 생명 현상이나 생리 작용을 물리적 방법으로 연구하는 학문.

생물^**발광**(生物發光)몡 생물체에서 빛이 발생되는 현상. [일부의 균류나 반딧불이·야광충 따위에서 볼 수 있음.]

생물^**발전**(生物發電)[-쩐]몡 생물체에서 전기가 일어나는 현상.

생물-상(生物相)[-쌍][명] 일정한 지역에 살고 있는 생물의 모든 종류.

생물^시대(生物時代)[명] 무생물 시대의 다음 시대. 지질학상 고생대(古生代)·중생대(中生代)·신생대(新生代)로 나눔.

생물-암(生物岩)[명] 생물의 생리 작용이나 유해(遺骸)가 퇴적하여 생성된 수성암(水成岩)의 한 가지. 〔석탄·석회암·구아노 따위.〕

생물 요법(生物療法)[-료뻡][명] 생물학적 약제를 사용하는 치료법.

생물-전:기(生物電氣)[명] 생물의 조직이나 기관에서 일어나는 전기 현상.

생물^지리학(生物地理學)[명] 지구 상의 생물 분포에 관하여 연구하는 학문. 동물 지리학과 식물 지리학이 있음.

생물-체(生物體)[명] 살아 있는 물체.

생물-학(生物學)[명] 생물의 기능·구조·발달·분포 및 생명 현상 전반을 연구하는 자연 과학의 한 분야. 생물(生物).

생물학^무:기(生物學武器)[-항-][명] ☞생물학 병기.

생물학^병기(生物學兵器)[-뼝-][명] 세균이나 바이러스, 기타 생화학 물질을 이용하여 인간·가축·식물 등을 살상하거나 말려 죽이는 병기를 통틀어 이르는 말. 생물학 무기.

생물학적 리듬(生物學的rhythm)[-쩍-][명] 생물체에서 볼 수 있는 주기적 현상.

생물학적 산소^요구량(生物學的酸素要求量)[-쩍쏘-] 물의 오염도를 나타내는 지표의 한 가지. 물속의 유기 물질을 호기성(好氣性) 미생물이 산화·분해하는 데 필요한 산소의 양. 〔단위는 ppm.〕 비오디(BOD). 화학적 산소 요구량.

생물학-전(生物學戰)[-쩐][명] 사람과 동식물에게 질병을 일으키게 하거나 물질을 썩게 하는 미생물을 무기로 사용하는 전쟁. 세균전(細菌戰). 화생방전(化生放戰).

생물^화:학(生物化學)[명] ☞생화학(生化學).

생-미사(生missa)[명] 가톨릭에서, 살아 있는 이를 위하여 드리는 미사를 이르는 말.

생민(生民)[명] 〔살아 있는 백성이란 뜻으로〕 일반 국민. 민생(民生). 생령(生靈).

생밀(生蜜)[명] 정제하지 않은 꿀.

생박(生縛)[명][하타] 사로잡아 묶음.

생반(生飯)[명] 선종(禪宗)에서, 끼니 음식을 먹기 전에 아귀 또는 새와 들짐승 따위에게 주기 위하여 조금 떠내는 밥. 여동밥.

생-밤(生-)[명] ☞날밤.

생-방송(生放送)[명][하타][되자] 스튜디오나 현장에서 직접 하는 방송. 녹음 방송·녹화 방송.

생배-앓다(生-)[-알타][자] 〔공연히 배를 앓는다는 뜻으로〕 남이 잘되는 것을 시기하다. ¶체, 입사 동기가 승진했다고 생배앓을 게 뭐람.

생-백신(生vaccine)[명] 독성(毒性)을 없애거나 약하게 한, 살아 있는 균 또는 바이러스로 만든 백신. 균이나 바이러스를 죽여서 만든 백신에 비해 면역성도 길고 효과도 강함.

생-베(生-)[명] 누이지 않은 베. 생포(生布).

생-벼락(生-)[명] ①아무 죄도 없이 맞는 벼락. ②아무 잘못도 없이 뜻밖에 당하는 재앙. ¶생벼락을 맞다. 날벼락.

생별(生別)[명][하타][자] 〈생이별(生離別)〉의 준말.

생병(生病)[명] 무리한 일을 해서 생긴 병. ¶밤샘을 일삼더니 생병이 났다.

생복(生鰒)[명] 익히지 않은 전복. ↔숙복(熟鰒).

생부(生父)[명] 자기를 낳은 아버지. 친아버지. ↔양부(養父).

생-부모(生父母)[명] 양자로 간 사람의 생가(生家)의 부모. 본생부모(本生父母). ↔양부모.

생불(生佛)[명] 덕행(德行)이 뛰어난 중으로서, 살아 있는 부처로 숭앙받는 사람. 활불(活佛).

생불-불이(生佛不二)[명] ☞생불일여.

생불여사(生不如死)[-려-][명] 〔삶이 죽음만 못하다는 뜻으로〕 '몹시 곤란한 지경에 빠져 있음'을 뜻하는 말.

생불-일여(生佛一如)[명] 불교에서, 중생의 본성(本性)과 부처의 법신(法身)은 본래 같은 것이며 차별이 없다는 뜻. 생불불이.

생비(省費)[명][하자] 비용을 아낌.

생-뿔[명] ☞새앙뿔. 생강뿔.

생-사(-紗)[명] ☞서양사(西洋紗).

생사(生死)[명] ①삶과 죽음. ¶생사 불명. /생사를 같이하다. ②태어남과 죽음.

생사(生絲)[명] 삶지 않은 명주실. 날실². 생명주실. ↔연사(練絲).

생사-가판(生死可判)[명][하자] 사느냐 죽느냐를 따지어 판단함. 사생가판.

생사-경(生死境)[명] 사느냐 죽느냐의 위급한 지경. 사경(死境).

생사-관두(生死關頭)[명] ☞사생관두.

생-사당(生祠堂)[명] 지난날, 지방관(地方官)의 선정(善政)을 기리어, 백성들이 그의 생시(生時)에 그를 제사 지내던 사당.

생사-대해(生死大海)[명] 불교에서, '끝없는 윤회(輪廻)의 세계'를 '바다'에 비유하여 이르는 말.

생-사람(生-)[명] ①아무 허물이 없는 사람. ②아무 관계도 없는 사람. ¶생사람을 붙잡고 하소연하다. ③성했던 사람.

생사람(을) 잡다[관용] 아무 허물도 관계도 없는 사람에게 누명을 씌워 고생시키다.

생사-입판(生死立判)[명] 살고 죽는 것이 당장에 판정됨.

생사-존망(生死存亡)[명] 살아 있음과 죽어 없어짐. 사생존망.

생사-탕(生蛇湯)[명] 산 뱀을 달인 탕약.

생산(生產)[명][하타] ①[되자]인간 생활에 필요한 물건을 만듦. ¶식량을 생산하다. ↔소비. ②아이를 낳음. 출산(出産). ¶중전 마마께서 왕자를 생산하셨다. ③(동물이) 새끼를 낳음.

생산-가(生產價)[-까][명] ☞생산 가격.

생산^가격(生產價格)[-까-][명] 생산비에 평균 이윤을 보탠 가격. 생산가.

생산-고(生產高)[명] ①☞생산량. ②☞생산액.

생산^공채(生產公債)[명] 생산과 관련한 사업 경비를 마련하기 위하여 발행하는 공채.

생산^과:잉(生產過剩)[명] 사회의 구매력(購買力)을 초과하여 상품이 생산되는 일.

생산^관:리(生產管理)[-괄-][명] ①기업 경영에서, 생산 공정을 과학적으로 계획하고 통제하는 일. ②쟁의 행위의 한 가지. 근로자들이 실력으로 사용자의 의사를 물리치고 공장을 관리하며 경영하는 행위. 업무 관리.

생산^교:육(生產敎育)[명] ①생산 기술(技術)과 노동(勞動)을 인간 형성의 핵심(核心)으로 삼는 교육. ②보통 교육에서의 생산 기술과 노동의 교육. 〔중·고등학교의 기술이나 가정 따위가 이에 해당됨.〕

생산^금융(生產金融)[-금늉/-그뮹][명] 생산을 위하여 사용될 자금의 공급. ↔소비 금융.

생산^기간(生産期間)〖명〗 생산재(生産財)가 생산물이 되어 나오기까지의 기간.

생산^기관(生産機關)〖명〗 생산 수단에서 노동력을 제외한 기계와 원료 따위를 통틀어 이르는 말.

생산^도시(生産都市)〖명〗 생산 활동이 중심적 기능으로 되어 있는 도시. ↔소비 도시.

생산-량(生産量) [―냥]〖명〗 일정 기간에 생산되는 분량. 생산고. ↔소비량.

생산-력(生産力) [―녁]〖명〗 물질적인 재화(財貨)를 생산할 수 있는 힘. 생산 수단(生産手段)과 그것을 사용하여 물건을 만드는 사람, 곧 노동력(勞動力)으로 이루어짐.

생산-물(生産物)〖명〗 생산된 물건.

생산-비(生産費)〖명〗 생산에 드는 비용. 원료비·노임·동력비 등의 가변 비용(可變費用)과 사무비·판매비·감가 상각비·이자 등의 불변 비용(不變費用)으로 나뉨.

생산비-설(生産費說)〖명〗 상품 가격은 그 상품의 생산비에 따라 결정된다는 설.

생산-성(生産性) [―썽]〖명〗 노동·설비·원료 등의 투입량과 그 생산량과의 비율.

생산성^향:상^운:동(生産性向上運動) [―썽―]〖명〗 산업을 합리화하여 생산의 능률을 높임으로써 생산과 이윤을 증가시키고 임금 인상을 실현하여 국민의 생활수준을 향상시키려는 운동.

생산^수단(生産手段)〖명〗 재화(財貨)를 생산하는 과정에서 물질적 조건으로서 사용되는 것. 토지·원료 등의 노동 대상(勞動對象)과, 기계·공장·교통 등의 노동 수단으로 나뉨.

생산-액(生産額)〖명〗 일정 기간에 생산되는 재화의 액수. 생산고. ↔소비액.

생산^양식(生産樣式) [―냥―]〖명〗 인간의 생존에 필요한 생활 수단을 얻는 역사적·사회적 양식. 〔원시 공산제, 노예제, 봉건제, 자본주의, 사회주의의 다섯 가지 기본형이 있음.〕

생산-업(生産業)〖명〗 재화를 생산하는 사업, 또는 그런 사업에 종사하는 직업.

생산^연령(生産年齡) [―녈―]〖명〗 생산 활동에 종사할 수 있는 연령. 포괄적인 경제 활동의 기준으로, 보통 만 15세 이상 65세 미만을 이름.

생산^요소(生産要素) [―뇨―]〖명〗 생산을 하기 위해 반드시 갖추어야 할 요소. 곧, 토지·자본·노동의 세 가지를 가리킴.

생산-자(生産者)〖명〗 ①재화(財貨)의 생산에 종사하는 사람. ②자연계에서, 무기물로부터 유기물을 합성하는 생물. 광합성을 하는 녹색 식물 따위. ↔소비자.

생산자^가격(生産者價格) [―까―]〖명〗 생산자가 생산물을 상인이나 그 밖의 중간 업자에게 파는 가격. ↔소비자 가격.

생산^자본(生産資本)〖명〗 생산 요소, 곧 노동력과 생산 수단의 형태로서 생산 과정을 구성하는 자본. 參유통 자본.

생산-재(生産財)〖명〗 생산의 과정에서 쓰이는 재화. 넓은 뜻으로는 자본재(資本財)와 같으나, 좁은 뜻으로는 원자재(原資材)와 같이 한 번의 생산으로 없어지고 마는 재화를 뜻함. ↔소비재.

생산-적(生産的)〖관〗 ①생산과 관계있거나 생산성이 높은 (것). ¶생산적 활동. /생산적인 일. ②새로운 것이 생겨나게 하는 (것). ¶생산적 의견. /생산적인 생각.

생산^조합(生産組合)〖명〗 같은 업종 또는 같은 지역의 생산자가 조직한 협동조합.

생산-지(生産地)〖명〗 생산하거나 생산된 곳. ¶생산지 가격. ↔소비지.

생산^지수(生産指數)〖명〗 어떤 시점을 기준으로 하여 생산량의 변동의 상태를 나타내는 지수.

생산-직(生産職)〖명〗 공장에서 물건을 직접 만드는 일을 맡아보는 직종. ↔사무직.

생산^카르텔(生産Kartell)〖명〗 같은 산업 부문의 기업들이 서로의 이익을 위하여 조직한 카르텔.

생산-품(生産品)〖명〗 생산되는 물품. ↔소비품.

생-살(生―)〖명〗 ①새살. ②환부(患部)가 아닌 성한 살. ¶생살을 도려내는 아픔.

생살(生殺)〖명〗〖하타〗 살리는 일과 죽이는 일. 생지살지(生之殺之). 활살(活殺).

생살-권(生殺權) [―낀]〖명〗 살리고 죽이는 권리. 생살지권(生殺之權).

생살-여탈(生殺與奪) [―려―]〖명〗〖하타〗〔살리기도 하고 죽이기도 하고, 주기도 하고 빼앗기도 한다는 뜻으로〕 남의 목숨이나 재물을 마음대로 함.

생살여탈-권(生殺與奪權) [―려―낀]〖명〗 생살여탈을 마음대로 할 수 있는 절대적인 권리.

생살지권(生殺之權) [―찌꿘]〖명〗 ☞생살권.

생삼(生蔘)〖명〗 ☞수삼(水蔘).

생삼-사칠(生三死七)〖명〗 사람이 태어난 뒤의 사흘 동안과, 죽은 뒤의 이레 동안. 〔민간에서는 이 기간을 부정(不淨)하다 하여 꺼리는 풍습이 있음.〕

생-삼팔(生三八)〖명〗 생사로 짠 삼팔주(三八紬).

생색(生色)〖명〗 남에게 어떤 도움을 준 일로 떳떳해지는 체면. 생광(生光). ¶생색을 쓰다.

생색-나다(生色―) [―나―]〖자〗 체면이 서다. 낯나다. ¶생색날 일만 골라서 한다.

생색-내다(生色―) [―생―]〖타〗 남에게 무엇을 베푼 데 대하여 체면이 선 것을 공치사하여 드러내어 보이다. ¶제가 준 것처럼 생색내는 꼴이라니….

생-생가(生生家)〖명〗 친아버지의 생가.

생-생목(生―木)〖명〗 누이지 않은 당목(唐木).

생생-발전(生生發展) [―쩐]〖명〗〖하자〗 끊임없이 활동하여 힘차게 발전함.

생생이-판〖명〗 생생이를 하는 판.

생생이-판〖명〗 노름판 같은 데서, 속임수를 써서 돈을 빼앗는 짓.

생생-자(生生字)〖명〗 조선 정조 때, 중국 취진판 자전(聚珍版字典)의 자체(字體)대로 만든 나무 활자.

생생지리(生生之理)〖명〗 모든 생물이 생겨나고 퍼지는 자연의 이치.

생생-하다(生生―)〖형〗 ①생기(生氣)가 왕성하다. 신선하고 발랄하다. ¶생생이 물이 좋아 생생하다. 큰싱싱하다. 세쌩쌩하다. ②눈에 보이는 듯 또렷하다. ¶아직도 그때의 기억이 생생하다. 생생-히〖부〗.

생생-화육(生生化育)〖명〗〖하타〗 천지자연이 만물을 가꾸어 우주를 경영함.

생석(生石)〖명〗 맷돌 따위를 만드는 데 쓰는 회청색의 광석(鑛石).

생석-매(生石―) [―성―]〖명〗 생석으로 만든 맷돌.

생-석회(生石灰) [―서쾨/―서퀘]〖명〗 '산화칼슘'을 흔히 이르는 말. 강회(剛灰). 俊생회.

생선(生鮮)〖명〗 말리거나 절이지 않은, 잡은 그대로의 신선한 물고기. 생어(生魚). 선어(鮮魚). 어선(魚鮮). 俊활어(活魚).

생선-간(生鮮干)〖명〗 조선 시대에, 궁중에 물고기를 잡아 바치던 천역군(賤役軍).

생선-국(生鮮―) [―꾹]〖명〗 생선을 넣고 끓인 국. 어탕(魚湯).

생선-묵(生鮮―)〖명〗 ☞어묵.

생선-장(生鮮場)명어시장(魚市場).

생선-전(生鮮煎)명생선 살을 넓적하게 저며 소금을 뿌리고 밀가루와 달걀을 씌워 지진 음식. 어전(魚煎).

생선-전(生鮮廛)명 ①생선 가게. ②조선 시대에, 서울 종로 서쪽에 있던, 생선을 팔던 노점.

생선-젓(生鮮-)[-젇]명 ☞식해(食醢). * 생선 젓이[-저시]·생선젓만[-전-].

생선-회(生鮮膾)명[-회/-훼]명 ☞어회(魚膾).

생성(生成)명[하자타]되자사물이 생겨남, 또는 생겨 이루어지게 함. ①화산이 생성되다. ②철학에서, 사물이 어떤 상태로부터 변하여 다른 상태로 됨을 이르는 말.

생성^문법(生成文法)[-뻡]명 미국의 언어학자 촘스키 등이 주장한 언어 이론. 인간 의식 내면에 숨겨진 무한한 언어 생성 능력의 기술(記述)을 목적으로 하는 것. 변형 생성 문법.

생세지락(生世之樂)명 세상에 태어나서 살아가는 재미.

생소(生疏) '생소하다'의 어근.

생-소나무(生-)명 ①[말라 죽은 소나무에 대하여] 살아 있는 소나무. ②벤 지 얼마 되지 않아 아직 마르지 않은 소나무. 생솔.

생-소리(生-)명 ①이치에 맞지 않는 엉뚱한 말. ¶괜한 생소리로 사람 잡지 마세요. ②노래를 할 때 가다듬어서 소리를 내지 않고 목에서 나오는 대로 지르는 소리, 또는 그런 소리.

생-소산(生燒散)명[하타] 불교에서, 자기 몸을 태워 부처에게 공양하는 일. 생화장(生火葬).

생소-하다(生疏-)형여 ①낯설다. ¶생소한 관계. /모든 것이 생소하기만 한 타향 생활. ②서투르다. ¶생소한 업무.

생-손명〈생인손〉의 준말.

생-솔(生-)명 ☞생소나무. ¶생솔이라 불땀이 적다.

생수(生手)명☞생무지.

생수(生水)명 ①끓이거나 소독하거나 하지 않은 맑은 샘물. ②☞생명수(生命水). ③'먹는 샘물'을 흔히 이르는 말.

생수-받이(生水-)[-바지]명 땅에서 나오는 물을 받아서 경작하는 논.

생숙(生熟)명 ①날것과 익은 것. ②서투름과 익숙함. ¶십여 편 글 중에 우열과 생숙이 뚜렷하여….

생숙-탕(生熟湯)명 끓인 물에 냉수를 탄 물. 한 방에서, 곽란이나 구토에 약으로 쓺.

생시(生時)명 ①태어난 시간. ②잠자지 않는 동안. ¶꿈이냐, 생시냐. ③살아 있는 동안. ¶부모님 생시에 잘해 드려라.

생식(生食)명[하타] 음식을 익히지 않고 날로 먹는 일. ¶민물고기는 생식하지 않는 것이 좋다. ↔화식(火食).

생식(生殖)명[하타] ①낳아서 불림. ②생물이 자기와 같은 종류의 생물을 새로이 만들어 내는 일. 유성 생식과 무성 생식으로 나뉨.

생식(省式)명 ☞생례(省禮).

생식-기(生殖期)[-끼]명 생식이 이루어지는 시기. 생식에 알맞은 계절.

생식-기(生殖器)명 생물의 유성 생식을 하는 기관. 〔동물에서는 정소(精巢)·고환(睾丸)·음경(陰莖)·난소(卵巢)·자궁·질(膣) 따위, 식물에서는 암술·수술 따위.〕 교접기(交接器). 성기(性器).

생식^기능(生殖機能)[-끼-]명 생물이 새로운 개체를 생식할 수 있는 기능.

생식기^숭배(生殖器崇拜)[-끼-]명 풍요와 생산의 상징으로서 생식기를 숭배하는 원시 신앙.

생식^불능(生殖不能)[-빵릉]명 성교는 가능하나 임신이 되지 않는 상태.

생식-샘(生殖-)[-쌤]명 정소(精巢)와 난소(卵巢)를 통틀어 이르는 말. 생식선. 생식소(生殖巢). 성선(性腺). 성소(性巢).

생식-선(生殖腺)[-썬]명 ☞생식샘.

생식^세:포(生殖細胞)[-쎄-]명 생식을 위하여 분화(分化)한 세포. 생물체를 구성하는 세포 중에서 다음 세대를 만들어 내는 바탕이 되는 세포. 성세포(性細胞).

생식-소(生殖素)[-쏘]명 생식 세포 속에 있어서 형질(形質) 유전의 특수한 능력을 가진 물질.

생식-소(生殖巢)[-쏘]명 ☞생식샘.

생식-수관(生殖輸管)[-쑤-]명 생식 기관의 일부. 수정관이나 수란관과 같이 생식 세포나 배(胚)를 간직했다가 외부로 내보내는 관.

생식-욕(生殖慾)[-싱뇩]명 본능적으로 생식을 하고자 하는 생물의 욕구.

생신(生辰)명 〈생일(生日)〉의 높임말.

생신(新新)명[하자] 종기나 상처가 아물면서 새 살이 나옴.

생신(生新)² '생신하다'의 어근.

생신-차례(生辰茶禮)명 죽은 사람의 생일에 지내는 차례. 보통 삼년상 안에 지냄.

생신-하다(生新-)형여 생생하고 새롭다.

생-실과(生實果)명 ☞생과실(生果實).

생심(生心)명[하자] 하려는 마음을 냄, 또는 그 마음. ¶생심을 내다. ¶견물생심.

생-쌀(生-)명 익히지 아니한 쌀.

생-아버지(生-)명 양자나 양녀로 간 사람이 친아버지를 일컫는 말. 생부(生父). 친아버지. ↔양아버지.

생안-발명 '생인발'의 잘못.

생안-손명 '생인손'의 잘못.

생애(生涯)명 ①이 세상에 살아 있는 동안. 한평생. ¶생애에서 결코 잊을 수 없는 일. ②한평생 중에서 어떤 일에 관계된 동안. ¶교육가로서의 생애. ③생활을 위한 사업. ③생계(生計).

생애^교:육(生涯敎育)명 ☞평생 교육.

생-야단(生惹端)[-냐-]명 ①공연히 떠들고 법석거리는 일. ¶아이들이 생야단이다. ②공연히 심하게 꾸짖는 일. ¶생야단을 맞다. ③아주 난처하거나 곤란하게 된 일. ¶폭우로 교통이 두절되어 갈 수가 없으니 생야단이다.

생약(生藥)명 동물·식물·광물 중에서 약으로 쓸 성분이 되는 부분을 채취하여, 그대로 쓰거나 말리거나 썰거나 정제하여 쓰는 약재.

생양(生養)명[하타] 기르는 일. ⑪부양(扶養).

생-양가(生養家)[-냥-]명 생가와 양가.

생양가-봉사(生養家奉祀)명 양자로 나간 사람이 생가의 제사까지 받드는 일.

생-양목(生洋木)명 ☞생옥양목.

생어(生魚)명 ①살아 있는 물고기. ②☞생선.

생-어머니(生-)명 양자나 양녀로 간 사람이 친어머니를 일컫는 말. 생모(生母). 친어머니. ↔양어머니.

생-억지(生-)[-찌]명 아무런 까닭도 없이 생판으로 부리는 억지. ¶안 되는 줄 알면서도 생억지를 쓴다.

생업(生業)명 생활비를 벌기 위한 직업. ¶문필(文筆)을 생업으로 삼다.

생영(生榮)명[하자] 삶을 누림.

생-옥양목 (生玉洋木)圀 빨지 아니한 옥양목. 생당목(生―木). 생양목(生洋木).

생왕 (生旺)圀 ①하짜 왕성하게 삶. ②자유로이 삶. ¶생왕을 누리다.

생왕-방 (生旺方)圀 〔오행(五行)으로 보았을 때 의〕 좋은 방위.

생-외가 (生外家)[―외―/―웨―]圀 양자로 간 사람의, 생가(生家) 쪽의 외가.

생-욕 (生辱)圀 생판으로 당하는 욕.

생-우유 (生牛乳)圀 소에서 짜낸 그대로의, 끓이 지 않은 우유. 생유(生乳).

생-울타리 (生―)圀 '산울타리'의 잘못.

생원 (生員)圀 ①조선 시대에, 소과(小科)의 종 장(終場)에 급제한 사람을 일컫던 말. 신분상 선비로서 사회적 공인을 받았음. ②'나이 많은 선비'를 대접하여 이르던 말.

생원-님 (生員―)圀 상사람이 선비를 부르던 말. 준생님.

생원님이 종만 업신여긴다쪽 무능한 사람이 자기 손아랫사람에게만 큰소리치며 잘난 체한 다는 말.

생월 (生月)圀 태어난 달.

생월-생시 (生月生時)圀 태어난 달과 태어난 시. ¶생월생시로 점(占)을 치다.

생유 (生有)圀 불교에서 이르는 사유(四有)의 하 나. 모태에 의탁하여 처음으로 생을 받는 순간.

생-유 (生乳)圀〔<생우유>의 준말〕 ①끓이지 않 은 우유나 양유. 생젖.

생-유기 (生油氣)圀 에틸렌.

생육 (生肉)圀 날고기.

생육 (生育)되짜 ①하짜 생물이 나서 자람. ¶생 육 기간이 짧은 품종. ②하타 낳아서 기름.

생-육신 (生六臣)[―씬]圀 조선 시대에, 단종(端 宗)을 폐위(廢位)시킨 세조(世祖)에 불복하여 평생 야인(野人)으로 지조를 지키며 살았던 여 섯 충신. 곧, 이맹전(李孟專)·조려(趙旅)·원호 (元昊)·김시습(金時習)·남효온(南孝溫)·성담수 (成聃壽). 참사육신(死六臣).

생-윷 (生―)[―눋]圀 윷을 놀 때, 네 개의 말이 전혀 집지 못하고 모두 따로 흩어져 돌게 된 사위. *생윷이[―뉴치]·생윷만[―눈―]

생-으로 (生―)튀 ①익거나, 마르거나, 삶지 아니 한 채로. 날것으로. ②저절로 되지 않고 무리 하게. ¶생으로 떼어 내다.

생-음악 (生音樂)圀 관객 앞에서 실제로 노래하 거나 연주하는 살아 생생한 음악.

생의 (生意)[―의/―이]圀하짜 ☞생심(生心).

생이圀 새뱅잇과의 새우. 몸길이 26∼30 mm. 암컷이 수컷보다 큼. 보통 갈색이며 암컷은 배 한가운데 무늬가 뚜렷하지만 수컷은 희미함. 연못·저수지·냇물 등 민물에서 삶. 여름 내내 산란 번식함. 몸을 담그거나 말려서 먹음. 토하.

생이 벼락 맞던 이야기를 한다쪽 ①쓸데없는 잔소리를 즐겨 하는 것을 핀잔하는 말. ②까맣 게 잊어버린 옛일을 새삼스럽게 이야기함을 이 르는 말.

생이-가래圀 생이가랫과의 일년초. 논밭이나 연 못 등의 물 위에 떠서 자라는데, 길이는 7∼ 10 cm. 잎은 세 개씩 돌려나는데 마주난 두 잎 은 물 위에 뜨고, 물속에 잠기는 잎은 뿌리 구 실을 함.

생-이별 (生離別)[―니―]圀하짜타 (혈육이나 부 부끼리 어쩔 수 없는 사정으로) 살아서 이별 함, 또는 그런 이별. 준생별(生別). 참사별 (死別).

생이지지 (生而知之)圀하짜 ☞생지(生知).

생인 (生人)圀 ①살아 있는 사람. ②처음 보는 낯선 사람.

생인 (生因)圀 〔사물의 현상이〕 생긴 원인.

생인-발圀 발가락 끝에 종기가 나서 곪는 병.

생인-손圀 손가락 끝에 종기가 나서 곪는 병. ¶생인손을 앓다. 준생손.

생일 (生日)圀 태어난 날. 탄생일. 돌. 횔생신.

생일-날 (生日―)[―랄]圀 생일이 되는 날.

생일날 잘 먹으려고 이레를 굶는다쪽 어떻게 될지도 모를 앞일을 미리부터 지나치게 기대한 다는 말.

생일-맞이 (生日―)圀하짜 생일날 신명(神明) 앞 에 음식을 차려 놓고, 무당이나 판수로 하여금 복을 빌게 하던 일.

생일^불공 (生日佛供)圀 생일에 올리는 불공. ¶절에 가서 생일 불공을 드리다.

생일-빠낙 (生日―)圀 생일잔치를 베푸는 때.

생일-상 (生日床)[―쌍]圀 생일을 축하하기 위해 음식을 차려 놓은 상. ¶생일상을 받다.

생일-잔치 (生日―)圀 생일에 베푸는 잔치. 수연(睟宴). 호연(弧宴). ¶생일잔치에 초대받 았다.

생-잎 (生―)[―닙]圀 쓸데없이 놀리는 입. ¶생 입 놀리다가 큰코다친다.

생자 (生子)圀하짜 ☞생남(生男).

생자 (生者)圀 ①산 사람. ②생명이 있는 것.

생-자리 (生―)圀 손을 대지 아니한 자리.

생자-필멸 (生者必滅)圀 불교에서, 생명이 있는 것은 반드시 죽을 때가 있다는 뜻으로 이르 는 말.

생장 (生長)圀하짜 나서 자라거나 큼. ¶생장 과 정. /생장 발육. /생장이 뜨다.

생장 (生葬)圀하타 산 채로 땅에 묻음. 산 장. 생매.

생장^곡선 (生長曲線)[―썬]圀 ☞성장 곡선.

생장^운동 (生長運動)圀 식물의 각 부분의 성 장이 균등하지 않으므로써 일어나는 운동. 자 극에 의한 굴성(屈性)·경성(傾性)이 대부분임. 성장 운동.

생-장작 (生長斫)圀 마르지 않은 장작.

생장-점 (生長點)[―쩜]圀 식물의 뿌리 끝과 줄 기 끝에 있는, 세포 분열을 하며 생장을 촉진 하는 부분. 성장점(成長點). 자람점.

생장^호르몬 (生長hormone)圀 ☞성장 호르몬.

생재 (生財)圀하짜 재물을 늘림.

생재 (眚災)圀하짜 과실(過失)이나 우연한 일로 잘못을 저지름, 또는 그로 말미암아 생긴 재앙.

생-재기 (生―)圀 상처·피륙 따위의 성한 부분. **생재기(가) 미다**관용 생재기가 구멍이 나거나 찢어지다.

생재지방 (生財之方)圀 ①재물을 늘리는 방법. ②살아 나갈 방도.

생저 (生苧)圀 ☞생모시.

생전 (生前)圀 살아 있는 동안. 죽기 전. ¶그가 생전에 거처하던 방. ↔사후.

생전-예수 (生前豫修)[―녜―]圀 ☞역수(逆修). 예수(豫修).

생전^처:분 (生前處分)圀 법률에서, 당사자의 생전에 효력이 발생하는 재산의 처분 행위. 당 사자의 사망과는 관계없는 법률 행위. 생전 처 위. ↔사인 처분(死因處分).

생전^행위 (生前行爲)圀 ☞생전 처분.

생정 (生庭)¹圀 '생가(生家)'를 높이어 이르는 말. ↔양정(養庭).

생정(生庭)² 圏 ☞백목련(白木蓮).

생-정문(生旌門) 圏 효자나 열녀를 기리기 위하여 그 동네 어귀에 세우던 정문(旌門).

생-젖(生-) [-젇] 圏 ①☞생유(生乳). ②억지로 일찍 떼는 젖. ¶생젖을 떼다. *생젖이[-저지]·생젖만[-전-]

생존(生存) 圏匌재 (죽지 않고) 살아 있음. 살아 남음. 존명(存命). ¶생존을 위하여 싸우다. /기적적으로 생존한 사람.

생존^경:쟁(生存競爭) 圏 ①(살아남기 위하여) 먹이나 사는 곳 따위를 서로 차지하려는 생물 사이의 경쟁. ②(생활이나 지위 따위를 둘러싸고) 인간 사회에서 일어나는 모든 경쟁.

생존-권(生存權) [-꿘] 圏 국민이, 인간답게 살아가기 위한 여러 가지 조건의 확보를 국가에 요구할 수 있는 권리.

생존^보:험(生存保險) 圏 생명 보험의 한 가지. 피보험자가 일정한 나이에 이르렀을 때 보험금을 받게 되어 있는 보험.

생존-자(生存者) 圏 ①살아 있는 사람. ②살아남은 사람.

생졸-년(生卒年) [-련] 圏 ☞생몰년(生沒年).

생주(生紬) 圏 〈생명주(生明紬)〉의 준말.

생-죽음(生-) 圏匌재 제명대로 살지 못하고 죽음. ¶교통사고로 생죽음을 당하다.

생중(生中) 圏 술에 취하지 않았을 때. ¶생중에 한. ↔취중(醉中).

생-중계(生中階) [-계/-게] 圏匌재뒈재 운동 경기나 행사 따위의 실황을 실시간으로 그대로 보여 주는 중계방송. ¶올림픽 개막식 생중계.

생:-쥐 圏 쥣과의 포유동물. 쥐 종류 가운데서 가장 작음. 등은 흑갈색이고 배는 흰색임. 전 세계의 인가(人家)나 농경지에서 살면서 곡물이나 채소 따위를 해침.

생쥐 볼가심할 것도 없다[속담] 아무 먹을 것도 없이 매우 가난하다는 뜻.

생즉무생(生卽無生) [-증-] 圏 불교에서, 태어난다고 하는 그 사실도, 실은 인연에 따른 가생(假生)일 뿐이므로, 근본을 따지면 무생(無生)이라고 하는 생각.

생즙(生汁) 圏 과일이나 채소 따위의 식물을 짓찧거나 갈아서 짜낸 즙.

생지(生地) 圏 ①익은 땅. ②생소한 땅. ③출생한 곳. ④(사지(死地)에 대하여) 살아 돌아올 수 있는 땅, 곧 생명이 안전한 곳.

생지(生知) 圏匌재 삼지(三知)의 하나. 배우지 않아도 스스로 깨달아 앎. 생이지지(生而知之).

생지(生紙) 圏 가공을 하지 않은, 뜬 채로의 종이.

생지살지(生之殺之) [-찌] 圏생살(生殺).

생지안행(生知安行) 圏匌재 천성이 총명하여, 배우지 않고도 도리를 깨달아 편안하고 쉽게 이를 실행함.

생-지옥(生地獄) 圏 살아 있으면서, 마치 지옥에 떨어진 것 같은 심한 고통을 겪는 일. 산지옥. ¶출근 때의 지하철은 생지옥이다.

생지-주의(生地主義) [-의/-이] 圏 국적 취득(國籍取得)에 관한 원칙의 한 가지. 출생 때의 부모의 국적에 관계없이 출생지에 따라 국적을 결정하게 되어 있음. 출생지주의.

생-지황(生地黃) 圏 한방에서, '지황 뿌리의 날 것'을 이르는 말. 혈증(血症)을 다스리는 데 쓰임. 悤숙지황(熟地黃).

생진(生進) 圏 생원과 진사를 아울러 이르던 말.

생진-과(生進科) 圏 생원과(生員科)와 진사과(進士科)를 아울러 이르던 말.

생-진헌(生進獻) 圏 얇고 가벼운 생모시.

생질(甥姪) 圏 누이의 아들.

생-질녀(甥姪女) [-려] 圏 누이의 딸.

생-질부(甥姪婦) 圏 누이의 며느리.

생질-서(甥姪壻) 圏 누이의 사위.

생징(生徵) 圏匌재 ☞백징(白徵).

생-짜(生-) 圏 ①날것. ¶고기를 생짜로 먹다. ②손대지 않은 그대로의 것. 날짜2.

생:-쪽-매듭 [-쭉-] 圏 생강 쪽 모양으로 맺은 전통 매듭의 한 가지. '우물 정(井)'자로 얽고 둥근 귀가 세 쪽으로 둘러싸이게 맺음.

생채(生彩) 圏 생생한 빛이나 기운. ¶얼굴에 생채가 돌다. 田생기.

생채(生菜) 圏 익히지 않은 나물.

생-채기 圏 (손톱 따위) 가늘고 날카로운 것에 긁히거나 할퀴어서 생긴 작은 상처.

생:-철(-鐵) 圏 얇은 철판의 양면에 주석을 입힌 것. 양철.

생철(生鐵) 圏 ☞무쇠.

생:-철-통(-鐵桶) 圏 ☞양철통.

생청 圏 시치미를 떼고 하는, 앞뒤가 맞지 않는 말.

생청(生淸) 圏 꿀.

생청-붙이다 [-부치-] 困 시치미를 떼고 앞뒤가 맞지 않는 말을 하다.

생청-스럽다 [-따] [~스러우니·~스러워] 囘田 생청을 붙이는 태도가 있다. 생청스레 團.

생체(生體) 圏 생물의 몸. 살아 있는 몸. 산몸. ¶생체를 해부하다.

생체^검:사(生體檢査) 圏 환자의 생체의 일부분을 외과적 방법으로 떼어 내어 현미경 같은 것을 사용하여 병리 조직학적으로 검사하는 일.

생체^결정(生體結晶) [-쩡] 圏 생물체 안에서 이루어지는 결정 작용. 진주조개의 진주층 형성이나, 사람의 신장·담낭(膽囊)에 생기는 결석(結石) 같은 것.

생체^공학(生體工學) 圏 ☞생물 공학.

생체^리듬(生體rhythm) 圏 ☞바이오리듬.

생체^반:응(生體反應) 圏 ①살아 있는 세포 안에서만 나타나는 정색 반응(呈色反應)이나 침전 반응(沈澱反應). ②☞생활 반응.

생체^산화(生體酸化) 圏 생물이 에너지를 얻기 위하여 체내에서 음식물을 산화할 때의 그 산화 환원 반응.

생체^색소(生體色素) [-쏘] 圏 생물의 체내에 존재하는 유색 물질.

생체^실험(生體實驗) 圏 (사람의) 살아 있는 몸을 사용하여 실험하는 일.

생체^염(生體染色) 圏 생물의 발생이나 구조 등을 알아보기 위하여, 생체의 세포나 조직을 물들이는 일.

생체^전:기(生體電氣) 圏 생물의 생명 활동에 따라서 생기는 전기.

생초(生草) 圏 살아 있거나 마르지 아니한 풀. 생풀. ↔건초(乾草).

생초(生綃) 圏 생사(生絲)로 얇게 짠 사(紗)붙이의 한 가지.

생-초목(生草木) 圏 살아 있는 풀과 나무.

생초목에 불을 붙는다[속담] 뜻밖의 화를 당하거나 요절(夭折)하거나 하는 경우의 '기막히는 정상(情狀)'을 비유하여 이르는 말.

생-초상(生初喪) 圏 생죽음을 한 사람의 초상.

생축(生祝) 圏 절에서, 살아 있는 사람을 위하여 복을 비는 말.

생치(生雉) 圏 익히지 않은 꿩고기.

생치^곤:란(*生齒困難) [-골-]圓 이가 돋아날 때 그 부위의 잇몸에 염증을 일으키는 일.

생칠(生漆)圓 ①달이지 아니한 옻칠. ②정제(精製)하지 않은 옻나무의 진.

생-크림(生cream)圓 우유에서 뽑아낸 지방분. 서양 요리나 양과자(洋菓子)·커피 따위에 쓰임.

생탄(生誕)圓[하자][되자] ⇨탄생(誕生).

생탈(生頉)圓 일부러 탈을 만듦.

생태(生太)圓 말리거나 얼리지 않은, 잡은 그대로의 명태.

생태(生態)圓 생물이 자연계에서 생활하고 있는 모습. ¶개미의 생태를 관찰하다.

생태-계(生態系) [-게/-게]圓 일정한 지역의 생물 공동체와 이들의 생명 유지의 근원이 되는 무기적(無機的) 환경이 서로 복잡한 상호 의존 관계를 유지하면서 균형과 조화를 이루는 자연의 체계. 생태학의 대상이 됨.

생태^변:화(生態變化) 생물이 환경에 좇아서 생태를 바꾸는 일.

생태적 지위(生態的地位) [-찌-] 생물이 생태계 안의 먹이 연쇄 속에서 차지하는 위치.

생태-학(生態學) 생물과 환경과의 상호 작용을 연구하는 생물학의 한 분야.

생태-형(生態型)圓 같은 종(種)의 생물이 서로 다른 환경에 적응함으로써 유전적으로 고정된 형.

생-토끼圓 생토끼과의 동물. 토끼와 비슷하나 몸집이 작고, 귀는 쥐처럼 짧고 둥글며 꼬리가 없음. 산의 바위나 돌이 많은 곳에 모여 살면서 밤에 활동함. 새앙토끼.

생-트집(生-)圓[하자] 아무 까닭 없이 공연히 부리는 트집. ¶생트집을 잡다.

생-파리(生-)圓 '남이 말을 붙일 수도 없게 성격이 쌀쌀하고 까다로운 사람'을 농조로 이르는 말. ¶그 친구 생파리라 도무지 정이 안 간다.

생파리 잡듯떼듯[속담] 말도 붙여 보지 못하도록 쌀쌀하게 거절하는 경우를 이르는 말.

생판(生-) [Ⅰ]圓 (어떤 일에 대하여) 전혀 모름, 또는 그 모르는 사람. 백지(白紙). ¶그 일에 대해서 완전히 생판이다.
[Ⅱ]圖 아주 생소하게. 백판(白板)². 전혀. ¶생판 낯선 사람.

생폐(生弊)圓 [-폐/-페]圓[하자] 폐단이 생김.

생폐(牲幣)圓 [-폐/-페]圓 희생(犧牲)과 폐백(幣帛).

생포(生布)圓 ⇨생베.

생포(生捕)圓 사로잡음. 생금(生擒). ¶적장(敵將)을 생포하다.

생-풀(生-)¹圓 밀가루나 쌀가루를 물에 풀어서 그대로 쓰는 풀.

생-풀(生-)²圓[하자] 누이어 낸 모시 따위를 필째로 풀을 먹여서 다듬지 않고 말리는 일. 둘이 마주 잡고 흔들어 말림.

생-풀(生-)³圓 마르지 아니한 싱싱한 풀. 생초(生草). ↔마른풀.

생-피(生-)圓 동물의 몸에서 갓 뽑아낸 피. 생혈(生血). ¶노루의 생피.

생피(生皮)圓 무두질하지 않은 동물의 가죽. 날가죽. 생가죽.

생-핀잔(生-)圓 아무 까닭 없는 핀잔.

생-필름(生film)圓 아직 감광(感光)하지 않은 필름. 사용하지 않은 필름.

생필-품(生必品)圓 〈생활필수품〉의 준말.

생-하수(生下水)圓 정화(淨化)하지 않고 그대로 흘려보내는 하수.

생합(生蛤)圓 익히지 아니한 대합조개.

생-합성(生合成) [-썽]圓 생체(生體) 안의 생리적 반응에 의한 유기 물질의 합성. 〔인공적인 화학 합성에 대하여 쓰는 말.〕

생-향라(生亢羅) [-나]圓 ①⇨당항라(唐亢羅). ②익히지 않은 향라.

생혈(生血)圓 생피.

생-호령(生號令)圓[하자] ⇨강호령.

생혼(生魂)圓 가톨릭교에서, 생물의 생활하는 힘, 곧 생명력을 이르는 말.

생혼-나다(生魂-)[자] 뜻밖에 몹시 혼나다.

생화圓 살아가는 데 도움이 되는 벌이. ¶살림이 쪼들리면 무슨 생화라도 해야지.

생화(生花)圓 살아 있는 초목에서 꺾은 꽃. ↔조화(造花).

생-화장(生火葬)圓[하타] 생소산(生燒散).

생-화학(生化學)圓 생물체를 구성하는 물질이나 생물의 생명 현상을 화학적으로 연구하는 학문. 생물 화학.

생환(生還)圓[하자] ①[되자] 살아 돌아옴. ¶사지(死地)에서 생환하다. ②야구에서, 주자(走者)가 본루까지 돌아와 한 점을 얻는 일.

생활(生活)圓[하자] ①살아서 활동함. ②생계를 유지하여 살아감. ¶생활의 방편. /생활에 여유가 있다. ③어느 일정한 조직에 딸리어 그 구성원으로 활동함. ¶직장 생활. /군대 생활. ④어떤 행동이나 활동을 하며 살아가는 상태. ¶문필가 생활. /연구 생활.

생활-고(生活苦)圓 (생활해 나가는 데 있어) 가난 때문에 겪는 괴로움.

생활-공간(生活空間)圓 물리적 공간이 균등한 넓이를 가지고 있는 데 대하여, 주관적인 심리로 파악되는 공간을 이르는 말.

생활^공:동체(生活共同體)圓 함께 생활해 가는 협동적 조직체.

생활^교:육(生活教育)圓 생활 학습을 통하여 이루어지는 교육.

생활-권(生活圈) [-꿘]圓 ①지역의 주민이 일상 생활을 하는 데 있어, 행정 구역에 관계없이 밀접하게 결합되어 있는 범위. ¶서울의 서부 생활권. ②⇨생물권.

생활-권(生活權) [-꿘]圓 사회적·문화적·경제적으로 일정한 수준의 생활을 할 수 있는 권리.

생활-급(生活給)圓 노동자의 최저 생활비를 보장하는 임금, 또는 그러한 임금 체계. 생활 임금.

생활^기록부(生活記錄簿) [-뿌]圓 학생의 지적(知的)·정의적(情意的)·신체적·사회적 발달 상황과 교육 목적을 위한 환경 정보 따위를 기록한 장부.

생활-기후(生活氣候)圓 인간의 생활과 기후의 관계를 연구하는 기후학의 한 분야.

생활-난(生活難) [-란]圓 가난 때문에 겪는 생활의 어려움. ¶물가 앙등으로 생활난에 시달리다.

생활-력(生活力)圓 사회생활을 해 나가는 데에 필요한 능력. 특히, 경제적 능력에 대해 이르는 경우가 많음. ¶생활력이 무척 강하다.

생활^반:응(生活反應)圓 법의학(法醫學)에서 이르는, 살아 있을 때에만 일어나는 갖가지 반응. 곧, 외상부(外傷部)에 나타나는 피하 출혈 따위를 이름. 생체 반응.

생활-비(生活費)圓 생활에 드는 비용. ¶벌써 생활비가 다 떨어졌다.

생활-사(生活史) [-싸]圓 생물의 개체가 발생하고 자라서 다음 세대를 만들고 죽을 때까지의 생활 과정. 라이프 사이클.

생활-상(生活相)[-쌍]몡 살아가는 형편. 생활하는 상태. ¶도시 영세민의 생활상.

생활^설계사(生活設計士)[-계/-게-]몡 보험 계약의 모집을 직업으로 하는 사람.

생활-수준(生活水準)몡 소득 수준이나 소비 수준 또는 여가 이용 상태 등에 따라 수량적으로 헤아리는 생활의 내용이나 정도. ¶경제 성장으로 생활수준이 향상되었다.

생활-신조(生活信條)몡 생활을 해 나가는 데 있어서 굳게 믿어 지키고 있는 생각. ¶정직을 생활신조로 삼다.

생활-양식(生活樣式)[-량-]몡 사회나 집단이 공통적으로 갖고 있는 생활에 대한 인식이나 생활하는 방식. ¶옛날과 다른 생활양식.

생활^연령(生活年齡)몡 생일을 기점으로 세는 나이. 역연령(曆年齡). ↔정신 연령.

생활-용수(生活用水)[-룡-]몡 일상생활을 하는 데에 쓰이는 물.

생활-인(生活人)몡 세상에서 활동하며 살아가는 사람.

생활^임:금(生活賃金)몡 ☞생활급(生活給).

생활^준:비설(生活準備說)몡 교육의 목적은 장래의 사회생활에 대한 준비를 하는 데 있다는 학설. 루소·듀이 등의 아동 중심주의의 교육관에 대한 전통적 교육관을 가리킴.

생활^지도(生活指導)몡 학생들이 현실 생활에 적응하여, 그 주체적인 생활 방식을 찾아 나갈 수 있도록 지도하는 일. 학습 지도에 대응하는 교육의 한 분야임.

생활^통지표(生活通知表)몡 학교에서 각 학생의 지능·생활 태도·건강 상태·학업 성적 등의 사항 등을 적어서 학부형에게 보내거나 참고로 하는 것. 준통지표.

생활-파(生活派)몡 현실적인 생활과 실생활에서의 체험을 중시하는 예술상의 한 파.

생활^평면(生活平面)몡 각 가정에서 실제로 생활을 영위하고 있는 살림의 수준.

생활-필수품(生活必需品)[-쑤-]몡 일상생활에 꼭 있어야 하는 물품. 준생필품.

생활-하수(生活下水)몡 일상생활을 하는 데에 쓰이고 하천으로 내려오는 더러운 물.

생활-학교(生活學校)[-꾜]몡 (교과서 중심의 학교 교육에 대하여) 어린이의 자치적인 생활을 중심으로 하여 모든 학습을 어린이들의 현실 생활로부터 출발시키려는 교육론에 바탕을 둔 학교.

생활^학습(生活學習)[-씁]몡 실생활 속에서 산 지식을 습득하고, 실천 생활을 통하여 기능을 익히기 위하여 하는 학습.

생활^현:상(生活現象)몡 영양·번식·생장·운동·지각(知覺) 등 생물체의 특유한 여러 현상.

생활-형(生活形)몡 생물, 특히 식물이 그 생활 환경의 여러 조건에 영향을 받아 적응하게 된 생활양식.

생활-화(生活化)몡하타되자 일상생활 속에 한 관습으로 익음, 또는 익게 함. ¶아침 운동을 생활화하다. / 질서는 생활화되니 오히려 편하다.

생활-환경(生活環境)몡 ①생활하는 주위의 사정이나 형편. ②(자연환경에 대하여) 인간에 의해서 조성된 물질적 환경이나 인간관계에 의한 환경.

생황(笙簧·笙簧)몡 아악에 쓰이는 관악기의 한 가지. 둥근 나무통 위의 둘레에 17개의 죽관(竹管)을 세우고, 나무통에 붙은 주전자 귀때 같은 부리로 불게 되어 있음. 준생(笙).

생황-장(生黃醬)몡 콩과 밀가루로 메주를 만들어 담근 간장.

생회(生灰)[-회/-훼]몡 〈생석회〉의 준말.

생획(省畫)[-획/-훽]몡하타 글자의 획을 줄여서 씀.

생후(生後)몡 태어난 뒤. ¶생후 2개월 된 아기.

생흔(生痕)몡 퇴적물의 표면이나 내부에 찍혀 있는 생물의 발자국이나 기어간 자국, 또는 배설물 등을 나타내는 흔적.

생-흙(生-)[-흑]몡 ①생땅의 흙. ②이겨지지도 물에 잘 풀리지도 않는 흙. *생흙이[-흘기]·생흙만[-흥-].

-샤 어미 〈옛〉-시어. ¶海東六龍이 ᄂᆞᄅᆞ샤(龍歌1章).

-샤디 어미 〈옛〉-시되. ¶世尊이 너기샤디(月釋21:4). /줄기를 가져 겨샤딕(月釋1:9).

사라부루몡 쉽싸리 종류의 하나. 차조기와 비슷하며, 잎과 뿌리는 무쳐서 먹음.

사마괴 어미 〈옛〉사마귀. ¶사마귀 염:黶. 사마괴 지:痣(訓蒙中34).

샤:머니즘(shamanism)몡 시베리아 북부의 원주민 사이에서 시작되어 극동 지방으로 전해진 원시 종교의 한 형태. 샤민, 곧 무당이나 박수가 신 내린 상태에서 신령이나 죽은 이의 영혼을 불러내어, 길흉의 판단이나 예언 따위를 하게 하는 것. 무술(巫術).

샤:먼(shaman)몡 샤머니즘에서, 영혼과 대화할 수 있다는 무당이나 박수.

샤모 어미 〈옛〉댓물.

샤모트(Schamotte 프)몡 내화 점토(耐火粘土)를 1300~1400°C의 고온으로 가열한 후 부수어서 3mm 이하의 알갱이로 만든 것. 내화 벽돌의 재료로 쓰임.

샤쓰(←shirts)몡 ☞셔츠.

-샤ᄉᆞᆯ 어미 〈옛〉-시어야. ¶諸佛도 出家ᄒᆞ샤ᄉᆞ 道理를 닷ᄀᆞ시ᄂᆞ니(釋譜6:12).

샤약(옛)〈옛〉작약(芍藥). ¶샤약 쟉:芍. 샤약 약:藥(訓蒙上7).

샤옹(옛)〈옛〉남편. ¶夫ᄂᆞᆫ 샤오이오, 妻ᄂᆞᆫ 가시라(月釋1:12). /샤옹 부:夫(訓蒙上31).

샤워(shower)몡하타 소나기처럼 물을 뿌리는 샤워기를 이용하여 몸을 씻는 일.

샤워-기(shower器)몡 냉수나 온수를 뿌리는 물 뿌리개 모양의 목욕용 기구.

샤:프(sharp)몡 ①〈샤프펜슬〉의 준말. ②음악에서 반음 올리라는 기호 '♯'의 이름. 올림표. ↔플랫.

샤프롱(chaperon 프)몡 사교계에 처음으로 나가거나 미인 대회 등에 나가는 아가씨를 수행하며 돌보는 나이 지긋한 여자.

샤:프-펜슬(sharp+pencil)몡 연필의 심을 조금씩 밀어내면서 쓰는 필기 용구. 〔'에버 샤프 펜슬'이라는 상품명에서 온 말.〕준샤프(sharp).

-샨 어미 〈옛〉-신. ¶御製로 닙금 지스샨 그리라(訓諺). /닙금 ᄐᆞᆫ샨 술위롤 思念ᄒᆞ나라(杜初20:42).

샨체(Schanze 독)몡 스키의 비약 경기에서 높이 뛰어오를 수 있도록 설치한 대(臺).

-샬 어미 〈옛〉-실. ¶ᄌᆞ든 힘 長存ᄒᆞᆫ샬 藥이라 받ᄌᆞᆸᄂᆞ이다(월곡. 動範).

샬:레(Schale 독)몡 둥글고 운두가 낮으며 뚜껑이 있는 과학 실험용의 유리그릇. 세균의 배양 따위에 쓰임.

샴-쌍동이(Siam雙-)몡 ☞샴쌍생아.

샴-쌍생아(Siam雙生兒)몡 기형적으로 몸의 일부가 붙어서 태어난 일란성 쌍생아. 샴쌍동이.

샴페인(champagne)**명** 탄산가스가 들어 있는, 무색투명한 포도주. 원래 프랑스의 샴파뉴 지방의 특산물임.

샴푸(shampoo)**명** ①**하타** 머리를 감는 일. ②머리를 감는 데 쓰는 액.

샷(shot)**명** 골프 따위에서, 공을 한 번 치는 일.

-샷다[어미] 〈옛〉-시도다. ¶周公도 聖人이샷다. 世上 사룸 드러세라(古時調).

샹들리에(chandelier 프)**명** 천장에 매단, 화려한 장식이 있는 전등 또는 촛대.

샹송(chanson 프)**명** 프랑스의 대중적인 가요.

샹네[부]〈옛〉늘. 항상. ¶法身이 샹녜 이셔(月釋序1).

샹ᄃ뷔다[형]〈옛〉상스럽다. ¶여러 가짓 샹ᄃ뷘 이리 나니라(月釋1:43).

샹히오다[타]〈옛〉상하게 하다. ¶敢히 혀워 샹히오디 아니홈이(小解2:28).

섀도-복심(shadow-boxing)**명** (상대를 염두에 두고) 혼자서 하는 권투 연습.

섀도-캐비닛(shadow cabinet)**명** 영국 야당의 최고 지도부. 각기 담당 업무가 정해져 있는 15명의 의원으로 구성되어 있으며, 정권을 잡으면 곧 내각(內閣)이 될 수 있음.

섀미(chamois)**명** (부드럽게 무두질한) 어린 양이나 염소의 가죽. ⑪스웨이드.

섀시(chassis)**명** ①자동차의 차대(車臺). ②라디오나 텔레비전 따위의 부품을 고정시키는 금속제의 틀.

서[명]〈서까래〉의 준말.

서[명] 피리와 같은 목관 악기의 부리에 끼워, 입으로 공기를 불어 넣어 진동시킴으로써 소리를 내는, 대나무 따위로 만든 얇고 기름한 조각. 리드(reed).

서[³관] ㄷ·ㅁ·ㅂ·ㅍ·ㅎ 등을 첫소리로 하는 일존 명사 앞에 쓰이는, 수관형사 '세'의 변이 형태. 〔서 돈·서 말·서 발·서 푼·서 홉 따위.〕

서[조] ①(사람의 수효를 나타내는 명사나 접사 '-이-'가 붙은 수사에 붙어, 그 말이 주어의 자격을 가지게 하는 조사.) ¶둘이서 길을 나서다. ②'-고·-나·-아'·-어'의 어미에 붙어, 그 말뜻을 분명하게 나타내는 보조사. ¶돈을 벌어서 쓸 생각을 해라. /먹어서 나쁠 것은 없지만.

서⁵[조]〈에서〉의 준말. ¶여기서 저기까지.

서(西)**명** 서쪽. ↔동(東).

서(序)**명** ①한문 문체(文體)의 한 가지. 시문(詩文)이나 책의 머리에 그 저술(著述)의 취지 따위의를 적은 문장. ②〈서문(序文)〉의 준말.

서(署)**명** 경찰서·소방서·세무서·영림서(營林署) 등 '서(署)' 자가 붙은 관서의 준말. ¶서까지 함께 갑시다.

서-(庶)[접두]〈친척 관계를 뜻하는 일부 명사 앞에 붙어〉정실(正室) 이외의 여자에게서 난 사람임을 나타냄. ¶서동생. /서삼촌.

서:가(序歌)**명** 서문(序文)이나 서사(序詞)를 대신하는 노래.

서가(書架)**명** 책을 얹어 두는 시렁. 여러 단으로 된 책꽂이. 서각(書閣).

서가(書家)**명** 붓글씨에 능숙한 사람. 서사(書師). 서사.

서:가(庶家)**명** 〔적가(嫡家)에 대하여〕 서파(庶派)의 집을 이르는 말. ↔적가(嫡家).

서각(書閣)**명** ①☞서가(書架). ②☞서재(書齋).

서:각(犀角)**명** ①무소의 뿔. ②한방에서, '무소의 뿔'을 약재로 이르는 말. 뿔의 끝 부분을 가루로 만들어 해열제로 씀.

서간(西間)**명** 조선 시대에, 의금부(義禁府) 안 서쪽에 있었던 옥사(獄舍). ⑪남간(南間).

서간(書簡·書柬)**명** 편지.

서간-문(書簡文)**명** 편지 글. 편지투의 글. 서한문(書翰文).

서간문-집(書簡文集)**명** 여러 가지 편지를 본보기로 모아 엮은 책.

서간^문학(書簡文學)**명** ☞서한 문학(書翰文學).

서간-전(書簡箋)**명** ☞서한전.

서간-집(書簡集)**명** 편지 글을 모아 엮은 책.

서간-체(書簡體)**명** ☞서한체(書翰體).

서:간충비(鼠肝蟲臂)**명** 〔쥐의 간이나 벌레의 앞다리라는 뜻으로〕 '쓸모없거나 하찮은 것'을 비유하여 이르는 말.

서:감(暑感)**명** 여름에 드는 감기.

서:거(逝去)**명하자** 〈사거(死去)〉의 높임말.

서거리-깍두기[-뚜-]**명** 소금에 절인 명태 아가미를 넣고 담근 깍두기.

서걱[부] ①싱싱한 사과나 배 따위의 과일을 썹을 때 나는 소리. ②눈 따위를 밟을 때 나는 소리. ③갈대나 수수를 먹인 천 따위가 마찰할 때 나는 소리. ㉘사각. ⑪써걱. **서걱-서걱**[부]**하자타** 사각.

서걱-거리다[-꺼-]**자타** 자꾸 서걱서걱하다. 서걱대다. ㉘사각거리다.

서걱-대다[-때-]**자타** 서걱거리다.

서경(西京)**명** 고려 시대의 사경(四京)의 하나. 지금의 평양.

서경(西經)**명** 영국의 그리니치 천문대를 지나는 자오선(子午線)을 기준으로 하여, 서쪽의 180°까지의 경도(經度). ↔동경(東經).

서경(書痙)**명** 붓글씨를 많이 쓰는 이에게 오는 신경증. 손에 동통(疼痛)·마비·경련 등이 일어나 글씨를 쓰기가 어려워짐.

서경(書經)**명** 삼경(三經)의 하나. 중국의 요순(堯舜) 시대부터 주대(周代)에 이르기까지의 정사(政事)에 관한 문헌을 수집하여 공자가 편찬하였다는 책. 상서(尙書). ⑧삼경.

서:경(敍景)**명하자** 자연의 풍경을 글로 나타냄.

서:경-문(敍景文)**명** 자연의 풍경을 나타낸 글.

서경-별곡(西京別曲)**명** 작자·연대 미상의 고려 가요. 서경에 사는 여인이 임과 이별하는 애틋한 심정을 읊은 내용. 〔'악장가사'에 실려 전함.〕

서:경-시(敍景詩)**명** 자연의 경치를 읊은 시.

서계(書契)[-계/-게]**명** ①글자, 특히 나무에 새긴 글자. ②증거로 쓰이는 문서. ③조선 시대에, 왜국(倭國)이나 야인(野人)의 입국 사증(入國査證)을 겸하였던 외교 문서.

서계(書啓)[-계/-게]**명** 조선 시대에, 임금의 명을 받아 무슨 일을 처리한 신하가 결과를 보고하여 올리던 문서.

서:계(庶系)[-계/-게]**명** ☞서가(庶家)의 계통.

서고(書庫)**명** 책을 넣어 두는 곳집. 문고. 책고. ¶서고에 가득한 고서(古書).

서:고(暑苦)**명** 더위로 말미암아 비롯되는 괴로움. ↔한고(寒苦).

서:고(鼠姑)**명** ☞쥐며느리.

서:고(誓告)**명하자** 임금이 중요한 국사(國事)를 종묘에 알리던 일.

서고동저(西高東低)**명** 우리나라 부근의 겨울의 대표적 기압 배치로, 시베리아 남쪽 연안에 고기압이, 태평양 쪽에 저기압이 발달하는 현상.

서:고-문(誓告文)**명** ☞서며느리하는 글.

서:곡(序曲)**명** ①오페라·오라토리오·모음곡 따위의 첫머리에 연주되어 도입부의 구실을 하는 악곡. 서악(序樂). 오버추어. ¶카르멘 서곡. /

경기병 서곡. ②'어떤 큰일의 시초'를 비유하여 이르는 말. ¶ 그 일은 다가올 불행의 서곡에 불과했다.

서:곡(黍穀)**명** 조·수수·옥수수 따위의 잡곡.

서공(書工)**명** 〈서가(書家)〉의 낮춤말.

서과(西瓜)**명** '수박'으로 순화.

서:곽(暑霍·暑癨)**명** 한방에서, 더위로 말미암아 일어나는 토사곽란을 이르는 말.

서관(西關)**명** ☞서도(西道).

서관(書館)**명** ☞서점(書店).

서:관(敍官)**명하자 되자** ☞임관(任官).

서광(西光)**명** 불교에서 이르는, 서방 정토(西方淨土)의 광명.

서:광(瑞光)**명** ①상서로운 빛. 상광(祥光). ②길한 조짐. 좋은 일이 있을 조짐.

서:광(曙光)**[명]** ①동이 틀 때 비치는 빛. 신광(晨光). ②일의 전도(前途)에 나타나기 시작한 희망적인 징조. ¶ 앞길에 서광이 비치다.

서:광(曙光)²**명** 1919년에 오상순(吳相淳)·이병도(李丙燾) 등이 참여하여 만든 종합지. 민족주의적인 논설과 신문예 운동에 이바지함.

서교(西敎)**명** 〔서양 종교라는 뜻으로〕'기독교'를 달리 이르는 말.

서:교-증(鼠咬症)**[-쯩]명** 쥐·족제비·고양이 따위에 물린 상처로부터 일종의 스피로헤타가 침입하여 일어나는 병. 상처가 붓거나 아프거나 하며, 오한(惡寒)·발열(發熱)·두통 따위의 증세가 계속됨. 서독증(鼠毒症).

서구(西歐)**명** ①서유럽. ②지난날, 미국과 서유럽을 중심으로 한 자유 민주주의 진영을 두루 이르던 말. **비**구미(歐美). **↔**동구(東歐).

서구-적(西歐的)**관명** 서구의 특색이나 특징을 가진 (것). ¶ 서구적인 외모. ↔동양적.

서권(書卷)**명** ☞서책(書冊).

서궐(西闕)**명** 〔서쪽의 대궐이라는 뜻으로〕'경희궁(慶熙宮)'을 달리 이르던 말.

서궤(書几)**명** 책상.

서궤(書櫃)**명** ①책을 넣어 두는 궤짝. ②'아는 것이 많은 사람'을 비유하여 이르는 말.

서귀다태 ①서로 바꾸다. ②서로 달리하다.

서그러-지다자 너그럽고 서글서글하게 되다.

서그럽다[-따][서그러우니·서그러워]**형비** 성질이 서글서글하고 너그럽다.

서근서근-하다형 ①(성질이) 붙임성이 있고 친절하며 싹싹하다. ②(배나 사과처럼) 씹히는 맛이 연하다. **참**사근사근하다. **서근서근-히부**

서글서글-하다형 (생김새나 성질이) 너그럽고 상냥하다. ¶ 서글서글한 눈매. /듬직한 몸매에 서글서글한 성품. **참**사글사글하다.

서글프다[서글프니·서글퍼]**형** ①슬프고도 허전하다. ¶ 서글픈 계절. /서글픈 신세. ②섭섭하고 언짢다. ¶ 손자를 보내는 할머니의 표정은 못내 서글퍼 보였다.

서글피부 서글프게. ¶ 소쩍새 서글피 우는 밤.

서기(西紀)**명** 〈서력기원(西曆紀元)〉의 준말.

서기(書記)**명** ①문서를 관리하거나 기록을 맡아 보는 사람. ②사회주의 국가에서, 정당의 서기국(書記局)의 구성원. ¶공산당 제일 서기. ③일반직 8급 공무원의 직급. 주사보의 아래, 서기보의 위.

서:기(瑞氣)**명** 상서로운 기운. 경사스러운 분위기. ¶ 서기가 어리다. **비**가기(佳氣).

서:기(暑氣)**명** 더운 기운. ↔한기(寒氣).

서:기(庶幾)**부** 거의.

서기-관(書記官)**명** 일반직 4급 공무원의 직급.

부이사관의 아래, 사무관의 위. 부(部)·청(廳)·처(處)의 과장 급임.

서:기발(序記跋)**명** 서문(序文)·본문(本文)·발문(跋文)을 아울러 이르는 말.

서기-보(書記補)**명** 일반직 9급 공무원의 직급(職級). 서기(書記)의 아래.

서:기-양두각(鼠忌羊頭角)**명** 원진살(元嗔煞)의 한 가지. 쥐띠는 양띠를 꺼린다는 말.

서기-장(書記長)**명** ①서기의 우두머리. ②사회주의 국가에서, 중앙 집행 위원회에 딸린 서기국(書記局)을 통솔하는 직위, 또는 그 직위에 있는 사람.

서:기지망(庶幾之望)**명** 거의 될 듯한 희망.

서까래명 마룻대에서 보 또는 도리에 걸친 통나무. 연(椽木). **준**서I.

서껀조 체언 뒤에 두루 붙어, '여럿 가운데 함께 섞어서'의 뜻을 나타내는 보조사. ¶ 배서껀 사과서껀 많이 먹었다.

서낙-하다[-나카-]형 장난이 심하고 극성스럽다. ¶ 아이들이 하도 서낙해서 벌을 주었다. **서낙-히부**

서남(西南)**명** ①서쪽과 남쪽. 남서. ②〈서남간〉의 준말. ↔동북.

서남-간(西南間)**명** 서쪽과 남쪽 사이, 또는 그 방위. **준**서남.

서남-방(西南方)**명** 서남쪽.

서-남서(西南西)**명** 서쪽과 남서쪽의 중간이 되는 방위. 서쪽에서 시계 반대 방향으로 22.5°되는 방위.

서남-아시아(西南Asia)**명** 아시아 남서부의 지역을 두루 이르는 말. 아프가니스탄·이란·이라크·시리아·요르단·이스라엘·터키 및 아라비아 반도 등이 이 지역에 딸림.

서남-쪽(西南-)**명** 서쪽과 남쪽의 사이. 서남방.

서남-풍(西南風)**명** ☞남서풍(南西風).

서남-향(西南向)**명** ☞남서향(南西向).

서낭(←城隍)**명** ①민간에서, 서낭신이 붙어 있다는 나무. 〈서낭신〉의 준말. **본**성황(城隍).

서낭에 가 절반 한다속담 뜻도 모르고 남의 흉내만 열심히 낸다는 말.

서낭에 난 물건이나속담 물건 값이 너무 헐할 때 이르는 말.

서낭-단(←城隍壇)**명** 서낭신에게 제사 지내는 단. **본**성황단(城隍壇).

서낭-당(←城隍堂)**명** 서낭신을 모신 당집. **본**성황당.

서낭-상(←城隍床)**[-쌍]** 무당이 굿을 할 때 차려 놓는 제물상(祭物床)의 한 가지. **본**성황상.

서낭-신(←城隍神)**명** 민간에서, 토지와 마을의 수호신(守護神). **본**성황신. **준**서낭.

서낭-제(←城隍祭)**명** 서낭신에게 지내는 제사. **본**성황제(城隍祭).

서너관〔일부 단위를 나타내는 말 앞에 쓰이어〕셋이나 넷 가량의. ¶ 서너 되. /서너 집.

서너-째수관 셋째나 넷째쯤 되는 차례(의).

서넛[-넏]주 셋이나 넷. 삼사(三四). * 서넛이[-너시]·서넛만[-넌-]

서:녀(庶女)**명** 첩의 몸에서 난 딸. ↔적녀.

서-녁(西-)**[-녁]명** 서쪽. 서쪽 방면. * 서녘이[-녀키]·서녘만[-녕-]

서느렇다[-러타][서느러니·서느레]**형비** ①물체의 온도나 기온 따위가 좀 찬 느낌이 들 정도로 차갑하다. ¶ 음식이 서느렇게 식다. ②놀라거나 무서워서 가슴에 찬 기운이 도는 것 같다. ¶ 간담이 서느렇다. **자**사느렇다. **센**써느렇다.

서늘-바람閉 초가을에 부는 서늘한 바람.

서늘-하다闿여 ①몹시 선선하다. ¶서늘한 바람. /서늘한 날씨. ②놀라거나 하여 가슴속에 찬 기운이 도는 듯하다. ¶간담을 서늘케 하는 공포 영화. ③(분위기 등이) 설렁한 느낌이 도는 듯하다. 황사늘하다. ⑩써늘하다. 서늘-히튀.

서다 Ⅰ재 ①위를 향하여 곧은 자세가 되다. 직립(直立)하다. ¶담 밖에 서서 안을 넘어다보다. ②일어서다. 기립(起立)하다. ¶늙은이가 무릎을 짚고 가까스로 서다. ③움직이던 것이 멈추다. ¶시계가 서다. /완행열차가 역마다 서다. ④꼿꼿이 위로 뻗다. ¶머리털이 쭈뼛 서다. /새 옷이라 옷깃이 빳빳이 서다. ⑤건립(建立)되다. ¶건물이 서다. /새로운 공장이 서다. ⑥(연장 따위의) 날이 날카롭게 되다. ¶칼날이 서다. ⑦점(占)하다. 위치를 잡다. 어떤 지위에 오르다. ¶우위에 서다. /대표자 자리에 서다. ⑧(무지개·핏발 따위가) 줄이 서서 길게 나타나다(생기다). ¶비 갠 하늘에 무지개가 서다. /달무리가 서다. ⑨(씨름판이나 시장 따위가) 판이 벌어지다. ¶5일마다 장이 서다. ⑩배 속에 아이가 생기다. ¶아이가 서나 보다. ⑪(나라나 기관 따위가) 창건되다. 설립되다. ¶산골에도 학교가 서다. ⑫상품의 값이 매겨지다. ¶금이 서다. ⑬명령·규칙·기강·위엄 등이 제대로 시행되다(유지되다·관통되다). ¶교통질서가 서다. /위신이 서다. /면목이 서다. ⑭이치·논리 따위가 맞다. 일관성이 있다. ¶논리가 서다. /말발이 서지 않다. ⑮수립되다. 결정되다. ¶계획이 서다. /줏대가 서 있는 사람. /결심이 서다. ⑯('…에 서다'의 꼴로 쓰이어) 위치에 놓이다. 처하다. ¶기로에 서다. /중간에 서서 중재하다.

Ⅱ타 ①어떤 일을 맡아보거나 책임을 지다. ¶보증을 서다. /중매를 서다. /보초를 서다. ②줄을 짓다. ¶2열 종대로 줄을 서다.

설 사돈 있고 누울 사돈 있다족담 같은 경우라도 사람에 따라 대하는 태도가 달라야 한다는 말.

설 제 곧길 아이가 날 제도 곧긴다족담 일의 시작이 순조롭지 못하면 내내 그렇다는 말.

서단(西端)閉 서쪽 끝.

서단(西壇)閉 〈서방 토룡단〉의 준말.

서당(書堂)閉 글방. 당(堂). 사숙(私塾).

서당 개 삼 년에 풍월(을) 한다(읊는다)족담 어떤 방면에 아는 것이 없는 사람도, 그 방면에 오래 끼여 있으면 어느 정도 익히게 된다는 말.

서당 아이들은 초달(楚撻)에 매여 산다족담 ①글을 배우는 아이들은 선생의 매를 가장 두려워한다는 말. ②어떤 조직에 매여 있으면, 어쩔 수 없이 그 조직의 생활에 따르게 된다는 뜻.

서대¹閉 소 앞다리에 붙은 고기.

서대²閉 〈서대기〉의 준말.

서:대(犀帶)閉 조선 시대에, 일품(一品)의 벼슬아치가 두르던, 서각(犀角)으로 꾸민 띠. 서띠.

서대기閉 참서댓과의 바닷물고기. 몸은 혀 모양 신 바다 모양으로 납작함. 몸빛은 갈색임. 비늘이 잘고 두 눈이 모두 왼쪽에 붙어 있음. 춘서대².

서-대륙(西大陸)閉 서반구(西半球)의 대륙, 곧 남미 대륙과 북미 대륙.

서덜¹閉 강가나 냇가의 돌이 많은 곳. ¶서덜을 지나다 모래톱이 나타났다.

서덜²閉 생선의 살을 발라낸 나머지.

서도(西道)閉 황해도와 평안도를 아울러 이르는 말. 서관(西關). 서로(西路). 서토(西土).

서도(書刀)閉 ①옛날 중국에서, 대나무에 글씨를 새기거나 새긴 글씨를 깎아 내는 데 쓰던 칼. ②종이를 자르는 작은 칼.

서도(書道)閉 붓글씨를 정신 수양의 관점에서 이르는 말.

서도(書圖)閉 글씨와 그림.

서독(西瀆)閉 사독(四瀆)의 하나. 지금의 대동강.

서독(書牘)閉 편지.

서:독(暑毒)閉 더위 때문에 생긴 병.

서:독-증(鼠毒症)[-쯩]閉 ☞서교증(鼠咬症).

서돌閉 서까래·도리·보·기둥 따위의 재목을 통틀어 이르는 말.

서동(書童)閉 서당에서 글을 배우는 아이. 학동(學童). 서생과 목동.

서-동문(書同文)閉 〈거동궤서동문〉의 준말.

서-동부언(胥動浮言)闿자 일부러 거짓말을 퍼뜨려 인심을 꼬드김.

서:-동생(-同生)閉 서모의 몸에서 난 동생.

서동-요(薯童謠)閉 신라 진평왕 때 서동(薯童: 뒷날의 백제 무왕)이 지었다는 우리나라 최초의 4구체 향가. 서동이 진평왕의 딸인 선화 공주를 사모하던 끝에 아내로 맞기 위해 이 노래를 지어 아이들로 하여금 부르게 하였다고 함.

서:두(序頭)閉 어떤 차례의 첫머리. ¶대화체로 서두를 전개하다.

서두(書頭)閉 ①글의 첫머리. ②책 면의 위의 빈 자리. ③초벌 면포의 가장자리를 도련(刀鍊) 침, 또는 그 가장자리.

서두르다[서두르니·서둘러]재타 일을 빨리 끝내려고 바쁘게 움직이다, 또는 급하게 처리하려고 하다. ¶서두르지 않으면 약속 시간에 늦겠다. 춘서둘다.

서둘다[서두니·서둘러]재타 〈서두르다〉의 준말.

서든^데스(sudden death)閉 ①미식축구나 축구 따위에서, 연장전 방식의 하나. 연장전에 들어가 어느 한 팀이 먼저 득점하면 경기가 끝남. ②골프의 플레이 오프에서, 연장 1홀씩으로 승부를 결정하는 방식.

서등(書燈)閉 글을 읽기 위해 켜 놓는 등불.

서:-띠(犀-)閉 ☞서대(犀帶).

서라-말閉 온몸에 거무스레한 점이 드문드문 섞인 흰 말.

서라벌(徐羅伐)閉 ①'신라(新羅)'를 이전에 이르던 말. ②'경주(慶州)'를 이전에 이르던 말.

서랍閉 책상·장롱·경대·문갑 등에 붙어, 앞으로 빼었다 끼웠다 할 수 있게 만들어 여러 가지 물건을 담는 상자.

서:랑(壻郎)閉 남을 높이어 그의 '사위'를 일컫는 말.

서래(西來)闿자 ①서쪽에서 옴. ②서쪽 나라에서 옴(전해 옴).

서:량(恕諒)闿자 사정을 살피어 용서함.

서:러워-하다타여 서럽게 여기다. 서러하다.

서:럽다[-따] [서러우니·서러워]闿ㅂ 원통하고 슬프다. 섧다. ¶푸대접을 받아 서럽다.

서력(西曆)閉 서양의 책력.

서력-기원(西曆紀元)[-끼-]閉 예수가 탄생한 해를 원년(元年)으로 삼는 서력의 기원. [실제는 예수의 생후 4년째가 원년이라고 함.] 그리스도 기원. 춘서기(西紀).

서례(書例)閉 ☞서식(書式).

서로 Ⅰ閉 짝을 이루거나 관계를 맺고 있는 상대. 상호(相互). ¶서로를 아끼다.

Ⅱ튀 (이쪽은 저쪽을, 저쪽은 이쪽을 향하거나 위하여) 함께. ¶서로 돕다. /서로 미워하다.

서로(西路)**명** ①서쪽으로 가는 길. ②⇨서도.
서:로(庶老)**명** 지난날, 서민(庶民)으로서 나이 일흔 살이 넘은 노인을 이르던 말.
서로-서로 Ⅰ**부** '서로'를 힘주어 이르는 말.
Ⅱ**명** '서로'를 힘주어 이르는 말.
서로-치기[하타] 똑같은 일을 서로 바꾸어 가며 해 주는 것.
서록(書錄)[하타] ⇨기록.
서록(書篋)**명** ①책을 넣어 두는 궤짝. ②'내용의 참뜻은 잘 이해 못한 채 많이 읽기만 하는 사람'을 비유하여 이르는 말.
서:론(序論·緖論)**명** 말이나 글에서 본격적인 논의를 하기 위한 실마리가 되는 부분. 머리말. 서설(序說). (참)본론·결론.
서론(書論)**명** ①서적에 쓰인 논의. ②서법(書法)에 대한 논의.
서:료(庶僚)**명** 일반 관료.
서류(書類)**명** 기록이나 사무에 관한 문서. ¶ 소송(訴訟) 서류. /건축 허가 서류.
서:류(庶流)**명** 서자(庶子)의 계통. 서가(庶家)의 출신. ↔적류(嫡流).
서:류(庶類)**명** 보통의 종류, 또는 여러 가지 종류의 것.
서류^송:청(書類送廳)**명** 피의자를 구속하지 않고 사건에 관한 수사 서류와 증거물만을 경찰서에서 검찰청으로 넘기는 일.
서류-철(書類綴)**명** 여러 가지 서류를 매어 둘 수 있게 만든 책, 또는 한데 맨 서류.
서류-함(書類函)**명** 서류를 넣어 두는 함.
서르[부] 〈옛〉서로. ¶文字와로 서르 ᄉᆞᄆᆞᆺ디 아니ᄒᆞᆯᄊᆡ(訓諺). ▷서로.
서른[수][관] 열의 세 곱절(의). 삼십(三十).
서른세 해 만에 꿈 이야기 한다[속담] 오래 묵어 두었던 일을 이야기함을 비꼬아 하는 말.
서름서름-하다[형어] 아주 서름하다.
서름-하다[형어] ①남과 가깝지 못하여 서먹하다. ¶ 서름하게 지내는 사이. ②사물에 익숙하지 못하다. ¶ 배운 지 얼마 안 돼 아직은 서름하다.
서릉-씨(西陵氏)**명** ⇨선잠(先蠶).
서룻다[-륻따][타] (좋지 못한 것을) 쓸어 치우다. * 서룻어<서릇는[-른-]
서리¹명 ①기온이 빙점 아래로 떨어질 때, 대기 중의 수증기가 그대로 얼어 지표면 또는 그 가까운 물체들 위에 엉겨 붙은 가루 모양의 얼음. ②'심한 피해나 타격' 따위를 비유하여 이르는 말.
서리 맞은 구렁이[병아리][속담] '힘이 없고 동작이 몹시 굼뜬 사람'을 비유하여 이르는 말.
서리(를) 맞다[관용] 타격을 받아 풀이 죽다.
서리(를) 이다[관용] 머리가 하얗게 되었을 때의 비유.
서리²명[하타] 여럿이 남의 물건을 훔쳐다 먹는 장난. [콩 서리·닭 서리·수박 서리 따위.] ¶ 서리를 맞다.
서리³명 무엇이 많이 모여 있는 무더기의 가운데. ¶ 사람 서리에서 빠져나오다. /나무 서리에 끼우다.
서리⁴명 사이. 서리³. ¶ 人間은 사롬 서리라(月釋1:9).
서:리(胥吏)**명** ⇨아전(衙前).
서리(書吏)**명** 조선 시대에, 경아전(京衙前)에 속하는 하급 서리(胥吏). 주로 서책(書册)을 보관하는 임무를 맡았음.
서리(犀利)**'서리하다'의 어근.
서:리(鼠李)**명** ⇨갈매나무.
서:리(暑痢)**명** 더위를 먹고 설사를 하는 계절적인 탈. 열리(熱痢).

서:리(署理)**명**[하타] 결원이 된 어떤 직위의 직무를 대신함, 또는 그 사람. ¶ 국무총리 서리.
서리-꽃[-꼳]**명** 유리창 따위에 엉긴 수증기가 얼어붙어 꽃처럼 무늬를 이룬 것. * 서리꽃이[-꼬치]·서리꽃만[-꼰-]
서리-꾼명 서리를 하는 장난꾼.
서리다¹[재] ①수증기가 찬 기운을 받아 물방울이 되어 엉기다. ¶ 유리창에 김이 서리다. ②(향기가) 가득 풍기다. ¶ 국화 향기 서린 뜰. ③(거미줄, 식물의 덩굴, 가는 뿌리, 철조망 같은 가느다란 줄이) 한곳에 많이 얼크러지다. ¶ 거미줄이 서리다. ④(어떤 생각이) 마음에 자리 잡다. ¶ 가슴에 서리는 한(恨). ⑤(표정 또는 사건의 현장 등에) 어리어 나타나다. ¶ 만국의 한이 서린 백마강. /그리움이 가득 서린 눈망울. /조상의 얼이 서린 문화재.
서리다²[타] ①(국수나 새끼 따위를) 헝클어지지 않게 빙빙 둘러서 포개어 감다. ②(뱀 따위가 몸을) 똬리처럼 감다. ☞사리다.
서리-병아리명 ①이른 가을에 깬 병아리. ②'힘없고 추레한 것'을 비유하여 이르는 말.
서리-서리[부 ①서려 놓거나 서려 있는 모양. ¶ 춘포는 이불 아래 서리서리 넣었다가…. ②(어떤 감정이) 복잡하게 서려 있는 모양. ¶ 가슴에 서리서리 얽힌 회포. ☞사리사리².
서:리-자(鼠李子)**명** 한방에서, '갈매'를 약재로 이르는 말. 하제(下劑)로 씀.
서:리지탄(黍離之歎)[나라가 망하여 그 대궐 터에 기장이 무성함을 보고 탄식하였다는 고사에서] 세상의 영고성쇠(榮枯盛衰)가 무상함을 탄식한다는 말.
서리태명 콩의 한 품종. 10월경에 서리를 맞은 후에 수확하는 만생종으로 콩알이 굵으며, 껍질은 검고 속은 연둣빛임.
서:리-피(鼠李皮)**명** 갈매나무의 껍질. 염료로 쓰이고, 한방에서는 하제(下劑)로도 쓰임.
서:리-하다(犀利-)[형어] (병장기 따위가) 단단하고 날카롭다. ¶ 서리한 칼날.
서림(書林)**명** ⇨서점(書店).
서릿-바람[-바빠→-릳빠-]**명** 서리 내린 아침의 쌀쌀한 바람.
서릿-발[-리빨→-릳빨]**명** ①겨울에 지표의 수분이 얼어서 성에처럼 된 것. ②서리가 내리는 기운.
서릿발이 서다[관용 ①땅거죽에 가늘고 긴 얼음 줄기의 묶음이 생기다. ②서릿발처럼 준엄하고 매서운 기운이 있다.
서릿발(이) 치다[관용 ①서릿발을 이루다. ②기세가 매우 무섭고 준엄하다.
서릿-점(-點)[-리쩜/-릳쩜]**명** 대기 중의 수분이 냉각되어 서리가 되기 시작할 때의 온도.
서루[부〈옛〉서로. ¶妻子돌히 ᄃᆞ라가 서루 보내ᄂᆞ니(杜重4:1). ☞서르.
서-마구리(西-)**명** 광산에서, 동서로 벋은 맥을 따라 뚫은 구덩이의 서쪽 마구리.
서:막(序幕)**명** ①연극의 시작이 되는 첫 막. ②무슨 일의 시작. ¶ 전쟁의 서막.
서막을 올리다[관용 어떤 일이 시작되다.
서:맥(徐脈)**명** ⇨지맥(遲脈). ↔속맥(速脈).
서머-스쿨(summer school)**명** 하기 학교(夏期學校). 여름학교. ¶ 하기 강습회.
서머^타임(summer time)**명** 여름철에, 일조 시간(日照時間)을 유효하게 이용하기 위하여 표준 시간을 시간쯤 앞당기는 제도. 일광 절약 시간. 하기 시간(夏期時間).
서머-하다[형어] 면목이 없다. **서머-히[부**.

서먹서먹-하다[-써머카-]형여 매우 서먹하다. ¶ 서먹서먹한 자리. /서로 인사는 하였으나 서먹서먹하여 별 말도 없이 앉아 있었다.

서먹-하다[-머카-]형여 낯이 익지 않아 어색하다. 어울려 행동하기가 자연스럽지 못하다. ¶ 처음 대하는 얼굴이라 좀 서먹하다.

서면(西面)圀 ①서쪽으로 향한 면. ②하자 서쪽을 향함.

서면(書面)圀 ①글씨를 적어 놓은 지면(紙面), 또는 그 내용. 문면(文面). ②문서 또는 편지. ¶ 서면으로 보고하다.

서:면(恕免)圀하타 용서하여 죄를 묻지 않음.

서:면(黍麵)圀 기장으로 뽑은 국수.

서면^결의(書面決議) [-겨릐/-겨리]圀 〔유한 회사 또는 회원이 한정되어 있는 단체에서〕 회합을 하지 않고, 각 구성원의 서면에 의한 의사 표시로써 하는 결의.

서면^계:약(書面契約) [-계-/-게-]圀 서면의 작성을 계약 성립의 요건으로 하는 계약. ↔구두 계약.

서면^심리(書面審理) [-니]圀 법원이 구두 변론에 의하지 않고, 주로 당사자나 소송 관계인이 제출한 서면으로 심리하는 일. ↔구두 심리(口頭審理).

서면^심리주의(書面審理主義) [-니-의/-니-이]圀 소송 심리의 방식에서, 당사자의 변론과 법원의 증거 조사 등을 서면으로써 해야 한다는 주의. ⑥서면주의(書面主義).

서면^위임(書面委任)圀 서면의 작성을 성립 요건으로 하는 위임.

서면-주의(書面主義) [-의/-이]圀 〈서면 심리주의(書面審理主義)〉의 준말.

서명(書名)圀 책 이름.

서:명(署名)圀하자 자기의 이름을 문서에 적음, 또는 그 이름. ¶ 영수증에 서명하다.

서:명^날인(署名捺印)圀 문서에 서명을 하고 도장을 찍음. 기명날인(記名捺印).

서:명^대:리(署名代理)圀 대리인이 그 대리권에 의하여 직접 본인의 서명을 하는 일.

서:명^운:동(署名運動)圀 어떤 주장이나 의견에 대한 많은 사람의 찬성 서명을 얻기 위한 운동.

서:모(庶母)圀 아버지의 첩.

서목(書目)圀 ①책의 목록. ②보고서의 개요를 따로 뽑아 보고서에 덧붙인 것.

서:목-태(鼠目太)圀 ☞쥐눈이콩.

서:몽(瑞夢)圀 상서로운 꿈.

서묘(西廟)圀 서울 서대문 밖에 있던 관왕묘(關王廟). 1902년에 세웠다가 1909년에 동묘와 합쳐짐.

서무(西廡)圀 문묘(文廟) 안의 서쪽 행각(行閣). 고려·조선 시대에, 여러 유현(儒賢)의 위패를 배향하던 곳. ↔동무(東廡).

서:무(庶務)圀 어떤 특정한 이름을 붙일 수 없는 여러 가지 일반적인 사무, 또는 그런 일을 맡아보는 사람.

서:무(署務)圀 '서(署)' 자가 붙은 기관, 곧 경찰서·세무서·소방서 등의 사무.

서무-날圀 무수기를 볼 때, 음력 열이틀과 스무이레를 이르는 말.

서문(西門)圀 서쪽의 문. 서쪽으로 낸 문.

서:문(序文)圀 머리말. 서사(序詞). 서제(序題). ⑥서(序). ↔발문(跋文).

서:문(誓文)圀 〈서약문〉의 준말.

서:물(庶物)圀 여러 가지 사물.

서:민(庶民)圀 ①일반 국민. ②귀족이나 상류층이 아닌 보통 사람. 백민(白民). 범민(凡民). 서인(庶人). 하민(下民).

서:민^계급(庶民階級) [-계-/-게-]圀 서민층의 계급.

서:민^금융(庶民金融) [-금늉/-그뮹]圀 서민 계급에 대한 금융. 상호 신용 금고·전당포 등이 행하는 소액의 금융.

서:민-적(庶民的)圀 서민다운 태도나 경향이 있는 (것). ¶ 서민적 경향. /서민적인 친근감.

서:민-층(庶民層)圀 서민에 속하는 계층.

서바이벌^게임(survival game)圀 〔'생존 게임'의 뜻으로〕 모의총으로 전쟁놀이를 즐기는 레저 스포츠.

서반(西班)圀 왕조 때, 무관(武官)의 반열. 무반(武班). 무열(武列). 호반(虎班). ↔동반(東班).

서-반구(西半球)圀 경도(經度) 0°에서 서쪽으로 경도 180° 선까지 이르는 지구의 반쪽 부분. ↔동반구(東半球).

서반아(西班牙)圀 '스페인'의 한자음 표기.

서:발(序跋)圀 서문(序文)과 발문(跋文).

서방(西方)圀 ①서쪽. 서쪽 방향. ②서쪽 지방. 서부 지역. ③〈서방 국가〉의 준말. ④〈서방 극락〉의 준말. ①②↔동방(東方).

서방(書房)圀 '남편'을 속되게 이르는 말.

서방(을) 맞다관용 남편을 얻다.

서방(書房)²圀 ①지난날, 벼슬이 없는 남자의 성 아래에 붙여 일컫던 말. ②성(姓)의 아래나 매제, 아래 동서 등을 일컫는 말. ¶ 요즘 김 서방 건강은 좀 어떠니?

서방^국가(西方國家)圀 〔공산 국가에 대하여〕 미국과 서유럽의 국가들을 중심으로 한 자유 민주주의 진영의 국가군을 이르는 말. 서방 세계(西方世界). ⑥서방.

서방^극락(西方極樂) [-궁낙]圀 불교에서, 서쪽 십만억토(十萬億土)의 저쪽에 있다고 하는 극락 세계. 서방 세계. 서방 정토. ⑥서방.

서방-님(書房-)圀 ①'남편'을 높이어 일컫는 말. ②결혼한 시동생을 일컫는 말. ③지난날, 상사람이 벼슬 없는 선비를 일컫던 말.

서방-맞이(書房-)圀 남편을 맞는 일.

서방^세:계(西方世界) [-계-/-게-]圀 ①☞서방 극락. ②☞서방 국가.

서방^정토(西方淨土)圀 ☞서방 극락. 극락정토(極樂淨土).

서방-주(西方主)圀 〔불교에서, 서방 극락의 주인이라는 뜻으로〕 '아미타불'을 이르는 말.

서방-질(書房-)圀하자 남편이 있는 여자가 샛서방을 보는 짓. 화냥질. ↔계집질.

서방-측(西方側)圀 서방 국가의 쪽.

서방^토룡단(西方土龍壇)圀 조선 시대에, 오방 토룡제(五方土龍祭)를 지내던 제단의 하나. 〔서울의 마포에 있다가 양화진(楊花津) 옆으로 옮겨졌음.〕 ⑥서단(西壇).

서:배(鼠輩)圀 쥐새끼같이 하찮은 무리.

서:버(server)¹圀 테니스나 탁구·배구 등에서, 서브하는 쪽, 또는 그 사람. ↔리시버.

서:버(server)²圀 주된 정보의 제공이나 작업을 수행하는 컴퓨터 시스템. 클라이언트 시스템이 요청한 작업이나 정보의 수행 결과를 돌려줌.

서벅-거리다[-꺼-]재타 자꾸 서벅서벅하다. 서벅대다. 좀자박거리다.

서벅-대:다[-때-]재타 서벅거리다.

서벅-돌[-똘]圀 단단하지 않고 잘 부스러지는 무른 돌.

서벅-서벅[-써-]튀하자타 ①사과나 배 따위를 씹을 때 나는 것과 같은 소리. ②모래밭을 걸을 때 나는 것과 같은 소리. 잘사박사박.

서법(書法)[-뻡]명 글씨 쓰는 법.

서:법(敍法)[-뻡]명 문장의 내용에 대한, 말하는 사람의 심적 태도를 나타내는 동사의 어형 변화. 〔의문법·청유법 따위.〕

서벽(書癖)명 글 읽기를 좋아하는 성벽(性癖).

서:보(徐步)명 천천히 걷는 걸음.

서부(西部)명 ①어떤 지역의, 서쪽 부분. ②조선 시대에, 한성을 5부로 나누었을 때 서쪽 지역. 또는, 그 지역을 관할하던 관아를 이르던 말.

서부-극(西部劇)명 〈서부 활극〉의 준말.

서부렁-서부렁튀하형 여러 군데가 다 서부렁한 모양. 잘사부랑사부랑².

서부렁-섭적[-쩍]튀 가볍게 슬쩍 뛰어 건너거나 올라서는 모양. ¶서부렁섭적 개울을 건너 뛰다. 잘사부랑삽작.

서부렁-하다형여 (묶거나 쌓은 물건이) 꼭 다붙지 않고 느슨하거나 버성기다. ¶서부렁하게 쌓아 놓은 장작더미. 잘사부랑하다.

서부^영화(西部映畫)명 개척기의 미국 서부를 배경으로 한 영화.

서부진언(書不盡言)명 글로는 의사를 충분히 표현할 수 없음.

서-부터조 〈에서부터〉의 준말. ¶부산서부터 따라오다. /여기서부터 남의 땅이다.

서부^활극(西部活劇)명 개척기의 미국 서부를 배경으로 한 활극. 준서부극.

서북(西北)명 ①서쪽과 북쪽. ②〈서북간〉의 준말. 북서. ③서도(西道)와 북관(北關) 지방을 통틀어 이르는 말.

서북-간(西北間)[-깐]명 서쪽과 북쪽의 사이가 되는 방위. 건방(乾方). 준서북.

서-북서(西北西)[-써]명 서쪽과 서북쪽의 중간이 되는 방위.

서북송탐(西北松耽)[-쏭-]명 지난날, 서도(西道)·북관(北關)·송도(松都)·탐라(耽羅)를 아울러 이르던 말.

서북-쪽(西北-)명 서쪽과 북쪽의 사이가 되는 쪽.

서북-풍(西北風)명 ☞북서풍(北西風).

서북-향(西北向)[-부캉]명 서북쪽을 향한 방위, 또는 서북쪽을 향하고 있는 일.

서분서분-하다형여 (성질이나 마음씨가) 부드럽고 친절하다. ¶사람됨이 까다롭지 아니하고 서분서분하다. 잘사분사분하다.

서분-하다형여 좀 서부렁하다. 잘사분하다. 서분-히튀.

서분한-살명 굵으면서 가벼운 화살.

서:-불(舒弗邯)명 ☞이벌찬(伊伐湌).

서붓[-붇]튀 발을 가볍게 얼른 살짝 내디디는 모양, 또는 그 소리. 잘사붓. 센서뿟. 거서풋. 서붓-이튀. 서붓-서붓튀.

서붓서붓-하다[-붇써붇-]형여 소리가 거의 나지 않을 정도로 걸음걸이나 움직임이 가볍고 부드럽다. 잘사붓사붓하다. 센서뿟서뿟하다. 거서풋서풋하다.

서:브(serve)명하자 테니스·탁구·배구 따위 경기에서, 공격 쪽에서 먼저 공을 상대편 코트에 쳐 넣는 일, 또는 그 공. 서비스. ↔리시브.

서브루:틴(subroutine)명 컴퓨터에서, 하나의 작업을 이루기 위한 여러 루틴의 조직으로서, 어떤 특정 문제를 처리하기 위해 따로 준비되어 있다가 호출 명령에 따라 쓰이는 루틴. 잘루틴.

서브타이틀(subtitle)명 ①부제(副題). ②영화나 텔레비전 등에서의 보조 자막. ↔메인타이틀.

서:비스(service)명하자타 ①☞서브. ②생산된 재화를 운반·배급하거나 생산이나 소비에 필요한 노무를 제공함. ③보수를 바라지 않고 남을 위하여 봉사함, 또는 그 봉사. ¶서비스 정신. /점원의 서비스가 좋다. ④상점 따위에서 값을 싸게 해서 팔거나 경품 따위를 붙여 팖. ¶서비스 세일. /서비스 품목.

서:비스^공장(service工場)명 '자동차 수리 공장'을 속되게 이르는 말.

서:비스^라인(service line)명 테니스에서, 서비스 박스의 뒤쪽 선. 〔서브한 공이 이 선 밖으로 나가면 폴트가 됨.〕

서:비스^박스(service box)명 테니스에서, 서브를 그 안에 넣어야 되는 직사각형의 구획.

서:비스^산:업(service産業)명 제1차·제2차 산업을 기초로 하여 서비스라는 무형(無形)의 상품을 제공하는 산업을 통틀어 이르는 말. 〔운수·통신·상업·금융·관광 산업 따위.〕 잘제삼차 산업.

서:비스-업(service業)명 서비스 산업에 속하는 업종, 곧 생산이나 상품의 유통에는 직접 관계 없이 노무·편의 따위를 제공하는 업종을 통틀어 이르는 말.

서:비스^에이스(service ace)명 배구·테니스·탁구에서, 서브한 공을 상대편이 받지 못하여 득점하는 일, 또는 그 서브. 에이스.

서-빙고(西氷庫)명 조선 시대에, 동빙고와 함께 얼음의 채취·보존·출납을 맡아보던 관아.

서뿐튀 소리가 나지 않도록 가볍게 움직이거나 발을 내디디는 모양. ¶서뿐 방으로 들어오다. 잘사뿐. 센서뿟. 거서-서뿟.

서뿐서뿐-하다형여 ①소리가 나지 아니할 정도로 걸음걸이가 매우 가볍다. ¶발걸음이 서뿐서뿐하다. ②잇따라 움직이는 것이 매우 가볍다. 잘사뿐사뿐하다. 거서푼서푼하다.

서뿐-하다형여 ①소리가 나지 아니할 정도로 걸음걸이가 매우 가볍다. ②움직이는 것이 매우 가볍다. 잘사뿐하다. 서뿐-히튀.

서뿟[-뿓]튀 〈서붓〉의 센말. 잘사뿟. 거서풋.

서뿟서뿟-하다[-뿓 써뿓-]형여 〈서붓서붓하다〉의 센말. 잘사뿟사뿟하다. 거서풋서풋하다.

서:사(序詞)명 머리말. 서문(序文).

서사(書士)명 대서(代書)나 필사(筆寫)를 업으로 하는 사람.

서사(書史)명 ①☞서적(書籍). ②경서(經書)와 사기(史記).

서사(書司)명 절에서, '서기(書記)'를 이르는 말.

서사(書舍)명 지난날, 선비들이 모여서 글공부를 하던 집.

서사(書師)명 붓글씨에 능한 사람. 서가(書家).

서사(書肆)명 ☞서점(書店).

서사(書寫)명하자 글씨를 베껴 씀.

서사(書辭)명 편지의 글. 편지에 적힌 사연.

서:사(敍事)명하타 사실이나 사건 따위를 있는 그대로 적는 일.

서:사(誓詞)명 맹세하는 말. 서언(誓言).

서:사-문(敍事文)명 서사체(敍事體)로 쓴 글. 잘서정문(抒情文).

서:사-시(敍事詩)명 국가나 민족의 역사적 사건에 얽힌 신화나 전설 또는 영웅의 사적 등을 서사적으로 읊은 장시(長詩). 잘극시(劇詩)·서정시(抒情詩).

서사-왕복(書辭往復)명하자 편지가 오고 감.

서:사-적(敍事的)관명 사실이나 사건 따위를 있는 그대로 적는 (것). ¶서사적 표현. /서사적인 글.

서:사-체(敍事體)명 사실을 있는 그대로 객관적으로 서술하는 문체.

서산(西山)명 서쪽의 산.

서산(書算)명 지난날, 서당에서 책을 읽은 횟수를 세던 물건. 좁다란 종이를 봉투처럼 접어 겉에 눈금을 쳐서 에이고 이를 접었다 폈다 하며 헤아렸음. 서수(書數).

서산-낙일(西山落日)명 ①서산에 지는 해. ②'힘이나 형세 따위가 기울어진 상황'을 비유하여 이르는 말.

서산-대(書算-)[-때]명 지난날, 선비나 학동들이 책의 글자를 짚거나 서산을 눌러 두기도 하던 가는 막대기.

서산-마루(西山-)명 서쪽에 있는 산의 꼭대기.

서:-삼촌(庶三寸)명 ☞서숙(庶叔).

서:상(瑞相)명 상서로운 조짐. 서조(瑞兆).

서:상(暑傷)명하자 더위를 먹음.

서-상방(書上房)명 남향 대청의 오른쪽에 안방이 있는 집. ↔동상방(東上房).

서상-학(書相學)명 필적(筆跡)으로 그 사람의 성격이나 심리 따위를 연구하는 학문.

서:색(鼠色)명 쥐색. 젯빛.

서:색(曙色)명 ①새벽의 빛. ②서광(曙光)을 받은 새벽녘의 경치.

서생(書生)명 ①학업을 닦는 젊은이. ②유학(儒學)을 공부하는 사람. ③글만 읽어 세상일에 어두운 선비.

서생(庶生)명 첩의 소생. 서출(庶出).

서생^문학(書生文學)명 문학 청년의 아직 습작과정에 있는 문학, 또는 그 수준의 작품.

서:-생원(鼠生員)명 '쥐'를 의인화하여 이르는 말.

서서(徐徐)명 '서서하다'의 어근.

서서(筮書)명 점쟁이가 점을 치러 온 사람의 길흉을 적은 글장.

서:서(瑞西)명 '스위스'의 한자음 표기.

서:서(署書)명 한자의 팔체서(八體書)의 한 가지. 오늘날에는 전하지 아니함.

서:서(誓書)명 <서약서(誓約書)>의 준말.

서서^뛰어들기[-어-/-여-]명 헤엄치러 물에 들어갈 때에 발을 굴러서 선 채로 발부터 물에 들어가는 동작.

서:서-하다(徐徐-)형여 천천하다. **서서-히**부 ¶지난 일들을 서서히 털어놓기 시작하다.

서:설(序說)명 ☞서론(序論).

서:설(敍說)명하타 차례대로 설명함.

서:설(絮說)명하타 지루하게 이야기를 늘어놓음, 또는 그 이야기.

서:설(棲屑)명하자 한곳에 머물지 않고 떠돌아다님.

서:설(暑泄)명 더위를 먹고 하는 설사.

서:설(瑞雪)명 상서로운 눈.

서:성(瑞星)명 상서로운 조짐을 보이는 별. 경성(景星). 덕성(德星).

서성-거리다자타 자꾸 서성서성하다. 서성대다. ¶선뜻 들어오지 못하고 밖에서 서성거리다.

서성-대다자타 서성거리다.

서성-서성부하자타 (어떤 일을 결단하지 못하거나 불안하여) 한곳에 서 있지 못하고 왔다 갔다 하는 모양.

서성-이다자 한곳에 서 있지 못하고 왔다 갔다 하다. ¶대문 밖에서 수상한 사람이 서성인다.

서:세(逝世)명하자 <죽음>의 높임말.

서:속(黍粟)명 ①기장과 조. ②'조'의 방언.

서:손(庶孫)명 ①서자(庶子)의 아들. ②아들의 서자. ↔적손(嫡孫).

서:수(序數)명 차례를 나타내는 수. 〔첫째·둘째·열째 따위.〕

서수(書手)명 잔글씨 쓰기를 업으로 하는 사람, 또는 잔글씨에 능한 사람.

서수(書數)명 ☞서산(書算).

서:-수사(序數詞)명 사물의 차례를 나타내는 수사. 〔첫째·둘째 등의 고유어 계통과, 제일·제이 등의 한자어 계통이 있음.〕참 양수사.

서:수-필(鼠鬚筆)명 쥐의 수염으로 만든 붓.

서숙(書塾)명 글방.

서숙(庶叔)명 할아버지의 서자. 서삼촌.

서:숙(棲宿)명하자 ☞서식(棲息).

서:술(敍述)명하타 되자 어떤 사실을 차례를 좇아 말하거나 적음. ¶사실을 상세히 서술하다.

서:술-격(敍述格)[-격]명 문장에서, 체언이 서술어 구실을 하게 하는 조사의 성격. 참 주격.

서:술격^조:사(敍述格助詞)[-격쪼-]명 체언에 붙어, 그것을 문장의 서술어가 되게 하는 조사. 〔'이다'를 기본형으로 하는 모든 활용형이 이에 딸림. 받침 없는 말 뒤에서는 '이'가 생략되기도 함.〕

서:술-부(敍述部)명 문장에서, 술어와 그 수식어로 된 부분. 〔'부지런한 학생은 열심히 공부한다.'에서 '열심히 공부한다' 따위.〕 술부(述部). ↔주어부(主題部).

서:술-어(敍述語)명 문장에서, 주어의 동작·상태·성질 따위를 서술하는 말. 〔'배도 과일이다, 배가 달다, 배가 달다.'에서 '과일이다·달다·열리다' 따위.〕 술어(述語). 풀이말. ↔주어.

서:술-절(敍述節)명 문장에서, 주어의 상태·동작·성질 등을 서술하는 절(節). 〔'오늘 밤은 달이 밝다.', '토끼는 앞발이 짧다.'에서 '달이 밝다', '앞발이 짧다' 따위.〕 술어절. 풀이마디.

서:술-형(敍述形)명 어미 변화에서, 어미를 서술로 맺는 어형.

서스펜디드^게임(suspended game)명 야구에서, 경기를 속행(續行)할 수 없게 되었을 때 뒷날 다시 경기를 계속할 것을 조건(條件)으로 중단된 경기.

서스펜스(suspense)명 영화·연극·소설 따위에서, 관객이나 독자로 하여금 가슴 죄며 아슬아슬하게 하는 불안감이나 긴장감, 또는 그러한 장면이나 수법. ¶스릴과 서스펜스.

서슬명 ①(칼날 따위의) 날카로운 끝 부분. ②(언행의) 날카로운 기세.

서슬이 시퍼렇다관용 ☞서슬(이) 푸르다(퍼렇다).

서슬(이) 푸르다[퍼렇다]관용 ①칼날 따위가 날카롭게 빛나다. ②기세가 등등하다. 서슬이 시퍼렇다.

서슴-거리다자 자꾸 서슴서슴하다. 서슴대다. ¶딱 잘라 말하지 못하고 자꾸 서슴거리다. /조금도 서슴거리지 말고 말하시오.

서슴다[-따]타 《주로 '서슴지'의 꼴로 '않다'·'말다' 따위의 부정어와 함께 쓰이어》 (말이나 행동을) 딱 잘라 결정하지 못하고 머뭇거리다. ¶조금도 서슴지 않고 안으로 들어오다.

서슴-대다자 서슴거리다.

서슴-서슴부하자 자꾸 서슴는 모양.

서슴-없다[-슴업-]형 (언행에) 서슴거리는 티가 없다. 주저함이 없다. ¶서슴없는 태도로 나오다. **서슴-없이**부 ¶아무라도 좋으니 서슴없이 말해 보시오. /서슴없이이 따라나서다.

서:습(暑濕)명 <서습지기(暑濕之氣)>의 준말.

서:습지기(暑濕之氣)[-찌-]명 더운 기운과 습한 기운. 준서습.

서:승(序陞)圓'하타' 지난날, 관직에 있던 햇수에
따라 벼슬이나 품계를 올리던 일.

서시圓 노름판에서, '여섯 끗'을 이르는 말.

서:시(序詩)圓 ①긴 시의 머리말 구실을 하는
시. ②책의 서문 대신으로 싣는 시.

서시(薯豉)圓 감자로 담근 된장.

서시-옥시(西施-)[-씨]圓 '미인'을 달리 이르
는 말.

서식(書式)圓 서류의 양식. 서류를 작성하는 법
식. 서례(書例).

서:식(棲息)圓'하자' (동물이 어떤 곳에) 깃들여
삶. 서숙(棲宿). ¶잉어가 서식하는 곳.

서:식-지(棲息地)[-찌]圓 동물이 깃들여 사는
곳. ¶반달곰 서식지.

서신(書信)圓 편지. ¶서신을 주고받다.

서:신(庶神)圓 여러 귀신.

서실(書室)圓 ☞서재(書齋).

서씨-체(徐氏體)圓 중국 오대(五代)의 서희(徐
熙)에게서 비롯된 화조화(花鳥畫) 양식의 한
가지. 몰골법으로 생의(生意)를 나타냄으로써
후세 문인 화가들이 즐겨 따름.

서-아시아(西Asia)圓 아시아의 서부. [아프가니
스탄·이란·이라크·쿠웨이트 같은 나라들이 딸
려 있는 지역.]

서:악(序樂)圓 ☞서곡(序曲).

서안(西岸)圓 (강·바다·호수의) 서쪽 기슭. ¶라
인 강 서안에 있는 작은 도시. 서안(東岸).

서안(書案)圓 ①문서의 초안. ②책상.

서안^해:양성^기후(西岸海洋性氣候)[-썽-]圓
온대 습윤 기후형의 한 가지. 연중(年中) 습기
가 많으며, 편서풍의 영향으로 여름철에는 서
늘하고, 겨울철에는 따뜻함.

서:압(署押)圓'하타' 수결(手決)을 둠.

서:약(誓約)圓'하자타' 맹세하고 약속함. ¶서약
을 깨다. /교칙에 따르겠다고 서약을 하다. /서
약한 바를 잘 지키다.

서:약-문(誓約文)[-약-]圓 서약하는 글, 또는
그 문건(文件). 서약서. 준서문(誓文).

서:약-서(誓約書)[-써]圓 서약하는 글, 또는
그런 내용의 문건(文件). 서약문. 서장(誓狀).
¶서약서를 쓰다. 준서문(誓書).

서양(西洋)圓 동양에서, 유럽과 미주(美洲)의
여러 나라를 이르는 말. 구미(歐美). ↔동양(東
洋). 참태서(泰西).

서양-과자(西洋菓子)圓 ☞양과자(洋菓子).

서양-관(西洋館)圓 ☞양관(洋館).

서양-목(西洋木)圓 ☞당목(唐木). 변생목.

서양-사(西洋史)圓 서양 여러 나라의 역사. ↔동
양사(東洋史).

서양-사(西洋紗)圓 가는 무명 올로 바닥이 설
피게 짠 피륙. 준양사(洋紗). 변생사.

서양-식(西洋式)圓 서양에서 하는 양식(樣式)이
나 격식. 준양식(洋式).

서양^요리(西洋料理)[-뇨-]圓 서양에서 발달
한 요리. 서양식 요리. 준양요리.

서양^음악(西洋音樂)圓 서양에서 발생하여 발
달한 음악. 준양악.

서양-인(西洋人)圓 서양의 여러 나라 사람. 준양
인(洋人).

서:-양자(壻養子)圓'하타' 사위를 양자로 삼음,
또는 그러한 양자.

서양-장기(西洋將棋)圓 ☞체스(chess).

서양-종(西洋種)圓 원산지가 서양인 종자. 양종.

서양-풍(西洋風)圓 서양식의 모양. 서양의 양식
을 본뜬 모양. 준양풍.

서양-화(西洋化)圓'하자타되자' 서양의 문화나
양식(樣式)을 닮아 감. ¶근래에 생활양식이
많이 서양화되는 경향이 있다.

서양-화(西洋畫)圓 서양에서 발달한 그림 기법
으로 그려진 수채화·유화·목탄화·판화 따위.
준양화(洋畫). ↔동양화.

서어(齟齬·鉏鋙)'서어하다'의 어근.

서어-하다(齟齬--鉏鋙-)圓여' ①뜻이 맞지 않
아 좀 서름하다. ¶서어한 사이. ②익숙하지 않
아 서름서름하다. 서어-히틧.

서언(西諺)圓 서양 속담.

서:언(序言·緖言)圓 머리말.

서:언(誓言)圓 맹세하는 말. 서사(誓詞).

서:얼(庶孼)圓 서자(庶子)와 그 자손. 일명(逸
名). 초림(楚林).

서:얼-차대(庶孼差待)圓 조선 시대에, 서얼을
차별 대우 하던 일.

서:여(薯蕷)圓 ☞마.

서역(西域)圓 ①서쪽 지역. ②지난날, 중국 서
쪽에 있던 나라들을 통틀어 이르던 말. 좁게는
신장(新疆) 일대를, 넓게는 중앙아시아와 서아
시아 및 인도까지를 포함하였음.

서역(書役)圓'하자' 글씨, 특히 잔글씨를 쓰는 수
고로운 일.

서연(書筵)圓 ①고려 시대에, 학자들이 임금에
게 학문을 진강(進講)하던 일, 또는 그 자리.
②조선 시대에, 학자들이 왕세자에게 학문을
강론하던 일, 또는 그 자리.

서연-관(書筵官)圓 왕조 때, 서연에 참여하는
벼슬아치를 이르던 말.

서:열(序列)圓 (연령·지위·성적 따위의) 일정한
순서에 따라 늘어서는 일, 또는 그 순서. ¶서
열을 정하다.

서:열(暑熱)圓 ☞서염(暑炎).

서:염(暑炎)圓 심한 더위. 서열(暑熱).

서영(西營)圓 〔조선 시대에〕 ①창덕궁 서쪽에
있던 금위영(禁衛營)의 별영(分營). ②경희궁
서쪽에 있던 훈련도감의 별영(別營). ③평양에
두었던 친군영(親軍營).

서영-사(西營使)圓 조선 시대에, 서영의 주장
(主將)을 이르던 말.

서예(書藝)圓 서도(書道)를 조형 예술의 관점에
서 이르는 말.

서예-가(書藝家)圓 붓글씨를 전문으로 하는 예
술가.

서-오릉(西五陵)圓 경기도 고양시에 있는 경릉
(敬陵)·창릉(昌陵)·명릉(明陵)·익릉(翼陵)·홍
릉(弘陵)의 다섯 능을 아울러 이르는 말. 사적
제198호.

서옥(書屋)圓 글방.

서완(徐緩)'서완하다'의 어근.

서:완-하다(徐緩-)圓여' 몹시 느리다.

서왕-모(西王母)圓 중국 신화에서, 곤륜산(崑崙
山)에 산다는 반인반수(半人半獸)의 여자 선인.

서:용(恕容)圓'하타' ☞서유(恕宥).

서:용(敍用)圓'하타' 조선 시대에, 죄가 있어 면
관당하였던 사람을 다시 임용하던 일.

서:우(瑞雨)圓 곡물의 생장을 돕는 고마운 비.
자우(慈雨).

서:우(暑雨)圓 여름날에 내리는 비.

서:운(瑞雲)圓 복되고 길한 조짐이 보이는 구
름. 상서로운 구름. 상운(祥雲).

서:운(瑞運)圓 복되고 길한 운수. 상서로운 운
수. 상운(祥運).

서:운(曙雲)圓 새벽녘에 끼는 구름.

서운-관(書雲觀)**명** 고려 시대에, 천문(天文)·역수(曆數)·측후(測候)·각루(刻漏) 등의 일을 맡아보던 관아.

서운-하다(**혱여**) 마음에 모자라 섭섭함을 느끼다. ¶그가 한 말이 몹시 서운하다. /서운한 느낌이 들다. /이거, 헤어지기 서운한데. **서운-히부** ¶너무 서운히 생각지 말게.

서울(명) ①한 나라의 중앙 정부가 있는 곳. 국도(國都). 수도(首都). 도성(都城). 경락(京洛). 경사(京師). 경성(京城). 도읍. ②우리나라의 수도.

서울(가서) **김 서방 찾는다**(찾기)(속담) 무턱대고 막연하게 찾아감을 이르는 말.

서울 소식은 시골 가서 들어라(속담) 가까운 주위의 소식이 오히려 먼 곳에 더 잘 알려져 있다는 말.

서울이 낭(낭떠러지)**이라니까 과천**(삼십 리)**부터 긴다**(속담) 미처 일을 시작하기도 전에 지레 겁부터 냄을 이르는 말.

서울-까투리(명) 수줍어하는 기색이 없는 사람을 빗대어 이르는 말.

서울-깍쟁이[−쟁−]**명** 시골 사람이 까다롭고 인색한 서울 사람을 밉게 여기어 이르는 말.

서울-내기[−래−]**명** 서울에서 태어난 사람. 경종(京種). →시골내기.

서울-뜨기(명) 서울 사람을 조롱하여 이르는 말. →시골뜨기.

서원(書院)**명** 조선 시대에, 선비들이 모여 명현(明賢)을 제사하고 학문을 강론하며 인재를 키우던 사설 기관(私設機關).

서:원(署員)**명** (경찰서·세무서·소방서 따위) '서(署)'자가 붙은 관공서에서 근무하는 사람을 두루 이르는 말.

서:원(誓願)**명하타** ①자기가 하고자 하는 일을 신불에게 맹세하고 그것이 이루어지기를 기원함, 또는 그 기원. ②부처나 보살이 중생을 제도(濟度)하려는 소원이 이루어지도록 기원하는 일. ③기독교에서, 구약 시대의 풍습으로 여호와에게 어떤 은혜를 빌고 그 보답으로 헌물(獻物)을 맹세하는 일.

서:원-력(誓願力)[−녁]**명** (부처나 보살이) 서원하는 염력(念力).

서:위(敍位)**명하타** 위계(位階)를 내림.

서:위(暑威)**명** 몹시 심한 더위. ¶서위가 한풀 꺾이다. ↔한위(寒威).

서:유(恕宥)**명하타** (잘못을) 너그럽게 용서함. 서용(恕容).

서유-견문(西遊見聞)**명** 조선 고종 32(1895)년에 유길준(兪吉濬)이 미국 시찰에서 보고 들은 바를 쓴 책. [한글과 한문을 섞어 써서 언문일치(言文一致) 운동의 선구가 됨.]

서유-기(西遊記)**명** 중국의 4대 기서(奇書)의 하나. 명나라 때 오승은(吳承恩)이 지은 고전 대하 소설(大河小說).

서-유럽(西Europe)**명** 서부 유럽. [유럽 서부에 있는 프랑스·독일·영국 등의 국가가 있는 지역.] 서구(西歐). ↔동유럽.

서융(西戎)**명** 사이(四夷)의 하나. '서쪽 오랑캐'라는 뜻으로, 지난날 중국에서 그들의 서쪽에 사는 이민족을 얕잡아 이르던 말. 서이(西夷).

서음(書淫)**명** 글 읽기를 지나치게 즐기는 일, 또는 그런 사람.

서:응(瑞應)**명** 왕의 훌륭한 다스림이 하늘을 감응시켜 나타난 복스러운 조짐.

서의(書意)[−의/−이]**명** 책이나 편지 등에 쓰여 있는 글의 뜻.

서:의(誓意)[−의/−이]**명** 맹세하는 마음.

서의히(부) 〈옛〉성기게. 엉성하게. ¶工夫ㅣ 호다가 거츨면 호 디워 호고 서의히 호 디워 호야(蒙法38).

서의호다(혱) 〈옛〉성기다. 엉성하다. ¶박 니피 ᄀ장 서의호도다(杜初16:73).

서이우 '셋'의 방언.

서이(西夷)**명** ☞서융(西戎).

서인(西人)**명** 조선 선조 때, 심의겸(沈義謙)을 중심으로 형성된 당파, 또는 그 당파에 딸렸던 사람. ↔동인(東人).

서:인(庶人)**명** 벼슬이 없는 서민.

서:임(敍任)**명하타** 벼슬자리를 내림.

서에멜(옛) 성엣장. ¶서에:流凘(訓解).

서자(書字)[−짜]**명** ①간략한 편지. ②글이나 글자.

서:자(庶子)**명** ①첩에게서 태어난 아들. 별자(別子). 얼자(孽子). ↔적자. ②☞중자(衆子).

서:자(逝者)**명** 죽은 사람.

서:−자녀(庶子女)**명** 첩에게서 태어난 아들딸.

서자서아자아(書自書我自我)〔글은 글대로 나는 나대로라는 뜻으로〕'글을 읽되 정신은 딴 데 쓰고 있음'을 이르는 말.

서:작(敍爵)**명하타** 작위(爵位)를 내림.

서:장(西藏)**명** '티베트'의 한자음 표기.

서장(書狀)**명** ①편지. ②〈서장관(書狀官)〉의 준말.

서:장(署長)**명** (경찰서·세무서·소방서 따위와 같이) '서(署)'자가 붙은 기관의 최고 직위에 있는 사람.

서:장(誓狀)[−짱]**명** ☞서약서(誓約書).

서장-관(書狀官)**명** 조선 시대에, 중국에 보내는 사신을 수행하여 기록을 맡던 임시 벼슬. 준서장(書狀).

서-장대(西將臺)**명** 지난날, 산성(山城)의 서편에 높이 쌓아 만들어 놓은 대. 〔거기에 장수가 올라서서 군사를 지휘하였음.〕

서재(西齋)**명** 성균관이나 향교의 명륜당 앞 서쪽의, 유생들이 거처하며 공부하던 곳.

서재(書齋)**명** ①책을 갖추어 두고, 책을 읽거나 글을 쓰는 방. 문방(文房). 서각(書閣). 서실(書室). ②글방.

서재다[혱] 〈옛〉대담하다. 교만하다. ¶서재다:倨傲(同文上23).

서재 다²[혱] 〈옛〉소홀하다. ¶힝시리 서재여(疎)(恩重13).

서재-문학(書齋文學)**명** 현실성이 없는, 이론적이고 관념적인 문학.

서재-인(書齋人)**명** 사회 현실과는 동떨어져 서재에만 박혀 있는 학자나 문필가를 이르는 말.

서재^평론(書齋評論)[−논]**명** 문학·예술의 현실을 도외시하거나 실제와 유리된 관념적인 평론.

서적(書籍)**명** 책. 서사(書史).

서:적(鼠賊)**명** 좀도둑.

서전(書典)**명** 책.

서전(書傳)**명** 송(宋)나라 주희(朱熹)의 제자 채침(蔡沈)이 '서경(書經)'에 주해를 단 책.

서:전(瑞典)**명** '스웨덴'의 한자음 표기.

서:전(緖戰)[−쩐]**명** ①전쟁의 첫 번째 싸움. ②운동 경기의 첫 번째 경기. ¶과감한 공격으로 서전을 승리로 장식하다.

서:절(暑節)**명** 더운 철. 삼복(三伏)의 때.

서:절(鼠竊)몡〈서절구투(鼠竊狗偸)〉의 준말.
서:절-구투(鼠竊狗偸)〔쥐나 개처럼 가만히 물건을 훔친다는 뜻으로〕'좀도둑'을 욕으로 이르는 말. ㉤서절.
서점(西漸)[어떤 세력이나 영향 따위가] 점점 서쪽으로 옮김. ¶ 문화의 서점. ↔동점.
서점(西點)[-쩜]몡 지평선과 자오선이 만나는 남점(南點)에서 서쪽으로 90° 되는 점.
서점(書店)몡 책을 팔거나 사는 가게. 서관(書館). 서림(書林). 서사(書肆). 서포(書鋪). 책방(冊房). 책사(冊肆). 책점(冊店).
서점^운:동(西漸運動)〔미국의 서부 개척 시대에〕서부 미개척 지대로 정주지(定住地) 확대 및 인구 이동을 위하여 벌였던 운동.
서정(西征)몡㉖ 서쪽을 정벌함.
서정(西庭)몡 ①집 안의 서쪽에 있는 뜰. ②명륜당 서쪽의 넓은 뜰. 승학시(陞學試)를 보는 유생들이 앉던 곳.
서:정(抒情·敍情)몡㉗ 자기의 감정을 말이나 글 따위로 나타내는 일.
서:정(庶政)몡 온갖 정사(政事).
서:정-문(抒情文)몡 자기의 감정을 나타낸 글. ㉖서사문(敍事文).
서:정^소:곡(抒情小曲)몡 낭만적이며 환상적인 소품곡.
서:정-쇄신(庶政刷新)몡 정사(政事)의 처리에서, 폐단을 없애고 면목을 새로이 함.
서:정-시(抒情詩)몡 시의 3대 장르 중의 하나. 시인의 사상·감정을 서정적·주관적으로 읊은 시. ㉗극시·서사시.
서:정-적(抒情的)관몡 감정의 흐름과 정서에 흐뭇이 젖어 드는 (것). ¶ 서정적 표현. /서정적인 내용.
서:제(序題)몡 ㄷ서문(序文).
서:제(庶弟)몡 서모에게서 난 아우.
서:제-막급(噬臍莫及)[-끕]몡〔사향노루가 제 배꼽 때문에 잡힌 줄 알고 배꼽을 물어뜯어도 이미 때가 늦었다는 뜻으로〕'후회해도 소용없음'을 이르는 말. 후회막급.
서제-소(書題所)몡 지난날, 정일품 벼슬아치의 사신(私信)에 관한 일을 맡아보던 곳.
서:조(瑞兆)몡 ㄷ서상(瑞相).
서:조모(庶祖母)몡 할아버지의 첩.
서:족(庶族)몡 서자의 자손으로 이루어진 겨레붙이. 좌족(左族).
서죄(書罪)[-쬐/-쮀]몡㉗ 지난날, 못된 조신(朝臣)이 있을 때 사헌부의 감찰이 야다시(夜茶時)에 그의 잘못을 흰 널판에 적어 그의 집 문 위에 붙이던 일.
서:죄(恕罪)[-쬐/-쮀]몡㉗ 정상을 살펴 죄를 용서함.
서:주(序奏)몡 교향곡이나 소나타 따위의 도입부로서 연주되는, 조용하고 느린 악곡. 전주(前奏).
서주(書籌)몡 글씨 쓰기와 셈하기.
서죽(筮竹)몡 무속에서, 점치는 데 쓰는 댓가비.
서중(書中)몡 책·문서·편지 따위에 쓰인 글 가운데. ¶ 서중의 한 구절을 인용하다.
서:중(暑中)몡 한여름의 더운 때. 여름의 더운 동안. ¶ 서중 문안.
서증(書贈)몡㉗ 글씨를 써서 증정함.
서증(書證)몡 문서로써 하는 재판상의 증거. ㉑인증(人證).
서:증(暑症)[-쯩]몡 ①더위. ②더위 먹은 증세.
서지(書旨)몡 서면의 취지.

서지(書誌)몡 ①책. ②책이나 문헌에 대한 내용 목록. ③고문헌이나 희귀본에 대한 체재·내용·가치·보존 상태 따위에 대하여 밝힌 조목조목의 기록.
서:지(serge)몡 양복감의 한 가지. 본디는 견모교직(絹毛交織)이었으나, 근래에는 주로 소모사(梳毛絲)로써 능직(綾織)으로 짠 양복감을 이름.
서지-학(書誌學)몡 책의 분류와 해제(解題)·감정(鑑定) 따위의 연구를 하는 학문. 문헌학(文獻學).
서:직(黍稷)〔지난날, 나라의 제사 때 날로 쓰던〕찰기장과 메기장.
서진(西進)몡㉗ 서쪽으로 나아감.
서진(書鎭)몡 책장이나 종이쪽에 바람에 날리지 않도록 누르는 물건. 문진(文鎭).
서질(書帙)몡 ①책. ②한 권 또는 여러 권의 책을 한목에 싸서 넣어 두는 싸개.
서지다㉺ 〔옛〕교만하다. ¶ 서진 체하다:捏大款 (漢淸8:21).
서-쪽(西-)몡 해가 지는 쪽. 서녘. 서방(西方). 서(西). ↔동쪽.
  서쪽에서 해가 뜨다관용 절대로 있을 수 없는 일이나 아주 희귀한 일에 대하여 이르는 말. ¶ 생전 웃지 않던 자네가 파안대소하니, 서쪽에서 해가 뜨겠구먼.
서:차(序次)몡 차례.
서:차-법(序次法)[-뻡]〔가까운 데서 먼 데로, 쉬운 것에서 어려운 것으로, 아는 것에서 모르는 것으로 풀어서 적어, 읽는 이가 알기 쉽게 하는 표현법.
서찰(書札)몡 편지. ¶ 이 서찰을 김 대감에게 긴히 전해 드려라.
서창(西窓)몡 서쪽으로 난 창. ↔동창.
서창(書窓)몡 서재의 창. 또는 서재.
서:창(敍唱)몡 오페라나 오라토리오 등에서, 가사를 마치 이야기하듯이 노래하는 부분, 또는 그러한 양식. 〔흔히, 주인공의 처지나 사건을 서술하는 부분.〕
서:창(舒暢)몡㉗ 여유 있게 아량을 가지고 지냄. 한가로이 지냄.
서책(書冊)몡 책. 간책(簡策). 서권(書卷). 판적.
서척(書尺)몡 편지.
서:척(敍戚)몡㉗ 후대에 오면서 멀어진 딴 성의 겨레붙이끼리 척분(戚分) 관계를 서로 말하는 일.
서천몡 목수의 품값.
서천(西天)몡 ①서쪽 하늘. ②〈서천 서역국(西天西域國)〉의 준말.
서:천(暑天)몡 ①무더운 여름의 하늘. ②더운 날씨.
서:천(曙天)몡 새벽 하늘.
서천^서역국(西天西域國)[-꾹]몡 지난날, '인도(印度)'를 이르던 말. ㉤서천(西天).
서철(西哲)몡 서양의 훌륭한 사상가나 철학자.
서첨(書籤)몡 책의 제목으로 써 붙인 글씨.
서첩(書帖)몡 이름난 이의 글씨를 모아 꾸며 만든 책. 묵첩(墨帖).
서체(書體)몡 글씨체. ㉖체(體)¹.
서:체(暑滯)몡 한방에서, 더위로 생기는 체증을 이르는 말.
서초(西草)몡 평안도 지방에서 나는 잎담배를 이르는 말.
서초-머리(西草-)몡 서초와 같이 빛이 누르고 나슬나슬한 머리.

서:총-대(瑞葱臺)몡 〔조선 시대에〕①임금이 무관들을 살펴보기 위해 창덕궁 안에 설치했던 대. ②<서총대과>의 준말.

서:총대-과(瑞葱臺科)몡 조선 시대에, 서총대에서 임금이 친림(親臨)하여 행하던 무과(武科). 준서총대.

서:총대-베(瑞葱臺一)몡 〔서총대를 쌓을 비용으로 백성들에게서 거둔 포목이 질이 나빴던 데서〕'품질 낮은 무명베'를 농조로 이르는 말. 서총대포(瑞葱臺布).

서:총대-포(瑞葱臺布)몡 ☞서총대베.

서추(西樞)몡 조선 시대에, '중추부(中樞府)'를 달리 이르던 말.

서축(書軸)몡 글씨를 쓴 두루마리.

서:축(鼠縮)몡 〔곡식의〕쥐가 먹어 축이 난 것.

서:출(庶出)몡 첩의 소생. 서생(庶生). 첩출(妾出). 측출(側出). ↔적출(嫡出).

서:치(序齒)몡 나이의 차례대로 함. ¶서치에 따라 배정하다.

서치(書痴)몡 글 읽기에만 골몰하여 세상일을 돌아보지 않는 어리석음.

서:치라이트(search-light)몡 탐조등(探照燈).

서캐몡 이의 알.

서캐 훑듯속담 빠뜨림 없이 샅샅이 뒤지거나 조사한다는 뜻.

서캐-조롱몡 민속에서, 여자 아이들이 연말연시에 액막이로 차고 다니던 콩알만 한 조롱. 위 아래 것은 빨강과 가운데 것은 노란, 세 개의 조롱 끝에 엽전을 매달았음. ↔말조롱.

서캐-훑이〔-훑치〕몡 빗살이 촘촘한 참빗의 한 가지. 서캐를 훑어 내는 데 쓰임.

서:커스(circus)몡 곡마(曲馬). 곡예(曲藝).

서:클(circle)몡 같은 이해관계나 취미·직업 따위에 따라 결합된 사람들, 또는 그 단체. 동아리. ¶독서 서클. /서클 활동.

서:킷(circuit)몡 ①(전기의) 회로. ②(자동차 경주 따위의) 환상(環狀) 코스. ③(골프 따위의) 순회 경기.

서:킷^브레이커(circuit breaker)몡 주식 시장에서, 주가 지수의 하락 폭이 갑자기 커질 경우, 시장에 미치는 충격을 줄이기 위하여 주식 매매를 일시적으로 정지시키는 일.

서:킷^트레이닝(circuit training)몡 일련의 운동을 되풀이함으로써 호흡이나 근육 등을 단련하여 몸의 전반적인 힘을 기르는 체력 단련법.

서털-구털부 언행이 침착·단정하지 못한 모양. ¶서털구털 지껄이다.

서토(西土)몡 ①불교에서, '서방 정토(西方淨土)'를 이르는 말. ②☞서도(西道).

서통(書筒)몡 봉투.

서:퇴(暑退)〔-퇴/-퉤〕몡하자되자 더위가 물러감.

서:투르다〔서투르니·서툴러〕혱 ①일에 익숙하지 못하다. ¶일이 서투르다. /서투른 장단. ②낯이 익지 않아서 어색하고 서먹하다. ¶서투른 분위기. 준서툴다.

서투른 무당이 장구만 나무란다속담 능력이 부족한 사람이 자신의 능력은 모르고 도구만 탓한다는 말.

서투른 숙수가 (피나무) 안반만 나무란다속담 제 기술이 모자라서 일이 안 되는 줄은 모르고 도구가 나쁘다고 탓한다는 말.

서:툴다〔서투니·서툴러〕혱 <서투르다>의 준말.

서:파(庶派)몡 서자(庶子)의 자손. ↔적파.

서판(書板)몡 글씨를 쓸 때에 종이 밑에 까는 널조각.

서편(西便)몡 서쪽 편. ↔동편(東便).

서편-제(西便制)몡 판소리 유파의 한 가지. 부드러우면서도 구성지고 애절한 계면조를 바탕으로 함. 전라도 서남 지방에 전승됨. 참동편제·중고제.

서평(書評)몡 책의 내용을 평한 글. ¶신간 서평.

서포(書鋪)몡 ☞서점(書店).

서포-만필(西浦漫筆)몡 조선 숙종 때의 문인 김만중(金萬重)이 지은 책. 제자백가(諸子百家)를 논하고 신라 이후의 시를 평한 내용. 2권 2책.

서포:터(supporter)몡 ①운동선수 등이 생식기 따위 중요 부위를 보호하기 위하여 몸에 대거나 차는 보호대. ②특정 팀을 응원하기 위하여 조직된 단체의 일원.

서폭(書幅)몡 글씨를 써서 꾸민 족자.

서표(書標)몡 읽던 곳을 찾기 쉽도록 책장 사이에 끼워 두는 종이 오리. 표지. ¶책갈피에 서표를 끼워 두다.

서푼부 소리가 크게 나지 않도록, 가볍게 발을 내디디는 모양. ¶서푼. 작사푼. 센서뿐. 서푼-서푼부하자.

서:-푼몡 ①한 푼의 세 곱. ②아주 보잘것없는 적은 돈이나 값어치를 이르는 말. ¶서푼어치도 안 되는 물건.

서푼-목정〔-쩡〕몡 소의 목덜미 아래에 붙은 살.

서푼서푼-하다혱여 ①소리가 나지 않을 정도로 걸음걸이가 가볍다. ②잇따라 움직이는 것이 매우 가볍다. 작사푼사푼하다. 센서뿐서뿐하다.

서:품(序品)몡 경전(經典)에서, 그 내용을 추려 나타낸 개론(槪論) 부분.

서:품(敍品)몡하다되자 가톨릭에서, 정해진 수도 과정을 거치거나 자격·요건을 갖춘 사람을 안수에 의해 주교·사제(司祭)·부제(副祭) 등에 임명하는 일.

서:품-식(敍品式)몡 가톨릭에서, 서품(敍品)을 하는 예식을 이르는 말. 〔이 예식을 치름으로써 성직자가 됨.〕

서풋〔-풀〕부 발을 가볍게 얼른 내디디는 모양, 또는 그 소리. ¶서푼. 작사풋. 예서붓. 센서뿟. 서풋-서풋부하자.

서풋서풋-하다〔-풋써푸타-〕혱여 ①소리가 거의 나지 아니할 정도로 걸음걸이나 움직임이 가볍고 부드럽다. ¶서풋서풋한 걸음걸이. 작사풋사풋하다. 예서붓서붓하다.

서풍(西風)몡 서쪽에서 불어오는 바람. 갈바람[1]. 참하늬바람.

서풍(書風)몡 서예의 글씨체. ¶호쾌한 서풍.

서:피(犀皮)몡 무소의 가죽.

서:피(鼠皮)몡 쥐의 가죽.

서:핑(surfing)몡 ☞파도타기.

서하(書下)몡하다자 임금이 친히 벼슬을 시킬 사람의 이름을 적어 내리던 일.

서:하(暑夏)몡 매우 무더운 여름.

서학(西學)몡 ①지난날, 서양의 학문을 이르던 말. ②조선 시대에, 천주교를 이르던 말. ③조선 시대에, 서울 서부에 둔 사학(四學)의 하나.

서:학(暑瘧)몡 ☞열학(熱瘧).

서한(書翰)몡 편지.

서:한(暑寒)몡 ☞한서(寒暑).

서한-문(書翰文)몡 편지에 쓰이는 문체, 또는 그런 문체로 쓴 글. 서간문(書簡文).

서한^문학(書翰文學)몡 편지 글 형식으로 된 문학 작품. 〔서한시·서한체 소설 따위.〕서간문학.

서한-전(書翰箋)명 편지지. 서간전(書簡箋).

서한-지(書翰紙)명 편지지.

서한-체(書翰體)명 서한문 형식의 문체. 서간체(書簡體). ¶ 서한체 소설.

서함(書函)명 ①□편지. ②편지를 모아 두는 함. ③책을 넣어 두는 함.

서:합(噬嗑)명 〈서합괘(噬嗑卦)〉의 준말.

서:합-괘(噬嗑卦)[-꽤]명 육십사괘의 하나. 이 괘(離卦)와 진괘(震卦)가 거듭된 것으로, 번개와 우레를 상징함. 준서합.

서해(西海)명 서쪽에 있는 바다.

서-해안(西海岸)명 서쪽 해안.

서행(西行)명 ①하자 서쪽으로 감. ②불교에서, 서방 정토(西方淨土)에 왕생하는 일.

서:행(徐行)명하자 자동차나 기차 따위가, 천천히 나아감. ¶ 서행 운전.

서향(西向)명하자 서쪽을 향함, 또는 서쪽 방향. ¶ 서향 대문.

서:향(瑞香)명 팥꽃나뭇과의 상록 관목. 중국 원산으로 높이는 1 m가량. 잎은 양 끝이 좁고 길둥근 모양이며 어긋맞게 남. 3~4월에 흰빛 또는 붉은 자줏빛 꽃이 피는데 향기가 짙음.

서향-집(西向-)[-찝]명 대청이 서쪽을 향하고 있는 집.

서향-판(西向-)[-판]명 집터나 묏자리 따위가 서쪽으로 향한 터전.

서:혈(棲穴)명 짐승이 사는 굴.

서:협문(西夾門)[-혐-]명 궁궐이나 관아의 삼문(三門) 가운데 서쪽에 있는 문. 참동협문.

서:형(庶兄)명 서모에게서 난 형.

서:혜(鼠蹊)[-헤/-]명 □살.

서:혜-관(鼠蹊管)[-헤-/-헤-]명 서혜 인대(靭帶)를 바닥으로, 외복사근과 복횡근의 근막에 의해 이루어진 길이 4 cm가량의 관. 남자는 정색(精索)이, 여자는 자궁 원인대가 통하고 있음.

서:혜^림프샘(鼠蹊lymph-)[-헤-/-헤-]명 ☞서혜샘.

서:혜^림프^육아종(鼠蹊lymph肉芽腫)[-헤-/-헤-]명 성병의 한 가지. 음부에 미란(糜爛)·수포(水疱)·소궤양(小潰瘍) 등이 생기며, 서혜부의 림프샘이 크게 붓고 큰 경결물(硬結物)을 만드는 질환. 제사 성병(第四性病).

서:혜-부(鼠蹊部)[-헤-/-헤-]명 하복부의 하지(下肢)와 맞닿은 안쪽. 치골부(恥骨部)의 양쪽에 있는 세모꼴의 범위를 이름.

서:혜-샘(鼠蹊-)[-헤-/-헤-]명 서혜부에 있는 림프샘. 서혜 림프샘.

서화(書畫)명 글씨와 그림.

서:화(瑞花)명 〔풍년이 들게 하는 꽃이라는 뜻으로〕 '눈[雪]'을 달리 이르는 말.

서화-가(書畫家)명 서화에 능한 사람, 또는 이를 전문으로 하는 사람.

서화-상(書畫商)명 서화를 전문으로 사고파는 장사, 또는 그러한 사람.

서화-전(書畫展)명 글씨·그림 등의 전람회.

서화-첩(書畫帖)명 서화를 모아 꾸민 책.

서화-포(書畫鋪)명 서화를 사고파는 가게.

서:회(敍懷·舒懷)[-회/-훼]명하자 품은 생각을 말함.

서:훈(敍勳)명하자 훈등(勳等)과 훈장을 내림. ¶ 유공자에 대한 서훈.

서흐리다¹[옛] 써레. ¶ 서흐레 파:杷(訓蒙中17).

서흐리다²[옛] 층계. 등급. ¶ 陛ᄂᆞᆫ 서흐레라(法華2:104). /서흐레 급:級(訓蒙下31).

석:¹관 수관형사 '세'가 '냥·달·동·섬·자·장·줄·짐' 등의 의존 명사 앞에 쓰일 때의 변이 형태. 석 냥. /석 달. /석 섬. /석 자. /석 장. /석 줄. /석 짐.

석²부 ①무엇을 단번에 베거나 자르거나 하는 모양, 또는 그 소리. ¶무를 석 자르다. /나무의 밑동을 석 잘라 버리다. ②무엇을 거침없이 밀거나 쓸어 버리거나 하는 모양. ¶문을 석 밀어젖히다. /책상을 석 밖으로 물리다. ③조금도 남김없이 모두, 흔적도 없이 아주. ¶그릇에 묻은 기름기를 석 닦아 내다. 촹삭. 쎈석1.

석-석부.

석(錫)명 ☞주석(朱錫).

석(釋)¹명 출가하여 불법에 귀의한 사람이 석가의 제자임을 나타내어 성(姓)으로 쓰는 말.

석(釋)²명하자 〔불교에서〕①아침저녁으로 부처 앞에 예불하는 일. ②절에서, 새벽에 목탁과 종을 쳐서 사람을 깨우는 일. ¶ 석을 치다.

석(石)의 ☞섬1. ¶ 공양미 삼백 석.

-석(席)접미 《일부 명사 뒤에 붙어》 '자리'의 뜻을 나타냄. ¶ 관람석. /내빈석. /특별석.

석가(石瘕)명 한방에서, 자궁에 어혈이 모여 아이를 밴 것처럼 월경이 없고 아랫배가 아픈 병증을 이르는 말.

석가(刹迦)[-까]명 ①크샤트리아 계급, 곧 왕족에 딸린 종족의 하나. 석가모니는 이 종족에서 났음. ②〈석가모니〉의 준말.

석가(釋家)[-까]명 불가(佛家).

석가-모니(釋迦牟尼←Sākyamuni 범)[-까-]명 불교의 개조(開祖). 세계 4대 성인 가운데 한 사람. 석가모니불.

석가모니-불(釋迦牟尼佛)[-까-]명 부처로서의 석가모니. 준모니불.

석가모니-여래(釋迦牟尼如來)[-까-]명 '석가모니'를 높이어 일컫는 말. 준석가여래.

석가-법(釋迦法)[-까-]명 밀교(密教)에서, 석가모니를 본존으로 하여 온갖 장애나 질환 따위를 물리치기 위하여 쌓는 비법.

석-가산(石假山)[-까-]명 산을 본떠, 정원에 돌을 쌓아서 만든 산. 준가산(假山).

석가-삼존(釋迦三尊)[-까-]명 석가를 중심으로 문수(文殊)·보현(普賢)의 두 보살을 협시(脇侍)로 한 세 상(像).

석가-세존(釋迦世尊)[-까-]명 '석가모니'를 높이어 일컫는 말. 준세존(世尊)·세존(世尊).

석가-여래(釋迦如來)[-까-]명 〈석가모니여래〉의 준말.

석가-탄:신일(釋迦誕辰日)[-까-]명 석가모니의 탄신일인 사월 파일을 이르는 말. 강탄절(降誕節). 부처님 오신 날. 불탄일(佛誕日). 초파일.

석가-탑(釋迦塔)[-까-]명 석가의 치아·뼈·모발·사리 등을 모셔 둔 탑.

석가-탱화(←釋迦幀畫)[-까-]명 석가모니의 화상.

석각(夕刻)[-깍]명 저녁 무렵.

석각(石角)[-깍]명 돌의 뾰족한 모서리.

석각(石刻)[-깍]명하타 돌에 글이나 그림을 새김, 또는 그렇게 새긴 것.

석각-장이(石刻-)[-깍짱-]명 '석수(石手)'를 달리 이르는 말.

석각-화(石刻畫)[-까콰]명 돌에 새긴 그림. 비석 따위에 새긴 그림.

석간(夕刊)[-깐]명 〈석간신문〉의 준말. ↔조간(朝刊).

석간(石澗)[-깐]圀 돌이 많은 산골짜기를 흐르는 시내.

석간-송(石間松)[-깐-]圀 바위틈에서 자란 소나무.

석간-수(石間水)[-깐-]圀 바위틈에서 흘러나오는 샘물. 돌샘. 석천(石泉).

석간-수(石澗水)[-깐-]圀 돌이 많은 산골짜기를 흐르는 시냇물.

석간-신문(夕刊新聞)[-깐-]圀 일간 신문 가운데서, 저녁때 발행하는 신문. 석간지. ⓒ석간. ↔조간신문.

석간-주(石間硃)[-깐-]圀 붉은 산화철이 많이 섞여 빛깔이 붉은 흙. 채색 도자기의 붉은빛을 내는 데 쓰임. 대자(代赭). 적토(赤土). 자토(赭土). 주토(朱土). 토주(土朱).

석간-지(夕刊紙)[-깐-]圀 ☞석간신문. ¶석간지에 게재하다. ↔조간지.

석간-토혈(石間土穴)[-깐-]圀 바위틈에 무덤 구덩이를 팔 만한 땅.

석갈(釋褐)[-깔]圀[하자] 지난날, 문과에 급제하여 처음으로 벼슬하던 일.

석감(石龕)[-깜]圀 불상을 두기 위하여 돌로 만든 감실.

석-감청(石紺靑)[-깜-]圀 남동석(藍銅石)을 빻아서 낸 짙고 검푸른 빛의 천연물감. ↔화감청(花紺靑).

석강(夕講)[-깡]圀[하자] 임금이 저녁에 신하들과 더불어 글을 강론하던 일, 또는 그 강론.

석검(石劍)[-껌]圀 석기 시대의, 돌로 만든 칼. 돌칼.

석겁(石蜐)[-껍]圀 ☞거북다리.

석-결명(石決明)¹[-껼-]圀 한방에서, '전복 껍데기'를 약재로 이르는 말. [안약으로 쓰임.]

석-결명(石決明)²[-껼-]圀 콩과의 일년초. 멕시코 원산으로, 줄기 높이 1∼1.5m. 잎은 깃모양의 겹잎이며, 여름에 노란 다섯잎꽃이 핌. 차로 이용되기도 하고, 한방에서 완하제·강장제·해독제 등으로 쓰임.

석경(夕景)[-껑]圀 ①저녁 햇빛의 그늘. ②저녁 경치.

석경(石逕·石逕)[-껑]圀 돌이 많은 좁은 길. 또는, 돌이 많은 산길.

석경(石磬)[-껑]圀 아악기의 한 가지. 돌로 만든 경쇠로써 소리가 맑음. 돌경.

석경(石鏡)[-껑]圀 ①유리로 만든 거울. ②몸에 지닐 수 있도록, 자그마하게 만든 거울. ②면경(面鏡).

석계(石階)[-꼐/-꼐]圀 섬돌. 석단(石段). 석제(石梯).

석고(石膏)[-꼬]圀 ①단사 정계(單斜晶系)의 광물. 황산칼슘과 물을 성분으로 한 광물로, 비료·시멘트의 원료가 되며, 고온으로 가열하면 소석고(燒石膏)가 됨. ②〈소석고〉의 준말.

석고-끌(石膏-)[-꼬-]圀 석고상을 만들 때 쓰는 끌.

석고-대죄(席藁待罪)[-꼬-죄/-꼬-줴]〔거적을 깔고 앉아 벌을 주기를 기다린다는 뜻으로〕 죄과에 대한 처벌을 기다림.

석고^붕대(石膏繃帶)[-꼬-]圀 ☞깁스붕대.

석고-상(石膏像)[-꼬-]圀 석고로 만든 상.

석고-형(石膏型)[-꼬-]圀 미술이나 공예품 따위를 만들 때 쓰는, 석고로 만든 형.

석곡(夕哭)[-꼭]圀 상제가 소상(小喪) 때까지 저녁때마다 신주 앞에서 곡을 하는 일.

석곡(石斛)[-꼭]圀 ☞석곡풀.

석곡-풀(石-)[-꼴-]圀 난초과의 상록 다년초. 고목이나 바위에 기생하는데, 관상용으로도 가꿈. 줄기는 무더기로 나며, 초여름에 연분홍색이나 흰색 꽃이 핌. 한방에서 잎과 줄기를 건위·강장제로 씀. 석곡(石斛).

석공(石工)[-꽁]圀 ①☞석수(石手). 돌장이. ②〈석공업〉의 준말.

석공-업(石工業)[-꽁-]圀 돌이나 콘크리트 따위를 다루는 작업. ⓒ석공.

석과불식(碩果不食)[-꽈-씩]圀〔큰 과실은 다 먹지 않고 남긴다는 뜻으로〕'자기의 욕심을 버리고 자손에게 복을 끼쳐 줌'을 이르는 말.

석곽(石槨)[-꽉]圀 돌로 만든 외관(外棺).

석곽-묘(石槨墓)[-꽝-]圀 ☞돌덧널무덤.

석관(石棺)[-꽌]圀 돌로 만든 관. 돌널.

석관-묘(石棺墓)[-꽌-]圀 ☞돌널무덤.

석광(石鑛)[-꽝]圀 ☞석혈(石穴).

석광(錫鑛)[-꽝]圀 주석을 파내는 광산.

석괴(石塊)[-괴/-꿰]圀 돌덩이.

석교(石交)[-꾜]圀 돌처럼 단단하고 굳은 사귐.

석교(石橋)[-꾜]圀 ☞돌다리².

석교(釋敎)[-꾜]圀 석가모니의 가르침, 곧 '불교'를 이르는 말.

석구(石臼)[-꾸]圀 ☞돌절구.

석-굴(石-)[-꿀]圀 '굴조개'를 달리 이르는 말.

석굴(石窟)[-꿀]圀〔토굴(土窟)에 대하여〕바위에 뚫린 굴. 암굴(岩窟). ¶석굴 사원(寺院).

석궁(石弓)[-꿍]圀 ①중세 유럽에서 쓰던 활의 한 가지. 돌을 쏘는 데에 썼음. ②소총 모양의 몸체에 홈을 파고, 그 위에 화살을 잰 뒤 시위를 당겼다 놓으로 방아쇠로 격발하는 무기.

석권(席卷·席捲)[-꿘]圀[하타]〔자리를 말아 가듯이〕닥치는 대로 영토를 휩쏢. 무서운 기세로 세력을 펼치거나 휩쏢. ¶천하를 석권하다. /신제품으로 국내 시장을 석권하다.

석권지세(席卷之勢)[-꿘-]圀 무서운 힘으로 세력을 펼치거나 휩쓸 기세. ¶석권지세로 판도를 넓혀 나가다.

석궐(石闕)[-꿸]圀 중국에서, 제왕의 능묘(陵墓)나 묘(廟) 등의 입구에 세웠던, 일종의 장식적인 문.

석귀(石龜)[-뀌]圀 ☞남생이.

석금(石金)[-끔]圀 돌에 박혀 있는 금.

석기(石氣)[-끼]圀 화성암의, 반정(斑晶) 이외의 부분. 마그마가 분출할 때 냉각해서 생긴 유리질(琉璃質)이나 미세한 결정으로 이루어짐.

석기(石器)[-끼]圀 여러 가지 돌로 만든 기구, 특히 석기 시대의 유물을 이름. 돌연모.

석기(炻器)[-끼]圀 질흙을 재료로 하여 열에 빚어서 설구이를 하지 아니하고, 단번에 구워 낸 도자기의 한 가지. 흡수성이 거의 없고 투명하지 아니함. 건축 재료·주방용·화장실 용기 따위로 널리 쓰임. ⓒ도기(陶器)·자기(瓷器).

석기^시대(石器時代)[-끼-]圀 고고학상의 시대 구분의 하나. 인류가 석기를 쓰던 시대. 구석기 시대와 신석기 시대로 나뉨.

석남-등(石南藤)[성-]圀 ☞마가목.

석녀(石女)[성-]圀 ①아이를 낳지 못하는 여자. 돌계집. ②성욕이나 성적 흥분을 느끼지 못하는 여자.

석년(昔年)[성-]圀 ①여러 해 전. ②지난해.

석노(石弩)[성-]圀 석기 시대에 쓰이던, 돌로 만든 살촉.

석뇌-유(石腦油)[성뇌-/성눼-]圀 ☞나프타.

석다[-따]짜 ①쌓인 눈이 안에서부터 녹다. ②담근 술이나 식혜 같은 것이 익을 때, 괴는 거품이 속으로 사라지다.

석다짜 〈옛〉썩다. ¶朽느 서글씨라(月釋序24)./서글 부:腐(訓蒙下13).

석다-치다[-따-]타 말에 재갈을 물리고 채치며 달리다.

석단(石段)[-딴]명 돌로 만든 계단. 석계. 섬돌.

석단(石壇)[-딴]명 돌로 만든 단.

석대(石臺)[-때]명 ①돌로 쌓아 만든 밑받침. ②돌을 쌓아 만든 대.

석대(碩大)'석대하다'의 어근.

석대-하다(碩大-)[-때-]형여 (몸집이) 굵고 크다.

석덕(碩德)[-떡]명 ①높은 덕. ②덕이 높은 이. [특히, 덕이 높은 중을 이르는 말.]

석도(石刀)[-또]명 돌칼.

석-돌[-똘]명 〈푸석돌〉의 준말.

석:-동[-똥] 윷놀이에서, 세 번째의 동.

석두(石頭)[-뚜]명 돌대가리.

석둑[-뚝]부 연한 물건을 단번에 베거나 자르는 모양, 또는 그 소리. ¶호박의 썩은 부분을 석둑 베다. 작삭둑. 센썩둑. 석둑-석둑부(하다).

석둑-거리다[-뚝꺼-]타 자꾸 석둑석둑하다. 석둑대다. 작삭둑거리다.

석둑-대다[-뚝때-]타 석둑거리다. 작삭둑대다.

석등(石燈)[-뜽]명 돌로 만든 등. 석등롱. 장명등.

석-등롱(石燈籠)[-뜽농]명 석등. 장명등.

석란(石欄)[-난]명 돌로 만든 난간.

석랍(石蠟)[-납]명 ☞파라핀.

석량(碩量)[-냥]명 큰 도량(度量).

석려(釋慮)[-녀]명하자타 염려하던 마음을 놓음. 안심함. 방심(放心).

석력(石礫)[-녁]명 조약돌. 자갈.

석로(碩老)[-노]명 학문과 덕행이 높은 노인.

석로(釋老)[-노]명 석가와 노자(老子).

석록(石綠)[-녹]명 ①☞녹청(綠靑). ②'공작석(孔雀石)'을 달리 이르는 말.

석룡-자(石龍子)[-뇽-]명 ☞도마뱀.

석류(石榴)[-뉴]명 ①석류나무의 열매. ②한방에서, 석류 껍질을 약재로 이르는 말. 설사·복통·대하증 따위를 다스림. ③떡의 웃기의 한 가지. 찹쌀가루를 반죽하여 붉은빛을 들여 석류 모양으로 빚은 다음에 기름에 지져 얹음.

석류(石瘤)[-뉴]명 ☞석영(石癭).

석류-꽃(石榴-)[-뉴꼳]명 석류나무의 꽃. 석류화. * 석류꽃이[석류꼬치]·석류꽃만[석류꼰-]

석류-나무(石榴-)[-뉴-]명 석류나뭇과의 낙엽 활엽 교목. 높이는 3~6 m. 초여름에 짙은 주홍색 꽃이 피고 가을에 열매가 익음. 열매와 나무껍질·뿌리는 말려서 약재로 씀.

석류-목(石榴木)[-뉴-]명 육십갑자의 경신(庚申)과 신유(辛酉)에 붙이는 납음. 황대해수(大海水).

석류-석(石榴石)[-뉴-]명 마그네슘·망간·알루미늄·칼슘·철 가운데 두 가지 성분을 함유한 규산염 광물의 한 가지. 빛깔은 적색·갈색·황색·녹색·흑색 등이며, 고운 것은 보석으로 쓰이고 조잡한 것은 연마재(硏磨材)로 쓰임.

석류-잠(石榴簪)[-뉴-]명 꼭지에 금이나 은으로 석류꽃 송이를 새긴 비녀.

석류-피(石榴皮)[-뉴-]명 한방에서, 석류나무 껍질이나 뿌리를 약재로 이르는 말. 구충제로 쓰임.

석류-화(石榴花)[-뉴-]명 석류꽃.

석리(石理)[성니]명 (암석·석재 따위의) 표면의 감촉이나 육안으로 판단되는 외관.

석림(石淋·石痳)[성님]명 임질(淋疾)의 한 가지로, 신장(腎臟)이나 방광(膀胱)에 결석(結石)이 생기는 병.

석마(石馬)[성-]명 능침(陵寢)의 문인석과 무인석 곁에 세우는, 돌로 만든 말.

석마(石磨)[성-]명 맷돌.

석말(席末)[성-]명 ☞말석(末席).

석망(碩望)[성-]명 크고 높은 명망.

석매(惜賣)[성-]명하다 ☞매석(賣惜).

석면(石綿)[성-]명 ☞돌솜.

석면^도기(石綿陶器)[성-]명 원료 속에 석면을 넣어서 만든 도기. 잘 깨어지지 않고 질김.

석면-사(石綿絲)[성-]명 석면의 섬유를 가공하여 만든 실. 내화성·내열성이 양호하나 인체에 유해함.

석면^슬레이트(石綿slate)[성-]명 시멘트에 석면을 섞고 물로 이겨서 만든 슬레이트. 벽을 치거나 지붕을 이는 데 쓰임.

석면-판(石綿板)[성-]명 석면을 주원료로 하여 만든 판. 전기 절연재·연마재 등으로 쓰임.

석면^펠트(石綿felt)[성-]명 석면의 섬유로 만든 펠트. 방화재·흡음재(吸音材) 등으로 씀.

석명(釋明)[성-]명하자타되자 ①사실을 설명하여 밝힘. ②오해나 비난 따위에 대하여, 사정을 설명하고 양해를 구함. ¶석명을 구하다.

석명-권(釋明權)[성-꿘]명 법원이 사건의 내용을 명확히 하기 위하여, 법률상·사실상의 사항에 관하여 당사자에게 진술·설명할 기회를 주고 입증을 촉구하는 권한.

석명^의:무(釋明義務)[성-]명 석명권을 법원의 의무로 보아 이르는 말.

석모(席帽)[성-]명 마음에 차지 않는 벼슬.

석-목탁(釋木鐸)[성-]명 절에서, 석(釋)을 할 때에 두드리는 목탁.

석무(夕霧)[성-]명 저녁에 끼는 안개. 저녁 안개.

석묵(石墨)[성-]명 흑연(黑鉛).

석문(石文)[성-]명 비석이나 벽돌·기와 따위에 새긴 글.

석문(石門)[성-]명 돌로 만든 문.

석문(石紋)[성-]명 돌에 난 무늬.

석문(席門)[성-]명 〔멍석으로 문을 가린다는 뜻으로〕 '가난한 집'을 이르는 말.

석문(釋文)[성-]명 ①전서·초서·행서체의 글자를 보통 쓰는 글자로 고쳐 쓰는 일, 또는 그 글자. ②불교의 경론(經論)을 풀이한 글.

석문(釋門)[성-]명 ☞불가(佛家). 불문(佛門).

석물(石物)[성-]명 무덤 앞에 돌로 만들어 놓은 물건. 〔석인(石人)·석수(石獸)·석주(石柱)·석상(石床)·상석(床石) 따위.〕

석민(惜閔·惜憫)[성-]명하다 애석해하고 슬퍼함.

석밀(石蜜)[성-]명 ☞석청(石淸).

석방(錫鉛)[성-]명 납지.

석반(夕飯)[-빤]명 저녁밥.

석반(石盤)[-빤]명 ☞석판(石板).

석반-석(石盤石)[-빤-]명 석반을 만드는 데 쓰이는 석재(石材). 〔점판암(粘板岩) 따위.〕

석반어(石斑魚)[-빠너]명 ☞쏘가리미.

석발-미(石拔米)[-빨-]명 돌을 가려낸 쌀.

석방(釋放)[-빵]명하다타되자 ①잡혀 있는 사람을 용서하여 놓아줌. ②법에 의하여, 구금을 해제함. 방면(放免). ¶피의자를 석방하다.

석-방향(石方響)[-빵-]명 민속 악기의 한 가지. 돌로 만든 방경(方磬). 황철방향.

석-벌(石-)[-뻘]圓 바위틈에 집을 짓고 사는 꿀벌. [석벌이 친 꿀을 석청(石淸)이라 함.]

　석벌의 집관용 (바위틈에 지은 석벌의 집과 같이) '몹시 엉성하게 생긴 물건'을 비유하여 이르는 말.

석범(釋梵)[-뻠]圓 불교에서, 제석(帝釋)과 범천(梵天)을 이르는 말.

석벽(石壁)[-뼉]圓 ①돌로 쌓아 올린 벽. ②암석으로 이루어진 절벽.

석별(惜別)[-뼐]圓하자 헤어지는 것을 섭섭하게 여김. ¶석별의 눈물. /석별의 정을 나누다.

석별-연(惜別宴)[-뼈련]圓 석별의 정을 나누기 위하여 베푸는 연회.

석보-상절(釋譜詳節)[-뽀-]圓 조선 세종 29(1447)년에 수양 대군(首陽大君)이 왕명을 받아 소헌 왕후(昭憲王后)의 명복을 빌기 위해 지은 책. [석가모니의 일대기로, 당나라 도선(道宣)의 석가씨보(釋迦氏譜)와 법화경·지장경 등에서 뽑아 한글로 번역한 것임.] 24권 24책.

석복(惜福)[-뽁]圓하자 검소하게 생활하여 복을 길이 누리도록 함.

석봉-천자문(石峯千字文)[-뽕-]圓 조선 선조 때, 한석봉(韓石峯)의 글씨로 판각한 천자문.

석부(石斧)[-뿌]圓 돌도끼.

석부(石趺)[-뿌]圓 (부좌(跗坐)나 비석 받칠 따위의) 돌로 만든 받침대.

석부(石部)[-뿌]圓 국악기의 전통적 분류 방법의 하나. 악기를 만드는 여덟 가지 재료 중에서 돌로 된 악기를 이르는 말.

석부(釋負)[-뿌]圓하자 ①크고 무거운 책임을 면함. ②지난날, 의정(議政)의 자리에서 물러나는 일을 이르던 말.

석분(石糞)[-뿐]圓 지질 시대 동물의 똥이 굳어서 된 화석.

석불(石佛)[-뿔]圓 돌로 만든 불상. 돌부처.

석불가난(席不暇暖)[-뿔-]圓하자 (앉은 자리가 따뜻해질 겨를이 없다는 뜻으로) '매우 바쁘게 활동함'을 이르는 말.

석비(石碑)[-삐]圓 돌비.

석-비레(石-)[-삐-]圓 푸석돌이 많이 섞인 흙.

석비레-담(石-)[-삐-]圓 석비레로 쌓은 담.

석사(碩士)[-싸]圓 ①학위의 한 가지. 대학원에서 소정의 과정을 마치고 학위 논문이 통과된 사람에게 수여하는 학위, 또는 그 학위를 받은 사람. ¶석사 과정. /석사 논문. ②지난날, 벼슬이 없는 선비를 높이어 이르던 말.

석산(石山)[-싼]圓 돌로 이루어진 산. 돌산.

석산(石蒜)[-싼]圓 수선화과의 다년초. 중국 원산인데 우리나라에는 일본을 거쳐 들어왔음. 비늘줄기는 겉껍질이 검고 길둥글며, 가늘고 긴 잎이 무더기로 남. 9~10월에 잎이 마른 다음에 비늘줄기에서 꽃자루가 나와 여러 개의 붉은 꽃이 우산 모양으로 핌. 한방에서, 비늘줄기를 거담이나 구토를 가라앉히는 데 씀.

석산-화(石蒜花)[-싼-]圓 석산의 꽃. 가을에 꽃대 끝에 붉게 핌.

석:-삼년(-三年)[-쌈-]圓 (세 번 거듭된 삼년, 곧 아홉 해라는 뜻으로) '오랜 시일'을 이르는 말. ¶그런 걸음으로는 석삼년이 걸려도 이르지 못하겠다.

석상(石床)[-쌍]圓 ☞혼유석(魂遊石).

석상(石像)[-쌍]圓 돌을 조각하여 만든 형상.

석상(席上)[-쌍]圓 《일부 명사 뒤에 쓰이어》 어떤 모임의 자리. 여러 사람이 모인 자리. ¶회의 석상에서 질문을 하다.

석-상식(夕上食)[-쌍-]圓 저녁상식.

석상-휘호(席上揮毫)[-쌍-]圓 앉은자리에서 휘둘러 쓴 글씨나 그림.

석:새(-쌔)圓 〈석새삼베〉의 준말.

석:새-베(-쌔-)圓 〈석새삼베〉의 준말.

　석새베에 열새 바느질속담 ①나쁜 것을 가지고도 기술만 좋으면 훌륭한 물건을 만들 수 있다는 말. ②'서로 어울리지 않는 것'을 비유하여 이르는 말.

석:새-삼베(-쌔-)圓 240올의 날실로 짠, 성기고 굵은 삼베. 삼승포(三升布). 준석새·석새베.

석:새-짚신(-쌔짚씬)圓 총이 아주 성기고 굵은 짚신.

　석새짚신에 구슬 감기속담 '차림새가 전혀 어울리지 않는 것'을 비유하여 이르는 말.

석서(鼫鼠)[-써]圓 다람쥣과의 포유동물. 중국 등베이 지방 특산의 다람쥐. 몸빛은 황록색에 흑색을 띠며, 곡물을 해침. 털로는 붓을 맴.

석석[-썩]부 무엇을 거침없이 자꾸 밀거나 쓸거나 비비거나 베거나 하는 모양, 또는 그 소리. ¶마룻바닥을 석석 문지르다. /종이를 석석 오리다. 艱삭삭. 셰썩썩.

석석(錫石)[-썩]圓 정방 정계에 딸리는 주석의 주요한 광물. 기둥 모양, 추 모양, 바늘 모양 등의 결정 형태로, 황갈색·적갈색·회흑색 등의 빛깔을 가진 투명 또는 반투명의 광석임. 나트륨과 함께 숯으로 가열하여 주석을 생산함.

석석-거리다[-썩꺼-]재타 자꾸 석석 하는 소리가 나다, 또는 그런 소리를 내다. 석석대다. 艱삭삭거리다.

석석-대다[-썩때-]재타 석석거리다.

석성(石城)[-썽]圓 덕이 높고 믿음이 굳은 중.

석송(石松)[-쏭]圓 석송과의 상록 다년생 양치 식물. 산에 절로 나는데, 줄기는 땅 위를 기면서 벋음. 잎은 가늘고 길며 줄기에 빽빽이 남.

석송-자(石松子)[-쏭-]圓 한방에서, '석송의 포자'를 약재로 이르는 말. 피부의 헌데를 다스리는 데 쓰임.

석-쇠[-쐬/-쒜]圓 고기나 생선 따위를 굽는 데 쓰는 부엌세간의 한 가지. 굵은 쇠테에 가는 철사로 그물처럼 엮어 만듦. 적철. ¶석쇠에 구운 생선.

석-쇠(釋-)[-쐬/-쒜]圓 절에서, 석(釋)을 할 때 치는 종.

석쇠-무늬[-쐬-니/-쒜-니]圓 ☞격자무늬.

석수(石手)[-쑤]圓 돌의 세공을 전문으로 하는 사람. 돌장이. 석공. 석장(石匠).

석수(石數)[-쑤]圓 곡식을 담은 섬의 수효. 곡식을 섬으로 헤아린 수효.

석수(石獸)[-쑤]圓 무덤 앞에 세운, 돌로 만든 짐승의 상像. 돌짐승. 艱석물(石物).

석수(汐水)[-쑤]圓 저녁때에 밀려왔다가 밀려가는 바닷물. 석조(夕潮). ↔조수(潮水).

석수-선(石數船)[-쑤-]圓 석수(石數)로 용적(容積)을 나타내는 배.

석수-어(石首魚)[-쑤-]圓 ☞조기1. 준석어.

석수-장이(石手-)[-쑤-]圓 '석수(石手)'를 흘하게 이르는 말.

　석수장이 눈깜작이부터 배운다속담 (석수장이가 돌 쪼는 기술보다는 돌 조각을 피하기 위하여 눈 깜작이는 것부터 배운다는 뜻으로) '어떤 일을 내용보다도 형식부터 배우는 것'을 비유하여 이르는 말.

석수-질(石手-)[-쑤-]圓하자 석수가 돌을 다루는 일.

석순(石筍)[-쑨]**명** 석회동에서 흔히 볼 수 있는 죽순 모양의 암석. 물에 녹은 석회암이 천장에서 떨어지면서 오랫동안 굳어서 됨. 돌순.

석순(席順)[-쑨]**명** ⇨석차(席次).

석시(昔時)[-씨]**명** 옛날. 옛적.

석식(夕食)[-씩]**명** 저녁밥.

석신(石神)[-씬]**명** 돌을 신으로 받들어 모시는 민간 신앙의 신.

석-신명(惜身命)[-씬-]**명**[허자] 몸을 조심하여 위험한 짓을 하지 않음. 몸과 목숨을 아낌.

석실(石室)[-씰]**명** 돌방. ¶ 고분의 석실.

석실-묘(石室墓)[-씰-]**명** ⇨돌방무덤.

석실-분(石室墳)[-씰-]**명** ⇨돌방무덤.

석씨(釋氏)**명** ①⇨석가모니. ②⇨불가. 승려.

석씨-매듭 납작이매듭의 상하좌우로 생쪽매듭이 둘러싼 모양의 매듭.

석안(石案)**명** ⇨혼유석(魂遊石).

석안유심(釋眼儒心)[-뉴-]**명** [석가의 눈과 공자의 마음이란 뜻으로] '매우 자비스럽고 인자함'을 이르는 말.

석약(石藥)**명** 주례(周禮)에서 이르는, 돌로서 약재가 되는 것.

석양(夕陽)**명** ①저녁 해. 낙양(落陽). 낙조(落照). 만양(晚陽). 석일(夕日). ¶석양에 붉게 물든 하늘. ②저녁나절. ¶아침에 나가신 아버지는 석양에 돌아오셨다. ③'노년(老年)'을 비유하여 이르는 말. ¶인생의 석양에 서다.

석양(石羊)**명** 능 주위에 돌로 만들어 세운 양 모양의 조각물.

석양-녘(夕陽-)[-녁]**명** 저녁나절. 해 질 무렵. *석양녘이[-녀키]·석양녘만[-녕-]

석양-볕(夕陽-)[-뼫]**명** 저녁 볕. 저녁 햇볕. *석양볕이[-뼈치]·석양볕을[-뼈틀]·석양볕만[-뼌-]

석양-빛(夕陽-)[-삗]**명** 저녁 빛. 저녁 햇빛. ¶석양빛에 곱게 물들다. *석양빛이[-삐치]·석양빛만[-삔-]

석양-천(夕陽天)**명** 해가 질 무렵의 하늘.

석양-판(夕陽-)**명** 해 질 무렵, 또는 석양빛이 비치는 곳. 잔양판.

석어(石魚)**명** 〈석수어(石首魚)〉의 준말.

석-얼음(石-)**명** ①물 위에 떠 있는 얼음. ②유리창 같은 데 붙어 있다가 녹는 얼음. ③수정 속에 보이는 잔 줄.

석연(夕煙)**명** 저녁나절에 밥을 짓는 연기.

석연(釋然)**명** '석연하다'의 어근.

석-연대(石蓮臺)[성년-]**명** ⇨돌연대.

석-연자(石蓮子)[성년-]**명** 한방에서, 오래 묵은 연밥을 약재로 이르는 말.

석연-하다(釋然-)**형**여 [(뒤에 '않다'·'못하다' 따위의 부정어와 함께 쓰이어) 미심쩍거나 꺼림칙한 일들이 완전히 풀려 마음이 개운하다. ¶그의 말에는 아무래도 석연하지 못한 데가 있다. **석연-히**튀 ¶석연히 풀리지 않는 마음.

석염(石塩)**명** ⇨돌소금.

석엽(腊葉)**명** 책갈피 같은 데 끼워서 눌러 만든 나뭇잎 따위의 표본.

석영(石英)**명** 이산화규소로 된 육방 정계(六方晶系)의 광물. 종이나 유리 모양을 하고 있으며 유리와 같은 광택이 남. 도자기나 유리의 원료로 쓰이며, 순수한 것은 수정이라고 함. 차돌.

석영(石癭)**명** 아주 단단한 혹. 석류(石瘤).

석영-렌즈(石英lens)**명** 석영 유리로 만든 렌즈.

석영-사(石英砂)**명** 석영이 부서져서 생긴 모래. 유리의 원료 따위로 쓰임. 규사(硅砂).

석영^유리(石英琉璃)[-뉴-]**명** 이산화규소만으로 된 유리. 순수한 석영의 분말을 용해시켜 만듦. 내열성(耐熱性)이 뛰어나, 내열용 기구나 광학 기기용 렌즈 따위에 쓰임.

석-웅황(石雄黃)**명** ①천연으로 나는 등황색 비소 화합물. 염료·화약 등의 재료로 쓰임. ㉜석황(石黃)·웅황(雄黃). ②석웅황으로 만든 누른빛의 물감. 탁한 진채(眞彩)로서 단청에 흔히 쓰임.

석월(夕月)**명** 저녁달.

석위(石葦)**명** 고란초과의 다년생 상록 양치식물. 바위나 고목 줄기에 붙어 자라는데, 관상용으로 심기도 함. 뿌리줄기는 가로로 길게 벋고, 잎은 두꺼운 혁질이며 뒷면에 털이 있음. 한방에서 잎과 뿌리를 이뇨제로 씀.

석유(石油)**명** ①천연으로 지하에서 솟아나는 탄화수소류의 혼합물. 불에 잘 타며, 정제하여 휘발유·등유·경유·중유 따위를 만듦. ②'등유(燈油)'를 달리 이르는 말.

석유(碩儒)**명** ⇨거유(巨儒).

석유^기관(石油機關)**명** 휘발유·등유·경유·중유 따위를 연료로 하는 내연 기관(內燃機關). 석유 발동기. 석유 엔진.

석유-난로(石油煖爐)[-날-]**명** 등유를 연료로 하는 난로.

석유-남포(←石油lamp)**명** 석유램프.

석유-등(石油燈)**명** 석유램프.

석유-램프(石油lamp)**명** 석유를 연료로 하는 램프. 석유남포. 석유등.

석유^발동기(石油發動機)[-똥-]**명** ⇨석유 기관(石油機關).

석유-벤진(石油benzine)**명** ⇨벤진.

석유^산:업(石油産業)**명** 원유의 탐사·채굴·수송·정제·판매 등을 하는 산업.

석유^수출국^기구(石油輸出國機構)[-끼-]**명** 석유의 가격 안정과 생산 조정을 목적으로, 산유국 회의에서 설립한 기구. 오페크(OPEC).

석유^에:테르(石油ether)**명** 원유를 분류(分溜)할 때 40~70℃에서 생기는 무색의 액체. 연료·용매 등으로 쓰임.

석유^엔진(石油engine)**명** ⇨석유 기관.

석유^유제(石油乳劑)**명** 비눗물을 석유에 타서 젖빛으로 만든 약제. 구충제·소독제로 씀.

석유^정제(石油精製)**명** 원유를 물리적·화학적으로 처리하여 휘발유·중유·경유 등의 여러 가지 석유 제품을 제조하는 일. 정유(精油).

석유^제:품(石油製品)**명** 원유를 원료로 하여 처리하고 가공한 제품. 연료 가스·휘발유·등유·경유·중유 등의 연료를 비롯하여, 윤활유·파라핀·아스팔트 등이 있음.

석유^지질학(石油地質學)**명** 석유 광상(鑛床)을 연구 대상으로 하는 지질학의 한 분야.

석유^코:크스(石油cokes)**명** 석유를 정제할 때 생기는 찌꺼기로 만든 코크스. 야금(冶金)·공업 연료·전극(電極) 따위에 쓰임.

석유^탐사(石油探査)**명** 석유가 매장되어 있는 곳을 탐사하는 일.

석유^풍로(石油風爐)[-노]**명** 석유를 연료로 쓰는 풍로.

석유^피치(石油pitch)**명** 석유 제품의 한 가지. 석유를 증류하고 남은 찌꺼기로서 겉보기에는 아스팔트와 흡사함. 땜감이나 도료(塗料)의 원료·전극(電極) 원료·전선 피복 등에 쓰임.

석유^합성(石油合成)[-썽]**명** 산화탄소와 수소를 원료로 하여 인조 석유를 만드는 일.

석유^혈암(石油頁岩)[명] 석유가 들어 있는 혈암. 저온 건류로써 석유를 얻을 수 있음. 유모 혈암(油母頁岩). 함유 혈암(含油頁岩).

석유^화:학^공업(石油化學工業)[-꽁-][명] 석유 제품이나 천연가스를 원료로 하여 연료 및 윤활유 이외의 화학 제품을 만들어 내는 공업.

석유^화:학^콤비나:트(石油化學kombinat)[명] 석유 정제를 중심으로 하고, 나프타 센터를 석유 화학 공장의 중핵으로 하여 여러 석유 관련 공장을 파이프로 연결·결합시켜 하나의 공장 집단을 형성하는 것.

석-유황(石硫黃)[명] ⇨황(黃).

석융(石絨)[명] ⇨돌솜.

석음(夕陰)[명] 해가 진 뒤의 어슴푸레한 때.

석음(惜陰)[명][하자] 시간을 아낌.

석의(釋義)[서긔/서기][명][하타] 글의 뜻을 해석(解釋)함.

석이(石栮·石耳)[명] 석이과에 딸린 버섯. 흔히 깊은 산의 바위 위에 남. 몸은 편평한 엽상체(葉狀體)로서, 가운데는 검은빛이고 거칠며 가장자리는 회색으로 번들거림. 향기와 풍미가 있음. 석이버섯.

석-이다[타]['석다'의 사동] (더운 기운이) 담근 술이나 식혜 따위를 석게 하다.

석이-버섯(石栮-)[-섣][명] ⇨석이. ＊석이버섯이[-서시]·석이버섯만[-선-]

석인(石人)[명] 무덤 앞에 세운 돌로 만든 사람. [문관석이나 무관석 따위로.] 인석(人石).

석인(石印)[명] ①돌에 새긴 도장. ②〈석판 인쇄(石版印刷)〉의 준말.

석인(昔人)[명] ⇨고인(古人).

석인(碩人)[명] 덕이 높은 사람.

석인-본(石印本)[명] 석판 인쇄로 찍은 책.

석인-석수(石人石獸)[-쑤][명] 무덤 앞에 돌로 다듬어 세운 사람이나 짐승의 형상.

석일(夕日)[명] ⇨석양(夕陽).

석일(昔日)[명] 〈옛날〉.

석임[하자] 담근 술이나 식혜 따위가 익을 때, 부글부글 괴면서 거품이 속으로 삭음, 또는 그 일.

석자[-짜][명] 철사를 잘게 엮어 작은 바가지 모양으로 만든 부엌세간의 한 가지. 긴 손잡이가 달려 있어 튀김 따위를 건져 낼 때에 씀. 누표(漏杓). ¶노랗게 익은 새우튀김을 석자로 건져 내다.

석자(席子)[-짜][명] 돗자리.

석자(釋子)[-짜][명] 석가모니의 제자. 불제자(佛弟子).

석잠(石蠶)[명] 한방에서, '물여우'를 약재로 이르는 말. 해열·이뇨제로 쓰임.

석장(石匠)[-짱][명] ⇨석수(石手).

석장(石腸)[-짱][명] ⇨철석간장(鐵石肝腸).

석장(席長)[-짱][명] ⇨좌장(座長).

석장(錫杖)[-짱][명] 중이 들고 다니는 지팡이. 머리 부분에 큰 고리가 있는데, 거기에 몇 개의 작은 고리가 꿰여 있어 흔들면 소리가 남.

석:장-볏(-張-)[-짱볃][명] 석 장으로 된 닭의 볏. ＊석:장볏이[-짱벼시]·석:장볏만[-짱변-]

석-장승(石-)[-짱-][명] 돌로 만들어 세운 장승.

석재(石材)[-째][명] 토목·건축 및 비석·조각 따위의 재료로 쓰는 돌.

석재(碩才)[-째][명] 뛰어난 재능·해박한 지식, 또는 그러한 재능이나 지식을 지닌 사람.

석저(石疽)[-쩌][명] 한방에서, 살이 돌처럼 단단해지는 종기를 이르는 말.

석전(夕奠)[-쩐][명] 염습(殮襲) 때부터 장사 때까지 날마다 저녁때에 신위(神位) 앞에 제물(祭物)을 올리는 의식.

석전(石田)[-쩐][명] 돌이 많은 밭. 돌밭.

석전(石殿)[-쩐][명] 돌로 지은 전당.

석전(石戰)[-쩐][명][하자] 돌팔매질로 승부를 겨루는, 우리나라의 민속놀이의 한 가지. 돌싸움. 석전놀이.

석전(釋典)[-쩐][명] ⇨불경(佛經).

석전(釋奠)[-쩐][명] 〈석전제〉의 준말.

석전-경우(石田耕牛)[-쩐-][명] ['자갈밭을 가는 소'라는 뜻으로] '부지런하고 인내심이 강한 성격'을 평하여 이르는 말.

석전-놀이(石戰-)[-쩐-][명][하자] ⇨석전(石戰).

석전-제(釋奠祭)[-쩐-][명] 문묘(文廟)에서 공자를 제사 지내는 의식. 음력 2월과 8월의 첫째 정일(丁日)에 거행함. ⑥석전.

석정(石井)[-쩡][명] ⇨돌우물.

석정(石鼎)[-쩡][명] ⇨돌솥.

석정(石精)[-쩡][명] ⇨나프타.

석제(石梯)[-쩨][명] 섬돌. 석계(石階).

석조(夕照)[-쪼][명] 저녁 햇살. 석휘(夕暉). 여휘(餘暉).

석조(夕潮)[-쪼][명] 저녁 무렵에 밀려왔다가 밀려가는 바닷물. 석수(汐水).

석조(石造)[-쪼][명] 돌로 만드는 일, 또는 그 물건. ¶석조 건물.

석조(石彫)[-쪼][명] 돌에 조각함, 또는 그러한 조각품.

석조(石棗)[-쪼][명] ①한방에서, '산수유'를 약재로 이르는 말. ②산수유나무.

석조-전(石造殿)[-쪼-][명] 돌로 지은 전각.

석족(石鏃)[-쪽][명] 〈석촉(石鏃)〉의 본딧말.

석존(釋尊)[-쫀][명] 〈석가세존〉의 준말.

석-종유(石鍾乳)[-쫑-][명] ⇨돌고드름.

석좌^교:수(碩座敎授)[-쫘-][명] 어떤 기업이나 개인이 기부한 기금으로 연구 활동을 하도록 대학에서 지정한 교수.

석주(石柱)[-쭈][명] 돌로 된 기둥.

석죽(石竹)[-쭉][명] ⇨패랭이꽃.

석죽-색(石竹色)[-쭉쌕][명] 분홍색.

석지(石地)[-찌][명] 돌이 많은 땅.

석지(石芝)[-찌][명] 석산호과(石珊瑚類)의 산호. 타원형이며 긴지름은 25 cm에 이름. 군체(群體)를 이루지 않으며 뼈는 휨.

석질(石質)[-찔][명] 돌의 본바탕. 돌의 품질.

석질-운석(石質隕石)[-찔룬-][명] 주성분이 규산염 광물로 된 운석.

석차(席次)[명] ①자리의 차례. 석순(席順). ②성적의 차례. ¶석차를 매기다. /석차가 지난번보다 떨어졌다.

석찬(夕餐)[명] ⇨만찬(晚餐).

석창(石槍)[명] 돌로 만든 창.

석-창포(石菖蒲)[명] 천남성과의 다년초. 물가에 나는데, 뿌리줄기는 가로 벋으며 마디가 많고, 마디 아래에서 수염뿌리가 남. 가늘고 긴 잎은 뿌리줄기 끝에서 무더기로 나며, 초여름에 노란 꽃이 핌. 뿌리줄기는 한방에서 진통·진정·건위에 약으로 쓰임.

석척(蜥蜴)[명] ⇨도마뱀.

석천(石泉)[명] ⇨석간수(石間水).

석철-운석(石鐵隕石)[명] 주성분이 금속과 규산염 광물로 이루어진 운석.

석청(石淸)[명] 석벌이 산속의 나무와 바위틈에 집을 짓고 그 속에 모아 둔 꿀. 석밀(石蜜).

석촉(石鏃)**명** 돌로 만든 화살촉. **본**석족(石鏃).

석총(石塚)**명** ⇨돌무덤.

석축(石築)**명** ①돌로 쌓아 만든 옹벽의 한 가지. ②돌로 쌓아 만드는 일.

석출(析出)**명****하자** ①용액에서 고체를 분리해 내거나 화합물을 분석해서 그것을 구성하고 있는 물질을 분리해 냄. ②통계 자료 따위를 분석하여 전반적인 경향을 알아냄.

석-치다(釋-)**자** 절에서, 아침저녁으로 예불할 때 종을 치다.

석탄(石炭)**명** 땅속에 묻힌 식물이 오랜 세월에 걸친 지압(地壓)이나 지열(地熱)의 영향으로 변질해서 생긴 가연성의 퇴적암. 연료나 화학 공업의 원료 등으로 쓰임. 매탄(煤炭). **준**탄(炭).

석탄^가스(石炭gas)**명** 석탄을 건류해서 얻는 가스. 메탄·수소를 주성분으로 하는 가연성의 기체로, 연료로 쓰임.

석탄-갱(石炭坑)**명** ⇨탄갱(炭坑).

석탄^건류(石炭乾溜)[-걸-]**명** 석탄을 용기에 넣고 공기를 차단하여 가열·분해하는 일. 건류에 의하여 석탄 가스·콜타르·가스액 따위는 분리되고 코크스만 남음.

석탄-계(石炭系)[-계/-게]**명** 석탄기(石炭紀)에 생긴 지층(地層)인 해성층(海成層)과 육성층(陸成層)을 통틀어 이르는 말.

석탄-광(石炭鑛)**명** ⇨탄광(炭鑛).

석탄-기(石炭紀)**명** 지질 시대의 시대 구분의 하나. 고생대의 다섯 번째의 시대. 유럽에서는 이 시대의 지층 속에 많은 석탄이 들어 있어 이 이름이 붙여짐.

석탄-산(石炭酸)**명** ⇨페놀(phenol).

석탄산-수(石炭酸水)**명** 0.1~0.2 %의 순석탄산이 녹아 있는 무색투명한 액체. 희석하여 방부제·소독제로 씀.

석탄^액화(石炭液化)[-애콰]**명** 석탄을 원료로 하여 석유와 비슷한 액체인 탄화수소를 얻는 방법. 석탄을 고온·고압에서 열분해함과 동시에 수소를 첨가해서 얻음.

석-탄자(石彈子)**명** 쇠뇌로 튀겨서 쏘는 잔돌멩이.

석탄-재(石炭-)[-째]**명** 석탄이 다 타고 남은 찌꺼기.

석탄-층(石炭層)**명** 석탄이 산출되는 지층. 탄상(炭床). 탄층(炭層).

석탑(石塔)**명** 돌로 쌓은 탑. 돌탑.

석태(石苔)**명** ⇨돌김.

석투(石投)**명** 고려 시대에, 별무반(別武班)에 딸리어 돌팔매질을 맡았던 군대.

석투-당(石投幢)**명** 신라 때, 돌팔매질을 하던 군대.

석판(石板)**명** 석반석(石盤石)을 얇게 깎아 석필(石筆)로 글씨를 쓰거나 그림을 그릴 수 있게 만든 것. 석반(石盤).

석판(石版)**명** ①〈석판 인쇄〉의 준말. ②석판 인쇄나 석판화에 쓰이는 원판.

석판-석(石板石)**명** 석판의 원료가 되는 석회암. 탄산칼슘이 주성분임.

석판^인쇄(石版印刷)**명** 평판 인쇄의 한 가지. 석판석에 비누와 기름을 섞은 재료로 그림이나 글자를 그려서 제판하여, 물과 기름의 반발성을 응용하여 인쇄하는 방법. 오프셋 인쇄의 근본이 된 기술이었으나 요즘은 거의 쓰이지 않음. **준**석판(石版)·석인(石印).

석판-화(石版畫)**명** 석판에 그림을 그려서 찍어 낸 그림.

석패(惜敗)**명****하자** 운동 경기 따위에서 매우 적은 득점 차이로 아깝게 지게 되는 일. ¶한 점 차로 석패하고 말았다.

석편(石片)**명** 돌의 깨어진 조각.

석폐(石肺)[-폐/-페]**명** 직업병인 진폐(塵肺)의 한 가지. 광산이나 공장 등에서 발생한 광물성 먼지를 장기간 들이마심으로써, 그것이 쌓여서 병적인 변화를 일으킨 폐.

석필(石筆)**명** 납석 따위를 붓 모양으로 만들어, 석판 위에 글씨나 그림을 그리는 데 쓰는 문방구.

석필-석(石筆石)**명** 납석(蠟石)의 한 가지. 석필을 만들거나, 가루로 만들어 내화 벽돌을 만드는 원료로 씀.

석하(夕霞)[서카]**명** ①해가 질 무렵의 안개. 만하(晩霞). ②저녁노을.

석학(碩學)[서칵]**명** 학식이 많고 학문이 깊음, 또는 그런 사람. ¶세계적인 석학.

석함(石函)[서캄]**명** ⇨돌함.

석해(石蟹)[서캐]**명** ⇨가재.

석핵^석기(石核石器)[서캑썩끼]**명** 타제 석기의 한 가지. 돌덩이의 겉 부분을 깨어 내고 남은 속 부분의 돌로 만든 도끼나 괭이 따위의 석기.

석현(昔賢)[서켠]**명** 옛날의 현인. 고현(古賢).

석혈(石穴)[서켤]**명** 광물이 바위 속에 들어 있는 광산. 석광.

석호(石虎)[서코]**명** 능원(陵園)에 세우는 석수(石獸)의 한 가지. 돌로 만든 범. 호석(虎石).

석호(潟湖)[서코]**명** 사주(沙洲)나 사취(沙嘴) 따위의 발달로 바다의 일부분이 떨어져 나와서 생긴 호수.

석-혹(石-)[서콕]**명** ‘석영(石瓔)’을 흔히 이르는 말.

석혼-식(錫婚式)[서콘-]**명** 결혼 기념식의 한 가지. 서양 풍속으로, 결혼 10주년을 맞아 부부가 주석(朱錫)으로 된 선물을 주고받으며 기념함. 주석혼식. **魯**동혼식.

석화(石火)[서콰]**명** ①부시로 부싯돌을 쳤을 때 일어나는 불. ②돌이나 금속 따위가 세게 부딪혔을 때 일어나는 불. ③부싯돌의 불처럼 ‘몹시 빠른 순간적인 동작 따위’를 비유하여 이르는 말.

석화(石化)[서콰]**명****하자** 죽은 생물의 뼈가 땅속에 묻혀 있는 동안에 광물화하여 돌처럼 됨, 곧 화석이 되는 일.

석화(石花)[서콰]**명** ①굴. ②⇨지의(地衣)1.

석화(石貨)[서콰]**명** 돌로 만든 화폐.〔오세아니아 등의 원주민이 쓰던 것임.〕

석화(席畫)[서콰]**명****하자** 연회나 집회 따위의 석상(席上)에서, 주문에 따라 그 자리에서 그림을 그리는 일, 또는 그 그림.

석화(錫花)[서콰]**명** 윤택이 없는 흰빛으로 된 납 성분이 들어 있는 잿물.

석화-광음(石火光陰)[서콰-]**명** ‘몹시 빠른 세월’을 비유하여 이르는 말.

석화-반(石花飯)[서콰-]**명** ⇨굴밥.

석화-죽(石花粥)[서콰-]**명** ⇨굴죽.

석화-채(石花菜)[서콰-]**명** ⇨우뭇가사리.

석황(石黃)[서황]**명** 〈석웅황(石雄黃)〉의 준말.

석회(石灰)[서회/서훼]**명** 생석회와 소석회를 통틀어 이르는 말. **魯**회(灰).

석회-각(石灰殼)[서쾨-/서쿼-]**명** 탄산석회가 땅의 겉쪽에 나와서 굳어진 지각(地殼).

석회-동(石灰洞)[서쾨-/서쿼-]**명** ⇨종유동.

석회^모르타르(石灰mortar)[서쾨-/서퀘-]圐 소석회에 모래를 섞어 물로 반죽한 것. 건축 재료로 벽 따위를 바르는 데 쓰임.

석회-보르도액(石灰Bordeaux液)[서쾨-/서퀘-]圐 ☞보르도액.

석회-분(石灰分)[서쾨-/서퀘-]圐 석회의 성분.

석회^비:료(石灰肥料)[서쾨-/서퀘-]圐 칼슘을 주성분으로 하는 비료. 토양의 성질을 개선하여 작물에 대한 양분의 공급력을 높임. [직접 양분이 되지 않기 때문에 '간접 비료'라 불림.]

석회-석(石灰石)[서쾨-/서퀘-]圐 ☞석회암.

석회-수(石灰水)[서쾨-/서퀘-]圐 소석회의 용액. 무색투명한 염기성 액체. 소독·살균제로 쓰임. 횟물.

석회-암(石灰岩)[서쾨-/서퀘-]圐 탄산칼슘을 주성분으로 하는 흰색 또는 회색의 수성암. 내화재(耐火材)·시멘트·비료 따위의 원료로 쓰임. 석회석. 횟돌.

석회-유(石灰乳)[서쾨-/서퀘-]圐 소석회를 물에 포화(飽和) 이상으로 섞어서 만든 희고 뿌연 액체. 소독제로 쓰임. 유상 석회(乳狀石灰).

석회-유(石灰釉)[서쾨-/서퀘-]圐 탄산석회를 매용제(媒熔劑)로 하는 잿물을 통틀어 이르는 말.

석회^유황^합제(石灰硫黃合劑)[서쾨-제/서퀘-제]圐 생석회와 황의 가앙(加壓) 혼합액에 의하여 만들어지는 농약. 생석회에 의하여 황의 살균력이 강화되기 때문에 병충해의 구제(驅除)에 유효함.

석회-정(石灰穽)[서쾨-/서퀘-]圐 석회암 지대에 생기는 우묵하게 꺼진 곳. 돌리네.

석회-질(石灰質)[서쾨-/서퀘-]圐 석회 성분을 주로 가지고 있는 물질.

석회-질소(石灰窒素)[서쾨-쏘/서퀘-쏘]圐 고온의 카바이드에 질소를 작용시켜 얻는 거무스름한 가루. 질소 비료로 쓰임.

석회-층(石灰層)[서쾨-/서퀘-]圐 바다에 퇴적한 탄산칼슘이나 생물체가 변질하여 생긴 석회암의 층.

석회-토(石灰土)[서쾨-/서퀘-]圐 석회가 많이 섞인 흙. 곧, 탄산석회의 함유율이 15% 이상인 흙.

석후(夕後)[서쿠]圐 저녁밥을 먹고 난 뒤.

석훈(夕曛)[서룬]圐 해가 진 뒤의 어스레한 빛.

석휘(夕暉)[서퀴]圐 ☞석조(夕照).

섞-갈리다[석깔-]짜 갈피를 못 잡게 여러 가지가 한데 뒤섞이다. ¶가치관이 섞갈리다.

섞다[석따]囲 ①다른 것을 넣어 서로 합치다. ¶쌀과 잡곡을 섞다. ②다른 것을 군데군데 끼워 넣다. ¶거짓말을 섞어 가면서 이야기하다. ☞섞어·섞는[성-]

섞-바꾸다[석빠-]囲 서로 번갈아 차례를 바꾸다. ¶빨강과 노랑을 섞바꾸어 나타내다.

섞바뀌다[석빠-]짜 『'섞바꾸다'의 피동』 서로 차례가 바뀌다.

섞박-지[석빡찌]圐 김치의 한 가지. 절인 무와 배추를 썬 다음, 여러 가지 고명에 젓국을 조금 치고 익힌 것.

섞-사귀다[석싸-]짜 지위나 처지가 다른 사람끼리 서로 사귀다.

섞-이다[서끼-]짜 『'섞다'의 피동』 섞음을 당하다. ¶물과 기름은 섞이지 않는다.

섞임-겹닿소리[-따쏘-]圐 ☞혼성복자음.

섣[석] 순간적으로 불끈 일어나는 격한 감정. ¶소식을 듣는 섣에 쏟아진 눈물. /섯 김에 상을 엎어 버리다. ☞섞이[석씨]·섯만[성-]

섰(이) 삭다판용 ①불끈 일어났던 감정이 풀어지다. ②의심이 풀리다.

섯²[석]圐 배를 매어 두기 좋은 물가. ☞섯이[석씨]·섯만[성-]

선[圐 ①사람의 됨됨이를 가려보는 일. ¶선을 보다. ②물건의 좋고 나쁨을 가려보는 일.

선(先)圐하짜 ①첫째 차례. ②바둑이나 장기를 두기 시작할 때, 상대(相對)보다 먼저 둑, 또는 먼저 두는 그 사람. ¶네가 선이니 흑을 가지고 두어라.

선(扇)圐 임금이 거동할 때 쓰던 부채.

선:(善)圐하형 착하고 올바름. ¶선을 행하다. ②윤리학에서, 도덕적 생활의 최고 이상(理想). ↔악(惡).

선(腺)圐 ☞샘¹.

선(線)圐 ①금이나 줄. ¶가늘게 그은 선. /선을 긋다. ②수학에서, 점의 이동에 따라 생기는 도형. [직선·곡선 따위.] ③경계가 되는 줄. 경계를 나타내는 줄. ¶선을 넘다. ④물체의 윤곽을 이루는 부분. ¶선이 아름답다. ⑤정해진 기준이나 표준. ¶10명 선. /그 선에서 타결되다. ⑥맺고 있는 관계. ¶그 사람과 선이 닿다.

선을 대다판용 (잇속이나 배경이 될) 기관이나 사람과 관계를 맺다.

선이 가늘다판용 ①(생김새가) 섬세하고 약하다. ②(성격이) 잘고 꼼꼼하다.

선이 굵다판용 ①(생김새가) 투박하고 뚜렷하다. ②(성격이) 여리지 않고 대담하다.

선(璇)圐 별의 이름. 북두칠성의 국자 모양의 끝에서 둘째 별.

선(縇)圐 옷이나 자리(방석) 따위의 가장자리를 딴 헝겊으로 가늘게 싸서 두르는 일, 또는 그 선.

선:(選)[Ⅰ]圐 여럿 가운데서 가려 뽑는 일. ¶까스로 선에 들다.
[Ⅱ]의 여럿 가운데서 뽑힌 횟수나 차례를 세는 단위. ¶오 선 국회의원.

선(禪)圐 『불교에서』 ①삼문(三門)의 하나. 정신을 가다듬어 번뇌를 버리고 진리를 깊이 생각하며 무아(無我)의 경지로 드는 일. ⇒교(敎). ②〈선종〉의 준말. ③〈좌선(坐禪)〉의 준말.

선-접루《일부 명사 앞에 붙어》'익숙하지 못한', '덜된', '격에 맞지 않은' 등의 뜻을 나타냄. ¶선잠. /선무당. /선머슴. /선웃음. /선하품.

선-(先)접루《일부 명사 앞에 붙어》①'앞선'·'먼저'의 뜻을 나타냄. ¶선도지(先賭地). /선보름. /선머리. /선이자. ②'돌아간(죽은)'의 뜻을 나타냄. ¶선대왕(先大王). /선대인(先大人). /선외가(先外家). /선대부인(先大夫人).

-선(船)접미《일부 명사 뒤에 붙어》'배'를 뜻함. ¶여객선. /연락선. /유조선. /무역선.

-선(腺)접미《일부 명사 뒤에 붙어》'어떤 물질을 내보내는 샘'의 뜻을 나타냄. ¶혈관선. /소화선. /먹물선. /점액선.

-선(線)접미《일부 명사 뒤에 붙어》'철도나 항공 노선'을 뜻함. ¶경부선. /호남선. /장항선. /국제선. /국내선.

-선(選)접미《일부 명사 뒤에 붙어》'여럿 가운데서 가려 뽑음'을 뜻함. ¶고문선(古文選). /당시선(唐詩選). /명작선. /단편선.

선가(仙家)圐 ①☞선관(仙館). ②☞도가(道家).

선가(仙駕)圐 신선이나 신선이 타는 수레.

선가(船架)圐 선박을 수리하기 위하여 뭍으로 끌어올리는 설비.

선가(船歌)圐 뱃노래.

선가(船價)¹[-까]圈 뱃삯. 선비(船費).

　선가 없는 놈이 배에는 먼저 오른다〔속담〕실력이 없는 사람이 남보다 먼저 나서서 덤벙거린다는 말.

선가(船價)²[-까]圈 조선 시대에, 세곡(稅穀)을 선박으로 운반할 때 각 군(郡)에 내던 부가세.

선가(善價)[-까]圈 후하게 주는 값이나 삯.

선가(禪家)圈 ①선종(禪宗). ②선종의 사원(寺院). ③선종의 중. 선객(禪客).

선가-오:종(禪家五宗)圈 선가의 다섯 종파. 곧, 임제종(臨濟宗)·운문종(雲門宗)·조동종(曹洞宗)·위앙종(潙仰宗)·법안종(法眼宗).

선각(先覺)圈하타 ①남보다 앞서서 깨달음. ↔후각(後覺). ②〈선각자〉의 준말.

선각-자(先覺者)[-짜]圈 남보다 앞서서 사물의 도리를 깨달은 사람. 困선각. 町선지자.

선간(線間)圈 줄과 줄의 사이. 두 줄의 사이.

선:감(善感)圈하자 종두(種痘) 따위가 잘 접종(接種)되어 효과가 나타남.

선강(銑鋼)圈 선철(銑鐵)과 강철(鋼鐵).

선개-교(旋開橋)圈 배가 지나갈 수 있도록 하기 위해, 다리 중앙의 교각을 축으로 하여 다리의 전체나 일부를 수평으로 회전시킬 수 있게 한 다리. 회선교(回旋橋).

선객(仙客)圈 ▷신선(神仙).

선객(先客)圈 먼저 온 손님.

선객(船客)圈 배를 탄 손님. 배의 승객.

선객(禪客)圈 ▷선가(禪家).

선거(車車)圈 배와 수레.

선거(船渠)圈 ▷독(dock).

선:거(選擧)圈하타되자 일정한 조직이나 집단에서 그 대표자나 임원을 투표 등의 방법으로 뽑음. ¶국회의원 선거. /대통령 선거.

선:거^공보(選擧公報)圈 후보자의 경력이나 정견 따위를 적은 문서. 선거 관리 위원회가 발행하여 유권자에게 배부함.

선:거^공약(選擧公約)圈 선거를 앞두고, 정당이나 입후보자가 선거권자에게 제시하는 공적인 약속.

선:거^공영(選擧公營)圈 선거 운동의 자유 방임이 가져오는 폐단을 막기 위하여 개별적 선거 운동을 제한하고, 독립된 선거 관리 기관으로 하여금 선거를 관리하게 하는 일. 공영 선거.

선:거^관리^위원회(選擧管理委員會)[-괄-회/-괄-훼]圈 선거 및 선거에 관한 여러 가지 사무를 관리하는 기관. 困선관위.

선:거-구(選擧區)圈 의원을 선출하는 단위로서 나누어진 구역.

선:거-권(選擧權)[-꿘]圈 대통령·국회의원·지방 의회 의원 등의 선거에 참여하여 투표할 수 있는 국민의 권리. 郠피선거권.

선:거-법(選擧法)圈 선거에 관한 법.

선:거-사:범(選擧事犯)圈 각종 선거법에 관련된 범법 행위, 또는 그 범법자.

선:거-소송(選擧訴訟)圈 선거 및 당선의 효력을 시비하여, 선거의 일부나 전부에 대한 무효를 주장하는 소송.

선:거^운:동(選擧運動)圈 선거에서, 특정 후보자를 당선시킬 목적으로, 선거인을 대상으로 하여 벌이는 모든 활동.

선:거-인(選擧人)圈 선거권을 가진 사람. 유권자. ¶선거인 명부.

선:거-일(選擧日)圈 선거하는 날.

선:거^자격(選擧資格)圈 선거인이 될 수 있는 법률상의 자격.

선:거^재판(選擧裁判)圈 대법원을 제일심 법원으로 하여 선거 소송을 다루는 재판.

선:거-전(選擧戰)圈 선거에 입후보한 사람끼리 목표로 벌이는 경쟁. 치열한 선거전.

선건전곤(旋乾轉坤)〔하늘과 땅을 뒤집는다는 뜻으로〕①나라의 폐풍(弊風)을 크게 고침. ②난리를 평정함.

선-걸음圈 이왕 내디딘 걸음. 현재 걷고 있는 그대로의 걸음. 《주로, ‘선걸음에’·‘선걸음으로’의 꼴로 쓰임.》¶선걸음에 은행도 다녀오지.

선겁다[-따]〔선거우니·선거워〕휑圈 ①놀랍다. ¶선거운 사건. /선거운 재난. ②재미나지 못하다. ¶선거운 글.

선격(船格)圈 지난날, 배를 부리던 곁꾼.

선견(先見)圈하타 일이 일어나기 전에 미리 아는 일. 장래의 일을 내다보는 일.

선견(先遣)圈하타 미리 보냄. 앞서 내보냄.

선견-대(先遣隊)圈 주력 부대에 앞서서 미리 보내는 부대.

선견-자(先見者)圈 앞으로 닥쳐올 일을 미리 짐작하여 아는 사람.

선견지명(先見之明)圈 닥쳐올 일을 미리 아는 슬기로움.

선결(先決)圈하타되자 다른 일보다 먼저 해결함. ¶선결 조건. /그것이 선결되어야 다른 일도 해결된다.

선결-문제(先決問題)圈 어떤 소송 사건을 판결하기 전에 먼저 결정하여야 하는 문제.

선경(仙境)圈 신선이 산다는 곳. 선계(仙界). 선향(仙鄕). ②속세를 떠난 깨끗한 곳.

선계(仙界)[-계/-게]圈 ▷선경. ↔속계(俗界).

선계(船契)[-계/-게]圈 어촌에서, 배를 장만하거나 수리하기 위하여 모은 계.

선:계(善計)[-계/-게]圈 뛰어난 계략.

선고(先考)圈 남에게 세상을 떠난 자기의 아버지를 일컫는 말. 선군(先君). 선친(先親). 困선부군(先父君)·황고(皇考). ↔선비(先妣).

선고(先姑)圈 세상을 떠난 시어머니.

선고(宣告)圈하타되자 ①중대한 사실을 선언하여 알림. ¶암이라는 선고를 받다. /파산을 선고하다. ②공판정에서 재판관이 재판의 판결을 당사자에게 알림. ¶사형 선고를 받다.

선고(船庫)圈 작은 배를 넣어 두는 곳집.

선:고(選考)圈하타 ▷전형(銓衡).

선고-유예(宣告猶豫)圈 범죄자의 정상을 참작하여 형의 선고를 일정 기간 유예하는 일. 〔그 기간을 무사히 지내면 형사 책임을 묻지 않음.〕

선고-장(先考丈)圈 남의 죽은 아버지를 높이어 일컫는 말. 困선장(先丈).

선고-형(宣告刑)圈 하나하나의 구체적인 사건에 대하여, 법원이 법률을 적용해서 형량을 정해 선고하는 형.

선:곡(選曲)圈하타하자 많은 곡 중에서 고름. ¶선곡이 잘된 음악 프로그램.

선골(仙骨)圈 세속을 초월한 신선 같은 풍모.

선공(先攻)圈자타 야구 따위에서, 먼저 공격을 시작함. ¶상대 팀의 선공으로 경기가 시작되었다.

선공(船工)圈 배를 만드는 목공.

선:공-감(繕工監)圈 고려·조선 시대에, 토목·영선(營繕)을 맡아보던 관아.

선:공-무덕(善供無德德)圈〔부처에게 잘 공양하였으나 공덕이 없다는 뜻으로〕남을 위하여 힘껏 노력하였으나, 거기에 대한 아무런 보람이 없음을 이르는 말.

선공후사(先公後私)圀하자 사사로운 일이나 이익보다 공사(公事)나 공익(公益)을 앞세움을 이르는 말.

선:과(善果)圀 착한 일에 대하여 돌아오는 좋은 과보(果報). ↔악과(惡果).

선:과(選果)圀하타 과일을 크기에 따라, 또는 성한 것과 성하지 않은 것 따위로 가려냄, 또는 그 과실.

선:과(選科)[-꽈]圀 규정된 학과 중에서, 일부 과목만을 선택하여 학습하는 과정.

선과(禪科)圀 조선 시대에, 중에게 보이던 과거의 한 가지. 주로 선종(禪宗) 계열의 중을 3년마다 한 차례에 30명 정도 뽑아 도첩(度牒)을 주었음. 魯교과(敎科).

선:과-기(選果機)圀 사과·감·귤·배 따위의 과일을 크기에 따라 구분하여 골라내는 데 쓰는 기계.

선관(仙官)圀 ①선경(仙境)에 있다는 관원. ②'여자 무당'의 딴 이름. ②魯무녀(女巫).

선관(仙館)圀 신선이 산다는 집. 선가(仙家).

선:관위(選管委)〈선거 관리 위원회(選擧管理委員會)〉의 준말.

선:광(選鑛)圀하타 캐어 낸 광석에서 쓸 것과 못 쓸 것을 가려냄, 또는 그 작업.

선:광-기(選鑛機)圀 선광을 하는 기계.

선광-성(旋光性)[-썽]圀 직선 편광(直線偏光)이 어떤 물질 속을 통과할 때, 그 물질의 편광면을 회전시키는 성질.

선교(仙敎)圀 선도(仙道)를 닦는 종교.

선교(宣敎)圀하타 종교를 전하여 널리 펼침. 魯포교(布敎).

선교(船橋)圀 ①배다리. ②배의 상갑판 앞쪽에 있어, 선장이 운항에 대한 지휘를 하는 곳.

선:교(善巧)圀 부처가 중생의 자질(資質)에 맞추어 정교하게 중생을 가르치는 일.

선:교(善交)圀하자 잘 사귐. 우호적으로 교제함.

선:교(善敎)圀 좋은 교훈.

선교(禪敎)圀 ①선종(禪宗)과 교종(敎宗). ②선학(禪學)과 교법(敎法).

선교-관(宣敎官)圀 조선 시대에, 반교문(頒敎文)을 읽던 임시 벼슬.

선교-사(宣敎師)圀 종교의 가르침을 펴는 사람, 특히 기독교의 선교를 위하여 외국에 파견된 사람.

선구(先驅)圀 ①하자 말을 탄 행렬에서 앞장을 섬, 또는 그 사람. ②☞선구자. ¶실학의 선구.

선구(船具)圀 배에서 쓰이는 온갖 기구(도구).

선구(選球)圀 야구에서, 타자가 투수의 던진 공이 볼인지 스트라이크인지를 분간함. ¶야간 경기라 선구에 어려움이 따랐다.

선:구-안(選球眼)圀 야구에서, 투수가 던진 공을 선구하는 타자의 능력.

선구-자(先驅者)圀 다른 사람에 앞서서 어떤 일의 중요성을 인식하여 그 일을 실행한 사람. 선구. ¶자동차 공업의 선구자. 魯선도자.

선:국(選局)圀하타 라디오나 텔레비전 등의 수신기를 조절하여, 여러 방송국 중에서 어떤 방송국을 고름.

선군(先君)圀 ①☞선왕. ②☞선고(先考).

선굴(仙窟)圀 ①신선이 사는 곳. ②속세 밖의 거처.

선-굿[-굳]圀 서서 하는 무당의 굿. *선굿이[-구시]·선굿만[-군-]

선궁(仙宮)圀 신선이 산다는 궁전.

선궁(禪宮)圀 '절'을 달리 이르는 말.

선:근(善根)圀 [불교에서] ①좋은 과보(果報)를 낳게 하는 착한 일. ②온갖 선(善)을 낳는 근본이 되는 것.

선글라스(←sunglasses)圀 눈부신 일광(日光)으로부터 눈을 보호하기 위해 쓰는 색안경.

선금(仙禽)圀 ①선계(仙界)에 산다는 신령한 새. ②'두루미'의 딴 이름.

선금(先金)圀 [물건 값이나 품삯 따위의 일부 또는 전부를] 미리 치르는 돈. ¶선금을 받다. /선금을 걸다.圀하타 치를수금.

선급(先給)圀하타 [값이나 삯을] 미리 치러 줌. 선하(先下). 전도(前渡). ↔후급.

선급(船級)圀 외국 항로에 취항하는 선박에 대하여 그 규모·구조·설비 등에 따라 선급 협회가 매기는 국제적인 등급.

선급-금(先給金)[-끔]圀 미리 치르는 돈. 전도금. ↔수수금.

선급^비:용(先給費用)[-삐-]圀 일정한 계약에 따라 계속적으로 용역을 제공하고 그 대가를 지급받을 때, 아직 제공되지 않은 용역에 대하여 미리 지급한 대가를 이르는 회계 용어.〔선급 보험료·선급 임차료 따위.〕

선급(船級艦)[-씬]圀 선금이 주어진 배.

선기(先期)圀하자 약속한 기한보다 앞섬.

선기(船旗)圀 배에 다는 기.

선기후인(先己後人)圀하자 남의 일보다 자신의 일을 먼저 처리하는 일.

선-나다(禪-)巫 법당이나 선당(禪堂)에서 참선을 마치고 나오다. ↔선들다.

선나-후주(先拿後奏)圀 대한 제국 때, 먼저 범인을 잡은 다음 임금에게 알리던 일. 범인이 주임관(奏任官)일 때 체포하던 절차임. ↔선주후나.

선난(船難)圀 배가 항해 중에 당하는 재난.

선:남(善男)圀 ①성품이 착한 남자. ②불법에 귀의한 남자.

선:남-선:녀(善男善女)圀 ①착하고 어진 사람들. ②곱게 단장한 남자와 여자. ③불교에 귀의한 사람들.

선납(先納)圀하타되자 예납(豫納). 전납(前納).

선내(船內)圀 배의 안. ¶선내 식당.

선내다(禪-)타 『'선나다'의 사동』 참선을 마친 사람을 선당에서 나가게 하다. ↔선들이다.

선녀(仙女)圀 선경(仙境)에 산다는 여자 신선. 선아(仙娥). 선자(仙子). 옥녀(玉女).

선:녀(善女)圀 ①성품이 착한 여자. ②불법에 귀의한 여자.

선니(禪尼)圀 불문(佛門)에 든 여자. 선문(禪門)에 귀의한 여자.

선다-님〈선달(先達)〉의 높임말.

선:다-형(選多型)圀 객관식 문제 형식의 한 가지. 여러 개의 답지(答肢) 중에서 요구하는 수효만큼 답을 고르게 하는 형식. ¶사지 선다형.

선-단圀 ①홑두루마기 앞섶이나 치마폭에 세로로 세워 댄 단. ②댄설주.

선단(仙丹)圀 먹으면 장생불사(長生不死)의 신선이 된다고 하는 영약(靈藥). 금단(金丹). 선약(仙藥). 단약(丹藥).

선단(先端)圀 앞쪽의 끝.

선단(船團)圀 여러 척의 배로 이루어진 집단. ¶남태평양에서 조업 중인 참치잡이 선단.

선단-식(船團式)圀 '재벌이 규모의 확장을 위해 여러 기업을 거느리고 운영하는 방식'을 비유하여 이르는 말. ¶선단식 경영.

선달圀 살목이나 살판 위에 세우는 나무.

선달(先達)명 조선 시대에, 과거에 급제는 하였으나 벼슬길에 오르지 못한 사람을 일컫던 말. 〔병과(丙科) 합격자 중 정원(定員)이 없을 때 벼슬을 내리지 않았음.〕 ⓪선다님.

선당(禪堂)명 절 안에 있는 참선하는 집. 〔대개 절의 왼쪽에 자리 잡고 있음.〕

선-대(禪-) [-때]명 절에서, 대쪽으로 부챗살처럼 만들어, 치면 소리가 나는 제구. 선들이고 선별 때마다 침.

선대(先代)명 조상의 대, 또는 그 시대. 선세(先世). ↔당대(當代)·후대(後代).

선대(先貸)명하타 뒷날에 치를 돈을 기일에 앞서 미리 꾸어 줌.

선대(船隊)명 여러 척의 배로 구성된 부대. ¶수송 선대.

선대(船臺)명 배를 만들 때 선체를 올려놓는 대.

선:대(善待)명하타 잘 대접함. 선우(善遇).

선대(禪代)명하자 시대가 바뀜, 또는 바뀐 시대.

선대(禪臺)명 참선할 때 쓰는 선대를 올려놓는 대. 선상(禪床).

선-대부인(先大夫人)명 남의 죽은 어머니를 높이어 일컫는 말.

선-대왕(先大王)명 세상을 떠난 전왕(前王)을 높이어 일컫는 말.

선-대인(先大人)명 남의 죽은 아버지를 높이어 일컫는 말.

선-대칭(線對稱)명 대칭의 한 가지. 한 직선을 사이에 두고 똑같은 두 도형이 같은 거리에서 서로 맞서 있는 대칭. 선맞섬. 참점대칭·면대칭.

선:덕(善德)명 바르고 착한 덕행. ↔악덕(惡德).

선덕(禪德)명 선(禪)으로 밝은 진리에 이르러 덕망이 높은 사람.

선도(仙桃)명 ①신선 나라에 있다는 복숭아. ②지난날, 헌선도(獻仙桃)를 출 때 올리던, 나무로 만들어 구리로 잎사귀를 단 복숭아.

선도(仙道)명 신선의 도.

선도(先到)명하자 먼저 도착함.

선도(先渡)명 선물 거래(先物去來)에서, 계약 이후 일정 기간이 지난 다음 화물을 인도하는 일.

선도(先導)명하타 앞장서서 이끎. ¶지식 산업을 선도하는 종합 출판사.

선:도(善途)명 ①선근(善根)을 닦는 길. ②불상을 만들어 불도에 귀의하는 일.

선:도(善道)명 바르고 착한 도리.

선:도(善導)명하타 올바른 길로 인도함. ¶비행 소년을 선도하다.

선도(鮮度)명 (생선·고기·채소 따위의) 신선한 정도. ¶생선의 선도 유지. 비신선도(新鮮度).

선도(禪道)명 ①참선하는 도. ☞선종(禪宗).

선도-기(線度器)명 길이의 표준기(標準器) 또는 길이를 재는 자를 통틀어 이르는 말.

선도미후지미(先掉尾後知味)명 〔개가 음식을 먹을 때 먼저 꼬리를 흔들고 나서 맛을 본다는 뜻으로〕 '무엇을 먼저 계획한 다음에야 그것을 얻음'을 이르는 말.

선도-반(仙桃盤)명 지난날, 헌선도(獻仙桃)를 출 때 선도를 담던 은쟁반. ⑩도반.

선도-자(先導者)명 앞장서 이끄는 사람. 비선구자(先驅者).

선도^장치(先導裝置)명 시계(視界)가 좋지 않을 때 이용되는 레이더 유도 장치.

선도-적(先導的)관명 앞서서 인도하는 (것).

선-도지(先賭地)명 가을에 받을 것을 당겨서 봄에 미리 받는 도지. ¶먹을 양식도 없는 판국에 선도지라니요?

선도-창(先導唱)명 여러 사람이 패를 갈라 함께 소리를 부를 때 먼저 메기는 일, 또는 먼저 메기는 구실을 맡은 사람.

선-도표(線圖表)명 통계 숫자를 곡선이나 꺾은 선으로 나타낸 도표. 참꺾은선 그래프.

선-돈(先-)명 '선금(先金)'의 잘못.

선-돌명 신석기 시대의 거석 유물(巨石遺物). 멘히르(Menhir). 입석(立石).

선동(仙洞)명 신선이 사는 곳.

선동(仙童)명 선경(仙境)에 산다는 아이 신선.

선동(煽動)명하타回자 (어떤 행동 대열에 참여하도록 문서나 언동으로) 대중의 감정을 부추기어 움직이게 함. 선양(煽揚). ¶대중을 선동하여 이용을 벌이다.

선동-적(煽動的)관명 남을 부추기어 움직이게 하는 (것). ¶선동적 행위. /선동적인 언동을 삼가다.

선두(先頭)명 첫머리. 선머리. ¶선두에 서다. / 우리나라 선수가 선두에 나섰다.

선두(船頭)명 이물. ↔선미(船尾).

선두리명 물방개.

선-둥이(先-)명 쌍둥이 가운데 먼저 난 아이. ↔후둥이.

선드러-지다휑 태도가 맵시 있고 경쾌하다. 작산드러지다.

선-드리다(禪-)자 '선들이다'의 잘못.

선득무 (무엇에 닿거나 하여) 살갗이나 몸에 갑자기 서느런 느낌이 드는 모양. 작산득. ⑩선뜩. 선득-선득무하자.

선득-거리다자 자꾸 선득선득하다. 선득대다. 작산득거리다. ⑩선뜩거리다.

선득-대다 [-때-]자 선득거리다.

선들-거리다(禪-)자 ①바람이 자꾸 선들선들 불다. ②선드러지고 시원스럽게 행동하다. 선들대다. 작산들거리다.

선-들다(禪-) [-드니·-들어]자 법당이나 선당(禪堂)에 참선하러 들어가다. ↔선나다.

선들-대다자 선들거리다.

선들-바람(禪-)명 선들선들 부는 바람. 작산들바람.

선들-선들(禪-)무하자 ①(바람이) 서느렇고 부드럽게 부는 모양. ②시원스러우면서도 가볍게 행동하는 모양. 작산들산들.

선들-이다(禪-) [-꺼-]타 『'선들다'의 사동』 참선하러 법당(法堂)이나 선당에 들어가게 하다. ↔선내다.

선등(先登)명하자 앞서서 먼저 오름.

선등(先等)명하자 (남보다) 먼저 함.

선-떡명 익지 않은(설익은) 떡.

선:-떡-부스러기 [-뿌-]명 ①선떡의 부스러진 조각. ②실속 없이 모여 있는 어중이떠중이. ③흩어지면 다시 결합하기 어려운 엉성한 일.

선:-똥명 (너무 많이 먹거나 하여) 완전히 삭지 않고 나오는 똥.

선뜩무 〈선득〉의 센말. 작산뜩.

선뜩-거리다 [-꺼-]자 〈선득거리다〉의 센말. 선뜩대다. 작산뜩거리다.

선뜩-대다 [-때-]자 선뜩거리다.

선뜻무 [-뜯]무 (동작이) 시원스럽고 날렵한 모양. ¶달라는 대로 돈을 선뜻 내주었다. 작산뜻.

선뜻-하다 [-뜯타-]휑며 ①(기분이나 느낌이) 깨끗하고 시원하다. ②(차림새나 생김새가) 아담하고 조촐하다. 작산뜻하다. **선뜻-이**무.

선래(先來)명 [설-]명 왕조 때, 사신의 귀국에 앞서서 돌아오던 역관(譯官).

선:량(善良)명 [설-]휑며 착하고 어짊.

선:량(選良)[선-][명] ①〔하자〕인재를 선출함, 또는 그 인재. ②'국회의원'을 달리 이르는 말.

선려(仙侶)[설-][명] 동행자, 또는 같이 노는 사람을 칭찬하여 이르는 말.

선려(先廬)[설-][명] 조상 때부터 살고 있는 집.

선려(鮮麗)[설-][명][하형] 산뜻하고 아름다움.

선력(宣力)[설-][명][하자] 힘써 주선함.

선령(先靈)[설-][명] 조상이나 선열의 넋.

선령(船齡)[설-][명] 배가 진수한 때로부터 지난 햇수. 배의 나이. 참함령(艦齡).

선례(先例)[설-][명] 전례(前例). ㉖예(例).

선례후학(先禮後學)[설-][명] 먼저 예의를 익히고 나서 학문을 하라는 말. 〔곧, 예의가 으뜸이라는 뜻.〕

선로(船路)[설-][명] 뱃길.

선로(船艪)[설-][명] ⇨고물¹.

선로(線路)[설-][명] ①⇨레일. ②송전선이나 전화선의 유선 전기 회로.

선:록(選錄)[설-][명][하타] 가려서 적음.

선루(船樓)[설-][명] ①배의 다락집. ②배의 상갑판에 건물처럼 만든 구조물. 〔흔히, 선원실·여객실을 설비함.〕

선류(蘚類)[설-][명] 선태류(蘚苔類) 중에서 잎과 줄기가 뚜렷한 종류를 일러 이르는 말. 〔헛뿌리는 다세포(多細胞)로 되고 잎에는 주맥이 있는 것이 특징임.〕

선륜(線輪)[설-][명] '코일'을 이전에 이르던 말.

선륜-차(旋輪車)[설-][명] ⇨물레².

선리(先利)[설-][명] ⇨선변(先邊).

선:리(選吏)[설-][명] 청렴한 관리.

선:린(善隣)[설-][명] 이웃과 사이좋게 지냄, 또는 그러한 이웃.

선:린(善隣)**정책**(善隣政策)[설-][명] 이웃 나라와 친선을 도모하는 정책.

선림(禪林)[설-][명] '선종(禪宗)의 절'을 달리 이르는 말.

선마(宣麻)[설-][명] 왕조 때, 임금이 신하에게 궤장(几杖)을 내릴 때 함께 주던 글.

선망(先望)[설-][명] ⇨선보름. ↔후망(後望).

선:망(羨望)[설-][명][하타][되자] 부러워함. ¶선망의 눈길.

선망후실(先忘後失)[설-][명][하타][되자] 자꾸 잊어버리기를 잘함.

선-맞섬(線-)[-맏섬][명] ⇨선대칭.

선:매(先買)[설-][명][하타] 남보다 먼저 삼. 예매(豫買).

선:매(先賣)[설-][명][하타] 미리 팖. 예매(豫賣).

선매-권(先買權)[-꿘][명] 〔물건이나 권리 따위를〕남보다 우선적으로 살 수 있는 권리.

선-머리(先-)[명] ①일정한 순서가 있는 일의 맨 처음. ②행렬 따위의 앞부분. 선두. ↔후머리.

선:-머슴[명] 심하게 장난을 치면서 덜렁거리는 사내아이. ¶계집아이가 선머슴같이 군다.

선면(扇面)[설-][명] 〔헝겊이나 종이를 바른〕부채의 겉면.

선명(宣明)[설-][명] 〔어떤 사실을〕분명히 밝혀 선언함. ¶출마할 뜻을 내외에 선명하다.

선명(鮮明)[설-][명][하형] ①산뜻하고 밝음. ¶선명한 원색 사진. ②〔견해나 태도가〕뚜렷함. ¶태도가 선명하다. 선명-히[부].

선모(旋毛)[설-][명] ⇨가마.

선모(腺毛)[설-][명] 식물이나 곤충의 몸 겉에 나 있는 털의 한 가지. 점액·독액 따위를 분비함. 토마토 줄기의 털이나 송충이의 털 따위.

선:모(羨慕)[설-][명][하타] 부러워하며 사모함.

선모-충(旋毛蟲)[설-][명] 선모충과의 선형동물. 몸길이 1~4 mm로 실 모양임. 돼지·개·쥐 따위의 소장(小腸)에 기생함.

선묘(先墓)[명] ⇨선산(先山).

선묘(線描)[명][하타] (그림을) 선으로만 그림.

선묘(鮮妙)[명][하형] 산뜻하고 미묘함. **선묘-히[부]**.

선무(先務)[명] 먼저 해야 할 일.

선무(宣撫)[명] 국민이나 점령지 주민에게 정부 또는 본국의 시책을 이해시키어 민심을 안정시키는 일.

선무^공작(宣撫工作)[명] 선무하는 활동.

선:-무당[명] 익숙하지 못한 무당.

　　선무당이 사람 잡는다[죽인다][속담] 미숙한 사람이 잘하는 체하다가 일을 그르친다는 말.

　　선무당이 장구 탓한다[속담] ①할 줄 모르는 사람일수록 핑계가 많다. ②서투른 솜씨를 핑계 대어 변명한다.

선무-사(宣撫使)[명] 조선 시대에, 왕명을 받들어 재해구 등의 민심을 안정시키던 임시 벼슬.

선문(先文)[명] ⇨노문(路文).

　　선문(을) 놓다[관용] ⇨노문(을) 놓다.

선문(先聞)[명] 일이 생기기 전에 앞서서 전하여 오는 소문. 선성(先聲).

선문(旋紋)[명] 소용돌이무늬.

선문(線紋)[명] 줄무늬.

선문(禪門)[명] ①⇨선종. ②불문(佛門)에 들어간 남자.

선-문답(禪問答)[명][하자] ①불교에서, 참선하는 사람들끼리 진리를 찾기 위하여 주고받는 대화를 이르는 말. ②현실에 주어진 문제와는 상관없이 한가로이 주고받는 이야기를 놀림조로 이르는 말. ¶질문에 시종일관 선문답만 하다.

선물(先物)[명] 거래 계약 조건의 한 가지. 장래 일정한 시기에 현품을 주고받기로 하고 매매 계약을 하는 일.

선:물(膳物)[명][하타] 〔인사나 기념, 또는 정을 나타내는 뜻으로〕남에게 물품을 줌, 또는 그런 물품.

선물^거:래(先物去來)[명] 선물(先物)을 조건으로 하는 거래. 선물 매매.

선물^매매(先物賣買)[명] ⇨선물 거래.

선물-환(先物換)[명] 장래의 일정 기일 또는 일정 기간 내에 일정액의 금액을 일정한 환율로 결제할 것을 미리 약속한 외국환. 예약환(豫約換).

선물환^시세(先物換時勢)[명] 선물환의 거래에 적용되는 시세.

선미(船尾)[명] ⇨고물¹. ↔선두(船頭).

선:미(善美)[명][하형] 착하고 아름다움.

선미(線美)[명] 파선(波線)이나 곡선에서, 선 그 자체의 아름다움.

선미(鮮美)[명][하형] 산뜻하고 아름다움.

선미(禪味)[명] ①선(禪)의 취미. ②탈속한 취미.

선미-기(船尾旗)[명] 고물에 올리는 기.

선미-등(船尾燈)[명] 고물에 다는 항해등.

선미-묘(船尾錨)[명] 고물에 있는 닻.

선미-파(船尾波)[명] 배가 달릴 때, 고물 뒤로 이어지는 흰 물결.

선민(先民)[명] ①선대의 백성. ②⇨선철(先哲).

선:민(選民)[명] ①선택받은 백성. ②이스라엘 백성이, 스스로를 하느님의 선택을 받은 백성이라는 뜻으로 이르는 말.

선:민-사상(選民思想)[명] ⇨선민의식.

선:민-의식(選民意識)[-미늑/-미니-][명] 스스로를 하느님의 선택을 받은 백성이라고 믿는, 이스라엘 사람의 종교적·민족적 우월감. 선민사상.

선-바람[명] 차리고 나선 그대로의 차림새. 《주로, '선바람에'·'선바람으로'의 꼴로 쓰임.》¶선바람으로 달려 나가다.

선:바람-쐬다[-쐬-/-쒜-]재 낯선 지방에 가
서 그 지방의 물정을 경험하다.

선박(船舶)명⇨배². 〔주로, 규모가 큰 축에 드
는 배를 이르는 말.〕¶외국 선박이 부두에 정
박하다.

선박^관리인(船舶管理人)[-꽐-]명 선박 공유
자(船舶共有者)의 법정 대리인으로서, 법정 사
항을 제외한, 선박의 이용에 관한 일체의 행위
를 할 권한을 가진 사람.

선박^등기(船舶登記)[-등-]명 선적항(船籍港)
을 관리하는 관청이, 선박의 소유권, 선박 관리
인 등에 관하여 선박 등기부에 올려 적는 일.

선박^보:험(船舶保險)[-뽀-]명 선박의 항해에
서 생기는 손해를 보상받을 것을 목적으로 하
는 해상 보험의 한 가지.

선박^서류(船舶書類)[-써-]명 선장이 선박 안
에 언제나 갖추어 두어야 하는 서류. 〔선박 국
적 증서, 선원 명부, 항해 일지 따위.〕

선반(宣飯)명하다 왕조 때, 관아에서 벼슬아치
들에게 끼니를 베풀던 일, 또는 그런 끼니.

선반(을) 놓다관용 공사장이나 부역장 같은 곳
에서 일꾼들에게 식사 시간을 주다.

선반(旋盤)명 금속 소재를 회전시켜 갈거나 파
내거나 도려내는 금속 공작 기계. ⊛길이 기계.

선반(←懸盤)명 벽에 매어서 물건을 얹어 두는
널빤지. ¶선반 위의 꿀단지. 본현반.

선반-턱(←懸盤-)명 선반 가장자리에 따로 붙
이는 나무.

선-발명 집 안에서 일하느라고 줄곧 서서 돌아
다니는 상태. 《주로, '선발로'·'선발에'의 꼴
로 쓰임.》 ¶잔칫날이라 하루 종일 선발로 지
냈다.

선발(先發)명하자 ①(남보다) 미리 나서거나 떠
남. ↔후발(後發). ②야구에서, 1회부터 출전하
는 일. ¶선발 투수.

선:발(選拔)명하타되자 (많은 가운데서) 추려
뽑음. 택발. ¶선발 고사(考査).

선발-대(先發隊)[-때]명 (다른 대원이나 부대
보다) 앞서서 출발한 대원이나 부대. ↔후발대
(後發隊).

선발^발전^도상국(先發發展途上國)[-전-]명
(다른 미개발 국가나 개발도상 국가들보다) 앞
서서 개발도상국이 된 나라. 중개발도상국.

선발-제인(先發制人)명하자 남의 꾀를 먼저 알
아차리고, 일이 생기기 전에 미리 막음.

선:방(善防)명하타 공격을 잘 막아 냄. ¶구원
투수의 선방으로 경기를 이겼다.

선방(禪房)명 참선하는 방. 선실(禪室).

선배(先輩)명 ①같은 분야에 자기보다 먼저 들
어서서 활동하는 사람. 先進. 전배. ¶직장
선배. ②같은 학교에 자기보다 먼저 들어온 사
람, 또는 먼저 거친 사람. ¶고등학교 3년 선
배. ↔후배(後輩).

선-버들명 버드나뭇과의 낙엽 교목. 높이 5~
10 m. 잎은 길둥글며 가장자리에 잔 톱니가 있
음. 봄에 잎과 함께 길이 2~8 cm의 원통형 꽃
이 핌. 우리나라 북부·중국 동북 지방·일본 등
지에 분포하는데, 제방용이나 땔감으로 심음.

선변(先變)명하자 남보다 먼저 하여야 할 차례가
됨, 또는 그 차례나 차례가 된 사람.

선번(線番)명 〈선번호(線番號)〉의 준말.

선-번호(線番號)명 〔철사·전선 따위의〕 굵기를
나타내는 번호. ⊜선번.

선:벌(選伐)명하타 나무를 골라서 베어 냄. ㊀간
벌(間伐). ㊊남벌(濫伐).

선법(旋法)[-뻡]명 일정한 음계에 따라 만들어
진 선율에 대하여 그 변화의 성격을 규제하는
법칙. 선율법의 기초가 됨. 모드(mode)¹.

선법(禪法)[-뻡]명 참선하는 법.

선-변(-邊)명 빌려 쓴 돈에 대하여, 다달이 갚
는 변. ↔뒤변.

선변(先邊)명 빚을 얻을 때에 본전에서 미리 떼
어 내는 변리. 선리(先利). 선이자.

선:별(選別)명하타되자 가려서 골라내거나 추
려 냄. 선분(選分). ¶종자 선별이 다수확의 첫
째 조건이다.

선:별^금융(選別金融)[-금늉/-그뮹]명 금융
기관에서 자금 압박을 받을 경우에, 대상을 선
별하여서 융자하는 일. 선별 융자.

선:별^융자(選別融資)[-륭-]명 ⇨선별 금융
(選別金融).

선병(腺病)명 삼출성(滲出性)이거나 림프성 체
질을 가진 어린아이에게서 많이 나타나는 결핵
성 전신병(全身病).

선병-자(先病者)명 같은 병을 먼저 앓은 사람.

선병-질(腺病質)명 뼈가 가늘고 가슴이 편평하
며 목의 림프절이 잘 붓는 허약아의 상태를 통
틀어 이르는 말.

선:보(繕補)명하타되자 고치고 기움(보충함).

선:-보다타 ①(주로 결혼 상대가 될) 사람의 됨
됨이를 직접 만나서 알아보다. ¶사윗감을 선
보다. ②물건의 좋고 나쁨을 가려보다.

선-보름(先-)명 한 달의 초하루부터 15일 동
안. 선망. ↔뒤보름.

선:보-이다타 〖'선보다'의 사동〗선을 보게 하
다. ¶신랑감을 선보이다. /자동차의 새 모델을
선보이다. ⊜선뵈다.

선복(船卜)명 뱃짐.

선복(船腹)명 ①배의 중간 허리. ②선박의, 화
물을 싣는 곳.

선봉(先鋒)명 맨 앞장. 전봉. ¶선봉에 서다.

선봉-대장(先鋒大將)명 앞장선 군대를 거느리
는 장수. 선봉장.

선봉-장(先鋒將)명 ⇨선봉대장.

선:-뵈다[-뵈-/-붸-]타 〈선보이다〉의 준말.

선부(先夫)명 죽은 남편. 망부(亡夫).

선부(先父)명 죽은 아버지. 선친(先親).

선부(船夫)명 뱃사공.

선:부(善否)명 좋음과 좋지 않음. 양부(良否).

선-부군(先父君)명 〈선고(先考)〉의 높임말.

선-부형(先父兄)명 돌아가신 아버지와 형.

선부후빈(先富後貧)명 처음에는 부자이다가 나
중에는 가난해짐. ↔선빈후부.

선분(線分)명 직선 위의 두 점 사이에 한정된
부분. 유한 직선(有限直線).

선:분(選分)명하타 ⇨선별(選別).

선:-불명 설맞은 총알. ↔뒷불.

선불 맞은 노루〔호랑이〕뛰듯족담 분에 못 이
겨 날뛰게 행동함을 이르는 말.

선불(을) 걸다관용 ①섣불리 건드리다. ②상관
없는 일에 참견하다가 해를 입다.

선불(을) 놓다관용 설부른 타격을 주다.

선불(仙佛)명 ①신선과 부처. ②선도(仙道)와
불도(佛道).

선불(先拂)명하타 ⇨선급(先給). ↔후불(後拂).

선:불선(善不善)[-썬-]명 ①착함과 착하지 아니
함. ②잘됨과 잘못됨.

선:불-질명하자 서투르게 총을 쏨.

선비[1]명 ①지난날, 학식은 있으나 벼슬하지 않은 사람. ②'학덕을 갖춘 이, 또는 학문을 닦는 이'를 예스럽게 이르는 말. ③'어질고 순한 사람'을 비유하여 이르는 말.

선-비[2]명 자루가 길어, 서서 쓸게 된 비.

선비(先妣)명 남에게 세상을 떠난 자기 어머니를 이르는 말. 선자(先慈). 전비(前妣). ↔선고(先考).

선비(船費)명 ①☞선가(船價)[1]. ②선박을 운항하는 데 드는 비용.

선비-사(-士)명 한자 부수의 한 가지. '壻'·'壹' 등에서의 '士'의 이름.

선빈후부(先貧後富)명 처음에는 가난했으나 나중에는 부자가 됨. ↔선부후빈.

선사(仙槎)명 신선이 타고 다닌다는 뗏목.

선사(先史)명 역사 시대 이전의 역사.〔문헌이나 기록이 없어 유적이나 유물로만 파악되는 역사를 이름.〕

선사(先祀)명 선조(先祖)에 대한 제사.

선사(先師)명 세상을 떠난 스승.

선사(旋師)명하자 지난날, 싸움에 이기어, 군사를 돌려 돌아옴을 이르던 말.

선:사(善事)명 ①좋은 일. 착한 일. ②하타〔윗사람을 잘 섬김. ③하타〕신불(神佛)을 공양함.

선:사(善射)명〔활·총 따위를〕잘 쏨.

선:사(膳賜)명하타 ①〔친근·애정·존경의 뜻을 나타내기 위하여〕남에게 물품 따위를 줌. ¶꽃다발을 한 아름 선사하다. ②〔기쁨·행복 따위를〕가져다 줌. ¶월드컵 우승이 온 국민에게 기쁨을 선사하였다.

선사(禪寺)명 선종의 절. 선찰(禪刹).

선사(禪師)명 ①〈중〉의 높임말. ②선종의 법리에 통달한 중.

선서(繕寫)명하타되자 ①잘못을 바로잡아 고쳐 베낌. ②부족한 점을 보충하여 정서함. ③문서를 수집하여 기록함.

선:사-상관(善事上官)명하자 상관을 잘 섬김.

선사^시대(先史時代)명 고고학(考古學)에서 이르는 시대 구분의 한 가지. 곧, 역사 시대 이전의 시대. 문헌적 사료가 없는 석기 시대, 청동기 시대를 이름.

선:사-품(膳賜品)명 선사하는 물품.

선사-학(先史學)명 선사 시대의 일을 연구하는 학문. 사전학(史前學).

선산(先山)명 조상의 무덤, 또는 무덤이 있는 곳. 선묘(先墓). 선영(先塋).

선:산(善散)명하타 돈을 규모 있게 잘 씀.

선산-발치(先山-)명 선산의 산기슭. 선산의 한쪽 구석. ¶선산발치에 묻히다.

선상(先上)명하타 물건 값이나 빚의 일부를 먼저 받음.

선상(扇狀)명 쥘부채를 펼친 것과 같은 모양. 부채꼴.

선상(船上)명 ①배 위. ②(항해 중의)'배를 타고 있음'을 이르는 말.

선상(船商)명 ①배를 사고파는 장수. ②배에 물건을 싣고 다니며 파는 장수.

선상(線上)명 ①선의 위. ②(사물의 분기점이 되는)일정한 상태. ¶기아 선상에 놓여 있는 아프리카 난민.

선상(線狀)명 선(線)의 모양. 실처럼 가늘고 긴 모양. 선형.

선:상(選上)명하타 ①골라 뽑아서 바침. ②왕조 때, 지방의 노비(奴婢)를 뽑아서 중앙의 관아에 보내던 일.

선상(禪床)명 ①선가(禪家)에서 중이 설법할 때 올라앉는 법상(法床). ②☞선대(禪臺).

선상-대장(先廂大將)명 임금이 거둥할 때, 전위군(前衛軍)을 거느리던 장수.

선상-지(扇狀地)명 시내가 산지에서 평지로 흐를 때, 물의 흐름이 갑자기 느려져서 골짜기 어귀에 자갈이나 모래가 퇴적하여 이루어진 부채꼴 모양의 지형.

선상-진(先廂陣)명 임금이 거둥할 때, 앞을 지키던 전위대(前衛隊).

선상-탄(船上歎)명 조선 선조 때 박인로(朴仁老)가 지은 가사.〔임진왜란 때 통주사(統舟師)로 부산에 내려가 있을 때의 작품으로, 전쟁의 비애와 평화를 바라는 마음을 읊은 내용.〕

선-상피(腺上皮)명 분비 작용이 특히 왕성한 상피 조직.〔편도선(扁桃腺)·림프선을 제외한 모든 선(腺).〕

선색(鮮色)명 산뜻한 빛깔. 고운 빛깔.

선:-샘명 〔땅속으로 스며들었던〕빗물이 되솟아 나는 샘.

선생(先生)명 ①(남을)가르치는 사람. 교사·교수 등. ¶국어 선생. ②(성명이나 직명 따위의 뒤에 쓰이어)그를 높이어 일컫는 말. ¶김구 선생. /의사 선생. ③어떤 일에 경험이 많거나 아는 것이 많은 사람. ¶그 일에 관한 한 그는 선생이다. ④조선 시대에, 성균관의 교무 직원. ⑤자기보다 나이가 적은 남자 어른을 높이어 일컫는 말. ¶선생은 어떻게 생각하십니까? 全선생님.

선생-님(先生-)명 〈선생〉의 높임말.

선생-안(先生案)명 조선 시대에, 각 관아에서 전임 관원의 성명·직명·생년월일 등을 기록하던 책. 안책(案冊).

선서(宣誓)명하자타 여러 사람 앞에서 공개하여 맹세하는 일. ¶대통령 취임 선서.

선:서(善書)명 ①좋은 책. 양서. ②하타 글씨를 잘 씀. 또는 잘 쓴 글씨.

선서-식(宣誓式)명 선서를 하는 의식.

선선-하다[형여 (공기가)좀 서늘한 느낌이 있다. ¶9월로 접어드니 새벽 공기가 제법 선선하다. 全산상하다. 선선-히튀

선선-하다[2]형여 ①(성미가)시원스럽고 쾌활하다. ②주저하거나 망설이지 않다. 선선-히튀 ¶청을 선선히 들어주다.

선성(先聖)명 옛 성인(聖人).

선성(先聲)명 ①전부터 알려진 명성. ¶선성은 익히 들었습니다. ②☞선문(先聞).

선성-탈인(先聲奪人)명하자 먼저 소문을 퍼뜨려 상대의 기세를 꺾음. 또는, 먼저 소리를 질러 상대의 기세를 꺾음.

선세(先世)명 ☞선대(先代).

선세(先貰)명 (주로 부동산의 임차료에서)빌려 쓰는 사람이 빌려 주는 사람에게 주는 보증금.

선-셈(先-)명하타 물건을 받기 전이나 기한 전에 치르는 셈.

선소(鮮少·尠少·尟少)'선소하다'의 어근.

선-소리명하자 민속악에서, 대여섯 사람이 둘러서서 부르는 노래. 입창(立唱). ↔앉은소리.

선:-소리[2]명 경위에 닿지 않는 덜된 말. ¶익은 밥 먹고 선소리한다. 비횡설수설.

선-소리(先-)명하자 민요를 부를 때 한 사람이 먼저 메기는 소리. 메김소리.

선소리-꾼(先-)명 선소리에서 메김소리를 메기는 사람.

선소리-치다(先-)자 맨 앞에서 소리 지르다.

선소-하다(鮮少-·尟少-·尠少-)圈어 매우 적다.
선속(船速)圈 선박의 항해 속도.
선-손(先-)圈 ①남이 하기 전에 앞서 하는 일. 선수(先手). ②먼저 한 손찌검.
선손(을) 걸다관용 먼저 손찌검하다. 선수(를) 걸다.
선손(을) 쓰다관용 ⇨선수(를) 쓰다.
선손-질(先-)圈 먼저 손을 대어 때림, 또는 그렇게 때리는 짓.
선손질 후 방맘이속담 먼저 남에게 해를 입히면 자기는 뒤에 더 큰 해를 입게 됨을 뜻하는 말.
선수(先手)圈 ①바둑·장기나 ②장기나 바둑에서, 먼저 두거나 상대편이 수를 쓰기 전에 중요한 자리에 먼저 수를 쓰는 일. ↔후수(後手).
선수(를) 걸다관용 ⇨선손(을) 걸다.
선수(를) 쓰다관용 남이 하기 전에 앞서 하거나 공격하다. 선손(을) 쓰다. 선수(를) 치다.
선수(를) 치다관용 ①⇨선수(를) 쓰다. ②남이 예상하기 전에 앞질러서 대책을 쓰다. ¶내 그럴 줄 알고 선수를 쳤다.
선수(船首)圈 ⇨이물.
선：수(善手)圈 솜씨가 뛰어난 사람.
선：수(選手)圈 ①(어떠한 기술이나 운동 따위에 뛰어나) 여럿 중에서 대표로 뽑힌 사람. ¶야구 선수. /국가 대표 선수. ②'어떤 일을 능숙하게 잘 하거나 버릇으로 자주 하는 사람'을 비유하여 이르는 말. ¶군대 생활 삼 년에 다림질하는 데는 선수가 되었다.
선：수(選授)圈하타 인재를 골라 벼슬 자리를 줌.
선：수-권(選手權)[-꿘]圈 (어떤 부문의 경기에서) 가장 우수한 개인이나 단체에 주는 자격.
선수-금(先受金)圈 (용역이나 상품의 값을 몇 차례로 나누어 받기로 하였을 때) 미리 받는 돈. 전수금. ↔선급금.
선：수-단(選手團)圈 (어떤 경기의) 선수들로 조직된 단체.
선：수-상(膳羞床)[-쌍]圈 무당이 굿할 때 차려 놓는 제물상(祭物床)의 한 가지.
선수^수익^계：정(先受收益計定)[-께-/-께-]圈 계속적인 용역의 제공을 내용으로 한 약정에 의하여 아직 제공되지 않은 용역의 대가로 미리 받은 수익 계정. 〔선수 이자 계정·선수 보험료 계정 따위.〕
선：수-촌(選手村)圈 올림픽 경기 등에서, 선수나 임원을 위해 특별히 마련된 집단 숙박 시설.
선술(仙術)圈 신선이 쓰는 술법(術法).
선술-집[-찜]圈 술청 앞에 선 채로 술을 마시게 된 술집. ¶선술집에서 막걸리를 한잔 걸쳤다.
선승(先勝)圈하자 (여러 번을 겨루는 경기 등에서) 첫판을 먼저 이김.
선승(禪僧)圈 ①참선하고 있는 중. ②선종의 중.
선시(宣示)圈하타되자 널리 선포하여 알림.
선-시력(線視力)圈 매우 가는 선의 있고 없음을 분간할 수 있는 눈의 능력. 참점시력(點視力).
선：시선-종(善始善終)圈하자 처음이나 끝이나 한결같이 잘함.
선식(禪食)圈 ①불가에서, 참선을 할 때 머리를 맑게 하고 위에 부담을 주지 않기 위해 먹는 음식. ②여러 가지 곡류 따위를 찌거나 볶거나 하여 가루로 만든 음식.
선신-세(鮮新世)圈 ⇨플라이오세.
선실(船室)圈 승객들이 쓰도록 된 배 안의 방.
선실(禪室)圈 ①⇨선방(禪房). ②〈승려(僧侶)의 높임말.

선실기도(先失其道)圈하자 (어떤 일을 하는 데에) 먼저 그 방법부터 잘못됨.
선：심(善心)圈 ①착한 마음. ↔악심(惡心). ②남을 돕고자 하여 베푸는 후한 마음.
선심 쓰다관용 남에게 후한 마음을 베풀다. ¶선심 쓰는 셈 치고 오늘은 자네가 한턱내지.
선심(線審)圈〈선심판〉의 준말.
선-심판(線審判)圈 (선을 긋고 그 안에서 하는 경기에서) 경기장의 선과 관련된 규칙을 맡아보는 보조 심판. 준선심(線審).
선아(仙娥)圈 ⇨선녀(仙女).
선악(仙樂)圈 신선의 풍악(風樂).
선：악(善惡)圈 착함과 악함.
선：악-개오사(善惡皆吾師)[-깨-]圈〔착한 일도 악한 일도 모두 나의 스승이라는 뜻으로〕'세상의 일은 무엇이나 내 몸가짐에 대한 깨우침이 될 수 있음'을 이르는 말.
선：악-과(善惡果)¹[-꽈]圈 (구약 성서 '창세기'에서) 선악과나무의 금단의 열매. 아담과 이브는 여호와의 계명을 어기고 이를 따 먹어 에덴 동산에서 쫓겨났다.
선：악-과(善惡果)²[-꽈]圈 불교에서, 선과(善果)와 악과(惡果)를 이르는 말.
선：악과-나무(善惡果-)[-꽈-]圈 (구약 성서 '창세기'에서) 에덴 동산에 있었다는 나무. 이 나무의 열매를 따 먹으면 선과 악을 알게 된다고 하였음. 생명수(生命樹). 선악수.
선：악-관(善惡觀)[-꽌]圈 선과 악에 관한 견해.
선：악불이(善惡不二)[-뿌리]圈 불교에서, 선과 악은 둘이 아니고 한 가지로 불법의 이치에 귀착한다는 말.
선：악-상반(善惡相半)[-쌍-]圈하자 착함과 악함이 서로 반(半)씩 섞여 있음.
선：악-수(善惡樹)[-쑤]圈 ⇨선악과나무.
선：악지보(善惡之報)[-찌-]圈 선과 악에 대한 응보.
선약(仙藥)圈 ①선단(仙丹). ②효험이 썩 뛰어난 약. ②성약(聖藥).
선약(先約)圈하자되자 먼저 약속함, 또는 그 약속. ¶선약이 있어서 오늘 저녁에는 시간을 내기 힘들겠습니다.
선양(宣揚)圈하타되자 널리 떨침. ¶국위를 선양하다.
선양(煽揚)圈하타 ⇨선동(煽動).
선양(禪讓)圈하타 ⇨선위(禪位).
선어(仙馭)圈 ①(신선이 탄다는 뜻으로) '학(鶴)'을 이르는 말. ②하자 ⇨붕어(崩御).
선：어(善語)圈하자 말을 잘함.
선어(鮮魚)圈 ⇨생선.
선어말^어：미(先語末語尾)圈 실질 형태소인 어간과 형식 형태소인 어말 어미 사이에서, 높임·공손·시제 따위를 나타내는 형식 형태소. 〔'입으시었다'의 '-시-'·'-었-' 따위.〕참어말 어미.
선언(宣言)圈하타되자 ①(자신의 뜻을) 널리 펴서 나타냄. ②(국가나 단체가 방침·주장 따위를) 정식으로 공표함. ¶중립을 선언하다. /개최를 선언하다. ③어떤 회의의 진행에 한계를 두기 위하여 말함, 또는 그런 말. ¶개회 선언. /폐회를 선언하다.
선언-문(宣言文)圈 ⇨선언서.
선언-서(宣言書)圈 선언하는 내용을 적은 글. 선언문. ¶선언서를 낭독하다.
선：언-율(選言律)[-뉼]圈 전통적 형식 논리 하에서, 서로 모순되는 두 명제의 어느 한쪽에 진리가 있다는 원리.

선:언-적(選言的)[관][명] 몇 개의 배타적 개념이나 빈사(賓辭) 중에서 선택될 것임을 나타냄(것). ⑧가언적·정언적.

선:언적 개:념(選言的槪念)[-깨-][명] 동일한 개념에 내포되면서 서로 배타적인 외연성을 가진 개념. [‘그것이 사람이라면 반드시 남자 또는 여자다.’에서 ‘남자’와 ‘여자’는 ‘사람’에 모두 내포되면서, 서로 배타적 외연의 관계임.]

선:언적 명:제(選言的命題)[-쩨-][명] 선언적 판단을 내용으로 하는 명제. [‘A는 P, 또는 Q, 또는 R이다.’의 형식으로, ‘그는 천재이거나 바보이다.’에서 ‘천재’와 ‘바보’.] ⑧가언적 명제·정언적 명제.

선:언적 삼단^논법(選言的三段論法)[-쌈-뻡] 대전제를 선언적 명제로 하는 복합적 삼단 논법의 한 가지. [‘(대전제) A는 P 또는 Q다. (소전제) A는 P가 아니다. (결론) 그러므로, A는 Q다.’의 논법.] ⑧가언적 삼단 논법·정언적 삼단 논법.

선:언적 판단(選言的判斷) 하나의 주사(主辭)에 대하여 둘 이상의 빈사(賓辭)가 선택적으로 결합되는 판단. [‘범인은 A나 B나 C 중의 한 나이다.’ 따위의 판단.] ⑧가언적 판단·정언적 판단.

선업(先業)[명] ①불교에서 이르는, 전생(前生)에서 지은 선악의 업인(業因). ②선대(先代)의 기업(基業).

선:업(善業)[명] 불교에서 이르는, 좋은 과보(果報)를 받을 일. 정업(淨業). ↔악업.

선:여인교(善與人交)[명][하자] 남을 공경하여 오래도록 잘 사귐.

선연(仙緣)[명] 신선과의 인연.

선연(船緣)[명] ☞뱃전.

선연(善緣)[명] 좋은 인연.

선연(嬋妍) ‘선연(嬋妍)하다’의 어근.

선연(嬋娟) ‘선연(嬋娟)하다’의 어근.

선연(鮮妍) ‘선연(鮮妍)하다’의 어근.

선연-하다(嬋妍-)[형여] (몸맵시가) 날씬하고 아름답다. 선연-히[부].

선연-하다(嬋娟-)[형여] (얼굴이) 곱고 예쁘다. 선연-히[부].

선연-하다(鮮妍-)[형여] 산뜻하고 아름답다. 선연-히[부].

선열(先烈)[명] ①의(義)를 위해 목숨을 바친 열사. ¶선열들의 뜻을 기리다. ②선대(先代)의 여덕(餘德).

선열(禪悅)[명] 선정(禪定)에 들어선 법열(法悅).

선열-법희(禪悅法喜)[-버피][명] 참선하는 즐거움과 설법을 듣는 기쁨.

선열-위식(禪悅爲食)[명] 불교에서, ‘선정(禪定)에 들어 침식을 잊고 즐거이 지냄’을 이르는 말.

선염(渲染)[명] ☞바림.

선염-법(渲染法)[-뻡][명] 화면에 물을 축여, 마르기 전에 물감을 칠해 몽롱한 효과를 나타내는 채색 기법의 한 가지.

선영(先塋)[명] ☞선산(先山).

선온(宣醞)[명][하자] 왕조 때, 임금이 신하에게 술을 내리던 일, 또는 그 술.

선옹(仙翁)[명] 신선 노인.

선-완장(先阮丈)[명] 남의 죽은 삼촌을 높이어 일컫는 말.

선왕(先王)[명] ①선대의 임금. 망군(亡君). 선군(先君). ②옛날의 성군(聖君).

선왕-유제(先王遺制)[-뉴-][명] 선왕이 남긴 제도(制度).

선:왕-재(善往齋)[명][하자] 불교에서, 죽은 사람을 좋은 세계에 태어나게 하기 위하여 부처 앞에 공양하는 일.

선:외(選外)[서뇌/서눼][명] 선(選)에 들지 못함.

선-외(先外圈)[서뇌/서눼][명] 선대의 외조.

선:외-가작(選外佳作)[서뇌-/서눼-][명] 입선은 안 되었으나 꽤 잘된 작품.

선용(仙容)[명] 선인(仙人)의 용모.

선용(先用)[명][하타] ①선셈으로 미리 꾸어 씀. ②남에 앞서서 먼저 씀.

선:용(善用)[명][하타][되타] 알맞게 잘 씀. 올바르게 씀. ¶여가 선용. ↔악용(惡用).

선:용(選用)[명][하타] 여럿 가운데서 골라 씀.

선우(單于)[명] 흉노족(匈奴族)이 그들의 군장(君長)을 일컬어 ‘산위’의 한자음 표기.

선:우(善友)[명] 착하고 어진 벗.

선:우(善遇)[명][하타] ☞선대(善待).

선우-월(蟬羽月)[명] ‘음력 유월’을 달리 이르는 말.

선우후락(先憂後樂)[명] ‘자신보다 세상을 먼저 생각하는 지사(志士)의 마음씨’를 이르는 말. [‘범중엄(范仲淹)’의 ‘악양루기(岳陽樓記)’에 나오는 말로, 근심되는 일은 남보다 앞서 근심하고 즐길 일은 남보다 나중에 즐긴다는 뜻에서 유래함.]

선운(船運)[명][하타] 배로 실어 나름.

선운-산(船運山) 광산에서, 광물을 파내는 구덩이의 위편을 이르는 말. ⑧개원산·상원산.

선운산-가(禪雲山歌)[명] 우리나라의 고대 가요. 백제 때, 한 여인이 싸움터에 나가 돌아오지 않는 남편을 기다리며 선운산에 올라가 지어 부른 노래. [가사는 전하지 않고, ‘고려사’의 ‘악지’에 그 설화 내용만이 전함.]

선:-웃음[명] (우습지도 않은데) 꾸미어 웃는 거짓 웃음. ¶선웃음 웃다.

선원(船員)[명] 선박의 승무원. 뱃사람. 선인(船人).

선원(禪院)[명] 좌선을 주로 하는 도량.

선원계보기략(璿源系譜記略)[-게-/-게-][명] 조선 왕실의 족보. 숙종 때 처음 펴낸 뒤, 임금이 즉위할 때마다 보간하였음.

선원-수첩(船員手帖)[명] 선원(船員)의 신분을 증명하는 수첩.

선원-실(船員室)[명] 배 안의, 선원(船員)들이 거처하는 방.

선원-주의(先願主義)[-의/-이][명] 둘 이상의 출원(出願)이 있을 때, 먼저 출원된 것을 우선적으로 다루는 주의. [특허권·광업권 따위.]

선위(禪位)[명][하자] (임금이) 다음 임금에게 왕위를 물려줌. 선양(禪讓).

선위-사(宣慰使)[명] 왕조 때, 재해·병란 등이 있은 뒤 왕명으로 백성의 질고(疾苦)를 위문하던 임시 벼슬, 또는 그 벼슬아치.

선유(先儒)[명] 선대의 유학자.

선유(宣諭)[명] 지난날, 임금의 훈유(訓諭)를 널리 백성에게 공포하던 일.

선유(船遊)[명][하자] 뱃놀이. 주유(舟遊).

선유(善柔) ‘선유하다’의 어근.

선유-락(船遊樂) 지난날, 나라 잔치 때 추던 춤의 한 가지. 무기(舞妓)가 채선(彩船)을 끌고 행선(行船)하는 시늉을 하며 추는 춤. 배따라기.

선유-사(宣諭使)[명] 지난날, 나라에 병란이 있을 때 왕명을 받들어 백성들을 가르치고 타이르던 임시 벼슬.

선:유-하다(善柔-)[형여] ①아첨을 잘하고 성실성이 없다. ②마음이 여리고 약하다.

선율(旋律)**명** 높낮이와 리듬을 지닌 음의 흐름. 멜로디. ¶ 감미로운 선율이 흐르는 찻집.

선율(禪律)**명** 〔불교에서〕 ①선종(禪宗)과 율종(律宗). ②선종의 계율.

선음(先蔭)**명** 조상의 숨은 은덕.

선:음(善飮)**명하다** 술을 좋아하거나 잘 마심.

선의(船醫)[서늬/서니]**명** 배 안에서 선원이나 승객 등의 진료 업무를 맡아보는 의사.

선:의(善意)[서늬/서니]**명** ①착한 마음. 좋은 뜻. ¶ 선의의 경쟁. /선의만으로는 해결될 수 없다. ②남을 위하는 마음. 남을 좋게 보려는 마음. 호의(好意). ¶ 친구의 비판을 선의로 받아들이다. ③법률적으로, 어떤 사실을 모르고 하는 일. ¶ 선의의 피해자. ↔악의(惡意).

선의(鮮衣)[서늬/서니]**명** 산뜻하고 고운 옷.

선:의^점유(善意占有)[서늬-/서니-]**명** 법률에서, 점유할 권리가 없는 사람이 권리가 있는 것으로 잘못 알고 하는 점유를 이르는 말.

선-이자(先利子)[-니-]**명** ⇨선변(先邊). ¶ 선이자를 떼다.

선익-지(蟬翼紙)[-찌]**명** 두께가 매미의 날개같이 매우 얇은 종이의 한 가지.

선인(仙人)**명** ①⇨신선(神仙). ②도(道)를 닦는 사람.

선인(先人)**명** ①⇨선친(先親). ②⇨조상. 선조(先祖). ③전대(前代)의 사람. 옛날 사람. ¶ 선인들의 생활양식. ④→후인(後人).

선인(船人)**명** 뱃사람. 선원(船員).

선:인(善人)**명** 착한 사람. ↔악인(惡人).

선:인(善因)**명** 불교에서, 선과(善果)를 가져오는 원인이 되는 선행을 이르는 말. ↔악인(惡因).

선:인-선:과(善因善果)**명** 불교에서, 착한 일을 하면 그로 말미암아 반드시 좋은 과보(果報)를 얻게 됨을 이르는 말. 복인복과(福因福果). ↔악인악과.

선인-장(仙人掌)**명** 선인장과의 다년초. 중남미의 열대·아열대에 퍼져 있는 다육경 식물(多肉莖植物)인데 관상용으로도 많이 재배함. 잎이 가시 모양으로 변하여 수분의 증발을 막음. 줄기는 육질이고 즙이 많으며, 여러 가지 빛깔의 꽃이 핌. 전 세계에 약 1700종이 알려져 있음. 백년초(百年草). 패왕수(霸王樹).

선인-죽(仙人粥)**명** 새박뿌리의 껍질을 벗기고 저며서 끓이다가 흰쌀을 넣고 쑨 죽.

선-일[-닐]**명하자** 서서 하는 일. ¶ 온종일 선일을 하였더니 허리가 아프다. ↔앉은일.

선일(先日)**명** 전날. 전일(前日).

선임(先任)**명하타** 어떤 직책이나 임무를 먼저 맡음, 또는 그 사람. ¶ 선임 연구원. ↔후임.

선임(船賃)**명** 뱃삯.

선:임(選任)**명하타되자** 많은 사람 가운데서 선출하여 임명함. ¶ 새로 선임된 위원.

선임-권(先任權)[-꿘]**명** 고참자가 신참자보다 우대를 받을 권리.

선임-자(先任者)**명** 어떤 직책이나 직무를 먼저 맡아 하던 사람. ↔후임자.

선임-제(先任制)**명** 신참자보다 고참자를 우대하는 제도.

선입(先入)**명하자** ①먼저 들어가거나 들어옴. ②(보통, 단독으로는 쓰이지 않고 뒤에 딸림말이 붙어》 그런 것들이, 이미 머릿속에 자리잡고 있는 일.

선:입(選入)**명하타** 가려 뽑아서 넣음.

선입-감(先入感)[-깜]**명** ⇨선입관.

선입-견(先入見)[-껸]**명** ⇨선입관.

선입-관(先入觀)[-꽌]**명** 어떤 일에 대하여, 이전부터 머릿속에 들어 있는 고정적인 관념이나 견해. 선입감. 선입견. 선입주견. ¶ 선입관에 사로잡히다. /그의 그런 행동은 그릇된 선입관이 빚어낸 오해였다.

선입-주견(先入主見)[-쭈-]**명** ⇨선입관.

선자(仙子)**명** ①⇨신선. ②⇨선녀. ③용모가 아름다운 여자를 이르는 말.

선자(先子)**명** 옛사람. 특히, 세상을 떠난 아버지나 스승.

선자(先慈)**명** 남에게, 죽은 자기의 어머니를 일컫는 말. 선비(先妣). ↔선친(先親).

선자(扇子)**명** ①부채. ②〈선자추녀〉의 준말.

선:자(選者)**명** 많은 작품 가운데서, 좋은 것을 골라 뽑는 일을 맡은 사람.

선자^개:판(扇子蓋板)**명** 선자추녀의 서까래를 덮은 널빤지.

선자^고래(扇子-)**명** 편 부챗살 모양으로 놓은 방고래.

선-자귀[-꿔]**명** 반 칸 퇴의 두 짝으로 된 분합문.

선-자귀²(-)**명** 서서 나무를 깎게 된 큰 자귀.

선-자물쇠[-쐬/-쉐]**명** 미닫이 문짝에서만 쓰이는, 간단한 구조로 된 자물쇠. 〔배목에 비녀장을 꽂게 되어 있음.〕

선자^서까래(扇子-)**명** 편 부챗살 모양으로 배치한 서까래. 선자연.

선자-연(扇子椽)**명** ⇨선자 서까래.

선자-옥질(仙姿玉質)[-찔]**명** 기품이 있고 맵시가 고운 미인을 형용하여 이르는 말.

선자-지(扇子-)**명** 부채 따위에 바르는 데 쓰이는 단단하고 질긴 흰 종이.

선자-추녀(扇子-)**명** 서까래를 편 부챗살 모양으로 낸 추녀. ❀선자연. ↔말굽추녀.

선:-잠[-짬]**명** 깊이 들지 못하거나 충분히 자지 못한 잠. 겉잠. 헛잠. ¶ 선잠을 깨다.

선잠(先蠶)**명** 인간에게 맨 처음 누에를 치는 법을 가르쳤다는 신. 서릉씨(西陵氏). 잠신(蠶神).

선장(先丈)**명** 〈선고장(先考丈)〉의 준말.

선장(船匠)**명** 배를 만드는 목수.

선장(船長)**명** 배에 탄 승무원의 우두머리로서, 항해를 지휘하고 선원을 감독하는 사람.

선장(船檣)**명** 배의 돛대.

선장(禪杖)**명** ①승려의 지팡이. ②참선을 할 때, 졸음을 쫓기 위해서 쓰는, 대로 만든 지팡이.

선장-등(船檣燈)**명** 배가 가는 방향을 알리기 위하여 돛대에 다는 등.

선재(仙才)**명** 썩 뛰어난 재주.

선재(先在)**명** '선재하다'의 어근.

선재(船材)**명** 배를 만드는 데 쓰이는 자재.

선재-하다(先在-)**형여** 이전부터 있다.

선저(船底)**명** 배의 밑바닥.

선적(先迹·先蹟)**명** 조상들의 사적(事跡).

선적(船積)**명하다되자** 배에 짐을 실음. ¶ 배가 선적을 마치고 떠나다.

선적(船籍)**명** 선박 원부(原簿)에 등록되어 있는 선박 소속지를 나타내는 적(籍). ¶ 파나마 선적을 가진 배.

선적-도(船積圖)[-또]**명** 배 안에 실은 모든 화물의 위치를 나타낸 도면.

선적-항(船積港)[-저캉]**명** 화물을 선적하는 항구.

선적-항(船籍港)[-저캉]**명** 배의 선적(船籍)이 있는 항구. 또는, 항해하지 않을 때에 배가 머무를 곳으로 예정한 항구.

선전(宣傳)[명][하자타][되자] ①주의·주장이나 어떤 사물의 존재·효능 따위를 사람들에게 설명하여 이해와 공감을 얻기 위해 널리 알림. ¶신제품을 선전하다. ②과장하여 말을 퍼뜨림. ¶교묘한 선전에 속아 넘어가다.

선전(宣戰)[명][하자] 다른 나라에 대하여 전쟁 개시를 선언함. ¶선전을 포고하다.

선전(旋轉)[명][하자타] 빙빙 돌아서 굴러 감, 또는 굴러 가게 함.

선:전(善戰)[명][하자] 실력 이상으로 잘 싸움. 최선을 다하여 잘 싸움. ¶선전 분투. /우리 팀은 강팀을 만나 기대 이상으로 선전하였으나 아깝게 패하고 말았다.

선전(縮塵·線塵)[명] 육주비전(六注比塵)의 하나. 비단을 팔던 가게.

선전-관(宣傳官)[명] 조선 시대에, 선전관청에 딸린 무관 벼슬.

선전-관청(宣傳官廳)[명] 조선 시대에, 형명(形名)·계라(啓螺)·시위(侍衛)·전령(傳令)·부신(符信)의 출납 등을 맡아보던 관아.

선전-문(宣傳文)[명] 선전하는 취지·내용 따위를 적은 글.

선전-전(宣傳戰)[명] 선전에 의한 경쟁. ¶판매를 위한 치열한 선전전을 전개하다.

선전-탑(宣傳塔)[명] 선전이나 계몽을 목적으로 일정 기간 동안 세우는 높은 건조물.

선전^포고(宣戰布告)[명] 상대국에 대하여 전쟁 개시 의사를 선언하는 일.

선점(先占)[명][하자] ①남보다 앞서 차지함. ¶신제품 개발이 시장 선점보다 중요하다. ②<선점취득>의 준말.

선:점(選點)[-짐][명][하자] 측량을 하기 전에 현지에 미리 기점이 될 만한 곳을 고름.

선점^취:득(先占取得)[명] ①민법상, 소유자가 없는 물건을 남보다 먼저 점유하는 일. ②국제법상, 어느 나라 영토에도 들어 있지 않은 땅을 다른 나라보다 먼저 점유하는 일. ⓒ선점(先占).

선접(先接)[명][하자타] 과거(科擧) 때, 남보다 먼저 과장(科場)에 들어가서 좋은 자리를 잡던 일. ¶선접을 잡다.

선접-꾼(先接-)[명] 과거 때, 제일 먼저 선접(先接)한 사람.

선정(先正)[명] 옛날의 현철(賢哲). 옛 현인.

선정(善政)[명][하자] 바르고 좋은 정치. ¶선정을 베풀다. ↔악정(惡政).

선정(煽情)[명][하자] 어떤 감정, 특히 욕정을 북돋아 일으킴.

선정(選定)[명][하자][되자] 많은 것 중에서, 골라서 정함. 택정(擇定). ¶교재의 선정. /새로 선정된 임원.

선정(禪定)[명] 불교에서, 속정(俗情)을 끊고 마음을 가라앉혀 삼매경에 이르는 일. 정(定).

선:정-비(善政碑)[명] 선정을 베푼 관리의 덕을 기념하기 위하여 세운 비석.

선정-적(煽情的)[관] 어떤 감정, 특히 욕정을 북돋아 일으키는 (것). ¶선정적 몸짓. /선정적인 장면.

선제(先制)[명][하자] 다툼이나 겨루기 등에서 상대편보다 선손을 써서 자기편에 유리하게 함.

선제(先帝)[명] <선황제(先皇帝)>의 준말.

선제(先除)[명][하자] 먼저 덜어 냄.

선제-공격(先制攻擊)[명][하자] 상대편을 제압하기 위하여 먼저 손을 써서 공격하는 일. ¶선제공격으로 적의 기세를 꺾다.

선:제-후(選帝侯)[명] 중세 독일, 곧 신성 로마 제국의 제후 가운데 황제의 선거에 관여할 수 있었던 일곱 사람의 제후.

선조(仙鳥)[명] ⇒가릉빈가(迦陵頻伽).

선조(先祖)[명] ①한집안의 시조. ②한집안의 조상. ③선인(先人).

선조(先朝)[명] ①먼저 임금의 조정. 먼저 임금의 시대. ②이전의 왕조.

선조(線條)[명] ⇒필라멘트(filament).

선조-관(宣詔官)[명] 조선 시대에, 나라에 경사가 있을 경우에 조서(詔書)를 읽어서 이를 널리 알리던 임시 벼슬.

선조-총(旋條銃)[명] 지난날, '라이플(rifle)'을 이르던 말.

선족(跣足)[명] 맨발.

선:종(善終)[명][하자] 가톨릭에서, 임종할 때 성사(聖事)를 받아 대죄(大罪)가 없는 상태에서 죽는 일을 이르는 말.

선종(腺腫)[명] 선상피(腺上皮) 세포가 증식하여 생기는 양성 종양. (주로, 위장이나 자궁의 점막에 많이 생김.)

선:종(選種)[명][하자] (좋은 것으로) 씨앗을 고름.

선종(禪宗)[명] 불교의 한 종파. 참선을 통해 불도를 터득하려는 종파로서, 6세기 초에 달마 대사가 중국에 전함. 선가(禪家). 선도(禪道). 선문(禪門). ⓒ선(禪). ↔교종(敎宗).

선종영가집-언해(禪宗永嘉集諺解)[-녕-][명] 조선 시대에 한글로 번역된 불서의 한 가지. 당(唐)나라 현각(玄覺)이 짓고, 송(宋)나라 행정(行靖)이 주를 달고 정원(淨源)이 다시 '선종영가집'을 세조(世祖)가 구결(口訣)을 달고 혜각 존자(惠覺尊者)와 신미(信眉) 등이 번역하여 간행한 책.

선주(先主)[명] ①선대의 군주. ②전번의 주인. 전주(前主). ↔후주(後主).

선주(船主)[명] 배의 임자.

선-주민(先住民)[명] 어떤 민족이나 종족이 그 땅을 차지하기 전에 그곳에서 살았던 흔적을 남긴 민족이나 종족.

선주-민족(先住民族)[명] (지금 살고 있는 사람들보다) 먼저 그 고장에 살고 있던 민족.

선-주인(船主人)[명] 지난날, 배로 나르는 물건의 홍정을 붙이던 사람.

선주후나(先奏後拿)[명] 대한 제국 때, 먼저 임금에 알린 다음 범인을 잡던 일. 범인이 칙임관일 때 체포하던 절차임. ↔선나후주(先拿後奏).

선-줄(명) 세로로 박혀 있는 광맥(鑛脈).

선지(명) 짐승을 잡아서 받은 피. 선지피.

선지(先志)[명] 선친의 뜻. 조상의 유지(遺志).

선지(先知)[명] ①[하자] 앞일을 미리 앎. ②[하자] 남보다 먼저 도(道)를 깨침. ③<선지자>의 준말.

선지(宣旨)[명][하자] 왕조 때, 어명(御命)을 널리 알리던 일, 또는 그 내용을 적은 글.

선지(宣紙)[명] 서화에 쓰이는 중국 종이.

선:-지식(善知識)[명] 불법을 설(說)하여 사람을 불도(佛道)로 들게 하는 덕이 높은 중. 지식(智識).

선지-자(先知者)[명] ①세상일을 남보다 먼저 깨달아 아는 사람. ⓗ선각자. ②지난날 '예언자'를 이르던 말. ③선지(先知).

선지증(船之證)[명][-증] 지난날, 선박으로 화물을 운송할 때 발급하던 증서.

선지-피(명) ①선지. ②갓 흘러나온 신선한 피. 선혈.

선지-후행설(先知後行說)**명** 주자학(朱子學)에서, 먼저 사리를 알고 난 뒤에 그 아는 바를 그대로 실행해야 한다고 주장하는 설. ↔지행합일설.

선진(先陣)**명** 싸움터에서, 본진(本陣) 앞에 진을 치거나 앞장서 나가는 군대.

선진(先進)**명하자** ①어떤 분야에서, 나이나 지위·기량 등이 앞섬, 또는 그런 사람. 선배. ¶선진 인사. ②발전의 단계나 진보의 정도 등이 다른 것보다 앞서거나 앞서 있는 일. ¶선진 문명. ↔후진(後進).

선진-국(先進國)**명** 다른 나라의 경제 개발이나 문화 향상에 이바지할 수 있을 만큼 경제·문화 등이 앞선 나라. ↔후진국.

선-진배(先進排)**명하다** 〈선진배후수〉의 준말.

선진배-후수(先進排後受)**명하다** 먼저 물건을 바치고 뒤에 값을 받는 일. ㉣선진배.

선진^사회(先進社會)[-회/-훼]**명** 개인 소득이 높고 문화가 고도로 발달한 사회.

선:집(選集)**명** 한 사람 또는 여러 사람의 작품 가운데, 어떤 기준을 두고 골라 뽑은 작품을 한데 모은 책. ¶현대 소설 선집.

선지-국[-지꾹/-진꾹]**명** 선지, 풋배추 데친 것 등을 뼈 곤 국물에 넣고 간을 하여 끓인 국.

선차(先次)**명** 지난번. 먼젓번.

선차(旋車)**명** 발로 돌리는 물레.

선착(先着)**명** ①**하자** 남보다 먼저 도착함. ②**하다** 〈선착수〉의 준말. ③**하다** 〈선착편〉의 준말.

선-착수(先着手)[-쑤]**명하다** 어떤 일에 남보다 먼저 손을 대는 일. ㉣선착.

선착-순(先着順)[-쑨]**명** 먼저 와 닿는 순. ¶선착순으로 등록을 받다.

선착-장(船着場)[-짱]**명** ☞나루.

선착-편(先着鞭)**명하다** 어떤 일에 남보다 먼저 착수하거나 자리를 잡는 일. 선참(先站). ㉣선착.선편.

선찰(禪刹)**명** ☞선사(禪寺).

선참(先站)**명** ①**하타** ☞선착편. ②**하자** 남보다 먼저 길을 떠남.

선참-후계(先斬後啓)[-계/-게]**명** 왕조 때, 군율(軍律)을 어긴 사람을 먼저 처형한 다음 임금에게 아뢰던 일.

선창(先唱)**명하타** ①맨 먼저 주창함. ②노래나 구호 따위를 맨 먼저 부르거나 외침. ¶교장의 선창으로 만세를 부르다.

선창(宣暢)**명하타** 드러내어 세상에 널리 폄.

선창(船倉)**명** 배의 짐을 싣는 칸.

선창(船窓)**명** 배의 창문.

선창(船廠)**명** ☞조선소(造船所).

선창(船艙)**명** ①물가에 다리처럼 만들어 배를 댈 수 있게 마련한 곳. 잔교(棧橋). 圓부두. ㉣창(艙). ②배다리.

선창(癬瘡)**명** 한방에서, '버짐'을 이르는 말.

선채(先債)**명** 앞서 진 빚. ¶선채가 있음에도 불구하고 또 빚을 지다.

선채(先綵)**명** 혼례 전에, 신랑 집에서 신부 집으로 보내는 채단.

선:채-마니(善採-)**명** 산삼을 잘 캐는 능숙한 심마니.

선:책(善策)**명** 좋은 대책이나 계책.

선:처(善處)**명하타** 어떤 문제를 잘 처리함. 적절히 조처함. ¶아무쪼록 선처를 바랍니다.

선척(先尺)**명** 지난날, 돈을 받기 전에 먼저 관아에 써 주는 영수증을 이르던 말.

선척(船隻)**명** ☞배[2].

선천(先天)**명** 어떤 성질이나 체질을, 태어날 때부터 몸에 지니고 있는 일. ↔후천.

선천-독(先天毒)**명** 본래부터 몸에 지니고 있는 병독(病毒).

선천-론(先天論)[-논]**명** ☞선천설.

선천-병(先天病)[-뼝]**명** 태어날 때부터 가지고 있는 병.

선천-부족(先天不足)**명** 한방에서, 태어날 때부터 몸이 허약한 상태를 이르는 말.

선천-사(先天事)**명** 태어나기 전의 일. 옛일.

선천-설(先天說)**명** 모든 사람은 태어날 때부터 성질과 지식·능력 따위를 지니고 있다고 보는 학설. 선천론. 천부설.

선천-성(先天性)[-썽]**명** 태어날 때부터 가지고 있는 성질. 타고난 성질. ¶선천성 언어 장애.

선천성^기형(先天性畸形)[-썽-]**명** 태어날 때부터의 신체적인 기형. [배냇병신의 의학적 용어.]

선천성^매독(先天性梅毒)[-썽-]**명** 태아가 모체 안에 있을 때 감염된 매독.

선천성^면:역(先天性免疫)[-썽-]**명** 어떤 병원체에 대하여, 태어날 때부터 가지고 있는 면역. 자연 면역.

선천-적(先天的)**관명** ①태어날 때부터 갖추고 있는 (것). ¶선천적 기질. /그는 선천적으로 약한 체질이다. /선천적으로 소질이 있다. ②☞아프리오리. ↔후천적.

선철(先哲)**명** 옛날의 현철(賢哲). 옛 현인. 선민. 선현. 전철(前哲). ¶선철의 가르침.

선철(銑鐵)**명** 무쇠.

선체(船體)**명** ①배의 몸체. ¶가라앉은 선체를 끌어 올리다. ②실은 짐이나 부속품 따위를 제외한 선박 그 자체.

선초(扇貂)**명** 부채고리에 매어 늘어뜨린 장식. 선추(扇錘).

선추(扇錘)**명** ☞선초.

선축(先蹴)**명하자** 축구 따위에서, 경기를 시작할 때 공을 먼저 차는 일.

선출(先出)**명** 맏물.

선:출(選出)**명하타되자** 여럿 가운데서 고르거나 뽑아냄. ¶새 임원을 선출하다.

선취(船醉)**명하자** 뱃멀미.

선취(先取)**명하타** 남보다 먼저 차지함.

선-취득(先取得)**명하타** 남보다 먼저 얻음.

선취-점(先取點)[-쩜]**명** 운동 경기 등에서, 상대편보다 먼저 딴 득점.

선취^특권(先取特權)[-뀐]**명** 법률에서, 채무자의 재산이나 권리를 다른 채권자보다 우선적으로 취득할 수 있는 권리.

선측(船側)**명** 뱃전.

선:치(善治)**명하타** 백성을 잘 다스림.

선친(先親)**명** 남에게, 돌아가신 자기의 아버지를 일컫는 말. 선고(先考). 선부(先父). 선인(先人). ↔선자(先慈).

선침(仙寢)**명** 임금의 무덤. 능(陵).

선칼도-방(-刀傍)**명** 한자 부수의 한 가지. '劍'·'到' 등에서의 'ㅣ'의 이름.

선캄브리아-대(先cambria代)**명** 캄브리아기 이전의 지질 시대. 약 46억～5억 7000만 년 전으로, 시생대와 원생대로 나뉨.

선-키명 섰을 때의 키. ↔앉은키.

선탁(宣託)**명하다** ☞신탁(神託).

선:탄(選炭)**명하자** 파낸 원탄(原炭)에서 불량탄·불순물 따위를 가려내고 용도에 따라 탄질별(炭質別)로 나눔, 또는 그 작업.

선:탄^공장(選炭工場)명 탄광이나 제철소 따위에 딸려 선탄 작업을 하는 공장.

선:탄-장(選炭場)명 선탄 작업을 하는 곳.

선탈(蟬蛻)명하자 〔매미가 허물을 벗는다는 뜻으로〕속세의 일에서 초연히 벗어남. 낡은 인습이나 속박에서 벗어남.

선탑(禪榻)명 참선을 할 때 앉는 의자.

선태(鮮太)명 갓 잡은 싱싱한 명태.

선태(蘚苔)명 이끼1.

선태-류(蘚苔類)명 '선태식물'을 통틀어 이르는 말.

선태-식물(蘚苔植物)[-싱-]명 포자식물의 한 가지. 그늘지고 습기 찬 곳에 잘 자라고, 줄기·가지·잎의 구별이 없는 엽상체이며 헛뿌리로 양분을 취함. 고등 식물 중에서 가장 원시적인 식물임.

선:택(選擇)명하타되자 둘 이상의 것에서 마음에 드는 것을 골라 뽑음. ¶직업 선택. /달리 선택할 여지가 없다.

선:택^과목(選擇科目)[-꽈-]명 필수 과목 이외에, 학생 스스로가 선택하여 이수할 수 있는 과목. ¶선택 과목으로 불어를 택하다. ↔필수 과목.

선:택-권(選擇權)[-꿘]명 ①선택할 수 있는 권리. ②선택 채권에서, 여러 개의 변제물이나 변제 조건 가운데 그 하나를 채무자가 선택 결정할 수 있는 권리.

선:택-도(選擇度)[-또]명 어떤 특별한 신호를 다른 신호와 구별해서 수신할 수 있는 수신 능력의 정도.

선:택^배^양법(選擇培養法)[-뻬-뻡]명 식물의 품종 개량법의 한 가지. 같은 종자의 식물 가운데 좋은 종자를 골라 배양함으로써 우수한 품종을 만들어 내는 법.

선:택-형(選擇刑)[-태경]명 법정형(法定刑)에 둘 이상의 것을 규정하고, 선고할 때 그중의 어느 것을 선택하도록 한 형.

선:택-형(選擇型)[-태경]명 학력이나 사상(思想)을 객관적으로 측정하기 위하여 제시되는 문항 형식의 한 가지. 하나의 물음에 대한 답안을 둘 이상 제시하고, 그 가운데서 정답을 고르게 하는 방식. 〔진위형·선다형·배합형 따위가 있음.〕

선탄(suntan)명 살갗을 햇볕에 알맞게 그을려서 고운 갈색으로 만드는 일.

선퇴(蟬退)[-퇴/-퉤]명 한방에서, 매미의 허물을 약재로 이르는 말. 열병이나 소아 경련 따위를 다스리는 데에 쓰임.

선:투(善投)명하자 〔투수가〕공을 잘 던짐.

선-팔십(先八十)[-씹]명 ☞궁팔십(窮八十).

선패(宣牌)명 임금이 관원을 부를 때 쓰던 패.

선-팽창(線膨脹)명 온도가 높아짐에 따라 고체의 길이가 늘어나는 현상. 참체팽창(體膨脹).

선팽창^계:수(線膨脹係數)[-계-/-게-]명 물체의 온도를 1℃ 올렸을 때의 그 길이의 늘어나는 비율. 참체팽창 계수.

선편(先鞭)명하타 〈선착편〉의 준말.

선편(船便)명 배편.

선:평(選評)명하타 많은 작품 가운데서 좋은 것을 골라 비평함, 또는 그 비평.

선포(宣布)명하타되자 (공적으로) 세상에 널리 알림. ¶계엄령을 선포하다.

선폭(船幅)명 가장 넓은 데서 잰 배의 너비.

선표(船票)명 배를 타는 표. 배표.

선풍(仙風)명 선인과 같은 뛰어난 기질. 선인과 같은 풍모.

선풍(旋風)명 ①회오리바람. ②'돌발적으로 발생하여 사회에 큰 영향을 끼칠 만한 사건, 또는 그로 말미암아 일어난 어지러운 상태'를 비유하여 이르는 말. ¶사건 관련자들에 대한 대대적인 검거 선풍이 불다.

선풍(薰風)명 온대나 아한대에 발생하는, 이동성 저기압에 따라 일어나는 회오리바람.

선풍-기(扇風機)명 작은 전동기의 축에 몇 개의 날개를 달아 그 회전으로 바람을 일으키게 하는 기계 장치.

선풍-도골(仙風道骨)명 〔선인의 풍모와 도사의 골격이란 뜻으로〕남달리 뛰어나고 고아한 풍채를 이르는 말.

선풍-적(旋風的)관명 돌발적으로 발생하여, 사회에 큰 영향을 끼치거나 관심의 대상이 될 만한 (것). ¶선풍적인 인기.

선하(先下)명하타 ☞선급(先給).

선하(船荷)명 뱃짐.

선-하다[1명어 〈서낙하다〉의 준말.

선:-하다[2형어 잊혀지지 않고 눈앞에 똑똑히 보이는 듯하다. ¶그의 모습이 눈에 선하다. 선-히튀.

선:-하다(善-)형여 착하다. 어질다. ¶선한 얼굴. /선하게 살다. ↔악하다.

선하심후하심(先何心後何心)명 〔먼저는 무슨 마음이고 나중에는 또 무슨 마음이냐는 뜻으로〕이랬다저랬다 하는 변덕스러운 마음을 탓할 때에 이르는 말.

선하-주(船荷主)명 배에 실은 짐의 주인.

선하-증권(船荷證券)[-꿘]명 ☞선화 증권.

선:-하품(仙鶴)명 몸에 이상이 있을 때나 재미없는 일을 할 때에 나는 하품.

선학(仙鶴)명 '두루미2'를 아름답게 이르는 말.

선학(先學)명 그 사람보다 먼저 그 학문을 연구한 사람. 학문상의 선배. ↔후학(後學).

선학(禪學)명 선종(禪宗)의 교의(敎義)를 연구하는 학문.

선학-원(禪學院)명 선학(禪學)을 연구하기 위하여 세운 학원.

선한(先限)명 장기 청산 거래(淸算去來)의 한 가지. 매매 계약에서 상품 인수까지의 기간이 가장 긴 거래, 또는 그 상품. ↔당한(當限).

선행(先行)명하자 ①남보다 먼저 감. 앞서 감. ¶시대에 선행하다. ②하타되자 딴 일보다 먼저 함, 또는 그런 행위. ¶무엇보다도 질서 확립이 선행되어야 한다.

선행(旋行)명하자 돌아서 감. 돌면서 감.

선:행(善行)명하타 착한 행동. 선량한 행실. ¶선행을 베풀다. /선행을 쌓다. ↔악행(惡行).

선행^조건(先行條件)[-껀]명 ①선행해야 할 조건. ②법률에서, 권리 이전이 생기기 전에 일어난 조건을 이르는 말.

선향(仙鄕)명 ☞선경(仙境).

선향(先鄕)명 ☞관향(貫鄕).

선향(線香)명 향료의 가루를 송진 따위로 개어 가늘고 길게 굳혀 만든 향.

선험-론(先驗論)[-논]명 ☞선험주의.

선험-적(先驗的)관명 경험에 앞서는 (것). 대상에 관계없이 대상을 인식하는 선천적인 가능성을 밝히려는 태도에 관한 (것). 초월론적(超越論的).

선험적 관념론(先驗的觀念論)[-꽌-논] 칸트 철학에서, 인식은 경험에서 생기는 것이 아니고 선천적인 직관 및 사고에 따라 이루어진다는 이론.

선험-주의 (先驗主義) [-의/-이]圀 선험적인 것의 존재를 주장하여, 그것을 철학의 원리로 삼는 주의. 〔칸트의 선험적 관념론, 에머슨의 초월주의 따위.〕 선험론.

선험^철학 (先驗哲學) 〔-〕圀 ☞비판 철학.

선-혜염 (船-) 圀 곧추서서 치는 혜염. ↔앉은혜염.

선현 (先賢) 圀 ☞선철(先哲).

선현 (船舷) 圀 뱃전. ¶선현에 부딪치는 파도.

선혈 (鮮血) 圀 갓 흘러나온 붉은 피. 신선한 피. 선지피. ¶선혈이 낭자한 사고 현장.

선형 (扇形) 圀 ①부채와 같은 모양. ②'부채꼴'의 구용어.

선형 (船形) 圀 배의 모양.

선형 (船型) 圀 배의 겉모양을 나타낸 모형.

선형 (線形) 圀 선처럼 가늘고 길게 생긴 모양. 선상 (線狀).

선형-동물 (線形動物) 圀 후생동물의 한 문. 몸은 길고 가는 선 모양이며 마디가 없음. 혈관·호흡기가 없고 암수딴몸인데, 다른 동물에 기생하는 것이 많음. 〔회충·요충·편충·십이지장충 따위.〕

선: -형용 (善形容) 圀하타 그럴싸하게 시늉이나 형용을 잘함.

선혜-당상 (宣惠堂上) [-혜-/-혜-]圀 조선 시대에, 선혜청의 제조(提調)를 일컫던 말. 㝵혜당(惠堂).

선혜-청 (宣惠廳) [-혜-/-혜-]圀 조선 시대에, 대동미·포(布)·전(錢)의 출납을 맡아보던 관아.

선호 (船號) 圀 배의 이름.

선: 호 (選好) 圀하타되자 여러 가지 중에서 특별히 가려서 좋아함. ¶남아 선호 사상.

선: 호-도 (選好度) 圀 여러 가지 중에서 특별히 가려서 좋아하는 정도. ¶정당 선호도를 조사한다.

선혹 (煽惑) 圀하타 사람을 선동하여 현혹되게 함. 부추기어 홀리게 함.

선-홍색 (鮮紅色) 圀 산뜻하고 밝은 다홍색. 짙은 붉은빛.

선홍치 (鮮紅-) 圀 선홍칫과의 바닷물고기. 몸은 가늘고 길며, 옆으로 납작함. 몸빛은 선홍색이나 옆구리와 배 부분은 은백색임. 몸길이 60cm 이상. 난해성(暖海性)이며, 우리나라 동남 해안에서 남태평양까지 널리 분포함.

선화 (仙化) 圀하자 〔신선으로 화하였다는 뜻으로〕 늙어서 병이나 고통 없이 곱게 죽음.

선화 (旋花) 圀 ☞메3.

선화 (船貨) 圀 배에 실은 화물. 뱃짐.

선: 화 (善化) 圀하타 사람을 깨우치고 이끌어 착하게 되도록 함.

선: 화 (善畫) 圀 조선 시대에, 도화서(圖畫署)에 딸렸던 종육품 잡직(雜職).

선화 (線畫) 圀 색을 칠하지 않고 선으로만 그린 그림.

선화-당 (宣化堂) 圀 조선 시대에, 각 도의 관찰사가 집무하던 곳. 㝵당헌(棠軒).

선화^증권 (船貨證券) [-꿘]圀 해상 운송에서 선적 화물의 인도 청구권이 표시된 유가 증권. 운송인이 발행하는데, 화물을 받아 실었음을 증명하고 운송 뒤에 증권 소유자에게 넘겨주기로 약속한 증권임. 선하 증권.

선화-지 (仙花紙) 圀 ①닥나무 껍질로 만든, 질기며 빛이 누르스름한 종이. ②일제 강점기에, 헌 종이나 폐지를 재생해서 만든 질이 낮은 종이. 봉지를 만들거나 물건을 쌀 때 포장지로 많이 쓰였음.

선화^철판 (線畫凸版) 圀 문자나 선화 따위를 사진 제판한 아연 철판.

선화후과 (先花後果) 圀 〔먼저 꽃이 피고 뒤에 열매를 맺는다는 뜻으로〕'먼저 딸을 낳고 뒤에 아들을 낳음'을 이르는 말.

선환 (旋環) 圀하자 원을 그리며 돎.

선황 (船皇) 圀 〈선황제〉의 준말.

선-황제 (先皇帝) 圀 선대의 황제. 㝵선제·선황.

선회 (旋回) [-회/-훼]圀하자되자 ①원을 그리며 돎. ②항공기가 곡선을 그리듯 진로를 바꿈. 선회 비행. ③노선이나 방침 따위를 바꿈. ¶강경 대응으로 선회하다.

선회 (禪會) [-회/-훼]圀 참선을 하기 위한 모임.

선회-계 (旋回計) [-회계/-훼계]圀 비행기가 방향을 바꿔 돌 때에, 그 도는 속도를 나타내는 항공 계기.

선후 (先後) 圀 ①앞뒤. 먼저와 나중. 전후(前後). ¶선후가 뒤바뀌다. ②하타 앞서거나 뒤서거나 함. ¶약속 시간에 선후하여 도착하다.

선: -후 (善後) 圀 뒷일을 잘 처리하는 일. 뒷갈망을 잘하는 일. ¶선후 조처.

선후-걸이 (先後-)圀 말의 '가슴걸이와 후걸이'를 아울러 이르는 말.

선후-당착 (先後撞着) 圀하자 앞뒤가 서로 맞지 아니하고 모순됨.

선후-도착 (先後倒錯) 圀하자 일의 앞뒤 순서가 뒤바뀜. 먼저 할 일과 나중에 할 일이 서로 뒤바뀜.

선-후배 (先後輩) 圀 선배와 후배. ¶대학교 선후배 사이.

선: 후지책 (善後之策) 圀 뒷갈망을 잘하기 위한 방책. 선후책.

선후-차 (先後次) 圀 일의 앞뒤. 앞뒤의 차례.

선후-창 (先後唱) 圀 민요를 부르는 방식의 하나. 한 사람이 선창하면 한 사람, 혹은 여러 사람이 후렴 따위를 이어 부르는 방식.

선: 후-책 (善後策) 圀 선후지책. ¶사건의 선후책을 강구하다.

선-후천 (先後天) 圀 선천과 후천.

선: -후평 (選後評) 圀 문예 작품 등을 고르고 나서 그 경과와 함께 작품에 대해서 하는 선자(選者)의 비평.

선후-획 (先後畫) [-획/-훼]圀 글씨를 쓸 때, 획을 긋는 앞뒤의 순서. 〔'왼쪽에서 오른쪽으로, 위에서 아래로, 둘레에서 속으로'와 같은 기본 순서.〕

선훈 (船暈) 圀 뱃멀미.

선후다 (옛) 서낙하다. 그악하다. ¶잠소와 두 어리마수뇌 선후면 아늬울세라(樂詞.가시리).

섣: -달 (-[딸] 圀 음력으로 한 해의 마지막 달. 음력 십이월. 극월(極月). ¶섣달 그믐날.
    섣달이 둘[열아홉]이라도 시원치 않다〔속담〕아무리 시일을 연기하여도 일을 성취시키거나 일이 이루어질 가망이 없다는 말.

섣: -달그믐 (-[딸-]圀 음력으로 한 해의 마지막 날. 제일(除日).

섣: -달-받이 (-[딸바지]圀 음력 섣달 초순께에 함경도 앞바다로 몰려드는 명태의 떼, 또는 그때에 잡힌 명태.

섣: -부르다 (-[뿌-][~부르니·~불러]형르 솜씨가 설고 어설프다. ¶매사에 섣부른 사람.

섣: -불리 (-[불-]튀 섣부르게. 어설프게. ¶섣불리 다루다가는 큰일 난다.

설: 圀 ①새해의 첫날, 또는 그날을 명절로 이르는 말. 원일(元日). ¶설을 쇠다. ②새해의 첫머리. 연수(年首). 연시(年始).

설 圀 (옛) 살4. ¶낟곤 설 머거니(月釋8:101). /나히 다ᄉ 서레(內訓2:60).

설 (設)圐 ①견해(見解). 주장. ¶그의 설을 좇다. /서로 설을 달리하다. ②학설. ¶뉴턴의 설. ③소문. 풍설. ③중대 발표가 있으리라는 설이 나돌다. ④한문(漢文) 문체의 한 가지. 사물의 이치를 해설하고 그에 대한 자기 의견을 서술한 문체.

설-(挈頭)《동사나 동사에서 전성된 명사 앞에 붙어》'불충분함'을 나타냄. ¶설구이. /설삶다. / 설익다. /설죽다.

-설 (說)젭미 《일부 명사 뒤에 붙어》'견해'·'학설'·'풍설' 따위의 뜻을 나타냄. ¶진화설. /지동설.

설가 (挈家)圐하자 온 가족을 이끌고 가거나 옴. 설권(挈眷). 솔가(率家).

설-가다혱 광맥이 탐탁하지 못하여 금(金)의 함유량도 적다.

설강-증 (舌強症)[-쯩] 圐 혀가 굳어서 말을 잘 못하게 되는 병.

설객 (說客)圐 '세객(說客)'의 잘못.

설거지圐 ①하타 음식을 먹고 난 뒤의 그릇 따위를 씻어서 치우는 일. ¶저녁 설거지를 하다. ②하타 여기저기 널려 있는 물건 등을 거두어 치우는 일. ¶마당 설거지. ③(비설거지)의 준말.

설거지-물圐 설거지할 때 쓰는 물. 개숫물.

설거지-통 (-桶)圐 설거지물을 담는 통. 개수통.

설겅-거리다재 자꾸 설겅설겅하다. 설겅대다. ¶설겅거리는 팥밥. 웬살강거리다. 쎈썰겅거리다. 큰설컹거리다.

설겅-대다재 설겅거리다.

설겅-설겅뷔하자 설익은 밤이나 콩 따위가 씹힐 때 나는 소리, 또는 그러한 느낌이 드는 모양. ¶설익은 콩밥이 설겅설겅하다. 웬살강살강. 쎈썰겅썰겅. 큰설컹설컹.

설겆-이뎌 '설거지'의 잘못.

설견 (屑繭)圐 부스러기 고치.

설경 (舌耕)圐하자 ①글을 가르쳐 생계를 세우는 일. ②(강의나 강연·변호·보도 따위) 말을 하는 것으로 벌이를 삼는 일.

설경 (雪徑)圐 눈이 쌓인 좁은 길. 눈길2.

설경 (雪景)圐 눈이 내리는 경치. 눈이 쌓인 경치. 설색(雪色). ¶달빛 아래 교교히 펼쳐진 설경.

설경 (說經)圐하자 ①불교에서, 경문(經文)을 해설하는 일. ②조선 시대에, 경연청(經筵廳)에서 경서(經書)를 설명하던 정팔품 벼슬.

설계 (雪溪)[-계/-게] 圐 눈이 쌓인 골짜기. 눈이 녹을 때가 되어도 녹지 않고 남아 있는 골짜기.

설계 (說戒)[-계/-게] 圐하자 불교에서, 승려들이 보름마다 대중을 모아 놓고 계율을 들려주며, 지난 보름 동안을 반성하여 죄지은 이로 하여금 참회하게 하는 일.

설계 (設計)[-계/-게] 圐하자 되자 ①공사나 공작 등에서, 공사비·재료·구조 따위의 계획을 세워 도면 같은 데에 구체적으로 명시하는 일. ¶설계대로 건물을 짓다. ②(앞으로 이루어야 할 일에 대해) 구체적인 계획을 세움. ¶생활 설계. /미래를 설계하다.

설계 (設契)[-계/-게] 圐하자 계를 만듦. ↔파계(破契).

설계-도 (設計圖)[-계/-/-게-] 圐 설계한 것을 그린 도면.

설계-사 (設計士)[-계/-/-게-] 圐 설계를 전문으로 하는 기사. ¶건축 설계사.

설계-자 (設計者)[-계/-/-게-] 圐 설계한 사람. 설계하는 사람.

설골 (舌骨)圐 후두(喉頭)의 위쪽, 혀뿌리의 아래쪽에 있는 'V' 자 모양의 작은 뼈.

설광 (雪光)圐 눈빛, 또는 눈처럼 흰 빛.

설교 (說敎)圐하자타 ①종교상의 교리를 널리 설명함, 또는 그 설명. ②(남에게 무엇을 설득시키려고) 여러 말로 타일러 가르침, 또는 그 가르침. ¶감히 뉘 앞에서 설교하려 드느냐?

설-구이圐하타 ①유약을 바르지 않고 낮은 열로 굽는 일, 또는 그렇게 구운 질그릇. ②자기(瓷器)를 만들 때, 마침구이를 하기 전에 슬쩍 구워서 굳히는 일. 애벌구이. 초벌구이.

설국 (設局)圐하자 ①약국(藥局)을 냄. ②노름판을 벌임.

설국 (雪國)圐 ①눈이 많이 내리는 나라나 지방. ②온통 눈으로 하얗게 뒤덮인 세상.

설굴 (雪窟)圐 눈이 쌓인 구덩이.

설궁 (說窮)圐하자 ☞설빈(說貧).

설권 (雪卷)圐 혀가 말리어 펴지지 않는 병.

설권 (挈眷)圐하자 ☞설가(挈家).

설권-증권 (設權證券)[-꿘-꿘] 圐 증권의 작성에 의하여 비로소 그 증권상의 권리가 발생하는 유가 증권. 〔어음·수표 따위.〕

설근 (舌根)圐 ①혀의 목에 가까운 부분. 혀뿌리. ②불교에서 이르는 육근(六根)의 하나. 미각 기관인 '혀'를 이르는 말.

설근 (舌筋)圐 혀를 움직이는 근육.

설기圐 〈백설기〉의 준말.

설기²圐 싸리채나 버들채 같은 것으로 결어서 만든 장방형의 상자. 〔아래위 두 짝으로 되어서 위짝으로 아래짝을 덮게 되어 있음.〕

설기 (泄氣)圐하자 휘발성 물질의 기운이 새어서 빠져나감.

설기 (雪肌)圐 ☞설부(雪膚).

설기-떡圐 '백설기'의 방언.

설-깨다재 잠이 아직 완전히 깨지 못하다. ¶새벽에 설깬 상태로 전화를 받아 기억이 나지 않는다.

설-꼭지[-찌] 圐 질그릇 따위의 넓죽한 꼭지.

설낏[-낃] 圐 소의 볼기짝에 붙은 고기. ＊설낏이[-끼시]·설낏만[-낀-]

설:-날[-랄] 圐 정월 초하룻날. 신원(新元). 원일(元日).

설-늙은이[-를그니] 圐 나이는 그리 많지 않으나 기질이 몹시 노쇠한 사람.

설니 (雪泥)[-리] 圐 ①눈과 진흙. ②눈으로 뒤범벅이 된 진땅.

설니-홍조 (雪泥鴻爪)[-리-] 圐 〔눈 위나 진흙 위의 기러기 발자국이 시간이 지나면 자취도 없이 사라지듯이〕'인생의 자취가 덧없음'을 비유하여 이르는 말.

설:다[서니·설어] 재 ①덜 익다. ¶밥이 설다. ②잠이 넉넉하지 않거나 깊지 않다. ¶간밤에 잠이 설었는지 하루 종일 피곤하다.

설:다²[서니·설어] 혱 ①서투르다. ¶아직 손이 설다. ②익숙하지 못하다. 낯익지 못하여 서먹하거나 어색하다. ¶낯이 설다. /귀에 선 목소리.

설다³혱 '섧다'의 잘못.

설다타 (옛) 치우다. 설거지하다. ¶가소롤 몯 다 서러 잇논 도시 후얏더니(月釋23:74). /우리 잘 더 서러 보아지라(翻老上25).

설-다듬이圐 대강대강 다듬는 다듬이.

설-다루다타 설불리 다루다. 서투르게 처리하다. ¶벌통을 설다루어 봉변을 당하다.

설단 (舌端)[-딴] 圐 혀끝. 설첨(舌尖).

설단-음 (舌端音)[-따늠] 圐 혀끝소리.

설단-증(舌短症)[-딴쯩]圓 혀가 오그라들어 말을 못하게 되는 병. 음강증(陰强症).

설대[-때]圓〈담배설대〉의 준말.

설-데치다邇 조금 설게 데치다. ¶설데친 시금치.

설도(舌刀)[-또]圓[-로] '칼날 같은 혀'라는 뜻으로) 날카롭고 매서운 말.

설도(說道)[-또]圓하邇 사람이 지켜야 할 바른 도리를 설명함.

설두(舌頭)[-뚜]圓 혀끝.

설두(設頭)[-뚜]圓하邇 (어떤 일에 다른 사람을 동참시키려고) 앞장을 서서 일을 주선함. ¶설두할 사람이 나서지 않는다.

설득(說得)[-뜩]圓하邇되邇 잘 설명하거나 타이르거나 해서 납득시킴. 설복. ¶경찰은 범인에게 자수하기를 설득했다.

설득-력(說得力)[-뜽녁]圓 남을 설득하는 힘. ¶김 과장의 주장이 더 설득력이 있어 보인다.

설득^요법(說得療法)[-뜽뇨뻡]圓 신경증 환자에 대하여, 환자의 이성에 호소해서 치료를 꾀하는 정신 요법.

설-듣다[-따][-들으니·-들어]邇〔ㄷ〕 제대로 듣지 못하다. 섣불리 듣다. ¶설명을 설들었더니 기계를 어떻게 작동하는지 모르겠다.

설라므〔助 '설랑은'의 준말.

설랑〔助〕〔조사 '서'와 '르랑'이 합쳐서 이루어진 보조사.〕 '서는'·'에서는'의 뜻. ¶여기설랑 놀지 말고 저기서 놀아라.

설랑-은〔助 '설랑'의 힘줌말.

설량(雪量)圓 눈이 내린 양(量).

설렁圓 처마 끝에 매달아 놓고 사람을 부를 때 흔들어 소리를 내는 방울. ¶현령(懸鈴).

설렁圓하邇 바람이 가볍게 부는 모양. 참살랑.

설렁-거리다邇 자꾸 설렁설렁하다. 설렁대다. 참살랑거리다. 센썰렁거리다.

설렁-대다邇 설렁거리다.

설렁-설렁[1]圓 ①하邇 좀 설렁한 바람이 잇달아 가볍게 부는 모양. ②하邇 팔을 가볍게 저어 바람을 일으키며 걷는 모양. 참살랑살랑. 센썰렁썰렁.

설렁-설렁[2]圓 무엇에 얽매이지 않고 가벼운 마음으로 일을 처리하거나 움직이는 모양. ¶박씨는 매사를 설렁설렁 처리한다.

설렁설렁-하다圓 매우 설렁한 느낌이 있다. 참살랑살랑하다. 센썰렁썰렁하다.

설렁-줄[-쭐]圓 설렁이 울리도록 잡아당기게 되어 있는 줄.

설렁-탕(-湯)圓 소의 머리·양지·사태·사골·무릎도가니·내장 따위를 푹 고아서 만든 국. 밥을 말고 소금·파·후춧가루 따위를 넣어서 먹음.

설렁-하다圓 ①(서늘한 기운이 있어) 좀 추운 듯하다. ¶방 안이 설렁하다. ②갑자기 놀라 가슴에 찬바람이 도는 것 같다. ③텅 빈 듯이 휑뎅그렁하다. ¶사무실이 설렁하다. 참살랑하다. 센썰렁하다.

설레의 설레는 행동. 설레는 바람. ¶어린아이들 설레에 넋이 다 나갔다.

설레기圓 가벼운 낚싯봉을 달거나 아예 달지 않고, 낚시 채비가 물살을 따라 떠내려가게 해서 낚는 방법.

설레다邇 ①마음이 들떠서 가라앉지 않다. ¶수학 여행이 내일로 닥치니 가슴이 설렌다. ②가만히 있지 않고 자꾸만 움직이다. ¶아이들이 설레어 아무 일도 할 수가 없었다.

설레-발圓 몹시 서두르며 부산하게 구는 행동. ¶설레발을 떨다.

설레발-치다邇 몹시 서두르며 부산하게 굴다.

설레-설레圓하邇 (머리 따위를) 가볍게 가로흔드는 모양. ¶고개를 설레설레 젓다. 참살래살래. 센썰레썰레.

설레-이다邇 '설레다'의 잘못.

설령(雪嶺)圓 눈 쌓인 산봉우리.

설령(設令)圓 《뒤에 오는 '-다 하더라도' 따위와 함께 쓰이어》 그렇다 하더라도. 설사(設使). ¶설령 내가 거기 있었다 하더라도 별수 없었겠지.

설로(雪路)圓 눈 덮인 길. 눈길². 설정(雪程).

설론(舌論)圓하邇 말다툼.

설리-고(雪梨膏)圓 생앙 끓인 물에 잘게 썬 배와 호두의 속살 및 봉사 가루를 넣어서 다시 끓인 다음 꿀을 탄 원기 회복제. 술탈·감기 따위에도 씀.

설-립(-立)圓 한자 부수의 한 가지. '端'·'童' 등에서의 '立'의 이름.

설립(設立)圓하邇되邇 (학교·회사 따위의 단체나 기관을) 새로 세움. ¶도서관을 설립하다.

설립^강:제(設立强制)[-깡-]圓 일정한 자격을 갖춘 사람에 대하여, 법령으로 단체의 설립을 명령하는 일. 〔의사회·변호사회 등 공공 목적을 가진 단체가 이에 해당함.〕

설립^행위(設立行爲)[-리팽-]圓 사단 법인이나 재단 법인·회사 따위를 설립하기 위한 행위. 〔정관(定款)의 작성, 재산의 출연(出捐) 따위의 행위.〕

설마圓 《되묻는 말과 함께 쓰이어》 '아무리 그러하기로'의 뜻을 나타내는 말. ¶설마 달아나기야 하겠나?

설마가 사람 죽인다〔잡는다〕屬 '설마 그럴 리야 없겠지.' 하는 믿음이나 방심의 결과로 크게 낭패를 본다는 말.

설마(雪馬)圓〈썰매의 본딧말〉

설-마르다[-마르다·-말라]邇邇 덜 마르다. ¶설마른 장작.

설만(褻慢)圓 '설만하다'의 어근.

설만-하다(褻慢-)圓 행동이 거만하고 무례하다. 설만-히圓.

설망(-網)圓 견지낚시에서, 미끼를 담아 물 밑으로 내리는 그물 주머니.

설망-낚시(-網-)[-낙씨]圓 밑밥을 넣은 설망을 물 밑에 고정시켜 놓고 하는 견지낚시.

설-맞다[-맏따]邇 ①총알 따위가 빗맞다. ¶설맞은 멧돼지처럼 날뛰다. ②매 따위를 덜 맞다.

설맹(雪盲)圓 눈에서 반사되는 태양 광선 때문에 각막(角膜)이나 결막(結膜)에 일어나는 염증.

설명-설명圓 설명한 다리로 걷는 모양. ¶얼음판 위를 설명설명 걸어가다. 참살망살망.

설명-하다圓 ①아랫도리가 가늘고 길어 어울리지 않다. ②옷이 몸에 어울리지 않게 짜름하다. ¶일 년 전에 산 윗도리가 벌써 설명하다. 참살망하다.

설면-자(雪綿子)圓 ☞풀솜.

설면-하다圓 ①자주 못 만나 좀 설다. ②정답지 않다.

설명(說明)圓하邇되邇 어떤 일의 내용이나 이유, 의의 따위를 알기 쉽게 밝혀서 말함. ¶당신 설명을 자세히 설명해 보아라. ⑪해설.

설명-문(說明文)圓 사물의 이치를 설명하여 읽는 이의 지식과 이성에 호소하는 글.

설명^문법(說明文法)[-뻡]圓 문법 현상의 발생이나 변화 따위를 비교·설명하는 문법. 성질상 역사 문법이나 비교 문법인 경우가 많음. ↔기술 문법(記述文法).

설명-서(說明書)**명** 사물의 내용·이유·사용법 등을 설명한 문서.

설명-형(說明形)**명** 용언 어미의 한 갈래. 문장에서 주어의 서술어 구실을 하면서 부연 설명하는 말을 뒤따르게 하는 형식. 〔'아기가 자는데 그 모습이 천사 같다'에서의 '-는데' 따위. 이 밖에 '-는(은)바·-으(되)·-(더)니·-(나)니' 등이 있음.〕

설문(設問)**명하자** 문제나 질문을 만들어 냄, 또는 그 문제나 질문. ¶설문 조사. /설문에 응하다.

설문-지(設問紙)**명** 〔조사를 하거나 통계 자료 등을 얻기 위해〕 어떤 사항에 대한 문제나 질문을 인쇄해 놓은 종이.

설미(〈옛〉)설빙미. ¶설의 모도와 有德ᄒᆞ신가스매(樂範.動動).

설미(雪眉)**명** ①흰 눈썹. ②눈썹이 하얗게 센 노인.

설미지근-하다(형용) ①(충분히 익고 뜨거워야 할 음식 따위가) 설익고 미지근하다. ②무슨 일에 임하는 태도가 매우 소극적이다. **설미지근히부**.

설:-밑[-믿]**명** ⇨세밑. *설:밑이[-미치]·설:밑을[-미틀]·설:밑만[-민-]

설백(雪白)**명** '설빙'의 어근.

설백-하다(雪白-)[-배카-] 눈처럼 희다.

설법(說法)**명하타** 불교의 이치를 가르침. ¶주지(住持)의 설법을 듣다.

설-보다(타) 잘못 보다. 건성으로 보다. ¶그때 설 보아서 그런지 통 기억이 나지 않네요.

설복(說伏·說服)**명하타** ⇨설득.

설봉(舌鋒)**명** '날카롭고 매서운 말'을 창 끝에 비유하여 이르는 말. ¶설봉을 휘두르다.

설봉(雪峯)**명** 눈이 덮인 산봉우리.

설부(雪膚)**명** 눈처럼 흰 살갗. 설기(雪肌).

설부-화용(雪膚花容)**명** 〔눈처럼 흰 살결과 꽃같이 예쁜 얼굴이라는 뜻으로〕 '아름다운 여인의 모습'을 이르는 말.

설분(雪憤)**명하자** 분풀이.

설분-신원(雪憤伸寃)**명하자** ⇨신원설치.

설비(設備)**명하타** 어떤 일을 하는 데 필요한 건물이나 장치·기구 따위를 갖추는 일, 또는 그런 물건. ¶전기 설비. /안전 설비를 갖추다.

설-비슴(〈옛〉)'설빔'의 방언.

설비^자금(設備資金)**명** 기업에서, 공장·기계·점포(店鋪)의 창설·확장·개량 등 고정적인 설비에 충당되는 자금.

설비^자본(設備資本)**명** 건물·기계 등 설비로서 보유되는 고정 자본.

설비^투자(設備投資)**명** 기업이 사업 활동에 필요한 설비를 증설하거나 신설하기 위한 투자.

설빈(說貧)**명하자** 구차스러운 살림의 형편을 남에게 이야기함. 설궁(說窮).

설:-빔(명하자) 설에 새로 차려입고 신는 옷·모자·신 따위.

설사(泄瀉)[-싸]**명하자** 〔배탈 따위로 누는〕 묽은 똥, 또는 그런 똥을 눔. 사리(瀉痢). ¶설사가 나다.

설사(設使)[-싸]**부** ⇨설령(設令). ¶설사 그렇다손 치더라도 이번만은 허락할 수 없다.

설사-약(泄瀉藥)[-싸-]**명** 설사병을 다스리는 약. 설사를 멎게 하는 약. 지사제(止瀉劑).

설산(雪山)[-싼]**명** ①눈이 쌓인 산. ② '히말라야의 산지'를 달리 이르는 말.

설산-대사(雪山大士)[-싼-]**명** '석가(釋迦)'를 높이어 일컫는 말.

설산-동자(雪山童子)[-싼-]**명** 석가가 과거세에서 보살행을 닦을 때에 동자로 있으면서 설산에서 고행하던 때의 이름.

설산-성도(雪山成道)[-싼-]**명** 석가(釋迦)가 설산에서 수도하여 성도(成道)한 일.

설삶-기다[-삼-]**자** 〔'설삶다'의 피동〕 덜 삶아지다. ¶설삶긴 감자 맛.

설-삶다[-삼따]**타** 푹 익지 않도록 덜 삶다.

설삶은 말[소] 대가리〔속담〕 고집이 세며 말을 알아듣지 못하는 사람을 이르는 말.

설상(舌狀)[-쌍]**명** 혀의 모양. 혀처럼 생긴 모양.

설상(雪上)[-쌍]**명** 눈 위.

설상(楔狀)[-쌍]**명** 쐐기와 같은 모양.

설상-가상(雪上加霜)[-쌍-]**명** 〔눈 위에 또 서리가 덮인 격이라는 뜻으로〕 '어려운 일이 연거푸 일어남'을 비유하여 이르는 말. ¶아버지가 교통사고로 입원하시고 설상가상으로 어머니마저 몸져누우셨다.

설상-차(雪上車)[-쌍-]**명** 캐터필러 따위를 장비하여 눈 위나 얼음 위를 달릴 수 있도록 된 차.

설상-화(舌狀花)[-쌍-]**명** 설상 화관으로 된 꽃.

설상^화관(舌狀花冠)[-쌍-]**명** 아랫부분은 대통처럼 되고 윗부분은 혀처럼 편평하게 생긴 꽃부리. 〔민들레꽃 따위.〕

설색(雪色)[-쌕]**명** ①눈빛. 흰색. ②⇨설경(雪景). ¶설색이 눈부신 산야.

설선(雪線)[-썬]**명** 높은 산이나 극지(極地)에서, 일 년 내내 눈이 녹지 않고 남아 있는 곳과 그렇지 않은 곳과의 경계선. 항설선(恒雪線).

설설[1]**부** ①그릇의 물이 천천히 고루 끓는 모양. ¶주전자의 물이 설설 끓기 시작하다. ②온돌방의 바닥 전체가 고루 뭉긋하게 뜨끈뜨끈한 모양. 《'∼ 끓다'의 꼴로 쓰임》 ¶구들이 귀가 밝아 조금만 때어도 설설 끓는다. 장살살[1].

설:설[2]**부** ①설레설레 흔드는 모양. ¶진절머리가 난다는 듯이 머리를 설설 흔들었다. ②좀 큰 벌레가 천천히 기는 모양. ¶송충이들이 설설 기어다니다. 장살살[3].

설설 기다(관용) 〔남 앞에서〕 주눅이 든 태도를 보이거나 순종하다. ¶부장 앞에서는 설설 기고 말 한마디 못한다.

설성(舌聲)[-썽]**명** ⇨설음(舌音).

설수(雪水)[-쑤]**명** 눈이 녹은 물. 눈석임물.

설시(設始)[-씨]**명하타** 처음으로 시작함.

설-신경(舌神經)[-씬-]**명** 혀의 앞부분의 점막에 분포되어 있는, 미각(味覺)과 지각(知覺)을 맡은 신경.

설심주의(設心做意)[-씸-의/-씸-이]**명하자** 계획적으로 간사한 꾀를 꾸밈.

설안-형창(雪案螢窓)[-싼-]**명** 〔옛날 진(晉)나라 손강(孫康)이 눈빛으로 글을 읽고, 차윤(車胤)이 반딧불로 글을 읽었다는 고사에서〕 '어려운 가운데서 학문에 힘씀'을 이르는 말.

설암(舌癌)[-쌈]**명** 혀에 생기는 암. 〔보통 혀의 뒷부분 가장자리에 생김.〕

설야(雪夜)[-쌰]**명** 눈이 내리는 밤.

설야(雪野)[-쌰]**명** 눈이 덮인 들.

설약(設若)[-쌱]**부** ⇨설령(設令).

설엊다[타] 〈옛〉 서툴다. 설거지하다. ¶사발 덥시 설어즈라(翻老上43).

설연(設宴)[-썬]**명하자** 잔치를 베풂. 설연(設筵).

설연(設筵)[-썬]**명** ①(사람들이 모일) 자리를 마련함. ②⇨설연(設宴).

설염(舌炎)[-�썸]**명** 혀의 염증. 〔혀의 끝이나 가장자리에 흰빛이나 회백색 반점이 생기고 몹시 아픔.〕

설영(設營)명하자 야영장(野營場)·진영(陣營), 기타 시설을 미리 설비하여 준비함.

설왕설래(說往說來)명 무슨 일의 시비를 따지느라고 말로 옥신각신함. 언거언래(言去言來). 언왕설래(言往說來).

설-외(-檋)[서뢰]명 벽 속에 세로로 세워서 얽은 외. ↔누울외.

설욕(雪辱)명하타 (승부 따위에 이김으로써) 전에 패배했던 부끄러움을 씻어 내고 명예를 되찾음. 설치(雪恥). ¶이번 경기에서는 지난번의 패배를 기어코 설욕하겠다. 비쾌설(快雪).

설욕-전(雪辱戰)[-쩐]명 설욕하기 위한 싸움. 분풀이를 위한 싸움. 복수전.

설:음명 서럽게 느껴지는 마음. 서러움.

설워-하다타자 ☞서러워하다.

설원(雪原)명 ①눈으로 뒤덮여 있는 벌판. ②고산 지대나 극지대에서 볼 수 있는, 눈이 녹지 않고 늘 쌓여 있는 곳.

설원(雪寃)명 원통함을 풂.

설월(雪月)명 ①눈과 달. ②눈 위에 달이 비치는 경치.

설유(說諭)명하타 말로써 타이름.

설-유두(舌乳頭)[-류-]명 혓바닥에 빽빽이 나 있는 자잘한 돌기.

설음(舌音)명 혀끝이 윗잇몸에 닿아 소리 나는 자음. 〔ㄴ·ㄷ·ㄸ·ㅌ 따위.〕 혓소리. 설성(舌聲).

설:-음식(-飮食)명 설에 해 먹는 색다른 음식. 〔떡국·수정과·약식·유밀과 따위.〕

설의(雪意)[서릐/서리]명 눈이 내릴 듯한 기미.

설의-법(設疑法)[서릐뻡/서리뻡]명 수사법상 변화법의 한 가지. 누구나 다 아는 사실을 짐짓 의문 형식으로 제시하여 독자가 스스로 결론을 내리게 하는 표현 방법. 〔'자유 없이 살기를 원하십니까?' 하는 따위.〕

설이(雪異)명 때 아닌 눈. 전에 없이 많이 오는 눈. ¶설이가 분분(紛紛)한 날.

설-익다[-릭따]자 ①충분히 익지 못하다. ¶설익은 고기. /설익은 과일. ↔농익다. ②어설프다.

설인(雪人)명 히말라야 산맥의 설선(雪線) 부근에 살고 있는 것으로 전해지는, 사람을 닮은 전설상의 짐승.

설-자리[-짜-]명 활을 쏠 때에 서는 자리.

설-잡다[-따]타 꽉 잡지 못하고 어설프게 잡다.

설-잡죄다[-쬐/-쮀-]타 어설프게 잡죄다.

설-장구[←-杖鼓]명 일어서서 장구를 어깨에 걸어 메고 치는 장구.

설재(雪災)[-째]명 ☞설해(雪害).

설저(舌疽)[-쩌]명 혀에 생기는 부스럼.

설전(舌戰)[-쩐]명하자 말다툼. ¶설전을 벌이다. /설전이 오가다.

설전(雪田)[-쩐]명 눈밭.

설전(雪戰)[-쩐]명하자 ☞눈싸움2.

설전-음(舌顫音)[-쩌늠]명 혀끝을 굴리듯 하여 내는 소리. 〔'사람'·'구름'에서의 'ㄹ' 소리 따위.〕 굴림소리. 전설음(顫舌音).

설정(泄精)[-쩡]명하자 ☞몽설(夢泄).

설정(設定)[-쩡]명하타되자 ①새로 마련하여 정함. ¶목표를 설정하다. /문제를 설정하다. ②권리나 의무가 새로이 발생하게 함. ¶저당권을 설정하다.

설정(雪程)[-쩡]명 눈이 쌓인 길. 설로(雪路).

설제(雪堤)[-쩨]명 (눈이 많이 오는 고장에서, 눈사태로 말미암은 철로의 피해를 막기 위한 임시 조처로) 단단히 뭉친 눈덩이를 축대처럼 비탈에 쌓아 올린 것.

설제(設題)[-쩨]명하타 문제(文題)나 제목을 설정함, 또는 그 문제나 제목.

설종(舌腫)[-쫑]명 ☞설저(舌疽).

설주(-柱)[-쭈]명 〈문설주〉의 준말.

설죽(雪竹)[-쭉]명 ☞자죽(紫竹).

설-죽다[-따]자 덜 죽다. 아주 죽지 않다.

설중(雪中)[-쭝]명 눈이 내리는 속. 눈 속.

설중-매(雪中梅)[-쭝-]명 눈 속에 핀 매화.

설중-사우(雪中四友)[-쭝-]명 겨울에도 즐길 수 있는 네 가지 꽃. 곧, 옥매(玉梅)·다매(茶梅)·납매(臘梅)·수선(水仙).

설중-송백(雪中松柏)[-쭝-]명 〔눈 속에서도 푸른 송백이라는 뜻으로〕 '변하지 않는 굳은 절조'를 비유하여 이르는 말.

설증(泄症)[-쯩]명 설사하는 증세.

설진(舌診)[-찐]명하타 혀의 상태를 보아서 병을 진단하는 일.

설채(設彩)명하자되자 색을 칠함. 부채(賦彩).

설천(雪天)명 눈이 내리는 날.

설철(屑鐵)명 ①쇠 부스러기. ②☞헌쇠.

설첨(舌尖)명 혀끝. 설단(舌端).

설-취하다(-醉-)자타 덜 취하다.

설측-음(舌側音)명 혀끝을 윗잇몸에 댄 채 혀의 양쪽 트인 곳으로 소리 내거나, 그 혀를 떼면서 내는 소리. 〔'달'·'술'의 'ㄹ', 또는 '빨리'·'갈림'의 'ㄹㄹ' 소리 따위.〕 혀옆소리.

설치명 괴도라치의 새끼. 몸빛은 흼. 〔이를 말린 것이 '뱅어포'임.〕

설치(雪恥)명하자 ☞설욕(雪辱).

설치(設置)명하타되자 ①기계나 설비 따위를 마련하여 둠. ¶철조망을 설치하다. ②어떤 기관을 마련함. ¶소비자 보호 센터를 설치하다.

설치(楔齒)명하자 염습(殮襲)하기에 앞서 입에 낟알을 물리려고 시체의 이를 벌리는 일.

설-치다¹자 몹시 날뛰다. 급히 서둘러 마구 덤비다. ¶불량배들이 설치고 다니다.

설-치다²타 필요한 정도에 미치지 못하고 그만두다. ¶잠을 설치다.

설치-류(齧齒類)명 ☞쥐목.

설치^미:술(設置美術)명 미술 작품을 주위 공간과 융합하게 설치하는 것, 또는 그렇게 완성시킨 미술.

설컹-거리다자 자꾸 설컹설컹하다. 설컹대다. 작살캉거리다. 센썰컹거리다. 여설겅거리다.

설컹-대다자 설컹거리다.

설컹-설컹부하자 설익은 밤이나 콩 따위가 씹히는 소리, 또는 그러한 느낌. 작살캉살캉. 센썰컹썰컹. 여설겅설겅.

설탕(雪糖·屑糖)명 수크로오스를 주성분으로 하는 감미료. 무색이거나 물에 잘 녹음.

설태(舌苔)명 몸에 병이 났을 때, 혀의 표면에 생기는 이끼 모양의 물질. 〔특히, 위장병이나 몸에 열이 많이 날 때 생기기 쉬움.〕

설토(說吐)명하타 사실을 모두 털어놓고 말함. 실토(實吐). 토설(吐說).

설-통발(-筒-)명 강이나 개울 속에 거꾸로 세워 놓은 통발. 상류에서 내려오는 물고기를 잡음. ⑥설통.

설파(說破)명하타되자 ①사물의 내용을 밝혀 말함. ¶생명의 기원(起源)을 설파하다. ②상대편의 이론을 깨뜨려 뒤엎음. 논파(論破). ¶천동설을 설파하다.

설파-제(sulfa劑)명 ☞술파제.

설편(雪片)명 눈송이.

설폐(說弊)[-폐/-폐]**명**[하자] 폐단에 대하여 말함.

설폐-구폐(說弊救弊)[-폐-폐/-폐-폐]**명**[하자] 무엇이 폐단인지를 밝혀 그것을 바로잡을 방법을 말함.

설-포장(設布帳)**명** 바깥에 치는, 베나 무명 따위로 만든 휘장.

설풍(雪風)**명** ☞눈바람.

설피(雪皮)**명** 눈이 많이 내리는 고장에서, 눈 깊은 곳을 다닐 때 신의 바닥에 대는, 칡이나 노 따위로 넓적하게 만든 물건.

설피다(형) (짜거나 엮은 것이) 성기고 거칠다. ¶이 베는 너무 설피다. ☎살피다.

설피-창이[-창-]**명** 거칠고 성기게 짠 피륙.

설핏[-핃]**부**[하형] ①해의 밝은 빛이 약해진 모양. ②잠간 나타나거나 떠오르는 모양. ¶두려운 생각이 설핏 머리를 스친다. ③풋잠이나 얕은 잠에 빠져 든 모양. ②③설핏-설핏[하형].

설핏-설핏[-핃설핃]**부**[하형] (피륙 따위가) 여기저기 설핏한 모양. ☎살핏살핏.

설핏-하다[-핃타-]**형여** 짜거나 엮은 것이 좀 성기고 거친 듯하다. ☎살핏하다.

설-하다(說-)**타여** 상대편을 납득시키거나 이해시키기 위하여 도리를 밝히며 알아듣게 말하다. ¶교리를 설하다.

설하-선(舌下腺)**명** ☞혀밑샘.

설하^신경(舌下神經)**명** 척추동물의 12쌍째의 뇌신경. 연수(延髓) 뒤로 나와 혀나 턱에 분포하여 그 운동을 지배함.

설한(雪恨)**명**[하자] 원한을 씻음. 한풀이를 함.

설한(雪寒)**명** 눈이 오거나 온 뒤의 추위.

설한-풍(雪寒風)**명** 눈과 함께 휘몰아치는 차고 매서운 바람. 눈바람.

설합(舌盒)**명** '서랍'의 잘못.

설해(雪害)**명** 농작물·교통 기관·가옥 따위가, 많은 눈이나 눈사태 따위로 입는 재해. 설재(雪災). 설화(雪禍).

설형(楔形)**명** 쐐기와 같이, 한쪽 끝이 넓고, 다른 쪽 끝으로 갈수록 차차 좁아지고 있는 모양.

설형^문자(楔形文字)[-짜]**명** 기원전 3500~1000년에 바빌로니아, 아시리아, 고대 페르시아 등 서남아시아에서 쓰인 쐐기 모양의 글자.

설혹(設或)**부** ☞설령(設令).

설화(舌禍)**명** ①말의 내용이 법에 저촉되거나 사람들의 비난을 받거나 함으로써 입게 되는 화. ②남의 험담이나 중상(中傷) 따위로 입게 되는 불행한 일.

설화(屑話)**명** 자질구레한 이야기.

설화(雪花·雪華)**명** ①'눈송이'를 꽃에 비유하여 이르는 말. ②나뭇가지에 쌓인 눈발.

설화(雪禍)**명** ☞설해(雪害).

설화(說話)**명** ①한 민족 사이에 전승되어 온 이야기를 통틀어 이르는 말. 신화·전설·민담으로 구분됨. ②이야기. 옛날이야기.

설화^문학(說話文學)**명** 설화를 소재로 한, 문학적인 내용이나 형태를 가지는 것. 서사적·전기적(傳奇的)·우화적(寓話的)·종교적·교훈적·서민적 요소를 가짐.

설화^석고(雪花石膏)[-꼬]**명** 석고의 한 가지. 희고 치밀하며 입자가 미세한 석고로, 보드랍고 찰기가 있음. 질이 좋은 것은 조각용으로 쓰임. 앨러배스터.

설화-소:설(說話小說)**명** 설화를 소재로 한 소설.

설화-지(雪花紙)**명** 지난날, 강원도 평강 부근에서 나던 백지(白紙)의 한 가지.

섥(명) 〈옛〉 설기. ¶섥 협:篋. 섥 수:笥(訓蒙中 13). /楊公이 설글 펴러내야(杜初16:21).

섧:다[설따][설우니·설워]**형ㅂ** 원통하고 슬프다. 서럽다.

섬¹[Ⅰ]**명** 짚으로 엮어 만든 멱서리. 곡식 따위를 담는 데 쓰임.
[Ⅱ]**의** 곡식이나 액체의 용량을 나타내는 단위. 한 말의 열 곱절. 〔약 180리터임.〕 석(石). ¶벼 열 섬.

섬²(명) ①돌로 쌓은 층계(계단). ②☞섬돌.

섬:³(명) 둘레가 물로 둘러싸인 육지.

섬(명) 〈옛〉 지대(址臺). ¶階砌는 서미라(月釋 2:27).

섬(纖)**주관** 미(微)의 10분의 1, 사(沙)의 10배가 되는 수(의). 곧, 10⁻⁷.

섬개(纖芥)**명** 검부러기.

섬-거적[-꺼-]**명** 섬을 엮거나, 또는 섬을 뜯어낸 거적. ☎거적.

섬게(명) ☞성게.

섬경(纖莖)**명** 가늘고 약한 식물의 줄기.

섬-곡식(-穀食)[-꼭씩]**명** 한 섬쯤 되는 곡식.

섬광(閃光)**명** 순간적으로 번쩍 빛나는 빛. ¶섬광이 번쩍이다.

섬광^계:수기(閃光計數器)[-계/-게-]**명** ☞신틸레이션 계수관.

섬광-등(閃光燈)**명** 밤에 등대에서 비치는 등댓불의 한 가지. 섬광을 짧게, 계속적으로 내비치어, 선박이나 항공기에게 육지의 존재, 위험한 장소 따위를 알림.

섬광^스펙트럼(閃光spectrum)**명** 개기 일식(皆既日蝕)의 시작과 끝날 무렵에 순간적으로 관측되는 스펙트럼.

섬광^신:호(閃光信號)**명** 밤에 순간적으로 빛을 내비치어 하는 신호. 선박끼리 또는 선박과 육지 사이에 많이 이용됨.

섬광^전:구(閃光電球)**명** 〈사진 섬광 전구〉의 준말.

섬교(纖巧)**명** '섬교하다'의 어근.

섬교-하다(纖巧-)**형여** 섬세하고도 공교하다.

섬기다(타) ①윗사람이나 어른을 모시어 받들다. ②남을 아끼다.

섬:-나라(명) 섬으로 이루어진 나라. 도국(島國). 해국(海國).

섬-누룩(명) 품질이 낮은 누룩.

섬도(纖度)**명** 섬유나 실의 굵기의 정도.

섬도-지(閃刀紙)**명** 도련을 칠 때 귀가 접혀서 베어지지 않고 남은 종이.

섬-돌[-똘]**명** 오르내리게 된 돌층계. 댓돌. 보석(步石). 석계(石階). 석단(石段). 석제(石梯). 섬². ¶섬돌 위에 놓인 고무신 한 켤레.

섬-떡(명) 한 섬이나 되는 쌀로 만든 떡. ②☞수레떡.

섬뜩(부)[하형] (무엇을 보거나 듣거나 하여) 갑자기 소름이 끼치도록 끔찍하고 무서운 느낌이 드는 모양. ¶등골이 섬뜩하다. **섬뜩-섬뜩**[부][하형].

섬라(暹羅)[-나]**명** 타이의 예전 이름인 '시암(Siam)'의 한자음 표기.

섬려(纖麗)**명** '섬려하다'의 어근.

섬려-하다(纖麗-)[-녀-]**형여** 섬세하고 곱다.

섬록-암(閃綠岩)[-녹암]**명** 사장석(斜長石)·각섬석(角閃石)·흑운모를 주성분으로 하는 심성암(深成岩). 빛이 검푸르며, 건축용 석재로 쓰임.

섬마-섬마(감) 어린아이에게 따로 서기를 가르칠 때, 일으켜 잡았던 손을 떼려 하면서 하는 말. 따로따로따따로.

섬망(譫妄)**명** 의학에서, 의식 장애 상태의 한 가지. 외계에 대한 의식이 엷어지고, 망상이나 착각이 일어나는 증세. ¶고열로 섬망 상태에 빠지다.

섬-멍구력명 섬을 묶어서 친 얽이.

섬멸(殲滅)**명하타 되자** 남김없이 무찔러 없앰. ¶적을 섬멸하다.

섬멸-전(殲滅戰) [-쩐] **명** 적을 섬멸하는 전투.

섬모(纖毛)**명** ①몹시 가는 털. ②생물체의 세포 표면에 있는 가는 털 모양의 돌기. 박테리아, 하등 동물, 하등 조류(下等藻類) 등에서 볼 수 있으며, 이것을 움직여 이동을 함. 물결털.

섬모^운:동(纖毛運動)**명** 섬모충류가 가진 섬모에 의한 운동. 보트의 노 모양으로 끊임없이 움직여서, 물속에서 몸을 이동시키거나 수류(水流)를 일으켜서 먹이를 끌어당기거나 하는 구실을 함.

섬모-충(纖毛蟲)**명** 원생동물의 한 가지. 물속이나 흙 속에 사는데, 몸 거죽에 운동 기관으로서 섬모를 가지며, 그것으로 몸을 이동시키거나 먹이를 끌어당기거나 함. 〔짚신벌레·종벌레 따위.〕

섬박(殲撲)**명하타** 때려 부숨.

섬-밥 [-빱] **명** 쌀 한 섬으로 지은 밥.

섬벅부 크고 연한 물건이 쉽게 베어지는 모양. ¶수박을 칼로 섬벅 베다. 逾삼박. 쎄섬뻑·썸벅·썸뻑. 섬벅-섬벅부하자

섬-벼명 섬에 넣은 벼.

섬복-지(纖匐枝) [-찌] **명** 아주 가늘게 뻗어 나간 가지.

섬부(瞻富)**어** '섬부하다'의 어근.

섬부-하다(瞻富-)**형어** (재산 따위가) 흡족하게 풍부하다. 섬족(瞻足)하다.

섬뻑부 〖섬벅〗의 센말. 逾삼뻑.

섬:-사람 [-싸-] **명** 섬에 사는 사람. 도민(島民).

섬서-하다형어 서로 지내는 사이가 서먹하다. 逾삼사하다.

섬서흐레명 옛 지대의 층계. ¶섬서흐레:階級(譯語上19).

섬섬(閃閃)**부하형** 빛이 번쩍번쩍하는 모양.

섬섬(纖纖)**섬섬하다'의 어근.

섬섬-약골(纖纖弱骨) [-냑꼴] **명** ⇨섬섬약질.

섬섬-약질(纖纖弱質) [-냑찔] **명** 가냘프고 여린 체질. 섬섬약골.

섬섬-옥수(纖纖玉手) [-쑤] **명** 가냘프고 고운 여자의 손.

섬섬-하다(纖纖-)**형어** 여리고 가냘프다. 섬섬-히부.

섬세(纖細)**섬세하다'의 어근.

섬세-하다(纖細-)**형어** ①곱고 가늘다. ¶짜임새가 섬세하다. ②(감정이나 감각 따위가) 여리면서도 날카롭다. ¶섬세한 신경. ③(자질구레한 일에까지) 아주 찬찬하고 세밀하다. ¶심리 묘사가 섬세하다. 섬세-히부.

섬소(纖疎)**섬소하다'의 어근.

섬소-하다(纖疎-)**형어** (체격이나 물건의 구조 따위가) 어설프거나 약하다.

섬수(纖手)**명** 가냘픈 손.

섬섭형어 옛 ①약하고 둔하다. ¶섬써운 사르미 양 굳더라(飜小10:12). ②싱겁다. ¶섬씁고 놀라올손 秋天에 기러기로다(古時調).

섬아연-광(閃亞鉛鑛)**명** '섬아연석'의 구용어.

섬아연-석(閃亞鉛石)**명** 등축 정계(等軸晶系)에 딸린 광물. 흔히, 황색·황갈색·갈색·녹갈색을 띠나 흰색도 더러 있음. 순수한 것은 67%의

아연을 함유하는데, 투명 또는 반투명의 광물로 가장 주요한 아연 광석임.

섬약(纖弱)**섬약하다'의 어근.

섬약-하다(纖弱-) [서먀카-] **형어** 가늘고 약하다. 연연(軟娟)하다.

섬어(譫語)**명** ①헛소리. ②잠꼬대.

섬:-엄나무명 섬엄나뭇과의 상록 활엽 관목. 높이 3m가량. 혁질(革質)의 잎은 타원형으로 광택(光澤)이 있음. 초여름에 백색에서 황색으로 변하는 다섯잎꽃이 가지 끝에 핌. 사과(蘋果)는 12월에 익어 세 갈래로 갈라짐. 제주도와 일본 등지에 분포함.

섬여(蟾蜍)**명** 두꺼비.

섬연(纖姸)**섬연하다'의 어근.

섬연-하다(纖姸-)**형어** 날씬하고 아름답다.

섬영(閃影)**명** 번득이는 그림자.

섬운(纖雲)**명** 얇고 자잘하게 갈린 구름.

섬월(纖月)**명** 가느다란 달. 〔초승달이나 그믐달을 이르는 말.〕

섬유(纖維)**명** ①가는 실 모양의 고분자 물질. ¶섬유 산업. ②동식물의 세포나 원형질(原形質)이 분화하여 된 가는 실 모양의 물질. ¶섬유 조직. /신경 섬유.

섬유(纖柔)**섬유하다'의 어근.

섬유-공업(纖維工業)**명** 천연 섬유나 화학 섬유를 가공(加工)하여 실이나 직물을 만드는 공업.

섬유-소(纖維素)**명** 식물성 섬유의 주된 성분을 이루는 흰 탄수화물. 셀룰로스.

섬유-식물(纖維植物) [-싱-] **명** ⇨섬유 작물.

섬유^작물(纖維作物) [-짱-] **명** 종이·실·천 따위의 원료인 섬유를 얻으려고 재배하는 식물. 〔목화·삼·닥나무·모시풀 따위.〕 섬유 식물.

섬유^제:품(纖維製品)**명** 섬유를 원료로 하여 만든 제품. 〔보통은 의류 제품을 이름.〕

섬유^조직(纖維組織)**명** 섬유 세포로 된 생체 조직.

섬유-종(纖維腫)**명** 결합 조직 세포와 그 섬유로 된 양성의 종양. 피부나 비강(鼻腔) 등에 생김.

섬유-질(纖維質)**명** 섬유로써 이루어진 물질.

섬유-판(纖維板)**명** 목재 따위의 식물 섬유를 압축해서 만든 판재. 연질(軟質)과 경질(硬質)의 것이 있으며, 흡음성(吸音性)·단열성(斷熱性)이 있기 때문에 건축물의 내장(內裝) 따위에 쓰임.

섬유-하다(纖柔-)**형어** 가늘고 연약하다.

섬:-잣나무 [-잗-] **명** 소나뭇과의 상록 침엽 교목. 산지에 나며, 높이 30m가량. 꽃은 6월경에 피고, 열매는 이듬해 9월경에 익는데, 잣나무의 열매보다 조금 작음. 울릉도에 분포하며, 관상용으로 심기도 함.

섬전(閃電)**명** 순간적으로 번쩍하는 번갯불, 또는 번개의 섬광.

섬조(纖條)**명** ①금속 등의 가는 줄. ②⇨필라멘트.

섬족(瞻足)**섬족하다'의 어근.

섬족-하다(瞻足-) [-쪼카-] **형어** ⇨섬부하다.

섬주(蟾注)**명** 두꺼비 모양으로 만든 연적.

섬-지기의 볍씨 한 섬의 모를 심을 만한 논의 넓이. 〔2000~3000평의 넓이.〕

섬진(纖塵)**명** 미세한 티끌.

섬질명하타 널빤지의 옆을 대패로 밀어내는 일.

섬-짝[?]**명** '허름한 섬거적'을 속되게 이르는 말.

섬쩍지근-하다 [-찌-] **형어** 무섭고 꺼림칙한 느낌이 오랫동안 사라지지 않다. ¶그날 밤에 들은 이야기가 섬쩍지근하다. 섬쩍지근-히부.

섬토(蟾兎)**명** 〔달 속에 금 두꺼비와 토끼가 있다는 전설에서〕'달'을 달리 이르는 말.

섬-통(명) 곡식을 담은 섬의 부피.

섬호(纖毫)**명** ①썩 가는 털. ②썩 작은 사물을 비유하여 이르는 말.

섬화(閃火)**명** 번쩍이는 불빛.

섬화^방:**전**(閃火放電)**명** ▷불꽃 방전.

섭금-류(涉禽類)[-끔뉴]**명** 조류(鳥類)를 생활 형태상으로 분류한 한 갈래. 다리와 목·부리가 가늘고 길며 날개는 크고 강함. 주로 얕은 물가에서 걸어다니며 물고기나 곤충 따위를 잡아먹음. 〔두루미·백로·황새 따위.〕

섭동(攝動)[-똥]**명** ①행성이나 소행성 따위의 운동이 케플러의 법칙에서 벗어나는 현상. ②역학계(力學系)에 있어서 주요한 힘의 작용으로 생기는 운동이, 다른 부차적인 힘의 영향으로 교란되는 일.

섭력(涉歷)[섬녁]**명하타** 갖가지 일을 두루 겪음.

섭렵(涉獵)[섬녑]**명하타** ①널리 이곳저곳을 다니면서 찾음. ¶산야를 섭렵하다. ②책을 이것저것 널리 읽음. 박섭(博涉). ¶고대사(古代史)에 관한 문헌을 섭렵하다.

섭리(燮理)[섬니]**명하타** 음양을 고르게 다스림.

섭리(攝理)[섬니]**명** ①ㄱ병증에) 잘 조리함. ㄴ일을 대신하여 처리함. ②기독교에서, 세상의 모든 것을 다스려 나가는 신의 의지 또는 은혜. ¶신의 섭리. ③자연계를 지배하는 있는 이법(理法). ▷자연의 섭리. ④ㄱ승통(僧統). ③ㅂ천칙(天則).

섭백(鑷白)[-빽]**명하타** 센 머리털을 뽑아 버림.

섭복(懾服)[-뽁]**명하타** 두려워해 복종함.

섭사(攝祀)[-싸]**명하타** 남을 대신하여 제사를 지냄.

섭-산적(-散炙)[-싼-]**명** 고기를 난도질하여 갖은 양념을 하고 반대기를 지어 구운 적.

섭-새기다[-쌔-]**타** (글자나 그림이 두드러져 오르도록) 속이 드게 파내거나 뚫어지게 새김.

섭-새김[-쌔-]**명** 조각에서, 글자나 그림이 두드러지도록 섭새기는 일. ⑤돋을새김·양각(陽刻).

섭새김-질[-쌔-]**명하타** 섭새김하는 일.

섭생(攝生)[-쌩]**명하자** ▷양생(養生).

섭섭-하다[-써-]**형여** ①(잃거나 헤어지게 되어) 아깝고 서운하다. ¶정답도 못 나누고 섭섭하게 헤어지다. ②(남의 태도나 대접이) 흡족하지 않다. ¶그런 말을 하다니 정말 섭섭하구나. **섭섭-히**(부) ¶섭섭히 생각지 마라.

섭세(涉世)[-쎄]**명하자** 세상을 살아감.

섭-수(-數)[-쑤]**명** 볏짚·잎나무 따위의 수량.

섭수(涉水)[-쑤]**명하자** 물을 건넘. ▷도하(渡河).

섭수(攝受)[-쑤]**명하타** 부처가 중생을 자비심으로 돌보고 보호함.

섭수-금(涉水禽)[-쑤-]**명** 섭금류(涉禽類)의 새. 섭수조(涉水鳥).

섭수-조(涉水鳥)[-쑤-]**명** ▷섭수금.

섭심(攝心)[-씸]**명** 불교에서, 정신을 집중시켜 산란하지 않게 하는 일.

섭씨(攝氏)[-씨]**명** 섭씨온도계의 눈금의 이름. 〔'C'를 기호로 홈.〕 ⑧화씨(華氏).

섭씨온도-계(攝氏溫度計)[-계/-게]**명** 물의 어는점을 0°C, 끓는점을 100°C로 한 온도계. ⑧화씨온도계.

섭양(攝養)[-썅]**명하자** ▷양생(養生).

섭-옥잠(鑷玉簪)[-쫌]**명** 대가리를 뚫고 여러 가지 무늬를 새긴 옥비녀.

섭외(涉外)[서뵈/서붸]**명하타** ①외부와 연락·교섭하는 일. ¶섭외 활동./출연자를 섭외하는 일. ②어떤 법률 사항이 내외국에 관계·연락되는 일.

섭위(涉危)[-뤼]**명하자** ▷섭험(涉險).

섭위(囁嚅)[-뤼]**명하자** 머뭇거리며 말을 못하고 입만 벌렸다 오므렸다 함.

섭유(顳顬)**명** 관자놀이.

섭유-골(顳顬骨)**명** 관자놀이를 이루고 있는 머리뼈의 옆쪽 좌우의 평평한 뼈.

섭유-근(顳顬筋)**명** 섭유골을 싸고 있는 부채 모양의 근육.

섭적(-적)[**부**] ▷서부렁섭적.

섭정(攝政)[-쩡]**명하자** 임금이 직접 통치할 수 없는 때에 임금을 대신하여 정치함. 또는 그 사람. ¶어린 왕을 대신하여 대비가 섭정하다.

섭-조개[-쪼-]**명** ▷털격판담치.

섭-죽(-粥)[-쭉]**명** 쌀과 섭조개를 넣고 쑨 죽.

섭중(攝衆)[-쭝]**명하자** 부처가 중생을 거두어 보호함.

섭-집게[-찝께]**명** 섭조개를 잡는 데 쓰는 집게.

섭취(攝取)[-츠][되자] ①(양분 따위를) 몸속에 빨아들임. ¶영양분을 골고루 섭취하다. ②(사물을) 자기 것으로 받아들임. ¶많은 지식을 섭취하다.

섭치(명) 여러 가지 중에서 변변하지 못한 것.

섭포(攝怖)**명하타** 두려워함.

섭-하다[서][여] '섭섭하다'의 잘못.

섭행(攝行)[서행]**명하타** ①(남의 일을) 대신 행함. ②(일을) 겸하여 행함.

섭험(涉險)[서펌]**명하자** 위험을 무릅씀. 섭위(涉危).

섭호-샘(攝護-)[서포-]**명** ▷전립샘.

섭호-선(攝護腺)[서포-]**명** ▷전립샘.

섭화(攝化)[서화]**명하타** 부처가 중생을 가르치어 인도함.

섭흐다타 〔옛〕 섭새기다. ¶흐 됴흐 고즐 섭흐고(翻#16).

섯근다타 〔옛〕 섞은-. 〔'섟다'의 활용형〕 ¶道里롤 슬퍼 섯근 것 업시 眞實흐야(月釋2:60). ⑧섟다.

섯기다자 〔옛〕 섞기다. ¶ㅅ 수롤혀 섯기니 누른 니피 디고(杜初11:41).

섯돌다자 〔옛〕 섞어 돌다. 마구 돌다. 세차게 돌다. ¶룡ㄱ톤 무지게 玉ㄱ톤 龍의 초리 섯돌며 쑴눈 소리(鄭澈.關東別曲).

섯듣다자 〔옛〕 섞어서 떨어지다. ¶瓔珞과 옷과 곳비예 섯듣더니(月釋2:42).

섯등[섯뜽]**명** 염전에서, 바닷물을 거르기 위해 땅바닥을 다지고, 가장자리를 넓고 길게 둘러 막은 시루 같은 장치.

섯디르다[섯딜어]**자** 〔옛〕 섞갈리다. 마구 뒤섞이다. ¶섯딜어 어즈러우미 어느 時節에 훤흐며(楞解3:116).

섯-밑[선밀]**명** 소의 혀 밑에 붙은 살코기. ⑧혓밑. *섯밑이[선미치]·섯밑을[선미틀]·섯밑만[선민-]

섯버믈다자 〔옛〕 섞여 엉키다. ¶하쿠香이 섯버므러 곧곧마다 붏비치 나더라(月釋2:52).

섯-불다타 〔옛〕 섞어 불다. 합주하다. ¶鼓角을 섯부니 海雲이 다 것는닷(訓蒙中曲).

섯자[섯짜]**명** 석자. ¶섯자:漏杓(訓蒙中19).

섯다자타 〔옛〕 섟다. ¶道里롤 슬펴 섯근 것 업시 眞實흐야(月釋2:60). /고롬과 피왜 섯거(楞解1:42).

섰다[섣따]**명** 화투장을 한 패에 두 장씩 나누어 하는 노름의 한 가지.

성:¹몜 불유쾌한 충동으로 왈칵 치미는 노여움. ¶성을 내다.

성이 머리끝까지 나다[관용] 성이 극도에 이르도록 나다.

성:²멛 《주로 어미 '-ㄴ'·'·-는'·'-ㄹ' 뒤에 '싶다'·'부르다'와 함께 쓰이어》 추측 및 가능성을 나타냄. ¶모레나 되어야 일이 끝날 성 싶다.

성:(性)¹몜 (사람의) 천성. 본성. 성미.

성(에)〔성(이)〕 차다[관용] 마음에 흐뭇하다.

성:(性)²몜 불교에서, 사람이 본래부터 갖추고 있는 불변의 본질로서의 '법성(法性)'이나 '불성(佛性)'을 이르는 말.

성:(性)³몜 ①생물의 암수나 사람의 남녀의 구별. ②(사람의) 생식에 관한 본능이나 기능. ¶성에 관한 올바른 지식. ③인도·유럽 계통 언어에서, 명사나 대명사에 문법적으로 매기는 남성·여성·중성의 구별.

성:(姓)몜 한 줄기의 혈통끼리 가지는 칭호. ⑤성씨(姓氏)¹.

성을 갈겠다[관용] 다시는 하지 않겠다고 다짐을 하거나 단언(斷言)할 때에 맹세거리로 하는 말. ¶사실이 아니면 내 성을 갈겠다.

성(星)몜 〈성성(星星)〉의 준말.

성(省)몜 ①[옛날 중국에서 '궁중(宮中)'의 뜻으로 쓰인 말로] 중앙 정부 또는 중앙 관서를 이르던 말. 〔중서성(中書省)을 이름.〕 ②중국의 지방 행정 구역 중 가장 큰 단위. ③일부 외국의 중앙 행정 기관.

성(城)몜 (적의 공격을 막기 위해) 높이 쌓은 큰 담이나 구조물.

성:(聖)[관] 가톨릭에서, 시성(諡聖)이 된 이의 이름 앞에 붙이는 말. ¶성 바오로. /성 베드로.

성:(聖)[접두] 종교적인 사물 앞에 붙어, '거룩한'의 뜻으로 쓰이는 말. ¶성금요일. /성사주.

-성(成)[접미] 황금의 순도를 나타내는 말. 〔10성(成)이 순금임.〕

-성(性)[접미] 일부 명사 뒤에 붙어, 그러한 성질이나 경향임을 나타냄. ¶민족성. /필연성. /우수성.

성가(成家)몜하자 ①따로 한 집을 이룸. ¶너도 이제 삼십이 넘었으니 성가할 나이가 되었구나. ②학문이나 기술이 뛰어나서 한 체계를 이룸. ③⇨성취(成娶).

성:가(聖架)몜 가톨릭에서, '십자가'를 달리 이르는 말.

성:가(聖家)몜 가톨릭에서, 예수·마리아·요셉으로 이루어지는 집안을 이르는 말.

성:가(聖歌)몜 ①성스러운 노래. 성악(聖樂). ②기독교에서 부르는, 종교 가곡을 통틀어 이르는 말. ③복음 성가·찬송가.

성:가(聖駕)몜 '임금이 탄 수레'를 높이어 이르는 말.

성가(聲價)[-까]몜 좋은 평판.

성:가-대(聖歌隊)몜 기독교에서, 예배나 미사 때 성가를 부르기 위하여 조직한 합창대. 찬양대.

성가시다[형] (자꾸 들부끄거나 번거롭게 굴어) 귀찮거나 괴롭다. ¶몸이 아프니 만사가 성가시다.

성:-가정(聖家庭)몜 가톨릭에서, 성모 마리아, 요셉, 예수로 이루어진 거룩한 가정을 이르는 말. 크리스트교적 가족의 모범으로 삼음.

성:가귀(城-)몜 (몸을 숨겨 적을 공격할 수 있도록 하기 위해) 성 위에 덧쌓은 낮은 담. 성첩(城堞). 여장(女墻).

성:가-회(聖家會)[-회/-훼]몜 가톨릭에서, 성가(聖家)를 본받는다는 뜻으로 세운 신자의 단체를 이르는 말.

성각(城閣)몜 ⇨성루(城樓).

성간^가스(星間gas)몜 성간 물질의 대부분을 차지하는 기체.

성간^물질(星間物質)[-찔]몜 별과 별 사이의 공간에 떠 있는 성간 가스·우주 먼지 따위의 극히 희박한 물질.

성:감(性感)몜 성기나 성감대를 자극할 때 느끼는 생리적 쾌감.

성:감(聖鑑)몜 임금이 분별하여 아는 일.

성감(誠感)몜하다 (남을) 참된 마음으로 대하여 감동하게 함.

성:감-대(性感帶)몜 자극을 받으면 성적 흥분을 일으키는 몸의 부위.

성:개(盛開)몜하자 ①(꽃·열매 따위가) 한창 피거나 열림. ②(시장 따위가) 한창 성하게 열림.

성:거(盛擧)몜 ⇨장거(壯擧).

성겁(成劫)몜 불교에서 이르는 사겁(四劫)의 하나. 처음으로 세계가 열리고 생물이 생성한 20중겁(中劫)의 동안. 참사겁.

성:게몜 극피동물의 성게류에 딸린 동물을 통틀어 이르는 말. 몸은 둥글넓적한 공 모양으로 지름 6 cm가량. 몸빛은 자흑색으로 온몸에 가시가 돋아 있음. 입은 한가운데 있고 항문은 위에 있음. 일본·우리나라 연해에 분포함. 섬게.

성격(成格)몜하자 격식을 이룸.

성:격(性格)[-껵]몜 ①각 개인이 가지고 있는 특유한 성질. 품성. ¶낙천적인 성격. ②사물이나 상태 그 자체의 성질. ¶이 사건의 성격은 뭔지 애매하다. ③심리학에서, 각 개인을 특징짓는 지속적이며 일관된 행동 양식.

성:격-극(性格劇)[-껵극]몜 주인공의 성격이나 내면적인 특성에 따라 사건 전개가 필연적으로 이루어지는 연극, 또는 희곡.

성:격^묘사(性格描寫)[-껵-]몜 (소설이나 희곡·영화 등에서) 등장인물의 독특한 성격을 그려 내는 일.

성:격^배우(性格俳優)[-껵빼-]몜 인물의 개성적인 성격을 능숙하게 표현하는 재능을 지닌 배우.

성:격^이:상(性格異常)[-껵기-]몜 정신적 불안정 상태의 한 가지. 감정이나 의지의 통제력에 결함이 있는 사람, 또는 그 상태.

성:-결(性-)[-껼]몜 성품의 곱고 사나운 정도나 상태. 준성질.

성:결(聖潔)몜하뒈 거룩하고 깨끗함.

성:결-교(聖潔教)몜 동양에서 정착된 개신교의 한 교파. 〔미국 감리교의 신자 카우만 등이 1901년에 '동양 선교회'를 설립함.〕

성:결^교:회(聖潔教會)[-회/-훼]몜 성결교, 또는 그 교파의 교회.

성:경(聖經)몜 각 종교에서, 그 종교의 가르침의 중심이 되는 책. 〔기독교의 성서, 불교의 대장경, 유교의 사서오경, 회교의 코란 따위.〕 성서(聖書). 성전(聖典).

성경(誠敬)몜 ①정성스러움과 공경스러움. ②하타 정성을 다하여 공경함.

성경(聲境)몜 육경(六境)의 하나. '귀로 들을 수 있는 대상'을 이르는 말.

성:경-대(聖經臺)몜 ⇨독경대(讀經臺).

성경신(誠敬信)몜 천도교의 수도 신조(修道信條)로서, '정성·공경·믿음'을 이르는 말.

성:경-현전(聖經賢傳)몜 성현이 지은 글이나 책. 〔성인의 글을 경(經), 현인의 글을 전(傳)이라 함.〕 준경전(經傳).

성:계(姓系)[-계/-게]몜 ①성씨(姓氏)와 그 계통. ②⇨계도(系圖).

성:계-제도(姓階制度)[-계-/-게-]**명** 태어나면서부터 이미 정해지는 사회적 계급이나 신분 제도.〔인도의 카스트 제도가 그 대표적인 예.〕

성:골(聖骨)**명** 신라 때, 골품(骨品)의 한 가지. 부모가 모두 왕족인 혈통, 또는 그 사람. 참진골(眞骨).

성공(成功)**명하자** ①뜻을 이룸. ¶실패는 성공의 어머니. ↔실패. ②부(富)나 사회적 지위를 얻음. ¶성공하여 금의환향하다. ②비출세.

성:공(性空)**명** 불교에서, 모든 사물의 실성(實性)은 원래 공허하다고 하는 말.

성:공(聖功)**명** 거룩한 공적.

성:공(聖供)**명** 삼보의 공양물.

성공-리(成功裏)[-니]**명** 일이 성공적으로 잘 되는 가운데. (주로, '성공리에'의 꼴로 쓰임.)) ¶연주회를 성공리에 마치다.

성공-적(成功的)**관명** 성공했다고 할 만한 (것). ¶월드컵 대회의 성공적 개최.

성:-공회(聖公會)[-회/-훼]**명** 영국 국교회의 전통과 조직을 같이하는 개신교의 한 교파.

성과(成果)[-꽈]**명** 이루어 내거나 이루어진 결과. ¶성과를 올리다.

성과-급(成果給)[-꽈-]**명** 일의 성과에 따라 지급하는 임금.

성곽(城郭·城廓)**명** ①성, 또는 성의 둘레. ②내성(內城)과 외성(外城)을 아울러 이르는 말.

성곽^도시(城郭都市)[-또-]**명** (외적을 막기 위하여) 사방을 성곽으로 둘러싼 도시.

성관(成冠)**명하자** 관례(冠禮)를 치름.

성:관(盛觀)**명** 성대하고 굉장한 구경거리.

성관(誠款)**명** ➪성심(誠心).

성:-관세음(聖觀世音)**명** 모든 관음의 근본이 되는 관음. 준성관음.

성:-관음(聖觀音)**명** 〈성관세음〉의 준말.

성:-관음-법(聖觀音法)[-뻡]**명** 성관음을 본존으로 하고 기도하는 법.

성광(成狂)**명하자** 미친 사람이 됨.

성광(星光)**명** 별빛.

성:광(聖光)**명** 가톨릭에서, 성체 강복 때에 성체를 받들어 모시는 기물(器物)을 이르는 말.

성:교(性交)**명하자** 남녀가 육체적으로 관계함. 교구(交媾). 교접(交接). 교합(交合). 구합(媾合). 방사(房事). 색사(色事). 행방(行房).

성:교(聖教)**명** ①(책봉 때 내리던) 임금의 교명(敎命). ②공맹(孔孟)의 가르침. ③가톨릭이나 불교에서, 자신들의 종교를 이르는 말.

성교(聲敎)**명** (임금이나 성인이) 덕으로 백성을 감화시키는 교육.

성:-교육(性敎育)**명** (청소년을 대상으로 하여) 성(性)에 관한 과학적인 지식을 올바르게 지도하기 위한 교육. 참순결 교육.

성:교^중절법(性交中絶法)[-뻡]**명** 피임법의 한 가지. 성교 때, 정액을 질 밖에 사정(射精)하는 일.

성:-교회(聖敎會)[-회/-훼]**명** '천주교회'를 달리 이르는 말.

성구(成句)[-꾸]**명** ①하자 글귀를 이룸. ②두 단어 또는 그 이상의 단어가 어우러져 나타내는 복합어. ③옛사람의 글이나 관습적으로 쓰이는 말 중에서 널리 알려져 있는 글귀. ¶고사(故事) 성구. 참관용구.

성:구(聖句)[-꾸]**명** 성서의 글귀.

성국(成局)**명** 체격이나 구조 따위가 알맞게 어울림.

성군(成群)**명하자** 떼를 짓거나 무리를 이룸.

성군(星群)**명** ①같은 방향에서 늘 함께 보이는 별의 무리. ②같은 방향으로 공통적인 운동을 하는 항성의 무리.

성:군(聖君)**명** 덕으로 나라를 다스린, 어질고 훌륭한 임금. 성왕(聖王). 성제(聖帝). 성주(聖主).

성군-작당(成群作黨)[-땅]**명하자** (여럿이 못된 짓을 하려고) 떼를 지어 모이어 패거리를 이룸, 또는 그러한 패거리.

성:궁(聖躬)**명** 임금의 몸. 성체(聖體).

성규(成規)**명** 성문화(成文化)한 규칙.

성균-관(成均館)**명** 조선 시대에, 유교의 교육을 맡아보던 최고의 국립 교육 기관. 참경학원(經學院)·태학(太學)·학궁.

성균관 개구리[속담] '자나 깨나 글만 읽는 사람'을 비유로 이르는 말.

성그레(부)(하자) 부드러운 태도로 소리 없이 눈웃음을 짓는 모양. 작상그레. 센성그레.

성:극(聖劇)**명** 성경에 나오는 사실을 소재로 한 종교극.

성근(誠勤)'성근하다'의 어근.

성근-하다(誠勤-)**형여** 성실하고 부지런하다. 성근-히(부).

성글-거리다(자) 자꾸 성글성글하다. 성글대다.
성글거리다. 센성글거리다.

성글다[성그니·성글어]**형** ➪성기다.

성글-대다(자) 성글거리다.

성글-벙글(부)(하자) 성글거리면서 벙글거리는 모양. 작상글방글. 센성글뺑글.

성글-성글(부)(하자) 눈과 입을 귀엽게 움직이며 소리 없이 부드럽게 자꾸 웃는 모양. 작상글상글. 센성글썽글.

성금명 말한 것이나 일한 것의 보람. ¶자네 말이 성금이 섰는지 일이 잘 풀렸네.

성금(誠金)**명** 정성으로 내는 돈. ¶성금을 내다.

성:-금요일(聖金曜日)**명** 가톨릭에서 이르는 '고난의 날'.〔예수가 십자가에 못 박혀 죽은 금요일. 부활절의 이틀 전.〕

성급(性急)'성급하다'의 어근.

성:급-하다(性急-)[-그파-]**형여** 성질이 매우 급하다. ¶성급한 행동. 성급-히(부).

성긋[-귿]**부**(하자) 상냥한 표정으로 소리 없이 한 번 가볍게 눈웃음을 짓는 모양. 작상긋. 센성끗·썽긋·썽끗. 성긋-이(부).

성긋-거리다[-귿꺼-]**자** 자꾸 성긋성긋하다. 성긋대다. 작상긋거리다.

성긋-대다[-귿때-]**자** 성긋거리다.

성긋-벙긋[-귿뻥귿]**부**(하자) 성긋거리면서 벙긋거리는 모양. 작상긋방긋. 센성끗벙끗·썽긋뻥긋·썽끗뻥끗.

성기(成器)**명**(하자) ①그릇을 완전히 만듦, 또는 그 그릇. ②사람의 됨됨이나 재질이 제 몫을 하기에 이름.

성:기(性器)**명** ①(주로 사람의 외부 생식기 중에서) 남자의 '음경'과 '고환', 여자의 '음문'을 두루 이르는 말. ②⇨생식기.

성기(星期)**명** ①'칠월 칠석'을 달리 이르는 말. ②(견우와 직녀가 서로 만나는 날이라는 데서) '혼인날'을 이르는 말.

성:기(盛氣)**명**(하자) 왕성한 기운이 버쩍 오름, 또는 그 왕성한 기운.

성:기(盛期)**명** 한창때.

성기(聲氣)**명** 음성과 기색.

성기다형 ①공간적으로 사이가 뜨다. ¶성긴 머리카락을 빗어 넘기다. ②관계가 긴밀하지 못하고 버성기다. 성글다. 작상기다.

성기-상통(聲氣相通)**명**(하자) ①서로 소식이 통함. ②서로 마음이 통함.

성깃-성깃[-긴썽긴]**부**(하형) 여러 군데가 모두 성깃한 모양. ¶ 성깃성깃한 머리털. ㈜상깃상깃.

성깃-하다[-긴타-]**형어** 조금 성긴 듯하다. ㈜상깃하다.

성:-깔(性-)**명** 날카롭고 매서운 성질을 부리는 태도나 버릇, 또는 그 성질. ¶ 성깔이 있다.

성:깔-머리(性-)**명** 〈성깔〉의 속된 말.

성꿋[-끋]**부**(하자) 〈성긋〉의 센말. ㈜상꿋. ㈔성긋.

성꿋-범꿋[-끋뻥끋]**부**(하자) 〈성긋벙긋〉의 센말. ㈜상꿋방꿋. ㈒셩꿋뺑꿋.

성:-나다(自) ①성이 나다. 노여움이 일어나다. ¶ 성난 표정. ②(흥분하여) 거친 기운이 나다. ¶ 성난 파도. ③(잘못 건드려 종기가) 덧나다. ¶ 술을 마셨더니 코에 난 뾰루지가 성났다.

성남(城南)**명** 도성(都城)의 남쪽, 또는 그 지역.

성:낭(聖囊)**명** (우리나라 가톨릭의 초기 교회에서) 미사나 봉성체(奉聖體) 때 성체를 넣던 주머니.

성내(城內)**명** 성의 안. 성안. ↔성외(城外).

성:-내다(自) ①성을 내다. 노여움을 드러내다. ②(흥분하여) 거친 기운을 내다.

성냥¹명 문지르면 불이 일어나는 약제를 작은 나뭇개비 끝에 묻힌 발화 제구의 한 가지.

성냥²명(하타) 쇠를 불에 불리어 재생하거나 연장을 만듦.

성냥-갑(-匣)[-깝]**명** 성냥개비를 담은 갑. 흔히 갑의 겉면 몇 군데에 적린(赤燐)·이산화망간·규사 따위의 마찰제를 발랐음.

성냥-개비[-깨-]**명** 성냥의 낱개비. 〔한쪽에 염소산칼륨·황화안티몬·황 따위의 발화 물질을 발랐음.〕

성냥-노리명 대장장이가 외상으로 일해 준 품값을 설날에 농가로 다니며 거두던 일.

성냥-일명 '대장일'의 잘못.

성:녀(聖女)**명** 가톨릭에서, 성인품(聖人品)에 오른 여성을 이르는 말.

성년(成年)**명** 사람으로서 지능이나 신체가 완전히 성숙한 나이. 대개 만 20세가 차는 나이를 이름. ↔미성년.

성:년(盛年)**명** 혈기 왕성한 한창때 나이, 또는 그 나이의 사람.

성:년(聖年)**명** 가톨릭에서, 성년 대사(聖年大赦)를 행하는 해. 〔1470년부터 25년마다 설정되고, 특별한 해에 설정되기도 함.〕

성:년^대:사(聖年大赦)**명** 성년을 기하여 교황(敎皇)이 전 세계의 가톨릭 신자에게 내리는 대사.

성년-식(成年式)**명** ①왕이나 왕족이 성년에 이른 때에 베푸는 의식. ②미개 사회에서, 일정한 나이가 된 남녀에게 씨족이나 종교 단체 등의 성원으로서의 자격을 주기 위해 베푸는 의식. ③☞관례(冠禮).

성:노(盛怒)**명**(하자) 몹시 화를 냄.

성:능(性能)**명** 기계 따위가 지닌 성질과 능해내는 능력. ¶ 성능이 뛰어나다.

성:능^곡선(性能曲線)[-썬]**명** (기계의 출력·효율·에너지의 소비 등) 성능을 나타내는 곡선.

성단(星團)**명** 천구 상에 군데군데 모여 있는 항성의 집단.

성:단(聖壇)**명** ①신을 모신 단. ②신성한 단.

성:단(聖斷)**명** 임금의 판단.

성:담-곡(聖譚曲)**명** ☞오라토리오.

성당(成黨)**명**(하자) 도당(徒黨)을 이룸.

성:당(盛唐)**명** 당(唐)나라의 문학사를 그 융성 단계로 보아, 초당(初唐)·성당·중당(中唐)·만당(晚唐)의 네 시기로 나눈, 그 둘째 시기.

성:당(聖堂)**명** ①가톨릭의 교회당. ②공자(孔子)의 묘당(廟堂).

성대명 성댓과의 바닷물고기. 몸길이는 40cm 이상으로, 가늘고 길며 주둥이가 뾰족함. 몸빛은 등이 자회색 바탕으로 암적색 무늬가 많은데, 등지느러미에는 청색 반점이 뚜렷함. 식용함.

성:대(盛大) '성대하다'의 어근.

성:대(聖代)**명** ☞성세(聖世).

성:대(聖帶)**명** ☞천사옥대(天賜玉帶).

성대(聲帶)**명** 후두(喉頭)의 중앙에 있는, 소리를 내는 기관. 목청.

성대-모사(聲帶模寫)**명** 다른 사람의 목소리나 짐승의 울음 따위를 흉내 내는 일.

성:대-하다(盛大)**형어** 행사 따위의 규모가 아주 성하고 크다. 썩 크고 장하다. ¶ 장례를 성대하게 치르다. 성대-히부.

성덕(成德)**명**(하자) 덕을 닦아 큰 인격을 이룸, 또는 그러한 사람.

성:덕(盛德)**명** 크고 높은 덕.

성:덕(聖德)**명** ①성인(聖人)의 덕. ②임금의 덕. 건덕(乾德).

성덕-군자(成德君子)[-꾼-]**명** 덕이 높고 인격이 훌륭한 사람.

성도(成道)**명**(하자) ①도(道)를 닦아 진리를 터득함. ②불교에서, 도를 깨달아 부처가 됨을 뜻하는 말. ③석가모니가 음력 섣달 초여드렛날 보리수 밑에서 부처가 된 일.

성:도(性度)**명** 성품과 도량.

성도(星圖)**명** ☞항성도(恒星圖).

성:도(聖徒)**명** ①가톨릭 신도 중 성자(聖者)의 자리에 오른 사람. ②개신교에서, '신도'를 높이어 일컫는 말.

성:도(聖都)**명** 종교적으로, 그 종교의 신도에게 존중의 대상이 되는 '거룩한 도시'. 영도(靈都).

성:도(聖道)**명** ①성인(聖人)의 도. ②불교에서, 자력문(自力門)으로 도를 깨닫는 교법을 이르는 말.

성:도^검:사(性度檢査)**명** 심리학적으로 개인이 어느 정도 남성적 또는 여성적 성질을 가지는 가를 양적으로 측정하는 검사.

성:-도덕(性道德)**명** 남녀 간의 성(性)에 대한 사회적 윤리. ¶ 성도덕이 문란해지다.

성:-도착(性倒錯)**명** 일반인의 경향에서 보아 크게 벗어나는 성행위의 한 유형. 곧, 성행위에서의 변태적 습성. (사디즘·마조히즘·노출증 따위). 변태 성욕. 색정 도착.

성동(成童)**명** 열다섯 살 이상의 소년.

성동(城東)**명** 도성의 동쪽, 또는 그 지역.

성:동(盛冬)**명** 한겨울.

성두(星斗)**명** ①별. ②북두(北斗)와 남두(南斗)를 아울러 이르는 말.

성두-토(城頭土)**명** 육십갑자의 무인(戊寅)과 기묘(己卯)에 붙이는 납음(納音). ☞백랍금(白蠟金).

성라(星羅) '성라하다'의 어근.

성라-기포(星羅棋布)[-나-]**명**(하형) (별이나 바둑돌처럼) 벌여 늘어 있음.

성라-하다(星羅)[-나-]**형어** 하늘의 별처럼 많이 늘어서 있다.

성람(聖籃)[-남]**명**(하타) ☞어람(御覽).

성:랍(聖蠟)[-납]**명** 가톨릭에서, '축성(祝聖)된 초'를 이전에 이르던 말. 성촉(聖燭).

성랑(城廊)[-낭]**명** 성곽에 세워 놓은 누각.

성량(聲量)[-냥]圓 목소리의 크기나 분량의 정도. 음량. ¶성량이 풍부하다.

성:려(聖慮)[-녀]圓 임금의 생각. 임금의 마음.

성:력(聖曆)[-녁]圓 ①성덕(聖德)이 있는 제왕이 다스리는 태평한 세상. ②제왕의 나이.

성력(誠力)[-녁]圓 ①정성과 힘. ②성실한 노력.

성:령(性靈)[-녕]圓 영묘한 성정(性情). 넋. 정신.

성:령(聖靈)[-녕]圓 기독교에서 이르는 삼위일체의 제3위. 진리의 신으로서 신자의 영적 생활의 근본이 되며, 교회를 세우고 다스리는 힘의 원천으로서 인격화된 초자연적 존재. 성신(聖神). 보혜사(保惠師). 쫌삼위일체.

성:령^출세(性靈出世)[-녕-세]圓 천도교에서, 사람이 죽은 뒤에는 그 성령이 미래의 사람의 성령 속에 다시 태어난다는 말.

성례(成禮)[-녜]圓하찌 혼인의 예식을 지냄.

성:례(聖禮)[-녜]圓 ①거룩한 예식. ②개신교에서, 세례식·성찬식 등의 예식을 이르는 말. 쫌성사.

성:론(性論)[-논]圓 사람의 타고난 성품에 관한 논의. 〔성선설과 성악설의 논쟁이 그 대표적인 것임〕. 성설(性說).

성루(城樓)[-누]圓 성곽의 곳곳에 세운 다락집. 성각(城閣).

성루(城壘)[-누]圓 ①성 바깥 둘레의 토담. ②☞성보(城堡).

성루(聲淚)[-누]圓 울음소리와 흐르는 눈물.

성류(星流)[-뉴]圓 천체 상의 항성들이 집단적으로 어떤 방향을 향하여 운동하는 현상. 〔현재로는 은하계의 은하면에 평행하며, 오리온자리와 뱀자리를 각각의 향점(向點)으로 하는 두 방향의 성류가 있는 것으로 알려져 있음.〕

성률(聲律)[-뉼]圓 ①음악의 가락. 음률. 율려(律呂). ②한자의 사성(四聲)의 규율.

성:리(性理)[-니]圓 ①사람의 성품과 자연의 이치. ②인성(人性)의 원리.

성:리-학(性理學)[-니-]圓 중국 송대(宋代)에 일어난 유학의 한 계통. 그 이전의 훈고학(訓詁學)에 만족하지 않고, 인간 본연의 성(性)을 발현하기 위하여 물(物)에 대한 이(理)를 참고하지 않으면 안 된다는 것이 그 철학적 주지(主旨)임. 주자학(朱子學). 이학(理學).

성림(成林)[-님]圓하찌 (나무가 자라) 숲을 이룸.

성립(成立)[-닙]圓하찌되찌 (사물이) 이루어짐. ¶범죄의 구성 요건이 성립되다.

성립^예:산(成立豫算)[-남녜-]圓 국회의 의결을 거쳐서 성립된 국가 예산.

성:-마르다(性-)[~마르니·~말라]혬찌 도량이 좁고 성미가 급하다.

성:만(盛滿)[-만]圓 ①풍성하고 그득함. ②(집안이) 번성함. 쫨영만(盈滿)하다·영성(盈盛)하다.

성:-만찬(聖晩餐)圓 〔예수가 12제자와 나눈 '마지막 저녁 식사'를 뜻하는 말로〕 성찬식에서 드는 식사.

성망(星芒)圓 별의 광망(光芒). 별빛.

성:망(盛望)圓 널리 기림을 받는 덕망.

성망(聲望)圓 명성과 덕망.

성:면(聖面)圓 임금의 얼굴. 용안(龍顏). ②예수의 용모. 성용(聖容).

성:명(成命)圓 (신하의 신상에 관하여) 임금이 내리는 명령.

성:명(姓名)圓 성과 이름. 씨명(氏名). ¶성명석 자도 못 쓰는 주제에 말은 잘한다. 쫜성함(姓銜).

성:명(性命)圓 인성(人性)과 천명(天命).

성:명(盛名)圓 크게 떨치는 이름.

성:명(聖名)圓 가톨릭에서, 천주(天主)와 천신(天神)과 신앙적 성인(聖人)의 '이름'을 높이어 일컫는 말.

성:명(聖明)圓 임금의 밝은 지혜.

성명(聲名)圓 ☞명성(名聲).

성명(聲明)圓 일정한 사항에 관한 견해나 태도를 여러 사람에게 공개하여 발표하는 일. ¶남북 공동 성명.

성:명부지(姓名不知)圓 성명을 알지 못함. 전혀 아는 사이가 아님. 성부지명부지. ¶성명부지의 사람에게 그 일을 맡기다니….

성명-서(聲明書)圓 성명하는 뜻을 적은 글.

성:명-없다(姓名-)[-업따]혬 사회적·인격적 존재가 보잘것없다는 뜻임. 이름 없다.

성:명^철학(姓名哲學)圓 성명을 음양오행설로 풀어 길흉을 가리는 점(占)의 한 가지.

성:명^판단(姓名判斷)圓 성명으로 그 사람의 운명을 점치는 일.

성-명학(星命學)圓 사람의 운명과 길흉을 판단하는 학문.

성:모(聖母)圓 ①지난날, 백성이 국모(國母)를 성스럽게 여기어서 일컫던 말. ②☞성모 마리아.

성:모(聖謨)圓 나라를 다스리는 데 있어서의 임금의 방침 또는 방책.

성모(聲貌)圓 말소리와 얼굴 모습.

성-모둠(姓-)圓하찌 지난날, 지닐총을 겨루던 놀이의 한 가지. 책의 일정한 범위 안에서 성자(姓字)를 많이 찾아 적던 내기.

성:모^마리아(聖母Maria)圓 예수의 어머니를 일컫는 말. 산타 마리아. 성모(聖母).

성목(成木)圓 (재목이 될 정도로) 나무가 자람, 또는 그러한 나무.

성묘(省墓)圓하찌 조상의 산소에 가서 인사를 드리고 산소를 살피는 일. 간산(看山). 참묘(參墓). 성추(省楸).

성:묘(聖廟)圓 ☞문묘(文廟).

성무(星霧)圓 ☞성운(星雲).

성문(成文)圓하찌 문서나 문장으로 작성하여 나타냄, 또는 그 문서나 조문.

성문(城門)圓 성의 출입구에 만든 문.

성:문(聖門)圓 ①공자의 도(道). 공자의 가르침. ②공자의 문하(門下). 공문(孔門).

성문(聲門)圓 후두부(喉頭部)에 있는 발성 기관. 호흡할 때에는 벌어져 삼각형이 되고 발성할 때에는 사이가 좁아짐. 목청문.

성문(聲紋)圓 ('목소리의 무늬'라는 뜻으로〕 음성의 진동파를 주파수 분석 장치로 채취해 낸 그래프. 〔사람마다 독자적인 형상을 가지므로 지문(指紋)과 비슷한 효용을 나타냄.〕

성문(聲聞)圓 ①☞명성(名聲). ②('부처의 음성을 들은 이'라는 뜻으로〕 '불제자'를 이르는 말. ③<성문승(聲聞乘)>의 준말.

성문-계(聲聞界)[-계/-게]圓 십계(十界)의 하나. 곧, 불제자의 세계.

성문^계:약(成文契約)[-계-/-게-]圓 〔약속 내용이나 조항을〕 문서로 만들어서 맺은 계약.

성문-법(成文法)[-뻡]圓 ☞성문율. ↔불문법.

성문-승(聲聞乘)圓 불교에서, 삼승(三乘)의 하나. 성문의 목적인 아라한의 깨달음을 얻게 하는 교법. ②성문. 쫨삼승(三乘).

성문-승(聲聞僧)圓 성문승(聲聞乘)을 닦는 중. 곧, 아라한이 되고자 수도하는 소승 불자.

성문-율(成文律) [-뉼]명 문서의 형식을 갖추어 공포된 법률. 성문법. ↔불문율.

성문-음(聲門音)명 성문이 진동하여 나는 소리. ['ㅇ·ㅎ'이 이에 딸림.] 목청소리.

성문^헌:법(成文憲法) [-뻡]명 일정한 절차에 따라 문자로 표현되고 문서의 형식을 갖추어 성립된 헌법. ⑭불문 헌법.

성문-화(成文化)명[하자][되자] 문장으로 옮겨 작성함.

성:물(聖物)명 ①신성한 물건. ②종교적 의식에 사용되는 여러 가지 거룩한 물건. [십자가·성 모상 따위.]

성:미(性味)명 성정(性情)과 취미. 성질과 비위.
성미가 가시다[관용] 발끈 일어난 성미가 가라앉다. ¶배배 꼬이고 뒤틀어진 성미가 가시지 않아 동료들의 애를 태웠다.

성미(誠米)명 ①신불(神佛)에게 정성으로 바치는 쌀. ②기독교와 천도교 교인이, 아침저녁에 밥할 쌀에서 식구 한 사람당 한 숟가락씩 떠내어 모았다가 교당에 바치는 쌀. ②참기도미.

성:미-나다(性味-)짜 성미가 발끈 일다.
성:미-부리다(性味-)짜 좋지 못한 성미를 마구 드러내다.

성:-바지(姓-)명 성(姓)의 종류. ¶여러 성바지로 이루어진 모임.

성:반(聖盤)명 가톨릭에서, 미사에 쓰는 성체를 담아 두는 접시.

성:배(聖杯·聖盃)명 ①신성한 술잔. ②예수가 최후의 만찬 때 쓴 술잔.

성:범(聖凡)명 ①성인과 범부(凡夫). ②거룩함과 평범함.

성:-범죄(性犯罪) [-죄/-줴]명 개인의 성적(性的) 자유를 해치거나 성도덕에 반하는 행위 따위를 함으로써 성립되는 범죄. [강간·추행·간음 따위.]

성:법(聖法) [-뻡]명 ①거룩한 법. ②성인(聖人)이 정한 거룩한 법도.

성:벽(性癖)명 ①오랫동안 몸에 밴 버릇. ②성질과 버릇.

성벽(城壁)명 성곽의 벽.

성변(星變)명 별의 위치나 빛에 생긴 이상(異常). ¶성변을 관측하다.

성:별(性別)명 남녀, 또는 암수의 구별. ¶병아리의 성별을 감별하다.

성:별(聖別)명[하타] 신성한 일에 쓰기 위해 따로 구별하는 것. ⑭축성(祝聖).

성병(成病)명[하자] (근심·걱정으로) 병이 됨. ¶고민 끝에 마침내 성병하다.

성:병(性病) [-뼝]명 성교 등으로 말미암아 전염되는 병. [임질·매독 따위.] 사교병(社交病). 화류병.

성보(城堡)명 산성(山城) 밖에 임시로 구축한 소규모의 요새. 성루(城壘).

성복(成服)명[하자] 초상이 났을 때 상복을 처음 입는 일.

성:복(盛服)명 잘 차려입은 옷. 성장(盛裝).

성부(成否)명 →성불성(成不成).

성부(城府)명 ①ㅎ성시(城市). ②마음속에 쌓은 담. [남과 이야기할 때 마음을 터놓지 않음을 뜻함.]

성:부(聖父)명 기독교에서, 삼위일체의 제1위를 일컫는 말. 하느님.

성부(聲部)명 발성이 가능한 높낮이에 따라 구분한 음역(音域)의 부분. [소프라노·알토·테너·베이스 따위.]

성:부동-남(姓不同-)명 성(姓)이 달라서 남일 뿐, 일가처럼 가까운 사람.

성:부지-명부지(姓不知名不知)명 성도 이름도 모름. 성명부지.

성북(城北)명 도성(都城)의 북쪽, 또는 그 지역.

성분(成分)명 ①화합물·혼합물 따위를 이루고 있는 물질. ¶비료의 성분. ②전체를 구성하고 있는 부분. ¶문장의 성분.

성분(成墳)명[하자] →봉분(封墳).

성분^부:사(成分副詞)명 부사의 한 갈래. 문장에서 상태나 정도를 나타내면서 '어떻게'의 형식으로 other 성분을 꾸미는 부사. [성상 부사, 지시 부사, 부정 부사가 이에 딸림.]

성분-비(成分比)명 한 물질을 구성하고 있는 여러 성분의 화학적 정량의 비.

성불(成佛)명[하자] 모든 번뇌에서 해탈하여 불과(佛果)를 이룸. 곧, 부처가 됨.

성불-도(成佛圖)명 [-또]명 극락과 지옥을 비기어 만들어 승부를 겨루는 오락 용구의 한 가지.

성불성(成不成) [-썽]명 일의 되고 못 됨. 성부(成否). ¶결과의 성불성은 하늘에 맡기자.

성:비(性比)명 [같은 종(種) 가운데서] 암수 개체 수의 비율. 흔히, 암컷의 개체 수나 전체 개체 수에 대한 수컷의 개체 수로 나타냄.

성빈(成殯)명[하자] 빈소를 만듦.

성사(成事)명[하자][되자] 일이 이루어짐, 또는 일을 이룸. ¶성사만 된다면 내 한턱내지./계약이 성사하다.

성:사(盛事)명 훌륭하고 큰 일.

성:사(聖史)명 지난날 가톨릭 신자들이, 마태오·마르코·루가·요한 등 사복음서의 사실(史實)을 이르던 말.

성:사(聖事)명 ①거룩한 일. ②가톨릭에서 이르는 일곱 가지 성스러운 행사. [세례·견진·고백·성체·병자·신품·혼인의 일곱 행사를 이름.]

성:사(聖師)명 천도교에서, '제3대 교주 손병희(孫秉熙)'를 높이어 일컫는 말.

성:사-극(聖史劇)명 신비극(神祕劇).

성사-재천(成事在天)명 '일의 되고 못 됨은 천운(天運)에 달렸음'을 뜻하는 말.

성산(成算)명 일이 이루어질 가능성. ¶그 일은 전혀 성산이 없는 일이다.

성산(星散)명[하자] 사물이 새벽 하늘의 별처럼 사방으로 흩어지거나 뿔뿔이 헤어짐.

성산-가야(星山伽倻)명 경상북도 성주 부근에 자리했던 고대 군장 국가(君長國家). 육 가야(六伽倻)의 하나로, 532년 신라에 병합됨.

성산-별곡(星山別曲)명 조선 명종 때 정철(鄭澈)이 지은 가사. 성산(星山)의 서하당(棲霞堂)·식영정(息影亭)을 중심으로 한 사시(四時)의 풍경과, 이 집의 주인이며 문인인 김성원(金成遠)의 풍류를 읊은 내용.

성:삼(聖三)명 〈성삼위(聖三位)〉의 준말. ⑭삼위일체.

성:-삼위(聖三位)명 기독교에서, 삼위일체인 거룩한 세 위격. 곧, 성부(聖父)와 성자(聖子)와 성령(聖靈). 삼위(三位). ⑥성상.

성:상(性狀)명 ①사람의 성질과 행실. ②사물의 성질과 상태.

성:상(性相)명 불교에서, 만물의 본체와 현상, 곧 모든 사물을 이르는 말.

성상(星狀)명 별 모양. 흔히, 방사상(放射狀) 돌기가 있는 형상을 이름.

성상(星象)명 ①별을 통틀어 이르는 말. ②별자리의 모양.

성상(星霜)**명** 〔별은 일 년에 하늘을 한 바퀴 돌고, 서리는 해마다 내린다는 뜻에서〕'세월' 또는 '일 년 동안의 세월'을 비유하여 이르는 말.

성상(城上)**명** 성곽의 위.

성:상(聖上)**명** 왕조 때, 자기 나라의 살아 있는 '임금'을 높이어 일컫던 말.

성:상(聖像)**명** ①성인(聖人)이나 임금의 초상. ②기독교에서 이르는, 그리스도나 성모의 초상.

성:상^관형사(性狀冠形詞)**명** 사물의 성질이나 상태가 어떠한지를 꾸미는 관형사. 〔새·헌·맨·참·헛·갖은·온갖·모든·외딴·사회적·예술적 따위.〕

성:상^부:사(性狀副詞)**명** 부사를 그 수식하는 내용에 따라 가른 한 갈래. 문장에서 상태나 정도를 나타내면서 '어떻게'의 형식으로 다른 말을 한정하는 단어. 〔잘·더욱·매우·더구나·차라리·높이·깊이·많이·하물며·가령 따위.〕

성:상-학(性相學)**명** 인상(人相)·골상(骨相)·수상(手相) 따위를 보고 사람의 성질이나 운명을 판단하는 학문.

성:상^형용사(性狀形容詞)**명** 사람이나 사물의 성질이나 상태를 나타내는 형용사. 〔쓰다·달다·고프다 따위.〕

성새(城塞)**명** ☞성채(城砦).

성색(聲色)**명** ①말소리와 얼굴빛. 언어와 태도. ②노래와 여색. ¶성색에 빠지다.

성:-생활(性生活)**명** 인간 생활 중에서, 성에 관계되는 생활. ¶부부간의 성생활.

성서(城西)**명** 도성(都城)의 서쪽, 또는 그 지역.

성:서(盛暑)**명** 한더위.

성:서(聖書)**명** ①기독교의 성전(聖典). 성경. ②성인이 쓰거나, 성인의 말씀으로 이루어진 책.

성석(成石)**하자** 회(灰) 따위가 굳어져서 돌처럼 됨, 또는 그 돌.

성:석(聖石)**명** 가톨릭에서, 순교자의 유해가 들어 있는 돌 판을 이르는 말. 〔주교가 축성(祝聖)하여 제대(祭臺) 중심에 안치함.〕

성:선(性腺)**명** ☞생식샘.

성:선-설(性善說)**명** 인간의 본성은 선천적으로 선하며, 나쁜 행위는 물욕에서 생겨난 후천적인 것이라고 주장한 맹자(孟子)의 설. ↔성악설(性惡說).

성:설(性說)**명** 인간 본성의 선악에 관한 설. 〔성선설·성악설·선악 혼효설 따위.〕

성:설(盛設)**명** 잔치를 크게 베풂.

성성(星星)**명** 이십팔수의 하나. 남쪽의 넷째 별자리. 춘성(星).

성:성(聖性)**명** ①거룩한 품성. ②가톨릭에서, '거룩함'을 이르는 말.

성성(猩猩)'성성하다'의 어근.

성성-이(猩猩-)**명** 성성잇과의 짐승. 키 1.4 m가량. 원숭이와 비슷한데, 팔이 길어 서 있어도 손끝이 땅에 닿음. 얼굴 이외의 온몸에 황갈색의 긴 털이 나 있음. 영리하나 성미는 매우 느리고 힘이 셈. 보르네오·수마트라 등지의 삼림에 살며, 대개 나무 위에서 생활함. 오랑우탄.

성성-전(猩猩氈)**명** 진한 빨강으로 물들여 짠 전(氈).

성성-하다(星星-)**형여** 센 머리털이 희끗희끗하다. ¶백발이 성성한 노신사.

성세(成勢)**명** 세력을 이룸, 또는 그 세력.

성:세(盛世)**명** 국운이 한창 융성한 세대.

성:세(聖世)**명** 어진 임금이 다스리는 세대. 성대(聖代).

성:세(聖洗)**명** ☞성세 성사.

성세(聲勢)**명** 명성과 위세. ¶성세를 떨치다.

성:세^성:사(聖洗聖事)**명** 가톨릭에서 이르는 칠성사(七聖事)의 하나. 물로 씻는 예식으로 이루어지는 세례(洗禮). 〔이 세례를 받음으로써 비로소 교회의 다른 성사도 받을 자격을 갖추게 됨.〕 성세(聖洗).

성:포(性細胞)**명** ☞생식 세포.

성:소(性巢)**명** ☞생식샘.

성:소(聖召)**명** 가톨릭에서, 하느님의 '부르심'을 이르는 말. 특히, 성직 생활이나 수도 생활을 하도록 부르시는 일을 이름.

성속(成俗)**명** ①옛 풍속. 예로부터의 풍속. ②좋은 풍속을 이룸.

성:손(姓孫)**명** 몇 대가 지난 뒤의 자손. 후손.

성:손(聖孫)**명** 임금의 손자나 자손.

성:쇠(盛衰)〔-쐬/-쉐〕**명** 사물이 성하는 일과 쇠하는 일. 흥체. ¶영고성쇠. 비소장(消長).

성:쇠지리(盛衰之理)〔-쐬/-쉐-〕**명** 성하고 쇠함이 끊임없이 잇달아 바뀌는 이치.

성수(成遂)**명하타** 어떤 일을 이루어 냄.

성수(成數)**명하타** 일정한 수효를 이룸.

성수(成獸)**명** 다 자란 짐승.

성수(星宿)**명** ①고대 중국에서, 천구 상의 별을 이십팔수로 나눈 것. 성좌에 해당함. ②모든 성좌의 별.

성수(星數)**명** ☞운수(運數).

성:수(聖水)**명** 가톨릭에서, 종교적인 용도를 위하여 사제가 교회의 이름으로 축성(祝聖)한 물을 이르는 말. ¶성수를 뿌리다.

성:수(聖壽)**명** 임금의 나이.

성:수-기(盛需期)**명** 어떤 물품의 한창 쓰이는 때. ¶성수기에 접어들다. ↔비수기. 참한철.

성:수-만세(聖壽萬歲)**명** ☞성수무강.

성:수-무강(聖壽無疆)**명하자** 임금이 오래 살기를 비는 말. 성수만세. ¶성수무강하옵소서.

성:수불루(盛水不漏)**명하형** 〔물을 채워도 새지 않는다는 뜻으로〕'주의가 구석구석까지 미쳐 빈틈이 없음'을 이르는 말.

성숙(成熟)**명하자되자** ①곡식이나 과일 등이 무르익음. ②몸이나 마음이 완전히 자람. ¶성숙한 여인. ③경험이나 훈련을 쌓아 익숙해짐. ¶성숙한 연기. /정치적인 성숙. ④어떠한 일을 하는 데 적당한 시기에 이름. ¶분위기가 성숙되기를 기다리다.

성숙-기(成熟期)〔-끼〕**명** ①성숙해 가는 동안. ¶성숙기에 알맞은 조건. ②성숙된 시기. ③사람의 성숙이 한창인 때. ¶성숙기의 청소년은 영양분을 충분히 섭취해야 한다.

성숙-란(成熟卵)〔-숭난〕**명** 난소 안에서 성숙한 난세포.

성숙-아(成熟兒)**명** 모태 안에서 완전히 발육하여 태어난 아기. ↔조산아·미숙아.

성:-스럽다(聖-)〔-따〕〔~스러우니·~스러워〕**형여** 거룩하다. 고결하고 거룩하다. ¶성스럽게 들려오는 교회의 종소리. **성스레부**.

성습(成習)**명하자되자** 버릇이 됨.

성시(城市)**명** ①사람이 많이 모여 흥청거림. ¶장거리가 성시를 이루다. ②장이 섬. 시장을 이룸.

성시(城市)**명** 성벽이 있는 시가. 성벽으로 둘러싸인 시가. 성부(城府).

성:시(盛時)**명** ①나이가 젊고 혈기가 왕성한 때. ②운세나 세력이 한창인 때.

성시(盛市)**명** 성황을 이룬 시장.

성시-증(聲嘶症)〔-쯩〕**명** 한방에서, 창병이나 후두 등의 이상으로 목이 쉬는 증세.

성:식(盛飾)몜[하자] ☞성장(盛裝).

성식(聲息)몜 소식. 음신(音信).

성신(星辰)몜 뭇별.

성:신(聖臣)몜 인격이 뛰어난 신하. 〔육정(六正)의 하나.〕

성:신(聖神)몜 기독교에서, 삼위일체의 제3위를 일컫는 말. 성령(聖靈).

성:신-강:림(聖神降臨) [-님]몜 기독교에서, 예수 부활 후 50일. 곧, 일곱째 일요일에 성신이 제자들 위에 강림한 일.

성:신-말법(-法) [-뻡]몜 무당들이 점을 치고 굿을 하는 법을 적은 책의 이름.

성신^숭배(星辰崇拜)몜 별을 신성한 것으로 믿고 우러러며 받드는 신앙, 또는 그에 따르는 의례. 원시 미개 민족이나 중국·바빌로니아·아라비아·인도 등의 고대 사회에서 찾아볼 수 있음.

성:신-쌍전(身神雙全)몜 천도교에서, 영혼과 육체를 하나로 보는 생각.

성실(成實)몜[하자] 곡식 따위가 다 자라서 열매를 맺음.

성실(誠實)몜[하형] (태도나 언행 등이) 정성스럽고 참됨. 착하고 거짓이 없음. ¶ 성실한 생활 태도. /성실하게 일하다. 성실-히뮈.

성:심(聖心)몜 〔가톨릭〕①예수의 거룩한 마음, 곧 인간을 향한 예수의 사랑을 이르는 말. ②성모의 거룩한 마음, 곧 하느님과 인간을 향한 성모의 사랑을 이르는 말.

성심(誠心)몜 정성스러운 마음. 거짓 없는 참된 마음. 단념(丹念). 성관(誠款). ¶ 성심으로 대하다.

성심-껏(誠心-) [-껃]뮈 정성을 다하여. ¶ 성심껏 돕다. /성심껏 간호하다.

성:심^성:월(聖心聖月)몜 가톨릭에서, 예수의 성심(聖心)을 특별히 공경하는 달, 곧 양력 6월을 이르는 말.

성심-성의(誠心誠意) [-의/-이]몜 참되고 성실한 마음과 뜻.

성심성의-껏(誠心誠意-) [-의껃/-이껃]뮈 참되고 성실한 마음과 뜻을 다하여. ¶ 성심성의껏 돕다.

성-싶다 [-십따]조형 〈용언의 관형사형 '-ㄴ·-은·-는·-ㄹ·-을' 뒤에 쓰이어〉 '-것 같다'와 같이 추측·예상·추리 따위의 뜻을 나타내는 말. 돕다². ¶ 비가 올 성싶다. /그의 짓이 아닌 성싶다. /그가 허락할 성싶지 않다. 참듯싶다.

성:씨(姓氏)¹몜 〈성(姓)의 높임말.

성:씨(氏氏)²몜 각시째.

성:악(聖樂)몜 성가·미사곡 등의 종교 음악을 두루 이르는 말. 성가(聖歌).

성악(聲樂)몜 사람의 목소리를 통하여 어떤 사상이나 감정을 표현하는 음악. ↔기악(器樂).

성악(性惡)몜 '성악하다'의 어근.

성악-가(聲樂家) [-까]몜 가곡이나 오페라 따위의 성악을 전문으로 하는 사람.

성:악-설(性惡說) [-썰]몜 인간의 본성은 악하며, 좋은 행위는 교육이나 학문·수양 등 후천적인 작위(作爲)에 의해서 하게 되는 것이라고 주장하는 순자(荀子)의 설. ↔성선설.

성:악-하다(性惡-) [-아카-]행여 성정(性情)이 악하다.

성:안(城)몜 성벽으로 둘러싸인 안. 성중(城中).

성안(成案)몜[하타][되자] 어떤 일에 대한 안을 작성함, 또는 그 안. ¶ 성안한 사업 계획.

성:안(聖顏)몜 ☞용안(龍顏).

성애몜 ①물건을 사고팔 때, 흥정이 다 된 증거로 옆에 있는 사람들에게 술·담배 등을 대접하는 일. ②물건을 살 때, 값어치 이외의 다른 물건을 덤으로 얹어 받는 일.

성:애(性愛)몜 남녀 간의 성적인 애정. 본능적인 색욕. ¶ 성애 영화.

성애-술몜 성애로 내거나 마시는 술. ¶ 성애술에 거나해지다.

성야(星夜)몜 별빛이 밝은 밤.

성:야(聖夜)몜 〔거룩한 밤이란 뜻으로〕성탄절 전날 밤.

성약(成約)몜[하자] 계약이 이루어짐.

성:약(聖藥)몜 효력이 아주 신통한 약. 선약(仙藥).

성양(成樣)몜[하자] 모양이나 형식을 갖춤.

성어(成魚)몜 다 자란 물고기. ↔치어(稚魚).

성어(成語)몜 ①이전부터 세상에서 흔히 인용되어 온 말. ¶ 고사 성어. ②숙어(熟語).

성:어-기(盛漁期)몜 계절적으로 어떤 물고기가 많이 잡히는 시기. ↔어한기(漁閑期).

성:언(聖言)몜 ①성인의 말. ②성서에 기록된 말.

성업(成業)몜[하자][되자] 학업이나 사업 등을 이룸.

성:업(盛業)몜 장사나 장사가 잘되는 일, 또는 그러한 사업이나 장사. ¶ 성업 중인 가게.

성:업(聖業)몜 ①거룩한 사업. ②임금의 대업.

성에¹몜 ①추운 겨울에, 유리창이나 벽 같은 데 김이 서리어 서리처럼 허옇게 얼어붙은 것. ¶ 창문에 성에가 끼다. ②〈성엣장의 준말.

성에²몜 쟁깃술의 윗머리에서 앞으로 뻗치어 나가는 구부정긴 나무.

성엣-장 [-에짱/-엔짱]몜 물 위에 떠서 흘러가는 얼음덩이. 유빙(流氷). ¶ 강물을 따라 성엣장이 떠내려가다. 준성에¹.

성역(城役)몜 지난날, 성을 새로 쌓거나 고쳐 쌓는 역사.

성:역(聖域)몜 ①신성한 지역. 특히 종교상 신성하여 범해서는 안 되게 되어 있는 지역. ¶ 성역을 범하다. ②전화(戰火) 등으로 피해를 입는 일이 없도록 당사국 간에 양해가 되어 있는 지역. ③함부로 침범할 수 없는 나름대로의 구역이나 문제 삼아서는 안 되는 사항. ¶ 성역 없는 수사.

성역(聲域)몜 사람이 낼 수 있는 가장 높은 음에서 가장 낮은 음까지의 범위.

성역-당상(城役堂上) [-땅-]몜 왕조 때, 성역(城役)을 잘 감독한 공으로 승진한 통정대부(通政大夫).

성:연(盛宴·盛筵)몜 성대한 잔치. ¶ 성연을 베풀다.

성:열(盛熱)몜 한더위.

성:염(盛炎)몜 한더위.

성:-염색체(性染色體) [-념-]몜 성(性)을 결정하는 데 직접 관계되는 염색체.

성:영(聖詠)몜 가톨릭에서, 구약 성서의 '시편(詩篇)'의 이전 일컬음.

성예(聲譽)몜 명성. 명예. 비명망(名望).

성오(省悟)몜[하타] 잘못을 반성하여 깨달음.

성옥(成獄)몜[하타][되자] 지난날, 살인 사건에 관해 재판하던 일.

성:왕(盛旺)몜[하형] ☞왕성(旺盛). 성왕-히뮈.

성:왕(聖王)몜 ☞성군(聖君).

성외(城外) [-외/-웨]몜 성문 밖. ↔성내(城內).

성:욕(性慾)몜 이성과의 성행위를 바라는 욕망.

성:욕^묘:사(性慾描寫) [-용-]몜 소설이나 드라마에서, 남녀 간의 육정적 욕망을 묘사하는 일.

성:욕^이:상(性慾異常)圀 심리적 원인이나 신체적 질환에 따른 성욕의 장애.

성:용(聖容)圀 ①신불의 거룩한 모습. ②임금의 용자(容姿). 성면(聖面)

성우(成牛)圀 다 자란 소.

성우(聖祐)圀 ♡유성우(流星雨)

성:우(聖佑)圀 가톨릭에서, '은총(恩寵)'을 이전에 이르던 말.

성우(聲優)圀 라디오 방송극이나 텔레비전·영화 녹음 등에서 목소리만으로 연기하는 배우.

성운(星雲)圀 구름처럼 보이는 천체. 가스나 우주 먼지로 이루어진 은하계 내의 성운과 항성의 대집단인 은하계 외의 성운으로 나뉨. 성무(星霧)

성:운(盛運)圀 흥성하는 운수.

성:운(聖運)圀 ①임금의 운. ②임금이 될 운.

성운^가:설(星雲假說)圀 ♡성운설(星雲說).

성운-군(星雲群)圀 은하계 외의 일부에 모여 있는, 수 개 또는 수십 개의 은하계 외의 성운의 집단.

성운-단(星雲團)圀 은하계 외의 일부에 모여 있는, 수백 또는 수천 개의 은하계 외의 성운의 집단.

성운-선(星雲線)圀 행성상 성운 따위의 스펙트럼에 나타나는 특수한 휘선(輝線).

성운-설(星雲說)圀 칸트와 라플라스가 주창한, 태양계의 기원에 관한 가설. 성운 가설.

성:웅(聖雄)圀 거룩하리만큼 뛰어난 영웅. ¶성웅 이순신 장군.

성원(成員)圀 ①어떤 단체나 조직을 구성하고 있는 인원. 구성원. ¶사회 성원. ②어떤 회의 등을 성립시키는 데 필요한 인원. ¶성원 미달로 유회(流會)되다.

성원(聲援)圀何何 (응원이나 원조 따위로) 사기나 기운을 북돋아 줌. ¶도전자에게 아낌없는 성원을 보내다. /각계의 뜨거운 성원에 힘입어 재기에 성공하다.

성원-국(成員國)圀 국제적인 조직에서, 그 성원으로 되어 있는 국가.

성월(星月)圀 별과 달.

성:월(聖月)圀 가톨릭에서, 1년 중 어느 달을 예수와 성모, 또는 성인에게 봉헌하도록 교회가 특별히 지정한 달. ¶성모 성월.

성위(星位)圀 항성의 자리.

성위-표(星位表)圀 별의 이동을 적어 넣은 표. 항성의 자리·크기·밝기·변광(變光) 주기·운동·거리 따위를 적음.

성:유(聖油)圀 가톨릭에서, 주교에 의하여 축성(祝聖)된 올리브유(油)를 이르는 말. 〔교회의 전례 때 쓰이며 크리스마스 성유, 병자의 성유, 성세 성유가 있음.〕

성:유(聖諭)圀 임금의 말. 칙유(勅諭).

성유-법(聲喩法)[-뻡]圀 ♡의성법(擬聲法).

성육(成育)圀何何 태어나서 자람, 또는 자라서 크게 됨. ¶치어(稚魚)의 성육.

성:은(盛恩)圀 넘치도록 큰 은혜.

성:은(聖恩)圀 임금의 은혜. ¶성은이 망극하옵나이다. 비우은(優恩).

성음(聲音)圀 음성. 목소리.

성음^문자(聲音文字)[-짜]圀 ♡표음 문자.

성음-학(聲音學)圀 ♡음성학.

성읍(城邑)圀 고을.

성:의(盛儀)圀 성대한 의식.

성:의(誠意)[-의/-이]圀 ①♡성지(聖旨). ②가톨릭에서, 천주의 '거룩한 뜻'을 이전에 이르던 말.

성의(誠意)[-의/-이]圀 정성스러운 마음. 참된 마음. ¶성의를 보이다.

성의-껏(誠意-)[-의껀/-이껀]图 있는 성의를 다하여. 정성껏. ¶성의껏 돌보아 주다.

성인(成人)圀 이미 성년이 된 사람. 어른. 대인(大人). ¶성인이 되다.

성인(成因)圀 어떤 사물이 이루어진 원인. ¶빙하의 성인을 조사하다.

성:인(聖人)圀 ①지덕(智德)이 뛰어나 세인의 모범으로서 숭앙받을 만한 사람. 〔유교에서는 요(堯)·순(舜)·우(禹)·탕(湯) 및 문왕(文王)·무왕(武王)·공자(孔子) 등을 가리킴.〕 ②가톨릭에서, 신앙과 성덕(聖德)이 특히 뛰어난 사람에게 교회에서 시성식(諡聖式)을 통하여 내리는 칭호. 성자(聖者). 惷성녀(聖女).

성인도 시속(時俗)을 따른다[곸] 상황에 따른 응변(應變)은 어쩔 수 없는 일이라는 뜻으로 쓰이는 말.

성인^교:육(成人敎育)圀 사회 교육의 한 가지. 이미 사회에 나와 일하고 있는 성인을 대상으로, 그들에게 사회인으로서 필요한 지식을 익히게 하기 위해 베푸는 교육.

성:인-군자(聖人君子)圀 '성인이나 군자처럼 행실이 점잖고 어질며 학식과 덕이 높은 사람'을 비유하여 이르는 말.

성인-병(成人病)[-뼝]圀 중년기 이후에 많이 나타나는 병을 통틀어 이르는 말. 〔동맥 경화·당뇨병·암·심장병·고혈압 따위.〕

성인지미(成人之美)圀 남의 뛰어난 점을 도와 더욱 빛나게 하는 일.

성:일(聖日)圀 기독교에서, 성스러운 날이라는 뜻으로 '일요일'을 이르는 말. 주일(主日).

성일-하다(誠一-)圀 '성일하다'의 어근.

성일-하다(誠一-)⟮⟯ 마음에 품은 뜻이 한결같이 참되고 굳다.

성자(姓字)[-짜]圀 성(姓)을 나타내는 글자.

성자(省字)[-짜]圀 조선 시대에, 왕세자가 군사 관계 문서에 찍던, '성(省)' 자가 새겨진 도장.

성:자(盛者)圀 세력을 크게 떨치는 사람.

성:자(聖子)圀 기독교에서, 삼위일체의 제2위인 예수 그리스도를 일컫는 말.

성:자(聖者)圀 ①♡성인(聖人). ②불교에서, 온갖 번뇌를 끊고 정리(正理)를 깨달은 사람을 일컫는 말. ③기독교에서, 순교자나 거룩한 신자를 높이어 일컫는 말.

성:자-신손(聖子神孫)圀 〔성인의 아들이나 신의 자손이라는 뜻으로〕 '역대의 임금이나 임금의 혈통'을 이르는 말.

성:자필쇠(盛者必衰)[-쐬/-쒜]圀 한번 성한 자는 반드시 쇠하게 마련이라는 말.

성:작(聖爵)圀 가톨릭에서, 미사 때 성혈(聖血), 곧 포도주를 담는 잔을 이르는 말.

성장(成長)圀何何 ①(사람이나 동물 등) 생물이 자라남. ¶아이들의 성장을 지켜보다. ②사물의 규모가 커짐. ¶고도의 경제 성장.

성장(星章)圀 별 모양의 표지, 또는 그러한 모양의 기장(記章).

성장(城將)圀 성을 지키는 장수.

성:장(盛粧)圀何何 남의 눈을 끌 만큼 화려하게 화장(化粧)함, 또는 그러한 화장.

성:장(盛裝)圀何何 옷을 화려하게 차려입음, 또는 그러한 차림. 성복(盛服). 성식(盛飾). ¶성장한 미인. 성장미인.

성장^곡선(成長曲線)[-썬]圀 생물의 성장의 시간적 경과를 나타내는 곡선. 생장 곡선.

성장-기(成長期)몡 ①성장하는 동안. ②성장하는 시기. 발육기. ¶성장기에 접어들다.

성장-률(成長率)[-뉼]몡 주로 경제적인 성장 정도를 나타내는 비율. ¶성장률이 높다.

성장-선(成長線)몡 조가비나 물고기의 비늘 표면에서 볼 수 있는 연륜(年輪) 모양의 선.

성장-세(成長勢)몡 어떤 일이나 상태가 자라가는 형세나 기세. ¶높은 성장세를 보이다.

성장-소(成長素)몡 식물의 성장을 촉진하는 식물 호르몬. 생장소.

성장^운·동(成長運動)몡 ☞생장 운동.

성장-점(成長點)[-쩜]몡 식물의 줄기나 뿌리 끝에 있어, 세포 분열을 하고 성장을 촉진하는 부분. 생장점.

성장-주(成長株)몡 수익(收益)의 신장률이 높은 기업의 주식.

성장^호르몬(成長hormone)몡 포유류의 성장을 촉진하는 단백질(蛋白質)의 호르몬. 뇌하수체 전엽(前葉)에서 분비됨. 생장 호르몬.

성:재(聖裁)몡 임금의 재가(裁可).

성적(成赤)몡[하자] 전통 혼례 때, 신부의 얼굴에 분을 바르고 연지를 찍는 일.

성적(成績)몡 ①어떤 일을 한 뒤에 나타난 결과. ¶근무 성적./올림픽에서 좋은 성적을 거두다. ②(학교 등에서의) 학생들의 학업이나 시험의 결과. ¶학과 성적이 오르다.

성:적(聖跡·聖蹟)몡 ①성인의 사적, 또는 그 유적. ②가톨릭에서, 기적(奇蹟), 곧 초자연적인 계시의 표지로서 하느님이 행하는, 눈으로 감지할 수 있는 사건을 이르는 말.

성적(聲績)몡 명성(名聲)과 공적(功績).

성:-적(性的)[-쩍]관몡 남녀의 성이나 성욕에 관계되는 (것). ¶성적 욕망을 억제하다. /성적인 표현.

성적-분(成赤粉)[-뿐]몡 전통 혼례에서, 성적(成赤)할 때 바르는 분(粉).

성적-표(成績表)몡 성적을 기록한 표. 특히, 학업 성적의 일람표.

성전(成典)몡 ①성문화(成文化)된 법전. ②정해진 법식이나 의식.

성:전(性典)몡 성(性)에 관한 사항을 다룬 책.

성:전(盛典)몡 성대한 의식.

성:전(聖典)몡 ①어떤 종교에서, 교의(教義)의 근본이 되는 책.[불교의 대장경, 기독교의 성서, 이슬람교의 코란 등.] ②성인이 쓴 책, 또는 성인의 언행을 적은 책.

성:전(聖殿)몡 ①신성한 전당. ②(가톨릭의) 성당. ③(개신교의) 예배당.

성:전(聖傳)몡 가톨릭에서, 성서에 기록되지 않은 채 교회 초창기부터 전해 내려온 예수의 가르침과 신앙생활상의 여러 가지 관행을 이르는 말.

성:전(聖戰)몡 거룩한 사명을 띤 전쟁. 주로 종교적 이데올로기를 위한 전쟁을 이름.[흔히, 전쟁을 합리화하기 위한 말임.]

성:-전환(性轉換)몡[하자] 남성 또는 여성으로 자라나서 그 기능을 발휘하고 있던 것이, 여러 가지 원인으로 그 반대의 성적(性的) 특징을 나타내는 현상. ¶성전환 수술.

성:절(聖節)몡 성인이나 임금의 탄생일을 축하하는 명절.

성점(聲點)[-쩜]몡 한자의 사성(四聲)을 표시하는 부호점. 사성점(四聲點).

성정(成丁)몡[하자] 사내의 나이가 열여섯 살이 됨, 또는 그 사람.

성:정(性情)몡 사람의 성질과 심정. 타고난 성질. 성품. 정성(情性). ¶착한 성정을 타고나다.

성:정-머리(性情-)〈성정(性情)〉의 속된 말. ¶성정머리가 고약하다.

성:제(聖帝)몡 ①☞성군(聖君). ②☞성제님.

성:제(聖祭)몡 ①종교적인 축제. ②가톨릭에서, '미사'를 달리 이르는 말.

성:제-님(聖帝-)몡 무당이나 전내(殿內) 등이 위하는 관우(關羽)의 혼. 성제.

성:제-명왕(聖帝明王)몡 덕(德)이 높고 지혜가 밝은 임금.

성조(成鳥)몡 다 자라서 생식 능력을 가진 새.

성:조(聖祖)몡 ①임금의 조상. ②가톨릭에서, 예수의 선조인 아브라함·이삭·야곱을 이르는 말.

성:조(聖祚)몡 임금의 자리. 제위(帝位).

성:조(聖朝)〔성군이 다스리는 조정이란 뜻으로〕'당대의 조정'을 높이어 이르던 말.

성:조(聖詔)몡 임금의 칙유(勅諭).

성조(聲調)몡 ①목소리의 가락. ②평(平)·상(上)·거(去)·입(入)의 사성(四聲)의 가락, 곧 사성의 높낮이와 길고 짧음.

성조(性燥)'성조하다'의 어근.

성조-기(星條旗)몡 미국의 국기.〔현재의 주를 상징하는 50개의 별과, 독립 당시의 주를 상징하는 열세 줄의 붉은빛과 흰빛으로 된 가로줄이 그려져 있음.〕

성:조-하다(性燥-)형여 성질이 조급하다. ¶그의 성조함 때문에 일을 그르쳤다.

성:족(盛族)몡 세력이 있는 집안.

성졸(性拙)'성졸하다'의 어근.

성:졸-하다(性拙-)형여 성질이 옹졸하다.

성종(成宗)몡 대종가(大宗家)에서 파가 갈린 뒤, 4대를 거쳐서 새로 생긴 종가.

성종(成腫)몡[하자] 종기가 곪음.

성종(醒鐘)몡 ☞경시종(警時鐘).

성좌(星座)몡 천구 상의 항성군(恒星群)을 신화나 전설에 나오는 신·영웅·동물·기물 따위의 형상으로 가상하여 구분한 것. 현재 여든여덟 개의 성좌가 있음. 별자리.

성:좌(聖座)몡 ①신성한 자리. ②가톨릭에서, 로마의 주교좌, 교황과 교황을 보좌하는 교황청의 각 성(省) 및 재판소 등의 행정 기관까지를 통틀어 이르는 말.

성좌-도(星座圖)몡 성좌를 그려 넣은 천체도.

성주몡 민간에서, 집을 지키고 보호한다는 신령. 상량신.

성주(를) 받다관용 성주받이를 하다.

성주(星主)몡 조선 시대에, '제주 목사(濟州牧使)'를 달리 이르던 말.

성주(城主)몡〔지난날〕①성을 지키는 주장(主將)을 이르던 말. ②조상의 무덤이 있는 지방의 수령을 이르던 말. ③고을의 원을 달리 이르던 말.

성:주(聖主)몡 ☞성군(聖君).

성:-주간(聖週間)몡 가톨릭에서, 부활 대축일 전의 한 주간을 이르는 말. 수난 주간.

성:-주기(性週期)몡 ①암컷의 발정 주기. ②사람의 월경 주기.

성주-받이[-바지]몡[하자] 민간에서, 집을 새로 짓거나 이사를 한 뒤에, 다시 성주를 받아들인다고 하는 굿. 성줏굿.

성주-제(-祭)몡 민간에서, 음력 시월 상달 말날[午日]을 택하여 성주에게 드리는 제사.〔주로, 안주인이 햇곡식으로 간략한 제상을 마련하여 안택(安宅)을 빎.〕

성주-탕(醒酒湯)명 '해장국'을 달리 이르는 말.

성주-풀이명하자 민간에서, 무당이 성주받이를 할 때 복을 빌어 부르는 노래.

성죽(成竹)명 〔대를 그릴 때, 머릿속으로 한번 그려 본 다음 붓을 놀린다는 뜻으로〕'미리 생각하고 있던 계획'을 이르는 말.

성주-굿[-주꾿/-준꾿]명 ☞성주받이.

성주-상(-床)[-주쌍/-준쌍]명 민간에서, 굿할 때 성주를 위하여 차려 놓는 상.

성중(城中)명 성안.

성:중(聖衆)명 불교에서, 모든 보살과 성자를 이르는 말.

성:지(性智)명 본디 타고난 지혜.

성지(城池)명 ①성 둘레에 파 놓은 못. ¶성지를 메우다. ②성벽을 둘러싼 해자(垓字).

성지(城址)명 ☞성터.

성:지(聖旨)명 임금의 뜻. 성의(聖意). 성충(聖衷). 어지(御旨).

성:지(聖地)명 종교와 깊은 관계가 있어, 신성시되는 땅. ¶성지 예루살렘.

성:지(聖枝)명 가톨릭에서, 성지 주일에 사제에 의해서 축성(祝聖)된 나뭇가지를 이르는 말.

성:지(聖智)명 성인의 슬기. 뛰어난 지혜.

성:지^순례(聖地巡禮)[-ული-]명 차례로 여기저기 성지를 찾아다니며 참배하는 일.

성:지^주일(聖枝主日)명 가톨릭에서 이르는, 부활절 한 주일 전의 주일(主日). 〔예수가 수난 전에 예루살렘에 입성한 것을 기념하는 날임.〕

성:직(聖職)명 ①성스러운 직분. ②기독교에서, 교직에 따라 하느님께 봉사하는 직무, 또는 그러한 직분.

성직(誠直) '성직하다'의 어근.

성:직-자(聖職者)[-짜]명 종교적 직분을 맡은 사람. 〔목사·신부·승려 따위.〕

성직-하다(誠直-)[-지카-]형여 참되고 바르다. 성실하고 정직하다.

성:질(性質)명 ①날 때부터 가지고 있는 기질. 성품. ¶타고난 성질. /성질이 까다롭다. ②사물이나 현상이 본디부터 가지고 있는, 다른 것과 구별되는 특징. ¶사건의 성질을 자세히 알아보다. /물에 잘 녹는 성질.

성:질-나다(性質-)[-라-]자 언짢거나 못마땅한 것이 있어 화가 나다.

성:질-내다(性質-)[-래-]자 성질을 억제하지 못하고 밖으로 드러내어 신경질을 부리다. 성질부리다. ¶그는 조그마한 일에도 곧잘 성질을 낸다.

성:질-부리다(性質-)자 성질내다. ¶별일도 아닌데 그렇게 성질부리면 되겠어?

성:징(性徵)명 (남녀·암수 등) 성별에 따라 신체에 나타나는 성적인 특징.

성차(星次)명 ①별의 위치. ②이십팔수의 차례.

성:찬(盛饌)명 푸짐하게 잘 차린 음식.

성:찬(聖餐)명 ①기독교에서, 성찬식 때 쓰는 빵과 포도주를 이르는 말. ¶성찬의 전례. ②불교에서, 부처 앞에 올렸던 음식.

성:찬-식(聖餐式)명 기독교에서, 예수의 최후를 기념하여 그의 살과 피를 상징하는 빵과 포도주를 나누는 의식.

성:찰(省察)명하타 ①자신이 한 일을 돌이켜 보고 깊이 생각함. ¶자신을 성찰하다. ②가톨릭에서, 고백 성사를 받기 전에 먼저 성령의 도움을 구하고, 자기 양심을 살피어 지은 죄를 생각해 내는 일을 이르는 말.

성창(盛昌) '성창하다'의 어근.

성:창-하다(盛昌-)형여 세력이 왕성하다.

성채(星彩)명 ①별빛 광채. ②어떤 광물에 일정한 방향에서 빛을 비추었을 때 생기는 별 모양의 빛의 상(像).

성채(城砦)명 요새. 요새. 성새(城塞). ¶성채를 쌓다. /성채를 지키다.

성책(成册)명 책으로 됨. 책으로 만듦.

성책(城柵)명 성에 둘러친 목책(木柵).

성:-천자(聖天子)명 덕이 높은 천자.

성천-포락(成川浦落)명하자 논밭이 흐르는 냇물에 스치어 떨어져 나가는 일.

성:철(聖哲)명 성인과 철인. '성'은 지덕이 뛰어나고 통하지 않는 것이 없는 사람, '철'은 슬기로워서 사리에 밝은 사람을 이름.

성첩(成貼)명하타되자 지난날, 문서에 관인(官印)을 찍던 일.

성첩(城堞)명 ☞성가퀴.

성청(城廳)명하자 지난날, 세도가 있는 집의 하인들이 떼전을 짜던 일. ¶성청하여 행패하다.

성체(成體)명 다 자라서 생식 능력을 갖춘 동물, 또는 그런 몸.

성:체(聖體)명 ①☞성궁(聖躬). ②가톨릭에서, 빵과 포도주로 상징된 예수의 몸과 피를 이르는 말.

성:체^강:복(聖體降福)명 가톨릭에서, 주일이나 특별한 날에 사제가 성체로써 하느님의 은총을 비는 일.

성:체^대:회(聖體大會)[-회/-훼]명 가톨릭에서, 성체에 대한 신심(信心)을 앙양하기 위해 열리는 성직자·수도자 및 평신도들의 국제적인 집회.

성:체^성:사(聖體聖事)명 가톨릭에서 이르는 칠성사(七聖事)의 하나. 성체를 배령(拜領)하는 성사.

성:촉(聖燭)명 ☞성랍(聖蠟).

성:총(盛寵)명 극진한 사랑. 크나큰 총애.

성:총(聖聰)명 임금의 총명.

성:총(聖寵)명 ①임금의 은총. ¶성총을 입다. ②가톨릭에서, 사람을 영원한 생명으로 이끄는 하느님의 은총을 이르는 말.

성추(省楸)명하자 ☞성묘(省墓).

성:추(盛秋)명 가을이 한창인 때.

성-추행(性醜行)명하자 강간 따위의 짓을 하거나 성적으로 희롱하는 짓.

성축(成軸)명하자 지난날, 시회(詩會) 때에 지은 시들을 두루마리에 차례로 옮겨 적던 일.

성:축(聖祝)명하자 성탄을 축하함.

성충(成蟲)명 (애벌레가) 다 자라서 생식 능력을 지니게 된 곤충. 어른벌레. 엄지벌레. 자란벌레. ↔유충(幼蟲).

성:충(聖衷)명 임금의 뜻. 성지(聖旨).

성충(誠忠)명하자 정성스러운 충성.

성취(成娶)명하자 장가듦. 장가들어 아내를 맞음. 성가(成家).

성취(成就)명하자되자 목적한 바를 이룸. ¶소원이 성취되다. /계획했던 일을 성취하다.

성취(腥臭)명 비린내.

성취(醒醉)명 술에 취하는 일과 술이 깨는 일.

성취-동기(成就動機)명 목적한 바를 이루어 보겠다는 행동이나 의욕의 근거.

성취^지수(成就指數)명 교육의 성과와 학습 가능성의 관계를 수량적으로 표시한 수. 교육 지수의 지능 지수에 대한 백분율로 나타냄. 에이큐(AQ).

성층(成層)명하자 층을 이루는 일, 또는 그 층.

성층-권(成層圈)[-꿘]명 대류권(對流圈)과 중간권(中間圈) 사이에 있는 거의 안정된 대기층. 〔지표에서 11∼55 km.〕

성층-면(成層面)명 지층을 이룬 물질이 퇴적했을 때의 면.

성층-암(成層岩)명 ☞수성암(水成岩).

성층^화-산(成層火山)명 화산회(火山灰)·화산력(火山礫)·용암 따위가 자주 분출하여, 그 분출물이 층을 이루는 가운데 퇴적해서 된 화산. 층상 화산.

성치(星馳)명 형사 별똥이 떨어지는 것처럼 매우 급히 달림.

성:칙(聖勅)명 임금의 명령.

성:칭(盛稱)명하타 매우 칭찬함. 대단한 칭찬.

성크름-하다형여 ①(바람이 잘 통하게) 옷감 들의 발이 가늘고 성기다. ¶성크름한 모시 옷. ②바람기가 많고 쌀쌀하다. ¶날씨가 제법 성크름하다. ㉐상크름하다.

성큼부 ①다리를 높이 들어 크게 떼어 놓는 모양. ¶마루로 성큼 올라서다. ㉐상큼. ②동작이 망설임이 없이 빠르고 시원스러운 모양. ¶손을 들고 성큼 나아가다. ①**성큼-성큼**부.

성큼-하다형여 ①(키가 큰 사람의) 옷을 입은 모양이 경동하다. ②윗도리에 비하여 아랫도리가 좀 어울리지 않게 길쭉하다. ¶성큼한 다리로 휘청거리며 걷다. ㉐상큼하다.

성:탄(聖誕)명 성인의 탄생, 또는 성인(聖人)의 탄생. ②〈성탄절〉의 준말. ¶성탄을 축하하다.

성:탄-목(聖誕木)명 ☞크리스마스트리.

성:탄-일(聖誕日)명 ①임금이나 성인이 태어난 날. ②기독교에서 이르는, 예수가 태어난 날.

성:탄-절(聖誕節)명 기독교에서, 예수가 태어난 날을 명절로 이르는 말. 크리스마스. ②성탄.

성:택(聖澤)명 임금의 덕택(德澤).

성:택-무(聖澤舞)[-땡-]명 조선 시대 궁중 무용의 한 가지. 외국의 사신을 위로하는 연회에서 추던 당악무(唐樂舞)로서, 12명이 추는 군무(群舞)임.

성-터(城-)명 성이 있었던 자리. 성지(城址). ¶백제의 옛 성터.

성:토(聖土)명하타 흙을 쌓음.

성토(聲討)명하타 여러 사람이 모여서 어떤 잘못을 비판하고 규탄함. ¶성토 대회. /부정 사실을 들어 강력히 성토하다.

성:-토요일(聖土曜日)명 가톨릭에서 이르는, 부활 주일의 전날, 곧 예수가 무덤 속에 머물러 있었음을 기억하는 날.

성:판(聖板)명 지난날 가톨릭에서, '성작(聖爵)의 덮개'를 이르던 말.

성패(成敗)명 일의 성공과 실패. ¶성패에 관계되는 문제.

성:패(聖牌)명 ①왕조 때, 은사(恩賜)에 부쳐서 내리던 여러 가지 패물. ②가톨릭에서, 예수·마리아·성인·교회 등을 새긴 동전 모양의 금속 패를 이르는 말. 중세에는 성지 순례자에게 순례지의 교회에서만 수여하던 관습이 있었음.

성:-폭력(性暴力)[-뽕녁]명 성적인 행위로 남에게 육체적 손상 및 정신적·심리적 압박을 주는 물리적 강제력.

성:-폭행(性暴行)[-포쨍]명하타 '강간(强姦)'을 에둘러서 이르는 말.

성표(成標)명하타 성서류를 작성함.

성표(星表)명 항성이나 성단(星團)·성운(星雲) 등의 위치·거리·광도·운동·스펙트럼형 따위의 특성을 나타낸 표. 항성표.

성:-풀이명하자 성난 마음을 푸는 일. 분풀이. ¶아랫사람에게 성풀이하다.

성:품(性品)명 성질과 됨됨이. 성질과 품격. ¶차분한 성품. /성품이 어질다.

성:품(性稟)명 사람의 타고난 성질. 성정(性情). 천품(天稟). ¶성품이 온화하다.

성:품(聖品)명 가톨릭에서, 칠품(七品) 가운데 상위에 속하는 주교직·사제직·부제직을 이르는 말. 대품(大品). ㉐칠품(七品).

성:품^사(聖品事)명 ☞신품 성사.

성품(腥風)명 ①피비린내가 풍기는 바람. ②몹시 살벌한 기운.

성품(盛豊)명 '성풍하다'의 어근.

성:풍-하다(盛豊-)형여 ☞풍성(豊盛)하다.

성하(星河)명 은하(銀河).

성하(城下)명 성의 아래, 또는 성 밑에 있는 마을.

성:하(盛夏)명 한여름.

성:하(聖下)명 가톨릭에서, '교황'을 높이어 일컫는 말.

성-하다¹형여 ①상한 데 없이 온전하다. ¶성한데가 한 군데도 없구나. ②병이나 상처가 없다. ¶성한 사람. **성-히**부.

성-하다²조형여 성싶다.

성:-하다(盛-)[I]형여 ①(기운이나 세력이) 한창 왕성하다. ¶목축이 성한 지역. /화학 공업이 성한 나라. ②(나무나 풀이) 싱싱하게 우거지다. ¶앞뜰에 잡초가 성하다. **성-히**부. [II]자여 ①(기운이나 세력이) 한창 일어나다. ¶죄악이 성하는 것을 막아야 한다. ②(물고기·벌레 따위가) 번식하여 그 수가 부쩍 늘어나다. ¶날이 더워지니 모기가 성하다. ③(집안이나 자손이) 흥하다. ¶자손이 성하다.

성:하-목욕(聖河沐浴)명 힌두교에서, 성스러운 갠지스 강에 몸을 잠가 죄를 씻는 일.

성:하-염열(盛夏炎熱)명 한여름의 몹시 심한 더위.

성하지맹(城下之盟)명 〔도성(都城)의 성 밑에서 항복하여 맺는 맹약이라는 뜻으로〕 '굴욕적인 강화(講和)의 맹약'을 이르는 말.

성학(星學)명 '천문학(天文學)'을 이전에 이르던 말.

성:학(聖學)명 〔성인이 가르친 학문이라는 뜻으로〕'유학(儒學)'을 이르는 말.

성학-가(星學家)[-까]명 ①천문으로 길흉을 점치는 사람. 점성가(占星家). ②'천문학자'의 이전 일컬음.

성:함(姓銜)명 '성명(姓名)'을 높이어 이르는 말. 명함(名銜). ¶선생님 성함을 말씀해 주십시오. ㉐함자(銜字).

성:합(聖盒)명 가톨릭에서, 성체를 모시어 두는 합을 이르는 말.

성:해(聖骸)명 가톨릭에서, 성인(聖人)의 유해를 이르는 말.

성:행(性行)명 성질과 행실. ¶내 동생은 학창 시절 내내 성행이 바른 모범생이었다.

성:행(盛行)명하자되자 매우 성하게 행하여짐. ¶단속이 느슨해지자 밀수가 다시 성행한다.

성:-행위(性行爲)명 성욕을 만족시키기 위한 행위. 〔흔히 '성교'를 이름.〕

성:향(性向)명 성질의 경향. ¶아파트를 좋아하는 신세대의 성향.

성:향(姓鄕)명 ☞관향(貫鄕).

성향(聲響)명 울리어 나는 소리.

성:현(聖賢)명 성인과 현인. ¶성현의 가르침.

성혈(腥血)명 비린내 나는 피.

성:혈(聖血)뗑 가톨릭에서, 예수가 십자가에서 흘린 피, 또는 성찬식에서 그 피를 상징하여 쓰는 포도주를 이르는 말.

성형(成形)뗑[하타되자] ①일정한 모양을 이룸. ②흙을 빚어 그릇의 형체를 만듦. ③의학에서, 외과적 수단으로 신체의 어떤 부분을 고치거나 만듦. ¶ 성형 미인.

성형(星形)뗑 별의 모양. 별 같은 모양. 별꼴.

성형^도법(星形圖法)[-뻡]뗑 지도 투영법(投影法)의 한 가지. 별 모양의 윤곽 안에 남극이나 북극을 중심으로 하여 세계 전도(世界全圖)를 나타내는 방법.

성형^수술(成形手術)뗑 주로 인체의 부분 손상이나 기형(畸形)의 교정 또는 미용을 위하여 하는 외과적 수술.

성형-외과(成形外科)[-외꽈/-웨꽈]뗑 성형 수술을 전문으로 하는 외과.

성형-품(成形品)뗑 원료에 물리적 조작을 가하여 일정한 모양으로 만들어 낸 물건. 특히, 플라스틱 제품에 대하여 이름.

성형-형(成形型)뗑 도자기를 성형하는 데 쓰는 틀. 석고·질그릇·금속 따위로 만듦.

성호(城壕)뗑 ➾해자(垓字).

성:호(聖號)뗑 가톨릭에서, 가슴 앞에 손으로 긋는 십자가 모양을 이르는 말.

성:-호르몬(性hormone)뗑 동물의 생식샘에서 분비되는 호르몬. 생식기의 발육과 성징(性徵)의 발현 등에 작용함.

성호-사설(星湖僿說)뗑 조선 영조 때의 학자 성호(星湖) 이익(李瀷)이 지은 책. 천지·만물·인사(人事)·경사(經史)·시문(詩文) 등으로 나누어, 그의 해박한 실학적 논술을 모은 내용. 30권 30책.

성혼(成婚)뗑[하자되자] 혼인이 이루어짐. ¶ 성혼을 선포하다.

성홍-열(猩紅熱)[-녈]뗑 목의 통증과 함께 고열(高熱)이 나고 온몸에 두드러기가 돋으며, 살갗이 빨갛게 되는 전염병의 한 가지. 어린이에게 많음. 양독(陽毒).

성화(成火)뗑[하자] ①(마음대로 되지 않아) 몹시 애가 탐, 또는 그런 상태. ¶ 성화가 나다. ②몹시 성가시게 구는 일. ¶ 성화를 부리다.

성화(를) 대다[관용] 몹시 성가시게 굴다. ¶ 놀러 가자고 어찌나 성화를 대는지 견딜 수가 없다.

성화(를) 시키다[비치다][관용] 몹시 성가시게 굴어 애를 먹다.

성화를 바치다[관용] 성화가 나게 하다. ¶ 우리 집 막내둥이는 노는 데에만 정신이 팔려 제 엄마에게 성화를 바치는 녀석이다.

성화(星火)뗑 ①별똥별. 유성(流星). ②별똥별이 떨어질 때의 불빛. ③불티. ④매우 다급하게 굴거나 몹시 조르는 짓.

성:화(盛火)뗑 활활 타오르는 불.

성:화(聖火)뗑 ①신에게 바치는 신성한 불. ②올림픽 대회 때, 그리스의 올림피아에서 태양열로 채화(採火)한 불을 릴레이식으로 운반하여 대회가 끝날 때까지 주경기장의 성화대에 켜 놓는 횃불. 〔국내 체육 대회에서도 이를 본떠서 함.〕

성:화(聖化)뗑[하타되자] ①성스럽게 함. ②성인이나 임금이 덕화(德化)함. ③가톨릭에서, 인간이 하느님의 성성(聖性)에 이르거나 참여함.

성:화(聖花)뗑 부처 앞에 바치는 꽃.

성:화(聖畫)뗑 ➾종교화(宗敎畫).

성화(聲華)뗑 영화로운 명성.

성화-같다(星火-)[-갇따]뗑 (독촉 따위가) 몹시 심하고 다급하다. 성화같-이[튀] ¶ 옆에서 성화같이 재촉하는 통에 한눈팔 틈도 없다.

성:화-대(聖火臺)뗑 올림픽 대회 등의 주경기장에 설치되어, 경기가 진행되는 동안 성화를 켜 둘 수 있도록 한 장치.

성화-독촉(星火督促)뗑[하자타] 성화같이 재촉함.

성:황(盛況)뗑 (모임이나 행사 따위가) 성대하고 활기에 찬 모양. ¶ 공연이 성황을 이루다.

성황-단(城隍壇)뗑 〈서낭단〉의 본딧말.

성황-당(城隍堂)뗑 〈서낭당〉의 본딧말.

성:황-리(盛況裡)[-니]뗑 성황을 이룬 가운데. 《주로, '성황리에'의 꼴로 쓰임.》 ¶ 성황리에 열렸다. /연주회가 성황리에 끝나다. /모든 대회를 성황리에 마쳤다.

성황-상(城隍床)뗑 〈서낭상〉의 본딧말.

성황-신(城隍神)뗑 〈서낭신〉의 본딧말.

성황-제(城隍祭)뗑 〈서낭제〉의 본딧말.

성회(成會)[-회/-훼]뗑[하자] 회의가 성립됨. ↔유회(流會).

성:회(盛會)[-회/-훼]뗑 성대한 모임.

성:회(聖灰)[-회/-훼]뗑 가톨릭에서, 성회례에 사용하기 위하여 지난해에 축성한, 종려나무 가지를 태워서 얻은 재를 이르는 말.

성:회-례(聖灰禮)[-회-/-훼-]뗑 가톨릭에서, 사제(司祭)가 신도의 머리 위에 성회를 뿌리는 의식을 이르는 말. 사순절이 시작되는 첫날인 수요일에 행함.

성:회-일(聖灰日)[-회-/-훼-]뗑 '재의 수요일'의 구용어.

성:후(聖候)뗑 임금의 안후(安候). 상후(上候).

성:훈(聖訓)뗑 성인(聖人)이나 임금의 교훈.

성:휘(聖諱)뗑 성인의 휘(諱).

성:희(性戲)[-히]뗑 성적(性的)인 유희. ¶ 성희 장면이 많은 영화.

성:-희롱(性戲弄)[-히-]뗑[하자타] 이성을 상대로 하여, 상대편의 의사에 관계없이 성적으로 수치심을 주는 말이나 행동을 함, 또는 그러한 말이나 행동.

섶¹[섭]뗑 덩굴지거나 줄기가 가냘픈 식물을 받쳐 주기 위하여 곁들여 꽂아 두는 막대기. ¶ 팔꽃에 섶을 대다. * 섶이[서피]·섶만[섬-]

섶²[섭]뗑 두루마기나 저고리 따위의 깃 아래에 달린 긴 조각. ¶ 섶이 날렵하다. * 섶이[서피]·섶만[섬-]

섶³[섭]뗑 〈섶나무〉의 준말. * 섶이[서피]·섶만[섬-]

섶 지고 불로 들어가려 한다[속담] 짐짓 그릇된 짓을 하여 화를 자초하려 한다는 말.

섶⁴[섭]뗑 누에가 올라가 고치를 짓도록 마련한 짚이나 나무. 누에섶. 잠족. ¶ 누에를 섶에 올리다. * 섶이[서피]·섶만[섬-]

섶⁵[섭]뗑 물고기가 그곳에 모이도록 물속에 쌓아 놓은 나무. * 섶이[서피]·섶만[섬-]

섶-나무[섭-]뗑 잎나무·풋나무·물거리 따위를 통틀어 이르는 말. 囹숲³.

섶-청올치[섭-]뗑 꼬지 아니한 청올치.

섶-폭(-幅)[섭-]뗑 섶의 너비.

세:[판] 수사 '셋'이 수 관형사로 쓰일 때의 꼴. ¶ 세 개(個). /세 사람. /세 마리.

세 사람만 우겨 대면 없는 호랑이도 만들어 낼 수 있다[속담] ①여럿이 힘을 합치면 안 되는 일이 없다는 말. ②여럿이 퍼뜨린 말이나 소문은 결국 참말로 믿게 된다는 말.

세 살 적 버릇〔마음〕이 여든까지 간다〔속담〕 어릴 때에 들인 버릇은 좀처럼 고치기 어렵다는 말.

세:(世)〔명〕 지질 시대의 '기(紀)'를 다시 나눈 단위의 한 가지. 〔홍적세·충적세 따위.〕

세:(貰)〔명〕 돈을 받고 집이나 방 또는 그 밖의 물건을 빌려 주는 일, 또는 그 돈. 삯. ¶세를 들이다.

세:(稅)〔명〕〈조세(租稅)〉의 준말.

세:(勢)〔명〕 ①힘. 기운. ¶세가 꺾이다. ②세력. 판세. 형세(形勢). ¶고립의 세.

세:(世)〔(한자어 수사 뒤에 쓰이어)〕 서양에서, 부자(父子)가 같은 이름을 계속 쓰거나 한 왕조에서 같은 왕호(王號)를 대를 이어 사용할 때 그 차례를 나타냄. ¶헨리 팔 세. /록펠러이 세.

세:(歲)〔의〕〔(한자어 수사 뒤에 쓰이어)〕 나이를 나타내는 말. ¶만 이십팔 세. 비살.

-세〔어미〕《일부 동사 어간에 붙어》 평교간이나 손아랫사람에게 함께 하자는 뜻을 나타내는 하게체의 종결 어미. ¶우리 가세.

세:가(世家)〔명〕 여러 대(代)에 걸쳐서 나라의 중요한 자리를 차지하고 있는 집안. 세족. ¶명문 세가.

세:가(貰家)〔명〕 셋집.

세:가(勢家)〔명〕 권세 있는 집안. 세문(勢門).

세:가-자제(勢家子弟)〔명〕 권세 있는 집안의 자제. 세도가(勢道家)의 자제.

세:간〔명〕 집안 살림에 쓰는 온갖 물건. 살림살이. 가장집물. 세간살이. ¶이사 가기 전날에 세간을 미리 꾸리다.

세:간(世間)〔명〕 ①사람들이 살아가는 곳. 세상. ②불교에서, '변하며 흘러 멈추지 않는 현상 세계'를 이르는 말. ¶같이 가세.

세:간-살이〔명〕 ☞세간.

세:간-차지(-次知)〔명〕 남의 세간을 맡아보는 사람.

세:간-치장(-治粧)〔명〕〔하자〕 세간을 매만지고 꾸미고 하는 일.

세:강말(世降俗末)〔명〕〔하형〕 세상이 그릇되어 풍속이 어지러움.

세:객(歲客)〔명〕 세배하러 다니는 사람. 세배꾼.

세:객(勢客)〔명〕 권세 있는 사람.

세:객(說客)〔명〕 능란한 말솜씨로 유세(遊說)하며 다니는 사람.

세:거(世居)〔명〕〔하자〕 한 고장에서 대대로 살아감.

세:-거리〔명〕 ☞삼거리.

세:거지지(世居之地)〔명〕 대대로 사는 고장.

세:견-선(歲遣船)〔명〕 조선 세종 때에, 일본 쓰시마 도주(島主)에게 내왕을 허락한 무역선. 매년 일정한 수의 배로 제한했으며 주로 양곡을 실어 갔음.

세:경(細徑)〔명〕 좁은 길. 세로(細路).

세:경(細莖)〔명〕 가는 줄기.

세:계(世系)〔-계/-게〕〔명〕 한 집안이나 왕실의 대대(代代)의 계통.

세:계(世界)〔-계/-게〕〔명〕 ①지구 위의 모든 지역. 온 세상. 모든 나라. ¶세계 각국. /세계 평화. ②(지구를 포함한) 우주 전체. ¶하느님이 세계를 창조하시다. ③같은 종류끼리의 모임이나 이념·목적 따위를 같이하는 사람의 집단, 또는 관찰 방법에 따른 사물 현상의 특수한 범위. ¶곤충의 세계. ¶음악인들의 세계. ④한정된 어떤 심리적 경역(境域). ¶미(美)의 세계. ⑤철학에서, 인간의 인식 대상이 되는, 객관적 현상의 모든 범위를 이르는 말. ¶정신의 세계와 물

질의 세계. ⑥불교에서 이르는, 중생이 사는 현상계. 〔'世'는 과거·현재·미래의 삼세(三世), '界'는 동서남북과 상하(上下)를 가리킴.〕

세:계(歲計)〔-계/-게〕〔명〕〔하자〕 ①한 회계 연도 내의 세입(歲入)·세출(歲出)을 계산함, 또는 그런 총계. ②일 년 동안의 수입과 지출을 계산함, 또는 그런 총계.

세:계-공민(世界公民)〔-계/-게-〕〔명〕 세계 국가 또는 세계 협력체의 구성원.

세:계-공:황(世界恐慌)〔-계/-게-〕〔명〕 1929년에 미국의 금융 시장에서 일어난 금융 공황으로 비롯되어, 세계의 자본주의 국가에 파급된 공황.

세:계-관(世界觀)〔-계/-게-〕〔명〕 세계 및 거기에 사는 인간의 존재에 대하여 통일적·체계적으로 파악한 견해.

세:계-국가(世界國家)〔-계-까/-게-까〕〔명〕 민족의 차별 없이 온 세계를 하나로 하여, 인류 모두를 그 국민으로 하자는 이상적인 국가. 세계 연방.

세:계-기록(世界記錄)〔-계/-게-〕〔명〕 운동 경기 따위에서, 그때까지의 기록을 깬 세계 최고 기록. 세계 신기록.

세:계-기상-기구(世界氣象機構)〔-계/-게-〕〔명〕 국제 연합 전문 기구의 한 가지. 기상 관측에 관한 국제 협력의 촉진, 관측망의 확립, 기상 정보의 교환 등을 목적으로 함. 본부는 제네바에 있음.

세:계-기시(世界起始)〔-계/-게-〕〔명〕 불교에서, '우주 개벽'을 이르는 말.

세:계-기업(世界企業)〔-계/-게-〕〔명〕 세계적 규모의 기업. 다국적 기업.

세:계-대:전(世界大戰)〔-계/-게-〕〔명〕 세계적인 규모로 벌어지는 큰 전쟁. 흔히, 20세기 전반기에 있었던 제1차 세계 대전(1914~1918)과 제2차 세계 대전(1939~1945)을 이름.

세:계-력(世界曆)〔-계/-게-〕〔명〕 날짜와 요일이 일정하게 짝 지어지도록 한 역법(曆法). 일년을 네 계절로 나누고, 계절마다 첫날을 일요일로 하며, 연말(年末)에 요일이 없는 날 하루(윤년에는 이틀)를 둠.

세:계-만방(世界萬邦)〔-계/-게-〕〔명〕 세계의 모든 나라. ¶세계만방에 고하다. /대한 남아의 기개를 세계만방에 떨치다.

세:계-무대(世界舞臺)〔-계/-게-〕〔명〕 세계적인 범위의 활동 분야. ¶세계무대로 도약하다.

세:계-무:역(世界貿易)〔-계/-게-〕〔명〕 ☞국제 무역.

세:계-무:역-기구(世界貿易機構)〔-계-끼/-게-끼-〕〔명〕 가트(GATT)를 대체하여 국제 무역의 규정을 통괄하는 기구. 무역 분쟁 조정, 관세 인하 요구, 덤핑 규제 등의 법적 권한과 구속력을 행사하는 제네바에 있음. 더블유티오(WTO).

세:계-문학(世界文學)〔-계/-게-〕〔명〕 ①보편적 인간성을 추구하여 세계 여러 나라 사람에게 널리 이해될 수 있는, 인류 공유의 문화재로서의 문학. ②우리나라 문학에 대하여 세계 각국의 문학을 흔히 이름.

세:계-보:건-기구(世界保健機構)〔-계/-게-〕〔명〕 국제 연합 전문 기구의 한 가지. 보건 분야에서의 국제 협력을 위한 기구. 본부는 제네바에 있음. 더블유에이치오(WHO).

세:계-사(世界史)〔-계/-게-〕〔명〕 세계 전체를 통일적으로 연관시킨 인류의 역사.

세:계-상(世界像)[-계-/-게-]**명** 어떤 일정한 관점이나 한정된 사유(思惟) 안에서 보는 세계의 모습. 어떤 세계관에 의한 세계의 모습.

세:계-수(世界樹)[-계-/-게-]**명** ⇨세명수.

세:계-시(世界時)[-계-/-게-]**명** 세계 공통의 시각으로 쓰이고 있는 그리니치 평균 태양시를 이르는 말. 각국 표준시의 기준이 됨. 우리나라의 표준시는 세계시보다 9시간 빠름.

세:계:시:장(世界市場)[-계-/-게-]**명** ①세계 무역에 의하여 이루어지는 추상적인 시장. ¶ 이번 신제품은 세계 시장에 내놓아도 손색이 없다. ②국제 시장.

세:계^신기록(世界新記錄)[-계-/-게-]**명** ⇨세계 기록.

세:계-어(世界語)[-계-/-게-]**명** ⇨국제어.

세:계^연방(世界聯邦)[-계-/-게-]**명** ⇨세계 국가.

세:계-열강(世界列強)[-계-/-게-]**명** 세계의 여러 강대국.

세:계-인(世界人)[-계-/-게-]**명** ①세계의 모든 사람. ②세계적으로 활약하는 유명한 사람.

세:계^인권^선언(世界人權宣言)[-계-펀-/-게-펀-]**명** 1948년 국제 연합 총회에서 채택된 인권에 관한 세계 선언. 세계의 모든 국민이나 국가가 달성해야 할 인권 존중의 기준을 보인 것. 법적 구속력은 없음.

세계-적(世界的)[-계-/-게-]**관명** ①세계 전체를 대상 범위로 하는 (것). ¶세계적 명성. /세계적인 호황. ②세계에서 가장 뛰어난 수준에 이른 (것). ¶세계적 수준. /세계적인 규모.

세:계^정부(世界政府)[-계-/-게-]**명** 세계 국가의 정부.

세:계-정신(世界精神)[-계-/-게-]**명** ①세계를 통제하고 지배하는 근원적인 힘. 신(神)과 거의 같은 뜻으로 쓰임. ②세계사 속에서 자기를 실현하는 정신. 헤겔의 역사 철학의 기본적인 개념.

세:계-정책(世界政策)[-계-/-게-]**명** 국력이 미치는 세력 범위를 세계적으로 확대하려는 제국주의적 팽창 정책.

세:계^종교(世界宗敎)[-계-/-게-]**명** 인종·국적·성별 따위를 초월하여 세계적으로 널리 신봉되는 종교. [기독교·불교·이슬람교 따위.]

세:계-주의(世界主義)[-계-의/-게-이]**명** 국가나 민족을 초월하여 온 인류를 한 동포로 보고 인류 사회의 통일을 꾀하려는 주의. 만민주의(萬民主義). 코즈모폴리터니즘.

세:계주의-자(世界主義者)[-계-의/-게-이]**명** 세계주의를 신봉하는 사람. 코즈모폴리턴.

세:계^지도(世界地圖)[-계-/-게-]**명** 세계를 나타낸 지도. 만국 지도.

세:계 지적 소유권 기구(世界知的所有權機構)[-계-쩍-/-게-]**명** 국제 연합의 전문 기구의 한 가지. 발명·상표·의장(意匠) 등에 관한 공업 소유권 및 문학·음악·미술 작품에 대한 저작권 등을 국제적으로 서로 보호하고 보호받기 위한 기구.

세:계-화(世界化)[-계-/-게-]**명하자타** 세계적으로 되게 함. ¶기술의 세계화가 이루어져야 품질의 세계화가 이루어진다.

세:계^화폐(世界貨幣)[-계-폐/-게-폐]**명** 세계 어느 나라에서나 자유롭게 유통되는 화폐.

세:고(世故)**명** 세상의 모든 일. 속세의 일.

세:고(細故)**명** 자그마한 사고. 작은 탈.

세:곡(稅穀)**명** 조세(租稅)로 내는 곡식.

세:골-장(洗骨葬)**명** ⇨두벌묻기.

세:골-창(細骨窓)**명** ⇨세살창.

세:공(細工)**명하타되자** 섬세한 잔손질이 많이 가는 수공(手工). ¶ 보석 세공.

세:공(細孔)**명** 작은 구멍.

세:공(歲功)**명** ①해마다 철에 따라 해야 할 일. ②해마다 철을 따라 짓는 농사.

세:공(歲貢)**명** 해마다 나라에 바치는 공물.

세:공-물(細工物)**명** 잔손을 많이 들여 만든 물건. 세공품.

세:공-품(細工品)**명** ⇨세공물.

세:관(細管)**명** 가는 관.

세:관(稅關)**명** 개항장(開港場)이나 공항·국경 등에서, 수출입품에 세금을 물리고 선박이나 화물의 단속 따위를 맡고 있는 관청.

세:관-가치장(稅關假置場)**명** 세관에서 검사할 물건을 임시로 보관하는 곳.

세:관^공항(稅關空港)**명** 항공기에 의한 수입 화물에 관세를 물리기 위해 법률로 지정한 공항.

세:관-도(稅關渡)**명** 화물을 세관에서 인도하는 것을 조건으로 하는 매매 계약.

세:관^보:세^구역(稅關保稅區域)**명** 통관 절차를 밟고자 하는 물품을 보관하거나 검사하기 위해 설정한 구역.

세:관-원(稅關員)**명** 세관에서 여객의 소지품이나 수출입 화물에 대한 관세의 부과와 징수에 관한 사무를 맡아보는 공무원.

세:광(洗鑛)**명하타** 파낸 광석에 붙은 흙과 잡돌을 물로 씻어 내는 일.

세:괘(細罫)**명** (인쇄소에서 조판할 때에 쓰는) 가는 괘선(罫線).

세:교(世交)**명** 대대로 이어 온 교분. ¶그 집안과 우리 집안은 세교가 있다.

세:교(世敎)**명** ①세상의 가르침. 세상의 풍화(風化). ②'유교(儒敎)'를 달리 이르는 말.

세:구(世仇)**명** 대대로 내려오는 원수.

세구(歲久)'세구하다'의 어근.

세구-하다(歲久-)**형여** 여러 해가 지나다. 지난 세월이 오래되다. ¶헤어진 지 세구하여….

세궁(勢窮)'세궁하다'의 어근.

세궁-역진(勢窮力盡)[-녁찐]**명하자** 기세가 꺾이고 힘이 다 빠짐.

세궁-하다(細窮-)**형여** 형세(形勢)가 약하고 궁하다. 매우 가난하다. ¶세궁한 집안 형편.

세:권(稅權)[-꿘]**명** ①조세를 거둘 수 있는 권리. 과세(課稅)할 수 있는 권리. ②국제 무역에서, 관세의 징수를 대등하게 유지하는 권리.

세:규(世規)**명** 세상에서 널리 인정된, 보편적이며 상식적인 규범.

세:균(細菌)**명** 생물체 가운데 가장 미세하고 가장 하등에 속하는 단세포 생물체를 두루 이르는 말. 땅속, 물속, 공기 속, 생물체 속 등에 널리 분포하여 종류가 많음. 다른 것에 기생하여 발효나 부패를 일으키고, 병원(病原)이 되는 것도 있음. 박테리아. 미균(黴菌). 준균(菌).

세:균-무:기(細菌武器)**명** ⇨세균 병기.

세:균^바이러스(細菌virus)**명** 세균류에 기생하는 바이러스.

세:균^병기(細菌兵器)**명** 병원균이나 인체에 해로운 세균·바이러스를 적지(敵地)에 뿌리는 폭탄 따위의 병기. 세균 무기.

세:균^평:균(勢均)[-녁뀬]**명하형** 세력이 서로 균등하고 힘이 엇비슷함.

세:균-전(細菌戰)**명** ⇨생물학전(生物學戰).

세:균-학(細菌學)**명** 세균의 형태나 성질 따위를 연구하는 생물학의 한 분과.

세:극(細隙)圓 ①좁은 틈. ②빛·분자·전자·원자의 흐름을 제한해서 통과시키는 장치.

세:근(細根)圓 잔뿌리.

세:금(稅金)圓 국가나 지방 공공 단체가 조세(租稅)로서 징수하는 돈. 세전(稅錢).

세:금(貰金)圓 ☞셋돈. 세전(貰錢).

세:기(世紀)圓 ①시대 또는 연대. ②서력(西曆)에서, 100년을 단위로 하여 세는 시대 구분. ③(주로 '세기의'의 꼴로 쓰이어) '썩 드문, 뛰어난'의 뜻을 나타냄. ¶ 세기의 영웅. ④(의존 명사적 용법) 백 년 동안을 세는 단위. ¶ 21세기의 청사진.

세:기(細技)圓 운동 경기 따위에서의 자잘한 재간. 잔기술. ¶ 세기에 능한 선수.

세:기(貰器)圓 세를 받고 빌려 주는 그릇.

세:기-말(世紀末)圓 ①한 세기의 끝. ②병적·퇴폐적인 풍조가 나타났던 유럽, 특히 프랑스의 19세기 끝 무렵, 또는 그런 경향이 일어나는 어떤 사회의 몰락기(沒落期).

세:기말-적(世紀末的)[-쩍]冠圓 세기말과 같은 경향이 있는 (것). ¶ 세기말적 풍조. /세기말적인 현상.

세:기-병(世紀病)[-뼝]圓 그 세기 특유의 병적인 경향.

세:기-적(世紀的)冠圓 그 세기를 대표할 만한 (것). ¶ 세기적 명작. /세기적인 사건.

세:-끼명(아침·점심·저녁으로 하루에 세 번 먹는 밥이라는 뜻으로) 하루하루의 끼니. ¶ 세끼 밥도 제대로 먹지 못할 정도로 가난하다.

세-나다¹困 부스럼 따위가 덧나다.

세-나다²困 (찾는 사람이 많아) 물건이 잘 팔려 나가다. ¶ 한여름이라 얼음이 세나지.

세-나절명 잠깐이면 끝날 일을 질질 끌어서 늦어지는 동안을 조롱하여 이르는 말. ¶ 체, 벌써 세나절은 지났겠군.

세:납(稅納)圓하困 ☞납세(納稅).

세:-내다(貰-)困 세(貰)를 주고 남의 것을 빌려 쓰다. ¶ 자동차를 세내다.

세:념(世念)圓 ①명리(名利)를 구하는 마음. ②세상살이를 위한 여러 가지 생각.

세:농(細農)圓 ①소규모로 짓는 농사. ②〈세농가〉의 준말. ③빈농(貧農).

세:농-가(細農家)圓 ①농사를 소규모로 짓는 농가. ②몹시 가난한 농가. ②세농.

세:-놓다(貰-)[-노타]타 세(貰)를 받고 남에게 집(방)이나 물건을 빌려 주다.

세:뇌(洗腦)[-뇌/-눼]圓하타되困 어떤 사상이나 주의를 주입시켜 거기에 물들게 하는 일. 흔히, 공산주의 사상의 인위적 주입을 이름. ¶ 세뇌 교육.

세:뇨-관(細尿管)圓 혈액 중의 노폐물을 오줌으로 걸러 내는, 신장 속의 수많은 가는 관.

세:-누비(細-)圓 촘촘하고 곱게 누빈 누비.

세:다¹困 ①머리털이 희어지다. ¶ 머리가 세다. ②얼굴의 핏기가 없어지다.

세:다²타 수효를 헤아리다. ¶ 돈을 세다.

세:다³혱 ①힘이 많다. ¶ 기운이 세다. ②심지가 굳다. ¶ 고집이 세다. ③세력이 세다. 세차다. ¶ 바람이 세다. /불길이 세다. /물살이 세다. ④장기·바둑 따위의 수가 높다. ¶ 바둑이 세다. ⑤견디는 힘이 강하다. ¶ 열에 세다. ⑥주량(酒量)이 많다. ¶ 술이 세다. ⑦딱딱하고 뻣뻣하다. ¶ 가시가 세다. /풀기가 세다. ⑧보드랍지 않고 거칠다. ¶ 살결이 세다. ⑨일이 벅차서 감당해 내기 힘들다. 힘이 들어 견뎌 내기 어

렵다. ¶ 일이 세다. ⑩물에 광물질 따위가 녹여 쓰기에 나쁘다. ¶ 물이 세서 때가 안 빠진다. ⑪궂은일이 자주 일어나 좋지 않다. ¶ 터가 세다. /팔자가 세다.

세:-단(細斷)圓하타 가늘게 자름. 잘게 자름.

세:단(歲旦)圓 정월 초하루 아침. 원단(元旦).

세단(sedan)圓 상자 모양의 승용차. 좌석이 두 줄이고 문이 넷인, 4~5인승의 가장 전형적인 차.

세:단-뛰기(-段-)圓 육상 경기의 한 가지. 도움닫기의 속력을 이용하여 홉·스텝·점프 등 세 번의 뜀뛰기를 연속적으로 하여 그 거리를 겨루는 경기. 삼단뛰기.

세:담(細談)圓하困 쓸데없는 잔말.

세:답(洗踏)圓하困 빨래.

세:답(貰畓)圓 남에게 세(貰)를 내고 얻어서 농사를 짓는 논.

세:답족백(洗踏足白)[-쪽빽]圓 (상전의 빨래에 종의 발뒤꿈치가 희어진다는 뜻으로) '남의 일을 하여 얻어지는 소득'을 이르는 말.

세:대(世代)圓 ①같은 시대에 살아서 공통의 의식을 가지는 비슷한 연령층, 또는 그 사람들. ¶ 아버지의 세대. /젊은 세대. /세대 간의 갈등. ②약 30년을 한 구분으로 하는 연령층, 또는 그 사람들. ¶ 세대에 따라 사고방식의 차이가 크다. ③어버이·자식·손자로 이어지는 대(代).

세:대(世帶)圓 ☞가구(家口).

세:대(細大)圓 세사(細事)와 대사(大事). 자질구레한 일과 큰일.

세:대^교번(世代交番)圓 어떤 종류의 동식물에서, 생식법이 서로 다른 세대가 주기적 또는 불규칙적으로 번갈아 나타나는 현상. 무성 생식과 유성 생식의 교대가 대표적임. 세대윤회.

세:대-교체(世代交替)圓 (어떤 일을 맡아서 하던) 나이 든 사람들을 젊은 사람들로 바꾸는 일. 또는, 앞 세대가 하던 일을 뒤 세대가 이어받아 맡는 일. ¶ 지도자의 세대교체.

세:대-박이圓 ☞삼대선.

세:대^윤회(世代輪廻)[-회/-눼]圓 ☞세대 교번(世代交番).

세:대-주(世帶主)圓 ☞가구주(家口主).

세당명(옛) 세장. 울짱. ¶ 세당 척:柵(訓蒙中6).

세:덕(世德)圓 여러 대를 걸쳐 쌓아 온 가문의 미덕.

세:도(世道)圓 ①세상을 올바르게 다스리는 길. ②세상을 살아가는 데에 지켜야 할 도의. ¶ 세도를 지키며 살아간다.

세:도(勢道)圓하困 정치의 권세, 또는 그 권세를 마구 휘두르는 일. ¶ 세도 가문. /세도를 부리다.

세도가 빨랫줄이다관용 지위나 권세가 든든하고 길다.

세:도-가(勢道家)圓 세도하는 사람. 세도 있는 집안. ¶ 장안의 세도가.

세:도-꾼(勢道-)圓 세도를 부리는 사람.

세:도막^형식(-形式)[-마켱-]圓 악곡의 기본 형식의 하나. 보통 여덟 마디로 된 큰악절 셋으로 이루어짐. 삼부 형식(三部形式).

세:도-인심(世道人心)圓 세상의 도의와 사람의 마음. ¶ 부패한 관료와 기울어진 세도인심.

세:도-재상(勢道宰相)圓 세도를 잡아 대권을 좌우하는 재상. 세도 정치를 하는 재상.

세:도^정치(勢道政治)圓 조선 정조 이후, 세도 가에 의하여 좌우되던 정치를 이르는 말.

세:독(細讀)圓하타 자세하게 읽음. 凹정독.

세:**동가리-돔**圓 나비고깃과의 바닷물고기. 몸길이 15cm가량. 몸길이 정도로 아래위가 길어 전체 모양이 사각형에 가까움. 머리가 짧고 눈을 가로지르는 띠와 옆구리를 두르는 넓은 두 줄의 갈색 띠가 있음. 우리나라와 일본·대만·필리핀 등지의 연해에 분포함.

세:**뚜리**圓 ①한 상(床)에서 셋이 함께 식사하는 일. ②(새우젓 따위를 나눌 때) 한 독을 세 몫으로 나누는 일, 또는 그렇게 나눈 한 몫.

세라믹(←ceramics)圓 고온으로 열처리하여 만든 비금속의 무기질 고체 재료를 통틀어 이르는 말. 내화성이 뛰어남. 〔도자기·유리·시멘트 따위.〕

세:**량**(細涼)圓 가는 바탕에 얇은 깁으로 바른 갓양태. ▷중량(中涼).

세레나:데(serenade)圓 ①〔저녁 음악이란 뜻으로〕 밤에 애인의 집 창 밑에서 남자가 부르거나 연주하던 사랑의 노래. ②18세기에 시작된 기악 형식의 한 가지. 교향곡보다 규모가 작으며, 보통 5~6악장으로 이루어짐. 소야곡(小夜曲).

세:**려**(細慮)圓 ①ᄒᄐ 꼼꼼히 생각함, 또는 그 생각. ②세심한 배려.

세:**력**(勢力)圓 ①남을 누르고 자기가 마음대로 행동할 수 있는 힘. 세(勢). ¶정치적 세력. ②어떤 속성이나 힘을 가진 집단. ¶주도 세력. /공공 세력을 뿌리 뽑다.

세:**력-가**(勢力家)[-까]圓 (어떤 지역이나 어떤 사회 따위에서) 세력을 가진 사람.

세:**력-권**(勢力圈)[-꿘]圓 ①지배력이나 영향력이 미치는 범위. ¶세력권에 들다. ②▷텃세권.

세:**련**(洗練·洗鍊)圓ᄒᄐ (글이나 교양·인품 따위를) 갈고 다듬어 우아하고 고상하게 함.

세:**련-되다**(洗練-)[-되-/-뒈-]圓 ①글·언행·취미 등이 어색하지 않고 잘 다듬어져 있다. ¶세련된 문장. ②모습이 촌스러운 데가 없이 맵시가 있다. ¶세련된 몸가짐. /세련된 옷차림.

세:**련-미**(洗練味)圓 세련된 맛. ¶세련미가 넘치는 아가씨.

세:**렴**(細簾)圓 가는 대(竹)로 촘촘히 엮은 발.

세:**례**(洗禮)圓 ①기독교에서, 신자가 될 때에 베푸는 의식. 〔종파에 따라 머리 위를 물로 적시기도 하고, 머리에 물을 붓기도 하며, 몸을 물에 잠그기도 함.〕ᄒ성세 성사(聖洗聖事). ②'한꺼번에 몰아치는 비난이나 공격'을 비유하여 이르는 말. ¶폭탄 세례. /달걀 세례를 받다.

세:**례-명**(洗禮名)圓 가톨릭 신자가 세례 때 받는 이름. 사도(使徒)나 성자(聖者)의 이름에서 땀. 본명(本名).

세:**로**圓 (좌우의 방향에 대하여) 아래위의 방향, 또는 그렇게 놓인 상태. 종(縱). ¶세로로 갈라진 틈. /세로로 내리긋다. ↔가로.

세:**로**(世路)圓 세상을 살아가는 길. 행로(行路). ¶거칠고 험한 세로.

세:**로**(細路)圓 작은 길. 좁은 길. 세경(細徑).

세:**로-결**圓 (판자나 종이 따위의) 세로로 난 결. ↔가로결.

세:**로-금**圓 세로로 그은 금. 세로줄. 종선. ↔가로금.

세:**로-대**圓 ▷세로축. ↔가로대.

세:**로-띠**圓 세로로 길게 된 띠. 종대(縱帶). ↔가로띠.

세:**로-무늬**[-니]圓 세로로 길게 나타난 무늬. ↔가로무늬.

세:**로-쓰-기**ᄒᄐ 글줄이 세로로 되게 글을 써 나가는 일, 또는 그런 방식. 내리쓰기. 종서(縱書). ↔가로쓰기.

세로^**좌:표**(座標)圓 좌표 평면 위의 어느 점에서 가로축과 세로축이 만나는 점의 좌표. 와이 좌표. 종좌표(縱座標). ↔가로 좌표.

세:**로-줄**圓 ①세로로 그은 줄. 세로금. 종선(縱線). ↔가로줄. ②보표(譜表)에서, 마디를 구분하기 위하여 세로로 긋는 줄.

세:**로-지**圓 ①종이를 뜬 자국이 세로로 된 종이의 결, 또는 그 종이. ②세로로 긴 종이나 조각. ↔가로지. ②▷세지.

세:**로-짜기**圓 조판(組版)에서, 글줄이 세로로 되게 짜는 방식. 종조(縱組). ↔가로짜기.

세:**로-축**(-軸)圓 직교 좌표(直交座標)에서 세로로 잡은 좌표축. 흔히, 종속 변수를 나타냄. 세로대. 와이축. 종축(縱軸). ↔가로축.

세:**로-획**(-畫)[-획/-휙]圓 글자의 세로로 내리긋는 획. ↔가로획.

세:**록**(世祿)圓 대대로 받는 국록. 가록(家祿).

세:**록지신**(世祿之臣)[-찌-]圓 대대로 국록을 받는 신하. ᄒ세신(世臣).

세:**론**(世論)圓 ▷여론(輿論).

세:**론**(細論)圓ᄒᄐ 자세하게 의논함, 또는 그 의논.

세:**롱**(細聾)圓 가는귀가 먹어서 작은 소리를 듣지 못하는 일.

세:**루**(世累)圓 세상의 번거로운 일이나 걱정거리.

세:**류**(洗流)圓 비행기가 날 때 날개 뒤쪽에서 일어나는 기류. 약간 아래로 향함.

세:**류**(細柳)圓 ①▷세버들. ②세류 춘풍(春風).

세:**류**(細流)圓 작은 시내.

세륨(cerium)圓 회토류 원소의 한 가지. 전성(展性)과 연성(延性)이 있고 주석보다 단단하나 아연보다는 연함. 발화 합금(發火合金)으로 널리 쓰이며, 일반 금속이나 비철 금속 등의 합금 소재로도 이용됨.〔Ce/58/140.12〕

세륨-족(cerium族)圓 희토류 원소 중, 란탄·세륨·프라세오디뮴·네오디뮴·프로메튬·사마륨의 여섯 원소를 통틀어 이르는 말.

세:**리**(稅吏)圓 세금을 징수하는 관리.

세:**리**(勢利)圓 ①세력과 권리. ②권세와 이욕.

세리신(sericin)圓 피브로인(fibroin)과 함께 누에고치의 섬유를 구성하는 단백질. 〔뜨거운 물에 담그면 피브로인만 남고 녹아 버림.〕

세리오소(serioso 이)圓 악보의 나타냄말. '비장하게·장중하게'의 뜻.

세:**린**(細鱗)圓 ①물고기의 자잘한 비늘. ②작은 물고기.

세:**립**(細粒)圓 자디잔 알갱이.

세:**마**(貰馬)圓 ▷셋말.

세:**마:치**ᄒᄌ 대장간에서 쇠를 불릴 때, 세 사람이 돌려 가면서 치는 큰 마치, 또는 그렇게 치는 일.

세:**마치-장단**圓 국악에서, 세마치를 치는 것 같은 8분의9 박자의 빠른 장단.

세:**-마포**(細麻布)圓 ▷세포(細布).

세:**만**(歲晚)圓 ▷세밑.

세:**말**(細末)圓ᄒᄐ 썩 곱게 빻음, 또는 그렇게 빻은 가루.

세:**말**(歲末)圓 ▷세밑.

세:**망**(勢望)圓 권세와 인망. ¶세망을 아울러 가지다.

세:**맥**(細脈)圓 지맥(支脈)과 지맥 사이를 잇는 가는 잎맥.

세:면(洗面)圀ⓗⓩ 얼굴을 씻음. 세수(洗手). 세안(洗顏). ¶ 자고 일어나면 세면부터 해야지.

세:면(細麵)圀 ▷실국수.

세:면-구(洗面具)圀 〈세면도구〉의 준말.

세:면-기(洗面器)圀 세숫대야. 대야.

세:면-대(洗面臺)圀 세면 시설을 해 놓은 대.

세:면-도구(洗面道具)圀 얼굴을 씻거나 머리를 감거나 하는 데 쓰이는 용품. 비누·칫솔·치약·수건·빗·면도기 따위. ⓗ세면구.

세:면-장(洗面場)圀 세면 시설을 해 놓은 곳. 세수간.

세:-모圀 삼각형의 세 개의 모. 삼각(三角).

세:모(世父)圀 세부(世父)의 아내. 백모(伯母).

세:모(細毛)圀 ①가는 털. ②▷참가사리.

세:모(歲暮)圀 ▷세밑.

세:모-기둥圀 ▷삼각기둥.

세:모-꼴圀 ▷삼각형.

세:모-끝圀 날은 반듯하나 등이 모져서 세모를 이룬 끌. 장붓구멍 따위의 모서리 부분을 깎아 내는 데 쓰임.

세:모-나다휑 세모지다.

세:모-뿔圀 ▷삼각뿔.

세:모-송곳[-곧]圀 끝이 삼각뿔의 꼭짓점처럼 세모진 송곳. * 세:모송곳이[-고시]·세:모송곳만[-곧-].

세:-모시(細-)圀 올이 썩 가는 고운 모시. 세저(細苧). ↔장작모시.

세:모-자圀 ▷삼각자.

세:모-제(歲暮祭)圀 왕조 때, 섣달 그믐날 밤에 나라에서 지내던 제사.

세:모-줄圀 쇠붙이를 깎는 데 쓰는, 단면(斷面)이 세모로 된 줄.

세:모-지다휑 세모가 나 있다. 세모나다.

세:목(細木)圀 올이 썩 가는 무명.

세:목(細目)圀 〈세절목〉의 준말.

세:목(稅目)圀 조세(租稅)의 종목.

세:목-장(細目帳)[-짱]圀 세목을 기록하는 장부.

세:-몰이(勢-)圀 선거를 앞두고 유세 따위를 통하여 자신의 지지 세력을 늘리려고 분위기를 조성하는 일. ¶ 세몰이에 나서다.

세:무(世務)圀 세상살이에서 해야 할 온갖 일.

세:무(細務)圀 자질구레한 사무. 대수롭지 않은 일. 하찮은 일.

세:무(稅務)圀 세금을 매기고 거두어들이는 행정 사무.

세:무-사(稅務士)圀 세무 서류의 작성이나 세무 상담, 세무 대리 등 납세에 관한 사무를 전문적으로 하는 사람, 또는 그러한 직업. 〔법정 자격을 갖추어야 함.〕

세:무ˆ사찰(稅務査察)圀 조세 범칙(犯則) 행위에 대한 강제 조사.

세:무-서(稅務署)圀 국세청(國稅廳)에 딸린 일선 기관으로서 내국세의 부과·징수에 관한 사무를 맡아보는 관서.

세:무ˆ조사(稅務調査)圀 세법에 따라 세무 당국이 행하는 조사.

세:묵(細墨)圀 ▷시먹.

세:문(細紋)圀 자잘한 무늬. 세밀한 무늬.

세:문(勢門)圀 ▷세가(勢家).

세:문(歲問)圀ⓗ지난날, 해마다 일정한 시기에 봉물(封物)을 보내어 문안하던 일. 〔흔히, 지방에서 서울의 벼슬아치에게 보냈음.〕

세:-문안(歲問安)圀ⓗⓩ 새해에 문안을 드림, 또는 그 문안.

세:물(貰物)圀 세놓은 물건.

세:물-전(貰物廛)圀 지난날, 혼례나 장사(葬事)에 쓰일 물건 따위를 세놓던 가게. 도가(都家).

세물전 영감이다관융 세상의 온갖 자질구레한 일을 많이 아는 사람을 별명으로 이르는 말.

세:미(世味)圀 세상살이에서 겪고 느끼게 되는 괴로움이나 즐거움. 세상맛.

세미(細美) '세미(細美)하다'의 어근.

세미(細微) '세미(細微)하다'의 어근.

세:미(稅米)圀 조세(租稅)로 바치던 쌀.

세:미(歲米)圀 지난날, 세초(歲初)에 나라에서 늙은이를 위하여 주던 쌀.

세미나(seminar)圀 ①(대학 같은 곳에서) 교수의 지도 아래 지정된 주제를 가지고 학생들이 공동으로 토론·연구하게 하는 교육 방법. ②(학회 같은 곳에서) 지명된 몇 회원이 분담된 소주제(小主題)에 대하여 연구 발표하고, 이를 바탕으로 전 회원의 토론을 통하여 소주제의 연쇄로 된 대주제에 이르도록 하는 연구 활동.

세미다큐멘터리(semidocumentary)圀 (영화나 방송 따위에서) 기록적인 필름에 극적인 요소를 더하여 현장감을 높인 기록 영화나 방송, 또는 그러한 수법.

세미콜론(semicolon)圀 쌍반점(雙半點).

세미클래식(←semiclassical music)圀 클래식 악곡 가운데 가벼운 소품이나 분위기 위주의 경음악을 이르는 말.

세미파이널(semifinal)圀 권투 경기에서, 주요 경기 전에 벌이는 대전.

세미프로(semi-pro)圀 반직업적인 선수. [semi-professional]

세:미-하다(細美-)휑ⓔ 가늘고 곱다.

세:미-하다(細微-)휑ⓔ ①매우 자잘하다. 세소하다. ②신분이 매우 낮다. ③▷미천하다.

세:민(細民)圀 〈영세민〉의 준말. 빈민(貧民).

세밀(細密) '세밀하다'의 어근.

세:밀-하다(細密-)ⓔⓔ 자세하고 빈틈없다. ¶ 세밀하게 그린 그림. 세밀-히튀.

세:밀-화(細密畫)圀 세밀한 묘사로 대상을 치밀하게 나타낸 그림.

세:-밑(歲-)[-믿]圀 한 해의 마지막 때. 섣달 그믐께. 모세(暮歲). 설밑. 세만(歲晚). 세말. 세모(歲暮). 세저(歲底). 세종(歲終). 연말. 연종(年終). * 세:밑이[-미치]·세:밑을[-미틀]·세:밑만[-민-].

세:반(細飯)圀 진 찹쌀을 말려서 튀겨 대강 빻아 만든 가루. 〔산자 따위에 씀.〕

세:반-강정(細飯-)圀 세반을 고물로 묻힌 강정.

세:-반고리관(-半-管)圀 ▷반고리관.

세:반-산자(細飯橵子)圀 산자에 조청을 발라 여러 가지 빛깔의 세반을 묻힌 것.

세:-받다(洗-)[-따]ⓩ 가톨릭에서, 신부로부터 세례를 받다. ↔세주다.

세:발(洗髮)圀ⓗⓩ 머리를 감음.

세:발-솥[-솓]圀 다리가 세 개 달린 솥. * 세:발솥이[-소치]·세:발솥을[-소틀]·세:발솥만[-손-].

세:발-자전거(-自轉車)圀 (어린아이들이 타는) 바퀴가 셋 달린 낮은 자전거.

세:배(歲拜)圀ⓗⓩ 섣달그믐이나 정초에 하는 인사. 세알(歲謁).

세:배-꾼(歲拜-)圀 세배하러 다니는 사람.

세:배-상(歲拜床)[-쌍]圀 세배하러 온 사람을 대접하는 음식상.

세:-백목(細白木)[-뱅-]圀 올이 가늘고 고운 무명.

세:-백저(細白苧)[-쩌]명 누여서 빛이 회어진, 발이 가는 모시.

세:-뱃-값(歲拜-)[-배깝/-뺃깝]명 세뱃돈. *세: 뱃값이[-배깝씨/-뺃깝씨]·세:뱃값만[-배깜-/-뺃깜-]

세:-뱃-돈(歲拜-)[-배똔/-뺃똔]명 세배하러 온 아이들에게 주는 돈. 세뱃값.

세:-버들(細-)명 가지가 가는 버드나무. 세류.

세:-벌(世閥)명 ☞지체. 문벌.

세:벌-상투명 고를 두 번 돌려 짠 상투.

세:벌-상 대(-臺)명 세 층으로 포개어 놓은 긴 댓돌.

세:법(稅法)[-뻡]명 국세(國稅)의 종목과 세율 및 징수와 처벌 등에 관한 법률을 통틀어 이르는 말. 조세법(租稅法).

세:변(世變)명 세상의 변고.

세:별(細別)명하타되자 세밀하게 구별함.

세:보(世譜)명 계보(系譜)를 모아 엮은 책.

세:보(細報)명하타 자세하게 보고함, 또는 그 보고.

세:부(世父)명 〔집안의 대를 잇는 아버지라는 뜻으로〕'백부(伯父)'를 이르는 말.

세:부(細部)명 자세한 부분. ¶세부 내용. /세부 사항.

세:-부득이(勢不得已)부하형 일의 형세가 그렇게 하지 않을 수 없어서. 사세부득이.

세:-부-적(細部的)명 세세한 부분까지 미치는 (것). ¶세부적 사항. /세부적인 묘사.

세:분(洗粉)명 물건을 닦는 데 쓰이는 가루.

세:분(細分)명하타 ①잘게 나눔. ②자세하게 분류함. ¶담당 업무를 세분하다.

세:분-화(細分化)명하자타되자 사물이 여러 갈래로 잘게 나누어짐, 또는 그렇게 나누어지게 함. ¶교과 과정의 세분화. /시장이 세분화되다. /등급을 세분화하다.

세:-불-양립(勢不兩立)[-량닙]명 〔비슷한 두 세력은 공존할 수 없다는 뜻으로〕'자웅을 겨루는 두 세력 사이에 화친이 있을 수 없음'을 이르는 말.

세:비(歲費)명 ①국가 기관이 한 해 동안 쓰는 비용. 세용(歲用). ②국회의원이 받는 보수 및 수당.

세:-뿔명 ☞날걸.

세:사(世事)명 〈세상사(世上事)〉의 준말.

세:사(世祀)명 대대로 지내는 제사.

세:사(世嗣)명 ☞후손(後孫).

세:사(細沙)명 보드라운 모래. 모새. 시새.

세:사(細事)명 자질구레한 일.

세:-사(細査)명하타 빈틈없이 세밀하게 조사함, 또는 그 조사.

세:사(細思)명하타 꼼꼼하게 챙겨 가며 생각함, 또는 그렇게 하는 생각.

세:사(歲事)명 일 년 동안에 일어나는 일.

세:사-난측(世事難測)명 세상일의 변천이 심하여 미리 알기 어려움.

세:살(歲煞)명 삼살방(三煞方)의 하나. 해에 따라 독한 음기(陰氣)의 살이 있다는 방위. 〔범·말·개의 해는 북북동에, 뱀·닭·소의 해는 동남동에, 원숭이·쥐·용의 해는 남남서에, 돼지·토끼·양의 해는 서북서에 있다 함.〕

세:살-문(細-門)명 살을 성기게 대어 엉성하고 거칠게 만든 창문.

세:살-부채(細-)명 살이 가느다란 부채.

세:살-창(細-窓)명 살이 매우 가느다란 창문. 세골창(細骨窓).

세:상(世上)명 ①사회(社會). 세간(世間). ¶세상에 널리 알려지다. /세상을 떠들썩하게 하다. /세상 물정을 모르다. ②사는 동안. 한평생. 일생. ¶한 많은 세상을 살아가다. ③(특정의) 시대. 시절. ¶순 임금이 다스리던 세상. /일제 하의 어둡던 세상. ④마음대로 할 수 있는 판. 세월(歲月). ¶제 세상을 만난 듯이 날뛴다. ⑤〈천상(天上)에 대하여〉지상(地上). ¶천부인(天符印) 세 개를 가지고 세상에 내려오시다. ⑥(구속된 상황에서 본) 바깥 사회. ¶세상에 나가면, 나도 마음잡고 살아 보겠다. ⑦속세. 진세(塵世). ¶세상을 멀리하고 산속에 숨어 살다. ⑧〈세상인심〉의 준말. ¶따뜻한 세상. /냉정한 세상. /참으로 야속한 세상이로구나. ⑨[부사적 용법] ㉠아주. 비할 바 없이. ¶세상 편한 사람. /세상 좋은 물건. ㉡도무지. 조금도. ¶아무리 타일러도 세상 말을 들어야지.

세상(을) 떠나다(뜨다)관용 죽다. 세상을 버리다.

세상(을) 버리다관용 ①깊은 산속 같은 데에 들어가 사회와 인연을 끊고 살다. ②☞세상(을) 떠나다(뜨다).

세상이 바뀌다관용 ①사회 체제가 바뀌다. ②사회 제도나 문물이 크게 달라지다.

세:상(世相)명 ☞세태(世態).

세:상-만사(世上萬事)명 세상의 온갖 일.

세:상-맛(世上-)[-맏]명 세상 살아가는 재미나 여러 가지 취미. 세미(世味). *세:상맛이[-마시]·세:상맛만[-만-]

세:상-모르다(世上-)[~모르니·~몰라]자르 ①세상 물정을 모르다. ②깊은 잠에 빠져 아무것도 의식 못하다. ¶피곤하다고 하더니 세상 모르고 잔다.

세:상-사(世上事)명 세상일. ❀세사(世事).

세:상-살이(世上-)명 세상을 살아가는 일. 삶을 이어 가는 일. ¶세상살이에 밝다. /세상살이가 고달프다.

세:상-없다(世上-)[-업따]형 다시없다. 견줄 데 없다. 천하없다. ¶그는 세상없는 착한 사람이다.

세:상-없어도(世上-)[-업써-]부 무슨 일이 있어도. 기어코. 천하없어도. ¶세상없어도 이 일은 해내고야 말겠다.

세:상-없이(世上-)[-업씨]부 더할 나위 없이. 아무리. 천하없이. ¶세상없이 떠들어도 소용없다.

세:상-에(世上-)감 너무나 뜻밖의 일에 크게 놀라거나 지독하다는 뜻으로 쓰이는 말. ¶나 원 세상에, 사람으로서 그럴 수가 있나.

세:상-인심(世上人心)명 세상 사람들의 마음씨. ¶세상인심이 야속도 하다. ❀세상.

세:상-일(世上-)[-닐]명 세상에 있는 일. 사회에서 일어나는 일들. 세상사(世上事). ¶세상 일이 내 뜻대로만 되면 얼마나 좋겠나.

세:상-천지(世上天地)명 '세상'의 힘줌말.《주로, '세상천지에'의 꼴로 쓰임.》¶세상천지에 이런 법도 있나.

세:서(細書)명하타 글씨를 잘게 씀, 또는 잘게 쓴 글씨.

세:서(歲序)명 한 해의 계절·세시(歲時)·절기 따위가 바뀌는 순서.

세:서-성문(細書成文)명하타 잔글씨로 글을 씀, 또는 글씨를 잘게 쓴 문서나 기록.

세:석(細石)명 잔돌.

세:석(細席)명 올이 가는 돗자리.

세:석-기(細石器)[-끼]圀 ☞잔석기.

세:선(細線)圀 가는 금.

세:설(世說)圀 ☞세평(世評).

세:설(洗雪)圀하타 부끄럼 따위를 씻어 버림. 설욕(雪辱).

세:설(細雪)圀 가랑눈. 분설(粉雪).

세:설(細說)圀 ①하자 잔말. 잔소리. ②하타 자세히 설명함, 또는 그런 설명. ③소인(小人)들의 너절한 말.

세:섯-덩이[-섣멍-]圀 김맬 때, 앞으로 떠서 뒤엎는 흙덩이.

세:성(歲星)圀 ☞목성(木星).

세:세(世世)圀 ☞대대(代代).

세세(細細) '세세하다'의 어근.

세:세(歲歲)圀 매년(每年).

세:세-상전(世世相傳)圀하타 대를 이어 전함.

세:세생생(世世生生)圀 불교에서, 몇 번이든지 다시 환생하는 일, 또는 그 때.

세:세손손(世世孫孫)圀 ☞대대손손.

세:세-연년(歲歲年年)圀 '매년(每年)'의 힘줌말. ¶세세연년이 풍작이다.

세:세-하다(細細-)圀여 ①아주 자세하다. ¶세세한 설명. ②자디잘아 보잘것없다. ¶세세한 일에 신경을 쓰다. ③매우 가늘다. 세세-히閈.

세소(細小) '세소하다'의 어근.

세:소-하다(細小-)圀여 ☞세미(細微)하다.

세:속(世俗)圀 ①이 세상. 범속한 세상. 속세(俗世). ¶세속을 떠나다. ②세상의 풍속. ¶세속에 물들다.

세:속^오:계(世俗五戒)[-계/-게]圀 신라 진평왕 때, 원광 법사(圓光法師)가 지은 화랑의 계명. 사군이충(事君以忠)·사친이효(事親以孝)·교우이신(交友以信)·임전무퇴(臨戰無退)·살생유택(殺生有擇)의 다섯 가지를 이름. 오계. 오교.

세:속-적(世俗的)[-쩍]관圀 ①성(聖)스럽지 못한 (것). ②세속의 범주를 벗어나지 못한 (것). ¶세속적 기준. /세속으로 향한.

세:손(世孫)圀〈왕세손〉의 준말.

세:손-강서원(世孫講書院)圀 조선 시대에, 왕세손을 시강(侍講)하던 관아. ㉰강서원.

세:손-궁(世孫宮)圀〔왕조 때〕①세손이 거처하던 궁. ②〈왕세손의 높임말.

세:손목-카래圀 장부꾼 한 사람과 줄꾼 두 사람이 하는 가래질.

세:수(世守)圀하타 대대로 지켜 내려옴.

세:수(世壽)圀 중의 세속의 나이. ㉰법랍(法臘).

세:수(世讎)圀 대를 이어 온 원수.

세:수(洗手)圀하자 손이나 얼굴을 씻음. 세면(洗面).

세:수(稅收)圀 조세(租稅) 징수에 의한 수입. 세수입(稅收入).

세:수-간(洗手間)[-깐]圀 세수하도록 따로 마련된 곳. 세면장.

세:수-수건(洗手手巾)圀 세수한 뒤 얼굴에 묻은 물을 닦아 내는 수건.

세:수-입(稅收入)圀 ☞세수(稅收).

세:수-천(歲首薦)圀 왕조 때, 세초(歲初)에 지방 수령을 할 만한 이를 추천해 올리던 일.

세:숫-대야(洗手-)[-수때-/-숟때-]圀 세숫물을 담아 세수하는 그릇.

세:숫-물(洗手-)[-순-]圀 세수하는 물.

세:숫-비누(洗手-)[-수삐-/-숟삐-]圀 세수할 때 쓰는 비누. 화장비누.

세슘(cesium)圀 알칼리 금속 원소의 한 가지. 자연계에 널리 분포하나 그 양은 극히 적음. 전연성(展延性)이 풍부한 은백색 금속으로, 물과 격렬한 반응을 일으키며, 습한 공기 중에서도 발화(發火)함. 광전관(光電管)의 재료로 쓰이며, 세슘 원자의 진동수를 이용하여 원자 시계도 만듦.〔Cs/55/132.9054〕

세:습(世習)圀 세상의 풍습.

세:습(世襲)圀하타되자 (신분·작위·재산 등을) 대를 이어 물려주거나 받는 일. ¶세습 왕조. / 권력 세습.

세:습^군주국(世襲君主國)[-꾼-]圀 혈통에 따라 군주의 지위가 세습되는 국가.

세:습^재산(世襲財産)[-째-]圀 대대로 한 집안의 계승자가 물려받기는 하나, 자유 처분 또는 채권자의 강제 집행이 불가능한 재산.

세:습-적(世襲的)[-쩍]관圀 세습하는 (것).

세:승(細繩)圀 ①가는 노끈. ②가는 새끼줄. ③모시의 발.

세:시(歲時)圀 ①일 년 중의 그때그때. ¶세시 풍속. ②새해. 설.

세:시-기(歲時記)圀 일 년 중의 행사를 철에 따라 적어 놓은 책.

세:시-증(歲時甑)圀〔설떡을 찌는 시루라는 뜻으로〕같은 행사 때에 쓰려고 뭇사람이 동시에 찾는 물건을 비유하여 이르는 말.

세:신(世臣)圀〈세록지신(世祿之臣)〉의 준말.

세:신(細辛)圀 한방에서, '족두리풀'이나 '민족두리풀'의 뿌리를 이르는 말. 땀을 내거나 가래를 삭이는 약재로 쓰임. ㉰족두리풀.

세:실(細-)圀 가는 실.

세:실(世室)圀 신위를 모시는, 종묘(宗廟)의 방.

세:실과(細實果)圀 잘게 깎은 숙실과(熟實果).

세:심(洗心)圀하자 마음을 깨끗하게 함.

세심(細心) '세심하다'의 어근.

세:심-하다(細心-)圀여 꼼꼼하게 주의를 기울여 빈틈이 없다. 세심-히閈 ¶세심히 준비하다.

세:-쌍둥이(-雙-)圀 한 태(胎)에서 난 세 아이. 삼생아(三生兒). 삼태생(三胎生).

세:악(細樂)圀 왕조 때, 군중(軍中)에서 장구·북·피리·저·해금 등 몇 가지의 국악기로 편성되었던 군악(軍樂). ㉰대취타(大吹打).

세:악-수(細樂手)[-쑤]圀 왕조 때, 세악(細樂)을 연주하던 군사.

세:-안(歲-)圀 새해가 되기 이전. 세전(歲前).

세:안(洗眼)圀하자 눈을 씻음.

세:안(洗顔)圀하자 얼굴을 씻음. 세면(洗面).

세:안(歲安)圀 자세하고 빈틈없는 안건.

세:알(歲謁)圀하자 ①세배. ②지난날, 섣달 그믐날이나 설날에 사당(祠堂)에 인사 드리던 일.

세:알-모끼圀 (한꺼번에 줄을 셋씩 치도록) 이가 셋 있는 대패.

세:액(稅額)圀 세금의 금액.

세:약(洗藥)圀 병든 부위나 상처 따위를 씻는 약.

세:양(歲陽)圀 음양의 구별로 '천간(天干)'을 이르는 말. ↔세음(歲陰).

세:언(世諺)圀 ☞속담(俗談).

세:언(洗堰)圀 얕은 하천을 가로질러 콘크리트 등으로 만든, 수량(水量) 조절용의 둑. 평시에는 길이 되고 물이 붙으면 둑이 됨.

세:업(世業)圀 대대로 물려 내려오는 직업. 가업(家業). 부업(父業). ¶세업을 물려받다.

세:여(歲餘)圀 한 해 남짓한 동안.

세:여파죽(勢如破竹)圀〔기세가 대나무를 쪼개는 것과 같다는 뜻으로〕기세가 맹렬하여 대항할 적이 없음을 이르는 말.

세:연(世緣)圀 세상의 온갖 인연.

세:열(細裂)명 하자타 되자 잘게 갈라짐. 또는 잘게 찢음.

세:염(世染)명 어지러운 이 세상의 너절하고 구저분한 일들.

세:염(勢焰)명 불꽃 같은 기세. 성한 세력.

세:영산(細靈山)명 ☞잔영산.

세:외(世外)[-외/-웨]명 세속을 벗어난 곳.

세:요(細腰)명 ①가는 허리. ②허리가 가늘어 날씬한 여인. [미인을 형용하는 말.]

-세요어미 -셔요. ¶어서 오세요./안녕히 가세요.

세:용(歲用)명 ☞세비(歲費).

세:우(細雨)명 가랑비.

세:우(貰牛)명 세를 내고 부리는 소.

세우다타 『'서다'의 사동』①세로로 서게 하다. 일으키다. ¶기둥을 세우다./앉아 있는 아이를 세우다. ②(움직이는 것을) 멈추게 하다. ¶버스를 세우다./돌아가는 기계를 세우다. ③(날 같은 것을 갈아서) 날카롭게 하다. ¶칼날을 숫돌에 갈아서 세우다. ④짓거나 만들다. 축조(築造)하다. ¶건물을 세우다. ⑤(뜻을) 정하다. ¶청운의 뜻을 세우다. ⑥(제도·조직·전통·업체·기관 따위를) 새로 이룩하다. 일으키다. ¶나라를 세우다./전통을 세우다./학교를 세우다./(계획·방침·안(案) 따위를) 짜다. ¶예산을 세우다./안을 세우다./새로운 교육 방침을 세우다. ⑧(어떤 일에) 이바지하다. ¶공적을 세우다. ⑨잃지 않고 보전하다. 유지하다. ¶체면을 세우다. ⑩굳게 주장하다. 고집하다. ¶제 주장만 세우다./고집을 박박 세우다. ⑪(어떤 구실을) 맡기다. ¶그를 보증인으로 세우다. ⑫(어떤 자리에) 있게 하다. 나아가게 하다. ¶그를 선두에 세우다./대통령 후보자로 세우다. ⑬영(令)이 서게 하다. ¶군령(軍令)을 세우다.

세:우-사풍(細雨斜風)명 ☞사풍세우.

세:운(世運)명 세상의 길흉이나 화복.

세워-총(-銃)Ⅰ명 차려 자세로 소총을 곧게 세워 잡고 개머리판을 오른발 옆의 지면에 닿게 하는 집총 자세. Ⅱ갑 '세워총' 하라는 구령.

세:원(稅源)명 조세(租稅)의 근원, 곧 징세 대상이 될 온갖 소득이나 재산.

세:월(歲月)명 ①흘러가는 시간. 광음(光陰). 연광(年光). 연화(年華). ¶유수 같은 세월. ②경기(景氣)나 여건 또는 환경. ¶요즘은 세월이 좋아졌다. ③☞세상(世上). ¶제 세월 만난 듯이 활개를 치다. **세월이 약(속담)** 아무리 괴로운 마음의 상처도 시간이 지나면 아물어 잊혀진다는 말. **세월을 만나다(관용)** 좋은 때를 만나 활개를 치다. **세월이 좀먹나(관용)** 세월이 가지 아니하다.

세:월-없다(歲月-)[-업따]형 ①일이 언제 끝날지 모를 만큼 더디고 느리다. ②돈벌이가 잘 안 된다. ¶세월없는 장사. **세월없이-이문** ¶일을 세월없이 끌고 간다.

세:월여류(歲月如流)[-려-]명 〔세월이 물같이 흘러간다는 뜻으로〕'세월이 빠름'을 비유하여 이르는 말.

세:위(勢威)명 떨치는 기세와 위엄.

세:유(世儒)명 ①세상에 영합하는 속된 유학자. ②대대로 집안의 전통적 학문을 전하는 유자(儒者).

세:육(歲肉)명 정초(正初)에 쓰는 고기.

세:율(稅率)명 〈과세율〉의 준말. ¶당정 협의를 거쳐 세율을 조정하다.

세:은(稅銀)명 지난날, 은을 파는 가게에서 세(稅)로 바치던 은(銀).

세:음(歲陰)명 음양의 구별로 '지지(地支)'를 이르는 말. ↔세양(歲陽).

세:응(世應)명 역학(易學)에서, 괘효(卦爻)가 상응함을 뜻함.

세:의(世誼)[-의/-이]명 대대로 사귀어 온 정의(情誼). 참세교(世交).

세:의(世醫)[-의/-이]명 대를 이은 의업(醫業), 또는 그러한 의원(醫員).

세:의(歲儀)[-의/-이]명 세밑에 선사하는 물건. 세찬(歲饌).

세:-이레명 아기가 난 날로부터 스무하루째 되는 날. 삼칠일(三七日).

세이브(save)명 ①야구에서, 동점이나 역전이 될 수 있는 상황에서 구원 등판한 투수가 끝까지 리드를 지켜 팀을 승리하게 하는 일. ②하타 컴퓨터의 데이터나 프로그램을 기억 장치에 저장시키는 일.

세이지(sage)명 꿀풀과의 다년초. 남부 유럽 원산으로, 다 자란 키는 30~90 cm. 잎은 달걀 모양에서 길둥근 모양으로 여러 가지임. 꽃은 관상용 샐비어와 비슷하며 자줏빛임. 식물 전체에서 향기가 나는데, 잎은 약용 또는 양식(洋食)의 향신료로 쓰이므로 '약용 샐비어'라고도 함. 샐비어.

세이프(safe)명 ①야구에서, 주자가 아웃을 면하는 일. ②테니스 따위의 구기에서, 공이 규정선 안에 떨어지는 일. ↔아웃.

세이프티^번트(safety+bunt)명 야구에서, 타자가 일루에 살아 나가기 위해 대는 번트.

세:인(世人)명 세상 사람. ¶세인의 여론.

세:인(細人)명 ①☞간첩. ②☞소인(小人).

세일(sale)명 하타 판매, 특히 염가 판매.

세일러-복(sailor服)명 목 뒤쪽의 네모진 넓은 칼과 특이한 넥타이에 한두 줄의 테를 두른 수병(水兵)의 윗도리, 또는 이를 본뜬 여성복이나 아동복을 통틀어 이르는 말.

세:-일배(歲-拜)명 하타 윗사람에게 한 해에 한 번 세배 드리는 일.

세일즈-맨(salesman)명 (주로 방문 판매를 목적으로 하는) 판매원. 외판원.

세:입(稅入)명 조세(租稅)에 의한 수입.

세:입(歲入)명 한 회계 연도에 있어서의 총수입. ↔세출.

세:입보:전^공채(歲入補塡公債)[-뽀-]명 적자를 메우기 위해 발행하여, 그 수입이 일반 경비의 재원이 되는 공채.

세:자(世子)명 〈왕세자〉의 준말.

세:자(洗者)명 가톨릭에서, 영세를 받을 사람의 세례를 행하는 사람을 이르는 말.

세:자(細字)명 잔자하게 쓴 글자. 잔글씨.

세:자(細疵)명 하찮은 흠이나 티.

세:자-궁(世子宮)명 ①〈왕세자〉의 높임말. ②왕세자가 거처하던 궁전. 동궁(東宮). 춘궁(春宮).

세:자-부(世子傅)명 왕세자의 스승. 〔조선 시대에는 의정(議政)이 겸하였음.〕

세:자-빈(世子嬪)명 왕세자의 아내.

세:자-사(世子師)명 왕세자의 스승. 〔조선 시대에는 영의정이 겸하였음.〕

세:자시강원(世子侍講院)명 조선 시대에, 왕세자의 교육을 맡아보던 관아.

세:작(細作)명 ☞간첩(間諜).

세장[명] 지게나 걸채 따위의, 두 짝이 마주 짜여 있도록 가로질러 박은 나무.

세:장(世丈)[명] 대대로 두터운 교분을 맺고 있는 집안의 어른.

세:장(洗腸)[명][하][타] 병의 치료를 위하여 장 속의 유독성 물질을 제거하여 깨끗이 하는 일.

세장(細長) '세장하다'의 어근.

세:장지지(世葬之地)[명] 대대로 집안에서 묘를 쓰는 땅. ⓗ선산.

세:장-하다(細長-)[형][여] 가늘고 길다.

세:재(世才)[명] 세상살이를 재치 있고 슬기롭게 해 나가는 사람, 또는 그러한 재주.

세:저(細苧)[명] ☞모시포.

세:저(歲底)[명] ☞세밑.

세:전(細箭)[명] ☞아기살.

세:전(貰錢)[명] ☞셋돈.

세:전(稅錢)[명] ☞세금(稅金).

세:전(歲前)[명] 설을 맞기 전. 새해가 되기 이전. 세안. ↔세후(歲後).

세:전^노비(世傳奴婢)[명] 지난날, 한 집안에서 대를 이어 내려오던 종.

세:전-문(細箭門)[명] 아기살같이 문살이 짧은 문.

세:전지물(世傳之物)[명] 대대로 전하여 내려오는 물건.

세:전지보(世傳之寶)[명] 대대로 전하여 내려오는 보물.

세:-절목(細節目)[명] 자질구레한 조목. ⓟ세목(細目).

세:정(世情)[명] ①세상의 물정. ¶세정에 어둡다. ②세태와 인정.

세:정(洗淨)[명][하][타] (물이나 소독액 등으로) 깨끗하게 씻음. 세척(洗滌).

세:정(細情)[명] ①세세히 맺힌 정. ②자세한 사정. ¶남의 세정을 헤아리다.

세:정(稅政)[명] 세무에 관한 행정.

세:정-제(洗淨劑)[명] ☞세제(洗劑).

세:제(世弟)[명] 〈왕세제(王世弟)〉의 준말.

세:제(世諦)[명] ☞속제(俗諦).

세:제(洗劑)[명] ①몸이나 기구·의류 따위에 묻은 물질을 씻어 내는 데 쓰이는 물질. [비누 따위.] 세정제. ⓐ성성 세제. ②세척제.

세:제(稅制)[명] 조세(租稅)에 관한 제도. ¶새 정부 출범과 함께 대폭적인 세제 개혁이 단행되었다.

세:제(歲除)[명] ☞제석(除夕).

세:-제곱[명][하][타] 같은 수 셋을 곱한 값, 또는 곱하는 일. [2×2×2 또는 $a×a×a$로서, 2^3 또는 a^3으로 표기함으로 '2의 세제곱' 또는 'a의 세제곱'으로 읽음.]

세:제곱-근(-根)[-끈][명] 어떤 수 a를 세제곱한 값이 b일 때, a를 b에 대하여 이르는 말. [2의 세제곱은 8이므로, 2는 8의 세제곱근이 됨.]

세:제곱근^풀이(-根-)[-끈-][명] 세제곱근을 푸는 계산. 개입방.

세:제곱-비(-比)[-빼][명] 비교되는 항(項)의 세제곱 되는 수치의 비. [길이의 값으로 나타낸 부피의 비 따위. 곧, 반지름의 비가 a:b인 두 개 구(球)의 부피의 비는 a^3:b^3으로 나타남과 같은 것.]

세:족(世族)[명] 세가(世家).

세:족(洗足)[명][하][자] 발을 씻음. 탁족(濯足).

세:족(勢族)[명] 권세가 있는 겨레붙이.

세:존(世尊)[명] 〈석가세존〉의 준말.

세:존-단지(世尊-)[-딴-][명] 영·호남의 일부 지역에서, 농신(農神)에게 바치는 뜻으로 햇곡식을 넣어 모시는 단지.

세:종(歲終)[명] ☞세밑.

세:주(細註·細注)[명] ①자세한 주석. ②잔글씨로 단 주석.

세:주(歲酒)[명] 설에 쓰는 술.

세:-주다(洗-)[자] 가톨릭에서, 신부가 세례를 주다. ↔세받다.

세:-주다(貰-)[타] 셋돈을 받고 집이나 물건을 빌려 주다. ¶문간방을 세주다.

세:줄-배도라치[명] 장갱잇과의 바닷물고기. 몸은 옆으로 넓적함. 몸길이 13 cm가량. 몸빛은 잿빛을 띤 누른빛으로 희미한 흑갈색 가로띠가 있고, 몸 양쪽으로 석 줄의 검은 띠가 있음. 우리나라·일본 등지의 연해에 분포함.

세:줄-볼락[명] 양볼락과의 바닷물고기. 몸은 방추형으로 옆이 넓적하며 몸빛은 녹황색임. 몸길이 30 cm 이상이고, 옆에 석 줄의 흑갈색 세로띠가 그어져 있음. 동해안과 서해안의 얕은 바다에 분포함.

세:줄-얼게비늘[명] 동갈돔과의 바닷물고기. 몸길이 15 cm가량. 몸은 방추형이고 몸빛은 복숭아색임. 옆구리에 석 줄의 짙은 세로줄이 있음. 눈이 큰 열대성이지만 우리나라 남해에도 분포함.

세:지[명] 〈세로지〉의 준말.

세:지(世智)[명] 세상을 살아 나가는 지혜.

세:진(世塵)[명] 〔세상의 먼지라는 뜻으로〕 세상의 잡다한 일을 이르는 말.

세:진-계(細塵計)[-계/-게][명] 공기 중의 먼지의 함유량을 측정하는 기계.

세-째[주][명] '셋째'의 잘못.

세:차(洗車)[명][하][타] 자동차의 겉·바퀴·엔진 등에 묻은 흙이나 먼지 따위를 씻어 내는 일.

세:차(貰車)[명] 자동차를 세놓는 일, 또는 그 세놓는(은) 차.

세:차(歲次)[명] 간지(干支)를 좇아서 정한 해의 차례. 유년세차.

세:차(歲差)[명] 지구의 자전축이 황도면(黃道面)의 축의 둘레를 도는 현상. 이는 춘분점의 이동 현상으로 나타나며, 1주기가 2만 5800년인데 1년에 50.3초가량 서쪽으로 이동함.

세:-차(洗-)[형] 힘 있고 억세다. ¶불길이 세차다./비바람이 세차다.

세:차^운:동(歲差運動)[명] 회전 운동을 하는 물체의 회전축이 어떤 부동축(不動軸)의 둘레를 회전하는 현상. [약간 기울어져 돌고 있는 팽이의 축이 연직축(鉛直軸)을 기준으로 회전하는 운동, 인공위성의 궤도면의 축이 지구 자전축을 회전하는 운동, 원자의 세차 현상 따위.]

세:차-장(洗車場)[명] 세차 시설을 갖추고 세차를 업으로 하는 곳.

세:찬(歲饌)[명] ①설에 차려서 대접하는 음식. ②☞세의(歲儀).

세찬 가다[관용] 세찬을 보내다.

세:찬-계(歲饌契)[-계/-게][명] 세찬을 장만하기 위하여 모으는 계.

세:찰(細察)[명][하][타] 자세히 살핌.

세:책(貰冊)[명] 세를 받고 빌려 주는 책. 대본(貸本).

세:책-례(洗冊禮)[-챙녜][명] ☞책씻이.

세:척(洗滌)[명][하][타] 깨끗이 씻음. 세정(洗淨). ¶이 세제는 세척 효과가 뛰어나다.

세:척-기(洗滌器)[-끼][명] 의료 기구의 한 가지. 상처나 코·위·질(膣) 따위를 세척하는 데 쓰임.

세ː척-제(洗滌劑)[-쩨]圓 상처·눈·질(膣) 따위의 국소나 세균이 침입하기 쉬운 곳을 소독하거나 씻어 내는 약제. 세제(洗劑).

세첨(細尖) '세첨하다'의 어근.

세ː첨-하다(細尖-)圈圀 (끝이) 가늘고 뾰족하다.

세ː초(洗草)圓圀 조선 시대에, 실록을 편찬하고 나서 뒷날의 구설을 막기 위하여 초고를 없애 버리던 일.

세ː초(歲初)圓 설. 정초(正初).

세ː초(歲抄)圓〔조선 시대에〕①음력 유월과 섣달의 초하루에, 조관(朝官) 중에서 허물이 있는 자의 이름을 적어서 왕에게 올리던 문서. 〔왕이 보고 이름에 점을 찍어 내린 자는 좌천 또는 강등하였음.〕②군인 중 사망·도망·질병으로 말미암아 생긴 결원을 음력 유월과 섣달에 보충하던 일.

세ː초-연(洗草宴)圓 조선 시대에, 세초(洗草)를 끝낸 뒤 베풀던 잔치.

세ː총(細葱)圓 실파.

세ː출(歲出)圓 한 회계 연도에 있어서의 총지출. ↔세입(歲入).

세ː출입(歲出入)圓 세출과 세입.

세치(細緻) '세치하다'의 어근.

세ː치-각(一角)圓〔<세치각목〕의 준말.

세ː치-각목(一角木)[-깡-]圓 세 치 폭으로 네모지게 만든 재목. 준세치각.

세ː치-하다(細緻-)휑 자세하고 빈틈이 없다.

세ː칙(細則)圓 기본이 되는 규칙을 다시 나누어 자세하게 만든 규칙. ¶시행 세칙.

세ː칙(稅則)圓 조세의 부과·징수에 관한 규칙.

세침(細針)圓 가는 바늘. 작은 바늘.

세ː칭(世稱)圓圀《주로 명사 앞에 쓰이어》 세상에서 흔히 말함. ¶그가 다니는 대학이 세칭 일류 대학이다.

세컨드(second)圓 ①권투에서, 선수의 보호와 작전 지시를 맡아보는 사람. ②'첩(妾)'을 속되게 이르는 말.

세ː코-짚신[-집씬]圓 (발이 편하도록) 앞의 양편에다 약간의 총을 터서 코를 낸 짚신.

세코짚신에는 제 날이 좋다[족담] 무엇이든지 분수에 맞는 것이 좋다는 말.

세쿼이아(sequoia)圓 낙우송과의 상록 교목. 세계에서 가장 크고 가장 오래 살아 있는 나무로서 유명하며, 미국 서부 캘리포니아에 2종이 있음.

세크(sec)圓 ☞시컨트(secant).

세ː탁(洗濯)圓圀퇴좐 빨래.

세ː탁-기(洗濯機)[-끼]圓 빨래하는 기계.

세ː탁-물(洗濯物)[-탕-]圓 빨랫감.

세ː탁-비누(洗濯-)[-삐-]圓 빨랫비누.

세ː탁-소(洗濯所)[-쏘]圓 시설을 갖추고 세탁하는 일을 업으로 하는 곳.

세ː탁-제(洗濯劑)[-쩨]圓 빨래할 때 쓰이는 비누와 약품 따위 세제(洗劑)를 통틀어 이르는 말.

세ː탄(洗炭)圓圀 석탄을 씻어 불순물이나 불량품을 없애는 일.

세탄(cetane)圓 포화 파라핀계 탄화수소의 한 가지. 세텐에 수소를 가하거나 팔미트산의 환원으로 얻어짐. 디젤 엔진에 쓰이는 연료의 내폭성(耐爆性) 판정용으로 쓰임.

세ː태(世態)圓 세상의 형편이나 상태. 세상(世相).

세ː태^소설(世態小說)圓 그 사회의 인정·유행·풍속·제도 따위 세태를 묘사한 소설.

세ː태-인정(世態人情)圓 세상의 형편과 인심의 움직임.

세터(setter)圓 ①배구에서, 공격수에게 토스하여 공격을 하게 하는 선수. ②영국 원산의 사냥개의 한 가지.

세텐(cetene)圓 불포화 탄화수소의 한 가지. 고래 기름 속에 들어 있으며 알코올이나 에테르에 녹음.

세ː톨-박이圓 밤알이 세 톨 들어 있는 밤송이.

세ː-톱(細-)圓 날이 잘고, 날이 얇은 톱.

세ː투(歲鬪)圓 정초에 하는 노름.

세트(set)圓 ①가구·도구 따위의 한 벌. 일습(一襲). ¶커피 세트. ②촬영장 안의 영화 촬영용 장치, 또는 연극의 무대 장치. ③배구·탁구·테니스 등의 경기에서 한 판의 승부, 또는 그 판. ¶첫 세트를 가볍게 이기다. ④파마할 때 머리카락을 마는 일.

세트^스코어(set score)圓 배구·탁구·테니스 등의 경기에서, 쌍방이 이긴 판의 수(數). ¶세트 스코어 3대 1로 이기다.

세트^포인트(set point)圓 배구·탁구·테니스 등의 경기에서, 세트의 승부를 결정짓는 마지막 점. 참게임 포인트.

세트^포지션(set position)圓 야구에서, 투수가 타자를 향해 공을 던질 때, 먼저 한 발을 완전히 투수판에 대고 다른 쪽 발을 앞으로 내밀어, 공을 두 손으로 몸 앞쪽에 쥐고서 잠시 정지하도록 규정되어 있는 자세.

세트^플레이(set play)圓 구기 경기에서, 2～3명의 선수가 상대편의 방어 형태에 따라 조직적·계획적으로 펼치는 공격 전술.

세팅(setting)圓 ①圀주변물과의 미적 관계나 일의 목적 따위를 고려하면서 사물을 배치하거나 새로 갖추는 일. ¶언니는 세팅이 단조로운 다이아몬드 반지를 끼고 있다. ②圀열을 가하여 머리카락을 둥글게 말아 올려 전체적인 머리 모양을 보기 좋게 다듬는 일. ¶세팅 퍼머. ③圀녹음·영화 촬영 따위에 필요한 장치를 배치하는 일. ④식사할 때 앞줄이나 행이 움직이지 않도록 스틱에 넣은 자.

세ː파(世波)圓 파도처럼 거센 세상살이의 어려움. ¶모진 세파를 헤치고 살다.

세ː파(世派)圓 한 겨레붙이에서 갈려 나간 파.

세ː파(細波)圓 잔물결.

세파타크로(sepaktakraw)圓 세 사람씩으로 이루어진 두 편이 배드민턴 코트와 같은 규격의 코트에서 등나무 줄기로 엮은 타크로 공을 상대편 코트에 차 넘기는 경기. 15점 3세트 경기이며, 1990년 북경 아시안 게임에서 정식 종목으로 채택됨.

세퍼릿^코ː스(separate course)圓 육상 경기의 중·단거리나 스피드 스케이트 경주에서, 주로(走路)가 구분되어 있는 코스. 400 m 이내의 경주에서는 경기자마다 주로가 구분됨. 참오픈 코스.

세ː편(細片)圓 작은 조각.

세ː평(世評)圓 세상 사람들의 비평. 세설(世說). ¶세평에 귀를 기울이다.

세ː평(細評)圓圀 자세하게 비평함, 또는 그러한 비평.

세ː포(細布)圓 가는 삼실로 짠, 썩 고운 삼베. 세마포(細麻布).

세ː포(細胞)圓 ①생물체를 구성하는 최소 단위로서의 원형질. 〔세포질·세포핵으로 이루어짐.〕②어떤 단체나 조직의 최소 구성 단위. 〔흔히, 공산당 조직의 최소 구성 단위를 이름.〕

세ː포^단체(細胞團體)圓 단체의 조직 요소로서의 하급 단체.

세:포-막(細胞膜)圀 ①동물 세포의 원형질을 싸고 있는 막. ②식물 세포의 표면을 싸고 있는 셀룰로오스의 막.

세:포-벽(細胞壁)圀 식물 세포의 가장 바깥쪽에 있는 피막. 셀룰로오스와 펙틴이 주성분으로, 세포를 보호하고 그 모양을 유지하는 기능을 함.

세:포^분열(細胞分裂)圀 하나의 세포가 둘 또는 그 이상으로 나누어지면서 분열하는 일.

세:포-설(細胞說)圀 모든 생물은 세포로 이루어져 있으며, 그 세포는 생물의 생명 활동의 기본 단위라고 하는 학설.

세:포^식물(細胞植物)[-싱-]圀 ☞엽상 식물. ↔유관 식물(有管植物).

세:포-액(細胞液)圀 식물 세포의 공포(空胞)를 채우고 있는 액체. 무기 염류·당류·유기산·색소·타닌·알칼로이드 등이 녹아 있음.

세:포^융합(細胞融合)圀 생명 공학 기술의 한 가지. 서로 다른 두 개의 세포를 융합시켜 두 가지 성질을 아울러 가진 세포를 만드는 기술.

세:포^조직(細胞組織)圀 ①세포의 연결로 된 생물체의 조직. ②단체의 기반으로서의 말단 조직.

세:포-질(細胞質)圀 세포의 원형질(原形質) 가운데서 핵질(核質)을 제외한 모든 부분을 통틀어 이르는 말.

세:포-학(細胞學)圀 생물체의 구성 단위인 세포를 연구 대상으로 하는 학문.

세:포-핵(細胞核)圀 세포의 원형질 속에 있는 구형(球形)의 소체(小體). 생물의 생명원으로, 막으로 둘러싸인 핵액(核液) 속에 염색사와 몇 개의 인(仁)이 들어 있음. 핵(核).

세:풍(細風)圀 솔솔 부는 바람.

세:풍-사우(細風斜雨)圀 ☞사풍세우.

세:-피리(細-)圀 국악기의 한 가지. 향(鄕)피리와 비슷하나 조금 가늘고 작은데, 세악(細樂)에 편성되며, 가곡·가사·시조 등의 반주음으로 쓰임.

세피아(sepia)圀 수채화 따위에 쓰이는 그림물감의 한 가지. 오징어의 먹물에서 뽑아 만든 암갈색의 물감.

세:필(洗筆)圀하자 (글씨를 쓰고 난 뒤) 붓을 씻음.

세:필(細筆)圀 ①하타 잔글씨로 씀, 또는 잔글씨 쓰기. ②잔글씨를 쓰는 붓.

세:한(歲寒)圀 심한 추위, 또는 겨울.

세:한-삼우(歲寒三友)圀 동양화의 화제(畫題)의 한 가지. 추운 겨울철에도 잘 견디는 '소나무·대나무·매화나무'를 이르는 말.

세:항(世行)圀 대대로 교분이 있는 집안의 같은 또래의 벗.

세:혐(世嫌)圀 (두 집안 사이에) 대대로 내려오는 미움과 원한.

세:형-동검(細形銅劍)圀 우리나라에서 출토되는 동검의 하나. 청천강 이남에서 출토되며 청동기 후기에서부터 철기 전기의 유물임.

세:화(細畫)圀 세밀하게 그린 작은 그림.

세:화(歲畫)圀 조선 시대에, 설날을 기리는 뜻으로 임금이 신하에게 내려 주던 그림.

세:환(世患)圀 세상살이의 근심 걱정.

세:황(歲況)圀 설을 쇠는 사정. 새해의 형편.

세:후(歲後)圀 설을 쇤 뒤. ↔세전(歲前).

섹스(sex)圀 ①암컷과 수컷 또는 남자와 여자의 구별. 성별(性別). ②성교.

섹스-어필(sex-appeal)圀하자 성적인 매력을 보임.

섹스텟(sextet)圀 육중주(六重奏). 또는 육중창(六重唱).

섹시-하다(sexy-)혭엣 성적 매력이 있다. 선정적이다. ¶섹시한 몸매.

섹터(sector)圀 컴퓨터의 자기 디스크나 자기 드럼 따위에 구분하여 놓은 정보 기록 영역의 단위. 디스크의 중심에서 방사상(放射狀)으로 나눈 부채꼴의 구획임.

섹트-주의(sect主義)[-의/-이]圀 ☞분파주의.

센:-개圀 털빛이 흰 개.

센:-둥이(-童-)圀 털빛이 흰 동물. 특히, 흰 털의 강아지를 이름. 흰둥이.

　센둥이가 검둥이고 검둥이가 센둥이다속 센둥이건 검둥이건 모두 개 개임에는 다름없다는 뜻으로, 겉이 달라도 본질은 같을 때 쓰는 말.

센:-말圀 뜻은 같으면서 어감이 예사말보다 억센 말. ['굼틀'에 대하여 '꿈틀' 따위.]참거센말·여린말.

센:-머리圀 희어진 머리털.

센:-물圀 칼슘염·마그네슘염 따위의 광물질이 비교적 많이 들어 있는 물. 경수(硬水). ↔단물.

센:-바람圀 풍력 계급의 7등급에 해당하는 초속 13.9~17.1m의 바람. 큰 나무 전체가 흔들리고 바람을 향하여 걷기가 힘들며, 해상은 파도가 점점 거칠게 일어나 물마루가 부서짐. 강풍.

센:-박(-拍)圀 악곡의 한 마디 안에서 세게 연주되는 박자. ↔여린박.

센서(sensor)圀 ☞감지기(感知器).

센서스(census)圀 ①국세 조사(國勢調查). 인구 조사. ②특정의 사회 현상의 특정의 시간에 일제히 시행하는 전수(全數) 조사. ¶공업 센서스.

센:-소리圀 된소리와 거센소리를 통틀어 이르는 말.

센스(sense)圀 ①사물의 미묘한 속내를 직감하는 능력. 감수성. ¶센스가 빠르다. ②분별. 판단력.

센:-입천장(-天障)[-닙-]圀 ☞경구개(硬口蓋).

센:-입천장-소리(-天障-)[-닙-]圀 ☞경구개음(硬口蓋음).

센터(center)圀 〔'중심'·'중앙'이라는 뜻으로〕 ①어떤 분야의 전문적·종합적 기능이나 설비가 집중되어 있는 곳. ¶문화 센터./수리 센터. ②축구·배구·농구 따위의 단체 구기에서, 중앙에 선 공격수나 수비수. ¶센터의 멋진 플레이.

센터-라인(center line)圀 운동 경기장의 중앙에 그어 놓은 선.

센터링(centering)圀하타 축구나 하키 경기에서, 공을 슈팅할 수 있도록 골 앞의 중앙에 있는 선수 쪽으로 패스하는 일.

센터-서:클(center circle)圀 농구·축구·아이스하키 등에서, 경기장 중앙에 그어 놓은 원.

센터-포:워드(center forward)圀 축구 선수의 기본 위치에서, 전방 중앙에 위치하여 공격의 중심이 되는 경기자.

센터플라이(center fly)圀 야구에서, 중견수 쪽으로 높이 쳐 올린 공.

센터-필:드(center field)圀 야구의 중견(中堅). 외야에서 한가운데의 수비 위치임.

센터-하:프(center half)圀 ☞하프 센터.

센:-털圀 빛깔이 흰 털.

센:-털圀 억센 털. 뻣뻣한 털. 강모(剛毛).

센트(cent)의 미국의 화폐 단위의 한 가지. 100분의 1달러.

센티(centi)의 〈센티미터〉의 준말.

센티-그램(centigram)의 무게 단위의 한 가지. 100분의 1그램.

센티-리터(centiliter)圈 용량(容量) 단위의 한 가지. 100분의 1리터.

센티멘털리즘(sentimentalism)圈 감상주의.

센티멘털-하다(sentimental-)톙예 감상적이고 감정적인 데가 있다. ¶ 가을이면 대개 좀 센티멘털한 기분을 느낀다. 酋센티하다.

센티-미터(centimeter)圈 길이 단위의 한 가지. 100분의 1미터. 酋센티(centi).

센티-하다(← sentimental-)톙예 〈센티멘털하다〉의 준말.

셀(cell)圈 컴퓨터에서, 기억 장치로서의 기능을 갖는 위치를 나타내는 단위. 즉 한 비트, 한 바이트, 또는 한 워드 같은 정보의 한 단위에 대한 기억 장소임.

셀러리(celery)圈 산형과의 일년초 또는 이년초. 잎과 줄기는 녹색이며 여름에 흰 꽃이 핌. 독특한 향기와 단맛이 있어 서양 요리에 흔히 쓰임.

셀레늄(selenium)圈 ⇨셀렌.

셀렌(Selen 독)圈 원소의 한 가지. 천연으로는 황광(黃鑛)·황철석(黃鐵石) 등의 황화물(黃化物) 중에 소량으로 들어 있으며, 성질은 황과 비슷함. 유리의 탈색이나 광전지(光電池)·정류기(整流器)·합금 재료 등에 이용됨. 셀레늄. [Se/34/78.96]

셀로텍스(Celotex)圈 (나무나 사탕수수·볏짚 따위) 식물 섬유질의 분말을 교착제(膠着劑)로 고온·고압 아래 굳혀 판자 모양으로 만든 건축 재료. 흡음재(吸音材)·단열재 등으로 이용됨.

셀로판(cellophane)圈 비스코스를 원료로 하여 만든 무색투명한 종이 모양의 재생 셀룰로오스. 셀로판지.

셀로판-지(cellophane紙)圈 ⇨셀로판.

셀로판-테이프(cellophane tape)圈 셀로판의 한 쪽 면에 접착제를 발라서 만든 접착용의 투명한 테이프.

셀룰라아제(cellulase)圈 셀룰로오스를 분해하는 효소. 곰팡이·세균 따위의 몸 안에 들어 있음. 초식 동물의 소화관 안에서 섬유소가 분해되는 것은 장 내에 사는 원생동물이나 세균이 가진 이 효소에 의한 것임.

셀룰로오스(cellulose)圈 식물의 세포막이나 섬유의 주성분. 보통, 펄프·솜 등에서 채취되어 종이나 옷감의 원료로 쓰이는 한편, 폭약의 원료가 되기도 함. 섬유소.

셀룰로이드(celluloid)圈 니트로셀룰로오스와 장뇌(樟腦)를 3:1의 비율로 섞어서 만든 플라스틱의 한 가지. 순수한 것은 무색투명하나, 충전제(充塡劑)를 가하여 반투명·불투명 제품도 생산함. 완구·학용품·필름 등의 원료로 쓰임.

셀프-서:비스(self-service)圈 음식점이나 슈퍼마켓 등에서 고객이 필요한 것을 스스로 챙기도록 하는 판매 방법.

셀프-타이머(self-timer)圈 일정 시간이 지나면 자동적으로 셔터가 눌러지도록 한 사진기의 시한 장치(時限裝置).

셈:［Ⅰ］圈団 ①수효를 세는 일. ②수식(數式)을 풀어 값을 헤아리는 일. ¶ 나누는 셈. 酋연산(演算)·운산(運算). ③주고받을 액수와 수량을 서로 맞추는 일. ¶ 셈이 분명하다. ④값을 치르는 일. ¶ 점심 값은 내가 셈하지. ⑤〈셈판〉의 준말.
［Ⅱ］圈 ①어떤 형편이나 결과. ¶ 그 정도면 아주 잘한 셈이다. ②어떻게 하겠다는 생각. ¶ 이제 어쩔 셈인지 모르겠다. ③미루어 가정함. ¶ 속은 셈 치다. /없는 셈 치다.

셈(을) 차리다판룡 앞뒷일을 잘 생각하여 점잖게 행동하다. ¶ 셈을 차릴 줄 알다.

셈(을) 치다잡티판룡 계산하다. 셈하다. ¶ 얼마나 되는지 셈을 쳐 보자.

셈이 질기다판룡 셈해 주어야 할 돈이나 물건 따위를 좀처럼 주지 않다. ¶ 당신은 셈이 질겨서 거래할 수 없소.

셈-나다자 사물을 분별하는 슬기가 생겨나다.

셈-들다[~드니·~들어]자 사물을 잘 분별하는 슬기가 있게 되다. ¶ 스무 살이면 셈들 나이도 되었다.

셈-법(-法)［-뻡］圈 ⇨산법(算法).

셈-본圈 ①셈의 법칙. ②초등학교 교과인 '수학'을 이전에 이르던 말.

셈-속［-쏙］圈 ①옥신각신한 사실의 내용. ¶ 저렇게 떠들어 대는 셈속이 뭘까? ②겉으로 드러내지 않는 속내. ¶ 당신의 셈속을 헤아릴 수가 없군요.

셈-씨圈 ⇨수사(數詞).

셈^어:족(Sem語族)圈 히브리 어·아랍 어·페니키아 어 등, 북아프리카에서 서남아시아에 걸쳐 쓰이는 말을 통틀어 이르는 말.

셈:여림-표(-標)[-녀-]圈 악보에서, 그 곡을 강하게 또는 약하게 하라는 뜻을 나타내는 부호나 말. 강약 부호(強弱符號).

셈:-제기圈 한 번에 계속해서 찬 수효의 많고 적음에 따라 승부를 정하는 제기 놀이의 한 가지.

셈:-판(-板)圈 ①사실의 형편, 또는 원인이나 이유. ¶ 어찌 된 셈판이냐. 酋셈. ②⇨수판(數板).

셈:-평圈 ①(이해관계를 따지어) 셈을 쳐 보는 생각. ¶ 셈평이 밝은 사람. ②생활의 형편. ¶ 취직을 하고부터 집안의 셈평이 차차 펴였다.

셈프레(sempre 이)圈 악곡의 빠르기말이나 타냄말에 덧붙어 쓰이는 말. '항상'·'늘'의 뜻. [sempre piano(항상 여리게) 따위.]

셈플리체멘테(semplicemente 이)圈 악보의 타냄말. '단순하게'의 뜻.

셋:㈜ '둘'에 하나를 더한 수. 삼(三). 酋서·석·세. * 셋:이[세시]·셋:만[센-]

셋:-겸상(-兼床)[셋껨-]圈 한 상에서 세 사람이 함께 먹도록 차린 상.

셋:-돈(貰-)[세또/셋똔]圈 남의 것을 빌려 쓰고 그 값으로 내는 돈, 또는 남에게 빌려 주고 그 세로서 받는 돈. 세금(貰金). 세전(貰錢).

셋:-말(貰-)[센-]圈 세를 받고 빌려 주는 말. 세마.

셋:-방(貰房)[세빵/셋빵]圈 셋돈을 내고 빌려 쓰는 방, 또는 셋돈을 받고 남에게 빌려 주는 방.

셋:방-살이(貰房-)[세빵-/셋빵-]㈜자 남의 집 방을 빌려서 사는 살림살이. ¶ 셋방살이가 십년에 눈치만 늘었다.

셋:-붙이[셋뿌치]圈 개피떡 세 개를 붙여 만든 것.

셋:-잇단음표(-音標)[센닏따늠-]圈 잇단음표의 한 가지. 4분음표나 2분음표 따위를 3등분하여 연주하라는 뜻을 나타내는 음표. 삼연음부(三連音符). 트리플렛.

셋:-줄(勢-)[세쭐/셋쭐]圈 권세의 힘을 이용할 수 있는 연줄. 뒤줄.

셋:-집(貰-)[세찝/셋찝]圈 셋돈을 내고 빌려 쓰는 집, 또는 셋돈을 받고 빌려 주는 집. 세가(貰家). 대가(貸家).

셋:-째[셋―] **[I]**[수관] 둘째의 다음 차례(의). **[II]**명 맨 앞에서부터 세어 모두 세 개째가 됨을 이르는 말. ¶그 녀석이 깬 유리창이 이걸로 셋째다.

셋:째-가리킴[셋―]명 ☞제삼 인칭.

셍기다[타] ①이것저것 주워대서 말하다. ¶무슨 말을 그렇게 주워 셍기니? ②일거리를 계속 대어 주다.

셓수 〈옛〉셋. ¶三은 세히오(月釋1:15).

서명 〈옛〉서까래.

서다[자] 〈옛〉서다. ¶아바님 뒤헤 셔샤(龍歌28章). /玉節이 알퓌 섯다(鄭澈.關東別曲).

서방 〈옛〉서방. ¶네 둘 셔방은 언제나 마치느순다(古時調).

서방맞다[자] 〈옛〉시집가다. ¶당가들며 셔방마조물 다 婚姻ᄒᆞ다 ᄒᆞᄂᆞ니라(釋譜6:16).

셔:벗(sherbet)명 과즙에 물·우유·크림·설탕 따위를 넣고, 아이스크림 모양으로 얼린 얼음과자.

셔볼명 〈옛〉서울. ¶도즈기 셔볼 드더니(龍歌49章).

-셔요[어미] 높임의 선어말 어미 '-시-'와 어미 '-어요'를 합하여 줄여 이르는 말. 모음이나 'ㄹ'로 끝난 어간 뒤에 붙어, 그리하도록 권하는 뜻을 나타내는 합쇼체의 종결 어미. -세요. ¶식기 전에 드셔요. ☞-으셔요.

셔울명 〈옛〉서울. ¶아바님 셔울 겨샤(月釋10:1). /셔울 경:京(訓蒙中7). ☞셔블.

셔:츠(shirts)명 윗도리 맨살에 받쳐 입는 서양식 속옷을 통틀어 이르는 말. 샤쓰.

셔터(shutter)명 ①두루마리처럼 위로 감아올리거나 내리미는 철제 덧문. ¶셔터를 내리다(올리다). ②사진기에서, 광선이 들어가는 구멍을 순간적으로 여닫는 장치. ¶셔터를 누르다.

셔틀-버스(shuttle bus)명 일정한 구간을 정기적으로 반복하여 다니는 버스.

셔틀콕(shuttlecock)명 배드민턴 경기에 쓰이는 깃털 공.

셗명 〈옛〉고삐. ¶셕슬 ᄎᆞ자ᄇᆞ시니(龍歌7章). ☞혁.

션븨명 〈옛〉선비. ¶션븨 슈:儒(訓蒙上34).

션빅명 〈옛〉선비. ¶션빅롤 아ᄅᆞᆯ실ᄊᆡ(龍歌80章). /션빅 ᄉᆞ:士(類合上17).

션:찮다[―찬타]혬 〈시원찮다〉의 준말.

셜흔쥐 〈옛〉서른. ¶네히ᄅᆞ 셜흐ᄂᆞᆯ 몯ᄒᆞ야셔(杜初8:21). /뭇公솔 보디 몯ᄒᆞᆫ야디 셜흔 히니(杜初9:26). /셜흔근 균:釣(類合下23).

셟다[혬]〈옛〉섧다. 괴롭다. ¶죽기는 셟지 아녀(古時調).

셤명 〈옛〉섬. ¶셤 안해 자실 제(龍歌67章). /셔미 퍼러ᄒᆞ도다(杜初21:40).

셤기다[타] 〈옛〉섬기다. ¶우횟 사ᄅᆞᆷ 셤기며(翻小10:21). /獨夫受ᄅᆞ 셤기시니(龍歌11章).

셧-아웃(shutout)명 야구에서, 상대편에게 한 점도 주지 않고 이기는 일.

셩냥바지명 〈옛〉장인(匠人). ¶네 百姓ᄋᆞᆫ 그위실ᄒᆞ리와 녀름지ᅀᅳ리와 셩냥바지와 홍졍바지왜라(楞解3:88).

셩녕명 〈옛〉수공업(手工業). ¶工徒ᄂᆞᆫ 셩녕인가 鬼斧로 다ᄃᆞᆮ닌가(鄭澈.關東別曲).

세다[1][자] 〈옛〉세다. ¶셴 머리:白頭(杜初10:6). /셴 하나비돌(龍歌19章).

세다[2][타] 〈옛〉[『셔다』의 사동] 세우다. ¶中興主를 셰시니(龍歌11章). /千尋 絕壁을 半空애 셰여 두고(鄭澈.關東別曲).

-셰라[어미] 〈옛〉-세라. -구나. ¶桃花 ᄠᅳᆫ 묽은 물에 山影조차 줌겨셰라(古時調).

세르파(Sherpa)명 히말라야 등반대의 길 안내나 짐의 운반을 위해 고용하는 티베트계 네팔인들을 이르는 말.

세리(sherry)명 스페인 원산인 백포도주의 한 가지. 노란빛을 띤 갈색으로, 알코올 성분과 감미(甘味)가 강하고 방향(芳香)을 지남.

세어(share)명 상품의 시장 점유율. ¶우리 회사 상품의 세어를 늘리다.

세우다[타] 〈옛〉세우다. ¶몸을 세워(小解2:29). ☞셰다.

세이크핸드^그립(shakehand grip)명 탁구에서, 악수를 하듯이 라켓을 쥐는 방식. ↔펜홀더그립.

세이퍼(shaper)명 소형 공작품의 평면이나 홈을 깎는 공작 기계.

세일(shale)명 ☞이판암. 혈암.

세퍼:드(shepherd)명 독일 원산인 개의 한 품종. 늑대와 비슷하며 매우 영리함. 특히, 용맹하고 후각이 예민하여 경찰견·군용견 등으로 이용됨.

셀(shell)명 경쾌하게 가늘고 긴 경조용(競漕用) 보트. 〔한 사람이 탐.〕

셀락(shellac)명 동물성 수지(樹脂)의 한 가지. 바니시의 원료나 레코드의 성형 재료·절연재 따위로 쓰임. 락깍지진디의 분비물을 정제·표백하여 생산함.

셀터:드^워:크숍(sheltered workshop)명 사회 보장 제도에 따른 시설로, 신체장애자를 위하여 집과 일터를 함께 마련한 곳.

소[1]명 솟과의 동물을 통틀어 이르는 말. 몸집이 크고 다리가 짧으나 암수 모두 뿔이 있다. 온 몸에는 짧은 털이 났는데, 꼬리는 가늘고 길며 끝에 털이 많음. 발굽은 둘로 째지고 초식성이며 삼킨 것을 되새김함. 성질이 온순하고 참을성이 강하여 가축으로서는 가장 오래되었으며 육용·유용(乳用)·사역용으로 나뉨.

소가 짖겠다[속담] 하도 어이없는 일이라 소까지 비웃겠다는 말.

소같이 벌어서〔일하고〕 쥐같이 먹어라[속담] 열심히 일해서 저축한 것을 절약하며 써야 한다는 말.

소 궁둥이에다 꼴을 던진다[속담] 어리석고 미련한 사람은 아무리 가르쳐도 보람이 없다는 말.

소 닭 보듯〔닭 소 보듯〕[속담] 전혀 상관없다는 듯이 관심을 나타내어 보이지 않는 태도를 두고 이르는 말.

소더러 한 말은 안 나도 처(妻)더러 한 말은 난다[속담] 아무리 가까운 사이라도 말을 조심하라는 뜻.

소도 언덕이 있어야 비빈다[속담] 의지할 데가 있어야 무슨 일을 할 수 있다는 말.

소 뒷걸음질 치다 쥐 잡기[속담] 우연히 공을 세운 경우에 하는 말.

소 잃고 외양간 고친다[속담] 이미 일을 그르친 뒤에는 뉘우쳐도 소용없다는 말.

소같이 먹다[관용] 엄청나게 먹다.

소(가) 뜨물 켜듯이[관용] 물 같은 것을 한꺼번에 들이켜는 모양을 이르는 말.

소[2]명 ①떡이나 만두 따위의 속에, 맛을 내기 위해 넣는 여러 가지 재료. ¶만두에 소를 적게 넣으면 맛이 없다. ②통김치 따위를 담글 때, 속에 넣는 여러 가지 재료. ¶소를 박은 오이 김치. /소를 많이 넣어서인지 김치 맛이 좋다.

소(沼)명 ①땅바닥이 둘러빠지고 물이 깊게 된 곳. ②☞늪.

소:(素)명 음식에 고기와 생선을 쓰지 않는 일.

소:(疏)명 임금에게 올리는 글.

소:(訴)명 법원에 민사 소송을 제기하는 일. ¶소를 제기하다.

소:(簫)명 국악에 쓰이는 관악기의 한 가지. 대로 만든 열여섯 개의 피리를 틀에 한 줄로 꽂아, 두 손으로 틀의 양쪽을 들고 불게 되어 있음.

소-[접두]명 □쇠-.

소-(小)[접두]《일부 명사 앞에 붙어》'작다'는 뜻을 나타냄. ¶소규모 /소도구. ↔대-.

-소(所)[접미]《일부 명사 뒤에 붙어》그러한 곳임을 나타냄. ¶발전소./사무소./연구소.

-소[어미] ①《자음으로 끝난 어간이나 시제의 '-았(었)-'·'-겠-' 뒤에 붙어》평서·의문·명령의 뜻을 나타내는 하오체의 종결 어미. ¶참 좋소. /누가 하겠소? ⑥-오. ②모음으로 끝난 동사어간 뒤에 붙어, 명령의 뜻을 나타내는 하오체의 종결 어미. ¶돈을 가소!

소:가(小家)명 ①크기가 작은 집. ②첩(妾), 또는 첩의 집. ¶소가를 두다.

소가(小暇)[명 (얼마 안 되는) 아주 짧은 겨를. 소한(小間).

소:가(小駕)명 임금이 타던 수레의 한 가지. 〔대가(大駕)나 법가(法駕)에 비하여 약식의 수레임.〕

소:-가야(小伽倻)명 경상남도 고성(固城) 부근에 자리잡은 고대 군장 국가(君長國家). 육가야의 하나로, 532년에 신라에 병합됨.

소:-가족(小家族)명 적은 수의 가족. ↔대가족.

소-가죽명 □쇠가죽.

소:가지명 〈마음속〉의 속된 말. 소갈딱지. 소갈머리. ¶소가지가 못되다.

　　소가지(를) 내다[관용] '성을 내다'를 속되게 이르는 말.

소:각(小角)명 너비 20 cm 이하의 각재(角材).

소:각(小角)²명 작은 나발.

소각(消却·銷却)명하타 ①지워 없앰. ②빚을 갚아 버림.

소각(燒却)명하타되자 태워 버림. 소기(燒棄). ¶쓰레기를 소각하다.

소각-로(燒却爐)[-노]명 쓰레기나 폐기물 따위를 태워 없애는 시설물.

소각-장(燒却場)[-짱]명 쓰레기나 폐기물 따위를 태워 없애는 곳.

소:간(小肝)명 □쇠간.

소:간(小簡)명 작은 간지(簡紙).

소:간(所幹)명 〈소간사(所幹事)〉의 준말.

소:간-사(所幹事)명 볼일. ⑥소간(所幹).

소갈(消渴)명 〈소갈증〉의 준말.

소:갈-딱지[-찌]명 소가지.

소:갈-머리명 소가지. ¶소갈머리가 없다.

소-갈비명 □쇠갈비.

소-갈이명 소로 논밭을 가는 일.

소갈-증(消渴症)[-쯩]명 한방에서, 당뇨병같이 목이 쉬 말라 물이 자주 켜이는 증세를 이르는 말. ⑥소갈.

소:감(所感)명 느낀 바, 또는 느낀 바의 생각. ¶신춘문에 당선 소감.

소:강(小康)[명하여] ①병세가 조금 좋아지는 일. ②소란스러운 상태가 얼마 동안 가라앉는 일. ¶소강 상태로 굳어짐. 소강상태에 빠지다.

소강(溯江)명하자 강을 거슬러 올라감. 소하.

소:강-상태(小康狀態)명 소란·혼란·분란 따위가 잠점하여 조금 잠잠해지는 상태. ¶소강상태에 빠지다.

소개(紹介)명하타되자 ①모르는 사이를 알고 지내도록 중간에서 관계를 맺어 줌. ¶외사촌의 소개로 그녀를 만나게 되었다. ②양편 사이

에 들어서 일이 이루어지도록 주선함. ¶집을 소개하다. ③잘 알려지지 않은 것을 알게 해 줌. ¶신간 서적을 소개하다.

소개(疏開)명하타 ①땅을 파서 물이 흐르도록 함. ②적의 공습이나 화재 따위에 한 곳에 집중되어 있는 사람이나 시설 따위를 분산시킴. ③□산개(散開).

소개(疏槪)명 〈상소대개(上疏大槪)〉의 준말.

소:-개념(小槪念)명 삼단 논법에서, 결론의 주사(主辭)가 되는 개념. 〔'사람은 죽는다. 공자는 사람이다. 그러므로 공자는 죽는다.'는 삼단 논법에서 '공자'에 해당하는 것을 이름.〕 소사(小辭). ↔대개념.

소개-비(紹介費)명 소개받은 대가로 소개업자에게 치르는 돈.

소개-업(紹介業)명 구전(口錢)을 목적으로 부동산의 매매나 임대 또는 직업을 소개하는 업.

소개-장(紹介狀)[-짱]명 사람을 소개하는 글. ¶이 소개장을 가지고 그분을 찾아뵙게나.

소객(騷客)명 □소인(騷人).

소거(消去)명하타 ①지워 없앰. ②수학의 방정식에서, 공통의 문자나 미지수를 줄여 없애는 일.

소거-법(消去法)[-뻡]명 연립 방정식에서, 미지수를 차례로 소거해서 미지수가 한 개인 방정식으로 만들어 그 미지수의 값을 구하고, 거꾸로 거슬러 올라가 다른 미지수의 값을 차례로 구해 나가는 방법.

소건(訴件)[-껀]명 〈소송 사건〉의 준말.

소-걸음명 소처럼 느릿느릿 걷는 걸음.

소-걸이명 (우승에 대한 상으로) 소를 걸고 하는 씨름. 상씨름.

소:검(小劍)명 작은 칼. 回단검. ↔대검(大劍).

소:게(小憩)명하자 잠깐 쉼.

소-겨리명하자 (겨리질을 하기 위하여) 겨리에 두 마리의 겨릿소를 매어 짝을 묶는 일.

소격(疏隔)명하자 왕래가 없어 서로 사귀던 사이가 멀어짐.

소격-감(疏隔感)[-깜]명 (사귀는 사이가 멀어져) 어쩐지 서먹서먹한 느낌.

소격-서(昭格署)[-써]명 조선 시대에, 도교의 초제를 맡아보던 관아.

소견(召見)명하타 불러서 만나 봄.

소:견(所見)명 어떤 사물을 보고 살피어 가지는 의견이나 생각. ¶소견 없는 짓. /소견을 말하다.

소견(消遣)명하자 (어떤 놀이 따위에 마음을 붙여) 시름을 달램. 소일(消日).

소:견-머리(所見-)명 〈소견(所見)〉의 낮은말. ¶소견머리가 없다. /소견머리가 좁다.

소견-세월(消遣歲月)명하타 시름을 달래며 세월을 보내는 일. ¶바둑으로 소견세월을 하다.

소:견-표(所見表)명 학생의 학업 성적·신체 발달·품행 등에 대한 소견을 적은 서류.

소결(疏決)명하타되자 죄수를 너그럽게 처결함.

소결(燒結)명하자되자 가루 상태의 물질이 적당한 가압(加壓)과 녹는점 이하의 가열에 의하여 덩어리로 굳어짐, 또는 그러한 현상.

소결^합금(燒結合金)[-끔]명 금속의 가루를 압축·성형하고, 녹는점 이하로 가열하여 굳힌 합금.

소경(小徑)명 ①눈이 멀어 앞을 못 보는 사람. 고자(瞽者). 맹인(盲人). 맹자(盲者). 봉사. ②'글 모르는 사람'을 비유하여 이르는 말. ⑥장님.

소경 개천 나무란다[속담] 제 잘못을 모르고 남의 탓만 한다는 말.

소경 기름 값 내기[속담] 이해관계도 없이 남과 같이 부담한다는 말.

소경 단청 구경〔속담〕 보아도 이해하지 못할 것을 본다는 말.

소경 문고리 잡듯〔잡은 격〕〔속담〕 우연히 어떤 일을 이루거나 맞히는 것을 이르는 말.

소경 잠자나 마나〔속담〕 무엇을 하기는 하되 하지 않는 것이나 마찬가지라는 말.

소:경(小京)**명** 신라 때, 경주 이외에 정치적·군사적으로 중요한 지역에 두었던, 경주에 버금가는 도읍지.

소:경(小逕·小徑)**명** 좁은 길.

소:경(小景)**명** 〔흔히, 풍경화 따위의 제목에 덧붙여〕 그 풍경의 작은 일부, 또는 작은 화폭에 나타냈음을 이르는 말. ¶금강산 소경.

소:경(少頃)**명** 잠시 동안. 잠깐 사이.

소경(蘇莖·蘇梗)**명** 한방에서, '차조기의 줄기'를 약재로 이르는 말. 성질이 순하며, 발한제·진정제·진통제·이뇨제 따위로 쓰임.

소:경-낚시[-낙씨]**명** 미늘 없는 낚시.

소:경-막대[-때]**명** 소경이 짚고 다니는 지팡이.

소:계(小計)[-계/-게]**명** 한 부분만의 합계. ↔총계.

소:고(小考)**명** ①체계를 세우지 않은 부분적·단편적인 고찰. 〔논문의 제목 따위에 붙여 쓰는 말.〕 ②'자기의 생각'을 겸손하게 이르는 말.

소:고(小故)**명** ①작은 일. 작은 사고(事故). ②자잘한 연고.

소:고(小鼓)**명** 국악기에 딸린 작은 북. 낮은 운두를 얇은 가죽으로 메워 양면을 치게 되어 있음. 작은북.

소고(溯考)**명하타** 옛일을 거슬러 올라가서 상고함.

소-고기[명] ☞쇠고기.

소:고-무(小鼓舞)**명** 민속 무용인 농악무의 한 가지. 소고재비가 전복(戰服)에다 삼모(槊毛)가 달린 전립(戰笠)을 쓰고 소고를 두드리며 경쾌하게 추는 춤.

소-고의[-의/-이]**명** 여자가 입는 '짧은 고의'의 궁중말.

소:고-재비(小鼓-)**명** 농악에서, 소고를 맡아 치는 사람.

소:고집(-固執)**명** ☞쇠고집.

소:곡(小曲)**명** 〈소품곡(小品曲)〉의 준말.

소:곤(小棍)**명** 조선 시대의 곤장의 한 가지. 곤장 가운데서 가장 작은 것으로, 길이는 5자 1치. 참중곤.

소곤-거리다[자타] 자꾸 소곤소곤하다. 소곤대다. 된수군거리다. 센쏘곤거리다.

소곤-대다[자타] 소곤거리다.

소곤-소곤[부][하자타] 남이 알아듣지 못하게 매우 나직한 소리로 이야기하는 모양. ¶소곤소곤 속삭이다. /귓속말을 소곤소곤하다. 큰수군수군. 센쏘곤쏘곤.

소곳-하다[-곧-]**형여** ①고개가 좀 숙은 듯하다. ¶머리를 소곳하게 숙이고 앉아 있다. ②흥분이 좀 가라앉은 듯하다. ¶소곳해진 걸 보니 이제 화가 좀 풀렸나 보다. ③다소곳한 듯하다. ①②큰수긋하다. **소곳-이**[부].

소:공(小功)**명**[1] 조그마한 공로. 작은 공적. ↔대공(大功)[1].

소:공(小功)**명**[2] 오복(五服)의 하나. 소공친의 상사(喪事)에 다섯 달 동안 입는 복제(服制).

소:공-친(小功親)**명** 소공의 복을 입는 친척. 종조부모·대고모·종숙부모·종고모·재종형제·종질·종손·외조부모·외숙 등. 참대공친.

소:과(小科)**명** 조선 시대에, 초시(初試)와 복시(覆試)로 생원과 진사를 뽑던 과거. 감시(監試). ↔대과(大科). 참생진과(生進科).

소:과(小過)**명**[1] 작은 잘못. 하찮은 실수.

소:과(小過)**명**[2] 〈소과괘(小過卦)〉의 준말.

소과(蔬果)**명** 채소와 과실. 과채.

소:과-괘(小過卦)**명** 육십사괘의 하나. 진괘(震卦)와 간괘(艮卦)를 위아래로 놓은 괘. 산 위에 우레가 있음을 상징함. 㽵소과(小過)[2].

소과리 〔옛〕 쏘가리. ¶소과리 궐:鱖(訓蒙上20)./소과리:鱖魚(譯解下38).

소:관(小官)**명**[Ⅰ] 지위가 낮은 관리. 미관.
[Ⅱ][대] 관리가 스스로를 낮추어 이르는 말. 미관.

소:관(所管)**명** 어떤 사무를 맡아 관리함, 또는 그 사무. ¶구청 소관.

소:관(所關)**명** 관계되는 바. ¶무슨 소관이 있어서 왔습니까?

소:관-사(所關事)**명** 관계하는 일, 또는 관계되는 일. ¶그 일은 내 소관사가 아니다.

소:-괄호(小括弧)**명** 문장 부호 중 묶음표의 한 가지인 '( )'의 이름. 원어(原語)·연대·주석(註釋)·설명 등을 넣거나 빈 자리임을 나타낼 때 등에 씀. 손톱괄호. 손톱묶음.

소광(消光)**명하자** 세월을 보냄. 소일(消日).

소광(疏狂) '소광하다'의 어근.

소광(韶光)**명** 봄빛.

소광-하다(疏狂-)[Ⅰ]**자여** 지나치게 소탈하여 상규(常規)에 벗어나다.
[Ⅱ]**형여** 상규(常規)에서 벗어날 정도로 지나치게 소탈하다.

소:괴(小塊)[-괴/-궤]**명** 작은 덩어리.

소:곡(小斛)[-곡/-꾁]**명**[Ⅰ] 지난날 민간에서, 곡류 열닷 말(斗)을 되는 데 쓰이던 양기(量器). ↔대곡(大斛).
[Ⅱ]**명** 부피의 단위. 지난날 민간에서, 곡류의 부피를 잴 때 썼음. 〔소곡은 열닷 말에 해당함.〕 ↔대곡(大斛).

소:교(素轎)**명** 상제(喪制)가 타는, 사방을 흰 천으로 싼 교자.

소:-교의(素交椅)[-의/-이]**명** 장사 때까지 신위(神位)를 모셔 두는, 희게 꾸민 교의.

소구(←小鼓)**명** '소고(小鼓)'의 잘못.

소구(訴求)**명하타** 지위를 제기하여 권리를 행사함, 또는 그런 일. 특히, 청구권의 행사를 말함.

소구(溯求)**명하타** 어음이나 수표의 지급이 거절되었을 때, 그 소지인이 배서인이나 발행인에게 변상을 청구하는 일.

소-구멍[명] 광산에서, 갱(坑)의 천장에 위로 향하여 뚫는 남폿구멍.

소:-구분(小區分)**명하타** 작게 구분함, 또는 그 작은 구분.

소:-구치(小臼齒)**명** 송곳니 뒤에 있는 두 개씩의 작은 어금니. 위아래 좌우로 모두 여덟 개임. ↔대구치(大臼齒).

소:국(小局)**명** ①좁은 도량이나 좁은 소견. ②작은 판국. 작은 국면(局面).

소:국(小國)**명** 작은 나라. ¶동남아(東南亞)의 소국. ↔대국(大國).

소:군(小君)**명** 고려 시대에, 천첩(賤妾)의 소생으로 중이 된 왕자를 일컫던 말.

소굴(巢窟)**명** 범죄 집단의 본거지. 소혈(巢穴). 와굴. 굴혈(窟穴). ¶도둑의 소굴. 악굴(惡窟).

소:권(小圈)[-꿘]**명** 작은 권내(圈內). 작은 영역.

소권(訴權)[-꿘]**명** 주로 민사 소송에서, 법원에 소송을 제기하여 심판을 구할 수 있는 권리.

소귀-나무圈 소귀나뭇과의 상록 활엽 교목. 한
라산의 기슭에 자라는데, 나무껍질은 회색이며
잎은 혁질(革質)임. 봄에 누르스름한 홍색의
작은 꽃이 피고, 둥근 열매는 초여름에 붉게
익으며 먹을 수 있음. 나무껍질은 염료로 쓰
임. 양매(楊梅). ⑥속나무.

소-규모(小規模)圈 작은 규모. ¶소규모의 기
업. ↔대규모.

소극(消極)圈 무슨 일에 대하여, 나아가서 작용
하려 하지 않고 수동적인 자세를 가지는 일.

소:극(笑劇)圈 희극의 한 가지. 오로지 관객을
웃기는 것을 목적으로 하는 극. 파스(farce).

소극^명사(消極名辭)[-긍-]圈 논리학에서, 부
정적인 개념을 나타내는 명사(名辭). 〔무용(無
用)·부도덕(不道德) 따위.〕

소극^명:제(消極命題)[-긍-]圈 ☞부정 명제.

소극^방공(消極防空)[-빵-]圈 적의 공습에 대
하여 엄폐·은폐 및 소개(疏開) 등의 소극적인
방법으로 방어하는 일.

소극-성(消極性)[-썽]圈 소극적인 성질. ¶소
극성을 드러내다. ↔적극성.

소극^의:무(消極義務)圈 어떤 일정한 일을 하
지 않는 의무. 〔시야(視野)가 이루는 건축물을
세우지 않는 따위 같은 것.〕↔적극 의무.

소:-극장(小劇場)[-짱]圈 규모가 작은 극장.
대극장이 상업주의로 흐르는 데에 반하여, 연
극 본디의 예술성을 찾고 실험극을 상연하며
관객과의 거리를 좁히려는 목적으로 만듦.

소극^재산(消極財産)[-째-]圈 채무(債務)·부
채(負債)를 이르는 말. ↔적극 재산.

소극-적(消極的)[-쩍]관用 자진해서 작용하지
않는 (것). 적극적이 아닌 (것). ¶소극적 방
식. /근무 태도가 소극적이다. ↔적극적.

소극적 개:념(消極的概念)[-쩍깨-] ☞부정적
개념.

소극적 판단(消極的判斷)[-쩍-] ☞부정 판단.

소극-제(消極劑)[-쩨]圈 전지(電池)의 분극(分
極)을 막기 위하여 쓰이는 약품. 전지의 사용
에 따라 전지 내부의 양극에 발생하는 수소를
산화시키기 위한 것. 복극제(復極劑).

소극-주의(消極主義)[-주이/-쭈이]圈 (발생할
지도 모를 새로운 위험이나 부담을 피하려고)
어떤 일을 적극적으로 하지 않으려는 주의. 보
수주의·금욕주의 등. ¶소극주의가 만연한 사
회는 발전할 수가 없다. ↔적극주의.

소극-책(消極策)圈 소극적인 정책이나 대책.
↔적극책.

소금圈 짠맛을 내는 무색의 천연 광물성 식품.
염소와 나트륨의 결정성 화합물로 조미료와 방
부제로 쓰임. 식염(食鹽). 염(鹽). 염화나트륨.
¶소금으로 배추를 절이다. /고기를 소금에 찍
어 먹다.

소금 먹은 놈이 물켠다[속담] 죄지은 사람이 벌
을 받고, 빚진 사람이 빚을 갚아야 한다는 말.

소금 아니 친 놈이 장에 절까[속담] 큰일도 이
겨낸 사람이 그만한 일에 넘어갈 리 없다
는 뜻.

소금으로 장을 담근다 해도 곧이듣지 않는다
[속담] ☞콩으로 메주를 쑨다 해도 곧이듣지 않
는다. ⑩콩.

소금이 쉴까[속담] 절대 그럴 리 없으니 믿어도
된다는 말.

소:-금(小金)圈 ①대금보다 조금 작은 국악 타악
기의 한 가지. ②☞쟁과리.

소:금(小笒)圈 국악의 관악기인 삼금(三笒)의
한 가지로 가장 작은 저.

소:금(小禽)圈 작은 새.

소금-구이圈하자 무늬에 금박(金箔)을 입힘.

소금-구이圈하자 ①바닷물을 달여서 소금을 만
드는 일, 또는 그런 일을 하는 사람. ②하타 생
선이나 고기에 소금을 쳐서 굽는 일, 또는 그
렇게 구운 생선이나 고기.

소금-기(-氣)[-끼]圈 어떤 물질이나 음식에 포
함되어 있는 소금 성분. 염분(鹽分).

소금-물圈 ①소금을 타서 녹인 물. ②소금기가
있는 짠물. 염수(鹽水).

소금밭-로(-鹵)[-반노]圈 한자 부수의 한 가
지. '鹹'·'鹽' 등에서의 '鹵'의 이름. 짠땅로.

소금-버캐圈 엉겨 말라붙은 소금 덩이.

소금엣-밥[-그메빱/-그멛빱]圈 반찬을 변변찮
게 차린 밥상. 염반(鹽飯). ¶소금엣밥이지만
많이 드십시오.

소금-쟁이圈 소금쟁잇과의 곤충. 몸길이 15 mm
가량. 등이 검고 배는 은백색이며 다리가 길어
물 위를 저어 가거나 뛰어다님. 연못이나 염분
이 있는 물에 모여 삶.

소금-절이圈하타 (고기나 채소 등) 식품을 소금
에 절이는 일, 또는 소금에 절인 식품.

소:-금정(小金井)圈 관에 덧씌우거나 송장을
덮는 제구. 나무오리로 만들어 거죽에 종이를
발랐음.

소금-쩍圈 어떤 물건에 소금기가 배거나 내솟아
허옇게 엉긴 것.

소금-편포(-片脯)圈 소금을 쳐서 만든 편포.

소급(遡及)하자타 과거에까지 거슬러 올라가
서 영향이나 효력을 미침. ¶이 규정은 작년
5월까지 소급해서 적용한다.

소급-력(遡及力)[-금녁]圈 법률의 효력이 그
법률의 시행 이전의 일에까지 거슬러 올라가서
미치는 힘.

소급-효(遡及效)[-그표]圈 법률의 효력이 과거
에까지 거슬러 올라가서 미치는 일.

소:기(小技)圈 조그마한 재주. 하찮은 재주.

소:기(小朞)圈 ☞소상(小祥).

소:기(小器)圈 ①작은 그릇. ②기량(器量)이나
도량(度量)이 작음, 또는 그런 사람.

소:기(少妓)圈 어린 기생.

소기(沼氣)圈 늪이나 시궁창 등의 유기물이 썩
어서 발생하는 가스. 메탄이 주성분임.

소:기(所期)圈 마음속으로 그렇게 되기를 바라
고 기다리는 일. 기대하는 바. 《주로, '소기
의'의 꼴로 쓰임.》¶소기의 목적을 달성하다.

소:기(笑氣)圈 '아산화질소(亞酸化窒素)'의 딴
이름. 〔마시면 얼굴 근육에 경련이 일어나 웃
는 것처럼 보이는 데서 생긴 말.〕

소기(燒棄)圈하타 불살라 버림. ⑩소각(燒却).

소:기(騷氣)圈 (시인다운) 풍아(風雅)한 기질.

소기다타 (옛) 속이다. ¶소길 홀:誆(類合下5).

소-기름圈 쇠기름.

소:-기업(小企業)圈 규모가 작은 기업.

소:-기후(小氣候)圈 사방 약 10 km² 이내의 지
역에 나타나는 국지적(局地的) 기후 현상.

소:-깍두기(素-)[-두-]圈 젓국을 치거나 양념
을 하지 않고 소금에만 절여 담근 깍두기.

소꿉圈 어린아이들이 소꿉놀이에 쓰는 자질구레
한 그릇 따위의 장난감.

소꿉-놀이[-꿉-]圈하자 (흔히 여자 아이들이)
소꿉을 가지고 주부의 살림살이 흉내를 내며
노는 놀이. 소꿉질.

소꿉-동무[-똥-]圓 소꿉놀이를 함께 하며 놀던 어린 시절의 동무.

소꿉-장난[-짱-]圓[하다] 소꿉놀이를 하며 노는 장난.

소꿉-질[-찔]圓[하다] 소꿉놀이.

소ː나ː(SONAR)圓 음파·초음파를 이용하여 바다 속에 있는 물체의 거리나 방향 등을 측정하는 일, 또는 그 장치를 통틀어 이르는 말. 어업용과 잠수함용 등이 있음. 음파 탐지기. [sound navigation and ranging]

소나기圓 갑자기 세차게 내리다가 곧 그치는 비. 소낙비. 백우(白雨). 취우(驟雨).

소나기-구름圓 '적란운'을 달리 이르는 말.

소나기-밥圓 여느 때는 조금 먹다가 어떤 때는 놀랄 만큼 많이 먹는 밥. ¶ 소나기밥에 체하다.

소나기-술圓 여느 때는 많이 마시지 않다가 어쩌다가 놀랄 만큼 많이 마시는 술. ¶ 소나기술에 인사불성이 되다.

소-나무圓 ①소나뭇과의 나무를 통틀어 이르는 말. 솔¹. 송목(松木). 송수(松樹). ②소나뭇과의 상록 침엽 교목. 나무껍질은 적갈색 또는 흑갈색이며, 바늘 모양의 잎은 두 개씩 남. 꽃은 5월에 피고, 이듬해 가을에 열매인 '솔방울'을 맺음. 육송(陸松). 적송(赤松). 圖솔나무.

소나무-겨우살이圓 송라과의 기생 식물. 소나무 가지에 붙어사는 지의류(地衣類). 한방에서 거담제·이뇨제로 씀. 송라(松蘿).

소나타(sonata 이)圓 악곡의 한 형식. 표제가 없는, 기악을 위한 독주곡 또는 실내악곡으로, 2악장 이상으로 이루어짐. 주명곡(奏鳴曲).

소나타^형식(sonata形式)圓 기악 형식의 한 가지. 주제의 제시, 전개, 재현의 3부로 이루어지며, 주로 소나타·교향곡·협주곡의 제1악장에 쓰임.

소나티네(Sonatine 독)圓 규모가 작은 소나타. 소주명곡(小奏鳴曲).

소낙-비[-삐]圓 소나기.

소ː난(小難)圓 조그만 재난.

소-날圓 ☞ 축일(丑日).

소ː납圓 무슨 일을 하는 데 쓰이는 물건.

소ː납(笑納)圓 선물 따위를 할 때, '하찮은 물건이지만 웃으며 거두어 주십시오.'라는 뜻으로 쓰는 말. 소류(笑留).

소ː납-하다(笑納-)[소나파-]回四 보내는 선물 따위를 흔쾌히 받다. 소류하다.

소낭(嗉囊)圓 ☞ 멀떠구니.

소네트(sonnet)圓 유럽 서정시의 한 형식인, 14행으로 이루어지는 짧은 시. 십사행시.

소ː녀(小女)圓 Ⅰ키나 몸집이 작은 여자 아이. Ⅱ回 (나이가 어리거나 처녀인) 여자가 윗사람에게 대하여 자기를 낮추어 일컫는 말. ¶ 큰댁에는 소녀가 다녀오겠습니다.

소ː녀(少女)圓 아주 어리지도 않고 성숙하지도 않은 여자 아이. ¶ 소녀 시절. /소녀다운 감상. ↔소년.

소ː녀-단(少女團)圓 ☞걸 스카우트.

소ː녀-취미(少女趣味)圓 소녀기(少女期)에 공통적으로 볼 수 있는 취미. 감상적·몽상적인 정서나 경향을 이름.

소ː년(少年)圓 ①아주 어리지도 않고 완전히 자라지도 않은 남자 아이. ↔소녀. ¶ 소년이여, 야망을 가져라. ②소년법 등에서의 20세 미만 또는 12세 이상인 자.

소ː년^교ː도ː소(少年矯導所)圓 20세 미만의 미성년 수형자나 형사 피고인을 수용하는 교도소.

소ː년^근ː로자(少年勤勞者)[-글-]圓 근로 기준법에 의하여 보호 대상이 되는 18세 미만의 소년·소녀 근로자.

소ː년-기(少年期)圓 아동기를 벗어난 미성년의 시기. 소년·소녀의 시기.

소ː년-단(少年團)圓 ①소년으로 조직된 단체. ②☞보이 스카우트.

소ː년-등과(少年登科)圓 젊은 사람으로 과거에 급제하는 일.

소ː년-배(少年輩)圓 젊은이들.

소ː년^범ː죄(少年犯罪)[-죄/-줴]圓 20세 미만의 소년이 저지른 범죄. [소년법에 따라 다루어짐.]

소ː년-법(少年法)[-뻡]圓 소년의 건전한 육성을 도모기 위해, 비행 소년의 보호나 소년의 형사 사건에 대해 특별한 조치 등을 규정한 법률.

소ː년-원(少年院)圓 법원의 보호 처분에 의하여 송치된 소년을 수용하여 교정 교육을 실시하는, 법무부 장관 소속 하의 기관.

소ː념(所念)圓 마음먹은 바. 마음먹은 일.

소노미터(sonometer)圓 소리의 높낮이를 측정하는 장치.

소노시ː트(Sonosheet)圓 '소리나는 잡지'인 소노라마를 위해 만든, 비닐 수지(樹脂)로 된 레코드. 플레이어에 걸어서 들음. [상표명]

소ː농(小農)圓 고용인을 두지 않고, 가족끼리 짓는 소규모의 농사, 또는 그러한 농민. 圖대농(大農)·중농(中農).

소ː-농가(小農家)圓 가족끼리, 소규모로 농사를 짓는 농가.

소ː뇌(小腦)[-뇌/-눼]圓 뇌의 일부. 대뇌의 아래, 연수(延髓)의 위에 있으며 달걀 모양임. 신체 각부의 운동을 조절하는 구실을 함. 작은골.

소닉^붐ː(sonic boom)圓 제트기 따위가 초음속 비행을 할 때 생기는 충격파가 지상에 도달하여 일으키는 큰 충격음.

소다타(옛)타 쏘다. ¶ 스스로 소느 벌어지(杜初 10:28). /몬저 므룰 소며(杜重5:28).

소ː다(soda)圓 탄산소다, 곧 탄산나트륨을 흔히 이르는 말. 흰색의 결정으로 물에 녹으며, 알칼리성을 나타냄.

소ː다^공업(soda工業)圓 식염을 주원료로 하여 가성 소다·소다회 등의 알칼리계 제품이나 염소·염산·표백분 등의 염소계 제품을 만드는 화학 공업.

소ː다^비누(soda-)圓 가성 소다와 유지(油脂)를 원료로 하는 딱딱한 보통 비누.

소ː다^석회(soda石灰)[-서회/-서훼]圓 가성 소다의 진한 용액에 생석회를 섞고 가열해서 만든 흰 알갱이 모양의 고체. 탄산가스나 수분을 흡수시키는 데 쓰임.

소ː다-수(soda水)圓 청량음료의 한 가지. 물에 무기 염류와 탄산가스를 넣은 것. 감미료나 향료 따위를 넣은 것도 있음. 탄산수(炭酸水).

소ː다^유리(soda琉璃)圓 석영·탄산소다·석회석 등을 주원료로 하여 만드는 유리. 판유리·병유리 등으로 가장 널리 쓰이는 유리임. 크라운 유리(crown琉璃).

소ː다-석(soda硝石)圓 ☞칠레 초석.

소ː다-크래커(soda cracker)圓 소다를 넣어서 살짝 구운 짭짤한 비스킷.

소ː다^펄프(soda pulp)圓 화학 펄프의 한 가지. 주로, 짚 따위의 섬유 원료를 수산화나트륨 용액으로 가열 처리해서 만든 펄프. 종이의 원료로 쓰임.

소:다-회 (soda灰) [-회/-훼]圓 결정수(結晶水)를 갖지 않은 공업용 탄산소다. 무색·무취·흡습성(吸濕性)의 분말. 비누·유리 등의 원료로 쓰임. 무수 탄산나트륨.

소-달구지圓 소가 끄는 수레. 우차(牛車).

소달깃-날[-긴-]圓 음력 정월 첫 축일(丑日). 이날은 마소를 부리지 않고 쉬게 한다고 함.

소담 (小膽)圓 '소담(小膽)하다'의 어근.

소담 (消痰)圓하자되자 가래를 삭임.

소담 (笑談)圓 우스운 이야기.

소담-스럽다[-따][-스러우니·-스러워][혭] 보기에 소담하다. ¶주렁주렁 매달린 포도송이가 소담스럽다. **소담스레**圓.

소담-하다圓 음식직하고 풍성하다. ¶소담하게 차린 상. ②생김새가 탐스럽다. ¶소담하게 피어 있는 함박꽃. **소담-히**圓.

소:담-하다 (小膽)-혭 소심하고 용기가 적다.

소:담-하다 (笑談)-자혭 우스운 이야기를 하다.

소:대 (小隊)圓 군대의 편성 단위의 한 가지. 중대(中隊)의 하위 부대로서 보통 4개 분대로 구성됨.

소대 (昭代)圓 나라가 밝게 잘 다스려지고 있는 태평한 세상.

소대 (疏待)圓하타 푸대접.

소:-대상 (小大祥)圓 소상(小祥)과 대상(大祥)을 아울러 이르는 말.

소:대-장 (小隊長)圓 소대를 지휘 통솔하는 직위, 또는 그 직위에 있는 장교. 〔보통, 소위나 중위로써 임명함.〕

소:-대한 (小大寒)圓 소한(小寒)과 대한(大寒)을 아울러 이르는 말.

소댕-꼭지[-찌]圓 소댕의 바깥쪽 한가운데 있는 손잡이.

소:덕 (所德)圓 남으로부터 덕을 입음. 소뢰(所賴). 뇌덕(賴德).

소:도 (小刀)圓 작은 칼.

소:도 (小島)圓 작은 섬.

소:도 (小盜)圓 좀도둑. ↔대도(大盜).

소:도 (小道)圓 좀은 길. ②유가(儒家)의 학자가 제자백가(諸子百家)의 여러 학설을 '작은 도(道)'라는 뜻으로 이르는 말.

소도 (蘇塗)圓 삼한 때, 하늘에 제사 지내던 성지(聖地). 해마다 오월 수릿날과 시월 상달에 질병과 재앙이 없기를 빌었음. 〔'솟대' 또는 '솟터'의 음역으로 추정됨.〕

소:-도구 (小道具)圓 연극 따위의 무대에서 쓰이는 자잘한 물건들. 소품(小品).

소-도둑圓①소를 훔치는 크고 큰 짓을 한 도둑. ②'음흉하고 욕심 많은 사람'을 욕으로 이르는 말.

소도록-하다[-로카-]혭①알차게 많다. ②많아서 소복하다. ¶과일을 접시에 소도록하게 담다. 劇수두룩하다. **소도록-이**圓.

소도리圓〔금은 세공(細工) 따위에 쓰이는〕조그만 장도리.

소독 (消毒)圓하타되자 물건에 묻어 있는 병균을 약품·열·빛 따위로 죽이는 일. ¶일광 소독. /주사기를 청결하게 소독하다.

소독-기 (消毒器)[-끼]圓 소독하는 데 쓰이는 기구.

소독-면 (消毒綿)[-동-]圓 ☞탈지면.

소독-수 (消毒水)[-쑤]圓 소독약을 푼 물.

소독-약 (消毒藥)[-동냑]圓 소독에 쓰이는 약. 〔알코올·석탄산·포르말린·크레졸 따위.〕

소독-의 (消毒衣) [-도긔/-도기]圓 병독(病毒)에 감염될 우려가 많은 환경에서 입는 소독한 겉옷. 위생복.

소독-저 (消毒箸) [-쩌]圓 소독한 나무젓가락.

소:동 (小童)圓①〔열 살 안팎의〕어린아이. 척동(尺童). ②심부름하는 작은 아이.

소동 (騷動)圓하자 여럿이 떠들어 댐. 여럿이 소란을 피움. ¶소동을 일으키다. /교통이 마비되는 소동이 일어나다.

소:-동맥 (小動脈)圓 대동맥에서 갈라져 각 기관으로 통하는 동맥. →소정맥.

소두圓 혼인 관계를 맺은 지 얼마 안 되는 사돈끼리 생일 같은 때 서로 주고받는 선물.

소:두 (小斗)圓 닷 되들이의 말. 劇대두(大斗).

소:두 (小豆)圓 팥.

소:두 (小痘)圓 ☞작은마마.

소두 (疏頭)圓 지난날, 연명(連名)으로 하는 상소(上疏)에서, 이름을 맨 앞에 적어 주동이 된 사람을 이르던 말.

소듐 (sodium)圓 ☞나트륨.

소드락-질[-찔]圓하타 〔남의 재물을〕마구 빼앗아 가는 짓. 劇노략질. 劇약탈.

소:득 (所得)圓①어떤 일의 결과로 얻는 것. 이익. 날찍. ¶많은 소득을 올리다. /이번 지방 출장은 소득이 많았다. ②경제 활동의 주체인 개인이나 법인이 일정한 기간의 용역에 대한 보수로서 받는 재화·봉급·노임·지대(地代)·이자·이윤 따위.

소:득-공제 (所得控除) [-꽁-]圓 소득세를 산출할 때, 납세자와 그 가족의 생활비를 고려하여 과세 대상이 된 소득에서 일정 금액을 공제하는 일. 〔배우자·부양가족·장애자 공제 따위가 있음.〕

소득-밤[-빰]圓 껍데기를 벗기지 않은 채로 소득소득하게 반쯤 말린 밤.

소:득-세 (所得稅) [-쎄]圓 개인의 소득에 대하여 직접 부과하는 국세(國稅)의 한 가지.

소득-소득[-쏘-]圓하자 〔나무나 풀뿌리 따위가〕시들어 마른 모양. ¶소득소득 마른 대추. 劇수득수득.

소:득-액 (所得額)圓 소득으로 들어온 돈의 액수.

소:득-표준율 (所得標準率) [-눌]圓 정확한 소득액을 추정할 수 없는 사업자의 세액을 산출하기 위하여, 외형 매출액에 대한 소득액의 비율을 업종별로 표준화한 것.

소:득^효:과 (所得效果) [-드료-]圓 어떤 상품의 가격이 떨어지면, 소비자의 실질 소득이 높아지게 되고, 구매력이 커져서 수요가 늘어나는 현상.

소들-소들圓하자 〔줄기나 풀뿌리 따위가〕숨이 죽어 시들시들한 모양. ¶그늘에서 소들소들 말린 약초. 劇수들수들.

소들-하다혭 분량이 생각보다 적어서 마음에 차지 않다. 소들-히圓.

소등 (消燈)圓하자 등불을 끔. ¶저녁 10시면 건물 전체가 소등된다. ↔점등(點燈).

소:-딱지[-찌]圓 연의 한 가지. 먹초나 먹머리동이에 흰 꼭지를 붙였음.

소-띠圓 ☞축생(丑生).

소:라圓 소랏과의 연체동물의 한 가지. 껍데기는 높이 10 cm, 지름 8 cm가량으로 두껍고 단단하며 그 거죽 빛깔은 어두운 잿빛이나, 안은 진주광택이 남. 살은 먹고, 껍데기는 자개·바둑돌·단추 따위를 만듦. 소라고둥. 법라(法螺). 나(螺).

소라²명 '나각'의 잘못.

소라³명[-집]'소란(小欄)'의 잘못.

소:라(小鑼)명 꽹과리보다 작은, 징의 한 가지.

소:라-게명 십각목 변미류의 바닷게를 통틀어 이르는 말. 새우와 게의 중간형으로, 꽁무니를 껍데기 속에 박고 삶. 배는 말랑말랑하며, 좌우의 몸과 집게발의 크기와 모양이 일정하지 않음.

소:라-고둥명 ☞소라.

소:라-딱지[-찌]명 소라의 껍데기.

소:라-젓[-젇]명 소라의 살로 담근 젓. 나해(螺醢). *소:라젓이[-저시]·소:라젓만[-전-]

소:라-진(-陣)명 지난날, 싸움터에서 소라 모양으로 뺑뺑 돌려 치던 진.

소락-소락[-쏘-]부(허)말이나 행동을 요량 없이 경솔하게 하는 모양. 큰수럭수럭.

소:란(小欄)명 (문지방이나 소반 따위의 기구에) 나무오리를 대거나 바탕을 파거나 하여 턱이 지게 한 것.

소란(巢卵)명 밑알.

소란(騷亂)명-하다(형)스럽 시끄럽고 어수선함. 쟁란(爭亂). ¶밖이 소란하다. /싸우는 소리가 소란하게 들리다. /아이들이 집 안에서 소란을 피우다. 소란-히부. 소란스레부.

소:란^반자(小欄-)명 반자틀을, '井'자를 여러 개 모은 것처럼 소란을 맞추어 짜고, 그 구멍마다 네모진 개판(蓋板) 조각을 얹은 반자. [우물 반자 따위.] 천화판(天花板). 현란(懸欄).

소:람(笑覽)명 물품을 기증하거나 선물할 때, 또는 자기 것을 보아 달라고 할 때, '웃으면서 보시옵소서'의 뜻으로 겸손하게 이르는 말.

소:람-하다(笑覽-)타여 보내 온 선물 따위를 흔쾌히 보다.

소래명 〈소래기〉의 준말.

소래기명 독 뚜껑이나 그릇으로 쓰이는, 굽이 없는 질그릇. 준소래.

소랭(蕭冷)명 '소랭하다'의 어근.

소랭-하다(蕭冷-)형여 쓸쓸하고 썰렁하다.

소략(疏略)명 '소략하다'의 어근.

소략-하다(疏略-)[-랴카-]형여 (일이) 꼼꼼하지 못하고 엉성하다. ¶보고서가 소략해 업무 파악이 힘들었다. 소략-히부.

소:량(小量)명 좁은 도량(度量).

소:량(少量)명 적은 분량. ↔다량(多量).

소:량(素量)명 어떤 물리적 양에서, 존재할 수 있는 최소 단위.

소:련(素輦)명 지난날, 상중(喪中)에 쓰기 위해 희게 꾸몄던 임금의 가마.

소:렴(小殮)명(하다)지난날, 염습(殮襲)의 처음 절차. 시체에 옷을 입혀 이불로 싸는 일.

소렴(疏簾)명 성기게 엮은 발.

소:렴-금(小殮衾)명 소렴에 쓰는 이불.

소:렴-포(小殮布)명 소렴에 쓰는 베.

소:령(少領)명 국군의 영관(領官) 계급의 하나. 대위의 위, 중령의 아래.

소:로(小路)명 좁은 길. 협로(狹路). ↔대로(大路).

소:로(小櫨)명 (전통적 건축에서) 접시받침.

소:록(小錄)명 요점만 간단히 추려서 적은 종이쪽.

소록-소록[-쏘-]부(하)자 아기가 곱게 자는 모양. ¶엄마 품에서 소록소록 잠이 든 아기의 모습.

소:론(小論)명 규모가 작고 간단한 논설이나 논문. 시론(試論).

소:론(少論)명 조선 시대에, 사색 당파의 하나. 숙종 때 서인(西人)이 두 파로 분열되면서 조지겸(趙持謙)·윤증(尹拯) 등의 소장파가 송시열 등의 노론(老論)에 대립하여 형성한 당파.

소:론(所論)명 논하는 바. 내세우는 바. ¶그의 소론에 의하면….

소롱-하다(消-)타여 (재산을) 아무렇게나 함부로 써서 없애다.

소:뢰(小牢)[-뢰/-뤠]명 지난날, 나라에서 제사 지낼 때에 양(羊)을 통째로 제물로 바치던 일.

소:뢰(所賴)[-뢰/-뤠]명 ☞소덕(所德).

소:료(所料)명 요량한 바. 생각하여 헤아린 바.

소:루(小累)명 ☞접시받침.

소루(疏漏)'소루하다'의 어근.

소:루-쟁이명 여뀟과의 다년초. 산이나 들의 습지에 나는데, 줄기 높이는 30~80 cm. 뿌리에서 나온 잎은 잎꼭지가 길고 우글쭈글하며, 줄기에서 나온 잎은 주름이 있음. 여름에 연둣빛의 작은 꽃이 층층으로 핌. 어린잎은 먹을 수 있고, 뿌리는 한방에서 건위제로 쓰임. 양제초(羊蹄草). 준솔장이.

소루-하다(疏漏-)형여 (생각이나 하는 일 따위가) 꼼꼼하지 못하고 얼뜨고 거칠다. ¶소루한 조사. 소루-히부 ¶매사를 소루하게 처리하다.

소:류(小流)명 ☞실개천.

소:류(笑留)명 ☞소납(笑納).

소류(溯流)명-하다(자)물이 거슬러 흐름, 또는 그 거슬러 흐르는 물.

소:류-하다(笑留-)타여 ☞소납하다.

소르디노(sordino 이)명 약음기(弱音器).

소르르부 ①뭉치거나 얽힌 것이 쉽게 풀리는 모양. ¶옷고름이 소르르 풀리다. ②물이나 가루 따위가 보드랍게 새어 나가거나 무너지는 모양. ¶모래성이 소르르 무너지다. ③보드라운 바람이 솔솔 부는 모양. ¶소르르 불어오는 실바람. ④졸음이 오는 모양. ¶소르르 잠이 들다. 큰수르르.

소:름명 (춥거나 무섭거나 징그러울 때) 살갗에 좁쌀같이 도틀도틀해지는 것. 한속(寒栗). ¶오싹 소름이 돋다. /소름이 끼치다.

소리명 ①물체가 진동했을 때, 청각으로 느끼게 되는 것. 음(音). ¶피리 소리. /소리를 줄이다. /물결치는 소리가 들리다. ②〈목소리〉의 준말. 음성(音聲). ¶떠드는 소리. ③말. ¶그런 답답한 소리 하지 마라. ④소식. ¶그가 서울에 있다는 소리는 들었다. ⑤여론이나 소문. ¶항간에 떠도는 소리. /민중의 소리. ⑥판소리·잡가 따위의 창(唱). 노래. ¶소리를 잘하는 광대.

소리 없는 벌레가 벽 뚫는다(속담) 말 없는 사람이 실천력이 있다는 말.

소리 소문도 없이(관용) 슬그머니. 남몰래. ¶소식을 끊고 지내던 그가 소리 소문도 없이 나타나다.

소:리(小吏)명 ☞아전(衙前).

소:리(小利)명 작은 이익.

소:리(所利)명 일에서 생기는 이득. 날찍.

소리-개명 ☞솔개.

소리굽-쇠[-쐬/-쒜]명 발음체의 진동수를 재는 기구. 나무통 위에 'U'자 모양의 강철을 세운 것. 음향 측정이나 악기의 조율 등에 씀. 음차(音叉).

소리개명 '솔개'의 잘못.

소리-글자(-字) [-짜]圏 ☞표음 문자(表音文字).

소리-꾼圏 판소리나 잡가·민요 따위를 잘 부르는 사람. 魯소리쟁이.

소리-나무圏 참나뭇과의 낙엽 활엽 교목. 잎은 길둥글고 가장자리에 굵은 톱니가 있음. 산 중턱에서 꼭대기까지 나며, 특히 한라산에 집중 분포함. 열매는 먹을 수 있고 재목은 땔나무나 철도의 침목(枕木) 등으로 쓰임.

소리-내기圏 ☞발음(發音).

소리-마디圏 ☞음절(音節).

소리-소리圐 격한 감정으로 자꾸 큰 소리를 내는 모양. ¶악에 받쳐 소리소리 지르다.

소리-시늉圏 ☞의성(擬聲).

소리시늉-말圏 ☞의성어(擬聲語).

소리-음(-音)圏 한자 부수의 한 가지. '韶'·'韻' 등에서의 '音'의 이름.

소리-쟁이圏 노래 부르는 일을 업으로 하거나 노래를 썩 잘 부르는 사람을 홀하게 이르는 말.

소리-치다재 소리 지르다. ¶악에 받쳐서 소리치고 춤추다.

소리춤나모圏〔옛〕 소리나무. ¶소리춤나모 곡:櫟(訓蒙上19).

소리-판圏 ☞음반(音盤).

소리-표(-標)圏 ☞음표(音標).

소리-하다재여 판소리나 잡가를 부르다. ¶소리하고 춤추다.

소리-흉내말圏 ☞의성어(擬聲語).

소림(疏林)圏 나무가 엉성히 들어서 있는 숲.

소립(小粒)圏 작은 알갱이.

소:-립자(素粒子) [-짜]圏 물리학에서, 광자(光子)·전자(電子)·양자(陽子)·중성자(中性子)·중간자(中間子) 등의 입자를 통틀어 이르는 말.

소:립자-론(素粒子論) [-짜-]圏 소립자의 성질이나 상호 작용 등에 관한 이론.

소릿-값[-리깝/-릳깝]圏 ☞음가(音價). * 소릿값이 [-리깝씨/-릳깝씨]·소리값만 [-리깜-/-릳깜-]

소릿-바람[-리빠-/-릳빠-]圐 크게 떨치는 기세(氣勢)와 그 반향(反響).

소리(옛) 소리. ¶音은 소리니(月釋1:33).

소:마圏 '오줌'을 점잖게 이르는 말. ¶소마를 보다.

소마-소마圐하 조마조마. ¶야단맞지나 않을까 소마소마해하다.

소:만(小滿)圏 이십사절기의 하나. 입하(立夏)와 망종(芒種)의 사이로, 5월 21일경. 이 무렵에 밀보리가 여물기 시작한다고 함.

소:만(掃萬)圏 모든 일을 제쳐 놓음.

소만(疏慢) '소만하다'의 어근.

소:-만두(素饅頭)圏 (고기 없이) 채소로만 소를 만들어 넣은 만두.

소:만-왕림(掃萬枉臨) [-님]圏하재 모든 일을 제쳐 놓고 옴(왕림함).

소만-하다(疏慢-)圐어 (일에) 소홀하고 게으르다. ¶신입 사원이 벌써부터 소만한 태도를 보이다니….

소말-소말튀하 (얼굴에 마맛자국이) 드문드문 얕게 얽은 모양.

소:망(所望)圏하타 바람. 바라는 바. 소원. 희망. 의망(意望). ¶소망을 이루다. /남북통일을 소망하다.

　　소망(을) 보다판용 심마니들의 말로, 산삼 캐는 일을 실지로 이루다.

소망(消亡)圏하재 ☞소멸(消滅).

소망(素望)圏 본디부터 늘 바라던 일. 평소의 희망.

소망(銷忘·消忘)圏하재 (기억에서) 사라져 잊혀짐.

소망(燒亡)圏하타재 불타서 사라짐.

소:-맘일(小-日) 음력 정월 대보름의 전날 밤. [이날 여러 가지 나물을 먹음.]

소매圏 (저고리나 두루마기 따위) 윗옷의 팔을 꿰는 부분. 팔소매.

　　소매를 걷다판용 본격적으로 어떤 일을 하려고 나서다.

　　소매 속에서 놀다판용 어떤 일이 남의 눈에 띄지 않게 몰래 이루어지다.

소:매(小梅)圏 ☞초라니.

소:매(小賣)圏하타재 (생산자 또는 도매상으로부터 사들인 상품을 소비자에게) 낱개로 파는 일. 산매(散賣). ↔도매(都賣).

소:매(笑罵)圏하타재 비웃으며 꾸짖음.

소매(素昧) '소매하다'의 어근.

소:매-가(小賣價) [-까]圏 ☞소매 가격. ↔도매가(都賣價).

소:매-가격(小賣價格) [-까-]圏 상품을 소비자에게 팔 때의 가격. 산매 가격. 소매가.↔도매가격.

소매-걷이[-거지]圏 건축에서, 큰 보의 나비가 기둥보다 클 때, 그 양옆을 둥글게 굴려 깎아 기둥이 잘 나타나도록 하는 일.

소:매-상(小賣商)圏 소매하는 장사, 또는 그 장수. 산매상. ↔도매상.

소:매^시장(小賣市場)圏 소매상들이 모여서 이룬 시장. 산매 시장. ↔도매 시장.

소:매-업(小賣業)圏 소매하는 영업. 산매업. ↔도매업.

소:매-점(小賣店)圏 소매하는 상점. 산매점. ↔도매점.

소매-치기圏하 남의 몸에 지닌 금품을 몰래 훔쳐 내는 일, 또는 그런 짓을 하는 사람.

소매-통圏 소매의 넓이.

소:매-하다(素昧-)圐 견문이 좁고 사리에 어둡다.

소:(小麥)圏 ☞밀1.

소:맥-면(小麥麵) [-맹-]圏 밀국수.

소:맥-분(小麥粉) [-뿐]圏 밀가루.

소맥-귀[-매뀌/-맫뀌]圏 소맷부리의 귀퉁이.

소맷-길[-매낄/-맫낄]圏 소매를 이루는 조각.

소맷-동[-매똥/-맫똥]圏 한복 웃옷의 길에 잇대어 다는 소매의 길이.

소맷-부리[-매뿌-/-맫뿌-]圏 소매의 아가리. 메구(袂口). ¶닳아서 너덜너덜해진 소맷부리.

소맷-자락[-매짜-/-맫짜-]圏 소매의 드리운 부분. ¶소맷자락에 매달리다.

소:-맹선(小猛船)圏 조선 시대에, 수영(水營)에 속하였던 작은 싸움배의 한 가지.

소-머리圏 ☞쇠머리.

소:면(素面)圏 화장기가 없는 얼굴. 화장을 하지 않은 얼굴.

소:면(素麵)圏 고기붙이를 넣지 않고 만 국수.

소멸(消滅)圏하타재 사라져 없어짐. 소망(消亡). ¶자연 소멸. /효력이 소멸되다.

소멸(掃滅)圏하타재 싹 쓸어 없앰. ¶적을 소멸하다.

소멸(燒滅)圏하타재 태워 없앰. ¶화재로 문서가 소멸되다.

소멸^시효(消滅時效)圏 일정한 기간 동안 권리를 행사하지 않는 경우에 그 권리를 잃게 되는 일.

소명(召命)**명** ①임금이 신하를 부르는 명령. ②기독교에서, 수도자·사제(司祭) 따위의 특수한 신분으로 신에 봉사하도록 하는 신의 부름을 이르는 말.

소명(昭明) '소명하다'의 어근.

소명(疏明)**명** ①**하자** 변명함. ②**하자** 재판에서, 당사자가 주장하는 사실이 확실한 것 같다는 생각을 법관으로 하여금 가지게 함, 또는 그만한 증거를 제시함. ¶소명 자료를 제출하다.

소명-하다(昭明-)**형여** 사물에 밝다. 밝고 영리하다.

소모(召募)**명하타되자** ☞초모(招募).

소모(消耗)**명하타되자** 써서 없앰. ¶체력의 소모. /연료를 소모해 버리다.

소모(梳毛)**명** 양모의 긴 섬유만 골라 가지런하게 다듬는 방적의 한 공정.

소모-관(召募官)**명** 조선 시대에, 의병(義兵)을 모집하던 임시 관리.

소모-량(消耗量)**명** 써서 없애는 양.

소모-비(消耗費)**명** 써서 없애는 비용.

소모-사(梳毛絲)**명** 소모로 만든 가는 털실.

소모-율(消耗率)**명** 일정한 기간에 어떤 물자가 소모되는 비율을 나타내는 계수.

소모-전(消耗戰)**명** 인원·무기·물자 따위를 자꾸 투입하여 쉽게 결판이 나지 않는 전쟁.

소모-품(消耗品)**명** 쓰는 데 따라 닳아 없어지거나 못 쓰게 되는 물품. 〔잉크·종이·연탄 따위.〕 ↔비품(備品).

소:목(小木)**명** 〈소목장이〉의 준말. **참**대목.

소:목(小目)**명** 바둑에서, 바둑판 네 귀의 셋째 줄과 넷째 줄이 만나는 점.

소목(昭穆·佋穆)**명** 조상의 신주를 사당에 모시는 차례. 한가운데에 시조의 신주를 모시고 그 오른쪽을 목(穆), 왼쪽을 소(昭)라 하여 3·5·7세(世)를 목에, 2·4·6세를 소에 모심.

소목(燒木)**명** ①지난날, 대궐에서 땔감으로 쓰는 참나무 장작을 이르던 말. ②절에서 화장할 때 쓰는 땔나무를 이르는 말.

소목(蘇木)**명** ①한방에서, '다목의 붉은 속살'을 약재로 이르는 말. 통경제(通經劑)·외과약(外科藥)으로 쓰임. ②〈소방목(蘇方木)〉의 준말.

소:목-장(小木匠)[-짱]**명** ☞소목장이.

소:목-장이(小木-)[-짱-]**명** 나무를 다루어 가구를 만드는 목수. 소목장. **준**대목.

소-몰이(小-)**명하자** 소를 모는 일, 또는 그 사람.

소:묘(素描)**명하타되자** 형태와 명암(明暗)을 위주로 하여 단색으로 그림을 그림, 또는 그 그림. 데생.

소:문(小門)**명** ①작은 문. ②'여자의 음부'를 완곡하게 이르는 말.

소:문(所聞)**명** 여러 사람의 입에 오르내리면서 전하여 오는 말. ¶소문을 퍼뜨리다. /곧 전쟁이 일어날 것이라는 소문이 마을에 퍼졌다. /그에 대한 소문이 자자하다.

소문(疏文)**명** 부처나 명부전(冥府殿) 앞에, 죽은 이의 죄복(罪福)을 아뢰는 글.

소:문-나다(所聞-)**자** 소문이 퍼지다. ¶효자로 소문나다. /음식 솜씨가 좋다고 소문난 여자. 소문난 잔치에 먹을 것 없다**속담** 소문과 소문난 것이 실지로는 별것이 아닐 때에 하는 말.

소:문-내다(所聞-)**타** 소문을 퍼뜨리다.

소문-만복래(笑門萬福來)**명** '웃는(화목한) 집안에 많은 복이 깃든다'는 뜻.

소:-문자(小文字)[-짜]**명** 서양 문자의 작은 체의 문자. ↔대문자(大文字).

소믈리에(sommellerie 프)**명** 주로 서양 음식점에서, 와인에 대한 전문적인 지식을 갖추고 손님이 주문한 요리에 어울리는 와인을 추천하는 일을 맡아보는 사람.

소:미(小米)**명** 좁쌀.

소:민(小民)**명** 조선 시대에, '상인(常人)'을 달리 이르던 말. 상민(常民). 상사람.

소밀(巢蜜)**명** 개꿀.

소밀(疏密)**명** 성김과 빽빽함.

소밀-파(疏密波)**명** ☞종파(縱波).

소-바리**명** 소의 등에 길마를 얹고 거기에 짐을 실어 나르는 일, 또는 그 짐.

소박(素朴) '소박하다'의 어근.

소박(疏薄)**명하타** 아내를 박대하거나 내쫓음.

소박-데기(疏薄-)[-떼-]**명** 소박맞은 여자.

소박-맞다(疏薄-)[-맏따-]**자** 남편의 박대를 받다. 남편에게 내쫓기다.

소박-미(素朴美)[-미-]**명** 소박한 아름다움.

소-박이**명** ①〈오이소박이김치〉의 준말. ②소를 넣어 만든 음식을 통틀어 이르는 말.

소박이-김치**명** 〈오이소박이김치〉의 준말.

소:박-하다(素朴-)[-바카-]**형여** 꾸밈이나 거짓이 없이 있는 그대로이다. 박소(朴素)하다. ¶소박한 인정. 소박-히**부**.

소:반(小盤)**명** 음식을 놓고 앉아서 먹는, 짧은 발이 달린 작은 상. 밥상.

소:반(素飯)**명** ☞소밥.

소:반-다듬이(小盤-)**명하타** 소반 위에 쌀 따위의 곡식을 펴 놓고 뉘·모래 따위를 골라내는 일.

소발(燒髮)**명** 민속에서, 일 년 내내 모아 두었던 머리카락을 정월 초하룻날 저녁에 대문 밖에서 살라 버리는 일. 이렇게 함으로써 병마(病魔)가 물러간다고 함.

소:-밥(素-)**명** 고기나 생선 따위의 반찬이 없는 밥. 소반(素飯). 소식(素食).

소방(消防)**명하타** 불이 나지 않도록 미리 막고, 불이 났을 때 불을 끄는 일. ¶소방 기구.

소방(疏放) ①**하형** 데면데면하고 방자함. ②**하타되자** 죄수를 너그럽게 처결(處決)하여 놓아줌.

소방(蘇方·蘇枋·蘇芳)**명** 다목의 목재 속에 있는 붉은 살. 한방 약재로도 쓰고 달여서 붉은 물감으로도 씀.

소방^공무원(消防公務員)**명** ☞소방관.

소방-관(消防官)**명** 소방서에서 소방에 관한 일을 하는 공무원. 소방 공무원.

소방-대(消防隊)**명** 소방원으로 조직된 단체. ¶의용(義勇) 소방대.

소방대-원(消防隊員)**명** ☞소방원.

소방-도로(消防道路)**명** (화재를 대비하여) 소방차가 다닐 수 있도록 낸 도로.

소방-목(蘇方木)**명** ☞다목. **준**소목(蘇木).

소:-방림(小方林)**명** ☞소여(小輿).

소방-서(消防署)**명** 소방에 관한 업무를 맡아보는 일선 소방 기관.

소방-선(消防船)**명** 선박이나 항만 시설 등에 난 불을 끄는 배.

소방-수(消防手)**명** ☞소방원(消防員).

소방-원(消防員)**명** 소방대의 구성원으로서 소방 활동에 종사하는 사람. 소방대원. 소방수.

소방-차(消防車)**명** 소방 활동에 필요한 각종 장비를 갖추고 있는 특수차. 불자동차.

소:-배(少輩)**명** 젊은 후배. 젊은 축(들).

소:-백의(小白衣)[-배긔/-배기]**명** 가톨릭에서, 신부가 미사 따위 의식 때에 입는 짧은 예복을 이르는 말. **참**장백의·중백의.

소:범-상한(所犯傷寒)〖명〗 한방에서, 방사(房事)의 피로로 일어나는 상한증을 이르는 말.

소:-법정(小法廷)[-쩡]〖명〗 대법원 판사 3명 이상, 전체의 3분의 2 미만으로 구성되는 합의체 재판 기관. ⟶대법정.

소벽(召辟)〖명〗〖하타〗 초야(草野)에 묻혀 사는 현인(賢人)을 불러 벼슬을 시킴. 징벽.

소:변(小便)〖명〗 (사람의) 오줌. ⟨참⟩대변(大便).

소:변-기(小便器)〖명〗 오줌을 눌 수 있도록 만든 여러 기구.

소:변-보다(小便-)〖자〗 오줌 누다.

소:변-불금(小便不禁)〖명〗 한방에서, 자주 마려운 오줌을 참지 못하는 병증을 이르는 말.

소:병(素屛)〖서화(書畫)를 붙이지 않고〗 흰 종이로만 바른 병풍.

소:병(笑病)[-뼝]〖명〗 실없이 자꾸 웃는 정신병의 한 가지.

소보록-하다[-로카-]〖형어〗 ①물건이 많이 담기거나 쌓여 좀 볼록하게 도드라져 있다. ¶사발에 밥을 소보록하게 푸다. /지붕 위에 쌓인 눈이 소보록하게 쌓여 있다. ②붓거나 살이 쩐 데가 좀 도드라져 있다. ¶손목이 소보록하게 부었다. ③식물·털 따위가 좀 빽빽하고 길다. ¶잡초가 소보록하게 자랐다.

소:복(小腹)〖명〗 아랫배.

소:복(小福)〖명〗 작은 복력(福力).

소:복(素服)〖명〗 상복(喪服). 흰옷.

소복(蘇復)〖명〗〖되자〗 원기가 회복됨, 또는 원기가 회복되게 함.

소:복-단장(素服丹粧)[-딴-]〖명〗〖하자〗 아래위를 흰옷으로 차려입고 맵시 있게 몸을 꾸밈, 또는 그런 차림.

소:복-담장(素服淡粧)[-땀-]〖명〗〖하자〗 흰옷을 입고 엷게 화장을 함, 또는 그렇게 한 차림.

소복-소복[-쏘-]〖부〗〖하형〗 여럿이 모두 소복하거나 소복하게 쌓이는 모양. ¶눈이 소복소복 쌓이다. ⟨큰⟩수북수북.

소복-하다[-보카-]〖형어〗 ①(물건이 담겨 있거나 쌓여 있는 모양이) 제법 높게 도도록하다. ¶소복하게 쌓인 모래. ②붓거나 살이 찌거나 하여) 볼록하다. ¶먼 길을 걸어서 발등이 소복하게 부어올랐다. ③한자리에 배게 많다. ¶토끼풀이 한곳에 소복하게 돋아나 있다. ⟨큰⟩수북하다. **소복-이**〖부〗 ¶밤새 내린 눈이 장독대에 소복이 쌓여 있다.

소:복-하다(素服-)[-보카-]〖자여〗 (주로 여자가) 하얀 상복을 입다. ¶소복한 귀신.

소:본(小本)〖명〗 같은 종류의 물건 가운데서 본새가 작은 물건.

소본(疏本)〖명〗 상소문(上疏文)의 원본.

소:부(小富)〖명〗 작은 부자.

소:부(少婦)〖명〗 젊은 부인.

소:부(所負)〖명〗 남에게 진 신세. 남에게 힘입은 바.

소:북(小北)〖명〗 조선 선조 때, 북인(北人)의 남이공(南以恭) 등이 같은 당파인 홍여순(洪汝諄) 등의 대북(大北)에 대립하여 이룬 당파.

소:분(小分)〖명〗〖하타〗 잘게 나눔, 또는 잘게 나눈 것.

소:분(小紛)〖명〗 작은 분란.

소분(掃墳)〖명〗 경사(慶事)가 있을 때, 조상의 산소에 가서 무덤을 깨끗이 하고 제사를 지내는 일.

소분(燒焚)〖명〗〖하타〗 불태움.

소불간친(疏不間親)〖명〗 친분이 두텁지 못한 사람은 친분이 두터운 사람을 이간(離間)하지 못한다는 말.

소:불개의(少不介意)[-의/-이]〖명〗〖하타〗 조금도 마음에 두지 아니함. 조금도 거리끼지 아니함. 소불개의.

소:불개회(少不介懷)[-회/-훼]〖명〗〖하타〗 ⟹소불개의.

소:불동념(少不動念)〖명〗〖하타〗 조금도 마음이 움직이지 아니함.

소:불여의(少不如意)[-의/-이]〖명〗〖하형〗 조금도 뜻과 같지 않음.

소:불하(少不下)〖부〗 적어도. 하불하(下不下). ¶모두 모으면 소불하 스무 섬은 될 것이다.

소:비(所費)〖명〗 어떤 일에 든 비용.

소비(消費)〖명〗 ①〖하타〗〖되자〗 돈이나 물건·시간·노력 따위를 써 없앰. ¶물자의 소비. /체력을 소비하다. ⟶생산. ②욕구를 채우기 위하여 재화를 소모하는 일. ¶소비 욕구. /소비 증가.

소비^경기(消費景氣)〖명〗 소비자의 소비 활동이 왕성해짐으로써 생기는 경기.

소비^경제(消費經濟)〖명〗 재화(財貨)의 직접 소비를 목적으로 하는 경제.

소비-고(消費高)〖명〗 ①⟹소비량. ②⟹소비액.

소비^금융(消費金融)[-금늉/-그뮹]〖명〗 소비자의 소비를 위한 금융. 〔내구 소비재의 구입 자금 융자나 할부 판매 따위.〕 ⟶생산 금융.

소비^대:차(消費貸借)〖명〗 금전 따위의 물품을 빌려 쓴 사람이 돈이나 같은 물품을 같은 양만큼 갚기로 하는 계약. 〔차금(借金) 계약 따위.〕

소비^도시(消費都市)〖명〗 도시의 경제 구조가 이차 산업보다 삼차 산업에 치중된 도시. 〔교육 도시·행정 도시·관광 도시·군사 도시 따위.〕 ⟶생산 도시.

소비-량(消費量)〖명〗 일정 기간에 써 없앤 분량. 소비고(消費高). ⟶생산량.

소비^사:업(消費事業)〖명〗 직접 생산을 목적으로 하지 않는 사업. 〔문화 사업·교육 사업 따위.〕

소비^성:향(消費性向)〖명〗 소득에 대한 소비 지출의 비율. ⟶저축 성향.

소비-세(消費稅)[-쎄]〖명〗 개인의 소비에 대하여 부과하는 세금.

소비^수준(消費水準)〖명〗 생활 수준을 비교 측정하는 지표의 한 가지. 지역 간 또는 생활 계층 간의 가계 소비액을 당시의 물가 지수로 나누어 지수화 함. ⟨참⟩생활수준.

소비-액(消費額)〖명〗 일정 기간에 써 없앤 금액. 소비고(消費高). ⟶생산액.

소비에트(Soviet)〖이전의〗 ①소비에트 연방의 평의회. ②'소비에트 사회주의 공화국 연방'의 준말.

소비-자(消費者)〖명〗 ①재화(財貨)를 소비하는 사람. ¶소비자 권익 보호. ②자연계에서, 스스로 양분을 만들지 못하고 다른 생물로부터 양분을 얻어 살아가고 있는 생물. ⟶생산자.

소비자^가격(消費者價格)〖명〗 상품이 최종 소비자에게 공급될 때의 가격. ⟶생산자 가격.

소비자^가격^지수(消費者價格指數)[-까-찌-]〖명〗

소비자^단체(消費者團體)〖명〗 소비자의 권리와 이익을 지킬 목적으로 소비자들 스스로 구성한 단체.

소비자^물가^지수(消費者物價指數)[-까-]〖명〗 소비자가 구입하는 상품이나 용역의 가격 변동을 나타내는 지수. ⟶소비자 가격 지수. 시피아이(CPI). ⟨참⟩생계비 지수.

소비자^보:호^운:동(消費者保護運動)〖명〗 상품 정보의 전달, 불량 상품·과대 광고의 추방, 유통 부조리의 개선 등을 통하여 소비자의 권익을 보호하려는 사회 운동.

소비^자본(消費資本)몜 《기계·설비 따위의 생산 자본에 대하여》 소비자에게 공급되는 모든 재화를 통틀어 이르는 말.

소비-재(消費財)몜 사람들이 욕망 충족을 위하여 일상생활에서 직접 소비하는 재화. ↔생산재(生産財).

소비-조합(消費組合)몜 소비자가 조직하는 협동조합의 한 가지. 소비자들이 그들의 조직력을 통하여 생산자나 도매상으로부터 직접 생필품을 구입하려는 조직 또는 기관.

소비-지(消費地)몜 어떤 상품이 소비되는 곳. ↔생산지.

소비-품(消費品)몜 소비하는 물품. ↔생산품.

소비^함:수(消費函數)[一쑤]몜 소비와 그것을 결정하는 요인과의 관계를 함수로 나타낸 것.

소비^혁명(消費革命)[一형一]몜 소득 수준과 산업 기술이 높아짐에 따라 소비 생활의 의욕과 내용, 소비에 관한 도덕 의식 등이 고도화되는 현상.

소:사(小史)몜 간략히 기록한 역사.

소:사(小使)몜 ⇨사정(使丁).

소:사(小事)몜 하찮은 일. 작은 일. →대사.

소:사(小辭)몜 소개념(小概念).

소사(掃射)몜하타 《기관총 따위로》 쓸 듯이 연달아 쏘는 일. ¶기총(機銃) 소사.

소사(疏食)몜 거친 음식.

소사(蔬食)몜 채소 반찬뿐인 음식.

소사(燒死)몜자타 불에 타 죽음. 분사(焚死).

소사(召史)의 성(姓) 아래에 붙여 '과부'를 점잖게 이르는 말.

소사-거(繅絲車)몜 고치의 실을 켜는 물레.

소:-사미(少沙彌)몜 작은 사미.

소사-스럽다[一따][~스러우니·~스러워]휑비 《하는 짓이》 아주 좀스럽고 간사하다. ¶소사스럽게 굴다. **소사스레**튀

소사-탕(繅絲湯)몜 명주실을 뽑기 위해 고치를 삶은 물. 약으로 씀.

소삭(疏數)몜 드묾과 잦음.

소:산(小産)몜하타 한방에서, '낙태'를 이르는 말. 반산(半産).

소:산(所産)몜하타 ①생산된 바. 이루어진 바. ¶근대 과학 기술의 소산. ②〈소산물〉의 준말.

소산(消散)몜자타 흩어져 사라짐.

소산(疏散·蕭散)몜 ①하타 서로 뜻이 맞지 않아 헤어짐. ②하타 《밀집된 사람·시설·건조물 따위를》 흩어지게 함. ¶인구 소산 대책.

소산(燒散)몜하타 불살라 흩어 버림.

소:산-물(所産物)몜 ①그곳에서 생산되는 온갖 물건. ②어떤 행위의 결과로 나타나는 현상. ¶환경오염은 산업 사회의 소산물이다. 춘소산.

소:살(笑殺)몜하타 ①대수롭지 않게 여겨 무시해 버림. 일소(一笑)에 부침. ②큰 소리로 비웃음.

소살(燒殺)몜하타자타 불에 태워 죽임.

소:살-판(小一)몜 국궁(國弓)에서, 화살 50시(矢)를 쏘아 15시를 과녁에 맞히는 일. 춘대살판·살판.

소삼(蕭森) '소삼하다'의 어근.

소삼-하다(蕭森一)휑예 ①나무가 빽빽이 들어서 있다. ②마음이 쓸쓸하다.

소삽(蕭颯) '소삽하다'의 어근.

소삽-하다(蕭颯一)[一사파一]휑예 《바람이》 차고 쓸쓸하다. ¶늦가을 저녁 바람이 소삽하다.

소:상(小祥)몜 죽은 지 한 돌 만에 지내는 제사. 일주기(一週忌). 기년제(朞年祭). 소기(小朞). 연상(練祥). 춘대상(大祥).

소상(昭詳) '소상하다'의 어근.

소:상(塑像)몜 찰흙으로 만든 사람의 형상. 흔히, 조각·주물의 원형으로 쓰임.

소상(遡上)몜하타 《강이나 내를》 상류로 거슬러 올라감.

소상인(小商人)몜 소규모로 장사하는 사람.

소상-하다(昭詳一)휑예 분명하고 상세하다. ¶소상하게 아뢰다. /소상하게 타이르다. **소상-히**튀 ¶소상히 기록하다. /소상히 말하다. /사건 경위를 소상히 설명하다.

소색(消色)몜하타되자 색 수차(色收差)를 없앰.

소색^렌즈(消色lens)몜 ⇨색지움 렌즈.

소:생(所生)몜 자기가 낳은 '자녀'를 이르는 말. ¶슬하에 소생이 없다. 비혈육(血肉).

소생(疏生)몜 띄엄띄엄 성기게 남.

소생(甦生·甦生)몜 다시 살아남. 부생(復生). 회생(回生). 회소(回蘇). ¶만물이 소생하다.

소:생(小生)대 ①흔히 웃어른 앞에서, '자기'를 낮추어 이르는 말. 생(生). ②왕조 때, 의정(議政)끼리 서로 '자기'를 겸손하게 이르던 말.

소:서(小序)몜 시문(詩文)의 각 편의 머리 따위에 쓰는 짧은 서문.

소:서(小暑)몜 이십사절기의 하나. 하지(夏至)와 대서(大暑) 사이로, 양력 7월 7일경. 이 무렵에 여름 더위가 시작된다고 함.

소서(消暑·銷暑)몜하타 더위를 가시게 함.

-소서어미 모음으로 끝난 동사 어간이나 'ㄹ' 받침으로 끝난 용언의 어간에 붙어, 그리하여 주기를 간절히 바라는 뜻을 나타내는 합쇼체의 종결 어미. ¶용서하소서. ¶건강하소서. /고이 잠드소서. /천수를 누리소서, 만수를 누리소서. 춘-으소서.

소:석고(燒石膏)[一꼬]몜 석고를 160~170℃로 가열하여 결정수(結晶水)를 없앤 흰 가루. 물을 섞으면 다시 굳어지며, 모형·석묵·고착제·조각 따위에 쓰임. 준석고.

소:-석회(消石灰)[一서쾨/一서훼]몜 '수산화칼슘'을 흔히 이르는 말. 분회(粉灰).

소:선(小船)몜 ①작은 배. ②거룻배.

소선(素扇)몜 깁으로 만든 부채.

소:-선거구(小選擧區)몜 한 선거구에서 한 사람의 의원만을 뽑는 선거구. ↔대선거구.

소:설(小雪)몜 이십사절기의 하나. 입동(立冬)과 대설(大雪) 사이로, 양력 11월 22일경. 이 무렵부터 눈이 내리기 시작한다고 함.

소:설(小說)몜 《작가가 경험하거나 구상한 사건 속에 진리와 인생의 미(美)를 형상화하여 보여 줌으로써 독자를 감동시키는 창조적 문학의 한 형태. ②〈소설책〉의 준말.

소:설(所說)몜 ①설명하는 바. ②주장하는 바. ¶그의 소설은 설득력이 없다.

소설(昭雪)몜하타 억울한 일이나 원통한 사정 따위를 밝혀 누명이나 죄명을 씻음.

소:설(掃雪)몜하타되자 쌓인 눈을 침. 제설(除雪).

소설(騷說)몜 떠들썩한 소문.

소:설-가(小說家)몜 소설을 쓰는 사람.

소:설-책(小說冊)몜 소설로 엮은 책. 소설이 실린 책. 준소설.

소:설-화(小說化)몜하자타되자 《어떤 사실이》 소설로 꾸며짐, 또는 그렇게 꾸밈. ¶사건을 소설화하다.

소:성(小成)명하자되자 ①작은 일을 성취함. ②지난날, 소과(小科) 가운데 초시(初試)나 종시(終試)에 합격하던 일.

소성(素性)명 타고난 성품.

소:성(笑聲)명 웃음소리.

소:성(塑性)명 ⇨가소성(可塑性).

소:성(燒成)명하타되자 (도자기·벽돌 따위를) 구워 만듦.

소성(蘇醒)하자되자 ①잃었던 의식을 회복함. ②큰 병을 치르고 난 뒤 몸이 다시 회복됨.

소:성^가공(塑性加工)명 물체의 소성(塑性)을 이용해 모양을 변형 또는 성형하는 가공법의 한 가지. 금속·고분자 재료의 가공에 흔히 쓰임.

소:성^변:형(塑性變形)명 가소성 있는 물체를 자르거나 깎지 않고, 누르거나 비틀거나 두들겨서 외형을 바꾸는 일.

소성^인비(燒成燐肥)명 인광석(燐鑛石)을 원료로 하여 건식(乾式)에 의해 만든 인산 비료. 시멘트처럼 무거운 회갈색 분말임.

소:세(小勢)명 ①작은 세력. ②적은 인원.

소세(梳洗)명하다 머리를 빗고 세수를 함.

소세지(sausage)명 '소시지'의 잘못.

소소(小小)'소소(小小)하다'의 어근.

소소(小少)'소소(小少)하다'의 어근.

소소(昭昭)'소소(昭昭)하다'의 어근.

소소(昭昭)'소소(昭昭)하다'의 어근.

소소(昭蘇)명하자 ①침거(蟄居)하던 벌레가 땅속에서 밝은 곳으로 나온다는 뜻에서] 되살아남. 소생함. ¶민족의 소소함을 보게 됨이 어찌 도언(徒言)이리까.

소:(塑壞)명 흙으로 빚은 사람이나 사물의 형상. [소상(塑像)·조소(彫塑) 따위.]

소소(蕭蕭)'소소(蕭蕭)하다'의 어근.

소소(騷騷)'소소(騷騷)하다'의 어근.

소:소-곡절(小小曲折)[-쩔]명 자질구레한 여러 가지 까닭. ¶소소곡절을 빠짐없이 다 말하다.

소소리-바람명 ①이른 봄의 맵고 스산한 바람. ②'회오리바람'의 방언.

소소리-패(-牌)명 나이가 어리고 경망한 무리.

소소명명(昭昭明明)명 '소소명명하다'의 어근.

소소명명-하다(昭昭明明-)형여 (일의 전말이) 밝게 드러나 분명하다. 소소명명-히부.

소소-배(宵小輩)명 간사하면서 소견이 좁은 사람의 무리.

소소쁘다자 〔옛〕 솟아 뜨다. ¶縞衣玄裳이 半空의 소소쁘니(鄭澈, 關東別曲).

소:소-하다(小小-)형여 ①자질구레하다. ¶소소한 일에도 짜증을 내다. ②변변하지 아니하다. 소소-히부.

소:소-하다(小少-)형여 ①키가 작고 어리다. ②얼마 되지 않다. 소소-히부.

소소-하다(昭昭-)형여 밝게 보인다. 소소-히부.

소소-하다(昭昭-)형여 (일의 내막이나 이치가) 분명하다. 뚜렷하다. 소연하다. 소소-히부.

소소-하다(蕭蕭-)형여 (바람이나 빗소리가) 쓸쓸하다. ¶소소한 바람 소리. 소소-히부.

소소-하다(騷騷-)형여 부산하고 시끄럽다. 소소-히부.

소:속(所屬)명하자되자 (어떤 기관이나 조직에) 딸림, 또는 그 딸린 사람이나 물건. ¶인사과에 소속하다. /자기의 소속을 밝히다.

소:속-감(所屬感)[-깜]명 자신이 어떤 집단에 소속되어 있다고 느끼는 일. ¶소속감이 강하다.

소손(燒損)명하타 태워서 못 쓰게 함.

소:솔(所率)명 딸린 식구.

소송(訴訟)명하타 법원에 재판을 청구하는 일, 또는 그 절차. 옥송.

소송(燒送)명하타 〔영가(靈駕)나 위패(位牌) 따위를] 불살라 버림.

소:송^계:속(訴訟繫屬)[-계-/-게-]명 소송 사건이 법원에서 심리 중에 있는 상태. 계속(繫屬).

소송^고:지(訴訟告知)명 민사 소송에서, 소송의 당사자가 법률상 이해관계가 있어 소송에 참가할 수 있는 제삼자에게, 소송에 참가할 기회를 주기 위하여 소송이 계속(繫屬) 중임을 알리는 일.

소:송^관계인(訴訟關係人)[-계-/-게-]명 소송에서, 당사자·대리인·증인 및 기타 법률상으로 관계가 있는 사람을 통틀어 이르는 말.

소송^능력(訴訟能力)[-녁]명 소송 당사자로서 유효하게 소송 행위를 할 수 있는 능력, 또는 형사 소송법상의 의사(意思) 능력.

소송^당사자(訴訟當事者)명 소송에서, 법원에 대하여 재판권 행사를 요구하는 사람 및 그 상대편. [민사 소송의 원고와 피고, 형사 소송의 검찰과 피고인 따위.]

소송^대:리인(訴訟代理人)명 민사 소송법상 소송 대리권을 가진 사람. 당사자를 대신하여 소송을 수행하기 위한 임의 대리인.

소송-물(訴訟物)명 민사 소송에서, 재판의 대상이 되는 사항.

소송-법(訴訟法)[-뺍]명 소송 절차를 규정한 법규를 통틀어 이르는 말.

소송^비:용(訴訟費用)명 소송 행위에서 발생하는 모든 비용.

소송^사:건(訴訟事件)[-껀]명 소송을 일으킨 일. ㈜사건(事件)·소건(訴件).

소송^요건(訴訟要件)[-뇨껀]명 민사 소송에서, 재판을 하기 위하여 법원이나 당사자가 갖추어야 할 전제 조건.

소송^절차(訴訟節次)명 소송의 제기에서 판결에 이르기까지의 모든 절차.

소송^참가(訴訟參加)명 민사 소송에서, 당사자는 아니나 이해관계를 가지는 제삼자가 그 소송에 개입하는 일.

소송^판결(訴訟判決)명 법원이 소송 요건의 미비를 이유로, 소(訴) 또는 상소를 기각하는 종국 판결. ↔본안 판결.

소송^행위(訴訟行爲)명 소송 절차에서, 소송상의 효과를 발생시킬 목적으로 하는 소송 관계자의 의사 표시 행위.

소쇄(掃灑)명하자되자 비로 쓸고 물을 뿌림.

소쇄(瀟灑)'소쇄하다'의 어근.

소쇄-하다(瀟灑-)형여 ①상쾌하다. ②산뜻하고 깨끗하다. ¶소쇄한 가을 아침.

소수의 (('몇 달·몇 냥·몇 말' 따위의 낱말 뒤에 쓰이어) '조금 넘음'··'남짓함'의 뜻을 나타내는 말. ¶석 달 소수는 걸렸다. /닷 말 소수는 넉넉히 받을 수 있다.

소:수(小數)명 ①작은 수. ↔대수. ②수학에서, 절댓값이 1보다 작은 실수.

소:수(少數)명 적은 수효. ¶소수의 의견을 존중하다. /정답을 맞춘 사람은 소수에 불과하였다. ↔다수(多數).

소:수(所祟)명 귀신이 준 재앙. 참버력1.

소수(消愁)명하자 시름을 풀어 버림.

소수(素數)[-쑤]명 1보다 크며, 1과 그 수 자체 이외의 정수(整數)로는 똑 떨어지게 나눌 수 없는 정수. [2·3·5·7·11… 따위.]

소수-나다자 그 땅의 소출이 늘다. ㈜솟나다.

소:수^내:각(少數內閣)[명] 각의(閣議)의 신속한 처리 등을 위하여, 내각 가운데서 소수의 각료를 선출하여 구성하는 협의회.

소:수-당(少數黨)[명] 국회에서 의석이 적은 정당. ↔다수당.

소:수^대:표제(少數代表制)[명] 다수당의 의석 독점을 막고, 소수당에도 득표 수에 따라 어느 정도의 의석이 돌아갈 수 있게 한 선거 제도.

소:수^민족(少數民族)[명] 한 나라를 이룬 여러 민족 가운데, 인구가 적고 인종·언어·풍습 등이 다른 민족. ¶소수 민족 보호 정책.

소수-성(疏水性)[-썽][명] 물에 친화력을 가지지 않는 화학적 성질. 곧, 물을 흡수하지도 않고, 물에 잘 녹지도 않으며, 침전하는 성질. ↔친수성.

소:수-점(小數點)[-쩜][명] 소수를 지닌 수를 나타낼 때, 소수 부분과 정수 부분을 구별하기 위하여 찍는 점.

소:수정예-주의(少數精鋭主義)[-의/-이][명] 인원을 마구 늘리거나 하지 않고 적은 수의 뛰어난 사람들로써 일을 해 나가려는 태도(주의).

소:수^주주권(少數株主權)[-꿘][명] 주식회사에서, 한 사람 또는 몇 사람의 주식을 합쳐 일정 수 이상의 주식을 보유하였을 때에 인정되는 이권(利權). 대주주의 독단을 막기 위한 것임.

소수^콜로이드(疏水colloid)[명] 용액인 물과 콜로이드 입자와의 친화력이 약한 콜로이드. ↔친수 콜로이드.

소:수-파(少數派)[명] 딸린 인원 수가 적은 파. ↔다수파.

소:-순환(小循環)[명] ☞폐순환(肺循環).

소:술(所述)[명] 말하는 바. 기술하는 바. ¶이는 김 박사 소술의 논문에서 인용한 것이다.

소:스(sauce)[명] 서양 요리에서, 맛이나 빛깔을 돋우기 위하여 음식에 치는 액체의 조미료. 원료와 만드는 방법에 따라서 종류가 많음.

소:스(source)[명] 〔'출처'·'원천'의 뜻으로〕 어떤 정보를 제공하는 사람이나 자료. ¶뉴스 소스. /소스를 밝히다.

소스라-뜨리다[타] 깜짝 놀라 갑자기 몸을 솟구치듯이 움직이다. 소스라트리다. ¶몸을 소스라뜨리며 한 걸음 뒤로 물러서다.

소스라-지다[자] 위로 봉긋이 솟아 오르다. ¶한 라산이 우뚝 소스라지다.

소스라-치다[타] 깜짝 놀라 몸을 떠는 듯이 움직이다. ¶소스라치게 놀라다.

소스라-트리다[타] 소스라뜨리다.

소스-치다[타] (몸을) 솟치다.

소스테누토(sostenuto 이)[명] 음악에서, 음을 그대로 지속시키며, 속도를 좀 늦추어 연주하라는 뜻.

소:스^프로그램(source program)[명] ☞원시(原始) 프로그램.

소슬(蕭瑟)'소슬하다'의 어근.

소슬-바람(蕭瑟-)[명] 으스스하고 쓸쓸하게 부는 바람.

소슬-하다(蕭瑟-)[형여] (가을바람이) 으스스하고 쓸쓸하다. 소슬-히[부].

소:승(小乘)[명] 후기 불교의 2대 유파의 하나. 자기의 인격을 완성함으로써 해탈(解脫)을 얻고자 하는 교법. 〔개혁파가 스스로를 '대승(大乘)'이라 일컫고 다른 전통적 불교를 '소승'이라고 한 데서 비롯된 것임.〕 →대승.

소:승(少僧)[명] 어린 중. ↔노승(老僧).

소:승(小僧)[대] 중이 자기를 낮추어 일컫는 말. 빈도(貧道).

소:승-경(小乘經)[명] 소승 불교의 경전.

소:승^불교(小乘佛教)[명] 소승의 교법을 주지로 하는 불교 종파를 통틀어 이르는 말. ↔대승 불교.

소:승-적(小乘的)[관뎌] 작은 일에 얽매여서 대국적인 면을 보지 못하는 (것). 시야가 좁고 비근(卑近)한 (것). ¶소승적 세계관. /소승적인 정치 의식. ↔대승적.

소:승-종(小乘宗)[명] 소승 불교의 경전이나 교설을 신봉하는 불교 종파의 한 가지.

소:시(小柿)[명] 고욤.

소:시(少時)[명] 어렸을 적. 젊었을 적. ¶소시에는 머리가 총명했었지.

소시(昭示)[명][하타] 뚜렷이 나타내 보임.

소:-시민(小市民)[명] 사회적 지위·재산 따위가 자본가와 노동자의 중간 계층에 속하는 사람.

소:시오그램(sociogram)[명] 어떤 집단 내의 인간관계를 나타낸 도표. 구성원 서로 간의 선택·거부·무관심 등의 관계를 실선이나 점선 따위의 화살표로 도시함.

소:시지(sausage)[명] 소·양·돼지 따위의 창자에, 다져서 양념한 고기를 넣어 만든 서양식 순대.

소:시지과(少時之過)[명] 젊었을 적의 잘못.

소:식(小食)[명][하자] 음식을 적게 먹음. 웹대식(大食)1.

소:식(所食)[명] ①ㄷ요식(料食). ②먹는 분량.

소:식(素食)[명] ☞소밥.

소식(消息)[명] ①안부 따위에 대한 기별이나 편지 따위. ¶소식을 전하다. ②어떤 상황이나 동정 따위에 대한 사정. ¶금융계 소식.

　소식이 깡통[관용] '소식을 전연 모르고 있음'을 속되게 이르는 말.

소식(蘇息·甦息)[명][하자][되자] 거의 끊어질 듯하던 숨이 되살아남.

소식-란(消息欄)[-싱난][명] 신문·잡지 같은 데서, 어떤 개인이나 단체의 동정(動靜) 등에 관한 기사를 싣는 난. 인사란(人事欄).

소식-불통(消息不通)[-뿔-][명] ①소식이 전혀 없는 일. 소식을 전혀 알지 못하는 일. ¶그와는 벌써 몇 해째 소식불통이다. ②어떤 일에 대하여 전혀 알지 못하는 일. ¶소식불통인 사람.

소:식-주의(小食主義)[-쭈의/-쭈이][명] 음식을 적게 먹는 것이 건강의 유지·증진에 유익하다는 주장.

소식-통(消息通)[명] ①새 소식이 전해지는 일정한 경로. ¶정확한 소식통에 의하면…. ②새 소식에 밝은 사람. ¶정계의 소식통.

소:신(所信)[명] 자기가 믿고 생각하는 바. ¶소신을 굽히지 않다. /소신을 갖고 일하다.

소신(燒身)[명] ☞분신(焚身).

소신(燒燼)[명][하자타] ☞소진(燒盡).

소:신(小臣)[대] 임금에 대하여, 신하가 자기를 낮추어 일컫던 말.

소신-공양(燒身供養)[명][하자] 불교에서, 자기 몸을 태움으로써 부처에게 공양하는 일.

소:실(小室)[명] ☞작은집. 첩(妾).

소:실(所失)[명] ①허물2. ②노름을 하다가 잃은 돈의 액수.

소실(消失)[명][하타][되자] 사라져 없어짐, 또는 사라져 없애버림. ¶권리의 소실.

소실(燒失)[명][하자타][되자] 불에 타서 없어짐, 또는 타서 잃음. ¶귀중한 문화재를 소실하다.

소실-점(消失點)[-쩜][명] 투시(透視)에서 평행 직선군(平行直線群)이 집중되어 한 점에 모인 점. 소점(消點).

소심(小心)'소심하다'의 어근.

소:심(素心)冏 평소 마음에 품고 있는 생각. 소지(素志).

소:심^공(小心恐怖症) [-쯩] 冏 대수롭지 않은 일에도 공연히 겁을 먹고 두려워하는 병적 증세. 신경 쇠약이나 강박 신경증 따위에서 흔히 볼 수 있는 일종의 강박 현상임.

소:심-스럽다(小心-) [-따] [~스러우니·~스러워]囫 보기에 소심한 듯하다. 소심스레囝.

소:심-하다(小心-)囫어 대담하지 못하고 겁이 많다. 조심성이 많다. ¶소심한 성격. 소심-히囝.

소:싯-적(少時-) [-시적~싯쩍] 冏 젊었을 적. ¶소싯적에 들었던 이야기.

소-싸움冏 단오 등 명절에 남부 지방에서 벌이던 민속놀이. 억센 황소를 골라 넓은 들에서 싸움을 시킴. 투우(鬪牛).

소:아(小我)冏 ①불교에서, 개인적인 감정이나 욕망 따위에 사로잡힌 나를 이르는 말. ②철학에서, 우주의 유일하고도 절대적인 실체에 대하여 인간으로서의 작은 자아를 이르는 말. 에고(ego). →대아(大我).

소:아(小兒)冏 어린아이.

소아(騷雅) '소아하다'의 어근.

소:아-과(小兒科) [-꽈]冏 ▷소아 청소년과.

소:아-마비(小兒痲痺)冏 어린아이에게 많이 일어나는, 수족의 마비성 질환. 뇌성(腦性)과 척수성(脊髓性)이 있음.

소:아-반(小兒斑)冏 ▷몽고반.

소아베(soave 이)冏 악보의 나타냄말. '부드럽게'의 뜻.

소:아-병(小兒病) [-뼝]冏 어린아이들이 많이 걸리는 특유한 병. 〔홍역·백일해·디프테리아·성홍열 따위.〕

소:아병-적(小兒病的) [-뼝쩍]뭔冏 생각이나 행동이 유치하고 극단으로 치닫는 성향인 (것).

소아-하다(騷雅-)囫어 운치가 있고 우아하다.

소:-악절(小樂節) [-쩔]冏 ▷작은악절.

소:아^청소년과(小兒青少年科)冏 어린아이와 청소년의 병을 전문으로 보는 의학의 한 분과.

소안(小安) '소안하다'의 어근.

소:안(笑顔)冏 웃는 얼굴. 소용(笑容).

소:안(素顔)冏 ①화장을 하지 않은 얼굴. ②흰 얼굴. ③수염이 없는 얼굴.

소안(韶顔)冏 젊어 보이는 늙은이의 얼굴.

소:안-하다(小安-)囫어 ①조금 평온하다. ②작은 일에 만족하여 큰 뜻이 없다.

소:암(小庵)冏 작은 암자.

소:애(少艾)冏 젊고 아름다운 여자.

소:액(少額)冏 적은 금액. 적은 액수. 과액(寡額). ¶소액의 기부금. ↔거액.

소:액-권(少額券) [-꿘]冏 액면 금액이 적은 지폐. ↔고액권.

소:액-환(少額換) [-애콴]冏 우편환의 한 가지. 어느 우체국에서나 현금과 상환할 수 있는 환증서.

소:야-곡(小夜曲)冏 ▷세레나데. 준야곡.

소약(小弱) '소약하다'의 어근.

소:약-하다(小弱-) [-야카-]囫 작고 힘이 약하다.

소:양(小恙)冏 대단하지 않은 병. 참미양(微恙).

소양(素養)冏 평소의 교양. 평소에 닦아 쌓은 교양이나 기술. ¶문학에 소양이 깊다.

소양(掃攘)冏하타 모두 쓸어 없앰.

소양(搔癢)冏하타 가려운 데를 긁음. ¶격화(隔靴)소양.

소양(霄壤)冏 하늘과 땅. 천지(天地).

소양-감(搔癢感)冏 가려운 느낌.

소양배양-하다囫어 아직 어려서 철없이 날뛰기만 하고 분수가 없다.

소:양-인(少陽人)冏 사상 의학에서 네 가지로 나눈 사람의 체질 가운데 하나. 소화기 계통이 강하고 생식기 계통이 약하며, 감정적이고 끈기가 부족한 체질임. 상체가 실하고 하체가 빈약함. 참소음인·태양인·태음인.

소양-증(搔癢症) [-쯩]冏 한방에서, 피부가 가려운 병증을 이르는 말.

소양지판(霄壤之判)冏 ▷천양지판(天壤之判). ¶형제라도 소양지판이다.

소양-하다(搔癢-)囫 아프고 가렵다.

소:어(小魚)冏 작은 물고기. 잔고기.

소:어(笑語)冏 ①우스운 이야기. 참소화(笑話). ②웃으며 하는 말.

소:언(笑言)冏하타 웃으면서 말함, 또는 우스운 이야기.

소:업(所業)冏 업으로서 하는 일.

소:여(小輿)冏 지난날, 국상(國喪) 때 좁거나 험한 길에서 쓰던 작은 상여(喪輿). 소방상(小方牀). ↔대여(大輿).

소:여(所與)冏 ①주어진 것. 주어진 바. ¶소여의 임무. ②사고(思考)의 대상으로서, 의식에 대하여 직접 주어지고 있는 것. ③추리나 연구 등의 출발점으로서 주어지거나 가정(假定)되는 사실이나 원리. 여건(與件).

소여(掃如) '소여하다'의 어근.

소-여물冏 ▷쇠여물.

소여-하다(掃如-)囫어 쓸어 낸 것처럼, 남아 있는 것이 아무것도 없다.

소:역(小驛)冏 작은 역.

소:연(小宴)冏 간단한 연회. 조그맣게 차린 잔치. ¶소연을 베풀다.

소연(昭然) '소연(昭然)하다'의 어근.

소:연(素鳶)冏 색종이를 바르지 않은 흰 연.

소연(蕭然) '소연(蕭然)하다'의 어근.

소연(騷然) '소연(騷然)하다'의 어근.

소연-하다(昭然-)囫어 (일이나 이치가) 밝고 뚜렷하다. 소소(昭昭)하다. 소연-히囝.

소연-하다(蕭然-)囫어 쓸쓸하다. ¶소연한 초겨울의 들판. 소연-히囝.

소연-하다(騷然-)囫어 시끄럽고 어수선하다. 떠들썩하다. ¶분위기가 소연하다. 소연-히囝.

소염-제(消炎劑)冏 염증을 방지하는 약제.

소:염^화:약(消焰火藥)冏 총이나 포를 쏠 때, 불꽃이나 연기가 나지 않도록 만든 화약.

소:엽(小葉)冏 ①작은 잎. 잔잎. ②복엽(複葉)을 이루고 있는 낱낱의 잎.

소엽(蘇葉)冏 한방에서, '차조기의 잎'을 약재로 이르는 말. 성질이 온(溫)하여 땀을 내게 하고, 속을 조화시키는 효력이 있음.

소:영-사(所營事)冏 경영하는 일.

소:-예참(小禮懺)冏하타 부처 앞에 간단히 절만 하는 예배.

소:오(小烏)冏 신라 때, 17관등의 열여섯째 등급. 소오의 자위.

소:옥(小屋)冏 조그마한 집.

소옴冏〔옛〕솜. ¶ㄱ논 츨오시 소옴 둔 오시 두외얏도다(杜重12:10).

소왕(素王)冏 왕위는 없으나 왕자(王者)의 덕을 갖춘 사람. 〔보통, 유가에서는 공자(孔子)를, 도가에서는 노자(老子)를 이름.〕

소외(疏外)冏-의/-웨 冏하타 퇴자 주위에서 꺼리며 따돌림. 꺼리어 멀리함. ¶소외 계층. / 가족으로부터 소외되다. ②〈자기 소외〉의 준말.

소외-감(疏外感)[-외-/-웨-]**명** 주위에서 따돌림을 받는 것 같은 느낌. ¶소외감을 느끼다.

소:요(所要)**명하타되자** 필요로 함. 요구되는 바. ¶소요 시간. /작업에 소요되는 인력과 장비를 지원하다.

소요(逍遙)**명하자타** 마음 내키는 대로 슬슬 거닐며 다님. 산책. ¶들길을 소요하다.

소요(騷擾)**명** ①허자 왁자하고 떠들썩함, 또는 술렁거리고 소란스러움. ②많은 사람이 들고일어나서 소란을 피우며 사회 질서를 어지럽히는 일. ¶대규모의 소요 사건.

소:요-량(所要量)**명** 드는 분량. 필요한 양.

소:요-액(所要額)**명** 필요한 돈의 액수.

소요-음영(逍遙吟詠)**명하자** 천천히 거닐며 시가를 읊조림. ¶시비(柴扉)에 거러 보고, 정자(亭子)애 안자 보니, 소음음영하야 산일(山日)이 적적(寂寂)흐디(丁克仁.賞春曲).

소요-죄(騷擾罪)[-죄/-줴]**명** 많은 사람이 집단을 이루어 폭행이나 협박 등으로 일정 지역의 질서를 어지럽게 함으로써 성립되는 죄.

소:욕(少慾)**명** 욕심이 적음, 또는 적은 욕심.

소용증^래 갸름하고 자그마하게 생긴 병.

소:용(小勇)**명** 젊은 혈기에서 나온 쓸데없는 용기. ¶소용을 부리다.

소:용(所用)**명** 무엇에 쓰임, 또는 무엇에 쓰이는 바. 쓸데. ¶소용 가치가 없는 물건.

소용(昭容)**명** 조선 시대에, 정삼품인 내명부(內命婦)의 칭호.

소:용(笑容)**명** 웃는 얼굴. 소안(笑顔).

소용-돌이[-리]**명** ①물이 나선형으로 빙빙 돌며 세차게 흐르는 현상, 또는 그러한 곳. ②'사물이 세차게 움직이며, 어지럽고 혼란스러운 상태'를 비유하여 이르는 말. ¶격변의 소용돌이.

소용돌이-무늬[-니]**명** 소용돌이치는 듯한 모양을 나타낸 무늬. 선문(旋紋). 와문(渦紋).

소용돌이-치다^자 ①물이 소용돌이 모양으로 빙빙 돌며 세차게 흐르다. ¶소용돌이치며 흐르는 흙탕물. ②어떤 힘이나 감정 따위가 세차고 어지럽게 설레며 움직이다. ¶소용돌이치는 국제 정세.

소용돌이-테^명 유체(流體)가 소용돌이칠 때에 생기는 바퀴 모양의 것. 곧, 총이나 대포를 쏠 때 나는 연기 모양 같은 것.

소:용-되다(所用-)[-되-/-뒈-]^자 일정한 용도로 쓰이다. ¶공사에 소용되는 물건.

소:용-없다(所用-)[-업따]**형** 쓸데없다. 필요 없다. ¶아무리 애걸해도 소용없다. **소용없-이**^부

소-우(-牛)**명** 한자 부수의 한 가지. '牡'·'牲' 등에서의 '牛'를 이름.

소:우(小雨)**명** 조금 내리는 비. 조금 내리다가 그친 비. ↔호우(豪雨).

소우(疏雨)**명** 성기게 오는 비.

소:-우주(小宇宙)**명** ①우주의 일부이면서도 그 자체가 하나의 독립된 우주처럼 여겨지는 것. 특히, 우주 그 자체에 대응하여, 그것을 대표하는 존재로서의 인간을 이르는 말. ②은하계 및 은하계와 동일한 규모나 구조인 성운(星雲)을 통틀어 이르는 말. ↔대우주.

소:-웅좌(小熊座)**명** 작은곰자리.

소:원(小圓)**명** ①작은 원. ②수학에서, 구면(球面) 위에 있는 작은 원. 구(球) 면, 중심을 지나지 않는 평면으로 자른 면. ↔대원(大圓).

소:원(所員) (보건소나 연구소와 같이) '소(所)' 자가 붙은 기관이나 직장에 근무하는 사람.

소:원(所願)**명하타** (무슨 일이 이루어지기를) 바람, 또는 바라는 바. 소망(所望). 원(願). ¶평생의 소원이 이루어지다.

소원(昭媛)**명** 조선 시대에, 정사품인 내명부(內命婦)의 칭호.

소원(素願)**명** 본디의 소원(所願). 평소의 소원.

소원(訴冤)**명하타** 지난날, 백성이 원통한 일을 관아에 하소연하던 일.

소원(訴願)**명하타** ①호소하여 청원함. ②위법이나 부당한 행정 처분으로 자신의 권리나 이익이 침해되었다고 생각하는 사람이, 그 취소나 변경을 행정 기관에 청구하는 일.

소원(疏遠)**명하형** ①친분이 가깝지 못하고 멂. ¶작은 오해 때문에 오랜 친구와 소원하게 지내고 있다. ②소식이나 왕래가 오래 끊긴 상태에 있음. ¶그동안 너무 소원했습니다. **소원-히**^부

소원(溯源·遡源)**명하타** ①물의 근원을 찾아 거슬러 올라감. ②사물의 근원을 거슬러 밝힘.

소:월(小月)**명** 한 달의 날수가 적은 달. 작은달.

소:월(素月)**명** 백월(白月)[1].

소:위(少尉)**명** 국군의 위관(尉官) 계급의 하나. 장교 계급 중의 가장 아래 계급. ¶육군 소위.

소:위(所爲)**명** 한 일. 한 짓. 소행(所行). ¶그의 소위임이 분명하다.

소:위(所謂)^부 이른바. ¶그도 소위 감투라는 것을 쓴 적이 있었다.

소:유(所有)**명하타되자** 자기의 것으로 가짐, 또는 가지고 있음. ¶개인 소유의 임야. /자기 회사 주식을 소유하고 있다.

소:유-권(所有權)[-꿘]**명** 법률상, 어떠한 물건을 소유하고 법이 정한 범위 내에서 임의로 이용하거나 처분할 수 있는 권리.

소:유권-자(所有權者)[-꿘-]**명** 소유권을 가진 사람.

소:유-물(所有物)**명** (자기 것으로서) 가지고 있는 물건. 소유권이 있는 물건.

소:유-욕(所有慾)**명** 소유하고 싶어 하는 욕망. ¶소유욕이 강하다.

소:유-자(所有者)**명** ①(무엇을) 가진 사람. ¶천부적인 재능의 소유자. ②☞소유주.

소:유-주(所有主)**명** 소유권을 가진 사람. 소유자. ¶이 땅은 소유주가 따로 있다.

소:유-지(所有地)**명** 가지고 있는 땅. 소유권이 있는 땅. ¶회사 소유지.

소:음(消音)**명하타** 소리를 지워 없앰. 소리가 밖으로 들리지 않도록 함. ¶소음 장치.

소:음(騷音)**명** 시끄러운 소리. 조음(噪音). ¶소음 공해. /거리의 소음. ↔악음(樂音).

소:음-계(騷音計)[-계/-게]**명** 소음의 크기를 측정하는 기계.

소:음-기(消音器)**명** 내연 기관에서 나오는 배기가스의 폭음을 없애는 장치.

소:음-인(少陰人)**명** 사상 의학에서 네 가지로 나눈 사람의 체질 가운데 하나. 소화기 계통이 약하고 생식기 계통이 강하며, 유순하고 침착하며 사색적인 체질임. **참**소양인·태양인·태음인.

소:읍(小邑)**명** 작은 읍. 작은 고을.

소응(昭應)**명하자** 감응이 또렷이 드러남.

소:의(小義)[-의/-이]**명** (국가나 사회 따위에는 관계되지 않는) 작은 도의(道義). 하찮은 의리. ¶소의에 얽매이어 대의를 잊다. ↔대의.

소의(昭儀)[-의/-이]**명** 조선 시대에, 정이품인 내명부(內命婦)의 칭호.

소:의(素衣)[-의/-이]**명** (색이나 무늬가 없는) 흰옷. **⤵**소복(素服).

소:의(素意)[-의/-이]**명** ①평소의 뜻. ②평소 부터 품고 있는 생각. 소지(素志).

소의(疏意)[-의/-이]**명** 멀리하고 꺼리는 마음. 소외하는 뜻.

소의-문(昭義門)[-의-/-이-]서울의 덕 수궁 뒤쪽에 있던, '서소문(西小門)'의 본디 이름.

소의한식(宵衣旰食)[-의-/-이-]**명하자** 〔새 벽에 일어나 정복(正服)을 입고 밤늦게야 저녁 밥을 먹는다는 뜻으로〕'임금이 정사(政事)에 부지런함'을 이르는 말. **⤵**소한(宵旰).

소이(小異) '소이하다'의 어근.

소:이(所以) 어떤 행위를 하게 된 까닭. ¶왜 그렇게 해야 했는지 그 소이를 모르겠다.

소이(燒夷)**명하타** 태워 버림.

-소이다어미 자음으로 끝난 어간에 붙어서, 현 재의 사실(상황)을 나타내는 합쇼체의 평서형 종결 어미. ¶날씨가 참 좋소이다. /면목 없소 이다.

소:이-연(所以然)**명** 그렇게 된 까닭.

소이-탄(燒夷彈)탄두에 유지나 황 등과 소 량의 작약(炸藥)을 넣어 만든 폭탄이나 포탄. 건조물 따위를 불태우는 데 쓰임.

소:이-하다(小異-)**형여** 약간 다르다.

소:인(小人)**I명** ①나이 어린 아이. ¶소인은 반약임. ②키나 몸집이 작은 사람. ③도량이 좁고 간사한 사람. 세인(細人). ¶소인들의 농 간에 대인(大人). **II대** 윗사람에 대하여 자기를 낮추어 일컫는 말. 비인(鄙人). ¶소인이 불민한 탓으로….

소:인(小引)**명** 짧은 서문(序文).

소인(素人)**명** 어떤 일을 전문으로 하거나 직업 적으로 하지 않는 사람.

소인(素因)**명** ①근본적인 원인. ②그 병에 걸리 기 쉬운 신체적인 소질.

소인(消印)**명하타退**우체국에서 사용했다는 표시로 엽서나 우표 따위에 일부인(日附印)을 찍음, 또는 그 일부인. 스탬프. ¶3월 2일자의 소인이 찍힌 엽서.

소인(訴人)**명** 형사 소송법에서, 공소 사실을 범 죄의 구성 요건에 맞추어서 기소장에 적은 검 사의 주장.

소인(燒印)**명** ▷낙인(烙印).

소인(騷人)**명** ①시인(詩人)과 문사(文士). 소객 (騷客). ②풍류를 아는 사람.

소:인-국(小人國)**명** 난쟁이들만 살고 있다는 상상의 나라.

소인-극(素人劇)**명** 전문적인 연극인이 아닌 사 람들이 하는 연극.

소:인-네(小人-)**대** 〈쏀녀〉의 본딧말.

소인-묵객(騷人墨客)[-객]**명** 시문(詩文)과 서 화(書畫)를 하는 풍류객.

소:-인물(小人物)**명** 그릇이 작고 제제한 사람.

소:인-배(小人輩)**명** 도량이 좁고 간사한 사람, 또는 그러한 무리. ¶소인배와 어울리다. /그 것은 소인배들이나 할 짓이다.

소:인수(素因數)**명** 인수 가운데 소수인 것, 곧 어떤 정수를 소수만의 곱으로 나타냈을 때의 각 인수. 소인자. 원승자. 원인자.

소:인-스럽다(小人-)[-따][~스러우니·~스러 워]**형비** 하는 짓이 대범하지 못하고 잘거나 간 사한 듯하다. **소인스레**뮈.

소-인자(素因子)**명** ▷소인수(素因數).

소:인지용(小人之勇)**명** 혈기에서 오는 필부(匹 夫)의 용기. 필부의 객기.

소일(消日)**명하자** ①별로 하는 일 없이 세월을 보냄. 소광(消光). ¶집 안에서 소일하다. ②어 떤 일에 마음을 붙여 세월을 보냄. 소견(消遣). ¶바둑으로 소일하다.

소일-거리(消日-)[-꺼-]**명** 세월을 보내기 위 하여 심심풀이로 하는 일. ¶소일거리로 시작 한 화초 가꾸기.

소:임(所任)**명** 맡은 바 직책. ¶소임을 다하다.

소:입(所入)**명** (무슨 일에 든) 돈이나 물자. ¶첫 먹이의 병치레에는 든 소입이 수월찮다.

소:자(小子)**I명** 스승이 제자를 친근하게 부 르는 말. **II대** 아들이 부모에 대하여 자기를 낮추어 일 컫는 말. ¶소자도 무사히 지내고 있습니다.

소:자(小字)**명** ①작은 글자. ②어릴 때 부르던 이름.

소:자(小疵)**명** ①조그마한 흠집. ②조그마한 결 점이나 과실.

소:자(少者)**명** 젊은 사람.

소자(素子)**명** 전기 기기(電氣機器)나 회로 따위 를 구성하는 단위 부품.

소자(消磁)**명** 자성(磁性)을 띤 물체의 자화(磁 化)를 없애는 일.

소자(蘇子)**명** 한방에서, '차조기의 씨'를 약재 로 이르는 말. 거담(祛痰)과 거풍(祛風) 따위 에 효험이 있음.

소:자-문서(小字文書)**명** 고려 고종 때 귀순한, 여진(女眞) 사람 주한(周漢)이 전한 여진의 글자.

소:-자본(小資本)**명** 적은 자본. ¶소자본으로 시작한 사업.

소자-주(蘇子酒)**명** 볶은 차조기 씨를 빻아 헝 겊 주머니에 넣어서 술에 담가 우려낸 술.

소자-죽(蘇子粥)**명** ▷차조기죽.

소:작(小作)**명하타** 소작료를 내고 남의 논밭을 빌려 농사를 지음. 반작(半作). ¶소작으로 어 렵게 살아가다. ↔자작(自作).

소:작(小斫)**명** 잘게 팬 장작. ↔대작(大斫).

소:작(小酌)**명** ①조그마한 술자리. 간단하게 차 린 주연. ②**하자**술을 조금 마시는 일.

소:작(所作)**명** ①한 일, 한 짓. ②어떤 사람이 짓거나 만들거나 한 작품.

소:작-권(小作權)[-꿘]**명** 소작료를 내고 남의 전답을 빌려 농사를 짓는 권리.

소:작-농(小作農)[-장-]**명** 소작으로 농사를 짓는 일, 또는 그러한 농가나 농민. ↔자작농.

소:작-료(小作料)[-쟌뇨]**명** 소작인이 지주에게 내는 논밭의 사용료.

소:작-인(小作人)**명** 소작을 하는 사람. 작자(作 者). 전객(佃客). **⤵**작인.

소:작^쟁의(小作爭議)[-쟁의/-쟁이]**명** 소작 문제로 빚어진 지주와 소작인 사이의 다툼.

소:작-제(小作制)[-쩨]**명** ▷소작 제도.

소:작^제:도(小作制度)[-쩨-]**명** 소작에 관한 법률상 또는 관습상의 제도. 소작제.

소:작-지(小作地)[-찌]**명** 소작인이 지주에게서 빌려 농사를 짓는 땅. ↔자작지(自作地).

소잔(消殘)**명하자** 쇠가 녹듯이 사그라짐.

소:잠(掃蠶)**명하자** 앞에서 깨어난 누에를 잠반 에 떨어 내려 일정한 자리를 조정하고 첫뽕을 주는 일. 소잠하다.

소잡(騷雜) '소잡하다'의 어근.

소:잡-하다(騷雜-)[-자파-]**형여** 시끄럽고 난 잡하다.

소:장(小腸)**명** 장의 한 부분. 위(胃)와 대장(大腸) 사이에 있으며, 먹은 것을 소화하고 영양을 흡수함. 길이 6~7 m. 작은창자.

소:장(少壯)**명하형** 젊고 기운이 왕성함. ¶소장 의원. /소장 실업가.

소:장(少長)**명** 젊은이와 늙은이.

소:장(少將)**명** 국군의 장관(將官) 계급의 하나. 준장의 위, 중장의 아래. ¶육군 소장.

소:장(所長)[1]**명** (연구소·사무소 등과 같이) '소 (所)'자가 붙은 기관이나 직장의 사무를 통할하는 책임자. ¶연구소 소장. /보건소 소장.

소:장(所長)[2]**명** 자기가 가진 장점.

소:장(所掌)**명** (어떤 특정 기관이) 맡아보는 일. ¶철도청 소장 업무.

소:장(所藏)**명하타퇴자** 값나가는 물건 따위를 자기의 것으로 간직함, 또는 그 물건. ¶많은 골동품을 소장하다. /그 작품은 내가 소장하고 있는 그림 가운데 가장 명작이다.

소장(消長)**명하자** 사라짐과 자라남. 쇠해짐과 성해짐. ¶군국주의의 소장. **비**성쇠(盛衰).

소:장(素帳)**명** 장사 지내기 전에 궤연(几筵) 앞에 드리우는 흰 포장.

소장(訴狀)[-짱]**명** ①소송을 제기하기 위하여 법원에 내는 문서. ②청원할 일이 있을 때에 관청에 내는 서면. 소첩(訴牒).

소장(疏章)**명** 상소(上疏)하는 글.

소장지변(蕭牆之變)**명** 내부(집안)에서 일어난 변란(變亂). 자중지란(自中之亂).

소:장-파(少壯派)**명** 어떤 조직이나 단체 안에서, 주로 젊은 층이 모여서 하나의 세력을 이루고 있는 파.

소:장-품(所藏品)**명** (자기의 것으로) 소유하고 있는 물품.

소:재(小才)**명** 조그마한 재주. 대수롭지 않은 재주. ↔대재(大才).

소:재(小齋)**명** '금육재(禁肉齋)'의 구용어.

소:재(所在)**명** 있는 곳. 있는 곳. ¶책임의 소재. /경기도 소재의 대학.

소:재(所載)**명** 작품이나 기사 따위가 신문·잡지 등에 실려 있는 일. ¶신년호 소재.

소재(素材)**명** ①어떤 것을 만드는 데 바탕이 되는 재료. ②예술 작품의 재료가 되는 모든 대상. ¶도시 생활을 소재로 한 소설.

소:재-지(所在地)**명** 어떤 건물이나 기관 등이 있는 곳. ¶도청 소재지.

소:저(小姐)**명** 지난날, 아가씨의 뜻으로 '젊은 여자'를 대접하여 일컫던 말.

소:저(小著)**명** ①부피가 작고 간략한 저서(著書). ②남 앞에서 자기의 저서를 겸손하게 이르는 말.

소저(昭著)**명** '소저하다'의 어근.

소저-하다(昭著-)**형여** 분명하고 뚜렷하다.

소:적(小賊)**명** 좀도둑.

소:적(小敵)**명** 얼마 되지 않는 적. 대수롭지 않은 약한 적.

소적(消寂)**명하자** 심심풀이로 어떤 일을 함.

소적(蕭寂)**명** '소적하다'의 어근.

소적-하다(蕭寂-)[-저카-]**형여** 매우 쓸쓸하고 호젓하다. 소조(蕭條)하다. ¶소적한 가을의 풍경.

소:전(小傳)**명** 간단하게 적은 전기. ¶율곡 선생 소전. **비**약전(略傳).

소:전(小篆)**명** 한자의 팔체서(八體書)의 한 가지. 중국 진시황 때 이사(李斯)가 대전(大篆)을 약간 간략하게 만든 글씨체임.

소:전(所傳)**명** 말이나 글 따위로 전하여 내려오는 바. 전해 내려오는 것.

소:-전제(小前提)**명** 논리학에서, 삼단 논법의 전제 가운데 소개념(小概念)을 가진 전제를 이름. ↔대전제(大前提).

소:절(小節)**명** ①사소한 절조나 의리. ②문장의 짧은 한 구절. ③악보에서, (세로줄과 세로줄로 구분된) 마디.

소절(紹絕)**명하타퇴자** (혈통 따위의) 끊어진 것을 이어서 일으킴.

소점(消點)[-쩜]**명** ⇨소실점.

소:접(召接)**명하타** 임금이 신하를 불러 만나 봄.

소:정(小正)**명** 〈소정자(小正字)〉의 준말.

소:정(小政)**명** 고려·조선 시대에, 음력 유월에 하던 도목정사(都目政事). ↔대정(大政).

소:정(小亭)**명** 작은 정자(亭子).

소:정(小艇)**명** 작은 배.

소:정(所定)**명하타퇴자** 정한 바. 정해진 바. 《주로, '소정의'의 꼴로 쓰임.》 ¶소정의 절차를 밟다. /소정의 용지에 쓰다.

소:-정맥(小靜脈)**명** 대정맥(大靜脈)으로 모여 붙는 정맥. ↔소동맥.

소:-정월(小正月)**명** 음력 정월 14일부터 16일까지를 이르는 말.

소:-정자(小正字)**명** 알파벳의 소문자 인쇄체. [a·b·c·d 따위.] **준**소정. **한**소문자.

소:제(少弟)[1]**명** 나이가 가장 어린 아우. [2]**대** 자기보다 나이가 조금 위인 사람에게 '자기'를 낮추어 일컫는 말.

소:제(掃除)**명하타퇴자** 먼지나 더러운 것 따위를 떨고 쓸고 닦아서 깨끗이 함. 청소(清掃). ¶소제를 마치다. /그동안 비워 두었던 골방을 소제하다.

소:-제목(小題目)**명** ①긴 문장에서 문장의 내용에 따라 군데군데 붙이는 작은 제목. ②신문·잡지의 기사에서 표제에 곁들이는 작은 제목.

소:-제상(素祭床)[-쌍]**명** 장사(葬事)를 치르기 전에 제물을 차려 놓는 흰 제상.

소:조(小朝)**명** 섭정(攝政)하는 왕세자(王世子).

소:조(小照)**명** ①자그마한 사진이나 초상화. ②자기의 사진이나 초상화 따위를 낮추어 이르는 말.

소:조(小潮)**명** 간만의 차가 가장 적을 때의 조수. 조금. ↔대조(大潮).

소:조(所遭)**명하자** 고난이나 치욕을 당함.

소조(蕭條)**명** '소조하다'의 어근.

소조-하다(蕭條-)**형여** 풍경 따위가 호젓하고 쓸쓸하다. 소적(蕭寂)하다. ¶소조한 가을 밤.
소조-히[**부**].

소족(疏族)**명** ⇨원족(遠族).

소:존(所存)**명** 〈소존자(所存者)〉의 준말.

소:존-자(所存者)**명** 아직 남아 있는 사람이나 물건. ⇨소존(所存).

소졸(疏拙)**명** '소졸하다'의 어근.

소졸-하다(疏拙-)**형여** 짜임새나 만듦새가 엉성하고 서투르다. ¶소졸한 작품.

소:종(小宗)**명** 대종가(大宗家)에서 갈라져 나간 방계(傍系).

소:종래(所從來)[-내]**명** 지내 온 내력.

소:주(小舟)**명** 작은 배.

소:주(小註)**명** 본주(本註) 아래 더 자세히 풀어서 단 주석(註釋).

소주(疏註·疏注)**명** 〔'주(註)'는 본문의 풀이, '소(疏)'는 주(註)를 더욱 상세히 풀이한 것으로〕 본문의 주와 소. 주석(註釋).

소주(燒酒·燒酎)**명** 곡류를 발효시켜 증류하거나, 알코올을 물로 회석하여 만든 술. 물처럼 맑고 알코올 성분이 많음.
　소주(를) **내리다**〔관용〕 술을 고아 소줏고리에서 소주를 받다.

소:**-주명곡**(小奏鳴曲) ⇨소나티네.

소-주방(燒廚房)**명** 조선 시대에, 대궐 안의 음식을 만들던 곳. ㉜쥿방.

소주-잔(燒酒盞)[-짠]**명** 소주를 따라 마시는 데 쓰는, 운두가 얕고 작은 술잔.

소:**-주주**(小株主)**명** 약간의 주식을 가진 주주. ↔대주주.

소줏-고리(燒酒-)[-주꼬/-준꼬-]**명** 소주를 고는 그릇. 구리나 오지로 되어 있음. ㉰고리³.

소중(所重)**명** '소중하다'의 어근.

소중(消中)**명** 한방에서의 소갈증(消渴症)의 한 가지. 음식의 섭취량이 늘고, 땀이 많이 나며, 오줌이 잦음.

소:중-도(笑中刀)**명** 〔웃음 속에 칼이라는 뜻으로〕겉으로는 웃음을 보이나, 속으로는 해칠 마음을 품고 있음'을 이르는 말.

소:중-하다(所重-)**형여** 매우 귀중하다. ¶ 소중하게 간직하다. 소중-히**부**.

소:증(素症)[-쯩]**명** 채식만 하여 고기가 먹고 싶은 증세. ㉛육징(肉癥).
　소증 나면 병아리만 쫓아도〔-도〕낫다〔속담〕생각이 간절하면 그와 비슷한 것만 보아도 얼마간 마음이 풀린다는 말.

소:증-사납다[-따][~사나우니·~사나워]**형ㅂ** 하는 짓의 동기가 아름답지 못하다. ¶ 일이 소증사납게 되다.

소:지(小志)**명** 작은 뜻. 조그마한 포부.

소:지(小指)**명** ①새끼손가락. ②새끼발가락.

소지(沼池)**명** 늪과 못. 소택(沼澤).

소:지(所持)**명하다** 무엇을 가지고 있음. ¶ 총기 불법(不法) 소지. /면허증을 소지하다.

소지(素地)**명** 사물의 바탕. 요인(要因)이 될 바탕. ¶ 분쟁의 소지가 남아 있다.

소지(素志)**명** 평소의 뜻. 본디 품고 있던 뜻. 소심(素心). 소의(素意).

소:지(掃地)**명하다** 땅을 쓺. /절에서, 마당 쓰는 일을 맡은 사람.

소:지(燒紙)**명하다** 신령 앞에 비는 뜻에서, 얇은 종이를 오려서 불을 붙여 공중으로 날리는 일, 또는 그 종이. ¶ 소지를 올리다.

소:지-무여(掃地無餘)**명** 깨끗하게 쓸어 낸 듯이 아무것도 없음.

소:-지의(素地衣)[-의/-이]**명** 흰 헝겊으로 가장자리를 둘러 댄 돗자리.

소:지-인(所持人)**명** 가지고 있는 사람. 소지자(所持者). ¶ 수표 소지인에게 지급하다.

소:지인-출급(所持人出給)**명** 수표나 어음을 가지고 온 사람에게 그에 해당하는 돈을 지급하는 일, 또는 그 지급 형식.

소:지-자(所知者)**명** 알고 있는 사람.

소:지-자(所持者)**명** 가지고 있는 사람. 소지인.

소:지-품(所持品)**명** 가지고 있는 물건.

소:직(小職)**대** 관직에 있는 사람이, '자기' 또는 '자기의 직위'를 낮추어 이르는 말.

소진(消盡)**명하자타** 다 써서 없어짐, 또는 다 써서 없앰. ¶ 기력이 소진하다.

소진(訴陳)**명하다** 원고와 피고가 소송의 뜻을 진술함.

소진(燒盡)**명하자되자** 모조리 타서 없어짐. 죄다 타 버림. 소신(燒燼).

소진-동(蘇秦童)**명** 〔중국 전국 시대의 세객(說客)인 소진처럼〕말을 썩 잘하는 아이.

소진-장의(蘇秦張儀)[-의/-이]**명** 〔소진(蘇秦)과 장의(張儀)가 중국 전국 시대의 변설가(辯說家)인 데서〕'구변(口辯)이 썩 좋은 사람'을 비유하여 이르는 말.

소질(素質)**명** 날 때부터 지니고 있는, 성격이나 능력 따위의 바탕이 되는 것. ¶ 소질은 있으나 노력이 모자란다. /음악가로서의 소질.

소집(召集)**명하다되자** ①(단체나 조직체의 구성원을) 불러 모음. ¶ 간부 소집. ②회의를 열기 위해 의원(議員)이나 회원을 불러 모음. ¶ 국무 회의 소집. /주주 총회 소집 공고. ③국가가 병역 의무자에 대하여 일정한 복무(服務) 의무를 부과하는 일. ¶ 소집 해제.

소집-령(召集令)[-짐녕]**명** 소집하는 명령.

소집^영장(召集令狀)[-짐녕짱]**명** 병역법(兵役法)에 따라, 국가가 현역 복무자 이외의 병역 의무자를 소집하는 통지서를 흔히 이르는 말.

소쩍-새[-쌔]**명** 올빼밋과의 새. 몸길이 20 cm 가량. 깃털이 짧으며 눈빛이 노랗고, 부엉이와 비슷하게 생겼다. 침엽수 숲에 살며 우리나라에는 여름에 오는 철새인데, 일부는 일 년 내내 살기도 함. '솝적소쩍'하고 주로 밤에만 욺. ㉛소쩍소쩍.

소:차(小차)**명** 약차(藥차)의 한 가지. 좀 간단한 방문(方文)의 약을 먹고 힘을 웬만큼 세게 하는 길.

소:차(小差)**명** 조그마한 차이. ↔대차(大差).

소차(疏箚)**명** 상소(上疏)와 차자(箚子).

소:차-방(小次房)**명** 임금이 거둥할 때 잠시 쉬기 위하여 막을 처 놓은 곳.

소착(疏鑿)**명하다되자** 개천이나 도랑을 쳐서 물이 통하게 함.

소:찬(素餐)**명하다** 아무 일도 하지 않고 녹(祿)을 받음. 무위도식함. ¶ 시위(尸位)소찬.

소:찬(素饌)**명** 고기나 생선이 없이 나물로만 된 반찬, 또는 그러한 찬으로 차려진 밥상.

소창(素氅)**명** 무명실로 성글게 짠 천. 기저귀감 따위로 많이 쓰임.

소창(消暢)**명하다** 심심하거나 갑갑한 마음을 풀어 후련하게 함.

소:-창옷(小氅-)[-옫]**명** 중치막 밑에 입던 옷옷의 한 가지. 두루마기와 같으나 소매가 좁고 무가 없음. ㉰창옷. *소:창옷이[-오시]·소:창옷만[-온-]

소채(蔬菜)**명** 밭에 가꾸어 먹는 푸성귀. 남새. 야채. 채소.

소채-류(蔬菜類)**명** (부식물로 쓰는) 온갖 푸성귀를 통틀어 이르는 말.

소:책(小策)**명** 신통찮은 재주로 꾸며 낸 쓸모없는 계책.

소:-책자(小冊子)[-짜]**명** 얄팍하고 작게 만든 책.

소척(疏斥)**명하다되자** 버성기게 하여 물리침.

소:천(所天)**명** (유교적 관념에서) 아내가 '남편'을 이르는 말.

소:-천세계(小千世界)[-계/-게]**명** 불교에서 이르는 상상의 세계. 수미산(須彌山)을 중심으로 하여 해·달·사대주(四大洲)·육욕천(六慾天)·범천(梵天)을 합한 세계의 천 배가 되는 세계를 이르는 말. ㉛삼천 대천세계.

소철(蘇鐵)**명** 소철과의 상록 관목. 온실이나 집 안에서 기르는 관상용 식물. 높이는 1~4 m. 가늘고 긴 잎은 줄기 끝에서 돌려나며, 여름에 수꽃과 암꽃이 모두 줄기 끝에 핌. 씨는 한방에서 약재로 쓰임.

소:첩(小妾)団 시집간 여자가 남편에게, 또는 첩실이 남편이나 정실(正室)에게 '자기'를 낮추어 이르는 말.

소:첩(少妾)圀 나이가 어린 첩(妾).

소첩(訴牒)圀 ☞소장(訴狀).

소:청(所請)圀 청하는 바. ¶소청을 말하다.

소청(訴請)圀하타 ①하소연하여 청함. ¶소청을 들어 주다. ②징계 처분을 받은 공무원이 그 처분의 취소 또는 변경을 청구하는 일.

소청(疏請)圀하타 임금에게 상소하여 청함.

소청(疏廳)圀 조선 시대에, 유생(儒生)들이 모여서 임금에게 상소하던 집.

소체(消滯)圀하타 체한 음식을 삭이어 내려가게 함.

소체(疏遞)圀하타 상소하여 벼슬에서 물러남.

소:초(小草)¹圀 애기풀의 싹. 한약재로 씀.

소:초(小草)²圀 ①잘게 쓴 초서(草書). ②알파벳 소문자의 필기체. ↔대초(大草).

소:초(小哨)圀 군대에서, 중요한 지점의 경계 임무를 맡은 소대(小隊) 이하의 경계 부대.

소초(疏草)圀 상소(上疏)의 초고(草稿).

소:촌(小村)圀 작은 마을.

소:총(小塚)圀 작은 무덤.

소:총(小銃)圀 혼자서 가지고 다니면서 사용할 수 있는 소형 화기. [보병총·자동 소총 따위.]

소:총-수(小銃手)圀 소총을 주무기로 삼는 병사.

소총-탄(小銃彈)圀 소총의 탄알.

소추(訴追)圀하타 ①검사가 형사 사건에 대하여 공소를 제기하는 일. ②탄핵(彈劾)을 발의하여 파면을 요구하는 일.

소:축(小畜)〈소축괘〉의 준말.

소:축-괘(小畜卦)[-꽤]圀 육십사괘의 하나. 손괘(巽卦)와 건괘(乾卦)를 위아래로 놓은 괘. 바람이 하늘 위에 다님을 상징함. ㉣소축.

소:축척 지도(小縮尺地圖)[-찌-]圀 축척의 크기를 100만분의 1 내외로 하여 넓은 지역을 간략하게 나타낸 지도. [세계 전도 따위.] 얩대축척 지도.

소:춘(小春)圀 '음력 시월'을 달리 이르는 말. 상춘(上冬). 양월(良月).

소:춘향가(小春香歌)圀 경기 십이 잡가(十二雜歌)의 하나. 판소리 '춘향가'중에서, 이 도령과 춘향이 상봉하는 대목을 다루고 있음.

소:출(所出)圀하타되자 논밭에서 생산되는 곡식, 또는 그 곡식의 양. ¶소출이 많다.

소취(消臭)圀하타 나쁜 냄새를 없앰.

소:취타(小吹打)圀 지난날, 새벽과 밤에 진문(陣門)을 여닫을 때 울리던 약식(略式)의 취타.

소치(召致)圀하타 불러서 옴(招致).

소:치(所致)圀 (무슨 까닭으로) 빚어진 일. 《주로, '~의 소치'의 꼴로 쓰임.》 ¶모든 일이 제 무지의 소치이다.

소치(騷致)圀 시문(詩文)의 우아한 운치.

소:친(所親)圀 (비슷한 또래로) 친하게 지내는 사이. 가까운 사이. ¶소친끼리 모인 계.

소:침(小針)圀 작은 바늘. ↔대침(大針).

소침(消沈·銷沈)圀하자 기운이 꺾여 풀이 죽음. ¶동생은 시험에 떨어져서 소침해 있다.

소:칭(小秤)圀 작은 저울.

소:칭(所稱)圀 일컫는 바.

소켓(socket)圀 전구 따위를 끼우게 되어 있는 전기 기구.

소쿠라-지다자 급한 물결이 굽이쳐 용솟음치다.

소쿠리圀 (대나 싸리로) 한쪽이 트이게 결어서 만든 그릇.

소크라테스-법(Socrates法)[-뻡]圀 ☞산파법.

소탈(疏脫)'소탈하다'의 어근.

소탈-하다(疏脫-)혬예 (예절이나 형식에 얽매이지 않고) 수수하고 털털하다. 쇄탈하다. ¶소탈한 성격.

소:탐대실(小貪大失)圀하자 작은 것을 탐내다가 큰 것을 잃음.

소:탕(素湯)圀 고기나 생선을 넣지 않고 끓인 국. 흔히, 제사에 씀.

소:탕(掃蕩)圀하타되자 휩쓸어 모조리 없애 버림. ¶폭력배를 소탕하다.

소탕(疏宕)圀혬예 성격이 소탈하고 호탕함.

소:탕-전(掃蕩戰)圀 패잔병을 샅샅이 뒤져서 소탕하는 전투. ¶공비 소탕전.

소태圀〈소태껍질〉·〈소태나무〉의 준말.

소:태(素胎)圀 (잿물을 입히기 전의) 도자기의 흰 몸.

소태-껍질[-낄]圀 소태나무의 껍질. 맛이 몹시 쓰며, 한약재로 쓰임. ㉣소태.

소태-나무圀 소태나뭇과의 낙엽 활엽 교목. 산지에서 자라는데, 높이는 5 m가량. 초여름에 녹색 꽃이 피고, 길둥근 열매는 초가을에 푸른 빛이 도는 붉은 빛깔로 익음. 나무껍질은 한방에서 건위제 따위로 쓰임. 고련(苦楝). ㉣소태.

소택(沼澤)圀 늪과 못. 소지(沼池). 지소(池沼).

소택^식물(沼澤植物)[-씽-]圀 물가의 습지나 얕은 물속에 나는 식물. [갈대·사초·벗풀 따위.]

소택-지(沼澤地)[-찌]圀 늪과 못이 많은 습한 땅.

소토(燒土)圀하자 논밭의 표토(表土)를 긁어모아, 그 위에서 잡목이나 짚을 태워 흙을 소독하는 일. 주로, 묘상(苗床)의 복토용(覆土用)으로 쓰기 위한 것임.

소:-톱(小-)圀 작은 동가리톱.

소:통(小桶)圀 ①작은 통. ②서 말가량을 담을 수 있는 소금 섬.

소통(疏通)圀자타 ①하타 막히지 않고 잘 통함. ¶공기가 잘 소통하다. /교통 소통이 원활하다. ②하타 의견이나 의사가 상대편에게 잘 통함.

소:트(sort)圀하타 컴퓨터에서, 무질서하게 모아 놓은 정보나 데이터를 일정한 기준에 맞추어 차례로 배열하는 일. ¶소트 프로그램. /가나다순으로 소트하다.

소:팅(sorting)圀하타 컴퓨터에서, 데이터를 특정한 조건에 따라 일정한 순서가 되도록 다시 배열하는 일. 정렬(整列).

소:파(小波)圀 잔물결.

소:파(小破)圀하타되자 조금 파손됨.

소파(搔爬)圀하타 기구를 사용하여 몸의 조직의 일부를 떼어 내는 일.

소파(sofa)圀 (두 사람 이상이 앉게 된) 등받이와 팔걸이가 있는 안락의자.

소파^수술(搔爬手術)圀 자궁 내막(內膜)의 질환의 치료나 인공 유산을 위하여, 기구를 사용하여 자궁 내막을 긁어내는 수술.

소:편(小片)圀 작은 조각.

소:편(小篇)圀 짧은 문학 작품.

소:포(小包)圀 ①조그마하게 포장한 물건. ②〈소포 우편〉의 준말.

소:포(小布)圀 무명으로 만든 활의 과녁. 솔4.

소:포(小圃)圀 채소나 약초 따위를 심는 작은 밭.

소:포(所逋)圀하타 관청의 물건이나 공금을 사사로이 소비함.

소:포^우편(小包郵便)圀 물건을 소포로 해서 보내는 우편, 또는 그 우편물. ㉣소포.

소:폭(小幅)[I]图 ①(피륙 따위의) 좁은 폭.
②적은 정도. 좁은 범위. ¶예상과는 달리 소
폭에 그친 인사 이동. ②↔대폭.
　[II]튀 꽤 적게. ¶임금이 소폭 인상되다. ↔대폭.
소:품(小品)图 ①조그만 물건. ②그림·조각·음
악 따위의, 규모가 작은 간결한 작품. ③일상
생활에서의 조그만 일을 스케치풍으로 쓴 짤막
한 문장. ④연극의 무대 등에 쓰이는 자잘한
물건. ④소도구(小道具).
소:품-곡(小品曲)图 작은 규모의 악곡. ☞소곡.
소품(逍風·消風)图 ①갑갑한 마음을 풀기
위하여 바람을 쐬는 일. ②운동이나 자연 관찰
을 겸하여 야외로 먼 길을 걷는 일. ¶하룻이
면 소품 가는 날 비가 오다니….
소품-농월(嘯風弄月)图하자 자연의 경치를 사
랑하여 즐김.
소프라노(soprano 이)图 여자 목소리의 가장
높은 음역(音域), 또는 그 음역의 가수.
소프트-드링크(soft drink)图 알코올 성분이 없
는 음료. 〔커피·홍차·사이다·주스 따위.〕
소프트볼:(softball)图 야구공보다 크고 무른
공, 또는 그 공을 사용하는 야구 비슷한 경기.
소프트웨어(software)图 컴퓨터에서, 기계 부분
인 하드웨어를 움직이는 기술. 곧, 프로그램을
통틀어 이르는 말. 운영 체제와 언어 처리 프
로그램, 응용 프로그램 등으로 분류됨. ↔하드
웨어.
소프트-칼라(soft collar)图 풀기가 거의 없고
부드러운 와이셔츠의 칼라.
소프트-크림:(soft cream)图 기계로 공기를 넣
으면서 얼린, 부드러운 아이스크림.
소프트ˆ포:커스(soft focus)图 사진에서, 특수
한 렌즈나 얇고 성긴 비단 등을 써서 피사체의
상을 또렷하게 나타내지 아니하고, 초점을 흐
리게 하여 부드럽게 나타내는 기법. 연초점(軟
焦點).
소:피(所避)图하자 오줌, 또는 오줌 누는 일.
¶소피를 보다.
소피스트(sophist)图 ①기원전 5세기경, 고대
그리스에서 젊은이들에게 웅변술을 비롯하여
지식이나 기능을 가르치던 사람들. 궤변학파.
②ˆ궤변가(詭辯家).
소하(消夏·銷夏)图하자 여름의 더위를 덜어 잊
게 함.
소하(溯河)图하자 ☞소강(溯江).
소:-하다(素-)[지어 〔식생활에서〕 고기와 생선
을 먹지 아니하다.
소:-하물(小荷物)图 기차 편에 쉽게 부칠 수
있는 작고 가벼운 짐. ⑪수화물(手貨物).
소하-어(溯河魚)图 산란기에만 알을 낳기 위하
여 민물로 거슬러 올라가는 바닷물고기. 〔연
어·송어 따위.〕 ↔강하어(降河魚).
소:학(小學)图 ①고대 중국에서, 아이들을 공부
시키던 학교, 또는 거기서 주로 가르치던 학
과. ②중국 송나라 때 유자징(劉子澄)이 주자
(朱子)의 지도를 받아서 편찬한 초학자용의 교
양서.
소:-학교(小學校)[-꾜]图 '초등학교'의 구용어.
소:한(小寒)图 이십사절기의 하나. 동지(冬至)
와 대한(大寒) 사이로, 양력 1월 6일경. 이 무
렵부터 겨울 추위가 시작된다고 함.
소:한(小間·小閑)图 ☞소가(小暇).
소:한(*宵旰)图하자 〈소의한식(宵衣旰食)〉의
준말.
소한(消閑·消閑)图하자 한가한 겨울을 메움. 심

심풀이. 파적(破寂). ¶소한거리가 많다.
소:할(所轄)图 관할하는 바.
소합-유(蘇合油)[-뉴]图 ☞소합향.
소합-향(蘇合香)[-향]图 (소아시아에서 나
는) 소합향나무의 껍질에서 얻은 수지(樹脂)로
만든 향료. 약으로도 쓰임. 소합유.
소항(溯航)图하자 배로 강을 거슬러 올라감.
소-해명图 ☞축년(丑年).
소해(掃海)图하타 (항로의 안전을 위하여) 바다
에 부설된 기뢰(機雷)나, 그 밖의 위험물과 장
애물을 제거하는 일.
소해-정(掃海艇)图 소해 임무를 맡은 작은 군함.
소:행(所行)图 한 짓. 행한 일. 소위(所爲). ¶동
일범의 소행으로 추정하다.
소행(宵行)图하자 밤길을 감.
소행(素行)图 평소의 행실. ¶그는 소행이 비교
적 착실한 편이다.
소행(遡行)图하자 강의 하류에서 상류로 거슬러
올라감.
소:-행성(小行星)图 태양계에 딸린 행성보다
작은 천체. 태양을 중심으로 하는 타원 궤도
를 도는데, 대부분 화성과 목성의 궤도 사이
에 있음.
소:향(所向)图 향하여 가는 곳.
소향(燒香)图하자 ☞분향(焚香).
소:향-무적(所向無敵)图하형 어디를 가든지 대
적할 상대가 없음.
소:-향탁(素香卓)图 장사 지내기 전에 쓰는, 칠
을 하지 않은 향탁.
소:허(少許)图 ①얼마 되지 않는 분량. ②얼마
안 되는 동안.
소혈(巢穴)图 ☞소굴(巢窟).
소:형(小形)图 작은 형체의 것. ¶소형 가방.
소:형(小型)图 같은 종류의 물건 중에서 모양이
작은 것. ¶소형 라디오.
소:형(小荊)图 ☞싸리.
소:형ˆ자동차(小型自動車)图 자동차 관리법에
서 크기에 따라 분류한 자동차 종류의 하나.
승용차는 배기량 1500 cc 미만, 승합차는 승차
정원 15인승 이하, 화물 자동차는 적재량 1톤
이하의 것을 이름. ☞소형차. ⑪대형 자동차·
중형 자동차.
소형-주(小型株)图 자본금이 비교적 적은 회사
의 주식. 대형주에 비해 비교적 적은 유통 자
금에 의해서도 주가가 크게 움직임. ↔대형주.
소:형-차(小型車)图 ☞소형 자동차)의 준말.
소:호(小戶)图 ①작은 집. ②가난한 집. ③식구
가 적은 가구.
소:호(小毫)图 〔'작은 터럭'이라는 뜻으로〕 분
량이나 정도 등이 썩 적거나 작음을 뜻하는
말. ¶소호도 염려하지 마십시오.
소호(沼湖)图 늪과 호수. 호소(湖沼).
소호(SOHO)图 주로 인터넷을 활용하여 자기
집이나 작은 사무실에서 소자본으로 전개하는
사업 형태. 특히, 정보 서비스 사업을 가리킴.
[Small Office;Home Office]
소혼(消魂)图하자 ①심한 슬픔으로 넋이 나감.
②몹시 놀라 넋이 나감.
소혼-단장(消魂斷腸)图하자 (넋이 나가고 애가
끊어지듯) 몹시 슬퍼함.
소홀(疎忽)图하형 데면데면하고 허술함. ¶경비
가 소홀하다. 소홀히 대접하다.
소:화(小火)图 작은 화재.
소:화(小話)图 짤막한 이야기. 단편적인 이야기.
소화(消火)图하타되자 불을 끔. ¶소화 설비.

소화 (消化)몡하타되자 ①먹은 음식을 삭임. ¶소화에 좋은 음식. ②배운 것을 잘 익혀 자기 것으로 만듦. ¶너무 어려워서 제대로 소화할 수가 없다. ③배당된 상품이나 일을 남김없이 처리함. ¶채권을 완전히 소화하다. ④'주어진 문제·일 따위를 해결하거나 처리함'을 비유하여 이르는 말. ¶도로가 좁아 교통량을 소화해 내지 못한다.

소화 (消化)몡하타되자 생석회에 물을 부어 소석회로 만듦.

소:화 (笑話)몡하자 우스운 이야기를 함, 또는 그 이야기. 참소어(笑語).

소화 (燒火)몡하타 불에 태움.

소화 (燒化)몡하타되자 태워서 성질을 변화시킴.

소화-관 (消化管)몡 음식물의 소화·흡수를 맡아보는 신체의 기관. 〔입·목·식도·위·소장·대장 따위.〕 장관(腸管).

소-화기 (小火器)몡 소구경의 총기인 소총·권총·자동 소총·경기관총 따위.

소화-기 (消火器)몡 불을 끄는 데 쓰는 기구.

소화-기 (消化器)몡 섭취한 음식물을 소화·흡수하는 기관을 통틀어 이르는 말. 소화관과 거기 딸린 소화선으로 이루어짐.

소화-력 (消化力)몡 음식물을 먹어서 삭 삭이는 능력. ¶20대라서 그런지 소화력이 왕성하다.

소:화물 (小貨物)몡 철도에서, 여객이 휴대하지 않고 주로 여객 열차에 탁송(託送)하는 작은 화물. 参수하물(手荷物).

소화^불량 (消化不良)몡 먹은 음식물의 소화·흡수가 제대로 이루어지지 않는 소화기의 병.

소화-샘 (消化-)몡 소화관에 딸린, 소화액을 분비하는 내분비샘. 〔침샘·위샘 따위.〕 소화선.

소화-선 (消化腺)몡 ☞소화샘.

소화-액 (消化液)몡 소화샘에서 소화관 안으로 분비되는 액체. 침·위액·담즙·장액 따위로, 여러 가지 소화 효소가 함유되어 있음.

소화-전 (消火栓)몡 화재 때 물을 끄기 위하여 상수도나 저수통 등에 특별히 마련해 놓은 급수전(給水栓). 방화전(防火栓).

소화-제 (消化劑)몡 소화를 촉진시키기 위해 쓰이는 약제. 〔디아스타아제·펩신 따위.〕

소화^효:소 (消化酵素)몡 소화관 속에서 음식물의 소화를 촉진시키는 아밀라아제·펩신·리파아제 따위의 효소. 소화샘에서 분비됨.

소환 (召喚)몡하타되자 법원이 피고인·증인 등에 대하여 어디로 오라고 명령하는 일. 호출.

소환 (召還)몡하타 (파견되어 있는 사람을) 불러들임. ¶대사(大使)를 본국으로 소환하다.

소환-장 (召喚狀)〔-짱〕몡 법원 등이 특정한 개인에 대해 어디로 오라고 명령하는 문서.

소활 (疏闊) '소활하다'의 어근.

소활-하다 (疏闊-)혱여 ①(사귀던 정분이) 버성기고 서먹하다. ②(성품이) 엉성하고 어설프다.

소:회 (小會)〔-회/-훼〕몡 적은 인원의 집회. 조그만 모임. 参대회(大會).

소:회 (所懷)〔-회/-훼〕몡 마음에 품은 생각. ¶교직 생활 30년에 대한 소회.

소:회 (素懷)〔-회/-훼〕몡 평소 품고 있던 생각.

소회 (遡洄)〔-회/-훼〕몡하타 배를 저어 거슬러 올라감.

소:-회향 (小茴香)〔-회/-/-훼-〕몡 회향의 한 가지. 산증·요통 따위에 약재로 쓰임.

소:후 (小候)몡 조선 시대에, 지방의 도로에 십 리마다 세운 이정표.

소:후-가 (所後家)몡 ☞양가(養家).

소훼 (燒燬)몡하자타되자 불에 타서 없어짐, 또는 불에 태워 없앰.

소흔 (燒痕)몡 불에 탄 흔적. 불탄 자리.

소:흥 (小興)몡 조그마한 흥취.

소:희 (笑戲)〔-히〕 웃으며 장난치는 일.

속:명 ①깊숙한 곳. 안. 내부. ¶굴의 속. /주머니 속. ②물체의 거죽을 제외한 부분. ¶배추의 속. ③사물의 중심을 이루는 부분. 내용. ¶말은 그럴듯하나 속이 없다. ④사람의 몸에서 배의 안 또는 위장. ¶속이 매스껍다. /상한 음식을 먹었나, 속이 좋지 않다. ⑤마음가짐. 심성(心性). ¶속이 검다. /속이 찬 사람. ⑥철이 든 생각. ¶아직도 속을 차리지 못한다. ⑦속내평. 생각. ¶남의 속도 모른다. ⑧(어떤 상태가) 죽 이어지는 가운데. ¶무관심 속에 악화되어 가는 주변 환경. ①②→겉.

속 빈 강정(의 잉어등 같다)[속] 실속은 없이 겉만 그럴듯한 것을 두고 하는 말.

속(을) 끓이다[관용] 화가 나거나 걱정이 되거나 하여 속을 태우다. ¶그렇게 속을 끓인다고 해결될 일이 아니니 우선 속부터 좀 채워라.

속(을) 뜨다(떠보다)[관용] 남의 마음속을 넘겨짚어 알아내려고 하다.

속(을) 빼다[관용] (논을) 두 번째 갈다.

속(을) 뽑다[관용] 남의 마음속을 알아내다.

속(을) 상우다[관용] (괴로움을 끼쳐) 마음을 쓰라리게 하다.

속(을) 썩이다[관용] ①(화나는 일이나 걱정거리가 있어) 몹시 마음이 상하게 되다. ②남의 마음을 몹시 상하게 하다. ¶속 썩이는 자식이 하나 있어서 마음 편할 날이 없다.

속(을) 주다(터놓다)[관용] (남에게) 자기가 마음 먹은 바를 숨김없이 드러내어 보이다.

속(을) 차리다[관용] ①자기 실속을 차리다. ②철이 들어 지각(知覺) 있게 처신하다. ¶밤낮 남에게 속지만 말고 속 차리게.

속(을) 태우다[관용] ①걱정이 되어 몹시 마음을 졸이다. ¶아들이 밤늦도록 돌아오지 않아 속을 태우다. ②남의 마음을 몹시 안타깝게 하다. ¶막내가 자주 아파서 우리의 속을 태우곤 한다.

속 끓다[관용] 몹시 화가 나다. 걱정이 되어 애가 타다.

속(이) 달다[관용] 마음이 안타까워지다. ¶시험 결과를 알고 싶어서 속이 달아 있다.

속(이) 뒤집히다[관용] ①비위가 상하여 구역이 날 것같이 되다. ②몹시 아니꼽게 느껴지다.

속(이) 떨리다[관용] 마음속으로 몹시 겁나다.

속(이) 보이다(들여다보이다)[관용] 속마음을 드러내 보이다. ¶그런 속 보이는 소리 하지 말게.

속(이) 살다[관용] 겉으로는 수그러진 듯하나, 마음속은 버티려는 뜻이 살아 있다.

속(이) 시원하다[관용] (애태우던 일이) 뜻대로 되어) 마음이 후련하다.

속(이) 타다[관용] 걱정이 되어 마음이 몹시 달다. ¶남은 속 타는 줄도 모르고.

속(이) 트이다[관용] 마음쓰는 품이 시원시원하다.

속(이) 풀리다[관용] 토라졌던 마음이나 화난 마음이 누그러지다.

속 (屬)몡 생물 분류상의 한 단계. 과(科)와 종(種)의 사이.

속 (贖)몡 형(刑)을 사는 대신 재물을 바치는 일, 또는 그 재물. ¶옥살이를 면하려고 속을 바치다.

속 (束)의 묶음. 뭇². ¶일(一) 속. /십이 속.

속-(續)[절투] 책 이름이나 작품명 따위의 앞에 붙어, 그것의 속편임을 나타냄. ¶속세계사(續世界史)./속미인곡(續美人曲).

속가(俗家)[-까][명] ①불교를 믿지 않는 사람의 집안을 불가(佛家)에서 이르는 말. ②중이 되기 전의 생가(生家).

속가(俗歌)[-까][명] ①세속적인 노래. →악가(樂歌). ②☞속요(俗謠).

속-가량(-假量)[-량][명][하타] 마음속으로 대강 쳐 보는 셈. ¶모두 합쳐 스무 근은 될 것이라고 속가량해 보았다. 郄겉가량.

속-가루[-까-][명] [무엇을 빻을 때] 맨 나중에 나오는 가루. →겉가루.

속-가죽[-까-][명] 겉가죽 속에 있는 가죽. 내피(內皮).

속각(粟殼)[-깍][명] 〈앵속각(罌粟殼)〉의 준말.

속간(俗間)[-깐][명] 속인(俗人)의 세상. 민간.

속간(續刊)[-깐][명][하타][되자] 휴간(休刊)하고 있던 신문·잡지 따위의 간행물을 다시 간행함.

속-감[-깜][명] 쌍시(雙柿)의 속에 든 감.

속강(續講)[-깡][명][하자] 계속해서 강의함. 또는 그 강의.

속개(續開)[-깨][명][하타][되자] (일단 멈추었던 회의 따위를) 계속하여 엶. ¶위원회를 속개하였다.

속객(俗客)[-깩][명] ①불가(佛家)에 찾아온 속가(俗家)의 손. ②'풍류(風流)를 모르는 사람'을 얕잡아 이르는 말.

속거-천리(速去千里)[-꺼철-][명][하자] 어서 멀리 가라는 뜻으로, 귀신 따위를 쫓을 때 하는 말.

속-겨[-껴][명] 곡식의 겉겨가 벗겨진 다음에 나오는 고운 겨. →겉겨.

속견(俗見)[-껸][명] 속인(俗人)의 견식. 시시한 생각.

속결(速決)[-껼][명][하타][되자] 빨리 끝을 맺음. 얼른 결단함.

속계(俗戒)[-께/-께][명] 불교에 귀의한 재가(在家)의 남녀가 지켜야 할 계율. 〔오계(五戒)·팔계(八戒) 따위.〕

속계(俗界)[-께/-께][명] 〔속인(俗人)이 사는 세계라는 뜻으로〕 '현실 세계'를 이름. →선계(仙界).

속고(續稿)[-꼬][명] (전에 쓴 원고에) 이어지는 원고.

속-고갱이[-꼬-][명] 한가운데 있는 고갱이.

속-고삿[-꼬삳][명] 초가 지붕을 일 때, 먼저 지붕 위에 건너질러 매는 새끼. →지붕고삿. * 속:고삿이[-꼬사시]·속:고삿만[-꼬산-]

속-고의[-꼬의/-꼬이][명] 속에 입는 고의. 속바지.

속곡(俗曲)[-꼭][명] 세속의 노래. 통속적인 악곡.

속-곡식(-穀食)[-꼭씩][명] 겉껍질을 벗겨 낸 곡식. →겉곡식.

속골(俗骨)[-꼴][명] 평범한 생김새. 평범하게 생긴 사람. 범속하게 생긴 사람.

속-곳[-꼳][명] 단속곳과 속속곳을 통틀어 이르는 말. 단의(單衣). * 속:곳이[-꼬시]·속:곳만[-꼰-]

속공(速攻)[-꽁][명][하타] (상대에게 대비할 시간을 주지 않고) 재빨리 공격함. →지공(遲攻).

속공(屬公)[-꽁][명][하타][되자] 지난날, 임자가 없는 물건, 금제품(禁制品), 장물(贓物) 따위를 관부(官府)로 귀속시키던 일.

속공-법(速攻法)[-꽁뻡][명] 운동 경기 따위에서, 재빠른 공격으로 상대편을 공략하는 전법.

속교(俗交)[-꾜][명] 세속의 교분(交分).

속구(俗句)[-꾸][명] 속된 문구(文句) 또는 시구(詩句). 비속한 글귀.

속구(速球)[-꾸][명] 야구에서, 투수가 던지는 빠른 공. ¶시속 145 km의 속구. →완구(緩球).

속국(屬國)[-꾹][명] 다른 나라의 지배 하에 있는 나라. 속방(屬邦).

속-궁합(-宮合)[-꿍-][명] ①신랑, 신부의 생년월일을 오행에 맞추어 보는 궁합. ②'어떤 남자와 여자의 성적 어울림'을 비유하여 이르는 말.

속-귀[-뀌][명] ☞내이(內耳).

속금(贖金)[-끔][명] ☞속전(贖錢).

속-긋[-끋][명] 글씨나 그림을 처음 배우는 이에게, 그 위에 덮어 쓰거나 그리며 익히도록 가늘고 흐리게 그어 주는 선이나 획. * 속:긋이[-끄시]·속:긋만[-끈-]

속긋(을) 넣다[관용] 속긋을 그어 주다.

속기(俗忌)[-끼][명][하자] 민간에서 꺼리는 일. 세속에서 꺼리는 일.

속기(俗氣)[-끼][명] 속인의 기질이나 취향. 속취. ¶불교(佛門)에 들어서도 속기는 좀처럼 가시지 않았다.

속기(速記)[-끼][명][하타][되자] 남의 말을 기호를 이용하여 빠르게 받아 적는 일, 또는 그 기술.

속기(速棋·速碁)[-끼][명] 두는 시간이 짧은 바둑의 대국.

속기-록(速記錄)[-끼-][명] 속기로 적은 내용을 보통 글자로 옮겨 적은 기록. ¶본회의의 속기록.

속기-사(速記士)[-끼-][명] 속기술로 속기하는 일을 전문으로 하는 사람.

속기-술(速記術)[-끼-][명] 속기 기호로 강연이나 담화 따위의 내용을 그대로 받아 적어서, 나중에 보통의 글자로 옮겨 놓는 기술.

속-꺼풀[명] 겉꺼풀 안에 있는, 겹으로 된 꺼풀. →겉꺼풀.

속-껍데기[-떼-][명] 겉껍데기 속에 겹으로 있는 껍데기. 내각(內殼). 안껍데기. →겉껍데기.

속-껍질[-찔][명] 겉껍질 안에 겹으로 있는 껍질. 안껍질. →겉껍질.

속-나깨[송-][명] 메밀의 고운 나깨. →겉나깨.

속-나무[송-][명] 〈소귀나무〉의 준말.

속-내[송-][명] 〈속내평〉의 준말. ¶속내를 떠보다.

속-내다[송-][타] (대패나 끌 따위를) 갈아서 날카로운 날이 서게 하다.

속-내복(-內服)[-송][명] ☞속내의.

속-내의(-內衣)[송-의/송-이][명] ①내의 속에 껴입는 내의. 속내복. ②☞속옷.

속-내평(-內-)[송-][명] (사람이나 사물의) 겉으로 드러나지 않는 사정. 속. ¶말을 좀처럼 안 하니 속내평을 알 수가 없다. 준내평·속내.

속념(俗念)[-념][명] 세속에 얽매인 생각. 속된 생각. 속려(俗慮). 속회(俗懷).

속노(粟奴)[-송-][명] 조의 깜부기.

속-눈¹[송-][명] 곱자를 'ㄱ'자 모양으로 반듯하게 놓았을 때 아래쪽에 새겨진 눈금. →겉눈.

속-눈²[송-][명] 감은 듯 만 듯한 눈.

속-눈썹[송-][명] 눈시울에 난 털. →겉눈썹.

속다[-따][자] ①남의 거짓이나 꾀에 넘어가다. ¶선전(宣傳)에 속다. ②거짓을 참으로 알다. ¶인간은 누구나 보이는 것의 허상(虛像)에 속아 사는 것이다.

속-다짐[-따-][명] ①[하자타] 마음속으로 하는 다짐. ②☞속셈.

속닥-거리다[-딲꺼-]**자타** 자꾸 속닥속닥하다. 속닥대다. ¶이마를 맞대고 한참이나 속닥거리다. **큰**숙덕거리다. **쎈**쏙닥거리다.

속닥-대다[-딱때-]**자타** 속닥거리다.

속닥-속닥[-딱-]**뫼** 남이 알아듣지 못하게 자꾸 소곤거리는 모양. **큰**숙덕숙덕. **쎈**쏙닥쏙닥.

속닥-이다[-다기-]**자타** 남이 알아듣지 못하게 소곤거리다. ¶귀에 대고 무어라고 속닥이다. **큰**숙덕이다. **쎈**쏙닥이다.

속단(速斷)[-딴]**명하타** 빨리 (성급하게) 판단함, 또는 그러한 판단. ¶속단은 금물(禁物). / 아직 승부를 속단할 수는 없다.

속달(速達)[-딸]**명하타되자** ①속히 배달함. ②빨리 닿음.

속달-거리다[-딸-]**자타** 자꾸 속달속달하다. 속달대다. ¶저희끼리 뭔가 속달거리고 있다. **큰**숙덜거리다. **쎈**쏙달거리다.

속달-대다[-딸-]**자타** 속달거리다.

속달-뱅이[-딸-]**명** 아주 작은 규모.

속달-속달[-딸-]**명하타되자** 약간 수선스럽게 속닥거리는 모양. **큰**숙덜숙덜. **쎈**쏙달쏙달.

속달-우편(速達郵便)[-따루-]**명** 전에, 보통 우편물보다 빨리 배달하던 우편 제도, 또는 그 우편물. 지금은 '빠른우편'으로 바뀜.

속담(俗談)[-땀]**명** ①속된 이야기. 속설(俗說). 속언(俗言). ②민중의 지혜가 응축되어 널리 구전되는 민간 격언. 세언(世諺). 속어. 속언(俗諺). 이언(俚諺).

속답(速答)[-땁]**명하자** 속히 대답하거나 회답함, 또는 그 답.

속-대[-때]**명** ①푸성귀의 겉대 속에 있는 줄기나 잎. ②댓개비의 속살 부분. ↔겉대.

속대(束帶)[-때]**명** 지난날, 옷에 띠는 띠라는 뜻에서) '조복(朝服)'을 이르던 말.

속:대-쌈[-때-]**명** 배추속대로 싸서 먹는 쌈.

속:대중[-때-]**명하타** 마음속으로 치는 대중. **참**겉대중.

속:댓-국[-때꾹-/-땐꾹]**명** 배추속대로 끓인 국.

속:-더께[-떠-]**명** 물품이 올라서 매우 찌든 물체에 낀 속의 때. ↔겉더께.

속도(速度)[-또]**명** ①빠르기. ¶일의 속도가 느리다. /차가 속도를 내다. ②[물리]에서, 움직이는 물체가 단위 시간에 이동하는 거리.

속도(屬島)[-또]**명** ①그 나라에 딸린 섬. ②큰 섬에 딸린 작은 섬.

속도-계(速度計)[-또계/-또게]**명** 운동체의 속도를 측정하는 계기.

속도^기호(速度記號)[-또-]**명** ☞빠르기표.

속도-위반(速度違反)[-또-]**명하자** 교통 법규상의 차량 제한 속도를 넘어 속력을 내는 일.

속독(束毒)[-똑]**명** 신라 때의 탈춤의 한 가지. 쑥대머리에 남색말을 쓰고 북소리에 맞추어 이리 뛰고 저리 뛰며 춤을 추는 놀이.

속독(速讀)[-똑]**명하타** 빨리 읽음.

속:-돌[-똘]**명** 화산의 용암이 갑자기 식어서 된 가벼운 돌. 경석(輕石). 고석(蠱石). 부석(浮石)¹. 수포석(水泡石). 해석(海石).

속-되다(俗-)[-뙤-/-뛔-]**형** ①품위가 없고 고상하지 못하다. ¶속된 표현. ②세속적이다. ¶속된 출세욕.

속등(續騰)[-뜽]**명하자** 물가 따위가 계속 오름. 연등(連騰). ¶물가 속등하다. ↔속락(續落).

속-등겨명 '쌀겨'의 잘못.

속:-뜨물명 곡식을 여러 번 씻은 다음에 나오는 깨끗한 뜨물. ↔겉뜨물.

속:-뜻[-뜯]**명** ①마음속으로 품고 있는 깊은 뜻. ¶그 사람의 속뜻을 모르겠다. ②☞참뜻.
* 속:뜻이[-뜨시] · 속:뜻만[-뜬-]

속락(續落)[-냑]**명하자되자** (물가 따위가) 자꾸 떨어짐. 연락(連落). ¶주가가 속락하다. ↔속등.

속량(贖良)[-냥]**명하타되자** ①종의 신분을 면하여 양민이 되게 함. 속신(贖身). ②☞속죄(贖罪).

속려(俗慮)[-녀]**명** ☞속념(俗念).

속력(速力)[-녁]**명** (자동차 · 기차 · 항공기 따위의) 빠르기. ¶속력을 내다.

속령(屬領)[-녕]**명** 어떤 나라에 딸린 영토. **비**속지(屬地).

속례(俗例)[-녜]**명** 세속의 관례(慣例).

속례(俗禮)[-녜]**명** 속습(俗習)으로 생긴 예절.

속론(俗論)[-논]**명** ①세상의 하찮은 논의. ②속된 이론.

속론(續論)[-논]**명하타** 계속해서 다시 논의함.

속료(屬僚)[-뇨]**명** 하급 관리. 부하. 요속.

속루(俗累)[-누]**명** 세상살이에서의 번거로운 일. 진루(塵累).

속루(俗陋) '속루하다'의 어근.

속루-하다(俗陋-)[-누-]**형여** 저속하고 천하다.

속류(俗流)[-뉴]**명** 속인의 무리. 속배(俗輩).

속리(俗吏)[-니]**명** 속된 관리. 무능한 관리.

속리(屬吏)[-니]**명** 지위가 낮은 관리.

속립(粟粒)[-닙]**명** ①조의 낱알. ②아주 자잘한 물건.

속립^결핵(粟粒結核)[-닙껼-]**명** 결핵균이 혈액 속으로 들어가 온몸에 퍼져 좁쌀 크기의 수많은 결절(結節)을 만드는 병.

속:-마음[-]**명** 겉으로 드러나지 않은 참마음. 내심(內心)¹. ¶좀체로 속마음을 드러내지 않는다. **준**속맘. ↔겉마음.

속:-말[-]**명하자** 진정(眞情)에서 우러나오는 참말. ¶친구에게 속말을 털어놓다. ↔겉말.

속:-맘[-]**명** 〈속마음〉의 준말.

속맥(速脈)[-]**명** 정상보다 빠른 맥박. 빈맥(頻脈). 삭맥(數脈). ↔서맥(徐脈) · 지맥(遲脈).

속명(俗名)[-]**명** ①본명(本名)이나 학명(學名) 이외에 세상에서 흔히 일컬어지는 이름. ②중이 되기 전의 이름. ③세속적인 명성.

속명(屬名)[-]**명** 생물 분류상의 '속(屬)'을 나타내는 이름.

속:-모[-]**명** 윷판의 방에서 �찔밭으로 가는 길의 둘째 자리, 곧 쩔밭과 속윷의 사이.
속모(를) 보내다[관용] 윷놀이에서 말을 속모로 옮기다.

속무(俗務)[-]**명** 세속적인 잡무(雜務).

속문(俗文)[-]**명** ①통속적인 글. ②하찮은 글.

속문(屬文)[-]**명하타** 말을 얽어서 문장을 만듦. 글을 지음.

속물(俗物)[-]**명** '세속적인 명리(名利)에만 급급한 사람'을 얕잡아 이르는 말. ¶인사 청탁은 너 같은 속물들이나 하는 짓이야.

속물(贖物)[-]**명** 속죄하기 위하여 내는 재물(財物).

속물-근성(俗物根性)[-]**명** 세속적인 명리(名利)만을 최고의 가치로 알고, 그런 일에만 관심을 기울이는 태도나 성질.

속미(粟米)[-]**명** '좁쌀'로 순화.

속:-미음(粟米飮)[-]**명** ☞좁쌀미음.

속-미인곡(續美人曲)[송-]圏 조선 선조 때 정철(鄭澈)이 지은 가사. 고향 창평(昌平)에 내려가 살 때에 임금을 그리는 정을, 낭군과 이별한 두 선녀(仙女)가 애틋한 정을 서로 주고받는 형식을 빌려 하소연한 내용.

속-바람[-빠-]圏 몸살이 심하여 숨이 가빠지고 몸이 몹시 떨리는 증세.

속-바지[-빠-]圏 ☞속고의.

속-바치다(贖-)[-빠-]囘 죄를 면하려고 재물을 바치다.

속박(束縛)[-빡]圏하타 사람의 행동의 자유를 빼앗음. ¶엄한 법규에 속박당하다. 凮구속(拘束).

속박^전:자(束縛電子)[-빡쩐-]圏 (자유 전자에 대하여) 원자나 분자 안에 있으면서 자유롭게 이동할 수 없는 전자.

속반(粟飯)[-빤]圏 조밥.

속발(束髮)[-빨]圏하자 머리털을 모아서 묶음, 또는 그렇게 묶은 머리.

속발(速發)[-빨]圏하자 ①길을 서둘러 떠남. ②효과가 빠르게 나타남.

속발(續發)[-빨]圏하자되자 (사건 따위가) 잇달아 일어남. ¶충돌 사고가 속발하다.

속-발톱[-빨-]圏 발톱의 뿌리 쪽에 있는 반달 모양의 하얀 부분.

속-밤[-빰]圏 껍데기 속에 든 밤. ↔겉밤.

속방(屬邦)[-빵]圏 ☞속국(屬國).

속배(俗輩)[-빼]圏 ☞속류(俗流).

속-배포(-排布)[-빼-]圏하자 마음속에 품고 있는 계획.

속백(束帛)[-빽]圏 ①지난날, 외국을 빙문(聘問)할 때 빙물(聘物)로 가지고 가던 비단 묶음. 다섯 필을 각각 양 끝을 마주 말아 한데 묶었음. ②가례(嘉禮) 때 납폐(納幣)로 쓰던 청홍(靑紅)의 채단. 검은 비단 여섯 필과 붉은 비단 네 필을 한데 묶은 것.

속백-함(束帛函)[-빽캄]圏 속백을 담는 함.

속-버선[-뻐-]圏 속에 신는 겹버선. ↔겉버선.

속-벌[-뻘]圏 속에 입는 옷의 한 벌. [저고리·바지·조끼·마고자 따위]. ↔겉벌.

속:-병(-病)[-뼝]圏 ①몸속의 병을 통틀어 이르는 말. ¶속병이 들다. ②위장에 생긴 병. 위장병. ¶그렇게 자주 아침을 거르면 나이 들어 속병으로 고생하기 십상이다.

속보(速步)[-뽀]圏 빠른 걸음.

속보(速報)[-뽀]圏하타 빨리 알림, 또는 그 신속한 보도.

속보(續報)[-뽀]圏하타되자 (앞에 있었던 보도에) 계속해서 보도함, 또는 그 보도. ¶그 사건에 대한 속보가 궁금하다.

속복(屬服)[-뽁]圏하자 ☞복속(服屬).

속:-불꽃[-뿔꼳]圏 ☞내염(內焰). ↔겉불꽃. *속불꽃이[-뿔꼬치] ·속:불꽃만[-뿔꼰-]

속빙(續聘)[-삥]圏하타 계속 고빙(雇聘)함.

속사(俗事)[-싸]圏 세속의 자질구레한 일. 세속의 번거로운 일. ¶속사에서 벗어나다.

속사(速射)[-싸]圏하타 빠른 속도로 연달아 쏨. ¶속사가 가능한 권총.

속사(速寫)[-싸]圏하타 ①(글씨를) 빨리 베껴 씀. ②(사진을) 빨리 찍음.

속사(屬司)[-싸]圏 (어떤 관청에 딸린) 하급 관청.

속사(贖死)[-싸]圏하자 재물을 바치고 죽을죄를 면함.

속:-사랑[-싸-]圏 겉으로 드러내지 않고 마음속으로 하는 사랑.

속-사미인곡(續思美人曲)[-싸-]圏 조선 경종 때, 이진유(李眞儒)가 지은 가사. 지은이가 추자도(楸子島)에 귀양 가 있으면서, 참언(讒言)을 당한 억울함을 하소연한 내용임.

속:-사정(-事情)[-싸-]圏 겉으로 드러나지 아니한 일의 형편. ¶속사정을 털어놓다.

속:-사주(-四柱)[-싸-]圏 혼인이 결정된 뒤에 정식으로 사주단자(四柱單子)에 적어 보내는 신랑의 사주. ↔겉사주.

속사-포(速射砲)[-싸-]圏 짧은 시간에 많은 탄알을 쏠 수 있는 포.

속삭-거리다[-싹꺼-]재타 자꾸 속삭속삭하다. 속삭대다.

속삭-대다[-싹때-]재타 속삭거리다. ¶수업 중에 옆 사람과 속삭대다가 선생님께 꾸지람을 들었다.

속삭-속삭[-싹쏙싹]틪하자타 작은 목소리로 정답게 이야기하는 모양.

속삭-이다[-싸기-]재타 작은 목소리로 정답게 이야기하다. ¶모녀가 다정하게 속삭이다. /아이들은 구석에 모여 무언가를 속삭이고 있었다.

속삭임[-싸김]圏 낮은(작은) 목소리로 가만가만히 하는 말. ¶다정한 속삭임이 지금도 귀에 들리는 듯하다.

속산(速算)[-싼]圏하타 빨리 셈함, 또는 그 셈.

속:-살[-쌀]圏 절부채의 양 끝에 붙은 굵은 살 이외의, 가는 대오리로 된 많은 살. ↔겉살².

속:-살²[-쌀]圏 ①옷에 가려진 부분의 피부. ¶속살이 비쳐 보이다. ↔겉살. ②속으로 실속 있게 찬 살. ③소의 입 안에 붙은 고기.

속살(이) 찌다[관용] 겉으로 나타나지 않으나 속으로 실속이 있다.

속살-거리다[-쌀-]재타 자꾸 속살속살하다. 속살대다. ¶나직한 목소리로 속살거리다. 凮숙설거리다. 쎈쏙살거리다.

속살-대다[-쌀-]재타 속살거리다.

속살-속살[-쌀-]틪하자타 작은 목소리로 다스럽게 속닥거리는 모양. 凮숙설숙설. 쎈쏙살쏙살.

속:-살이[-싸리]圏 속살이겟과의 게. 둥근 껍데기는 길이 7.5cm가량이고 표면이 매끈함. 가리비·새조개 따위의 껍데기인 외투강(外套腔)에서 숨어 삶. 조갯속게.

속:-상하다(-傷-)[-쌍-]圀어 (일이 뜻대로 되지 않거나 불만이 있거나 하여) 마음이 불편하고 괴롭다. ¶바빠 죽겠는데 웬 늑장인가 싶어 속상했다.

속새[-쌔]圏 속새과의 상록 다년초. 산이나 들의 습지에 나는데, 줄기 높이는 30~60cm. 줄기는 속이 비고 마디가 뚜렷함. 비늘같이 생긴 잎은 마디에 돌려나서 마치 잎집 같은 모양을 이룸. 한방에서 온 포기를 약재로 씀. 목적(木賊).

속생(續生)[-쌩]圏하자 잇달아 생겨남.

속:-생각[-쌩-]圏하타 마음속으로 가만히 헤아려 봄, 또는 그 생각.

속서(俗書)[-써]圏 ①종교인들이 일반 서적을 종교의 경전과 구별하여 이르는 말. ②내용이 저속한 책.

속설(俗說)[-썰]圏 ①☞속담(俗談). ②민간에 전하여 내려오는 설(說).

속성(俗姓)[-썽]圏 중이 출가하기 전에 쓰던 성.

속성(俗性)[-썽]圏 저속한 품성.

속성(速成)[-썽]圏하자되자 빨리 이루어짐, 또는 빨리 이룸. ¶속성 재배. ↔만성(晩成).

속성(屬性) [-썽] 圆 사물의 본질을 이루는 고유한 특징이나 성질. ¶ 이기심은 인간의 본질적인 속성 중의 하나이다.

속성^개ː념(屬性槪念) [-썽-] 圆 사물의 동작이나 성질 따위 본질적인 특색을 나타내는 개념. ('사전은 단어의 집대성이 아니다.'에서 주 (主)개념인 '사전은'을 제외한 나머지의 빈(賓)개념을 이르는 말.) ↔대상 개념.

속성-속패(速成速敗) [-썽-] 圆하자 급작스럽게 이루어진 것은 쉬 결딴이 남.

속세(俗世) [-쎄] 圆 〈속세간(俗世間)〉의 준말. 세속(世俗). 사바(娑婆). 세간(世間). 세상(世上).

속-세간(俗世間) [-쎄-] 圆 속인(俗人)들이 사는 일반의 사회. 畲속세.

속ː셈 [-쎔] 圆 ①마음속으로 하는 요량이나 판단. 심산(心算). 속다짐. ¶ 그 사람의 속셈을 알 수 있어야지. ②하자 (연필이나 수판을 쓰지 않고) 마음속으로 하는 계산. 암산. 흉산(胸算).

속소그레-하다 [-쏘-] 휑 어떤 물건들의 크기가 별로 차이 나지 않고 고만고만하게 고르다. 곕숙구레하다. 옌쏙소그레하다.

속ː-소리 [-쏘-] 圆 ①속으로 가늘게 내는 소리. ②'속말'의 잘못.

속속(續續) [-쏙] 圈 계속하여 자꾸.

속ː-속곳 [-쏙꼳] 圆 우리나라 고유 의복의 한 가지. 다리속곳 위에 입는 여자의 아래 속옷. * 속ː속곳이 [-쏙꼬시] ·속ː속곳만 [-쏙꼰-]

속속-들이 [-쏙-] 圈 깊은 데까지 죄다. 샅샅이. ¶ 사건의 내막을 속속들이 파헤치다.

속속-히(速速-) [-쏘키] 圈 빠르게. 빨리빨리.

속ː-손톱 [-쏜-] 圆 손톱의 뿌리 쪽에 있는 반달 모양의 하얀 부분. 반달?

속수(束手) [-쑤] 圆 ①하자 손을 묶음. ②〈속수무책(束手無策)〉의 준말.

속수(束脩) [-쑤] 圆 [지난날] ①진상물(進上物)이나 선물로 바치던, 포개어서 묶은 포(脯). ②처음으로 스승에게 입문할 때 가지고 가던 예물. 음으로서 어른이 되어 의관(衣冠)을 갖춤.

속수(束修) [-쑤] 圆하자 스스로 잡도리하여 행실을 삼감.

속수(束數) [-쑤] 圆 묶음이나 다발의 수효.

속수(俗手) [-쑤] 圆 바둑에서, 속되고 평범한 수.

속수-무책(束手無策) [-쑤-] 圆 (손이 묶인 듯이) 어찌할 도리가 없어 꼼짝 못함. ¶ 속수무책으로 당하다. 畲속수.

속수-자(續随子) [-쑤-] 圆 대극과(大戟科)의 이년초. 높이 60~100cm로, 서해 잎은 어긋맞게 나나 위쪽에는 마주남. 여름에 황자색 꽃이 피는 독초로서, 뿌리는 한방에서 어혈이나 부종(浮腫) 따위에 약으로 쓰임.

속습(俗習) [-씁] 圆 ①속세의 풍습. ②저속한 풍습.

속승(俗僧) [-씅] 圆 세속의 티를 벗지 못한 중.

속신(束身) [-씬] 圆하자 몸을 삼감.

속신(俗信) [-씬] 圆 민간에 전해지는 관습적인 신앙. (점(占)이나 금기(禁忌) 따위.)

속신(贖身) [-씬] 圆하자 되자 ↔속량(贖良).

속-심(-心) 圆 '속마음'의 잘못.

속심(俗心) [-씸] 圆 세속의 욕에 끌리는 마음.

속ː-싸개 圆 여러 겹으로 싼 물건의 겉싸개 밑의 드러나지 않는 싸개. ↔겉싸개.

속ː-쌀뜨물 圆 쌀의 속뜨물.

속ː-씨껍질 [-낄] 圆 씨를 싸고 있는 두 겹의 껍질 가운데 안쪽에 있는 얇은 껍질. 내종피(內種皮). ↔겉씨껍질.

속ː씨-식물(-植物) [-씽-] 圆 종자식물의 대부분을 차지하는 식물군. 밑씨가 씨방 안에 들어 있고, 씨방이 자라서 열매가 됨. (감나무·벚나무·벼 따위.) 피자식물. ↔겉씨식물.

속ː-아가미 圆 양서류 무미목의 아가미. 배 쪽에 발달하여 생기며 겉아가미가 딱지 속에 있어 겉에서는 보이지 아니함. ↔겉아가미.

속악(俗惡) '속악하다'의 어근.

속악(俗樂) 圆 민간에서 발생하여 전해 내려온 음악. (잡가·판소리 따위.) ↔정악. 冟아악.

속악-스럽다(俗惡-) [-쓰-따] [~스러우니·~스러워] 휑闭 속되고 고약한 데가 있다. **속악스레**閉.

속악-하다(俗惡-) [소가카-] 휑옌 속되고 고약하다.

속안(俗眼) 圆 속인의 안목. 얕은 식견.

속-앓이 [-아리] 圆 ①말 못 할 고민이 있어 마음속으로 끙끙 앓는 일. ②속이 아픈 병.

속어(俗語) 圆 ①민간에서 통속적으로 쓰이는 저속한 말. ↔아어(雅語). ②圖상말. ③圖속담.

속ː-어림 圆하자 속잡작. ↔겉어림.

속언(俗言) 圆 ☞속담(俗談).

속언(俗諺) 圆 ①圖속담. ②세간의 상스러운 말.

속ː-없다 [소겁따] 휑 ①마음의 줏대가 없다. ②꽁하고 먹은 마음이 없다. 악의가 없다. **속없이**閉 ¶ 그저 속없이 한 말이니 이해하게.

속ː-여의(-女衣) [송녀-/송녀-] 圆 '속속곳'의 궁중말.

속연(俗緣) 圆 속세와의 인연. ¶ 속연을 끊다.

속연(續演) 圆하자 (연극 따위) 잇달아 상연함.

속영(續映) 圆하타 되타 (영화 따위) 잇달아 상영함.

속오-군(東伍軍) 圆 조선 선조 27(1594)년에 역(役)을 지지 아니한 양민과 천민으로 편성한 지방 군대. 평상시에는 군포(軍布)만 바치게 하고 흉년 따위나 유사시에 소집되었음.

속ː-옷 [소곧] 圆 속에 받쳐 입는 옷. 내복(內服)¹. 내의(內衣). 속내의. ↔겉옷. * 속ː옷이 [소고시] ·속ː옷만 [소곤-]

속요(俗謠) 圆 ①민간에 널리 불리는 속된 노래. 속가(俗歌). ②'잡가(雜歌)'의 딴 이름.

속ː-요량(-料量) [송뇨-] 圆하타 혼자 마음속으로 헤아림. 劤속작량.

속운(俗韻) 圆 속된 음운(音韻). 아치(雅致)가 없는 시의 운(韻).

속유(俗儒) 圆 식견이나 지행(志行)이 변변하지 못한 선비.

속ː-웆 [송눋] 圆 윷판의 방을 지나서 쟬밭으로 가는 길의 첫째 자리. 곧, 방과 속모의 사이. * 속ː웆이 [송뉴치] ·속ː웆만 [송눈-]

속음(俗音) 圆 한자의 원음(原音)이 변하여 널리 통용되는 음. ('剳(刷)'을 '쇄'로, '협(洽)'을 '흡'으로 읽는 일 따위.) 익은소리.

속음(續音) 圆 〈지속음〉의 준말. ↔단음(斷音).

속읍 圆하자 딸림음.

속읍(屬邑) 圆 왕조 때, 큰 고을에 딸렸던 작은 고을을 이르던 말. 閪속현(屬縣).

속의(屬意) 圆하자 되자 '속의'의 잘못.

속-이다타 ['속다'의 사동] 거짓을 참으로 곧이듣게 하다. ¶ 남을 속이고 마음 편히 지낼 수 있나. /세상에, 조정을 속이다 속이다니….

속인(俗人) 圆 ①세속의 사람. ②속되어 학문이나 풍류를 모르는 사람. ③(중에 상대하여) '불교에 귀의하지 않은 사람'을 이르는 말. 유류.

속인-주의(屬人主義) [-의/-이] 圆 사람이 어디로 가든지 본국법의 적용을 받아야 한다는 주의. 혈통주의. ↔속지주의(屬地主義).

속임-수(-數) [-쑤]명 남을 꾀어서 속이는 수단, 또는 그 짓. 사수(詐數). 외수(外數).

속-잎[송닙]명 ①푸성귀의 안쪽의 잎. 속대. ②나무나 풀의 우듬지 속에서 새로 돋아나는 잎. ②→솝잎. *속:잎이[송니피]·속:잎만[송님-].

속자(俗字) [-짜]명 정자(正字)는 아니나 세간에서 흔히 쓰는 한자. 〔'倂'를 '併'으로, 函'을 '凾'으로, '姊'를 '姉'로 쓰는 따위.〕↔정자(正字). @약자.

속-자락[-짜-]명 기둥머리의 단청 따위에 그리는 무늬의 한 부분. ↔겉자락.

속:잠[-짬]명 깊이 든 잠.

속:잠방이[-짬-]명 바지나 고의 속에 입는 잠방이.

속:-장(-張) [-짱]명 (신문이나 종이를 여러 장 포개어 접어 놓았을 때) 속에 있는 지면이나 종이. 간지(間紙). ↔겉장.

속장(束裝) [-짱]명하자 행장을 갖추어서 차림.

속장(屬長) [-짱]명 감리교에서, 속회(屬會)를 맡아 인도하는 교직, 또는 그 사람.

속재(俗才) [-째]명 세상살이에 능한 재주, 또는 그런 재주가 있는 사람.

속재(續載) [-째]명하타 되자 계속하여 게재함.

속:-재목(-材木) [-째-]명 통나무의 심재(心材). ↔겉재목.

속:-저고리[-쩌-]명 속에 입는 저고리. ↔겉저고리.

속:-적삼[-쩍쌈]명 저고리 속에 껴입는 적삼.

속전(俗傳) [-쩐]명하타 민간에 전함.

속전(速戰) [-쩐]명하자 오래 끌지 않고 신속하게 싸우는 일, 또는 그런 싸움.

속전(續田) [-쩐]명 조선 시대에, 땅이 나빠서 해마다 농사를 짓지 못하여 농사지을 때에만 조세를 매기던 땅.

속전(贖錢) [-쩐]명 죄를 면하기 위하여 바치는 돈. 속금.

속전-속결(速戰速決) [-쩐-결]명하자 싸움을 오래 끌지 않고 빨리 끝장을 냄.

속절(俗節) [-쩔]명 철에 따라 사당이나 선영(先塋)에 차례를 지내는 날. 〔음력 설날이나 한식·단오·추석 따위.〕

속절-없다[-쩌럽따]형 단념할 수밖에 딴 도리가 없다. ¶속절없는 세월 따라 청춘은 가고. **속절없-이**튀 ¶속절없이 애만 태우다.

속:-젓[-쩓]명 조기의 내장으로 담근 젓. *속:젓이[-쩌시]·속:젓만[-쩐-].

속:-정(-情) [-쩡]명 ①은밀한 내용이나 사정. ②은근한 정분(情分). ¶속정을 주다.

속정(俗情) [-쩡]명 ①명리(名利) 따위 속사(俗事)에 관한 생각. ②속세간의 인정.

속제(俗諦) [-쩨]명 불교에서, '속세 일반의 참된 도리'를 이르는 말. 세제(世諦). 속체(俗諦). ↔진제(眞諦).

속조(俗調) [-쪼]명 (품위가 없는) 속된 가락.

속-종[-쫑]명 마음속에 품은 느낌이나 생각.

속죄(贖罪) [-쬐-쮀]명하자 되자 ①금품이나 공로로 지은 죄를 씻음. ②기독교에서, '예수가 십자가에 못박힘으로써 인류의 죄를 대신 씻어 구원한 일'을 이르는 말. 속량(贖良).

속주(屬州) [-쭈]명 어느 나라에 속하여 있는 주(州).

속중(俗衆) [-쭝]명 ①중에 대하여, '세속의 사람'을 이르는 말. ②속인들.

속지(俗知·俗智) [-찌]명 속사(俗事)에 관한 지혜. 평범한 지혜.

속지(屬地) [-찌]명 어느 나라에 딸린 땅. 속토(屬土).

속지-주의(屬地主義) [-찌-의/-찌-이]명 (국적에 관계없이) 거주하고 있는 국가의 법률을 따라야 한다는 주의. →속인주의(屬人主義).

속진(俗塵) [-찐]명 속세의 티끌. 곧, 세상의 번거로운 일. 황진(黃塵).

속:-짐작(←-斟酌) [-찜-]명하타 마음속으로 짐작함, 또는 그 짐작. 속어림. @겉짐작·속요량.

속집(續集) [-찝]명 본디 있던 서책에 잇대어 수집한 문집(文集)이나 시집(詩集).

속:-창명 구두 속바닥에 덧끼는 창. @밑창.

속:-청명 대나무나 갈대 따위의 속에 들어 있는 얇은 꺼풀.

속체(俗諦)명 ⇨속제(俗諦).

속출(續出)명하자 되자 잇달아 나옴.

속취(俗臭)명 ①저속한 냄새. ¶속취를 풍기다. ②[명리(名利)에 사로잡힌] 세속의 속된 기풍(氣風). ↔속기(俗氣).

속취(俗趣)명 저속한 취미. 속된 취향.

속:-치레명하타 속을 잘 손질하여 모양을 냄, 또는 그 모양. ↔겉치레.

속:-치마명 속에 입는 치마. ↔겉치마.

속:-치장(-治粧)명하자 속을 꾸밈, 또는 그 꾸밈새. ↔겉치장.

속칭(俗稱)명하타 되자 흔히 일컬음, 또는 그 호칭. 통속적으로 일컬음, 또는 그 명칭.

속:-타점(-打點)명하타 (어떠한 것을) 마음속으로 작정함.

속:-탈(-頉)명 소화 불량 등으로 생기는 위(胃)나 장(腸)의 병. ¶속탈이 나다.

속태(俗態)명 고상하지 못한 매골. 속티.

속토(屬土)명 ⇨속지(屬地).

속투(俗套)명 세속적인 관습.

속티(俗-)명 ⇨속태(俗態).

속:-판〈속마음〉의 속된 말.

속판(續版)명하타 이미 펴낸 출판물에 잇달아 출판함, 또는 그 출판물.

속편(續篇)명 책이나 영화 등에서 본편의 뒷이야기로 만들어진 것.

속편(續編)명 본편에 잇대어 만들어진 책.

속:-표지(-表紙)명 책의 제목이나 저자·발행처 따위를 밝혀 적은 페이지. 비지(扉紙). 안장.

속-풀이하자하자 '분풀이'의 잘못.

속풍(俗風)명 세간의 속된 풍습.

속필(俗筆)명 품위 없는 글씨.

속필(速筆)명 ①빨리 쓰는 글씨. ②글씨를 빨리 쓰는 사람.

속:-하다(屬-)타며 [소카-]자여 (관계되어) 매이거나 딸리다. ¶포유류에 속한 동물.

속-하다(速-)타며 [소카-]형여 빠르다. **속-히**튀 ¶속히 오라는 전갈을 받았다.

속학(俗學)[소칵]명 세속의 천박한 학문.

속한(俗漢)[소칸]명 성품이 천박한 사내.

속행(速行)[소캥]명 ①타자 빨리 감. ②하타 빨리 행함.

속행(續行)[소캥]명하자자타 되자 계속하여 행함. ¶비가 그친 후 경기를 속행하였다.

속현(續絃)[소켠]명하자 (끊어진 금슬(琴瑟)의 줄을 잇는다는 뜻으로) 아내를 여읜 뒤 다시 새 아내를 맞는 일. ↔단현(斷絃).

속현(屬縣)[소켠]명 지난날, 큰 고을의 관할 아래 있던 작은 고을을 이르던 말. 비속읍(屬邑).

속형(贖刑)[소켱]명하타 지난날, 돈을 바치고 형을 면하거나, 돈을 받고 형을 면해 주던 일.

속화(俗化)[소콰]**명**하**자타**되**자** 속되게 변함, 또는 속되게 변화시킴.

속화(俗畫)[소콰]**명** (예술성이 없는) 속된 그림.

속화(速禍)[소콰]**명**하**자** 재앙을 부름.

속환-이(俗還-)[소콰니]**명** 〈중속환이〉의 준말.

속환(俗懷)[소쾨/소췌]**명** 세속의 생각. 속념 (俗念).

속회(續會)[소쾨/소췌]**명**하**자타**되**자** 회의를 다시 계속함.

속회(屬會)[소쾨/소췌]**명** 감리교에서, 교인들이 사는 곳에 따라 나눈 구역의 모임.

속효(速效)[소교]**명** 빨리 나타나는 효과(효험). ¶속효를 보려면 더 노력할 수밖에 없다. ↔지효(遲效).

속효성^비:료(速效性肥料)[소효썽-]**명** 거름을 주고 나서 바로 효과가 나타나는 비료.

속:**-흙**[소콕]**명** ☞심토. *속:흙이[소콜기]·속:흙만[소콩-]

솎다[속따]**타** (배게 나 있는 푸성귀 따위를) 군데군데 골라서 뽑아내다. ¶고추 모종을 솎다. *솎아·솎는[송-]

솎아-베기명하**타** ☞간벌.

솎음명하**타** (배게 나 있는 푸성귀 따위를) 군데군데 뽑아내는 일.

솎음-국[-꾹]**명** 솎음배추를 토장에 끓인 국.

솎음-배추명 솎아 낸 어린 배추.

솎음-질명하**타** (배게 난 푸성귀 따위를) 솎아내는 일.

손¹**명** ①사람의 팔목 아래, 손바닥·손등·손가락으로 이루어진 부분. ¶물건을 손에 쥐다. ②사람의 어깨 관절에서 손가락 끝까지의 부분. 팔. ¶손을 번쩍 들고 만세를 부르다. ③손바닥. ¶손에 땀을 쥐게 하다. ④손가락. ¶손을 꼽아 기다리다. ⑤도움이 될 힘이나 기술·수완. ¶죽고 사는 것이 의사의 손에 달렸다. ⑥('‘(무엇의) 손으로’·‘(무엇의) 손에’의 꼴로 쓰이어) ㉠힘·영향 따위의 뜻을 나타냄. ¶우리의 손으로 해내고야 말겠다. ㉡‘소유하는 사람’을 나타냄. ¶골동품이 그의 손에 들어가다. /부동산이 채권자의 손으로 넘어갔다. ⑦일손. 품. 노동력. ¶많은 손이 필요한 토목 공사. /손을 빌리다. ⑧사귀는 관계. 교제. ¶너와는 이제 손을 끊겠다. ⑨잔꾀. 나쁜 수완. ¶그의 손에 놀아나다. ⑩손버릇. ⑪재물을 다루는 규모. 씀씀이. ¶손이 크다. ⑫알맞은 기회나 시기. ¶손을 놓치지 말고 제때에 팔아라. ⑬거치는 경로(사람). ¶그가 마리로 여러 손을 거쳐 우리 밥상에 오른다. ⑭필요한 조처. ¶손을 보다. /손을 쓰다. ⑮남의 지휘권 아래에 있는 사람. ¶두목의 손이 되어 움직이다. ⑯맷돌·써레 등의 손잡이. ¶맷돌의 손. ⑰덩굴 식물의 덩굴이 의지하도록 대 주는 가지나 새끼 따위.

손 안 대고 코 풀기(속담) 일을 매우 쉽게 해치운다는 뜻.

손이 들이굽지 내굽나(속담) 제게 가까운 사람에게 더 마음이 가게 되는 것이 인지상정이라는 뜻.

손이 많으면 일도 쉽다(속담) 무슨 일이든지 여럿이 힘을 모아서 하면 쉽게 잘된다는 말.

손이 발이 되도록(되게) **빌다**(속담) 살려 달라고, 또는 용서해 달라고 매우 간절히 싹싹 빌다.

손에 걸리다(관용) (어떤 사람의) 세력 범위에 잡혀 들다.

손에 땀을 쥐다(관용) (듣거나 보기에) 위험하거

나 승패가 아슬아슬하여 안절부절못해하다. 긴장하거나 흥분하다. ¶손에 땀을 쥐게 하는 아슬아슬한 접전.

손에 붙다(관용) 하는 일에 마음이 내키어 능률이 오르다. 손에 잡히다.

손에 익다(관용) 다루는 품이 익숙하다. ¶손에 익은 일이라 어렵지 않게 해내다.

손에 잡히다(관용) ☞손에 붙다. ¶입사한 지 일주일이 넘었는데도 일이 손에 잡히지 않는다.

손(을) 거치다(관용) ①어떤 사람을 거치다. ¶중간 상인의 손을 거치다. ②(누구의) 손질이 미치다. ¶교정 책임자의 손을 거친 뒤에 인쇄에 넘긴다.

손(을) 끊다(관용) 관계를 끊다. 인연을 끊다. 교제를 그만두다. ¶도박에서 손을 끊은 지 벌써 오래다.

손(을) 나누다(관용) 한 가지 일을 여러 사람이 나누어 맡다. ¶손을 나누어 준비하다.

손(을) 내밀다(관용) (무엇을) 달라고 요구하거나 얻어 내려고 하다. 손(을) 벌리다. ¶그도 염치가 있지, 매번 손을 내밀 수야 있나.

손(을) 넘기다(관용) 알맞은 시기를 넘기다. 때를 놓치다.

손(을) 놓다(관용) 하던 일을 중도에서 그만두다. 손(을) 떼다.

손(을) 늦추다(관용) 일의 긴장도를 늦추다. ¶수색의 손을 늦추지 말고 추적하라.

손(을) 떼다(관용) ☞손을 놓다.

손(을) 멈추다(관용) 일하던 동작을 잠깐 멈추다. ¶잠시 손을 멈추고 말 좀 들어 보시오.

손(을) 벌리다(관용) ☞손을 내밀다.

손(을) 빼다(관용) 하던 일에서 빠져나오다. 하던 일과 관계를 끊다.

손(을) 뻗치다(관용) 세력을 넓히다. ¶우주 산업에까지 손을 뻗치다.

손(을) 씻다(관용) (부정적인 일 따위와) 관계를 청산하다.

손을 적시다(관용) 어떤 일에 관계하다. ¶한번 노름에 손을 적시면 좀처럼 빠져나오기 힘들다.

손(을) 주다(관용) 덩굴이 의지하여 자라도록 막대기나 줄을 마련해 주다. ¶새끼를 드리워 박넝쿨에 손을 주다.

손(을) 타다(관용) ①사람의 손길에 의하여 나쁜 영향을 받다. ②물건 따위가 없어지다.

손(을) 털다(관용) ①(하던 일을) 완전히 마치다. ②(노름판 같은 데서) 본전까지도 모조리 잃다. ¶손을 털어야 영원이를 뗀다.

손(이) 거칠다(관용) ①남의 것을 훔치는 손버릇이 있다. 손버릇이 나쁘다(사납다). ②일을 하는 솜씨가 찬찬하지 못하다. ¶손이 거칠어서 제품마다 흠이 많다.

손(이) 걸다(관용) 씀씀이가 대단하다.

손(이) 나다(관용) ①일하는 도중에 잠시 겨를이 생기다. ②일손에 여유가 생기다.

손(이) 놀다(관용) (일거리가 없어서) 일손이 쉬는 상태에 있다.

손(이) 닳도록(관용) 몹시 간절하게 비는 모양.

손(이) 닿다(관용) 힘이 미치다. ¶그 일에까지는 미처 손이 닿지 않았다.

손(이) 떨어지다(관용) 일이 끝나다.

손(이) 뜨다(관용) 일하는 동작이 굼뜨다.

손(이) 맑다(관용) 남에게 물건(돈)을 주는 품이 후하지 못하다.

손(이) 맞다(관용) 함께 일하는 데 생각이나 동작 같은 것이 서로 맞다.

손(이) 맵다[관용] ①슬쩍 때려도 몹시 아프다. ②일하는 솜씨가 야무지다.

손(이) 비다[관용] ①일감이 없어서 일손이 노는 상태에 있다. ②가졌던 돈이 다 떨어지다.

손(이) 서투르다[관용] 일하는 솜씨가 서투르다. 익숙하지 못하다.

손(이) 싸다[관용] 손으로 다루는 품이 재빠르다. 일처리가 아주 빠르다.

손(이) 작다[관용] (사람됨이 깐깐하거나 하여) 재물을 다루는 품이 후하지 못하다. ¶손이 작아서 큰일을 하기는 틀렸다.

손(이) 크다[관용] ①재물을 다루는 품이 깐깐하지 않고 푼푼하다. ¶주부의 손이 커서 잔치 음식이 푸짐하다. ②수단이 많다. ¶손이 큰 어른이라 무슨 일이건 잘 통한다.

손² ①남의 집에 와서 임시로 묵는 사람. ¶사랑에 눌러앉은 손이 떠날 생각을 않는다. ②(초청을 받아) 주인을 찾아온 사람. ¶잔치에 온 손을 극진히 대접하다. 객(客). ㉫손님.

손(을) 치르다[관용] (잔치 따위 큰일에 즈음하여) 손님을 접대해 내다.

손³[명] 날수를 따라 동·서·남·북 네 방위를 돌아다니며 사람의 활동을 방해한다는 귀신.

손⁴[의] 손아랫사람이나 아주 친근한 사이에, '사람'보다는 낮고, '놈'보다는 좀 대접하여 '것'의 뜻으로 쓰는 말. ¶저 젊은 손이 하는 짓 보게.

손⁵[의] 물건을 집으면서 셀 때에 한 번 집는 수량. 자반고등어 따위는 두 마리, 배추는 두 통, 미나리·파 따위는 한 줌씩을 이름. ¶자반고등어 한 손.

손⁶[조] 어미 '-다'·'-ㄴ다'·'-는다' 뒤에 붙어, '추측'·'가정'을 뜻하는 말. (주로, '치다'와 함께 쓰임.) ¶내가 아무리 잘못했다손 치더라도 그렇지. 네가 내게 그럴 수 있는 거니?

손:(孫)[명] ①손자. ¶손을 보다. ②〈자손〉의 준말. ¶손이 귀한 집안. ③〈후손〉의 준말. ¶손이 끊어지다.

손:(巽)[명] ①〈손괘(巽卦)〉의 준말. ②〈손방(巽方)〉의 준말. ③〈손시(巽時)〉의 준말.

손:(損)[명] ①〈손해(損害)〉의 준말. ②〈손괘(損卦)〉의 준말.

-손(孫)[접미] ('대(代)'·'세(世)' 뒤에 붙어) '자손'의 뜻을 나타냄. ¶오 대손. /8대손.

손-가늠[-까-]**[명][하타]** 뼘으로 견주어 그 길이를 대충 헤아림. ¶신발의 치수를 손가늠하다.

손-가락[-까-]**[명]** 손끝의 다섯 개로 갈라진 가락.

손가락으로 헤아릴 정도[관용] 수효가 매우 적음을 이르는 말.

손가락 하나 까딱 않다[관용] '아무 일도 안 하고 뻔뻔하게 놀고 있음'을 강조조로 이르는 말.

손가락-뼈[-까-]**[명]** 손가락을 이루는 14개의 뼈. 지골(指骨).

손가락-질[-까-]**[명][하자타]** ①손가락으로 가리키는 짓. ②깔보거나 흉보는 짓. ¶뒤에서 손가락질하다. /남의 손가락질을 당하다.

손-가마[-까-]**[명]** 두 사람의 손을 '井' 자 모양으로 잡고 사람을 태우는 놀이.

손-가방[-까-]**[명]** 가볍게 들고 다닐 수 있는 조그마한 가방.

손-거스러미[-꺼-]**[명]** 손톱이 박힌 자리 위에 일어난 거스러미.

손-거울[-꺼-]**[명]** 손바닥에 올려놓고 보는 작은 거울.

손겹-이[명][하자]** 손을 대접하는 일.

손-결[-껼]**[명]** 손의 살결.

손-공(-功)[-꽁]**[명]** 손을 써서 이룬 공. 손재간으로 이루어 낸 공로. 수공(手功). ¶손공이 많이 든 물건.

손:괘(巽卦)[-꽤]**[명]** ①팔괘의 하나. 상형은 '☴'로, 바람을 상징함. ②육십사괘의 하나. '☴'을 위아래로 놓은 괘. 바람 아래에 바람이 거듭됨을 상징함. ㉫손(巽).

손:괘(損卦)[-꽤]**[명]** 육십사괘의 하나. 간괘(艮卦)와 태괘(兌卦)를 위아래로 놓은 괘. 산 아래에 못이 있음을 상징함. ㉫손(損).

손:괴(損壞)[-괴/-궤]**[명][하타]** 상하고 부서지게 함.

손-구구(-九九)[-꾸-]**[명][하타]** 손가락을 꼽아가면서 하는 셈.

손-구루마[명] '손수레'의 잘못.

손-국수[-쑤]**[명]** (기계로 빼지 않고) 손으로 만든 국수.

손-궤(-櫃)[-꿰]**[명]** 늘 거처하는 곳에 두고 쓰는 조그마한 궤.

손-그릇[-끄릇]**[명]** 거처하는 자리에 가까이 두고 쓰는 잔세간. [반짇고리 따위.] * 손그릇이 [-끄르시] · 손그릇만 [-끄른-]

손-금[-끔]**[명]** 손바닥 거죽에 난, 줄무늬의 잔금. 수상(手相).

손금(을) 보다[관용] ①손금으로 사람의 길흉화복을 알아보다. ②화투 따위로 '노름을 하다'를 속되게 이르는 말.

손금(을) 보듯 하다(환하다)[관용] 낱낱이 다 알고 있다. ¶그 집 일이라면 손금을 보듯 하다.

손:금(損金)[명] 손해 본 돈.

손금-쟁이[-끔-]**[명]** 손금을 보아 주는 일을 업으로 하는 사람.

손:기(損氣)[명][하자]** (심한 충격을 받아) 기가 상하거나 꺾임.

손-기계(-機械)[-끼계/-끼게]**[명]** (동력 대신에) 사람의 손으로 움직이는 기계. 손틀.

손^기술(-技術)[-끼-]**[명]** 씨름 기술의 하나. 손으로 상대의 무릎·팔다리를 치거나 당기거나 하는 공격 기술.

손-길[-낄]**[명]** ①손바닥을 펴고 늘어뜨리거나 내민 손. ¶손길이 닿는 곳. ②위해 주거나 해치는 힘. ¶구원의 손길. /침략의 손길.

손길을 뻗치다[관용] 도움·요구·침략·간섭 따위의 행위가 미치다. ¶침략의 손길을 뻗치다.

손길(을) 잡다[관용] 두 손을 펴서 서로 잡다.

손-꼽다[-따]**[자타]** ①손가락을 하나하나 안으로 굽혀 수(數)를 세다. ¶설날이 오기를 손꼽아 기다리다. ②여럿 중에서, 손가락으로 셀 만한 높은 등수 안에 들다. ¶이 고을에서 손꼽는 알부자라네.

손꼽-히다[-꼬피-]**[자]** ['손꼽다'의 피동] 손꼽음을 당하다. ¶우리 마을에서 손꼽히는 부자.

손-끝[-끋]**[명]** ①손가락의 끝. ¶손끝이 저리다. ②손을 대거나 건드려서 생긴 결과. 손때. ③손을 놀려서 하는 일 솜씨. ¶손끝이 여물다. * 손끝이 [-끄치] · 손끝을 [-끄틀] · 손끝만 [-끈-]

손끝(에) 물이 오르다[관용] 가난하던 살림이 넉넉해지다.

손끝(을) 맺다[관용] 할 일을 제쳐 놓고 놀다.

손-날[명] 태권도에서, 엄지손가락을 구부리고 손가락을 편 공격 자세의, 새끼손가락에서 손목까지의 부분을 이르는 말. 수도(手刀).

손녀(孫女)[명] 아들 또는 딸의 딸. 여손(女孫).

손녀-딸(孫女-)[명] '손녀'를 귀엽게 이르는 말.

손-놀림[명][하자] 손을 이리저리 움직이는 일. ¶ 손놀림이 빠르다.

손-누비[명][하타] (지은 옷이나 마른 옷감을) 손으로 누비는 일, 또는 그렇게 누빈 물건.

손-님[명] ①<손²>의 높임말. ¶ 손님을 초대하다. ②(영업하는 처지에 있는 사람을) '영업 활동의 대상으로 찾아온 사람'을 대접하여 이르는 말. ¶ 손님, 이쪽에서도 한번 골라 보세요. /객주에 손님이 없다. ③<손님마마>의 준말.

손님-마마(-媽媽)[명] '천연두'나 '별성마마'를 달리 이르는 말. ⓒ손님.

손님-장(-醬)[-짱][명] (특별한 때 쓰기 위하여) 따로 작은 단지에 담그는 간장. 별간장.

손-대[-때][명] ⓒ내림대.
손대 내리다[관용] (무당 따위가 경문을 외어) 귀신이 내림대에 내리다. 대내리다.

손대기[명] 잔심부름을 할 만한 아이.

손-대다[자] ①어떤 사물에 손이 닿게 하다. ¶ 작품에 손대지 마시오. ②일을 시작하다. ¶ 오늘부터 손대기 시작하다. ③(어떤 일에) 관여하다. 간섭하다. ¶ 따로 또 축산업에 손대기 시작하다. ④적절한 조처를 취하다. ¶ 정부에서 부실 업체 정비에 손대기 시작하다. ⑤수정하거나 고치다. ¶ 남의 원고에 함부로 손대는 것은 실례다. ⑥남의 재물을 함부로 쓰거나 제 것으로 만들다. ¶ 공금에 손대다. ⑦때리다. 손찌검을 하다. ¶ 여자에게 손대는 무뢰한.

손-대야[-때-][명] 작은 대야.

손-대중[-때-][명][하타] 손으로 들어 보거나 만져 보거나 하여 어림으로 하는 헤아림, 또는 그 분량. ¶ 손대중으로도 두 근은 넘겠다.

손-더듬이[명][하타] 손으로 더듬음, 또는 그 짓.

손-덕(-德)[-떡][명] 노름판에서, 우연히 잘 맞아 들어가는 손속. ¶ 손덕을 보다.

손:도(損徒)[명][하자] 지난날, 도리를 저버린 사람을 마을에서 내쫓던 일.
손도(를) 맞다[관용] 도리를 저버린 탓으로 마을에서 쫓겨나다. 남에게 배척을 당하다.

손-도끼[-또-][명] 한 손으로 다룰 수 있는 작은 도끼.

손-도장(-圖章)[-또-][명] 도장 대신 찍는 엄지 손가락의 무늬. 무인(拇印). 지장(指章).

손-독(-毒)[-똑][명] 헌데나 가려운 곳에 손을 대어 덧난 독. ¶ 손독이 오르다.

손돌-바람(孫乭-)[명] 음력 시월 스무날께 부는 몹시 차고 센 바람. 손석풍(孫石風).

손돌이-추위(孫乭-)[명] 음력 시월 스무날께의 몹시 심한 추위.

손-동작(-動作)[-똥-][명][하자] 손을 놀려서 하는 동작. ¶ 손동작이 재빠르다.

손:-득(損得)[명] 손실과 이득.

손-들다[~드니,~드오][자] ①항복(굴복)하다. ¶ 혹 대마가 죽었으니 이제 그만 손들게. ②(일 따위가 힘에 겨워) 도중에 그만두다. ¶ 자금이 달려서 석 달 만에 손들었네.

손-등[-뜽][명] 손의 바깥쪽, 곧 손바닥의 뒤. 수배(手背). ↔손바닥.

손더[조] <옛> 손에. 에게. 한테. ¶ 無學손더 비호논 사리마라(釋譜13:3)

손-때[명] ①오랜 동안 길들이고 만져서 묻은 때. ②손끝.
손때(가) 묻다[관용] 가구나 그릇 따위에 손이 많이 가서 길이 들다.
손때(를) 먹이다[관용] ①광이 나게 하다. ②오랜 동안 길을 들여 쓰다. ③어루만져서 기르다.

손-떠귀[명] 무슨 일이나 손을 대기만 하면 나타나는 길흉화복. ¶ 손떠귀가 사납다.

손-뜨겁다[-따][~뜨거우니·~뜨거워][형ㅂ] 손부끄럽다.

손-료(損料)[솔-][명] 물건을 빌려 주고, 닳거나 상한 값으로 받는 돈.

손-말명(孫末寺)[-씨][명] 불교에서, 말사에 딸려 본사(本寺)의 지배를 간접적으로 받는 작은 절을 이르는 말.

손-맛[-맏][명] ①손으로 만져 보아 느끼는 느낌. ②요리할 때 손으로 만드는 솜씨에서 우러나오는 맛. ¶ 어머니의 손맛이 뛰어나다. ③낚시에서, 물고기가 입질을 하거나 물고 당기는 힘이 낚싯대를 통하여 손에 전해 오는 느낌. * 손맛이[-마시]·손맛만[-만-]

손:-모(損耗)[명][하자] 써서 닳아 없어짐.

손-모가지[명] <속> '손²·손목'의 속된 말.

손-목[명] 손과 팔이 잇닿은 부분. 팔목.
손목을 잡고 말리다[관용] (어떤 일을) 기어코 못하게 말리다.

손목-뼈[명] 손목을 이루는 8개의 뼈. 완골.

손목-시계(-時計)[-씨계/-씨게][명] 손목에 차는 시계.

손밀이-대패[명] 기계 대패의 한 가지. 동력으로 돌리는 날에 나무를 손으로 밀어 넣어 깎음.

손-바꿈[명][하자] 능한 솜씨를 서로 바꾸어 일함. 환수(換手).

손-바느질[-빠-][명][하타] (재봉틀을 쓰지 않고) 손으로 하는 바느질.

손-바닥[-빠-][명] 손의 안쪽. 수장(手掌). 수벽(手擘). ↔손등.
손바닥(을) 뒤집듯[관용] 순식간에 변하거나 노골적으로 태도를 바꾸는 모양.

손바닥-뼈[-빠-][명] 손바닥을 이루는 5개의 뼈. 장골(掌骨).

손-바람[-빠-][명] 일을 처려 나가는 솜씨나 기세. ¶ 손바람이 나서 일이 잘된다.

손-발[명] 손과 발. 수족(手足).
손발(을) 걷다[관용] 죽은 사람의 팔다리를 굳어지기 전에 거두어 놓다.
손발(을) 치다[관용] (제가 발견한 것을) 여럿에게 외쳐 알리다.
손발(이) 맞다[관용] (함께 일하는 사람끼리) 서로 호흡이 잘 맞다.

손-발톱[명] 손톱과 발톱.

손:-방[명] 할 줄 모르는 솜씨. ¶ 바둑은 손방이다.

손:-방(巽方)[명] ①이십사방위의 하나. 남동(南東)을 중심으로 한 15도 범위 이내의 방위. 진방(辰方)과 사방(巳方)의 사이. ②팔방의 하나. 남동(南東)을 중심으로 한 45도 범위 이내의 방위. ⓒ손방. ↔건방(乾方).

손-버릇[-뻐릇][명] ①손에 익은 버릇. ②남의 것을 훔치거나 남을 때리는 버릇. ¶ 손버릇이 나쁘다. * 손버릇이[-뻐르시]·손버릇만[-뻐른-]

손보-기¹[명][하자] 손을 대어 보살핌. 손질.

손보-기²[명] 여자가 몸을 파는 일.

손-보다[타] ①시설이나 연장 따위를 수리하거나 손질을 하다. ¶ 고장 난 데를 손보다. ②(속되게) 폭력을 써서 몹시 혼내다. ¶ 제멋대로 행동한 녀석들은 따끔하게 손보다.

손:-복(損福)[명][하자] 복이 달림. 복을 잃음.

손부(孫婦)[명] ☞손자며느리. ¶ 대사를 치르느라고 그 댁 큰 손부가 욕봤네.

손-부끄럽다[-따][~부끄러우니·~부끄러워]
[형ㅂ] 무엇을 주거나 받으려고 손을 내밀었다가
허탕이 되어 남 보기에 부끄럽다. 손뜻겁다.

손:-비(損費)[명] 손익 계산에서, 일정 기간에 생
긴 손실 때문에 든 비용.

손-빨래[명][하타] (세탁기를 쓰지 않고) 손으로 비
벼 빠는 빨래.

손-뼈[명] 손가락뼈와 손바닥뼈·손목뼈를 통틀어
이르는 말. 수골(手骨).

손-뼉[명] 마주 쳐서 소리 낼 때의 '손바닥'을 이
르는 말.

　손뼉(을) 치다[관용] 기뻐하고 좋아하다.

손:-사래[-싸-][명] (어떤 말을 부인 또는 거절하
거나 조용히 하라는 뜻으로) 손을 펴서 내젓는
일. ⑥손살.

　손사래(를) 치다[관용] 손을 펴서 마구 내젓다.

손:-사랫-짓[-싸래찓/-싸랟찓][명][하자] 손사래를
치는 것. * 손사랫짓이[-싸래찌시/-싸랟찌
시]·손사랫짓만[-싸래찐-/-싸랟찐-].

손-사-품(巽巳風)[명] 손방(巽方)과 사방(巳方)에
서 부는 바람, 곧 동남풍.

손:-살[-쌀][명]〈손사래〉의 준말.

손:-상(損傷)[명][하타][퇴자] 떨어지고 상함. ¶건물
이 손상되다. 기물을 손상하다.

손:-상박하(損上剝下)[-바카][명][하자] 나라에 해
를 입히고 백성의 재물을 빼앗음.

손:-상익하(損上益下)[-이카][명][하자] 윗사람에
게 해를 입히고 아랫사람을 이롭게 함. ↔손하
익상.

손-살[-쌀][명] 손가락 사이. * 손살이[-싸치]·
손살을[-싸틀]·손살만[-싼-].

　손살으로 밑 가리기[속담] 가린다고는 하였으나
다 드러나 보인다는 뜻, 곧 하나 마나 한 행동
을 이르는 말.

손:-색(遜色)[명] 《주로 '없다'와 함께 쓰이어》 서
로 견주어 보아서 못한 점. ¶어느 제품과 비
겨도 손색이 없는 제품.

손:-색-없다(遜色-)[-새겁따][형] 다른 것과 견
주어 못한 것이 없다. 《주로, '손색없는'의 꼴
로 쓰임.》 ¶당장 해외 시장에 내놓아도 손색
없는 제품이다. **손색없-이**[부].

손서(孫壻)[명] 손녀의 남편.

손석-풍(孫石風)[명] ⇨손돌바람.

손:-설(殘泄)[명][하자] 한방에서, 먹은 음식이 조금
도 삭지 않고 그대로 나오는 설사를 이르는 말.

손세(孫世)[명] ①자손이 늘어 가는 정도. ②손자
의 대(代).

손-속[-쏙][명] 노름판에서, 힘들이지 않아도 손
대는 대로 잘 맞아 나오는 재수. 수덕(手德).
¶손속이 좋다. ⑥손띸.

손수[부] 친히. 제 손으로. ¶손수 운전하다.

손-수(-手)[명] 한자 부수의 한 가지. '拏'·'拳'·
'打'·'招' 등에서의 '手'나 'ㅔ'의 이름.
[' ㅔ'는 변(邊)으로만 쓰이어, 달리 '재방변'
이라고도 함.]

손-수건(-手巾)[-쑤-][명] 몸에 지니고 다니는
작은 수건.

손-수레[명] 사람의 손으로 끌거나 미는 수레.

손숫-물[-순-][명] 손을 씻는 물.

손:-쉽다[-따][~쉬우니·~쉬워][형ㅂ] 처리하기
가 까다롭지 아니하고 매우 쉽다. ¶아주 손쉬
운 일. /손쉽게 해치우다.

손:-시(巽時)[명] 이십사시의 열째 시. 상오 8시
30분부터 9시 30분까지의 동안. ⑥손(巽).

손-시늉[-씨-][명] 손으로 하는 시늉.

손:-실(損失)[명][하타][퇴자] 축나거나 잃어버리거나
하여 손해를 봄, 또는 그 손해. ¶그의 퇴직은
그 조직체로 보아 큰 손실이다. ↔이득·이익.

손:-실-금(損失金)[명] 손해를 본 금액.

손:-심부름[-씸-][명][하자] 몸 가까이 있는 일에
대한 잔심부름.

손:-쓰다[-쓰니-써][Ⅰ][자] 때를 놓쳐서는 안
될 일에 대해 필요한 조처를 취하다. ¶전염병
이 더 번지기 전에 빨리 손써야지.
[Ⅱ][타] 돈이나 재물로 관계되는 사람에게 선심
을 쓰다.

손:-씻이[명][하자] 남의 수고에 대하여 사례하는 뜻
으로 적은 물품을 줌, 또는 그 물품. ¶손씻이
를 못해 미안해서 어쩌나.

손소[부]〈옛〉손수. ¶손소 다 布施ㅎ거나(月釋
21:139). /손소 마리를 갓더니(內訓二下:7).

손:-아귀[명] ①엄지손가락과 다른 네 손가락과의
사이. ②어떤 세력이 미치는 범위. 수중(手中).
¶손아귀에 들어가다.

　손아귀에 넣다[관용] 제 것으로 만들다.

손:-아래[명] (나이나 항렬·지위 따위가) 자기보다
아래인 관계, 또는 그러한 관계에 있는 사람.
수하(手下). ↔손위.

손아래-뻘[명] 손아래가 되는 사이. ⑥아래뻘.

손아랫-사람[-래싸-/-랟싸-][명] 손아래가 되
는 사람. 아랫사람. ↔손윗사람.

손:-안[명] 자기가 부릴 수 있는 세력이나 권세의
범위. 수중(手中). ¶손안에 들어온 돈.
　손안에 넣다[관용] 자기 소유로 만들다. 자기의
것이 되다. ¶귀중품을 손안에 넣다.
　손안에 놓인 듯[관용] 자기 손 가까이에 있는 듯 또
렷하게. ¶산에서 내려다본 거리 풍경이 손안
에 놓인 듯 환히 보인다.

손:-양(遜讓)[명] 겸손하게 사양함.

손:-어림[명][하타] 손으로 대강 헤아림, 또는 그 분
량. 손짐작. ¶손어림으로도 열 자는 되어 보
인다.

손:-우(損友)[명] 사귀어서 이롭지 못한 벗. 해로
운 벗. ↔익우(益友).

손:-위[명] (나이나 항렬·지위 따위가) 자기보다 위인
관계, 또는 그런 사람. ¶손위 형님. ↔손아래.

손:-위(遜位)[명][하자] ⇨양위(讓位).

손:윗-사람[소뉘싸-/소뉟싸-][명] 손위가 되는
사람. 상장(上長). 윗사람. ↔손아랫사람.

손:-익(損益)[명] ①손실과 이익. ②경영의 결과로
생긴 자본 총액의 감소와 증가.

손:-익^계:산(損益計算)[-계-/-께-][명] 일정
기간 중에 발생한 수입과 비용을 대응시켜 순
이익을 확정하는 일련의 계산 절차.

손:-익^계:산서(損益計算書)[-계-/-께-][명] 일
정 기간의 기업의 손익을 나타내는 계산 서류.

손:-익^계:정(損益計定)[-계-/-께-][명] 한 회
계 기간 중의 영업 실적을 알기 위하여, 결산
기에 모든 비용과 수익 항목을 집계하여 원장
(元帳)에 베푸는 집합 계정.

손:-익^분기점(損益分岐點)[-뿐-찜][명] 손익 계
산에서, 수입과 비용이 일치하고 손실과 이익
의 갈림길이 되는 점.

손:-익-표(損益表)[명] '손익 계산서'를 흔히 이
르는 말.

손자(孫子)[명] 아들 또는 딸의 아들.

손-자국[-짜-][명] 손이 닿았던 흔적.

손-자귀[-짜-][명] 한 손으로 쓰는 작은 자귀.

손자-며느리(孫子-)[명] 손자의 아내. 손부(孫
婦). ¶손자며느리라 그런지 귀염기만 하다.

손:자삼요(損者三樂)명 (사람이) 좋아하여서 해로운 일 세 가지. '교만하고 사치함을 좋아하는 일, 편안하게 놀기를 즐기는 일, 잔치를 베풀고 즐기기를 좋아하는 일'의 세 가지를 이름. 〔'논어'에 나오는 말임.〕↪익자삼요(益者三樂).

손:자삼우(損者三友)명 사귀어 손해가 되는 세 가지 유형의 벗. '편벽된 벗, 착하기만 하고 줏대가 없는 벗, 말만 잘하고 성실하지 못한 벗'을 이름. 삼손우(三損友). ↪익자삼우(益者三友).

손-잡다[-따]재 ①손과 손을 마주 잡다. ¶동생과 손잡고 학교에 가다. ②서로 힘을 합쳐 같이 일하다. ¶서로 손잡고 일하다. ③짬짜미를 하다. ¶도둑의 무리와 손잡다.

손-잡이명 어떤 물건에 달려 있는, 손으로 쥐게 된 부분.

손-장난[-짱-]명하자 ①부질없이 손을 놀려서 하는 여러 가지 장난. ¶손장난이 심해서 성한 물건이 없다. ②'노름'을 달리 이르는 말.

손-장단[-짱-]명 손으로 맞춰 치는 장단. ¶손장단에 맞춰 노래를 부르다.

손:재(損財)명하자 재물을 잃어버림, 또는 그 잃어버린 재물.

손-재간(-才幹)[-째-]명 ☞손재주.

손-재봉틀(-裁縫-)명 손으로 돌려서 바느질하는 재봉틀. 준손틀.

손:재-수(損財數)[-쑤]명 재물을 잃을 운수. ¶올해는 손재수가 있으니 조심하시오.

손-재주(←-才操)명 손으로 무엇을 만들거나 다루는 재주. 손재간. 수재(手才).

손-저울[-쩌-]명 손에 들고 다니는 저울.

손-전등(-電燈)[-쩐-]명 건전지를 써서 들고 다니며 불을 켤 수 있는 전등. 플래시. 회중전등.

손:절-매(損切賣)명 앞으로 주가가 더 떨어질 것으로 예상하여, 손해를 감수하고 주식을 매입 가격 이하로 파는 일.

손:제(損弟)대 친구끼리 편지할 때, '자기'를 낮추어 일컫는 말.

손-제자(孫弟子)명 제자의 제자.

손조㋑ 〈옛〉손수. ¶유무 글월을 손조 더답더 아니티 아니호딕(小解6:108). ⓛ손소.

손:좌(巽坐)명 (집터나 묏자리 따위가) 손방(巽方)을 등진 좌향, 또는 그런 자리.

손:좌-건향(巽坐乾向)명 (집터나 묏자리 따위가) 손방(巽方)을 등지고 건방(乾方)을 향한 좌향.

손주(孫-)명 손자와 손녀를 아울러 이르는 말.

손지(孫枝)명 가지에서 돋은 가지.

손-지갑(-紙匣)[-찌-]명 돈이나 신분증 따위를 넣어 손에 가지고 다닐 수 있도록 만든 작은 지갑.

손-질명하타 ①손으로 잘 매만져 다듬는 일. ¶머리 손질. ②손으로 때리는 짓.

손-짐작(←-斟酌)[-찜-]명하타 ☞손어림.

손-짓[-찓]명하자 손을 놀리어서 어떤 뜻을 나타내는 일. ¶손짓하여 부르다. * 손짓이[-찌시]·손짓만[-찐-]

손-짭손[-쏜]명하자 좀스럽고 얄망궂은 손장난.

손-찌검(-―)명자타 손으로 남을 때리는 일. ¶걸핏하면 손찌검이다.

손-치다[I]자 가지런히 되어 있던 물건의 일부가 없어지거나 흐트러지다.
[II]타 (물건을) 매만져 정리하다.

손-톱명 손가락 끝을 덮은, 뿔같이 단단한 부분. 수조(手爪). 지조(指爪).

손톱 밑에 가시 드는 줄은 알아도 염통 밑에 쉬 스는 줄은 모른다[속담] 눈앞의 작은 이해관계에는 밝아도 큰 손해나 타격을 입을 일에는 어둡다는 말.

손톱 여물을 썰다[속담] 일을 당하여 혼자서 몹시 애를 태운다는 뜻.

손톱도 안 들어가다[관용] 사람됨이 몹시 완고하거나 인색하다.

손톱을[손톱으로] 튀기다[관용] 일을 하지 않고 가만히 놀고 지내다.

손톱 제기다[관용] 손톱자국을 내다.

손톱-괄호(-括弧)[-꽐-]명 ☞소괄호.

손톱-깎이명 손톱을 깎는 기구.

손톱-눈[-톱-]명 손톱의 양쪽 구석과 살이 맞닿는 부분.

손톱-독(-毒)[-똑]명 손톱으로 긁거나 할퀴어 생긴 종기, 또는 그 독기. ¶손톱독이 오르다.

손톱-묶음[-톰-]명 ☞소괄호(小括弧).

손톱-자국[-짜-]명 손톱으로 꼬집거나 할퀸 자국. 조흔(爪痕). ¶얼굴에 손톱자국이 나다.

손톱-조(-爪)[-쪼]명 한자 부수의 한 가지. '爬'·'爭' 따위에서 '爪'·'爫'의 이름. 〔'爫'를 달리 '손톱조머리'라고도 함.〕

손-틀명 ①손기계. ②〈손재봉틀〉의 준말.

손-티명 약간 드러나는 마맛자국.

손포명 실제 일하는 사람 수, 또는 일한 양.

손-풀무명 손으로 밀었다 당겼다 하거나 돌려서 바람을 내는 풀무.

손풀무-질명하자 손풀무로 바람을 내는 일.

손-풍금(-風琴)명 ☞아코디언.

손:피(巽避)명하자 사양하여 피함.

손:하익상(損下益上)[-쌍]명하자 아랫사람에게 해를 끼쳐서 윗사람을 이롭게 함. ↪손상익하.

손:하절(巽下絶)명 팔괘 중, 손괘(巽卦)는 아래의 막대만 끊어졌다는 뜻으로 '☴'의 모양을 이르는 말. ↪진하련(震下連).

손항(孫行)명 손자뻘 되는 항렬.

손:해(損害)명되자 (금전·물질 면에서) 본디보다 밑지거나 해가 됨. ¶거래에서 큰 손해를 보다./배워서 손해볼 것 없다. 준손(損). ↪이익.

손:해-나다(損害-)자 손해가 생기다.

손:해^배상(損害賠償)명 법의 규정에 따라 남에게 끼친 손해를 물어 줌, 또는 물어 주는 그 돈이나 물품.

손:해^보:험(損害保險)명 불의의 사고로 생기는 손해에 대하여 보상하는 보험. 〔화재 보험(火災保險)이나 해상 보험(海上保險) 따위.〕

손헤다㋑ 〈옛〉(싫어서) 손을 내젓다. ¶安貧을 실히 너겨 손헤다 물러가는(古時調).

손-화로(-火爐)명 한 손으로 들고 옮길 수 있도록 만든 작은 화로.

손-회목[-회-/-훼-]명 손목의 잘록하게 들어간 곳. 수완(手腕).

손^혹치기명 씨름에서, 오른손으로 상대의 왼쪽 무릎을 밖으로 걸어 당기면서 웃통으로 밀어 넘어뜨리는 기술.

솑돕명 〈옛〉손톱. ¶솑돕 조:爪(訓蒙上26).

솑바당명 〈옛〉손바닥. ¶ 장掌으로 솑바당 마촐 씨라(月釋2:29).

솓명 〈옛〉솥. ¶ 솓 뎡:鼎. 솓 확:鑊(訓蒙中10).

솓다명 〈옛〉쏟다. ¶ 가ᄉ매 다맛드 ᄆᄉᄆᆯ 소다 내요라(杜初9:17).

솔[1]**명** ①▷소나무. ②화투짝의 한 가지. 소나무를 그린, 정월(正月)을 상징하는 딱지.

솔 심어 정자라[속담] 앞날의 성공이 까마득함을 비유하여 이르는 말.

솔[2]**명** 먼지를 떨거나 물감 따위를 칠하거나 할 때 쓰는 도구. ¶들러붙은 잔털을 솔로 털다.

솔[3]**명**〈솔기〉의 준말.

솔[4]**명** 무명 따위로 만든 과녁. 소포(小布).

솔[5]**명** 살갗에 좁쌀 같은 것이 돋고 나중에 물집이 생기는 피부병의 한 가지.

솔(sol 이)**명** 장음계의 다섯째 음 또는 단음계의 일곱째 음의 계이름.

솔:(soul)**명** 재즈, 특히 블루스의 편곡 연주에 의한 테크닉 편중을 벗어나 순수한 선율 중심으로 작곡·연주하는 음악. 특히, 흑인음악, 곧 흑인 영가의 기본 선율을 형성한 영적 분위기의 음악.

솔가(率家)**하자** 온 집안 식구를 데려가거나 데려옴. 설가(挈家). 솔권(率眷). ¶솔가하여 낙향(落鄕)하다.

솔-가리[-까-]**명** ①말라서 땅에 떨어진 솔잎. ②땔나무로 쓰려고 묶어 놓은 솔가지.

솔-가지[-까-]**명** 소나무의 가지.〔특히, 솔가리로 쓰려고 꺾어서 말린 것.〕

솔개명 수릿과의 새. 날개 길이 48 cm가량. 몸빛은 암갈색(暗褐色)이며 가슴에 검은 세로무늬가 있다. 꽁지는 다른 매와 달리 서로 엇갈림. 공중에 높이 떠 맴돌면서 들쥐·개구리·물고기 따위 먹이를 노림. 텃새로 아시아·유럽·아프리카에 분포함.

솔개 까치집 뺏듯[속담] 갑자기 남의 것을 억지로 빼앗아 간다는 말.

솔개도 오래면 꿩을 잡는다[속담] 오랜 경력을 쌓으면 못하던 것도 할 수 있게 된다는 뜻.

솔개 어물전(魚物廛) 돌듯[속담] 어떤 한곳에 애를 가져 떠나지 못함을 이르는 말.

솔개-그늘〔음력 이월 스무날에는 흐려야 풍년이 든다고 하므로, 솔개 그림자만 한 그늘만 있어도 반갑다는 뜻에서〕'아주 조그마한 그늘'을 이르는 말.

솔거(率去)**하타** (여러 사람을) 거느리고 감.

솔권(率眷)**하자** ▷솔가(率家).

솔기명 옷 따위의 두 폭을 꿰맬 때 맞대고 꿰맨 줄. 준솔[3].

솔깃-하다[-기타-]**형여** 그럴듯하여 마음이 쏠리다. ¶감언이설에 귀가 솔깃하다. 솔깃-이**부**.

솔-나리[-라-]**명** 백합과의 다년초. 산지에 절로 나는데, 줄기 높이는 70 cm가량. 나리와 비슷하나 잎이 작고 실 모양이며, 여름에 홍자색 꽃이 핌. 비늘줄기는 먹을 수 있음.

솔-나무[-라-]**명**〈소나무〉의 본딧말.

솔-나물[-라-]**명** �꼭두서닛과의 다년초. 산과 들에 절로 나는데, 줄기 높이 70~100 cm. 마디마다 바늘 모양의 잎이 돌려나고, 6~8월에 노란 꽃이 핌. 어린순은 나물로 먹음.

솔-불[-뿔]**명**〈관솔불〉의 준말.

솔:다[1][소니·솔아]**자** ①물기가 있던 것이나 상처, 콘크리트 따위가 말라서 굳거나 죄어들다. ¶부레풀이 솔다. ②흐르는 물이 세차게 굽이쳐 용솟음치다.

솔:다[2][소니·솔아]**자**〈무솔다〉의 준말.

솔:다[3][소니·솔아]**형**('귀'와 함께 쓰이어) 시끄럽고 귀찮은 말을 너무 많이 들어서 귀가 아프다. ¶그만 떠들어라. 귀가 솔아 못 견디겠다.

솔:다[4][소니·솔아]**형** 긁으면 아프고 그냥 두면 가렵다.

솔:다[5][소니·솔아]**형** (옷 따위의 너비나 넓이가) 좁다. ¶버선볼이 솔아서 발이 아프다. ↔너르다.

솔:-대[-때]**명** ①판장 틈이나 문설주에 대는 가늘고 납작한 나무오리. ②활을 쏠 때, 솔을 버티는 장대.

솔-따비명 솔뿌리 따위를 캘 때 쓰는 따비.

솔라닌(solanine)**명** 감자 따위의 새 눈에 들어 있는 알칼로이드 배당체(配糖體)의 한 가지. 지나치게 섭취하면 중독으로 구토나 현기증 따위를 일으킴.

솔래(率來)**하타** (여러 사람을) 거느리고 옴.

솔래-솔래부 살짝살짝 조금씩 빠져나가는 모양. ¶연설이 점점 길어지자 다들 솔래솔래 회의장을 빠져나갔다.

솔레노이드(solenoid)**명** 관(管) 모양으로 감아 놓은 코일.

솔로(solo 이)**명** ①독창. ②독주(獨奏). ¶바이올린 솔로.

솔리스트(soliste 프)**명** 독창이나 독주(獨奏)를 전문으로 하는 사람.

솔-문(-門)**명** (축하 또는 환영의 뜻을 나타내기 위하여) 청솔가지를 입혀 꾸며 놓은 문. 녹문(綠門).

솔-바람명 솔숲을 스치고 부는 바람. 송뢰(松籟). 송풍(松風).

솔:-바탕명 활 쏠 바탕, 곧 활터에서 솔대가 있는 곳까지의 거리.

솔반(率伴)**명하타** 거느리고 함께 감.

솔발(-鋒鈸)**명** 손에 쥐고 흔들어 소리 내는 방울 모양의 작은 종. 요령(鐃鈴).

솔발(을) 놓다[관용] ①솔발을 흔든다. ②남의 비밀을 소문낸다.

솔발-수(-鋒鈸手)[-쑤]**명** 지난날, 군중(軍中)에서 솔발을 흔들던 취타수.

솔방(率榜)**명하타** 지난날, 과거에 급제한 사람이 방을 뵙고 사은(謝恩)할 때 집안의 선배 되는 이가 인도하던 일.

솔-방울[-빵-]**명** 소나무 열매의 둥근 송이. 송자.

솔-밭[-받]**명** 소나무가 많이 들어선 밭. *솔밭이[-바치]·솔밭을[-바틀]·솔밭만[-반-]

솔-버덤명 소나무가 무성하게 들어선 버덤.

솔베이-법(Solvay法)**명** 암모니아 소다법 (ammonia soda법).

솔병(率兵)**명하타** 병사를 거느림.

솔-보굿[-뽀굳]**명** 소나무의 보굿. 곧, 비늘 같은 소나무의 껍질. *솔보굿이[-뽀구시]·솔보굿만[-뽀군-]

솔복(率服)**명하자** 좇아서 복종함.

솔봉이명 나이가 어리고 촌티가 나는 사람.

솔-부엉이명 올빼밋과의 새. 날개 길이 25~30 cm. 등은 암갈색이며 갈색 세로무늬가 있음. 꽁지는 모양에 따라 앉았을 때는 매와 비슷함. 부리 주위에는 센털이 남. 밤에 곤충이나 작은 새·쥐 따위를 잡아먹음.

솔비-나무명 콩과의 낙엽 교목. 산기슭에서 자라는데, 높이는 8 m가량. 잎은 깃 모양의 겹잎이고 7~8월에 황백색의 꽃이 핌. 한라산 특산으로 목재는 가구재 따위로 쓰이고, 껍질은 물감용으로 쓰임.

솔빈(率濱)**명**〈솔토지빈(率土之濱)〉의 준말.

솔-뿌리명 소나무 뿌리.

솔-새명 볏과의 다년초. 산과 들에 절로 나는데, 높이 1 m가량. 뿌리에서 잎과 줄기가 무더기로 나며, 8월경에 꽃이 핌. 뿌리로 솔을 만듦. 참솔[2].

솔선(率先) [−썬] 图 하자 남보다 앞장서서 함.
¶ 반장이 솔선하여 작업장에 나가다.

솔선-수범(率先垂範) [−썬−] 图 하자 앞장서서
하여 모범을 보임.

솔성(率性) [−씽] 图 ①천성(天性)을 좋음. ②성
품. 성격.

솔솔 图 ①물이나 가루 따위가 잇달아 조금씩 새
어 나오는 모양. ¶ 도넛에 설탕을 솔솔 뿌렸다.
②바람이 보드랍게 부는 모양. ¶ 솔솔 부는 봄
바람. ③얽혔던 실 따위가 수월하게 풀리는 모
양. ④말이나 글이 막힘없이 잘 나오는 모양.
⑤이슬비가 조용히 내리는 모양. ①∼④흰솔솔.

솔솔-바람 图 약하게 솔솔 부는 바람.

솔:솔-이 图 솔기마다.

솔송-나무 图 소나뭇과의 상록 교목. 높이는
10 m 이상이며, 잎은 소나무와 비슷한데 끝이
오목함. 5월경에 자줏빛의 수꽃과 암꽃이 함께
피고, 엷은 갈색의 열매는 10월경에 익음. 재
목은 종이를 만드는 데 쓰임.

솔-수펑이 图 솔숲이 있는 곳.

솔-숲 [−숩] 图 소나무의 숲. 송림(松林). ＊솔숲
이[−수피]・솔숲만[−숨−]

솔악(率樂) 图 하자 왕조 때, 과거에 급제한 사람
이 북과 저[笛]를 갖춘 악대를 앞세우고 의식
장(儀式場)으로 가던 일.

솔양(率養) 图 하타 양자로 삼거나 데려옴.

솔옷 图 〈옛〉 송곳. ¶ 솔옷 쵸:錐(訓蒙中14).

솔옷멩 图 〈옛〉 소루쟁이.

솔이(率易) ‘솔이(率易)하다’의 어근.

솔이(率爾) ‘솔이(率爾)하다’의 어근.

솔이-하다(率易−) 톙여 언행이 솔직하고 까다롭
지 않다.

솔이-하다(率爾−) 톙여 ①생각할 겨를도 없이
매우 급하다. ②말이나 행동이 신중하지 못하
고 가볍다. 솔이-히 图.

솔-잎 [−립] 图 소나무의 잎. 송엽(松葉). ＊솔잎
이[−리피]・솔잎만[−림−]

솔잎-대강이 [−립때−] 图 짧게 깎아 빳빳하게
일어선 머리.

솔잎-상투 [−립쌍−] 图 짧은 머리털을 간신히 끌
어올려 뭉뚱그려 짠 상투.

솔-잣새 [−잗쌔] 图 참새목 되샛과의 겨울새. 몸
길이 17 cm가량. 부리가 어긋나 있음이 특징.
수컷의 머리와 가슴 주위 대부분이 장밋빛이며
암컷은 올리브색임. 잣・솔씨를 까먹으며 솔숲
을 떼 지어 날아다님. 늦가을부터 봄까지 우리
나라 전역에서 볼 수 있음. 잣새.

솔-장다리 图 명아줏과의 일년초. 바닷가의 모래
땅에 자라는데, 높이 30 cm가량. 가늘고 긴 잎
이 어긋나고, 7∼8월에 녹색 꽃이 잎겨드랑
이에 핌. 어린순은 나물로 먹음.

솔:-쟁이 〈소루쟁이〉의 준말.

솔정(率丁) [−쩡] 图 거느려 부리는 장정. 비부하.

솔직(率直) ‘솔직하다’의 어근.

솔직-하다(率直−) [−찌카−] 톙여 거짓이나 숨김
이 없이 바르고 곧다. ¶ 솔직한 심정으로 모든
진실을 털어놓다. 솔직-히 图.

솔:-질 图 하자타 솔로 먼지 따위를 털거나 문지
르는 짓.

솔-찜 图 하타 〈솔찜질〉의 준말.

솔찜-질 图 하타 더운 방에서 온몸에 솔잎을 덮고
하는 찜질. 준솔찜.

솔창(率倡) 图 하자 과거에 급제한 사람이 광대를
앞세우고 피리를 불며 귀향하던 일.

솔토(率土) 图 〈솔토지빈(率土之濱)〉의 준말.

솔토지민(率土之民) 图 나라 안의 모든 백성.

솔토지빈(率土之濱) 图 ①온 천하. ②국경까지
의 온 나라, 또는 그 경계. 준솔빈・솔토.

솔트(SALT) 图 미국과 소련이 전략 무기의 수량
과 질을 제한하기 위하여 맺은 협정(協定).
[Strategic Arms Limitation Talks]

솔-파(sol-fa 이) 图 계이름부르기.

솔-포기 图 가지가 다보록한 작은 소나무.

솔하(率下) 图 거느리고 있는 부하.

숣바올 图 〈옛〉 솔방울. ¶ 숣바올 닐굽과(龍歌89章).

솜 图 목화의 삭과(蒴果) 속에서 씨를 뽑아낸
섬유질의 물질, 또는 그와 같이 생기거나 만
든 물질. ¶ 솜을 타다. /솜을 얇게 두어 누빈
이불.

솜:-나물 图 국화과의 다년초. 산이나 들에 나는
데, 줄기는 10∼20 cm. 잎은 뿌리에서 돋아 사
방으로 퍼지며 뒷면에 흰 털이 있음. 5∼9월에
흰색 또는 담자색의 꽃이 핌. 어린잎은 나물로
먹음.

솜:-다리 图 국화과의 다년생 고산 식물. 높이
15∼25 cm. 잎은 긴 타원형이고, 줄기와 잎 뒷
면에 흰 솜털이 나 있음. 여름에 연한 노란빛
의 작은 꽃이 모여 핌. 에델바이스와 비슷함.

솜:-대 图 중국 원산의 볏과 식물. 줄기 높이가
10 m에 이르러 기구나 건축재로 쓰이고, 죽순
은 식용함. 감죽.

솜:-돗 [−똗] 图 솜을 얇게 펴서 솜반을 만드는
돗자리. ＊솜:돗이[−또시]・솜:돗만[−돈−]

솜:-몽둥이 图 헝겊 조각 따위에 솜을 싸서 몽둥
이처럼 만든 물건. 물건에 윤을 낼 때 칠을 묻
혀서 문지름.

솜:-반 [−빤] 图 솜돗에 펴서 잠재운 번번한 솜
의 조각. 참반.

솜:-방망이 图 국화과의 다년초. 따뜻한 곳에서
자라는데, 줄기는 흰 털로 덮여 있음. 잎은 뿌
리와 줄기에서 나며, 5∼6월에 노란 꽃이 핌.
어린잎은 나물로 먹고, 꽃은 한방에서 거담제
따위의 약재로 쓰임.

솜:-방망이[2] 图 솜을 방망이처럼 뭉쳐 쇠꼬챙이
에 붙인 것. [흔히, 기름을 묻혀 해처럼 불을
밝힘.]

솜:-버선 图 솜을 둔 버선. 면사(綿褳).

솜:-병아리 图 알에서 갓 깬 병아리.

솜:-붙이 [−부치] 图 겹옷 입을 철에 입는 ‘솜
옷’을 이르는 말. ↔맞붙이.

솜브레로(sombrero 스) 图 스페인이나 멕시코
사람들이 쓰는 민속 모자. 둥근 챙이 넓고 꼭
대기가 뾰족함.

솜:-사탕(＊−沙糖) 图 설탕을 기계로 돌려 솜처
럼 부풀려서 만든 과자.

솜솜 튀 하자 오목오목 팬 자리가 담상담상 있는
모양. ¶ 솜솜 마맛자국이 난 얼굴. 큰숨숨. 솜
솜-이 튀.

솜씨 图 ①손으로 무엇을 만드는 재주. ¶ 요리
솜씨. ②일을 해내는 수단이나 수완. ¶ 솜씨를
발휘하다.

솜:-옷 [소몯] 图 솜을 둔 옷. 면복(綿服). 핫옷.
＊솜:옷이[소모시]・솜:옷만[소몬−]

솜:-이불 [−니−] 图 솜을 둔 이불. 핫이불.

솜:-채 图 솜을 잠재우기 위해 두드리는 채.

솜:-털 图 보드랍고 고운 털. 면모(綿毛).

솜:-틀 图 쓰던 솜을 부풀려 펴서 타는 기계. 타
면기(打綿機).

솜:-화약(−火藥) 图 솜을 황산과 질산의 혼합액
에 적셔 만든 화약. 면화약(綿火藥). 화면(火綿).

솝명 〈옛〉속. ¶ 솝 리:裏. 솝 충:衷(訓蒙下34).

솝호-스(sovkhoz 러)명 소련의 국영 농장.

솟고라-지다[솓꼬-]짜 ①용솟음치며 끓어오르다. ②솟구쳐 오르다.

솟-구다[솓꾸-]타 『'솟다'의 사동』 솟아오르게 하다.

솟구-치다[솓꾸-] Ⅰ짜 ①아래서 위로, 또는 안에서 밖으로 세차게 솟아오르다. ¶용암이 솟구쳐 오르다. ②감정이나 힘 따위가 급격히 솟아오르다. ¶힘이 솟구치다.
Ⅱ타 빠르고 세게 솟구치다.

솟-나다[손-]짜 〈소수나다〉의 준말.

솟다[솓따]짜 ①아래에서 위로 오르다. ¶물이 솟다. /해가 솟다. ②속에서 겉으로 나오다. ¶구두의 못이 솟다. /땀이 솟다. ③높이 우뚝 서다. ¶도시 한복판에 우뚝 솟은 빌딩. ④감정이나 힘 따위가 생겨나다. ¶기운이 솟다. ⑤(물가·성적 따위의) 지표가 올라가다. ¶기름 값이 솟다. ☞솟아·솟는[손-]

솟-대[솓때]명 ①과거에 급제한 사람을 기리기 위하여 마을 어귀에 세웠던 물건. 〔붉은 장대 위에 푸른 나무 용(龍)을 새겨 매달았음.〕 효죽(孝竹). ②민속에서, 이듬해의 풍년을 빌며 큰 농가에서 볍씨를 주머니에 넣어 매달던 장대. 그 볏대쟁이가 올라가 재주를 부리던 장대.

솟-대-쟁이[솓때-]명 지난날, 탈을 쓰고 솟대 꼭대기에 올라가 재주를 부리던 사람.

솟-보다[솓뽀-]타 물건을 자세히 살펴보지도 않고, 값을 많이 주고 사다. ¶찬찬히 뜯어보는 성격이 아니어서 솟보는 일이 가끔 있다.

솟아-나다 Ⅰ짜 솟아서 겉으로 나타나다. ¶땅에서 새싹이 솟아나다.
Ⅱ형 여럿 가운데서 뚜렷이 드러나다. ¶재주가 솟아나다.

솟아-오르다[∼ 오르니·∼ 올라]짜르 ①솟아서 위로 오르다. ¶분수의 물줄기가 하늘 높이 솟아오르다. ②감정이나 힘 따위가 힘차게 일어나다. ¶기쁨이 솟아오르다.

솟을-대문(∼大門)[∼때-]명 행랑채보다 높이 솟은 대문. 고주 대문(高柱大門). ⍟평대문.

솟을-무늬[∼니]명 (피륙 따위에) 도드라지게 놓인 무늬.

솟-치다[솓-] Ⅰ짜 《주로 '화'·'분노' 따위의 부정적 감정 명사를 주어로 하여》 느낌 따위가 세차게 일어나다. ¶그 꼴을 다 보았으니 화가 솟칠 만도 하지.
Ⅱ타 위로 높게 올리다. ¶몸을 솟쳐 담을 훌쩍 넘다.

송(訟)명 〈송괘(訟卦)〉의 준말.

송(頌)명 (남의) 공덕을 기리는 내용의 글.

송(頌)명 공덕을 기리는 노래.

송간(松間)명 소나무 사이.

송강-가사(松江歌辭)명 정철(鄭澈)이 지은 시조와 가사 등을 모아 엮은 책. 전 2권으로 조선 숙종 때 간행됨.

송:객(送客)명하자 손을 떠나 보냄. 손을 전송(餞送)함.

송경(松京)명 지난날, '개성(開城)'을 달리 이르던 말. ⍟송도(松都).

송:경(誦經)명하자 ①불경을 욈. ②(판수가) 경문을 욈.

송:고(送稿)명하타 원고를 보냄. ¶마감 시간에 맞추어 기사를 송고하다.

송고리명 '송골매'를 사냥꾼들이 이르는 말.

송골-매(松鶻-)명 ⍈매6.

송골-송골부형 땀이나 소름 따위가 살갗이나 표면에 잘게 많이 돋아나 있는 모양. ¶이마에 땀이 송골송골하다.

송:곳[-곧]명 종이나 나무·쇠 따위에 작은 구멍을 뚫는 연장. *송:곳이[-고시]·송:곳만[-곧-]

송곳도 끝부터 들어간다속담 일에는 순서가 있다는 말.

송곳 박을 땅도 없다속담 자기 땅이라고는 조금도 없다는 말.

송:곳-눈[-곤-]명 날카롭게 쏘아보는 눈.

송:곳-니[-곤-]명 앞니와 어금니 사이에 있는 뾰족한 이.

송곳니가 방석니가 된다속담 '몹시 분하여 이 갈도록 속이 앙심이 깊음'을 이르는 말.

송:곳-질[-곧찔]명하자 송곳으로 구멍을 내는 일.

송:곳-치기[-곧-]명 송곳이나 큰 못으로 흙 바닥에 꽂기를 하는 장난.

송:곳-칼[-곧-]명 한쪽 끝은 송곳으로 되고, 다른 한쪽 끝은 날이 있는 칼.

송과-선(松果腺)명 척추동물의 간뇌(間腦)의 뒤쪽 윗부분에 있는 작고 둥그스름한 소체. 내분비샘의 한 가지로, 성기(性器)의 발육을 조정하는 기능을 지님. 송과체.

송과-체(松果體)명 ⍈송과선(松果腺).

송:관(訟官)명 왕조 때, 송사(訟事)를 다스리던 벼슬아치.

송:괘(訟卦)명 육십사괘의 하나. 건괘(乾卦)와 감괘(坎卦)를 위아래로 놓은 괘. 하늘과 물이 어긋나서 행함을 상징함. ⍟송(訟).

송괴(悚愧)명 '송괴하다'의 어근.

송:괴-스럽다(悚愧-)[-괴-따/-궤-따][∼스러우니·∼스러워]형ㅂ 죄송스럽고 부끄러운 느낌이 있다. 송괴스레부.

송:괴-하다(悚愧-)[-괴-/-궤-]형 죄송하고도 부끄럽다. 송괴-히부.

송:구(送球)명하자 구기에서, 공을 보냄. ¶공을 재빨리 일루로 송구하다. ②⍈핸드볼.

송구(悚懼)명 '송구하다'의 어근.

송:구-스럽다(悚懼-)[-따][∼스러우니·∼스러워]형ㅂ 마음에 두렵고 거북한 느낌이 있다. ¶어르신께 이런 말씀을 드려 송구스럽습니다만…. 송구스레부.

송:구-영신(送舊迎新)명 묵은해를 보내고 새해를 맞이함. ⍟송영(送迎).

송:구-하다(悚懼-)형 두려워서 마음이 거북스럽다. ¶송구한 마음을 금할 수 없습니다. 송구-히부.

송그리다타 몸을 작게 오그리다. ¶몸을 송그리고 앉아 누이를 기다리다.

송근-유(松根油)[-뉴]명 소나무 따위의 침엽수 뿌리를 건류하여 얻는 기름. 테레빈유와 같은 특이한 냄새가 나며 바니시나 페인트 등의 용제(溶劑)로 쓰임.

송글-송글부 '송골송골'의 잘못.

송금(松禁)명하자 소나무를 못 베도록 함.

송:금(送金)명하자타 돈을 부침. 또는 그 돈. ¶고향에 계신 부모님께 생활비를 송금하다.

송:금^수표(送金手票)명 송금에 쓰이는 수표. 〔은행이 자기 지점 등에 대하여 발행함.〕

송:금^은행(送金銀-)명 송금 환은행.

송:금-환(送金換)명 우체국이나 은행을 매개로 하여, 멀리 떨어져 있는 사람에게 송금하는 일, 또는 그 어음.

송:금^환:어음(送金換-)圓 송금 위탁을 받은 은행이 보낼 곳의 은행으로 하여금 특정인에게 일정한 돈을 지불하게 하는 어음. 송금 어음.

송기(松肌)圓 소나무 어린 가지의 속껍질.

송기-떡(松肌-)圓 송기를 넣어 만든 떡.

송기-죽(松肌粥)圓 송기를 넣어 쑨 죽.

송낙(←松蘿)圓 소나무겨우살이로 짚저저리 비슷하게 엮은, 여승(女僧)이 쓰던 모자.

송낙-뿔(←松蘿-)圓 둘 다 옆으로 꼬부라진 쇠뿔. ㉕우걱뿔.

송:년(送年)圓쟈 한 해를 보냄. ↔영년(迎年).

송:년-사(送年辭)圓 묵은해를 보내면서 하는 인사말.

송:년-호(送年號)圓 (정기 간행물의) 그해에 마지막 내는 호(號).

송:달(送達)圓하타되쟈 ①(편지나 물품 따위를) 보내어 줌. ¶대금 청구서를 송달하다. ②소송상(訴訟上)의 서류를 일정한 격식과 절차에 따라 당사자 및 소송 관계인에게 보내어 줌.

송:달-리(送達吏)圓 법원 서기의 위임을 받아 송달을 하는 집배원이나 집행관.

송당-송당副하타 ①물건을 조금 잘게 써는 모양. ¶호박을 송당송당 썰다. ②바느질에서, 담상담상 거칠게 호는 모양. ¶이불을 송당송당 꿰매다. ㉕숭덩숭덩. ㉑쫑당쫑당.

송:덕(頌德)圓하타 공덕을 기림.

송:덕-문(頌德文)圓 공덕을 기리는 글.

송:덕-비(頌德碑)[-삐]圓 공덕을 기리기 위하여 세운 비석.

송도(松都)圓 '개성(開城)'의 옛 이름.
　송도 말년(末年)**의 불가사리라**㊀ '행패가 심하여 손댈 수가 없는 자'를 이르는 말.
　송도 오이 장수㊀ '이곳 때문에 재산 날려 갔다 하다가 헛수고만 하고 낭패당한 사람'을 이르는 말.

송도(松濤)圓 파도 소리처럼 들리는 솔바람 소리.

송:독(誦讀)圓하타 ①외워 읽음. ②소리 내어 읽음. ②독송(讀誦).

송:동(悚動)圓하쟈 황송하여 떨림.

송두리-째副 몽땅. 있는 대로 모두. ¶장사 밑천을 송두리째 날리다.

송라(松蘿)[-나]圓 ⇨소나무겨우살이.

송로(松露)[-노]圓 ①솔잎에 맺힌 이슬. ②알버섯과의 버섯. 2~6cm 크기의 흰 알 모양의 버섯으로, 파내면 갈색으로 변함. 4~5월경 해변의 모래땅이나 솔숲에 돋아나는데 솔 향기가 있고 식용함. 알버섯.

송뢰(松籟)[-뇌/-뉘]圓 솔바람.

송:료(送料)[-뇨]圓 물건을 부치는 데 드는 요금.

송름(悚懍) '송름하다'의 어근.

송:름-스럽다(悚懍-)[-늠-따][~스러우니·~스러워]쥉 두려워 마음에 불안한 느낌이 있다. 송름스레副

송:름-하다(悚懍-)[-늠-]쥉 두려워서 마음이 흔들리다.

송:리(訟理)[-니]圓 송사의 까닭.

송린(松鱗)[-닌]圓 물고기의 비늘같이 생긴, 늙은 소나무의 겉껍질.

송림(松林)[-님]圓 소나무의 숲. 솔숲.

송명(松明)圓 관솔불.

송목(松木)圓 ⇨소나무.

송:무(訟務)圓 소송에 관한 사무.

송무백열(松茂柏悅)圓 〔소나무가 무성함을 잣나무가 기뻐한다는 뜻으로〕 벗이 잘됨을 기뻐함. ㉕혜분난비(蕙焚蘭悲).

송방(松房)圓 지난날, 서울에 있던 '개성 사람들의 주단 포목전'을 이르던 말.

송방(松肪)圓 ⇨송진(松津).

송:배(送配)圓하타 나누어서 보냄.

송:배전(送配電)圓 송전과 배전.

송백(松柏)圓 ①소나무와 잣나무. ②껍질을 벗기어 솔잎에 꿴 잣.

송백-목(松柏木)圓 〔-뱅-〕圓 육십갑자의 경인(庚寅)과 신묘(辛卯)에 붙이는 납음(納音). ㉕장류수(長流水).

송백-조(松柏操)[-쪼]圓 (소나무나 잣나무처럼) 변하지 않는 지조나 절개.

송:변(訟辯)圓하타 송사에서 변론함.

송:별(送別)圓하타 멀리 떠나는 이를 이별하여 보냄. ↔유별(留別).

송:별-사(送別辭)[-싸]圓 떠나는 이를 위하여 보내는 이가 하는 인사말, 또는 그러한 글. ㈜송사.

송:별-식(送別式)圓 떠나는 사람을 보내는 이별 의식.

송:별-연(送別宴)圓 송별할 때 베푸는 잔치. ¶입영하는 친구를 위해 조촐하게나마 송별연을 갖고자 하니 참석해 주시기 바랍니다.

송:별-회(送別會)[-회/-훼]圓 송별의 서운함을 달래기 위한 뜻으로 베푸는 모임.

송병(松餠)圓 ⇨송편.

송:병(送兵)圓하타 군사를 보냄.

송:부(送付)圓하타 (물건을) 보냄.

송:사(送辭)圓 〈송별사〉의 준말.

송:사(訟事)圓하쟈 소송(訴訟)하는 일. ¶집안끼리 송사가 일어나다.

송:사(頌辭)圓 공덕을 기리는 말.

송사리圓 ①송사릿과의 민물고기. 몸길이 5cm 가량. 몸은 가늘고 눈이 큼. 몸빛은 엷은 회갈색인데 변종(變種)이 많음. 우리나라·중국·일본 등지에 분포함. ②'가치 없고 하찮은 사람'을 빗대어 이르는 말. ¶거물은 모두 놓치고 송사리만 잡아들였다.

송삼(松蔘)圓 개성(開城)에서 나는 인삼.

송:상(送像)圓하타 텔레비전이나 전송 사진 등에서, 영상을 전파로 보내는 일. ↔수상(受像).

송:상-기(送像機)圓 영상을 전파로 보내는 장치. ↔수상기.

송:성(頌聲)圓 기리어 찬양하는 소리.

송송副 ①물건을 잘게 빨리 써는 모양. ¶파를 송송 썰다. ②하쟈 작은 구멍이 많이 뚫려 있는 모양. ¶그물에 구멍이 송송 뚫렸다. ③잔 땀방울이 맺혔거나 소름 따위가 많이 돋은 모양. ¶이마에 땀방울이 송송 맺히다. ㉕숭숭. ②송송-히副

송수(松樹)圓 ⇨소나무.

송:수(送水)圓하타 물을 보냄.

송:수(送受)圓하타 (통신 따위를) 보냄과 받음. ↔수상기.

송:수-관(送水管)圓 상수도의 물을 보내는 관. ㉑수도관.

송:-수신(送受信)圓 송신과 수신을 아울러 이르는 말. 송수(送受).

송순(松筍)圓 소나무의 새순.

송순-주(松筍酒)圓 소나무의 새순을 넣어 빚은 술, 또는 소주에 송순을 담가 우린 술.

송:시(頌詩)圓 공덕을 기리는 시.

송시-요(松柴窯)圓 소나무를 떼어 도자기를 굽는 가마.

송:신(送信)[하타][되자] 통신을 보냄. ↔수신1.

송:신(送神)[하자] (제사가 끝난 뒤에) 신을 전송함. ↔영신(迎神).

송:신(竦身)[명][하자] 몸을 움츠림.

송:신-관(送信管)[명] 송신기에 쓰이는 전자관(電子管). ↔수신관.

송:신-기(送信機)[명] 유무선 통신기의, 통신을 보내는 장치. 발신기(發信機). ↔수신기.

송:신-소(送信所)[명] 전파의 송신을 맡아보는 곳. ↔수신소(受信所).

송실(松實)[명] 소나무의 열매.

송심(松蕈)[명] ☞송이(松栮).

송아리[명] ①꽃이나 자잘한 열매가 한데 모여 달린 덩어리. ②[의존 명사적 용법] 꽃이나 자잘한 열매가 한데 모여 달린 덩어리를 세는 단위. ¶포도 한 송아리. ⓑ숭어리.

송아지[명] 소의 새끼. 독우(犢牛).

송악[명] 두릅나뭇과의 상록 활엽 만목. 뿌리와 가지에서 기근(氣根)이 자라나 딴 물체를 타고 오름. 잎은 갈잎 모양으로 어긋맞게 나고 윤기가 있음. 가을에 녹황색 꽃이 피며, 이듬해 봄에 검은 열매가 익음. 관상용인데, 잎과 줄기는 약재로 쓰임.

송:안(訟案)[명] 지난날, '송사(訟事)의 기록'을 이르던 말.

송알-송알[부] ①술이나 고추장 따위가 괴어 거품이 이는 모양. ②송아리가 여럿 엉킨 모양. ¶송알송알 싸리 잎에 은구슬. ⓑ숭얼숭얼.

송액(松液)[명] 솔뿌리를 자른 데서 나오는 진.

송:액(送厄)[명] 액운을 보냄.

송:양지인(宋襄之仁)[명] 착하기만 하여 '쓸데없는 아량을 베풂'을 이르는 말. [중국 춘추 시대 송나라 양공(襄公)이 쓸데없이 어진 체하다가 싸움에 패하였다는 고사에서 유래됨.]

송어(松魚)[명] 연어과의 바닷물고기. 몸길이 60cm가량. 몸빛은 등이 짙고 남색이며 배는 은백색임. 여름철 산란기에 하천 상류로 거슬러 올라감. 우리나라에는 경북 이북의 동해안에 분포하고 근래에는 민물에서 많이 양식함.

송연(松煙)[명] 소나무를 태울 때 나온 철매. 먹의 원료로 쓰임.

송연(悚然·竦然)[명] '송연하다'의 어근.

송연-묵(松煙墨)[명] 숯먹.

송:연-하다(悚然-·竦然-)[형여] (주로 '모골'과 함께 쓰이어) 두려워서 옹송그리다. ¶모골(毛骨)이 송연하다. 송연-히[부].

송엽(松葉)[명] 솔잎.

송엽-주(松葉酒)[명] 솔잎을 넣어 빚은 술, 또는 소주에 솔잎을 담가 우린 술.

송:영(送迎)[명][하타] 가는 이를 전송하고, 오는 이를 맞이함. 영송. ②[하자] <송구영신>의 준말.

송:영(誦詠)[명][하타] 시가를 외워 읊조림.

송:영-대(送迎臺)[명] 공항 등에서 송영할 때, 서로 바라다볼 수 있게 만든 대.

송운(松韻)[명] 맑은 솔바람 소리를 운치 있게 이르는 말.

송:유(宋儒)[명] 송나라의 정주학파에 속한 선비.

송유(松油)[명] 솔가지를 잘라 불에 구워 받은 기름.

송:유-관(送油管)[명] 석유나 원유 등을 딴 곳으로 보내기 위하여 시설한 관. 유송관. 파이프라인.

송이[명] ①꽃이나 눈·열매 따위가 따로 된 한 덩이. ¶꽃다발에서 시든 송이를 골라낸다. ②[의존 명사적 용법] 꽃이나 눈·열매 따위가 따로 된 한 덩이를 세는 단위. ¶꽃 한 송이.

송이(松栮)[명] 송이과의 버섯. 삿갓 모양의 지름 8~20cm의 윗부분과 길이 10cm가량의 자루로 되어 있음. 추석 무렵 솔밭에 나는데 향기가 좋고 맛이 있어 식용 버섯의 대표로 꼽힘. 송심(松蕈). 송이버섯.

송이-밤[명] 밤송이 속에 들어 있는, 까지 않은 밤. ↔알밤.

송이-밥(松栮-)[명] 밥을 짓다가 송이를 썰어 넣고 버무려서 뜸을 들여 지은 밥.

송이-버섯(松栮-) [-섣] ☞송이(松栮). * 송이버섯이[-서시]·송이버섯만[-선-]

송이-송이[부] 송이마다.

송이-술[명] 전국으로 뜬 술. 조하주(糟下酒).

송이-재강[명] 전국만 떠낸 술의 재강.

송이-채(松栮菜)[명] 쇠고기를 잘게 썰어 양념하여 볶다가 송이를 썰어 넣고 볶은 음식.

송이-풀[명] 현삼과의 여러해살이풀. 줄기는 사각형으로 높이 30~60cm. 달걀 모양 또는 타원형의 잎이 어긋맞게 나는데, 8~9월에 진홍색 꽃이 원줄기 끝에 핌. 우리나라 각지와 일본 등지의 산속에 절로 나는데 어린잎은 식용함.

송잇-국(松栮-)[-이꾹/-잇꾹][명] 송이에 녹말을 물혀 달걀을 씌워서 맑은장국에 끓인 국.

송:자(宋瓷·宋磁)[명] 중국 송(宋)나라 때에 만들어진 도자기.

송자(松子)[명] ①솔방울. ②잣.

송-자(松子松)[명] ①솔방울. ②잣.

송:장(送狀)[명] 죽은 사람의 몸뚱이. 시구(屍軀). 시신(屍身). 시체(屍體). 유해(遺骸). 주검.
  송장 빼놓고 장사 지낸다[속] 가장 긴요한 것을 잊어버리고 일을 치른다는 말.
  송장(을) 치다[관용] '장사를 지내다'를 속되게 이르는 말.

송:장(送狀)[-짱][명] ①☞송증(送證). ②☞인보이스(invoice). ③☞운송장(運送狀).

송:장-통(-桶)[명] 광산에서, 복대기를 삭히어 금을 빼내는 널같이 생긴 통.

송:장-헤엄[명] ☞배영(背泳).

송:적(送籍)[명][하타] 혼인이나 입양 등으로 인하여 다른 집으로 호적을 옮겨 넣음.

송전(松田)[명] 솔밭.

송:전(送傳)[명][하타] 보내어 전함.

송:전(送電)[명][하자][되자] 전력을 보냄.

송:전-선(送電線)[명] 전력을 발전소로부터 변전소나 배전소까지 보내는 데 쓰는 선.

송절(松節)[명] 소나무의 마디.

송:정(送呈)[명][하타] 보내어 드림.

송:정(送狂·訟庭)[명] 왕조 때, 송사(訟事)를 처리하던 법정(法廷).

송:조(宋朝)[명] ①중국 송나라의 왕조 또는 그 조정. ②<송조체(宋朝體)>의 준말.

송:조-체(宋朝體)[명] 활자체의 한 가지. 해서체(楷書體)의 한 가지로 끝이 날카로움. ④송조·송체. ⑧명조체·청조체.

송:종(送終)[명][하자] 장사(葬事)에 관한 모든 일, 또는 그 일을 끝마침.

송:주(誦呪)[명][하자] ①주문을 욈. ②다라니경(陀羅尼經)을 욈. 주송(呪誦).

송:주(誦奏)[명] 상주문을 읽어 올림.

송죽(松竹)[명] 소나무와 대나무를 아울러 이르는 말.

송죽(松粥)[명] 갓 딴 솔잎을 썰어 짓찧어 짜낸 물. 양생(養生)이나 벽곡(辟穀)으로 먹음.

송죽매(松竹梅)[-중-]몡 (추위에 견디는) '소나무·대나무·매화나무'를 아울러 이르는 말. 歚세한삼우(歲寒三友).

송죽지절(松竹之節)[-찌-]몡 소나무와 대나무같이 굳고 곧은 절개.

송:(送)[-쫑]몡 물품을 보내는 사람이 받을 사람에게 보내는 물품의 명세서. 송장(送狀).

송지(松脂)몡 ☞송진(松津).

송지-유(松脂油)몡 ☞테레빈유(terebene油).

송진(松津)몡 소나무나 잣나무에서 나는 담황색의 끈적끈적한 액체. 송방(松肪). 송지(松脂).

송:채(送采·送綵)몡혀재 혼인 때, 신랑 집에서 신부 집에 채단을 보내는 일. 歚채단(采緞).

송:척(訟隻)몡 지난날, 송사(訟事)에서 '상대자'를 이르던 말.

송:청(送廳)몡혀재 피의자나 범죄인을 사법 경찰에서 검찰청으로 넘겨 보냄.

송:체(松體)몡 〈송조체(宋朝體)〉의 준말.

송추(松楸)몡 산소(山所)에 심는 나무.

송:축(悚縮·悚慄)몡재 송구하여 몸을 움츠림.

송:축(頌祝)몡혀타 경사스러운 일을 기리어 축하함. 송도(頌禱).

송:춘(送春)몡혀재 봄을 보냄.

송:춘(頌春)몡혀재 새봄을 칭송함.

송:출(送出)몡혀재 ①(사람을) 해외로 내보냄. ¶인력 송출. ②(전기·전파·정보 따위를) 기계적으로 전달함. ¶위성에서 송출된 신호.

송충(松蟲)몡.

송충-나방(松蟲-)몡 솔나방과의 곤충. 몸길이 3 cm, 편 날개 길이 7 cm가량. 날개 빛깔은 갈색인데, 불규칙한 흰 줄 또는 검은 줄무늬가 있음. 유충인 '송충이'는 소나무의 해충임.

송충-목(松蟲木)몡 송충이의 해를 입은 나무.

송충-이(松蟲-)몡 솔나방의 유충. 누에 비슷하나 몸빛이 흑갈색임. 온몸에 긴 털이 나 있어 쏘이면 아픔. 소나무의 해충임. 송충.

송충이가 갈잎을 먹으면 죽는다[떨어진다]⦗촉⦘ 분수에 맞지 않는 일을 하다가는 낭패를 보게 된다는 말.

송치몡 암소의 배 속에 든 새끼.

송:치(送致)몡혀재 (수사 기관에서 검찰청으로, 또는 어떤 검찰청에서 다른 검찰청으로) 피의자와 관련 서류를 넘겨 보냄, 또는 그 일.

송:판(宋板)몡 송(宋)나라 때, 송조체(宋朝體)로 간행된 책.

송판(松板)몡 소나무 널빤지. 판자.

송편(松-)몡 멥쌀가루를 반죽하여 소를 넣고 반달 또는 조개 모양으로 빚어서 솔잎을 깔아 찐 떡. 송병(松餠). ¶송편을 빚다.

송편으로 목을 따 죽지⦗속⦘ 하찮은 일로 같잖게 화를 내어 우스갯감이 됨을 이르는 말.

송:품(送品)몡혀타 물품을 보냄, 또는 그 물품.

송품(松-)몡 솔바람.

송:풍(送風)몡혀재 기계 따위로 바람을 일으켜 보냄.

송:풍-기(送風機)몡 공기나 가스 따위를 대량으로 내보내는 기계나 설비.

송:하-인(送荷人)몡 물품의 운송을 위탁한 사람. ↔수하인.

송:학(宋學)몡 중국 송(宋)나라 때의 유학, 곧 정주(程朱)의 '성리학'을 이르는 말.

송학(松鶴)몡 화투짝의 한 가지. 소나무와 학으로 된, 솔의 스무 끗짜리 딱지.

송:한(悚汗)몡 송구스러워서 흘리는 땀.

송화(松花)몡 소나무의 꽃, 또는 그 꽃가루.

송:화(送話)몡혀재 (전화 따위로) 상대편에게 말을 함. ↔수화(受話).

송:화-기(送話器)몡 (전화기 등에서) 음성 신호를 전기 신호로 바꾸는 장치. ↔수화기(受話器).

송화-다식(松花茶食)몡 송홧가루를 꿀로 반죽하여 다식판에 박아 낸 다식.

송화-밀수(松花蜜水)[-쑤]몡 송홧가루를 탄 꿀물.

송화-색(松花色)몡 송화같이 옅은 누른빛.

송화-주(松花酒)몡 송화를 술거리째 넣어 빚은 술.

송:환(送還)몡혀타되재 돌려보냄. ¶포로 송환.

송황-가루(松花-)[-까-/-황까-]몡 소나무의 꽃가루, 또는 그것을 물에 풀어 휘저어서 잡물을 없애어 말린 가루. ¶송홧가루 날리는 윤사월에-.

송황(悚惶) '송황하다'의 어근.

송:황-하다(悚惶-)혀여 송구스럽고 황공하다.

솥[솓]몡 밥붙이나 오지 따위로 만들어, 밥을 짓거나 음식을 끓이는 데 쓰는 그릇. ¶솥에 쌀을 안치다. ▪솥이[소치]·솥을[소틀]·솥만[손-]

솥 속의 콩도 쪄야 익지⦗속⦘ 힘들이지 않고서는 되는 일이 없다는 말.

솥은 검어도 밥은 검지 않다⦗속⦘ 겉모양은 흉해도 속은 훌륭하다는 말.

솥-귀[솓뀌]몡 솥의 운두 위로 두 귀처럼 뾰족하게 돋친 것.

솥-뚜껑[솓-]몡 솥을 덮는 뚜껑. 소댕.

솥뚜껑에 엿을 놓았나⦗속⦘ '찾아온 사람이 서둘러 돌아가려고 함'을 놀림조로 이르는 말.

솥-물[솓-]몡 새 솥에서 우러나는 쇳물.

솥-발[솥빨]몡 (재래식으로) 솥 밑에 달린 세 개의 발. 정족(鼎足). ¶솥발같이 늘어앉다.

솥발-이[솓빠리]몡 한배에서 난 세 마리의 강아지.

솥-전[솓쩐]몡 (솥이 부뚜막에 걸리도록) 솥의 바깥 중턱에 둘러 댄 전.

솥-정(-鼎)[솓쩡]몡 한자 부수의 한 가지. '鼏'·'鼐' 등에서의 '鼎'을 이름.

솥-젖[솓쩓]몡 (솥전 대신 솥이 부뚜막에 걸리도록) 솥의 바깥 중턱에 붙인 세 개의 쇳조각. ▪솥젖이[솓쩌지]·솥젖만[솓쩐-]

솨튀 ①나무나 물건을 스치며 지나는 바람 소리. ②비바람 소리. ③액체가 세차게 흐르거나 쏟아지는 소리. 쉔솨. 솨-솨튀

솨-줄몡 (옛) 쇠사슬. ¶連環og 솨주리라(圓覺上二之三31).

솰솰튀 ①물이 세차게 흐르는 모양이나 소리. ②가루 따위가 체의 구멍으로 거침없이 흘러 빠지는 모양. ③머리털이나 짐승의 털을 솔로 빗거나 쓸어질하는 모양.

솽불쥐다자⦗옛⦘ 먹국하다. ¶솽불쥐기하며:拿錢(初朴上18).

쇄튀 ①나뭇가지나 물건의 틈 사이로 몰아쳐 부는 바람 소리. ②소나기가 쏟아지는 소리. ③액체가 급히 나오거나 흐르는 소리. 쉔쇄.

쇄 [(刷)]의 를 세는 단위. ¶초판 6쇄.

쇄:-골(鎖骨)몡 ☞빗장뼈.

쇄:-분신(碎粉身)몡혀재 ☞분골쇄신.

쇄:-광(碎鑛)몡혀타 [광분(鑛分)을 빼내기 위하여] 광석을 부수는 일.

쇄:-국(鎖國)몡혀재 외국과의 교통이나 무역을 막음. ↔개국(開國).

쇄:-국^정책(鎖國政策)[-쩡-]몡 쇄국하는 정책. ↔개방 정책.

쇄국-주의(鎖國主義) [-쭈의/-쭈이] 圏 외국과
의 통상 및 교역을 거절하고 나라의 문을 닫아
야 한다는 주의. ↔개국주의.

쇄금(碎金) 〔금을 깨뜨리면 빛이 찬란하다는
뜻으로〕'아름다운 글귀'를 이르는 말.

쇄납(瑣吶) 圏 ☞태평소.

쇄도(殺到)圏하자 ①전화나 주문 따위가 세차
게 몰려듦. ¶주문이 쇄도하다. ②어떤 곳을 향
하여 세차게 달려듦. ¶극장에 관객이 쇄도하다.

쇄락(灑落·洒落)圏하형 마음이 상쾌하고 시원함.

쇄마(刷馬) 圏 왕조 때, 지방에 배치하여 두던
관용(官用)의 말.

쇄문(鎖門)圏하자 문을 걸어 잠금.

쇄문-도주(鎖門逃走)圏하자 문을 걸어 잠그고
몰래 달아남.

쇄빙(碎氷)圏하자 얼음을 깨뜨림.

쇄빙-선(碎氷船) 圏 (얼어붙은 강이나 바다의)
얼음을 깨뜨려 뱃길을 트는 배.

쇄사(瑣事)圏 쓸모없고 하찮은 일. 사사(些事).
¶쇄사에 얽매여 세월을 보내다니.

쇄산(鎖山)圏 쇠고리를 길게 이어 놓은 것과
같은 모양.

쇄서(曬書)圏하타 책을 볕에 쬠. 폭서(曝書).

쇄석(碎石)圏하타 돌을 잘게 깨뜨려 부숨, 또
는 그 돌.

쇄석-기(碎石機) [-끼] 圏 바위나 돌을, 필요로
하는 크기로 부수는 기계.

쇄석-도(碎石道) [-또] 圏 쇄석을 깔아 고른 길.

쇄설(瑣屑)圏하자 자질구레하게 부스러짐, 또
는 그 부스러기.

쇄소(刷掃)圏 쓸고 닦음.

쇄소(灑掃·洒掃)圏하타 물 뿌리고, 비로 쓰는 일.

쇄신(刷新)圏하타 되자 묵은 것이나 폐단을 없
애고 새롭고 좋게 함. ¶서정(庶政) 쇄신.

쇄신(碎身)圏하자 〈분골쇄신〉의 준말.

쇄양(鎖陽) 圏 한방에서, 폐병의 약으로 쓰이는
버섯의 한 가지. 어린 송이버섯과 비슷함.

쇄열(碎裂)圏하자 부수어지고 찢어짐.

쇄원(鎖院)圏 왕조 때, 과거의 성적을 발표하
기 전에는 시관(試官)이 시험장을 떠나지 못하
던 일.

쇄자(刷子)圏 갓이나 탕건의 먼지를 터는 솔.

쇄장(鎖匠) 圏 〈옥쇄장(獄鎖匠)〉의 준말.

쇄점-제(殺粘劑)圏 도자기를 만들 때 도토(陶
土)의 끈기를 줄이는 약제.

쇄직(鎖直)圏 숙직(宿直) 따위로 여러 날 외출
을 하지 못함.

쇄진(灑塵)圏하타 물로 먼지를 씻어 냄.

쇄탈(灑脫·洒脫)'쇄탈하다'의 어근.

쇄-하다(灑脫-··洒脫-)웹 ☞소탈하다.

쇄토(碎土)圏하타 (덩이진) 흙을 부숨.

쇄파(碎破)圏하타 부수어 깨뜨림.

쇄편(碎片) 圏 부서진 조각. 파편.

쇄풍(曬風)圏하타 바람을 쐼.

쇄항(鎖港)圏하타 항구 안에 외국 선박의 출입
을 막아 통상(通商)을 금함.

쇄환(刷還)圏하타 조선 시대에, 다른 나라에서
떠도는 자기 나라 백성을 데려오던 일.

쇠[쇠/쉐]圏①☞철(鐵). ②쇠붙이. ③'자물쇠'
나 '열쇠'를 줄이어 이르는 말. ¶쇠를 채우다.
④'지남철'을 흔히 이르는 말. ¶묏자리 앞에
쇠를 놓고 좌향을 보다. ⑤〈돈〉의 속된 말. ¶
에참, 쇠가 없어 잔술도 못 마시겠네.
쇠가 쇠를 먹고 살이 살을 먹는다속담 친족이
나 동류끼리 다툼을 이르는 말.

쇠-[쇠/쉐]졉두 《소에 관한 일부 명사 앞에 붙
어》'소'의 뜻을 나타냄. 소-. ¶쇠고기. /쇠
꼬리. /쇠기름. /쇠머리.

쇠-가락지[쇠-찌/쉐-찌]圏 창·칼 따위의 자루
에 끼우는, 쇠붙이로 된 둥근 테.

쇠-가래[쇠-/쉐-]圏 바닥이 쇠로 된 가래.

쇠-가죽[쇠-/쉐-]圏 소의 가죽. 소가죽. 우피
(牛皮).

쇠:-간(-肝) [쇠-/쉐-]圏 소의 간. 소간.

쇠-갈고리[쇠-/쉐-]圏 쇠로 만든 갈고리.

쇠-갈비[쇠-/쉐-]圏 소의 갈비. 소갈비.

쇠경(衰境) [쇠-/쉐-]圏 늙바탕.

쇠:-고기[쇠-/쉐-]圏 소의 고기. 소고기. 황
육(黃肉).

쇠-고랑[쇠-/쉐-]圏 〈수갑〉의 속된 말. ¶쇠고
랑을 차다. 준고랑3.

쇠-고리[쇠-/쉐-]圏 쇠로 만든 고리.

쇠:-고집(-固執) [쇠-/쉐-]圏 매우 센 고집.
소고집. 황소고집.

쇠곤(衰困)'쇠곤하다'의 어근.

쇠곤-하다(衰困-) [쇠-/쉐-]웹여 (몸이) 쇠약
하고 피곤하다.

쇠:-골[쇠-/쉐-]圏 소의 골.

쇠골(衰骨) [쇠-/쉐-]圏 가냘프게 생긴 골격,
또는 그런 사람.

쇠-공이[쇠-/쉐-]圏 쇠로 만든 공이.

쇠-구들[쇠-/쉐-]圏 고래가 막히어, 불을 때어
도 더워지지 않는 방.

쇠:-귀[쇠-/쉐-]圏 소의 귀. 우이(牛耳).
쇠귀에 경 읽기속담 둔한 사람은 아무리 일러
도 알아듣지 못한다는 말.

쇠:-귀-나물[쇠-/쉐-]圏 택사과의 다년초. 높이
는 1m가량. 뿌리줄기는 짧고, 잎은 뿌리에서
뭉쳐나는데 잎자루가 길고 큰 화살촉 모양임.
여름에 흰 꽃이 피며 덩이줄기는 약재로 쓰기
도 하고 먹기도 함. 자고(慈姑).

쇠:-귀신(-鬼神) [쇠-/쉐-]圏 ①소가 죽어서
된다는 귀신. ②'성질이 몹시 검질기고 미련한
사람'을 비유하여 이르는 말.

쇠-금(-金) [쇠-/쉐-]圏 한자 부수의 한 가지.
'銀'·'鑛' 등에서의 '金'의 이름.

쇠-기둥[쇠-/쉐-]圏 작두의 날을 끼우기 위하
여 바닥에 세운 두 기둥.

쇠:-기러기[쇠-/쉐-]圏 오릿과의 새. 몸길이
75cm, 날개 길이 40cm가량. 몸빛은 회갈색인
데, 배와 가슴에 불규칙한 흑색 가로무늬가 있
음. 무논이나 습지·초원 등지에 떼 지어 사는
데, 우리나라에 흔한 겨울새임.

쇠:-기름[쇠-/쉐-]圏 소의 기름. 소기름. 우지
(牛脂).

쇠:-기침[쇠-/쉐-]圏 오래도록 낫지 않아 천
기침.

쇠:-꼬리[쇠-/쉐-]圏 ①소의 꼬리. ②베틀신
의 끈.
쇠꼬리보다 닭 대가리가 낫다속담 크거나 훌륭
한 것의 말단에 있는 것보다는 대수롭지 않은
데서라도 상석에 있는 것이 나음을 이르는 말.

쇠:-꼬리-채[쇠-/쉐-]圏 베틀에 딸린 기구의 한
가지. 잡아당겨서 날과 씨를 서로 오르내리게 함.

쇠-꼬챙이[쇠-/쉐-]圏 쇠로 만든 꼬챙이.

쇠-끄트러기[쇠-/쉐-]圏 부스러기 쇠붙이. 준
쇠끝.

쇠-끝[쇠끝/쉐끝]圏 〈쇠끄트러기〉의 준말. ※쇠
끝이[쇠끄치/쉐끄치]·쇠끝을[쇠끄틀/쉐끄틀]·
쇠끝만[쇠끈-/쉐끈-]

쇠나기[명] 〈옛〉 소나기. ¶ 쇠나기 동:涷(訓蒙上3).
쇠-나다[쇠-/쉐-][자] ①솥에 녹슨 녹물이 음식에 물들다. ②부스럼이 덧나다.
쇠년(衰年)[쇠-/쉐-][명] 늙어서 기력이 점점 쇠약하여 가는 나이. 쇠령(衰齡).
쇠뇌[쇠뇌/쉐뇌][명] 여러 개의 화살이 잇달아 나가게 만든 활의 한 가지. 노포(弩砲).
쇠다¹[쇠-/쉐-][자] ①채소 따위가 너무 자라 억세다. ¶ 상추가 푹 쇠었다. ②정도가 지나쳐서 악화되다. ¶ 감기가 쇠다.
쇠:다²[쇠-/쉐-][타] (명절이나 생일 따위를) 기념하여 지내다. ¶ 설을 쇠다.
-쇠다[쇠-/쉐-][어미] 〈-소이다〉의 속된 말. ¶ 알았쇠다. /내일 가겠쇠다.
쇠:-다리[쇠-/쉐-][명] 소의 다리.
쇠-달구[쇠-/쉐-][명] 쇠로 만든 달구.
쇠-닻[쇠닫/쉐닫][명] 쇠로 만든 닻. *쇠닻이[쇠다치/쉐다치]·쇠닻만[쇠단-/쉐단-]
쇠-도리깨[쇠-/쉐-][명] 쇠로 도리깨처럼 만든 옛 병기(兵器)의 한 가지. 도리깨.
쇠-돌피[쇠-/쉐-][명] 볏과의 이년초. 높이 50cm가량. 5~6월에 줄기 끝에 여러 개의 작은 이삭으로 된 녹자색 꽃이 핌. 양지바른 도랑이나 들에 남. 우리나라·일본·중국 등지에 분포함.
쇠:-두엄[쇠-/쉐-][명] 외양간에서 쳐낸 퇴비. 구비(廐肥).
쇠-딱지[쇠-/쉐-][명] 어린애들의 머리에 눌어붙은 때.
쇠-똥¹[쇠-/쉐-][명] 쇠를 불에 달굴 때나 용접할 때 튀어나오는 부스러기. 철설(鐵屑).
쇠:-똥²[쇠-/쉐-][명] 소의 똥.
　쇠똥도 약에 쓰려면 없다[속담] 아주 흔한 것도 쓰이010 있어010 찾을 때면 눈에 띄지 않는다.
쇠:똥-구리[쇠-/쉐-][명] 쇠똥구릿과의 곤충. 몸길이 1.8cm가량. 몸빛은 검고 광택이 있음. 여름철에 짐승의 똥을 둥글게 뭉쳐 굴리어 흙 속에 묻고 그 속에 알을 낳음. 말똥구리.
쇠:똥-찜[쇠-/쉐-][명][하타] 쇠똥을 구워서 부스럼 자리에 대고 하는 찜질.
쇠뜨기[쇠-/쉐-][명] 속샛과의 다년생 양치식물. 풀밭에 나는데, 땅속줄기가 길게 벋음. 땅위줄기는 속이 비고 땅마디에 마디에 비늘 같은 잎이 돌려남. 줄기는 민간에서 이뇨제 따위로 쓰임.
쇠락(衰落)[쇠-/쉐-][명][하자][되자] 쇠하여 말라 떨어짐. ¶ 병이 들어 몸이 쇠락하다. /혁신하지 않는 기업은 쇠락하기 마련이다.
쇠령(衰齡)[쇠-/쉐-][명] ☞쇠년(衰年).
쇠로(衰老)[쇠-/쉐-][명][하자] 늙어 쇠약해짐. 노쇠(老衰).
쇠로기〈옛〉솔개. ¶ 쇠로기 연:鳶(訓蒙上17).
쇠망(衰亡)[쇠-/쉐-][명][하자] 쇠퇴하여 망함. ¶ 로마 제국의 쇠망.
쇠-망치[쇠-/쉐-][명] 쇠로 된 망치.
쇠:-머리[쇠-/쉐-][명] 소의 머리. 소머리.
쇠:-먹이[쇠-/쉐-][명] 소에게 먹일 먹이.
쇠멸(衰滅)[쇠-/쉐-][명][하자][되자] 쇠퇴하여 없어짐.
쇠모(衰耗)[쇠-/쉐-][명][하자][되자] (힘이) 쇠하여 줄어듦.
쇠목[쇠-/쉐-][명] 장롱의 앞쪽 두 기둥 사이에 가로 건너 대는 나무.
쇠-못[쇠몯/쉐몯][명] 쇠로 만든 못. 철정(鐵釘). *쇠못이[쇠모시/쉐모시]·쇠못만[쇠몬-/쉐몬-]

쇠-몽둥이[쇠-/쉐-][명] 쇠로 된 몽둥이. 철봉(鐵棒).
쇠-몽치[쇠-/쉐-][명] 쇠로 된 짤막한 몽둥이.
쇠:무릎-지기[쇠-릅찌-/쉐-릅찌-][명] 비름과의 다년초. 산이나 들에 절로 나는데, 줄기는 모가 나고 마디는 소의 무릎처럼 볼록함. 길둥근 잎은 마주나고 여름에 녹색 꽃이 줄기 끝에 이삭 모양으로 핌. 민간에서 뿌리는 생식기 질환에, 잎은 독사에게 물린 데 약으로 씀.
쇠-문(-門)[쇠-/쉐-][명] ☞철문.
쇠문(衰門)[쇠-/쉐-][명] 쇠퇴하여 가는 집안.
쇠문-이(衰門-)[쇠-/쉐-][명] 〔집안을 망치는 자라는 뜻으로〕 '하는 짓이 못되고, 진취성이 없는 사람'을 낮잡아 이르는 말.
쇠-뭉치[쇠-/쉐-][명] 쇳덩어리.
쇠미(衰微)[쇠-/쉐-][명][하여] 쇠잔하고 미약함. ¶ 왕조의 쇠미를 한탄하다. /나이가 들면 기억력이 쇠미하다.
쇠:-백장[쇠-짱/쉐-짱][명] 소를 잡는 것을 업으로 하는 사람. 소를 잡는 백장. 도우단(屠牛坦). 쇠백정.
쇠:-백정(-白丁)[쇠-쩡/쉐-쩡][명] 쇠백장.
쇠:-버짐[쇠-/쉐-][명] 흔히, 어린아이들의 머리에 생기는 버짐의 한 가지. 백선(白癬).
쇠:-별꽃[쇠-꼳/쉐-꼳][명] 석죽과의 이년초 또는 다년초. 습기가 있는 곳에 자라는 들풀의 한 가지. 밑 부분은 옆으로 자라다가 20~50cm까지 곧추 자람. 5~6월에 흰 꽃이 잎겨드랑이마다 달림. 어린순은 나물로 먹음. *쇠별꽃이[쇠-꼬치/쉐-꼬치]·쇠별꽃만[쇠-꼰-/쉐-꼰-]
쇠병(衰病)[쇠-/쉐-][명] 늙고 몸이 약해져서 난 병.
쇠-보리[쇠-/쉐-][명] 볏과의 다년초. 바다 근처의 모래땅이나 산기슭의 습한 곳에 밀집하여 자라는 잡초로 이삭에 까끄라기가 거의 없음.
쇠북(衰)[명]〈옛〉종(鐘). ¶ 쇠북 종:鐘(倭語類解上43). [참]쇠붚.
쇠:-불알[쇠-/쉐-][명] 소의 불알.
　쇠불알 떨어지면 구워 먹기[속담] 언제 될지도 모를 일을 한없이 기다리겠노라 노력 없이 요행을 바란다는 말.
쇠붚[명]〈옛〉종(鐘). ¶ 쇠붚 종:鐘(訓蒙中32)/中隱庵 쇠붚소리(朴仁老.莎堤曲). [참]쇠북.
쇠-붙이[쇠부치/쉐부치][명] ①☞금속(金屬). ¶ 쇠붙이에 녹이 슬다. ②쇳조각이나 쇳조각 따위를 통틀어 이르는 말. ②쇠.
쇠붚[명]〈옛〉종(鐘). ¶ 鐘은 쇠부피오 鈴은 방오리라(月釋17:60). [참]쇠붚.
쇠:-비름[쇠-/쉐-][명] 쇠비름과의 일년초. 길가나 밭에 절로 나는데, 줄기나 잎은 살이 많고 줄기는 붉은빛이 남. 초여름부터 가을에 걸쳐 노란 꽃이 피는데, 아침에 피었다가 한낮에 오므라짐.
쇠:-뿔[쇠-/쉐-][명] 소의 뿔. 우각(牛角).
　쇠뿔도 각각 염주도 몫몫[속담] '무슨 일이나 각각 특성이 있으므로 일하는 방식도 서로 다름'을 비유하여 이르는 말.
　쇠뿔도 단김에 빼랬다[빼라][속담] 일을 하려고 했으면 주저 없이 해치우라는 말.
쇠:뿔-고추[쇠-/쉐-][명] 쇠뿔 모양으로 된 고추.
쇠:뿔-참외[쇠-차뫼/쉐-차뫼][명] 쇠뿔 모양으로 된 참외.
쇠-사슬[쇠-/쉐-][명] 쇠고리를 여러 개 걸어 이은 줄. 철쇄(鐵鎖). ②사슬¹.

쇠살-문(-門)[쇠-/쒜-]圏 쇠로 된 살대로 짠 대문.

쇠:-살쭈[쇠-/쒜-]圏 (사고파는) 소의 흥정을 붙이는 사람. 圇살쭈.

쇠-살창(-窓)[쇠-/쒜-]圏 쇠로 된 살대로 짠 창문.

쇠상(衰相)[쇠-/쒜-]圏 쇠퇴하거나 쇠약해진 모습.

쇠:-서[쇠-/쒜-]圏 ①(고기로서의) 소의 혀. ②〈쇠서받침〉의 준말.

쇠:-서-받침[쇠-/쒜-]圏 전각의 기둥 위에 덧붙이는, 소의 혀 모양으로 된 장식. 圇쇠서.

쇠세(衰世)[쇠-/쒜-]圏 망해 가는 세상.

쇠세(衰勢)[쇠-/쒜-]圏 쇠퇴한 세력.

쇠-솥[쇠솓-/쒜솓-]圏 쇠로 만든 솥을 통틀어 이르는 말. *쇠솥이[쇠소치/쒜소치]·쇠솥을[쇠소틀/쒜소틀]·쇠솥만[쇠손-/쒜손-]

쇠-숟가락[쇠-까-/쒜-까-]圏 쇠붙이로 만든 숟가락. 圇쇠술.

쇠-술[쇠-/쒜-]圏 〈쇠숟가락〉의 준말.

쇠스랑[쇠-/쒜-]圏 쇠로 서너 개의 발을 만들어 자루를 박은, 갈퀴 모양의 농구(農具).

쇠스랑-개비[쇠-/쒜-]圏 ▷양지꽃.

쇠시리[쇠-/쒜-]圏 (모양을 내기 위하여) 기둥의 모서리나 문살의 등 따위의 모를 접어 골을 내는 일.

쇠:-심[쇠-/쒜-]圏 소의 힘줄. 쇠심줄.

쇠:-심-떠깨[쇠-/쒜-]圏 힘줄이 섞여 있어서 아주 질긴 쇠고기. 圇심떠깨.

쇠:-심줄[쇠-쭐/쒜-쭐]圏 쇠심.

쇠안(衰眼)[쇠-/쒜-]圏 쇠약해진 시력.

쇠안(衰顔)[쇠-/쒜-]圏 쇠약한 얼굴.

쇠아기圏〈옛〉쐐기. ¶ 轄은 술윗 軸 곧 쇠아기라 (法華序21).

쇠약곳〈옛〉뿔송곳. ¶ 쇠약 휴:觿(訓蒙中7).

쇠약(衰弱)[쇠-/쒜-]圏囲 쇠퇴하여 약함. ¶ 오랜 병으로 몸이 쇠약하다.

쇠양배양-하다[쇠-/쒜-]囲 요량이 없고 사리를 분별하는 지혜가 적다.

쇠:-여물[쇠-/쒜-]圏 소에게 먹이는 여물. 소여물.

쇠:-오줌[쇠-/쒜-]圏 소의 오줌.

쇠:-옹두리[쇠-/쒜-]圏 소의 옹두리뼈.

쇠용(衰容)[쇠-/쒜-]圏 여윈 얼굴. 쇠약한 모습.

쇠운(衰運)[쇠-/쒜-]圏 쇠퇴하는 운수.

쇠잔(衰殘)[쇠-/쒜-]圏囮 쇠하여 힘이나 세력이 점점 약해짐.

쇠:-장(-場)[쇠-/쒜-]圏 소를 거래하는 시장. 쇠전.

쇠-재비[쇠-/쒜-]圏 농악에서, 꽹과리나 징을 맡아 치는 일, 또는 그 사람.

쇠:-전(-廛)[쇠-/쒜-]圏 쇠장. 우시장(牛市場).

쇠:-족(-足)[쇠-/쒜-]圏 (고기로서의) 소의 발.

쇠:좆-매[쇠좆-/쒜좆-]圏 지난날, 황소의 생식기로 만들던 형구(刑具).

쇠:-죽(-粥)[쇠-/쒜-]圏 소의 먹이로, 여물과 콩깍지 따위를 섞어서 끓인 죽. 우죽(牛粥).

쇠:죽-가마[쇠-/쒜-까-]圏 쇠죽을 쑤는 큰 가마솥. 쇠죽솥.

   쇠죽가마에 달걀 삶아 먹을라[속]①'경계하느라고 주의를 주는 말이 도리어 나쁜 방법을 가르친 꼴이 됨'을 비유하여 이르는 말. ②'격에 맞지 않게 거창하게 일을 벌임'을 비유하여 이르는 말.

쇠:죽-솥(-粥-)[쇠-쏟/쒜-쏟]圏 쇠죽가마. *쇠:죽솥이[쇠-쏘치/쒜-쏘치]·쇠:죽솥을[쇠-쏘틀/쒜-쏘틀]·쇠:죽솥만[쇠-쏜-/쒜-쏜-]

쇠:-줄[쇠-/쒜-]圏 쇠로 만든 줄.〔철사 따위〕.

쇠증(衰症)[쇠쯩/쒜쯩]圏 노쇠하여 생기는 병증.

쇠:지랑-물[쇠-/쒜-]圏 외양간 뒤쪽에 괴어 검붉게 삭은 쇠오줌. 거름으로 씀.

쇠:지랑-탕[쇠-/쒜-]圏 쇠지랑물을 받는 웅덩이.

쇠:-지레[쇠-/쒜-]圏 쇠로 된 지레.

쇠진(衰盡)[쇠-/쒜-]圏囮囲 기운이나 세력이 쇠하여 다함. ¶ 기운이 쇠진하여 꼼짝도 할 수 없다.

쇠:-짚신[쇠집씬/쒜집씬]圏 (일을 시킬 때) 소에게 신기는 짚신.

쇠:-차돌[쇠-/쒜-]圏 붉거나 누런빛을 띤 차돌. 산화철이 함유되어 있음.

쇠-창살(-窓-)[쇠-쌀/쒜-쌀]圏 쇠로 만든 창살.

쇠:-채[쇠-/쒜-]圏 (거문고 따위를 탈 때 쓰는) 쇠로 만든 채.

쇠:-코[쇠-/쒜-]圏 ①소의 코. ②보습의 뒷면에, 네모난 구멍 위로 가로지른 부분.

쇠:-코뚜레[쇠-/쒜-]圏 소의 코청을 뚫어서 꿰는, 고리 모양의 나무. 圇코뚜레.

쇠:-코-잠방이[쇠-/쒜-]圏 농부가 일할 때 입는 짧은 잠방이.

쇠태(衰態)[쇠-/쒜-]圏 쇠약한 모습.

쇠:-털[쇠-/쒜-]圏 소의 털. 우모(牛毛).

   쇠털같이 많다[속] '소의 털과 같이 수효가 셀 수 없이 많음'을 비유하여 이르는 말.

쇠:-테[쇠-/쒜-]圏 쇠로 만든 테.

쇠:-톱[쇠-/쒜-]圏 쇠를 자르는 톱.

쇠퇴(衰退·衰頹)[쇠퇴/쒜퉤]圏囮囲 기세나 상태가 쇠하여 무너짐. 우 국력이 쇠퇴하다.

쇠:-파리[쇠-/쒜-]圏 쇠파릿과의 곤충. 몸길이 1.5cm가량. 황갈색의 몸에 검은 털이 많이 났음. 동물의 살갗을 파고들어 피를 빨며 거기에 알을 낳는데, 유충은 피하 조직에 기생함.

쇠패(衰敗)[쇠-/쒜-]圏囮 ①쇠하여 패망함. ②늙어서 기력이 없어짐.

쇠폐(衰弊)[쇠페/쒜페]圏囮 쇠하고 피폐하여짐.

쇠폐(衰廢)[쇠페/쒜페]圏囮 쇠하여 없어짐.

쇠-푼(←-分)[쇠-/쒜-]圏 얼마 안 되는 돈. ¶ 쇠푼깨나 있다고 재지 마라.

쇠:-풀[쇠-/쒜-]圏 볏과의 일년초. 높이 30cm가량. 줄기는 무더기로 나며 가늚. 늦여름에 자색 꽃이 피고, 잘고 가는 수과(瘦果)를 맺음. 우리나라 각지에 분포함.

쇠:-풍경(-風磬)[쇠-/쒜-]圏 소의 목에 다는 방울.

쇠-하다(衰-)[쇠-/쒜-]双 ①(힘이나 세력 등이) 차차 줄어서 약해지다. ¶ 기력이 쇠하다. ②(운수가) 다하다. ¶ 가운(家運)이 쇠하다.

쇠-호두(←-胡桃)[쇠-/쒜-]圏 껍질이 두꺼운 호두.

쇠-화덕(-火-)[쇠-/쒜-]圏 쇠로 된 화덕.

쇤:-네[쇤-/쒼-]때〔'소인네'가 줄어서 된 말로〕 차차 존대의 대하여 스스로 자기를 낮추어 일컫던 말.

   쇤네를 내붙이다[관용] 스스로를 쇤네라고 부르며 비굴하게 아첨하다.

쇰:직-하다[쇰지카-/쒬지카-]囲 〔일부 명사 뒤에 쓰이어〕 다른 것보다 조금 더하거나 거의 같다. ¶ 한 말 쇰직한 쌀. **쇰직-이**튀.

쇳-가루[쇠까-/쉗까-]圀 ①쇠붙이의 부스러진 가루. ②'뇌물'을 비유하여 이르는 말.

쇳-내[쇤-/쉔-]圀 음식에 솥물이 우러나서 나는 냄새.

쇳-냥(-兩)[쇤-/쉔-]圀 돈냥.

쇳-덩어리[쇠떵-/쉗떵-]圀 쇠붙이의 덩어리.

쇳-덩이[쇠떵-/쉗떵-]圀 쇠붙이의 덩이.

쇳-독(-毒)[쇠똑/쉗똑]圀 쇠붙이에 찔려 생긴 독기. 철독(鐵毒). ¶ 쇳독이 오르다.

쇳-돌[쇠똘/쉗똘]圀 쇠붙이 성분이 섞인 광석.

쇳-물[쇤-/쉔-]圀 ①쇠의 녹이 우러난 물. ②높은 열에 녹아 액상(液狀)이 된 쇠.

쇳-소리[쇠쏘-/쉗쏘-]圀 ①쇠가 부딪쳐 나는 소리. 금속성(金屬聲). ②'쇠붙이 소리처럼 쨍쨍 울리는 날카로운 목소리'를 비유하여 이르는 말. ¶ 쇳소리를 지르다.

쇳-조각[쇠쪼-/쉗쪼-]圀 ①쇠붙이의 조각. ②'매몰스럽고 경망한 사람'을 비유하여 이르는 말.

쇳-줄[쇠쭐/쉗쭐]圀 ☞광맥(鑛脈).

쇼(옛) 소. ¶ 쇼:牛(訓蒙).

쇼(show)圀 ①하자 구경거리, 또는 구경거리가 된 사건. ¶ 한바탕 쇼가 벌어지다. ②(춤과 노래를 주로 한) 가벼운 오락 연극. ③하자 '일부러 꾸미는 일'을 비유하여 이르는 말. ¶ 이번만큼은 당신의 쇼에 속지 않겠다.

쇼경(옛) 소경. ¶ 소경 :盲(訓蒙中3).

쇼-랜(shoran)圀 배나 항공기가 지상의 두 송신국에 전파를 보내고 받아, 응답의 시각 차이로 자기 위치를 측정하는 라디오 비컨 항법의 한 가지. [short range navigation]

쇼:-맨십(showmanship)圀 많은 사람에게 자신을 돋보이게 해서 인기를 모으는 재능. [흥미, 관객을 즐겁게 해 주려고 하는 정신을 이름.]

쇼비니즘(chauvinism)圀 광신적이고 배타적인 애국주의.

쇼:-윈도(show window)圀 진열창. 준윈도.

쇼크(shock)圀 ①(갑자기 몸에 받는) 타격. ②갑작스러운 마음의 흔들림. ③돌발적인 자극을 받아 일어나는 허탈 상태. 충격.

쇼크(를) **먹다**[관용] '충격을 받다'를 속되게 이르는 말.

쇼크-사(shock死)圀하자 [외상(外傷)이나 주사·수술 등으로 말미암아] 쇼크 증상을 일으켜, 실신하여 죽는 일.

쇼크^요법(shock療法) [-뻡]圀 ☞충격 요법.

쇼킹-하다(shocking-)혱여 충격적이다. ¶ 쇼킹한 사건.

쇼:트(short)圀 ①탁구에서, 공이 튀어 오르자마자 되받아 쳐 보내는 일. 짭롱(long). ②(쇼트서킷(short circuit)의 준말.

쇼:트닝(shortening)圀 [어유(魚油)·우지(牛脂)·땅콩기름 따위를 섞어서 굳힌] 반고형(半固形) 유제품. 과자나 제빵·요리 등에 라드(lard) 대용으로 쓰임.

쇼:트-서:킷(short circuit)圀 단락(短絡). 준쇼트(short).

쇼:트스톱(shortstop)圀 야구에서 유격수, 또는 그 수비 위치.

쇼:트-커트(short cut)圀 ①여성의 짧게 자른 머리 모양. ②골프에서, 홀 순위를 무시하고 가까이 있는 다른 홀로 치는 방법. 복잡한 코스에서는 허용되지 않음. ③탁구에서, 짧게 깎아 치는 타법.

쇼:트-타임(short time)圀 조업 단축(操業短縮).

쇼:트-톤(short ton)圀 질량 단위의 한 가지. 1쇼트톤은 2000파운드(907 kg). 미국톤. [기호는 tn]

쇼:트^트랙(short track)圀 한 바퀴가 111.2 m인 스케이트장을 도는 스피드 스케이트 경기.

쇼:트^패스(short pass)圀 축구나 농구 따위에서, 가까이 있는 자기편 선수와 공을 짧게 주고받는 일.

쇼핑(shopping)圀하자 물건 사기. 물건을 사러 돌아다님.

쇼핑-몰:(shopping mall)圀 ☞쇼핑센터.

쇼핑-백(shopping bag)圀 장을 볼 때 물건을 사서 넣는, 손잡이가 달린 바구니나 가방 따위.

쇼핑-센터(shopping center)圀 한군데에서 갖가지 물건을 살 수 있도록 상점들이 집중되어 있는 곳. 쇼핑몰.

쇼핑-호스트(shopping host)圀 텔레비전 홈쇼핑 방송에서, 상품 정보를 제공하면서 프로그램을 진행하는 사람. 쇼호스트.

쇼:-호스트(show host)圀 ☞쇼핑호스트.

숄(shawl)圀 방한이나 장식을 목적으로 어깨에 걸치는 여자용 목도리 같은 것. 어깨걸이.

숄:더-백(shoulder bag)圀 어깨에 메는 가방.

쇠야지圀 송아지. ¶ 쇠야지 독: 犢(石千38).

수[1]圀 생물 가운데서 암컷으로 하여금 새끼를 배거나 열매를 맺도록 정자(精子)를 내는 성(性)의 것. ¶ 암과 수의 구별. ↔암.

수[2] [Ⅰ]圀 일을 처리하는 방법이나 수단. ¶ 언뜻 좋은 수가 생각나다.
[Ⅱ]의 《용언의 활용 어미 '-ㄴ(-은)'·'-ㄹ(-을)' 뒤에서, 주로 '있다'·'없다' 따위와 함께 쓰이어) 어떤 일을 할 만한 힘이나 가능성. ¶ 그렇게 불장난을 하다가는 이불에 오줌 싸는 수가 있다. /내 말을 듣지 않고서는 잘될 수가 없다.

수(가) **익다**[관용] (어떤 일이) 손에 익다. (어떤 일에) 익숙해지다.

수(手) [Ⅰ]圀 (바둑이나 장기 등에서의) 두는 기술. ¶ 한 수 아래. /수를 읽다.
[Ⅱ]의 (바둑이나 장기를 둘 때) 바둑돌이나 장기의 말을 두는 번수. ¶ 바둑을 한 수 두 수 두어 나가다. /승패를 가름할 마지막 수.

수(가) **세다**[관용] 남을 휘어잡거나 다루는 힘이 아주 세차다.

수(水)圀 ①(수요일)의 준말. ②오행(五行)의 하나. 방위로는 북쪽, 계절로는 겨울, 빛깔로는 검은빛에 해당함.

수(秀)圀 '수·우·미·양·가'의 다섯 등급으로 성적을 매길 때의 첫째 등급.

수(壽)圀하자 ①오래 삶. ¶ 수를 누리다. /수하실 체질이시다. ②(수명(壽命)의 준말. ③'나이'를 한문 투로 높이어 이르는 말. ¶ 할머니는 술해에 수하는 분이시다.

수(綬)圀 ①지난날, 중국에서 직인(職印)이나 패옥(佩玉) 등을 허리에 차던 끈. ②훈장이나 포장 등을 거는 데 쓰이는 끈.

수(需)圀 (수패(需卦))의 준말.

수(隨)圀 (수패(隨卦))의 준말.

수(數)圀 ①(운수(運數))의 준말. ¶ 수가 트이다. ②좋은 운수. ¶ 수가 나다. /수가 사납다.

수(數)[2] [Ⅰ]圀 ①셀 수 있는 사물의 많고 적음. ¶ 학생의 수. ②자연수·정수·유리수·허수·복소수 등을 통틀어 이르는 말.
[Ⅱ]관 '몇'·'여러'·'약간'의 뜻을 나타내는 말. ¶ 수 미터의 깊이.

수(를) **놓다**[관용] 수효를 셈하다.

수:(繡)圈 헝겊에 색실로 그림이나 글자를 떠서 무늬를 놓음, 또는 그 무늬. 자수(刺繡).

수(首)回 ①시가(詩歌)를 세는 단위. ¶시조 다섯 수. ②마리. ¶칠면조 다섯 수.

수-(接頭)《일부 명사 앞에 붙어》수컷 또는 수컷 같은 사물임을 나타냄. ¶수놈. /수소. /수캐. /수탉. /수키와. /수평아리. ↔암-. 참숫-².

수-(數)接頭《수와 관계되는 일부 명사 앞에 붙어》'여럿'이라는 뜻을 나타냄. ¶수백만. /수만금. /수개월.

-수(手)接尾《일부 명사 뒤에 붙어》'그 일에 종사하는 사람'임을 나타냄. ¶소방수. /운전수. /조타수.

-수(囚)接尾《일부 명사 뒤에 붙어》'죄수'의 뜻을 나타냄. ¶미결수. /사형수.

수가(收家)[-까]명하자되자 왕조 때, 채권자의 청구로 관아에서 채무자의 집을 압류하던 일.

수가(受呵)명하자 꾸지람을 들음.

수가(酬價)[-까]명 (의료 행위 따위의) 보수로 주는 돈. ¶의료 수가.

수가(隨駕)명하자 지난날, 거둥 때 임금을 모시고 따르던 일.

수각(手刻)명하타 (기계를 쓰지 않고) 손으로 조각하는 일, 또는 그 조각품.

수각(水閣)명 물 위나 물가에 지은 정각(亭閣).

수각(守閣)명하자 지난날, 의정(議政)이 중대사로 임금께 뵙기를 청한 뒤, 하답(下答)이 내릴 때까지 편전(便殿)의 문에서 기다리던 일.

수각-집(水閣-)[-찝]명 집터가 습하여 늘 물이 나는 집.

수간(手簡)명 ⇨수서(手書).

수간(數間)명 (집의) 두서너 칸.

수간(樹間)명 나무와 나무 사이. 수풀 사이.

수간(樹幹)명 나무의 줄기.

수간(獸姦)명하자 짐승과 성교하는 일.

수:간-두옥(數間斗屋)명 두서너 칸밖에 안 되는 작은 집.

수:간-모옥(數間茅屋)명 두서너 칸밖에 안 되는 띳집.

수:간-초옥(數間草屋)명 두서너 칸밖에 안 되는 초가(草家).

수-간호사(首看護師)명 종합 병원 등에서, 병동 등 특정 단위에 속하는 간호사의 우두머리.

수감(收監)명하타되자 감방에 가둠. 입감(入監). ¶죄인을 교도소에 수감하다.

수감(隨感)명 마음에 느껴지는 대로의 생각.

수감-록(隨感錄)[-녹]명 느낀 그대로를 적은 기록, 또는 그 글을 모아 엮은 책.

수감-자(收監者)명 수감된 사람.

수갑(手匣)명 피의자나 피고인 또는 수형자(受刑者)의 손목에 채우는 형구(刑具).

수갑(水閘)명 ⇨수문(水門).

수강(受講)명하타 강습을 받거나 강의를 들음.

수강-료(受講料)[-뇨]명 강습을 받거나 강의를 듣기 위해 내는 돈.

수강-생(受講生)명 수강하는 사람.

수개(修改)명하타 수리하여 고침.

수:-개월(數個月)명 두서너 달. 몇 달.

수객(瘦客)명 몹시 여윈 사람.

수갱(垂坑·竪坑)명 수직으로 파 내려간 갱도. 수직 갱도. 곧은바닥. ↔횡갱(橫坑).

수거(收去)명하타 거두어 감. ¶오물 수거. /빈병을 수거하다.

수-거미명 거미의 수컷. ↔암거미.

수:-건(手巾)명 얼굴이나 몸 등을 닦는 헝겊.

수:건-건(手巾巾)명 한자 부수의 한 가지. '市'·'帆' 등에서의 '巾'을 이름.

수걸(秀傑)명하형 재주와 기상이 뛰어남, 또는 그런 사람.

수검(受檢)명하자 검사나 검열을 받음.

수검(搜檢)명하타 〔금제품(禁制品) 따위를〕 수색하여 검사함.

수-게명 게의 수컷. ↔암게.

수격(手格)명하타 주먹으로 침.

수격^작용(水擊作用)[-짜룡]명 관로(管路) 안으로 흐르는 물의 운동 상태를 급격히 변화시킴으로써 일어나는 압력파(壓力波) 현상.

수결(手決)명하자 지난날, 자기 성명이나 직함 아래에 도장 대신 쓰던 일정한 자형(字形). 수례(手例). 수압(手押). 참서명(署名).

수결(을) 두다관용 수결을 쓰다.

수경(水耕)명하자 ⇨수경 재배.

수경(水莖)명 〈수중경(水中莖)〉의 준말.

수경(水鏡)명 물안경.

수경(瘦勁·瘦硬)'수경하다'의 어근.

수경-법(水耕法)[-뻡]명 수경 재배에 의한 방법. 물재배.

수경-성(水硬性)[-썽]명 (석회나 시멘트와 같이 물을 섞으면 굳어지는 성질.

수경^재:배(水耕栽培)명 식물이 자라는 데 필요한 무기물을 녹인 수용액을 배지(培地)로 하여 식물을 기르는 일. 수경(水耕).

수경-증(手硬症)[-쯩]명 뇌척수막염 따위로 손이 뻣뻣하여지는 어린아이의 병.

수경-하다(瘦勁-·瘦硬-)형예 (글자의 획이나 그림의 선이) 가늘면서도 힘이 있다.

수계(水系)[-계/-게]명 강의 본류와 그에 딸린 모든 지류. 〔때로는 딸린 호수까지도 이름.〕

수계(水界)[-계/-게]명 ①⇨수권(水圈). ②수류(水陸)의 경계.

수계(水鷄)[-계/-게]명 ⇨비오리.

수계(囚繫)[-계/-게]명하타되자 죄인을 잡아 가둠.

수계(守誡)[-계/-게]명하자 기독교에서, 계명을 지킴을 이르는 말.

수계(受戒)[-계/-게]명하자 불교에서, 모든 불자가 계를 받음을 이르는 말. 참계(戒).

수계(授戒)[-계/-게]명하자 불문(佛門)에서, 입문한 모든 불자에게 계법을 일러 줌.

수:계(數係)[-계/-게]명 〔-/-계-〕문자와 숫자의 곱으로 된 단항식(單項式)에서, 숫자나 수(因數)를 문자 인수에 대하여 이르는 말. 〔$3ax^2$에서 ax^2에 대한 3 따위).

수계^전염(水系傳染)[-계-/-게-]명 음료수의 오염으로 병이 전염되는 일.

수:고명하자 일을 하는 데 애를 쓰고 힘을 들임. ¶날씨도 더운데 수고했네.

수고(水鼓)명 ⇨물장구.

수고(搜攷)명하타 (이것저것) 찾아서 서로 견주어 고찰함.

수고(愁苦)명하자 근심 걱정으로 괴로워함.

수고(壽考)명하자 (사람이) 오래 삶.

수고(樹高)명 살아 있는 나무의 높이.

수고(邃古)명 아득한 옛날. 태고(太古).

수:고-롭다(-따)[~로우니·~로워]형ㅂ 일을 처리하기가 고되다. 수고로이튀.

수:고-비(-費)명 수고한 대가로 받는 돈.

수:고-스럽다[-따][~스러우니·~스러워]형ㅂ 일을 하기에 수고로움이 있다. ¶수고스럽겠지

만 오늘 중으로 일을 다 끝내 주셨으면 합니다. 수고스레튄.

수-고양이 명 고양이의 수컷. ㉾수괭이. ↔암고양이.

수곡(收穀) 명하자 곡식을 거두어들이는 일.

수곡-도(水穀道) [-또] 명 '창자'를 달리 이르는 말.

수곡-선(垂曲線) [-썬] 명 밀도가 일정한 끈이나 쇠사슬의 양 끝을 수평으로 당겨 고정시켰을 때, 제 무게로 가운데가 처지는 곡선. 두 전주 사이의 전선의 곡선 따위. 현수선(懸垂線).

수골(手骨) 명 손뼈.

수골(收骨) 명하자 ①(화장한 뒤에) 남은 뼈를 거둠. ②(묻기 위해) 흩어진 뼈를 수습함.

수골(壽骨) 명 오래 살 수 있게 생긴 골격.

수-곰 명 곰의 수컷. ↔암곰.

수공(手工) 명 ①손으로 하는 공예. ②손으로 하는 일의 품, 또는 그 품삯. ¶수공이 많이 든다. /수공이 옷감의 값보다 비싸다.

수공(手功) 명 ☞손공.

수공(水孔) 명 식물의 잎맥 끝에서 밤사이에 수분을 배출하는 작은 구멍.

수공(水攻) 명하자 물을 이용한 공격. 공성(攻城) 작전에서 물길을 끊어 급수를 차단하거나, 큰물이 들게 하여 침수시키는 방법을 이용함.

수공(首功) 명 지난날, 전쟁터에서 적의 목을 벤 공훈을 이르던 말.

수공(殊功) 명 뛰어난 공훈. 수훈(殊勳).

수공-업(手工業) 명 간단한 도구와 손으로 생산하는 작은 규모의 공업.

수-공예(手工藝) 명 수예와 공예를 아울러 이르는 말.

수공-품(手工品) 명 손으로 만든 공예품.

수-공후(豎箜篌) 명 반달 모양의 틀에 21줄의 현을 맨 공후.

수과(水瓜) 명 ☞수박.

수과(瘦果) 명 폐과(閉果)의 한 가지. 껍질이 말라서 목질(木質)이나 혁질(革質)이 되고 속에 한 개의 씨가 붙어 있으므로 전체가 씨앗처럼 보임. 〔메밀이나 민들레의 열매 따위.〕

수과(樹果) 명 나무의 열매.

수곽(水廓) 명 물가나 바닷가의 마을. 수향.

수관(水管) 명 ①물을 흐르게 하는 관. ②연체동물에서, 아가미로 물을 들여보내고 내보내고 하는 구실을 하는 관.

수관(受灌) 명하자 불교에서, 관정을 받는 일.

수관(豎罐) 명 곧게 세운, 원통(圓筒) 모양의 증기관(蒸氣罐).

수관(樹冠) 명 나무의 줄기 윗부분의, 많은 가지와 잎이 달려 있는 부분.

수관-계(水管系) [-게/-게] 명 극피동물 특유의 기관. 호흡·순환 외에 일부는 관족이 되어 운동을 함. 가느다란 관으로 이루어졌으며 관 속에는 바닷물과 체액이 들어 있음. ㉾관족(管足).

수:¨관형사(數冠形詞) 명 사물의 수나 양을 나타내어 체언을 꾸미는 관형사. 〔'한 개', '두 사람'에서의 '한'·'두' 따위.〕

수광(水光) 명 물의 빛.

수광-벌(受光伐) 명 생장이 좋은 나무를 더욱 잘 키우기 위해 주위의 나무를 간벌하여 생장 구역을 넓혀 주는 일.

수괘(需卦) 명 육십사괘의 하나. 감괘(坎卦)와 건괘(乾卦)를 위아래로 놓은 괘. 하늘에 구름이 오름을 상징함. ㉾수(需).

수괘(隨卦) 명 육십사괘의 하나. 태괘(兌卦)와 진괘(震卦)를 위아래로 놓은 괘. 못 가운데 우레가 있음을 상징함. ㉾수(隨).

수-괭이 〈수고양이의 준말〉. ↔암괭이.

수괴(水塊) [-꾀/-꿰] 명 바닷물을 온도와 염분·빛깔 따위의 특성에 따라 나눌 때에, 거의 균일한 성질을 가진 바닷물의 덩어리.

수괴(首魁) [-꾀/-꿰] 명튄 ☞괴수(魁首). ¶반란의 수괴를 잡아들이다.

수괴(殊怪) '수괴(殊怪)하다'의 어근.

수괴(羞愧) '수괴(羞愧)하다'의 어근.

수괴-스럽다(殊怪-) [-괴-따/-궤-따] [~스러우니·~스러워] 형비 수상하고 괴이한 데가 있다. 수괴스레튄.

수괴-스럽다(羞愧-) [-괴-따/-궤-따] [~스러우니·~스러워] 형비 부끄럽고 창피한 느낌이 있다. 수괴스레튄.

수괴-하다(殊怪-) [-괴-/-궤-] 형여 수상하고 괴이하다. 수괴-히튄.

수괴-하다(羞愧-) [-괴-/-궤-] 형여 부끄럽고 창피하다. ㉾수치(羞恥). 수괴-히튄.

수교(手巧) 명 손재주.

수교(手交) 명하자 손수 내어 줌. 직접 전해 줌.

수교(手敎) 명 왕조 때, 공신에게 훈작을 봉할 적에 내리던 책명(策命).

수교(受敎) 명 조선 시대에, 임금이 내리던 교명.

수교(垂敎) 명하자 가르쳐 보임, 또는 가르침을 남김. 수시(垂示).

수교(首校) 명 조선 시대에, 지방의 군역에 종사하던 장교의 우두머리.

수교(修交) 명하자 나라와 나라 사이에 교제를 함. ¶인접국과 수교하다.

수-교위 명 얇게 민 밀가루 반죽에 쇠고기와 오이 따위로 소를 넣고 빚어서 찐, 만두 모양의 음식.

수교^포장(修交褒章) 명 국권의 신장 및 우방과의 친선에 뚜렷한 공을 세운 사람 등에게 수여하는 포장.

수교^훈장(修交勳章) 명 국권의 신장 및 우방과의 친선에 공헌이 뚜렷한 사람에게 수여하는 훈장. 광화장(光化章)·흥인장(興仁章)·숭례장(崇禮章)·창의장(彰義章)·숙정장(肅靖章)의 다섯 등급이 있음.

수구(水口) 명 ①물이 흘러 나가는 구멍. ②풍수지리에서, 득(得)이 흘러간 곳을 이름.

수구(水球) 명 수상 경기의 한 가지. 각각 일곱 사람으로 이루어진 두 편이 물속에서 공을 서로 상대편 골에 넣어 그 득점의 많고 적음으로 승부를 겨루는 경기.

수구(守舊) 명튄하자 묵은 관습이나 제도를 그대로 지키고자 따름. ¶수구 세력. ↔개수(改修).

수구(秀句) [-꾸] 명 뛰어난 시구(詩句).

수구(首句) [-꾸] 명 〔시가(詩歌) 등에서〕 여러 구(句) 중의 첫 구. 기구(起句).

수구(袖口) 명 소맷부리.

수구(需求) 명하자 필요하여 찾아 구함.

수구(壽具) 명 염(殮)할 때에 쓰는 옷이나 이불·베개 따위를 아울러 이르는 말.

수구(瘦軀) 명 수척한 몸. 여윈 몸.

수구-당(守舊黨) 명 대한 제국 때에, 개화를 반대하던 보수적 당파. 사대당(事大黨). ↔개화당.

수-구렁이 명 구렁이의 수컷. ↔암구렁이.

수구레¹ 명 쇠가죽 안에서 벗겨 낸 질긴 고기.

수구레² 명 (지형이나 처소 때문에) 몸을 구부려 망치질해야 하는 낮품구멍.

수구레-편 명 수구레를 고아서 굳힌 음식.

수구-막이(水口-)**명** 풍수지리에서, 골짜기의 물이 멀리 줄줄 흘러 하류가 보이지 아니하는 땅의 형세. 좋은 묏자리의 조건임.

수구-문(水口門)**명** 서울의 사소문(四小門)의 하나인 '광희문(光熙門)'을 달리 이르던 말. 〔지난날, 성안에서 상여가 이 문을 통하여 성 밖으로 나갔음.〕

수구문 차례(라)**속담** ①술자리에서 술잔을 돌릴 때 나이가 많은 사람에게 먼저 감을 우스갯소리로 이르는 말. ②늙고 병들어서 세상을 떠나게 될 날이 가까워졌다는 뜻을 우스갯소리로 이르는 말.

수구-초심(首丘初心)**명** '고향을 그리워하는 마음'을 비유하여 이르는 말. 〔여우가 죽을 때, 머리를 제 살던 굴 쪽으로 두고 죽는다는 이야기에서 유래함.〕

수구-파(守舊派)**명** 묵은 관습이나 제도를 그대로 지키고 따르려는 보수적인 무리.

수국(水國)**명** ⇨바다의 세계.

수국(水菊)**명** 범의귓과의 낙엽 활엽 관목. 관상용 식물로 높이는 1 m가량. 톱니가 있는 타원형의 잎은 두껍고 광택이 남. 여러 자줏빛과 연분홍의 많은 꽃이 가을에 취산 화서로 핌. 우리나라와 중국·일본 등지에서 재배하는데 개량종이 많음. 자양화(紫陽花).

수군(水軍)**명** 조선 시대에, 배를 타고 바다에서 싸우던 군대. 지금의 해군에 해당함. 수사(水師). 주군(舟軍). 주사(舟師).

수군-거리다[자타] 자꾸 수군수군하다. 수군대다. ㉗소곤거리다. ㉚쑤군거리다.

수군-대다[자타] 수군거리다.

수군덕-거리다[-꺼-]**[자타]** 자꾸 수군덕수군덕하다. 수군덕대다. ㉚쑤군덕거리다.

수군덕-대다[-때-]**[자타]** 수군덕거리다.

수군덕-수군덕[-떡-]**[부][하자타]** 몇 사람이 모여 낮은 음성으로 수군거리는 모양. ¶나만 쏙 빼고 자기들끼리만 수군덕수군덕한다. ㉚쑤군덕쑤군덕.

수군-수군[부][하자타] 남이 알아듣지 못하게 나직한 소리로 잇달아 이야기하는 모양. ㉗소곤소곤. ㉚쑤군쑤군.

수군-절도사(水軍節度使)[-또-]**명** 조선 시대에, 각 도에 두었던 수영(水營)의 정삼품 외직 무관. 수군을 통솔하던 으뜸 벼슬이었음. ㉖수사·절도사.

수굿-하다[-구타-]**[형여]** ①좀 숙은 듯하다. ¶고개가 약간 수굿하다. ②흥분이 좀 가라앉은 듯하다. ㉗소곳하다. **수굿-이**[부].

수궁(水宮)**명** 물속에 있다는, 상상의 궁궐. ㈖용궁(龍宮).

수궁(守宮)**명[하자]** 궁궐을 지킴.

수궁(壽宮)**명** 나라에서 미리 마련하여 두었던 임금의 관(棺).

수궁(數窮) '수궁하다'의 어근.

수궁-가(水宮歌)**명** 판소리 열두 마당의 하나. '토끼전'을 판소리로 엮은 것. ㉖토끼 타령.

수궁-대장(守宮大將)**명** 조선 시대에, 임금이 밖으로 거둥할 때 대궐을 지키던 임시적 무관.

수:궁-하다(數窮-)**[형여]** 운수가 궁박(窮迫)하다.

수권(水圈)[-꿘]**명** 지구 표면에서 물로 덮인 부분. 수계(水界).

수권(受權)[-꿘]**명** 권리나 권력 따위를 이어받음. ¶수권 야당(野黨).

수권(首卷)**명** 한 벌 책의 첫째 권.

수권^행위(授權行爲)[-꿘-]**명** 〔본인과 대리인과의 합의에 의하여〕대리권을 발생시키는 법률 행위의 한 가지.

수규(首揆)**명** 지난날, '영의정'을 달리 이르던 말.

수그러-들다[-드니-·-들어] **자** ①깊이가 숙어져 들어가다. ¶머리가 수그러들다. ②(형세나 기세 따위가)차차 줄어들다. ¶더위가 수그러들다.

수그러-지다[자] ①깊이 숙어지다. ¶저절로 머리가 수그러지다. ②(형세나 기세 따위가)차차 줄어지다. ¶불길이 수그러지다. /물가가 수그러지다.

수그리다[타] ①깊이 숙이다. ¶고개를 수그리다. ②(형세나 기세를)줄어지거나 굽히다.

수극화(水克火)[-그콰]**명** 오행설에서 이르는 상극의 하나. 물(水)은 불(火)을 이긴다는 뜻.

수근(水芹)**명** ⇨미나리.

수근(水根)**명** ①논에 댈 물이 생겨 나오는 곳. ②물 위에 뜬 식물이 물속에 내린 뿌리. 〔개구리밥의 뿌리 따위.〕

수근(樹根)**명** 나무의 뿌리.

수근(鬚根)**명** 수염뿌리.

수-글월(-) ①〔남자의 글이라는 뜻으로〕지난날, '한문(漢文)'을 달리 이르던 말. ↔암글. ②배운 대로 비위 좋게 잘 응용하는 글의 지식.

수금(水金)**명** 도자기에 금빛의 글씨나 그림을 그려 넣는 데 쓰이는 물감의 한 가지. 물금.

수금(水禽)**명** 물새.

수금(囚禁)**명[하타]** 죄인을 잡아 감옥에 가두어 둠. 구수(拘囚).

수금(收金)**명[하타]** 돈을 받아들임. 집금(集金).

수금(竪琴)**명** ⇨하프(harp).

수금(燧金)**명** ⇨부시.

수금-원(收金員)**명** 〔물건 값, 사용 요금, 회비 따위를〕거두어들이는 사람. 집금원(集金員).

수급(收給)**명** 수입과 지급.

수급(受給)**명[하타]** 급여·연금·배급 따위를 받음. ¶실업 수당 수급.

수급(首級)**명** 싸움터에서 벤 적군의 머리.

수급(需給)**명** 수요와 공급. ¶수급 계획.

수급-비(水汲婢)[-삐]**명** 지난날, 관아에 딸려 물 긷는 일을 하던 관비(官婢).

수긍(首肯)**명[하타][되자]** (남의 주장이나 언행이)옳다고 인정함. 옳다고 모두 다 수긍을 했다. /수긍이 가는 듯 고개를 끄덕이다.

수기(手技)**명** (편물이나 마사지 따위와 같이)손으로 하는 기술. 손으로 다루는 기술.

수기(手記)**명** ①자기의 체험을 자신이 적은 글. 수록(手錄). ②⇨수표(手標).

수기(手旗)**명[하자]** ①지난날, 행군할 때 장수가 들던 기. ②신호용으로 쓰이는 작은 기. 흔히, 빨강과 하양의 두 가지가 쓰임. ③손에 쥐고 흔들 수 있는 작은 기.

수기(水氣)**명** ①물기. ②한방에서, '신경(腎經)의 음기(陰氣)'를 이르는 말.

수기(秀氣)**명** ①빼어난 재질. ②수려한 경치.

수기(受寄)**명** 기부(寄附)나 기탁 따위를 받음.

수기(修己)**명[하자]** 스스로의 몸과 마음을 닦음. 자기 수양을 함.

수기(授記)**명** ①부처의 설법 중 문답식 또는 분류적 설명으로 된 부분. ②[하자]부처가 미래의 증과(證果)에 대하여 미리 예언한 교설(教說), 또는 그러한 예언을 함.

수기(羞氣)**명** 부끄러운 기색. 수줍은 티.

수기(壽器)**명** 살았을 때 미리 만들어 둔 관.

수기(數奇) '수기하다'의 어근.

수기(隨機)**명[하자]** 기회에 따름. ¶수기의 지혜.

수기량(隨其量)**명[하자]** 식량에 알맞게 맞춤.

수기력(隨其力)**명[하자]** 자기 힘에 알맞게 함.

수기^신:호(手旗信號)[명] 붉은 수기와 흰 수기를 양손에 들고 그것을 흔들어서 상대편과 교신하는 신호.

수기-응변(隨機應變)[명][하자] 그때그때의 기회에 따라 일을 적절히 처리함. (비)임기응변.

수-기-하다(數奇-)[형] 운수가 기이하다.

수긴[명] '수건(手巾)'의 궁중말.

수-꽃[-꼳][명] 수술만 있는 단성화(單性花). 웅화(雄花). * ↔암꽃. * 수꽃이[-꼬치] ·수꽃만[-꼰-]

수-꽃술[-꼳쑬][명] 수술.

수꿀-하다[형어] 무서워서 몸이 으쓱하다.

수-꿩[명] 꿩의 수컷. 장끼. ↔암꿩.

수끼(受喫)[명][하자] 왕조 때, 식구 수대로 내주는 양식을 타 먹던 일.

수-나무[명] 암수딴그루로 된 나무에서, 열매가 열리지 않는 나무. ↔암나무.

수-나사(-螺絲)[명] 암나사의 구멍에 끼우게 되어 있는 나사. ↔암나사.

수나이[명][하자] 피륙 두 필을 짤 수 있는 감을 주어 한 필만 짜서 받고, 한 필 감은 삯으로 주는 일.

수난(水難)[명] 폭우나 홍수 따위로 물 때문에 입는 재해. ¶ 온 마을이 수난을 겪다.

수난(受難)[명] ①재난을 당함. 어려운 일을 당함. ¶ 민족의 수난. /수난의 역사. ②기독교에서, 예수가 십자가에 못 박힐 때 당한 고난을 이르는 말.

수난-극(受難劇)[명] 예수의 수난을 제재로 한 종교극.〔중세 유럽에서 성행하였음.〕

수난-일(受難日)[명] 기독교에서, 예수가 십자가에 못 박혀 죽은 날을 이르는 말.

수난^주간(受難週間)[명] 기독교에서, 수난일이 포함된 한 주간. 예수의 수난을 기념하여, 교인들이 금욕·근신 기도를 하는 기간. 성주간.

수납(收納)[명][하타] (관공서 같은 곳에서 금품을) 거두어들임. ¶ 수납 창구. (비)봉수(捧受).

수납(受納)[명][하타] (보내온 금품 따위를) 받아서 넣음. 납수(納受). ¶ 의연금을 수납하다.

수납(袖納)[명][하타] (편지 따위를) 지니고 가서 손수 드림.

수납(輸納)[명][하타] 실어다가 바침.

수납-공간(受納空間)[-꽁-][명] 자질구레한 살림 도구나 세간 따위를 넣어 두는 곳. ¶ 수납 공간이 부족하다.

수납^기관(收納機關)[-끼-][명] 조세나 그 밖의 수익금을 거두어들이는 행정 기관.

수낭(水囊)[명] 폈다 접었다 할 수 있게 만든 휴대용 물주머니.

수낭(繡囊)[명] ☞수주머니.

수냇-소[-내쏘/-낻쏘][명] 지난날, 송아지를 주어 기르게 한 다음, 소 값을 빼고 도조를 내는 소.

수냉-식(水冷式)[명] '수랭식(水冷式)'의 잘못.

수녀(修女)[명] 가톨릭에서, 여자 수도사를 일컫는 말. (참)수사(修士).

수녀(須女)[명] 포백(布帛)을 맡고 있다는 별의 이름.

수녀-원(修女院)[명] 가톨릭에서, 수녀들이 일정한 규율 아래 공동생활을 하며 수행을 하는 곳.

수:년(數年)[명] 두서너 해. 사오 년. ¶ 수년이 걸리는 대공사.

수:년-래(數年來)[-녈-][명] 두서너 해가 지나 지금까지. ¶ 이런 가뭄은 수년래에 처음이다.

수념(水濂)[명]

수노(首奴)[명] 지난날, 관노(官奴)의 우두머리를 이르던 말.

수-놈[명] 동물의 '수컷'을 이르는 말. ↔암놈.

수:-놓다(繡-)[-노타][타] 피륙에다 색실로 온갖 그림이나 무늬 따위를 떠서 놓다.

수뇌(首腦)[명][-뇌/-눼] 어떤 조직이나 집단 등에서 가장 중요한 자리에 있는 인물. ¶ 수뇌 회담.

수뇌(髓腦)[명][-뇌/-눼] ①골수와 뇌. ②뇌수. ③동물의 원뇌포(原腦胞)의 맨 뒷부분. 나중에 연수(延髓)가 됨.

수뇌-부(首腦部)[-뇌-/-눼-][명] 어떠한 조직이나 집단 등에서 중요한 자리에 있는 간부들.

수뇨-관(輸尿管)[명] ☞요관(尿管).

수눅[명] 버선 따위의 발등 쪽의 꿰맨 솔기.

수니-파(Sunni派)[명] 이슬람교의 2대 교파 중의 하나. (참)시아파.

수:다[하자][스형] 쓸데없이 말이 많음, 또는 그 말. ¶ 수다를 떨다. /수다를 늘어놓다. /수다를 부리다. 수다-히[부] 수다스레.

수다(數多) '수다하다'의 어근.

수다라(←首陀羅.Sūdra 범)[명] ☞수드라.

수:다-식구(數多食口)[-꾸][명] 많은 식구. 수다식솔.

수:다-식솔(數多食率)[-쏠][명] ☞수다식구.

수:다-쟁이(數多-)[명] '몹시 수다스러운 사람'을 얕잡아 이르는 말.

수:다-하다(數多-)[형어] 수가 많다. ¶ 수다한 문제점이 발견되다. 수다-히[부] ¶ 수다히 몰려드는 사람들.

수단(手段)[명] ①어떤 목적을 달성하기 위한 방법. ¶ 수단과 방법을 가리지 않다. ②어떤 일을 처리하는 꾀나 솜씨. ¶ 수단이 뛰어나다.

수단(水團·水鍮)[명] 햇보리를 삶아 녹말에 묻혀 끓는 물에 데치거나, 흰떡을 앵두만 하게 썰어서 둥글게 빚어 꿀물에 넣고 실백을 띄운 음식. 흔히, 유월 유두에 먹음.

수단(手單)[명][하자] 여러 사람의 성명을 쓴 단자(單子)를 거두어들임, 또는 그 단자.

수단(壽短·脩短)[명] ☞수요(壽夭).

수단(繡緞)[명] 수놓은 것같이 짠 비단.

수단-꾼(手段-)[명] 수단이 좋은 사람.

수-단추[명] 가운데가 볼록 나와서 암단추에 끼우게 되어 있는 똑딱단추의 한 쪽. ↔암단추.

수달(水獺·水猵)[명] 족제빗과의 짐승. 몸길이 60~80cm, 꼬리 길이 40~50cm. 족제비와 비슷하나 훨씬 크고, 강기슭 또는 늪가에 굴을 파고 사는데 발가락 사이에 물갈퀴가 있어 수중 생활에 적합함. 물고기나 개구리·게 등을 잡아먹음. 천연기념물 제330호임.

수달-피(水獺皮)[명] 수달의 털가죽.

수담(手談)[명][하자]〔서로 마주하여 말 없는 가운데 손만으로도 뜻이 통한다는 뜻에서〕'바둑'을 달리 이르는 말.

수담-관(輸膽管)[명] 간과 쓸개에서 쓸개즙을 받아 십이지장으로 보내는 관을 통틀어 이르는 말. (준)담관(膽管).

수답(水畓)[명] 무논.

수답(酬答)[명][하자] 묻는 말에 말로 대답함.

수당(手當)[명] 정한 급료 이외에 주는 보수. ¶ 연장 근로 수당.

수당(壽堂)[명] ☞수실(壽室).

수대(水碓)[명] 물방아.

수대(手俗)[명] 손에 들고 다니는 작은 부대.

수대(手帶)[명] 가톨릭에서, 미사 때 사제가 왼쪽 팔목에 거는 짧은 헝겊 띠를 이르는 말.

수대(樹帶)[명] 같은 높이의 나무가 띠처럼 산기슭을 무성하게 둘러싸고 있는 곳.

수대(獸帶)[명] ☞황도대(黃道帶).

수더분-하다[형여] 성질이 순하고 소박하다. ¶ 그녀는 성격이 수더분해서 호감이 간다. **수더분-히**[부].

수덕(手德)[명] ➡손속.

수덕(修德)[명][하자] 덕을 닦음.

수도(手刀)[명] 태권도에서, 새끼손가락 끝 부분에서부터 손목에 이르는 부분을 이르는 말. 〔상대편의 급소를 치는 데 쓰임.〕 손날.

수도(水都)[명] 강이나 호수 따위를 끼고 있는, 경치가 좋은 도시. ¶ 수도 베니스.

수도(水道)[명] ①〈상수도〉의 준말. ②상수도의 하수도를 두루 이르는 말. ③뱃길이나 물길, 또는 물이 흘러 들어오거나 나가는 통로. ¶한려(閑麗)수도. ④수돗물을 받아 쓰게 만든 시설.

수도(水稻)[명] 무논에 심는 벼.

수도(囚徒)[명] 감옥에 갇혀 있는 죄수.

수도(受渡)[명][하타] (물건이나 돈 따위를) 넘겨받음과 넘김. ¶ 수도한 화물.

수도(首都)[명] 한 나라의 중앙 정부가 있는 도시. 서울. 국도(國都). 수부(首府).

수도(修道)[명][하자] 도를 닦음.

수도(隧道)[명] 굴. 굴길. 터널.

수도-관(水道管)[명] 상수도의 물이 통하는 관. 비송수관.

수도-교(水道橋)[명] 하천이나 도로 등을 건너지르는 수도관을 받치기 위하여 만든 다리.

수도-권(首都圈)[명] [一낀][명] 수도와 인접 지역을 포함한 일정한 지역. 〔서울특별시와 경기도·인천광역시 일원이 이에 해당됨.〕

수도-기(囚徒記)[명] 지난날, 옥에 갇혀 있던 죄수의 이름과 죄명을 적은 책.

수도-꼭지(水道−)[−찌][명] 상수도에서, 물을 나오게 하거나 그치게 하는 장치. 급수전. ¶ 수도 꼭지를 틀다.

수도-료(水道料)[명] 수돗물을 쓴 값으로 내는 돈. 급수료(給水料). 수도세(水道稅).

수도-사(修道士)[명] ➡수사(修士).

수도-세(水道稅)[−쎄][명] ➡수도료.

수도-승(修道僧)[명] 도를 닦는 중.

수도-원(修道院)[명] 가톨릭에서, 수사나 수녀가 일정한 규율 아래 공동생활을 하며 수행을 하는 곳. 승원(僧院). 준수원.

수도-자(修道者)[명] ①도를 닦는 사람. ②가톨릭에서, 수사와 수녀를 두루 이르는 말.

수도-전(水道栓)[명] 상수도의 물을 따라 쓰게 만든 장치. 수통(水筩).

수돗-물(水道−)[−돈−][명] 상수도에서 나오는 물. ¶ 수돗물 공급을 중단하다.

수동(手動)[명] (기계 따위를) 동력을 쓰지 않고 손으로 움직임. ¶ 수동 재봉틀. ↔자동(自動).

수동(受動)[명] 다른 것으로부터 작용을 받음. 피동(被動). ↔능동(能動).

수동(豎童)[명] 심부름하는 더벅머리 아이.

수동^**교환기**(手動交換機)[명] 교환원이 전화의 수신자와 송신자 사이의 회선을 접속시키는 교환기.

수동^**면:역**(受動免疫)[명] ➡타동 면역.

수동-사(受動詞)[명] ➡피동사(被動詞).

수동-성(受動性)[−썽][명] 다른 것으로부터 작용을 받아들이는 성질. ↔능동성.

수동-식(手動式)[명] 손으로 움직여서 작동하도록 한 방식. ¶ 수동식 펌프. ↔자동식.

수-동이[명] ①석유의 관(罐)을 광산에서 이르는 말. ②〔의존 명사적 용법〕 광석 무게의 단위. 10관(貫)으로 37.5 kg.

수동-적(受動的)[관][명] 다른 것으로부터 작용을 받아 움직이는 (것). ¶ 수동적 입장. /수동적인 행동. ↔능동적.

수동-태(受動態)[명] 문법에서, 주어가 어떤 동작의 대상이 되어 그 작용을 받는 서술 형식. ↔능동태.

수두(水痘)[명] 작은마마.

수두(首頭)[명] 〈수두자(首頭者)〉의 준말.

수두(樹頭)[명] 나무의 꼭대기.

수두룩-하다[−루카−][형여] ①매우 흔하고 많다. ¶ 그런 것쯤은 어디에고 수두룩하다. ②꽤 많아서 수북하다. ¶ 수둑이 수두룩하다. ②소도록하다. **수두룩-이**[부] ¶ 집에는 일거리가 수두룩이 기다리고 있었다.

수-두부(水豆腐)[명] ➡순두부.

수두-상기(垂頭喪氣)[명][하자] (근심 걱정으로) 고개가 숙어지고 맥이 빠짐.

수두-자(首頭者)[명] 어떤 일에 앞장선 사람. 준수두.

수둑-하다[형여] '수두룩하다'의 잘못.

수드라(sudra)[명] 고대 인도의 카스트 가운데 넷째 계급. 가장 천한 계급으로, 피정복민으로 이루어졌으며, 주로 농업과 백장 일에 종사하였음. 수다라. 참브라만·바이샤·크샤트리아.

수득(收得)[명][하타] (물건을) 거두어들이어 제 것으로 함.

수득(修得)[명][하타] (학문이나 기예·기술 따위를) 배워서 터득함.

수득(搜得)[명][하타] 찾아서 얻음.

수득-세(收得稅)[−쎄][명] 일정한 기간의 소득에 대하여 과세하는 직접세. 〔소득세와 수익세, 특별 소득세 따위.〕

수득-수득[−쑤−][부][하여] (열매나 뿌리 따위가) 몹시 시들어 마른 모양. ¶ 수득수득한 호박고지를 물에 불린다. ②소득소득.

수득수실(誰得誰失)[−쑤−][명] 누가 이익을 보고 누가 손해를 보는지 분명하지 않은 것.

수들-수들[부][하여] (줄기나 뿌리 따위가) 숨이 죽어 몹시 시들시들한 모양. ¶ 수들수들한 무로 장아찌를 담그다. ②소들소들.

수다새[옛] 수키와. ¶ 수다새:童瓦(訓蒙中18).

수:-땜(數−)[명][하자] 앞으로 닥쳐올 나쁜 운수를 미리 다른 일을 겪어서 면하는 일.

수:-떨다[−떠니·−떨어][자] 수다스럽게 떠들다.

수:-띠(繡−)[명] 수를 놓아 꾸민 띠.

수라(←水剌)[명] '임금에게 올리는 밥'을 높여 이르던 말.

수라(修羅)[명] 〈아수라(阿修羅)〉의 준말.

수라-간(←水剌間)[−깐][명] 왕조 때, 수라를 짓는 부엌을 이르던 말. 어주(御廚).

수라-상(←水剌床)[−쌍][명] '임금에게 올리는 밥상'을 높여 이르던 말.

수라-장(修羅場)[명] 〔아수라가 제석천(帝釋天)을 상대로 싸운 곳이라는 뜻으로〕 ①모진 싸움으로 처참하게 된 곳. ②법석을 떨어 야단이 난 곳. ¶ 회의장이 삽시간에 수라장으로 변한다. 아수라장.

수락(受諾)[명][하타][되자] 요구를 받아들여 승낙함. ¶ 수들의 제의를 수락하다. ↔거부.

수락석출(水落石出)[−썩−][명] ①물이 빠지고 돌이 드러난 물가의 겨울 경치. ②(일의 전모가) '낱낱이 드러남'을 비유하여 이르는 말.

수란(水卵)[명] 달걀을 깨서 수란짜에 담아 끓는 물에 반숙한 것.

수란(을) 뜨다[관용] 수란을 만들다.

수란 (秀卵) 명 숭어의 알로 만든 어란.

수란 (愁亂) '수란하다'의 어근.

수:란 (繡襴) 명 ①수놓은 치마. ②지난날, 궁중 나인들이 예식 때 입던 수놓은 치마.

수란-관 (輸卵管) 명 난자를 자궁으로 보내는 나팔 모양의 관. 거기에서 수정이 이루어짐. 나팔관. 난관.

수란-스럽다 (愁亂-) [-따] [~스러우니·~스러워] 형비 시름이 많아 마음이 어지러운 데가 있다. 수란스레 부.

수란-짜 (水卵-) 명 수란을 뜨는 데 쓰이는, 쇠로 만든 주방 기구.

수란-하다 (愁亂-) 형여 시름이 많아 마음이 산란하다. 수요(愁擾)하다.

수람 (收攬) 명하타 (사람의 마음을) 끌어 모음. ¶ 인심을 수람하다.

수랍 (水蠟) 명 ☞백랍(白蠟).

수랑 (守廊) 명 행랑에서 조금 떨어져 있는, 집주인의 객실.

수랭-식 (水冷式) 명 (기계나 설비 등을) 물로써 식히는 방식. 참공랭식.

수랭식 기관 (水冷式機關) [-끼-] 물을 순환시켜서 기통(汽筒)을 식히는 내연 기관.

수량 (水梁) 명 강물의 흐름이 좁아진 곳.

수량 (水量) 명 물의 분량. ¶ 수량이 불어나다.

수:량 (數量) 명 수효와 분량. ¶ 많은 수량.

수:량^경기 (數量景氣) 명 물가가 오르지 않고도 매출액이 증대하여 기업의 수익이 늘어나고 경기도 좋아지는 상태. ↔가격 경기.

수량-계 (水量計) [-게/-게] 명 ☞양수기(量水器).

수:량^지수 (數量指數) 명 수량의 변동을 나타내는 지수. [생산 수량 지수나 무역 수량 지수 따위.]

수럭-수럭 [-쓰-] 부하다 말이나 행동이 시원스 원하고 활달한 모양. 참소락소락.

수럭-스럽다 [-쓰-따] [~스러우니·~스러워서] 형비 수럭수럭한 데가 있다. ¶ 그는 사람됨이 수럭스러워 대하기가 아주 편하다. 수럭스레 부.

수런-거리다 자 자꾸 수런거리다. 수런대다.

수런-대다 자 수런거리다.

수런-수런 부하다 여러 사람이 모여 수군거리는 모양. ¶ 수런수런하는, 심상찮은 분위기.

수렁 명 ①곤죽이 된 진흙이나 개흙이 많이 괸 곳. ②'헤어나기 힘든 처지'를 비유하여 이르는 말. 수녕(水濘). ¶ 절망의 수렁에 빠지다.

수렁-논 명 수렁으로 된 논. 수렁배미.

수렁-배미 [-빼-] 명 수렁논.

수레 명 바퀴를 굴려 가게 만든 물건. 사람이 타거나 짐을 실음.

수레 위에서 이를 간다 속당 이미 때가 늦은 뒤에 뉘우쳐 봐야 소용없음을 비유하여 이르는 말.

수레-거 (-車) 명 한자 부수의 한 가지. '軸'·'輩' 등에서의 '車'의 이름.

수레-바퀴 (-車) 명 수레가 굴러 가도록 밑에 댄 바퀴. 차륜(車輪).

수레^토기 (-土器) 명 수레 모양의 토기. 주로 신라와 가야 무덤에서 출토됨.

수려 (秀麗) '수려하다'의 어근.

수려-하다 (秀麗-) 형여 (경치나 용모가) 빼어나게 아름답다. ¶ 이목구비가 수려한 젊은이.

수력 (水力) 명 ①물이 가지고 있는 운동 에너지와 위치 에너지를 변환시킨 동력.

수력^기계 (水力機械) [-끼계/-끼게] 명 물의 에너지를 기계적 에너지로 바꾸거나 물에 기계적 에너지를 부여하여 일을 하는 기계를 통틀어 이르는 말. [물레방아나 펌프·수압기 따위.]

수력^발전 (水力發電) [-빨쩐] 명 수력으로 발전기를 돌려 전기를 일으키는 일. 또는 그러한 발전 방식. 참화력 발전.

수력^전:기 (水力電氣) [-쩐-] 명 수력 발전으로 일으킨 전기. 준수전(水電).

수련 (垂憐) 명 불쌍하게 여겨 돌봄.

수련 (首聯) 명 한시의 율시(律詩)에서, 제1·2구, 곧 제1련. 기련(起聯). 참함련.

수련 (修鍊·修練) 명하타 (정신이나 학문·기술·자위를) 닦아서 단련함. ¶ 수련을 쌓다.

수련 (睡蓮) 명 수련과의 다년초. 못이나 늪에 나며 관상용으로 심기도 함. 뿌리줄기는 물 밑바닥으로 벋고, 잎은 뿌리에서 무더기로 나서 물 위에 뜸. 초여름에 흰 꽃이 긴 꽃줄기 끝에 한 송이씩 피는데, 아침에 피고 저녁나절에 오므라듦. 민간에서 꽃을 지혈제나 강장제로 씀.

수련^수녀 (修鍊修女) 명 가톨릭에서, 수녀가 되기를 서약하고 수련 중인 수녀를 이르는 말.

수련-의 (修鍊醫) [-려늬/-려니] 명 전문의(專門醫) 시험의 자격을 얻기 위하여 일정 기간 지정된 병원에서 임상 수련을 쌓고 있는 의사. 인턴과 레지던트 등을 이름. 전공의.

수련-하다 (修鍊-) 형여 마음이 곱고 수수하다. ¶ 천성이 수련하다. 수련-히 부.

수렴 (水痐) 명 (풍수설에서 크게 꺼리는) 무덤 안에 물이 괴어 송장이 해를 입는 일.

수렴 (收斂)¹ 명하타 되자 ①수학에서, 변수(變數)가 어떤 일정한 값에 한없이 가까워지는 일. ↔발산. ②광선 따위가 한 점으로 모이는 일.

수렴 (收斂)² 명하타 되자 ①(혈관 따위를) 오그라들게 함. ②(생각이나 주장 따위를) 한군데로 모음, 또는 모이게 함. ¶ 각계의 의견을 수렴하여 정책을 수립해야 한다. ③(돈이나 물건 따위를) 거두어들임. ④(조세를) 거두어들임.

수렴 (垂簾) 명 ①발을 늘어뜨림, 또는 늘어뜨린 발. ②〈수렴청정〉의 준말.

수렴^렌즈 (收斂lens) 명 평행 또는 발산(發散)하는 광속(光束)을 수렴하여 한 점에 모으는 렌즈. 볼록 렌즈가 이 구실을 함.

수렴-막 (垂簾膜) 명 트라코마의 독소가 각막을 침범하여 눈망울이 흐려지는 눈병.

수렴-전 (收斂錢) 명 추렴하여 모은 돈.

수렴-제 (收斂劑) 명 점막이나 상처 따위의 단백질에 작용하여 피막을 만들어서 국소(局所)를 보호하는 약제. 지혈·진통·소염의 작용도 함.

수렴-청정 (垂簾聽政) 명 지난날, 임금이 어린 나이로 즉위하였을 때 왕대비나 대왕대비가 임금을 대신하여 정사(政事)를 돌보던 일. 준수렴·염정.

수렵 (狩獵) 명하타 사냥.

수렵-기 (狩獵期) [-끼] 명 ☞사냥철.

수렵-면:허 (狩獵免許) [-려-] 명 수렵법에 의하여 일정한 사냥을 할 수 있는 면허.

수렵-법 (狩獵法) [-뻡] 명 수렵의 규제, 짐승의 보호·번식 등에 관하여 제정한 법률.

수렵^시대 (狩獵時代) [-씨-] 명 인류가 야생 동물을 사냥하여 주식으로 하던 원시 시대.

수렵-조 (狩獵鳥) [-쪼] 명 사냥이 허가된 새.

수령 (守令) 명 ☞원(員).

수령 (秀嶺) 명 '수령하다'의 어근.

수령 (受領) 명하타 (돈이나 물품 따위를) 받음, 받아들임. 영수(領收). ¶ 퇴직금을 수령하다.

수령 (首領) 명 한 당파나 무리의 우두머리. 두령.

수령 (樹齡) 명 나무의 나이. ¶ 육백 년의 수령을 자랑하는 정이품송.

수령^능력(受領能力) [-녁] 명 남의 의사 표시의 내용을 이해할 수 있는 능력.

수렴-스럽다(秀麗-) [-따] [~스러우니·~스러워] 형ㅂ 재주가 빼어나고 영묘한 듯하다.

수령-인(受領人) 명 수령하는 사람. 받을 사람.

수령-증(受領證) 명 (돈이나 물품 따위를) 받았다는 증거로 써 주는 증서.

수령-하다(秀靈-) 형여 재주가 빼어나고 영묘하다.

수례(手例) 명하자 ⇨수결(手決).

수로(水路) 명 ①물이 흐르는 통로. 물길. ¶수로 공사. ②뱃길. 물길. ↔육로. ③수영 경기에서, 선수가 헤엄쳐 나아가도록 정해 놓은 길.

수로(手爐) 명 손을 쬐도록 만든 작은 화로. [지난날, 흔히 가마에 싣고 다녔음.]

수로(囚虜) 명 갇혀 있는 포로.

수로(酬勞) 명하자 수고나 공로에 대하여 보수를 줌, 또는 그 보수.

수로-교(水路橋) 명 도로나 철로 위로 다리처럼 가로질러 가설한 수로.

수로-기(修路機) 명 ⇨로드 롤러.

수로-도지(水路圖誌) 명 선박의 안전하고 능률적인 항해를 위하여 발행되는 도서. 해도(海圖) 따위.

수로-만리(水路萬里) [-말-] 명 아주 먼 뱃길.

수로-선(水路線) 명 지도 등에서 수로를 나타낸 선.

수로식 발전(水路式發電) [-빨쩐] 하천이나 호수의 물을 발전소 위로 끌어 들여 자연 낙차(落差) 따위를 이용하여 발전하는 수력 발전의 한 가지.

수로^안내인(水路案內人) 명 '도선사(導船士)'를 흔히 이르는 말.

수록(手錄) 명하타되자 손수 기록함, 또는 그 기록. 수기(手記).

수록(收錄) 명하타되자 (같은 계통의 것을) 기록하여 넣거나 모아서 실음. 수재(收載). ¶20만의 어휘가 수록된 사전. /잡지에 수록된 특종 기사.

수록(蒐錄) 명하타되자 수집하여 기록함, 또는 그 기록.

수뢰(水雷) [-뢰/-뤠] 명 물속에서 폭발시켜 적의 함정 따위를 파괴하는 무기. 공격용의 어뢰와 방어용의 기뢰가 있음.

수뢰(受賂) [-뢰/-뤠] 명하자 뇌물을 받음. 수회(收賄). ¶수뢰 혐의로 조사를 받다. ↔증뢰(贈賂).

수뢰^구축함(水雷驅逐艦) [-뢰-추캄/-뤠-추캄] 명 ⇨구축함.

수뢰-정(水雷艇) [-뢰/-뤠] 명 적의 함정을 수뢰로 공격하여 격침시키는 것을 주임무로 하는 소형의 쾌속 함정.

수료(修了) 명하타 일정한 학업이나 과정을 다 마침. ¶대학원 과정을 수료하다.

수료-생(修了生) 명 일정한 학업이나 과정을 다 마친 학생.

수료-증(修了證) [-쯩] 명 일정한 학업이나 과정을 다 마친 사람에게 주는 증서.

수룡-음(水龍吟) 명 고려 시대에, 나라에서 잔치를 베풀 때 쓰이던 반주 음악. 농(弄)·낙(樂)·편(編)의 3악장으로 되어 있음.

수루(水樓) 명 물가에 지은 누각.

수루(戍樓) 명 지난날, 적군의 동정을 살피기 위하여 성채 등에 지었던 누각. ¶한산섬 달 붉은 밤의 수루에 혼자 앉아 (古時調).

수루(垂淚) 명하자 눈물을 흘림.

수뤼 명 (옛) 수레. ¶바미 수뤼 모라 나가(杜重 1:15).

수뤼-나물 명 현삼과의 다년초. 줄기의 높이 1~1.5 m. 잎은 3~5개씩 돌려나는데, 여름에 홍자색의 꽃이 이삭 모양으로 핌. 우리나라와 중국, 일본의 산에서 자라는데, 이뇨제(利尿劑)로 쓰임.

수류(水流) 명 물의 흐름.

수류(獸類) 명 포유류에 딸린 동물을 통틀어 이르는 말.

수류-운공(水流雲空) 〔흐르는 물과 뜬구름이라는 뜻으로〕 '지나간 일의 흔적 없고 허무함'을 비유하여 이르는 말.

수류탄(手榴彈) 명 손으로 던지는 근접 전투용의 소형 폭탄.

수류^펌프(水流pump) 명 굵기가 고르지 않은 관 속을 지나는 수류가 부분적으로 압력 차가 생기는 것을 이용하여 공기나 액체를 배출시키는 진공 펌프의 한 가지.

수륙(水陸) 명 ①물과 뭍. ②수로와 육로.

수륙-도량(水陸道場) [-또-] 명 불교에서, 수륙재(水陸齋)를 올리는 곳(마당)을 이르는 말.

수륙-만리(水陸萬里) [-롱말-] 명 바다와 육지를 사이에 두고 멀리 떨어져 있음을 이르는 말.

수륙^병진(水陸並進) [-뼁-] 명 〔수군과 육군이〕 바다와 육지에서 함께 진격하는 일.

수륙^양용(水陸兩用) [-룡냥-] 명 물 위나 육지에서 다 활용할 수 있는 것. ¶수륙 양용 전차.

수륙-재(水陸齋) [-째] 명 불교에서, 수륙의 고혼(孤魂)과 잡귀에게 재를 올리고 음식을 공양하는 법회. 수륙도량.

수륙-전(水陸戰) [-쩐] 명 바다와 육지에서 벌어지는 전투. 해전과 육전.

수륙-진미(水陸珍味) [-찐-] 명 ⇨산해진미(山海珍味).

수륜(水輪) 명 불교에서 이르는 삼륜(三輪)의 하나. 풍륜(風輪)의 위에서 이 세상을 떠받치고 있는 물의 층(層).

수륜(垂綸) 명하자 낚싯줄을 드리워서 고기를 낚음.

수르르 튀 ①뭉치거나 얽힌 것이 술술 풀리는 모양. ¶치마끈이 수르르 풀리다. ②물이나 가루·공기 따위가 부드럽게 새어 나가는 모양. ¶풍선의 공기가 수르르 빠지다. ③부드러운 바람이 천천히 부는 모양. ¶신선한 바람이 수르르 불어오다. ④졸음이 오는 모양. ¶수르르 졸음이 오다. 잭소르르.

수릉(壽陵) 명 왕조 때, 살아 있는 동안에 미리 마련하여 두던 임금의 무덤.

수릉-관(守陵官) 명 왕릉을 지키던 벼슬아치.

수리 명 수릿과의 수리속(屬)에 딸린 맹금(猛禽)을 두루 이르는 말. 산악이나 평야에 사는데, 몸집이 크고 힘이 세며, 부리와 발톱이 크고 날카로워 들짐나 토끼 따위를 잡아먹음.

수리(水利) 명 ①수상 운송상의 편리. ②(식수나 관개용 등으로) 물을 이용하는 일. ¶수리 조합. /수리 시설. /수리 안전답.

수리(水理) 명하자 수맥(水脈).

수리(受理) 명하타되자 〔제출한 소장(訴狀)이나 원서 따위 문서를〕 받아서 처리함. ¶사표를 수리하다.

수리(修理) 명하타되자 (고장이 나거나 허름한 데를) 손보아 고침. ¶집을 수리하다.

수:리(數理)[명] ①수학의 이론이나 이치. ¶수리에 밝다. ②[물리학, 경제학 따위의 학문 명칭과 아울러] 수학적 해석을 연구 방법으로 하는 학문을 일컬음.

수:리경제학(數理經濟學)[명] 수학적 방법으로 경제 현상을 분석하는 경제 이론.

수리-권(水利權)[-꿘][명] 하천이나 호수 등의 물을 관개·발전·수도 등의 목적으로 독점하여 사용할 수 있는 권리.

수리-먹다[-따][자] (밤이나 도토리 등의 속살 일부분이) 상하여 퍼슬퍼슬하게 되다.

수:리물리학(數理物理學)[명] 물리학에서 다루는 여러 가지 문제의 수학적 해석에 중점을 둔 분야의 학문.

수리-부엉이[명] 올빼밋과의 새. 날개 길이 41∼45cm, 꽁지 길이 22∼28 cm. 몸빛은 적갈색 또는 어두운 갈색에 검은 점이 있고, 머리 양쪽에 7∼8 cm의 털이 귀 모양으로 나 있음. 깊은 산의 암벽(岩壁)에 살며 밤에 나와 들쥐나 토끼 등을 잡아먹음. 유럽·아프리카·아시아에 분포하고 우리나라에는 비교적 드문 텃새임. 수알치새.

수리-수리[부][하][영] 눈이 흐려서 보이는 것이 희미한 모양.

수:리안전답(水利安全畓)[명] 관개(灌漑)가 잘 되어 안전하게 농사지을 수 있는 논. 안전답.

수:리적 위치(數理的位置) [고유의 지명 따위를 쓰지 않고] 위도와 경도의 숫자로 어떤 지점을 나타내는 위치.

수:리조합(水利組合)[명] 지난날, 농업용 관개와 배수의 시설 및 그 관리를 하던 단체로, '농지개량 조합'의 이전 일컬음.

수:리지리학(數理地理學)[명] 우주에서의 지구의 위치·달력·지도 따위를 연구하는 지리학의 한 분과. 천문 지리학.

수:리철학(數理哲學)[명] 수학의 대상이 되는 사물을 이성(理性)의 인식 대상으로서만 파악하여 그 근거를 연구하는 사변적인 학문.

수리취[명] 국화과의 다년초. 산이나 들의 양지바른 곳에 나는데, 줄기는 80∼100 cm. 줄기에서 나온 길둥근 잎은 뒷면에 흰 털이 나 있음. 가을에 자줏빛 꽃이 핌. 어린잎은 먹을 수 있음.

수리취-떡[명] 단오에, 수리취의 연한 싹이나 잎을 섞어서 만든 시루떡. 단오떡. 단오병.

수리-학(水理學)[명] 수로나 하천 또는 운하 따위의 수류(水流) 등에 대하여 역학적으로 연구하는 학문.

수:리학-파(數理學派)[명] 수학적인 방법으로 경제학의 원리를 서술하고 파악하려는 학파.

수림(樹林)[명] 나무가 우거진 숲.

수립(竪立)[명][하][되][자] 꼿꼿하게 세움.

수립(樹立)[명][하][되][자] (국가나 정부, 제도나 계획 따위를) 이룩하여 세움. ¶정책 수립./대책을 수립하다.

수릿-날[-린-][명] ☞단오(端午).

수마(水馬)[명] [보병전에 참가하기 위해 기병(騎兵)이 내려서] 사람이 타고 있지 않은 말.

수마(水魔)[명] '수해(水害)'를 악마에 비유하여 이르는 말. ¶수마가 할퀸 자국.

수마(睡魔)[명] '심한 졸음'을 마력(魔力)에 비유하여 이르는 말. ¶수마에 시달리다.

수-마노(水瑪瑙)[명] 석영(石英)의 한 가지. 검정·빨강·하양 따위의 빛깔의 광택을 띠며 흔히. 장신구나 도장의 재료로 쓰임.

수-마력(水馬力)[명] 일정량의 물을 일정한 높이로 올리는 데 필요한 동력.

수마-석(水磨石)[명] 물결에 씻기어 서슬이 닳은 돌.

수막(髓膜)[명] ☞뇌척수막(腦脊髓膜).

수-막새[-쌔][명] ☞막새.

수:만(數萬)[수관] 만의 두서너 배가 되는 수(의). ¶수만의 군중./수만 명의 군사.

수:-많다(數-)[-만타][형] 수효가 한없이 많다. 《주로, '수많은'의 꼴로 쓰임.》¶수많은 세월./수많은 관객. 수많-이[부].

수-말[명] 말의 수컷. ↔암말.

수말(水沫)[명] ①물거품. 수포. ②물보라.

수말(首末)[명] 머리와 끝.

수망(首望)[명] 조선 시대에, 벼슬아치의 망정(望定)에서 첫 번째에 오르던 일, 또는 그 사람.

수-매(水媒)[명] 나사마름이나 자라마름 등 물에 사는 꽃식물이 물을 매개로 수정하는 일.

수매(收買)[명][하][되][자] (물건을) 사들임. ¶정부가 추곡(秋穀)을 수매하다.

수매-화(水媒花)[명] 물을 매개로 번식하는 꽃. [참]충매화·풍매화.

수맥(水脈)[명] ①지하수의 물줄기. 수리(水理). ¶수맥이 흐르다. ②배가 다니는 길. 뱃길.

수명(水明)[명] 논에 물을 대거나 빼기 위하여, 길 둑이나 방축 밑에 뚫어 놓은 물구멍.

수면(水面)[명] 물의 표면. 물면. 물 위. ¶소금쟁이가 수면을 달린다.

수면(水綿)[명] 민물에서 자라는 조류(藻類)를 통틀어 이르는 말. 뿌리 없이 머리카락처럼 며 있는데, 먹기도 하고 실험재 또는 한방의 약재로도 씀. 수태(水苔).

수면(睡眠)[명][하][자] 잠을 잠, 또는 잠. ¶충분한 수면을 취하다. [참]침수(寢睡).

수면(獸面)[명] ①짐승의 얼굴, 또는 그와 같이 생긴 흉한 얼굴. ②짐승의 얼굴을 본떠서 만든 탈이나 방패 따위.

수면-계(水面計)[-게/-계][명] 탱크나 증기 기관 속의 수위(水位)를 밖에서 알 수 있게 만든 계기.

수면-병(睡眠病)[-뼝][명] ①어떤 병의 증세로 계속 졸음이 오는 현상. ②원생동물의 감염으로 일어나는 서부 아프리카 특유의 풍토병의 한 가지.

수면-운동(睡眠運動)[명] ☞취면 운동.

수면-제(睡眠劑)[명] 불면증을 진정시켜 잠이 들게 하는 약. 최면제.

수명(受命)[명][하][자] ①명령을 받음. ②<수명어천(受命於天)>의 준말.

수명(羞明)[명] 눈이 부시어 밝은 빛을 바로 보지 못하는 병.

수명(壽命)[명] ①타고난 목숨의 연한(年限). 살아 있는 연한. [준]수(壽). ②(물품이나 시설의) 사용에 견디는 기간. 쓰일 수 있는 기간.

수명(隨命)[명][하][자] (타고난) 운명에 따름.

수명법관(受命法官)[-꽌][명] 재판장의 명에 따라 합의부를 대표하여 화해 권고, 증거 조사, 공판 준비 따위의 소송 행위를 하는 법관.

수명어천(受命於天)[명] [하늘로부터 명을 받았다는 뜻으로] '임금의 자리에 오름'을 이르는 말. [준]수명(受命).

수명-장수(壽命長壽)[명] 수명이 길어 오래 삶. [흔히, 어린아이의 명이 길기를 빌 때 이르는 말.] ¶수명장수를 위해 치성을 드리다.

수모(手母)[명] 전통 혼례에서, 신부에게 딸리어 단장을 하여 주고, 예절을 거행하게 받들어 주는 여자.

수모(受侮)[명][하] 모욕을 당함. ¶참을 수 없는 수모를 겪다.

수모(首謀)명 ①〈수모자(首謀者)〉의 준말. ②하타 앞장서서 일을 꾀함. ¶ 이 사건을 수모한 사람으로 수배되다.

수모(誰某)대 〔문어 투의 말로〕 아무개.

수모-결시(手母-)〔-견세〕명 수모를 따라다니며 그 일을 배우는 여자.

수모-수모(誰某誰某)대 아무개 아무개. ¶ 수모수모를 막론하고 모두가 그 일에는 반대한다.

수모-시(壽母詩)명 어머니의 생신 때에 바치는, 장수를 비는 시.

수모-자(首謀者)명 앞장서서 일을 꾀한 이. 주모자 중의 우두머리. ⓒ수모(首謀).

수목명 낡은 솜으로 실을 뽑아 짠 무명.

수:(數目)명 낱낱의 수효.

수목(樹木)명 ①(살아 있는) 나무. ②목본 식물을 통틀어 이르는 말. ¶ 수목이 우거지다.

수목-원(樹木園)명 수목의 관찰·연구나 일반의 관람 등을 위하여 많은 종류의 수목을 한데 모아서 가꾸는 곳.

수목-장(樹木葬)〔-짱〕명 화장(火葬)한 유골을 나무뿌리에 묻는 장례 방법.

수몰(水沒)명하자되자 물속에 잠김. ¶ 수몰 지구.

수무(手-)명 '수모(手母)'의 잘못.

수무족도(手舞足蹈)〔-또〕명하자 (너무 좋아서) 어찌할 바를 몰라 날뜀. ⓒ도무(蹈舞).

수-무지개명 쌍무지개가 섰을 때, 빛깔이 뚜렷하고 고운 쪽의 무지개. ↔암무지개.

수무푼전(←手無分錢)명 수중에 돈이 한푼도 없음.

수목(水墨)명 빛이 엷은 먹물.

　　　수묵(을) 치다관용 잘못된 것을 발라 감추다.

　　　수묵(이) 지다관용 (그림이나 글씨의 점이나 획의 가장자리에) 수묵이 나타나다.

수묵^산수(水墨山水)〔-싼-〕명 수묵으로 그린 산수화.

수묵-화(水墨畫)〔-무콰〕명 화선지에 수묵으로 짙고 연한 효과를 내어 그린 그림.

수문(水門)명 저수지나 수로(水路)에 설치하여 수량(水量)을 조절하는 문. 물문. 수갑(水閘).

수문(水紋)명 ①수면에 인 물결의 무늬. ②물결처럼 어른거리는 무늬.

수문(手紋)명 손금.

수문(守門)명 문을 지킴.

수문(壽門)명 대대로 장수하는 집안.

수문수답(隨問隨答)명하자 묻는 대로 거침없이 대답함. ¶ 수문수답하는 모습을 보니 속이 다 시원하다.

수문-장(守門將)명 지난날, 대궐문이나 성문을 지키던 장수.

수문-전(修文殿)명 고려 시대에, 학자가 왕에게 학문을 강의하던 곳.

수문-졸(守門卒)명 지난날, 대궐문이나 성문을 지키던 병졸.

수문-지기(水門-)명 수문을 지키는 사람.

수문-학(水文學)명 지구상의 물의 발생·순환·분포와 그 물리적·화학적 특성, 환경과의 상호 작용 등을 연구 대상으로 삼는 학문.

수미(秀眉)명 빼어나게 아름다운 눈썹.

수미(首尾)명 처음과 끝. 두미(頭尾).

수미(愁眉)명 근심으로 찌푸린 눈썹. 곧, 근심에 잠긴 안색.

수미(壽眉)명 늙은이의 눈썹에서, 가장 길게 뻗은 눈썹.

수미(粹美)'수미하다'의 어근.

수미(鬚眉)명 수염과 눈썹.

수미-단(須彌壇)명 절의 불전(佛殿) 안에, 부처를 안치한 단. 불단(佛壇).

수-미분(米米粉)명 ☞무리².

수미-산(須彌山←Sumeru 범)명 불교에서, 세계의 중심에 높이 솟아 있다는 산.

수미-상응(首尾相應)명하자 처음과 끝이 서로 응함. 서로 응하며 도움.

수미-상접(首尾相接)명하자 양쪽 끝이 서로 맞닿음. 서로 이어져 끊이지 않음.

수미^쌍관법(首尾雙關法)〔-뺑〕명 시가(詩歌) 따위의 구성법에서, 첫 연을 끝 연에 다시 반복하는 구성법.

수미-하다(粹美-)형여 순수하게 아름답다.

수민(愁悶)'수민하다'의 어근.

수민-하다(愁悶-)형여 수심(愁心)에 싸여 괴로워하다.

수밀(水密)명 큰 물통이나 관(管) 따위가 속에 담긴 물을 조금도 흘리지 않고 수압을 견뎌 내는 상태.

수밀^격벽(水密隔壁)〔-뼉〕명 배의 외부가 파괴되었을 때, 침수를 일부분에 그치게 하기 위하여, 내부를 여러 방으로 갈라 막은 벽.

수밀-도(水蜜桃)〔-또〕명 껍질이 얇고 과즙이 많은 복숭아의 한 품종.

수-바늘(繡-)명 수놓을 때 쓰는 바늘.

수:박명 박과의 일년생 만초. 아프리카 원산의 재배 식물. 줄기는 땅 위로 벋고 잎은 깃 모양으로 깊게 갈라짐. 여름에 연한 황색 꽃이 피고, 열매는 박처럼 둥글게 열리는데 수분이 많고 맛이 닮. 수과(水瓜).

　　　수박 겉 핥기속담 '일이나 물건의 본질은 모르고 겉만 건드림'을 비유하여 이르는 말.

수반(水防)명 물막이.

수반(水飯)명 물에 만 밥. ↔건반(乾飯).

수반(水盤)명 꽃을 꽂거나 수석(壽石) 따위를 올려놓는 데 쓰이는, 바닥이 편평하고 운두가 낮은 그릇. ⊞수분(水盆).

수반(首班)명 ①행정부의 우두머리. ¶ 내각 수반. ②반열(班列)의 첫째, 또는 그 사람.

수반(隨伴)명하자 ①붙좇아서 따름. ②(어떤 일과) 함께 일어나거나 나타남. ¶ 산업화에 수반하여 나타나는 공해.

수-반구(水半球)명 지구를, 동경 30°, 북위 48°를 북극으로 하고 서경 179°, 남위 48°를 남극으로 하여 둘로 가를 경우의 남반구를 이르는 말. 지구상의 바다 전 면적의 91%가 이에 들어감. 해반구. ↔육반구(陸半球).

수발하타 시중들며 보살피는 일. 바라지².

수발(秀拔)'수발하다'의 어근.

수발(鬚髮)명 수염과 머리털.

수발-들다〔-드니·-들어〕타 가까이에서 시중들며 보살피다. ¶ 어머니 병을 수발들다.

수발-하다(秀拔-)형여 (여럿 중에서) 특히 빼어나다.

수발-황락(鬚髮黃落)〔-낙〕〔수염과 머리털이 세어 빠진다는 뜻으로〕 늙어 쇠약하여짐을 이르는 말.

수방(水防)명하자 수해를 막음, 또는 그 일.

수방(守防)명하타 지키어 막음.

수방(守房)명하자 지난날, 혼례 때 친척이나 종들이 첫날밤의 신방 곁을 지키던 일.

수방(殊邦)명 다른 나라. ⊞타국(他國).

수방(搜訪)명하타 수소문하여 찾아감.

수-방석(繡方席)명 수를 놓아 만든 방석.

수배(手背)명 손등.

수배(手配)圕[하타][되자] ①어떤 일을 갈라 맡아서 하게 함. ②(범인 등을 잡기 위하여) 수사망을 폄. ¶경찰의 수배를 받다. /절도범을 현상 수배하다.

수배(受配)圕[하자] 배급을 받음.

수배(隨陪)圕 왕조 때, 고을 원을 따라다니며 수발하던 아전.

수백(水伯)圕 물귀신.

수:백(數百)[수관] 백의 두서넛 배(의).

수:-백만(數百萬)[-뱅-][수관] 백만의 두서넛 배(의).

수:-버선(繡-)圕 (주로, 젖먹이에게 신기는) 수를 놓은 버선.

수번(首番)圕 상여꾼의 우두머리.

수-벌圕 벌의 수컷. ↔암벌.

수-벌(受罰)圕[하자] 벌을 받음.

수-범(-犯)圕 범의 수컷. ↔암범.

수범(首犯)圕 범인 가운데의 우두머리.

수범(垂範)圕[하자] 모범을 보임. ¶솔선수범.

수법(手法)[-뻡]圕 ①(어떤 작품을 만들어 내는) 솜씨. ¶글의 전개 수법. /사실주의적인 수법으로 쓴 소설. ②(일을 꾸며 내는) 방법이나 수단. ¶교묘한 수법. /능란한 수법.

수법(受法)圕[하자] 불교에서, 스승으로부터 불법을 전승받는 일.

수법(修法)圕 ①수도(修道)하는 방법. ②불교의 밀교(密敎)에서, 본존을 단 위에 안치하고 불보살을 생각하며 법을 닦는 일.

수:법(數法)[-뻡]圕 셈하는 방법.

수:법(繡法)[-뻡]圕 수놓는 법.

수:-베개(繡-)圕 베갯모에 수를 놓은 베개. 수침(繡枕).

수벽(手擘)圕 ①손바닥. ②마주앉아 손바닥을 마주치며 하는 놀이.

수변(水邊)圕 물가. ¶수변 무대.

수병(水兵)圕 해군의 병사.

수병(手兵)圕 〈수하친병(手下親兵)〉의 준말.

수병(戍兵)圕 수비하는 병사.

수병(受病)圕[하자] 병에 걸림.

수병(銹病)圕 ☞엽삽병(葉澁病).

수:병(繡屛)圕 수놓은 병풍.

수보(修補)圕[하타][되자] (허름한 곳을) 손질하여 고치거나 기움. 보수.

수보(蒐補)圕[하타] 모아다가 덜 갖춘 데를 채움.

수:-보다(數-)[자] ①운수가 어떤가를 알아보다. ②좋은 재수를 보다.

수복(收復)圕[하타][되자] 잃었던 땅을 도로 찾음. ¶서울이 수복되다.

수복(守僕)圕 조선 시대에, 묘(廟)·사(社)·능(陵)·원(園)·서원(書院) 등의 청소하는 일을 맡아보던 구실아치.

수복(修復)圕[하타][되자] ①수리하여 본모습과 같게 함. ¶본당(本堂)을 말끔히 수복하다. ②편지의 답장을 함.

수복(壽福)圕 오래 사는 일과 복을 누리는 일.

수복-강녕(壽福康寧)[-깡-]圕[하형] 오래 살고 행복하며, 건강하고 평안함.

수:-북이(數-)[부] 여러 부위의 쇠고기를 조금씩 떼어 섞어서 양념하여 볶은 음식. 수초(數炒).

수본(手本)圕 왕조 때, 공사(公事)에 관한 일을 상관에게 보고하던 자필의 서류.

수:본(繡本)[-뽄]圕 수를 놓도록 종이나 헝겊 따위에 무늬를 본떠 놓은 바탕. 모형(模型).

수봉(收捧)圕[하타] (꾸어 준 돈이나 세금 따위를) 거두어들임. 수쇄(收刷).

수부(水夫)圕 ①뱃사람. ②배에서 허드렛일을 맡아 하는 하급 선원. ③☞조졸(漕卒).

수부(水缶)圕 ☞물장구.

수부(水府)圕 ①물을 다스린다는 신의 궁전. ②조선 시대에, '공조(工曹)'를 달리 이르던 말.

수부(囚俘)圕 사로잡힌 포로.

수부(首府)圕 ①☞수도(首都). ②조선 시대에, 감영(監營)이 있던 곳.

수부(壽富)圕 으뜸가는 부자. 갑부(甲富).

수부다남자(壽富多男子)圕[하형] 오래 부유하게 살면서 아들도 많음.

수부-하다(壽富-)[형여] 수명이 길고 부유(富有)하다.

수부-전(水夫田)圕 조선 시대에, 조졸(漕卒)에게 급료로 주던 논밭.

수-부종(水付種)圕 (못자리를 하지 아니하고) 논에 바로 볍씨를 뿌리는 일. 삶이.

수북-수북[-쑤-]圕[하형] 여럿이 모두 수북하거나 수북하게 쌓이는 모양. ¶일꾼들에게 밥을 수북수북 담아 주었다. 遮소복소복.

수북-하다[-부카-]圕[형여] ①(물건이 담겨 있거나 쌓여 있는 모양이) 비교적 높게 두두룩하다. ¶밥을 고봉으로 수북하게 담다. ②(붓거나 하여) 얼굴 따위가 나더니 눈두덩이 수북해졌구나. ③한 자리에 배게 많다. ¶버려진 땅에 잡초만 수북하게 나 있다. 遮소복하다.

수북-이[부] ¶비로 쓸어 내린 눈.

수분(水分)圕 물기. ¶수분을 섭취하다.

수분(水盆)圕 물을 담고 꽃이나 수석(壽石) 등을 넣어 두는 그릇. 水반(水盤).

수분(水粉)圕 ①☞무리². ②물분.

수분(守分)圕[하자] 본분이나 분수를 지킴.

수분(受粉)圕[하자] 꽃식물에서, 수술의 꽃가루가 암술머리에 붙어 열매를 맺는 현상. 자화 수분과 타화 수분이 있음. 가루받이.

수분(授粉)圕[하타] 꽃식물의 암꽃술에 수꽃술의 꽃가루를 붙여 주는 일.

수불(受拂)圕[하타] 받음과 치름. ¶수불 명세서.

수불석권(手不釋卷)[-꿘]圕 〔손에서 책을 놓지 않는다는 뜻으로〕 늘 글을 읽음.

수비(水飛)圕[하타] 곡식의 가루나 그릇 만들 흙을 물에 풀어 휘저어서 잡물을 없애는 일, 또는 그런 일을 하는 사람.

수비(守備)圕[하타] 지키어 막음. ↔공격.

수비-군(守備軍)圕 수비를 위한 군사.

수비-대(守備隊)圕 수비와 경계를 위하여 배치된 군대.

수-비둘기圕 비둘기의 수컷. ↔암비둘기.

수비-수(守備手)圕 축구 따위의 구기에서, 수비를 맡은 선수. ↔공격수.

수비-진(守備陣)圕 수비를 하는 편의 진, 또는 그 수비나 선수. ↔공격진.

수비-질(水飛-)圕[하타] 수비하는 일.

수비토(subito 이)圕 악곡의 나타냄말. '바로 곧'·'즉시'의 뜻.

수빙(樹氷)圕 냉각된 안개의 입자가 나뭇가지 등에 얼어붙은 것. 遮상고대.

수빙[부] ¶옛 쉽게. 쉬이. ¶사람마다 히뼈 수빙 니겨(訓諺). 遮수이.

수-빠지다(手-)[자] 말이나 행동을 실수하여 남에게 약점을 잡히다. ¶술만 마셨다 하면 수빠지는 짓을 한다.

수사(水使)圕 〈수군절도사〉의 준말. 遮수사또.

수사(水師)圕 ☞수군(水軍).

수사(手寫)**명하타** ①손으로 베껴 씀. ②(글을) 손수 씀.

수사(秀士)**명** 학문과 덕행이 뛰어난 선비.

수사(首寺)**명** 한 도(道)나 군(郡)에서 으뜸가는 절. 수찰(首刹).

수사(修士)**명** 가톨릭의 수도원에서 수도하는 남자. 수도사. **참**수녀(修女).

수사(修史)**명하자** 역사를 엮음.

수사(修辭)**명** 말이나 글을 아름답고 정연하게 꾸미고 다듬는 일, 또는 그 재주. ¶갖은 수사를 구사한 연애편지.

수사(殊死)**명하타** ①목을 베어 죽임, 또는 그 형벌. ②죽기를 각오하고 결행함.

수사(搜査)**명하타** ①찾아서 조사함. ②수사 기관에서 범인의 행방을 찾거나 공소(公訴)의 제기와 유지를 위하여 범인 및 범죄에 관한 증거를 수집하는 일. ¶사건을 수사하다.

수사(搜射)**명하자** 적이 숨어 있는지의 여부를 알아내기 위하여 사격을 행함, 또는 그 사격.

수사(愁死)**명하자** 지나친 근심·걱정이 병이 되어 죽음.

수사(愁思)**명** 근심스러운 생각.

수사(遂事)**명** 이미 다 된 일.

수사(壽死)**명하자** 수를 다하고 늙어서 죽음.

수사(壽詞)**명** 장수를 축하하는 글.

수사(瘦死)**명** 몸이 여위어서 죽음.

수:사(數詞)**명** 사물의 수량이나 순서를 나타내는 말. 명사·대명사와 함께 문장에서 체언 구실을 하며, 수량을 나타내는 양수사와 순서를 나타내는 서수사로 나뉨. 셈씨.

수사-관(搜査官)**명** 범죄 수사를 맡아보는 관리.

수사^기관(搜査機關)**명** 범죄 수사의 권한을 가진 국가 기관. [검사나 사법 경찰관 따위.]

수:-사납다(數-)[-따][-사나우니·-사나워] **형형** 운수가 나쁘다. 재수가 없다.

수-사돈(-査頓)**명** 사위 쪽의 사돈. ↔암사돈.

수사두호(隨事斗護)**명하타** 일마다 돌보아 줌.

수-사또(←水使道)**명** 〈수사(水使)〉의 높임말.

수사-력(搜査力)**명** 범죄 수사를 하는 능력이나 역량. ¶수사력을 모으다.

수사-류(垂絲柳)**명** **능**수버들.

수사-망(搜査網)**명** 수사관을 그물처럼 배치하여 놓은 수사의 조직. ¶물샐틈없는 수사망.

수사-법(修辭法)[-뻡]**명** 수사의 방법·기교.

수사-본(手寫本)**명** 손으로 베껴 쓴 책. 필사본(筆寫本). 사책.

수사-전(殊死戰)**명하자** 죽기를 각오한 싸움.

수사-진(搜査陣)**명** 범죄를 수사하기 위하여 구성된 수사관의 진용.

수사-학(修辭學)**명** 수사법과 이에 관련된 현상을 연구하는 학문.

수:삭(數朔)**명** 두서너 달. 수월(數月). ¶수삭이 지나도록 소식 한 장 없다.

수삭(瘦削) '수삭하다'의 어근.

수삭-하다(瘦削-)[-사카-]**형여** 몹시 여위다. 수척(瘦瘠)하다.

수산(水疝)**명** 불알이 붓고 아픈 병.

수산(水産)**명** 〈수산물〉·〈수산업〉의 준말.

수산(授産)**명하자** 직업이 없는 사람에게 살 길을 열어 주려고 일자리를 마련하여 줌.

수산(蓚酸)**명** 가장 간단한 화학 구조의 이염기성 유기산의 한 가지. 산성 산화물은 사방 정계(斜方晶系)의 결정으로 괭이밥·장군풀 따위의 식물 속에 널리 분포함. 환원력이 강하여 표백제와 금속 연마 등에 널리 쓰임.

수산^가공업(水産加工業)**명** 수산물을 원료로 식품이나 비료 따위를 생산하는 산업.

수산-기(水酸基)**명** 산소와 수소 각 한 원자로 결합되어 '-OH'로 표시되는 1가(價)의 기(基). 무기 화합물에서는 금속의 수산화물, 유기 화합물에서는 알코올을 들어 말하고 있음.

수산-물(水産物)**명** 민물이나 바다에서 나는 동식물 따위 산물. **준**수산(水産).

수산-비료(水産肥料)**명** 수산물을 원료로 하여 만든 비료. 어비(魚肥) 따위.

수산^시험장(水産試驗場)**명** 수산에 관한 조사·시험·분석·검사·감정·보급·지도 등을 목적으로 설립된 연구 기관.

수산-업(水産業)**명** 수산물의 어획이나 채취, 양식이나 가공 따위의 산업. **준**수산.

수산업^협동조합(水産業協同組合)[-싸녀캽똥-]**명** 어민과 수산 가공업자의 경제적·사회적 지위 향상과 수산물 생산력의 증강을 위해 설립된 협동 조직. **준**수협.

수산^자원(水産資源)**명** '수산물'을 자원의 관점에서 이르는 말.

수산-학(水産學)**명** 어로(漁撈)의 기술이나 가공·양식 등에 관하여 연구하는 학문. [수산 생물·수산 화학 따위.]

수-산호(水珊瑚)**명** 붉은 복숭아 빛깔의 산호.

수산화-나트륨(水酸化Natrium)**명** 탄산나트륨을 용해하여 석회유를 넣어 끓이거나, 또는 식염의 수용액을 전기 분해할 때 생기는 무색투명의 결정체. 물과 알코올에 잘 녹음. 인조 섬유 공업 및 화학 약품 공업 등 화학 공업의 모든 분야에 걸쳐 널리 쓰임.

수산화-물(水酸化物)**명** 수산기를 가진 화합물을 통틀어 이르는 말.

수산화-바륨(水酸化barium)**명** 산화바륨에 물을 작용시켜 만드는 하얀 가루. 유독성이며 물에 잘 녹는데, 수용액은 강한 알칼리성을 띰. 분석 시약 등으로 쓰임.

수산화-철(水酸化鐵)**명** 철의 수산화물. 수산화제일철과 수산화 제이철이 있는데, 제이철은 비소(砒素)의 해독제로 쓰임.

수산화-칼륨(水酸化Kalium)**명** 칼륨의 수산화물. 수용액은 강한 알칼리성인데 극약임. 칼륨 비누나 염료의 합성 등에 쓰임. 가성 칼리.

수산화-칼슘(水酸化calcium)**명** 칼슘의 수산화물. 산화칼슘에 물을 부을 때 생기는 흰빛의 가루. 의약품의 제조나 산성 토양을 중화시키는 데 쓰임. 가성 석회. 소석회. 수화석회.

수살(水殺)**명** (민속에서, 마을을 수호한다고 여기는) 마을 입구에 서 있는 돌이나 나무.

수삼(水蔘)**명** 말리지 않은 인삼. 생삼. 숙삼. ↔건삼.

수:삼(數三)**관** 일부 단위를 나타내는 말 앞에 쓰이어, 그 수량이 두서너 개임을 나타내는 말. ¶수삼 인. 수삼 일이 지나다.

수삽(羞澁) '수삽하다'의 어근.

수삽-스럽다(羞澁-)[-쓰-따][-스러우니·-스러워]**형형** 부끄럽다. **수삽스레**튀.

수삽-하다(羞澁-)[-사파-]**형여** 부끄러워서 머뭇거리다.

수상(手相)**명** ①손금. ②손의 모양이나 손의 생김새로 운수나 길흉을 판단하는 점.

수상(水上)**명** ①물 위. ¶수상 가옥. ②물의 상류.

수상(受傷)**명하자** 상처를 입음.

수상(受像)**명하자** 텔레비전이나 전송 사진 등에서, 영상을 전파로 받아 상(像)을 비침, 또는 비치는 그 상. ↔송상(送像).

수상(受賞)**명**─**하타** 상을 받음. ¶ 최우수상 수상.
↔수상(授賞).

수상(首相)**명** ①내각의 우두머리. ②왕조 때, '영의정'을 달리 일컫던 말. 재상(宰相).

수상(殊常)**명** '수상하다'의 어근.

수상(授賞)**명**─**하자** 상을 줌. ↔수상(受賞).

수상(愁傷)**명**─**하다** 몹시 슬퍼함.

수상(樹上)**명** 나무의 위.

수상(樹狀)**명** 나무처럼 가지가 나 있는 모양.

수상─**고**(樹霜)**명** 상고대.

수상(隨喪)**명**─**하다** 장사를 지내는 데 따라감.

수상(隨想)**명** 사물을 대할 때의 느낌이나 그때
그때 떠오르는 생각.

수상(穗狀)**명** 곡식의 이삭과 같은 모양.

수:**상**(繡像)**명** 수를 놓아 만든 화상.

수상^**경**:**기**(水上競技)**명** 물에서 하는 각종 운
동 경기를 통틀어 이르는 말. 수영·다이빙 등.

수상^**경**:**찰**(水上警察)**명** 강이나 바다 따위의
수로에서 교통 정리, 조난 구조, 범법 행위의
단속 등을 맡아보는 경찰. 해상 경찰.

수상─**관**(受像管)**명** 텔레비전 수상기에 설치된
브라운관.

수상─**기**(水上機)**명** 〈수상 비행기〉의 준말.

수상─**기**(受像機)**명** 보내온 전파를 받아서 영상
을 만드는 장치. ↔송상기. **환**텔레비전.

수상─**기**(殊常氣)**[**─**끼]명** 수상스러운 기미.

수상^**꽃차례**(穗狀─次例)**[**─**꼳─]명** ⇨수상 화
서(穗狀花序).

수상^**돌기**(樹狀突起)**명** 신경 세포(神經細胞)
중에서 짤막하게 가지가 갈라진 돌기. 흥분을
받아들이는 작용을 함.

수상─**록**(隨想錄)**[**─**녹]명** 수상을 모아 엮은 책.

수상─**목**(水上木)**명** 강의 상류에서 떼로 띄워
떠내려온 재목.

수상─**문**(隨想文)**명** 수시로 떠오르는 생각이나
느낌을 적은 글.

수상^**비행기**(水上飛行機)**명** 물 위에서 이착륙
을 하는 비행기. **준**수상기.

수상─**생활**(水上生活)**명** 물 위에 지은 집이나
배에서 하는 생활.

수상─**선**(水上船)**명** ⇨물윗배.

수상─**스럽다**(殊常─)**[**─**따]형[**~스러우니·~스러
워]** 보통과 달라 이상한 데가 있다. **수상
스레**뷔.

수상^**스키**(水上ski)**명** 모터보트에 달린 밧줄을
잡고 보트에 끌려가면서 스키로 수면을 활주하
는 스포츠.

수상^**식물**(樹上植物)**[**─**싱─]명** 나무 위에 기생
하는 건생(乾生) 식물의 한 가지. 지의류(地衣
類) 따위.

수상─**쩍다**(殊常─)**[**─**따]형** 수상한 데가 있다.
¶거동이 수상쩍은 사람.

수상─**판**(受像板)**명** 텔레비전 수상기의 화면이
비치는, 유리로 된 형광막의 판.

수상─**하다**(殊常─)**[**─**따]형[여]** (언행이나 차림새 따위
가) 보통과 달라 이상하다. ¶거동이 수상하다.
수상─**히**뷔.

수상─**화**(穗狀花)**명** 수상 화서로 피는 꽃.

수상^**화서**(穗狀花序)**명** 무한 화서의 한 가지.
한 개의 긴 꽃대에 꽃자루가 없는 꽃이 이삭처
럼 촘촘히 붙어서 피는 화서. 벼 따위. 수상
꽃차례.

수─**새**명 새의 수컷. ↔암새.

수색(水色)**명** 물빛.

수색(秀色)**명** 뛰어나게 아름다운 경치.

수색(色)**명** (여자의) 뛰어나게 고운 얼굴.

수색(羞色)**명** 부끄러워하는 기색.

수색(愁色)**명** 근심스러운 기색. ¶얼굴에 수색
이 가득하다.

수색(搜索)**명**─**하타** ①구석구석 뒤지어 찾음. ¶ 실
종자를 수색하다. ②압수하여야 할 물건이나,
체포 또는 구인해야 할 사람을 찾아내기 위하
여 사람의 신체나 가택 따위를 뒤지는 강제
처분.

수색─**경**(搜索鏡)**[**─**경]명** 큰 망원경에 딸려서,
찾아보려는 천체(天體)의 위치를 찾는 데 쓰이
는 작은 망원경.

수색─**대**(搜索隊)**[**─**때]명** 적의 위치나 병력·화
력 등을 알아내거나 조난자를 구출하기 위하여
수색하는 부대.

수색─**망**(搜索網)**[**─**생─]명** 수색하기 위하여 늘
어놓은 조직 체계.

수색^**영장**(搜索令狀)**[**─**생녕짱]명** 검사나 사법
경찰이 수색을 할 수 있도록 법원에서 발부하
는 명령서.

수색─**원**(搜索願)**명** 잃어버린 물건이나 사람을
찾아 달라고 관계 기관에 내는 청원(請願).

수생(水生)**명**─**하다** 물에서 생겨 남. 물에서 삶.

수생^**동**:**물**(水生動物)**명** 민물이나 바닷물 속에
서 사는 동물을 통틀어 이르는 말. 수서 동물.

수─**생목**(水生木)**명** 오행설(五行說)에서 이르는
상생(相生)의 하나. 물(水)에서 나무(木)가 생
긴다는 뜻.

수생^**식물**(水生植物)**[**─**싱─]명** 물속에서 자라
는 식물을 통틀어 이르는 말. 부유 식물(浮遊
植物), 부엽 식물(浮葉植物), 침수 식물(沈水
植物), 추수 식물(抽水植物) 등으로 나뉨. 수
중 식물.

수서(手書)**명**─**하자** 손수 편지를 씀. 또는 그 편
지. 〔손아랫사람에게 쓰는 자신의 '편지'를 이
르는 말.〕 수간(手簡). 수찰(手札). 수한(手翰).
수함(手函).

수서(手署)**명**─**하자** 손수 서명함. 또는 그 서명.
자서(自署).

수서(殳書)**명** 한자의 팔체서(八體書)의 한 가
지. 병기(兵器) 위에 쓰던 글씨체임.

수서(水棲)**명** 물속에서 삶.

수─**서기**(首書記)**명** 왕조 때, 지방 관아의 우두
머리 서기를 일컫던 말.

수서^**동**:(水棲動物)**명** ⇨수생 동물.

수서─**양단**(首鼠兩端)**명** 〔쥐가 구멍에서 머리만
내밀고 요리조리 엿본다는 뜻에서〕 진퇴나 거
취를 결단하지 못하고 관망하고 있는 상태를
이르는 말.

수석(水石)**명** ①물과 돌. ②물과 돌로 이루어진
경치. 천석(泉石). ③물속에 있는 돌. ④⇨수석
(壽石).

수석(首席)**명** (석차나 직위 따위의) 제1위. 수
좌(首座). ¶ 수석을 차지하다. ↔말석(末席).

수석(壽石)**명** (실내 등에 두고 감상하는) 생긴
모양이나 빛깔·무늬 따위가 묘하고 아름다운
천연석(天然石). 수석(水石).

수석(燧石)**명** 물과 돌.

수석(燧石)**명** 부싯돌.

수선명─**하타** **스**형 정신이 어지럽게 부산을 떠는 말
이나 짓, 또는 그 때문에 정신이 산란함. ¶ 수선
을 떨다. /수선을 피우다. **수선스레**뷔 ¶ 아이들
이 수선스레 떠드는 바람에 길을 잘못 들었다.

수선(水仙)**명** ①물속에 산다는 신선. ②〈수선
화〉의 준말.

수선(手選)**명하타** (광석이나 석탄 따위를) 손으로 골라내는 일.

수선(垂線)**명** 한 직선, 또는 평면과 직각으로 이루는 직선. 수직선.

수선(受禪)**명하타** 임금의 자리를 물려받는 일.

수선(首線)**명** '시초선(始初線)'의 구용어.

수선(修繕)**명하타** (낡거나 허름한 것을) 손보아 고침. ¶구두 수선.

수:선(繡扇)**명** 수를 놓은 부채.

수선-거(修船渠)**명** ☞건독.

수선-거리다[자] 자꾸 수선수선하다. 수선대다.

수선-공(修繕工)**명** 수선하는 일을 맡은 직공.

수선-대다[자] 수선거리다.

수선-수선[부] 정신이 어지럽게 떠드는 소리, 또는 그 모양.

수선수선-하다[형어] 정신이 산란해질 정도로 너무나 시끄럽다.

수선-장(修船場)**명** 배를 고치는 곳.

수선-쟁이[명] 몹시 수선을 떠는 사람.

수선-화(水仙花)**명** 수선화과의 다년초. 지중해 연안 원산의 관상 식물. 잎은 가늘고 길며 비늘줄기에서 무더기로 남. 1~2월에 긴 꽃줄기 끝에 희거나 노란 꽃이 핌. 한방에서 비늘줄기를 약재로 씀. 배현(配玄) ☞수선.

수설(水泄)**명** 물찌똥.

수설불통(水泄不通)**명하자** 〔물이 샐 틈이 없다는 뜻으로〕(단속이 엄중하여) 비밀이 새어 나가지 못함.

수성(水性)**명** ①물의 성질. ②물에 녹는 성질. 수용성. ☞유성 사인펜.

수성(水姓)**명** 민속에서, 오행(五行)의 수(水)에 딸린 성(姓)을 이르는 말.

수성(水星)**명** 행성 가운데서 가장 작고, 태양에 가장 가까이 있는 별. 〔일출 직전과 일몰 직후에 잠시 볼 수 있으며, 지름이 지구의 0.38배이고, 공전 주기는 88일임.〕진성(辰星).

수성(水聲)**명** 물소리.

수성(守成)**명하자** 선왕(先王)이나 부조(父祖)가 이룬 업을 이어서 지킴.

수성(守城)**명하자** 성을 지킴.

수성(垂成)**명하자** (어떤 일이) 거의 이루어짐.

수성(首星)**명** 별자리 중에서 가장 밝은 항성(恒星). 작은곰자리의 북극성, 거문고자리의 직녀성 따위. 알파성.

수성(修成)**명하타** 고치어 완전하게 이룸.

수성(遂成)**명하타** (어떤 일을) 다 마치어 이룸.

수성(遂誠)**명하자** 성의를 다함.

수성(愁聲)**명** ①근심하여 탄식하는 소리. ②구슬픈 소리.

수성(壽星)**명** ①☞남극성. 노인성. ②'음력 팔월'을 달리 이르는 말. ③☞영춘(迎春).

수성(獸性)**명** ①짐승의 성질. ②인간이 가지고 있는 동물적인 성질. 〔야만성·잔인성 따위.〕

수성^가스(水性gas)**명** 고온으로 가열한 코크스에 수증기를 통과시켜 얻는 수소와 일산화탄소의 혼합 기체. 기체 연료 및 수소 가스 제조의 원료로 쓰임.

수성:광:상(水成鑛床)**명** 지표수(地表水)에 용해된 광물 성분이 침전해서 생긴 광상.

수성^도료(水性塗料)**명** ☞수성 칠감.

수성-암(水成岩)**명** 암석의 조각이나 생물의 유해, 화학적 침전물 등이 물속에 퇴적하여 된 암석. 성층암. 침적암. 침전암. 퇴적암.

수성지주(守成之主)**명** 창업의 뒤를 이어 그 기초를 굳게 지키는 군주.

수성^칠감(水性漆-)[-깜]**명** 물에 안료를 풀어서 만든, 광택이 없는 칠감. 주로, 실내 칠감으로 씀. 수성 도료. 수성 페인트.

수성^페인트(水性paint)**명** ☞수성 칠감.

수세(水洗)**명하타** ①물로 씻음. ②가톨릭에서, 물로 씻는 형식으로 하는 성세(聖洗) 방법의 한 가지를 이르는 말.

수세(水稅)**명** ①관개용수를 이용하고 내는 요금. ②☞보수세(洑水稅).

수세(水勢)**명** 흐르는 물의 힘, 또는 그 형세.

수세(休書)**명** 지난날, 남자가 여자에게 주던 이혼의 증서. ⑤휴서.

수세(를) 베어 주다[관용] 지난날, 천한 사람이 그 아내와 이혼할 때 수세 대신 옷고름을 베어 주었다는 뜻으로, 아내와 갈라섬을 이르는 말.

수세(收稅)**명하자** 세금을 거둠.

수세(守勢)**명** 적을 맞아 지키는 태세, 또는 힘이 부쳐서 밀리는 형세. ¶수세에 몰리다. ↔공세(攻勢).

수세(守歲)**명하자** 민속에서, 음력 섣달 그믐날 밤에 등촉을 밝히고 밤을 새우는 일.

수세(受洗)**명하자** 기독교에서, 세례 받는 것을 이르는 말.

수세(漱洗)**명하자** 양치질하고 세수함.

수세(樹勢)**명** 나무의 자라나는 기세.

수세(隨勢)**명하자** 세상 형편에 따름.

수-세공(手細工)**명** 손으로 만드는 세공.

수세미[명] 짚이나 수세미외의 속으로 만들어 설거지할 때 그릇을 씻는 물건. 〔지금은 주로 화학 섬유로 만듦.〕

수세-미(水稅米)**명** 수세로 걷는 곡식.

수세미-외[-외/-웨]**명** 박과의 일년생 만초. 열대 아시아 원산으로, 줄기는 덩굴손으로 다른 물건에 감겨 올라가며, 잎은 손바닥 모양으로 깊이 갈라지고 긴 잎자루가 있음. 여름에 누런 꽃이 피고, 긴 원통형의 녹색 열매가 열림. 줄기의 즙액은 화장수로, 열매의 섬유는 수세미 따위로 이용함. 사과(絲瓜).

수세-식(水洗式)**명** 급수 장치를 하여 오물을 물로 씻어 내려 보내도록 처리한 방식. ¶수세식 변소.

수세지재(需世之才)**명** 세상에 소용되어 등용될 만한 인재.

수-소[명] 소의 수컷. 모우(牡牛). ↔암소.

수소(水素)**명** 무색·무미·무취의 가연성이 높은 기체 원소. 모든 물질 가운데 가장 가벼운 원소로 자연계에 널리 다량으로 존재함. 인위적으로는 물을 전기 분해하거나, 아연에 묽은 황산을 작용시켜 만듦. 〔H/1/1.0079〕

수소(受訴)**명하자** 소송을 받아 처리함.

수소(愁訴)**명하자** 고통이나 슬픔 따위를 한탄하며 호소함.

수-소문(搜所聞)**명하타** 세상에 떠도는 소문을 더듬어 찾음. ¶행방을 아무리 수소문해 봐도 찾을 길이 없었다.

수소^법원(受訴法院)**명** 소송을 수리한 법원.

수소^이온(水素ion)**명** 수소 원자가 1개의 핵외 전자(核外電子)를 잃고 1가(價)의 양이온이 된 것. 용액 속에서는 산성의 원인이 됨. 〔기호는 H+〕

수소^이온^농도(水素ion濃度)**명** 용액 가운데에 해리(解離)된 수소 이온의 농도. 〔보통, 수소 지수 pH로 나타냄.〕

수소^지수(水素指數)**명** 수소 이온의 농도를 나타내는 수치. 〔기호는 pH〕

수소-탄(水素彈)**명** 〈수소 폭탄〉의 준말.

수소^폭탄(水素爆彈)**명** 중수소의 원자핵이 열 핵 반응에 의해 융합하여 헬륨 원자핵을 만들 때 방출하는 막대한 에너지를 이용하여 만든 폭탄. ㉣수소탄·수폭.

수속(手續)**명하** ☞절차. ¶입학 수속. /출국 수속을 밟다.

수속(收束)**명하** ①모아서 한데 묶음. ②거두 어들여 다잡음.

수속(收贖)**명하자** 지난날, 죄인의 속전(贖錢)을 거두던 일.

수속(殊俗)**명** 색다른 풍속. 특이한 풍속.

수속(隨俗)**명하자** 세상의 풍속을 따름.

수송(輸送)**명하타** 차·선박·비행기 따위로 짐이 나 사람을 실어 보냄.

수송-기(輸送機)**명** 항공 수송에 사용하는 비행 기를 통틀어 이르는 말.

수송-량(輸送量)[-냥]**명** 교통 기관이 실어 나 르는 여객과 화물의 양(量).

수송-력(輸送力)[-녁]**명** 교통 기관이 여객이나 화물을 수송할 수 있는 능력.

수송-로(輸送路)[-노]**명** 수송하는 길.

수송-선(輸送船)**명** 사람이나 화물을 수송하기 위해 만든 배.

수송-업(輸送業)**명** 여객이나 화물의 수송을 맡 아 하는 영업.

수쇄(手刷)**명** 인쇄기를 손으로 움직여 인쇄 함, 또는 그렇게 하는 인쇄물.

수쇄(收刷)**명하타** ①☞수습(收拾). ②☞수봉 (收捧).

수-쇠[-쇠/-쉐]**명** ①〈맷수쇠〉의 준말. ②자물 쇠의, 암쇠에 끼우게 된 뾰족한 쇠. ↔암쇠.

수수명 볏과의 일년초. 식용 작물의 한 가지로 높이는 2m가량. 잎은 옥수수 잎과 비슷하며 여름에 줄기 끝에 원추형 이삭이 달림. 열매는 잡곡으로, 잎과 줄기는 사료로 쓰임. 고량(高 粱). 촉서(蜀黍).

수수(收受)**명하타** 거두어서 받음.

수수(袖手)**명하자** 팔짱을 낌.

수수(授受)**명하타** 주고받음. ¶금품을 수수하다.

수수(漱水)**명하자** 물로 양치질함.

수수(數數)**부** '삭삭(數數)'의 잘못.

수수-경단(-瓊團)**명** 찰수수 가루를 반죽하여 둥글게 빚어 녹말을 묻힌 다음, 삶아서 찬물에 건져 내어 팥고물을 묻힌 떡.

수수-깡명 수수의 줄기. 수숫대.

수수께끼명 ①사물을 빗대어서 말하여 그 뜻이 나 이름을 알아맞히는 놀이. 미어(謎語). ¶수 수께끼를 내다. ②속내를 알 수 없는 복잡하고 괴이한 일을 이르는 말. ¶수수께끼의 사나 이. /그가 왜 그런 짓을 했는지 지금도 수수께 끼로 남아 있다.

수수-꾸다타 장난으로 실없는 말을 하여 남을 부끄럽게 만들다. ¶어린 신랑을 수수꾸다.

수수-돌명 금분(金分)이 섞인 붉은 차돌.

수수-떡명 찰수수 가루로 만든 떡.

수수러-지다자 돛 같은 것이 바람에 부풀어 둥 글게 되다.

수수-롭다(愁愁-) [-따][~로우나·~로워]**형ㅂ** 근심스럽다. 마음이 서글프고 산란하다. **수수 로이부**

수수-료(手數料)**명** 어떤 일을 맡아 처리해 준 데 대한 보수. ¶대서(代書) 수수료.

수수-목명 수수 이삭의 목.

수수목-대[-때]**명** 수수목이 달린 줄기.

수수-미꾸리명 기름종갯과의 미꾸라지. 몸길이 10~13cm. 몸빛은 담황색 바탕에 암갈색 세로 줄이 촘촘하게 나 있음. 맑은 물의 돌 틈에 삶. 낙동강 수계에서만 사는 우리나라 특산임.

수수미-틀명 김맬 때 흙덩이를 떠서 들다가 반 을 꺾어 누이는 일.

수수-밥명 ①수수쌀로 지은 밥. ②수수쌀을 섞 어 지은 밥.

수수-방관(袖手傍觀)**명하타** 〔팔짱을 끼고 바라 만 본다는 뜻으로〕'응당 해야 할 일에 아무런 간여도 하지 않고 그대로 버려 둠'을 이르는 말. ¶수수방관할 수 없는 환경 문제.

수수-부꾸미명 ☞수수전병.

수수-비명 이삭을 떨어 낸 수수깡으로 맨 비.

수수-쌀명 수수 열매를 대끼어 껍질을 벗긴 속 알맹이. 고량미(高粱米). 당미(糖米).

수수-엿[-엳]**명** 수수쌀로 고아 만든 엿. * 수 수엿이[-여시]·수수엿만[-연-]

수수-전병(-煎餠)**명** 찰수수 가루를 반죽하여 기름으로 지진 떡. 수수부꾸미.

수수-풀떡명 팥과 검정콩을 찰수수 가루에 버 무려 익혀서 꿀이나 설탕을 친 떡.

수수-하다1형여 ①옷차림이나 성격·태도 따위 가 별스러운 데 없이 무던하다. ¶그렇게 돈이 많아도 옷차림은 수수하다. ②물건이 썩 좋지 도 나쁘지도 않고 그저 쓸 만하다.

수수-하다2형여 〔시끄럽고 요란스러워서〕정신 이 어지럽고 뒤숭숭하다. ¶아이들 북새통에 마음이 수수해서 일을 할 수가 없다.

수숙(手熟) '수숙하다'의 어근.

수숙(嫂叔)**명** 형제의 아내와 남편의 형제. 곧, 제수나 형수와 시아주버니.

수숙-하다(手熟-) [-수카-]**형여** 손에 익다.

수순(手順)**명** '차례'·'순서'·'절차'로 순화.

수-술(-術)**명** 꽃의 웅성(雄性) 생식 기관. 꽃실과 꽃 밥 두 부분으로 되어 있음. 수꽃술. 웅예(雄 蕊). ↔암술.

수술(手術)**명하타되자** 몸의 일부를 째거나 도 려내거나 하여 병을 낫게 하는 외과적인 치료 방법. ¶맹장 수술. /수술을 받다.

수술-대[-때]**명** 수꽃술의 꽃밥이 달려 있는 가 느다란 줄기. 꽃실.

수술-대(手術臺)**명** 수술하는 데 편리하게 특별 히 설비한 대.

수술-머리명 수꽃술의 맨 윗부분.

수술-비(手術費)**명** 수술하는 데 드는 비용.

수술-실(手術室)**명** 수술하기 위하여 수술 기구 등을 갖추어 놓은 방.

수술-의(手術醫)[-쑤리/-쑤리]**명** 수술을 맡은 의사.

수숫-대[-쑤때/-쑨때]**명** 수수깡.

수숫잎-꽹이[-순닙꽹-]**명** 볕이 얇고 넓죽하며 자루를 끼우는 부분이 수숫잎의 밑동 모양으로 생긴 꽹이.

수숫잎-덩이[-순닙떵-]**명** 논의 김을 맬 때, 모 포기 사이를 호미로 쪼서 당겨 수수의 잎 과 같은 덩어리로 넘기는 흙.

수슬-수슬부하형 두창(痘瘡) 따위가 진물이 없 이 조금 마른 모양.

수습(收拾)**명하타되자** ①어수선하게 흩어진 물 건들을 거두어들임. 수쇄(收刷). ②어지러운 마음이나 사태를 거두어 바로잡음. ¶민심을 수습하다. /사태 수습에 나서다.

수습(修習)**명하타** 〔정식으로 실무를 맡기 전에〕 배워 익힘, 또는 그러한 일. ¶수습 기간.

수습-공(修習工)[-꽁]명 수습 과정에 있는 공원(工員).

수습-기자(修習記者)[-끼-]명 (정식 기자가 되기 위하여) 수습 과정에 있는 기자.

수습-사원(修習社員)[-싸-]명 (정식 사원이 되기 위하여) 수습 과정에 있는 사원.

수습-생(修習生)[-쌩]명 수습 과정에 있는 사람.

수습-책(收拾策)명 (사건을) 수습하는 방책. ¶수습책을 강구하다.

수승(首僧)명 중의 우두머리.

수승(殊勝)명 가장 뛰어난 일.

수시(水柿)명 물기가 특히 많고 달며 연한 종류의 둥주리감.

수시(收屍)명하 송장의 얼굴이나 팔다리 등을 바로잡음.
　　수시 걷다관용 시체가 굳기 전에 팔다리를 반듯이 펴서 시신을 끈으로 대강 묶다.

수시(垂示)명하자 ⇨수교(垂敎).

수시(隨時)명 일정하게 정하여 놓은 때 없이 그때그때 상황에 따라. ¶수시 점검. /날씨가 수시로 변하다./신입 사원을 수시로 채용하다.

수시렁이명 수시렁잇과의 곤충. 딱정벌레로 몸길이 7 mm가량. 몸빛은 흑색인데 짧은 금빛 털이 많음. 오목한 앞가슴에 촉각이 있고 머리는 신축성이 있음. 유충은 '수시렁좀'이라 함.

수시렁-좀명 수시렁이의 유충. 몸길이 1 cm가량. 반대좀 비슷한데, 둥글고 온몸에 광택이 있는 적갈색 털이 덮여 있음. 누에고치·건어물·곡물 등의 해충임. 준좀.

수시-변통(隨時變通)명하 그때그때 형편에 따라 일을 처리함.

수시-응변(隨時應變)명하자 그때그때 변하는 상황에 따라 일을 처리함.

수식(水蝕)명 빗물·강물·파도 따위가 지표를 침식하는 현상.

수식(垂飾)명 공예품이나 의복에 드리워진 장식.

수식(首飾)명 여자의 머리에 꽂는 장식품.

수식(修飾)명하다되자 ①겉모양을 꾸밈. ②체언이나 용언에 딸리어 그 뜻을 꾸미거나 한정하는 일.

수-식(數式)명 수나 양을 나타내는 숫자나 문자를 계산 기호로 연결하여 수학적으로 뜻을 가지게 한 것. 준식(式).

수식(樹植)명하자 ①나무를 심음. 식수(植樹). ②일의 기초를 세워 놓음.

수식-곡(水蝕谷)[-꼭]명 수식 작용으로 말미암아 생긴 골짜기.

수식-사(修飾詞)[-싸]명 ⇨수식어. 꾸밈씨.

수식-산(水蝕山)[-싼]명 수식 작용으로 말미암아 생긴 산. 대부분의 산이 이에 속함.

수식-어(修飾語)명 ①말이나 글을 보다 또렷하고 아름답게, 또는 효과적으로 표현하기 위하여 쓰는 꾸밈이나 한정어. 수식사. ②과장된 수식어만 늘어놓은 글. ②⇨수식언.

수식-언(修飾言)명 문장에서, 체언이나 용언 앞에 놓이어 그 뜻을 꾸미거나 한정하는 단어. 관형사와 부사가 이에 딸림. 꾸밈말. 수식어.

수:-신(繡-)명 수를 놓은 마른신. 수혜(繡鞋).

수신(水神)명 물을 다스리는 신. 치수백(河伯).

수신(守身)명하자 자기의 본분을 지켜 불의(不義)에 빠지지 않도록 함.

수신(受信)¹명하자 통신을 받음. ¶전파를 수신하다. ↔송신·발신.

수신(受信)²명 금융 기관이 고객으로부터 신용을 받는 일. 곧, 고객이 예금하는 일. ↔여신(與信).

수신(帥臣)명 조선 시대에, 병마절도사와 수군절도사를 아울러 이르던 말.

수신(修身)명하자 마음과 행실을 바르게 하도록 심신을 닦음. ¶수신제가(齊家).

수신(晬辰)[편지 글 따위에서] 상대편을 높이어 그의 '생일'을 이르는 말. 수일(晬日).

수신(瘦身)명 수척한 몸. 마른 몸.

수신-관(受信管)명 (라디오나 텔레비전의) 수신기에 쓰이는 진공관. ↔송신관.

수신-기(受信機)명 유선·무선의 통신기에서, 통신을 받는 장치. ↔송신기.

수신-료(受信料)[-뇨]명 수신의 대가로 내는 돈.

수신-사(修信使)명 조선 고종 때, 일본에 보내는 사신을 이르던 말. 〔'통신사'의 고친 이름.〕

수신-소(受信所)명 무선 통신에서, 송신하는 전파를 받아 처리하는 곳. ↔송신소.

수신-인(受信人)명 ①우편물이나 전보를 받는 사람. ②통신(通信)을 받는 사람. ↔발신인.

수신-전(守信田)명 조선 전기에, 과전(科田)을 받던 관리가 죽은 뒤에 재혼하지 않은 그 부인에게 지급하던 논밭.

수신-제가(修身齊家)명하자 몸과 마음을 닦아 수양하고 집안을 다스림.

수신-주의(受信主義)[-의/-이]명 ⇨도달주의.

수신-함(受信函)명 보내 오는 우편물을 받을 수 있도록 대문 따위에 설치한 통.

수-신호(手信號)명 손으로 하는 신호.

수실(壽室)명 살아 있을 때 미리 만들어 놓은 무덤. 수당(壽堂). 수역(壽域). 수장(壽藏). 수혈(壽穴).

수:-실(繡-)명 수를 놓는 데 쓰는 실.

수심(水心)명 수면의 중심.

수심(水深)명 물의 깊이. ¶수심이 깊은 호수.

수심(垂心)명 삼각형의 각 꼭짓점에서 대변(對邊)에 그은 세 수선(垂線)이 서로 만나는 점.

수심(愁心)명 근심함, 또는 근심하는 마음. 수의(愁意). ¶수심이 가득한 얼굴.

수심(獸心)명 짐승처럼 사납고 모진 마음. ¶인면(人面)수심.

수심-가(愁心歌)명 서도(西道) 민요의 한 가지. 인생의 허무함을 한탄하는 내용으로, 곡조가 매우 구슬픔.

수심-정기(守心正氣)명 천도교에서, 항상 한울님의 마음을 잃지 아니하며 사특한 기운을 버리고 도기(道氣)를 길러 천인합일(天人合一)을 목적으로 하는 수련 방법.

수:-십(數十)수관 열의 두서너 곱절 되는 수효(의). ¶수십 명의 군인.

수:-십만(數十萬)[-심-]수관 십만의 두서너 배가 되는 수(의).

수씨(嫂氏)명 형제의 아내.

수스대자팽]떠들다. 요란스런 소리를 내다. ¶울엣 소리 어젯 바미 수스니(杜初3:47).

수아-주(←水禾紬)명 품질이 좋은 비단의 한 가지. 수주(水紬).

수악(首惡)명 원흉.

수안(水眼)명 잿물에 생긴, 자잘한 거품 같은 잔 눈.

수알치-새명 ⇨수리부엉이.

수압(手押)명하자 ⇨수결(手決).

수압(水壓)명 물의 압력.

수압-기(水壓機)[-끼]명 물의 압력을 이용하여 움직이는 기계를 통틀어 이르는 말.

수압^기관(水壓機關)[-끼-]명 물의 압력을 이용하여 동력을 일으키는 기계 장치.

수압^시험 (水壓試驗) [-씨-] 圓 펌프·관·탱크 따위의 압력을 제품이나 설비에 대한 현장 시험의 한 가지. 내부적으로 수압을 가하여 누수(漏水)나 변형 따위를 검사하는 일.

수애 (水涯) 圓 물가.

수액 (水厄) 圓 가뭄·홍수 등 물로 말미암아 입는 재액.

수:액 (數厄) 圓 운수에 관한 재액.

수:액 (數額) 圓 물건의 수효.

수액 (樹液) 圓 ①땅속에서 빨아올려 잎으로 향하는, 나무의 양분이 되는 액. ②나무에서 분비하는 액.〔고무나무의 유액(乳液) 따위.〕

수액료-작물 (樹液料作物) [-앵뇨장-] 圓 식물체가 분비하는 수액을 이용할 목적으로 재배하는 작물.〔옻나무·파라고무나무 따위.〕

수-양 (-羊) 圓 '숫양'의 잘못.

수양 (收養) 圓하타 ①버려진 아이나 남의 자식을 맡아서 제 자식처럼 기름. ②민속에서, 아이의 명이 길어지도록 명목상으로 남남 사이를 부모 자식으로 정하던 일.

수양 (垂楊) 圓〈수양버들〉의 준말.

수양 (修養) 圓하타 몸과 마음을 단련하여 품성·지혜·도덕을 닦음. ¶정신 수양. /수양을 쌓다.

수양-가다 (收養-) 困 남의 집에 수양딸이나 수양아들로 들어가다.

수양-골 圓 쇠머리 속에 든 골.

수양-녀 (收養女) 圓 수양딸.

수양-딸 (收養-) 圓 (남의 자식을) 데려다 기른 딸. 수양녀. 양녀. 양딸.

　수양딸로 며느리 삼는다관용 경위를 가리지 아니하고 아무렇게나 제 편할 대로만 일을 처리하는 경우를 두고 이르는 말.

수양-모 (收養母) 圓 수양어머니.

수양-버들 (垂楊-) 圓 버드나뭇과의 낙엽 교목. 중국 원산으로 가로수나 관상수로 심는데, 가지는 가늘며 길게 드리워짐. 잎도 가늘고 길며 이른 봄에 새잎과 함께 황록색 꽃이 핌. 사류(絲柳). 실버들. ☎실버들.

수양-부 (收養父) 圓 수양아버지.

수양-부모 (收養父母) 圓 자기를 낳지는 않았으나 데려다가 길러 준 부모. ↔본생부모(本生父母).

수양-산 (首陽山) 圓 중국 산시 성(山西省)의 서남쪽에 있는 산.〔은(殷)나라 때의 충신 백이(伯夷)와 숙제(叔齊)가 주나라의 곡식은 먹지 않겠다 하여 수양산에 들어가 고사리를 캐어 연명하다가 굶어 죽었다는 고사가 있음.〕

　수양산 그늘이 강동 팔십 리를 간다관용 영향력이 큰 것이 먼 데까지 미침을 비유하여 이르는 말.

수양산가 (首陽山歌) 圓 조선 시대의 십이가사(十二歌詞)의 하나. 작자·연대 미상.〔'교주가곡집'에 실려 전함.〕

수양-아들 (收養-) 圓 (남의 자식을) 데려다 기른 아들. 수양자.

수양-아버지 (收養-) 圓 자기를 데려다 친자식같이 길러 준 아버지. 愈수양아비.

수양-아비 (收養-) 圓〈수양아버지〉의 낮춤말.

수양-액 (水樣液) 圓 안구 속의 각막과 수정체 사이나, 수정체 주위의 빈틈을 채우는 무색투명한 액체.

수양-어머니 (收養-) 圓 자기를 데려다 친자식같이 길러 준 어머니. 愈수양어미.

수양-어미 (收養-) 圓〈수양어머니〉의 낮춤말.

수양-자 (收養子) 圓 수양아들.

수어 (守禦) 圓하타 외적(外敵)의 침입을 막음.

수:어 (秀魚) 圓 ☞숭어.

수어 (狩漁) 圓 사냥과 낚시질.

수:어 (數語) 圓 두어 마디의 말. 약간의 말.

수어-사 (守禦使) 圓 조선 시대에, 정이품 무관직인 수어청의 으뜸 벼슬을 이르던 말.

수어^시대 (狩漁時代) 圓 ☞어렵 시대.

수어지교 (水魚之交) 圓〔물과 물고기의 사귐이란 뜻으로〕'매우 친밀하게 사귀어 떨어질 수 없는 사이'를 비유하여 이르는 말.〔주로, 임금과 신하 사이의 친밀함을 이름.〕

수어-청 (守禦廳) 圓 조선 인조 때 설치한, 남한산성을 지키던 군영.

수:억 (數億) 주관 억의 두서너 곱절(의).

수업 (受業) 圓하타 학업이나 기술의 가르침을 받음. 또는 그런 일.

수업 (修業) 圓하타타 학업이나 기예를 닦음. ¶배우 수업. /작가 수업.

수업 (授業) 圓 (학교 같은 데서) 학업이나 기술을 가르쳐 줌. ¶수업 거부. /정규 수업. /야외에서 수업을 받다.

수업-료 (授業料) [-엄뇨] 圓 수업에 대한 보수로 학생들이 내는 돈.

수업^일수 (授業日數) [-쑤] 圓 학교 교육에서, 한 학년 동안에 꼭 수업해야 할 날수. ¶수업 일수가 모자라 유급되다.

수업-증서 (修業證書) [-쯩-] 圓 학교에서, 일정한 학과 과정을 마친 학생에게 주는 증서.

수:-없다 (數-) [-업따] 혭 수(數)를 헤아릴 수 없을 만큼 많다.《주로, '수없는'의 꼴로 쓰임.》 ¶수없는 사람의 물결. **수없-이**튀 ¶수없이 몰려온 기러기 떼.

수여 (授與) 圓하타되자 (공식 절차에 의해) 증서·상장·훈장 따위를 줌. ¶표창장을 수여하다.

수여리 圓 꿀벌의 암컷.

수역 (水域) 圓 강이나 바다 따위 수면의 일정한 구역. ¶전관(專管) 수역.

수역 (囚役) 圓 죄수에게 일을 시킴. 또는 그 일.

수역 (殊域) 圓 멀리 떨어져 있는 지역.

수역 (壽域) 圓 ①딴 곳에 비하여 장수하는 사람이 많은 곳. ②오래 살았다고 할 만한 나이. ③☞수실(壽室).

수역 (獸疫) 圓 가축의 돌림병.

수역^혈청 (獸疫血淸) [-여켤-] 圓 가축의 전염병을 예방하는 혈청.

수연 (手軟) 圓 손이 흐늘흐늘하고 힘이 없어지는 어린아이의 병.

수연 (水煙) 圓 ①불탑(佛塔)의 윗부분에 불꽃 모양으로 만든 장식. ②잔 물방울이 퍼져 자욱한 연기처럼 보이는 것. ③물을 통하여 나오는 담배 연기. ④☞수연통.

수연 (水鉛) 圓 ☞몰리브덴.

수연 (垂涎) 圓하자 ①먹고 싶어서 침을 흘림. ②탐이 나서 가지고 싶어함.

수연 (晬宴) 圓 생일잔치.

수연 (壽宴·壽筵·壽讌) 圓 오래 산 것을 축하하는 잔치.〔흔히, 환갑잔치를 이름.〕

수연 (愁然) '수연(愁然)하다'의 어근.

수연 (粹然) '수연(粹然)하다'의 어근.

수연-대 (水煙臺) 圓 ☞수연통.

수연장 (壽延長) 圓 수연장무와 밑도드리를 통틀어 이르는 말.

수연장-무 (壽延長舞) 圓 조선 시대에, 나라 잔치에서 추던 춤의 이름.

수연장지-곡 (壽延長之曲) 圓 '밑도드리'를 달리 이르는 말.

수연-통(水煙筒)명 연기가 물을 거쳐서 나오게 만든 담뱃대. 수연대.

수연-하다(愁然-)형 걱정하다. 수심에 잠기다.

수연-하다(粹然-)형여 마음이 참되고 꾸밈이 없다. 수연-히부.

수:열(數列)명 수학에서, 어떤 일정한 규칙에 따라 정해지는 유한개(有限個)나 무한개의 수의 항이 $a_1, a_2, a_3 \cdots a_n$처럼 번호순으로 배열한 것. ¶무한(유한)수열./등차수열.

수염(鬚髯)명 ①성숙한 남자의 입가·턱·뺨에 나는 털. 나룻. ②고양이나 호랑이·쥐 따위 동물의 입 주위에 난 긴 털. ③벼·보리·옥수수 등의 낟알 끝이나 사이에 난 까끄라기나 털 모양의 것. ㉓수염(鬚).

수염이 대 자라도 먹어야 양반이다[속담] 배가 불러야만 체면도 차릴 수 있다는 말.

수염-발(鬚髯-)[-빨]명 길게 길러서 늘어뜨린 수염의 치렁치렁한 毛.

수염-뿌리(鬚髯-)명 뿌리줄기의 밑둥에서 수염처럼 많이 뻗어 나온 뿌리. [벼나 보리 따위의 뿌리.] 수근(鬚根).

수-염소명 '숫염소'의 잘못.

수염-수세(鬚髯-)명 수염의 숱.

수엽(樹葉)명 나뭇잎.

수엽-량(收葉量)[-녑냥]명 뽕잎을 따 들이는 양.

수영명 여뀟과의 다년초. 산이나 들의 풀밭에 나는데, 줄기는 홍자색을 띠며, 높이는 30∼80cm. 소루쟁이와 비슷하나 잎이 가늘고 작음. 초여름에 담홍색 꽃이 핌. 민간에서 뿌리의 즙액을 약약으로 쓴다. 산모(酸模). 승아.

수영(水泳)명 헤엄.

수영(水營)명 조선 시대에, 수군절도사의 군영을 이르던 말.

수영(秀英)명 '수영하다'의 어근.

수영(秀穎)명 ①잘 여문 벼나 수수 따위의 이삭. ②하별 재능이 뛰어남.

수영(樹影)명 나무의 그림자.

수영^경:기(水泳競技)명 헤엄을 기본으로 하는 수상 경기. 헤엄 방법에 따라 속도를 겨루는 크롤·평영·배영·접영 등과, 동작의 아름다움을 겨루는 다이빙 따위.

수영-모(水泳帽)명 헤엄칠 때 쓰는 모자.

수영-복(水泳服)명 헤엄칠 때 입는 옷.

수영-장(水泳場)명 헤엄을 치면서 놀거나 경기 따위를 할 수 있도록 만들어 놓은 시설. 풀장.

수영-하다(秀英-)형여 재능과 지혜가 뛰어나다.

수예(手藝·繡藝)명 손으로 하는 기예(技藝). [자수·편물 따위.]

수예(樹藝)명하타 곡식이나 나무 따위를 심어 가꾸는 일. 식예(植藝).

수예-품(手藝品)명 손으로 만든 공예품.

수오(羞惡)명 자기의 옳지 못함을 부끄러워하고, 남의 옳지 못함을 미워함.

수오지심(羞惡之心)명 사단(四端)의 하나. 자기의 옳지 못함을 부끄러워하고, 남의 옳지 못함을 미워하는 마음.

수옥(囚獄)명 감옥. 뇌옥(牢獄).

수온(水溫)명 물의 온도. ¶수온이 낮다.

수완(手腕)명 ①손목. ②일을 꾸미거나 치러 나가는 재간. ¶수완이 좋다.

수완-가(手腕家)명 수완이 좋은 사람. ¶이번 행사를 통해 그가 수완가임이 입증되었다.

수왕지절(水旺之節)명 [수기(水氣)가 왕성한 절기란 뜻으로] 오행(五行)에서, '겨울'을 이르는 말.

수요(愁擾)명 '수요하다'의 어근.

수요(壽夭)명 오래 삶과 일찍 죽음. 수단(壽短). 수요장단(壽夭長短).

수요(需要)명 구매력이 있는 사람이 상품에 대하여 가지는 구매 욕구. ¶수요가 증가하다. ↔공급.

수-요일(水曜日)명 칠요일의 하나. 일요일로부터 넷째날. 수(水).

수요-자(需要者)명 무엇이 필요해서 얻고자 하는 사람.

수요-장단(壽夭長短)명 목숨의 긺과 짧음. 수요.

수요^탄:력성(需要彈力性)명 [-탈-썽]명 상품 가격의 변동에 따라 생기는 수요 변동의 정도.

수요-하다(愁擾-)형여 ☞수란(愁亂)하다.

수요^함:수(需要函數)명 [-쑤]명 상품의 가격과 수요량과의 관계를 나타내는 함수.

수욕(水浴)명하자 물에 미역을 감음.

수욕(受辱)명하자 남에게서 모욕을 당함.

수욕(羞辱)명 부끄러움과 욕됨.

수욕(獸慾)명 짐승과 같은 음란한 욕망.

수욕-주의(獸慾主義)명 [-쭈의/-쭈이] 인간의 도덕적·윤리적 규범을 무시하고 관능에 따라 동물적 욕망만을 채우려고 하는 주의. 애니멀리즘.

수용(水茸)명 아직 마르지 않은 녹용.

수용(收用)명하타되자 ①거두어들이어 씀. ②공익을 위해 국가의 명령으로 특정물의 권리나 소유권을 강제 징수하여 국가나 제삼자의 소유로 옮기는 처분. ¶토지를 수용하다.

수용(收容)명하타되자 (사람이나 물품 따위를) 거두어 일정한 곳에 넣어 둠. ¶수용 능력.

수용(受用)명하타 받아 씀.

수용(受容)명하타 받아들임. ¶젊은이들의 건전하고 진취적인 의견을 수용하다.

수용(羞容)명 부끄러워하는 얼굴빛.

수용(晬容)명 임금의 화상(畫像). 어진(御眞).

수용(愁容)명 근심어린 얼굴.

수용(需用)명 용도에 따라서 씀.

수용(瘦容)명 여윈 얼굴. 수척어린 얼굴.

수용-기(受容器)명 눈·코·귀와 같이 어떤 외부의 자극을 받아들여 뇌에 전달하는 감각 기관.

수용산출(水湧山出)명하자 [물이 샘솟듯이 나오고 산이 솟구친다는 뜻으로] '풍부한 시상으로 시문을 짓는 재주가 비상함'을 비유하여 이르는 말.

수용-성(水溶性)[-썽]명 어떤 물질이 물에 용해되는 성질. 수성. ¶수용성 물질. 참지용성(脂溶性).

수용-소(收容所)명 많은 사람을 한곳에 모아 맡거나 가두어 두거나 하는 곳.

수용-액(水溶液)명 어떤 물질을 물에 풀어 넣은 액체. 식염수 따위.

수용-자(需用者)명 (전기·가스 따위 늘 소용되는 것을) 구하여 쓰는 사람.

수용-토(受用土)명 삼불토(三佛土)의 하나. 보신불(報身佛)이 사는 불토.

수용-품(需用品)명 필요에 따라 꼭 써야 되는 중요로운 물품.

수우(水牛)명 ☞물소.

수우(殊尤)명 '수우하다'의 어근.

수우(殊遇)명 특별한 대우.

수우-하다(殊尤-)형여 특별히 낫다.

수운(水運)명하타되자 (주로) 강에서 뱃길로 물건이나 사람을 실어 나름, 또는 뱃길을 통한 운수. ¶수운이 발달한 베네치아. 참해운(海運).

수운(愁雲)**명** 〔슬픔을 느끼게 하는 구름이란 뜻으로〕수심에 찬 기색(얼굴빛).

수운(輸運)**명하타되자** ⇨운수(運輸).

수운-교(水雲敎)**명** 조선 말기, 수운(水雲) 최제우(崔濟愚)를 교조(敎祖)로 하는 동학 계통의 한 종교.〔천도교의 한 분파임.〕

수울명 〔옛〕술(酒). ¶樓 우희셔 수울 먹고(杜初 8:28). **참**수울.

수원(水源)**명** 물이 흘러나오는 근원.

수원(受援)**명하자** 원조를 받음.

수원(修院)**명** 〈수도원〉의 준말.

수원(隨員)**명** 지위가 높은 사람을 따라다니며 그의 시중을 드는 사람. 수행원.

수원수구(誰怨誰咎)**명하자** 〔누구를 원망하고 누구를 탓하겠느냐는〕'남을 원망하거나 탓할 것이 없다'는 말. 수원숙우.

수원숙우(誰怨孰尤)**명하자** ⇨수원수구.

수원-지(水源地)**명** 강물이나 냇물의 흐르기 시작하는 곳.

수원-지(水源池)**명** 상수도에 보낼 물을 모아 처리하는 곳.

수:월(數月)**명** 두서너 달. 몇 달. 수삭(數朔). ¶수월 내로 돌아오겠습니다.

수월-내기[-래-]**명** '다루기 쉬운 사람'을 홀하게 이르는 말.

수월-놀이[-로리]**명** 〈수월래놀이〉의 준말.

수월래-놀이명 강강술래의 춤과 노래를 하는 놀이. **준**수월놀이.

수월-수월[**부**하] 아주 수월하게. 모두 수월하게. ¶일을 수월수월 해 나간다.

수월-스럽다[-따][~스러우니·~스러워]**형** 보기에 수월하다. ¶일을 수월스럽게 처리해 나간다. **수월스레**[**부**].

수월찮다[-찬타]**형** ①수월하지 않다. ¶맡은 일이 수월찮다. ②꽤 많다. ¶세뱃돈이 수월찮다. **수월찮-이**[**부**] ¶힘이 수월찮이 들다. /비용이 수월찮이 들다. * 수월찮아[-차나]·수월찮소[-찬쏘]

수월-하다[**형**여] ①힘이 안 들고 하기가 쉽다. ¶수월한 문제. /기계가 들어와 일하기가 훨씬 수월하다. ②응하는 태도가 시원시원하다. ¶수월하게 허락해 주다. ↔까다롭다. **수월-히**[**부**] 모든 일을 너무 수월히 생각한다.

수위(水位)**명** ①바다나 강·댐 따위의 수면의 높이. ¶위험 수위. /비가 와서 수위가 높아진다. ②'어떤 일이 진행되는 정도'를 비유하여 이르는 말. ¶비판의 수위를 높이다.

수위(守衛)**명하타** 관공서·회사·학교 등에서 경비를 맡아봄, 또는 맡아보는 사람.

수위(首偉) '수위하다'의 어근.

수위(首位)**명** 등급·지위 등에서, 첫째가는 자리. ¶수위를 차지하다.

수위-계(水位計)[-계/-게]**명** 물의 높이를 재는 계기.

수위-진폭(水位振幅)**명** 일정한 기간 내의 최고 수위와 최저 수위와의 폭.

수위^타(首位打者)**명** 야구에서, 타율이 가장 높은 타자.

수위-하다(秀偉-)**형여** 뛰어나게 위대하다.

수유(受由)**명하자** 말미를 받음, 또는 그 말미. ¶병으로 수유하여 집에서 쉬고 있다.

수유(茱萸)**명** 쉬나무의 열매. 불그스름한 자줏빛인데 기름을 짜서 머릿기름으로 씀.

수유(授乳)**명하자** 젖먹이에게 젖을 먹임. ¶수유 시간을 꼭 지키다.

수유(須臾)**Ⅰ명** 잠시. 잠시 동안. 잠시간. **Ⅱ주관** 준순(逡巡)의 10분의 1, 순식(瞬息)의 10배가 되는 수(의). 곧, 10⁻¹⁵.

수유-기(授乳期)**명** 젖을 먹여 기르는 기간.

수유-나무(茱萸-)**명** 쉬나무.

수육(-肉)**명** 삶아 익힌 쇠고기. 익은이. **본**숙육(熟肉).

수육(獸肉)**명** 짐승의 고기.

수율(收率)**명** 화학적 방법으로 원자재에서 어떤 물질을 얻게 될 때, 기대했던 예상량과 실제로 얻은 양과의 비율.

수은(水銀)**명** 금속 원소의 한 가지. 빛깔은 은백색. 진사(辰砂)에서 얻어지며 많은 금속과 합금을 이루는데 이 합금을 아말감이라 함. 용도가 넓으며 온도계·기압계·수은등·의약품 따위에 쓰임.〔Hg/80/200.59〕

수은(受恩)**명하자** 은혜를 입음.

수은(殊恩)**명** 특별히 베푸는 은혜. 각별한 은총.

수은^건전지(水銀乾電池)**명** 건전지의 한 가지. 크기·무게 등이 보통 건전지보다 작으며 시계·카메라·로켓 따위의 전원으로 쓰임. 양극에 산화수은, 음극에 아연, 전해액에는 수산화칼륨을 사용함.

수은^기압계(水銀氣壓計)[-계/-게]**명** 기압계의 한 가지. 한쪽을 밀폐한 유리관 속에 수은을 채워 수은주 속에 거꾸로 세운 것. 수은주의 높이에 따라 기압을 측정함. 수은 청우계.

수은-등(水銀燈)**명** 수은 증기 내의 아크 방전으로 생기는 빛을 이용한 방전관. 의료나 조명 이외에도, 영화·탐조등 따위의 광원으로 널리 쓰임.

수은^온도계(水銀溫度計)[-계/-게]**명** 수은의 열팽창을 이용한 액체 온도계의 한 가지. 수은 한란계(水銀寒暖計).

수은^요법(水銀療法)[-뇨뻡]**명** 수은제를 써서 매독을 치료하는 방법.

수은^정:류기(水銀整流器)[-뉴-]**명** 정류기의 한 가지. 진공 속에서의 수은의 특성을 이용한 아크 방전으로, 교류를 직류로 바꾸는 장치.

수은-제(水銀劑)**명** 수은이 지닌 살균 작용을 이용한 약품을 통틀어 이르는 말.

수은-주(水銀柱)**명** 수은 온도계 따위의, 온도를 나타내는 가느다란 수은의 기둥. ¶수은주가 올라가다.

수은^중독(水銀中毒)**명** 수은이나 수은의 화합물이 몸에 닿거나 몸속에 들어갔을 때 일어나는 중독 증상.

수은^청우계(水銀晴雨計)[-계/-게]**명** ⇨수은 기압계(水銀氣壓計).

수은^한란계(水銀寒暖計)[-할-계/-한-게]**명** ⇨수은 온도계.

수-행[0]나무(-銀杏-)**명** 수꽃만 피고 열매가 열리지 않는 은행나무. ↔암은행나무.

수음(手淫)**명하자** 스스로 생식기를 자극하여 성적 쾌감을 얻는 짓. 자위(自慰).

수음(殊音)**명** 가락이 특수한 음.

수음(樹蔭·樹陰)**명** 나무의 그늘.

수응(酬應)**명하자타** 남의 요구에 응함. 응답함.

수의(囚衣)[-의/-이]**명** 죄수가 입는 옷.

수의(遂意)[-의/-이]**명** 뜻을 이룸.

수의(愁意)[-의/-이]**명** ⇨수심(愁心).

수의(壽衣·襚衣)[-의/-이]**명** 염습(殮襲)할 때 시체에 입히는 옷.

수의(隨意)[-의/-이]**명** 자기 뜻대로 좇아 함.

수의(獸醫)[-의/-이]**명** 〈수의사〉의 준말.

수:의(繡衣)[-의/-이]명 ①수를 놓은 옷. ②'암행어사'를 아름답게 이르던 말.

수의^계:약(隨意契約)[-의계-/-이게-]명 경쟁이나 입찰에 따르지 아니하고, 일방적으로 상대편을 골라서 맺는 계약. ↔경쟁 계약.

수의-과(隨意科)[-의꽈/-이꽈]명 〈수의 과목〉의 준말.

수의과^대:학(獸醫科大學)[-의꽈-/-이꽈-]명 수의학을 전공하는 단과 대학. ㉜수의대.

수의^과목(隨意科目)[-의꽈-/-이꽈-]명 학생이 마음대로 택할 수 있는 과목. ㉜수의과.

수의-근(隨意筋)[-의-/-이-]명 ☞맘대로근. ↔불수의근.

수의-대(獸醫大)[-의-/-이-]명 〈수의과 대학〉의 준말.

수-의사(獸醫師)[-의-/-이-]명 짐승, 특히 가축의 질병 치료를 전공으로 하는 의사. ㉜수의.

수:의-사또(←繡衣使道)[-의-/-이-]명 '어사또'를 달리 일컫던 말.

수:의-야행(繡衣夜行)[-의-/-이-]명 〔수놓은 옷을 입고 밤길을 걷는다는 뜻으로〕'영광스러운 일을 남에게 알리지 않음'을 이르는 말. ㉔금의야행(錦衣夜行).

수의-학(獸醫學)[-의-/-이-]명 가축의 질병 치료 및 예방에 관한 학문.

수의학-과(獸醫學科)[-의-꽈/-이-꽈]명 대학에서, 수의학을 연구하는 학과.

수이튀 〔옛〕쉽게. ¶靑山裏 碧溪水야 수이 감을 자랑 마라(古時調). ㉔수비.

수이(殊異)'수이하다'의 어근.

수-이입(輸移入)명 수입과 이입.

수이-전(殊異傳)명 고려 문종 때, 박인량(朴寅亮)이 지었다는 우리나라 최초의 설화집. 책은 전하지 않고, 내용의 일부만 '삼국유사·대동운부군옥(大東韻府群玉)' 등에 실려 전함.

수이-하다(殊異-)형여 특별히 다르다. 특이하다.

수익(收益)명하자 일이나 사업 등을 하여 이익을 거두어들임, 또는 그 이익. ¶수익을 올리다.

수입(受益)명하자 이익을 얻음, 또는 이익을 얻는 일.

수익^가치(收益價値)[-까-]명 화폐 수익에 의한 재산의 평가 가치.

수익-권(受益權)[-꿘]명 ①이익을 받을 권리. ②국가에 대하여, 특정한 이익을 받을 수 있도록 요구할 수 있는 국민의 권리. 〔근로권, 재판 청구권, 교육을 받을 권리 따위.〕

수익-금(收益金)[-끔]명 이익으로 얻은 돈.

수익-률(收益率)[-뉼]명 자본에 대한 수익의 비율. 일정한 단위의 자본으로 어느 정도의 이익을 올릴 수 있는가를 나타냄.

수익-성(收益性)[-썽]명 수익이 되는 성질.

수익-세(收益稅)[-쎄]명 수익이 생기는 물건의 외형 표준에 따라, 개개의 수익에 부과하는 조세. 〔영업세·재산세 따위.〕

수익-자(受益者)[-짜]명 이익을 얻는 사람.

수익자^부:담(受益者負擔)[-짜-]명 국가나 공공 단체 등이 어떤 공익사업을 할 때에, 그 사업의 수익자에게 부과하는 금전적인 부담.

수익^자산(收益資産)[-짜-]명 수익을 낳는 자산. 특히, 은행의 수익 원천이 되는 자산.

수익^증권(收益證券)[-꿘]명 원금 또는 신탁 재산의 운용에서 발생하는 이익을 분배받을 권리를 표시한 증서. 증권 투자와 투자 신탁 두 가지가 있음.

수익^체감(收益遞減)명 일정한 생산물을 생산함에 있어, 생산 요소 중 토지·자본은 고정시켜 놓고 노동력만을 증가시킬 때, 그 한계 생산력이 상대적으로 점점 줄어드는 현상.

수인(手印)명 ①자필의 서명. ②불교에서, 주문을 욀 때에 두 손의 손가락으로 나타내는 여러 가지 모양. 모든 불보살과 제천선신의 깨달음의 내용이나 서원을 상징적으로 나타냄.

수인(囚人)명 옥에 갇힌 사람. 죄수.

수:인(數人)명 서너 사람, 또는 대여섯 사람.

수인-감과(修因感果)명 불교에서, 선악의 인(因)을 행함에 따라 고락의 과보를 받게 됨을 이르는 말.

수-인사(修人事)명하자 ①인사를 차림. 수인사를 나누다. ②사람으로서 할 수 있는 일을 다함.

수인사대천명(修人事待天命)명 사람으로서 할 수 있는 일을 다하고 천명을 기다림.

수인성^전염병(水因性傳染病)[-썽-뼝]명 물이나 음식물에 들어 있는 세균에 의해 전염되는 병. 〔이질·장티푸스·콜레라 따위.〕

수인-씨(燧人氏)명 중국 고대의 삼황제(三皇帝)의 하나. 전설상의 인물로서 불과 음식의 조리법을 전했다고 함.

수일(秀逸)'수일하다'의 어근.

수일(晬日)명 ☞수신(晬辰).

수:일(數日)명 이삼 일 또는 사오 일. 며칠. ¶수일 후에 만나다.

수일(讎日)명 〔원망스러운 날이라는 뜻으로〕해마다 돌아오는 '부모님이 돌아가신 날'을 원망스럽게 여겨 이르는 말.

수일-하다(秀逸-)형여 뛰어나게 우수하다.

수-읽기(手-)[-일끼]명 바둑이나 장기에서, 앞으로 놓을 자리나 변화를 먼저 생각하는 일.

수임(受任)명하자 ①임무를 받음. ②위임 계약에 따라 사무를 위탁받음.

수임-료(受任料)[-뇨]명 ①위임 계약에 따라 맡은 일을 처리하고 그 대가로 받는 돈. ②변호사에게 자문이나 변호를 받고 그 대가로 주는 수수료.

수입(收入)명하자되자 (개인이나 기업·국가 등이) 돈이나 물건 따위를 벌어들이거나 거두어들이는 일, 또는 그 돈이나 물건. ¶수입이 줄다. / 수입이 좋은 사업. ↔지출(支出).

수입(輸入)명하자되자 ①외국에서 물품 따위를 사들임. ¶수입 농산물. ②외국에서 사상·문화 따위를 들여옴. ¶외국 문화 수입. ↔수출.

수입^금:제품(輸入禁制品)[-끔-]명 법률로써 수입이 금지 또는 제한된 물품. ↔수출 금제품.

수입^면:장(輸入免狀)[-임-짱]명 세관에서 발급하는, 수입을 허가하는 증명서.

수입-상(輸入商)[-쌍]명 외국 물품을 수입하는 상인. ¶원자재 수입상. ↔수출상.

수입-성(輸入性向)[-쎙-]명 일정 기간의 국민 소득에 대한 수입액의 비율.

수입-세(輸入稅)[-쎄]명 수입품에 대하여 부과하는 관세. ↔수출세.

수입^신:용장(輸入信用狀)[-씨뇽짱]명 어떤 상품을 수입할 때, 외화 지급에 대한 수입업자의 금융상의 신용을 보증하기 위하여 은행이 발행하는 증서를 수입업자 쪽에서 이르는 말. ↔수출 신용장.

수입^의존도(輸入依存度)명 국내에서 소비되는 물자의, 수입에 의존하고 있는 정도. 보통, 국민 소득이나 국민 총생산에 대한 수입액의 비율로 나타냄.

수:입-지(輸入紙)圓 수입을 표시하기 위하여 정부가 발행하는 증표.

수입-초과(輸入超過)圓 일정 기간에, 수입 총액이 수출 총액보다 많음.

수입-품(輸入品)圓 수입하는 물품.

수:입-허가(輸入許可)圓 국고 수입이 되는 조세 수납금을 정수하기 위하여 정부가 발행하는…

수:자(豎子)圓 ①더벅머리 아이. ②'풋내기'라는…

수-자(數字)圓 ①여러 낱자를 모아 이룬 뜻글자. ②숫자.

수:자-직(繻子織)圓 …

수-작(酬酌)圓 …

수-작(手作)圓 …

수-잠(睡眠)圓 …

수장(水葬)圓 …

수장(袖藏)圓 …

수장(修粧)圓 …

수장(首長)圓 …

수장-기둥(修粧一)圓 …

수장-널(修粧一)圓 …

수장-판(修粧板)圓 …

수-재(秀才)圓 …

수재(水災)圓 …

수재(收載)圓 …

수저圓 …

수저-집圓 …

수적(手迹)圓 …

수적(水滴)圓 …

수적(讎敵)圓 …

수전(水田)圓 …

수전(手箭)圓 …

수전(水電)圓 …

수전(收錢)圓 …

수전(袖傳)圓 …

수전-노(守錢奴)圓 …

수절(守節)圓 …

수절(秀絕)圓 …

수절(殊絕)圓 …

수절-가(守節歌)圓 …

수절-사(守節死)圓 …

수:점(數點)圓 …

수정(水晶)圓 …

수정(水精)圓 …

수정(修整)圓 …

수정(修訂)圓 …

수정(受精)圓 …

수정(修正)圓 …

수정(手製)圓 …

수정(水程)몡 물길.
수정(水晶)몡 육각 기둥꼴의 석영의 한 가지. 무색투명하며, 불순물이 섞인 것은 자색·황색·흑색 등의 빛깔을 띰. 광학 기기를 비롯하여 장식품·도장 따위에 쓰임. 파리(玻瓈). (妖精)②얇 닭물이 ‐이든 말.
수정(守貞)몡‐하다困 동정(童貞)을 지킴.
수정(修正)몡‐하다困 바로잡아 고침. 수정(修訂)몡‐하다困 글이나 글자의 잘못을 바로잡아 고침.
수정(修整)몡‐하다困 바로잡아 정돈함.
수정(授精)몡‐하다困 정자와 난자를 결합시키는 일.
수정(受精)몡‐하다困 정자와 난자가 하나로 합쳐지는 일.
수정‐란(受精卵)몡 수정이 이루어진 난자.
수정‐과(水正果)몡 곶감·생강·계피 따위를 달인 물에 잣을 띄운 음료.
수정 ‐시계(水晶時計)몡 수정 시계.
수정‐안(修正案)몡 수정한 안.
수정‐주의(修正主義)몡 ‐주의를 이룸을 이름.
수정 ‐파^사회주의(修正派社會主義)몡
수정‐체(水晶體)몡 안구의 홍채 뒤에 있는 볼록 렌즈 모양의 투명체.
수제(手製)몡 ‐하다困 손으로 만듦.
수제(首題)몡 첫머리에 쓰는 제목.
수제비몡 밀가루를 반죽하여 맑은 장국이나 미역국 따위에 적당한 크기로 떼어 넣어 익힌 음식.
수제‐비다困 조금씩 베어 먹다.
수제비‐태껸몡 조금씩 빗대어 비꼬다.
수제자(首弟子)몡 여러 제자 중에서 가장 뛰어난 제자.

수제‐천(證薛天)몡 아악의 한 가지. 궁중의 연례와 무용의 반주에 신라(手爪)몡 손톱.
수조(水鳥)몡 물새.
수조(水槽)몡 물을 담아 두는 큰 통.
수조(水藻)몡 水藻 나는 말.
수조(守操)몡 지조를 지킴.
수조(垂釣)몡 낚시를 물속에 드리움.
수조‐기몡 민어과의 바닷물고기. 40cm
수조‐안(收組案)몡 조선 시대에, 감사(監司)가 관찰을 조준하던
수족(手足)몡 손과 발. ①손발을 놀리다. ②손발이 됨.
수족(水族)몡 물속에 사는 동물들을 통틀어 이
수족관(水族館)몡 수중 동물을 이르는 말.
수존‐삼각형(垂足三角形)몡 삼각형의 각 꼭짓점에서 내리그은 수선의
수졸(手卒)몡 한빵에서, 손발
수졸(守拙)몡 자기의 서투른 솜씨나 졸한 것을 지킴.
수종(水宗)몡 뱃길의 수
수종(守)몡 수행하여 시종함.
수종(隨從)몡 높은 사람을 따름, 또는 그
수종(腫)몡 나무의 종류. ①다양한 수종을 갖
수주(手嶼)몡 ①수손가락이 ②수중
수주‐불(首從佛)몡 처음 만드는
수죽(數珠)몡 염주.
수주(水株)몡 윗수중에 이르는
수주(首輔)몡 나무의 종류.
수주(水柚)몡 나무의 종류.
수죄(首罪)몡 범죄 중에서 가장 무거운 범죄.
수죄(數罪)몡 몇 가지의 죄.

수주 (受注)명하타 주문을 받음. 특히, 생산업자가 제품의 주문을 받는 일. ¶중국 쪽에서 수주가 늘어나고 있는 추세. /복사기 열 대를 수주하다. ↔발주(發注).

수주 (壽酒)명 장수를 축하하는 술.

수주-대토 (守株待兎) '달리 변통할 줄 모르고 어리석게 한 가지만을 내내 고집함'을 비유하여 이르는 말. 〔'한비자'의 '오두편(五蠹篇)'에 나오는 말로, 중국 송나라의 한 농부가 나뭇등걸에 걸려 죽은 토끼를 보고, 다시 토끼가 걸리기를 마냥 기다렸다는 고사에서 유래함.〕

수:-주머니 (繡-)명 수를 놓아 만든 비단 주머니. 수낭(繡囊).

수죽 (脩竹)명 길게 자란 대. 밋밋하게 자란 대.

수준 (水準)명 ①사물의 가치·등급·품질 따위의 일정한 표준이나 정도. ¶생활수준이 높다. ②<수준기>의 준말.

수준-급 (水準級) [-끕]명 상당히 높은 수준에 있는 등급. ¶수준급의 골프 실력.

수준-기 (水準器)명 어떤 평면이 수평을 이루고 있는가를 조사하는 기구. 수평기(水平器). ②수준.

수준^원점 (水準原點) [-쩜]명 높이를 측량하는 데 기준이 되는 점.

수준-의 (水準儀) [-주늬/-주니]명 망원경에 수준기를 부착한 측량용 기계. 지상에서, 두 점 사이의 높이의 차이를 측정함.

수준-점 (水準點) [-쩜]명 정확히 측정된 어떤 지점의 높이를 나타내는 표지.

수준^측량 (水準測量) [-층냥]명 지표상의 각 지점 상호 간의 높낮이 차이를 재는 측량.

수줍다 [-따]형 부끄럽다. ¶시집가라는 말만 나오면 수줍어 고개를 들지 못해.

수줍어-하다 재여 부끄러워하다. ¶너무 수줍어하여 말 한 마디를 제대로 못하다.

수줍음 명 수줍어하는 성질이나 태도. ¶수줍음을 몹시 타다.

수중 (水中)명 물속. 물 가운데. ¶수중 탐사.

수중 (手中)명 ①손 안. ¶수중에 있는 돈. ②자신의 힘이 미칠 수 있는 범위. 손아귀. ¶적의 수중에 들어가다.

수중 (睡中)명 잠들어 있는 동안.

수중-경 (水中莖)명 수생 식물의, 물속에 잠긴 줄기. ②수경(水莖).

수중-다리 (←水腫-)명 병으로 말미암아 퉁퉁하게 부은 다리. 图수종다리.

수중^발레 (水中ballet)명 음악에 맞추어 여러 가지 방법으로 헤엄치면서 동작과 표현의 아름다움 등을 겨루는 수영 경기. 싱크로나이즈드 스위밍.

수중-식물 (水中植物) [-싱-]명 ➡수생 식물(水生植物).

수중-안경 (水中眼鏡)명 ➡물안경.

수중-유행 (睡中遊行) [-뉴-]명 자다가 별안간 일어나서 잠결인 상태로 이리저리 돌아다니는 일. 图몽유병.

수중익-선 (水中翼船) [-썬]명 선체 아래쪽의 앞뒤 부분에 날개를 단 배. 〔배가 나아갈 때 양력(揚力)이 생겨 선체가 수면으로 떠오름.〕

수중^청음기 (水中聽音器)명 음파의 수중 전파로 적의 함정이나 잠수함 따위의 위치·방향 등을 탐지하는 장치.

수중^카메라 (水中camera)명 물속에서 쓸 수 있도록 방수 처리한 카메라.

수중^텔레비전 (水中television)명 수중에서 촬영할 수 있도록 만든 텔레비전 카메라.

수중-혼 (水中魂)명 물에 빠져 죽은 사람의 넋.

수-쥐 명 '숫쥐'의 잘못.

수즉다욕 (壽則多辱) [-따-]명 오래 살면 그만큼 욕되는 일이 많음. 〔'장자'의 '천지편(天地篇)'에 나오는 말임.〕

수즙 (修葺)명하타 지붕이나 바람벽 등의 허술한 데를 이고 손질함.

수증 (受贈)명하타 선물을 받음.

수-증기 (水蒸氣·水烝氣)명 물이 증발하여 생긴 기체, 또는 기체 상태로 되어 있는 물. ②증기.

수지 '휴지(休紙)'의 잘못.

수지 (手指)명 손가락.

수지 (收支)명 ①수입과 지출. ②거래에서 얻는 이익.

수지 (守志)명하타 지조를 지킴.

수지 (受持)명하타 불교에서, 경전을 받아 항상 잊지 않고 머리에 새기어 가짐을 이르는 말.

수지 (須知)명 마땅히 알아야 하는 일.

수지 (樹枝)명 나뭇가지.

수지 (樹脂)명 ①나무에서 나오는 진. ②합성수지와 천연수지를 통틀어 이르는 말.

수지 (獸脂)명 짐승의 기름.

수지^결산 (收支決算) [-싼]명 일정 기간의 수입과 지출의 결산.

수지나 (手-)명 사람의 손으로 길들인 매나 새매. 수진(手陳). 图날지니·산지니.

수지-맞다 (收支-) [-맏따]재 ①이익이 돌아오다. ¶수지맞는 장사. ②뜻하지 않게 좋은 일이 생기다. ¶이런 물건을 경품으로 받다니, 오늘 너 아주 수지맞았네.

수지-비누 (樹脂-)명 수지를 수산화나트륨이나 탄산나트륨액과 섞어 끓여서 만든 비누.

수지-상 (樹枝狀)명 나뭇가지처럼 여러 가닥으로 뻗어 있는 모양.

수지-침 (手指鍼)명 한방에서, 손에 퍼져 있는 수백 군데의 경혈에 짧은 침을 1~3mm 정도의 깊이로 꽂아 다스리는 침술.

수지^타:산 (收支打算)명 수입과 지출의 셈을 맞추어 봄. ¶수지 타산이 맞다.

수직 (手織)명하타 손으로 피륙을 짬, 또는 그렇게 짠 천.

수직 (守直)명하타 맡아서 지킴, 또는 그 사람.

수직 (垂直)명 ①똑바로 드리운 모양. 수평에 대하여 직각을 이룬 상태. 직립(直立). ¶수직으로 세우다. ②선과 선, 선과 면, 면과 면이 서로 만나 직각을 이룬 상태.

수직 (首職)명 중요한 직책.

수직 (壽職)명 조선 시대에, 해마다 정월에 여든 살이 넘은 관원과 아흔 살이 넘은 백성에게 은전(恩典)으로 내리던 벼슬.

수직-갱 (垂直坑) [-깽]명 광산이나 탄광에서 곧추 내리 뚫은 굴.

수직^거:리 (垂直距離) [-꺼-]명 한 점에서 정한 직선에 이르는 가장 짧은 거리.

수직-기 (垂直鰭) [-끼]명 물고기의 몸 한가운데 선 위에 하나씩 있는 지느러미. 〔등지느러미·뒷지느러미가 이에 딸림.〕 ↔대기(對鰭).

수직^단:면 (垂直斷面) [-딴-]명 원기둥이나 각기둥 따위의 기둥체를 그 측면에 수직이 되게 평면으로 자른 단면. 직단면. 직절면. 직단면.

수직-면 (垂直面) [-징-]명 ➡연직면(鉛直面).

수직^분포 (垂直分布) [-뿐-]명 땅의 높이나 물의 깊이 등의 관계에서 본 생물의 분포.

수직-선(垂直線)[-썬]圓 ▷수선(垂線).

수직^이:등분선(垂直二等分線)圓 평면 상에서 어떤 선분을 수직으로 이등분하는 직선.

수직^이:착륙기(垂直離着陸機)[-뉵끼]圓 활주(滑走)하지 않고 제자리에서 바로 뜨고 내려 앉을 수 있는 비행기.

수직^전:위(垂直轉位)[-쩌뉘]圓 암층(岩層)의 일부가 중력에 의하여 수직 운동을 일으켜 그 위치가 바뀌는 일.

수직^투영도(垂直投影圖)圓 ▷입면도(立面圖).

수진(手陳)圓 ☞수지니.

수진(受診)圓하짜 진찰을 받음.

수진(袖珍)圓 ▷수진본(袖珍本).

수진-매(手陳-)圓 소매 속의 매.

수진-본(袖珍本)圓 소매 속에 넣고 다닐 수 있을 만한 작은 책. 수진.

수질(水疾)圓 뱃멀미.

수질(水蛭)圓 ☞거머리2.

수질(水質)圓 어떤 물의 성분이나 성질. ¶상수도(上水道) 수질 검사.

수질(首絰)圓 상복을 입을 때 머리에 두르는, 짚에 삼 껍질을 감은 둥근 테.

수질(髓質)圓 생체의 기관이나, 그 겉층과 안쪽 층의 구조나 기능이 서로 다를 경우에 일컫는 안쪽 층. 〔대뇌·부신·신장 따위가 해당함.〕↔피질.

수질^오:염(水質汚染)圓 물이 오물이나 폐수 때문에 인체에 해를 끼치거나 생태계를 파괴할 정도로 더러워지는 일.

수집(收集)圓하타퇴자 여러 가지 것을 거두어 모음. ¶폐품 수집.

수집(粹集)圓하타퇴자 사물의 가장 중요한 부분만 골라 모음. 고갱이만 뽑아 모음.

수집(蒐集)圓하타퇴자 어떤 물건이나 자료들을 찾아서 모음. ¶우표 수집. /자료를 수집하다. / 골동품을 수집하다.

수집(蒐輯)圓하타퇴자 여러 가지 자료를 찾아 모아서 편집함.

수집-벽(蒐集癖)[-뻑]圓 어떤 자료나 물건 따위를 찾아 모으기를 유난히 좋아하는 취미.

수징(壽徵)圓 오래 살 징조.

수-쪽圓 채권자가 가지는, 어음의 오른편 조각. ↔암쪽.

수차(水車)圓 물레방아.

수차(收差)圓 물체가 렌즈나 반사경에 의해서 상(像)을 맺을 때, 광선이 한 점에 모이지 않아 상이 흐려지거나 굽거나 비뚤어지거나 하는 현상. 구면 수차·색 수차 따위.

수차(袖箚)圓 임금을 뵙고 직접 바치던 상소.

수:차(數次)圓圓 몇 차례. 여러 차례. 누차. ¶수차에 걸쳐 의견을 제시하다.
圓圓 누차.

수찬(修撰)圓하타 ①서책을 만듦. 사서(史書) 등을 편찬함. ②조선 시대에, 사서(史書)를 편찬하던 홍문관(弘文館)의 정육품 벼슬.

수찰(手札)圓 ☞수서(手書).

수찰(首刹)圓 ☞수사(首寺).

수참(水站)圓 조선 시대에, 전라·경상·충청 세 도의 세곡(稅穀)을 서울까지 배로 운반할 때 중간에서 쉬던 곳.

수참(羞慚)圓 '수참(羞慚)하다'의 어근.

수참(愁慘)圓 '수참(愁慘)하다'의 어근.

수참-하다(羞慚-)혱여 매우 부끄럽다.

수참-하다(愁慘-)혱여 매우 비참하다. 매우 슬프다.

수창(水脹)圓 신장병으로 몸이 붓는 증세.

수창(首唱)圓하타 ①앞장서서 주창함. ②좌중에서 맨 먼저 시를 지어 읊음.

수창(酬唱)圓하타 시가(詩歌)를, 서로 주고받으며 읊음.

수창(壽昌)圓하타 오래 살고 자손이 번성함.

수-창포(水菖蒲)圓 ☞붓꽃.

수채圓 집 안에서 버린 허드렛물이나 빗물 따위가 흘러 나가도록 만든 시설.

수채(收採)圓하타 ①곡식 따위를 거두어들임. ②인재를 골라 씀.

수채(受采)圓 신랑 집에서 보내는 납채를 신부 집에서 받음.

수:-채움(數-)圓하타 일정한 수효를 채우기 위하여 보탬.

수채-통(-筒)圓 ☞하수관. 하수통.

수채-화(水彩畫)圓 서양화의 한 가지. 그림물감을 물에 풀어서 그린 그림.

수책(受責)圓하짜 책망을 받음.

수챗-구멍[-채꾸/-챋꾸]圓 수채의 허드렛물이 빠져 나가는 구멍.

수:처(數處)圓 두서너 곳. 몇 군데.

수척(水尺)圓 ☞무자리.

수척(瘦瘠)圓 '수척하다'의 어근.

수척-하다(瘦瘠-)[-처카-]혱여 몸이 마르고 파리하다. 수삭(瘦削)하다. ¶앓고 나더니 몹시 수척해졌다.

수천(水天)圓 물과 하늘.

수천(水喘)圓 한방에서, 심장병이나 신장병 등으로 말미암아 몸이 붓고 숨이 차게 되는 증세.

수:천(數千)준로 천의 여러 배, 또는 그런 수(의).

수:-천만(數千萬)준로 ①천만의 두서너 배가 되는 수, 또는 그런 수(의). ②헤아릴 수 없을 만큼 많은 수, 또는 그런 수(의).

수천-방불(水天彷彿)圓 〔물과 하늘이 거의 비슷하다는 뜻으로〕 난바다의 수면과 하늘이 맞닿아 보여 그 한계를 분간할 수 없음을 이르는 말.

수철(水鐵)圓 무쇠.

수첩(手帖)圓 간단한 기록을 하기 위하여 지니고 다니는 작은 공책. 필첩.

수청(守廳)圓 ①지난날, 높은 벼슬아치 밑에서 수종하던 일. ②아녀자나 기생이 높은 벼슬아치에게 몸을 바쳐 시중을 들던 일. ③☞청지기.

수청(을) 들다관용 ①높은 벼슬아치 밑에서 시키는 대로 시중을 하다. ②기생이 지방 수령에게 잠시 몸을 바치다.

수청-방(守廳房)圓 지난날, 관아에서 청지기가 거처하던 방.

수:체(數體)圓 각 요소가 실수·유리수를 포함하여 복소수로 이루어진 체(體).

수초(手抄)圓하타 손수 추려서 씀, 또는 그렇게 쓴 기록.

수초(水草)圓 물풀.

수:초(數秒)圓 ☞수초어.

수초(髓鞘)圓 척추동물의 신경 섬유 주위를 칼집 모양으로 둘러싸고 있는 피막(皮膜). 신경의 흥분에 대해 주위와의 절연체 구실을 함.

수-초자(水硝子)圓 ☞물유리.

수촌(手寸)圓 조선 시대에, 노비의 수결(手決)을 이르던 말. 왼손 가운뎃손가락의 첫째와 둘째 마디 사이의 길이를 재어 그림을 그려서 도장 대신에 썼음.

수축(收縮)圓하짜퇴자 줄거나 오그라듦. ¶근육이 수축하다. 참이완·팽창.

수축(修築)**명하타되자** 집이나 방축 따위 건축물을 고쳐 짓거나 고쳐 쌓음. ¶도로를 수축하다. /대운전을 수축하다.

수축-포(收縮胞)**명** 담수에서 사는 원생동물의 체내에 있는 작은 세포. 주기적으로 늘어났다 오므라졌다 하여 노폐물 따위를 배출시키는 작용을 함.

수출(輸出)**명하타되자** 국내의 상품이나 기술 따위를 외국으로 팔아 내보냄. ¶공산품을 수출하다. ↔수입(輸入).

수출^관세(輸出關稅)**명** 외국에 수출하는 물품에 부과하는 관세. 수출세.

수출^금:제품(輸出禁制品)**명** 법률로써 수출이 금지되거나 제한된 물품. ↔수입 금제품.

수출^면:장(輸出免狀)**명** 세관에서 발급하는, 수출을 허가하는 증명서.

수출^보:상^제:도(輸出補償制度)**명** 수출 진흥을 위하여 정부가 수출 상대국에 대한 거래상의 위험을 담보하고 손실을 보상하는 제도.

수출-불(輸出弗)**명** 물품을 다른 나라에 수출하여 획득한 불화(弗貨).

수출^산:업(輸出産業)**명** 수출을 중요한 판로로 삼는 산업. ↔내수 산업.

수출-상(輸出商)[-쌍]**명** 국내 상품을 수출하는 상인. ↔수입상.

수출-세(輸出稅)[-쎄]**명** ☞수출 관세. ↔수입세.

수출-송:장(輸出送狀)[-짱]**명** 수출품에 덧붙여 보내는, 품목·수량·가격 따위를 기록한 송장.

수출^신:용장(輸出信用狀)[-짱]**명** 국제간의 수출입 결제를 위해 은행이 개설하는 상업 신용장을 수출지의 처지에서 이르는 말. ↔수입 신용장.

수-출입(輸出入)**명** 수출과 수입.

수출입^은행(輸出入銀行)**명** 중·장기 신용에 의한 수출입과 해외 투자에 관한 금융을 주업무로 삼는 특수 은행.

수출^자유^지역(輸出自由地域)**명** 외국인의 투자를 유치하여 수출의 진흥을 꾀하기 위해 지정된, 특정 보세 구역.

수출^초과(輸出超過)**명** 일정 기간의 수출 총액이 수입 총액을 초과하는 일. ⑥출초.

수출-환(輸出換)**명** 수출상이 수출 상품의 대금을 받기 위하여 수입상을 지급인으로 하는 어음을 발행하여 환은행에 그 매수를 의뢰하는 환어음. ↔수입환.

수취(收取)**명하타** 금품 따위를 거두어 받음.

수취(收聚)**명하타** 거두어 모음. 모아들임.

수취(受取)**명하타** ☞수령(受領).

수취^어음(受取-)**명** ☞받을어음.

수취-인(受取人)**명** ☞수령인(受領人).

수-치명 배를 갈라서 소금에 절여 말린 민어의 수컷. ↔암치.

수치(羞恥)**명** 부끄러움. ¶수치를 느끼다. ⑭수괴(羞愧)하다.

수:치(數値)**명** ①문자로 나타낸 수식 중의 문자에 해당하는 수. ②계산하여 얻은 수의 값. 수값. ¶대기의 오염도를 수치로 나타내다.

수:-치레(數-)**명하자** 좋은 운수를 누리는 일.

수치-스럽다(羞恥-)[-따](-스러워·-스러워)**형ㅂ** 부끄러운 느낌이 있다. ¶수치스러운 행위. **수치스레ㅂ.**

수치-심(羞恥心)**명** 부끄러움을 느끼는 마음. ¶수치심에 얼굴이 붉어졌다.

수-치질(-痔疾)**명** 항문 밖으로 두드러져 나온 치질. 모치질(牡痔). 외치(外痔). ↔암치질.

수칙(守則)**명** 지키도록 정해진 규칙. 지켜야 할 규칙. ¶안전 수칙.

수침(水沈)**명하자되자** 물에 잠기거나 가라앉음.

수침(水枕)**명** 물베개.

수:침(繡鍼)**명** 수를 놓을 바늘.

수:침(繡枕)**명** 수를 놓은 베개. 수베개.

수캉아지명 강아지의 수컷. ↔암캉아지.

수캐명 개의 수컷. ↔암캐.

수커미명 '수거미'의 잘못.

수컷[-컫]**명** 동물의 수의 것. ↔암컷. ⑭수ɪ. *수컷이[-커시]·수컷만[-컨-]

수케명 '수글'의 잘못.

수코양이명 '수고양이'의 잘못.

수콤명 '수곰'의 잘못.

수쿠렁이명 '수구렁이'의 잘못.

수쿼렁명 '수꿩'의 잘못.

수크로오스(sucrose)**명** 사탕수수·사탕무 등의 식물에 들어 있는 단사 정계(單斜晶系)의 결정. [물에 잘 녹으며 맛이 닮. 정제하여 설탕을 만듦.] 자당(蔗糖). 사카로오스.

수클명 '수글'의 잘못.

수키와명 두 암키와 사이를 어울러 엎어 이는 기와. 동와(童瓦). 모와(牡瓦). 부와(夫瓦). ↔암키와.

수탁(受託)**명하타** 부탁을 받음. 위탁을 받음.

수탁^매매(受託賣買)[-탕-]**명** 남으로부터 위탁을 받아 하는 매매.

수탁^법원(受託法院)[-뻡뻔]**명** 다른 법원의 촉탁을 받아 그 관할 내에서 증거 조사나 증인 심문 등의 소송 행위를 하는 법원.

수탁-자(受託者)[-짜]**명** ①위탁을 받은 사람. ②신탁 재산의 관리·처분을 하는 사람. ↔위탁자(委託者).

수탁^판매(受託販賣)**명** 남으로부터 위탁을 받아 하는 판매.

수탄(愁歎)**명하타** 근심하고 한탄함.

수탄(獸炭)**명** 활성탄의 한 가지. 동물질을 건류(乾溜)하여 얻은 탄화 물질을 통틀어 이르는 말. 약제·탈색제 따위에 쓰임.

수탈(收奪)**명하타되자** (재물 따위를) 빼앗음.

수탈^계급(收奪階級)[-계-/-게-]**명** 착취(搾取) 계급.

수탉[-탁]**명** 닭의 수컷. ↔암탉. *수탉이[-탈기]·수탉만[-탕-]

수탐(搜探)**명하타** ☞염알이.

수탕나귀명 당나귀의 수컷. ↔암탕나귀.

수태(水苔)**명** ☞수면(水綿).

수태(受胎)**명하타되자** 아이를 뱀. ¶인공 수태.

수태(羞態)**명** 부끄러워하는 태도.

수태(愁態)**명** 수심에 찬 모습.

수태^고:지(受胎告知)**명** 기독교에서, 천사 가브리엘이 성령에 의한 회임(懷妊)을 마리아에게 알려 준 일을 이르는 말.

수태^조절(受胎調節)**명** 피임법을 써서 일시적으로 수태를 조절하는 일.

수택(水澤)**명** 물이 괴어 있는 못.

수택(手澤)**명** ①책이나 그릇 따위에, 자주 손이 닿아서 남아 있는 손때나 윤택. ②옛 사람이 가까이 두고 애용하던 그릇(기구)에 남아 있는 손때.

수토(水土)¹**명** ①물과 흙. ②(어떤 고장의) 기후와 풍토.

수토(水土)²**명** 도자기의 원료로 쓰이는 흙의 한 가지. [경기도 광주 지역에서 남.]

수-토끼명 토끼의 수컷. ↔암토끼.

수토불복(水土不服)[하자] 물이나 풍토가 몸에 맞지 않아 위장이 나빠짐을 이르는 말.

수톨쩌귀[명] 암톨쩌귀에 끼게 된, 촉이 달린 돌쩌귀. ↔암톨쩌귀.

수통(水桶)[명] 물통.

수통(水筒)[명] 빨병.

수통(水筒)[명] ①물이 통하는 관. ②☞수도전.

수통(羞痛) '수통하다'의 어근.

수통-박이(水筒-)[명] 길거리에 상수도의 수통이 박혀 있는 곳.

수통-스럽다(羞痛-)[형] [-따][~스러우니·~스러워] 부끄럽고 원통한 데가 있다. **수통스레**[부].

수통-하다(羞痛-)[형여] 부끄럽고 원통하다.

수퇘지[명] 돼지의 수컷. ↔암퇘지.

수투(水套)[명] 내연 기관이나 공기 압축기 따위의 과열을 막기 위해 기통의 둘레에 찬물을 넣어 두는 장치.

수:-투전(數鬪賤)[명] 사람·물고기·새·꿩·노루·뱀·말·토끼를 그린 여든 장의 투전. 팔대가(八大家). 팔목(八目).

수통-니[명] 크고 굵고 살진 이[虱].

수:-틀(繡-)[명] 수를 놓을 때 바탕을 팽팽하게 하기 위해 끼는 틀.

수-틀리다[자] 일이 뜻대로 되지 아니하다. 《주로, '수틀리면'의 꼴로 쓰임.》 ¶수틀리면 그만두는 거지 뭐.

수파(水波)[명] 물결.

수파-련(水波蓮)[명] 지난날, 잔치 때에 장식으로 쓰던, 종이로 만든 연꽃.

수파-충(水爬蟲)[명] 게아재비과의 곤충을 통틀어 이르는 말.

수판(壽板)[명] 수의(壽衣)와 관곽(棺槨). 관재(棺材).

수:판(數板)[명] 셈을 하는 데 쓰이는 간편한 기구. 〔우리나라·일본·중국 등에서 씀.〕산판(算板). 셈판. 주판(籌板).

수판(을) **놓다**[관용] 이해(利害)를 따지다. 주판(을) 놓다.

수:판-셈(數板-)[명][하자] 수판을 써서 하는 셈.

수:판-질(數板-)[명][하자] ①수판을 놓는 일. ②이해(利害)를 헤아리는 짓. 주판질.

수패(水敗)[명] ①홍수로 인한 재해. 수해(水害). ②물로 말미암은 실패.

수패(獸牌)[명] 짐승의 얼굴을 그린 방패.

수펄[명] '수벌'의 잘못.

수펌[명] '수범'의 잘못.

수편(隨便)[명][하다] 편한 대로 함. 자유로이 함.

수평(水平)[명] ①잔잔한 수면처럼 평평한 모양. 형평(衡平). ¶수평을 유지하다. ②지구의 중력 방향과 직각을 이루는 방향. ③<수평기(水平器)>의 준말. ④<수평봉(水平棒)>의 준말.

수평(水萍)[명] ☞개구리밥.

수평-각(水平角)[명] 각의 두 변이 모두 수평면 위에 있는 각. ❀부각·앙각.

수평^거:리(水平距離)[명] 수평면 위에 있는 두 점 사이의 거리.

수평^곡선(水平曲線)[-썬][명] ☞등고선(等高線).

수평-기(水平器)[명] ☞수준기(水準器). ❀수평.

수평-동(水平動)[명] 지진에서, 수평 방향으로 움직이는 진동. ↔상하동(上下動).

수평-면(水平面)[명] 중력의 방향과 직각을 이루는 면.

수평-봉(水平棒)[명] ☞평행봉. ❀수평.

수평^분포(水平分布)[명] 지구의 동일 위도(緯度)에서의 생물의 분포.

수평^사고(水平思考)[명] 어떤 문제를 해결하는 데 있어, 일정한 고정관념에서 벗어나 여러 각도에서 폭 넓게 생각하는 방법.

수평-선(水平線)[명] ①하늘과 바다가 맞닿아 보이는 선. ¶수평선 너머로 해가 지다. ②중력의 방향과 직각을 이루는 선.

수평-실(水平-)[명] 수평을 알기 위하여 표준틀에 맨 실.

수평아리[명] 병아리의 수컷. ↔암평아리.

수평^자력(水平磁力)[명] 지구 자기장(磁氣場)의 수평 방향의 성분.

수포(水泡)[명] ①물 위에 떠 있는 거품. 수말(水沫). ②공들인 일이 헛되이 되는 일을 비유하여 이르는 말. ¶계획이 수포로 돌아가다. 물거품.

수포(水疱)[명] 살갗이 부풀어 올라 속에 물이 잡힌 것. 꽈리. 물집2.

수포-군(守鋪軍)[명] 왕조 때, 밤에 궁궐 문을 지키던 군사.

수-포기[명] 수꽃이 피는 포기. ↔암포기.

수포-석(水泡石)[명] ☞속돌.

수포-진(水疱疹)[명] 살갗에 물집이 잡히는 발진(發疹). 〔주위에 열이 오름.〕

수폭(水爆)[명] <수소 폭탄>의 준말.

수표(手票)[명] 은행에 당좌 예금이 있는 사람이 그 은행을 지급인으로 하여 일정한 금액을 특정인에게 지급할 것을 위탁하는 유가 증권.

수표(手票)[명] 돈이나 물건 따위의 대차(貸借) 관계에서 주고받는 증서. 수기(手記).

수표(水標)[명] <양수표(量水標)>의 준말.

수:표(數表)[명] 필요한 수치를 찾아 쓰기 좋도록 모은 표. 〔함수표·대수표 따위.〕

수풀[명] ①나무가 무성하게 들어찬 곳. 삼림. ¶수풀이 우거지다. ❀숲. ②풀이나 덩굴·나무 따위가 한데 엉킨 것.

수:프(soup)[명] 서양 요리에서, 고기나 채소 따위를 삶아서 맛을 낸 국물.

수플(옛) 수풀. ¶수플 림(林(訓蒙上7).

수피(樹皮)[명] 나무껍질.

수피(獸皮)[명] 짐승의 가죽.

수피둘기[명] '수비둘기'의 잘못.

수필(水筆)[명] 붓촉 전체를 먹물에 적시어서 쓰는 붓. ❀갈필(渴筆).

수필(隨筆)[명] 일정한 형식이 없이 체험이나 감상·의견 따위를 생각나는 대로 자유롭게 적은 글. 상화(想華). ¶수필 문학. ❒만문(漫文).

수필-가(隨筆家)[명] 수필 쓰는 일에 일가를 이룬 사람.

수필-집(隨筆集)[명] 수필을 모은 책.

수하(水下)[명] ☞내(川). ❒물 아래.

수하(手下)[명] ①손아래. ¶그는 나보다 수하일세. ②☞부하.

수하(首夏)[명] '음력 사월'을 달리 이르는 말. 맹하(孟夏). 여월(餘月).

수하(誰何)[명][하자] (야간이나 시계가 흐릴 때) 경비를 하는 군인이 상대편의 정체를 파악하기 위해 일정한 절차에 따라 소리쳐 물음, 또는 소리쳐 묻는 그 일. ¶수하에 암호로 답하다.

수하(樹下)[명] 나무 아래. 나무 밑.

수하(誰何)[명] 누구. ¶수하를 막론하고 출입을 금함.

수-하다(壽-)[자여] 오래 살다. 수를 누리다. ¶대대로 수하는 집안.

수-하물(手荷物)[명] ①여객이 손수 나를 수 있는 작은 짐. ②고속 버스나 기차 편에 부칠 수 있는 작은 짐. ❀소화물(小貨物).

수하-인(受荷人)몜 운송된 짐을 받을 사람. ¶수하인이 분명치 않아 반송된 소포. ↔송하인(送荷人).

수하-좌(樹下座)몜 불교에서, 나무 밑에 앉아서 수도하는 일.

수하-친병(手下親兵) ①자기에게 직접 딸린 병졸. ②자기의 수족처럼 마음대로 부리는 사람. 웱수병(手兵).

수학(受學)몜 글을 배움. 수업을 받음.

수학(修學)몜하타 학업을 닦음. 배움. ¶삼촌은 독일에서 철학을 수학하고 3년 만에 귀국했다.

수:학(數學)몜 수량 및 도형의 성질이나 관계를 연구하는 학문. 산수·대수학·기하학·미분학·적분학 따위 학문을 통틀어 이름. ¶수학 공식.

수:학-과(數學科)[-꽈]몜 대학에서, 수학을 연구하는 학과.

수학^능력(修學能力)[-항-녁]몜 (특히, 전문 대학 이상의 교육 기관에서) 교육 과정의 차례에 따라 배우는 학업을 닦을 수 있는 능력. ¶대입(大入) 수학 능력 시험.

수학-여행(修學旅行)[-항녀-]몜 학습 활동의 한 가지로, 실제로 보고 들어서 지식을 넓히기 위해 교사의 인솔 아래 실시하는 여행.

수한(水旱)몜 ①큰물과 가물. ②수재(水災)와 한재(旱災)를 아울러 이르는 말.

수한(手翰)몜 ☞수서(手書).

수한(壽限)몜 타고난 수명.

수한충박상(水旱蟲雹霜)[-쌍]몜 농사의 재앙인, 큰물·가물·충해·우박·이른 서리.

수할치몜 매사냥꾼.

수함(手函)몜 ☞수서(手書).

수합(收合)몜하타되자 거두어 모음. 모아서 합침.

수항(受降)몜하자 항복을 받음. 항복자를 받아들임.

수해(水害)몜 홍수로 말미암은 재해. 수패(水敗). 수환(水患). ¶수해 지구.

수해(受害)몜하자 해를 입음.

수해(嗽咳)몜 기침. 해수.

수해(樹海)몜 〔나무의 바다라는 뜻으로〕넓게 펼쳐진 울창한 삼림을 바다에 비유하여 이르는 말.

수행(修行)몜하타 ①행실을 바르게 닦음. ②불도를 닦음.

수행(遂行)몜하타되자 일을 계획한 대로 해냄. ¶직무를 수행하다. /공무 수행 중.

수행(隨行)몜하타 ①높은 지위에 있는 사람을 따라감. ¶대통령을 수행하다. ②따라 행함.

수행(獸行)몜 ①짐승과 같은 행실. ¶수행을 저지르다. ②수욕(獸慾)을 채우려는 행위.

수행-원(隨行員)몜 높은 지위에 있는 사람을 따라다니며 그를 돕거나 신변을 보호하는 사람.

수향(水鄕)몜 ☞수곽(水廓).

수험(受驗)몜하타 시험을 치름. ¶수험 준비.

수험-료(受驗料)[-뇨]몜 시험을 치르기 위하여 내는 요금.

수험-생(受驗生)몜 (주로, 학생으로서) 입학 시험 따위를 치르는 사람.

수험-표(受驗票)몜 수험하는 사람임을 증명하는 표. ¶수험표를 가슴에 달다.

수혈(竪穴)몜 세로로 난 구멍이나 구덩이. 아래로 곧게 파 내려간 구멍.

수혈(壽穴)몜 ☞수실(壽室).

수혈(嗽血)몜 가래에 피가 섞여 나오는 병.

수혈(輸血)몜하자되자 피가 모자란 환자의 혈관에, 건강한 사람의 피를 주입함. ¶수술 중인 환자에게 수혈을 하다.

수혈성^황달(輸血性黃疸)[-썽-]몜 B형 간염(肝炎) 바이러스를 가진 혈액을 수혈함으로써 감염하는 간염. 비형 간염.

수혈-식(竪穴式)몜 ☞구덩식.

수협(水協)몜 〈수산업 협동조합〉의 준말.

수형(水刑)몜하타 물을 이용하여 고통을 주는 고문.

수형(受刑)몜하자 형의 집행을 받음.

수혜(受惠)[-혜/-헤]몜 혜택을 받는 일. ¶수혜 대상.

수:혜(繡鞋)[-혜/-헤]몜 ☞수신.

수혜자(水鞋子)[-혜/-헤-]몜 지난날, 비가 올 때 신던 무관(武官)의 장화.

수호(守護)몜하타되자 (중요한 사람이나 처소 등을) 지키고 보호함. ¶국경을 수호하다.

수호(修好)몜하자 (나라와 나라가) 사이좋게 지냄. ¶수호 관계를 맺다.

수호-부(守護符)몜 몸을 지키기 위해 지니는 부적.

수호-신(守護神)몜 (개인·가정·지역·국가 등을) 지켜 보호하는 신.

수호^조약(修好條約)몜 아직 국제법상의 여러 가지 원칙을 이행할 수 없는 나라와 통교를 할 때, 먼저 일정한 규약을 밝히어 준수할 것을 약속하는 조약.

수호-천사(守護天使)몜 가톨릭에서, 모든 사람을 착한 길로 인도하여 보호할 사명을 띤 천사를 이르는 말.

수홍-색(水紅色)몜 잿빛이 도는 여린 분홍색.

수홍-화(水紅花)몜 ☞들쭉나무.

수화(水火)몜 물과 불.

수화(水化)몜하자 물질이 물과 화합하거나 결합함, 또는 그러한 현상. 수화(水和).

수화(水和)몜하자되자 ①수용액 속에서 용질(溶質) 분자 또는 이온이 몇 개의 물 분자와 결합하여 하나의 분자군을 이루게 됨, 또는 그런 현상. ②콜로이드 입자가 물속에서 운동할 때 물의 입자를 수반하는 현상. ③☞수화(水化).

수화(水禍)몜 ☞수재(水災).

수화(手話)몜 주로 농아자끼리 손짓으로 하는 말. 지화(指話). 웱구화(口話).

수화(受話)몜하자 전화를 받음. ↔송화. 웱통화.

수화(燧火)몜 ①횃불. ②부싯돌로 일으킨 불.

수:화(繡花)몜 도자기에 수놓은 꽃처럼 도드라지게 낸 무늬.

수:화(繡畫)몜 수를 놓아 만든 그림.

수화-기(受話器)몜 전기 신호(음성 전류)를 소리로 바꾸어 귀로 듣게 만든 장치의 한 가지. 〔일반적으로 전화기의, 귀에 대고 듣는 쪽의 장치를 이름.〕↔송화기.

수화-물(水化物)몜 물과 다른 분자가 결합하여 생긴 화합물. 함수 화합물.

수-화물(手貨物)몜 들고 다닐 수 있을 정도의 작은 짐. 웱소화물.

수화-반(水和飯)몜 물에 만 밥. 물말이.

수화-법(手話法)[-뻡]몜 농아 교육에서, 손짓으로 말하는 법. 지화법. 웱구화법.

수화불통(水火不通)몜하자 〔물과 불은 서로 통하지 않는다는 뜻으로〕절교함을 이르는 말.

수화-상극(水火相剋)몜 〔물과 불은 서로 용납하지 않는다는 뜻으로〕'서로 어울릴 수 없는 속성 때문에 원수같이 대함'을 비유하여 이르는 말.

수화-석회(水化石灰)[-서쾨/-서퀘]몜 ☞수산화칼슘.

수화^작용(水和作用)[명] 암석에 섞인 광물이 물을 흡수하여 변화를 일으키는 작용.

수화-주(水禾紬)[명] 〈수아주〉의 본딧말.

수확(水廓)[명] ☞동공(瞳孔).

수확(收穫)[명][하타][되자]농작물을 거두어들임, 또는 그 소출. ¶밀을 수확하다. /수확이 늘다. ②어떤 일에서 얻은 좋은 성과를 비유하여 이르는 말. ¶현장 실습을 통해서 얻은 수확.

수확-고(收穫高)[-꼬][명]☞수확량(收穫量).

수확-기(收穫期)[-끼][명] 농작물을 거두어들이는 시기.

수확-량(收穫量)[-황냥][명] 농작물을 거두어들인 양. 수확고. ¶수확량이 늘다.

수확^체감(收穫遞減)[명] 토지의 생산력은, 이에 투자하는 자본·노동력이 어느 한도를 넘어서면 계속 증가시켜도 이에 비례하지 않고 상대적으로 줄어듦, 또는 그 현상.

수환(水患)[명] 홍수로 말미암은 재해. 수해(水害).

수환(獸患)[명] 맹수의 피해로 말미암은 근심.

수활(手滑)[명] '수활하다'의 어근.

수활-하다(手滑-)[형여] 일에 익숙하여 손이 재다.

수황-증(手荒症)[-쯩][명] [손이 거친 증세라는 뜻으로] 병적으로 남의 물건을 훔치는 버릇.

수회(收賄)[-회/-훼][명][하타] 뇌물을 받음. 수뢰(受賂). ¶수회죄를 짓다. ↔증회(贈賄).

수회(愁懷)[-회/-훼][명] 근심과 회포.

수:회(數回)[-회/-훼][명] 두서너 번. 여러 번. ¶수회에 걸친 시험.

수:효(數爻)[명] 사물의 낱낱의 수.

수훈(垂訓)[명] 후세에 전하는 교훈.

수훈(受勳)[명][하자] 훈장을 받음.

수훈(首勳)[명] 첫째가는 큰 공훈.

수훈(殊勳)[명] 뛰어난 공훈. 수공(殊功). ¶경제 개발 사업에 수훈을 세우다.

수훈(樹勳)[명][하자] 공훈을 세움.

수훼수보(隨毀隨補)[명][하타] 훼손하는 대로 뒤미처 보수함.

수희(隨喜)[-히][명][하타] 불교에서, 남이 하는 선(善)을 보고 기쁜 마음을 일으킴.

숙감(宿憾)[-깜][명] 오래된 원한.

숙-갑사(熟甲紗)[-깝싸][명]〈숙소갑사〉의 준말.

숙객(熟客)[-깩][명] 낯익은 손님. 단골손님.

숙경(淑景)[-꼉][명] ①봄볕. ②자연의 좋은 경치.

숙경(肅敬)[-꼉][명][하자] 삼가 존경함.

숙계(肅啓)[-꼐/-꼉][명] 흔히 한문 투의 편지 첫머리에, '삼가 아룁니다'의 뜻으로 쓰는 말.

숙고(熟考)[-꼬][명][하타] 잘 생각함. 깊이 생각함. 숙려(熟慮). ¶숙고 끝에 결단을 내리다.

숙-고사(熟庫紗)[-꼬-][명] 누인 명주실로 짠 고사. ↔생고사(生庫紗).

숙공(宿工)[-꽁][명] 오래 익혀서 숙달된 일.

숙과(熟果)[-꽈][명]〈숙실과(熟實果)〉의 준말.

숙군(肅軍)[-꾼][명][하자] 군의 기강을 바로잡음.

숙근(宿根)[-끈][명] 겨울 동안 땅 위의 줄기는 말라 죽고 뿌리만 살았다가 이듬해 봄에 다시 새싹을 돋게 하는 묵은 뿌리.

숙근-초(宿根草)[-끈-][명] 겨울 동안 땅 위의 줄기는 말라 죽고 뿌리만 살았다가, 이듬해 봄에 다시 새싹이 돋아나는 풀. [민들레·백합·잔디 따위.]

숙금(宿芩)[-끔][명] 한방에서, 황금(黃芩)의 묵은 뿌리를 약재로 이르는 말.

숙기(夙起)[-끼][명][하자] 아침에 일찍 일어남. 조기(早起).

숙기(宿耆)[-끼][명] 늙은이. 노인.

숙기(淑氣)[-끼][명] ①좋은 기운. ②봄날의 아늑하고 포근한 기운.

숙-김치(熟-)[-낌-][명] (노인이 먹기에 좋도록) 무를 삶아서 담근 김치.

숙-깍두기(熟-)[-뚜-][명] (노인이 먹기에 좋도록) 무를 삶아서 담근 깍두기.

숙녀(淑女)[숭-][명] ①정숙하고 품위 있는 여자. ¶양가(良家)의 숙녀. ②다 자란 여자를 아름답게 이르는 말. ¶숙녀 티가 나다. ↔신사.

숙-녹피(熟鹿皮)[숭-][명] ①부드럽게 만든 사슴의 가죽. ②유순한 사람을 비유하여 일컫는 말.

숙다[-따][자] ①앞으로 굽어 기울어지다. ¶간판이 너무 앞으로 숙었다. ②기운이 줄다. ¶점차 기세가 숙어 들다.

숙달(熟達)[-딸][명][하자타][되자] 무엇에 익숙하고 통달함. ¶숙달된 솜씨로 시범을 보이다.

숙당(肅黨)[-땅][명][하자] 정당 같은 데서, 당내의 기강을 바로잡음. ¶숙당 작업.

숙덕(宿德)[-떡][명] ①오래 쌓은 덕망. ②학덕이 높은 노인.

숙덕(淑德)[-떡][명] 여자의 정숙하고 우아한 덕.

숙덕-거리다[-떡꺼-][자타] 자꾸 숙덕숙덕하다. 숙덕대다. ¶숙덕거리지만 말고, 떳떳이 나서서 말하여라. ◑쑥덕거리다.

숙덕-공론(-公論)[-떡꽁논][명][하타] 여러 사람이 모여 숙덕거리는 의논.

숙덕-대다[-떡때-][자타] 숙덕거리다.

숙덕-숙덕[-떡쑥떡][부][하자타] 남이 알아듣지 못하게 자꾸 숙덕이는 모양. ④숙닥숙닥. ◑쑥덕쑥덕.

숙덕-이다[-떠기-][자타] 남이 알아듣지 못하게 수군거리며 말하다. ¶귓속말로 숙덕이다. ④숙닥이다. ◑쑥덕이다.

숙덜-거리다[-떨-][자타] 자꾸 숙덜숙덜하다. 숙덜대다. ¶숙덜거리지 말고 조용히 경청해 주십시오. ④숙달거리다. ◑쑥덜거리다.

숙덜-대다[-떨-][자타] 숙덜거리다.

숙덜-숙덜[-떨-떨][부][하자타] 약간 수선스럽게 숙덜거리는 모양. ④숙달숙달. ◑쑥덜쑥덜.

숙독(熟讀)[-똑][명][하타] 뜻을 생각하며 읽음. 충분히 음미하면서 읽음. ¶논문을 숙독하다.

숙두(熟頭)[-뚜][명] 절에서 반찬 만드는 일을 맡은 사람.

숙란(熟卵)[숭난][명] 삶은 달걀. 돌알².

숙람(熟覽)[숭남][명][하타] 자세히 봄. 눈여겨 살펴봄.

숙랭(熟冷)[숭냉][명] 숭늉.

숙려(熟慮)[숭녀][명][하타] 곰곰이 생각함. 숙고(熟考).

숙련(熟鍊·熟練)[숭년][명][되자] 무슨 일에 숙달하여 능숙해짐. ¶숙련된 기술자.

숙련-공(熟鍊工)[숭년-][명] (그 일에) 숙련된 직공. ¶숙련공을 양성하다.

숙련-노동(熟鍊勞動)[숭년-][명] 오랫동안 배워 익혀야 비로소 능숙하게 되는 노동. 복잡노동. ↔단순 노동.

숙로(宿老)[숭노][명] 경험이 많고 사리에 밝은 노인.

숙로(熟路)[숭노][명] 익숙하여 잘 아는 길.

숙률(熟栗)[숭뉼][명] 삶은 밤.

숙마(熟馬)[숭-][명] 길이 잘 든 말.

숙마(熟麻)[숭-][명] 누인 삼 껍질.

숙망(宿望)[숭-][명][하타] 오래전부터 품어 온 소망. ¶마침내 숙망을 이루다. ②전부터의 명망.

숙맥(菽麥)[숑-]몡 ①콩과 보리. ②〈숙맥불변〉의 준말. ¶그걸 모르다니 숙맥이로군.

숙맥불변(菽麥不辨)[숑-뿔-]몡 〔콩인지 보리인지를 구별하지 못한다는 뜻으로〕 '어리석고 못난 사람'을 비유하여 이르는 말. ㉰숙맥.

숙면(熟面)[숑-]몡 여러 번 보아 잘 아는 얼굴. 낯익은 사람. ㉯관면(慣面). ↔생면(生面).

숙면(熟眠)[숑-]몡하자 잠이 깊이 듦, 또는 그 잠. 숙수(熟睡). ¶숙면을 취하다.

숙명(宿命)[숑-]몡 날 때부터 타고난 운명. 피할 수 없는 운명. ¶숙명의 대결.

숙명-관(宿命觀)[숑-]몡 ☞운명론. 숙명론.

숙명-론(宿命論)[숑-논]몡 ☞운명론.

숙명-적(宿命的)[숑-]관몡 타고난 운명에 의한 (것). 사람의 힘으로는 어쩌지 못하도록 이미 정해져 있는 (것). ¶숙명적 사건. /숙명적인 만남.

숙모(叔母)[숑-]몡 숙부의 아내. 작은어머니.

숙묵(宿墨)[숑-]몡 갈아서 하룻밤을 묵힌 먹물.

숙박(宿泊)[-빡]몡 자기의 집을 떠난 사람이 남의 집 등에서 자고 머무름. ¶특급 호텔에서 숙박하다.

숙박-료(宿泊料)[-빵뇨]몡 (여관 같은 데서) 숙박하는 값으로 치르는 돈.

숙박-부(宿泊簿)[-빡뿌]몡 (숙박 시설 등에서) 숙박인의 주소·성명 등을 적는 책.

숙박-업(宿泊業)[-빠겁]몡 (여관이나 호텔 따위와 같이) 손을 숙박시키고 숙박료를 받는 영업.

숙배(肅拜)[-빼]몡 ①한문 투의 편지 끝에 상대편을 공경하여, '삼가 인사를 드립니다'의 뜻으로 쓰는 말. ②하자왕조 때, 서울을 떠나 임지로 향하는 관원이 임금에게 작별을 아뢰던 일. 하직(下直).

숙변(宿便)[-뼌]몡 장(腸) 속에 오래 머물러 있는 대변.

숙병(宿病)[-뼝]몡 오래 묵은 병. 고질(痼疾). 숙아(宿痾). 숙질(宿疾). 숙환(宿患).

숙복(熟鰒)[-뽁]몡 삶은 전복. ↔생복(生鰒).

숙부(叔父)[-뿌]몡 아버지의 동생. 작은아버지.

숙-부드럽다[-뿌-따][-부드러우니-부드러워]휑ㅂ ①몸가짐이나 마음씨가 얌전하고 부드럽다. ¶겸손하고 숙부드러운 말씨. ②물건이 노글노글하지도 부드럽다. ¶숙부드럽게 손질한 가죽으로 만든 신.

숙-부인(淑夫人)[-뿌-]몡 조선 시대에, 외명부의 한 품계. 정삼품 당상관의 아내의 칭호.

숙불환생(熟不還生)[-뿔-]몡 〔익힌 음식은 날것으로 되돌아갈 수 없다는 뜻으로〕 이왕 마련한 음식이니 먹어 치우자고 할 때 하는 말. ¶이리 오게. 숙불환생이니 함께 먹세.

숙-불다[-뿔따]자〈도숙붙다〉의 준말.

숙사(宿舍)[-싸]몡 ①여행 중에 자고 머무르는 집. ②합숙소나 기숙사 등과 같이 집단적으로 들어 묵고 있는 집. ¶배당된 숙사에 들다.

숙사(肅謝)[-싸]몡하자 은혜에 정중하게 사례함. 숙은.

숙사(塾舍)[-싸]몡 글방. 서당.

숙사(塾師)[-싸]몡 글방의 스승.

숙사(熟思)[-싸]몡하타 익숙사려(熟慮).

숙사(熟絲)[-싸]몡 누인 명주실.

숙상(肅霜)[-쌍]몡 된서리.

숙생(塾生)[-쌩]몡 글방에 다니는 서생(書生).

숙석(宿昔)[-썩]몡 좀 오래된 옛날.

숙석(宿昔)[-썩]몡 오래지 않은 지난날.

숙석(熟石)[-썩]몡 인공으로 다듬은 돌.

숙설(熟設)[-썰]몡하타 잔치 때에 음식을 장만함.

숙설-간(熟設間)[-썰-]몡 잔치 때, 음식을 만들려고 차리기 위하여 베푼 곳. 과방(果房). 숙수간(熟手間). 숙수방.

숙설-거리다[-썰-]자타 자꾸 숙설숙설하다. 숙설대다. 좌속살거리다. 쎄쎅설거리다.

숙설-대다[-썰-]자타 숙설거리다.

숙설-소(熟設所)[-썰-]몡 ☞숙설청(熟設廳).

숙설-숙설[-썰-썰]투몡 좀 수다스럽게 숙덕거리는 모양. 좌속살속살. 쎄쑥설쑥설.

숙설-청(熟設廳)[-썰-]몡 왕조 때, 나라 잔치에 쓸 음식을 만들던 곳. 숙설소.

숙성(夙成) '숙성하다'의 어근.

숙성(淑性)[-썽]몡 얌전하고 착한 성질.

숙성(熟成)[-썽]몡하자하되자 ①충분히 익어서 이루어짐. 충분히 익숙한 상태가 됨. ②발효 따위를 충분히 시켜서 만드는 일.

숙성(熟省)[-썽]몡하타 깊이 생각해 봄. 깊이 반성함. ¶실패의 원인을 숙성하다.

숙성-하다(夙成-)[-썽-]휑여 어린 나이에 비해 정신적·육체적 발육이 올된 데가 있다. 조숙(早熟)하다. ¶말하는 걸 보니 여간 숙성한 게 아니다.

숙세(宿世)[-쎄]몡 불교에서, 전생(前生)을 이르는 말. 전세(前世).

숙소(宿所)[-쏘]몡하자 (주로 객지에서) 머물러 묵는 곳.

숙소(熟素)[-쏘]몡〈숙소갑사〉의 준말.

숙소-갑사(熟素甲紗)[-쏘-싸]몡 누인 명주실로 짠 갑사. ㉰숙갑사·숙소.

숙속지문(菽粟之文)[-쏙찌-]몡 〔콩과 조처럼 늘 먹는 곡류와 같이 평범한 글이라는 뜻으로〕 일반 사람들이 두루 알 수 있는 쉬운 글.

숙수(菽水)[-쑤]몡 〔콩과 물이라는 뜻으로〕 '변변하지 못한 음식'을 이르는 말.

숙수(熟手)[-쑤]몡 ①솜씨가 좋은 사람. ②잔치 따위의 큰일에 음식을 만드는 사람, 또는 그 일을 업으로 하는 사람.

숙수(熟睡)[-쑤]몡하자 깊이 잠, 또는 깊이 든 잠. 숙면(熟眠). ¶단잠.

숙수-간(熟手間)[-쑤깐]몡 ☞숙설간(熟設間).

숙수그레-하다[-쑤-]휑여 어떤 물건들의 크기가 별로 차이 나지 않고 그만그만하게 고르다. ¶감자를 숙수그레한 것으로 골라 바구니에 담았다. 쎄쑥수그레하다.

숙-수단(熟手段)[-쑤-]몡 익숙한 수단.

숙수-방(熟手房)[-쑤빵]몡 ☞숙설간.

숙수지공(菽水之供)[-쑤-]몡 〔콩과 물로 드리는 공이라는 뜻으로〕 가난 속에서도 부모를 정성껏 잘 섬기는 일.

숙숙(肅肅) '숙숙하다'의 어근.

숙숙-하다(肅肅-)[-쑤카-]휑여 고요하고 엄숙하다. 숙숙-히튀.

숙습(宿習)[-씁]몡 ①예로부터의 풍습. ②불교에서 이르는, 전세(前世)로부터의 습관.

숙습(熟習)[-씁]몡하타 ①익숙하여, 몸에 밴 습관. ②하타익숙하게 익힘.

숙습-난당(熟習難當)[-씀-]몡 무슨 일에나 익숙한 사람에게는 당해 내지 못함.

숙습-난방(熟習難防)[-씀-]몡 몸에 밴 습관은 고치기 어려움.

숙시(熟柿)[-씨]몡 나무에 달린 채 익어 무른 감.

숙시(熟視)[-씨]몡하타 눈여겨봄. ¶사태를 숙시하다.

숙시숙비(孰是孰非)[-씨-삐]圀 누가 옳고 누
가 그른지 가리기 어려움. 시비가 분명하지 아
니함.

숙시-주의(熟柿主義)[-씨-의/-씨-이]圀 잘
익은 감이 저절로 떨어지기를 기다리듯, '때가
오기를 느긋이 기다리는 주의나 태도'를 비유
하여 이르는 말.

숙식(宿食)[-씩]圀 ①먹은 뒤 밤이 지나도 삭
지 않는 음식. ②잠자는 집이나 숙막 식물
등에서) 잠을 자고 끼니를 먹음, 또는 그 일.
침식(寢食). ¶숙식을 제공하다.

숙식(熟識)[-씩]圀하타 잘 앎. ②친한 벗.

숙실(熟悉)[-씰]圀하타 (어떤 사정이나 상대의
의사 따위를) 충분히 앎.

숙-실과(熟實果)[-씰-]圀 밤이나 대추를 곱게
다지거나 삶은 다음, 꿀에 조리거나 섞어 빚어
서 잣가루를 묻힌 음식. ⓒ숙과(熟果).

숙씨(叔氏)圀 남의 형제 중 셋째 되는 이를 높
이어 일컫는 말. ⓐ백씨(伯氏)·중씨(仲氏).

숙아(宿痾·宿疴)圀 ☞숙병(宿病).

숙악(宿惡)圀 ①이전에 저지른 악행. 구악(舊
惡). ②전생(前生)에 저지른 악행.

숙악(宿萼)圀 꽃잎이 진 뒤에도 남아 있는 꽃받
침. [완두·감 따위의 꽃받침.]

숙안(宿案)圀 미리부터 생각해 둔 안.

숙야(夙夜)圀 이른 아침과 늦은 밤. 이른 아침
부터 늦은 밤까지. 하루 종일. ¶숙야 면학에
전념하다.

숙약(宿約)圀 오래전에 한 약속.

숙어(熟語)圀 ①둘 이상의 낱말이 합쳐져 구문
상(構文上)에 하나의 낱말과 같은 구실을 하는
말. ②관용적으로 쓰이어 특별한 뜻을 나타내
는 성구(成句). 성어(成語). 익은말.

숙어-지다仄 ①앞으로 기울어지다. ¶고개가 저
절로 숙어지다. ②기운이 줄어들다. ¶환자의
병세가 한결 숙어졌다.

숙업(宿業)圀 전생(前生)에 지은 업인(業因).

숙연(宿緣)圀 숙세(宿世)의 인연.

숙연(肅然) '숙연하다'의 어근.

숙연-하다(肅然-)쥉어 고요하고 엄숙하다. ¶숙
연한 분위기. 숙연-히囝 ¶숙연히 머리 숙여
고인의 명복을 빌다.

숙영(宿營)圀하자 군대가 병영을 떠나 다른 곳
에서 숙박함.

숙영낭자-전(淑英娘子傳)圀 작자 미상의 고대
소설. 못다 이루고 죽은 사랑을, 다시 살아나
서 이루게 되었다는 내용. ('숙향전(淑香傳)'
이나 '춘향전'과 비슷한 체재로 된 한글 소설
로, 일명 '재생연(再生緣)'.]

숙오(夙悟)圀 어린데도 매우 영리함.

숙오-하다(夙悟-)쥉어 어린데도 매우 영리하
다. 숙성하여 영리하다.

숙용(淑容)圀 조선 시대, 종삼품인 내명부의 칭호.

숙우(宿雨)圀 ①간밤부터 시작하여 계속 내리는
비. ②연일 내리는 비.

숙원(宿怨·夙怨)圀 오래 묵은 원한. ¶숙원을
풀다.

숙원(宿願)圀 오래 전부터 바라던 소원. ¶숙원
이었던 사업.

숙원(淑媛)圀 조선 시대, 종사품인 내명부의 칭호.

숙유(宿儒)圀 학식과 덕망이 높은 선비.

숙육(熟肉)圀 <수육>의 본딧말.

숙은(肅恩)圀하자 은혜에 정중히 사례함. 숙사.

숙의(淑儀)[-의/-이]圀 조선 시대, 종이품인
내명부의 칭호.

숙의(熟議)[수긔/-수기]圀하타 충분히 의논함.
¶숙의를 거듭하여 결론을 내다.

숙-이다타 ('숙다'의 사동) 숙게 하다. ¶머리
숙여 용서를 빌다.

숙인(淑人)圀 조선 시대, 정삼품 당하관과 종삼
품 문무관의 아내인 외명부의 칭호.

숙인(宿因)圀 자주 대하여 친하게 지내는 사람.

숙자(宿姿)[-짜]圀 (여자의) 덕스러운 자태.

숙자(宿字)[-짜]圀 한자(漢字)에서, 둘 이상의
글자가 합쳐져 하나의 뜻을 나타내는 글자.
〔명(明)·삼(森) 따위.〕

숙잠(熟蠶)[-짬]圀 짬을 자랄 만큼 다 자라서 고치
를 지으려고 하는 누에.

숙장(宿將)[-짱]圀 경험과 공훈이 많고 군사
(軍事)에 노련한 장수.

숙-장아찌(熟-)[-짱-]圀 잘게 썬 무·두부·다
시마 따위에 쇠고기를 넣고 간장에 조린 다음,
갖은 양념을 한 반찬.

숙적(宿敵)[-쩍]圀 오래전부터의 원수 또는 척
수(敵手). ¶숙적을 물리치다.

숙전(宿田)[-쩐]圀 해마다 농사짓는 밭.

숙정(肅正)[-쩡]圀하타 엄하게 다스려 바로잡
음. ¶군기 숙정./부조리를 숙정하다.

숙정(肅靖) '숙정하다'의 어근.

숙정-문(肅靖門)[-쩡-]圀 조선 태조 4(1395)년
에 세운, 서울의 북쪽 정문.

숙정-하다(肅靜-)[-쩡-]쥉어 엄숙하고 고요하
다. ¶분위기가 숙정하다.

숙제(宿題)[-쩨]圀 ①(학생에게) 내어 주는 과
제. ②앞으로 두고 해결해야 할 문제. ¶공해
문제가 큰 숙제로 남아 있다.

숙족(熟足)[-쪽]圀 삶아 익힌 소의 족(足).

숙죄(宿罪)[-쬐/-쮀]圀 전생(前生)에 지은 죄.

숙주(熟主)[-쭈]圀 <숙주나물>의 준말.

숙주(宿主)[-쭈]圀 기생(寄生) 생물이 기생하는
대상으로 삼는 생물. 기주(寄主). ¶중간 숙주.

숙주(宿紬)[-쭈]圀 누인 명주실로 짠 깁.

숙주-나물[-쭈-]圀①녹두를 물에 불리어 싹
을 낸 나물. ⓒ숙주. ②숙주를 데쳐서 양념하
여 만든 반찬.

숙지(宿志·夙志)[-찌]圀 오래전부터 품은 뜻.
¶숙지를 이루다.

숙지(熟知)[-찌]圀하타 충분히 잘 앎. 익히 앎.
¶지침을 숙지하다.

숙지근-하다[-찌-]쥉어 (맹렬하던 형세가) 줄
어져서 약하다. ¶더위도 한결 숙지근해졌다.

숙-지다[-찌-]仄 (어떤 현상이나 기세 따위가)
차차 줄어지다. ¶나이가 들자 성미도 숙졌다.

숙-지황(熟地黃)[-찌-]圀 한방에서, '생지황을
술에 담갔다가 여러 번 찐 것'을 약재로 이르
는 말. 보혈·강장제로 씀. 숙하(熟芐). ⓐ생지황.

숙직(宿直)[-찍]圀하자 직장에서, 밤에 숙박하
며 건물이나 시설 따위를 지키는 일, 또는 그
사람. 상직(上直). ⓐ일직(日直).

숙직-실(宿直室)[-찍씰]圀 숙직하는 사람이
(번갈아 가며) 자는 방.

숙직-원(宿直員)[-찍원]圀 숙직하는 사람.

숙질(叔姪)[-찔]圀 아저씨와 조카.

숙질(宿疾)[-찔]圀 ☞숙병(宿病).

숙질-간(叔姪間)[-찔-]圀 아저씨와 조카 사이.

숙찰(熟察)圀하타 자세히 살핌.

숙채(宿債)圀 오래 묵은 빚.

숙채(熟菜)圀 익혀서 만드는 나물.

숙철(熟鐵)圀 ☞시우쇠.

숙청(淑淸) '숙청하다'의 어근.

숙청(肅淸)**명**하타**되자** ①엄하게 다스려 잘못된 것을 모두 치워 없앰. ②(독재 국가 따위에서) 반대파를 모두 제거하는 일.

숙청(熟淸)**명** 찌끼를 없앤 꿀. ֎생청(生淸).

숙청-하다(淑淸-)**형여** 성품과 행실이 정숙하고 깨끗하며.

숙체(宿滯)**명** 묵은 체증.

숙초(熟綃)**명** 누인 명주실로 짠 사(紗).

숙취(宿醉)**명** 다음 날까지 깨지 않는 취기.

숙친(熟親)**명**하형 정분이 매우 두터움.

숙폐(宿弊)[-페/-폐]**명** 오래전부터의 폐단.

숙피(熟皮)**명** 다루어서 만든 가죽. 다름가죽.

숙하(熟芐)[수카]**명** ☞숙지황(熟地黃).

숙항(叔行)[수캉]**명** 아저씨뻘의 항렬.

숙혐(宿嫌)[수켬]**명** 오래된 미움, 또는 혐의.

숙호충비(宿虎衝鼻)[수코-]**명** 〔자는 범의 코를 찌른다는 뜻으로〕'화(禍)를 스스로 불러들이는 일'을 비유하여 이르는 말.

숙환(宿患)[수콴]**명** 오래된 병환. 숙병(宿病). ¶ 할머니께서 숙환으로 돌아가셨다.

숙황(熟荒)[수쾅]**명**하자 풍년으로 쌀 값이 내려 농민이 도리어 곤궁해지는 일.

숙황-장(熟黃醬)[수쾅-]**명** 볶은 콩과 밀가루로 메주를 쑤어 담근 장.

숙흥-야매(夙興夜寐)[수쿵냐-]**명**하자 〔아침 일찍 일어나고 밤늦게 잔다는 뜻으로〕'밤낮으로 열심히 일함'을 이르는 말.

순𝄫《주로 부정적인 뜻을 지닌 말 앞에 쓰이어》아주. 몹시. ¶ 알고 봤더니 순 엉터리다.

순(旬)**명** 한 달을 셋으로 나눈 열흘 동안. ¶ 겨울이 온 지도 벌써 삼사 순이 지났다.

순(巡)**명** ①〈순행(巡行)〉의 준말. ¶ 순을 돌다. ②돌아오는 차례. ③『의존 명사적 용법』활쏘기에서, 사람마다 화살 다섯 대씩을 쏘는 한 차례. ¶ 두 순을 쏘다.

순(筍·笋)**명** 나뭇가지나 풀의 줄기가 될, 길게 돋은 싹. ¶ 고사리 순. /순을 치다.

순(純)𝄫 순전한. 틀림없는. ¶ 순 살코기. /순 제주도 토박이.

-순(旬)집미《수사 뒤에 붙어》'해당 수에 십을 곱한 나이'를 나타냄. ¶ 육순./칠순.

-순(順)집미 일부 명사 뒤에 붙어, 그러한 차례임을 나타냄. ¶ 나이순./발표순./선착순./성적순./가나다순.

순각(楯桷)**명** 풋집의 불벽(佛壁)과 첨차(檐遮) 사이가 첨차와 첨차 사이를 메운 널빤지.

순각^반자(楯桷-)[-빤-]**명** 반자틀에다 상사를 치고, 반자 구멍에 낀 널조각. 〔대개, 마루의 반자에 함.〕

순간(旬刊)**명**하타 열흘마다 펴냄, 또는 그 간행물. ¶ 순간 잡지.

순간(旬間)**명** ①음력 초열흘께. ②열흘 동안.

순간(瞬間)**명** 눈 깜짝할 사이. 잠깐 동안. 찰나. ¶ 한 순간에 일어난 사고.

순간-적(瞬間的)**관**명 눈 깜짝할 만큼의 짧은 사이가 있는 (것). ¶ 순간적 재치. /순간적인 사이에 발생한 사고.

순간^풍속(瞬間風速)**명** (평균 풍속에 대하여) 어떤 시각에 있어서의 풍속.

순강(巡講)**명**하자 여러 곳으로 돌아다니며 강연함, 또는 그 강연.

순검(巡檢)**명** ①하타순찰하며 점검함. ②하타조선 시대에, 순청(巡廳)에서 맡은 구역 안을 돌며 통행을 감시하던 일. ③조선 후기에, 경무청에 딸렸던 하급 관리. 지금의 순경에 해당함.

순검-막(巡檢幕)**명** 순검이 일을 보던 조그마한 막. 오늘날의 파출소에 해당함.

순견(純絹)**명** 순 명주실로만 짠 명주. 본견(本絹).

순결(純潔)**명**하형 ①(잠긴 것이 없이) 순수하고 깨끗함. ¶ 순결한 사랑. ②(이성과의 성적인 관계가 없이) 마음과 몸이 깨끗함. ¶ 순결을 지키다. 순결-히𝄫.

순결^교:육(純潔教育)**명** 성에 대한 올바른 지식과 건전한 이해를 기르기 위한 교육. ֎성교육.

순결무구(純潔無垢)'순결무구하다'의 어근.

순결무구-하다(純潔無垢-)**형여** 마음과 몸이 아주 깨끗하여 조금도 더러운 티가 없다. ¶ 순결무구한 아이의 눈.

순경(巡更)**명** 지난날, 밤에 도둑이나 화재 따위를 경계하기 위하여 순찰을 돌던 일.

순경(巡警)**명** ①하타여러 곳을 다니며 살핌. ②경찰 공무원 계급의 한 가지. 경장의 아래.

순:경(順境)**명** 환경이 좋거나 하여, 마음먹는 일이 뜻대로 잘되어 가는 경우. ↔역경(逆境).

순경-음(脣輕音)**명** 입술을 가볍게 스쳐 나오는 소리로, 'ㅁ·ㅂ·ㅍ·ㅃ'에 'ㅇ'을 더하여 만든 글자 'ㅱ·ㅸ·ㆄ·ㅹ'의 소리를 이름. 〔주로, 훈민정음 제정 당시의 한자음 표기에 쓰이다가 15세기 중엽에 없어짐.〕

순경음^미음(脣輕音-)**명** 한글의 옛 자모 'ㅱ'의 이름.

순경음^비읍(脣輕音-)**명** 한글의 옛 자모 'ㅸ'의 이름.

순경음^쌍비읍(脣輕音雙-)**명** 한글의 옛 자모 'ㅹ'의 이름.

순경음^피읖(脣輕音-)[-읍]**명** 한글의 옛 자모 'ㆄ'의 이름.

순계(純計)[-계/-게]**명** (예산 따위의 집계에서) 각 항목에 겹쳐진 것을 뺀, 순수한 것의 총계. ¶ 순계 예산(豫算).

순계(純系)[-계/-게]**명** 같은 유전 형질을 가진 것끼리만 생식을 계속하여 얻는, 동일한 형질의 계통. 순종(純種).

순계^분리(純系分離)[-계불-/-게불-]**명** 농작물이나 가축 따위의 품종 개량법의 한 가지. 유전적으로 불순한 생물의 한 품종으로부터 순계를 골라내는 일.

순고(淳古)'순고하다'의 어근.

순고-하다(淳古-)**형여** 옛사람같이 순박하다.

순공(殉公)**명**하자 국가나 사회를 위해 자기 자신을 희생함.

순교(殉教)**명**하자 (자기가 믿는) 종교를 위하여 목숨을 바침.

순교-자(殉教者)**명** 순교한 사람.

순국(殉國)**명**하자 나라를 위해 목숨을 바침.

순국-선열(殉國先烈)[-써녈]**명** 나라를 위해 목숨을 바친 열사. 애국선열.

순:귀(順歸)**명**하자 돌아옴, 또는 돌아감.

순:귀-마(順歸馬)**명** 돌아오는 인편에 오는 말.

순:귀-편(順歸便)**명** 돌아오는 인편. ֎순편1.

순근(醇謹)'순근하다'의 어근.

순근-하다(醇謹-)**형여** 성품이 어질고 조심성이 있다.

순금(純金)**명** 불순물이 섞이지 않은 순수한 황금. 정금(正金).

순:기(順氣)**명** ①풍작이 예상되는 순조로운 기후. ②도리에 맞는 바른 기상. ③순조로운 기분. ④하자기후에 순응함. ⑤한방에서, 기운을 고르게 함을 이르는 말.

순:-기능(順機能)똉 (원래의 목적에 맞게 작용하는) 바람직한 기능. ↔역기능.

순난(殉難)똉하자 종교나 사회적인 재난으로 목숨을 희생함.

순년(旬年)똉 십 년.

순-담배(筍-)똉 담배의 순을 따서 말린 담배.

순당(順當) ‘순당하다’의 어근.

순-당-하다(順當-)혱어 도리상 당연하다. 마땅히 그리하여야 하다.

순대똉 돼지의 창자 속에 쌀·두부·파·숙주나물·표고버섯 따위를 양념하여 이겨서 넣고 끝을 동여 삶아 익힌 음식.

순댓-국[-대꾹/-댇꾹]똉 돼지를 삶은 국물에 순대를 썰어 넣고 끓인 국.

순도(純度)똉 물질의 순수한 정도.

순도(殉道)똉하자 도덕이나 도의 등을 위하여 목숨을 바침.

순동(純銅)똉 불순물이 섞이지 않은 순수한 구리.

순:-되다(順-)[-뒈-/-뛔-]혱 (사람됨이) 착하고 순진하다. 순실(純實)하다.

순두(脣頭)똉 입술 끝.

순-두부(-豆腐)똉 눌러서 굳히지 않은 두부. 수두부(水豆腐).

순라(巡邏)똉 ①<순라군(巡邏軍)>의 준말. ②<술래>의 본딧말.

순라-군(巡邏軍)[술-]똉 조선 시대에, 도둑이나 화재 따위를 경계하기 위해 밤에 사람의 통행을 금하고 순찰을 돌던 군졸. 졸경군(卒更軍). ㊀순라.

순람(巡覽)똉하타 여러 곳으로 돌아다니며 보는 일. ¶전국의 사찰을 순람하다.

순량(純良·醇良) ‘순량(純良·醇良)하다’의 어근.

순량(純量)[술-]똉 물건의 전체 무게에서 그릇이나 포장물 등의 무게를 뺀, 순수한 알맹이만의 무게.

순량(淳良) ‘순량(淳良)하다’의 어근.

순량(循良)똉 (법을 지키고 백성을 잘 다스린다는 뜻으로) ‘수령의 어진 정사’를 이르는 말.

순량(順良) ‘순량(順良)하다’의 어근.

순량(馴良) ‘순량(馴良)하다’의 어근.

순량-하다(純良-·醇良-)[술-]혱어 순진하고 선량하다.

순량-하다(淳良-)[술-]혱어 성질이 순박하고 선량하다. ¶순량한 시골 총각.

순:량-하다(順良-)[술-]혱어 온순하고 선량하다. ¶순량한 마음.

순량-하다(馴良-)[술-]혱어 (짐승이) 길이 잘 들어서 아주 온순하다.

순력(巡歷)[술-]똉하타 ①각처로 두루 돌아다님. ②조선 시대에, 감사(監司)가 도내의 각 고을을 순회하던 일.

순령-수(巡令手)[술-]똉 조선 시대에, 대장의 전령과 호위를 맡으며, 순시기(巡視旗)나 영기(令旗)를 들던 군사.

순례(巡禮)[술-]똉하타 (종교상의 여러 성지나 영지 등을) 차례로 찾아다니며 참배함. ¶성지(聖地) 순례.

순례(循例)[술-]똉하자 관례를 따름.

순:-로(順路)[술-]똉 ①평탄한 길. ②(사물의) 당연하고 옳은 길. ↔역로(逆路).

순록(馴鹿)똉 사슴과의 짐승. 키 1~1.4 m, 몸길이 1.2~1.8 m. 사슴과 비슷하나 더 크고 억셈. 여름털은 암갈색, 겨울털은 갈색. 암수 모두 뿔이 있고 코와 목 밑이 긴 털로 덮임. 썰매를 끌게 하는 외에 모피용·육용 등으로 쓰임. 북극권에 분포함.

순:-류(順流)[술-]똉하자 ①물이 아래로 흐름. ②물이 흐르는 쪽으로 좇음. ↔역류(逆流).

순리(殉利)[술-]똉하자 이익만을 바라다가 몸을 망침.

순리(純利)[술-]똉 <순이익>의 준말. 순익(純益).

순리(純理)[술-]똉 순수한 학문의 원리 또는 이론.

순리(循吏)[술-]똉 법을 잘 지키며 직무에 충실한 관리.

순:리(順理)[술-]똉하자 ①도리에 순응함. ②마땅한 도리나 이치. ¶순리대로 살다.

순:리-롭다(順理-)[술-따][~로우니·~로워]혱비 무리가 없고 도리에 맞다. ¶일이 순리롭게 잘 풀려 가다.

순:리-적(順理的)[술-]관똉 (억지나 무리가 없이) 마땅히 도리에 순순히 따르는 (것). ¶순리적 행동. /순리적으로 처리하다.

순막(脣膜)똉 가오리·개구리 등 일부 척추동물의 눈꺼풀 안쪽에 있는 반투명의 막. 〔눈을 감게 하는 구실을 함.〕

순망(旬望)똉 음력 초열흘과 보름.

순망-간(旬望間)똉 음력 초열흘날로부터 보름까지의 동안.

순망치한(脣亡齒寒)똉 (입술이 없으면 이가 시리다는 뜻으로) ‘이해관계가 서로 밀접하여 한쪽이 망하면 다른 한쪽도 보전하기 어려움’을 비유하여 이르는 말.

순면(純綿)똉 무명실만으로 짠 직물.

순모(純毛)똉 다른 것이 섞이지 않은 순수한 모직물이나 털실.

순-무똉 십자화과의 일년초 또는 이년초. 무의 한 가지로 뿌리는 둥글거나 길쭉하며, 빛깔은 백색·적색·자색임. 각지에서 재배하며, 잎과 뿌리를 채소로 먹음. 만청(蔓菁).

순무(巡撫)똉하타 여러 곳을 돌아다니면서 백성을 위무함.

순무-사(巡撫使)똉 ①고려 시대에, 백성의 어려움과 수령의 잘잘못을 살피던 외관직. ②조선 시대에, 전시나 지방에 반란이 일어났을 때, 군무를 맡아보던 임시 벼슬.

순무-어사(巡撫御使)똉 조선 시대에, 지방에 변란이나 재해가 있을 때, 왕명을 받들고 순행하여 난을 진정시키고 백성을 위무하던 특사.

순문(詢問)똉하타 ☞하순(下詢).

순-문학(純文學)똉 ☞순수 문학.

순-물똉 순두부를 누를 때 나오는 물.

순미(純味)똉 다른 맛이 조금도 섞이지 않은 순수한 맛.

순미(純美)똉하형 순수하고 아름다움. 또는 순수한 아름다움.

순미(醇味)똉 지난 그대로의 순수하고 진한 맛.

순-민(順民)똉 순량한 백성.

순:-민심(順民心)똉하자 민심에 순응함.

순박(淳朴·淳樸·醇朴) ‘순박하다’의 어근.

순박-하다(淳朴-·淳樸-·醇朴-)[-바카-]혱어 순량하고 꾸밈이 없다. ¶순박한 시골 처녀.

순발-력(瞬發力)똉 (외부의 자극에서) 순간적으로 빨리 몸을 움직일 수 있는 능력. ¶발력이 뛰어난 선수.

순발-신관(瞬發信管)똉 작은 충격에도 곧 발화하는 신관.

순방(巡房)똉하자 방마다 차례로 돌아봄.

순방(巡訪)똉하타 차례로 방문함.

순배(巡杯)명[하자] 술잔을 차례로 돌림, 또는 그 술잔. 주순(酒巡).

순백(純白·醇白)명[하형] ①(마음이) 티 없이 깨끗함. 정백(精白). ②<순백색>의 준말.

순-백색(純白色)[-쌕]명 아주 흰 빛. 새하얀 빛. ㉰순백.

순:번(順番)명 차례로 돌아오는 번, 또는 그 순서. ¶순번을 기다리다.

순보(旬報)명 ①열흘마다의 보도 또는 보고. ②열흘에 한 번씩 발간하는 신문이나 잡지.

순:복(順服)명[하자] 순순히 잘 따름.

순복(馴服)명[하자] 길들어서 잘 복종함.

순:부(順付)명[하타] 돌아오는 인편에 부침.

순분(純分)명 금화·은화 또는 지금(地金)에 함유된 순금이나 순은의 분량.

순분^공차(純分公差)명 법정 화폐의 순분과 실제 주조 화폐의 순분과의 차.

순-뽕(筍-)명 새순이 돋아서 핀 연한 뽕잎.

순사(巡使)명 <순찰사>의 준말.

순사(巡査)명 일제 강점기, 경찰관의 가장 낮은 계급.〔지금의 순경에 해당함.〕

순사(殉死)명[하자] ①나라를 위해 스스로 목숨을 버림. ¶순사한 애국지사. ②왕이나 남편의 뒤를 따라 죽음. 순절(殉節).

순삭(旬朔)명 초열흘과 초하루.

순산(巡山)명[하자] 산림을 돌아보고 살핌.

순:산(順産)명[하자] 아무 탈 없이 아이를 낳음. 안산(安産). ↔난산(難産).

순:상(順喪)명 늙은 사람이 젊은 사람보다 먼저 죽는 일. ↔악상(惡喪).

순상-엽(楯狀葉)명 방패 모양의 잎.〔연(蓮)·순채 따위의 잎.〕

순상-지(楯狀地)명 대륙 지각 가운데서 매우 오랜 지층인 지역. 선캄브리아대의 것으로, 완만한 경사지로 되어 있음.

순상^화:산(楯狀火山)명 점도(粘度)가 작은 용암이 여러 번 분출하여, 방패를 엎어 놓은 듯이 넓고 완만한 경사를 이룬 화산. 아스피테.

순색(純色)명 순수한 빛깔. 어떤 색상 중에서 채도가 가장 높은 색.

순:생-보(順生報)명 불교에서 이르는 삼보의 하나. 현세에서 지은 선악에 의하여 내생에서 받는 과보(果報). 순생업(順生業).

순:생-업(順生業)명 ⇨순생보(順生報).

순:서(順序)명 정하여져 있는 차례. 윤서(倫序). 차서(次序). ¶순서를 지키다.

순:서-도(順序圖)명 컴퓨터에서, 프로그램의 작성 순서를 기호로 도식화한 것.

순석(巡錫)명[하자] 〔석장(錫杖)을 들고 순행한다는 뜻으로〕중이 각지를 돌아다니며 수행하거나 도를 펴는 일.

순선(脣腺)명 사람이나 파충류 따위의 입술 점막(粘膜)에 있는, 점액을 분비하는 샘.

순설(脣舌)명 ①입술과 혀. ②‘수다’를 비유하여 이르는 말.

순성(巡城)명[하자] ①성벽 주위를 돌며 경계함. ②성을 두루 돌아다니며 구경함.

순성(脣聲)명 ⇨순음(脣音).

순:성(順成)명[하타] 아무 탈 없이 순조롭게 잘 이룸.

순성(馴性)명 ①사람을 잘 따르는 짐승의 성질. ②남이 이르는 대로 잘 따르는 성질.

순-소득(純所得)명 총소득에서 비용을 뺀 나머지인 순수한 소득.

순속(淳俗)명 순박한 풍속. 순풍(淳風).

순수(巡狩)명[하타] 지난날, 임금이 나라 안을 두루 돌아다니며 살피던 일. 순행(巡幸).

순수(純粹)명[하형] ①다른 것이 조금도 섞이지 않음. ¶순수한 수정. ②(마음에) 딴 생각이나 그릇된 욕심이 전혀 없음. ¶순수한 사랑.

순수^개:념(純粹概念)명 칸트 철학에서, 경험에 바탕을 둔 것이 아닌, 오성(悟性)에서 나온 개념을 이르는 말.

순수^경제학(純粹經濟學)명 외적 요인을 배제하고, 순수한 경제적 현상만을 추출하여 연구하는 이론 경제학.

순수^경험(純粹經驗)명 어떤 매개도 지배도 없이 직접적으로 주어진, 사유(思惟) 이전의 가장 근원적인 경험.

순수^문학(純粹文學)명 순수한 예술적 욕구에 입각하여 인간 탐구를 통한 가치 구현을 추구하는 문학. 순문학. ㉰대중 문학.

순수^배:양(純粹培養)명 세균 따위를 한 종류만 순수하게 분리하여 배양하는 일.

순수^법학(純粹法學)[-뻐퍅]명 법학의 임무를 실정법의 처지에서가 아니라, 법 그 자체의 논리적 구조를 밝히는 데 있다고 보는 법학.

순수-비(巡狩碑)명 임금이 순수(巡狩)한 것을 기념하여 그곳에 세운 비석. ¶진흥왕 순수비.

순수-시(純粹詩)명 역사·도덕·철학 등 산문적인 요소를 배제하고, 순수하게 정서를 자극하는 표현적 기능을 중시하는 시. ㉰절대시.

순수^의:식(純粹意識)명 경험의 지배를 받지 않는 선험적(先驗的) 의식.

순수^이:성(純粹理性)명 칸트 철학에서, 경험에 앞서, 사물을 선천적으로 인식하는 능력을 이르는 말. ↔실천 이성.

순숙(純熟)명[하자] 완전히 익음.

순순(順順)명 ‘순순(順順)하다’의 어근.

순순(諄諄)명 ‘순순(諄諄)하다’의 어근.

순:순-하다(順順-)형여 ①(태도가) 고분고분하고 온순하다. ¶순순하게 항복하다. ②(음식 맛이) 부드럽다. ¶환자에게는 순순한 음식이 좋다. 순순-히튀 묻는 대로 순순히 대답하다.

순순-하다(諄諄-)형여 (타이르는 태도가) 찬찬하고 곡진하다. 순순-히튀

순순환^소:수(純循環小數)명 소수점 아래의 모든 숫자가 순환 마디인 순환 소수.〔0.232323 … 따위.〕㉰혼순환 소수.

순시(巡視)명[하타] 돌아다니며 살펴봄, 또는 그러한 사람. ¶각 부서를 순시하다.

순시(瞬時)명 아주 짧은 시간. 삽시간.

순식(瞬息)Ⅰ명 <순식간>의 준말. Ⅱ주 수유(須臾)의 10분의 1, 탄지(彈指)의 10배가 되는 수(의). 곧, 10^{-16}.

순식-간(瞬息間)[-깐]명 극히 짧은 동안. ¶순식간에 불이 번지다. ㉰순식.

순실(純實)명 ‘순실(純實)하다’의 어근.

순실(淳實)명 ‘순실(淳實)하다’의 어근.

순실-하다(純實-)형여 순수하고 참되다.

순실-하다(淳實-)형여 순수하고 참되다.

순안(巡按)명[하타] 순행하며 안찰(按察)함. 곧, 두루 돌아다니며 살피고 조사함.

순애(純愛)명 순결한 사랑. 순수한 사랑.

순애(殉愛)명[하자] 사랑을 위해 목숨을 바침.

순양(巡洋)명[하타] 해양을 순찰함. ¶난파선이 순양 중인 함정에의 의해 구출되다.

순양(純陽)명 ①순연(純然)한 양기(陽氣). ②숫총각의 양기(陽氣). ↔순음(純陰).

순양(馴養)명[하타] 길들여서 기름. 순육(馴育).

순양-함(巡洋艦)뗑 군함의 한 가지. 전함과 구축함의 중간 함종(艦種)으로, 정찰·경계·공격 등의 여러 업무를 수행함.

순업(巡業)뗑하타 (극단이나 곡마단 따위가) 여러 곳으로 돌아다니며 흥행함.

순여(旬餘)뗑 열흘 남짓한 동안.

순:-역(順逆)뗑 ①순종(順從)과 거역(拒逆). ②순리(順理)와 역리(逆理).

순연(巡演)뗑하타 순회하면서 공연함. 순회공연. ¶전국을 돌며 순연하던 극단이 우리 고장에도 왔다.

순연(純然)뗑 '순연하다'의 어근.

순:-연(順延)뗑하타되자 (기일을) 차례로 늦춤. ¶우천으로 일정을 순연하다.

순:-연(順緣)뗑 ①늙은 사람부터 차례로 죽는 일. ②불교에서, 선행이 불도에 드는 인연이 되는 일.

순연-하다(純然-)톙 다른 것이 섞임이 없이 온전하다. ¶순연한 물. **순연-히**뿌.

순열(巡閱)뗑하타 돌아다니며 검열함.

순열(殉烈)뗑하자 충렬을 위하여 목숨을 바침, 또는 그러한 사람.

순:-열(順列)뗑 ①차례대로 늘어놓는 일. ②수학에서, 주어진 여러 개의 사물 중에서 일정한 개수의 것을 취하여, 일정한 순서로 배열하는 방법.

순오-지(旬五志)뗑 조선 효종 때, 홍만종(洪萬宗)이 지은 책. 정철(鄭澈)·송순(宋純)의 시가와 중국의 '서유기'에 대하여 평하고, 130여 종의 속담을 부록으로 실었음.

순월(旬月)뗑 열흘이나 한 달가량.

순:-위(順位)뗑 어떤 기준에 의한 순번에 따라 정해진 위치나 지위. ¶득표 순위.

순유(巡遊)뗑하자 여러 곳으로 돌아다니며 유람함. 역유(歷遊).

순육(馴育)뗑하타 ☞순양(馴養).

순은(純銀)뗑 불순물이 섞이지 않은 순수한 은. 정은(正銀).

순음(純音)뗑 ☞단순음(單純音).

순음(純陰)뗑 ①순연(純然)한 음기(陰氣). ②숫처녀의 음기. ↔순양(純陽).

순음(脣音)뗑 자음의 한 갈래. 두 입술 사이에서 내는 소리. 〔ㅂ·ㅃ·ㅍ·ㅁ' 따위.〕입술소리. 순성(脣聲). 양순음(兩脣音).

순:-응(順應)뗑하자 ①순순히 응함. ②환경에 맞추어 적응함. ¶자연에 순응하다. ③외계의 자극에 따라 생물체의 감각 작용이나 감도가 변화하는 일.

순의(殉義)[수늬/수니]뗑하자 의(義)를 위하여 죽음.

순-이익(純利益)[-니-]뗑 모든 경비를 빼고 남은 순전한 이익. 준순리(純利)·순익.

순익(純益)뗑 〈순이익〉의 준말. 순리(純利).

순익-금(純益金)[-끔] 순이익의 돈.

순:-인(順人)뗑 조선 시대, 외명부의 한 품계. 정육품인 종친의 아내의 칭호.

순일(旬日)뗑 ①음력 초열흘. ②열흘 동안.

순일(純一)뗑 '순일하다'의 어근.

순일-하다(純一-)톙 다른 것이 섞이지 않고 순수하다. ¶예술을 위한 순일한 열정.

순-잎(筍-)[-닙]뗑 순이 올라와 핀 잎. *순잎이[-니피]·순잎만[-님-]

순장(旬葬)뗑 죽은 지 열흘 만에 지내는 장사.

순장(殉葬)뗑하타되자 고대 국가에서, 왕이나 귀족이 죽었을 때, 신하나 종 등을 함께 매장하던 일.

순:장-바둑(順將-)뗑 우리나라 고유의 바둑. 화점에 흑돌과 백돌을 대칭적으로 각기 8개씩 미리 놓고 두기 시작함.

순적-백성(舜-百姓)[-쩍빽성]뗑〔순임금 때의 백성이라는 뜻으로〕'어질고 착한 백성'을 이르는 말.

순-전(-前)뗑 개자리 앞.

순전(旬前)뗑 음력 초열흘 전.

순전(純全)뗑 '순전하다'의 어근.

순:전(順轉)뗑하자 (바람이) 올바른 방향으로 옮아가는 일. 〔저기압 통과 전후의 기상 상태로 지구의 자전에 따른 현상임.〕

순전-하다(純全-)톙어 순수하고 완전하다. 《주로, '순전한'의 꼴로 쓰임.》 ¶순전한 거짓말. / 순전한 오해. / 순전한 법률 문제. 순전-히뿌.

순절(殉節)뗑하자 ☞순사(殉死).

순:접(順接)뗑 두 문장 또는 구의 접속 방법의 하나. 앞 문장의 내용이 서로 맞서지 않고 순편하게 이어지는 접속 관계. ('그리고·그래서·그러므로' 따위로 이어지는 관계.) ↔역접(逆接).

순정(純正)뗑톙 ①순수하고 올바름. ②학문에서, 이론을 주로 하고, 응용이나 실용적인 면은 생각지 않는 일. ¶순정 과학.

순정(純情)뗑 순수하고 사심이 없는 감정.

순정(順正)뗑 '순정하다'의 어근.

순정-률(純正律)[-뉼]뗑 이론적으로 순수한 협화음을 바탕으로 찾아 낸 음으로 구성되는 음 조직. 순정조(純正調).

순정-조(純正調)[-쪼]뗑 ☞순정률(純正律).

순:정(順正)뗑 도리를 좇아 올바르다.

순제(旬製)뗑〔조선 시대에〕①열흘마다 성균관의 유생에게 보이던 시문의 시험. ②열흘마다 승문원의 벼슬아치에게 보이던 이문(吏文)의 시험.

순:조(順調)뗑 (무슨 일이) 아무 탈 없이 잘되어 가는 상태.

순:조(順潮)뗑하타 ①배가 조수의 흐름을 따라서 나아가는 일. ②바람 부는 방향으로 흐르는 조류. ↔역조(逆潮).

순:조-롭다(順調-)[-따]톙ㅂ[~로우니·~로워]톙ㅂ 예정대로 잘되어 가 아무 탈이 없다. ¶행사가 순조롭게 진행되고 있다. 순조로이뿌.

순종(純種)뗑 딴 계통과 섞이지 않은 순수한 종(種). 순계(純系).

순종(脣腫)뗑 입술에 나는 부스럼.

순:종(順從)뗑하자되자 순순히 복종함. ¶선생님의 말씀에 순종하다.

순증(純增)뗑 〈순증가(純增加)〉의 준말.

순-증가(純增加)뗑 순전한 증가. 준순증.

순-지르기(筍-)뗑하자타 (잘 가꾸려고) 쓸데없는 순을 잘라 냄.

순-지르다(筍-)[~지르니·~질러]타르 (잘 꾸려고) 쓸데없는 순을 잘라 내다.

순직(純直)'순직하다'의 어근.

순직(殉職)뗑하자 직무를 다하다가 목숨을 잃음. ¶현장에서 순직한 공무원.

순직-하다(純直-)[-지카-]톙어 마음이 순진하고 곧다. ¶그는 순직한 시골 청년이다.

순진(純眞)뗑톙어 마음이 꾸밈이 없고 참됨.

순진무구(純眞無垢)'순진무구하다'의 어근.

순진무구-하다(純眞無垢-)톙어 티없이 순박하고 참되다. ¶순진무구한 웃음.

순차(循次)뗑하자 차례를 좇음.

순:-차(順次)뗑 돌아오는 차례.

순:차-무사(順且無事)[명] 일이 순조롭게 잘되어
아무 탈이 없음.

순:차-적(順次的)[관명] 순서대로 차례차례 하는
(것). ¶순차적 학습. /순차적으로 문제를 해결
하다.

순찰(巡察)[명][하타] 순회하며 살핌. ¶순찰을 돌다.

순찰-대(巡察隊)[-때][명] 순찰의 임무를 맡은
부대나 경찰대.

순찰-병(巡察兵)[명] 순찰의 임무를 맡은 병사.

순찰-사(巡察使)[-싸][명] ①고려·조선 시대에,
병란이 있을 때, 지방의 군무(軍務)를 순찰하던
임시 벼슬. ②조선 시대에, 도내의 군무를 순찰
하던 벼슬. 〔관찰사가 겸하였음.〕⌖순사(巡使).

순찰-차(巡察車)[명] (경찰이나 헌병 등이) 순찰
을 할 때 사용하는 자동차.

순찰-함(巡察凾)[명] 구역 내의 곳곳에 달아 놓
고, 순찰하는 사람이 순찰했다는 표적을 남기
게 되어 있는 상자.

순창(脣瘡)[명] 입술이 갈라지는 병.

순채(蓴菜)[명] 수련과의 다년초. 연못 등에 절로
나는데, 잎은 길둥근 방패 모양이며 물 위에 뜸.
여름에 지름 2cm가량의 어두운 홍자색 꽃이 물
에 약간 잠긴 채로 핌. 우리나라 중부 이남과
일본 및 중국 남부 등지에 분포하는데, 어린잎
은 먹을 수 있고, 원줄기의 잎은 이뇨제로 쓰임.

순:천(順天)[명][하자] 〈순천명(順天命)〉의 준말.
↔역천(逆天).

순:천-명(順天命)[명][하자] 하늘의 뜻을 따름. 천
도(天道)를 따라 거스르지 않음. ⌖순천. ↔역
천명(逆天命).

순:천-자(順天者)[명] 천도(天道)에 따르는 사람.
↔역천자(逆天者).

순철(純鐵)[명] 불순물이 조금도 섞이지 않은 순
수한 철. 〔'탄소나 불순물 따위를 많이 함유하
는 선철(銑鐵)'에 대하여 이르는 말.〕

순청(巡廳)[명] 조선 시대에, 야순(夜巡)을 맡아
보던 관아(官衙).

순청(純青)[명] 〈순청색〉의 준말.

순-청색(純青色)[명] 순수한 푸른색. ⌖순청.

순:체(順遞)[명][하타] (중요한 관직을) 순조로이
갈마듦.

순초(巡哨)[명][하타] 돌아다니면서 적국의 동정을
살피는 일.

순초-군(巡哨軍)[명] 순초하는 군사.

순치(馴致)[명][하타][되자] ①(짐승을) 길들임. ②점
점 변하여 어떤 목표로 하는 상태에 이르
게 함.

순치-보거(脣齒輔車)[명] 〔'순망치한(脣亡齒寒)'
과 '보거상의(輔車相依)'를 합친 말로〕 '서로
없어서는 안 될 밀접한 관계'를 비유하여 이르
는 말.

순치-음(脣齒音)[명] 아랫입술과 윗니 사이에서
내는 소리. 〔영어의 'v·f' 따위.〕

순치지국(脣齒之國)[명] (입술과 이의 관계처럼)
'이해관계가 밀접한 두 나라'를 비유하여 이르
는 말.

순치지세(脣齒之勢)[명] (입술과 이의 관계처럼)
'서로 의지하고 돕는 형세'를 비유하여 이르
는 말.

순탄(順坦)[어근] '순탄하다'의 어근.

순:탄-하다(順坦-)[형여] ①성질이 까다롭지 않
다. ¶순탄한 말. ②길이 험하지 않고 평탄하
다. ③탈이 없이 순조롭다. ¶일이 순탄하게 진행되다. /평생을 순탄하게
살아왔다. 순탄-히[부].

순통(純通)[명][하자] 글이나 책을 외고 그 내용
에 정통함. ¶논어에 순통하다.

순통(順通)[명][하자] 일이 순조롭게 잘 통함.

순:편(順便)[명]1 〈순귀편(順歸便)〉의 준말.

순편(順便)² '순편하다'의 어근.

순:편-하다(順便-)[형여] 일이 순조롭고 편하다.
순편-히[부].

순평(順平)[어근] '순평하다'의 어근.

순:평-하다(順平-)[형여] 성질이 유순하고 화평
하다. 순평-히[부].

순풍(淳風)[명] 순박한 풍속. 순속(淳俗).

순:풍(順風)[명] ①순하게 부는 바람. ②배가 가는
쪽으로 부는 바람. ¶순풍에 부푼 돛. ↔역풍.
순풍에 돛을 달다[관용] '무슨 일을 하는 데 어
려움이나 시련 같은 것이 따르지 않고 순조롭
게 잘되어 나감'을 비유하여 이르는 말.

순풍-미속(淳風美俗)[명] 순박하고 아름다운 풍속.

순피(筍皮)[명] 죽순(竹筍)의 껍질.

순:-하다(順-)[형여] ①성질이 부드럽다. ¶순한
사람. ②맛이 독하지 않다. ¶순한 담배. ③일
이 어려움이나 가탈 없이 잘되다.
순:합(順合)[명] ⇨외합(外合).

순항(巡航)[명][하타] 배를 타고 여러 곳을 돌아다님.

순:항(順航)[명][하자] ①아무 탈 없이 순조롭게
항해함. 또는 그런 항해. ②'일 따위가 순조롭
게 진행됨'을 비유하여 이르는 말.

순항^미사일(巡航missile)[명] 제트 기관으로 추
진하는 무인 유도 미사일. 컴퓨터 제어로 저공
비행이나 우회 항행을 할 수 있으며 명중률이
아주 높음. 크루즈 미사일.

순항^속도(順航速度)[-또][명] 배나 항공기가 안
전하고 경제적으로 장거리를 비행할 때의 속도.

순해-선(巡海船)[명] 해상을 순찰하는 경비선.

순행(巡行)[명][하타] (어떤 목적을 가지고) 이곳저
곳을 돌아다님. ¶호남 지방을 순행하다. ⌖순(巡).

순행(巡幸)[명][하자] ⇨순수(巡狩).

순:행(順行)[명] ①[하자] ㉠차례대로 진행됨. ㉡거
스르지 않고 행함. ②〈순행 운동〉의 준말. ↔역
행(逆行).

순:행-동화(順行同化)[명] 자음 동화의 한 가지.
뒤에 오는 자음이 앞 자음을 닮아서 그와 비슷
하거나 같은 소리로 바뀌는 현상. 〔'칼날'이
'칼랄'로, '종로'가 '종노'로 소리 나는 따
위.〕 ⌖역행 동화.

순:행^운동(順行運動)[명] ①태양에서 보아, 천
체가 지구와 같은 공전 방향으로 나아가는 운
동. ②지구에서 보아, 천체가 서쪽에서 동쪽을
향하여 나아가는 운동. ⌖순행. ↔역행 운동.

순:현-보(順現報)[명] 불교에서, 삼보(三報)의 하
나. 현세에 지은 업을 현세에서 받는 과보.

순혈(純血)[명] (혼혈이 아닌) 순수한 혈통. 같은
종족의 혈통. ↔혼혈(混血).

순형(楯形)[명] 방패와 같은 형상.

순형^화관(脣形花冠)[명] 합판 화관(合瓣花冠)의
한 가지. 위아래 두 쪽으로 나뉘어 입술 모양
으로 된 꽃부리.

순홍(純紅)[명] 〈순홍색〉의 준말.

순-홍색(純紅色)[명] 순수한 다홍빛. ⌖순홍.

순화(純化)[명][하타][되자] 잡스러운 것을 순수하게
함. 순화(醇化). ¶묵상으로 정신을 순화하다.

순화(順和) '순화하다'의 어근.

순화(馴化)[명][하자][되자] 생물이 새로운 환경에
적응하여 유전적으로 변화해 감. 다른 고장에
옮겨진 생물이 그 기후나 환경에 적응할 수 있
는 성질을 가지게 됨.

순화(醇化)(명)[하타][되자] ①(덕으로) 사람을 가르
치어 그 마음을 바르고 아름답게 함. ¶ 원주민
을 순화하다. ②≒순화(純化). ☞국어 순화 운동.

순:화-롭다(順和-)[-따][~로우니·~로워](형ㅂ)
순탄하고 화평스럽다. 순화로이(부).

순화-어(醇化語)(명) 지나치게 어려운 말이나 규
법에 어긋나는 말, 또는 외래어 따위를 알기
쉽고 규범적으로, 또는 고유어로 순화한 말.

순:화-하다(順和-)(형여) 순탄하고 화평하다.

순환(循環)(명)[하자][되자] 한차례 돌아서 다시 먼
저의 자리로 돌아옴, 또는 그것을 되풀이함.

순환-계(循環系)[-계/-게](명) 동물체의 여러
조직에 산소·호르몬·영양 따위를 공급하고, 가
스 교환이나 노폐물의 배출 따위를 행하는 기
관의 계통. 척추동물에서는 혈관계와 림프계로
갈라짐. 맥관계(脈管系).

순환^과:정(循環過程)(명) 물질이 어떤 변화를
일으켰다가 다시 본디의 상태로 되돌아가기까
지의 일련의 과정.

순환-급수(循環級數)[-쑤](명) 무한급수의 한 가
지. 일정한 수효의 항(項)이 같은 차례로 되돌
아 나오는 급수.

순환-기(循環期)(명) 자연현상이나 인위적 기일
이 순환하는 기간.

순환-기(循環器)(명) 순환계에 속하는 기관. 〔척
추동물에서는 심장·혈관·림프관 따위.〕

순환^논법(循環論法)[-뻡](명) ☞순환 논증.

순환^논증(循環論證)(명) 어떤 명제를 논증하는
데에 그 명제와 같은 뜻의 명제를 논거로 하는
잘못. 전제와 결론이 서로 의존하고 있는 허위
를 범하고 있음. 순환 논법.

순환^도:로(循環道路)(명) 일정한 지역을 순환할
수 있게 되어 있는 도로. ¶ 교외 순환 도로.

순환-론(循環論)[-논](명) (결론을 내지 못하고)
제자리에서 맴돌기만 하는 논의.

순환-류(循環流)[-뉴](명) 흘러오던 방향으로 다
시 방향을 바꾸어 흐르는 바닷물의 흐름.

순환^마디(循環-)(명) 순환 소수에서, 같은 차례
로 되풀이되는 몇 개의 숫자의 마디. 〔3.141414
…에서 '14'마디.〕

순환^변:동(循環變動)(명) 몇 년간의 사이를 두
고 반복되는 경제 현상의 변동.

순환-선(循環線)(명) 일정한 지역을 순환하여 운
행하는 기차·전철·버스 따위의 노선.

순환^소:수(循環小數)(명) 무한 소수의 한 가지.
소수점 이하의 어떤 자리에서부터 어떤 숫자가
같은 순서로 무한히 되풀이되는 소수. 〔3.141414
… 따위.〕

순환^장애(循環障碍)(명) 혈액 순환이 잘되지 않
는 병증. 〔심장병·신장병·동맥 경화증 따위가
그 원인임.〕

순환^정:의(循環定義)[-의/-이](명) 정의해야
할 개념을 그와 거의 같은 뜻의 말이나 표현으
로 정의하는 일. 곧, 말만 바꾸어 놓고 외견상
정의한 것처럼 보이는 것.

순황(純黃)(명) 〈순황색〉의 준말.

순-황색(純黃色)(명) 순수한 누런빛. ☞순황.

순회(巡廻)[-회/-훼](명)[하타] (여러 곳을) 차례
로 돌아다님. ¶ 각 지방을 순회하다. /전국 순
회 강연.

순회-공연(巡廻公演)[-회/-훼-](명) 여러 곳
을 차례로 돌면서 하는 공연. 순연(巡演).

순회^대:사(巡廻大使)[-회/-훼-](명) 일정한
나라에 주재하지 않고, 특별한 임무를 띠고 여
러 나라를 순회하는 대사. 이동 대사.

순회-도서관(巡廻圖書館)[-회/-/-훼-](명) 도서
관이 없는 지역을 정기적으로 순회하면서 책을
빌려 주는 소규모의 임시 도서관. 이동도서관.

순회^재판(巡廻裁判)[-회/-/-훼-](명) 지방 법
원의 판사가 경찰 서장의 청구에 따라 관할 경
찰서를 순회하며 경범자를 즉결 심판하는 재판.

순회^진:료(巡廻診療)[-회질/-/-훼질-](명) (의
사와 간호사가) 무의촌 등을 순회하면서 환자
를 진찰하고 치료하는 일.

순효(純孝)(명) 순수한 효심. 지극한 효심.

순후(旬後)(명) 음력 초열흘이 지난 뒤.

순후(淳厚·醇厚) '순후하다'의 어근.

순:후-보(順後報)(명) 불교의 삼보(三報)의 하나.
현세에서 지은 업을 삼생(三生) 뒤에 받는 과보.

순후-하다(淳厚·醇厚-)(형여) 순박하고 인정이
두텁다. ¶ 주민들의 순후한 인심.

순흑(純黑)(명) 〈순흑색〉의 준말.

순-흑색(純黑色)[-쌕](명) 순수한 검은빛. ☞순
흑(純黑).

숟-가락[-까-](명) ①밥이나 국 따위를 떠먹는
기구. ②[의존 명사처럼 쓰임] 밥 따위 음식물을
숟가락으로 떠 그 분량을 세는 단위. ¶ 두 숟
가락. ☞순갈. ☞수저.

숟가락-질[-까-](명)[하자] 숟가락으로 음식을
떠먹는 일. 술질. ¶ 숟가락질이 서툴다.

숟가락-총[-까-](명) 숟가락의 자루.

숟-갈[-깔](명) 〈숟가락〉의 준말.

술(명) '알코올 성분이 들어 있는 음료'를 통틀
어 이르는 말.

술은 초물에(첫물에) 취하고 사람은 훗물에(끝
물에) 취한다[속담] ①술은 처음 마실 때부터 취
하지만 사람은 한참 사귀고 나서야 친해진다는
말. ②'전처보다 후처에 더 혹함'을 비유하여
이르는 말.

술²(명) 〈쟁깃술〉의 준말.

술³(명) 가마나 기·띠·보(褓) 따위의 둘레나 끝에
장식으로 다는 여러 가닥의 실.

술⁴(명) 책·종이·피륙 따위의 포갠 부피.

술⁵의 한 숟가락의 분량. ¶ 몇 술 더 드시오.

술(戌)(명) ①십이지(十二支)의 열한째. 〔개를 상
징함.〕 ②〈술방(戌方)〉·〈술시(戌時)〉의 준말.

-술(術)(접미) 《일부 명사 뒤에 붙어》 '재주'나
'기술'을 뜻함. ¶ 문장술. /최면술. /연금술.

술가(術家)(명) 음양이나 복서·점술에 능통한 사
람. 술객(術客). 술사(術士).

술-값[-깝](명) 술을 마시는 데 드는 비용. 주가
(酒價). • 술값이[-깝씨]·술값만[-깜-]

술객(術客)(명) ☞술가(術家).

술계(術計)[-계/-게](명) ☞술책(術策).

술-고래(명) '술을 많이 마시는 사람'을 농조로
이르는 말.

술-구기[-꾸-](명) 독이나 항아리에서 술을 푸는
데 쓰는 구기.

술-구더기[-꾸-](명) 걸러 놓은 술에 뜬 밥알.
녹의(綠蟻). 주의(酒蟻).

술-국(명)[-꾹](명) 술집에서 안주로 내놓는 된장국.
주탕(酒湯).

술국-밥[-꾹빱](명) 밥을 말 국밥.

술-기(-氣)[-끼](명) 술기운.

술-기운[-끼-](명) 술을 마셔 취한 기운. 술기.
주기(酒氣). ¶ 술기운이 가시다. /술기운이 오
르다. /술기운을 빌려 큰소리를 치다.

술-김[-낌](명) 술에 취한 김. 《주로, '술김에'의
꼴로 쓰임》 ¶ 술김에 한 말. /그는 술김에 사
랑을 고백했다.

술-꾼똉 술을 좋아하여 많이 마시는 사람. 주객
(酒客). 밴모주꾼.

술-내[-래]똉 술 냄새. ¶ 술내를 풍기다.

술년(戌年)[-련]똉 태세(太歲)의 지지(地支)가
술(戌)로 된 해. 개해. ¶무술년(戊戌年). /임술
년(壬戌年).

술-대[-때]똉 거문고를 타는 데 쓰는, 대로 만
들어 끝을 뾰족하게 후린 채.

술-대접(-待接)똉하자타 술로 하는 대접. ¶친
구 집에서 술대접을 받다.

술덤벙-물덤벙뷔하자 세상 물정을 모르고 함부
로 덤벙거리는 것을 이르는 말.

술-도가(-都家)[-또-]똉 술을 만들어 도매하
는 집. 주장(酒場). 주조장(酒造場).

술-독[-똑]똉 ①술을 담그거나 담아 두는 독.
②'술을 많이 마시는 사람'을 농조로 이르는 말.

술-독(-毒)[-똑]똉 술 중독으로 얼굴에 나타나
는 붉은빛이나 점. 주독(酒毒). ¶술독이 올라
코끝이 빨갛다.

술-두루미똉 술을 담는 두루미. 뻰두루미1.

술-등(-燈)[-뜽]똉 선술집 따위에서, 술집의
표지로 문밖 같은 데에 달아 두는 등.

술-:띠똉 양 끝에 술을 단 가느다란 띠.

술래똉 술래잡기에서, 숨은 아이들을 찾아내는
아이. 쫀순라(巡邏).

술래-잡기[-끼]똉하자 아이들 놀이의 한 가지.
여러 아이가 숨고, 술래가 된 아이가 그들을
찾아내는 놀이.

술렁-거리다자 자꾸 술렁술렁하다. 술렁대다. ¶술
렁거리는 가슴. /연말이 되면 괜히 술렁거린다.

술렁-대다자 술렁거리다.

술렁-술렁뷔하자 어수선하게 설레는 모양.

술렁-이다자 어수선하게 소란이 일다.

술-마당똉 술자리가 벌어진 마당.

술말(戌末)똉 십이시의 술시(戌時)의 끝. [하오
9시에 가까운 무렵.]

술-망나니똉 '주정이 심한 사람'을 조롱조로
이르는 말.

술명-하다혱어 수수하고 걸맞다. ¶술명한 차림
새. 술명-히뷔.

술-밑[-믿]똉 누룩을 섞어 버무린 지에밥. [술
을 만드는 원료임.] 주모(酒母). * 술밑이[-미
치]·술밑을[-미틀]·술밑만[-민-]

술-바닥[-빠-]똉 쟁기에 보습을 대는 넓적하고
뾰죽한 부분.

술-밥[-빱]똉 ①술을 담글 때에 쓰는 지에밥.
¶술밥을 찌다. ②쌀에 술·간장·설탕 따위를
넣고 지은 밥. ②주반(酒飯).

술방(戌方)[-빵]똉 이십사방위의 하나. 서북서에서
북쪽으로 15도까지의 방위. 신방(辛方)과 건방
(乾方)의 사이. 쫀술(戌). ↔진방(辰方).

술-버릇[-뻐름]똉 술 취한 뒤에 드러나는 버릇.
주벽. ¶술버릇이 고약하다. * 술버릇이[-뻐르
시]·술버릇만[-뻐른-]

술법(術法)[-뻡]똉 복술·둔갑술·축지법 따위의
방법이나 그 기술. 술수(術數).

술-벗[-뻗]똉 술로 사귄 벗. 술친구. 주붕(酒朋).
주우(酒友). * 술벗이[-뻐시]·술벗만[-뻔-]

술-병(-病)[-뼝]똉 술을 지나치게 많이 마셔서
생긴 병. ¶술병이 나다.

술-병(-甁)[-뼝]똉 술을 담는 병을 통틀어 이
르는 말. 주호(酒壺).

술부(述部)똉 ☞서술부. ↔주부(主部).

술-빚[-삗]똉 술을 마시고 외상 진 돈. 주채(酒
債). * 술빚이[-삐지]·술빚만[-삔-]

술사(術士)[-싸]똉 ①☞술가(術家). ②술책에
능한 사람.

술-살[-쌀]똉 술을 먹고 오른 살. ¶술살이 오
르다.

술-상(-床)[-쌍]똉 술과 안주를 차려 놓은 상.
주안(酒案). 주안상(酒案床).

술생(戌生)[-쌩]똉 술년(戌年)에 태어난 사람.
[경술생·임술생 따위.] 개띠.

술서(術書)[-써]똉 술법에 관한 책.

술수(術數)[-쑤]똉 ①☞술법(術法). ②☞술책.

술:술뷔 ①물이나 가루 따위가 잇달아 새어 나
오는 모양. ②바람이 부드럽게 부는 모양. ¶바
람이 술술 불어오다. ③말이나 글이 거침없이
잘 나오는 모양. ¶까다로운 질문에도 술술 대
답하다. ④얽혔던 문제나 실 따위가 수월하게
풀리는 모양. ¶생각보다 일이 술술 풀렸다.
쫀솔솔.

술시(戌時)[-씨]똉 ①십이시의 열한째 시. 하오
7시부터 9시까지의 동안. ②이십사시의 스물한
째 시. 하오 7시 30분부터 8시 30분까지의 동
안. 쫀술(戌).

술-쌀똉 술을 만들기 위한 쌀.

술-안주(-按酒)똉 술을 마실 때에 곁들여 먹는
음식. 안주.

술어(述語)똉 ①☞서술어(敍述語). 풀이말. ②☞
빈사(賓辭).

술어(術語)똉 〈학술어(學術語)〉의 준말.

술어-절(述語節)똉 ☞서술절(敍述節).

술업(術業)똉 음양·복서(卜筮) 따위의 술법에
종사하는 업.

술월(戌月)똉 [월건(月建)에 십이지의 술(戌)이
드는 달로] '음력 구월'의 딴 이름. 쫀계추
(季秋).

술위똉 〈옛〉 수레. ¶車는 술위라(月釋2:28).

술위삐똉 〈옛〉 수레바퀴. ¶輪은 술위삐니(月釋
序4).

술일(戌日)똉 일진의 지지가 술(戌)로 된 날.
[갑술일(甲戌日)·경술일(庚戌日) 따위.] 개날.

술-자리[-짜-]똉 술을 마시며 노는 자리. 주석
(酒席). 주연(酒筵). ¶술자리를 벌이다.

술자지능(述者之能)[-짜-]똉 ①글이 잘되고
못 됨은 쓴 사람의 재능에 달렸다는 말. ②일
이 잘되고 못 됨은 그 사람의 수단에 달렸다
는 말.

술작(述作)[-짝]똉하타 책 따위를 지어 만듦.

술-잔(-盞)[-짠]똉 ①술을 따라 마시는 잔. 주
배(酒杯). 잔(盞). ②몇 잔의 술. ¶술잔이나
마시다.

술잔-거리(-盞-)[-짠꺼-]똉 [술잔이나 사 먹
을 만한 돈이라는 뜻으로] '적은 돈'을 비유하
여 이르는 말.

술-잔치똉 술을 마시며 즐기는 잔치. 주연(酒宴).

술-장사똉하자 술을 파는 영업.

술-적심[-썸]똉 [숟가락을 적신다는 뜻에서]
'국이나 찌개 따위 국물 있는 음식'을 이르
는 말.

술정(戌正)[-쩡]똉 십이시로, 술시(戌時)의 한
가운데. [하오 8시.]

술좌(戌坐)[-쫘]똉 [집터나 묏자리 따위가] 술
방(戌方)을 등진 좌향, 또는 그런 자리.

술좌-진향(戌坐辰向)[-쫘-]똉 [집터나 묏자리
따위가] 술방(戌方)을 등지고 진방(辰方)을 향
한 좌향.

술-주자(-酒榨)[-쭈-]똉 술을 거르거나 짜내
는 틀. 주자(酒榨). 주조(酒槽).

술-주정(-酒酊) [-쭈-]몡곙곤 ☞주정(酒酊).
술-지게미몡 ☞지게미.
술-질몡곤곤 술가락질.
술-집[-찝]몡 술을 파는 집. 주가(酒家). 주사(酒肆). 주점(酒店).
술-찌끼몡 술을 걸러 내고 남은 찌끼. 재강.
술책(術策)몡 꾀, 특히 남을 속이기 위한 꾀. 술계(術計). 술수(術數). ¶ 남의 술책에 빠지다.
술-청몡 선술집의 술 파는 이가 술을 따라 놓는, 길고 높직한 상을 베풀어 놓은 곳.
술초(戌初)몡 십이시의 술시의 처음. [하오 7시가 막 지난 무렵.]
술-추렴(←出斂)몡곤 ①여러 사람이 술값을 나누어 내는 추렴. 각음(酌飮). ②차례로 돌아가며 술을 내어 먹는 일.
술-친구(-親舊)몡 ☞술벗.
술-타령(-)몡곤 만사를 제쳐 놓고 술만 마시거나 찾는 일. ¶ 허구한 날 술타령이다.
술-탈(-頉)몡 술을 마셔서 생긴 탈.
술-통(-桶)몡 술을 담아 두는 큰 통.
술파구아니딘(sulfaguanidine)몡 술파제의 한 가지. 세균성 장질환, 특히 적리(赤痢)·역리(疫痢)의 치료에 쓰임.
술파다이아진(sulfadiazine)몡 술파제의 한 가지. 폐렴·임질·패혈증 및 화농성 질환에 효과가 있음.
술-파리몡 여름철에 술독에서 생기는 작은 파리.
술파-제(sulfa劑)몡 세균성 질환의 치료에 쓰이는 화학 요법제. 화농성 질환이나 폐렴·임질·적리 따위에 효과가 있으나 부작용도 심함. 설파제.
술-판몡 (여러 사람이) 술을 마시며 즐기는 자리. ¶ 술판이 벌어지다.
술회(述懷) [-회-훼]몡곤 속에 품은 생각이나 감개(感慨)·추억 따위를 말함, 또는 그 말. ¶ 그와의 정다웠던 지난날을 술회하다.
숨몡 ①사람이나 동물이 코나 입으로 공기(空氣)를 들이마시고 내쉬는 일, 또는 그 기운. 숨을 크게 쉬다. /숨을 헐떡거리다. ②채소 따위의 생생하고 빳빳한 기운. ¶ 배추를 숨만 죽여 겉절이를 하다.
숨 쉴 사이 없다관용 휴식할 조그마한 시간적 여유도 없다.
숨(을) 거두다(걷다)관용 숨 쉬는 것을 멈추다. 죽다.
숨(을) 고다관용 숨이 막히다.
숨(을) 끊다관용 '목숨을 끊다'를 비유하여 이르는 말.
숨(을) 돌리다관용 ①가쁜 숨을 가라앉히다. ②바쁜 중에 잠시 쉬다. ¶ 숨 돌릴 짬도 주지 않고 몰아세우다. ③어려운 고비를 우선 넘기다. ¶ 수술 경과가 좋아 숨 돌리게 되었다.
숨을 모으다관용 (죽음이 임박하여) 숨이 끊어져 가다.
숨(을) 쉬다관용 살아서 움직이거나 활동하다.
숨(이) 끊어지다관용 앓거나, 다른 원인으로 죽음을 이르는 말.
숨(이) 넘어가는 소리관용 몹시 다급하여 급하게 내는 소리.
숨(이) 막히다관용 숨이 막힐 정도로 몹시 긴장되다. ¶ 숨 막히는 접전.
숨(이) 붙어 있다관용 간신히 살아 있다. ¶ 아직도 그놈의 숨이 붙어 있단 말야?
숨(이) 죽다관용 ①(풀이나 나무 따위가) 시들어서 생기를 잃다. ②(소금에 절인 채소 따위가) 싱싱한 기운을 잃다. ¶ 숨 죽은 배추.

숨이 턱에 닿다관용 몹시 숨이 차다.
숨:-결[-껼]몡 ①숨 쉬는 속도나 높낮이 따위의 상태. ¶ 숨결이 고르다. ②'사물 현상의 어떤 기운이나 느낌'을 '생명체'에 비유하여 이르는 말. ¶ 자연의 숨결.
숨:-골[-꼴]몡 ☞연수(延髓).
숨:-구멍[-꾸-]몡 ①숨이 통하는 구멍. 숨을 쉬는 구멍. ②숫구멍.
숨:-기(-氣) [-끼]몡 숨기운. ¶ 숨기가 돌다.
숨-기다탄 〔'숨다'의 사동〕숨게 하다. 드러나지 않게 하다. 남이 알지 못하게 하다. ¶ 신분을 숨기다. /쫓기는 사람을 숨겨 주다.
숨:-기운[-끼-]몡 숨을 쉬는 기운. 숨기.
숨:-기척[-끼-]몡 숨 쉬는 기척.
숨김-없다[-업따]곤곤곤 감추거나 드러내지 않는 일이 없다. 숨김없-이몡 ¶ 숨김없이 털어놓다.
숨김-표(-標)몡 알리지 않으려고 일부러 나타내지 않은 글자 대신 그 자리에 넣는 '○○'·'××' 따위의 부호.
숨:-넘어가다곤 숨이 끊어져 죽게 되다. ¶ 숨넘어갈 듯한 소리를 지르다.
숨:다[-따]곤 ①보이지 않게 몸을 감추다. ¶ 바위 뒤에 숨다. ②드러나지 않다. 《주로, '숨은'의 꼴로 쓰임.》 ¶ 숨은 공로.
숨바꼭-질[-찔]몡 ①술래가 숨은 사람을 찾아내는 아이들의 놀이. ②'무엇이 숨었다 나타났다 하는 것'을 비유하여 이르는 말. ¶ 구름 사이에서 숨바꼭질하는 달. 춘숨박질.
숨박-질[-찔]몡곤 〈숨바꼭질〉의 준말.
숨:-소리[-쏘-]몡 숨을 쉬는 소리. ¶ 숨소리가 거칠다. /숨소리가 고르다. /숨소리를 죽이다.
숨숨부곤 얼굴에 굵고 옅게 얽은 자국이 듬성듬성 있는 모양. 잘솜솜. 숨숨-이몡.
숨어-들다[-〔드니·~들어〕곤 몰래 기어들다. ¶ 적진에 숨어들다.
숨은고-장식(-裝飾)몡 경첩의 한 가지. 문짝과 기둥에 한 쪽씩 속으로 들어가 박히게 된 장식.
숨은-장몡 겉으로 보이지 않게 속 구멍을 파고 쐐기를 지른 못.
숨:-죽이다탄 ①숨을 잠시 멈추다. ②숨소리가 들리지 않게 조용히 하다. ¶ 숨죽이고 귀 기울여 엿듣다.
숨:-지다곤 숨이 끊어지다. 죽다.
숨:-차다곤 숨이 가쁘다. 숨이 헐떡거려지다. ¶ 숨차서 더 이상 뛸 수가 없구나.
숨:-탄-것[-껀]몡 숨을 받아 태어난 것이란 뜻으로, '동물'을 이르는 말. * 숨:탄것이[-거시]·숨:탄것만[-건-]
숨:-통(-筒)몡 ☞기관(氣管). ¶ 숨통을 끊다. /숨통을 조이다.
숨:-표(-標)몡 악곡에서 숨 쉬는 곳을 나타내는 기호. ',' 또는 'V'.
숩몡〈옛〉수풀. ¶ 이 셤 우희 이 남기 잇고 그 숩 서리예 미리 잇느니(月釋1:24).
숫몡〈옛〉숯. ¶ 숫 탄:炭(訓蒙中15). 샹숯.
숫-1[순]젙투 《일부 명사 앞에 붙어》'아직 손이 닿거나 변하거나 하지 않은, 본디 그대로'의 뜻을 나타냄. ¶ 숫처녀. /숫보기. /숫음식.
숫-2[순]젙투 《'양'·'염소'·'쥐' 앞에 붙어》'수컷'의 뜻을 나타냄. ¶ 숫양. /숫염소. /숫쥐. 샹수.
숫-값(數-) [수깝/순깝]몡 ☞수치(數値).
숫-강아지몡 '수캉아지'의 잘못.
숫-개몡 '수캐'의 잘못.
숫-것몡 '수컷'의 잘못.

숫-구멍[숟꾸-]명 갓난아이의 정수리가 채 굳지 않아서 숨 쉴 때마다 뛰는 연한 곳. 숨구멍. 백회혈(百會穴). 정문(頂門).

숫-국[숟꾹]명 숫보기로 있는 사람이나 진솔대로 있는 물건.

숫-기(-氣)[숟끼]명 수줍어하지 않는 활발한 기운. ¶그는 숫기가 없어 여자 앞에서는 단박에 얼굴이 빨개진다.
숫기(가) **좋다**[관용] 수줍어하거나 부끄러워하는 기색이 없이 활발하다. ¶내 동생은 숫기가 좋아 아무 데고 잘 나선다.

숫-기와명 '수키와'의 잘못.

숫-껑명 '수펑'의 잘못.

숫-나사(-螺絲)명 '수나사'의 잘못.

숫-놈명 '수놈'의 잘못.

숫-눈[순-]명 쌓인 그대로 있는 눈.

숫눈-길[순-낄]명 아직 아무도 지나가지 않아 숫눈이 그대로 쌓여 있는 길.

숫-닭명 '수탉'의 잘못.

숫-당나귀(-唐-)명 '수탕나귀'의 잘못.

숫:대-집(數-)[수때-/숟때-]명 산가지를 방바닥에 뿌려 놓고, 여러 사람이 둘러앉아서 하는 놀이.

숫-돌[숟똘]명 칼이나 낫 따위를 갈아서 날을 세우는 데 쓰는 돌. 여석(礪石). 지석(砥石).

숫돌쩌귀명 '수톨쩌귀'의 잘못.

숫-돼지명 '수퇘지'의 잘못.

숫-되다[순뙤-/숟뙈-]형 순진하고 어수룩하다. ¶숫된 시골 총각.

숫-바명 '조임줄'의 잘못.

숫-백성(-百姓)[숟빽썽]명 순박한 백성.

숫-병아리명 '수평아리'의 잘못.

숫-보기[숟뽀-]명 ①숫된 사람. ¶보기와는 다른 숫보기. ②숫총각이나 숫처녀.

숫-사돈(-査頓)명 '수사돈'의 잘못.

숫-사람[숟싸-]명 거짓이 없고 숫된 사람.

숫-색시[숟쌕씨]명 ⇨숫처녀.

숫-소명 '수소'의 잘못.

숫-스럽다[숟쓰-따][~스러우니·~스러워]형비 순진하고 어수룩한 데가 있다. ¶숫스러워 보이는 시골 사람. **숫스레**부.

숫-양(-羊)[순냥]명 양의 수컷.

숫-염소[순념-]명 염소의 수컷.

숫-은행나무(-銀杏-)명 '수은행나무'의 잘못.

숫-음식(-飮食)[수듬-]명 만든 채로 손대지 않고 고스란히 그대로 있는 음식.

숫:-자(數字)[수짜/숟짜]명 ①수를 나타내는 글자. [‘1·2·3···’ 또는 ‘一·二·三···’ 따위.] ②통계 등 숫자로 나타나는 수량적인 일이나 지식. ¶숫자에 밝다. 豺숫자(數字).

숫-접다[숟쩝따][~저우니·~저워]형비 순박하고 수줍어하는 티가 있다. ¶숫저운 표정. /숫저운 투로 말하다.

숫제[숟쩨]부 ①숫접게. 거짓이 아니고 진실로. ②(무엇을) 하기 전에 차라리. 아예. ¶그렇게 할 바에야 숫제 그만둬라.

숫-쥐[숟쮜]명 쥐의 수컷.

숫-지다[숟찌-]형 순박하고 후하다. ¶숫진 시골 인심.

숫-처녀(-處女)[순-]명 남자와 성적(性的) 관계가 한 번도 없는 처녀. 숫색시. ↔숫총각.

숫-총각(-總角)[순-]명 여자와 성적(性的) 관계가 한 번도 없는 총각. ↔숫처녀.

숫-티[순-]명 숫된 태도와 모양. ¶아직도 처녀다운 숫티가 남아 있다.

숫-하다[수타-]형여 순박하고 어수룩하다. ¶사람이 너무 숫해서 남에게 잘 속아 넘어가다.

슝[옛]숯. 炭. ¶슝은 수기라(月釋23:92).

숭경(崇敬)명하타 숭배하고 존경함.

숭고(崇古)명하타 옛 문물을 숭상함.

숭고(崇高)명 '숭고하다'의 어근.

숭고-하다(崇高-)형여 존엄하고 거룩하다. ¶숭고한 희생 정신을 본받다.

숭굴-숭굴부 ①성질이 수더분하고 원만한 모양. ②성격이 숭굴숭굴 너그럽다. ②얼굴 생김새가 붙임성 있고 덕스러운 모양.

숭늉명 밥을 푸고 난 솥에 데운 물. 숙랭.

숭덩-숭덩부 ①물건을 급직하고 거칠게 써는 모양. ¶호박을 숭덩숭덩 썰다. ②바느질에서, 듬성듬성 거칠게 호는 모양. ¶옷을 숭덩숭덩 꿰매어 입다. 豺송당숭당. 솅썽덩쑹덩.

숭려(崇麗)명 '숭려하다'의 어근.

숭려-하다(崇麗-)[-너-]형여 높고 아름답다.

숭모(崇慕)명하타 우러러 사모함. 숭배하며 그리워함. ¶애국지사를 숭모하다.

숭문(崇文)명하타 문예를 숭상함.

숭미(崇美)명 '숭미하다'의 어근.

숭미-하다(崇美-)형여 숭고하고 아름답다.

숭반(崇班)명 높은 지위나 벼슬. 숭위(崇位).

숭배(崇拜)명하타 ①성인(聖人)을 훌륭히 여겨 마음으로부터 우러러 공경함. ¶안창호 선생을 숭배하다. ②종교적 대상을 절대시하여 우러러 받듦. ¶우상 숭배.

숭보(崇報)명하타 남이 베풀어 주었던 은덕에 대하여 보답함.

숭봉(崇奉)명하타 숭배하여 받듦.

숭불(崇佛)명하자 부처를 숭상함. 불교를 숭상함.

숭사(崇事)명하타 숭배하여 섬김.

숭사(崇祀)명하타 숭배하여 제사를 받듦.

숭상(崇尙)명하타 높이어 소중하게 여김. ¶예(禮)를 숭상하다.

숭석(崇昔)명 아득히 먼 옛날. 태고(太古).

숭수(崇秀)명 '숭수하다'의 어근.

숭수-하다(崇秀-)형여 높고 빼어나다.

숭숭부 ①물건을 듬성듬성 빨리 써는 모양. ¶호박과 고추를 숭숭 썰어 넣다. ②하형①구멍이 많이 뚫려 있는 모양. ¶담벼락에 총알 자국이 숭숭 뚫렸다. ⓒ큰 땀방울이 맺혔거나 소름 따위가 많이 돋은 모양. ¶이마에 구슬땀이 금방 숭숭 맺혔다. 豺송송. **숭숭-히**부.

숭신(崇信)명하타 숭배하여 믿음.

숭앙(崇仰)명하타 높이어 우러러봄. ¶충무공의 애국 충절을 숭앙하다.

숭:어명 숭엇과의 바닷물고기. 몸길이 60cm 안팎. 몸은 길고 납작하며 머리는 폭이 넓음. 몸빛은 등이 회청색, 배가 은백색이고 온몸에 빳빳한 비늘이 있음. 어릴 때는 담수에서 살다가 크면 바다로 내려감. 수어(秀魚).
숭어가 뛰니까 망둥이도 뛴다[속담] 제 분수를 모르고 남이 하는 대로 따라 함을 이르는 말.

숭:어-뜀명 광대가 땅에 손을 짚고 연거푸 거꾸로 뛰어넘는 재주.

숭어리명 ①꽃이나 열매 따위가 굵게 모여 달린 덩어리. ②(의존 명사적 용법) 꽃이나 열매 따위가 굵게 모여 달린 덩어리를 세는 단위. ¶포도 다섯 숭어리. 豺송아리.

숭얼-숭얼부 ①꽃이나 고추장 따위가 피어 나옴이 이는 모양. ②꽃이나 열매 따위가 굵게 많이 모여 달린 모양. 豺송알송알.

숭엄(崇嚴) '숭엄하다'의 어근.

숭엄-하다(崇嚴-)〖형〗숭고하고 존엄하다.

숭위(崇位)〖명〗높은 지위. 숭반(崇班).

숭유(崇儒)〖명〗〖하자〗유교를 숭상함. ¶숭유 정책.

숭조(崇祖)〖명〗〖하자〗조상을 숭상함.

숭조(崇朝)〖명〗새벽부터 아침밥을 먹을 때까지의 사이. 이른 아침.

숭조-상문(崇祖尙門)〖명〗〖하자〗조상을 숭배하고 가문(家門)을 빛냄.

숭준(崇峻) '숭준하다'의 어근.

숭준-하다(崇峻-)〖형어〗거룩하고 존귀하다.

숭중(崇重)〖명〗〖하자〗⇒존중(尊重).

숭하(崇廈)〖명〗높고 큰 집.

숯[숟]〖명〗(땔감으로 쓰기 위하여) 나무를 숯가마에서 구워 낸 검은 덩어리. 목탄(木炭). * 숯이 [수치]·숯만[순-]

숯이 검정 나무란다〖속담〗'자기 흉은 생각지 않고 남의 허물을 탓함'을 비유하여 이르는 말.

숯-가마[숟까-]〖명〗흙이나 돌 따위로 쌓아 만든, 숯을 구워 내는 시설.

숯-검정[숟껌-]〖명〗숯의 그을음.

숯-내[순-]〖명〗숯불에서 나오는 기체의 냄새.

숯-등걸[숟뜽-]〖명〗숯가마에서 숯이 되다 만 굵은 조각.

숯-막(-幕)[순-]〖명〗숯을 굽는 곳에 지은 움막.

숯-머리[순-]〖명〗숯내를 맡아서 아픈 머리.

숯-먹[순-]〖명〗소나무의 철매를 기름에 개어 만든 먹. 송연묵(松煙墨).

숯-불[숟뿔]〖명〗숯을 피운 불. 탄화(炭火).

숯-장수[숟짱-]〖명〗①숯을 파는 사람. ②'얼굴이 검은 사람'을 농조로 이르는 말.

숯-쟁이[숟쨍-]〖명〗'숯을 굽는 사람'을 낮추어 이르는 말.

술[술]〖명〗머리털 같은 것의 분량. ¶술이 많은 머리. * 술이[수치]·술을[수틀]·술만[순-]

술-지다[숟찌-]〖형〗술이 많다. ¶술진 구레나룻.

술-하다[수타-]〖형어〗아주 많다. ¶술한 사건. / 돈을 술하게 벌다.

숲[숩]〖명〗'수풀'의 준말. ¶숲이 우거지다. * 숲이[수피]·숲만[숨-]

숲-길[숩낄]〖명〗숲 속에 있는 길. ¶숲길을 따라 걸어가다.

숲-정이[숩쩡-]〖명〗마을 부근의 수풀이 있는 곳.

쉬〖감〗닭이나 참새 따위를 쫓는 소리. 후여. 휘이. 휘여.

쉬¹〖명〗파리의 알. ¶파리가 쉬를 슬다.

쉬²〖Ⅰ〗〖명〗〖하자〗'오줌'의 어린이 말로, '오줌 누는 일'을 이르는 말. 쉬야.
〖Ⅱ〗〖감〗어린아이에게 오줌을 누라는 뜻으로 내는 소리.

쉬³〖명〗〈쉬이〉의 준말. ¶쉬 잠이 오지 않다.

쉬⁴〖감〗떠들지 말라는 뜻으로 하는 소리. ¶쉬, 조용히 해라.

쉬궁〖명〗〖옛〗시궁창. ¶쉬궁 구:溝(訓蒙中6).

쉬-나무〖명〗운향과의 낙엽 교목. 높이 7 m가량. 잎은 깃 모양의 겹잎인데 마주나며, 여름에 흰 빛이 도는 꽃이 핌. 씨로는 기름을 짜서 머릿기름·구충제 등으로 씀. 수유나무.

쉬-다¹〖자〗①음식이 상하여 맛이 시금하게 변하다. ¶밥이 쉬다. /쉰 나물. ②목청에 탈이 나서 목소리가 흐리게 나다. ¶목이 쉬어 소리가 나오지 않는다.

쉬-다²〖자타〗①피로를 풀려고 몸을 편하게 하다. ¶푹 쉬고 나니 몸이 가뿐해졌다. ②물체나 물질 따위가 움직임을 멈추다. ¶잠시도 쉬지 않

고 흐르는 강물. ③결석이나 결근을 하다. ¶회사를 하루 쉬었다. ④잠을 자다. ⑤일이나 활동을 멈추다. ¶오늘은 관공서가 쉬는 날이다.

쉬:-다³〖타〗모시·삼베 따위 피륙의 빛을 곱게 하기 위해 뜨물에 담가 두다.

쉬:-다⁴〖타〗숨을 들이마셨다 내보냈다 하다. ¶한숨을 쉬다. /숨을 가쁘게 쉬다.

쉬르레알리슴(surréalisme 프)〖명〗초현실주의.

쉬:쉬-하다〖타어〗남이 알까 경계하여 말이 안 나게 숨기다. ¶소문이 날까 하여 쉬쉬하다.

쉬-슬다[~스니·~슬어]〖자〗파리가 알을 여기저기에 낳다.

쉬야〖Ⅰ〗〖명〗〖하자〗⇒쉬².
〖Ⅱ〗〖감〗⇒쉬².

쉬어〖Ⅰ〗〖명〗'열중쉬어' 자세에서 두 손을 내리고, 왼발과 상체를 다소 자유로운 상태로 하여 쉬는 자세.
〖Ⅱ〗〖감〗'쉬어' 하라는 구령.

쉬엄-쉬엄〖부〗①〖하자〗그쳤다 계속되었다 하는 모양. ¶쉬엄쉬엄 내리는 비. ②〖하타〗쉬어 가며 천천히 하는 모양. ¶바쁘지 않으니 쉬엄쉬엄 해도 된다.

쉬이〖부〗①쉽게. ¶쉬이 해결될 일이 아니다. /어느 일이든 쉬이 보지 마라. ②오래지 않아. ¶쉬이 돌아오너라. ⑩쉬³.

쉬지근-하다〖형어〗조금 쉰 듯한 냄새가 나다. ¶나물이 쉬지근하다. 쉬지근-히〖부〗.

쉬척지근-하다[~찌-]〖형어〗몹시 쉰 듯한 냄새가 나다. ¶쉬척지근한 냄새를 풍기다. 쉬척지근-히〖부〗.

쉬-파리〖명〗쉬파릿과의 곤충. 몸길이 7~25 mm. 몸빛은 회색이며 머리는 회황색에 금빛이 있고 다리는 검음. 여름에 썩은 고기나 똥에 쉬를 슮. 왕파리. 창승.

쉰〖수관〗열의 다섯 곱절(의). 오십(五十). ¶아버지 연세가 벌써 쉰이시다. /닭 쉰 마리.

쉰-내〖명〗①음식 따위가 쉬어서 나는 시금한 냄새. ¶잡채에서 쉰내가 나서 못 먹겠다. ②입던 옷 따위가 땀에 절어서 나는 시금한 냄새. ¶쉰내가 나다.

쉰-둥이〖명〗나이가 쉰 줄에 들어선 부모에게서 태어난 아이.

쉰:-밥〖명〗쉬어서 쉰내가 나거나 시금하게 된 밥.

쉼:-없다[~업따]〖형〗(일이나 활동 따위를) 잠시도 쉬거나 멈추는 일이 없다. ¶지난 2년간 쉼없이 공연된 연극이 막을 내리다.

쉼:-표(-標)〖명〗①문장 부호의 한 가지. ','의 이름. 반점·모점·가운뎃점·쌍점·쌍반점·빗금 따위를 통틀어 이르는 말. ②악보에서, 음이 멈추는 동안의 길이를 나타내는 부호. 휴지부.

쉽:-다[-따]〖형우니·쉬워〗〖형어〗①힘들거나 어렵지 않다. ¶책이 읽기 쉽다. /쉽게 해결되는 일. ②가능성이 많다. 《주로, '-기 쉽다'의 꼴로 쓰임.》 ¶눈길에 미끄러지기 쉽다. /틀리기 쉬운 문제. ↔어렵다.

쉽:-사리[~싸-]〖부〗아주 쉽게. 순조롭게. ¶일이 쉽사리 풀리다. /쉽사리 해결되다.

쉽-싸리〖명〗꿀풀과의 다년초. 연못이나 물가에 절로 나는데, 높이는 1 m가량. 여름에 작고 흰 꽃이 핌. 택란(澤蘭).

쉿[쉳]〖감〗소리 내지 말라는 뜻으로 급하게 내는 소리.

쉿무수〖명〗〖옛〗순무. ¶쉿무수 만: 蔓(訓蒙上14).

쉿무우〖명〗〖옛〗순무. ¶쉿무우: 蔓菁(老解下34). 〖참〗쉿무수.

슈룹圏 〈옛〉우산. ¶슈룹 爲雨繖(訓解).

슈미:즈(chemise 프)圏 여성의 양장용 속옷의 한 가지. 어깨에서 엉덩이를 가릴 정도의 길이로, 보통 소매가 없음.

슈박圏 〈옛〉수박. ¶슈박:西瓜(老朴下34).

슈-크림(chou 프+cream)圏 반죽한 밀가루를 얇게 구워 낸 다음, 속에 크림을 넣어 만든 서양 생과자의 한 가지.

슈템보:겐(Stemmbogen 독)圏 스키에서, 회전 때 스키의 뒤쪽 끝을 벌려 속력을 떨어뜨려 회전하는 기술.

슈투름 운트 드랑(Sturm und Drang 독) 〔질풍노도(疾風怒濤)라는 뜻으로〕 18세기 후반, 독일에서 괴테와 실러를 중심으로 일어난 혁신적 문학 운동. 합리주의·계몽주의의 반동으로, 개성의 존중과 감정의 자유를 부르짖어 낭만주의 운동의 선구가 되었음.

슈:트(shoot)圏 야구에서, 투수가 던진 공이 타자 앞에서 커브를 이루는 일, 또는 그 공. 缩슛.

슈:팅(shooting)圏団 축구나 농구 따위에서, 골을 향하여 공을 차거나 바스켓을 향하여 공을 던지는 일. 슛.

슈:퍼(←supermarket)圏 〈슈퍼마켓〉의 준말.

슈:퍼마:켓(supermarket)圏 살 사람이 손수 물건을 골라 가지고 출구의 계산대에서 값을 치르게 되어 있는 규모가 큰 소매점. 〔식료품이 주가 되어 있음.〕 ¶요즘 아이들은 시장을 몰라도 슈퍼마켓은 안다. 缩슈퍼.

슈:퍼맨(superman)圏 초능력을 가진 사람. 초인(超人).

슈:퍼스타(superstar)圏 스포츠·예능 따위의 분야에서, 많은 사람의 우상이 되다시피 한 사람.

슈:퍼에고(superego)圏 초자아.

슈:퍼컴퓨:터(supercomputer)圏 초대형 초고속 컴퓨터.

슈:퍼탱커(supertanker)圏 초대형 유조선.

슈:퍼^헤비급(super heavy級)圏 권투·레슬링·역도 따위에서, 중량별 체급의 한 가지. 아마추어 권투에서는 체중 91 kg 이상으로 가장 무거운 체급. 缩헤비급.

슛(shoot)圏団 ⇨슈팅(shooting).

스가랴-서(←Zechariah書)圏 구약 성서 중의 한 편. 스가랴의 예언서로, 회개를 권하고 평화로운 메시아 상(像)에 관한 내용을 기록함.

스マ볼圏 〈옛〉시골. ¶스マ볼 軍馬돌로 이길쎠(龍歌35章).

스マ올圏 〈옛〉시골. ¶辭朕호고 스マ올 갯더니(三綱忠勝推印). 缩스マ볼.

스낵-바:(snack bar)圏 간단하게 먹고 마실 수 있는 간이식당.

스냅(snap)圏 ①〈스냅숏〉의 준말. ②똑딱단추. ③구기에서, 공을 던지거나 칠 때의 손목의 움직임, 또는 그 힘.

스냅-숏(snapshot)圏 움직이는 피사체를 순간적으로 촬영하는 일, 또는 그 사진. 缩스냅.

스노:보:드(snowboard)圏 널빤지 위에 몸을 싣고 눈이 쌓인 비탈을 미끄러지듯 내려오는 운동, 또는 그 기구로 쓰는 널빤지. 스키와는 달리 옆으로 선 자세로 탐.

스노:-체인(snow chain)圏 눈길에서 미끄러지지 않도록 하기 위해 차바퀴에 감는 쇠사슬.

스노:-타이어(snow tire)圏 눈길 등에서 미끄러지지 않도록 하기 위해 땅에 닿는 부분의 골을 깊게 만든 타이어.

스님圏 ①중이 자기의 스승을 이르는 말. 사승(師僧). ②〈중〉의 높임말. 사주(師主).

스다¹団 〈옛〉쓰다(書). ¶슬 샤:寫(類合下39).

스다²団 〈옛〉쓰다(冠). ¶冠冕을 노피 스고(杜重 4:21).

-스라어미 〈옛〉-구나. -라. ¶東湖롤 도라보며 西湖로 가쟈스라(古時調). 缩스라.

스라소니圏 고양잇과의 짐승. 살쾡이 비슷한데, 좀 더 크며 몸길이 1 m, 꼬리 길이 20 cm가량. 몸빛은 회색을 띤 적갈색 또는 회갈색에 짙은 얼룩점이 있음. 뒷발이 앞발보다 길고 귀는 삼각형이며 빨에는 호랑이처럼 수염이 있음. 헤엄을 잘 치는데, 우리나라를 비롯한 북반구의 온대 이북에 분포함. 토표(土豹).

스란-치마圏 입으면 발이 보이지 아니하는, 폭이 넓고 긴 치마. 치마 끝에 금박 무늬나 용·봉 따위를 수놓은 옷단을 닮.

스러디다재 〈옛〉스러지다. 사라지다. ¶消는 스러딜씨라(月釋序25).

스러지다재 ①모양이나 자취가 없어지다. ¶별이 하나 둘 스러진다. ②어떤 생각이나 감정 따위가 없어지다. 缩사라지다.

-스럽다[-따][~스러우니·~스러워]접回《일부 명사 뒤에 붙어》'그러한 느낌이 있다'는 뜻의 형용사를 만듦. ¶다정스럽다. /명예스럽다. /복스럽다. /사랑스럽다.

-스레하다접回 ⇨-스름하다.

스로:인(throw-in)圏団 축구나 농구 따위에서, 선 밖으로 나간 공을 두 손으로 높이 들어 안으로 던지는 일.

스루다団 ①강한 쇠붙이를 불에 달구어 센 기운을 덜다. ②풀이 센 다듬잇감을 잡아당겨서 풀기를 죽이다.

스루^패스(through pass)圏 축구에서, 상대편 선수 사이로 공을 차서 보내는 패스.

스르르튀 ①맺히거나 묶인 것 또는 얽힌 것이 힘없이 풀리는 모양. ¶포승이 스르르 풀리다. ②얼음이나 눈 등이 녹는 모양. ¶눈이 스르르 다 녹아 버렸다. ③졸음이 슬며시 오거나 눈이 슬며시 감기거나 하는 모양. ¶눈이 스르르 감긴다. ④가만가만 슬며시 움직이는 모양. ¶손가락 사이로 모래가 스르르 다 빠져 버렸다. ⑤기슴이나 감정이 저절로 풀리는 모양. ¶아이의 재롱에 노여움이 스르르 풀렸다. 缩사르르.

-스름하다접回 《빛깔이나 형상을 나타내는 말의 어간에 붙어》빛이 아주 옅거나 또는 그 형상과 비슷하다는 뜻을 나타냄. -스레하다. ¶푸르스름하다. /둥그스름하다.

스리圏 음식을 씹다가 볼을 깨물어 난 상처.

스리:^번트(three+bunt)圏 야구에서, 타자가 투 스트라이크 이후에 하는 번트. 파울이 될 경우 타자는 아웃이 됨.

스리:^쿠션(three cushions)圏 당구에서 제 공을 쳐서 처음 공을 치고 3회 이상 쿠션에 닿고 다음 공에 맞히는 방식.

스리:쿼:터(three-quarter)圏 ①짐을 실을 수 있는 양이 4분의 3톤 되는 소형 트럭. ②〈스리쿼터 백〉의 준말.

스리:쿼:터^백(three-quarter back)圏 럭비에서, 하프백과 풀백의 중간에서 수비하는 네 사람의 경기자. 缩스리쿼터.

스리:피:스(three-piece)圏 세 가지를 갖추어 한 벌이 되는 옷을 이르는 말. 〔남자용은 재킷·조끼·바지, 여자용은 재킷·블라우스·스커트로 이루어진 한 벌 옷.〕

스릴(thrill)圓 (공연물이나 소설 따위에서) 간담을 서늘하게 하거나 몹시 마음이 죄게 하는 느낌. ¶스릴과 서스펜스의 연속.

스릴러(thriller)圓 스릴을 느끼게 하는 공연물이나 소설 따위.

스마:트-하다(smart-)[혬] (모양이) 맵시 있고 단정하며 경쾌하다. ¶스마트한 옷차림.

스매시(smash)圓[타] 테니스·탁구 따위에서, 높게 넘어오는 공을 네트 너머로 세게 내려 꺾어 치는 일. 스매싱.

스매싱(smashing)圓[타] ☞스매시.

스멀-거리다[자] 자꾸 스멀스멀하다. 스멀대다. [타]사물거리다.

스멀-대다[자] 스멀거리다.

스멀-스멀[부] 작은 벌레 따위가 살갗 위를 기는 것같이 근질근질한 느낌이 드는 상태. ¶머리에서 이가 스멀스멀 기어가는 듯하다. [타]사물사물.

스며-들다[∼드니·∼들어][자] 속으로 배어들다. ¶추위가 뼛속까지 스며들다.

스모(すもう)〔相撲·角力〕일圓 일본의 전통 씨름.

스모그(smog)圓 대도시나 공장 지대에서, 매연·배기 가스 따위의 오염 물질이 공기 중에 안개처럼 끼어 있는 것. ('연기'와 '안개'의 영어 'smoke'와 'fog'의 합성어.)

스모르찬도(smorzando 이)圓 악보의 나타냄말. '점점 꺼져 가듯이'의 뜻.

스목(smock)圓 ①의복 위에 덧입는 길고 넉넉한 작업복. ②수예에서, 천의 주름을 잡아 얽어서 여러 가지 무늬를 놓는 기법.

스무[관] (일부의 명사나 의존 명사 앞에 쓰이어) '스물'을 나타내는 말. ¶스무 집. /스무 개.

스무-고개圓 스무 번의 질문으로, 문제로 낸 사물을 알아맞히는 놀이.

스물[주] 열의 갑절. 이십(二十).

스물입-발(一卄一)[一빱]圓 한자 부수의 한 가지. '弄'·'弊' 등에서의 '卄'의 이름.

스므시(옛) 방불하게. ¶스므시 昭丘로 아뇌라(杜初15:24).

스믈(옛) 스물. ¶二十八온 스믈 여듧비라(訓解).

스미다[자] ①물이나 기름 따위의 액체가 물체에 배어들다. ¶창틈으로 빗물이 스미다. ②(기체나 바람 따위가) 속으로 흘러들다. ¶옷 속으로 스미는 찬 바람. ③절실하게 느껴지다. ¶뼛속까지 스미는 고독.

스바냐-서(←Zephaniah書)圓 구약 성서 중의 한 편. 유대 인들의 우상 숭배와 타락을 경고하고 주(主)의 날이 임박했음을 주장하는 내용임.

스산-하다[혬어] ①거칠고 쓸쓸하다. ¶스산한 바람. ②(기분이나 마음이) 안정되지 않고 어수선하다. ¶괜히 마음이 스산해서 일을 할 수가 없다.

스스럼-없다[一럽따][혬] 보기에 스스러워하는 태도가 없다. ¶서로 스스럼없는 사이. 스스럼없-이[부]

스스럽다[一따][스스러우니·스스러워][혬비] ①정분이 그리 두텁지 않아 조심스럽다. ¶서로 스스럽게 지내다. ②수줍고 부끄럽다. ¶처녀가 그런 일을 하자니 스스럽기야 하겠지.

스스로[Ⅰ]圓 자기 자신. ¶스스로를 다스리다. [Ⅱ][부] ①저절로. ¶스스로 이루어진 일. ②자진하여. ¶스스로 물러나다. ③자기 힘으로. ¶자기 일은 스스로 해야 한다.

스스로-자(一自)圓 한자 부수의 한 가지. '臭'·'臬' 등에서의 '自'의 이름.

스승圓 자기를 가르쳐 주는 사람. 사부(師傅). 선생. 함장(函丈).

스왜거-코:트(swagger coat)圓 도련이 퍼져 자연적인 주름이 잡히는, 허리선이 없이 헐렁하고 짧은 여성용 외투.

스웨이드(suede)圓 송아지나 새끼 양 따위의 가죽의 안쪽을 보풀려서 무두질한 것. 장갑이나 여자 구두 따위에 쓰임. [참]새미.

스웨터(sweater)圓 털실로 짠 상의.

스위치(switch)圓 ①전기 회로를 이었다 끊었다 하는 장치. 개폐기(開閉器). 전환기(轉換器). ②레슬링에서, 공방의 태세나 전술을 일전하여 바꾸는 일.

스위치^코:역(switch貿易)圓 제3국의 통화를 결재 수단으로 사용하고, 다른 통화 지역으로부터 수입하는 삼각 무역의 한 가지.

스위치보:드(switchboard)圓 배전반(配電盤).

스위치-히터(switch-hitter)圓 야구에서, 좌우 어느 쪽의 타석에서도 칠 수 있는 타자.

스위:트-룸:(suite room)圓 〔한데 이어져 있는 방이라는 뜻으로〕호텔 등에서 욕실이 딸린 침실, 거실 겸 응접실 따위가 하나로 이어져 있는 특별실.

스위:트-피(sweet pea)圓 콩과의 일년생 또는 이년생 만초. 지중해 연안 원산의 관상용 식물로 줄기는 1∼2 m. 전체에 흰 털이 있고 잎은 깃 모양의 겹잎임. 5월경에 여러 가지 빛깔의 나비 모양의 꽃이 핌.

스위:퍼(sweeper)圓 ①축구에서, 골키퍼를 제외한 수비수 가운데 가장 뒤쪽의 방어를 맡은 선수. ②볼링에서, 핀을 옆으로 쓸어 내듯이 넘기는 볼.

스윙(swing)圓[하자] ①권투에서, 팔을 길게 펴서 옆으로 휘둘러 치는 기술. ②야구에서, 타자가 방망이를 휘두르는 일. ③강렬한 리듬으로 된 재즈 음악의 한 형식.

스쳐-보다[∼보아·∼봐][타] ①곁눈질하여 슬쩍 보다. ②세밀하지 아니하며 대강대강 빨리 보다. ¶이 책은 스쳐볼 책이 아니다.

스치다[자타] ①서로 약간 닿으면서 지나가다. 서로 닿을락 말락 지나가다. ¶바람이 옷깃을 스치다. ②(어떤 생각이) 퍼뜩 떠올랐다가 사라지다. ¶문득 불길한 예감이 스치고 지나갔다.

스치다(옛) 생각하다. ¶想蘊은 여러가짓 일 스칠 씨오(月釋1:35).

스카라무슈(scaramouche 프)圓 이탈리아 즉흥 희극의 익살꾼 역(役). 〔원래는 17세기의 배우 피오렐리를 일컫던 말.〕

스카시(SCSI)圓 컴퓨터에서 주변 장치를 연결하는 데 사용하는 직렬 인터페이스. [Small Computers System Interface]

스카우트(scout)圓 ①보이 스카우트나 걸 스카우트의 단원. ②[하타][되자] 각지를 돌아다니며 우수한 운동 선수나 연예인 따위 인재를 물색하고 찾아내는 일.

스카이다이버(skydiver)圓 스카이다이빙을 하는 사람.

스카이다이빙(skydiving)圓 비행 중인 항공기에서 뛰어내려, 공중을 낙하하다가 지상 가까이에서 낙하산을 펴고 목표 지점에 착륙하는 항공 스포츠의 한 가지.

스카이-라운지(sky+lounge)圓 (전망이 좋은) 높은 건물의 맨 위층에 자리한 휴게실.

스카이라이트(skylight)圓 (화실·사진관 같은 곳에서) 천장에 낸 채광창.

스카이라인(skyline)〖명〗(산·고층 건물 따위에서) 하늘에 그어진 윤곽.

스카이웨이(skyway)〖명〗산마루를 잇대어 뻗은 관광 도로.

스카치(Scotch)〈스카치위스키〉의 준말.

스카치-위스키(Scotch whisky)〖명〗스코틀랜드 지방 특산의 위스키. 특유의 향이 있음. ⑥스카치.

스카치-테이프(Scotch tape)〖명〗접착용의 투명한 셀로판테이프.〔상품명에서 유래함.〕

스카:프(scarf)〖명〗(주로, 여성이 장식이나 보온을 위하여) 목에 감거나 머리에 두르는 사각형의 얇은 천.

스칸듐(scandium)〖명〗희토류 원소의 한 가지. 옅은 회백색 금속으로, 산(酸)에 녹아 3가의 염을 만듦.〔Sc/21/44.9559〕

스칼라(scalar)〖명〗하나의 수치만으로 완전히 표시되는 양. 크기만을 가지고 방향은 갖지 않는 양.〔질량·길이·에너지·밀도 따위.〕⑪벡터(vector).

스캐너(scanner)〖명〗①색도 분해기의 한 가지.〔상품명에서 유래함.〕②컴퓨터에서, 그림·사진 따위를 이전 부호로 변환하여 하나의 파일로 저장하는 주변 장치.

스캐브(scab)〖명〗파업의 이탈자.

스캔(scan)〖명〗〖하〗그림·사진 따위를 이전 부호로 변환하여 하나의 파일로 저장하는 일.

스캔들(scandal)〖명〗①(항간의) 물의. 추문(醜聞). ¶스캔들이 많은 유명 여배우. ②부정한 사진. 추성(醜聲)¶정치적 스캔들.

스커:트(skirt)〖명〗서양식 치마.

스컬(scull)〖명〗좌우의 노를 한 사람이 젓는 가벼운 보트 경주.

스컹크(skunk)〖명〗족제빗과의 짐승. 북미(北美) 원산으로 몸길이 50 cm가량. 족제비와 비슷하나 더 튼튼하고, 몸빛은 검은 바탕에 흰 줄 또는 반점이 있음. 온몸에 긴 털이 나 있는데, 항문선에서 고약한 냄새가 나는 액체를 분비하여 적을 물리침. 땅속의 구멍에 살며, 밤에 나와 곤충 따위를 잡아먹음.

스케르찬도(scherzando 이)〖명〗악보의 나타냄말. '익살스럽게'의 뜻.

스케르초(scherzo 이)〖명〗경쾌하고 해학적인 느낌의 빠른 3박자의 곡. 해학곡(諧謔曲).

스케이트(skate)〖명〗얼음을 지칠 때 신는, 구두 바닥에 쇠 날을 붙인 운동 기구.

스케이트-장(skate場)〖명〗얼음을 지칠 수 있도록 시설을 한 곳. 활빙장.

스케이팅(skating)〖명〗〖하〗스케이트를 신고 얼음판 위를 지치는 일. 빙기(氷技).

스케일(scale)〖명〗①(일이나 계획 따위의) 규모. ②인물의 도량이나 됨됨이. ¶스케일이 큰 사람.

스케일링(scaling)〖명〗〖하〗치석을 벗기는 일.

스케줄:(schedule)〖명〗주어진 시간에 따라 세운 계획, 또는 그 계획표.

스케치(sketch)〖명〗〖하〗①사생 또는 사생화. ②그 자리에서 느낀 대체적인 인상을 간단하게 그림이나 글 또는 악곡 등으로 나타내는 일, 또는 그 작품.

스케치북(sketchbook)〖명〗사생에 쓰이는 도화지를 묶은 책.

스케치-판(sketch板)〖명〗그림을 그릴 때 쓰는 화판.

스코어(score)〖명〗①경기의 득점, 또는 그 득점을 적은 표. ②모음 악보. 총보(總譜).

스코어보:드(scoreboard)〖명〗득점(得點) 게시판.

스코어북(scorebook)〖명〗운동 경기의 득점 경과를 적는 기록부.

스코치(Scotch)〖명〗영국 스코틀랜드 남부에서 나는 면양의 털, 또는 그것으로 만든 털실이나 그것으로 짠 사문직(斜紋織).

스코:프(scope)〖명〗교육 과정 편성의 기준이 되는 학습 활동의 범위.

스콜:(squall)〖명〗열대 지방의 소나기.〔거의 매일 오후에 강풍·우레와 함께 옴.〕

스콜라:철학(schola哲學)〖명〗8~17세기에 걸친 유럽 중세기의 신학 중심의 철학. 번쇄(煩瑣)철학.

스콥(schop 네)〖명〗흙 따위를 파거나 담아 올리거나 섞는 데 쓰는, 숟가락 모양의 기구.

스쿠:너(schooner)〖명〗2~4개의 돛대를 가진 서양식의 돛배.

스쿠:버(scuba)〖명〗휴대용 수중 호흡 장치.

스쿠:버^다이빙(scuba diving)〖명〗스쿠버를 갖추고 잠수하여 체력을 단련하는 수중 스포츠.

스쿠:터(scooter)〖명〗①아이들이 땅 위에서 한 발을 올려놓고 달릴 수 있게 만든 스케이트. ②소형 오토바이의 한 가지.

스쿨:링(schooling)〖명〗통신 교육을 받는 학생의, 일정 시간의 출석 수업.

스쿨-버스(school bus)〖명〗학생들의 통학 편의를 위하여 운행하는 학교 버스. ¶스쿨버스로 통학하다. /스쿨버스를 운행하다.

스쿼시(squash)〖명〗①과즙을 소다수로 묽게 하고 설탕을 탄 음료. ②구기의 한 가지. 두 사람의 경기자가 사방이 벽으로 둘러싸인 코트에서, 라켓으로 단단한 고무공을 벽에 맞추어서 공이 바닥에 두 번 튕기기 전에 되받아 쳐 득점을 겨루는 경기.

스퀘어^댄스(square dance)〖명〗미국 민속 무용의 한 가지. 네 쌍의 남녀가 마주 서서 정사각형을 이루면서 춤.

스퀴:즈^플레이(squeeze play)〖명〗야구에서, 3루의 주자를 홈으로 불러들일 목적으로 타자가 하는 번트.

스크랩(scrap)〖명〗〖하〗신문·잡지 따위에서 필요한 부분을 오려 내는 일, 또는 그 오려 낸 글이나 사진 조각 따위.

스크랩북(scrapbook)〖명〗(신문·잡지 따위에서) 오려 낸 스크랩을 붙이는 책.

스크럼(scrum)〖명〗①럭비에서, 양편의 선수가 어깨를 맞대고 그 사이로 굴려 넣은 공을 자기 편 쪽으로 빼내어 돌리는 일. ②여럿이 팔을 꽉 끼고 뭉치는 일. ¶군중들이 스크럼을 짜고 시위를 하고 있었다.

스크롤-바:(scroll bar)〖명〗보통 윈도의 아래쪽과 오른쪽에 나타나는 막대. 윈도에 나타난 화면을 상하 좌우로 움직일 때 사용함.

스크루:(screw)〖명〗나선 추진기.

스크루:^컨베이어(screw conveyor)〖명〗⟶나사 컨베이어.

스크린:(screen)〖명〗①영사막(映寫幕). 은막(銀幕). ②영화의 화면. ¶대형 스크린에 담은 한국 현대사. ③인쇄의 제판(製版)에서, 감광막의 앞에 대는 그물눈을 새긴 유리판. ④⟶스크린플레이.

스크린:^쿼터(screen quota)〖명〗영화 상영 시간 할당제. 정부에서 국산 영화를 보호·육성하기 위해 일정 시간 동안 국산 영화를 상영하도록 한 제도.

스크린:^프로세스 (screen process)圀 특수 효
과의 한 가지. 미리 촬영한 배경을 영사(映寫)
하고 이를 배경으로 배우의 연기를 촬영하는 일.

스크린:-플레이 (screen play)圀 농구에서, 상대
편의 방해를 막기 위해 자기편 선수를 앞세우
고 그 뒤에서 하는 공격법. 스크린.

스크립터 (scripter)圀 영화·텔레비전·라디오 등
의 대본 작가.

스크립트 (script)圀 영화·방송극 등의 대본. 각본.

스키 (ski)圀 ①눈 위를 지칠 때 신는, 가늘고
긴 판상(板狀)의 용구. ②스키를 신고 달리는
속도나 점프 능력을 겨루는 경기.

스키:-장 (ski場)圀 스키를 탈 수 있는 시설을
갖추어 놓은 곳.

스킨^다이빙 (skin diving)圀 수중 호흡기·물안
경·물갈퀴 등 간단한 장비만 갖추고 하는 스포
츠로서의 잠수. 참스쿠버 다이빙.

스킨-로:션 (skin lotion)圀 피부 보호에 쓰는
화장수.

스킨^스쿠:버 (skin scuba)圀 '스쿠버 다이
빙'과 '스킨 다이빙'을 아울러 이르는 말.

스킨십 (skin+ship)圀 피부의 상호 접촉에 의한
애정의 교류.

스타 (star)圀 ①인기 있는 배우나 운동 선수.
〔일반적으로 인기 있는 사람을 두루 이르는 말.〕
¶ 인기 스타. / 스포츠 스타. ②장성(將星)의 계
급인 별을 속되게 이르는 말. ¶포(four) 스타.

스타:덤 (stardom)圀 인기 스타의 지위 또는 신
분. ¶ 스타덤에 오르다.

스타디움 (stadium 라)圀 관람석을 갖춘 운동
경기장. ¶ 올림픽 스타디움.

스타일 (style)圀 일정한 형태나 양식. ¶ 복고적인
스타일. /화가 특유의 스타일이 돋보이는 작품.

스타일리스트 (stylist)圀 ①자기의 몸매나 옷
맵시에 신경을 몹시 쓰는 사람. ②의복·실내
장식 등의 지도나 조언을 하는 사람.

스타일-북 (stylebook)圀 인쇄소·출판사·신문사
등에서 철자·구두점·약자 따위를 모아 엮은 책.

스타카토 (staccato 이)圀 악곡 연주에서, 한 음
표씩 끊어서 연주하는 일, 또는 그 기호. 기호
는 '·'. 끊음표. 단음 기호. 단주(斷奏).

스타카티시모 (staccatissimo 이)圀 악곡 연주에
서, 음을 짧게 끊어서 연주하는 일, 또는 그
기호.

스타킹 (stocking)圀 ①여성용의 긴 양말. ②운
동 경기나 등산용으로 신는 긴 양말.

스타:트 (start)圀하자 '출발'·'시작'으로 순화.

스타:트^라인 (start+line)圀 (경주의) 출발선.

스타:팅^멤버 (starting member)圀 선수 교체를
할 수 있는 단체 경기에서, 처음에 출장하는
선발 멤버.

스태그플레이션 (stagflation)圀 경기가 불황인
상태에서도 물가가 계속 올라가는 경제 현상.

스태미나 (stamina)圀 '힘'·'정력'·'원기'로
순화.

스태프 (staff)圀 ①참모. 막료(幕僚). ②부원. 간
부. ③연극이나 영화에서, 연기자 이외의 제작
에 참여하는 사람. 〔원작·제작·감독·음악·조명·
촬영 따위를 맡은 사람.〕

스택 (stack)圀 컴퓨터에 데이터를 액세스하는
형태의 한 가지. 나중에 입력한 정보부터 출력
되거나 삭제 처리되는 액세스 형태임.

스탠드 (stand)圀 ①계단식으로 된 운동장의 관
람석. ②물건을 올려놓는 대. ¶ 잉크 스탠드.
③〈전기스탠드〉의 준말.

스탠드-바: (stand+bar)圀 서서 마시는 서양식
선술집.

스탠딩^스타:트 (standing start)圀 중·장거리
경주에서, 출발선에 선 자세에서 달려 나가는
출발법. 참크라우칭 스타트.

스탠바이 (←stand-by)圀 ①방송이 시작되기 직
전에 연출자 등이 외치는 '준비하라'는 뜻의
명령. ②무선 전신에서, 조정을 하고 발신·수
신을 기다리는 일. ③방송에서, 예정된 방송
계획의 취소에 따르는 임시 방송.

스탠스 (stance)圀 야구·골프 따위에서, 공을 칠
때나 던질 때의 두 발의 위치나 벌린 폭.

스탬프 (stamp)圀 (주로 고무로 만든) 도장.

스탬프-잉크 (stamp ink)圀 고무도장 따위를 찍
을 때 쓰는 잉크.

스턴트-맨 (stunt man)圀 영화에서, 위험한 장
면을 배우 대신에 연기하는 사람.

스털:링 (sterling)圀 ①영국 정화(正貨)의 순도
의 표준. ②영국 화폐.

스털:링^지역 (sterling地域)圀 ☞파운드 지역.

스테고돈 (stegodon)圀 장비목(長鼻目)에 속하
는 화석 코끼리. 현재의 코끼리와 마스토돈
(mastodon)의 중간형으로 동남아시아 특산임.
신생대 제3기(紀) 중기(中期)부터 제4기 중기
에 걸쳐 번성하였음.

스테디-셀러 (steady seller)圀 (오랜 기간에 걸
쳐) 꾸준히 팔리는 책. 참베스트셀러.

스테레오 (stereo)圀 방송이나 음반 따위에서 입
체감을 내게 한 음향 재생 장치.

스테레오^타입 (stereo type)〔연판(鉛版) 인
쇄라는 뜻에서〕 일반적인 방식. 틀에 박힌 행
동 양식.

스테로이드 (steroid)圀 스테롤·담즙산·성호르몬
따위의 지방 용해성 화합물을 통틀어 이르는 말.

스테롤 (sterol)圀 스테로이드 핵을 가진 유기 알
코올. 동식물계에 널리 분포하는 지방질 성분
의 하나임. 〔콜레스테롤·에르고스테롤 따위〕.

스테아르-산 (← stearic酸)圀 냄새가 없는 흰색
의 결정체로 지방의 주성분을 이루는 포화 고
급 지방산의 한 가지. 경지산(硬脂酸).

스테아린 (stearin)圀 스테아르산(酸)의 글리세
린 에스테르.

스테이션^브레이크 (station break)圀 방송 프
로그램과 프로그램 사이에 자국(自局)의 국명
이나 콜 사인·광고 방송 따위를 하는 일.

스테이지 (stage)圀 '무대'로 순화.

스테이지^댄스 (stage dance)圀 관객에게 보이
기 위해서 무대에서 추는 춤. 무대 무용.

스테이크 (steak)圀 ①두꺼운 육류 조각을 구운
서양 요리의 한 가지. ②비프스테이크.

스테이플^파이버 (staple fiber)圀 인조 섬유를
짧게 잘라 솜 모양으로 정제한 것, 또는 그 섬
유로 짠 옷감. 준스프·파이버.

스테인드-글라스 (stained glass)圀 색유리를 쓰
거나 색을 칠하여 그림이나 무늬를 나타낸 유
리판.

스테인리스 (stainless)圀 '스테인리스강'을 일
상적으로 이르는 말. ¶ 스테인리스 그릇.

스테인리스-강 (stainless鋼)圀 크롬과 탄소 외
에 용도에 따라 니켈, 텅스텐, 바나듐, 구리,
규소 따위의 원소를 함유한 내식성 강철. 녹이
슬지 않고 약품에도 부식되지 않음. 불수강·스
테인리스 스틸.

스테인리스^스틸: (stainless steel)圀 ☞스테인
리스강. 불수강(不銹鋼).

스텐실 (stencil)몡 ①염색이나 판화 기법의 한 가지. 무늬 부분을 잘라 낸 두꺼운 종이를 헝겊이나 종이 위에 덮고 롤러로 눌러 그림을 만드는 법. ②<스텐실 페이퍼>의 준말.

스텐실^페이퍼 (stencil paper)몡 등사용 원지 (原紙). ㉾스텐실.

스텔라이트 (stellite)몡 코발트에 크롬·텅스텐 따위를 섞어 만든 내열성 합금의 상품명.

스텝 (step)몡 댄스에서, 발과 몸의 한 동작.

스텝 (steppe)몡 사막 주변에 펼쳐져 있는 초원 지대. 우크라이나와 중앙아시아·몽골 등지에 발달하였으며, 밀농사와 목축에 적합함.

스텝^기후 (steppe氣候)몡 건조 기후형의 한 가지. 사막의 주변에서 볼 수 있으며, 긴 건기(乾期)와 짧은 우기(雨期)를 가짐. 연평균 강수량은 250∼500 mm.

스토^니 (stony)몡 시멘트에 특수한 약품을 혼합하여 경화·응결시킨 것. 경도가 높고 물·불·산(酸)에 잘 견딤. 모조 대리석.

스토^리 (story)몡 '이야기'·'줄거리'로 순화.

스토^브 (stove)몡 난로(煖爐).

스토아^철학 (Stoa哲學)몡 스토아학파의 철학.

스토아-학파 (Stoa學派)몡 기원전 3세기 초에 제논이 창시한 그리스 철학의 한 파. 윤리를 중심 과제로 하고 준엄한 도덕주의와 엄격한 의무의 준수를 주장함. 극기파(克己派).

스토^커 (stalker)몡 좋아하는 사람, 특히 유명 연예인이나 운동선수 등을 따라다니며 귀찮게 하거나 괴롭히는 사람.

스토^킹 (stalking)몡 좋아하는 사람, 특히 유명 연예인이나 운동선수 등을 따라다니며 귀찮게 하거나 괴롭히는 일.

스톡^옵션 (stock option)몡 회사가 임직원에게 자사의 주식을 미리 약정한 가격에 살 수 있는 권리를 주는 제도. 주로, 직원의 근로 의욕을 높이거나 우수한 인력을 확보하기 위한 수단으로 활용됨.

스톱 (stop)몡 ①㉿자㉾정지. 중지. ¶버스가 스톱하다. ②오르간의 음전(音栓).

스톱^밸브 (stop valve)몡 액체를 일정한 방향으로만 흐르게 하는 구조의 밸브. 수도(水道)의 마개판 따위.

스톱워치 (stopwatch)몡 바늘을 마음대로 작동시키며, 시간의 기록을 초(秒) 이하까지 잴 수 있게 만든 특수 시계.

스투코 (stucco 이)몡 석회·석고·모래 따위를 섞어 만든 건축 자재의 한 가지.

스툴 (stool)몡 등이 없는 작은 걸상.

스튜 (stew)몡 서양 요리의 한 가지. 고기에 버터와 조미료를 섞어 볶다가 야채를 넣어서 푹 끓인 국물 있는 음식.

스튜디오 (studio)몡 ①미술가·사진 작가 등의 작업실. 〔화실·사진관 따위.〕②영화 촬영소. ③라디오·텔레비전 국(局)의 방송실.

스튜어드 (steward)몡 항공기 안에서 승객에게 봉사하는 남성 승무원. ↔스튜어디스.

스튜어디스 (stewardess)몡 항공기 안에서 승객에게 봉사하는 여성 승무원. ↔스튜어드.

스트라이커 (striker)몡 축구에서, 득점력이 뛰어난 공격수.

스트라이크 (strike)몡 ①'파업'으로 순화. ②야구에서, 투수가 던진 스트라이크 존을 통과한 공을 타자가 치지 못하고 포수가 받는 일. ③볼링에서, 제1투로 열 개의 핀을 모두 넘어뜨리는 일.

스트라이크^아웃 (strike out)몡 야구에서, 타자가 스트라이크를 세 번 당하여 아웃되는 일. 삼진(三振).

스트라이크^존 (strike zone)몡 야구에서, 투수가 던진 공을 타자가 치기에 가장 유리하다고 지정한 공간. 〔타자의 겨드랑이 밑에서 무릎 사이 홈 베이스 위의 공간.〕

스트레스 (stress)몡 ①몸에 해로운 정신적·육체적 자극이 가해졌을 때 그 생체(生體)가 나타내는 반응. ¶스트레스 해소. /스트레스가 쌓이다. ②강세. 어세(語勢). 억양.

스트레이트 (straight)몡 〔'곧음'·'바름'의 뜻으로〕①연속적임. ¶스트레이트로 이기다. ②야구에서, 직구(直球). ③권투에서, 팔을 곧장 뻗어 상대를 치는 타격. ④양주에 물 따위 다른 것을 타지 않고 그냥 마시는 일, 또는 그 술.

스트레치 (stretch)몡 ①경기장이나 경마장 양쪽의 직선 코스. 특히, 최후의 직선 코스. ②보트의 노를 한 번 저어 가는 거리.

스트레칭 (stretching)몡 몸과 팔다리를 쭉 펴 주는 일.

스트렙토마이신 (streptomycin)몡 흙 속의 방선균(放線菌)에서 발견된 항생 물질(抗生物質)의 한 가지. 〔결핵·적리(赤痢)·티푸스 등의 특효약임.〕㉾마이신.

스트로 (straw)몡 ☞빨대.

스트로보스코프 (stroboscope)몡 회전 운동 또는 진동의 주기를 재고, 회전 중의 운동 상태를 관측하는 장치.

스트로크 (stroke)몡 ①보트에서, 노를 젓는 동작. ②수영에서, 팔로 물을 끌어당기는 동작. ③테니스나 골프에서, 공을 치는 동작.

스트로풀루스 (strophulus)몡 첫여름에 발생하는 어린아이 특유의 피부병. 두드러기 비슷한 발진이 나타남.

스트론튬 (strontium)몡 알칼리 토금속 원소의 한 가지. 천연으로 산출되는 은백색 원소로 상온에서 물을 분해하여 수소를 발생시킴. 특수 합금(合金)·탈산제(脫酸劑) 따위에 쓰임. 〔Sr/38/87.62〕

스트리크닌 (strychnine)몡 마전(馬錢)의 씨에 들어 있는 알칼로이드. 〔독성이 강하나 적량(適量)은 흥분제·강심제 등 신경 자극제로 유효함.〕

스트리킹 (streaking)몡 벌거벗고 시가지 따위를 달리는 짓.

스트리퍼 (stripper)몡 스트립쇼에 출연하는 무용수.

스트린젠도 (stringendo 이)몡 악보에서, 변화를 주도록 지시하는 말. '음을 차츰 빠르게'의 뜻.

스트립-쇼 (strip+show)몡 무용수가 음악에 맞추어 춤을 추면서, 옷을 하나하나 벗어 보이는 구경거리.

스티렌 (styrene)몡 에틸벤젠을 탈수소(脫水素)하여 만든, 특이한 냄새를 가진 무색의 액체. 스티렌 수지·합성 고무·도료 따위 화학 공업의 원료로 널리 쓰임. 스티롤(styrol).

스티렌^수지 (styrene樹脂)몡 스티렌의 중합체로 에틸렌과 벤젠을 원료로 하는 합성수지의 한 가지. 절연체·광학 재료·장신구 따위에 널리 쓰임. 스티롤 수지.

스티로폴 (Styropor 독)몡 '스티로폼'의 잘못.

스티로폼 (styrofoam)몡 발포 스티렌 수지. 〔상표명에서 유래함.〕

스티롤 (styrol)몡 ☞스티렌(styrene).

스티롤^수지(styrol樹脂)**명** ☞스티렌 수지.

스티치(stitch)**명** 자수·편물·양재에서, 한 땀이 나 한 코, 또는 바늘로 뜨고 짜고 꿰매는 모든 방법을 통틀어 이르는 말.

스티커(sticker)**명** ①상표나 광고 또는 어떤 표지로서 붙이는, 풀칠이 되어 있는 작은 종이 표. ②교통경찰이 교통 법규 위반자에게 떼어 주는 범칙금 부과 서류.

스틱(stick)**명** ①지팡이. 막대. 단장(短杖). ②하키 따위에서 쓰는, 공을 다루는 나무 막대기.

스틸(steal)**명** 도루(盜壘).

스틸(still)**명** 영화의 한 장면을 크게 확대 인화한 선전용 사진. 장면 사진(場面寫眞).

스틸:기타:(steel guitar)**명** 강철선을 현(絃)으로 사용한 경음악용 전기 기타의 한 가지. 흔히, 전기로 소리를 증폭(增幅)해 강한 소리를 냄.

스틸:^새시(steel sash)**명** 내화 구조물(耐火構造物) 따위에 쓰이는 강철제의 문틀.

스팀:(steam)**명** 증기(蒸氣)를 통하여 열을 내는 난방 장치.

스팀:^해머(steam hammer)**명** 증기의 힘으로 상하 운동을 하는 대형 망치.

스파게티(spaghetti 이)**명** 가늘고 구멍이 뚫리지 않은 이탈리아식 국수 요리.

스파르타^교:육(Sparta敎育)**명** (고대 그리스의 스파르타에서 하던 국가주의적 교육을 본뜬) 매우 엄격한 교육, 또는 그러한 교육 방법.

스파:링(sparring)**명** 권투에서, 헤드기어를 쓰고 실제의 시합과 같은 형식으로 하는 연습. ¶챔피언의 스파링 파트너가 되다.

스파이(spy)**명** 간첩.

스파이크(spike)**명** ①구두 밑창에 박는 뾰족한 징이나 못. ②〈스파이크 슈즈〉의 준말. ③배구에서, 네트 가까이 띄워 준 공을, 뛰어오르면서 상대편 쪽으로 세게 내리치는 일.

스파이크^슈:즈(spike shoes)**명** 밑창에 뾰족한 징이나 못을 박은 운동화. 러닝 슈즈. ⑥스파이크.

스파:크(spark)**명** 불꽃, 특히 전기의 방전 때 일어나는 불꽃. 전기 불꽃.

스패너(spanner)**명** 볼트·너트 따위를 죄거나 푸는 공구(工具). 렌치.

스패츠(spats)**명** 신 속에 눈이나 먼지 등이 들어가지 않게 하거나 발목을 보호하기 위하여 발목에 두르는 각반(脚絆).

스팸^메일(spam mail)**명** (원하지 않는데도) 다수의 사람에게 일방적으로 보내는 광고성 이메일.

스팽글(spangle)**명** 금속이나 플라스틱 따위로 만든 얇고 조그만 조각. 빛을 반사하여 반짝이기 때문에, 무대 의상이나 야회복(夜會服)·광고 간판 따위에 달아서 장식으로 씀.

스퍼:트(spurt)**명** (끝판의) 역주(力走) 또는 역영(力泳). ¶라스트 스퍼트.

스펀지(sponge)**명** 고무나 합성수지 따위로 해면 모양으로 만든 것. 쿠션·그릇닦개 따위로 쓰임.

스펀지-케이크(sponge cake)**명** 양과자(洋菓子)의 한 가지. 밀가루·달걀·설탕을 주원료로 하여 스펀지 모양으로 구워 낸 과자.

스페어(spare)**명** ①언제든지 바꿀 수 있도록 갖추어 두는 것. ¶타이어 한 개를 스페어로 가지고 다니다. ②볼링에서, 제1투에서 쓰러뜨리지 못한 핀을 제2투에서 모두 쓰러뜨리는 일, 또는 그렇게 하여 얻는 점수.

스페어-타이어(spare tire)**명** 자동차의 펑크에 대비한 예비 타이어.

스페이드(spade)**명** 트럼프 패의 한 가지. 심장 모양의 검은 나뭇잎이 그려져 있음.

스페이스(space)**명** 지면(紙面)의 여백.

스펙터클^영화(spectacle映畫)**명** 호화로운 의상이나 세트, 대규모의 트릭, 많은 엑스트라 따위를 써서, 장대한 규모의 장면을 구경거리로 하여 만든 영화.

스펙터클-하다(spectacle-)**형여** '웅장하다'·'거창하다'·'거대하다'로 순화.

스펙트럼(spectrum)**명** ①빛을 프리즘 등 분광기(分光器)로 분해했을 때 생기는 무지개색과 같은 빛깔의 띠. 파장(波長)의 차례로 배열됨. ②복잡한 조직을 가진 대상을 단순한 성분으로 나누어, 질량 등의 차례로 늘어놓은 것.

스펙트럼^광도계(spectrum光度計)[-계/-게]**명** 스펙트럼의 각각의 빛에 대해 따로따로 그 강도를 비교 측정하는 장치.

스펙트럼^분석(spectrum分析)**명** 물질의 분말을 고온의 불꽃에 넣어, 그 발광(發光)하는 스펙트럼으로 함유되어 있는 원소를 분석하는 방법. 분광 분석(分光分析).

스펙트럼-형(spectrum型)**명** 항성(恒星)의 온도 따위의 물리적 상태를 그 스펙트럼으로 분류하여 정한 형(型).

스펠(spell)**명** ☞스펠링.

스펠링(spelling)**명** 유럽 어(語)의 철자 또는 맞춤법. 스펠.

스포르차토(sforzato 이)**명** ☞스포르찬도.

스포르찬도(sforzando 이)**명** 악보에서, 부분적인 셈여림을 나타내는 말. '특히 강한 악센트로'의 뜻. 〔기호는 sf 또는 sfz〕 스포르차토.

스포이트(spuit 네)**명** 잉크·물약 따위를 빨아올려 다른 곳으로 옮기는 데 쓰는, 고무주머니가 달린 유리관.

스포:츠(sports)**명** 신체 단련이나 경쟁·유희성 등의 요소를 포함한 신체 운동을 통틀어 이르는 말.

스포:츠-맨(sportsman)**명** 운동가. 운동선수.

스포:츠맨-십(sportsmanship)**명** 운동 정신. 정정당당하게 행동하는 운동가다운 인격과 경기 정신.

스포:츠^센터(sports center)**명** 각종 스포츠를 할 수 있도록 시설을 갖춘 체육관.

스포:츠^의학(sports醫學)**명** 스포츠와 인체의 관계를 연구함에 이를 경기력 향상과 경기자의 건강 관리 등에 반영시키는 의학.

스포:츠-카:(sports car)**명** 주행 성능이 좋은 오락용·경주용의 소형 자동차.

스포트라이트(spotlight)**명** ①무대의 한 부분만을 집중적으로 비추기 위한 광선. ②'각광'·'주시'로 순화.

스포:티-하다(sporty-)**형여** '날렵하다'·'경쾌하다'로 순화.

스폰서(sponsor)**명** ①행사나 자선 사업 따위의 보증인. 후원자. ②상업 방송에서 프로그램을 제공하는 광고주.

스폿^광:고(spot廣告)**명** 라디오나 텔레비전 방송에서, 프로그램과 프로그램 사이에 끼워 넣는 짧은 광고.

스폿^뉴:스(spot news)**명** 라디오나 텔레비전 방송에서, 프로그램과 프로그램 사이에 끼워 내보내는 짤막한 뉴스.

스푼:(spoon)**명** ①주로, 양식(洋食)에 쓰이는 숟가락. 양숟가락. 사시(沙匙). ②끝 부분이 숟가락 모양으로 된 골프 채. ③『의존 명사적 용

법】음식물을 스푼에 담아 그 분량을 세는 단위. ¶ 설탕 한 스푼.

스푸몡 〈스테이플 파이버〉의 준말.

스프레이 (spray)몡 '분무'·'분무기'로 순화.

스프롤^현:상 (sprawl現象)몡 대도시의 교외가 무질서·무계획적으로 확대되는 현상.

스프린터 (sprinter)몡 달리기나 수영 등에서, 단거리 경주 선수.

스프린트 (sprint)몡 달리기나 수영 등에서, 단거리 경기.

스프링 (spring)몡 용수철.

스프링-보:드 (spring board)몡 도약판(跳躍板).

스프링^캠프 (spring camp)몡 프로 야구 따위에서, 춘계 합숙 훈련, 또는 그 장소.

스프링-코:트 (spring+coat)몡 봄·가을에 입는 가벼운 외투.

스프링클러 (sprinkler)몡 ①천장 같은 데 장치하는 자동 소화 장치. 〔실내 온도가 70℃쯤 되면 자동적으로 물이 뿜어져 나옴.〕 ②밭이나 정원 같은 데 세워 놓은, 자동적으로 물을 홑 뿌리게 되어 있는 장치.

스피넬 (spinel)몡 마그네슘과 알루미늄의 산화 광물. 등축 정계(等軸晶系) 팔면체의 결정. 투명 또는 반투명이며, 빨강·파랑·노랑·녹색·갈색 따위의 것이 있음. 순수한 것은 보석으로 가공됨.

스피:드 (speed)몡 속력. 속도. ¶ 스피드를 내다.

스피:드^건 (speed gun)몡 달리는 자동차의 속도나 투수의 투구 속도 따위를 재는, 총 모양으로 생긴 계기. 마이크로파의 반사 파장 성질을 이용함.

스피:드^스케이팅 (speed skating)몡 일정 거리의 스케이트 활주 경기.

스피로헤타 (Spirochaeta)몡 미생물의 한 가지. 모양은 실 같은 나선형으로 고등 동물에 기생함. 분열에 의해 증식하여 매독·회귀열(回歸熱) 등의 병원체가 되지만 병원성(病原性)이 아닌 종류도 있음.

스피리토:소 (spiritoso 이)몡 악곡의 나타냄말. '활기 있게'의 뜻.

스피츠 (spitz)몡 개의 한 품종. 길고 흰 털로 덮여 있으며, 뾰족한 얼굴에 귀가 작고 곧게 서 있음. 애완용으로 기름.

스피카토 (spiccato 이)몡 현악기 연주에서, 활을 현 위에 튀게 하여 음을 가늘고 짧게 끊어서 켜는 연주법.

스피:커 (speaker)몡 ⇨확성기.

스피:커폰: (speakerphone)몡 마이크와 스피커가 부착되어 있는 전화기. 스피커로 수화하고 마이크로 송화하게 되어 있어서 수화기를 갖지 않고도 통화가 가능함.

스핀 (spin)몡 ①테니스·탁구 따위에서, 공에 회전을 주는 일, 또는 그 회전. ¶ 스핀 볼. ②피겨 스케이팅에서, 얼음판 위의 한 점에서 팽이처럼 몸을 회전하는 일.

스핀-킥 (spin kick)몡 축구에서, 공이 돌면서 휘어져 날아가도록 공의 한옆을 비껴 차는 일.

스핏-볼: (spitball)몡 야구에서, 공의 일부에 침을 발라서 던지는 투구법. 〔예측할 수 없는 변화구가 되어 위험성이 높아지기 때문에, 현행 규칙에서는 금지되어 있음.〕

스핑크스 (Sphinx)몡 ①고대 오리엔트 신화에 나오는, 사람의 머리와 사자의 몸을 가진 괴물. 〔이집트 등지에서 신전이나 분묘의 입구에 석상으로 만들어 세웠음.〕 ②그리스 신화에 나오는, 상반신은 여자, 하반신은 날개 돋친 사

자 모양의 괴물. 〔행인에게 수수께끼를 내어 풀지 못하면 잡아먹었다 함.〕

슬 (瑟)몡 중국 고대 아악기의 한 가지. 앞은 오동나무, 뒤는 밤나무로 만들고 25줄을 매어서 타는 현악기. 〔참고 : 금(琴).〕

슬갑 (膝甲)몡 지난날, 추위를 막기 위해 바지 위에 껴입던, 무릎까지 내려오는 옷.

슬개건^반:사 (膝蓋腱反射)몡 ⇨무릎 반사.

슬개-골 (膝蓋骨)몡 무릎의 관절을 이루고 있는 종지 모양의 뼈. 슬골. 종지뼈.

슬겁다 [-따] 〔슬거우니·슬거워〕형ㅂ ①(집이나 세간 따위가) 겉으로 보기보다 속이 너르다. ②(마음씨가) 정답고 너그럽다. ☞살갑다.

슬골 (膝骨)몡 ⇨슬개골.

슬-관절 (膝關節)몡 넓적다리뼈와 정강이뼈를 잇는 관절. 무릎마디.

슬그니면 〈슬그머니〉의 준말. ☞살그니.

슬그머니면 ①남이 모르게 넌지시. ¶ 모두 잠든 틈에 슬그머니 빠져나가다. / 슬그머니 꽁무니를 빼다. ㉥슬그니·슬그미. ☞살그머니.

슬그미면 〈슬그머니〉의 준말. ☞살그미.

슬근-거리다재 자꾸 슬근슬근하다. 슬근대다. ☞살근거리다.

슬근-대:다재 슬근거리다.

슬근-슬근면하재 물체와 물체가 서로 맞닿아서 가볍게 비벼지는 모양. ¶ 슬근슬근 톱질하세. ☞살근살근.

슬금-슬금면 남이 모르게 눈치를 살펴 가며 슬그머니 움직이는 모양. ¶ 슬금슬금 도망치다. / 슬금슬금 다가서다. ☞살금살금.

슬금-하다형여 슬기롭고 너그럽다.

슬기몡 사리를 바르게 판별하고 일을 잘 처리해 나가는 능력. 지혜(智慧). 두뇌. ¶ 선조의 슬기를 이어받다.

슬기-롭다 [-따] 〔~로우니·~로워〕형ㅂ 슬기가 있다. ¶ 슬기로운 민족. **슬기로이**면.

슬다¹ 〔스니·슬어〕재 ①(쇠붙이에 녹이) 생기다. ¶ 기계에 녹이 슬다. ②(음식물 따위에) 곰팡이가 생기다. ¶ 곰팡이가 슨 음식.

슬다² 〔스니·슬어〕재 ①(식물이 진딧물 따위에 시달려) 누렇게 죽어 가다. ¶ 무 잎이 슬다. ②(몸에 돋은 두드러기나 소름 따위가) 없어지다. ¶ 소리치다. ¶ 부스럼이 슬다.

슬다³ 〔스니·슬어〕타 (물고기나 벌레가 알을) 갈기다. ¶ 파리가 알을 슬다.

슬다⁴ 〔스니·슬어〕타 ①(쇠붙이를 불에 달구어 무르게 하다. ②(풀이 센 빨래를 손질하여 녹녹하고 보들보들하게 하다.

슬다⁵ 〔옛〕 스러지다. 사라지다. ¶ 塵이 슬면 覺이 두려러 조ㅎ리라(圓覺上一之二145).

슬두 (膝頭) 〔-뚜〕몡 무릎.

슬라브^족 (Slav族)몡 유럽의 동부 및 중부에 사는 아리안계 민족을 통틀어 이르는 말.

슬라이더 (slider)몡 야구에서, 투수가 던지는 변화구의 한 가지. 타자 가까이에서 미끄러지듯 외각(外角)으로 꺾임.

슬라이드 (slide)몡 환등기에 넣어 확대·투영시키는 필름, 또는 그 환등기.

슬라이드^글라스 (slide glass)몡 깔유리.

슬라이드^캘리퍼스 (slide calipers)몡 ⇨노기스.

슬라이딩 (sliding)몡하재 ①활주(滑走). 미끄러짐. ②야구에서, 미끄러지며서 누(壘)를 밟는 일.

슬라이딩^시스템 (sliding system)몡 물가의 변동에 따라 임금을 올리거나 내리거나 하는 방식. 종가 임금법(從價賃金法).

슬라이딩^태클(sliding tackle)명 축구에서, 미끄러지듯 달려들어 상대편 선수의 공을 빼앗는 일, 또는 그런 동작.

슬래브(slab)명 건축물에서, 철근 콘크리트로 만든 바닥이나 지붕 따위의 판판한 구조물. ¶슬래브 지붕.

슬랙스(slacks)명 평상복의 느슨한 바지.

슬러거(slugger)명 강타자(强打者).

슬럼(slum)명 빈민가(貧民街). 빈민굴(貧民窟).

슬럼프(slump)명 ①심신의 상태 또는 작업이나 사업 따위가 일시적으로 부진한 상태. ¶슬럼프에 빠진 선수. ②경제의 불황. 불경기.

슬렁-슬렁用하자 서두름이 없이 천천히 행동하는 모양. ¶김 노인이 슬렁슬렁 다가왔다.

슬레이트(slate)명 점판암(粘板岩), 또는 점판암의 얇은 판(板). 인조 슬레이트는 석면(石綿)에 시멘트를 섞어서 만드는데, 지붕을 이는 데 쓰임.

슬렌탄도(slentando 이)명 악보에서, 변화를 주도록 지시하는 말. '점점 느리게'의 뜻.

슬로건(slogan)명 어떤 단체의 주의·주장 따위를 짧은 말로 나타낸 것. 표어(標語).

슬로:^모:션(slow motion)명 ①느린 동작. ②고속도 촬영에 의하여 화면의 움직임이 실제보다 느리게 보이는 일.

슬로:-비디오(slow+video)명 텔레비전에서, 녹화 테이프를 화면에 느린 동작으로 나타나게 재생하는 일, 또는 그 화면.

슬로:^크랭킹(slow cranking)명 영화에서, 카메라의 작동을 느리게 하여 촬영하고, 실제로 영사할 때는 장면의 움직임을 빠르게 하는 기교.

슬로:프(slope)명 (스키장 따위의) 비탈.

슬롯-머신(slot machine)명 경화(硬貨)를 넣어 다루는 자동 도박 기계.

슬리퍼(slipper)명 발끝만 꿰게 되어 있고 뒤축이 없는 실내화.

슬리:핑-백(sleeping bag)명 침낭(寢囊).

슬립(slip)명 어깨에 걸어서 드레스보다 짧게 입는 여자용 속옷.

슬립^다운(slip down)명 권투에서, 가격에 의한 것이 아니라 미끄러져 넘어지는 일.

슬릿(slit)명 윗도리 자락이나 스커트 자락 따위에 낸 아귀.

슬며시用 ①드러나지 않게 넌지시. ¶슬며시 다가서다. ㈜살며시. ②속으로 은근히. ¶슬며시 화가 났다.

슬몃-슬몃[-멷쓸멷]用 거듭 슬며시 행동하는 모양. ¶모두들 슬몃슬몃 꽁무니를 뺀다. ㈜살몃살몃.

슬믜다형〔옛〕싫다. 싫고 밉다. ¶슬믜 뉘 모르며(月釋2:59)./風景이 못 슬믜니(鄭澈.關東別曲).

슬슬用 ①드러나지 않게 슬그머니. 슬금슬금. ¶눈치를 슬슬 살피다./슬슬 피하다. ②가볍게. ¶등을 슬슬 긁어 주다. ③서두르지 않고 천천히. ¶태평스럽게 슬슬 걸어서 가다. ④그럴듯한 말이나 행동으로 남을 구슬리는 모양. ¶달콤한 말로 슬슬 꾀다. ⑤(잘 녹는 물건이) 스르르 녹는 모양. ¶봄 기운에 응달의 잔설도 슬슬 녹다. ㈜살살.

슬쩍用 ①남에게 들키지 않게 얼른. ¶남의 물건을 슬쩍 훔치다. ②힘들이지 않고 능숙하게. ¶날아오는 공을 슬쩍 피하다. ㈜살짝. 슬쩍-슬쩍用.

슬쩍-하다[-쩌카-]印어 (남의 물건을) 몰래 재빨리 가로채거나 훔치다. ¶지갑을 슬쩍하다.

슬치명 (알을 슬어 버려) 배 속에 알이 없는 뱅어. ㈜암치다.

슬ㅋ장用〔옛〕실컷. 싫도록. ¶ㅁㅇ의 머근 말솜 슬ㅋ장 솗자 ㅎ니(鄭澈.續美人曲).

슬ㅋ지用〔옛〕실컷. 싫도록. ¶묽ㄱ의 슬ㅋ지 노니노라(古時調).

슬퍼-하다印어 슬프게 느끼다. 슬프게 여기다. ¶친구의 죽음을 슬퍼하다.

슬프다[슬프니·슬퍼]형 (불행을 만나거나 몹시 외롭거나 하여) 울고 싶어지도록 마음이 아프다. ↔기쁘다.

슬픔명 슬픈 마음. 슬픈 느낌. ↔기쁨.

슬피用 슬프게. ¶슬피 울다.

슬하(膝下)명 〔'무릎 아래'라는 뜻으로〕①(어버이의) 곁. ¶부모의 슬하를 떠나다. ②자식을 두어 대를 이어야 할 처지. ¶슬하에 일점혈육도 없는 노부부.

슬한-증(膝寒症)[-쯩]명 무릎이 시리고 아픈 증세.

슬행(膝行)명하자 무릎을 방바닥에 대고 걸음. 무릎걸음을 침.

슬홈명〔옛〕슬픔. ¶기리 이웃 사른미 슬후미 드외얫거니라(杜初6:37).

슬희여하다형〔옛〕싫어하다. ¶처조식이 가장 슬희여하더니(二倫34).

슬히用〔옛〕싫게. ¶이 더러욘 女人이 女身을 슬히 너기거늘 하면(月釋21:87).

슳다印〔옛〕슬퍼하다. ¶悲노 슬흘씨오(月釋2:22)./슬흘 비:悲(類合下6).

슳다²형〔옛〕싫다. ¶萬事에 보디 슬흔 일이나 이시면(新語6:24).

슴겁다형印〔옛〕싱겁다. ¶슴거울 담:淡(訓蒙下14).

슴벅-거리다[-꺼-]자타 자꾸 슴벅슴벅하다. 슴벅대다. ㈜삼박거리다. 例씀벅거리다.

슴벅-대다[-때-]자타 슴벅거리다.

슴벅-슴벅[-쏨-]用자타 (눈꺼풀을 움직이어) 눈을 자꾸 감았다 떴다 하는 모양. ㈜삼박삼박. 例씀벅씀벅.

슴벅-이다자타 ①(눈에 먼지 따위가 들어가 자꾸 끔벅이고 싶어지다. ②(눈까풀을 움직이어) 눈을 감았다 떴다 하다.

슴베명 (칼·낫·호미 따위의) 자루 속에 들어박히는 부분.

습(濕)명 한방에서, 하초(下焦)가 습해지는 증세를 이르는 말.

습개(濕疥)[-깨]명 ☞진옴.

습격(襲擊)[-껵]명하다 갑자기 적을 들이침. ¶불시(不時)에 습격하다.

습곡(褶曲)[-꼭]명 지각(地殼)의 변동으로 말미암아 평평한 지층이 옆으로 받는 압력으로 주름이 져서 산이나 골짜기가 되는 일.

습곡^산맥(褶曲山脈)[-꼭싼-]명 습곡으로 이루어진 산맥. 〔알프스 산맥·히말라야 산맥 따위.〕

습관(習慣)[-꽌]명 버릇. ¶나쁜 습관을 고치다.

습관-법(習慣法)[-꽌-]명 ☞관습법.

습관-성(習慣性)[-꽌썽]명 습관이 되는 성질, 또는 습관화하기 쉬운 성질. ¶습관성 의약품.

습관-적(習慣的)[-꽌-]명 습관이 되어 있는 (것). ¶습관적 행동.

습관-화(習慣化)[-꽌-]명하자타되자 버릇이 됨, 또는 버릇이 되게 함. ¶아침 운동을 습관화하다.

습구(濕球)[-꾸]명 건습구 습도계에서, 구(球)로 된 두 부분 가운데서 젖은 천으로 싼 쪽의 구(球), 또는 그 온도계.

습구^온도계(濕球溫度計)[-꾸-계/-꾸-게]명 한 쌍으로 된 건습구(乾濕球) 습도계에서, 구(球)를 천으로 싸고 그 천 끝을 물에 담가 놓은 쪽의 온도계.

습기(濕氣)[-끼]명 축축한 기운. ¶습기가 많은 공기.

습기(襲器)[-끼]☞습자배기.

-습닌다[슴닌-]어미 자음으로 끝난 어간이나 시제의 '-았(었)-'·'-겠-' 등에 붙어, 경험한 바에 따라 그것이 사실임을 일러 주는 뜻을 나타내는 하오체의 종결 어미. ¶가는 말이 고와야 오는 말도 곱습닌다. 참-ㅂ닌다.

-습니까[슴-]어미 자음으로 끝난 어간이나 시제의 '-았(었)-'·'-겠-' 등에 붙어, 존대하여 묻는 뜻을 나타내는 합쇼체의 종결 어미. ¶요즘 지내시기가 어떻습니까? 참-ㅂ니까.

-습니다[슴-]어미 자음으로 끝난 어간이나 시제의 '-았(었)-'·'-겠-' 등에 붙어, 동작이나 상태를 나타내거나 어떤 사실을 긍정적으로 베풀어 말하는 합쇼체의 종결 어미. ¶날씨가 참 좋습니다. 참-ㅂ니다.

습담(濕痰)[-땀]명 습기로 생기는 가래.

습답(襲踏)[-땁]명하타 앞사람이 한 대로 따라서 함. 답습. 踏습.

습도(濕度)[-또]명 공기 중에 수증기가 포함되어 있는 정도, 또는 그것을 나타내는 양. ¶여름에는 습도가 높아 무덥고끈적끈적하다.

습도-계(濕度計)[-또계/-또게]명 습도를 재는 데 쓰이는 계기. 검습기(檢濕器).

습독(習讀)[-똑]명하타 글 읽기를 익힘.

습-독(濕dock)[-똑]명 계선 독(繫船dock). ↔건독.

습득(拾得)[-뜩]명하타 (남이 잃어버린 물건을) 주움. ¶지갑을 습득하다. ↔분실(紛失).

습득(習得)[-뜩]명하타 되자 배워 터득함. 익혀서 얻음. ¶기술을 습득하다.

습득^관념(習得觀念)[-뜩꽌-]명 감각과 반성에 의하여 후천적으로 얻어지는 관념. 경험으로 얻을 수 있는 관념. ↔본유 관념(本有觀念).

습득-물(拾得物)[-뜩-]명 습득한 물건.

습득^형질(習得形質)[-뜩껼-]명획득 형질.

-습디까[-띠-]어미 자음으로 끝난 어간이나 시제의 '-았(었)-'·'-겠-' 등에 붙어, 지난 일을 돌이켜 묻는 뜻을 나타내는 합쇼체의 종결 어미. ¶얼마나 높습디까? 참-ㅂ디까.

-습디다[-띠-]어미 자음으로 끝난 어간이나 시제의 '-았(었)-'·'-겠-' 등에 붙어, 지난 일을 돌이켜 말하는 뜻을 나타내는 합쇼체의 종결 어미. ¶참 많습디다. /잘 먹습디다. /꽤 춥습디다. 참-ㅂ디다.

-습딘다[-띤-]어미 자음으로 끝난 어간이나 시제의 '-았(었)-'·'-겠-' 등에 붙어, 경험한 지난 일을 돌이켜 일러 주는 뜻을 나타내는 하오체의 종결 어미. ¶단풍이 빨갛게 물들었딘다. 참-ㅂ딘다.

습란(濕爛)[슴난]명 피부가 서로 맞닿는 부분에 생기는 습진 모양의 피부염.

습래(襲來)[슴내]명하자 쳐들어옴. 덮쳐 옴. 내습(來襲). ¶해일이 습래하다.

습랭(濕冷)[슴냉]명 습기로 인하여 허리 아래가 찬 병. 한습(寒濕).

습량(濕量)[슴냥]명 ①물기를 머금은 채로의 화물의 무게. ②공기 중에 포함된 수증기의 양.

습례(習禮)[슴녜]명하자 예법이나 예식을 미리 익힘.

습법(濕法)[-뻡]명 〈습식 분석법〉의 준말.

습벽(習癖)[-뼉]명 버릇.

습보(襲步)[-뽀]명 걸음 걷는 법을 익힘.

습보(襲步)[-뽀]명하자 말이 최대 속도로 달림. 모둠발로 달림.

습복(慴伏·慴服)[-뽁]명하자 세력에 눌려서 복종함. 두려워서 엎드림.

습비(濕痺)[-삐]명 습기로 말미암아 뼈마디가 저리고 쑤시는 병.

습사(習射)[-싸]명하자 활쏘기를 익힘.

습상(襲常)[-쌍]명하자 구래(舊來)의 것을 고치지 않고 그대로 씀.

습생(濕生)[-쌩]명하자 ①(식물 따위가) 축축한 곳에서 자람. ↔건생. ②불교에서의 사생(四生)의 하나. 습기에 의하여 태어나는 일, 또는 그런 생물. 〔모기·물고기·개구리·거북 따위.〕

습생^식물(濕生植物)[-쌩싱-]명 흙이나 공기가 늘 축축한 곳에 나는 식물. 〔미나리·갈대·줄 따위.〕 습지 식물(濕地植物). ↔건생 식물(乾生植物).

습석(濕席)[-썩]명 염(殮)할 때 까는 돗자리.

습선(濕癬)[-썬]명☞진버짐.

습-선거(濕船渠)[-썬-]명☞계선 독(繫船dock).

습설(濕泄)[-썰]명 장마 때 습기로 말미암아 생기는 설사병.

습성(習性)[-썽]명 ①오랜 습관에 의하여 굳어진 성질. ②동물의 한 종류에 공통되는 특유한 성질. ¶어두운 곳을 좋아하는 습성.

습성(濕性)[-썽]명 공기 중에서 잘 마르지 않는 축축한 성질. ↔건성(乾性).

습성^늑막염(濕性肋膜炎)[-썽늑망념]명 늑막강(肋膜腔) 안에 삼출성(滲出性)의 액체가 괴는 늑막염. ↔건성 늑막염(乾性肋膜炎).

습속(習俗)[-쏙]명 (어떤 사회나 지역의) 예로부터 내려오는 습관들이 생활화된 풍속.

습속^규범(習俗規範)[-쏙꾸-]명 사회적 규범으로 인정되는 습속(習俗)으로서의 습속.

습숙(習熟)[-쑥]명하타 배우고 익혀 숙달함. ¶품질 관리 업무를 습숙하다.

습숙-견문(習熟見聞)[-쑥껸-]명 늘 보고 듣고 하여 익히 앎.

습습(習習)명 '습습하다'의 어근.

습습-하다[-쓰파-]형여 대장부답게 활발하고 너그럽다. ¶대장은 성격이 습습하여 부하들이 잘 따른다. 비씩씩하다.

습습-하다(習習-)[-쓰파-]형여 바람이 산들산들하다. 습습-히부.

습식(濕式)[-씩]명 (무엇을 만들거나 무슨 처리를 하는 데 있어) 용제(溶劑)·용매(溶媒)·물 따위의 액체를 사용하는 방식. ↔건식(乾式).

습식^구조(濕式構造)[-씩꾸-]명 물·흙·회반죽 따위를 써서 짜맞추는 건축 구조. ↔건식 구조.

습식^분석법(濕式分析法)[-씩뿐-뻡]명 수용액 속에서 시료(試料)와 시약을 반응시켜 분리·침전·여과 등을 하는 화학 분석법. 준습법.

습식^정련(濕式精鍊)[-씩쩡년]명 액체를 사용하여 광석으로부터 금속을 뽑아내는 일.

습-신(襲-)[-씬]명 염(殮)할 때 시신에 신기는, 종이로 만든 신.

습악(習樂)[스박]명하자 풍류나 음악을 배워 익힘.

습업(習業)명하타 (학업·예술·기술 따위를) 배워 익힘.

습여성성(習與性成)**명하자** 습관이 오래되면 마침내 천성이 됨.

습연(襲沿)**명하타** 전인(前人)의 예(例)에 따라 그대로 함.

습열(濕熱)**명** 습증(濕症)으로 나는 열.

습염(習染)**명하자** 버릇이 됨.

습용(襲用)**명하타** 이어받아 그대로 사용함.

습유(拾遺)**명** (어떤 책에 실리지 아니한) 빠진 작품이나 글을 모음, 또는 그것을 모아 엮은 책.

습윤-하다(濕潤-) '습윤하다'의 어근.

습윤^기후(濕潤氣候)**명** 증발량보다 강우량이 많은 지방의 기후. ↔건조 기후.

습윤-하다(濕潤-)**형여** 습기를 띠고 있다. 습기가 많다. ¶기후가 습윤하다.

습의(習儀)[-쓰비/쓰비]**명하타** 왕조 때, 나라의 의식(儀式)이 있을 경우 미리 연습으로 행하던 의식, 또는 그 연습.

습의(襲衣)[-쓰비/쓰비]**명** 장례 때 시신에 입히는 옷.

습자(習字)[-짜]**명하자** 글씨 쓰기를 익힘.

습-자배기(襲-)[-짜-]**명** 염습할 때, 시체를 씻기기 위한 향탕(香湯)을 담는 질그릇. 습기(襲器).

습자-지(習字紙)[-짜-]**명** 습자에 사용되는 얇은 종이.

습작(習作)[-짝]**명하타** 문예·음악·미술 따위에서, 연습으로 작품을 만듦, 또는 그 작품. ¶습작 소설. /습작 시.

습작(襲爵)[-짝]**명하타** ▷승습(承襲).

습장(濕葬)[-짱]**명** 시체를 습하게 처리하는 장법(葬法). [매장(埋葬)이나 수장(水葬) 따위.]

습-전지(濕電池)[-쩐-]**명** 전해액(電解液)을 사용하는 전지. ↔건전지.

습종(濕腫)[-쫑]**명** 습기로 인해 생기는 부종. 온몸이 붓고 누르면 자국이 남음.

습증(濕症)[-쯩]**명** 습기로 말미암아 생기는 병.

습지(濕地)[-찌]**명** 습기가 많은 땅.

습지(褶紙)[-찌]**명** 도배할 때에 풀칠한 종이를 바르고 그 위를 문지르는 축축한 종이.

습지^식물(濕地植物)[-찌싱-]**명** ▷습생 식물.

습직(習直)[-찍]**명하자** 직무를 익히어 맡음.

습진(習陣)[-찐]**명하자** 진법(陣法)을 연습함.

습진(濕疹)[-찐]**명** 피부의 표면에 생기는 염증. 가렵고 수포(水泡)나 고름 따위가 생김.

습집(拾集)[-찝]**명하타** 주워 모음.

습창(濕瘡)[-창]**명** (흔히, 살찐 사람의) 다리에 나는 부스럼의 한 가지.

습처(濕處)**명하자** 습한 곳에서 삶.

습철(拾掇)**명하타** 주움. 주워서 거둠.

습취(拾取)**명하타** 주워서 가짐.

습토(濕土)**명** 습기가 많은 땅.

습판(濕板)**명** 사진용 감광판(感光板)의 한 가지. 콜로디온 용액과 요오드화물을 섞어서 유리판에 바른 다음 질산은(窒酸銀) 용액 속에 담갔다가, 마르기 전에 사진기에 넣어서 촬영함. 문서의 복사나 도면 촬영 등에 쓰임. ↔건판(乾板).

습포(濕布)**명하자** 물 또는 약액에 적신 헝겊을 환부에 대서 염증을 치료하는 일, 또는 그 헝겊.

습-하다(襲-)[스파-]**타여** 시신을 씻기고 옷을 갈아입히다.

습-하다(濕-)[스파-]**형여** 축축한 기운이 있다.

숫명 ⟨옛⟩ 사이. 틈. ¶諸佛供養이 그츤 숫 업스니(月釋7:58). 참숫.

숫다타 ⟨옛⟩ 씻다. ¶밋 숫논 죠회:茅紙(譯語上19). 참숫다.

승(升)⟨승쾌(升卦)⟩의 준말.

승(承)**명** ⟨승구(承句)⟩의 준말. 참기승전결.

승(乘)¹**명** ①⟨승법(乘法)⟩·⟨승산(乘算)⟩의 준말. ②**하타** (어떤 수나 식을) 곱함. ↔제(除).

승(乘)²**명** 중생을 태워서 생사의 고해를 떠나 열반에 이르게 하는 일. [대승(大乘)과 소승(小乘)의 구별이 있음.]

승(勝) **Ⅰ명하타** 승부 따위에서 이기는 일. ¶첫 승을 올리다.
Ⅱ의 운동 경기에서, 이긴 횟수를 세는 단위. ¶3승 1패. ↔패(敗).

승(僧)**명** 중.

승(升)**의** ▷되1.

승가(僧伽←saṃgha 범)**명** ①불도를 닦는 사람들의 집단. ②중.

승가(僧家)**명** ①중이 사는 집. ②중들의 사회.

승가람(僧伽藍)**명** ⟨승가람마⟩의 준말.

승가람마(僧伽藍摩←saṃghārāma 범)**명** 중이 살면서 불도를 닦는 집. 곧, 절의 건물을 통틀어 이르는 말. 준가람·승가람.

승감(升鑑)**명** ['바치오니 보시옵소서'의 뜻으로] 편지 겉봉 따위에, 받을 사람을 높이어 그의 이름 뒤에 쓰는 말. 승계(升啓).

승강(昇降)**명하자** 오르고 내림, 또는 올라갔다 내려갔다 함.

승강(乘降)**명하자타** (기차나 버스 따위에) 타고 내림.

승강-교(昇降橋)**명** ▷승개교(昇開橋).

승강-구(昇降口)**명** (높은 건물 따위에) 오르내리는 계단이 있는 출입구.

승강-구(乘降口)**명** (기차나 자동차의) 타고 내리기 위하여 드나드는 문.

승강-기(昇降機)**명** 고층 건물 따위에서, 동력에 의하여 사람이나 짐을 아래위로 이동시키는 기계. 엘리베이터.

승강-이(昇降-)**명하자** 서로 자기 주장이 옳다고 고집하여 옥신각신함. 실랑이질. ¶도로 한복판에서 한참이나 승강이를 벌이다.

승강-장(乘降場)**명** 정거장·정류소에서 차를 타고 내리는 곳.

승강-타(昇降舵)**명** 비행기의 수평 꼬리 날개의 뒷부분에 경첩식으로 달려 있는 부분. 기수(機首)를 오르내리게 하는 키의 구실을 함.

승개-교(昇開橋)**명** 큰 배가 지나갈 때, 다리 전체를 위로 올려 뱃길을 열 수 있도록 만든 다리. 승강교(昇降橋).

승객(乘客)**명** (차나 배·비행기 따위에) 타려 하거나 탄 손님. 탑객(搭客).

승검-초(-草)**명** 산형과의 다년초. 줄기 높이 1m가량. 깃털 모양의 잎이 마주남. 우리나라 중부 이북 산지의 특산으로, 뿌리는 한방에서 '당귀(當歸)'라고 하며 한약재로 쓰임.

승검-들다(-[-뜰-])[-∼드니·∼들어] **Ⅰ타** 힘들이고 저일로 저절로 이루다.
Ⅱ형 몸달아하지 않고 천연스럽다.

승격(昇格)[-격]**명하자타되자** 어떤 표준으로 격이 오름, 또는 격을 올림. ¶광역시로 승격하다.

승경(勝景)**명** 뛰어나게 좋은 경치. 비가경(佳景)·절경(絕景).

승경-도(陞卿圖)**명하자** 조선 시대에, 서당에 다니는 아이들이 놀던 오락 기구. 종이에 옛 벼슬을 그 종류와 품계별로 써 놓고, 승경도알을

굴려 그 끗수가 나오는 대로 말을 써서 최고의
벼슬인 영의정에 이르기를 겨루는 놀이. 종도경.

승경도-알(陞卿圖-)[명] 승경도를 할 때 쓰는 기구. 박달나무를 다섯 모 지게 깎아 면(面)마다 끗수를 써서 나타냄.

승경-지(勝景地)[명] 경치가 좋은 곳.

승계(僧階)[-계/-게][명] 중의 등급.

승계(升階)[-계/-게][명] ▷승감(升鑑).

승계(昇階·陞階)[-계/-게][명]하자 품계가 오름.

승계(承繼)[-계/-게][명]하타 ①뒤를 이음. ②남의 권리나 의무를 이어받음.

승계-인(承繼人)[-계/-게-][명] (남의 권리나 의무를) 이어받은 사람.

승계:취:득(承繼取得)[-계/-게-][명] (상속이나 양도와 같이) 어떤 권리를 남의 권리로 말미암아 취득하는 일.

승과(僧科)[명] 고려와 조선 시대에, 3년마다 중을 위하여 시행하던 과거. ⑤선과(禪科).

승괘(升卦)[명] 육십사괘의 하나. 곤괘(坤卦)와 손괘(巽卦)를 위아래로 놓은 괘. 땅에 나무가 자라남을 뜻하며 새싹을 상징함. ⑥승(升).

승교(僧轎)[명] ▷가마5.

승교-바탕(乘轎-)[명] 탈 자리만 있고 울이 없는 가마. 가맛바탕.

승교-점(昇交點)[-쩜][명] 위성·유성 따위가 남쪽에서 북쪽으로 운행할 때 황도를 통과하는 점. 정교점(正交點). ↔강교점(降交點).

승구(承句)[-꾸][명] 한시에서, 절구(絕句)의 둘째 구, 또는 율시(律詩)의 셋째·넷째 구. [기구(起句)의 시의(詩意)를 이어받음.] ⑥승(承).

승구(繩矩)[명] (먹줄과 곡척(曲尺)의 뜻으로) '법'·'규칙'·'법도' 등을 뜻하는 말.

승국(勝國)[명] ▷전조(前朝).

승군(僧軍)[명] 중들로 편성한 군대. 승병(僧兵).

승귀-제(乘歸除)[명] 승제법(乘除法).

승규(僧規)[명] 중들의 법규.

승극(乘隙)[명]하자

승근(乘根)[명] 어떤 수 a를 n번 곱하여 C를 얻었을 때, C에 대하여 a를 이르는 말. [기호는 $\sqrt{\ }$] 근(根).

승급(昇級·陞級)[명]하자되자 등급이 오름.

승급(升給)[명]하자되자 급료가 오름. ¶승급된 턱을 내다.

승기(乘機)[명]하자 (좋은) 기회를 탐. 비승시.

승기(勝機)[명] 이길 수 있는 기회. ¶승기를 잡다.

승기(僧祇)[명] <아승기(阿僧祇)>의 준말.

승낙(承諾)[명]하자타 ①청하는 바를 들어줌. ¶친구들과 여행을 가려면 어머니께 승낙을 받아야 한다. ②청약(請約)에 응하여 계약을 성립시키려고 하는 의사 표시.

승낙-서(承諾書)[-써][명] 승낙하는 뜻을 적은 문서.

승냥이[명] 갯과의 짐승. 이리와 비슷하나 더 작고 꼬리는 긺. 온몸에 황갈색의 긴 털이 나 있으며, 무리를 지어 삶. 우리나라·중국·시베리아·중앙아시아에 분포함.

승니(僧尼)[명] 승가(僧伽)와 비구니(比丘尼). 곧, 남자 중과 여자 중.

승단(昇段)[명]하자 (유도·태권도·바둑 등에서) 단위(段位)가 오름. ¶승단 대회를 열다.

승답(僧畓)[명] 중의 소유로 된 논.

승당(承當)[명]하자 받아들이어 감당함.

승당(僧堂)[명] 중이 거처하는 집.

승당-입실(升堂入室)[-씰][명] (마루에 올라 방으로 들어온다는 뜻으로) ①'모든 일은 순서가

있음'을 이르는 말. ②'학문이 점점 깊어짐'을 비유하여 이르는 말.

승도(僧徒)[명] 수행 중에 있는 중의 무리.

승도(僧桃)[명] <승도복숭아>의 준말.

승도-복숭아(僧桃-)[-쑹-][명] 장미과에 딸린 복숭아의 한 가지. 열매의 겉에 털이 없음. ⑥승도.

승두-선(僧頭扇)[명] 머리를 둥글게 만든 부채.

승두지리(升斗之利·蠅頭之利)[명] ('되나 말로될 만한, 또는 파리 대가리만 한 이익'이라는 뜻으로) 대수롭지 않은 이익을 이르는 말.

승두-화(僧頭花)[명] ▷불두화(佛頭花).

승등(昇騰)[명]하자 (값 따위가) 오름.

승등(陞等)[명]하자 (직위 따위의) 등급이 오름.

승랍(僧臘)[-납][명] 중 노릇을 한 햇수.

승려(僧侶)[-녀][명] 중. 석씨(釋氏). ⑤선실(禪室).

승률(勝率)[-뉼][명] [운동 경기에서] 이긴 비율. ¶승률이 높다. /승률을 5할대로 올리다.

승률(僧律)[-뉼][명] 중이 지켜야 할 계율.

승리(勝利)[-니][명]하자 겨루거나 싸워서 이김. ¶승리를 거두다. ↔패배(敗北).

승리-감(勝利感)[-니-][명] 승리한 데서 오는 우월한 느낌이나 기쁨. ¶승리감을 맛보다. /승리감에 젖다.

승리-자(勝利者)[-니-][명] 승리한 사람. ¶승리자의 영광을, 패배자에겐 격려를.

승림(僧林)[-님][명] 큰 절.

승마(升麻)[명] 미나리아재빗과의 다년초. 줄기 높이 1m가량이며, 뿌리는 어두운 자줏빛을 띠고, 잎에는 긴 잎자루와 톱니가 있음. 여름에 흰 꽃이 피는데, 우리나라 중부 이북과 중국 동부 지방 등지의 산에 절로 남. ②한방에서, '승마의 뿌리'를 약재로 이르는 말. 해열·해독제로 쓰임.

승마(乘馬)[명]하자 ①말을 탐. ②사람이 말을 타고 여러 가지 동작을 함, 또는 그런 경기.

승마-복(乘馬服)[명] 말을 탈 때 동작이 편하도록 만든 옷.

승마-술(乘馬術)[명] 말을 타는 재주, 또는 말을 타고 부리는 재주. 마술(馬術).

승마^투표권(勝馬投票券)[-꿘][명] ▷마권.

승망풍지(乘望風旨)[명] (망루에 올라 바람결을 헤아린다는 뜻으로) 윗사람의 눈치를 보아 가며 비위를 잘 맞추어 줌.

승멱(昇冪)[명] '오름차'의 구용어.

승명(承命)[명]하자 (임금이나 어버이의) 명령을 받듦.

승명(僧名)[명] ▷법명(法名).

승모-근(僧帽筋)[명] 등의 위쪽 등줄기 좌우에 있는 삼각형 모양의 큰 근육. 뒷머리·목 뒤·어깨·윗등에 걸침.

승모-판(僧帽瓣)[명] 심장의 좌심방과 좌심실 사이에 있는 판막(瓣膜).

승묘(勝妙)[명] '승묘하다'의 어근.

승묘-하다(勝妙-)[형여] 뛰어나게 기묘하다.

승무(陞廡)[명]하자 지난날, 학덕 있는 사람을 문묘(文廟)에 올려 합사(合祀)하던 일.

승무(僧舞)[명] 민속 무용의 한 가지. 흰 고깔을 쓰고, 흰 장삼을 입고 추는, 불교적 색채가 짙은 독무(獨舞).

승무-원(乘務員)[명] (기차·선박·비행기 등에서) 승객 관리에 관한 일을 맡아보는 사람.

승묵(繩墨)[명] 먹줄.

승문(承聞)[명]하타 존경하는 사람에 관한 말(소식)을 들음.

승문(僧門)闉 ☞불가(佛家).

승문-원(承文院)闉 조선 시대에, 외교에 관한 문서를 맡아보던 관아.

승발(承發)闉 왕조 때, 지방 관아의 이서(吏胥) 밑에서 잠무를 보던 사람.

승방(僧房)闉 여자 중들만 거처하며 수도하는 절. 여승당(女僧堂). 여승방.

승법(乘法)[-뻡]闉 곱셈법. 㾴승(乘)¹. ↔제법(除法).

승법^기호(乘法記號)[-뻡끼-]闉 곱셈 기호.

승벽(勝癖)闉〈호승지벽〉의 준말. ¶승벽을 부리다.

승병(僧兵)闉 ☞승군(僧軍).

승보(陞補)闉〈승보시(陞補試)〉의 준말.

승보(勝報)闉 싸움이나 경기에 이겼다는 보고나 보도. ¶승보를 전하다. ↔패보(敗報).

승보(僧譜)闉 승니(僧尼)의 보첩(譜牒).

승보(僧寶)闉 삼보(三寶)의 하나. 불법(佛法)을 실천 수행하는 '승려'를 보배롭다는 뜻으로 이르는 말. 㾴불보·법보.

승보-시(陞補試)闉 과거의 한 가지. 고려 시대에는 생원(生員), 조선 시대에는 생원과 진사를 뽑던 초시(初試). 㾴승보.

승복(承服)闉困困 ①납득하여 좇음. ②죄를 자백함.

승복(僧服)闉 승려의 옷.

승봉(承奉)闉困 윗사람의 지시나 명령을 받들어 가짐(지킴).

승부(承計)闉 부고(訃告)를 받음.

승부(勝負)闉 이김과 짐. 승패(勝敗).

승부-수(勝負手)闉 (바둑·장기 따위에서) 승패를 좌우하는 경우에 마지막 결단으로 두는 수. ¶승부수를 던지다.

승부-욕(勝負慾)闉 (싸움이나 시합·경기 등에서) 이기고자 하는 마음. ¶승부욕이 강하다.

승부-차기(勝負-)闉 축구에서, 정규 시간 내에 승패가 결정되지 않았을 때, 양편이 동수(同數)의 선수로 페널티 킥을 하여 그 골의 많고 적음으로 승자를 가리는 것.

승비(繩菲)闉 상복(喪服)을 입을 때 신는 짚신.

승사(承嗣)闉困 ①뒤를 이음. ②대를 이음, 또는 대를 이을 아들.

승사(勝事)闉 훌륭한 일이나 사적(事蹟).

승사(僧舍)闉 절.

승삭(繩索)闉 노와 새끼.

승산(乘算)闉 '곱셈'의 구용어.

승산(勝算)闉 이길 가망. ¶승산 없는 전쟁.

승상(丞相)闉 중국의 옛 벼슬 이름. 우리나라의 '정승'에 해당됨.

승상(繩床)闉 ①노를 엮어서 만든 안락의자. ②㉢승창.

승상접하(承上接下)[-저파]闉困 윗사람을 받들고 아랫사람을 거느려서 그 사이를 잘 주선함.

승새(升-)闉 피륙의 올. ¶승새가 곱다.

승서(承緒)闉困 제왕이나 선대(先代)의 업을 이어받음.

승서(陞敍)闉困 벼슬을 올림.

승석(陞席)闉困 (모임의 자리에서) 지도자의 자리에 오름. ¶회장 자리에 승석하다.

승석(僧夕)闉〔중이 저녁을 먹는 때란 뜻으로〕 이른 저녁때.

승선(承宣)闉 ①고려 시대에, 왕명의 출납을 맡아보던 정삼품 벼슬. ②조선 후기에, 승정원의 '승지(承旨)'를 달리 이르던 말.

승선(乘船)闉困困 배를 탐. 등선. 탑선. ¶승선이 끝나자 곧 출항하다. ↔하선(下船).

승선-권(乘船券)[-꿘]闉 배표.

승선-입시(乘船入市)[-씨]闉 하상갑(夏上甲)에 비가 내리면 그해 여름에는 배를 타고 시장에 가야 할 만큼 큰 장마가 지게 된다는 말.

승선-표(乘船票)闉 배표.

승세(乘勢)闉困困 세력을 믿고 대듦. 세를 탐.

승세(勝勢)闉 이길 기세. ¶승세를 몰아 총공격하다. ↔패세(敗勢).

승소(承召)闉困 임금의 부름을 받음.

승소(勝訴)闉困困 소송에 이김. 득송(得訟). ¶원고 승소 관결. ↔패소(敗訴).

승소(僧梳)闉〔중의 빗이란 뜻으로〕'쓸모없는 물건'을 비유하여 이르는 말.

승속(僧俗)闉 승려와 속인.

승손(承孫)闉 대를 이을 손자(적손). 조부의 가독(家督)을 직접 계승할 손자.

승수(承受)闉困困 윗사람의 명령을 받들어 이음.

승수(乘數)[-쑤]闉 곱셈에서 곱하는 수. 〔5 × 2 = 10에서 2와 같은 수가 이에 해당함.〕 ㉢승수(除數)·피승수.

승수(勝數)闉 [-쑤] 운동 경기에서, 팀이나 선수가 일정 기간 동안 치른 경기에서 승리한 수. ¶승수를 쌓다.

승순(承順)闉困困 윗사람의 명령에 따름.

승습(承襲)闉困困 학풍(學風)이나 아버지의 봉작(封爵) 따위를 이어받음. 습작(襲爵).

승승(繩繩)闉困困 대대로 이어 끊이지 않음.

승승-장구(乘勝長驅)闉困困 싸움에 이긴 여세를 타고 계속 몰아침.

승시(乘時)闉困困 (좋은) 때를 탐. 기회를 얻음. ㉾승기(乘機).

승아(-) 〔풀 이름으로서의〕 수영.

승안(承顏)闉 ①困 웃어른을 뵈옴. ②돌아간 집안 어른의 생전에 얼굴을 뵈었던 일.

승압(昇壓)闉困困困 전압을 높임. ↔강압(降壓).

승압-기(昇壓器)[-끼]闉 ☞승압 변압기.

승압^변:압기(昇壓變壓器)[-뼈납끼]闉 전압을 높이는 변압기. 승압기.

승야(乘夜)闉困困 밤을 이용함. 밤을 탐.

승야-도주(乘夜逃走)闉困 밤을 타서 달아남.

승야-월장(乘夜越墻)[-짱]闉困困 밤을 타서 남의 집 담을 넘어 들어감.

승어부(勝於父)闉困困 아버지보다 나음. ¶그 아이는 승어부란 자질을 갖고 있다.

승언-색(承言色)闉 동궁에 딸려 있던 내시.

승엄초(-)[옛] 승검초. ¶승엄초 불휘(東醫).

승여(乘輿)闉 ☞대가(大駕).

승역-국(承役國)[-꾹]闉 국제 지역의 설정으로 영토상의 부담 의무를 지는 나라. ↔요역국.

승역-지(承役地)[-찌]闉 두 개의 토지 중 요역국이나 요역권자의 편익을 제공하는 편의 토지. 요역지를 위하여 통행용으로 제공되는 토지 따위. ↔요역지(要役地).

승용(乘用)闉困 사람이 타고 다니는 데 씀. ¶승용 마차(馬車).

승용-마(乘用馬)闉 사람이 타고 다니는 말.

승용-차(乘用車)闉 (너덧 사람이 타는) 소형의 자동차.

승운(乘運)闉困困 좋은 운수를 탐.

승운(勝運)闉 이길 운수. ¶승운이 따르지 않다.

승원(僧院·僧園)闉 ①중이 사는 건물. 절. ②㉢수도원(修道院).

승위-섭험(乘危涉險)[-서펌]闉困困 위태롭고 험난함을 무릅씀.

승유(勝遊)闉困困 즐겁게 잘 놂.

승윤(承允)[명][하자] (임금의) 허락을 받음.

승은(承恩)[명][하자] ①임금의 특별한 은혜를 입음. ¶승은이 망극하나이다. ②(여자가) 임금의 사랑을 받아 동침함. ¶승은을 입다.

승의(僧衣)[-의/-이][명] 중의 옷.

승인(承認)[명][하자][되자] ①정당하거나 사실임을 인정함. ②동의함. 들어줌. ③국가나 정부, 또는 교전(交戰) 단체 등에 대하여 국제법상의 지위를 인정함. ①②↔거부(拒否).

승인(勝因)[명] ①이긴 원인. ↔패인(敗因). ②특별히 뛰어난 선인(善因).

승인-서(承認書)[명] 승인하는 뜻을 적은 문서.

승일(乘馹)[명][하자] (왕명을 띤 관리가 길을 갈 때) 역마(驛馬)를 탐.

승임(陞任)[명][하자] ☞승직(昇職).

승자(乘子)[명] '인수(因數)'의 구용어.

승자(陞資)[명][하자] 조선 시대에, 정삼품 이상의 품계에 오르던 일.

승자(勝者)[명] (운동 경기나 싸움에서) 이긴 사람, 또는 이긴 편. ↔패자(敗者).

승자-총통(勝字銃筒)[-짜-][명] 조선 선조 이래로 사용되었던, 우리나라 소화기(小火器)의 한 가지.

승적(承嫡)[명][하자] 서자(庶子)가 적자가 됨.

승적(乘積)[명] 두 개 이상의 수나 식을 곱하여 얻은 수.

승적(僧籍)[명][하자] 승니(僧尼)의 이름이나 득도(得度) 등을 기록함. 또는 그 문서.

승전(承前)[명] 앞의 것을 이음.

승전(承傳)[명][하타] ①이어받아 전함. ②임금의 뜻을 전함.

승전(勝戰)[명][하자] 싸움에 이김. 승첩(勝捷). 전승(戰勝). ↔패전(敗戰).

승전-고(勝戰鼓)[명] 조선 시대에, 싸움에 이겼을 때 치던 북. ¶승전고를 울리다.

승전-비(勝戰碑)[명] 승전 기념으로 세운 비.

승전-빗(承傳-)[-삔][명] 조선 시대에, 임금의 뜻을 전달하던 내시의 한 직임(職任). 승전색(承傳色). *승전빗이[-비시]·승전빗만[-빈-]

승전-색(承傳色)[명] ☞승전빗.

승점(勝點)[-쩜][명] 경기나 내기 따위에서, 이겨서 얻은 점수.

승접(承接)[명][하자] (먼저의 것을) 이어받아 물려줌.

승접(勝接)[명] 자기보다 학식이 나은 친구.

승정-원(承政院)[명] 조선 시대에, 왕명의 출납을 맡아보던 관아.

승제(乘除)[명] 곱하기와 나누기. ¶가감승제.

승제-법(乘除法)[-뻡][명] 곱셈과 나눗셈. 승법과 제법. 승귀제(乘歸除).

승종(承從)[명][하자] 명령에 따름.

승중(承重)[명][하자] 아버지와 할아버지 대신 제사를 받드는 일. 〔아버지를 여의고 할아버지의 상속자가 되거나, 소종(小宗)의 사람이 대종가를 잇거나, 적자(嫡子)가 없어 서자가 가통(家統)을 잇는 경우 등을 이름.〕

승중(僧衆)[명] 중의 무리.

승중-상(承重喪)[명] 아버지를 여읜 맏아들이 당한 조부모의 초상.

승지(承旨)[명] ①고려 시대에, 광정원(光政院)의 종육품 벼슬. ②고려 시대에, 밀직사에 딸린 좌·우의 승지와 부승지를 통틀어 일컫던 말. ③조선 시대에, 승정원에 딸린 도승지와 좌·우의 승지와 부승지와 동부승지를 통틀어 일컫던 말.

승지(勝地)[명] 경치가 좋은 곳. ¶승지 유람.

승직(昇職·陞職)[명][하자] 직위를 올림. 직위가 오름. 승임(陞任). 승천(陞遷). ↔강직(降職).

승직(僧職)[명] 불교에서, 법령·수계 따위의 의식이나 사원의 운영을 맡아보는 중의 직무.

승진(昇進·陞進)[명][하자] 직위가 오름. ¶승진 시험. /과장에서 부장으로 승진하다.

승진(承塵)[명] 천장에 반자처럼 치고 보꾹에서 떨어지는 먼지와 흙을 받는 돗자리나 피륙.

승차(乘車)[명][하자] 차를 탐. ↔하차(下車).

승차(陞差)[명][하자] (한 관아 안에서) 윗자리의 벼슬에 오름.

승차-감(乘車感)[명] 달리는 차를 타고 있는 사람이 차체의 흔들림에 따라 몸으로 느끼게 되는 안락감. ¶승차감이 나쁘다. /승차감이 좋은 고급 세단.

승차-권(乘車券)[-꿘][명] ☞차표(車票).

승창[명] 접었다 들었다 다닐 수 있게 등받이 없이 걸상처럼 만든 물건. 승상(繩床). ¶승창을 딛고 말에 오르다.

승척(繩尺)[명] ①(측량에 쓰기 위하여) 한 자만큼씩 표를 한 노끈. ②먹줄과 자. ③일정한 규칙.

승천(昇天)[명][하자] ①하늘에 오름. 등천(登天). 비승(飛昇). ②가톨릭에서, '죽음'을 이르는 말.

승천(陞遷)[명][하자] ☞승직(昇職).

승천-입지(昇天入地)[-찌][명][하자] 〔하늘에 오르고 땅속에 들어간다는 뜻으로〕 자취를 감추거나 사라짐.

승첩(勝捷)[명][하자] ☞승전(勝戰).

승취(勝醉)[명][하자] 술기운을 이용함. ¶승취하여 사랑 고백을 하다.

승치(勝致)[명] 좋은 흥치(興致)나 경치.

승침(昇沈)[명] 인생의 영고(榮枯). 흥함과 쇠함.

승통(承統)[명][하자] 종가(宗家)의 계통을 이음.

승통(僧統)[명] ①지난날, 불교에서 승군(僧軍)을 통솔하던 승직의 한 가지. 섭리(攝理). ②고려 시대에, 중 법계의 한 가지. 교종(敎宗)의 으뜸 계급.

승파(繩播)[명][하자] 뿌씨를 심는 한 방법. 오디를 새끼줄에 문질러서 그 새끼줄째 심는 일.

승패(承牌)[명][하자] 임금으로부터 소명(召命)의 패를 받음.

승패(勝敗)[명] 이김과 짐. 승부(勝負).

승평(昇平·升平)[명] 나라가 태평함.

승평-계(昇平契)[-계/-게][명] 조선 고종 때, 박효관·안민영 등이 중심이 되어 모이던, 평민 가객(歌客)들의 친목 교유(交遊) 단체.

승평-세계(昇平世界)[-계/-게][명] 태평한 세상.

승표(乘標)[명] '곱셈표'의 구용어.

승품(陞品)[명][하자][되자] 지난날, 종삼품 이상의 품계에 오르던 일.

승품-파랑(乘風破浪)[명] 〔바람을 타고 만리의 거센 물결을 헤쳐 간다는 뜻으로〕 '원대한 뜻이 있음'을 이르는 말.

승핍(承乏)[명][하자] 〔인재가 부족해서 재능이 없는 자기 같은 이가 하게 된다는 뜻으로〕 출사(出仕)하는 사람이 스스로를 낮추어 이르는 말.

승하(昇遐)[명][하자] 임금이 세상을 떠남. 등하(登遐). ⑪붕어(崩御).

승-하다(乘-)[-하-][형여] ①곱하다. ②〔시류(時流)를〕 타다. 〔추세(趨勢)를〕 만나다.

승-하다(勝-)[-하-][형여] 보다 낫다. 뛰어나다.

승-선(乘下船)[명][하자] 승선과 하선.

승-하차(乘下車)[명][하자] 승차와 하차.

승학(乘鶴)[명][하자] 〔학을 타고 하늘에 오른다는 뜻으로〕 신선이 됨.

승학-시(陞學試)[-씨][명] 조선 시대에, 성균관에서 유생(儒生)들의 학업의 진전 정도를 알아보기 위하여 치르던 시험.

승함(乘艦)**명하자** 군함(軍艦)에 오름.

승합(乘合)**명** ⇨합승.

승합-차(乘合車)**명** 주로, 일곱 명 이상을 운송하기에 알맞게 만들어진 자동차.

승행(承行)**명하타** 뒤를 이어서 행함. 명(命)을 받아서 행함.

승헌(陞獻)**명하타** (윗사람에게) 바침.

승혜(繩鞋)[-혜/-혜]**명** 미투리.

승호(乘號)**명** '곱셈표'의 구용어.

승혼(乘昏)**명하자** 황혼(黃昏)을 이용함.

승홍(昇汞)[乘汞]**명** ⇨염화 제이수은.

승홍-수(昇汞水)**명** 염화 제이수은은 1000∼5000배의 물에 푼 소독액.

승화(昇華)**명하자 되자** ①고체가 액체 상태를 거치지 않고 기체로 변하는 일. 장뇌(樟腦)·드라이아이스 및 0℃ 이하의 얼음 따위에서 볼 수 있음. ②정신 분석학에서, 적축한 성욕적 에너지가 고상한 문화·예술적 에너지로 전환함을 이르는 말. ③사물이 보다 더 높은 수준으로 발전하는 일. ¶세속적 고뇌가 고귀한 신앙으로 승화되었다.

승화-열(昇華熱)**명** 승화 현상이 나타날 때 흡수되는 열.

승회(勝會)[-회/-훼]**명** 성대한 모임.

승후(承候)**명하자** (웃어른에게) 문안을 드림.

승흥(乘興)**명하자** 흥을 띰, 또는 흥감(興感)을 이용함.

승회(繩戱)[-히]**명** 줄타기.

슷타(타)〈옛〉훔치다. 닦다. ¶눈므를 스즈니 ㅂ로미 나러서 우더라(杜初24:19).

슻(명)〈옛〉사이. 틈. ¶南北東西예 그츤 스치 업거늘(南明上13). 참숫.

싀다(형)〈옛〉시다. ¶실 산:酸(訓蒙下14).

싀아비(명)〈옛〉시아비. ¶싀아비 구:舅(類合上20).

싀어미(명)〈옛〉시어미. ¶싀어미 고:姑(類合上20).

싁싁ᄒ다(형)〈옛〉양즈이 싁싁호샤미 獅子ᅵ ᄀᄐᆺ시며(月釋2:57).

쉰다리(명)〈옛〉넓적다리. ¶쉰다리 퇴:腿(訓蒙上27).

쉰대초(명)〈옛〉멧대추. ¶쉰대초 치:栀(訓蒙上11).

시(감) 싫게 여겨질 때 하는 말. ¶시, 제까짓게 뭔데 나서는 거야.

시(명)〈옛〉것이. 〔'ᄉ'의 주격형.〕¶이 곧호 境界를 다 보게 홀 시 이 眞實ㅅ普眼이라(圓覺上一之二69). 참씨.

시(市)**명** ①도시. 시가(市街). ②우리나라의 지방 행정 구역의 한 가지. 인구 5만 명 이상이며 도시로서의 일정한 조건을 갖춘 지방 자치 단체. 읍(邑)에서 시로 승격되다. ③〈시청〉의 준말. ¶시에 가서 확인한다.

시(是)**명** 옳음. 도리에 맞음. ¶시와 비(非)를 가리다. ↔비(非).

시(時)**[I]명** ①때. ¶시를 다투다. ②사람이 태어난 시각. ¶내가 태어난 시는 자시(子時)다. **[II]의** ①시간의 단위의 하나. 하루의 24분의 1. 1분(分)의 60갑절. ¶열두 시에 만나자. ②《일부 명사나 관형사형 어미 '-ㄹ'·'-을' 뒤에 쓰이어》 어떤 일이나 현상이 일어날 때나 경우. ¶운전 시 주의 사항. /규칙을 어겼을 시에는 처벌을 받는다.

시(를) 매기다**관용** 시간을 제한하다.

시(詩)**명** 문학의 한 갈래. 자기의 정신생활이나 자연, 사회의 여러 현상에서 느낀 감동이나 생각을 운율을 지닌 간결한 언어로 나타낸 문학 형태. 형식에 따라 운율이나 자수(字數)에 제약이 있는 정형시와 제약이 없는 자유시·산문시 등이 있고, 내용에 따라 서정시·서사시·극시로 구별되기도 함. 시가(詩歌).

시(諡)**명** ⇨시호(諡號).

시(C·c)**명** 섭씨 온도임을 나타내는 기호.

시(si 이)**명** 장음계의 일곱째 음, 또는 단음계의 둘째 음의 계이름.

시(是)**명** 이것. ¶是ㅣ 天의 明命이며, 時代의 大勢ㅣ라.

시-(접두) '-ᄒ다' 형으로 끝나는 일부 색채 형용사 앞에 붙어, 그 빛깔이 매우 짙음을 나타냄. ¶시퍼렇다. /시뻘겋다. /시커멓다. 쫑새-. 참싯-.

시-(媤)(접두)《일부 명사 앞에 붙어》 '시집' 또는 '시가', '시가 편에 딸림' 등의 뜻을 나타냄. ¶시부모. /시누이.

-시(視)(접미)《일부 명사 뒤에 붙어》 '그렇게 여김' 또는 '그렇게 봄'의 뜻을 나타냄. ¶등한시. /적대시.

-시-(선미) ①모음이나 'ㄹ'로 끝난 어간에 붙어, 높임의 뜻을 나타내는 선어말 어미. ¶다녀오시지요. /안녕히신지요. 참-으시-. ②서술격 조사 '이다'의 '다' 앞에 쓰이어, 높임의 뜻을 나타내는 선어말 어미. 《모음 뒤에서는 '이'가 생략되기도 함.》 ¶담임 선생님이시다. /증조할아버지시다.

시:가(市街)**명** ①도시의 큰 거리, 또는 번화한 거리. ②⇨시가지(市街地).

시:가(市價)[-까]**명** (상품이) 시장에서 팔리는 값. 시장 가격. ¶시가보다 싸게 판다.

시가(時價)[-까]**명** (가격이 바뀌는 상품의) 거래할 때의 가격. 그때(지금)의 값. 시세(時勢).

시가(媤家)**명** 시집.

시가(詩家)**명** 시인(詩人).

시가(詩歌)**명** ①시(詩). ②시와 노래와 창곡을 통틀어 이르는 말.

시가:(cigar)**명** ⇨엽궐련.

시:가-전(市街戰)**명하자** 시가지(市街地)에서 벌어지는 전투. ¶치열한 시가전.

시:가-지(市街地)**명** 도시의, 주택이나 가게가 많이 늘어서 있는 지역. 시가.

시:각(始覺)**명** 불교에서, 불법을 듣고 비로소 무명(無明)에서 벗어나 처음 얻어진 깨달음.

시각(時角)**명** 천구 상의 한 점과 하늘의 양극을 잇는 대원(大圓)이 하늘의 자오선과 이루는 각. 지구의 자전에 따라 시각(時刻)과 함께 변한다.

시각(時刻)**명** ①시간의 흐름 속의 어느 순간. 일정한 순간. ¶해 뜨는 시각. /열차의 발차 시각. ②짧은 동안. 시간을 다투는 일. /시각을 지체함이 없이 사고 현장으로 달려가다.

시:각(視角)**명** ①보고 있는 물체의 양 끝에서 눈에 이르는 두 직선이 이루는 각. ②무엇을 보는 각도. 보거나 생각하는 방향. ¶보는 이의 시각에 따라 해석이 사뭇 다르다.

시:각(視覺)**명** ①오감(五感)의 하나. 물체의 모양이나 빛깔 등을 분간하는 눈의 감각. ②물건을 보는 신경의 작용. 시감(視感).

시각-권(時角圈)[-꿘]**명** ⇨시권(時圈).

시:각-기(視覺器)[-끼]**명** 빛을 자극으로 느끼는 기관. 척추동물의 경우 물체의 형체와 빛깔을 식별한다.

시각-대변(時刻待變)[-때-]**명하자** 〔오로지 임종을 기다리고 있는 시각이라는 뜻으로〕 병세가 매우 위독하게 된 상태를 이르는 말. 비대변중.

시:각^언어(視覺言語)圀 시각을 통하여 정보 전달을 하는 것. 〔조형 예술이나 영화·사진 등이 이에 딸림.〕

시:각-적(視覺的) [-쩍]관圀 눈으로 보는 (것). ¶시각적 효과.

시각-표(時刻表)圀 ⇨시간표.

시:간(屍姦)圀하자 시체를 간음하는 일.

시:간(屍諫)圀하자 〔주검을 북당에 내놓아 생전의 간언을 들을 때까지 장사를 미루게 한 위(衛)나라 추(鰌)의 고사에서 비롯되어〕 주검으로써 간언(諫言)하는 일.

시간(時間) I 의圀 ①어떤 시각에서 다른 시각까지의 동안, 또는 그 길이. ¶시간이 걸리다. / 시간이 흐르다. ②무슨 일을 하기 위하여 정한 일정한 길이의 동안. ¶휴식 시간. /점심 시간. ③철학에서, 과거로부터 현재, 미래로 끊임없이 이어져 머무름이 없이 일정한 빠르기로 옮아간다고 생각되는 것. 공간과 더불어 인식의 가장 기본적인 형식. 시계로써 연(年)·월(月)·일(日)·시(時)·분(分)·초(秒) 따위로 나누어 잼. 시진(時辰). ¶시간을 초월하다.
II 의 하루의 24분의 1을 한 시간으로 하는 '동안'의 단위. 有 세 시간 오십 분.

시간 가는 줄 모르다관용 시간이 얼마나 지났는지 모를 만큼 바삐 돌아치거나 어떤 일에 깊이 빠지다. ¶조개 캐는 재미에 시간 가는 줄 모른다.

시간을 벌다관용 시간적인 여유를 더 얻다. ¶비행기를 타고 왔으니 그만큼 시간을 번 셈이지.

시간^강:사(時間講師)圀 (대학이나 고등학교 등에서) 학교의 촉탁을 받아 정해진 시간에만 수업하는 강사.

시간-관념(時間觀念)圀 시간을 소중히 여기거나 철저히 지키려는 의식이나 생각. ¶시간관념이 철저하다.

시간-급(時間給)圀 (일의 양에 따르지 않고) 임금을 시간당 얼마씩으로 정하여 일한 시간에 따라 계산해 주는 일, 또는 그 임금. 〔일급(日給)·주급(週給)·월급(月給) 따위.〕준시급(時給).

시간-기록계(時間記錄計) [-게/-께]圀 시각을 기록하는 장치. 출퇴근 시각 기록이나 열차의 발착 시각 기록에 쓰임.

시간-대(時間帶)圀 하루 가운데서, 어느 시각으로부터 일정한 동안의 시각에 이르기까지의 시간. ¶보도 시간대.

시간-문제(時間問題)圀 오래지 않아 곧 해결될 문제. ¶범인 체포는 이제 시간문제다.

시간-밥(時間-)圀 날마다 일정한 시간에 먹도록 짓는 밥.

시간^부:사(時間副詞)圀 동작의 시간을 나타내는 부사. 〔'일찍'·'먼저'·'자주'·'금방'·'아직' 따위.〕

시간^예:술(時間藝術) [-녜-]圀 음악·문예 등과 같이 시간의 흐름에 따라 표현되는 예술을 통틀어 이르는 말. ↔공간 예술.

시간-적(時間的)圀 시간에 관한 (것). 시간에 관련된 (것). ¶미처 손을 쓸 시간적 여유가 없었다. /이 일을 오늘 안에 하기에는 시간적으로 촉박하다. ↔공간적(空間的).

시간차^공:격(時間差攻擊)圀 배구에서, 공격할 때 토스의 높이나 폭의 변화, 공격 속도의 변화로 상대편의 수비 태세를 흐트러뜨리는 전법.

시간-표(時間表)圀 ①날마다 할 일이나 학교의 수업 예정 등을 일정한 시간에 벌여 적어 놓은 표. ¶수업 시간표. /시간표를 짜다. ②정해진 노선을 일정하게 다니는 항공기·기차·배·자동차 등의 떠나고 닿는 시각을 적어 놓은 표. 시각표. ¶열차 운행 시각표.

시감(時感)圀 돌림감기.

시:감(視感)圀 ⇨시각(視覺).

시감(詩感)圀 시적 감흥.

시:강(侍講)圀하자 ①지난날, 왕이나 세자 앞에서 경서(經書)를 강의하던 일, 또는 그 사람. ②조선 말기에, 경연원(經筵院) 또는 홍문관(弘文館)에 딸렸던 벼슬의 한 가지.

시:강-관(侍講官)圀 조선 시대에, 임금에게 경전을 강의하던 경연청(經筵廳)의 정사품 벼슬.

시:강-원(侍講院)圀 조선 시대에, 세자시강원(世子侍講院)·왕태자시강원(王太子侍講院)·황태자시강원(皇太子侍講院)을 줄이어 두루 이르던 말.

시객(詩客)圀 시를 즐겨 짓고 읊고 하는 사람.

시거에튀 ①(나중에는 어찌 되든지 간에) 우선 급한 대로. ¶시거에 호미를 괭이 삼아 쓰다. ②머뭇거리지 않고 곧.

시:거-의(視距儀) [-의/-이]圀 거리나 높낮이를 간단하게 잴 수 있는 측량 기계의 한 가지.

시-건드러지다톙 (하는 짓이나 몸가짐이) 건방진 데가 있다. ¶젠체하는 시건드러진 행동.

시-건방지다톙 (비위에 거슬리게) 건방지다.

시:건-장치(施鍵裝置)圀 '잠금장치'로 순화.

시계(市-)圀 지난날, '시장에서 팔고 사는 곡식'을 이르던 말.

시계-전(-廛)圀 지난날, '시장에서 곡식을 파는 가게'를 이르던 말.

시곗-금 [-껌/-낀끔]圀 (시장에서 파는) 곡식의 시세.

시곗-돈 [-께똔/-낀똔]圀 (시장에서 파는) 곡식의 값으로 받은 돈.

시곗-바리 [-께빠-/-낀빠-]圀 (시장으로 팔러 가는) 곡식을 실은 짐바리.

시곗-박 [-께빡/-낀빡]圀 ①식기(食器)를 담아 두는 함지박. ②선사로 보내는 물건을 담는 함지박. 본시곗박.

시곗-장수 [-께짱-/-낀짱-]圀 곡식을 마소에 싣고 다니면서 파는 도붓장수.

시격(詩格)圀 ①시(詩)의 격식. ②시(詩)의 품위나 풍격(風格).

시:경(市警)圀 '시 지방 경찰청(市地方警察廳)'을 줄이어 이르는 말.

시경(詩經)圀 삼경(三經)의 하나. 춘추 시대의 민요를 중심으로 하여 모은, 중국에서 가장 오래된 시집. 〔공자가 편찬했다고 함.〕참삼경.

시경(詩境)圀 ①시에 그려진 경지. ②시정(詩情)이 흐르는 경지.

시계(時計) [-게/-께]圀 시각을 나타내거나 시간을 재는 장치 또는 기계를 통틀어 이르는 말.

시:계(視界) [-게/-께]圀 일정한 자리에서 바라볼 수 있는 범위. 안계(眼界). ¶렌즈의 시계. /시계가 좋다. 시야(視野).

시계^신:관(時計信管) [-게-/-께-]圀 용수철에 의하여 움직이는 시계 장치를 이용하여 만든 시한 신관의 한 가지. 고사포탄(高射砲彈) 등에 쓰임.

시-계열(時系列) [-게-/-께-]圀 시간의 흐름에 따라 관측된 통계량을 벌여 놓은 열(列). 자연현상이나 실험의 관측 등에 쓰임.

시계-자리(時計-)[-계-/-게-]圈 남쪽 하늘의 작은 별자리. 에리다누스자리의 남쪽에 있음. 시계좌.

시계-좌(時計座)[-계-/-게-]圈 ☞시계자리.

시계-추(時計錘)[-계-/-게-]圈 쾌종시계에 달려 있는 추. 이것이 좌우로 흔들림에 따라 일정한 속도로 태엽이 풀리게 됨. 준추.

시계-탑(時計塔)[-계-/-게-]圈 시계를 장치하여 멀리서도 볼 수 있게 만든 탑.

시계-포(時計鋪)[-계-/-게-]圈 시계를 팔거나 고치는 일을 전문으로 하는 가게.

시고(詩稿)圈 시의 초고(草稿).

시-고모(媤姑母)圈 남편의 고모.

시-고모부(媤姑母夫)圈 남편의 고모부. 시고모의 남편.

시-고조모(媤高祖母)圈 남편의 고조모. 시고조부의 아내.

시-고조부(媤高祖父)圈 남편의 고조부.

시골圈 ①서울에 대하여, 서울 이외의 고장을 이르는 말. ¶시골에서 올라온 친구. 참촌. ②고향. ¶자네 시골은 어디인가?

시골-고라리[-꼬-]圈 아주 어리석은 시골 사람. 준고라리.

시골-구석[-꾸-]圈 아주 외딴 시골. ¶시골구석까지 전기가 들어가다.

시골-내기[-래-]圈 시골에서 나서 자란 사람. ↔서울내기.

시골-뜨기圈 '시골 사람'을 얕잡아 이르는 말. 촌뜨기. ↔서울뜨기.

시골-말圈 시골에서 쓰는 사투리.

시골-집[-찝]圈 ①시골에 있는 집. 촌가(村家). ②고향에 있는 자기 집.

시골-티圈 시골 사람의 촌스러운 모양이나 태도. 촌티. ¶시골티가 나다.

시-공(施工)圈하 공사를 시행(施行)함.

시-공(時空)圈 시간과 공간. ¶시공을 초월하다.

시-공간(視空間)圈 심리학에서, 시각에 의하여 구성되는 공간 표상(表象).

시공간^예:술(時空間藝術)[-녜-]圈 연극·영화·무용 등과 같이, 공간과 시간의 변화를 통하여 전개되는 예술.

시-공사(施工社)圈 공사를 맡아서 하는 회사.

시:공^세:계(時空世界)[-계-/-게]圈 사차원 세계(四次元世界).

시:-공-자(施工者)圈 공사를 맡아서 하는 사람 또는 회사.

시과(時果)圈 그 계절에 나는 과실.

시과(翅果)圈 열매껍질 또는 열매껍질의 일부가 발달하여 날개 모양을 하고 있는 열매.〔단풍나무의 열매 따위.〕의과(翼果).

시-관(視官)圈 동물의 시각 기관. 안구(眼球)와 시신경.

시-관(試官)圈 조선 시대에, 과시(科試)에 관계된 모든 관원을 통틀어 이르던 말.

시-교(示敎)圈하 구체적으로 보이어 가르침.

시:-구(屍柩)圈 시체를 넣는 관.

시:-구(屍軀)圈 사람의 죽은 몸. 송장. 시체.

시-구(詩句)[-꾸]圈 시의 구절. ¶시구를 외다.

시-구(始球)圈野 야구에서, 경기를 시작하기 전에 지명인사가 제1구를 포수에게 던짐, 또는 던지는 그 일.

시국(時局)圈 나라나 사회의 안팎 사정. 그때의 정세. ¶중대한 시국. /시국이 어수선하다.

시국-관(時局觀)[-꽌]圈 현재의 시국의 흐름이나 경향을 보는 관점. ¶올바른 시국관.

시국-담(時局談)[-땀]圈 현재의 시국의 흐름이나 경향에 대하여 나누는 이야기.

시:-굴(試掘)圈하 광상의 채굴 가치를 알아보기 위하여 시험적으로 파 보는 일.

시:-굴-권(試掘權)[-꿘]圈 특정한 광구(鑛區) 안에서 광물을 시굴할 수 있는 권리.

시굼-시굼튀형 모두가 다 시굼하거나, 매우 시굼한 모양. 참새곰새곰. 거시쿰시쿰.

시굼-하다형여 응숭깊게 신맛이 있다. ¶시굼한 김치. 참새곰하다. 거시쿰하다.

시궁圈 더러운 물이 잘 빠지지 않고 썩어서 질척질척한 도랑창. ¶시궁을 치고 소독하다.

시궁-구멍[-꾸-]圈 시궁의 구멍.

시궁-발치圈 시궁이 있는 근처. 거시궁치.

시궁-쥐圈 쥣과의 동물. 몸길이 22cm가량. 몸빛은 황갈색이며 등의 한가운데에는 검은 털이 많이 나 있음. 집 근처의 시궁창에 살며 페스트균을 옮김. 페르시아와 서부 중국이 원산이나, 세계 각처에 분포함.

시궁-창圈 ①시궁의 바닥, 또는 그 속. ¶시궁창의 흙을 파내다. ②'몹시 더럽거나 썩어 빠진 환경 또는 그런 처지'를 비유하여 이르는 말.

시궁-치圈〈시궁발치〉의 준말.

시권(時圈)[-꿘]圈 천구 상의 양극을 지나서 적도와 직각으로 교차되는 대원. 시각권(時角圈).

시:권(試券)圈 과거 때 글을 지어 내던 종이. 글장.

시귀(詩句)圈 '시구(詩句)'의 잘못.

시그널(signal)圈 ①신호. ②신호기(信號機). 특히, 철도의 신호기를 이름.

시그널^뮤:직(signal music)圈 정기적 또는 연속적인 방송 프로그램에서, 그 방송의 앞뒤에 일종의 신호로서 연주되는 음악. 거테마 뮤직.

시그러-지다재 ①뻗쳤던 힘이 사라지다. ¶점차 기운이 시그러지다. ②흥분 상태가 가라앉다. ¶흥분됐던 감정이 시그러지기 시작한다.

시그마(sigma.Σ,σ,ς 그)圈 ①그리스 어 자모의 열여덟째 글자. ②수학에서, 같은 종류의 수치의 합계를 나타내는 기호인 'Σ'의 이름.

시그무레-하다형여 조금 시금하다. ¶김치 맛이 시그무레하다. 참새그무레하다. 거시크무레하다.

시극(詩劇)圈 운문(韻文)이나 시의 형식으로 쓰인 희곡.

시:-근(始根)圈 근본이 되는 원인.

시:-근(試金)圈 합지나 사발 따위의로 색볼 때, 육안으로 식별되는 금분(金分).

시근-거리다재타 가쁘고 거칠게 숨 쉬는 소리가 자꾸 나다, 또는 그런 소리를 내다. 시근대다. ¶화가 나서 몹시 시근거리다. 참새근거리다1. 거씨근거리다.

시근-거리다2재 뼈마디가 자꾸 저리고 신 느낌이 들다. 시근대다2. ¶발목이 시근거리며 아프다. 참새근거리다2. 거시큰거리다.

시근-담圈 방구들을 놓을 때, 중인방(中引枋) 가로 구들장이 걸치게 쌓은 나지막한 담.

시근-대다1재타 ☞시근거리다1.

시근-대다2재 ☞시근거리다2.

시근덕-거리다[-꺼-]재타 자꾸 시근덕시근덕하다. 시근덕대다. ¶화가 나서 몹시 시근덕거리다. 참새근덕거리다. 거씨근덕거리다.

시근덕-대다[-떼-]재타 ☞시근덕거리다.

시근덕-시근덕[-써-]튀하재타 매우 거칠게 시근거리는 모양. 참새근덕새근덕. 거씨근덕씨근덕.

시근-벌떡튀하자타 몹시 숨이 차서 시근거리며 헐떡이는 모양. ¶밖에 나갔던 사람이 시근벌떡 떡 뛰어 들어오다. 잘새근발딱. 센씨근벌떡. 시근벌떡-시근벌떡튀하자타.

시근벌떡-거리다[-꺼-]재타 자꾸 시근벌떡이 시근벌떡하다. 시근벌떡대다. 잘새근발딱거리다.

시근벌떡-대다[-때-]재타 시근벌떡거리다.

시근-시근¹튀하자타 숨을 가쁘고 거칠게 쉬는 모양. 잘새근새근¹. 센씨근씨근.

시근-시근²튀하형 뼈마디가 자꾸 시근한 느낌 이 있는 상태. ¶정강이가 시근시근하다. 잘새 근새근². 긴시큰시큰.

시근-하다형어 뼈마디가 조금 시다. ¶손목이 약간 시근하다. 잘새근하다. 긴시큰하다.

시글-버글튀하형 '시글시글'의 잘못.

시글-시글튀하형 (물고기 따위가) 한곳에 많이 모여 들끓고 있는 모양. ¶개울에 송사리가 시 글시글하다.

시:금(試金)명하타 광석이나 금속·합금 따위의 성분이나 순도를 분석하는 일.

시금떨떨-하다형어 맛이 조금 시금하고도 떫다. ¶자두가 시금떨떨하다. 잘시금털털하다.

시:금-석(試金石)명 ①귀금속을 문질러, 그 품질을 알아보는 데 쓰이는 검은 빛깔의 단단한 돌. ②어떤 사물의 가치나 어떤 사람의 능력 등을 평가하는 데 '기준이 될 만한 사물'을 비유하여 이르는 말. ¶이 일은 그의 능력을 알아보는 데 시금석이 될 것이다.

시금-시금튀하형 여럿이 다 시금하거나 약간 시금한 모양. 잘새금새금. 긴시큼시큼.

시금쌉쌀-하다형어 맛이 조금 시금하고도 쌉쌀하다. 긴시큼쌉쌀하다.

시금치명 명아줏과의 일년초 또는 이년초. 아시아 서부 원산인 채소의 한 가지. 뿌리는 굵고 붉은빛을 띠며, 잎은 긴 삼각형, 길둥근 모양 등 품종이 여러 가지임. 파릉채.

시금털털-하다형어 맛이 시금하고도 상당히 떫다. ¶약간 시금털털한 맛이 도는 청국장. 잘시금떨떨하다.

시금-하다형어 <새금하다>의 큰말. 긴시큼하다. 시금-히튀.

시급(時急) '시급하다'의 어근.

시급-하다(時急-)형어 시간적으로 매우 급하다. ¶시급한 문제. 시급-히튀.

시기(時期)명 (어떤 시대·기간·기한 따위로 구분되거나 한정된) 때. 기간(期間). ¶중대한 시기. /지금은 그 시기가 아니다.

시기(時機)명 어떤 일을 하는 데 가장 알맞은 때. 적당한 기회. ¶시기를 놓치다.

시기(猜忌)명하타 샘하여 미워함. ¶그의 재능을 시기하는 사람이 많다.

시:기(試技)명 ①역도 경기에서, 인상과 용상 두 종목에서 선수가 신청한 중량의 바벨을 들어 올려 보는 일. 선수는 각 종목마다 세 번 들어 그 최고 기록의 합계로써 순위를 가림. ②육상 경기의 뛰기와 던지기에서, 뛰거나 던지기를 시도하는 일. 종목에 따라 세 번에서 여덟 번까지 행함. ③체조 경기의 뜀틀에서, 뛰기를 두 번 시도하는 일.

시기다타 (옛) 시키다. ¶命는 시기논 마리라(月釋序11).

시기-상조(時機尙早)명 때가 아직 이름. 때가 아직 덜 되었음. ¶자립하기에는 시기상조다. 준상조.

시기-심(猜忌心)명 남을 샘하는 마음. ¶시기심이 발동하다.

시-꺼멓다[-머타][~꺼머니·~꺼메]형ㅎ ①빛깔이 아주 꺼멓다. ¶밥이 시꺼멓게 타다. 잘새까맣다. ②마음이 아주 엉큼하고 음흉하다. ¶시꺼먼 속내를 드러내다. 시꺼메지다.

시-꺼메지다재 시꺼멓게 되다. ¶풍로에서 그을음이 올라와서 냄비 밑바닥이 시꺼메졌다. 잘새 까매지다.

시끄럽다[-따][시끄러우니·시끄러워]형ㅂ ①듣기 싫도록 소리가 크거나 떠들썩하다. ¶주위가 꽤 시끄럽다. /밖이 시끄러워 잘 수가 없다. ②남의 거듭하거나 치근거리는 말이 오히려 귀찮다. ¶일마다 시끄럽게 참견하다. ③말썽이 나 가탈이 생겨 어지러운 상태에 있다. ¶간첩 사건으로 세상이 시끄럽다.

시끌벅적-하다[-쩌카-]형어 몹시 어수선하게 시끄럽고 벅적거리다. ¶잔칫집 앞마당이 시끌 벅적하다.

시끌시끌-하다형어 ①주위가 조용하지 못하고 매우 시끄럽다. ¶많은 사람이 모여 장내가 시끌시끌하다. ②마음이 차분하지 못하고 뒤숭숭하다. ¶일이 뜻대로 되지 않아 속이 시끌시끌하다.

시나리오(scenario)명 영화나 텔레비전 드라마 따위의 대본. 각본(脚本).

시나브로튀 모르는 사이에 조금씩. 야금야금. ¶쌓였던 눈이 시나브로 녹아 없어졌다. /물려받은 재산을 시나브로 다 없앴다.

시나위명 ①전라도·충청도·경기도 남부의 무악(巫樂)에서 유래된 가락의 한가지. 피리·해금·장구·징·북 등으로 편성되는 합주로, 묘한 안어울림음을 이루는 것이 특색. ②당악(唐樂)에 대하여 '향악(鄕樂)'을 이르는 말.

시난-고난튀하자 병이 오래 끌면서 점점 악화되는 모양. ¶벌써 몇 해째 시난고난 앓고 있다.

시:납(施納)명하타 절에 시주로 금품 따위를 바침.

시:내명 그다지 크지 않은 내. 잘개울.

시:내(市內)명 시의 구역 안. 도시의 안. ¶많은 사람이 시내로 몰려들다. ↔시외(市外).

시:내-버스(市內bus)명 일정한 시(市)의 구역 안에서 정해진 노선을 따라 시민의 교통수단으로 운행되는 노선버스.

시:냇-가[-내까/-낻까]명 물이 흐르는 시내 의 가.

시:냇-물[-낸-]명 시내의 흐르는 물.

시너(thinner)명 도료(塗料)를 희석시키는 데 쓰이는 용제(溶劑).

시너지(synergy)명 분산 상태에 있는 집단이나 개인이 서로 적응하여 통합되어 가는 과정, 또는 그 과정에서 나타나는 힘이나 효과.

시네라리아(cineraria)명 국화과의 일년생 또는 이년생 원예 화초. 온몸이 흰 솜털로 덮이고, 초여름에서 초가을에 걸쳐 분홍·자주·남색·백색 등 여러 가지의 꽃이 핌. 카나리아 섬 원산. 관상용으로 재배됨.

시네라마(Cinerama)명 대형 영화의 한 가지. 특수 영사기를 서서 가로로 길고 오목한 스크린에 화면을 비추고 입체 음향을 곁들여서 실감을 자아냄. 〔본디는 상품명임.〕

시네마스코:프(Cinema Scope)명 대형 영화의 한 가지. 특수한 렌즈를 쓴 영사기로 압축 촬영한 것을 가로로 긴 스크린에 확대하여 비추며 입체 음향을 곁들임. 준시네스코.

시네마토그래프 (cinematograph)몡 영화 촬영기.
시네스코 (Cinesco)몡 ◁시네마스코프의 준말.
시네카메라 (cinecamera)몡 영화 촬영기.
시네포엠 (ciné-poème 프)몡 시나리오의 형식으로 쓴 시(詩). 영화 쪽에서 보면 영화의 수법, 즉 시각적 표현만으로 시적 감흥을 일으키는 시라고 할 수도 있음.
시:녀 (侍女)몡 지난날, 지체 높은 사람의 가까이에 있으면서 시중을 들던 여자.
시:노 (侍奴)몡 지난날, 시중을 들던 종.
시노 (柴奴)몡 지난날, 땔나무를 하던 머슴.
시뇨 (屎尿)몡 똥과 오줌. 분뇨(糞尿).
시-누 (媤-)몡 〈시누이〉의 준말.
시-누렇다 [형] ‘싯누렇다’의 잘못.
시-누이 (媤-)몡 남편의 누이. 춘시누·시뉘.
시누이-올케 (媤-)몡 시누이와 올케.
시-뉘 (媤-)몡 〈시누이〉의 준말.
시늉 [하]타 어떠한 모양이나 동작·소리 따위를 흉내 내는 일. ¶ 우는 시늉을 내다. /일을 좀 하랬더니 시늉만 한다.
시늉-말 [명] 흉내말.
시니시즘 (cynicism)몡 사물을 냉소적으로 보는 태도. 기성의 풍습이나 세론(世論), 사회도덕 따위를 경멸하고 무시하는 인생관이나 생활 태도. 견유주의(犬儒主義). 냉소주의(冷笑主義).
시니컬-하다 (cynical-)형[여] 냉소적이거나 그런 태도가 있다. ¶ 시니컬하게 웃다.
시다 [형] ①눈이 강한 빛을 받아 슴벅슴벅 절리는 듯하다. ¶ 강한 햇살에 눈이 시다. ②하는 짓이 눈에서 벗어나 비위에 거슬리다. 《주로, ‘눈꼴’과 어울려 쓰임.》 ¶ 눈꼴이 시어서 볼 수가 없다. ③(뼈마디를 삐거나 접질렸거나 하여) 시큰시큰 아프다. ¶ 무릎이 시고 아프다.
시다[2] [형] ①신맛이 있다. ②[동사적 용법] 신맛이 나게 되다. ¶ 김치가 빨리 실 것 같다.
시거든 떫지나 말고 얽거든 검지나 말지 [속담] ‘아무짝에도 쓸모가 없는 사람’을 비유하여 이르는 말.
시지도 않아서 군내부터 난다 [속담] 갈 같은 것이 미리부터 노숙한 체한다는 말.
시다[자] 〔옛〕 ‘이시다’의 축약형. ¶ 十里의 조자 시니(鄭澈.關東別曲).
시:다림 (←尸陀林)몡 불교에서, 죽은 이에게 마지막으로 하는 설법을 이르는 말.
시:다림-법사 (←尸陀林法師)[-싸]몡 죽은 이에게 마지막으로 설법하는 법사(중).
시단 (詩壇)몡 시인들의 사회. ¶ 시단에 데뷔하다.
시:달 (示達)몡[하]타[되]자 상급 기관에서 하급 기관 등에 지시 사항이나 주의 사항 따위를 전달함, 또는 그 전달. ¶ 업무 계획을 시달하다.
시달리다[자] 괴로움을 당하다. ¶ 빚에 시달리다.
시:담 (示談)몡 민사(民事)에서 다룰 만한 사건을 당사자끼리 말로써 해결하는 일.
시답다 [-따] [시다우니·시다워] [형][ㅂ] 《주로 ‘시답지 않다’의 꼴로 부정의 뜻으로 쓰이어》 마음에 차다. 마음에 들다. ¶ 호의를 시답지 않게 여기다.
시답잖다 [-짠타] [형] 마음에 차지 않다. 마음에 들지 않다. ¶ 젠체하는 꼴이 영 시답잖더라.
  • 시답잖아 [-짜나] • 시답잖소 [-짠쏘]
시-당숙 (媤堂叔)몡 남편의 당숙. 시종숙.
시-당숙모 (媤堂叔母)[-숙-]몡 ◁시종숙모.
시대 (時代)몡 어떤 길이를 지닌 연월(年月), 또는 역사적인 특징을 가지고 구분한 일정한 기간. ¶ 원자력 시대. /중세의 암흑 시대.

시대-감각 (時代感覺)몡 그 시대의 동향이나 특징 따위를 포착하는 감각. ¶ 예민한 시대감각.
시-대고모 (媤大姑母)몡 남편의 대고모.
시-대고모부 (媤大姑母夫)몡 남편의 대고모부.
시대-극 (時代劇)몡 지나간 시대의 인물이나 사건 등을 소재로 하여 꾸민 연극이나 극영화.
시대-물 (時代物)몡 지나간 어떤 시대의 인물이나 사건 등을 소재로 하여 만든, 소설·연극 따위의 작품.
시대-병 (時代病)[-뼝]몡 시대의 풍조에 따라 생겨나는 건전하지 못한 폐습 따위를 병에 비유하여 이르는 말.
시대-사상 (時代思想)몡 그 시대의 사회 일반에 널리 미친 사상.
시대-사조 (時代思潮)몡 그 시대의 주류나 특색을 이루는 사상적 경향.
시대-상 (時代相)몡 그 시대의 모습. 그 시대의 사회상. ¶ 시대상을 반영한 작품.
시대^소:설 (時代小說)몡 지나간 어떤 시대의 인물이나 사건·사회상 등을 소재로 쓴 소설.
시대-적 (時代的)관몡 그 시대의 특징적인 (것). ¶ 시대적 특징. /시대적인 경향.
시대-정신 (時代精神)몡 그 시대의 사회나 인심을 지배하는, 그 시대를 특징짓고 있는 정신이나 사상. ¶ 전환기의 시대정신.
시대-착오 (時代錯誤)몡 ①시대에 부합되지 않는 일. 아나크로니즘. ¶ 시대착오도 이만저만이 아니다. ②시대에 뒤떨어지는 일. ¶ 시대착오적인 발상.
시댁 (媤宅)몡 〈시집〉의 높임말.
시덥잖다 [명] ‘시답다’의 잘못.
시데로스탯 (siderostat)몡 일주 운동(日週運動)을 하는 천체의 빛을 받아 일정한 방향으로 반사하는 장치. 천체 관측에 쓰임.
시:도 (示度)몡 ①계기(計器)가 가리키는 눈금의 숫자. ②기압계가 나타내는 기압의 높이. ¶ 태풍의 중심 시도.
시:도 (市道)몡 ①(대단위 행정 구역인) 특별시·광역시 및 도. ¶ 시도 지방 의회. ②시내의 도로로서, 시장(市長)이 건설·관리·유지하는 도로. 参국도·지방도.
시:도 (視度)몡 액체 안에 떠 있는 물질이나 공기 속의 가스에 의해 생기는 대기의 투명도(透明度). 시계(視界) 거리에 따라 0에서 9까지로 구분함.
시도 (詩道)몡 시의 도. 시를 짓는 방법.
시:도 (試圖)몡[하][자타][되][자] 무엇을 시험 삼아 꾀하여 봄, 또는 꾀한 바를 시험하여 봄. ¶ 새로운 시도. /그러한 일은 시도해 본 적이 없다.
시:도-식 (始渡式)몡 다리를 놓고 처음 건너는 의식. 초도식(初渡式).
시:독 (屍毒)몡 동물의 시체가 박테리아의 작용으로 분해될 때에 생기는 독성 물질.
시독 (柴毒)몡 한방에서, 나무의 가시에 찔려서 곪는 병을 이르는 말.
시돌 (豕突)몡 ‘시돌하다’의 어근.
시돌-하다 (豕突-)[자][여] ◁저돌(豬突)하다.
시:동 (尸童)몡 지난날, 제사를 지낼 때에 신위(神位) 대신으로 앉히던 아이.
시:동 (侍童)몡 지난날, 지체 높은 사람 밑에서 시중을 들던 아이.
시:동 (始動)몡[하][자타] 전동기나 기계 따위가 움직이기 시작함, 또는 전동기나 기계 따위를 가동하기 시작함. 기동(起動). ¶ 엔진의 시동. /차의 시동을 걸다.

시:동-기(始動器)圀 전동기를 시동시키기 위한 부속 장치.

시-동생(媤同生)圀 남편의 남동생.

시두(時痘)圀 한방에서, 천연두를 이르는 말.

시두-법(時頭法)圀 민속에서, 일진(日辰)의 천간(天干)을 보아 그날의 자시(子時)가 육갑 중의 어떠한 자시가 되는지 알아내는 방법.

시:드(seed)〔종자를 선별한다는 뜻으로〕圀 ①테니스나 탁구 따위의 토너먼트 경기에서, 우수한 선수나 편끼리 처음부터 맞붙지 않도록 대진표를 짜는 일. ¶시드 배정. ②바둑에서, 본선의 성적이 우수한 선수에게 주는, 다음 번 본선 진출권.

시드러운圀 〈옛〉 가쁜. 고달픈. ¶山林에 시드러운 모믈 브텨니(杜重2:11). 圀시드럽다.

시드럭-부드럭[-뿌-]圄圀 꽃이나 풀 따위가 시들어 생기가 없는 모양. ¶화초가 시드럭부드럭 시들기 시작한다. 준시득부득.

시드럭-시드럭[-써-]圄圀 꽃이나 풀 따위가 시들어 윤기가 없고 엉성한 모양. ¶가뭄이 들어 꽃잎들이 시드럭시드럭하다.

시드럽다圀圄 〈옛〉 가쁘다. 고달프다. ¶山林에 시드러운 모믈 브텨니(杜重2:11).

시득-부득[-뿌-]圄圀 〈시드럭부드럭〉의 준말.

시득-시득[-써-]圄圀 시들고 말라서 윤기가 없는 모양. ¶심한 가뭄에 풀들이 시득시득 말랐다. 圀새득새득.

시들다[시드니·시들어]圀 ①(꽃이나 풀·나무 따위가) 물기가 말라서 생기가 없어지다. ¶꽃잎이 시들다. ②(사람이) 기력이나 원기 따위가 약해지고 줄어들다. ¶기력이 시들어 가다. ③(기세나 열의 따위가) 줄어들다. ¶시 창작에 대한 열의가 시들다.

시들-마르다[~마르니·~말라]圀圄 기운이나 풀기가 빠져서 생기가 없이 쪼그라지다. ¶고생에 찌들어 얼굴이 시들마른 낙엽 같다.

시들먹-하다[-머카-]圀圀 기운이나 기분이 시들한 데가 있다. ¶시들먹한 분위기.

시들-방귀圀 '시들한 사물'을 우습게 여겨 이르는 말. ¶남의 일은 시들방귀로 여긴다.

시들-병(-病)[-뼝]圀 시들시들 만성적으로 앓는 병. 위병(萎病).

시들-부들圄圀 조금 시들어서 부드러워진 모양. ¶시들부들해진 푸성귀.

시들-시들圄圀 어지간히 시들어 힘이 없는 모양. ¶시들시들 말라 버린 닢사귀. 圀새들새들.

시들-하다圀圀 ①풀이나 꽃 따위가 시들어서 생기가 없어지다. ②조금도 마음에 차지 않고 언짢다. ¶애초부터 시들한 표정으로 맨전만 부린다. ③조금도 대수롭지 않다. ¶계속 시들한 소식만 전해 오다.

시:디(CD)圀 ☞콤팩트디스크(compact disk).

시:디-롬(CD-ROM)圀 콤팩트디스크를 컴퓨터 판독의 전용 기억 매체로 하여 여러 가지 정보를 기록한 것. [compact disk read only memory]

시디-시다圀圀 맛이 몹시 시다. ¶김치가 시디시다.

시:디-플레이어(CD player)圀 콤팩트디스크의 소리를 재생하기 위한 장치.

시뚱-하다[-뚜따-]圀圀 ①마음에 들지 않거나 싫증 난 기색이다. ¶아무 말도 없이 시뚱해서 돌아왔다. ②언짢아서 시무룩하거나 토라져 있다. ¶시뚱한 표정으로 계속 입을 다물고 있다.

시뚱-이圄.

시:랑(侍郞)圀 ①신라 때, 집사성(執事省)·병부(兵部)·창부(倉部) 등의 버금 벼슬. ②고려 시

대에, 육부(六部)와 육조(六曹)의 상서(尙書) 다음가는 정사품 벼슬.

시:랑(豺狼)圀 ①승냥이와 이리. ②'욕심이 많고 무자비한 사람' 또는 '간악하고 잔혹한 사람'을 비유하여 이르는 말.

시래기圀 말린 무청.

시래깃-국[-기꾹/-긷꾹]圀 시래기와 콩나물을 된장과 고추장을 타서 가공한 진한 액체.

시래운도(時來運到)圀圀 때가 되어 운이 돌아옴. 시운(時運)이 돌아옴.

시량(柴糧)圀 땔나무와 먹을 양식.

시러圀 〈옛〉 능히. ¶ 므춤내 제 쁘들 시러 펴디 몯홀 노미 하니라(訓諺).

시러베-아들圀 '실없는 사람'을 욕으로 이르는 말.

시러베-장단圀 '실없는 말이나 행동'을 얕잡아 이르는 말.

시럼(媤)圀 시름. ¶舟師 이 시럼은 전혀 업게 삼길럿다(朴仁老.船上嘆).

시럽(syrup)圀 ①녹인 설탕에 여러 가지 과즙·향료 따위를 타서 가공한 진한 액체. 청량음료나 아이스크림 따위를 만드는 데 쓰임. ②설탕이나 여러 가지 과즙을 넣어 걸쭉한 액체로 만든 약제.

시렁圀 물건을 얹어 두기 위하여 방이나 마루의 벽에 건너질러 놓은 두 개의 시렁가래.

시렁-가래[-까-]圀 시렁을 매는 데 쓰는 긴 나무.

시:력(視力)圀 물체의 존재나 모양 따위를 분간하는 눈의 능력. 목력(目力). 안력(眼聰).

시:력^검:사(視力檢査)[-껌-]圀 시력의 좋고 나쁨을 검사하는 일.

시:력^검:사표(視力檢査表)[-껌-]圀 시력을 검사하는 데 쓰이는 표.

시련(詩聯)圀 시구(詩句)를 적은 주련(柱聯).

시:련(試鍊·試練)圀 ①겪기 어려운 단련이나 고난. ¶시련을 이겨 내다. ②圀圄 〔의지나 됨됨이 따위를〕 시험하여 봄.

시:련-기(試鍊期)圀 시련을 겪는 시기.

시령(時令)圀 ①☞절기(節氣). ②☞시환(時患).

시령(詩令)圀 지난날, 여러 사람이 시를 지을 때 미리 정해 두던 약속.

시례-고가(詩禮故家)圀 대대로 시(詩)와 예(禮)로 이름난 집.

시례지훈(詩禮之訓)圀 〔백어(伯魚)가 아버지인 공자(孔子)로부터 시와 예를 배워야 하는 까닭을 듣고 당장 배웠다는 고사에서〕 '자식이 아버지에게서 받은 교훈'을 이르는 말.

시론(時論)圀 ①시사(時事)에 관한 평론. ②그 시대의 세론(世論). ¶시론에 부합되다. ③조선 정조 때, 벽론(僻論)에 맞섰던 시파의 당론.

시론(詩論)圀 시의 본질이나 작법 등에 관한 이론, 또는 시에 대한 평론.

시:론(試論)圀 ①☞소론(小論). ②시험 삼아 해 본 평론이나 논설.

시:료(施療)圀圀 무료로 치료해 줌.

시료(詩料)圀 시의 소재. 시재(詩材).

시:료(試料)圀 시험이나 검사·분석 따위를 하기 위한 재료. ¶시료를 채취하다.

시루圀 떡이나 쌀 따위를 찌는 데 쓰는 둥근 질그릇. 모양은 자배기 비슷하며 바닥에 구멍이 몇 개 뚫려 있음.

시루에 물 퍼 붓기[속담] 아무리 돈을 쓰고 공을 들여도 아무 소용이 없음을 이르는 말. 옌밑 빠진 독(가마/항아리)에 물 붓기.

시루-떡명 쌀가루를 시루에 안쳐 찐 떡. 증병.

시룻-밑[-룬믿]명 시루의 구멍을 막아 시루 안의 것이 새지 않도록 하는 물건. 가는 새끼 따위로 떠서 만듦. *시룻밑[-룬미치]·시룻밑[-룬민-]

시룻-방석(-方席)[-룯빵-/-롣빵-]명 시루를 덮는 방석 모양의 덮개. 짚으로 두껍고 둥글게 틀어 엮어서 만듦.

시룻-번[-룯뻔/-롣뻔]명 시루를 안칠 때에 시루와 솥 사이에서 김이 새지 않도록 바르는 반죽. 준번.

시룽-거리다자 자꾸 시룽거리다. 시룽대다. ¶본심은 숨긴 채 언제까지나 시룽거리고만 있다. 큰새룽거리다.

시룽-대다자 시룽거리다.

시룽-새룽부 실없이 방정맞게 까불며 자꾸 지껄이는 모양.

시룽-시룽부자 자꾸 실없이 희룽거리는 모양. 큰새룽새룽.

시류(時流)명 그 시대의 풍조. 그 시대의 유행.

시르(실을·실의)명 (옛) 시루. ¶ 시르 중: 甑(訓蒙 中10). /가마와 실을 지고(內訓3:70).

시르-죽다[-따]자 맥이 쑥 풀리거나 풀이 죽다. ¶ 시르죽은 목소리.

시름명 늘 마음에 걸리는 근심이나 걱정. ¶ 깊은 시름에 잠기다.

시름-겹다[-따][~겨우니·~겨워]형[ㅂ] 가눌 수 없을 정도로 시름이 많다. ¶ 시름겹게 보이는 어머니의 얼굴.

시름-시름부 ①병세가 더하지도 않고 낫지도 않으면서 은근히 오래 끄는 모양. ¶ 시름시름 앓다가 끝내 세상을 버리다. ②비나 눈 따위가 조용히 자꾸 내리는 모양. ¶ 오늘도 뿌연 하늘에서 함박눈이 시름시름 내린다. ③매우 조용히 움직이거나 변하는 모양. ¶ 시름시름 말하다.

시름-없다[-럼따]형 ①근심·걱정으로 맥이 없다. ¶ 시름없는 얼굴로 한숨을 내쉬다. ②아무 생각이 없다. ¶ 시름없는 나날을 보내다. 시름없-이부 ¶ 시름없이 내리는 봄비.

시리다자 몸의 한 부분에 찬 기운을 느끼다. ¶ 이가 시리다. /찬 바람이 스며들어 무릎이 시리다.

시리-즈(series)명 ①책이나 영화 따위에서, 체제나 경향 등이 비슷한 연속물. ¶ 경영 명저(名著) 시리즈. ②특히 야구에서, 특별 기획에 의한 일련의 경기. ¶ 코리안 시리즈.

시:립(市立)명 시에서 설립하고 경영하는 일, 또는 그러한 시설. ¶ 시립 공원. /시립 도서관.

시:립(侍立)명하자 귀인(貴人)이나 웃어른을 모시고 섬.

시마'남동풍(南東風)'의 뱃사람 말.

시마(緦麻)명 조선 시대에, 종증조(從曾祖)나 삼종(三從)·중손(衆曾孫) 등이 죽었을 때 석 달 동안 입던 복, 또는 그 상복.

시마(sima)명 지질학에서, 지각(地殼)의 하층부를 이르는 말. 칼슘이나 알루미늄을 다량 함유한 현무암질로 규소와 마그네슘이 주성분을 이루고 있음.

시:말(始末)명 ①일의 처음과 끝. ②일의 전말.

시:말-서(始末書)[-써]명 전말서(顚末書).

시:망(諡望)명 왕조 때, 공신에게 시호(諡號)를 내릴 때에 미리 세 가지 시호를 의정하여 임금에게 올리던 일.

시:망-스럽다[-따][~스러우니·~스러워]형[ㅂ] 몹시 짓궂다. 시망스레부.

시-매부(媤妹夫)명 시누이의 남편.

시맥(翅脈)명 곤충의 날개 표면에 부챗살처럼 뻗어 있는 줄.

시맥(詩脈)명 시의 내용에서, 주제의 흐름과 줄기. 시의 맥락.

시먹명 미술에서, 먹으로 가는 획을 그어서 두 경계를 나타내는 줄. 세묵(細墨). 시분.

시-먹다[-따]형 나이 어린 사람이 주제넘고 시건방지다. ¶ 아이들이 시먹어서 말을 안 듣는다.

시-멀겋다형 ⑉ '싯멀겋다'의 잘못.

시-멀게지다⑉ '싯멀게지다'의 잘못.

시멘트(cement)명 토목·건축용의 접합제. 석회석이나 점토 따위를 구워서 가루로 만든 것으로, 모래 따위를 섞고 물로 개어서 씀. 양회.

시멘트^모르타르(cement mortar)명 시멘트와 모래를 물로 개어 만든 접합제의 한 가지. 벽돌 등을 쌓거나 타일 등을 붙이거나 하는 데 널리 쓰임.

시멘트^콘크리:트(cement concrete)명 시멘트와 모래·자갈 따위를 물로 개어서 만든 콘크리트의 한 가지.

시:멸(示滅)명 부처나 보살이 중생을 교화하기 위한 방편으로 열반을 나타내 보이는 일. 시적(示寂).

시:명(示明)명하자 일반에게 널리 알림. 고시함.

시모(媤母)명 시어머니.

시-모녀(媤母女)명 시어머니와 며느리.

시목(柴木)명 땔나무.

시:묘(侍墓)명하자 지난날, 부모의 거상 중에 그 무덤 옆에 막을 짓고 3년을 지내던 일.

시:무(始務)명하자 관공서 등에서 새해 들어 다시 업무를 시작하는 일. ↔종무(終務).

시무(時務)명 그때그때에 필요한 일. 당장에 시급한 일.

시무룩-하다[-루카-]형여 마음에 못마땅하여 말없이 부루퉁해 있다. ¶ 시무룩한 표정. 큰새무룩하다. 센씨무룩하다. 시무룩-이부.

시:무-식(始務式)명 관공서나 회사 등에서, 새해 들어 다시 업무를 시작할 때 행하는 의식. ↔종무식.

시:무-외(施無畏)[-외/-웨]명 부처나 보살이 중생을 보호하여 두려움을 없게 하는 일.

시문(柴門)명 사립문.

시문(時文)명 ①그 시대의 글, 또는 현재 쓰이고 있는 글. ②그 시대의 문명(문화).

시문(詩文)명 시가(詩歌)와 산문(散文).

시:문(試問)명하자 시험 삼아 물음, 또는 시험 삼아 묻는 그 문제.

시문-서화(詩文書畫)명 시가와 산문, 그리고 글씨와 그림. ¶ 시문서화에 능하다.

시문-집(詩文集)명 시가나 산문 등을 모아 엮은 책. 문림(文林).

시^문학(詩文學)명 ①시·시조 등 '시가(詩歌)'를 문학의 한 장르로서 이르는 말. ②1930년 3월에 창간하여 3호까지 나온 시 전문 동인지. 박용철·김영랑·이하윤 등이 동인으로, 계급주의 문학에 대항하여 서정시 위주의 순수 문학을 지향하였음.

시:물(施物)명 시주(施主)로 내는 재물.

시물-거리다자 자꾸 시물시물하다. 시물대다. 큰새물거리다. 센씨물거리다.

시물-대다자 시물거리다.

시물-시물부 ①입술을 실그러뜨리며 소리 없이 자꾸 웃는 모양. ¶ 시물시물 웃기를 잘한다. ②한데 어울리지 아니하고 능청스럽게 구는 모양. 큰새물새물. 센씨물시물.

시뮬레이션(simulation)**명** 복잡한 문제나 사회 현상 따위를 해석하고 해결하기 위하여 실제와 비슷한 모형을 만들어 모의로 실험하는 일.

시뮬레이터(simulator)**명** 복잡한 작동 상황 따위를 컴퓨터를 사용하여 실제 장면과 같도록 재현하는 장치. 주로, 시험 연구나 항공기 조종·원자로 운전 따위의 훈련에 사용됨.

시므다[심거]**타** 〈옛〉심다. ¶여러 가짓 됴흔 根源을 시므고(釋譜19:33)./臘月에 다시 모로매 심굴디니라(杜初7:9).

시ː민(市民)**명** ①시에 살고 있는 사람. 시의 주민. ¶서울 시민. ②국정에 참여할 수 있는 권리를 가진 사람. ¶시민 의식. ③시민 계급에 속하는 사람.

시ː민^계급(市民階級)[-계-/-게-]**명** 서양 근세사에서, 정치적으로는 근대 민주주의를 신봉하여 봉건 체제를 타파하고, 경제적으로는 산업 혁명을 수행하여 근대 자본주의 경제 체제를 확립한 사람을 통틀어 이르는 말. 부르주아지.

시ː민-권(市民權)[-꿘]**명** ①일반 국민이 주민이 누리는 권리. ②시민으로서의 사상·재산·직업·신앙 등의 자유가 보장되고, 또 국정에 참여할 수 있는 권리.

시ː민^문학(市民文學)**명** 18~19세기의, 근대 시민 계급의 의식을 반영한 문학. 부르주아 문학.

시ː민-법(市民法)[-뻡]**명** ①고대 로마 시민에게 적용되던 법. ②근대 민주주의에 바탕을 둔 근대 사법(私法). 특히, 민법을 이르기도 함.

시ː민^사회(市民社會)[-회/-훼]**명** ①봉건 사회에 대하여, 개인의 자유·평등·독립이 보장된 사회. ②근대 사회, 또는 초기 자본주의 사회.

시ː민^혁명(市民革命)[-녕-]**명** 부르주아 혁명.

시밀레(simile 이)**명** 악보의 나타냄말. '전과 같은 모양으로 계속'의 뜻.

시바(Siva 범)**명** 힌두교의 3대 신의 하나. 눈이 세 개며 이마에 반달을 붙이고, 목에 뱀과 송장의 뼈를 감은 모양으로, 파괴·죽음·생식·창조의 일을 맡음.

시ː반(侍飯)**명하자** 웃어른을 모시고 함께 음식을 먹음. 배식(陪食). 시식(侍食).

시ː반(屍斑)**명** 사람이 죽은 지 6~12시간 뒤에 피부에 생기는 자줏빛 얼룩점.

시반(詩伴)**명** 함께 시를 짓거나 시심(詩心)을 나누는 벗. 시붕(詩朋). 시우(詩友).

시ː발(始發)**명하자** 맨 처음 출발하거나 발차함. ¶시발 버스.

시ː발^수뢰(視發水雷)[-뢰/-뤠]**명** 부설 수뢰의 한 가지. 물속에 설치한 수뢰에 적함이 접근하였을 때에 육상의 감시소에서 전류를 통하여 폭발시키는 수뢰.

시ː발-역(始發驛)[-력]**명** 기차나 전차 따위가 처음 출발하는 역. ↔종착역(終着驛).

시ː발-점(始發點)[-쩜]**명** ①맨 처음 출발하거나 발차하는 지점. ↔종착점. ②일이 처음으로 시작되는 계기. ¶개혁의 시발점./변화의 시발점.

시방(←十方)**명** 불교에서, 동·서·남·북의 사방과 건(乾)·곤(坤)·간(艮)·손(巽)의 사우(四隅) 및 상하를 아울러 이르는 말. 십방.

시방(時方) **Ⅰ명** 지금. ¶시방이 바로 우리들이 떠날 때다.
Ⅱ부 지금. ¶시방 왔다./시방 한 말은 농담일세.

시방(猜謗)**명하타** (남을) 시새워 헐뜯음.

시ː방(試放)**명하타** 총이나 대포 따위를 처음으로 시험 삼아 쏘는 일.

시방-공(←十方空)**명** 불교에서, 아무것도 없이 텅 빈 시방세계를 이르는 말.

시ː방-서(示方書)**명** 설계·시공·주문품 등에 관하여 도면으로 나타낼 수 없는 사항을 적은 문서.

시방-세계(←十方世界)[-계/-게]**명** 불교에서, 사방·사우·상하에 있는 무수한 세계를 이르는 말. 온 세계.

시방-정토(←十方淨土)**명** 불교에서, 시방에 있는 무량무변(無量無邊)한 여러 부처의 정토를 이르는 말.

시ː배(侍陪)**명하타** 지난날, 따라다니며 시중드는 하인을 이르던 말.

시배(時輩)**명** ①그 당시의 사람들. ②때를 만나 뜻을 이룬 사람들.

시백(詩伯)**명** 시로써 일가(一家)를 이룬 사람.

시-백모(媤伯母)[-뱅-]**명** 남편의 백모. 시백부의 아내.

시-백부(媤伯父)[-뿌]**명** 남편의 백부.

시ː범(示範)**명하타** 모범을 보임. ¶시범 경기.

시법(詩法)**명** 시를 짓는 법.

시ː법(諡法)[-뻡]**명** 지난날, 시호(諡號)를 의논하여 정하던 방법.

시벽(詩癖)**명** ①시 짓기를 좋아하는 버릇. ②시에 나타나는 그 사람 특유의 버릇.

시ː변(市邊)**명** ①시가지의 변두리. ②☞장변(場邊).

시변(時變)**명** 그때의 세상이나 형세의 변화.

시ː병(侍病)**명하자** 병자 곁에서 시중드는 일.

시ː병(柿餠)**명** ☞감꼬치.

시병(時病)**명** ①계절에 따른 유행병. ②그 시대의 병폐. 시폐(時弊).

시ː보(時報)**명** ①어떤 분야에서 일어난 일이나 상태 등을 때때로 알리는 일, 또는 그 보도. ②라디오나 텔레비전 등에서 표준 시각을 알리는 일.

시ː보(試補)**명** 어떤 관직에 정식으로 임명되기 전에, 그 일에 실제로 종사하며 사무를 익히는 일, 또는 그 직. ¶사법관 시보.

시ː보(諡寶)**명** 임금의 시호를 새긴 도장.

시ː복(施福)**명** 절에서, 시주(施主)가 많은 것을 복으로 여겨 이르는 말.

시복(時服)**명** ①철에 맞는 옷. ②왕조 때, 입시(入侍)할 때나 공무를 볼 때 관원들이 입던 옷. 단령(團領)에 흉배(胸背)가 없고 빛이 붉음.

시복(總服)**명** 석 달 동안 입는 상복(喪服).

시ː복(諡福)**명하자** 가톨릭에서, 교황이 뛰어난 신앙이나 순교로 이름 높은 이에게 '복자(福者)'라는 칭호를 내리고 모든 교회에서 그를 공경하도록 선언하는 일.

시ː봉(侍奉)**명하타** 부모를 모시어 받듦.

시부(媤父)**명** 시아버지.

시부(詩賦)**명** 시와 부. ¶시부를 읊조리다.

시부렁-거리다[자타] 자꾸 시부렁시부렁하다. 시부렁대다. ¶입도 안 아픈지 종일 시부렁거린다. **쌍**사부랑거리다. **옌**씨부렁거리다.

시부렁-대다[자타] 시부렁거리다.

시부렁-시부렁[부]하[자타] 주책없이 실없는 말을 함부로 자꾸 지껄이는 모양. **쌍**사부랑사부랑. **옌**씨부렁씨부렁.

시-부모(媤父母)**명** 시아버지와 시어머니. 구고.

시부저기[부] 별로 힘들이지 않고 살짝. ¶시부저기 시작한 일이지만 만족스러운 결과를 얻었다. **쌍**사부자기.

시부적-시부적[-씨-]<!-- -->[튀]<!-- -->[하자] 잇달아 시부저기 행동하는 모양. ③사부작사부작.

시분(-粉)[명] ①시멱. ②[하자] 단청(丹靑)할 때, 물감을 칠한 뒤 무늬의 윤곽을 분으로 그리는 일.

시분할^**시스템**(時分割system)[명] 일정한 시간 안에 복수(複數)의 사용자가 한 컴퓨터를 공유(共有)하는 방식. 〔온라인 체재가 가능하게 된 방식임.〕 ③티에스에스(TSS).

시붕(詩朋)[명] ☞시반(詩伴).

시브다[형]〈옛〉싫다. ¶ 너닐은 天氣 됴홀가 시브(新語6:13). ③식브다.

시:비(市費)[명] 시(市)가 부담하여 지급하는 비용. 시의 경비.

시:비(侍婢)[명] 곁에서 시중드는 여자 종.

시:비(是非)[명] ①옳고 그름. 잘잘못. ¶ 시비를 가리다. /시비를 따지다. ②[하자타] 옳고 그름을 따짐. ¶ 시비가 붙다. /그 문제로 자네와 시비하고 싶지 않네.

시:비(施肥)[명][하자][되자] 논밭에 거름을 주는 일.

시:비(柴扉)[명] 사립문.

시비(詩碑)[명] ①시를 새긴 비. ②이름 있는 시인의 문학적 업적을 기리어 세우는 비. 〔대개, 비면에는 시인의 약력과 대표작을 새김.〕

시:비-곡직(是非曲直)[-찍][명] 옳고 그르고 굽고 곧음. 곧 잘잘못.

시:비-조(是非調)[-쪼][명] 시비하는 듯한 말투. ¶ 말끝마다 시비조다.

시:비지단(是非之端)[명] 시비가 일어난 실마리.

시:비지심(是非之心)[명] 사단(四端)의 하나. 시비를 가릴 줄 아는 마음.

시뻐-하다[타][어] 마음에 차지 않아 시들하게 여기다. 못마땅하게 생각하다. ¶ 좋은 몫을 주었는데도 시뻐하는 눈치다.

시:-뻘겋다[-거타][~뻘거니·~뻘게][형ㅎ] 아주 뻘겋다. ③새빨갛다.

시뻘게-지다[하자] 아주 뻘겋게 되다. ¶ 소주 한 잔에 얼굴이 시뻘게졌다. ③새빨개지다.

시:-뿌옇다[-여타][~뿌여니·~뿌예][형ㅎ] 아주 뿌옇다. ¶ 시뿌연 연기. ③새뿌옇다.

시뿌예-지다[하자] 시뿌옇게 되다. ¶ 시뿌예진 새벽 하늘. ③새뿌예지다.

시쁘다[시쁘니·시뻐][형] 마음에 차지 않아 시틋하다. 대수롭지 않다. ¶ 달라는 걸 주었는데도 시쁜 표정이다.

시쁘둥-하다[형][여] 매우 시쁜 기색이 있다.

시:사(示唆)[명][하자] 미리 암시하여 알려 줌.

시:사(市肆)[명] ☞시전(市廛).

시:사(侍史)[명] ①윗사람을 옆에서 모시면서 문서를 작성 처리하는 사람. ②편지 겉봉에, 받을 사람을 높이어 그의 이름 뒤에 쓰는 말.

시:사(侍師)[명] 스승을 모심.

시:사(侍射)[명] 임금이 활을 쏠 때 곁에서 모시고 함께 활을 쏨, 또는 그 신하.

시사(時仕)[명][하자] 지난날, 이속(吏屬)이나 기생이 그 매인 관아에서 맡은 일을 치르던 일.

시사(時祀)[명] ☞시향(時享).

시사(時事)[명] 그때그때의 세상의 정세나 일어난 일. ¶ 시사 상식.

시:사(視事)[명][하자] 임금이 나랏일을 돌봄.

시사(詩史)[명] 시의 역사, 또는 시의 발생 과정, 시의 내용과 형식의 변천 등을 밝힌 저술.

시:사(詩思)[명] ☞시상(詩想).

시:사(試射)[명][하자] ①〔활·총포 등의 성능과 제원(諸元)을 알기 위하여〕시험 삼아 쏘아 봄.

②지난날, 활 잘 쏘는 사람을 시험으로 뽑아 쓰던 일.

시:사(試寫)[명][하자] 영화를 개봉하기 전에 시험적으로 기자·평론가·관계자 등에게 상영해 보이는 일.

시사-담(時事談)[명][하자] 시사에 관한 이야기. 시사에 관한 담론.

시사-만평(時事漫評)[명] 시사에 관한 일을 이것저것 생각나는 대로 하는 비평.

시사^문:제(時事問題)[명] 시사에 관한 문제.

시사-물(時事物)[명] ①시사에 관한 기삿거리. ②시사 문제를 다룬 간행물이나 방송 프로그램.

시사-보:도(時事報道)[명] 시사에 관한 보도.

시사-성(時事性)[-썽][명] 시사가 지니고 있는 시대적·사회적 성격.

시:사여귀(視死如歸)[명][하자] 〔'죽음을 고향에 돌아가는 것처럼 여긴다'는 뜻으로〕죽음을 조금도 두려워하지 않는다는 말.

시사-용어(時事用語)[명] 시사에 관한 용어.

시사-적(時事的)[관] 그때그때의 세상의 정세나 사회적 사건과 관련된 (것). ¶ 시사적인 문제.

시:사-회(試寫會)[-회/-훼][명] 영화를 시사하는 모임.

시:산(試算)[명][하자] ①시험적으로 계산함. ②계산이 틀림없나를 검산함.

시:-산제(始山祭)[명] 산악인들이 매년 초 상순에 산신에게 지내는 제사.

시:산-표(試算表)[명] 분개장에서 총계정 원장으로 전기(轉記)가 잘 되었는지, 또는 그 계산이 틀림이 없는지를 검사하기 위하여 원장 각 계정의 금액을 모아서 만든 표.

시:산혈해(屍山血海)[명] 〔사람의 시체가 산처럼 쌓이고 피가 바다를 이룬다는 뜻으로〕'수많은 목숨이 무참히 살상됨'을 비유하여 이르는 말.

시:살(弑殺)[명][하자] 부모나 임금을 죽임. 시역(弑逆). 시해(弑害).

시-삼촌(媤三寸)[명] 남편의 숙부. 시숙부.

시삼촌-댁(媤三寸宅)[-땍][명] ①시삼촌의 집. ②시삼촌의 아내.

시:상(施賞)[명][하자] 상장이나 상품 또는 상금을 줌.

시:상(柿霜)[명] ☞시설(柿雪).

시상(時狀)[명] 그때의 세상 형편.

시상(時相)[명] 시제(時制)와 상을 아울러 이르는 말.

시:상(視床)[명] 간뇌(間腦)의 대부분을 차지하는 큰 달걀 모양의 회백질의 덩어리. 대뇌 피질과 가장 깊은 관계가 있음.

시상(詩想)[명] ①시를 짓기 위한 시인의 착상이나 구상. ¶ 시상이 떠오르다. ②시에 나타난 사상이나 감정. ③시적인 상념. 시사(詩思).

시:상-식(施賞式)[명] 시상할 때에 베푸는 의식. ¶ 대종상 시상식.

시:상-판(屍床板)[명] 입관(入棺)하기 전에 시체를 얹어 놓는 긴 널.

시:상^하:부(視床下部)[명] 시상의 아래쪽에서 뇌하수체로 이어지는 부분. 체온 조절·물질 대사·수면·생식 등에 관여하는 자율 신경계의 중추로서 생명 유지에 중요한 통제적 기능을 함.

시:새[명] ☞세사(細沙).

시새다[Ⅰ][자] ☞시새우다의 준말. [Ⅱ][홰]〈시새우다〉의 준말.

시새우다[Ⅰ][자] 서로 남보다 낫게 하려고 다투다. ¶ 시새워 일했다. ③시새다. [Ⅱ][홰] 자기보다 잘되거나 나은 것을 공연히 미워하고 싫어하다. ¶ 친구의 성공을 시새우지 마라. ③시새다.

시새움몡하타 시새우는 마음이나 짓. 준시샘.

시:색(柿色)몡 ☞감빛.

시색(時色)몡 그때의 추세.

시샘몡하타 〈시새움〉의 준말. ¶ 시샘을 내다.

시:생(侍生)몡 〔모시고 있는 소생(小生)이란 뜻으로〕 웃어른에게 대하여 '자기'를 낮추어 일컫는 말. 생(生).

시:생-계(始生界)[-계/-게]몡 시생대에 형성된 지층. 주로, 화강암이나 편마암으로 이루어졌으며 극히 드물게 화석이 포함되어 있음.

시:생-대(始生代)몡 선(先)캄브리아대의 하나. 지질 시대 중 최초의 시대로 방산충이나 해면 따위의 생물이 살았으며, 약 46억~25억 년 전으로 여겨짐. 태고대.

시서(時序)몡 돌아가는 계절의 순서.

시서(詩書)몡 ①시경(詩經)과 서경(書經). ②시와 글씨. ¶ 시서를 다 잘하는 선비.

시서늘-하다혬 음식 따위가 시어서 차다.

시서례(詩書禮)몡 시경(詩經)·서경(書經)·예기(禮記)를 아울러 이르는 말.

시-서모(媤庶母)몡 남편의 서모.

시서역(詩書易)몡 시경(詩經)·서경(書經)·역경(易經)의 삼경(三經)을 아울러 이르는 말.

시:석(矢石)몡 (옛날 전쟁에서 무기로 쓰이던) 화살과 돌.

시:선(視線)몡 ①눈이 가는 방향. ¶ 시선을 돌리다. /시선이 마주치다. ②눈동자의 중심점과 외계의 주시점(注視點)과를 잇는 직선. ③주의(注意)나 관심. ¶ 시선을 끌다. /시선이 집중되다. ①③눈길¹.

시선(詩仙)몡 ①선풍(仙風)이 있는 천재적인 시인. ②시작(詩作)에만 몰두하여 세상일은 모두 잊은 사람. ③〔두보(杜甫)를 시성(詩聖)이라 이르는 데 대하여〕 '이백(李白)'을 일컫는 말.

시선(詩選)몡 시를 뽑아 모은 책.

시:선(試選)몡하타 시험을 치러 뽑음.

시:설(柿雪)몡 곶감 거죽에 돋아 생기는 흰 가루. 시상(柿霜).

시:설(施設)몡하타되자 (도구나 장치 등을) 베풀어서 차림, 또는 그 차린 설비.

시설-거리다자 자꾸 시설시설하다. 시설대다. 잘새살거리다·새실거리다.

시설-궂다[-굳따]혬 실없이 시설거리는 데가 있다. 잘새살궂다·새실궂다.

시설-대다자 시설거리다.

시설-떨다[~떠니·~떨어]자 실없이 시설스럽게 굴다. 잘새살떨다·새실떨다.

시:설-물(施設物)몡 베풀어 차려 놓은 구조물. 〔기계·장치·도구류 따위.〕

시설-스럽다[-따][-스러우니·~스러워]혬ﻫ 보기에 시설궂다. 잘새살스럽다·새실스럽다. **시설스레**튀.

시설-시설튀하자 싱글싱글 웃으면서 수다스럽게 자꾸 지껄이는 모양. 잘새살새살·새실새실.

시성(詩性)몡 시적(詩的) 품성이나 감성.

시성(詩聖)몡 ①역사상 뛰어난 위대한 시인. ②〔이백(李白)을 시선(詩仙)이라 이르는 데 대하여〕 '두보(杜甫)'를 일컫는 말.

시:성(諡聖)몡하타 가톨릭에서, 교황이 시복(諡福)한 복자(福者)를 성인(聖人)의 명부에 올리고 모든 교회에서 그를 공경하도록 선언하는 일.

시:성-분석(示性分析)몡 각 원소의 함유량을 알아내고, 또한 그 각 원소 사이의 결합 상태를 나타내기 위한 화학 분석.

시:성-식(示性式)몡 유기 화합물의 특성을 나타내기 위하여, 분자식을 전개함으로써 작용하는 기(基)를 나타낸 화학식.

시세(市勢)몡 ①시(市)의 인구·재정·시설 등의 종합적인 형세. ②시장에서의 수요와 공급의 원활한 정도.

시세(時世)몡 그때의 세상.

시세(時勢)몡 ①시국의 형편. 시대의 추세. ②☞시가(時價).

시세(가) 닿다관용 값이 시세에 맞다.

시세션(secession)몡 건축이나 미술·공예의 한 양식(樣式). 표현의 번잡성을 피하고 형태나 색채의 단순화를 지향한 직선 위주의 방법임. 분리파.

시:-세포(視細胞)몡 빛의 자극을 받아들이는 감각 세포의 한 가지. 동물의 망막에 분포하며 원추 세포와 간상세포가 있음.

시:소(試所)몡 과거(科擧)를 치르던 곳. 과장(科場). 시원(試院).

시:소(seesaw)몡 긴 널판의 한가운데를 괴어 그 양쪽 끝에 사람이 타고 번갈아 오르락내리락하는 놀이, 또는 그 놀이 기구.

시:소-게임(seesaw game)몡 어떤 경기에서, 실력이 비슷한 두 편의 득점이 서로 번갈아 엎치락뒤치락하는 접전. 곧, 일진일퇴의 맹렬한 경기.

시소:러스(thesaurus)몡 〔'보배'·'보고'의 뜻에서〕 ①단어를 의미에 따라 분류·배열한, 유의어나 동의어의 사전(辭典). ②정보 검색을 위하여 컴퓨터에 기억된 용어 사전.

시속(時俗)몡 그 당시의 풍속.

시속(時速)몡 한 시간을 단위로 하여 잰 속도.

시:솔(侍率)몡 웃어른을 모시고 아랫사람을 거느림.

시:수(矢數)몡 과녁에 맞은 화살의 수효.

시:수(柴水)몡 땔나무와 마실 물.

시:수(柴水)몡 추깃물.

시숙(媤叔)몡 남편의 형제.

시-숙모(媤叔母)[-숭-]몡 남편의 숙모. 시숙부의 아내.

시-숙부(媤叔父)[-뿌]몡 남편의 숙부. 시삼촌.

시:술(施術)몡하자타 ①herm 등의 술법(術法)을 베풂. ②의술, 특히 수술이나 침술 따위를 베풂.

시스템(system)몡 ①어떤 목적을 위한 질서 있는 조직 체계. ¶ 인사 관리 시스템. ②컴퓨터에서, 필요한 기능을 실현하기 위하여 관련 요소를 어떤 법칙에 따라 조합한 집합체.

시습(時習)몡 ①그때그때의 습관이나 풍습. ②hm때때로 복습함.

시:승(市升)몡 지난날, 시장에서 쓰던 되. 장되.

시:승(試乘)몡ﻫ (자동차·기차·배 따위를) 시험 삼아 타 봄.

시승(詩僧)몡 시문(詩文)에 능통한 중.

시시(時時)몡 시각마다.

시:시(CC·cc)의 가로·세로·높이가 각각 1 cm인 용적. 곧, 세제곱센티미터. [1cc=1cm³=1/1000리터.] [cubic centimeter]

시시각각(時時刻刻)[-깍]몡 지나가는 시각 시각. 경경각각(頃頃刻刻). ¶ 시시각각으로 변하는 세상.

시시-거리다자 〈시시덕거리다〉의 준말. 시시대다. ¶ 수업 시간에도 틈만 나면 시시거린다.

시시껄렁-하다혬 시시하고 꼴같잖다. ¶ 시시껄렁한 얘기로 시간만 끌다.

시시-대다자 시시거리다.

시시덕-거리다[-꺼-]짜 실없이 잘 웃고 몹시 지껄이다. 시시덕대다. ⊗시시거리다.

시시덕-대다[-때-]짜 시시덕거리다.

시시덕-이명 시시덕거리기를 잘하는 사람을 별명으로 이르는 말.

시시-때때로(時時-)图 '때때로'의 힘줌말.

시시-로(時時-)图 때때로. ¶시시로 변하다.

시:시비비(是是非非)명[하자태] 옳은 것은 옳고 그른 것은 그르다고 하는 일. ¶시시비비를 가리다.

시:시비비-주의(是是非非主義)[-의/-이]명 옳은 것은 옳다 하고 그른 것은 그르다고 하는 주의.

시시종종(時時種種)명 때때로 있는 여러 가지. ¶시시종종의 금석맹약(金石盟約)을 식(食)을 마쳤다 하여 일본의 무신(無信)을 죄하려 아니하노라.

시시-콜콜图 ①시시하고 배리게 미주알고주알 따지고 캐는 모양. ¶시시콜콜 간섭하다. ②[하형]시시하고 고리타분한 모양. ¶시시콜콜 한 이야기로 시간을 허비하다. **시시콜콜-히**图.

시:시:ˇ티:브이(CCTV)명 폐회로(閉回路) 텔레비전. [closed circuit television]

시시풍덩-하다[형여] 시시하고 실답지 않다. ¶시시풍덩한 허풍에 잔사설까지 늘어놓다.

시시-하다[형여] ①재미없고 보잘것없다. ¶기대했던 바와는 달리 내용이 시시하다. ②하는 짓이나 일의 끝장이 너절하거나 분명하지 않다. ¶시시하게 굴지 마라. /선전과는 달리 ◄시시하게 끝나다.

시:식(侍食)명[하자태] 웃어른을 모시고 함께 음식을 먹음. 배식(陪食). 시반(侍飯).

시:식(施食)명[하자태] ①음식을 보시함. ②죽은 친족이나 부모를 위하여, 음식을 베풀고 법문을 외며, 염불 등을 하는 일.

시식(時食)명 철에 따라 나는 식품으로 특별히 만들어 먹는 음식. [봄철의 웅어회, 여름철의 노티떡 따위.] ☞절식(節食)².

시:식(視息)명 눈 뜨고 살아 있는 목숨.

시:식(試食)명[하자태] (맛이나 요리 솜씨를 보기 위해서) 시험 삼아 먹어 봄. ¶식품 매장의 시식 코너.

시:식(試植)명[하타] 새 품종의 식물을 시험적으로 심음.

시:식-대(施食臺)[-때-]명 ☞식사돌.

시:식-돌(施食-)[-똘]명 불교에서, 영혼의 천도식(薦度式)을 마치고 마지막으로 문밖에서 잡귀(雜鬼)에게 음식을 주며 경문(經文)을 읽는 곳. 시식대. 헌식돌.

시:신(侍臣)명 임금을 가까이 모시는 신하.

시:신(柴薪)명 땔나무.

시:신(屍身)명 송장.

시:-신경(視神經)명 시각을 맡아보는 신경. 60~80만 개의 신경 섬유로 되어 있음.

시:신-세(始新世)명 ☞에오세.

시:실(屍室)명 시체가 있는 방. 시체실.

시실-거리다짜 자꾸 시실시실하다. 시실대다.

시실-대다짜 시실거리다.

시실-시실图 실없이 웃거나 까부는 모양.

시:심(矢心)명[하자태] 마음속으로 맹세함.

시:심(始審)명 ☞제일심(第一審).

시심(詩心)명 ①시흥(詩興)이 도는 마음.

시:심마(是甚麽)명 불교에서, 인생의 모든 생활 현상에 관한 근본적인 의문을 이르는 말. [선종에서는 불법을 연구하는 공안(公案)을 이름.]

시:아르티:(CRT)명 텔레비전·싱크로스코프·컴퓨터의 모니터 따위에 쓰는 브라운관의 정식 이름을 줄여서 이르는 말. 음극관. [cathode-ray tube]

시-아버지(媤-)명 남편의 아버지. 시부(媤父). ⊗시아비.

시-아비(媤-)명 〈시아버지〉의 낮춤말.

시:아이(CI)명 사명·역할·비전 등을 명확히 하여 기업의 이미지나 행동을 하나로 통일하는 일. 기업의 상호나 마크의 변경 등이 주된 수단이지만, 넓게는 기업 이념이나 사원의 의식 변혁까지도 포함함. [Corporate Identity]

시-아주버니(媤-)명 남편의 형. ⊗시아주비.

시-아주비(媤-)명 ①〈시아주버니〉의 낮춤말. ②남편의 아우.

시아-파(Shiah派)명 이슬람교의 2대 교파 중의 하나. 마호메트의 사위인 알리를 정통으로 간주함. ☞수니파.

시악(恃惡)명[하자] 자기의 악한 성미를 믿음.

시:안(試案)명 시험적으로 만든 안(案). ¶시안을 검토하다.

시안(cyaan 네)명 시안화수소산 화합물로, 특유한 냄새가 나는 무색의 유독 기체. 도금이나 야금 또는 군사용 독가스로 쓰임. 청산(靑蒜).

시안화-나트륨(cyaan化Natrium)명 용융 나트륨 금속에 암모니아를 작용시켜 만든 무색의 결정. 조해성(潮解性)을 지니며, 산과 반응하면 분해되어 맹독이 있는 시안화수소를 발생시킴. 도금이나 농약 등에 쓰임. 청산염(靑酸塩).

시안화-수소(cyaan化水素)명 시안화칼륨에 산을 작용시켜 얻는 무색의 휘발성 액체. 공업적으로는 탄화수소·암모니아·산소를 섞어서 연소시켜 만듦. 극히 유독하여 사람이 0.06 g 이상 들이마실 경우 죽게 됨. 살충제나 유기물의 합성 등에 쓰임. 청산(靑酸).

시안화수소-산(cyaan化水素酸)명 시안화수소의 수용액. 청산(靑酸).

시안화-수은(cyaan化水銀)명 시안화수소산에 산화수은을 녹여서 농축시켜 만든 무색무취의 결정. 맹독이 있으며, 가열하면 수은과 시안으로 분해됨. 방부제나 시안을 만드는 데 쓰임. 청화홍(靑化汞).

시안화-은(cyaan化銀)명 질산은 용액과 시안화칼륨 용액을 섞어서 생긴 앙금을 암모니아수에 넣어 만든 무색무취의 결정. 은도금 등에 쓰임. 청화은(靑化銀).

시안화-칼륨(cyaan化Kalium)명 조해성이 강한 무색의 결정. 탄산칼륨과 탄소의 혼합물을 암모니아 기류(氣流) 속에서 가열하는 방법 등으로 만듦. 독성이 강하여 치사량이 0.15 g이고, 금·은·납 등의 전기 도금이나 농약 제조 등에 쓰임. 청산가리. 청화가리.

시알(sial)명 지각의 최상층에 주로 화강암질의 암석으로 된 부분. 〔포함된 주요 원소가 규소(Si)와 알루미늄(Al)이어서 생긴 말.〕

시앗[-앋]명 남편의 첩. ¶시앗을 보다. ＊시앗이[-아시]·시앗만[-안-]

시앗을 보면 길가의 돌부처도 돌아앉는다[속담] 남편이 첩을 얻으면 아무리 점잖고 무던한 부인네라도 시기를 한다는 말.

시액(詩額)명 시를 써서 거는 현판.

시:야(視野)명 ①시력이 미치는 범위. ¶안개가 시야를 가리다. ⑪시계(視界). ⑭청야(聽野). ②식견이나 사려가 미치는 범위. ¶시야가 넓다. /시야가 넓은 사람. 안계(眼界).

시:야비야 (是也非也)뎽〔허자타〕 옳고 그름을 따짐. 왈시왈비(曰是曰非).

시:약 (示弱)뎽〔허자〕 약점을 보임.

시:약 (試藥)뎽〔허타〕 화학 분석에서, 물질의 검출이나 정량을 위한 반응에 쓰이는 화학 약품.

시어 (詩語)뎽 ①시에 쓰는 말. ②시인의 감정(사상)을 나타낸 함축성 있는 말.

시어-다골 (鰣魚多骨)뎽〔준치는 맛은 좋으나 가시가 많다는 뜻으로〕'좋은 일의 한편에는 성가신 일이 있음'을 이르는 말. 호사다마(好事多魔).

시-어머니 (媤-)뎽 남편의 어머니. 시모. 吳시어미.

시-어미 (媤-)뎽 〈시어머니〉의 낮춤말.

시:언 (矢言)뎽 맹세하여 언약한 말.

시:업 (始業)뎽〔허타〕 영업이나 학업 등을 시작함. ↔종업(終業).

시:업-림 (施業林)〔-엄님〕뎽 특수한 목적을 위하여 인위적으로 만든 삼림.

시:업-식 (始業式)〔-씩〕뎽 시업하는 의식.

시:에이^티^브이 (CATV)뎽 ①공청용 안테나를 이용하여 수신하는 텔레비전. [community antenna television] ②☞케이블 티브이.

시:-에프 (cf)뎽 '비교하라'·'참조하라'는 뜻으로 쓰는 기호. [confer]

시:에프 (CF)뎽 텔레비전 광고 방송의 필름. [commercial film]

시:엠 (CM)뎽 텔레비전이나 라디오에서, 프로와 프로 사이에 내보내는 짧은 광고 방송. [commercial message]

시:엠-송 (CM song)뎽 텔레비전이나 라디오의 광고 방송에서, 특정 상품의 광고 선전용으로 내보내는 노래. [commercial message song]

시:여 (施與)뎽 남에게 거저 물건을 줌.

시여 (詩餘)뎽 ①시체(詩體)의 하나. 고시(古詩)가 변하여 악부(樂府)가 되고, 악부가 변하여 장단구(長短句)가 된 것. 당대(唐代)에 일어나 송대(宋代)에 성행함. '사(詞)'의 딴 이름. ②조선 인조 때의 학자 신흠(申欽)이, 중국의 한시(漢詩)에 대하여 우리 시가(詩歌)를 이른 말.

시역뎽 힘이 드는 일.

시:역 (市域)뎽 시의 구역. ¶폭발적인 인구 증가로 시역이 크게 확장되었다.

시:역 (始役)뎽〔허타〕 공사나 역사(役事)를 시작함.

시:역 (時疫)뎽 철에 따라 생기는 질병. 유행병(流行病).

시:역 (弑逆)뎽〔허타〕 ☞시살(弑殺).

시:연 (侍宴)뎽〔허자〕 대궐 안 잔치에 모든 신하가 참석하여 자리를 같이하는 일. ¶시연을 베풀다.

시:연 (試演)뎽〔허타〕 연극·무용·음악 등을 일반 공개에 앞서 시험적으로 상연하는 일. ¶공연할 작품을 시연하다.

시:영 (市營)뎽 시(市)에서 하는 경영. ¶시영 아파트. /시영 임대 주택.

시:예 (試藝)뎽 ☞시재(試才).

시오니즘 (Zionism)뎽 세계 각지에 흩어져 있던 유대 인이 그들 선조의 땅인 팔레스타인에 조국을 재건하려던 운동. [1948년에 이스라엘의 독립으로 그들의 오랜 꿈이 이루어졌음.] 시온 운동. 시온주의. 유대주의.

시:오:디: (COD)뎽 화학적 산소 요구량. [chemical oxygen demand]

시오지심 (猜惡之心)뎽 샘을 내고 미워하는 마음.

시-오촌 (媤五寸)뎽 ☞시종숙(媤從叔).

시온 (Zion)뎽 ①예루살렘에 있는 언덕 이름. ②'예루살렘'을 달리 이르는 말. 〔상징적으로 '전(全) 이스라엘'이라는 뜻으로도 쓰임.〕

시온^운:동 (Zion運動)뎽 ☞시오니즘.

시온-주의 (Zion主義)뎽 ☞시오니즘.

시옷 〔-옫〕뎽 한글 자모 'ㅅ'의 이름. *시옷이〔-오시〕·시옷만〔-온-〕

시왕 (←十王)뎽 불교에서, 저승에 있다는 열 명의 대왕을 이르는 말. 죽은 사람의 생전의 죄를 심판한다고 함. 십대왕. 십왕.
   시왕(을) 가르다〔관용〕 죽은 사람의 명복을 빌기 위하여 무당이 굿을 하다.

시왕-가름 (←十王-)뎽 민속에서, 시왕을 가르는 일. 지노귀새남.

시왕-전 (←十王殿)뎽 시왕을 모신 법당, 곧 명부전(冥府殿)을 이르는 말.

시왕-청 (←十王廳)뎽 ①저승에서 시왕이 거처한다는 곳. ②저승. 명부(冥府).

시:외 (市外)〔-외/-웨〕뎽 도시 밖의 부근으로서 시에 인접한 지역. ⑪교외(郊外). ↔시내(市内).

시-외가 (媤外家)〔-외-/-웨-〕뎽 남편의 외가.

시:외-버스 (市外bus)〔-외-/-웨-〕뎽 시내에서 특정한 시외 지역까지 정해진 노선을 따라 운행하는 버스. ¶시외버스 터미널.

시-외삼촌 (媤外三寸)〔-외-/-웨-〕뎽 남편의 외삼촌.

시외삼촌-댁 (媤外三寸宅)〔-외-땍/-웨-땍〕뎽 ①남편의 외삼촌의 집. ②남편의 외숙모.

시-외조모 (媤外祖母)〔-외-/-웨-〕뎽 남편의 외할머니.

시-외조부 (媤外祖父)〔-외-/-웨-〕뎽 남편의 외할아버지.

시-외편 (媤外便)〔-외-/-웨-〕뎽 남편의 외가 쪽.

시:용 (施用)뎽〔허타〕 베풀어서 사용함. ¶화학 비료를 시용할 때의 주의점.

시:용 (試用)뎽〔허타〕 시험적으로 써 봄.

시용-향악보 (時用鄕樂譜)〔-뽀〕뎽 조선 중종 이전에 간행된 것으로 추정되는 악보집. 옛 가사와 악보가 함께 수록되어 있음.

시우 (時雨)뎽 철을 맞추어서 오는 비.

시우 (詩友)뎽 ☞시반(詩伴).

시우-쇠〔-쇠/-쒜〕뎽 무쇠를 불려서 만든 쇠붙이의 한 가지. 숙철(熟鐵). 정철(正鐵).

시욱뎽 〔옛〕 전(氈). 전방석(氈方席). ¶시욱 전: 氈(訓蒙中30).

시운 (時運)뎽 시대나 때의 운수. 기운(機運).

시운 (詩韻)뎽 ①시의 운율. ②시의 운자.

시:-운:동 (視運動)뎽 지구 상에서 관측한 여러 천체의 겉보기 운동. 태양이 마치 동쪽에서 서쪽으로 운동하는 것처럼 보이는 것 따위.

시운불행 (時運不幸)뎽〔허형〕 시대나 때의 운수가 불행함.

시:-운전 (試運轉)뎽〔허타〕 기차나 선박 또는 기계 등을 새로 만들거나 수리하였을 때, 실제 사용에 앞서 시험적으로 해 보는 운전.

시울뎽 〔눈이나 입 따위의〕 가장자리.

시울뎽 〔옛〕 ①활시위. ¶시울 현:弦(訓蒙中28). ②줄. ¶슬픈 시우렛 白雪曲이 버프렛ᄂᆞ닌(杜初7:30).

시:원 (始原)뎽 사물이나 현상 등이 시작되는 처음. ¶우주의 시원.

시:원 (試院)뎽 ☞시소(試所).

시:원 (試員)뎽 고려 시대에, 감시(監試)의 감독이나 시문(試問)을 하던 관원.

시:원-림(始原林)[-님]몡 ☞원시림.

시원섭섭-하다[-써] 한편으로는 시원하면서도 다른 한편으로는 섭섭하다. **시원섭섭-히**튀.

시원-스럽다[-따][~스러우니·~스러워]혱비 시원한 태도나 느낌이 있다. 보기에 시원하다. **시원스레**튀.

시원-시원튀혱 행동이나 성격 또는 생김새가 아주 시원한 모양. ¶일을 시원시원하게 처리한다. **시원시원-히**튀.

시원찮다[-찬타]혱 '시원하지 아니하다'가 줄어서 된 말. ¶요즘 몸이 시원찮다. /대답이 시원찮다. /솜씨가 시원찮다. 준선찮다. * 시원찮아[-차나] /시원찮소[-찬쏘] /시원찮지[-찬찌]

시원-하다혱 ①더울 때 선선한 바람을 쐬는 느낌처럼 서늘하다. ¶바람이 시원하다. ②(마음을 짐짐하게 하던 것이 해결되어) 후련하고 가뿐하다. ¶그 일을 해결하고 나니 속이 시원하다. ③(말이나 행동 등이) 거침새가 없고 서글서글하다. ¶시원한 성격. ④가렵거나 체하거나 마려운 느낌이 가셔서 기분이 상쾌하다. ¶등을 좀 시원하게 긁어라. ⑤앞이 막힌 데 없이 트여 있어 답답하지 않다. ¶전망대에서 앞을 바라보니 도시의 모습이 시원하게 펼쳐졌다. ⑥국물 따위의 맛이 텁텁하지 않고 산뜻하다. ¶시원한 김칫국. ⑦(주로 '시원하지'의 꼴로, '아니하다'·'못하다' 따위와 함께 쓰이어) 기대나 욕구 등에 만족할 만큼 충분하다. ¶말이 시원치 않아 빨리 달리지 못한다. **시원-히**튀.

시월(←十月)몡 한 해의 열째 달. 준해월·맹동·방동.

시:월(是月)몡 이달.

시월-막사리(←十月-)[-싸-]몡 시월 그믐께.

시월-상달(←十月上-)[-딸]몡 〔민속에서, 햇곡식을 신에게 드리기에 가장 좋은 달이라는 뜻으로〕'시월'을 예스럽게 이르는 말. 준상달.

시위몡하재 비가 많이 내려서 강물이 넘쳐흘러 육지를 침범하는 일, 또는 그 넘치는 물. 홍수(洪水). ¶시위가 나다.

시위몡 〈활시위〉의 준말.

시:위(尸位)몡 지난날, 제사를 지낼 때에 신주 대신 시동(尸童)을 앉히던 자리.

시:위(示威)몡 ①하재 위력이나 기세를 드러내어 보임. ¶시위 군중. ②하재 ☞시위운동.

시:위(侍衞)몡하재 임금을 모셔 호위함, 또는 그 사람.

시:위(施威)몡하재 위엄을 베풀어 떨침.

시:위-대(示威隊)몡 시위를 하는 무리. ¶시위대의 가두 행진.

시:위-대(侍衞隊)몡 대한 제국 때, 임금을 호위하던 군대.

시:위-소찬(尸位素餐)몡하재 '직책을 다하지 못하면서 한갓 자리를 차지하고 녹(祿)만 받아먹음'을 이르는 말. 〔'한서(漢書)'의 '주운전(朱雲傳)'에 나오는 말로, 시동(尸童)처럼 공짜로 먹는 관리를 나무란 데서 유래함.〕

시:위-운동(示威運動)몡하재 많은 사람이 사회적·정치적 의사를 표시·요구하는, 그 실현을 위하여 위력을 나타내는 대중적 운동. 시위.

시위적-거리다[-꺼-]재 계속 시위적시위적하다. 시위적대다.

시위적-대다[-때-]재 시위적거리다.

시위적-시위적[-써-]튀하재 일을 힘들여서 하지 않고 되는대로 느릿느릿 하는 모양.

시:유(市有)몡 시(市)의 소유.

시유(柴油)몡 땔나무와 기름.

시:유-지(市有地)몡 시(市)가 소유하는 토지.

시율(詩律)몡 시의 율격.

시:은(市銀)몡 〈시중 은행〉의 준말.

시:은(市隱)몡 시중에 숨어 사는 은자(隱者).

시:은(施恩)몡하재 ①은혜를 베풂. ②불교에서, 시주(施主)로부터 받은 은혜를 이르는 말.

시:음(侍飮)몡하재 웃어른을 모시고 술을 마심.

시음(詩吟)몡하재 시를 읊조림.

시:음(詩淫)몡 시 짓기에만 지나치게 골몰하여 생활을 돌보지 않는 일.

시:음(試飮)몡하재 (술이나 음료수 따위를) 맛보기 위하여 시험 삼아 마셔 봄.

시:읍(試邑)몡 조선 시대에, 도에서 삼 년마다 한 번씩 치르던 향시의 시험 장소로 정한 고을.

시:읍-면(市邑面)[-음-]몡 (행정 구역으로서) 시와 읍과 면을 아울러 이르는 말.

시:의(示意)[-의/-이]몡 남에게 나타낸 의사(意思). 다른 사람에게 내보인 뜻.

시:의(市議)[-의/-이]몡 〈시의회〉의 준말.

시:의(侍醫)[-의/-이]몡 궁중에서 임금과 왕족의 진료를 맡아보던 의사. 어의(御醫).

시:의(施衣)[-의/-이]몡하재 (약간의 금품을 주어서) 자기의 성의를 표시함.

시의(時衣)[-의/-이]몡 철에 따라 입는 옷.

시의(時宜)[-의/-이]몡 그때의 사정에 알맞음. 기의(機宜). ¶시의 적절하다. /시의에 적합한 정책.

시의(時議)[-의/-이]몡 그 당시 사람들의 의론.

시:의(猜疑)[-의/-이]몡하재 시기하고 의심함.

시의(詩意)[-의/-이]몡 시의 뜻. 시의 의미.

시:-의원(市議員)[-의/-이-]몡 시의회 의원.

시:-의회(市議會)[-의회/-이훼]몡 자치 단체로서의 시(市)의 의결 기관. 준시의.

시:이불견(視而不見)몡하재 (마음이 딴 곳에 있으면) 보고 있어도 그것이 눈에 들어오지 아니함. 시이불시(視而不視).

시:이불공(恃而不恐)몡하재 믿는 곳이 있어 두려워하지 아니함.

시:이불시(視而不視)[-씨]몡하재 ☞시이불견.

시이사왕(時移事往)몡하재 세월이 흐르고 사물이 변함.

시:이오(CEO)몡 기업의 최고 경영자. [chief of executive officer]

시:인(矢人)몡 조선 시대에, 화살 만드는 일을 업으로 하던 사람.

시:인(是認)몡하재 ①옳다고, 또는 그러하다고 인정함. ¶잘못을 시인하다. ↔부인(否認).

시인(時人)몡 그 당시의 사람.

시인(詩人)몡 시를 짓는 사람. 시를 짓는 일에 일가(一家)를 이룬 사람.

시:일(侍日)몡 천도교에서, '일요일'을 이르는 말.

시:일(是日)몡 이날.

시일(時日)몡 ①때와 날. 날짜. ②기일이나 기한. ¶시일을 넘기다.

시임(時任)몡 ①☞현임(現任). ②현재의 관원.

시:자(侍者)몡 ①귀인을 가까이 모시고 시중드는 사람. ②불교에서, 장로를 모시는 사람.

시:자-법(示姿法)[-뻡]몡 ☞의태법(擬態法).

시:작(始作)몡 ①하재 (무엇을) 처음으로 하거나 쉬었다가 다시 함. ¶수업을 시작하다. /전투가 시작되다. ②하자타재 어떤 일이나 행동·현상의 처음, 또는 처음 단계를 이룸. ¶시작이 좋으면 끝도 좋은 법이다. /오후부터

날이 개기 시작했다. ③〖하자〗〖되자〗(강 따위의 근원에서) 물의 흐름이 비롯함. ¶두만강은 백두산에서 시작하여 동해로 흐른다.

시작이 반이다〖속〗 무슨 일이든지 시작하기가 어렵지, 일단 손을 대면 반 이상은 한 것이나 다름이 없다는 말.

시작(詩作)〖명〗〖하자〗 시를 지음. 작시(作詩).

시:작(試作)〖명〗〖하타〗〖되자〗 시험 삼아 만들어 봄, 또는 그 작품. ¶극비리에 시작된 무기.

시:잠(視箴)〖명〗 사물잠(四勿箴)의 하나. 예(禮)가 아니면 보지 말라는 규계(規戒).

시장〖하형〗 '배가 고픔'을 점잖게 이르는 말. ¶시장하던 참에 맛있게 먹었다.

시장이 반찬〖속〗 배가 고프면 반찬이 없어도 밥맛이 달다는 말.

시:장(市長)〖명〗 시(市)를 대표하고 시의 행정을 관장하는 직, 또는 그 직에 있는 사람.

시:장(市場)〖명〗 ①여러 가지 상품을 팔고 사는 장소. ¶상설 시장. /청과물 시장. ②특정한 상품이 거래되는 곳, 또는 상품의 수요와 공급의 관계에 따라 가격이 결정되는 추상적인 기구(機構). ¶국제 시장. /증권 시장. 준장(場)¹.

시장(柴場)〖명〗 ①☞나무장(場). ②☞나뭇갓.

시장(詩章)〖명〗 시의 장구(章句).

시:장(試場)〖명〗 시험을 치르는 장소. 시험장.

시:장^가격(市場價格)[-까-]〖명〗 그때그때의 시장에서 수요와 공급의 관계에 따라 현실적으로 형성되는 가격.

시:장^가치(市場價値)〖명〗 시장 가격을 규제하는 가치. 〔같은 종류에 해당하는 여러 상품의 평균 가치와 거의 일치함.〕

시장-갓(柴場-)〖명〗 '나뭇갓'의 잘못.

시장-기(-氣)[-끼]〖명〗 배가 고픈 느낌. ¶시장기가 들다.

시:장^대:리인(市場代理人)〖명〗 증권 회사의 직원으로서, 증권 거래소의 승인을 얻어 증권 시장에서 그 회사의 매매 거래 업무를 대신하는 사람.

시:장^독점(市場獨占)[-쩜]〖명〗 트러스트나 카르텔 등의 방법을 이용하거나 또는 큰 회사가 많은 재력을 이용하여 상품 공급의 지배권을 장악하는 일.

시:장^생산(市場生産)〖명〗 생산자가 시장에서의 상품 수요를 미리 예측하고 하는 생산. 찬주문 생산.

시:장-성(市場性)[-썽]〖명〗 유가 증권이나 상품이 시장에서 매매되는 유통성.

시장-시장〖감〗 시장질할 때 부르는 소리.

시:장^점유율(市場占有率)〖명〗 시장에서 팔리고 있는 같은 종류의 제품 중에서 어느 한 기업의 제품이 차지하는 비율.

시:장^조사(市場調査)〖명〗 상품의 판매 촉진이나 제품의 개량 따위를 목적으로 생산자가 소비와 생산과의 관계나 상품의 질과 양, 구매 동기 따위의 자료를 과학적으로 조사하는 일.

시장-질〖명〗〖하자〗 어린아이를 운동시키기 위하여, 일으켜 세워 두 손을 잡고 앞뒤로 자꾸 밀었다 당기었다 하는 짓. 찬부라질.

시재(時在)〖명〗 ①당장 가지고 있는 돈·곡식·물품 따위의 액수나 수량. ②☞현재(現在).

시재(詩才)〖명〗 시를 짓는 재주.

시재(詩材)〖명〗 시의 소재. 시료(詩料). ¶문득 좋은 시재가 떠오른다.

시:재(試才)〖명〗〖하타〗 재주를 시험하여 봄. 시예.

시재-궤(時在櫃)[-꿰]〖명〗 시잿돈을 넣어 두는 궤.

시재-시재(時哉時哉)〖감〗 좋은 때가 온 것을 기뻐하여 감탄하는 말. 시호시호(時乎時乎).

시재-액(時在額)〖명〗 시잿돈의 액수.

시재-장(時在帳)〖명〗 현재 가지고 있는 돈의 액수나 곡식의 양 따위를 적은 장부.

시잿-돈(時在-)[-재돈/-잳똔]〖명〗 쓰고 남아 있는 돈.

시:저(匙箸)〖명〗 숟가락과 젓가락. 수저.

시:적(示寂)〖명〗〖하자〗

시적(詩的)[-쩍]〖관〗 사물이 시의 정취를 가지는 (것). ¶시적 표현. /시적인 분위기.

시적-거리다[-꺼-]〖자〗 자꾸 시적시적하다. 시적대다.

시적^공상(詩的空想)[-쩍꽁-]〖명〗 현실과 동떨어진 아름다운 공상.

시적-대다[-때-]〖자〗 시적거리다.

시적-시적[-써-]〖부〗〖하자〗 마음이 내키지 않는 것을 억지로 참아 가며 느릿느릿 말하거나 행동하는 모양. ¶마지못해 시적시적 비질을 한다.

시적^조사법(詩的措辭法)[-쩍쪼-뻡]〖명〗 시에서, 시어를 고르고 다루는 방법.

시:전(市典)〖명〗 신라 때, 서울의 시장(市場)에 관한 일을 맡아보던 관아.

시:전(市廛)〖명〗 시장 거리에 있는 가게. 시중의 상점. 시사(市肆).

시전(詩傳)〖명〗 '시경(詩經)'의 주해서(註解書).

시전(詩箋)〖명〗☞시전지(詩箋紙).

시전-지(詩箋紙)〖명〗 시나 편지 따위에 쓰는 종이. 시전. 화전지.

시:^전:지(C電池)〖명〗 삼극 진공관의 그리드에 전압을 주는 전지.

시절(時節)〖명〗 ①☞철¹. ¶개나리꽃 피는 시절에는 온다 하더니. ②무슨 일을 하는 데에 좋은 시기. 기회. 세상. ¶좋은 시절은 다 보내다. ③사람의 한평생을 여럿으로 구분할 때의 어느 한 동안. ¶청년 시절. /학창 시절.

시절-가(時節歌)〖명〗 ①시절을 읊은 속요(俗謠). ②☞시조(時調).

시점(時點)[-쩜]〖명〗 시간의 흐름 위의 어떤 점. ¶오늘의 시점에서 보면 그것은 얼마든지 가능한 일이다.

시:점(視點)[-쩜]〖명〗 ①어떤 대상에 시력의 중심이 가 닿는 점. 주시점(注視點). ②사물을 보는 견지. ¶시점을 바꾸어 생각하다. ③회화의 원근법에서, 시선과 직각을 이루는 화면 상의 한 점. ④소설의 화자(話者)를 누구로 삼을 것인가 하는 작가의 서술 각도. ¶일인칭 관찰자 시점.

시:접〖명〗 속으로 접혀 들어간 옷 솔기의 한 부분. ¶시접을 넉넉히 두고 마르다.

시:접(匙楪)〖명〗 제사 때 수저를 담는 대접 비슷한 놋그릇.

시:정(市井)〖명〗 ①〔중국의 상대(上代)에 우물이 있는 곳에 사람이 모여 살았다는 데서〕인가가 많이 모인 곳. 방간(坊間). ②〈시정아치〉의 준말.

시:정(市政)〖명〗 시의 행정.

시:정(侍丁)〖명〗 조선 시대에, 나이가 많은 부모를 봉양하기 위해 국역(國役)을 면제받던 장정. 〔부모의 나이가 70 이상이면 아들 한 명을, 90 이상이면 아들 모두를 면제했음.〕

시:정(始政)〖명〗〖하자〗 정치를 시작함. 정무를 보기 시작함.

시:정(是正)〖명〗〖하타〗〖되자〗 잘못된 것을 바로잡음. ¶잘못된 점을 시정하다. /새로 시정된 조항.

시:정(施政)명하자 정부가 정치를 행함, 또는 그 정치. ¶시정 방침. ⇒시정에 관한 담화.

시정(時政)명 그 시대의 정치.

시:정(視程)명 대기의 혼탁도를 나타내는 척도의 한 가지. 육안으로 대상을 직접 보고 식별할 수 있는 최대 거리.

시정(詩情)명 ①시적인 정취. 시취(詩趣). ②시적으로 표현하고 싶은 마음. ¶시정이 우러나다.

시정-기(時政記)명 사관(史官)이 시정(時政) 중에서 역사에 남을 만한 자료를 추려 내어 적은 기록.

시:정-배(市井輩)명 ☞시정아치.

시:정-비(施政費)명 국가가 국민의 생활이나 복지 향상 등을 위하여 쓰는 모든 비용.

시:정^소:설(市井小說)명 일반 도시 서민의 생활상을 그린 소설.

시:정-아치(市井)명 시정의 장사치. 시정배. ⇒시정(市井).

시:정-잡배(市井雜輩)[-빼]명 시정의 부랑배.

시:제(施濟)명하자 구제(救濟)함.

시제(時制)명 말하는 이가 말한 시간을 기준으로 하여 사건이나 동작이 일어난 시간의 앞뒤를 제한하는 것. 우리말의 경우 활용어(동사·형용사·서술격 조사)의 종결 어미와 관형사형 어미로 나타냄. 〔현재 시제·과거 시제·미래 시제의 구별이 있음.〕 때매김.

시제(時祭)명 ①철마다 지내는 종묘의 제사. ②☞시향(時享).

시제(詩題)명 시의 제목. 시의 제재(題材).

시:제(試製)명하타 시험 삼아 만듦, 또는 그 만든 것.

시제^선어말^어:미(時制先語末語尾)명 어간과 어말 어미 사이에 끼어, 어떤 행위가 이루어진 때를 나타내는 선어말 어미. 〔'-았(었)-'·'-겠-'·'-는(ㄴ)-'·'-더-' 따위.〕

시:제-품(試製品)명 시험 삼아 만든 제품.

시:조(始祖)명 ①한 가계나 왕계의 초대가 되는 사람. ¶고려의 시조. ②어떤 학문이나 기술 따위를 맨 처음 연 사람. ¶성리학의 시조.

시:조(始釣)명 얼음이 풀린 뒤 처음 하는 낚시질.

시조(時調)명 시대의 풍조.

시조(時調)명 고려 말기부터 발달하여 온 우리나라 고유의 정형시. 보통, 초장·중장·종장의 삼장(三章)으로 이루어지며, 그 형식에 따라 평시조·엇시조·사설시조 등으로 나뉨. 시절가(時節歌).

시-조모(媤祖母)명 시할머니.

시-조부(媤祖父)명 시할아버지.

시:조-새(始祖)명 중생대 쥐라기에 살았던 조류의 시조. 조류와 파충류의 공통 형질을 갖추고 있어 그 중간형으로 간주됨. 크기는 까마귀만 하며, 날개 끝에 세 개의 발가락이 있고, 꼬리의 길고 굵은 뼈를 축으로 하여 양옆에 깃털이 달려 있음. 시조조(始祖鳥).

시조-유취(時調類聚)명 1928년 최남선(崔南善)이 엮은 시조집. 총 1405수를 그 내용에 따라 21개 부문으로 나누어 실었음.

시:조-조(始祖鳥)명 ☞시조새.

시:종(侍從)명 ①〈시종신(侍從臣)〉의 준말. ②가톨릭에서, 미사나 기타 예식의 집전자(執典者)를 거드는 직위, 또는 그 사람.

시:종(始終)Ⅰ명 ①처음과 끝. 시말(始末). ¶이야기의 시종을 들어 보다. ②하자되자 처음부터 끝까지 한결같이 함. ¶자기 자랑으로 시종하다. 종시(終始).
Ⅱ부 처음부터 끝까지. ¶꼿꼿하게 앉아서 시종 말이 없다.

시-종고모(媤從姑母)명 남편의 종고모.

시:종-무:관(侍從武官)명 대한 제국 때, 궁내부의 시종 무관부에 딸려 왕을 호종하던 무관.

시-종숙(媤從叔)명 남편의 종숙. 시당숙. 시오촌.

시-종숙모(媤從叔母)[-숭-]명 남편의 종숙모. 시당숙모.

시:종-신(侍從臣)명 ①임금을 가까이 모시고 따라다니는 신하. ②조선 시대에, 홍문관의 옥당(玉堂), 예문관의 검열(檢閱), 사헌부 또는 사간원의 대간(臺諫) 등을 통틀어 이르던 말. ⊛시종.

시:종-여일(始終如一)[-녀-]하형 처음부터 끝까지 변함없이 한결같음. 종시여일.

시:종-원(侍從院)명 대한 제국 때, 궁내부에 딸렸던 관청. 임금의 비서(秘書)·어복(御服)·어물(御物)·위생(衛生)·진후(診候) 등에 관한 일을 맡아보았음.

시:종-일관(始終一貫)명하자 처음부터 끝까지 똑같은 방침이나 태도로 나감. ¶성실로 시종일관하더니 끝내 성공하더라. 종시일관.

시-종조모(媤從祖母)명 남편의 종조모.

시-종조부(媤從祖父)명 남편의 종조부.

시-종증조모(媤從曾祖母)명 남편의 종증조모. 시종증조부의 아내.

시-종증조부(媤從曾祖父)명 남편의 종증조부.

시:좌(侍坐)명하자 ①웃어른을 모시고 앉음. ②정전(正殿)에 나온 임금을 세자가 모시고 그 옆에 앉던 일.

시:주(施主)명하타 불교에서, 중이나 절에 물건을 바침, 또는 그 사람. 화주(化主).

시:주(試走)명 ①자동차의 성능 등을 시험해 보기 위하여 처음으로 운전해 보는 일. ②달리기 경기에서, 경기 전에 몸의 상태를 조절하기 위하여 조금 달려 보는 일.

시:주-걸립(施主乞粒)명 중이 곡식이나 돈을 얻기 위하여 집집이 다니면서 하는 구걸.

시:주-승(施主僧)명 시주로 돈이나 곡식을 얻으러 다니는 중.

시:준(視準)명 망원경의 축을, 목표물을 정확하게 관찰할 수 있도록 조정하는 일.

시준-가(時準價)[-까]명 당시의 가장 비싼 시세. ¶시준가로 구입하다.

시:준-기(視準器)명 좁은 구멍을 통하여 들어간 빛을 대물렌즈를 이용하여 평행 광선으로 바꾸는 장치.

시:준-선(視準線)명 망원경의 대물렌즈의 중심과 대안렌즈의 초점을 잇는 직선. 시중준.

시:준^오:차(視準誤差)명 망원경의 시준선과 십자선이 일치하지 않을 때 생기는 오차.

시:준-의(視準儀)[-주늬/-주니]명 천체 관측용 망원경에 딸린 작은 망원경.

시:준-축(視準軸)명 ☞시준선(視準線).

시:준-화:석(示準化石)명 ☞표준 화석.

시:줏-돈(施主-)[-주똔/-줃똔]명 불교에서, 중이나 절에 바치는 돈을 이르는 말.

시중명하자 옆에서 보살피거나 여러 가지 심부름을 하는 일.

시:중(市中)명 시내 안. 도시의 안.

시:중(侍中)명 ①신라 때, 집사성(執事省)의 으뜸 벼슬. ②고려 시대에, 국정을 총괄하던 대신.

시:중^금리(市中金利)[-니]명 금융 시장의 표준적인 금리. 〔상업 어음 할인율·어음 대부(貸付) 금리 따위.〕

시중-꾼명 옆에서 시중을 드는 사람.

시중-들다 [~드니·~들어] [[타]] 옆에서 여러모로 보살피거나 온갖 심부름을 하다. ¶ 아버지 시중드느라고 하루도 꼼짝을 못한다.

시:중^은행(市中銀行) [[명]] 일반 은행으로서, 대도시에 본점이 있고 전국에 지점을 둔 큰 은행을 흔히 이르는 말. 준시은. (참)일반 은행·지방 은행.

시:중판매(市中販賣) [[명]] 시장이나 시중에서 일반에게 판매함. 준시판.

시:즌(season) [[명]] 어떤 활동이 가장 성한 시기. 어떤 활동을 하기에 알맞은 시기. ¶ 야구 시즌. /졸업 시즌.

시:즙(屍汁) [[명]] 추깃물.

시-증대고모(媤曾大姑母) [[명]] 남편의 증대고모.

시-증조모(媤曾祖母) [[명]] 남편의 증조모. 시증조부의 아내.

시-증조부(媤曾祖父) [[명]] 남편의 증조부.

시:지(試紙) [[명]] 지난날, 과시(科試)에 쓰던 종이. 정초(正草).

시지근-하다 [[형여]] 음식이 쉬어서 맛이 좀 시다. ¶ 밥이 시지근한 김치.

시지르다 [시지르니·시질러] [[자르]] 〈졸다²〉의 속된 말.

시:지:에스^단위계(CGS單位系) [-계/-게] [[명]] 단위계의 한 가지. 길이는 센티미터(cm), 질량은 그램(g), 시간은 초(s)로 나타냄.

시:-직경(視直徑) [-경] [[명]] 천체의 외관상의 지름. [시각(視角)으로 나타냄.]

시:진(市塵) [[명]] ①거리에 이는 티끌과 먼지. ②거리의 혼잡.

시진(時辰) [[명]] ☞시간(時間). 시각(時刻).

시:진(視診) [[명][하타]] 눈으로 환자의 몸을 보고 그 외부에 나타난 변화로 병을 진단함.

시진(澌盡) [[하자]] 기운이 아주 쑥 빠져 없어짐. ¶ 울다가 울다가 목도 잠겼고 또 울 기운조차 시진했다.

시-집(媤-) [[명]] 남편의 집. 시부모가 있는 집. 시가(媤家). 솔시댁(媤宅).

> **시집도 가기 전에 기저귀**[포대기] **마련한다** (속) 일을 너무 일찍 서두른다는 말.

시집(詩集) [[명]] 여러 편의 시를 모아 엮은 책. ¶ 동인(同人) 시집. /시집을 내다.

시집-가다(媤-) [-까-] [[자]] 여자가 결혼하다. 출가하다. ↔장가가다.

> **시집갈 날**[때] **등창이 난다** (속) 기다리던 때를 맞아 공교롭곤 일로 낭패를 본다는 말.

시집-보내다(媤-) [-뽀-] [[타]] 시집을 가게 하다. 결혼시키다. 출가시키다. ¶ 막내딸을 시집보내고 처음으로 눈물을 보이시던 아버지.

시집-살이(媤-) [-싸리] [[명]] ①여자가 시집에서 살림을 함, 또는 그 살림살이. 여자의 결혼 생활. ②남의 밑에서 감독이나 간섭을 받으면서 하는 고된 일을 비유하여 이르는 말.

시집-오다(媤-) [[자]] 여자가 결혼하여 시집에 들어오다. ¶ 지난달에 시집온 새댁.

시차(時差) [[명]] ①진태양시와 평균 태양시와의 차. 균시차(均時差). ②세계시와 표준시와의 차. ③세계 각 표준시 상호 간의 차. ④시간에 차가 나게 하는 일. ¶ 시차 출근. /시차를 두다.

시:차(視差) [[명]] ①같은 물체를 서로 다른 두 지점에서 보았을 때의 방향의 차. ②천체를 관측자의 위치에서 본 때와 어떤 기준점에서 본 때의 방향의 차. ③사진에서, 파인더에 비치는 상과 필름에 비치는 상의 사각(寫角)의 차.

시:차^압력계(示差壓力計) [-녁꼐/-녁께] [[명]] 두 압력의 차를 측정하는 장치.

시:차^운:동(視差運動) [[명]] 항성의 천구 상의 위치가 지구의 공전에 의하여 1년 단위로 움직여 보이는 운동.

시차-제(時差制) [[명]] 어떤 일을 하는 데 시간에 차를 두는 제도. [교통 혼잡을 덜기 위하여 출근 시간을 달리하는 제도 따위.] ¶ 시차제 실시에 따른 이점과 문제점.

시:찰(視察) [[명][하타]] 돌아다니며 실지 사정을 살펴봄. ¶ 산업 시찰. /군부대를 시찰하다.

시참(詩讖) [[명]] 자기가 지은 시가 우연히 자신의 미래를 예언한 것과 같이 되는 일.

시창 [[명]] 배의 고물머리에 깐 작은 마루.

시:창(始唱) [[명]] ①노래 따위를 맨 처음 부름. ②학설 따위를 맨 처음 주창함.

시:창(視唱) [[명][하타]] (소리를 듣고 따라 부르는 '청창'에 대하여) 악보를 보면서 노래를 부름. ¶ 초견(初見) 시창. /시창 테스트.

시-찾다(時-) [-찹따] [[자]] 거의 죽게 되다.

시:채(市債) [[명]] 지방 자치 단체인 시(市)가 발행하는 채권.

시:책(施策) [[명][하타]] (국가나 행정 기관 따위가) 어떤 계획을 실행에 옮김, 또는 그 계획. ¶ 정부 시책. /국어 교육에 관한 시책.

시책(時策) [[명]] 시국에 대응하는 정책.

시:책(諡冊) [[명]] 시책문을 새긴 옥책이나 죽책.

시-책문(諡冊文) [-쟁-] [[명]] 제왕(帝王)이나 후비(后妃)의 시호를 상주할 때, 그 생전의 덕행을 칭송하여 지은 글.

시처위(時處位) [[명]] 때와 곳과 지위. 곧, 사람이 처해 있는 사정이나 형편.

시척지근-하다 [-찌-] [[형여]] 음식이 쉬어서 비위에 거슬릴 정도로 시큼하다. ¶ 시척지근해진 나물. 준시그근하다. (센)새척지근하다. **시척지근-히** [[부]].

시:천-교(侍天敎) [[명]] 천도교 계통의 한 분파. [이용구(李容九)를 교주로 함.]

시:-천주(侍天主) [[명]] [내 몸에 한울님을 모셨다는 뜻으로] 천도교에서, 한울님은 늘 마음속에 있다고 믿는 말.

시:첩(侍妾) [[명]] 귀인이나 벼슬아치를 곁에서 모시고 있는 첩.

시:청(市廳) [[명]] 시의 행정 사무를 맡아보는 곳, 또는 그 청사. 준시(市).

시:청(視聽) [[명][하타]] 눈으로 보고 귀로 들음. 청시. ¶ 텔레비전을 시청하다.

시:청(試聽) [[명][하타]] (새로운 곡이나 녹음된 내용 따위를) 시험 삼아 들어 봄.

시:청-각(視聽覺) [[명]] '시각'과 '청각'을 아울러 이르는 말.

시:청각^교:육(視聽覺敎育) [-꾜-] [[명]] 학습 능률을 올리기 위하여 영화·라디오·실물·표본 따위 시청각적 매체를 활용하는 교육.

시:청-료(視聽料) [-뇨] [[명]] (공영 방송 따위의) 텔레비전을 시청하는 데 내는 요금.

시:청-률(視聽率) [-뉼] [[명]] 텔레비전에서, 어떤 프로그램이 시청되고 있는 정도.

시:청-자(視聽者) [[명]] 텔레비전 방송 프로그램을 시청하는 사람.

시:체(侍體) [[명]] [어버이를 모시고 있는 몸이라는 뜻으로] 편지를 받을 사람의 안부를 물을 때 쓰는 말. ¶ 시체 평안하신지요?

시:체(柿蔕餠) [[명]] 한방에서, '감 꼭지'를 약재로 이르는 말. [딸꾹질에 씀.]

시:체(屍體)**명** 죽은 사람의 몸뚱이. 송장. 주검. ¶무너진 집에서 두 구의 시체가 발견되었다.

시체(時體)**명** 그 시대의 풍습이나 유행. ¶시체 물건. /시체에 따르다.

시체(詩體)**명** 시의 형식과 체재.

시체-병(時體病)[-뼝]**명** ①돌림병. ②그 시대에 흔한 병.

시:체-실(屍體室)**명** 병원에서, 시체를 넣어 두는 방. 시실(屍室).

시쳇-말(時體-)[-첸-]**명** 그 시대에 널리 유행하는 말. 시대의 유행어. 《주로, '시쳇말로'의 꼴로 쓰임.》요샛말. 유행어.

시:초(市草)**명** 품질이 낮고 굵게 썬 살담배.

시:초(始初)**명** 맨 처음. ¶싸움의 시초./비극의 시초.

시초(柴草)**명** 땔나무로 쓰는 마른풀.

시초(翅鞘)**명** ☞딱지날개.

시초(詩抄)**하자** 시를 뽑아서 적는 일. 또는 그 책.

시초(詩草)**명** 초잡아 쓴 시. 시의 초고(草稿).

시:초-선(始初線)**명** 극좌표계(極座標系)에서, 기선으로 하는 일정한 직선.

시:추(試錐)**명하다****되자** 지질 조사나 광상(鑛床)의 탐사 등을 위해 땅속 깊이 구멍을 뚫음.

시:추-선(試錐船)**명** 바다 밑바닥에 구멍을 뚫어 석유를 탐사하는 데 쓰이는 특수한 배.

시추에이션(situation)**명** ①영화에서, 극적인 상황. ②문학에서, 장면.

시추에이션^코미디(situation comedy)**명** ☞시트콤(sitcom).

시축(詩軸)**명** ①시를 적은 두루마리. ②<시화축(詩畫軸)>의 준말.

시:축(始蹴)**명하자** 축구에서, 경기를 시작하기 전에 지명인사가 경기장의 한가운데 놓인 공을 참, 또는 차는 그 일.

시:취(屍臭)**명** 시체가 썩는 냄새.

시:취(詩趣)**명** ①☞시정(詩情). ②시를 짓거나 감상하는 취미.

시:취(試取)**명하타** 시험으로 인재를 뽑음.

시:측(侍側)**명하타** 곁에 있으면서 어른을 모심.

시치근-하다(< 시적지근하다>의 준말.)**형어** 새 치근하다. **시치근-히****부**

시치다**타** 바느질할 때, 여러 겹을 맞대어 듬성 듬성 호다. ¶홑이불을 시치다.

시치름-하다 **[I]****자어** 쌀쌀하게 시치미를 떼는 기색을 꾸미다. **잪**새치름하다. **시치름-히****부** **[II]****형어** 쌀쌀하게 시치미를 떼는 태도가 천연스럽다. **잪**새치름하다. **시치름-히****부**

시치미명 ①매의 임자를 밝히기 위해 주소를 적어 매 꽁지 위의 털 속에 매어 두는 네모진 뿔. ②짐짓 알고도 모르는 체하거나, 하고도 안 한 체하는 태도. **준**시침.

시치미(를) 떼다[관용] ['매의 시치미를 떼어 임자를 모르게 하다'에서 온 말로] 짐짓 알고도 모르는 체하거나, 하고도 안 한 체하다. ¶자기가 하고서도 모르는 척 시치미를 뗀다.

시침명 ①<시치미>의 준말. ②<시침질>의 준말.

시:침(侍寢)**명하타** 임금을 모시고 잠.

시:침(施鍼)**명하타** 몸에 침을 놓음.

시침(時針)**명** 시계에서, 시간을 가리키는 짧은 바늘. 단침(短針).

시침-바느질명**하타** 양복 따위를 지을 때, 먼저 몸에 잘 맞는가 어떤가를 보기 위하여 대강 시 침질하여 보는 바느질. 가봉(假縫).

시침-질명**하타** 바늘로 시치는 짓. **준**시침.

시침-하다 **[I]****자어** 짐짓 태연한 기색을 꾸미다. **잪**새침하다. **[II]****형어** 시치미를 떼고 태연한 태도로 있다. **잪**새침하다.

시-커멓다[-머타][~커머니·~커메]**형ㅎ** ①빛 깔이 매우 꺼멓다. ¶시커먼 매연. ②마음이 몹시 엉큼하고 음흉하다. ¶마음이 시커멓다. **잪**시꺼멓다.

시커메-지다자 시커멓게 되다. **잪**새카매지다.

시컨트(secant)**명** 삼각 함수에서, 직각 삼각형의 빗변의 비를 한 예각(銳角)을 낀 밑변에 대하여 이르는 값. 세크(sec).

시:쾌(市儈)**명** ☞장주릅.

시쿰-시쿰부**하**** 모두가 다 시쿰하거나, 매우 시쿰한 모양. ¶김치 맛이 시쿰시쿰하다. /시쿰 시쿰한 냄새. **잪**새쿰새쿰. **여**시굼시굼.

시쿰-하다형어 매우 시굼하다. ¶시쿰한 맛. **잪**새쿰하다. **여**시굼하다.

시:퀀스(sequence)**명** ['뒤를 따르는 것'이라는 뜻에서] ①영화에서, 몇 개의 장면이 모여 이룬 일련의 화면. ②학습에서, 학생의 성숙 정도나 내용의 난이도 등에 따라 정해지는 단원 발전의 차례나 계열.

시크무레-하다형어 조금 시큼하다. **잪**새크무레 하다. **여**시구무레하다.

시큰-거리다자 자꾸 시큰시큰하다. 시큰대다. ¶뼈마디가 시큰거리고 아프다. **잪**새큰거리다. **여**시근거리다[2].

시큰-대다자 시큰거리다.

시큰둥-하다형어 마음에 내키지 않아, 말이나 하는 짓에 성의가 없다. ¶시큰둥하게 대답하다.

시큰-시큰부**하**** 자꾸 시큰한 느낌이 있는 모양. ¶어깨뼈가 시큰시큰하다. **잪**새큰새큰. **여**시근 시근[2].

시큰-하다형어 뼈마디 같은 데가 매우 시큰하다. ¶무릎마디가 시큰하다. **잪**새큰하다. **여**시근하다.

시클라멘(cyclamen) 앵초과의 다년초. 관상용 식물로, 높이는 15~20cm. 덩이줄기에서 잎과 꽃줄기가 나옴. 잎은 심장 모양으로 잎자 루가 길고 굵음. 겨울부터 봄에 걸쳐 빨강·하양·분홍 따위의 꽃이 핌.

시큼-시큼부**하**** 여럿이 다 시큼하거나 매우 시큼한 모양. **잪**새큼새큼. **여**시금시금.

시큼쌉-하다형어 맛이 시큼하고도 쌉쌀하다. **여**시금쌉쌀하다.

시큼털털-하다형어 맛이 시큼하고도 상당히 떫다. ¶시큼털털한 개살구. **잪**시금털털하다.

시큼-하다형어 매우 시큼하다. ¶사과 맛이 시큼하다. **잪**새큼하다. **여**시금하다.

시키다타 ①<무엇을> 하게 하다. ¶말을 시키다. /시키는 대로 해라. ②음식 따위를 주문하다. ¶자장면 두 그릇을 시키다.

-시키다(일부 명사 뒤에 붙어) '하게 하다'의 뜻을 나타내는 말. ¶결혼시키다. /교육시키다.

시탄(柴炭)**명** 땔나무와 숯. 신탄(薪炭).

시:탕(侍湯)**명하타** 어버이의 병환에 약시중을 드는 일.

시태명 소 등에 실은 짐.

시태(時態)**명** 그 당시의 세상 형편.

시태-질명**하타** 소 등에 짐을 싣는 짓.

시:토(SEATO)**명** 동남아시아 조약 기구. [Southeast Asia Treaty Organization]

시:통(始痛)**명** 마마를 앓을 때, 발진하기 전에 나는 신열이나 그 밖의 다른 증세.

시투(猜妬)**명하타** 시기하고 질투함.

시퉁-머리囲 '주제넘고 건방진 짓'을 속되게 이르는 말.
시퉁머리 터지다판용 '시퉁하다'를 속되게 이르는 말. ¶시퉁머리 터진 말을 하다.
시퉁-스럽다[-따][~스러우니·~스러워]형ㅂ 보기에 시퉁한 데가 있다. **시퉁스레**부.
시퉁-하다혱여 (하는 짓이) 주제넘고 건방지다. ¶태도가 시퉁하여 마음에 들지 않는다.
시-트(seat)囲 야구에서, 야수의 수비 위치.
시-트(sheet)囲 침대나 좌석 등에 까는 흰 천.
시-트^노크(seat+knock)囲 야구에서, 수비 위치에 선 야수들에게 한 사람이 배트로 공을 쳐서 하는 수비 연습.
시트르-산(←citric酸)囲 ☞구연산.
시트콤(sitcom)囲 무대와 등장인물은 같지만 매회 다른 이야기를 다루는 방송 코미디. 시추에이션 코미디.
시-트^파일(sheet pile)囲 토목이나 건축 공사 따위에서, 흙이 무너지는 것을 막기 위하여 땅에 박는 강철판 말뚝.
시틋-하다[-트타-]혱여 (어떤 일을 여러 번 겪어 물리거나 오래 끌어) 싫증이 나다. ¶연일 계속되는 정쟁(政爭)은 그저 시틋할 뿐이다. 짬뜻하다. **시틋-이**부.
시:티(CT)囲 〈시티 스캐너〉의 준말. [computed tomography]
시:티^스캐너(CT scanner)囲 인체의 횡단면을 촬영하여 각 방향에서의 상(像)을 컴퓨터로 처리하는 의료 기기. 엑스선 이외에 입자선·초음파 따위와 컴퓨터를 조합시킨 것임. 준시티.
시:티:시:(CTC)囲 열차 집중 제어기. [centralized traffic control]
시:티:에스(CTS)囲 대형 유조선으로 실어 온 원유를 대량으로 저장하는 기지(基地). [central transportation system;central terminal station]
시:티:^촬영(CT撮影)囲 ☞컴퓨터 단층 촬영.
시파(柴杷)囲 씨앗을 뿌리고 흙을 덮거나 평평하게 고를 때 쓰는 연장.
시파(時派)囲 조선 말기에 일어난 당파의 하나. 남인(南人) 계통으로, 사도 세자(思悼世子)를 두둔하여 벽파(僻派)와 대립하였음.
시:판(市販)囲혱자되자 〈시중 판매〉의 준말. ¶시판 가격. /시판하고 있는 가전제품.
시판(時版·時板)囲 시계의 시간을 나타내는, 숫자나 기호를 그린 판.
시파래-지다자 '시퍼레지다'의 잘못.
시-퍼렇다[-러타][~퍼러니·~퍼레]혱ㅎ ①더할 수 없을 만큼 아주 퍼렇다. ¶시퍼런 바닷물. 짬새파랗다. ②위풍이나 권세가 당당하다. ¶서슬이 시퍼렇다. ③몹시 놀라거나 춥거나 하여 얼굴빛 등이 퍼렇다. ¶추위에 떨었는지 입술이 시퍼렇다. ④멀쩡하다. ¶고아라니, 부모가 시퍼렇게 살아 있는데.
시퍼레-지다자 ①시퍼렇게 되다. ¶넘어져 멍든 자리가 시퍼레지다. ②얼굴 등에 몹시 추워하는 기색이 뚜렷하게 드러나다. ¶입술이 시퍼레지다. 짬새파래지다.
시편(詩篇)囲 구약 성서 중의 한 편. 찬미(讚美)·은혜(恩惠)·기원(祈願)·메시아에 관한 예언적인 내용 등을 담은 종교시 150편을 모아 엮은, 이스라엘 민족의 시집.
시평(時評)囲 ①그때의 비평이나 평판. ②시사(時事)에 관한 평론. ¶사회 시평.
시평(詩評)囲 시에 대한 비평.

시폐(時弊)[-폐/-페]囲 그 시대의 사회적 폐단. 그 당시의 나쁜 풍습. 시병(時病).
시:표(視標)囲 측량할 때, 측점(測點) 위에 세우는 표적.
시품(詩品)囲 시의 품격(品格).
시풍(詩風)囲 (한 시기나 한 시인의) 시에 나타나는 독특한 기풍. 시의 작풍(作風).
시:피:(CP)¹囲 지휘소(指揮所). 전투 지휘소. [command post]
시:피:(CP)²囲 신종 기업 어음. [commercial paper]
시:피:아이(CPI)囲 소비자 물가 지수. [consumer price index]
시:피:엑스(CPX)囲 군대에서, 지휘소 연습. [command post exercise]
시:피:유(CPU)囲 중앙 처리 장치(中央處理裝置). [central processing unit]
시:필(試筆)囲혱자 〔시험 삼아 붓대를 놀린다는 뜻으로〕 글씨를 쓰거나 그림을 그림. 시호.
시:필-기(始畢期)囲 시작하는 시기와 마치는 시기.
시:하(侍下)囲 부모나 조부모가 살아 있어 모시고 있는 처지, 또는 그 사람. ¶엄부 시하.
시하(時下)囲 〔편지 글에 쓰는 문어 투의 말로〕 이때. 요즈음. ¶근계(謹啓) 시하 중춘에 기체후 일향 만강하신지.
시:하-생(侍下生)囲 〔당신을 모시는 몸이라는 뜻으로〕 부집존장(父執尊長)인 어른에게 올리는 글에서 자기 이름자 앞에 쓰는 말.
시:하-인(侍下人)囲 부모를 모시고 있는 사람에게 그 편지를 웃어른께 전해 달라는 뜻으로, 피봉 겉봉에 쓰는 말. ¶황 진사 댁 시하인 개탁(開坼).
시:학(視學)囲혱자 이전에, 학교의 교육이나 경영 상태 따위를 시찰하던 일.
시학(詩學)囲 시의 본질과 원리 또는 창작에 관한 기법 따위를 연구하는 학문.
시한(時限)囲 어떤 일을 하는 데의 시간의 한계. ¶예정된 시한을 지키다.
시한-부(時限附)囲 일정한 시간의 한계를 붙임. ¶시한부 조건. /시한부 인생.
시한-폭탄(時限爆彈)囲 일정한 시간이 지나면 저절로 폭발하게 되어 있는 폭탄.
시-할머니(媤-)囲 남편의 할머니. 시조모.
시-할아버지(媤-)囲 남편의 할아버지. 시조부.
시합(試合)囲혱자 ☞경기(競技). ¶권투 시합.
시:항(試航)囲혱자 시험 삼아 항해함, 또는 그 항해.
시:해(弑害)囲혱자되자 ☞시살(弑殺).
시:행(施行)囲혱타되자 ①실제로 행함. ¶약속한 대로 시행하다. ②법령의 효력을 실제로 발생시킴. ¶법령의 시행.
시:행-규칙(施行規則)囲 법령 시행에 관한 사항을 정한 규칙.
시:행-기일(施行期日)囲 법령을 처음 시행하는 날.
시:행^기한(施行期限)囲 법령을 공포한 뒤 효력이 발생되기까지의 기한.
시:행-령(施行令)[-녕-]囲 법률 시행에 따르는 세칙이나 규정을 내용으로 하는 명령.
시:행-착오(試行錯誤)囲 학습 양식의 한 가지. 시험과 실패를 거듭하는 가운데 학습이 이루어지는 일. 일반적으로, 어떤 경험을 얻고자 하는 과정에서의 실패를 인식함으로써 완전한 경험에 이르는 지식을 얻게 되는 일을 이름.

시향(時享)圀 ①해마다 음력 이월·오월·팔월·동짓달에 가묘(家廟)에 지내는 제사. ②해마다 음력 시월에 5대 이상의 조상 산소에 가서 지내는 제사. 시사(時祀). 시제(時祭).

시허애-지다재 '시허예지다'의 잘못.

시-허옇다[-여타][~허여니·~허예]톙 더할 수 없이 아주 허옇다. 쥄새하얗다.

시허예-지다재 시허옇게 되다. ¶오십 줄에 접어들더니 갑자기 머리가 시허예졌다. 쥄새하얘지다.

시헌-력(時憲曆)[-녁-]圀 태음력에 태양력의 원리를 부합시켜 이십사절기의 시각과 하루의 시각을 정밀하게 계산하여 만든 역법.

시험(猜險)圀 '시험하다'의 어근.

시험(試驗)圀하타 ①지식 수준이나 기술의 숙달 정도 따위를, 문제를 내거나 실지로 시키거나 하는 일정한 절차에 따라 알아봄. ¶채용 시험. ②어떤 사물의 기능·능력·성능 따위를 실지로 경험하여 봄. ¶시험 운전. /기계의 성능을 시험해 보다.

시험-관(試驗官)圀 시험장의 감독이나 시험 문제의 출제 및 채점 등을 하는 사람.

시험-관(試驗管)圀 화학 실험에 사용하는, 한쪽이 막힌 길쭉한 원통형의 유리관.

시험관^아기(試驗管-)圀 (포유류의) 난자를 모태에서 꺼내어 시험관 안에서 수정시킨 다음, 수정란을 자궁에 옮기어 성장, 임신시킨 아이.

시험-대(試驗臺)圀 ①물건을 올려놓고 시험하는 대. ②'가치나 기량 따위를 시험하는 자리'를 비유하여 이르는 말.

시험대에 오르다(관용) 시험의 대상이 되다.

시험^매매(試驗賣買)圀 ①새로 나온 상품을 시장에 내놓아 시험으로 매매하는 일. ②살 사람이 실제로 상품을 시험해 보고 마음에 들면 산다는 조건 하에 행해지는 매매.

시험^문:제(試驗問題)圀 시험을 보이기 위하여 내놓은 문제.

시험-소(試驗所)圀 ☞시험장(試驗場).

시험-액(試驗液)圀 ①화학 실험에서, 시험용으로 쓰이는 액체. ②식물이나 하등 동물을 시험적으로 기르는 데 쓰이는 액체.

시험-장(試驗場)圀 ①시험을 치르는 장소. 시장(試場). ¶운전면허 시험장. ②농작물의 품종 개량 등을 위하여 실지로 시험할 수 있는 시설을 갖추어 놓은 곳. 시험소(試驗所). ¶가축 시험장.

시험-지(試驗紙)圀 ①시험 문제가 적힌 종이나 시험 답안을 쓰는 종이. ②화학 실험에 쓰이는, 시약(試藥)을 바른 특수한 종이. [리트머스 시험지 따위].

시험-지옥(試驗地獄)圀 '잦은 시험이나 지나친 경쟁에 의한 시험으로 몹시 고통을 당하는 처지'를 비유하여 이르는 말.

시험-침(試驗針)圀 한 금속에 다른 금속이 섞인 분량을 알아보기 위하여 쓰는 바늘.

시험-하다(猜險-)톙 시기심이 많고 음험하다.

시:현(示現)圀하타 ①나타내 보임. ②신불(神佛)이 영험을 나타내는 일. ③부처나 보살이 중생을 제도하기 위해 여러 가지로 모습을 바꾸어 이 세상에 나타나는 일.

시:현-탑(示現塔)圀 불교에서, 인공으로 쌓은 탑이 아닌, 자연적으로 된 탑을 이르는 말.

시혐(猜嫌)圀하타 시기하여 싫어함.

시형(詩形)圀 시의 형식.

시형-학(詩形學)圀 시의 형태학, 곧 시율(詩律)·시구(詩句)·시어(詩語)·압운(押韻) 따위를 연구하는 학문.

시:혜(施惠)[-혜/-헤]圀하자 은혜를 베풂.

시호(市虎)圀 〔거리에 호랑이가 나타났다고 여러 사람이 거듭 말하면, 거짓말이라고 하는 말도 결국은 믿게 된다는 뜻으로〕 '근거 없는 말도 퍼뜨리는 사람이 많으면 끝내는 사실처럼 됨'을 비유하여 이르는 말. 쥄삼인성호(三人成虎).

시호(柴胡)圀 ①산형과의 다년초. 산이나 들에 절로 나는데, 줄기는 40~70 cm. 잎은 좁고 길며, 초가을에 노란 꽃이 핌. ②한방에서, '시호나 참시호의 뿌리'를 약재로 이르는 말. 해열·진통·강장 등에 쓰임.

시호(時好)圀 그때의 유행.

시호(豺虎)圀 ①승냥이와 호랑이를 아울러 이르는 말. ②'난폭한 사람'을 비유하여 이르는 말.

시호(詩號)圀 시인의 아호(雅號).

시호(詩豪)圀 시로 일가를 이룬 대가(大家). 뛰어난 대시인(大詩人).

시:호(試毫)圀하타 ☞시필(試筆).

시:호(諡號)圀 ①현신(賢臣)이나 유현(儒賢)들이 죽은 뒤에 그 생전의 공덕을 기리어 임금이 추증(追贈)하던 이름. ②선왕(先王)의 공덕을 기리어 붙이는 이름. 시(諡).

시호-시호(時乎時乎)翮 ☞시재시재(時哉時哉).

시혹튀 (옛) 혹시. ¶그 스싀예 시혹 仙人이 ㄷ외시며(月釋一:20).

시혼(詩魂)圀 시에 나타난 시인의 정신.

시:홍(視紅)圀 망막의 시세포(視細胞) 속에 있는 자홍색의 감광 물질. 빛을 받으면 분해되고 어두운 데서 다시 합성됨.

시화(詩化)圀하자타퇴자 시적(詩的)인 것이 됨, 또는 되게 함.

시화(詩畫)圀 ①시와 그림을 아울러 이르는 말. ②시를 곁들인 그림.

시화(詩話)圀 시나 시인에 관한 이야기.

시:화-법(視話法)[-뻡]圀 농아 교육에서, 상대편의 입의 움직임을 보고 발음을 지각하여 발음법을 터득하게 하는 방법.

시화세풍(時和歲豐)圀 ☞시화연풍.

시화연풍(時和年豐)圀 나라 안이 태평하고, 풍년이 듦. 시화세풍(時和歲豐).

시화-총림(詩話叢林)[-님]圀 조선 말기에, 홍만종(洪萬宗)이 고려·조선 시대의 여러 문인의 작품을 모아 엮은 시화집(詩話集). '역옹패설'·'지봉유설'·'어우야담' 등이 실려 있음. 4권 4책.

시화-축(詩畫軸)圀 화면의 위쪽 여백에 그림에 알맞은 한시를 쓴 두루마리. 쥄시축.

시환(時患)圀 때에 따라 유행하는 상한(傷寒)을 이르는 말. 시령(時令). 염질(染疾).

시:황(市況)圀 주식·상품 따위의 매매나 거래 상황. 상황(商況).

시:황-판(市況板)圀 주식·상품 따위의 매매나 거래 상황을 보여주는 전광게시판.

시회(詩會)[-회/-훼]圀 시를 짓기 위해 모이는 모임.

시효(時效)圀 ①어떤 사실 상태가 일정한 기간 동안 계속됨으로써 법률상으로 권리의 취득이나 권리의 소멸이 일어나게 되는 제도. ¶취득 시효. /소멸 시효. ②어떤 효력이 지속되는 일정한 기간.

시효^기간(時效期間)圀 시효의 완성을 위해 필요한 기간.

시효^정지(時效停止)圀 시효 기간이 거의 끝날 무렵에, 권리자가 시효를 중단시키기 어려운 사정이 있을 때, 시효의 완성을 일정 기간 유예하는 일.

시효^중단(時效中斷)**명** 시효의 기초가 되는 사실 상태와 일치되지 아니하는 어떤 사실이 일어났을 경우에, 시효 기간의 진행을 중단시키는 일. 시효가 중단되면, 이미 진행된 시효 기간은 효력을 잃게 됨.

시후(時候)**명** 사시(四時)의 절후.

시휘(時諱)**명** 시세(時世)에 맞지 않는 언행.

시흥(詩興)**명** 시를 짓고 싶은 마음. 시심(詩心)을 일어나게 하는 흥취.

시흥종(始興宗)**명** ⇒열반종(涅槃宗).

식뿐 좁은 틈으로 김이나 바람이 매우 세차게 새어 나오는 소리. ☞색².

식(式) **I** **의명** ①일정한 전례(前例)·표준·규정 등의 뜻을 나타냄. ¶식을 거행하다. ②〈의식〉의 준말. ¶식을 거행하다. ③〈수식(數式)〉의 준말. ¶구한 값을 식에 대입해 보다.
  II의 일정한 방식이나 투. ¶공부를 계속해서 이런 식으로 할 테냐·

식(識)**명** 불교에서, 대상을 식별하여 인식하는 마음의 작용을 이르는 말

-식(式)**접미** 《일부 명사 뒤에 붙어》 ①'법식이나 방식'의 뜻을 나타냄. ¶한국식./자동식./재래식. ②'의식'의 뜻을 나타냄. ¶개업식./송별식./결혼식./장례식.

식가(式暇)[-까]**명** 지난날, 벼슬아치가 집안의 기제사 따위에 받던 휴가.

식각(蝕刻)[-깍]**명하타** ⇒부각(腐蝕).

식각^오목판(蝕刻-版)[-까고-]**명** 방식제(防蝕劑)를 바른 판재(版材)에 그림을 그려 방식제를 씻어 버린 다음, 약물로 부식시켜서 만든 조각 오목한 버전.

식각^판화(蝕刻版畫)[-깍-]**명** 약물로 유리나 금속판 등을 부식시켜서 조각한 판화.

식간(食間)[-깐]**명** 끼니때와 끼니때의 사이.

식객(食客)[-깩]**명** ①지난날, 세력이 있는 사람의 집에서 손이 되어 지내는 사람을 이르던 말. ②하는 일 없이 남의 집에 얹혀서 얻어먹고 지내는 사람.

식거(植炬)[-꺼]**명하자** (임금이) 밤에 거둥할 때, 길 양편에 횃불을 죽 세워 두던 일.

식겁(食怯)[-껍]**명하자** 뜻밖에 놀라 겁을 먹음. ¶딸아이가 교통사고를 당했다는 말을 듣고 얼마나 식겁했는지 모른다.

식견(息肩)[-껸]**명** 〔어깨를 쉬게 한다는 뜻으로〕무거운 책임을 벗음을 비유하여 이르는 말.

식견(識見)[-껸]**명** 학식과 의견. 곧, 사물을 올바르게 판단할 수 있는 능력. 견식. 지견(知見). ¶식견이 높다./식견을 넓히다.

식경(食頃)[-껑]**명** 한 끼의 밥을 먹을 만한 시간. ¶금방 돌아온다던 사람이 한 식경이나 지나서야 돌아왔다.

식경(息耕)[-껑]**명** 논밭의 넓이를 어림으로 헤아리는 말로, 한참에 갈 만한 넓이라는 뜻, 곧 하루갈이의 6분의 1 정도를 이름.

식계(蝕溪)[-꼐/-꼐]**명** 보통 때는 물이 없다가 큰비만 오면 물이 사납게 흐르는 계곡의 물길.

식곡(息穀)[-꼭]**명** 갚을 때 길미를 붙여 주기로 하고 꾸는 곡식.

식곤-증(食困症)[-꼰쯩]**명** 음식을 먹은 뒤에 몸이 나른하고 졸음이 오는 증세.

식공(食供)[-꽁]**명하타** 음식을 제공함.

식과(式科)[-꽈]**명** 〈식년과(式年科)〉의 준말.

식관(食管)[-꽌]**명** ⇒식도(食道).

식-교자(食交子)[-꾜-]**명** 여러 가지 반찬과 국·밥 등을 갖추어 차린 교자.

식구(食口)[-꾸]**명** 같은 집에서 끼니를 함께하며 사는 사람.

식권(食券)[-꿘]**명** 식당 따위에서, 음식과 맞바꾸게 되어 있는 표.

식궐(食厥)[-꿜]**명** 한방에서, 음식을 너무 많이 먹어서 갑자기 졸도하여 말을 못하게 되는 증세를 이르는 말.

식균^세:포(食菌細胞)[-꾼-]**명** 혈액이나 조직 안을 떠돌아다니면서 세균을 잡아먹는 세포. 백혈구와 같은 운동성 세포나 비장·임파구의 망상 조직 세포 따위. ☞식세포.

식균^작용(食菌作用)[-꾼-]**명** 식세포가 세균 등을 세포 안으로 잡아들여 소화시키는 작용. 식작용.

식근(食根)[-끈]**명** ①〔먹을거리가 나오는 곳이란 뜻으로〕'논밭'을 이르는 말. ②밥줄.

식기(食器)[-끼]**명** ①음식을 담는 그릇. ②식사에 쓰이는 여러 가지 그릇이나 기구들을 통틀어 이르는 말. 밥그릇.

식기-장(食器欌)[-끼짱]**명** 식기를 넣어 두는 장.

식깃-박[-끼빡/-낃빡]**명** 〈시겟박〉의 본딧말.

식-나무[싱-]**명** 층층나뭇과의 상록 관목. 남부 지방에 자라는데, 흔히 관상용으로 심음. 높이는 3m가량. 잎은 끝이 뾰족하고 길둥근 모양이며 마주남. 봄에 가지 끝에 자주색의 잔꽃이 피고, 암나무에는 가을에 길둥근 열매가 붉게 익음.

식년(式年)[싱-]**명** 태세(太歲)의 지지(地支)가 자(子)·묘(卯)·오(午)·유(酉)인 해. 조선 시대에는 이해에 호적을 조사하고 과거를 실시하였음. 3년에 한 번씩 돌아옴.

식년(蝕年)[싱-]**명** 태양이 황도와 백도의 교점(交點)을 통과하여 다시 그 교점에 돌아오기까지의 시간. 〔약 346.62일이며, 일식과 월식은 이를 주기로 하여 일어남.

식년-과(式年科)[싱-]**명** 식년마다 보이던 과거를 통틀어 이르는 말. ☞식과. ☞동당(東堂).

식년-시(式年試)[싱-]**명** 식년마다 보이던 식년과의 시험.

식념(食念)[싱-]**명** 음식을 먹고 싶은 생각.

식능(食能)[싱-]**명** 먹이에 대한 동물의 습성. 잡식성·육식성·초식성의 세 가지가 있음.

식다[-따]**자** ①더운 기운이 없어지다. ¶국이 식다. ②(열의나 정열 등이) 누그러지거나 가라앉다. ¶운동장의 열기가 식다.
  식은 죽 먹듯(관용) 거리낌 없이 아주 쉽게 예사로 하는 모양.

식단(食單)[-딴]**명** ⇒차림표.

식단(食團)[-딴]**명** 비빔밥을 완자처럼 둥글게 빚은 다음 밀가루를 묻히고 달걀을 씌워 지져서, 그냥 먹거나 장국에 넣어 먹는 음식.

식단-표(食單表)[-딴-]**명** ⇒차림표.

식달(識達)'식달하다'의 어근.

식달-하다(識達-)[-딸-]**형며** 식견이 있어서 사리에 환하다.

식당(食堂)[-땅]**명** ①식사하기에 편리하도록 설비하여 놓은 방. ②음식을 만들어 파는 가게. ②ᴮ음식점.

식당-차(食堂車)[-땅-]**명** 열차 안에 식당의 설비를 갖추고 있는 찻간.

식대(食代)[-때]**명** ①음식을 청해 먹은 값으로 치르는 돈. ②지난날, 공역(公役)을 치르는 사람들이 순서대로 번갈아 가며 밥을 먹던 일.

식대(飾帶)[-때]**명** 옷 위로 허리에 두르는 장식용의 띠.

식도(食刀)[-또]**명** ⇒식칼.

식도(食道)[-또]圀 고등 동물의 소화관의 한 부분. 인두(咽頭)와 위(胃) 사이에 있는 긴 관으로, 삼킨 음식물이 지나는 통로임. 밥줄. 식관(食管).

식도-경(食道鏡)[-또-]圀 내시경(內視鏡)의 한 가지. 금속성의 긴 관으로, 식도 안에 넣고 광원(光源)으로 비추어 관찰하고 검사하는 의료 기구.

식-도락(食道樂)[-또-]圀 여러 가지 음식을 두루 맛보는 일을 도락으로 삼는 일.

식도-암(食道癌)[-또-]圀 식도의 점막에 생기는 암.

식도^협착(食道狹窄)[-또-]圀 식도의 일부가 좁아져서 음식물을 삼키기 어렵게 되는 증상.

식-되(食-)[-되/-뙤]圀 가정에서 곡식을 될 때에 쓰는 작은 되.

식량(食量)[싱냥]圀 음식을 먹는 분량. ㉜양(量).

식량(食糧)[싱냥]圀 ☞양식.

식량(識量)[싱냥]圀 식견과 도량.

식량-난(食糧難)[싱냥-]圀 흉작이나 인구 과잉 등으로 식량이 부족하여 겪는 어려움.

식량^연도(食糧年度)[싱냥년-]圀 어느 식량 농산물의 수확 시기를 기준하여 정한 연도. 〔우리나라에서는 쌀을 기준으로 하여 11월 1일부터 이듬해 10월 31일까지의 1년간을 '미곡 연도(米穀年度)'로 함.〕

식력(識力)[싱녁]圀 사물을 식별하는 능력.

식록(食祿)[싱녹]圀 ①☞녹봉(祿俸). ②하자 녹(祿)을 받아 생활함.

식료(食料)[싱뇨]圀 음식의 재료.

식료-품(食料品)[싱뇨-]圀 음식의 재료가 되는 물품. 식용물. 식용품. ¶식료품을 파는 가게. ㉜식품.

식리(殖利)[싱니]圀하자 재물을 불리어 이익을 늘림. 요리(要利).

식림(植林)[싱님]圀하자 나무를 심어 숲을 만듦. 조림(造林).

식멸(熄滅)[싱-]圀 ①하자 불이 꺼져 없어짐. ②하타 흔적도 없이 없애 버림.

식모(式帽)[싱-]圀 의식 때 쓰는 예모.

식모(食母)[싱-]圀 남의 집에 고용되어 주로 부엌일을 맡아 하는 여자.

식모(植毛)[싱-]圀하자 (몸의 털이 없는 부분에) 털을 옮겨 심는 일.

식목(植木)[싱-]圀하타 나무를 심음, 또는 그 나무. 식수(植樹). 종수(種樹).

식목-일(植木日)[싱-]圀 산림녹화 등을 위하여 해마다 나무를 심도록 정한 날. 4월 5일.

식물(食物)[싱-]圀 식용(食用)이 되는 온갖 것. ㉜음식물.

식물(植物)[싱-]圀 생물계를 둘로 분류한 것의 하나. 대부분 땅속에 몸의 일부를 붙박아서 이동하지 않으며, 뿌리·줄기·잎을 갖추어 수분을 흡수하고 산소를 배출하면서 광합성(光合成) 등으로 영양을 섭취하는 생물체를 통틀어 이르는 말. ↔동물.

식물^검:역(植物檢疫)[싱-]圀 외국에서 병해충이 들어오는 것을 막기 위해 수출입 식물이나 국내 식물에 대하여 식물 검역 기관에서 하는 방역 검사.

식물-계(植物界)[싱-계/싱-게]圀 식물로 분류되는 생물의 세계, 또는 그 범위. ↔동물계.

식물^고사병(植物枯死病)[싱-뼝]圀 박테리아나 균이 기생하여 검게 타고 열매나 꽃 등이 말라 죽는 병.

식물구-계(植物區界)[싱-계/싱-게]圀 식물상(植物相)이 두드러지게 변화하는 곳에 경계선을 그어서 구분한 구역. 같은 구계 안에서는 비슷한 식물상을 볼 수 있음.

식물^군락(植物群落)[싱-굴-]圀 같은 자연환경 아래 모여 사는 식물의 집단. ㈁식생(植生).

식물-대(植物帶)[싱-]圀 식물의 수직적인 분포를 식물상에 따라 몇 부분으로 구분한 것. 〔고산대·관목대·산록대 따위.〕

식물-도감(植物圖鑑)[싱-]圀 여러 종류의 식물을 그림이나 사진으로 나타내고, 이에 설명을 곁들인 책.

식물^병:리학(植物病理學)[싱-니-]圀 식물의 병을 대상으로 하여, 병의 원인·증세·경과 및 그 예방과 치료 등에 대하여 연구하는 학문.

식물^분류학(植物分類學)[싱-불-]圀 식물을 그 형태와 번식 방법 등에 따라 구분하여 체계를 세우는 학문.

식물-산(植物酸)[싱-]圀 식물체에 들어 있는 산. 〔수산(蓚酸)이나 구연산 따위.〕

식물-상(植物相)[싱-]圀 어떤 지역에 생육하고 있는 식물의 모든 종류. ↔동물상.

식물^상아(植物象牙)[싱-]圀 열대 지방에서 나는 상아야자 열매의 흰 배젖을 말린 것. 상아와 비슷하여 단추·물감을 만드는 데 쓰임.

식물^생태학(植物生態學)[싱-]圀 식물과 환경과의 상호 작용을 연구하는 학문.

식물-성(植物性)[싱-]圀①식물체 고유의 성질. ②식물체로부터 얻어지는 것. ¶식물성 기름. ↔동물성.

식물성^섬유(植物性纖維)[싱-썽-]圀 식물체에서 얻는 섬유. 주성분은 섬유소이며, 흡습성(吸濕性)이 크고, 진한 황산이나 염산에 녹음. 〔면(綿)이나 마(麻) 따위.〕

식물성^신경(植物性神經)[싱-썽-]圀 ☞자율신경(自律神經).

식물-암(植物岩)[싱-]圀 식물체의 퇴적(堆積)이나 변성(變成)으로 이루어진 암석.

식물^연쇄(食物連鎖)[싱-련-]圀 ☞먹이 연쇄.

식물-원(植物園)[싱-]圀 식물의 연구나 일반의 관람 등을 위하여 많은 종류의 식물을 한데 모아서 가꾸는 곳.

식물-인간(植物人間)[싱-]圀 호흡·순환·소화·배설 등의 기능은 유지되나, 사고(思考)·운동·지각 등 대뇌 기능이 상실되어 의식 불명인 채 살아 있는 사람.

식물^채:집(植物採集)[싱-]圀 식물의 표본을 만들기 위하여 필요로 하는 여러 가지 식물을 찾아 모으는 일.

식물-체(植物體)[싱-]圀 식물, 또는 식물의 형태.

식물^표본(植物標本)[싱-]圀 식물을 채집하여 이를 계통적으로 분류해서 만든 표본.

식물-학(植物學)[싱-]圀 식물을 연구 대상으로 삼는 생물학의 한 분야.

식물^호르몬(植物hormone)[싱-]圀 식물의 체내에서 합성되어 식물의 여러 가지 생리 작용을 조절하는 물질.

식민(植民·殖民)[싱-]圀하자 강대국이 본국과 종속 관계에 있는 나라에 정치적·경제적 목적으로 자국민을 이주시키는 일, 또는 그 이주민.

식민-국(植民國)[싱-]圀 식민지를 가진 나라.

식민^정책(植民政策)[싱-]圀 식민지의 통치 및 경영에 관한 정책.

식민-지(植民地)[싱-]圀 본국의 밖에 있으면서 본국의 특수한 지배를 받는 지역.

식반(食盤) [-빤]圓 음식을 올려놓는 소반.

식별(識別) [-별]圓타又타 사물의 성질이나 종류 따위를 구별함. 변별(辨別). ¶식별 능력.

식별-역(識別閾) [-별력]圓 ☞변별역(辨別閾).

식보(食補) [-뽀]圓(영양이 많은) 좋은 음식을 먹어서 원기를 보충함.

식복(食復) [-뽁]圓 (중병을 치른 환자가) 회복기에 음식을 잘못 먹어 병이 더치는 일, 또는 그 병.

식복(食福) [-뽁]圓 음식을 먹을 기회를 잘 만나게 되는 분복. 먹을 복. 卽식수.

식분(蝕分) [-뿐]圓 일식(日蝕)이나 월식(月蝕) 때, 태양이나 달이 이지러진 정도.

식불(拭拂) [-뿔]圓하타 깨끗이 쓸고 닦음.

식불감미(食不甘味) [-뿔-]圓하圓 (근심 걱정으로) 음식을 먹어도 맛이 없음.

식불언(食不言) [-뿌런]圓 음식을 먹을 때는 쓸데없는 말을 삼가야 하다는 뜻.

식브다휑 (옛) 싫다. ¶□장 우르고져 식브니(杜初10:28). 卽시브다.

식비(食費) [-삐]圓 식생활(食生活)에 드는 비용. 음식비.

식빙(食氷) [-삥]圓 먹기 위하여 인공적으로 만든 얼음. ↔천연빙.

식-빵(食-)圓 상자 모양의 틀을 사용해서 구운, 주식용의 빵.

식사(式辭) [-싸]圓하又 식장에서 인사로 하는 말, 또는 인사로 하는 글.

식사(食事) [-싸]圓하又 사람이 끼니로 음식을 먹는 일, 또는 그 음식.

식사(飾詐) [-싸]圓 거짓을 꾸밈.

식사(飾辭) [-싸]圓 듣기 좋게 꾸며서 하는 말.

식산(殖産) [-싼]圓하타 ①생산물을 늘림. ②又산재산을 불리어 늘림. ②식재(殖財).

식상(食床) [-쌍]圓 밥상.

식상(食傷) [-쌍]圓하又 ①음식에 체했거나 중독이 되었거나 하여 일어나는 병. [식체·식중독 따위.] ②음식에 물리는 일, 또는 같은 사물이 되풀이되어 싫증이 나는 일. ¶항상 되풀이되는 단조로운 말투에서 식상하다.

식색(食色) [-쌕]圓 식욕(食慾)과 색욕(色慾).

식생(植生) [-쌩]圓 일정 지역에 많이 모여 자라는 식물의 집단. [삼림 식생(森林植生)·초원 식생(草原植生) 따위.] 卽식물 군락(植物群落).

식생-도(植生圖) [-쌩-]圓 식물 군락의 지리적 분포를 지도 상에 나타낸 것.

식-생활(食生活) [-쌩-]圓 (생활 가운데서) 먹는 것에 관한 분야. ¶식생활을 개선한다.

식서(飾緖) [-써]圓 올이 풀리지 않도록 짠, 피륙의 가장자리. 변폭(邊幅). 卽푸서.

식성(食性) [-썽]圓 음식을 가리지 않고 잘 먹는 성미, 또는 음식에 대하여 좋아하거나 싫어하는 성미. ¶식성에 맞다. /식성이 까다롭다.

식-세포(食細胞) [-쎄-]圓 ☞식균 세포(細胞)의 준말.

식-소라(食-)圓 '밥소라'의 잘못.

식소사번(食少事煩) [-쏘-]圓하휑 먹는 것(생기는 소득)은 적은데 하는 일은 많음.

식솔(食率) [-쏠]圓 집안에 딸린 식구. 권솔(眷率). ¶식솔을 거느리다.

식수(食水) [-쑤]圓 식용으로 쓰는 물.

식수(食數) [-쑤]圓 뜻밖에 맛난 음식을 먹게 된 좋은 재수. ¶식수가 터지다. 卽식복(食福).

식수(植樹) [-쑤]圓하又 ☞식목(植木).

식수-난(食水難) [-쑤-]圓 식수의 부족으로 겪는 어려움. ¶가뭄이 계속되어 식수난을 겪다.

식순(式順) [-쑨]圓 의식(儀式)의 진행 순서. ¶다음은 식순에 따라 애국가 제창이 있겠습니다.

식식[-씩]甼하타 숨을 매우 가쁘고 거칠게 쉬는 소리, 또는 그 모양. 卽색색. 쎈씩씩.

식식-거리다[-씩꺼-]又 자꾸 식식 소리를 내다. 식식대다. ¶거친 숨을 식식거리다. 卽색색거리다.

식식-대다[-씩때-]又 식식거리다.

식신(食神) [-씬]圓 음식을 맡은 귀신.

식심(蝕甚·食甚) [-씸]圓 일식 또는 월식 때에 해나 달이 가장 많이 이지러진 때.

식야(識野)圓 (어떤 순간에 있어서의) 의식 경험의 모든 범위.

식언(食言)圓하又 약속한 말을 지키지 아니함. ¶식언을 밥 먹듯이 하니 신용이 떨어질 것은 뻔한 일이지.

식역(識閾)圓 자극에 대하여 감각이나 반응을 일으키는 경계. 의식 작용이 일어났다 사라졌다 하는 경계. 의식과 무의식이 넘나드는 경계.

식열(食熱)圓 어린아이가 과식하여 나는 신열.

식염(食塩)圓 소금.

식염-수(食塩水) [-쑤]圓 ①식염을 탄 물. 소금물. ②〈생리 식염수〉의 준말.

식염^주:사(食塩注射) [-쭈-]圓 해독이나 수분 보충 등을 위하여, 생리 식염수를 정맥이나 피하에 주사하는 일. 염수 주사(塩水注射).

식염-천(食塩泉)圓 물속에 염분이 1000분의 1 이상 함유된 온천을 통틀어 이르는 말. 염천(塩泉).

식예(植藝)圓 ☞수예(樹藝).

식욕(食慾)圓 음식을 먹고 싶어 하는 욕구. 밥맛. ¶식욕이 왕성하다. /식욕을 잃다.

식욕^부진(食慾不振) [-뿌-]圓 (끼니때가 되어도) 먹고 싶은 마음이 생기지 아니함, 또는 그런 상태.

식욕^이:상(食慾異常)圓 식욕이 지나치게 늘어나거나 줄어드는 병적인 상태.

식용(食用)圓하타又 먹을 것으로 씀, 또는 먹을 것으로 됨. ¶식용 개구리. /식용으로 이용되는 꽃.

식용-균(食用菌)圓 균류 가운데 식용으로 하는 버섯. [목이·표고·송이 따위.]

식용-근(食用根)圓 식용으로 하는 식물의 뿌리. [고구마·무·당근 따위.]

식용-물(食用物)圓 ☞식료품.

식용^색소(食用色素) [-쏘]圓 음식물에 빛깔을 들이는 데 쓰이는 무해(無害)의 색소.

식용-유(食用油) [-뉴]圓 음식을 만드는 데 쓰는, 식용의 기름. 15℃에서 완전한 액체상(液體狀)이 됨. [참기름·콩기름 따위.]

식용^작물(食用作物) [-장-]圓 식용을 목적으로 가꾸는 농작물. [곡물·채소 따위.]

식용-품(食用品)圓 ☞식료품.

식원-복(食遠服)圓하타 식사한 뒤 한참 있다가 약을 먹는 일.

식육(食肉)圓 ①식용으로 하는 고기. [쇠고기·닭고기·돼지고기 따위.] ②又고기를 먹음.

식육-목(食肉目) [시궁-]圓 포유강의 한 목을 이루는 동물군(動物群). 살아 있는 동물을 잡기 위하여 감각 기관이 발달되어 있고, 또 이빨과 송곳니가 날카로워 고기를 잡고 찢기에 알맞음. [갯과·곰과·고양잇과·물갯과 따위.]

식은-땀圓 ①몸이 쇠약하여, 덥지도 않은데 병적으로 나는 땀. 냉한(冷汗). ②정신의 긴장으로 나는 땀. 卽도한(盜汗).

식음(食飮)**명하타** 먹고 마심, 또는 그 일. ¶식음을 전폐하다.

식읍(食邑)**명** 지난날, 나라에서 공신(功臣) 등에게 내리어, 그곳의 조세를 개인이 받아 쓰게 하던 고을.

식이(食餌)**명** ①먹이. ②조리한 음식물.

식이^반:사(食餌反射)**명** 기르는 동물이, 식기(食器) 소리를 듣거나 기르는 주인이 오는 것만 보고도 반사적으로 군침을 흘리는 현상. 참조 건 반사.

식이^요법(食餌療法)[-뻡]**명** 섭취하는 음식물의 품질·성분·분량 등을 조절하여 병을 치료하거나 예방하는 방법. 영양 요법.

식인(食人)**명** 사람 고기를 먹는 일, 또는 그러한 풍습.

식인-귀(食人鬼)**명** 사람을 잡아먹는다는 귀신.

식인-종(食人種)**명** 사람을 잡아먹는 풍습이 있는 미개 인종.

식일(式日)**Ⅰ명** (기념식·결혼식 등) 의식(儀式)이 있는 날.
Ⅱ명 날마다.

식자(植字)[-짜]**명하타되자** 활판 인쇄에서, 문선(文選)한 활자를 원고대로 짜는 일.

식자(識字)[-짜]**명** 글자나 글을 아는 것.

식자(識者)[-짜]**명** 식견이 있는 사람.

식자-공(植字工)[-짜-]**명** 식자를 하는 직공.

식자-우환(識字憂患)**명** 글자를 아는 것이 도리어 근심을 사게 된다는 말.

식자-판(植字版)[-짜-]**명** ☞활판(活版).

식-작용(食作用)[-짜굥]**명** ☞식균 작용.

식장(式場)[-짱]**명** 식(式)을 거행하는 곳.

식재(息災)[-째]**명하자** 불력(佛力)으로 온갖 재해나 고난을 없애는 일.

식재(殖財)[-째]**명하자** ☞식산(殖産).

식재(植栽)[-째]**명하타** 초목을 심어 가꿈.

식적(食積)**명** 한방에서, 먹은 음식물이 잘 소화되지 않고 뭉친 증상을 이르는 말. 체적.

식전(式典)[-쩐]**명** ☞의식(儀式).

식전(食前)[-쩐]**명** ①밥을 먹기 전. ↔식후(食後). ②아침밥을 먹기 전. 곧, 아침 일찍.

식전-바람(食前-)[-쩐빠-]**명** 아침밥을 먹기 전의 이른 때. ¶식전바람부터 부산을 떨더니 도시락을 챙기지 않고 갔다.

식정-수(食精水)[-쩡-]**명** 밥물.

식-주인(食主人)[-쭈-]**명** 나그네를 묵게 하여 밥을 파는 집의 주인.

식-중독(食中毒)[-쭝-]**명** 상한 음식물을 먹음으로써 생기는 중독 상태. 발열·구토·설사·복통·발진 등의 증상이 나타남.

식지(食指)[-찌]**명** 집게손가락.

식지(食紙)[-찌]**명** 음식이나 밥상 따위를 덮는 데 쓰는 기름종이.
식지에 붙은 밥풀속담 하찮은 것은 그럭저럭 없어지고 만다는 뜻.

식찬(食饌)**명** ☞반찬(飯饌).

식채(食債)**명** 음식을 외상으로 먹고 나서 아직 갚지 못한 값(빚).

식체(食滯)**명** 한방에서, 먹은 음식물이 잘 소화되지 않는 증상을 이르는 말.

식초(食醋)**명** 3～6%의 초산을 함유하고 있어, 시고 약간 단맛이 있는 조미료. 초(醋).

식충(食蟲)**명** ☞식충이.

식충-식물(食蟲植物)[-씽-]**명** 잎 또는 특수 기관으로 곤충 등을 잡아, 그것을 소화하여 양분의 일부를 흡수하는 식물. 벌레잡이 식물.

식충-이(食蟲-)**명** ①'밥을 많이 먹고 미련한 사람'을 낮추어 이르는 말. ②'밥만 먹고 빈둥거리는 사람'을 낮추어 이르는 말. 밥벌레. 밥보. 식충.

식-칼(食-)**명** 부엌에서 음식을 만들 때에 쓰는 칼. 부엌칼. 식도(食刀).

식탁(食卓)**명** 식사용의 탁자.

식탁-보(食卓褓)[-뽀]**명** (장식이나 위생을 위해) 식탁 위에 까는 널따란 보.

식탈(食頃)**명** 먹은 것이 잘못되어 생긴 병.

식탐(食貪)**명** 음식을 욕심 사납게 탐냄. ¶식탐을 내다. /식탐이 많다.

식포(食胞·食包)**명** 먹이를 세포 안에서 소화시키기 위해 일시적으로 만들어지는 세포 기관. 짚신벌레나 아메바 따위의 원생동물에서 볼 수 있음.

식품(食品)**명** ☞식료품>의 준말.

식품^의약품^안전청(食品醫藥品安全廳)**명** 보건 복지 가족부에 딸린 중앙 행정 기관의 하나. 식품·의약품·의약 부외품·마약 등에 관한 사무를 맡아봄.

식품^첨가물(食品添加物)**명** 식품을 제조하거나 가공할 때에 섞는 물건. 〔인공 감미료·표백제 따위.〕

식피-술(植皮術)**명** 화상 따위로 결손된 피부에 건강한 다른 피부 조각을 이식하는 방법.

식해(食害)[시캐]**명** 해충이나 쥐 등이 식물의 잎이나 줄기 등을 갉아 먹어 버리는 일.

식해(食醢)[시캐]**명** 생선을 토막 친 뒤에 소금·조밥·무·고춧가루 등을 넣고 버무려 삭힌 음식. 생선젓. 어초(魚醋).

식혜(食醯)[시케/시케]**명** 쌀밥에 엿기름 가루를 우린 물을 부어 삭힌 것에, 생강과 설탕을 넣고 끓여 식힌 다음, 건져 둔 밥알을 띄운 음료. 참단술.

식화(食貨)[시콰]**명** 〔음식물과 재화(財貨)를 아울러 이르는 말로서〕 '경제(經濟)'를 뜻함.

식화(殖貨)[시콰]**명하자** 재화(財貨)를 늘림.

식후(食後)[시쿠]**명** 밥을 먹은 뒤. ↔식전.

식후-경(食後景)[시쿠-]**명** 아무리 좋은 구경도 배가 고파서는 볼 맛이 안 난다는 말. ¶금강산도 식후경.

식후-복(食後服)[시쿠-]**명하타** 밥을 먹은 뒤에 약을 먹는 일. ↔공심복(空心服).

식-히다[시키-]**타** 〔'식다'의 사동〕 식게 하다. ¶머리도 식힐 겸 여행을 다녀와야겠다.

신¹**명** 발에 신고 걷는 데에 쓰이는 물건을 통틀어 이르는 말. 신발.
신 벗고 따라도 못 따른다속담 온 힘을 다해도 미치지 못한다는 말.

신²**명** 좋은 일이 있거나 또는 어떤 일에 흥미가 생기어 매우 좋아진 기분. ¶아이는 신이 나서 손뼉을 치고 노래를 불렀다. 비신명.

신(申)**명** ①십이지의 아홉째. 원숭이를 상징함. ②〈신방(申方)〉의 준말. ③〈신시(申時)〉의 준말.

신(臣)**명** ①〈신하(臣下)〉의 준말.
Ⅱ대 신하가 임금에 대하여 자기를 일컫던 말. ¶신의 잘못이옵니다.

신(辛)**명** ①십간의 여덟째. ②〈신방(辛方)〉의 준말. ③〈신시(辛時)〉의 준말.

신:(信)**명** 오상(五常)의 하나. 믿음성이 있고 성실함.

신(神)**명** ①종교의 대상으로서 초인간적 또는 초자연적 위력을 가지는 존재. 검. ②〈신명(神明)〉의 준말. ③〈귀신〉의 준말. ④하느님.
신(이) 내리다관용 신령이 사람에게 지피다.

신(이) **지피다**관용 신령이 사람에게 내려 모든 것을 알 능력이 생기다.

신:(腎)명 〈신장(腎臟)〉의 준말.

신:(scene)명 ①(극이나 영화 등의) 장면(場面). ¶라스트 신. ②(어떤 사건이나 소설 등의) 현장이나 무대. ¶극적인 신이 벌어지다.

신-(新)접투 (일부 명사 앞에 붙어) '새것', 또는 '새로움'을 뜻함. ¶신무기. /신세계. /신기록. /신제품. ↔구-(舊).

신-가정(新家庭)명 ①신혼부부의 가정. ②신시대의 가정.

신간(新刊)명하타되자 책을 새로 간행함, 또는 그 책. 신서(新書). ¶신간 서적. ↔구간(舊刊).

신간(新墾)명하타되자 땅을 새로 일구는 일.

신감각-파(新感覺派)명 문법과 상식을 초월하여, 참신한 감각을 주관적으로 표현하고자 하는, 도시적이고 현대적인 문예상의 한 파.

신-감기[-깜-]〈신경기〉의 본딧말. 준감기.

신:객(信客)명 신용이 있는 사람.

신-갱기[-깽-]명 짚신 등의 총갱기와 뒷갱기를 함께 이르는 말. 준갱기. 본신감기.

신건-이명 하는 짓이나 말이 싱거운 사람을 농조로 이르는 말.

신검(身檢)명하자 〈신체검사〉의 준말.

신:겁(腎怯)명 사정(射精)에 이르기 전에 음경이 위축되는 상태.

신격(神格)[-껵]명 신의 격식. 신으로서의 자격. ↔인격(人格).

신격-화(神格化)[-껴콰]명하타되자 어떤 대상을 신(神)의 자격을 가진 것으로 여김, 또는 그렇게 만듦. ¶권력자의 신격화. /신격화된 존재.

신:-결석(腎結石)[-썩]명 ☞신장 결석.

신:경(信經)명 기독교의 신조를 적은 경문(經文). 〔개신교에서는 '사도신경'만 인정함.〕

신경(神經)명 ①몸 안팎의 변화를 중추에 전달하고, 또 중추로부터의 자극을 몸의 각 부분에 전하는 실 모양의 기관. ②사물을 감각하거나 생각하는 힘. ¶신경이 예민하다.

신경(을) **쓰다** 사소한 일에까지 세심하게 생각하거나 살피다. ¶누나는 화장에 몹시 신경을 썼다.

신경이 날카롭다관용 사소한 일에도 자극을 강하게 받거나 마음을 몹시 쓰다.

신:경(腎經)명 ①☞신장. ②신장의 경락(經絡).

신경-계(神經系)[-계/-게]명 몸의 각 기관을 연락하여, 살아 있는 유기체로서 통일하는 한 계통.〔중추 신경계·말초 신경계 등.〕신경 계통.

신경^계:통(神經系統)[-계-/-게-]명 ☞신경계.

신경-과민(神經過敏)명 신경이 예민하여 미약한 자극에도 쉽게 감응하는, 신경계의 병적인 불안정 상태.

신경^마비(神經痲痺)명 뇌나 척수에서 나온 신경이 그 말초 경로 중에서 전도(傳導)가 되지 않아 감각의 장애를 일으키는 현상.

신경-병(神經病)[-뼝]명 신경 계통의 병.

신경^섬유(神經纖維)명 신경 세포의 일부가 비교적 길게 톡 튀어나온 것. 자극 전달의 기능을 맡음.

신경-성(神經性)[-썽]명 ①신경 계통의 이상으로 인하여 어떤 병이나 증세가 나타나는 성질. ②☞심인성(心因性). ¶신경성 위장병.

신경^세:포(神經細胞)명 신경 조직을 이루는 세포. 축삭 돌기와 수상 돌기의 두 가지가 있음.

신경^쇠약(神經衰弱)[-쇠-/-쒜-]명 과로나 만성 질환 등으로 신경이 쇠약해져서 생기는 병. 감정이 발작적으로 변하여 성을 잘 내고 권태나 피로를 쉽게 느끼며, 기억력이 줄고 흔히 불면증이 나타남.

신경-염(神經炎)[-념]명 신경 섬유나 그 조직에 생기는 염증. 통증이나 운동 마비 등의 증세가 나타남.

신경-원(神經元)명 ☞뉴런(neuron).

신경-전(神經戰)명 모략이나 선전 따위로 상대편의 신경을 피로하게 만들어 혼란으로 몰아넣는 전법, 또는 그러한 수법으로 대결하는 경쟁.

신경-절(神經節)명 신경 세포나 신경 섬유가 모여서 혹처럼 된 것.

신경^조직(神經組織)명 신경계를 이루는 조직. 신경 세포 및 이것으로부터 나온 축삭 돌기와 수상 돌기 등으로 이루어짐.

신경^중추(神經中樞)명 신경 세포가 모여 있는 곳. 말초 신경으로부터 자극을 받고 통제하며 명령을 전달함. 큰대 신경. 중추 신경. 준중추.

신경-증(身硬症)[-쯩]명 한방에서, 뇌척수의 이상으로 몸과 힘줄이 뻣뻣하게 되는 어린아이의 병을 이르는 말.

신경-증(神經症)[-쯩]명 심리적 원인으로 말미암아 일어나는 불면·불안·두통 등 육체적·정신적인 이상 증상.

신-경지(新境地)명 새로운 경지.

신경-질(神經質)명 신경이 예민하여 사소한 자극에도 필요 이상으로 민감하게 반응하는 성질. ¶신경질을 부리다.

신경-통(神經痛)명 일정한 말초 신경의 경로나 분포 구역을 따라서 발작적으로 일어나는 심한 통증.

신-경향(新傾向)명 사상이나 풍속 등의 새로운 경향.

신경향-파(新傾向派)명 1920년을 전후하여 우리나라 문단에 등장한 사회주의 경향의 문학파.

신계(晨鷄)[-계/-게]명 새벽을 알리는 닭.

신계(新界)[-계/-게]명 ☞신열대구(新熱帶區).

신고(申告)명하타되자 ①기관이나 조직체의 구성원이 윗사람에게 어떤 사실을 보고하거나 알리는 일. ②국민이 의무적으로 행정 관청에 일정한 사실을 보고하는 일.

신고(辛苦)명 어려움에 처하여 몹시 애씀, 또는 그 고통이나 고생. 고독(苦毒).

신고^납세제(申告納稅制)[-쎄-]명 납세자의 자진 신고에 따라서 과세 표준을 확인하고 세액을 확정하는 제도.

신고-스럽다(辛苦-)[-따] (~스러우니·~스러워)형비 고생스럽고 고생스럽다. 신고스레투.

신-고전주의(新古典主義)[-의/-이]명 20세기 초에 독일에서 일어난 예술상의 한 경향. 자연주의와 신낭만주의를 배척하고, 고전주의의 전통과 엄격한 형식미를 존중한 것이 그 특징임.

신곡(新曲)명 새로 지은 곡. ¶신곡 발표회.

신곡(新穀)명 햇곡식. ↔구곡(舊穀).

신곡-머리(新穀-)[-쌀-]명 햇곡식이 날 무렵.

신-골[-꼴]명 신을 만드는 데 쓰는 골.

신골-방망이[-꼴-]명 신을 새로 만들거나 신골을 칠 때 쓰는 방망이.

신공(神工)명 신묘하게 만든 물건, 또는 그렇게 만드는 재주가 있는 사람.

신공(神功)명 ①신령의 공덕. ②신령한 공력(功力). ③가톨릭에서 이르는, '기도'와 '선공'.

신관명 남을 높이어 그의 '얼굴'을 이르는 말. 〔흔히, 건강 상태를 말할 때 씀.〕¶신관이 아주 좋으십니다.

신:관(信管)**명** 탄환·폭탄·어뢰 등에 장치하여 폭약을 터뜨리는 도화관.

신:관(腎管)**명** 환형동물 등의 각 체절(體節)에 있는 배설기. 환절기(環節器).

신관(新官)**명** ①새로 임명된 관리. ②새로 부임한 관리. ¶ 신관 사또. ↔구관(舊官).

신관(新館)**명** 새로 지은 건물. ↔구관(舊館).

신광(身光)**명** (부처나 보살의) 몸에서 내비치는 빛. 참후광(後光).

신광(晨光)**명** ☞서광(曙光)¹.

신괴(神怪)'신괴하다'의 어근.

신괴-하다(神怪-)[-괴-/-궤-]**형여** 신비하고 괴이하다.

신:교(信敎)**명하자** 종교를 믿음. ¶ 신교의 자유.

신교(神交)**명하자** 정신적으로 사귐.

신교(神敎)**명** 신의 가르침.

신교(新敎)**명** ☞개신교(改新敎). ↔구교(舊敎).

신교-도(新敎徒)**명** '개신교 신자'를 달리 이르는 말. 프로테스탄트. ↔구교도(舊敎徒).

신:교육(新敎育)**명** ①옛날의 한학 중심의 교육에 대하여, 현대의 학교 교육을 이르는 말. ②종래의 형식적·획일적·주지적 교육에 대하여 피교육자의 흥미와 경험을 존중하는 생활 중심의 새 교육을 이르는 말.

신구(伸救)**명하다** 죄가 없음을 들어 변명하여서 구원함.

신:구(信口)**명하자** (말을 삼가지 않고) 입에서 나오는 대로 함부로 말함.

신구(新舊)**명** 새것과 헌것. 새것과 낡은 것. ¶ 신구 세력의 갈등.

신:구(愼口)**명하자** 말을 삼감. 신언(愼言).

신구-세(新舊歲)**명** 새해와 지난해.

신구^세:계(新舊世界)[-계/-게]**명** ①신대륙과 구대륙. ②동식물의 분포학상으로 구분한, 신세계와 구세계.

신:구-약(新舊約)**명** '신약 성서'와 '구약 성서'를 아울러 이르는 말.

신국(神麴)**명** 메밀가루·도꼬마리·창출(蒼朮)·행인(杏仁)·붉은팥 등을 섞어서 만든 누룩. 한방에서 소화약(消化藥)으로 쓰임.

신:국(訊鞫·訊鞠)**명하타** 죄상을 물어 조사함.

신-국면(新局面)[-궁-]**명** 새로 벌어진 국면. ¶ 전국(戰局)이 신국면에 접어들다.

신권(神權)[-꿘]**명** ①신으로부터 부여된 신성한 권력. ②성직자의 권력.

신권-설(神權說)[-꿘-]**명** '제왕 신권설'의 준말.

신귀(神龜)**명** 신령한 거북.

신규(新規)**명** ①새로운 규모나 규정. ②'새롭게 어떤 일을 함'을 이르는 말. ¶ 신규 채용. /신규 사업.

신극(新劇)**명** 구극·신파극 등의 기성 연극에 대하여, 서구 근대극의 영향을 받아 일어난 새로운 연극을 이르는 말.

신근(身根)**명** 불교에서 이르는 육근(六根)의 하나. 촉각 기관인 '몸'을 이르는 말.

신근(伸筋)**명** 척추동물에서, 사지를 뻗는 작용을 하는 근육을 통틀어 이르는 말. ↔굴근(屈筋).

신:근(信根)**명** 불교에서 이르는 오근(五根)의 하나. 불법만 믿고 다른 것을 믿지 않는 일. 〔불(佛)·법(法)·승(僧)의 삼보(三寶)와 사제(四諦)의 이치를 믿음.〕

신:금(信禽)**명** '기러기'의 딴 이름.

신금(宸襟)**명** 임금의 마음.

신급(迅急)'신급하다'의 어근.

신:급-하다(迅急-)[-그파-]**형여** 매우 급하다.

신기(神技)〔신(神)만이 할 수 있을 듯한〕매우 뛰어난 기량. ¶ 신기에 가까운 재주.

신기(神奇)'신기(神奇)하다'의 어근.

신기(神祇)**명** 〈천신지기(天神地祇)〉의 준말.

신기(神氣)**명** ①만물을 만드는 기운. ②신비롭고 이상한 기운. ③정신과 기운. ¶ 신기가 약해지다.

신기(神器)**명** ①신령에게 제사 지낼 때 쓰는 그릇. 대기(大器). ②임금의 자리.

신기(神機)**명** ①신묘한 계기. ②헤아릴 수 없는 기략(機略).

신:기(腎氣)**명** ①사람의 활동하는 근원. ②자지의 힘. 정력(精力).

신:기(新奇)'신기(新奇)하다'의 어근.

신기-누설(神機漏泄)**명하자** 비밀에 속하는 일을 새어 나가게 함.

신-기다(타)〔'신다'의 사동〕신게 하다. ¶ 꼬마에게 구두를 신기다.

신-기록(新記錄)**명** 〔종래의 기록을 앞지르는〕새로운 기록. ¶ 세계 신기록을 0.1초 단축하다.

신기-롭다(神奇-)[-따]〔~로우니·~로워〕**형ㅂ** 신묘하고 기이한 느낌이 있다. ¶ 신기로운 현상. 신기로이**부**.

신:기-롭다(新奇-)[-따]〔~로우니·~로워〕**형ㅂ** 새롭고 기이한 느낌이 있다. ¶ 최첨단 전자 제품들이 신기롭기만 하다. 신기로이**부**.

신기료-장수명 헌 신을 깁는 일을 업(業)으로 하는 사람.

신:기루(蜃氣樓)**명** ①온도나 습도의 영향으로 대기의 밀도가 층층이 달라질 때, 빛의 이상 굴절로 말미암아 엉뚱한 곳에 물상이 나타나는 현상. 준신루. ☞공중누각.

신기-스럽다(神奇-)**형ㅂ** '신기(神奇)롭다'의 잘못.

신:기-스럽다(新奇-)**형ㅂ** '신기(新奇)롭다'의 잘못.

신-기원(新紀元)**명** ①새로운 기원. ②획기적인 사실로 말미암아 전개되는 새로운 시대. ¶ 에너지 혁명의 신기원을 열다.

신기-전(神機箭)**명** 조선 세종 때 만든 무기의 한 가지. 화약을 장치하여 불을 달아 쏘던 화살 모양의 로켓.

신-기전(新起田)**명** 새로 일구어 만든 밭.

신-기축(新機軸)**명** 이제까지 있었던 것과는 다른 전혀 새로운 방법이나 체제.

신:기-하다(神奇-)**형여** 신묘하고 기이하다. ¶ 신기한 마술의 세계. 신기-히**부**.

신:기-하다(新奇-)**형여** 새롭고 기이하다. ¶ 아이의 눈에는 모든 것이 신기했다. 신기-히**부**.

신나명 '시너(thinner)'의 잘못.

신-나무명 단풍나뭇과의 낙엽 소교목. 산이나 들에 절로 남. 잎은 길둥글거나 달걀 모양이며 가장자리가 고르지 않게 패어 있음. 6~7월경에 담록색 꽃이 피고 초가을에 9자 달린 열매가 익음. 재목은 가구재, 잎은 물감의 원료로 쓰임.

신-날명 짚신이나 미투리 따위의 바닥에 세로로 놓은 날.

신-남(信男)**명** 불교를 믿는 세속의 남자. ↔신녀(信女).

신-낭만주의(新浪漫主義)[-의/-이]**명** 19세기 말에서 20세기 초에 독일을 중심으로 일어난 예술상의 한 경향. 프랑스 상징주의의 영향을 받아, 자연주의 등에 반대하고 감정과 공상 등을 인정하는 낭만주의로의 복귀를 주장함.

신:녀(信女)**명** 불교를 믿는 세속의 여자. ↔신남.

신년(申年)명 태세의 지지(地支)가 신(申)으로 된 해. 〔갑신년(甲申年)·병신년(丙申年)·임신년(壬申年) 따위.〕원수이해.

신년(新年)명 새해. ¶신년 하례(賀禮).

신:념(信念)명 굳게 믿어 의심하지 않는 마음. ¶신념을 지키다. /굳은 신념을 지닌 사람.

신념(宸念)명 임금의 마음 또는 걱정.

신노(神怒)명 신명(神明)의 노여움.

신농-씨(神農氏)명 중국 옛 전설에 나오는 삼황(三皇)의 한 사람. 백성에게 농사짓는 법을 처음으로 가르쳤으며, 중국의 경제·의약·음악·점서 등의 조신(祖神)임. 염제(炎帝).

신다[-따]타 (신·버선 등을) 발에 꿰다. ¶채 마르지도 않은 양말을 신다.

신단(神壇)명 신령에게 제사 지내는 단.

신단(宸斷)명하타 임금의 재결(裁決).

신답(新畓)명 새로 만들거나 새로 산 논.

신당(神堂)명 신령을 모신 당집.

신당(新黨)명 새로 조직한 당. ¶신당을 창당하다.

신-대[-때]명 베틀의 용두머리 한가운데에 박아 뒤로 내뻗친 조금 굽은 막대. 〔그 끝에는 베틀신끈을 달아 놓았음.〕신전나무.

신-대륙(新大陸)명 ①새로 발견된 대륙. ②'아메리카 주'를 달리 이르는 말. ③남북아메리카 및 오스트레일리아를 이르는 말. 신세계. ①②↔구대륙.

신덕(神德)명 신의 공덕.

신데렐라(Cinderella)명 ①유럽 동화 속의 여주인공의 이름. 〔계모에게 학대받다가 친어머니의 영혼이 도와 왕자와 결혼하게 됨.〕②무명(無名)의 존재에서 하루아침에 명사가 된 여자'를 비유하여 이르는 말.

신데렐라^콤플렉스(Cinderella complex)명 정신 분석학에서, 여성이 일시에 자신의 인생을 화려하게 변모시켜 줄 남자를 기다리는 심리적 의존 상태를 이르는 말. 주로, 남성에 대한 의존성·수동성 따위의 태도에 기인함.

신도(臣道)명 신하로서 마땅히 지켜야 할 도리.

신:도(信徒)명 ☞교도(敎徒).

신도(神道)명 ①〈귀신의 높임말. ②영묘한 신(神)의 도리.

신도(新都)명 새로 정한 도읍. ↔구도(舊都).

신도(新道)명 새로 난 길.

신도-비(神道碑)명 지난날, 종이품 이상의 벼슬아치의 무덤 근처 길가에 세우던 비.

신도-주(新稻酒)명 햅쌀로 빚은 술.

신:독(愼獨)명하자 홀로 있을 때에도 도리에 어그러짐이 없도록 몸을 삼감.

신-돌이명 신발의 가장자리에 댄 꾸미개.

신동(神童)명 여러 가지 재주와 지혜가 남달리 뛰어난 아이.

신:동(腎洞)명 콩팥 안의 빈 자리. 〔오줌이 이곳에 괴어 있다가 오줌관으로 인도됨.〕

신둥-부러지다형 지나치게 주제넘다.

신드롬(syndrome)명 ☞증후군(症候群).

신-들리다(神-)자 ①귀신이 접하다. ②매우 열중하여 보통 때보다 뛰어난 기량을 보일 때 하는 말. ¶신들린 듯이 춤을 추다.

신-들메명 '들메끈'의 잘못.

신등(神燈)명 신명(神明) 앞에 켜는 등.

신디케이트(syndicate)명 ①공동 판매 카르텔의 발전된 형태로, 몇 개의 기업이 공동 판매 기관을 만들어서 가맹 기업의 제품을 판매하는 일, 또는 그 조직. ②국채나 사채 등을 인수하기 위하여 금융업자에 의해 조직되는 인수단.

신-딸(神-)명 늙은 무당의 대를 잇는 젊은 무당. 접신어미.

신-떨음(神-)명 신이 나는 대로 실컷 해 버림.

신라(新羅)[실-]명 우리나라의 고대 왕국 중의 하나. 박혁거세가 한반도의 동남쪽에 자리 잡아 세운 나라로, 태종 무열왕 때 백제와 고구려를 멸하여 삼국을 통일하였음. 경순왕 때 고려의 태조 왕건(王建)에게 망함. 〔B.C.57~A.D.935〕

신라-관(新羅館)[실-]명 신라 때, 중국으로 가는 사신이나 유학승·상인을 위하여 신라에서 중국 당나라의 산둥 반도(山東半島) 등주(登州)에 설치한 숙소.

신라-방(新羅坊)[실-]명 통일 신라 시대에, 중국 연안 지대에 있었던, 신라의 상인들과 유학승(留學僧)들의 집단 거주지.

신랄(辛辣)'신랄하다'의 어근.

신랄-하다(辛辣-)[실-]형여 ①〔맛이 몹시 쓰고 맵다는 뜻으로〕어떤 일의 분석이나 지적이 매우 모질고 날카롭다. ¶양반 사회에 대한 신랄한 풍자. 신랄-히부.

신랑(新郞)[실-]명 곧 결혼할 남자나 갓 결혼한 남자. ↔신부(新婦).

신랑-감(新郞-)[실-깜]명 신랑이 될 사람이나, 신랑이 될 만한 사람. 낭재(郞才). ↔신붓감.

신래(新來)[실-]명 ①하자 새로 옴. ②과거에 새로 급제한 사람. ②신은(新恩).

신래(新來)를 불리다관용 〔선진(先進)들이 축하하는 뜻으로〕삼진삼퇴(三進三退)를 시키며 과거에 새로 급제한 사람을 괴롭힘.

신량(新凉)[실-]명 초가을의 서늘한 기운.

신려(宸慮)[실-]명 임금의 뜻. 임금의 마음. 신의(宸意).

신:려(愼慮)[실-]명하타 신중하게 사려함.

신:력(信力)[실-]명 불교에서 이르는 오력(五力)의 하나. 불법(佛法)을 믿음으로써 얻게 되는 능력이나 신념.

신력(神力)[실-]명 ①신의 위력. ②신통한 힘.

신력(新曆)[실-]명 ①(그해의) 새 책력. ②태양력을 태음력에 대하여 이르는 말. ↔구력(舊曆).

신령(神靈)[실-]명 신앙의 대상이 되는 초자연적인 정령. 검. ㉰영(靈).

신령(神靈)²'신령하다'의 어근.

신령-스럽다(神靈-)[실-따]형ㅂ 신통하고 영묘한 데가 있다. 신령스레부.

신령-하다(神靈-)[실-]형여 신통하고 영묘하다. ¶신령한 기운.

신례(臣禮)[실-]명 신하로서 지켜야 할 예의.

신례(新例)[실-]명 새로운 예.

신:로(辛勞)[실-]명하자 고생하며 애를 씀.

신로심불로(身老心不老)[실-]명 몸은 늙었으나 마음은 늙지 아니함.

신록(新綠)[실-]명 초여름에 새로 나온 잎들이 띤 연한 초록빛. ¶신록의 계절.

신:뢰(迅雷)[실뢰/실뤠]명 격렬한 우레. ¶신뢰와 같이 쳐들어가다.

신:뢰(信賴)[실뢰/실뤠]명하타 믿고 의지함. ¶서로가 서로를 신뢰하는 마음.

신:뢰-감(信賴感)[실뢰-/실뤠-]명 믿고 의지하는 마음. ¶신뢰감을 주다.

신:뢰-도(信賴度)[실뢰-/실뤠-]명 믿고 의지하는 정도.

신료(臣僚)[실-]명 모든 신하. 많은 신하.

신:루(蜃樓)[실-]명 〈신기루의 준말.

신린(臣隣)[실-]명 한 임금을 섬기고 있는 신하끼리의 처지.

신말(申末)명 십이시의 신시(申時)의 끝. 〔하오 5시에 가까운 무렵.〕

신-맛[-맏]명 식초의 맛과 같은 새콤한 맛. 산미(酸味). *신맛이[-마시]·신맛만[-만-]

신망(信望)명 믿고 바람, 또는 믿음과 덕망. ¶신망이 두텁다.

신-망애(信望愛)명 기독교에서, 믿음·소망·사랑의 삼덕(三德)을 이르는 말.

신-맬서스주의(新Malthus主義)[-의/-이]명 (맬서스의 인구론에 근거하여) 피임 따위의 적극적인 방법으로 산아 제한을 해야 한다고 하는 주의.

신-면목(新面目)명 새로운 면목. ¶우리 문화의 신면목을 보여 주다.

신멸(燼滅)하타 남김없이 없애 버림.

신명명 흥겨운 신과 멋. ¶신명이 나다. 비신².

신명(申明)하타 (생각하는 바를) 말하여 분명히 밝힘.

신명(身命)명 몸과 목숨. 구명(軀命). ¶조국의 경제 발전을 위해 신명을 바쳐 일하다.

신명(神明)명 하늘과 땅의 신령. 준신(神).

신명(晨明)명 새벽녘.

신명-기(申命記)명 구약 성서 중의 '모세 오경'의 하나. 모세의 최후의 언행과 율법 설명, 시(詩)와 축복에 관한 내용 등을 기록함.

신명-지다명 신이 나고 멋들어지다. ¶신명진 풍물놀이.

신모(身謀)명 자기 몸을 돌보기 위한 꾀.

신모(神謀)명 신통한 꾀.

신묘(辛卯)명 육십갑자의 스물여덟째.

신묘(神妙)명하여 신통하고 영묘함. ¶신묘의 경지. /신묘한 계책.

신묘(神廟)명 조상의 신주(神主)를 모신 사당.

신묘불측(神妙不測)명하여 신통하고 오묘하여 감히 헤아릴 수 없음.

신무(神武)명 뛰어난 무덕(武德).

신:묵(愼默)명하자 삼가서 잠잠히 있음.

신문(凶門)명 ①숫구멍. ②정수리.

신문(神門)명 신명(神明)이 있는 곳.

신:문(訊問)명하타 ①캐어물음. ②법원이나 수사 기관 같은 데서, 증인이나 피고인 등을 불러다 놓고 구두로 캐어물어 조사하는 일.

신문(新聞)명 ①사회에서 일어난 새로운 사건이나 화제 따위를 빨리 보도·해설·비평하는 정기 간행물. ¶신문을 보다. ②<신문지>의 준말. ¶신문으로 벽을 바르다.

신문-고(申聞鼓)명 조선 시대에, 대궐 문루에 달아 백성이 원통한 일을 하소연할 때 치게 했던 북. 등문고(登聞鼓).

신문^기자(新聞記者)명 신문에 실을 기사의 취재·수집·집필·편집에 종사하는 사람.

신문-사(新聞社)명 신문을 발행하는 회사.

신문^소:설(新聞小說)명 신문에 연재(連載)하는 소설.

신문-인(新聞人)명 신문에 종사하는 사람.

신문^전:보(新聞電報)명 지난날, 취재한 기사를 신문에 실을 목적으로, 신문사로 치던 전보.

신:문^조서(訊問調書)명 신문을 받은 자의 진술 내용 등을 적은 조서.

신문-지(新聞紙)명 신문 기사를 인쇄한 종이. 신문으로 인쇄된 종이. 준신문.

신문-철(新聞綴)명 여러 장의 신문을 철할 때에 쓰는 기구, 또는 그렇게 철한 신문.

신문-팔이(新聞-)명하자 거리나 열차 등에서 신문을 파는 일, 또는 그런 사람.

신-문학(新文學)명 갑오개혁 이후의 개화기에, 서구 문학의 영향을 받아 일어난 새로운 형식·내용의 문학으로서, 신체시·신소설·신시조 등을 가리키며, 고전 문학과 현대 문학 사이의 교량적 구실을 한 과도기 문학.

신문-학(新聞學)명 신문을 중심으로 한 매스커뮤니케이션을 연구 대상으로 하는 사회 과학.

신-물(新-)명 ①음식에 체했거나 트림할 때 목구멍으로 넘어오는 시척지근한 물. 산패액(酸敗液). ¶신물이 올라오다. ②지긋지긋하여 진절머리나는 일. **신물(이) 나다**관용 (마음에 없는 일을 너무 오래 하여) 지긋지긋하고 진절머리가 나다. ¶이제 아기 보는 일이라면 신물이 난다.

신:물(信物)명 신표가 될 만한 물건.

신물(新物)명 새로 나온 물건.

신미(辛未)명 육십갑자의 여덟째.

신미(辛味)명 매운맛.

신미(新米)명 햅쌀. ↔구미(舊米).

신미(新味)명 새로운 맛.

신미-양요(辛未洋擾)명 조선 고종 8(1871)년에 미국 군함 네 척이 강화(江華) 해변에 침입하여 소동을 일으킨 사건.

신민(臣民)명 군주국(君主國)의 벼슬아치와 백성. 신서(臣庶).

신밀(愼密)'신밀하다'의 어근.

신:밀-하다(愼密-)형여 신중하고 은밀하다.

신-바람[-빠-]명 어깻바람. ¶신바람이 나다.

신발명 ☞신.

신-발명(新發明)명하타되자 새로 발명함, 또는 새로 발명한 것.

신발-장(-欌)[-짱]명 신을 넣어 두는 장. 신장.

신발-차(-)명 심부름을 하는 사람에게, 노중(路中)의 비용으로나 사례로 주는 돈.

신발-하다자여 (먼 길을 떠나기 위하여) 짚신 신고 감발을 하다.

신방(申方)명 이십사방위의 하나. 서남서에서 남쪽으로 15도까지의 방위. 곤방(坤方)과 경방(庚方)의 사이. 준신(申). →인방(寅方).

신방(辛方)명 이십사방위의 하나. 서북서에서 서쪽으로 15도까지의 방위. 유방(酉方)과 술방(戌方)의 사이. 준신(辛). →을방(乙方).

신:방(信防)명 일각문 등의 기둥 밑 좌우쪽에 받쳐 놓는 베갯목.

신방(神方)명 신효(神效)가 있는 약방문.

신:방(訊訪)명하타 찾아봄.

신방(新房)명 신랑과 신부가 첫날밤을 치르도록 새로 꾸민 방.

신방(新榜)명 지난날, 과거에 새로 급제한 사람의 이름을 써서 게시하던 방목.

신백(申白)명하타 사실을 자세히 아룀.

신백(神帛)명 빈전(殯殿)에 모시는, 베로 만든 신주(神主).

신백(新伯)명 지난날, 새로 임명된 감사(監司)를 이르던 말.

신벌(神罰)명 신이 내리는 벌.

신법(新法)[-뻡]명 새로 만든 법. ↔구법.

신-벼나명 신의 울과 바닥 창을 잇대어 꿰맨 부분.

신변(身邊)명 몸, 또는 몸의 주변. ¶신변의 안전을 꾀하다.

신변(神變)명 (사람의 지혜로는 헤아릴 수 없는) 신비로운 변화.

신변-잡기(身邊雜記)[-끼]명 자기 주위에서 일어나는 여러 가지 일을 적은 수필체의 글.

신변-잡사(身邊雜事)[-싸]명 자기 주위에서 일어나는 여러 가지 자질구레한 일.

신병(身柄)명 〔인도(引渡)나 보호의 대상으로서의〕당사자의 몸. ¶신병 확보. /신병 인도.

신병(身病)명 몸의 병. 신양(身恙).

신병(神兵)명 〔신이 보냈거나 신의 가호를 받는 군사라는 뜻으로〕'대적할 수 없는 강한 군사'를 비유하여 이르는 말.

신병(新兵)명 새로 입대한 병사. ¶신병 훈련소. ↔고병(古兵).

신보(申報)명하타 고하여 알림.

신보(新報)명 새로운 보도.

신보(新譜)명 ①새로운 곡의 악보. ②새로 취입한 레코드.

신복(申複)명하타 〔같은 사실을〕거듭하여 자세히 말함.

신복(臣服·臣伏)명하자 신하가 되어 복종함.

신복(臣僕)명 ☞신하(臣下).

신:복(信服·信伏)명하자 믿고 붙좇음.

신본(申本)명 지난날, 왕세자가 섭정할 때 판서나 지방의 방백 등이 올리던 문서. 달본(達本).

신-볼[-뻘]명 신의 폭. ¶신볼이 좁다.

신:봉(信奉)명하타 〔옳다고〕믿고 받듦. ¶민주주의를 신봉하는 사람.

신:부(信否)명 믿을 수 있는 일과 믿지 못할 일.

신:부(信符)명 조선 시대에, 하례(下隷)가 궐문을 드나들 때 몸에 달도록 병조(兵曹)에서 발급하던 나무 증표.

신부(神父)명 가톨릭에서, 사제(司祭) 서품을 받은 성직자를 이르는 말. 〔부제(副祭)의 위, 주교(主教)의 아래임.〕

신부(神符)명 ☞부적.

신부(新婦)명 곧 결혼할 여자나 갓 결혼한 여자. 색씨시. ↔신랑(新郎).

신부-례(新婦禮)명하타 신부가 처음으로 시집에 와서 예를 올림, 또는 그 예식.

신:부-양난(信否兩難)명 믿기도 어렵고 믿지 않기도 어려운 일. ¶신부양난에 처하다.

신:-부인(愼夫人)명 조선 시대에, 외명부(外命婦)의 한 품계. 정삼품인 당상관 종친(宗親)의 아내에게 내리던 칭호.

신:-부전(腎不全)명 신장의 기능 장애로 혈액의 화학적 조성에 이상이 생기는 병.

신분(身分)명 ①개인의 사회적 지위. ¶학생의 신분에 알맞은 옷차림. ②사람의 법률상 지위나 자격. ¶신분 보장.

신분-권(身分權)[-꿘]명 신분 관계에 따라 발생·소멸하는 사권(私權)의 한 가지. 〔친권·상속권·호주권 따위.〕

신분-범(身分犯)명 일정한 신분이 범죄의 구성요건이 되는 범죄. 〔수뢰죄 따위.〕

신분-법(身分法)[-뻡]명 사법(私法) 중에서 신분 관계를 규정하는 법규를 통틀어 이르는 말. 〔친족법·상속법 따위.〕 재산법.

신분^상속(身分相續)명 신분상의 지위를 승계하는 상속. 〔호주의 신분을 승계하는 호주 상속 따위.〕

신분-장(身分帳)[-짱]명 교도소에서, 교도관이나 재소자 등의 호적·이력·성적 등을 적는 장부.

신분^제:도(身分制度)명 봉건 사회에서, 세습적으로 고정되어 있던 계급 제도.

신분-증(身分證)[-쯩]명 〈신분증명서〉의 준말.

신분-증명서(身分證明書)명 관청이나 회사 등에서 각기 그 직원이나 사원임을 증명하는 문서. 준신분증.

신불(神佛)명 신령과 부처.

신-불림명하자 지난날, 신 장수가 가지고 나온 신을 팔려고 소리를 높여 외치던 일.

신붓-감(新婦-)명 [-부깜→-붇깜]명 신부가 될 사람이나 신부가 될 만한 사람. 색싯감. ↔신랑감.

신:붕(信朋)명 서로 믿는 친구.

신비(神祕)명하형 스럽 〔이론과 인식(認識)을 초월하여〕불가사의하고 영묘한 비밀. ¶우주의 신비. 신비스레부.

신비-경(神祕境)명 신비로운 지경.

신비-극(神祕劇)명 15, 16세기 프랑스에서 일어난 대규모의 종교극. 성서를 소재로 하여 그리스도의 생애, 특히 그 수난을 극화하여 상연하였음. 성사극.

신비-롭다(神祕-)[-따]〔-로우니·-로워〕형ㅂ 신비한 데가 있다. 신비스럽다. ¶신비로운 우주의 세계. 신비로이부.

신비-주:의(神祕主義)[-의/-이]명 ①〔신을 이성적 인식의 대상이라 하는 견해에 반대하여〕신비적인 직관과 내적 체험으로 신을 인식하려는 철학이나 종교상의 경향. ②초자연적인 절대자의 존재를 인정하여 그 힘을 인식의 모든 범위에 적용하려는 관념론적인 세계관.

신-비평(新批評)명 문예 비평 방법의 한 가지. 1930~40년대에 주로 미국에서 일어난 경향으로, 작품의 구조 파악과 언어 분석을 그 중심 내용으로 삼음.

신:빙(信憑)명하타 되자 믿어서 증거나 근거로 삼음. ¶신빙할 만한 정보.

신:빙-성(信憑性)[-썽]명 믿어서 증거나 근거로 삼을 수 있는 정도나 성질. ¶신빙성이 높다. /신빙성이 없다.

신사(臣事)명하자 신하가 되어 섬김.

신사(辛巳)명 육십갑자의 열여덟째.

신:사(信士)명 ①우바새. 거사(居士). ②신의가 썩 두터운 선비.

신사(神社)명 일본에서, 황실의 조상이나 국가에 공로가 큰 사람을 신으로 모신 사당. ¶신사 참배.

신사(神祀)명 천신(天神)에게 제사 지내는 일.

신사(神祠)명 신령을 모신 사당.

신:사(紳士)명 ①점잖고 예의 바르며 교양 있는 남자. ¶신사다운 행동. ②일반 남자를 대접하여 이르는 말. ¶신사 숙녀 여러분! ↔숙녀.

신:사(愼思)명하타 신중히 생각함.

신:사-도(紳士道)명 신사로서 마땅히 지켜야 할 도리. ¶신사도를 발휘하다.

신-사륙판(新四六版)명 사륙판보다 조금 작은 책의 규격.

신:사-복(紳士服)명 성인 남자용의 양복.

신-사상(新思想)명 새로운 사상. ↔구사상.

신-사실주의(新寫實主義)[-의/-이]명 베르그송·오이켄 등의 철학에 영향을 받아 사실주의를 더욱 철저화하여, 단순한 묘사에 그치지 않고 인생의 내면적 진리를 파악하려고 한 예술상의 경향. 네오리얼리즘.

신:사-적(紳士的)관명 신사다운 (것). ¶신사적 태도. /신사적인 언동.

신:사-협정(紳士協定)[-쩡]명 ①〔법적 구속력이 없는〕비공식의 국제 협정. ②서로 상대편을 믿고 맺는 사적(私的)인 협정.

신삭(新削)명 〔머리를 갓 깎았다는 뜻으로〕갓 중이 된 사람.

신산(辛酸)명하형 스럽 ①(맛이) 맵고 심. ②세상살이의 고됨. ¶온갖 신산을 다 겪다.

신산(神山)**명** ①신령을 모신 산. ②신선이 산다는 산. ⑩영산(靈山).

신산(神算)**명** 신통한 계책.

신산(新山)**명** 새로 쓴 산소.

신상(身上)**명** (한 사람의) 신변에 관련된 형편. ¶신상 기록 카드. /도련님 신상에 무슨 불행한 일이라도 생기면 어째나.

신상(神像)**명** 신의 형상을 그림·조각 따위로 나타낸 것.

신:상(紳商)**명** 상류에 속하는 점잖은 상인.

신상-명세서(身上明細書)**명** (개인의) 신상에 관한 사항을 자세히 적은 기록.

신상 발언(身上發言) 일신상에 관하여 구두로 진술하는 일.

신-상투(新-)**명** 지난날, '관례를 마치고 처음으로 상투를 튼 사람'을 이르던 말.

신-상품(新商品)**명** 새로 나온 상품.

신:상-필벌(信賞必罰)**명** (상을 줄 만한 사람에게는 꼭 상을 주고, 벌을 줄 사람에게는 꼭 벌을 준다는 뜻으로) 상벌을 규정대로 분명하게 함을 이르는 말.

신-새벽(新-)**명** '첫새벽'의 잘못.

신색(神色)**명** '안색(顏色)'의 높임말.

신:색(愼色)**명하자** 여색(女色)을 삼감.

신생(申生)**명** 신년(申年)에 난 사람. 원숭이띠.

신생(新生)**명하자** 새로 생기거나 태어남. ¶신생 독립 국가.

신생-대(新生代)**명** 지질 시대의 구분 중 가장 새로운 시대. 곧, 6500만 년 전부터 현재까지의 시대. 〔포유류의 전성기로, 그 말기에 인류가 나타났고 히말라야 산맥 등 대부분의 대산맥이 이 시대의 조산 운동의 결과로 형성되었다.〕

신생-아(新生兒)**명** 갓난아이.

신-생활(新生活)**명** 새로운 방식과 새로운 윤리 의식으로 영위하는 새로운 생활.

신서(臣庶)**명** ⇨신민(臣民).

신:서(信書)**명** 편지.

신서(新書)**명** ①새로 나온 책. 신간(新刊). ②〈신서판〉의 준말.

신서-판(新書版)**명** 책의 판형의 한 가지. 가로 103mm, 세로 182mm의 크기, 또는 그 크기로 만든 책. ⓒ신서.

신석(晨夕)**명** 새벽과 저녁.

신석(新釋)**명** 새롭게 해석함, 또는 그 해석.

신석기^시대(新石器時代) [-끼-]**명** 구석기 시대의 다음, 청동기 시대 이전의 시대. 마제 석기를 사용했으며, 농경과 목축의 시작으로 정착 및 촌락 생활이 가능해써 씨족 사회를 낳게 한 것 등이 그 특징임. ⓐ구석기 시대.

신선(神仙)**명** 선도(仙道)를 닦아 장생불사를 얻은 사람. 속세를 떠나 선경에 살며, 늙지 않고 고통도 없이 산다고 함. 선객. 선인(仙人). 전자(仙子).

신선(新選)**명하자** 새로 뽑음. ¶신선 임원.

신선(新鮮)'신선하다'의 어근.

신선-놀음(神仙-)**명하자** 〔신선처럼 아무 근심이나 걱정 없이 지낸다는 뜻으로〕해야 할 일을 잊고 어떤 놀이에 열중함을 이르는 말.

신선-도(神仙圖)**명** 신선의 세계를 그린 그림.

신선-도(新鮮度)**명** 신선한 정도. ⑪선도(鮮度).

신선-로(神仙爐) [-설-]**명** ①상 위에 놓고 열구자탕을 끓이는 그릇. 〔가운데에 숯불을 담는 통이 있음.〕②신선로에 끓인 열구자탕.

신선-하다(新鮮-)**형여** ①새롭고 산뜻하다. ¶신선한 공기. /신선한 정치 풍토. ②(채소나 생선 따위가) 싱싱하다. ¶신선한 야채.

신설(伸雪)**명하자** 〈신원설치(伸冤雪恥)〉의 준말.

신설(新設)**명하자되자** (설비·시설 따위를) 새로 마련함. ¶신설 영화관./학교를 신설하다.

신설(新說)**명** 새로운 학설이나 견해.

신:섭(愼攝)**명하타** 조심하여 몸조리를 함.

신성(神性)**명** 신의 성격. 신의 속성(屬性).

신성(神聖)**명** ①신과 같이 성스러움. ②더럽힐 수 없도록 거룩함. 매우 존귀함. ¶교직(敎職)을 신성한 것으로 여기다.

신성(晨星)**명** ⇨샛별.

신성(晨省)**명하자** 이른 아침에 부모의 침소에 가서 밤새의 안부를 살핌. ¶혼정(昏定)신성.

신성(新星)**명** ①희미하던 상태에서 갑자기 환히 빛나다가 다시 서서히 희미해져 본래의 밝기로 되돌아가는 항성(恒星). 일시성. ②어떤 단체나 분야, 특히 예체능계에 나타나 갑자기 인기를 모은 사람. 샛별. ¶가요계의 신성. /은막의 신성.

신성^모:독(神聖冒瀆)**명** ⇨독성(瀆聖).

신성-불가침(神聖不可侵)**명** 거룩하고 존귀하여 함부로 침범할 수 없음. ¶신성불가침 구역.

신세(身世)**명** ①(주로, 딱하게 되거나 가난하거나 할 때의) 사람의 처지나 형편. ¶처량한 실향민 신세. /신세를 망치다. ②남으로부터 도움을 받는 일. 또는 남에게 괴로움을 끼치는 일. ¶번번이 신세를 져서 죄송합니다.

신세(新歲)**명** 새해.

신-세계(新世界)**명** 〔-계/-게〕 ①새로 발견된 세계. 남북아메리카 및 오스트레일리아를 이르는 말. 신대륙. ↔구세계. ②새로운 세상, 또는 새로운 활동 무대.

신-세기(新世紀)**명** 새로운 세기. 새로운 시대.

신-세대(新世代)**명** 새로운 세대.

신세^차례(新歲茶禮)**명** 새해 차례.

신세-타령(身世-)**명하자** 넋두리하듯이 자기의 불우한 신세를 한탄하여 뇌까리는 일, 또는 그런 이야기. ¶그 친구는 술만 먹으면 아무나 붙잡고 신세타령이다.

신-소리'**명하자** 상대편의 말을 다른 말로 슬쩍 농쳐서 받아넘기는 말. 〔이를테면, '신소리한다'하면, '신이 소리하면 발바닥은 육자배기한다'하고 받아넘기는 따위.〕

신-소리²[-쏘-]**명** 신발을 끌면서 걸을 때에 나는 소리.

신-소설(新小說)**명** 갑오개혁 이후의 개화기를 시대적 배경으로 하여 이루어진 소설. 고대소설과 현대 소설의 과도기적 교량 역할을 하였으며, 개화 계몽·자주독립·계급 타파·자유연애 등이 그 주된 주제를 이루었음. 〔이인직(李人稙)의 '혈(血)의 누(淚)', 이해조(李海朝)의 '빈상설(鬢上雪)' 등이 그 대표작임.〕↔구소설.

신:-소재(新素材)**명** (전에는 존재하지 않았던) 새로 만들어 낸 소재. 〔뉴 세라믹스·형상 기억 합금·광섬유 따위.〕

신:-소체(腎小體)**명** 신장(腎臟)의 피질(皮質)에 있는 지름 0.1~0.2 mm의 둥근 기관. 신장 기능의 최소 단위임. 말피기 소체(Malpighi小體).

신속(臣屬)**명하자** 신하로서 복속(服屬)함, 또는 그러한 신하.

신:속(迅速)**명하형** 매우 빠름. ¶신속 배달. /신속한 일 처리. 신속-히**부** ¶신속히 대피하다.

신속-하다(神速-) [-쏘카-]**형여** (사람의 능력을 뛰어넘어) 몹시 빠르다. 신속-히**부**.

신수(身手)圏 사람의 얼굴에 나타나는 밝은 기운. ¶ 신수가 훤하다.

신수(身數)圏 사람의 운수. ¶ 신수가 사납다.

신:수(信手)圏하재 (일에 하도 익숙하여) 손이 저절로 움직임.

신수(神授)圏하재 신이 내려 줌.

신수(薪水)圏 ①땔나무와 물. 땔나무를 줍고 물을 긷는 일, 곧 취사. ②☞봉급(俸給).

신수-설(神授說)圏 (왕권 또는 주권, 인간성 따위에 대하여) 신(神)이 내려 준 것으로 보고, 신성하여 침범할 수 없다는 주장.

신수-점(身數占)圏 신수를 알아보는 점.

신수지로(薪水之勞)圏〔땔나무를 하고 물을 긷는 수고라는 뜻으로〕몸소 근근이 생계를 이어 가는 수고를 이름.

신술(神術)圏 신묘한 술법.

신승(辛勝)圏하재 (경기 따위에서) 가까스로 이김. ¶ 69대 68로 신승을 거두다. ↔낙승(樂勝).

신승(神僧)圏 신통력을 가진 중.

신시(申時)圏 ①십이시의 아홉째 시. 하오 3시부터 5시까지의 동안. ②이십사시의 열일곱째 시. 하오 3시 30분부터 4시 30분까지의 동안. ㉝신(申).

신시(辛時)圏 이십사시의 스무째 시. 하오 6시 30분부터 7시 30분까지의 동안. ㉝신(辛).

신시(神市)圏 환웅(桓雄)이 무리 3000을 거느리고 태백산에 내려와 세웠다는 도시(나라). 〔상고 시대의 우리나라를 이르는 말.〕

신시(新詩)圏 ①내용이나 형식 등이 새로운 경향을 띠는 시. ¶신시 운동. ②☞신체시(新體詩).

신시(薪柴)圏 장작과 섶나무.

신-시가(新市街)圏 기존 시가에서 뻗어 나가 새로 발전한 시가. ¶신시가를 건설하다.

신-시가지(新市街地)圏 새롭게 형성된 시가지.

신-시대(新時代)圏 새로운 시대. ⑪신세기(新世紀). ↔구시대.

신시사이저(synthesizer)圏 전자 악기의 한 가지. 전자 회로를 이용하여 여러 가지 음색을 만들어 내는데, 대부분은 건반 악기 모양임.

신-시조(新時調)圏 개화기 이후에 서구의 신시(新詩)의 기법과 정신을 도입하여 시도한 시조. 고시조와 현대 시조의 과도기적 시조.

신식(新式)圏 새로운 방식이나 양식. ¶신식 결혼. ↔구식(舊式).

신:신(信臣)圏 믿을 수 있는 신하.

신신(新新)'신신하다'의 어근.

신신-당부(申申當付)圏하다 ☞신신부탁.

신신-부탁(申申付託)圏하다 여러 번 되풀이하여 간곡히 하는 부탁. 신신당부.

신신-하다(新新-)혬여 (채소나 과실 따위가) 새롭고 싱싱하다. **신신-히**閉.

신:실(信實)圏 믿음성이 있고 착실함. ¶말과 행동이 신실하다. **신실-히**閉.

신:심(信心)圏 ①종교를 믿는 마음. 신앙심. ②옳다고 믿는 마음.

신-심리주의(新心理主義)[-니-의/-니-이]圏 제일 차 세계 대전 후 영국·프랑스 등을 중심으로 일어난 문학상의 한 경향. 〔'의식의 흐름'이나 '내적 독백(內的獨白)' 같은 수법을 써서 인간의 심층 심리를 묘사하였음.〕

신:심-직행(信心直行)[-지캥]圏하재 마음에 옳다고 믿는 바대로 망설임이 없이 행동함.

신아(新芽)圏 새싹.

신악(神岳)圏 신령스러운 산.

신안(神眼)圏 지술(地術)이나 상술(相術) 따위에 정통한 눈.

신:안(腎岸)圏 불두덩.

신안(新案)圏 새로운 고안이나 제안.

신안^특허(新案特許)[-트커]圏〈실용 신안 특허(實用新案特許)〉의 준말.

신알(晨謁)圏하재 이른 아침에 집 안에 있는 사당에 문안하는 일.

신:앙(信仰)圏하타 신불(神佛) 등을 굳게 믿어 그 가르침을 지키고 그에 따르는 일.

신:앙^개조(信仰箇條)圏 기독교에서, 교회가 공인하는 표준적 교의(教義)의 요지를 간단히 요약하여 조목으로 나타낸 것.

신:앙^고:백(信仰告白)圏 기독교에서, 신앙의 교의적(教義的) 내용을 스스로 명백히 확인하고 인정하는 일, 또는 그와 관련된 기록. 〔사도신경, 신앙 개조, 교리문답서 등.〕

신:앙-심(信仰心)圏 종교를 믿고, 그 가르침을 따르는 마음. 신심.

신:애(信愛)圏 ①믿음과 사랑. ②하타 믿고 사랑함.

신야(晨夜)圏 새벽과 밤.

신약(身弱)'신약하다'의 어근.

신:약(信約)圏하타 약속. 맹세.

신약(神藥)圏 신통한 효험이 있는 약.

신약(新約)圏〔기독교에서〕①하나님이 예수를 통하여 인류에게 한 새로운 복음의 약속. ②〈신약 성서〉의 준말.

신약(新藥)圏 ①☞양약(洋藥). ②새로 제조하여 판매하는 약.

신약^성:서(新約聖書)[-썽-]圏 기독교 성서의 한 가지. 예수의 생애와 그 제자들의 전도 기록 및 사도들의 편지 등을 모은 경전. 모두 27권임. ㉝신약 성경.

신약^시대(新約時代)[-씨-]圏 기독교에서, 예수가 세상에 난 때부터 재림할 때까지의 시대를 이르는 말.

신약-하다(身弱-)[시냐카-]혬여 몸이 허약하다.

신양(身恙)圏 ☞신병(身病).

신어(神御)圏 임금의 초상화. 어진(御真).

신어(新語)圏 새로 생긴 말이나, 새로 들어와 쓰이게 된 외래어. 새말.

신-어머니(神-)圏 신딸의 의모(義母)인 나이 많은 무당. ㉑신딸.

신:언(愼言)圏하재 말을 삼감. 신구(愼口).

신언서판(身言書判)圏〔당나라 때, 관리를 뽑는 시험에서 인물의 평가 기준으로 삼았던 몸(체모)·말씨(언변)·글씨(필적)·판단(문리)을 이르는 말.

신업(身業)圏 불교에서 이르는 삼업(三業)의 하나. 몸으로 지은 죄업(罪業)을 이르는 말.

신-여성(新女性)[-녀-]圏 개화기 때, 신식 교육을 받은 여자를 이르던 말.

신역(身役)圏 몸으로 치르는 노역(勞役).

신역(新役)圏 새로 맡은 소임.

신역(新譯)圏하타 새로 번역함, 또는 그 번역. ¶신역 삼국지(三國志).

신연(宸宴)圏 임금이 베푸는 술잔치.

신연(新延)圏 지난날, 도(道)나 군(郡)의 장교·이속이 새로 부임하는 감사나 수령을 그의 집에까지 찾아가서 모셔 오던 일.

신연-증(身軟症)圏 소아마비의 한 증세. 뇌척수의 병으로 말미암아 몸과 힘줄이 약해지는 어린아이의 병증.

신열(身熱)圏 병 때문에 오르는 몸의 열. ㉝열(熱).

신열대-구(新熱帶區) [-널때-]圐 세계 생물 분포의 여섯 구역의 하나. 남미의 대부분과 중미를 포함하는 지역. 신계(新界).

신예(新銳)圐 그 분야에 새로 나타나서 만만찮은 실력이나 기세를 보이는 일. 또는 그런 존재. ¶탁구계의 신예.

신예-기(新銳機)圐 새로 나온, 성능이 썩 좋은 비행기.

신오(神奥)圐(하)闵 신비롭고 오묘함.

신외-무물(身外無物) [시뇌-/시눼-]闵 〔몸 이외에는 아무것도 없다는 뜻으로〕 몸이 다른 무엇보다도 소중하다는 말.

신:용(信用)圐(하)闵 ①언행이나 약속이 틀림이 없을 것으로 믿음. ¶작은 신용을 지켜 주면 큰 믿음이 되어 돌아온다. ②거래에서, 물건을 먼저 주고받은 다음, 대금의 지급을 뒷날 하는 거래.

신용(神勇)圐 사람의 능력으로는 도저히 미칠 수 없는 용기.

신용(神容)圐 신과 같은 거룩한 모습.

신:용-거:래(信用去來)圐 ①매매·고용 등의 계약에서 화폐의 지급을 뒷날로 정하는 거래. ②증권 회사로부터 대금이나 주권을 차용하여 거래하는 매매 행위.

신:용-경제(信用經濟)圐 화폐 경제를 대신하여, 신용이 경제 생활의 바탕이 되어 있는 경제 체제. 〔상거래에 있어서 수표나 어음 따위가 주된 유통 수단이 됨.〕

신:용-공:황(信用恐慌)圐 ☞금융 공황.

신:용-기관(信用機關)圐 신용을 이용해 돈을 융통하는 기관. 〔전당포·은행·신용 협동조합·상호 신용 금고 따위.〕

신:용-대:금(信用貸金)圐 채무자를 신용하여 물적 담보나 보증이 없이 돈을 대부하여 주는 일.

신:용-보:험(信用保險)圐 채무자가 채무를 이행하지 않을 때에 생기는 채권자의 손해를 보상하기 위한 보험.

신:용-어음(信用-)圐 담보 없이 신용에 기초를 두는 어음. 〔은행 어음 따위.〕

신:용-장(信用狀) [-짱]圐 은행이 수입업자 또는 해외 여행자의 의뢰에 따라 그 신용을 보증하기 위하여 발행하는 증서. 엘시(L/C).

신:용-조사(信用調査)圐 새로 거래를 트거나 금전 대부를 할 때 상대편의 재산이나 지급 능력 등을 조사하는 일.

신:용-조합(信用組合)圐 ☞신용 협동조합.

신:용-증권(信用證券) [-꿘]圐 약속 어음·환어음·공채증권 등, 그 사용이 신용에 의하여 성립되고 있는 증권.

신:용-카:드(信用card)圐 물품을 구입하거나 서비스를 이용한 후 일정 기간이 지난 뒤에 대금을 결제할 수 있는 카드. 크레디트 카드.

신:용-판매(信用販賣)圐 상품을 파는 사람이 사는 사람을 신용하여 상품 값을 뒷날 받기로 하고 파는 일.

신:용-협동조합(信用協同組合) [-똥-]圐 지역·직업·종교 등 상호 유대를 가진 개인이나 단체 간의 협동 조직을 기반으로 하여 자금의 조성과 이용 등을 꾀하는 비영리 금융 기관. 신용 조합.

신:용-화:폐(信用貨幣) [-폐/-폐]圐 은행의 신용을 바탕으로 만들어진 화폐. 〔은행권·어음·수표 따위.〕

신:우(腎盂)圐 요관(尿管)이 신장(腎臟)에 이어지는 자루 모양의 부분. 신장에서 만들어진 오줌이 이곳에 모였다가 요관을 통하여 방광으로 들어가게 됨.

신:우-염(腎盂炎)圐 대장균 따위의 세균에 의해 일어나는 신우의 염증. 고열과 한전(寒戰)에 따르고, 허리에 통증을 느낌. 여자아이에게 많음.

신운(身運)圐 ☞운수(運數).

신운(神韻)圐 (예술 작품, 특히 시문이나 그림 따위에서 느껴지는) 신비롭고 기품 있는 운치. ¶신운이 감도는 예술품.

신-울(信-)圐 신의 가를 두른 부분. 준ઽ울¹.

신-원(身元)圐 그 사람의 출생이나 출신·경력·성행 따위에 관한 일. ¶신원을 밝히다. /신원을 보증하다.

신원(伸寃)圐(하)闵 억울하게 뒤집어쓴 죄를 씻음. ¶교조(教祖) 신원 운동.

신원(新元)圐 설날.

신:원-보증(身元保證)圐 ①그 사람의 신상과 경력에 대하여 보증하는 일. ②고용인이 고용주에게 끼치게 될지도 모를 손해의 배상을 제삼자가 미리 보증하는 일.

신원-설치(伸寃雪耻)圐(하)闵 뒤집어쓴 죄의 억울함을 밝혀 원통함과 부끄러움을 씻어 버림. 설분신원(雪憤伸寃). 준신설.

신-원소(新元素)圐 1940년 이후에 발견된 원자 번호 93 이상의 초우라늄 원소 및 종전의 원소표에서 공백으로 되어 있던 43, 61, 85, 87번 원소를 통틀어 이르는 말.

신월(申月)圐 〔월건(月建)에 십이지의 신(申)이 드는 달로〕 '음력 칠월'의 딴 이름. 참맹추(孟秋).

신월(新月)圐 ①초승달. ②달과 해의 황경(黃經)이 같아진 때. 곧, 음력 초하루에 보이는 달.

신위(神位)圐 죽은 이의 영혼이 의지할 자리. 곧, 신주나 지방(紙榜) 같은 것.

신위(神威)圐 (어느 누구도) 감히 범할 수 없는 신(神)의 절대적인 권위.

신유(辛酉)圐 육십갑자의 쉰여덟째.

신은(神恩)圐 신의 은총.

신은(新恩)圐 지난날, 과거에 새로 급제한 사람. 신래(新來).

신음(呻吟)圐(하)闵 ①(병으로) 앓는 소리를 냄. ¶병석에서 신음하다. ②(억압 등으로) 고통에 허덕임. ¶식민 정치 아래 신음하다.

신:의(信義) [시늬/시니]圐 믿음과 의리. ¶신의를 지키다.

신의(宸意) [시늬/시니]圐 임금의 뜻. 신려(宸慮). 신지(宸旨).

신의(神意) [시늬/시니]圐 신의 뜻.

신의(神醫) [시늬/시니]圐 신묘하게 병을 잘 고치는 의원.

신의(新醫) [시늬/시니]圐 '양의(洋醫)'를 흔히 이르는 말.

신의-군(神義軍) [시늬-/시니-]圐 고려 고종 때, 최우가 몽골군에 잡혀갔다가 도망 온 사람들로 조직한 군대.

신의-설(神意說) [시늬-/시니-]圐 국가의 기초나 군주의 권력의 근원은 신의 의사에 있다고 하는 종교적인 학설.

신이(神異)圐 '신이하다'의 어근.

신-이상주의(新理想主義) [-의/-이]圐 ①자연주의·실증주의 또는 유물론적 경향에 대항하려고 한 새로운 이상주의. 19세기 초의 독일 관념론의 정신으로 돌아가 그것을 발전시키려고 한, 19세기 후반에서 20세기에 걸친 철학적·사상적 경향임. ②자연주의에 대항하여 일어난 문예 사조. 〔신비주의·신낭만주의·상징주의 등이 이에 포괄됨.〕

신이-하다(神異−)［형용］ (사람의 능력으로는 짐작조차 할 수 없을 정도로) 신기하고 이상하다.

신-익다(神−)［−닉따］［형］ 일에 경험이 많아서 신이 접한 듯이 익숙하다.

신인(信認)［명·하타］ 믿고 인정하여 의심하지 아니함.

신인(神人)［명］ ①신과 사람. ②신과 같이 거룩한 사람. ③신통력을 가진 사람.

신인(新人)［명］ ①새댁. ②어떤 분야에 새로 나서서 활동을 시작한 사람. ¶ 신인 가수. ③인간의 진화 과정에서, 현재의 인류와 같은 종류인 호모 사피엔스에 속하는 화석(化石) 인류. ②⑪신진(新進).

신인(愼人)［명］ 조선 시대, 외명부의 한 품계. 정삼품 당하관인 종친과 종삼품인 종친의 아내의 칭호.

신인-공노(神人共怒)［명·하자］ ☞천인공노.

신:인-도(信認度)［명］ 믿고 인정할 만한 정도. ¶ 국가 신인도.

신-인문주의(新人文主義)［−의/−이］［명］ 18세기 후반에, 독일에서 계몽주의의 반동으로 일어난 문학상의 주의. 〔고대 그리스의 이상을 부활시켜 인격의 완전 발달을 꾀함.〕

신-인상주의(新印象主義)［−의/−이］［명］☞점묘주의.

신-인상파(新印象派)［명］☞점묘파(點描派).

신일(申日)［명］ 일진(日辰)의 지지(地支)가 신(申)으로 된 날. 〔임신일(壬申日)·병신일(丙申日) 따위.〕 원숭이날.

신일(辛日)［명］ 일진(日辰)의 천간(天干)이 신(辛)으로 된 날. 〔신축일(辛丑日)·신묘일(辛卯日)·신사일(辛巳日) 따위.〕

신:임(信任)［명·하타］ 믿고 일을 맡김. ¶ 상사의 신임을 받다. /부하를 신임하다.

신임(新任)［명·하자·되자］ 새로 임명됨, 또는 그 사람. ¶ 신임 군수.

신:임-장(信任狀)［−짱］［명］ (어떤 나라에) 파견되는 외교 사절이 정당한 자격을 가졌음을 적은 문서. 파견하는 나라의 원수가 받아들이는 나라의 원수 앞으로 씀. ¶ 신임장을 제정하다.

신:임^투표(信任投票)［명］ ①의회가, 정부에 대한 신임 여부를 결정하기 위하여 하는 투표. ②의장이 임명한 임원에 대하여 총회나 이사회에서 신임을 묻는 투표.

신입(新入)［명·하자］ 어떤 모임이나 단체에 새로 들어옴. ¶ 신입 사원.

신입-구출(新入舊出)［−꾸−］［명·하자］ 새것이 들어오고 묵은 것이 나감.

신-입사(新入射)［−싸］［명·하자］ '활쏘기를 배우고 처음으로 사원(射員)이 되는 일'을 이르는 말.

신입-생(新入生)［−쌩］［명］ 새로 입학한 학생.

신자(臣子)［명］☞신하(臣下). ↔군부(君父).

신:자(信者)［명］ 어떤 종교를 믿는 사람. 교도(敎徒). 교인(敎人).

신자(新字)［명］ 새로 만든 글자.

신작(新作)［명·하타］ 작품 따위를 새로 만듦, 또는 그 작품. ¶ 신작 춘향전. /신작 발표회. ↔구작(舊作).

신작-로(新作路)［−장노］［명］ ①옛날의 길에 대하여, 차가 다닐 수 있는 '새로운 길'을 이르는 말. ②큰길.

신-장(−欌)［−짱］［명］ 신을 넣어 두는 장. 신발장.

신장(身長·身丈)［명］ (사람의) 키.

신장(伸長)［명·하타·되자］ 길게 늘임.

신장(伸張)［명·하자타·되자］ (물체의 크기나 세력따위가) 늘어나고 펼쳐짐, 또는 늘이고 펼침. ¶ 체력이 신장하다. /국력이 신장되다.

신장(神將)［명］ ①〈화엄신장(華嚴神將)〉의 준말. ②술가(術家)에서, 갑옷을 입고 투구를 쓴 귀신을 이르는 말.

신:장(訊杖)［명］ 지난날, 죄인을 신문할 때 매질하던 몽둥이.

신:장(腎臟)［명］ 척주(脊柱)의 양쪽에 하나씩 있는 내장(內臟)의 한 가지. 강낭콩 모양을 하고 검붉은데, 몸 안의 불필요한 물질을 오줌으로 배설하는 구실을 함. 내신(內腎). 두태(豆太). 신경(腎經). 콩팥. ②신(腎).

신장(新粧)［명·하타·되자］ 새로 단장함, 또는 그 단장.

신장(新裝)［명·하타·되자］ 설비나 외관 따위를 새롭게 꾸밈, 또는 그 꾸밈새.

신장-개업(新裝開業)［명·하자타］ 점포를 새로이 꾸며 영업을 시작함.

신:장^결석(腎臟結石)［−썩］［명］ 신장에 결석이 생기는 병. 옆구리에 심한 통증이 있고 혈뇨(血尿) 따위가 나옴. 신결석.

신장-대(神將−)［−때］［명］ 무당이 신장을 내릴 때에 손에 막대기나 나뭇가지.

신장-률(伸張率)［−뉼］［명］〔물체, 또는 정도(程度)가〕신장하는 비율.

신:장-병(腎臟病)［−뼝］［명］ 신장에 생기는 병을 통틀어 이르는 말. 〔신장염·신장 결석·신장암 따위.〕

신:장-염(腎臟炎)［−념］［명］ 신장에 생기는 염증. 단백뇨(蛋白尿)·부종(浮腫)·혈뇨(血尿) 따위가 주된 증세임. 급성·만성·위축신(萎縮腎)의 세 가지가 있음.

신:장-증(腎臟症)［−쯩］［명］☞네프로제.

신저(新著)［명］ 새로 지은 책. 새로운 저작(著作). ¶ 신저에 대한 서평.

신-적(神的)［−쩍］［관형］ 신과 같은 (것). 신에 관한 (것). ¶ 신적 존재. /신적으로 행동하다.

신-전(−廛)［명］ 신발을 파는 가게.

신전(神前)［명·하타·되자］ 벗어 나감. 펼쳐짐.

신전(神前)［명］ 신령의 앞.

신전(神殿)［명］ 신령을 모신 전각(殿閣).

신전(神田)［명］ ①새로 밭(田)이나 ②새로 산 밭.

신전(新錢)［명］ 새로 주조한 돈.

신절(臣節)［명］ 신하로서 지켜야 할 절의(節義).

신:절(愼節)［명］ 남을 높이어 그의 '병(病)'을 이르는 말.

신점(新占)［명］ (집터나 묏자리를) 새로 잡음. ¶ 지관(地官)이 신점을 하다.

신접(神接)［명·하자］ 신령이 몸에 내림.

신접(新接)［명·하자］ ①새로 살림을 차려 한 집안이 이룸. ②타향에서 새로 옮겨 와서 삶.

신접-살림(新接−)［−쌀−］［명］☞신접살이.

신접-살이(新接−)［−싸리］［명·하자］ 처음으로 차린 살림살이. 신접살림.

신:정(申正)［명］ 십이시의 신시(申時)의 한가운데. 〔하오 4시.〕

신정(新正)［명］ ①양력 설. ②양력 정월. ↔구정.

신정(新政)［명］ 새로운 정치나 정령(政令).

신정(新訂)［명·하타］ (책 따위의 내용을) 새롭게 고침. ¶ 신정 국사(國史).

신정(新情)［명］ 새로 사귄 정.

신제(新制)［명］ (특히, 교육 제도 따위에서의) 새로운 제도. ¶ 신제 중학교. ↔구제(舊制).

신제(新帝)［명］ 새로 즉위한 황제.

신제(新製)명하타되자 새로 제작함, 또는 그 물건.
신-제품(新製品)명 새로 만든 물건.
신:조(信條)명 ①교회가 공인하여 신자에게 믿게 하는 교의(敎義). ②굳게 믿어 지키고 있는 생각. ¶약속 시간을 지키는 것이 그의 신조다.
신조(神助)명 신의 도움.
신조(神造)명 신이 만든 것.
신조(新造)명하타 새로 만듦.
신조(新調)명 ①새로운 음조(音調). ②하타새로 장만함. 특히, 의복 따위를 새로 맞춤.
신종(臣從)명하자 신하로서 임금을 섬김, 또는 그 신하.
신:종(信從)명하타 믿고 따름.
신종(新種)명 ①(이제까지 없었던) 새로운 종류. ¶신종 예금. ②새로 발견되었거나 새로 개량된 생물의 종(種).
신:종(愼終)명하자 ①끝을 신중히 함. ②상제(喪制)가 기복(忌服) 따위를 정중히 함.
신종^기업^어음(新種企業-)명 기업이 단기 자금을 조달하기 위해 발행하는 어음. 자금의 수급 사정에 따라, 금리를 자율적으로 결정함. 시피(CP)2.
신좌(申坐)명 (집터나 묏자리 따위가) 신방(申方)을 등진 좌향, 또는 그런 자리.
신좌(辛坐)명 (집터나 묏자리 따위가) 신방(辛方)을 등진 좌향, 또는 그런 자리.
신좌-을향(辛坐乙向)명 (집터나 묏자리 따위가) 신방(辛方)을 등지고 을방(乙方)을 향한 좌향.
신좌-인향(申坐寅向)명 (집터나 묏자리 따위가) 신방(申方)을 등지고 인방(寅方)을 향한 좌향.
신주(神主)명 죽은 이의 위패(位牌). 〔대개 밤나무로 만듦.〕 사판(祠板).
  신주 모시듯관용 '몹시 소중히 정성스럽게 다루는 모양'을 비유하여 이르는 말.
신주(神酒)명 신령에게 올리는 술.
신주(新株)명 주식회사가 자본을 늘리기 위하여 새로 발행하는 주식. ↔구주(舊株).
신주(新註·新注)명 새로운 주석(註釋).
신주(新鑄)명하타 (활자·돈 따위를) 새로 주조함.
신주-보(神主褓)[-뽀]명 ☞독보(櫝褓).
신주-양자(神主養子)명하타 죽은 사람을 양자로 삼아 그 자손으로 하여금 대를 잇게 하는 일. 백골양자. 사당양자.
신주-치레(神主-)명하타 높은 벼슬 이름이 쓰인 신주를 특별히 융숭하게 모시는 일.
  신주치레하다가 제(祭) 못 지낸다속담 '겉치레만 하다가 정작 해야 할 일을 못함'을 비유하여 이르는 말.
신줏-단지(神主-)[-주딴-/-줃딴-]명 신주를 모시는 그릇. 보통 장손의 집에서 항아리나 대바구니에 조상의 이름을 써 넣어 안방의 시렁 위에 모셔 둠.
신-중(-僧)명 '여승(女僧)'을 흔히 이르는 말.
신:중(愼重)명하타 매우 조심성이 있음. ¶신중한 결정. 신중-히甼.
신-중상주의(新重商主義)[-의/-이]명 19세기 말에 나타난 보호 무역주의 국가의 경제 간섭 정책. 독점 자본 정책인 점이 중상주의와 다름.
신중-절(僧-)명 '승방(僧房)'을 흔히 이르는 말.
신:증(信證)명 믿을 만한 증거.
신지(宸旨)명 임금의 뜻. 신의(宸意).
신지(神智)명 영묘한 지혜.
신지(臣智)명 삼한의 여러 부족 국가 가운데 큰 읍락의 군장(君長)이 이르던 말.
신:지무의(信之無疑)[-의/-이]명하타 꼭 믿고 의심하지 아니함.

신-지식(新知識)명 진보된 새로운 지식.
신진(新陳)명 새것과 묵은 것.
신진(新進)명하자 ①(어떤 분야에) 새로 나아감, 또는 그 사람. ¶신진 작가. ②새로 벼슬에 오름.
신진-대사(新陳代謝)명 물질대사.
신-짚[-찝]명 짚신을 삼기 위하여 추려 놓은 짚. *신짚이[-찌피]·신짚만[-찜-]
신-짝명 ①신의 한 짝. ②〈신〉의 속된 말. ¶신짝을 직직 끌고 다닌다.
신찐-나무명 베틀의 용두머리 중간에 박아 눈썹대와 반대되는 방향으로 맞춘 굽은 나무. 베틀신대. 신대. 신초리.
신찐-줄명 신찐나무 끝에 매어 놓은 끈. 베틀신끈.
신착(新着)명하자 물건 따위가 새로 도착함, 또는 그 물건.
신-착립(新着笠)[-창닙]명하자 지난날, 관례를 마친 뒤 나이가 더 들어서 초립 대신 처음으로 검은 갓을 쓰던 일.
신찬(神饌)명 신령에게 올리는 음식물.
신찬(新撰)명하타 새로 책을 찬수(撰修)함, 또는 새로 찬수한 그 책.
신참(新參)명하자 ①새로 들어옴, 또는 그 사람. ↔고참(古參). ②새로 벼슬한 사람이 처음으로 관청에 들어감.
신-창명 신바닥에 댄 창.
신채(神采)명 ①정신과 풍채. ②뛰어나게 훌륭한 풍채.
신책(神策)명 신묘한 계책.
신:-천옹(信天翁)명 신천옹과의 새. 몸길이 90cm가량임. 몸빛은 희고, 첫째 날개깃은 검으며 부리는 분홍색임. 몸은 크고 살이 쪘으며 편 날개의 길이가 2~3m에 이름. 일본 이즈 제도(諸島)의 도리시마 섬에만 분포함.
신-천지(新天地)명 ①새로운 세상. ②앞으로 개척해 나갈 세계.
신철(伸鐵)명 강철 부스러기를 가열·압연(壓延)한 강철.
신첩(臣妾)대 임금에게 대하여 여자가 스스로를 일컫던 말. 〔주로, 왕비가 썼음.〕
신청(申請)명하타되자 (관계 기관이나 관계 부서 등에 대하여) 어떤 일을 해 주거나 어떤 물건을 내줄 것을 청구하거나 일, 또는 청구하기 위해 의사 표시를 하는 일. ¶등본 발급 신청. /여권 발급을 신청하다.
신:청(信聽)명하타 곧이들음.
신청(神廳)명 무당이 도를 닦는 곳.
신청부-같다[-간따]형 ①근심 걱정이 많아 사소한 일은 좀처럼 돌아볼 겨를이 없다. ②사물이 너무 적거나 시시하여 마음에 차지 않다.
신-청주(新淸酒)명 햇곡식으로 새로 빚은 맑은 술.
신체(身體)명 사람의 몸. ¶건강한 신체.
신체(神體)명 신령의 상징소로서 예배의 대상이 되는 물체.
신체(新體)명 새로운 체재(體裁) 또는 형식.
신체-검사(身體檢査)명하자 ①신체의 발육 상태나 건강 상태를 검사하는 일. 준신검(身檢). ②하타학교의 학생 또는 범죄 용의자 따위의 소지품이나 복장 등을 검사하는 일.
신체-권(身體權)[-꿘]명 사람이 불법으로 그 신체에 상해(傷害)를 입지 않을 권리. 근대 국가에서 인정되고 있는 인권의 한 가지임.
신체발부(身體髮膚)〔사람의 몸과 머리털과 피부란 뜻으로〕 몸. 몸 전체. 온몸. ¶신체발부를 온전히 하는 것이 효도의 시초이다.

신체-시(新體詩)**명** 갑오개혁 이후에 서구시(西歐詩)의 영향을 받은 새로운 형식의 시. 창가와 현대시 사이의 과도기적인 시로, 개화사상이 그 주된 주제였으며, 창가의 음수율인 3·4조 또는 4·4조를 그 기본 율조로 삼았음. 〔대개, 최남선(崔南善)의 '해(海)에게서 소년에게'를 그 효시로 봄.〕신시.

신-체제(新體制)**명** 개혁으로 새로이 조직된 질서. 새로운 사회 체제.

신체조(新體操)**명** ⇨리듬 체조.

신체-형(身體刑)**명** 죄인의 신체에 고통을 주는 형벌. 태형(笞刑) 따위.

신초(申初)**명** 십이시(十二時)의 신시(申時)의 처음. 〔하오 3시가 막 지난 무렵.〕

신초(辛楚)**명** 괴로움.

신초(神草)**명** 〔신령스러운 풀이라는 뜻으로〕 '산삼(山蔘)'을 이르는 말.

신초(新草)**명** 그해에 새로 난 담배. 햇담배.

신-초리목 ⇨신쩐나무.

신-총(—)**명** 짚신이나 미투리의 총.

신추(新秋)**명** ①초가을. ②'음력 칠월'을 달리 이르는 말. ②오추(梧秋)·초추(初秋).

신축(辛丑)**명** 육십갑자의 서른여덟째.

신축(伸縮)**명하다타** 늘고 줄임. 늘임과 줄임.

신축(新築)**명하다타되자** 새로 축조하거나 건축함. ¶사옥을 신축하다.

신축-성(伸縮性)[—썽]**명** ①물체가 늘어나고 줄어드는 성질. ②일의 형편에 따라 적절하게 대처할 수 있는 성질. ¶신축성 있는 외교 정책.

신축-자재(伸縮自在)[—짜—]**명하다형** 〔마음대로 늘었다 줄었다 한다는 뜻으로〕 조건과 환경에 맞게 움직이는 것이 여유가 있고 구속이 없음을 이르는 말.

신축-적(伸縮的)[—쩍]**관명** ①물체가 늘어나고 줄어드는 (것). ②일의 형편에 따라 적절하게 대처할 수 있는 (것). ¶신축적 통화 공급. /시장 개방 압력에 신축적으로 대응하다.

신춘(新春)**명** ①새봄. ②새해.

신춘-문예(新春文藝)**명** 매해 봄마다 신문사에서 아마추어 작가들을 대상으로 벌이는 문예 경연 대회.

신출(新出)**명** ①하자 새로 나옴, 또는 그 사람이나 물건. ②ⅼ말물. 참초출(初出).

신출-귀몰(神出鬼沒)**명하자** 귀신처럼 자유자재로 나타났다 사라졌다 함.

신출-내기(新出—)[—래—]**명** 어떤 방면에 처음으로 나서서 아직 익숙하지 못한 사람.

신충(臣忠)**명** 신하로서의 충성심.

신칙(申飭)**명하자타** 단단히 타일러 삼가게 함.

신친(神親)**명** 가톨릭에서, 대부모(代父母)와 대자녀(子女)의 친권(親權)을 이르는 말.

신친담지(身親當之)**명** 몸소 맡아서 함.

신-칸트학파(新Kant學派)**명** 19세기 후반부터 20세기 초까지의 독일에서, 칸트의 비판주의를 부흥하려던 철학의 학파.

신-코(—)**명** 신의 앞쪽 끝의 뾰족한 부분.

신ː탁(信託)**명하타** ①신용하여 맡김. ②현금이나 부동산을 남에게 넘기어 관리나 처분을 맡기는 일.

신탁(神託)**명** 신이 사람을 매개자로 하여 그의 의사를 나타내거나 물음에 대답하는 일. 곧, 신의 명령이나 응답. 선탁(宣託). 탁선(託宣).

신ː탁^사ː업(信託事業)[—싸—]**명** 신탁 재산의 관리·중개·처분 등을 영업으로 하는 사업.

신ː탁^통ː치(信託統治)**명** 국제 연합의 신탁을

받은 나라가, 국제 연합의 감독 아래 일정한 지역을 통치하는 일.

신ː탁^통ː치^이ː사회(信託統治理事會)[—회/—훼]**명** 국제 연합의 주요 기관의 하나. 신탁 통치 지역에 대한 여러 가지 문제를 맡아서 처리하는 기관.

신ː탁^회ː사(信託會社)[—타회—/—타훼—]**명** 신탁 사업을 영업으로 하는 회사.

신탄(薪炭)**명** 땔나무와 숯. 시탄(柴炭).

신토불이(身土不二)**명** 〔몸과 땅은 둘이 아니고 하나라는 뜻으로〕 자기가 사는 땅에서 산출된 농산물이 체질에 잘 맞는다는 말.

신통(神通)**명** ⇨신통력.

신통(神通)² '신통하다'의 어근.

신통-력(神通力)[—녁]**명** 보통 사람이 할 수 없는 일을 마음대로 하는 영묘한 힘. 통력. 신통.

신통-스럽다(神通—)[—따]〔—스러우니·—스러워〕**형비** 보기에 신통한 데가 있다. 신통스레**부**.

신통-하다(神通—)**형여** ①점이나 약효 따위가 아주 영묘(靈妙)하다. ¶족집게처럼 신통하다. ②대견하고 훌륭하다. ¶그 어려운 일을 해내다니, 참으로 신통하다. ③마음에 들게 싹싹하다. ¶어린것이 아주 신통하다. 신통-히**부**.

신-트림(腎—)**명하자** 신물이나 시큼한 냄새가 목구멍으로 나오는 트림.

신-틀(—)**명** 미투리나 짚신을 삼을 때 실날을 걸어 놓는 틀.

신틸레이션^계수관(scintillation計數管)[—계—/—게—]**명** 방사선을 측정하는 계수관의 한 가지. 방사선이 형광체에 닿아서 내는 섬광을 증폭시킨 다음, 전기 신호로 에너지를 계측하는 장치. 섬광 계수기.

신파(新派)**명** ①새로운 유파. ↔구파. ②〈신파 연극〉의 준말.

신파-극(新派劇)**명** 〈신파 연극〉의 준말.

신파^연ː극(新派演劇)**명** 창가와 신극의 과도기적인 역할을 한 새로운 형식의 연극. 1910년대에는 개화사상이 그 주된 주제였으나, 1930년대에는 세상 풍속과 인정 비화 등 통속적인 내용을 다루었음. ②신파·신파극.

신판(新版)**명** ①전에 출판했던 책의 내용이나 체재를 새롭게 하여 출판한 책. ↔구판(舊版). ②지난날에 있었던 과거와 비슷한 사실이나 인물·작품 따위를 비유하여 이르는 말. ¶신판 홍길동. /신판 봉이 김선달.

신:편(信便)**명** 믿을 만한 인편(人便).

신편(新編)**명** 새로운 편집, 또는 새로 편집한 책.

신포(身布)**명** 조선 시대에, 병역이나 부역을 해야 할 평민의 장정이 그것을 치르지 않는 대신에 바치던 무명이나 삼베.

신ː표(信標)**명** 뒷날에 보고 표적이 되게 하기 위해서 서로 주고받는 물건.

신-풀이(神—)**명** 귀신들린 사람을 위하여 하는 푸닥거리.

신-풀이(—)**명하타** 논을 새로 푸는 일, 또는 새로 푸는 그 논.

신품(神品)**명** ①신처럼 거룩한 품위. ②사람의 것으로는 생각할 수 없을 정도의 뛰어난 작품. ③⇨신품 성사.

신품(新品)**명** 새 물품. 새 제품.

신품^성ː사(神品聖事)**명** 가톨릭에서 이르는 칠성사(七聖事)의 하나. 신부가 될 부제가 주교로부터 받는 성사. 성품 성사. 신품(神品).

신풍(新風)**명** 새로운 방식. 새로운 풍조.

신필(神筆)**명** 아주 뛰어난 글씨.

신하(臣下)圓 임금을 섬기어 벼슬하는 사람. 신복(臣僕). 신자(臣子). 인신(人臣). ⊕신(臣).

신하(新荷)圓 새로 들어온 물품.

신하-신(臣下臣)圓 한자 부수의 한 가지. '臥'·'臨' 등에서의 '臣'의 이름.

신학(神學)圓 기독교의 교리나 신앙에 대하여 체계적·역사적·실천적으로 연구하는 학문.

신학(新學)圓 〈신학문〉의 준말.

신학-과(神學科)[-꽈]圓 대학에서, 신학을 연구하는 학과.

신학-교(神學校)[-꾜]圓 기독교의 교리를 가르치어 교역자(敎役者)를 양성하는 학교.

신-학기(新學期)[-끼]圓 새로 시작되는 학기.

신-학문(新學問)[-항-]圓 〈종래의 한문에 대하여〉 개화기에 서양에서 들어온 새로운 학문을 이르는 말. ⊕신학. ↔구학문.

신학^삼덕(神學三德)[-쌈-]圓 기독교에서 이르는 세 가지의 덕. 곧, 믿음·소망·사랑.

신해(辛亥)圓 육십갑자의 마흔여덟째.

신행(新行)圓하자 ▷혼행(婚行).

신향(新鄕)圓 지난날, 타향에서 새로 이사 온 향족(鄕族)을 이르던 말.

신-허(腎虛)圓하자 한방에서, 하초(下焦)가 허약한 병을 이르는 말. [몸이 노곤하고, 식은땀이 나며 정수(精水)가 흐름.]

신험(神驗)圓 신통한 영험.

신-헤겔학파(新Hegel學派)圓 19세기 독일의 헤겔학파가 붕괴된 이후, 20세기에 들어와 전 세계에서 헤겔 철학의 부흥을 꾀하던 학파.

신혈(新穴)圓 광물을 캐내다가 새로 발견한 광맥(鑛脈).

신혈(을) 뜨다관용 신혈을 발견하다.

신혈(을) 먹다관용 신혈로 큰 이익을 보다.

신형(新型)圓 〈이전 것과 다른〉 새로운 형틀 또는 본새. ¶신형 자동차. ↔구형(舊型).

신-호(信號)圓하자타 소리·색깔·빛·모양 따위의 일정한 부호에 의하여 의사를 전하는 일, 또는 그 부호. [교통 신호 따위.]

신호(新戶)圓 새로이 호적에 오른 가구(家口).

신-호-기(信號旗)圓 신호하는 데 쓰이는 기.

신-호-기(信號機)圓 도로 교통의 안전을 위하여 신호를 내보내는 장치를 통틀어 이르는 말.

신-호-나팔(信號喇叭)圓 군대에서, 기상·식사·집합·행진·돌격·취침 등의 신호로 부는 나팔.

신-호-등(信號燈)圓 일정한 신호를 알리는 등불.

신-호-수(信號手)圓 신호하는 일을 맡아보는 사람.

신-호-탄(信號彈)圓 군대에서 신호로서 쏘는 탄환(彈丸). 터지면 색깔 있는 강렬한 빛이나 연기를 냄.

신혼(神魂)圓 정신과 혼령.

신혼(晨昏)圓 새벽과 해질녘.

신혼(新婚)圓하자 갓 혼인함. ¶신혼 생활.

신혼-부부(新婚夫婦)圓 갓 결혼한 부부.

신혼-여행(新婚旅行)[-녀-]圓 신혼부부가 함께 가는 여행. 밀월여행.

신화(神化)圓하자 신(神)이 됨.

신화(神火)圓 ①사람의 힘으로는 알 수 없는 불가사의한 불. ②도깨비불.

신화(神話)圓 ①설화의 한 가지. 국가의 기원이나 신의 사적(事績), 유사 이전의 민족사 등의 신성한 이야기로, 민족적인 범위에서 전승되는 것이 특징임. ②(이제까지, 또는 오랜 세월에 걸쳐) 많은 사람이 절대적인 것으로 믿고 있는 일. ¶20세기의 신화에 등장한 컴퓨터.

신화-시대(神話時代)圓 역사 시대 이전의, 신화에만 남아 있는 시대.

신화-학(神話學)圓 신화의 채집·기원·성립·분포·의의 등을 연구 대상으로 하는 학문.

신환(新患)圓 ①(병원에) 새로 온 환자. ②(어떤 병에) 새로 걸린 환자.

신효(神效)圓하영 신통한 효험.

신후(申後)圓 신시(申時)가 지난 뒤. [오후 5시가 지난 뒤.]

신후(身後)圓 ▷사후(死後).

신후(信厚)圓 '신후하다'의 어근.

신:후(愼候)圓 병중(病中)에 있는 웃어른의 안부. ¶신후를 여쭙다.

신-후리멍[강원도 통천(通川) 지방에서] '고등어잡이에 쓰는 후릿그물'을 이르는 말.

신후-사(身後事)圓 [죽은 뒤의 일이라는 뜻으로] 장사(葬事)를 지내는 일.

신후지계(身後之計)[-게/-게]圓 사후의 계책. 죽은 뒤의 자손을 위한 계책.

신후지지(身後之地)圓 살아 있을 때 미리 잡아 둔 묏자리.

신:후-하다(信厚-)혐영 미덥고 후덕하다.

신흥(新興)圓하자 (어떤 사회적 현상이나 사실이) 새로 일어남. ¶신흥 세력. /신흥 재벌.

신흥^계급(新興階級)[-께/-/-게-]圓 사회 정세나 재계(財界)의 변동에 따라 갑자기 경제 상태가 넉넉하게 된 계급.

신흥^문학(新興文學)圓 제1차 세계 대전 이후에 새로 일어난, 프롤레타리아 문학·미래파·초현실파 따위의 문학 유파를 통틀어 이르는 말.

신흥^종교(新興宗敎)圓 (기성 종교에 대하여) 새로 일어난 종교를 이르는 말.

신희(新禧)[-히]圓 새해의 복.

실옛 신나무. ¶싣:楓(訓解). /프른 싣나모(杜初21:18).

싣나모옛 신나무. ¶프른 싣나모 서리예 벼개예 굽스러셔(杜初21:18).

싣:다[-따](실으니·실어)타ㄷ ①물건을 나르기 위해 배나 차·수레·짐승의 등 따위에 얹다. ¶이삿짐을 싣다. ②(사람이 어떤 곳을 가기 위하여) 차·배·비행기 따위에 탈것에 오르다. ¶막차에 몸을 싣고 떠났다. ③출판물에 글이나 그림 따위를 내다. ¶잡지에 소설을 싣다. ④보(洑)나 논에 물이 괴게 하다.

실圓 고치·솜·삼 따위를 길고 가늘게 자아내어 꼰 것. 바느질·편물·직물·자수 따위에 쓰임.

실 엉킨 것은 풀어도 노 엉킨 것은 못 푼다속담 잔일은 쉽게 해결할 수 있어도 큰일은 좀처럼 해결하기 어렵다는 말.

실(失)圓 ①손실. 손해. ¶득(得)보다 실이 많다. ②노름판에서 잃은 돈.

실(室)¹ Ⅰ圓 관청·회사 등에 딸린 부서의 한 가지. Ⅱ의 ①어떤 기관에 딸린 부서를 나타내는 단위. ¶2부 3실로 운영되는 기관. ②객실(客室) 따위의 수를 나타내는 단위. 방(房)¹. ¶200 실을 가진 호텔.

실(室)² 圓 〈실성(室星)〉의 준말.

실(實)圓 내용. 실질. ¶겉보기엔 그래도 실은 알차다. /명분보다 실을 택하다.

실-접두 (일부 명사 앞에 붙어) '가느다란'·'썩 작은'·'엷은' 의 뜻을 나타냄. ¶실비. /실고추. /실버들.

-실(室)접미 ①(일부 명사 뒤에 붙어) 일정한 목적에 쓰이는 '방'의 뜻을 나타냄. ¶연구

실. /자료실. /회의실. ②'사무 부서'의 뜻을 나타냄. ¶기획실. /홍보실.

실가(室家)[명] 집. 가정(家庭).

실가(實家)[명] ①자기가 태어난 집. 생가(生家). ②민법에서, 혼인을 하거나 양자가 되어 다른 집에 들어간 사람의 친정이나 생가를 이르는 말. ②친가.

실가(實價)[-까][명] ①실제의 값. ②에누리 없는 값.

실-가지[명] 실처럼 아주 가느다란 나뭇가지.

실가지락(室家之樂)[명] 부부 사이의 화락.

실각(失脚)[명][하자] ①발을 헛디딤. 실족(失足). ②[되자] 실패하여 지위나 설자리를 잃음. ¶추문으로 실각하다.

실각-성(失脚星)[-썽][명] 전에는 있었다고 하나 지금은 찾아볼 수 없게 된 별.

실감(實感)[명][하타] ①실제로 대하고 있는 것처럼 느낌, 또는 그 감정. ¶실감 나게 연기하다. ②실제로 대하거나 체험한 느낌, 또는 그 감정. ¶고충을 실감하다.

실:-개[감때] 실을 감아 두는 물건.

실:-개울[명] 폭이 아주 좁은 개울.

실:-개천(-川)[명] 폭이 좁은 개천. 소류(小流).

실격(失格)[-껵][명][하자][되자] ①격식에 맞지 않음. ②(기준 미달이나 규칙 위반 따위로) 자격을 잃음. ¶실격을 당하다. /연령 미달로 실격되다.

실경(實景)[명] 실제의 경치, 또는 광경. 진경(眞景).

실계(失計)[-계/-게][명] ☞실책(失策).

실:-고사리[명] 실고사릿과의 다년초. 남부 지방의 산기슭에서 자라는 덩굴식물. 뿌리는 가로 벋고 잎은 잎자루가 원줄기처럼 되어 다른 물체를 감아 올라가면서 2m가량 자람. 포자는 한방에서 '해금사(海金沙)'라 하여 임질에 약으로 씀. 해금사.

실:-고추[명] 실처럼 가늘게 썬 고추. [주로, 고명으로 씀.]묘채고추.

실:-골목[명] 폭이 썩 좁고 긴 골목.

실공(實功)[명] 실제의 공적.

실과(實果)[명] 먹을 수 있는 초목(草木)의 열매를 통틀어 이르는 말. 과실.

실과(實科)[-꽈][명] ①실제로 필요한 것을 주로 한 교과. ②예전에, 초등학교 교과목의 한 가지. 일상생활에 필요한 기초 지식과 기능의 부여를 주된 내용으로 함.

실과-즙(實果汁)[명] ☞과실즙.

실:-구름[명] 실처럼 가늘고 긴 모양의 구름.

실:-국수[-쑤][명] 발을 가늘게 뽑아낸 국수. 사면(絲麵). 세면(細麵).

실:-굽[명] 그릇의 밑바닥 밖으로 죽 둘러 있는 가는 받침.

실굽-달이[-따리][명] 실굽이 달려 있는 그릇을 통틀어 이르는 말.

실궁(實弓)[명] (활의 세기에서) 강궁보다는 무르고 실중힘보다는 센 등급의 각궁.

실권(失權)[-꿘][명][하자][되자] 권리나 권세를 잃음. ¶실권한 가문.

실권(實權)[-꿘][명] 실제로 행사할 수 있는 권리나 권세. ¶실권을 잡다. 실권을 장악하다.

실권^약관(失權約款)[-꿘냑꽌][명] 채무자가 채무 이행을 하지 않을 경우에 채권자의 특별한 의사 표시가 없어도 당연히 채무자는 계약상의 모든 권리를 잃는다는 뜻을 계약에 덧붙여 정하는 약관.

실권-주(失權株)[-꿘-][명] 신주 인수권자가 청

약 기일까지 청약하지 않거나 납입일에 돈을 내지 않아 인수되지 않은 주식.

실그러-뜨리다[타] 실그러지게 하다. 실그러트리다. ¶애써 쌓은 기왓장을 실그러뜨리다. 잘샐그러뜨리다. 쎈씰그러뜨리다.

실그러-지다[자] (물체가) 한쪽으로 비뚤어지거나 기울어지다. 잘샐그러지다. 쎈씰그러지다.

실그러-트리다[타] 실그러뜨리다. 잘샐그러트리다. 쎈씰그러트리다.

실:-그물[명] 애기누에의 똥을 가릴 때 쓰는 그물. 실잠망.

실근(實根)[명] 대수 방정식의 근 가운데 실수(實數)인 근. ↔허근(虛根).

실:-금[명] ①그릇 따위에 생긴 가는 금. ②가늘게 그은 금.

실금(失禁)[명][하자] 대소변을 참지 못하고 쌈.

실긋[-귿][부][하자타] (물체가) 한쪽으로 기울어지는 모양. 잘샐긋. 쎈씰긋. **실긋-하다**[하자타].

실긋-거리다[-귿꺼-][자타] 자꾸 실긋실긋하다. 실긋대다. 잘샐긋거리다. 쎈씰긋거리다.

실긋-대다[-귿때-][자타] 실긋거리다.

실긋-하다[-귿-][형어] (물건이) 한쪽으로 조금 기울어져 있다. 잘샐긋하다·샐긋하다. 쎈씰긋하다. **실긋-이**[부].

실기(失期)[명][하자] 시기를 놓침.

실기(失機)[명][하자] 좋은 기회를 놓침.

실기(實技)[명] 실제의 기능이나 기술.

실기(實記)[명] 사실을 있는 그대로 적은 기록.

실기죽[부][하자타] (어떤 물체가) 한쪽으로 천천히 기울어지는 모양. 잘샐기죽. 쎈씰기죽. **실기죽-거리다**[자타].

실기죽-거리다[-꺼-][자타] 자꾸 실기죽실기죽하다. 실기죽대다. 잘샐기죽거리다. 쎈씰기죽거리다.

실기죽-대다[-때-][자타] 실기죽거리다.

실기죽-샐기죽[-쌜-][부][하자타] 실기죽거리고 샐기죽거리는 모양. 잘샐기죽샐기죽.

실:-꾸리[명] 둥그렇게 감아 놓은 실몽당이.

실-꾼(實-)[명] 그 일을 능히 해낼 만한 일꾼.

실:-끝-매기[-끈-][명] 실마리를 한번 찾아 풀수 있도록 실을 감을 때에 실의 처음과 끝을 매어 두는 일.

실:-날[-랄][명] 실의 올. 가는 실오리. * 실:날이[-라치]·실:날을[-라틀]·실:날만[-란-]

실:날-같다[-랄깓따][형] ①아주 작고 가늘다. ¶실날같은 눈썹. ②(목숨이나 희망 따위가) 자칫하면 끊어질 것 같다. ¶실날같은 희망. **실날같-이**[부].

실내(室內)[-래][명] ①방 안. 집 안. ¶실내 수영장. ↔실외. ②남의 '아내'를 점잖게 이르는 말. ¶김 선생님의 실내께서는 요리 솜씨가 좋기로 소문이 나 있다.

실내-등(室內燈)[-래-][명] 실내에 켜는 등.

실내-마님(室內-)[-래-][명] '남의 아내'를 높이어 이르는 말.

실내-복(室內服)[-래-][명] 실내에서 입는 옷.

실내-악(室內樂)[-래-][명] 〈실내 음악〉의 준말.

실내^유희(室內遊戲)[-래-히][명] 방 안에서 하며 즐기는 놀이. [장기·바둑 따위].

실내^음악(室內音樂)[-래-][명] 방 안이나 작은 집회실 등에서 적은 인원으로 연주하기에 알맞은 기악 합주곡. ⑤실내악.

실내^장식(室內裝飾)[-래-][명] 건축물의 내부를 그 쓰임에 따라 아름답게 꾸미는 일.

실내-화(室內靴)[-래-][명] 실내에서 신는 신발.

실념(失念) [-렴][명][하타] 기억하고 있던 일을 깜박 잊음.

실념-론(實念論) [-렴논][명] 실재론의 한 가지로, 보편적 개념은 주관적 추상이 아니고 실재하는 객관적 존재라고 주장하는 학설. 개념 실재론. ☞유명론(唯名論).

실농(失農) [-롱][명][하자] ①농사지을 시기를 놓침. ②농사에 실패함. ③☞폐농(廢農).

실-농가(實農家) [-롱-][명] ☞실농군(實農軍).

실-농군(實農軍) [-롱-][명] ①농사를 잘 짓는 착실한 농군. ②실지로 농사지을 힘이 있는 사람. 실농가(實農家).

실-눈 [-룬][명] ①가늘고 긴 눈. ②가늘게 뜬 눈. ¶실눈을 뜨고 먼 산을 바라보다.

실다타 [옛] 시름겨워하다.

실달다(悉達多←Siddhārtha 범) [-딸따][명] '싯다르타'의 한자음 표기.

실담(失談) [-땀][명] 실수로 잘못한 말.

실담(悉曇) [-땀][명] 〈실담 자모〉의 준말.

실담(實談) [-땀][명] ①실제로 있었던 이야기. ②[하자] 거짓이 없는 말, 또는 사실대로 말함.

실담^자모(悉曇字母) [-땀-][명] 산스크리트의 자모. (자음 35자, 모음 12자로 이루어짐.) ㉣실담.

실-답다(實-) [-따] [~다우니·~다워][형][어] 진실하고 미덥다. 꾸밈이나 거짓이 없이 참되다. ¶실다운 젊은이. /실답지 않은 말.

실당(失當) [-땅][명][하자] 도리에 어그러짐. 이치에 어긋남.

실-대패 실처럼 가늘게 깎아 내는 작은 대패.

실덕(失德) [-떡][명] ①[하자] 덕망을 잃음. ②점잖은 사람의 허물.

실덕(實德) [-떡][명] 실제로 보람이 있는 은덕.

실-도랑 [명] 폭이 아주 좁은, 작은 도랑.

실독-증(失讀症) [-똑쯩][명] 실어증(失語症)의 한 가지. 지능이나 발성 기관에는 아무런 장애가 없으나 글을 읽을 수 없게 되는 병적 상태.

실동-률(實動率) [-똥뉼][명] 연간 일수에 대한, 기계나 설비를 사용한 일수의 비율.

실-뒤 [명] 집을 짓고 남은 뒷마당.

실득(實得) [-뜩][명][하자] 실제로 얻은 것.

실떡-거리다 [-꺼-][자] 자꾸 실떡실떡하다. 실떡대다. ¶채신머리없이 자꾸 실떡거리지 마라.

실떡-대다 [-때-][자] 실떡거리다.

실떡-실떡 [-씰-][부] 실실 웃으며 실없는 말을 자꾸 하는 모양.

실뚱머룩-하다 [-루카-][형][어] 탐탁스럽지 않아서 마음에 내키지 아니하다. ¶뚜쌀을 보라는 말에 실뚱머룩해 있다. **실뚱머룩-이**[부].

실-뜨기 [명][하자] 실의 양쪽 끝을 마주 매어 두 손에 건 다음, 양쪽 손가락을 얼기설기 얽어 가지고 두 사람이 주고받고 하면서 여러 가지 모양을 만드는 놀이.

실-띠 [명] 실을 꼬아 만든 띠.

실랑이 [명][하자] 〈실랑이질〉의 준말.

실랑이-질 [명][하자] ①남을 못 견디게 굴어 시달리게 하는 짓. ②서로 옥신각신하는 짓. ③승강이. ㉣실랑이.

실-러캔스(coelacanth) [명] 실러캔스목의 바닷물고기. 몸길이 1.5 m가량. 몸빛은 청갈색. 고생대에서 백악기에 걸쳐 살았던 물고기로 알려져 있었는데, 1938년에 남아프리카 공화국의 동해안에서 발견됨. 원시적인 신체 구조로, 살아 있는 화석이라 불림.

실력(實力) [-력][명] ①실제로 일을 해낼 수 있는 능력. ¶어학 실력. /실력을 발휘하다. /실력이 좋

다. ②무력(武力). 완력. ¶실력을 행사하다.

실력-굿 [-끝][명] 집안이 편안하게 하여 달라고 삼 년에 한 번씩 하는 굿. ✻실력굿이[-꾸시]·실력굿만[-꾼-]

실력-다짐(實力-) [-따-][명][하자] ①실력을 더욱 튼튼하게 함. ②실력으로 남을 복종시킴, 또는 그렇게 하는 행위.

실력-범(實力犯) [-뻠][명] ☞강력범(強力犯).

실력-자(實力者) [-짜][명] ①실력이 있는 사람. ②어떤 사회·단체 안에서, 실제의 권력이나 역량을 가지고 있는 사람. ¶정계의 실력자.

실력^행사(實力行使) [-려쌍-][명] ①어떤 일을 이루기 위해 완력이나 무력 따위를 쓰는 일. ②노동 쟁의의 한 형태로 파업 따위를 하는 일.

실-련(失戀) [실련][명] 〈실연(失戀)〉의 본딧말.

실례(失禮) [명][하자][되자] 언행이 예의에 벗어남, 또는 그런 언행. 결례(缺禮). 실수. ¶실례를 범하다.

실례(實例) [명] 구체적인 실제의 예. ¶실례를 들어 설명하다.

실-로(失路) [명][하자] 길을 잃음.

실-로(實-) [부] 참으로. ¶실로 어이없는 일이다.

실로폰(xylophone) [명] 타악기의 한 가지. 대(臺) 위에 길고 짧음과 두껍고 얇음에 따라 음계(音階)를 조율한 나무토막을 벌여 놓고, 두 개의 채로 쳐서 소리를 냄. 목금(木琴).

실록(實錄) [명] ①어떤 사실을 있는 그대로 적은 기록. ¶제1차 세계 대전 실록. ②한 임금의 재위 동안의 사적을 편년체로 기록한 것. ¶조선 왕조 실록. ㉳일기(日記). ③〈실록물〉의 준말.

실록-물(實錄物) [-룽-][명] 어떤 사실에 공상을 섞어서 그럴듯하게 꾸민 흥미 본위의 소설. ㉣실록.

실록-자(實錄字) [-짜][명] 조선 현종 9(1668)년에, 역대의 실록을 박기 위하여 만든 구리 활자.

실루리아-기(←Silurian紀) [명] 고생대(古生代) 가운데 오르도비스기의 다음, 데본기의 앞 시대. 지질은 석회암·사암 등으로 되었고, 산호나 극피동물 등이 살았음. 고틀란드기.

실루엣(silhouette 프)[명] [본디 초상화를 검은빛으로만 그렸다는 데서 온 말로] ①윤곽 안을 검은빛으로만 그린 그림. ②그림자 그림으로만 표현한 영화. 장면. ¶실루엣 기법을 잘 살린 만화 영화. ③복식(服飾)에서, 옷의 전체적인 외형을 이르는 말. ¶우아한 실루엣의 이브닝 드레스.

실룩 [부][하자타] 근육의 한 부분이 갑자기 움직이는 모양. ¶눈썹을 실룩 움직이다. ㉴샐룩. ㉵씰룩. **실룩-실룩**[부][하자타].

실룩-거리다 [-꺼-][자타] 자꾸 실룩실룩하다. 실룩대다. ¶입을 실룩거리며 말하다. ㉴샐룩거리다.

실룩-대다 [-때-][자타] 실룩거리다.

실룩-실룩 [-씰-][부][하자타] 실룩거리고 샐룩거리는 모양. ㉵씰룩쌜룩.

실리(失利) [명][하자] 손해를 봄.

실리(實利) [명] 실제로 얻은 이익. ¶명분보다 실리를 따르다. ㉳실익(實益).

실리다 [I][자] 『'싣다'의 피동』 실음을 당하다. [II][타] 『'싣다'의 사동』 싣게 하다. ¶사람을 시켜 이삿짐을 트럭에 실리다.

실리-주의(實利主義) [-의/-이][명] ①☞공리주의(功利主義). ②형벌은 사회의 안녕과 질서를 지키는 수단으로, 그 제정은 사회의 필요와 실익에 기인한다는 법리상의 주의.

실리카^겔(silica gel)[명] 형체가 일정하지 않은 규산(硅酸). 무색 또는 흰색의 가루로, 수증기·물·암모니아 가스 등에 대한 흡착력이 강하여 건조제·탈수제 등으로 쓰임.

실리콘(←silicone)[명] 〔본디는 미국에서 만드는 규소 수지의 상품명〕규소에 탄소·수소 따위를 결합시켜 만드는 물질을 통틀어 이르는 말. 내열성·내습성·내한성 등이 뛰어나 응용 범위가 매우 넓음. 규소 수지.

실린더(cylinder)[명] 내연 기관이나 증기 기관 등에서, 피스톤이 왕복 운동을 하는 원기둥 모양의 통. 기통(氣筒).

실링(shilling)[명] 영국의 옛 화폐 단위의 하나. 〔1파운드의 20분의 1.〕

실:-마디[명] 실에 생긴 마디.

실:-마리[명] ①(감았거나 헝클어진) 실의 첫머리. ②일이나 사건의 첫머리. 단서. 단초. ¶ 해결의 실마리를 찾다. /실마리가 풀리다.

실망(失望)[명][하자] 희망을 잃음. 일이 뜻대로 되지 않음. 실지(失志). ¶ 시험에 떨어졌다고 너무 실망하지 마라. /실물을 보고 실망하다. 비낙심(落心).

실망-감(失望感)[명] (무슨 일이) 뜻대로 되지 않아 섭섭한 느낌. ¶ 실망감을 감추지 못하다.

실망-낙담(失望落膽)[-땀][명][하자] 희망을 잃고 낙심함.

실-머슴(實-)[명] 궂은일을 마다하지 않고 착실히 하는 머슴.

실면(實綿)[명] 씨를 빼지 않은 목화 솜.

실명(失名)[명][하자] (드러나지 않아) 이름을 모름. ¶ 작자 실명의 고대 소설.

실명(失明)[명][하자타][되자] 눈이 어두워짐. 시력을 잃음. 장님이 됨. 상명(喪明).

실명(失命)[명][하자] 목숨을 잃음. 죽음.

실명(實名)[명] 실제의 이름. 본명. ↔가명(假名).

실명-씨(失名氏)[명] (드러나지 않아) '이름을 모르는 사람'을 높여 이르는 말. ¶무명씨.

실명-제(實名制)[명] ☞금융 실명제.

실모(實母)[명] 친어머니. 친모(親母).

실:-몽당이[명] 실을 꾸려 감은 뭉치.

실무(實務)[명] 실제의 업무. ¶ 실무에 밝다.

실무-가(實務家)[명] ☞실무자.

실무-자(實務者)[명] ①어떤 사무를 직접 맡아 하는 사람. ②실무에 아주 익숙한 사람. 당무자(當務者). 실무가.

실무-적(實務的)[관] ①실무에 관계되는 (것). ¶ 실무적 문제. /실무적인 절차. ②실무에 익숙한 (것). ¶ 실무적 사무 처리. /실무적인 사람.

실물(失物)[명][하자] 물건을 잃어버림, 또는 그 잃어버린 물건.

실물(實物)[명] ①(견본이나 모형·사진 따위가 아닌) 실제의 것. ¶ 실물 크기의 장난감. ②주식이나 상품 따위의 현품. 현물(現物). ¶ 실물 거래.

실물^광:고(實物廣告)[명] 팔려고 하는 실제의 물건을 많은 사람 앞에 내놓고 하는 광고.

실물^교:수(實物敎授)[명]☞직관 교수.

실물^교환(實物交換)[명] 화폐가 아닌 실물로 교환하는 일.

실물-대(實物大)[-때][명] 실물과 꼭 같은 크기. ¶ 실물대의 사진.

실물-수(失物數)[-쑤][명] 물건을 잃어버릴 운수.

실물^임:금(實物賃金)[명] 통화(通貨) 대신 물건으로 지급하는 임금.

실미적지근-하다[-찌-][형여] ①더운 음식이 좀 식어서 미지근하다. ¶ 찌개가 실미적지근하다.

②몹시 게을러서 일에 대한 열성이 적다. ¶ 일하는 품이 실미적지근하다. 준실미지근하다.

실미지근-하다[형여] 〈실미적지근하다〉의 준말. ¶ 실미지근한 생선찌개.

실:-바람[명] ①솔솔 부는 바람. ②풍력 계급의 1 등급에 해당하는, 가장 여린 바람. 초속 0.3~1.5 m. 연기가 풀려서 오르고, 해면은 물고기 비늘 모양의 잔물결이 일어남. 지경풍(至輕風).

실박(實樸)'실박하다'의 어근.

실박-하다(實樸-)[-바카-][형여] 품질이나 옷차림 따위가 그리 좋지도 않고 나쁘지도 않다. 질박(質樸)하다.

실:-반대[-빤-][명] 고치에서 뽑아낸 실을 둥글게 사리어 놓은 뭉치.

실:-밥[-빱][명] ①옷 따위를 꿰맨 실의 겉으로 드러난 부분. ②옷솔기 같은 데서 뜯어낸 실의 부스러기.

실백(實柏)[명] ☞실백잣.

실백-자(實柏子)[-짜][명] ☞실백잣.

실백-잣(實柏-)[-짠][명] 껍데기를 벗겨 낸 알맹이 잣. 실백. ①잣 따위를 1이 꼬리임. 등은 녹색을 띤 갈색, 배는 황백색, 머리에는 몇 개의 검은 얼룩점이 있음.

실:-뱀[명] 뱀의 한 종류. 몸은 실 모양으로 가늘고 기다란데, 4분의 1이 꼬리임. 등은 녹색을 띤 갈색, 배는 황백색, 머리에는 몇 개의 검은 얼룩점이 있음.

실:-뱀장어[명] 뱀장어의 새끼.

실:-버들[명] '수양버들'을 달리 이르는 말.

실버-산업(silver産業)[명] 〔실버가 은발(銀髮)을 의미한는 데서〕'고령자층을 대상으로 한 영리 사업'을 통틀어 이르는 말. 〔간호 용품 판매, 노인 전용 주택 분양 따위.〕

실버-타운(silver town)[명] 노인을 대상으로 돈을 내고 살아갈 수 있도록 주거 시설·휴양 시설 따위를 갖춘 마을.

실범(實犯)[명] 실제로 죄를 저지른 사람.

실:-보무라지[-뿌-][명] 짧은 부스러기 실.

실본(失本)[명]☞낙본(落本).

실봉(實捧)[명] 빚을 꼭 갚을 사람.

실부(實父)[명] 친아버지. 친부(親父).

실부(實否)[명]☞실불실(實不實).

실:-북[명] '북2'을 달리 이르는 말.

실-불실(實不實)[-썰][명] ①살림살이가 넉넉함과 넉넉하지 못함. ②착실함과 착실하지 아니함. 실부.

실:-비[명] 실을 드리운 듯 가늘게 내리는 비.

실비(實費)[명] 실제로 드는 비용. ¶ 실비 제공. /실비로 사들이다.

실:-사(-絲)[명] 한자 부수의 한 가지. '紅'·'素' 등에서의 '糸'의 이름.

실사(實事)[-싸][명] 실제로 있는 일. 사실.

실사(實査)[-싸][명][하자][되자] 실제로 검사하거나 조사함. ¶ 재고품 실사.

실사(實寫)[-싸][명][하자] 실물이나 실경·실황 등을 그리거나 찍음, 또는 그런 그림이나 사진.

실사(實辭)[-싸][명]☞실질 형태소. ↔허사.

실사-구시(實事求是)[-싸][명] 사실에 근거하여 진리나 진상을 탐구하는 일, 또는 그런 학문 태도.

실사^영화(實寫映畫)[-싸-][명] 배우나 세트(set)를 쓰지 않고 풍습·풍경·뉴스 따위의 실황을 찍은 영화. 〔뉴스 영화·기록 영화를 이전에 이르던 말.〕

실-사회(實社會) [-싸회/-싸훼]圓 실제의 사회. 현실 사회. ¶ 맨주먹으로 실사회에 뛰어들다.

실-살(實-) [-쌀]圓 겉으로 드러나지 않는 실이 익(利益). 실속. ¶ 실살을 채우다.

실살-스럽다(實-) [-쌀-따] [~스러우니 · ~스러 워]圈固 겉으로 드러남이 없이 내용이 충실하 다. **실살스레**團.

실상(實狀) [-쌍] Ⅰ圓 실제의 상태. 실제의 상 황. ¶ 실상을 사실대로 알리다.
Ⅱ團 실제로. ¶ 그들에겐 실상 어려운 문제였다.

실상(實相) [-쌍]圓 ①실제의 모습. ¶실제에 있던 실상이 백일하에 드러나다. ②불교에서, 만물의 있는 그대로의 모습을 이르는 말. ↔가 상(假相).

실상(實像) [-쌍]圓 ①빛이 렌즈나 반사경 따위 를 통과·반사한 뒤 다시 한데 모여 맺는 상 (像). ②(허울이 벗겨진) '본디의 모습'을 비유 하여 이르는 말. ↔허상(虛像).

실:-새삼圓 메꽃과의 일년초. 콩과 식물에 붙어 사는 기생 식물. 실 모양의 덩굴이 50 cm가량 자 라고, 잎은 비늘 모양이며, 여름에 흰 꽃이 가지 위에 핌. 열매는 한방에서 강장제 따위로 쓰임.

실색(失色) [-쌕]圓困困 놀라서 얼굴빛이 변함. ¶ 거짓말이 탄로나자 어린것은 실색하여 아무 말도 못했다.

실생(實生) [-쌩]圓困困 씨에서 싹터 자람, 또 는 그러한 초목(草木).

실생-법(實生法) [-쌩뻡]圓 씨를 심어 식물이나 농작물 따위를 번식시키는 방법.

실-생활(實生活) [-쌩-]圓 (이론이나 공상이 아 닌) 실제의 생활. 현실 생활.

실선(實線) [-썬]圓 (점선에 대하여) 끊어진 곳 이 없이 이어지는 선.

실섭(失攝) [-썹]圓困 몸조리를 잘못함.

실성(失性) [-썽]圓困困 정신에 이상이 생김. 미침. 실진(失眞). ¶ 실성한 사람같이 횡설수설 하다.

실성(室星) [-썽]圓 이십팔수의 하나. 북쪽의 여 섯째 별자리. 준실(室)².

실성(實性) [-썽]圓 ①'진여(眞如)'의 딴 이름. ②거짓 없는 천성(天性).

실세(失勢) [-쎄]圓困困 세력을 잃음. ¶ 실세를 만회하다. ↔득세(得勢).

실세(實勢) [-쎄]圓 ①실제의 세력. ②실제의 시세. ¶ 실세 가격.

실-소(實-) [-쏘]圓 농사짓는 데 부릴 만한 다 큰한 소.

실소(失笑) [-쏘]圓困困 (더 참지를 못하고) 저 도 모르게 웃음, 또는 그 웃음. ¶ 실소를 금할 수 없는 사건.

실-소득(實所得) [-쏘-]圓 한 해의 개인 소득에서 세 금을 빼고 그 전해의 이전(移轉) 소득을 합한 것으로, 개인의 의사에 따라 마음대로 쓸 수 있는 소득.

실-속(實-) [-쏙]圓 ①실제의 내용. 실제로 알 맹이가 되는 내용. ¶ 실속 있는 생활. ②겉으 로 드러나지 않는 알찬 이익. ¶ 실속을 차리다.

실속(失速) [-쏙]圓困 비행기가 비행에 필요 한 속도와 양력을 잃고 추락할 지경에 이름.

실속(實速) [-쏙]圓 실제의 속도.

실솔(蟋蟀) [-쏠]圓 ☞귀뚜라미.

실수(失手) [-쑤]圓困困 ①부주의로 잘못을 저 지름, 또는 그 잘못. ¶ 실수로 말미암은 사고. ②☞실례(失禮). ¶ 선배에게 큰 실수를 하다.

실수(實收) [-쑤]圓 실제의 수입이나 수확.

실수(實需) [-쑤]圓 〈실수요(實需要)〉의 준말. ↔가수(假需).

실수(實數) [-쑤]圓 ①유리수와 무리수를 통틀 어 이르는 말. ②추정이 아닌, 실제로 확인된 수. 실제의 계수(計數).

실-수요(實需要) [-쑤-]圓 실제로 소비하기 위한 수요. 준실수. ↔가수요(假需要).

실수요-자(實需要者)圓 실제의 수요자.

실-수익(實收益) [-쑤-]圓 실제의 수익.

실-수입(實收入) [-쑤-]圓 실제의 수입.

실습(實習) [-씁]圓困困 배운 기술 따위를, 실 지로 해 보고 익힘. ¶ 농업 실습. /운전 실습.

실습-생(實習生) [-씁쌩]圓 실습하는 학생.

실습-수업(實習授業) [-씁쑤-]圓 교육 실습생 이 수업하는 기능 등을 익히기 위하여 실습 기 간에 하는 수업.

실습-지(實習地) [-씁찌]圓 실습을 위하여 마련 된 땅. ¶ 원예 실습지.

실시(失時) [-씨]圓困困 때를 놓침.

실시(實施) [-씨]圓困固困 (계획 따위를) 실 제로 시행함. ¶ 시험을 실시하다.

실시간^시스템(實時間system)圓 컴퓨터에서, 데이터를 수신하고 처리한 결과가 그 시점의 환경 기능에 영향을 주어 충분히 제어할 수 있 는 정도로 처리 결과를 빨리 보내는 시스템. 은행의 창구 업무나 좌석 예약 업무에서처럼 요구가 발생한 즉시 결과가 나오게 되어 있음. 리얼타임 시스템. 참온라인 리얼타임 시스템.

실시^등:급(實視等級) [-씨-]圓 천문학에서, 맨눈으로 보았을 때의 별의 밝기의 등급. ↔절 대 등급(絕對等級).

실시^연성(實視連星) [-씨-]圓 망원경으로 그 궤도 운동을 관측할 수 있는 연성. ↔분광 연성.

실신(失身) [-씬]圓困困 절개를 지키지 못함. 특히, 여자가 정조를 잃음. 실절(失節).

실신(失信) [-씬]圓困困 신용을 잃음.

실신(失神) [-씬]圓困困 ①정신을 잃음. 상신 (喪神). ②뇌빈혈 따위로, 일시적으로 의식을 잃음, 또는 그 상태.

실실團 실없이 웃거나 부질없는 말을 수다스럽 게 지껄이는 모양. ¶ 대답은 하지 않고 실실 웃기만 한다. 참샐샐.

실심(失心) [-씸]圓困 근심 따위로 맥이 풀리 고 마음이 산란하여짐. 상심(喪心). **실심-히**團.

실심(實心) [-씸]圓 참된 마음.

실쌈-스럽다[-따] [~스러우니 · ~스러워]圈固 ①(말과 행동이) 보기에 착실하다. ②뒤스럭스 럽다. **실쌈스레**團.

실:-안개圓 엷게 낀 안개.

실액(實額) [-쌕]圓 실제의 금액.

실어(失語) [-썽]圓困 ①잘못 말을 함. 실언함. ②(뇌의 장애 따위로 말미암아) 말을 잊어버리 거나 바르게 하지 못함.

실어-증(失語症) [-쑹]圓 뇌의 부분적 장애로 말미암아 언어 활동이 불완전해지는 병.

실언(失言) [-썽]圓困困 하지 않아야 할 말을 얼떨결 에 함, 또는 그 말. 말실수. 구과(口過). ¶ 제 자들을 앞에서 실언을 하다.

실업(失業) [-썹]圓困困 ①(사업에 실패하거나 직장을 그만두거나 하여) 생업을 잃음. ②취업 의사와 능력을 가진 사람이 일할 기회를 얻지 못하거 나 일자리를 잃음.

실업(實業) [-썹]圓 (농업·수산업·공업·상업 따위) 생 산·제작·판매 따위에 관한 사업.

실업-가(實業家)[-까]團 상공업이나 금융업 등의 기업을 경영하는 사람.

실업-계(實業界)[-께/-꼐]團 ①실업의 범위. ②실업가들의 사회.

실업^교:육(實業敎育)[-꾜-]團 실업에 종사하려는 사람에게 필요한 지식이나 기능을 가르쳐 체득(體得)시키는 교육.

실업-률(失業率)[시럽뉼]團 경제 활동을 할 수 있는 인구 가운데서 실업자가 차지하는 비율.

실업^보:험(失業保險)[-뽀-]團 피보험자인 근로자가 실업했을 경우에 보험금을 지급하여 생활의 안정을 꾀하게 하는 사회 보험.

실업^수당(失業手當)[-쑤-]團 실업 보험의 규약에 따라 실업자에게 지급되는 수당.

실업^인구(失業人口)團 취업 의사와 능력이 있으면서도 생업(生業)을 갖지 못하고 있는 노동 인구.

실업-자(失業者)[-짜]團 실업한 사람.

실-없다(實-)[시럽따]團 말이나 행동이 실답지 못하다. ¶실없는 말. /실없는 사람. **실없-이**團 ¶실없이 웃다.

실없-쟁이(實-)[시럽쩽-]團 '실없는 사람'을 농조로 이르는 말. ¶실없쟁이 허풍을 누가 믿나?

실에團〈옛〉시렁. ¶실에 가:架(訓蒙中14).

실역(實役)團 현역으로서 치르는 병역.

실연(失戀)團웹자 사랑이 이루어지지 않음. 연애에 실패함. ¶실연의 상처. ⓐ실련(失戀).

실연(實演)團웹타 ①(어떤 일을) 실제로 해 보임. ¶최면술을 실연하다. ②배우나 가수 등이, 무대에서 직접 연기함.

실연적 판단(實然的判斷) 주어와 술어와의 관계가 실제로 성립함을 나타내는 'A는 B이다'라는 형식의 판단. ⓐ개연적 판단·필연적 판단.

실엽(實葉)團⇒포자엽(胞子葉).

실:-오라기團 실오리.

실:-오리團 실의 가닥. 한 가닥의 실. 실오라기. ¶실오리 하나 걸치지 않은 몸.

실온(室溫)團 실내 온도.

실외(室外)[시뢰/시쾌]團 방 밖. 바깥. ¶실외 운동. ↔실내.

실용(實用)團웹타되자 (치레가 아니고) 실제로 씀. ¶실용 학문./치레보다는 실용을 생각해서 물건을 사라.

실용^단위(實用單位)團 통일된 단위계와는 달리, 측정상 실용적인 편리에서 생겨난 단위. 〔암페어·볼트 따위.〕

실용-문(實用文)團 실생활에서 필요에 따라 쓰는 글. 〔편지·공문 따위.〕

실용-성(實用性)[-씽]團 실제로 쓸모가 있는 성질. ¶이 발명품은 실용성이 없다.

실용-신안(實用新案)團 물품의 모양이나 구조 따위를 개량(改良)하여, 실용상·산업상 이용될 수 있는 것으로 고안하는 일.

실용신안^특허(實用新案特許)[-트커]團 물품의 형상·구조 따위에 관한 실용적인 새로운 고안에 대한 권리의 특허. ⓐ신안 특허·실용 특허.

실용-적(實用的)관명 실제로 쓸모가 있는 (것). 실생활에 알맞은 (것). ¶실용적 측면. /실용적인 연구.

실용-주의(實用主義)[-의/-이]團 철학에서, 실생활에 유용한 지식과 실용성이 있는 이론만이 진리로서의 가치가 있다고 하는 생각. 프래그머티즘.

실용^특허(實用特許)[-트커]團〈실용신안 특허〉의 준말.

실용-품(實用品)團 실용적인 물품.

실용-화(實用化)團웹타되자 실제로 유용하게 쓰이게 됨, 또는 쓰이도록 함. ¶실용화 방안.

실유(實有)團 불교에서, 우주 만상이 모두 공(空)인데도, 중생의 미망된 생각으로 이를 실제라고 믿고 있는 일을 이르는 말. ↔가유(假有).

실-은(實-)團 사실은. 실제로는. ¶실은 나도 아직 가 보지 못했다.

실음(失音)團웹자 목소리가 쉼.

실의(失意)[시릐/시리]團 기대가 어긋나 뜻이나 의욕을 잃어버리는 일. ¶실의에 빠지다.

실의(實意)[시릐/시리]團 ①본마음. ②참다운 마음. 성실한 마음.

실익(實益)團 실제의 이익. ¶일거리는 많지만 실익이 없다. ㉮실리(實利).

실인(失認)團 외상(外傷)이나 뇌출혈·뇌종양 따위로 대뇌 피질에 장애가 생겨, 감각기 및 신경 따위에 이상이 없는데도 대상을 인식하는 능력이 없어진 상태.

실인(室人)團 남 앞에서, '자기의 아내'를 이르는 말. 내자(內子).

실인(實印)團 관계 관청에 인감 증명이 되어 있는 도장. 인감도장.

실-인심(失人心)團웹자 인심을 잃음.

실자(實子)[-짜]團 친아들.

실자(實字)[-짜]團 한자에서, 형상(形象)을 가진 구체적인 것을 나타내는 글자. 〔'山'·'川'·'人'·'日'·'月' 따위.〕

실-작인(實作人)團 ①착실하게 농사를 잘 짓는 소작인. ②실제의 경작자.

실-작자(實作者)[-짜]團 믿을 만한 사람.

실:-잠(-鬵網)團 실그물.

실:-잠자리團 실잠자릿과의 곤충. 주로, 냇가에 사는데, 몸은 가늘고 길며 배는 원기둥 모양임. 앉아 있을 때는 양쪽 날개를 위로 곧게 세워서 합침. 먼 거리를 날지 못함.

실장(室長)[-짱]團 '실(室)' 자가 붙은, 일정한 부서를 책임지고 있는 사람.

실재(實才)[-째]團 글재주가 있는 사람.

실재(實在)[-째]團 ①웹자 실제로 존재함. ¶실재의 인물. ②철학에서, 인간의 인식이나 경험과는 상관없이 독립하여 존재하는 것을 이르는 말. ↔가상.

실재-론(實在論)[-째-]團 의식이나 주관으로부터 독립하여 존재하는 객관적 존재를 인정하고, 그것을 올바른 인식의 기준으로 삼는 인식론의 한 관점. ↔관념론(觀念論).

실재-성(實在性)[-째-]團 의식이나 사물이나 사상(事象)이 인간의 의식과는 독립하여 객관적으로 존재하는 성질.

실재-적(實在的)[-째-]관명 실재하는 (것), 또는 실재하는 것의 특성을 가진 (것).

실적(失跡)[-쩍]團웹자 종적을 감춤. 행방을 알 수 없게 됨. 실종(失踪).

실적(實積)[-쩍]團 실제의 면적이나 용적.

실적(實績)[-쩍]團 (어떤 일에서 이룬) 실제의 공적이나 업적.

실전(失傳)[-쩐]團웹자타되자 〔묘지나 고적 등이〕 대대로 전해 온 사실을 알 수 없게 됨.

실전(實戰)[-쩐]團웹자 실제의 싸움. ¶실전을 방불케 하다. /실전 경험이 풍부하다.

실전-담(實戰談)[-쩐-]團 실지로 겪은 전쟁에 대한 이야기.

실절(失節)[-쩔]**명**[하자] ①절의를 굽힘. ②정절을 지키지 못함. 실신(失身). 실정. ↔수절.

실점(失點)[-쩜]**명** (경기 따위에서) 점수를 잃음, 또는 그 점수. ↔득점(得點).

실정(失政)[-쩡]**명**[하자] 정치를 잘못함, 또는 잘못된 정치. ¶실정을 바로잡다.

실정(失貞)[-쩡]**명**[하자] ☞실절(失節).

실정(實情)[-쩡]**명** ①실제의 사정. 실제의 상황. ¶현지에 가서 실정을 살피다. ②거짓 없는 참된 마음. ¶실정을 토로하다.

실정-법(實定法)[-쩡뻡]**명** 사회에서 현실적으로 시행되고 있는 법. 〔성문법·관습법·판례법 등.〕↔자연법.

실제(實弟)[-쩨]**명** 친아우.

실제(實際)[-쩨] **Ⅰ명** 있는 그대로의, 또는 나타나거나 당하는 그대로의 상태나 형편. ¶이론과 실제. **Ⅱ부** 거짓이나 상상이 아니고 현실적으로. ¶광고는 거창했지만 실제 약효는 별로다.

실조(失調)[-쪼]**명**[하자] 조화를 잃음.

실족(失足)[-쪽]**명**[하자] ①발을 잘못 디딤. 실각(失脚). 헛디딤. ②행동을 잘못함.

실존(實存)[-쫀] ①**명**[하자] (관념이나 인식에 의한 허상과는 상관없이) 실제로 존재하는 일. ¶실존 인물. ②**명** 보편적 존재의 본질에 대응하여) 가능적 존재. ¶신이나 초월자가 본질이라면 인간 개개의 존재는 실존이다. ③인식의 주체자로서의 자아(自我)인 '나'.

실존-주의(實存主義)[-쫀-의/-쫀-이]**명** 20세기 전반기에 프랑스와 독일을 중심으로 일어난 철학 사조의 한 가지. 실증주의나 합리주의에 대한 반동으로 시작되어, 사물이나 인간에 관한 보편적·추상적인 본질을 부정하고 개별적·구체적인 실존을 다룸. 문학·종교·사상 등에 큰 영향을 미쳤으며, 야스퍼스·키에르케고르·니체·사르트르·포이어바흐 등이 그 대표적 철학자임. 실존 철학.

실존주의^문학(實存主義文學)[-쫀-의/-쫀-이-]**명** 실존주의 철학을 수용한 문학. 20세기 중엽 유럽 문학의 온갖 장르에 영향을 끼침.

실존^철학(實存哲學)[-쫀-]**명** ☞실존주의.

실종(失踪)[-쫑]**명**[되자] (사람의) 소재나 행방, 생사 여부를 알 수 없게 됨. ¶실종 사건. /조난으로 실종된 사람. ㉑실적(失跡).

실종^선고(失踪宣告)[-쫑-]**명** 부재자(不在者)의 생사를 모른 채 일정 기간이 지나 사망의 추측이 강한 경우, 그를 사망한 것으로 간주하여 신분이나 재산 관계를 확정시키는 선고.

실종-자(失踪者)[-쫑-]**명** 실종된 사람.

실주(實株)[-쭈]**명** 현물(現物)의 주권(株券). ↔공주(空株).

실죽(實竹)[-쭉]**명** 참대의 땅속줄기가 벼랑 같은 데서 밖으로 나와 위로 자라 오른 것. 속이 비지 않은 것이 특징으로, 지팡이나 도장 재료 따위로 쓰임.

실-중력(實中力)[-녁]**명** ☞실중함.

실-중힘(實中-)[-]**명** (활의 세기에서) 실궁보다는 무르고 중힘보다는 센 등급의 각궁. 실중력.

실증(實證)[-쯩]**명**[하타] ①논리나 관념에 의하지 않고 실물이나 사실에 근거하여 증명함, 또는 그에 따른 증거. ②확실한 증거. ¶그의 죄상임을 밝힐 실증을 잡았다.

실증(實症·實證)[-쯩]**명** 한방에서, 여러 증상 중에서 진단하기에 병의 세력이 충분한 증후를 이르는 말.

실증-론(實證論)[-쯩논]**명** ☞실증주의.

실증-적(實證的)[-쯩-]**관명** (관념적 논리가 아니라) 경험·관찰·실험 등에 의하여 증명이 되는 (것). ¶실증적 연구. /실증적인 기풍.

실증-주의(實證主義)[-쯩-의/-쯩-이]**명** 철학의 방법이 과학의 방법과 같다고 보는 근대 철학의 한 사조. 과학에 의하여 얻어지는 지식의 총체만이 참된 지식이라는 주장. 콩트·마흐·아베나리우스 등이 그 대표적 철학자임. 실증론. 실증 철학. 적극주의.

실증^철학(實證哲學)[-쯩-]**명** ☞실증주의.

실지(失地)[-찌]**명** 잃어버린 땅. ¶실지 회복.

실지(失志)[-찌]**명**[하자] ☞실망(失望).

실지(實地)[-찌] **Ⅰ명** ①실제의 처지나 경우. ¶실지 경험. ②실제의 땅이나 장소. **Ⅱ부** 실제로. ¶실지 겪은 이야기.

실지(實智)[-찌]**명** (불교에서, 모든 법계가 공(空寂)임을 깨달는 참된 지혜. ↔권지(權智)

실지^검:증(實地檢證)[-찌-]**명** ☞현장 검증.

실지-로(實地-)[-찌-]**부** 실제로. 사실적으로. ¶확실히 알려면 실지로 해 보아라.

실지-적(實地的)[-찌-]**관명** 실지와 같은 (것). ¶실지적 측면. /실지적인 상황을 재현하다.

실직(失職)[-찍]**명**[하자][되자] 직업을 잃음. 실업(失業). ¶실직을 당하다.

실직(實直) '실직하다'의 어근.

실직(實職)[-찍]**명** ①왕조 때, 문무 양반만이 하던 벼슬. 정임(正任). 정직(正職). ②실무를 맡아 가는 실제의 관직. 실함(實銜). ↔차함(借銜)

실직-하다(實直-)[-찌카다]**형여** 성실하고 정직하다.

실진(失眞)[-찐]**명**[하자] ☞실성(失性).

실질(實質)[-찔]**명** ①실상의 본바탕. ②(꾸밈이나 외모가 아닌) 속 내용의 실다움. ¶능률과 실질을 숭상하다.

실질^명사(實質名詞)[-찔-]**명** ☞자립 명사.

실질-범(實質犯)[-찔-]**명** ☞결과범.

실질-법(實質法)[-찔뻡]**명** 국제 사법에서, 법률 관계를 직접 규율하는 법을 통틀어 이르는 말. 〔법 적용 당사국의 민법·상법 따위.〕실체법.

실질^임:금(實質賃金)[-찔-]**명** 실질적인 구매력으로 환산하여 나타낸 임금. 곧, 임금으로 실제 구매할 수 있는 물자나 서비스의 양을 표시한 것. ↔명목 임금.

실질-적(實質的)[-찔쩍]**관명** (형식이나 외양보다) 실질의 내용을 갖춘 (것). 실질을 위주로 한 (것). ¶실질적 소유주. /형식적인 것보다 실질적인 것이 낫다. ↔형식적.

실질-주의(實質主義)[-찔-의/-찔-이]**명** 형식이나 절차 따위보다 내용의 질(質)을 귀중하게 여기는 주의. ↔형식주의.

실질^형태소(實質形態素)[-찔-]**명** 구체적인 대상이나 동작 또는 상태를 나타내는 가장 작은 단위의 말. ('철수가 이야기 책을 읽었다.'에서 '철수·이야기·책·읽' 따위로, 체언·수식언·독립언 등이 이에 딸림.) 관념사. 생각씨. 의미소. 의의소(意義素). 실사(實辭). ㉑형식 형태소.

실쭉[-](하자)타 (고까운 생각이 들어) 입이나 눈을 한쪽으로 실긋하게 움직이는 모양. ¶나는 입을 실쭉하며 외면해 버렸다. ㉑샐쭉. ㉒씰쭉. **실쭉-실쭉**[-](하자)타.

실쭉-거리다[-꺼-]**자타** 자꾸 실쭉실쭉하다. 실쭉대다. ㉑샐쭉거리다.

실쭉-대다[-때-]**자타** 실쭉거리다.

실쭉-샐쭉 [-쌜-] 튀(하자타) 고까워서 실쭉거리기도 하고 샐쭉거리기도 하는 모양.
실쭉-하다 [-쭈카-] 형어 ①마음에 시뻐서 고까워하는 태도가 있다. ②한쪽으로 길쭉하게 실그러져 있다. 짝샐쭉하다. 센씰쭉하다.
실착 (失着) 하다 (바둑 등에서) 잘못 둠, 또는 잘못 둔 점. 참패착(敗着).
실책 (失策) 명 잘못된 계책이나 잘못된 처리. 잘못. 실계(失計). ¶ 실책을 저지르다.
실책 (實策) 명 실제적인 계책. 실질적 계책.
실천 (實踐) 명하타되자 실제로 이행함. ¶ 계획을 즉시 실천에 옮기다. ↔이론.
실천-가 (實踐家) 명 (이론을 앞세우지 않고) 행동으로 직접 실천하는 사람. ↔이론가.
실천-궁행 (實踐躬行) 명 몸소 실천함.
실천-력 (實踐力) [-녁] 명 실천하는 힘.
실천^윤리 (實踐倫理) [-뉼-] 명 도덕의 실천적 방면을 주로 연구하는 윤리학.
실천^이:성 (實踐理性) 명 도덕적 원리를 인식하여 욕망을 통어(統御)하고, 의지·행위를 규정·평가하는 이성. ↔순수 이성.
실천-적 (實踐的) 관명 이론보다 실천이나 실천력을 위주로 하는 (것). ¶ 실천적 방안. /실천적인 인간. ↔이론적.
실천^철학 (實踐哲學) 명 실천 또는 행위의 철학적 문제를 연구하는 학문을 통틀어 이르는 말. [윤리학·미학(美學)·법률학·종교 철학 따위.] ↔이론 철학.
실-첩 (-貼) 명 종이를 접어서 만든 여자용 손그릇의 한 가지. 실이나 헝겊 따위를 담음.
실체 (失體) 명하자 체통을 잃음.
실체 (實體) 명 ①실제의 물체. ②성질이나 작용의 본체. ¶ 방송국을 견학하고서야 방송의 실체를 알았다. ③생멸 변화(生滅變化)하는 현상의 배후나 기초가 되어 영원히 변하지 않는 본체.
실체-경 (實體鏡) 명 사진 따위 평면 도형을 실물처럼 입체로 보이게 장치한 광학 기계. 입체경.
실체-론 (實體論) 명 ☞존재론. ①현상과 작용의 배후에 실체가 있다고 주장하는 학설.
실체-법 (實體法) [-뻡] 명 권리나 의무 등 법률관계의 발생·변경·소멸 효과 따위의 실체를 정한 법. 민법·상법·형법 등이 이에 딸림. ②☞실질법. 주법(主法).
실체^자본 (實體資本) 명 화폐 및 화폐 채권을 포함한 실체적 재화로 존재하는 기업 자본.
실체^진:자 (實體振子) 명 ☞복진자(複振子).
실체-파 (實體波) 명 진원에서 지구 내부를 통하여 전달되는 지진파. ↔표면파.
실체-화 (實體化) 명하 단순한 속성이나 추상적인 개념의 내용을 객관화하여 독립적 실체로 만드는 일.
실총 (失寵) 명하자되자 총애를 받지 못하게 됨.
실추 (失墜) 명하자 명예나 위신 따위를 떨어뜨리거나 잃음. ¶ 교사의 권위가 실추되다.
실축 (失蹴) 명하자 축구 따위에서, 공을 실수로 엉뚱한 방향으로 잘못 차는 일.
실측 (實測) 명하타되자 실제로 측량함.
실컷 [-컫] 튀 ①하고 싶은 대로 한껏. 마음껏. ¶ 실컷 먹다. ②아주 심하게. ¶ 실컷 얻어맞다.
실켓 (silket) 명 명주실과 같은 광택이 있는 실. 인조 견사.
실크 (silk) 명 ①생사(生絲) ②깁. 명주.
실크^로:드 (Silk Road) 명 아시아 내륙을 동서로 횡단하던 고대의 교역 교통로. [중국의 비단을 서역에 수출하던 데서 비롯된 말.] 비단길.

실크^프린트 (silk print) 명 등사판과 유사한 공판인쇄의 하나.
실크-해트 (silk hat) 명 서양 남자들이 정장할 때 쓰던 운두 높은 모자. 딱딱하고 둥글며 겉에 검정 비단을 입혔음.
실큼-하다 형어 싫은 생각이 좀 나 있다.
실-타래 명 타래로 되어 있는 실뭉치.
실탄 (實彈) 명 (공포탄 따위가 아닌) 총포(銃砲)에 재어서 쏘아 실제로 효과를 낼 수 있는 탄알. ¶ 실탄 사격. /실탄을 장전하다.
실태 (失態) 명 ①본디의 면목을 잃는 일. ②볼썽사나운 모양.
실태 (實態) 명 실제의 태도. 실제의 형편. 실정(實情). ¶ 외래어 사용 실태 조사.
실-터 명 집과 집 사이에 남은 좁고 긴 빈터.
실-테 명 물레에 일정하게 감은 실의 분량. 또는 그렇게 감겨 있는 실.
실:-테-뜨기 명 실오리가 헝클어지지 않도록 물레의 얼레에 감겨 있는 실태를 서너 군데 갈라 묶어 매는 일.
실토 (實吐) 명하자타 사실대로 내용을 모두 밝히어 말함. 설토(說吐).
실-토리 명 '실톳'의 방언.
실-토정 (實吐情) 명하자타 사실대로 진정(眞情)을 밝혀 말함.
실:-톱 명 (도림질을 하는 데 쓰는) 실같이 가는 톱.
실:-톳 [-톧] 명 (피륙을 짤 때에 북에 넣어서 쓸 수 있도록) 나무토리에 방추형으로 감아 놓은 실의 뭉치. *실:톳이 [-토시] ·실:톳만 [-톤-]
실:-퇴 (-退) [-퇴-·-퉤] 명 아주 좁고 길쭉한 뒷마루.
실투 (失投) 명하자 야구나 농구 따위의 구기(球技)에서, 공을 잘못 던지는 일.
실투-유 (失透釉) 명 도자기의 몸에 씌우는 투명하지 않은 잿물.
실:-파 명 아주 가느다란 파. 세총(細葱).
실팍-지다 [-찌-] 형어 살이 쪄 보기에 튼튼한 데가 있다.
실팍-하다 [-파카-] 형어 (사람이나 물건이) 보기에 옹골차고 다부지다.
실-패 명 실을 감아 두는 작은 나무토 따위.
실패 (失敗) 명하자 일이 뜻한 바대로 되지 못하거나 그릇됨. 곧, 뜻을 이루지 못함. ¶ 실패의 원인. /사업에 실패하다. ↔성공.
실:패-강정 명 실패 모양으로 만든 강정.
실:-핏줄 [-피쭐·-핃쭐] 명 ☞모세혈관.
실-하다 (實-)¹ 타여 떡고물로 쓸 깨를 물에 불려서 껍질을 벗기다. ¶ 깨를 실하며 하다.
실-하다 (實-)² 형여 ①허실 없이 옹골차다. ¶ 몸이 실하다. ②(재물이) 넉넉하다. ¶ 살림이 실하다. ③믿음성 있고 착실하다. 실-히튀 ①손에 든 물건이 10kg은 실히 됨 직하였다.
실학 (實學) 명 17세기 후반부터 조선 말기까지, 전통 유학의 관념적 태도를 극복하고, 실사구시(實事求是)와 이용후생(利用厚生) 및 경세치용(經世致用) 등을 구현하고자 한 학문.
실학^사:가 (實學四家) 명 ☞사가(四家).
실학-자 (實學者) [-짜] 명 조선 시대에, 실학 운동에 동참하거나 실학을 주장하던 사람.
실학-주:의 (實學主義) [-쭈의·-쭈이] 명 실생활에 도움이 되는 학문을 가르쳐야 한다는 주의. 16세기 이후 유럽에서 전통적 인문주의 교육에 대항하여, 모국어 교육과 과학 교육 및 경험론에 근거한 현실 탐구의 태도를 취하였음.
실학-파 (實學派) 명 조선 시대에, 실학 운동에 동참하거나 실학을 주장하던 한 무리의 선비를 이르는 말. 이익(李瀷)·박지원(朴趾源)·김정희(金正喜)·정약용(丁若鏞)·이덕무(李德懋)·박제가(朴齊家) 등이 그 대표적인 학자임.

실함(失陷)**명**하자타되자 적게에 진지나 성을 빼앗김.

실함(實銜)**명** ☞실직(實職). ↔차함(借銜).

실-함수(實函數)[-쑤]**명** 함수에서, 독립 변수나 종속 변수가 모두 실수(實數)인 함수.〔대수 함수·초월 함수가 모두 포함됨.〕복소함수.

실행(失行)**명**하자 좋지 못한 행동을 함.

실행(實行)**명**하타되자 실지로 행함. ¶약속한 대로 실행하다.

실행^미:수(實行未遂) 범죄를 목적으로 실행했으나 목적한 결과가 발생하지 않은 경우. 살상을 목적으로 대상을 겨냥해 총을 쏘았으나 빗나가서 살상의 결과가 전혀 없었던 일과 같은 것.

실행^미:수범(實行未遂犯)**명** 실행 미수에 그친 범죄, 또는 그 범인. 결효미수범. 결효범.

실행^예:산(實行豫算)[-녜-]**명** 예산이 국회에 의해 성립된 후, 그 예산 범위 안에서 실행에 적합하도록 정부가 재편성한 예산.

실행^정:범(實行正犯)**명**〔교사(敎唆)와 같은 간접적 정범에 대하여〕직접 범죄를 실행한 정범.

실행-증(失行症)[-쯩]**명** 일상의 경험을 통하여 터득한 운동이 대뇌의 손상으로 말미암아 불가능하게 된 증상.

실향(失鄕)**명**하자 고향을 잃음.

실향-민(失鄕民)**명** ①고향을 잃고 타향살이하는 백성. ②자기 뜻과는 상관없이 자기 나라 국경 밖에서 살게 된 국민.

실험(實驗)**명**하타 ①일정한 조건을 인위적(人爲的)으로 설정하여 기대했던 현상이 일어나는지 어떤지, 또는 어떤 현상이 나타나는지 조사하는 일. ②실제로 경험하거나 시험함, 또는 그 경험이나 시험.

실험^과학(實驗科學)**명** 실험을 연구의 중요한 수단으로 하는 과학.

실험^극장(實驗劇場)[-짱]**명** 새로운 연극을 시도하고 모색하기 위해 비영리적으로 운영하는 극장.

실험^소:설(實驗小說)**명** 실험실에서 실험하는 것과 같은 관찰 태도로 작중 인물을 그려, 과학적으로 그 결과를 보고해야 한다고 주장한, 졸라의 소설론에 근거한 소설.

실험-식(實驗式)**명** 화합물의 조성을 원소 기호로써 가장 간단히 나타낸 화학식. 또는, 물질 한 분자 중에 들어 있는 각 원자수의 비를 가장 간단히 나타낸 식.

실험-실(實驗室)**명** 실험을 목적으로 설치한 방.

실험^심리학(實驗心理學)[-니-]**명** 정신 현상의 연구에 실험적 방법을 적용하는 심리학.〔19세기에 분트가 처음 사용한 용어임.〕

실험-적(實驗的)**관명** ①실험에 의한 (것). ¶험적 연구. ②새로운 방법이나 형식을 시험 삼아 해 보는 (것). ¶실험적 성격이 강한 영화.

실험-학교(實驗學校)[-꾜]**명** 학교 교육의 개조와 진보를 위하여, 새 이론이나 주장을 실제로 적용하여 연구하는 학교.

실험^현:상학(實驗現象學)**명** 현상을 경험에 직결시켜 주어진 대로 파악하고 그 특성을 기술·분류하며, 또 실험적으로 그 현상이 나타나는 조건을 밝히는 것을 목표로 하는 심리학의 한 분야.

실현(實現)**명**하타되자 실제로 나타나거나 나타냄. ¶대학자가 되겠다는 꿈을 실현하다.

실현-성(實現性)[-썽]**명** 실현될 가능성.

실혈(失血)**명**하자 피가 자꾸 나서 그치지 아니함. 탈혈(脫血).

실혈-증(失血症)[-쯩]**명** 한방에서, 피가 몸 밖으로 나오는 병을 통틀어 이르는 말.〔객혈·변혈(便血) 따위.〕혈증(血症).

실형(實兄)**명** 친형.

실형(實刑)**명** 실제로 받는 체형(體刑).

실혜(實惠)[-혜/-혜]**명** 실제로 입은 은혜(혜택).

실혼(失魂)**명** 〔몹시 놀라거나 공포에 질려서〕넋을 잃음. ¶이방 호장 실혼하고, 삼색나졸(三色羅卒) 분주하네(烈女春香守節歌).

실화(失火)**명**하자 잘못하여 불을 냄, 또는 잘못하여 낸 불. ¶실화로 건물 두 채가 전소되었다. **참**방화(放火).

실화(失和)**명**하자 서로의 사이가 좋지 않게 됨.

실화(實話)**명** 실지로 있던 이야기.

실화^문학(實話文學)**명** 실화를 바탕으로 예술적 가치보다 흥미를 앞세운 문학.

실화-죄(失火罪)[-죄/-쮀]**명** 실화(失火)로 인하여 재산 따위를 불태움으로써 성립하는 죄.

실황(實況)**명** 실제의 상황. 실정(實情).

실황^방:송(實況放送)**명** 실제의 상황을 현장에서 방송하는 일.

실효(失效)**명**하자되자 효력을 잃음.

실효(實效)**명**하자 실제의 효력(효과). ¶실효를 거두다.

실효^가격(實效價格)[-까-]**명** 소비자가 상품을 각기 다른 값으로 사들일 때, 그 상품의 구입량으로 가중 평균한 가격.

싫다[실타]**형** ①마음에 들지 않다. ¶싫은 사람. ②하고 싶지 않다. ¶먹기가 싫다. *싫어[시러]·싫소[실쏘].

싫어-하다[시러-]**타여** 싫다고 여기거나 하고 싶어 하지 않다. ¶보기 싫어하다./술을 싫어하다.

싫증(-症)[실쯩]**명** 싫은 생각. 달갑지 않게 여기는 마음. 권태증. 염증(厭症). ¶싫증을 내다./싫증이 나다.

심명 소의 심줄. 쇠심.

심(心)**명** ①〈촉심(燭心)〉의 준말. ¶촛불의 심. ②〈심성(心星)〉의 준말. ③죽에 곡식 가루를 잘게 뭉쳐 넣은 덩이.〔팥죽에 넣는 새알심 따위.〕④〈심지〉의 준말. ⑤(무·배추 따위의) 속에 든 질기고 거센 부분. ⑥(양복 따위의 어깨나 깃에) 빳빳하라고 넣는 물건. ¶양복 깃에 심을 넣다. ⑦연필의 목재 외피(外皮) 속에 박혀 글씨를 쓸 수 있게 된 부분. ¶연필의 심. ⑧나뭇고갱이.

-심(心)**접미** (일부 명사 뒤에 붙어) '마음'을 뜻함. ¶애국심. /자비심. /충성심.

심:각(深刻)**명**하타 깊이 새김. ¶비석(碑石)의 글자를 심각하다.

심각(深刻)² '심각하다'의 어근.

심:각-성(深刻性)[-썽]**명** 심각한 상태를 띤 성질. ¶청소년 범죄의 심각성. /사태의 심각성.

심:각-하다(深刻-)[-가카-]**형여** 매우 중대하고 절실하다. ¶가장 심각한 문제. **심각-히**부 ¶심각히 생각하다.

심간(心肝)**명** ①마음속. 참된 마음. ②심장과 간장.

심:갱(深坑)**명** 깊은 구덩이.

심겁(心怯)**명**하형 대단찮은 일에도 겁을 잘 낼 정도로 담력이 없음.

심결(審決)**명** (특허국의 심판 등에서 하는) 심리(審理)의 결정.

심경(心經)¹**명** 심장에서 갈려 나온 경락(經絡).

심경(心經)²**명** 〈반야바라밀다심경〉의 준말.

심경(心境)**명** 마음의 상태, 또는 경지(境地). ¶심경의 변화를 보이다. **비**심계(心界).

심:경(深更)**명** 깊은 밤. 심야(深夜).

심:경(深耕)**명하자** 논밭을 깊게 갊.

심:경(深境)**명** (사상이나 학문·예술·종교 따위의) 깊은 경지.

심경^소:설(心境小說)**명** 작가가 자기의 심경을 솔직히 묘사한 소설.

심계(心界)[-계/-게]**명** ①마음의 세계. ↔물계. ②마음의 형편. ¶막내 혼사를 치르고 나니 심계가 편하다. **비**심기(心氣)·심경(心境).

심계(心悸)[-계/-게]**명** (왼쪽 가슴에 손을 대어 느낄 수 있는) 심장의 고동.

심:계(深戒)[-계/-게]**명하타** 깊이 경계함.

심계^항:진(心悸亢進)[-계/-게-]**명** (질병·흥분·운동 등으로) 심장의 고동이 높아지는 일.

심-고(-) 활의 시위를 양냥고자에 걸도록 활몸 양 끝에 달아 놓은, 소의 심줄로 만든 고.

심고(心告)**명하자** 천도교인들이 먹거나 자고 일어나거나 출입 따위를 할 때마다 먼저 한울님에게 마음으로 아뢰는 일.

심곡(心曲)**명** 애틋하고 간절한 마음속. 정곡(情曲). 충곡(衷曲).

심:곡(深谷)**명** 깊은 골짜기.

심골(心骨)**명** ①마음과 뼈. ¶심골이 함께 저리다. ②마음속. ¶아버님의 심골을 헤아리다.

심광체반(心廣體胖)**명** 마음이 너그러우면 몸이 편안함.

심교(心交)**명** 마음을 터놓고 사귀는 벗.

심교(心巧)**명** '심교하다'의 어근.

심:교(深交)**명하자** 정분이 깊게 사귐, 또는 그러한 교제.

심교-하다(心巧-)**형여** 마음씀이 잘고 꼼꼼하다.

심구(心垢)**명** 마음을 더럽히는 때, 곧 번뇌.

심:구(深究)**명하타** 깊이 연구함.

심구(尋究)**명하타** 찾아서 밝힘.

심:굴(深窟)**명** 깊은 굴.

심:궁(深宮)**명** 깊고 그윽한 궁중.

심:규(深閨)**명** 여자가 기거하는, 깊숙이 들어앉은 방이나 집.

심근(心根)**명** 마음씨. 마음속.

심근(心筋)**명** 심장의 벽을 싸고 있는 근육.

심:근(深根)**명** 깊이 뻗은 뿌리.

심근^경색증(心筋梗塞症)[-증]**명** 심장 질환의 한 가지. 관상 동맥에 혈전(血栓)이 생기거나 관상 동맥 경화증 때문에 순환 장애를 일으킬 때 흔히 발작적으로 나타남. 쇼크 상태가 되고 사망률이 높음.

심금(心琴)**명** 자극에 따라 미묘하게 움직이는 마음을 '거문고'에 비유하여 이르는 말. **심금(을) 울리다**[관용] 감동하게 하다. ¶심금을 울리는 마지막 장면.

심급(甚急)**명** '심급하다'의 어근.

심급(審級)**명** 같은 사건을 각기 다른 법원에서 반복하여 심판할 때, 그 법원 사이의 심판의 순서, 또는 상하의 계급. 원칙적으로 우리나라는 삼심급제(三審級制)임.

심:급-하다(甚急-)[-그파-]**형여** 몹시 급하다.

심기(心氣)**명** 마음으로 느끼는 기분. ¶심기가 불편하다. **비**심계(心界).

심기(心機)**명** 마음의 기능이나 활동.

심-기다(자) ['심다'의 피동] 심음을 당하다. 심어지다. ¶화분에 꽃이 심기다.

심기-일전(心機一轉)[-쩐]**명하자** (어떤 동기에 의하여) 지금까지 품었던 생각과 마음의 자세를 완전히 바꿈. ¶우리 모두 새해를 맞아 심기일전하여 근무에 임하세.

심기-증(心氣症)[-쯩]**명** 신경 쇠약의 한 증세. 스스로 생각하기에 큰 병에 걸렸다고 느끼는 증세. 히포콘드리아시스.

심-나물(명) 말린 쇠심을 물에 불려 끓는 물에 데친 다음 토막지게 썰어 숙주나물에 넣은 음식.

심난(甚難)**명** '심난하다'의 어근.

심:난-하다(甚難-)**형여** 매우 어렵다. 매우 곤란하다. 지난(至難)하다.

심낭(心囊)**명** 심장의 바깥쪽 주머니처럼 덮어싸고 있는 얇은 막. 심막. 염통주머니.

심:-녹색(深綠色)[-쌕]**명** 짙은 초록색. 갈매.

심뇌(心惱)[-뇌/-눼]**명하자** 마음의 괴로움.

심-다(-따)(타) ①초목의 뿌리 또는 씨앗 따위를 땅속에 묻다. ¶뒷산에 밤나무를 심다. ②마음에 뿌리박게 하다. ¶어린 마음에 불신감을 심다. ③어떤 의도를 가지고, 자기편 사람을 상대편 집단에 미리 넣다. ¶경쟁사에 우리 사람을 심어 두다. ④정하여진 틀이나 대상에 꽂아넣다. ¶이를 잇몸에 심다. /머리털을 심다.

심담(心膽)**명** 심지(心地)와 담력.

심담(深潭)**명** 깊은 못. 심연(深淵).

심-대(心-)[-때]**명** (차량이나 팽이 따위의) 중심을 이루는 대. 축(軸).

심대(甚大)**명** '심대하다'의 어근.

심:대-하다(甚大-)**형여** 몹시 크다. ¶심대한 타격./피해를 심대하게 입다.

심덕(心德)**명** 마음씨에 나타나는 어질고 너그러운 품성. ¶심덕이 좋은 며느리.

심도(心到)**명** 독서삼도(讀書三到)의 하나. 글을 읽을 때는 '마음을 오로지 글 읽기에 집중해야 함'을 이르는 말. **참**독서삼도.

심:도(深度)**명** 깊은 정도.

심:독(心讀)**명하타** 마음속으로 읽음.

심-돋우개(心-)**명** 등잔의 심지를 돋우는 기구.

심동(心動)**명하자** ①마음이 들떠 움직임. ②솔깃하여 마음이 동함.

심:동(深冬)**명** 추위가 한창인 겨울철의 고비.

심드렁-하다(형여) ①관심이 없거나 탐탁하지 않아 서두르고 싶지 아니하다. ②(병 따위가) 더하지도 덜하지도 않은 채 오래 끄는 상태에 있다. ¶감기가 심드렁하다. **심드렁-히**(부).

심-떠깨(명) 〈쇠심떠깨〉의 준말.

심란(心亂)**명** '심란하다'의 어근.

심란-하다(心亂-)[-난-]**형여** 마음이 뒤숭숭하다. 마음이 어지럽다. 심산(心散)하다. ¶하도 심란하여 도무지 일이 손에 잡히지 않는다. **심란-히**(부).

심:람(深藍)[-남]**명** 짙은 쪽빛.

심:량(深量)[-냥]**명하타** 깊이 헤아림. 깊은 사량(思量). ¶일을 심량하여 처리하다.

심:량(深諒)[-냥]**명하타** 깊이 헤아려 살핌. **비**심려(深慮).

심:량-처:지(深諒處之)[-냥-]**명하타** 깊이 헤아려 처리함.

심:려(心慮)[-녀]**명하타되자** 마음으로 근심함, 또는 마음속의 근심. ¶별것 아닌 일로 심려를 끼쳐 드려 죄송합니다.

심:려(深慮)[-녀]**명하타** 깊이 생각함, 또는 그 생각. 심사. **비**심량(深量).

심력(心力) [-녁][명] ①마음과 힘. ¶일의 성취를 위하여 심력을 다하다. ②마음이 미치는 힘. ¶심력을 집중하면 초인적인 능력이 나타난다.

심령(心靈) [-녕][명] ①마음이나 정신 작용을 일으킨다고 여겨지는 근원적 존재. ②육신과 대립적인 존재로 인식되는 마음의 주체. ③과학으로는 설명할 수 없는 육체의 생사(生死)와 관계없이 영존(永存)한다는 비물질의 불가사의한 존재. ⑫⑫영혼. ⑧영(靈). ↔육신·육체.

심령-론(心靈論) [-녕논][명] ①심령은 물질 세계를 지배하여 비상식적인 초능력이나 현상을 나타낼 수 있다고 믿고 주장하는 설이나 이론. ②☞강신론(降神論)

심령-술(心靈術) [-녕-][명] 심령 현상을 일으키는 독특한 방법.

심령-학(心靈學) [-녕-][명] 심령 현상 등에 대해서 연구하는 학문.

심령^현:상(心靈現象) [-녕-][명] 이미 알려진 자연 법칙으로는 설명할 수 없는 신비 현상. 염력(念力), 투시, 텔레파시, 영혼과의 교통, 외계(外界)의 영혼과의 통신 등의 현상을 통틀어 이르는 말.

심로(心勞) [-노][명][하자] 마음을 수고롭게 씀, 또는 그런 수고. ¶이번 일로 심로가 많다.

심:록(深綠) [-녹][명] 짙은 초록빛. 갈매.

심료-내과(心療內科) [-뇨-꽈][명] 내과 임상 의학의 한 분과. 암시·면접 등의 심리 요법을 주로 하는 내과.

심리(心理) [-니][명] ①마음의 움직임이나 상태. 마음보. 속내평. ¶그의 심리를 알 수 없다. ②그때그때 외계로부터의 자극에 반응하는 사람이나 동물의 의식 상태, 또는 마음의 현상. ¶아동 심리. ③<심리학>의 준말.

심리(審理) [-니][명][하자] 소송 사건에 관하여 법관이 판결에 필요한 모든 일을 심사함.

심리-극(心理劇) [-니-][명] 극적인 효과보다는 진단이나 치유의 효과를 기대하는 목적극. [주로, 사회적 부적응이나 인격 장애의 진단 및 치료에 이용됨.] 사이코드라마.

심리^묘:사(心理描寫) [-니-][명] 소설이나 극 따위에서, 등장인물의 심리가 변화하는 상태를 그려 내는 일.

심리^소:설(心理小說) [-니-][명] 주로, 인간 내면의 심리적 변화를 다룬 소설. 18세기에 낭만주의 소설에 대한 반동으로 비롯되었으며, 19세기 초 스탕달의 '적과 흑'이 그 대표작임. 20세기에는 '의식의 흐름'으로 일컬어지는 신심리 소설, 곧 도스토예프스키·조이스·울프·프루스트 등의 작품이 등장하였음.

심리^요법(心理療法) [-니-뻡][명] 심리적 장애나 부조(不調)·부적응을 심리적인 기법에 의하여 치료하는 방법을 통틀어 이르는 말. [넓은 뜻으로는 생리적·물리적·화학적 방법을 사용하는 것도 포함함.] 정신 요법.

심리^유보(心理留保) [-니-][명] 의사(意思) 표시자가 진의가 아닌 뜻으로 해석될 것을 알고 한 의사 표시. [비진의 표시(非眞意表示)라고도 함.]

심리-전(心理戰) [-니-][명] 상대편에 대하여 명백한 적대 행위를 취하지 않고, 오로지 상대편의 심리에 작용하여 제압하려고 하는 전쟁이나 경쟁. 심리 전쟁.

심리^전:쟁(心理戰爭) [-니-][명] ☞심리전.

심리-주의(心理主義) [-니-의/-니-이][명] (논리학을 우선으로 하는 논리주의에 대립하여)

인식론·논리학·윤리학·미학 등 철학의 여러 부문에서 문제 해명의 기초가 되는 것이 심리학이라고 주장하는 처지. ↔논리주의.

심리-학(心理學) [-니-][명] 인간이나 동물의 의식과 행동의 양태를 연구하는 학문. [행동에 관해서도 생리학적 측면을 떠나, 심리적 반응으로서 나타나는 양태를 연구 대상으로 함.] ⑧심리.

심리학-과(心理學科) [-니-꽈][명] 대학에서, 심리학을 연구하는 학과.

심리학적 측정(心理學的測定) [-니-쩍-쩡] 심리학을 위하여 사용하는 측정을 통틀어 이르는 말. 적성 검사법·학습 실험법·기억 실험법 따위.

심리^환경(心理環境) [-니-][명] ☞행동 환경.

심:림(深林) [-님][명] 초목이 무성한 깊은 수풀.

심마니[명] 산삼 캐는 일을 업으로 하는 사람. 채삼꾼.

심마니-말[명] 심마니들이 자기네끼리만 쓰는 말.

심마-진(蕁麻疹)[명] 두드러기.

심막(心膜)[명] ☞심낭.

심만이족(心滿意足) [-마니-/-마니-][명][하형] 마음에 흡족함.

심-메[명] 산에 산삼 캐러 가는 일.

심메(를) 보다[관용] 산삼의 싹을 찾다.

심:모(深謀)[명][하자] 깊은 꾀. 심오한 책모(策謀).

심:모-원려(深謀遠慮) [-월-][명] 깊은 꾀와 먼 장래를 내다보는 생각.

심목(心目)¹[명] 건축에서, 기둥의 중심선.

심목(心目)²[명] ①마음과 눈. ¶심목을 집중하여 관찰하다. ②마음의 눈. ②심안(心眼).

심문(心門)[명] 피가 심장을 드나드는 문.

심문(尋問)[명][하자] ☞심방(尋訪).

심문(審問)[명][하자] ①자세히 따져서 물음. ②법원이 당사자나 그 밖에 이해관계가 있는 사람에게 서면이나 구두로 개별적으로 진술할 기회를 주는 일. ¶심문을 받다.

심미(審美)[명] 미를 식별하여 가늠하는 일.

심미^비:평(審美批評)[명] 비평의 기준을 쾌감이나 미감을 추출하고 분석하는 데 두는 주관적 문예 비평.

심미-안(審美眼)[명] 미를 식별하여 가늠하는 안목.

심미-학(審美學)[명] 미나 예술의 본질, 원리, 형식 등을 탐구하는 학문. 미학.

심밀(深密) '심밀하다'의 어근.

심:-하다(深密-)[형][여] ①생각이 깊고 빈 구석이 없다. ⑪면밀하다·주밀하다. ②깊숙하고 무성하다.

심-박동(心搏動) [-똥][명] 심장이 일정한 속도로 오므라졌다 늘어났다 하는 일.

심:발^지진(深發地震)[명] 진원(震源)이 300 km 이상의 깊은 지하에 있는 지진.

심방(心枋)[명] 일각 대문 따위의 양쪽 기둥에 건너지른 인방(引枋).

심방(心房)[명] 온몸으로부터 들어오는 혈액을 받는, 정맥과 이어진 심장의 윗부분. 좌우 두 개로 우심방과 좌심방으로 구분함. 염통방. ⑪심실(心室).

심방(尋訪)[명][하자] 방문하여 찾아봄. 심문.

심방-변(心傍邊)[명] 한자 부수의 한 가지. '마음심'의 변형으로, '忙'·'快' 등에서의 'ㅏ'의 이름. 심방머리.

심:배(深杯)[명] 깊고 큼직한 술잔.

심벌(symbol)[명] ①상징. ②기호.

심벌리즘(symbolism)[명] ☞상징주의.

심벌즈(cymbals)몡 양악(洋樂)에 쓰이는 타악기의 한 가지. 둥글고 얇은 두 개의 놋쇠 판을 마주 쳐서 소리를 냄. 취주악이나 오케스트라에 쓰임.

심법(心法)[—뻡]몡 ①불교에서, 물질을 뜻하는 색법(色法)에 대하여 사물을 의식하는 정신, 곧 마음을 이르는 말. ↔색법. ②마음을 쓰는 법.

심벽(心壁)몡 ①재래식 한옥에서, 기둥 부분이 드러나게 친 벽체. ②흙으로 둑을 쌓을 때, 물이 새지 않도록 가운데에 진흙이나 시멘트를 다져 넣은 벽체.

심병(心病)몡 ①근심으로 생긴 병. 비심복통(心腹痛). ②갑작스러운 기쁨이나 슬픔으로 까무러치는 병.

심-보(心—)[—뽀]몡 ☞마음보. ¶심보가 고약하다.

심복(心服)몡하자 〈심열성복(心悅誠服)〉의 준말.

심복(心腹)몡 ①가슴과 배. 복심. ②요긴하게 쓰이는 물건이나 일. ③〈심복지인〉의 준말.

심복지인(心腹之人)[—찌—]몡 마음 놓고 믿을 수 있는 부하. 마음으로 복종하는 사람. ㈜심복.

심복지환(心腹之患)[—찌—]몡 ①쉽게 다스리기 어려운 병. ②없애기 어려운 근심.

심복-통(心腹痛)몡 근심으로 생긴 가슴앓이. 비심병.

심-봤다[—받따]감 심마니가 산삼을 발견했을 때 세 번 지르는 소리.

심:부(深部)몡 깊은 부분. ¶심부 조직.

심:부름몡하자 남의 시킴이나 부탁을 받아 대신해 주는 일.

심:부름-꾼몡 심부름을 하는 사람. ¶부하 직원을 자기 심부름꾼처럼 부리다나.

심-부전(心不全)몡 심장의 기능이 쇠약해져서 혈액의 공급이 불안정한 병.

심불(心佛)몡 화엄종에서, 수행한 결과로 깨달아 얻는 불신(佛身)의 경지 열 가지 중의 하나. 곧, 만유의 본체가 되는 마음을 이르는 말.

심사(心事)몡 마음속으로 생각하는 일.

심사(心思)몡 ①마음. ¶눈칫밥을 얻어먹는 처지에 심사가 편할 리 없다. ②(고약스럽거나 심술궂다고 할 때의) 마음. ¶고약한 심사.

심사가 놀부라속담 '본성이 탐욕스럽고 심술궂음'을 비유하여 이르는 말.

심사는 없어도 이웃집 불난 데 키 들고 나선다속담 '남의 일은 가리지 않고 못되게 방해하는 사람'을 두고 이르는 말.

심사(가) 사납다관용 마음보가 고약하고 심술궂다. ¶심사가 사나워 입을 떼기가 겁난다.

심사(를) 놀다(놓다)관용 고약한 마음으로 남의 일을 방해하다.

심:사(深思)몡 깊이 생각함, 또는 그 생각. 심려(深慮). 재사(再思).

심:사(深謝)몡하타 깊이 사례하거나 사죄함.

심사(審査)몡하타 자세히 조사하여 가려내거나 정함. ¶응모 작품을 심사하다.

심:사-묵고(深思默考)[—꼬]몡하타 ☞심사숙고.

심:사-숙고(深思熟考)[—꼬]몡하타 깊이 생각함, 또는 그 생각. 심사묵고. 심사숙려.

심:사-숙려(深思熟慮)[—녀]몡하타 ☞심사숙고(深思熟考).

심산(心算)몡 속셈. 셈. ¶그 많은 걸 저 혼자 차지하겠다는 심산이다.

심산(心散) '심산(心散)하다'의 어근.

심산(心酸) '심산(心酸)하다'의 어근.

심:산(深山)몡 깊은 산.

심:산-궁곡(深山窮谷)몡 ☞심산유곡.

심:산-유곡(深山幽谷)[—뉴—]몡 깊은 산속의 으슥한 골짜기. 심산궁곡.

심산-하다(心散—)형여 심란(心亂)하다.

심산-하다(心酸—)형여 마음이 몹시 고통스럽다.

심-살(心—)¹[—쌀]몡 벽을 칠 때, 외(椳)를 든든하게 하기 위하여 상인방과 하인방의 가운데에 끼워 세우는 나무. 벽심(壁心).

심-살(心—)²[—쌀] '등심'의 잘못.

심살-내리다(—쌀—)재 자잘한 근심이 늘 마음에서 떠나지 않다.

심상(心狀)몡 마음의 상태.

심상(心喪)몡 상복은 입지 않았어도 상제와 같은 마음으로 근신하는 일.

심상(心象·心像)몡 감각 기관의 자극 없이 의식 속에 떠오르는 상. 영상. 표상.

심상(心想)몡 마음속의 생각이나 상념.

심상(尋常) '심상하다'의 어근.

심상-하다(尋常—)형여 대수롭지 않고 예사롭다. 범상(凡常)하다. **심상-히**튀 ¶심상히 보아 넘기다.

심서(心緒)몡 ☞심회(心懷).

심:서(甚暑)몡 심한 더위.

심선(心線)몡 ①절연 전선이나 케이블 따위의 중심에 있는 선. ②용접봉의 중심에 있는 금속선.

심성(心性)몡 ①본디부터 타고난 마음씨. 심성정(心性情). ¶심성이 곱다. ②지능적 소질·습관·신념 따위의 정신적 특질. ③참된 본성(本性), 곧 '진심(眞心)'을 불가(佛家)에서 이르는 말. ③마음성. 속.

심성(心星)몡 이십팔수의 하나. 동쪽의 다섯째 별자리. ㈜심(心).

심:성(深省)몡하타 깊이 반성함.

심:성^광상(深成鑛床)몡 마그마로부터 방출된 가스나 열수(熱水)에 의하여 땅속에서 형성된 광상을 통틀어 이르는 말. 주석·텅스텐·몰리브덴 따위의 광맥이 이에 딸림.

심:성-암(深成岩)몡 화성암 중에서 구성 광물의 결정 입자가 크며, 완정질(完晶質)로 조직이 거친 암석을 통틀어 이르는 말. 화강암·섬록암·섬장석 무리와 감람석·반려암 무리로 나누어짐.

심-성정(心性情)몡 ☞심성(心性).

심소(心素)몡 점유(占有)나 주소(住所) 따위에 관한 법률 사실을 구성하는 의사적(意思的) 요소, 곧 일정한 주소에 거주할 의사를 이름. ↔체소(體素).

심수(心受)몡하타 마음으로 받아들여 깨달음. 납득함.

심수(心授)몡하자 심법(心法)을 가르쳐 전함.

심수(心髓)몡 ①사물의 중심이 되는 가장 중요한 곳. ②(깊은) 마음속.

심:수(深愁)몡 깊이 근심함, 또는 큰 시름.

심:수(深邃)몡형어 ¶①(지형 따위가) 깊숙하고 그윽함. ②(학문이나 예술 따위가) 심오함.

심술(心術)몡 ①온당하지 않게 고집을 부리는 마음. ¶공연히 심술이 나다. ②짓궂게 남을 괴롭히거나 남이 잘되는 것을 시기하거나 하는 못된 마음. ¶심술을 피우다.

심술(을) 놀다(부리다)관용 심술궂은 행동을 하다.

심술(이) 사납다관용 심술이 나쁘고 모질다.

심술-궂다(心術—)[—굳따]형 심술이 몹시 많다. ¶심술궂은 장난. 심술궂은 얼굴.

심술-기(心術氣)[—끼]몡 심술스러운 기색이나 태도. ¶심술기가 드러나 보이다.

심술-꾸러기(心術-)圐 심술이 많은 사람. 심술쟁이.

심술-꾼(心術-)圐 '심술꾸러기'의 잘못.

심술-딱지(心術-)[-찌]〈심술〉의 속된 말.

심술-머리(心術-)圐 '심술딱지'의 잘못.

심술-부리다(心術-)困 심술궂게 행동하다.

심술-스럽다(心術-)[-따][~스러우니·~스러워]圐田 보기에 심술궂은 데가 있다. 심술스레團.

심술-쟁이(心術-)圐 심술꾸러기.

심술-주머니(心術-)圐 '심술꾸러기'의 잘못.

심술-통이(心術-)圐 질투하여 심술을 잘 부리는 사람.

심술-패기(心術-)圐 심술궂은 아이.

심슨-선(Simson線)圐 삼각형의 외접원 위의 임의의 한 점에서 삼각형의 각 변에 그 변의 연장선 위에 내린 수선이 이룬 세 점은 일직선 위에 있게 되는데, 이때의 직선을 이르는 말.

심신(心身)圐 마음과 몸. ¶심신을 단련하다.

심신(心神)圐 ①마음. 정신. ②기분.

심:신(深信)圐하타 깊게 믿거나 꼭 믿음, 또는 깊은 믿음.

심신(審愼)圐하타 언행을 조심하고 삼감.

심신^미약자(心神微弱者)[-짜]圐 정신 기능의 장애로 의사를 결정할 능력이 미약한 사람.

심신^박약자(心神薄弱者)[-짜]圐 정신 기능의 장애로 자기가 하는 행위에 대한 합리적인 판단 능력이 보통 사람보다 뒤지는 사람.

심신-불안(心神不安)圐 마음(정신)이 편안하지 못함.

심신-산란(心神散亂)[-살-]圐 마음이 몹시 산란함.

심신^상실자(心神喪失者)[-짜]圐 자신이 한 행위의 결과에 대하여 판단할 수 있는 능력이 거의 없거나 전혀 없는 사람.

심신^장애(心身障礙)圐 신체 기능의 장애와 정신 기능의 장애를 통틀어 이르는 말.

심신^장애자(心身障礙者)圐 신체 기능의 장애나 정신 기능의 장애로 말미암아 일상생활에서 많은 제약을 받는 사람.

심실(心室)圐 온몸으로 혈액을 내보내는, 동맥과 이어진 심장의 아랫부분. 대동맥에 이어지는 좌심실과, 폐동맥에 이어지는 우심실로 나누어짐. 염통집.

심심(甚深)'심심(甚深)하다'의 어근.

심심(深深)'심심(深深)하다'의 어근.

심:심-산천(深深山川)圐 깊고 깊은 산천. ¶심심산천의 백도라지.

심심상인(心心相印)圐하타 ☞이심전심.

심심-소일(-消日)圐하자 시간을 보내기 위하여 심심하지 않게 무슨 일을 함, 또는 그 일. ¶심심소일로 화초를 가꾸다.

심:심-장지(深深藏之)圐하타 물건을 깊이 간직하거나 깊이 감추어 둠.

심심찮다[-찬타]圐 드물지 않고 꽤 잦다. 《주로, '심심찮게'의 꼴로 쓰임.》¶심심찮게 고기가 물린다. *심심찮아[-차나]·심심찮소[-찬쏘]

심심-파적(-破寂)圐하자 심심풀이. ¶심심파적으로 난(蘭)을 치다.

심심-풀이圐하자 심심함을 잊고 시간을 보내기 위하여 무엇인가를 하는 일. 심심파적.

심심-하다圐田 맛이 조금 싱겁다. ¶국이 심심하다. 심심-히團.

심심-하다²圐田 할 일이나 재미 붙일 데가 없어 시간을 보내기가 지루하고 따분하다. ¶할 일이 없어 심심하다. 심심-히團.

심:심-하다(甚深-)圐田 (마음씀이) 매우 깊다. 《주로, '심심한'의 꼴로 쓰임.》¶심심한 사의를 표합니다. 심심-히團.

심:심-하다(深深-)圐田 깊고 깊다. ¶심심한 산곡(山谷)에 울창하게 들어선 산림. 심심-히團.

심-쌀(心-)圐 죽을 끓일 때 넣는 쌀.

심악(甚惡)'심악하다'의 어근.

심:악-스럽다(甚惡-)[-따][~스러우니·~스러워]圐田 보기에 심악한 데가 있다. 困사막스럽다. 심악스레團.

심:악-하다(甚惡-)[시마카-]圐田 ①매우 악하다. ¶마음씀이 심악하다. ②매우 가혹하고 야박하다. ¶심악한 처사. 困사막하다.

심안(心眼)圐 사물의 본질을 날카롭게 판별하는 마음의 작용. 마음눈. 심목(心目)². ¶심안이 열리다. ↔육안(肉眼).

심:야(深夜)圐 깊은 밤. 심경(深更). ¶심야 방송.

심약(心弱)'심약하다'의 어근.

심약-하다(心弱-)[시먀카-]圐田 마음이 약하다. ¶심약한 성격.

심:연(深淵)圐 ①깊은 못. 심담(深潭). ②'헤어나기 어려운 깊은 구렁'을 비유하여 이르는 말. ¶절망의 심연 속에서 헤어나다.

심열(心熱)圐 ①심화로 생기는 열. ②무엇을 간절히 바라는 마음속의 열망.

심열성복(心悅誠服)圐하자 충심으로 기뻐하며 성심껏 순종함. 圙심복.

심오(深奧)'심오하다'의 어근.

심:오-하다(深奧-)圐田 사물의 뜻이 매우 깊고 오묘하다. ¶심오한 철리(哲理).

심옹(心癰)圐 젖가슴에 나는 종기.

심와(心窩)圐 명치.

심외(心外)[시뫼/시붸]圐 마음 밖. 생각 밖.

심우(心友)圐 마음으로 깊이 사귄 벗.

심:우(心憂)圐하타 깊이 근심함, 또는 그 근심.

심원(心願)圐하타 마음속으로 바람, 또는 그렇게 바라는 일.

심:원(深怨)圐하타 깊이 원망함, 또는 그 원망.

심원(深遠)'심원하다'의 어근.

심:원-하다(深遠-)圐田 (생각이나 사상·뜻 따위가) 매우 깊다. ¶생각이 매우 심원하다.

심육(心肉)圐 등심.

심음(心音)圐 심장이 고동치는 소리.

심:의(心意)[시믜/시미]圐 마음. 생각. 심사.

심:의(深衣)[시믜/시미]圐 지난날, 고결한 선비들이 입던 흰 베로 만든 웃옷. 소매를 넓게 하고 검은 비단으로 가를 둘렀음. 圙학창의(鶴氅衣).

심:의(深意)[시믜/시미]圐 깊은 뜻.

심:의(審議)[시믜/시미]圐하타되자 제출된 안건을 상세히 검토하고 그 가부를 논의함. ¶예산안을 심의하다.

심:의-회(審議會)[시믜회/시미훼]圐 어떤 사항을 심의하기 위하여 모인 회.

심이(心耳)圐 ①마음의 귀, 또는 마음으로 듣고 헤아리는 일. ¶심이를 기울이다. ②심방(心房)의 일부가 귀처럼 앞쪽으로 튀어나온 부분.

심인(心印)圐 〔부처의 깨달음을 도장에 비유한 말로〕'모두가 깨달을 수 있다는 확고한 믿음'을 이르는 말.

심인(心因)圐 정신적·심리적인 원인.

심인(尋人)圐 사람을 찾음, 또는 찾는 사람.

심인-성(心因性)[-썽]圐 어떤 병이나 증세가 한때의 정신적인 일로 말미암아 생기는 성질. 신경성. ¶심인성 건망(健忘).

심인성^반:응(心因性反應) [-씽-]명 정신적·심리적인 원인으로 말미암아 일어나는 정신적·신체적 기능의 이상 상태.

심:입(深入)명하자 깊이 들어감.

심장(心腸)명 마음의 속내. 감정이 우러나는 속자리. ¶심장이 상하다.

심장(心臟)명 ①내장의 하나로 혈액 순환의 원동력이 되는 기관. 자루 모양을 하고 있으며, 내부는 두 개의 심방과 두 개의 심실로 되어 있음. 염통. ¶인공 심장. /심장이 뛰다. ②'사물의 중심부'를 비유하여 이르는 말. ¶서울의 심장이 되는 곳. ③'비위가 좋은 마음보'를 비유하여 이르는 말. ¶심장이 강한 사람.
심장을 찌르다관용 정통을 찌르다.
심장이 강하다관용 비위가 (뱃심이) 좋다.
심장이 뛰다관용 맥박이 빨라지면서 흥분하다.
심장이 약하다관용 비위가 약하다. 뱃심이 없다.

심장(深長)[하자 '심장하다'의 어근.

심장^마비(心臟痲痺) 심장이 갑자기 기능 장애를 일으켜서 박동이 정지하는 일.

심장-병(心臟病)[-뼝] 심장에 발생한 병증을 통틀어 이르는 말.

심장-부(心臟部) ①심장이 있는 부분. ¶총알이 심장부를 관통하다. ②'어떤 것의 중심이 되는 가장 중요한 부분'을 비유하여 이르는 말. ¶교통의 심장부. /적의 심장부를 공략하다.

심장적구(尋章摘句) [-꾸]하타 옛사람이 지은 글귀를 여기저기서 따옴.

심장-통(心臟痛) 흉골부로부터 좌전(左前) 흉부에 걸쳐서 일어나는 통증. 심근(心筋)에 일어나는 통증.

심장^판막증(心臟瓣膜症) [-쯩] 심장의 판막에 이상이 생겨 기능 장애를 일으키는 병증.

심:장-하다(深長-)형어 뜻이 깊고 함축성이 있다.

심재(心材)명 나무줄기의 중심부인, 빛깔이 짙고 단단한 부분. ↔변재(邊材).

심-적(心的) [-쩍]관 마음 (의). 마음에 관한 (것). ¶심적 변화. /심적인 고통. ↔물적(物的).

심적 에너지(心的energy) [-쩍-] 심리학에서, 현실의 의식 과정을 일으키는 힘을 이르는 말.

심적 포:화(心的飽和) [-쩍-] 심리학에서, 같은 일을 되풀이하면 일에 대한 의욕이 감퇴하여, 작업 성적이 떨어지는 현상을 이르는 말.

심전(心田)명 마음. 심지(心地).

심전-계(心電計) [-계/-게]명 심장의 수축에 따라 발생하는 활동 전류를 기록하는 장치를 통틀어 이르는 말.

심전-도(心電圖) 심전계를 이용하여 심장의 수축에 따라 발생하는 활동 전류를 그래프 모양의 곡선으로 나타낸 그림.

심절(心絶)명하자 아주 절교(絶交)함.

심절(深切)명 '심절하다'의 어근.

심:절-하다(深切-)형어 ①깊고 간절하다. ¶그리는 정이 심절하다. ②매우 적절하다.

심정(心情)명 마음에 품은 생각과 감정. ¶착잡한 심정. /울고 싶은 심정.

심제(心制)명 지난날, 대상(大祥) 때부터 담제(禫祭) 때까지 입던 복.

심조-증(心燥症) [-쯩]명 정신의 과로로 가슴이 아프고 초조해지는 병.

심주(心柱)명 마음의 줏대.

심-줄[-쭐]명 〈힘줄〉의 변한말. 근(筋).

심중(心中)명 마음속. ¶심중을 헤아리다.

심중(深重) '심중하다'의 어근.

심중-소회(心中所懷) [-회/-훼]명 마음속에 품은 감회.

심:중-하다(深重-)형어 ①생각이 깊고 무게가 있다. ¶심중한 태도. ②매우 중대하고 심각하다. ¶심중한 타격을 받다. **심중-히**부.

심증(心證)명 ①(상대편의 언동으로) 마음에 받는 인상. ②(법관이 사건 심리로) 마음속에 가지게 된 인식이나 확신. ¶심증을 굳히다. /심증을 더해 물증이 없다.

심지(心-)명 ①양초나 등잔·석유난로 따위에 실이나 헝겊을 꼬아서 꽂고 불을 붙이게 된 물건. 등심(燈心)¹. ¶심지를 올리다. ②남포나 폭발물 따위를 터뜨리기 위하여 불을 줄이게 된 줄. ¶심지에 불을 당기다. ③상처의 구멍 따위에 박기 위하여 솜 따위로 만든 물건. ¶상처 구멍에 심지를 박다. 준심.

심지(心地)명 마음의 바탕. 심전(心田). ¶심지가 곱다.

심지(心志)명 무엇을 하려고 하는 의지. 마음으로 뜻하는 바. ¶심지가 굳다. /심지가 바르다.

심:지어(甚至於)부 심하게는. 심하다 못해 나중에는. ¶심지어 남을 중상모략까지 하다.

심찰(審察)명하타 자세히 살피어 조사함.

심:창(深窓) 〔깊숙한 방의 창문이란 뜻으로〕 깊숙한 방. 규방. ¶심창의 규수.

심:책(深責)명하타 몹시 꾸짖음. 절책(切責).

심천(深淺)명 깊음과 얕음.

심청(心-) '심술'의 잘못.

심:청(深靑)명 짙은 푸른빛.

심:청-가(沈淸歌)명 판소리 열두 마당의 하나. '심청전'을 판소리로 엮은 것.

심:청-전(沈淸傳)명 작자·연대 미상의 조선 시대의 고대 소설. 효(孝)의 유교 사상과 인과응보의 불교 사상이 어울려진 작품.〔효녀 심청이 눈먼 아버지의 눈을 뜨게 하려고 뱃사람에게 자기 몸을 팔아 인당수에 몸을 던졌으나, 감동한 용왕의 구함을 받아 황후로 환생하게 됨으로써, 부녀가 다시 만나고 아버지의 눈도 뜨게 된다는 내용.〕

심축(心祝)명하타 진심으로 축복함.

심:충(深衷)명 깊고 참된 마음.

심취(心醉)명하자되자 어떤 사물에 깊이 빠져 마음을 빼앗김. ¶동양 철학에 심취하다.

심:취(深醉)명하자 (술 따위에) 몹시 취함. ¶심취하여 쓰러져 잠들다.

심:층(深層)명 ①사물의 속이나 밑에 있는 깊은 층. ②겉으로 드러나지 않은, 사물이나 사건의 내부 깊숙한 곳. ¶심층 취재.

심:층^심리학(深層心理學) [-니-]명 인간 정신의 의식적 부분에 대하여 의식되지 않거나 마음의 깊은 곳에 새겨져 있어, 어떤 계기가 있으면 의식될 수 있는 심리를 연구하는 학문.

심토(心土)명 표토 아래층의 토양. 속흙.

심토리-흙명 땅을 깊이 갈기 위하여 호미나 쟁기에 덧대는 기구.

심통(心-)명 여러 도막으로 끊어져 있는 광맥.

심통(心-)명 마땅치 않게 여기는 나쁜 마음. ¶심통이 사납다. /심통을 부리다.

심통(心痛)명하형 마음이 아픔. 마음의 고통. ¶심통한 표정을 짓다.

심:통(深痛)명하형 몹시 마음이 아픔. 몹시 슬픔. **심통-히**부.

심:판(審判)명하타 ①법률에서, 어떤 사건을 심리하여 그 옳고 그름에 대한 판결을 내림. ¶심판을 기다리다. /심판을 내리다. ②경기에서,

반칙 등을 판단하고 승패나 우열 따위를 가림, 또는 그 일을 하는 사람. ¶심판을 보다. ③기독교나 유대교에서, 지상에서의 삶에 대하여 사후(死後)나 역사의 종말에 내리는 하나님의 판정을 이르는 말. ¶최후의 심판.

심:판-관(審判官)명 ①'심판'을 흔히 이르는 말. ②군사 법원에서, 재판관으로 임명된, 군판사(軍判事) 이외의 장교. 판관(判官).

심:판-대(審判臺)명 ①옳고 그름에 대한 판단이 내려지는 자리. ¶역사의 심판대에 오르다. ②배구나 테니스 따위 경기에서, 심판을 잘 볼 수 있도록 만들어 놓은 자리.

심포니(symphony)명 ①교향곡. ②〈심포니 오케스트라〉의 준말.

심포니^오케스트라(symphony orchestra)명 ☞교향악단. 준심포니.

심포지엄(symposium)명 토의 방법의 한 가지. 어떤 특정한 주제에 대하여 3~6명의 전문가가 미리 원고를 준비하여 강연식으로 발표하고, 이를 바탕으로 참석자와 청중이 질의 응답을 하는 형식의 토론회. ¶인구 문제 심포지엄.

심피(心皮)명 종자식물의 암술을 이루는 특수한 꽃잎. 안에 배주(胚珠)를 싸고 있으며, 뒤에 자라서 과피(果皮)가 됨.

심:-하다(甚-)형예 정도가 지나치다. 과도하다. ¶장난이 심하다. **심-히**부 ¶심히 유감스럽다.

심:항(深巷)명 (산골 같은 데에) 깊숙이 들어앉은 마을.

심:해(深海)명 깊은 바다. 〔지질학에서는 보통 수심이 200 m 이상 되는 바다를 이름.〕 ¶심해 어업. /심해 생물. ↔천해(淺海).

심:해^성층(深海成層)명 물의 깊이가 1000 m를 넘는 깊은 바다 바닥에 쌓인 지층.

심:해-어(深海魚)명 수심 200 m 이상의 깊은 바다에 사는 어류.

심핵(審覈)하타 일의 실상을 자세히 조사함. 자세히 심사함.

심허(心許)하타 진정으로 허락함.

심허(心虛)명 한방에서, '정신이 허약한 병증'을 이르는 말.

심험(心險) '심험(心險)하다'의 어근.

심험(深險) '심험(深險)하다'의 어근.

심험-하다(心險-)형예 마음이 음흉하다.

심:험-하다(深險-)형예 ①깊고 험하다. ②마음이 매우 음험하다.

심현(深玄) '심현하다'의 어근.

심:현(深玄) 사물의 이치 따위가 매우 깊고 현묘하다. ¶심현한 이치.

심혈(心血)명 온갖 힘. 온갖 정신력. ¶심혈을 기울여 만들다.

심:혈(深穴)명 깊은 구멍.

심-혈관(心血管)명 심장의 혈관. ¶심혈관 질환.

심혈관-계(心血管系)[-계/-게]명 심장의 혈관과 관련된 계통.

심:혜(深慧)[-혜/-헤]명 깊은 지혜.

심:-호흡(深呼吸)명하자 깊숙이 공기를 들이마셨다 내쉬었다 하며 크게 숨을 쉬는 일, 또는 그렇게 숨을 쉬는 호흡법.

심혼(心魂)명 마음과 혼(정신). 온 정신. ¶심혼을 쏟아 그린 미인도(美人圖).

심:홍(深紅)명 짙은 다홍빛.

심화(心火)명 ①마음속에 끓어오르는 울화. ¶심화가 끓어오르다. ②〈심화병〉의 준말.
　심화를 끓이다관용 몹시 근심이 되어 속을 태우다. ¶엎지른 물인데 심화를 끓여야 뭐 하나.

심:화(深化)명하자타되자 정도나 경지가 깊어지거나 심각해짐, 또는 그렇게 되도록 함. ¶심화 학습. /빈부 격차가 심화되다.

심화-병(心火病)[-뼝]명 마음에 울화가 치받쳐서 나는 병. 울화병. 준심화·화병(火病).

심황(-黃)명 생강과의 다년초. 노란 뿌리줄기는 굵고 잎은 긴 타원형임. 가을에 노란 꽃이 피는데, 뿌리줄기는 한방에서 지혈제로 씀. 열대 지방에서 재배함. 울금(鬱金).

심:황(深黃)명 짙은 누른빛.

심회(心懷)[-회/-훼]명 마음속으로 느껴 품고 있는 생각. 회포. 심서(心緖).

심후(深厚) '심후하다'의 어근.

심:후-하다(深厚-)형예 (마음씨가) 깊고도 두텁다.

심흉(心胸)명 가슴속. 마음. 심중. ¶심흉을 터놓고 이야기를 나누다.

심:흑(深黑)명 짙은 검은빛.

십(十·拾)㉠주 열³.
　〔Ⅱ〕관 (일부 단위를 나타내는 명사 앞에 쓰이어) ①그 수량이 열임을 나타내는 말. ¶십원. /십 주년. ②그 순서가 열 번째임을 나타내는 말. ¶십 번 손님, 앞으로 나와 주십시오.

십간(十干)[-깐]명 육십갑자의 윗부분을 이루는 열 개의 천간. 〔갑(甲)·을(乙)·병(丙)·정(丁)·무(戊)·기(己)·경(庚)·신(辛)·임(壬)·계(癸).〕 천간(天干).

십경(十經)[-꼉]명 유가(儒家)의 열 가지 경서. 곧, 주역(周易)·상서(尙書)·모시(毛詩)·예기(禮記)·주례(周禮)·의례(儀禮)·춘추좌씨전(春秋左氏傳)·공양전(公羊傳)·곡량전(穀梁傳)·논어(論語) 및 효경(孝經)을 이름.

십계(十戒)[-꼐/-꼐]명 ①불교에서 이르는, 사미(沙彌)·사미니(沙彌尼)가 지켜야 할 열 가지 계율. 살생(殺生)·투도(偸盜)·망어(妄語)·사음(邪淫)·음주(飮酒)를 삼가고, 몸을 꾸미거나 향을 바르지 말며, 가무(歌舞)를 듣지도 보지도 말고, 높은 평상에 앉지 말며, 끼니 아닌 때 먹지 말고, 금은보화를 지니지 말라는 내용. ②〈십중금계(十重禁戒)〉의 준말.

십계(十界)[-꼐/-꼐]명 불교에서, 미계(迷界)와 오계(悟界)를 통틀어 이르는 말. 지옥계(地獄界)·아귀계(餓鬼界)·축생계(畜生界)·수라계(修羅界)·인간계(人間界)·천상계(天上界)의 여섯 미계와 성문계(聲聞界)·연각계(緣覺界)·보살계(菩薩界)·불계(佛界)의 네 오계를 이름.

십계(十誡)[-꼐/-꼐]명 〈십계명〉의 준말.

십-계명(十誡命)[-꼐-/-꼐-]명 구약 성서 '출애굽기'와 '신명기'에 있는 기독교의 근본 계율. 하나님이 모세에게 내렸다고 하는 10개 조의 가르침. 곧, 다른 신을 섬기지 말 것, 우상을 섬기지 말 것, 여호와의 이름을 망령되이 부르지 말 것, 안식일을 지킬 것, 어버이를 공경할 것, 살인하지 말 것, 간음하지 말 것, 도둑질하지 말 것, 거짓말하지 말 것, 남의 것을 탐하지 말 것. 준십계.

십구공-탄(十九孔炭)[-꾸-]명 19개의 구멍이 뚫린 가정용 연탄. 준구공탄.

십년-감수(十年減壽)[심-]명하자 〔목숨이 10년이나 줄어든다는 뜻으로〕 몹시 놀랐거나 매우 위험한 고비를 겪었을 때 이르는 말. ¶아이고, 얼마나 놀랐는지 십년감수했다.

십년-공부(十年工夫)[심-]명 오랜 세월을 두고 쌓은 공.
　십년공부 도로 아미타불속담 오랫동안 공들여 해 온 일이 하루아침에 허사가 되고 말았다는 말.

십년-일득(十年一得)[심-뜩][명]〔홍수나 가뭄을 잘 타는 논이라도 어쩌다 잘되는 해도 있다는 말로〕'아주 오랜만에 간신히 소원을 이룸'을 비유하여 이르는 말.

십년지계(十年之計)[심-계/심-게][명] 앞으로 10년 동안을 기한으로 잡아 세운 계획.

십년-지기(十年知己)[심-][명] 오래전부터 사귀어 온 친한 친구.

십념(十念)[심-][명][하다](불교에서] ①불(佛)·법(法)·승(僧)·계(戒)·시(施)·천(天)·휴식(休息)·안반(安般)·신(身)·사(死)의 열 가지를 정성껏 염하여 마음의 통일을 꾀하는 일. ②'나무아미타불'의 명호를 열 번 외는 일.

십다[타] [옛]씹다. ¶밀 시부은 마시 븕히 열우믈 니르시니라(楞解8:138).

십대(十代)[-때][명] ①초대로부터 헤아려서, 열 번째의 대. ¶십대 자손. ②10세에서 19세까지의 연령.

십-대왕(十大王)[-때-][명] ☞시왕(十王).

십량-주(十兩紬)[심냥-][명] 한 필의 무게가 열 냥쭝이 나가던 중국산의 좋은 명주.

십만(十萬)[심-][주][관] 만(萬)의 열 곱절. 백만(百萬)의 십분의 일이 되는 수(의). ¶십만에 이르는 청중.

십만억-토(十萬億土)[심-][명](불교에서] ①이 승에서 극락정토에 이르는 사이에 있다고 하는 수많은 불토(佛土). ②☞극락정토.

십맹일장(十盲一杖)[심-짱][명] 〔열 사람의 소경에 하나의 막대라는 뜻으로〕'어떤 물건이, 여러 곳에(사람에게) 다 같이 긴요하게 쓰임'을 비유하여 이르는 말.

십목소시(十目所視)[심-쏘-][명] 〔여러 사람이 다 같이 보고 있다는 뜻으로〕'세상의 눈을 아주 속일 수는 없음'을 비유하여 이르는 말.

십방(十方)[-빵][명] ☞시방(十方).

십벌지목(十伐之木)[-뻘찌-][명] 〔열 번 찍어서 안 넘어가는 나무가 없다는 말로〕아무리 심지가 굳은 사람이라도 여러 번 말을 하면 결국은 마음을 돌려 따르게 됨을 이르는 말.

십분(十分)[-뿐][부] 충분히. ¶실력을 십분 발휘하다.

십사행-시(十四行詩)[-싸-][명] ☞소네트.

십상(←十成)[-쌍][명] 꼭 알맞은 일이나 알맞은 것. ¶이 돌이 주춧돌감으로는 아주 십상이다./공부하기에 십상인 방.

십상(十常)[-쌍][명]〈십상팔구〉의 준말. ¶그런 맹나니 짓만 하다가는 망하기 십상이다.

십상-팔구(十常八九)[-쌍-][명] 〔열 가운데 여덟이나 아홉이 그러하다는 축으로〕거의 예외 없이 그러할 것이라는 축을 나타내는 말. 십중팔구. ¶그렇게 하면 실패하기 십상팔구이다. ㉤십상.

십생구사(十生九死)[-쌩-][명][하자] ☞구사일생.

십선(十善)[-썬][명](불교에서〕①십악(十惡)을 행하지 않는 일. 십계를 지키는 일. ㉤십계(十戒). ②[전세(前世)에 십선을 행한 업과(業果)로 현세(現世)에서 왕위에 오른다는 말로〕천자(天子)의 지위.

십성(十成)[-썽][명] 황금의 품질을 10등분할 때의 첫째 등급. ㉤칠성.

십승-법(十乘法)[-쌩뻡][명] '십진법'의 구용어.

십승지지(十勝之地)[-쌩-][명] ①열 군데의 명승지. ②민간에서 이르는, 피란하기 좋다는 열 군데의 땅.

-십시다[-씨-][어미] 모음이나 'ㄹ'로 끝난 동사

어간에 붙는, 합쇼체의 종결 어미. 어떤 행동을 함께 하자는 뜻을 나타냄. ¶어서 드십시다. / 함께 가십시다.

-으십시다오[-씨-][어미] 모음이나 'ㄹ'로 끝난 동사 어간에 붙는, 합쇼체의 종결 어미. 명령이나 권유를 나타냄. ¶이제 그만 하십시오./여기서 기다리십시오. ㉤-으십시오.

십시일반(十匙一飯)[-씨-][명] 〔열 사람이 밥을 한 숟씩만 보태어도 한 사람이 먹을 밥은 된다는 뜻으로〕여러 사람이 힘을 합하면 한 사람쯤은 구제하기 쉽다는 말.

십실-구공(十室九空)[-씰-][명] 〔열 집 가운데 아홉 집이 비었다는 뜻으로〕전쟁이나 질병·천재(天災) 따위로 많은 사람이 죽었거나 흩어져 비란 상태를 이르는 말.

십악(十惡)[시각][명] 불교에서, 몸[身]·입[口]·뜻[意]의 삼업(三業)으로 짓는 열 가지 죄악. 곧, 살생(殺生)·투도(偸盜)·사음(邪淫)의 신업(身業)과, 망어(妄語)·기어(綺語)·양설(兩舌)·악구(惡口)의 구업(口業)과, 탐욕(貪慾)·진에(瞋恚)·사견(邪見)의 의업(意業)을 통틀어 이르는 말.

십오-야(十五夜)[시-][명] 음력 보름날 밤. 삼오야(三五夜). ¶십오야 밝은 달.

십왕(十王)[명] ☞시왕(十王).

십육-방위(十六方位)[심뉵빵-][명] 동서남북을 다시 열여섯 방향으로 나눈 방위.

십이-가사(十二歌詞)[명] 조선 중기에 널리 불리던 작자 미상의 열두 편의 가창(歌唱) 가사. 백구사(白鷗詞)·죽지사(竹枝詞)·어부사(漁父詞)·행군악(行軍樂)·황계사(黃鷄詞)·처사가(處士歌)·양양곡(春眠曲)·상사별곡(相思別曲)·권주가(勸酒歌)·양양가(襄陽歌)·매화(梅花) 타령·수양산가(首陽山歌)를 이름.〔다만, '어부사(漁父詞)'의 작자는 이현보(李賢輔)임.〕

십이-궁(十二宮)[명] ①☞십이궁. ②사람의 생년(生年)·월(月)·일(日)·시(時)를 별자리에 배당한 것.〔명궁(命宮)·형제궁(兄弟宮)·처첩궁(妻妾宮)·자녀궁(子女宮)·재백궁(財帛宮)·질액궁(疾厄宮)·천이궁(遷移宮)·노복궁(奴僕宮)·관궁(官宮)·전택궁(田宅宮)·복덕궁(福德宮)·부모궁(父母宮)을 이름.〕

십이^사:도(十二使徒) 예수가 복음의 전파를 위하여 뽑은 열두 제자. 베드로·안드레·야고보·다대오·요한·빌립·바돌로매·도마·마태·시몬·유다·알패오의 아들인 야고보를 이름.〔뒤에 유다가 배반하여 맛디아가 대신되 됨.〕

십이^성좌(十二星座)[명] ☞황도 십이궁.

십이-승(十二升)[명] 올이 가늘고 고운 모시.

십이-시(十二時)[명] 하루를 열둘로 나누어 각각 십이지(十二支)의 이름을 붙여서 이르는 말.〔곧, 자(子)·축(丑)·인(寅)·묘(卯)·진(辰)·사(巳)·오(午)·미(未)·신(申)·유(酉)·술(戌)·해(亥)의 각 시.〕

십이-신(十二神)[명] ①☞열두 신장. ②구나(驅儺) 때, 십이지(十二支)를 나타내는 열두 가지 짐승의 탈을 쓴 나자(儺者).

십이^신장(十二神將)[명] ☞열두 신장.

십이^연기(十二緣起)[명] ☞십이 인연.

십이-월(十二月)[명] ①한 해의 마지막 달. ②☞선달. ㉤축월·계동·가평.

십이-율(十二律)[명] 전통 국악(國樂)의 열두 가지 음의 악률(樂律). 곧, 육려(六呂)와 육률(六律).

십이율-관(十二律管)[명] 오래 묵은 해죽(海竹)으로 만든 관악기의 한 가지.

십이음^음계(十二音音階) [-계/-게] 몡 12개의 반음으로 이루어진 음계. 음과 음 사이의 거리가 모두 똑같은 반음으로, 원음과 사이음의 구별이 없음. ⑧십이음 음악.

십이음^음악(十二音音樂) 몡 십이음 음계를 사용하여 작곡한 음악. ⑧십이음 음계.

십이^인연(十二因緣) 몡 불교에서, 범부로서의 인간의 괴로운 생존이 12가지 요소의 순차적인 상관관계에 의한 것임을 설명한 것. 무명(無明)을 근본으로 하여 행(行), 식(識), 명색(名色), 육처(六處), 촉(觸), 수(受), 애(愛), 취(取), 유(有), 생(生), 노사(老死)가 순차적으로 있게 됨. 십이 연기.

십이-자(十二子) 몡 ☞십이지.

십이-지(十二支) 몡 육십갑자의 아랫부분을 이루는 12개의 지지(地支). ('자(子)·축(丑)·인(寅)·묘(卯)·진(辰)·사(巳)·오(午)·미(未)·신(申)·유(酉)·술(戌)·해(亥)'를 통틀어 이르는 말.]십이간(十二干). 지지.

십이지-장(十二指腸) 몡 소장(小腸)의 일부로서, 위(胃)의 유문(幽門)에서 공장(空腸)에 이르는 말굽 모양의 부위. 소화액을 쓸개와 이자로부터 받아 음식물에 섞어 내려보냄. 샘창자.

십이지장-충(十二指腸蟲) 몡 인체 기생충의 한 가지. 구충과의 선충. 알에서 부화하여 입이나 피부를 통해 침입, 혈관·폐 등을 거쳐 장에 이르러 성충이 됨. 주로, 십이지장에 기생함.

십인-십색(十人十色) [-쌕] 몡 〔생각과 생김새·기호 따위가〕 사람마다 다름을 이르는 말.

십일면-관음(十一面觀音) 몡 아수라도(阿修羅道)를 구제한다는 관음보살. 머리 부위가 각각 모습이 다른 열하나의 관음보살으로 이루어져 있음.

십일-세(十一稅) [-쎄] 몡 ☞십일조(十一租).

십일-월(十一月) 몡 ①한 해의 열한째의 달. ②동짓달. ⑭자월·중동·창월.

십일-조(十一租) [-쪼] 몡 ①중세 유럽의 교회에서, 생산량의 10분의 1을 거두던 조세(租稅). 십일세(十一稅). ②☞십일조(十一條).

십일-조(十一條) [-쪼] 몡 기독교에서, 교인이 교회에 헌납하는, 자기 수입의 10분의 1을 이르는 말. 십일조(十一租).

십자(十字) [-짜] 몡 ①'十' 자의 모양을 한 것. ②〈십자가〉의 준말.

십자-가(十字架) [-짜-] 몡 ①고대 유럽에서 쓰던 '十' 자 모양의 형틀. ②〔예수가 사형당한 형틀에서〕기독교의 상징으로 쓰는 '十' 자 모양의 표지. ⑥십자.

십자가를 지다(관용) 고난이나 어려운 일 따위를 떠맡다.

십자-고상(十字苦像) [-짜-] 몡 십자가에 못 박힌 예수의 수난의 상(像), 또는 그런 그림이나 조각. ⑥고상.

십자-군(十字軍) [-짜-] 몡 ①중세 유럽의 기독교도가 이슬람교도를 정벌하고자 일으킨 군사. ②어떤 이상이나 신념을 이루기 위해 나선 투쟁적 집단을 스스로 거룩하게 이르는 말.

십자-로(十字路) [-짜-] 몡 네거리.

십-자매(十姉妹) 몡 납부리과의 새. 몸길이 12∼13 cm. 원종(原種)은 주색(主色)이 어두운 회갈색이나 널리 사육하게 됨에 따라 다양한 색조의 새가 나타남. 한배의 산란 수는 5∼7개이고, 포란(抱卵) 기간은 14일. 중국 남부와 남부 아시아 일대에 분포되며, 쉽게 번식하고 잘 자라므로 사육조로 널리 알려짐.

십자-목(十字木) [-짜-] 몡 방앗간의 굴대가 돌아가면서 방앗공이를 위로 쳐올리도록 굴대에 박아 끼운 '十' 자 모양의 나무.

십자-수(十字繡) [-짜-] 몡 실을 '十' 자 모양으로 엇걸어 놓는 수.

십자^포화(十字砲火) [-짜-] 몡 전후좌우에서 하는 집중 포격. 십자화.

십자-표(十字表) [-짜-] 몡 가로나 세로로 읽어도 모두 말이 되는 그림표.

십자-형(十字形) [-짜-] 몡 '十'자로 생긴 꼴.

십자형^화관(十字形花冠) [-짜-] 몡 ☞십자 화관(十字花冠).

십자-화(十字火) [-짜-] 몡 ☞십자 포화.

십자^화관(十字花冠) [-짜-] 몡 이판 화관의 한 가지. 네 개의 꽃잎이 십자형을 이룬 꽃부리. 〔장다리꽃·평지꽃 따위.〕십자형 화관.

십장(什長) [-짱] 몡 ①공사장 같은 데서 인부를 직접 감독하고 지시하는 사람. ②왕조 때, 병졸 열 사람 가운데의 우두머리.

십장-가(十杖歌) [-짱-] 몡 경기 잡가(京畿雜歌)의 한 가지. 판소리 춘향가(春香歌) 중의 한 대목으로, 춘향이 매 열 대 맞는 장면을 서울 소리로 옮겨 놓은 것.

십-장생(十長生) [-짱-] 몡 장생불사(長生不死)한다는 '해·산·물·돌·구름·솔·불로초·거북·학·사슴'의 열 가지. 〔흔히 민속에서, 오래 살기를 기원하는 뜻으로, 이 십장생을 수놓거나 그림으로 그림.〕

십재(十齋) [-째] 몡 ☞십재일.

십-재일(十齋日) [-째-] 몡 불가(佛家)에서 이르는, 재계(齋戒)하여 재앙과 죄벌을 피하는 열 날. 〔음력 매달 1일, 8일, 14일, 15일, 18일, 23일, 24일, 28일, 29일, 30일.〕십재.

십전(十全) [-쩐] 몡ᄒᆞ다 ①모두가 갖추어져 전혀 결점이 없음. 완전. ②조금도 위험이 없음. 안전.

십전-구도(十顚九倒) [-쩐-] 몡ᄒᆞ다 〔열 번 엎어지고, 아홉 번 거꾸러진다는 뜻으로〕 거듭되는 실패와 고통, 또는 그런 고초를 겪음을 이르는 말. ⑧칠전팔기.

십전-대보탕(十全大補湯) [-쩐-] 몡 원기를 돕는 한방 보약의 한 가지. 팔물탕에 황기와 육계를 더한 것.

십종^경:기(十種競技) [-쫑-] 몡 육상 경기 가운데 혼성 경기의 한 가지. 한 사람이 이틀 간 열 종목을 겨루어 총득점으로 등수를 가리는 경기. 100 m 달리기, 멀리뛰기, 포환던지기, 높이뛰기, 400 m 달리기, 110 m 허들, 원반던지기, 장대높이뛰기, 창던지기, 1500 m 달리기의 열 종목임.

십-중금계(十重禁戒) [-쫑-계/-쭝-게] 몡 보살이 지켜야 할 대승계(大乘戒) 중에서 가장 무거운 열 가지 계율. 〔하지 말아야 할 열 가지로, 살생, 도둑질, 음행, 거짓말, 술 팔기, 남의 허물 말하기, 저는 칭찬하고 남은 비방하기, 욕설, 성 내기, 삼보 비방.〕십계(十戒).

십중-팔구(十中八九) [-쭝-] 몡 ☞십상팔구(十常八九). ¶십중팔구는 중도에서 탈락한다.

십지(十指) [-찌] 몡 열 손가락.

십지부동(十指不動) [-찌-] 몡ᄒᆞ다 〔열 손가락을 꼼짝하지 않는다는 뜻으로〕 게을러서 아무 일도 하지 않음을 이르는 말.

십진급-수(十進級數) [-쩐-쑤] 몡 십진법으로 얻은 단위에 붙는 여러 가지 이름. 〔십·백·천·만·억·조·경 또는 할·푼·리·모 따위.〕

십진-법(十進法)[-쩐뻡]**명** 기수법의 한 가지. 수를 셀 때, 0·1·2·3·4·5·6·7·8·9 다음은 한 자리 올려 10으로 적고, 10이 열 곱절 되면 100으로 적듯이, 열(10)씩 모일 때마다 한 자리씩 올려 세는 방법.

십진-분류법(十進分類法)[-쩐불-뻡]**명** 도서 분류법의 한 가지. 모든 분야의 도서를 열 가지 유(類)로 분류하고, 각 유를 다시 열 가지 강(綱)으로, 각 강을 다시 열 가지 목(目)의 세 단계로 분류하는 방법.

십진-수(十進數)[-쩐-]**명** 십진법으로 나타낸 수.

십철(十哲)**명** 공자(孔子)의 열 사람의 뛰어난 제자. 〔곧, 안회(顏回)·민자건(閔子騫)·염백우(冉伯牛)·중궁(仲弓)·재아(宰我)·자공(子貢)·염유(冉有)·자로(子路)·자유(子游)·자하(子夏).〕

십촌(十寸)**명** 오대조(五代祖)가 같은 형제뻘 항렬의 사이. 사종(四從).

십팔-계(十八界)[-계/-게]**명** 불교에서, 인간과 모든 존재를 우리의 인식 관계로 파악한 열여덟 가지의 범주, 곧 육근(六根)·육경(六境)·육식(六識)을 통틀어 이르는 말.

십팔공(十八公)**명** 〔'松'자를 파자(破字)한 말로〕'소나무'를 달리 이르는 말.

십팔-금(十八金)**명** 금붙이의 순도를 나타내는 말로, 순금(純金)을 24로 했을 때, 금의 함량이 24분의 18에 해당하는 금붙이임을 나타냄.

십팔-기(十八技)**명** 조선 시대에, 중국에서 전래된 열여덟 가지의 무예. 무예육기(武藝六技)인 '장창(長槍)·당파(鐺鈀)·낭선(狼筅)·쌍수도(雙手刀)·등패(藤牌)·곤방(棍棒)'에, '죽장창(竹長槍)·기창(旗槍)·예도(銳刀)·왜검(倭劍)·교전(交戰)·월도(月刀)·협도(挾刀)·쌍검(雙劍)·제독검(提督劍)·본국검(本國劍)·권법(拳法)·편곤(鞭棍)'의 열두 가지 무예를 더한 것. 십팔반무예.

십팔반-무예(十八般武藝)**명** ⇨십팔기.

십팔-번(十八番)**명** 어떤 사람이 가장 즐겨서 잘 부르는 노래. 〔일본의 유명한 가부키 집안에 전해 오던 18번의 인기 연주 목록에서 옴.〕

십팔사-략(十八史略)[-싸-]**명** 중국 남송(南宋) 말기에, 증선지(曾先之)가 편찬한 역사책. 이전에 편찬된 17종(種)의 정사(正史)에서 발췌하고, 송대(宋代)의 사료(史料)를 더하여 초보자용으로 엮은 역사 입문서. 원명은 '고금역대 십팔사략(古今歷代十八史略)'.

십편-거리(十片-)**명** 열 뿌리가 16냥쭝 한 근이 되는 인삼.

십품-금(十品金)[-] (불린) 가장 좋은 품질의 금. 십성(十成)의 금. ⑬엽자금(葉子金).

십한-일폭(十寒一曝)[시파닐-]**명** 〔열흘 춥고 하루 볕이 쫸다는 뜻으로〕'일을 꾸준히 하지 못하고, 중단됨이 많음'을 이르는 말. '맹자'의 '고자상(告子上)'에 나오는 말임. 일폭십한.

싯-[신]**접투** 빛깔을 뜻하는 형용사 앞에 붙어, 그 빛깔이 선명하고 짙음을 나타냄. ¶싯누렇다 / 싯멀겋다. ⑳샛-. ⑪시-.

싯-누렇다[신-러타][~누러우니·~누레]**형ㅎ** 매우 누렇다. ¶벼가 싯누렇게 익은 들녘을 보니 머지않아 가을걷이를 해야겠구나. ⑳샛노랗다.

싯누렇-지다[신-]**자** 싯누렇게 되다. ⑳샛노래지다.

싯다〈옛〉씻다. ¶드틀 떠라몬 시스쇼셔(楞解 4:76). / 시슬 조:藻. / 시슬 세:洗(訓蒙下11).

싯-멀겋다[신-거타][~멀거니·~멀게]**형ㅎ** 아주 멀겋다. ⑳샛멀겋다.

싯멀게-지다[신-]**자** 싯멀겋게 되다. ⑳샛멀개지다.

싯-발(詩-)[시빨/싣빨]**명** 한시(漢詩)를 지을 때 다는 운자(韻字).
  싯발(을) **달다**(관용) 한시에 운을 달다.

싯-허옇다[혈]〔옛〕'시허옇다'의 잘못.

심건-김치(沈-)**명** 김장할 때 좀 싱거운 맛이 나게 담근 무김치. 싱건지.

심건-지명 ⇨싱건김치.

싱겁다[-따][싱거우니·싱거워]**형ㅂ** ①짜지 않다. ¶국이 싱겁다. ↔짜다? ②(술·담배·약 따위가) 맛이 약하다. ¶이 담배 맛은 좀 싱겁지 않니? ③(어떤 행동이나 말·글 따위가) 흥미를 끌지 못하고 엉성하다. ¶영화의 결말이 너무 싱겁다. ④(말이나 짓이) 멋쩍고 멋없다. ¶키가 큰 사람치고 싱겁지 않은 이가 없다더라. ③④싱거이?.
  싱겁기는 고드름장아찌라(속담) 매우 멋쩍고 싱겁기만 하다는 말.

싱겅싱겅-하다(-) **형여** (방이) 차고 써늘하다.

싱경이명 청태과의 바다 이끼의 한 가지. 장아찌·쌈·장조림 따위를 만들어 먹음.

싱그럽다[-따][싱그러우니·싱그러워]**형ㅂ** 싱싱하고 향기롭다. ¶싱그러운 신록의 계절.

싱그레-부** 친근감이 드는 표정으로 눈과 입을 조금 크게 움직여 부드럽게 웃는 모양. ¶나를 보고 싱그레 웃다. ⑳생그레. ⑭씽그레.

싱글-부 좋아하는 눈빛으로 소리 없이 부드럽게 웃는 모양. ¶못내 반가운 듯이 싱글 웃어 보인다. ⑳생글. ⑭씽글. **싱글-싱글**부**하여**.

싱글(single)**명** ①한 개. 또는 단 하나로 구성되어 있는 것. ¶싱글 침대. ②'미혼자'를 흔히 이르는 말. ③테니스나 탁구 따위의 단식 경기. ④〈싱글브레스트〉의 준말. ③④↔더블.

싱글-거리다자** 자꾸 싱글싱글하다. 싱글대다. ⑳생글거리다.

싱글-대다자** 싱글거리다.

싱글-벙글부**하여** 매우 만족한 듯이 눈과 입을 크게 움직이면서 소리 없이 자꾸 부드럽게 웃는 모양. ¶싱글벙글하면서 기뻐 어쩔 줄을 몰라. ⑳생글방글. ⑭씽글벙글.

싱글-베드(single bed)**명** 혼자 사용하도록 된 침대. ↔더블베드.

싱글-브레스트(←single-breasted)**명** ⇨홑자락. ㉜싱글. ↔더블브레스트.

싱굿-[-귿]부하여 다정하게 얼핏 눈으로 한 번 웃어 보이는 모양. ¶우연히 눈길이 마주치자 어색하게 싱긋 웃다. ⑳생긋. ⑭싱긋·씽긋·생긋. **싱긋-이**부**. 싱긋-싱긋**부**하여**.

싱긋-거리다[-귿꺼-]**자** 자꾸 싱긋싱긋하다. 싱긋대다. ⑳생긋거리다.

싱긋-대다[-귿때-]**자** 싱긋거리다.

싱긋-벙긋[-귿뻥귿]**부하여** 흐뭇한 듯이 눈과 입을 좀 크게 움직이면서, 소리 없이 자꾸 웃는 모양. 성긋벙긋. ⑳생긋방긋. ⑭싱긋뻥긋·씽긋뻥긋.

싱긋벙긋-거리다[-귿근꺼-]**자** 자꾸 싱긋벙긋싱긋벙긋하다. 싱긋벙긋대다. ⑳생긋방긋거리다.

싱긋벙긋-대다[-귿뻥때-]**자** 싱긋벙긋거리다.

싱끗-[-끋]부하여 〈싱긋〉의 센말. ⑳생끗. ⑭씽끗.

싱끗-벙끗[-끋뻥끋]**부하여** 〈싱긋벙긋〉의 센말. ⑳생끗방끗. ⑭씽끗뻥끗.

심동-심동[튀][형] 기운이 줄어들지 않고 본디대
로 아직 남아 있어 싱싱한 모양. ▶생동생동.

심동-하다[형][에] 싱싱하게 생기다. ▶있다.

심숭-생숭[튀][형] 마음이 들떠서 갈팡질팡하는
모양. ¶떨어지는 낙엽을 보니 괜스레 마음이
심숭생숭하다.

심심-하다[형][에] ①본디대로의 생기를 지니고 있
다. ¶젊다는 것이 그리 좋은 건지, 이틀 밤이
나 꼬박 새웠는데도 저렇게 심심하다. ②원기
가 왕성하다. ¶팔팔팔딱 심심하게 뛰는 생선.
▶잡생생하다. ⟨센⟩생생하다. **심심-히**[튀].

심커(sinker)[명] 야구에서, 투수가 던진 공이 큰
회전 없이 타자 앞에서 급히 떨어지는 변화구.

심커페이션(syncopation)[명] 당김음.

싱크-대(sink臺)[명] 주방용 개수대.

싱크로나이즈(synchronize)[명] ①동시 녹음. ②
사진을 촬영할 때 플래시와 셔터가 동시에 작
동하는 일.

싱크로나이즈드^스위밍(synchronized swim-
ming)[명] 수중 발레.

싱크로-사이클로트론(synchro-cyclotron)[명] 입
자 가속기의 한 가지. 사이클로트론의 가속한
계를 극복한 장치. '주파수 변조 사이클로트
론'이라고도 함.

싱크로스코:프(synchroscope)[명] 브라운관 오실
로스코프의 한 가지. 일반적인 오실로스코프의
결점을 없애고 시간 축(軸)이 관측 파형에 의
해 기동(起動)하게 만든 것.

싱크로트론(synchrotron)[명] 입자 가속기의 한
가지. 사이클로트론과 베타트론의 두 가지 가
속 원리를 병행 이용하는 장치.

싶다[십따][조동] ①((용언 어미 '-고' 뒤에 쓰이
어)) 하고자 하는 마음이 있음을 나타냄. ¶먹
고 싶다. /하고 싶다. ②((용언 어미 '-ㄴ가·은
가·는가·ㄹ까·을까·를까' 뒤에 쓰이어)) 추
측, 또는 근사함을 나타냄. ¶좀 큰가 싶다. /
오지 않을까 싶다. ③((용언 어미 '-면' 뒤에
쓰이어)) 그리되면 좋겠다는 희망을 나타냄.
¶어서 갔으면 싶다. * 싶어·싶고[십꼬]

싀[의][옛] 것. 바. [주격형 '시', '목적격형 '솔',
처격형 '싀']¶아비 업슬 시 孤ㅣ오 艱難ᄒᆞᆯ
시 貧이니(圓覺序77). /ᄀᆞᆺ애 여릴 솔 모르ᅌᅳᆯ
새(樂詞.滿殿春). /짜히 幽辟ᄒᆞᆯ 싀 옷ᄀᆞ외 니부
믈 게을이 ᄒᆞ노라(杜初7:5).

싀나히[명][옛] 사나이. ¶싀나히들히 다 쳐녀크로
征伐가니라(杜重2:67).

-싀라[어미][옛] -자꾸나. ¶山中을 매양보라 東海
로 가쟈싀라(松澁.關東別曲)

싀랑[명][옛] ①생각. ¶思ᄂᆞ 싀랑홀 씨라(月釋序
11). ②사랑. ¶싀랑홀 竉(訓蒙下33).

싀래[명][옛] 이랑. ¶재 너머 싀래 긴 바틀 언제
갈려 ᄒᆞ노니(古時調).

싀로리라[옛] ['싀다'의 활용형] 싀려고.
¶므스 일을 싀로리라(鄭澁.關東別曲)

싀못[튀][옛] 꿰뚫어. 투철히. ¶바ᄅᆞ 自性을 싀못
아ᄅᆞ샤(月釋序18)

싀못디[자][옛] ['싀못다'의 활용형] 사무치지. 통
하지. ¶서르 싀못디 아니홀쎄(訓諺).

싀못알다[자][옛] 통달하다. 환히 알다. ¶싀못알
ᄐᆞᆯ:哲(訓蒙下25).

싀못다[자][옛] ①사무치다. ②통하다. ¶流通ᄒᆞ
흘러 싀못홀 씨라(訓諺). /프리 프른더 므리 모
새 싀못차 가ᄂᆞ니라(杜初10:10).

-싀바[어미][옛] -사와. ¶부텻 接引ᄒᆞᆯ 닙싀바 不
可議 神力을 어더(月釋21:35). ▶-숩-·-솝-.

싀[명][옛] 사이. ¶도즈기 싀실 디나샤(龍歌
60章).

손[명][옛] 것은. ['스'와 조사 'ㄴ'의 결합]
¶다ᄆᆞ디 업슬 손 다문 인가 너기로라(朴仁老.
陋巷詞).

손[명][옛] 장정(壯丁). ¶손 뎡:丁(訓蒙中2).

손지[튀][옛] ①오히려. ¶손지 일홈 사ᄅᆞ미로라
너길쉬(圓覺序47). ②아직도. ¶열혜 호 둘히
손지 모딘 비호시 어실쉬(月釋21:32). ③이내.
¶沙村앳 힌 누ᄂᆞ 손지 어ᄅᆞ몰 머겟고(杜初
9:26).

솔[의][옛] 것을. ['스'의 목적격형]¶遠代平生
애 여흴 솔 모르ᄋᆞᆯ새(樂詞.滿殿春別詞). ▶솔.

솔[명][옛] 살[肌]. ¶솔 부:膚(訓蒙上28). ▶솖.

솔고[명][옛] 살구. ¶솔고 형:杏(訓蒙上11).

솔다[타][옛] 사르다. ¶솔 쇼:燒(訓蒙下35).

솔오딕[옛] ['솝다'의 활용형] 사뢰되. 여쭙
되. ¶이럼씨 우리 솔오딕(法華2:232).

솔지다[자][옛] 살찌다. ¶노픈 ᄆᆞ올히 머리 솔지
고(杜重4:12).

솖[명][옛] 살쾡이. 삵. ¶솖 리:狸(訓蒙上19).

솖다[타][옛] 삶다. ¶솔물 烹(訓蒙下12).

솝다[솔봉·솔놓니][타][비][옛] 사뢰다. 여쭙다.
¶功德을 國人도 솝나니(龍歌72章). /聖人 神
力을 어느 다 솝ᄅᆞ리(龍歌87章).

솗[명][옛] 살. ¶몸이며 얼굴이며 머리털이며 솗
흔 父母ᄭᅴ 받즈온 거시라(小解2:7).

솜ᄭᅵ다[타][옛] 삼키다. ¶다 솜끼거나 다못 버혀
브텟거나 홀로(杜重1:35).

숑기다[타][옛] ①주으려 鐵丸 숑기고 渴
ᄒᆞ야 鐵汁 마시며(月釋21:45).

-습[선미][옛] -삽-. -습-. -사옵-. ¶教化룰 돕ᄉᆞᆸ
고(楞解1:26). ▶-줍-.

-솔[선미][옛] -사오-. ¶善慧ㅅ德 닙ᄉᆞ바(月釋
1:3). /諸天이 다 깃ᄉᆞᄫᅡ니(月釋2:8).

숫[명][옛] 사이. ¶말솜흘제 숫시 그츰 업ᄉᆞ다(龜
鑑上21). ▶숯.

솣[명][옛] 새끼. ¶숫초로 두 소놀 미야(月釋
8:98).

싀[의][옛] 것에. 까닭에. ['스'의 처격형]¶늘근
저죄 不足홀 싀 몸 드위텨 싸려 ᄃᆞ니ᄂᆞ니(南明上
2). ▶씨.

싀다[자][옛] 새다(漏). ¶신ᄂᆞ 그릇과 싀ᄂᆞᆫ 집 곧
ᄒᆞ야(圓覺上一之二107).

심[명][옛] 샘(泉). ¶심ᄆᆞᆯ泉(訓解). /시미 기픈 므
른(龍歌2章).

싱앙[명][옛] 새앙. ¶싱앙 쌍:薑(訓蒙上14).

싱포[명][옛] 전복(全鰒). ¶싱포 박:鰒(訓蒙上20).

ㅅ[ ][옛] 시옷기역. 'ㅅ'과 'ㄱ'의 합용 병서. 초
성(初聲)으로만 쓰임. 뒷날 'ㄲ' 소리로 변함.

써디다[자][옛] 꺼지다. 빠지다. ¶므를 불봐도 아
니 써디여(月釋2:71).

써리다[타][옛] 꺼리다. ¶므스슬 써리는다(老解上
58). /揚子 江南올 써리샤(龍歌15章).

썰빙[튀][옛] 꺼리게[忌]. 어렵게. ¶天人 濟渡ᄒᆞ
몰 썰빙 아니호미 당다이 나 근ᄒᆞ리라(月釋
1:17).

썰다[형][비][옛] 꺼림직하다. 어렵다. ¶므스기 썰
보리잇고(月釋8:93).

써터디다[타][옛] 꿰다. ¶ᄆᆞ음의 미쳐이셔 骨髓에
써터시니(鄭澈.思美人曲).

쇠리[명][옛] 꼬리. ¶쇠리예 구스리 뻬오(月釋
1:28).

쇠[명][옛] 꾀. 계책(計策). ¶두 兄弟 쇠 하건마
ᄅᆞᆫ(龍歌90章).

쇠오다 〈타〉 〈옛〉 에누리하다. ¶만일 쇠오면 닷냥을 쇠오려니와(古解下27).

수르시니 〈타〉 〈옛〉 ['쑬다'의 활용형] 끓으시니.

쑤미다 〈타〉 〈옛〉 꾸미다. ¶莊嚴은 석긔기 쑤밀씨라(月釋2:29).

쑬 〈명〉 〈옛〉 꿀. ¶쑬 밀:蜜(訓蒙中21). 활쭐.

쑬다 〈타〉 〈옛〉 끓다. ¶禮貌로 수르시니(龍歌82章).

쑴 〈명〉 〈옛〉 꿈. ¶모딘 수믈 어더(釋譜9:24).

쒱 〈명〉 〈옛〉 꿩 티:雉(訓蒙上16).

씀 〈명〉 〈옛〉 틈. ¶씀 극:隙(訓蒙下18). 활쑴.

씌 〈조〉 〈옛〉 께. ¶世尊씌 저슬다 혼 말도 이시며(月釋1:36).

씌다 〈타〉 〈옛〉 꺼리다. 시새우다. ¶嫉은 누믈 씌여 홀 씨오(月釋9:17). /서르 씌며:相忌(法華2:244).

씌셔 〈조〉 〈옛〉 께서. ¶南宗六祖씌셔 날시(圓覺序7).

씨다 〈자·타〉 〈옛〉 ①끼다. 틈에 박다. ¶씰 토:套(訓蒙下20). ②가두다. 감싸다. ¶호 釋迦를 뉘 지리오(金三2:60). ③연기나 김 같은 것이 엉기어 흩어지지 아니하다. 때나 먼지 같은 것이 엉기어 붙다. ¶잇 씐 길헨 ᄀᆞ로믈 디렛눈 대로다(杜初10:3).

씬 〈명〉 〈옛〉 끈. ¶치마 씬으로 목을 미여 옥듕에서 죽으니라(五倫3:39).

ᄭᆞ라디다 〈자〉 〈옛〉 까라지다. ¶보라미 ᄭᆞ라뎌 부느니(杜初23:29).

ᄭᆞᆯ다 〈타〉 〈옛〉 깔다. ¶餘殘 수레 돗ᄀᆞᆯ 다시 옮겨 ᄭᆞ라서 먹노라(杜初7:21).

ᄭᆡ다 〈자·타〉 〈옛〉 깨다[覺]. ¶씨오져 홀 저긔 새볏 붉소리 드노라(杜初9:27).

ᄭᆡ오다 〈타〉 〈옛〉 깨우다. ¶다시 씨도라 世尊을 念ᄒᆞᅀᆞᄫᆞ니 누니 도로 붉거늘(釋譜6:20).

ᄊᆞ히 〈명〉 〈옛〉 사내. ¶ᄊᆞ히 소리 갓나히 소리(釋譜19:14). 활ᄉᆞ나히.

ㅅ 〈옛〉 시웃디귿. 'ㅅ'과 'ㄷ'의 합용 병서(合用並書). 초성(初聲)으로만 쓰임. 뒷날 'ㄸ' 소리로 변함.

ᄯᅡ 〈명〉 〈옛〉 땅. ¶ᄯᅡ:地(訓解). 활ᄯᅡᆼ.

ᄯᅡ디다 〈자〉 〈옛〉 터지다. ¶시리 ᄯᅡ디여(南明上37).

ᄯᅡ보 〈명〉 〈옛〉 따비. ¶ᄯᅡ보 소:耜(訓蒙中17).

ᄯᅡᆰ 〈명〉 〈옛〉 땅. ¶ᄯᅡᆰ 그릇 모리 두고(釋譜6:26). /하놀토 뮈며 ᄯᅡ토 뮈더니(月印172章).

ᄯᅢ다 〈타〉 〈옛〉 떼다. ¶ᄯᅢᆯ 분:錛(訓蒙下16).

ᄯᅥᆨ 〈명〉 〈옛〉 떡. ¶ᄯᅥᆨ 병:餠(訓蒙中20).

ᄯᅥᆨ소 〈명〉 〈옛〉 떡소. ¶ᄯᅥᆨ소 산:餕(訓蒙中20).

ᄯᅥᆯ티다 〈타〉 〈옛〉 떨치다. ¶行裝을 다 떨티고/旌旗를 떨티니(鄭澈.關東別曲). 활떨티다.

ᄯᅩ 〈부〉 〈옛〉 또. ¶又는 ᄯᅩ ᄒᆞᄂᆞᆫ 쁘디라(釋譜序5).

ᄯᅩᆼ 〈명〉 〈옛〉 똥. ¶ᄯᅩᆼ 분:糞(訓蒙上30).

ᄯᅩᆼ 〈명〉 〈옛〉 동. ¶오놀 죽을 ᄯᅩᆼ 너일 죽을 ᄯᅩᆼ 아디 몯ᄒᆞ니(古解下37).

ᄯᅳ다 〈자〉 〈옛〉 뜨다1. ¶半空의 소소 ᄯᅳ니(鄭澈.關東別曲).

ᄯᅳ다 〈타〉 〈옛〉 뜨다5. ¶물를 읍:挹(類合下41).

ᄯᅳ다 〈형〉 〈옛〉 뜨다11. ¶둔말 鈍馬(老解下8).

ᄯᅳ리다 〈타〉 〈옛〉 종기[腫氣]. 수두(水痘). ¶ᄯᅳ리:水痘(同文解下7). 활ᄯᅳ리.

ᄯᅳᆷ믈 〈명〉 〈옛〉 뜨물. ¶ᄯᅳᆷ믈와 菜蔬ㅅ니플(月釋21:210). /ᄯᅳ믈 감:泔. 쁘믈 집(訓蒙下11).

ᄯᅳᆷ 〈명〉 〈옛〉 뜸2. ¶우각 ᄯᅳᆷ 호가 진짓 ᄯᅳᆷ 호가(翻朴上38).

ᄯᅳᆷᄯᅳ다 〈자〉 〈옛〉 뜸을 뜨다. ¶ᄯᅳᆷᄯᅳᆯ 구:灸(類合下12).

ᄯᅴ 〈명〉 〈옛〉 띠. ¶ᄯᅴ 디:帶(訓蒙中23).

ᄯᅴ 〈명〉 〈옛〉 띠3. ¶ᄯᅴ불휘:茅根(方藥6). 활뛰.

ᄯᅴ다 〈타〉 〈옛〉 띠다. ¶寶玉帶 ᄯᅴ샤(龍歌112章).

ᄯᅡ나 〈어미〉 〈옛〉 말거나. ¶가마귀 거므나ᄯᅡ나 히오라비 희나ᄯᅡ나(古時調).

ᄯᅡ녀 〈어미〉 〈옛〉 -랴. -겠느냐. -ㄹ까보냐. ¶ᄒᆞ 들 며 이 먼 ᄀᆞᆷ 두들기ᄯᅡ녀(杜重12:1).

ᄯᅡ니잇가 〈조〉 〈옛〉 이겠나이까. ¶ᄒᆞ 몰며 그 몰애 ᄯᅡ니잇가(金剛上62).

ᄯᅡ리다 〈타〉 〈옛〉 깨뜨리다. ¶솟벼 다 ᄯᅡ리고 족박귀 다 업괴하(古時調).

ᄯᅡ롬 〈의〉 〈옛〉 따름. ¶그 ᄆᆞ음을 극진히 홀 ᄯᅡ롬이라(五倫2:57).

ᄯᅡᆯ 〈명〉 〈옛〉 딸. ¶孝道홇 ᄯᅡ러 그를(龍歌96章).

ᄯᅩ오다 〈타〉 〈옛〉 따르다. ¶우리롤 ᄯᅩ오눈다(鄭澈.關東別曲).

ᄯᅩᆲ 〈명〉 〈옛〉 근원(根源). ¶기픈 ᄯᅩᆲ 플 펴 뵈신디(楞解1:29)/ᄀᆞᆲ 보비옛 드리 몰ᄀᆞᆫ ᄯᅩᆲ에 스ᄆᆞ초되니(法語9). 활촳.

ᄯᅡᆷ 〈명〉 〈옛〉 땀. ¶오새 ᄯᅡ미 흐르ᄂᆞ니(杜初10:22).

ᄯᅡᆷ되야기 〈명〉 〈옛〉 땀띠. ¶ᄯᅡᆷ되야기 불:痱(訓蒙中33).

ᄲ 〈옛〉 시옷비읍. 'ㅅ'과 'ㅂ'의 합용 병서(合用並書). 초성으로만 쓰임. 뒷날 'ㅃ' 소리로 변함.

ᄲᅡ여나다 〈형〉 〈옛〉 빼어나다. ¶ᄲᅡ여날 영:英(類合下). /ᄲᅡ여날 쥰:俊(類合下21).

ᄲᅡ이다 〈타〉 〈옛〉 빼다. 빼어 내다. ¶더의 져근 칼을 다가 ᄲᅡ이고(朴解中47). 활ᄲᅡ혀다.

ᄲᅡ혀나다 〈자〉 〈옛〉 빼어나다. ¶ᄲᅡ혀날 슈:秀(類合下55). /龍이 怒ᄒᆞ야 오란모새셔 ᄲᅡ혀나놋다(杜初22:38).

ᄲᅡ혀다 〈타〉 〈옛〉 빼다. 빼어 내다. ¶衆生을 救ᄒᆞ야 ᄲᅡ혀더(佛頂上1). 활ᄲᅡ혀다.

ᄲᅡᄒᆑ다 〈타〉 〈옛〉 빼다. 빼어 내다. ¶拔은 ᄲᅡᄒᆑᆯ씨라(月釋序10).

ᄲᅡᆷ 〈명〉 〈옛〉 뺨. ¶비치 됴ᄒᆞ니 비 사르미 ᄲᅡᆷ이라와 더으고(杜初20:9).

ᄲᅢ티다 〈타〉 〈옛〉 빼다. ¶ᄲᅢᆯ 발:拔(類合下11).

ᄲᅥ즛ᄒᆞ다 〈형〉 〈옛〉 비슷하다. ¶像은 ᄀᆞ톨씨니 道理로ᄉᆞ 사름과 ᄲᅥ즛호 씨라(釋譜9:2).

ᄲᅨ 〈명〉 〈옛〉 뼈. ¶平原에 사핸 ᄲᅨᄂᆞᆫ 뫼두곤 노파잇고(朴仁老.太平詞).

ᄲᅧ 〈명〉 〈옛〉 뼈. ¶ᄲᅧ 두드려 골슈 내며(牧牛2).

ᄲᅧ고도리 〈명〉 〈옛〉 뼈로 만든 고두리살. ¶ᄲᅧ고도리 박:髇(訓蒙中29).

ᄲᅵ다 〈타〉 〈옛〉 뿌리다. ¶앎내회 살도 ᄒᆞ며 울믿희 의쁴도 ᄲᅵ코(古時調). 활ᄲᅵᆺ다.

ᄲᅩᆺ록ᄒᆞ다 〈형〉 〈옛〉 뾰족하다. ¶ᄲᅩᆺ록호 쎅(翻朴上38).

ᄲᅮᆯ 〈의〉 〈옛〉 뿐. ¶비롤 브르게 홀 ᄲᅮᆯ니로다(杜初8:27).

ᄲᅮᆯ 〈조〉 〈옛〉 뿐. ¶세 낟 불 ᄲᅮᆫ ᄲᅨ어더니(月印40章).

ᄲᅳ리다 〈타〉 〈옛〉 헐다. ¶헐 ᄲᅳ릴 방:謗(訓蒙下29).

ᄲᅳ리다 〈타〉 〈옛〉 뿌리다. ¶눗믈 ᄲᅳ리고 제여곰 西東으로 가리라(杜初21:31).

ᄲᅮᆯ 〈명〉 〈옛〉 뿔. ¶角 ᄲᅳ리오(釋譜13:53).

ᄲᅴ유기 〈명〉 〈옛〉 뻘기. ¶ᄲᅴ유기 메:莔(訓蒙上9).

ᄲᅵ다 〈타〉 〈옛〉 뿌리다. ¶울믿 陽地 편의 외ᄲᅵ를 ᄲᅵ허두고(鄭澈.星山別曲). 활빗다.

ᄲᆞᄅᆞ다 〈ᄲᆞᆯ라〉 〈옛〉 빠르다. ¶速은 ᄲᆞᆯ롤 씨오(月釋序18).

ᄲᆞᆫ이다 〈타〉 〈옛〉 뽑히다. ¶너는 샹샹 ᄲᆞᆫ이눈 관원이라(朴解中46).

ᄲᆞᆯ다 〈타〉 〈옛〉 빨다1. ¶현맛 벌에 비느를 ᄲᆞ라뇨(月釋2:47).

ᄲᆞᆯ다 〈타〉 〈옛〉 빨다2. ¶ᄲᆞᆯ 탁:濯(類合下8).

ᄲᆞᆯ리 〈부〉 〈옛〉 빨리. ¶ᄲᆞᆯ리 도라오시눈 견츠로:(楞解1:38). /ᄲᆞᆯ리 굿돈눈 소리라(訓諺).

ㅆ[쌍시옷]**[자모]** 쌍시옷. 'ㅅ'의 된소리. 목젖으로 콧길을 막고 혀의 앞바닥을 윗잇몸에 바짝 가깝게 올려, 내쉬는 숨이 그 사이를 가르고 나가려 할 때 나는 안울림소리·마찰음. 받침의 경우에는 혀의 앞바닥이 입천장의 앞바닥에 맞닿아 'ㄷ'음으로 소리 남. *ㅆ이[쌍시오시]·ㅆ만[쌍시온-]

싸가지[명] '싹수'의 방언.

싸각[명] 〈사각〉의 센말. 큰써걱.

싸-개[명] ①물건을 싸는 종이나 헝겊 따위. ¶ 책싸개. ②〈싸개통〉의 준말. ¶ 싸개가 나다.

싸개-쟁이[명] 싸개질을 업으로 하는 사람.

싸개-질[하다] ①물건을 포장하는 일. ②의자나 침대 따위의 앉을자리를 헝겊이나 가죽으로 싸는 일.

싸개-통[명] ①여러 사람이 둘러싸고 다투며 승강이하는 일. ②여러 사람에게 둘러싸여 욕을 먹는 일. 준싸개.

싸개-판[명] 싸개통이 벌어진 판.

싸고-돌다[~도니·~돌아][타] ①중심을 싸고 둘레에서 움직이다. ②자기 자식만 싸고돌다. ¶ 자기 자식만 싸고돌다. 준싸돌다.

싸구려[Ⅰ][명] ①시가(時價)보다 싸게 파는 물건. ②품질이 좋지 않은 값싼 물건. ¶ 싸구려 옷. [Ⅱ][감] 난전에서, 장사치가 손을 끌려고, 싸게 판다는 뜻으로 외치는 소리. ¶ 싸구려, 싸구려, 하나 골라 봐.

싸구려-판[명] 물건을 싸게 파는 장사판.

싸느랗다[-라타][싸느라니·싸느래][형ㅎ]〈사느랗다〉의 센말. 큰써느렇다.

싸늘-하다[형예]〈사늘하다〉의 센말. ¶ 싸늘한 초겨울 바람. 큰써늘하다. 싸늘-히[부].

싸다¹[타] ①(어떤 물건을) 보이지 않게 속에 넣어 둘러 맡기나 덮다. ¶ 보자기로 책을 싸다. ②둘레를 가리거나 막다. ¶ 경호원이 겹겹이 싸고 있다. ③(이동하기 위하여 물건이나 음식을) 담아서 꾸리다. ¶ 점심을 싸다. /도시락을 싸다. /이삿짐을 싸다.

싸다²[타] (똥·오줌 따위를) 참아 내지 못하고 함부로 누다. 눅다. 헐하다. ¶ 아이가 요에 오줌을 싸다. ②'누다'를 속되게 이르는 말. ¶ 술에 취해 거리에서 오줌을 싼다.

싸다³[형] ①(입이 무겁지 못하고) 가볍게 말하는 버릇이 있다. ¶ 자네는 입이 싸서 탈이지. ②성미가 괄고 급하다. ③몸놀림 따위가 빠르다.

싸다⁴[형] 값이 보통보다 적다. 눅다. 헐하다. ¶ 싼 물건을 가려 사다. ↔비싸다. ②('-어(도)'와 함께 쓰이어) 저지른 짓으로 보아 그런 일을 당하는 것이 마땅하다. ¶ 무거운 벌을 받아도 싸다.

싼 것이 비지떡[속담] 무슨 물건이든지 값이 싼 물건은 품질도 그만큼 좋지 못하다는 말.

싸다⁵[형] (불기운이) 세다. ¶ 장작불이라서 그런지 불기운이 너무 싸다.

싸-다니다[자타] 여기저기 바삐 돌아다니다. ¶ 온종일 일없이 싸다니다. 준쏘다니다.

싸-다듬이[명][하다] 매나 몽둥이 따위로 함부로 때리는 짓.

싸-대다[자]〈싸다니다〉의 준말.

싸-대치다[자] 함부로 싸다니며 돌아치다.

싸-데려가다[자] 신랑 쪽에서 모든 비용을 다 대고 가난한 신부와 혼인하다.

싸-돌다[~도니·~돌아][타]〈싸고돌다〉의 준말.

싸-돌아다니다[자타] 여기저기를 마구 돌아다니다. ¶ 할 일 없이 싸돌아다니지 마라.

싸라기[명] ①부스러진 쌀알. 절미(折米). ②☞싸라기눈.

싸라기-눈[명] 빗방울이 내리다가 갑자기 찬 공기에 얼어서 떨어지는 싸라기 같은 눈. 싸라기. 준싸락눈.

싸라기-밥[명] 싸라기가 많이 섞인 쌀로 지은 밥.

싸라기밥을 먹었나[속담] 상대편이 함부로 반말질할 때 핀잔으로 이르는 말.

싸락-눈[-랑-][명]〈싸라기눈〉의 준말.

싸리[명] 콩과의 낙엽 활엽 관목. 산과 들에 흔히 나는데, 키는 2 m가량 자라며 가지를 많이 침. 잎은 세 잎씩 나며, 6~7월에 홍자색 꽃이 핌. 소형(小荊). 싸리나무.

싸리-나무[명]☞싸리.

싸리-말[명] 싸리로 말처럼 결어 만든 것. 지난날, 민속에서 천연두(天然痘)의 역신(疫神)을 쫓아 내는 데 쓰였음.

싸리-문(-門)[명] ①싸리를 엮어 만든 문. ②'사립문'의 잘못.

싸리-바자[명] 싸리로 결은 울타리.

싸리-버섯[-섣][명] 싸리버섯과의 버섯. 활엽수의 숲 속에 나는데, 높이와 폭은 12~15 cm. 전체의 모양은 양배추와 비슷하며, 살은 흰빛을 띤 육질임. 번식기인 가을철에 먹음. *싸리버섯이[-서시]·싸리버섯만[-선-]

싸리-비[명] 싸리를 묶어 만든 비.

싸리-철(-鐵)[명] 기계로 손가락처럼 둥글고 길게 뽑아낸 쇠.

싸릿-개비[-리깨-/-릳깨-][명] 싸리의 줄기, 또는 싸리를 가늘게 쪼갠 도막.

싸릿-대[-리때/-릳때][명] 싸리의 줄기.

싸-매다[타] 보자기나 헝겊 따위로 물건을 싸서 풀어지지 않도록 꼭 매다. ¶ 상처를 싸매다.

싸목-싸목[부] '천천히'의 방언.

싸부랑-거리다[자타]〈사부랑거리다〉의 센말. 싸부랑대다. 큰씨부렁거리다.

싸부랑-대다[자타] 싸부랑거리다.

싸부랑-싸부랑[부][하다자] 〈사부랑사부랑¹〉의 센말. 큰씨부렁씨부렁.

싸-안다[-따][타] ①두 팔로 감싸 안다. ¶ 그녀는 얼굴을 싸안고 통곡을 하였다. ②싸서 안다. ¶ 우는 아기를 얼른 앞치마로 폭 싸안았다.

싸우다[자] ①말이나 힘으로, 이기려고 다투다. ¶ 적과 싸우다. ②우열을 가리기 위하여 겨루다. ¶ 우승을 놓고 싸우다. ③무엇을 물리치거나 이겨 내려고 힘쓰다. ¶ 가난과 싸우다.

싸울-아비[명] 무사(武士).

싸울-투(-鬪)[명] 한자 부수의 한 가지. '鬩'·'鬪' 등에서의 '鬥'의 이름.

싸움[명][하다자] 싸우는 일. 싸움을 벌이다. /싸움을 걸다. /싸움을 붙이다. 준쌈².

싸움은 말리고 흥정은 붙이랬다[속담] 나쁜 일은 말리고 좋은 일은 권해야 한다는 말.

싸움-꾼[명] 싸움을 잘하는 사람. 준쌈꾼.

싸움-닭[-딱][명] 닭싸움을 위해 기르는 닭. 투계(鬪鷄). 준쌈닭. *싸움닭이[-딸기]·싸움닭만[-땅-]

싸움-질[명][하다자] 싸우는 짓. ¶ 그는 술만 들어갔다 하면 싸움질이다. 준쌈질.

싸움-터[명] 싸움이 벌어진 곳. 전쟁을 하는 곳. 전장(戰場). 전지(戰地). 준쌈터.

싸움-판[명] 싸움이 벌어진 판. ¶ 큰 싸움판이 벌어지다. 준쌈판.

싸움-패(-牌)[명] 싸움을 일삼는 무리. ¶ 싸움패들이 몰려다니며 주먹을 휘두른다. 준쌈패.

싸-이다¹[자] ①['싸다¹'의 피동] 둘러쌈을 당하다. ¶보자기에 싸인 물건. ②헤어지지 못할 만큼 분위기나 상황에 뒤덮이다. ¶신비에 싸인 원시림. /수심에 싸인 어머니.

싸-이다²[타]['싸다²'의 사동] 대소변을 싸게 하다. ¶재우기 전에 오줌을 싸이다. ㉣쌔다².

싸-잡다[-따][타] ①그 속에 함께 몰아넣다. (주로, '싸잡아(서)'의 꼴로 쓰임.) ¶싸잡아 몽땅 팔아넘기다. ②손 따위로 움켜잡다. ¶두 손으로 꼭 싸잡다.

싸잡-히다[-자피-][자] ['싸잡다'의 피동] 싸잡음을 당하다. ¶싸잡혀 함께 욕을 먹다.

싸-전(-廛)[명] 쌀가게. 미전(米廛).

　싸전에 가서 밥 달라고 한다[속담] 성미가 몹시 급함을 두고 이르는 말.

싸-쥐다[타] 손으로 싸듯이 하며 쥐다. ¶두 손으로 얼굴을 싸쥐었다.

싸-지르다¹[~지르니·~질러][자:ㄹ르] 〈싸다니다〉의 속된말.

싸-지르다²[~지르니·~질러][타:르] ①〈지르다¹〉의 속된 말. ¶불을 싸지르다. ②〈싸다²〉의 속된 말. ¶똥오줌을 함부로 싸지르다.

싸:-하다[형어] 혀·목구멍·코 등이 자극을 받아 아린 듯한 느낌이 있다. ¶연기를 한참 쐬었더니 목구멍이 싸하다.

싸호다[자] 〈옛〉싸우다. ¶싸호눈 한쇼롤 두 소내 자브시니(龍歌87章).

싹¹[명] ①식물의 씨앗·뿌리·줄기·가지 끝 등에서 돋아난 눈이나 어린잎·가지 따위를 통틀어 이르는 말. ¶파릇파릇 싹이 돋아나다. ②'어떤 현상의 근원이나 시초'를 비유하여 이르는 말. ¶화합의 싹이 움트다. ③〈싹수〉의 준말.

　싹이 노랗다[관용] 애초부터 가능성이나 장래성이 전혀 보이지 않는다는 말. 싹수가 노랗다.

싹²[부] 〈삭〉의 센말. ㉣썩1.

싹둑[-뚝][부] 〈삭둑〉의 센말. ㉣썩둑.

싹둑싹둑-하다[-뚝-뚜카-][형어] 〈삭둑삭둑하다〉의 센말.

싹-수[-쑤][명] 앞으로 잘 트일 만한 낌새나 징조. ¶싹수가 없다. ㉤싹1.

　싹수가 노랗다[관용] ☞싹이 노랗다.

싹수-머리[-쑤-][명] 〈싹수〉의 속된 말.

싹수-없다[-쑤업따][형] 장래성이 없다. 싹수가 노랗다. ㉤싹없다. **싹수없-이**[부].

싹-싹[부] 〈삭삭〉의 센말. ¶마당을 싹싹 쓸다. /손발이 닳도록 싹싹 빌다.

싹싹-하다[-싸카-][형어] 상냥하고 눈치가 빠르며 남의 뜻을 잘 받들어 좇는 태도가 있다. ¶성품이 싹싹하다. **싹싹히**[부].

싹쓸-바람[명] 풍력 계급의 12등급에 해당하는 가장 센 바람. 초속 32.7 m 이상. [격심한 피해를 입게 되며 해상은 물거품과 물보라로 덮여 온통 하얗게 되고 배의 침몰이 염려됨.] 태풍.

싹-쓸이[명][하타] [싹 쓸어 버린다는 뜻으로] 차지해야 할 것이나 없애야 할 것을 남김없이 몽땅 차지하거나 없애 버리는 일. ¶판돈을 싹쓸이하다.

싹-없다[싸겁따][형] 〈싹수없다〉의 준말.

싹-트다[~트니~터][자] 어떤 일이 처음 생겨나거나 비롯되기 시작하다. ¶우정이 싹트다.

싼-값[-갑][명] 헐값. ¶시세보다 싼값에 구입한 가구. * 싼값이[-갑씨]·싼값만[-감-]

싼-거리[명] 물건을 싸게 사는 일, 또는 그 싼 물건.

싼-흥정[명][하타] 싼값으로 사고팖. ¶싼흥정하느라 여러 시간을 보내다. ↔비싼흥정.

쌀[명] ①벼의 껍질을 벗긴 알맹이. ②볏과 곡식의 알맹이.

쌀-가게[-까-][명] 쌀을 파는 가게. 싸전. 쌀집.

쌀-가루[-까-][명] 쌀을 빻아 만든 가루.

쌀-가마[-까-][명] 〈쌀가마니〉의 준말.

쌀-가마니[-까-][명] 쌀을 담는 가마니. ㉣쌀가마.

쌀-값[-깝][명] 쌀을 팔고 사는 값. 쌀금. ¶쌀값이 오르다. * 쌀값이[-갑씨]·쌀값만[-깜-]

쌀강-거리다[자] 〈살강거리다〉의 센말. 쌀강대다. ㉤썰겅거리다.

쌀강-대다[자] 쌀강거리다.

쌀강-쌀강[부][하자] 〈살강살강〉의 센말. ㉤썰겅썰겅.

쌀-강아지[명] 털이 짧은 강아지.

쌀-강정[명] 쌀로 만든 강정.

쌀개¹[명] 방아 몸뚱이에 가로 맞추어서 방아를 걸게 된 나무 막대기.

쌀-개²[명] 쌀을 훑는 개.

쌀-겨[-껴][명] 쌀을 찧을 때 나오는 고운 속겨.

쌀-고치[명] 회고 굵으며 야무지게 지은 좋은 고치. ↔무리고치.

쌀-골집[-찝][명] 돼지 창자에 돼지고기를 썰어 넣고 삶은 음식.

쌀-광[-꽝][명] 쌀을 넣어 두는 광.

쌀-금[-끔][명] 쌀값. ¶쌀금이 어떻게 돼요?

쌀긋-하다[-그타-][형어] 〈살긋하다〉의 센말. ㉤썰긋하다.

쌀-깃[-낀][명] 갓난아이의 배냇저고리 안에 옷 대신으로 싸는 보드라운 헝겊. * 쌀깃이[-끼시]·쌀깃만[-낀-]

쌀-누룩[-루-][명] 쌀가루를 쪄서 띄운 누룩. 미국(米麴).

쌀-눈[-룬][명] ①쌀의 씨눈. ②'싸라기눈'의 방언.

쌀-독[-똑][명] 쌀을 담아 두는 독.

　쌀독에서 인심 난다[속담] 살림에 여유가 있어야 인정도 베풀 수 있다는 말.

쌀-되[-뙤][명][-뛔][명] ①쌀을 되는 되. ②한 되가량의 쌀. ¶쌀되나 주어 보내라.

쌀-뜨물[명] 쌀을 씻고 난 뿌연 물. 미감수(米泔水). 미즙(米汁).

쌀랑-거리다[자타] 〈살랑거리다〉의 센말. 쌀랑대다. ㉤썰렁거리다.

쌀랑-대다[자타] 쌀랑거리다.

쌀랑-쌀랑[부][하자타] 〈살랑살랑〉의 센말. ㉤썰렁썰렁.

쌀랑쌀랑-하다[형어] 〈살랑살랑하다〉의 센말. ㉤썰렁썰렁하다.

쌀랑-하다[형어] 〈살랑하다〉의 센말. ㉤썰렁하다.

쌀래-쌀래[부][하자타] 〈살래살래〉의 센말. ㉤썰레썰레.

쌀-말[명] 한 말쯤 되는 쌀. ¶쌀말깨나 축내겠군.

쌀-목탁(-木鐸)[명] 절에서 끼니때에 밥쌀을 가져오라고 알리는 목탁. ㉧쌀북.

쌀-무리[명] ☞무리2.

쌀-미(-米)[명] 한자 부수의 한 가지. '粉'·'糧' 등에서의 '米'의 이름.

쌀-밥[명] 입쌀로만 지은 밥. 이밥. 흰밥. 백반(白飯). 미반(米飯).

쌀-벌레[명] ①쌀을 갉아 먹는 벌레. ¶쌀이 오래되어 쌀벌레가 생겼다. ②'놀고먹는 사람'을 꼬집어 일컫는 말.

쌀-보리[명] 볏과의 일년초. 보리의 한 가지. 까라기가 짧고 껍질과 알이 딱 붙지 아니하여 쉽게 벗겨짐. 나맥(裸麥). ↔겉보리.

쌀-부대(-負袋)[명] [-뿌-][명] 쌀을 담는 부대.

쌀-북[명] 절에서 밥 지을 쌀을 모을 때 치는 북. ㉧쌀목탁.

쌀-새우[-] 돗대기새웃과의 새우. 몸길이 7cm가량. 몸은 편평하고, 투명한 붉은색을 띰. 우리 나라·중국·일본의 연해에 분포함. 백하.

쌀-수수[명] 수수의 한 가지. 낟알은 가시랭이가 없고 희읍스름함. 초가을에 익음.

쌀:쌀[불] 〈살쌀²·⁴〉의 센말.

쌀쌀-맞다[-맏따][형] (성질이나 태도가) 따뜻한 정이나 붙임성이 없이 차갑다.

쌀쌀-하다[형] ①날씨가 싸늘히 느껴질 정도로 차다. ②(성질이나 태도가) 정다운 맛이 없고 차다. ¶친구에게 쌀쌀히 대하다. **쌀쌀-히**[부]

쌀-알[명] 쌀의 하나하나의 알.

쌀-자루[-짜-][명] 쌀을 담는 자루.

쌀-장사[명] 쌀을 사고파는 영업. 미곡상(米穀商). 미상(米商).

쌀-장수[명] 쌀을 사고파는 것을 업으로 하는 사람. 미곡상(米穀商). 미상(米商).

쌀-죽[-쭉][명] 쌀로 쑨 죽.

쌀-집[-찝][명] 쌀가게.

쌀-책박[-빽][명] 싸리로 엮어 만든, 쌀을 담는 그릇.

쌀캉-거리다[자] 〈살캉거리다〉의 센말. 쌀캉대다. 困썰컹거리다.

쌀캉-대다[자] 쌀캉거리다.

쌀캉-쌀캉[부][자] 〈살캉살캉〉의 센말. 困썰컹썰컹.

쌀포-몸[-ㅋ-·-몸-][명] 한자 부수의 한 가지. '勿'·'甸' 등에서의 'ㅋ'의 이름.

쌀-풀[명] 쌀가루로 쑨 풀.

쌈[명] 상추나 배추, 김 따위로 밥과 반찬을 싸서 먹는 일, 또는 그 음식.

쌈[하자] 〈싸움〉의 준말.

쌈의 ①바늘 24개를 한 묶음으로 하여 세는 단위. ②금 100냥쭝. ③피륙을 다듬기 알맞게 싸 놓은 덩이.

쌈-김치[명] 〈보쌈김치〉의 준말.

쌈-꾼[명] 〈싸움꾼〉의 준말.

쌈-노[명] 나뭇조각을 붙일 때, 맞대고 굳을 때까지 동여매는 데 쓰는 노끈.

쌈-닭[-딱][명] 〈싸움닭〉의 준말. * 쌈:닭이[-딱기] · 쌈:닭만[-당-]

쌈박[부] 〈삼박〉의 센말. 困섬벅. 세쌈빡.

쌈박-거리다[-꺼-][자][타] 〈삼박거리다〉의 센말. 쌈박대다. 困섬벅거리다.

쌈박-대다[-때-][자][타] 쌈박거리다.

쌈박-쌈박[부][하자][타] 〈삼박삼박〉의 센말. 困섬벅섬벅.

쌈빡[부] 〈쌈박〉의 센말. 困섬뻑.

쌈-장[-쨩][명] 상추쌈이나 배추쌈 따위에 넣어 먹는, 양념한 된장이나 고추장.

쌈지[명] ①종이나 천·가죽 따위로 만든, 담배나 부시 같은 것을 담는 주머니. ②[의존 명사적 용법] 담배나 바늘 따위를 작은 주머니에 담아 그 분량을 세는 단위. ¶담배 한 쌈지.

쌈지-공원(-公園)[명] 자투리땅에 조성한 공원.

쌈-질[명][하자] 〈싸움질〉의 준말.

쌈짓-돈[-지똔/-짇똔][명] 〔쌈지에 있는 돈이라는 뜻으로〕 적은 돈을 이르는 말.

쌈짓돈이 주머닛 돈(주머닛 돈이 쌈짓돈)[속담] 굳이 네 것 내 것 가릴 것 없는 같은 것, 또는 공동의 것이라는 말.

쌈-터[명] 〈싸움터〉의 준말.

쌈-판[명] 〈싸움판〉의 준말.

쌈-패(-牌)[명] 〈싸움패〉의 준말.

쌈싸래-하다[형] 맛이 조금 쌉쌀한 듯하다. 쌉싸름하다. ¶쌈싸래한 씀바귀. 困쌉쓰레하다.

쌈씀-하다[형] 쌈싸래하다.

쌉쌀-하다[형] 조금 쓴 맛이 있다. ¶쌉쌀한 고들빼기김치. 困쌉쓸하다.

쌍(雙)[명] ①둘씩 짝을 이룬 물건. ¶쌍을 이루어 날아가다. ②[의존 명사적 용법] 둘씩 짝을 지어 헤아리는 단위. ¶병아리 세 쌍.

쌍-가마(雙-)[명] 머리 위에 쌍으로 있는 가마, 또는 그런 가마를 가진 사람. 쌍선모(雙旋毛).

쌍-가마(雙-)²[명] 말 두 필에 각각 앞뒤 채를 얹고 가는 가마. 〔높은 벼슬아치가 탔음.〕 가교(駕轎). 쌍교(雙轎). 쌍마교(雙馬轎).

쌍가지^소켓(雙-socket)[명] 〔두 개의 전구를 끼우도록〕 두 갈래로 갈라진 소켓.

쌍각(雙脚)[명] 두 다리. 양각(兩脚).

쌍-간균(雙桿菌)[명] 두 개씩 연결된 간균.

쌍-갈(雙-)[명] 인방(引枋) 머리를 두 갈래가 지도록 바심하는 방법.

쌍갈-지다(雙-)[자] 두 갈래로 갈라지다.

쌍검(雙劍)[명] ①〈쌍수검〉의 준말. ②십팔기(十八技) 또는 이십사반 무예의 하나. 두 손에 짧은 요도(腰刀)를 하나씩 쥐고 하는 무예.

쌍-것[-껏][명] 〈상것〉의 센말. * 쌍것이[-꺼시] · 쌍것만[-껀-]

쌍견(雙肩)[명] 양쪽 어깨.

쌍견(雙繭)[명] 〈쌍고치.

쌍겹-눈(雙-)[-겹-][명] 쌍꺼풀이 진 눈.

쌍계(雙髻·雙紒)[-계/-게][명] 〈쌍상투.

쌍계(雙鷄)[-계/-게][명] 알 하나에서 나온 두 마리의 병아리.

쌍계^가족(雙系家族)[-계-/-게-][명] 부계와 모계의 중요성을 동등하게 인정하면서 결합하는 가족.

쌍-고치(雙-)[명] 두 마리의 누에가 같이 지은 고치. 공동견(共同繭). 동공견(同功繭). 쌍견(雙繭).

쌍-곡선(雙曲線)[-썬][명] ①짝을 이루고 있는 두 개의 굽은 선. ②원뿔 곡선의 한 가지. 한 평면 위에서 두 정점(定點)으로부터의 거리의 차가 일정한 점의 궤적(軌跡).

쌍곡선-면(雙曲線面)[-썬-][명] 이차 곡면의 한 가지. 쌍곡선을, 그 주축의 하나를 축으로 하여 회전시켰을 때 얻어지는 곡면.

쌍-공후(雙箜篌)[명] 현악기의 한 가지. 줄이 안팎에 있어 양손으로 안팎 줄을 한꺼번에 탐.

쌍관(雙關)[명] 〈쌍관법(雙關法)〉의 준말.

쌍관-법(雙關法)[-뻡][명] 한문(漢文)이나 한시(漢詩) 작법의 한 가지. 상대되는 문구를 서로 대응시켜 한 단(段), 또는 한 편(篇)의 골자(骨子)가 되게 하는 수사법. 준쌍관.

쌍교(雙轎)[명] 〈쌍가마².

쌍구(雙鉤)[명] 〈쌍구법.

쌍-구균(雙球菌)[명] 두 개의 균체(菌體)가 짝을 이루어 연결된 구균. 〔폐렴균·임균 따위.〕

쌍구-법(雙鉤法)[-뻡][명] ①운필법(運筆法)의 한 가지. 엄지와 집게손가락과 가운뎃손가락으로 붓대를 잡고 쓰는 법. 困단구법. ②글씨를 베낄 때에 가는 선으로 획의 가장자리만을 떠내는 일. ③〈구륵법(鉤勒法). 쌍구(雙鉤).

쌍구-전묵(雙鉤塡墨)[명] 글씨를 베껴 쓸 때, 먼저 쌍구(雙鉤)를 뜨고 다음에 쌍구 사이에 먹을 칠하는 일.

쌍굴뚝-박이(雙-)[-빠기][명] 굴뚝이 두 개 달린 기선(汽船).

쌍-권총(雙拳銃)[명] 양손에 각각 하나씩 쥔 두 개의 권총.

쌍-그네(雙-)[명] 한 그네에 두 사람이 마주 타고 뛰는 그네.

쌍그렇다[-러타][쌍그러니·쌍그레]헹舀 옷차림 따위가 약간 추워 보이고 쓸쓸하다. ¶쌍그렇게 보이는 옷차림.

쌍그레뮈하자 〈상그레〉의 센말. ㉘씽그레.

쌍글-거리다자 〈상글거리다〉의 센말. 쌍글대다. ㉘씽글거리다.

쌍글-대다자 쌍글거리다.

쌍글-빵글뮈하자 〈상글방글〉의 센말. ㉘씽글뻥글.

쌍글-쌍글뮈하자 〈상글상글〉의 센말. ㉘씽글씽글.

쌍금-쇠(雙-)[-쇠/-쉐]명 나무 같은 데에 금을 긋는 쇠. 칼과 비슷한 쇠 두 개가 달렸음.

쌍긋[-귿]뮈하자 〈상긋〉의 센말. ㉘씽긋. ㉛쌍끗.

쌍긋-빵긋[-귿-귿]뮈하자 〈상긋방긋〉의 센말. ㉘씽긋뻥긋. ㉛쌍끗빵끗.

쌍-기역(雙-)명 한글 자모(字母)의 복자음(複子音) 'ㄲ'의 이름.

쌍-까풀(雙-)명 ⇨쌍꺼풀.

쌍-꺼풀(雙-)명 겹으로 된 눈꺼풀, 또는 그렇게 생긴 눈. 쌍까풀. ¶쌍꺼풀이 지다.

쌍-끌이(雙-)명 ①두 척의 어선이 그물 한쪽씩을 연결해 천천히 나아가며 끌어 올려 그 안에 들어온 물고기를 잡는 방식. ②두 주체가 함께 어떤 분야나 상황을 주도적으로 이끄는 일. ¶쌍끌이 장세.

쌍끗[-끋]뮈하자 〈상긋〉·〈상끗〉·〈쌍긋〉의 센말. ㉘씽끗.

쌍끗-빵끗[-끋-끋]뮈하자 〈상긋방긋〉·〈상끗방끗〉·〈쌍긋빵긋〉의 센말. ㉘씽끗뻥끗.

쌍날-칼(雙-)명 양쪽에 날이 있는 칼.

쌍녀(雙女)명 쌍둥딸.

쌍녀-궁(雙女宮)명 ⇨처녀자리.

쌍-년(雙-)명 〈상년〉의 센말.

쌍-놈(雙-)명 〈상놈〉의 센말.

쌍-니은(雙-)명 한글 자모(字母)의 복자음(複子音) 'ㄴ'의 이름.

쌍동-딸(雙童-)명 쌍둥이로 태어난 딸. 쌍녀. 쌍생녀.

쌍동-밤(雙童-)명 한 톨 안에 두 쪽이 들어 있는 밤.

쌍동-아들(雙童-)명 쌍둥이로 태어난 아들. 쌍생자(雙生子).

쌍-동이(雙童-)명 '쌍둥이'의 잘못.

쌍동-중매(雙童仲媒)명 짝을 찾아 다니며 하는 직업적인 중매, 또는 그런 중매인.

쌍-되다[-뙤-/-뛔-]헹 〈상되다〉의 센말.

쌍-두리(雙-)명 두 척의 배가 하나의 두릿그물로 고기를 잡는 일.

쌍두-마차(雙頭馬車)명 ①두 마리의 말이 끄는 마차. ②'어떤 분야에서 주축이 되는 두 사람이나 사물 따위'를 비유하여 이르는 말. ¶이 두 회사는 건설업계의 쌍두마차이다. 양두마차.

쌍-둥이(雙-)명 한 태(胎)에서 태어난 두 아이. 쌍생아.

쌍둥이-자리(雙-)명 황도 십이궁의 하나. 황소자리와 게자리 사이에 있는 별자리. 겨울에서 봄에 걸쳐 남쪽 하늘에 보이며, 3월 초순에 자오선을 통과함. 쌍자궁.

쌍-디귿(雙-)명 한글 자모(字母)의 복자음(複子音) 'ㄸ'의 이름.

쌍-떡잎(雙-)[-떵닙]명 떡잎이 두 장인 것. 복자엽. 쌍자엽. ㉲뭇떡잎·외떡잎. *쌍떡잎이 [-떵니피]·쌍떡잎만[-떵님-]

쌍떡잎-식물(雙-植物)[-떵닙씽-]명 밑씨가 두 장의 떡잎을 가진 식물. 〔감·밤·완두 따위.〕 쌍자엽식물.

쌍란(雙卵)[-난]명 노른자가 둘 들어 있는 달걀.

쌍란-국(雙蘭菊)[-난-]명 ⇨바꽃.

쌍룡(雙龍)[-농]명 한 쌍의 용. 두 마리의 용.

쌍루(雙淚)[-누]명 흐르는 두 줄기 눈물.

쌍륙(雙六)[-뉵]명 오락의 한 가지. 두 개의 주사위를 던져 나오는 사위대로 말을 써서 먼저 궁(宮)에 들어보내는 것을 겨루는 놀이. ㉺상륙(象陸).

쌍륙-판(雙六板)[-뉵-]명 쌍륙의 말밭을 그린 판. ¶쌍륙판에 쓸 말이 없다.

쌍륜(雙輪)[-뉸]명 앞뒤로, 또는 양쪽으로 달린 두 개의 바퀴. ¶쌍륜 마차.

쌍립(雙立)[-닙]명①바둑에서, 한 줄을 사이에 두고 두 개씩 마주 놓은 한 편의 돌을 이르는 말. 〔행마(行馬)에서 완전한 연결 형태임.〕 ②양립(兩立).

쌍마-교(雙馬轎)명 ⇨쌍가마2.

쌍-말명하자 〈상말〉의 센말.

쌍-망이명 광산에서 돌에 구멍을 뚫을 때, 정을 때리는 쇠망치.

쌍모(雙眸)명 두 눈. 양안(兩眼).

쌍모-점(雙-點)[-쩜]명 ⇨쌍점(雙點).

쌍무(雙務)명 계약 당사자 쌍방이 서로 의무를 지는 일.

쌍무^계:약(雙務契約)[-계-/-게-]명 〔매매·임대차·고용 따위 계약과 같이〕 당사자 쌍방이 서로 의무나 채무를 지는 계약. ↔편무 계약.

쌍-무지개(雙-)명 쌍을 지어서 선 무지개.

쌍-무^협정(雙務協定)[-쩡]명 당사자 쌍방이 대등하게 의무를 지는 협정.

쌍미(雙眉)명 좌우 양쪽의 눈섭.

쌍-바라지(雙-)명 좌우에 두 짝의 창문이 달려서, 안 또는 밖으로 밀거나 당겨 좌우로 열어 젖힐 수 있게 된 바라지창.

쌍-반점(雙半點)명 가로쓰기의 문장에서, 문장을 일단 끊었다가 이어서 설명을 더 계속하거나, 대등절(對等節) 사이에 쓰이는 부호 ';'의 이름. 머무름표. 정류부(停留符). 세미콜론.

쌍-받침(雙-)명 같은 자음이 겹쳐서 된 받침. 'ㅆ'이나 'ㄲ' 따위.

쌍발(雙發)[-빨]명 ①발동기를 두 대 가짐. ¶쌍발 여객기. ②총알 나오는 구멍이 둘임. ¶쌍발 엽총.

쌍발-기(雙發機)[-빨-]명 발동기가 둘 있는 항공기.

쌍방(雙方)명 상대되는 두 쪽. 양쪽. 쌍방(兩方). ¶쌍방의 합의.

쌍방^대:리(雙方代理)명 한 사람이 계약 당사자 쌍방의 대리인이 되는 일.

쌍벌-죄(雙罰罪)[-쬐/-쮀]명 어떤 범법 행위에 관련된 당사자 양쪽을 함께 처벌하는 죄. 간통죄·뇌물죄 따위.

쌍벌-주의(雙罰主義)[-의/-이]명 범법 행위를 한 당사자 양쪽을 함께 처벌하는 주의.

쌍벽(雙璧)명 〔두 개의 구슬이라는 뜻으로〕 여럿 중에 우열이 없이 특히 뛰어난 둘. 연벽(聯璧). ¶현대 시단(詩壇)의 쌍벽.

쌍보(雙補)명하타 부부가 같이 약을 먹어 음양을 함께 보함.

쌍봉(雙峯)명 나란히 선 두 개의 봉우리.

쌍봉-낙타(雙峯駱駝)명 낙타과의 짐승. 등에 한 쌍의 육봉(肉峯)이 있어 키는 2m가량이고 몸빛은 un갈색. 단봉낙타와 함께 사막의 중요한 교통수단으로 쓰이는데, 중앙아시아·몽골 등지의 사막에 분포함. 쌍봉약대. ㉺낙타.

쌍봉-약대(雙峯-)[-냑때]명 ⇨쌍봉낙타.

쌍분(雙墳)圀 합장하지 않고 나란히 쓴 부부의 두 무덤.

쌍-분합문(雙分閤門) [-함-]圀 두 짝으로 여닫게 된 분합문.

쌍-비읍(雙-)圀 한글 자모(字母)의 복자음(複子音) 'ㅃ'의 이름. 된비읍.

쌍사(雙絲)圀 기둥이나 창문틀·창문의 울거미 등에 두 줄이 오목하게 들어간 쇠시리, 또는 그 모양.

쌍사-밀이(雙絲-)圀 기둥의 모서리나 문살 따위의 골을 치는 데 쓰이는 대패.

쌍사슬-고리(雙-)圀 쇠사슬이 두 개 달린 문고리.

쌍-상투(雙-)圀 지난날의 관례(冠禮)에서, 머리를 갈라 두 개로 틀어 올리던 상투. 쌍계(雙髻).

쌍생(雙生)圀하자타 쌍둥이를 낳음, 또는 쌍둥이로 태어남.

쌍생-녀(雙生女)圀 쌍둥딸.

쌍생-아(雙生兒)圀 쌍둥이.

쌍생-자(雙生子)圀 쌍둥아들.

쌍서(雙棲)하자 부부(夫婦), 또는 암컷과 수컷이 함께 사는 일.

쌍-선모(雙旋毛)圀 ☞쌍가마.

쌍성(雙星)圀 ☞연성(連星).

쌍-소리[-쏘-]圀〈상소리〉의 센말.

쌍수(雙手)圀 두 손. ¶쌍수를 들고 반기다.

쌍수(雙袖)圀 양쪽의 소매.

쌍수-검(雙手劍)圀 양손에 한 자루씩 쥐는 칼. 쌍칼. ㉥쌍검(雙劍).

쌍수-도(雙手刀)圀 ①군기(軍器)의 한 가지. 양손으로 쥐고 검술을 익히던 칼. ②십팔기(十八技) 또는 무예 이십사반의 하나. 똑같은 칼을 양손에 쥐고 하는 검술.

쌍-스럽다[-쓰-따] [~스러우니·~스러워]혱囚〈상스럽다〉의 센말. ¶아무 데서나 쌍스러운 욕을 한다. **쌍스레**匣.

쌍시(雙柿)圀 속에 작은 감이 들어 있는 감.

쌍-시옷(雙-) [-옫]圀 한글 자모(字母)의 복자음(複子音) 'ㅆ'의 이름. 된시옷. *쌍시옷이 [-오시]·쌍시옷만[-온-]

쌍-심지(雙心-)圀 한 등잔에 있는 두 개의 심지. **쌍심지(를) 켜다**[올리다/돋우다]판용 몹시 화가 나서 눈을 부릅뜨며 핏발을 세우다. ㉥눈.

쌍심지-나다(雙心-)잠 쌍심지서다.

쌍심지-서다(雙心-)잠 몹시 화가 나서 두 눈에 핏발이 서다. 쌍심지나다. 쌍심지오르다.

쌍심지-오르다(雙心-) [~오르니·~올라]잠르 쌍심지서다.

쌍쌍(雙雙)圀 둘씩 둘씩 짝을 이룬 것(상태). 둘 이상의 쌍.

쌍쌍-이(雙雙-)匣 ①둘씩 둘씩 짝 지은 모양. ¶일을 쌍쌍이 누어야 맞다. ②남녀나 동물의 암수가 둘씩 둘씩 짝을 이룬 모양. ¶쌍쌍이 거니는 젊은이들.

쌍아(雙蛾)圀 ①미인의 고운 두 눈썹. ②☞쌍아 아(雙蛾蛾).

쌍안(雙眼)圀 양쪽 눈. 양안(兩眼).

쌍-안경(雙眼鏡)圀 두 개의 망원경의 광축(光軸)을 평행으로 장치하여 두 눈으로 볼 수 있게 한 광학 기계.

쌍-알(雙-)圀 ☞쌍란(雙卵).

쌍알-모끼(雙-)圀 창살 따위의 등밀이를 만드는 데 쓰는, 날이 두 골로 된 대패.

쌍어-궁(雙魚宮)圀 ☞물고기자리.

쌍-여닫이(雙-) [-녀다지]圀 두 짝의 문짝을

달아 좌·우 양쪽으로 여닫을 수 있게 된 문이나 창을 두루 이르는 말.

쌍열-박이(雙-) [-녈-]圀 총열이 두 개로 이루어진 총.

쌍올-실(雙-)圀 두 올을 겹으로 드린 실.

쌍유-아(雙乳蛾)圀 한방에서, 편도선이 붓고 종기가 나며, 열이 나고 침을 흘리는 병을 이르는 말. 쌍아(雙蛾).

쌍-이응(雙-)圀 훈민정음 반포 당시에 쓰던 한글의 옛 자모(字母) 'ㆀ'의 이름.

쌍익(雙翼)圀 양쪽 날개. 양쪽 깃.

쌍일(雙日)圀 ①유일(柔日)을 달리 이르는 말. ②짝수의 날. ↔편일(片日).

쌍자-궁(雙子宮)圀 ☞쌍둥이자리.

쌍-자엽(雙子葉)圀 ☞쌍떡잎.

쌍자엽-식물(雙子葉植物) [-씽-]圀 ☞쌍떡잎식물.

쌍-장부(雙-)圀 한 쌍으로 나란히 된 장부.

쌍장부-끌(雙-)圀 한 쌍의 구멍을 파기 위해 같은 치수의 날 두 개가 한 자루에 붙어 있는 끌.

쌍-장애(雙-)圀 광산에서, 곧은바닥에 괸 물을 퍼내는 장치. 두레박이 도르래의 양쪽에 달려 있어 물을 잇달아 퍼 올릴 수 있음.

쌍전(雙-)圀 '쌍전하다'의 어근.

쌍전-하다(雙全-)혱囚 두 가지 일이나 두 쪽이 모두 온전하다.

쌍절-곤(雙節棍)圀 두 개의 짧은 봉을 부드럽고 강한 끈으로 연결하여 상대방을 공격하는 중국 전통 무기.

쌍점(雙點)圀 쉼표의 한 가지. 가로쓰기 문장에서 쓰는 부호 ':'의 이름. 〔설명구·인용구의 앞이나 또는 시(時)와 분(分) 및 장절(章節)을 구별하거나 비율을 나타낼 때 씀.〕그림표. 쌍모점. 포겔점. 콜론.

쌍정(雙晶)圀 같은 종류의 두 결정 고체가 어느 면이나 축에 대하여 대칭의 관계를 가지고 상접(相接)한 물질.

쌍조-잠(雙鳥簪)圀 한 쌍의 새를 머리에 아로새긴 비녀.

쌍줄-붙임표(雙-標) [-부침-]圀 (인쇄할 때 이르는) 세로쓰기 문장에 쓰는 접합부 '‖'의 이름.

쌍줄-표(雙-標)圀 (인쇄할 때 이르는) 문장이나 수식에 쓰이는 등호 '='의 이름.

쌍-지읗(雙-) [-읃]圀 한글 자모(字母)의 복자음(複子音) 'ㅉ'의 이름. 된지읗. *쌍지읗이 [-으시]·쌍지읗만[-은-]

쌍-지팡이(雙-)圀 다리가 성하지 못해 걷기 어려운 사람이 짚는 두 개의 지팡이. **쌍지팡이(를) 짚고[들고] 나서다**판용 참견 잘하는 사람을 비꼴 때 흔히 덧붙여 쓰는 말. ¶야구 얘기라면 언제나 쌍지팡이 짚고 나선다.

쌍창(雙窓)圀 문짝이 둘 달린 창.

쌍창-미닫이(雙窓-) [-다지]圀 쌍창으로 된 미닫이.

쌍창-워라圀 엉덩이만 흰 검은 말.

쌍촉(雙鏃)圀 촉이 두 갈래로 된 장부.

쌍친(雙親)圀 ☞양친(兩親).

쌍-칼(雙-)圀 ①☞쌍수검(雙手劍). ②양손에 한 자루씩의 칼을 잡고 쓰는 사람.

쌍-코(雙-)圀 두 줄로 솔기를 낸 가죽신의 코.

쌍코-신(雙-)圀 쌍코로 된 신.

쌍태(雙胎)圀하자 한 태에 태아를 둘을 뱀, 또는 그 태아.

쌍태^임:신(雙胎妊娠)圀 자궁 안에 태아 둘을 밴 임신. 〔일란성과 이란성이 있음.〕

쌍턱-거치(雙-)[-꺼-]**명** 십자형(十字形)으로 재목을 맞출 때, 교차되는 부분을 쌍턱이 지도록 따서 꼭 들어맞게 하는 것.

쌍턱-걸지(雙-)**명** '쌍턱거치'의 잘못.

쌍턱-장부촉(雙-鏃)[-짱-]**명** 두 턱이 저서 이단(二段)으로 된 장부촉.

쌍학-흉배(雙鶴胸背)[-하룽-]**명** 조선 시대에, 당상관인 문관이 관복에 붙이던, 한 쌍의 학을 수놓은 흉배. **참**단학흉배.

쌍-항아리(雙缸-)**명** 조그마한 두 개의 항아리를 서로 맞붙인 항아리.

쌍현(雙絃)**명** 전통 국악기의 한 가지. 모양이 월금(月琴)과 비슷하며 줄이 두 가닥임.

쌍호-흉배(雙虎胸背)**명** 조선 시대에, 당상관인 무관이 관복에 붙이던, 한 쌍의 범을 수놓은 흉배. **참**단호흉배.

쌍화-점(雙花店)**명** 지은이와 지은 때를 알 수 없는 고려 속요(俗謠). 퇴폐적인 남녀의 애정을 읊은 노래. '악장가사'에 실려 전함. 상화점(霜花店).

쌍화-탕(雙和湯)**명** 피로 회복과 허한(虛汗)을 다스리는 데 쓰는 한방약의 한 가지. [백작약·숙지황·황기·당귀·천궁 따위의 약재로 조제한 탕약.]

쌍-희자(雙喜字)[-히짜]**명** 장식이나 자수의 무늬로 쓰는 '囍'의 이름.

쌍-히읗(雙-)[-읗]**명** 훈민정음 반포 당시에 쓰던 한글의 옛 자모(字母)'ㆅ'의 이름. * 쌍히읗이[-으시]·쌍히읗[-은-]

쌓다[싸타] **I태①**물건을 겹겹이 포개어 무더기가 높아지게 하다. ¶쌀가마니를 쌓아 올리다. **②**어떤 물건을 포개 얹어 구조물을 이루다. ¶담을 쌓다. /둑을 쌓다. **③**기술·경험·지식 등을 많이 닦거나 이루다. ¶수양을 쌓다. /공적을 쌓다. * 쌓아[싸-]·쌓는[싼-]·쌓소[싸쏘]
II조동 《동사 뒤에서 '-어 쌓다'의 꼴로 쓰이어》앞말이 뜻하는 행동을 반복하거나 그 행동의 정도가 심함을 나타냄. ¶아이가 울어 쌓다. * 쌓아[싸-]·쌓는[싼-]·쌓소[싸쏘]

쌓-이다[싸-]**자 ①**'쌓다'의 피동》쌓음을 당하다. **준**쌔다. **②**한꺼번에 겹쳐지다. ¶일거리가 쌓이다. /피로가 쌓이다.

쌔근-거리다자〈새근거리다〉의 센말. 쌔근대다. **큰**씨근거리다.

쌔근-대다자타 쌔근거리다.

쌔근덕-거리다[-꺼-]**자타**〈새근덕거리다〉의 센말. 쌔근덕대다. **큰**씨근덕거리다.

쌔근덕-대다[-때-]**자타** 쌔근덕거리다.

쌔근덕-쌔근덕부하자타〈새근덕새근덕〉의 센말. **큰**씨근덕씨근덕.

쌔근-발딱부하자타〈새근발딱〉의 센말. **큰**씨근벌떡.

쌔근-쌔근부하자타〈새근새근1〉의 센말. **큰**씨근씨근.

쌔:다자〈쌓이다〉의 준말. ¶한 길이 넘게 쌘 눈. **②**'흔해'·'흔하게 있다'의 뜻을 나타내는 말. 《주로, '쌘' 또는 '쌨다'의 꼴로 쓰임.》¶떡도 쌨고 감도 쌨다. /쌔고 쌘 것이 술집이다.
  쌔고 버리다관용 버릴 만큼 흔하다. ¶그런 건 우리 마을에 쌔고 버렸다.

쌔:다2타〈싸이다2〉의 준말.

쌔무룩-하다[-루카-]**형여**〈새무룩하다〉의 센말. ¶꾸중을 듣고 쌔무룩해진다. **큰**씨무룩하다.

쌔물-거리다자〈새물거리다〉의 센말. 쌔물대다. **큰**씨물거리다.

쌔물-대다자 쌔물거리다.

쌔물-쌔물부하〈새물새물〉의 센말. **큰**씨물씨물.

쌔비다타〈훔치다〉의 속된 말.

쌕부 소리 없이 한 번 쌩긋 웃는 모양. ¶두 볼에 보조개를 지으며 쌕 웃다. **큰**씩.

쌕쌕부하자〈색색〉의 센말. **큰**씩씩.

쌘:-구름명 ㄷ적운(積雲).

쌘:-비구름명 ㄷ적란운(積亂雲).

쌜그러-뜨리다타〈샐그러뜨리다〉의 센말. **큰**씰그러뜨리다.

쌜그러-지다자〈샐그러지다〉의 센말. **큰**씰그러지다.

쌜그러-트리다타〈샐그러트리다〉의 센말. **큰**씰그러트리다.

쌜긋[-귿]**부하자타**〈샐긋〉의 센말. **큰**씰긋.

쌜긋-거리다[-귿꺼-]**자타**〈샐긋거리다〉의 센말. 쌜긋대다.

쌜긋-대다[-귿때-]**자타** 쌜긋거리다.

쌜긋-하다[-귿-]**형여**〈샐긋하다〉의 센말. ¶쌜긋한 눈으로 바라보다. **큰**씰긋하다.

쌜기죽부하자타〈샐기죽〉의 센말. **큰**씰기죽.

쌜기죽-거리다[-꺼-]**자타**〈샐기죽거리다〉의 센말. 쌜기죽대다. **큰**씰기죽거리다.

쌜기죽-대다[-때-]**자타** 쌜기죽거리다.

쌜룩부하자타〈샐룩〉의 센말. **큰**씰룩.

쌜쭉부하자타〈샐쭉〉의 센말. **큰**씰쭉.

쌜쭉-하다[-쭈카-]**형여**〈샐쭉하다〉의 센말. **큰**씰쭉하다.

쌤:-통명 '남의 낭패'를 고소하여 이르는 말. ¶그것 정말 쌤통이다.

쌩부하자 세찬 바람이나 속도(速度)가 빠른 물체가 휙 지나갈 때 나는 소리. **큰**씽. **쌩-쌩부하자** ¶바람이 쌩쌩 분다.

쌩그레부하자〈생그레〉의 센말. **큰**씽그레.

쌩글부하자〈생글〉의 센말. **큰**씽글.

쌩글-거리다자〈생글거리다〉의 센말. 쌩글대다.

쌩글-대다자 쌩글거리다.

쌩글-뱅글부하자〈생글방글〉의 센말.

쌩글-쌩글부하자〈생글뱅글〉의 센말. **큰**씽글뱅글.

쌩긋[-귿]**부하자**〈생긋〉의 센말. **큰**씽긋. **센**쌩끗.

쌩긋-뱅긋[-귿-귿]**부하자**〈생긋뱅긋〉의 센말. **센**쌩끗뱅끗.

쌩끗[-끋]**부하자**〈생긋〉·〈생끗〉·〈쌩긋〉의 센말. **큰**씽끗.

쌩끗-뱅끗[-끋-끋]**부하자**〈생긋뱅긋〉·〈생끗뱅끗〉·〈쌩긋뱅긋〉의 센말. **큰**씽끗뱅끗.

쌩쌩-하다형여〈생생하다〉의 센말.

쌩이-질명 '씨양이질'의 준말.

써 '그것을 가지고', '그런 까닭으로', '그것으로 말미암아'의 뜻을 나타내는 접속 부사. ¶효(孝)는 인륜의 근본이니, 써 백행(百行)의 으뜸을 삼을지니라.

써걱부〈서걱〉의 센말. **잘**싸각.

써-내다타 글씨나 글을 써서 내놓다. ¶이력서를 써내다. /논문을 써내다.

써-넣다[-너타]**타** 적어 넣다. 기입(記入)하다. ¶청원란에 이름을 써넣다.

써느렇다[-러타][써느러니·써느레]**형여**〈서느렇다〉의 센말. **잘**싸느랗다.

써늘-하다형여〈서늘하다〉의 센말. ¶밤바람이 써늘하다. **잘**싸늘하다.

써다자 조수(潮水)가 빠지다. 괸 물이 잦아져서 줄다. ¶물이 써면 갯벌로 나가도록 하자.

써:레명 소나 말이 끌게 하여, 갈아 놓은 논밭의 바닥을 고르는 데 쓰는 농구.

써:레-몽둥이명 써레의 몸이 되는 나무. [여기에 써렛발·손잡이 및 나루채가 달림.]

써:레-질명자 갈아 놓은 논밭의 바닥을 써레로 고르는 일.

써:렛-발[-레빨/-렏빨]명 써레몽둥이에 여러 개를 가지런하게 박는, 한 자 남짓한, 끝이 뾰족한 나무.

써:리다타 써레질을 하다. 썰다.

써-먹다[-따]타 '쓰다²'의 속된 말.

썩¹명 〈석²〉의 센말. ¶배를 썩 베어 먹다. 좡싹².

썩²부 ①보통의 정도보다 훨씬 잘하거나 나은 모양. ¶썩 잘 그린 그림. ②거침없이 나서거나 물러서거나 하는 모양. ¶앞으로 썩 나서다.

썩다[-따] 【I】자 ①물질이 부패균의 작용으로 본래의 질보다 나쁘게 변하다. ¶생선이 썩다. ②활용되어야 할 자재나 물건 따위가 활용되지 않고 아깝게 묵혀 있다. ¶썩고 있는 자재를 이용하다. ③좋은 재주나 능력 따위가 제대로 쓰이지 못하고 묵혀 있다. ④정신이나 사상·생활·제도 따위가 막되게 변하다. ¶썩은 정신. ⑤(속되게) 본인의 의사와 관계없이 어떤 곳에 얽매여 있다. ¶교도소에서 10년을 썩다. 【II】자타 걱정이나 근심 따위로 마음이 몹시 상하다. ¶속이 썩다.

썩은 새끼로 범[호랑이] 잡기[속담] 아무 준비도 없이 큰일에 덤벼들려고 하는 잘못된 태도를 두고 이르는 말.

썩덩-벌레[-떵-]명 썩덩벌렛과의 곤충. 썩은 나무에 삶. 몸은 긴 달걀꼴이고, 몸빛은 어두운 갈색인데 겉에 갈색 털이 나 있음. 우리나라·일본·시베리아 등지에 분포함.

썩둑[-뚝]부 〈석둑〉의 센말. 좡싹둑.

썩-버력[-뻐-]명 광산에서, 갱 속에 버려 둔 버력을 이르는 말.

썩-돌명 〈석돌〉의 센말.

썩썩-하다[-써카-]형어 마음씨가 부드럽고 태도가 서글서글하며 쾌활하다. 좡싹싹하다.

썩은-새명 썩은 이엉.

썩-이다타 【'썩다【II】의 사동】 썩게 하다. ¶골머리를 썩이다. /어머니 속 좀 자그마치 썩여라.

썩-정이[-쩡-]명 ①썩은 물건. ②'삭정이'의 잘못.

썩-초(-草)명 빛깔이 거무스름하고 품질이 낮은 담뱃배.

썩-히다[써키-]타 【'썩다【I】'의 사동】 썩게 하다. ¶아까운 감자를 모두 썩히다.

썰경-거리다자 〈설경거리다〉의 센말. 썰경대다. 좡쌀강거리다.

썰경-대다자 썰경거리다.

썰경-썰경부 〈설경설경〉의 센말. 좡쌀강쌀강.

썰:다[써:니·썰어]타 ①(연장을 써서) 물건을 동강으로 자르다. 동강 내다. ¶깍두기를 담그려고 무를 썰다. ②☞써리다.

썰렁-거리다자 〈설렁거리다〉의 센말. 썰렁대다. 좡쌀랑거리다.

썰렁-대다자 썰렁거리다.

썰렁-썰렁부 〈설렁설렁〉의 센말. 좡쌀랑쌀랑.

썰렁썰렁-하다형어 〈설렁설렁하다〉의 센말. 좡쌀랑쌀랑하다.

썰렁-하다형어 〈설렁하다〉의 센말. ¶집 안이 썰렁하다. /썰렁한 바닷바람. 좡쌀랑하다.

썰레-놓다[-노타]자 (안 될 일이라고) 될 수 있게 마련하다.

썰레-썰레부하타 〈설레설레〉의 센말. 좡쌀래쌀래.

썰-리다 【I】자 【'썰다'의 피동】 썲을 당하다. 【II】타 【'썰다'의 사동】 썲게 하다. ¶동생에게 무를 썰렸다.

썰매명 ①눈 위나 얼음판에서, 사람이나 짐을 싣고 짐승이나 사람이 끌고 다니는 기구. ②아이들이 얼음판에서 미끄럼을 타는 제구. ¶썰매를 지치다. 舎설마(雪馬).

썰-무명 지난날, 명구럭 따위에 담아 마소의 등에 싣고 다니며 팔던 무.

썰-물명 바닷물이 주기적으로 난바다로 밀려 나가는 현상, 또는 그 바닷물. 낙조(落潮). ↔밀물.

썰썰-하다형어 속이 빈 것처럼 출출하다. ¶점심을 배불리 먹었는데도 썰썰하다. 썰썰-히부.

썲:음-질명하타 톱으로 나무를 자르는 일.

썰컹-거리다자 〈설컹거리다〉의 센말. 썰컹대다. 좡쌀캉거리다.

썰컹-대다자 썰컹거리다.

썰컹-썰컹부하타 〈설컹설컹〉의 센말. ¶콩이 덜 삶아져서 썰컹썰컹하다. 좡쌀캉쌀캉.

썸벅부 〈섬벅〉의 센말. 좡쌈박.

썸뻑부 〈섬벅〉의 센말. 좡쌈빠.

씽그레부하타 〈성그레〉의 센말. 좡쌩그레.

씽글-거리다자 〈성글거리다〉의 센말. 씽글대다. 좡쌩글거리다.

씽글-대다자 씽글거리다.

씽글-뻥글부하타 〈성글벙글〉의 센말. 좡쌩글빵글.

씽글-씽글부하타 〈성글성글〉의 센말. 좡쌩글쌩글.

씽긋[-귿]부하타 〈성긋〉의 센말. 좡쌩긋. 셈씽긋.

씽긋-씽긋[-귿-]부하타 〈성긋성긋〉의 센말. 좡쌩긋빵긋. 셈씽긋.

씽꿋[-끋]부하타 〈성긋〉·〈성꿋〉·〈씽긋〉의 센말. 좡쌩꿋.

씽꿋-씽꿋[-끋-끋]부하타 〈성긋성긋〉·〈성꿋성꿋〉·〈씽긋씽긋〉의 센말. 좡쌩꿋빵꿋.

쏘가리명 껙지과의 민물고기. 몸길이 40~50 cm. 몸은 길고 납작하며 입이 큼. 온몸에 잿빛을 띤 보라색의 무늬가 많음. 한강과 대동강의 중상류에 분포함.

쏘개-질명 있는 일 없는 일을 얽어서 몰래 고자질하는 짓.

쏘곤-거리다자타 〈소곤거리다〉의 센말. 쏘곤대다. 쿈쑤군거리다.

쏘곤-대다자타 쏘곤거리다.

쏘곤-쏘곤부하타 〈소곤소곤〉의 센말. ¶쏘곤쏘곤 귓속말을 주고받다. 쿈쑤군쑤군.

쏘:다 【I】타 ①(활이나 총 따위로) 화살이나 총알을 날아가게 하다. ¶대포를 쏘다. ②벌레 따위가 침으로 찌르다. ③매운맛이 찌르는 듯이 혀를 아리게 하다. ¶겨자가 혀를 톡 쏘다. 【II】자 듣는 이가 따끔하게 느끼도록 말하다. ¶따끔하게 쏘아 주다.

쏘-다니다자 분주하게 여기저기 마구 돌아다니다. ¶온종일 쏘다녔더니 피곤하다. /거리를 쏘다니다.

쏘-대다자타 〈쏘다니다〉의 속된 말.

쏘삭-거리다[-꺼-]타 자꾸 쏘삭쏘삭하다. 쏘삭대다. 쿈쑤석거리다.

쏘삭-대다[-때-]타 쏘삭거리다.

쏘삭-쏘삭부하타 ①자꾸 뒤지고 들쑤시는 모양. ②남을 자꾸 꼬드겨서 달뜨게 하는 모양. 쿈쑤석쑤석.

쏘시개명 〈불쏘시개〉의 준말.

쏘시개-나무명 불쏘시개로 쓸 나무.

쏘아-보다〔타〕 날카롭게 바라보다. 매섭게 건너보다. ¶상대의 얼굴을 쏘아보다. ⓐ노려보다.

쏘아-붙이다[-부치-]〔자타〕 상대편의 감정이 상할 정도로, 날카롭게 말을 내뱉다. ¶홧김에 한마디 쏘아붙이다. ㉜쏴붙이다.

쏘-이다¹〔'쏘다'의 피동〕 쏨을 당하다. ¶벌에 콧잔등을 쏘이다. /쐐기에 쏘이다. /벌레에 쏘인 자리가 퉁퉁 붓고 아프다. ㉜쐬다¹.

쏘이다²〔☞쐬다².

쏘-지르다[~지르니·~질러]〔자르〕'쏘다니다'의 속된 말. ¶온 마을을 쏘지르고 다니다.

쏙〔부〕①몹시 내밀거나 폭 들어간 모양. ¶쏙 들어간 자리. ②깊이 밀어 넣거나 쉽게 빠지는 모양. ¶심지가 쏙 빠져나오다. ③말이 경솔하고 거리낌 없는 모양. ¶아이가 어른들 이야기에 쏙 끼어들다. ④가볍게 찌르거나 쑤시는 모양. ㉟쑥³. 쏙-쏙〔부〕.

쏙닥-거리다[-따끄-]〔자타〕〈속닥거리다〉의 센말. 쏙닥대다. ㉟쏙덕거리다.

쏙닥-대다[-따때-]〔자타〕 쏙닥거리다.

쏙닥-쏙닥[-따-딱]〔부〕〈속닥속닥〉의 센말. ¶무슨 말인지 귀에 대고 쏙닥쏙닥하다. ㉟쏙덕쏙덕.

쏙닥-이다[-따기-]〔자타〕〈속닥이다〉의 센말. ㉟쏙덕이다.

쏙달-거리다[-딸-]〔자타〕〈속달거리다〉의 센말. 쏙달대다. ㉟쏙덜거리다.

쏙달-대다[-딸-]〔자타〕 쏙달거리다.

쏙달-쏙달[-딸-딸]〔부〕〈속달속달〉의 센말. ㉟쏙덜쏙덜.

쏙대기[-때-]〔명〕 돌김으로 성기게 떠서, 종이처럼 얇파르게 만든 김.

쏙살-거리다[-쌀-]〔자타〕〈속살거리다〉의 센말. 쏙살대다. ㉟쏙설거리다.

쏙살-대다[-쌀-]〔자타〕 쏙살거리다.

쏙살-쏙살[-쌀-쌀]〔부〕〈속살속살〉의 센말. ㉟쏙설쏙설.

쏙소그레-하다[-쏘-]〔형어〕〈속소그레하다〉의 센말. ㉟쑥소그레하다.

쏜살-같다[-간따]〔형〕 날아가는 화살같이 몹시 빠르다. ¶쏜살같이 달려오다.

쏜살-같이[-가치]〔부〕 '쏜살같이'의 잘못.

쏜살-로〔부〕'쏜살같이'의 잘못.

쏟다[-따]〔타〕 ①햇볕이나 비 따위를 강하게 비치게 하거나 내리게 하다. ¶큰비를 쏟다. Ⅱ타 ①그릇 따위를 기울여서 담긴 것을 한꺼번에 나오게 하다. ¶방바닥에 물을 쏟다. ②(피나 눈물 따위를) 흘리다. ¶코피를 쏟다. ③마음을 기울여 열중하다. ¶자녀 교육에 정성을 쏟다. ④생각을 모두 말하다. ¶친구에게 속생각을 쏟아 놓다.

쏟-뜨리다〔타〕'쏟다'의 힘줌말. 쏟트리다.

쏟아-지다〔자〕 한꺼번에 많이 떨어지거나 몰려나오거나 생기다. ¶진눈깨비가 쏟아지다.

쏟-트리다〔타〕 쏟뜨리다.

쏠〔명〕 작은 폭포.

쏠:다[쏘니·쏠아]〔타〕(쥐나 좀 따위가) 물건을 갉아서 구멍을 내거나 홈을 만들다. ¶누에가 뽕잎을 쏠다.

쏠리다〔자〕(한쪽으로) 기울어지거나 몰리다. ¶마음이 쏠리다. /남은 짐이 옆으로 쏠리다.

쏠쏠-하다〔형어〕①품질이 쏠 만하고 어지간하다. ②(장사나 거래의 이문이) 만만하지 않다. ¶이문이 쏠쏠하다. ㉟쓸쓸하다. **쏠쏠-히**〔부〕.

쏭당-쏭당〔부〕〔하타〕〈송당송당〉의 센말. ㉟쑹덩쑹덩.

쏴〔부〕〈쇄〉의 센말.

쏴-붙이다[-부치-]〔자타〕〈쏘아붙이다〉의 준말.

쐐〔명〕〈쐐〉의 센말.

쐐:기¹〔명〕 물건과 물건의 틈 사이에 박아 사개가 물러나지 못하도록 하는 물건.

쐐기-박다[치다]〔관용〕①뒤탈이 없도록 다짐을 해 두다. ②일이나 상태가 바람직하지 않게 되는 것을 막다. ¶과소비 풍조에 쐐기를 박다.

쐐:기²〔명〕①쐐기나방의 유충. 마디마다 가시가 있어 닿으면 아프고 부어오름. 과실나무의 해충임. ②☞풀쐐기.

쐐기-나방〔명〕 쐐기나방과의 곤충을 통틀어 이르는 말.

쐐:기-풀〔명〕 쐐기풀과의 다년초. 산이나 들에 절로 나는데, 줄기 높이는 40~80 cm. 잎은 깻잎과 비슷하며 잎과 줄기에 독이 있는 가시가 있음. 여름에서 늦가을에 걸쳐 담녹색의 잔꽃이 이삭 모양으로 핌.

쐬:다¹[쐬-/쇄-]〔타〕〈쏘이다〉의 준말.

쐬:다²[쐬-/쇄-]〔타〕①(연기나 바람 따위를) 몸이나 얼굴에 받다. ¶바람을 쐬다. /햇볕을 쐬다. ②(자기의 물건을) 남에게 보여 평가받아 보다. ¶상품을 전시하여 남의 눈을 쐬다. ③〈맞쐬다〉의 준말. 쏘이다².

쑤군-거리다[-꾼-]〔자타〕〈수군거리다〉의 센말. 쑤군대다. ㉟쏘곤거리다.

쑤군-대다〔자타〕 쑤군거리다.

쑤군덕-거리다[-꺼-]〔자타〕〈수군덕거리다〉의 센말. 쑤군덕대다.

쑤군덕-대다[-때-]〔자타〕 쑤군덕거리다.

쑤군덕-쑤군덕〔부〕〈수군덕수군덕〉의 센말.

쑤군-쑤군[-꾼-꾼]〔하자타〕〈수군수군〉의 센말. ㉟쏘곤쏘곤.

쑤다〔타〕(풀이나 죽 따위를) 끓여 익히다.

쑤석-거리다[-꺼-]〔타〕 자꾸 쑤석쑤석하다. 쑤석대다. ㉟쏘삭거리다.

쑤석-대다[-때-]〔타〕 쑤석거리다.

쑤석-쑤석[-꺼-꺼]〔부〕①자꾸 뒤지고 들쑤시는 모양. ¶서랍을 쑤석쑤석 들추다. ②남을 자꾸 꼬드겨서 들뜨게 하는 모양. ¶옆에서 쑤석쑤석하여 들뜨게 하다. ㉟쏘삭쏘삭.

쑤시다〔자〕 바늘로 찌르는 것같이 아프다. ¶종기가 곪으려는지 몹시 쑤시다.

쑤시다²〔타〕①구멍 같은 데를 꼬챙이나 막대 따위로 찌르다. ¶이를 쑤시다. ②가만 있는 것을 건드려 버르집다. ③사람이 여러 사람 속으로 들어갈 틈을 만들다. ¶만원 버스 속으로 쑤시고 들어가다. ④숨겨진 사실을 밝히기 위해 이모저모 조사하다. ¶신문 기자가 사건의 진상을 밝히기 위해 여기저기 쑤시고 다니다. ⑤일자리를 찾거나 어떤 관계를 맺기 위해 회사·기관 등을 비집고 들다. ¶건설 공사 수주를 위해 인맥을 동원해 여기저기 쑤시고 다니다.

쑥¹〔명〕〔되다〕 지나치게 순진하거나 어리석은 사람을 일컫는 말. ¶그 사람 영 쑥이더군.

쑥²〔명〕 국화과의 다년초. 들에 절로 나는데, 줄기 높이는 60~120 cm. 잎은 뒷면에 젖빛 솜털이 있고 향기가 남. 7~9월에 담홍자색 꽃이 핌. 어린잎은 먹으며, 다 자란 잎은 배뇨이나 토사 등에 약으로 씀. ㉟다북쑥.

쑥³〔부〕①몹시 내밀거나 폭 들어간 모양. ¶배가 쑥 나오다. /쑥 들어간 눈. ②깊이 밀어 넣거나 쉽게 빠지는 모양. ¶못을 쑥 빼어 들다. /손을 쑥 집어넣다. ③말을 경솔하고 거리낌 없이 하는 모양. ¶남의 이야기에 쑥 나서서 참견을 하다. ④깊이 쑤시는 모양. ㉟쏙. 쑥-쑥〔부〕.

쑥-갓[-깓]圀 국화과의 일년 또는 이년초. 채소의 한 가지로, 줄기 높이는 30~60cm. 잎은 깃 모양으로 깊이 갈라지며 녹색 다육질임. 여름에 담황색 꽃이 피는데 냄새가 향긋함. 독특한 향미가 있어 쌈이나 나물로 먹음. 애국채(艾菊菜). * 쑥갓이[-까시]·쑥갓만[-깐-]

쑥-대[-때]圀 쑥의 줄기.

쑥-대강이[-때-]圀 ⇨쑥대머리.

쑥대-김[-때-]圀 돌김으로 얇게 만든 김.

쑥대-머리[-때-]圀 (채가 긴 머리털이) 어지럽게 흐트러진 머리. 봉두(蓬頭). 봉수(蓬首). 쑥대강이.

쑥대-밭[-때받]圀 ①쑥이 우거진 거친 땅. ②'크게 파괴되어 거의 폐허가 되다시피 한 것'을 비유하여 이르는 말. ¶쑥대밭을 만들다. /쑥대밭이 되다. ㉰쑥밭. * 쑥대밭이[-때바치]·쑥대밭을[-때바틀]·쑥대밭만[-때반-]

쑥댓-불[-때뿔~-땓뿔]圀 쑥을 뜯어 말려서 을 묶어 만든 자루에 붙인 불.

쑥덕-거리다[-떡꺼-]재타〈숙덕거리다〉의 센말. ㉰쑥덕대다.

쑥덕-공론(-公論)[-떡꽁논]圀㉰자타 남이 알아듣지 못하게 저희들끼리 모여서 쑥덕거리는 짓.

쑥덕-대다[-떡때-]재타 쑥덕거리다.

쑥덕-쑥덕[-떡-떡]튀㉰자타〈숙덕숙덕〉의 센말. ㉰쏙닥쏙닥.

쑥덕-이다[-떠기-]재타〈숙덕이다〉의 센말. ㉰쏙닥이다.

쑥덜-거리다[-떨-]재타〈숙덜거리다〉의 센말. 쑥덜대다. ㉰쏙달거리다.

쑥덜-대다[-떨-]재타 쑥덜거리다.

쑥덜-쑥덜[-떨-떨]튀㉰자타〈숙덜숙덜〉의 센말. ㉰쏙달쏙달.

쑥-떡圀 쑥을 넣어 만든 떡.

쑥-돌[-똘]圀 ⇨애석(艾石).

쑥-밭[-빧]圀〈쑥대밭〉의 준말. * 쑥밭이[-빠치]·쑥밭을[-빠틀]·쑥밭만[-빤-]

쑥-버무리[-뻐-]圀 쌀가루와 쑥을 한데 버무려서 시루에 찐 떡.

쑥-부쟁이[-뿌-]圀 국화과의 다년초. 습기가 있는 곳에 자라는데 뿌리줄기가 땅속으로 가로 벋어 번식함. 줄기는 자줏빛을 띠며, 높이는 30~100cm. 7~10월에 가지 끝에 자줏빛 꽃이 한 송이씩 핌. 어린잎은 먹을 수 있음.

쑥-색(-色)[-쌕]圀 쑥의 색깔.

쑥설-거리다[-썰-]재타〈숙설거리다〉의 센말. 쑥설대다. ¶바로 뒤에 앉아서 계속 쑥설거리고 있다. ㉰쏙살거리다.

쑥설-대다[-썰-]재타 쑥설거리다.

쑥설-쑥설[-썰-썰]튀㉰자타〈숙설숙설〉의 센말. ¶아무 일도 아닌 걸 가지고 뭘 그렇게 쑥설쑥설하며 떠드는 거냐? ㉰쏙살쏙살.

쑥수그레-하다[-쑤-]圀㉠〈숙수그레하다〉의 센말.

쑥-스럽다[-쓰-따][~스러우니·~스러워]圀閪 하는 짓이나 모양이 어울리지 않고 어색하다. ¶낯선 자리에 나서자니 쑥스럽다. /쑥스러워서 말 한마디 못하고 그대로 돌아왔다. 쑥스레閪.

쏠-쏠-하다圀閪 ①품질이 쓸 만하고 무던하다. ②(장사나 거래의 이문이) 썩 좋다. ¶장사가 쏠쏠하게 되다. 쏠쏠하게閪.

쏭덩-쏭덩튀㉰하타〈숭덩숭덩〉의 센말. ㉰쏭당쏭당.

쒜-쒜깜 어린아이가 다쳐서 아파할 때 다친 곳을 만져 주며 달래는 소리.

쓰-개圀 머리에 쓰는 물건을 통틀어 이르는 말.

쓰개-치마圀 지난날, 부녀자가 나들이할 때 머리에 써서 머리와 윗몸을 가리던 치마.

쓰나미(つなみ 일)圀 ⇨지진 해일.

쓰다[쓰니·써]타 ①사람을 두어 일을 시키다. ¶일꾼을 쓰다. ②돈이나 물자를 들이거나 없애다. ¶돈을 많이 쓰다. /물을 많이 쓰다. ③(어떤 일에) 도구나 수단이 되게 하다. ¶전화를 쓰다. /흉기를 쓰다. ④마음을 쏟거나 억지를 부리다. ¶꾀를 쓰다. /생떼를 쓰다. ⑤(권세 따위를) 행사하다. ¶세도를 쓰다. ⑥(몸의 일부를) 놀리다. ¶팔을 쓰다. ⑦(약을 먹이거나 바르다. ¶한약을 쓰다. ⑧빚을 지다. ¶남의 돈을 쓰다. ⑨(주로 '말'이나 '문자'와 함께 쓰이어) 생각을 나타내는 수단으로 사용하다. ¶고운 말을 쓰다. /사투리를 쓰다. ⑩장기·바둑 따위에서, 말을 옮기다. ¶포를 써서 이기다.

쓰다[쓰니·써]타 ①(모자나 수건 따위를) 머리에 이어 덮다. ¶두건을 쓰다. ②(우산 따위를) 머리 위에 펴 들다. ¶우산도 쓰지 않고 빗속을 쏘다녔다. ③(얼굴을) 보이지 않게 가리거나 덮다. ¶탈을 쓰다. ④(이불 따위를) 머리까지 푹 덮다. ¶이불을 쓰고 드러누웠다. ⑤억울한 지목을 당하거나 죄를 입다. ¶도둑의 누명을 쓰다. ⑥(얼굴에) 흘러 내리지 않게 걸치다. ¶안경을 쓰다.

쓰다[쓰니·써]타 묏자리를 잡아 시체를 묻다. ¶명당(明堂)에 뫼를 쓰다.

쓰다[쓰니·써]타 ①붓·펜 따위로 획을 그어 글자를 이루다. ¶제 이름도 쓸 모른다. ②(소설 따위를) 쓰는 사람. ③(악보에 음표 따위로) 곡을 만들다. ¶가수가 직접 곡을 썼다.

쓰다[쓰니·써]웥 ①입에 소태의 맛과 같다. ¶검고 쓴 한약. ↔달다. ②입맛이 없다. ¶입이 써 아침을 드는 둥 마는 둥 했다. ③마음에 언짢고 싫다. ¶쓴 얼굴을 하다.

쓴 배 개살구/외도 맛 들일 탓쏙담 모든 일의 좋고 나쁨은 사람의 주관에 달렸다는 말.

쓰다듬다[-따]타 ①(귀엽거나 탐스러워) 손으로 가볍게 쓸거나 어루만지다. ¶아이의 머리를 쓰다듬다. /수염을 쓰다듬다. ②(울거나 성이 난 아이를) 살살 달래어 가라앉히다.

쓰디-쓰다[~쓰니·~써]웥 ①매우 쓰다. ¶쓸 쓴 약. ②몹시 괴롭다. ¶쓰디쓴 경험.

쓰라리다圀閪 ①쓰리고 아리다. ¶무릎이 까져 쓰라리다. ②몹시 괴롭다. ¶쓰라린 심정.

쓰러-뜨리다타 쓰러지게 하다. 쓰러트리다. ¶발을 걸어 쓰러뜨리다. /독재 정권을 쓰러뜨리다.

쓰러-지다재 ①(서 있거나 쌓여 있던 것이) 한쪽으로 쏠려 넘어지다. ¶폭풍에 전신주가 쓰러졌다. ②형세를 지탱하지 못하고 망하다. ¶회사가 부도를 내고 쓰러지다. ③(힘이 다하거나 다쳐서) 앓아눕거나 죽다. ¶내가 쓰러지는 한이 있더라도 꼭 하고야 말겠다.

쓰러-트리다타 쓰러뜨리다.

쓰렁쓰렁-하다圀閪 사귀는 정이 버성기어 서로 쓸쓸하다. ¶촌수는 가깝지만 자주 못 만나서 서로 쓰렁쓰렁하게 지낸다.

쓰레기圀 비로 쓸어 낸 먼지나 티끌, 또는 못 쓰게 되어 내버릴 물건을 통틀어 이르는 말. ¶쓰레기 분리 수거.

쓰레기-꾼圀 쓰레기를 치는 일꾼.

쓰레기-차(-車)圀 쓰레기를 거두어 내다 버리는 청소차.

쓰레기-통(-桶)圀 쓰레기를 모아 두는 통.

쓰레-받기[-끼]圐 쓰레기 따위를 비로 쓸어 받아 내는 기구.

쓰레-장판(-壯版)圐 장판지로 만든 쓰레받기.

쓰레-질[하] 비로 쓸어 청소하는 일.

쓰레-하다[형] 쓰러질 것같이 한쪽으로 기울어져 있다. ¶쓰레하게 서 있는 오두막집.

쓰르라미圐 매밋과의 곤충. 편 날개 길이 5 cm 가량. 몸빛은 적갈색에 녹색과 흑색점이 있음. 여름부터 가을에 걸쳐 볼 수 있으며, 수컷에만 배에 큰 공명실(共鳴室)이 있어 '쓰르람쓰르람' 하고 욺. 일본 특산이나 우리나라에도 분포함. 한선(寒蟬).

쓰름-매미圐 매밋과의 곤충. 몸길이 3 cm, 편 날개 길이 5 cm가량. 몸빛은 어두운 녹색에 검은 얼룩무늬가 있고, 날개는 투명하며 붉은 보라색으로 광택이 남. 수컷은 여름부터 가을에 걸쳐 '쓰름쓰름' 하고 우는데, 우리나라·중국·일본 등지에 분포함.

쓰름-쓰름튀 쓰름매미의 우는 소리.

쓰리圐 겨울에 잉어 따위를 낚기 위해 얼음을 끄는 쇠꼬챙이.

쓰리다[형] ①다친 상처가 매운기에 닿을 때처럼 아리다. ¶불에 덴 데가 쓰리다. ②속이 시장하여 허기가 지다. ¶배가 고프다 못해 쓰리다. ③마음이 아린 것처럼 괴롭다. ¶자식을 잃어버린 부모의 맘이 얼마나 쓰리겠느냐?

쓰-이다[자] 『'쓰다¹'의 피동』 씀을 당하다. 소용되다. ¶결혼 비용이 많이 쓰이다. ㉣쌔다.

쓰-이다²[Ⅰ]자 『'쓰다⁴'의 피동』 글씨가 써지다. ¶이 펜은 글씨가 잘 쓰인다. ㉣쌔다². [Ⅱ]타 『'쓰다'의 사동』 쓰게 하다. ¶동생에게 글씨를 쓰이다. ㉣쌔다².

쓰임-새圐 쓰이는 일. 쓰이는 데. ¶쓰임새가 많은 연모.

쓰적-거리다[-꺼-]자타 자꾸 쓰적쓰적하다. 쓰적대다. ¶그렇게 쓰적거려 가지고 마당이 깨끗해지겠느냐?

쓰적-대다[-때-]자타 쓰적거리다.

쓰적-쓰적튀 ①하자타물건이 서로 맞닿아서 자꾸 비비어지거나 쓸리는 소리, 또는 그 모양. ②하타쓰레질을 대강대강 하는 모양.

쓱튀 ①넌지시 행동하는 모양. ¶어느새 쓱 지나가 버렸다. ②척 내닫거나 내미는 모양. ¶소매를 걷고 쓱 나섰다. ③슬쩍 문대거나 비비는 모양. ¶긴 수염을 한 손으로 쓱 쓰다듬었다. ③쓱-쓱튀 얼굴을 손으로 쓱쓱 문지르다.

쓱싹튀하자타 톱질이나 줄질을 할 때 쓸리어 나는 소리. ¶톱으로 나무를 쓱싹 자르다. 쓱싹-쓱싹튀하자타.

쓱싹-거리다[-꺼-]자타 자꾸 쓱싹 소리가 나다. 쓱싹대다.

쓱싹-대다[-따-]자타 쓱싹거리다.

쓱싹-하다[-싸카-]자타여 ①옳지 않은 일이나 잘못을 슬쩍 얼버무려 감추어 버리다. ②서로 주고받을 셈을 맞비겨 없애다. ③슬쩍 제것으로 하다'를 속되게 이르는 말. ¶회비(會費)를 쓱싹하다.

쓱-쓱튀 일을 손쉽게 거침없이 해치우는 모양. ¶아무리 어려운 일을 맡아도 군소리 한마디 없이 쓱쓱 해치운다.

쓴-너삼圐 콩과의 다년초. 양지바른 곳에 나는데, 줄기의 높이 80∼100 cm. 잎은 새의 깃 모양이며 잎자루가 길고 6∼8월에 연한 황색 꽃이 이삭 모양으로 핌. 뿌리는 '고삼(苦蔘)'이라 하여 한약재로 쓰임.

쓴-맛[-맏]圐 소태 따위의 맛과 같은 맛. 고미(苦味). •쓴맛이[-마시] •쓴맛만[-만-]

쓴맛 단맛 다 보았다[속] 갖은 곡절을 겪어서 경험이 많다는 말.

쓴-소리圐하자 듣기에 거슬리는 충고의 말.

쓴-술圐 찹쌀술에 대하여 '멥쌀술'을 이르는 말.

쓴-웃음圐 ①속으로는 시쁘면서도 마지못해 웃는 웃음. ②기가 막히거나 어이가 없어 웃는 웃음. 고소(苦笑).

쓴-잔(-盞)圐 ①쓴맛이 나는 액체가 든 잔. ②'실패나 패배 따위의 쓰라린 경험'을 비유하여 이르는 말.

쓴잔을 들다[마시다/맛보다]〔관용〕 실패나 패배 따위의 쓰라린 일을 당하다.

쓸개圐 ⇨담낭(膽囊).

쓸개(가) 빠지다〔관용〕 하는 짓이 줏대가 없음을 욕으로 이르는 말.

쓸개-머리圐 소의 쓸개에 붙은 고기.

쓸개-즙(-汁)圐 척추동물의 간장에서 만들어지는 소화액의 한 가지. 지방 효소(脂肪酵素)의 소화 작용 및 장(腸)의 연동 운동(蠕動運動)을 돕는데, 육식 동물은 홍갈색이고 초식 동물은 녹색임. 담액. 담즙. 쓸개진.

쓸개-진(-津)圐 ⇨쓸개즙.

쓸가스르다[쓸까스르니·쓸까스러]타타 남을 추슬렀다 낮추었다 하여 비위를 거스르다.

쓸다¹[쓰니·쓸어]타 ①비로 쓰레기 따위를 밀어내거나 한데 모아 치우다. ¶골목을 쓸다. ②손으로 어루만져 문지르다. ¶아이의 아픈 배를 쓸어 주다. ③(어떤 범위 안에) 두루 영향을 치다. ¶독감이 전국을 쓸었다. ④(돈이나 물건 따위를) 혼자 독차지하다. ¶상이란 상은 모두 혼자 쓸어 가다.

쓸다²[쓰니·쓸어]타 줄 따위로 문질러 닳게 하다. ¶줄로 쇠창살을 쓸다.

쓸데-없다[-떼업따]형 ①쓸 자리가 없다. 소용이 없다. ¶쓸데없는 물건. ②아무 값어치가 없다. 아무 뜻이 없다. ¶쓸데없는 말만 지껄이다. 쓸데없-이튀 ¶쓸데없이 아무 일에나 참견한다.

쓸리다¹[자] (풀이 센 옷이나 단단하고 거친 표면에) 쓰적거려 살갗이 벗겨지다. ¶시멘트 바닥에 넘어져 무릎이 쓸렸다.

쓸리다²[자] 비스듬히 기울어지다. ¶집채가 한쪽으로 쓸리다. / 바람에 쓸리는 풀.

쓸-리다³[자] 『'쓸다¹'의 피동』 쓺을 당하다. ¶병사들의 제설 작업으로, 보급로의 눈이 말끔히 쓸렸다.

쓸-리다⁴[자] 『'쓸다²'의 피동』 (줄 따위에) 문질러져서 닳게 되다. ¶줄에 쓸리다.

쓸-모圐 쓸 만한 가치. 쓰일 자리. ¶아무 데도 쓸모가 없다.

쓸모-없다[-업따]형 쓸 만한 가치가 없다. 쓸모없-이튀.

쓸쓸-하다[형][여] ①(날씨가) 으스스하고 썰렁하다. ②외롭고 적적하다. 소연(蕭然)하다. ¶객지 생활이 쓸쓸하다. 쓸쓸-히튀.

쓸어-내리다[타] ①(수염·머리 따위를) 아래로 쓸면서 만지다. ¶머리를 쓸어내리다. ②걱정이나 근심 따위가 해결되어 안도하다. ¶가슴을 쓸어내리다.

쓸어-맡기다[-맏끼-]타 여러 가지를 다 몰아서 맡기다. ¶살림을 시어머니한테 쓸어맡기고 나돌아 다니다니….

쓸어-버리다타 부정적인 것을 모조리 없애다. ¶잡념을 쓸어버리고 공부에만 몰두하였다.

쓸어-안다[-따][태] 마구 부둥켜안다. ¶재회한 모자는 서로 쓸어안고 감격의 눈물을 흘렸다.

쓸용(-用)[-룡][명] 한자 부수의 한 가지. '甫'· '甯' 등에서의 '用'의 이름.

쓸음-질[명][하타] 줄로 쓰는 짓.

쓿다[쓸타][타] 곡식의 껍질을 벗기어 깨끗이 하다. ¶쌀을 쓿다. *쓿어[쓰러]·쓿는[쓸른]·쓿소[쓸쏘]

쓿은-쌀[쓰른-][명] 쓿어서 껍질을 벗긴 흰쌀.

씀바귀[명] 국화과의 다년초(多年草). 산이나 들에 절로 나는데, 줄기는 25∼50 cm. 잎은 가늘고 길며 가장자리에 톱니가 있음. 초여름에 노란 꽃이 핌. 뿌리는 맛이 쓰나 봄에 나물로 먹음. 고채(苦菜).

씀벅-거리다[-꺼-][자타] 〈씀벅거리다〉의 센말. 씀벅대다. ¶눈을 씀벅거리다. ❀쌈박거리다.

씀벅-대다[-때-][자타] ⇒씀벅거리다.

씀벅-씀벅[부][하자타] 〈씀벅씀벅〉의 센말. ❀쌈박쌈박.

씀씀-이[명] ①돈이나 물건 따위를 쓰는 일, 또는 그 정도나 규모. ¶씀씀이가 헤프다. /차를 산 뒤부터 씀씀이가 더욱 커졌다. ②(어떤 일이나 사람에 대해서) 생각이나 관심을 갖는 정도.

씁쓰레-하다[형] 맛이 제법 씁쓸한 듯하다. 씁쓰름하다. ❀쌉싸래하다.

씁쓰름-하다[형] 씁쓰레하다.

씁쓸-하다[형] 제법 쓴 맛이 있다. ¶멍게는 씁쓸한 맛에 먹는다. ❀쌉쌀하다. 씁쓸-히[부].

씌:다[씨-][자] 〈쓰이다¹〉의 준말. ¶요긴하게 씌다.

씌:다²[씨-] Ⅰ[자] 〈쓰이다²〉의 준말. ¶글씨가 잘 씌다.
Ⅱ[타] 〈쓰이다²〉의 준말. ¶붓글씨를 씌다.

씌:다³[씨-][타] 〈씌우다〉의 준말. ¶모자를 씌다.

씌다⁴[씨-][자] 〔귀신이〕 접하다. ¶귀신이 씌다.

씌어-대다[씨어-/씨여-][자] 귀신 따위가 잇따라 접하다.

씌우-개[씨-][명] 덮어 씌우는 물건.

씌우다[씨-][타] 〔'쓰다²'의 사동〕 ①(머리에) 쓰게 하다. ¶모자를 씌우다. ②(허물을) 남의 탓으로 돌리게 하다. ¶그에게 누명을 씌우다. ❀씌다³.

씨[명] ①식물의 씨방 안의 밑씨가 수정하여 발달한 단단한 물질. 씨앗. 종자(子子). ¶씨가 생기다. /배추의 씨. ②동물이나 식물이 생겨나는 근본이 되는 것. ¶개량종의 씨를 받다. ③혈통, 또는 혈통을 이어 나가는 자식이나 자손. ¶씨가 다른 형제. /씨가 좋은 말. ④어떤 일의 근원. 원인. ¶말이 씨가 된다. /하찮은 일이 분쟁의 씨가 되다.

씨가 마르다[관용] 어떤 종류의 것이 모조리 없어지다. ¶돈이 씨가 마르다.

씨도 없이[관용] 하나도 남기지 않고 모조리. ¶그 많던 붕어를 그물로 씨도 없이 잡아냈다.

씨를 말리다[관용] 어떤 종류를 남김없이 모두 없애다. ¶농약으로 메뚜기의 씨를 말리다.

씨²[명] 피륙을 짜거나 자리를 칠 때 가로놓는 실이나 노. 굵은 노로 씨와 날을 삼다. ↔날³.

씨³[명] 품사(品詞).

씨의 (옛) 것이. 〔'스'의 주격형 '시'가 변한 것〕 ¶무더니 너길 씨 增上漫이라(釋譜9:14). ❀시.

씨(氏) Ⅰ[명] ①(주로, 문집이나 비문 따위의 문어에 쓰이어) 같은 성의 계통임을 표시하는 말. Ⅱ[의] 남의 성이나 이름 뒤에 써서 존경의 뜻을 나타내는 말. ¶김 씨. /홍길동 씨.

Ⅲ[대] 제삼자를 이름 대신 높여 일컫는 말. 그 분. ¶씨의 큰 업적을 기리다.

-씨[접미] 〔일부 명사 뒤에 붙어〕 '태도'·'모양'을 나타냄. ¶말씨. /마음씨.

-씨(氏)[접미] 〔같은 성을 나타내는 명사 뒤에 붙어〕 같은 성(姓)의 계통임을 나타내는 말. ¶김해 김씨. /전주 이씨.

씨-가지[명] ⇒접사(接辭).

씨-갈이[명] ⇒품사론(品詞論).

씨-고치[명] 누에알을 받을 나방이 들어 있는 고치. 종견(種繭).

씨-곡(-穀)[명] 씨앗으로 쓸 곡식. 종곡(種穀).

씨그둥-하다[형][여] 귀에 거슬려 달갑지 않다. ¶씨그둥한 소리만 늘어놓다.

씨근-거리다[자타] 〈시근거리다〉의 센말. 씨근대다. ¶막내둥이가 씨근거리며 급히 뛰어왔다. ❀쌔근거리다.

씨근-대다[자타] 씨근거리다.

씨근덕-거리다[-꺼-][자타] 〈시근덕거리다〉의 센말. ¶분을 이기지 못하고 계속 씨근덕거리기만 한다. ❀쌔근덕거리다.

씨근덕-대다[-때-][자타] 씨근덕거리다.

씨근덕-씨근덕[부][하자타] 〈시근덕시근덕〉의 센말. ❀쌔근덕쌔근덕.

씨근-벌떡[부][하자타] 〈시근벌떡〉의 센말. ❀쌔근벌떡.

씨근-씨근[부][하자타] 〈시근시근¹〉의 센말. ❀쌔근쌔근.

씨-금[명] ⇒위선(緯線). ↔날금.

씨-껍질[-질][명] 식물의 씨의 껍질. 겉씨껍질과 속씨껍질의 구별이 있음. 종피(種皮).

씨-끝[-끋][명] ⇒어미(語尾). *씨끝이[-끄치]·씨끝을[-끄틀]·씨끝만[-끈-]

씨-내리[명][하자] 지난날, 혼인한 부부의 남편에게 이상이 있어 대(代)를 잇지 못할 경우에 남편 대신에 합방(合房)하여 아이를 배게 하던 일, 또는 그 남자. 대리부(代理父). ❀씨받이.

씨-눈[명] ⇒배(胚).

씨눈-줄기[명] ⇒배축(胚軸).

씨다리말[명] 사금(沙金)의 낱알.

씨-닭[-닥][명] 품종 개량이나 번식을 위해서 기르는 좋은 품종의 수탉. 종계(種鷄). *씨닭이[-달기]·씨닭만[-당-]

씨-도(-度)[명] ⇒위도. ↔날도.

씨-도둑[명] '한 집안에 대대로 전해 내려오는 관습이나 전통·특징에 따르지 아니하고 남을 닮음'을 비유하여 이르는 말.

씨도둑은 못한다[속담] ①조상 대대로 지녀 온 전통이나 내력은 없애지 못한다는 말. ②아버지와 자식은 모습이나 성격이 비슷한 데가 많아서 속일 수가 없다는 말.

씨-도리[명] 〈씨도리배추〉의 준말.

씨도리-배추[명] 씨를 받기 위하여 밑동만 남겨 둔 배추. ❀씨도리.

씨-돼지[명] 품종 개량이나 번식을 위해서 기르는 좋은 품종의 수퇘지. 종돈(種豚).

씨르라기[명] ⇒여치.

씨르락-씨르륵[부] 씨르래기의 우는 소리.

씨름[명][하자] ①민속 경기의 한 가지. 두 사람이 서로 샅바나 띠를 잡고 맞붙어 먼저 상대편을 넘어뜨리기를 겨루는 경기. 각력. 각저. 각희(脚戱). ②'어떤 일을 이루기 위하여 온 힘을 쏟거나 끈기 있게 달라붙음, 또는 그러한 행동'을 비유하여 이르는 말. ¶오랜 씨름 끝에 문제를 해결하다. /책과 씨름하다.

씨름-꾼[명] 씨름을 하는 사람, 또는 씨름을 잘하는 사람.

씨름-판[명] 씨름을 하는 판. ¶ 씨름판이 벌어지다.

씨-말[명] 품종 개량이나 번식을 위해서 기르는 좋은 품종의 수말. 종마(種馬).

씨명(氏名)[명] ☞성명(姓名).

씨무룩-하다[-루카-][형어] 〈시무룩하다〉의 센말. ¶ 씨무룩한 표정. 잭씨무룩하다.

씨물-거리다[자] 〈시물거리다〉의 센말. 씨물대다. 잭쌔물거리다.

씨물-대다[자] 씨물거리다.

씨물-씨물[부][하자] 〈시물시물〉의 센말. 잭쌔물쌔물.

씨-받다[-따][자] 동식물의 씨를 거두어 마련하다.

씨받-이[-바지][명][하자타] 씨를 받는 일. ¶ 씨받이할 좋은 소. ②지난날, 혼인한 부부의 아내에게 이상이 있어 대(代)를 잇지 못할 경우에 재물을 받고 그 남자의 아이를 대신 낳아 주던 일, 또는 그 여자. ②참대리모(代理母)·씨내리.

씨-방(-房)[명] 속씨식물에서, 암꽃술의 아랫부분에 볼록한 모양으로 되어 있는 곳. 〔안에 밑씨가 들어 있음.〕 자방(子房).

씨보(氏譜)[명] ☞족보(族譜).

씨부렁-거리다[자타] 〈시부렁거리다〉의 센말. 씨부렁대다. 잭싸부랑거리다.

씨부렁-대다[자타] 씨부렁거리다.

씨부렁-씨부렁[부][하자타] 〈시부렁시부렁〉의 센말. 잭싸부랑싸부랑.

씨-소[명] 품종 개량이나 번식을 위해 기르는 좋은 품종의 수소. 종우(種牛).

씨-수퇘지[명] 씨받이할 수퇘지. 종모돈(種牡豚).

씨식잖다[-짠타][형] 같잖고 되잖다. ¶ 돈 몇 푼 있다고 씨식잖게 군다. ②씩잖다. * 씨식잖아 [-짜나]·씨식잖으니[-짠쏘]

씨-실[명] 피륙을 가로 건너 짜는 실. 위사(緯絲). ↔날실¹.

씨아[명] 목화씨를 빼는 기구. 교거. 연거(碾車).

씨아-손[명] 씨아의 손잡이. 도괴(掉拐).

씨아-질[명][하자] 씨아로 목화의 씨를 빼는 일.

씨-알[명] ①번식을 위해서 얻은 알. 종란(種卵). ②광물의 잔알갱이. ③곡식 따위의 종자(種子)로서의 낱알.

씨알-머리[명] 〔주로, '없다'와 어울려 쓰이어〕 남을 욕할 때 그의 됨됨을 비아냥거리며 이르는 말. ¶ 씨알머리 없는 자식.

씨-암탉[-탁][명] 씨를 받으려고 기르는 암탉. * 씨암탉이[-탈기]·씨암탉만[-탕-]
씨암탉 잡은 듯하다[속담] 집안이 매우 화락할 때 이르는 말.

씨암탉-걸음[-탁꺼름][명] 아기작아기작 가만히 걷는 걸음걸이.

씨앗[-안][명] ①곡식이나 채소 등의 씨. ¶ 씨앗을 뿌리다. ②앞으로 커질 수 있는 근원. ¶ 희망의 씨앗. * 씨앗이[-아시]·씨앗만[-안-]

씨양이-질[명][하자] 한창 바쁠 때에 쓸데없는 일로 남을 귀찮게 하는 일. ¶ 씨양이질만 하지 말고 좀 거들어라. ②쌩이질.

씨억씨억-하다[-어카-][형어] 성질이 굳세고 시원시원하다. 굳건하고 활발하다.

씨우적-거리다[-꺼-][자] 자꾸 씨우적씨우적하다. 씨우적대다.

씨우적-대다[-때-][자] 씨우적거리다.

씨우적-씨우적[부][하자] 못마땅하여 입속으로 불평스럽게 씨부렁거리는 모양.

씨-젖[-젇][명] ☞배젖. * 씨젖이[-저지]·씨젖만[-전-]

씨-조개[명] 씨를 받기 위하여 기르는 조개. 종패(種貝).

씨족(氏族)[명] 같은 조상에서 나온 일족. 미개 사회의 생활 단위였던 혈족 집단.

씨족^공:산체(氏族共產體)[-꽁-][명] ☞원시 공산체.

씨족^사회(氏族社會)[-싸회/-싸훼][명] 씨족 제도가 전체 사회의 지배적인 구성 원리(構成原理)로 되어 있는 원시 사회.

씨족^제:도(氏族制度)[-쩨-][명] 씨족 사회의 구조. 씨족 사회의 구성원의 행동을 규제하는 규범 체계.

씨-종[명] 지난날, 대대로 물려 가며 남의 종노릇을 하던 사람.

씨-주머니[명] ☞자낭(子囊).

씨-줄[명] ①피륙 따위를 짤 때의 씨. ②☞위선(緯線). ↔날줄.

씨-짐승[명] 씨를 받기 위하여 기르는 짐승. 종축(種畜).

씨-토끼[명] 품종 개량이나 번식을 위해서 기르는 좋은 품종의 수토끼. 종토(種兔).

씨-황소[명] 씨받이할 황소. 종모우(種牡牛).

씩[부] 소리 없이 싱겁게 한 번 씽긋 웃는 모양. ¶ 씩 웃어 보인다.

-씩[접미] (주로 양수사 뒤에 붙어) 각각 같은 수효로 나누는 뜻을 나타내는 말. ¶ 둘씩. /두 개씩.

씩둑-거리다[-뚝꺼-][자] 자꾸 씩둑씩둑하다. 씩둑대다.

씩둑-꺽둑[-뚝-뚝][부][하자] 이런 말 저런 말로 쓸데없이 자꾸 지껄이는 모양.

씩둑-대다[-뚝때-][자] 씩둑거리다.

씩둑-씩둑[-뚝-뚝][부][하자] 쓸데없는 말을 수다스럽게 지껄이는 모양. ¶ 다른 사람들은 듣지도 않는데 혼자서 씩둑씩둑 떠들고 있다.

씩씩[부][하자타] 〈식식〉의 센말. 잭쌕쌕.

씩씩-하다[-씨카-][형어] 행동 등이 굳세고 위엄이 있다. ¶ 개구쟁이라도 좋으니 씩씩하게만 자라 다오. ⑪습하다. 씩씩-히[부].

씩잖다[-짠타][형] 〈씨식잖다〉의 준말. ¶ 하는 짓이 하도 씩잖아서 상대를 안 한다. * 씩잖아[-짜나]·씩잖으니[-짠쏘]

씰그러-뜨리다[타] 〈실그러뜨리다〉의 센말. 잭쌜그러트리다.

씰그러-지다[자] 〈실그러지다〉의 센말. 잭쌜그러지다.

씰그러-트리다[타] 〈실그러트리다〉의 센말. 잭쌜그러트리다.

씰긋[-귿][부][하자타] 〈실긋〉의 센말. 잭쌜긋.

씰긋-거리다[-귿꺼-][자타] 〈실긋거리다〉의 센말. 씰긋대다. 잭쌜긋거리다.

씰긋-대다[-귿때-][자타] 씰긋거리다.

씰긋-하다[-그타-][형어] 〈실긋하다〉의 센말. 잭쌜긋하다·씰긋하다.

씰기죽[부][하자타] 〈실기죽〉의 센말. 잭쌜기죽.

씰기죽-거리다[-꺼-][자타] 〈실기죽거리다〉의 센말. 씰기죽대다. 잭쌜기죽거리다.

씰기죽-대다[-때-][자타] 씰기죽거리다.

씰기죽-쌜기죽[부][하자타] 〈실기죽실기죽〉의 센말. 잭쌜기죽쌜기죽.

씰룩[부][하자타] 〈실룩〉의 센말. 잭쌜룩.

씰룩-쌜룩[부][하자타] 〈실룩실룩〉의 센말.

씰쭉[부][하자타] 〈실쭉〉의 센말. 잭쌜쭉.

씰쭉-하다[-쭈카-][형어] 〈실쭉하다〉의 센말. 잭쌜쭉하다.

씹[명] ①성숙한 여자의 성기(性器). ②[하자] 〈성교〉의 속된 말.

씹다[-따]팀 ①무엇을 입에 넣고 윗니와 아랫
니로 자꾸 깨물다. ¶껌을 질겅질겅 씹다. /밥
을 꼭꼭 씹어 먹어라. ②남을 헐뜯어 말하다.
¶남을 씹는 못된 버릇. ③다른 사람이 한 말
의 뜻을 곰곰이 여러 번 생각하다. ¶그가 한
말을 씹어 보았다.

씹어-뱉다[-밷따]재팀 말을 아무렇게나 되는대
로 지껄이다. ¶다른 사람에게 화를 내며 막말
을 서슴없이 씹어뱉었다.

씹-조개[-쪼-]명 석패과의 민물 조개. 껍데기
는 길둥글고 얇음. 겉은 검고 윤이 나며 안은
흼. 물가의 진흙 속에 사는데 식용함.

씹-히다[씨피-] Ⅰ재 ['씹다'의 피동] 씹음을
당하다. ¶밥을 먹는데 돌이 씹히다.
Ⅱ팀 ['씹다'의 사동] 되씹게 하다.

씻-가시다[씯까-]팀 (더러운 것을) 씻어서 가
시다. ¶밥그릇을 깨끗이 씻가시다.

씻-기다[씯끼-] Ⅰ재 ['씻다'의 피동] 씻음을
당하다. ¶빗물에 씻긴 들판.
Ⅱ팀 ①['씻다'의 사동] 씻게 하다. ¶손발을
씻기다. ②(남의 몸을) 씻어 주다. ¶아이의 얼
굴을 씻기다.

씻김-굿[씯낌굳] 명 전라남도 지방에서 행해지는
사자(死者) 의례의 한 형식. 지노귀새남. ∗씻
김굿이[씯낌구시]·씻김굿만[씯낌군-]

씻다[씯따]팀 ①(물에 적시어) 더러운 것을 없
어지게 하다. ¶손발을 씻다. ②묻은 것을 없
어지게 닦아 내다. ¶밑을 씻다. ③(누명 따위
를) 벗다. ¶누명을 씻다. ∗씻어·씻는[씬-]

씻은 듯 부신 듯판용 아무것도 남지 않을 만큼
말끔하게 없어진 모양.

씻은 듯이판용 아주 깨끗하게. ¶씻은 듯이 맑
은 하늘.

씻-부시다[씯뿌-]팀 (그릇 따위를) 씻어서 깨
끗하게 하다.

씽부형자 바람 또는 속력이 빠른 물체가 매우
세차게 지나갈 때 나는 소리. ¶자동차가 씽하
고 달아났다. 작쌩. **씽-씽**부형자.

씽그레부형자 〈싱그레〉의 센말. 작쌩그레.

씽글부형자 〈싱글〉의 센말. 작쌩글.

씽글-뺑글부형자 〈싱글벙글〉의 센말. 작쌩글뺑글.

씽긋[-귿]부형자 〈싱긋〉의 센말. 작쌩긋. 센씽끗.

씽긋-뺑긋[-귿-귿]부형자 〈싱긋벙긋〉의 센말.
작쌩긋뺑긋. 센씽끗뺑끗.

씽끗[-끋]부형자 〈싱긋〉·〈싱끗〉·〈씽긋〉의 센
말. 작쌩끗.

씽끗-뺑끗[-끋-끋]부형자 〈싱긋벙긋〉·〈싱끗벙
긋〉·〈씽긋뺑긋〉의 센말. 작쌩끗뺑끗.

씽씽-하다형 〈싱싱하다〉의 센말.

쑤다형 〈옛〉값이 있다. ¶됴흔 오시 비디 千萬이
쓰며(釋譜13:22). 칸쓰다.

쑬의 〈옛〉것을. ¶둘 쓸 닐온 離오 날 쓸 닐온
微라(楞解4:106). 칸솔ㅣ.

씨의 〈옛〉것에. 까닭에. ¶불휘 기픈 남군 ᄇ·ᄅ
매 아니 뮐 씨 곶 됴코 여름 하ᄂ·니(龍歌2章).
칸시.

△¹자모 반시옷. 〈옛〉옛 한글 자음의 하나. 'ㅅ'
의 울림소리. 반치음(半齒音)으로, 임진왜란
이후부터는 쓰이지 않았음. ¶처섬·ᄆ·ᅀ·ᆷ·한ᅀ·ᆷ·
ᄀ·ᅀ·ᆶ·ᄀ·ᅀ·ᆶ·.

△²조 〈옛〉15세기 표기에서의 관형격 조사의 하
나. 모음과 'ㄴ·ㅁ·ㄹ' 아래에 쓰이어, 관형격
적 기능을 지님. ¶天子ᅀ·ᄆ·ᅀ·ᆞ·ᆷ(龍歌85章). /
오ᄂ·ᆶ 나래(龍歌16章).

ᅀ조 〈옛〉야. 체언이나 용언의 어미에 붙어, 뜻
을 강하게 하던 말. ¶오샤ᅀ·ᅀ·륵시릴ᄊ·ᆡ(龍歌
38章). 칸ᄉ·ᅡ.

ㅇ**자모** 이응. ①한글 자모의 여덟째. ②자음의 하나. 음절의 첫머리에서는 음가가 없고, 받침의 경우에는 혀뿌리를 목젖에 붙이어 입길을 막고 콧길을 튼 다음에, 목청을 떨어 코 안을 울리어 소리 내는 울림소리. ③〈옛〉옛 후음(喉音), 즉 목소리의 하나. ●ㅇ는 목소리니 欲윽字쯩 처섬 펴아 나는 소리 ㄱ튼니라(訓諺).

아[1]**명** 한글의 모음 'ㅏ'의 음가 및 이름.
　　아 해 다르고 어 해 다르다{속담} 같은 내용의 말이라도 말하기에 따라 사뭇 달라진다는 말.

아[2]**감** ①놀라거나 당황할 때, 또는 급한 마음으로 말하려 할 때 내는 소리. ●아, 차가워라. /아, 저게 뭘까. /아, 깜빡 잊었구나. ②기쁘거나, 슬프거나, 뉘우치거나, 귀찮거나, 감탄하거나 할 때 내는 소리. ●아, 따분해. /아, 재미있다. /아, 아뿔싸! /아, 이렇게 될 줄이야…. ③상대편의 주의를 불러일으키는 말에 앞서서 내는 소리. ●아, 잠시 주목해 주십시오. /아, 이 사람아, 여기 좀 보게. ④모르던 것을 깨달았을 때 내는 소리. ●아, 그래서 할머니께서 저렇게 화가 나셨구나. ①~③**준**아².

아[3]**조** 자음으로 끝난 명사에 붙어, 손아랫사람이나 짐승 또는 어떤 사물을 부를 때 쓰이는 호격 조사. ●달아 달아 밝은 달아. **참**야.

아[1]**조** 〈옛〉야. 〔강세 조사〕 ●어느 나래아 軍卒 練習호를 말려뇨(杜重1:7). /그 쇠ㅣ 鐵草롤 머거아 有德ᄒ신 님 여희ᄋ와지이다(樂範.處容歌). **참**사.

아[2]**조** 〈옛〉야. 〔호격 조사〕 ●比丘야 알라(月釋17:6). /佛子 文殊아, 모든 疑心을 決ᄒ고라(釋譜13:25)

아:[代] 나. 우리. ●아의 구원(久遠)한 사회 기초.
　　[II]관 나의. 우리의. ●아 조선의 독립국임과….

-아(兒)접미 〔일부 명사 뒤에 붙어〕①'어린이'임을 나타냄. ●신생아(新生兒). /우량아(優良兒). ②'사나이(남자)'임을 나타냄. ●풍운아(風雲兒). /기린아(麒麟兒).

-아어미 끝 음절이 양성 모음(ㅏ·ㅗ)으로 된 어간에 붙어 쓰이는 어미. ①일반적인 서술의 뜻을 나타내는 보조적 연결 어미. ●막아 놓다. /뽑아 버리다. ②서술·의문·청유·명령의 뜻을 나타내는 반말체의 종결 어미. ('ㅏ'를 끝음절로 하는 어간에 받침이 없을 때는 줄어드는 것이 원칙임.〕 ●어디 보아(봐). /함께 가아(가). /그렇게 높아?/아아, 좋아. 등으로.

아가[1]어린아이의 말로 '아기'를 이르는 말.
　　[II]감 ①'아기'를 귀여워하여 부르는 말. ●아가, 이리 온. ②시부모가 '젊은 며느리'를 친근하게 부르는 말. ●아가야.

아:가(雅歌)명 구약 성서 가운데의 한 편의 이름. 하느님과 이스라엘 민족과의 사랑의 관계를 노래한 내용.

아가-딸명 시집가기 전의 딸을 귀여워하여 이르는 말.

아가리명 ①〈입〉의 속된 말. ●옆집 개가 생선을 아가리에 물고 내뺐다. ②그릇 따위의, 물건을 넣거나 낼 수 있게 된 구멍의 어귀. ●병 아가리가 좁다.
　　아가리(를) 놀리다{관용} '말하다'를 속되게 이르는 말.
　　아가리(를) 닥치다{관용} '입을 다물고 아무 말도 하지 아니하다'를 속되게 이르는 말. ●너는 나서서 잠자코 아가리 닥치고 있어.
　　아가리(를) 벌리다{관용} '울다'·'지껄이다'를 속되게 이르는 말.

아가리-질명하자 ①〈말질②〉의 속된 말. ②〈악다구니〉의 속된 말.

아가리-홈명 널빤지 등을 끼워 맞추기 위하여 개탕 쳐서 깊이 판 홈.

아가미명 물에서 사는 동물, 특히 어류에 발달한 호흡 기관. 보통 빗살 모양으로 갈라져 있으며, 이곳을 통해 물속의 산소를 받아들임.

아가미-구멍명 ⇨아감구멍.

아가미-뼈명 ⇨아감뼈.

아:가사창(我歌査唱)〔내가 부를 노래를 사돈이 부른다는 뜻으로〕나에게 책임을 들어야 할 사람이 도리어 나를 책망한다는 말.

아가씨명 ①시집가기 전의 젊은 여성을 대접하여 이르는 말. ②손아래 시누이를 높여서 이르는 말. 아기씨.

아가위명 ⇨산사자(山楂子).

아가위-나무명 ⇨산사나무.

아가타(阿伽陀←agada 범)명 〔불교에서〕①모든 병에 효험이 있다는 영약. ②〔모든 약 가운데 으뜸이라는 뜻에서〕'술'을 달리 이르는 말.

아가페(agapē 그)명 인간에 대한 신의 사랑, 또는 신이나 이웃에 대한 인간의 사랑. **참**에로스.

아갈-머리명 〈입〉의 속된 말.

아갈-잡이명하자 소리를 지르지 못하도록 입을 헝겊이나 솜 따위로 틀어막는 짓.

아:-갈탄(亞褐炭)명 ⇨아탄(亞炭).

아감-구멍[-꾸-]명 물고기의 아감딱지 뒤쪽에 있는, 숨 쉴 때 물이 드나드는 구멍. 아가미구멍. 새공(鰓孔).

아감-딱지[-찌]명 경골어류의 아가미를 보호하는, 뼈로 된 얇은 뚜껑. 새개(鰓蓋).

아감-뼈명 물고기의 아가미 안쪽에 있는, 활 모양의 뼈. 아가미뼈. 새골(鰓骨).

아감-젓[-젇]명 물고기의 아가미로 담근 젓. 어해젓(魚醢醢). ＊아감젓이[-저시]·아감젓만[-젇-]

아감-창(牙疳瘡)명 잇몸이 벌겋게 붓고 헐며 아픈 증상. 열독이 위(胃)에 몰려서 생김.

아:강(亞綱)명 생물 분류상의 한 단계. 강(綱)과 목(目) 사이에 필요에 따라 둠.

아객(衙客)명 조선 시대에, 고을의 원을 찾아와 관아에서 묵고 있는 손을 이르던 말.

아결(雅潔) '아결하다'의 어근.

아:결-하다(雅潔-)형여 몸가짐이 단정하며 마음씨가 고상하고 깨끗하다.

아:경(亞卿)명 경(卿)의 다음 벼슬. 육조(六曹)의 참판(參判)·좌윤(左尹)·우윤(右尹) 등을 공(公)·경(卿) 등에 상대하여 이르던 말.

아경(俄頃)명 〔주로 '아경에'의 꼴로 쓰이어〕①조금 후. ●잠깐 쉬었다가 아경에 일을 다시 시작하세. ②조금 전. ●우리는 아경에 먼저 점심을 먹었네. 어서 들게.

아ː-고산대(亞高山帶)**명** 식물의 수직 분포대의 한 구분. 고산대와 산지대와의 중간 지대로 침엽수가 많음.

아골(鵝鶻)**명** ⇨난추니.

아ː과(亞科)[-꽈]**명** 생물 분류상의 한 단계. 과(科)와 속(屬) 또는 족(族)과의 중간에 해당됨.

아관(牙關)**명** 입속 구석의 윗잇몸과 아랫잇몸이 맞닿은 부분.

아ː관(亞官)**명** ⇨좌수(座首).

아관(俄館)**명** 조선 말기에, '러시아 공사관'을 이르던 말.

아관-긴급(牙關緊急)**명** 턱의 근육에 경련이 일어나서 입이 벌어지지 않게 되는 증상. 파상풍·간질 등에서 흔히 일어남.

아ː-관목(亞灌木)**명** 관목과 초본의 중간 형태인 식물. 줄기와 가지는 목질이고, 가지의 끝부분은 초질읨. [싸리·부용(芙蓉) 따위.]

아관-석(鵝管石)**명** ①난해(暖海)의 바위에 붙어 사는 산호의 한 가지. 3 cm가량의 크기에 녹갈색의 국화 무늬가 있음. 해화석(海花石). ②회회 동굴에 있는, 속이 빈 돌고드름.

아관^파천(俄館播遷)**명** 1896년 2월 11일부터 약 1년간에 걸쳐 고종과 태자가 러시아 공사관에 옮겨가 거처한 사건. 친일 내각에 반대하여 친로파(親露派)가 러시아 공사와 결탁하여 일으킨 사건으로, 이를 계기로 친로 내각이 성립되었음.

아교(阿膠)**명** ⇨갖풀.

아ː-교목(亞喬木)**명** 교목과 관목의 중간 크기의 나무. 생김새는 교목과 같고 높이 5∼3 m.

아교-주(阿膠珠)**명** 잘게 도막 낸 아교를 불에 볶아 구슬 모양으로 빚은 환약. 지혈제 등으로 쓰임.

아교-질(阿膠質)**명** 갖풀과 같은 끈적끈적한 성질, 또는 그러한 물질.

아교-풀(阿膠-)**명** ⇨갖풀.

아구¹**명** '아귀¹'의 잘못.

아구²**명** '아귀²'의 잘못.

아구-찜**명** '아귀찜'의 잘못.

아구-창(鵝口瘡)**명** 입 안의 점막이나 혀·잇몸 등에 하얀 반점이 생기는 병. 진균류(眞菌類)인 칸디다 알비칸스의 기생으로 일어나는데, 젖먹이에게 흔함.

아구-탕(-湯)**명** '아귀탕'의 잘못.

아ː국(我國)**명** 우리나라. 아방(我邦).

아국(俄國)**명** ⇨아라사(俄羅斯).

아ː군(我軍)**명** ①우리 편의 군사. 우리 군사. **비**우군(友軍). ②우리 편. 우리 편의 선수. ↔적군(敵軍).

아궁**명** 〈아궁이〉의 준말.

아궁이**명** 방고래·가마·솥 등에 불을 때는 구멍. **준**아궁.

아귀¹**명** ①가닥이 져서 갈라진 곳. **¶**아귀가 지다. ②두루마기 따위의 옆을 터 놓은 구멍. **¶**아귀를 트다. ③씨앗의 싹이 터서 나오는 자리. **¶**아귀가 트다. ④활의, 줌통과 오금이 닿는 오긋한 부분.

아귀(가) 맞다[관용] ①앞뒤가 빈틈없이 들어맞다. **¶**앞뒤 아귀가 맞는 이야기. ②표준으로 삼는 수효에 꼭 들어맞다. **¶**아무리 계산을 해 보아도 수입과 지출의 아귀가 맞지 않는다.

아귀(가) 무르다[관용] ①남에게 쉽사리 굽히는 여린 데가 있다. ②손으로 잡는 힘이 약하다.

아귀(를) 맞추다[관용] 표준으로 삼는 수효에 들어맞게 하다.

아귀²**명** 아귓과의 바닷물고기. 암초가 있는 데나 바닷말이 무성한 곳에서 삶. 몸길이 15∼30 cm인데 1 m가 넘는 것도 있음. 대가리는 넓적하고 크며 몸통과 꼬리는 짧음. 안강(鮟鱇).

아ː귀(餓鬼)**명** ①전생에 지은 죄로 아귀도(餓鬼道)에 태어난 귀신. ②염치없이 먹을 것이나 탐내는 사람을 욕으로 이르는 말.

아ː귀-계(餓鬼界)[-계/-게]**명** 불교에서 이르는 십계(十界)의 하나. 아귀들의 세계.

아ː귀-고(餓鬼苦)**명** 불교에서 이르는 오고(五苦)의 하나. 아귀도에 태어나서 받는 고통.

아귀-다툼**명**하자 서로 악을 쓰며 헐뜯고 다투는 짓. **¶**아귀다툼을 벌이다.

아ː귀-도(餓鬼道)**명** 불교에서 이르는 삼악도(三惡道)의 하나. 이승에서 욕심꾸러기로 지낸 사람이 죽은 뒤에 태어나게 된다는 곳으로, 늘 굶주림과 목마름으로 괴로움을 겪는다고 함.

아ː귀-병(餓鬼病)[-뼝]**명** ①음식물을 삼킬 수가 없어서 몸이 점점 야위는 병. ②늘 배고파하면서 음식을 탐내는 병.

아귀-세다**형** ①남에게 쉽사리 굽히지 않는 꿋꿋한 데가 있다. ②손으로 잡는 힘이 세다.

아귀-아귀**부** 음식을 욕심 사납게 잔뜩 입 안에 넣고 악착스레 씹어 먹는 모양. **¶**걸신들린 듯이 아귀아귀 먹다. **큰**어귀어귀.

아귀-찜**명** 아귀에 콩나물·미나리·미더덕 따위와 함께 갖은 양념을 하고 고춧가루와 녹말풀을 풀어서 찐 찜.

아귀-차다**형** 뜻이 굳고 하는 일이 야무지다.

아귀-탕(-湯)**명** 된장을 푼 멸치 국물을 끓이다가 아귀와 미나리·쑥갓·파·고춧가루 따위를 넣고 끓인 국.

아귀-토(-土)**명** (기와집 처마 끝의) 수키와 끝에 물리는 회삼물(灰三物). 막새. **본**와구토.

아귀-피(-皮)**명** 국궁(國弓)의 줌통 아래위에 벚나무 껍질로 감은 곳.

아귀-힘**명** 손아귀에 잡고 쥐는 힘.

아그레망(agrément 프)**명** 대사나 공사를 다른 나라에 파견할 때, 정식 임명에 앞서서, 미리 상대국으로부터 받는 동의나 승낙.

아그배**명** 아그배나무의 열매. 모양은 배와 같고, 크기는 앵두만 하며, 맛은 시고 떫음.

아그배-나무**명** 장미과의 낙엽 활엽 교목. 황해도 이남에서 자라는데, 5월 중순경에 연한 홍색 꽃이 피고, 열매는 가을에 홍색 또는 주황색으로 익음. 관상용으로 심기도 함.

아근-바근[-끈]**부**하자 서로 뜻이 맞지 않아 조금씩 자그락거리는 모양. **¶**만나기만 하면 아근바근하는 사이. **큰**어근버근.

아근바근-하다[-끈-]**형여** 사개가 꼭 맞지 않고 조금씩 바라져 있다. **큰**어근버근하다.

아금-받다[-따]**형** 무슨 기회든지 악착같이 이용하려는 성질이 있다.

아굿-아굿[-귿-귿]**부**하자 여러 조각으로 이루어진 물건의 이가 맞지 않고 조금씩 벌어져 있는 모양. **큰**어굿어굿.

아굿-하다[-귿-]**형여** ①물건의 맞붙여 이은 짬이 조금 벌어져 있다. **큰**어긋하다. ②미리 정한 기준 따위에 거의 가까이 미치어 있다. **¶**생산 목표량에 아굿하게 이르다.

아기**명** ①'젖먹이 아이'를 귀엽게 이르는 말. ②부모나 시부모가 나이 어린 딸이나 며느리를 친근하게 이르는 말. ③(주로 동식물 앞에 쓰이어) 짐승의 작은 새끼나 어린 식물을 귀엽게 이르는 말. **¶**아기 다람쥐. /아기 소나무.

아기(牙旗)몡 임금이나 대장군(大將軍)의 진지 (陣地)에 세우던 기.

아기(牙器)몡 상아(象牙)로 만든 그릇.

아:기(雅氣)몡 ①아담하고 고상한 기품. ②맑은 기운.

아기나히[옛]아기를 낳는 일. ¶집지싀롤 처엄 하니 그제사 아기나히롤 始作하니라(月釋1:44).

아기-능(-陵)몡 어린 세자(世子), 또는 세손(世孫)의 무덤.

아기똥-거리다재 자꾸 아기똥아기똥하다. 아기 똥대다. 괜어기뚱거리다.

아기똥-대다재 아기똥거리다.

아기똥-아기똥튀하자 (몸집이 작은 사람이) 몸 을 둔하게 움직이면서 느릿느릿 걷는 모양. 괜어 기뚱어기뚱.

아기똥-하다혱여 ①앙큼하고 좀 거만한 데가 있다. ②좀 틈이 나 있다. 괜어기뚱하다.

아기빠다재[옛]아이를 배다. ¶아기빌 비:胚 (類合下16).

아기-살몡 (길이가 여덟 치 되는) 짧고 작은 화살. 가는대. 세전(細箭). 편전(片箭).

아기-씨몡 ①'시집갈 만한 나이가 된 처녀'를 대접하여 부르는 말. ②'시집온 지 오래잖은 이'에 대하여 아랫사람이 이르는 말. ③올케가 '손아래 시누이'를 높이어 이르는 말.

아기-자기튀하자 ①자상하고 인정스러운 모양. ¶아기자기 잔정을 베풀다. ②잔재미가 있고 즐거운 모양. ¶아기자기 사는 모습. /아기자기 한 신혼살림. ③여러 가지가 어울리어 아름다운 모양. ¶아기자기하게 수놓인 무늬. ④짜임새가 예쁜 모양. ¶아기자기한 얼굴 모습.

아기작-거리다[-꺼-]재 자꾸 아기작아기작하다. 아기작대다. 준아깆거리다. 괜어기적거리다.

아기작-대다[-때-]재 아기작거리다.

아기작-아기작튀하자 (몸집이 작은 사람이) 다리를 부자연스럽게 움직이면서 느릿느릿 걷는 모양. 준아깆아깆. 괜어기적어기적.

아기족-거리다[-꺼-]재 자꾸 아기족아기족하다. 아기족대다. 괜어기죽거리다.

아기족-대다[-때-]재 아기족거리다.

아기족-아기족튀하자 (몸집이 작은 사람이) 다리를 부자연스럽게 움직이면서 되똑되똑 걷는 모양. 괜어기죽어기죽.

아기-집몡 ⇨자궁(子宮).

아기-태(-太)몡 작은 명태.

아깆-거리다[-긷꺼-]재 〈아기작거리다〉의 준말. 아깆대다. 괜어깆거리다.

아깆-대다[-긷때-]재 아깆거리다.

아깆-아깆[-긷-긷]튀하자 〈아기작아기작〉의 준말. 괜어깆어깆.

아까 Ⅰ몡 조금 전. ¶아까는 내가 너무 경솔했다. Ⅱ튀 조금 전에. ¶아까 만난 그 사람.

아까워-하다타여 아깝게 여기다. 아까운 생각을 가지다. ¶우리 형은 쓰다 남은 것이라도 아까 워하여 버리지 않는다.

아깝다[-따][아까우니·아까워]혱ㅂ ①(소중하고 값진 것을 잃거나 놓치거나 하여) 섭섭한 느낌이 있다. ¶아까운 인재를 잃었다. /대어 (大魚)를 놓친 것이 못내 아깝다. ②(몹시 아끼는 것이어서) 버리거나 내놓기가 싫다. ¶남의 손에 넘기기 아까운 물건. ③사람이나 사물이 제대로 쓰이지 않아서 안타깝다. ¶인물이 아깝다. /재주가 아깝다. ④소중하여 함부로 하기가 어렵다. ¶시간이 아깝다. /젊음이 아깝다.

아깨몡튀 '아까'의 방언.

아끼다 ①돈이나 물건·시간 따위를 소중히 여기어 함부로 쓰지 아니하다. ¶몸을 아끼다. / 시간을 아끼다. ②되도록 적게 들여서 하려 하다. ¶자재를 아끼다. ③(위하는 마음에서) 해가 되지 않게 하려고 애쓰다. ¶아끼는 제자. / 자연을 몹시 아끼다.

　　아끼는 것이 찌로 간다[속] 물건을 너무 아끼다 보면 결국 쓸모없는 것이 되고 만다는 말.

아낌-없다[-끼멉따]혱 아까워하는 마음이 없다. (주로, '아낌없는'의 꼴로 쓰임.) ¶아낌없 는 성원을 보내다. **아낌없-이**튀 ¶장학 사업을 위하여 재산을 아낌없이 내놓다.

아나¹캄 〈아나나비야〉의 준말.

아나²캄 '옛다'의 방언.

아나고(あなご〈穴子〉일)몡 '붕장어'·'바닷장어'로 순화.

아나-나비야캄 고양이를 부르는 말. 준아나.

아나나스(ananas)몡 파인애플과의 상록 다년초. 줄기는 짧고 잎은 줄기 밑동에서 모여나는데, 날카로운 톱니가 있음. 열대 아메리카가 원산 지이며 품종이 매우 많음.

아나서몡 '정삼품 이하의 벼슬아치의 첩'을 하인들이 이르던 말.

아나운서(announcer)몡 ①라디오나 텔레비전에서 사회·보도·실황 방송 등을 전문으로 하는 사람. ②경기장 등에서 경기 종목이나 시간·기록 따위를 알리는 사람. ¶장내(場內) 아나운서.

아나크로니즘(anachronism)몡 시대의 흐름에 역행하는 것. 시대착오.

아나키스트(anarchist)몡 무정부주의자.

아나키즘(anarchism)몡 무정부주의.

아나톡신(anatoxin)몡 디프테리아의 예방 주사약. 디프테리아의 독소를 무독화(無毒化)하여 항독성(抗毒性)을 띠게 함.

아나필락시스(anaphylaxis)몡 생체의 과민 반응. 항원(抗原)의 접종으로 생체에 항체(抗體)가 생긴 뒤에, 다시 같은 물질을 주사할 때 일어나는 알레르기 반응.

아낙 ①가정에서 주부가 주로 거처하는 곳. 전통적 한옥에서 안방과 거기에 딸린 방을 아울러 이르는 말. 내간(內間). ②〈아낙네〉의 준말.

아낙-군수(-郡守)[-꾼-]몡 '늘 집 안에만 틀어박혀 있는 남자'를 조롱하여 이르는 말. ⑪안방샌님.

아낙-네[-낭-]몡 남의 집 어른인 여자를 흔히 이르는 말. 준아낙. ⑧남잡이네.

아날로그(analogue)몡 어떤 수치(數値)를 길이나 각도 또는 전류 등의 연속된 물리량으로 나타낸 것. ↔디지털(digital).

아날로그^컴퓨:터(analogue computer)몡 전압·시간·저항과 같은 연속적인 양을 이용하여 계산하는 컴퓨터. 데이터를 수치화하지 않고 직접 입력할 수 있으며, 화학 공정 제어 따위의 특수 업무에서 출력을 리코더에 기록하므로 정밀도가 낮으며 시스템의 구성이 복잡함. ⑧디지털 컴퓨터.

아날로지(analogy)몡 유추(類推).

아-남자(兒男子)몡 사내아이.

아내몡 결혼한 여자를 그 남편에 상대하여 이르는 말. 처(妻). ⑭안식구. ↔남편.

　　아내가 귀여우면 처갓집 말뚝 보고도 절한다[속] ①아내가 좋으면 아내 주위의 하찮은 것까지도 좋아 보인다는 말. ②한 가지가 마음에 들면 그것과 관계있는 다른 것까지도 좋아 보인다는 말.

아냐갑 〈아니야〉의 준말. ¶아냐, 이 길이 맞아.

아네로이드^기압계(aneroid氣壓計) [-계/-꼐] **명** 수은을 쓰지 않고 금속제의 상자를 써서 만든 기압계의 한 가지. 휴대하기가 편리하여 용도가 넓음. 아네로이드 청우계.

아네로이드^청우계(aneroid晴雨計) [-계/-꼐] **명** ☞아네로이드 기압계.

아네모네(anemone) **명** 미나리아재빗과의 다년초. 지중해 연안 원산의 관상용 식물. 줄기 높이 20 cm가량이며, 4~5월에 알뿌리에서 나온 줄기 끝에 3~6 cm의 빨강·하양·노랑·분홍 따위의 꽃이 핌.

아녀(兒女) **명** 〈아녀자〉의 준말.

아녀-자(兒女子) **명** ①어린아이와 여자. ②'여자'를 낮추어 이르는 말. ㉣아녀.

아노(衙奴) **명** 조선 시대에, 수령(守令)이 사사로이 부리던 사내종. ↔아비(衙婢).

아노락(anorak) **명** 방수 가공(防水加工)한, 후드가 달린 방한용 짧은 외투.

아노미(anomie 프) **명** 사회 질서가 흐트러져서 개인의 행동이 통제를 잃게 되어 범죄나 비행 등 정상을 벗어난 행동을 나타내기 쉬운 상태.

아노펠레스(anopheles) **명** ☞학질모기.

아뇨갑 〈아니요〉의 준말.

아누다라-삼먁삼보리(←阿耨多羅三藐三菩提. anuttarasamyak-sambodhih 범) [-쌈-] **명** 더없이 뛰어나고 올바르고 완전한, 부처의 깨달음의 경지(境地)를 뜻하는 말. 〔한자 말로는 '무상정등정각(無上正等正覺)', 또는 '무상정등각(無上正等覺)'이라 이름.〕㉣아누보리.

아누-보리(←阿耨菩提) **명** 〈아누다라삼먁삼보리〉의 준말.

아느작-거리다 [-꺼-] **자** 자꾸 아느작아느작하다. 아느작대다. ¶버드나무가 바람에 아느작거린다. ㉣아늑거리다.

아느작-대다 [-때-] **자** 아느작거리다.

아느작-아느작 [-자가-] **부** 가느다란 나뭇가지나 풀잎 따위가 가볍게 자꾸 흔들리는 모양. ㉣아늑아늑.

아늑-거리다 [-꺼-] **자** 〈아느작거리다〉의 준말. 아늑대다. ¶아늑거리는 나뭇잎들 사이로 비치는 햇살.

아늑-대다 [-때-] **자** 아늑거리다.

아늑-하다 [-느카-] **형여** ①넓지 않은 둘레가 폭 싸여 편안하고 조용한 느낌이 있다. ¶산기슭에 자리잡은 아늑한 마을. ②바람기가 거의 없고 포근하다. ¶봄도 오래지 않은 아늑한 어느 겨울날. ㉣으늑하다. 아늑-히**부**.

아늘-거리다 **자** 자꾸 아늘아늘하다. 아늘대다.

아늘-대다 **자** 아늘거리다.

아늘-아늘 **부하자** 부드럽고 가볍게 자꾸 흔들리는 모양. ¶들에 아늘아늘 피어오르는 아지랑이.

아늠 **명** 볼을 이루고 있는 살.

아니부 ①(용언 앞에 쓰이어) 부정이나 반대의 뜻을 나타내는 말. ¶가고 아니 오다. /밥을 아니 먹다. /일을 아니 하다. ㉣안②. ②어떤 말을 하다가 도중에 그것을 부정하고 고쳐 말할 때, 또는 앞의 사실보다 뒤의 것을 힘주어 말할 때 쓰는 말. ¶그는 고장의 보배, 아니, 나라의 보배다.

아니 땐 굴뚝에 연기 날까[속담] 원인이 없는 결과가 있을 리 없음을 이르는 말.

아니 할 말로[관용] 말하기는 좀 무엇하나. 그렇게는 차마 말할 수 없는 말이나. ¶이렇게 살 바에야, 아니 할 말로 죽는 게 차라리 낫지.

아니²갑 ①놀라움, 의아스러움, 감동 등을 나타내는 말. ¶아니, 이게 누구야?/아니, 그 말이 사실이냐! ②(한 단어만으로) 부정 또는 반대의 뜻을 나타냄. ¶그를 찾았냐? 아니. /아니, 나는 가기 싫어. ③무슨 말을 하다가 도중에 그만둘 때 하는 말. ¶일이 있기는 한데 …, 아니, 아무 일도 아니야.

아니꼽다[-따] **형여**[아니꼬우니·아니꼬워]①배 위에 거슬리어 게울 듯하다. ¶속이 아니꼽다. ②말이나 하는 짓이 마음에 거슬리고 밉살스럽다. ¶거들먹거리는 꼴이 보기에 아니꼽다.

아니꼽살-스럽다 [-쌀-따] [~스러우나·~스러워] **형여** 보기에 몹시 아니꼬운 데가 있다. ¶하는 짓이 아니꼽살스럽다. 아니꼽살스레**부**.

아니다 **형** ①(사실을 부정함(否定)하여) '그렇지 않다'는 뜻으로 쓰는 말. ¶인간은 신이 아니다. /그가 한 말은 사실이 아니다. ②('아닐까' '아닌가' 등과 어울리어) 물음이나 짐작의 뜻으로 쓰는 말. 〔주로, 어떤 사실이나 내용을 긍정적으로 강조하는 효과가 있음.〕¶김 선생이야말로 이 시대의 진정한 애국자가 아닐까?

아닌 밤중에 찰시루떡[속담] '요행'이나 '횡재'를 이르는 말.

아닌 밤중에 홍두깨 (내밀듯)[속담] 뜻하지 않은 말을 불쑥 꺼내거나 별안간 무슨 짓을 함을 비유하여 이르는 말. 어두운 밤중에 홍두깨 (내밀듯).

아니나 다를까(다르라)[관용] 과연 그렇다는 뜻을 힘주어 말할 때 앞세우는 말. ¶아니나 다를까, 그 사람이 한 짓이었다.

아닌 게 아니라[관용] 견문한 바가 사실이라는 말을 할 때 앞에 앞세우는 말. 과연. 미상불(未嘗不). ¶경치가 좋다더니 아닌 게 아니라 장관이구나.

아닌 밤중에[관용] 생각지도 않은 때에. 갑자기 불쑥. 느닷없이. ¶아닌 밤중에 돈을 내라니, 무슨 돈?

아니리 **명** 판소리에서, 연기자(광대)가 창(唱)을 하면서 사이사이에 극적인 줄거리를 엮어 나가는 사설.

아니마:토(animato 이) **명** 악보의 나타냄말. '생기 있게'·'힘차게'·'활기 있게'의 뜻.

아니-야갑 부정의 뜻을 힘주어 나타내는 말. ¶아니야, 그게 아니라니까. ㉣아냐.

아니옷부 〈옛〉아니 곧. 아니. ¶아니옷 미시면 나리어다 머즌 말(樂範.處容歌).

-아니와어미 〈옛〉-어니와. -거니와. ¶ㅎ마 아라니와(圓覺上一之二76).

아니완후다형 〈옛〉악하다. 나쁘다. 사납다. ¶아니완흔 사람이 낫ᄂ니라(老解上24).

아니-요갑 묻는 말에 '그렇지 않습니다'라는 뜻으로 대답하는 말. ¶네가 벽에 낙서를 했지? 아니요, 제가 안 그랬어요. ㉣아뇨.

아니-참갑 무슨 생각이 떠올랐을 때, 그 말을 하기에 앞서 문득 하는 말. ¶아니참, 네 부탁을 깜박 잊었군.

아니-하다 **Ⅰ조동여** 연결 어미 '-지' 뒤에 쓰이어, 부정의 뜻을 나타냄. ¶먹지 아니하다. /돌아오지 아니하다. ㉣않다.
Ⅱ조형여 연결 어미 '-지' 뒤에 쓰이어, 부정의 뜻을 나타냄. ¶아름답지 아니하다. ㉣않다.

아니하다형 〈옛〉많지 않다. ¶아버니 子息 스랑호문 아니한 스싀어니와(釋譜6:3). /목수미 아니한 더데(佛頂下9).

아닐린(aniline) **명** 니트로벤젠을 쇠붙이와 염산으로 환원시켜서 만든, 특이한 냄새가 나는 무색투명한 액체. 염료·의약·구두약 등의 원료로 쓰임.

아닐린^염:료(aniline染料) [-뇨]명 아닐린을 원료로 한 합성염료.

아닐-비(-非)명 한자 부수의 한 가지. '靠'·'靡' 등에서의 '非'의 이름.

아는다타 〔옛〕 아는가. 〔'알다'의 현재 의문형〕 ¶ 아논다 몰ㅇ는다(鄭澈.關東別曲).

-아놀어미 〔옛〕-거늘. ¶ 이튿날 世尊ㅅ긔 솔바놀(月釋7:6).

-아다가어미 〈-아다가〉의 준말.

-아다가어미 끝 음절이 양성 모음(ㅏ·ㅗ)으로 된 동사 어간에 붙어, 한 동작을 다음 동작과 순차적으로 이어 주는 연결 어미. ¶ 생선을 잡아다가 매운탕을 끓여 먹었다. 준-아다. 참-어다가.

아다지에토(adagietto 이)명 악보에서, 빠르기를 지시하는 말. '아다지오보다 좀 빠르게'의 뜻.

아다지오(adagio 이)명 악보에서, 빠르기를 지시하는 말. '아주 느리게'의 뜻.

아당-치듯[-듣]부 소리소리 지르며 심하게 말다툼하는 모양.

아단-단지명 소이탄처럼 불을 뿜어내는 폭발물. 〔임진왜란 때에 쓰였다고 함.〕

아담('雅淡·雅澹')명 '아담하다'의 어근.

아담(雅談)명 고상하면서 멋있는 이야기.

아담(Adam)명 구약 성서에 나오는, 인류 최초의 남성. 이브의 남편.

아:담-스럽다(雅淡-) [-따] [~스러우니·~스러워]형비 아담한 데가 있다. **아담스레**부.

아담-창(鵞啗瘡)명 태내에서 받은 독기로 태어나서부터 피부에 생기는 부스럼.

아:담-하다(雅淡·雅澹-)[-어] ①고상하고 깔끔하다. ¶ 아담한 얼굴. ②조촐하고 산뜻하다. ¶ 아담한 양옥(洋屋). **아담-히**부.

아:당(亞堂)명 지난날, '참판(參判)'을 달리 이르던 말.

아당하다자 〔옛〕 아첨하다. ¶ 아당 털:諂. 아당 홀 유:諛(訓蒙下29).

아데노바이러스(adenovirus)명 인두염·결막염·기관지염·폐렴 등을 일으키는 바이러스.

-아도어미 끝 음절이 양성 모음(ㅏ·ㅗ)으로 된 어간에 붙어, 그 사실을 인정하되 그 다음의 말과는 상관없음을 나타내는 종속적 연결 어미. ¶ 눈이 와도 쌓이지는 않는다. /키는 작아도 힘은 세다. 참-어도.

아:동(我東)명 〈아동방(我東邦)〉의 준말.

아동(兒童)명 ①어린아이. ②초등학교에 다니는 나이의 아이. 〔교육법에서는 만 6세에서 만 12세까지를 학령 아동으로 규정.〕

아동-극(兒童劇)명 ①어린이가 펼쳐 보이는 연극. ②어린이를 대상으로 상연하는 연극. 준동극(童劇).

아동-기(兒童期)명 어린이인 시기. 사람의 개체 발달의 한 시기로서, 보통 유아기 이후 청년기 이전(5~6세에서 12~14세까지)의 시기를 이름.

아동^문학(兒童文學)명 ①어린이가 지은 문학 작품. ②어린이에게 읽히기 위하여 지은 문학 작품. 〔동요·동화·동시·아동 극본·소년 소설 따위.〕

아:동방(我東邦)명 지난날, 우리 스스로 '(중국의) 동쪽에 있는 우리나라'라는 뜻으로 일컫던 말. 준아동(我東).

아동-병(兒童病)[-뼝]명 아동들에게 잘 걸리는 병. 〔소아마비·백일해·홍역·마마 따위.〕

아동-복(兒童服)명 어린이 옷.

아동^복지(兒童福祉) [-찌]명 아동의 인권과 행복한 생활을 보장하는 일.

아동^복지법(兒童福祉法) [-찌뻡]명 아동의 인권과 행복한 생활을 보장하기 위해 필요한 여러 가지 제도를 규정한 법률.

아동^심리학(兒童心理學) [-니-]명 아동기를 대상으로 하는 발달 심리학의 한 분야. 아동의 정신 생활과 성장 발달의 상태를 연구 대상으로 하는 것.

아동-주졸(兒童走卒)명 철없는 아이들과 어리석은 사람들.

아동-화(兒童畫)명 아동이 그린 그림.

아둔-패기명 '아둔한 사람'을 낮추어 이르는 말. 준둔패기.

아둔-하다형여 슬기롭지 못하여 하는 짓이 미련하다. ¶ 그는 아둔하여 번번이 일을 그르쳐 놓기만 한다.

아드-님명 남을 높이어 그의 '아들'을 이르는 말. ↔따님.

아드득부하자타 ①단단한 물건을 한 번 힘껏 깨물어 부서뜨리는 소리. ¶ 얼음을 아드득 깨물다. ②야무지게 이를 한 번 가는 소리. 큰으드득. **아드득-아드득**부하자타.

아드득-거리다[-꺼-]자타 자꾸 아드득아드득하다. 아드득대다. 큰으드득거리다.

아드득-대다[-때-]자타 아드득거리다.

아드등-거리다자 자꾸 아드등아드등하다. 아드등대다. 큰으드등거리다.

아드등-대다자 아드등거리다.

아드등-아드등부하자 서로 고집을 꺾지 않고 바득바득 다투는 모양. ¶ 그 댁 부자간에는 항상 사소한 문제로 아드등아드등한다. 큰으드등으드등.

아드레날린(adrenaline)명 척추동물의 부신 수질(副腎髓質)에서 분비되는 호르몬. 교감 신경을 자극하여 심장이나 혈관의 수축력을 높이고, 인슐린과 길항 작용(拮抗作用)을 하여 혈당량을 조절함.

아득-바득부하자 ①억지스레 우기거나 조르는 모양. ¶ 자기의 판단이 옳다고 아득바득 우기다. ②있는 힘을 다하여 애를 쓰는 모양. ¶ 큰 돌덩이를 밀어내느라고 아득바득 용을 쓰다.

아득-하다[-드카-]형여 ①가물가물하거나 들릴 듯 말 듯 할 정도로 매우 멀다. ¶ 아득한 수평선. /앞길이 아득하다. /아득하게 들린다. ②까마득하게 오래다. ¶ 아득한 옛날. ③어찌해야 좋을지 모르게 답답하고 어리어리하다. 막연하다. ¶ 먹고 살 길이 아득하다. /고향에 돌아갈 거리가 아득하다. 큰어득하다. **아득-히**부.

아들명 (성으로 구별할 때의) 남자인 자식. ↔딸.

아들네 집 가 밥 먹고 딸네 집 가 물 마신다족담 흔히, 딸의 살림살이를 아끼고 생각해 주는 부모의 심정을 두고 이르는 말.

아들 못난 건 제집만 망하고 딸 못난 건 양 사돈이 망한다족담 여자가 못되면 시집에도 화를 미치고, 친가에도 폐를 끼치게 됨을 이르는 말.

아들-놈[-롬]명 ①남 앞에서 자기의 아들을 낮추어 이르는 말. ¶ 이 아이가 바로 제 아들놈입니다. ②남의 '아들'을 낮추어 이르는 말. ¶ 옆집 아들놈은 사지가 멀쩡한데 제 밥벌이도 못한다니. ↔딸년.

아들-딸명 아들과 딸. 자녀(子女).

아들-마늘명 마늘종 위에 열리는 작은 마늘.

아들-바퀴[명] 쳇불을 메우는 데에 쓰이는 두 개의 좁은 테. 하나는 쳇불을 씌워서 겉바퀴 아래쪽에 대고, 하나는 그 안쪽에 덧대어 쳇불을 고정시킴.

아들-아이[명] ①남 앞에서 자기의 '아들'을 이르는 말. ②아들로 태어난 아이. ㉰아들애. ↔딸아이.

아들-애[명] 〈아들아이〉의 준말.

아들-이삭[−리−][명] 벼의 겉줄기에서 돋아나는 이삭.

아들-자[명] 길이나 각도를 재는 눈금자의 눈금 끝을 세밀하게 읽을 수 있게 만든 보조자. 어미자에 딸리어 어미자 눈금의 10분의 1 또는 20분의 1까지 읽을 수 있음. 버니어. ↔어미자.

아들-자(−子)[명] 한자 부수의 한 가지. '孔'·'孫' 등에서의 '子'의 이름.

아들-자식(−子息)[명] ①남 앞에서 자기의 '아들'을 이르는 말. ¶아들자식 하나에 딸자식 셋. ②남의 '아들'을 예사로이 이르는 말. ↔딸자식.

아:등(我等)[대] 우리. 우리들.

아등그러-지다[자] ①바싹 말라서 배틀어지다. ¶오랜 가뭄에 나뭇잎이 모두 아등그러졌다. ②날씨가 흐려지며 점점 찌푸려지다. ㉰으등그러지다.

아등-바등[부][하자] 매우 악지스럽게 자꾸 애를 쓰거나 우겨 대거나 하는 모양. ¶잘살아 보겠다고 아등바등 애를 쓰더니.

아딧-줄[−디쭐/−딛쭐][명] 바람의 방향에 맞추어 돛을 다루는 데 쓰이는 줄. ㉰앗줄.

아독[명] 아득히. 허둥게. ¶어리 迷惑이 아독기 구린 三毒 브레(法華2:83).

아독님[명] 〈옛〉아드님. ¶뫼 아독니문 釋迦如來시고(月釋2:1).

아독ᄒ다[형] 〈옛〉아득하다. 어둡다. 우매하다. ¶아독홀 미:昧. 아독홀 암:暗(訓蒙下1).

-아돈[어미] 〈옛〉−거든. ¶길헤 艱難호 사ᄅ 보아돈 다 布施ᄒ더라(釋譜6:15).

아돌[명] 〈옛〉아들. ¶아돌 ᄌ:子(訓蒙上32).

아따[감] 무슨 일이 몹시 놀랍거나 못마땅하게 여겨질 때 하는 말. ¶아따, 웬 공치사가 그리 많으십니까. ㉰어따.

아뜩-수(−手)[−쑤][명] (장기를 둘 때) 갑자기 장기짝을 움직이는 짓.

아뜩-아뜩[부][하여] 정신이 어지럽고 자꾸 까무러칠 듯한 모양. ㉰어뜩어뜩.

아뜩-하다[−뜨카−][형여] 갑자기 정신이 어지럽고 까무러칠 듯하다. ¶눈앞이 아뜩하다. /너무나도 갑작스러운 충격에 정신이 아뜩하다. ㉰어뜩하다. 아뜩-히[부].

-아라[어미] ①'가다'와 '가다'로 끝나는 동사, '오다'와 '오다'로 끝나는 동사를 제외하고 끝 음절이 양성 모음(ㅏ·ㅗ)으로 된 동사 어간에 붙어, 손아랫사람에게 명령하는 뜻을 나타내는 종결 어미. ¶밧줄을 꼭 잡아라. /내 눈을 똑바로 보아라. ②끝 음절이 양성 모음(ㅏ·ㅗ)으로 된 형용사 어간에 붙어, 감탄을 나타내는 종결 어미. ¶아이, 좋아라. /참, 달도 밝아라. 좧-어라.

아라-가야(阿羅伽倻)[명] 경상남도 함안(咸安) 부근에 자리했던 고대 군장 국가(君長國家). 육가야의 하나로, 6세기 초에 신라에 병합됨.

아라베스크(arabesque 프)[명] ①아라비아풍의 공예품이나 건축 장식 등에 쓰인 당초문(唐草紋)이나 기하학적 무늬. ②화려하게 장식된 기

악곡(器樂曲). ③발레의 기본 자세의 한 가지. 한쪽 다리로 서서, 한 손은 앞으로 뻗고, 몸을 앞으로 숙여 다른 한 손과 다리를 뒤로 뻗는 자세.

아라비아-고무(←Arabia gomme)[명] 아라비아고무나무의 수액(樹液)을 말려 굳힌 것. 약품·고무풀 등을 만드는 데 쓰임.

아라비아고무-나무(←Arabia gomme −)[명] 콩과의 상록 교목. 북아프리카 원산으로 높이는 6 m가량. 잎은 깃 모양의 겹잎이며, 줄기에는 가시가 있고 흰 꽃이 핌. 줄기에서 나오는 수액으로 아라비아고무를 만듦.

아라비아-말(Arabia−)[명] 아라비아 원산인, 말의 한 품종. 승용마로서 온순·영리·강건하며 날쌤.

아라비아^숫:자(Arabia數字)[−수짜/−숟짜][명] 0·1·2·3·4·5·6·7·8·9의 10개의 산용 숫자(算用數字)를 기본으로 하여 이루어진 숫자. 인도에서 아라비아를 통하여 유럽에 전해짐.

아라비아^어:(Arabia語)[명] ⇨아랍 어.

아라비아^인(Arabia人)[명] ⇨아랍 인.

아라사(俄羅斯)[명] 노서아(露西亞), 곧 '러시아'의 한자음 표기. 아국(俄國).

아라야(阿羅耶←alaya 범)[명] 불교에서, 일체 만물을 그 안에 갈무리하여 잃지 아니하는 마음을 뜻하는 말.

아라울[명] 〈옛〉아래위. ¶아라우히 다 큰 브리어든(月釋1:29). 좧아래.

아라한(阿羅漢←arahan 범)[명] ①소승 불교에서, 모든 번뇌를 끊고 사제(四諦)의 이치를 깨달아 열반의 경지에 이른 성자를 이르는 말. ②부처를 일컫는 열 가지 칭호 가운데의 하나. 응진(應眞). ㉰나한(羅漢).

아라한-과(阿羅漢果)[명] 소승 불교에서, 아라한이 이른 수행의 최고 경지, 또는 그 지위.

아락-바락[−빠−][부] 성이 나서 기를 쓰고 대드는 모양. ¶상사에게 아락바락 대들다.

아란야(阿蘭若←aranya 범)[명] 불교에서, 시끄럽지 아니하여 수행하기에 알맞은 한적한 숲 속이나 넓은 들 등을 이르는 말.

아람[명] 밤이나 상수리 따위가 충분히 익어 저절로 떨어질 정도로 된 상태, 또는 그 열매. ¶아람이 벌어지다.

아람(이) 불다[관용] 충분히 익은 아람이 나무에서 떨어지거나 떨어질 상태에 있다.

아람^문자(Aram文字)[−짜][명] 기원전 7세기경 페니키아 문자에서 파생된 문자. 원래는 22개의 자음으로 되어 있었으나, 후대에 와서 모음 기호가 붙여졌음.

아람^어(Aram語)[명] 셈 어족에 딸린 언어. 고대 오리엔트의 시리아·팔레스타인 등지에서 쓰이던 언어를 두루 이름.

아람-치[명] 자기의 차지. 낭탁(囊橐).

아랍(Arab)[명] 이슬람교를 믿는 지역에서, 아랍 어를 쓰며 이슬람 문화의 영향 아래서 살아가는 여러 민족을 통틀어 이르는 말.

아랍^어(Arab語)[명] 셈 어족에 딸린 언어. 아랍 여러 나라의 공통어임. 아라비아 어.

아랍^인(Arab人)[명] 아랍 어를 쓰는 여러 민족을 통틀어 이르는 말. 인종이 단일하지는 않으나 언어나 풍속 등이 같음. 아라비아 인.

아랑[명] 소주를 곤 뒤에 남은 찌꺼기.

아랑곳[−곧][명][하자타] 《부정의 말과 함께 쓰이어》 남의 일에 나서서 알려고 들거나 간섭하거나 마음에 두고 생각하는 일. ¶남이 무어라 하

든지, 아랑곳도 하지 않다. *아랑곳을[-고슬]

아랑곳-없다[-곧따][혱] 어떤 일에 관계하거나 간섭하거나 마음에 두고 생각하지 않다. 아랑 곳없-이[팀] ¶ 여러 사람의 만류에도 아랑곳없이 제 고집대로 한다.

아랑-주(-酒)[명] 소주를 고고 난 찌꺼기로 만든 술. 질이 낮고 독함.

아랑-주(-紬)[명] 날은 명주실로, 씨는 명주실 과 무명실을 두 올씩 섞바꾸어 짠 피륙. 반주 (斑紬).

아래[명] ①(자리가) 낮은 곳. 낮은 쪽. ¶ 산 아래 로 내려가다. /물은 아래로 흐르는 법이지. ②(무엇이 덮여 있는) 그 밑쪽. ¶ 지붕 아래의 다락방. /겉치마 아래에 속치마를 받쳐 입다. ③(높고 긴 것의) 밑둥. ¶ 나무 아래에서 쉬다. ④(정도·지위·신분·능력·품질 따위가) 낮거나 못한 쪽, 또는 그 사람이나 물건. ¶ 지위가 아 래인 사람. /순위가 아래로 처지다. ⑤(수가 어 떤 것에 비하여) 적은 편. ¶ 나이가 두 살 아래 인 사람. /소수점 아래의 수. ⑥'다음' 또는 '다음에 적은 것' 등의 뜻. ¶ 아래의 사항을 준수할 것. ⑦어떤 영향이나 지배를 받는 처지 를 나타냄. (('아래에'의 꼴로 쓰임.)) ¶자유와 평등과 박애의 기치 아래에 단결하다. ↔위.

아래[팀][옛] 전날. 예전. 일찍이. ¶ 아랫 恩惠 롤 니저 ᄇᆞ리샤(釋譜6:4).

아래-닭기[-다키][명] 책상 서랍의 밑에 대는 나무.

아래-대[명] 지난날, 서울 성안의 동남쪽 지역을 이르던 말. 곧, 동대문과 광희문(光熙門) 부근 의 동네들을 이르던 말. ⊕우대.

아래댓-사람[-대싸-/-땟싸-][명] 지난날, 아래 대에 사는 군총(軍摠) 계급의 사람을 이르던 말. ⊕우댓사람.

아래-뜸[명] 한 마을의 아래에 있는 부분. ↔위뜸.

아래-뺄[명] 〈손아래뺄〉의 준말.

아래-아[명] 옛 모음 '·'의 이름.

아래-아귀[명] 활의 줌통의 아래.

아래-알[명] 수판의 가름대 아래에 있는 네 개 또 는 다섯 개의 알. [아래알 한 알은 1을 나타 냄.] ↔윗알.

아래-애[명] 옛 모음 'ㅣ'의 이름.

아래-옷[명] 〈아래도리옷. *아래옷이[-오 시]·아래옷만[-온-]

아래-위[명] ①아래와 위. 상하(上下). ②아랫사 람과 윗사람. 위아래.

아래위-턱[명] 아랫사람과 윗사람과의 구별.

아래윗-막이[-윈-][명] 물건의 아래의 양쪽 머 리를 막은 부분.

아래윗-벌[-위뻘/-윈뻘][명] 옷의 한 벌이 되는 아랫벌과 윗벌.

아래-짝[명] 위아래로 한 벌이 되는 물건의 아래 의 짝. ¶ 장롱의 아래짝. ↔윗짝.

아래-쪽[명] ①아래의 방향. 하방(下方). ¶ 공이 아래쪽을 향하여 굴러가다. ②아래의 자리나 곳. 하측(下側). ¶ 서가의 아래쪽에 국어사전이 꽂혀 있다. ↔위쪽.

아래-채[명] ①(집채가 둘 이상 있을 때의) 아래 쪽에 있는 집채. 下채. ②〈뜰아래채〉의 준말.

아래-청(-廳)[명] 지난날, 윗사람을 섬기는 '아 랫사람이 따로 머무는 처소'를 이르던 말. ↔위청.

아래-층(-層)[명] 이 층 이상으로 된 건물이나 물건의 아래쪽에 있는 층. 밑층. 하층. ↔윗층.

아래-턱[명] 아래쪽의 턱. 하악(下顎). ↔위턱.

아래턱-뼈[명] 아래턱을 이루는 편자 모양의 뼈. 하악골(下顎骨).

아래-통[명] 물체의 아래쪽 부분. ¶ 아래통이 넓 은 통치마. ↔위통.

아래-편짝(-便-)[명] 위아래로 갈라진 것의 아 래쪽에 있는 부분.

아랫-간(-間)[-래깐/-랜깐][명] (전통적 한옥에 서, 방이 둘로 나뉘어 있을 때) 아궁이에 가까 운 쪽에 있는 칸. ↔윗간.

아랫-것[-래껃/-랜껃][명] 지난날, '지체가 낮은 사람이나 하인'을 낮추어 이르던 말. *아랫것 이[-래꺼시/-랜꺼시]·아랫것만[-래껀-/-랜 껀-]

아랫-길[-래낄/-랜낄][명] ①아래쪽에 있는 길. ②(다른 것, 또는 비교되는 것보다) 품질이 좋 지 않은 물품이나 등급. 핫길. ¶ 김은 두꺼울 수록 아랫길로 친다. ↔윗길.

아랫-녘[-래녘/-랜녘][명] ①'전라도'와 '경상도'를 아 울러 이르는 말. ②⇨앞대. *아랫녘이[-랜녀 키]·아랫녘만[-랜녕-]

아랫-눈시울[-랜-씨-][명] 아래쪽의 눈시울.

아랫-눈썹[-랜-][명] 아랫눈시울에 난 속눈썹. ↔윗눈썹.

아랫-니[-랜-][명] 아랫잇몸에 난 이. ↔윗니.

아랫-다리[-래따-/-랜따-][명] 다리의 아랫부 분. ↔윗다리.

아랫-단[-래딴/-랜딴][명] 옷의 아랫부분의 단.

아랫-당줄[-래땅쭐/-랜땅쭐][명] 망건의 편자 끝에 단 당줄. ↔윗당줄.

아랫-도리[-래또-/-랜또-][명] ①인체의 허리 아래의 부분. 하반신. 하체(下體). ¶ 아랫도리 를 가리다. ②〈아랫도리옷〉의 준말. ③지위가 낮은 계급. ↔윗도리.

아랫도리-옷[-래또-온/-랜또-온][명] 아랫도리 에 입는 옷. 아래옷. 아랫마기. ⊛아랫도리. *아랫도리옷이[-래또-오시/-랜또-오시]·아 랫도리옷만[-래또-온-/-랜또-온-]

아랫-돌[-래똘/-랜똘][명] (돌로 쌓은 축대의) 아래쪽 돌. ↔윗돌.

아랫돌 빼서 윗돌 괴고 윗돌 빼서 아랫돌 괴 기[속담] 우선 다급한 처지를 모면하기 위하여 이리저리 둘러맞추는 임시변통을 이르는 말. ⊛하석상대(下石上臺).

아랫-동[-래똥/-랜똥][명] 〈아랫동아리〉의 준말.

아랫-동네(-洞-)[-래똥-/-랜똥-][명] (물의 흐름이나 지형의 높낮이로 보아서) 아래쪽에 있는 동네. ↔윗동네.

아랫-동아리[-래똥-/-랜똥-][명] ①긴 물건의 아래쪽 부분. ⊛아랫동. ②〈아랫도리〉의 속된 말. ↔윗동아리.

아랫-마기[-랜-][명] 아랫도리옷. ↔윗마기.

아랫-마디[-랜-][명] 화살의 살촉에 가까운 부분 의 마디.

아랫-마을[-랜-][명] (물의 흐름이나 지형의 높 낮이로 보아서) 아래쪽에 있는 마을. 하리(下 里). ↔윗마을.

아랫-막이[-랜-][명] 물건의 아래쪽 머리를 막은 부분. ↔윗막이.

아랫-머리[-랜-][명] 아래위가 같은 물건의 아래 쪽 끝 부분. ↔윗머리.

아랫-면(-面)[-랜-][명] 물건의 드러난 부분의 아래쪽 바닥. ↔윗면.

아랫-목[-랜-][명] (구들을 놓은 방에서) 아궁이 쪽에 가까운 방바닥. ↔윗목.

아랫-몸[-랜-][명] 허리 아래의 몸. ↔윗몸.

아랫-물[-랜-]圐 강물이나 시냇물 따위가 흘러 가는 물의 아래쪽 물. ↔윗물.

아랫-미닫이틀[-랜-다지-]圐 장지나 미닫이 따위를 끼워 여닫는, 홈이 팬 문지방(門地枋).

아랫-바람[-래빠-/-랜빠-]圐 ①아래쪽에서 위쪽으로 불어오는 바람. ②연을 날릴 때, '동 쪽에서 불어오는 바람'을 이르는 말. ↔윗바람.

아랫-반(-班)[-래빤/-랜빤]圐 ①아래 학년의 학급. ②수준이나 등급을 아래위로 구분한 경 우의 아래가 되는 반. 하급반. ↔윗반.

아랫-방(-房)[-래빵/-랜빵]圐 ①방고래가 잇 달린 방들 가운데서 아궁이에 가까운 쪽에 있 는 방. ↔윗방. ⑥<뜰아랫방>의 준말.

아랫-배[-래뻐/-랜뻐]圐 배의 배꼽 아래쪽 부 분. 소복(小腹). 하복(下腹). ↔윗배.

아랫-벌[-래뻘/-랜뻘]圐 (한 벌 가운데서) 아 랫도리에 입는 옷. ↔윗벌.

아랫-볼[-래뿔/-랜뿔]圐 볼의 아랫부분. ↔윗 볼. ¶통통한 아랫볼.

아랫-부분(-部分)[-래뿌-/-랜뿌-]圐 전체 가 운데 아래에 해당되는 범위. ¶얼굴의 아랫부 분.

아랫-사람[-래싸-/-랜싸-]圐 ①손아랫사람. ②자기 또는 어떤 사람보다 지위나 신분 따위 가 낮은 사람. ↔윗사람.

아랫-사랑(-舍廊)[-래싸-/-랜싸-]圐 ①아래 채에 있는 사랑방. ↔윗사랑. ②작은사랑.

아랫-세장[-래쌔-/-랜쌔-]圐 지게나 걸채 따 위에서, 아랫부분에 가로질러 박은 나무. ↔윗 세장.

아랫-수염(-鬚髯)[-래쑤-/-랜쑤-]圐 아래턱 에 난 수염. ↔윗수염.

아랫-입술[-랜닙쑬]圐 아래쪽의 입술. 하순(下 脣). ↔윗입술.

아랫-잇몸[-랜닌-]圐 아래쪽의 잇몸. ↔윗잇몸.

아랫-자리[-래짜-/-랜짜-]圐 ①아랫사람이 앉는 자리. 하좌(下座). ②낮은 지위나 순위. ③십진법에서, 어느 자리의 다음 자리. ①②↔윗 자리.

아랫-중방(-中枋)[-래쭝-/-랜쭝-]圐 ☞하인 방(下引枋).

아랫-집[-래찝/-랜찝]圐 바로 아래쪽에 이웃 하여 있는 집. ↔윗집.

아:-량(雅量)圐 너그럽고 속이 깊은 마음씨. 도 량(度量). ¶남을 포용하는 아량. /아량이 넓 다. /아량을 베풀다.

아레스(Ares)圐 그리스 신화에 나오는 군신(軍 神). 로마 신화의 마르스에 해당함.

아려(雅麗)圐 '아려하다'의 어근.

아:-려-하다(雅麗-)혱여 아담하고 곱다.

아련혱 (옛) 어리고 아름다운. ¶올하 올하 아련 비올하(樂詞.滿殿春別詞).

아련-하다혱여 ①(생각이나 기억 등이) 또렷하 지 아니하고 희미하다. ¶까맣게 잊고 있었던 옛 정경이 아련하게 떠올랐다. ②잘 분간할 수 없이 아리송하다. **아련-히**튀 ¶아 련히 들려오는 새벽 종소리.

아렴풋-하다[-푸타-]혱여 ①(보거나 들어서) 잘 분간할 수 없이 희미하다. ¶점점이 떠 있 는 섬들이 안개 속에 아렴풋하다. ②의식이나 기억에 잘 떠오르지 아니하고 아슴푸레하다. ¶아렴풋한 기억을 더듬다. **아렴풋-히**튀 **아렴 풋-이**튀 ¶잠결에 아렴풋이 들은 기적 소리.

아:-령(啞鈴)圐 쇠나 나무 막대기의 양쪽에 공처 럼 생긴 쇠뭉치를 단 체조 기구.

아:령^체조(啞鈴體操)圐 양손에 아령을 들고 하는, 근육 단련 체조.

아령칙-하다[-치카-]혱여 기억이 또렷하지 않아 기연가미연가하다. 튄어령칙하다. **아령칙-이**튀

아례(衙隷)圐 지방 관아에서 심부름을 하던 하 인. 아속(衙屬).

아로록-다로록[-따-]튀혱 어떤 바탕에 다른 빛깔의 작은 점이나 가는 줄 따위가 성기고 연 하게 무늬져 있는 모양. ¶아로록다로록한 점박 이 고양이. 튄어루룩더루룩. ⑳알로록달로록.

아로록-아로록튀혱 어떤 바탕에 여러 가지 빛 깔의 작은 점이 성기고 연하게 무늬져 있는 모 양. 튄어루룩어루룩. ⑳알로록알로록.

아로롱-다로롱튀혱 어떤 바탕에 서로 빛깔이 다른 작은 점이나 무늬 따위가 드문드문 무늬져 있는 모양. 튄어루룽더루룽. ⑳알로롱달로롱.

아로롱-아로롱튀혱 어떤 바탕에 작은 점이나 무늬 따위가 드문드문 무늬져 있는 모양. 튄어 루룽어루룽. ⑳알로롱알로롱.

아로-새기다團 ①(무늬나 글자 따위를) 또렷하 고 솜씨 좋게 새기다. ¶십장생(十長生)을 아 로새겨 놓은 문갑. ②(마음에) 또렷하게 기억해 두다. ¶감명을 아로새겨 준 영화. /선생님의 말씀을 마음에 깊이 아로새기다.

아록(衙祿)圐 조선 시대에, 지방 수령에게 딸린 아전들에게 주던 녹봉(祿俸).

아록-다록[-따-]튀혱 어떤 바탕에 다른 빛 깔의 작은 얼룩이나 무늬 따위가 좀 연하게 무 늬져 있는 모양. 튄어룩더룩. ⑳알록달록.

아록-아록튀혱 어떤 바탕에 여러 가지 빛깔 의 작은 얼룩이나 무늬 따위가 연하고 고르게 무늬져 있는 모양. 튄어룩어룩. ⑳알록알록.

아룜圐 (옛) ('알다'의 명사형) 앎. ¶키 아로미 갓가ᄫᆞᆯ리라(釋да4).

아롱圐 <아롱이>의 준말. 튄어룽.

아롱-거리다困 눈앞에 흐릿하게 아른거리다. 아 롱대다. 튄어룽거리다.

아롱-다롱튀혱 어떤 바탕에 서로 빛깔이 다 른 작은 점이나 무늬 따위가 고르지 않게 촘촘 히 무늬져 있는 모양. 튄어룽더룽. ⑳알롱달롱.

아롱-대다困 아롱거리다.

아롱-무늬[-니]圐 연한 빛깔의 점이나 줄로 고 르게 이루어진 무늬.

아롱-사태圐 쇠고기 뭉치사태의 한가운데에 붙 은 살덩이.

아롱-아롱[1]困혱 눈앞에 흐릿하게 아른거리는 모양. 튄어룽어룽[1].

아롱-아롱[2]튀혱 어떤 바탕에 작은 점이나 무 늬 따위가 고르게 촘촘히 무늬져 있는 모양. 튄어룽어룽[2]. ⑳알롱알롱.

아롱-이圐 아롱아롱한 점, 또는 그런 점이 있는 짐승이나 물건을 이르는 말. ¶흰 바탕에 검은 점이 박인 우리 집 아롱이는 쥐를 잘 잡는다. ⑥아롱. 튄어룽이. ⑳알롱이.

아롱-지다[1]困 아롱아롱한 무늬가 생기다. ¶눈물이 뺨에 아롱지다. 튄어룽지다. [2]혱 아롱아롱한 무늬가 있다. 튄어룽지다.

아뢰다[-뢰-/-뭬-]團 ①(윗사람 앞에서) 풍악 을 연주해 들려 드리다. ¶풍악을 아뢰다. ②(윗 사람에게) 말씀드려 알리다. ¶임금께 소상히 아뢰다. ②윷알리다.

아:-류(亞流)圐 ①어떤 학설·주의·유파 등에 찬 성하여 따르는 사람. 困동류(同類). ②으뜸가 는 사람을 붙좇아 흉내 낼 뿐 독창성이 없는 것, 또는 그러한 사람. ¶추사체의 아류.

아륜(牙輪)**명** ☞톱니바퀴.

아륜(蛾輪)**명** 누에의 알받이를 할 때 쓰이는, 깔때기 모양의 생철로 된 기구. 판지 위에 암나방을 올려놓고 그 위에 씌워 알을 슬게 함.

아:르(are)**의** 미터법에 의한 면적 단위. 1아르는 100 m². 1헥타르의 100분의 1. 약 30.25평. 〔기호는 a〕

아르곤(argon)**명** 희(稀)가스 원소의 한 가지. 무색·무취·무미의 기체. 공기 속에 1%가량 섞여 있음. 형광등이나 전구의 충전 가스 등으로 이용됨. 〔Ar/18/39.948〕

아:르^누보(art nouveau 프)**명** 19세기 말부터 20세기 초에 걸쳐서 건축·공예에 나타난 미술 양식의 한 가지. 부드럽게 흐르는 곡선 형식이 그 주된 특징임.

아르렁**부**하자 ①짐승이 성나서 울부짖는 소리, 또는 그 모양. ②앙심을 품고 서로 몹시 다투는 모양. **큰**으르렁. 아르렁-아르렁**부**하자.

아르렁-거리다**자** 자꾸 아르렁아르렁하다. 아르렁대다. **큰**으르렁거리다.

아르렁-대다**자** 아르렁거리다.

아르롱이**명** 아롱아롱한 점이나 줄로 된 무늬. **큰**어르룽이.

아르르**부**하자 (분하거나 두렵거나 춥거나 할 때) 몸이 아스스 떨리는 모양. ¶ 추워서 아르르 떨고만 있다. **큰**으르르.

아르마딜로(armadillo)**명** 빈치목(貧齒目) 아르마딜로과의 야행성 포유동물. 몸길이 12~40 cm. 등이 갑옷 모양의 골질판(骨質板)으로 되어 있는데, 위험할 때 몸을 공처럼 동그랗게 마는 것이 특징임. 중·남미의 건조 지대에 분포함.

아르바이트(Arbeit 독)**명**하자 〔'노동', '일'이란 뜻으로〕 학생이나 직업인 등이 돈을 벌기 위해서 학업이나 본업 이외에 부업으로 하는 일. ¶ 방학 동안에 아르바이트로 학비를 벌다.

아:르^앤드^비(R&B)**명** ☞리듬 앤드 블루스.

아:르에스시(RSC)**명** 아마추어 권투 경기에서, 주심이 두 경기자의 실력 차가 너무 크거나 부상으로 경기를 계속할 수 없다고 판단했을 때 경기를 중단시키는 일. 〔프로 권투에서의 티케이오(TKO)에 해당함.〕 레퍼리 스톱. 〔referee stop contest〕

아:르에이치^네거티브(Rh negative)**명** ☞아르에이치 음성(陰性).

아:르에이치^마이너스(Rh minus)**명** ☞아르에이치 음성(陰性).

아:르에이치식 혈액형(Rh式血液型)〔-시켜켱〕 사람의 혈구 속에 아르에이치 항원(抗原)의 있고 없음에 따라 아르에이치 양성(Rh+), 아르에이치 음성(Rh−)으로 구분한 혈액형.

아:르에이치^양성(Rh陽性)**명** 혈구 속에 Rh 인자를 가진 혈액형. 〔기호는 Rh+〕 아르에이치 포지티브. 아르에이치 플러스.

아:르에이치^음성(Rh陰性)**명** 혈구 속에 Rh 인자를 가지고 있지 않은 혈액형. 〔기호는 Rh−〕 아르에이치 네거티브. 아르에이치 마이너스.

아:르에이치^인자(Rh因子)**명** 사람의 혈구 속에 들어 있는 항원(抗原)의 한 가지. Rh 인자의 있고 없음에 따라 혈액형이 아르에이치 양성(Rh+), 아르에이치 음성(Rh−)으로 구별됨.

아:르에이치^포지티브(Rh positive)**명** ☞아르에이치 양성(陽性).

아:르에이치^플러스(Rh plus)**명** ☞아르에이치 양성(陽性).

아:르오:케이에이(ROKA)**명** 대한민국 육군. 〔Republic of Korea Army〕

아:르오:티:시:(ROTC)**명** 대학생에게 일정 기간 군사 교육·군사 훈련을 실시하여 졸업과 동시에 소위로 임명하는 단체. 학생 군사 교육단. 〔Reserve Officer's Training Corps〕

아르코(arco)**명** 현악기의 활.

아:르티:오:(RTO)**명** 군용 철도 수송 사무소. 〔Railway Transportation Office〕

아르티장(artisan 프)**명** 기술자적인 예술가. 기술은 뛰어나지만, 작품의 예술성이 낮아서 본격적인 예술가로서의 대접을 받지 못하는 사람을 이름.

아르페지오(arpeggio 이)**명** 하프나 피아노 등의 악기에서, 화음을 분산하여 낮은 음에서 높은 음으로 연속적으로 연주하는 일.

아른-거리다**자** 자꾸 아른아른하다. 아른대다. ¶ 숲 사이로 희미한 불빛이 아른거리다. / 강물 위에 아른거리는 달빛. **큰**어른거리다. **센**알른거리다.

아른-대다**자** 아른거리다.

아:른-스럽다〔-따〕〔~스러우니·~스러워〕**형**비 (어린 사람이) 어른인 체하는 태도가 있다. **큰**어른스럽다. 아른스레**부**.

아른-아른**부**하자 ①아리송하게 조금 보이다 말다 하는 모양. ¶ 들녘에 아른아른 피어오르는 아지랑이. ②그림자가 희미하게 움직이는 모양. ③물이나 거울에 비친 그림자가 흔들리는 모양. ¶ 달빛이 호수 위에 아른아른 흔들리고 있다. **큰**어른어른. **센**알른알른.

아름 Ⅰ**명** 양팔을 벌려 껴안은 둘레. ¶ 아기를 아름 속에 품어 안은 어머니. Ⅱ**의** ①둘레의 길이를 나타내는 단위. ¶ 두 아름이나 되는 기둥. ②양팔을 벌려 껴안은 둘레에 들 만한 분량을 세는 단위. ¶ 꽃 한 아름.

아름-거리다**자타** 자꾸 아름아름하다. 아름대다. **큰**어름거리다.

아름-답다〔-따〕〔~다우니·~다워〕**형**비 ①(빛깔·소리·목소리·모양 따위가) 마음에 좋은 느낌을 자아낼 만큼 곱다(예쁘다). ¶ 아름다운 목소리. /그녀는 눈이 아름답다. ②(하는 일이나 마음씨 따위가) 훌륭하고 갸륵하다. 착하고 인정스럽다. ¶ 삶을 아름답게 가꾸다. /얌전한 몸가짐과 아름다운 마음씨.

아름-대다**자타** 아름거리다.

아름-드리**명** 한 아름이 넘는 큰 나무나 물건. ¶ 아름드리 소나무. /아름드리 기둥.

아름-아름**부**하자 말이나 행동을 똑똑하게 하지 않고 조금꾸리는 모양. 어물어물. ¶ 아름아름 일을 건성으로 하며 눈을 속이는 모양. **큰**어름어름.

아름작-거리다〔-꺼-〕**자타** 자꾸 아름작아름작하다. 아름작대다. **큰**어름적거리다.

아름작-대다〔-때-〕**자타** 아름작거리다.

아름작-아름작**부**하자타 아리송한 말이나 짓으로 느릿느릿 몹시 아름거리는 모양. **큰**어름적어름적.

아름-차다**형** 힘에 벅차다. 힘에 겹다. ¶ 아름찬 일을 떠맡다.

아리**명**〔옛〕 다리. ¶ 後行 小아리 八足 大아리 二足(靑丘110).

아리다 **형** ①혀끝을 톡톡 쏘는 것 같은 알알한 느낌이 있다. ¶ 혀끝이 아리다. ②상처가 찌르는 것처럼 아프다. ¶ 불에 덴 상처가 아리다. ③마음이 몹시 고통스럽다. ¶ 그리움으로 가슴이 아리다.

아리땁다[-따][아리따우니·아리따워]휑ㅂ (마음씨나 태도·몸가짐 따위가) 사랑스럽고 아름답다. ¶아리따운 모습.

아리랑圐〈아리랑 타령〉의 준말.

아리랑^타령圐 우리나라의 대표적인 민요의 한 가지. 후렴에 '아리랑'이란 말이 반복되는 노래로, 기본 장단은 세마치이나 지방에 따라 가사와 곡조가 조금씩 다름. 훈아리랑.

아리새圐〈옛〉꾀꼬리. ¶아리새 창:鷦, 아리새 경:鵙(訓蒙上16). 솽알이새.

아리송-하다휑어 이것인지 저것인지 또렷이 분간하기 어렵다. ¶주택 단지 골목의 주변 풍경은 모두 비슷비슷해서 찾아갈 길이 어느 길인지 늘 아리송하다. 훈알쏭하다. ㉾어리숭하다.

아리쇠圐〈옛〉삼발이. ¶아리쇠:三脚(老朴下30).

아리아(aria 이)圐 ①오페라나 오라토리오에서의, 선율이 아름다운 서정적인 독창곡. 영창(詠唱). ②서정적인 기악곡.

아리아리-하다[1]휑어 여러 가지가 모두 아리송하다. ㉾어리어리하다.

아리아리-하다[2]휑어 계속 아린 느낌이 있다.

아리안(Aryan)圐 인도유럽 어족에 딸린 인종을 통틀어 이르는 말.

아리에타(arietta 이)圐 소규모의 아리아.

-아리여어미〈옛〉-리요. ¶能히 玉곧흔 ᄆ스맷 며느리ᄅ롤 보아리여(內訓).

아리오소(arioso 이)圐 오페라나 오라토리오 등의 짧은 영창(詠唱).

아리잠직-하다[-지카-]휑어 키가 작고 얌전하며 어린 티가 있다.

아린(芽鱗)圐 나무의 겨울눈을 싸서 보호하는 비늘 모양의 기관.

아릿-거리다[-릳꺼-]짜 자꾸 아릿아릿하다. 아릿대다. 훈어릿거리다.

아릿-대다[-릳때-]짜 아릿거리다.

아릿-아릿[-리다릳]튀짜 아렴풋하고 어지럽게 눈에 어리거나 움직이는 모양. 훈어릿어릿.

아릿-하다[-리타-]휑어 (혀끝이) 조금 아리다. ¶풋고추를 씹었더니 혀끝이 아릿하다. 훈어릿하다.

아롬圐〈옛〉사사로움. 아룻문. ¶아롬 업슨 큰 道(南明下39). /아롬 ᄉ:私(類合下4).

아롬圐〈옛〉아름. ¶허리 너르기 세 아롬이나 ᄒ니(朴解下31).

아롬답다휑ㅂ〈옛〉아름답다. ¶아롬다올 언:彦(類合下5). /美ᄃ 아롬다올 씨니(釋譜13:9).

아롬도이튀〈옛〉사사로이. ¶늘근 사ᄅ롬돌히 아롬도이 우니라(杜重4:21).

아롮곰圐〈옛〉아랍지비 私(私有). ¶그윗것과 아롮것시 제여곰 싸혀 브터셔(杜初7:36).

아롮집圐〈옛〉사삿집(私家). ¶아롮지븨 命ᄒ야 가라 ᄒ디 아니ᄒ시ᄂ니(內訓1:51).

아리圐튀〈옛〉전일. 일찍이. ¶아릿 殃報ᄅ롤 곧 뻐서 安樂ᄒ야(月釋21:97). 솽아래.

아마튀 짐작하건대. 대개. 〔확실히 단정하기는 어렵지만, 어느 정도 그럴 것이라고 생각하는 경우에 쓰이는 말.〕 ¶아마 오지 않을 것이다. /아마 이번에는 합격할 것이다.

아마(兒馬)圐 ①아직 길이 들지 아니한 어린 말. ②조선 시대에, 벼슬아치가 작은 공(功)을 세웠을 때 나라에서 상으로 주던 말.

아마圐 아마과의 일년초. 중앙아시아 원산의 재배 식물로 줄기 높이는 1m가량. 잎은 가늘고 길며 어긋맞게 나고, 초여름에 청자색이나 백색의 꽃이 핌. 씨로는 아마유(亞麻油)

를 만들고 줄기의 섬유로는 아마포를 짬.

아마(←amateur)圐〈아마추어〉의 준말. ↔프로.

아마겟돈(←Harmagedon)〔요한 계시록에 나오는 말로〕세계의 종말이 올 때, 선과 악이 최후의 결전을 벌일 싸움터.

아마-도튀 '아마'의 힘줌말. ¶아마도 모레쯤이면 일이 모두 끝날 것이다.

아마릴리스(amaryllis)圐 수선화과의 다년초. 남아메리카 원산의 관상용 화초. 비늘줄기에서 두껍고 긴 선형의 잎이 돋아남. 여름부터 가을에 꽃대 끝에 백합을 닮은 꽃이 서너 송이 돌려 핌. 꽃 색은 빨강·분홍·주황·하양 따위가 있음.

아마-유(亞麻油)圐〈아마인유〉의 준말.

아마-인(亞麻仁)圐 한방에서, 아마의 씨를 약재로 이르는 말. 당뇨병의 약으로 쓰임.

아마인-유(亞麻仁油)[-뉴]圐 아마의 씨로 짠 기름. 도료(塗料)·그림물감·인주·인쇄 잉크 등을 만드는 데 쓰임. 훈아마유.

아마인-지(亞麻仁油紙)[-뉴-]圐 아마인유를 먹인 종이.

아마추어(amateur)圐 무슨 일을 직업적·전문적으로 하지 않고, 취미 삼아 하는 사람. 비전문가. 소인(素人). ¶아마추어 무선가(無線家). 훈아마. ↔프로페셔널.

아:마추어(armature)圐 발전기의 발전자(發電子), 전동기의 전동자(電動子)를 통틀어 이르는 말. 전기자(電氣子).

아마추어리즘(amateurism)圐 스포츠 등을 영리를 목적으로 하지 아니하고 오로지 즐기기 위한 활동으로 한다는 태도.

아마-포(亞麻布)圐 ☞리넨.

아:만(我慢)圐 불교에서, 나를 높이고 남을 낮추어 보는 마음을 이르는 말. 만심(慢心).

아말감(amalgam)圐 ①〔철·백금·망간·코발트·니켈 등을 제외한〕수은과 다른 금속과의 합금. ②이가 삭은 자리를 때우는 데 쓰이는, 수은·주석·은의 합금. 물금.

아말감-법(amalgam法)圐 수은을 사용하는 습식 야금법.

아:망圐 아이들이 부리는 오기. ¶아망을 떨다. /아망을 부리다. /아망을 피우다.

아:망-스럽다[-따][-스러우니·-스러워]휑ㅂ 아망이 있어 보이다. **아망스레**튀.

아망위(←あまぐ〔雨具〕)圐 모자의 한 가지. 외투·비옷·방한복 등의 깃에 덧붙여 머리에 뒤집어쓰게 만든 것.
  아망위에 턱을 걸었다솝 배후를 믿고 하잘것없는 사람이 교만을 부림을 이르는 말.

아메리슘(americium)圐 인공 방사성 원소의 한 가지. 플루토늄에 중성자를 쐬어 만든 은백색의 금속임. 〔Am/95/243〕

아메리카^합금(America合金)[-끔]圐 구리가 7~9% 섞인 알루미늄 합금. 〔미국에서 많이 쓰이기 때문에 생긴 이름〕

아메리칸^인디언(American Indian)圐 아메리카 대륙의 원주민. 살갗은 구릿빛이고, 눈과 머리털은 검으며, 황인종임. 인디언.

아메리칸^크롤:(American crawl)圐 미국에서 발달한, 자유형 수영법의 한 가지.

아메:바(amoeba)圐 근족충류(根足蟲類)의 원생동물. 단세포로 된 최하등의 미생물인데, 크기는 0.02~0.6mm. 헛발을 내어 기어다니며 그것으로 먹이를 싸서 흡수함.

아메:바^운:동(amoeba運動)圐 아메바처럼 원형질의 유동에 따라 몸의 일부를 내밀어 헛발을 이루어 움직이는 운동.

아메:바^적리(amoeba赤痢) [−정니] 圐 이질의 한 가지. 적리 아메바의 감염으로 말미암아 피가 섞인 설사를 함.

아:멘(amen 히)圗 〔'참으로'・'확실히'의 뜻으로〕 기독교에서, 기도나 찬미가 끝났을 때 자기도 '진실로 그와 같이 기원한다'는 뜻으로 쓰는 말.

아명(兒名)圐 아이 때의 이름. 圎관명(冠名).

아:명(雅名)圐 풍류(風流)스러운 이름. 아취 있는 이름.

아모圕 (옛)아무(某). ¶아모 爲다 ᄒ시니(龍歌39章). /아모 모:某(類合下6).

아모레(amore 이)圐 악보의 나타냄말. '애정을 가지고'・'사랑스럽게'의 뜻. 아모로소.

아모로소(amoroso 이)圐 ☞아모레.

아모르(Amor)圐 ☞큐피드.

아모스-서(Amos書)圐 구약 성서 중의 한 편. 이스라엘의 죄에 대한 하나님의 노여움과 종말에 대한 경고 등을 기록함.

아모제圐 (옛)아무 때. ¶아모제라 업시(老解下39).

아:목(亞目)圐 생물 분류학상의 한 단계. 목(目)의 아래, 과(科)의 위에 둠.

아:몬드(almond)圐 ☞편도(扁桃).

아:무 [Ⅰ]圕 꼭 누구라고 특별히 정하지 아니하고 가리킬 때 쓰이는 말. 하모(何某). ¶아무나 이리 오너라.
[Ⅱ]圎 ①꼭 무엇이라고 지정하지 아니하고 사물을 가리킬 때 쓰이는 말. 모(某). ¶아무 곳이라도 좋다. ②'아무런'・'조금도'의 뜻. ¶아무 상관이 없다. /아무 걱정도 하지 마라.

아:무-개圎 '아무'보다 조금 홀하게 쓰이는 말. 모(某). ¶아무개가 그 일과 무슨 상관이오?/김 아무개가 그랬소.

아:무-것 [−걷] 圎 무엇이라고 꼭 지정하지 아니하고 이를 쓰이는 말. 어떤 것. ¶아무것이든 좋다. * 아:무것이[−거시]・아:무것만[−건−]

아:무래도 [Ⅰ]圕 아무리 생각해 보아도. ¶네 힘으로는 아무래도 그 일을 못 해낼 것이다.
[Ⅱ]圙 '아무러하여도'가 줄어든 말. ¶네가 오든 안 오든 아무래도 상관없다.

아:무러면圕 '아무러하면'이 줄어서 된 말. ¶아무러면 그걸 못 할까. 圎아무려면.

아:무러-하다圐 '아무 모양, 아무 형편, 아무 정도', 또는 '아무 조건으로' 등의 뜻을 나타냄. 《주로, '아무러한'・'아무러하면'・'아무러하든' 등의 꼴로 쓰임.》 ¶아무러하면 어떠냐. /아무러하든 상관없다. 圙아:무렇다.

아:무런圙 《주로 '않다'・'없다'・'못하다' 따위의 부정적인 말과 함께 쓰이어》 '전혀 어떠한'의 뜻을 나타내는 말. ¶아무런 도움이 못 되다. /아무런 결함도 없다. /아무런 계획도 없이 여행을 떠나다.

아:무렇-다 [−러타] 圙 [아무러니・아무래] 圐 〔'아무러하다'의 준말〕 ¶아무렇지도 않다. * 아:무래・아:무렇소[−러쏘]

아:무려나圕 아무렇게나 하려거든 하라고 승낙하는 말. ¶아무려나, 너 좋을 대로 해라.

아:무려니圕 아무리 하기로. 설마. ¶아무려니, 그 사람이 그랬을라고.

아:무려면圕 말할 것도 없이 마땅히 그렇다는 뜻을 나타내는 말. ¶아무려면, 그렇고말고. 圙아무렴・암². 圎아무러면.

아:무렴圕 〈아무려면〉의 준말. ¶아무렴, 좋고말고.

아:무리¹圕 《주로 연결 어미 '-아도(어도)'가 붙은 동사와 함께 쓰이어》 어떻게 하여도. 암만 하여도. ¶아무리 타일러도 말을 듣지 않는다. /아무리 바빠도 이번 주말에는 꼭 면회를 가마.

아무리 바빠도 바늘허리 매어 쓰지는 못한다圙 아무리 바쁘더라도 갖추어야 할 것은 갖추어서 해야 한다는 말.

아:무리²圕 결코 그럴 리가 없다는 뜻으로 하는 말. ¶아무리, 그가 그런 짓을 했을라고.

아:무-아무圎 ⑦ 한 사람 이상을 지정하지 않고 이를 때 쓰는 말. ¶선생님께서는 아무아무를 교무실로 부르셨다.
⑪ 어떤 사물을 꼭 무엇이라고 지정하지 않고 이를 때 쓰는 말. ¶영수가 아무아무 데에 다닌단다.

아:무-짝圐 '어떤 데'・'어느 곳'의 뜻을 나타냄. 《주로, '아무짝에도'의 꼴로 쓰임.》 ¶아무짝에도 못 쓰겠다.

아:무-쪼록圕 될 수 있는 대로. 모쪼록. ¶아무쪼록 빨리 쾌차하시기 바랍니다.

아:무튼圕 ☞어떻든. ¶아무튼, 참 별난 사람이다. 圎암튼.

아:무튼지 [Ⅰ]圕 ☞어떻든지.
[Ⅱ]圙 '아무러하든지'가 줄어든 말.

아:문(亞門)圐 생물 분류학상의 한 단계. 필요에 따라 문(門)과 강(綱)의 사이에 둠.

아문(衙門)圐 왕조 때, 상급의 관아나 관원들이 정무를 보는 곳을 통틀어 이르던 말.

아물-거리다재 자꾸 아물아물하다. 아물대다. ¶멀리 수평선에 고깃배가 아물거리다.

아물다[아무니・아물어]재 부스럼이나 다친 살가죽이 다 나아서 맞닿는다. ¶상처가 아물다.

아물-대다재 아물거리다.

아물-리다圐 ⑦ 〔'아물다'의 사동〕 부스럼이나 다친 살가죽에 새살이 나와 맞붙게 하다. ¶상처를 잘 아물려야 흉터가 안 생긴다. ②(이러저리 벌어진) 일이 잘되도록 어우르다. ¶사건을 원만히 아물리다. ③셈을 끝막다.

아물-아물圕재 ① 작은 것이 보일 듯 말 듯 하면서 자꾸 움직이는 모양. ¶아물아물 아지랑이가 피어오른다. ②모양이나 태도 등을 분명히 나타내지 않고 꼬물거리는 모양. ¶말끝을 아물아물 흐리지 마라. ③정신이 자꾸 희미해지는 모양.

아물든圕 '아무튼'의 잘못.

아물든지圙 '아무튼지'의 잘못.

아미(蛾眉)〔누에나방의 눈썹(촉각)처럼〕 '아름다운 미인의 눈썹'을 이르는 말.
아미를 숙이다圙 여자가 머리를 다소곳이 숙이는 모습을 아름답게 표현한 말.

아미노-산(amino酸)圐 단백질을 가수 분해 하여 만든 유기 화합물. 물에 잘 녹는 무색의 결정.

아미노산^간장(amino酸−醬)圐 콩깻묵 등 단백질이 많은 원료를 염산 따위로 화학적으로 분해하여 산을 만든 다음, 여러 가지 처리를 거쳐서 만든 간장.

아미노피린(aminopyrine)圐 진통・해열제의 한 가지. 냄새도 빛깔도 없는 하얀 결정.

아미-월(蛾眉月)〔여인의 예쁜 눈썹 같은 달이라는 뜻으로〕 '음력 초사흗날의 달'을 이르는 말. 圎초승달.

아미타(阿彌陀←amitābha 범)똉 서방 정토의 극락세계에 있다는 부처의 이름. 모든 중생을 구제한다는 큰 서원(誓願)을 세운 부처로서, 이 부처를 믿고 염불하면 죽은 뒤에 곧 극락정토에 태어나게 된다고 함. 서방주(西方主). 아미타불. 아미타여래.

아미타-경(阿彌陀經)똉 정토 삼부경(淨土三部經)의 하나. 아미타가 있는 극락정토의 장엄함을 예찬하고, 아미타불을 외어 극락정토에 왕생하기를 권하는 경전.

아미타-불(阿彌陀佛)똉 ☞아미타. 춘미타불.

아미타^삼존(阿彌陀三尊)똉 아미타불과 좌우의 협시(脇侍)인 관세음보살과 대세지보살을 아울러 일컫는 말. 미타 삼존.

아미타-여래(阿彌陀如來)똉 ☞아미타.

아민(amine)똉 암모니아 속의 수소 원자를 탄화수소기(炭化水素基)로 치환한 화합물을 통틀어 이르는 말.

아밀라아제(Amylase 독)똉 ☞디아스타아제.

아밀로오스(amylose)똉 전분의 주성분인 다당류(多糖類)의 한 가지. 천연 전분에서 20~35%가 들어 있는데, 요오드에 대하여 청자색으로 반응함.

아밀로펙틴(amylopectin)똉 전분의 주성분인 다당류(多糖類)의 한 가지. 천연 전분의 약 80%를 차지하며, 요오드에 대하여는 붉은빛으로 반응함.

아밀롭신(amylopsin)똉 소화 효소의 한 가지. 췌장에서 분비되어 전분을 맥아당으로 분해함.

아무레튀 〔옛〕 아무렇게나. ¶付囑온 말쏨 브텨 아무례 ㅎ고라 請홈씨라(釋譜6:46).

아무리튀 〔옛〕 아무렇게. ¶則은 아무리 ㅎ면 ㅎ논 겨체 쓰는 字 l 라(訓諺). 참아무례.

아바님똉 〔옛〕 아버님. ¶아바님도 어이어신 마른논(樂詞.思母曲).

아바-마마(-媽媽)똉 임금이나 임금의 아들딸이 그 '아버지'를 일컫던 말.

아바타(avatar)똉 〔'분신'·'화신(化神)'을 뜻하는 말로〕 사이버 공간에서 사용자가 자신의 역할을 대신하는 존재로 활용하는 애니메이션 캐릭터.

아반(蛾斑)똉 ☞몽고반(蒙古斑).

아:방(我方)똉 우리 쪽. 우리 편.

아:방(我邦)똉 우리나라. 아국(我國).

아방(兒房)똉 조선 시대에, 대궐을 지키는 장수가 이따금 묵던 곳.

아:방(亞房)똉 조선 시대에, 관아의 사령(使令)이 있던 처소.

아방가르드(avant-garde 프)똉 〔'전위대(前衛隊)'라는 뜻으로〕 제1차 세계 대전 무렵부터 기성 예술과 전통을 부정하고 나선 다다이즘이나 초현실주의 등의 전위적인 예술 운동을 통틀어 이르는 말. 전위파(前衛派).

아방게:르(avant-guerre 프)똉 제2차 세계 대전 전(前)의 사상, 생활 태도, 가치관 등을 가진 사람. 전전파(戰前派). ↔아프레게르.

아방-궁(阿房宮)똉 ①중국의 진시황(秦始皇)이 위수(渭水)의 남쪽에 지은 궁전. ②'광대하고 으리으리하게 지은 집'을 비유하여 이르는 말.

아방-나찰(阿房羅刹←Avorkasa 범)똉 불교에서 이르는, 지옥에서 죄인을 괴롭히는 옥졸. 머리는 소, 몸은 사람의 모양을 하고 있으며, 힘이 몹시 세어 산도 들어 올릴 수가 있다고 함.

아배(兒輩)똉 ①아이들. ②'유치한 자'라는 뜻으로, 남을 얕잡아 이르는 말.

아:배(我輩)때 우리들. 오등(吾等).

아버-님똉 〔아버지〕의 높임말.

아버지똉 ①자기를 낳은 어머니의 남편. 높가존(家尊)·아버님·부친. 낮아범·아비. ②자기의 '양아버지'·'의붓아버지'·'수양아버지'를 이르는 말. ③기독교에서, '하나님'을 이르는 말. 천부(天父). ④'어떤 일을 처음 이루거나 완성한 사람'을 비유하여 이르는 말. ¶음악의 아버지.

아버지 종도 내 종만 못하다〔속〕 남의 것은 아무리 좋아도 나 자신을 위한 실속이 못 되므로, 보잘것없는 나의 소유가 낫다는 말.

아범똉 ①〔아버지〕의 낮춤말. ②지난날, 늙은 남자 하인을 대접하여 일컫던 말. ③윗사람이 자식 있는 손아래 남자를 일컫는 말. ¶어멈, 아범은 어디를 갔느냐? ④윗사람에게 자기의 '남편'을 낮추어 일컫는 말. ¶어머님, 오늘 아범이 좀 늦는답니다. ↔어멈.

아베^마리아(Ave Maria 라)똉 ①가톨릭에서, 성모 마리아를 축복·찬미하여 '마리아에게 영광이 있기를'하고 이르는 말. ②성모 마리아를 축복·찬미하는 가곡.

아베스타(Avesta)똉 조로아스터교의 성전(聖典). 기도문·송가(頌歌)·신화·율법 따위를 모은 것.

아베크-족(avec族)똉 함께 행동하는 한 쌍의 젊은 남녀. 특히, 연인 관계에 있는 한 쌍의 남녀를 이름.

아벨(Abel)똉 아담과 이브의 둘째 아들. 형인 카인에게 맞아 죽음.

아:보(雅步)똉 우아하고 점잖은 걸음걸이.

아보가드로-수(Avogadro數)똉 물질 1g 분자 속에 들어 있는 분자 수, 또는 1g 원자 속에 들어 있는 원자 수. 물질의 종류에 관계없이 일정함. 몰 분자수.

아부(阿附)똉하자 남의 환심을 사기 위하여 알랑거리며 붙좇음. 아첨(阿諂). ¶아부 근성. / 윗사람에게 아부하다.

아:부-악(雅部樂)똉 ☞아악(雅樂).

아부용(阿芙蓉)똉 ☞양귀비꽃.

아불리가(阿弗利加)똉 '아프리카(Africa)'의 한자음 표기.

아불식초(鵝不食草)〔-씩-〕똉 ☞피막이풀.

아븨똉 〔옛〕 아비의. 〔'아비'의 관형격형.〕 ¶아와 아븨 즈이여 處容 아비 즈이여(樂範.處容歌). 참아비.

아비똉 ①〔아버지〕의 낮춤말. ②아이를 낳은 후, 며느리가 시부모 앞에서 자기 '남편'을 이르는 말. ¶아비는 오늘도 일 때문에 못 올 것 같다는군요. 참아버지.

아비똉 〔옛〕 아버지. ¶父는 아비오(月釋序14).

아비(阿比)똉 아비과의 바닷새. 크기는 갈매기만 하며, 등은 회갈색인데 작은 백색 반점이 많으며 발에는 물갈퀴가 있음. 여름에는 북극 부근에서 번식하고, 겨울에는 해양에서 떼 지어 지냄. 고기 떼를 보고 모여드는 습성이 있어서 어업에 유익함.

아비(衙婢)똉 조선 시대에, 수령이 사사로이 부리던 계집종. ☞아노(衙奴).

아비-규환(阿鼻叫喚)〔불교에서 말하는 가장 고통스러운 아비지옥에서 울부짖음과 같이〕 '참혹한 고통 가운데서 살려 달라고 울부짖는 상태'를 이르는 말.

아비-부(-父)똉 한자 부수의 한 가지. '爸'·'爹'·'爺' 등에서의 '父'의 이름. 아비부밑.

아비부-밑(-父-)[-믿][명] ☞아비부. *아비부 밑이[-미치]·아비부밑을[-미틀]·아비부밑만 [-민-]

아:-비산(亞砒酸)[명] ①삼산화비소(三酸化砒素) 의 수용액에 들어 있는 약산(弱酸). ②'삼산화 비소'를 흔히 이르는 말. 맛과 냄새가 없는 흰 빛깔의 독약이며, 공업용·의약용 등으로 쓰임.

아비-지옥(阿鼻地獄←avicir mahānarakah 범) [명] 불교에서 이르는 팔대 지옥의 하나. 오역 (五逆)의 죄를 저지른 자가 떨어져 끊임없이 고통을 받는다고 함. 무간지옥(無間地獄).

아비밀(옛) 아버지의. ['아비'의 관형격형] ¶아 비 버들 恭敬ㅎ야(杜初19:43). /아드리 아비 천량 블러 가쥬미 곧홀쎄(釋譜13:18).

아빠(명) '아버지'의 어린이 말.

아뿔싸[감] 미처 생각지 못했던 것을 깨닫고 뉘우 칠 때 내는 소리. ¶아뿔싸, 길을 잘못 들었군. ㉢어뿔싸. ㉮하뿔싸.

아:사(雅士)[명] 고상하고 깨끗한 선비.

아:사(雅事)[명] 고상하고 운치 있는 일.

아:사(餓死)[명][하자] 굶어 죽음. 기사(飢死). ¶아 사 직전에 구출되다.

아사달(阿斯達)[명] 단군 조선 개국 때의 국도(國 都). 평양 부근의 백악산(白岳山)이라고도 하 고, 황해도 구월산(九月山)이라고도 함.

아사리(阿闍梨←ācārya 범)[명] 불교(佛敎)에서, 제자(弟子)를 가르칠 만한 덕을 갖춘 중을 이 르는 말.

아사이(assai 이)[명] 악보에서, 다른 나타냄말에 덧붙여 쓰이는 말. '매우'의 뜻. [알레그로 아 사이(allegro assai;매우 빠르게) 따위.]

아:사-자(餓死者)[명] 굶어서 죽은 사람.

아:사지경(餓死之境)[명] 오랫동안 굶어서 죽게 된 형편. ¶아사지경에 놓인 난민들.

아삭[부][하자타] 싱싱하고 연한 과일이나 채소 따 위를 단번에 깨무는 소리. ㉢어석. ㉪아싹. 아 삭-아삭[부][하자타] ¶사과를 아삭아삭 썹어 먹다.

아삭-거리다[-꺼-][자타] 자꾸 아삭아삭하다. 아 삭대다. ㉢어석거리다.

아삭-대다[-때-][자타] ☞아삭거리다.

아:산화-질소(亞酸化窒素)[-쏘][명] 질산암모늄 을 열분해하여 얻는, 단맛과 향기가 있는 무색 투명한 기체. 마취제·방부제 등으로 쓰임.

아:살(餓殺)[명][하자] 굶기어 죽임.

아삼륙(←二三六)[-뉵][명] ①골패의 '쌍진아'· '쌍장삼'·'쌍준륙'의 세 쌍. ['쌍비연(雙飛 燕)'이라 하여 끗수를 세 곱으로 침.] ②'서로 잘 맞는 짝', '단짝'을 비유하여 이르는 말.

아:상(我相)[명] 불교에서, 자아(自我)를 실체로 보고 고집하는 생각을 이름.

아생(芽生)[명][하자] ☞발아(發芽).

아생-법(芽生法)[-뻡][명] ☞출아법(出芽法).

아생^생식(芽生生殖)[명] ☞출아법(出芽法).

아서[감] 〈아서라〉의 준말. ¶아서, 뜨겁다.

-아서[어미] 어미 '-아'와 보조사 '서'가 합쳐서 된 말. 끝 음절이 양성 모음(ㅏ·ㅗ)으로 된 용 언의 어간에 붙어서, 까닭이나 시간의 선후 관 계를 나타내는 종속적 연결 어미. ¶고기를 잡 아서 구워 먹었다. /산이 너무 높아서 오를 엄 두가 안 난다. ㉮-어서.

아서라[감][해라할 자리에] 그렇게 하지 말라고 금하는 말. ¶아서라, 그러다가 다칠라. /아서 라, 그러지 마라. ㉮아서.

아선-약(阿仙藥)[-냑][명] 인도산 콩과 식물의 즙액을 졸이어 덩이로 만든, 갈색 또는 암갈색

의 생약. 수렴제·지혈제·무두질약 등으로 쓰 임. 백약전(百藥煎).

아성(牙城)[명] ①성곽의 중심부. ②큰 조직이나 단체 등의 '중심되는 곳'을 비유하여 이르는 말. ¶보수 세력의 아성을 무너뜨리다.

아성(兒聲)[명] ①어린아이의 목소리. ②유치하고 철없는 말.

아:성(亞聖)[명] ①성인(聖人)에 버금가는 사람. ②유교에서, 공자에게 버금가는 사람이라는 뜻 으로 '맹자'를 이르는 말.

아:-성층권(亞成層圈)[-꿘][명] 지상으로부터 8000 m에서 1만 2000 m의 성층권까지의 사이 에 있는 대기의 층.

아세(阿世)[하자] 세상 형편에 붙좇음. 세상 사 람들에게 아첨함.

아:세(亞歲)[명] '동지(冬至)'를 달리 이르는 말.

아세나프텐(acenaphthene)[명] 방향족 탄화수소 의 한 가지. 콜타르 속에 들어 있는 무색의 결 정. 염료의 합성 원료, 살균제 등으로 쓰임.

아세아(亞細亞)[명] '아시아'의 한자음 표기.

아세아-주(亞細亞洲)[명] 아시아 주. ㉢아주(亞洲).

아세테이트(acetate)[명] 아세틸셀룰로오스.

아세테이트^견사(acetate絹絲)[명] ☞아세테이트 인견.

아세테이트^인견(acetate人絹)[명] 아세틸셀룰로 오스를 원료로 하여 만든 화학 섬유. 탄력성· 광택·촉감 등이 좋고 내수성이 있음. 아세테이 트 견사. ☞아세틸 인조 견사.

아세톤(acetone)[명] 아세트산을 건류하여 만든, 무색의 휘발성 액체. 수지(樹脂)·지방·염료 등 을 녹이는 데 쓰임.

아세트-산(←acetic酸)[명] 지방산(脂肪酸)의 한 가지. 자극적이고 강한 냄새와 신맛을 내는 무 색 액체. 13~16℃에서 결정을 이루어 빙초산 이 될 수 있음. 식초나 용제·염색·아스피린·아 세톤 따위의 원료로 쓰임. 초산. ㉢빙초산.

아세트산-구리(←acetic酸-)[명] 산화동이나 염 기성 탄산동을 아세트산에 녹인 용액으로부터 분리해 낸 암녹색의 결정. 살충제나 의약제로 쓰임. 초산동.

아세트산-균(←acetic酸菌)[명] 간균과(杆菌科)에 딸린 세균의 한 가지. 몸 안에 있는 효소의 작 용으로 알코올을 산화시켜 아세트산을 만드는 성질이 있으며, 주류(酒類)를 썩게 하는 유해 균임. [초는 이 세균에 의해 생산됨.] 초산균.

아세트산-납(←acetic酸-)[명] 산화납을 묽은 아 세트산에 녹여서 얻은 물질. 의약이나 염색에 쓰임. 연당(鉛糖). 초산납. 초산연(醋酸鉛).

아세트산^발효(←acetic酸醱酵)[명] 아세트산균 이 알코올을 산화시켜 아세트산으로 만드는 작 용. 초산 발효(醋酸醱酵).

아세트산^비닐(←acetic酸vinyl)[명] 빙초산을 주 원료로 하여 만드는 비닐계의 유기 화합물. 아세트산 비닐 수지의 원료임. 초산 비닐.

아세트산^비닐^수지(←acetic酸vinyl樹脂)[명] 아세트산 비닐을 유화(乳化) 중합시켜 얻는 합 성수지의 한 가지. 무색투명함. 종이나 가죽의 코팅, 비닐론 합성 섬유, 접착제 따위 광범위 한 화용 제품의 원료가 됨.

아세트산-에스테르(←acetic酸ester)[명] 아세트 산과 알코올의 화합물을 통틀어 이르는 말. 대 부분 방향(芳香)이 있는 액체로서, 흔히 과일 따위에 함유되어 있음. 용매(溶媒)·래커 용제· 정유 및 인공 향료로서 청량음료 따위에 쓰임. 초산에스테르.

아세트산-칼슘(←acetic酸calcium)**명** 목재를 건류하여 아세트산을 분리할 때 중간물로 생기는 흰빛의 결정질. 공기 속에서 중화되며, 건류하여 아세톤을 만드는 데 쓰임. 초산칼슘. **참**초산석회.

아세트-아닐리드(acetanilide)**명** 아닐린과 빙초산을 증류하여 만든 무색의 결정. 안료·염료·의약품의 합성 원료이며 해열제로 쓰임.

아세틸렌(acetylene)**명** 탄화수소의 한 가지. 무색의 유독성 기체로 카바이드에 물을 섞어 만듦. 등화용, 용접용, 화학 공업의 원료 따위로 쓰임.

아세틸렌-등(acetylene燈)**명** 아세틸렌 가스를 이용하여 불을 켜는 등.

아세틸렌^용:접(acetylene鎔接)**명** 아세틸렌 가스와 산소의 혼합 기체가 탈 때 생기는 고온의 불꽃을 이용하는 용접 방법.

아세틸살리실-산(←acetylsalicylic酸)**명** 살리실산을 무수 아세트산으로 아세틸화하여 만든, 냄새가 없는 하얀 결정. 해열·진통제로 쓰임. 〔상품명은 아스피린임.〕

아세틸-셀룰로오스(acetyl cellulose)**명** 셀룰로오스 분자 중의 수산기(水酸基)를 아세틸화한 것. 아세테이트 인견, 내열 필름, 플라스틱 제품 등에 쓰임. 아세테이트. 초산 섬유소.

아세틸^인조^견사(acetyl人造絹絲)**명** ⇨아세테이트 인견.

아셈(ASEM)**명** 아시아와 유럽 간의 정치·경제·사회·문화 등 제반 분야의 협력을 도모하기 위한 회의. 1996년 3월 발족됨. 〔Asia Europe Meeting〕

아소갑 〈옛〉 아서라. 마시오. 마오. ¶아소 님하 어마님ᄀ티 괴시리 업세라(樂詞.思母曲).

아;속(雅俗)**명** 품위 있는 것과 속된 것.

아속(衙屬)**명** ⇨아례(衙隷).

아손(兒孫)**명** 자기의 아들과 손자, 곧 '자손(子孫)'을 이르는 말.

아수라(阿修羅←asura 범)**명** 불교에서 이르는, 싸움을 일삼는 나쁜 귀신. 팔부중의 하나임. **준**수라(修羅).

아수라-도(阿修羅道)**명** 불교에서 이르는 지옥의 하나. 아수라가 살며, 늘 싸움이 그치지 않는 세계. 생전에 교만심과 시기심이 많던 사람이 간다고 함.

아수라-왕(阿修羅王)**명** 아수라의 우두머리. 정법(正法)을 없애려고 늘 제석(帝釋)과 싸운다는 나쁜 귀신.

아수라-장(阿修羅場)**명** ⇨수라장. ¶아수라장이 된 교통사고 현장.

아수룩-하다[-루카-]**형여** ①행동이 약빠르지 아니하고 숫되다. ¶아수룩한 농촌 총각. ②되바라지지 않고 좀 어리석은 데가 있다. ¶아수룩해서 곧잘 속는다. **아수룩하다**.

아순(雅馴) '아순하다'의 어근.

아:순-하다(雅馴-)**형여** 문장의 자구(字句)가 올바르고 온당하다.

아쉬워-하다타여 ①무엇이 없거나 모자라서 군색스럽게 여기다. ¶돈을 아쉬워하다. ②뜻대로 되지 않아 불만스럽거나 유감스럽게 여기다. ③미련이 남아 섭섭하게 여기다. ¶이별을 아쉬워하다.

아쉽다[-따][아쉬우니·아쉬워]**형비** ①무엇이 없거나 모자라서 군색스럽다. ¶돈이 아쉽다. ②뜻대로 안 되어 불만스럽거나 유감스럽다. ¶그렇게 끝내다니… 아무래도 아쉽군요. ③아

깝고 서운하다. ¶정든 집을 팔려고 하니 너무 아쉽다.

아쉬운 대로관용 만족스럽지는 않지만 그냥 그대로. ¶그래도 아쉬운 대로 쓸 만하니 다시 살 것 없다.

아쉬운 소리관용 남에게 꾸거나 달라고 군색스럽게 사정하는 말. ¶떵떵거리던 자네가 어쩌다가 아쉬운 소리를 하게 되었는가.

아스라-하다형여 ①아슬아슬하게 높거나 까마득하게 멀다. ¶아스라한 수평선. ②(기억 따위가) 희미하고 어렴풋하다. ¶어린 시절의 고향 풍경이 아스라하다. **준**아스랗다. **아스라-이**부 ¶아스라이 바라다보이는 수평선의 배.

아스랗다[-라타][아스라니·아스래]**형여** 〈아스라하다〉의 준말.

아스러-뜨리다타 작고 단단한 물체를 으깨어서 부스러지게 하다. 아스러트리다. **큰**으스러뜨리다.

아스러-지다재 ①작고 단단한 물체가 비교적 센 힘에 짓눌리어서 부서지다. ②살이 터지거나 벗어지다. ¶무릎이 아스러지다. **큰**으스러지다.

아스러-트리다타 아스러뜨리다. **큰**으스러트리다.

아스베스토스(asbestos)**명** 돌솜.

아스스형 차고 싫은 기운이 몸에 사르르 돌면서 소름이 끼칠 정도로 약간 추운 모양. ¶몸살이 나려는지 온몸이 아스스 떨린다. **큰**으스스. **참**오소소.

아스코르브-산(←ascorbic酸)**명** ⇨비타민 시 (vitamin C).

아스키:(ASCII)**명** 미국의 컴퓨터 정보 교환용 표준 코드. 7비트로 구성되었으며, 현재 범세계적 코드로 통용됨. 〔American Standard Code for Information Interchange〕

아스타일(astile)**명** 석유 아스팔트·석면·합성수지·안료 등을 가열 혼합하여 얇은 판자 모양으로 만든 건축 재료. 바닥에 까는 재료로 쓰임.

아스타틴(astatine)**명** 방사성 원소의 한 가지. 비스무트를 헬륨 이온으로 충격을 주어서 만듦. 〔At/85/210〕

아스테로이드-호(asteroid弧)**명** 어떤 일정한 원에 그 원의 4분의 1의 반지름을 가진 원이 내접하여 떨어지지 않고 굴러 갈 때, 그 원주상의 한 정점이 그리는 곡선.

아스트라한(astrakhan 러)**명** 러시아의 아스트라한 지방에서 나는, 갓 태어난 새끼 양의 털가죽, 또는 그것을 본떠서 짠 두꺼운 모직물.

아스트롤라븀(astrolabium 러)**명** 휴대용 고도측정기(高度測定器).

아스트린젠트(astringent)**명** 수렴성(收斂性)이 있는 산성 화장수.

아스파라거스(asparagus)**명** 백합과의 다년초. 유럽 원산의 재배 식물. 원줄기는 높이 1.5 m 가량. 잎은 퇴화하여 비늘 모양이 되고, 가는 가지가 퍼져 마치 잎처럼 보임. 초여름에 황록색 꽃이 피며, 열매는 둥글고 붉게 익음. 채소로 먹는 품종과 관상용 품종이 있음.

아스파라긴(asparagine)**명** 아미노산의 한 가지. 아스파라거스나 식물의 싹에 많이 들어 있는데, 분해하면 아스파르트산이 됨.

아스파라긴-산(asparagine酸)**명** ⇨아스파르트산.

아스파르트-산(←aspartic酸)**명** 아미노산의 한 가지. 동식물의 단백질에 들어 있는데, 생체의 물질 대사에 중요한 구실을 함. 아스파라긴산.

아스팍 (ASPAC) 명 아시아 태평양 이사회. [Asian and Pacific Council]

아스팔트 (asphalt) 명 석유 속에 들어 있는 고체 또는 반고체의 탄화수소. 점착력·방수성·전기 절연성이 강하여 도로 포장·건축 재료·전기 절연 등에 쓰임. 지역청(地瀝靑). 토역청(土瀝靑). 피치. ¶아스팔트 도로.

아스팔트^콘크리:트 (asphalt concrete) 명 도로 포장 재료의 한 가지. 아스팔트를 녹인 것에 모래·자갈 등을 섞은 것.

아스팔트^포장 (asphalt鋪裝) 명 땅바닥에 자갈을 깔고 다진 다음 아스팔트를 붓고 판판하게 늘어 다지는 일, 또는 그렇게 한 포장.

아스피린 (aspirin) 명 '아세틸살리실산'의 상품명.

아스피테 (Aspite 독) 명 순상 화산(楯狀火山).

아슥-아슥 부하 여러 개가 모두 한쪽으로 조금씩 비뚤어져 있는 모양. 큰어슥어슥.

아슬-거리다 자타 자꾸 아슬랑아슬랑하다. 아슬랑대다. ¶다 큰 처녀 아이가 어디를 그렇게 아슬랑거리고 다니느냐? 큰어슬렁거리다.

아슬랑-대다 자타 ⇒아슬랑거리다.

아슬랑-아슬랑 부하자타 몸집이 작은 사람이나 작은 짐승이 슬렁슬렁 걸어다니는 모양. ¶고양이가 이 방 저 방으로 아슬랑아슬랑 돌아다닌다. 큰어슬렁어슬렁.

아슬-아슬 부하 ①(감기나 몸살 따위로) 몸에 소름이 아스스 끼칠 듯이 추위가 느껴지는 모양. ¶아슬아슬 한기가 들다. 큰으슬으슬. ②위태로워서 몸에 소름이 끼치도록 두려운 상태. ¶외줄을 타는 아슬아슬한 묘기. ③근심스러운 고비를 맞아 조마조마한 상태. ¶당락이 판가를 나는 아슬아슬한 순간.

아슴푸레 부하 ①기억에 또렷이 떠오르지 않고 몹시 흐리마리한 모양. ¶아슴푸레하게 떠오르는 모습. ②또렷이 보이거나 들리지 않고 희미한 모양. ¶멀리 남산 타워가 아슴푸레하게 보인다. ③빛이 약해 좀 어둑한 모양. 큰어슴푸레.

아씁 명 말이나 소의 '아홉 살'을 뜻하는 말.

아승기 (阿僧祇←asamkhya 범) 명 불교에서 이르는, 셀 수 없이 많은 수, 또는 그런 시간. 준승기.

아승기 (阿僧祇) 수관 항하사(恒河沙)의 1만 배, 나유타(那由他)의 1만분의 1이 되는 수(의). 곧, 10⁵⁶.

아승기-겁 (阿僧祇劫←asamkhyeyaih kalpair 범) 명 ⇒무량겁(無量劫).

-아시놀 어미 〈옛〉-시거늘. ¶옷과 마리를 路中에 펴아시놀(月釋1:4).

아시도시스 (acidosis) 명 산독증(酸毒症).

-아시며 어미 〈옛〉-시거든. -시면. ¶사르몰보아시든 몬져 말ᄒ시며(月釋2:58).

아시아 (Asia) 명 육대주의 하나. 동반구의 북부에 위치하며 서쪽은 유럽과 이어짐. 세계 육지의 3분의 1을 차지함. 아시아 주.

아시아-달러 (Asia-dollar) 명 싱가포르의 은행에 외국인이 예탁해 놓은 미화(美貨) 예금. 참유러달러(Eurodollar).

아시아 주 (Asia洲) ⇒아시아.

아시아^태평양^경제^협력체 (Asia太平洋經濟協力體) [-냥-혐녁-] 명 한국·미국·일본·캐나다·오스트레일리아·뉴질랜드와 동남아시아 국가 연합(ASEAN) 6개국 등 12개국이 환태평양 지역의 경제 협력과 무역 증진을 위하여 결성한 국제 기구. 에이펙(APEC).

아싹 부하자타 〈아삭〉의 센말. 큰어썩.

아쓱 부하 (무섭거나 찬 기운을 느낄 때) 갑자기 몸이 옴츠러드는 모양. ¶싸늘한 바람에 몸이 아쓱했다. 큰으쓱².

아:씨 명 지난날, 양반의 '젊은 부인(夫人)'을 그 하인들이 부르던 말. 한자를 빌려 '阿氏'로 적기도 함.

아사 타 〈옛〉〔'앗다'의 활용형〕 빼앗아. ¶ㄴ미 지손 거슬 아사 제 즐기ᄂ니(月釋1:32).

아싀 명 〈옛〉애벌. ¶아싀 매닐(訓蒙下12).

아ᅀᆞ (앗ᄋᆞ·앗ᄋᆞ) 명 〈옛〉아우. ¶나라홀 아ᅀᆞ 맛디시고(月釋1:5)/아ᅀᆞ 데:弟(訓蒙上32).

아ᅀᆞ누의 명 〈옛〉누이동생. ¶아ᅀᆞ누의 妹:妹(訓蒙上32). /妹ᄂᆞᆫ 아ᅀᆞ누의라(月釋26:162).

아ᅀᆞ라히 부 〈옛〉아스라이. 까마득히. ¶녯 프른 시우글 아ᅀᆞ라히 스랑호노라(杜初15:28). /앞의 사라ᅀᆞᆷ을 아ᅀᆞ라히 도ᄂᆞ라(杜初8:35).

아ᅀᆞ라ᄒᆞ다 혐 〈옛〉아스라하다. 까마득하다. ¶消息은 둘히 다 아ᅀᆞ라ᄒᆞ더라(杜初23:23). /내과 두듥패 어즈러이 아ᅀᆞ라ᄒᆞ얫도다(杜初6:18).

아ᅀᆞᄅᆞ외다 혐 〈옛〉공손하다. ¶나히 ᄒᆞ마 늘그면 비록 아ᅀᆞᄅᆞ외오져 ᄒᆞ돌 누를 爲ᄒᆞ야 아ᅀᆞᄅᆞ외리오(內訓3:42).

아ᅀᆞ아ᄃᆞᆯ 명 〈옛〉작은아들. ¶白飯王ㅅ 몬아ᄃᆞ른 調達이오 아ᅀᆞ아ᄃᆞ른 阿難이라(月釋2:1).

아ᅀᆞ아자비 명 〈옛〉작은아버지. ¶아ᅀᆞ아자비 슉:叔(訓蒙上31).

아ᅀᆞᆷ 명 〈옛〉겨레. 친족. 친척. ¶戚은 아ᅀᆞ미오(月釋序24). /婚姻 아ᅀᆞ미 오나든 이바도려 ᄒᆞ노닛가(釋譜6:16). 참결에.

아-아 감 기쁨·놀람·슬픔·한탄 등의 감정을 나타내는 말. ¶정말 기쁘다. /아아, 이런 엄청난 일이 벌어질 줄이야.

아아 (峨峨) '아아하다'의 어근.

아아-하다 (峨峨-) 혐 산이나 큰 바위 같은 것이 쀼죽쀼죽하게 치솟아 있다. 아아-히뿐.

아:악 (雅樂) 명 ①지난날, 궁중에서 연주되던 전통 음악으로, 향악(鄕樂)과 당악(唐樂)에 상대하여 이르는 말. 아악(雅部樂). ②민속악에 상대하여 궁중 음악을 이르는 말. 참속악.

아:악-기 (雅樂器) [-끼] 명 아악에 쓰이는 악기.

아:악-보 (雅樂譜) [-뽀] 명 아악의 악보(곡보).

아:악-서 (雅樂署) [-써] 명 고려·조선 시대에, 아악에 관한 일을 맡아보던 관아.

아압 (鵝鴨) 명 거위와 오리.

아야 감 ①아파서 내는 소리. ②무슨 일이 그릇되었을 때 무심코 하는 말. ¶아야, 일이 잘못되었구나.

-아야 어미 끝 음절이 양성 모음(ㅏ·ㅗ)으로 된 어간에 붙는 종속적 연결 어미. ①뒷말에 대한 필수 조건임을 나타냄. ¶보아야 알지. /물고기는 물이 맑아야 모이고 사람은 품성이 어질어야 모인다. ②가정한 것이 결국에는 아무 소용이 없음을 뜻함. ¶아무리 좋아야 그림의 떡. 참-어야.

아야라 부 〈옛〉겨우. ¶아야라 ᄒᆞ 줆을 기우리면 곳 사롬미 醉ᄒᆞᄂᆞ니라(杜初3:32).

아야로시 부 〈옛〉겨우. 지난 나비오시 아야로시 무루페 달만 ᄒᆞ도다(杜重1:5).

-아야마 어미 〈옛〉-아야'의 힘줌말. ¶품질이 좋아야만 잘 팔린다.

-아야지 어미 '-아야 하지'가 줄어서 된 말. 끝 음절이 양성 모음(ㅏ·ㅗ)으로 된 어간에 붙어, 그렇게 당연하다는 뜻을 나타내는 종결 어미. ¶은혜는 갚아야지. /사람은 겪어 보아야지. 참-어야지.

아약(兒弱)명 아직 뼈가 굳지 않은 어린아이들.

아얌명 지난날, 부녀자들이 겨울에 나들이할 때 추위를 막기 위하여 머리에 쓰던 쓰개. 좌우에는 털을 대고 위는 터졌으며 뒤에는 넓고 긴 아얌드림이 달렸음. 액엄(額掩).

아얌-드림명 아얌 뒤에 달린, 넓고 길게 늘어뜨린 비단.

아양명 (주로 여자나 아이가) 귀염을 받으려고 일부러 하는 애교 있는 말이나 몸짓. ¶아양을 떨다. /아양을 부리다. /딸이 이제 네 살이라니 한창 아양을 피울 때로군.

아양-스럽다[-따][~스러우니·~스러워]형ㅂ 아양을 부리는 태도가 있다. **아양스레**부.

아양-피(兒羊皮)명 새끼 양의 가죽.

아:어(雅語)명 우아한 말. 바르고 좋은 말. 아언(雅言). ↔속어(俗語).

아:언(雅言)명 ☞아어(雅語).

아:언-각비(雅言覺非)[-삐]명 조선 정조 때에, 실학자 정약용(丁若鏞)이 지은 어원(語源) 연구서. 3권 1책.

아여타 〈옛〉빼앗기어. ¶넉을 아여 뜯쓰믈 조조ᄒ다(杜初2:57). 參아이다.

아역(兒役)명 (영화나 연극에서의) 어린이의 역, 또는 그 역을 맡은 연기자. ¶아역 배우.

아연(亞鉛)명 푸른 빛깔을 띤 은백색의 금속. 습기를 받으면 표면에 막이 생기어 내부를 보호함. 함석·놋쇠·양은 따위의 합금 재료로 쓰임. [Zn/30/65.38]

아연(俄然)부형 급작스러운 모양. ¶아연 긴장감이 감돌다.

아연(啞然)부형 너무나 놀라워서 말이 안 나오거나 어안이벙벙함. ¶아연한 표정으로 바라보다. **아연-히**부.

아연-광(亞鉛鑛)명 ①아연을 캐내는 광산. ②아연이 들어 있는 광석.

아연-실색(啞然失色)[-쌕]명하자 몹시 놀라서 얼굴빛이 변함. 악연실색(愕然失色). ¶사고 소식을 듣고 우리들은 아연실색하였다.

아연-철(亞鉛鐵)명 ☞함석.

아연철-광(亞鉛鐵鑛)명 '아연철석(亞鉛鐵石)'의 구역어.

아연철-석(亞鉛鐵石)[-썩]명 자철석계의 아연 광물. 등축 정계에 속하는 팔면체의 결정으로, 금속과 같은 광택이 있으며 검은색을 띰.

아연^철판(亞鉛凸版)명 아연을 판재로 하는 록판. 아연판.

아연-판(亞鉛版)명 ①☞아연 철판. ②☞아연평판. 징크판.

아연^평판(亞鉛平版)명 아연을 판재로 쓴 평판.

아연-화(亞鉛華)명 ☞산화아연(酸化亞鉛).

아연화^연고(亞鉛華軟膏)명 피부나 점막의 보호제·건조제·수렴제의 한 가지. 흰 빛깔의 연고인데, 습진 등의 피부병에 쓰임.

아:-열대(亞熱帶)[-때]명 온대와 열대의 중간 기후대. 대체로 남북 위도 20~30°의 지대임.

아:열대^기후(亞熱帶氣候)[-때-]명 아열대 지역의 일반적인 기후. 일 년 중 4~11개월이 평균 기온 20°C 이상임.

아:열대-림(亞熱帶林)[-때-]명 뱅골보리수·소철·침·빈랑나무 등의 식물이 우거진 아열대의 삼림.

아예부 ①처음부터. 애초부터. ¶아예 기대하지 않았다. ②절대로. 결코. ¶이번 일은 아예 나에게 변명할 생각일랑 마라.

아옥명 〈옛〉아욱. ¶ᄀ숲 아오글 글히니 또 새롭도다(杜初7:38).

아옹부 고양이가 내는 소리, 또는 그 흉내말. 아옹-아옹부하자.

아옹(阿翁)명 ①자기의 아버지를 이르는 말. ②며느리가 시아버지를 이르는 말.

아옹-개비명 어린아이에게 '고양이'를 이르는 말. ¶울지 마라, 아옹개비 온다.

아옹-거리다[1자 고양이가 자꾸 아옹아옹 소리를 내다. 아옹대다.

아옹-거리다[2자 ①자질구레한 불만을 늘어놓으면서 투덜거리다. ②대수롭지 않은 일을 가지고 서로 자꾸 다투다. 아옹대다[2].

아옹-다옹부하자 서로 트집을 잡아 자꾸 다투는 모양. ¶만나기만 하면 아옹다옹 다툰다.

아옹-대다[1] ☞아옹거리다[1].

아옹-대다[2] ☞아옹거리다[2].

아옹-하다형여 ①속이 오망하게 들어가 있다. ②(속이 좁은 사람이) 마음에 덜 차서 시쁘게 여기는 기색이 있다.

아왜-나무명 인동과의 상록 소교목. 산기슭에 나는데 높이는 10m가량. 잎은 길둥글며 두껍고 윤기가 남. 6월경에 흰 꽃이 피고, 길둥근 열매는 9월경에 붉게 익음. 제주도에 나며, 정원수로 심음. 산호수(珊瑚樹).

-아요어미 끝 음절이 양성 모음(ㅏ·ㅗ)으로 된 용언의 어간에 붙어, 서술·청원·지시·의문의 뜻을 나타내는 종결 어미. ¶맛이 좋아요. /자, 받아요. /문을 닫아요? 參-어요.

아:욕(我慾)명 자기에게 이익이 되는 것만을 생각하는 마음. ¶아욕을 버리다.

아우명 ①같은 항렬의 남자끼리나 여자끼리에서 나이가 적은 사람을 나이가 많은 사람에 상대하여 이르는 말. ¶형과 아우. /언니와 아우. ②친근한 남남끼리의 사이에서 자기보다 나이가 적은 사람을 이르는 말. ¶형님 아우 하며 지내는 친근한 사이. 준아우님. ↔형.

아우(를) 보다관용 아우가 생기다.

아우(를) 타다관용 어머니가 아우를 배었을 때, 먼저 태어난 젖먹이가 여위어지다. ¶아우를 타느라고 온종일 보챈다.

아:우(雅友)명 점잖고 품위 있는 벗.

아우-거리명 김맬 때 흙덩이를 폭폭 파 넘기는 일.

아우-님명 〈아우〉의 높임말.

아우러-지다자 (둘 또는 여럿이) 한 덩어리나 한 동아리를 이루게 되다. 參어우러지다.

아우르다[아우르니·아울러]타르 ①(둘 또는 여럿을) 한 덩어리나 한 판이 되게 하다. ¶여러 사람의 돈을 아울러서 장학 기금으로 삼다. ②윷놀이에서, 두 바리 이상의 말을 한데 합치다. 參어우르다.

아우성(-聲)명 여럿이 함께 기세를 올려 외치거나 악을 쓰며 부르짖는 소리. ¶군중의 아우성.

아우성-치다(-聲-)자 여럿이 함께 기세를 올려 소리를 지르다. ¶놀려 가자고 아우성치는 아이들.

아우어-등(Auer燈)명 맨틀을 사용하는 석탄 가스등. 적외선의 광원으로 사용함.

아우어^합금(Auer合金)[-끔]명 발화 합금의 한 가지. 세륨 60~70%와 철 30~40%의 합금으로, 라이터·가스 점화기 등에 쓰임.

아우트라인(outline)명 ①사물의 윤곽. 또는, 명암 없이 윤곽만 그린 스케치. ②대충의 줄거리. 대요(大要).

아우트라인^스티치(outline stitch)명 자수에서, 윤곽이나 디자인의 일부를 선 모양으로 수놓아 나가는 일, 또는 그러한 수.

아욱명 아욱과의 이년초. 채소의 한 가지로 줄기는 60~90cm. 잎은 손바닥 모양이고 잎꼭지가 길며, 여름에 연한 분홍색 꽃이 핌. 연한 줄기와 잎은 국거리로 쓰임.

아욱-장아찌[-짱-]명 〔아욱으로 만든 싱거운 장아찌라는 뜻으로〕'말이나 하는 짓이 싱거운 사람'을 농조로 이르는 말. ¶사람이 싱겁기는 꼭 아욱장아찌로군.

아울러[부] ①그와 함께. 그에 덧붙어. ¶자연보호와 아울러 산림녹화에도 힘쓰다. ②둘 또는 여럿을 한데 합하여. ¶여러 장점을 아울러 갖다.

아울리다[자] ①['아우르다'의 피동] 아우르게 되다. ②서로 조화가 잘 이루어져 자연스럽게 되다. ¶동생에게 아울리는 옷. 큰어울리다.

-아웃[접미] '-가웃'의 잘못.

아웃(out)명 ①탁구·배구·테니스·농구 등의 구기에서, 공이 일정한 선 밖으로 나감. ②야구에서, 타자나 주자가 공격할 자격을 잃는 일. ↔세이프(safe). ③골프에서, 규정된 18홀 중에서 전반의 9홀. ①③↔인(in).

아웃렛(outlet)명 상설 할인 판매점.

아웃-복싱(out+boxing)명 권투에서, 끊임없이 발을 움직여 상대편으로부터 일정한 거리를 유지하면서 싸우는 전법. ↔인파이팅.

아웃사이더(outsider)명 ①사회의 기성 틀에서 벗어나서 독자적인 사상을 지니고 행동하는 사람. ②기업의 결합 조직인 카르텔이나 트러스트·동업 조합 등에 가입되어 있지 않은 기업. ③경마에서, 이길 가망이 없는 말.

아웃사이드(outside)명 ①테니스·배구 등에서, 공이 코트 밖으로 떨어지는 일. ↔인사이드. ②배드민턴에서, 넘어온 공을 받아 넘기는 쪽.

아웃사이드^킥(outside kick)명 축구에서, 발의 바깥쪽으로 공을 차는 일.

아웃소:싱(outsourcing)명[하타] 기업이 경쟁력이 없는 특정 업무나 기능을 외부의 전문 업체에 위탁하여 처리하는 일. 관리 비용을 줄이고, 핵심 사업에 주력함으로써 생산성과 효율성을 높이고자 하는 목적으로 행함.

아웃슈:트(outshoot)명 야구에서, 투수가 던진 공이 타자의 바깥쪽으로 휘는 일, 또는 그 공. ↔인슈트.

아웃오브바운즈(out-of-bounds)명 ①배구나 농구 등에서, 공 또는 공을 가진 선수가 코트 밖으로 나가는 일. ②골프에서, 홀마다 지정되어 있는 경기 구역의 바깥, 또는 거기에 공이 들어가는 일.

아웃커:브(outcurve)명 야구에서, 투수가 던진 공이 홈 가까이에서 아웃코너로 휘는 일, 또는 그 공. ↔인커브.

아웃-코:너(←outside corner)명 야구에서, 타자의 위치에서 보아 홈베이스의 중앙으로부터 바깥쪽 부분. 외각(外角). ↔인코너.

아웃코:스(out+course)명 ①야구에서, 타자의 위치에서 보아 본루의 바깥쪽으로 날아오는 공의 길. ②육상 경기장 트랙의 바깥쪽 주로(走路). ↔인코스.

아웃^포커스(out+focus)명 사진이나 영화에서, 일부러 초점을 맞추지 않고 화상(畵像)이 흐릿하게 나타나도록 촬영하는 기법.

아웃풋(output)명[하타] 컴퓨터로부터 정보를 끌어내는 일. 출력(出力). ↔인풋.

아웅-다웅[부][하자] 서로 트집을 잡아 자꾸 다투는 모양. 큰아웅다웅.

아유[감] ①뜻밖의 일에 놀람을 나타내는 말. ¶아유, 어쩌다 이런 일이 생겼지. ②고달프고 힘겨울 때 하는 말. ¶아유, 힘들어. 큰어유.

아유(阿諛)명[하자] ☞아첨(阿諂).

아:유(雅遊)명[하자] 고상하고 풍류스러운 놀이.

아유-구용(阿諛苟容)명[하자] 〔남의 환심을 사려고〕알랑거리며 구차스럽게 행동함.

아유-자(阿諛者)명 남의 환심을 사려고 아첨하는 사람.

아으[옛] 아. 아아. ¶아으 다롱디리(樂詞.井邑詞)./아으 動動다리(樂範.動動)./아으 殘月曉星이 아른시리이다(樂範.鄭瓜亭).

아음(牙音)[명] 훈민정음의 'ㄱ·ㅋ·ㄲ·ㆁ'을 이르는 말. 어금닛소리.

아:-음속(亞音速)명 음속에 가까운 속도.

아:의(我意)명 [-의/-이]명 나의 뜻.

아이명 ①[어른이 되기 전의] 나이가 어린 사람. 준애²². ②[낳았거나 낳을] '아들'이나 '딸'을 이르는 말. ¶아이가 둘 있다. /아이를 배다.

아이도 낳기 전에 포대기[기저귀] 장만한다[누빈다][속담] 너무 일찍부터 성급하게 준비하고 서둔다.

아이도 사랑하는 데로 붙는다[속담] 사람은 누구나 정이 많은 데로 따라간다.

아이 보는 데는 찬물도 못 먹는다[속담] 아이들 앞에서는 행동을 삼가야 한다는 뜻.

아이 싸움이 어른 싸움 된다[속담] 작은 일이 차차 커져서 큰 사건이 된다.

아이가 지다[관용] 태아가 유산이 되다.

아이(를) 지우다[관용] 달이 차기 전에 태아를 죽여서 꺼내다.

아이[감] ①무엇이 못마땅하거나 마음에 차지 않을 때 하는 말. ¶아이, 빨리 좀 걸어. /아이, 얼른 줘. 〈아이고〉의 준말. ¶아이, 깜짝이야. /아이, 다러워.

아이고[감] 몹시 아프거나, 놀라거나, 힘들거나, 원통하거나, 기가 막힐 때 하는 말. ¶아이고, 내 팔자야. 준아이·애고. 큰어이구. 게아이코. 옌애구.

아이고-나[감] 어린아이의 귀여운 재롱이나 기특한 짓을 보고 신통해서 하는 말. ¶아이고나, 기특하기도 해라. 큰어이구나.

아이고-머니[감] '아이고'의 힘줌말. 준애고머니. 큰어이구머니.

아이구[감] '아이고'의 잘못.

아이-년명 〈계집아이〉의 낮춤말. 준애년.

아이-놈명 〈사내아이〉의 낮춤말. 준애놈.

아이누(Ainu)명 ['사람'이라는 뜻] 동아시아의 종족의 하나. 일본의 홋카이도 및 러시아의 사할린·쿠릴 열도 등지에 살고 있음. 종족의 기원은 분명하지 아니함.

아이다[자] [옛] 빼앗기다. ¶넉슬 아여 쓸쓰를 조초 호라(杜重2:57). 옌앗이다.

아이들^시스템(idle system) 기업에서 생산을 감소해야 할 필요가 있을 때, 노동자를 해고하지 않고 노동 시간을 단축하거나 하여 불황을 극복하는 방법.

아이들^코스트(idle cost)명 공장의 생산 능력, 곧 설비나 노동력이 충분히 활용되지 않음으로써 생기는 손실.

아이디(ID)명 컴퓨터 통신에서, 컴퓨터 이용자의 신분을 증명할 수 있는 고유의 문자나 부호. [identification]

아이디어 (idea)閔 착상. 발상. 창안. 고안. ¶독 창적인 아이디어를 내놓다.

아이 디ː에이 (IDA)閔 국제 개발 협회. [International Development Association]

아이디ː-카ː드 (ID card)閔 신분증명서. [Identification card]

아이-라인 (eye line)閔 눈 화장에서, 속눈썹이 나 있는 눈시울 가장자리에 그리는 선.

아이러니 (irony)閔 ①반어(反語). ②예상 밖의 결과가 빚은 모순이나 부조화. ¶역사의 아이러니.

아이러니-하다 (irony-)閔⑭ 모순된 점이 있다.

아이로니컬-하다 (ironical-)閔⑭ 아이러니의 속성이 있다. 모순적이다. 반어적이다. 역설적이다.

아이론 (←iron)閔 '다리미'·'머리인두'로 순화.

아이리스 (iris)閔 붓꽃과의 재배 식물. 높이 30~60 cm. 봄에 백색·자색 등의 창포 비슷한 꽃이 핌.

아이리스ᐤ아웃 (iris out)閔 영화에서, 화면이 주위로부터 중앙의 한 점으로 차차 조여져 가면서 사라지는 기법. ⦿아이오(IO). ↔아이리스 인.

아이리스ᐤ인 (iris in)閔 영화에서, 화면이 중앙의 한 점으로부터 차차 둥글게 열려 나가는 기법. ⦿아이오(II). ↔아이리스 아웃.

아이보리 (ivory)閔 ①상앗빛. ②〈아이보리 페이퍼〉의 준말.

아이보리-블랙 (ivory black)閔 상아를 태워 만든 검정빛의 그림물감.

아이보리-페이퍼 (ivory paper)閔 양면에 백토(白土)를 칠하여 상앗빛으로 윤을 낸 질이 좋은 판지. 명함·그림엽서 따위에 쓰임. ⦿아이보리.

아이비ː아ː르디ː (IBRD)閔 국제 부흥 개발 은행. [International Bank for Reconstruction and Development]

아이ᐤ빔 (I beam)閔 단면이 'I' 자 모양인 긴 강재(鋼材). 아이형 강.

아이섀도ː (eye shadow)閔 (눈매를 아름답게 꾸미기 위하여) 눈두덩에 바르는, 여러 가지 빛깔의 화장품.

아이셰이드 (eyeshade)閔 햇빛을 가리는 챙만으로 된 모자.

아이소타이프 (isotype)閔 통계표나 표지(標識) 등에 쓰이는 국제 공통의 상징적인 그림 문자. [international system of typographic picture education]

아이소토ː프 (isotope)閔 동위 원소(同位元素).

아이-쇼핑 (eye+shopping)閔 물건은 사지 아니하고 눈으로만 보고 즐기는 일.

아이스ᐤ댄싱 (ice dancing)閔 피겨 스케이팅의 한 종목. 한 쌍의 남녀가 음악의 반주에 맞추어 얼음을 지치면서 춤을 추어 기술과 몸짓의 연기를 겨루는 경기.

아이스ᐤ링크 (ice rink)閔 스케이트장.

아이스박스 (icebox)閔 얼음을 넣어서 쓰는, 휴대용 냉장 용기.

아이스반ː (Eisbahn 독)閔 (등산이나 스키의 코스에서) 눈이 얼어서 표면이 얼음처럼 편평하게 되어 있는 곳.

아이스ᐤ쇼ː (ice show)閔 얼음판에서 스케이트를 타고 곡예·연극·댄스 등을 펼쳐 보이는 구경거리.

아이스ᐤ요트 (ice yacht)閔 얼음판 위를 풍력을 이용하여 달리는 요트.

아이스-커피 (ice+coffee)閔 냉커피.

아이스-케이크 (ice+cake)閔 꼬챙이를 끼워 만든 얼음과자.

아이스-크림ː (ice-cream)閔 우유·설탕·달걀노른자 등에 향료를 섞어서 크림 상태로 얼린 얼음과자.

아이스크림ː-선디 (ice-cream sundae)閔 과일·과즙·초콜릿 등을 얹은 아이스크림.

아이스크림ː-소ː다 (ice-cream soda)閔 소다수에 아이스크림을 넣은 음료. 크림소다.

아이스하ː켄 (Eishaken 독)閔 등산에서, 빙벽을 오를 때 빙벽에 박아 두는 금속제 쐐기.

아이스-하키 (ice hockey)閔 빙상 경기의 한 가지. 여섯 사람씩으로 이루어진 두 편이, 얼음판으로 된 경기장에서 스케이팅을 하면서 스틱으로 퍽을 쳐서 상대편 골에 넣어 그 득점을 겨루는 경기. 빙구(氷球). 하키.

아이시ː (IC) ①집적 회로(集積回路). [integrated circuit] ②인터체인지(interchange).

아이시ː비ː엠 (ICBM)閔 대륙 간 탄도 유도탄. [Intercontinental Ballistic Missile]

아이시ː피ː오ː (ICPO)閔 국제 형사 경찰 기구. [International Criminal Police Organization]

아이아ː르비ː엠 (IRBM)閔 중거리 탄도 유도탄. [Intermediate Range Ballistic Missile]

아이아ː르시 (IRC) 국제 적십자(國際赤十字). [International Red Cross]

아이-아버지閔 ①'아들이나 딸을 둔 남자'를 달리 이르는 말. ②아이가 있는 여자가 남 앞에서 자기의 '남편'을 일컫는 말. ⦿아이아범·아이아비.

아이-아범 〈아이아버지〉의 낮춤말.

아이-아비 〈아이아버지〉의 낮춤말.

아이아이 (II) 〈아이리스 인〉의 준말.

아이-어머니閔 ①'아들이나 딸을 둔 여자'를 달리 이르는 말. ②아이가 있는 남자가 남 앞에서 자기의 '아내'를 일컫는 말. ⦿아이어멈·아이어미.

아이-어멈 〈아이어머니〉의 낮춤말.

아이-어미 〈아이어머니〉의 낮춤말.

아이언 (iron)閔 공을 치는 부분이 금속으로 되어 있는 근거리용 골프채. ⦿우드.

아이에스비ː엔 (ISBN)閔 국제 표준 도서 번호. [International Standard Book Number]

아이에스오ː (ISO) 국제 표준화 기구. [International Standardization Organization]

아이에이아이ː에이 (IAEA)閔 국제 원자력 기구. [International Atomic Energy Agency]

아이엘에스 (ILS) 계기 착륙 방식(計器着陸方式). [Instrument Landing System]

아이엘오ː (ILO)閔 국제 노동 기구(國際勞動機構). [International Labor Organization]

아이엠에프 (IMF)閔 국제 통화 기금(國際通貨基金). [International Monetary Fund]

아이예閔 〈옛〉 아예. 애당초. ¶만일 아이예 訟旨티 아니코(無冤서1:8).

아이오ː (IO) 〈아이리스 아웃〉의 준말.

아이오ː시ː (IOC) 국제 올림픽 위원회. [International Olympic Committee]

아이유 (IU)閔 국제단위(國際單位). [international unit]

아이젠 (Eisen 독)閔 등산화 바닥에 덧신는, 강철 징이나 못이 박힌 등산 용구. 〔'슈타이크아이젠'이 줄어서 된 말.〕

아이지ː와이 (IGY)閔 국제 지구 물리 관측년(觀測年). [International Geophysical Year]

아이징글라스(isinglass)명 철갑상어 따위의 부레로 만든 새하얀 젤라틴. 냄새와 맛이 없으며 청량제나 과자 등을 만드는 데 쓰임.

아이-참갑 실망하거나 초조하거나 기가 막히거나 짜증이 나거나 할 때 내는 소리. ¶아이참, 큰일 났네. /아이참, 자꾸 이러지 마.

아이^초라니명 고려·조선 시대에, 궁중 나례(儺禮) 때의 나자(儺者)의 하나. 12세에서 16세 사이의 사내아이로서, 탈을 쓰고 붉은 옷을 입고 붉은 건을 썼음. 진자(侲子).

아이코갑 〈아이고〉의 거센말. ¶아이코, 깜빡 잊어버렸다! 큰어이쿠.

아이코노스코프(iconoscope)명 텔레비전의 송상(送像) 장치의 한 부분으로, 상의 명암을 전류의 강약으로 바꾸는 장치.

아이콘(icon)¹명 그리스 정교(正教)에서 받드는 예수·성모·성인·순교자 등의 초상(肖像).

아이콘(icon)²명 컴퓨터에 제공하는 명령을 문자나 그림으로 나타낸 것. 마우스 따위로 선택하여 명령을 실행함.

아이쿠갑 '아이코'의 잘못.

아이큐:(IQ)명 '지능 지수(知能指數)'로 순화. [intelligence quotient]

아이템(item)명 한 단위로 다루어지는 데이터의 집합. 종목. 항목.

아이티:(IT)명 정보 기술(情報技術). [information technology]

아이티:브이(ITV)명 공업용 텔레비전. 방송 이외의 분야에 쓰임. [industrial television]

아이피:(IP)명 컴퓨터 통신을 이용하여 각종 정보를 수요자들에게 전달하는 사람이나 기업. [information provider]

아이피:아이(IPI)명 국제 신문인 협회. [International Press Institute]

아이피:유:(IPU)명 국제 의회 연맹. [Inter-Parliamentary Union]

아이피:^주:(IP住所)명 인터넷에 연결된 모든 통신망과 그 통신망에 연결된 컴퓨터에 부여되는 고유의 식별 주소. 0부터 255까지의 숫자 4개로 구성되며, 각 숫자들은 '.'으로 구분함. [Internet protocol address]

아이형^강(I型鋼)명 ⇨아이 빔(I beam).

아이형 형교(I型桁橋) 다리의 주체가 되는 부분이 아이 빔으로 이루어진 다리.

아:-인산(亞燐酸)명 삼산화인(三酸化燐)이나 삼염화인(三塩化燐)을 가수 분해하여 만드는 무색 결정. 강한 환원제로 이용됨.

아인시타이늄(einsteinium)명 핵실험에서 발견된, 악티늄족에 속한 인공 방사성 원소의 한 가지. [Es/99/252]

아일릿(eyelet)명 서양 자수의 한 가지. 장식이나 단춧구멍에 응용됨.

아우¹ 〈옛〉아우. ¶故鄕애 아우와 누의왜 잇ᄂ니(杜重1:31). 함아ᅀᆞ.

아우-늬명 〈옛〉누이동생. ¶아ᅀᆞ누의:妹子(老解下30). 함아ᅀᆞ누의.

아ᅀᆞ라히 〈옛〉아득히. ¶아ᅀᆞ라히 지블 무로라(杜重1:1). 함아ᅀᆞ라히.

아ᅀᆞ라ᄒᆞ다튀 〈옛〉아득하다. ¶中原은 머러 아ᅀᆞ라ᄒᆞ도다(杜重1:38). 함아ᅀᆞ라ᄒᆞ다.

아ᅀᆞᆷ명 〈옛〉겨레붙이. ¶아ᅀᆞᆷ 척:戚(石千35). 함아ᅀᆞᆷ.

아자(牙子)명 ⇨낭아(狼牙).

아자(兒子)명 아이.

아자(啞者)명 벙어리.

아:-자^교창(亞字交窓) [-짜-]명 '아(亞)' 자 모양의 문살로 된 교창.

아:-자-방(亞字房) [-짜-]명 재래식 한옥에서, 방고래를 '아(亞)' 자 모양으로 만들어 구들을 놓은 방.

아자비명 〈옛〉아저씨. 아재비. 작은아버지. ¶아자비ᄂᆞ 아비 항녈이라(五倫4:57).

아:-자-창(亞字窓) [-짜-]명 창살을 '아(亞)' 자 모양으로 만든 창.

아작튀하자타 좀 단단한 과일이나 채소 따위를 단번에 씹을 때 나는 소리. 큰어걱. 쎄아짝. 아작-아작튀하자타

아작-거리다[-꺼-]자타 자꾸 아작아작하다. 아작대다. 큰어적거리다.

아작-대다[-때-]자타 아작거리다.

아:장(亞將)명 조선 시대에, 병조 참판·포도대장 등을 두루 이르던 말.

아장-거리다자타 자꾸 아장아장하다. 아장대다. ¶아기가 요즘 한창 아장거린다. 큰어정거리다.

아장-걸음명 아장아장 걷는 걸음.

아장-대다자타 아장거리다.

아장-바장튀하자타 일없이 이리저리 아장거리는 모양. 큰어정버정.

아장-아장튀하자타 (작은 몸집으로) 찬찬히 걷는 모양. ¶아기가 아장아장 걸어간다. 큰어정어정. ㈜아장아장.

아재명 〈아저씨〉·〈아주버니〉의 낮춤말.

아재비명 〈아저씨〉의 낮춤말.

아쟁(牙箏)명 우리나라 전통 현악기의 한 가지. 대쟁보다 조금 작고 일곱 가닥의 현으로 되어 있는데, 개나리 가지로 만든 활로 현을 켜서 연주함.

아저(兒豬·兒猪)명 고기로 먹을 어린 돼지. 애저.

아저씨명 ①아버지와 같은 항렬의 남자를 일컫는 말. 〔어른이 된, 아버지의 친형제에 대해서는 아버지와의 관계에 따라 '큰아버지' 또는 '작은아버지'로 일컬음.〕 ②혈연관계가 없는 남자 어른을 친근하게 부르는 말. ¶국군 아저씨. /집배원 아저씨. ㈜아재·아재비·아주비.

아저씨 아저씨 하고 길짐[떡짐] 지운다(속담) 겉으로 존경하는 체하면서 부담되는 일을 시키거나 이용하기만 한다는 말.

아전(衙前)명 조선 시대에, 지방 관아에 딸렸던 하급 관원. 서리(胥吏). 소리(小吏). 이서(吏胥). 하리(下吏). 하전(下典).

아:-전인수(我田引水)명 〔제 논에 물 대기라는 뜻으로〕 '자기에게만 이롭게 되도록 생각하거나 행동함'을 뜻하는 말.

아접(芽椄)명하자타 '눈접'으로 순화.

아접-도(芽椄刀) [-또]명 눈접에 쓰이는 칼.

아정(雅正) '아정한'의 어근.

아:정-하다(雅正-)형여 고결하고 정직하다. 아담하고 바르다. 아정한 인품.

아조명 〈옛〉아침. ¶梅窓 아젹 버터 香氣에 줌을 ᄭᅵ니(鄭澈.星山別曲)

아조(牙彫)명 상아를 재료로 하여 만든 조각.

아:조(我朝)명 우리나라의 조정(朝廷). 우리나라 왕조. 본조(本朝).

아조(鵝鳥)명 거위.

아조-기(azo基)명 질소의 원자 두 개로 된, 2가(價)의 원자단.

아조^염료(azo染料) [-뇨]명 아조기(基)를 발색단(發色團)으로 가진 염료를 통틀어 이르는 말. 양모나 견직물의 염색에 쓰임.

아조^화:합물(azo化合物) [-합-]명 아조기(基)를 가진 화합물. 강한 발색단(發色團)으로, 빨

강·노랑·주황 따위의 빛깔을 가짐. 염색용 화합물로 매우 중요함.

아:족(我族)명 우리 민족. 우리 겨레.

아졸(雅拙)'아졸하다'의 어근.

아:졸-하다(雅拙-)형여 성품이 바르고 깔끔하나 고지식한 데가 있다.

아:종(亞種)명 생물 분류상의 한 단계. 종(種)의 아래 단계로, 필요에 따라 둠.

아주¹부 ①대단히. 매우. 썩. ¶아주 오랜 옛날. /아주 어려운 문제. ②완전히. 전혀. ¶아주 못 쓰게 만들어 버렸다. ③영영. 영원히. ¶그 일에 아주 손을 떼다. /이곳을 아주 떠나다.

아:주²감 남의 젠체하는 행동이나 태도를 비웃을 때 하는 말. 제법이네.

아주(阿洲)명 '아프리카'의 한자음 표기.

아주(亞洲)명 〈아세아주(亞細亞洲)〉의 준말.

아주까리명 ①대극과의 일년초. 인도·소아시아 원산의 재배 식물로, 줄기는 2 m가량. 잎은 손바닥 모양으로 깊이 갈라져 있으며, 꽃은 8∼9월에 원줄기 끝에 모여 핌. 씨로 기름을 짬. ②〈아주까리씨〉의 준말. 비마(蓖麻). 피마자(蓖麻子).

아주까리-기름명 아주까리씨로 짠 불건성유(不乾性油). 무색 또는 황색의 기름으로 완하제·관장제 등으로 쓰임. 피마자유.

아주까리-씨명 아주까리 열매 속에 들어 있는 알맹이. 피마자(蓖麻子). 준아주까리.

아주-낮춤[-낮-]명 ①인칭 대명사에서 아주 낮추어 일컫는 말. 〔저·너·이애·저애 따위.〕 ②'해라체.

아주-높임명 ①인칭 대명사에서 아주 높이어 일컫는 말. 〔당신·어른·어르신 따위.〕 ②'합쇼체.

아주머니명 ①부모와 같은 항렬의 부인을 일컫는 말. ②아저씨의 아내. ③'형수'를 친근하게 일컫는 말. ④자기 또래가 되는 사람의 '아내'를 친근하게 일컫는 말. ⑤어른인 여자를 친근하게 일컫는 말. 높아주머님. 낮아주미.

아주머님명 〈아주머니〉의 높임말.

아주-먹이명 다시 손댈 나위 없이 정하게 쓿은 쌀. 입정미(入精米). 정백미(精白米).

아주미명 〈아주머니〉의 낮춤말.

아주버니명 여자가 남편의 형뻘이 되는 남자를 이르는 말. 높아주버님. 낮아재·아주비.

아주버님명 〈아주버니〉의 높임말.

아주비명 〈아저씨〉·〈아주버니〉의 낮춤말.

아줌마명 〔어른 여자를 일컫는〕 '아주머니'를 흘하게 또는 정답게 이르는 말.

아즐가감 감탄의 말. 악음(樂音)에 맞추기 위한 소리. ¶西京이 아즐가 西京이 셔울히 마르는(樂詞.西京別曲)

아즐-아즐부 강아지 따위가 해쪽 꼬리를 내두르면서 걷는 모양.

아지(兒枝)명 어린 나뭇가지.

아지랑이명 봄이나 여름철에 강한 햇살을 쬔 지면으로부터 마치 투명한 불꽃처럼 아른아른 피어오르는 공기, 또는 그러한 현상. 양염(陽炎). ¶아지랑이가 피어 오른다.

아지랭이명 '아지랑이'의 잘못.

아지작부하자타 단단한 물건을 단번에 깨물 때 바스러지는 소리. 큰으지적. 아지작-아지작부하자타.

아지작-거리다[-꺼-]자타 자꾸 아지작아지작하다. 아지작대다. 큰으지적거리다.

아지작-대다[-때-]자타 아지작거리다.

아지직부하자타 단단한 물건이 바스러지거나 찌그러질 때 나는 소리. 큰으지직. 아지직-아지직부하자타.

아지직-거리다[-꺼-]자타 자꾸 아지직아지직하다. 아지직대다. 큰으지직거리다.

아지직-대다[-때-]자타 아지직거리다.

아지타토(agitato 이)명 악곡의 나타냄말. '격렬히'·'열정적으로'·'급속히'의 뜻.

아지트(←agitpunkt 러)명 ①선동 지령 본부. ②지하 운동가들의 은신처. ③조직적인 범죄자들의 은신처.

아직부 ①때가 되지 않았거나 미처 이르지 못한 상태임을 뜻하는 말. ¶비행기가 도착하기까지에는 아직 30분이 남았다. ②이제까지도 어떤 일이 이루어지지 않은 상태임을 뜻하는 말. ¶그 병은 원인이 아직 밝혀지지 않은 상태에 있다. ③지금도 이전과 같은 상태대로임을 뜻하는 말. ¶봄이 왔는데도 산마루의 눈은 아직 녹지 않은 채 있다.

아직-껏[-껃]부 지금까지. ¶그런 괴상한 동물은 아직껏 본 적이 없다.

아질개양명 〔옛〕 숫양. 종양(種羊). ¶아질개양: 膜胡羊(老解下19).

아질게물명 〔옛〕 수말. 종마(種馬). ¶아질게물: 兒馬(訓蒙上19).

아:질산(亞窒酸)[-싼]명 무기산(無機酸)의 한 가지. 물에 녹기 쉬운 엷은 황색의 결정성(結晶性) 물질.

아:질산^박테리아(亞窒酸bacteria)[-싼-]명 토양 세균의 한 가지. 암모니아를 산화(酸化)하여 아질산으로 만드는 박테리아.

아질-아질부하형 어지럼이 나서 자꾸 어지러운 모양. ¶옥상에서 창밖을 내려다보니 아질아질하다. 큰어질어질. 세아찔아찔.

아:집(我執)명 ①개체적인 자아를 실체인 것으로 믿고 집착하는 일. ②자기중심의 좁은 생각이나 소견 또는 그것에 사로잡힌 고집. ¶아집이 세다. /아집을 버리지 못하다.

아즈마님명 〔옛〕 아주머님. ¶아즈마니믄 大愛道롤 니르시니(釋譜6:1).

아즈미명 〔옛〕 아주머니. 아주미. ¶아즈미 이:姨(訓蒙上32). /仲義의 앗이 두라 가아 아즈미 劉氏 드려 닐어늘(三綱.烈:28).

아즈바님명 〔옛〕 아주버님. 아저씨. ¶아즈바님 孝寧大君이(楞解3).

아졸ㅎ다명 〔옛〕 아질아질하다. 혼미하다. ¶아졸ㅎ야 오래 머므디 몯ㅎ리로다(杜重1:15).

아짝부하자타 〈아작〉의 센말. 큰어쩍.

아찔부하자타 〈아질아질〉의 센말. 큰어찔어찔.

아찔-하다형여 갑작스레 정신이 내둘리어 쓰러질 것 같다. ¶눈앞이 아찔하다. 큰어찔하다.

아차감 잘못된 사실을 문득 깨달았을 때에 하는 말. 아차차. ¶아차, 약속을 깜박 잊었구나.

아차차감 ☞아차.

아찬(阿飡)명 신라 때의 17 관등의 여섯째 등급. 준일길찬(一吉飡).

아창-거리다자타 자꾸 아창아창하다. 아창대다. 큰어칭거리다.

아창-대다자타 아창거리다.

아창-아창부하자타 〔키가 작은 사람이나 짐승이〕 이리저리 찬찬히 걷는 모양. 큰어청어칭. 여아장아장.

아첨(阿諂)명하자타 남에게 잘 보이려고 알랑거리며 비위를 맞춤, 또는 그렇게 하는 짓. 아부(阿附). 아유(阿諛). ¶아첨을 떨다.

아청(鴉靑)圀 검은빛을 띤 푸른빛. 야청.

아첼레란도(accelerando 이)圀 악보에서, 변화를 주도록 지시하는 말. '점점 빠르게'의 뜻. 〔나타냄말은 accel.〕

아쳐러ᄒ다目 (옛)싫어하다. ¶塞外예 와 히 외홀 아쳐러ᄒ더니(杜重1:20).

아쳐롬圀 (옛)['아쳗다'의 명사형〕 싫은 마음. 싫어함. ¶므던히 너기며 아쳐로믈 내디 아니ᄒ며(金剛上35).

아쳗다目 (옛)싫어하다. ¶비호디 아쳗디 아니ᄒ미(永嘉上17). /아쳐러 게으른 ᄠᅳ들 머거(月釋17:14).

아쳗브다톙 (옛)싫다. ¶사ᄅᆞ미게 아쳗브디 아니ᄒ미 닐온 겨지븨 마리라(內訓1:14).

아총(兒塚)圀 어린아이의 무덤. 애총.

아:취(雅趣)圀 아담한 정취, 또는 고상하고 운치 있는 취미. ¶아취가 있다. /아취를 자아내다.

아츠-조금圀 무수기를 볼 때에, 이렛날과 스무이틀을 이르는 말.

아치(牙齒)圀 ①포유동물의 이 가운데서 특히 날카롭게 발달된 이. 〔앞니나 송곳니가 발달한 것을 이름.〕 엄니. ②☞어금니.

아:치(雅致)圀 멋있는 풍치. 운치 있는 경치.

아:치(arch)圀 ①(창·문·다리 등) 건축물의 윗부분이 반원형으로 된 구조. 궁륭(穹窿). ②축하나 환영의 뜻으로 만들어 놓은 무지개 모양의 구조물. 圐공문(拱門).

-아치졉미 일부 명사 뒤에 붙어, '그러한 일을 직업으로 하는 사람'임을 나타냄. ¶반빗아치. /벼슬아치.

아치랑-거리다짜 자꾸 아치랑아치랑하다. 아치랑대다. ¶아치랑거리는 꿀을 보니 며칠은 굶은 것 같다. 圐아칠거리다. 圑어치렁거리다.

아치랑-대다짜 아치랑거리다.

아치랑-아치랑튀톙 힘없이 아슬랑아슬랑 걷는 모양. 圐아칠아칠. 圑어치렁어치렁.

아치장-거리다짜 자꾸 아치장아치장하다. 아치장대다. 圑어치정거리다.

아치장-대다짜 아치장거리다.

아치장-아치장튀톙 힘없이 아장아장 걷는 모양. 圑어치정어치정.

아칙(雅飭) '아칙하다'의 어근.

아:칙-하다(雅飭)[-치카-] 톙여 성품이 단아하고 조심스럽다.

아칠-거리다짜 〈아치랑거리다〉의 준말. 아칠대다. ¶기죽은 표정으로 아칠거리며 나가다. 圑어칠거리다.

아칠-대다짜 아칠거리다.

아칠-아칠튀톙 〈아치랑아치랑〉의 준말. ¶헬쑥한 얼굴빛이며 아칠아칠 걷는 품으로 보아 병색이 완연하다. 圑어칠어칠.

아침圀 ①날이 샐 때부터 아침밥을 먹을 때까지의 동안. 날이 새고 얼마 되지 아니한 때. ¶아침 일찍 일어나다. /아침부터 저녁까지. ②〈아침밥〉의 준말. ¶아침을 거른 채 출근하다. /아침을 든든히 먹다. ↔저녁.

아침-거리[-꺼-]圀 아침 끼니를 만들 거리.

아침-결[-껼]圀 낮이 되기 전. ¶아침결에 논을 돌아보다.

아침-나절圀 아침밥을 먹은 뒤로 한나절. ¶아침나절에 빨래를 다 했다.

아침-노을圀 아침에 동쪽 하늘이 벌겋게 물드는 현상. 圐아침놀.

아침노을 저녁 비요 저녁노을 아침 비라속담

아침에 노을이 서면 저녁에 비가 오고, 저녁에 노을이 서면 아침에 비가 온다는 말.

아침-놀〈아침노을〉의 준말.

아침-때圀 ①아침 무렵. ②아침 끼니때. ¶아침때가 되어도 일어나지 않는다.

아침-뜸圀 아침에 해안 지방에서 해풍과 육풍이 바뀔 때 한동안 바람이 자는 현상.

아침-밥[-빱]圀 아침때에 끼니로 먹는 밥. 조반(朝飯). 圐아침. 圑아침진지.

아침-상식(-上食)圀 아침에 올리는 상식.

아침-선반(-宣飯)圀 일터에서 일꾼에게 아침밥을 먹이고 잠시 쉬게 하는 시간.

아침-쌀圀 아침밥을 지을 쌀.

아침-잠[-짬]圀 아침 늦게까지 자는 잠. 늦잠. ¶아침잠을 설치다. /아침잠이 많다.

아침-저녁圀 아침과 저녁. 조석(朝夕). ¶이제 제법 아침저녁으로 날씨가 쌀쌀하다.

아침-진지〈아침밥〉의 높임말.

아침-참(-站)圀 ①아침밥을 먹고 쉬는 동안. ②일을 할 때, 아침과 점심 사이의 쉬는 동안에 먹는 음식.

아칫-거리다짜 자꾸 아칫아칫하다. 아칫대다. ¶아기가 아칫거리며 다가오다.

아칫-대다짜 아칫거리다.

아칫-아칫[-치다칟]튀여 어린아이가 요리조리 위태위태하게 걸음을 떼어 놓는 모양.

아ᄎᆞ나ᄃᆞᆯ圀 (옛)조카. 아ᄎᆞ아ᄃᆞᆯ. ¶아ᄎᆞ나ᄃᆞᆯ 딜:姪(訓蒙上32). 圐아ᄎᆞ아ᄃᆞᆯ.

아ᄎᆞᆫ설圀 (옛)작은설. 섣달 그믐. ¶아ᄎᆞᆫ설:暮歲(譯語上4).

아ᄎᆞᆫᄯᆞᆯ圀 (옛)조카딸. 질녀(姪女). ¶동싱 형뎨게 난 아ᄎᆞᆫᄯᆞᆯ(老解下31).

아ᄎᆞ아ᄃᆞᆯ圀 (옛)조카. ¶아ᄎᆞ아ᄃᆞᆯ 딜:姪(類合上20). 圐아ᄎᆞ나ᄃᆞᆯ.

아ᄎᆞᆷ圀 (옛)아침. ¶히 東녀긔 이시면 아ᄎᆞ미오(月釋2:50).

아ᄎᆞᆷ나ᄌᆡ圀 (옛)아침저녁. 조석(朝夕). ¶아ᄎᆞᆷ나조히 守護ᄒᆞ야(圓覺下三之二88).

아카데미(academy)圀 학술·예술에 관한 지도적이고 권위 있는 단체. 학술원(學術院). 한림원(翰林院). ②대학·연구소 등 학술·예술의 중심이 되는 단체나 기관을 두루 이르는 말. 〔플라톤이 제자들을 가르친 아카데미아 신원(神苑)의 지명에서 비롯됨.〕

아카데미-상(academy賞)圀 미국의 영화상의 한 가지. 미국 영화 예술 과학 아카데미가 해마다 가장 우수한 작품·배우·감독 등에게 수여하는 상. 오스카상.

아카데미즘(academism)圀 ①대학 등 최고의 연구 기관을 지배하는 학문 지상주의. ②학문·예술상의 보수적·관료적인 권위주의. ③형식뿐이고 내용이 따르지 않은 비현실적인 학문의 경향.

아카데믹-하다(academic-)톙여 ①학문적이다. ②학구적이다.

아카사니캄 힘을 써서 무거운 물건을 번쩍 들어 올릴 때 내는 말. 圑이커서너.

아카시아(acacia)圀 ①콩과의 아카시아속 식물을 통틀어 이르는 말. 잎은 깃 모양의 겹잎이며 꽃은 송이송이를 이루어 핌. 보통, 아카시아라 이르는 것은 북아메리카산을 가리킴. ②콩과의 낙엽 교목. 북아메리카 원산으로 높이는 20m. 잎은 깃 모양의 겹잎이며, 잎자루가 붙은 부분에 턱잎이 변해서 된 한 쌍의 가시가 있음. 5~6월에 나비 모양의 꽃이 송이송이를 이루어 가장 흔한 밀원(蜜源)이 됨.

아^카펠라(a cappella 이)圈 ①기악 반주가 없는 합창곡. ②르네상스의 종교곡.

아칸서스(acanthus)圈 쥐꼬리망촛과의 다년초, 또는 관목. 잎은 크고 부드러우며 깃처럼 깊게 갈라져 있고 짙은 녹색임. 6~7월에 1m가량 자란 꽃줄기에 백색 또는 홍색의 꽃이 이삭 모양으로 핌. 코린트식 건축은 기둥머리에 이 아칸서스 잎의 무늬를 장식한 것이 특색임.

아^케이드(arcade)圈 ①기둥 위에 아치를 연속적으로 가설한 구조물, 또는 반원형의 천장을 가진 통로. ②도로 위에 지붕 같은 덮개를 씌운 상점가.

아코:디언(accordion)圈 악기의 한 가지. 주름 상자 모양의 풀무를 신축시키면서 건반이나 버튼을 눌러 연주함. 손풍금. 핸드 오르간.

아쾌(牙儈)圈 ☞거간꾼.

아퀴[명] 일의 갈피를 잡아 마무르는 끝매듭.
아퀴(를) 짓다[관용] 일이나 말의 끝마무리를 하다.

아퀴-쟁이圈 가장귀가 진 나뭇가지.

아:크-등(arc燈)圈 아크 방전(放電)을 이용한 전등. 마주 보는 두 탄소봉에 전류를 흘려 보내면, 그 사이에 아치 모양의 백열광을 냄. 호광등(弧光燈). 호등(弧燈).

아:크-로(arc爐)圈 아크 방전(放電)에 의한 고열을 이용하는 전기로(電氣爐).

아크로폴리스(Acropolis)圈 고대 그리스의 도시 국가의 중심 또는 뒤쪽에 위치하며 성채나 신전 따위가 세워져 있는 언덕. 파르테논 신전이 있는 아테네의 아크로폴리스가 대표적임.

아크릴(←acrylic)圈 ①〈아크릴산 수지〉의 준말. ②〈아크릴 섬유〉의 준말.

아크릴-산(←acrylic酸)圈 가장 간단한 구조를 가진 지방족 불포화산. 자극적인 냄새가 나는 무색의 액체로, 유기 합성 원료로 쓰임.

아크릴산^수지(←acrylic酸樹脂)圈 합성수지의 한 가지. 내수(耐水)·내산(耐酸)·내알칼리·내유성(耐油性)이 있음. 전기의 절연 재료, 안전 유리, 합성 고무 따위에 이용됨. ☞아크릴.

아크릴^섬유(←acrylic纖維)圈 천연가스·암모니아·아세틸렌 등에서 만든 합성수지를 아세톤으로 녹여 만든 섬유. ☞아크릴.

아:크^방:전(arc放電)圈 전류가 양극 사이의 기체 속을 큰 밀도로 흐를 때, 강한 열과 밝은 빛을 내는 일. 전호(電弧).

아:크^용접(arc鎔接)圈 아크 방전에 의한 고열을 이용한 용접.

아킬레스(Achilles 그)圈 그리스 신화에 나오는 영웅이며, 호머의 서사시 일리아드의 주인공. 불사신이었으나, 약점이었던 발뒤축에 화살을 맞고 죽었다 함.

아킬레스-건(Achilles腱)圈 ①☞아킬레스 힘줄. ②[아킬레스의 신화에서 유래되어] '강한 자가 가지고 있는 단 한 군데의 치명적인 약점'을 비유하여 이르는 말. ☞아킬레스건.

아킬레스^힘줄(Achilles-) [-쭐]圈 발뒤꿈치의 뼈 위에 붙어 있는 건(腱). 인체 중에서 가장 강한 힘줄로, 보행과 운동에 중요한 구실을 함. 아킬레스건.

아-탄(亞炭)圈 탄화(炭化)의 정도가 낮고 질이 나쁜 석탄. 아갈탄(亞褐炭).

아테나(Athena 그)圈 그리스 신화의 여신. 12신 가운데의 하나. 제우스의 딸로, 지성·기술·전쟁의 여신임. [로마 신화의 아테네, 또는 미네르바에 해당함.]

아^템포(a tempo 이)圈 악보에서, 변화를 주도록 지시하는 말. '본디 빠르기로'의 뜻.

아토니:(Atonie 독)圈 수축성 기관의 무기력한 느즈러짐. 무력성(無力性) 체질에 많은데, 위(胃)아토니가 대표적임.

아토미즘(atomism)圈 원자설(原子說).

아:-토양(亞土壤)圈 [암석의 분해가 덜 되어] 흙과 암석의 중간 상태인 흙.

아:토타이프(artotype)圈 젤라틴과 중크롬산 칼륨과의 혼합물이 지닌 감광성(感光性)을 이용한 사진판.

아토피성^피부염(atopy性皮膚炎)圈 악성 피부염의 한 가지. 어린아이의 팔꿈치나 오금 따위의 피부가 두꺼워지면서 까칠까칠해지고 몹시 가려운 증상을 보임.

아톰(atom)圈 ①[그리스 철학에서, 더 이상 가를 수 없는 물건이라는 뜻으로] 사물을 구성하는 가장 작은 존재. 원자(原子). ②화학에서 이르는, 원자(原子).

아트로핀(atropine)圈 가짓과의 식물인 벨라도나·독말풀 등의 뿌리나 잎에 들어 있는 알칼로이드의 한 가지. 무색의 결정으로 쓴맛이 있으며, 진경(鎭痙)·지한(止汗) 및 동공(瞳孔) 확대 따위에 쓰임.

아:트만(ātman 범)圈 인도의 성전(聖典) 베다(Veda)에서, '호흡·영(靈)·아(我)'의 뜻을 나타내는 말. [심신 활동의 기초 원리임.]

아:트-지(art紙)圈 겉면에 점토·활석 가루 등의 도료를 바르고 반들반들하게 만든 양지(洋紙)의 하나. 광택이 있으며 사진판 인쇄나 천연색 인쇄 등에 쓰임.

아:트^타이틀(art title)圈 미적 감각을 살려 만든 '자막(字幕)'.

아틀라스(Atlas 그)圈 그리스 신화에 나오는 거인. 천계(天界)를 어지럽힌 죄로, 제우스에 의해 아프리카 서북안(西北岸)에서 어깨로 하늘을 떠받치는 벌을 받음.

아틀란티스(Atlantis)圈 그리스 전설에 나오는 섬. 높은 문화를 지닌 유토피아였으나 지진과 홍수로 멸망했다고 플라톤이 말한 이래, '이상향(理想鄕)'의 뜻으로 쓰임.

아틀리에(atelier 프)圈 ①화가나 조각가 등 미술가의 작업실. 화실(畫室). ②사진관의 촬영실. 스튜디오.

아:티스트(artist)圈 예술 전반에 관련된 일을 하는 사람.

아파(牙婆)圈 방물장수.

아파치^족(Apache族)圈 미국의 뉴멕시코 주와 애리조나 주에 거주하던 아메리칸 인디언의 한 부족.

아파테이아(apatheia 그)圈 정념(情念)이나 욕정에 지배되지 않는 마음의 상태. [스토아학파의 생활 이상임.]

아파:트(←apartment)圈 (5층 이상의 건물로서) 한 채의 건물 안에 독립된 여러 세대가 살게 된 공동 주택.

아파-하다(目여) 아픔을 느끼다. 아픔을 느껴 괴로워하다. ¶ 아내는 친구의 사고 소식을 듣고 몹시 가슴 아파했다.

아패(牙牌)圈 조선 시대에, 이품 이상의 문무관이 사용하던 상아로 된 호패(號牌).

아페르토(aperto 이)圈 악보에 쓰이는 용어. '피아노의 오른쪽 페달을 밟고'의 뜻.

아페리티프(apéritif 프)圈 서양식으로 식사할 때, 식욕을 돋우기 위하여 식사 전에 마시는 술.

아편(阿片·鴉片)**명** 양귀비의 덜 익은 열매껍질을 칼로 에어서, 흘러나오는 진을 모아 말린 갈색 물질. 모르핀·코데인 등의 원료로, 마취제·진통제 등으로 쓰이나 계속 사용하면 습관성 중독을 일으킴.

아편-굴(阿片窟)**명** 금령(禁令)을 피하여 몰래 아편을 먹거나, 피우거나, 주사하는 비밀한 곳.

아편-연(阿片煙)**명** ①아편을 넣어 만든 담배. ②아편을 피우는 연기.

아편-쟁이(阿片-)**명** '아편 중독자'를 속되게 이르는 말.

아편^전:쟁(阿片戰爭)**명** 1840~1842년에, 청나라가 아편 수입을 금지한 데서 비롯된 영국과 청나라 사이의 전쟁. 청나라가 져서 난징 조약을 맺고, 홍콩을 영국에 떼어 주었음.

아편^중독(阿片中毒)**명** 아편을 상습적으로 흡입하여 생기는 중독 작용. 두통·현기증·호흡 곤란·피부 창백 등의 증세가 나타나고, 심하면 정신 이상이나 혼수 상태가 됨.

아포리아(aporia 그)**명** 〔통로나 수단이 없다는 뜻으로〕해결의 방도를 찾을 수 없는 데서 생기는 난관, 또는 내버려 둘 수 없는 논리적인 난점.

아포리즘(aphorism)**명** 깊은 체험적 진리를 간결하고 압축된 형식으로 나타낸 짧은 글.〔금언·격언·경구·잠언 따위.〕

아^포스테리오리(a posteriori 라)**명**〔뒤의 것으로부터라는 뜻으로〕철학에서, 인식이나 개념이 경험에 의존하거나 경험으로부터 나오는 일. 후천적(後天的). ↔아 프리오리.

아포스트로피(apostrophe)**명** 영어에서, 생략·소유격 등을 나타내는 기호 ' '의 이름.

아^포코(a poco 이)**명** 악보에서 다른 나타냄말에 덧붙여 쓰는 말. '점점' 또는 '조금씩'의 뜻.

아포크리파(Apocrypha 그)**명** 경외 성경.

아포크린-샘(apocrine-)**명** 외분비샘의 한 가지. 겨드랑이 부분에 가장 많고, 유두·항문 주위 등에 있음. 아포크린 한선.

아포크린^한:선(apocrine汗腺)**명** ☞아포크린샘.

아폴로(Apollo 라)**명** '아폴론'의 라틴 어 이름.

아폴로^계:획(Apollo計畫)[-계획/-계훽]**명** 미국 항공 우주국(NASA)의 달 착륙 유인(有人) 비행 계획.

아폴로^눈병(Apollo-病)[-뼝]**명** '출혈성 결막염'을 흔히 이르는 말.〔1969년 아폴로 십일호가 지구로 돌아올 무렵에 유행한 데서 붙여진 이름임.〕

아폴론(Apollon 그)**명** 그리스 신화에 나오는 태양·예언·궁술·의술·음악·시의 신.〔제우스(Zeus)와 레토(Leto)의 아들.〕**참**아폴로.

아폴론-형(Apollon型)**명** 니체가 주창한, 예술 활동의 유형. 정적(靜的)·개별적·몽상적이며 조화 있는 통일과 단정한 질서를 지향하는 주지적인 경향. ↔디오니소스형.

아:괄(餓莩)**명** 굶어 죽은 송장.

아프간(afghan)**명** 뜨개질 방식의 한 가지. 한 개의 아프간바늘을 써서 대바늘뜨기와 코바늘뜨기의 기술을 혼합, 왕복 두 번의 동작으로 되풀이해 가며 뜨는 입체적인 뜨개질법.

아프간-바늘(afghan-)**명** 긴 대바늘의 한쪽 끝이 미늘 모양으로 된 뜨개바늘.

아프다[아프니·아파]**형** ①얻어맞거나 다치거나 몸에 이상이 생겨서 괴로운 느낌이 있다. ¶온종일 걸었더니 다리가 아프다. ②마음이 괴롭다. ¶가슴 아픈 사연. **활**편찮다.

아프레게:르(après-guerre 프)**명** ①제1차 세계 대전 이후, 프랑스를 중심으로 하여 일어난 문학 예술상의 새로운 경향. ②전후, 특히 제2차 세계 대전 이후에 성장한, 종래의 사고방식이나 습관 등에 얽매이지 않는 사람들을 이르는 말. 전후파(戰後派). ↔아방게르.

아프로디테(Aphrodite 그)**명** 그리스 신화에 나오는 미와 사랑의 여신. 제우스(Zeus)와 디오네(Dione)의 딸. 로마 신화의 베누스에 해당함.

아^프리오리(a priori 라)**명** 철학에서, 인식이나 개념이 후천적 개념에 의존하지 않고, 그것에 논리적으로 앞선 것으로서 부여된 것. 선천적(先天的). ↔아 포스테리오리.

아프리카(Africa)**명** 육대주의 하나. 유라시아 대륙의 남서쪽에 위치하며, 동은 인도양, 서는 대서양, 북은 지중해에 면한 세계 제2의 대륙. 아프리카주.

아프리카 주(Africa洲)☞아프리카.

아프리카-코끼리(Africa-)**명** 코끼릿과의 동물. 몸집은 인도코끼리보다 훨씬 커서 어깨 높이가 3.3 m 이상이고 몸무게는 6000 kg에 이름. 긴 귀는 어깨를 덮고 코끝에 두 개의 돌기가 있음. 힘이 세고 활발하며 성질이 사나워 길들이기가 매우 어려움. 사하라 사막 이남에 분포함.

아프트식 철도(Abt式鐵道)[-또] 스위스의 아프트가 발명한 철도. 두 개의 레일 중앙에 톱니 궤도를 부설하고, 이것에 동력차의 기어를 맞물려서 가파른 경사면을 운전하게 된 장치. 주로, 등산 철도에 이용됨.

아플라우트(Ablaut 독)**명** 모음 교체(母音交替).

아플리케(appliqué 프)**명** 서양 자수의 한 가지. 주로, 바탕천 위에 딴 천이나 레이스·가죽·무늬를 여러 가지 모양으로 오려 붙이고 윤곽을 실로 꿰맴.

아픔명 몸이나 마음의 아픈 느낌, 또는 아픈 상태. ¶아픔이 가시다. /아픔을 느끼다.

아^피아체레(a piacere 이)**명** 악곡에서, 변화를 주도록 가르침을 모아서 엮은 '임의로·'·'자유로'의 뜻.

아하감 ①미처 생각하지 못했던 일을 깨달았을 때 내는 소리. ¶아하, 바로 네가 그 사람이었구나! ②좀 못마땅하거나 불안스러운 느낌이 있을 때 내는 소리. ¶아하, 내가 일을 왜 그렇게 했지? **큰**어허.

아하하감 몹시 우스워서 큰 소리로 웃는 소리. **큰**어허허.

아:-한대(亞寒帶)☞냉대(冷帶).

아함-경(阿含經←Agama 범)**명** 불경의 한 가지. 석가의 가르침을 모아서 엮은 가장 오랜 경전으로, 소승 불교의 성전(聖典)임.

아해(兒孩)**명** '아이'의 잘못.

아:헌(亞獻)**명하다** 제사 지낼 때, 둘째 번으로 술잔을 올리는 일. **참**초헌(初獻)·종헌(終獻).

아:헌-관(亞獻官)**명** 조선 시대에, 종묘 제향 때에 아헌을 맡던 임시 벼슬. **참**초헌관·종헌관.

아형(阿兄)**명** '형'을 친근하게 부르는 말.

아:형(雅兄)**명** 남자 친구끼리 상대편을 높이어 이르는 말.

아:호(雅號)**명** (문인·화가·학자 등이) 본이름 외에 따로 지어 부르는 이름. **준**호(號).

아욱명 (옛) 아욱. **원**葵菜(譯語下10).

아혹(訝惑)**명** '아혹하다'의 어근.

아혹-하다(訝惑-)[-호카-]**형여** 괴이하고 미심쩍다.

아홉수관 여덟에 하나를 더한 수(의). 구(九).

아홉-무날[-홈-]圀 조수의 간만의 차가 같은, 음력 초사흘과 열여드레를 아울러 이르는 말. 솮무날·무수기.

아홉-수(-數)[-쑤]圀 9, 19, 29, 39, 49 따위와 같이 '아홉'이 든 수. [민속에서, 남자 나이에 이 수가 드는 해를 꺼림.]

아홉-째Ⅰ令관 여덟째의 다음 차례(의). ¶아홉째 줄. Ⅱ圀 맨 앞에서 세어 아홉 개가 됨을 나타내는 말. ¶네가 먹은 귤이 벌써 아홉째다.

아ː황산(亞黃酸)圀 이산화황을 물에 녹여서 만든 불안정한 이염기산(二鹽基酸). 환원제·표백제 등으로 쓰임.

아ː황산-가스(亞黃酸gas)圀 ☞이산화황.

아ː회(雅會)[-회/-훼]圀 ①글을 짓기 위하여 가지는 모임. ②아취가 있는 모임.

아ː회(雅懷)[-회/-훼]圀 아취 있는 회포. 풍아(風雅)한 마음.

아후라^마즈다(Ahura Mazda)圀 [아후라는 '주신(主神)', 마즈다는 '지혜·현자'의 뜻으로] 조로아스터교의 주신.

아훔(←阿吘·阿吽.ahūm 범)圀 ①밀교(密敎)에서 이르는, 일체 만법의 시작과 끝. ②절의 산문(山門) 양쪽에 있는 인왕(仁王)의 한 쌍, 또는 그 모습. 하나는 입을 벌리고 있으며, 다른 하나는 입을 다물고 있음. ③불교에서, 입을 벌리고 내는 소리 '아(阿)'와 입을 다물고 내는 소리 '훔(吽)'을 이르는 말.

아흐레-날圀 아흐 날. 〈아흐렛날〉·〈초아흐레〉·〈초아흐렛날〉의 준말.

아흐렛-날[-렌-]圀 ①아흐레째의 날. ②〈초아흐렛날〉의 준말. ②☞아흐레.

아흔令관 열의 아홉 곱절(의). 구십.

아희(兒戲)[-히]圀 아이들의 장난.

아ㅎ래圀 〔옛〕아흐레. ¶마순 아ㅎ래롤 光明이 긋디 아니ᄒ고그(釋譜9:32).

아흔令관 〔옛〕아흔. ¶나히 아흔 닐구베 니르러(佛頂下12). /아ᄒ 흔 劫이로소니(釋譜6:37).

아히圀 〔옛〕아이. ¶兒눈 아히라(月釋序18).

악¹圀 ①있는 힘을 다하여 모질게 마구 쓰는 기운. ¶악을 써대다. /악을 쓰며 덤벼들다. /악을 바락바락 쓰며 울다. ②모질게 일어나는 성. ¶악이 오르다. /악이 나서 소리소리 지르다. **악(에) 받치다**관용 악이 몹시 나다. ¶악에 받쳐 소리소리 지르며 대들다.

악²갇 ①남이 놀라도록 갑자기 지르는 소리. ②놀랐을 때 저도 모르게 지르는 소리. ¶어둠 속에서 '악'하는 비명 소리가 들려왔다.

악(握)圀 검도에서, 손을 보호하기 위하여 끼는 가죽 장갑.

악(惡)圀 ①올바르지 아니함. 착하지 않음. ②양심을 좇지 아니하고 도덕을 어기는 일. ¶악에 물들다. ↔선(善). 솮악하다.

악(萼)圀 ☞꽃받침.

악가(樂歌)[-까]圀 악곡(樂曲) 또는 악장(樂章)에 따라서 부르는 노래. ↔속가(俗歌).

악각(顎脚)[-깍]圀 절지동물 중 갑각류의 입 뒤쪽에 구기(口器)의 일부로 발달한 기관. 턱의 기능을 돕는 구실을 함.

악감(惡感)[-깜]圀 〈악감정〉의 준말. ↔호감(好感).

악-감정(惡感情)[-깜-]圀 ①좋지 않게 생각하는 감정. ¶악감정을 품다. ②분하고 원통한 감정. 솮악감. ↔호감정(好感情).

악계(樂界)[-꼐/-꼐]圀 ☞악단(樂壇).

악곡(樂曲)[-꼭]圀 음악의 곡조. 성악곡·기악곡·관현악곡 등을 통틀어 이르는 말.

악골(顎骨)[-꼴]圀 ☞턱뼈.

악공(樂工)[-꽁]圀 ①음악을 연주하는 사람. ②조선 시대에, 주악(奏樂)에 종사하던 장악원(掌樂院)의 잡직.

악과(惡果)[-꽈]圀 나쁜 짓에 대한 갚음. 악보(惡報). ↔선과(善果).

악관(惡官)[-꽌]圀 ☞악사(樂師).

악-관절(顎關節)[-꽌-]圀 하악골과 두개골을 연결시키는 관절.

악구(惡口)[-꾸]圀 ①☞험구(險口). ②불교에서, 십악(十惡)의 하나로 남에게 악한 말을 하는 짓. 악설(惡說).

악구(樂句)[-꾸]圀 음악에서, 하나의 정리된 악상(樂想)을 나타내는 선율이나 악곡의 도막. 작은악절을 가리킬 때도 있음.

악궁(樂弓)[-꿍]圀 현악기 연주용의 활.

악귀(惡鬼)[-뀌]圀 ①나쁜 귀신. 사람에게 몹쓸 짓을 하는 귀신. ¶악귀를 쫓다. /악귀가 붙다. ②'악독한 행동을 하는 사람'을 속되게 이르는 말.

악극(樂劇)[-끅]圀 노래와 춤에 치우치는 오페라에서 벗어나, 음악 자체로 극적인 전개를 꾀함으로써 음악과 극을 합치시킨 오페라의 한 형식. 뮤직 드라마.

악극-단(樂劇團)[-끅딴]圀 악극을 상연하기 위하여 조직된 단체. 솮악단(樂團).

악기(惡氣)[-끼]圀 ①사람에게 해를 주는 독기. 고약한 냄새. ②☞악의(惡意).

악기(樂器)[-끼]圀 음악을 연주하는 데 쓰이는 기구를 통틀어 이르는 말. [관악기·현악기·타악기 따위].

악-기류(惡氣流)[-끼-]圀 순조롭지 못한 대기의 유동(流動).

악녀(惡女)[앙-]圀 악독한 여자. 성질이 나쁜 여자.

악념(惡念)[앙-]圀 나쁜 짓을 하려는 모진 마음. 나쁜 생각. 악상(惡想).

악다구니[-따-]圀令관허자 기를 써서 서로 욕하며 싸우는 짓, 또는 그런 입. ¶악다구니를 쓰다. /악다구니를 퍼붓다.

악단(樂團)[-딴]圀 ①음악 연주를 목적으로 조직된 단체. ¶드디어 악단의 연주가 시작되었다. ②〈악극단〉의 준말.

악단(樂壇)[-딴]圀 음악가들의 사회. 악계(樂界). 음악계.

악담(惡談)[-땀]圀令관허자 남을 비방하거나 저주함, 또는 그 말. ¶악담을 퍼붓다. ↔덕담(德談).

악당(惡黨)[-땅]圀 ①악한 도당(徒黨). 흉악한 무리. 악도(惡徒). ②☞악한(惡漢).

악대[-때]圀 〔옛〕불깐 짐승. ②〈악대소〉의 준말.

악대(樂隊)[-때]圀 여러 가지 악기로 합주하는 단체. 주로, '브라스 밴드'를 이름.

악대-돈圀 〔옛〕불깐 돼지. ¶악대돈 분:豬(訓蒙下7).

악대-말[-때-]圀 불깐 말.

악대돌圀 〔옛〕불깐 말. 악대말. ¶악대돌:騸馬(老解下8).

악대-소[-때-]圀 불깐 소. 솮악대.

악대-양(-羊)[-때-]圀 불깐 양.

악덕(惡德)[-떡]圀 도의에 어긋나는 나쁜 마음이나 나쁜 짓. ¶악덕 상인. ↔선덕(善德).

악덕-한(惡德漢)[-떠칸]圀 ①마음씨가 나쁜 사람. ②인륜에 어긋난 짓을 하는 사람.

악도(惡徒)[-또]圏 ☞악당(惡黨).

악도(惡道)[-또]圏 ①다니기에 힘든 나쁜 길. ②불교에서, 악한 짓을 한 사람이 죽어서 간다는 고뇌의 세계. ②악취(惡趣).

악독(惡毒)[-똑][하형][스형] 마음이 악하고 독살스러움. ¶악독한 흉계. **악독-히**[字]. **악독스레**[字].

악-돌이[-또리]圏 악을 쓰며 모질게 덤비기를 잘하는 사람.

악동(惡童)[-똥]圏 ①행실이 얌전하지 못한 아이. ②장난꾸러기.

악랄(惡辣)[앙날][하형] 하는 짓이 매우 표독함. ¶악랄한 수단. /악랄한 짓을 서슴지 않다. **악랄-히**[字].

악력(握力)[앙녁]圏 (물건을) 손으로 꽉 쥐는 힘.

악력-계(握力計)[앙녁꼐/앙녁께]圏 악력(握力)을 재는 기구.

악력^지수(握力指數)[앙녁찌-]圏 두 손의 악력을 합한 수와 체중과의 비(比).

악령(惡靈)[앙녕]圏 원한을 품고 사람에게 재앙을 내린다는 사령(死靈).

악례(惡例)[앙녜]圏 나쁜 전례(前例). ¶이번 사건 처리는 인권 문제의 악례로 기록될 것이다.

악률(樂律)[앙뉼]圏 ①☞악조(樂調). ②악음(樂音)을 음률의 높낮이에 따라 이론적으로 정돈한 것. [십이율·평균율 따위.]

악리(樂理)圏 음악의 이치.

악마(惡魔)[앙-]圏 ①불교에서, 불도 수행을 방해하는 사신(邪神)을 이르는 말. ②사람에게 재앙을 내리거나, 나쁜 길로 유혹하는 마물(魔物). ③'아주 흉악한 사람'을 비유하여 이르는 말. ②③↔천사(天使).

악-마디(惡-)[앙-]圏 결이 몹시 꼬여서 모질게 된 마디.

악마-주의(惡魔主義)[앙-의/앙-이]圏 19세기 말에 나타난 문예 또는 사상의 한 경향. 추악·퇴폐·괴기·전율·공포 따위에서 미를 즐겨 찾으려고 했음.

악마-파(惡魔派)[앙-]圏 악마주의를 신봉하는 문예상의 한 파.

악막(幄幕)[앙-]圏 진중(陣中)에 친 장막.

악매(惡罵)[앙-]圏[하타] 상스러운 말로 호되게 마람, 또는 그 욕.

악-머구리[앙-]圏 [잘 우는 개구리라는 뜻으로] '참개구리'를 이르는 말.
　악머구리 끓듯[속담] '여러 사람이 시끄럽게 떠들어 댐'을 비유하여 이르는 말.

악명(惡名)[앙-]圏 악하기로 소문난 이름. 나쁜 평판. ¶악명을 떨치다. /악명 높은 날강도.

악모(岳母·嶽母)[앙-]圏 ☞장모(丈母).

악모(惡毛)[앙-]圏 붓 속에 섞여 있는 몽톡한 털.

악목(惡木)[앙-]圏 재목으로 쓰기에는 적당하지 않은, 질이 나쁜 나무.

악몽(惡夢)[앙-]圏 꿈자리가 사나운 꿈. 불길한 꿈. ¶밤마다 악몽에 시달리다.

악무(樂舞)[앙-]圏 음악과 무용. 노래와 춤.

악물(惡物)[앙-]圏 ☞악종(惡種).

악-물다[앙-][~무니~물어대] (몹시 아프거나 분하거나 또는 단단히 결심하려 할 때) 아래위의 이를 마주 꽉 물다. ¶이를 악물고 참다. (音을물다.

악물-리다[앙-]困 ['악물다'의 피동] 악물게 당하다. (音을물리다.

악미(惡米)[앙-]圏 <앵미>의 본딧말.

악-바리[-빠-]圏 ①성미가 깔깔하고 고집이 세며 모진 데가 있는 사람. ②지나치게 똑똑하고 영악한 사람.
　악바리 악돌이 악쓴다[속담] 무슨 일에나 악착같이 제 고집을 세우고 물러날 줄 모른다는 뜻.

악박-골[-빡꼴]圏 서울 서대문구 현저동(峴底洞) 일대의 옛 이름.
　악박골 호랑이 선불 맞은 소리[속담] 상종을 못할 만큼 사납고 무섭게 날뛰는 짓, 또는 사납게 지르는 비명을 이르는 말.

악법(惡法)[-뻡]圏 ①좋지 않은 법률. ¶반민주 악법의 개폐(改廢). /악법도 법이다. ②나쁜 방법.

악벽(惡癖)[-뼉]圏 나쁜 버릇.

악병(惡病)[-뼝]圏 고약한 병. 악질(惡疾). 악증(惡症).

악보(惡報)[-뽀]圏 ①나쁜 소식. ⓗ흉보(凶報). ②악과(惡果).

악보(樂譜)[-뽀]圏 음악의 곡조를 일정한 부호를 써서 나타낸 것. 곡보(曲譜). 보곡(譜曲). 보면(譜面). 음보(音譜). ¶악보를 보면서 노래하다.

악부(岳父·嶽父)[-뿌]圏 ☞장인(丈人).

악부(握斧)[-뿌]圏 주먹 도끼.

악부(惡婦)[-뿌]圏 악독한 부녀. 간악한 부녀.

악부(樂府)[-뿌]圏 ①한시(漢詩)의 한 형식. 인정과 풍속을 읊은 것으로, 글귀에 길고 짧은 구별이 있음. ②☞악장(樂章).

악사(惡事)[-싸]圏 나쁜 일. ↔호사(好事).

악사(樂士)[-싸]圏 (악기로) 음악을 연주하는 사람.

악사(樂師)[-싸]圏 조선 시대에, 장악원(掌樂院)과 장례원(掌禮院) 등에 딸려 풍류를 아뢰던 벼슬. 악관(樂官). ⓐ악생(樂生).

악사-천리(惡事千里)[-싸철-]圏 나쁜 일은 그 소문이 멀리까지도 금방 알려진다는 뜻.

악산(惡山)[-싼]圏 산세가 험한 산.

악상(惡相)[-쌍]圏 ①흉악한 얼굴. 못난 얼굴. ②불길한 상격(相格).

악상(惡喪)[-쌍]圏 부모에 앞서 죽은 젊은 사람의 상사(喪事). ¶악상이 나다. ↔순상(順喪).

악상(樂想)[-쌍]圏 ☞악념(惡念).

악상(樂想)[-쌍]圏 ①악곡에 대한 구상. ¶악상이 떠오르다. ②악곡의 주제, 또는 중심 사상.

악-상어[-쌍-]圏 악상엇과의 바닷물고기. 몸길이 3m가량. 몸은 물렛가락 모양이며, 등은 회청색이고 아래쪽은 흼. 아래위턱의 이가 삼각형인 태생어(胎生魚)이며 성질이 사나움. 한대성 어종으로 우리나라 제주도 이북, 알래스카 근해 등에 분포함.

악생(樂生)[-쌩]圏 조선 시대에, 장악원(掌樂院)에서 아악을 연주하던 하급 관직. ⓐ악사(樂師).

악서(惡書)[-써]圏 (내용이 좋지 않아) 읽어서 해가 되는 책. ↔양서(良書).

악서(樂書)[-써]圏 음악에 관한 책.

악-선전(惡宣傳)[-썬-]圏[하타] 남에게 해를 끼치기 위한 악의 있는 선전. ¶경쟁 업체의 악선전.

악설(惡舌·惡說)[-썰][하자] ①남을 비방하는 말. 악언(惡言). ②☞악구(惡口).

악성(惡性)[-썽]圏 ①(보통의 치료로는 고치기 어려운 병의 성질. ¶악성 기관지염. ②보통의 방법으로는 바로잡기 어려운 성질. ¶악성 루머에 시달리다. ↔양성(良性).

악성(惡聲)[-썽]똉 ①듣기 싫은 소리. ②☞악평(惡評).

악성(樂聖)[-썽]똉 역사상의 '위대한 음악가'를 높이어 일컫는 말. ¶악성 베토벤.

악성^인플레이션(惡性inflation)[-썽-]똉 물가 상승이 급격하여 경제 질서와 사회 질서를 어지럽히는 인플레이션.

악성^종:양(惡性腫瘍)[-썽-]똉 종양 세포의 증식력이 강하여 주위의 조직으로 번지거나 다른 장기(臟器)로 전이하는 종양. 암이 그 대표적인 것임. ↔양성 종양.

악-세다[-쎄-]혱 ①몸이 단단하고 힘이 세다. ②(품은 뜻이나 성질 따위가) 굳고 세차다. ③식물의 잎·줄기가 빳빳하고 세다. ⑤억세다.

악세사리(accessory)똉 '액세서리'의 잘못.

악센트(accent)똉 ①단어의 발음에서, 어떤 음절을 강하게 또는 높게 발음하는 일, 또는 그 부분. ②(어떤 것 중에서) 특히 강조하는 점. ¶옷깃에 악센트를 두다.

악셀 '액셀러레이터(accelerator)'의 잘못.

악-소년(惡少年)[-쏘-]똉 품성과 행동이 나쁜 소년. ③불량소년.

악속(惡俗)[-쏙]똉 ☞악풍(惡風).

악송(惡松)[-쏭]똉 (메마른 땅에서) 잘 자라지 못한 쓸모없는 소나무.

악-송구(惡送球)[-쏭-]똉하자 야구에서, 자기편 야수(野手)가 받을 수 없을 정도로 공을 빗나가게 던지는 일. 악투(惡投). 폭투(暴投).

악수[-쑤]똉 물을 퍼붓듯이 세차게 내리는 비. ⑤억수.

악수(握手)[-쑤]똉하자 친애·축하·환영 등의 뜻을 나타내기 위하여 서로 손을 내밀어 마주 잡음. 악수를 나누다.

악수(幄手)[-쑤]똉 소렴(小殮)할 때에 시신의 손을 싸는 검은 헝겊.

악수(惡手)[-쑤]똉 장기나 바둑에서, 잘못 놓은 나쁜 수. ¶이 악수가 패인이 되었다.

악수(惡獸)[-쑤]똉 모질고 사나운 짐승.

악수(樂手)[-쑤]똉 악대(樂隊) 또는 악단에 딸려 기악을 연주하는 사람.

악수-례(握手禮)[-쑤-]똉 악수하는 예의.

악-순환(惡循環)[-쑨-]똉 ①어떤 나쁜 현상이 자꾸 되풀이되는 일. ¶빈곤의 악순환. ②밀접한 관계에 있는 두 가지 일이 서로 나쁜 영향을 주고받으며 거듭 악화되어 가는 일. 〔인플레이션 말기에, 물가가 오르면 임금이 오르고, 따라서 통화가 증발되어 다시 물가가 오르는 현상 따위.〕

악습(惡習)[-씁]똉 좋지 않은 버릇. 좋지 않은 풍습. 악벽(惡癖). 악풍(惡風). ¶악습 타파. / 악습을 철폐하다. ↔양습(良習).

악승(惡僧)[-씅]똉 계율을 어기며 나쁜 행동을 하는 중.

악식(惡食)[-씩]똉하자 맛없고 거친 음식, 또는 그런 음식을 먹는 일. ¶악식을 마다하지 않다. ↔미식(美食)·호식(好食). ㉠조식(粗食).

악식(樂式)[-씩]똉 악곡 구성의 형식. 〔리드 형식·소나타 형식·론도 형식·변주곡 형식 따위가 있음.〕

악신(惡神)[-씬]똉 사람에게 재앙을 가져다 준다는 나쁜 귀신.

악심(惡心)[-씸]똉 악한 마음. 남을 해치려는 마음. ¶악심을 품다. ↔선심(善心).

악-쓰다[~쓰니·~써]자 악을 내어 소리를 지르거나 마구 날뛰다. ¶악쓰며 덤벼들다.

악악(諤諤)똉하자 거리낌 없이 바른말을 함.

악악-거리다[-꺼-]자 (불만이 있거나 화가 나서) 자꾸 소리를 지르다. 악악대다.

악악-대다[-때-]자 악악거리다.

악액-질(惡液質)[-찔]똉 결핵이나 암 따위의 병으로 말미암아 전신이 극도로 쇠약해진 상태. 전신이 마르고 피부는 회황색을 띠며 눈이 발이 부어오름.

악야(惡夜)똉 ①무서움에 떨며 새우는 밤. ②악몽을 꾼 밤.

악어(鰐魚)똉 악어과에 딸린 파충류를 통틀어 이르는 말. 난생으로, 생김새는 도마뱀과 비슷하나 몸은 훨씬 커서 몸길이 10 m에 이르는 것도 있음. 이빨이 날카롭고 성질이 몹시 사나움. 대부분 열대와 아열대 지방의 강이나 호수 등 민물에 삶.

악어-가죽(鰐魚-)똉 악어의 껍질. 가방·지갑 같은 고급 가죽 제품을 만드는 데 쓰임.

악언(惡言)똉하자 ☞악설(惡舌).

악업(惡業)똉 불교에서 이르는, 고과(苦果)를 가져오는 나쁜 짓, 또는 전생(前生)의 나쁜 짓. ↔선업(善業).

악역(惡役)똉 ①연극이나 영화 등에서 악인으로 분장하는 배역, 또는 그 사람. ②(실생활에서 사람들의 미움을 살 만한 일을 맡은 사람)을 비유하여 이르는 말. 악인역. ¶악역을 맡다.

악역(惡疫)똉 악성의 전염병.

악역(惡逆)똉 도리에 벗어난 악독한 소행. 임금이나 어버이에게 적대하는 따위의 죄악.

악역-무도(惡逆無道)[-무-]〔명하자혱〕비길 데 없이 악독하고 도리에 맞지 않음.

악연(愕然) '악연하다'의 어근.

악연(惡緣)똉 ①불행한 인연. 나쁜 인연. 악인연(惡因緣). ¶악연을 맺다. ②〔불교에서〕나쁜 일을 하도록 유혹하는 주위의 환경.

악연-실색(愕然失色)[-쌕]똉자 ☞아연실색(啞然失色).

악연-하다(愕然-)혱여 너무 놀라워서 말이 안 나오거나 어이없이병병하다. 악연-히투.

악-영향(惡影響)똉 나쁜 영향. ¶폭력 영화는 아이들에게 악영향을 미친다.

악용(惡用)똉하자되자 나쁘게 이용함, 또는 나쁜 데 씀. ¶지위를 악용하다. ↔선용(善用).

악우(惡友)똉 나쁜 벗. 사귀어서 해가 되는 벗. ↔양우(良友).

악운(惡運)똉 ①사나운 운수. ¶악운의 연속. ↔길운(吉運)·호운(好運). ②나쁜 짓을 하고도 그 갚음이 돌아가지 않고 도리어 잘되는 일, 또는 그런 운수. ¶악운이 세다.

악월(惡月)똉 ①운수가 좋지 않은 달. ②음양도(陰陽道)에서 이르는, 운이 나쁜 달. 특히, '음력 오월'을 이름.

악음(樂音)똉 진동이 규칙적이어서 귀에 좋은 느낌을 주는 소리, 곧 악기 따위의 소리. ↔소음(騷音)·조음(噪音).

악의(惡衣)[아긔/아기]똉 너절한 옷. 질이 좋지 않고 조잡한 옷. ↔호의(好衣).

악의(惡意)[아긔/아기]똉 ①남을 해치려는 나쁜 마음. ¶결코 악의를 품고 한 일은 아니니 나를 이해해 주시오. ②나쁜 뜻. 악기(惡氣). ¶그의 말을 악의로 해석하다. ↔선의(善意)·호의(好意).

악의-악식(惡衣惡食)[아긔-씩/아기-씩]똉하자 좋지 못한 옷을 입고 맛없는 음식을 먹음, 또는 그런 옷과 음식. ↔호의호식(好衣好食).

악의^점유(惡意占有)[아긔-/아기-]명 법률에서, 점유할 권리가 없음을 알면서 또는 그 권리의 유무를 의심하면서 하는 점유.

악인(惡人)명 나쁜 사람. 악한 사람. ¶입은 험하지만 악인은 아니다. ↔선인(善人).

악인(惡因)명 나쁜 결과를 가져오는 원인. ↔선인(善因).

악인(樂人)명 악사(樂師)·악공(樂工)·악생(樂生)·가동(歌童) 등을 통틀어 이르는 말.

악인-악과(惡因惡果)[-꽈]명 불교에서, 나쁜 짓을 하면 반드시 나쁜 결과가 따르게 됨을 이르는 말. ↔선인선과(善因善果).

악인-역(惡人役)[-녁]명 ☞악역(惡役).

악-인연(惡因緣)명 ☞악연(惡緣).

악일(惡日)명 흉일(凶日). ↔길일(吉日).

악작(樂作)[-짝]명하다 풍악을 시작함.

악장(岳丈·嶽丈)[-짱]명 '장인(丈人)'을 높이어 이르는 말. 빙장(聘丈).

악장(樂匠)[-짱]명 뛰어난 음악가. 대음악가(大音樂家). ¶악장 베토벤.

악장(樂長)[-짱]명 악대(樂隊)나 악단의 지휘자.

악장(樂章)[-짱]명 ①나라의 제전(祭典)이나 연례(宴禮) 때 연주하던 주악(奏樂)의 가사. 조선 초기에 발생한 시가 형태의 하나로, 주로 조선 건국의 위업과 선대 임금의 공덕을 기린 내용임. 악부(樂府) ②소나타·교향곡·협주곡 등, 다악장 형식을 이루면서 하나하나 완결되어 있는 악곡의 장. [제1악장·제2악장 따위.]

악장-가사(樂章歌詞)[-짱-]명 고려 시대부터 조선 초까지의 속요·악장·경기체가 등을 모아 실은 시가집. 엮은이와 연대는 분명하지 않음. '청산별곡'·'가시리'·'사모곡' 등 24편이 실려 있음.

악장-치다[-짱-]짜 악을 쓰며 싸우다.

악재(惡材)[-째]명〈악재료〉의 준말. ¶대기업의 부도 사태가 악재료로 작용하여 주가가 하락하였다. ↔호재(好材).

악재(樂才)[-째]명 음악에 관한 재능.

악-재료(惡材料)[-째-]명 ①나쁜 재료. ②증권 거래 따위에서, 시세를 하락시키는 원인이 되는 나쁜 조건. ¶국제 테러의 발생이 주가 하락의 악재료였다. ②준악재(惡材). ↔호재료(好材料).

악전(惡戰)[-쩐]명하다 불리한 상황에서 싸움.

악전(惡錢)[-쩐]명 ①도박 따위 못된 짓으로 얻은 돈. ②질이 나쁜 돈. 가짜 돈.

악전(樂典)[-쩐]명〈서양 음악의〉악보를 적는 데 관한 원리나 규칙, 또는 그것을 해설한 책.

악전-고투(惡戰苦鬪)[-쩐-]명하다자 ①불리한 상황에서 우세한 적을 상대로 죽을힘을 다하여 싸움. ¶포위망 속에서 악전고투하다. ②'어려운 상황에서 고통을 이겨 내며 모질게 노력함'을 비유하여 이르는 말. ¶그의 일생은 악전고투의 연속이었다.

악절(樂節)[-쩔]명 악곡에서, 하나의 갖추어진 악상(樂想)을 나타내는 단위. 보통, 네 개의 마디로 된 작은악절과 두 개의 작은악절로 된 큰악절로 나뉨.

악정(惡政)[-쩡]명 국민을 괴롭히고 나라를 그르치는 나쁜 정치. ¶악정에 시달리다. ↔선정(善政).

악제(惡制)[-쩨]명 (국민 생활에 도움이 되지 않는) 나쁜 제도.

악조(樂調)[-쪼]명 음악의 가락. 악률(樂律).

악-조건(惡條件)[-쪼껀]명 나쁜 조건. ¶적지(敵地)라는 악조건을 무릅쓰고 승리를 거두었다. ⑨호조건(好條件).

악조-증(惡阻症)명 '오조증(惡阻症)'의 잘못.

악종(惡種)[-쫑]명 '성질이 악독한 사람이나 동물'을 이르는 말. 악물(惡物).

악증(惡症)[-쯩]명 ①☞악병(惡病). ②못된 짓.

악지[-찌]명 잘 되지 않을 생각이나 주장을 억지로 해내려는 고집. ¶악지가 세다. /악지를 부리다. /악지를 세우다. /악지를 쓰다. ②억지.

악지(惡地)[-찌]명 ①토질이 나쁜 땅. ②사람이 살기에 알맞지 않은 곳.

악지-스럽다[-찌-따][-스러우니·-스러워]형 보기에 고집스러운 데가 있다. ¶제발 악지스러운 소리는 하지 말게나. 악지스레부.

악지-악각(惡知惡覺)[-찌-깍]명 불도(佛道)를 얻는 데 방해가 되는 사악한 지식.

악질(惡疾)[-찔]명 ☞악병(惡病).

악질(惡質)[-찔]명 질이 나쁨, 또는 질이 나쁜 사람. ¶악질 상인.

악질-분자(惡質分子)[-찔-]명 나쁘거나 못된 짓을 하여, 타인이나 사회에 해독을 끼치는 사람.

악짓-손[-찌쏜·-찓쏜]명 악지를 써서 일을 해내는 솜씨. ②억짓손.

악차(幄次)[-찌]명 부모의 묘를 돌보며 지키는 상제(喪制)가 거처하는, 무덤 옆의 뜸집.

악차(幄次)명 임금이 거둥할 때 쉬는 장막.

악착(齷齪)[-착]명하다형스럽 ①도량이 좁고 악지스러움. ②잔인하고 끔찍스러움. ③일을 해 나가는 태도가 끈덕지고 모짊. ¶악착을 떨다. /악착을 부리다. /악착스럽게 일하다. ⑨억척. 악착-히부. 악착스레부.

악착-같다(齷齪-)[-깐따]형 아주 끈질기고 모질다. ¶거머리처럼 악착같은 작자에게 걸렸다. ⑨억척같다. 악착같-이부 악착같이 대들다. /악착같이 돈을 벌었다.

악착-꾸러기(齷齪-)명 몹시 악착스러운 사람. ⑨억척꾸러기.

악착-빼기(齷齪-)명 몹시 악착스러운 아이. ⑨억척빼기.

악창(惡瘡)명 한방에서, 잘 낫지 않는 '악성의 부스럼'을 이르는 말.

악처(惡妻)명 (남편이나 가정에 도움이 되지 않는) 나쁜 아내. ↔양처(良妻).

악-천후(惡天候)명 몹시 나쁜 날씨. ¶악천후로 경기가 연기되다. ↔호천후(好天候).

악첩(惡妾)명 성질이나 행실이 좋지 않은 첩.

악초(惡草)명 품질이 낮은 담배.

악-초구(惡草具)명 고기는 없이 채소만 가지고 되는대로 차린 맛없는 음식.

악초-악목(惡草惡木)[-앙-]명 (잘 자라지 못해) 쓸모가 없는 초목.

악충(惡蟲)명 (사람이나 가축·농작물에) 해를 끼치는 벌레. 해충.

악취(惡臭)명 불쾌한 냄새. 고약한 냄새. ¶악취가 코를 찌르다.

악취(惡趣)명 불교에서, 이 세상에서 나쁜 짓을 한 사람이 죽어서 간다는 세계. [지옥도(地獄道)·아귀도(餓鬼道)·축생도(畜生道) 따위.] 악도(惡道).

악-취미(惡趣味)명 ①품위가 낮은 취미. ②남이 싫어하는 짓이나 도덕에 어긋나는 짓을 예사로 하는 일.

악-치(惡-)명 ①☞악모(惡毛). ②(여러 개의 물건 속에서) 고르고 남은 찌꺼기.

악투(惡投)圀[하타] ☞악송구(惡送球).

악티늄(actinium)圀 방사성 원소의 한 가지. 반감기(半減期) 21.6년. 란탄과 비슷한 은백색의 금속. [Ac/89/227.0278]

악티늄^계:열(actinium系列) [-계-/-게-]圀 천연 방사능 원소의 붕괴 계열의 하나. 우라늄 235로부터 시작하여 악티늄을 거쳐 납의 동위 원소로 끝나는 계열.

악티니드(actinide)圀 악티늄보다 원자 번호가 큰 원소를 통틀어 이르는 말.

악판(顎板)圀 거머리 따위의 인두(咽頭) 안에 있는 턱. 딴 동물에 붙어 피를 빨아 먹을 수 있도록 되어 있음.

악-패듯[-듣]튀 사정없이 몹시 심하게. ¶악패듯 울다.

악편(萼片)圀 꽃받침 조각.

악평(惡評)圀 ①좋지 않은 평판이나 평가. 악성(惡聲). ¶악평이 높다. ②[하자타]남을 나쁘게 비평함. ¶그 악평은 평이라기보다 헐뜯는 말에 불과하다. ↔호평(好評).

악폐(惡弊)[-폐/-페]圀 (사회에 해가 될 만한) 나쁜 풍습. 나쁜 폐단. ¶악폐를 일소하다.

악풍(惡風)圀 ①나쁜 풍습. 좋지 못한 습관. 악속(惡俗). 악습(惡習). ¶금전 만능의 악풍. ↔미풍(美風). ②모진 바람.

악필(惡筆)圀 ①잘 쓰지 못한 글씨. 서투른 글씨. ↔능필(能筆)·달필(達筆). ②품질이 좋지 않은 붓.

악-하다(惡-) [아카-]톙여 ①성질이 모질고 사납다. ¶악한 사람과 선한 사람. ②양심에 어긋나고 도의에 벗어나다. ¶악한 일. ¶일기 쓰는 일을 악하게 생각하다.

악학-궤범(樂學軌範) [아칵꿰-]圀 조선 성종 때, 성현(成俔)·신말평(申末平)·유자광(柳子光)등이 왕명을 의하여 장악원(掌樂院)에 있던 의궤(儀軌)·악보를 정리하여 편찬한 음악책. ['동동'·'정읍사'·'처용가'·'정과정곡'등이 실려 있어 국문학 연구에 귀중한 자료가 됨.] 9권 3책.

악한(惡漢)[아칸]圀 (강도·폭행·살인 등) 악독한 짓을 하는 남자. 악당(惡黨). 흉한(凶漢).

악행(惡行)[아캥]圀 악독한 행위. 나쁜 짓. ¶악행을 일삼다. /악행이 드러나다. ↔선행(善行).

악향(惡鄕)[아캉]圀 풍기가 문란한 고장.

악혈(惡血)[아켤]圀 ①고름에 섞여 나오는 피. ②해산(解産)한 뒤에 나오는 궂은 피.

악형(惡刑)[아켱]圀[하타] 잔인한 형벌에 처함, 또는 그런 형벌. ¶악형에 처하다. 비참형(慘刑).

악화(惡化)[아콰]圀[하자되자] (어떤 상태나 관계 따위가) 나빠짐. ¶병세가 악화하다. /남북 관계가 악화되다. ↔호전(好轉).

악화(惡貨)[아콰]圀 지금(地金)의 질이 떨어지는 악질의 화폐, 곧 실질 가치가 명목 가치를 밑도는 화폐. ¶그레셤(Gresham)은 악화가 양화(良貨)를 구축한다고 했다. ↔양화(良貨).

악희(惡戱)[아키]圀 못된 장난. 심술궂은 장난.

안1圀 ①어떤 곳이나 물건의 둘레에서 가운데로 향한 쪽, 또는 그 부분. ¶사무실 안. /옷장 안. ↔밖. ②(시간이나 공간·수량의) 어떤 범위를 벗어나지 않는 것. ¶열흘 안에 돌아와야 한다. /이 안에서 고르시오. ③'아내'를 낮추어 이르는 말. ¶제 안이 그러하였습니다. ④(안짱)의 준말. ¶명주로 안을 댄 저고리. ⑤집에서 부인들이 거처하는 곳. ¶안에 들다.

안2團 〈아니1〉의 준말. ¶안 먹고, 안 입고, 안 쓰고 모은 돈으로 장만한 집.

안(옛)마음속. ¶져 믈도 내 안 ᄀᆞ도다 우러 밤길 녜놋다(古時調). /空山에 落木聲 들렐제 내 안 둘 句 업세라(古時調). 참않.

안:(案)圀 ①〈안건〉의 준말. ②(궁리한) 생각이나 계획. ¶좋은 안이 있다. ③앞을 가로막은 산이나 담 따위를 이르는 말.

안가(安家)圀 특수 정보 기관 등이 비밀을 유지하기 위하여 이용하는 일반 집.

안:가(晏駕)圀[하자] ☞붕어(崩御).

안-가업(-家業)圀[하자] 안방에서 술 따위의 음식을 파는 일.

안:각(眼角)圀 ①위 눈꺼풀과 아래 눈꺼풀이 만나서 눈 양쪽에 이루는 각. ②사물을 보는 눈.

안-간힘[-깐-]圀 ①어떤 일을 이루려고 몹시 애쓰는 힘. ¶안간힘을 다하여 책상을 서재로 옮겼다. ②울화나 고통 따위를 참으려고 하지만 저절로 터져 나오는 간힘. ¶울지 않으려고 안간힘을 쓰다.

안-감[-깜]圀 ①☞안찝. ②물건의 안에 대는 재료. ↔겉감.

안감-생심(安敢生心)圀 ¶언감생심. ¶제까짓 게 뭔데 안감생심 그런 말을 한단 말이냐?

안:갑(鞍匣)圀 안장 위를 덮는 헝겊.

안강(安康) '안강하다'의 어근.

안강(鮟鱇)圀 아귀2.

안강-망(鮟鱇網)圀 고기잡이 그물의 한 가지. 주둥이가 둥근 큰 자루 모양인데, 조수가 흘러오는 쪽을 향하여 그물 입을 열고 아귀·조기·쌀새우 따위를 잡음.

안강-하다(安康-)톙여 평안하고 무사하다. 아무 탈이 없다. ¶일기 불순한 이때 기체후(氣體候) 안강하신지요. 안강-히튀.

안갖은-그림씨圀 ☞불완전 형용사. ↔갖은그림씨.

안갖은-남움직씨圀 ☞불완전 타동사. ↔갖은남움직씨.

안갖은-움직씨圀 ☞불완전 동사. ↔갖은움직씨.

안갖은-제움직씨圀 ☞불완전 자동사. ↔갖은제움직씨.

안갖춘-꽃[-갇-꼳]圀 꽃받침·꽃부리·수술·암술 중의 어느 것을 갖추지 못한 꽃. [오이·벼 따위의 꽃.] 불완전화(不完全花). ↔갖춘꽃. *안갖춘꽃이[-갇-꼬치]·안갖춘꽃만[-갇-꼰-]

안갖춘-잎[-갇-닙]圀 잎몸·잎자루·턱잎 중의 어느 것을 갖추지 못한 잎. [국화·오이·냉이 따위의 잎.] 불완전엽. ↔갖춘잎. *안갖춘잎이[-갇-니피]·안갖춘잎만[-갇-님-]

안:-갚음圀[하자] ①까마귀 새끼가 자라서 어미에게 먹이를 물어다 줌으로써 길러 준 은혜를 갚는 일. ②자식이 자라서 어버이의 은혜를 갚는 일. 반포(反哺).

안:개圀 공기 속의 수증기가 엉겨서 작은 물방울이 되어 지표(地表) 가까이에 연기처럼 끼는 자연 현상. 참는개.

안:개-구름圀 '층운'·'층구름'을 달리 이르는 말.

안:개-나무[-꼳-]圀 석죽과의 일년초. 관상용 식물로 줄기 높이는 30~45 cm. 가늘고 긴 잎이 마주나고 가지를 많이 침. 여름부터 가을에 걸쳐 잔가지 끝에 자잘한 흰 꽃이 많이 피는데, 꽃잎은 다섯 장이고 끝이 오목함. *안:개꽃이[-꼬치]·안:개꽃만[-꼰-]

안거(安居)圀[하자] ①마음 편히 생활함. 안촌(安住). ②중이 일정한 기간 동안 외출하지 않고 한곳에 머무르며 수행하는 일. 참동안거(冬安居)·하안거(夏安居).

안거-낙업(安居樂業)**몡**[하자] 현재의 생활에 만
족하면서 즐겁게 일을 함.

안거-위사(安居危思)**몡** 편안하고 무사한 매일
수록 어려운 일이 닥칠 때를 생각하여 미리 대
비함.

안:건(案件) [-껀]**몡** 조사하거나 토의해야 할
사항. 문제가 되어 있는 사항. ¶토의할 안건이
많다. ㉰안(案).

안-걸이[-꺼-]**몡** 씨름에서, 상대편의 오금을 안으로
걸어 넘어뜨리는 기술. ↔밭걸이.

안:검(按劍)**몡**[하자] (칼을 뽑으려고) 칼자루에
손을 댐.

안:검(眼瞼)**몡** ⇨눈꺼풀.

안:검-상시(按劍相視)**몡**[하자] 〔칼자루를 잡고
서로 노려본다는 뜻으로〕 '서로 원수처럼 대
함'을 이르는 말.

안:검-염(眼瞼炎) [-념] ⇨다래끼².

안-걸장(-張)[약] ⇨속표지'의 잘못.

안:경(眼鏡)**몡** 근시(近視)·원시(遠視) 등 불완
전한 시력을 돕거나, 강한 광선으로부터 눈을
보호하기 위하여 눈에 쓰는 기구. ¶안경을
끼다.

　안경(을) 쓰다[관용] ①있는 대로 보지 않고 선
입견을 가지다. ②술을 한꺼번에 두 잔 받다.

안:경-다리(眼鏡-)[-따-]**몡** 안경테의 일부로
서 양쪽에 달려 귀에 걸게 된 부분.

안:경-알(眼鏡-)**몡** 안경테에 끼인 렌즈.

안:경-집(眼鏡-)[-찝]**몡** 안경을 넣는 갑.

안:경-테(眼鏡-)**몡** 안경알을 끼우는 테.

안:계(眼界) [-계/-게]**몡** ①눈에 보이는 범위.
바라볼 수 있는 범위. 시계(視界). ¶안계가 확
트이다. ②생각이 미치는 범위. 시야(視野).

안-고-나다[-꼬-]**타** 남의 일이나 남의 책임을
도맡아 짊어지다.

안-고름[-꼬-]**몡** 〈안옷고름의 준말. ↔겉고름.

안:고수비(眼高手卑)**몡**[하엿] 뜻은 크고 안목은
높으나 재주가 없어서 이루지 못함을 이르
는 말.

안:고-지기[-꼬-]**몡** 두 짝의 문을 한데 붙여
여닫게 된 문, 또는 두 짝을 한쪽으로 밀어붙
여서 문턱째 함께 열게 된 미닫이.

안:고-지다[-꼬-]**자** 남을 해치려 하다가 도리
어 제가 해를 입다.

안-골[-꼴]**몡** ①골짜기의 안쪽. ②골짜기 안에
있는 마을을 흔히 이르는 말.

안공(나무를 붙일 때) 아교풀이 마를 때까지
나무를 죄어서 고정시키는 연장.

안:공(眼孔)**몡** ⇨눈구멍¹.

안:공(鞍工)**몡** 말안장을 만들고 고치는 일을 업
으로 하는 사람.

안:공일세(眼空一世)[-쎄]**몡**[하자] 〔'눈에 보이
는 게 없다'는 뜻으로〕 교만을 부리며 세상 사
람을 업신여김을 두고 하는 말.

안과(安過)**몡**[하자되] 탈 없이 편안히 지나감, 또
는 탈 없이 편안하게 지냄.

안:과(眼科)[-꽈]**몡** 눈병의 예방이나 치료를
다루는 의학의 한 분과. ¶안과 의원.

안:과(眼窠)[-꽈] ⇨눈구멍¹.

안:과-의(眼科醫)[-꽈의/-꽈이]**몡** 눈병에 관
한 전문 의사.

안과-태평(安過太平)**몡**[하자되] 아무 탈 없이 태
평하게 지나감, 또는 태평하게 지냄.

안:과-학(眼科學)[-꽈-]**몡** 안구(眼球)와 그에
딸린 기관의 질병 및 그 예방과 치료를 연구하
는 학문.

안:광(眼光)**몡** ①눈의 정기. 눈빛¹. 안채(眼彩).
¶안광이 번뜩이다. ②사물의 진실을 꿰뚫어
보는 힘. ¶안광이 날카롭다.

　안광이 지배를 뚫는다[철한다][속담] 눈빛이 종
이를 뚫는다는 뜻으로, 이해력이 뛰어남을 이
르는 말.

안:광(眼眶)**몡** ⇨눈자위.

안:구(眼球)**몡** 눈의 주요 부분을 이루고 있는
구형의 시각 기관. 눈망울. 눈알. 안주(眼珠).

안:구(鞍具)**몡** 말안장에 딸린, 여러 가지 기구.

안:구^건조증(眼球乾燥症) [-쫑]**몡** 결막이나
공막의 겉껍질이 두꺼워지고 굳어져 눈알이 눈
물에 젖지 않고 은빛을 나타내는 병. 비타민
에이(A)의 결핍으로 일어남.

안:구-근(眼球筋)**몡** 안구의 운동을 맡는 일곱
개의 근육. ㉰안근(眼筋).

안:구^돌출(眼球突出)**몡** 눈알이 비정상적으로
튀어나온 상태.

안:구-마(鞍具馬)**몡** 말안장을 얹은 말.

안:구-은행(眼球銀行)**몡** 각막 이식에 쓰도록,
안구 제공자의 등록 및 각막의 보존·중개 등을
맡아보는 기관.

안-귀[-뀌]**몡** ⇨내이(內耳). ↔겉귀.

안:근(眼根)**몡** 불교에서 이르는 육근(六根)의
하나. 시각 기관인 '눈'을 이르는 말.

안:근(眼筋)**몡** 〈안구근(眼球筋)〉의 준말.

안-기다**(I)자** 〖'안다'의 피동〗 남의 품속에 들
다. ¶어머니 품에 안기다.
　　(II)타 〖'안다'의 사동〗 ①안게 하다. ¶아기를
엄마 품에 안기다. ②암탉 따위의 날짐승의 암
컷에게 알을 품게 하여 새끼를 까게 하다. ¶달
걀을 안기다. ③당하게 하거나 들씌우다. ¶못
매를 안기다.

안:기려(雁歧鑢)**몡** ⇨환¹.

안긴-문장(-文章)**몡** 절의 형태로서 큰 문장 속
에서 그 성분 구실을 하는 문장. 〔'우리는 철
수가 합격했다는 소식을 들었다.'에서 '철수가
합격했다는' 따위.〕 ㉰안은문장.

안-깃[-낀]**몡** 저고리나 두루마기 따위의 안자락
으로 들어가는 깃. ↔겉깃. *안깃이[-끼시]·
안깃만[-낀-]

안-껍데기[-떼-]**몡** ⇨속껍데기.

안-낚시'안걸이'의 잘못.

안-날[-날]**몡** 바로 전날. ¶그 안날에 예약을 하다.

안남-미(安南米)**몡** 안남, 곧 지금의 베트남에서
산출되는 쌀.

안남-인(安南人)**몡** 지난날, '베트남 인'을 중국
에서 이르던 말.

안:낭(鞍囊)**몡** 말안장의 앞 양쪽에 달아 여러
가지 물건을 넣는 가죽 주머니.

안:내(案內)**몡**[하타되자] ①어떤 곳에 데려다 줌.
¶사무실로 안내하다. ②데리고 다니면서 그곳
의 사정을 가르쳐 줌. ¶고장의 이곳저곳을 안
내하다. ③어떤 내용이나 사정 등을 알림. ¶안
내 방송. /입학 안내.

안:내-서(案內書)**몡** ①⇨안내장. ②초심자(初心
者)를 위하여 그 초보적인 사항을 알기 쉽게
적은 책. ②입문서(入門書).

안:내-소(案內所)**몡** 어떤 일에 대한 안내를 맡
아보는 곳. ¶관광 안내소.

안:내-양(案內孃)**몡** ①손님의 안내를 맡아보는
젊은 여자. ②이전에, 버스의 '여차장'을 달리
이르던 말.

안:내-업(案內業)**몡** 여객이나 관광객을 안내하
는 직업.

안:내-역(案內役)**명** 안내하는 역할, 또는 그 역할을 맡은 사람.

안:내-원(案內員)**명** 안내하는 임무를 맡아보는 사람. ¶관광 안내원.

안:내-인(案內人)**명** ①안내하는 사람. ¶관광 안내인. ②안내장을 내는 사람.

안:내-장(案內狀)[-짱]**명** ①어떤 일을 알리는 서신. 안내서. ②어떤 행사가 있음을 알리고 거기 참가해 줄 것을 권하는 서신.

안녕(安寧)**Ⅰ명** ①아무런 탈이나 걱정 없이 편안함. ¶여러분의 건강과 안녕을 기원합니다. ②사회가 평화롭고 질서가 흐트러지지 않음. ¶사회의 안녕과 질서. **Ⅱ감** 〔반말로 할 자리에〕 만나거나 헤어질 때의 인사말. ¶안녕, 내일 보자.

안녕-질서(安寧秩序)[-써]**명** 〔국가나 사회적이〕 평온하고 질서가 잘 지켜지고 있는 일. ¶공공(公共)의 안녕질서.

안녕-하다(安寧-)**형여** 아무런 탈이나 걱정 없이 편안하다. 〔안부를 묻거나 전할 때, 또는 평안하기를 빌 때에 쓰임.〕 ¶선생님, 안녕하세요?/저희 할머니도 안녕하십니다. **안녕-히부** ¶안녕히 주무십시오.

안-노인(老人)**명** 〔한 가정에서의〕 여자 노인. ¶그 집 안노인이 돌아가셨다.

안니다자 〔옛〕 돌아다니며 앉다. ¶곳나모 가지마다 간디족족 안니다가(鄭澈.思美人曲).

안:다[-따]**타** ①두 팔을 벌려 가슴 쪽으로 끌어당기거나 그렇게 하여 품 안에 있게 하다. ¶아기를 안다. ②(바람이나 비·눈·빛 따위를) 정면으로 바로 받다. ¶바람을 안고 달리다. ③남의 일을 떠맡다. ¶친구의 은행 빚을 안다. ④생각이나 감정 따위를 지니다. ¶기쁨을 안고 돌아오다. ⑤날짐승이 알을 품다. ¶둥우리에는 암탉이 알을 안고 있다.

안다리^걸기[-따-]**명** 씨름의 다리 기술의 한 가지. 오른다리로 상대편의 왼다리를 안으로 걸고 살바를 당기면서 가슴으로 밀어 넘어뜨리는 공격 기술. ®밭다리 걸기.

안:다(安-)**하타** 남이 져야 할 책임을 맡아 짐. 안담(按擔). ¶안다미를 쓰다.

안:다미-로부 (담은 것이) 그릇에 넘치도록 많게. ¶밥을 안다미로 담다.

안다미-시키다타 '안다미씌우다'의 잘못.

안:다미-씌우다[-씌-]**타** (자기가 져야 할) 책임이나 허물을 남에게 지우다. 더미씌우다. ¶제 잘못을 누나에게 안다미씌우다. ®다미씌우다.

안:다미-조개명 ☞꼬막.

안단테(andante 이)**명** ①악보에서, 빠르기를 지시하는 말. '느리게'의 뜻. ②느린 속도의 악곡이나 악장.

안단테^칸타빌레(andante cantabile 이)**명** 악보의 나타냄말. '천천히 노래 부르듯이' 또는 '천천히 걷는 정도의 속도로'의 뜻.

안단티노(andantino 이)**명** 악보에서, 빠르기를 지시하는 말. '조금 느리게'의 뜻.

안달[1]**명하자** 조급하게 굴면서 속을 태우는 짓. ¶안달이 나다. /빨리 데려다 주지 않는다고 안달을 하다.

안달[2]**명**[-딸] 바로 전달.

안달루시안(Andalusian)**명** 에스파냐의 안달루시아 지방 원산인 난용종(卵用種)의 닭.

안달-뱅이명 '걸핏하면 안달하는 사람'을 얕잡아 이르는 말. ®안달이.

안달-복달[-딸]**Ⅰ명하형** 몹시 속을 태우며 조급하게 볶아치는 일. ¶동생은 빨리 놀이터에 가자고 안달복달. **Ⅱ부** 몹시 속을 태우며 조급하게 볶아치는 모양. ¶장난감을 사 달라고 안달복달 사정해 보아야 아무 소용 없다.

안달-이명 〈안달뱅이〉의 준말.

안달-재신(-財神)**명** 몹시 속을 태우며 여기저기로 다니는 사람.

안:담(按擔)**하타** ☞안다미.

안-당(-堂)[-땅]**명** ☞정당(正堂).

안당-사경(-堂四更)[-땅-]**명** (집안의 안녕을 빌고자) 사경에 하는 실력굿.

안:대(案對)**하자타** 두 사람이 마주 대함.

안:대(眼帶)**명** 눈병이 났을 때, 눈을 보호하기 위하여 가리는 거즈 따위의 천 조각.

안-대문(-大門)[-때-]**명** 바깥채와 안채 사이에 있는 대문.

안-댁(-宅)[-땍]**명** '남의 부인'을 높이어 이르는 말.

안도(安堵)**명하자** ①〔편안한 울타리 속이란 뜻으로〕제 사는 곳에서 편안히 지냄. ②(그때까지의 불안이 가시고) 마음을 놓음. ¶안도의 숨을 내쉬다.

안:도(眼到)**명하자** 독서삼도(讀書三到)의 하나. '글을 읽을 때에는 눈으로 다른 것을 보지 말고 오로지 글만 잘 보아야 함'을 이르는 말. ⑪독서삼도.

안도-감(安堵感)**명** (불안이 가시고) 마음이 놓이는 편안한 느낌. ¶안도감을 느끼다. /안도감이 들다.

안:독(案牘)**명** 지난날, '관아(官衙)의 문서'를 이르던 말.

안-돈[-똔]**명** 주부가 지니고 있는 적은 돈. ¶사업에 안돈까지 끌어대다.

안돈(安頓)**명하타되자** ①사물을 잘 정돈함. ②편안히 정착함.

안:-돌이[-똘-]**명** 벼랑길 따위에서, 바위 같은 것을 안고 간신히 돌아가게 된 곳. ↔진돌이.

안:동(眼同)**명하타** 길을 갈 때, 사람을 데리고 함께 감. 대동(帶同). ¶하인을 안동하여 길을 떠난다.

안:동-답답이(按棟-)[-따비]**명** 굵은 기둥을 안은 것처럼 가슴이 몹시 답답함을 이르는 말.

안동^도호부(安東都護府)**명** 고구려가 망한 뒤, 그 영토를 다스리기 위하여 평양에 두었던 당나라의 관청.

안동-포(安東布)**명** 경상북도 안동 지방에서 생산되는, 올이 가늘고 고운 삼베.

안-되다[-되-/-뒈-]**형** ①가엾거나 안타까워 마음이 언짢다. ¶또 떨어지다니, 정말 안됐구나. ②(몸, 특히 얼굴이) 여위거나 해쑥하다. ¶얼굴이 무척 안됐네. 어디 아팠니? ③(일·현상 따위가) 좋게 이루어지지 않다. ¶요즘은 장사가 잘 안된다. ④(사람이) 훌륭하게 되지 못하다. ¶자식이 안되기를 바라는 부모는 아마 없을 것이다. ⑤일정한 수준이나 정도에 이르지 못하다. ¶안되어도 다섯 명은 모임에 참석할 것 같다.

안되는 놈은 두부에도 뼈라[속담] 액운에 빠진 사람은 일마다 뜻대로 되지 않을 뿐 아니라 전혀 뜻밖의 재난까지 입는다는 뜻.

안되는 사람은 자빠져도(뒤로 넘어져도) **코가 깨진다**[속담] 운수 사나운 사람은 무슨 일을 하여도 되는 일이 없다는 말.

안되면 조상(산소) **탓**[속담] 자기의 실패를 남의 탓으로 돌림을 이르는 말.

안:두(案頭)[명] 책상 위. 안상(案上). ¶안두에는 늘 돋보기가 놓여 있다.

안두리-기둥[명] 건물의 안쪽 둘레에 돌아가며 세운 기둥.

안-뒤꼍[-뙤꼍][명] 안채 뒤에 있는 뜰. *안뒤꼍이[-뙤껴치]·안뒤꼍을[-뙤껴틀]·안뒤꼍만[-뙤껸]

안-뒷간(-間)[-뙤깐/-뙨깐][명] 안채에 딸린 부녀자용 뒷간. 내측(內厠).

안드러냄-표(-標)[명] 문장 부호의 한 가지. 숨김표·빠짐표·줄임표를 통틀어 이르는 말. 잠재부(潛在符).

안득불연(安得不然)[-뿌련][()][어찌 그렇지 않겠느냐의 뜻으로] '마땅히 그러해야 함'을 이르는 말.

안-뜨기[명][하타] 뜨개질에서, 기초 뜨기의 한 가지. 메리야스의 안쪽과 같은 모양의 코가 나옴.

안-뜰[명] 안채에 딸린 뜰. 내정(內庭).

안락(安樂)[알-][명][하여] 근심 걱정이 없이 편안하고 즐거움. ¶안락한 생활.

안락-국(安樂國)[알-꾹][명] ☞극락정토.

안락-사(安樂死)[알-싸][명] 살아날 가망이 없는 병자의 고통을 덜어 주기 위하여 인위적으로 죽음에 이르게 하는 일. ⑥안사(安死).

안락-세계(安樂世界)[알-쎄계/알-쎄게][명] ☞극락정토.

안락-의자(安樂椅子)[알라긔-/알라기-][명] [편히 기대앉을 수 있도록] 푹신푹신하게 만든 편안한 팔걸이의자.

안락-정토(安樂淨土)[알-쩡-][명] ☞극락정토.

안:력(眼力)[알-][명] ①시력(視力). ¶안력은 많으나 안력은 좋으시다. ②사물의 참과 거짓, 옳고 그름 등을 분간하는 능력. ¶사람들을 꿰뚫어 보는 안력을 가지다.

안:롱(鞍籠)[알-][명] ①수레나 가마 따위를 덮는 우비(雨備). 두꺼운 유지(油紙)로 만듦. ②조선 시대에, 장악원(掌樂院)이나 사복시(司僕寺) 등 관아의 구실아치를 이르던 말.

안:롱-장(鞍籠匠)[알-][명] 안롱을 만드는 일을 업으로 하던 사람.

안료(顔料)[알-][명] ①물이나 기름 등에 녹지 않는 광물질 또는 유기질의 착색제. 페인트·잉크·화장품 등의 원료로, 첨가제와 함께 쓰임. 逊도료(塗料). ②그림물감.

안:마(按摩)[명][하타] 손으로 몸의 근육을 두드리거나 주무르거나 하여 혈액 순환을 좋게 하고 피로가 풀리게 하는 일. ¶안마를 받다.

안:마(鞍馬)[명] ①안장을 얹은 말. ②말의 등 모양을 한 틀 위에 두 개의 손잡이를 붙여 놓은 체조 기구, 또는 그것을 이용해서 하는 남자 체조 경기.

안-마당[명] 집 안에 있는 마당. ↔바깥마당.

안-마루[명] 안에 있는 마루.

안:마-사(按摩師)[명] 안마를 전문으로 하거나 업으로 삼는 사람.

안:마-술(按摩術)[명] 안마하는 기술.

안:마지로(鞍馬之勞)[명] 먼 길을 달려가는 수고. ¶안마지로를 마다 않으심에 감사하나이다.

안:막(眼膜)[명] ☞각막(角膜).

안:맥(按脈)[명] 서까래나 부연(附椽)이 도리나 평고대 안으로 들어간 부분.

안:맥(按脈)[명][하여] ☞진맥(診脈).

안:맹(眼盲)[명][하여] 눈이 멂.

안-면(-面)[명] ☞내면(內面).

안면(安眠)[명][하여] 편히 잘 잠. 안침(安枕).

안면(顔面)[명] ①얼굴. 낯. ¶손전등으로 안면을 비추는 것은 실례다. ②서로 얼굴을 아는 친분. ¶서로 안면이 있는 사이.

안면(을) 바꾸다[관용] 잘 아는 사람을 짐짓 모른 체하다.

안면-각(顔面角)[명] 사람의 얼굴을 옆에서 보았을 때, 턱의 돌출도를 나타내는 각도. 면각(面角).

안면-근(顔面筋)[명] '얼굴에 있는 근육'을 통틀어 이르는 말.

안면-박대(顔面薄待)[-때][명][하타] 잘 아는 사람을 면전에서 푸대접함.

안면-방해(安眠妨害)[명][하자] 남이 잠잘 때에 시끄럽게 함으로써 잠을 방해하는 일.

안면부지(顔面不知)[명] 얼굴을 모름, 또는 얼굴을 모르는 사람. ¶안면부지의 사람으로부터 인사를 받고 당황하다.

안면^신경(顔面神經)[명] 뇌신경의 한 갈래로, 안면근에 분포하여 얼굴의 근육 운동이나 표정 등을 지배하는 신경.

안면^신경^마비(顔面神經痲痺)[명] 안면 신경이 마비되는 증세. 흔히 얼굴의 한쪽이 일그러짐으로써, 입술이 비뚤어지고 미각 장애, 눈물 또는 침의 분비 장애 따위가 생김. 중이염·디프테리아·류머티즘 등이 그 원인임.

안면^신경통(顔面神經痛)[명] 삼차 신경(三叉神經)이 침해됨으로써 안면에 되풀이하여 일어나는 심한 통증. 삼차 신경통. 안면통.

안면-치레(顔面-)[명] 안면이 있는 사람에게 차리는 체면. ¶안면치레로 악수만 나누고 헤어지다.

안면-통(顔面痛)[명] ☞안면 신경통.

안:명수쾌(眼明手快)[명][하여] 눈썰미가 있고 하는 일이 시원시원함.

안모(顔貌)[명] 얼굴 모양. 얼굴 생김새.

안-목[명] 집의 칸이나 모난 그릇 따위의, 안으로 잰 길이.

안:목(眼目)[명] 사물을 보아서 분별할 수 있는 식견, 또는 사물의 가치를 판별할 수 있는 능력. 면안(面眼). ¶안목을 넓히다. /고미술품에 대한 안목이 높다.

안:목소시(眼目所視)[-쏘-][명] 여러 사람이 집중하여 보고 있는 터. ¶안목소시의 명백한 사실.

안:무(按舞)[명][하자] 노래나 음악에 맞추어서 무용의 동작을 창안함, 또는 그것을 연기자에게 가르침. ¶뮤지컬의 안무를 담당하다. /안무할 사람을 결정하다.

안:무(按撫)[명][하타] 백성들을 잘 보살펴서 나라의 시책에 기꺼이 따르게 함. ¶국경 지대의 여진족을 안무하다.

안:무-가(按舞家)[명] 안무를 전문적으로 하는 사람.

안:무릎[-릅][명] 씨름에서, 오른손으로 상대의 오른 무릎을 힘껏 밀어젖힘으로써 중심을 잃게 하여 넘어뜨리는 기술. *안무릎이[-르피]·안무릎만[-름-]

안:무-사(按撫使)[명] ①조선 시대에, 함경도의 경성(鏡城) 이북을 다스리던 외관직(外官職). 북감사(北監司). ②조선 시대에, 변란이나 재난이 발생한 지방에 파견되어 백성을 안무하던 임시직.

안-문(-"門)[명] ①안으로 통하는 문. ②(이중으로 되어 있는 문이나 창에서) 안쪽에 있는 문이나 창. ↔바깥문.

안:**문**(按問)**명**[하타] 죄를 캐어물음.

안:**문**(案文)**명**[하자] ①문장을 구상함. ②문서를 초안함, 또는 그 문서.

안민(安民)**명**[하자] ①민심을 어루만져 안정시킴. ②백성이 편안히 살 수 있도록 함.

안민-가(安民歌)**명** 신라 경덕왕 때, 충담사(忠談師)가 지은 10구체 향가. 나라를 다스리고 백성을 편안하게 하는 도리를 읊은 내용. 〔'삼국유사'에 실려 전함.〕

안밀(安謐) '안밀하다'의 어근.

안밀-하다(安謐)**형여** 조용하고 평안하다. 안밀-히**부**

안반**명** 떡을 칠 때 쓰는 넓고 두꺼운 나무 판. 떡판. ¶ 안반 같은 등.

안:**반**(岸畔)**명** 바닷가나 강가.

안반-뒤지기**명**[하자] ①안반에 반죽을 올려놓고 뒤집어 가면서 비무리는 일. ②서로 붙들고 엎치락뒤치락하면서 힘을 겨루는 일. 두 사람은 만나기만 하면 안반뒤지기를 하며 뒹굴곤 하였다.

안-반상(-飯床)[-빤-]**명** 궁중(宮中)에서, 대비·왕비·공주 또는 옹주에게 올리던 반상. →바깥반상.

안반-짝[-짝]'안반'의 힘줌말. ¶ 안반짝만 한 엉덩이.

안:-**받다**[-따]**타** ①어미 까마귀가 새끼에게서 먹이를 받다. ②부모가 뒷날에 자식에게서 안갚음을 받다.

안:-**받음명**[하자] 안갚음을 받는 일.

안밧[안받]**명** ¶ 안밧 大小佛殿과(朴解上 61). /두 안밧 비단을 샹하시니라(朴解中53). **옛** 안팟.

안-**방**(-房)[-빵]**명** ①집 안채의 부엌에 붙은 방. ②안주인이 거처하는 방. 규방(閨房). 내방(內房). ¶ 안방마님. →바깥방.

안방에 가면 시어머니 말이 옳고 부엌에 가면 며느리 말이 옳다**속담** 모두 이유 있는 말이어서 잘잘못을 가리기가 어렵다는 말.

안방-극장(-房劇場)[-빵-짱]**명** 텔레비전을 보는 각 가정의 방을 극장에 비유하여 이르는 말.

안방-마님(-房-)[-빵-]**명** 안방에 거처하며 가사(家事)의 권한을 가지고 있는 양반집의 마님을 이르던 말.

안방-샌님(-房-)[-빵-]**명** 늘 안방에만 들어박혀 좀처럼 바깥출입이 없는 남자를 놀림조로 이르는 말. **비**아낙군수.

안:-**배**(按排)**명**[하타][되자] 알맞게 배열하거나, 배치하거나, 조절함. ¶ 체력 안배. /인원과 장비를 적절히 안배하다.

안-번지기[-빤-]**명** 씨름에서, 오른다리를 상대편 앞에 내어 디디어 상대의 공세를 막는 기술. →밭번지기.

안-**벽**(-壁)[-뼉-]**명** 건물의 안쪽의 벽. 내벽(內壁). ¶ 안벽을 도배하다. →겉벽·바깥벽.

안벽 치고 밭벽 친다**속담** ①이편에 가서는 이렇게 말하고, 저편에 가서는 저렇게 말하여 둘 사이를 이간질하는 경우를 이르는 말. ②겉으로는 체하면서 실제로는 내막을 놓는다는 말.

안:-**벽**(岸壁)**명** ①깎아지른 듯한 낭떠러지로 된 바닷가나 강가. ②큰 배를 대기 위하여 항구나 강가에 콘크리트나 돌 따위로 쌓아서 만든 축대.

안:-**병**(眼病)[-뼝]**명** 눈병. 안질(眼疾).

안보(安保)**명** 〈안전 보장(安全保障)〉의 준말. ¶ 국가 안보. /안보 의식.

안보(安寶)**명**[하자] 임금이 옥새를 찍음.

안보-리(安保理)**명** 〈국제 연합 안전 보장 이사회〉의 준말.

안보^이:사회(安保理事會)[-회/-훼]**명** 〈국제 연합 안전 보장 이사회〉의 준말.

안:-**복**(眼福)**명** 진귀한 것, 뛰어난 것, 아름다운 것 따위를 볼 수 있는 복. (미술품이나 골동품의 진품(珍品)을 볼 기회가 있을 때 흔히 쓰는 말.)

안-**본**(贋本)**명** 위조한 책. 가짜의 책. ↔진본.

안-봉투(-封套)**명** 〔두 겹으로 된 봉투의〕 속에 든 얇은 봉투. →겉봉투.

안부(安否)**명** ①편안함과 편안하지 아니함, 또는 그러한 소식. ¶ 안부를 묻다. ②[하자]편안히 잘 있는지를 물음, 또는 편히 잘 있음을 전함. ¶ 삼촌께 안부하다.

안:-**부**(眼部)**명** 눈이 있는 부위.

안:-**부**(雁夫)**명** ⇨기러기아비.

안:-**부**(鞍部)**명** 산마루가 말안장처럼 잘록하게 들어간 부분. ¶ 이 능선(稜線)의 안부에서 왼쪽으로 하산하겠다.

안-부모(-父母)[-뿌-]**명** 어머니. 안어버이. ¶ 아이들의 교육은 주로 안부모가 맡는다. ↔바깥부모.

안-부인(-婦人)[-뿌-]**명** '남의 부인'을 높이어 이르는 말.

안분(安分)**명**[하자] 자기의 처지에 만족함.

안:-**분**(按分)**명**[하타] 비례 배분의 방법으로 나눔. 비례로 나눔. ¶ 요직을 각 계파별로 안분하다.

안:-**분^비:례**(按分比例)**명** ⇨비례 배분.

안분-지족(安分知足)**명**[하자] 제 분수를 지키며 만족할 줄을 앎.

안불망위(安不忘危)**명**[하자] 편안한 때에도 마음을 놓지 않고 늘 스스로 경계함.

안:-**비-막개**(眼鼻莫開)[-개]**명**[하형] 눈코 뜰 사이가 없을 만큼 몹시 바쁨.

안빈(安貧)**명**[하자] 비록 가난한 생활일지라도 편안한 마음으로 지냄.

안빈-낙도(安貧樂道)[-또]**명**[하자] 가난한 생활 가운데서도 편안한 마음으로 도를 즐김.

안사(安死)**명** 〈안락사〉의 준말.

안사(顔私)**명** 안면이 있음으로써 생기는 사사로운 정분.

안-사돈(-査頓)[-싸-]**명** 딸의 시어머니나 며느리의 친정어머니를 양편 사돈이 서로 이르는 말. **동**사돈댁·사부인. ↔바깥사돈.

안-사람(-싸-)[-싸-]**명** 자기의 '아내'를 예사롭게 또는 낮추어 이르는 말. ↔바깥사람.

안-사랑(-舍廊)[-싸-]**명** 안채에 딸린 사랑. ¶ 손님을 안사랑으로 맞아들이다.

안사-술(安死術)**명** 〔살아날 가망이 없는 사람을〕 안락사(安樂死)시키는 의술.

안산(安産)**명**[하타] ⇨순산(順産).

안:-**산**(案山)**명** 풍수설에서, 집터나 묏자리의 맞은편에 있는 산을 이르는 말.

안산-암(安山岩)**명** 화산암의 한 가지. 널 모양 또는 기둥 모양의 규칙적인 결이 있으며 단단함. 토목·건축 재료로 쓰임.

안-살림(-쌀-)**명** 〈안살림살이〉의 준말.

안살림-살이(-쌀-)**명** 집 안의 살림살이. 안식구가 맡아서 하는 살림살이. **준**안살림.

안상(安詳) '안상하다'의 어근.

안:-**상**(案上)**명** 책상 위. 안두(案頭).

안:-**상**(鞍傷)**명** 〔말을 타다가〕 안장에 스쳐서 생긴 상처.

안상-금보(安瑺琴譜)**명** '금합자보'의 잘못.

안-상제(-喪制)[-쌍-]**명** 여자 상제. ↔바깥상제.

안상-하다(安詳-)**형여** (성질이) 찬찬하고 자상하다. 안상-히**부**

안색 (顔色)圓 얼굴빛. 낯빛. 면색(面色). ¶ 안색이 바뀐다. /안색이 좋지 않다. ㉤신색(神色).

안색을 살피다[관용] 상대편의 표정을 살피어 그의 상태를 알려고 하다.

안색이 굳어지다[관용] 갑자기 심각한 표정을 띠다.

안생 (安生)圓하자 아무 탈 없이 편히 삶, 또는 그런 생활.

안:서 (雁書)圓 편지. 안신(雁信).

안:석 (案席)圓 앉아서 몸을 뒤로 기대는 데 쓰는 방석. 안식(案息).

안:석-궤 (案席几)[-꿰]圓 한자 부수의 한 가지. '凡·凰·凱' 등에서의 '几'의 이름.

안성-마춤 (安城-)圓 '안성맞춤'의 잘못.

안성-맞춤 (安城-)[-맏-]圓 [경기도 안성 지방에서 나는 유기(鍮器)를 주문하여 만든 것과 같다는 데서] ①'맞추어서 한 것처럼 잘 맞는 사물'을 두고 이르는 말. ¶새로 산 옷이 마치 딱 안성맞춤이다. ②'조건·상황 따위가 어떤 경우나 계제에 딱 들어맞거나 어울리게 된 것'을 두고 이르는 말. ¶독신자에게 안성맞춤인 아파트. /날씨가 맑아 등산을 하기에 아주 안성맞춤이다.

안-섶 (-)[-썹]圓 저고리나 두루마기의 안으로 들어간 섶. ↔겉섶. * 안섶이[-써피]·안섶만[-썸-]

안-손님 (-)[-손-]圓 여자 손님. 내객(內客). 내빈(內賓). ↔바깥손님.

안:수 (按手)圓하자 기독교에서, 교역자가 다른 사람의 머리 위에 손을 얹고 축복이나 성령의 힘이 내릴 것을 기도하는 일. 안수 기도.

안:수^기도 (按手祈禱)圓 ⇨안수.

안:수-례 (按手禮)圓 ①안수하는 의식. ②개신교에서, 성직을 맡을 사람에게 안수로써 성별(聖別)하는 의식.

안-슬프다圓 '안쓰럽다'의 잘못.

안식 (安息)圓하자 몸과 마음을 편히 쉼.

안:식 (案息)圓 ⇨안석(案席).

안:식 (眼識)圓 사물의 진가나 우열 등을 제대로 분별할 수 있는 안목이나 식견. ¶ 높은 안식을 지닌 분.

안식-교 (安息敎)[-꾜]圓 개신교의 한 교파. 토요일을 안식일로 삼고 예배를 보는 교파.

안-식구 (-食口)[-씩꾸]圓 ①여자 식구. ¶안식구들의 할 일. ↔바깥식구. ②〈아내〉의 낮춤말. ¶집안일을 안식구에게 맡기다.

안식-년 (安息年)[-녕-]圓 ①유대 사람이 7년만에 1년씩 쉬던 해. ②서양의 선교사들이 7년만에 1년씩 쉬는 해.

안식-산 (安息酸)[-싼]圓 〈안식향산〉의 준말.

안식-일 (安息日)[-씨-]圓 ①기독교에서 주일(主日)로 삼는 일요일. ②안식교·유대교의 성일(聖日)인 토요일.

안식-처 (安息處)圓 편안히 쉴 수 있는 곳.

안식-향 (安息香)[-씨향]圓 때죽나뭇과의 낙엽교목. 동남아시아 원산으로 높이는 약 20 m. 잎은 길둥글며, 여름에 홍백색의 작은 꽃이 피는데 향기가 있음. 나무껍질에서 분비되는 수액은 향료·약재 따위로 쓰임.

안식향-산 (安息香酸)[-씨향-]圓 방향족(芳香族) 카본산의 한 가지. 안식향을 가열·승화하여 얻음. 공업적으로 합성하기도 함. 방부제·거담약·매염제 등의 원료로 쓰임. ㈜안식산.

안신 (安身)圓하자 몸을 편안하게 가짐.

안신 (安信)圓 ①안부를 묻는 편지. ②편안하다는 소식. ㉤안후(安候).

안:신 (雁信)圓 ⇨안서(雁書).

안-심圓 쇠갈비의 안쪽 끝에 붙은, 연하고 부드러운 고기. 주로, 전골감으로 쓰임. 안심살.

안심 (安心)圓하자티자 ①근심 걱정이 없이 마음을 놓음. ②마음을 편히 가짐. ③불교에서, 불법을 굳게 믿어 어떠한 충동에도 마음이 움직이지 않는 이른 상태를 이름.

안-심부름[-씸-]圓하자 안주인이 시키는 심부름. 집안 여자들의 심부름. ↔바깥심부름.

안심-살圓 ⇨안심.

안심-입명 (安心立命)[-씸립-]圓 불교에서, 믿음으로 마음의 평화를 얻어, 하찮은 일에 마음이 흔들리지 않는 경지를 이르는 말.

안심찮다 (安心-)[-찬타]圓 ①마음이 놓이지 아니하다. ②남에게 폐를 끼쳐 마음이 꺼림하다. * 안심찮아[-차나]·안심찮소[-찬쏘]

안쓰럽다[-따][안쓰러우니·안쓰러워]圓ㅂ ①힘 없는 사람이나 손아랫사람에게 폐를 끼쳐 매우 미안하고 딱하다. ②힘없는 사람이나 손아랫사람의 딱한 사정이 가엾고 언짢다. ¶소녀 가장의 사정이 몹시 안쓰럽다.

안아-맡다[-맏따]티 남의 일을 떠맡아서 책임지다. ¶아내는 남의 일까지 안아맡아 고생한다.

안아-치다티 ①뒤로 돌아서서 어깨 너머로 망치질을 하다. ②씨름에서, 상대편의 몸통을 안고 메어치다.

안:압 (眼壓)圓 각막(角膜)과 공막(鞏膜)에 싸인 안구(眼球) 내부의 압력.

안:약 (眼藥)圓 눈병에 쓰는 약. 눈약.

안양 (安養)圓하자 마음을 편안히 하여 몸을 다스림. ②⇨안양정토.

안-양반 (-兩班)[-냥-]圓 '안주인'을 높이어 이르는 말. ↔바깥양반.

안양-정토 (安養淨土)圓 ⇨극락정토(極樂淨土). 안양(安養).

안-어버이圓 ①어머니. 안부모. ↔바깥어버이. ②(시집간 여자가) 시집 어른 앞에서 '친정어머니'를 이르는 말.

안어울림-음 (-音)圓 음악에서, 동시에 울리는 둘 이상의 음이 서로 어울리지 않아 불안정한 느낌을 주는 화음. 불협화음. ↔어울림음.

안어울림^음정 (-音程)圓 음악에서, 두 음이 동시에 울렸을 때 서로 잘 어울리지 아니하는 음정. [장2도·단2도 등의 음정.] 불협화 음정. ↔어울림 음정.

안업 (安業)圓하자 편안한 마음으로 사업이나 업무에 종사함.

안여 (安如)圓 '안여하다'의 어근.

안여반석 (安如磐石·安如盤石)圓 반석과 같이 든든하고 믿음직함.

안여태산 (安如泰山)圓 태산과 같이 마음이 든든하고 믿음직함. ¶그분이 가까이 계셔서 안여태산입니다.

안:여-하다 (安如-)圓여 ⇨안연하다.

안연 (晏然)圓 '안연하다'의 어근.

안:-연고 (眼軟膏)圓 눈에 넣거나 바르거나 하는, 눈병에 쓰는 연고.

안:연-하다 (晏然-)圓여 편안하고 안정되어 있다. 안여하다. ¶안연한 성품. 안연-히圓.

안:염 (眼炎)圓 눈에 생기는 염증.

안온 (安穩)圓하자圓 아무 탈 없이 편안하고 조용함. ¶만년에는 안온한 나날을 보냈다. ㈖평온(平穩). 안온-히圓.

안-올리다[타] (옻이나 그 밖의 칠감으로) 그릇이나 기구 따위의 안쪽을 칠하다.

안-옷[아논][명] ①안에 입는 옷. ②안식구의 옷. ②↔바깥옷. *안옷이[아노시]·안옷만[아논-]

안-옷고름[아논꼬-][명] 옷의 안깃을 여미어 잡아매는 옷고름. ㉰안고름. ↔곁옷고름.

안옹근-이름씨[-니-][명] ☞의존 명사.

안와(眼窩)[명][하자] 편안히 누움.

안;와(眼窩)[명] ☞눈구멍.

안올림-소리[명] 소리 낼 때 목청을 떨어 울리지 않고 내는 소리. 'ㅂ·ㅃ·ㅍ·ㄷ·ㄸ·ㅌ·ㄱ·ㄲ·ㅋ·ㅈ·ㅉ·ㅊ·ㅅ·ㅆ·ㅎ'이 이에 딸림. 맑은소리. 무성음. 청음(淸音). ↔울림소리.

안위(安危)[명] 편안함과 위태함. ¶국가의 안위에 관계되는 일. /가족의 안위를 돌보다.

안위(安胃)[명][하자] (소화가 잘되는 음식을 먹거나 약을 먹어서) 위를 편안하게 함.

안위(安慰)[명][하자] ①위로하여 마음을 편안하게 함. ②안정되어 편히 지냄.

안위-미정(安危未定)[명] 위험이 아직 사라지지 않은 상태.

안유(安遊)[명][하자] 마음 편히 놀며 지냄.

안은-문장(-文章)[명] 절(節)로 된 다른 문장을 성분으로 안고 있는 문장. 〔'나는 그가 소설가임을 알았다.'라는 문장은 '그가 소설가임'을 목적절로 안고 있는 안은문장임.〕 ㉮안긴문장.

안이(安易) '안이하다'의 어근.

안이-하다(安易-)[형여] ①(하기에) 어렵지 아니하다. 손쉽다. ¶안이한 방법을 택하다. ②근심 없이 편안하다. ¶안이한 생활. ③(충분히 생각함이 없이) 적당히 처리하려는 태도가 있다. ¶안이한 계획.

안인(安人)[명] 조선 시대, 정칠품·종칠품 문무관의 아내인 외명부의 칭호.

안-인(贋印)[명] ☞위인(僞印).

안-일[-닐][명] 집 안에서 주로 여자들이 하는 일. ↔바깥일.

안일(安逸)[명][하자] ①편안하고 한가로움. ②무엇을 쉽게 생각하여 관심을 적게 두거나 편안함만을 누리려는 태도. ¶안일하게 대처하다. /안일한 근무 자세. **안일-히**[부].

안일-호장(安逸戶長)[명] 고려 시대에, '나이 일흔이 되어 퇴직한 호장'을 일컫던 말.

안-자락[-짜-][명] 저고리·치마 등을 여미었을 때, 안쪽으로 들어가는 옷자락. ↔겉자락.

안자일렌(Anseilen 독)[명] 등산에서, 여럿이 함께 암벽 따위를 오르내릴 때 안전을 위하여 자일로 서로의 몸을 잡아매는 일.

안;작(贋作)[명][하자] ☞위조(僞造).

안잠[-짬][명] 여자가 남의 집에서 먹고 자며 일을 도와주는 일, 또는 그런 여자.

안잠-자기[-짬-][명] 안잠자는 여자.

안잠-자다[-짬-][자] 여자가 남의 집에서 지내면서 먹고 자며 일을 도와주다.

안-장(-張)[명] ☞속표지.

안장(安葬)[명][하자][되자] 편안히 장사 지냄. 영장(永葬). ¶선산에 안장하다.

안-장(鞍裝)[명] ①(사람이 타기 위하여) 말의 등에 얹는, 가죽으로 만든 제구. ②자전거 따위의 사람이 앉는 자리.

안장-코(鞍裝-)[명] 안장 모양으로 콧등이 잘록한 코, 또는 그렇게 생긴 사람.

안;저(眼底)[명] 안구(眼球) 내부의 뒤쪽인, 망막이 있는 부분.

안저지[명] 지난날, 어린아이를 안아 주며 보살피는 여자 하인을 이르던 말.

안-전[-쩐][명] 그릇의 아가리나 전의 안쪽.

안-전(-殿)[-쩐][명] 대궐 안의 임금이 거처하는 집. 내전(內殿).

안전(安全)[명][하자] ①위험하지 않음. 위험이 없음, 또는 그러한 상태. ¶안전한 방법을 취하다. ②아무 탈이 없음. ¶화물을 안전하게 수송하다. /목적지까지 안전하고 편안하게 모시겠습니다. ↔위험. **안전-히**[부].

안;전(案前)[명] 존귀한 사람이 앉아 있는 자리의 앞. ¶감히 어느 안전이라고 망언이냐?

안;전(眼前)[명] 눈앞. ¶안전에 펼쳐지는 풍경.

안전-감(安全感)[명] 편안하여 조금의 탈이나 위험이 없는 느낌.

안전^개폐기(安全開閉器)[-폐/-페-][명] 전기 회로에 지나치게 많은 전류가 흐를 때, 자동적으로 전류가 끊어지게 만든 장치. ㉮안전기.

안전-거리(安全距離)[명] ☞안전시거.

안전계^수(安全係數)[-계/-게-][명] ☞안전율의 준말.

안전-기(安全器)[명] 〈안전 개폐기〉의 준말.

안전-답(安全畓)[명] ☞수리 안전답(水利安全畓).

안전-등(安全燈)[명] 탄광 등의 갱내에서 쓰는, 유리와 철망으로 씌운 등. 〔갱내의 가스에 인화(引火)할 염려가 없음.〕

안전-띠(安全-)[명] 자동차나 비행기 따위에서, 어떤 충격으로부터 사람을 보호하기 위하여 몸을 좌석에 고정하는 띠. 안전벨트.

안전-면도기(安全面刀器)[명] 살갗을 상하지 않고 안전하게 면도할 수 있게 만든 기구.

안전-모(安全帽)[명] 공장이나 공사장, 야구 경기 등에서 머리를 보호하기 위하여 쓰는, 쇠나 플라스틱으로 만든 모자.

안전-벨트(安全belt)[명] 안전띠.

안전^보:장(安全保障)[명] 외국으로부터의 침략에 대하여 국가의 안전을 지키는 일. ㉮안보.

안전^보:장^이:사회(安全保障理事會)[-회/-훼][명] 〈국제 연합 안전 보장 이사회〉의 준말.

안전-봉(安全棒)[명] 제어봉의 한 가지. 원자로 내에서 중성자가 늘어 어떠한 위험이 생겼을 때 원자로 중심부에 끼우는 막대.

안전-사고(安全事故)[명] 공장·광산·공사장 등에서, 안전 수칙을 지키지 않아 일어나는 사고.

안전-성냥(安全-)[명] 성냥개비 끝에 적린(赤燐)을 사용함으로써, 성냥갑 옆에 대고 긋지 않으면 발화(發火)하지 않는 성냥. 〔황린을 사용한 초기의 성냥에 대하여 이르는 말.〕

안전-시거(安全視距)[명] 자동차에서 바라보아 안전하게 운전할 수 있는 앞길의 거리. 안전거리.

안전-시설(安全施設)[명] 건설 현장·생산업소·운송 기관 따위에서, 재해를 막기 위해 설치한 시설. ¶스키장의 안전시설 미비로 안전사고가 빈번히 발생한다.

안전-유리(安全琉璃)[-뉴-][명] 사람이 다칠 위험을 줄이기 위하여, 유리의 재질을 강화하여, 깨어지더라도 잘게 부서지거나 알갱이 모양으로 부서지도록 만든 유리.

안전-율(安全率)[-뉼][명] 기계나 구조물 또는 그 재료의 강도(强度)와 안전상 허용되는 한도인 허용 응력(應力)과의 비. 안전 계수.

안전-장치(安全裝置)[명] 기계나 기구 등에 위험 방지를 위해 덧붙인 장치. 특히, 총포의 오발을 막기 위하여 방아쇠가 당겨지지 않도록 한 장치.

안전^전:류(安全電流)[-절-][명] 전선에 무리 없이 안전하게 흐를 수 있는 전류의 크기.

안전-지대 (安全地帶)**명** ①위험이 없는 장소. ¶안전지대로 대피하다. ②도로 표지 따위에 의하여 안전한 곳으로 지정되어 있는 노상(路上)의 부분.

안전-판 (安全瓣)**명** ①보일러 따위의 내부 압력이 일정 한도 이상이 되면 자동적으로 배출구가 열려 증기가 나오게 된 장치. ②'위험을 사전에 막는 작용을 하는 기구나 제도' 등을 비유하여 이르는 말. ¶핵전쟁 방지의 안전판.

안전-표지 (安全標識)**명** 사고의 예방과 안전을 위하여 도로·비행장·공사장 등에서 쓰이는 금지·주의·방향 등의 표지.

안전-핀 (安全pin)**명** ①타원형으로 구부러져 끝을 안전하게 가릴 수 있게 만든 핀. ②수류탄 따위가 함부로 터지지 않도록 신관(信管)에 꽂는 핀. ¶안전핀을 뽑다.

안절-부절 **부** 몹시 초조하고 불안하여 어쩔 줄 몰라 하는 모양. ¶안절부절 어쩔 바를 모르다.

안절부절-못하다 [-모타-] **자여** 몹시 초조하고 불안하며 어쩔 줄 몰라 하다. ¶가족들은 안절부절하며 수술 결과를 기다렸다.

안절부절-하다 **자여** '안절부절못하다'의 잘못.

안:점 (眼點) [-쩜] **명** 하등 동물의 원시적인 구조로 된, 점 모양의 시각기(視覺器). 명암을 구별할 수 있음.

안접 (安接)**명자여** 편히 머물러 삶.

안정 (安定)**명** ①**하자되자** 흔들림이 없이 안전하게 자리 잡음. ¶물가 안정. /정국(政局)이 안정되다. ②**하자되자** 물리에서, 물체나 물질에 변화를 주었을 때, 원래의 상태로 돌아가려고 하는 일. ③화학에서, 화합물이 쉽게 분해되지 않는 일.

안정 (安靖)**명하타** 나라를 편안하게 다스림.

안정 (安靜)**명** ①**하형** 편안하고 고요함. ¶분위기가 안정하다. ②**하자되자** 병을 치료하기 위하여, 몸과 마음을 편안하게 하여 조용히 지냄. ¶안정을 취하다. /수술한 환자는 되도록 몸을 안정해야 한다.

안:정 (眼睛)**명** ☞눈동자.

안정-감 (安定感)**명** 편안히 자리 잡힌 느낌. ¶매우 안정감 있는 그림.

안정-공황 (安定恐慌)**명** 인플레이션을 수습하고 통화 가치를 안정시킬 때에 일어나는 반동적 과정으로서의 혼란. 〔통화 긴축으로 인하여, 기업이 파산하고 실업자가 증가하는 따위.〕

안정-권 (安定圈) [-꿘] **명** 안전하게 자리 잡은 범위. ¶합격 안정권.

안정-기 (安定期)**명** 안정된 상태를 유지하는 기간. ¶정국(政局)이 안정기에 들다.

안정-도 (安定度)**명** 물체가 안정되어 있을 때의 밑면·무게 중심·무게에 의하여 나타내는 안정의 정도.

안정^동위^원소 (安定同位元素)**명** 방사성을 가지지 않은 동위 원소.

안정-성 (安定性) [-썽] **명** 안정된 상태를 유지하는 성질. ¶고용 안정성 보장. /금융의 안정성 확보.

안정^성장 (安定成長)**명** 한 나라의 경제가 대내적으로는 인플레이션이나 디플레이션을 일으키지 않고, 대외적으로는 국제 수지의 적자를 발생시키지 않으면서 일정한 속도로 국민 소득이 증가해 가는 상태.

안정-세 (安定勢)**명** 큰 변동이 없이 안정 상태를 유지하고 있는 시세. ¶농산물 가격이 안정세를 유지하다.

안정-의 (安定儀) [-의/-이] **명** 배의 동요를 막기 위한 장치의 하나. 고속으로 회전하는 바퀴의 특성을 이용한 것.

안정^임:금제 (安定賃金制)**명** 노동자와 사용자 사이에, 임금에 대한 일정 기간의 협약을 맺음으로써 임금에 대한 분쟁을 피하는 제도.

안정^주주 (安定株主)**명** 당장의 여건 변화에 관계없이 장기적으로 주식을 보유하는 주주. 〔대중 투자자에 대해 사업 법인이 이에 해당함.〕

안정^통화 (安定通貨)**명** 발행량의 인위적인 조절에 의하여 가치가 안정되어 있는 통화.

안정^포말 (安定泡沫)**명** 여러 시간 동안 꺼지지 않는 거품. 〔비누·색소·단백질 따위의 수용액에 생긴 거품 같은 것.〕

안젤루스 (Angelus)**명** ①'삼종 기도(三鐘祈禱)'를 달리 이르는 말. ②'삼종 기도'의 시각을 알리는 성당의 종.

안:조 (贋造)**명하타되타** ☞위조(僞造).

안:족 (雁足)**명** ☞기러기발.

안존 (安存)**명** **Ⅰ하자** ☞안거(安居). **Ⅱ하형** (사람됨이) 조용하고 얌전함. 안존-히**부**.

안좌 (安坐)**명** ①**하자** 편히 앉음. ②**하자** 부처 앞에 무릎을 꿇고 앉음. ③**하타** 부처를 법당에 안치함.

안주 (安住)**명하자** ①자리를 잡아 편안하게 삶. ¶안주의 땅을 구하다. ②현재의 상태에 만족하고 있음. ¶월급 생활에 안주할 뿐 딴 뜻이 없다.

안주 (按酒)**명** 술을 마실 때 곁들여 먹는 음식. 술안주. ¶안주 일체.

안:주 (眼珠)**명** ☞안구(眼球).

안:주 (雁柱)**명** ☞기러기발.

안-주머니 [-쭈-] **명** 옷 따위의 안쪽에 달린 주머니.

안주-상 (按酒床) [-쌍] **명** 안주를 차려 놓은 상.

안-주인 (-主人) [-쭈-] **명** 여자 주인. 주인댁(主人宅). ↔바깥주인.

안-주장 (-主張) [-쭈-] **명하타** 〈내주장(內主張)의 속된 말.

안줏-감 (按酒-) [-주깜/-준깜] **명** ☞안줏거리.

안줏-거리 (按酒-) [-주꺼-/-준꺼-] **명** 안주가 될 만한 먹을거리. 안줏감.

안-중 (眼中)**명** ①눈 속. ②《주로, '안중에'의 꼴로 부정어와 함께 쓰이어》 고려하거나 관심을 가지는 범위의 안. ¶그런 사람은 안중에 두지도 않는다.

안중에 사람이 없다 **관용** 조금도 신경 쓰지 아니하다. 전혀 문제로 삼지 아니하다.

안-중무인 (眼中無人)**명** ☞안하무인.

안-중문 (-中門) [-쫑-] **명** 안마당으로 들어가는 중문.

안:중-인 (眼中人)**명** ①늘 마음에 두고 만나 보기를 바라는 사람. ②전에 본 적이 있는 사람.

안:중-정 (眼中釘)**명** ☞눈엣가시.

안지 (安地)**명** ①마음 편히 살 수 있는 곳. ②마음 편한 지위(地位).

안-지름 [-찌-] **명** 관(管)이나 그릇 따위의 안쪽으로 잰 지름. 내경(內徑). ↔바깥지름.

안-지밀 (-至密) [-찌-] **명** 왕비가 거처하는 방.

안직 **부** 〔옛〕 가장. ¶외로운 城이 안직 怨望ᄒᆞ야 스랑ᄒᆞ놋다(杜初3:4). /안직 貧困ᄒᆞ니는 머리 셴 拾遺ㅣ 거러가노라(重杜1:10).

안:진 (雁陣)**명** ①줄지어 날아가는 기러기의 행렬. ②기러기 행렬 모양의 진법(陣法).

안:질 (眼疾)**명** 눈병. 안병(眼病).

안-집[−찝]똉 ①안채. ②(한 집에서 여러 가구가 살 때의) 주인집.

안-짝똉 ①어떤 거리나 수량에 미치지 못하는 범위. ¶여기서 십 리 안짝이다. /스무 살 안짝의 젊은이. ②한시(漢詩)에서, 대구(對句)를 이루는 두 짝 중 앞에 있는 짝. 두 짝으로 된 것의 안에 있는 짝. ↔바깥짝.

안짱-걸음똉 두 발끝을 안쪽을 향해 들여 모아 걷는 걸음.

안짱-다리똉 두 발끝을 안쪽으로 우긋하게 하고 걷는 다리, 또는 다리가 그렇게 생긴 사람. ↔밭장다리.

안-쪽똉 ①안에 있는 부분, 또는 안으로 향한 방향. 내측(內側). ¶굴은 안쪽으로 들어갈수록 넓어졌다. →바깥쪽. ②((의존적으로 쓰이어)) '어떤 거리나 수량에 미치지 못하는 범위'를 이르는 말. ¶집에서 학교까지의 거리는 기껏해야 100미터 안쪽이다.

안쫑-잡다[−따]퇴 ①마음속에 두다. ¶늘 안쫑 잡고 있던 일. ②겉가량으로 헤아리다. ¶안쫑 잡아 쉰 개도 넘겠다.

안-찌똉 윷판에서, 방에서 꺾인 둘째 밭.

안찌-대다퇴 윷놀이에서, 윷판의 안찌에 말을 놓다.

안-찝똉 ①옷 안에 받치는 감. 안감. ¶안찝을 대다. /안찝을 받치다. ㊜안. ②소나 돼지의 내장. ③☞관(棺).

안찝-광목=廣木)[−꽝−]똉 안찝으로 쓰는 광목.

안-차다휑 겁이 없고 깜찍하다. ¶안찬 소년. / 안차기로 유명한 사람.
　안차고 다라지다<판용> 성질이 겁이 없고 깜찍하며 당돌하다.

안착(安着)똉[−하자][−되자] 무사히 도착하다. ¶해가 지기 전에 부산에 안착하다.

안-찰(按察)똉[−하타] (특히 행정 따위에 대하여) 자세히 조사하여 잘잘못을 밝힘.

안-찰(按擦)똉[−하자] 목사나 장로가 환자를 위하여 그 몸의 어느 부위를 어루만지는 일.

안-찰²기도(按擦祈禱)똉 목사나 장로가 환자에게 안찰하면서 성령의 힘으로 병이 낫기를 비는 기도.

안-창똉 신 안바닥에 대는 가죽이나 헝겊.

안-창(雁瘡)똉 한방에서, 첫추위 무렵에 흔히 생기는 다리의 부스럼을 이르는 말. 〔해마다 기러기가 올 때쯤 생기고, 갈 때쯤 낫는다 하여 붙은 이름임.〕

안-채똉 안팎 각 채로 되어 있는 집의 안에 있는 집채. 내사(內舍). 안집. ↔바깥채.

안:-책(眼彩)똉 ☞안광(眼光).

안:-채다자 ①(눈이나 비 따위가) 앞으로 들이치다. ②(책임 따위를) 떠맡게 되다.

안:-책(案冊)똉 ☞선생안(先生案).

안-초-공(按草工)똉 기둥머리에 얹어서 주심포 (柱心包)를 받드는 부재(部材).

안:-총(眼聰)똉 ☞시력(視力).

안-추르다[−추루−・−츨러]퇴르 ①고통 따위를 꾹 참다. ②노여움을 누르고 마음을 가라앉히다.

안:-출(案出)똉[−하타][−되자] 생각해 냄. 궁리하여 만들어 냄. ¶새로운 방법을 안출하다.

안치(安置)똉[−하타][−되자] ①안전하게 잘 둠. ¶은행 금고에 귀중품을 안치하다. ②불상(佛像)・위패(位牌)・시신(屍身) 따위를 잘 모시어 둠. ¶불상을 법당에 안치하다. ③지난날, 귀양살이하는 죄인이 다른 곳으로 가지 못하게 주거를 제한하던 일, 또는 그런 형벌.

안:치다¹자 ①어려운 일이 앞에 닥치다. ②앞에 와서 닿다.

안치다²퇴 삶거나 찌거나 끓일 물건을 솥이나 시루에 넣다. ¶솥에 쌀을 안치다.

안치-소(安置所)똉 안치하는 곳.

안-치수(−數)똉 (그릇・관 따위의) 안쪽으로 잰 길이. ↔바깥치수.

안침(安枕・安寢)똉[−하자] ☞안면(安眠).

안타(安打)똉 야구에서, 타자가 안전하게 베이스에 나아갈 수 있도록 치는 일. 히트.

안타까워-하다[−워−][−하] ①(남의 고통이나 딱한 처지에 대하여) 답답해하며 애를 태우다. ¶아내는 소녀 가장이 고생하는 것을 보고 안타까워했다. ②(뜻대로 되지 않아) 조바심을 내며 답답해하다. ¶달리기에서 아들이 뒤처지는 것을 보며 안타까워하는 어머니.

안타깝다[−따][안타−까우니・안타까워]휑[행] ①남의 고통이나 딱한 처지 등을 보니 답답하다. ¶어린것이 고생하는 걸 보니 정말 안타깝다. ②(뜻대로 되지 않아) 조바심이 나고 답답하다. ¶진심을 몰라주니 안타깝다. 안타까이튀.

안타깝-이똉 '걸핏하면 안타까워하는 사람'을 조롱조로 이르는 말.

안타깨비똉 ①명주실의 도막을 이어서 짠 굵은 명주. ②<안타깨비쐐기>의 준말.

안타깨비-쐐기똉 쐐기나방의 유충. ㊜안타깨비.

안:-타다퇴 말이나 가마 따위를 다른 사람의 앞에 앉아 함께 타다.

안태(安胎)똉[−하] 한방에서, 배 속에서 놀라 움직이는 태아를 다스려서 편안하게 하는 일.

안태(安泰)똉[−하휑] (나라나 집안이) 아무 탈 없이 평화로움.

안태-본(安胎本)똉 〔어머니 배 속에 있을 때 터의 본관(本貫)이라는 뜻으로〕 '선조 때부터의 고향'을 이르는 말.

안:-태우다퇴 〔'안타다'의 사동〕 말이나 가마를 탄 사람이) 다른 사람을 자기 앞에 앉히다.

안택(安宅)똉[−하자] (판수나 무당이) 한 해 동안 집안에 탈이 없도록 터주를 위로하는 일.

안택-경(安宅經)[−꼉]똉 안택할 때 판수가 외는 경문.

안택-굿(安宅−)[−꿋]똉 안택을 위하여 하는 굿. * 안택굿[−꾸지]・안택굿만[−꾼−]

안테나(antenna)똉 전파를 보내거나 받기 위하여 공중에 친 도체. 공중선(空中線).

안테나-선(antenna線)똉 안테나로 쓰는 금속선.

안테나-숍(antenna shop)똉 (상품의 판매보다는) 신제품 소개・광고 효과・정보 수집 등을 목적으로 제조 회사가 여는 직영 점포.

안토(安土)똉[−하자] 그곳에서 편안히 삶.

안토시안(anthocyan)똉 ☞화청소(花靑素).

안토-중천(安土重遷)똉 고향에서 눌러 살기를 바라고, 다른 고장으로 떠나기를 꺼려함.

안-통똉 ①그릇 따위의 안쪽의 넓이. ②<속마음>의 속된 말.

안:-투지배(眼透紙背)똉[−하자] 〔눈빛이 종이 뒷면까지 뚫는다는 뜻으로〕 책을 읽고 이해하는 힘이 매우 강함함을 이르는 말.

안트라센(anthracene)똉 방향족(芳香族) 탄화수소의 한 가지. 판상(板狀)의 결정. 방충제나 알리자린 등 염료의 원료로 쓰임.

안-틀다[−트니・−틀어]자[르] (수량이나 값 따위가) 어떤 한도를 넘지 아니하다. ¶안튼 가격.

안티(anti)똉 반대 또는 반대하는 일.

안티노미(antinomy)똉 이율배반(二律背反).

안티몬(Antimon 독)**명** 금속 원소의 한 가지. 청백색이고 광택이 있으며 무름. 납과의 합금으로 활자(活字)나 축받이 따위를 만드는 데 쓰임.〔Sb/51/121.75〕

안티테:제(Antithese 독)**명** 반정립(反定立). ↔테제(These).

안티피린(antipyrin)**명** 해열·진통제로 쓰이는 약의 한 가지. 무색 또는 백색의 결정성 가루.

안팎[−팍]**명** ①안과 밖. ¶나라 안팎. /집 안팎을 깨끗이 청소하다. ②〔의존 명사적 용법〕시간이나 수량이 대강 그 정도임을 나타내는 말. ¶두 시간 안팎. /천 원 안팎. ③아내와 남편. 내외(內外)¹. ¶안팎이 함께 오다. * 안팎이[−파끼]·안팎만[−팡−]

안팎-곱사등이[−팍꼽싸−]**명** ①등뼈가 앞뒤로 굽어 가슴과 등이 비정상적으로 튀어나온 사람. 귀흉귀배(龜胸龜背). ②'안팎으로 하는 일이 잘되지 않음'을 비유하여 이르는 말. ¶돈 잃고 친구도 잃은, 그야말로 안팎곱사등이가 되었다.

안팎-노자(−路資)[−팡−]**명** 가고 오는 데 드는 여비(旅費).

안팎-벽(−壁)[−팍뼉]**명** 안벽과 바깥벽.

안팎-살림[−팍쌀−]**명** 안살림과 바깥살림.

안팎-식구(−食口)[−팍씩꾸]**명** 안식구와 바깥식구.

안팎-심부름[−팍씸−]**명** 안심부름과 바깥심부름. ¶안팎심부름을 가리지 않고 하는 하인.

안팎-일[−팡닐]**명** 안일과 바깥일. ¶안팎일이 모두 순조롭다.

안팎-장사[−팍짱−]**명** 이곳의 산물을 사서 다른 곳에 가져다가 팔고, 그 돈으로 그곳의 산물을 사서 이곳에 가져다가 파는 장사.

안팎-중매(−仲媒)[−팍쭝−]**명** 부부가 함께 나서서 하는 중매.

안팎-채[−팍−]**명** 안채와 바깥채.

안팢[−팓]〔옛〕안팎. ¶일로브터 안팟 根과 塵괘(圓覺上二之二34). 참안팠.

안팢[−팓]〔옛〕안팎. ¶안팠티 다 조호믈 表ㅎ시고(法華6:144). /宮室을 지오더 안팠긑 분변ㅎ야(小解2:50).

안-편지(−便紙)**명하타** 여자끼리 서로 주고받는 편지, 또는 그런 편지를 보냄. 내간(內簡). 내서(內書). 내찰(內札).

안:폐(眼廢)[−페/−페]**명하자** 시력을 잃게 됨.

안:포(眼胞)**명** 척추동물에서, 눈이 형성될 때 전뇌(前腦) 양옆에 나타나는 돌출물. 뒤에 안배로 변함.

안:표(眼標)**명하타** 나중에 알아 낼 수 있게 한 표. 눈표. ¶돌아올 길을 위하여 몇몇 곳에 안표를 해 두었다.

안:피-지(雁皮紙)**명** 산닥나무 종류인 안피나무 껍질의 섬유로 만든 종이. 얇고 질기며 지질(紙質)이 좋음.

안:하(眼下)**명** (높은 곳에서 내려다볼 때의) 눈 아래. ¶안하에 펼쳐지는 자연.

안:하무인(眼下無人)**명** 〔눈 아래에 사람이 없다는 뜻으로〕교만하여 남을 업신여겨 김을 이르는 말. 안중무인(眼中無人).

안:하무인-격(眼下無人格)[−격]**명** 사람이 교만하여 남을 업신여기는 모양. ¶안하무인격으로 행동하다.

안한(安閑·安閒)'안한하다'의 어근.

안한-하다(安閑−·安閒−)**형여** (몸과 마음이) 걱정 없이 편안하고 느긋하다. 안한-히**부**.

안:항(雁行)**명** 〔기러기의 행렬이란 뜻으로〕남의 '형제'를 높여 이르는 말. ¶안항이 몇 분이신지요?

안-해명 바로 전 해. 전년(前年).

안해명 〔옛〕아내. ¶ㅅ촌아오 文叔의 안해(小解6:55). /벼슬을 ㅎ여서 안해의 머리 단장ㅎ기 七十萬 돈 쓴 거시 이시니(小解6:116).

안:핵(按覈)**명하타** 자세히 조사함.

안:핵-사(按覈使)[−싸]**명** 조선 말기에, 지방에서 일어난 일을 조사하기 위하여 보내던 임시 벼슬.

안행(雁行)**명** '안항(雁行)'의 잘못.

안향(安享)**명하타** 편안하게 삶을 즐김. 편안하게 복을 누림.

안향-부귀(安享富貴)**명하자** 편안히 부귀(富貴)를 누림.

안:험(按驗)**명하타** 자세히 조사하여 증거를 세움.

안:형제(−兄弟)**명** 여자 형제.

안:혼(眼昏)**명하자** 시력(視力)이 흐림.

안홍-색(殷紅色)**명** '은홍색(殷紅色)'의 잘못.

안:화(眼花)**명** 눈앞에 불똥 같은 것이 어른거려 보이는 눈병.

안:-확(眼−)**명** ☞눈구멍¹.

안:환(眼患)**명** 남을 높여 그의 '안질(眼疾)'을 이르는 말.

안회(安蛔)[−회/−훼]**명하자** 거위배를 치료함.

안후(安候)**명** 〈안신(安信)〉의 높임말.

안후(顔厚)**명** 〔얼굴이 두껍다는 뜻으로〕염치가 없고 뻔뻔스러움을 이르는 말.

앉다[안따]**자** ①궁둥이를 바닥에 붙이고 윗몸을 세우다. ¶걸상에 앉다. /바위 위에 앉다. ②(날아다니는 것이) 무엇에 발을 붙이고 머무르다. ¶새가 가지 끝에 앉다. /비행기가 활주로에 앉다. ③(건물이) 어떤 곳에 자리 잡다. ¶집이 남향으로 앉아야 볕이 잘 든다. ④어떤 지위를 차지하다. ¶회장 자리에 앉다. ⑤무엇이 끼거나 붙거나 내려 쌓이다. ¶책상에 먼지가 앉다. ⑥적극 나서지 않다. 대책을 세우지 않다.《주로, '앉아(서)'의 꼴로 쓰임.》¶가만히 앉아서 구경만 할 참이오?/더 이상 가만히 앉아서 당할 수만은 없습니다. * 앉아·앉고[안꼬]·앉는[안−]

앉아 주고 서서 받는다족담 빌려 주기는 쉽지만 돌려받기는 힘들다는 말.

앉은 자리에 풀도 안 나겠다족담 '사람이 지나치게 깐깐하고 매서울 만큼 냉정한 경우'를 비유하여 이르는 말.

앉으나 서나판용 늘. 항상. 자나깨나. ¶어머니는 앉으나 서나 아들 생각뿐이다.

앉아-버티다자 뜻을 굽히거나 남의 요구에 응하지 아니하다.

앉은-걸음명 앉은 채로 걷는 걸음걸이.

앉은-검정명 솥 밑에 엉겨 붙은 검은 그을음. 한방에서 지혈(止血) 또는 지설(止泄)의 약으로 쓰임. 백초상(百草霜).

앉은-굿[−굳]**명** 장구와 춤 없이 하는 굿. * 앉은굿이[−구시]·앉은굿만[−군−]

앉은-뱅이명 앉아서 앉기는 하여도 서지 못하는 불구자. 좌객(坐客).

앉은뱅이가 서면 천 리를 가나족담 능력도 기력도 없는 이가 장차 무슨 큰일을 할 듯이 서둘 때 핀잔 주는 말.

앉은뱅이 용쓴다족담 '제 능력으로 할 수 없는 일'을 억지로 하려고 하는 경우를 비유하여 이르는 말.

앉은뱅이-걸음명 앉은뱅이처럼 앉아서 걷는 걸음걸이.

앉은뱅이-저울명 비교적 무거운 물건을 다는 데 쓰는 저울의 한 가지. 받침대에서 지레의 원리를 응용하여 대저울로 무게를 전달하고, 분동(分銅)으로 균형을 잡아 무게를 달게 되어 있음.

앉은뱅이-책상(—冊床) [—쌍]명 (의자 없이) 방바닥에 앉아서 쓰게 된 낮은 책상.

앉은-부채명 천남성과의 다년초. 골짜기의 응달에서 자라며, 줄기가 없고 잎은 뿌리에서 나오는데 길이 30~40cm로 크고 넓음. 이른 봄에 암갈색의 포엽(苞葉)에 싸인 꽃이 육수 화서(肉穗花序)로 잎보다 먼저 피는데 고약한 냄새가 남. 뿌리줄기와 잎은 멀미약이나 이뇨제 따위로 쓰임.

앉은-소리명 우리나라의 민속악에서, 앉아서 부르는 노래. 좌창(坐唱). ↔선소리¹.

앉은-일[—닐]명 앉아서 하는 일. ↔선일.

앉은-자리명 어떤 일이 벌어진 바로 그 자리. 즉석(即席). ¶앉은자리에서 계약을 맺다.

앉은-장사명 한곳에 가게를 차려 놓고 하는 장사. 좌고(坐賈). 좌상(坐商). ↔도붓장사.

앉은-저울명 '앉은뱅이저울'의 잘못.

앉은-키명 의자에 앉아서 허리를 똑바로 폈을 때, 의자의 바닥으로부터 머리 끝까지의 높이. 좌고(坐高). ↔선키.

앉은-헤엄명 물속에서, 앉은 자세를 하고 치는 헤엄. ↔선헤엄.

앉을-깨명 ①베틀에서, 사람이 앉는 자리. ②걸터앉는 데 쓰이는 물건.

앉을-자리[—짜—]명 물건이 놓이는 자리. ¶장롱 앉을자리가 마땅찮다.

앉음-새명 ☞앉음앉음.

앉음-앉음명 자리에 앉을 때의 몸가짐, 또는 앉아 있는 태도. 앉음새. ¶앉음앉음에도 그 사람의 교양이 나타난다.

앉-히다[안치—]타 ①['앉다'의 사동] ㉠앉게 하다. ¶자리에 앉히다. /집을 남향으로 앉히다. ㉡어떤 지위를 차지하게 하다. ¶과장에 앉히다. ②버릇을 가르치다. ③문서에 어떤 사항을 기록하다.

않명 (옛) 안. 속. ¶셤 안해 자싫 제(龍歌67章). /안흐로 붓그료더(杜初22:50).

않다[안타] Ⅰ타 어떤 행동을 아니 하다. 그는 아무 말을 않고 떠났다. * 않아[아나]·않는[안—]·않소[안쏘]
Ⅱ조동〈아니하다〉의 준말. ¶밤이 깊었는데도 쉬지 않고 일하다. * 않아[아나]·않는[안—]·않소[안쏘]
Ⅲ조형〈아니하다〉의 준말. ¶높지 않은 산. /냄새가 향기롭지 않다. /물이 맑지 않다. * 않아[아나]·않소[안쏘]

알¹명 ①새·물고기·벌레 따위의 암컷이 낳는 둥근 모양의 것. 막(膜)이나 껍데기에 싸여 있으며, 일정한 조건 밑에서 새끼나 유충이 깨어 나옴. ¶개구리 알. ②달걀. ③작고 둥근 물건의 낱개. ¶사과 세 알. ④근육 따위가 딴딴하게 뭉쳐 둥글게 된 것. ¶종아리에 알이 배다.

알²명 작고 둥근 물건을 세는 단위. ¶사탕 다섯 알. /감자 서너 알.

알-(接頭) (일부 명사 앞에 붙어) ①덮어 싼 것이나 딸린 것을 다 떨쳐 버린 것임을 뜻함. ¶알몸. /알밤. /알종아리. ②아주 작은 것임을 뜻함. ¶알개미. /알나리. /알바가지. ③진짜 또는 알짜임을 뜻함. ¶알부자. /알거지. /알건달.

알-개미명 아주 작은 개미.

알갱이¹명 ①열매 따위의 낱개. 곡식의 낱알. ¶보리 알갱이. ②⟶입자(粒子). ¶물의 알갱이. ③『의존 명사적 용법』 작고 둥근 물건을 세는 단위. ¶쌀 몇 알갱이. /먼지 한 알갱이.

알갱이²명 장롱의 쇠목과 동자목(童子木) 사이에 낀 널빤지.

알-거지명 돈 한 푼 없이 거지꼴이 된 사람.

알-건달(—乾達)명 알짜 건달.

알겨-내다타 (소소한 남의 것을) 좀스럽게 꾀어서 빼앗아 내다. ¶아이들의 코 묻은 돈을 알겨내다.

알겨-먹다[—따] 약한 사람의 자잘한 것을 알겨내어 자기 것으로 하다.

알-겯다[—따] [~결으니·~결어]짜다] 발정한 암탉이 수탉을 부르느라고 골골거리는 소리를 내다.

알고기-씨명 알도 많이 낳고 고기 맛도 좋은 닭의 품종, 또는 그런 품종의 닭.

알고리듬(algorithm)명 컴퓨터에서 어떤 문제를 해결하기 위하여, 입력된 자료를 토대로 하여 원하는 출력을 유도하여 내는 일련의 절차나 규칙의 집합. 알고리즘.

알고리즘(algorism)명 ☞알고리듬.

알-고명명 달걀의 흰자와 노른자를 각각 번철에 얇게 부쳐서 썬 고명.

알-곡(—穀)명 ①쭉정이나 잡것이 섞이지 아니한 곡식. ②깍지를 벗긴 콩이나 팥 따위의 곡식. 알곡식.

알-곡식(—穀食) [—씩]명 ☞알곡.

알골(ALGOL)명 과학 기술 계산용 프로그래밍 언어. 프로그램을 알고리듬으로 표현할 수 있게 되어 있음. [algorithmic language]

알과(謁過)명하자 (친히 지내는 사람의 집 앞을 지나면서) 들르지 않고 그냥 지나감.

알-과녁명 과녁의 한복판. ¶알과녁에 꽂히다.

알-관(—管)명 ⟶나팔관(喇叭管).

알-관주(—貫珠)명 한문의 시문(詩文)을 끊을 때, 비점(批點) 위에 주는 관주. 둥근 표로 함.

알:-괘(—卦) [—째]명 알 만한 일. 알조.

알구지명 지겟작대기의 아귀진 부분.

알궁(軋弓)명 아쟁(牙箏)을 켜는 활.

알-궁둥이명 벌거벗은 궁둥이.

알근-달근부 맛이 알근하면서도 달짝지근한 느낌. 옌얼근덜근.

알근-하다형여 ①(매워서) 입 안이 좀 알알하다. ②약한 술기운으로 정신이 좀 아렴풋하다. 옌얼근하다. 꺼알큰하다. **알근-히**부 ¶알근히 취하다.

알금-뱅이명 '얼굴에 잔 알금 얽은 사람'을 이르는 말. 옌얼금뱅이.

알금-삼삼부형 ☞알금솜솜.

알금-솜솜부형 잘고 얕게 얽은 자국이 촘촘히 있는 모양. 알금삼삼. 옌얼금숨숨.

알금-알금부형 잘고 얕게 얽은 자국이 드문드문 있는 모양. 옌얼금엄금.

알기다타 조금씩 갉아 내거나 빼내거나 하여 쓰다. ¶논 판 돈을 알기다.

알기-살기부형 요리조리 뒤얽혀 있는 모양. 옌얼기설기. 꺼알키살키.

알긴-산(←algin酸)명 다당류(多糖類)의 한 가지. 바닷말 속에 많이 들어 있으며 찰기가 강함. 접착제·유화제·필름 따위를 만드는 데 쓰임.

알-까기(새·물고기·벌레 따위의) 알을 까는 일. 부화(孵化).

알-깍쟁이(—쟁—) [—쨍—]명 ①얄밉도록 깜찍하거나 약빠르게 구는 사람. ②성질이 다부진 아이를 이르는 말. ②성질이 다부지고 모진 사람을 이르는 말.

알-꼴명 알과 같은 모양. 난형(卵形).

알-꽈리圓 가짓과의 다년초. 나무 그늘에서 자라는데, 높이 60~90cm이고 잎은 타원형임. 7~8월에 담황색의 꽃이 잎겨드랑이에 피고, 길이 1cm가량의 둥근 열매는 붉은색으로 익음. 우리나라 중부 지방 이북에 분포함.

알-끈圓 알의 노른자위의 양쪽을 알의 속껍질에 이어 댄 끈 모양의 기관. 노른자위의 자리가 변하지 않게 하는 구실을 함.

알-나리[-라-]圓 나이가 어리거나 키가 작은 사람이 벼슬한 경우에 놀리는 말.

알나리-깔나리[-라-라-]圓 아이들이 상대편을 놀릴 때 하는 말. ¶ 알나리깔나리, 영수는 오줌 싸개래요.

알-내기[-래-]圓 알을 얻기 위하여 닭이나 오리를 기르는 일, 또는 그 닭이나 오리.

알-눈[-룬]圓 탈바꿈한 겹눈의 한 가지. 양분이 저장되어 살이 많으며, 땅에 떨어져 무성적(無性的)으로 새 식물이 됨. 참나리·마 등의 잎겨드랑이에 형성됨. 주아(珠芽).

알:다(아니·알아)[I]재 그러하다고 믿거나 생각하다. ¶ 그가 시험에 합격한 걸로 알고 있다. [II]타 ①모르던 것을 깨닫다. ¶ 말씀의 뜻을 알다. /사건의 심각성을 알다. ②어떤 것에 대한 지식을 가지다. ¶ 아는 것이 힘이다. /운전할 줄 알다. ③생각하여 분간하거나 판단하다. ¶ 내 일은 내가 안다. ④겪다, 또는 겪어서 기억하다. ¶ 전쟁의 참상을 알다. ⑤안면이 있다. 낯이 익다. ¶ 아는 사람이 많다. ⑥관계하거나 관여하다. ¶ 네가 알 것까지 없다. ⑦중히 여기다. 《주로, '-만 알다'의 꼴로 쓰임.》 ¶ 공부만 알다. ⑧짐작하여 이해하다. ¶ 그의 고민을 알 만하다. ①~⑤↔모르다.

아는 것이 병[탈]圓[속담] ①어설프게 알고 행하는 것은 도리어 걱정거리의 원인이 된다. ②사리를 잘 알기 때문에 도리어 불리해질 경우가 있다.

아는 길도 물어 가랬다[속담] 아무리 쉬운 일도 소홀히 해서는 안 된다.

아는 놈 붙들어 매듯[속담] '무엇을 허술하게 묶거나 단속할 때'를 비유하여 이르는 말.

아는 도끼에 발등 찍힌다[속담] ▷믿는 도끼에 발등 찍힌다.

알기는 칠월 귀뚜라미[속담] '매사(每事)에 유식한 듯이 자랑하는 이'를 놀리는 말.

알다가도 모를 일[관용] (일이 예상 밖으로 엉뚱하게 되어) 도무지 영문을 알 수가 없다는 뜻.

알데히드(aldehyde)圓 알데히드기를 갖는 화합물을 통틀어 이르는 말. 알코올의 불충분한 산화에 의하여 생긴 액체로서, 자극적인 냄새가 있고 휘발성이 높으며 특이한 환원 작용을 함. 환원제·향료·마취제 따위로 쓰임.

알도(-道)[-또]圓〈갈도(喝道)〉의 변한말.

알-도요圓 ▷작은돼지.

알-돈圓 알짜가 되는 돈. 몹시 소중한 돈.

알-돌圓 토목이나 건축에서, 직경 25cm가량 되는 둥근 돌을 이르는 말.

알-둥지圓 날짐승이 알을 낳는 둥지.

알딸딸-하다[형여] ①뜻밖의 일을 당하거나 일이 복잡하여 정신을 차리지 못하다. ②머리가 울리고 어질어질하다. ③술기운이 돌아서 정신이 좀 어릿하다. ¶ 술기운이 알딸딸하게 오르다. ①②③얼떨떨하다.

알-땅圓 ①나무나 풀이 없는 벌거숭이 땅. ②(사방 공사 따위가 되어 있지 않거나 하여) 비가 오면 토사(土沙)가 마구 깎여 내려가는 땅.

알-뚝배기[-빼-]圓 작은 뚝배기.

알-뜯이[-뜨지]圓 늦가을에 알을 꺼낸 게.

알뜰-비圓《주로 일부 명사 앞에 쓰이어》 생활비를 아끼며 규모 있는 살림을 함. ¶ 알뜰 주부.

알뜰-살뜰[부][형] 생활비를 아끼고 규모 있고 정성스레 살림을 하는 모양.

알뜰-하다[형여] ①헤프게 쓰지 않고 살림을 규모 있게 하여 빈 구석이 없다. ¶ 알뜰한 살림. ②아끼고 위하는 마음이 지극하다. ¶ 알뜰한 어머니의 사랑. **알뜰-히**[부].

알라(alla 이)圓 악보에서, 다른 나타냄말에 덧붙여 쓰는 말. '…풍(風)으로'의 뜻. 〔알라 마르시아(alla marcia);행진곡풍으로' 따위.〕

알라(Allah)圓 이슬람교도가 신앙하는 유일·절대·전지전능의 신.

알라꿍-달라꿍[부][형] 어수선하게 몹시 알락달락한 모양. ⓒ얼러꿍덜러꿍.

알라르간도(allargando 이)圓 악보에서, 변화를 주도록 지시하는 말. '점점 느리고 폭 넓게'의 뜻.

알라차圓 경쾌한 동작 또는 경쾌한 느낌을 나타낼 때 내는 기합 소리.

알락圓 본바닥의 어떤 부분에 다른 빛깔이 조금 섞여 있는 것. ⓒ얼럭.

알락-곰치[-꼼-]圓 곰칫과의 바닷물고기. 몸길이 80cm가량이며 몸에 알락얼룩한 무늬가 뚜렷함. 입이 크고 주둥이에 두 쌍의 더듬이가 있음. 열대성 어종으로 피부가 두껍고 탄력이 있어 가죽으로 이용됨.

알락-꼽등이[-뜽-]圓 꼽등잇과의 곤충. 몸길이 2.5cm가량. 몸빛은 황갈색 바탕에 검은 얼룩무늬가 있음. 날개는 없고 등은 곱사등이 모양으로 솟아 있음. 습기가 많은 마루 밑 같은 곳에 사는데, 우리나라를 비롯하여 세계 각지에 분포함. 알락왕뚱이.

알락-나방[-랑-]圓 알락나방과의 곤충. 날개 길이 3cm가량. 몸빛은 갈색이고 털이 많으며, 날개는 투명하나 날갯죽지 부분은 황색임. 유충은 활엽수의 잎을 갉아 먹는 해충임. 우리나라를 비롯하여 동부 아시아에 분포함.

알락-달락[-딸-]부][형] 여러 가지 빛깔의 점이나 줄이 불규칙하면서 산뜻한 무늬를 이룬 모양. ¶ 알락달락한 양산. ⓒ얼럭덜럭.

알락-도요[-또-]圓 도욧과의 새. 날개 길이 13cm가량, 부리 길이 5cm, 머리와 목 부분은 흑갈색 바탕에 흰 줄무늬가 있음. 등은 흑갈색 바탕에 회색 가로무늬가 있고, 날개에는 황색의 둥근 얼룩이 있음. 연못가나 논밭 부근의 습지에 두세 마리씩 떼를 지어 살며, 주로 곤충과 조개를 잡아먹음.

알락-무늬[부][형] 여러 가지 빛깔의 점이나 줄이 규칙적인 무늬를 이루고 있는 모양. ¶ 알락알락 꽃무늬가 있는 비단 치마. ⓒ얼럭얼럭.

알락-왕뚱이圓 ▷알락꼽등이.

알락-하늘소[-라카-쏘]圓 하늘솟과의 곤충. 몸길이 3cm가량. 몸빛은 광택 있는 검은 바탕에 흰 점이 많이 흩어져 있음. 유충은 버드나무·뽕나무 따위에 구멍을 뚫어 속에 살며, 겨울에는 땅속으로 들어감. 성충은 6~8월에 나타나는데, 활엽수의 가지에서 많이 볼 수 있음. 과일나무의 해충이며, 우리나라·일본 등지에 분포함.

알락-할미새[-라칼-]圓 참샛과의 새. 날개 길이와 꽁지 길이는 각각 8.5cm가량. 몸빛은 얼굴과 배 부분이 희고, 목·가슴은 검으며, 날개와 꽁지는 흰색과 검은색이 섞여 있음. 땅 위를 걸어 다니면서 곤충과 지렁이를 잡아먹음. 동부 아시아에서 번식하고 동남아시아에서 겨울을 지냄.

알람-미(←安南米)圏 '안남미(安南米)'의 잘못.

알람-거리다재 자꾸 알랑알랑하다. 알랑대다. ¶ 윗사람에게 알랑거린다. 🄬얼렁거리다.

알람-대다재 알랑거리다.

알람-똥땅튄(하튄) 살짝 엉너리를 부리어 얼김에 남을 속여 넘기는 모양. ¶ 이번 일은 알랑똥땅 넘어갈 일이 아니다. 🄬얼렁뚱땅.

알람-방귀튄 '알랑거리며 아첨을 떠는 짓'을 속되게 이르는 말.
  알람방귀(를) **뀌다**관용 '알랑거리며 아첨을 떨다'를 속되게 이르는 말.

알람-쇠[-쇠/-쉐]圏 '알랑거리는 사람'을 얕잡아 이르는 말. 🄬얼렁쇠.

알람-수[-쑤]圏 알랑똥땅 남을 속여 넘기는 수단. 🄬얼렁수.

알람-알람튄(하재) 남의 비위를 맞추려고 다랍게 아첨하는 모양. 🄬얼렁얼렁.

알람-하다톙예 시시하고 보잘것없다. ¶ 그 알량한 솜씨로 무얼 하겠다는 거냐?/내 알량한 자존심 때문에 그녀에게 말도 건네지 못했다.

알레고리(allegory) 圏 우의(寓意). 풍유(諷諭). ¶ 정치적 알레고리가 뛰어난 단편 소설.

알레그라멘테(allegramente 이)圏 악보의 나타냄말. '즐겁게·쾌활하게'의 뜻.

알레그레토(allegretto 이)圏 악보에서, 빠르기를 지시하는 말. '조금 빠르게'의 뜻.

알레그로(allegro 이)圏 악보에서, 빠르기를 지시하는 말. '빠르게'의 뜻. ¶ 교향곡의 제1악장과 제4악장은 대개 알레그로이다.

알레그로^콘^브리오(allegro con brio 이)圏 악보의 나타냄말. '씩씩하고 빠르게'의 뜻.

알레그리시모(allegrissimo 이)圏 악보에서, 빠르기를 지시하는 말. '아주 빠르게'의 뜻.

알레르기(Allergie 독)圏①어떤 물질이 음식이나 약으로 섭취되거나 몸에 닿았을 때 체질상 보통 사람과 다르게 과민한 반응을 일으키는 일. 〔두드러기·페니실린 쇼크 따위.〕②'어떤 특정한 사람이나 사물에 대한 정신적인 거부 반응'을 비유하여 이르는 말.

알레르기성^질환(Allergie性疾患)圏 알레르기에 의한 병. 〔두드러기·기관지 천식 따위.〕

알렉산드라이트(alexandrite)圏 아주 희귀한 보석인 금록석(金綠石)의 한 가지. 자연광 아래에서는 녹색, 인공광 아래에서는 적자색을 띰.

알렐루야(alleluia 라)圏 ➡할렐루야.

알력(軋轢)圏 〔수레바퀴가 삐걱거린다는 뜻으로〕집안이나 한 집단의 내부에서, 의견이 맞지 않아 서로 충돌하는 일. ¶ 간부들끼리 알력이 심하다.

알로기圏 알록달록한 무늬나 점, 또는 그런 무늬나 점이 있는 짐승이나 물건을 이르는 말. 🄬얼루기.

알로-까다톙 '몹시 약다'는 뜻을 얕잡아 속되게 이르는 말.

알로록-달로록튄(하튄) 어떤 바탕에 여러 가지 빛깔로 된 작은 점이나 가는 줄 따위가 고르지 않고 성기게 무늬져 있는 모양. 🄬얼루룩덜루룩. ⑭아로록다로록.

알로록-알로록튄(하튄) 어떤 바탕에 여러 가지 빛깔의 작은 점이나 가는 줄 따위가 성기게 무늬져 있는 모양. 🄬얼루룩얼루룩. ⑭아로록아로록.

알로롱-달로롱튄(하튄) 어떤 바탕에 서로 빛깔이 다른 또렷한 점이나 무늬 따위가 드문드문 무늬져 있는 모양. ¶ 노란 바탕에 빨강 파랑 물

방울무늬가 알로롱달로롱한 벽지를 바르다. 🄬얼루룽덜루룽. ⑭아로롱다로롱.

알로롱-알로롱튄(하튄) 어떤 바탕에 또렷한 점이나 무늬 따위가 드문드문 무늬져 있는 모양. 🄬얼루룽얼루룽. ⑭아로롱아로롱.

알로에(aloe)圏 백합과 알로에속의 상록 다년초를 통틀어 이르는 말. 아프리카 원산의 다육 식물(多肉植物)로, 종류가 많음. 잎은 두께운 칼 모양이고, 가장자리에 가시가 나 있으며, 주황색 또는 분홍색 꽃이 핌. 잎은 건위제(健胃劑)·하제(下劑) 등으로 쓰이고, 관상용으로 가꾸기도 함. 노회(蘆薈).

알로하(aloha)圏〈알로하셔츠〉의 준말.

알로하-셔:츠(aloha shirts)圏 빛깔과 무늬가 화려한 여름용 반소매 셔츠. 옷자락을 바지로 내놓고 입음. 🄬알로하.

알록-달록[-딸-]튄(하튄) 어떤 바탕에 다른 빛깔의 작은 얼룩이나 무늬 따위가 고르지 않게 무늬져 있는 모양. ¶ 알록달록한 양산. 🄬얼룩덜룩. ⑭아록다록.

알록-알록튄(하튄) 어떤 바탕에 여러 가지 빛깔의 작은 얼룩이나 무늬 따위가 고르게 무늬져 있는 모양. 🄬얼룩얼룩. ⑭아록아록.

알록-점[-쩜]圏 [-쩜]圏 알록알록한 점. 🄬얼룩점.

알록-지다[-찌-]재 알록알록하게 되다.

알롱圏 지난날, 지방 관아의 전령(傳令)을 맡았던 엄지머리총각.

알롱-달롱튄(하튄) 어떤 바탕에 서로 빛깔이 다른 또렷한 점이나 무늬 따위가 고르지 않게 촘촘히 무늬져 있는 모양. 🄬얼룽덜룽. ⑭아롱다롱.

알롱-알롱튄(하튄) 어떤 바탕에 또렷한 점이나 무늬 따위가 고르게 촘촘히 무늬져 있는 모양. 🄬얼룽얼룽. ⑭아롱아롱.

알롱-이圏 알롱알롱한 점, 또는 그런 점이 있는 짐승이나 물건을 이르는 말. 🄬얼룽이. ⑭아롱이.

알루마이트(alumite)圏 알루미늄의 표면에 산화 알루미늄의 막을 입혀서, 부식되기 쉬운 알루미늄의 결점을 보완한 것의 상표명.

알루멜(alumel)圏 금속 전기 저항 재료의 한 가지. 니켈을 주성분으로 한 합금임.

알루미나(alumina)圏 ➡산화알루미늄.

알루미나^사기(alumina沙器)圏 산화알루미늄으로 만들어 1600℃ 이상의 고열에서 구운 사기. 화학용 기구로 쓰임.

알루미나^시멘트(alumina cement)圏 고급 시멘트의 한 가지. 산화알루미늄이 30~40% 들어 있으며, 물과 섞은 다음 굳기까지의 시간이 짧음. 반포 시멘트.

알루미늄(aluminium)圏 금속 원소의 한 가지. 은백색의 가볍고 연한 금속이며, 산화가 잘 안되고 전성(展性)·연성(延性)이 풍부함. 전기 기구·가구·항공기·선박·차량 등의 주요 재료로 쓰임. 〔Al/13/26.98〕

알루미늄^경합금(aluminium輕合金) [-끔]圏 알루미늄에 구리·마그네슘·규소·니켈·망간·아연 등을 섞어서 만든 경합금. 가볍고 내식성·내열성이 뛰어남.

알루미늄-박(aluminium箔)圏 알루미늄을 종이처럼 아주 얇게 늘인 것. 식품·약품·담배 등의 방습(防濕)을 위한 포장에 쓰임. 〔흔히, '은박지'·'은종이'로 불림.〕

알루미늄^청동(aluminium青銅)圏 구리를 주성분으로 하여 알루미늄을 섞은 합금. 소량의 철·니켈·망간 등이 들어 있음.

알류(斡流)명하자 물이 돌아 흐름, 또는 그렇게 흐르는 물.

알륵(軋櫟)명 '알력(軋櫟)'의 잘못.

알른-거리다자 자꾸 알른알른하다. 알른대다. 큰얼른거리다. 셴알른거리다.

알른-대다자 알른거리다.

알른-알른부하자 ①매우 아리송하게 조금 보이다 하는 모양. ¶안개 속에 알른알른 보이는 마을. ②그림자가 매우 희미하게 움직이는 모양. ¶창문에 알른알른하는 사람의 그림자. ③물이나 거울에 비친 그림자가 몹시 흔들리는 모양. 큰얼른얼른². 셴아른아른.

알-리다자타 ①('알다'의 사동) ¶상황을 알리다. /지금 시작했다고 알리다. ②알게 하다. 통지하다. ¶진상을 알리다. /경사를 알리다. ㉑아뢰다.

알리바이(alibi)명 범죄 사건 따위가 일어났을 때에 그곳에 있지 않았다는 증명, 또는 그 증명을 뒷받침하는 사실. 부재 증명(不在證明). 현장 부재 증명. ¶알리바이가 없다.

알리자린(alizarine)명 옛날부터 사용된 붉은 색소. 꼭두서니의 뿌리에서 얻었으나, 오늘날에는 인공적으로 만듦. 염료로 쓰임.

알림-판(-板)명 여러 사람에게 알리는 내용을 적거나, 적은 것을 붙이기 위한 판.

알마초부 〈옛〉알맞게. ¶보리밥 풋ᄂᆞ물을 알마초 먹은 後에(古時調)

알:-맞다[-맏따]형 정도에 지나치거나 모자라거나 하지 않다. 적당하다. ¶알맞은 가격. /제 능력에 알맞게 선택하다. 큰얼맞다.

알:-맞추[-맏-]부 알맞게.

알매명 산자(橵子) 위에 받는 흙.

알매(軋昧)명하자 사실의 갈피를 알아내기 어려움. 암매(晻昧).

알맹이명 ①물건의 껍질 속에 있는 것, 또는 씨. ¶콩 알맹이. /알맹이가 굵다. ②사물의 중심이 되는 중요한 부분. 알속. 핵심(核心). 핵자(核子). ¶알맹이가 없는 이론.

알-몸명 ①아무것도 입지 않은 몸. 벌거벗은 몸. 나신(裸身). 나체(裸體). 적신(赤身). ¶알몸 사진. ②'가진 재산이라고는 아무것도 없는 사람'을 비유하여 이르는 말. ¶알몸으로 시작하여 사업을 일으키다. 맨몸.

알-몸뚱이명 〈알몸〉의 속된 말. 맨몸뚱이. ¶알몸뚱이로 일광욕을 즐기다.

알묘(揠苗)명하자 〔곡식을 빨리 자라게 하려고 그 고갱이를 뽑아 올린다는 뜻으로〕'성급히 서둘다가 일을 그르치게 되어 해를 당함'을 비유하여 이르는 말.

알묘(謁廟)명하자 사당에 참배(參拜)함.

알-바가지명 작은 바가지.

알-바늘명 실을 꿰지 않은 바늘.

알-반대기명 달걀을 풀어서 번철에 얇게 부쳐 만든 반대기. 지단.

알-받이[-바지]명하자 (기르기 위하여) 새·물고기·벌레 따위의 알을 받는 일, 또는 그 알을 받는 데 쓰는 물건.

알-밤명 ①익은 밤송이에서 빠지거나 떨어진 밤톨. ¶알밤을 줍다. ↔송이밤. ②주먹으로 머리를 가볍게 쥐어박는 일. ¶알밤을 한 대 먹이다.

알-방구리명 작은 방구리.

알배-기명 ①알이 들어서 통통한 생선. ②'겉보다 속이 야무진 것, 또는 속이 충실한 것'을 비유하여 이르는 말.

알-배다자 ①(새나 물고기 따위가) 배 속에 알을 가지다. ¶알밴 생선. ②(곡식의) 알이 들다. ③근육이 단단하게 뭉치다. ¶알밴 다리.

알-버섯[-섣] ☞송로(松露). *알버섯이[-서시]·알버섯만[-선-]

알-부랑자(-浮浪者)명 아주 못된 부랑자. 알짜 부랑자.

알부민(albumin)명 단순 단백질의 한 가지. 동식물의 조직 속에 들어 있음. 〔난백(卵白) 알부민, 혈청 알부민 따위.〕

알-부자(-富者)명 실속이 있는 부자.

알-부피명 ①(상자 따위의 포장을 제외한) 물건 그 자체의 부피. ②(눈대중이 아닌) 실제로 재어 본 부피.

알-불명 재 속에 묻히거나 화로에 담기거나 하지 않은 불등걸.

알-붙이기[-부치-]명 참나무누에를 깨우는 방법의 한 가지. 누에씨를 든 알을 종이에 옮기고, 그것을 나무 마디에 붙여서 깨움.

알-뿌리명 (양분의 저장으로) 둥근 덩어리처럼 된 뿌리나 땅속줄기 따위. 양분을 저장하는 부분에 따라 구경(球莖)·괴경(塊莖)·괴근(塊根)·인경(鱗莖)·근경(根莖) 따위로 나뉨.

알-사탕(-沙糖)명 알처럼 동글동글하게 만든 사탕. 눈깔사탕.

알-살명 걸치거나 가린 것이 없이 그대로 드러난 살.

알선(斡旋)[-썬]명하타되자 ①양편의 사이에 들어서 일이 잘되도록 이리저리 마련해 줌. ¶일자리를 알선하다. /친구에게 사업 자금을 알선하다. ②노동 쟁의 조정법에서, 쟁의 신고를 받은 행정 관청이나 노동 위원회가 노사(勞使) 중간에 들어 쌍방의 주장의 요점을 확인하고 접근을 권고하여 쟁의가 해결되도록 노력하는 일. ③장물인 줄 알면서 수수료를 받고 매매를 주선해 주는 행위.

알-섬명 사람이 살지 않는 작은 섬.

알성(謁聖)[-썽]명하자 임금이 성균관의 문묘(文廟)에 참배함.

알성-과(謁聖科)[-썽-]명 조선 시대에, 임금이 성균관에 거둥하여 알성하고 나서 보이던 과거. 알성시(謁聖試).

알성^급제(謁聖及第)[-썽-쩨]명 알성과(謁聖科)에 합격함, 또는 그 사람.

알성^무·과(謁聖武科)[-썽-]명 조선 시대에, 임금이 성균관에서 알성한 뒤에 보이던 무과.

알성^문과(謁聖文科)[-썽-]명 조선 시대에, 임금이 성균관에서 알성한 뒤에 보이던 문과.

알성-시(謁聖試)[-썽-]명 ☞알성과.

알성^장·원(謁聖壯元)[-썽-]명 조선 시대에, 알성 문과에서 갑과(甲科)의 첫째로 급제함.

알^세뇨(al segno 이)명 악보에서 쓰이는 용어의 한 가지. '기호가 있는 곳까지'의 뜻으로, 처음부터 %(세뇨) 표가 있는 데까지 연주하라는 뜻. 달 세뇨.

알-세포(-細胞)명 ☞난세포(卵細胞).

알소(訐訴)[-쏘]명하타 남을 헐뜯기 위하여 없는 일을 꾸며서 윗사람에게 일러바침.

알-속[-쏙]명 ①(수량·길이·부피·무게 따위의) 헛것을 털어 버리고 남은 실속. ②(겉으로 보기보다) 알찬 실제의 내용. ③비밀히 통정한 내용. ¶속에 무엇인지 모르겠다. ☞핵심(核心).

알-송편(-松-)명 번철에 달걀을 한 개씩 깨어 익힌 다음, 한편을 들어서 다른 편과 맞붙이어 반달 모양으로 만든 음식.

알-심[-씸]圈 ①은근히 동정하는 마음(정성). ¶부모님 생각에 노인만 보면 알심이 든다. ②(겉으로는 나타나지 않는) 야무진 힘. ¶보기에는 약하지만 알심이 있다.

알싸-하다圈 (매운맛이나 냄새 때문에) 혀나 콧속이 알알하다. ¶매운 고추를 먹었더니 혀끝이 알싸하다.

알-쌈圈 달걀을 풀어 갠 것을 번철에 얇게 펴서 익힌 다음, 고기소를 싸서 반달처럼 만든 음식. 계란포.

알쏭-달쏭튀·圈 ①여러 가지 빛깔이나 무늬가 뒤섞여 분간하기 어렵도록 아롱다롱한 모양. ⑧얼쑹덜쑹. ②생각이 자꾸 섞바뀌어 분간할 것 같으면서도 얼른 분간이 안 되는 모양. ¶그런 일이 있었는지 알쏭달쏭하다.

알쏭-알쏭튀·圈 ①여러 가지 빛깔이나 무늬가 뒤섞여 분간하기 어렵도록 아롱아롱한 모양. ⑧얼쑹얼쑹. ②생각이 자꾸 헛갈리어 알 듯하면서도 알아지지 않는 모양. ¶그가 누구였는지 알쏭알쏭하다.

알쏭-하다튀Ⅺ 〈아리송하다〉의 준말. ¶알쏭한 내용의 편지. ⑧얼쑹하다.

알씬튀·囷 (작은 것이) 눈앞에 잠깐 나타났다가 사라지는 모양. ⑧얼씬. ⑧얼씬-알씬튀囷.

알씬-거리다Ⅺ 자꾸 알씬알씬하다. 알씬대다. ¶꼴도 보기 싫으니 다시는 내 앞에 알씬거리지 마라. ⑧얼씬거리다.

알씬-대다Ⅺ 알씬거리다.

알아-내다囤 ①모르던 것을 새로 깨닫거나 알 수 있게 되다. ¶이름을 알아내다. /신비롭기만 했던 달의 정체를 알아내다. ②찾아내다. ¶그의 거처를 알아내다.

알아-듣다[-따][-들으니·-들어]囤Ⅺ ①남의 말을 듣고 그 뜻을 알다. 이해하다. ¶알아듣게 타이르다. /말귀를 알아듣다. ②소리를 분간하여 듣다. ¶형은 내 목소리를 알아듣고 문을 열어 주었다.

알아-맞추다囤 '알아맞히다'의 잘못.

알아-맞히다[-마치-]囤 ①(어떤 문제에 대하여) 맞는 답을 말하다. ¶답을 알아맞히면 상을 주겠다. ②사실과 꼭 맞게 추측이나 예측을 하다. ¶경기의 결과를 알아맞히다.

알아-먹다[-따]囤 〈알아듣다〉·〈알아보다〉의 속된 말. ¶말귀를 알아먹다.

알아-방이다囤 무슨 일의 낌새를 알고 미리 대처하다.

알아-보다囤 ①눈으로 보고 분간하다. ¶캄캄한 밤인데도 나를 금방 알아보더라. ↔몰라보다. ②알기 위하여 이것저것 조사하거나 살펴보다. ¶개미의 종류를 알아보다. ③(물건의 가치 따위를) 보고 알다. ¶진가(眞價)를 알아보다. ④잊어버리지 않고 기억하다. ¶20년 전의 은사를 알아보다.

알아-주다囤 ①남의 장점을 인정하거나 좋게 평가하여 주다. ¶너를 알아주는 사람이 없다고 너무 상심하지 마라. ②남의 특성·특색 따위를 인정하다. ¶하여간, 재 고집은 알아줘야 해. /우리 삼촌은 컴퓨터 업계에서 알아주는 전문가다. ③남의 처지를 이해하다. ¶그의 괴로움을 알아주는 사람이 없는 것 같았다.

알아-차리다囤 ①(상황을 잘 판단하고) 미리 주의하거나 마음을 정하다. ¶어떻게 처신해야 할 것인가를 알아차리다. ②알아채다.

알아-채다囤 (무슨 일의) 낌새를 미리 알다. 알아차리다. ¶속마음을 알아채다.

알알圈 하나하나의 알. ¶가지마다 탐스럽게 익은 사과의 알알.

알알-이튀 한 알 한 알마다. ¶벼가 알알이 잘 여물다.

알알-하다圈 ①(맛이 맵거나 독하여) 혀끝이 아리다. ②(햇볕에 너무 쬐어서) 살갗이 쓰라리다. ③(상처 같은 데가) 따끔따끔 아리다. ④(술에 취하여) 정신이 아리송하다. ⑧얼얼하다.

알-약(-藥)[-략]圈 가루약을 뭉쳐서 둥글게 만든 약. 정제(錠劑). 환약(丸藥).

알외다囤 〈옛〉알리다. ¶큰 命을 알외요리라(龍歌83章). /알욀 유:諭(類合下19).

알-요기[-료-]圈 어린이용의 작은 요강.

알은-척圈Ⅺ囤 알은체. ¶그는 나에게 알은척도 하지 않았다.

알은-체圈Ⅺ囤 ①(남의 일에 대하여) 관계가 있는 듯한 태도를 보임. ¶우리 집의 자세한 실정을 알은체하는 표정이었다. ②(사람을 보고) 인사하는 듯한 표정을 나타냄. ¶그가 나를 보더니 알은체했다. 알은척.

알음圈 ①서로 아는 안면(顏面). ¶그는 옛날의 알음으로 우리 집에서 며칠을 묵었다. ②알고 있는 것. ¶알음이 많다. ③신의 보호, 또는 신이 보호하여 준 보람.

알음-알음圈 개인끼리 서로 아는 관계. 제각각 가진 친분. ¶알음알음으로 회원을 모으다.

알음-알이圈 ①서로 잘 아는 사람. ¶알음알이끼리 모이다. ②약삭빠른 수단.

알음-장[-짱]圈Ⅺ囤 눈치로 넌지시 알려 줌.

알이새圈 〈옛〉 ¶이 알이새의 이우즌 아니로다(杜初16:34). ⑧아리새.

알자(謁者)¹[-짜]圈 ①알현을 청하는 사람. ②귀한 손을 주인에게 안내하는 사람.

알자(謁者)²[-짜-]圈 ①고려 시대, 내알사(內謁司)의 종8품 벼슬. ②고려 시대, 내시부(內侍府)의 종칠품 벼슬.

알-자리[-짜-]圈 (날짐승이) 알을 낳거나 품고 있는 자리. ¶닭이 알자리를 찾다.

알-장(-欌)[-짱]圈 머릿장 중에서 옷을 넣어 두는 제일 작은 장.

알-전구(-電球)[-쭈]圈 갓 따위의 가리개가 없는 전구. 또는, 전선 끝에 매달려 있는 맨 전구.

알-젓[-쩓]圈 ①생선의 알로 담근 젓. 난해(卵醢). ②버선이나 양말의 해진 구멍으로 내민 발가락을 보고 농으로 이르는 말. *알젓이[-저시]·알젓만[-쩐-].

알젓-찌개[-젇-]圈 알젓의 국물에 고기·두부·파 따위를 썰어 넣고 끓인 찌개.

알정(遏情)[-쩡]圈Ⅺ囤 서로 정분을 끊음.

알-제기다Ⅺ 눈동자에 흰 점이 생기다. ⑧제기다.

알:-조[-쪼]圈 알 만한 일. 알 만한 낌새. 알째. ¶그만하면 그 사정이 어떤지 알조다.

알족(空足)[-쪽]圈Ⅺ囤 질그릇·자기 따위의 굽속을 파냄.

알-종아리圈 가린 것 없이 그대로 맨살을 드러낸 종아리. ¶바지를 걷어 올리게 하여 회초리로 알종아리를 때리다.

알-주머니[-쭈-]圈 알을 싸고 있는 얇고 질긴 껍질. 〔상어·거미·개구리 따위의 알에서 볼 수 있음.〕

알-줄[-쭐]圈 ⇨나선(裸線).

알-줄기圈 땅속줄기의 한 가지. 많은 양분을 저장하여 알처럼 둥글게 된 것. 〔토란·글라디올러스 따위.〕

알지-게명 ☞물자라.

알-집[-찝]명 ☞난소(卵巢).

알짜명 ①가장 중요한 물건. 가장 훌륭한 물건. ¶알짜만을 골라 가지다. ②모자람이 없이 본이 될 만한 것. ¶알짜 토박이.

알짜-배기〈알짜〉의 속된 말. ¶알짜배기 땅.

알짝지근-하다[-찌-]형여 ①살이 좀 알알하다. ②맛이 좀 아린 듯하다. ③술기운이 알맞게 도는 듯하다. ☞알찍근하다. ❀얼쩍지근하다.

알짬명 여럿 중에서 가장 중요한 내용.

알짱-거리다자타 자꾸 알짱알짱하다. 알짱대다. ❀얼쩡거리다.

알짱-대다자타 알짱거리다.

알짱-알짱튀①하자(남의 비위를 맞추려고) 알랑거리는 모양. ②자타(일도 없이 공연히 이리저리 돌아다니거나 뱅뱅 도는 모양. ❀얼쩡얼쩡.

알쫑-거리다자 자꾸 알쫑알쫑하다. 알쫑대다. ¶윗사람에게 알쫑거리는 친구. ❀얼쭝거리다.

알쫑-대다자 알쫑거리다.

알쫑-알쫑튀하자(남의 비위를 맞추려고) 그럴 듯한 말을 하며 계속 아첨하는 모양. ❀얼쭝얼쭝.

알-찌개명 달걀을 풀어서 알뚝배기나 보시기에 담고, 장이나 젓국을 친 다음, 다진 고기와 여러 가지 양념을 넣어서 만든 찌개.

알찍근-하다형여〈알짝지근하다〉의 준말. ❀얼찍근하다.

알찐-거리다자 자꾸 알찐알찐하다. 알찐대다. ❀얼찐거리다.

알찐-대다자 알찐거리다.

알찐-알찐튀자(남의 비위를 맞추려고) 앞에서 가까이 들어 알랑거리는 모양. ❀얼찐얼찐.

알-차다형 ①속이 꽉 차다. ¶열매가 알차게 들다. ②내용이 충실하다. 실속이 있다. ¶알찬 내용. /학습 성과가 알차다.

알-천명 ①재물 중에서 가장 값나가는 물건. ¶알천은 모두 이 방 안에 있다. ②(식탁 위에 오른) 음식 중에서 가장 맛있는 음식.

알-추녀명 추녀 밑에 받치는 충받침.

알츠하이머-병(Alzheimer病)명 (주로 노인에게서 나타나는) 정신 기능이 현저하게 떨어지는 병. 병리학적으로 뇌의 위축·뇌실의 확장 등의 특징을 보이며, 노인성 치매의 원인 중 가장 흔한 형태임.

알-치명 알을 밴 뱅어. ❀슬치.

알칼로시스(alkalosis)명 ☞알칼리 중독. ❀아시도시스.

알칼로이드(alkaloid)명 식물 속에 들어 있는, 질소를 함유한 알칼리성의 유기물(有機物)을 통틀어 이르는 말. 진통·진해·마취 작용을 함. [모르핀·니코틴·코카인·키니네·카페인 따위.]

알칼로이드-음료(alkaloid飮料)[-뇨]명 알칼로이드 성분이 들어 있는 음료를 통틀어 이르는 말. [차·커피·코코아 따위.]

알칼리(alkali)명 물에 녹는 염기성 물질을 통틀어 이르는 말. [수산화나트륨·수산화칼륨·수산화칼슘 따위.] ❀염기(鹽基).

알칼리^금속(alkali金屬)명 나트륨·루비듐·칼륨·세슘 등의 금속 원소를 통틀어 이르는 말. 회고 무른 금속으로, 상온(常溫)에서 물을 분해하여 수소를 발생시킴.

알칼리^섬유소(alkali纖維素)명 알칼리와 섬유소를 결합시킨 것. 비스코스법 인조 견사를 만들 때 생기는 중간 생산물.

알칼리-성(alkali性)명 붉은 리트머스 시험지를 푸르게 변화시키고, 산(酸)을 중화하여 염(鹽)이 되게 하는 등의 알칼리의 성질. ❀염기성.

알칼리성^반^응(alkali性反應)명 알칼리성임을 나타내는 반응. [붉은 리트머스 시험지를 푸르게 변화시킴. 등의 반응.] ↔산성 반응.

알칼리성^식품(alkali性食品)명 나트륨·칼륨·칼슘 등 알칼리성 물질이 많이 들어 있는 식품. [채소·과일·우유 따위.] ↔산성 식품.

알칼리성^토양(alkali性土壤)명 물에 녹는 염류가 많이 들어 있는 땅. 몽골이나 아프리카 등의 건조 지방에 많으며, 경작에 적합하지 않음.

알칼리^식물(alkali植物)명 [-성-]명 알칼리성 토양에서 잘 자라는 식물. [시금치·콩 따위.] ↔산성 식물.

알칼리^중독(alkali中毒)명 혈액 속의 산(酸)과 알칼리의 균형이 깨어져 혈액이 알칼리성으로 기울어지는 일, 또는 그때 일어나는 경련이나 경직 따위의 증세. 알칼로시스. ↔산독증(酸毒症).

알칼리^토금속(alkali土金屬)명 칼슘·스트론튬·바륨·라듐 등 흰 빛깔의 가벼운 금속을 통틀어 이르는 말. 그 수산화물은 알칼리성을 나타냄.

알코올(alcohol)명 ①탄화수소의 수소를 수산기(水酸基)로 치환한 화합물을 통틀어 이르는 말. [에틸알코올·메틸알코올·글리세린 등이 있는데, 특히 에틸알코올을 가리키는 경우가 많음.] ②☞주정(酒精).

알코올-램프(alcohol lamp)명 알코올을 연료로 하는 간단한 가열 장치. 화력이 강하며, 화학 실험에 많이 쓰임.

알코올^발효(alcohol醱酵)명 당류(糖類)가 효모균의 의하여 알코올과 이산화탄소로 분해되는 현상. 주정 발효(酒精醱酵).

알코올-성(alcohol性)명 알코올이 들어 있음을 나타내는 말. ¶알코올성 음료.

알코올^온도계(alcohol溫度計)[-계/-게]명 알코올의 열팽창을 이용한 액체 온도계의 한 가지. 붉게 물들인 에틸알코올을 넣어 사용함.

알코올-음료(alcohol飮料)[-뇨]명 맥주·청주·포도주·위스키 등 알코올이 들어 있는 음료. 흔히 '술'을 통틀어 이르는 말.

알코올^의존증(alcohol依存症)[-쯩]명 알코올 음료를 습관적으로 마심으로써 중독에 이른 상태. 〔세계 보건 기구의 제의에 따라 '알코올 중독'을 고친 용어임.〕

알코올^중독(alcohol中毒)명 '알코올 의존증'의 구용어.

알큰-하다형여 ①(매워서) 입 안이 알알하다. ¶술국이 알큰하다. ②술기운으로 정신이 좀 아릿쭘하다. ❀얼큰하다. ⓔ알근하다. **알큰-히**튀.

알키-살키튀하형 요리조리 몹시 뒤얽혀 있는 모양. ❀얼키설키. ⓔ알기설기.

알킬-기(alkyl基)명 메탄계 탄화수소에서 수소 원자 한 개를 뺀 나머지 원자단(原子團)을 통틀어 이르는 말.

알타리-무명 '총각무'의 잘못.

알타미라^동굴(Altamira洞窟)명 에스파냐 북부 산탄데르 주에 있는 선사 시대의 동굴 유적. 들소와 멧돼지 등이 그려진, 세계에서 가장 오래된 벽화가 있음.

알타이^어:족(Altai語族)명 소아시아로부터 시베리아를 거쳐 중국 동북부, 사할린에 이르는 지역에 분포하는 어족. 모음조화 현상이나 교착어적(膠着語的) 구조 등이 우랄 어족과 비슷함.

알-탄(-炭)**명** 무연탄 가루를 달걀만 한 크기로 굳혀 만든 연료.

알-탄(-彈)**명** ⇨탄알.

알토(alto 이)**명** ①여성(女聲) 중의 가장 낮은 음역(音域), 또는 그 음역의 가수. 콘트랄토. ②클라리넷·플루트·색소폰 등의 악기에서, 높은 쪽에서부터 세 번째와 네 번째의 음역을 담당하는 악기.

알-토란(-土卵)**명** 털을 다듬은 토란.

알토란 같다(관용) ①내용이 알짜로 옹골차다. ¶ 알토란 같은 땅./알토란 같은 자식. ②살림이 오붓하여 아무것도 부러울 것이 없다.

알-톡토기[명] 톡토깃과의 곤충. 몸길이 1.5mm 가량. 가슴과 배가 서로 붙어서 둥근 모양을 이루고, 더듬이에서부터 다리까지 암자색 또는 등황색의 크고 작은 반점이 있음. 채소의 해충임.

알-통[명] 인체에서, 힘을 쓸 때 불룩 솟는 근육. 〔특히, 주먹을 꽉 쥐고 팔을 굽혔을 때 상박에 불룩 솟는 근육을 이름.〕

알파(alpha 그)**명** ①그리스 어의 첫째 자모(字母)인 'A(α)'의 이름. ②'처음' 또는 '첫째'의 뜻을 나타냄. ¶ 알파에서 오메가까지. ↔오메가(omega). ③'그 이상의 얼마쯤'의 뜻. ¶ 기본급에 플러스 알파가 있다.

알파와 오메가(관용) 처음부터 끝까지. 전부.

알파벳(alphabet)**명** 일정한 차례로 늘어놓은 로마자의 자모(字母)들. ABC…XYZ 등 26자로 이루어져 있음.

알파벳-순(alphabet順)**명** 로마자의 ABC의 차례. ¶ 참가국들이 알파벳순으로 입장하다.

알파^붕괴(alpha崩壞)[-괴/-꿰]**명** 방사성 원자핵의 자연 붕괴의 한 가지. 어떤 원자핵이 알파선을 방출하여 다른 종류의 원자핵으로 바뀌는 일.

알파-선(alpha線)**명** 방사성 원소가 내는 헬륨 원자핵의 방사선.

알파-성(alpha星)**명** 어떤 별자리에서, 그 별자리의 가장 밝은 별. 〔거문고자리의 직녀성, 작은곰자리의 북극성 따위.〕 수성(首星).

알파인^종:목(alpine種目)**명** 스키 경기에서, 활강(滑降)·회전·대회전 종목을 통틀어 이르는 말. 비탈이 가파르고 험한 알파인에서 발달됨. 알페. 알펜 경기. 참노르딕 종목.

알파^입자(alpha粒子)[-짜]**명** 헬륨의 원자핵을 달리 이르는 말. 두 개의 양자(陽子)와 두 개의 중성자(中性子)로 이루어진다.

알파카(alpaca)**명** ①낙타과의 포유동물. 염소보다 조금 크고 목이 긺. 털은 옷감으로 쓰이고, 고기는 먹을 수 있음. 남아메리카의 고원 지대에 방목되고 있음. ②알파카의 털로 지은 실, 또는 그 옷감.

알판[명] 광산에서, 방아확 밑바닥에 깔아서 방아촉과 맞부딪치게 하는 둥글넓적한 무쇠 덩이. 광석을 부수는 데 쓰임.

알-팔(-八)**명** 골패·투전·화투 따위를 가지고 하는 노름에서, 하나와 여덟을 잡은 끗수.

알펜(Alpen 독)**명** ⇨알파인 종목.

알펜^경:기(Alpen競技)**명** ⇨알파인 종목.

알펜슈토크(Alpenstock 독)**명** 갈고리가 달린 등산용 지팡이.

알펜호른(Alpenhorn 독)**명** 알프스 지방에 전해 내려오는 원시적인 호른의 한 가지. 나무나 가죽으로 만들며, 길이는 1~2m. 원래는 목동이 가축 떼를 불러 모으거나 할 때에 쓰였던 것.

알피(옛)**명** 아픔. 병. ¶ ᄒ다가 善男子 善女人이 과글이 가슴 알피물 어더(佛頂中7).

알^피네(al fine 이)**명** 악보에서 쓰이는 용어의 한 가지. '끝까지'의 뜻으로, 처음부터 되풀이하여 Fine 또는 ᄉ에서 끝내라는 뜻.

알피니스트(alpinist)**명** 등산가(登山家).

알푸다[형](옛) 아프다. ¶ 알폴 통:痛(訓蒙中32).

알피(옛)**명** 앞에. 〔'앒'의 부사격형〕 ¶ 玉節이 알피 셧다(鄭澈.關東別曲).

알-합(-盒)**명** 아주 작은 합. 난합(卵盒).

알-항아리(-紅)**명** 아주 작은 항아리.

알현(謁見)**명·하자타** (지체 높은 사람을) 찾아 뵘. ¶ 왕을 알현하다.

알형(軋刑)**명** 옛날의 형벌의 한 가지. 죄인을 수레바퀴로 깔아뭉개어 죽이던 형벌.

앍다[악따]**자** ①얼굴에 마맛자국이 생기다. ②물건의 거죽에 오목오목한 흠이 생기다. 큰얽다. ♠ 앍아·앍고[알꼬]·앍는[앙-]

앍둑-빼기[악뚝-]**명** 얼굴이 앍둑앍둑 앍은 사람. 큰얽둑빼기.

앍둑-앍둑[악뚝각뚝]**부·하형** (얼굴에) 잘고 깊이 앍은 자국이 성기게 나 있는 모양. 큰얽둑얽둑.

앍박-앍박[악빡각빡]**부·하형** (얼굴에) 잘고 깊이 앍은 자국이 배게 나 있는 모양. 큰얽벅얽벅.

앍작-빼기[악짝-]**명** 얼굴이 앍작앍작 앍은 사람. 큰얽적빼기.

앍작-앍작[악짝각짝]**부·하형** 잘고 굵은 것이 섞여서 얕게 앍은 자국이 배게 나 있는 모양. ¶ 마맛자국이 앍작앍작한 군고구마 장수 할아버지. 큰얽적얽적.

앍족-빼기[악쪽-]**명** 얼굴이 앍족앍족 앍은 사람. 큰얽죽빼기.

앍족-앍족[악쪼각쪽]**부·하형** 잘고 굵은 것이 섞여서 얕게 앍은 자국이 많은 모양. 큰얽죽얽죽.

앎:[암:]**명** 아는 일. 지식(知識). ♠ 앎:이[알미]·앎:만[암-]

앒[명](옛) ¶ 앒 ᄆ 술히믜 묏 길히 險컨마론(杜初9:13)./앒 전:前(訓蒙下34). ②앞쪽. ¶ 앒 남:南(訓蒙中4). 참앞.

앒니[명](옛) 앞니. ¶ 앒니板齒歯(訓蒙上26).

앒뒤[명](옛) 앞뒤. ¶ 앒뒤들 도라보디 아니ᄒ고(內訓1:35).

앓:[명] 앞. ¶ 도즈긔 알폴 디나샤(龍歌60章).

앓다[알타]**타** ①병에 걸리다. 병에 걸려 고통을 당하다. ¶ 폐를 앓다./감기를 앓다. ②마음속으로 괴로워하다. ¶ 혼자서 꿍꿍 앓다. ♠ 앓아[아라]·앓는[알른]·앓소[알쏘]

앓느니 죽지(속담) 〔성가시게 늘 시달리기보다는 크게 한 번 당하고 마는 것이 낫다는 뜻의〕 수고를 덜 하려고 남을 시켜서 만족스럽지 않게 일을 하는 것보다는 당장에 힘이 들더라도 자기가 직접 해야 한다는 말.

앓던 이 빠진 것 같다(속담) 걱정거리가 없어져서 후련함을 비유하여 이르는 말.

앓는 소리하다(관용) 일부러 구실을 대며 걱정하는 모양을 비유하여 이르는 말.

앓아-눕다[아라-따]〔~누우니·~누워〕**자타** 앓아서 자리에 눕다. 자리에 누울만큼 앓다. ¶ 몸살로 앓아눕다./화병으로 앓아눕다.

암[명] 생물에서, 새끼를 배거나 열매를 맺을 수 있는 성(性)의 것. ¶ 암과 수의 구별. ↔수¹.

암: ²[감] 〈아무려면〉의 준말. 아무렴, 그렇고말고.

암(庵)**명** '암자(庵子)'의 준말.

암:(癌)**명** ①세포에 발생하여 차차 다른 곳으로 번져 가는 악성의 종양. 암종. ¶ 암이 몸 전체

로 퍼지다. ②'어떤 조직의 내부에서 고질적인
폐단이나 장해가 되고 있는 것'을 비유하여 이
르는 말. ¶밀수는 우리나라 경제의 큰 암이다.

암-(岩)[접투] 일부 생물의 이름 앞에 붙어, 그것이
암컷, 또는 암컷의 성질을 지닌 것임을 나타
냄. 일부 'ㄱ·ㄷ·ㅂ' 앞에서 'ㅎ'음을 동반
함. ¶암소. /암캉아지. /암퇘지. ↔수-.

-암(岩)[접미] ①일부 명사 뒤에 붙어, 그러한 종
류의 암석(岩石)임을 뜻함. ¶화성암. /화강
암. /석회암. ②《일부 명사 뒤에 붙어》 '바
위'의 뜻을 나타냄. ¶낙화암. /대왕암.

암각-화(岩刻畫)[-까화][명] 바위나 암벽 등의
표면에 새긴 그림.

암:갈색(暗褐色)[-쌕][명] 검은빛을 띤 갈색.
어두운 갈색.

암거(岩居)[명][하자] 〔바위굴에서 산다는 뜻으로〕
속세를 떠나 산에에 은거함. 암처(岩處).

암:거(暗渠)[명] 지하에 매설하거나 또는 지상에
흐르는 물이 보이지 않게 위를 덮은 배수로.
↔개거(開渠)·명거(明渠).

암:-거래(暗去來)[명][하타][되자] 〔법을 어기면서
물품을 몰래 사고팔고 함. 암매매(暗賣買).

암-거미[명] 거미의 암컷. ↔수거미.

암-게[명] 게의 암컷. ↔수게.

암:계(暗計)[-계/-게][명][하타] 무슨 일을 몰래
꾀함, 또는 그 꾀. 암모(暗謀).

암-고양이[명] 고양이의 암컷. ↔수고양이.

암-곰[명] 곰의 암컷. ↔수곰.

암:관(暗款)[명] ☞암화(暗花).

암괴(岩塊)[-괴/-궤][명] 바위 덩어리.

암구다[타] (암내 난 짐승에게) 흘레를 붙이다.

암-구렁이[명] 구렁이의 암컷. ↔수구렁이.

암:-구호(暗口號)[명] (주로 야간에) 적군과 아
군을 분간하기 위하여 미리 정해 놓은 말. 매
일 달라지며, 모든 군이 같은 암구호를 씀. 암
호(暗號).

암:군(暗君)[명] ☞혼군(昏君).

암굴(岩窟)[명] 바위굴. 석굴(石窟).

암:굴(暗窟)[명] 어두운 굴.

암:-글[명] 〔여자라야 쓸 글이라는 뜻으로〕 지
난날, 한글을 업신여겨 이르던 말. ②배워서
알기는 하나 실제로는 활용할 수 없는 지식을
얕잡아 이르는 말.

암글다[자] 〔옛〕 아물다. ¶내 올제 다 됴쳐 암그랏
더라(老解下4).

암:-기[-끼][명] 암상스러운 마음.

암:기(暗記)[명][하타] (쓴 것을 보지 않고서도) 기
억할 수 있도록 외움. ¶영어 단어를 암기하다.

암:기-력(暗記力)[명] 암기하는 힘. ¶암기력이
뛰어나다. /암기력이 좋다.

암-꽃[-꼳][명] 암술만 있는 단성화(單性花). 자
화(雌花). ↔수꽃. * 암꽃이[-꼬치]·암꽃만[-
꼰-]

암-꽃술[-꼳쑬][명] ☞암술.

암-꿩[명] 꿩의 암컷. 까투리. ↔수꿩.

암-나무[명] 암수딴그루로 된 나무에서, 열매가
열리는 나무. ↔수나무.

암-나사(-螺絲)[명] 수나사가 들어가도록, 구멍
안쪽에 나선형으로 홈이 나 있는 나사. 너트.
↔수나사.

암-내1[명] 발정한 암컷의 몸에서 나는, 수컷을 꾀
는 냄새. 암내를 피우다. /암내가 나다.

암:-내2[명] 겨드랑이에서 나는, 체질적인 고약한
냄새. 액기(腋氣). 액취(腋臭).

암낭[명][하타] 〈압령(押領)〉의 변한말.

암:-녹색(暗綠色)[-쌕][명] 검은빛을 띤 녹색.
어두운 녹색.

암-놈[명] 동물의 '암컷'을 이르는 말. ↔수놈.

암-눈비앗[-앋][명] ☞익모초(益母草). * 암눈비
앗이[-아시]/암눈비앗만[-안-]

암니-옴니[부] 속속들이 캐어묻는 모양.

암:-단추[명] 똑딱단추에서, 수단추가 들어가 끼이
게 된 단추. ↔수단추.

암:-달러(暗dollar)[명] 암시장에서 은밀히 거래
되는 달러 화폐.

암담(暗澹)[어근] '암담하다'의 어근.

암:담-하다(暗澹-)[형여] 〔어두컴컴하고 선명하
지 않다는 뜻으로〕 앞날에 대한 전망이 어둡다.
희망이 없다. ¶암담한 심정. /앞일이 암담하다.

암:독(暗毒)[명](성질이) 음험하고 악독함.
음험하고 독살스러움.

암-되다[-뙤/-뛔][자] 남자이면서 성격이 여
자처럼 얌전하며 수줍음을 잘 타다.

암:둔(暗鈍)[명][하타] 도리에 어둡고 사리를 분별
하지 못함. 곧, 몹시 어리석음.

암디새[명] 〔옛〕 암키와. ¶나려 잇는 거시 다 막
새 수디새 암디새(翻朴上68).

암:-띠다[형] ①비밀을 좋아하는 성질이 있다.
¶성격이 암띠어 속을 알 수 없다. ②수줍어하
는 성질이 있다. ¶여자처럼 너무 암띠다.

암:련(諳練)[-년][명][하형] 사물에 정통함.

암:루(暗淚)[-누][명] 남몰래 흘리는 눈물.

암:류(暗流)[-뉴][명] ①표면에 나타나지 않는
물의 흐름. 물 바닥의 흐름. ②겉으로 드러나
지 않는 불온한 움직임. 이면(裏面)의 움직임.

암:류(暗留)[-뉴][명][하타] 조선 말기에, 환곡(還
穀)을 제때에 대부하지 않고 창고에 쌓아 두었
다가, 값이 오르면 팔고 내리면 사들여서 사리
(私利)를 꾀하던 일.

암:륜-선(暗輪船)[-눈-][명] 〔추진기가 겉으로
드러나 있는 초기의 증기선인 외륜선에 대하
여〕 오늘날의 스크루식 기선을 이르는 말.

암-막새[-쎄][명] ☞내림새.

암:만1[명] 밝혀서 말할 필요가 없는 값이나 수량
을 대신하여 이르는 말. ¶아내에게 암만을 주
고 아들에게 암만을 주었다.

암만2[부] 아무리. ¶암만 물어도 대답을 않는다.

암:만-암만[명] 밝혀서 말할 필요가 없는 두 가
지 이상의 값이나 수량을 대신하여 이르는 말.
¶다달이 내는 각종 요금이 암만암만이다.

암만-하다[자여] 〔주로 '암만해도'의 꼴로 쓰이
어〕 ①이러저러하게 애를 쓰거나 노력을 들이
다. ¶암만해도 무슨 뜻인지 모르겠다. ②이리
저리 생각하여 보다. ¶암만해도 동생에게 무
슨 일이 생긴 것 같다.

암-말[명] 말의 암컷. 빈마(牝馬). ↔수말.

암-말2[명] '아무 말'이 줄어서 된 말. ¶암말 없
이 밖으로 나가 버린다.

암매(岩梅)[명] 암매과의 상록 반관목. 높은 산의
바위틈에서 저절로 자라는데, 봄에 매화꽃 모
양의 흰 꽃이 됨. 제주도·일본·사할린·북아메
리카 등지에 분포함.

암매(晻昧)[명][하형] 사실의 갈피를 알아내기 어
려움. 암매(黯昧).

암:매(暗昧)[명][하형] ①사리에 어둡고 어리석음.
②진위(眞僞) 따위가 분명하지 않음.

암:매(暗買)[명][하타] (매매가 금지된 물건을) 몰
래 삼. ↔암매(暗賣).

암:매(暗賣)[명][하타] (매매가 금지된 물건을) 몰
래 팖. 잠매(潛賣). ↔암매(暗買).

암:-매매(暗賣買)**명**(하타)(되자)☞암거래.

암:-장(暗埋葬)**명**(하타)☞암장(暗葬).

암맥(岩脈)**명** 마그마가 다른 암석 사이로 수직으로 뚫고 들어가 굳어서 된, 판자 모양의 암체(岩體).

암면(岩綿)**명** 현무암·안산암·사문암 등의 염기성 화성암을 녹여 솜 모양의 섬유로 만든 것. 단열재·음향 흡수재(音響吸收材) 등으로 쓰임. 암석 섬유.

암:-면(暗面)**명** ☞암흑면(暗黑面).

암:면^묘:사(暗面描寫)**명** 문학 작품에서, 인생이나 사회의 어두운 면이나 추악한 면을 제재로 하여 묘사하는 일.

암:모(暗謀)**명**(하타)☞암계(暗計).

암모나이트(ammonite)**명** 화석으로 발견되고 있는 두족류(頭足類)의 조개. 고생대에서 중생대에 걸쳐서 생존하였으며, 특히 중생대에 번성하였음. 국석(菊石). 국화석(菊花石). 암몬조개.

암모늄(ammonium)**명** 질소 1원자와 수소 4원자로 이루어진 원자의 집단. 산(酸)과 화합하여 염(塩)을 만듦.

암모늄-기(ammonium基)**명** 질소 1원자와 수소 4원자로 된 기(基).

암모늄-염(ammonium塩)**명** 수산화암모늄이 산과 중화(中和)할 때에 이온이 산기(酸基)와 치환되어 생긴 물질.

암모니아(ammonia)**명** 수소와 질소의 화합물로, 쏘는 듯한 악취가 있는 무색의 기체. 약용·냉각용으로 쓰이고, 소다·유안(硫安) 등의 중요한 원료가 됨.

암모니아^냉:동법(ammonia冷凍法) [-뻡]**명** 암모니아의 높은 기화열(氣化熱)을 이용한 냉동법.

암모니아^소다법(ammonia soda法) [-뻡]**명** 탄산소다의 공업적 제조법. 식염수에 암모니아와 탄산가스를 작용시켜 중탄산소다를 만들고, 이를 가열하여 탄산소다를 얻음. 솔베이법.

암모니아-수(ammonia水)**명** 암모니아의 수용액. 의약품·축합제(縮合劑) 등으로 널리 이용됨.

암몬-조개(ammon-)**명** ☞암모나이트.

암:-무지개(暗-)**명** 쌍무지개가 섰을 때, 빛깔이 엷고 흐린 쪽의 무지개. ↔수무지개.

암:묵(暗默)**명**(하자) 잠자코 아무 말도 하지 않는 일. 자기 생각을 말하지 않는 일. ¶대다수 국민들의 암묵의 양해.

암-묵리(暗默裏) [-뭉니]**명** '아무 말이 없는 가운데'의 뜻을 나타냄. 《주로, '암묵리에'의 꼴로 쓰임.》 ¶암묵리에 양해되다. /암묵리에.

암:묵-적(暗默的) [-쩍]**관명** 자기 생각을 겉으로 드러내거나 표현하지 않은 상태에서 이루어지는 (것). ¶암묵적 동의. /암묵적이다.

암:-문(暗門)**명** 성루(城樓)가 없는 성문(城門).

암-물명** 보얀 빛을 띤 샘물.

암미:터(ammeter)**명** ☞전류계(電流計).

암반(岩盤)**명** 땅속에 있는 큰 암석층(岩石層). 또는, 암석으로 이루어진 지반.

암:-반응(暗反應)**명** 광합성 과정에서, 빛과는 관계없이 진행되는 화학 반응. ↔명반응.

암:-반응(癌反應)**명** 암의 진단에 이용되는 반응. 혈청학적(血清學的) 반응, 피부 반응, 오줌을 사용하는 반응 등이 있음.

암-벌명 벌의 암컷. 자봉(雌蜂). ↔수벌.

암:-범(暗犯)**명**(하타) 남몰래 죄나 잘못을 범함.

암벽(岩壁)**명** 벽처럼 깎아지른 듯이 높이 솟은 바위. ¶암벽에 새긴 불상. /일을 타고 암벽을 기어오르다.

암-비둘기명 비둘기의 암컷. ↔수비둘기.

암:-사(暗射)**명**(하타) 목표물을 정하거나 겨누지 않고 마구 쏨. 맹사(盲射).

암-사내명 암된 사내.

암-사돈(-查頓)**명** 사돈 가운데, 며느리 쪽의 사돈. ↔수사돈. 참아사돈.

암:사^지도(暗射地圖)**명** ☞백지도(白地圖).

암산(岩山)**명** 바위가 많은 산. ↔토산(土山).

암:산(暗算)**명**(하타) 필기도구를 쓰거나 계산기를 이용하거나 하지 않고 머릿속으로 계산함. 목산(目算). 속셈. 심산. ¶소요 경비를 암산하다.

암살(하자) 일부러 아프거나 괴롭거나 어렵다고 꾸미고 부풀리어 나타내는 태도. ¶암살을 떨다. /암살을 피우다. 준엄살.

암:살(暗殺)**명**(하타)(되자) 사람을 몰래 죽임. 〔주로, 정계나 재계의 요인이 대상이 될 경우를 이름.〕 도살(盜殺). ¶요인을 암살하다.

암:-상명 남을 미워하고 샘을 잘 내는 잔망스러운 심술. ¶암상이 나다. /암상이 돋치다. /암상을 부리다. /암상을 떨다. /암상을 내다. /암상을 피우다. /눈에 암상이 득지다닥히하다.

암상(岩床)**명** 마그마가 지층 사이로 비스듬히 들어가 넓게 퍼져서 굳은, 판자 모양의 암체(岩體).

암:상(暗箱)**명** ☞어둠상자.

암:상-궂다 [-굳따]**형** 몹시 암상스럽다. ¶암상궂은 말투로 대꾸한다.

암:상-꾸러기명 암상을 잘 부리는 사람을 얕잡아 이르는 말.

암:상-떨이[명] 암상스러운 짓. 암상스러운 태도.

암:상-스럽다 [-따] [~스러우니·~스러워]**형**(ㅂ) 암상한 태도가 있다. ¶암상스러운 계집아이. 암상스레**부**

암:상^식물(岩上植物) [-싱-]**명** ☞암생 식물.

암:-상인(暗商人)**명** 법으로 금지한 상품을 몰래 사고파는 장사꾼.

암:-상자(暗箱子)**명** ☞어둠상자.

암:상-하다[형] 남을 미워하고 샘하는 마음이 많다. 준암하다.

암-새명 새의 암컷. ↔수새.

암:-색(暗色)**명** 어두운 느낌을 주는 빛깔. 어두운 색. ↔명색(明色).

암:-색(暗索)**명**(하타) 〈암중모색(暗中摸索)〉의 준말.

암생^식물(岩生植物) [-싱-]**명** 지의류(地衣類)·부처손 등과 같이, 바위에 붙어서 사는 건생 식물을 이르는 말. 바위 식물. 암상 식물(岩上植物).

암서(岩嶼)**명** 바위로 된 섬.

암석(岩石)**명** 바위. 바윗돌.

암석-권(岩石圈) [-꿘]**명** 지구 표면에 가까운, 주로 암석으로 이루어진 부분. 〔기권(氣圈)·수권(水圈)에 상대하여 이르는 말.〕

암석^단구(岩石段丘) [-딴-]**명** 사력층(沙礫層)이 없이 암석이 노출되어 있는 단구. 침식에 의한 것으로, 하안 단구나 해안 단구에서 볼 수 있음.

암석^사막(岩石沙漠) [-싸-]**명** 지표에 암석이나 자갈 따위가 많이 노출되어 있는 사막. 돌사막.

암석^섬유(岩石纖維) [-써뮤]**명** ☞암면(岩綿).

암석-층(岩石層)**명** 암석으로 이루어진 지층.

암석-학(岩石學) [-서칵]圈 지질학의 한 분야. 암석의 성질·성인(成因)·구조·상호 관계 등을 연구하는 학문.

암:선(暗線)圈 ▷흑선(黑線).

암설(岩屑)圈 풍화 작용으로 생긴 바위 부스러기.

암설-토(岩屑土)圈 자잘한 바위 부스러기로 이루어진 토양.

암:성(暗星)圈 빛을 내지 않는 별.

암:-세포(癌細胞)圈 암을 이루는 세포.

암-소圈 소의 암컷. 빈우(牝牛). ↔수소.

암:소(暗笑)圈하 속으로 비웃음.

암-송(暗誦)圈하 (시가나 문장 따위를) 적은 것을 보지 않고 입으로 욈. ¶소월(素月)의 시 여러 편을 암송하다.

암-쇠[-쇠/-쉐]圈 ①〈매암쇠〉의 준말. ②자물쇠의 수쇠가 들어가 물려서 잠기도록 구멍에 박은 쇠. ↔수쇠.

암-수圈 암컷과 수컷. 자웅(雌雄). ¶암수 한 쌍. ⑪빈모(牝牡).

암:수(暗數)圈 속임수. 외수(外數). ¶암수를 쓰다.

암:수-거리(暗數-)圈하 암수로 남을 속이는 짓.

암수-딴그루圈 암꽃과 수꽃이 각각 딴 그루에 있는 일, 또는 그 식물. 〔은행나무·뽕나무·삼·시금치 따위.〕 자웅 이주(雌雄異株). ↔암수한그루.

암수-딴몸圈 동물에서, 암수가 분명히 구별되어 있는 일, 또는 그 동물. 척추동물을 비롯한 대부분이 이에 해당함. 자웅 이체(雌雄異體). ↔암수한몸.

암수-한그루圈 암꽃과 수꽃이 한 그루에 있는 일, 또는 그 식물. 〔소나무·밤나무·호박·오이 따위.〕 자웅 동주(雌雄同株). ↔암수딴그루.

암수-한몸圈 동물에서, 암수의 생식기를 한몸에 함께 가지는 일, 또는 그 동물. 지렁이·달팽이·굴 등 하등 동물에 많음. 자웅 동체(雌雄同體). ↔암수딴몸.

암:-순응(暗順應)圈 밝은 곳에서 어두운 곳으로 들어갔을 때, 처음에는 보이지 않던 것이 시간이 지남에 따라 차차 보이게 되는 현상. ↔명순응(明順應).

암술圈 수술로부터 꽃가루를 받는 자성(雌性)의 생식 기관. 암술머리·암술대·씨방 세 부분으로 되어 있음. 암꽃술. 자예(雌蕊). ↔수술.

암술-대[-때]圈 암술의 일부분으로, 암술머리와 씨방 사이를 연결하는, 둥근 기둥 모양으로 생긴 부분.

암술-머리圈 피자식물(被子植物)에서, 암술의 머리 부분. 수분(受粉) 때 꽃가루가 묻기 쉽도록 점액을 분비하는 따위의 특성을 지님. 주두(柱頭).

암:시(暗示)圈 ①하되자 (바로 대어 밝히지 않고) 넌지시 알림, 또는 그 알린 내용. ¶암시를 주다. /눈짓으로 암시하다. ②(그 사람이 알지 못하는 가운데) 어떤 관념·감각·의도 따위를 일으키게 하는 심리적 작용. ¶암시 요법. /암시를 걸다.

암:시-법(暗示法) [-뻡]圈 문장 표현 기교의 한 가지. 어떤 내용을 직접 말하지 않고 간접적으로 표현하는 방법.

암:-시세(暗時勢)圈 (공정 시세에 대하여) 암거래의 시세.

암:-시장(暗市場)圈 암거래가 이루어지는 시장.

암:시^장치(暗視裝置)圈 ▷녹토비전.

암:실(暗室)圈 ①(사진 현상이나 화학 실험 등을 위하여) 밖으로부터 빛이 들어오지 못하도록 꾸며 놓은 방. ②교도소에서, 중죄인(重罪人)을 가두는 감방.

암:실-램프(暗室lamp)圈 (암실에서 사용하는) 필름이나 인화지 따위에 감광되지 않는 빛을 내는 전구.

암암(岩岩) '암암(岩岩)하다'의 어근.

암암(暗暗) '암암(暗暗)하다'의 어근.

암:암-리(暗暗裏) [-니]圈 남이 모르는 사이. (주로, '암암리에'의 꼴로 쓰임.) ¶암암리에 음모를 꾸미다. /암암리에 계획을 진행시키다.

암암-하다(岩岩-)혱 바위너설이나 산이 높고 험하다. 암암-히튀.

암:암-하다(暗暗-)혱 ①잊혀지지 않고 가물가물 보이는 듯하다. ¶할아버지의 꾸부정한 모습이 눈에 암암하다. /뒤돌아보던 그의 모습이 눈앞에 암암하다. ②깊숙하고 고요하다. ¶암암한 골짜기. 암암-히튀.

암:야(暗夜)圈 어두운 밤.

암약(暗弱) '암약하다'의 어근.

암:약(暗躍)圈자 (남의 눈을 피하여) 몰래 활동함. 암중비약(暗中飛躍). ¶간첩이 암약하다.

암:-약하다(暗弱-) [아마카-]혱 ①어리석고 겁이 많다. ②몸이 허약하고 천성이 둔하다.

암:어(暗語)圈 특정인 외에는 알 수 없도록 정해 놓은 암호의 말.

암-어의[-너의/-너이]圈 '암술'의 구용어.

암:연(暗然)圈혱 분명하지 않음. 흐리마리함.

암:연(黯然)圈혱 슬픔으로 마음이 어둡고 침울함. ¶암연한 심정. 암연-히튀.

암염(岩塩)圈 암석의 사이 등에서 천연으로 나는 소금. 반투명체임. 바다에서 나는 소금보다 순도가 높으며, 식염 원료나 공업 원료로 쓰임. 경염(硬塩). 돌소금. 석염(石塩).

암:영(暗影)圈 ①어두운 그림자. ②'장래에 대한 불길한 예감이나 징조'를 비유하여 이르는 말. ¶암영이 감돌다. /전도(前途)에 암영을 던지다.

암:영(暗營)圈하 (적군 몰래) 은밀히 진을 침, 또는 그 진영.

암:영-부(暗影部)圈 태양의 흑점에서, 중앙의 어두운 부분과 그 둘레의 어두한 반영부(反影部)에 대하여 이르는 말.

암:우(暗愚)圈혱 사리에 어둡고 어리석음, 또는 그런 사람. ¶암우한 임금.

암:운(暗雲)圈 ①곧 비나 눈이 내릴 것 같은 검은 구름. ②'어떤 불길한 일이나 위험 따위가 금방이라도 일어날 것 같은 낌새'를 비유하여 이르는 말. ¶중동 지방에 암운이 감돌다. 먹구름.

암:울(暗鬱)圈혱 어둡고 침울함. ¶암울한 겨울 풍경. /암울한 심경.

암:유(暗喩)圈하 ▷은유(隱喩).

암-은행나무(-銀杏-)圈 열매가 열리는 은행나무. ↔수은행나무.

암자(庵子)圈 ①큰 절에 딸린 작은 절. ②중이 임시로 거처하며 도를 닦는 작은 집. ⑪암(庵).

암:-자색(暗紫色)圈 검은빛을 띤 자줏빛. 어두운 자줏빛.

암:-자색(暗赭色)圈 거무스름한 주톳빛.

암장(岩漿)圈 ▷마그마(magma).

암:장(暗葬)圈하 남몰래 장사 지냄. 도장(盜葬). 암매장(暗埋葬). 투장(偸葬).

암:-적(癌的) [-쩍]관圈 고질적인 폐단이나 큰 장애가 되고 있는 (것). ¶암적 존재.

암:-적갈색(暗赤褐色)[-깔쌕]몡 검은빛을 띤 적갈색. 어두운 적갈색.

암:-적색(暗赤色)[-쌕]몡 검은빛을 띤 적색. 검붉은 빛.

암:전(暗轉)몡-하자 ①연극에서, 막을 내리지 않고, 무대의 조명을 끄고서 장면을 바꾸는 일. 다크 체인지. ↔명전(明轉). ②사건이나 상황 따위가 나쁜 방향으로 진전함. ¶사태가 갑자기 암전하다.

암:조(暗潮)몡 ①표면에 드러나지 않는 조류(潮流). ②'표면에 나타나지 않는 세력이나 풍조(風潮)'를 비유하여 이르는 말.

암:종(癌腫)몡 ☞암(癌).

암주(岩柱)몡 지하의 화성암체(火成岩體)의 일부가 표면으로 드러나 있는 것.

암주(庵主)몡 암자(庵子)의 주인, 또는 암자에 거처하는 중.

암:주(暗主)몡 ☞혼군(昏君).

암:-죽(-粥)몡 백설기를 말려 가루로 만든 것으로 묽게 쑨 죽. 백설기 가루를 끓는 물에 풀어 쑴.

암:죽-관(-粥管)[-꽌]몡 작은창자 안의 융털 돌기에 있는 림프관. 지용성(脂溶性) 영양분을 흡수하는 구실을 함. 유미관(乳糜管).

암:중(暗中)몡 ①어둠 속. ②은밀한 가운데.

암:중-모색(暗中摸索)몡-하자 〔어둠 속에서 손으로 더듬으며 물건을 찾는다는 뜻으로〕 ①확실한 방법을 모르는 채 이리저리 시도해 봄. ¶아직 뚜렷한 대책을 못 세우고 그야말로 암중모색일세. ②은밀하게 일의 실마리나 해결책을 찾아내려 함. ¶사건의 단서를 잡기 위해 암중모색하다. 준암색.

암:중-비약(暗中飛躍)몡-하자 ☞암약(暗躍). ¶암중비약하는 간첩을 색출하다.

암증-널름(도자기를 빚는 곳에서) 흙을 반죽할 때 쓰는 널빤지. 연토판(鍊土板).

암지(岩地)몡 바위가 많은 땅.

암-지르다[-지르니·-질러]타르 주된 것에 몰아붙여서 하나가 되게 하다.

암-쪽몡 채무자가 가지는, 어음의 왼편 조각. ↔수쪽.

암처(岩處)몡-하자 ☞암거(岩居).

암천(岩泉)몡 바위틈에서 솟는 샘.

암체(岩體)몡 (주로 화성암에서) 지각(地殼) 안에서 한 덩어리로 이어져 있는 암석. ¶관입(貫入)암체.

암:체(暗體)몡 스스로 빛을 발하지 못하는 물체. ↔발광체(發光體).

암:초(暗草)몡-하타 몰래 시문(詩文)의 초고(草稿)를 지음.

암:초(暗礁)몡 ①물속에 숨어 있어 항행에 방해가 되는 바위. 초석(礁石). 暗礁. ¶배가 암초에 얹히다. ②'뜻밖에 부닥치는 어려움'을 비유하여 이르는 말. ¶사업이 암초에 부딪히다.

암-치몡 배를 갈라서 소금에 절여 말린 민어의 암컷. 〔절여 말린 민어를 두루 이르기도 함.〕 ↔수치.

암-치질(-痔疾)몡 항문 속에 생기는 치질. 내치(內痔). ↔수치질.

암캉아지몡 강아지의 암컷. ↔수캉아지.

암캐몡 개의 암컷.

암커나튀 '아무러하거나'가 줄어든 말. ¶암커나 한번 나서 보자.

암커미몡 '암거미'의 잘못.

암컷[-컫]몡 암수의 구별이 있는 동물에서 새끼를 배는 쪽. ↔수컷. 图암1. * 암컷이[-커시]·암컷만[-컨-]

암코양이몡 '암고양이'의 잘못.

암콤몡 '암곰'의 잘못.

암쿠렁이몡 '암구렁이'의 잘못.

암쿵몡 '암꿩'의 잘못.

암크령몡 볏과의 다년초. 높이 30~80 cm. 잎은 가늘고 깊. 늦여름에 길이 30 cm가량의 긴 달걀 모양의 이삭에 꽃이 핌. 잎은 밧줄의 재료 또는 면물용으로 쓰임. 들이나 길가에서 자람. 지풍초(知風草).

암클몡 '암글'의 잘못.

암키와몡 재래식 기와에서 지붕을 이을 때 지붕의 고랑이 되게 젖혀 놓는 기와. 반(瓪). 앙와(仰瓦). 여와(女瓦). ↔수키와.

암탈개비몡 모시나비의 유충.

암탉[-탁]몡 닭의 암컷. 빈계(牝鷄). ¶암탉이 알을 품다. ↔수탉. * 암탉이[-탈기]·암탉만[-탕-]

암탉이 울면 집안이 망한다(속담) 가정에서 아내의 주장이 지나치면 집안일이 잘 되어 가지 않는다는 말.

암탉이 울어 날 샌 일 없다(속담) 남자를 제쳐 놓고 여자가 모든 일을 좌지우지하면 일이 제대로 되지 않는다는 말.

암탕나귀몡 당나귀의 암컷. ↔수탕나귀.

암-토끼몡 토끼의 암컷. ↔수토끼.

암톨쩌귀몡 수톨쩌귀의 짝이 되는, 구멍이 뚫린 돌쩌귀. ↔수톨쩌귀.

암퇘지몡 돼지의 암컷. ↔수퇘지.

암:투(暗鬪)몡-하자 서로 적의를 품고 속으로 다툼. 이면(裏面)에서 드러나지 않게 싸움. ¶반대파와 암투를 벌이다.

암:투-극(暗鬪劇)몡 '복잡하게 전개되고 있는 암투'를 비유하여 이르는 말.

암튼튀 〈아무튼〉의 준말.

암팡-스럽다[-따][-스러우니·-스러워]형ㅂ 보기에 암팡지다. 암팡스레튀.

암팡-지다혱 (몸은 작아도) 당차고 강단이 있다. ¶암팡진 목소리. /물러서지 않고 암팡지게 대들다.

암펍몡 '암법'의 잘못.

암펨몡 '암범'의 잘못.

암페어(ampere)의 전류의 세기를 나타내는 단위. 매초 1쿨롬의 전기량이 흐를 때의 전류의 세기가 1암페어임. 〔기호는 A〕

암페어-계(ampere計)[-계/-게]몡 전류의 세기를 암페어 단위로 읽을 수 있도록 한 전류계(電流計).

암페어-시(ampere時)의 전기량(電氣量)의 단위. 1암페어의 전류가 한 시간 동안 흐를 때의 전기량. 〔기호는 Ah〕

암페어의 법칙(ampere-法則)[-의-/-에-] 오른나사가 나아가는 방향으로 전류를 흘리면, 그 전류의 주위에 나사가 돌아가는 방향의 자계(磁界)가 생긴다는 법칙.

암평아리몡 병아리의 암컷. ↔수평아리.

암-포기몡 암꽃이 피는 포기. ↔수포기.

암:표(暗票)몡 (차표·배표·비행기표·입장권·관람권·좌석권 따위에서) 정상적인 유통 과정을 거치지 않은 암거래표. 암표를 팔다.

암:표(暗標)몡-하타 (혼자만 알 수 있도록) 넌지시 눈으로 표함, 또는 그런 표.

암피돌기몡 '암비돌기'의 잘못.

암하고불(岩下古佛)**명** ['바위 아래에 있는 오래 된 불상'이라는 뜻으로] '착하고 어리석은 성 격'을 평하여 이르는 말. 암하노불(岩下老佛).

암하-노불(岩下老佛)**명** ☞암하고불(岩下古佛).

암:-하다(형] 〈암상하다〉의 준말.

암:합(暗合)**명하다되다** 뜻하지 않게 일치함, 또 는 우연한 일치. ¶아무렇게나 한 말이 이렇게 암합할 줄이야!

암해(岩海)**명** 바위와 돌투성이인 땅이 바다처럼 넓게 펼쳐져 있는 곳.

암:해(暗海)**명** (빛이 미치지 못하는) 매우 깊은 바다. 어두운 바다 속.

암:행(暗行)**명하자타** (어떤 목적을 위하여) 자 신의 신분을 숨기고 남몰래 다님. ¶암행 사 찰. /암행 감시.

암:행-어사(暗行御史)**명** 조선 시대에, 지방 관 원들의 치적(治績)과 민생을 살피기 위하여 왕 명으로 비밀히 파견되던 특사. **준**어사.

암:향(暗香)**명** ①어디서인지 모르게 그윽히 풍 겨 오는 향기. ②어둠 속에 감도는 꽃향기.

암:향-부동(暗香浮動)**명** 그윽한 향기가 감돎.

암혈(岩穴)**명** 바위굴.

암혈지사(岩穴之士)[-찌-]**명** (속세를 떠나) '산속 깊이 숨어 사는 선비'를 이르는 말.

암:호(暗號)**명** ①(비밀을 유지하기 위하여) 당 사자끼리만 알 수 있도록 꾸민 부호. ¶암호 전보. /암호를 사용하다. ②구암호구호. ③컴퓨터 에서, 사용자로부터 시스템에 데이터 파일을 이용할 수 있는 권리를 확인하기 위하여 쓰는 비밀 부호. ④패스워드.

암:호-문(暗號文)**명** (남이 모르게) 암호로 적 은 글.

암화(暗花)**명** 도자기에 입힌 잿물 밑에 선으로 그려 넣은 꽃무늬. 암관(暗款).

암:-회색(暗灰色)[-회/-훼-]**명** 검은빛을 띤 잿빛. 어두운 잿빛.

암:흑(暗黑)**명하형** ①주위 일대가 어둡고 캄캄 함, 또는 캄캄한 어둠. ¶주위가 암흑으로 변하 다. /암흑 속으로 사라지다. ②(정신적으로나 사회적으로, 아주 문란하거나 억압되거나 하 여) '희망을 가질 수 없게 된 상태'를 비유하 여 이르는 말. ¶암흑의 미래. ←광명(光明).

암:흑-가(暗黑街)[-까]**명** 부도덕한 행위나 범 죄가 자주 일어나 치안이 제대로 유지되지 않 는 거리, 또는 그런 조직의 세계. ¶암흑가를 누비는 폭력배. /암흑가의 대부.

암:흑-기(暗黑期)[-끼]**명** 문화가 쇠퇴하고 사 회 질서나 도덕이 어지러운 시기.

암:흑-대륙(暗黑大陸)[-때-]**명** 지난날, 아프 리카 대륙을 달리 이르던 말. [문명이 뒤지고, 세계에 잘 알려지지 않은 대륙이었기 때문에 생긴 말.]

암:흑-면(暗黑面)[-흥-]**명** ①사물의 어두운 면. ②사회나 인생의 어둡고 추악한 면. 암면 (暗面).

암:흑-사회(暗黑社會)[-싸회/-싸훼]**명** ①문화 가 쇠퇴하고 발전이 정체된 사회. ②부도덕한 행위나 범죄가 빈번하게 일어나는 무질서하고 암담한 사회.

암:흑-상(暗黑相)[-쌍]**명** 질서가 문란하고 온 갖 범죄가 판을 치는, 추악하고 비참한 사회 상. ¶사회의 암흑상이 노출되다.

암:흑^성운(暗黑星雲)[-썽-]**명** 은하계 안의 성운의 하나. 우주 먼지나 성간(星間) 가스의 집합체로 빛을 내지 않으며, 뒤쪽에 있는 발광

성운(發光星雲)을 가림으로써 그 자신의 모습 을 검게 드러내고 있는 것.

암:-흑세계(暗黑世界)[-쎄계/-쎄계]**명** ①밤처 럼 어두운 세계. ¶정전으로 아파트 단지가 암흑 세계가 되었다. ②질서가 문란하고, 부도덕과 범죄로 가득 찬 사회'를 비유하여 이르는 말.

암:-흑시대(暗黑時代)[-씨-]**명** 사회가 문란하 고 부패가 쇠퇴한 시대. 특히, 유럽 역사에서 중세(中世)를 이르는 경우가 많음.

암:흑-연(暗黑然)**명하형** ①어둡고 캄캄한 모 양. ②사회가 혼란한 모양.

암:희(暗喜)[-히]**명하타** 남몰래 속으로 기뻐함.

앓(옛)**명** 암. 암컷. ¶암히 수를 좇놋다(杜初 17:5). /다룬 암을 어른대(月釋7:16).

압(押) 〈화압(花押)〉의 준말.

압각(壓覺)[-깍]**명** 외부의 압력을 받았을 때의 피부의 감각. 눌림감각.

압권(壓卷)[-꿘]**명** (책이나 예술 작품·공연물 따위에서) 가장 뛰어난 부분, 또는 여럿 중에 서 가장 뛰어난 것. ¶이 곡은 그의 작품 가운 데서도 압권이다.

압궤(壓潰)[-꿰]**명하타** 눌러 부숨.

압근(狎近)[-끈]**명하자** 무람없이 남에게 가까 이 다가붙음, 또는 가까이하여 귀여워함.

압기(狎妓)[-끼]**명** 귀엽게 여겨 돌보아 주는 기생.

압기(壓氣)[-끼]**명** ①하자되자 상대편의 기세에 눌림. ②하타 상대편의 기세를 누름.

압닐(狎昵·狎暱)[압-]**명하형** 아주 친하고 가까 움. 정분이 썩 두터움. 압닐-히(튀.

압도(壓度)[-또]**명** ①압력의 정도. ②단위 면 적에 작용하는 압력의 크기.

압도(壓倒)[-또]**명하타** 월등한 힘으로 상 대편을 누름. 힘이나 세력 따위가 단연 남을 능가함. ¶그들의 기세에 압도되다.

압도-적(壓倒的)[-또-]**관명** 비교가 되지 않을 만큼 월등하게 나은 (것). ¶압도적 우 세. /압도적인 지지로 당선되다.

압량-위천(壓良爲賤)[압냥-]**명하타** 지난날, 양 민을 억눌러서 강제로 종으로 삼던 일.

압려-기(壓濾器)[압녀-]**명** 압력을 이용하여 액 체를 거르는 기구.

압력(壓力)[암녁]**명** ①어떤 물체가 다른 물체를 누르는 힘. ¶철판에 압력을 가하다. ②사람에 게 심리적으로 압박을 가하는 힘. ¶무언(無 言)의 압력. /외부의 압력을 받다.

압력-계(壓力計)[암녁계/암녁께]**명** '기체나 액 체의 압력을 재는 기구'를 통틀어 이르는 말. 검압기(檢壓器). 마노미터.

압력^단체(壓力團體)[암녁딴-]**명** 정부나 정당 또는 의회에 압력을 가하여 자기들의 이익을 옹호하려는 사회단체. [노동조합, 여성 단체, 경제 단체 따위.]

압력^변:성(壓力變成)[암녁 뺀-]**명** 암석이 지 각 내부에서 받는 강한 압력으로 입자의 배열 이 바뀜으로써 성질이 변하는 일.

압력-선(壓力線)[암녁썬]**명** 옹벽·둑 따위의 각 단면에 작용하는 합성 압력이 통과하는 선. 이 선이 단면의 중심을 벗어나면 구조물이 안정을 잃게 됨.

압력-솥(壓力-)[암녁쏟]**명** 뚜껑을 밀폐하여 내 부의 압력을 높임으로써 고온이 유지되도록 만 든 솥. 음식물이 짧은 시간에 조리됨. *압력 솥이[암녁쏘치]·압력솥을[암녁쏘틀]·압력솥만 [암녁쏜-]

압령(押領)[암녕][명][하타] ①죄인을 데리고 옴. ②짐건을 호송함. **변**압냥.

압류(押留)[암뉴][명][하타][되자] 국가 기관이 채무자의 재산의 사용이나 처분을 금함, 또는 그 행위. ¶재산을 압류하다.

압류^명:령(押留命令)[암뉴-녕][명] 채무자가 제삼자에 대해서 갖는 채권이나 그 밖의 재산권에 대한 강제 집행의 절차로서 법원이 내리는 결정. 제삼 채무자에게의 송달(送達)에 의하여 압류의 효력이 발생됨.

압맥(壓麥)[암-][명] ➡납작보리.

압박(壓迫)[-빡][명][하타][되자] ①강한 힘으로 내리누름. ¶가슴을 압박하다. ②심리적·정신적으로 상대편에게 겁을 줌, 또는 군사력·경제력 등으로 상대편의 행동을 제약함. ¶정치적으로 압박하다.

압박-감(壓迫感)[-빡깜][명] 내리눌리는 답답한 느낌. ¶정신적인 압박감에서 벗어나다.

압박^붕대(壓迫繃帶)[-빡뿡-][명] 심한 출혈이나 탈장 따위가 일어났을 때 이를 막기 위하여 몸의 한 부분을 내리누르는 붕대.

압복(壓服·壓伏)[-뽁][명][하타][되자] 힘으로 눌러 복종시킴.

압부(押付)[-뿌][명][하타][되자] 죄인을 압송하여 넘김.

압사(壓死)[-싸][명][하자][되자] (무거운 것에) 눌려서 죽음. ¶집이 무너져 사람이 압사하다.

압살(壓殺)[-쌀][명][하타][되자] ①눌러 죽임. ②힘으로 눌러 상대편의 의사나 활동 따위를 막아 버림. ¶부하의 의견을 압살하다.

압생트(absinthe 프)[명] 리큐어의 한 가지. 프랑스나 스위스 등지의 산에서 나는 압생트 쑥의 꽃이나 잎으로 향미(香味)를 낸 녹색의 술. 약 70%의 알코올을 함유함.

압설(壓舌)[-썰][명] '압설하다'의 어근.

압설-자(壓舌子)[-썰짜][명] (입 안을 검사할 때 등) 혀를 누르는 데 쓰이는 의료 기구.

압설-하다(壓舌-)[-썰-][형] 사이가 너무 가까워서 서로 허물이 없다. **압설-히**[부].

압송(押送)[-쏭][명][하타][되자] 죄인이나 피의자를 어떤 곳에서 다른 곳으로 호송함. ¶범인을 교도소로 압송하다.

압쇄-기(壓碎機)[-쐐-][명] '눌러서 부수는 기계'를 통틀어 이르는 말.

압수(押收))[-쑤][명][하타][되자] ①법원이나 수사 기관 등이 증거물이나 몰수할 물건 등을 점유 확보함, 또는 그 행위. ¶밀수품을 압수하다. ②물건 따위를 강제로 빼앗음. ¶선생님이 가방 검사를 해서 나온 담배를 압수해 갔다. **촬영**치(領置).

압수-펌프(壓水pump)[-쑤-][명] 낮은 곳에 있는 물을 높은 곳으로 자아올릴 때 쓰는 펌프.

압슬(壓膝)[-쓸][명][하자] 조선 시대에, 죄인을 심문할 때에 널빤지나 돌로, 꿇린 무릎을 몹시 누르던 일.

압슬-기(壓膝器)[-쓸-][명] 지난날, 압슬할 때 쓰던 형구(刑具).

압승(壓勝)[-쑹][명][하자타] 압도적으로 이김. ¶선거에서 압승을 거두다. /결승전에서 5 대 0으로 압승하다.

압시(壓視)[-씨][명][하타] 남을 멸시하거나 만만하게 넘봄.

압연(壓延)[명][하타][되자] 롤러로 금속 덩이를 눌러 펴거나 늘려서 판자 모양이나 막대 모양으로 만듦.

압연-기(壓延機)[명] 금속 재료를, 돌고 있는 한 쌍의 롤러 사이에 넣어서 눌러 펴는 기계. 롤링 밀.

압운(押韻)[명][하자] ①한시·부(賦)를 지을 때 일정한 자리에 운자(韻字)를 다는 일. ②시가(詩歌)에서, 일정한 자리에 같은 음 또는 비슷한 음을 규칙적으로 배치하여 운율적인 효과를 내는 일. 〔두운(頭韻)·각운(脚韻) 따위.〕

압인(壓印)[명][하자] (증명서나 증명사진 따위에) 세게 눌러 인발이 도드라지도록 찍는 도장, 또는 그렇게 찍는 일. ¶사원증의 사진에 압인하다. **촬**철압인.

압자일렌(Abseilen 독)[명] 등산에서, 급사면(急斜面)을 자일을 사용하여 내려가는 일.

압-전기(壓電氣)[-전-][명] 수정이나 전기석(電氣石) 등의 광물에 압력이나 장력(張力)을 가했을 때, 그 변형 정도에 비례하여 발생하는 기전력(起電力).

압점(壓點)[-쩜][명] 피부 감각 중에서, 압각(壓覺)이나 촉각(觸覺)을 느끼는 신경의 말단 기관. 〔1 cm²에 약 25개 있다고 함.〕

압정(押釘)[-쩡][명] 손가락 끝으로 눌러 박는, 대가리가 크고 납작한 짧은 쇠못. 압핀.

압정(壓政)[-쩡][명] 〈압제 정치〉의 준말. ¶압정에 시달리다.

압제(壓制)[-쩨][명][하타] 권력이나 폭력으로 남의 언동(言動)을 억압하고 강제하는 일. ¶압제에 항거하다.

압제^정치(壓制政治)[-쩨-][명] 권력이나 폭력으로 국민의 자유를 억압하는 정치. **준**압정.

압존(壓尊)[-쫀][명] 높임법에서, 말하는 이보다는 윗사람이지만, 말을 듣는 이보다 아랫사람인 주체에 대하여 그 높임의 정도를 낮추는 일. 〔할아버지 앞에서, "할아버지, 아버님께서 방금 오셨습니다."라고 하지 않고, "할아버지, 아버지가 방금 왔습니다."라고 하는 따위.〕

압지(押紙·壓紙)[-찌][명] 잉크나 먹물 따위로 쓴 것이 번지거나 묻어나지 않도록 눌러서 물기를 빨아들이는 종이. 흡묵지(吸墨紙).

압착(壓搾)[명][하타][되자] ①기계 따위로 세게 눌러 짬. ¶깨를 압착하다. ②압력을 가하여 물질의 밀도를 높임.

압착^공기(壓搾空氣)[-꽁-][명] ➡압축 공기.

압착-기(壓搾機)[-끼][명] 식물의 열매·씨·줄기 따위에서 즙액(汁液)이나 기름을 짜는 기계.

압축(壓軸)[명] 같은 시축(詩軸)에 적힌 여러 시 가운데서 가장 잘 지은 시.

압축(壓縮)[명][하타][되자] ①기체나 물체 따위에 압력을 가하여 부피를 작게 함. ②문장 따위를 줄이어 짧게 함. ¶원고를 압축하다. /이 시는 압축의 묘미를 잘 갖추고 있다.

압축-가스(壓縮gas)[명] 상온(常溫)에서 액화하지 않을 정도로 압축된 고압의 기체. 〔산소·수소·질소·공기 등이 있음.〕

압축^공기(壓縮空氣)[명] 높은 압력으로 부피를 줄인 공기. 팽창할 때의 힘을 원동기나 전동차·버스 따위의 출입문의 자동 개폐 장치·브레이크 등에 이용함. 압착 공기(壓搾空氣).

압축-기(壓縮機)[-끼][명] 기체를 압축하여 그 압력을 높이는 데 쓰는 기계. 컴프레서.

압축^산소(壓縮酸素)[-싼-][명] 상온(常溫)에서 액화하지 않을 정도로 압축하여 봄베에 넣어 둔 산소. 용접이나 인공호흡 등에 이용됨.

압축^펌프(壓縮pump)[명] 기체를 압축해서 압력을 높이고 부피를 줄이기 위해 쓰는 펌프.

압출(壓出)**명**(하타)(되자) 압력을 가하여 밀어냄.

압통-점(壓痛點)[-찜]**명** (손가락 끝 따위로) 피부 위를 눌렀을 때 특별히 아픔을 느끼는 부위.

압-핀(押pin)**명** ☞압정(押釘).

압핍(押逼)**명**(하타) (어른에게) 삼가는 태도가 없이 무례하게 가까이 다가붙음.

압핍지지(押逼之地)[-찌-]**명** 묘나 집터 따위의 바로 곁에 이웃하여 있는 땅.

압형(押型)[아평]**명**(하타) 울퉁불퉁한 물건 위에 종이 따위의 얇고 여린 물건을 놓고서, 다른 물건으로 문지르거나 압력을 가하여 모양을 떠냄, 또는 그렇게 떠낸 것.

압흔(壓痕)[아픈]**명** (살이 부었을 때) 피부를 손가락 끝으로 누르면 눌린 자리가 원상태로 돌아가지 아니하고 잠시 그대로 있는 흔적.

앗[압]**감** 깜짝 놀랐을 때에 내는 소리. ¶앗! 뜨거워.

앗가[-]〈옛〉아까. ¶내 앗가 ᄌ 뿔 밧고라 갔더니(老解上40).

앗-기다[앝끼-]**자** ['앗다'의 피동] 빼앗기다.

앗:다[압따]**타** ❶빼앗다. ¶재물을 앗다. ❷곡식의 껍질을 벗기다. ¶팥을 앗다. ❸(씨아 따위로) 목화의 씨를 빼다. ❹깎아 내다. ¶나무를 앗다. ❺〈팥앗다〉의 준말. ＊빼앗·앗:는[앗-]

앗다[아ᅀᅡ·아ᅀᅳ니]**타**〈옛〉빼앗다. ¶志를 앗디 못ᄒᆞ야ᅀᅡ(永嘉上3). /소겨 아ᄉᆞᆯ 편:騙(訓蒙下20). /비록 못 니버도 ᄂᆞ믜 오ᄉᆞᆯ 앗디 마라(古時調).

앗-사위[압싸-]**명** 쌍륙이나 골패 따위에서, 승부가 끝나는 판.

앗쌈[압-]**명** 광산에서, 엇비슷하게 통한 구덩이.

앗아-넣다[-너타]**타** (한쪽으로 쏠리지 않도록) 끝을 깎아 어긋매겨 넣다.

앗이다〈옛〉빼앗기다. ¶나라홀 앗이리니 王이 네 아ᄃᆞᆯ 내티쇼셔(月釋2:5).

앗-줄[앋쭐]**명**〈아덧줄〉의 준말.

-았-[압]**선미** 끝 음절이 양성 모음(ㅏ·ㅗ)으로 된 용언의 어간에 붙어, 과거 시제를 나타내는 선어말 어미. ¶갔다. /밝았다. /보았다. ＊았어-.

-았었-[압썼]**선미** 끝 음절이 양성 모음(ㅏ·ㅗ)으로 된 용언의 어간에 붙어, 현재와 비교하여 다르거나 단절되어 있는 과거의 사건을 나타내는 선어말 어미. ¶몇 년 전만 해도 공기가 참 맑았었다. ＊-었었-.

-았자[압짜]**어미** 끝 음절이 양성 모음(ㅏ·ㅗ)으로 된 용언의 어간에 붙어, '앞말이 나타내는 행동이나 상태가 이루어지더라도'의 뜻을 나타내는 연결 어미. 주로 뒤에는 부정적인 내용이 이어짐. ¶아무리 용써 보았자 소용없다.

앗이**명**〈옛〉('아ᅀᆞ'의 주격형] 아우가. ¶ᄉᆞ랑ᄒᆞᆫ 눈 앗이 글워를 傳호매(杜初23:20).

앗이다타〈옛〉빼앗기다. ¶城 앗이여 자펴 가 ᄌ 그니라(三綱.忠12).

앙 **Ⅰ**(부)(하자) 어린아이들이 우는 소리, 또는 그 모양. ¶아기가 앙 울기 시작한다.
Ⅱ(감) 남을 놀라게 할 때 지르는 소리. ¶앙, 놀랐지?

앙가-발이(명) ❶다리가 짧고 굽은 사람을 얕잡아 이르는 말. ❷(자기의 이익을 위하여) 남에게 이리저리 잘 달라붙는 사람을 얕잡아 이르는 말.

앙-가슴(명) 양쪽 젖 사이의 가슴 부분.

앙가조촘(하자) ❶앉은 것도 아니고 선 것도 아닌 어정쩡한 자세로 조촘거리는 모양. ❷일

을 딱 결정짓지 못하고 어정쩡하게 조촘거리는 모양. ＊앙거주춤.

앙가주망(engagement 프)**명** (작가나 문학 등의) 사회 참여.

앙:각(仰角)**명** ☞올려본각. ↔부각(俯角). ❸수각.

앙감-질(명)(하자) 한 발은 들고 한 발로만 뛰어다니는 짓.

앙-갚음(하타) 어떤 해를 입은 한을 풀기 위하여 상대편에게 그만한 해를 입힘, 또는 그런 행동. 보복(報復). 보수(報讎). 보원(報怨). 복보수. 복수(復讎). ¶그에게 속아 골탕 먹은 앙갚음으로 이번에는 그를 골려 주었다.

앙:견(仰見)**명**(하타) 앙관(仰觀).

앙경(殃慶)**명** 재앙(災殃)과 경사(慶事).

앙:고(仰告)**명**(하타) 우러러 아룀.

앙고라-모(Angora毛)**명** 앙고라염소나 앙고라토끼의 털.

앙고라-염소(Angora-)**명** (오늘날의 터키 앙카라 지방인) 앙고라 지방 원산의 염소. 털이 길고 광택이 있어 직물에 이용됨.

앙고라-토끼(Angora-)**명** (오늘날의 터키 앙카라 지방인) 앙고라 지방 원산의 토끼. 집토끼의 한 품종으로, 털이 부드럽고 길어 직물에 이용됨.

앙:관(仰觀)**명**(하타) 우러러봄. 앙견(仰見). 앙망(仰望). 앙시(仰視). 앙첨(仰瞻).

앙:괭이**명** ❶민간에서, 섣달 그믐날 밤에 내려와, 잠자는 아이의 벗어 놓은 신이 제 발에 맞으면 신고 간다는 귀신. (이날 밤에는 잃어버리면 불길하다고 하여 신을 숨기는 습속(習俗)이 있음.) 약왕귀(藥王鬼). ❷얼굴에 먹이나 검정으로 마구 그려 놓는 일. ¶앙괭이를 그리다.

앙구다타 ❶(음식 따위를 식지 않게 하려고) 불 위에 놓아 두거나 따뜻한 데에 묻어 두다. ¶밥그릇을 아랫목에 앙구다. ❷한 그릇에 여러 가지 음식을 곁들여 담다. ❸사람을 안동하여 보내다. ¶하인을 앙구다.

앙그러-지다형 ❶(음식이) 먹음직스럽다. ❷(모양이) 어울려서 보기에 좋다. ❸(하는 짓이) 잘 어울리고 짜인 맛이 있다.

앙글-거리다자 자꾸 앙글앙글하다. 앙글대다. ¶앙글거리는 손자가 참 귀여운지 할머니가 웃는다. ＊엉글거리다.

앙글-대다자 앙글거리다.

앙글-방글(부)(하자) 앙글거리면서 방글거리는 모양. ＊엉글벙글.

앙글-앙글(부)(하자) ❶어린아이가 소리 없이 귀엽게 웃는 모양. ❷(무엇을 속이느라고) 꾸며서 웃는 모양. ＊엉글엉글.

앙금명 ❶액체의 바닥에 가라앉은, 가루 모양의 물질. 침전물. ❷'마음속에 남아 있는 개운치 아니한 감정'을 비유하여 이르는 말. ¶앙금이 남다.

앙금-쌀쌀(부)(하자) 앙금앙금 굼뜨게 기다가 재빠르게 기는 모양. ＊엉금썰썰.

앙금-앙금(부)(하자) 잔걸음으로 느리게 걷거나 기는 모양. ¶아기가 앙금앙금 기어온다. ＊엉금엉금.

앙급-자손(殃及子孫)[-짜-]**명**(하자) 지은 죄악으로 말미암은 화(禍)가 자손에게 미침.

앙급-지어(殃及池魚)[-찌-]**명** '재난이 뜻하지 아니한 곳까지 미침'을 비유하여 이르는 말. [성문의 불을 끄느라 못물이 다하여 물고기까지 다 죽었다는 고사에서 유래함.]

앙꼬(あんこ[餡子] 일)몡 ①떡이나 빵에 넣는 팥소. ②광산 등지에서, 다이너마이트를 남폿구멍에 넣고 그 둘레에 다져 넣는 진흙 같은 것.

앙-다물다[~다무니·~다물어]目 (입을) 힘 주어 꽉 다물다. ¶입을 앙다문 채 가타부타 말이 없다.

앙달-머리몡 어른이 아닌 사람이 어른인 체하며 부리는 얄망궂고 능청스러운 짓.

앙달머리-스럽다[~따][~스러우니·~스러워]휑⑮ 얄망궂고 능청스럽다. 앙달머리를 부리는 것 같다. **앙달머리스레**흈.

앙당그러-지다目 ①(물체가) 마르거나 굳어지면서 조금 뒤틀리다. ②(춥거나 겁이 나서) 몸이 옴츠러지다. ⑮응등그러지다.

앙당-그리다目 (춥거나 겁이 나서) 몸을 바싹 옴츠러뜨리다. ⑮응등그리다.

앙:등(昂騰)몡하飋 ☞등귀(騰貴).

앙똥-하다휑⑨ (말이나 행동이) 분수에 맞지 않게 지나치고 야살스럽다. ¶앙똥한 계집아이. ⑮엉뚱하다.

앙:련(仰蓮)[~년]몡 불교 미술에서, 꽃부리가 위로 향한 연꽃무늬. ↔복련(覆蓮).

앙:련(仰聯)[~년]몡 제물(祭物)이나 잔칫상의 음식을 괼 때, 쌓은 음식이 무너지지 않도록 접시 둘레와 함께 싸 붙여 올리는 것.

앙:련-좌(仰蓮座)[~년-]몡 앙련을 새긴 대좌(臺座). ↔복련좌(覆蓮座).

앙:롱(仰弄)[~농]몡하飋 자기보다 나이가 훨씬 많은 사람에게 실없이 행동하는 일.

앙:망(仰望)몡하目 ①우러러 바람. 앙원(仰願). ¶허가해 주시기를 앙망합니다. ②☞앙관(仰觀). ③공경하고 흠모함.

앙:망불급(仰望不及)몡하飋 우러러 바라보기만 할 뿐 미치지 못함.

앙:면(仰面)몡하飋 얼굴을 쳐듦.

앙:모(仰慕)몡하飋 우러러 사모함. ¶선생님을 앙모하다.

앙묘(秧苗)몡 벼의 싹. 볏모.

앙바틈-하다휑⑨ 작달막하고 딱 바라져 있다. ¶앙바틈한 체격. ⑮엉버틈하다. **앙바틈-히**흈 ¶양바틈히 생긴 사내가 문간을 막고 서 있다.

앙-버티다飋 악착스럽게 버티다. ⑮엉버티다.

앙:벽(仰壁)몡하飋 ☞앙토(仰土).

앙:부-일구(仰釜日晷)몡 ☞앙부일영.

앙:부-일영(仰釜日影)몡 조선 세종 16(1434)년에 만든, 해시계의 한 가지. 모양이 가마와 비슷한데, 안쪽에 이십사절기의 선을 그어 놓아, 선 위에 비치는 해의 그림자가 시간을 나타내게 되어 있음. 앙부일구.

앙분(怏憤)몡하飋 앙심(怏心)을 품음, 또는 그 마음.

앙:분(昂奮)몡하飋 매우 흥분함.

앙분-풀이(怏憤-)몡하飋 앙심을 품고 앙갚음하는 짓.

앙:사(仰射)몡하目 높은 곳을 향하여 쏨.

앙:사-부모(仰事父母)몡하飋 위로 부모를 섬김. 부모를 우러러 모심. ¶남은 곡식 장만하여 앙사부모 아니하며 하육처자(下育妻子) 아니할까〈烈女春香守節歌〉.

앙:사-부육(仰事俯育)몡하飋 위로는 부모를 섬기고, 아래로는 아내와 자식을 보살핌.

앙살몡하飋 엄살을 부리며 반항함, 또는 그러한 짓. ¶앙살을 부리다. /앙살을 피우다. ⑳엄살.

앙살-궂다[~굳따]휑 매우 앙살스럽다.

앙살-스럽다[~따][~스러우니·~스러워]휑⑮ 보기에 앙살하는 태도가 있다. **앙살스레**흈.

앙상-궂다[~굳따]휑 몹시 앙상하다. ⑮앙성궂다.

앙상블(ensemble 프)몡 ①(음악이나 연극 따위의) 전체적인 통일. 조화. ②합주. ③합주단. 실내악 연주 악단. ④같은 감으로 만든 한 벌의 여성복.

앙상-하다휑⑨ ①(꼭 짜이지 아니하여) 아울리는 맛이 없고 어설프다. ¶앙상하게 놓여 있는 세간붙이. ②살이 빠져서, 뼈만 남은 듯하거나 보기에 까칠하다. ¶뼈만 앙상하다. ③잎이 지고 가지만 남아서 나무가 스산하다. ¶앙상한 나뭇가지. ⑮엉성하다. **앙상-히**흈.

앙-세다휑 (몸은 약해 보이나) 보기보다 다부지다.

앙숙(怏宿)몡 앙심을 품고 서로 미워하는 사이. ¶저 두 사람은 겉으로는 다정해 보이지만 서로 앙숙이라지?

앙:시(仰視)몡하目 ☞앙관(仰觀).

앙심(怏心)몡 원한을 품고 앙갚음하기를 벼르는 마음. ¶앙심을 품다. /앙심을 먹다.

앙알-거리다飋 자꾸 앙알앙알하다. 앙알대다. ⑮엉얼거리다.

앙알-대다飋 앙알거리다.

앙알-앙알흈하飋 (손윗사람에 대하여) 원망하는 태도로 종알종알 군소리를 하는 모양. ⑮엉얼엉얼.

앙앙흈하飋 ①어린아이가 크게 우는 소리, 또는 그 모양. ②앙탈을 부리며 보채는 소리, 또는 그 모양.

앙앙-거리다飋 ①어린아이가 자꾸 크게 우는 소리를 내다. ②앙탈을 부리며 자꾸 보채는 소리를 내다. 앙앙대다. ⑮엉엉거리다.

앙앙-대다飋 앙앙거리다.

앙앙불락(怏怏不樂)몡하目 항상 마음에 차지 않아 즐거워하지 아니함.

앙앙지심(怏怏之心)몡 만족하지 않게 여기는 마음. 시쁘게 여기는 마음.

앙:앙-하다(怏怏-)휑⑨ 불평불만이 있어 마음에 차지 않거나 야속하다. **앙앙-히**흈.

앙:양(昂揚)몡하目飋 무슨 일을 적극적으로 하려는 정신이나 의욕 등을 드높임. ¶애국심 앙양이 절실히 요청되는 시대. /사기를 앙양하다.

앙얼(殃孽)몡 ☞앙화(殃禍). ¶앙얼을 입다.

앙연(怏然)'앙연하다'의 어근.

앙연-하다(怏然-)휑⑨ 앙앙(怏怏)한 기색이 있다. ¶그는 앙연한 낯색으로 돌아서 나갔다. **앙연-히**흈.

앙:와(仰瓦)몡 ☞암키와.

앙:와(仰臥)몡하飋 위를 향하여 반듯이 누움.

앙:우(仰友)몡 (학문이나 덕행이 자기보다 나은) 존경하는 벗.

앙:원(仰願)몡하目 우러러 바람. 앙망(仰望).

앙잘-거리다飋 자꾸 앙잘앙잘하다. 앙잘대다. ¶저녁 내내 앙잘거리는 아내. ⑮엉절거리다.

앙잘-대다飋 앙잘거리다.

앙잘-앙잘흈 잔소리를 늘어놓으며 앙알거리는 모양. ⑮엉절엉절.

앙:장(仰帳)몡 천장이나 상여 위에 치는 휘장.

앙:장(仰障)몡 치받이 흙으로 바른 천장.

앙장(鞅掌)'앙장하다'의 어근.

앙장-하다(鞅掌-)휑⑨ 일이 몹시 번거롭고 바쁘다.

앙증-맞다[-맏따]톙 매우 앙증스럽다. ¶ 모자가 앙증맞게 생겼다.

앙증-스럽다[-따][~스러우니·~스러워]톙ㅂ 보기에 앙증하다. ¶ 앙증스러운 장난감. **앙증스레**톞.

앙증-하다톙예 ①작으면서도 갖출 것은 다 갖추어 귀엽고 깜찍하다. ¶ 궤도를 따라 달리는 장난감 기관차가 무척이나 앙증하다. ②격에 어울리지 않게 작다. ¶ 우리 형은 덩치에 비해 손이 앙증하다.

앙짜몡 ①'성질이 간작간작하고 암상스러운 사람'을 얕잡아 이르는 말. ¶ 앙짜를 부리다. ②앳되게 점잔을 빼는 짓.

앙:천(仰天)몡 하늘을 쳐다봄.

앙:천-대소(仰天大笑)몡톙예 [하늘을 쳐다보고 크게 웃는다는 뜻으로] 어이가 없어서 큰소리로 껄껄 웃는다는 말.

앙:천-부지(仰天俯地)몡톙예 하늘을 쳐다보고 땅을 굽어봄. 부앙천지(俯仰天地). ¶ 앙천부지하여 추호의 부끄러움도 없다.

앙:천-축수(仰天祝手)[-쑤]몡톙예 하늘을 우러러보며 빎.

앙:첨(仰瞻)몡톙타 우러러봄. 앙관(仰觀).

앙:청(仰請)몡톙타 우러러 청함.

앙:축(仰祝)몡톙예 우러러 축하함. ¶ 선생님의 수연을 앙축합니다.

앙칼-스럽다[-따][~스러우니·~스러워]톙ㅂ 보기에 앙칼진 데가 있다. ¶ 강아지가 앙칼스럽게도 짖는다. **앙칼스레**톞.

앙칼-지다톙 ①제힘에 넘치는 일에 악을 쓰고 덤비는 태도가 있다. ¶ 앙칼지게 대들다. ②모질고 날카롭다. ¶ 앙칼진 목소리.

앙케트(enquête 프)몡 [어떤 목적을 위하여] 여러 사람에게 같은 내용의 질문을 하여 그 회답을 구하는 일, 또는 그런 조사 방법. ¶ 앙케트 조사 용지.

앙코:르(encore 프)몡 ['다시 한 번'의 뜻으로] ①음악회 따위에서, 연주를 마친 출연자에 대하여 박수를 하거나 소리를 지르거나 하여 다시 연주를 청하는 일, 또는 그 연주. ¶ 앙코르를 받다. ②(그전에 이미 공연하거나 상영했던 연극·연주회·영화 따위를) 다시 공연·상영하게 되는 일. ¶ 앙코르 공연.

앙크르(ancre 프)몡 태엽식 시계에서, 톱니바퀴의 회전을 일정하게 하고, 그 속도를 조절하는 닻 모양의 장치. [제깍제깍 하는 소리를 내는 부분.] 앵커(anchor).

앙큼-상큼톞 잔걸음으로 가볍고 힘차게 걷는 모양. ⑩엉큼성큼.

앙큼-스럽다[-따][~스러우니·~스러워]톙ㅂ 보기에 앙큼한 데가 있다. ¶ 앙큼스러운 계집아이. ⑩엉큼스럽다. **앙큼스레**톞.

앙큼-앙큼톞 잔걸음으로 힘차게 걷거나 기는 모양. ⑩엉큼엉큼. ⑥앙큼앙큼.

앙큼-하다예 엉뚱한 욕심을 품고 분수 밖의 짓을 하려는 태도가 있다. ⑩엉큼하다.

앙:탁(仰託)몡톙타 우러러 부탁함.

앙탈몡톙예 ①남의 말을 들으려 하지 않고 생떼를 씀. ¶ 막무가내로 앙탈을 하다. /앙탈을 부리다. ②시키는 말을 듣지 않고 요리조리 핑계를 대며 꾀를 부림. ¶ 무슨 앙탈이 그리 많아! 얼른 시킨 일이나 해라.

앙:토(仰土)몡톙예 천장의 산자(橵子) 안쪽에 흙을 바름, 또는 그 흙. 앙벽(仰壁). 치받이.

앙:토-장이(仰土-)몡 앙토를 바르는 미장이.

앙:토-질(仰土-)몡톙예 치받이를 바르는 일.

앙투카(en-tout-cas 프)몡 육상 경기장이나 테니스 코트 등에 까는 적갈색의 흙, 또는 그 흙을 간 경기장. [청우(晴雨) 겸용이라는 뜻.]

앙트레(entrée 프)몡 양식에서, 생선 요리가 나온 다음 로스트가 나오기 전에 나오는 요리. 코스의 중심이며 주로 조수(鳥獸)의 고기를 사용하여 채소를 곁들여냄.

앙티-로망(anti-roman 프)몡 전통적인 소설의 개념을 부정하고 새로운 수법에 의한 소설의 가능성을 추구하려는 소설. 1950년대 이후 프랑스의 작가들에 의하여 시도되었음. 누보로망(nouveau roman). 반소설(反小說).

앙티크(antique 프)몡 '앤티크'의 잘못.

앙판(秧板)몡 못자리.

앙-하다톙예 속으로 앙심을 품은 기색이 있다. 꽁하다. ¶ 대수롭지 않은 일로 앙한 채 말이 없다.

앙:혼(仰婚)몡톙예 지체가 낮은 사람이 지체 높은 사람과 하는 혼인. ↔강혼(降婚).

앙:화(仰花)몡 탑의 복발(覆鉢) 위의, 꽃이 위를 향하여 활짝 핀 모양으로 된 부분.

앙화(殃禍)몡 지은 죄의 갚음으로 받는 온갖 재앙. 앙얼(殃孽).

앞[압]몡 ①(바른 자세로 있을 때) 얼굴이 향하는 쪽. ¶ 앞으로 가라. /앞을 향해 달리다. ②차례에서 먼저 있는 편. ¶ 앞에서부터 차례로 나가다. ③물건이 향하고 있는 쪽이나 곳. ¶ 집 앞에 감나무가 서 있다. ④(다가올) 장래. ¶ 앞을 내다보다. ⑤지금보다 먼저. ¶ 앞에서 충분히 설명했다. ⑥(차례로서 아무의) 몫. ¶ 내 앞으로 되어 있는 땅. ⑦'이제부터 뒤에'의 뜻. (('앞으로'의 꼴로 쓰임.)) ¶ 앞으로는 다시 안하겠습니다. ⑧편지 따위에서, 손아랫사람의 이름이나 직함 뒤에 쓰이어 '에게'의 뜻을 나타내는 말. ¶ 동창회 간사 앞. ⑨사람의 '음부(陰部)'를 완곡하게 이르는 말. ¶ 앞을 가리다. ⑩처한 환경이나 조건. ((주로, '앞에(서)'의 꼴로 쓰임.)) ¶ 냉엄한 현실 앞에서 우리들은 좌절을 맛보아야만 했다. ①~⑤→뒤. * 앞이[아피]·앞만[암~]

앞을 닦다[관용] 허물 잡히지 않을 정도로 제 구실을 해 나가다.

앞(을) 못 보다[관용] 눈이 멀어서 보지 못하다.

앞이 캄캄하다[깜깜하다][관용] 앞으로 어떻게 해야 할지 몰라 아득하고 답답하다.

앞-가르마[압까-]몡 앞머리 한가운데로 반듯하게 탄 가르마.

앞-가림[압까-]몡톙예 자기 앞에 닥친 일을 제힘으로 처리할 만한 능력이나 처지. ¶ 제 앞가림에 급급하다. /제 앞가림도 못하면서 남의 일을 나서다니.

앞-가슴[압까-]몡 ①'가슴'의 힘줌말. ¶ 앞가슴에 부여안다. ②윗도리의 앞자락. ¶ 앞가슴을 여미다. ③곤충의 가슴 부분의 전반부(前半部). ⑥전흉(前胸).

앞-가슴마디[압까-]몡 곤충의 세 가슴마디 중의 앞마디. 앞다리 한 쌍이 붙어 있음. ↔뒷가슴마디.

앞-가지¹[압까-]몡 길마의 앞뒤에 있는 굽갖가지 중 앞에 있는 것. ↔뒷가지¹.

앞-가지²[압까-]몡 ⇨접두사(接頭辭).

앞-갈망[압깔-]몡톙타 제 앞에 생기는 일을 감당하여 처리해 냄, 또는 그렇게 하는 일. ↔뒷갈망.

앞-갈이¹[압까리]**명**[허타] ①논을 애벌 가는 일. ②그루갈이를 할 때 먼저 재배하는 일, 또는 그런 농사.

앞-갈이²[압까리]**명**[허타] (망건 앞이 해졌을 때) 망건갈이를 뜯어내고 새로 뜨는 일.

앞-갱기[압깽-]**명** (짚신이나 미투리의 뒷갱기에 대하여) '총갱기'를 이르는 말. ↔뒷갱기.

앞-거리[압꺼-]**명** 앞쪽의 길거리.

앞-걸이[압꺼리]**명** 말을 제어(制御)하기 위하여 말 가슴에 다는, 가죽으로 된 마구(馬具).

앞-그루[압끄-]**명** 그루갈이 농사에서, 먼저 지은 농작물. 전작(前作). ↔뒷그루.

앞-길¹[압낄]**명** 집채나 마을의 앞 또는 남쪽에 난 길. ¶ 마을 앞길을 넓히다. ↔뒷길1.

앞-길²[압낄]**명** ①가는 길. 가야 할 길. ¶ 웬 낯선 청년이 우리의 앞길을 막았다. ②장차 나아갈 길. 전도(前途). ¶ 앞길이 양양하다. ③앞으로 살아갈 길. ¶ 앞길이 막막하다.

    앞길이 구만 리 같다[속] 나이가 젊으니까 앞으로 어떤 큰일이라도 해낼 수 있는 세월이 충분히 있다는 뜻.

앞-길³[압낄]**명** 지난날, 서북도 지방에서 '남도'를 이르던 말. ↔뒷길3.

앞-길⁴[압낄]**명** 웃옷의 앞쪽에 대는 길. ↔뒷길4.

앞-꾸밈음(-音)[압-]**명** 본음표의 앞에 붙어 연주되는 꾸밈음. 전타음(前打音).

앞-날[암-]**명** ①다가올 날. ¶ 앞날이 창창하다. /앞날을 기약하다. ②남은 세월. 여일(餘日). ¶ 앞날이 얼마 남지 않았다. ③어떤 날을 기준으로) 전날. ¶ 자네가 말하는 바로 그 앞날에 있었던 일일세.

앞-날개[암-]**명** 곤충의 두 쌍의 날개 중에서 머리 쪽 가까이에 달린 날개.

앞-내[암-]**명** 마을 앞을 흐르는 내.

앞-놓다[암노타]**타** 윷놀이에서, 말을 앞밭에 놓다.

앞-니[암-]**명** 잇바디의 한가운데 있는, 아래위 각각 네 개씩의 이. 문치(門齒). 전치(前齒).

앞-다리[압따-]**명** ①네발짐승의 앞에 달린 두 다리. 전각(前脚). 전지(前肢). ②(두 다리를 앞뒤로 벌렸을 때의) 앞쪽에 놓인 다리. ③책상이나 걸상 따위의 앞의 다리. ④이사하는 사람이 새로 옮겨 들어갈 집. ①~③↔뒷다리.

앞-닫이[압따지]**명** 구두의 앞부분.

앞-당기다[압땅-]**타** ①(물건 따위를) 앞으로 당기다. ②정해진 날짜나 시간을 당겨서 미리 하다. ¶ 방학 날짜를 앞당기다. ③힘써서 일의 기간을 줄이다. ¶ 통일을 앞당기다.

앞-대[압때]**명** 어느 지방을 중심으로 하여, 그 남쪽 지방을 이르는 말. 아랫녘. ↔뒤대.

앞-대문(-大門)[압때-]**명** 집채의 앞쪽에 난 대문. ↔뒷대문.

앞-두다[압뚜-]**타** 닥쳐올 때나 닥쳐올 곳 등을 가까이 두다. ¶ 혼인을 한 달 앞두다. /목적지를 앞두다.

앞-뒤[압뛰]**명** 앞과 뒤. 전후. ¶ 앞뒤를 살피다.

    앞뒤가 막히다[관용] (생각이) 트이지 않아 답답하다. ¶ 앞뒤가 꽉 막힌 사람.

    앞뒤가 맞다[관용] (이야기나 사건 따위가) 상식이나 이치에 어긋나지 않다. 조리가 서다. ¶ 말의 앞뒤가 맞지 않다.

    앞뒤를 가리지 않다[관용] 신중히 생각하지 않고 마구 행동하다.

    앞뒤를 재다[가리다/헤아리다][관용] 이해관계를 이모저모로 따져 보다.

앞뒤-갈이[압뛰-]**명**[허타] ①앞갈이와 뒷갈이. ②봄갈이와 가을갈이. ③애벌 간 논을 반대쪽으로 다시 갈아엎는 일.

앞뒤-하다[압뛰-]**타**[예] 일정한 시점의 직전 또는 직후 무렵에 있다. ¶ 설을 앞뒤하여 시장가 붐빈다.

앞-뒷문(-門)[압뛴-]**명** ①앞문과 뒷문. ②모든 문.

앞-뒷질[압뛰질/압뛷질]**명**[하자] 배가 앞뒤로 혼들리는 일. ↔옆질.

앞-뒷집[압뛰집/압뛷집]**명** ①앞집과 뒷집. ②서로 이웃하여 있는 집.

앞-들다[압뜰-][~드니·~들어]**자** ①앞서서 들어서다. ②윷놀이에서, 말이 앞밭에 이르다.

앞-뜰[압-]**명** 집채 앞에 있는 뜰. 앞마당. 전정(前庭). ↔뒤뜰.

앞-마구리[암-]**명** 걸채의 앞쪽에 가로 댄 나무. ↔뒤마구리.

앞-마당[암-]**명** 집채 앞에 있는 마당. 앞뜰. ↔뒷마당.

앞-막이[암-]**명** ①제 앞에 닥칠 일을 미리 막는 일. ②검도(劍道)에서, 아랫도리를 보호하려고 앞을 가리는 일, 또는 그런 물건.

앞-맞이[암-]**명** ①앞에서 한 말. ↔뒷말. ②앞으로 할 말.

앞-맵시[암-씨]**명** 앞에서 본 맵시.

앞-머리[암-]**명** ①머리의 앞부분. 전두(前頭). ¶ 앞머리가 쑤시다. ②머리의 앞쪽에 난 머리털. ¶ 앞머리를 짧게 깎다. ③(앞뒤가 있는 물건의) 앞부분. 전(前). ¶ 자동차의 앞머리. ↔뒷머리.

앞머리-뼈[암-]**명**[예] 전두골(前頭骨).

앞메-꾼[암-]**명** 대장간에서 불린 쇠를 큰 메로 치는 일을 하는 사람.

앞-면(-面)[암-]**명** 앞쪽을 향해 있는 면. 전면(前面). ¶ 동전의 앞면. ↔뒷면.

앞-모개[암-]**명** 윷판의 앞밭에서 방으로 꺾여 둘째 자리, 곧 방과 앞모도의 사이.

앞-모도[암-]**명** 윷판의 앞밭에서 방으로 꺾여 첫째 자리, 곧 앞밭과 앞모개의 사이.

앞-모습[암-]**명** 앞에서 본 모습.

앞-모양(-模樣)[암-]**명** 앞에서 본 모양. ¶ 앞모양이 단정하다. ↔뒷모양.

앞-몸[암-]**명** (네발짐승의) 몸의 앞부분. 머리에서 허리까지의 부분. ↔앞몸을 일으키다.

앞무릎^치기[암-릅-]**명** 씨름 기술의 한 가지. 앞으로 내어 디딘 상대편 다리의 무릎을 쳐서 넘어뜨리는 기술.

앞-문(-門)[암-]**명** (집이나 방의) 앞쪽으로 난 문. 전문(前門). ↔뒷문.

앞-바다[압빠-]**명** ①육지에서 보아 그 앞쪽에 있는 바다. ¶ 인천 앞바다. ②기상 예보에서, 한반도를 중심으로 하여 육지에서 20 km(동해), 또는 40 km(서해·남해) 이내의 가까운 바다를 이르는 말. ¶ 물결의 높이 앞바다 1 m, 먼 바다 2 m. ②↔먼 바다.

앞-바닥[압빠-]**명** ①신바닥의 앞부분. ↔뒷바닥. ②☞앞장1.

앞-바람[압빠-]**명** ①☞마파람. ②☞역풍(逆風).

앞-바퀴[압빠-]**명** (앞뒤의 바퀴 중) 앞쪽의 바퀴. ↔뒷바퀴.

앞-발[압빨]**명** ①네발짐승의 앞에 달린 두 발. 전족(前足). ②(두 다리를 앞뒤로 벌렸을 때의) 앞쪽에 놓인 발. ↔뒷발.

앞-밭[압빧]**명** ①(집이나 마을의) 앞에 있는 밭. ②윷판에서, 시작에서부터 다섯째 밭. 곧, 판의

네 귀 중 첫 귀의 자리. * 앞밭이[압빠치]·앞밭을[압빠틀]·앞밭만[압빰-]

앞-볼[압뽈] 몡 ①버선 바닥 앞쪽에 덧대는 두 폭가량의 헝겊 조각. ↔뒷볼. ②발이나 신발 따위의 앞쪽 너비, 또는 그 부분. ¶ 앞볼이 넓다.

앞-부분(-部分)[압뿌-] 몡 앞쪽 부분. 전부(前部). ↔뒷부분.

앞-사람[압싸-] 몡 ①앞에 있거나 앞에 가는 사람. ②(일이나 직책을) 이전에 맡아보던 사람. ③앞 세대의 사람.

앞-산(-山)[압싼] 몡 집이나 마을에서 보아, 바로 맞은편에 있는 산. ¶내 고향 앞산의 진달래가 눈에 삼삼하다. ↔뒷산.

앞-서[압써] 閂 ①지난번에. ¶앞서 이야기한 사건. ②미리. ¶앞서 생각해 두다. ③다른 이보다 먼저. ¶앞서 떠난 사람들.

앞-서다[압써-] 짜 ①남보다 먼저 나아가다. 앞장서다. ¶형은 나보다 몇 걸음 앞서서 걸었다. ②남보다 뛰어나거나 높은 수준에 있다. ¶기술이 앞서다. ↔뒤지다·뒤떨어지다·뒤서다. ③배우자나 손아래 가족이 먼저 죽다.

앞서거니 뒤서거니[관용] 앞에 서기도 하고 뒤에 서기도 하는 모양. ¶우리는 모두 산꼭대기를 향하여 앞서거니 뒤서거니 올라갔다.

앞-섶[압섭] 몡 옷의 앞자락에 대는 섶. * 앞섶이[압써피]·앞섶만[압썸-]

앞세우다[압쎄-] 囘 『'앞서다'의 사동』 ①앞에 서게 하다. 앞을 세우다. ②먼저 내어 놓다. ¶그의 논리는 늘 하느님을 앞세우는 것이었다. ③자식이나 손자가 먼저 죽다. ¶그 노인은 외아들을 앞세우고 말았다.

앞-수표(-手票)[압쑤-] 몡 실제의 발행일 이후의 날짜를 발행일로 하여 적어 넣은 수표.〔발행 일자 이전이라도 은행에 제시하면 바로 결제(決濟)됨.〕

앞-앞[아밥] 몡 저마다의 앞. 각각의 앞. * 앞앞이[아바피]·앞앞만[아밤-]

앞앞-이[아바피] 閂 저마다의 앞에. 각각의 앞으로. ¶앞앞이 편지를 보내다.

앞에-총(-銃) 囝 차렷 자세로, 왼손은 덮개를 싸잡고 오른손은 총목을 쥐어 소총이 몸과 대각선을 이루게 하는 집총 자세. [Ⅱ]囝 '앞에총' 하라는 구령.

앞-이마[압니마] 몡 ①'이마'의 힘줌말. ②이마의 가운데 부분.

앞-일[압닐] 몡 앞으로 닥쳐올 일. 미래사. ¶앞일을 예측하기 어렵다.

앞-자락[압짜-] 몡 앞쪽의 옷자락.

앞-잡이[압짜비] 몡 ①앞에 서서 이끄는 사람. ¶경험 많은 앞잡이가 산행의 앞잡이가 되다. ②남의 끄나풀이 되어 그 지시대로 움직이는 사람. ¶일제의 앞잡이.

앞-장[압짱] 몡 ①계속 파 나아가는 사금(沙金)판에서, 앞으로 잇달아 파 나아갈 남은 바닥. 앞바다.

앞-장[압짱] 몡 (여럿이 나아가거나 무슨 일을 꾀할 때) 맨 앞에 서는 사람, 또는 그 위치. ¶자연보호 운동에 앞장을 서다.

앞장-서다[압짱-] 짜 ①맨 앞에 서서 나아가다. ¶선생님이 앞장서고 학생들이 그 뒤를 따랐다. ②중심이 되어 활동하다. ¶금연 운동에 앞장서다.

앞장세우다[압짱-] 囘 『'앞장서다'의 사동』 앞장서게 하다.

앞-전(-殿)[압쩐] 몡 종묘(宗廟)의 정전(正殿).

앞-정강이[압쩡-] 몡 '정강이'의 힘줌말.

앞-주(-註) 몡 장하주(章下註)의 앞에 있는 대주(大註)를 흔히 이르는 말.

앞-주머니[압쭈-] 몡 바지의 앞쪽에 있는 주머니. ¶앞주머니.

앞-줄[압쭐] 몡 ①앞쪽의 줄. ¶맨 앞줄에 앉다. ↔뒷줄. ②앞쪽에 그어 놓은 줄.

앞지르-기[압찌-] 몡-하타 앞서가는 사람이나 차를 뒤따라가다가 그보다 앞서 나아가는 일.

앞-지르다[압찌-][~지르니·~질러] 타트 ①(앞서 가는 사람이나 차 등을) 따라가서 앞으로 나아가다. ¶앞차를 앞지르다. ②남보다 힘이나 능력이 앞서게 되다. ¶과학 기술이 선진국을 앞지르다.

앞-집[압찝] 몡 앞쪽에 있는 집. ↔뒷집.

앞짧은-소리[압-] 몡 ①앞날의 실패나 불행을 뜻하게 된 말마디. ¶앞짧은소리는 삼가게나. ②(실패할 것이 뻔한 일을) 하겠다고 미리 장담하는 말. ¶앞짧은소리를 했다가 망신당하지 마라.

앞-짱구[압-] 몡 이마가 남달리 툭 튀어나온 머리통, 또는 그런 머리통을 가진 사람. ↔뒤짱구.

앞-쪽[압-] 몡 앞의 방향. ↔뒤쪽.

앞-차(-車)[압-] 몡 ①앞서 떠난 차. ¶앞차로 먼저 가다. ②앞서 가는 차. ¶앞차를 들이받다. ↔뒤차.

앞^차기[압-] 몡 태권도의 발 기술의 한 가지. 무릎을 구부려 앞가슴에 닿을 정도로 높이 올리고 발이 놓인 위치와 목표가 직선이 되도록 하여 다리를 펴면서 발끝으로 상대편을 차는 동작.

앞-차다[압-] 쩸 ①의지가 굳고 믿음직하다. ②담대하고 당차다.

앞-창[압-] 몡 구두나 신의 앞쪽에 대는 창.

앞-채[압-] 몡 (한 울 안에 있는) 몸채 앞에 있는 집채. ↔뒤채.

앞-채[압-] 몡 가마나 상여 따위의 앞에서 메는 채. ↔뒤채.

앞-철기[압-] 몡 소의 목으로 휘돌려 길마의 양쪽 궁글막대에 매는 줄.

앞-총 몡 '엄지총'의 잘못.

앞-치레[압-] 몡-하짜 제 몫을 치르는 일. ¶자기 앞치레는 할 만한 나이가 되었다.

앞-치마[압-] 몡 부엌일 따위를 할 때 몸 앞을 가리는 작은 치마. 행주치마. ¶앞치마를 두르다.

앞-턱[압-] 몡 (턱이 앞뒤로 있는 물건의) 앞쪽에 있는 턱. ↔뒤턱.

앞-폭(-幅)[압-] 몡 ①옷의 앞쪽이 되는 옷감. ②나무로 짜는 가구의 앞쪽에 대는 널조각.

애¹ 몡 한글 자모(字母)의 모음(母音) 'ㅐ'의 음가 및 이름.

애:² 몡 〈아이〉의 준말. ¶애를 보다.

애:³ 몡 ①근심에 싸인 마음속. ¶애가 타다. ②몸과 마음의 수고로움. ¶애를 먹다. /애를 쓰다. **애(가) 터지다**[관용] (애를 쓴 보람이 없어서) 몸과 마음이 몹시 타다.

애⁴ 접 업신여기는 뜻을 나타내는 말. ¶애, 그놈 못쓰겠다.

애:⁵[옛] 囝 창자. ¶어디서 一聲 胡笛는 놈의 애를 긏느니(古時調).

애:² 囝 〈옛〉 아아. ¶애 또 王가 형님이로괴여(翻老 上17).

애³ 조 〈옛〉 에. ¶人間애 ᄂ리샤(月釋1:19).

애(埃) 수관 진(塵)의 10분의 1, 묘(渺)의 10배가 되는 수(의). 곧, 10^{-10}.

-애(愛)〖접미〗《일부 명사 뒤에 붙어》 '사랑'의 뜻을 나타냄. ¶조국애. /동포애. /전우애.

애가(哀歌)〖명〗 ①슬픈 마음을 읊은 시가. 비가(悲歌). ②사람의 죽음을 슬퍼하는 노래. 조가(弔歌).

애각(涯角)〖명〗 멀리 떨어져 있는 궁벽한 곳. 외지고 먼 땅.

애:-간장(-肝腸)〖명〗 ['애'는 창자라는 뜻의 옛말로] '간장(肝腸)'을 강조하여 이르는 말. ¶애간장을 다 녹인다.

애간장(을) **태우다**〖관〗 ①근심스러우나 안타까워서 몹시 애태우다. ②몹시 애가 타게 하다.

애-갈이〖명하타〗 ☞애벌갈이.

애개〖감〗 ①가벼운 뉘우침이나 가벼운 탄식을 나타내는 말. '아뿔싸'보다 좀 가벼운 말. ¶애개, 획이 삐뚤어졌구나! ②변변찮은 것을 보고 업신여기어 하는 말. ¶애개, 그걸 승용차라고.

애개개〖감〗 '애개'를 거듭한 '애개애개'가 줄어서 된 말. ¶애개개, 그걸 재주라고.

애걸(哀乞)〖명하자타〗 애처롭게 사정하여 빎. ¶집에 보내 달라고 애걸하다.

애걸-복걸(哀乞伏乞)[-껄]〖명하자타〗 애처롭게 사정하여 굽실거리며 빌고 또 빎.

애:견(愛犬)〖명〗 ①〖하자타〗개를 사랑함. ②귀여워하며 기르는 개.

애경(哀慶)〖명〗 슬픈 일과 경사스러운 일. 애경사(哀慶事).

애:경(愛敬)〖명하타〗 ☞경애(敬愛).

애:경-사(哀慶事)〖명〗 ☞애경(哀慶).

애고〖감〗 '아이고'의 준말. 〖관〗에구.

애고(哀苦)〖명하자〗 슬퍼하고 괴로워함, 또는 그런 마음.

애:고(哀顧)〖명〗 (손아랫사람이나 상인·예능인 따위를) 아끼고 돌보아 줌. ¶독자 여러분의 애고를 빕니다.

애고-대고〖부하자〗 마구 소리를 지르며 크게 우는 모양. 〖관〗에구대구.

애고머니〖감〗 〈아이고머니〉의 준말. 〖관〗에구머니.

애고-애고〖감〗 상제(喪制)의 곡하는 소리.

애고-지고〖감〗 소리 내어 우는 모양.

애곡(哀曲)〖명〗 슬픈 곡조.

애곡(哀哭)〖명하자〗 소리 내어 슬피 욺.

애관(礙管)〖명〗 전선을 꿰어서 쓰는, 절연용의 사기 대롱. 옥내 배선 때 쓰임.

애:교(愛校)〖명하자〗 학교를 사랑함, 또는 그 학교.

애:교(愛嬌)〖명〗 남에게 호감을 주는 상냥스러운 말씨나 행동. ¶애교 만점이다. /애교가 있다(없다). /애교를 떨다. /애교를 부리다.

애구〖감〗 '애고'의 잘못.

애구(隘口)〖명〗 험하고 좁은 길목.

애:국(愛國)〖명하자〗 자기 나라를 사랑함. ¶애국 애족.

애:국-가(愛國歌)[-까]〖명〗 ①나라 사랑을 일깨우고 다짐하기 위하여 온 국민이 부르는 노래. ②대한민국 국가의 이름.

애:국-선열(愛國先烈)[-써녈]〖명〗 ☞순국선열.

애:국-심(愛國心)[-씸]〖명〗 자기 나라를 사랑하는 마음. ¶애국심이 투철하다.

애:국-자(愛國者)[-짜]〖명〗 자기 나라를 사랑하는 사람.

애:국-지사(愛國志士)[-찌-]〖명〗 나라를 위한 일에 자기 한 몸을 희생하여 이바지하려는 뜻을 가진 사람.

애국-채(艾菊菜)〖명〗 ☞쑥갓.

애:군(愛君)〖명하자〗 임금을 사랑함.

애굽(←埃及)〖명〗 성경에서, '이집트'를 이르는 말.

애그리비즈니스(agribusiness)〖명〗 ①농업 관련 사업. 농업과 그에 밀접하게 관계되는 농업 생산 자재 제조업 및 농산물 가공업 등을 통틀어 이르는 말. ②농사에만 종사하는 것이 아니라, 농산물의 가공·유통의 기능도 아울러 영위하는 개개의 농업 기업체.

애급(埃及)〖명〗 '이집트'의 한자음 표기.

애긋다〖자〗 〈옛〉애끊다. ¶밤들만 굵은 비소래에 애긋는 둣ᄒᆞ여라(古時調).

애긍(哀矜)〖명〗 불쌍히 여김. 〖비〗애련(哀憐).

애긍-하다(哀矜-)〖형〗 불쌍하고 가엾다. 〖비〗애련(哀憐)하다. 애긍-히〖부〗.

애기〖명〗 '아기'의 잘못.

애:기(愛己)〖명〗 자기를 사랑함. 자신을 아끼고 소중히 함. 자애(自愛). ↔애타(愛他).

애:기(愛妓)〖명〗 특히 귀여워하는 기생.

애:기(愛機)〖명〗 애용하고 있는 기계·비행기·사진기 따위.

애기(噯氣)〖명〗 트림.

애기-고추나리〖명〗 물레나물과의 다년초. 들의 습지에서 나는데, 높이 15~50 cm. 줄기는 네모지고 잎은 달걀 모양이며, 잎꼭지가 없음. 7~8월에 줄기 끝이나 가지 끝에 노란 꽃이 피고 삭과(蒴果)를 맺음. 우리나라 중부 이남에 분포함.

애기-나리〖명〗 백합과의 다년초. 산의 나무 그늘에서 나는데, 줄기 높이 15~40 cm. 잎은 긴 타원형인데 어긋맞게 나며, 잎꼭지가 없음. 4~5월에 희고 작은 여섯잎꽃이 한두 개 밑을 보고 달리며, 둥근 열매는 검게 익음.

애기-나방〖명〗 애기나방과의 곤충. 몸길이는 1.5 cm, 편 날개의 길이 3.5 cm가량. 몸빛은 검으며 앞날개에 다섯 개의 투명한 무늬가 있음. 낮에 활동하는데, 유충은 배나무·사과나무 따위의 잎을 갉아 먹는 해충임. 우리나라·일본 등지에 분포함.

애기똥-풀〖명〗 양귀비과의 이년초. 줄기 높이 30~80 cm이며, 5~8월에 노란 꽃이 피는데, 열매는 삭과(蒴果)임. 우리나라 전역의 마을 근처에서 나며, 상처를 내면 등황색(橙黃色) 유액(乳液)이 나오기 때문에 붙은 이름임. 약재로 쓰임.

애기-마름〖명〗 마름과의 일년초. 연못에 나는데 줄기는 가늘고 마디마다 두세 가닥의 실 같은 뿌리가 나오며, 잎은 달걀 모양의 마름모꼴임. 여름에 잎 사이에서 나온 긴 꽃줄기 끝에 하나씩 흰 꽃이 피고, 열매는 핵과(核果)이며 먹을 수 있음. 경남과 제주도 등지에 분포함.

애기-태(-太)〖명〗 '아기태'의 잘못.

애기-풀〖명〗 원지과의 다년초. 산이나 들에 절로 나는데, 줄기는 뿌리에서 여러 대 나며 높이는 20 cm가량. 잎은 달걀 모양이고 어긋맞게 나며, 5월에 홍색의 잔꽃이 총상 화서로 핌. 한방에서 뿌리를 거담제로 씀. 영신초(靈神草).

애-깎이〖명〗 조각칼의 한 가지. 속을 우묵하게 파내는 데 쓰이는 칼.

애꾸〖명〗 ①〈애꾸눈〉의 준말. ②〈애꾸눈이〉의 준말.

애꾸-눈〖명〗 한쪽 눈이 먼 눈. 반맹(半盲). 반소경. 춘애꾸.

애꾸눈-이〖명〗 '한쪽 눈이 먼 사람'을 낮추어 이르는 말. 외눈박이. 외눈바기.

애-꽃다[-꼳따]〖형〗 ①아무런 잘못도 없이 어떤 일을 당하여 억울하다. ¶친구를 따라갔다가 애꿎게 벌을 당했다. ②그 일과는 아무런 상관이 없다.《주로, '애꿎은'의 꼴로 쓰임.》》화를 삭이느라고 애꿎은 담배만 피워 댄다.

애:-끊다[-끈타]재 몹시 슬퍼서 창자가 끊어지듯하다. ¶애끊는 피리 소리.

애-끌명 커다란 끌. 큰끌.

애:-끓다[-끌타]재 몹시 걱정이 되어 속이 끓는 듯하다. ¶자식 걱정에 애끓는 부모의 마음.

애끼찌명 활을 만드는 재료로 쓰이는 나무. 궁간목(弓幹木).

애-나무명 어린 나무.

애내(欸乃)명 뱃노래. 애내성(欸乃聲).

애내-성(欸乃聲)명 ☞애내(欸乃).

애널리스트(analyst)명 증시 분석가.

애:-년(艾年)〈아이년〉의 준말.

애년(艾年)명〈머리털이 약쑥처럼 회어진다는 뜻으로〉나이 쉰 살을 이르는 말.

애:-념(愛念)명 사랑하는 마음. 아끼고 소중히 여기는 마음.

애:-놈명〈아이놈〉의 준말.

애:-늙은이명 '말이나 행동 따위를 나이가 지긋한 어른같이 하는 아이'를 이르는 말. ¶애늙은이 같은 말만 골라 한다.

애니멀리즘(animalism)명 도덕적 비판을 무시하고 본능적 욕망의 충족을 으뜸으로 하는 주의. 수욕주의(獸慾主義). 야수주의(野獸主義).

애니메이션(animation)명〈만화 영화와 같이〉화상(畫像)의 위치나 형태 등을 조금씩 바꾼 여러 장의 그림을 한 장면씩 촬영하여 영사하면 연속 동작이 보이도록 한 것. 동화(動畫).

애니미즘(animism)명 종교의 원초적인 형태의 한 가지. 자연계의 모든 사물에 영혼이 존재한다는 생각이나 신앙.

애:-달다[~다니·~달아]재 마음이 쓰이어 속이 닳는 듯하게 되다. ¶애달아 어쩔 줄을 몰라 하다.

애달프다[애달프니·애달파]형 ①속이 바싹 졸아드는 것처럼 슬퍼서 마음이 아프다. 몹시 안타깝다. ¶애달픈 사연. /애달픈 사랑 이야기. ②애처롭고 쓸쓸하다. ¶애달프게 울어 대는 소쩍새.

애달피부 애달프게.

애닯다형 '애달프다'의 잘못.

애-당초(-當初)명 '당초'의 힘줌말. ¶이 계획은 애당초부터 잘못된 계획이었다.

애도(哀悼)명하다 사람의 죽음을 슬퍼하고 애석해함. 애척(哀戚). ¶애도의 뜻을 표하다.

애도래라[-] (옛)애달파라. 애달프구나. ¶그려도 하 애도래라 가는 듯 날러라(古時調).

애:-독(愛讀)명하다되자 〈어떤 책이나 신문·잡지 따위를〉즐겨 읽음. ¶문학지를 애독하다.

애:-독-자(愛讀者)[-짜]명〈어떤 책이나 신문·잡지 따위를〉즐겨 읽는 사람.

애동대동-하다형여 매우 앳되고 젊다. ¶애동대동한 사나이.

애-동지(-冬至)명 ☞오동지.

애-돝[-돋]명 한 살이 된 돼지. *애돝이[-도치]·애돝을[-도틀]·애돝만[-돈-]

애드리브(ad lib)명〈연기자나 연주자가 무대에서〉각본이나 악보에 없는 대사나 음을 즉흥적으로 말하거나 연주하는 일, 또는 그러한 대사나 연주.

애드벌룬(adballoon)명 광고를 매달고 하늘에 띄우는 기구.

애디슨-병(Addison病)명 영국의 의사인 토머스 애디슨이 발표한 만성 질환. 부신(副腎)의 결핵, 악성 종양(腫瘍), 매독 따위가 원인이 되어

부신 피질(副腎皮質)의 기능이 뚝 떨어짐으로써 일어남. 피부의 빛깔이 검어짐.

애돌다타 (옛)애달파하다. ¶道力을 올오디 몯호물 애돌다(楞解1:39).

애돌옴명 (옛)애닮. ¶모롤 일도 하거니와 애돌옴도 그지업다(鄭澈.星山別曲).

애돌다명 (옛)애달프다. ¶디나간 후면 애돌다 엇디하리(古時調). /애돌온 무슴(金三3:55).

애-띠다[-따]형 '앳되다'의 잘못.

애락(哀樂)명 슬픔과 즐거움. ¶희로(喜怒)애락.

애련(哀憐)명하다 애처롭고 가엾게 여김. 비애긍(哀矜).

애련(哀戀)명 슬픈 사랑. 이루지 못하는 사랑.

애:-련(愛憐)명하다〈약한 이, 불행한 처지에 있는 이를〉가엾이 여겨 따뜻한 정을 베풂.

애:-련(愛戀)명하다 사랑하여 그리워함.

애련-하다(哀憐-)형여 애처롭고 가엾다. ¶비에 젖은 참새의 모습이 애련하다. 비애긍(哀矜)하다. 애련-히부.

애로(隘路)명 ①좁아서 다니기에 힘든 길. ②일을 진행해 나가는 데 장애가 되는 점. ¶애로 사항이 많다.

애:-린(愛隣)명하다자 이웃을 사랑함.

애:-린-여기(愛隣如己)[-녀-]명하다자 이웃을 아끼기를 자기 몸을 아끼듯 함.

애:-림(愛林)명하다자 산림을 애호(愛護)함. ¶애림 사상을 고취하다.

애:마(愛馬)명 아끼고 사랑하는 말.

애막명 (옛)움집. ¶애막 日窩鋪(譯解中9).

애:매(曖昧)명형 (이것인지 저것인지) 분명하지 못함. ¶태도가 애매하다. 애매-히부.

애:매-모:호(曖昧模糊)명형 분명하지 아니하고 희미함. ¶증언의 내용이 애매모호하다.

애-매미명 매밋과의 곤충. 길이 3cm가량. 몸빛은 암록색 바탕에 검은 무늬가 있고, 금빛의 잔털이 많이 나 있음. 8~10월에 나타나는데 유충은 몇 년 동안을 땅속에서 지냄. 우리나라를 비롯한 동부 아시아에 분포함.

애:-매-설(曖昧說)명 언어란 애매한 것이어서 작가의 깊은 사상이나 복잡한 감정을 표현할 수가 없다고 주장하는 학설. 〔19세기 프랑스의 탐미파 작가들의 주장.〕

애:매-하다(曖昧-)형여 (아무 잘못도 없이) 누명을 쓰거나 책망을 듣게 되어 억울하다. ¶애매한 사람을 잡아가다. 준앵하다. 애매-히부.

애:-먹다[-따]재 힘겨울도록 어려움을 겪다. 애를 먹다. ¶일을 처리하느라 애먹다.

애:-먹-이다타 [‘애먹다’의 사동] 애먹게 하다. ¶아이가 말썽을 부려 부모를 애먹이다.

애:면-글면부 ①엉뚱하게 딴. ¶어떤 사람을 붙잡고 하소연하다. ②애매하게 딴. ¶어쩌다가 애먼 죄를 뒤집어쓰게 되었다.

애면-글면부 힘에 겨운 일을 이루려고 온 힘을 다하는 모양. ¶혼잣손으로 많은 식구의 바라지에 애면글면 애쓰다.

애모(哀慕)명하다 죽은 이를 슬퍼하고 그 생전을 그리워함. ¶고인을 애모하다.

애:-모(愛慕)명하다 사랑하고 사모함. ¶스승에게 애모의 정을 품다.

애:-무(愛撫)명하다타 주로 이성을 사랑하여 어루만짐.

애:-물(-物)명 ①몹시 속을 태우는 물건이나 사람. ¶하나밖에 없는 자식이 일만 저지르고 다니는 애물인데 무슨 낙이 있겠는가? ②어린 나이에, 부모보다 먼저 죽은 자식. ⑤애물단지.

애:물(愛物)圀 사랑하여 아끼는 물건.

애:물-단지(─物)[─딴─]圀〈애물〉의 낮춤말.

애민(哀愍)圀하타 불쌍히 여김. 딱하게 여김.

애:민(愛民)圀하자 (임금이) 백성을 사랑함.

애민-하다(哀愍─)圀여 불쌍하고 가엾다.

애-바르다[~바르니·~발라]圀티 이익을 좇아 덤벼드는 데 발빠르다. ¶보기보다는 무척 애바른 데가 있다.

애-바리圀 '애바른 사람'을 얕잡아 이르는 말.

애버레이션(aberration)圀 정신 이상.

애버리지(average)圀 볼링에서, 한 게임당 평균 득점.

애:-벌(같은 일을 여러 차례 거듭해야 할 때의) 첫 번째 차례. 초벌.

애벌-갈이圀하타 논이나 밭을 첫 번째 가는 일. 애갈이. 초경(初耕).

애벌-구이圀하타 ☞설구이.

애벌-김[─꿈] (논이나 밭의) 첫 번째 김매기.

애벌-논[─론]圀 애벌 맨 논.

애:-벌레 알에서 깨어나 번데기로 되기까지의 벌레. 새끼벌레. 유충. 자충(仔蟲). ↔어른벌레.

애벌-방아 첫 번째로 대강 찧는 방아.

애벌-빨래圀하자 처음에 대충 빠는 빨래.

애벌-칠(─漆)圀하타 칠을 할 때에 처음에 하는 칠. ¶토분(土粉)으로 애벌칠을 하고 니스를 칠하다.

애별(哀別)圀하자 ①이별을 슬퍼함. ②슬프게 이별함, 또는 그 이별.

애:-별(愛別)圀하자 사랑하는 사람과 이별함.

애:별리고(愛別離苦)圀 불교에서의 팔고(八苦)의 하나. 부모·형제·처자·애인 등과 생별(生別) 또는 사별(死別)하는 고통.

애:-부(愛夫)圀 기생이나 작부 따위가 남몰래 정을 주는 남자.

애비 '아비'의 잘못.

애비(崖碑)圀 암벽(岩壁)의 면을 갈고 비문(碑文)을 새긴 비.

애:-비(愛婢)圀 (상전의) 사랑하는 여자 종.

애사(哀史)圀 (개인의 일생이나 한 나라의 흥망 등에 얽힌) 슬픈 역사. 슬픈 역사 이야기. ¶단종 애사. /유랑 극단의 애사.

애사(哀詞)圀 죽은 이를 애도하는 글.

애:사(愛社)圀하자 (몸담고 있는) 회사를 제 것처럼 아끼고 사랑함. 회사 정신.

애:사-심(愛社心)圀 (몸담고 있는) 회사를 아끼고 사랑하는 마음.

애산(礙産)圀 아기의 어깨가 걸려서 잘 나오지 않는, 몹시 힘이 드는 해산.

애살-스럽다[─따][~스러우니·~스러워]圀ㅂ 보기에 군색하고 애바른 데가 있다. 애살스레턷.

애상(哀喪)圀하자 상사(喪事)를 슬퍼함.

애상(哀想)圀 슬픈 생각. ¶애상에 잠기다.

애상(哀傷)圀하자 ①죽은 이를 생각하여 마음이 몹시 상함. ②몹시 슬퍼하고 가슴 아파함. ¶애상하여 눈물을 흘리다.

애:상(愛賞)圀하타 (자연의 풍경이나 예술 작품 따위를) 즐기며 칭찬함. ¶설악산의 절경을 애상하는 글을 짓다.

애새(隘塞)[─쎄]圀 견고한 요새(要塞). 지세가 험하여 적을 막기 좋은 땅.

애:-새끼圀 〈자식(子息)〉의 속된 말.

애:-서圀 사랑하는 사위.

애석(艾石)圀 화강암의 한 가지. 검푸른 잔 점이 많으며, 질이 단단하여 건축 재료로 많이 쓰임. 쑥돌.

애석(哀惜)圀하형 슬프고 아까움. ¶사랑하는 사람을 여읜 애석한 마음. 애석-히閏.

애:-성이 분하거나 성이 나서 몹시 애를 태우는 일, 또는 그런 감정.

애셔ㅈ (옛)①보다. ¶幅이 바르래서 깁도다(金三:53). ②에서. ¶또 虛空애셔(月釋1:40).

애소(哀訴)圀하타 애절하게 하소연함. ¶살려 달라고 애소하다.

애:-손(愛孫)圀 사랑하는 손자.

애-솔圀 어린 소나무. 애송.

애솔-밭[─받]圀 애솔이 빽빽이 들어선 땅. 애송 밭. *애솔밭이[─바치]·애솔밭을[─바틀]·애솔 밭만[─반─]

애-송(─松)圀 ☞애솔.

애:-송(愛誦)圀하타팀 (시나 노래 따위를) 즐겨 읊거나 외거나 노래 부름. ¶김소월의 시들을 애송하다.

애송-밭(─松)[─받]圀 ☞애솔밭. *애송밭이 [─바치]·애송밭을[─바틀]·애송밭만[─반─]

애-송아지圀 어린 송아지.

애송-이圀 애티가 있어 어려 보이는 사람 또는 생물. ¶학교를 갓 나온 애송이.

애송이-판圀 애송이들이 득실거리는 판.

애수(哀愁)圀 (마음속으로 스며드는 것 같은) 슬픈 시름. ¶애수를 자아내다. /애수에 잠기다. /애수에 젖은 나그네.

애-순(─筍)圀 (나무나 풀의) 새로 나오는 어린 싹. 어린순.

애:-식(愛息)圀 사랑하는 자식. 〔보통 남의 자식에 대하여 이름.〕¶이 학생은 박 선생님의 애식이지요.

애:-심(愛心)圀 ①사람이나 사물을 아끼고 사랑하는 마음. ②애욕에 사로잡히는 마음.

애:-쓰다[~쓰니·~써]자 (어떤 일에) 마음과 정성을 다하여 힘쓰다. ¶어린이 교육에 애쓰시는 선생님.

애:-씌우다[─씨─]타 〔'애쓰다'의 사동〕애를 쓰게 하다.

애:-아(愛兒)圀 사랑하는 어린 자식. 옛애식(愛息)·애자(愛子).

애안(涯岸)圀 ①물가. ②끝. 경계. 애제(涯際).

애:-안(愛眼)圀 부처의 자비스러운 눈.

애안(礙眼)圀 눈에 거슬림.

애애(哀哀) '애애(哀哀)하다'의 어근.

애애(皚皚) '애애(皚皚)하다'의 어근.

애애(藹藹) '애애(藹藹)하다'의 어근.

애애(靄靄) '애애(靄靄)하다'의 어근.

애애-하다(哀哀─)圀여 몹시 슬프다. 슬프디슬 프다. 애애-히閏.

애애-하다(皚皚─)圀여 (서리나 눈이 내려) 일 대(一帶)가 모두 회다. ¶백설이 애애한 들판. 애애-히閏.

애애-하다(藹藹─)圀여 ①초목이 무성하다. ②달빛이 희미하다. ③온화하다. 애애-히閏.

애애-하다(靄靄─)圀여 ①안개가 자욱이 끼어 있다. ②부드럽고 포근한 분위기에 싸여 있다. ¶봄기운이 애애하다. 애애-히閏.

애야루시圀 (옛) 겨우. 애오라지. ¶ㄱ숲 므른 애 야루시 너덧 자호 깁고(杜初7:22).

애:-어른圀 '말이나 행동 따위를 어른같이 하는 아이'를 이르는 말.

애역(呃逆)圀하자 딸꾹질.

애연(哀然) '애연(哀然)하다'의 어근.

애:연(愛煙)圀하자 담배를 즐겨 피움.

애연(藹然) '애연(藹然)하다'의 어근.

애:-가(愛煙家)몡 담배를 즐겨 피우는 사람.

애연-하다(哀然-)혱여 슬픈 기분을 자아내는 느낌이 있다. 애연-히틧.

애연-하다(藹然-)혱여 화기롭고 온화하다. 애연-히틧.

애열(哀咽)몡하자 슬퍼서 목이 멤. 흐느껴 욺.

애:-열(愛悅)몡하타 사랑하고 기뻐함.

애:-염(愛染)몡하타 애집(愛執).

애:염-명왕(愛染明王)몡 불법(佛法)을 지키는 명왕의 하나. 몸은 붉고, 눈이 셋, 팔이 여섯이며, 머리에는 사자 모양의 관을 썼음.

애엽(艾葉)몡 쑥의 잎.

애오라지튧 ①'겨우'를 강조하여 이르는 말. ¶내가 가진 돈은 애오라지 천 원뿐이다. ②'오로지'를 강조하여 이르는 말. ¶애오라지 자식을 생각하는 부모 마음.

애옥-살림[-쌀-]몡하자 ☞애옥살이.

애옥-살이[-싸리]몡하자 가난에 쪼들리는 고생스러운 살림살이. 애옥살림.

애옥-하다[-오카-]혱여 살림이 몹시 구차하다.

애와텨흐다다 (옛) 분해하다. 슬퍼하다. 한탄하다. ¶霜露애 애와텨 더욱 슬허ᄒᆞ노라(月釋序16).

애와티다다 (옛) 한탄하다. ¶이 내의 날로 애와티논 이리라(內訓 序6).

애:-완(愛玩)몡하타 (작은 동물이나 공예품 따위를) 가까이 두고 보거나 만지며 즐김. ¶이 강아지는 애완을 목적으로 살 것이다.

애:완-견(愛玩犬)몡 애완용으로 기르는 개.

애:완-구(愛玩具)몡 장난감.

애:완-동물(愛玩動物)몡 가까이 두고 귀여워하며 기르는 동물.

애:완-물(愛玩物)몡 (공예품 등) 가까이 두고 보거나 만지며 즐기는 물건.

애:완-용(愛玩用)[-뇽]몡 좋아하여 가까이 두고 보살피거나 즐기기 위한 것. ¶애완용 고양이.

애왇브다혱 (옛) 애달프다. ¶男녀귓 한아비 애왇븐 ᄆᆞᅀᆞ물 비릇 펴도다(杜初20:44). /셟고 애왇븐 ᄠᅳ들 머거(釋譜6:5).

애:-욕(愛慾)몡 ①불교에서, 욕망에 마음이 사로잡히는 일을 이름. ②이성(異性)에 집착하는 성적인 욕망. ¶애욕에 휘말리다.

애:-용(愛用)몡하타되자 (어떤 물건을) 즐겨 사용함. ¶애용하던 만년필을 잃어버렸다.

애운-하다혱여 '섭섭하다'의 잘못.

애원(哀怨)몡하타 애절히 원망함.

애원(哀願)몡하타 통사정을 하며 애절히 바람. ¶살려 달라고 애원하다. 町탄원(歎願).

애원-성(哀怨聲)몡 애절히 원망하는 소리.

애원-조(哀願調)[-쪼]몡 애처롭게 사정하여 간절히 바라는 말투. ¶애원조로 말하다.

애:-육(愛育)몡하타 귀여워하며 소중히 기름. 사랑하며 기름.

애음(哀音)몡 슬픈 소리.

애:-음(愛吟)몡하타 어떤 시가(詩歌)를 즐겨 읊음, 또는 그 시가. ¶자작시를 애음하다.

애:-음(愛飲)몡하타 (술이나 차 따위를) 즐겨 마심.

애읍(哀泣)몡하자 슬피 욺.

애이불비(哀而不悲)몡 ①하자 슬프기는 하나 겉으로 슬픔을 나타내지 않음. ②하형 슬프기는 하나 비참하지는 않음.

애인(艾人)몡 애년(艾年)인 사람, 곧 나이 쉰 살이 된 사람을 이르는 말.

애:-인(愛人)몡 ①(이성 간의) 사랑하는 사람. ¶애인을 구하다. 町연인(戀人). ②하자 남을 사랑함.

애:-인여기(愛人如己)[-녀-]몡하자 남을 자기 몸같이 아끼고 사랑함.

애인이목(礙人耳目)몡하자 남의 이목을 꺼림, 또는 남의 눈에 뜨이는 것을 피함.

애:-인휼민(愛人恤民)몡 사람을 소중히 여기고 가난한 백성을 불쌍히 여기어 돌봄.

애잇-기름[-이끼-/-읻끼-]몡 애벌로 짠 기름.

애잇-닦기[-이딱끼/-읻딱끼]몡하타 애벌로 닦는 일.

애-잎[-입]몡 어린잎. ¶원추리의 애잎을 삶아 무친 나물. * 애잎이[-이피]·애잎만[-임-]

애자(哀子)몡 어머니를 여읜 상제가 자기를 일컫는 말. ㉠고애자(孤哀子)·고자(孤子).

애:-자(愛子)몡하자 사랑하는 아들, 또는 아들을 사랑함. 町애식(愛息)·애아(愛兒).

애자(礙子)몡 전주(電柱) 따위에 고정시켜 전선을 매기 위해서 쓰는, 사기나 플라스틱 따위로 만든 절연 기구.

애자지원(睚眥之怨)몡 (한번 슬쩍 흘겨보는 정도의 원망이란 뜻으로) 아주 작은 원망. 아저(睚眥).

애:자지정(愛子之情)몡 (부모로서) 자식을 사랑하는 정.

애잔-하다혱여 ①아주 가냘프고 약하다. ¶산길의 길섶에 애잔하게 핀 오랑캐꽃. ②애처롭고 애틋하다. 애잔-히틧.

애:-장(愛藏)몡하타 소중히 간수함. ¶대대로 애장해 온 귀중한 책.

애재(哀哉)갑 (한문 투로) '슬프도다'의 뜻. ¶오호(嗚呼) 애재라.

애-저(-豬·-猪)몡 고기로 쓰기 위한 어린 돼지. 아저(兒豬).

애절(哀切) '애절하다'의 어근.

애절-하다(哀切-)혱여 몹시 애처롭고 슬프다. ¶애절한 사연. 애절-히틧.

애-젊다[-점따]혱 앳되게 젊다.

애-젊은이몡 앳되게 젊은 사람.

애정(哀情)몡 슬프게 여기는 마음. 슬픈 마음.

애:-정(愛情)몡 ①사랑하는 정. 사랑하고 귀여워하는 마음. ¶자식에 대한 애정. /애정을 쏟다. /애정 어린 손길. ②이성을 그리워하여 끌리는 마음. 사랑. 연정(戀情). ¶애정을 고백하다.

애제(涯際)몡 ☞애안(涯岸).

애:-제자(愛弟子)몡 특별히 아끼고 사랑하는 제자.

애조(哀調)몡 ①슬픈 가락. ②시가(詩歌)나 음악 따위에 표현된 슬픈 느낌. ¶애조를 띠다.

애:-조(愛鳥)몡 새를 귀여워함, 또는 귀여워하는 새.

애:-족(愛族)몡하자 겨레를 사랑함. ¶애국 애족.

애:-주(愛酒)몡하자 술을 좋아함. 술을 즐겨 마심.

애:-주가(愛酒家)몡 술을 즐기고 좋아하는 사람.

애:-중(愛重)몡하타 사랑하여 소중히 함.

애:-증(愛憎)몡 사랑과 미움. 증애(憎愛).

애:증후박(愛憎厚薄)몡 사랑과 미움 그리고 후함과 박함.

애:지중지(愛之重之)몡하타 매우 사랑하고 소중히 여김. ¶외아들을 애지중지하다.

애:-집(愛執)몡 불교에서, 욕망에 사로잡혀 헤어나지 못하는 일. 애염(愛染). 애착(愛着).

애:-차(愛車)몡 자기가 소중히 하는 자동차.

애:착(愛着)圓①하자아끼고 사랑하는 대상에 정이 붙어 그것과 떨어질 수 없음, 또는 그런 마음. ¶애착이 가다. /애착을 느끼다. /직장에 대한 애착이 강하다. ②하타⇨애집(愛執).

애:착-생사(愛着生死)[-쎙-]圓 불교에서, 괴로움이 많은 이 세상의 덧없음을 깨닫지 못하고, 생사를 되풀이하는 이 세상에 집착하는 일을 이름.

애:착-심(愛着心)[-씸]圓 무엇에 애착하여 떨어질 수 없는 마음. ¶자식에 대한 애착심.

애:찬(愛餐)圓 초기 기독교인들이 성찬식이 끝난 뒤 음식을 함께 먹던 잔치.

애찬-성(礙竄性)[-썽]圓 물리학에서, 두 물체가 동시에 같은 곳을 차지할 수 없는 성질을 이름. 거성(拒性). 불가입성(不可入性).

애:창(愛唱)하타되자 어떤 노래를 즐겨 부름. ¶슈베르트의 가곡을 애창하다.

애:창-곡(愛唱曲)圓 ①즐겨 부르는 노래. ②많은 사람에게 널리 불리는 노래.

애채圓 나무의 새로 돋은 가지.

애책-문(哀冊文)[-챙-]圓 왕이나 왕비의 죽음을 애도하는 글. 〔그 시신을 빈전(殯殿)으로 옮길 때에 읽음.〕

애:처(愛妻)圓 ①사랑하는 아내. ②하자아내를 사랑함, 또는 소중히 여김.

애:처-가(愛妻家)圓 아내를 각별히 사랑하는 사람. 아내를 몹시 소중히 여기는 사람.

애처-롭다[-따][←로우니·←로워]圈回 슬픈 느낌이 들도록 불쌍하다. ¶애처롭게 울다. /애처롭게 보이다. 애처로이뮈.

애곡(哀哭)圓하자 ⇨애도곡(哀悼).

애:첩(愛妾)圓 사랑하여 아끼는 첩.

애:청(愛聽)圓하타 (음악이나 방송 따위를) 즐겨 들음. ¶라디오 방송극을 애청하다.

애초(-初)圓 맨 처음. 당초(當初). ¶애초부터 일이 빗나가기 시작했다.

애:-총(-塚)圓 ⇨애기총(兒塚).

애추(崖錐)圓 벼랑이나 급경사면으로부터 풍화된 암석이 무너져 내려 반원추(半圓錐) 모양으로 쌓인 것.

애:친(愛親)圓하자 어버이를 사랑으로 섬김.

애:친-경장(愛親敬長)圓하자 어버이를 사랑하고 어른을 공경함.

애:칭(愛稱)圓 (본이름 외에) 친근한 정을 곁들여 부르는 이름.

애퀼렁(aqualung)圓 〔'물속의 폐(肺)'의 뜻〕 잠수용의 호흡 기구. 등에 지는 압축 공기의 탱크와 얼굴에 쓰는 마스크를 호스로 연결한 것.

애:타(愛他)圓하자 남을 사랑함. 타애. ¶애타정신. ↔애기(愛己).

애:-타다자 〔속이 탈 것같이〕 몹시 걱정이 되다. ¶백혈병 환자가 골수 기증자를 애타게 기다리고 있다. /합격 통지를 애타게 기다린다.

애:타-심(愛他心)圓 남을 사랑하고 소중히 여기는 마음.

애:타-주의(愛他主義)[-의/-이]圓 윤리학에서, 다른 사람의 행복의 증진을 도덕적 행위의 표준으로 하는 주의. 앨트루이즘. 이타주의(利他主義). ↔이기주의(利己主義).

애:태우다타 '애타다'의 사동. 애타게 하다. ¶애태운 보람도 없이 그만 지고 말았다.

애통(哀痛)圓하자 몹시 슬퍼함.

애통-하다(哀痛-)圈回 애달프고 슬프다. ¶교통사고로 식구를 모두 잃었으니 얼마나 애통한 노릇인가. 애통-히뮈.

애툿-하다[-트타-]圈回 ①애가 타는 듯하다. ¶소녀의 편지에는 애툿한 사연이 담겨 있다. ②아쉽고 섭섭하다. ¶오누이의 애툿한 작별. ③은근히 정을 끄는 느낌이 있다. ¶애툿한 정. 애툿-이뮈.

애:-티圓 앳된 모양. ¶애티가 나는 얼굴.

애틱-식(Attic式)圓 고대 그리스의 아티카(Attica) 지방에서 발달한 건축 양식.

애퍼크로매틱^렌즈(apochromatic lens)圓 색수차(色收差)를 없앤 렌즈. 천체 망원경·현미경 따위에 주로 쓰임.

애프터^리코딩(after recording)圓 영화에서, 촬영이 끝난 후에 화면에 맞추어 대사·음악·효과음 따위를 녹음하는 일, 또는 그런 방법. ↔프리리코딩.

애프터-서:비스(after+service)圓 업자가 상품을 판 뒤에도, 일정 기간 그 물건을 보증하여 수리 따위의 편의를 보아 주는 일.

애프터케어(aftercare)圓 회복기의 환자에게, 그 후의 생활 방법을 지도하여 건강의 회복을 꾀하는 일.

애플-파이(apple pie)圓 사과를 넣어 만든 파이.

애피타이저(appetizer)圓 식욕을 돋우기 위하여 식전에 먹는 음료나 요리. 전채(前菜). 디저트.

애해갱 기막힌 일이나 가소로운 일을 볼 때에 내는 소리. ¶애해, 이런 변이 있나! 큰에헤.

애햄갱 점잔을 빼거나 '내가 여기 있다'는 것을 알리기 위하여 크게 한 번 헛기침하는 소리. ¶애햄, 거기 누구 없느냐? 큰에헴.

애:향(愛鄕)圓하자 자기의 고향을 아끼고 사랑함.

애:향-심(愛鄕心)圓 고향을 아끼고 사랑하는 마음. 고향을 위해 이바지하려는 마음.

애호(艾蒿)圓 ⇨산쑥.

애호(哀號)圓하자 슬피 울부짖음.

애:호(愛好)圓하타 (특히, 취미를 위하여) 어떤 사물을 사랑하고 즐김. ¶동물을 애호하다.

애:호(愛護)圓하타 아끼고 소중히 다루며 보호함. ¶문화재 애호.

애:호-가(愛好家)圓 어떤 사물을 몹시 좋아하는 사람. ¶도자기 애호가. /음악 애호가.

애-호리병벌(-葫-瓶-)圓 호리병벌과의 곤충. 암컷의 몸길이 1.8cm가량. 몸빛은 검고 여기저기 노란 무늬가 있음. 진흙으로 호리병 모양의 집을 짓고 삶. 우리나라·일본 등지에 분포함. 조롱벌.

애-호박圓 덜 큰 어린 호박.

애호-체읍(哀號涕泣)圓하자 슬피 울부짖고 눈물을 흘리며 욺.

애화(哀話)圓 슬프고 가엾은 이야기. 비화(悲話). ¶부여의 낙화암에 얽힌 애화는 유명하다.

애환(哀歡)圓 슬픔과 기쁨. 희비(喜悲). ¶이웃과 애환을 함께하다.

애흘(愛恤)圓하타 불쌍히 여기어 은혜를 베풂.

애:희(愛戱)[-히]圓 사랑의 희롱.

액갱 먹은 것을 토할 때 내는 소리.

액(厄)圓 모질고 사나운 운수. ¶액을 막다. /액을 때우다.

액(液)圓 ①(물이나 기름 따위와 같이) 흘러 움직이는 물질. ¶나무의 액. ②(일부 명사 뒤에 붙어) '액체'의 뜻을 나타내는 말. ¶냉각액. /수정액.

액(額)圓 〈편액(扁額)〉의 준말.

-액(額)젭미 (일부 명사 뒤에 붙어) 금액을 나타냄. -고(高). ¶산출액. /생산액. /예산액.

액각 (額角) [-깍] 몡 일부 하등 동물의 이마 부분에 뿔 모양으로 쑥 내민 것.

액과 (液果) [-꽈] 몡 과피가 육질이고 즙액이 많은 과일을 통틀어 이르는 말. 〔포도·귤 따위.〕 ↔건과(乾果)·건조과(乾燥果).

액구 (隘口) 몡 '애구(隘口)'의 잘못.

액기 (腋氣) [-끼] 몡 ⇨암내2.

액내 (額內) [앵-] 몡 ①일정한 인원·수량·금액의 범위 안. ②한집안 사람. ③한패에 드는 사람. ↔액외(額外).

액년 (厄年) [앵-] 몡 운수가 사나운 해. 겁년(劫年).

액-달 (厄-) [-딸] 몡 운수가 사나운 달. 액월.

액-때우다 (厄-) 짜 액땜을 하다.

액때움 (厄-) 몡하짜 〈액땜〉의 본딧말.

액땜 (厄-) 몡하짜 앞으로 당할 큰 액운(厄運)을 대신하여, 미리 다른 가벼운 고난을 겪어 때우는 일. 뵌액때움.

액란 (液卵) [앵난] 몡 껍데기를 깨뜨려 쏟아 놓은 날것의 알.

액랭^기관 (液冷機關) [앵냉-] 몡 수랭식의 냉각수 대신, 끓는점이 높은 에틸렌글리콜 용액 따위를 사용하는 기관. 항공기용 엔진으로 쓰임.

액량 (液量) [앵냥] 몡 액체의 양. ↔건량(乾量).

액례 (掖隷) [앵네] 몡 조선 시대에, 액정서(掖庭署)에 딸렸던 이원(吏員)과 하례(下隷).

액-막이 (厄-) [앵-] 몡하짜 앞으로 닥칠 액운을 미리 막는 일.

액막이-굿 (厄-굿) [앵-굳] 몡하짜 그해의 액운을 예방하기 위하여 정초에 하는 굿. *액막이굿이 [앵-구시]·액막이굿만 [앵-군-]

액막이-연 (厄-鳶) [앵-] 몡 그해의 액운을 멀리 날려 보낸다는 뜻으로, 음력 정월 열나흗날에 띄워 보내는 연.

액막이-옷 (厄-) [앵-옫] 몡 음력 정월 대보름날에 그해의 액막이로 버리는 옷. *액막이옷이 [앵-오시]·액막이옷만 [앵-온-]

액면 (額面) [앵-] 몡 액체의 표면.

액면 (額面) [앵-] 몡 ①채권·증권·화폐 등의 권면(券面). ②〈액면 가격〉의 준말. ③'말이나 글의 표현된 그대로의 것'을 비유하여 이르는 말. ¶그의 말을 액면 그대로 믿었다가는 낭패하기 십상이다.

액면-가 (額面價) [앵-까] 몡 ⇨액면 가격.

액면^가격 (額面價格) [앵-까-] 몡 유가 증권이나 화폐의 표면에 적힌 금액. 액면가(額面價). ¶금년 배당율은 액면 가격의 25%이다. 준액면.

액면^동가 (額面同價) [앵-까-] 몡 유가 증권 및 화폐의 권면에 적힌 그대로의 가치.

액면-주 (額面株) [앵-] 몡 액면 가격이 적혀 있는 주식. 금액주(金額株). ↔무액면주.

액모 (腋毛) [앵-] 몡 겨드랑이에 난 털.

액비 (液肥) [-삐] 몡 물거름.

액사 (縊死) [-싸] 몡하짜 (스스로) 목을 매어 죽음. 뵌의사(縊死).

액살 (縊殺) [-쌀] 몡하타 (남을) 목을 죄어 죽임. 교살(絞殺). 뵌의살(縊殺).

액상 (液狀) [-쌍] 몡 액체의 상태. 액체 모양.

액상 (液相) [-쌍] 몡 (물질이) 액체로 된 상태. 액태(液態). 뵌고상(固相)·기상(氣相)2.

액상^결정 (液狀結晶) [-쌍-쩡] 몡 ⇨액정(液晶).

액색 (阨塞) [-쌕] 몡하타 운수가 막히어 생활이나 행색 따위가 군색함. 액색-히[-히].

액생 (腋生) [-쌩] 몡 식물의 잎겨드랑이에서 싹이 나거나 꽃이 핌. 〔특히, 종자식물에서 볼 수 있음.〕

액세서리 (accessory) 몡 ①의복의 장식이 되는 부속품. 〔귀고리·브로치·핸드백 따위.〕 ¶옷깃에 액세서리를 달다. ②기구(器具) 따위의 부속품. ¶카메라의 액세서리.

액세스 (access) 몡 컴퓨터에서, 기억 장치에서 정보나 파일을 호출하거나 폐기·갱신·추가하는 일. 일정한 차례에 따라 처리하는 방식과 무작위로 처리하는 방식이 있음.

액세스^타임 (access time) 몡 컴퓨터 처리 능력의 고속화 수준을 결정하는 조건으로 기억 장치나 주변 기기에 데이터의 어드레스를 지정하고 가능하기까지 걸리는 시간.

액센트 (accent) 몡 '악센트'의 잘못.

액셀 (←accelerator) 몡 〈액셀러레이터〉의 준말.

액셀러레이터 (accelerator) 몡 자동차의 가속 장치. 이 장치의 페달을 밟으면 엔진의 출력이 높아짐. 가속 페달. 준액셀.

액션 (action) 〔'활동'·'행동'·'동작'의 뜻으로〕 Ⅰ몡 배우의 연기, 특히 동작이 격렬한 연기 또는 장면. ¶액션 연기가 출중한 배우. Ⅱ캠 영화감독 등이 배우에게 연기를 시작하라는 뜻으로 외치는 소리.

액션^페인팅 (action painting) 몡 제2차 세계 대전 후 뉴욕을 중심으로 일어난 전위적 회화 운동. 묘사된 결과보다는 작품을 제작하는 행위를 중요시하며, 그림물감·페인트를 뿌리거나 떨어뜨려서 화면을 구성함.

액수 (額數) [-쑤] 몡 돈의 머릿수. 금액. ¶상당한 액수의 장학금. /액수가 모자란다.

액신 (厄神) [-씬] 몡 재앙을 가져온다고 하는 나쁜 귀신.

액아 (腋芽) [-] 몡 ⇨곁눈2.

액엄 (額掩) [-] 몡 ⇨아얌.

액와 (腋窩) [-] 몡 겨드랑이.

액완 (扼腕·搤腕) 몡하타 (분하거나 원통하거나 하여) 팔짱을 함.

액외 (額外) [애괴/애꿰] 몡 ①일정한 인원·수량·금액 따위의 범위 밖. ②한집안이 아닌 사람. ③한패에 들지 않는 사람. ↔액내(額內).

액운 (厄運) [애-] 몡 재난을 당할 운수. ¶액운을 피하다.

액월 (厄月) [애-] 몡 ⇨액달.

액자 (額子) [-짜] 몡 그림·글씨·사진 따위를 넣어 벽에 걸기 위한 틀. ¶사진 액자.

액자 (額字) [-짜] 몡 현판에 쓴 큰 글자.

액자^소:설 (額子小說) [-짜-] 몡 이야기 속에 이야기가 나오는 소설. 〔그 구조가 액자 모양과 같다고 하여 붙은 이름이다.〕

액정 (掖庭) [-쩡] 몡 ⇨액정국.

액정 (液晶) [-쩡] 몡 액체와 고체의 중간적인 상태에 있는 유기 물질. 액체와 같은 유동성을 가지면서, 복굴절(複屈折)을 보이는 등 광학적인 점에서는 결정과 비슷함. 전자계산기의 평면 표시 장치나 텔레비전 화면 등에 이용되고 있음. 액상 결정.

액정-국 (掖庭局) [-쩡-] 몡 고려 시대의 관청. 왕명의 전달, 정원의 관리, 임금이 쓰는 지필묵(紙筆墨)의 조달 등을 맡아보았음. 액정(掖庭).

액정-서 (掖庭署) [-쩡-] 몡 조선 시대의 관청. 왕명의 전달, 정원의 관리, 임금이 쓰는 지필묵(紙筆墨)의 조달 등을 맡아보았음.

액즙 (液汁) [-쯥] 몡 ⇨즙(汁).

액체 (液體) 몡 (물이나 기름처럼) 일정한 부피는 있으나 일정한 모양이 없이, 그릇의 모양에 따라 유동하고 변형하는 물질. 열을 가하면 기체가 되고, 차게 하면 고체가 됨.

액체^공기(液體空氣)[명] 공기를 압축·냉각해서 액화한 것. 액체 질소와 액체 산소의 혼합물로, 약간 푸른빛을 띰. 공기액.

액체^배:양(液體培養)[명] 매우 작은 동물이나 식물을 액체 모양의 배양기 속에서 배양하는 일.

액체^산소(液體酸素)[명] 산소를 압축·냉각하여 액화한 것. 산소 용접이나 산소 흡입용으로 쓰임.

액체^아:황산(液體亞黃酸)[명] 아황산가스를 압축·냉각하여 액화한 것.

액체^암모니아(液體ammonia)[명] 암모니아를 액화한 것. 물질의 물리 상수(物理常數)의 측정 외에, 용매·냉동 한제·비료 등에 쓰임.

액체^압력(液體壓力)[-녁력][명] 액체 내의 중력으로 생기는 압력.

액체^연료(液體燃料)[-열-][명] 연료로 쓰이는 액체를 통틀어 이르는 말.〔휘발유·등유·중유·알코올 따위.〕

액체^염소(液體塩素)[명] 염소를 액화한 것. 상하수도의 살균이나 산화제·표백제 등의 제조에 쓰임.

액체^온도계(液體溫度計)[-계/-게][명] 온도의 변화에 따른 액체의 부피 변화를 이용한 온도계.〔알코올 온도계·수은 온도계 따위.〕

액체^탄:소(液體炭素)[명] 탄산가스를 압축하여 액화한 것.

액체-화(液體化)[명][하자타] ☞액화(液化).

액출(腋出)[하자](잎이나 꽃자루 따위가) 잎겨드랑이에서 돋음.

액취(腋臭)[명] ☞암내2.

액취-증(腋臭症)[-쯩][명] 아포크린샘의 기능이 높아져 겨드랑이의 땀이 암내를 풍기는 병.

액태(液態)[명] 액체의 상태. 액상(液相).

액-틀(額-)[명] ☞액자(額子).

액포(液胞)[명] ☞공포(空胞).

액한(腋汗)[액칸][명] ☞곁땀.

액화(厄禍)[애콰][명] ☞재화(災禍). 재난(災難).

액화(液化)[애콰][명][하자타되자] 기체가 냉각되거나 압축되거나 하여 액체가 됨, 또는 기체가 액체가 되게 함. 고체가 녹아서 액체가 되는 것을 뜻하는 경우도 있음. 액체화.

액화^석유가스(液化石油gas)[애콰-][명] 석유 화학 공업에서 이차적으로 얻어지는 프로판이나 부탄 등을 액화한 것. 엘피 가스. 엘피지.

액화-열(液化熱)[애콰-][명] 기체가 액체 상태로 변할 때 밖으로 내놓는 열.

액회(厄會)[애쾨/애퀘][명] (재앙이 닥치는) 불행한 고비.

앤생이'몸이 약한 사람, 또는 보잘것없는 물건'을 얕잡아 이르는 말.

앤솔러지(anthology)[명] (일정한 기준에 따라 선정된) 시가집. 사화집(詞華集). 문예 작품집.

앤저스(ANZUS)[명] 태평양 안전 보장 조약. [Australia, New Zealand and the United States Treaty].

앤티노크(antiknock)[명] 내폭제(耐爆劑).

앤티크(antique)[명] 활자체의 한 가지. 고딕체처럼 획이 굵으나 고딕체에 비하여 부드러움.

앤티프로톤(antiproton)[명] 반양자(反陽子).

앨러배스터(alabaster)[명] 설화 석고(雪花石膏).

앨리(alley)[명] ☞레인(lane).

앨리데이드(alidade)[명] 측량할 때, 평판(平板) 위에 붙여, 목표로 하는 방향을 정하는 기구. 평판 측량에 사용됨.

앨범(album)[명] ①사진첩. ¶졸업 앨범. ②음반. ¶앨범을 내다.

앨트루이즘(altruism)[명] 애타주의(愛他主義). 이타주의(利他主義). ↔에고이즘(egoism).

앰버^유리(amber琉璃)[명] 착색 유리의 한 가지. 유황과 산화철의 여러 가지 혼합물로 만드는데, 혼합 비율에 따라 엷은 노랑에서 진홍의 호박색까지 낼 수 있음.

앰뷸런스(ambulance)[명] 구급차. 환자 수송차.

앰풀(ampoule)[명] 1회분의 주사약을 넣어 밀폐한, 목이 잘록한 조그만 유리병.

앰프(←amplifier)[명] '증폭기'·'확성기'로 순화.

앰플리파이어(amplifier)[명] 증폭기(增幅器).

앳:-하다[앳-][조동] ⟨예스럽게⟩ ☞애다.

앳:조⟨옛⟩에 있는. ¶鴨江앳 將軍氣늘(龍歌39章).

앳:-되다[앳뙤-/앳뛔-][형] (젊은이로서) 나이에 비해 애티가 있어 어려 보이다. ¶그녀는 목소리가 앳되다.

앵¹[부] 모기나 벌 따위 곤충이 날 때 나는 소리.

앵-앵[부][하자]

앵²[감] 성나거나 짜증나거나 하여 마음이 잔뜩 토라져서 내는 소리. 囹엥.

앵(鶯·鸚)[명] 모기 병.

앵가(鶯歌)[명] 꾀꼬리의 지저귀는 소리.

앵글(angle)[명]〔'모서리'·'각도'의 뜻으로〕①⟨카메라 앵글의 준말⟩. ¶앵글을 맞추다. ②'ㄱ'자 모양의 철재 쇠붙이. ③(어떤 일에 대해 생각할 때의) 견지. 관점.

앵글로-색슨(Anglo-Saxon)[명] 게르만 민족의 한 갈래. 현재의 영국인의 주류가 된 북방계의 민족.

앵글^숏(angle shot)[명] (영화나 텔레비전에서) 같은 장면을 다른 각도에서 카메라의 위치를 바꾸어 촬영하는 일.

앵데팡당(indépendants 프)[명] ①프랑스에서, 관선(官選) 살롱에 대항하여 신파(新派)의 화가들이 1884년에 창립한 미술가 단체, 또는 그 전람회. ②보수·전통파에 반대하는 미술가의 전람회.

앵도(櫻桃·鶯桃·鸎桃)[명] '앵두'의 잘못.

앵도-창(櫻桃瘡)[명] 목에 앵두만 하게 나는 종기의 한 가지.

앵-돌아서다[자] 토라져서 휙 돌아서다.

앵-돌아앉다[-안따][자] 성이 나서 휙 돌아앉다. ¶그는 앵돌아앉은 아내를 보자 더욱 심술을 냈다.

앵-돌아지다[자] ①틀려서 휙 돌아가다. ②성이 나서 토라지다. ¶아내는 무엇 때문인지 대답도 없고 앵돌아져 있다.

앵두(←櫻桃)[명] 앵두나무의 열매.

앵두(를) 따다[관용] '눈물을 뚝뚝 떨어뜨리며 울다'를 속되게 이르는 말.

앵두-나무(←櫻桃-)[명] 장미과의 낙엽 활엽 관목. 높이 3m가량이고, 어린 가지에 털이 빽빽이 나 있음. 흰색 또는 연분홍의 꽃은 4월에 잎보다 먼저 또는 같이 피는데, 잎겨드랑이에 한두 개씩 달림. 핵과(核果)는 지름 1cm가량으로 둥글며 6월에 익음. 중국 원산.

앵무(鸚鵡)[명] ☞앵무새.

앵무-가(鸚鵡歌)[명] 우리나라의 고대 가요. 신라 흥덕왕(興德王) 즉위 초에, 중국 당나라에서 가져온 앵무 한 쌍 중, 먼저 죽은 암컷을 그리며 울다 죽은 수컷을 위해 지은 노래.〔흥덕왕이 지었다고 전하나 가사는 전하지 아니하고, '삼국유사'에 그 설화 내용만 실려 전함.〕

앵무-새(鸚鵡-)[명] 앵무샛과의 새. 머리에는 모관(毛冠)이 있고 꼬리가 짧음. 부리는 검고 굵으며 끝이 굽어 있음. 과일·풀씨 따위를 먹으며, 사람이나 다른 동물의 소리를 잘 흉내 냄. 열대 원산이며, 호주·뉴기니 등지에 분포함. 앵무.

앵무-조개(鸚鵡-)명 앵무조갯과의 연체동물. 생김새는 오징어나 문어와 비슷하나 소라딱지 같은 껍데기를 지니고 있음. 껍데기 길이 16 cm가량. 흰 바탕에 불꽃 모양의 갈색 무늬가 있음. 고생대에 번성했는데, 오늘날에도 몇 종류가 생존하고 있으며, 살아 있는 화석이라 일컬어짐.

앵미(-米)명 쌀에 섞여 있는, 겉이 붉고 질이 떨어지는 쌀. 본악미(惡米). 참적미(赤米).

앵-벌이명 불량배의 부림을 받는 어린이가 구걸이나 도둑질 따위로 돈을 버는 짓, 또는 그 어린이.

앵삼(鶯衫)명 조선 시대에, 나이 어린 사람이 생원시(生員試)나 진사시(進士試)에 급제했을 때 입던 황색 예복.

앵성(鶯聲)명 ①꾀꼬리의 울음소리. 앵어(鶯語). ②'꾀꼬리와 같은 고운 목소리'를 비유하여 이르는 말.

앵속(罌粟)명 ☞양귀비.

앵속-각(罌粟殼)[-깍]명 한방에서, '양귀비 열매의 껍질'을 약재로 이르는 말. [기침·설사 등에 쓰임.] 참속각(粟殼).

앵속-자(罌粟子)[-짜]명 한방에서, '양귀비의 씨'를 약재로 이르는 말. [설사·이질·경련 따위에 쓰임.] 어미(御米).

앵-거리다재 모기나 벌 따위가 날면서 자꾸 앵앵 소리를 내다. 앵앵대다.

앵앵-대다재 앵앵거리다.

앵어(鶯語)명 ☞앵성(鶯聲).

앵월(鶯月)명 '음력 삼월'을 달리 이르는 말. 혜풍(惠風).

앵접(鶯蝶)명 노래하는 꾀꼬리와 춤추는 나비.

앵초(櫻草)명 앵초과의 다년초. 꽃줄기의 높이 20 cm가량. 잎은 주걱꼴 타원형임. 7월에 줄기 끝에 벚꽃 모양의 홍자색 꽃이 핌. 우리나라를 비롯한 동부 아시아의 산지나 들의 습지에서 자람.

앵커(anchor)명 ①릴레이 경기에서의 마지막 주자(走者)나 영자(泳者). ②☞앵크르. ③암벽이나 빙설 등반에서, 나무·바위·하켄 등에 자일을 걸고 자기 몸의 안전을 확보하는 일. ④☞앵커맨.

앵커-맨(anchor man)명 (라디오나 텔레비전의) 종합 뉴스의 진행자. 앵커.

앵커^볼트(anchor bolt)명 (구조물이나 기계 따위를) 기초 콘크리트에 정착시키기 위하여 기초 속에 묻은 볼트.

앵커-우:먼(anchor woman)명 (라디오나 텔레비전의) 종합 뉴스의 여자 진행자.

앵클-부:츠(ankle boots)명 목이 발목께까지 올라오도록 만든 구두.

앵포르멜(informel 프)명 [형태가 없다는 뜻으로] 근대의 비구상 회화(非具象繪畫)의 한 수법, 또는 그 작가 그룹을 이르는 말. 물감을 캔버스에 흘리기도 하고, 무의미한 모양을 흩뜨리거나 하여 격렬한 감정을 표현함.

앵-하다형예 (무슨 일로 손해를 보았을 때) 분하고 아깝다. ¶장사에 밑진 것이 앵해서 한동안 잠도 오지 않았다.

앵화(櫻花)명 ①☞앵두꽃. ②☞벚꽃.

야[명] 한글 자모(字母)의 이중 모음 'ㅑ'의 음가 (音價) 및 이름.

야:²명 돈치기할 때, 던진 돈이 두 푼 또는 서너 푼이 한데 포개지거나 붙은 것.

야:³갑 ①반갑거나 놀랍거나 감탄하거나 할 때 내는 소리. ¶야, 굉장하다! ②어른이 아이를 부르거나 젊은 친구끼리 허물없이 상대를 부르는 소리. ¶야, 거기 서 있어라.

야⁴조 ①모음으로 끝나는 체언이나 조사·어미 등에 붙어, 그 말을 특히 강조하는 뜻을 지닌 보조사. ¶너야 반대를 안 하겠지. /이번에야 되겠지. /기어이 잡고야 말겠소. ②해라체 종결 어미 '-나'·'-다' 등에 붙어, 그 말을 강조하여 감탄하는 뜻을 지닌 보조사. ¶참, 우습구나야. /걱정했던 것보다 날씨가 좋다야.

야⁵조 ①모음으로 끝난 체언에 붙는 조사. ㉠긍정적으로 단정하는 뜻을 나타내는, 해체 또는 하게체의 평서형 서술격 조사. ¶저기 오는 개가 성수네 개야. ㉡사물을 지정하여 묻는 뜻을 나타내는, 해체 또는 하게체의 의문형 서술격 조사. ¶날 보자고 한 사람이 너야? ②별다르거나 특수함을 뜻하는 보조사. ¶나야 그것을 이해하고도 남지. ㉢여러 가지를 열거하거나 이어 주는 뜻을 나타내는 보조사. (《'-야 -야'와 같이 겹치는 꼴로 쓰임.) ¶사과야 배야 온갖 과일이 다 있구나. 참이야. ②모음으로 끝난 명사에 붙어, 손아랫사람이나 짐승·사물 따위를 부를 때에 쓰이는 호격 조사. ¶아가야. /새야 새야 파랑새야. 참아.

야:[野]명 ①정권을 중심으로 한 관계에 대하여 '민간(民間)'을 뜻하는 말. ②〈야당〉의 준말. ¶여(與)와 야의 대립이 격화되다.

-야어미 '아니다'의 어간에 붙어, 단정하는 뜻을 나타내는 해체의 종결 어미. ¶그 소문은 사실이 아니야.

야:간(夜間)명 ①밤사이. 밤 동안. ¶야간 근무. ②〈야간부〉의 준말. ¶야간 고등학교. ↔주간.

야:간-도주(夜間逃走)명하자 (남의 눈을 피하여) 밤에 몰래 달아남. 야반도주(夜半逃走).

야:간-부(夜間部)명 (중·고등학교나 대학에서) 야간 수업으로 소정의 교육을 이수하는 부문. 준야간.

야:간-열차(夜間列車)[-녈-]명 야간에 운행되는 기차.

야:간-작업(夜間作業)명하자 밤에 일을 함, 또는 밤에 하는 일. 밤일.

야:간^학교(夜間學校)[-꾜]명 밤에 수학(修學)하는 학교. 야학교.

야:객(夜客)명 ☞밤손님.

야:객(野客)명 벼슬하지 아니하고 사회에서 보통 사람으로 지내는 사람.

야거릿-대[-래때/-릳때]명 야거리의 외돛대.

야거릿-대[-래때/-릳때]명 야거리의 외돛대.

야:견(野犬)명 들개.

야:견-사(野繭絲)명 ☞산누에고치.

야:견-사(野繭絲)명 ☞야잠사(野蠶絲).

야:경(夜景)명 밤의 경치. 밤의 정경(情景). 야색이 서울의 휘황한 야경.

야:경(夜警)명하자 밤에 공공건물·회사·동네 등을 돌며 화재나 범죄 따위를 경계하는 일.

야:경(野徑)명 들길.

야:경(野景)명 들의 경치. 들의 정경. 야색(野色).

야:경-국가(夜警國家)[-까]명 국가의 기본 목표를 국민 복지 등에 두지 아니하고 국방이나 치안 유지 등에 두는 나라. 독일의 라살(F. Lassalle)이 자유주의 국가를 비판하며 사용한 말임. 참복지 국가.

야:경-꾼(夜警-)圀 야경을 도는 사람.

야:경-스럽다(夜警-)[-따][~스러우니·~스러워]톙 (밤에) 떠들썩하고 왁자지껄하다. **야경스레**閉.

야:계(野鷄)[-계/-게]圀 ☞멧닭. ↔가계(家鷄).

야고보-서(←Jakobus書)圀 신약 성서 중의 한 편. 야고보가 각지의 일반 신도에게 보낸 목회 서간(牧會書簡).

야:고-초(野古草)圀 볏과의 다년초. 높이 약 0.3~1.2 m. 뿌리줄기는 단단하고 잎은 보리의 잎과 비슷한데 대부분 뿌리줄기에서 남. 여름에 연한 녹색 꽃이 핌. 산과 들에 나며 목초로 쓰임.

야:곡(夜曲)圀 〈소야곡(小夜曲)〉의 준말.

야곰-야곰閉 '야금야금'의 잘못.

야:공(治工)圀 ☞대장장이.

야:공(夜攻)圀ⓗ자 '야간 공격'을 줄여 이르는 말.

야:광(夜光)圀 ①밤 또는 어두운 곳에서 빛을 냄, 또는 그 빛. ¶야광 시계. ②'달'을 달리 이르는 말.

야광-나무圀 장미과의 낙엽 소교목. 높이 약 6 m. 잎은 타원형 또는 달걀 모양이며 가장자리에 잔 톱니가 있음. 5월에 흰색 또는 연분홍의 꽃이 피고, 10월에는 지름 1 cm가량의 둥근 열매가 빨강 또는 노랑으로 익음. 우리나라 중부 이북에서 자람.

야:광-도료(夜光塗料)圀 황화아연과 방사성 물질 따위를 섞어 어두운 곳에서도 빛을 내도록 만든 도료. 시계의 문자반, 야간 표지판 등에 쓰임. 발광 도료.

야:광-명월(夜光明月)圀 밤하늘에 빛나는 밝은 달.

야:광-운(夜光雲)圀 위도 50°이상의 고위도 지방에서, 여름에 해돋이 전 또는 해넘이 후에 드물게 나타나는 은백색 권운(卷雲) 모양의 구름. 높이는 75~90 km.

야:광-주(夜光珠)圀 고대 중국에 있었다는, 밤에도 빛나는 구슬. 야명주(夜明珠).

야:광-찌(夜光-)圀 밤낚시에 쓰이는, 발광 도료를 바른 찌.

야:광-충(夜光蟲)圀 야광충속의 원생동물을 통틀어 이르는 말. 몸은 지름 1 mm가량으로 공 모양인데, 뒤쪽에 굵고 긴 촉수가 있으며, 이것을 천천히 움직여 해면을 떠다님. 자극을 받으면 빛을 냄. 세계적으로 분포하며 연안에 많음.

야:구(治具)圀 ①야금(治金)에 쓰이는 여러 연장. ②대장일에 쓰이는 여러 연장.

야:구(野球)圀 운동의 한 가지. 각각 아홉 사람으로 이루어진 두 팀이 일정한 경기장에서 아홉 차례씩 공격과 방어를 거듭하여 득점을 겨루는 경기. 공격은 상대편의 투수가 던진 공을 타자가 배트로 쳐서 스리 아웃이 되기 전에 1·2·3루를 거쳐 본루에 돌아오면 한 점을 얻게 됨.

야:구^방망이(野球-)圀 야구 경기를 할 때 타자가 공을 치는 방망이. 참배트.

야:구-장(野球場)圀 야구 경기에 따르는 시설이 되어 있는 운동장.

야:구-화(野球靴)圀 야구를 할 때 신는 가죽 운동화. 바닥에 세 발 달린 긴 징을 박았음.

야:국(夜國)圀 일 년 동안의 태반이 햇빛을 볼 수 없는, 극지(極地) 가까이에 있는 나라.

야:국(野菊)圀 ☞들국화.

야:권(野圈)[-꿘]圀 〈야당권〉의 준말. ¶야권 인사. ↔여권(與圈).

야:근(夜勤)圀ⓗ자 밤에 근무함. ¶야근 수당. 참일근(日勤).

야:금(冶金)圀ⓗ자 광석에서 순수한 금속 성분을 뽑아내거나 합금을 만들거나 하는 일.

야:금(夜禽)圀 낮에는 자고 밤에 활동하는 새. 〔부엉이·올빼미 따위.〕 야조(夜鳥).

야:금(夜禁)圀 지난날, 인경을 친 뒤부터 파루(罷漏)를 칠 때까지 통행을 금하던 일.

야:금(野禽)圀 산이나 들에 사는 야생의 새. 야조(野鳥). ↔가금(家禽).

야금-거리다재 자꾸 야금야금하다. 야금대다.

야금-대다재 야금거리다.

야:금-술(冶金術)圀 광석에서 금속 성분을 뽑아내거나 합금을 만들거나 하는 기술.

야금-야금[-금냐/-그먀]閉ⓗ자 ①무엇을 입 안에 넣고 조금씩 씹는 모양. ②조금씩 탐내어 가지거나 소비하거나 하는 모양. ¶퇴직금을 야금야금 다 써 버리다. /뽕잎을 야금야금 갉아 먹다.

야:금-학(冶金學)圀 금속 공학의 한 분야. 야금의 기술과 방법, 금속 재료의 성질 등을 연구하는 학문.

야굿-야굿[-근냐굿/-그댜굿]閉ⓗ톙 톱날처럼 조금씩 어슷비슷한 모양.

야:기(夜氣)圀 밤공기의 차고 눅눅한 기운. ¶야기를 너무 오래 쐬다.

야:기(惹起)圀ⓗ타되자 (무슨 일이나 사건 따위를) 일으킴. 생기(生起). ¶혼란을 야기하다.

야:기-부리다재 불만을 품고 함부로 떠들어 대다.

야:기-요단(惹起鬧端)圀ⓗ자 시비가 될 가탈을 일으킴. 준야단(惹端)·야료.

야기죽-거리다[-꺼-]재 자꾸 야기죽야기죽하다. 야기죽대다. ¶회의 때는 아무 말도 없다가 결과를 놓고 뒷전에서 이러쿵저러쿵 야기죽거린다. 준이기죽거리다.

야기죽-대다[-때-]재 야기죽거리다.

야기죽-야기죽[-중냐-/-주갸-]閉ⓗ자 맵살스럽게 재깔이면서 빈정거리는 모양. ¶그는 항상 남이 잘되는 것에 대하여 야기죽야기죽 빈정거린다. 준야죽야죽. 큰이기죽이기죽.

야끼-만두(←やき饅頭 일)圀 '군만두'로 순화.

야나-치다圀 영락없고 매몰하다.

야:뇨-증(夜尿症)[-쯩]圀 (오줌을 가릴 나이가 지나고서도) 밤에 잠결에 오줌을 자주 싸는 병증. 유뇨증(遺尿症).

야누스(Janus)圀 로마 신화에 나오는, 문지기 신. 문의 앞뒤를 보는 두 개의 얼굴을 가지고 있으며, 전쟁과 평화를 상징함.

-야놀어미 (옛) ·거늘. ¶角端이 말하야놀(龍歌42章). /네 내 마롤 다 드릴따 하야놀(釋譜6:8).

야:다-시(夜茶時)圀 조선 시대에, 비상 사고가 생겼을 때 그 내용을 규명하기 위하여 사헌부의 감찰이 밤중에 모이던 일.

야다-하면圀 어찌할 수 없이 일이 급하게 되면. ¶야다하면 피난이라도 가야지.

야:단(惹端)圀 ①ⓗ자 떠들썩하게 일을 벌이거나 부산하게 굶. ¶동생이 소풍 준비를 한다고 야단이다. ②ⓗ자 큰 소리로 마구 꾸짖음. ¶선생님께 크게 야단을 맞다. ③매우 난처하거나 곤란한 형편. ¶이것 참 야단이다. ④ⓗ자 〈야기요단〉의 준말.

야:단-나다(惹端-)재 ①떠들썩한 일이 벌어지다. ②매우 난처하거나 곤란한 일이 벌어지다.

야:단-맞다(惹端-) [-맏따]困 크게 꾸지람을 듣다. ¶ 늦게 들어가면 야단맞는다.

야:단-받이(惹端-) [-바지]명 남의 꾸지람을 듣는 일, 또는 꾸지람을 듣는 사람. ¶ 나는 오나가나 억울한 야단받이 노릇만 한다.

야:단-법석(野壇法席) [-썩]명 불교에서, 야외에서 베푸는 강좌를 이르는 말.

야:단-법석(惹端-) [-썩]명 많은 사람이 한곳에 모여 서로 다투며 떠드는 시끄러운 판. ¶ 야단법석을 떨다.

야:단-스럽다(惹端-) [-따] [~스러우니·~스러워]㉶囘 ①시끄럽고 떠들썩하다. ②떠들썩하게 일을 벌이거나 부산하게 법석거리는 데가 있다. ¶ 하찮은 일로 야단스럽게 꾸짖다. **야단스레**튀.

야:단-야단(惹端惹端) [-나~]閔(하凸) ①마구 떠들어 대거나 법석거림, 또는 그 모양. ¶ 손해 배상을 해 달라고 야단야단이다. ②마구 꾸짖음, 또는 그 모양. ¶ 할아버지는 집안 망신시켰다고 야단야단이시다.

야:단-치다(惹端-)困困 크게 꾸짖다. ¶ 애가 모르고 한 일이니 너무 야단치지 마라.

야:담(野談)명 야사(野史)를 바탕으로 흥미 있게 꾸민 이야기.

야:당(野黨)명 정당 정치에서, 정권을 담당하고 있지 아니한 정당. 재야당(在野黨). ¶ 야당 의원. ㉰야(野). ↔여당(與黨).

야:당-권(野黨圈) [-꿘]명 야당과 야당을 편드는 세력의 범위 안에 드는 사람이나 단체. ㉰야권. ↔여당권(與黨圈).

야당-스럽다 [-따] [~스러우니·~스러워]㉶囘 ①약바르고 매몰스럽다. ②매몰하고 사막스럽다. ¶ 야당스럽고 인정머리 없는 사람. **야당스레**튀.

야:대(也帶)명 지난날, 과거에 급제한 사람이 방(榜)이 났을 때 매던 띠.

야:도(夜盜)명(하凸) 밤에 하는 도둑질, 또는 그 도둑.

야:독(夜讀)명(하凸) 밤에 글을 읽음. ㉰주경야독.

야:드(yard)의 야드파운드법의 길이의 기본 단위. 1야드는 3피트로, 약 91.44cm. 마(碼). 〔기호는 yd〕

야드르르튀(하㉶) 반들반들 윤이 나고 보드라운 모양. ㉰야드를. ㉱이드르르.

야드를튀(하㉶)〈야드르르〉의 준말. ㉱이드를.

야:드-파운드-법(yard pound法) [-뻡]명 기본 단위로서 길이에는 야드, 무게에는 파운드, 시간에는 초(秒)를 사용하는 단위의 계통. 주로, 영국·미국에서 쓰이고 있음.

야들-야들 [-들랴-/-드랴-]튀(하㉶) 윤이 나고 보들보들한 모양. ¶ 야들야들한 꽃잎. /옷감이 야들야들하다. ㉱이들이들.

야로명 '무슨 일을 꾸미려는 어물쩍한 셈속이나 수작'을 속되게 이르는 말. ¶ 그 제안 속에는 틀림없이 무슨 야로가 있다.

야:로(冶爐)명 풀무.

야:로(野老)명 시골에 사는 늙은이. 야옹(野翁).

야로비^농법(-jarvizatsiya農法) [-뻡]명 농작물에 춘화 처리(春化處理)를 하여 수확기를 바꾸거나 식물 발육에 변화를 일으키어 증수(增收)를 꾀하는 따위의 재배 방법.〔소련의 유전학자인 미추린의 학설에 따른 농법.〕

야:료(惹鬧)명(하凸) ①까닭 없이 트집을 부리고 마구 떠들어 대는 일. ②주정꾼의 야료. /야료를 부리다. ②〈야기요란〉의 준말.

야루(野陋) '야루하다'의 어근.

야:루-하다(野陋-)㉶㉯ 비천하고 궁벽하다.

야릇-하다 [-르타-]㉶㉯ 무엇이라 표현할 수 없게 묘하고 이상하다. ¶ 야릇한 표정. /야릇한 미소를 짓다. **야릇-이**튀.

야리다㉶ ①(단단하거나 질기지 아니하고) 약하고 보드랍다. ¶ 야린 잎사귀. ②(마음·감정 따위가) 모진 데가 없이 무르고 약하다. ¶ 마음이 야리다. ③조금 모자라다. ㉰여리다.

야:마(野馬)명 ①아지랑이. ②야생의 말.

야:마(夜摩←suyama deva 범)명 ①야마천. ②불교에서 이르는 염마(閻魔). 염라대왕.

야마(llama 스)명 낙타과의 동물. 생김새가 낙타와 비슷하나 몸집이 작고 다리도 짧음. 등에 혹은 없고 털이 길고 많음. 남아메리카의 산악 지대에서 짐 운반용 또는 탈것으로 이용됨. 고기는 식용하며, 지방은 등유로, 가죽은 구두의 재료로 쓰임. 라마(llama)².

야:마리〈얌통머리〉의 변한말.

야:마-천(夜摩天←suyama deva 범)명 욕계 육천 가운데 셋째 하늘. 도솔천의 아래에 있음. 시간에 따라 쾌락을 받으므로 '시분천(時分天)'이라고도 함. 야마(夜摩).

야:만(野蠻)명 ①문화의 정도가 낮고 미개함, 또는 그런 지역이나 주민. ②교양이 없고 예의를 모르는 사나움, 또는 그런 사람. ¶ 야만 행위. ↔문명(文明).

야:만-스럽다(野蠻-) [-따] [~스러우니·~스러워]㉶囘 ①미개하여 문화 수준이 낮은 데가 있다. ②교양이 없고 무례한 데가 있다. ¶ 야만스러운 행위. **야만스레**튀.

야:만-인(野蠻人)명 야만스러운 사람. 만인. 토매인. 호인(胡人). ↔문명인(文明人).

야:만-적(野蠻的)꽌명 야만스러운 (것). ¶ 야만적 풍습. /야만적인 행위.

야:만^정책(野蠻政策)명 정치적 목적을 달성하기 위하여 인도(人道)를 벗어난 수단으로 국민이나 식민지를 다스리는 정책.

야-말로조 모음으로 끝난 체언에 붙어, 특수한 뜻을 강조하는 뜻을 나타내는 보조사. ¶ 너야말로 애국자다. ㉱이야말로².

야:망(野望)명 크게 무엇을 이루어 보겠다는 희망. ¶ 야망을 품다.

야:매(野梅)명 야생의 매화나무.

야:맹-증(夜盲症) [-쯩]명 밤이나 어두운 저녁 또는 새벽 무렵에 시력이 크게 떨어져 눈이 잘 보이지 않게 되는 증세. 선천적인 경우와 비타민 A의 결핍에 의한 것이 있음.

야멸-차다 [-따] [~스러우니·~스러워]㉶囘 야멸친 태도가 있다. **야멸스레**튀.

야멸-차다㉶ ①자기 생각만 하고 남의 사정을 돌볼 마음이 거의 없다. ②태도가 차고 야무지다. ¶ 야멸차게 따지다.

야멸-치다㉶ ①자기 생각만 하고 남의 사정은 아랑곳하지 아니한다. ¶ 야멸친 행동. ②태도가 차고 쌀쌀하다. ¶ 야멸치게 쏘아붙이다.

야:명-사(夜明沙·夜明砂)명 한방에서, '박쥐의 똥'을 안질·암내 등의 약재로 이르는 말.

야:-명주(夜明珠)명 ☞야광주(夜光珠).

야:묘(野貓·野猫)명 ☞살쾡이.

야:묘-피(野貓皮)명 ☞삵피.

야무〈염우(廉隅)〉의 변한말.

야무-얌치〈염우염치(廉隅廉恥)〉의 변한말.

야무-지다㉶ 야물고 오달지다. ¶ 야무지게 쏘아붙이다. /일 처리가 아주 야무지다. ㉱여무지다.

야:-무청초(野無青草)명(하凸) 가뭄으로 들에 풀이 다 말라 죽고 없음.

야물-거리다<u>자타</u> 자꾸 야물야물하다. 야물대다.

야물다[야무니·야물어] <u>I자</u> (낟알이나 과일 따위가) 알이 들어 단단히 익다. <u>逅</u>여물다.
<u>II형</u> ①(바탕이) 굳고 단단하다. ②(몸이나 언행이) 단단하고 깜찍하다. ③(일이 야무지게 되어) 뒤탈이 없다. ④(돈 따위를) 헤프게 쓰지 않고 알뜰하다. <u>逅</u>여물다.

야물-대다<u>자타</u> 야물거리다.

야물-야물[-물랴-/-무랴-]<u>부</u><u>하자타</u> (젖먹이나 염소·토끼 따위가) 무엇을 먹느라고 입을 귀엽게 놀리며 야금야금 씹는 모양.

야:밀(夜蜜)<u>명</u> 야생(野生)하는 벌의 꿀.

야:바위<u>하자</u> ①속임수로 돈을 따먹는 노름의 한 가지. ②속임수로 그럴듯하게 꾸미는 일.
야바위(를) 치다<u>관용</u> 그럴듯하게 일을 꾸며서 남을 속이다.

야:바위-꾼<u>명</u> '야바위를 잘 치는 사람'을 얕잡아 이르는 말.

야:바위-판<u>명</u> 야바위가 벌어지고 있는 판.

야:바윗-속[-위쪽/-윋쪽]<u>명</u> 여럿이 야바위를 치려는 속셈. ¶그들의 야바윗속을 눈치 채지 못했다.

야:박(夜泊)<u>명</u><u>하자</u> ①밤에 외박함. ②밤에 배를 정박함, 또는 정박한 배에서 잠.

야박(野薄)'야박하다'의 어근.

야:박-스럽다(野薄-)[-쓰-따][~스러우니·~스러워]<u>형비</u> 야박한 데가 있다. 야박스레<u>부</u>. ¶아무리 그렇기로 야박스레 내쫓는단 말이냐.

야:박-하다(野薄-)[-바카-]<u>형여</u> 야멸치고 인정이 없다. ¶야박한 인심. 야박-히<u>부</u>.

야:반(夜半)<u>명</u> 밤의 중간 무렵인 한밤중. ¶야반에 울리는 종소리. <u>참</u>야밤.

야:반-도주(夜半逃走)<u>명</u><u>하자</u> ☞야간도주.

야:반-무례(夜半無禮)<u>명</u> 어두운 밤에는 예의를 제대로 갖출 수가 없음을 이르는 말. 야심무례(夜深無禮).

야:발<u>명</u> 야살스럽고 되바라진 태도나 말씨.

야:발-단지[-딴-]<u>명</u> ☞야발쟁이.

야:발-스럽다[-따][~스러우니·~스러워]<u>형비</u> 야살스럽고 되바라지다. 야발스레<u>부</u>.

야:발-쟁이<u>명</u> 야발스러운 사람을 얕잡아 이르는 말. 야발단지.

야:-밤(夜-)<u>명</u> 깊은 밤. ¶야밤에 찾아온 손.

야:밤-중(夜-中)[-쭝]<u>명</u> 한밤중. <u>참</u>야반.

야:번(夜番)<u>명</u> 밤에 드는 번(番).

야:-별초(夜別抄)<u>명</u> 고려 23대 고종 때, 최우(崔瑀)가 조직한, 야간 순찰을 위한 특별 부대. 뒤에 좌별초·우별초로 나누어짐.

야:부(野夫)<u>명</u> 시골의 농부.

야:불-답백(夜不踏白)[-빽]<u>명</u> 밤길을 갈 때에 바닥이 희게 보이는 것은 물이니 밟지 말고 피켜 가라는 말.

야:불폐문(夜不閉門)[-폐-/-폐-]<u>명</u> 〔밤에 대문을 닫지 아니한다는 뜻으로〕 세상이 태평하고 인심이 좋음을 이르는 말.

야비(野鄙)'야비하다'의 어근.

야:비-다리<u>명</u> (대단찮은 사람이) 제멋에 겨워서 부리는 거드름.
야비다리 치다<u>관용</u> (교만한 사람이) 애써 겸손한 체하다.

야:비-하다(野卑-·野鄙-)<u>형여</u> 성질이나 언행이 상스럽고 더럽다. ¶야비한 태도. /야비하게 웃다.

야:사(夜事)<u>명</u><u>하자</u> 〔밤에 하는 일이라는 뜻으로〕 '방사(房事)'를 완곡하게 이르는 말. 밤일.

야:사(夜思)<u>명</u> 깊은 밤 고요한 때에 일어나는 온갖 생각.

야:사(野史)<u>명</u> 민간에서 사사로이 기록한 역사. 정사에 기록되지 않은 역사상의 사실. <u>비</u>외사(外史). ↔정사(正史).

야:산(野山)<u>명</u> 들 근처에 있는 나지막한 산. ¶야산에 목초지를 만들다.

야:산(野蒜)<u>명</u> ☞달래.

야:산-고사리(野山-)<u>명</u> 면마과의 다년초. 땅속 줄기에서 돋는 잎은 높이 60cm가량으로, 잎새에 비하여 잎자루가 매우 긺. 잎은 깃 모양으로 째지고 그 하나하나가 긴 타원형을 이룸. 따로 자실체(子實體)가 있는데, 익으면 흑갈색의 자낭(子囊)이 생겨 이듬해까지 남음. 산과 들의 습지에 남.

야:살<u>명</u> 얄망궂고 되바라진 말이나 짓. ¶야살을 떨다. /야살을 부리다. /야살을 피우다.
야살(을) 까다<u>관용</u> 야살스럽게 굴다.

야:살-스럽다[-따][~스러우니·~스러워]<u>형비</u> (말이나 하는 짓이) 얄망궂고 되바라진 태도가 있다. 야살스레<u>부</u>.

야:살-이<야살쟁이>의 준말.

야:살-쟁이<u>명</u> '야살스러운 사람'을 흘하게 이르는 말. <u>준</u>야살이.

야:-삼경(夜三更)<u>명</u> 삼경 무렵의 한밤중. 곧, 자정을 전후한 시간. <u>참</u>삼경(三更).

야:상(夜商)<u>명</u> 밤에 하는 장사.

야:상-곡(夜想曲)<u>명</u> 형식이나 내용이 자유로운, 낭만파의 피아노를 위한 소곡. 몽상하는 것 같은 느낌의 선율이 그 특징임. 녹턴. 몽환곡(夢幻曲).

야:색(夜色)<u>명</u> ☞야경(夜景).

야:색(野色)<u>명</u> ☞야경(野景).

야:생(野生)<u>명</u><u>하자</u> 동식물이 산이나 들에서 절로 나고 자람, 또는 그런 동식물. 〔사람이 기르거나 가꾼 것이 아닌 것.〕 ¶야생 토끼.

야:생-동:물(野生動物)<u>명</u> 산야에서 자연 그대로 자라는 동물. ↔사육 동물(飼育動物).

야:생-마(野生馬)<u>명</u> 야생하는 말. 야생적인 성질을 가진 말. <u>비</u>야마.

야:생^식물(野生植物)[-싱-]<u>명</u> 산야에서 절로 나서 자라는 식물. ↔재배 식물(栽培植物).

야:생-아(野生兒)<u>명</u> 유아기(幼兒期)에 인간 사회를 떠나 동물들과 함께 생활하면서 자란 아이.

야:생-인(野生人)<u>명</u> 야생아로서 성장한 사람.

야:생-적(野生的)<u>명</u> 자연 그대로인 (것). 꾸밈이 없고 동물적인 본능을 그대로 드러내는 (것). 거칠기는 하나 활동적인 (것).

야:생-종(野生種)<u>명</u> (동식물 중에서) 산야에서 절로 나서 자라는 품종.

야:생-화(野生花)<u>명</u> 산이나 들에서 절로 나고 자라는 식물의 꽃. <u>참</u>들꽃.

야:서(野鼠)<u>명</u> 들쥐.

야:성(野性)<u>명</u> 자연 또는 본능 그대로의 성질. 산야에서 제멋대로 자란 것 같은 성질. ¶야성의 사나이.

야:성-미(野性美)<u>명</u> 자연 그대로의 거친 성질이나 본능적인 행동에서 풍기는 아름다움. ¶야성미가 넘치다. /야성미가 흐르다.

야:성-적(野性的)<u>관</u>명 자연 또는 본능 그대로의 성질을 지닌 (것). ¶야성적인 남자.

야:소(耶蘇)<u>명</u> ☞예수.

야:소-교(耶蘇敎)<u>명</u> ☞기독교.

야:속(野俗)<u>명</u><u>하형</u> <u>상형</u> ①인정머리 없고 쌀쌀함. ¶야속한 세상. /눈물이 쏟아지도록 야속한

말을 듣다. ②섭섭함. ¶그의 무심한 태도에 야속과 분함이 밀밀었다. **야속-히**튀. **야속스레**튀.

야:수(夜嗽)몡 밤이면 나는 기침.

야:수(野手)몡 야구에서, 내야수와 외야수를 아울러 이르는 말.

야:수(野狩)몡 들에서 하는 사냥.

야:수(野獸)몡 ①야생의 짐승. 사람에게 사육되지 않고 산이나 들에서 자연 그대로 자란 짐승. ②'몹시 거칠고 사나운 사람'을 이르는 말. ¶그는 갑자기 야수로 돌변했다.

야수다자 기회를 노리다.

야:수^선:택(野獸選擇)몡 야구에서, 야수가 타자가 친 땅볼을 잡아 1루에 던지면 아웃시킬 수 있으나, 앞선 주자를 아웃시키려다가 실패하여 모두 살게 되는 일.

야:수-주의(野獸主義)[-의/-이]몡 ①애니멀리즘. ②☞야수파.

야:수-파(野獸派)몡 20세기 초에 프랑스에서 일어난 회화의 한 유파(流派). 대담한 색채의 대비와 거친 필치를 특징으로 함. 야수주의. 포비슴.

야:숙(野宿)몡하자 (산이나 들 따위의) 한데서 밤을 지냄. 노숙(露宿). 한둔.

야:순(夜巡)몡하자 ①야간의 경계를 위하여 돌아다님. ②밤에 국왕이 평민복을 입고 궁 밖의 민심을 살피기 위해 이곳저곳을 돌아다니던 일.

야스락-거리다[-꺼-]자 자꾸 야스락야스락하다. 야스락대다. ⓟ아슬거리다.

야스락-대다[-때-]자 야스락거리다.

야스락-야스락[-랑카-/-랴카-]튀하자 입담 좋게 말을 살살 늘어놓는 모양. ⓟ아슬야슬.

야슬-거리다자〈야스락거리다의 준말. 야슬대다. ¶너는 밥상에 앉았다 하면 이야기를 끝도 없이 야슬거리는구나.

야슬-대다자 야슬거리다.

야슬-야슬[-슐랴-/-스랴-]튀하자〈야스락야스락의 준말. ¶야슬야슬 풀어 놓는 그의 이야기에 취하다.

야:습(夜習)몡하타 밤에 공부함, 또는 그 공부.

야:습(夜襲)몡하타 밤에 갑자기 들이침. 야간의 기습 공격. ¶적의 기지를 야습하다.

야:승(野乘)몡 조선 선조 때부터 영조 때에 이르기까지 역사학자들의 수필·만록(漫錄)·야사 따위를 모아 엮은 책. 30권 30책.

야:시(夜市)몡〈야시장(夜市場)〉의 준말.

-아시늘어미〈옛〉-시거늘. ¶敎化ㅎ야시늘 後에 도로 믈러듀믈 가졸비니라(法華2:187).

-아시늘어미〈옛〉-시거늘. ¶반드기 시러 부터 드위리라 ㅎ야시늘(法華2:247).

-아시든어미〈옛〉-시거든. ¶如來 種種 神力을 뵈아시든(月釋8:43).

야:-시장(夜市場)몡 밤에 벌이는 시장. ⓟ야시.

야:식(夜食)몡하타 밤에 음식을 먹음, 또는 그 음식. ⓢ밤참·밤밥.

야:심(夜深)몡하형 밤이 이슥함. ¶이렇게 야심한 시각까지 자지 않고 뭐 하니?

야:심(野心)몡 ①야망을 이루려는 마음. ¶정치적 야심./야심을 품다. ②남을 해치려는 나쁜 계획, 또는 야비한 마음. ③정적(政敵)을 몰아내려는 야심에서 비롯된 음모.

야:심-가(野心家)몡 야심이 많은 사람.

야심만만(野心滿滿) '야심만만하다'의 어근.

야:심만만-하다(野心滿滿-)형 야심이 가득 차 있다. ¶야심만만하게 우승을 장담하다. 야심만만-히튀.

야:심-무례(夜深無禮)몡 ☞반半무례(夜半無禮).

야:심-작(野心作)몡 (주로 예술 작품에서 쓰이는 말로) 큰 성과를 이룩해 보겠다는 야심에서 이루어진 작품.

-아샤어미〈옛〉-여야. ¶受苦衆生을 度脫ㅎ야사 ㅎ리라 ㅎ야시눌(月釋21:18). /뉘 둘오 굴허야사 머느뇌 ㄷ외야라 오리야(月印36).

야:안(野雁)몡 ☞느시.

야:압(野鴨)몡 ☞들오리.

야:야(夜夜)Ⅰ몡 ☞매야(每夜). Ⅱ튀 매야(每夜).

야:양(野羊)몡 솟과의 짐승. 면양과 비슷하나 훨씬 크고, 다리는 가늘고 김. 몽골·만주 등지의 고원 지대에 야생함. 완양(源羊).

야:업(夜業)몡하자 밤에 일을 함, 또는 그 일.

야:업(野業)몡하자 집 밖에서 하는 일.

야:역(夜役)몡하자 밤에 하는 역사(役事).

야:연(夜宴·夜讌)몡하자 밤에 잔치를 베풂, 또는 그 잔치.

야:연(野椽)몡 ☞들연.

야:영(夜影)몡 밤의 어둠 속에 비치는 그림자.

야:영(野營)몡하자 ①(군대가) 야외에 진영을 마련하여 밤을 지냄, 또는 그 진영. 노영(露營). ¶야영 훈련. ②(훈련·등산·휴양 따위의 목적으로) 야외에서 천막을 치고 숙박함, 또는 그런 생활. ¶등반대는 야영을 하기 위해 빠른 손놀림으로 텐트를 쳤다.

야:영-객(野營客)몡 야영하는 사람.

야:영-장(野營場)몡 야영을 할 수 있도록 조성해 놓은 곳.

야:영-지(野營地)몡 야영하는 곳.

야옹 고양이의 우는 소리. **야옹-야옹**튀하자.

야:옹(野翁)몡 시골에 사는 늙은이. 야로(野老). 촌로.

야옹-거리다자 자꾸 야옹야옹하다. 야옹대다.

야옹-대다자 야옹거리다.

야:외(野外)[-외/-웨]몡 ①들판. ¶야외로 소풍을 가다. ⒝교외(郊外). ②집 밖. ¶야외 연주회. ②⒝옥외(屋外).

야:외-극(野外劇)[-외/-웨-]몡 야외에서 자연을 배경으로 해서 하는 연극.

야:외-극장(野外劇場)[-외-짱/-웨-짱]몡 광장이나 빈 터 따위에다 특별한 시설을 베풀지 아니하고 마련한 극장. 노천극장(露天劇場).

야:외-무대(野外舞臺)[-외/-웨-]몡 광장이나 빈 터 따위에 마련한 무대.

야:외^촬영(野外撮影)[-외/-웨-]몡 ☞로케이션.

야:욕(野慾)몡 ①야심을 채우려는 욕심. ¶대륙 침략의 야욕을 품다. ②야수(野獸)와 같은 성적 욕망. ¶야욕을 채우다.

야:용(冶容)몡하자 예쁘게 단장함, 또는 예쁘게 단장한 얼굴.

야:용지회(冶容之誨)[-회/-웨]몡 얼굴을 너무 예쁘게 꾸미면 남자들에게 음탕한 마음을 품게 하기 쉬움을 이르는 말.

야:우(夜雨)몡 밤비.

야:우(野牛)몡 ☞들소.

야울-야울[-울랴-/-우라-]튀 불이 살살 순하게 타는 모양. ¶모닥불이 야울야울 타다. ⓠ여울여울.

야위다자 살이 빠지다. 수척해지다. ¶야윈 얼굴. /병석에서 자꾸 야위어 가다. ⓠ여위다.

야:유(冶遊)몡하자 주색(酒色)에 빠져 방탕하게 놂.

야:유(夜遊)〔명〕〔하자〕 밤에 놂, 또는 그 놀이. 밤놀이.

야:유(野遊)〔명〕〔하자〕 들에 나가서 놂, 또는 그 놀이. 들놀이.

야:유(揶揄)〔명〕〔하다〕 남을 빈정거리며 놀림, 또는 그런 말이나 짓. ¶ 야유를 보내다. /태도가 거친 선수를 야유하다.

야-랑(冶遊郞)〔명〕 주색에 빠져 방탕하게 노는 사나이.

야-유-회(野遊會)〔-회/-훼〕〔명〕 들에 나가서 노는 모임. 들놀이. ¶ 사원 친목 야유회.

야:음(夜陰)〔명〕 밤의 어둠, 또는 그때. ¶ 야음을 틈타 적을 습격하다.

야:음(夜飮)〔명〕〔하다〕 밤에 술을 마심.

야:이계주(夜以繼晝)〔-계-/-게-〕〔명〕〔하다〕 〔무슨 일을〕밤낮을 가리지 않고 계속해서 함.

야:인(野人)〔명〕 ①시골 사람. ②예절을 모르는 거친 사람, 또는 멋을 모르는 사람. ③관직에 오르지 않은 사람. 민간인. ④지난날, 압록강과 두만강 건너에 살던 여진족을 이르던 말.

야:자(椰子)〔명〕 ①⇨야자나무. ②야자나무의 열매.

야:자-나무(椰子-)〔명〕 야자과의 상록 교목. 열대에서 아열대에 걸쳐 분포하는데 높이는 10~30 m. 잎은 깃 모양의 큰 겹잎으로 줄기 끝에 돌려남. 열매는 20 cm가량의 길둥근 모양인데 먹을 수 있고, 비누나 인조버터의 원료로 쓰임. 야자. 야자수.

야자-버리다〔타〕'잊어버리다'를 얕잡아 이르는 말.

야:자-수(椰子樹)〔명〕 ⇨야자나무.

야:자-유(椰子油)〔명〕 야자나무 열매의 배젖에서 짠 기름. 비누나 버터의 원료로 됨.

야:잠(野蠶)〔명〕 ⇨산누에.

야:잠-사(野蠶絲)〔명〕 산누에의 고치에서 뽑은 명주실. 야견사(野繭絲). 천잠사(天蠶絲).

야:잠-아(野蠶蛾)〔명〕 ⇨산누에나방.

야:장(冶匠)〔명〕 ⇨대장장이.

야:장(夜葬)〔명〕〔하다〕 밤에 장사(葬事)를 지냄, 또는 그 장사.

야:장(夜裝)〔명〕 밤에 입는 옷, 또는 그 옷차림.

야:장-간(冶匠間)〔-깐〕〔명〕 ⇨대장간.

야:저(野豬·野猪)〔명〕 ⇨멧돼지.

야:적(野積)〔명〕〔하다〕〔되자〕 ⇨노적(露積).

야:적-장(野積場)〔-짱〕〔명〕 물건을 야적하여 두는 곳.

야:전(夜戰)〔명〕 밤에 하는 전투.

야:전(野戰)〔명〕 산야에서 하는 전투. 시가전이나 요새전 이외의 육상전(陸上戰).

야:전-군(野戰軍)〔명〕 두 개의 육군 부대, 근무 지원 부대와 여러 개의 군단 및 사단으로 구성되는 행정 및 전술상의 편제.

야:전^병:원(野戰病院)〔명〕 상병자(傷病者)를 치료하기 위하여 전장(戰場) 가까운 곳에 임시로 마련한 병원.

야:전^침:대(野戰寢臺)〔명〕 야외에서 사용하기 간편하도록, 접어서 지니고 다닐 수 있게 만든 침대.

야:전-포(野戰砲)〔명〕 ⇨야포(野砲).

야젓잖다〔-전짠타〕〔형〕 야젓하지 아니하다. ⓟ의젓잖다. **야젓잖-이**〔부〕

야젓-하다〔-저타-〕〔형〕⃝ 됨됨이나 태도 따위가 옹졸하거나 좀스럽지 않다. 점잖고 무게가 있다. ¶ 그 소녀는 나이에 비해서 훨씬 야젓해 보인다. ⓟ의젓하다. **야젓-이**〔부〕

야:정(野情)〔명〕 ⇨야취(野趣).

야:제-병(夜啼病)〔-뼝〕〔명〕 한방에서, 어린아이가 밤에 발작적으로 몹시 우는 병을 이르는 말.

야:조(夜鳥)〔명〕 ⇨야금(夜禽).

야:조(夜操)〔명〕〔하자〕 야간에 군사를 훈련함, 또는 그 훈련.

야:조(野鳥)〔명〕 ⇨야금(野禽). ↔사조(飼鳥).

야죽-거리다〔-꺼-〕〔자〕 〔야기죽거리다〕의 준말. 야죽대다.

야죽-대다〔-때-〕〔자〕 야죽거리다.

야죽-야죽〔-중냐-/-주갸-〕〔부〕〔하자〕 〔야기죽야기죽의 준말. ⓟ이죽이죽.

야:중(夜中)〔명〕 밤중.

야:지(野地)〔명〕 (산이 적고) 들이 넓은 지대.

-아지〔어미〕'-야 하지'가 줄어서 된 말. 어미 '-아'·'-어'에 붙어 쓰임. ¶ 가야지. /봐야지. / 먹어야지. /누워야지.

야지랑〔일부 동사와 함께 쓰이어〕 얄밉도록 능청스러운 태도. ¶ 야지랑을 떨다. /야지랑을 부리다. /야지랑을 피우다. ⓟ이지랑.

야지랑-스럽다〔-따〕〔~스러우니·~스러워〕〔형〕〔ㅂ〕 얄밉도록 능청맞으면서 천연스럽다. ⓟ이지렁스럽다. **야지랑스레**〔부〕

야지러-지다〔자〕 (물건의) 한 부분이 닳아 떨어져 없어지다. ⓟ이지러지다.

야:직(夜直)〔명〕〔하자〕 밤에 서는 당직. 숙직(宿直).

야짓〔-짇〕〔부〕 (한쪽에서 시작하여) 건너뛰거나 빼놓지 않고 모조리. ¶ 모두 세워 놓고 야짓 종아리를 쳐 나갔다.

야:차(夜叉)〔명〕 ①⇨두억시니. ②불교에서, 얼굴 모습이나 몸의 생김새가 괴상하고 사나운 귀신을 이르는 말. 신통력을 가졌으며 사람을 괴롭힌다고 함. ③⇨염마졸(閻魔卒).

야:차(野次·野外)〔명〕 임금이 교외(郊外)로 거둥할 때 임시로 머물던 곳.

야:차-두(夜叉頭)〔명〕 야차의 흩어진 머리털, 곧 추악한 형상.

야:찬(夜餐)〔명〕 ⇨밤참.

야:채(野菜)〔명〕 ⇨소채.

야:처(野處)〔명〕〔하자〕 (거처할 집이 없어서) 들에서 지냄.

야:천(野川)〔명〕 들 가운데를 흐르는 내.

야:-천문동(野天門冬)〔명〕 ⇨파부초(婆婦草).

야:청(-靑)〔명〕 검은빛을 띤 푸른빛. 아청(鴉靑). 야청빛.

야:청-빛(-靑-)〔-삗〕〔명〕 ⇨야청. * 야청빛이〔-삐치〕·야청빛만〔-삔-〕

야:초(野草)〔명〕 들에 저절로 나는 풀.

야:취(野趣)〔명〕 ①시골 또는 산야에서 느껴지는 자연의 정취. 야치(野致). ②자연적이고 소박한 느낌. 야정(野情).

야:치(野致)〔명〕 ⇨야취(野趣).

야코-죽다〔-따〕〔자〕 '힘에 눌려 기를 못 펴다'를 속되게 이르는 말.

야코죽-이다〔『'야코죽다'의 사동〕'위세로써 기를 못 펴게 하다'를 속되게 이르는 말.

야크(yak)〔명〕 솟과의 큰 짐승. 소와 비슷하나 온몸이 부드러운 긴 털로 덮여 있으며, 털빛은 주로 흑백으로 얼룩져 있음. 인도 북부와 티베트의 고원 지대에서 사는데, 사역(使役)·육용(肉用)·유용(乳用)으로 쓰임.

야:태(野態)〔명〕 촌스러운 티.

야:토(野兔)〔명〕 산토끼.

야트막-하다〔-마카-〕〔형〕⃝ 조금 얕은 듯하다. ¶ 야트막한 산. ⓟ야틈하다. ⓟ여트막하다. **야트막-이**〔부〕

야틈-하다형어 〈야트막하다〉의 준말. ¶야틈한 언덕의 능선. 圈야틈하다.

야:포(野砲)명 야전에서, 보병 지원용으로 쓰이는 구경(口徑) 75~105 mm의 캐넌포. 포병의 주력 화포임. 야전포(野戰砲).

야:포-대(野砲隊)명 야포를 중심으로 하여 조직된 포병 부대.

야:포-도(野葡萄)명 ①왕머루. ②머루.

야:풍(野風)명 ①촌스러운 모습. 촌스러운 방식. ②저속한 풍속.

야:-하다(冶-)형여 ①(옷차림이나 화장·몸짓 따위가) 천하게 느껴질 만큼 지나치게 화려하거나 자극적이다, 또는 성적(性的)으로 자극하는 상태에 있다. ¶화장이 너무 야하다. /야한 표정을 짓다. ②(그림이나 글·이야기 따위가) 성적(性的)으로 자극하는 내용을 담고 있다. ¶야한 농담. /영화가 너무 야하다.

야:-하다(野-)형여 품격이 없이 거칠고 상스럽다. ¶말씨와 옷차림이 야하다.

야:학(夜虐)명한자 증세가 밤에 심하게 나타나는 학질, 또는 그 학질을 앓음.

야:학(夜學)명 ①하자 밤에 공부함. 참주학(晝學). ②야간에 학업을 이수하는 과정, 또는 그 교육 기관.

야:학(野鶴)명 ☞두루미2.

야:-학교(夜學校)[-꾜]명 야간에 수업을 하는 학교. 야간 학교.

야:-학생(夜學生)[-쌩]명 야학에서 공부하는 학생.

야:한(夜寒)명 ①밤의 추위. ②가을밤의 쌀쌀한 기운.

야:합(野合)명하자되자 ①(정식으로 결혼의 절차를 밟지 않고) 남녀가 정을 통하거나 함께 삶. ②(떳떳하지 못한 야망을 이루기 위하여) 서로 어울림. ¶불법 단체와 야합하다.

야:항(夜航)명되자 밤에 항행함.

야:행(夜行)명하자 ①밤에 길을 감. ¶야행 열차. ②밤에 나다니거나 활동함. ②↔주행(晝行).

야:행-성(夜行性)[-썽]명 (낮에는 숨어 있다가) 밤에 먹이를 찾아 활동하는 동물의 습성. ¶야행성 동물. ↔주행성(晝行性).

야호[감] 등산하는 사람이 서로 위치를 확인하거나 상쾌감을 나타내어 지르는 소리.

야:호(野壺)명 ☞요강(尿缸).

야:호(野狐)명 ☞여우.

야:화(野話)명 ①들에 모여 앉아서 하는 이야기. ②부담 없이 들을 수 있는 이런저런 세상 이야기. ¶법창(法窓) 야화.

야:화(野火)명 ①들에서 일어난 불. ②들의 마른 풀을 태우는 불.

야:화(野花)명 ①들에 피는 꽃. 들꽃. ②'화류계(花柳界)의 여자'를 비유하여 이르는 말.

야:화(野話)명 항간에 떠도는 이야기.

야:화^식물(野化植物)[-씽-]명 재배 식물이던 것이 멋대로 흩어져 야생종이 된 식물.

야:회(夜會)[-회/-훼]명 밤에 모임을 엶, 또는 그 모임. 특히 사교를 목적으로 한, 서양풍의 무도회나 연회.

야:회-복(夜會服)[-회-/-훼-]명 (서양식의) 야회에 참석할 때 입는 예복. 남자는 연미복, 여자는 이브닝드레스를 주로 입음.

야:훼[Yahweh 히]명 ☞여호와.

약명 ①어떤 식물이 성숙해서 지니게 되는 맵거나 쓰거나 한 자극성 성분. ②바위에 거슬렀을 때 일어나는 언짢은 감정.

약(을) 올리다관용 성이 나게 하다. ¶그가 화를 내면 낼수록 더욱 약을 올렸다.

약(이) 오르다관용 ①(고추나 담배 따위가 잘 자라서) 자극성의 성분을 지니게 되다. ¶고추에 약이 올라 몹시 맵다. ②성이 나다. ¶그는 약이 올라 이를 갈았다.

약(約)명 화투 놀이에서, 비약·초약·풍약 따위를 이르는 말.

약(略)명 ①과거에서 강경과(講經科)의 성적을 평가할 때의 둘째 등급. [통(通)·약(略)·조(粗)·불(不)의 네 등급으로 평가하였음.] ②☞생략.

약(葯)명 꽃밥. 약포(葯胞).

약(藥)명 ①병이나 상처를 고치기 위하여, 또는 병을 예방하기 위하여 먹거나 바르거나 주사하는 물질. [감기약·위장약 따위.] ②세균이나 해충 따위를 죽게 하는 물질. [소독약·살충제 따위.] ③〈구두약〉의 준말. ④〈화약(火藥)〉의 준말. ⑤건전지, 또는 건전지의 전류를 일으키는 힘을 이르는 말. ¶약이 다 닳아서 시계가 멈추어 버렸다. ⑥마약·아편 따위를 빗대어 이르는 말. ⑦〈뇌물〉의 속된 말. ¶담당 직원에게 약을 쓰다. ⑧'몸이나 마음에 유익한 사물'을 비유하여 이르는 말. ¶네겐 회초리가 약이다.

약(을) 지르다관용 술을 담가 놓은 후에 발효를 돕는 약품을 넣다.

약(을) 팔다관용 이것저것 끌어대어 이야기를 길게 좋게 수다를 떨다.

약(約)관 《수량을 나타내는 말 앞에 쓰이어》 어떤 수량에 거의 가까운 정도를 나타내는 말. ¶약 3개월. /약 100명.

약가(藥價)[-까]명 약값. 약대(藥代).

약-가심(藥-)[-까-]명하자 약을 먹고 나서 다른 음식으로 입을 개운하게 함, 또는 그 음식.

약간(若干)[-깐] Ⅰ명 조금. 얼마쯤. ¶약간의 선물.
Ⅱ부 얼마 안 되게 얼마쯤. ¶돈이 약간 모자라다.

약갑(藥匣)[-깝]명 약을 넣는 갑.

약-값(藥-)[-깝]명 약을 사고 치르는 돈. 약가(藥價). 약대(藥代). 약료(藥料). *약값이[-깝씨]·약값만[-깜-]

약건(鑰鍵)[-껀]명 ①문빗장에 내리지르는 쇠. ②열쇠.

약계(藥契)[-꼐/-꼐]명 지난날, '한약을 지어 파는 가게'를 이르던 말. 약국(藥局).

약계-바라지(藥契-)[-꼐-/-꼐-]명 한약방의 창문 중간에 낸 작은 들창. 참바라지1.

약계-봉사(藥契奉事)[-꼐-/-꼐-]명 약계를 내어 한약을 지어 파는 사람. 약계주부(藥契主簿).

약계-주부(藥契主簿)[-꼐-/-꼐-]명 ☞약계봉사(藥契奉事).

약-고추장(藥-醬)[-꼬-]명 ①찹쌀을 원료로 하여 보통의 것보다 고춧가루를 많이 넣고 담근 고추장. ②볶은 고추장.

약골(弱骨)[-꼴]명 몸이 약한 사람. 약한 몸. 잔골(孱骨). 비약질(弱質). ↔강골.

약과(藥菓·藥果)[-꽈]명 ①유밀과의 한 가지. 밀가루를 꿀·기름·생강 따위에 반죽하여 과줄판에 박아서 기름에 지진 것. 과줄. ②(다른 것에 견주어) '그 정도 당하는 일은 아무것도 아님'의 뜻으로 이르는 말. ¶그 정도는 약과로 생각하였다.

약과-문(藥菓紋)[-꽈-]명 ①약과 모양으로 꾸민 비단의 무늬. ②검은담비의 네모진 무늬.

약과^장식(藥菓裝飾)[-꽈-]圀 장(欌)의 문 귀 퉁이 따위에 박는 네모진 장식.

약관(約款)[-꽌]圀 계약이나 조약 등에서 정해 진 하나하나의 조항. ¶약관에 위배되다.

약관(弱冠)[-꽌]圀 ①남자의 나이 스무 살, 또 는 스무 살 전후를 이르는 말. ¶약관에 과거 에 급제하다. ②젊은 나이. 약년(弱年). ¶20대 의 약관임에도 불구하고 큰 사업을 일으켰다.

약국(弱國)[-꾹]圀 국력이 약한 나라. 약소국 가. ↔강국(強國).

약국(藥局)[-꾹]圀 ①한약국과 양약국을 통틀 어 이르는 말. ②약사가 의약품을 조제하여 팔 거나 매약(賣藥)을 파는 가게. 양약국. ③☞약 계(藥契).

약국-방(藥局方)[-꾹빵]圀 '약전(藥典)'을 이 전에 이르던 말.

약국-생(藥局生)[-꾹쌩]圀 (의사의 처방에 따 라) 병원의 약국에서 약을 짓는 사람. 魯약사.

약-그릇(藥-)[-끄륻]圀 약을 담아 두거나 따라 서 마시는 그릇. *약그릇에[-끄르시]·약그릇 만[-끄른-]

약기(略記)[-끼]圀固 (필요 없는 것은 생략 하고) 요점만을 간략하게 적음, 또는 그 기록. 생기(省記). ¶사건 내용을 약기하다.

약기(躍起)[-끼]圀固 뛰어 일어남.

약-꼬챙이(藥-)圀 '약막대기'의 잘못.

약-꿀(藥-)圀 약으로 쓰는 꿀.

약낭(藥囊)[양-]圀 약을 넣어서 차는, 작은 주 머니. ¶약낭에서 청심환을 꺼내다.

약년(弱年)[양-]圀 나이가 젊음, 또는 젊은 나 이. 약관(弱冠).

약년(藥碾)[양-]圀 〈약연(藥碾)〉의 본딧말.

약능(藥能)[양-]圀 '약롱'의 잘못.

약다[-따]톔 자기에게 이롭지 않은 일에는 아예 나서지 않는, 꾀바른 데가 있다. ¶약게 놀 다. /젊은 사람이 너무 약다. 튠약다.

약단(約短)[-딴]圀 화투 놀이에서, 약과 단을 아울러 이르는 말.

약대[-때]圀☞낙타(駱駝).

약대(藥大)[-때]圀 〈약학 대학〉의 준말.

약대(藥代)[-때]圀 약값. 약가(藥價).

약덕(藥德)[-떡]圀 병을 낫게 하는 약의 효험. ¶약덕을 입다.

약도(略圖)[-또]圀 요점이나 요소만을 간략하 게 나타낸 도면이나 지도. ¶관광지 약도.

약독(藥毒)[-똑]圀 약 속에 들어 있는, 해로운 부작용을 일으키는 성분.

약동(躍動)[-똥]圀固자 생기 있고 활발하게 움 직임. 생기 있게 활동함. ¶약동하는 젊음. /생 명이 약동하는 계절.

약동-감(躍動感)[-똥-]圀 생기가 펄펄 넘치는 느낌.

약-두구리(藥-)[-뚜-]圀 탕약(湯藥)을 달이는 데 쓰는, 자루가 달린 놋그릇. 튠두구리.

약-둥이[-뚱-]圀 똑똑하고 약은 아이.

약략(略略)圀 '약략하다'의 어근.

약략-스럽다(略略-)[양냑쓰-따][~스러우니· ~스러워]톔 약략하게 보이다. 약략한 느낌 이 있다. **약략스레**閏.

약략-하다(略略-)[양냐카-]톔어 ①매우 간략 하다. ②매우 약소(略小)하다. **약략-히**閏.

약량(藥量)[양냥]圀 약을 먹는 분량.

약력(略歷)[양녁]圀 간략하게 중요한 것만 적은 이력(履歷). ¶저자의 약력. /약력을 소개하다.

약력(曆歷)[양녁]圀 ☞약본력(略本曆).

약력(藥力)[양녁]圀 약의 효력. 약효(藥效).

약령(藥令)[양녕]圀 봄과 가을에 열리는 약재 (藥材)의 시장. 대구·대전·전주·청주 등지에 서며 조선 효종 때부터 시작되었다고 함. 약령 시(藥令市). 튠영(令).

    약령을 보다[관용] 약령에 가서 약재를 사거나 팔거나 하다.

약령-시(藥令市)[양녕-]圀 ☞약령(藥令).

약로(藥路)[양노]圀 (이 약 저 약을 써 보아서) 병에 듣는 약을 얻게 된 경로.

약론(略論·約論)[양논]圀固 요점만을 간략하 게 논함, 또는 그 이론.

약롱(藥籠)[양농]圀 약을 넣어 두는 상자.

약료(藥料)[양뇨]圀 ①〈약재료〉의 준말. ②약값.

약리(藥理)[양니]圀 약품을 사용함으로써 일어 나는 생리적 변화. ¶약리 작용.

약리-학(藥理學)[양니-]圀 약물의 생체(生體) 에 대한 작용 등을 연구하는 학문. 약물학(藥 物學).

약마-복중(弱馬卜重)[양-쭝]〔약한 말에 무 거운 짐을 싣는다는 뜻으로〕'능력에 벅찬 일 을 맡음'을 비유하여 이르는 말.

약-막대기(藥-)[양-때-]圀 탕약을 짤 때 약수 건을 비트는 데 쓰는 막대기.

약-면화(弱綿藥)[양-]圀 화약류에 쓰이는, 질 소량 12 % 정도의 니트로셀룰로오스. 무연 화 약(無煙火藥)·다이너마이트 등의 재료로 쓰임.

약명(藥名)[양-]圀 약의 이름.

약모(略帽)[양-]圀 군인이 일상 근무 생활이나 훈련·작업 때 쓰는 모자. 작업모. ↔정모(正帽).

약-모음(弱母音)[양-]圀음성 모음(陰性母 音). ↔강모음(強母音).

약문(略文·約文)[양-]圀 요점만을 간략하게 적 은 글. 약필(略筆).

약-물(藥-)[양-]圀 ①마시면 약효가 있다고 하 는 샘물. 약수(藥水). ②약을 타거나 우린 물. ¶약물을 남용하다. /약물을 복용하다. ③탕약 을 달인 물.

약물(約物)[양-]圀 인쇄에서, 여러 가지 모양의 괄호·기호·무늬 따위를 나타내는 활자.

약물(藥物)[양-]圀 ①약이 되는 물질. ②생체 에서의 변화를 일으키게 하는 화학 물질.

약물-꾼(藥-)[양-]圀 약물터로 약물을 마시러 다니는 사람.

약물^요법(藥物療法)[양-료뻡]圀 약물을 써서 병을 고치는 치료법. 내과적 치료법의 중심이 됨. 魯정신 요법.

약물^중독(藥物中毒)[양-]圀 약물을 지나치게 쓰거나 잘못 썼을 때 일어나는 중독.

약물-터(藥-)[양-]圀 약물이 나는 곳, 또는 그 언저리. 약수터.

약물-학(藥物學)[양-]圀 ☞약리학(藥理學).

약박(弱拍)[양-빡]圀 ☞여린박.

약반(藥飯)[-빤]圀 ☞약밥.

약-발(藥-)[-빨]圀 음을 드러내는 약의 효 험. ¶약발이 받다. /약발이 듣다.

약밤-나무[-빰-]圀 참나뭇과의 낙엽 교목. 중 국 북부 원산으로 우리나라 각지에서 자람. 높이 15~20 m. 보통의 밤나무와 비슷하나 가지 는 녹색을 띠고 있고, 잎의 톱니가 깊으며, 밤 송이의 가시가 짧음. 열매는 잘고 맛이 달며 '평양 밤'이라고도 함.

약-밥(藥-)[-빱]圀 찹쌀 고두밥에 꿀이나 설 탕·대추·진간장·참기름·밤·곶감·잣 등을 섞어 서 시루에 찐 음식. 약반(藥飯). 약식(藥食).

약방(藥房)[-빵][명] ①매약상·약종상을 흔히 이르는 말. 약포(藥鋪). ②☞내의원(內醫院).

　약방에 감초〔답〕〔한방에 꼭 들어가는 약재인 감초처럼〕어떤 일에나 빠짐없이 끼어드는 사람, 또는 사물을 이르는 말.

약-방문(藥方文)[-빵-][명] 한방에서, 약을 짓기 위하여 약재의 이름과 그 분량을 적은 종이. 약화제(藥和劑)를 내다. ¶약방문을 내다. ㉣방문(方文).

약-밭(藥-)[-빧][명] 약초를 심은 밭. 약전(藥田). *약밭이[-바치]·약밭을[-바틀]·약밭만[-반-].

약법(約法)[-뻡][명] ☞약장(約章).

약병(藥瓶)[-뼝][명] 약을 담는 병.

약-병아리(藥-)[-뼝-][명] 병아리보다 조금 큰 닭. 고기가 연하고 기름기가 알맞아 영양식이나 약용(藥用)으로 쓰임. 영계.

약-보[-뽀][명] 약빠른 사람. 약빠리.

약보(略報)[-뽀][명][하다] 요점만 간략하게 보고하거나 보도함, 또는 그 보고나 보도. ↔상보(詳報).

약보(略譜)[-뽀][명] ①요점만 간략하게 나타낸 계보. ②오선(五線)에 적은 악보인 본보(本譜)에 대하여, 숫자 따위로 간략하게 적은 악보. ②☞본보(本譜).

약보(藥補)[-뽀][명][하다] 약으로 몸을 보함.

약보(藥褓)[-뽀][명] ①약을 많이 먹어서, 여간한 약을 써서는 약효가 나타나지 않는 일. ②☞약수건.

약-보자기(藥褓-)[-뽀-][명] '약수건'의 잘못.

약-보합(弱保合)[-뽀-][명] 주가 따위의 시세가 약간 하락하여 보합 상태를 유지하는 일. ↔강보합.

약-복지(藥袱紙)[-뽁찌][명] 첩약(貼藥)을 싸는 네모난듯한 종이. ㉣복지.

약-본력(略本曆)[-뽈-][명] 본력을 바탕으로 하여 일반인의 일상생활에 필요한 것만 가려서 간략하게 만든 달력. 약력(略曆).

약-봉지(藥封紙)[-뽕-][명] 약을 넣는 봉지.

약분(約分)[-뿐][명][하다][되자] 분수의 분모와 분자를 공약수로 나누어 간단하게 함. 맞줄임. 통약(通約).

약비(略備)[-삐][명][하다][되자] (꼭 있어야 하는 것만을) 대강 갖춤. 간략하게 갖춤.

약비-나다[-삐-][자] (정도가 너무 지나쳐) 지긋지긋하도록 싫증이 나다.

약-빠르다[~빠르니·~빨라][형르] 약고 눈치가 빠르다. ¶약빠른 사람. /약빠르게 빠져나가다. ㉣역빠르다.

약-빠리[명] 약빠른 사람. 약보.

약-빨리[부] 약빠르게. ㉣역빨리.

약사(略史)[-싸][명] 간략하게 줄여서 적은 역사. ¶한미(韓美) 외교 약사.

약사(藥師)[1][-싸][명] 약사 자격증을 가지고 의사의 처방에 따라 약을 조제하거나 의약품을 파는 사람. ㉣약국생.

약사(藥師)[2][-싸][명] 〈약사여래〉의 준말.

약-사발(藥沙鉢)[-싸-][명] ①약을 담는 사발. ②사약(賜藥)을 내릴 때 그 독약을 담던 그릇.

약사-법(藥事法)[-싸뻡][명] 공중위생의 향상을 목적으로 약사·약국 및 의약품·의료 기구·화장품의 제조와 판매 등에 대하여 규정한 법률.

약사^삼존(藥師三尊)[-싸-][명] 약사여래와 그 왼쪽 협사(脇士)인 일광보살(日光菩薩), 오른쪽 협사인 월광보살(月光菩薩)을 통틀어 이르는 말.

약사-여래(藥師如來)[-싸-][명] 중생을 병에서 재난에서 건져 준다는 부처. 왼손에는 약병을 들고, 오른손으로는 시무외(施無畏)의 인(印)을 맺고 있는 것이 보통임. 약사유리광여래. ㉣약사(藥師)[2].

약사유리광여래(藥師瑠璃光如來)[-싸-][명] ☞약사여래.

약-삭빠르다[-싹-][~빠르니·~빨라][형르] 매우 약빠르다. ¶약삭빠른 행동. /약삭빠르게 자리를 피하다.

약-삭빨리[-싹-][부] 눈치가 빠르거나, 자기 잇속을 차려 행동하는 데 재빠르게. ¶약삭빨리 눈치를 채다.

약삭-스럽다[-싹쓰-따][~스러우니·~스러워][형] 보기에 약삭빠른 데가 있다. ¶약삭스러운 장사꾼. /약삭스럽게 행동하다. **약삭-스레**[부].

약산(弱酸)[-싼][명] 전리도(電離度)가 작은 약전해질(弱電解質)의 산. 수용액 중에서 수소 이온을 발생시키는 힘이 약함. 〔초산·탄산·붕산 따위.〕↔강산(强酸).

약-산적(藥散炙)[-싼-][명] ☞장산적(醬散炙).

약-상자(藥箱子)[-쌍-][명] 약을 넣어 두는 상자.

약-샘(藥-)[-쌤][명] 약물이 솟는 샘.

약서(略敍)[-써][명][하다] ☞약술(略述).

약석(藥石)[-썩][명] 〔약과 돌침이란 뜻으로〕'온갖 약재와 치료'를 통틀어 이르는 말. ¶약석의 보람도 없이 세상을 뜨다.

약석지언(藥石之言)[-썩찌-][명] 〔약이 되는 말이란 뜻으로〕바른 사람이 되도록 훈계하는 말.

약설(略說)[-썰][명][하다] 간략하게 마련함.

약설(略說·約說)[-썰][명][하다] 요점만 간략하게 설명함, 또는 그 설명. ¶동양사 약설.

약성(藥性)[-썽][명] 약의 성질.

약세(弱勢)[-쎄][명] ①약한 세력이나 기세. ¶군비(軍備)의 약세. /약세에 몰리다. ②물가나 주가(株價) 따위가 내려가는 시세. ¶주가가 약세로 돌아서다. ↔강세(强勢).

약소(弱小)[-쏘][명][하형] 약하고 작음. ㉣강대(强大).

약소(略少)[-쏘] '약소하다'의 어근.

약소-국(弱小國)[-쏘-][명] ☞약소국가. ↔강대국.

약소-국가(弱小國家)[-쏘-까][명] 경제력이나 군사력 따위가 약하고 작은 나라. 약국(弱國). 약소국.

약-소금(藥-)[-쏘-][명] ①두더지 소금. ②(양치질을 하거나 물에 녹여서 눈을 씻거나 하기 위하여) 볶아서 곱게 빻은 소금.

약소-민족(弱小民族)[-쏘-][명] 경제력이나 군사력 등이 약하고 작은 민족.

약소-하다(略少-)[-쏘-][형여] 적고 변변하지 못하다. ¶약소하오나 받아 주십시오.

약속(約束)[-쏙][명][하다][되자] 어떤 일에 대하여 어떻게 하기로 미리 정해 놓고 서로 어기지 않을 것을 다짐함, 또는 그 내용. ¶약속 장소. /재회를 약속하다. /약속을 지키다.

약속^어음(約束-)[-쏘거-][명] 발행한 사람이 그 어음을 가지고 있는 사람에게 일정한 금액을 지급하기로 약하고 작속하여 발행하는 어음.

약-손(藥-)[-쏜][명] ①앓는 아이를 위로하기 위하여, 만지면 낫는다고 하면서 아픈 데를 어루만져 주는 손. ¶내 손이 약손이다. ②〈약손가락〉의 준말.

약-손가락(藥-)[-쏜까-][명] 가운뎃손가락과 새끼손가락 사이에 있는 넷째 손가락. 무명지(無名指). 약지(藥指). ㉣약손.

약-솜(藥-)[-쏨]圀 ☞탈지면(脫脂綿).

약수(約數)[-쑤]圀 어떤 정수(整數)나 정식(整式)을 나누어 떨어지게 할 수 있는 정수나 정식. [12의 약수는 1·2·3·4·6·12.] →배수(倍數).

약수(藥水)[-쑤]圀 ☞약물.

약수(藥狩)[-쑤]圀 민속에서, 오월 단오에 산이나 들에 나가 약초를 캐어 모으는 일.

약-수건(藥手巾)[-쑤-]圀 달인 탕약을 거르거나 짜는 데 쓰는 베 헝겊. 약보(藥褓).

약수-터(藥水-)[-쑤-]圀 약물터.

약-술(藥-)[-쑬]圀 약재를 넣어 빚은 술. 약주(藥酒). 약지주藥漬酒).

약술(略述)[-쑬]圀하자 요점만을 간략하게 말함. 간략하게 서술함. 약서(略敍). ¶3·1 운동의 경과를 약술하다.

약-스럽다[-쓰-따][~스러우니·~스러워]圀비 성질이 야릇하고 못나다. **약스레**甲.

약시(若是) '약시하다'의 어근.

약시(弱視)[-씨]圀 안경을 써도 교정할 수 없을 정도로 약한 시력, 또는 그런 눈.

약-시시(藥-)[-씨-]圀하자 병자를 돌보아 약을 씀. ¶약시시는 물론 식사에도 정성을 다하였다.

약시약시(若是若是) '약시약시하다'의 어근.

약시약시-하다(若是若是-)[-씨-씨-]圀어 이러러러하다. 약차약차하다. 약시여시하다. 여차여차하다. ¶일의 경위가 약시약시하다.

약-시중(藥-)[-씨-]圀하자 병자의 옆에 있으면서 때맞추어서 약을 먹이거나 외용약(外用藥)을 발라 주거나 하는 일.

약시-하다(若是-)[-씨-]圀어 이와 같다. 약차(若此)하다. 여시(如是)하다. 여차(如此)하다. ¶사세가 약시하다.

약식(略式)[-씩]圀 정식의 절차를 생략한 간단한 방식. 약식 보고. ↔정식(正式).

약식(藥食)[-씩]圀 ☞약밥.

약식^기소(略式起訴)[-씩끼-]圀 공판을 열지 않고 서면 심리에 의하여 재판하는, 간이 재판소의 기소 절차.

약식^명:령(略式命令)[-씽-녕]圀 형사 사건에서, 약식 절차에 의하여 벌금·과료 또는 몰수형(沒收刑)을 선고하는 명령. 정식 재판의 청구가 없을 때는 확정 판결과 같은 효력을 가짐.

약-식염천(弱食塩泉)[-씨겸-]圀 물속에 염분이 1000분의 5 이하가 들어 있는 식염천. [만성 위장병에 효험이 있다고 함.]

약식^절차(略式節次)[-씩쩔-]圀 정식 재판에 의하지 않고 서면 심리(書面審理)만으로 벌금·과료 등의 형을 선고하는 간단한 형사 재판 절차.

약실(藥室)[-씰]圀①총이나 대포 따위에서, 탄약을 재는 부분. ¶약실 검사. ②약을 조합(調合)하거나 저장하는 방.

약-쑥(藥-)[-쑥]圀 약재로 쓰는 쑥. 흔히, '산쑥'을 이름.

약아-빠지다圀 몹시 약다. ¶하는 짓이 얄밉도록 약아빠졌다.

약액(藥液)圀 약으로 쓰는 액체. 액체로 된 약. ¶눈에 약액을 넣다.

약약-하다[야카카-]圀 싫증이 나서 몹시 귀찮고 괴롭다. ¶똑같은 일을 되풀이하며 약약한 세월을 보낸다.

약어(略語)圀 어형(語形)의 일부분을 생략하여 간략화한 말.

약언(約言)圀하자 ①말로 약속함, 또는 약속한 말. 언약(言約). ②요약해서 말함, 또는 그 말.

약언(略言)圀하자 요점만을 간략하게 말함, 또는 그 말.

약여(躍如)圀어 ①발랄하고 생기 있는 모양. ②눈앞에 생생하게 떠오르는 모양. ¶그의 대장부다운 면목이 약여하다. **약여-히**甲.

약연(←藥碾)圀 한방에서, 덩어리로 된 약을 부수어 가루로 만드는 데 쓰이는 기구. 단단한 나무나 돌·쇠 따위에 도끼 자국 모양으로 홈을 파서 만든 그릇으로, 약을 넣어 연알로 눌러 부숨. 연발(碾鉢). ⑦연(碾). ⑪연알.

약-염기(弱塩基)[양념-]圀 전리도(電離度)가 작은 약전해질(弱電解質)의 염기. 수용액 중에서 수소 이온을 발생시키는 힘이 약함. [수산화알루미늄·암모니아 따위.]

약왕-귀(藥王鬼)圀 ☞약깽이.

약왕보살(藥王菩薩)圀 25보살의 하나. 묘약(妙藥)으로 중생의 심신의 병고를 덜어 주고 치료해 준다는 보살.

약용(藥用)圀①하자 되자 약으로 씀. ¶약용 알코올. ②병자에게 약을 쓰는 방법.

약용^비누(藥用-)圀 (치료·소독·살균 따위) 의료용·위생용으로 쓰는, 살균제가 든 비누.

약용^식물(藥用植物)[-싱-]圀 약으로 쓰이거나 약의 원료가 되거나 하는 식물. ⑪약초.

약-우물(藥-)圀 약물이 솟는 우물. 물맛이 썩 좋은 우물.

약원(藥園)圀 약초를 심어 가꾸는 밭. 약초원(藥草園). 약포(藥圃).

약육-강식(弱肉強食)[-깡-]圀하자 약한 것이 강한 것에게 먹힘. [생존 경쟁의 격렬함을 나타내는 말.] ¶약육강식의 동물 세계.

약음(弱音)圀 약한 음. 작은 소리.

약음-기(弱音器)圀 음을 약하게 하거나 음색을 부드럽게 하기 위하여 악기에 붙이는 기구. 현악기·관악기·타악기 등에 따라 여러 모양의 것이 있음. 소르디노.

약음^페달(弱音pedal)圀 피아노의 왼쪽 페달. 밟으면 음이 약해짐.

약이(藥餌)圀①약이 되는 음식. ②약과 음식.

약인(略人)圀하타 (꾀거나 으르거나 하여) 사람을 잡아감.

약일(藥日)圀 약풀을 캐는 날, 곧 '오월 단오'를 달리 이르는 말.

약자(弱者)[-짜]圀 힘이나 기능·세력 따위가 약한 사람(생물·집단). ¶약자를 응원하다. /약자 편에 서서 돕다. ↔강자(強者).

약자(略字)[-짜]圀 ☞반자(半字).

약자-선수(弱者先手)[-짜-]圀 바둑이나 장기 따위에서, 수가 낮은 사람이 먼저 두는 일.

약장(約章)[-짱]圀 서로 지키기로 약속한 법이나 규칙. 약법(約法).

약장(藥章)[-짱]圀 약식의 훈장(勳章)이나 휘장(徽章) 따위를 통틀어 이르는 말. ↔정장(正章).

약장(略裝)[-짱]圀 약식의 복장. ↔정장(正裝).

약장(藥欌)[-짱]圀 한약방에서, 약재를 따로따로 넣어 두는 많은 서랍이 달린 장. ¶약을 약장에 넣어 두다.

약-장수(藥-)[-짱-]圀①약을 파는 사람. ②재치 있게 이것저것 끌어대면서 이야기를 잘하는 사람을 홀하게 이르는 말.

약재(藥材)[-째]圀 약을 짓는 재료. 약재료. 약종(藥種).

약-재료(藥材料)[-째-]**명** ☞약재. ㉾약료.

약-저울(藥-)[-쩌-]**명** 약재의 무게를 다는 데 쓰는 작은 저울. 분칭(分秤). 약형(藥衡).

약전(弱電)[-쩐]**명** 전자 회로나 제어 회로 등 비교적 약한 전류를 사용하는 전기 기기 부문을 통틀어 이르는 말. ↔강전(強電).

약전(略傳)[-쩐]**명** 간략하게 적은 전기(傳記). ¶이순신 약전. ㈁소전(小傳).

약전(藥田)[-쩐]**명** ☞약밭.

약전(藥典)[-쩐]**명** 국가에서, 국민 보건에 중요한 약품의 순도·강도·품질 등에 대한 기준을 정한 법전. 〔우리나라에는 '대한약전'이 있음.〕

약전(藥箋)[-쩐]**명** ☞처방전(處方箋).

약-전국(藥-)[-쩐-]**명** 삶거나 찐 콩에 소금·새앙 따위를 섞고 띄워서 만든 약. 상한(傷寒)·두통 따위에 민간요법으로 쓰임. 〔발한(發汗)·해독 작용이 있음.〕

약-전해질(弱電解質)[-쩐-]**명** 전리도가 작은 전해질. 〔암모니아·초산·아닐린 따위.〕↔강전해질.

약점(弱點)[-쩜]**명** ①부족하거나 불완전한 점. ¶약점을 보완하다. /약점을 꼬집다. ②자기의 입장을 위태롭게 하거나 떳떳하지 못한 점. ¶약점이나 떳떳하지 못한 점. ¶약점을 잡다. /약점을 노리다. ㉾허점. ↔강점(強點).

약정(約定)[-쩡]**명**하자타되자 약속하여 정함. ¶약정 기간.

약정-서(約定書)[-쩡-]**명** 약정한 내용을 적은 문서. ¶양국 대사가 약정서를 교환하다.

약정^**이율**(約定利率)[-쩡-]**명** 당사자 사이의 계약으로 정한 이율. ↔법정 이율.

약정^**이자**(約定利子)[-쩡-]**명** 당사자 사이의 계약으로 정한 이자. ↔법정 이자.

약제(藥劑)[-쩨]**명** 의료용으로 조제한 약.

약제-관(藥劑官)[-쩨-]**명** 약에 관한 업무를 맡아보는 공무원.

약제-사(藥劑師)[-쩨-]**명** '약사(藥師)'의 이전 일컬음.

약제-실(藥劑室)[-쩨-]**명** 병원이나 약국에서, 약사가 약을 조제하는 방.

약조(約條)[-쪼]**명**하자타되자 조건을 정하여 약속함, 또는 약속하여 정한 조항. ¶약조를 지키다.

약조-금(約條金)[-쪼-]**명** ☞계약 보증금.

약졸(弱卒)[-쫄]**명** 약한 병졸. 약한 부하. ¶용장 아래 약졸 없다. ↔강졸(強卒).

약종(藥種)[-쫑]**명** ☞약재(藥材).

약종-상(藥種商)[-쫑-]**명** 약재를 파는 장사, 또는 그런 장수.

약주(弱奏)[-쭈]**명**하자 약하게 연주함. 악보의 위나 아래에 'piano'를 뜻하는 'p'로 표시됨.

약주(藥酒)[-쭈]**명** ①☞약술. ②탁주보다 맑고 주정분(酒精分)이 많은 술. 약주술. ③'술'을 점잖게 이르는 말. ¶약주나 한잔 하십시다.

약-주릅(藥-)[-쭈-]**명** 약재의 매매를 거간하는 사람.

약주-상(藥酒床)[-쭈쌍]**명** '술상'을 점잖게 이르는 말. ¶약주상을 올리다.

약주-술(藥酒-)[-쭈-]**명** ☞약주(藥酒).

약지(弱志)[-찌]**명** 약한 의지.

약지(藥指)[-찌]**명** 약손가락.

약지(藥紙)[-찌]**명** 약을 싸는 데 쓰는 종이.

약지-주(藥漬酒)[-찌-]**명** 여러 가지 약재를 넣어 빚은 술. 약술.

약진(弱震)[-찐]**명** 진도 3의 지진. 집이 흔들리고 창문이 덜그럭거리며 매달린 것이 눈에 뜨일 정도로 흔들리는 지진.

약진(藥疹)[-찐]**명** 약을 먹거나 주사를 맞은 뒤 얼마 되지 않아서 피부에 나타나는 발진. 약물에 대한 알레르기 현상에 의한 것임.

약진(躍進)[-찐]**명**하자되자 ①힘차게 나아감. ②눈부시게 발전함. ¶약진하는 자동차 산업.

약진-상(躍進相)[-찐-]**명** 약진하는 모습. ¶우리 산업의 약진상을 나타낸 도표.

약-질(藥-)[-찔]**명**하자 ①병을 고치려고 약을 쓰는 일. ②술을 빛을 때 여러 가지 약을 넣는 일. ③마약 중독자가 모르핀을 쓰는 일.

약질(弱質)[-찔]**명** 약한 체질, 또는 약한 체질의 사람. ㉾약골(弱骨).

약차(若此)'약차하다'의 어근.

약차(藥茶)**명** 약재를 달여 차 대신으로 마시는 약물.

약차(藥借)**명**하자 〔약에서 힘을 빌린다는 뜻으로〕약을 먹어 힘이 나게 함. ㉾차력(借力).

약차-약차(若此若此)'약차하다'의 어근.

약차약차-하다(若此若此-)**형여** 이러이러하다. 약시약시하다. 여차여차하다. ¶내 형편이 약차약차하다.

약차-하다(若此-)**형여** ①이러하다. 이와 같다. 약시(若是)하다. 여차(如此)하다. ②뜻대로 되지 아니하다.《흔히, '약차하면'·'약차하거든'의 꼴로 쓰임.》¶약차하거든 바로 줄행랑을 쳐라.

약찬(略饌)**명** 간소하게 차린 음식.

약채(藥債)**명** 약값으로 진 빚.

약책(藥册)**명** 지난날, 단골 자리의 거래 관계를 적어 두던 약국의 치부책.

약철(藥鐵)**명** (총이나 대포 따위에 쓰이는) 화약과 철환(鐵丸).

약체(弱體)**명** ①약한 몸. ②허약하여 남과 대항할 수 없는 조직이나 체제 따위. ¶약체 팀.

약체(略體)**명** 본디의 형태를 간략하게 한 것. 특히 간략하게 한 자체(字體), 곧 약자를 이름. ¶약체 한자(漢字).

약체^**보**:**험**(弱體保險)**명** 생명 보험의 한 가지. 건강이 좋지 않은 사람에게 특별한 조건을 붙여 계약하는 보험. 보험료를 올리거나 보험금을 내림.

약체-화(弱體化)**명**하자타되자 어떤 조직체나 체제가 본디보다 약해짐, 또는 조직체를 약하게 함.

약초(藥草)**명** ☞약풀. ¶약초 재배. /약초를 캐다.

약초-원(藥草園)**명** ☞약원(藥園).

약취(略取)**명**하자 ①폭력 따위를 써서 빼앗음. ②폭력이나 협박 등으로 사람을 유괴함. ¶어린이를 약취하는 자는 천벌 받아 마땅하다.

약취^**강**:**도**(略取強盜)**명** 사람을 약취하여 인질로 삼아 재물을 빼앗는 행위.

약취^**유괴**(略取誘拐)[-괴/-궤]**명** 폭력·협박·속임수 등으로, 사람을 자기나 제삼자의 지배 아래 두어 자유를 침해하는 행위.

약치(掠治)**명**하자 죄인을 심문할 때 볼기를 치며 다스리던 일.

약치(藥治)**명**하자되자 〈약치료〉의 준말.

약-치료(藥治療)**명**하자되자 약을 써서 병을 고침. 약으로 치료함.

약-칠(藥漆)**명**하자타 ①다친 데나 아픈 데에 약을 바름. ②물건에 윤을 내기 위하여 약을 칠함. ¶구두에 약칠하다.

약침(藥鍼)圐 약과 침, 또는 의약(醫藥)과 침술(鍼術)을 아울러 이르는 말.

약칭(略稱)圐ⓗ타 정식 명칭의 일부를 줄여서 간략하게 일컬음, 또는 그 명칭. ('농과 대학'을 '농대'라고 일컫는 따위.) 준말.

약칭(藥秤)圐 분칭(分秤).

약탈(掠奪)圐ⓗ타 폭력으로 빼앗음. 겁략(劫掠). 양탈(攘奪). 창탈(搶奪). 탈략. ¶재물을 약탈하다. 魯소드락질.

약탈^농업(掠奪農業)[−롱−]圐 비료를 주지 않고 작물을 가꾸는 원시적인 농업. 얼마 동안 경작한 후, 지력(地力)이 다하면 그곳을 버리고 다른 곳으로 옮김. (화전(火田) 같은 것이 이에 딸림.)

약탈-혼(掠奪婚)圐 원시 사회나 미개 민족 사이에서, 다른 부족의 여자를 약탈하여 아내로 삼는 일.

약탕(藥湯)圐 ①탕약을 달인 물. ②(환부를 씻기 위하여) 약을 넣고 끓인 물.

약-탕관(藥湯罐)圐 탕약을 달이는 데 쓰는 오지그릇. 약탕기.

약-탕기(藥湯器)[−끼]圐 ①약물을 담는 탕기. ②☞약탕관.

약-통圐 인삼이나 더덕 따위의 둥글게 생긴 몸.

약통(藥桶)圐 약을 담는 통.

약포(藥胞)圐ⓒ꽃밥. 약(葯).

약포(藥包)圐 ①약을 싸는 종이, 또는 가루약을 종이에 싼 것. ②화포에 사용하는 발사용의 화약을 적당한 분량으로 나누어 싼 것.

약포(藥圃)圐ⓒ약원(藥園).

약포(藥脯)圐 쇠고기를 얇게 저민 다음 양념을 넣고 주물러 채반에 펴서 말린 포.

약포(藥鋪)圐ⓒ약방(藥房).

약표(略表)圐 간략하게 나타낸 표.

약-풀(藥−)圐 약으로 쓰이는 풀. (인삼·천궁·지황·감초·작약 따위.) 약초(藥草).

약품(藥品)圐 ①만들어 놓은 약. 의약품. ②화학 변화를 일으키는 데 쓰는 고체나 액체의 물질. ¶화공(化工) 약품. *약품-명(藥品名)圐 약품의 이름.

약-풍로(藥風爐)[−노]圐 약탕관을 올려놓고 탕약을 달이는 데 쓰는 풍로.

약필(略筆)圐ⓗ타 ①필요한 점 외에는 생략하여 씀, 또는 그 글. 약문(略文). ②☞반자(半字).

약하(若何)圐 '약하하다'의 어근.

약-하다(略−)[야카−]ⓣ타 '생략하다'를 줄여서 이르는 말. ¶경칭을 약하다.

약-하다(弱−)[야카−]ⓗ혱 ①힘이 세지 않다. 세력이 강하지 않다. ¶바람이 몹시 약하다. / 우리 팀이 약하다. ②튼튼하지 못하다. ¶몸이 약하다. ③의지 따위가 굳세지 못하다. ¶마음이 약하다. ④잘하지 못하다. ¶수학이 약하다. ⑤여리다. ¶소리가 약하다. ⑥자극에 대한 저항력이 모자라다. ¶술에 약하다. ↔강하다.

약-하다(藥−)[야카−] [Ⅰ]ⓩ자 약을 쓰다. [Ⅱ]ⓣ타 약으로 쓰다.

약-하다(若何−)[야카−]ⓗ혱 여하(如何)하다.

약학(藥學)[야칵]圐 의약품의 성질·작용·제조·분석 등에 대한 이론과 응용을 연구하는 학문.

약학^대학(藥學大學)[야칵때−]圐 약학 및 국민 보건 위생에 관한 학술적 이론과 기술을 가르치고 연구하는 단과 대학. 魯약대(藥大).

약해(藥解)圐 요점만 추려 간략하게 풀이함, 또는 그런 책. ¶세계사 약해.

약해(藥害)[야캐]圐 약품을 잘못 씀으로써 입는 해.

약행(弱行)[야캥]圐ⓗ혱 실행력이 약함. 일을 하는 데 용기가 없음. ¶박지(薄志)약행.

약협(藥莢)[야켭]圐 총이나 포의 탄환에서, 화약을 넣은 놋쇠로 된 통.

약형(藥衡)[야켱]圐ⓒ양저울.

약호(略號)[야코]圐 알기 쉽고 간단하게 만든 부호. ('형용사'를 '혱'으로 나타내는 따위.)

약혼(約婚)[야콘]圐ⓩ자 결혼하기로 서로 약속함, 또는 그 약속. 부부지약(夫婦之約). 정혼(定婚). 혼약(婚約). ¶서로 약혼한 사이.

약혼-기(約婚期)[야콘−]圐 약혼한 때로부터 결혼할 때까지의 기간.

약혼-녀(約婚女)[야콘−]圐 약혼한 상대편인 여자.

약혼-반지(約婚斑指)[야콘−]圐 약혼을 기념하여 상대편에게 주는 반지.

약혼-식(約婚式)[야콘−]圐 약혼을 선언하기 위한 의식. (양가의 가족과 친지들이 모임.)

약혼-자(約婚者)[야콘−]圐 약혼한 상대편인 남자 또는 여자.

약화(弱化)[야콰]圐ⓗ자타ⓩ되자 (힘이나 세력 따위가) 약해짐, 또는 약하게 함. ¶영업 조직이 약화되다. ↔강화(強化).

약화(略畫)[야콰]圐 섬세한 부분은 생략하고, 대충의 모양을 간단하게 그린 그림.

약-화제(藥和劑)[야콰−]圐ⓒ약방문. 魯화제.

약회(約會)[야쾨/야쿼]圐ⓗ자 만나기를 약속함.

약효(藥效)[야쿄]圐 약의 효력(效驗). 약력(藥力). ¶약효가 나타나다. /약효를 보다.

-안마른ⓔ미 (옛)-건마는. ¶두 버디 비 배얀마른(龍歌90章).

안정-'인정(人情)'을 얕잡아 이르는 말.

안정-머리圐 '인정머리'를 얕잡아 이르는 말. ¶안정머리라고는 티끌만큼도 없다.

얄개圐 야살쟁이.

얄-궂다[−굳따]ⓗ혱 ①이상야릇하고 짓궂다. ¶얄궂은 운명. ②성질이 괴상하다. ¶자꾸 얄궂게 군다. *얄궂어·얄궂고[−굳꼬]

얄궂-거리다[−굳꺼−]ⓩ자 자꾸 얄궂얄궂하다. 얄궂대다. ¶의자가 얄궂거리다. 魯일긋거리다.

얄궂-대다[−굳때−]ⓩ자 얄궂거리다.

얄궂-얄궂[−굳근굳/−그닫귿]ⓑ부ⓗ혱 물건의 사개가 잘 맞지 않아 느슨하여 조금씩 일그러지는 모양. 魯일긋일긋.

얄궂-하다[−구타−]ⓗ혱 한쪽으로 조금 삐뚤어져 있다. ¶얄궂하게 걸려 있는 액자. 魯일긋하다.

얄기죽-거리다[−꺼−]ⓩ자타 자꾸 얄기죽얄기죽하다. 얄기죽대다. 魯일기죽거리다.

얄기죽-대다[−때−]ⓩ자타 얄기죽거리다.

얄기죽-얄기죽[−중날−/−쭈쨜−]ⓑ부ⓗ자타 허리를 요리조리 느리게 흔드는 모양. ¶얄기죽얄기죽 걸어오다. 魯일기죽일기죽.

얄따랗다[−라타]ⓗ혱 (얄따라니·얄따래)생각보다 더 얇다. ¶얄따란 종이. ↔두껍다랗다.

얄라차ⓘ감 잘못되었음을 이상야릇하게 또는 신기하게 생각하였을 때 내는 소리.

얄랑-거리다ⓩ자 자꾸 얄랑얄랑하다. 얄랑대다. 魯일렁거리다.

얄랑-대다ⓩ자 얄랑거리다.

얄랑-얄랑[−랑냘−/−랑얄−]ⓑ부ⓗ자 물에 뜬 작은 물건이 물결에 따라 요리조리 움직이는 모양. ¶종이배가 얄랑얄랑 떠내려가다. 魯일렁일렁.

얄망-궂다[−굳따]ⓗ혱 ①좀 괴상하고 얄궂다. ¶하는 짓마다 얄망궂다. ②(성질이나 행동이) 야릇하고 밉다.

얄망-스럽다[-따] [~스러우니·~스러워]**형**b 좀 얄망궂은 듯하다. **얄망스레**무.

얄:밉다[-따] [~미우니·~미워]**형**b 말이나 행동이 다랍고 밉다. ¶얄밉게 굴다.

얄:밉상-스럽다[-따] [-쌍~] [~스러우니·~스러워]**형**b 얄미운 데가 있다. **얄밉상스레**무.

얄브스름-하다[-따]**형**어 좀 얇은 듯하다. 얀열브스름하다. **얄브스름-히**무.

얄쌍-하다[-따]**형** '얄팍하다'의 잘못.

얄쭉-거리다[-꺼-]**자타** 자꾸 얄쭉얄쭉하다. 얄쭉대다. 얀일쭉거리다.

얄쭉-대다[-때-]**자타** 얄쭉거리다.

얄쭉-얄쭉[-쭝날-/-쭈갈-]**무**하**자타** 허리를 요리조리 빠르게 흔드는 모양. 얀일쭉일쭉.

얄찍-얄찍[-쩡날-/-찌갈-]**무**하**형** 여럿이 다 얄찍한 모양. ¶오이를 얄찍얄찍하게 썬다.

얄찍-하다[-찌카-]**형**어 좀 얇은 듯하다. **얄찍-이**무.

얄팍-스럽다[-쓰-따] [~스러우니·~스러워] **형**b 좀 얄팍한 듯하다. **얄팍스레**무.

얄팍-얄팍[-팡날-/-파갈-]**무**하**형** 여럿이 다 얄팍한 모양. ¶재료가 모두 얄팍얄팍하다.

얄팍-하다[-파카-]**형**어 ①두께가 좀 얇다. ¶얄팍한 책. ②(하는 짓의) 속이 빤히 들여다보이다. ¶얄팍한 수작.

얇:다[얄따]**형** ①두께가 두껍지 않다. ¶벽이 너무 얇다. →두껍다. ②(규모 따위가) 보통의 정도에 미치지 못하다. ¶선수층이 얇다. ③빛깔이 연하다. ④하는 짓이 빤히 들여다보이게 얄팍하다. ¶사람이 좀 얇다. 얀엷다. *얇아·얇:고[얄꼬]

얇:디-얇다[얄띠얄따]**형** 몹시 얇다.

얌(yam)명 마과의 마속에 딸린 덩굴성 식물을 통틀어 이르는 말. 아프리카나 남아메리카 등의 고온 다습한 지역에서 식용 식물로 많이 재배함.

얌냠무하**자** '냠냠'의 잘못.

얌냠-이명 '냠냠이'의 잘못.

얌생이명 남의 물건을 야금야금 훔쳐 내는 짓'을 속되게 이르는 말.

얌심명 몹시 샘바르고 남을 시기하는 마음. ¶얌심을 부리느라고 입을 옥다물고 서방을 가늘게 흘겨 보았다. /시샘을 속으로 삭이지 못하고 얌심을 피우며 새근거렸다.

얌심-꾸러기명 얌심이 많은 사람.

얌심-데기[-떼-]**명** '얌심 많은 사람'을 얕잡아 이르는 말.

얌심-스럽다[-따] [~스러우니·~스러워]**형**b 몹시 샘바르고 시기하는 마음이 있는 듯하다. **얌심스레**무.

얌전명하**형**(스형) 성질이 온순하고 언행이 차분하며 단정함. ¶얌전을 떨다. /얌전을 빼다. /얌전한 새댁. **얌전-히**무. **얌전스레**무.

얌전-이명 '얌전한 아이'를 귀엽게 이르는 말.

얌전-하다명어 모양이 좋고 품격이 있다. ¶글씨가 얌전하다. /한복을 얌전하게 차려입다. **얌전-히**무.

얌체명 '얌치가 없는 사람'을 얕잡아 이르는 말.

얌치명 결백하고 정직하며 부끄러움을 아는 마음. ¶얌치가 없다. 얀염치.

얌치-없다[-업따]**형** 얌치를 생각하는 마음이 없다. 부끄러움을 아는 태도가 아니다. 얀염치없다. **얌치없-이**무.

얌통-머리명 <얌치>의 속된 말. ¶이제 보니 얌통머리가 없는 사람일세. 변야마리.

압깁 힘을 갑자기 세게 주거나 정신을 모을 때 내는 소리.

압삽-하다[-싸파-]**형**어 '얕은꾀를 쓰면서 제 이익만을 챙기려는 태도가 있다'를 속되게 이르는 말.

얏[얃] 힘을 불끈 주거나 정신을 모을 때 내는 소리.

양명 <갓양태>의 준말. 갓양. 양태.

양의 ①((서술격 조사 '인'이나 어미 '-는-·ㄴ' 뒤에 쓰이어)) '모양·듯·것처럼' 등의 뜻을 나타냄. ¶벙어리인 양 말이 없다. /자는 양 눈을 감고 있다. ②(어미 '-ㄹ-을' 뒤에 '양으로'·'양이면'의 꼴로 쓰이어) '의향·의도' 등의 뜻을 나타냄. ¶떠날 양으로 짐을 꾸리다.

양(羊)명 ☞면양(綿羊). ②기독교에서, 목자의 보살핌이 필요한 '신자'를 비유하여 이르는 말.

양(良)명 '수·우·미·양·가'의 등급으로 성적을 평가할 때의 넷째 등급.

양(胖)명 '소의 위(胃)'를 고기로 이르는 말.

양(梁)명 굴건(屈巾)이나 금량관(金梁冠) 등의 앞이마에서부터 우똑 솟아올라서 둥그스름하게 마루가 져서 뒤쪽까지 닿은 부분.

양(陽)명 ①역학에서, 음(陰)에 대립되는 성질을 띤 것을 이르는, 우주의 근원인 기(氣)의 한 가지. 적극적·능동적인 사상(事象)의 상징임. ②한방 의학에서, 체질·증상·약성(藥性)에 딸린 것, 활발한 것, 능동적인 것을 이름. ③<양극(陽極)>의 준말. ↔음(陰).

양(量)명 <분량>의 준말. ¶양보다 질(質). /양이 많다(적다). ②<식량(食量)>의 준말. ¶양에 차다. /내 동생은 양이 적다.

양(樣)명 ①<양식(樣式)>의 준말. ②<양태(樣態)>의 준말.

양(孃)명 <여자의 성이나 이름 뒤에 쓰이어> 미혼 여성을 대접하여 이르는 말. ¶김 양. /옥회 양.

양(穰)수관 자(秭)의 1만 배. 구(溝)의 1만분의 1이 되는 수(의). 곧, 10^{28}.

양:(兩)관 양쪽의. 둘의. ¶머리를 양 갈래로 땋다.

양-(洋)접두 ((일부 명사 앞에 붙어)) '서양의'·'서양식'의 뜻을 나타냄. ¶양담배. /양약국. /양요리.

양-(養)접두 ((일부 명사 앞에 붙어)) 남의 자식을 데려다 자기 자식을 삼았을 때, 서로의 관계를 나타냄. ¶양아들. /양아버지.

-양(洋)접미 ((일부 명사 뒤에 붙어)) '넓은 바다'를 나타내는 말. ¶대서양. /태평양. /인도양. /오대양 육대주.

-양(孃)접미 직업을 나타내는 말 뒤에 붙어, 그러한 일을 하는 아가씨임을 나타냄. ¶안내양.

양가(良家)명 지체가 있는 집안, 또는 교양이 있고 생활이 중류 이상인 집안. 양갓집.

양가(楊家)명 (중국 전국 시대의 사상가인) 양주(楊朱)의 학설을 받드는 학자.

양:가(養家)명 양자로 들어간 집. 양어버이의 집. 소후가(所後家). 준양정(養庭). ↔본생가(本生家)·생가(生家).

양:가-독자(兩家獨子)[-짜]**명** 생가(生家)와 양가(養家)의 두 집 사이에 있는 외아들.

양-가죽(羊-)명 양의 가죽. 양피(羊皮).

양각(羊角)명 ①양의 뿔. 한방에서 풍병의 약재로 쓰임. ②☞회오리바람. 양각풍.

양:각(兩脚)명 양쪽 다리. 쌍각(雙脚).

양각(陽角)**명** 삼각법(三角法)에서, 각을 낀 두 직선 중의 한 직선이 시곗바늘의 반대 방향으로 돌아서 생기는 각. 정각(正角). ↔음각(陰角).

양각(陽刻)**명하타되자** 글자나 그림 따위를 도드라지게 새김, 또는 그러한 조각. 돋을새김. 돋을새김. ↔음각(陰刻). **준**섭새김.

양:각-기(兩脚器)[-끼]**명** 제도 용구의 한 가지. 컴퍼스 비슷한데, 양쪽 다리에 바늘이 끼어 있어 일정한 치수를 다른 곳에 옮기거나 분할하는 데 씀. 걸음쇠. 디바이더.

양각-등(羊角燈)[-뜽]**명** 양의 뿔을 고아서 만든, 얇고 투명한 껍질을 씌운 등.

양각-풍(羊角風)**명** ⇨회오리바람. 양각(羊角).

양간(羊肝)**명** 양의 간. 한방에서 간장병의 약재로 쓰임.

양-간수(洋-水)**명** '염화마그네슘'을 흔히 이르는 말.

양-갈보(洋-)**명** ①서양 사람을 상대로 하는 갈보. ②서양인인 갈보.

양:갈-소로(兩-小櫨)**명** 화반(花盤)이나 장여 사이에 끼우는 소로.

양감(涼感)**명** 시원한 느낌. 서늘한 느낌.

양감(量感)**명** ①무엇을 보았을 때 느껴지는 묵직하거나 두툼하거나 하는 느낌. ②미술에서, 표현된 대상물이 갖는 부피나 무게의 느낌. ¶양감을 잘 살린 그림.

양갓-집(良家-)[-가찝/-갇찝]**명** ⇨양가(良家). ¶양갓집 규수.

양갱(羊羹)**명** ⇨단팥묵.

양갱-병(羊羹餠)**명** ⇨단팥묵.

양거(羊車)**명** 불교에서, 삼거(三車)의 하나. 삼승(三乘)의 '성문승(聲聞乘)'에 비유함.

양거지 명하자 아이 밴 아내를 가진 사람이 있을 때, 여럿이 우선 한턱을 먹고 난 뒤, 사내를 낳으면 아이 아버지가 값을 치르고, 계집아이면 여러 사람이 분담하여 값을 치르도록 하는 장난.

양건(陽乾)**명하타되자** 햇볕에 말림. ↔음건.

양:건-예:금(兩建預金)[-녜-]**명** ⇨꺾기².

양:견(兩肩)**명** 두 어깨.

양:견(養犬)**명하자** 개를 기름, 또는 그 개.

양결(量決)**명하타** 사정을 잘 헤아려 판결함.

양경(佯驚)**명하자** 거짓으로 놀라는 체함.

양경(陽莖)**명** 자지.

양경-장수(陽莖-)**명** '도둑'의 곁말.

양:계(兩界)[-계/-게]**명** 고려 현종(顯宗) 때 정했던 지방 행정 구역인 동계(東界)와 서계(西界).

양계(陽界)[-계/-게]**명** 이 세상. 이승. ↔음계(陰界).

양:계(養鷄)[-계/-게]**명하자** 닭을 침, 또는 그 닭.

양:계-장(養鷄場)[-계-/-게-]**명** 설비를 갖추어 닭을 치는 곳.

양고(良賈)**명** 훌륭한 상인.

양고는 심장(深藏)**한다**[속담] 〔유능한 상인은 물건을 깊이 숨겨 두고 가게에 내놓지 않는다는 뜻으로〕'어진 이는 학식이나 재능을 숨기고 함부로 드러내지 않음'을 비유하여 이르는 말.

양-고기(羊-)**명** 양의 고기. 양육(羊肉).

양곡(良穀)**명** 품질이 좋은 곡식.

양곡(洋曲)**명** 서양의 악곡.

양곡(暘谷)**명** 옛날 중국에서, 해가 돋는 동쪽 끝 골짜기에 있다는 상상의 지역으로, '해가 돋는 곳'을 이르는 말. ↔함지(咸池).

양곡(糧穀)**명** 양식으로 쓰이는 곡식. 〔쌀·보리·밀 따위.〕 양곡 수매(收買).

양곡^증권(糧穀證券)[-쭹꿘]**명** 양곡을 사들이는 자금 마련을 위하여 정부가 발행하는 유가 증권.

양:-곤마(兩困馬)**명** 바둑에서, 중간을 차단당하여 양쪽 말이 모두 살기 어렵게 된 형세, 또는 그 말.

양골(陽骨)**명** 소의 양지머리뼈.

양골-뼈(陽骨-)**명** '양지머리뼈'의 잘못.

양골-조림(陽骨-)**명** 소의 양지머리뼈를 도막 내어 장에 조린 음식.

양공(良工)**명** ①솜씨가 좋은 장인(匠人). 양장(良匠). ②불교에서, 가사(袈裟)를 짓는 침공(針工)을 이르는 말.

양-공주(洋公主)**명** 〔서양 사람에게 몸을 파는 여자를 뜻하는〕'양갈보'를 비꼬아 이르는 말.

양-과자(洋菓子)**명** 서양식으로 만든 과자. 초콜릿·카스텔라·케이크·비스킷 따위를 통틀어 이르는 말. 서양과자.

양:관(兩館)**명** 조선 시대에, 홍문관(弘文館)과 예문관(藝文館)을 아울러 이르던 말.

양관(洋館)**명** ①서양식으로 지은 건물. ②지난날, 서양에 있던 공사관이나 영사관을 이르던 말. 서양관(西洋館).

양:괄-식(兩括式)**명** 중심 내용이 글의 첫머리와 끝 부분에 반복하여 나타나는 산문 구성 방식. **참**두괄식·미괄식·중괄식.

양광 명 분수에 넘치는 호강.

양광(佯狂)**명하자** 거짓으로 미친 체함, 또는 그런 행동.

양광(陽光)**명** ①햇볕. ②진공 방전 때 중앙 부근에 나타나는 아름다운 빛.

양광-스럽다(佯狂-)[-따][~스러우니·~스러워]**형ㅂ** 호강이 분수에 넘친 듯하다. **양광스레분**.

양교-맥(陽蹻脈)**명** 한방에서 이르는 기경팔맥(奇經八脈)의 하나.

양구-에(良久-)**무** 〔문어 투의 말〕 한참 있다가. 얼마 있다가.

양:국(兩國)**명** 양편의 두 나라. ¶한미 양국 국기.

양국(洋菊)**명** ⇨달리아.

양:군(兩軍)**명** ①양편의 군사. ¶양군이 대치하다. ②운동 경기에서, 서로 겨루는 두 편.

양궁(良弓)**명** 좋은 활.

양궁(洋弓)**명** ①서양식의 활. **참**국궁. ②서양식 활을 쏘아 일정한 거리에 있는 표적을 맞추어 득점을 겨루는 경기.

양궁거시(揚弓擧矢)**명하자** 〔'활과 화살을 높이 쳐듦'의 뜻으로〕'전쟁에 이겼음'을 비유하여 이르는 말.

양:궁-상합(兩窮相合)**명하자** 〔문어 투의 말〕 가난한 두 사람이 모여서 함께 일을 시작한다는 뜻으로, 일이 잘되지 않음을 비유하여 이르는 말.

양궐(陽厥)**명** 한방에서, 신열(身熱)이 난 후에 궐랭(厥冷)이 생기는 병을 이름. 열궐(熱厥).

양-귀(羊-)**명** 말이나 나귀의 굽은 귀.

양귀비(楊貴妃)**명** 양귀비과의 일년초 또는 이년초. 관상용이나 약용으로 재배하는데, 줄기 높이는 1m가량. 잎은 길둥근 모양이며, 5~6월에 빨강·하양·자주 등의 빛깔꽃이 원줄기 끝에 한 송이씩 핌. 열매는 둥근데 덜 익었을 때 상처를 내어 받은 즙액으로 아편을 만듦. 앵속(罌粟).

양귀비-꽃(楊貴妃-)[-꼳]**명** 양귀비의 꽃. 아부용(阿芙蓉). *양귀비꽃이[-꼬치]·양귀비꽃만[-꼰-]

양:-귀포(兩-包)명 장기에서, 두 포를 궁밭의 앞줄 두 귀퉁이에 놓고 두는 일.

양귤(洋橘)명 ☞네이블오렌지.

양:-그루(兩-)명 ☞이모작(二毛作). 양글.

양:극(兩極)명 ①남극과 북극. ②양극과 음극. ③두 개의 사물이 몹시 동떨어져 있음, 또는 그런 상태에 있는 것. ③양극단(兩極端).

양극(陽極)명 두 전극(電極) 사이에 전류가 흐르고 있을 때, 전위(電位)가 높은 쪽의 극. 곧, 플러스(+)의 극. 〔기호는 +〕 양전극. **준**양(陽). ↔음극.

양:-극단(兩極端)명[-딴] ☞양극(兩極).

양극-선(陽極線)명[-선] 진공 방전 때, 양극에서 음극으로 향하는 고속의 양이온의 흐름.

양:극^체제(兩極體制)명 지난날, 세계가 미국과 소련을 정점으로 하여 동서 두 진영으로 갈라져 있던 국제 형세를 이르는 말.

양:극-화(兩極化)명 [-그롸]**하자되자** (두 대상이) 서로 점점 더 달라지고 멀어짐.

양근(陽根)명 ①남자의 생식기, 곧 자지. ②양이온의 원자의 집단.

양:글명하자 ①논밭을 가는 일과 짐을 싣는, 소의 두 가지 일. ②한 논에서 한 해에 두 번 거두어들이는 일. 양그루.

양:금(兩衾)명 신랑과 신부의 이부자리.

양금(洋琴)명 ①국악에서 쓰는 현악기의 한 가지. 네모 모양의 나무판에 열네 개의 쇠줄을 매고, 채로 쳐서 소리를 냄. ②'피아노'를 달리 이르는 말.

양:기(兩岐)명 두 갈래. 양 갈래.

양기(涼氣)명 서늘한 기운.

양기(陽氣)명 ①햇볕의 따뜻한 기운. ②만물이 생성하고 움직이려고 하는 기운. 양의 기운. ③한방에서, 몸 안의 양의 기운을 이름. ¶양기가 부족하다. ④남자의 성적 정력. ↔음기(陰氣).

양기(陽基)명 집터. 양택(陽宅).

양기(揚氣)명 의기가 솟음. ¶아들의 합격 소식에 무척 양기하였다.

양기(揚棄)명하자되자 ☞지양(止揚).

양:기(量器)명 용량(容量)을 헤아리는 데 쓰이는 기구.〔말·되 따위.〕

양:기(養氣)명 ①하자되자 기력을 기름. 원기를 기름. ②도가(道家)에서, 심신의 기(氣)를 기르는 일.

양기석(陽起石)명 한방에서, 이산화규소와 산화마그네슘이 주성분인 돌을 약재로 이르는 말.〔음위(陰痿)·낭습증(囊濕症) 따위의 약재로 쓰임.〕

양-기와(洋-)명 ①양옥의 지붕을 이는 서양식의 기와. ②시멘트로 만든 기와. 양와(洋瓦).

양:-껏(量-)명[-껃]**부** 먹을 수 있거나 할 수 있는 분량의 한도까지. ¶양껏 먹다. /양껏 들고 오다.

양:-끝(兩-)명[-끋] 양쪽 끝. 두 끝. *양:끝이[-끄치]·양:끝을[-끄틀]·양:끝만[-끈-]

양:-끼(兩-)명 (아침과 저녁의) 두 끼니.

양:난(兩難)명하형 이러기도 어렵고 저러기도 어려움. ¶양난에 빠져 헤어나지 못하다.

양-날(羊-)명 ☞미일(未日).

양:-날(兩-)명 (칼등이 없는 칼의) 양쪽의 날.

양:-날-톱(兩-)명 양쪽에 날이 있는 톱. 한쪽은 자르는 톱니, 한쪽은 켜는 톱니로 되어 있는 것이 보통임.

양:남(兩南)명 영남(嶺南)과 호남(湖南)을 아울러 이르는 말.

양냥-거리다자 (마음에 차지 않아) 짜증스럽게 자꾸 종알거리다. 양냥대다. ¶용돈이 적다고 양냥거리다.

양냥-고자명 활 끝의 심고가 걸리는 부분.

양냥-대다자 양냥거리다.

양냥-거리명[-꺼-]〈입〉의 속된 말. ②군것질할 거리.

양냥이-뼈명〈턱뼈〉의 속된 말.

양냥이-줄명 자전거의 앞뒤 톱니바퀴를 잇는 쇠사슬. 체인.

양녀(洋女)명 서양 여자.

양:녀(養女)명 ☞수양딸.

양:년(兩年)명 두 해. ¶양년 가뭄에 거덜 난 농민들.

양념명 ①음식의 맛을 돋우기 위해 쓰는 기름·간장·마늘·고추·파·깨소금·후춧가루 따위. 조미료. ②'재미를 돋우기 위해 곁들이는 것'을 비유하여 이르는 말. ¶양념으로 부른 노래.

양념-감명[-깜] 양념으로 쓰는 재료. 양념거리.

양념-거리명[-꺼-] 양념감.

양념-장(-醬)명 여러 가지 양념을 한 간장.

양념-절구명 깨소금이나 후춧가루 따위의 양념을 찧을 때 쓰는 작은 절구.

양념-하다자타 양념을 넣거나 치거나 하다.

양노(佯怒)명하자 거짓으로 성을 냄.

양-놈(洋-)명 '서양 사람'을 얕잡아 이르는 말.

양능(良能)명 학문이나 경험에 의한 것이 아닌, 본디부터 갖추고 있는 능력. 타고난 재능, 또는 그런 능력을 가진 사람.

양:-다리(兩-)명 양쪽 다리.
　양다리(를) 걸치다[걸다][관용] 양쪽에서 이익을 얻기 위하여 두 편에 다 관계를 가지다.

양:단(兩端)명 ①양쪽 끝. ②처음과 끝. ③혼인 때 쓰는, 붉은빛과 푸른빛의 채단(采緞).

양:단(兩斷)명하타되자 (하나를) 둘로 자름. 잘라서 두 동강을 냄. ¶산을 양단하다. /국토가 양단되다.

양단(洋緞)명 여러 가지 무늬를 놓아 두껍게 짠 고급 비단의 한 가지. ¶양단 저고리.

양:단-간(兩端間)부 이렇게 되든 저렇게 되든. 어찌하든지. 좌우간. 《주로, '양단간에'의 꼴로 쓰임.》¶양단간에 결정을 내리다.

양:단-수(兩端水)명 두 줄기로 갈라져 흐르는 물, 또는 그런 물줄기.

양달(陽-)명 볕이 잘 드는 곳. ↔응달.

양-달력(洋-曆)명 벽에 걸어 놓는 달력. 괘력.

양-달령(洋-)명 서양 피륙의 한 가지. 당목(唐木)과 비슷하나 더 두껍고 질김.

양-닭(洋-)명[-딱] 서양종의 닭. *양닭이[-딸기]·양닭만[-땅-]

양-담배(洋-)명 미국이나 유럽 등 서양에서 만들어 들여온 담배.

양-담요(洋毯-)명[-뇨] 서양식으로 만든 담요.

양답(良畓)명 좋은 논. 기름진 논.

양:-당(兩堂)명 남을 높이어 그의 '부모'를 일컫는 말. ¶양당께서 평안하신지요?

양:당(兩黨)명 두 정당.

양:대(兩大)명 두 개의 큰. ¶양대 세력.

양도(洋刀)명 서양식의 작은 칼.

양도(洋島)명 ☞대양도(大洋島).

양도(洋陶)명 서양풍(西洋風)의 도기(陶器).

양도(陽道)명 ①남자의 도리. ②(군신·부자·지아비 에서) 임금·아버지·지아비의 도리. ③남자의 생식력이나 생식기. ↔음도(陰道).

양도(糧道)명 ①(일정한 기간 동안에 드는) 식량. ②(먹고 살기 위한) 벌잇긋. ③군량(軍糧)을 나르는 길.

양:도(讓渡)명하타되자 권리·재산·법률상의 지위 등을 남에게 넘겨줌. ¶토지를 양도하다. / 건물을 양도하다. ↔양수(讓受).

양:도^논법(兩刀論法)[-뻡]명 대전제(大前提)로서 두 개의 가언적 명제를 세우는 특수한 형식의 삼단 논법. 딜레마.

양:도^담보(讓渡擔保)명 채무의 담보로 어떤 재산을 형식적으로 채권자에게 양도하는 일, 또는 그 재산.

양:도^뒷:보증(讓渡-保證)[-뒤뽀-/-뒫뽀-]명 어음 따위의 유가 증권을 남에게 넘길 때하는 뒷보증.

양:-도목(兩都目)명 지난날, 일 년에 두 번 치르던 도목정사(都目政事). 유월과 섣달에 행하였음.

양:도^소:득(讓渡所得)명 토지·건물·주식 등의 재산을 양도함으로써 얻는 소득.

양:도^소:득세(讓渡所得稅)[-쎄]명 개인이 토지·건물 등을 양도하여 얻은 양도 차익에 대하여 과세하는 조세.

양:도-인(讓渡人)명 권리·재산·법률상의 지위 등을 남에게 넘겨주는 사람. ↔양수인(讓受人).

양:도^증서(讓渡證書)명 법률상의 권리 이전을 증명하는 문서.

양:도체(良導體)명 전기나 열을 잘 전하는 물질. ↔부도체(不導體)·불량 도체.

양독(陽毒)명 ☞양독발반. ②☞성홍열.

양독-발반(陽毒發斑)[-빨-]명 어린아이의 열병의 한 가지. 발반이 홍역에서보다 큼. 양독(陽毒).

양:-돈(兩-)[-똔]명 한 냥가량 되는 돈.

양:-돈(養豚)명하자 돼지를 침. ¶양돈 농가.

양:-돈사(兩-)[-똔-]명 한 냥에 몇 돈을 더한 금액.

양-동이(洋-)명 동이처럼 쓰도록 함석 따위로 만든 그릇.

양동^작전(陽動作戰)[-쩐]명 본디의 목적과는 다른 움직임을 일부러 드러냄으로써, 적의 주의를 그쪽으로 쏠리게 하여 정세 판단을 그르치게 하려는 작전.

양-돼지(洋-)[-뙈-]명 ①서양종의 돼지. 〔버크셔·요크셔 따위.〕②'살진 사람'을 농조로 이르는 말.

양두(羊頭)명 양의 머리. 한방에서 보허제(補虛劑)로 쓰임.

양:두(讓頭)명하타 지위를 남에게 물려줌.

양두-구육(羊頭狗肉)명 〔양의 머리를 내걸어 놓고 실제로는 개고기를 판다는 뜻으로〕'선전은 버젓하지만 내실이 따르지 못함'을 비유하여 이르는 말.

양:두-마차(兩頭馬車)명 ☞쌍두마차.

양:두-사(兩頭蛇)명 ①대가리가 둘 달린 뱀. ②머리와 꼬리에 각각 대가리가 달려 있다는 뱀.

양:두^정치(兩頭政治)명 두 사람의 지배자가 양립하여 함께 다스리는 정치. 이두 정치(二頭政治).

양:두-필(兩頭筆)명 〔두 가지 색깔을 겸용하게 된 색연필처럼〕필기구의 양쪽을 각각 다른 목적으로 사용할 수 있도록 한 것. ¶연필의 한쪽에 펜을 꽂은 양두필.

양:-득(兩得)명하자 한꺼번에 두 가지 이익을 얻음. ¶명분과 실리의 양득.

양등(洋燈)명 ☞남포등.

양:-딸(養-)명 ☞수양딸.

양-딸기(洋-)명 장미과의 다년초. 줄기는 땅위로 뻗고, 마디에서 뿌리를 내려 번식함. 봄에 흰 다섯잎꽃이 피고, 열매는 붉게 익음. 남미(南美) 원산으로 각지에서 재배되고 있음.

양떠-구름(羊-)명 '고적운(高積雲)'을 달리 이르는 말.

양-띠(羊-)명 ☞미생(未生). ㉑미년(未年).

양란(洋亂)[-난]명 ☞양요(洋擾).

양람(洋藍)[-남]명 ☞인디고(indigo).

양력(揚力)[-녁]명 유체(流體) 속을 운동하는 물체에 대해서, 그 운동 방향과 수직인 방향으로 작용하는 힘.

양력(陽曆)[-녁]명 〈태양력(太陽曆)〉의 준말. ↔음력(陰曆).

양:로(養老)[-노]명하자 노인을 편안히 지낼 수 있도록 소중히 보살핌, 또는 그런 일.

양:로(糧路)[-노]명하자 길을 남에게 비켜 줌.

양:로^보:험(養老保險)[-노-]명 저축과 보장을 겸한 생명 보험의 한 가지. 피보험자가 보험 기간이 만료될 때까지 살면 만기 보험료가, 또는 보험 기간 내에 사망하면 사망 보험금이 지급되는 것.

양:로^연금(養老年金)[-노-]명 일정한 나이에 이른 피보험자에 대하여 사망할 때까지 지급되는 연금.

양:로-원(養老院)[-노-]명 의지할 데 없는 노인들을 수용하여 돌보아 주는 시설.

양록(洋綠)[-녹]명 진채(眞彩)의 한 가지. 석록(石綠)과 같은 진한 녹색.

양:론(兩論)[-논]명 서로 대립되는 두 의론. ¶찬반(贊反)양론.

양롱(佯聾)[-농]명하자 거짓으로 귀먹은 체함.

양류(楊柳)[-뉴]명 버드나무.

양류-목(楊柳木)[-뉴-]명 육십갑자의 임오(壬午)와 계미(癸未)에 붙이는 납음(納音). ㉑정천수(井泉水).

양륙(揚陸)[-뉵]명하타되자 ①배에 실은 짐을 육지에 부림. ¶콘테이너를 양륙하다. ②물속에 잠긴 물건을 육지로 건져 올림. ¶침물선을 양륙하다. 육양.

양률(陽律)[-뉼]명 십이율 가운데서 양성(陽聲)에 딸린 여섯 음, 곧 육률(六律). ↔음려(陰呂).

양리(良吏)[-니]명 업무를 잘 처리하는, 어질고 훌륭한 관리.

양:립(兩立)[-닙]명하자되자 ①두 개의 것이 동시에 지장 없이 존립함. 쌍립(雙立). ¶학업과 운동을 양립하다. ②두 세력이 굽힘이 없이 서로 맞섬. ¶진보와 보수의 양립.

양마(良馬)명 좋은 말. 뛰어난 말.

양마-석(羊馬石)명 돌을 조각하여 만든 양과 말. 무덤 옆에 세움.

양막(羊膜)명 자궁 안에서 양수(羊水)를 채워 태아를 싸는 반투명의 막. 모래집.

양말(洋襪)명 맨발에 신도록 실이나 섬유 따위로 결겨나 떠서 만든 물건.

양말(糧秣)명 군사에게 먹이는 식량과 군마(軍馬)에게 먹이는 풀.

양말-대님(洋襪-)명 신은 양말이 흘러내리지 않도록 조이는, 고무 따위의 띠.

양:망(養望)명하자 명망을 얻을 수 있도록 힘씀. 저망(貯望).

양매(楊梅)명 ☞소귀나무.

양:맥(兩麥)명 보리와 밀.

양-머리(洋-)명 서양식으로 꾸민 여자의 머리.

양:면(兩面)〔명〕①양쪽 면. 앞면과 뒷면. ¶양면 인쇄. /동전의 양면. ②두 방향. 두 방면. ¶수류 양면으로 공격하다.

양:면-테이프(兩面tape)〔명〕 안팎으로 접착이 가능한 테이프.

양명(亮明) '양명(亮明)하다'의 어근.

양명(陽明)¹〔명〕 태양.

양명(陽明)²'양명(陽明)하다'의 어근.

양명(揚名)〔하자〕 이름을 떨침. 가명(家名)을 높임. ↔낙명(落名).

양명-방(陽明方)〔명〕 볕이 잘 들어 환하게 밝은 쪽. 동쪽과 남쪽.

양명-하다(亮明-)〔형어〕 사리에 환히 밝다. **양명-히**〔부〕.

양명-하다(陽明-)〔형어〕 볕이 환하게 밝다.

양명-학(陽明學)〔명〕 명나라의 왕양명(王陽明)이 주창한, 철학을 바탕으로 하는 유학(儒學)의 한 갈래. 지식과 실천의 일치를 부르짖었음. 〔참〕지행합일설(知行合一說).

양모(羊毛)〔명〕 양털.

양:모(養母)〔명〕 양가(養家)의 어머니. 양어머니. ↔생모(生母).

양-모음(陽母音)〔명〕 ☞양성 모음.

양:모-작(兩毛作)〔명〕☞이모작(二毛作).

양모-제(養毛劑)〔명〕☞모생약(毛生藥).

양모-지(洋毛脂)〔명〕☞라놀린.

양목(洋木)〔명〕☞당목(唐木).

양:목(養木)〔하자〕 나무를 가꿈, 또는 그 나무.

양:목(養目)〔명〕〔하자〕 눈을 보호함.

양:목-경(養目鏡)〔명〕 눈을 보호하려고 쓰는 안경. 보안경(保眼鏡).

양물-이(羊-)〔명〕 놓아먹이는 양 떼를 모는 일, 또는 그 일을 하는 사람.

양:묘(養苗)〔하자〕 모나 모종을 기름.

양묘-기(揚錨機)〔명〕 배에서, 닻을 끌어 올리거나 풀어 내리거나 하는 장치.

양문(陽文)〔명〕 도장이나 금석문(金石文) 따위에서, 양각(陽刻)한 글. ↔음문(陰文).

양물(洋-)〔명〕 서양의 문물이나 풍습, 또는 서양의 생활양식.

양물(洋物)〔명〕 서양의 물품. 양품(洋品).

양물(陽物)〔명〕①자지. ②'양기 있는 사람'을 농으로 이르는 말.

양:미(兩眉)〔명〕 두 눈썹.

양미(涼味)〔명〕 시원한 맛. 서늘한 맛.

양미(糧米)〔명〕 양식으로 쓰는 쌀.

양:미-간(兩眉間)〔명〕 두 눈썹의 사이. ¶양미간을 찌푸리다. 〔준〕미간.

양미리〔명〕 양미릿과의 바닷물고기. 몸길이 15 cm 가량. 몸은 가늘고 길며 배지느러미가 없음. 몸빛은 등이 갈색이고 배는 은백색임. 우리나라 동해와 일본 근해에서 많이 잡히며, 말려서 멸치 대신 쓰기도 함.

양민(良民)〔명〕 선량한 국민. 어질고 착한 백성. 양인(良人).

양-밀(洋-)〔명〕①미국 등 서양에서 수입한 양곡용의 밀이나 밀가루. ②서양종(西洋種)의 밀.

양:밀(釀蜜)〔하자〕 꿀을 만듦.

양-밀가루(洋-)〔-까-〕〔명〕 양밀의 가루.

양:반(兩半)〔명〕 한 냥에 닷 돈을 더한 금액.

양:반(兩班)〔명〕①고려·조선 시대에, 동반(東班)과 서반(西班). ②〔조선 시대 중기 이후부터〕 지체나 신분이 높은 상류 계급 사람, 곧 사대부 계층을 이르던 말. ↔상사람. ③여자가 다른 사람에게 자기의 '남편'을 가리켜 일컫는

말. ¶우리 그 양반. ④점잖은 사람을 두고 이르는 말. ¶그분은 행실이 참 양반이다. ⑤남성인 남을 대접하여, 또는 홀하게 일컫는 말. ¶기사 양반. /이 양반이 정신이 나갔나. ⑥'사정이나 형편 등이 좋아진 상태'를 비유하여 이르는 말. ¶젊었을 때 고생한 일을 생각하면 지금 이렇게 사는 거야 양반이죠.

양반 김칫국 떠먹듯〔속담〕 아니꼽게 점잔을 빼는 사람을 보고 하는 말.

양반은 물에 빠져도 개헤엄은 안 한다〔속담〕①아무리 다급한 경우라도 체면을 유지하려고 애쓴다는 말. ②지조와 기개가 있는 이는 죽을 지언정 비굴한 모습을 보이지 않는다는 말.

양반은 얼어 죽어도 짚불은〔겻불〕**은 안 쩐다**〔속담〕 아무리 궁하거나 다급한 경우라도 체면에 어울리지 않는 일은 하지 않는다는 말.

양반이 지게 진 것 같다〔속담〕 서툴고 어색한 모습을 두고 하는 말.

양:반-걸음(兩班-)〔명〕 뒷짐을 지고 다리를 크게 떼어 느릿느릿 걷는 걸음.

양:반-계급(兩班階級)〔-급/-깨-〕〔명〕 고려·조선 시대, 사회 계급의 맨 위 계급. 문반, 무반 및 사대부 등과 그 가족이 포함됨.

양:반-전(兩班傳)〔명〕 조선 정조 때 박지원(朴趾源)이 지은 한문 소설. 양반의 무능과 허식, 특권 의식을 풍자한 내용. '연암집(燕巖集)'에 실려 전함.

양방(良方)〔명〕①좋은 방법. 양법(良法). ②좋은 약방문(藥方文).

양:방(兩方)〔명〕①이쪽(이편)과 저쪽(저편). 두 방면. 두 방향. ②두 가지 사물. 두 개의 것. 쌍방(雙方).

양-배추(洋-)〔명〕 십자화과의 일년초 또는 이년초. 유럽 원산으로 잎은 두껍고 크며, 가을에 공 모양으로 고갱이를 겹겹이 에워쌈. 초여름에 줄기가 나와 담황색의 꽃이 핌. 중요한 채소의 하나로 널리 이용되고 있음.

양-버들(洋-)〔명〕☞이태리포플러.

양범(揚帆)〔명〕〔하자〕 돛을 올림.

양법(良法)〔-뻡〕〔명〕①☞양방(良方). ②좋은 법규(法規).

양-벚(洋-)〔-벋〕〔명〕 장미과의 낙엽 교목. 과실나무의 한 가지로 높이는 10 m가량. 잎은 달걀 모양이고 뒷면에 털이 있으며, 5월경에 흰 꽃이 핌. 열매는 동글고 6~7월에 황적색으로 익음.

양:벽-부(禳辟符)〔-뿌〕〔명〕 재액을 물리치는 부적(符籍).

양:변(兩邊)〔명〕①두 변. ②양쪽 가장자리.

양-변기(洋便器)〔명〕☞좌변기.

양병(良兵)〔명〕①훌륭한 병사. ②뛰어난 무기.

양병(佯病)〔명〕〔하자〕 거짓으로 앓는 체함.

양병(洋瓶)〔명〕 배가 부르고 목이 좁으며 아가리의 전이 딱 바라진 오지병.

양:병(養兵)〔명〕〔하타〕 군사를 양성함. ¶십만 양병을 주장하다.

양:병(養病)〔명〕〔하자〕①몸을 잘 조리하여 병이 낫도록 함. 양아(養疴). ②치료를 게을리 하여 병이 더하여짐.

양:보(讓步)〔명〕〔하타〕①길이나 자리, 물건 따위를 사양하여 남에게 내줌. ¶노인에게 자리를 양보하다. ②자기의 생각이나 주장을 굽혀 남의 의견을 좇음. ¶양측이 조금씩 양보하여 합의의 점을 찾다.

양-보라(洋-)〔명〕 서양에서 만든 보랏빛 물감.

양-보료 (洋-)명 '양담요'의 잘못.

양복 (洋服)명 서양식의 옷. 〔흔히 '양장'에 대하여, 남자의 옷을 일컬음.〕**참**한복.

양복-감 (洋服-)[-깜]명 양복을 지을 옷감. 양복지 (洋服地). 복지 (服地).

양복-바지 (洋服-)[-빠-]명 양복의 아래옷. **준**바지.

양복-장 (洋服欌)[-짱]명 양복을 넣어 두는 장.

양복-장이 (洋服-)[-짱-]명 '양복을 만드는 일을 업으로 하는 사람'을 흔히 이르는 말.

양복-쟁이 (洋服-)[-쟁-]명 '양복을 입은 사람'을 얕잡아 이르는 말.

양복-저고리 (洋服-)[-쩌-]명 양복의 윗도리. **준**저고리.

양복-점 (洋服店)[-쩜]명 남성 양복을 만들거나 파는 가게. **참**양장점.

양복-지 (洋服地)[-찌]명 ⇨양복감.

양복-짜리 (洋服-)[-찌-]명 〔'양복쟁이'의 '속된 말. ¶낯선 양복짜리가 마을로 들어섰다.

양:본위-제 (兩本位制)명 ⇨복본위제.

양:봉 (養蜂)명하자 (꿀이나 꽃가루 따위를 얻기 위하여) 꿀벌을 치는 일.

양:봉제비 (兩鳳齊飛)명 〔두 마리의 봉황이 나란히 날아 오른다는 뜻으로〕 '형제가 함께 이름을 떨침'을 이르는 말.

양-봉투 (洋封套)명 서양식의 봉투.

양부 (良否)명 좋음과 좋지 못함. 선부 (善否). ¶사물의 양부를 판단하다.

양:부 (兩府)명 ①고려 시대에, 문하부 (門下府)와 밀직사 (密直司)를 아울러 이르던 말. ②조선 시대에, 동반 (東班)의 의정부와 서반 (西班)의 중추부를 아울러 이르던 말.

양:부 (養父)명 양가 (養家)의 아버지. 양아버지. ↔생부 (生父).

양:-부모 (養父母)명 양가 (養家)의 부모. 양어버이. ↔본생부모·생부모.

양부인 (洋婦人)명 ①서양 부인. ②'양갈보'를 비꼬아 이르는 말.

양:분 (兩分)명하자 둘로 나눔. ¶전체 수입금을 양분하여 가지다. /천하 (天下)를 양분하다.

양:분 (養分)명 영양이 되는 성분. ¶양분이 많은 거름.

양붕 (良朋)명 좋은 벗. 양우 (良友).

양:비-대담 (攘臂大談)명하자 팔을 걷어붙이고 큰소리를 침. 양비대언.

양:비-대언 (攘臂大言)명하자 ⇨양비대담.

양:-비둘기 (洋-)명 비둘깃과의 새. 집비둘기의 원종 (原種). 날개 길이 20 cm가량. 집비둘기와 비슷하며 벼랑의 바위 구멍 같은 곳에 둥지를 틀고 삶. 우리나라를 비롯하여 중국·몽골·시베리아 등지에 분포함.

양:비-론 (兩非論)명 맞서서 내세우는 양쪽의 말이 다 그르다는 주장이나 이론. ↔양시론.

양:사 (兩司)명 조선 시대에, 사헌부 (司憲府)와 사간원 (司諫院)을 아울러 이르던 말.

양사 (洋紗)명 〈서양사 (西洋紗)〉의 준말.

양사 (洋絲)명 양실.

양사 (陽事)명하자 ⇨방사 (房事).

양:사 (養士)명하자 선비를 양성함.

양:사 (養嗣)명하자 양자를 들임.

양:-사자 (養嗣子)명 호주 상속권을 가진 양자 (養子).

양사주석 (揚沙走石)명하자 〔모래가 날리고 돌이 구른다는 뜻으로〕 '바람이 세차게 붊'을 뜻하는 말. 비사주석 (飛沙走石).

양:사^합계 (兩司合啓)[-께/-께]명 조선 시대에, 사헌부와 사간원이 연명하여 임금에게 올리던 계사.

양삭 (陽朔)명 '음력 시월 초하룻날'을 이르는 말.

양산 (洋傘)명 〔서양식 우산이란 뜻으로〕 '우산'을 달리 이르는 말. **참**박쥐우산.

양산 (陽傘)명 주로 여자들이 햇빛을 가리기 위하여 받는, 우산 모양의 물건.

양산 (陽繖)명 옛 의장의 한 가지. 일산과 비슷한 모양인데, 자루가 길고 둘레를 넓은 헝겊으로 꾸며 늘어뜨렸음.

양산 (量産)명하자되자 〈대량 생산〉의 준말. ¶양산 체제를 갖추다. /경기가 침체되자 실업자가 양산되었다.

양상 (良相)명 어진 재상 (宰相). 현상 (賢相).

양상 (樣相)명 모습. 모양. 상태. ¶분쟁은 새로운 양상을 띠게 되었다.

양상-군자 (梁上君子)명 〔들보 위에 있는 군자란 뜻으로〕 '도둑'을 점잖게 이르는 말. 〔'후한서 (後漢書)'의 '진식전 (陳寔傳)'에 나오는 말.〕

양상^급유 (洋上給油)명 ⇨해상 급유 (海上給油).

양상-도회 (梁上塗灰)[-회/-훼]명 〔들보 위에 회칠을 한다는 뜻으로〕 '못생긴 여자가 얼굴에 분을 너무 많이 바름'을 비꼬아 이르는 말.

양-상추 (洋-)명 국화과의 일년초 또는 이년초. 잎이 둥글고 넓으며 결구성 (結球性)인 개량종 상추. 식용함.

양:상-화매 (兩相和賣)명하타 물건을 사고파는 데 있어서 양편이 서로 양보하여 흥정을 원만히 함.

양:색 (兩色)명 두 가지의 빛깔, 또는 두 가지 물건.

양:색-단 (兩色緞)[-딴]명 씨와 날의 빛깔이 서로 다른 실로 짠 비단.

양:생 (養生)명 ①하자 건강의 유지와 증진에 힘씀. 섭생 (攝生). 섭양 (攝養). ②하자 몸을 조리함. ③하자 토목·건축에서, 콘크리트를 완전히 굳히기 위하여 얼마 동안 가마니 따위로 덮거나 물을 뿌리거나 하여 보호하는 일.

양:생-방 (養生方)명 ⇨양생법.

양:생-법 (養生法)[-뻡]명 몸과 마음을 건강하게 잘 다스리는 법. 양생방.

양서 (良書)명 내용이 좋은 책. 유익한 책. 선서 (善書). ↔악서 (惡書).

양:서 (兩西)명 '해서도'와 '평안도'를 아울러 이르는 말. 황평양서 (黃平兩西).

양:서 (兩棲)명하자 물에서도 살고 뭍에서도 삶.

양서 (洋書)명 서양 책, 곧 서양에서 출판한 서양 말로 된 책.

양:서-류 (兩棲類)명 척추동물의 한 강 (綱). 새끼 때는 머리 속에서 아가미로 호흡하다, 자라면 폐가 생겨 물에서도 살 수 있는 동물. 냉혈 (冷血)·난생 (卵生)이고 알에는 껍데기가 없음. 개구리·도롱뇽 따위가 이에 딸림.

양석 (羊石)명 양의 모습을 조각한 석수 (石獸).

양:석 (兩石)명 벼 두 섬, 특히 논 한 마지기에서 나는 벼 두 섬을 이르는 말.

양선 (良善)명 '양선하다'의 어근.

양선 (洋船)명 서양의 배. 서양식의 배. ¶두 차례의 양요 (洋擾)는 양선의 침입에 대한 저항이었다.

양:선 (讓先)명하자 남에게 앞을 양보함.

양선-하다 (良善-)형여 어질고 착하다. 양선-히**부**.

양:설(兩舌)명 ①불교에서 이르는 십악(十惡)의 하나. 두 사람 사이에서 이간질을 하여 싸움을 붙이는 일. ②하나의 일을 두 가지로 말하는 일. 거짓말을 하는 일.

양성(良性)명 ①좋은 성질. ②병이 어렵지 않게 고쳐지는 성질. ↔악성(惡性).

양:성(兩性)명 ①남성과 여성. 웅성(雄性)과 자성(雌性). ②사물의 서로 다른 두 성질.

양성(陽性)명 ①(본질이나 현상이) 양에 속하는 성질. ②밝고 적극적인 성질. 개방적인 성질. ③<양성 반응>의 준말. ↔음성(陰性).

양성(陽聲)명 십이율 가운데의 육률(六律)의 소리. 봉(鳳)의 울음을 상징함. ↔음성(陰聲).

양:성(養成)명하타 가르쳐서 기름. ¶후진 양성. /우수한 기술자를 양성하다.

양:성(釀成)명하타 ①어떤 분위기나 기분을 자아냄. ②☞양조(釀造).

양성^모:음(陽性母音)명 한글 모음의 한 갈래. 음의 느낌이 밝고 작은 모음. 〔ㅏ·ㅐ·ㅑ·ㅗ·ㅘ·ㅚ·ㅛ 등이 이에 딸림.〕 강모음(強母音). 밝은 홀소리. 양모음. ↔음성 모음(陰性母音).

양성^반:응(陽性反應)명 (병의 화학적·세균학적인 검사 결과) 병독의 반응이 나타나는 상태. ֍양성. ↔음성 반응(陰性反應).

양:성^산화물(兩性酸化物)명 산성과 염기성을 함께 가지고 있는 산화물. 〔산화알루미늄 따위.〕

양:성^생식(兩性生殖)명 유성 생식 중, 자웅 양성의 생식 세포가 합체에 의하여 이루어진 생식. ↔단위생식(單爲生殖).

양:성-소(養成所)명 훈련이나 교육을 통하여 어떤 기술이나 기능을 지니게 하는 곳. ¶속기사 양성소.

양성-자(陽性子)명 양전기를 띤 소립자로 중성자와 함께 원자핵을 구성하는 것. 원자핵의 둘레에 있는 전자의 음전기와 전기적(電氣的)으로 평형을 유지함. 〔기호는 P〕 양자(陽子). 프로톤.

양:성^잡종(兩性雜種)[-쫑]명 두 개의 대립 유전자를 가지는 경우의 잡종. 대립 형질이 일정한 비율을 나타냄.

양:성^전:해질(兩性電解質)명 산성 용액 중에서는 염기의 성질을, 염기성 용액 중에서는 산의 성질을 나타내는 전해질.

양성^종:양(良性腫瘍)명 진행이 완만하고 그 자리에만 국한되어 있어 치료하기가 쉬운 종양. ↔악성 종양.

양:성-화(兩性花)명 하나의 꽃 속에 암술과 수술을 함께 갖춘 꽃. 〔진달래꽃·평지꽃·벚꽃 따위.〕 양전화. 양성화. ↔단성화(單性花).

양성-화(陽性化)명하자타되자 ①양성적으로 가려졌거나 숨어 있던 사실이 겉으로 드러남, 또는 드러나게 함. ¶주민들의 불만이 양성화되다. ②(합법적이 아닌 것이) 합법적인 것으로 됨, 또는 그리 되게 함. ¶무허가 건물을 양성화하다.

양:성:화-합물(兩性化合物)[-합-]명 산(酸)에 대해서는 염기(塩基)로서, 염기에 대해서는 산으로서 작용하는 화합물. 〔수산화알루미늄·아미노산·단백질 따위.〕

양:소매-책상(兩-冊床)[-쌍]명 양쪽에 각각 여러 층의 서랍이 달린 책상.

양속(良俗)명 좋은 풍속. 아름다운 풍속.

양속(洋屬)명 ①'서양에서 만든 피륙'을 통틀어 이르는 말. ②'서양에서 만든 물건'을 두루 이르는 말.

양:-손(兩-)명 양쪽 손. 두 손. 쌍수(雙手). 양수(兩手). ¶양손에 짐을 들고 있다.

양:손(養孫)명 아들의 양자. 양손자.

양:-손자(養孫子)명 아들의 양자. 양손자.

양:-손녀(養孫女)명 아들의 양녀.

양:-손자(養孫子)명 ☞양손자(養孫).

양:손-잡이(兩-)명 오른손과 왼손을, 힘이나 기능에서 별 차이가 없이 자유롭게 쓰는 사람. 양수잡이. ¶양손잡이 투수(投手).

양:손-하다(養孫-)자타 양자를 정하여 데려 오다.

양:송(養松)명하자 소나무를 가꿈.

양:-송이(洋松栮)명 주름버섯과의 하나. 갓의 지름은 5~12 cm. 흔히 재배하는 식용 버섯을 이르며, 여러 품종이 있음.

양수(羊水)명 태아의 양막(羊膜) 속을 채우는 액체. 태아를 보호하고, 출산 때는 태아와 함께 흘러나와 분만을 쉽게 함. 모래집물. 포의수(胞衣水).

양:수(兩手)명 ①☞양손. ②장기나 바둑 따위에서, 두 군데에 한목 걸리는 수.

양수(揚水)명하자 물을 퍼 올림, 또는 퍼 올린 물. ¶양수 작업. /양수 시설로 우수(雨水)를 관리하다.

양수(陽數)명 영(零)보다 큰 수. ↔음수(陰數).

양수(陽樹)명 햇볕이 잘 드는 곳에서 잘 자라고 응달에서는 자라지 못하는 나무. 〔낙엽송·소나무·버드나무·오리나무·자작나무 따위.〕 ↔음수(陰樹).

양:수(養漱)명하자 양치질.

양:수(讓受)명하타 권리·재산 및 법률상의 지위 등을 남에게서 넘겨받음. 양도(讓渡).

양:수-거지(兩手-之)명하자 두 손을 마주 잡고 서 있음.

양:수-거지(兩手据地)명하자 절을 한 뒤에 두 손으로 땅을 짚고 꿇어 엎드림.

양:수-걸이(兩手-)명 ①(무슨 일을 이루기 위하여) 두 군데에 관계를 걸어 놓음. ②장기나 바둑 따위에서, 한 수로 둘을 겨냥하여 최소한 어느 하나를 잡을 수 있는 수.

양:수-겸장(兩手兼將)명 장기에서, 한 수로써 두 말이 한꺼번에 장을 부르게 되는 일.

양수-계(量水計)[-계/-게]명 ☞양수기(量水器).

양수-기(揚水機)명 물을 퍼 올리는 기계. 무자위.

양수-기(量水器)명 수돗물의 사용량을 재는 계기. 수량계(水量計). 양수계(量水計).

양:-수사(量數詞)명 사물의 수량을 나타내는 단어. 〔하나·둘·열·마흔 따위.〕 기본 수사. 으뜸셈씨. ֍서수사(序數詞).

양:수-인(讓受人)명 권리·재산 및 법률상의 지위 등을 남에게서 넘겨받는 사람. ↔양도인(讓渡人).

양:수-잡이(兩手-)명 ①하타 장기나 바둑 따위에서, 양수걸이를 둠. ②☞양손잡이.

양:수-집병(兩手執餠)[-뼝]명 〔두 손에 떡을 쥐었다는 뜻으로〕 '택일(擇一)하기가 어려움'을 이르는 말.

양수-척(揚水尺)명 ☞무자리.

양수-표(量水標)명 강·호수·바다 등의 수위(水位)를 재기 위하여 마련한, 눈금이 있는 기둥. 量수표.

양순(良順) '양순하다'의 어근.

양:순-음(兩脣音)명 ☞순음(脣音).

양순-하다(良順-)형여 어질고 온순하다. ¶영리하면서도 양순한 규수를 며느리로 맞다. **양순-히**부.

양-숟가락(洋-)[-까-]명 ☞스푼.

양습(良習)圀 ①좋은 풍습. ¶양습을 장려하자. ②좋은 습관. ↔악습(惡習).

양:시-론(兩是論)圀 맞서서 내세우는 양쪽의 말이 다 옳다는 주장이나 이론. ↔양비론.

양:시-쌍비(兩是雙非)圀 '양쪽에 다 일리가 있어 시비를 가리기 어려운'을 이르는 말. ¶여야(與野) 간의 주장이 양시쌍비라 절충적 타협으로 해결할 듯하다.

양식(良識)圀 건전한 사고방식. 건전한 판단력. ¶양식 있는 행동.

양식(洋式)圀 〈서양식(西洋式)〉의 준말.

양식(洋食)圀 서양식의 음식. 서양 요리. 웹한식(韓食).

양식(樣式)圀 ①(역사적·사회적으로) 자연히 그렇게 정해진 공통의 형식이나 방식. ¶전통적 생활 양식. ②문서 따위의 일정한 형식. ¶이력서의 양식. ③예술 작품이나 건축물 따위에 나타나는 독특한 표현 형식. ¶조선 초기의 건축 양식. 閝양(樣).

양:식(養殖)圀하타 (물고기·굴·김 따위의 해산물을) 기르고 번식시키는 일.

양식(糧食)圀 ①살아가는 데 필요한 먹을거리. 식량(食糧). ¶양식이 떨어지다. ②'정신적인 활동에 양분과 같은 구실을 하는 것'을 비유하여 이르는 말. ¶마음의 양식을 쌓다.

양식-사(樣式史)[-싸]圀 예술의 양식이 변천해 온 역사, 또는 그 역사를 연구하는 학문.

양:식^어업(養殖漁業)圀 〈양식업(養殖業)〉.

양:식-업(養殖業)圀 양식(養殖)을 전문으로 하는 수산업의 한 가지. 양식 어업.

양:식-장(養殖場)[-짱]圀 양식(養殖)을 하는 연안의 수역(水域).

양식-점(洋食店)[-쩜]圀 ☞양식집.

양식-집(洋食-)[-찝]圀 서양 요리를 전문으로 만들어 파는 음식집. 양식점.

양식-화(樣式化)[-씨화]圀하타되자 양식으로 되게 함.

양신(良臣)圀 육정(六正)의 하나. 어질고 충성스러운 신하.

양신(良辰)圀 좋은 때. 좋은 날. 좋은 시절. 가기(佳期). 가절(佳節).

양실(洋-)圀 서양에서 들여오거나, 서양식으로 만든 실. 양사(洋絲).

양:실(兩失)圀하타 두 가지 일에 다 실패함. ②양편이 다 이롭지 않게 됨.

양실(洋室)圀 서양식으로 꾸민 방.

양실(涼室)圀 (햇볕을 가리기 위하여) 처마 끝에 차양을 달아 낸 방이나 집.

양심(良心)圀 자기의 행위에 대하여 옳고 그름을 판단하고, 바른 말과 행동을 하려는 마음. ¶학문적 양심. /양심의 가책을 느끼다.

양:심(兩心)圀 두 마음. 겉 다르고 속 다른 마음.

양심(養心)圀하자 심성을 바르게 기름, 또는 바르게 기른 그 심성.

양:심-범(良心犯)圀 사상이나 신념의 문제로 인하여 투옥되거나 구금되어 있는 사람. 양심수(良心囚).

양:심-선언(良心宣言)圀 특히, 권력 기관의 감추어진 비리나 부정 따위를 양심에 따라 사회적으로 드러내어 알리는 일.

양:심-수(良心囚)圀 ☞양심범(良心犯).

양심-적(良心的)관형 〔주로 ～인 말이〕 양심에 따르는 (것). ¶양심적 행동. /양심적인 사람.

양-쌀(洋-)圀 수입한 외국의 쌀을 두루 이르는 말.

양:아(養痾·養疴)圀하자 ☞양병(養病).

양:-아들(養-)圀 ☞양자(養子).

양:-아버지(養-)圀 양가(養家)의 아버지. 양부(養父). ↔생아버지·친아버지.

양-아욱(洋-)圀 아욱과의 다년초. 줄기 높이 30~50cm. 줄기와 잎에 털이 빽빽이 나 있음. 여름에 빨강·분홍·흰색 등의 다섯잎꽃이 잎겨드랑이에서 피고 둥글납작한 열매를 맺음. 남아프리카 원산이며 관상용으로 재배함. 제라늄.

양-아치圀 〈거지〉·〈넝마주이〉의 속된 말.

양-악(洋樂)圀 〈서양 음악〉의 준말.

양-악(養惡)圀하자 나쁜 버릇을 기름.

양-악기(洋樂器)[-끼]圀 서양의 악기.

양안(良案)圀 좋은 안(案). 좋은 착상.

양:-안(兩岸)圀 강이나 하천 따위의 양쪽 기슭. ¶양안에 늘어선 미루나무.

양:-안(兩眼)圀 두 눈. 왼쪽 눈과 오른쪽 눈. 쌍모(雙眸). 쌍안(雙眼).

양안(洋鞍)圀 〈양안장(洋鞍裝)〉의 준말.

양안(量案)圀 지난날, 논밭의 소재(所在)·자호(字號)·등급·면적·사표(四標)·소유주 등을 기록한 책. 오늘날의 토지 대장과 같은 것. 전적(田籍).

양:-안^시:야(兩眼視野)圀 양쪽 눈으로 그 위치를 변경하지 않고 보는 외계의 범위. ↔단안시야.

양-안장(洋鞍裝)圀 서양식 안장. 閝양안(洋鞍).

양암(諒闇)圀 임금이 부모의 상중(喪中)에 있음, 또는 그 기간.

양:-액(兩腋)圀 양쪽 겨드랑이. ¶양액을 부축하다.

양야(良夜)圀 좋은 밤. 달이 밝고 아름다운 밤.

양야(涼夜)圀 서늘한 밤.

양약(良藥)圀 좋은 약. 효능이 뛰어난 약. 양제(良劑).

양약(洋藥)圀 서양의 의술과 제약 방법으로 만든 약. 신약(新藥). ↔한약(韓藥).

양약-고구(良藥苦口)[-꼬-]圀 〔좋은 약은 입에 쓰다는 뜻으로〕 '바르게 충고하는 말은 귀에 거슬리지만 자신을 이롭게 함'을 비유하여 이르는 말. '공자가어'의 '육본편(六本篇)'과 '설원(說苑)'의 '정간편(正諫篇)'에 나오는 말임. 충언역이(忠言逆耳).

양약-국(洋藥局)[-꾹]圀 양약을 파는 약국. 약국. 양약방.

양약-방(洋藥房)[-빵]圀 ☞양약국.

양약-재(洋藥材)[-째]圀 양약(洋藥)의 재료.

양-양(羊羊)圀 한자 부수의 한 가지. '羚'·'美'·'義' 등에서의 '羊·羊'의 이름.

양양(洋洋)(어) '양양(洋洋)하다'의 어근.

양양(揚揚)(어) '양양(揚揚)하다'의 어근.

양양가(襄陽歌)圀 조선 시대의 십이 가사(十二歌詞) 중의 하나. 작자·연대 미상. 〔'청구영언'에 실리어 전함.〕

양양-자득(揚揚自得)圀하자 뜻을 이루어 뽐내며 거들먹거림, 또는 그런 태도.

양양-하다(洋洋-)형어 ①넘칠 듯한 수면이 끝없이 넓게 펼쳐져 있다. ¶양양한 바다. ②앞길이 환히 열려 희망에 차 있다. ¶패기 넘치고 학업에 열중하는 젊은이들이 있는 한 우리나라의 미래는 양양하다고 믿는다. **양양-히**튄.

양양-하다(揚揚-)형어 목적한 일을 이루거나 이름을 드날리게 되어 만족한 빛을 나타내는 면이 있다. ¶의기가 양양하다. **양양-히**튄.

양:어(養魚)圐하자 물고기를 길러 번식시킴, 또는 그 물고기.

양:-어머니(養-)圐 양가(養家)의 어머니. 양모(養母). ↔생어머니·친어머니.

양:어버이(養-)圐 양부모(養父母).

양:어-장(養魚場)圐 시설을 갖추고 물고기를 길러 번식시키는 곳.

양언(揚言)圐하자타 ①목청을 높이어 들으라는 듯이 말함. ②공공연하게 말함.

양:여(讓與)圐하타 남에게 넘겨줌.

양연(良緣)圐 좋은 인연. 좋은 연분. 어울리는 혼인.

양:열^재료(釀熱材料)圐 온상 등에 쓰이는, 발효열을 내는 유기물. [두엄·낙엽·겨 따위.]

양염(陽炎)圐 아지랑이.

양엽(陽葉)圐 식물의 잎 중에서, 햇빛을 충분히 받은 잎. ↔음엽(陰葉).

양:-엽(兩-)[-녑]圐 좌우 양쪽 옆. ¶길 양옆으로 코스모스가 피어 있다. * 양:옆이[-녀피]·양:옆만[-념-]

양오(暘烏)圐 '태양'을 달리 이르는 말. [해 속에 세 발 달린 까마귀가 있다는 전설에서 온 말.]

양옥(洋屋)圐 서양식으로 지은 집. 양옥집. ↔한옥(韓屋).

양옥-집(洋屋-)[-찝]圐 ☞양옥.

양와(洋瓦)圐 ☞양기와.

양:-외가(養外家)[-외-/-웨-]圐 양어머니의 친정.

양요(洋擾)圐 서양 사람들로 말미암아 일어난 난리. [1866년의 프랑스 군함에 의한 강화도 포격과, 1871년의 미국 군함에 의한 강화도 침입 등을 가리킴.] 양란(洋亂).

양:요-렌즈(兩凹lens)圐 양쪽이 다 오목하게 된 렌즈.

양:-요리(洋料理)[-뇨-]〈서양 요리〉의 준말.

양용(兩用)圐하타되자 두 가지 기능으로 쓰임. ¶수륙(水陸) 양용 장갑차.

양우(良友)圐 좋은 벗. 어진 벗. 양붕(良朋). ↔악우(惡友).

양우(涼雨)圐 서늘한 비. 더위를 시원하게 식혀 주는 비.

양:우(養牛)圐하자 소를 침, 또는 그 소.

양:웅(兩雄)圐 두 영웅. 뛰어난 두 인물.

양:웅-불구립(兩雄不俱立)圐 두 영웅이 동시에 존립할 수 없으며, 서로 싸워 한쪽이 쓰러지고야 만다는 뜻. 圏세불양립(勢不兩立).

양원(良媛)圐 조선 시대에, 세자궁(世子宮)에 딸린 종삼품의 내명부(內命婦).

양:원(兩院)圐 이원제(二院制)의 국회를 구성하는 두 의원(議院). [참의원과 민의원, 또는 상원과 하원 따위로 일컬음.]

양:원-제(兩院制)圐〈양원 제도〉의 준말. 이원제(二院制). ↔단원제.

양:원^제:도(兩院制度)圐 양원으로써 국회를 구성하는 제도. 이원 제도. 圏양원제. ↔단원제도(單院制度).

양월(良月·陽月)圐 '음력 시월'을 달리 이르는 말. 圏납종(臘鐘).

양:위(兩位)圐〈양위분〉의 준말. ②'죽은 부부'를 이르는 말. ¶양위를 합장(合葬)하다.

양:위(讓位)圐하타 임금의 자리를 물려줌. ¶세자에게 왕위를 양위하다.

양:위-분(兩位-)圐 부모 또는 부모처럼 받드는 사람의 내외를 높이어 일컫는 말. ¶양위분께서 함께 계시다. 圏양위(兩位).

양유(羊乳)圐 양젖.

양유(良莠)圐 [벼와 가라지, 곧 좋은 풀과 나쁜 풀이라는 뜻으로] '착한 사람과 악한 사람'을 비유하여 이르는 말.

양유-맥(陽維脈)圐 한방에서 이르는 기경팔맥(奇經八脈)의 하나.

양육(羊肉)圐 양고기.

양:육(養育)圐하타되자 돌보아 길러 자라게 함. 육성(育成). 장양(將養). ¶고아를 데려다가 양육하다.

양:육-권(養育權)[-꿘]圐 아이를 돌보아 기를 수 있는 법적인 권리.

양:육-비(養育費)[-삐]圐 양육하는 데 드는 비용. ¶양육비가 많이 들다.

양:육-원(養育院)圐 의지할 데 없는 어린아이·과부·노인 등을 수용하여 돌보아 주는 사회 사업 기관.

양융(洋絨)圐 서양에서 들여온 융.

양은(洋銀)圐 ①구리·니켈·아연으로 된 은백색의 합금. 녹이 슬지 않고 단단하며 가공이 쉽기 때문에 그릇이나 장식품 등을 만드는 데 쓰임. ¶양은 냄비. ②〈양은전(洋銀錢)〉의 준말.

양-은전(洋銀錢)圐 서양의 은전. 圏양은·양전.

양음(陽陰)圐 ①양과 음. 음양. ②'양수'와 '음수'.

양:응(養鷹)圐하자 매를 기름, 또는 그 매.

양의(良醫)[-의/-이]圐 의술이 뛰어난 의사. 圏명의(名醫).

양:-의(兩儀)[-의/-이]圐 ①음(陰)과 양(陽). ②참을 뜻함. 이의(二儀).

양의(洋醫)[-의/-이]圐 ①서양 의학에 따라 치료하는 의사. ↔한의(韓醫). ②서양인 의사.

양의(量宜)[-의/-이]圐하타 잘 헤아림.

양이(洋夷)圐 [서양 오랑캐란 뜻으로] '서양 사람'을 업신여겨 이르는 말.

양이(量移)圐하타 [먼 곳에서 귀양살이하는 사람의 죄를 감하여 가까운 곳으로 옮기던 일.]

양:이(攘夷)圐하자 외국인을 얕보고 배척함.

양:이-론(攘夷論)圐 조선 말기에, 외국인을 배척하고 쇄국하자던 주장. 흥선 대원군 집정 때에 제기됨.

양-이온(陽ion)圐 양전기(陽電氣)를 띤 이온. 원자 기호의 오른쪽 어깨에 '+' 또는 '·' 표를 붙여서 나타냄. ↔음이온.

양:익(兩翼)圐 ①새·비행기 따위의 양쪽 날개. ②중간에 있는 군대의 좌우 양쪽에 진을 친 군대.

양인(良人)圐 ①☞양민(良民). ②어질고 착한 사람. 좋은 사람.

양:인(兩人)圐 두 사람. ¶양인을 대질시키다.

양인(洋人)圐〈서양인〉의 준말.

양:일(兩日)圐 두 날. 이틀. ¶오늘과 내일 양일에 걸쳐 체육 대회가 열린다.

양입계출(量入計出)[-께-/-꼐-]圐하자 수입을 따져 보고 지출을 계획함.

양:자(兩者)圐 두 사람, 또는 두 사물. ¶양자가 합의하다.

양자(陽子)圐 ☞양성자.

양자(量子)圐 원자·전자·미립자(微粒子) 따위의 최소의 단위량.

양자(樣子)圐 얼굴의 생김새.

양자(樣姿)圐 (사람의) 겉으로 드러난 모습이나 모양.

양:자(養子)圐 ①조카뻘 되는 이를 데려다가 삼은 아들. ②입양으로 아들이 된 사람. 계자(繼子). 양아들.

양자(로) 가다[관용] 양자가 되어 양가(養家)로 들어가다.

양자(를) 들다[관용] 남의 양자가 되다.

양자(를) 세우다[관용] 양자를 정하여 들여세우다.

양자-기(洋瓷器)명 〈양재기〉의 본딧말.

양자-론(量子論)명 물리학 이론의 한 갈래. 물질의 미시적(微視的) 구조나 기능을 양자의 관점에서 해명하는 이론.

양-자리(羊-)명 황도 십이궁의 하나. 물고기자리와 황소자리 사이에 있는 삼각형 모양의 별자리. 가을에 남쪽 하늘에 보이며, 12월 하순에 자오선을 통과함. 백양궁.

양자^역학(量子力學)[-녀칵]명 소립자·원자·분자 등 미시적인 입자(粒子)의 운동을 연구하는 물리학의 한 분야.

양-자주(洋紫朱)명 서양에서 만든 자줏빛 물감.

양:자-택일(兩者擇一)명하자 둘 가운데서 하나를 가려 잡음. 이자택일.

양:자-하다(養子-)타여 양자를 정하여 데려오다.

양자^화:학(量子化學)명 양자 역학의 법칙을 응용하여 화학 현상을 해명하려는 이론 화학의 한 분야.

양:잠(養蠶)명하자 누에를 침, 또는 그 일.

양:잠-업(養蠶業)명 누에를 치는 사업. 준잠업(蠶業).

양장(羊腸)명 ①양의 창자. ②'산길 따위가 양의 창자처럼 꼬불꼬불함'을 비유하여 이르는 말. ¶양장 길로 한참 올라가면 큰 사찰이 있다.

양장(良匠)명 ☞양공(良工).

양장(良將)명 용맹과 지략이 뛰어난 장수. 훌륭한 장수.

양:장(兩場)명 〔조선 시대에〕 ①초시(初試)와 복시(覆試). ②초시·복시·전시(殿試)에서의 초장(初場)과 종장(終場).

양장(洋裝)명하자 ①(여자가) 옷을 서양식 정장으로 차려입음, 또는 그 옷. ¶그녀는 양장이 잘 어울린다. ②하타 책을 서양식으로 장정함, 또는 그 책. 표지에 가죽이나 모조 가죽 따위를 입혀 제본함. ¶양장 제본.

양장-미인(洋裝美人)명 양장한 미인.

양:장^시조(兩章時調)명 초장(初章)과 종장(終章)만으로 된 시조의 한 형식.

양장-점(洋裝店)명 여자의 양장 옷을 만들거나 파는 가게. 鄭양복점.

양:장^진:사(兩場進士)명 조선 시대에, 사마시(司馬試)의 복시(覆試)에서 초장(初場)과 종장(終場)에 급제한 진사.

양:장^초시(兩場初試)명 조선 시대에, 과거에서 초시의 초장(初場)과 종장(終場)에 급제하는 일, 또는 그 사람.

양재(良才)명 훌륭한 재능, 또는 그런 재능을 가진 사람.

양재(良材)명 ①좋은 재목이나 재료. ②훌륭한 인재.

양재(洋裁)명하자 양복의 재봉. 양복을 마르거나 바느질하거나 디자인하는 일.

양재(涼材)명 ☞냉재(冷材).

양:재(禳災)명하자 신령이나 귀신에게 빌어서 재앙을 물리침.

양-재기(←洋瓷器)명 ①금속의 안팎에 법랑을 입힌 그릇. ②알루미늄으로 된 식기. 甚양자기.

양재-사(洋裁師)명 양복을 마르거나 바느질하거나 디자인하는 사람.

양-잿물(洋-)[-잳-]명 〔서양의 잿물이라는 뜻으로〕 빨래할 때 세제(洗劑)로 쓰는 '수산화나트륨'을 이르는 말. 甚잿물.

양-적(量的)[-쩍]관명 분량에 관한 (것). 분량으로 본 것. ¶양적 측면. /양적으로도 크게 모자란다. ↔질적(質的).

양전(良田)명 기름진 밭.

양:전(兩全)명 두 가지가 다 온전함.

양:전(兩銓)명 조선 시대에, 이조(吏曹)와 병조(兵曹)를 아울러 이르던 말.

양전(洋錢)명 〈양은전〉의 준말.

양전(洋氈)명 서양에서 만들었거나 서양식으로 짠 모전(毛氈).

양전(量田)명하자 논밭을 측량함.

양전(陽電)명 〈양전기〉의 준말.

양전(陽轉)명하자 투베르쿨린 반응 따위의 생체 반응 검사에서, 음성이었던 것이 양성으로 바뀜.

양-전극(陽電極)명 ☞양극(陽極). ↔음전극(陰電極).

양-전기(陽電氣)명 전기의 두 가지 종류 가운데의 하나. 비단 헝겊으로 문지른 유리 막대에 생기는 전기, 또는 그와 같은 성질을 가진 전기. 정전기(正電氣). ↔음전기.

양-전자(陽電子)명 전자와 같은 질량을 가진 양전하의 소립자. ↔음전자.

양-전하(陽電荷)명 물체가 음전기보다 양전기를 더 많이 지니고 있는 상태의 전하. 양하전. ↔음전하(陰電荷).

양:전-화(兩全花)명 ☞양성화(兩性花).

양:절-연초(兩切煙草)[-련-]명 양 끝을 자르고 물부리를 달지 않은 궐련.

양-접시(洋-)[-씨]명 운두가 낮고 넓은 서양식 접시.

양정(良丁)명 양민(良民)인 장정. ¶난리통에 수많은 아까운 양정이 죽고 다치다.

양정(量定)명하자 (가볍고 무거운 정도를) 헤아려서 정함. ¶형벌을 양정하다.

양:정(養正)명하자 정도(正道)를 닦음.

양:정(養庭)명 '양가(養家)'를 높여 이르는 말. ↔생정(生庭)[1].

양정(糧政)명 식량에 관한 정책이나 시책.

양-젖(羊-)[-젇]명 양의 젖. 양유(羊乳). * 양젖[-저지] · 양젖만[-전-]

양제(良娣)명 조선 시대에, 세자궁(世子宮)에 딸린 종이품 내명부(內命婦)의 칭호.

양제(良劑)명 좋은 약. 효능이 뛰어난 약. 양약(良藥).

양제(洋制)명 서양의 제도. 서양식 제도.

양제(涼劑)명 ☞냉재(冷材).

양제-초(羊蹄草)명 ☞소루쟁이.

양:조(兩朝)명 ①앞뒤의 두 왕조. ¶당·송(唐宋) 양조. ②앞뒤 두 임금의 시대. ¶영·정(英正) 양조. ③남조(南朝)와 북조(北朝).

양:조(釀造)명하자 발효 작용을 응용하여 술이나 간장·식초 따위를 담가서 만드는 일. 양성(釀成). ¶양조 회사.

양:조-간장(釀造-醬)명 메주를 발효시켜 얻은 간장.

양:조-대변(兩造對辨)명하자 ☞무릎맞춤. ¶양조대변으로 시비(是非)와 곡직(曲直)을 가리다.

양:-조모(養祖母)명 양가(養家)의 할머니.

양:-조부(養祖父)명 양가(養家)의 할아버지.

양:조-장(釀造場)명 술이나 간장·식초 따위를 담그는 공장.

양:조-주(釀造酒)**명** 곡류나 과일·근경류(根莖類)등을 원료로 하여 발효시켜 만든 술. ⑳합성주(合成酒).

양:족(兩足)**명** 양쪽 발. 두 발.

양존(陽尊)**명** [속으로 해칠 마음을 품고 있으면서] 겉으로는 존경함.

양종(良種)**명** ①좋은 종자. ②좋은 품종.

양종(兩宗)**명** ①조계종(曹溪宗)과 천태종(天台宗)을 아울러 이르는 말. ②교종(敎宗)과 선종(禪宗)을 아울러 이르는 말.

양종(洋種)**명** 서양에서의 종자, 또는 서양에서 나는 종류.〔주로, 동식물에 대하여 이름.〕서양종.

양종(陽腫)**명** 한방에서, 몸의 겉에 난 종기를 이르는 말.

양종(陽種)**명** 허식이 없고 소탈하며 있는 그대로를 드러내는 성질을 가진 사람.

양종-다리(陽腫-)**명** 다리에 난 종기, 또는 종기가 난 다리.

양주(良酒)**명** 좋은 술.

양:주(兩主)**명** '부부(夫婦)'를 남이 대접하여 일컫는 말. ¶그 댁의 양주는 금실이 좋다.
  양주 싸움은 칼로 물 베기(속담) 부부간의 싸움은 곧 화합된다는 말.

양주(洋酒)**명** 서양에서 들어온 술, 또는 서양의 양조법에 따라 빚은 술.〔위스키·브랜디·보드카 따위.〕

양주(陽鑄)**명** 주금(鑄金)에서, 무늬나 명문(銘文) 따위를 도드라지게 나타내는 일.

양:주(釀酒)**명**(하자) 술을 담금. 술을 빚음.

양주^별산대놀이(楊州別山臺-)[-싼-]**명** 경기도 양주 지방에 전해 내려오는 가면극.〔서울의 사직골·아현동 등지에 있던 탈놀이를 본산대라 한 데 대한 이름.〕

양-주정(佯酒酊)**명**(하자) 거짓으로 하는 주정.

양-중(兩中)**명** 남자 무당의 한 가지.

양중(陽中)**명** '봄'을 달리 이르는 말. ↔음중(陰中).

양:즙(胖汁)**명** 소의 양(胖)을 잘게 썰어 끓이거나 볶아서 중탕(重湯)하여 짠 물. 몸을 보하기 위해 먹음.

양증(陽症·陽證)**명** ①활발하고 개방적인 성격. ②한방에서, 몸을 덥게 하거나 더운 성질의 약을 먹거나 하면 더해지는 병증 등을 통틀어 이르는 말. ③〈상한양증(傷寒陽症)〉의 준말. ↔음증(陰症).

양증-외감(陽症外感)**명** 한방에서, 외부적인 원인으로 생기는 급성병을 이르는 말. ↔음증외감(陰症外感).

양지(羊脂)**명** 양의 몸에서 얻는 지방(脂肪).

양지(良知)**명** (경험이나 교육에 의한 것이 아닌) 타고난 지능.

양:지(兩地)**명** 두 지방. 두 곳.

양지(洋紙)**명** ('한지'에 대해서) 서양식 제지법에 의하여 기계로 뜬 종이.

양지(陽地)**명** ①볕이 바로 드는 곳. ②'혜택을 받는 처지'를 비유하여 이르는 말. ↔음지.
  양지가 음지 되고 음지가 양지 된다(속담) 세상 일이란 돌고 도는 것이어서, 처지가 뒤바뀌는 경우도 많다는 말.

양지(量地)**명**(하자) 땅을 측량함. 측지(測地).

양지(量知)**명**(하자) 헤아려 앎. 짐작하여 앎.

양지(諒知)**명**(하타) 살펴서 앎. 찰지(察知).

양:지(壤地)**명** 나라의 영토.

양지-꽃(陽地-)[-꼳]**명** 장미과의 다년초. 산에 절로 나는데 줄기는 30cm가량. 잎은 깃모양 겹잎인데 뿌리에서 무더기로 남. 4월경에 노란 다섯잎짜리 핌. 어린순은 나물로 먹음. 쇠스랑개비. *양지꽃이[-꼬치]·양지꽃만[-꼰-]

양지니 **명** 되샛과의 새. 날개 길이 9cm가량으로 참새보다 조금 큼. 수컷은 온몸 빨간색 바탕에 목은 은백색, 머리 위는 장밋빛이고, 등에는 검은 얼룩무늬가 세로로 나 있음. 사할린·시베리아 동부 등지에서 번식하고, 우리나라·일본·중국 등지에서 겨울을 남.

양지-머리(陽地-)**명** ①소의 가슴에 붙은 뼈와 살을 아울러 이르는 말. ②쟁기의 술의 둥글고 뾰족한 우두머리 끝.

양지-바르다(陽地-)[~바르니·~발라]**형**(己) (땅이) 볕이 잘 들게 되어 있다. ¶양지바른 산기슭.

양지^식물(陽地植物)[-싱-]**명** 양지에서 잘 자라는 식물. ↔음지 식물.

양지-아문(量地衙門)**명** 대한 제국 때, 토지의 측량을 맡아보던 관청.

양지-양능(良知良能)**명** (교육이나 경험에 의하지 않고) 선천적으로 시비·선악·정사(正邪)를 알고 행할 수 있는 마음의 작용.

양지-옥(羊脂玉)**명** 양의 기름 덩이 같은 빛깔의, 윤택 있는 백옥(白玉).

양지-쪽(陽地-)**명** 볕이 잘 드는 쪽.

양지-초(羊脂-)**명** 양의 기름으로 만든 초.

양직(亮直)**명**(하형) 마음이 밝고 올곧음. 양직-히**부**.

양직(洋織)**명** 서양에서 짠 직물(織物), 또는 그런 방식으로 짠 직물.

양:진(兩陣)**명** 서로 맞서 있는 두 편의 진(陣).

양:진(癢疹)**명** 신경성 피부병의 한 가지. 만지면 알 수 있을 정도의 작은 두드러기가 돋고 몹시 가려움.

양질(良質)**명** 좋은 품질. 좋은 바탕. ¶양질의 석유. /양질의 노동력.

양질-호피(羊質虎皮)**명** [속은 양이고 거죽은 범이란 뜻으로] '실속 없이 겉만 꾸미는 일'을 이르는 말.

양:-짝(兩-)**명** 두 편짝. 두 짝.

양:-쪽(兩-)**명** ①두 쪽. 두 사물. 두 개의 것. ¶양쪽 눈. /양쪽이 다 가지다. ②두 방향. 두 방면(方面). ¶양쪽으로 헤어지다.

양:차(兩次)**명** 두 번. 두 차례. ¶양차에 걸친 국제 대회. /양차 세계 대전.

양:-차렵(兩-)**명** (봄·가을) 두 철 입는 차렵것.

양착(量窄)**명**(하형) ①먹거나 마시는 양이 적음. ②도량이 좁음. ②양협(量狹).

양찬(糧饌)**명** 양식과 반찬거리.

양찰(亮察)**명**(하타) (다른 사람의 사정·형편 따위를) 밝게 살핌.

양찰(諒察)**명**(하타) (다른 사람의 사정·형편 따위를) 헤아려 살핌. 양촉(諒燭).

양창(亮窓)**명** 창살이 없는 창.

양책(良策)**명** 훌륭한 방책. 좋은 계책.

양처(良妻)**명** 어질고 착한 아내. ⑭현처(賢妻). ↔악처(惡妻).

양:처(兩處)**명** 두 곳. 두 군데.

양처-현모(良妻賢母)**명** ☞현모양처.

양처현모-주의(良妻賢母主義)[-의/-이]**명** 훌륭한 아내와 어진 어머니가 되게 교육하는 것을 목적으로 하는, 여성 교육상의 주의.

양:척(兩隻)**명** 송사(訟事)를 일으킨 사람과 송사를 당한 사람, 곧 원고와 피고.

양:척(攘斥)**명**(하타) 물리쳐 쫓아 버림.

양천(良賤)**명** 양민과 천민.

양천(涼天)**명** 서늘한 날씨.

양천(陽天)**명** 구천(九天)의 하나. 동남쪽 하늘.

양철(洋鐵)**명** 안팎에 주석을 입힌 얇은 철판. 통조림통·석유통 등을 만드는 데 쓰임. 생철. **참**함석.

양철-가위(洋鐵-)**명** 양철을 자르는 데 쓰는 가위.

양철-공(洋鐵工)**명** 양철을 다루어 물건을 만드는 직공.

양:철-렌즈(兩凸lens)**명** 양면이 다 볼록한 렌즈.

양철-통(洋鐵桶)**명** 양철로 만든 통. 〔물동이·석유통 따위.〕

양첨(涼簷)**명** (여름철에) 뜨거운 볕을 가리기 위하여 임시로 덧댄 처마.

양첩(良妾)**명** 양민(良民) 출신의 첩.

양청(洋靑)**명** 당청(唐靑)보다 진한, 푸른빛 물감의 한 가지.

양:초(兩草)**명** 한 냥쭝을 한 묶음으로 하여 팔던 품질 좋은 잎담배.

양-초(洋-)**명** 스테아린이나 파라핀을 원료로 하고, 무명실을 꼬아 심으로 사용한 초.

양초(洋醋)**명** 화학적으로 합성하여 만든 식초.

양초(糧草)**명** 군량(軍糧)과 마초(馬草).

양초-시계(洋-時計)[-게/-계]**명** 불시계의 한 가지. 양초가 타면서 줄어드는 길이로 시간을 헤아림.

양촉(諒燭)**명하타** ☞양찰(諒察).

양촌-집(陽村集)**명** 조선 초의 학자 권근(權近)의 시문집. 현종 15년에 간행되었는데, 시가(詩歌) 10권, 문장 30권임.

양총(洋銃)**명** 서양식 총.

양추(涼秋)**명** ①서늘한 가을. ②'음력 구월'을 달리 이르는 말. ②중양(重陽).

양:축(養畜)**명하타** 가축을 기름.

양춘(陽春)**명** ①따뜻한 봄. ②'음력 정월'을 달리 이르는 말. ②왕월(王月).

양춘-가절(陽春佳節)**명** 따뜻한 봄철.

양춘-화기(陽春和氣)**명** 봄철의 따뜻하고 맑은 기운.

양-춤(洋-)**명** '서양식의 춤'을 속되게 이르는 말. 〔발레·사교 댄스 따위.〕

양취(佯醉)**명하타** 거짓으로 술에 취한 체함.

양:측(兩側)**명** ①두 편. 양편(兩便)¹. ¶양측 대표. /양측이 합의하다. ②양쪽. ¶도로의 양측.

양치(←楊枝)**명하자** 〈양치질〉의 준말. 한자를 빌려 '養齒'로 적기도 함.

양-치기(羊-)**명** ①양을 치는 일. 또는 그런 사람. ②놓아기르는 양을 돌보는 일, 또는 그런 사람.

양치-식물(羊齒植物)[-싱-]**명** 은화식물(隱花植物)의 한 문(門). 관다발이 발달한 뿌리·줄기·잎으로 분화하며, 포자에 의하여 번식함. 포자는 싹이 터서 전엽체(前葉體)가 됨.

양치-질(←楊枝-)**명하자** ①이를 닦는 일. ②소금물·물·함수제(含漱劑) 따위로 입 안을 가셔 내는 일. 양수(養漱).

양:친(兩親)**명** 아버지와 어머니. 부모(父母). 쌍친(雙親). 어버이.

양친(養親)**명** ①양가(養家)의 부모. 양부와 양모. ②하자부모를 봉양함.

양칠(洋漆)**명** 〔서양식 칠이란 뜻으로〕 페인트 칠을 이르는 말.

양칠-간죽(洋漆竿竹)**명** 빨강·파랑·노랑의 빛깔로 알록지게 칠한 담배설대.

양침(洋針)**명** 서양식으로 만든 바늘.

양칫-물(←楊枝-)[-친-]**명** 양치질할 때 쓰는 물.

양:칭(兩秤)**명** 저울대의 한 눈이 한 냥의 무게를 나타내는 저울.

양-코(洋-)**명** ①'서양 사람', 또는 '서양 사람의 높은 코'를 놀리어 이르는 말. ②'코가 높은 사람'을 놀리어 이르는 말.

양코-배기(洋-)**명** '서양 사람'을 얕잡아 이르는 말.

양:콩-잡이(兩-)**명하타** 바둑에서, 한 점을 놓아 양쪽으로 한 점씩 따 내는 일, 또는 그런 수.

양키(Yankee)**명** '미국 사람'을 얕잡아 이르는 말.

양-타락(羊駝酪)**명** 양젖을 죽처럼 걸쭉하게 끓인 음식.

양-탄자(洋-)**명** 짐승의 털을 굵은 베실에 박아 짠 피륙. 방이나 마룻바닥의 깔개로 쓰임. 융단(絨緞). 카펫. **참**모전(毛氈).

양:탈(攘奪)**명하타** ☞약탈(掠奪).

양태¹명 〈갓양태〉의 준말.

양태²명 양태과의 바닷물고기. 몸길이 50cm가량. 몸은 가늘고 길며 아래위로 납작하고, 머리는 크고 꼬리는 가늚. 몸빛은 등이 암갈색이고 배는 흼. 연안의 모랫바닥에 기어 들어가 살며, 새우나 게를 잡아먹음. 우리나라·일본·말레이시아·인도양 등지에 널리 분포함.

양태(樣態)**명** ①모양과 태도. ②상태. 양상(樣相). ¶인간 존재의 양태. ②양(樣).

양태^부사(樣態副詞)**명** 문장 부사의 한 갈래. 말하는 이의 어떤 일에 대한 믿음이나 태도 등을 나타내는 단어. 문장 전체에 대한 판단을 내리는 성질을 지님. 〔'과연 그분은 위대한 인물이었다.'에서의 '과연' 따위.〕**참**부사.

양태-장(-匠)**명** 조선 시대에, 상의원(尙衣院)에 딸리어 갓양태를 만들던 공장(工匠).

양택(陽宅)**명** ①풍수지리에서, 무덤에 상대하여 '사람이 사는 집'을 달리 이르는 말. ↔음택(陰宅). ②☞양기(陽基). ③마을이나 고을의 터. 관아의 터.

양-털(羊-)**명** 양의 털. 보온성이 강하여 모사·모직물의 원료로 쓰임. 양모(羊毛).

양:토(養兔)**명** 토끼를 침.

양토(壤土)**명** ①흙. 토양. ②모래와 점토가 알맞게 섞인 검은 빛깔의 흙. 경작(耕作)에 가장 알맞음.

양통(癢痛)**명** 가려움과 아픔. 통양(痛癢).

양-틀(洋-)**명** '재봉틀'을, 서양에서 들여왔다는 뜻으로 이르는 말.

양-파(洋-)**명** 백합과의 이년초. 지중해 연안 원산의 채소의 한 가지. 잎은 가늘고 길며 속이 빈 파 모양임. 땅속의 비늘줄기는 둥글넓적하며 맛이 맵고 향기가 독특함.

양판-지명 대패질할 때 밑에 받쳐 놓는 나무판.

양판-점(量販店)**명** 대량으로 상품을 판매하는 대형 소매점.

양:-팔(兩-)**명** 두 팔. 양쪽 팔.

양:팔-간(격)(兩-間隔)**명** 두 사람 이상이 옆으로 줄을 맞추어 설 때 양팔을 어깨 높이로 곧게 펴 올려, 양쪽 사람의 가운뎃손가락 끝이 서로 닿을 정도로 벌려 선 간격.

양패(佯敗)**명하자** 거짓으로 패한 체함.

양:편(兩便)¹**명** 두 편. 양측. ¶양편 대표. /길 양편에 늘어선 벚나무.

양:편(兩便)²**명형** 양쪽이 다 편함, 또는 양쪽의 편리.

양:-편짝(兩便-)**명** ☞양편쪽.

양:편-쪽(兩便-)圓 서로 상대가 되는 두 편짝. 양편짝.

양푼 圓 운두가 높지 않고, 넓고 큰 놋그릇. 음식물을 담거나 데우는 데 쓰임.

양품(良品)圓 품질이 좋은 물건.

양품(洋品)圓 서양풍의 물건. 특히, 서양풍의 의류나 그 부속품 또는 장신구 따위의 잡화.

양품-점(洋品店)圓 양품을 파는 가게.

양풍(良風)圓 좋은 풍습. 좋은 풍속.

양풍(洋風)圓 〈서양풍〉의 준말.

양풍(涼風)圓 ①팔풍(八風)의 하나. 서남풍. ②서늘한 바람. 시원한 바람.

양풍-미속(良風美俗)圓 ➡미풍양속.

양피(羊皮)圓 양가죽. ¶양피 구두. /양피 장갑.

양피-지(羊皮紙)圓 양의 가죽으로 만든 서사(書寫) 재료. 무두질한 가죽을 건조·표백하여, 활석(滑石)으로 닦아 광택이 나게 한 것. 〔유럽에서는 중세 말까지 사용되었음.〕

양:피-화(兩被花)圓 꽃받침과 꽃부리를 완전히 갖춘 꽃. 〔배꽃·살구꽃 따위.〕 ↔나화(裸花). ㉠단피화(單被花).

양하(蘘荷)圓 생강과의 다년초. 높이 50~100 cm. 생강과 비슷함. 땅속줄기는 옆으로 뻗고, 잎은 두 줄로 어긋맞게 나며, 여름에 담황색의 꽃이 핌. 열대 아시아 원산으로 각지에서 채소로 재배되며, 화수(花穗)·어린잎·땅속줄기는 향미료로 쓰임.

양-하다(陽-)囵동圄 ➡양제하다. ¶공부하는 양하다.

양-하전(陽荷電)圓 ➡양전하(陽荷電).

양학(洋學)圓 서양의 학문.

양항(良港)圓 〔배가 드나들거나 머물기에〕 좋은 항구. ¶천연(天然)의 양항.

양-항라(洋亢羅)[-나]圓 무명실로 짠 항라.

양해(羊-)圓 ➡미년(未年).

양해(諒解)圓하타(되자 사정을 참작하여 납득함. 이해(理解). ¶상대편의 양해를 구하다.

양핵(陽核)圓 〔양전기를 띤 핵이라는 뜻으로〕 '원자핵(原子核)'을 이르는 말.

양행(洋行)圓 ①하자 유럽이나 미국으로 유학을 가거나 여행을 함. ¶양행의 꿈을 이루다. ②〔주로 서양의 수입품을 다루던 신식 상점을 중국식으로 이르던 말로〕 '상사(商社)'를 달리 이르는 말.

양향(糧餉)圓 군대의 양식.

양허(亮許)圓하타 용서함. 허용함.

양허(陽虛)圓하 한방에서, '양기가 허하여 으스스 춥고 떨리는 병'을 이르는 말.

양:현-고(養賢庫)圓 ①고려 시대, 국학(國學)의 장학 재단. ②조선 시대에, 유생에게 주는 식량에 관한 일을 맡아보던 관아.

양:혈(養血)圓하자 약을 먹어 피를 맑게 하고 보함.

양협(量狹)圓하혱 도량이 좁음. 양착(量窄).

양형(量刑)圓하자 형벌의 정도를 헤아려 정함.

양혜(洋鞋)[-혜/-혜]圓 ➡구두[.

양호(羊毫)圓 ➡양호필(羊毫筆).

양호(良好)圓하혱 매우 좋음. ¶작업 환경이 양호하다. /건강이 양호하다.

양:호(兩湖)圓 호남(湖南)과 호서(湖西), 곧 전라도와 충청도를 아울러 이르는 말.

양:호(養戶)圓 지난날, 부자가 구실을 대납(代納)하여 공역(公役)을 면제시켜 주고, 그 대신 제집에서 천민으로 삼음.

양:호(養護)圓하타 ①기르고 보호함. ②학교에서, 학생의 건강을 보살피는 일.

양:호^교:사(養護教師)圓 '보건 교사(保健教師)'의 이전 일컬음.

양:호-실(養護室)圓 '보건실(保健室)'의 이전 일컬음.

양:호-상투(兩虎相鬪)圓 〔두 마리의 범이 싸운다는 뜻으로〕 '두 영웅 또는 두 강대국의 싸움'을 비유하여 이르는 말.

양:호-유환(養虎遺患)圓 〔범을 길렀다가 그 범에게서 해를 입는다는 뜻에서〕 '은혜를 베풀어 주고도 도리어 해를 입게 됨'을 이르는 말.

양호-필(羊毫筆)圓 양털로 촉을 만든 붓. ㉠양호(羊毫).

양홍(洋紅)圓 ➡카민(carmine).

양화(良貨)圓 지금(地金)의 품질이 좋은 화폐. 실제 가격과 법정 가격의 차이가 적은 화폐. ↔악화(惡貨).

양화(洋貨)圓 ①서양의 상품. ②서양의 화폐.

양화(洋畫)圓 ①〈서양화(西洋畫)〉의 준말. ②서양에서 들어온 영화.

양화(洋靴)圓 ➡구두[.

양화(陽畫)圓 ➡음화(陰畫)에 박아 나타낸 화상. 〔색상·명암 등이 피사체와 같음.〕 ↔음화(陰畫).

양:화(釀禍)圓하자 재앙을 빚어 냄. 화근을 만듦.

양:화구복(禳禍求福)圓하자 재앙을 물리치고 복을 구함.

양화-요(←洋花褥)圓 양탄자로 만든 요.

양화-점(洋靴店)圓 구두를 파는 가게.

양-화포(洋花布)圓 무명실로 꽃무늬를 놓아서 짠, 서양식 피륙.

양황(洋黃)圓 서양에서 만든 노란빛 물감.

양회(洋灰)圓 ➡시멘트.

양회(諒會)[-회/-훼]圓하타 자세히 살펴서 터득함.

양-휘항(←涼揮項)圓 털을 달지 않은 휘양.

양지하다자 〔옛〕 양치하다. ¶양지홀 수:漱(訓蒙下11). /양지호야 소끼라(救解上51).

양주(옛) 모양. 모습. ¶小人이 긔혜 마곗느니 양조 호요미 즈모 수스워리놋다(杜初16:68). / ㄴ 양조는 늘근 한아비 드외얫도다(杜初21:31).

얕다[얕따]혱 ①겉에서 안까지, 또는 아래에서 위까지의 길이가 짧다. ¶얕은 개울. /건물의 지붕이 얕다. ②생각이 깊지 못하다. ¶얕은 생각. ③정의(情誼) 따위가 두텁지 못하다. ¶정분이 얕다. ④학문이나 지식·경험 따위가 적다. ¶얕은 재주. ⑤잠이 깨기 쉬운 상태에 있다. ¶얕은 잠. 畵옅다. ↔깊다. * 얕아·얕고[얕꼬]

얕은 내도 깊게 건너라[속담] 작은 일이라도 가벼이 생각해서는 안 된다는 말.

얕디-얕다[얕띠얕따]혱 아주 얕다. 畵옅디옅다.

얕-보다[얕뽀-]타 남을 낮추어서 하찮게 보다. ¶상대를 얕본 것이 실수였다.

얕보-이다[얕뽀-]타 〔'얕보다'의 피동〕 남에게 낮추어져서 하찮게 보이다. ¶동생은 친구들에게 얕보여 무시당하는 때가 많다.

얕은-꾀[얕은-꾀/-꿰]圓 속이 들여다보이는 유치한 꾀. ¶얕은꾀를 쓰다.

얕은-맛[-맏]圓 산뜻하고 싹싹하며 부드러운 맛. ¶얕은맛이[-마시]. /얕은맛만[-만-]

얕-잡다[얕짭따]타 남을 낮추어서 하찮게 여기다. ¶상대를 너무 얕잡아 보지 마라.

얕추[얕-]튀 얕게. ¶뿌리를 얕추 묻다.

애¹명 한글 자모(字母)의 이중 모음인 'ㅐ'의 음가(音價) 및 이름.

애²감 ①과연 놀랄 만하다는 뜻으로 내는 소리. ¶애, 정말 놀랍구나. ②어른이 아이를 부르는 소리. 또는, 젊거나 어린 또래끼리 허물없이 상대를 부르는 소리. ¶애, 너 어디 사니?/애, 나하고 같이 놀자.

애³준 '이 아이'가 줄어든 말. ¶애가 네 동생이니?

애:기명 하자되 〈이야기〉의 준말.

애:깃-거리[-꺼거-/-긷꺼-]명 〈이야깃거리〉의 준말.

어¹명 한글 자모(字母)의 모음인 'ㅓ'의 음가(音價) 및 이름.

어²감 ①급작스러운 충격에 의한 급한 느낌을 나타내는 소리. ¶어, 이게 뭐지? ②반가움·기쁨·슬픔·노여움·뉘우침 등의 느낌을 나타낼 때 내는 소리. ③문득 떠오른 생각을 말하려고 할 때, 또는 상대편의 주의를 불러일으키려는 말을 하기에 앞서 내는 소리. ¶어, 위험해! 참아?.

어(敔)명 지난날, 궁중에서 쓰던 악기의 한 가지. 엎드린 범 같은 모양으로, 등에 27개의 톱니가 있음. 연주를 그칠 때 견(籈)으로 긁어서 소리를 냄.

-어(語)접미 (일부 명사 뒤에 붙어) '말'의 뜻을 나타냄. ¶중국어./한국어./존대어./고유어./기계어.

-어어미 끝 음절이 'ㅏ·ㅗ' 이외의 모음으로 된 어간에 붙어 쓰이는 어미. ①일반적인 서술의 뜻을 나타내는 보조적 연결 어미. ¶익어 가다./써어 버리다. ②서술·의문·청유·명령의 뜻을 나타내는 해체의 종결 어미. ¶나 여기 있어./이건 내가 먹어?/우리 같이 읽어./빨리 불어! 참아.

어:가(御街)명 ①대궐로 통하는 길. ②대궐 안의 길.

어:가(御駕)명 임금이 타는 수레. 대가(大駕).

어가(漁歌)명 어부의 노래. 고기잡이 노래.

어간(於間)명 (시간이나 공간의) 일정한 사이.

어간(魚肝)명 물고기의 간.

어:간(語幹)명 용언의 활용에서 변하지 않는 부분의 형태소. 〔'잡다'·'잡아'·'잡으니'에서 '잡' 따위.〕 참어미(語尾).

어:간-대청(-大廳)명 방과 방의 사이에 있는 대청.

어:간-마루명 방과 방 사이에 있는 마루.

어간-유(魚肝油)[-뉴]명 ☞간유(肝油).

어:간-장지(←-障子)명 대청이나 큰 방의 중간을 막은 장지.

어:간-재비명 ①사이에 칸막이로 둔 것. ②'몸집이 큰 사람'을 농조로 이르는 말.

어:감(語感)명 말 또는 말소리에서 느껴지는 독특한 느낌. 말맛. ¶어감의 차이. /어감이 나쁘다. /어감이 좋다.

어강됴리감 〈옛〉노래의 가락을 맞추기 위하여 후렴처럼 쓰이던 말. ¶어긔야 어강됴리 아으 다롱디리(井邑詞).

어개(魚介)명 ①물고기류와 조개류를 아울러 이르는 말. ②(식용으로 하는) 해산 동물(海産動物)을 통틀어 이르는 말.

어:거(馭車)명 하타 ①수레를 메운 말이나 소를 모는 일. ②데리고 있으면서 바른길로 나가게 함.

어거리-풍년(-豊年)명 드물게 드는 큰 풍년.

어거지명 '억지'의 잘못.

어:격(語格)[-껵]명 말하는 격식 또는 규칙. 어훈(語訓). 참어법(語法).

어겹되 한데 뒤범벅이 되는 일.

어:계(語系)[-계/-게]명 말의 계통. ¶우랄알타이 어계.

어고(魚鼓)명 ☞목어(木魚)¹. 어판(魚板).

어:고(御庫)명 임금이 사사로이 쓰던, 궁중의 곳간. 어부(御府).

어골(魚骨)명 물고기의 뼈. 생선의 가시.

어골-경(魚骨鯁)명 생선의 가시.

어:공(御供)하타 임금에게 물건을 바침.

어:공-미(御供米)명 임금에게 바치는 쌀.

어곽(魚藿)명 해산물을 통틀어 이르는 말.

어곽-전(魚藿廛)[-쩐]명 해산물을 파는 가게.

어교(魚膠)명 ☞부레풀.

어구(魚狗)명 ☞물총새.

어구(漁具)명 고기잡이에 쓰는 기구.

어구(漁區)명 고기잡이를 하거나 바닷말을 따거나 또는 그것을 가공할 수 있도록 허가한 구역.

어:구(語句)[-꾸]명 말의 구절. 언구(言句).

어구머니감 〈어이구머니〉의 준말.

어군(魚群)명 (물속에서 헤엄쳐 다니는) 물고기의 떼.

어:군(語群)명 같은 어파(語派) 중에서 서로 친족 관계를 이루는 여러 언어를 통틀어 이르는 말.

어:-군막(御軍幕)명 임금이 거둥할 때에 잠시 머무는 막차(幕次).

어군^탐지기(魚群探知機)명 어선에 장치하여, 초음파를 이용하여 물고기 떼의 존재와 분량·종류 등을 분석하는 장치.

어굴(語屈)'어굴하다'의 어근.

어:굴-하다(語屈-)형어 말이 꿀려서 대답이 시원스럽지 못하다.

어:궁(御宮)명 ☞대궐.

어궁(語窮)'어궁하다'의 어근.

어:궁-하다(語窮-)형어 말이 막히고 궁하다. 어색(語塞)하다.

어궤조산(魚潰鳥散)하자 〔물고기 떼처럼 헤어지고 새 떼처럼 흩어진다는 뜻으로〕 '사방으로 흩어짐'을 이르는 말.

어귀명 드나드는 목의 첫머리. ¶낙동강 어귀. /동네 어귀.

어귀(語句)명 '어구(語句)'의 잘못.

어귀-어귀부 음식을 입 안에 잔뜩 넣고 억척스럽게 씹어 먹는 모양. ¶볼을 불룩거리면서 어귀어귀 먹어 치우다. 참아귀아귀.

어그러-뜨리다타 어그러지게 하다. 어그러트리다. ¶상자를 어그러뜨리다.

어그러-지다자 ①(짜여 있어야 할 것이) 각각 제자리에서 물러나 서로 맞지 아니하다. ¶상자가 어그러지다. ②(생각했던 일이나 기대했던 일이) 그대로 되지 아니하다. ¶계획이 어그러지다. ③사이가 좋지 않게 되다. ¶친구 사이가 어그러지다.

어그러질-천(-舛)명 한자 부수의 한 가지. '舞'·'舜' 등에서의 '舛'의 이름.

어그러-트리다타 어그러뜨리다.

어그럽다형 〈옛〉너그럽다. ¶어그러오더 석락게 하며(小解1:10).

어그릋다형 〈옛〉어긋나다. 어기다. ¶願이 어그르츠니(杜初9:1).

어:극(御極)명 하자 ①☞즉위. ②☞재위.

어:근(語根)명 단어를 분석했을 때, 그 단어의 실질적인 뜻을 나타내는 형태소. 합성어의 경

우 합성된 낱낱의 실질 형태소, 파생어의 경우 접사를 제외한 나머지 부분이 이에 해당함. ['덮개'·'사람답다'·'넉넉하다'에서의 '덮'· '사람'·'넉넉' 따위.]

어근-버근[튀휑] 서로 뜻이 맞지 않아 지그럭 거리는 모양. ¶서로 어근버근하다가는 일을 이룰 수 없다. ֎아근바근.

어근버근-하다[휑] 사개가 꼭 맞지 않고 조금씩 벌어져 있다. ֎아근바근하다.

어글-어글[튀·하휑] ①(얼굴의 생김새가) 시원스러운 모양. ②(생김새나 성질이) 너그럽고 부드러운 모양.

어금-깔음[명] 건축에서, 돌을 '갈 지(之)'자 모양으로 까는 일.

어금-꺾쇠[─껙쐬/─껙쒜][명] 양쪽 끝이 서로 반대 방향으로 구부러진 꺾쇠.

어금-니[명] 포유동물의 아래윗니 중에서 구석 쪽에 있는, 가운데가 확처럼 오목한 이. [사람의 경우는, 양 끝에 세 개씩 모두 열두 개임.] 구치(臼齒). 아치(牙齒). 엄니.

어금니-아(─牙)[명] 한자 부수의 한 가지. '牚'· '牚' 등에서의 '牙'의 이름.

어금닛-소리[─니쏘─/─닏쏘─][명] ☞아음(牙音).

어금-막히다[─마키─][자] 서로 어긋나게 놓이다.

어금버금-하다[휑어] 어금지금하다. ¶두 선수의 실력이 어금버금하다.

어금-쌓기[─싸키][명] 길이로쌓기에서, 벽돌을 '갈 지(之)'자 모양으로 쌓는 일.

어금지금-하다[휑어] 서로 어슷비슷하여 정도나 수준에 큰 차이가 없다. 어금버금하다. ¶저 두 선수의 실력이 어금지금하다.

어긋나-기[─근─][명] 식물의 잎이 줄기나 가지에 맞은편 쪽과 서로 어긋맞게 나는 일. ֎마주나기·돌려나기.

어긋-나다[─근─][자] ①서로 꼭 맞지 아니하다. ¶뼈가 어긋나다. ②(사실이나 도리에) 맞지 않고 틀리다. ¶원칙에서 어긋나다. ③어긋지다. ¶예상과는 어긋나다. /친구 사이가 어긋나다. ④(오고 가는 길이 달라서) 서로 만나지 못하게 되다. ¶길이 어긋나다. ⑤식물의 잎이 마디마다 방향을 달리하여서 어긋맞게 나다.

어긋-놓다[─근노타][타] 서로 엇갈리게 놓다.

어긋-맞다[─근맏따][형] 이쪽저쪽이 서로 어긋나게 마주 있다. ¶잎이 어긋맞게 나다.

어긋-매끼다[─근─][타] 서로 어긋나게 맞추다. ֎엇매끼다.

어긋-물다[─근─][~무니·~물어][타] 서로 어긋나게 물다. ֎엇물다.

어긋물-리다[─근─][자] ['어긋물다'의 피동] 서로 어긋나게 물리다. ֎엇물리다.

어긋-버긋[─귿삐귿][튀·하휑] 여럿이 고르지 못하여 서로 어그러져 있는 모양.

어긋-어긋[─그더귿][튀·하휑] 여러 조각으로 이루어진 물건의 이가 맞지 않고 벌어져 있는 모양. ֎아긋아긋.

어긋-하다[─그타─][휑어] 물건의 맞붙여 이은 짬이 벌어져 있다. ֎아긋하다. **어긋-이**[튀].

어기(漁基)[명] ☞어장(漁場).

어기(漁期)[명] 어떤 곳에서 어떤 종류의 고기가 많이 잡히는 시기.

어:기(語氣)[명] 말을 할 때의 어조나 기세. 어세 (語勢). ¶어기가 거칠다.

어:기(語基)[명] 단어 형성의 근간을 이루는 부분 또는 요소. 어간보다 범위가 작거나 어간과 같은 뜻으로 쓰임.

어기다[타] (지켜야 할 것을) 지키지 아니하다. ¶법을 어기다. /규칙을 어기다. /마감 날짜를 어기다.

어기-대다[자] 고분고분 따르지 않고 뻗대다. ¶고집을 부리며 어기대기 시작하다.

어기뚱-거리다[자] 자꾸 어기뚱어기뚱하다. 어기뚱대다. ֎아기똥거리다.

어기뚱-대다[자] 어기뚱거리다.

어기뚱-어기뚱[튀·하휑] (몸집이 큰 사람이) 몸을 둔하게 움직이면서 느릿느릿 걷는 모양. ¶걸음은 어기뚱어기뚱 걷지만 유도 경기 때는 놀라운 순발력을 보인다. ֎아기똥아기똥.

어기뚱-하다[휑어] ①으큼하고 좀 거만한 데가 있다. ②좀 틈이 나 있다. ֎아기똥하다.

어기야〈어기야디야〉의 준말.

어기야-디야[갑] 뱃사람들이 노를 저으며 내는 소리. ֎어기야·어야디야·에야디야.

어기여차[갑] 여럿이 힘을 합할 때 함께 지르는 소리. 어여차.

어기적-거리다[─꺼─][자] 자꾸 어기적어기적하다. 어기적대다. ¶여기서 어기적거리다가 차를 놓칠라. ֎어깃거리다. ֎아기작거리다.

어기적-대다[─때─][자] 어기적거리다.

어기적-어기적[튀] (몸집이 큰 사람이) 다리를 부자연스럽게 움직이면서 느릿느릿 걷는 모양. ¶밤새 내린 눈으로 길이 얼어 어기적어기적 걸어왔다. ֎어깃어깃. ֎아기작아기작.

어기죽-거리다[─꺼─][자] 자꾸 어기죽어기죽하다. 어기죽대다. ֎아기족거리다.

어기죽-대다[─때─][자] 어기죽거리다.

어기죽-어기죽[튀] (몸집이 큰 사람이) 다리를 부자연스럽게 움직이면서 뒤뚝뒤뚝 걷는 모양. ֎아기족아기족.

어기중(於其中) '어기중하다'의 어근.

어기중-하다(於其中)[휑어] 중간 정도에 해당하다. 가운데쯤 되다.

어기-차다[휑] 뜻을 굽히지 않고 꿋꿋하다. ¶어기차게 일을 처러 내다.

어김-없다[─기법따][휑] 어기는 일이 없다. 틀림없다. ¶그의 짐작은 어김없었다. 어김없-이[튀] ¶그는 언제나 약속을 어김없이 지킨다.

어깃-장[─기짱/─긷짱][명] 짐짓 어기대는 행동. ¶어깃장을 놓다.

어깃-거리다[─긷꺼─][자]〈어기적거리다〉의 준말. 어깃대다. ֎아깃거리다.

어깃-대다[─긷때─][자] 어깃거리다.

어깃-어깃[─기더긷][튀·하휑]〈어기적어기적〉의 준말. ֎아깃아깃.

어깨[명] ①팔과 몸통이 이어지는 관절의 윗부분부터 목까지 사이의 부분. ¶어깨를 펴다. ②짐승의 앞다리 또는 새의 날개가 몸통과 붙은 부분. ③옷의 소매 위쪽과 깃 사이의 부분. ¶어깨가 넓은 옷. ④〈깡패〉의 속된 말.

어깨가 가볍다[관용] 무거운 책임에서 벗어나 마음이 홀가분하다.

어깨가 무겁다[관용] 무거운 책임을 져서 마음의 부담이 크다.

어깨가 움츠러들다[관용] 송구스럽거나 부끄러움을 느끼다.

어깨가〔어깨를〕으쓱거리다[관용] 뽐내고 싶은 기분이 들다. 떳떳하고 자랑스럽게 여기다.

어깨가 처지다〔낮아지다/늘어지다〕[관용] 힘이 빠지다. 낙심하게 되다.

어깨를 겨누다〔겨루다〕[관용] 서로 비슷한 지위나 힘을 가지다. 어깨를 나란히 하다.

어깨를 겯다관용 ①(나란히 서거나 갈 때) 서로 옆 사람의 어깨에 팔을 걸치다. ②행동을 같이하다.

어깨를 나란히 하다관용 ①나란히 서거나 나란히 서서 걷다. ②◇어깨를 겨누다[겨루다].

어깨-걸이[-이]명 부녀자가 나들이할 때 추위를 막거나 꾸밈으로 어깨에 걸치는 것. 〔숄 따위.〕

어깨-너머명 남이 하는 것을 옆에서 보거나 듣거나 함. 《주로, '어깨너머로'의 꼴로 쓰임.》 ¶어깨너머로 배운 공부.

어깨너머-문장(-文章)명 남이 공부하는 옆에서 얻어들으며 배운 사람.

어깨너멋-글[-끌/-믿끌]명 남이 공부하는 옆에서 얻어들어 배운 글자치동갑.

어깨-동갑(-同甲)명 ◇자치동갑.

어깨-동무[1]명 ①나이가 어슷비슷한 친한 동무. ②어릴 때 친하게 지내던 동무.

어깨-동무[2]하자 서로 팔을 어깨에 얹고 나란히 섬, 또는 그렇게 하고 노는 일.

어깨-띠명 한쪽 어깨에서 다른 쪽 겨드랑이로 걸치어 대각선으로 두르는 띠.

어깨-번호(-番號)명 단어나 문장 등의 오른쪽 위에 작게 매기는 번호.

어깨-뼈명 척추동물의 상지골(上肢骨)과 몸통을 연결하는, 등 위쪽에 있는 한 쌍의 넓적한 세모꼴 뼈. 죽지뼈. 견갑골(肩胛骨).

어깨-선(-線)명 ①어깨의 곡선. ②양복이나 저고리 따위에서 앞과 뒤가 어깨 부분에서 어울리는 선. ¶한복의 어깨선이 참 곱다.

어깨-차례(-例)명 ①중간에 거르지 않고 돌아가는 차례. ②◇키순.

어깨-총(-銃)명 [I]명 총을 어깨에 기대고 개머리판을 손바닥으로 받친 자세. [II]감 '어깨총' 하라는 구령.

어깨-춤명 ①신이 나서 어깨를 으쓱거리는 짓. ¶합격이라는 소식에 어깨춤을 추었다. ②어깨를 으쓱거리며 추는 춤.

어깨-통명 어깨의 너비.

어깨-판명 어깨의 넓적한 부분.

어깨-허리명 (한복 치마에서) 끈을 어깨에 걸치도록 단 치마허리.

어깻-바대[-깨빠-/-깬빠-]명 적삼의 어깨 속으로 덧댄 조각.

어깻-바람[-깨빠-/-깬빠-]명 신이 나서 몸을 활발하게 움직이는 기운. 신바람.

어깻-부들기[-깨뿌-/-깬뿌-]명 어깨의 뿌리. 어깨 언저리.

어깻-숨[-깨쑴/-깬쑴]명 어깨를 들먹이며 가쁘게 쉬는 숨. ¶어깻숨을 내쉬다.

어깻자-맞춤(-字-)[-깨짜맏-/-깬짜맏-]명 한 줄 건너 나란히 있는, 같은 글자를 찾아내는 놀이.

어깻-죽지[-깨쭉찌/-깬쭉찌]명 팔이 어깨에 붙은 부분.

어깻-짓[-깨찓/-깬찓]명하자 어깨를 흔들거나 으쓱거리는 짓. *어깻짓이[-깨찌시/-깬찌시]·어깻짓만[-깬찓-/-깬찓-].

어꾸수-하다형 '엇구수하다'의 잘못.

-어나이[어미] -거나. ¶아드나라 쓰리어나 아릿殃報롤 곧 벗어(月釋21:97).

어:-녹다[-따]자 〔얼녹다〕의 준말.

어:녹-이다타 〔얼녹이다〕의 준말.

어:녹이-치다자 여기저기서 널리 얼다가 녹다가 하다.

어농(漁農)명 어업과 농업. 어민과 농민.

-어뇨[어미] 〈옛〉-인가. -입니까. -ㅂ니까. ¶오히려 느미 중이어뇨(蒙法22).

어누관 〈옛〉어느. 어떤. ¶어느 나라해 가샤 나시리잇고(月釋2:11).

어눌(語訥)[어눌하다'의 어근.

어:눌-하다(語訥-)형어 말을 유창하게 하지 못하고 떠듬떠듬하는 면이 있다. 구눌하다. ¶어눌한 말투.

어느관 분명하지 않은 사물이나 사람·때·곳 위를 막연히 가리키는 말.

어느 구름에(서) 비가 올지속담 언제, 어떤 일이 생길지 알 수 없다는 말.

어느 장단에 춤추랴속담 (시키는 일이 여러 갈래일 때) 누구 말을 들어야 할지 난처하다는 말.

어느 겨를[틈/하가/해가]에관용 어느 사이에.

어느 세월(千 년)에관용 '기다려야 할 시간이 아득함'을 이르는 말.

어느[1]대 〈옛〉어느 것. 무엇. ¶妙道는 어느고(永嘉下122). 참어느.

어느[2]관 〈옛〉무슨. 어떤. ¶菩薩이 어느 나라해 누리시게 하려뇨(月釋2:10).

어느[3]부 〈옛〉어찌. ¶國人 뜨들 어느 다 숣불리(龍歌118章). 참어느.

어느-덧[-덛]부 어느 사이인지 모르는 동안에. 어언간. ¶어느덧 십 년이 지나갔다.

어느-새부 어느 틈에 벌써. ¶어느새 이 일이 끝나다.

어느제부 〈옛〉어느 때. 언제. ¶어느제 내 몸이 놀개 이셔(杜重1:14).

어:는-점(-點)명 물이 얼기 시작하는 온도. 섭씨 0°. 빙점(氷點).

-어늘[어미] 〈옛〉-거늘. ¶狄人이 골외어늘(龍歌4章)/詳略이 호가지 아니어늘(月釋序12).

어니[1]대 〈옛〉어느 것. 무엇이. ¶어늬 구더 兵不碎하리잇고(龍歌47章).

어니[2]부 〈옛〉어찌. ¶이제 누어신들 어늬 잠이 하마 오리(古時調).

-어니[어미] 〈옛〉-거니. ¶하마 주글 내어니(月釋1:7). /野人도 一誠이어니(龍歌118章).

-어니와[어미] 〈옛〉-거니와. ¶둘흔 내해어니와 둘흔 뉘해어니오(樂範.處容歌).

어느[1]대 〈옛〉어느 것. ¶東山 泰山이 어느야 놉돗던고(鄭澈.關東別曲). 참어느.

어느[2]부 〈옛〉어찌. ¶어느 나래 비 개야(杜重12:34). /어느 수이 디나관디(鄭澈.星山別曲).

어느[3]부 〈옛〉어찌. ¶聖人 神力을 어느 다 숣불리(龍歌87章). 참어느.

-어늘[어미] 〈옛〉-거늘. ¶내 친속이 아니어늘(五倫2:12)./城郭올 졧ㄱ 지비 일어늘 힌�뮈로 나 유니(杜初7:1).

-어다[어미] 〈-어다가〉의 준말.

-어다가[어미] 끝 음절이 'ㅏ·ㅗ'이외의 모음으로 된 동사 어간에 붙어, 한 동작을 순차적으로 이어 주는 연결 어미. ¶빚을 얻어다가 장사를 시작했다. 춘-어다. 참-아다가.

어댑터(adapter)명 기계나 기구 따위를 다양한 목적으로 사용하기 위한 보조 기구, 또는 그것을 부착하기 위한 보조 기구.

어도(魚道)명 ①물고기 떼가 늘 지나는 일정한 길. 물의 깊이나 조수 등에 따라 대체로 일정함. ②◇어제.어하.

-어도[어미] 끝 음절이 'ㅏ·ㅗ'이외의 모음으로 된 어간에 붙어, 그 사실을 인정하되 그 다음의 말과는 상관없음을 나타내는 종속적 연결

어미. ¶싫어도 가야 한다. /재물은 적어도 마음은 넉넉하게. ↔아도.

어도록閉 〈옛〉어느 만큼. ¶엇그제 비존 술이 어도록 니겄느니(鄭澈.星山別曲).

어:동(禦冬)[하저] 겨울의 추위를 막음, 또는 막을 준비.

어동육서(魚東肉西)[-뉴써]圀 제사상을 차릴 때, 어찬(魚饌)은 동쪽에 놓고 육찬(肉饌)은 서쪽에 놓는 일. 참동동백서.

어:두(語頭)圀 말 또는 단어의 첫머리.

어두귀면(魚頭鬼面)圀〔물고기 대가리에 귀신 낯짝이라는 뜻으로〕'몹시 괴상하게 생긴 얼굴'을 이르는 말.

어두귀면지졸(魚頭鬼面之卒)圀〔물고기 대가리에 귀신 낯짝을 한 졸개들이라는 뜻으로〕되지 못한 잡살뱅이 사람들을 욕하여 이르는 말.

어두봉미(魚頭鳳尾) ⇨어두육미.

어두움圀 '어둠'의 본딧말.

어두육미(魚頭肉尾)[-음-]圀 생선은 대가리 쪽이, 짐승은 꼬리 쪽이 맛이 좋다는 말. 어두봉미(魚頭鳳尾). 참두일미(頭一味).

어:두-음(語頭音)圀 단어의 첫머리에 오는 음. 〔'단어'의 'ㄷ', '사전'의 'ㅅ'따위.〕

어두일미(魚頭一味) 생선은 대가리께가, 그 중 맛이 좋다는 말. 참어두육미(魚頭肉尾).

어두침침-하다톙옝 어둠침침하다.

어두커니圀 새벽 어둑어둑할 때에.

어두컴컴-하다톙옝 어둡고 컴컴하다. ¶어두컴컴한 골목.

어둑-새벽[-쌔-]圀 어둑어둑한 이른 새벽.

어둑어둑-하다[-두카-]톙옝 주위를 똑똑히 분간할 수 없을 만큼 어둡다. ¶어둑어둑한 초저녁.

어둑-하다[-두카-]톙옝 ①조금 어둡다. ¶날이 흐려서 낮인데도 어둑하다. ②되바라지지 않고 어수룩한 데가 있다. ¶세상 물정에 어둑하다. 어둑-히閉.

어둔(語鈍) '어둔(語鈍)하다'의 어근.

어둔(語遁) '어둔(語遁)하다'의 어근.

어:둔-하다(語鈍-)톙옝 말이 둔하다. ¶평소에 어둔하고 온순하게만 보아 왔던 사람.

어:둔-하다(語遁-)톙옝 말이 군색하고 억지스럽다. ¶어둔한 대답.

어둘閉 〈옛〉대강. 대충. ¶이룰 어둘 닐오리라(月釋21:84).

어둠圀 어두운 상태. ¶어둠이 깔리다. 뵨어두움.

어둠-길[-낄]圀 어두운 길. 밤길.

어둠-별[-뼐]圀개밥바라기.

어둠-상자(-箱子)[-쌍-]圀 사진기에서, 렌즈로만 빛이 들어오게 하는 상자 모양의 장치. 암상자(暗箱子). 암상자(暗箱子).

어둠침침-하다톙옝 어둡고 침침하다. ¶어둠침침한 지하실. 어둠침침-히閉.

어둡다[-따][어두우니·어두워]톙옝 ①빛이 없어 밝지 않다. ¶방 안이 어둡다. ②(시력이나 청력이) 나쁘다. ¶눈과 귀가 어둡다. ③잘 모르다. ¶경제에 어둡다. ④빛깔이 짙거나 거무스름한 기운이 있다. ¶어두운 녹색. ⑤(분위기나 표정 따위가) 침울하고 무겁다. ¶어두운 분위기./그녀는 어두운 성격이라 사람들과 어울리기를 꺼려한다. ⑥(희망이 없이) 막막하고 참담하다. ¶어두웠던 일제 강점기. ⑦(예상이나 전망 따위가) 좋지 않다. ¶내년도 수출 전망이 어둡다. ↔밝다.

어두운 밤에 눈 깜짝이기[속담] 남이 보지 않을 때 하는 일은, 알아주지 않아 보람이 없다는 말.

어두운 밤중에 홍두깨 (내밀듯)[속담] ⇨아닌 밤중에 홍두깨 (내밀듯).

어둥덩閉 〈옛〉어리둥절. ¶브람이야 믈결이야 어둥뎡 되년이고(鄭澈.續美人曲).

어:둥둥圀 〈어려둥둥〉의 준말.

어드러閉〈옛〉어디로. 어느 곳으로. ¶또 어드러 가고져 커뇨(杜重2:15).

어드로로閉 〈옛〉어디로. 어느 곳으로. ¶昭陽江 느린 믈이 어드러로 든단 말고(鄭澈.關東別曲).

어드레스(address)圀 컴퓨터에서, 어떤 단위 정보를 기억하는 각 자리에 붙여진 식별 번호나 기호.

어드리閉〈옛〉어떻게. 어찌. ¶네 아ᄃ리 허믈 업스니 어드리 내티료(月釋2:6).

어드메때 〈옛〉어느 곳. 어디. ¶桃源은 어드매오 武陵이 여긔로다(鄭澈.星山別曲).

어드메閉 〈옛〉어느 곳. 어디. ¶齊州는 어드메 잇느니오(杜初8:37).

어드밴티지(advantage)圀 테니스에서, 듀스가 된 다음에 어느 편에서든 먼저 한 점을 얻는 일.

어드밴티지^룰:(advantage rule)圀 축구나 럭비 따위에서, 반칙을 의하여 경기가 중단되는 것이 반칙을 당한 편에게 오히려 불리한 경우에는, 주심이 반칙을 선언하지 않고 그대로 경기를 진행시킨다는 규칙.

어드밴티지^리시:버(advantage receiver)圀 테니스에서, 듀스가 된 다음 서브를 받는 편에서 먼저 득점하는 일. 어드밴티지 아웃.

어드밴티지^서:버(advantage server)圀 테니스에서, 듀스가 된 다음 서브를 하는 편에서 먼저 득점하는 일. 어드밴티지 인.

어드밴티지^아웃(advantage out)圀 ⇨어드밴티지 리시버.

어드밴티지^인(advantage in)圀 ⇨어드밴티지 서버.

어드본〈옛〉어두운. ¶알픠는 어드본 길헤(龍歌30章). 참어둡다.

어드움圀 〈옛〉①심성이 본러 붉거늘 몰라 어드움 곧ᄒᆞ니(圓覺上一之二48).

어득-하다[-드카-]톙옝 ①가물가물하거나 들릴 듯 말 듯 할 정도로 매우 멀다. ¶어득한 우주 공간. ②까마득하게 오래다. ③어찌해야 좋을지 모르게 답답하고 어리어리하다. 막연하다. 참아득하다. ①②어득-히閉.

어득ᄒ다〈옛〉어득하다. ¶나죗 어득흔 비츤 遠客인게 쎄엿도다(杜重1:33).

-어든[어미]〈옛〉-거든. -니. -으니. ¶돌씨어든 그 돌물 내내 우더라(三綱.王延).

어듭다[-따]〈옛〉어듭다. ¶어드본 길헤(龍歌30章). /昧는 어드울씨라(月釋序3).

어듸[께]〈옛〉어디. ¶어듸 머러 威不及ᄒ리잇고(龍歌47章).

어듸메때〈옛〉어디. ¶蟾江은 어듸메오 雉岳이 여긔로다(鄭澈.關東別曲).

어듸미때〈옛〉어디. ¶酒家ㅣ 어듸미오 뭇노라 牧童들아(古時調).

어디때 ①일정하지 않은 '어느 곳'을 가리키는 말. ¶어디를 가나 사람들이 친절하다. ②밝힐 필요가 없는 '어느 곳'을 가리키는 말. ¶어디 좀 다녀올게. ③무엇이라 말하기 어려운 '어떤 점'을 가리키는 말. (주로, '어딘가'·'어딘지'의 꼴로 쓰임.) ¶어딘지 모르게 쓸쓸한 느낌이 든다. ④(반어적 의문문에 쓰이어) 범위·

장소·수량적인 것이 매우 중요하다는 뜻으로 쓰는 말. ¶밥 한 그릇이 어디라고?

어디 개가 짖느냐 한다[속담] 남의 말을 개 짖는 소리만큼도 여기지 않고 들은 체 만 체 한다는 뜻.

어디²[갭] ①벼르거나 다짐하는 뜻을 강조하는 말. ¶어디 두고 보자. ②되묻는 뜻을 강조하는 말. ¶그게 어디 말이나 되오?

어디롬[명] 〔옛〕〔'어딜다'의 명사형〕어짊. ¶어디롬과 어류미 ᄀ죽디 아니홀씨(圓覺序74).

어디여[갭] ①길을 잘못 들려고 하는 소를 꾸짖어 바른 길로 모는 소리. ②소를 오른쪽으로 가게 모는 소리.

어딜다[형] 〔옛〕어질다. ¶어버이 날 나흐셔 어딜과뎌 길러 내시(古時調).

어드메[대] 〔옛〕어느 곳. 어디. ¶南山뫼 어드메만 高學士 草堂지어(古時調).

어딘대[옛] 어디. ¶四仙은 어딘 가니(鄭澈.關東別曲).

어따[갭] 무슨 일이 몹시 못마땅하게 여겨질 때 하는 말. ¶어따, 잔소리도 꽤나 심하군. ↔아따.

어때[준] '어떠해'가 줄어든 말. ¶건강은 어때?

어떠어떠-하다[형어] (사물의 성질이나 상태가) 어떠하고 어떠하다. 〔구체적으로 밝혀 말하기 어렵거나 밝힐 필요가 없을 때 쓰임.〕

어떠-하다[형어] (사물의 성질이나 상태가) 어찌되어 있다. ¶그곳 날씨는 어떠합니까?

어떡-하다[←떠카-][준] '어떻게 하다'가 줄어든 말. ¶저는 어떡하면 좋겠어요?/아유, 이걸 어떡해.

어떤[관] '어떠한'이 줄어서 된 말.

어떻다[-떠타][어떠니·어때][형옛] 〈어떠하다〉의 준말. ¶제가 어떻게 도와 드릴까요?/요즈음 건강은 좀 어떠니?

어떻든[-떠튼] [Ⅰ][부] 의견이나 일의 성질·형편·상태 따위가 어떻게 되어 있든. 아무튼. 어쨌든. ¶어떻든 그의 요청을 들어주었다.
[Ⅱ][준] '어떠하든'이 줄어든 말.

어떻든지[-떠튼-] [Ⅰ][부] 의견이나 일의 성질·형편·상태 따위가 어떻게 되어 있든지. 아무튼지. 어쨌든지. ¶어떻든지 이번 일은 네가 양보해라.
[Ⅱ][준] '어떠하든지'가 줄어든 말.

어뜨무러차[갭] 아이를 안아서 들어 올릴 때나 무거운 물건을 들어 올릴 때 내는 소리.

어둑[부] 획 지나치듯 얼른 나타나 사라진 모양. ¶어둑 비쳤기 때문에 누군지 잘 모르겠다.

어둑-비둑[-삐-][부][하형] ①이리저리 비뚤어지고 어긋나 있어 가지런하지 못한 모양. ¶어둑비둑하게 함부로 쌓은 날카리. ②몸가짐이 바르지 못한 모양.

어둑[부][하형] 정신이 어지럽고 자꾸 까무러칠 듯한 모양. ↔아뜩아뜩.

어둑-하다[-뜨카-][형어] 정신이 어지럽고 까무러칠 듯하다. 어둑-히[부].

-어라[어미] ①끝 음절이 'ㅏ·ㅗ' 이외의 모음으로 된 동사 어간에 붙는, 해라체의 명령형 종결 어미. ¶거기 두어라. /천천히 먹어라. ②끝 음절이 'ㅏ·ㅗ' 이외의 모음으로 된 형용사 어간에 붙는 감탄형 종결 어미. ¶높고도 깊어라, 어머니의 사랑. ↔-아라.

어란(魚卵)[명] ①물고기나 바다짐승의 알. ②소금을 쳐서 말린 생선의 알.

어람(魚籃)[명] 물고기를 잡아서 담는 바구니. 어롱(魚籠).

어:람(御覽)[명][하타] 임금이 봄. 상람(上覽). 성람(聖覽). 천람(叡覽). 천람(天覽).

어:람-건(御覽件)[-껀][명] 임금이 볼 서류.

어랍(魚蠟)[명] 물고기나 바다짐승의 기름으로 만든, 밀 모양의 지방(脂肪). 질이 낮은 초의 원료 등으로 이용됨.

어량(魚梁)[명] 물을 한 군데로만 흐르도록 막고, 그곳에 통발을 놓아 고기를 잡는 장치.

어런-더런[부][하형] 여러 사람이 시끄럽게 왔다 갔다 하는 모양. ¶새벽부터 어런더런한 시장 골목.

어랍쇼[쏘] 〈어이쿠〉의 속된 말.

어레미[명] 구멍이 가장 큰 체. ↔가는체.

어렝이[명] 광산에서 쓰는 삼태기의 한 가지. 보통의 삼태기보다 작으며, 통싸리로 만듦.

어려워-하다[타어] ①윗사람에게 조심하여 함부로 굴지 아니하다. ¶어른을 어려워하다. ②힘겹게 여기다. ¶내 동생은 수학을 어려워한다.

어려이[부] 어렵게. ¶어려이 여기지 말고 내 집처럼 지내게나. ⤳어례.

어렵무던-하다[형어] 별로 흠잡을 데 없이 무던하다. 어렵무던-히[부].

어련-하다[형어] 《주로 의문형으로 쓰이어》 잘못할 리가 없다는 뜻을 나타내는 말. 때로 반어적으로 쓰이어 비아냥거리는 뜻을 나타내기도 함. ¶그분 생각이 어련하겠소?/네까지 녀석이 한 일인데 어련하려고. 어련-히[부].

어렴-성(-性)[-썽][명] 남을 어려워하는 기색.

어렴풋-하다[-푸타-][형어] ①(보거나 듣기에) 잘 분간할 수 없이 희미하다. ¶어렴풋하게 보이는 섬. ②의식이나 기억에 잘 떠오르지 아니하고 어슴푸레하다. ¶누구와 같이 있었는지 어렴풋하다. ↔아렴풋하다. 어렴풋-이[부].

어렵(漁獵)[명] ①고기잡이와 사냥. ②물고기나 조개를 잡거나 바닷말을 따는 일.

어렵다[-따][어려우니·어려워][형옛] ①하기에 힘이 들거나 괴롭다. ¶장사하기가 어렵다. ②터득하기가 힘이 들다. ¶문제가 어렵다. ③가난하여 살아가기가 고생스럽다. ¶어렵게 살다. ④조심스럽고 거북하다. ¶어른 앞에서 술 마시기가 어렵다. ⑤성미가 까다롭다. ⑥가능성이 거의 없다. ¶차가 밀려 다섯 시까지 도착하기는 어렵다. ①②↔쉽다.

어렵사리[-싸-][부] 매우 어렵게. ¶아파트 입주권을 어렵사리 따 내다.

어렵-선(漁獵船)[-썬][명] 고기잡이를 하거나 바닷말을 채취하는 배.

어렵^시대(漁獵時代)[-씨-][명] 농경(農耕)이 발달하기 이전, 인류가 어렵으로 생활하던 시대. 수어 시대.

어:령(御令)[명] ⇨어명(御命).

어렴칙-하다[-치카-][형어] 기억이 뚜렷하지 않아 긴가민가하다. ↔아렴칙하다. 어렴칙-이[부].

어례[준] 〈어려이〉의 준말.

어:로(御路)[명] ⇨거둥길.

어로(漁撈)[명][하타] 물고기·조개·바닷말 따위를 잡거나 채취함. 또는 그 장비.

어로[부] 〔옛〕가(可)히. ¶집 아래 어로 온 사람미 들리로소니(杜初6:22). ⤳어루.

어로-권(漁撈權)[-꿘][명] ⇨어업권(漁業權).

어로불변(魚魯不辨)[명][하형] 〔'어(魚)' 자와 '노(魯)' 자를 분간하지 못한다는 뜻으로〕 '아주 무식함'을 이르는 말.

어로-선(漁撈船)[명] ⇨어선(漁船).

어로-수역(漁撈水域)[명] 고기잡이를 할 수 있는 권리, 곧 어업권이 인정되는 구역.

1591 어름

어로^작업(漁撈作業)몡 물고기·조개·바닷말 따위를 잡거나 따는 일.
어:록(語錄)몡 위인이나 유명인의 말을 모은 기록, 또는 그 책. ¶케네디 어록.
어롱(魚籠)몡⇒어람(魚籃).
어뢰(魚雷) [-뢰/-뤠]몡 자동 장치에 의해서 물속을 전진하여 군함 따위의 목표물에 명중함으로써 폭발하는 폭탄. 함정이나 항공기에서 발사되며, 물고기 모양을 하고 있다. 어형 수뢰(魚形水雷).
어뢰^발사관(魚雷發射管) [-뢰-싸-/-뤠-싸-] 몡 함정 등에 장비된, 어뢰를 발사하는 데 쓰이는 원통형의 장치.
어뢰^방어망(魚雷防禦網) [-뢰-/-뤠]몡 정박 중이거나 항해 중인 함정을 적의 어뢰로부터 보호하기 위하여 장치하는 그물.
어뢰-정(魚雷艇) [-뢰-/-뤠-]몡 적의 함정에 대한 어뢰 공격을 임무로 하는 함정.
어룡(魚龍)몡 ①물고기와 용. ②물속에 사는 동물을 통틀어 이르는 말. ③중생대에 바다에서 살았던 공룡의 한 가지. 몸길이 10m에 이르며, 각지에서 화석으로 발견되고 있음.
어루뿐 〈옛〉얼추. 가(可)히. ¶두 지븐 어루 머므럼직 호도다(杜初22:1).
어루-꾀다 [-꾀/-꿰-]타 ①남을 얼렁거리어서 꾀다. ②남을 속이다.
어루-더듬다 [-따]타 ①손으로 어루만지며 더듬다. ¶아들의 머리를 어루더듬다. ②어림짐작으로 여기저기 더듬어 찾다. ¶벽장 안을 어루더듬다. ③마음속으로 이리저리 짐작하여 헤아리다. ¶일의 해결 방안을 어루더듬다.
어루러기몡 땀을 잘 흘리는 사람에게 흔히 생기는 피부병의 한 가지. 사상균(絲狀菌)의 기생으로 생기는데, 피부에 얼룩얼룩하게 무늬가 생김. 전풍(瘢風).
어루러기-지다자 피부에 얼룩얼룩하게 무늬가 생기다.
어루룩-더루룩 [-떠-]부형 어떤 바탕에 다른 빛깔의 점이나 줄 따위가 성기고 연하게 무늬져 있는 모양. ⑨아로록다로록. ㉑얼루룩덜루룩.
어루룩-어루룩부형 어떤 바탕에 여러 가지 빛깔의 점이나 줄 따위가 성기고 연하게 무늬져 있는 모양. ⑨아로록아로록. ㉑얼루룩얼루룩.
어루룽-더루룽 [-떠-]부형 어떤 바탕에 서로 빛깔이 다른 점이나 무늬 따위가 드문드문 무늬져 있는 모양. ⑨아로룽다로룽. ㉑얼루룽덜루룽.
어루룽-어루룽부형 어떤 바탕에 점이나 무늬 따위가 드문드문 무늬져 있는 모양. ⑨아로룽아로룽. ㉑얼루룽얼루룽.
어루-만지다타 ①가볍게 쓰다듬으며 만지다. ¶백자 항아리를 어루만지다. ②위로하다. ¶유가족의 슬픔을 어루만지다.
어루-쇠 [-쇠/-쉐]몡 구리 따위의 쇠붙이를 반들반들하게 갈고 닦아서 만든 거울.
어루숭-어루숭부형 줄이나 점으로 이루어진 무늬가 눈부시도록 아름다운 모양.
어루-화초담(-花草-)몡 어룽어룽하게 여러 가지 빛깔의 무늬나 그림을 놓아 쌓은 담.
어룩-더룩 [-떠-]부형 어떤 바탕에 다른 빛깔의 얼룩이나 무늬 따위가 좀 연하게 무늬져 있는 모양. ⑨아록다록. ㉑얼룩덜룩.
어룩-어룩부형 어떤 바탕에 여러 가지 빛깔의 얼룩이나 무늬 따위가 연하고 고르게 무늬져 있는 모양. ⑨아록아록. ㉑얼룩얼룩.
어룽몡 〈어룽이〉의 준말. ⑨아롱.

어룽-거리다자 눈앞에 흐릿하게 어른거리다. 어룽대다. ⑨아롱거리다.
어룽-대다자 어룽거리다.
어룽-더룽부형 어떤 바탕에 서로 빛깔이 다른 점이나 무늬 따위가 고르지 않게 촘촘하게 무늬져 있는 모양. ⑨아롱다롱. ㉑얼룽덜룽.
어룽쇼몡 〈옛〉얼룩소. ¶어룽쇼:牛(訓蒙上19).
어룽-어룽1부형자 눈앞에 흐릿하게 어른거리는 모양. ⑨아롱아롱1.
어룽-어룽2부형 어떤 바탕에 점이나 무늬 따위가 고르게 촘촘히 무늬져 있는 모양. ⑨아롱아롱2. ㉑얼룽얼룽.
어룽-이몡 어룽어룽한 점, 또는 그런 점이 있는 짐승이나 물건을 이르는 말. ㉔어룽. ⑨아롱이. ㉑얼룽이.
어룽-지다 Ⅰ자 어룽어룽한 무늬가 생기다. ⑨아롱지다.
　　Ⅱ형 어룽어룽한 무늬가 있다. ⑨아롱지다.
어류(魚類)몡 척추동물의 한 가지. 물속에 살며 온몸이 비늘로 덮여 있고 아가미로 호흡을 하는 것, 곧 물고기를 통틀어 이르는 말. 어속(魚屬).
어:류(語類)몡 말의 종류.
어르뿐 〈옛〉얼레. 자새. 실 감는 기구. ¶어르원:榤(訓蒙上18).
어르눅다혱 〈옛〉얼룩얼룩하다. ¶몸애 다슷 빗체 어르누근 오솔 니브며(小學4:16).
어:르다1 [어르니·얼러]타 ①어린아이를 달래거나 즐겁게 해 주려고, 몸을 추슬러 주거나 또는 무엇을 보여 주거나 들려주다. ②(사람이나 짐승을) 이리저리 놀리며 장난하다. ¶고양이가 앞발로 쥐를 어르고 있다.
어:르다2 [어르니·얼러]타 〈어우르다〉의 준말.
어르다혱 〈옛〉혼인(婚姻)하다. 교합(交合)하다. ¶통담호야 남진 어르기를 호며(月釋1:44).
어르러지몡 〈옛〉어루러기. ¶힌 어르러지 졈졈 퍼디여(救簡6:86).
어르룽이몡 어룽어룽한 점이나 줄로 된 무늬. ⑨아르룽이.
어:르신몡 〈어르신네〉의 준말.
어:르신-네몡 남의 아버지나 나이 많은 사람을 높이어 일컫는 말. ㉔어르신.
어:른몡 ①다 자란 사람. 성년이 된 사람. 성인(成人). ②항렬(行列)이나 지위가 자기보다 위인 사람. ③장가들거나 시집간 사람. ④'남의 아버지'를 대접하여 일컫는 말.
어른-거리다자 자꾸 어른어른한다. 어른대다. ⑨아른거리다. ㉑얼른거리다.
어른-대다자 어른거리다.
어:른-벌레몡 성충(成蟲). ↔애벌레.
어:른-스럽다 [-따] 〈~스러우니·~스러워〉형B 어린아이의 말이나 행동이 의젓하여서 어른 같은 데가 있다. ¶어른스럽게 말하다. ⑨아른스럽다. 어른스레혱.
어른-어른부형 ①어렴풋하게 조금 보이다 말다 하는 모양. ¶먼 산에서 어른어른하는 아지랑이. ②그림자가 희미하게 움직이는 모양. ③물이나 거울에 비친 그림자가 흔들리는 모양. ¶호수에 비쳐 어른어른하는 산 그림자. ⑨아른아른. ㉑얼른얼른2.
어:름1몡 ①두 사물이 맞닿은 자리. ¶우리 마을은 두 강이 어우러지는 어름에 자리잡고 있다. ②경계나 물건의 한가운데. ③일정한 테두리의 안, 또는 그 가까이. ¶여의도 어름이 먼지에 뽀얗게 휩싸였다. ④어떤 시기나 때의 부근. ¶새벽 네 시 어름에 잠에서 깼다.

어:름²명 남사당패의 여섯 가지 놀이 가운데 넷째 놀이인 '줄타기'를 이르는 말.

어름-거리다자타 자꾸 어름어름하다. 어름대다. ㉜아름거리다.

어름-대다자타 어름거리다.

어:름-사니명 남사당패에서, 어름 재주를 부리는 광대를 이르는 말.

어름-어름부 ①하자 말이나 행동을 똑똑히 하지 않고 우물거리는 모양. ¶ 문 앞에서 어름어름하다가 그냥 돌아가다. ②하다 일을 건성으로 하며 눈을 속이는 모양. ¶ 어름어름 일을 끝내다. ㉜아름아름.

어름적-거리다[-꺼-]자타 자꾸 어름적어름적하다. 어름적대다. ㉜아름작거리다.

어름적-대다[-때-]자타 어름적거리다.

어름적-어름적부하자타 어리숭한 말이나 짓으로 몹시 어름거리는 모양. ㉜아름작아름작.

어름치명 잉엇과의 민물고기. 몸길이 25 cm가량. 몸은 옆으로 편평함. 몸빛은 은색 바탕에 등 쪽은 암갈색, 배 쪽은 흰색이며, 옆구리에 흑점 세로줄이 7, 8개 있음. 우리나라 특산종임. 천연기념물 제259호.

어리명 〈옛〉얼레. ¶ 어릐 확: 籰(譯語下3). 참어르.

어리명 아래위 문지방과 양쪽 문설주를 통틀어 이르는 말. 〔여기에다 문짝을 닮.〕

어리²명 ①병아리 따위를 가두어 기르기 위하여 덮어 놓는, 싸리 같은 것으로 둥글게 엮어 만든 것. ②닭을 넣어 팔러 다니도록 만든, 닭장 비슷한 것.

어리명 〈옛〉우리. ¶ 어릐 권:圈(訓蒙下8).

어리광하자 (귀여움을 받으려고) 어린아이의 말씨나 태도를 보이며 버릇없이 구는 짓. ¶ 어리광을 떨다. /어리광을 부리다. /어리광을 피우다.

어리광-스럽다[-따][~스러우니·~스러워]형ㅂ 어리광 부리는 태도가 있다. 어리광스레다.

어리-굴젓[-젇]명 고춧가루를 많이 섞고 얼간하여 담근 굴젓. *어리굴젓이[-저시]·어리굴젓만[-전-]

어리-눅다[-따]자 짐짓 못난 체하다.

어리다¹[-따]자 ①(눈에 눈물이) 조금 괴다. ¶ 눈물이 어린 눈. ②(어지러운 빛깔 따위에 눈이) 어른어른하다. ¶ 화려한 장식에 눈이 어리다. ③어떤 기운이나 현상이 나타나다. ¶ 애정 어린 눈빛. /산과 들에 봄 기운이 어리다.

어리다²[-따]형 ①나이가 적다. ¶ 어린 시절. ②(동식물이) 난 지 오래지 않아 여리다. ¶ 어린 가지. ③경험이 적거나 수준이 낮다. ¶ 기술 수준이 아직 어리다.

어리다형 〈옛〉어리석다. ¶ 어린 百姓(訓諺).

어리-대다자 남의 눈앞에서 공연스레 어정거리다. ¶ 일하는 데 와서 어리대지 마라.

어리둥절-하다형 정신이 얼떨떨하다. ¶ 갑작스러운 소식에 모두들 어리둥절하였다. 어리둥절-히부.

어리뜩-하다[-뜨카-]형 (말이나 행동이) 분명하지 못하고 좀 얼뜨다.

어리-마리부하 잠이 든 둥 만 둥 한 모양.

어리무던-하다형 '어련무던하다'의 잘못.

어리벙벙-하다형어 어리둥절하여 정신을 차릴 수 없다. ¶ 어리벙벙한 상태로 수상 소감을 말하다. 센어리뻥뻥하다. 어리벙벙-히부.

어리-보기명 얼뜬 사람. 머저리.

어리-비치다자 어떤 기운이나 현상이 드러나 보이다.

어리뻥뻥-하다형어 〈어리벙벙하다〉의 센말.

어리뻥뻥-하다형어 ①정신이 어질어질하여 무엇을 할 것인지 갈피를 잡을 수 없다. ②말이나 행동이 분명하지 아니하여 대중할 수 없다. 어리뻥뻥-히부.

어리-상수리혹벌[-뻘]명 혹벌과의 곤충. 몸길이 3 mm가량으로 동식물에 기생함. 식물에 기생하는 것은 식물의 잎·가지·뿌리에 알을 쓰는데, 이것이 자라 혹 모양의 충영(蟲癭)을 이루며, 이를 '몰식자(沒食子)'라고 함. 몰식자벌. 몰식자봉.

어리석다[-따]형 슬기롭지 못하고 둔하다. ¶ 어리석은 생각.

어리숙-하다[-수카-]형어 ①겉모습이나 언행이 치밀하지 못하여 순진하고 어리석은 데가 있다. ②제도나 규율에 의한 통제가 제대로 되지 않아 느슨하다.

어리송-하다[-쏭-]형어 ①이것인지 저것인지 뚜렷이 분간하기 어렵다. ②엉쑹하다. ㉜아리송하다. ②보기에 어리석은 듯하다. ¶ 김 과장은 어리숭해 보이지만 자기 실속은 꼭 챙기는 사람이다.

어리어리-하다형어 여러 가지가 모두 어리숭하다. ㉜아리아리하다.

어리-여치명 어리여치과의 곤충. 몸길이 3 cm가량. 몸빛은 녹색이고, 앞날개는 황갈색, 뒷날개는 담황색임. 머리는 짧고 굵으며, 꼬리털은 가늘고 깊. 우리나라·일본 등지에 분포함.

어리-연꽃(-蓮-)[-꼳]명 조름나물과의 다년생 물풀. 못이나 도랑에 나는데 연과 비슷함. 진흙 속에 뿌리를 박고, 긴 잎자루 끝에 1~3개의 잎이 달리는데, 잎은 물 위에 뜸. 8월쯤 가운데가 노란 흰 꽃이 핌. *어리연꽃이[-꼬치]·어리연꽃만[-꼰-]

어리-장사명 닭이나 오리 따위를 어리에 넣어 지고 다니면서 파는 일.

어리-장수명 어리장사를 하는 사람.

어리-전(-廛)명 어리에 꿩·닭·오리 따위를 가두어 놓고 파는 가게.

어리-젓[-젇]명 얼간으로 담근 젓. 〔어리굴젓·어리박어젓 따위.〕 *어리젓이[-저시]·어리젓만[-전-]

어리-치다자 (아주 심한 자극으로) 정신이 흐릿하여지다.

어리칙칙-하다[-치카-]형어 능글맞게 일부러 어리석은 체하는 데가 있다.

어리-호박벌[-뻘]명 꿀벌과의 곤충. 몸길이 2 cm가량으로 크고 통통함. 몸빛은 검으며, 가슴의 등 쪽에는 노란색의 털이 빽빽하게 나 있음. 마른 나무나 재목 따위에 구멍을 뚫고 꽃가루나 꿀을 모으는데, 집단생활은 하지 않음. 왕벌. 호박벌. ㉜박벌.

어린(魚鱗)명 ①물고기의 비늘. ②〈어린진〉의 준말.

어린-것[-걷]명 〈어린아이〉의 낮춤말. *어린것이[-거시]·어린것만[-건-]

어린-나무명 나서 한두 해쯤 자란 나무. 유목(幼木). 치목(稚木).

어린-눈명 씨의 배(胚)의 한 부분으로, 자라서 줄기나 잎이 되는 부분. 유아(幼芽).

어린-뿌리명 종자식물의 씨앗에서 싹이 트면서 자라기 시작하는 연한 뿌리. 〔자라서 원뿌리가 됨.〕 유근(幼根).

어린-순(-筍)[-쑨]명 ☞애순.

어린-아이명 나이가 어린 아이. ㉜어린애. ㉠어린것. 참코흘리개.

어린-애명 〈어린아이〉의 준말.

어린-양(-羊)[-냥]圀 기독교에서, 인류의 죄를 대신 속죄한 구세주인 예수를 이르는 말.

어린-이圀 '어린아이'를 대접하여 이르는 말.

어린이-날圀 어린이의 인격을 소중히 여기고, 어린이의 행복을 꾀하자는 취지로 정한 날. 5월 5일.

어린이^헌:장(-憲章)圀 어린이의 인격을 존중하고 그들의 권리와 행복의 보장을 어른들이 다짐한 헌장. 1957년 5월 5일에 선포되었음.

어린-잎[-닙]圀 새로 나온 연한 잎. 눈엽. 애잎. *어린잎이[-니피]·어린잎만[-님-]

어린-진(魚鱗陣)圀 진형(陣形)의 한 가지. 물고기의 비늘처럼 중앙부가 쑥 불거져 나온 '사람 인(人)'자 모양의 진. 준어вин진. 圀학익진.

어림[하타] 대강 짐작으로 헤아림. ¶ 어림으로도 백 명은 넘겠다.

어림-셈[하타] 짐작으로 대강 셈을 함, 또는 그런 셈. 가산(加算).

어림-수(-數)[-쑤]圀 (어떤 수치를 반올림 따위의 방법으로) 대강을 잡은 수. ¶ 3만 5798의 천 자리까지 어림수는 3만 6000이다.

어림-없다[-리법때]囫 ①(너무 많거나 커서) 대강의 짐작도 할 수 없다. ②도저히 될 가망이 없다. ¶ 어림없는 일을 하려 든다. ③아무래도 당할 수 없다. ¶ 네 말주변으로 그를 설득하기란 어림없을걸. ④견줄 거리가 못되다. 비교할 수도 없다. ¶ 네 체력으로 그와 맞서다니, 어림없는 일이다. **어림없-이**튀.

어림-잡다[-따]囿 대강 짐작으로 헤아려 보다. 어림치다. ¶ 비용을 어림잡아 보다. /관객이 어림잡아도 만 명은 되겠다.

어림-재기圀 (눈대중이나 걸음짐작 등으로 길이·넓이·무게 따위를) 어림하여 재는 일.

어림-쟁이圀 '일정한 주견(主見)이 없는 어리석은 사람'을 얕잡아 이르는 말.

어림-짐작(←斟酌)圀[하타] 어림으로 대강 짐작함. 가량(假量).

어림-치다囿 어림잡다.

어릿-간(-間)[-리깐/-릳깐]圀 마소 따위를 들여 매어 놓기 위하여 사면을 둘러막은 곳.

어릿-거리다[-릳꺼-]재 자꾸 어릿어릿하다. 어릿대다. 圀아릿거리다.

어릿-광대[-릳꽝-]圀 ①광대가 나오기 전에 먼저 나와서 재치 있는 말이나 짓으로 사람들을 웃기며 판을 어울리게 하는 사람. ②무슨 일에 앞잡이로 나서서 일을 시켜주기 좋게 만들어 주는 사람. ③익살을 떨며 남을 잘 웃기는 사람.

어릿-대다[-릳때-]재 어릿거리다.

어릿-어릿[-리덛릳]튀[하자] 어렴풋하고 어지럽게 눈에 어리거나 움직이는 모양. 圀아릿아릿.

어릿-하다[-리타-]囫 (자극적인 맛으로) 혀끝이 꽤 아리다. ¶ 마늘 한 쪽을 통째 씹었더니 어릿하다. 圀아릿하다.

어룸圀〔옛〕얼음. 『얼에 가서 어룸을 두드리며 우니(五倫1:29).

어마라〔어마나〕의 준말. 圀어머.

어:마(馭馬)圀[하자] 말을 몲.

어마나라 깜짝 놀라거나 끔찍한 느낌이 들었을 때 내는 소리. ¶ 어마나, 약속을 깜빡 잊었네. 圀어머나. 圀아마나.

어마님圀〔옛〕어머님. ¶ 어마님ㄱ티 괴시리 업세라(樂詞.思母曲).

어마-뜨거라라 무섭거나 꺼리는 것을 갑자기 만났을 때 놀라서 지르는 소리.

어마어마-하다囫囿 굉장하고 엄청나고 장엄하다. ¶ 공장 규모가 어마어마하다. /그의 집은 생각보다 어마어마했다. 圀어마하다.

어마지두圀 무섭고 놀라워서 정신이 얼떨떨한 판.《주로, '어마지두에'의 꼴로 쓰임.》¶ 어마지두에 혼겁해서 절절맨다.

어마-하다[囫囿]〈어마어마하다〉의 준말.

어:말^어:미(語末語尾)圀 어간이나 선어말 어미에 이어지는 형식 형태소. 〔'읽다·깊네·좋고·보이니·잡히어'에서, '-다·-네·-고·-니·-어' 따위.〕종결 어미·연결 어미·전성 어미 등의 갈래가 있음. 圀선어말 어미.

어망(漁網·魚網)圀 물고기를 잡는 그물. ¶ 어망을 치다.

어망-홍리(漁網鴻離)[-니]圀〔물고기를 잡으려고 쳐 놓은 그물에 기러기가 걸렸다는 뜻으로〕①구하려는 것을 얻지 못하고 엉뚱한 것을 얻게 되었음을 이르는 말. ②남의 일로 엉뚱하게 화를 입게 되었음을 이르는 말.

어:맥(語脈)圀 말과 말의 연결, 곧 말의 맥락(脈絡). 圀문맥.

어머라〈어머나〉의 준말. ¶ 어머, 그게 사실이니? 圀어마.

어머나라 깜짝 놀라거나 끔찍한 느낌이 들었을 때 내는 소리. ¶ 어머나, 벌써 아홉 시네. 圀어머. 圀아마나.

어머니圀 ①자기를 낳은 여자. 모친(母親). ②자기의 '양어머니'·'새어머니'·'수양어머니'를 이르는 말. ③'자식을 가진 여자'를 대접하여 일컫는 말. ④'사물을 낳은 근본'을 비유하여 이르는 말. ¶ 노력은 성공의 어머니. ①②높어머님·자위(慈闈). ①②낮어멈·어미.

어머-님圀〈어머니〉의 높임말.

어멈圀 ①〈어머니〉의 낮춤말. ②남의집살이하는 어른 여자를 일컫는 말. ③윗사람이 자식 있는 손아래 여자를 친근하게 일컫는 말. ¶ 어멈, 내 일은 아범과 함께 친정에 다녀오너라. ④윗사람에게 자기의 '아내'를 낮추어 일컫는 말. ¶ 어머님, 오늘 어멈이 좀 늦는답니다. ↔아범.

어:명(御名)圀 국서(國書)에 쓰는 임금의 이름. 어휘(御諱).

어:명(御命)圀 임금의 명령. 어령(御令). ¶ 어명을 내리다.

어:모(禦侮)圀[하자] ①외모(外侮)를 막음. ②외침(外侵)을 막음.

어목(魚目)圀 ①물고기의 눈. 어안(魚眼). ②(물고기의 눈이 구슬과 비슷한 데서) '진짜와 비슷한 가짜'를 비유하여 이르는 말.

어목(漁牧)圀 어업과 목축.

어목-선(魚目扇)[-썬]圀 흰 뼈로 사북을 박은 철부채.

어목-연석(魚目燕石)[-몽년-]圀〔물고기의 눈과 중국 옌산(燕山)에서 나는 돌은 구슬 같으면서 구슬이 아니라는 뜻에서〕사이비(似而非)의 사물을 만들어서 익힌 음식. 생선묵.

어목-창(魚目瘡)圀 한방에서, 온몸에 물고기의 눈과 같은 부스럼이 나는 병을 이르는 말.

어:무윤척(語無倫脊)圀[하형] 말에 차례와 줄거리를 받다. /어명을 내리다.

어-묵(魚-)圀 생선의 살을 으깨어 갈분이나 조미료 등을 섞고, 나무판에 올리거나 여러 가지 모양으로 만들어서 익힌 음식. 생선묵.

어문(魚紋)圀 물고기 모양의 무늬.

어:문(語文)圀 말과 글. ¶ 어문 정책.

어:문-일치(語文一致)圀 ☞언문일치.

어:-문학 (語文學)[명] 어학과 문학.

어물 (魚物)[명] ①물고기. ②가공하여 말린 해산물.

어:물 (御物)[명] 임금이 쓰는 물건. 어용(御用).

어물-거리다[자] 자꾸 어물어물하다. 어물대다.

어물다[어무·어물어] 형 사람됨이 여물고 오달 지지 못하다. ¶외아들이라 그런지 어물기만 하다.

어물-대다[자] 어물거리다.

어물-어물[부]형[자] ①말이나 행동을 분명하게 하지 않고 꾸물거리는 모양. ¶대답을 하지 못하고 어물어물하다. ②눈앞에서 보일 듯 말 듯 하게 조금씩 움직이는 모양. ¶희뿌연 안개 사이로 무엇인가 어물어물 움직이는 것이 보였다.

어물-전 (魚物廛)[명] 어물을 파는 가게.

어물전 망신은 꼴뚜기가 시킨다[속담] '못난이일수록 동료들까지 망신시킴'을 비유하여 이르는 말.

어물쩍[부]형[자] (말이나 행동을) 일부러 어물거려 슬쩍 넘기는 모양. ¶별다른 해명도 없이 어물쩍 넘어가다. 어물쩍-어물쩍[부]형[자].

어물쩍-거리다[-꺼-][자] 자꾸 어물쩍어물쩍하다. 어물쩍대다.

어물쩍-대다[-때-][자] 어물쩍거리다.

어미 (母)[명] ①〈어머니〉의 낮춤말. ②(새끼를 낳은) 동물의 암컷을 이르는 말. ¶어미 돼지. /어미의 젖을 빠는 강아지.

어미 (魚尾)[명] ①물고기의 꼬리. ②관상(觀相)에서, 눈꼬리의 주름을 이르는 말.

어미 (魚味)[명] 물고기의 맛.

어:미 (御米)[명]□ 앵속자(罌粟子).

어:미 (語尾)[명] 용언 또는 서술격 조사의 어간에 붙어서, 쓰임에 따라 여러 가지로 형태를 바꾸어 가며 문법적 관계를 나타내는 부분. 선어말 어미와 어말 어미가 있음.〔'읽다·읽고·읽으면·읽을수록' 등에서, '-다·-고·-으면·-을수록' 따위.〕씨끝. ⑪어간(語幹).

어미-그루[명] 뿌리가 있는 주된 그루.

어:미-변화 (語尾變化)[명] 용언이나 서술격 조사의 끝 부분인 어미가, 문법적 기능의 변화에 따라 체계적으로 변화하는 일. 활용(活用). 끝바꿈.

어미-자(-子)[명] 길이나 각도 등의 눈금을 더욱 세밀하게 읽으려고 아들자를 보조로 쓸 때의, 그 본이 되는 자. ↔아들자.

어미-젖[-젇][명]□ 모유(母乳). *어미젖이[-저지]·어미젖만[-전-].

어민 (漁民)[명] 고기잡이를 업으로 하는 사람.

어박 (魚粕)[명] 물고기로 기름을 짜고 남은 찌꺼기. 비료나 사료로 쓰임.

어반-하다 (於半-)[형]〈어상반(於相半)하다〉의 준말. ¶공과(功過)가 어반하다.

어백 (魚白)[명]□ 이리1.

어:-백미 (御白米)[-뱅-][명] 임금에게 바친던 흰쌀. 왕백(王白).

어버시[명]〈옛〉어버이. ¶ 어버시는 애드라ᄒᆞ며 고리나 보고쟈 호ᄆᆞᆯ(恩重17). ᄋ아들자.

어버싀[명]〈옛〉어버이. ¶네 아래 어버싀 孝道ᄒᆞ며 님금끠 忠貞ᄒᆞ고(月釋2:63).

어버이[명] 아버지와 어머니를 아울러 이르는 말. 부모(父母).

어버이-날[명] 어버이를 존중하고 어버이의 은혜를 되새기자는 뜻으로 제정한 날. 5월 8일. 1973년 '어머니날'을 바꾼 것.

어벌쩡-하다[형][자] 제 말이나 행동을 믿게 하려고 말이나 행동을 일부러 슬쩍 어물거려 넘기는 모양. ¶어벌쩡하게 남을 속이려 한다.

어:법 (語法)[-뻡][명] 말의 표현 방식에 관한 법칙. 말법. 문법.

어벙-하다[형] 사람의 성질이 여무지지 못하고 멍청하다.

어변성룡 (魚變成龍)[-농][명][자][하다]〔물고기가 용이 되었다는 뜻으로〕'어렵게 지내던 사람이 영화롭게 됨'을 비유하여 이르는 말.

어별 (魚鼈)[명] ①물고기와 자라. ②바다에 사는 동물을 통틀어 이르는 말.

어:보 (語-)[-뽀][명] '말하는 법이나 태도'를 속되게 이르는 말. ¶어보 한번 고약하다. ⑳말본새.

어보 (魚譜)[명] 어류에 관하여 계통을 세워서, 그림이나 사진을 곁들여 설명한 책.

어:보 (御寶)[명] (임금의 도장인) 옥새(玉璽)와 옥보(玉寶). ⑳보새(寶璽).

어복 (於腹)[명]□ 어복점.

어복 (魚腹)[명] ①물고기의 배. ②□장딴지.

어:복 (御卜)[명] 임금의 점만을 치던 점쟁이.

어:복 (御服)[명]□ 어의(御衣).

어복-장국 (-醬-)[-짱꾹][명] 평안도식 음식의 한 가지. 굽 달린 소반만 한 큰 쟁반에 국수만 것을 사람 수효대로 벌여 놓고, 쟁반 가운데 편육 담은 그릇을 놓고는, 여럿이 둘러앉아 먹음.

어복-쟁반 (-錚盤)[-쟁-][명] 어복장국을 담은 쟁반.

어복-점 (於腹點)[-쩜][명] 바둑판 한가운데의 점, 또는 거기에 놓인 바둑돌. 배꼽점. 어복.

어복-포 (魚腹脯)[명] 물고기의 뱃살로 뜬 포.

어복포(가) 되다[관용] 아주 수가 나다.

어:부 (御府)[명]□ 어고(御庫).

어부 (漁夫·漁父)[명] 고기잡이를 업으로 하는 사람. 고기잡이. ⑤어용.

어부바〔Ⅰ〕[명][자][하다] 어린아이의 말로, 업거나 업히는 일을 이르는 말. ⑳부바.
〔Ⅱ〕[감] 어린아이에게 등에 업히라고 할 때 이르는 소리. ⑳부바.

어부-사 (漁父詞)[명] 조선 시대의 십이 가사(十二歌詞)의 하나. 중종 때 이현보(李賢輔)가 고려 가사인 어부가를 개작한 것.

어부-사시사 (漁父四時詞)[명] 조선 효종 때 윤선도(尹善道)가 지은 연시조. 춘·하·추·동 각 10수씩 모두 40수.〔'고산유고(孤山遺稿)'에 실려 전함.〕

어:-부슴 (魚-)[명][하다] 음력 정월 보름날, 그해의 액막이를 위하여 조밥을 강물에 던져 고기가 먹게 하는 일.

어부지리 (漁父之利·漁夫之利)[명] 둘이 다투고 있는 사이에 엉뚱한 사람이 이익을 얻게 됨, 또는 그 이익.〔도요새와 조개가 싸우고 있는 사이에 어부가 이익을 다 잡았다는 고사에서 유래함.〕어인지공(漁人之功).

어부-한 (漁夫干)[명]〈어부(漁夫)〉의 속된 말. 어부한이.

어부한-이 (漁夫干-)[명]□ 어부한.

어분 (魚粉)[명] 물고기를 말려서 빻은 가루. 질소 비료나 사료로 이용함.

어:-불근리 (語不近理)[-글-][명][하형] 말이 도무지 이치에 맞지 않음.

어:불성설 (語不成說)[명] 말이 조금도 사리에 맞지 않음. 말이 되지 않음. ¶그들의 주장은 어불성설이다. ⑳불성설.

어:불택발 (語不擇發)[-빨][명][하자] 말을 삼가지 않고 함부로 함.

어:비 [I]명 ☞에비.
　[II]감 ☞에비.

어비명 〈옛〉아비. 아버지. ¶어비 아드리 사룷시
리잇가(龍歌52章).

어비(魚肥)명 물고기를 말려서 만든 비료. 질소
와 인산이 많이 함유되어 있음.

어비-딸명 아버지와 딸.

어비-몸명 〈옛〉족장(族長). ¶즉자히 나랏 어비
몬내롤 모도아 니르샤더(釋譜6:9).

어비-아들명 아버지와 아들.

어뻑-자빡 [-짜-]명[부]되는대로 마구 포개져
있거나 넘어져 있는 모양.

어뻘싸감 미처 생각지 못한 것을 뉘우칠 때 내
는 소리. ¶어뻘싸, 문을 잠그지 않고 나왔
네. /어뻘싸, 사무실에다 지갑을 두고 왔군!
ⓐ아뻘싸. 困허뻘싸.

어:사(御史)명 ①왕명으로 특별한 임무를 띠고
지방으로 나가던 임시적인 관리. ②〈암행어사
(暗行御史)〉의 준말. 閄어사또.

어:사(御使)명 왕명으로 심부름 가는 관리.

어:사(御賜)명[-하타] (신하에게) 임금이 돈이나
물건을 내림.

어:사(語辭)명 말. 언사(言辭).

어:사-대명 고려 시대에, 시정(時政)에
대한 논의, 풍속의 교정, 관리들에 대한 규찰
(糾察)을 맡아보던 관아.

어:사-대부(御史大夫)명 고려 시대, 어사대(御
史臺)의 으뜸 벼슬. 정삼품임.

어:사-또(←御史道)명 '어사'를 높이어 일컫
던 말.

어-사리(漁-)명[-하자] 그물을 쳐서 많은 고기를
잡는 일.

어:사-출두(御史出頭) [-뚜]명 〈어사출또〉의
본딧말.

어:사-출또(←御史出頭)명 조선 시대에, 암행
어사가 지방의 관아에 이르러, 사무를 처리
하기 위하여 자기 신분을 밝히던 일. 출또.
閄어사출두.

어:사-화(御賜花)명 조선 시대에, 임금이 과거
에 급제한 사람에게 내리던, 종이로 만든 꽃.
모화(帽花). ¶머리에는 어사화요, 몸에는 앵삼
(鶯衫)이라(烈女春香守節歌).

어-살명 물고기를 잡기 위하여, 물속에 나
무를 둘러 꽂아 물고기를 들게 하는 울. 어전
(漁箭). ⓐ살.

어살(을) 지르다관용 어살을 물속에 세우다.
ⓐ살지르다.

어:삽(語澁)명[하형] (자꾸 막히거나 하여) 말이
잘 나오지 않음.

어상(-商)명 소를 사서 장에 갖다 파는 사람.

어상(魚商)명 생선 장수.

어:상(御床)명 임금의 밥상.

어상반(於相半)'어상반하다'의 어근.

어상반-하다(於相半-)형여 서로 비슷하다. ¶두
집안의 형편이 어상반하다. ⓐ반(半)하다.

어:새(御璽)명 임금의 도장. 국새(國璽). 보새
(寶璽). 어인(御印). 옥새(玉璽).

어색(漁色)명[하자] (상대를 바꾸어 가면서) 여색
(女色)을 탐함.

어색(語塞)'어색하다'의 어근.

어:색-하다(語塞-) [-새카-]형여 ①(낯익지 않
은) 서먹서먹하다. ¶어색한 자리. ②멋쩍고 쑥
스럽다. ¶어색한 웃음을 웃다. ③보기에 서투
르다. ¶동작이 어색하다. ④☞어궁(語窮)하다.
¶어색한 변명. **어색-히**[부].

어서[부] ①'빨리'·'곧'의 뜻으로 무엇을 재촉하
는 말. ¶어서 가 보자. ②반갑게 맞아들이거나
나 간절히 원하는 말. ¶어서 오십시오. /어서
드십시오.

-어서[어미] 어미 '-어'와 보조사 '서'가 어우러
진 말. 끝 음절이 'ㅏ·ㅗ' 이외의 모음으로 된
용언의 어간에 붙어, 그 말이 다음 말의 조건·
수단·이유 등이 됨을 뜻하는 종속적 연결 어
미. ¶과일을 씻어서 먹다. /물이 깊어서 못 건
너겠다. ⓐ-아서.

어:서-각(御書閣)명 ☞어필각(御筆閣).

어서기명 광산에서, 금줄이 떨어졌다가 다시 시
작되는 부분.

어서-어서[부] '어서'의 힘줌말.

어:서-원(御書院)명 고려 시대에, 비서성에 딸
린 관청으로, 궁내의 도서를 맡아보던 일종의
왕실 도서관.

어:석[부][하타] 싱싱하고 연한 과일이나 채소 따위
를 단번에 힘 있게 깨무는 소리. ⓐ아삭. ꆰ어
썩. **어석-어석**[부][하타].

어석-거리다[-꺼-]재타 자꾸 어석어석하다.
어석대다. ⓐ아삭거리다.

어석-대다[-때-]재타 어석거리다.

어석-소[-쏘]명 〈어스럭송아지〉의 준말.

어석-송아지[-쏭-]명 〈어스럭송아지〉의 준말.

어선(魚鮮)명 ☞생선.

어:선(御膳)명 임금에게 올리는 음식.

어선(漁船)명 고기잡이를 하는 데 쓰는 배. 고
기잡이배. 고깃배. 어로선(漁撈船).

어:설프다[어설프니·어설퍼]형 ①짜임새가 없
고 허술하다. ¶어설픈 움막. ②야무지지 못하
고 설다. ¶어설픈 목공. /하는 일이 어설퍼 미
덥지 않다.

어:설피[부] 어설프게.

어섯[-섣]명 ①사물의 일부분에 지나지 않는
정도. ¶어섯만 보이다. ②온전하게 성숙되지
않은 정도. * 어섯이[-서시]·어섯만[-선-]

어섯-눈[-선-]명 〔사물의 한 부분 정도를 볼
수 있는 눈이라는 뜻으로] 사물을 대강 이해하
게 된 눈. ¶겨우 어섯눈을 뜨다.

어:성(語聲)명 말소리. ¶어성을 높이다.

어:세(語勢)명 ☞어기(語氣).

어셈블러(assembler)명 어셈블리 언어로 된 프
로그램이나 명령어를 기계어로 번역할 수 있는
프로그램. 困어셈블리 언어.

어셈블리^언어(assembly言語)명 간단한 단어
와 쉬운 기호로 이루어진 컴퓨터 프로그래밍
언어의 한 가지. 기계어와 일 대 일로 대응되
는 명령어 체계를 가졌으며, 컴퓨터 기종에 따
라 서로 통용될 수 없어 기계어에 가까운 저급
언어임.

어:소(御所)명 임금이 계시는 곳.

어소(漁所)명 ☞어장(漁場).

어속(魚屬)명 ☞어류(魚類).

어:수(御水)명 임금에게 올리는 우물물.

어:수(御手)명 임금의 손. 옥수(玉手).

어수룩-하다[-루카-]형여 ①(하는 짓이나 말이)
약삭빠르지 아니하고 숫되고 투박하다. ¶촌
티가 나고 어수룩한 총각. ②되바라지지 않고
좀 어리석은 데가 있다. ¶어수룩하기는 하지만
아주 진실하다. ③제도나 규율에 의한 통제가
제대로 되어 있지 못해 느슨하다. ¶세상
이 그렇게 어수룩할 줄 아니? ⓐ아수룩하다.

어수리명 산형과의 다년초. 줄기 높이 1.5m가
량. 산과 들에 자라는데, 잎은 어긋맞게 나고,

소엽(小葉)은 달걀 모양인데 깊게 갈라져 있음. 7~8월에 흰 꽃이 모여 피고, 길둥근 열매를 맺음. 어린잎은 먹을 수 있음.

어:수-물(御水-)圀 ①어수로 쓰는 물. ②〈어수물〉의 준말.

어수선산란-하다(-散亂-)[-살-]휑여 매우 수선하다. 어수선하고 산란하다.

어수선-하다휑여 ①사물이 어지럽게 뒤섞여 매우 수선스럽다. ¶어수선한 시장 골목. /책상 위에 책과 필기도구가 어수선하게 널려 있다. ②마음이 뒤숭숭하다. ¶어수선한 꿈자리. **어수선-히**튀.

어:수-우물(御水-)圀 임금에게 올릴 물을 긷는 우물. 준어수물.

어:순(語順)圀 말이나 글에서, 주어·술어·목적어 따위가 놓인 차례.

어숭그러-하다휑여 ①유난스러운 데가 없이 수수하다. ②일이 그리 까다롭지 않다.

어:스(earth)圀 접지(接地).

어스러기圀 옷의 솔기 따위가 어스러진 곳.

어스러-지다재 ①(말이나 행동이) 정상에서 벗어나다. ②사물의 한쪽이 조금 기울거나 비뚤어지게 되다. ¶옷의 박음질이 어스러졌다.

어스럭-송아지[-쏭-]圀 거의 중송아지만 한 큰 송아지. 준어석소·어석송아지.

어스렁이-고치圀 밤나무벌레의 고치.

어스레-하다휑여 조금 어둑하다. 어스름하다. ¶날이 저물어 사방이 어스레하다. 준어스하다. **어스레-히**튀.

어스름圀 (새벽이나 저녁의) 어스레한 때, 또는 그러한 상태. ¶새벽 어스름. /어스름 달밤.

어스름-하다휑여 ☞어스레하다. ¶어스름한 달빛.

어:스-선(earth線)圀 접지선(接地線).

어슥-어슥튀휑 여럿이 모두 한쪽으로 조금씩 비뚤어져 있는 모양. 잭아슥아슥.

어슬렁-거리다재타 자꾸 어슬렁어슬렁하다. 어슬렁대다. ¶웬 낯선 남자가 온종일 집 앞을 어슬렁거리고 있다. 잭아슬랑거리다.

어슬렁-대다재타 어슬렁거리다.

어슬렁-어슬렁튀휑 몸집이 큰 사람이나 큰 짐승이 슬렁슬렁 걸어 다니는 모양. 잭아슬랑아슬랑. 준어슬어슬1.

어슬-녘튀휑자태 〈어슬녘어슬렁〉의 준말.

어슬-어슬²튀휑 날이 어두워지거나 밝아질 무렵의 어스레한 모양. ¶날이 어슬어슬 저물어 간다.

어슬핏-하다[-피타-]휑여 조금 어스레하다.

어슬-하다휑여 〈어스레하다〉의 준말.

어슴-새벽圀 어스레한 새벽.

어슴푸레튀휑 ①기억에 뚜렷이 떠오르지 않고 몹시 흐리마리한 모양. ¶어슴푸레한 기억. ②뚜렷이 보이거나 들리지 않고 희미한 모양. ¶산 그림자가 어슴푸레하다. ③빛이 약해 어둑한 모양. 잭아슴푸레.

어슥-거리다[-슥꺼-]재 힘없이 자꾸 어정어정하다. 어슥대다.

어슥-대다[-슥때-]재 어슥거리다.

어슥비슥-하다[-슥삐-]휑여 ①서로 비슥비슥하다. ¶생활 정도가 어슥비슥하다. ②이리저리 쏠리어 가지런하지 않다. ¶장작을 어슥비슥하게 쌓다.

어슥-썰기[-슥-]圀 (무·오이·파 따위를) 한쪽으로 비스듬하게 써는 일.

어슥-어슥¹[-스더슥]튀휑자 힘없이 어정거리는 모양. ¶환자들이 병원 복도를 어슥어슥 다닌다.

어슥-어슥²[-스더슥]튀휑 여럿이 다 조금씩 기울어진 모양.

어슥-하다[-스타-]휑여 한쪽으로 조금 비뚤다.

어:승-마(御乘馬)圀 임금이 타는 말.

어시(魚市)圀 〈어시장(魚市場)〉의 준말.

-어시늘어미 〈옛〉-시거늘. ¶世子ᄉ位 뷔어시늘(龍歌101章).

-어시니어미 〈옛〉-시거니. ¶兵馬롤 머추어시니(龍歌54章).

-어시놀어미 〈옛〉-시거늘. -으시거늘. ¶帝命이 누리어시놀(龍歌8章).

-어시든어미 〈옛〉-시거든. -시면. ¶弟子 ᄒ나홀 주어시든(釋譜6:22).

어시스트(assist)圀 농구나 축구 경기 등에서, 알맞은 패스로써 직접 득점을 돕는 일, 또는 그런 선수.

어시-에(於是-)튀 여기에 있어서. 이에.

어-시장(魚市場)圀 생선이나 조개류·젓갈류 따위를 거래하는 시장. 생선장(生鮮場). 준어시(魚市).

어시해(魚醢醢)圀 ☞아감젓.

어시호(於是乎)튀 이제야. 이에 있어서.

어:식(御食)圀 임금이 내리는 음식.

-어신어미 〈옛〉-으신. -신. ('ㄹ'과 'ㅣ' 뒤에서 '-거신'의 'ㄱ'이 생략된 꼴.) ¶愛人相見ᄒ샤 오올어신 누네(樂範.處容歌).

-어신마르ᄂᆞᆫ어미 〈옛〉-시건마는. ¶아바님도 어이이어신마르ᄂᆞᆫ(樂詞.思母曲).

-어신마론어미 〈옛〉-시건마는. ¶다 普賢行이어신마론(法華1:44).

어:-신필(御宸筆)圀 임금의 친필. 어필(御筆).

어:심(於心)圀 마음속.

어ᄉᆞ와감〈옛〉여여차. ¶지국총지국총 어ᄉᆞ와(古時調).

어썩튀휑자타 〈어석〉의 센말. ¶오이를 어썩 깨물다. 잭아싹.

어쑥-하다[-쑤타-]휑여 씩씩하고 통이 크며 작은 일에 거리낌이 없다.

-어야어미 〈옛〉-어야. ¶뷔어삭 ᄌᄆ니이다(龍歌67章). 잡-거삭.

어스름圀 〈옛〉 어스름. ¶어스름 밤이라(內訓3:58). /어스름 혼:昏(訓蒙上1).

어ᄉᆞᆷ圀 〈옛〉어버이. ¶우리 어ᄉᆞ 아ᄃᆞ리 외롭고 입게 도외야(釋譜6:5).

어:악^풍류(御樂風流)[-뉴]圀 조선 시대에, 장악원(掌樂院)의 악생(樂生)들이 여민락(與民樂) 따위를 연주해 올리던 일. ¶어악 풍류 청아성(淸雅聲)에 앵무새가 춤을 춘다(烈女春香守節歌).

어:안圀 어이없어 말을 못하고 있는 혀 안. **어안이 병병하다**판용 말이 막힐 만큼 놀랍고 어이없다. ¶난데없는 화재 소식에 어안이 병병했다.

어안(魚眼)圀 물고기의 눈. 어목(魚目).

어안^렌즈(魚眼lens)圀 사진용 광각(廣角) 렌즈 중 시야가 가장 넓은 것. 반구(半球) 전체의 피사체를 하나의 원형 안에 넣을 수 있음.

어안^사진(魚眼寫眞)圀 어안 렌즈로 촬영한 사진. 상하 좌우로 180° 시야의 공간을 한 장에 넣을 수 있음.

어안-석(魚眼石)圀 정방 정계에 달린 무색 또는 백색의 광물. 주상(柱狀) 또는 판상(板狀)의 결정을 이루며 유리와 같은 광택을 지님.

어:압(御押)圀 임금의 수결(手決)을 새긴 도장. 어함(御啣).

-**어야**[어미] 끝 음절이 ‘ㅏ·ㅗ’ 이외의 모음으로 된 어간에 붙어 쓰이는 종속적 연결 어미. 『(그 말이 뒷말에 대한 필수 요건임을 나타냄. 『빨강을 섞어야 고와지지. ②《뒤에 오는 부정어와 함께 쓰이어》 가정(假定)을 아무리 크게 하여도 별 차이가 생기지 않음을 나타냄. 『늦어야 5분이지. 참-아야.

어야-디야[감] 〈어기야디야〉의 준말.

-**어야만**[어미] ‘-어야’의 힘줌말. 『심어야만 거둘 수 있다.

-**어야지**[어미] ‘-어야 하지’가 줄어서 된 말. 끝 음절이 ‘ㅏ·ㅗ’ 이외의 모음으로 된 어간에 붙어 쓰이어, 그렇게 함이 당연하다는 뜻을 나타내는 종결 어미. 『건강하려면 음식을 가리지 않고 먹어야지. 참-아야지.

어-엄[감] 뜻밖의 일을 당할 때나 일이 생각과 달리 되어 갈 때 내는 소리. 『어엄, 조심해!

어어리-나모[명] 〈옛〉개나리. 『어어리나모 여름(方藥18).

어언(於焉)[명] 〈어언간(於焉間)〉의 준말. 『서울로 이사온 지도 어언 10여 년이 지났다.

어언-간(於焉間)[부] 어느덧. 어느 사이. 어언지간. 『대학교를 졸업한 지도 어언간 10년이 지났다. 준어언.

어언지간(於焉之間)[부] ⇨어언간.

어업(漁業)[명] 물고기·조개 따위를 잡거나, 바닷말을 따거나, 양식(養殖)을 하거나 하여 수입을 얻는 산업.

어업-권(漁業權)[-꿘][명] 어떤 어장(漁場)에서 독점적으로 어업을 할 수 있는 권리. 어로권.

어업^면:허(漁業免許)[-엄-][명] 특정한 수역(水域)에서 일정한 어업을 독점적으로 할 수 있는 권리를 허가하는 행정 행위.

어업^자원(漁業資源)[-웜][명] 어업의 대상이 되는 물고기·조개·바다짐승·바닷말 따위의 동식물.

어업^전관^수역(漁業專管水域)[-전-][명] 연안국(沿岸國)이 배타적·우선적인 어업권을 가지는, 영해 바깥쪽의 일정한 수역. 전관 수역.

어여-머리[명] 조선 시대에, 부인이 예장할 때 머리에 얹던, 다리로 된 커다란 머리. 가환(假鬟). 준어염.

어여쁘다[어여쁘니·어여뻐][형] ‘예쁘다’를 예스럽게 이르는 말.

어여뻐[부] 어여쁘게.

어여차[감] 여럿이 힘을 합할 때 함께 지르는 소리. 어기여차.

어:연(御筵)[명] 임금이 앉는 자리.

어연간-하다[형여] (정도가) 표준이나 기준에 어지간히 가깝다. 『그만하면 어연간하게 되었다. 준엔간하다. 어연간-히[부].

어연번듯-하다[-드타-][형여] (어디 내놓아도) 어엿하고 번듯하다. 『어연번듯한 집안의 자손. 어연번듯-이[부].

어염[명] 〈어여머리〉의 준말.

어염(魚鹽)[명] ①바다에서 나는 물고기와 소금. ②어업과 제염.

어염시수(魚鹽柴水)[명] 〔생선과 소금과 땔나무와 물이라는 뜻으로〕식생활을 위한 생활필수품을 통틀어 이르는 말.

어엿브다[형] 〈옛〉불쌍하다. 『어여블 휼:恤(訓蒙下32). /어엿븐 그림재 날 조찰 뿐이로다(鄭澈. 續美人曲).

어엿비[부] 〈옛〉불쌍히. 딱하게. 『憫然은 어엿비 너기실씨라(訓諺). /내 이롤 爲ᄒᆞ야 어엿비 너겨(訓諺).

어엿-하다[-여타-][형여] (하는 일이) 당당하고 떳떳하다. 『어리던 녀석이 어엿한 대장부가 되었다. 어엿-이[부].

어:영-대장(御營大將)[명] 조선 시대, 어영청(御營廳)의 으뜸 벼슬. 품계는 종이품. 준어장(御將).

어영-부영[부][하자] 별 생각 없이 일이 되어 가는 대로 행동하는 모양. 『무엇인가를 시작할 생각은 않고 어영부영 세월만 보낸다.

어:영-청(御營廳)[명] 조선 시대에, 삼군문(三軍門)의 하나인 군영(軍營)의 이름.

어:온(御醞)[명] 임금에게 올리는 술.

어옹(漁翁)[명] ①고기잡이를 하는 늙은이. ②〈어부〉의 높임말.

어와[감] 〈옛〉아아. 『어와 聖恩이야(鄭澈.關東別曲).

-**어요**[어미] 어미 ‘-어’에 조사 ‘요’가 합쳐서 된 하오체 종결 어미. 끝 음절이 ‘ㅏ·ㅗ’ 이외의 모음으로 된 어간에 붙어, 서술·청원·의문의 뜻을 나타냄. 『제가 가겠어요. /여기 있어요. /보기 싫어요. 참-아요.

어:용(御用)[명] ①⇨어물(御物). ②권력에 아첨하고 자주성이 없는 사람이나 단체·작품 따위를 경멸하여 이르는 말. 『어용 단체.

어:용^기자(御用記者)[명] 어용 신문의 기자.

어:용^문학(御用文學)[명] 문학의 독창성과 순수성을 저버리고 당대(當代)의 권력에 아부하는 문학.

어:용-상인(御用商人)[명] 〔일본에서〕왕실이나 관청 따위에 물건을 대는 업자를 이르는 말.

어:용^신문(御用新聞)[명] 정부의 보호를 받으며, 그 정책을 두둔하고 선전하는 내용의 논설이나 보도를 싣는 신문. 어용지.

어:용-지(御用紙)[명] ⇨어용 신문.

어:용-학자(御用學者)[-짜][명] 정부나 권력자에 아첨하여 그 정책을 옹호하거나 이론적으로 정당화하는 주장을 펴는 학자.

어:우(御宇)[명] 임금이 나라를 다스리는 동안.

어우러-지다[자] (둘 또는 여럿이 모여서) 한 덩어리나 한 판을 이루게 되다. 『노소가 한데 어우러져 놀다. 참아우러지다.

어우렁-더우렁[부][형] 여러 사람 속에서 함께 어울려 지내는 모양.

어우르다[어우르니·어울러][타] ①(둘 또는 여럿을 모아서) 한 덩어리나 한 판이 되게 하다. 『술자리를 어우르다. ②윷놀이에서, 두 바리 이상의 말을 한데 합치다. 『세 바리를 어우르다. 준어르다. 참아우르다.

어우-야담(於于野談)[명] 조선 광해군 때의 학자 유몽인(柳夢寅)이 지은, 한문으로 된 야담집.

어우와[감] 〈옛〉아아. 『어우와 날 속여다 秋月春風이 날 속여다(古時調).

어욱새[명] 〈옛〉억새. 『어욱새 속새 덥가나무 白楊 수페(鄭澈.將進酒辭).

어울다[자] 〈옛〉어울리다. 『믈읫 字ㅣ 모로매 어우러사 소리 이ᄂᆞ니(訓諺). /둘히 어우러 精óᆷ 밍ᄀᆞ라(釋譜6:26).

어울리다[자] ①《‘어우르다’의 피동》 어우르게 되다. ②함께 어울려 놀다. ②서로 조화가 잘 이루어져 자연스럽게 되다. 『양복과 넥타이가 잘 어울린다. 준얼리다. 참아울리다.

어울림-음(-音)[명] 잘 조화된 화음. 보통, 잘 조화되어 듣기에 좋은 음을 이름. 협화음(協和音). ↔안어울림음.

어울림^음정(-音程)圄 음악에서, 두 음이 동시에 울렸을 때 서로 잘 어울리는 음정. 협화음정(協和音程). ↔안어울림 음정.

어울우다囨 〈옛〉어우르다. ¶첫소리를 어울워 뿔디면 굴바 쓰라(訓諺). /ㅁ슷믈 聖人 쁘데 어울우며(圓覺序81).

어웅-하다圄㉲ (동굴 등이) 속이 텅 비어 있고 침침하다.

어:원(御苑)圄 ⇨비원(祕苑).

어:원(語源·語原)圄 어떤 말이 오늘날의 형태나 뜻으로 되기 전의 본디 형태나 뜻. 말밑².

어월圄 〈옛〉응어리. ¶어월 샹:瓢(訓蒙下5). /瓜瓢읫어월(四聲下45).

어위다圄 〈옛〉넓다. 너그럽다. ¶ㄱ르미 어위니(杜初14:14).

어유갑 ①뜻밖의 일에 놀람을 나타내는 말. 어유, 큰일났네! ②고달프고 힘겨울 때 하는 말. ¶어유, 이 일을 언제 다 하지? ㉣아유.

어유(魚油)圄 물고기를 쪄서 짠 기름. 식품이나 비누 따위의 원료로 쓰임.

어유아리圄 〈옛〉바리때. ¶굴갓과 어유아리를(朴解上34). ㉤에우아리.

어육(魚肉)圄 ①생선의 살. ②물고기와 짐승의 고기. ③'짓밟고 으깨어서 아주 결딴낸 상태'를 비유하여 이르는 말. ¶왜적의 손에 백성은 어육이 되었다.

어육-장(魚肉醬)圄 [-짱] 살짝 데친 생선과 고기를 넣어 담근 장.

어름圄 〈옛〉어스름. ¶어르메 새 수풀로 가매(杜重3:45). ㉤어스름.

어음圄 ①일정한 금액을 일정한 기일에 일정한 곳에서 지급할 것을 약속하는 유가 증권. [약속 어음과 환어음이 있음.] ②지난날, 돈을 치르기로 약속하던 문서. 금액과 날짜 따위를 적고, 그 한가운데를 잘라 채권자와 채무자가 한 쪽씩 가졌음.

어:음(語音)圄 말의 소리.

어음^교환(-交換)圄 어떤 지역의 각 은행의 직원이 모여서 어음을 교환하고, 은행끼리의 대차를 청산하는 일.

어음^교환소(-交換所)圄 어떤 지역의 각 은행의 직원이 모여서 어음을 교환하고, 그 차액을 계산하여 은행끼리의 대차를 청산하는 곳.

어음^대:출(-貸出)圄 금융 기관의 대출 방법의 한 가지. 차용 증서 대신에 차용인이 은행을 수취인으로 하는 약속 어음이나 환어음을 발행하는 일.

어음^배:서(-背書)圄 어음을 남에게 양도하는 경우, 어음의 뒷면에 그 내용을 적고 서명 날인하는 일.

어:음-상통(語音相通)圄㉻ ①(거리가 가까워) 말소리가 서로 들림. ②(말로써) 서로 의사가 통함.

어음^할인(-割引)圄 금융 기관이, 어음에 적힌 금액에서 지급 기일까지의 이자와 수수료를 제한 잔금으로 그 어음을 사들이는 일. 지급 기일 이전에 돈을 쓰고자 할 때 이용됨. ㉣할인(割引).

어음^행위(-行爲)圄 어음의 발행·배서(背書)·인수(引受)·보증·참가 인수(參加引受) 등 다섯 가지 법률 행위.

어:의(御衣)圄 [-의/-이] 임금의 옷. 어복(御服).

어:의(御醫)圄 [-의/-이] ⇨시의(侍醫).

어:의(語義)圄 [-의/-이] 말뜻.

어이¹圄 짐승의 어미.

어이²圄 어처구니. ¶그만한 일로 싸우다니 정말 어이가 없다.

어이³囘 '어찌'의 예스러운 말. ¶어이 잊으랴.

어이圄 〈옛〉어버이. ¶아바님도 어이어신마른는(樂詞.思母曲).

어이-곡(-哭)圄 부모상(父母喪)과 승중상(承重喪) 이외의 상중(喪中)에 하는 곡. '어이어이' 하고 옮.

어이구갑 몹시 아프거나 놀라거나 반갑거나 힘들거나 원통하거나 기가 막히거나 할 때 하는 말. ¶어이구, 가슴이야. /어이구, 이게 얼마 만이냐? ㉣에구. ㉲아이고. ㉱어이쿠.

어이구나갑 어린아이의 귀여운 재롱이나 기특한 짓을 보고 신통해서 하는 말. ¶어이구나, 착하다. ㉲아이고나.

어이구-머니갑 '어이구'의 힘줌말. ㉣어구머니·에구머니. ㉲아이고머니.

어이다囨 피하다. 에돌다. ¶處容아비를 어여거져(樂詞.處容歌). ㉤에다.

어이-딸圄 어머니와 딸. 모녀(母女).
어이딸이 두부 앗듯[속담] 뜻이 맞고 손이 맞아 일이 척척 잘되어 나감을 이르는 말.

어이-며느리圄 시어머니와 며느리. 고부(姑婦). 고식(姑媳).

어이-새끼圄 짐승의 어미와 새끼.

어이-아들圄 어머니와 아들. 모자(母子).

어이-어이갑 상중(喪中)에, 상제를 제외한 복인(服人)이나 조상하는 사람이 곡(哭)하는 소리.

어이-없다[-업따]囹 일이 너무 엄청나거나 뜻밖이어서 기가 막히다. 어이없구나. ¶어이없는 일을 당하다. **어이없-이**囘 ¶너무나 어이없이 무너지다.

어이쿠갑 '어이구'의 거센말. ㉲아이코.

어인관 '어찌 된'을 예스럽게 이르는 말. ¶어인 일로 울고 계시오?

어:인(御印)圄 임금의 도장. 어새(御璽).

어인지공(漁人之功)圄 ⇨어부지리(漁父之利).

어:자(御者·馭者)圄 ①마차를 부리는 사람. ②사람이 탄 말을 부리는 사람. ③임금의 시자(侍者).

어장(魚醬)圄 생선을 넣어 담근 장.

어:장(御仗)圄 임금이 거동할 때 호위(護衛)하던 병정.

어:장(御將)圄 〈어영대장(御營大將)〉의 준말.

어장(漁場)圄 어업을 하는 수역(水域). 어기(漁基). 어소(漁所). ¶북태평양 어장.
어장이 안되려면 해파리만 끓는다[속담] 일이 안되려면 달갑지 않은 일만 생긴다는 말.

어장-비(魚腸肥)圄 물고기의 내장을 원료로 하는 비료. 질소와 인이 많이 함유되어 있음.

어재(魚滓)圄 기름을 짜거나 살을 발라내고 남은 물고기의 찌꺼기.

어:-재실(御齋室)圄 임금이 능이나 묘(廟)에 거둥할 때 잠시 머무르던 집.

어저귀圄 아욱과의 일년초. 높이 1.5m가량으로, 전체에 털이 빽빽이 나 있음. 잎은 심장 모양으로 넓고, 8∼9월에 누른 다섯잎꽃이 잎겨드랑이에 모여서 핌. 인도 원산이며, 섬유 식물로서 한때 많이 재배하였음. 줄기 껍질은 섬유로 쓰고, 씨는 경실(苘實)이라 하여 한약재로 쓰임. 백마(白麻).

어저께囘 Ⅰ圄 어제. ¶어저께는 무척 바빴다.
Ⅱ囘 어제. ¶방학 숙제는 어저께 다 끝냈다.

어적囘㉻囨 좀 단단한 과일이나 채소 따위를 단번에 씹을 때 나는 소리. ¶무를 어적 깨물다. ㉲아작. ㉩어쩍. **어적-어적**囘㉻囨

어적(魚炙)**명** 생선 살을 소금으로 간하여 구운 적.

어:적(禦敵)**명**[하자] 외적(外敵)을 막음.

어적-거리다[-꺼-]**자타** 자꾸 어적어적하다. 어적대다. ⑨아작거리다.

어적-대다[-때-]**자타** 어적거리다.

어전(漁筌)**명** 물고기를 잡는 통발.

어전(魚煎)**명** ⇨생선전.

어:전(御前)**명** 임금의 앞. ¶어전을 물러나오다.

어:전(御殿)**명** 임금이 있는 전각(殿閣).

어전(漁箭)**명** ⇨어살.

어:전(典典)**명** ①⇨사서(辭書). 사전(辭典). ②문법을 설명한 책. 문전(文典).

어:전^풍류(御前風流)[-뉴]**명** 임금 앞에서 베푸는 풍류.

어:전^회:의(御前會議)[-회의/-훼이]**명** 중요한 국사를 다루기 위하여 임금 앞에서 중신들이 하는 회의.

어:절(語節)**명** 문장을 이루고 있는 도막도막의 성분. 우리말의 경우, 한 단어로써 이루어지기도 하고 체언에 조사가 붙어서 이루어지기도 함. 〔'철수가 이야기책을 읽었다.'에서 '철수가', '이야기책을', '읽었다' 따위.〕말마디.

어접(魚蝶)**명** ⇨생선전.

어정**명** ①〈어정잡이〉의 준말. ②무슨 일을 탐탁하게 하지 않고 대강으로 하는 일. ¶어정으로 쓴 글씨.

어정(漁艇)**명** ①고기잡이에 쓰는 작은 배. ②어장(漁場)에서 사용하기 위하여 큰 어선에 싣고 다니는 작은 배.

어정-거리다[타] 자꾸 어정어정하다. 어정대다. ⑨아장거리다.

어정-대다[자] 어정거리다.

어정-뜨다[~뜨니·~떠]**형** ①해야 할 일은 하지 않고 엉뚱한 일만 하여 탐탁하지 않다. ¶보기보다 어정뜬 데가 있다. ②이쪽도 저쪽도 아니고 어중간하다.

어정뜨기는 칠팔월 개구리**속담** 마땅히 할 일은 안 하고 몹시 엉뚱하고 덤벙대기만 함을 이르는 말.

어정-뱅이**명** ①(무슨 일로 하여) 갑자기 잘된 사람. ②일정한 일 없이 어정버정 지내는 사람. ③일을 하고 있지만 조금도 실적이 없는 사람.

어정-버정[부][하자타] 하는 일 없이 이리저리 어정거리는 모양. ⑨아장바장.

어정-어정[부][하자타] ①(큰 몸짓으로) 둔하게 천천히 걷는 모양. ②한가하게 거니는 모양. ⑨아장아장.

어정-잡이**명** ①겉모양만 차리고 실속이 없는 사람. ②제 앞을 제대로 꾸려 나가지 못하는 사람. ⑥어정.

어정쩡-하다[어] ①마음에 의심이 나고 꺼림하다. ②분명하지 않고 흐릿하다. ¶태도가 어정쩡하다. 어정쩡-히**부**.

어정-칠월(-七月)**명** 〔어정어정하는 사이에 한 달이 지나간다는 뜻으로〕 '음력 칠월'을 이르는 말. ⑪미끈유월·건들팔월.

어제[I]**명** 오늘의 바로 하루 전날. 어저께. 작일(昨日). ↔내일.
[II]**부** 오늘의 바로 하루 전에. 어저께. ↔내일.

어제 보던 손님**속담** 낯익은 사람. ②만나자마자 곧 뜻이 맞아서 금방 친해진 사람.

어제가 다르고 오늘이 다르다**관용** 변화하는 속도가 매우 빠름을 이르는 말.

어제(魚梯)**명** 댐 같은 곳에, 비탈이 심하지 않은 물길이나 계단식 물길을 만들어 물고기가 오를 수 있도록 만든 시설.

어:제(御製)**명**[하타] 임금이 몸소 짓거나 만듦, 또는 그런 글이나 물건. ¶세종 어제 훈민정음.

어:제(御題)**명** 임금이 친히 보이던 과거의 글제.

어제-오늘**명** 아주 최근이나 요 며칠 사이. 요즈음. ¶그것은 어제오늘 시작된 일이 아니다.

어제일리어(azalea)**명** 진달랫과의 상록 관목. 높이 50~70 cm. 중국 원산인 철쭉의 원예 품종인데, 벨기에 등에서 개량된 품종임. 봄에 하양·분홍·주황 등의 큰 꽃이 피며, 관상용으로 온실에서 재배됨.

어제-저녁**명** 어제의 저녁. ⑥엊저녁.

어젯-밤[-제빰/-젠빰]**명** 어제의 밤. 작야(昨夜).

어져[갑][옛]어. 아. ¶어져 내 일이야 그럴 줄을 모로ᄃ냐(古時調).

어:조(語調)**명** 말의 가락. 말하는 투. ¶격렬한 어조. /부드러운 어조.

어:조-사(語助辭)**명** 한문에서 '토'가 되는 어(於)·의(矣)·언(焉)·야(也) 따위의 글자. 〔실질적인 뜻이 없고 다른 글자를 돕기만 함.〕조어(助語). ⑥조사(助辭).

어족(魚族)**명** 물고기의 종족. ¶북양 어족.

어:족(語族)**명** 같은 언어를 조상으로 하여 파생되었다고 생각되는 언어의 일군(一群). 동일 계통의 언어의 일군.

어:졸(語拙)'어졸하다'의 어근.

어:졸-하다(語拙)**형** 말솜씨가 서투르다. 언졸(言拙)하다.

어종(魚種)**명** 물고기의 종류. ¶난류성 어종.

어:좌(御座)**명** ⇨옥좌(玉座).

어:주(御酒)**명** 임금이 신하에게 내리는 술.

어:주(御廚)**명** ⇨수라간.

어주(漁舟·魚舟)**명** ⇨낚시거루.

어주-자(漁舟子)**명** 낚시거루를 타고 고기잡이를 하는 사람.

어:줍다[-따]**형** ①말이나 동작이 자유롭지 못하고 둔하다. ¶발음이 어줍다. /어줍은 태도. ②손에 익지 않아 서투르다. ¶운전이 아직 어줍다. ③근육이 저려 그 부분이 부자유스럽다.

어줍잖다**형** '어쭙잖다'의 잘못.

어:중(語中)**명** ①낱말의 중간 부분. '어두(語頭)'·'어미(語尾)'에 대하여 이르는 말. ②말하는 가운데. ¶발표하는 어중에 질문은 하지 마시오.

어중간(於中間)**명** 거의 중간쯤 되는 데.

어중간(於中間)² '어중간하다'의 어근.

어중간-하다(於中間-)**형** ①넘거나 처져서 어느 것에도 알맞지 않다. ¶장소를 옮기기에는 시간이 어중간하다. ②이것도 저것도 아니게 두루뭉술하다. ¶어중간한 태도. 어중간-히**부**.

어중-되다(於中-)[-뙤-/-뛔-]**형** 넘거나 처져서 알맞지 않다. ¶그 일을 하기엔 나이가 좀 어중되다. ⑪어지빠르다.

어:중-이**명** 어중되어 탐탁하지 못한 사람.

어:중이-떠중이**명** 여러 방면에서 모인, 변변찮은 잡다한 사람을 얕잡아 이르는 말. ¶어중이 떠중이가 다 모여들다.

어즈러비[부][옛]어지러이. 어지럽게. ¶羅刹도 어즈러비 돋냐쇠(月釋7:27).

어즈럽다[형][ㅂ변][옛]어지럽다. 번거롭다. ¶그 무수물 어즈럽게 말라 ᄒ시니(圓覺下二之二45). /어즈러울 번:煩(類合下20).

어즈버[] 〈옛〉아아 슬프다. ¶ 어즈버 太平烟月이 꿈이런가 하노라(古時調). /어즈버 江山風月을 눌을 주고 갈소니(古時調).

어즐ㅎ다[] 〈옛〉어질어질하다. ¶ 노푼 뫼해 올라 도라보니 누늬 어즐호도다(杜初9:13).

어ː지(御旨)[] 임금의 생각. 임금의 뜻. 성지(聖旨). ¶ 어지를 받들다.

어지간-하다[] ①(정도가) 어떤 표준에 거의 가깝다. ¶ 성적이 어지간하게 좋아졌다. ②꽤 무던하다. ¶ 그만하면 성격이 어지간하다. ③그저 그만하다. 웬만하다. ¶ 어지간한 사람으로 할 수 있는 일이 아니다. **어지간-히**[].

어지러-뜨리다[] 어지럽게 하다. 어지러트리다. ¶ 방 안을 어지러뜨리다. /세상을 온통 어지러 뜨리다.

어지러-트리다[] 어지러뜨리다.

어지럼[] ☞현기(眩氣).

어지럼-증(-症)[] ☞현기증(眩氣症).

어지럽다[-따][어지러우니·어지러워][] ①몸을 제대로 가눌 수 없을 만큼 정신이 아뜩아뜩하다. ¶ 머리가 어지럽다. ②절서 없이 뒤섞여 있어 어수선하다. ¶ 옷가지가 어지럽게 흩어져 있었다. ③(사회 형편 따위가) 질서가 없고 혼란스러운 상태에 있다. ¶ 나라가 어지럽다. **어지러-이**[].

어지럽-히다[- 러피-][] 『'어지럽다'의 사동』어지럽게 하다. 근심이 머리를 어지럽히다. /어린 조카가 방 안을 온통 어지럽힌다.

어지르다[어지르니·어질러][] 너절하게 늘어놓아 어지럽게 하다. ¶ 방을 어지르다.

어지-빠르다[~빠르니~빨라][] 정도가 넘거나 처져서 어느 쪽도 맞지 않다. 엇되다. 준엇빠르다. 비어중되다.

어ː지-자지[] ①남녀추니. ②제기차기에서, 제기를 두 발로 번갈아 차는 일.

어ː지-증(語遲症)[-쯩][] ☞구연증(口軟症).

어ː진(御眞)[] 임금의 화상(畫像)이나 사진. 수용(晬容). ¶ 대한 제국 고종 황제의 어진.

어진사람인-발(-ㅣ儿-)[] 한자 부수의 한 가지. '元'·'光'·'充' 등에서의 '儿'의 이름.

어진-혼(-魂)[] 어질고 착한 사람의 죽은 넋.
어진혼(이) **나가다**[빠지다][관용] 몹시 놀라거나 몹시 시끄럽거나 하여 맑은 정신을 잃다.

어질다[어지니·어질어][] 마음이 너그럽고 인정이 도탑다. ¶ 어진 임금.

어질더분-하다[] 마구 어질러져 있어 지저분하다.

어질-병(-病)[-뼝][] 한방에서, 정신이 어질어질한 병을 이르는 말.
어질병이 지랄병 된다[속담] 작은 병통을 다스리지 않고 그냥 두면 큰 병통이 된다는 말.

어질-어질[] 현기가 나서 자꾸 어지러운 모양. 준아질아질. 센어찔어찔.

어질-증(-症)[-쯩][] 한방에서, 어질병의 증세를 이르는 말. 현기증(眩氣症). 현훈증(眩暈症).

어즈러이[] 어지러이. 어지럽게. ¶ 이러아 교티야타 어즈러이 호돗떤다(鄭澈.續美人曲).

어째[] '어찌하여'가 줄어든 말. ¶ 어째 너는 하는 일이 늘 그 모양이냐?

어째서[] '어찌하여서'가 줄어든 말. ¶ 어째서 이렇게 늦었느냐?

어쨌건[-짼-][] ① 일이 어떻게 되었든지.
 [] 준 '어찌하였건'이 줄어든 말.

어쨌든[-짼-][] [] ☞어떻든.
 [] 준 '어찌하였든'·'어찌 되었든'이 줄어든 말.

어쨌든지[-짼뜬-][] [] ☞어떻든지.
 [] 준 '어찌하였든지'·'어찌 되었든지'가 줄어든 말.

어쩌고-저쩌고[] '이러니저러니' 또는 '이 러쿵저러쿵'을 익살스럽게 하는 말.

어쩌다[] 준 ①〈어쩌하다〉의 준말. ¶ 미안해서 어쩌나. /어쩔 줄을 모르고 우왕좌왕하다. ②('어쩐' 꼴로 쓰여〉어떤 이유가 있거나 어떤 일로 하다. ¶ 어쩐 일로 오셨어요?

어쩌다²[] [] 〈어쩌다가〉의 준말.
 [] 준 '어쩌하다'가 줄어든 말. ¶ 어쩌다 꽃병을 깨뜨렸니?

어쩌다가[] [] ①뜻밖에 우연히. ¶ 어쩌다가 그 일을 맡게 되었다. ②이따금. ¶ 어쩌다가 한 번씩 일어나는 일. 준어쩌다².
 [] 준 '어쩌하다가'가 줄어든 말. ¶ 어쩌다가 팔을 다쳤니?

어쩌면[] [] ①확실하지 아니하지만 짐작하건대. ¶ 어쩌면 우리 팀이 우승할지도 몰라. 준어 쩜. ②도대체 어떻게 하여서. ¶ 손이 어쩌면 이렇게 예쁠까?
 [] [] 놀라거나 따질 때 내는 소리. 아무리².
 [] 준 '어찌하면'이 줄어든 말. ¶ 이 일을 어쩌 면 좋을지 걱정이다.

어쩐[] ☞어쩐지.

어쩐지[] 어찌 된 까닭인지. 무슨 까닭인지 모르나. ¶ 어쩐지 으스스한 느낌이 든다.

어쩜[] [] 〈어쩌면〉의 준말.
 [] [] 놀라거나 감탄할 때 내는 소리. ¶ 어쩜, 착하기도 해라.

어쭙잖다[-짠타][] 말이나 행동이 분수에 넘치는 것 같다. ¶ 어쭙잖은 말투. *어쭙잖아[-짜나]·어쭙잖소[-짠쏘]

어찌[] ①어떻게. ¶ 어찌 된 일인고? ②어떤 까닭으로. ¶ 어찌 그리하는가? ③어떤 방법으로. ¶ 그를 어찌 잡아 올꼬? ④((감탄 표현의 '-ㄴ지'·'-는지'와 함께 쓰이어)) 어떻게 몹시. ¶ 어찌 반가운지 눈물이 나더구나.

어찌-꼴[] ☞부사형.

어찌나[] '어찌'의 힘줌말.

어찌-씨[] ☞부사(副詞).

어찌자리-토씨[] ☞부사격 조사(副詞格助詞).

어찌-하다[] 어떻게 하다. 준어쩌다.

어질-어쩔[] 〈어질어질〉의 센말. ¶ 눈앞이 어찔어찔하다. 준아찔아찔.

어쩔-어쩔[] 급작스레 정신이 내둘리어 쓰러질 것 같다. 준아찔하다.

어차(魚叉)[] 물고기를 찔러 잡는 기구. 작살.

어ː차간-에(-次間-)[] 말하는 김에.

어차어피-에(於此於彼-)[] ①이렇게 하든지 저렇게 하든지. 이러거나 저러거나. ②어떻게 되든지. 어동어서(於東於西)에. 이차어피(以此於彼)에. 이차이피(以此以彼)에. 준어차피.

어차-에(於此-)[] 여기에서. 이에 있어서.

어차피(於此於彼)[] 〈어차어피(於此於彼)에〉의 준말. 이차이피(以此以彼)에.

어찬(魚饌)[] 생선 반찬.

어ː찰(御札)[] 임금의 편지.

어창(魚倉)[] 물고기를 보관해 두는, 어선 안에 있는 창고.

어채(魚菜)[] 생선의 살과 해삼·전복·곤자소니·버섯 따위를 잘게 썰고 녹말에 무쳐 끓는 물에 데친 것을 깻국에 넣어 먹는 음식.

어채(漁採)[] 고기잡이.

어처구니[] 《주로 '없다'의 앞에 쓰이어》 생각 밖으로 엄청나게 큰 사람이나 물건. 어이².

어처구니-없다[-업따]閑 어이없다. ¶ 어처구니 없다는 듯 멍한 표정을 짓다. **어처구니-없이**閉 ¶ 어처구니없이 당하다.

어천-만사(於千萬事)冏 모든 일. ¶ 어천만사에 막힘이 없다.

어:첩(御帖)冏 지난날, 기로소(耆老所)에 두었 던 임금의 입사첩(入社帖).

어:첩(御牒)冏 왕실의 계보를 간략하게 적은 책.

어청-거리다困曰 자꾸 어청어청하다. 어청대다. 困아창어칭.

어청-대다困曰 어청거리다.

어청-어청閉団困 (키가 큰 사람이나 짐승이) 이리저리 천천히 걷는 모양. 困아창아칭.

어초(魚酢)冏 ▷식혜(食醢).

어초(漁樵)冏 고기 잡는 일과 나무하는 일, 또 는 고기잡이와 나무꾼.

어촌(漁村)冏 어민이 모여 사는, 바닷가에 있는 마을. 갯마을.

어:취(語趣)冏 말의 취지(趣旨).

어치冏 까마귓과의 새. 몸길이 34 cm가량으로 비둘기보다 조금 작음. 몸빛은 포도색인데 허리는 백색, 꽁지는 흑색, 날개에는 청색과 흑색의 가로띠가 있음. 주로 나무 위에서 살 며, 다른 새의 소리를 잘 흉내 내어 애완조 로 기르기도 함. 우리나라에서는 흔한 텃새 임. 언치².

-어치個미 금액을 나타내는 말 뒤에 붙어, '그 값에 해당하는 분량이나 정도임'을 뜻함. ¶ 천 원어치./한 푼어치.

어치冏 《옛》마소의 언치. ¶ 어치 폐:鞴(訓蒙中 27)./갓어치:皮鞍(老解下27).

어치렁-거리다困 자꾸 어치렁어치렁하다. 어치렁 대다. ¶ 아버지께서 어치렁거리는 걸음으로 병 원을 나와 차에 오르셨다. 碜어칠거리다. 困아 치랑거리다.

어치렁-대다困 어치렁거리다.

어치렁-어치렁閉困可 힘없이 어슬렁어슬렁 걷 는 모양. 碜어칠어칠. 困아치랑아치랑.

어치정-거리다困 자꾸 어치정어치정하다. 어치 정대다. 困아치장거리다.

어치정-대다困 어치정거리다.

어치정-어치정閉困可 힘없이 어정어정 걷는 모 양. 困아치장아치장.

어칠-거리다困 〈어치렁거리다〉의 준말. 어칠대 다. 困얼칠거리다.

어칠-대다困 어칠거리다.

어칠-비칠閉困可 어치렁거리고 비칠거리는 모 양. ¶ 술에 몹시 취하여 어칠비칠 걸어 나오다.

어칠-어칠閉困可 〈어치렁어치렁〉의 준말. ¶ 건 강이 완전히 회복되지 못하여 어칠어칠 걷다. 困아칠아칠.

어:침(御寢)冏 임금의 취침(就寢).

어큐:뮬레이터(accumulator)冏 누산기(累算器).

어탁(魚拓)冏可団 물고기의 겉에 먹물 따위를 발라, 그 겉모습을 찍어 냄, 또는 찍어 낸 그 종이.

어:탑(御榻)冏 임금의 상탑(牀榻). 탑(榻).

어탕(魚湯)冏 ①생선을 넣고 끓인 국. ②제사 때 차리는 탕의 한 가지. 생선 건더기가 많고 국물이 적음.

어태치먼트(attachment)冏 어떤 기계나 기구에 장치하여 그 기계의 기능을 바꾸는 부속품 또 는 부속 장치. 〔사진기에 바꿔 끼우는 필터나 망원 렌즈 따위.〕

어태치먼트^렌즈(attachment lens)冏 가까운 거리에 있는 물체를 촬영할 때 카메라 렌즈에 붙 이는 볼록 렌즈. 〔접사(接寫) 렌즈·망원 렌즈· 광각 렌즈·줌 렌즈 따위.〕

어택(attack)冏 음악에서, 기악이나 성악의 첫소 리가 급격히 나오는 일.

어:투(語套)冏 말버릇. 말투. ¶ 고약한 어투. / 어투가 사납다.

어트랙션(attraction)冏 공연이나 행사 따위에 서, 손님을 끌기 위하여 곁들이는 연예. 〔배우 의 실제 연기나 인사말 따위.〕

어:파(語派)冏 같은 어족(語族) 중에서, 서로 친족 관계를 갖는 여러 언어를 통틀어 이르 는 말.

어판(魚板)冏 나무로 물고기 모양을 만들고 속 을 파낸 불구(佛具). 절에서 이것을 매달아 놓 고 불사 때에 두드림. 목어(木魚)¹. 어고(魚鼓).

어패-류(魚貝類)冏 (식품으로 쓰이는) 생선과 조개 종류를 통틀어 이르는 말.

어퍼컷(uppercut)冏 권투에서, 상대편의 아래턱 이나 명치끝 따위를 아래에서 위로 올려치는 공격 기술.

어:폐(語弊)[-폐/-뼤]冏 적절하지 않은 용어를 씀으로써 일어나는 오해나 폐해(弊害). ¶ 이런 말을 하면 어폐가 있을지 모르지만 그가 똑똑 한 건 사실이다.

어포(魚脯)冏 생선의 살을 얇게 저미어 양념을 하여 말린 포.

어표(魚鰾)冏 ▷부레.

어표-교(魚鰾膠)冏 ▷부레풀.

어푸-어푸閉困可 물에 빠져서, 괴롭게 물을 켜 면서 내는 소리, 또는 그 모양.

어프로:치(approach)冏 ①스키의 점프 경기에 서, 출발선으로부터 점프하는 지점까지의 사 이. ②골프에서, 홀 가까이로 공을 보내는 일.

어피(魚皮)冏 ①물고기의 가죽. ②〈사어피(沙魚 皮)〉의 준말.

어피-집(魚皮-)冏 상어 가죽으로 만든 안경집.

어:필(appeal)冏 ①可団 운동 경기에서, 심판 에게 항의함. ②可団 흥미를 불러일으키거나 매 력을 느끼게 함. ¶ 섹스 어필. /독자에게 어필 하는 작품.

어:필-각(御筆閣)冏 임금의 글씨를 보관하던 전각. 어서각(御書閣).

어핍(語逼)冏 '어핍하다'의 어근.

어:핍-하다(語逼-)[-피파-]閑団 말로 남의 비 위를 건드리다.

어:하(御下)冏可団 부하를 통솔함. 아랫사람을 다스림.

어:-하다他団 어린아이의 응석을 받아 주며 떠 받들어 주다.

어:학(語學)冏 ①〈언어학〉의 준말. ②외국어를 학습하는 학문. ¶ 어학 실력.

어:학-도(語學徒)[-또]冏 ①언어학을 전공하는 학생. ②외국어를 공부하는 학생.

어:학-연수(語學研修)[-항년-]冏 외국에 직접 가서 그 나라의 말과 생활을 배우는 외국어 학 습 방법.

어:학-자(語學者)[-짜]冏 〈언어학자〉의 준말.

어:한(禦寒)冏可団 추위를 막음. 언 몸을 녹임. ¶ 저 국밥에서 어한이나 하고 가세.

어한-기(漁閑期)冏 어촌에서, 일이 바쁘지 않은 한가로운 시기. ↔성어기(盛漁期).

어:함(御啣)冏 ▷어압(御押).

어항(魚缸)® ①금붕어나 열대어 따위의 관상용 물고기를 기르는 데 쓰는 유리 항아리. ②통발 모양으로 만든, 물고기를 잡는 데 쓰는 유리 항아리.

어항(漁港)® 어선의 어업 기지가 되는 항구.

어해(魚醢)® 생선으로 담근 젓갈.

어해(魚蟹)® ①물고기와 게. ②바다에서 나는 동물을 통틀어 이르는 말.

어해-도(魚蟹圖)® 물고기와 게를 주제로 하여 그린 수묵화(水墨畫).

어해-적(魚蟹積)® 한방에서, 생선이나 게 따위를 먹고 체해서 생긴 배탈을 이르는 말.

어헙® ①미처 생각하지 못했던 일을 깨달았을 때 내는 소리. ¶ 어헙, 바로 그것이었구나. ②좀 못마땅하거나 불안스러운 느낌이 있을 때 내는 소리. ¶ 어허, 야단났구나! ㉜아허.

어허-둥둥® 노래하듯이 아기를 어르는 소리. 어화둥둥. ¶ 어허둥둥, 우리 아가. ㉜어둥둥.

어허라-달구야® 달구질을 할 때, 여럿이 힘을 모으려고 노래하듯 부르는 소리.

어:허랑(御許郞)® 지난날, 과거에 급제한 사람이 유가(遊街)할 때, 소리꾼이 앞에서 춤을 추며 외치던 소리.

어허야-어허랑® 달구질 따위에서, 여럿이 힘을 모으려고 함께 부르는 소리.

어허허® 너털웃음을 웃는 소리. ㉜아하하.

어험® ①짐짓 의젓함을 나타내려는 헛기침 소리. ②사람의 기척을 나타내는 기침 소리.

어험-스럽다[-따]〔~스러우니·~스러워〕®⑪ 짐짓 위엄이 있어 보인다. **어험스레**®.

어:혈(瘀血)® 한방에서, 무엇에 부딪치거나 타박(打撲)을 입어 한곳에 퍼렇게 피가 맺혀 있는 증세, 또는 그 피. 적혈(積血). ¶ 퍼렇게 어혈이 진 눈두덩.
어혈(을) 풀다[관용] 어혈을 없애려고 약을 쓰거나 몸조리를 하다.

어:형(語形)® 낱말이 문법적 기능의 변이(變異)에 따라서 취하는 각각의 형태.

어:형-론(語形論)[-논]®☞형태론(形態論).

어형^수뢰(魚形水雷)[-뢰/-뤠]®☞어뢰.

어:혜(御鞋)[-혜/-헤]® 임금이 신는 신.

어호(漁戶)® 어민의 집.

어화® 노래 할 때 앞세우는 소리. ¶ 어화, 우리네 농부들.

어화(漁火)® 밤에 고기잡이하는 배에 켜는 등불.

어화-둥둥® 어허둥둥.

어:환(御患)® 임금의 병.

어황(漁況)® (어떤 어장에서의) 고기가 잡히는 상황. ¶ 어황이 좋다.

어:황-리(御黃李)[-니]® 자두의 한 종류. 열매가 크고 살이 많으며 씨가 작음.

어회(魚膾)[-회/-훼]® 생선의 살을 잘게 썰어 간장이나 초고추장에 찍어 먹는 음식. 생선회.

어획(漁獲)[-획/-훽]®®® 물고기·조개 따위를 잡아내는 바닷말을 땀, 또는 그런 수산물.

어획-량(漁獲量)[-횡냥/-훽냥]® 어획한 수산물의 수량.

어:훈(語訓)®☞어격(語格).

어:휘(御諱)®☞어명(御名).

어:휘(語彙)® ①한 언어에서 사용되는 단어의 전체. ②어떤 사람 또는 어느 부문(部門)에서 사용되거나 사용되고 있는 단어의 전체. 사휘(辭彙).

어:휘-력(語彙力)® 어휘를 구사할 수 있는 능력.

어:휘-집(語彙集)® (어떤 범위 또는 어떤 분야의) 어휘를 모은 책.

어흥® ①범의 우는 소리. ②어린아이에게 겁을 주기 위하여 범의 소리를 흉내 내는 소리.

어:희(語戱)[-히]® 우스개로 하는 말장난.

억® 갑자기 놀라거나 쓰러질 때 내는 소리. ¶ 복부를 한 대 얻어맞더니 억 소리를 내며 고꾸라졌다.

억(億)㈜® 만(萬)의 만 곱절(의). 조(兆)의 만분의 일(의).

억강부약(抑強扶弱)[-깡-]®®® 강한 자를 누르고 약한 자를 도움. ↔억약부강.

억겁(億劫)[-껍]® 불교에서, '무한히 긴 오랜 시간'을 이르는 말. 억천만겁(億千萬劫).

억견(臆見)[-껸]® 짐작으로 하는 생각. 억상(臆想).

억결(臆決)[-껼]®®® 근거 없이 짐작으로 일을 결정함.

억기(臆起)[-끼]®®® 생각하여 냄. 상기함.

억년(億年)[영-]® 일억 년, 곧 매우 긴 세월을 이르는 말.

억념(憶念)[영-]®®® 마음속 깊이 생각하여 잊지 않음, 또는 그 생각.

억-누르다[영-]〔~누르니·~눌러〕®® 억지로 내리누르다. 꼼짝 못하게 하다. ¶ 슬픔을 억누르다. /자유를 억누르다.

억눌리다[영-]®® 〔'억누르다'의 피동〕억누름을 당하다. ¶ 침략자에게 억눌려 지낸 세월.

억단(臆斷)[-딴]®®® 짐작에 의하여 판단함, 또는 그 판단. 억판(臆判).

억대(億臺)[-때]® '억'으로 헤아리는 금액, 또는 그 수량. ¶ 몇 억대의 재산.

억료(臆料)[엉뇨]®®® ☞억측(臆測).

억류(抑留)[엉뉴]®®®® ①(마음대로 행동하지 못하게) 강제로 붙잡아 둠. ¶ 인질로 억류되다. ②국제법에 따라, 남의 나라 사람이나 물건 또는 선박 따위를 그 나라에 돌려보내 주지 않고 강제로 그곳에 붙들어 두는 일. ¶ 한국 어선이 중국 영해를 침범하여 그곳에 억류되다.

억류-자(抑留者)[엉뉴-]® (어떤 곳에) 강제로 억류되어 있는 사람. ¶ 억류자를 송환하다.

억륵(抑勒)[엉늑]®®®® ☞억제(抑制).

억만(億萬)[엉-]® '썩 많은 수효'를 나타내는 말. ¶ 억만 가지 근심. /억만 재산.

억만-금(億萬金)[엉-]® 아주 많은 재산. ¶ 억만금을 준대도 이 물건은 팔지 않겠다.

억만-년(億萬年)[엉-]® 끝없이 긴 세월. 억년 빛나 우리나라.

억만-장자(億萬長者)[엉-]® 재산을 헤아리기 어려울 정도로 많이 가진 부자.

억매(抑買)[엉-]®®®® ☞강매(強買).

억매(抑賣)[엉-]®®®® ☞강매(強賣).

억매-홍정(抑買-)[엉-]®®® 부당한 값으로 물건을 억지로 사려는 홍정.

억멸(抑滅)[엉-]®®® 눌러 없애 버림.

억박-적박[-빡쩍빡]®® (보기 흉하도록) 뒤죽박죽으로 어긋매끼어 있는 모양.

억병[-뼝]® 한량없이 마시는 주량(酒量), 또는 그렇게 많이 마셔 고주망태가 된 상태. ¶ 억병으로 취하다.

억-보[-뽀]® '억지가 아주 센 사람'을 놀림조로 이르는 말.

억분(抑憤)[-뿐]®®® 억울하고 분함, 또는 그런 마음.

억불 (抑佛) [-뿔]**명**하자 불교를 억제함. ¶조선 왕조는 억불 숭유(崇儒) 정책을 썼다.

억산 (臆算) [-싼]**명**하타 짐작으로 셈을 함, 또는 그러한 셈. **참**어림셈·추산(推算).

억상 (臆想) [-쌍]**명** ☞억견(臆見).

억새 [-쎄]**명** 볏과의 다년초. 산이나 들에 절로 나는데 높이는 1~2 m. 잎은 가늘고 길며 딱딱한 잔 톱니가 있음. 9월경에 자줏빛을 띤 황갈색의 이삭으로 된 꽃이 핌. 줄기와 잎은 지붕을 이는 데 쓰임. 참애새.

억새-반지기 [-쎄-]**명** 억새가 많이 섞인 풋장.

억새-풀 [-쎄-]**명** '억새'를 흔히 이르는 말.

억색 (臆塞) [-쎅]**명**하형 원통하여 가슴이 답답함.

억석-당년 (憶昔當年) [-썩땅-]**명**하자 〔문어 투의 말〕 지난날을 돌이켜 생각함.

억설 (臆說) [-썰]**명**하자타 근거 없이 제멋대로 추측하거나 억지를 부려 하는 말.

억-세다 [-쎄-]**형** ①몸이 튼튼하고 힘이 세다. ¶억센 몸. ②(품은 뜻이나 성질이) 굳고 세차다. ¶억센 기상(氣像). ③식물의 잎이나 줄기가 뻣뻣하고 세다. ¶나물이 좀 억세다. ④운수 따위의 좋고 나쁜 정도가 심하다. 《주로, '세게'의 꼴로 쓰임.》 ¶억세게 운이 좋은 남자. ①~③**작**세다.

억수 [-쑤]**명** 물을 퍼붓듯이 세차게 내리는 비. ¶억수 같은 비. **작**악수.

억수-장마 [-쑤-]**명** 여러 날 계속 억수로 내리는 장마.

억실-억실 [-씨럭씰]**부**하형 생김새가 큼직큼직하고 시원한 모양. ¶이목구비가 억실억실한 건장한 젊은이.

억압 (抑壓) [-]**명**하타**되자** ①(행동이나 욕망 따위를) 억지로 누름. ¶일제(日帝)의 억압 정책에 저항하다. ②심리학에서, 자아(自我)의 요구가 외부의 조건에 의하여 저지되는 일.

억약부강 (抑弱扶強) [-뿌-]**명**하자 약한 자를 누르고 강한 자를 북돋움. ↔억강부약.

억양 (抑揚) [-]**명**하타 ①누르기도 하고 치키기도 함. ②말이나 글의 뜻에 따라 높게 소리 내기도 하고 낮게 소리 내기도 하는 일. ¶억양이 없는 말. ③문장의 흐름에서의 기복(起伏).

억양-법 (抑揚法) [-]**명명** 수사법상 강조법의 한 가지. 앞에서 누르고 뒤에서 추키거나, 먼저 나무라고 나중에 칭찬하는 등의 형식으로 나타냄으로써 의도하는 바를 더욱 강조하는 표현 방법. 〔'좀 모자라지만 착실한 사람이다.' 하는 따위.〕

억울 (抑鬱) '억울하다'의 어근.

억울-하다 (抑鬱-) **형여** ①억눌리어 마음이 답답하다. ②애먼 일이나 불공평한 일을 당하여 속상하고 분하다. ¶억울한 처지. /억울하게 누명을 쓰고 옥살이를 하다. 억울-히**부**.

억원 (抑冤) '억원하다'의 어근.

억원-하다 (抑冤-) **형여** 억울하게 죄를 뒤집어써서 원통하다.

억장 (億丈) [-짱]**명** 썩 높은 것, 또는 그런 높이.

억장이 무너지다[관용] 몹시 분하거나 슬픈 일이 있어 가슴이 막히는 듯하다.

억정 (抑情) [-쩡]**명**하자 욕정이나 감정을 누름.

억제 (抑制) [-쩨]**명**하타**되자** 왕성하여지거나 일어나지 못하도록 억누름. 억누름(抑勒). ¶인플레이션을 억제하다. /감정을 억제하다.

억제^재:배 (抑制栽培) [-쩨-]**명** 채소의 재배 방식의 한 가지. 인공적인 저온 또는 건조 등으로 작물의 싹틈이나 자람을 억제하여 수확 시기를 조절하는 방식.

억조 (億兆) [-쪼]Ⅰ**주** 억과 조. Ⅱ**관** '한없이 많은 수효'를 이르는 말.

억조-창생 (億兆蒼生) [-쪼-]**명** 수많은 백성. 온 세상 사람. 만호중생(萬戶衆生).

억지 [-찌]**명** 잘되지 않을 일을 무리하게 해내려는 고집. 집 ^{3}. ¶억지를 부리다. /억지를 쓰다. **작**악지.

억지가 사촌보다 낫다[속담] 남의 도움을 바라기보다는 억지로라도 제힘으로 하는 것이 낫다는 말.

억지 춘향(이)[속담] (격에 맞지 않거나 어색하여 내키지 않는 일을) 억지로 우겨서 하거나 하게 되는 일을 이르는 말. ¶억지 춘향으로 주례를 맡다.

억지(가) 세다[관용] 무리하게 해내려는 고집이 대단하다.

억지(를) 세우다[관용] 무리한 고집으로써 끝내 버티다.

억지 (抑止) [-찌]**명**하타 억눌러서 못하게 함. 억눌러서 그치게 함. ¶전쟁 억지. **비**저억(沮抑).

억지-다짐 [-찌-]**명** (본인의 의사와는 관계없이) 일방적으로 받는 다짐.

억지-로 [-찌-]**부** 무리하게. 강제로. ¶억지로 데려가다. /술을 억지로 마시다.

억지-스럽다 [-찌-따] [~스러우니·~스러워]**형비** 보기에 억지를 부리는 데가 있다. ¶그런 억지스러운 소리는 하지 마라. **억지스레**부.

억지-웃음 [-찌-]**명** (웃기 싫지만) 억지로 웃는 웃음. ¶억지웃음으로 비위를 맞추다.

억짓-손 [-찌쏜/-찓쏜]**명** 무리하게 해내는 솜씨. 억지로 하는 솜씨. **작**악짓손.

억척 명 어렵고 힘든 일에 버티는 태도가 끈질기고 억셈, 또는 그런 사람. ¶억척을 떨다. /억척을 부리다. /그 일을 해내다니 그야말로 억척이다. **작**악착.

억척-같다 [-깓따]**형** 아주 끈질기고 모질다. **작**악착같다. **억척같-이**부.

억척-꾸러기 명 몹시 억척스러운 사람. **작**악착꾸러기.

억척-보두 명 성질이 끈질기고 단단한 사람을 이르는 말.

억척-빼기 명 몹시 억척스러운 아이. **작**악착빼기.

억척-스럽다 [-쓰-따] [~스러우니·~스러워]**형비** 보기에 끈질긴 태도가 있다. ¶밤낮으로 억척스럽게 일하다. **억척스레**부.

억천만-겁 (億千萬劫) **명** ☞억겁(億劫).

억측 (臆測) **명**하타 (사실에 의하지 않고) 제멋대로 짐작함, 또는 제멋대로 하는 짐작. 억료(臆料). 억탁(臆度). ¶억측이 구구하다. /억측이 난무하다. /그가 이번 살인 사건의 범인이라는 것은 억측에 불과하다.

억탁 (臆度) **명**하자타 ☞억측(臆測).

억탈 (抑奪) **명**하타**되자** 억눌러서 빼앗음.

억판 명 몹시 가난한 처지.

억판 (臆判) **명**하자타 ☞억단(臆斷).

억패-듯 [-듣]**부** 사정없이 마구 윽박지르는 모양. ¶억패듯 닦달하다.

억하-심정 (抑何心情) [어카-]**명** '무슨 생각으로 그러는지 그 심정을 알 수 없음'을 이르는 말. ¶무슨 억하심정으로 그러는 거요?

억혼 (抑婚) [어콘]**명**하자 당사자의 의사를 듣지 아니하고 강제로 혼인하게 함, 또는 그런 혼인.

언〔옛〕①언막이. ¶잡돌로 쌈 언(漢淸15:6). ②언덕. ¶북녘 언 우회(翻朴上69).

-언〔어미〕〔옛〕-ㄴ. -은. ¶죽다가 살언 百姓이(龍歌25章). /江湖앳 나그내 잡드런 디 나도리 길어다(杜初15:23).

언감생심(焉敢生心)〔명〕'어찌 감히 그런 마음을 먹을 수 있으랴'는 뜻으로 쓰이는 말. 안감생심(安敢生心). ¶막내를 대학에 보낸다는 것은 언감생심이다.

언감-히(焉敢-)〔부〕어찌 감히.

언거번거-하다〔형〕쓸데없이 말이 많고 너무 수다스럽다. ¶언거번거하게 늘어놓다.

언거언래(言去言來)[-어-]〔명〕〔하자〕☞설왕설래.

언:건(偃蹇)〔명〕〔하형〕거드름을 피우며 거만함. **언건-히**〔부〕

언걸〔명〕①남 때문에 당하는 해. ¶남의 빚보증으로 입은 언걸. ②큰 고생. ⑥얼1. ⑧얼다다.

언걸-먹다[-따]〔자〕①다른 사람 때문에 해를 입어 골탕을 먹다. ②큰 고생을 하다. ⑥얼먹다.

언걸-입다[-립따]〔자〕다른 사람 때문에 해를 입다. 일다. ¶남의 송사에 언걸입다. ⑥걸입다.

언경(言輕)'언경하다'의 어근.

언경-하다(言輕)〔형어〕말이 경솔하다. ↔언중하다.

언과기실(言過其實)〔명〕〔하형〕〔문어 투의 말〕이 실제보다 지나치게 크면서 실행이 부족함.

언관(言官)〔명〕'간관(諫官)'을 달리 일컫는 말.

언:교(諺敎)〔명〕지난날, 국문으로 쓴 왕후의 교서(敎書)를 이르던 말. ¶언교를 내리다.

언구(言句)[-꾸]〔명〕☞어구(語句).

언구럭〔명〕말을 교묘하게 떠벌리며 남을 농락하는 일. ¶언구럭을 부리다.

언구럭-스럽다[-쓰-따][~스러우니·~스러워]〔형〕언구럭을 부리는 듯한 태도가 보이다. **언구럭스레**〔부〕

언권(言權)[-꿘]〔명〕〔발언권(發言權)〕의 준말.

언근지원(言近旨遠)〔명〕〔문어 투의 말〕쉬운 말로 나타냈지만 뜻은 아주 깊음.

언급(言及)〔명〕〔하자타·되자〕말이 어떤 문제에 미침, 끌어 말을 나가다가 어떤 일을 화제(話題)로 삼음. ¶승급에 대해서 언급하다.

언:기식고(偃旗息鼓)[-꼬]〔명〕〔하자〕〔군기(軍旗)를 누이고 북을 쉰다는 뜻으로〕휴전(休戰)함을 이르는 말.

언년〔명〕손아래 계집아이를 귀엽게 부르는 말. ⑧언놈.

언놈〔명〕손아래 사내아이를 귀엽게 부르는 말. ⑧언년.

언니〔명〕①자매 사이에서, 자기보다 먼저 태어난 여형제를 이르는 말. ②여자들 사이에서 자기보다 나이가 위인 사람을 높이거나 다정하게 이르는 말. ③오빠의 아내를 이르는 말.

언단(言端)〔명〕말다툼의 실마리. 언지(言地).

언단(言壇)〔명〕☞논단(論壇).

언담(言談)〔명〕☞언사(言辭).

언더그라운드(underground)〔명〕①지하 운동, 또는 그 조직. ②상업성을 무시한 전위적·실험적인 예술, 또는 그러한 풍조.

언더-블라우스(under+blouse)〔명〕옷자락을 스커트 안에 넣어 입는 블라우스를 통틀어 이르는 말. ⑧오버블라우스.

언더-스로:(under+throw)〔명〕야구 따위 구기에서, 공을 어깨 아래로부터 던지는 투구법. 언더핸드 스로. ⑧오버스로.

언더웨어(underwear)〔명〕속옷.

언더컷(undercut)〔명〕테니스·탁구 등에서, 라켓으로 아래로 깎듯이 공을 치는 일.

언더^파:(under par)〔명〕골프에서, 18홀을 규정된 타수인 72파 이하로 한 바퀴 도는 일.

언더핸드^스로:(underhand throw)〔명〕☞언더스로.

언더핸드^패스(underhand pass)〔명〕농구에서, 언더스로로 공을 보내는 패스.

언덕〔명〕①땅이 조금 높고 비탈진 곳. ②나지막한 산.

언덕-길[-낄]〔명〕언덕으로 난 비탈진 길.

언덕-바지[-빠-]〔명〕☞언덕배기.

언덕-밥[-빱]〔명〕쌀을 언덕지게 안쳐 한쪽은 질게 하고 딴 쪽은 되게 지은 밥. ⑧삼층밥.

언덕-배기[-빼-]〔명〕언덕의 꼭대기나 가파르게 언덕진 곳.

언덕-부(-阜)[-뿌]〔명〕한자 부수의 한 가지. '阜'를 부수에서의 '阜'의 이름. '防'·'阿' 등에서 쓰일 때는 자형이 'ß'으로, 명칭은 '좌부변'으로 바뀜.

언덕-빼기〔명〕'언덕배기'의 잘못.

언덕-지다[-찌-]〔형〕①길이 평탄하지 않고 높고 낮은 데가 있다. ②경사지다.

언:도(言渡)〔명〕〔하타·되자〕☞선고(宣告).

언동(言動)〔명〕말하는 것과 행동하는 것. ¶언동을 삼가다.

언:-두부(-豆腐)〔명〕두부를 한데서 얼린 다음에 햇볕에 말린 것. 동두부.

언뜻[-뜯]〔부〕①(매우 짧은 동안) 잠깐. 얼핏. ¶언뜻 눈앞을 스치다. 언뜻 본 모습이지만 아직도 눈에 선하다. ②(생각이나 느낌 등이) 문득. ¶언뜻 떠오른 놀라운 발상.

언뜻-언뜻[-뜯뜯]〔부〕①잠깐잠깐 잇달아 나타나는 모양. 얼핏얼핏. ¶구름 사이로 별이 언뜻언뜻 보인다. ②(생각이나 느낌 따위가) 잇달아 문득문득 떠오르는 모양.

언뜻-하면[-뜨타-]〔부〕①무슨 사물이 눈앞에 잠깐 나타나기만 하면. ¶그 사람만 언뜻하면 자리를 피한다. ②무슨 생각이 마음에 잠깐 떠오르기만 하면. ¶언뜻하면 눈물을 글썽인다.

언락(言樂)[얼-]〔명〕〔언락시조〕의 준말.

언락-시조(言樂時調)[얼-써-]〔명〕〔국악의〕가곡의 한 가지. 우락(羽樂)·계락(界樂)과 상대되는 곡조. ⑥언락.

언러키^네트(unlucky net)〔명〕야구에서, 홈런이 너무 자주 나는 것을 막기 위하여 외야의 양쪽 담 위에 둘러치는 철망.

언론(言論)[얼-]〔명〕①말이나 글로 자기의 사상을 발표하는 일, 또는 그 말이나 글. ②매체를 통하여 어떤 사실을 밝혀 알리거나 어떤 문제에 대하여 여론을 형성하는 활동. ¶언론 보도.

언론-계(言論界)[얼-계/얼-게]〔명〕언론에 종사하는 사람들의 사회.

언론^기관(言論機關)[얼-]〔명〕신문사·잡지사·방송국 등 언론을 담당하는 기관.

언론-사(言論社)[얼-]〔명〕언론을 담당하는 회사. 〔방송사·신문사 따위.〕

언론의 자유(言論-自由)[얼로너-/얼로네-]기본적 인권의 한 가지. 개인이 그의 의견이나 사상을 말이나 글로써 발표할 수 있는 자유.

언론-인(言論人)[얼-]〔명〕신문·잡지·방송 등을 통하여 언론 활동을 하는 사람.

언론^통:제(言論統制)[얼-]〔명〕국가의 공권력이 검열 제도 등을 마련하여, 사상의 표현·보도·출판의 내용을 제한하는 일.

언롱(言弄)[얼-]**명** (국악의) 가곡의 한 가지. '만년장환지곡(萬年長歡之曲)'의 26곡 중의 하나.

언마〈옛〉얼마. ¶深山애 언마 저프거시뇨(月印123章).

-언마는어미 (('이다', '아니다'의 어간이나 어미 '-으시' 뒤에 붙어) '-건마는'을 예스럽게 이르는 말. ¶나도 어였븐 시인이언마는 아무도 인정해 주지 않는다. ②-언만.

-언마른논어미〈옛〉-건마는. ¶호미도 놀히언마른논(樂詞.思母曲).

-언마론어미〈옛〉-건마는. ¶官吏의 다시언마론(龍歌17章)./즐거우미사 알언마론 敢히 녜 곧 호몰 스랑티 몯호놋다(杜初7:26).

언:-막이(堰-)**명** 논에 물을 대기 위하여 막아 쌓은 둑.

-언만어미〈-언마는〉의 준말. ¶편지를 보낸 것이 한두 번이 아니언만 여태껏 답장 한 장 없다.

언명(言明)**명**[하]자타]되자] 분명히 말함. ¶자신이 모든 책임을 지겠다고 언명했다.

언모(言貌)**명** 말씨와 얼굴 모습. 언용(言容).

언:-무(偃武)**명**[하]형] 〔무기를 걷어치우고 쓰지 않는다는 뜻으로〕전쟁을 그만두는 일, 곧 세상이 태평해지는 일.

언:무-수문(偃武修文)**명**[하]자] 천하를 평정하고 문물제도를 정비함.

언문(言文)**명** 말과 글.

언:문(諺文)**명** 지난날, 한문에 대하여 한글로 된 글을 낮추어 이르던 말.

언문-일치(言文一致)**명** 말할 때의 표현과 글로 나타낼 때의 표현 사이에 용어상의 차이가 없는 일. 어문일치(語文一致).

언:문-지(諺文志)**명** 조선 순조 24년에 유희(柳僖)가 지은 국문 연구서. 훈민정음의 자모(字母)를 분류·해설한 내용. 1권 1책.

언:문-청(諺文廳)**명** 세종이 훈민정음 창제(創製)를 위하여 궁중에 설치하였던 기관.

언:문-풍월(諺文風月)**명** ①지난날, 한글로 지은 시가(詩歌)를 얕잡아 이르던 말. ②격식을 갖추지 아니한 사물을 이르는 말.

언-미필(言未畢)**명** 〔문어 투의 말〕 말이 채 끝나기도 전. (주로, '언미필에'의 꼴로 쓰임.)

언밸런스(unbalance)**명**[하]형] 균형이 잡히지 아니함. →밸런스.

언변(言辯)**명** 말재주. 말솜씨. 구담(口談). 구변(口辯). ¶언변이 좋다.

언비천리(言飛千里)[-철-]**명** 〔속담 '발 없는 말이 천리 간다'와 같은 뜻으로〕 '말이 빠르게, 그리고 멀리까지 전하여짐'을 이르는 말.

언사(言辭)**명** 말. 말씨. 어사(語辭). 언담(言談). ¶언사가 불손하다.

언색(言色)**명** 말과 얼굴빛.

언:-색(堰塞)**명** 물의 흐름을 막음.

언:색-호(堰塞湖)[-새코]**명** 사태나 화산 폭발 등으로 냇물이 가로막혀 이루어진 호수. 언지호(堰止湖). 폐색호(閉塞湖).

언:서(諺書)**명** 지난날, 언문으로 쓴 책, 곧 한글로 쓴 책을 얕잡아 이르던 말.

언:서-고담(諺書古談)**명** 지난날, 한글로 쓴 옛날이야기 책을 이르던 말.

언설(言說)**명**[하]자타] 의견을 말하거나 무엇을 설명하거나 하는 일, 또는 그 말.

언성(言聲)**명** 말소리. ¶술만 마시면 언성이 높아진다.

언소(言笑)**명**[하]자] ☞담소(談笑).

언소-자약(言笑自若)**명**[하]형] ☞담소자약(談笑自若).

언습(言習)**명** 말버릇.

언약(言約)**명**[하]자타] ①말로 약속함, 또는 그 약속. 약언. ¶언약을 지키다. /절대 헤어지지 않기로 굳게 언약하였다. ②☞계약.

언어(言語)**명** 생각이나 느낌을 전달하는 데에 쓰이는 음성이나 문자 따위의 수단, 또는 그 체계. 말.

언어^공:동체(言語共同體)**명** ☞언어 사회.

언어-도단(言語道斷)**명** (매우 심하거나 매우 나쁘거나 하여) 어이가 없어 말로써 나타낼 수가 없음. ¶당초의 약속과는 전혀 다른 그런 요구를 하다니, 참으로 언어도단이다. ②도단.

언어^사:회(言語社會)[-회/-헤]**명** 같은 언어로 의사 전달이 이루어지고 있는 인간 집단. 언어 공동체.

언어-생활(言語生活)**명** 생활 가운데서 말하거나 듣거나 쓰거나 읽거나 하는 언어와 관련된 부분.

언어^예:술(言語藝術)**명** 언어로써 표현되는 예술. 〔소설·희곡 따위.〕

언어-유희(言語遊戲)[-히]**명** ①말이나 문자를 소재로 하는 유희. ②진실성이 없이, 말로만 꾸며 상대를 현혹시키려는 짓. 말장난.

언어^장애(言語障礙)**명** 말을 바르게 발음하지 못하거나 정확하게 이해하지 못하는 상태. 〔말을 더듬는 일, 실어증, 분명하지 못한 발음 따위.〕

언어^정책(言語政策)**명** 국가가 그 나라에서 사용되는 언어에 대하여 실시하는 정책.

언어^중추(言語中樞)**명** 대뇌 피질(大腦皮質)에서, 언어의 사용과 이해를 맡은 중추.

언어^지리학(言語地理學)**명** 언어의 지역차(地域差)에 주목하여 그 지리적 분포를 밝히고 변천을 추정하는 언어학의 한 부문.

언어-폭력(言語暴力)[-녁]**명** 말로써 온갖 음담패설을 늘어놓거나 욕설·협박 따위를 하는 짓.

언어-학(言語學)**명** 언어의 본질, 기능, 상태, 변화 등을 과학적으로 연구하는 학문. ②어학.

언어학-자(言語學者)[-짜]**명** 언어학을 연구하는 학자. ②어학자.

언어-활동(言語活動)[-똥]**명** 말하거나 듣거나 쓰거나 읽거나 하는 언어와 관련된 행동.

언언사사(言言事事)**명** 모든 말과 모든 일.

언:역(諺譯)**명**[하]타] (한문을) 언문(諺文), 곧 한글로 번역함, 또는 그 책. 언해(諺解).

언:연(偃然)**명**[하]형] 태도가 거만스러움. **언연-히**위.

언왕설래(言往說來)**명**[하]자] ☞설왕설래(說往說來). 언거언래(言去言來).

언외(言外)[어뇌/어눼]**명** 말로 직접 표현되어 있지 않은 부분. (주로, '언외에'의 꼴로 쓰임.) 언표(言表). ¶언외에 풍기는 뜻. /언외의 뜻을 짐작하다.

언외지의(言外之意)[어뇌-의/어눼-이]**명** 말에 직접 나타나 있지 않은 딴 뜻. →언중지의(言中之意).

언용(言容)**명** 말씨와 얼굴 모습. 언모(言貌).

언:-월(偃月)**명** ①반달, 또는 반달 같은 모양. ②뱅거미 가운데의 둥글고 우뚝한 부분.

언:월-도(偃月刀)[-또]**명** ①반달 모양으로 된 중국의 칼. ②☞월도. ②〈청룡 언월도(靑龍偃月刀)〉의 준말.

언:월-예(偃月瞖)[-례]圀 한방에서, 예막(瞖膜)의 두께가 한쪽은 두껍고 한쪽은 얇아서 이지러진 달처럼 된 눈병을 이르는 말.

언의(言議)[어늬/어니]圀 이러니저러니 하는 소문.

언자(言者)圀 말하는 사람.

언:자(諺字)[-짜]圀 언문 글자, 곧 한글.

언잠(言箴)圀 사물잠(四勿箴)의 하나. 예(禮)가 아니거든 말하지 말라는 가르침.

언재(言才)圀 말재주. 변재(辯才).

언쟁(言爭)圀ᄒᆎ자 말다툼. ¶언쟁을 벌이다.

언저리圀 ①둘레의 부근. ¶장터 주막 언저리에는 언제나 사람들이 들끓었다. ②어떤 나이나 시간의 전후. ¶세 시 언저리에 목적지에 도착했다.

언정조 모음으로 끝난 체언에 붙어, '일지언정'의 뜻으로, 앞의 사실을 인정(가정)하되 뒤의 사실이 그에 매이지 아니함을 나타내는 연결형 서술격 조사. ⚑이언정.

언정이순(言正理順)[-니-]圀ᄒᆎᇂ 말이 바르고 사리에 어긋나지 않음.

언:제[I]때 ①《의문에 쓰이어》 잘 모르는 때를 가리키는 지시 대명사. ¶휴가가 언제부터지? ②《조사 '는'과 함께 쓰이어》 과거의 어느 때. ¶언제는 빌려 달라고 하더니 지금 와서는 큰소리네. ③《조사 '든'·'든지'·'라도' 따위와 함께 쓰이어》 때가 특별히 정해지지 않았음을 나타내는 말. ¶언제든 오십시오. [II]㉻ ①《의문에 쓰이어》 잘 모르는 때를 물을 때 쓰는 말. ¶언제 왔니? ②정해지지 않은 막연한 때를 나타내는 말. ¶언제 한번 만나자. ③때가 특별히 정해지지 않았음을 나타내는 말. ¶그 가수의 노래는 언제 들어도 좋다.

언:제(堰堤)圀 ⇒제언(堤堰).

언:제-나㉻ ①어느 때에나. 언제든지. ¶이리로 오면 언제나 나를 만날 수 있다. /생각나면 언제나 연락해. ②어느 때에 가서야. ¶인제나 나도 백두산에 오를 수 있을까? ③늘. 항상. ¶그는 언제나 웃는 얼굴이다.

언:제-호(堰堤湖)圀 골짜기나 강을 둑으로 막아서 이루어진 호수.

언졸(言拙)囮 '언졸하다'의 어근.

언졸-하다(言拙-)圀어 ⇒어졸(語拙)하다.

언죽-번죽[-쭉-]圀ᄒᆎᇂ 조금도 부끄러워하는 기색이 없고 비위가 좋은 모양. ¶언죽번죽 떠벌리다.

언중(言中)圀 말 가운데.

언중(言重)圀 '언중하다'의 어근.

언중(言衆)圀 같은 언어를 쓰는 뭇사람.

언중-유골(言中有骨)[-뉴-]圀 [말 속에 뼈가 있다는 뜻으로] 예사로운 말 같으나 그 속에 단단한 속뜻이 들어 있음을 이르는 말.

언중-유언(言中有言)[-뉴-]圀 [말 속에 말이 있다는 뜻으로] 예사로운 말 같으나 그 속에 또 다른 뜻이 들어 있음을 이르는 말.

언중지의(言中之意)[-의/-이]圀 말에 직접 나타나 있는 뜻. ↔언외지의(言外之意).

언중-하다(言重-)圀어 말이 무게가 있고 믿음직하다. ↔언경(言輕)하다. 언중-히㉻.

언즉시야(言則是也)[-씨-]圀 말이 사리에 옳음. ¶그의 말을 들으니 언즉시야라 더 이상 탓할 수도 없었다.

언지(言地)圀 ①⇒언단(言端). ②지난날, 언관(言官)의 지위를 이르던 말.

언지(言質)圀 '언질(言質)'의 잘못.

언지무익(言之無益)圀ᄒᆎᇂ 말해 보아야 소용이 없음.

언:지-호(堰止湖)圀 ⇒언색호(堰塞湖).

언진(言盡) '언진하다'의 어근.

언진-하다(言盡-)圀어 말이 다하여 더 할 말이 없다.

언질(言質)圀 나중에 증거가 될 말. 질언. ¶언질을 받아 내다.
　언질(을) 잡다⓵ 남이 한 말을 꼬집어서 증거로 삼다.
　언질(을) 주다⓵ 증거가 될 말을 해 주다.

언집(言執)圀ᄒᆎ자 ①자기 말을 고집함. ②자기 말에 집착함.

언짢다[-짠타]囮 마음에 마뜩지 않다. 심기가 좋지 않다. ¶언짢은 표정. /언짢게 듣지 말게. 언짢-이㉻. •언짢아[-짜나]·언짢소[-짠쏘]

언짢아-하다[-짜나-]囮㉻ 마음에 들지 않거나 불쾌하여 여기다. ¶부모님께서는 내가 집에 늦게 들어오면 언짢아하신다.

언참(言讖)圀 미래의 사실과 일치하게 예언하는 말.

언책(言責)圀 ①지난날, '언관(言官)의 책임'을 이르던 말. ②ᄒᆎᇂ책망함. 꾸짖음. ③자기가 한 말에 대한 책임.

언청-계용(言聽計用)[-계-/-게-]圀ᄒᆎᇂ [의견이나 계책을 다 받아들인다는 뜻으로] 남을 깊이 믿어 그가 하자는 대로 함을 이르는 말.

언청-샌님圀 '언청이'를 놀려서 하는 말.

언청이圀 윗입술이 날 때부터 갈라져 있는 사람. 결순(缺脣). ⚑토순(兎脣).
　언청이 아니면 일색圀 어쩔 수 없는 결정적인 결함을 비꼬아 이르는 말.

언:초(偃草)圀 [바람의 방향에 따라 풀이 한곳으로 쏠리는 것처럼] '백성을 교화(敎化)하는 일'을 이르는 말.

언치[1]圀 ①안장이나 길마 밑에 까는 물건. ②마소의 등을 덮어 주는 담요 따위.

언치[2]圀 ⇒어치.

언커트(uncut)圀 ①가장자리를 도련하지 않은 책이나 잡지. ②영화 따위의 필름이 검열에서 잘리지 않은 일, 또는 그 필름이나 검열받기 전의 필름.

언탁(言託)圀ᄒᆎ자타 말로 부탁함.

언턱圀 물건 위에 턱처럼 층이 진 곳.

언턱-거리[-꺼-]圀 사단(事端)을 일으킬 거리. 남에게 찌그렁이를 부릴 만한 핑계. ⚑턱거리.

언투(言套)圀 말버릇.

언틀-먼틀㉻囮 바닥이 울룩불룩하여 고르지 못한 모양. ¶길바닥이 언틀먼틀하다.

언파(言罷)圀ᄒᆎ자 말을 끝냄. 말이 끝남. 《주로, '언파에'의 꼴로 쓰임.》

언편(言編)圀 계면조(界面調)로 된 남창(男唱) 가곡의 한 가지. 5장(章) 2여음(餘音)으로 구성됨.

언표(言表)圀 ①⇒언외(言外). ②말로 나타낸 바.

언품(言品)圀 말의 품격(品格).

언필칭(言必稱)㉻ 말을 할 때마다 반드시. 말문을 열기만 하면 으레. ¶언필칭 남북통일이라.
　언필칭 요순⓵ [말만 열면 성현(聖賢)을 들먹인다는 뜻으로] '늘 같은 말만 되풀이함'을 비유하여 이르는 말.

언하(言下)圀 말하는 바로 그 자리, 또는 그때. 《주로, '언하에'의 꼴로 쓰임.》 ¶혼담을 꺼내자 언하에 거절당했다.

언:해(諺解)圀ᄒᆎ타 [지난날, 언문으로 풀이한

것이라는 뜻으로] 한문을 우리말로 풀이함, 또
는 그 책. 언역(諺譯). ¶ 언해를 간행하다.

언행(言行)圏 말과 행동. ¶ 언행이 상반하다.

언행-록(言行錄) [-녹]圏 어떤 사람의 말과 행
실 따위를 모아 기록한 책.

언행-일치(言行一致)圏하재 말과 행동이 똑같
음. 말한 대로 실행함.

언힐(言詰)圏하재 꾸짖고 나무람.

얹다[언따]囯 ①물건을 다른 것 위에 올려놓다.
¶ 선반에 그릇을 얹다. ②윷놀이에서, 한 말을
다른 말에 어우르다. ¶ 안찌에 얹다. ③일정한
양이나 액수를 덧붙이다. ¶ 귤 열 개를 샀더니
두 개를 얹어 주었다. /수수료를 얹다. ④활에
시위를 걸어서 팽팽하게 당기다. *얹어·얹고
[언꼬]·얹는[언-]

얹은-머리圏 (여자의) 머리를 땋아서 위로 둥글
게 둘러 얹은 머리.

얹은-활圏 시위를 걸어 놓은 활. ↔부린활.

얹혀-살다[언처-][~사니·~살아]재 (자기의
힘으로 살아가지 못하고) 남에게 붙어 살다.
¶ 이모 댁에 얹혀살다.

얹-히다[언치-]재囯 ①('얹다'의 피동) 다른 것
위에 올려놓이다. ¶ 책상 위에 얹힌 책들. ②남
에게 붙어살거나 신세를 지다. ¶ 형은 큰아버
지 댁에 얹혀 지내고 있다. ③먹은 음식이 체
하다. ¶ 아침 먹은 것이 얹혔는지 하루 종일
가슴이 답답하다.

얻다¹[-따]囯 ①(남이 거저 주는 것을) 받아
가지다. ¶ 책을 얻다. ②차지하다. ¶ 권리를 얻
다. ③(허가나 승인 등을) 받다. ¶ 허락을 얻
다. ④(도움이나 신임 등을) 받다. ¶ 위안을 얻
다. ⑤(떨어져 있는 물건을) 줍다. ¶ 길에서 만
년필을 얻다. ⑥(보거나 듣거나 하여) 터득하
다. ¶ 지식을 얻다. ⑦병을 앓게 되다. ¶ 위장
병을 얻다. ⑧힘을 가지게 되다. ¶ 자신을 얻
다. ⑨(이자나 세를 주고) 빌려 쓰다. ¶ 방을
얻다. ⑩(남편·아내·사위·며느리 등을) 맞다.
¶ 사위를 얻다.

얻다²[-따]㊃ '어디에다'가 줄어든 말. ¶ 가위
를 얻다 두었니?

얻다가[-따-]㊃ '어디에다가'가 줄어든 말.
¶ 지갑을 얻다가 두었는지 생각이 안 난다.

얻어-걸리다재 '어쩌다가 물건이나 일이 생겨
서 자기 몫으로 되다'를 속되게 이르는 말.
¶ 허름한 옷 한 벌이 얻어걸리다.

얻어-듣다[-따][~들으니·~들어]囯ㄷ (남들
이 말하는 것을) 우연히 들어서 알다. ¶ 오다
가다 얻어들은 지식.

　얻어들은 풍월(風月)⒢ (정식으로 배운 것이
아니고) 자주 궁엄함을 이르는 지식.

얻어-맞다[-맏따]囯 매를 맞다. 남이 때리는
것을 맞다.

얻어-먹다[-따]囯 ①남에게 빌어먹다. ¶ 밥을
얻어먹다. ②남이 주는 것을 받아먹다. ¶ 점심
을 얻어먹다. ③(욕설을) 듣게 되다. ¶ 욕을 얻
어먹다.

　얻어먹은 데서 빌어먹는다쇽 한번 얻어 온
것을 또 다른 사람이 좀 달라고 청하여 받는다
는 뜻으로, 지독한 궁핌을 이르는 말.

얻어-터지다재 '얻어맞거나 다치거나 크게 상
처가 나다'를 속되게 이르는 말.

얻은-잠방이재 '모처럼 얻은 것이 그리 신통
하지 못한 것'임을 비유하여 이르는 말.

얼¹圏 ①밖에 드러난 흠. ¶ 얼이 없는 물건. ②<언
걸>의 준말.

얼²圏 정신. 넋. 혼(魂). ¶ 얼이 빠지다.
　얼(을) 빼다㉤ 얼빠지게 하다.

얼-㊉ ①((일부 명사 앞에 붙어)) '덜된', '모
자라는'의 뜻을 나타냄. ¶ 얼간. /얼뜨기. /얼치
기. ②((일부 동사 앞에 붙어)) '여러 가지가 뒤
섞여', '분명하지 않게'의 뜻을 나타냄. ¶ 얼
넘기다. /얼더듬다. /얼버무리다.

얼-간(一)圏하재 소금을 조금 쳐서 절이는 간. 담
염(淡塩). ¶ 가조기를 얼간하여 말리다. ②<얼
간이>의 준말. ¶ 아이고, 이 얼간아.

얼간-구이圏 생선을 얼간하여 구운 음식.

얼간-망둥이圏 얼간이.

얼간-쌈圏 가을에 배추의 속대를 골라서, 얼간
하여 눌러 두었다가 겨울에 쌈으로 먹는 음식.
반염송포(半塩菘包).

얼간-이圏 됨됨이가 좀 모자라는 사람을 낮추어
이르는 말. ㊅얼간.

얼-갈이圏 ①겨울에 논밭을 대강 갈아엎
는 일. ②푸성귀를 겨울에 심는 일, 또는 그
푸성귀.

얼갈이-김치圏 얼갈이배추로 담근 김치.

얼갈이-배추圏 늦가을이나 초겨울에 심어 가
꾸는 배추.

얼개圏 기계나 조직체 따위의 짜임새. 구조(構
造). ¶ 모형 비행기의 얼개.

얼-개화(一開化)圏 (이것도 아니고 저것도 아
닌) 얼치기로 된 개화.

얼거리圏 일의 골자만을 추려 잡은 전체의 대
강. ¶ 사업 계획의 얼거리를 짜다.

얼-결[-껼]圏 <얼떨결>의 준말. ¶ 얼결에 승낙
하다.

얼-교자(一交子)圏 식교자(食交子)와 건교자(乾
交子)를 아울러 차린 교자.

얼교자-상(一交子床) [-쌍]圏 얼교자로 차린 상.

얼굴圏 ①눈·코·입 등이 있는, 머리의 앞부분.
낯. 용안(容顔). ¶ 햇볕에 얼굴이 그을다.
②(눈·코·입 등으로 이루어진) ⓐ머리 앞부분
의 생김새. 용모. ¶ 잘생긴 얼굴. ⓑ생각이나
느낌 따위가 드러난, 낯의 상태. 표정. ¶ 얼굴
을 붉히다. ③남을 대하기가 떳떳한 처지. 체
면. ¶ 무슨 얼굴로 그를 다시 만나겠는가. ④널
리 알려진 정도, 또는 평판. ¶ 정계에서는 얼굴
이 넓은 인물이다. ⑤어떤 분야나 단체에서 활
동하는 사람, 또는 그 분야나 단체의 대표적인
사람. ¶ 연예계에 새 얼굴이 많이 등장했다. /
그는 우리 회사의 얼굴이다. ⑥어떤 사물의 주
되는 부분. ¶ 표지는 책의 얼굴이다.

　얼굴에 모닥불을 담아 붓듯쇽 몹시 부끄러운
일을 당하여 얼굴이 화끈화끈 달아오르는 모양.

　얼굴에 외꽃이 피다⒢ 얼굴이 누렇게 떠서
병색이 완연하다.

　얼굴에 똥칠[먹칠]을 하다⒢ 창피를 당하다.
체면이 여지없이 깎이다.

　얼굴에 철판을 깔다⒢ 뱃심이 좋고 유들유들
하여 전혀 부끄럼을 모르다.

　얼굴을 깎다⒢ 체면을 상하게 하다. 모욕을
주어 부끄럽게 만들다.

　얼굴을 내밀다[내놓다/비치다]⒢ 모임 따위
에 모습을 나타내다. ¶ 예식장에 잠깐 얼굴을
내밀다.

　얼굴이 두껍다⒢ 뻔뻔스럽고 염치가 없다.
낯가죽이 두껍다. ¶ 그는 얼굴이 두꺼워 창피한
줄 모른다.

　얼굴이 뜨겁다⒢ 부끄럽다. 창피하다. ¶ 그
꼴을 보니 오히려 보는 내 얼굴이 뜨겁다.

얼굴이 반쪽이 되다[관용] 병이나 고통 따위로 얼굴이 몹시 수척하여지다.

얼굴이 팔리다[관용] 세상에 널리 알려지다. 유명해지다.

얼굴이 피다[관용] (파리하던 얼굴이) 살이 오르고 화색이 돌다.

얼굴[명] (옛) 꼴. 형상(形狀). ¶얼굴 형:形(訓蒙 上24). /相오 얼구리라(月釋序1).

얼굴-값[-깝][명] 《주로, '하다'·'못하다'와 함께 쓰이어》 잘생긴 얼굴에 걸맞은 일. ¶제발, 얼굴값 좀 하십시오. /얼굴값을 하느라고, 쯧쯧. * 얼굴값이[-깝씨]·얼굴값만[-깜-]

얼굴-빛[-삗][명] 얼굴에 나타난 기색. 면색(面色). 안색(顔色). 얼굴색. ¶얼굴빛이 밝다. /얼굴빛이 변하다. 얼굴빛이 어둡다. * 얼굴빛이[-삐치]·얼굴빛만[-삔-]

얼굴-색(-色)[-쌕][명] 얼굴빛. ¶얼굴색이 달라지다.

얼근-덜근[부][하형] 맛이 얼근하면서도 들쩍지근한 느낌. 왜알근달근.

얼근-하다[형][어] ①(매워서) 입 안이 좀 얼얼하다. ②술이 거나하여 정신이 어렴풋하다. ¶얼근하게 취하다. 왜알근하다. 커얼큰하다. 얼근-히[부].

얼금-뱅이[명] '얼굴이 얼금얼금 얽은 사람'을 홀하게 이르는 말. 왜알금뱅이.

얼금-숨숨[부][하형] 굵고 얕게 얽은 자국이 촘촘히 있는 모양. 왜알금솜솜.

얼금-얼금[부][하형] 굵고 얕게 얽은 자국이 드문드문 있는 모양. 왜알금알금.

얼기-설기[부][하형] 이리저리 뒤얽혀 있는 모양. ¶실이 얼기설기 얽히다. /지붕을 얼기설기 엮다. 왜알기살기. 커얼키설키.

얼-김[-낌][명] 《주로 '얼김에'의 꼴로 쓰이어》 ①어떤 일이 벌어지는 바람에. 덩달아. ¶군중에 밀려 얼김에 따라갔다. ②(별로 생각할 사이 없이) 얼떨결에. ¶얼김에 허락하다.

얼-넘기다[-럼-][타] (일을) 얼버무려서 넘기다. ¶그 자리를 우물우물 얼넘기다.

얼-넘어가다[-러머-][자][타] (일이) 얼버무려져 넘어가다. (일을) 얼버무리어 넘어가다.

얼:-녹다[-록따][자] 얼다가 녹다가 하다. 준얼녹다.

얼:-녹이다[-로기-][타] 〖'얼녹다'의 사동〗 얼녹게 하다. 준얼녹이다.

얼:다[어니·얼어][자] ①온도가 낮아져서 액체가 고체로 바뀌다. 특히, 물이 굳어져서 얼음이 되다. ②추위로 몸의 어떤 부분의 감각이 없어지다. ¶손발이 꽁꽁 얼다. ③'기가 꺾이다'를 속되게 이르는 말. ¶작년도 우승 팀과 대결을 예선 첫 경기를 앞두고 선수들이 잔뜩 얼어 있다.

언 발에 오줌 누기[속담] 일시적 효과는 있으나 곧 해로운 결과를 초래하게 되는 짓을 이르는 말. 동족방뇨(凍足放尿).

얼어 죽을[관용] 전혀 합당하지 아니한. ¶사랑은 무슨 얼어 죽을 사랑이야?

얼-더듬다[-따][자][타] (이 말 저 말 뒤섞이어) 잘 알아들을 수 없게 말을 하다.

얼떨-결[-껼][명] 정신이 얼떨떨한 사이. 《주로, '얼떨결에'의 꼴로 쓰임.》¶하도 졸라 대는 바람에 얼떨결에 승낙을 하고 말았다. 준얼결.

얼떨떨-하다[형][어] 매우 얼떨하다. ¶갑작스러운 사고 소식에 정신이 얼떨떨하다. 왜알딸딸하다.

얼떨-하다[형][어] ①뜻밖의 일을 당하거나 일이 너무 복잡하여 정신을 차리지 못하다. ¶회사

가 갑자기 부도가 나자 직원은 모두 얼떨했다. ②무엇에 머리를 부딪혀 어질어질하다.

얼떵-아기[명] 둥둥 얼러 주고 싶은 재롱스러운 아기.

얼:-뜨기[명] 얼뜬 사람.

얼:-뜨다[-뜨니·-떠][형] 다부지지 못하고 어수룩하다.

얼뜬 봉변이다[속담] 공연히 남의 일에 말려들어 창피한 꼴을 당하다는 말.

얼:락-녹을락[-랑-][부][하자] ①얼었다 녹았다 하는 모양. 얼 듯 말 듯 하는 모양. ②형편에 따라서 다잡다가 늦추거나, 치켜세우다가 깎아내리거나 하는 모양.

얼락-배락[-빼-][부][하자] 성했다 망했다 하는 모양.

얼러기[명] 털빛이 얼럭얼럭한 짐승.

얼러꿍-덜러꿍[부][하형] 어수선하게 몹시 얼럭덜럭한 모양. 왜알라꿍달라꿍.

얼:러-맞추다[-맏-][타] 그럴듯하게 둘러대어 남의 비위를 맞추다. ¶그는 매사에 적당히 말로만 얼러맞추어 얼렁뚱땅 고비만 넘기려 한다.

얼:러-먹다[-따][타] 서로 어울러서 함께 먹다.

얼러-방망이[하형] '으르방망이'의 잘못.

얼:러방-치다[타] ①두 가지 이상의 일을 한꺼번에 하다. ②일을 얼렁뚱땅해 넘기다.

얼:러-붙다[-붇따][자] 여럿이 어우러져 한데 붙다. ¶여럿이 얼러붙어 싸우다.

얼:러-치다[타] ①두 가지 이상의 것을 한꺼번에 때리다. ②여러 가지 물건의 값을 한꺼번에 몰아 셈하다. ¶무와 배추, 마늘 값을 얼러쳐서 모두 얼마요?

얼럭[명] 본바닥의 어떤 부분에 조금 섞여 있는 다른 빛깔. 왜알락.

얼럭-광대[-꽝-][명] (어릿광대에 대하여) '광대'를 이르는 말.

얼럭-덜럭[-떨-][부][하형] 여러 가지 어두운 빛깔의 점이나 줄 따위가 불규칙하게 무늬를 이룬 모양. ¶얼럭덜럭한 옷감. 왜알락달락.

얼럭-말[-랑-][명] 털빛이 얼럭얼럭한 말.

얼럭-얼럭[부][하형] 여러 가지 빛깔의 점이나 줄 따위가 규칙적으로 무늬를 이룬 모양. 왜알락알락.

얼럭-지다[-찌-][자] ①얼럭이 생기다. ②일을 처리하는 것이 불공평하게 되다.

얼럭-집[-찝][명] 한 집의 각 채를 서로 다른 양식으로 지은 집. 〔기와집과 초가집이 섞여 있는 집 따위.〕

얼렁-거리다[자] 자꾸 얼렁얼렁하다. 얼렁대다. 왜알랑거리다.

얼렁-대다[자] 얼렁거리다.

얼렁-뚱땅[부][하형] 슬쩍 엉너리를 부리어 얼김에 남을 속여 넘기는 모양. 엄벙뗑. ¶이번 사태에 대하여 회사는 별다른 해명도 없이 얼렁뚱땅 넘어가려고 한다. 왜알랑똥땅.

얼렁-쇠[-쇠/-쉐][명] '남에게 잘 얼렁거리는 사람'을 얕잡아 이르는 말. 왜알랑쇠.

얼렁-수[-쑤][명] 얼렁뚱땅 남을 속여 넘기는 수단. ¶얼렁수를 쓰다. 왜알랑수.

얼렁-질[명][하자] 남의 비위를 맞추려고 더럽게 아첨하는 모양. 왜알랑알랑.

얼:렁-장사[명] 여러 사람이 밑천을 어울러서 하는 장사.

얼:렁-질[명][하자] 실 끝에 작은 돌을 매어 서로 걸고 당겨서, 누구의 실이 더 질긴가를 겨루는 놀이.

얼레⑲ 실·연줄·낚싯줄 따위를 감는 나무 틀. 〔가운데에 박은 자루를 돌리면서 감음.〕

얼레-공⑲ 장치기에서, 양편 주장이 경기장 중앙에 파 놓은 구멍에서 공을 서로 빼앗기 위하여 공을 어르는 짓.

얼레발⑲ '엉너리'의 방언.

얼레-빗[-빗]⑲ 빗살이 굵고 성긴 큰 빗. 월소 (月梳). ⑭참빗. *얼레빗이[-비시]·얼레빗만 [-빈-]

얼레살-풀다[~푸니·~풀어]㉣〔연을 날릴 때 얼레를 돌리면서 실을 풀어내듯이〕난봉이 나서 재물을 없애기 시작하다. ⑳알로기.

얼레지⑲ 백합과의 다년초. 마주난 타원형 잎 사이에 20 cm가량의 꽃줄기가 나와 그 끝에 여섯잎꽃이 4~5월에 달리는데, 자홍색 꽃잎은 뒤로 뒤집힘. 우리나라와 일본 등지에 분포하며, 뿌리줄기의 녹말은 약용·식용함.

얼레짓-가루[-지까-/-진까-]⑲ 얼레지의 뿌리줄기에서 얻는 흰색의 녹말. 요리에 쓰임.

얼루기⑲ 얼룩얼룩한 무늬나 점, 또는 그런 무늬나 점이 있는 짐승이나 물건. ⑳알로기.

얼루룩-덜루룩[-떨-]⑨ᆲ어떤 바탕에 다른 빛깔의 점이나 줄 따위가 고르지 않고 성기게 무늬져 있는 모양. ⑳알로록달로록. ⑭어루룩더루룩.

얼루룩-얼루룩⑨ᆲ어떤 바탕에 여러 가지 빛깔의 점이나 줄 따위가 성기게 무늬져 있는 모양. ⑳알로록알로록. ⑭어루룩어루룩.

얼루룽-덜루룽⑨ᆲ어떤 바탕에 빛깔이 다른 뚜렷한 점이나 무늬 따위가 드문드문 무늬져 있는 모양. ⑳알로룽달로룽. ⑭어루룽더루룽.

얼루룽-얼루룽⑨ᆲ어떤 바탕에 뚜렷한 점이나 무늬 따위가 드문드문 무늬져 있는 모양. ⑳알로룽알로룽. ⑭어루룽어루룽.

얼룩⑲ ①바탕의 빛깔과 다른 빛깔, 또는 같은 빛깔의 짙고 옅은 것이 여기저기 섞여 있는 것. ¶얼룩 반점. ②액체 따위가 묻거나 스며서 생긴 자국. ¶바지의 얼룩을 지우다.

얼룩-덜룩[-떨-]⑨ᆲ어떤 바탕에 다른 빛깔의 얼룩이나 점이나 줄 따위가 고르지 않게 무늬져 있는 모양. ⑳알로록달록. ⑭어루룩더룩.

얼룩-말[-룽-]⑲ ①말과의 짐승. 말 비슷한데 좀 더 작음. 몸에 비해 머리가 크고 꼬리털은 적음. 담황색 또는 흰색 바탕의 온몸에 흑색 줄무늬가 있음. 초원에 떼를 지어 사는데 성질이 사나워 길들이기 어려움. 동남부 아프리카에 분포함. ②털의 빛깔이 얼룩얼룩한 말. 화마(花馬).

얼룩-무늬[-룽-니]⑲ 얼룩처럼 된 무늬. 얼룩얼룩한 무늬.

얼룩-백로(-白鷺)[-뱅노]⑲ 백로과의 새. 머리 위로부터 목 뒤까지는 검고, 목의 좌우는 밤색이며 윗 주위는 누름. 남부 아시아에 분포함. 자로(紫鷺).

얼룩-빼기⑲ 털빛이 얼룩진 동물이나 같이 얼룩진 물건.

얼룩-소[-쏘]⑲ 털빛이 얼룩얼룩한 소.

얼룩-송아지[-쏭-]⑲ 털빛이 얼룩얼룩한 송아지.

얼룩-얼룩⑨ᆲ어떤 바탕에 여러 가지 빛깔의 얼룩이나 무늬 따위가 고르게 무늬져 있는 모양. ⑳알록알록. ⑭어룩어룩.

얼룩-이⑲ '얼루기'의 잘못.

얼룩-점(-點)[-쩜]⑲ 얼룩얼룩한 점. 반점. ⑳알록점.

얼룩-지다[-찌-]㉨ ①얼룩얼룩하게 얼룩이 생기다. ¶눈물로 얼룩진 편지. /공책에 잉크가 얼룩져 있다. ②좋지 못한 것들이 섞여 말끔하지 않은 상태가 되다. ¶실패와 좌절로 얼룩진 세월.

얼룩-하다[-루카-]⑨ᆲ바탕의 빛깔과 다른 빛깔, 또는 같은 빛깔의 짙고 옅은 것이 여기저기 섞인 데가 있다.

얼룽-덜룽⑨ᆲ어떤 바탕에 서로 빛깔이 다른 뚜렷한 점이나 무늬 따위가 고르지 않게 촘촘히 무늬져 있는 모양. ⑳알롱달롱. ⑭어룽더룽.

얼룽-얼룽⑨ᆲ어떤 바탕에 뚜렷한 점이나 무늬 따위가 고르게 촘촘히 무늬져 있는 모양. ⑳알롱알롱. ⑭어룽어룽²

얼룽-이⑲ 얼룽얼룽한 점, 또는 그런 점이 있는 짐승이나 물건을 이르는 말. ⑳알롱이. ⑭어룽이.

얼른⑨ 시간을 두지 않고 곧. 빨리. 속히. ¶눈이 마주치자 얼른 시선을 돌렸다.

얼른-거리다㉨ 자꾸 얼른얼른하다. 얼른대다. ⑳알른거리다.

얼른-대다㉨ 얼른거리다.

얼른-얼른¹⑨ '얼른'의 힘줌말.

얼른-얼른²⑨ᆲ①매우 어리숭하게 조금 보이다 하는 모양. ¶앞산에서 연기가 얼른얼른 솟아오른다. ②그림자가 매우 희미하게 움직이는 모양. ③물이나 거울에 비친 그림자가 매우 흔들리는 모양. ⑳알른알른. ⑭어른어른.

얼:리다㉨ ①〈어울리다〉의 준말. ¶친구들과 얼려 놀다. ②서로 얽히게 되다. ¶내 연이 방패연과 얼리는 바람에 연줄이 끊어지고 말았다.

얼-리다㉣〔'얼다'의 사동〕얼게 하다. ¶물을 얼리다.

얼:리다³㉨ 어울리게 하다.

얼마⑲①(의문문에 쓰이어) 정하지 않았거나 아직 모르는 수량·값·정도 따위를 나타내는 말. ¶얼마를 드릴까요?/얼마를 더 가야 할까요? ②밝혀 말할 필요가 없는 수량·값·정도 따위를 나타내는 말. ¶분량이 얼마 안 되다.

얼마-간(-間)⑲ 수량·분량·정도·시간 따위가 얼마 되지 않음을 나타내는 말. ¶얼마간은 고생이 많겠지. /얼마간의 돈은 주겠다.

얼마-나⑨ ①얼마쯤이나. 얼마만큼이나. ¶얼마나 남았습니까? ②여북. 오죽. ¶객지 생활에 얼마나 고생이 되겠느냐.

얼:-마르다[~마르니·~말라]㉨르 얼어 가며 조금씩 마르다. ¶얼마른 북어.

얼마-쯤⑨ 얼마 정도. ¶비용이 얼마쯤 들겠소?

얼마-큼⑲ '얼마만큼'이 줄어든 말.

얼-망(-網)⑲ 양쪽 변죽 사이를 새끼나 노끈 따위로 이리저리 걸쳐, 그물 모양으로 얽어 만든 물건.

얼-맞다[-맏따]⑲ 정도에 넘치거나 모자라지 아니하다. ⑳알맞다.

얼-먹다[-따]㉨〈언걸먹다〉의 준말.

얼멍-덜멍⑨ᆲ죽이나 풀 따위가 잘 풀어지지 않고 덩어리가 여기저기 있는 모양.

얼멍-얼멍⑨ᆲ①죽이나 풀 따위의 국물이 잘 풀어지지 않고 여기저기 망울져 있는 모양. ②실 같은 것으로 짠 물건의 바닥이 존존하지 않고 좀 거친 모양.

얼미닫다⑲⑭ 성기다. 설피다. ¶后ㅅ 오시 얼미오 굴구믈 브라고(內訓上2:44).

얼-미닫이[-다지]⑲ 두 짝이 엇물리게 닫히는 미닫이.

얼밋-얼밋[-미덜믿]**튀허자** ①어름어름하면서 일이나 기한을 자꾸 미루어 나가는 모양. ②자기의 허물이나 책임을 어물어물하여 남에게 넘기려고 하는 모양.

얼-바람몡 어중간하게 맞는 바람.

얼바람(을) 맞다관용 어중되게 바람을 맞은 것처럼 실없이 허황한 짓을 하다.

얼:바람-둥이몡 실없이 허황한 짓을 하는 사람.

얼-버무리다타 ①대강 버무리다. ¶겉절이를 얼버무려 담그다. ②음식을 잘 씹지 않고 삼키다. ③말꼬리를 흐리어 분명하지 않게 말하다. ¶대답을 얼버무리다.

얼-보다타 바로 보지 못하다. 분명하게 보지 못하다. ¶얼보아서인지 얼굴이 기억나지 않는다.

얼:보-이다자 ['얼보다'의 피동] 바로 보이지 않다. 분명하게 보이지 않다.

얼:-부풀다[~부푸니·~부풀어]자 얼어서 부풀어 오르다.

얼:-비치다자 (빛이) 반사되어 비치다.

얼:-빠지다자 정신이 나가다. ¶얼빠진 표정.

얼-뺨몡 얼떨결에 치는 뺨.

얼싸갑 흥에 겨워서 내는 소리. ¶얼싸 좋다!

얼싸-둥둥 Ⅰ튀 남의 운에 끌려 멋모르고 행동하는 모양.
Ⅱ갑 아기를 흥겹게 어르는 소리.

얼싸-매다타 두 팔로 싸서 감아쥐다. ¶저고리 자락을 얼싸매다.

얼싸-안다[-따]타 두 팔을 벌려 껴안다. ¶우리는 서로 얼싸안고 감격의 눈물을 흘렸다.

얼싸-절싸튀허자 ①흥겨워 뛰노는 모양. ②양편이 다 좋도록 주선하는 모양.

얼싸-쥐다타 두 팔을 벌려 감싸 쥐다. ¶두 무릎을 얼싸쥐고 있다.

얼쑹-덜쑹튀허자 여러 가지 빛깔이나 무늬가 규칙적으로 섞여 어룽더룽한 모양. 좽알쑹달쑹.

얼쑹-얼쑹튀허자 여러 가지 빛깔이나 무늬가 뒤섞여 분간하기 어렵도록 어룽어룽한 모양. 좽알쑹알쑹.

얼쑹-하다형여 〈어리숭하다〉의 준말. 좽알쑹하다.

얼씨구갑 흥겹게 떠들며 놀 때, 가볍게 장단에 맞추어 내는 소리. 얼씨구나. ¶얼씨구 좋다! ②눈꼴사나운 언동을 듣거나 보거나 할 때 조롱하여 하는 소리. ¶얼씨구, 잘도 논다.

얼씨구나갑 얼씨구.

얼씨구-절씨구갑 흥에 겨워 마구 떠들며 지르는 소리. ¶얼씨구절씨구 지화자 좋다.

얼씬튀허자 무엇이 눈앞에 잠깐 나타났다가 사라지는 모양. ¶한동안 열심히 출석하시던 분이 요 며칠 동안은 얼씬도 아니하신다. 좽알씬.

얼씬-거리다자 자꾸 얼씬얼씬 나타나다. 얼씬대다. 좽알씬거리다.

얼씬-대다자 얼씬거리다.

얼씬-없다[-써닙따]형 얼씬하는 일이 없다. ¶한동안 얼씬됐던 바퀴벌레가 다시 나타났다. 얼씬없-이튀.

얼-안몡 테두리의 안.

얼어-들다[~드니·~들어]자 얼기 시작하다. ¶땅이 얼어들었다.

얼어-붙다[-붇따]자 ①얼어서 들러붙다. 단단히 얼다. ¶강물이 꽁꽁 얼어붙다. ②긴장이나 무서움 등으로 몸이 굳어지다. ¶그대로 얼어붙은 듯 꼼짝하지 못하다.

얼얼-하다형여 ①(맛이 맵거나 독하여) 혀끝이 몹시 아리다. ¶김치찌개가 어찌나 매운지 혀가

얼얼하다. ②(햇볕을 너무 쬐어서) 살갗이 쓰라리다. ③(상처 같은 데가) 몹시 아리다. ④(술에 취하여) 정신이 어리숭하다. 좽알알하다.

얼:-없다[어렵따]형 조금도 틀리지 않다. ¶얼없는 마름질에 꼼꼼한 바느질. 얼없-이튀.

얼에빗[옛] 얼레빗. ¶머리 혜혀 얼에비소로 비서라(翻朴上44).

얼:-요기(-療飢) [-료-]몡 넉넉하지 못한 요기. 대강 하는 요기.

얼우다[옛] 아양 부리다. 아첨하다. ¶얼울교:嬌(訓蒙下33).

얼운몡 [옛] 어른. ¶얼운은 막대 집고 아히는 술을 메고(丁克仁.賞春曲).

얼음-걷기[-끼]몡 해빙(解氷) 무렵에 살을 뿌리는 올벼의 한 가지. 누르고 까끄라기가 없으며 껍질이 얇음.

얼음-과자(-菓子)몡 우유·설탕·과일즙·달걀·향료 등을 섞어서 얼린 과자. 빙과(氷菓).

얼음-낚시[-낙씨]몡 겨울에 강이나 저수지의 얼음을 깨고 하는 낚시질.

얼음^냉:각법(-冷却法) [-뻡]몡 얼음이 녹을 때 둘레의 열을 흡수하는 성질을 이용한 냉각법.

얼음-냉:수(-冷水)몡 얼음물.

얼음-덩이[-떵-]몡 얼음의 덩어리.

얼음-물몡 얼음을 띄워 차게 한 물. 빙수(氷水). 얼음냉수.

얼음-사탕(*-沙糖) 설탕을 물에 녹인 다음, 천천히 수분을 증발시켜서 얼음 조각같이 결정(結晶)시킨 것. 빙당(氷糖).

얼음-장(-張)몡 ①얼음의 넓은 조각. ②'구들이나 손·발 따위가 몹시 찬 것'을 비유하여 이르는 말. ¶손이 얼음장 같다. ③'인정이 없고 쌀쌀함'을 비유하여 이르는 말.

얼음-점(-點) [-쩜]몡 ☞빙점(氷點).

얼음-주머니몡 속에 얼음을 넣어 얼음찜질을 하는 데 쓰는 주머니. 빙낭(氷囊).

얼음-지치기튀허자 얼음 위를 지치는 일, 또는 그런 놀이. 활빙(滑氷).

얼음-찜몡허자 열이 있는 환부에 얼음을 대어 식히는 일.

얼음-찜질몡허자 얼음찜을 하는 일.

얼음-판몡 얼음이 마당처럼 넓게 언 곳. 빙반(氷盤). ¶얼음판에서 얼음지치기를 하다.

얼음-편자몡 얼음판이나 언 땅에서 미끄러지지 않게 말굽에 박는 쇳조각.

얼의다[옛] 엉기다. ¶分身地藏이 흔 몸에 얼의샤(月釋21:3).

얼이다타 [옛] 시집보내다. 장가들이다. ¶아들 얼이라 가니(月印149章).

얼-입다(孽-) [-립따]자 남의 잘못으로 해를 입다. 언걸입다.

얼자(孽子) [-짜]몡 [-짜]몡 ☞서자(庶子).

얼-젓국지[-젇꾹찌]몡 젓국을 조금 타서 담근 김치.

얼-조개젓[-젇]몡 얼간으로 담근 조개젓. *얼조개젓이[-저시]·얼조개젓만[-젇-]

얼짜몡 얼치기인 물건.

얼쩍지근-하다[-찌-]형여 ①살이 좀 얼얼하다. ②맛이 좀 아린 듯하다. ¶얼쩍지근한 김치찌개. ③술기운이 알맞게 도는 듯하다. 준얼찌근하다. 좽알짝지근하다.

얼쩡-거리다자타 자꾸 얼쩡얼쩡하다. 얼쩡대다. 좽알짱거리다.

얼쩡-대다자타 얼쩡거리다.

얼쩡-얼쩡图〔하자〕①(남의 비위를 맞추려고) 얼렁거리는 모양. ②〔하자타〕일도 없이 공연히 이리저리 돌아다니거나 빙빙 도는 모양. 母알짱알짱.

얼쯩-거리다진 자꾸 얼쯩얼쯩하다. 얼쯩대다. 母알쫑거리다.

얼쯩-대다진 얼쯩거리다.

얼쯩-얼쯩图〔하자〕(남의 비위를 맞추려고) 그럴듯한 말을 하며 계속 아첨하는 모양. 母알쫑알쫑.

얼씀图〔하자〕주춤거리는 모양. **얼씀-얼씀**图〔하자〕.

얼씀-거리다진 자꾸 얼씀얼씀하다. 얼씀대다.

얼씀-대다진 얼씀거리다.

얼찌근-하다어 〈얼쩍지근하다〉의 준말. 母알찌근하다.

얼찐-거리다진 자꾸 얼찐얼찐하다. 얼찐대다. 母알찐거리다.

얼찐-대다진 얼찐거리다.

얼찐-얼찐图〔하자〕(남의 비위를 맞추려고) 앞에서 가까이 돌며 얼렁거리는 모양. 母알찐얼찐.

얼:-차려图 군의 기율을 바로잡기 위해 상급자가 하급자에게 비폭력적인 방법으로 육체적 고통을 주는 일.

얼추图 ①대강. ¶일이 얼추 끝나다. /하객이 얼추 삼백 명은 되겠다. ②거의 가깝게. ¶얼추 다 왔다.

얼추-잡다[-따]타 대강 짐작하여 정하다. 건목을 치다. ¶관객을 얼추잡아 보니 300명은 되었다.

얼-추탕(孼鰍湯)图 (미꾸라지는 넣지 않고) 맨밀가루 국에 갖가지 양념만 넣고 끓인 추탕.

얼-치기图 ①이것도 저것도 아닌 어중된 것. ②이것저것이 조금씩 섞인 것. ③탐탁하지 않은 사람.

얼크러-뜨리다타 얼크러지게 하다. 얼크러트리다.

얼크러-지다진 이리저리 서로 얽히게 되다. ¶아이들이 얼크러져 놀고 있다.

얼크러-트리다타 얼크러뜨리다.

얼큰-하다어 ①(매워서) 입 안이 얼얼하다. ¶얼큰한 김치찌개. ②술이 거나하여 정신이 어렴풋하다. ¶얼큰하게 취하다. 母알큰하다. 예얼큰하다. **얼큰-히**图.

얼키-설키图〔하자〕이리저리 몹시 뒤엉켜 있는 모양. 母알키살키. 예얼기설기.

얼토당토-아니하다형어 ①관계가 전혀 없다. ¶얼토당토아니한 사람. ②도무지 가당치 아니하다. ¶얼토당토아니한 주장. 준얼토당토않다.

얼토당토-않다[-안타]형 〈얼토당토아니하다〉의 준말.

얼통(孼統)图 서자(庶子)의 혈통.

얼-통량(-統凉)[-냥]图 거칠게 만든 통량.

얼핏[-핃]图 언뜻.

얼핏-얼핏[-피덜핃]图 언뜻언뜻.

얽다¹[억따]진 ①얼굴에 마마의 자국이 생기다. ¶얼굴이 살짝 얽은 곰보. ②물건의 거죽에 오목오목한 흠이 많이 생기다. ¶책상이 심하게 얽었다. 母앍다. *얽어·얽고[얼꼬]·얽는[엉-]

> **얽거든 검지나 말지**〔속담〕본디 가지고 있던 흠에다 또 다른 결점이 있음을 꼬집하는 말.

얽다²[억따]타 ①노끈이나 새끼 따위로 이리저리 걸쳐서 묶다. ②이리저리 짜 맞추어 꾸미다. ¶그럴 이유를 얽다. ③없는 사실을 꾸미다. ¶애먼 죄를 얽어 감옥에 잡아넣다. *얽어·얽고[얼꼬]·얽는[엉-]

얽-동이다[억똥-]타 얽어서 동여매다.

얽둑-빼기[억뚝-]图 얼굴이 얽둑얽둑 얽은 사람. 母앍둑빼기.

얽둑-얽둑[억뚜걱뚝]图형 (얼굴에) 굵고 깊게 얽은 자국이 성기게 나 있는 모양. 母앍둑앍둑.

얽-매다[엉-]타 ①얽어서 매다. ②자유를 주지 않다.

얽매-이다[엉-]진 『'얽매다'의 피동』 얽매임을 당하다. ¶일에 얽매이다. /돈에 얽매이다. /엄격한 규정에 얽매이다.

얽박-고석(-古石)[억빡꼬-]图 ①표면이 몹시 얽은, 이끼 긴 돌덩이. ②'몹시 얽은 얼굴'을 비유하여 이르는 말.

얽벅-얽벅[억뻐걱뻑]图형 (얼굴에) 굵고 깊게 얽은 자국이 배게 나 있는 모양. 母앍박앍박.

얽-빼기[억-]图 얼굴에 얽은 자국이 많은 사람을 홀하게 이르는 말.

얽어-내다타 ⇨욹아내다.

얽어-매다타 ①얽어서 동여 묶다. ¶염소의 앞다리에 밧줄을 얽어매다. ②마음대로 행동할 수 없도록 몹시 구속하다. ¶죄 없는 사람을 얽어매어 죄독으로 몰다.

얽-이图 ①(부서지거나 깨지거나 흩어지거나 하지 않도록) 물건의 거죽을 새끼나 노끈 따위로 이리저리 싸서 얽는 일. ②일의 순서나 배치 따위를 대강 잡아 보는 일. ¶조경 공사의 얽이를 짜다.

얽이-치다타 ①이리저리 얽어서 매다. ②일의 순서나 배치 따위를 대강 잡아 보다.

얽적-빼기[억쩍-]图 얼굴이 얽적얽적 얽은 사람. 母앍작빼기.

얽적-얽적[억쩌걱쩍]图형 잘고 굵은 것이 섞여서 깊이 얽은 자국이 배게 나 있는 모양. 母앍작앍작.

얽죽-빼기[억쭉-]图 얼굴이 얽죽얽죽 얽은 사람. 母앍족빼기.

얽죽-얽죽[억쭈걱쭉]图형 잘고 굵은 것이 섞여서 깊이 얽은 자국이 나 있는 모양. 母앍족앍족.

얽히고-설키다[얼키-]진 (사건 따위가) 이리저리 복잡하게 얽히다. ¶이해관계가 얽히고설키다.

얽-히다[얼키-]진 ①『'얽다'의 피동』 얽음을 당하다. ②무언가에 걸리다. (사건 따위에) 애매하게 걸리다. ¶남의 싸움에 얽혀 들다. ③관련되다. ¶한일 회담에 얽힌 이야기.

엄¹图〔옛〕움. ¶플어미 흐마 퍼러히 나고(杜初22:2).

엄²图〔옛〕어금니. ¶牙는 어미라.

엄:(掩)图 ⇨엄폐(掩蔽).

엄각(嚴刻)图 '엄각하다'의 어근.

엄각-하다(嚴刻)[-가카-]형어 ⇨엄혹(嚴酷)하다. **엄각-히**图.

엄감(嚴勘)图 ⇨엄단(嚴斷).

엄:개(掩蓋)图 참호나 방공호 따위의 덮개.

엄격(掩擊)图하타 ⇨엄습(掩襲).

엄격(嚴格)图 '엄격하다'의 어근.

엄격-하다(嚴格-)[-껴카-]형어 (말이나 태도·규칙 따위가) 매우 엄하고 철저하다. ¶엄격한 규율. /검사가 엄격하다. **엄격-히**图.

엄견(嚴譴)图하타 ⇨엄책(嚴責).

엄계(嚴戒)[-계/-게]图하타 엄중하게 경계함.

엄고(嚴鼓)图 임금이 정전(正殿)에 나오거나 거둥할 때, 백관이나 시위 군사가 제자리에서 대기하도록 큰 북을 울리던 일.

엄곤(嚴棍)图하타 곤장을 엄하게 침.

엄관(淹貫) '엄관하다'의 어근.
엄:-하다(淹貫-)[형여] ☞엄박(淹博)하다.
엄:광-창(掩壙窓)[명] 관(棺)을 묻기 전에 광(壙) 위를 가리는 데 쓰는 창짝.
엄교(嚴敎)[명] ①엄격한 가르침. ②남의 가르침을 공손히 이르는 말.
엄군(嚴君)[명] ☞엄친(嚴親).
엄금(嚴禁)[명][하타][되자] 엄하게 금지함. 절대로 못하게 함. 절금(切禁). ¶통행을 엄금하는.
엄:-나무[명] 두릅나뭇과의 낙엽 활엽 교목. 산이나 들에 절로 나는데 높이는 25 m가량. 가지에 가시가 있고, 잎은 손바닥 모양으로 갈라져 있으며, 여름에 황록색 꽃이 핌. 한방에서 껍질을 약재로 씀. 해동(海桐).
엄:-니[명] ①식육류(食肉類) 짐승의 송곳니. 아치(牙齒). ②☞어금니.
엄:닉(掩匿)[명][하타] ☞엄폐(掩蔽).
엄단(嚴斷)[명][하타] 엄중하게 처단함. 엄감(嚴勘). 엄처(嚴處). ¶불법 시위를 엄단하다.
엄달(嚴達)[명][하타] 엄중히 명령을 내림.
엄담(嚴談)[명][하타] 강경하게 담판(談判)함. 엄중히 따짐.
엄:-대[-때][명] 지난날, 가게에서 외상으로 판 물건 값을 표시하던, 길고 짧은 금을 새긴 막대기.
엄:-대답(-對答)[명][하자] 남이 써 놓은 어음을 보증하는 일.
엄:대-질[-때-][명][하자] 지난날, 엄대에 액수를 기록하던 외상 거래.
엄독(嚴督)[명][하타] ①심하게 독촉함. ②엄중히 감독함, 또는 그런 감독.
엄동(嚴冬)[명] 몹시 추운 겨울. 융동(隆冬).
엄동-설한(嚴冬雪寒)[명] 엄동의 심한 추위.
엄두[명] 《주로 부정적인 말과 어울려 쓰이어》 무엇을 하려는 마음. ¶엄두가 나지 않다. /엄두를 못 내다.
엄랭-하다(嚴冷-)[명] '엄랭하다'의 어근.
엄랭-하다(嚴冷-)[-냉-][형여] ①몹시 차다. ②쌀쌀하고 무표정하다. 엄랭-히[부].
엄령(嚴令)[-녕][명] 엄한 명령이나 호령. 엄명(嚴命).
엄립-과조(嚴立科條)[-닙꽈-][명][하자] 매우 엄하게 규정을 마련함.
엄마[명] ①'어머니'의 어린 말. ②'어머니'를 친근하게 이르는 말.
엄마리[명] 장마의 물살에 밀려 흐르는 사금(砂金)을 한 곳으로 몰아 받아 내는 일.
엄망(掩網)[명] ☞'덮그물'의 잘못.
엄매[부] ☞음매.
엄:매(掩埋)[명][하타] ☞엄토(掩土).
엄명(嚴命)[명][하자][되자] 엄하게 명령함, 또는 그 명령. ¶엄명을 내리다. 비엄령(嚴令).
엄명(嚴明)[명] '엄명하다'의 어근.
엄명-하다(嚴明-)[형여] 엄격하고 공명하다. 엄명-히[부].
엄:문(掩門)[명][하자] 문을 닫음. 폐문(閉門).
엄밀(嚴密)[명] '엄밀하다'의 어근.
엄밀-하다(嚴密-)[형여] (세밀한 부분에 이르기까지) 빈틈이 없다. ¶엄밀한 조사. 엄밀-히[부].
엄박(淹博)[명] '엄박하다'의 어근.
엄:박-하다(淹博-)[-바카-][형여] 학식이 매우 넓고 깊다. 엄관(淹貫)하다. 참해박(該博)하다.
엄발-나다[-라-][자][형] 빗나가다.
엄버(umber)[명] 천연의 갈색 안료(顔料). 이산화망간·규산염 등을 함유하는 수산화철(水酸化鐵)로, 덩이를 이루어 산출됨.

엄벌(嚴罰)[명][하타] 엄하게 처벌함, 또는 엄한 벌. ¶엄벌에 처하다. /엄벌을 내리다.
엄부렁-하다[형여] 실속은 없으면서 겉만 크다. 준엄부렁하다.
엄:법(罨法)[명] 염증이나 충혈을 없애기 위하여 그 부분을 찜질하는 법. 〔냉엄법과 온엄법이 있음.〕
엄법(嚴法)[명] 엄한 규정. 엄격한 법률.
엄벙-덤벙[부][하자] 영문도 모르고 함부로 덤벙거리는 모양. ¶일을 엄벙덤벙 처리하다.
엄벙-뗑[부][하자] ☞얼렁뚱땅.
엄벙-통[명] 엄벙덤벙하는 가운데.
엄벙-판[명] 엄벙덤벙하는 판.
엄벙-하다[I][자여] 일을 건성으로 하여 남의 눈을 속이는 태도를 보이다.
[II][형여] 말이나 하는 짓이 착실하지 못하고 실속 없이 과장되어 있다.
엄봉(嚴封)[명][하타] 단단히 봉함.
엄부(嚴父)[명] 엄격한 아버지.
엄부럭[명] 어린아이처럼 철없이 부리는 엄살이나 심술. ¶엄부럭을 떨다. /엄부럭을 부리다.
엄부럭-하다[자여] 〈엄벙부럭하다〉의 준말.
엄-부형(嚴父兄)[명] 엄한 부형.
엄-분부(嚴吩咐)[명] 엄한 분부. 엄칙(嚴飭).
엄비(嚴批)[명] 임금에게 올린 글에 대한 임금의 답서(答書)를 이르던 말.
엄비(嚴秘)[명] ☞극비(極秘).
엄사(嚴査)[명][하타] 엄격하게 조사함, 또는 그런 조사.
엄사(嚴師)[명] 엄격한 스승.
엄살[명][하자] 아픔이나 괴로움 따위를 거짓으로 꾸미거나 실제보다 부풀리어 나타내는 태도. ¶엄살을 부리다. /엄살을 피우다. /다 큰 녀석이 왼 엄살이 그리도 심한지. 준암살. 찡앙살.
엄:살(掩殺)[명][하타] (뜻하지 않은 때에) 갑자기 습격하여 죽임.
엄살-궂다[-굳따][형] 엄살이 좀 심하다.
엄살-꾸러기[명] 엄살을 잘 부리는 사람.
엄살-떨다[~떠니·~떨어][자] 엄살스러운 태도를 나타내다. ¶괜히 엄살떠느라고 저러는 것이니까 염려할 것 없네.
엄살-스럽다[-따][~스러우니·~스러워][형여] 엄살하는 태도가 있다. 엄살스레[부].
엄상(嚴霜)[명] 된서리.
엄색(嚴色)[명][하자] 엄숙한 표정을 지음, 또는 그 표정.
엄선(嚴選)[명][하타][되자] 엄정하게 고름. ¶작품을 엄선하다.
엄수(嚴囚)[명][하타] (달아나지 못하도록) 엄중히 가두어 놓음.
엄수(嚴守)[명][하타][되자] (명령이나 약속 따위를) 반드시 그대로 지킴. ¶시간 엄수.
엄수(嚴修)[명][하타] 의식(儀式) 등을 엄숙하게 치냄. ¶장례식을 엄수하다.
엄숙(嚴肅)[명] '엄숙하다'의 어근.
엄숙-주의(嚴肅主義)[-쭈의/-쭈이][명] 윤리적 동기에서, 갖가지 쾌락이나 욕망을 누르고 자신에 대한 억제를 도덕의 표준으로 여기는 생각.
엄숙-하다(嚴肅-)[-수카-][형여] ①장엄하고 정숙하다. ¶엄숙한 분위기. ②(말이나 태도 따위가) 진지하고 위엄이 있다. ¶엄숙한 표정. /엄숙한 어조. 엄숙-히[부].
엄:습(掩襲)[명][하타] ①갑자기 습격함. 엄격(掩擊). ¶적진을 엄습하다. ②(어떤 감정이나 생

엄:신(俺身)

엄:심-갑(掩心甲)

소리(엿)

엄:하(嚴下)

엄:엄-하다(俺俺-)〔형〕

엄:엄-하다(嚴嚴-)〔형〕

엄:연(俺然)

엄:연-하다(俺然-)〔형〕

엄:위(嚴威)

엄:주(嚴誅)

엄:준-하다(嚴峻-)〔형〕

엄:습(掩襲)

엄:살

엄:색-하다(掩塞-)〔자〕

엄:정(嚴正)

엄:정-하다(嚴正-)〔형〕

엄:정-히(嚴正-)〔부〕

엄:중(嚴重)

엄:중-하다(嚴重-)〔형〕

엄:중-히(嚴重-)〔부〕

엄:지(拇指)

엄:지-가락

엄:지-손가락

엄:지머리-총각(-總角)

엄:청-나다〔형〕

엄:지-발가락

엄:친(嚴親)

엄:포

엄:피-하다〔타〕

엄:하(嚴下)

엄:호(掩護)

엄:도(掩土)[명][하타] 좁이나 덮어서 겨우 정사(葬事)
事)지냄. 또는 그런 장사. 엄매(掩埋).
엄-파(掩-)[명][하타] 으레 그런
엄평-소니 [명][하타] 엉큼하게 남을 속이거나 꾀함.
때까,의 짓, 또는 그런 솜씨.
엄파-스럽다[-스럽따][~스러우니·~스러워][형]
남을 속이거나 꾀하는 품이 보기에 엉큼하다. 엄평
-스러워.

엄:페[페]—[페]—[메][명][하타][지자] ①(어떤 사
실이나 사물을) 가리어 숨기거나 가림. ¶ 진상을
(掩蔽). 엄차(掩遮). ¶ 진상을 ~함. ②한
천체기가 다른 천체를 가리는 현상. 지상
엄:피[명]—[물(地上物)을 가리어 이용하는 지장
물. 엄피(掩壁)를 보아가며 앞으로 다가가다.
엄:피-호(掩蔽壕)[명] 적에게 보이지 않도록 만든
엄:포[명][하타]↔짓궂음 ②수류(掩蔽).
누르 것. 범귀.

엄:포[명][하타] 실속 큰소리로 남을
으르다.
엄:피[물(嚴)·놀다[관용] 큰소리로 남을
엄:하다[嚴-][여] ①겁도드라가 심하다. ¶ 경계
가 엄하다. ②(규율·도리 따위가) 자기기
엄정하다. ¶ 박달하고 가져 여유가 없다. ¶ 엄한
것이.매우 엄한 모습. ③(다스리는 비도 따위가)
(家風). ●엄-히[부]

엄:-하볃[명][지자] 엄부(嚴父).
엄:한[嚴寒)[명] 몹시 심한 추위.
엄:혼[嚴]數)[명] 범이 넘에 이웃나는 사실
엄히지마 따져 캐지 않음.
엄:호(嚴護)[명][하타] 엄하게 보호함.
엄:혹-조울[嚴酷照律)[명][하타] 범보 때까 사실
담할 법률. 조사하여 넘에 따라 처단함.
엄:혹(嚴酷)[명][하형] 엄하고 참혹함.
엄:혹-스럽다[-스럽따][~스러우니·~스러워]
[형]
엄:형(嚴刑)[명] 엄한 형벌, 또는 엄한
엄:호(嚴-)[명][하타] 으레 함.
엄:흐[호·—[-]—[메][통][조-][명][하·하타][조-]①붙자 부수의 가지. 한자 부수의
'戶(호)'를 덮고 있는 자형(字形) 안의
'床·府' 따위. ¶ 엄:호-[메러] 엄히 옥호르다.
─엄니.
엄:호-사격(小火器)[명] 자기편 부수이나 전위
소화기(小火器)의, 진군 그는 엄호하고 위하여 실게 쏘
종, 강춤에 등에 ¶ 공격이나 후퇴할 때 자기편의
엄:—엄.떠[통] 엄호하고 잇오.
엄:혹[嚴酷)[명][하형] 엄하고 독독함.
엄:혹-조다[嚴酷-][여] 엄하고 독독하다.
엄:혹-조다[嚴刻-][여] 엄하고 독독하다.
엄:흑-스럽다[~스러우니] 엄흑-하다
엄:흑-스럽다[嚴格-][여] 엄하고 흑하다. 엄흑-하다
엄:혹-조다[嚴酷-][여] 아주 금자스럽다.
엄흑-조다[嚴酷-][형] 가리서 어둡게 한.
엄:흑-조다[嚴黑-][형] 엄하고 어둡다.
엄:혹-조다[嚴酷·—[-]—[메][통][조-]한 것이나 지으로 가르처 아름을.
엄:혹[嚴酷·—](자임)의 준말.
엄:흑[嚴酷·—](자임)의 ②함교에서 배우거나 선생님으로 말미암아 연
(前世)에 지은 악업이나 선행을 이르는 말.②엄-더[명]
세에서 지은 응보를 이르는 말.

업(業)[명] ①직업. ¶ <직업>의 준말. ②함교에서 배우거나 선생님으로 말미암아 연
세에서 지은 응보를 이르는 말.②문삼업(三業).

업(up)[명] 골프에서, 현재 이기고 있는 홀의 수
또는 타수.
─업(業)[전미](일부 명사 뒤에 붙어)'사업'이나
'산업'의 뜻을 나타냄.¶ 건설업/목축업/
엄감(業感)[명][하타] 종교에서, 선악의 업이(業
因)에 따라 고되어 과보(果報)를 받는
엄계(業界)[명] 같은 업종에 종사하는
엄고(業苦)[명] 불교에서, ¶ 전생에 지은 업
엄광(惡業)으로 받는 현세의 고통을 이르
는 말.
엄구(業報)[명] ☞업보(業報).
엄구(業報)[명] 불교에서, 한 집안의 업이
구렁이[명]↔[구-] 집안의 수명이.
엄귀(業鬼)[명] 불교에서, 악업(惡業)을 쌓
그레이드(upgrade)[명][하타] ①'개선'·'
향상'·'승급'으로 순화. ②컴퓨터에서, 하드
웨어나 소프트웨어의 성능을 기존 제품보다 따
따위 세대를로 변경하는 일. 자기에 지
다[대다][형] 이가를 물다. ②어떤 세대를를 등에 지
부리다. ¶ 아기를 업다. ③웃몸을 의지로
다. ④전신 남의 덕에 입은을 제레도러게 감
다르다 제레도록 엄이 엎었다. ¶ 그는 연이
게 엄어서 한 자리를 얻었다.
엄다 나장 엄다[속]에서 한 일이 자기에
계속 엄이 진나옴을 이르는 말.
엄어 가도 모른다[관용] 잠이 등어 마친가지라는 말.
엄어 지나가다[관용] 아무 대가도 바라지 않고
언어다[여] 이어나지라다 마친가지라는 말.
스러다 같다[관용] 남이 장이 어미한
엄디디다[엄디디대][저] 앞드러지다. ¶ 엄디럼 넘. 엄드디다[저
습드17].
엄데이트(update)[명][하타] 새 내용으로 업무
를 두루-바비
엄-두루바비[-루-][통][명] 새를 이쪽으로 엄구
엄-동이[통][명] (얼어 죽어 들어온 아이라는 뜻
으로), 자기 자식을 열어 벼려서 있거나 우연히
엄기가 하여 기르는 아이.
라이트-피아노(upright piano)[명] 원
줄이 세로로 전 피아노. 그랜드 피아노에 상대하
는 말.
엄로드(upload)[명][하타] 컴퓨터 통신에서
모 시스템에서 내부다 시스템으로 파일이나 자
료를 전송하는 일. ↔다운로드.
엄:립(業力)[명]↔불교에서, 업의(業因)이 작용
도(正道)로 방해하여 저제를 얻게 하는 일.
엄:마[통] 어어바서, 업하고 엎드 하는 것을
아이에게 이르는 말.
엄:명(業命)[명] ☞(신하들이) 임금의 분부를
엄:무(業務)[명] (날마다 계속하이 하는) 공
무나 직업으로서의 일반적 일. ¶ 엄무가 쌓이다.
엄:무-감사(業務監査)[명] 기업의 회게 사무
이외의 업무(業務管理)[명] 기업이 영리 목적을 위
엄:무-관리(業務管理)[명] 기업이 영리 목적을 위
하여 적당하게 행하려는 행위.
엄:무권(業務權)[명] 업무로서 행하는 권리.
엄:무-상(業務上)[명] 업무를 수행하는 위에서.
¶ ~과실.
엄:무-방해-죄(業務妨害罪)[명] 남
의 업무를 방해함으로써 성립하는 죄.

업무상^과:실(業務上過失)[엄-]圐 특정의 업무에 종사하는 사람이, 업무의 성질상 당연히 해야 할 주의를 게을리 함으로써 생기는 과실.

업무상^비:밀^누:설죄(業務上祕密漏泄罪)[엄-루-쬐/엄-루-쭸]圐 의사·약사·변호사·공증인(公證人) 등이나 그 직(職)에 있었던 사람이 업무상 알게 된 남의 비밀을 누설함으로써 성립되는 죄.

업무용 서류(業務用書類)[엄-]圐 제4종 우편물의 한 가지. 특정인에게 주는 통신문의 성격을 띠지 않은 문서.

업보(業報)[-뽀]圐 불교에서, 선악의 행업으로 말미암은 과보를 이르는 말. 업과(業果).

업소(業所)[-쏘]圐 사업을 벌이는 장소. ¶ 가격을 담합한 업소들이 적발되었다.

업수-놓다[-쑤노타]재 광산에서, 갱내(坑內)의 물을 밖으로 뽑아내기 위한 설비를 하다.

업숭이[-쑹-]圐 하는 짓이 변변찮은 사람을 조롱하여 이르는 말.

업-스타일(up+style)圐 머리를 높이 빗어 올려 위에서 마무르고 목덜미를 드러내는, 여자의 머리 모양.

업시름[-씨-]圐 업신여겨서 하는 구박.

업:신-여기다[-씬녀-]郃 젠체하며 남을 낮추어 보거나 하찮게 여기다. ¶ 키가 작다고 업신여기다.

업:신여김[-씬녀-]圐 남을 업신여기는 일. ¶ 난하다고 업신여김을 당하다. 畯업심.

업:심[-씸]圐 〈업신여김〉의 준말. ¶ 업심을 받다.

업액(業厄)圐 불교에서, 악업(惡業)의 갚음으로서 받는 재난을 이르는 말.

업양(業様)圐 ☞업왕(業王).

업어다-주기圐 윷놀이의 한 가지. 상대편 말이 자기 말밭에 오면, 그 차례에 자기가 노는 윷은 상대편 말에 끗수를 주어 보내고, 자기 말은 다음 차례에야 갈 수 있음.

업어^치기圐 ①씨름에서, 갑자기 몸을 돌려 상대편의 배에 엉덩이를 갖다 대고 들어올려 업듯이 하여 둘러메치는 기술. ②유도의 메치기 기술 가운데 손기술의 한 가지. 상대를 등에 업어서 어깨 너머로 크게 원을 그리며 메치는 기술.

업연(業緣)圐 ☞업인(業因).

업왕(業王)圐 민속에서, 집안의 재수를 맡아서 도와준다는 신. 업양(業様).

업원(業寃)圐 불교에서, 전생에 지은 죄로 말미암아 이승에서 받는 괴로움을 이르는 말.

업음-질圐郃 서로 번갈아 업어 주는 일.

업의-항(-缸)[어븨-/어베-]圐 민속에서, 살림을 맡아서 도와준다는 신을 위하여, 쌀이나 돈 같은 것을 넣어서 모셔 두는 항아리.

업인(業因)圐 불교에서, 선악의 과보(果報)를 받을 원인이 되는 행위를 이르는 말. 업연(業緣).

업자(業者)[-짜]圐 상업·공업·서비스업 따위의 사업을 경영하고 있는 사람.

업저지[-쩌-]圐 지난날, 어린아이를 업어서 보아 주던 여자 하인.

업적(業績)[-쩍]圐 (어떤 사업이나 연구 따위에서) 이룩해 놓은 성과. 사적(事績). ¶ 영화계에 큰 업적을 남기다.

업-족제비[-쪽쩨-]圐 민속에서, 한 집안의 업구실을 한다는 족제비.

업종(業種)[-쫑]圐 영업이나 사업의 종류. ¶ 업종을 바꾸다. /업종을 다양화하다.

업죄(業罪)[-쬐/-쮀]圐 ☞죄업(罪業).

업주(業主)[-쭈]圐 〈영업주(營業主)〉의 준말.

업진(-)[-찐]圐 소의 가슴에 붙은 고기.

업진-편육(-片肉)[-찐-]圐 업진을 삶아 만든 편육.

업차(業次)圐 그날그날의 일의 순서.

업체(業體)圐 〈기업체〉·〈사업체〉의 준말. ¶ 민간 업체.

업축(業畜)圐 불교에서, 전세(前世)의 업보(業報)로 이승에 태어난 짐승을 이르는 말.

업태(業態)圐 ①영업이나 기업의 상태. ②영업이나 기업의 형태.

업해(業海)[어패]圐 불교에서, 갖가지 업보의 원인을 넓은 바다에 비유하여 이르는 말.

업황(業況)[어쾅]圐 업계의 경기(景氣) 상태, 또는 경기 상황.

업-히다[어피-]囨[I]재 ['업다'의 피동] 업음을 당하다. ¶ 아기가 어머니 등에 업히다.
[II]郃 ['업다'의 사동] 업게 하다. ¶ 아기를 업히다.

업혀 가는 돼지 눈(俗談) 잠이 와서 거슴츠레한 눈을 두고 놀리는 말.

없:다[업따]圐 ①있지 아니하다. 존재하지 아니하다. ¶ 구름 한 점 없는 하늘. /세상에 그런 분은 다시는 없을 것이오. ②가고고 있지 않다. 갖추고 있지 않다. ¶ 나라 없는 백성. /경험이 없다. /재산도 명예도 없다. ③생기지 아니하다. 일어나지 아니하다. ¶ 말썽 없는 집안. /뭐 별일 없겠지. ④(속에) 들어 있지 아니하다. ¶ 악의(惡意)는 없는 말일세. ⑤많지 아니하다. 부족하다. ¶ 찬 없는 밥. /성의가 없다. /그것은 내 전공 밖이라 아는 것이 별로 없다. ⑥살아 있지 않다. ¶ 부모 없는 고아. ⑦드물다. 귀하다. ¶ 요새 그런 골동품은 좀처럼 없습니다. ⑧진행되지 아니하다. 벌어지지 아니하다. ¶ 오늘은 회의가 없습니다. ⑨구차스럽다. 가난하다. 《주로, '없는'의 꼴로 쓰임.》 ¶ 없는 살림을 잘 꾸려 나가다. ⑩비다. 들어 있지 않다. ¶ 술이 없는 술병. /쌀독에 쌀이 없다. ⑪가능하지 아니하다. 《주로, '-ㄹ (을) 수 없다'의 꼴로 쓰임.》 ¶ 바랄 수 없는 욕망. /까닭을 알 수 없다. ↔있다. 없-이튀. • 없:어[업써]·없:고[업꼬]·없:는[엄-]

없는 꼬리를 흔들까(俗談) '아무리 뜻이 있어도 그것을 해낼 만한 물질적 뒷받침이 없으면 할 수 없음'을 비유하여 이르는 말.

없는 놈이 찬밥 더운밥 가리랴(俗談) '급하고 아쉬울 때에는 좋고 나쁜 것을 가리지 않음'을 비유하여 이르는 말.

없어서 비단 치마(俗談) (비단 치마를 입어야 할 경우도 아닌데) 가난해서 단벌뿐인 비단 치마를 입을 경우를 비유하여 이르는 말.

없으면 제 아비 제사도 못 지낸다(俗談) (꼭 해야 할 일이라도) 가난해서 못하는 경우를 비유하여 이르는 말.

없:-애다[업쌔-]郃 ['없다'의 사동] 없어지게 하다. ¶ 범죄를 없애다. /책상을 없애고 소파를 들여놓다. ②(사람이나 동물 따위를) 죽이다. ¶ 해충을 없애다.

없:을-무(-无)[업쓸-]圐 한자 부수의 한 가지. '旣'·'·'旡' 등에서의 '无'를 이름.

없:이-하다[업씨-]郃囨 없어지게 하다. ¶ 노름으로 재산을 없이하다.

엇-[언](接頭) ((일부 명사나 용언 앞에 붙어)) '삐뚜로'·'어긋나게'·'조금' 등의 뜻을 나타냄. ¶ 엇각. /엇그루. /엇매다. /엇구수하다.

엇-가게[얻까~]**圈** 지붕을 한쪽으로 기울게 하여 덮은 헛가게.

엇-가다[얻까~]**困** (말이나 행동이) 사리에 어긋러지게 나가다. 엇나가다. ¶말이 엇가다.

엇-가리[얻까~]**圈** 대나 채를 엮어서, 위는 둥글고 아래는 평평하게 만든 것. 곡식을 담거나 덮는 데 씀.

엇-각(-角)[얻깍]**圈** 한 직선이 다른 두 직선과 만나서 생기는 네 개의 내각(內角) 중, 한 직선을 사이에 두고 비스듬히 마주보는 두 각을 서로 이르는 말.

엇-갈리다[얻깔~]**困** ①서로 어긋나서 만나지 못하다. ¶길이 엇갈리다. ②(의견이나 생각 따위가) 일치하지 못하다. ¶주장(主張)이 엇갈리다. ③(여러 가지 생각이나 느낌 따위가) 동시에 겹치거나 스치다, 또는 함께 존재하다. ¶희비가 엇갈리다. /이런저런 생각이 엇갈려 결정을 못 내리고 있다.

엇-걸다[얻껄~][~거니·~걸어]**타** 서로 어긋맞게 걸다. ¶줄을 엇걸어 가며 단단히 동이다.

엇걸-리다[얻껄~]**困** 『엇걸다』의 피동] 서로 어긋맞게 걸리다. ¶줄이 서로 엇걸리다.

엇게**圈** (옛) 어깨. ¶엇게 견: 肩(訓蒙上25).

엇-걷다[얻껃따][~걸으니·~걸어]**타**ㄷ 서로 엇걸리게 걷다.

엇-결[얻껼]**圈** ①비꼬이거나 엇나간 나무의 결. 역결. ②'엉망'의 잘못.

엇걸리다[얻껼~]**困** 『엇걷다』의 피동] 서로 어긋맞게 걸리다.

엇구뜰-하다[얻꾸~]**형어** 음식 맛이 조금 구뜰하다.

엇구수-하다[얻꾸~]**형어** ①음식 맛이 조금 구수하다. ②하는 말이 그럴듯하다. ¶엇구수한 이야기.

엇-그루[얻끄~]**圈** 엇비슷이 자른 나무의 그루터기.

엇-깎다[얻깍따]**타** 비뚤어지게 깎다.

엇-꼬다[언~]**타** 서로 엇바꾸어 비틀거나 꼬다.

엇-나가다[언~]**困** ①(줄이나 금 따위가) 비뚜로 나가다. ②☞엇가다.

엇-놀리다[언~]**타** 이리저리 서로 엇바꾸어 놀리다. ¶손발을 엇놀리며 사다리를 오르다.

엇-높다[언~]**困**[~누우니·~누워]**困ㅂ** ①엇비슷이 높다. ②엇섞이어 높다.

엇다[얻따]**困** 모음으로 끝난 체언에 붙어, 무엇이라고 인정된 사물을 다지어 말하는 뜻을 나타내는 종결형 서술격 조사. ¶이게 자네가 어제 잡았다는 그 물고기엇다. **참**이엇다.

엇-대다[얻때~]**타** ①엇나가게 대다. ¶부서진 문에 판자를 엇대어 박다. ②비꼬아 빈정거리다. ¶엇대어 하는 말.

엇더ㅎ다[옛] 어떠하다. ¶避亂호 소녀 마리 兩漢故事애 엇더호니잇고(龍歌28章).

엇데[閔] (옛) 어찌. 어째서. ¶이제 엇데 羅睺롤 맛아는다(釋譜6:9).

엇-되다[얻뙤~][얻뙈~]**형** ①좀 건방진 데가 있다. ②☞어지빠르다.

엇디[옛] 어찌. ¶엇디 흔 몸으로 두 님군을 섬기고(五倫2:18).

엇디ㅎ다[타] (옛) 어찌하다. ¶내 엇디ㅎ리잇고(樂詞.靑山別曲).

엇-뜨다[언~][~뜨니·~떠]**타** 눈동자를 한쪽으로 몰아 빗보다.

엇막다[옛] 엇비슷이 막다. ¶믈 겨틔 엇마ㄱ시니(龍歌44章).

엇-매끼다[언~]**타** 〈어긋매끼다〉의 준말.

엇-먹다[언~따]**困** ①(톱으로 썰거나 칼로 베거나 할 때) 날이 어슷하게 먹다. ②사리에 어긋난 말이나 행동으로 남을 비꼬다.

엇-메다[언~]**타** 이쪽 어깨에서 저쪽 겨드랑이 밑으로 걸어서 메다. ¶전대를 엇메다.

엇모리-장단[언~]**圈** 판소리 및 산조(散調) 장단의 한 가지. 2박과 3박이 뒤섞인 빠른 10박 장단.

엇-물다[언~][~무니·~물어]**타** 〈어긋물다〉의 준말.

엇물-리다[언~]**困** 〈어긋물리다〉의 준말.

엇-바꾸다[얻빠~]**타** 서로 바꾸다. ¶고기를 쌀과 엇바꾸다.

엇-박다[얻빡~]**타** ①어슷하게 박다. ②서로 엇갈리게 박다.

엇-베다[얻뻬~]**타** 비스듬하게 베다. ¶톱으로 나무를 엇베다.

엇-보(-保)[얻뽀]**圈** 두 사람이 한군데서 빚을 얻을 때 서로 서는 보증.

엇-부루기[얻뿌~]**圈** 아직 큰 소가 못 된 수송아지.

엇-붙다[얻뿓따]**困** 비스듬하게 맞닿다.

엇붙-이다[얻뿌치~]**타** 『엇붙다』의 사동] 엇붙게 하다.

엇비뚜름-하다[얻삐~]**형어** 조금 비뚜름하다. **엇비뚜름-히**[閔].

엇비스듬-하다[얻삐~]**형어** 조금 비스듬하다. ¶엇비스듬하게 걸터앉다. **엇비스듬-히**[閔].

엇비슷-하다[얻삐스타~]**형어** ①어지간하게 비슷하다. ¶실력이 엇비슷하다. ②조금 비스듬하다. ¶대파를 엇비슷하게 썰다. **엇비슷-이**[閔].

엇-서다[언써~]**困** (물러서거나 수그러지지 않고) 검질기게 맞서다.

엇-섞다[언썩따]**타** 서로 어긋맞게 섞다.

엇-셈[언쎔]**圈하** 주고받을 것을 서로 에끼는 셈. ¶품삯과 빚을 엇셈하다.

엇-송아지[언쏭~]**圈** 아직 다 자라지 못한 송아지.

엇-시조(旋時調)[얻씨~]**圈** 시조 형식의 한 가지. 초장이나 중장의 어느 구절의 자수(字數)가 평시조의 자수보다 몇 자 많아진 것. 중시조(中時調). **참**사설시조·평시조.

엇-치량(-樑)[언~]**圈** 앞면은 칠량(七樑), 뒷면은 오량(五樑)으로 꾸민 지붕틀.

-었-[언]**선미** 끝 음절의 모음이 'ㅐ·ㅓ·ㅔ·ㅕ·ㅚ·ㅟ·ㅢ·ㅣ·ㅡ·ㅣ'로 된 어간에 붙어, 과거 시제를 나타내는 선어말 어미. ¶먹었다. /읽었다. /있었다. **참**-았-.

-었었-[언]**선미** 끝 음절의 모음이 'ㅏ·ㅗ' 이외의 모음으로 된 용언의 어간에 붙어, 현재와 비교하여 다르거나 단절되어 있는 과거의 사건을 나타내는 선어말 어미. ¶어제는 비가 그치고 개었었다. **참**-았었-.

엉걉[명] ①뜻밖에 놀라운 일을 당하거나 갑자기 무엇을 깨달았을 때 내는 소리. ¶엉! 정말이야? ②아랫사람을 야단칠 때 내는 소리. ¶너 정말 이럴 테야, 엉? 혼 좀 나 볼래?

엉거능측-하다[-츠카-]**형어** 내숭하고 능청스러.

엉거주춤[閔하困] ①앉은 것도 아니고 선 것도 아닌 어정쩡한 자세로 주춤거리는 모양. ②일을 딱 결정짓지 못하고 어정쩡하게 주춤거리는 모양. **참**앙가조촘.

엉겁[명] 끈끈한 물건이 마구 달라붙은 상태. ¶손이 찰흙으로 엉겁이 되었다.

엉겁결-에[-껴레]튀 자기도 모르는 사이에 갑자기. ¶엉겁결에 뛰어내리다. /너무 놀라 엉겁결에 비명을 지르다.

엉겅퀴명 국화과의 다년초. 산이나 들에 절로 나며, 줄기는 1m가량. 잎은 뻣뻣하며 센 가시와 털이 있음. 6~8월에 잔가지 끝에 자홍색 꽃이 핌. 어린순은 나물로 먹고, 뿌리는 한방에서 '대계(大薊)'라 하여 어혈(瘀血)을 푸는 데 약재로 씀.

엉구다타 여러 가지를 모아서 일이나 무엇이 되게 하다. ¶이 일을 엉구자면 많은 일손이 필요하다.

엉그름명 진흙 바닥이 마르면서 넓게 벌어진 금. ¶논바닥에 엉그름이 갈 정도로 가물다.

엉글-거리다자 자꾸 엉글엉글하다. 엉글대다. ⑳앙글거리다.

엉글-대다자 엉글거리다.

엉글-벙글튀(하자) 엉글거리면서 벙글거리는 모양. ⑳앙글방글.

엉글-엉글튀(하자) ①어린아이가 소리 없이 웃는 모양. ②(무엇을 속이느라고) 억지로 꾸며서 웃는 모양. ⑳앙글앙글.

엉금-썰썰튀 엉금엉금 굼뜨게 기다가 재빠르게 기는 모양. ⑳앙금쌀쌀.

엉금-엉금튀(하자) 큰 걸음으로 느리게 걷거나 기는 모양. ⑳앙금앙금. ㉮엉큼엉큼.

엉기다¹자 ①일을 척척 해내지 못하고 허둥거리다. ②매우 힘들게 간신히 기어가다.

엉기다²자 ①액체 모양이던 것이 굳어지다. ¶피가 엉기다. ②가는 물건이 한데 뒤얽히다. ③감정이나 기운 따위가 한데 뒤섞여 응어리가 생기다. ④한 무리를 이루거나 달라붙다. ¶아이들이 서로 엉겨서 놀고 있다.

엉기-정기튀 어지럽게 여기저기 벌여 놓은 모양. ¶방 안에는 세간이 엉기정기 놓여 있다.

엉너리명 남의 환심을 사려고 어벌쩡하게 서두르는 짓. ¶엉너리를 치다.

엉너릿-손[-너릳쏜-릳쏜]명 엉너리로 사람을 후리는 솜씨.

엉:덩-머리명 <엉덩이>의 속된 말.

엉:덩-방아명 털썩 주저앉는 바람에 엉덩이를 땅에 부딪는 일. ¶엉덩방아를 찧다.

엉:덩-뼈명 골반(骨盤).

엉:덩이명 볼기의 윗부분. 둔부(臀部).

　엉덩이에 뿔이 났다(속) '어린 사람이 옳은 가르침을 따르지 않고 비뚜로 나가는 경우'를 비유하여 이르는 말.

　엉덩이가 구리다(관용) (방귀를 뀌어 구린내가 난다는 뜻으로) 부정이나 나쁜 일을 저지른 장본인 같다는 말.

　엉덩이가 근질근질하다(관용) 자꾸 돌아다니고 싶어, 한군데 가만히 앉아 있기가 몹시 갑갑하다.

　엉덩이가 무겁다[질기다](관용) 한번 자리를 잡고 앉으면 일어나려 하지 않는다.

　엉덩이를 붙이다(관용) 한군데 자리 잡고 머무르다. 한군데 오래 앉아 있다.

엉:덩-춤명 엉덩춤.

엉:덩잇-바람[-빠-/-인빠-]명 신이 나서 엉덩이를 내두르며 걷는 기세. ¶엉덩잇바람을 일으키며 걷다.

엉:덩잇-짓[-이찓/-인짇]명(하자) 엉덩이를 흔드는 짓. *엉:덩잇짓이[-이찌시/-읻찌시]·엉:덩잇것만[-이쩐-/-읻쩐-]

엉:덩-춤명 ①몹시 흥겹거나 신이 나서 엉덩이

를 들썩거리는 짓. 엉덩이춤. ②엉덩이를 흔들며 추는 춤.

엉:덩-판명 엉덩이의 넓고 두둑한 부분.

엉:두덜-거리다자 자꾸 엉두덜엉두덜하다. 엉두덜대다.

엉두덜-대다자 엉두덜거리다.

엉두덜-엉두덜튀(하자) 엉얼거리고 두덜거리며 불평을 나타내는 모양.

엉뚱-스럽다[-따][~스러우니·~스러워]형ㅂ 엉뚱한 데가 있다. 엉똥스레튀.

엉뚱-하다형여 ①(말이나 행동이) 격에 맞지 않게 지나치다. ¶엉뚱한 욕심. ⑳앙똥하다. ②짐작이나 생각과는 전혀 다르다. ¶엉뚱한 곳으로 가다.

엉망명 일이나 물건이 뒤죽박죽되어 몹시 난잡하거나 결딴이 나 있는 상태. ¶일을 엉망으로 해 놓다.

엉망-진창명 '엉망'의 힘줌말.

엄버틈-하다형여 커다랗게 떡 벌어져 있다. ⑳앙바틈하다. 엄버틈-히튀.

엉-버티다자 억척스럽게 버티다. ⑳앙버티다.

엉성-궂다[-굳따]형 몹시 엉성하다. ⑳앙상궂다.

엉성-하다형여 ①(꼭 짜이지 아니하여) 어울리는 맛이 없고 어설프다. ¶행사의 진행이 엉성하다. ②살이 빠져서, 뼈만 남은 듯하거나 보기에 꺼칠하다. ③빽빽하지 못하고 성기다. ¶머리털이 많이 빠져서 엉성하다. ④사물의 형태나 내용이 부실하다. ¶엉성한 물건이 값만 비싸다. ①~③⑳앙상하다. 엉성-히튀.

엄세명 살아가기 어렵도록 가난한 형세.

엉얼-거리다자 자꾸 엉얼엉얼하다. 엉얼대다. ⑳앙알거리다.

엉얼-대다자 엉얼거리다.

엉얼-엉얼튀(하자) (손윗사람에 대하여) 원망하는 태도로 중얼중얼 군소리를 하는 모양. ⑳앙알앙알.

엉엉튀(하자) ①목 놓아 크게 우는 소리, 또는 그 모양. ②엄살을 부리며 괴로운 처지를 하소연하는 모양. ⑳앙앙.

엉엉-거리다자 ①목 놓아 크게 우는 소리를 자꾸 내다. ②엄살을 부리며 괴로운 처지를 자꾸 하소연하다. 엉엉대다. ⑳앙앙거리다.

엉엉-대다자 엉엉거리다.

엉이야-벙이야튀(하자) 얼렁수로 어름어름 꾸며 대는 모양. ¶엉이야벙이야하고 그대로 넘어가다.

엉절-거리다자 자꾸 엉절엉절하다. 엉절대다. ⑳앙잘거리다.

엉절-대다자 엉절거리다.

엉절-엉절튀(하자) 잔소리를 늘어놓으며 엉얼거리는 모양. ⑳앙잘앙잘.

엉정-벙정튀(하자) 쓸데없는 것이나 쓸데없는 말을 너절하게 늘어놓는 모양.

엉치-등뼈명 척추의 아래 끝 부분에 있는 이등변 삼각형 모양의 뼈. 미골(尾骨)과 더불어 골반의 뒷벽을 이룸. 천골(薦骨).

엉클다[엉크니·엉클어]타 ①(실이나 줄 따위가 한데 얽혀서 덩이가 되게 하다. ¶노끈을 엉클어 놓다. ②물건을 한데 뒤섞어 어지럽게 하다. ¶아이들이 엉클어 놓은 책을 정리하다. ③어떤 일을 뒤얽어서 갈피를 잡을 수 없게 하다. ㉮형클다.

엉클-리다자 ['엉클다'의 피동] 엉클음을 당하다. ¶새끼줄이 엉클리다. ㉮형클리다.

엉클-뜨리다타 엉클어지게 하다. 엉클어트리다. ㉮형클뜨리다.

엉클어-지다[자] 실이나 물건 또는 무슨 일이 서로 얽혀서 풀기 어렵게 되다. ¶엉클어진 실타래. /일이 아주 엉클어졌다. ㈜엉키다. ㉑헝클어지다.

엉클어-트리다[타] 엉클어뜨리다. ¶머리를 엉클어트리다. ㉑헝클어트리다.

엉큼-대왕(─大王)[명] '엉큼한 짓을 잘하는 사람'을 조롱조로 이르는 말.

엉큼-성큼[부] 큰 걸음으로 가볍고 힘차게 걷는 모양. ㈘앙큼상큼.

엉큼-스럽다[─따][형][~스러우니·~스러워]보기에 엉큼한 데가 있다. ¶하는 짓이 엉큼스럽다. ㈘앙큼스럽다. **엉큼스레**[부].

엉큼-엉큼[부][하자] 큰 걸음으로 좀 활기 있게 걷거나 기는 모양. ㈘앙큼앙큼. ㈔엉금엉금.

엉큼-하다[형][하자] 엉뚱한 욕심을 품고 분수 밖의 짓을 하려는 경향이 있다. ¶엉큼한 생각을 품다. ㈘앙큼하다.

엉키다[자] 〈엉클어지다〉의 준말.

엉터리[명] ①터무니없는 말이나 행동, 또는 그런 말이나 행동을 하는 사람. ¶그 말은 엉터리다. ②허울만 있고 실속이 없는 사람이나 사물. ¶이 기계는 엉터리다. ③대강의 윤곽. ¶그럭저럭 엉터리가 잡히다.

엉터리-없다[─업따][형] 터무니없다. 경우에 닿지 않다. ¶엉터리없는 수작. **엉터리없-이**[부].

엊-그저께[명][─끄─][따] 이삼일 전. 며칠 전. ¶엊그저께까지만 해도 멀쩡했던 사람이 죽다니…. ㈜엊그제.
[Ⅱ][부] 바로 며칠 전에. ¶엊그저께 지방에 다녀왔다. ㈜엊그제.

엊-그제[얻끄─] [Ⅰ][명] 〈엊그저께〉의 준말.
[Ⅱ][부] 〈엊그저께〉의 준말.

엊-빠르다[얻─][~빠르니·~빨라][형][르] 〈어지빠르다〉의 준말.

엊-저녁[얻쩌─][명] 〈어제저녁〉의 준말.

엎-누르다[엄─][~누르니·~눌러][타][르] 〈엎어누르다〉의 준말.

엎다[업따][타] ①아래위가 반대가 되도록 뒤집어 놓다. ¶그릇을 씻어서 선반 위에 엎어 놓았다. ②부수거나 없애 버리다. ¶살림을 엎다. *엎어·엎는[엄─]

엎더-지다[업─][자] 〈엎드러지다〉의 준말.

엎더러-뜨리다[업뜨─][타] 엎드러지게 하다. 엎드러트리다. ¶힘껏 밀어서 엎드러뜨리다.

엎드러-지다[업뜨─][자] 엎어지다. ㈔엎더지다.

엎드러-트리다[업뜨─][타] 엎드러뜨리다.

엎드려-뻗쳐[업뜨─처][감][말] 두 손바닥과 발끝으로 몸을 받치고 몸을 곧게 뻗쳐 엎드리는 동작, 또는 그렇게 하라는 구령.

엎드려-뻗치다[업뜨─][자] 두 손바닥과 발끝으로 몸을 받치고 몸을 곧게 뻗쳐 엎드리다.

엎드리다[업뜨─][자] 배·가슴·얼굴 등 몸의 앞부분을 바닥에 가까이하거나 붙이다. ¶땅에 엎드리다. /책상에 엎드리다. ㈜엎디다.

엎드려 절받기 '상대편은 마음에 없는데 자기 스스로가 요구하여 대접을 받음'을 비유하여 이르는 말.

엎디다[업따─][자] 〈엎드리다〉의 준말.

엎어-누르다[~누르니·~눌러][타][르] ①엎어서 누르다. ②내리눌러 못 일어나게 하다. ㈜엎누르다.

엎어-뜨리다[타] 엎어지게 하다. 엎어트리다.

엎어-말다[~마니·~말아][타] ①국수나 국밥 따위를 곱빼기로 말다. ②국수·떡국 따위를 말

때, 고기가 보이지 않게 밑에 넣고 말다.

엎어-먹다[─따][타] 망하게 하거나 후리어 가지다. ¶그는 친구의 재산을 다 엎어먹었다.

엎어-삶다[─삼따][타] ①그럴듯한 말로 속여 넘기다. ②노름판에서, 앞 판에서 딴 돈 전부를 다음 판에 태우다.

엎어-지다[자] ①앞으로 넘어지다. ¶엎어져서 코를 다치다. ②위아래가 뒤집히다. ¶나룻배가 엎어지다.

엎어지면 코 닿을 데[속담] '매우 가까운 거리'를 비유하여 이르는 말.

엎어진 김에 쉬어 간다[속담] 뜻하지 않던 기회를 이용하여 하려던 일을 이룬다는 뜻.

엎어-트리다[타] 엎어트리다.

엎-지르다[업찌─][~지르니·~질러][타][르] (그릇이 뒤집히거나 하여) 물 따위의 액체를 쏟아지게 하다. ¶옷에 커피를 엎지르다.

엎지른 물[관용] '다시 바로잡거나 돌이킬 수 없는 일'을 비유하여 이르는 말.

엎질러-지다[업찔─][자] (그릇이 기울거나 넘어져서) 액체가 쏟아져 나오다.

엎-집[업찝][명] (빗물이 한쪽으로만 흐르게) 지붕 앞쪽은 높고 뒤쪽은 낮게 하여 지은 집.

엎쳐-빌다[업처─빌다][자] ①구차하게 남에게 굽실거리다. ②〈절하다〉의 속된 말.

엎-치다[업─][타] 〈엎다〉의 힘줌말.

엎친 데 덮치다[관용] 어려운 일이나 불행한 일이 겹쳐서 일어나다.

엎치락-뒤치락[업─뒤─][부][하자] ①자꾸 엎쳤다 뒤쳤다 하는 모양. ¶온갖 걱정으로 잠을 이루지 못하고 엎치락뒤치락하다. ②이쪽이 우세했다 저쪽이 우세했다 하여 우열(優劣)을 가릴 수 없게 서로 나아가는 모양. ¶시종(始終) 엎치락뒤치락하는 농구 경기.

엳다[자] 〈옛〉 베어지다. ¶입시우라 …어티 아니하며(月釋17:52).

에[명] 한글 자모(字母)의 모음인 'ㅐ'의 음가(音價) 및 이름.

에[감] ①마음에 마땅하지 않을 때 스스로 내는 군소리. ¶에, 속상해. ②가볍게 거절하거나 부정하는 뜻으로 내는 군소리. ¶에, 그만두겠어. ③스스로 생각을 끊어 버리려 할 때 내는 군소리. ¶에, 잊어버리자. ④남을 나무랄 때 하는 군소리. ¶에, 그러면 안 되지. ⑤무엇을 생각하거나 기억을 더듬을 때 내는 군소리. ¶에, 그게 누구더라? ⑥기분이 좋을 때 느껴워하여 내는 소리. ¶에, 시원하다. ⑦말을 하다가 뒷말이 이내 나오지 않을 때에 뜸 들이는 군소리. ¶그래서 나는, 에, 이렇게 제의하려고 한다.

에[조] ①체언에 붙어 쓰이는 부사격 조사. ㉠공간적·시간적 위치를 나타냄. ¶동생은 집에 있다. /3시에 오게. ㉡행동이 향하여 나아가는 곳을 나타냄. ¶도서관에 가다. ㉢행동의 원인을 나타냄. ¶총소리에 놀라다. ㉣행위나 규율의 기준점을 나타냄. ¶예의에 벗어나다. ㉤행위나 운동 물체가 이르는 곳을 나타냄. ¶흙이 옷에 묻었다. /포탄이 적진에 떨어지다. ②체언에 붙어, 동등한 자격으로 여럿을 열거하는 뜻을 나타내는 접속 조사. ¶과일에 음료수에 잔뜩 먹었다. ③〈에다가〉의 준말. ¶국에 밥을 말아 먹다.

-에[어미] 〈옛〉-게. ¶사룸 드외에 ᄒ시리라(月釋1:8). /羅睺羅ㄹ 노하 보내야 상재 드외에 ᄒ라(釋譜6:1).

에게[조] 《유정 명사 등에 붙어》 ①행동이 미치는 상대편을 나타냄. ¶누구에게 줄까? ②행동을 일으키게 한 대상임을 나타냄. ¶개에게 물리다. ③딸린 대상을 나타냄. ¶나에게 많은 책이 있다. ⓗ께. ⓦ께서.

에게-다[조] '에게'와 '다'가 결합한 말. ①행동이 미치는 상대편을 나타냄. ¶누구에게다 도움을 청할까? ②비교하는 뜻을 나타냄. ¶그에게다 댈 것이 못 된다.

에게-로[조] 《유정 명사 등에 붙어》 무엇에 닿아 감을 나타내는 부사격 조사. ¶동생에게로 관심이 집중되었다.

에게-서[조] 유정 명사에 붙어, 그것에서 비롯되거나 가져옴을 나타내는 부사격 조사. ¶선생님에게서 배웠다.

에계[-계/-게][감] ①가벼운 뉘우침이나 탄식을 나타내는 말. ['어뿔싸'보다 뜻이 조금 얇음.] ¶에계, 이걸 어쩌지? ②작고 하찮은 것이나 기대 따위에 미치지 못하는 것을 업신여기어 하는 소리. ¶에계, 조게 뭐야?/에계, 겨우 요거야.

에계계[-계계/-게게][감] '에계'를 거듭한 '에계에계'가 줄어서 된 말.

에고(ego 라)[명] 자기. 자아. 소아(小我).

에고이스트(egoist)[명] 이기적인 사람. 이기주의자.

에고이즘(egoism)[명] 이기주의. ↔앨트루이즘.

에고티즘(egotism)[명] 자기 중심주의.

에구[감] 〈어이구〉의 준말. ¶에구, 내 팔자야. / 에구, 허리야. ⓦ애구.

에구구[감] 매우 상심하거나 놀랐을 때에 저도 모르게 나오는 소리. ¶에구구, 세상에 이런 일이!/에구구, 이를 어찌하나! ㉤에쿠쿠.

에구-데구[부][하다] 마구 소리를 지르며 크게 우는 모양. ⓦ애고대고.

에구머니[감] 〈어이구머니〉의 준말. ¶에구머니, 이게 뭐야? ⓦ애고머니.

에:-굽다[-따][형] 조금 휘우듬하게 굽다.

에그[감] 가엾거나 끔찍하거나 징그럽거나 섬뜩할 때 내는 소리. ¶에그, 딱해라!

에그그[감] 몹시 놀랄 때 저도 모르게 나오는 소리. ¶에그그, 다 새 버렸네.

에:기[감] 싫증이 나거나 마땅치 않아서 스스로 그만둘 때 내는 소리. ¶에기, 그만 돌아가자. ⓗ엑. ⓦ에기².

에꾸[감] 〈에쿠나〉의 준말.

에꾸나[감] 깜짝 놀랄 때 내는 소리. ⓗ에꾸. ⓦ에쿠나.

에끼[감] 갑자기 놀라서 내는 소리. ⓗ에키.

에:끼²[러] 〈에기〉의 센말. ¶에끼, 고약한 놈! 어디서 그런 소리를 해.

에끼다[러] 서로 주고받을 물건이나 돈을 비겨 없애다. 상쇄(相殺)하다.

에나멜(enamel)[명] ①금속이나 도기 따위의 표면에 바르는 유리질의 유약(釉藥). 법랑(琺瑯). ②〈에나멜페인트〉의 준말.

에나멜-가죽(enamel-)[명] 겉죽에 에나멜페인트를 칠하여 광택이 나고 물이 잘 배지 않게 한 가죽. 구두·핸드백 따위를 만듦.

에나멜-질(enamel質)[명] 이의 표면을 싸고 있는 유백색(乳白色)의 몹시 단단한 물질. 법랑질(琺瑯質). 사기질(沙器質).

에나멜-페인트(enamel paint)[명] 유성(油性) 니스에 안료를 섞은 도료를 통틀어 이르는 말. ⓗ에나멜.

에너지(energy)[명] ①물리학에서, 물체가 가지고 있는, 일을 할 수 있는 능력의 양(量). ②인간의 활동의 근원이 되는 힘. 원기. 정력. ¶젊은이의 에너지를 국가 발전에 쏟아 넣자.

에너지-대:사(energy代謝)[명] 생물의 물질 교대(物質交代)에서 볼 수 있는 에너지의 출입이나 교환. 식물은 광합성에 의해서 빛 에너지를 화학 에너지로 바꾸고, 동물은 먹이를 섭취하여 얻은 화학 에너지를 열 에너지와 운동에너지로 바꾸어 체온을 유지하며 운동이나 일을 함.

에너지-론(energy論)[명] 모든 자연현상은 에너지에 의하여 설명될 수 있다는 학설.

에너지^보:존^법칙(energy保存法則)[명] 에너지는 그 형태를 바꾸거나 이동하거나 하지만, 에너지의 총량은 변하지 않는다는 법칙. 무(無)에서 에너지를 창조할 수 없음을 나타내는 물리학의 근본적인 원리임. 에너지 불멸의 법칙.

에너지^불멸의 법칙(energy不滅-法則)[-며리-/-며레-] ☞에너지 보존 법칙.

에너지^산:업(energy産業)[명] (전력·석탄·석유·원자력 발전 등) 동력(動力)을 공급하는 산업.

에너지-원(energy源)[명] (석탄·석유·지열·태양열·수력·풍력 등) 에너지의 근원이 되는 것.

에넘느레-하다[형] 종이나 헝겊 따위가 여기저기 늘어져 있어 어수선하다. ¶종잇조각이 에넘느레하게 늘어져 있는 방 안.

에네르지코(energico 이)[명] 악보의 나타냄말. '세차게'·'힘차게'의 뜻.

에누리[명] ①물건 값을 받을 값보다 더 많이 부르는 일. ¶에누리가 없는 가격. ②에뭔값을 깎는 일. ¶물건 값을 에누리하다. ③[하다]사실보다 보태거나 깎아서 들음, 또는 말함. ¶그의 말은 약간 에누리해서 들어야 된다.

에는[조] 부사격 조사 '에'에 보조사 '는'이 붙어, 강조 또는 보조의 뜻을 나타내는 말. ¶산에는 꽃이 피어나./집에는 가기 싫다. /놀이터에는 아이들이 가득하다. ⓗ엔.

에:다[러] ①칼로 도려내다. ¶살을 에는 듯한 바람. ②마음을 아프게 하다. ¶가슴을 에는 듯한 슬픔.

에-다가[조] ①〈에다가〉의 준말. ¶끓는 물에다 설탕을 넣다. ②둘 이상의 사물을 같은 자격으로 열거하는 뜻을 나타내는 접속 조사. ¶밥에다 떡에다 배불리 먹었다.

에다[자타] ⟨옛⟩ 피우다. 피하다. ¶일빅 거르미 도록 에디 아니ᄒ며(翻小8:2)/世俗올 에여(杜初3:58). ⓦ어이다.

에-다가[조] 체언에 두루 붙는 부사격 조사. ①무엇이 더하여짐을 나타냄. ¶월급에다가 수당도 붙는다. ②장소나 위치 따위를 나타냄. ¶부엌에다가 두어라. ⓗ에다²·에3.

에덴(Eden 히)[명] ('환희'의 뜻으로) 기독교에서, 인류의 시조인 아담과 이브가 살고 있었다는 낙원을 이름. 에덴동산.

에덴-동산(Eden東山)[명] ☞에덴.

에델바이스(Edelweiss 독)[명] 국화과의 다년생 고산 식물. 줄기 높이 10~20 cm. 줄기와 잎에 하얀 솜털이 있으며, 여름에 줄기 끝에 하얀 꽃이 핌.

에:-돌다[~도니·~돌아][자타] ①바로 가지 아니하고 멀리 돌다. ¶들판을 에돌아 흐르는 강. ②선뜻 나가서 하려 하지 않고 슬슬 피하다.

에돌다[자] ⟨옛⟩ 에워 돌다. 삥 돌아가다. ¶나롤 에도라 든니ᄂ니(翻朴上35).

에·돌아-가다〔자타〕곧바로 가지 않고 멀리 돌아서 가다. ¶우리는 교통 체증을 피하기 위해 우회 도로로 에돌아갔다.

에·-두르다〔~두르니·~둘러〕〔타르〕①둘러막다. ¶주위를 에두르다. ②바로 말하지 않고, 짐작하여 알 수 있도록 둘러서 말하다. ¶기분이 상하지 않도록 에둘러 타이르다.

에디푸스^콤플렉스(Oedipus complex)〔명〕'오이디푸스 콤플렉스'의 잘못.

에-뜨거라〔감〕'흔이 날 뻔하였다'는 뜻으로 내는 소리. ¶에뜨거라 하고 달아나다.

에라〔감〕①실망하여 단념하는 뜻을 나타낼 때 내는 소리. ¶에라, 나는 모르겠다. /에라 잠이나 자자. ②아이나 아랫사람에게, 그리 하지 말라는 뜻을 나타낼 때 내는 소리. ¶에라, 나가서 놀아라. ③〈에라화〉의 준말.

-에라〔어미〕용언에 붙어, 감탄의 뜻을 나타내는 겸손한 말투의 종결 어미.〔흔히, 과거 시제 선어말 어미 '-았-'·'-었-'과 어울려 쓰임.〕¶비갠 아침이면 햇빛 더욱 좋아라. /함성이 더욱 높아라.

에러(error)〔명〕〔'과실'·'실책'·'잘못'의 뜻으로〕①야구에서, 포구(捕球)나 송구(送球) 따위의 잘못으로 일어나는 실책. ¶유격수가 에러를 범하는 바람에 한꺼번에 두 점을 잃었다. ②컴퓨터에서, 컴퓨터의 연산 처리 결과가 하드웨어나 소프트웨어의 잘못 또는 사용자의 실수 등으로 기대하는 바와 다른 결과로 되는 것. ②오류(誤謬).

에렙신(erepsin)〔명〕장액(腸液)에 함유되어 있는 소화 효소. 단백질의 분해 산물인 펩톤을 다시 아미노산으로 분해함.

에로(erotic)〔명〕성적인 자극이 있는 것. ¶에로 영화.

에로^문학(←erotic文學)〔명〕선정적인 내용을 다룬 문학.

에로스(Eros)[1]〔명〕그리스 신화에 나오는 사랑의 신. 鄕큐피드.

에로스(eros 그)[2]〔명〕①플라톤 철학에서의 정신적인 사랑. 鄕아가페. ②성적(性的)인 사랑.

에로티시즘(eroticism)〔명〕남녀 간의 애욕이나 관능적인 사랑, 또는 그것을 강조하는 경향.

에로틱-하다(erotic−)〔형0〕성적인 욕망이나 감정을 자극하는 데가 있다. ¶에로틱한 장면.

에루화〔노래 부를 때, 흥겨움을 나타내는 소리. ¶에루화 좋다.

에르그(erg)〔의〕일의 양이나 에너지의 단위. 1에르그는 1다인(dyne)의 힘이 물체에 작용하여 그 힘의 방향으로 물체를 1 cm 움직이는 일의 양.

에르븀(erbium)〔명〕희토류(稀土類) 원소의 한 가지. 은백색의 금속성 분말로, 물에는 녹지 않으나 산(酸)에는 녹음.〔Er/68/167.26〕

에르스텟(oersted)〔의〕자장(磁場)의 강도를 나타내는 CGS 단위.〔기호는 Oe〕

에·-를〔조〕방향을 나타내는 부사격 조사 '에'와 목적격 조사 '를'이 합쳐서 된 말. ¶친구 집에를 들르다. 鄕엘.

에리트로마이신(erythromycin)〔명〕세균의 단백질 합성을 막는 항생 물질. 폐렴·편도선염·디프테리아 등의 치료에 쓰임.

에머리(emery)〔명〕강옥(鋼玉)의 한 가지. 알갱이 꼴로 보통 자철석·적철석·석영 등이 섞여 있음. 빛깔은 흑회색 또는 흑색이며, 금강석에 버금가는 경도를 가지고 있어서 연마용으로 쓰임.

에멀션(emulsion)〔명〕유제(乳劑).

에메랄드(emerald)〔명〕보석의 한 가지. 녹주석(綠柱石) 중 특히 짙은 녹색을 띤 것. 녹옥(綠玉). 취옥(翠玉).

에메랄드-그린:(emerald green)〔명〕①에메랄드와 같이 맑고 산뜻한 녹색. ②에메랄드의 빛깔과 비슷한 녹색의 안료.

에메틴(emetine)〔명〕토근(吐根) 알칼로이드의 한 가지. 흰 가루 모양의 결정으로, 아메바 이질의 치료약으로 쓰임.

에멜무지-로〔부〕①헛일하는 셈 치고 시험 삼아. ¶에멜무지로 해 본 것뿐인데 뜻밖에 잘되었다. ②물건을 단단히 묶지 않은 채. ¶에멜무지로 등에 지고 나가다.

에뮤(emu)〔명〕에뮤과의 새. 타조와 비슷한데 키 1.8 m, 몸무게 45 kg 이상. 목과 다리는 길고 튼튼하며 발톱과 날개는 짧음. 몸빛은 암회색이고 머리와 멱은 푸른색임. 잘 달리고 헤엄도 침. 오스트레일리아의 특산종임.

에뮬레이션(emulation)〔명〕한 컴퓨터가 다른 컴퓨터의 시스템과 똑같이 작동하도록 특별한 프로그램이나 기계적 방법을 사용하는 기법.

에밀레-종(−鐘)〔명〕경주 박물관에 보관되어 있는 신라 때의 동종(銅鐘)인 '성덕 대왕 신종(聖德大王神鐘)'을 흔히 이르는 말. '봉덕사종(奉德寺鐘)'이라고도 불림.

에버-글레이즈(ever+glaze)〔명〕면포(綿布)나 화학 섬유에 수지 가공이나 열 가공을 하고, 표면에 여러 가지 무늬를 낸 직물.〔본디는 상표명임.〕

에버-플리트(ever+pleat)〔명〕기계적으로 주름이 지게 만든 옷감. 비를 맞아도 주름이 잘 펴지지 않음.

에베소-서(←Ephesus書)〔명〕신약 성서 중의 한 편. 사도 바울이 감옥에서 썼다고 하는 목회서간(牧會書簡). 기독론과 교회론이 그 내용임.

에보나이트(ebonite)〔명〕생고무에 유황을 넣어서 만든 플라스틱 모양의 물질. 검고 광택이 있으나 탄력성은 적음. 만년필의 촉, 전기 절연체 등으로 쓰임. 경화 고무.

에부수수-하다〔형이〕쌓인 물건이 정돈되지 않아 수선하고 엉성한 모양. ¶바람에 에부수수하게 된 머리. 쥔에푸수수.

에비[1]〔감〕어린이에게 '무서운 것'이란 뜻으로 쓰는 말. 어비. ¶울면 에비가 잡아간다. [2]〔감〕어린아이가 위험한 것이나 더러운 것을 만지거나 입에 넣으려 할 때 말리는 소리. 어비. ¶에비, 만지면 안 돼.

에서〔조〕①체언에 붙어 쓰이는 부사격 조사. ㉠어떤 행동의 처소를 나타냄. ¶방에서 공부하다. ㉡어떤 행동의 출발점을 나타냄. ¶학교에서 집까지 걸었다. 쥔서. ②〔단체를 나타내는 명사에 붙어〕앞말이 주어임을 나타내는 주격 조사. ¶우리 학교에서 이겼다.

에서-부터〔조〕부사격 조사 '에서'와 보조사 '부터'가 합하여 된 말. 동작의 출발점을 나타냄. ¶서울에서부터 대전까지. 쥔서부터.

에설랑〔조〕부사격 조사 '에서'와 '랑'이 합하여 된 말. 행동이 이루어지는 처소를 나타냄. ¶산에설랑 새를 잡고 물에설랑 고기를 잡자.

에세이(essay)〔명〕①자기의 느낌이나 의견 따위를 자유로운 형식으로 적은 산문. 수필. ②특별한 주제에 관한 시론(試論) 또는 소론(小論).

에센스(essence)〔명〕식물의 꽃 따위에서 뽑아낸 방향성 물질. 화장품·비누·식품 따위의 향기를 내는 데에 쓰임.

에셔조 〈옛〉 보다. ¶ 불고미 日月에서 더으고(蒙法65).

에스 (S)명 'south'의 머리글자로, 남쪽 또는 남극을 나타내는 부호.

에스겔-서(←Ezekiel書)명 구약 성서 중의 한 편. 에스겔의 예언인 예루살렘의 함락, 구세주의 출현, 이스라엘의 회복 등에 관한 내용을 기록함.

에스극 (S極)명 자석의 남극.

에스더-서(←Esther書)명 구약 성서 중의 한 편. 유대 인의 딸 에스더에 의해 유대 민족이 구원받음을 기록함.

에스디:아:르(SDR)명 국제 통화 기금의 특별 인출권(特別引出權). [special drawing rights]

에스라-서(←Ezra書)명 구약 성서 중의 한 편. 유대 학자·선지자인 에스라의 종교 개혁을 기록함.

에스-사이즈 (S-size)명 셔츠·블라우스 따위의 규격 중 보통의 치수보다 작은 것. 참엘사이즈·엠사이즈. [small size]

에스상 결장(S狀結腸)[―짱] 대장(大腸)의 일부로 직장(直腸)과 이어지는 부분.

에스아:르^가공(SR加工)명 폴리에스테르와 같은 합성 섬유의 대전성(帶電性)을 없애어 때타는 것을 방지하는 가공. 〔'SR'는 'soil release'의 약어.〕

에스에스티:(SST)명 초음속기. [supersonic transport]

에스에이치에프(SHF)명 초고주파(超高周波). [superhigh frequency]

에스에프 (SF)명 과학적 공상으로 상식을 초월한 세계를 그린 소설. 공상 과학 소설. [science fiction]

에스엠디:(SMD)명 낮은 전력으로 큰 출력 전압을 얻을 수 있는 반도체 소자. 1968년 일본의 소니사가 개발하였음. [Sony magnetodiode]

에스오:에스 (SOS)명 ①국제적으로 쓰이는, 무선 전신에 의한 조난 신호. ②위험 신호. 구조 신호. ¶ 에스오에스를 보내다.

에스카르고 (escargot 프)명 식용으로 양식한 큰 달팽이. 프랑스 요리에 쓰임.

에스캅 (ESCAP)명 아시아 태평양 경제 사회 위원회. [Economic and Social Commission for Asia and the Pacific]

에스컬레이터 (escalator)명 사람이 걷지 않고도 자동적으로 계단을 오르내릴 수 있게 한 장치. 자동계단.

에스코:트 (escort)명하타 호위함. 특히 남자가 여자를 호위하고 감, 또는 그 일. ¶ 경호원들의 에스코트를 받다.

에스키모 (Eskimo)명 북아메리카의 북극해 연안을 중심으로 분포하는 민족의 이름. 황색 인종에 속하며 고기잡이와 사냥으로 생활함.

에스테라아제 (Esterase 독)명 에스테르를 산과 알코올로 가수 분해하는 효소를 통틀어 이르는 말.

에스테르 (ester)명 산(酸)과 알코올이나 페놀과의 탈수 반응에 따라 결합하여 생기는 화합물을 통틀어 이르는 말.

에스트로겐(estrogen)명 ☞여포 호르몬.

에스페란토 (Esperanto)명 1887년에 폴란드의 자멘호프가 고안한 국제어(國際語). 28개의 자모(字母)와 1900개의 기본 단어로 이루어지며 문법이 매우 간단함.

에스프레시보(espressivo 이)명 악보의 나타냄말. '표정을 풍부하게'의 뜻.

에스프리 (esprit 프)명 〔'정신'·'기지(機智)'의 뜻으로〕 근대적인 새로운 정신 활동을 이르는 말.

에스피:-반 (SP盤)명 1분간에 78회의 회전수를 가진 레코드. 참엘피반·엠피반. [standard playing record]

에스피:에스 (SPS)명 달 비행용 아폴로 우주선의 동력 부분인 기계선(機械船)의 으뜸 엔진. [Service Propulsion System]

에야-디야감 〈어기야디야〉의 준말.

에어데일-테리어 (Airedale terrier)명 영국 원산의 개의 한 품종. 호위견(護衛犬)·군용견(軍用犬)으로 많이 쓰임.

에어러그램 (aerogram)명 항공 서한.

에어로빅 (aerobic)명 에어로빅댄스.

에어로빅-댄스 (aerobic dance)명 에어로빅스를 응용한 미용 체조의 한 가지. 에어로빅.

에어로빅스 (aerobics)명 운동에 의해 일정 시간에 인체가 섭취할 수 있는 최대 산소량을 높이는 일.

에어로졸 (aerosol)명 분무식으로 된 약제.

에어-백 (air bag)명 자동차가 충돌하는 순간, 자동적으로 공기주머니 모양으로 부풀어 올라 탑승자를 보호하도록 특정 부분에 설치한 장치.

에어^브레이크 (air brake)명 압축 공기의 힘을 이용하여 차를 멈추게 하는 제동 장치. 공기제동기(空氣制動機).

에어-쇼: (air+show)명 비행기가 공중에서 펼쳐 보이는, 성능 시험 비행·전시(展示) 비행·곡예비행 따위를 통틀어 이르는 말.

에어^슈:터 (air shooter)명 서류를 작은 원통형의 갑 속에 담아 부서 간에 연결된 관(管)을 통하여 압축 공기로 쏘아 같은 건물 안에 있는 다른 부서로 빨리 보낼 수 있도록 설치한 장치.

에어^커:튼 (air curtain)명 건물의 출입구 따위에 막을 만들어 공기의 흐름을 차단함으로써 외기(外氣)나 먼지가 들어오는 것을 막는 장치.

에어컨 (←air conditioner)명 〈에어컨디셔너〉의 준말.

에어컨디셔너 (air conditioner)명 실내 공기의 온도나 습도를 자동적으로 조절하는 장치. 주로, 냉방 장치를 이름. 준에어컨.

에어^컴프레서 (air compressor)명 공기 압축기.

에어-쿠션 (air cushion)명 공기를 넣은 쿠션. 소파의 방석 따위에 쓰임.

에어^펌프 (air pump)명 공기 펌프.

에어^포켓 (air pocket)명 난기류 관계로 공기가 엷어져, 비행 중인 항공기의 고도가 급격히 떨어지게 되는 곳.

에에감 다음 말이 곧 나오지 않거나 말을 망설이거나 할 때 내는 소리. ¶ 에에, 이것으로 주시오.

에여라차감 '어여차'를 받아넘기는 소리.

에엿비부 〈옛〉 가엾이. 딱하게. ¶ 나그내롤 에엿비 너기고(老解上37).

에오명 임금이 거둥할 때, 노상의 귀신을 쫓는다 하여 안롱(鞍籠)이 옆에 끼고 가던, 유지(油紙)에 그린 짐승의 이름.

에오-세(←Eocene世)명 지질 시대의 신생대 제3기(紀)를 다섯으로 나눈 둘째 시대. 시신세.

에오신 (eosin)명 선홍색의 산성 염료. 양털·견직물·나일론 등의 염색과 분석용 시약, 붉은 잉크 따위에 이용됨.

-에요〔어미〕'아니다'의 어간에 붙어, 친근한 느낌을 담아 사물을 긍정적으로 단정하여 말하거나 지정하여 묻는 뜻을 나타냄. ¶저는 학생이 아니에요./저 사람이 회장이 아니에요? ⑪이에요.

에우다타 ①둘레를 뺑 둘러싸다. ②딴 길로 돌리다. ¶길을 에워 차들이 돌아갈 수 있게 하였다. ③다른 음식으로 끼니를 때우다. ¶빵으로 점심을 에우다. ④장부 따위의 필요 없는 부분을 지우다. ¶결석한 사람들의 이름을 에우다.

에우아리명〔옛〕바리때. ¶누비옷 넙고 에우아리 가지고(朴解上33). ⑪어유아리.

에우쭈루갑 지난날, 높은 벼슬아치가 행차할 때, 보통 사람들의 통행을 금하느라고 하인이 외치던 소리.

에운-담명 ⇨큰입구몸.

에움하타 갚거나 배상함, 또는 그런 일.

에움-길[-낄]명 굽은 길. 에워서 돌아가는 길.

에워-가다〔Ⅰ〕자 바른길로 가지 아니하고 둘러 가다.
〔Ⅱ〕타 장부 따위의 필요없는 부분을 지워 나가다. ¶그녀는 가계부를 정리하면서 낙서한 부분을 하나하나 에워갔다.

에워-싸다타 둘레를 둘러싸다. ¶마을을 에워싸고 있는 산줄기.

-에-의조 방향을 나타내는 부사격 조사 '에'와 관형격 조사 '의'가 합쳐서 된 말. ¶해외 시장에의 진출.

에이①속이 상하거나 무슨 일을 단념하거나 할 때에 내는 소리. ¶에이, 나도 모르겠다. ②〈에이끼〉의 준말. ¶에이, 못난 놈. 네가 그러고도 사람이냐?

에이(A)명〔영어 알파벳의 첫째 글자라는 뜻에서〕'첫째·최상·최고' 등의 뜻으로 쓰이는 말. ¶에이 등급.

에이그밉거나 한탄스러울 때 내는 소리. ¶에이그, 저걸 어떻게 하면 좋담.

에이-급(A級)명 제1급. 최상급(最上級). ¶에이급 선수.

에이끼손아랫사람에 대하여 괘씸하다는 뜻으로 내는 소리. ¶에이끼, 이 버릇없는 녀석! ⑥에이.

에-이다자〔'에다'의 피동〕¶살이 에이는 듯한 추위.

에-이다타 '에다'의 잘못.

에이도스(eidos 그)명 철학에서, '형상(形相)'을 인식론적 관점에서 표현하는 플라톤의 용어.

에이드(ade)명 과일즙에 설탕과 물을 섞은 음료. 〔레모네이드 따위.〕

에이-디(AD)명 서력 기원(西曆紀元). 서기(西紀). ↔비시(BC). 〔Anno Domini〕

에이디-비(ADB)명 아시아 개발 은행. 〔Asian Development Bank〕

에이디아이제트(ADIZ)명 방공 식별권(防空識別圈). 방공을 위하여 영토 주위에 환상(環狀)으로 설정한 항공기 식별 구역으로서, 이 식별권을 드나드는 항공기는 반드시 사전에 통보하여야 함. 〔Air Defense Identification Zone〕

에이비:시:(ABC)명 〔영어 알파벳의 처음 석 자로〕①'알파벳'을 일상적으로 이르는 말. ¶에이비시를 가르친다. ②초보(初步). 입문(入門). 첫걸음. ¶골프의 에이비시. /에이비시부터 시작하다.

에이비:시:〔병기(ABC兵器)명 원자 무기·생물학 무기·화학 무기를 아울러 이르는 말. 〔atomic, biological, and chemical weapons〕

에이비:시:〔전:쟁(ABC戰爭)명 화생방전.

에이비:엠(ABM)명 탄도탄 요격 미사일. 〔antiballistic missile〕

에이비:오:식 혈액형(ABO式血液型)〔-시켜려겨〕혈액형을 A·B·O·AB형의 4가지로 분류한 것. 〔멘델의 법칙에 따라 유전됨.〕

에이비:-형(AB型)명 ABO식 혈액형의 한 가지. 에이형·비형·오형·에이비형인 사람에게서 수혈받을 수 있고, 에이비형인 사람에게만 수혈할 수 있음.

에이스(ace)명 ①트럼프나 주사위 따위의 한 끗. ②각종 운동 경기에서, 가장 큰 활약을 하는 선수. ③⇨서비스 에이스. ④야구에서, 주전(主戰) 투수.

에이시:티:에이치(ACTH)명 부신 피질 자극 호르몬. 〔adrenocorticotropic hormone〕

에이아이(AI)¹명 인공 지능(人工知能). 〔artificial intelligence〕

에이아이(AI)²명 ⇨조류 인플루엔자. 〔avian influenza〕

에이에스(AS)명 '애프터서비스'를 줄여 이르는 말. ¶에이에스를 받다.

에이엠(AM)¹명 상오(上午). ↔피엠(PM). 〔Ante Meridiem〕

에이엠(AM)²명 진폭 변조. ⑪에프엠. 〔amplitude modulation〕

에이엠^방:송(AM放送)명 진폭 변조 방식에 의한 라디오 방송. ⑪에프엠 방송.

에이오-판(A五版)명 책의 판형의 한 가지. 에이판 전지(全紙)를 열여섯 겹으로 접은 가로 148mm, 세로 210mm 크기. 국판(菊版)보다 조금 작은 판형. ⑪국판(菊版).

에이전시(agency)명 ①대리업. 대리점. ②광고 대행업자.

에이^전:원(A電源)명 열전자관 회로(熱電子管回路)에서, 그 히터나 필라멘트를 가열하기 위한 전원. ↔비 전원(B電源).

에이즈(AIDS)명 후천성 면역 결핍증. 〔Acquired Immune Deficiency Syndrome〕

에이치(H)명 연필심(鉛筆心)의 경도(硬度)를 나타내는 부호. H, 2H, 3H 따위로 나타내는데, 숫자가 클수록 굳음.

에이치^봄(H bomb)명 수소 폭탄.

에이치비:(HB)명 연필심(鉛筆心)에서, 특별히 굳지도 연하지도 않은, 보통의 경도를 나타내는 부호. 〔hard black〕

에이치아:르(HR)명 인간관계. 〔human relations〕

에이치이:(HE)명 인간 공학(人間工學). 〔human engineering〕

에이치형^강(H形鋼)명 단면이 'H' 자 모양인 긴 강재(鋼材).

에이커(acre)명 야드파운드법의 면적의 단위. 1에이커는 약 4047m² 또는 약 1224평(坪)임. 〔기호는 ac〕

에이큐(AQ)명 성취 지수(成就指數). 〔achievement quotient〕

에이트(eight)명 ①조정 경기 종목의 한 가지. 한 사람의 타수(舵手)를 포함한 아홉 사람이 한 조를 이루어 일정 거리를 경조(競漕)함. ②럭비에서, 스크럼을 여덟 사람이 짜는 일, 또는 그 방식.

에이티:시:(ATC)명 신호에 따라 자동적으로 열차의 속도를 조절하는 장치. 자동 열차 제어 장치. 〔automatic train control〕

에이티:에스 (ATS)圐 정지 신호가 나오면, 열차를 자동적으로 멈추게 하는 장치. 자동 열차 정지 장치. [Automatic Train Stopper]

에이티:피:(ATP)圐 체내에서 에너지를 저장하거나 방출하는데 가장 중요한 구실을 하는 물질. [adenocine triphosphate]

에이-판 (A版)圐 종이의 규격판의 한 가지. 가로 841 mm, 세로 1,189 mm 크기를 기본으로 삼아, 긴 변을 절반으로 자른 크기(594 mm×841 mm)를 A1판이라 하고 A2, A3, A4…로 숫자를 붙임. 圐국판(菊版).

에이펙 (APEC)圐 아시아 태평양 경제 협력체. [Asia Pacific Economic Council]

에이프런 (apron)圐 ①서양식 앞치마나 턱받이. ¶에이프런을 두르고 식사하다. ②〈에이프런스테이지〉의 준말.

에이프런-스테이지 (apron stage)圐 극장에서, 관람석 쪽으로 튀어나와 있는 무대의 일부. 준에이프런.

에이-형 (A型)圐 ABO식 혈액형의 한 가지. 에이형과 오형인 사람에게서 수혈받을 수 있고, 에이형과 에이비형인 사람에게 수혈할 수 있음.

에인절-피시 (angelfish)圐 시클리드과의 열대 민물고기. 남미 아마존 강 유역과 기아나 원산임. 몸길이는 10~15 cm가량. 몸은 옆으로 납작하고 각 지느러미가 길게 뻗어 있음. 몸빛은 은빛으로 3개의 흑색 띠가 세로로 그어져 있음. 관상용으로 기름.

에잇[-잇]깸 불쾌한 느낌을 나타내는 소리. ¶잇, 속상해. /에잇, 못된 것 같으니라고.

에참깸 뜻에 맞지 않으나 어찌할 수 없을 때 스스로 내는 소리. ¶에참, 하필 오늘 나타날 게 뭐람.

에취圀 재채기할 때 나는 소리.

에칭 (etching)圐 산(酸)이 금속을 부식시키는 작용을 이용하여 동판(銅版)에 그림을 그리는 기법, 또는 그것으로 된 인쇄물. 부식 동판(腐蝕銅版).

에코:(Echo)¹圐 그리스 신화에 나오는 숲의 요정(妖精). 실연(失戀)의 고통 끝에 모습이 없어지고 목소리만 남아 메아리가 되었다 함.

에코:(echo)²圐 메아리. 반향(反響).

에코:^머신 (echo machine)圐 인공적으로 메아리를 이루게 하는 장치. 방송극이나 레코드음악 따위에 이용됨.

에쿠깸 〈에쿠나〉의 준말.

에쿠나깸 깜짝 놀라거나 매우 절망적일 때 내는 소리. ¶에쿠나, 큰일 났군. 준에쿠. 셈에꾸나.

에쿠쿠깸 몹시 상심하거나 놀랐을 때에 저도 모르게 나오는 소리. 셈에구구.

에크깸 〈에쿠나〉의 준말.

에크나깸 갑자기 놀라서 내는 소리. 준에크.

에키깸 갑자기 놀라서 내는 소리. ¶에키, 놀라라. 셈에끼¹.

에탄 (ethane)圐 메탄계 탄화수소의 한 가지. 무색무취의 기체로 물에 잘 녹지 않음. 천연가스·석탄 가스·석유 가스 속에 함유되어 있음.

에탄올 (ethanol)圐 ☞에틸알코올.

에:테르 (ether)圐 ①빛이나 전파를 전하는 매체로서 우주에 차 있다고 생각되어 왔던 물질. 상대성 원리의 의하여 그 존재가 부정되었음. ②두 개의 탄화수소기(炭化水素基)가 산소 원자 한 개와 결합된 유기 화합물을 통틀어 이르는 말. 일반적으로는 에틸에테르를 가리킴.

에:토스 (ethos 그)圐 인간의 습관적인 행위로 말미암아 생긴 지속적인 성상(性狀), 또는 성격. 어떤 사회 집단의 특유한 관습. ↔파토스.

에튀드 (étude 프)圐 ①서양 음악에서, 주로 기악 연주법을 익히기 위하여 만들어진 악곡. 연습곡. ②그림·조각 따위의 습작(習作)이나 시작(試作).

에티켓 (étiquette 프)圐 ①예절. 예법. 매너. ②사교상의 마음가짐이나 몸가짐.

에틸-기 (ethyl基)圐 알킬기(基)의 한 가지. [화학식은 C_2H_5-]

에틸렌 (ethylene)圐 탄화수소의 한 가지. 무색의 가연성 기체이며, 석탄 가스에 함유되어 있음. 공업적으로는 석유의 열분해에 의해서 만듦. 생유기(生油氣).

에틸-알코올 (ethyl alcohol)圐 알코올의 한 가지. 무색투명하며 방향(芳香)이 있는 액체. 알코올 음료·용제(溶劑)·연료·의약품·분석용 시약 등으로 쓰임. 에탄올. 주정(酒精).

에틸에:테르 (ethyl ether)圐 특유의 냄새를 갖는 무색의 인화성(引火性) 액체. 에틸알코올에 진한 황산을 가하고 가열해서 만듦. 분석용 시약·용제(溶劑)·마취제 등으로 쓰임. 圐에테르.

에페 (épée 프)圐 펜싱 종목의 한 가지, 또는 그 경기에 쓰는 검. 상대편 몸의 어느 부분을 찔러도 유효타(有效打)가 됨.

에페드린 (ephedrine)圐 마황(麻黃)에 함유되어 있는 알칼로이드의 한 가지. 흰색의 결정으로 기관지염·백일해·천식 등의 약재로 쓰임.

에포케 (epoché 그)圐 고대 그리스 철학에서, 판단을 중지하는 일. 고대(古代) 회의파(懷疑派)의 중심 개념임. 판단 중지.

에푸수수囤⻊ 쌓인 물건이 정돈되지 않아 수선하고 엉성한 모양. 셈에부수수.

에프 (F)圐 ①음명(音名)의 '바' 음. ¶에프장조. ②화씨온도를 나타내는 기호. ¶30°에프. ③카메라 렌즈의 밝기나 조리개의 크기를 나타내는 기호.

에프디:에이 (FDA)圐 미국에서 식품·의약품·화장품의 허가, 품질, 안전성 등에 관한 사무를 맡아보는 기관. [Food and Drug Administration]

에프-수(F數)圐 사진에서, 렌즈의 밝기를 나타내는 렌즈 조리개의 눈금 숫자. 숫자가 작을수록 밝음.

에프아이 (FI)圐 ☞페이드인(fade-in).

에프에이에스 (FAS)圐 해상 무역에서의 계약 조건의 한 가지. 매도측이 상품을 본선의 선측(船側)에서 매수측에 인도하는 일. [free alongside ship]

에프에이오:(FAO)圐 국제 연합 식량 농업 기구. [Food and Agriculture Organization]

에프엠 (FM)圐 주파수 변조. ¶에이엠과 에프엠의 겸용 라디오. 圐에이엠². [frequency modulation]

에프엠^방:송 (FM放送)圐 주파수 변조 방식에 의한 방송. 외부 잡음의 영향이 적고 고충실도 방송이 가능함. 圐에이엠 방송.

에프오:(FO)圐 ☞페이드아웃.

에프오:비:(FOB)圐 무역 조건의 한 가지. 선적항에서 상품을 선적하기까지의 비용을 매도측이 부담하는 조건. 본선 인도. [free on board]

에프오:에이(FOA)圐 미국의 대외 원조 계획을 관할하던 행정 기관. 1953년에 엠에스에이의 후신으로 발족하였으나, 1955년에 폐지됨. [Foreign Operation Administration]

에프-층 (F層)명 지상으로부터 높이 200～300 km 사이에 있는 전리층(電離層). 낮에는 F1과 F2의 두 층으로 갈라짐.

에피소-드 (episode)명 ①이야기나 사건 등의 줄거리 사이에 끼워 넣는 짧은 이야기. 삽화(揷話). ②일화(逸話). ③주부(主部) 사이에 끼워 넣는 짧고 자유로운 악곡. ⑨삽입곡.

에피쿠로스-주의 (Epicouros主義) [-의/-이]명 ①[고대 그리스의 철학자 에피쿠로스의 설에서] 정신적인 쾌락을 인생 최고의 목적으로 하는 주의. ②쾌락주의. 향락주의.

에필로그 (epilogue)명 ①시가·소설·연주 따위의 끝 부분. ↔프롤로그. ②소나타 형식의 악장에서, 제2주제 뒤의 작은 종결부.

에헤감 ①기막힌 일이나 가소로운 일을 보았을 때 내는 소리. 잘애해. ②노래에서, 흥에 겨워 끼워 넣는 소리.

에헤야감 노래에서, '에헤'를 더욱 흥겹게 내는 소리. ¶에헤야, 좋구나 좋다.

에헤헤감 가소롭다는 듯이 웃는 웃음소리. ②비굴하게 웃는 웃음소리.

에헴감 점잔을 빼거나 '내가 여기 있다'는 것을 알리는 큰기침 소리. 잘애햄.

엑의 〈에기〉의 준말.

엑기스 (←エキス 일)명 '진액(津液)'으로 순화.

엑스 (X·x)명 수학에서, 미지수의 기호로 쓰는 x의 이름. [흔히, 이탤릭체 소문자로 씀.]

엑스-각 (X 脚)명 ☞외반슬. ↔오각(O脚).

엑스^광선 (X 光線)명 ☞엑스선.

엑스-레이 (X-ray)명 ☞엑스선.

엑스-선 (X 線)명 고속의 전자가 장벽에 부딪칠 때에 발생하는 짧은 파장의 전자기파. 물질을 투과하는 힘이 크기 때문에 질병의 진단이나 치료, 공업 자재의 검사, 미술품의 감정 등에 널리 이용되고 있음. 뢴트겐선. 엑스 광선. 엑스선.

엑스선-관 (X 線管)명 엑스선을 발생시키기 위한 진공관. [음극과 양극으로 이루어진 이극 진공관(二極眞空管)의 한 가지.]

엑스선^분광^분석 (X 線分光分析)명 엑스선을 응용하여 물질을 식별하는 분광학적 분석, 또는 엑스선을 이용한 물질의 감별법.

엑스선^사진 (X 線寫真)명 물질에 엑스선을 비춰서 찍은 사진. 인체 내부의 이상을 알아보기 위하여 많이 이용됨. 뢴트겐 사진.

엑스선^현^미경 (X 線顯微鏡)명 광선 대신 엑스선을 사용한 현미경. 의학·박물학·금상학(金相學) 등의 부문에서 이용됨.

엑스엑스엑스 (XXX)명 무선 전신에 의한 만국 공통의 긴급 신호. 에스오에스(SOS) 다음가는 제2급의 위난 때에 발신함.

엑스^염-색체 (X 染色體)명 성염색체(性染色體)의 한 가지. 성별이 같은 형(型)의 성염색체를 두 개 이상 가진 경우에 그 성염색체를 이르는 말. ↔와이 염색체.

엑스^좌^표 (X座標)명 ☞가로 좌표.

엑스-축 (X軸)명 좌표축(座標軸)의 한 가지. 가로축. ↔와이축(Y軸).

엑스커베이터 (excavator)명 굴착기의 한 가지. 크레인 끝에 큰 삽이 달려 있음.

엑스터시 (ecstasy)명 감정이 고조되어 자기 자신을 잊고 무아도취의 상태가 되는 일. 황홀(恍惚).

엑스트라 (extra)명 영화나 연극에서, 군중 따위의 단역으로 나오는 임시 고용의 출연자. ¶엑스트라에서 주인공으로 발탁되다.

엑스포 (Expo)명 만국 박람회(萬國博覽會). [Exposition]

엑슬란 (Exlan)명 폴리 아크릴계 합성 섬유의 일본 상품명.

엔조 〈에는〉의 준말. ¶학교엔 잘 다니고 있느냐?/집엔 별일 없지?

엔 (えん.円 일)의 일본의 화폐 단위.

엔간찮다 [-찬타]형 보통이 아니다. 만만찮다. * 엔간찮아[-차나]·엔간찮소[-찬쏘]

엔간-하다형여 〈어연간하다〉의 준말. ¶엔간해서는 고집을 꺾지 않을 거야. 엔간-히부.

엔:굽이-치다자 (굽이진 곳에서) 물이 휘돌아 흐르다.

엔:-담명 ①사방을 둘러쌓은 담. ②☞큰입구몸.

엔도르핀 (endorphin)명 척추동물의 신경 세포에 들어 있는, 진통 효과를 지닌 물질.

엔드^라인 (end line)명 농구나 배구 등의 코트에서, 직사각형의 짧은 변을 이루는 선.

엔들조 부사격 조사 '에'와 보조사 'ㄴ들'이 합쳐서 된 말. '에라도 어찌'의 뜻을 나타냄. ¶그곳엔들 못 가랴./꿈엔들 잊으리오.

엔실리지 (ensilage)명 사료 작물을 짧게 썰어 생으로 사일로에 다져 넣은 다음, 젖산을 발효시켜 만든 저장 사료. 사일리지(silage).

엔오:시: (NOC)명 국가 올림픽 위원회. [National Olympic Committee]

엔지:(NG)명 ①영화 따위에서, 촬영에 실패하는 일, 또는 그 때문에 못 쓰게 된 필름. ¶엔지를 내다. ②라디오·텔레비전에서, 녹음이나 녹화에 실패하는 일. [No good]

엔지니어 (engineer)명 기계·전기·토목·건축 관계의 기술자. 기사(技師). 기술자.

엔지니어링 (engineering)명 ①공학(工學). ②각종 장치나 기기(器器)를 일정한 생산 목적에 따라 유기적인 체계로 구성하는 활동.

엔지오 (NGO)명 민간단체가 중심이 되어 만들어진 비정부 국제 조직. [nongovernmental organization]

엔진 (engine)명 기관. 발동기. 원동기.

엔진^브레이크 (engine brake)명 엔진의 압축 저항이나 엔진·변속기의 기계적 마찰 등에 의한 자동차의 제동 작용. 저속 기어로 바꾸면 브레이크를 밟지 않아도 속도가 떨어진 점. 주로, 내리막길에서 사용함.

엔진^오일 (engine oil)명 내연 기관에 쓰는 윤활유.

엔트로피 (entropy)명 열 역학(熱力學)에서, 물질의 상태를 나타내는 양(量)의 한 가지. 물질을 구성하는 입자의 배열이나 질서의 정도를 나타냄.

엔트리 (entry)명 (운동 경기 등에서의) 출장 신청(出場申請). 참가 등록, 또는 그 명부.

엔-화 (えん貨)명 일본의 화폐.

엘조 〈에를〉의 준말. ¶이제서야 집엘 가다나.

엘니:뇨 (el Niño 스)명 남아메리카 서해안을 따라 흐르는 차가운 페루 해류 속에 이상 난류가 유입되면서 적도 부근의 해면 수온이 높아지는 현상. 참라니냐.

엘레간테 (elegante 이)명 악곡의 나타냄말. '우아하게'의 뜻.

엘레지아코 (elegiaco 이)명 악보의 나타냄말. '슬프게'의 뜻.

엘레지명 개의 자지. 구신(狗腎).

엘레지 (élégie 프)명 비가(悲歌). 애가(哀歌). 만가(輓歌).

엘렉트라^콤플렉스(Electra complex)명 정신 분석학에서, 딸이 아버지에게 애정을 느끼고 동성(同性)인 어머니에게 반감을 가지는 심리적인 경향. 참오이디푸스 콤플렉스.

엘리베이터(elevator)명 승강기(昇降機).

엘리트(élite 프)명 우수한 사람으로 인정되거나 사회적으로 지도적인 위치에 있는 소수의 사람. ¶엘리트 집단. /엘리트 의식(意識).

엘-사이즈(L-size)명 셔츠·블라우스 따위의 규격 중 대형의 것. 참에스사이즈·엠사이즈. [large size]

엘시:(L/C)명 신용장(信用狀). [letter of credit]

엘시:디:(LCD)명 액정 영상 장치. [Liquid Crystal Display]

엘시:엠(LCM)명 최소 공배수. [least common multiple]

엘에스디(LSD)명 맥각(麥角)의 알칼로이드에서 만들어지는 강력한 환각제. [lysergic acid diethylamide]

엘에스아이(LSI)명 고밀도 집적 회로(高密度集積回路). [large scale integration]

엘에스티:(LST)명 미 해군의 상륙 작전용 함정(艦艇). 탱크나 병력 등을 대량으로 수송함. [landing ship for tank]

엘엔지:(LNG)명 액화 천연가스. [liquefied natural gas]

엘엠지:(LMG)명 경기관총(輕機關銃). [light machine gun]

엘피:^가스(LP gas)명 ▷엘피지(LPG).

엘피:-반(LP盤)명 1분간에 33과 3분의 1회을 회전하는 레코드. 에스피반에 비하여 연주 시간이 길고, 음질이나 음량이 뛰어남. [long playing record]

엘피:지(LPG)명 액화 석유 가스. 엘피 가스. 참프로판 가스. [liquefied petroleum gas]

엠바:고(embargo)명 ①국제법에서, 자국(自國)의 항구에 입항하여 있는 외국 선박을 억류하여 출항시키지 않는 일. 선박 억류. ②신문·방송 등에서, 일정 기간 기사(記事)의 보도 시점을 제한하는 일.

엠보싱(embossing)명 직물이나 종이 따위의 표면에 돋을새김 무늬를 찍어 내는 일.

엠브이피:(MVP)명 (스포츠의) 최우수 선수. [most valuable player]

엠-사이즈(M-size)명 셔츠·블라우스 따위의 규격 중 중치의 것. 참에스사이즈·엘사이즈. [medium size]

엠시:(MC)명 연예(演藝)·퀴즈·인터뷰 따위의 방송 프로그램을 진행하는 사회자. [master of ceremonies]

엠아:르비:엠(MRBM)명 중거리(中距離) 탄도탄. 사정 거리는 800~1600 km임. [medium range ballistic missile]

엠아:르에이^운:동(MRA運動)명 도덕 재무장 운동. 제일 차 세계 대전 후 미국의 종교가 부크맨에 의하여 제창된 세계적인 정신 운동. [Moral Re-Armament]

엠아이에스(MIS)명 경영 정보(經營情報) 시스템. [Management Information System]

엠앤드에이(M&A)명 두 개 이상의 기업이 합병하거나 한 기업이 다른 기업의 주식·자산 따위를 취득하여 경영권을 인수하는 일. [merger and acquisition]

엠에스에이(MSA)명 미국의 상호 안전 보장 본부. 대외 원조 업무를 통합하던 기관으로 1953년에 에프오에이(FOA)로 대치되었음. [Mutual Security Agency]

엠엠시:(MMC)의 방사선의 측정 단위. [micro micro curie]

엠케이-강(MK鋼)명 철·니켈·알루미늄·구리·코발트 등의 합금. 강력한 자성을 가지며 전기 기기에 널리 쓰임.

엠케이에스^단위계(MKS單位系)[-계/-게]명 단위계의 한 가지. 길이는 미터(m), 질량은 킬로그램(kg), 시간은 초(s)로 나타냄.

엠티(MT)명 주로 대학생들이, 구성원의 친목 도모와 화합을 위하여 함께 갖는 수련회. [membership+training]

엠파이어^클로:스(empire cloth)명 면포 따위에 유성 바니시를 침투시켜서 말린 전기 절연체.

엠피:(MP)명 헌병. [Military Police]

엠피:-반(MP盤)명 중시간(中時間) 연주용의 레코드. 엘피반(LP盤)과 회전수는 같으나 회전 시간은 절반도 안 됨. 홈이 넓어 큰 음량(音量)을 완전히 녹음할 수 있음. [medium playing record]

엠피:-스리(MP three)명 압축 기술을 이용하여 음반 시디(CD)에 가까운 음질을 유지하면서 데이터의 크기를 10분의 1까지 줄인 파일, 또는 그 압축 기술의 하나. [MEPG Audio Layer-3]

엠피:에이치(mph)의 속도의 단위. 마일로 나타낸 시속(時速). [miles per hour]

엥갑 성나거나 짜증나거나 하여 마음이 잔뜩 토라져서 내는 소리. 참앵².

엥겔^계:수(Engel係數)[-계-/-게-]명 식비(食費)가 가계 지출 중에서 차지하는 비율. 이 계수가 높을수록 생활수준이 낮은 것으로 간주됨.

엥겔^법칙(Engel法則)명 소득이 낮은 가족일수록 가계 지출에서 차지하는 식비(食費)의 비율이 커진다는 법칙. 1875년 독일의 통계학자 엥겔이 밝힌 가계비의 통계적 법칙.

여¹명 한글 자모(字母)의 모음 'ㅕ'의 음가(音價) 및 이름.

여²명 물속에 잠겨 있는 바위. 암초(暗礁).

여³조 모음으로 끝난 체언에 붙어, 호칭의 대상을 감탄조로 높여 부를 때 쓰이는 호격 조사. ¶주여, 어디로 가시나이까? /하늘이여!

여(女)¹명 ①딸. ②<여성(女性)¹>의 준말.

여(女)²명 <여성(女星)>의 준말.

여(旅)¹명 옛 중국에서, 병사 500명을 단위로 하던 군대. 사(師)의 아래.

여(旅)²명 <여괘(旅卦)>의 준말.

여(輿)명 <여당(輿黨)>의 준말. ¶여와 야의 국회의원.

여(汝)대 너. 자네.

여(余·予)대 나.

여-(女)접두 《일부 한자어 앞에 붙어》 '여성'임을 나타냄. ¶여교사. /여배우. /여사장.

-여(餘)접미 한자어로 된 수사 뒤에 붙어, 그 이상임을 나타냄. ¶십여 가구. /천여 원.

-여어미 동사 '하다'의 접미사 '-하다'가 붙는 용언의 어간에 쓰이는 연결 어미. 어미 '-아/-어'와 같은 뜻과 기능을 나타냄. (흔히, '하-'와 결합하여 줄어든 '해'로 씀.) ¶성공하여(성공해) 돌아오다. /조용하여(조용해) 좋다. /지금 공부하여(해). /일하여(해) 주다. 참-아·-어.

여가(間家)圏 ⇨여염집.

여가(餘暇)圏 겨를. 틈. 가극(暇隙). ¶여가 시간. /여가를 이용하다.

여:가(輿駕)圏 임금이 타던 가마나 수레.

여각(旅閣)圏 ⇨객줏집.

여각(餘角)圏 수학에서, 두 각의 합(合)이 직각 일 때, 그 한 각에 대한 다른 각을 이르는 말.

여간(如干)튀 보통으로. 어지간하게. 《뒤에 부정하는 말을 뒤따르게 하여 쓰임.》 ¶고집이 여간 센게 아니다.

여간(如干)**이 아니다**판용 보통이 아니다. 대단하다.

여간-내기(如干-)圏 ⇨보통내기. 예사내기. ¶그 아이는 정말 여간내기가 아니로구나.

여간-하다(如干-)혭어 어지간하다. 《주로, '아니다'·'않다' 따위의 부정어와 함께 '여간한'·'여간해서'·'여간하지' 등의 꼴로 쓰임.》 ¶여간한 강심장이 아니다. /여간해서 무너지지 않는다.

여감(女監)圏 여자 죄수를 가두어 두는 감방. 여감방.

여-감방(女監房)圏 ⇨여감(女監).

여객(旅客)圏 여행을 하고 있는 사람. 나그네. ¶여객 운송.

여객-기(旅客機)[-끼]圏 여객을 실어 나르는 것을 목적으로 하는 비행기.

여객-선(旅客船)[-썬]圏 여객을 실어 나르는 것을 목적으로 하는 배. 객선(客船).

여객^열차(旅客列車)[-갱녈-]圏 여객을 실어 나르기 위하여 객차로만 편성된 열차. ↔화물 열차.

여:건(與件)[-껀]圏 ①어떤 일을 하는 출발점으로서의 주어진 조건. ¶여건이 좋지 않다. /경제적인 여건만 허락된다면 계속 공부를 하고 싶습니다. ②철학에서, 추리나 연구 따위의 출발점으로서 주어지거나 가정(假定)되는 사실. ②소여(所與).

여건(餘件)[-껀]圏 ⇨여벌.

여걸(女傑)圏 성격이 활달하고 사회적 활동이 뛰어난 여성. 여장부(女丈夫).

여겨-듣다(-따)[~들으니·~들어]目ㄷ 정신 차려서 듣다. 자세히 듣다.

여겨-보다目 (잊지 않게) 눈여겨 똑똑히 보다.

여:격^조:사(與格助詞)[-격쪼-]圏 체언으로 하여금 무엇을 받는 자리에 서게 하는 부사격 조사. 〔'에게'·'께'·'한테' 따위.〕

여경(女鏡)圏 여자용의 거울 또는 안경.

여경(女警)圏 '여자 경찰관'을 줄이어 이르는 말.

여경(餘慶)圏 착한 일을 많이 한 갚음으로 그 자손이 누리는 경사(慶事). ↔여앙(餘殃).

여계(女系)[-게/-게]圏 ①어머니 쪽의 계통. 참모계(母系). ②여자에서 여자로 이어지는 가계. ↔남계.

여계(女戒)[-게/-게]圏 여색을 삼가라는 가르침, 또는 경계(警戒).

여계-친(女系親)[-게/-게-]圏 여계의 친족.

여고(女高)圏 '여자 고등학교'를 줄이어 이르는 말. ¶여고 시절의 아름다운 추억.

여고(旅苦)圏 여행에서 겪는 고생. 여행하는 몸의 고달픔.

여고-생(女高生)圏 '여자 고등학교 학생'을 줄이어 이르는 말.

여곡(餘穀)圏 (집안 살림에) 쓰고 남은 곡식.

여공(女工)圏 〈여직공〉의 준말. ↔남공(男工).

여공(女功·女紅)圏혭자 지난날, 여자들이 맡아 하는 '길쌈질'을 이르던 말.

여공불급(如恐不及)圏혭자 분부대로 실행하지 못할까 하여 마음을 졸임.

여:과(濾過)圏하타되자 ①거름종이나 여과기를 사용하여 액체나 기체 속에 들어 있는 먼지나 이물질을 걸러 내는 일. ¶물을 여과하다. ②'부적절하거나 부정적인 요소를 걸러 내는 일'을 비유하여 이르는 말. ¶선정적인 장면이 여과 없이 방영되다.

여:과-기(濾過器)圏 목면·석면·합성 섬유 등 여러 가지 여재(濾材)를 써서 액체나 기체를 여과하는 장치.

여:과성^병:원체(濾過性病原體)[-썽-]圏 바이러스.

여:과-지(濾過池)圏 상수도의 물을 정수하기 위해 모래를 여재(濾材)로 쓰는 저수지.

여:과-지(濾過紙)圏 ㉠거름종이. ㉡여지(濾紙).

여:과-통(濾過桶)圏 흐린 물의 불순물을 걸러 내는 데 쓰는 통.

여관(女官)圏 궁중에서 왕이나 왕비를 가까이 모시던 내명부. 궁녀(宮女). 나인(內人).

여관(旅館)圏 나그네를 묵게 하는 일을 업으로 하는 집. 여사(旅舍). 역려(逆旅).

여광(餘光)圏 ①해가 진 뒤에도 남아 있는 은은한 빛. ②⇨여덕(餘德).

여-광대(女-)圏 여자 광대.

여광여취(如狂如醉)[-녀-]圏혭형 〔몹시 기쁘거나 감격하여, 미친 듯도 하고 취한 듯도 하다는 뜻으로〕 '이성을 잃은 상태'를 비유하여 이르는 말. 여취여광.

여-광-판(濾光板)圏 ⇨필터.

여괘(旅卦)圏 육십사괘의 하나. 이괘(離卦)와 간괘(艮卦)가 거듭된 것. 산 위에 불이 있음을 상징함. ㉣여(旅)².

여-교사(女敎師)圏 여자 교사.

여구(如舊) '여구하다'의 어근.

여구(旅具)圏 여행하는 데 필요한 용구(用具).

여구-하다(如舊-)혭어 옛날의 모습과 다름이 없다. 여전(如前)하다. ¶산천이 여구하다. 여구-히튀.

여국(女國)圏 여자들만 산다는 전설의 나라. 서 상국(扶桑國)의 동쪽에 있다고 함. 여인국.

여국(女麴)圏 찐 갈곡수를 반죽한 다음, 쑥으로 얇게 덮어 누런 옷을 입힌 뒤에 볕에 말린 누룩.

여:국(與國)圏 서로 돕는 관계에 있는 나라. 동맹국(同盟國).

여군(女軍)圏 여자 군인. 여자로 조직된 군대.

여권(女權)[-꿘]圏 여자의 사회적·법률적·정치적인 권리. 부권(婦權). ¶여권 운동.

여권(旅券)[-꿘]圏 국가가 외국에 여행하는 사람의 국적이나 신분을 증명하고, 상대국에 그 보호를 의뢰하는 공문서.

여:권(與圈)[-꿘]圏 〈여당권(與黨圈)〉의 준말. ¶여권 인사(人士). ↔야권(野圈).

여권^신장(女權伸張)[-꿘-]圏 여자의 사회적·법률적·정치적인 권리와 지위를 높이는 일.

여권-주의(女權主義)[-꿘-의/-꿘-이]圏 여자의 사회적·법률적·정치적인 권리를 남자와 동등하게 인정하자는 주의.

여:귀(厲鬼)圏 ①못된 돌림병으로 죽은 귀신. ②제사를 받지 못하는 귀신.

여근(女根)圏 여자의 생식기.

여근(如今)圏 지금. 이제. 현재.

여급(女給)圏 ①카페·바·카바레 같은 곳에서 손님을 접대하는 여자. 웨이트리스. ②여자 사환(使喚).

여긔団 〈옛〉여기. ¶ 稚티岳악이 여긔로다(鄭澈. 關東別曲).

여기図 ①이곳. ¶ 여기에 나무를 심자. ②이것. 이 점(點). ¶ 여기에 대하여 네 의견을 말해라. ③예³. ④옜.

여기(女妓)图 ☞기녀(妓女).

여:기(診氣)图 요사스러운 기운.

여기(餘技)图 전문 이외에, 취미로서 몸에 지닌 기예(技藝). ¶ 낚시로 즐기는 바둑.

여기(餘氣)图 ①☞여습(餘習). ②☞여증(餘症).

여:기(癘氣·厲氣)图 유행성 열병을 일으키는 기운.

여기다자타 마음속으로 그렇게 생각하다. ¶ 가 엾게 여기다.

여-기자(女記者)图 여자 기자.

여기-저기图 여러 장소를 통틀어 이르는 말. ¶ 꽃이 여기저기에 피었다. /여기저기 돌아다니다. ⑨요기조기.

여뀌图 여뀟과의 일년초. 습기 있는 곳에 절로 나는데 줄기는 40~80 cm. 잎은 버드나무 잎 모양이며, 6~9월에 흰 잔꽃이 이삭 모양으로 핌. 잎은 매운맛이 있어 조미료로 쓰임.

여뀌-누룩图 찹쌀을 여뀌 즙에 담가 두었다가 건져서 밀가루와 반죽하여 만든 누룩.

여:낙낙-하다[-낭나카-]혱여 성미가 곱고 상냥하다. **여낙낙-히**튀

여난(女難)图 여자관계로 당하는 재난. ¶ 여난을 겪다.

여남은伊吅 열가량으로부터 열이 좀 더 되는 수 (의). ¶ 회원이 여남은밖에 모이지 않았다. /여 남은 사람이 오다.

여남은-째伊吅 열째 남짓한 차례(의). ¶ 바둑 실력이 과에서 여남은째 간다. /자리를 앞에서 여남은째 줄로 예약해라.

여년(餘年)图☞여생(餘生). 잔년(殘年).

여:년-묵다(-年-)[-따]자 여러 해 묵다. ¶ 여 년묵은 고옥(古屋)을 헐다.

여념(餘念)图《주로 '없다'와 함께 쓰이어》다 른 생각. ¶ 공부에 여념이 없다.

여느관 보통의. 예사로운. 그 밖의 다른. ¶ 여느 때. /여느 사람들.

-여늘어미〈옛〉-거늘. -이거늘. ¶ 싸해 살이 뼈여 늘 醴泉이 소사 나아(月印41). /구루미 비취여 늘(龍歌42章).

-여놀어미〈옛〉-이거늘. ¶ 滄海水 부어내여 저먹 고 날 먹여놀(鄭澈.關東別曲).

여단(旅團)图 군대 편제(編制)에서, 사단보다는 작으나 연대보다는 큰 단위 부대. 보통, 2개 연대로 구성됨.

여단수족(如斷手足)图혱〔손발을 잘린 것과 같다는 뜻으로〕'요긴한 사람이나 물건이 없어 져서 몹시 아쉬움'을 비유하여 이르는 말.

여단-장(旅團長)图 여단을 지휘 통솔하는 지휘 관. 보통, 준장(准將)으로 임명함.

여:-닫다[-따]타 열고 닫고 하다. ¶ 멀리서 대 문 여닫는 소리가 들린다.

여:닫-이[-다지]图 밀거나 당겨서 여닫는 방식, 또는 그런 문이나 창문. ⑧미닫이.

여:닫이-문(-門)[-다지-]图 밀거나 당겨서 여 닫는 문.

여담(餘談)图 딴 이야기. 화제의 본 줄거리에서 벗어난 잡담. ¶ 이것은 여담이네만…. ⑪낙수 (落穗).

여:담-절각(汝-折角)图〔네 집에 담이 없었으 면 내 소의 뿔이 부러졌겠느냐는 뜻으로〕남에 게 책임을 지우려고 억지를 쓰는 말. 여장절각 (汝墻折角).

여답-평지(如踏平地)图혱자 험한 곳을 마치 평 지를 가듯 힘 안 들이고 다님. ¶ 좌익 빨치산 들은 지리산 계곡을 여답평지로 누볐다.

여:당(與黨)图 정당 정치에서, 정권을 잡고 있 는 정당, 또는 정권을 지지하는 정당. 정부당 (政府黨). ¶ 집권 여당. /여당과 야당의 대립. ③여(與). ↔야당(野黨). ⑪집권당.

여:당-권(與黨圈)[-꿘]图 여당과 여당을 편드 는 세력의 범위 안에 드는 사람이나 단체. ⑧여 권(與圈). ↔야당권.

여:당(餘黨)图☞잔당(殘黨).

여대(女大)图 '여자 대학'을 줄이어 이르는 말.

여대(輿儓)图☞하인(下人).

여대(麗代)图 고려 시대. ¶ 여대 가요(歌謠).

여대-생(女大生)图 '여자 대학생'을 줄이어 이 르는 말.

여덕(餘德)图 선인(先人)이 남긴 은덕. 남에게 까지 미치는 은덕. 여광(餘光).

여덟[-덜]伊吅 일곱에 하나를 더한 수(의). 팔 (八). ¶ 넷 더하기 넷은 여덟이다. /여덟 살.
* 여덟을 -[-덜비]·여덟만[-덜-]

여덟-반(-半)[-덜-]图 '좀 모자라는 사 람'을 놀리어 이르는 말. ⑧팔삭둥이.

여덟-모[-덜-]图 여덟 개의 모. 팔모.

여덟-무날[-덜-]图 조수 간만의 차가 같은, 음 력 초하루와 열이레를 아울러 이르는 말. ⑧무 날·무수기.

여덟-째[-덜-]〔I〕伊吅 일곱째의 다음 차례 (의). ¶ 여덟째로 입장하는 손자.
〔II〕图 맨 앞에서부터 세어 모두 여덟 개가 됨 을 이르는 말. ¶ 떡을 여덟째 먹고 있다.

여덟-팔(-八)图 한자 부수의 한 가지. '公'·'共' 등에서의 '八'의 이름.

여덟팔자-걸음(-八字-)[-덜-짜-]图☞팔자 걸음.

여도조 모음으로 끝난 체언에 쓰이어, 가정(假 定)이나 양보의 뜻을 나타내는 연결형 서술격 조사. ¶ 성실하기만 하다면 재산이 없는 남자 여도 괜찮다. ⑨이어도.

여도(女徒)图☞여수(女囚).

여독(旅毒)图 여행으로 말미암아 쌓인 피로. ¶ 여 독을 풀다.

여독(餘毒)图 ①채 가시지 않고 남아 있는 독 기. ②뒤에까지 남는 해독. 후독(後毒).

여:동-격(輿同格)[-껵]图☞공동격.

여동-대图 절에서, 여동밥을 떠 놓는 조그마한 밥그릇.

여동-밥图☞생반(生飯).

여-동생(女同生)图 누이동생. ↔남동생.

여동-통(-桶)图 여동밥을 담아 두는 통.

여두소읍(如斗小邑)图〔콩의 크기와 같은 고을 이라는 뜻으로〕'아주 작은 고을'을 비유하여 이르는 말.

여드레图 ①여덟 날. ②〈여드렛날〉·〈초여드 레〉·〈초여드렛날〉의 준말.

여드렛-날[-렌-]图 ①〈초여드렛날〉의 준말. ⑧여드레. ②여덟째의 날.

여드름图 주로 사춘기에, 얼굴 등에 나는 작은 종기의 한 가지. 털구멍에 지방이 차서 굳어지 거나 곪거나 한 것. ⑧여드름을 짜다.

여득천금(如得千金)图 천금을 얻은 것처럼 마 음에 흡족히 여김을 이르는 말.

여든伊吅 열의 여덟 곱절(의). 팔십(八十). ¶ 할

머니 연세는 여든이 넘으셨다. /여든 개.

-여든〔어미〕〈옛〉-거든. -면. ¶ㅎ다가 외오디 못후
여든(老解上3). /잠깐도로 보내여든 祭ㅎ고 도
로 보내요리라(月釋7:15).

여든-대다〔자〕 귀찮게 자꾸 억지를 부리다. 떼를
쓰다.

여:들-없다[-드럽따]〔형〕 하는 짓이 멋없고 미련
하다. 여들없-이〔부〕.

여듧〔수〕〈옛〉 여덟. ¶ 여듧 팔:八(訓蒙下34). /여듧
자만ᄒ 모미로다(杜初21:20). ⓟ여듦.

여듧〔명〕 말이나 소의 '여덟 살'을 이르는 말.

여(汝等)〔대〕 너희들.

여등(余等)〔대〕 우리들.

여드래〔명〕〈옛〉 여드레. ¶八日은 여드래니(月釋
2:35). /여드래예(三綱忠13).

여듧〔수〕〈옛〉 여덟. ¶ 여듧냥 갑시니(老解下18). /
여듧 팔:八(石千21). ⓟ여듦.

여라〔관〕〈옛〉 여러. ¶처섬브터 여러 地位를 다시
디내야(月釋2:62). ⓟ여렇.

-여라〔어미〕 ① '하다', 또는 '하다'가 붙는 동사
어간에 붙어, 명령의 뜻을 나타내는 종결 어
미. ¶ 네가 알아서 하여라. /그곳을 조사하여
라. /노력하여라. ② 보조 형용사 '하다', 또는
'하다'가 붙는 형용사의 어간에 붙어, 감탄의
뜻을 나타내는 종결 어미. ¶ 참으로 수려하여
라, 삼천리강산. /착하기도 하여라.

여랑(女郎)〔명〕 남자와 같은 재주나 기질을 가진
여자.

여랑(女娘)〔명〕 젊은 여자. 색시.

여랑(旅囊)〔명〕 ① 먼 길을 떠날 때, 말의 안장 뒤
양쪽에 다는 망태기. ② 먼 길을 떠날 때 가지
고 다니는 자루.

여랑-화(女郎花)〔명〕 ⇨마타리.

여래(如來)〔명〕〔교화(敎化)를 위하여 진여(眞如)
에서 이 세상으로 왔다는 뜻으로〕 '부처'를 높
이어 이르는 말.

여래^십호(如來十號)[-시포]〔명〕 부처의 공덕을
기리는 열 가지 칭호.

여러〔관〕 많은 수효의. ¶ 여러 사람. /여러 해. /여
러 가지 상품.

여러모-로〔부〕 여러 방면으로. 여러 가지 점으로.
¶ 여러모로 많은 공부가 되었다.

여러-분〔대〕 '여러 사람'을 높이어 이르는 말. 제
위(諸位). 첨위(僉位). ¶ 만장하신 신사 숙녀
여러분. /여러분의 기탄없는 의견을 기다리겠습
니다.

여러해-살이〔명〕 ⇨다년생(多年生). ⓟ한해살이·
두해살이.

여러해살이-풀〔명〕 ⇨다년생 식물. ⓟ한해살이풀·
두해살이풀.

여럿[-럳]〔명〕 ① 많은 수. ¶ 종류가 여럿이다.
② 많은 사람. ¶ 산길은 여럿이 함께 다녀라.
 • 여럿이[-러시] • 여럿만[-런-]

여럴〔명〕〈옛〉 여럿. ¶ 여러히 다 道롤 窮究ᄒ더
(楞解10:23). /내 보미ᄂ 여러히라(朴澈.關東
別曲).

-여려〔어미〕〈옛〉-겠는가. ¶ 그 功은 思議ᄒ여려
(金剛片15).

여:력(膂力)〔명〕 ① 완력(腕力). ② 근육의 힘.

여력(餘力)〔명〕 어떤 일을 하고 또 다른 일을 할
수 있는 힘. 남은 힘. ¶ 이제 그 일까지 감당
할 여력이 없다.

여력(餘瀝)〔명〕〔그릇 바닥에 조금 남은 국물이란
뜻으로〕 ① 먹다 남은 음식. ② 손에게, '자기
집 음식'을 겸손하게 이르는 말.

여:력-과인(膂力過人)[-꽈-]〔명〕〔형〕 힘이 보통
사람에 비하여 뛰어남.

여령(女伶)〔명〕 진연(進宴) 때, 시중드는 기생이
나 의장(儀仗)을 드는 여자 종.

여령(餘齡)〔명〕 ⇨여생(餘生).

여례(女禮)〔명〕 여자의 예법.

여로(旅路)〔명〕 나그넷길. 여행의 노정(路程). 객
로(客路). ¶ 여로에 만난 인연.

여로(藜蘆)〔명〕 백합과의 다년초. 산이나 들에 나
는데, 줄기는 곧고 높이는 40~60 cm. 잎은 가
늘고 길며, 늦여름에 검은 자줏빛의 작은 꽃이
핌. 독성이 있음.

여로-달(女勞疸)〔명〕 황달병의 한 가지. 오한(惡
寒)이 들고 오줌이 잦으며, 이마가 거무스름해
짐. 색달(色疸). 흑달(黑疸).

여록(餘祿)〔명〕 여분(餘分)의 이익. 뜻하지 않은
가외의 벌이.

여록(餘錄)〔명〕 어떤 정식 기록에서 빠진 기록.
¶ 동학 농민 운동의 여록.

여록(餘麓)〔명〕 묏자리 가까이에 있는 주산(主
山)·청룡·백호·안산(案山) 이외의 산.

여론(餘論)〔명〕 본론(本論) 이외의 논설.

여:론(輿論)〔명〕 사회 대중의 공통된 의견. 세론(世
論). 두 사람을 존중하는 정치. /여론이 들끓다.

여:론^조사(輿論調査)〔명〕 국가나 사회의 여러
가지 문제에 대한 대중(大衆)의 의견이나 경향
등에 대한 통계 조사.

여:론-화(輿論化)〔명〕〔하자타〕〔되자〕 사회 대중의 공
통된 의견으로 됨, 또는 그렇게 되게 함.

여룡(驪龍)〔명〕 ⇨이룡(驪龍).

여류(女流)〔명〕《일부 명사 앞에 쓰이어》 어떤
전문적인 일에 능숙한 여자임을 나타내는 말.
¶ 여류 소설가. /여류 비행사.

여류(如流)〔명〕 '여류하다'의 어근.

여류(餘流)〔명〕 강이나 내의 원줄기로부터 갈라진
흐름. ⓟ지류(支流).

여류(餘類)〔명〕 ⇨잔당(殘黨).

여류-하다(如流-)〔형〕〔물의 흐름과 같다는 뜻
으로〕 '세월이 빠름'을 비유하여 이르는 말.
¶ 세월이 여류하다.

여름〔명〕 한 해의 네 철 가운데의 둘째 철. 봄과
가을 사이의 계절로, 입하부터 입추 전까지를
이름. ¶ 여름을 타다.

　여름 불도 쬐다 나면 섭섭하다〔속담〕 쓸모없는
것이라도 있던 것이 없어지면 섭섭하다.

　여름 비는 잠 비 가을 비는 떡 비〔속담〕 여름에
비가 오면 낮잠을 자게 되고, 가을에 비가 오
면 떡을 해 먹게 된다는 말.

여름〔명〕〈옛〉 열매. ¶ 곳 됴코 여름 하ᄂ니(龍歌
2章). /果ᄂ 여르미오(月釋1:12).

여름-날〔명〕 여름철의 날. 여름의 날씨.

여름-낳이[-나-]〔명〕 여름에 짠 피륙, 특히 무명
을 이름.

여름-내〔부〕 온 여름 동안. 여름 한 철 계속하여.
¶ 여름내 바닷가에서 지내다.

여름-눈〔명〕 여름에 생겨 그해에 꽃이 피는 눈.
나아(裸芽). 하아(夏芽). ↔겨울눈.

여름-밤[-빰]〔명〕 여름철의 밤.

여름^방학(-放學)[-빵-]〔명〕 학교에서, 여름
의 한창 시기에 일정 기간 수업을 쉬는
일. 하기 방학(夏期放學). ↔겨울 방학.

여름-살이〔명〕 여름에 입는, 베로 지은 홑옷.

여름-새〔명〕〔어느 지역에〕 봄이나 초여름에 와서
살다가 가을에 남쪽으로 옮아가는 철새. 〔제비·
두견이 따위.〕 ↔겨울새.

여름-옷[-르몯]똉 ☞하복(夏服). *여름옷은
[-르모시]·여름옷만[-르몬-].

여름-잠[-짬]똉 ☞하면(夏眠). ↔겨울잠.

여름-철똉 여름인 철. 하계(夏季). 하기(夏期).
하절(夏節).

여름-털똉 ①털갈이하는 동물의 여름에 나는
털. 하모(夏毛). ↔겨울털. ②여름철의 사슴의
털. 황갈색으로, 품질 좋은 붓을 만드는 데 쓰임.

여름-휴가(-休暇)똉 하기휴가(夏期休暇).

여릉귀-잡히다[-자피-]짜 능(陵)을 헤치다가
잡힌다.

여리(閭里)똉 ☞여염(閭閻).

여리-꾼똉 가게 앞에 서서 지나가는 사람을 가
게 안으로 끌어들여 물건을 사게 하고, 가게
주인으로부터 삯을 받는 사람.

여리다휑 ①(단단하거나 질기지 아니하고) 부드
럽고 약하다. ¶여린 새순. /피부가 여리다.
②(마음이나 감정 따위가) 모진 데가 없이 무
르고 약하다. ¶마음이 여리다. ③조금 모자라
다. ¶치마 한 감거리로는 여리다. 🔁야리다.

여리박빙(如履薄氷)[-삥]똉〔살얼음을 밟는 것
과 같다는 뜻으로〕'아슬아슬하고 불안한 지
경'을 비유하여 이르는 말.

여린-말똉 어감이 거세거나 세지 않고 부드러운
말. 〔센말·거센말에 상대하여 이르는 말.〕

여린-박(-拍)똉 음악의 박자에서, 약한 박자의
부분.〔2박자에서의 둘째 박자, 3박자에서의
둘째와 셋째 박자 따위.〕약박. ↔센박.

여린-뼈똉 ☞연골(軟骨).

여린-입천장(-天障)[-닙-]똉 ☞연구개(軟
口蓋).

여린입천장-소리(-天障-)[-닙-]똉 ☞연구개
음(軟口蓋音).

여린-줄기똉 물고기의 지느러미를 이루고 있는
연한 뼈. 물렁살. 연조(軟條).

여린-히읗[-읃]똉 한글의 옛 자모 'ㆆ'의 이름.
*여린히읗이[-으시]·여린히읗만[-은-].

여립-모(女笠帽)[-립-]똉 ☞개두(蓋頭).

여립-켜다[짜] 여리꾼이 손님을 끌어들이다.

여마(餘馬)똉 조선 시대에, 나라 사신이 중국
등 외지로 나갈 때, 여분으로 몰고 가던 역마
(驛馬).

여:-마(輿馬)똉 임금이 타는 수레와 말.

여마리-꾼똉 '염알이꾼'의 잘못.

여막(廬幕)똉 궤연(几筵) 옆이나 무덤 가까이에
지어 상제(喪制)가 거처하는 초막(草幕).

여말(麗末)똉 고려의 말기.

여망(餘望)똉 앞날의 희망.

여:망(輿望)똉휑똉 여러 사람이 기대함, 또는
그런 기대. ¶국민의 여망을 한몸에 지다. /이
산가족들은 통일을 여망한다.

여맥(餘脈)똉 ①남아 있는 맥박. ②(어떤 세력
따위가) 점점 쇠약해져서 간신히 허울만 남아
있는 것.

여-메기똉 ☞종어(宗魚).

여명(黎明)똉 ①날이 샐 무렵. 어둑새벽. 갓밝
이. ¶여명의 하늘. ②'새로운 시대나 새로운
문학·예술 운동 따위가 시작됨'을 비유하여 이
르는 말. ¶신문학(新文學)의 여명.

여명(餘命)똉 ☞여생(餘生).

여명-기(黎明期)똉 바야흐로 새로운 시대나 새
로운 문화 운동 따위가 시작되려는 시기. ¶여
명기의 현대 문학.

여모똉 서까래나 널마루 따위의 앞을 가로 대어
가리는 널빤지.

여모(女帽)똉 ①여자용의 모자. ②여자의 시체
를 염할 때 머리를 싸는 베.

여묘(廬墓)똉휑짜 상제가 무덤 옆에 여막(廬幕)
을 짓고 살며 무덤을 지키는 일.

여무(女巫)똉 여자 무당. 🔁선관(仙官).

여무(女舞)똉 여자가 추는 춤. ↔남무(男舞).

여무가론(餘無可論)똉〔대강이 이미 결정되어〕
나머지는 논의할 필요가 없음.

여무-지다휑 여물고 올차다. ¶일을 아주 여무
지게 하다. 🔁야무지다.

여묵(餘墨)똉 ☞여적(餘滴).

여:-문(閭門)똉 ☞이문(里門).

여문(麗文)똉〈변려문(騈儷文)〉의 준말.

여물①똉 짚이나 풀을 말려서 썬 마소의 먹이.
¶여물을 쑤다.

여물②똉 조금 짠맛이 있는 우물물.

여물(餘物)똉 ☞여분(餘分)물건.

여물다[여무니·여물므]①짜 낟알이나 과일 따
위가 알이 들어 충분히 익다. 영글다. ¶옥수
수가 잘 여물다. 🔁야물다.
②휑 ①(바탕이) 굳고 든든하다. ②(몸이나 언
행이) 든든하고 믿음직하다. ③(일 처리가 여
무지어) 뒤탈이 없다. ¶손끝이 여물다. ④(돈
따위를) 헤프게 쓰지 않고 알뜰하다. 🔁야물다.

여물-죽(-粥)똉 마소를 먹이기 위하여 여물로
쑨 죽.

여물-통(-桶)똉 여물을 담는 통.

여미다[타] (옷깃 따위를) 바로잡아 단정하게 하
다. ¶옷깃을 여미다.

여민(黎民)똉 검수(黔首).

여:민동락(與民同樂)[-낙]똉휑짜 임금이 백성
과 즐거움을 함께함. 여민해락(與民偕樂).

여:민락(與民樂)[-밀-]똉 조선 시대의 아악(雅
樂)의 한 가지. 나라의 잔치 때 또는 임금의
거둥 때 연주하였음.〔용비어천가 1~4장과
125장을 아악 곡조에 얹어 부를 수 있게 작
곡한 것으로, 모두 10장인데 7장만을 관현악기
로 연주할 뿐 노래는 부르지 않았음.〕

여:민-해락(與民偕樂)똉휑짜 ☞여민동락.

여:못톙〔옛〕진실로. ¶여못 神秀하니(杜初
14:33). /여못 무레 그츠리로다(杜初19:4).

여반장(如反掌)똉〔손바닥을 뒤집는 것 같다는
뜻으로〕'아주 쉬운 일'을 비유하여 이르는
말. ¶그까짓 일쯤은 여반장이지.

여방(餘芳)똉 ①남아 있는 향기. ②죽은 뒤까지
도 남아 있는 명예. ¶여방이 만세(萬歲)에 미
치다.

여:배(汝輩)때 너희들.

여배(余輩)때 우리들.

여-배우(女俳優)똉 여자 배우. 🔁여우(女優).
↔남배우.

여백(餘白)똉 글씨나 그림이 있는 지면에서, 아
무것도 없이 비어 있는 부분. 공백(空白). ¶여
백의 미(美)를 잘 살린 작품.

여-벌(餘-)똉 당장에 소용되는 것 외의 여분의
물건. 여건(餘件). 부건(副件). ¶여벌 옷.

여범(女犯)똉 중이 오계(五戒)의 하나인 불사음
(不邪淫)의 계율을 범하는 일.

여법(如法)똉휑 ①법에 어긋나지 않음. 합법
(合法). ②불교에서, 여래(如來)의 가르침에 어
긋나지 않음.

여법-수행(如法修行)[-쑤-]똉 부처의 가르침
대로 수행하는 일.

여^변:칙^활용(-變則活用)[-치콰룡]똉 ☞여
불규칙 활용.

여병(餘病)圀 ☞합병증(合併症).

여-보圀 ①〈여보시오〉의 낮춤말. ②부부간에 서로 부르는 말.

여-보게圀 '여보시오'를 하게할 자리에 쓰는 말.

여-보시게圀 친구나 아랫사람을 대접하여 부르는 말. ¶여보시게, 친구 사이에 왜 그러시나?

여-보시오[-오/-요]圀 남을 예사로 높여서 부르는 말. ¶여보시오, 길 좀 물어봅시다. ㉛엽쇼. ㉜여보십시오. ㉝여보.

여-보십시오[-씨오/-씨요]圀 〈여보시오〉의 높임말. ㉜여봅시오.

여복(女卜)圀 장님으로서 점을 치는 여자. 여자 판수.

여복(女服)圀 ①여자의 옷. ②<u>하자</u>☞여장(女裝). ↔남복(男服).

여복(女福)圀 ☞염복(艶福).

여-봅시오[-씨오/-씨요]圀 〈여보십시오〉의 준말.

여-봐라圀 손아랫사람을 부르거나 주의를 불러 일으키는 소리.

여봐란-듯이튀 뽐내어 자랑하듯이. 보아란듯이. ¶우리도 여봐란듯이 살아 보자./여봐란듯이 가슴을 펴고 걸어가다.

여:부(與否)圀 ①그러함과 그러하지 아니함. 연부(然否). ¶성사(成事) 여부를 알려 다오. ②((주로 '있다'·'없다'와 함께 쓰이어)) 틀리거나 의심할 여지. ¶일은 다 했겠지? 그야 여부가 있겠습니까?

여:부-없다(與否-)[-업따]圀 조금도 틀림이 없다. **여부없-이**튀 ¶이번에는 그야말로 여부없이 처리해야 하네.

여-부인(如夫人)圀 남의 '첩'을 높이어 이르는 말.

여북튀 ①((주로 의문문 앞에 쓰이어)) '오죽'·'얼마나'·'작히나' 등의 뜻을 나타내는 말. ¶여북 답답했으면 그랬을까? ②((여북하면'·'여북해야' 등의 꼴로 의문문에 쓰이어)) '얼마나 심했으면'의 뜻을 나타내는 말. ¶여북하면 그런 짓을 했을까?

여북-이나튀 ((의문문 앞에 쓰이어)) '얼마나'·'오죽이나'의 뜻을 나타내는 말. ¶정말 그렇다면 여북이나 좋으랴.

여분(餘分)圀 필요한 양을 넘어 남는 분량. 나머지. ¶여분이 하나도 없다.

여분(餘憤)圀 아직 덜 가신 분한 기운. ¶여분을 삭이느라고 애꿎은 담배만 태운다.

여^불규칙^용:언(-不規則用言)[-칭농-]圀 불규칙 활용을 하는 용언. 〔동사 '하다'와 접미사 '-하다'가 붙는 말은 모두 이에 딸림.〕

여^불규칙^활용(-不規則活用)[-치콰룡]圀 동사 '하다'와 접미사 '-하다'가 붙는 모든 용언에서 어미 '-아'가 '-여'로 바뀌는 불규칙 활용. 〔'일하다'가 '일하여', '화려하다'가 '화려하여'로 되는 따위.〕 여 변칙 활용.

여불비(餘不備)圀 ☞여불비례.

여불비례(餘不備禮)圀 〔예를 다 갖추지 못했다는 뜻으로〕 한문 투의 편지에서 끝 인사 대신 쓰는 말. 여불비(餘不備).

여비(女婢)圀 여자 종. ↔남노(男奴).

여비(旅費)圀 여행에 드는 비용. 노자(路資). 노전(路錢). ¶여비를 마련하다.

여-비서(女祕書)圀 여자로서 비서의 직무를 맡아보는 사람.

여사(女士)圀 '학덕이 있고 현숙한 여자'를 높이어 일컫는 말.

여사(女史)圀 ①'학자·예술가·정치가 등 사회적으로 활동하는 여자'를 높이어 일컫는 말. ②'결혼한 여자'를 높이어 일컫는 말.

여사(如斯)圀 '여사하다'의 어근.

여사(旅舍)圀 ☞여관(旅館).

여사(餘事)圀 ①여력(餘力)으로 하는 일. ②그리 긴요하지 않은 일. ③딴 일.

여사(麗史)圀 고려의 역사.

여사(麗辭)圀 ☞미사(美辭).

여:사-군(輿士軍)圀 조선 시대에, 여사청(輿士廳)에 딸려 국상(國喪) 때에 대여나 소여를 메던 사람.

여:사-대장(輿士大將)圀 조선 시대에, 여사청(輿士廳)의 대장. 포도대장이 겸임하였음.

여사여사(如斯如斯)圀 '여사여사하다'의 어근.

여사여사-하다(如斯如斯-)[형여] 이러이러하다. 여차여차하다.

여-사장(女社長)圀 여성으로서 회사의 사장 자리에 있는 사람.

여:사-청(輿士廳)圀 조선 시대에, 국상(國喪) 때에 여사군을 통할하기 위하여 포도청 안에 임시로 설치하던 관청.

여사-하다(如斯-)[형여] ☞여차(如此)하다.

여삼추(如三秋)圀 〔애타게 기다릴 때는 짧은 시간도 3년 같다는 뜻에서〕 몹시 긴 시간처럼 지루하게 느낀다는 말. ¶일각(一刻)이 여삼추라.

여상(女相)圀 여자처럼 생긴 남자의 얼굴. ¶갑상한 여상의 남학생. ↔남상(男相).

여상(女商)圀 '여자 상업 고등학교'를 줄이어 이르는 말.

여상(女喪)圀 여자의 상사(喪事).

여상(如上)圀 '여상(如上)하다'의 어근.

여상(如常)圀 '여상(如常)하다'의 어근.

여상(旅商)圀 떠돌아다니면서 하는 장사, 또는 그 장수. 행상(行商).

여상-하다(如上-)[형여] 〔문어 투의 말〕 위와 같다.

여상-하다(如常-)[형여] 늘 같다. 보통 때와 다름이 없다. **여상-히**튀

여새圀 참새목 여새과의 새를 통틀어 이르는 말. 몸길이 16~24cm. 머리에 길고 뾰족한 도가머리가 있고 다리가 짧음. 몸빛은 갈색·담황색·회색·백색 등 여러 가지임. 침엽수림대에 사는 철새. 연새. 연작.

여색(女色)圀 ①여자의 성적(性的)인 매력. 여자의 색향(色香). ②여자와의 정사(情事). ¶여색에 빠지다./여색을 멀리하다. 색(色)¹.

여생(餘生)圀 한창때를 지난, 한평생의 남은 인생. 앞으로의 삶. 여년(餘年). 여령(餘齡). 여명(餘命). 잔년(殘年). ¶여생을 편안히 보내다.

여서(女壻)圀 ☞사위¹.

-여서어미 ((동사 '하다' 또는 접미사 '-하다'가 붙는 용언 어간에 붙어)) '-아서'의 뜻을 나타내는 연결 어미. ¶방이 따뜻하여서 참 좋다.

여:석(礪石)圀 ☞숫돌.

여-선생(女先生)圀 여자 선생.

여섯[-섣]준관 다섯보다 하나 더 많은 수(의). 육(六). ¶자식을 여섯이나 두었다./여섯 명. * 여섯이[여서시]·여섯만[-섣-]

여섯-때[-섣-]圀 절에서, 염불과 독경(讀經)을 하는 시간인 새벽·아침·한낮·해질녘·초저녁·밤중을 이르는 말.

여섯-무날[-섣-]圀 조수 간만의 차가 같은, 음력 보름과 그믐을 아울러 이르는 말. 한사리. ㉜무날·무수기.

여섯발-게[-섣빨-]뗑 원숭이겟과의 게. 등딱지는 가로로 길쭉한 원기둥 모양이고 앞쪽이 뒤쪽보다 좁음. 넷째 다리가 퇴화되어 3쌍 6개의 다리가 있음. 등딱지에 작은 구멍이 흩어져서 뚫려 있음. 진흙 바닥에서 해삼류와 같은 구멍 속에서 공생함. 우리나라·일본·태국 등지에 분포함.

여섯-째[-섣-] 〔Ⅰ〕㈜꽌 다섯째의 다음 차례 (의). ¶ 여섯째로 태어난 딸. /여섯째 아들. 〔Ⅱ〕뗑 맨 앞에서부터 세어 모두 여섯 개가 됨을 이르는 말.

여성(女性)1뗑 (성별을 구분하여) 여자, 특히 성인 여자를 이르는 말. ¶ 여성 잡지. ㈜여(女)1. ↔남성(男性)1.

여성(女性)2뗑 서구어 문법에서, 단어를 성(性)에 따라 구별한 종류의 하나. 〔여성 명사·여성 대명사 따위.〕 ㉻남성2·중성2.

여성(女星)뗑 이십팔수의 하나. 북쪽의 셋째 별자리. ㈜여(女)2.

여성(女聲)뗑 여자의 목소리. 특히, 성악에서 여자가 담당하는 소프라노·알토 따위의 성부(聲部). ↔남성(男聲).

여성 가족부(女性家族部)[-뿌]뗑 중앙 행정 기관의 하나. 여성 정책에 대한 종합적인 기획·조정 및 여성의 권익 증진, 가족 정책 등에 관한 사무를 맡아봄.

여성-계(女性界)[-계/-게]뗑 여성들의 사회나 분야. ¶ 여성계 인사.

여성-관(女性觀)뗑 남성이 여성에 대하여 갖는 견해나 관점. ↔남성관.

여성-미(女性美)뗑 여자만이 지니는 여자다운 아름다움. ↔남성미.

여성-상(女性像)뗑 ☞여인상(女人像).

여성-적(女性的)관뗑 여자 같은 (것). 여자처럼 부드럽거나 섬세하거나 여린 (것). ¶ 여성적 취향. /여성적인 목소리. /여성적인 행동. ↔남성적.

여성-학(女性學)뗑 남성 본위의 기성 학문을, 여성의 시각에서 그 놓인 처지나 본래 모습을 연구하는 학문.

여성^합창(女聲合唱)뗑 여성(女聲)만으로 부르는 합창. ↔남성 합창.

여성^해:방(女性解放)뗑 여성이 겪어 온 여러 가지 사회적인 속박을 없애어 자유롭게 하는 일.

여성^호르몬(女性hormone)뗑 척추동물의 암컷의 난소(卵巢)에서 분비되어 성기(性器)의 발육과 생식 기능 조절 등에 작용하는 성호르몬.

여세(餘勢)뗑 (어떤 일을 해낸 뒤에) 또 다른 일도 할 수 있는 남은 기세, 또는 세력.

여:세추이(與世推移) 세상의 변화에 따라 함께 변함. ¶ 성인(聖人)도 여세추이라.

여:소-야대(與小野大)뗑 여당의 국회의원 수보다 야당의 국회의원 수가 많은 상태를 이르는 말.

여손(女孫)뗑 ☞손녀(孫女).

여:송(輿頌)뗑 세상 사람들의 칭송.

여:송-연(呂宋煙)뗑 필리핀의 루손 섬에서 나는 향기가 좋은 엽궐련. 독하며 향기가 좋음.

여수(女囚)뗑 여자 죄수. 여도(女徒). ↔남수(男囚).

여수(旅愁)뗑 나그네의 시름. 여행지에서 느끼는 시름. 객수(客愁).

여:수(與受)뗑 주고받음.

여수(餘水)뗑 남은 물.

여수(餘祟)뗑 ☞여증(餘症).

여수(餘數)뗑 남은 수.

여:수(濾水)뗑㈑ㅈㅏ 더러운 물을 걸러서 깨끗이 함, 또는 그 물. ¶ 여수 장치. ㉻정수(淨水).

여수-구(餘水口)뗑 (저수지 등에) 물이 너무 많이 괼 때에 그것을 빼어 버리기 위하여 만든 물길.

여:수-동죄(與受同罪)[-죄/-줴]뗑 도둑질한 물건을 주거나 받는 일은 그 죄가 같음.

여수-로(餘水路)뗑 (저수지 등에) 필요 이상으로 괸 물을 다른 데로 빼어 내기 위하여 설치한 수로.

여:수장우중문-시(與隋將于仲文詩)뗑 고구려 영양왕 때의 장수 을지문덕(乙支文德)이 지은 한시. 살수(薩水)까지 추격해 온 적장 우중문을 조롱하여 지어 보냈다고 함. 오언 고시(五言古詩)로서, 현존하는 가장 오래된 우리나라 한시임. ('삼국사기'에 실려 전함.)

여수투수(如水投水)㈑혱 〔물에 물 탄 듯하다는 뜻으로〕일을 하는 데 야무지지 못하고 흐리멍덩함'을 비유하여 이르는 말.

여-순경(女巡警)뗑 여자 순경.

여-술(女-)뗑 여술. ㉻남술.

여쉰(女-)[옛] 예순. ¶ 여쉰 小國(釋譜11:19).

여-스님(女-)뗑 〈여승(女僧)의 높임말. ↔남스님.

여습뗑 마소의 '여섯 살'을 이르는 말.

여습(餘習)뗑 아직 남아 있는 낡은 관습, 또는 습관. 여기(餘氣).

여슷㈜[옛] 여섯. ¶ 六道는 여슷 길히라(月釋序4). /外道인 스승이 여슷 가지라(月釋1:20).

여승(女僧)뗑 여자 중. ㉻여스님. ↔남승(男僧). ㉻비구니(比丘尼).

여승(餘乘)뗑 불교에서, 자기 종파의 교의(敎義)를 '종승(宗乘)'이라 하는 데 대하여, 다른 종파의 교의를 이르는 말.

여승-당(女僧堂)뗑 ☞승방(僧房).

여승-방(女僧房)뗑 ☞승방(僧房).

여시뗑 〔옛방망이〕의 준말.

여:시(女侍)뗑 ☞나인(內人).

여시(如是) '여시하다'의 어근.

-여시늘(어미) 〔옛〕-시거늘. ¶ 衆賓을 뫼여시늘(龍歌63章).

-여시놀(어미) 〔옛〕-시거늘. ¶ 十方世界롤 다 비취여시놀(法華6:99).

여시-아문(如是我聞)뗑 불경(佛經)의 첫머리에 놓이는 말로 '나는 이와 같이 들었다'의 뜻. 〔석가가 죽은 후, 제자인 아난(阿難)이 스승의 가르침을 정리할 때 그 첫머리에 붙였다 함.〕

여시여시(如是如是) '여시여시하다'의 어근.

여시여시-하다(如是如是-)혱ㅓ ☞여차여차하다. 약시약시하다.

여시-하다(如是-)혱ㅓ 여차(如此)하다. 약시(若是)하다.

여식(女息)뗑 딸.

여신(女神)뗑 여성(女性)인 신. ¶ 사랑의 여신.

여:신(與信)뗑 금융 기관에서, 고객에게 돈을 빌려 주는 일. ¶ 여신 금리를 인하하다. ↔수신(受信)2.

여신(餘燼)뗑 ①(화재 등으로) 타다 남은 불. ②'무슨 일이 끝난 뒤에도 부분적으로 남아 있는 기운이나 영향'을 비유하여 이르는 말. ¶ 아직도 꺼지지 않은 삼일 운동의 여신.

여:신^계:약(與信契約)[-계/-게-]뗑 일정한 한도 안의 금액을, 장래 상대편의 필요에 따라 융자해 줄 것을 약속하는 계약. 〔당좌 대월(當座貸越) 따위.〕

여-신도(女信徒)명 여자 신도.

여:신^업무(與信業務)[-엄-]명[-엄-] 금융 기관의 대부(貸付)·어음 할인·어음 인수·신용장 발행 등의 업무를 통틀어 이르는 말.

여-신자(女信者)명 여자 신자.

여실(如實)명 '여실하다'의 어근.

여실-하다(如實-)형여 사실과 똑같다. 여실-히튀 ¶여실히 나타나 있다. /여실히 보여 주다.

여심(女心)명 ①여자의 특유한 마음. ②미묘하게 흔들리는 여자의 마음.

여심(旅心)명 ☞여정(旅情).

여시-여시[-녀시/-시녀신]튀하자 무슨 말을 하려고 머뭇거리는 모양.

여쌔명[옛] 엿새. ¶여쌔어나 닐웨어나(阿彌 17). /四月 열여쌔날 安居에 드느니(月釋21:4).

여서보다타[옛] 엿보다. ¶雪山애서 盜賊 여서 보매 兵馬도 업고(杜初21:3). 참엿다.

여스명[옛] 여우. ¶여스 호: 狐(訓蒙上19). 참 여수.

여슈[영이·영의]명[옛] 여우. ¶엇개엔 보얌 여 슈 앒뒤헤 아히 할미러니(月印70章). 참여스· 여으·여으.

여아(女兒)명 ①계집아이. ↔남아(男兒). ②딸.

여악(女樂)명 지난날, 궁중 연회에서 기생이 악기를 타고 노래 부르며 춤을 추던 일, 또는 그 음악과 춤. ↔남악(男樂).

여알(女謁)명 대궐 안에서 정사(政事)를 어지럽히는 여자.

여암 부연(附椽) 끝 평고대 위에 박는 나무.

여앙(餘殃)명 나쁜 짓을 많이 한 갚음으로 받는 재앙. ↔여경(餘慶).

여액(餘厄)명 이미 당한 재액(災厄) 외에 아직 남은 재액. 여얼(餘孽).

여액(餘額)명 치르고 남은 돈. 쓰고 남은 돈. 남아 있는 액수.

여액-미진(餘厄未盡)[-앵-]명하자 여액이 아직 다하지 않음. 재액(災厄)이 아직 남아 있음.

여야조 모음으로 끝난 체언에 붙어, 앞의 사실이 뒤의 사실에 대한 조건이 됨을 나타내는 연결형 서술격 조사. ¶모든 국민이 애국자여야 나라가 발전한다. 참이어야.

여:야(與野)명 여당(與黨)과 야당(野黨). ¶여야 총무 회담.

-여야어미 동사 '하다' 및 접미사 '-하다'가 붙는 용언의 어간에 붙는 연결 어미. 어미 '-아야/-어야'와 같은 뜻과 기능을 가졌음. 《흔히, '하-'와 결합하여 줄어든 '해야'로 씀.》 ¶학생은 마땅히 공부에 열중하여야(열중해야) 한다.

여얼(餘孽)명 ①☞여액(餘厄). ②☞여증(餘症). ③멸망한 집의 자손.

여업(餘業)명 ①조상이 대대로 남겨 놓은 사업. ②☞부업(副業).

여:역(癘疫)명 한방에서, '유행성 열병'을 이르는 말. 여질(癘疾). 온역(瘟疫).

여:역-발황(癘疫發黃)[-빵-]명 한방에서, '여역에 황달을 겸한 병'을 이르는 말.

여열(餘熱)명 ①아직 다 식지 않고 남아 있는 열. ¶화로에는 아직 따스한 여열이 있다. ②고열(高熱) 뒤에 남아 있는 신열(身熱). ③심한 더위 뒤에 남아 있는 더위. ③잔서(殘暑). 잔열(殘熱).

여염(閭閻)명 인가(人家)가 모여 있는 곳. 서민이 모여 사는 마을. 여리(閭里). 여항(閭巷). ¶여염에서 뚝 떨어진 주막거리.

여염(餘炎)명 ①타다 남은 불꽃. ②남은 더위. 잔서(殘暑).

여염(麗艶)명 '여염하다'의 어근.

여염-가(閭閻家)명 ☞여염집.

여염-집(閭閻-)[-찝]명 ①서민의 살림집. ¶여염집을 찾아 하룻밤 묵기를 청했다. ②무슨 영업을 하는 집이 아닌 살림집. ¶여염집 아주머니. 여가(閭家). 여염가(閭閻家). ③명집.

여영(餘榮)명 죽은 뒤의 영광. 죽은 뒤에까지 남는 영예.

여예(餘裔)명 ①자손. 후손. ②☞말류(末流).

여옥기인(如玉其人)[-끼-]명[옥과 같은 사람이란 뜻으로] '흠이 없는 완벽한 사람'을 비유하여 이르는 말.

여와(女瓦)명 ☞암키와.

여왕(女王)명 ①여자 임금. 여주(女主). ②'어떤 영역에서의 중심적인 중심'을 비유하여 이르는 말. ¶은막(銀幕)의 여왕.

여왕-개미(女王-)명 사회생활을 하는 개미의 무리에서, 알을 낳을 수 있는 암개미.

여왕-벌(女王-)명 사회생활을 하는 벌의 무리에서, 알을 낳을 수 있는 암벌. 봉왕(蜂王). 여왕봉(女王蜂). 왕봉. 장수벌.

여왕-봉(女王蜂)명 ☞여왕벌.

여요조 모음으로 끝난 체언에 붙어, 친근한 느낌을 담아 사물을 긍정적으로 단정하여 말하거나 지정하여 묻는 뜻을 나타내는 종결형 서술격 조사. 예요. ¶몸집은 작아도 국가 대표 축구 선수여요. /아까 만난 그 사람이 누구여요? 참이요.

여요(麗謠)명 〈고려 가요(高麗歌謠)〉의 준말.

여용(麗容)명 아름다운 모습. 고운 얼굴.

여우명 ①갯과의 짐승. 개와 비슷하나 몸이 더 홀쭉하고 다리는 짧고 가늚. 털빛은 적갈색 또는 황갈색인데, 털가죽으로는 흔히 목도리를 만듦. 야호(野狐). ②'매우 교활한 사람'을 비유하여 이르는 말. ¶여우 같다.

여우(女優)명 〈여배우〉의 준말. ¶여우 주연상. ↔남우(男優).

여우(如右)명형 (세로쓰기로 쓴 문서 따위에서) 오른쪽, 곧 앞에 적은 것과 같음.

여우(旅寓)명하자 ☞객우(客寓).

여우-별[-별]명 비 오는 날 잠깐 비치는 별. * 여우별이[-벼치]·여우별을[-벼틀]·여우별만[-변-].

여우-비명 맑은 날에 잠깐 뿌리는 비.

여운(餘運)명 아직 더 남은 운수. 나머지 운수.

여운(餘韻)명 ①☞여음(餘音). ②일이 끝난 다음에도 남아 있는 느낌이나 정취. ¶감동의 여운이 가시지 않는다. ③시문(詩文) 따위에서, 말로 직접 표현하지 않은 데서 느껴지는 정취. ¶여운 있는 말.

여운-시(餘韻詩)명 서정시의 한 형식. 여운의 효과를 기대하는 시.

여울명 강이나 바다의 바닥이 얕거나 폭이 좁거나 하여, 물살이 세차게 흐르는 곳. 천탄(淺灘). 여울로 소금 섬을 끌래도 끌지속담 무슨 일이든 시키는 대로 다 하겠다는 뜻.

여울-목명 여울의 턱이 진 곳.

여울-물명 여울의 물. 여울에 흐르는 물.

여울-여울튀[-울려-/-우려-]불이 슬슬 슬슬 곱게 타는 모양. ¶아궁이의 장작불은 여울여울 타고 있었고, 가마솥에는 엿이 설설 고아지고 있었다. 짝야울야울.

여울-지다〔자〕여울을 이루다. ¶여울져 흐르는 시냇물.

여원여모(如怨如慕)[-녀-]〔명〕〔하다〕원망하는 것 같기도 하고 사모하는 것 같기도 함.

여월(如月)〔명〕'음력 이월'을 달리 이르는 말. ⑪영월(令月).

여월(餘月)〔명〕'음력 사월'을 달리 이르는 말. 음월(陰月). ⑪사월(巳月).

여위(餘威)〔명〕①위엄을 부리고 난 뒤의〕나머지 위엄. ②조상이 남긴 위광(威光).

여위다〔자〕몸에 살이 빠져 파리해지다. 수척해지다. ¶여윈 얼굴.

여윈-잠〔명〕①흡족하지 못한 잠. ②깊이 들지 않은 잠.

여유(餘裕)〔명〕①(경제적·물질적·시간적으로) 넉넉하여 남음이 있음. ¶저축할 여유가 생기다. /시간의 여유가 없다. ②서두르지 않고 느긋하게 생각하거나 행동하는 마음의 상태. 대범하고 유연하게 행동하는 마음의 상태. ¶여유 있는 태도. /여유를 부리다.

여유-롭다(餘裕-)[-따][~로우니·~로워]〔형ㅂ〕여유가 있다. ¶여유로운 생활.

여유만만(餘裕滿滿)〔명〕〔하다〕아주 여유가 있음. ¶여유만만한 태도.

여유작작(餘裕綽綽)'여유작작하다'의 어근.

여유작작-하다(餘裕綽綽-)[-짜카-]〔형여〕서두르지 않고 느긋하다.(태도가) 침착하고 유연(悠然)하다. 작작유여하다. ¶여유작작하게 행상에 응하다.

여율령-시행(如律令施行)〔하다〕말이 떨어지기가 무섭게 그대로 시행함. ¶손님의 말이라면 다른 일 제쳐 놓고 여율령시행하였다.

여윳-돈(餘裕-)[-유똔/-윧똔]〔명〕넉넉하여 남는 돈.

여으〔명〕〈옛〉여우. ¶풀 소갯 여으와 툿기눈(杜重5:50). ⑪여슥.

여음(女陰)〔명〕여자의 음부(陰部). 여자의 성기.

여음(餘音)〔명〕①소리가 그친 다음에도 귀에 남아 있는 어렴풋한 울림. 여운(餘韻). 여향(餘響). ②국악의 가곡에서, 창과 창 사이에 연주되는 간주곡.

여음(餘蔭)〔명〕조상이 끼친 공덕으로 자손이 받는 복. ¶일가가 하나같이 큰 탈 없이 사는 것이 다 여음이지요.

여읍여소(如泣如笑)[-음녀-]〔명〕〔하다〕우는 것 같기도 하고 웃는 것 같기도 함.

여읍여소(如泣如訴)[-음녀-]〔명〕〔하다〕우는 것 같기도 하고 하소연하는 것 같기도 함.

여의(女醫)[-의/-이]〔명〕〈여의사〉의 준말.

여의(如意)[-의/-이]〔명〕①독경이나 설법을 할 때, 강사(講師)인 중이 손에 드는 불구(佛具)의 한 가지. 나무·대나무·쇠·구리 따위로 만든 막대인데, 끝이 갈고리처럼 꼬부라져 있음.

여의(如意)²'여의하다'의 어근.

여의(餘意)[-의/-이]〔명〕말속에 스며 있는 다른 뜻. 언외(言外)의 뜻.

여의다[-의/-이-]〔타〕①죽어서 이별하다. ¶아버지를 여의다. ②(딸을) 시집보내다. ¶막내딸을 여의다.

여의-보주(如意寶珠)[-의/-이-]〔명〕☞여의주(如意珠).

여의-봉(如意棒)[-의/-이-]〔명〕〔중국 고소설 '서유기(西遊記)'에서 손오공이 지녔던 것으로〕길이를 마음대로 늘이거나 줄이면서 신통력을 발휘하는 몽둥이.

여-의사(女醫師)[-의-/-이-]〔명〕여자 의사. ⑪여의(女醫).

여의-주(如意珠)[-의-/-이-]〔명〕①불교에서, 모든 소원을 뜻대로 이루어지게 해 준다는 신기한 구슬.〔중생의 소원을 성취시켜 주는 부처의 공덕을 상징함.〕여의보주. 보주(寶珠). ②용의 턱 아래에 있다는 진귀한 구슬. 이를 얻으면 온갖 조화를 다 부릴 수 있다고 함.

여의찮다[-의찬타/-이찬타]〔형〕여의하지 않다. 뜻대로 되지 않다. ¶일의 진전(進展)이 여의찮다. /돈을 빌리기가 여의찮다. *여의찮아[-의차나/-이차나]·여의찮소[-의찬쏘/-이찬쏘]

여의-하다(如意-)[-의-/-이-]〔형여〕일이 뜻대로 되다. 여의-히〔부〕.

여인(女人)〔명〕(어른인) 여자(女子).

여인(旅人)〔명〕나그네.

여인(麗人)〔명〕얼굴 모습이 아름다운 여자. 미인.

여인-국(女人國)〔명〕☞여국(女國).

여인-네(女人-)〔명〕여인 일반을 두루 이르는 말. ¶여인네 혼자서 하기에는 너무 벅찬 일.

여-인동락(與人同樂)[-낙]〔명〕〔하다〕다른 사람과 더불어 함께 즐김.

여인-상(女人像)〔명〕①여인의 모습, 또는 그 그림이나 조각. ②전형적인 여인의 모습. 여인으로서 갖추어야 할 모습. ¶한국의 여인상. /이상적인 여인상. 여성상(女性像).

여인-숙(旅人宿)〔명〕사람을 묵게 하는 일을 업으로 하는 집.〔대체로 '여관(旅館)'보다 규모가 작음.〕

여일(如-)'여일하다'의 어근.

여일(餘日)〔명〕①(기한까지의) 남아 있는 날. ②그날 이외의 날. 다른 날. ③☞앞날. ④노후(老後)의 나날.

여일(麗日)〔명〕날씨가 아주 좋은 날. 맑게 개어 화창한 날.

여일-하다(如--)〔형〕한결같다. ¶십 년을 여일하게 옥바라지하다. 여일-히〔부〕.

여잉(餘剩)〔명〕☞잉여(剩餘).

여슥〔명〕〈옛〉여우. ¶한낮 모리(朴解上28). /여으와 너구리 갓옷 닙으니와(小解4:43). ⑪여슥.

여자(女子)〔명〕여성(女性)인 사람. ↔남자.

여자가 셋이면 그릇 접시가 들논다〔속담〕여자들이 모이면 말이 많고 시끄럽다는 말.

여자가 한을 품으면 오뉴월에도 서리가 내린다〔속담〕여자가 한을 품으면 그 영향이 무섭다는 말.

여자는 높이 놀고 낮이 논다〔속담〕여자는 시집가기에 따라서 귀해지기도 하고 천해지기도 한다는 말.

여자는 제 고을 장날을 몰라야 팔자가 좋다〔속담〕'여자는 바깥세상 일은 알 것 없이 집 안에서 살림이나 알뜰히 하는 것이 행복한 것임'을 비유하여 이르는 말.

여자(餘資)〔명〕남아 있는 자산(資産). 쓰고 남은 자금(資金).

여-자(勵磁)〔명〕물체에 자기(磁氣)를 띠게 하는 일, 또는 전자석의 코일에 전류를 보내는 일. 자화(磁化).

여자-관계(女子關係)[-계/-게]〔명〕이성으로서 여자와 사귀는 일. ¶여자관계가 복잡한 남자. ↔남자관계.

여-자-기(勵磁機)〔명〕교류 발전기·직류 발전기·동기(同期) 전동기 등의 계자(界磁) 코일에 여자 전류(勵磁電流)를 공급하기 위한 직류 발전기.

여:자-수자(與者受者)몡 주는 이와 받는 이.

여:자^전:류(勵磁電流)[-절-]몡 장자석(場磁石)의 코일에 보내는 전류.

여장(女裝)하자 남자가 여자처럼 차림, 또는 그런 차림새. 여복(女服). ↔남장(男裝).

여장(女墻)몡 ⇨성가퀴.

여장(旅裝)몡 나그네의 몸차림. 여행할 때의 차림. 정의(征衣). ¶여장을 풀다.

여-장군(女將軍)몡 ①여자 장수. ②'몸집이 큰 여자'를 농조로 이르는 말.

여-장부(女丈夫)몡 남자 이상으로 굳세고 기개(氣槪) 있는 여자. 여걸(女傑).

여:장-절각(汝墻折角)몡 ⇨여담절각.

여재(餘在)몡 쓰고 남은 돈 또는 물건. 여존(餘存).

여재(餘財)몡 ①남은 재산. ②그 재산 이외의 다른 재산.

여재-문(餘在文)몡 셈을 해 주고 남은 돈.

여적(女賊)몡①불교에서, '남자의 심신(心身)을 상하게 하는 여색(女色)'을 비유하여 이르는 말. ②여자 도둑.

여적(餘滴)몡 ①붓 끝에 남은 먹물. 여묵(餘墨). ②무슨 일이 끝난 다음의 남은 이야기.

여전(如前)몡 '여전하다'의 어근.

여전(餘錢)몡 남은 돈. 쓰고 남은 돈. 잔금(殘金). ¶이제 여전이 얼마 안 된다.

여전-하다(如前-)혱여 전과 다름이 없다. 여구(如舊)하다. ¶그 못된 버릇은 여전하구나. 여전-히튀 ¶그 집 부부의 금실은 여전히 좋더군.

여쥘(如鎰)몡 '코탄젠트'의 구용어.

여점(旅店)몡 ⇨객점(客店).

여-점원(女店員)몡 여자 점원.

여접(如接)몡 '코탄젠트'의 구용어.

여정(旅情)몡 여행지에서 느끼는 외로움이나 시름 따위의 미묘한 심정. 나그네의 심정. 객정(客情). 객회(客懷). 여심(旅心). ¶바닷가의 고요한 밤이 여정을 자아낸다.

여정(旅程)몡 ①여행의 노정(路程). ¶여정을 바꾸어 급거 귀국하다. ②여행의 일정. ¶여정이 빡빡하다. 객정(客程).

여정(餘情)몡 마음속 깊이 아직 남아 있는 정이나 생각. ¶여정이 은은한 연주회장.

여정(餘情)몡 아직 덜 깬 술기운.

여:정(輿情)몡 어떤 일이나 행위에 대한 여러 사람의 반응. 일반의 여론.

여:정(勵精)몡하자 마음을 가다듬어 힘씀.

여:정-도치(勵精圖治)몡하자 마음을 가다듬어 정치(政治)에 힘씀.

여정-목(女貞木)몡 ⇨광나무.

여정-실(女貞實)몡 한방에서, '광나무의 열매'를 이르는 말. 동지 때 따서, 술을 뿜어 쪄서 강장제로 씀. 여정자(女貞子).

여정-자(女貞子)몡 ⇨여정실(女貞實).

여정-하다혱여 별로 틀릴 것이 없다.

여제(女弟)몡 누이동생.

여제(女帝)몡 ⇨여황(女皇).

여:제(厲祭)몡 여귀(厲鬼)를 위로하는 제사.

여조(餘條)몡 돈이나 곡식 따위를 계산할 때의 나머지 부분.

여조(麗朝)몡 '고려 왕조(高麗王朝)'를 줄여서 이르는 말.

여조(麗藻)몡 아름다운 시문(詩文).

여존(餘存)몡 ⇨여재(餘在).

여존-남비(女尊男卑)몡 여성을 존중하고 남성을 비천하게 여기는 일. ↔남존여비.

여-종(女-)몡 종노릇을 하는 여자. 계집종.

여좌(如左)몡하혱 (세로쓰기로 쓴 문서 따위에서) 왼쪽에 적은 것과 같음. ¶상세한 내용은 여좌함. 여좌-히튀.

여좌침석(如坐針席)몡 바늘방석에 앉은 것처럼 마음이 편안하지 아니함.

여죄(餘罪)[-죄/-줴]몡 그 죄 이외의 또 다른 죄. ¶여죄를 추궁하다.

여:주몡 박과의 일년생 만초. 열대 아시아 원산의 관상 식물. 잎은 손바닥 모양으로 갈라져 있고 여름과 가을에 노란 꽃이 핌. 길둥근 열매에는 혹 같은 것이 우툴두툴 돋아 있음.

여주(女主)몡 ⇨여왕(女王).

여-주인공(女主人公)몡 사건이나 소설·희곡 등에서 중심 역할을 하는 여자.

여죽(女竹)몡 여자용 담뱃대.

여줄가리몡 ①주된 몸뚱이나 원줄기에 딸린 물건. ②중요한 일에 곁딸리어 있어 대수롭지 않은 일.

여중(女中)몡 '여자 중학교'를 줄여서 이르는 말.

여중(旅中)몡 ⇨객중(客中).

여중-군자(女中君子)몡 정숙하고 덕이 높은 여자를 일컫는 말.

여중-호걸(女中豪傑)몡 호협하고 풍채가 당당한 여자를 일컫는 말.

여증(女症)몡 병이 나은 뒤에도 남아 있는 증세. 여기(餘氣). 여수(餘祟). 여얼(餘孽).

여지(餘地)⦗Ⅰ⦘몡 들어설 수 있거나 이용할 수 있는 땅, 또는 공간. ¶차고를 지을 여지는 있다.
⦗Ⅱ⦘의 ①무슨 일을 하거나 생각하거나 하는 여유. ¶변명할 여지도 주지 않는다. ②생각하거나 설명할 필요나 이유. ¶의심할 여지도 없다. ③무슨 일이 일어날 가능성이나 희망. ¶개선의 여지가 있다.

여:지(輿地)몡 〔만물을 싣는 수레 같은 땅이라는 뜻으로〕 지구 또는 땅덩이.

여:지(濾紙)몡 ⇨여과지(濾過紙)의 준말.

여지(鑢紙)몡 ⇨사포(沙布). 샌드페이퍼.

여:지-도(輿地圖)몡 종합적인 내용을 담은 일반 지도.

여지-없다(餘地-)[-업따]혱 더할 나위가 없다, 또는 달리 어찌할 방법이나 가능성이 없다. 여지없-이튀 ¶여지없이 무너지다.

여직튀 '여태'의 잘못.

여-직공(女職工)[-꽁]몡 여자 직공. 공녀(工女). ☞여공(女工).

여직-껏튀 '여태껏'의 잘못.

여진(女眞)몡 10세기 이후 중국의 동북 지방과 시베리아의 연해주(沿海州)에 걸쳐서 산 퉁구스계 민족.

여진(餘塵)몡 ①수레 따위가 지나간 뒤에 일어나는 흙먼지. ②'옛사람의 유풍(遺風)이나 발자취' 따위를 비유하여 이르는 말.

여진(餘震)몡 큰 지진이 있은 뒤에 이어서 일어나는 작은 지진.

여진여퇴(旅進旅退)[-녀퇴/-녀퉤]몡 일정한 주견이 없이 남이 하는 대로 덩달아 행동함.

여질(女姪)몡 조카딸.

여:질(癘疾)몡 ⇨여역(癘疫).

여질(麗質)몡 타고난 아름다움. 타고난 미모.

여-집합(餘集合)[-지뽑]몡 수학에서, 전체 집합에 속한 특정한 부분 집합에 대하여 이에 속하지 않는 나머지 모든 요소로 이루어지는 집합을 이르는 말.

여짓-거리다[-짇꺼-]짜 자꾸 여짓여짓하다. 여짓대다.

여짓-대다[-짇때-]짜 여짓거리다.

여짓-여짓[-진녀짇/-지더진]튀하자 말을 할 듯 말 듯 머뭇거리는 모양. ¶차마 말을 못하고 여짓여짓 기색만 살폈다.

여:쭈다타 ①어른께 말씀을 올리다. ¶아버지께 여쭈어 보려무나. ②어른께 인사를 드리다. ¶장인어른께 인사를 여쭈다. 높여쭙다.

여:쭙다[-따][여쭈우니·여쭈워]타타 〈여쭈다〉의 높임말. ¶큰일은 할아버님께 여쭈워서 처리하도록 하여라.

여:차감 〈이영차〉의 준말.

여차(如此)명 '여차하다'의 어근.

여차(旅次)명 여행 중에 머무르는 곳. 〔편지 글에서 아랫사람에게 쓰는 말.〕

여차여차(如此如此)명 '여차여차하다'의 어근.

여차여차-하다(如此如此-)혱 이러이러하다. 여시여시하다. 여사여사하다. 약차약차하다. 여차여차-히튀.

여-차장(女車掌)명 여자 차장.

여차직-하다혱 '여차하다'의 잘못.

여차-하다(如此-)혱 이와 같다. 여시(如是)하다. 여사(如斯)하다. 약차(若此)하다. 여차-히튀.

여창(女唱)명하자 ①남자가 여자 목소리로 노래 부름, 또는 그 노래. 여청. ↔남창(男唱). ②〈여창남수(女唱男隨)〉의 준말.

여창(旅窓)명 ⇨객창(客窓).

여창-남수(女唱男隨)명 여자가 나서서 두르고 남자는 따라만 함. 준여창.

여창-유취(女唱類聚)[-뉴-]명 조선 고종 때, 박효관(朴孝寬)·안민영(安玫英)이 여창 곡 178수를 모아서 편찬한 시가집. 〔'가곡원류'에 실려 전함.〕

여천(餘喘)명 ①죽음에 가까워 곧 끊어질 듯 쉬는 약한 숨. ②아직 죽지 않고 겨우 붙어 있는 목숨.

여:천지무궁(與天地無窮)명하자 〔천지와 더불어 끝이 없다는 뜻으로〕 무엇이 영구히 변하지 않음을 이르는 말. ¶국운(國運)이 여천지무궁이라.

여철(藜鐵)명 ⇨마름쇠.

여-청(女-)명 ①여자의 목청. ②⇨여창(女唱).

여체(女體)명 여성의 몸(육체).

여체(旅體)명 ⇨객체(客體).

여초(餘草)명 ①쓸모없게 된 글의 초고(草稿). ②심심풀이로 쓴 글.

여추(餘醜)명 소탕을 면하여 아직 남아 있는 악인들. 준잔당(殘黨).

여축(餘蓄)명하자 쓰고 남은 물건을 모아 둠, 또는 그 물건.

여:출-액(濾出液)명 혈액 중의 혈청이 혈관(血管) 벽(壁)에서 여과되어 조직 속 또는 체강(體腔) 속으로 들어간 것. 정맥압(靜脈壓)이 높을 때 나타남.

여출일구(如出一口)명 ⇨이구동성.

여취여광(如醉如狂)명 ⇨여광여취.

여측-이심(如廁二心)명 '뒷간에 갈 적 마음 다르고, 나올 적 마음 다르다'는 뜻의 말.

여:치명 여칫과의 곤충. 몸길이 3~4 cm. 메뚜기와 비슷하나 긴 실 모양의 더듬이가 있음. 날개는 녹색이고 배는 황색임. 여름에 나타나 수컷은 큰 소리로 우는데, 완상용으로 기르기도 함. 동부 아시아에 분포함. 씨르래기.

여침(旅寢)명 객지에서의 잠자리.

여쾌(女儈)명 중매하는 여자.

여타(餘他)명 그 밖의 다른 일, 또는 다른 것. 그 나머지. ¶여타는 더 캐묻지 않겠다.

여:타-자별(與他自別)명하혱 남보다 사이가 유달리 가까움.

여:탈(與奪)명하타 주는 일과 빼앗는 일. ¶생살(生殺)여탈을 마음대로 하다.

여:탐(←豫探)명하타 〔무슨 일이 있을 때〕 웃른의 뜻을 살피기 위하여 미리 여쭘.

여:탐-굿(←豫探-)[-굳]명하자 집안에 경사가 있을 때 조상에게 먼저 아뢰는 굿. *여:탐굿이[-구시]·여:탐굿만[-군-]

여탕(女湯)명 공중목욕탕에서, 여자가 목욕하게 되어 있는 곳. ↔남탕(男湯).

여태튀 지금에 이르기까지. 이때까지. ¶여태 나타나지 않았다. /여태 어디에 있었니?

여태(女態)명 여자다운 모습. 여자다운 태도.

여태-껏[-껃]튀 '여태'를 강조하여 이르는 말. 이제껏. 입때껏. ¶여태껏 거짓말을 한 적이 없다. /여태껏 어디에 있었는가?

여택(餘澤)명 ①남에게까지 끼치는 넓고 큰 은혜. ②선인(先人)의 은택. ¶여택을 입다.

여택(麗澤)명 친구끼리 서로 도와 학문과 덕행(德行)을 닦는 일.

여토다타 〔옛〕여투다. 저축하다. ¶오늘 차반 여토와 우리 모든 권당을 청하야(老解下30).

여투다타 물건이나 돈을 아껴 쓰고 나머지를 모아 두다. ¶이 옥수수는 보릿고개를 위하여 여투어 둔 양식이다.

여트막-하다[-마카-]혱 조금 옅은 듯하다. ¶여트막한 언덕 비탈을 개간한 포도밭. 준여틈하다. 여트막-이튀.

여틈-하다혱 〈여트막하다〉의 준말. ¶여틈한 개울 바닥을 누비며 탐석하다. 여틈하다.

여파(餘波)명 ①바람이 잔 뒤에도 일고 있는 물결. 또 태풍의 여파. ②무슨 일이 끝난 뒤에 그로 인하여 미치는 영향. ¶사건의 여파가 크다.

여:파-기(濾波器)명 전기 회로의 도중에 넣어 어떤 특정한 주파수의 전류만을 통하게 하는 장치.

여편-네(女便-)명 ①'결혼한 여자'를 속되게 이르는 말. ¶동네 여편네가 수다를 떨다. ②'자기 아내'를 속되게 이르는 말.

여편네 팔자는 뒤웅박 팔자라족담 〔뒤웅박이 끈 떨어지면 어쩔 수 없듯이〕남편에게 매인 것이 여자의 팔자라는 말.

여폐(餘弊)명 ①뒤에까지 남아 있는 폐해. ②무슨 일에 곁따라서 일어나는 폐해. ¶과당 경쟁의 여폐가 자못 심각하다.

여:포(濾胞)명 ①동물의 내분비샘 조직에서, 많은 세포로 이루어지는 공동(空洞) 모양의 구조. ②난소(卵巢) 속에서 성장 과정에 있는 세포성(細胞性)의 주머니. 〔여포 호르몬을 분비함.〕②난포(卵胞).

여:포^호르몬(濾胞hormone)명 여성 호르몬의 한 가지. 난포에서 분비되어 자궁의 발육, 자궁 내막의 증식, 젖샘의 발육, 월경이나 제2차 성징(性徵)이 드러나게 하는 등의 구실을 함. 난포 호르몬. 에스트로겐.

여풍(餘風)명 ①큰 바람이 분 뒤에 아직 부는 바람. ②전대(前代)부터 남아 있는 풍습이나 습관.

여풍(麗風)명 팔풍(八風)의 하나로, '북서풍'을 이르는 말.

여필(女筆)**명** 여자의 글씨.

여필종부(女必從夫)**명** '아내는 반드시 남편의 뜻을 좇아야 한다'는 말.

여하(如何)**명**[하**명**] 어떠함. ¶성공은 자신의 노력 여하에 달려 있다./여하한 어려움도 견딜 수 있다. 여하-히**부**.

여하-간(如何間)**부** 어떠하든 간에. ¶여하간 만나 보기나 하자.

여-하다(如-)**형여** '같다'의 문어 투의 말. 여히**부** ¶우(右)와 여히 신고함.

여하-튼(如何-)**부** 어떠하든. 아무튼. 어쨌든. ¶여하튼 사건의 경위를 들어 보자.

여-학교(女學校)[-꾜]**명** 여자에게만 교육을 베푸는 학교를 두루 이르는 말.

여-학사(女學士)[-싸]**명** 여자 학사.

여-학생(女學生)[-쌩]**명** 여자 학생. 여자 생도. ↔남학생.

여한(餘恨)**명** 풀지 못하고 남은 원한. ¶소원을 이루었으니 이제 여한이 없다.

여한(餘寒)**명**☞늦추위.

여할(餘割)**명** '코시컨트'의 구용어.

여-함수(餘函數)[-쑤]**명** 삼각 함수에서, 직각 삼각형의 직각 아닌 각의 사인과 코사인, 탄젠트와 코탄젠트, 시컨트와 코시컨트를 서로 상대편의 여함수라 함.

여합부절(如合符節)[-뿌-]**명**[하**명**] 부절이 서로 꼭 맞듯이 사물이 꼭 들어맞음.

여항(閭巷)**명**☞여염(閭閻).

여항(餘項)**명** 남은 항목.

여항-간(閭巷間)**명** 세상 사람들 사이. 서민들 사이. 항간(巷間).

여항-인(閭巷人)**명** 세상 사람들. 서민들. 위항인(委巷人).

여행(旅行)**명**[하**타**] (일정 기간 동안 일이나 유람을 목적으로) 다른 고장이나 다른 나라에 가는 일.

여:행(勵行)**명**[하**타**] ①열심히 행함. ②실행하도록 장려함. ¶저축을 여행하다.

여행-기(旅行記)**명** 여행 중에 보고 들은 일이나 느낌 따위를 적은 글.

여행-사(旅行社)**명** 여행안내, 교통 편의 주선(周旋), 여권 신청 업무의 대행 등을 주요 업무로 하는 회사.

여행-안내(旅行案內)**명** 여행지의 명소·고적·교통 및 숙박 시설 따위에 대하여 자세하게 안내하는 일.

여행-자(旅行者)**명** 여행하는 사람.

여행자^수표(旅行者手票)**명** 여행자가 현금 대신 가지고 가서, 해외에서 현금처럼 쓸 수 있는 수표.

여향(餘香)**명** 뒤에 남은 향기. 여훈(餘薰). 유향(遺香). ¶선생님의 여향이 지금도 은은합니다.

여향(餘響)**명** 소리가 그친 뒤에까지 남아 있는 울림. 여음(餘音). 잔향(殘響). ¶에밀레종의 여향.

여현(餘弦)**명** '코사인'의 구용어.

여혈(餘血)**명** 산후(産後)에 음문에서 나오는 악혈. 옹오로(惡露).

여혐(餘嫌)**명** 아직 남아 있는 혐의(嫌疑). 그밖의 혐의.

여형(女兄)**명** 손위의 누이.

여형(女形)**명** 여자같이 보이는 남자 모습.

여형약제(如兄若弟)[-쩨]**명**[하**명**] (남남인 사이이면서) 친하기가 형제와 같음.

여-형제(女兄弟)**명**☞자매(姉妹).

여혜(女鞋)[-혜/-헤]**명** 여자용의 가죽신.

여호수아-서(←Jehoshua書)**명** 구약 성서 중의 한 편. 가나안 정복과 지도자 여호수아의 설교 및 죽음 등에 관한 내용으로 이루어짐.

여호와(←Jehovah 히)**명** 유대교에서 이스라엘 민족 및 기독교에서, 천지 만물을 창조하고 유일 전능하다고 믿는 신. 야훼.

여혹(如或)**명** 만일.

여혼(女婚)**명** 딸의 혼사(婚事). ↔남혼(男婚).

여혼-잔치(女婚-)**명** 딸을 시집보낼 때에 베푸는 잔치.

여화(女禍)**명** ①여색으로 말미암은 재앙. ②임금이 여색에 빠져 나랏일을 그르치는 일.

여환(如幻)**명** 불교에서, 모든 존재는 실체(實體)가 없어 허깨비처럼 덧없음을 이르는 말.

여황(女皇)**명** 여자 황제. 여제(女帝).

여회(旅懷)[-회/-훼]**명** 객회(客懷).

여회(藜灰)[-회/-훼]**명** 명아주를 태운 재. 한 방에서 어루러기나 혹을 없애는 약으로 씀.

여훈(餘薰)**명**☞여향(餘香). ②훌륭한 선인이 후세에 끼친 은덕(恩德).

여훈(餘暉)**명** 아직 덜 깬 술기운.

여휘(餘暉)**명**☞석조(夕照).

여흔(餘痕)**명** 남아 있는 자국.

여흘(옛) 여울. ¶간밤의 우던 여흘 슬퍼 우러 지내여다(古時調)./여흘 녀던덕 正히 서르 브텃도다(杜初15:27).

여흥(餘興)**명** ①놀이 끝에 남아 있는 흥. ②**하자** 어떤 모임이나 연회 따위에서, 흥을 돋우기 위하여 곁들이는 연예나 장기 자랑 따위.

여희다**타** (옛) 여의다. 이별하다. ¶어마님 여희신 눉므를 左右ㅣ 슬쿠바(龍歌91章)./星橋ㅅ 바미서 定코 여희요니(杜初20:26).

여히다**타** (옛) 여의다. 이별하다. ¶有德ㅎ신 님 여히오와지이다(樂詞.鄭石歌).

역(力)**명** 조선 시대의 달음질 취재(取才)의 한 가지. 두 손에 무거운 물건을 들고 갔으며, 일력(一力)·이력(二力)·삼력(三力)의 세 등급이 있었음.

역(役)**명** ①연극이나 영화 등에서, 배우가 맡아서 하는 구실. 역할. ¶노인 역./군인 역을 맡다. ②특별히 맡은 소임. ¶상담하는 역을 맡다.

역(易)**명**☞주역(周易).

역(逆)**명** ①(차례나 방향 따위가) 거꾸로임. ¶스물부터 하나까지 역으로 세어 내려가다. ②논리학에서, 어떤 명제의 주어와 술어, 또는 가정(假定)과 결론을 바꾸어 놓은 명제. ('사람은 동물이다.'에 대하여 '동물은 사람이다.' 따위.)

역(域)**명** ①〈경역(境域)〉의 준말. ②어떤 일정한 단계 또는 경지. ¶보통 사람의 역을 벗어난 훌륭한 솜씨.

역(閾)**명** 심리학에서, 자극에 의하여 감각이나 반응이 일어나는 경계(境界)의 값. 〔자극역(刺戟閾)·변별역(辨別閾) 따위.〕

역(譯)**명** 〈번역(翻譯)〉의 준말.

역(驛)**명** ①철도의 정거장. ¶역 대합실. ②나라의 공문을 중계(中繼)하고, 공무로 여행하는 관원에게 마필(馬匹)의 편의를 제공하던 곳. 〔주요 도로에 대개 30리마다 하나의 역을 두었음.〕②우역(郵驛).

역-(逆)**접두** 《일부 명사 앞에 붙어》 반대임을 나타냄. ¶역방향. /역삼각형. /역비례. /역선전.

역가(力價)[-까]**명** 화학에서, 적정(滴定) 등에서 쓰이는 액(液)의 농도. ¶역가가 높은 항생제.

역가(役價) [-까] 圓 ①품삯. ②조선 시대에, 경저리(京邸吏)와 영저리(營邸吏)가 받던 보수.

역간(力諫) [-깐] 圓태 힘써 간(諫)함.

역강(力强) '역강하다'의 어근.

역강-하다(力强-) [-깡-] 혱 힘이 세다. 기력이 왕성하다.

역-결(逆-) [-껼] 圓 ☞엇결.

역-겹다(逆-) [-껍-] (~겨우니·~겨워)혱비 몹시 역겹다. 역정이 나게 겹다. ¶역겨운 냄새. /내 말이 그렇게도 역겨우냐?

역경(易經) [-꼉] 圓 ☞주역(周易).

역경(逆境) [-꼉] 圓 일이 뜻대로 되지 않는 불운한 처지. 고생이 많은 불행한 처지. ¶역경을 헤쳐 나가다. ↔순경(順境).

역공(力攻) [-꽁] 圓태 힘을 다하여 공격함.

역공(逆攻) [-꽁] 圓태 공격을 받다가 거꾸로 맞받아 공격함, 또는 그런 공격. ¶역공에 나서다.

역과(譯科) [-꽈] 圓 조선 시대의 잡과(雜科)의 하나. 중국어·몽고어·일본어·여진어에 능통한 사람을 역관(譯官)으로 뽑아 쓰기 위하여 보이던 과거(科擧).

역관(曆官) [-꽌] 圓 왕조 때, 역법(曆法)·역학(曆學)에 관한 일을 맡아보던 관리.

역관(歷官) [-꽌] 圓태 여러 관직을 차례로 지냄.

역관(譯官) [-꽌] 圓 ①통역을 맡아보는 관리. ②고려 말기와 조선 시대에, 사역원(司譯院)에 딸렸던 관리를 통틀어 이르는 말.

역관(驛館) [-꽌] 圓 역참(驛站)에서, 공무로 여행하는 관원이 묵던 집.

역광(逆光) [-꽝] 圓 사진 등에서, 대상이 되는 것의 뒤편으로부터 비치는 광선. 역광선. ¶역광으로 사진을 찍다.

역-광선(逆光線) [-꽝-] 圓 ☞역광(逆光).

역구(力求) [-꾸] 圓태 힘써 요구함. 힘써 찾음.

역구(力救) [-꾸] 圓태 힘써 구원함.

역구(歷久) [-꾸] 오래됨.

역군(役軍) [-꾼] 圓 ①공사장에서 삯일을 하는 사람. 역부(役夫). ②일정한 부문에서 믿음직하게 일을 맡아 하는 일꾼. ¶조국 통일의 역군. /수출 역군.

역권(力勸) [-꿘] 圓태 ①열심히 권함. ¶출마(出馬)를 역권하다. ②억지로 권함. ¶친구에게 술을 역권하다.

역권(役權) [-꿘] 圓 일정한 목적을 위하여 남의 소유물을 이용하는 물권(物權). 우리나라 민법에서는 지역권(地役權)만 채용하고 있음.

역귀(疫鬼) [-뀌] 圓 전염병을 퍼뜨린다는 귀신.

역-귀성(逆歸省) [-뀌-] 圓 명절 때, 자식이 고향의 부모를 찾는 것에 대하여 거꾸로 부모가 객지에 있는 자식을 찾아가는 일.

역기(力技) [-끼] 圓 ☞역도(力道).

역기(力器) [-끼] 圓 역도(力道)를 할 때 들어 올리는 기구. 철봉의 양쪽 끝에 추를 끼운 것. 바벨.

역기(逆氣) [-끼] 圓 욕지기.

역-기능(逆機能) [-끼-] 圓 (원래의 목적과는 달리 나타나는) 바람직하지 못한 기능. ¶텔레비전의 역기능. ↔순기능.

역-기전력(逆起電力) [-끼쩐-] 圓 인덕턴스를 갖는 전기 회로에 급격히 전류를 보냈을 때 생기는, 전원 전압과 반대 방향으로 작용하는 기전력.

역내(域內) [영-] 圓 일정한 구역이나 범위의 안. ↔역외(域外).

역내(閾內) [영-] 圓 ①문지방의 안. ②일정한 한계의 안. ↔역외(閾外).

역내(驛內) [영-] 圓 철도 역의 안. 기차 정거장 안.

역내^무(域內貿易) [영-] 圓 일정한 경제권의 내부에서 이루어지는 무역. ¶유럽 공동체의 역내 무역.

역년(歷年) [영-] 圓 ①한 왕조가 지속된 햇수. ②하자 여러 해를 지나옴, 또는 지나온 여러 해. ¶역년의 업적.

역년(曆年) [영-] 圓 책력에 나타나 있는 한 해. 〔태양력에서는 평년 365일, 윤년 366일.〕

역노(驛奴) [영-] 圓 조선 시대에, 역참(驛站)에 딸려 있던 사내종. 쏀역놈. ↔역비(驛婢).

역-놈(驛-) [영-] 圓 '역노(驛奴)'의 낮춤말.

역농(力農) [영-] 圓하자 힘써 농사를 지음. 역전(力田).

역다 [-따] 혱 잇속에 밝고 약삭빠르다. 쏀약다.

역-단층(逆斷層) [-딴-] 圓 단층의 한 가지. 기울어진 단층면에 따라 상반(上盤)이 하반(下盤)에 대하여 상대적으로 밀려 올라간 것. ↔정단층.

역답(驛畓) [-땁] 圓 조선 시대에, 역참(驛站)에 딸려, 그 수익을 역참의 비용으로 쓰게 되어 있던 논.

역당(逆黨) [-땅] 圓 역적의 무리. 역도(逆徒). ¶역당을 토벌하다.

역대(歷代) [-때] 圓 이어 내려온 모든 대(代). 각각의 대. 대대. 역세(歷世). ¶역대 대통령.

역대-기(歷代記) [-때-] 圓 구약 성서의 한 부분을 이루고 있는 책. 유대와 이스라엘의 고대 역사를 기록하였으며 상하(上下) 두 책으로 되어 있음.

역-대수(逆對數) [-때-] 圓 ☞진수(眞數).

역도(力道) [-또] 圓 역기를 들어 올려 그 기록을 겨루는 경기. 〔인상(引上)과 용상(聳上) 두 종목이 있음.〕 역기(力技).

역도(逆徒) [-또] 圓 ☞역당(逆黨).

역도(逆睹) [-또] 圓태 어떤 일의 결말을 미리 짐작함. 앞일을 내다봄. 예측(豫測).

역동(力動) [-똥] 圓혱자 힘 있고 활발하게 움직임.

역동-적(力動的) [-똥-] 관圓 힘 있고 활발하게 움직이는 (것). ¶역동적인 삶.

역두(驛頭) [-뚜] 圓 ☞역전(驛前). ¶하얼빈 역두를 진동한 구국(救國)의 총성.

역-둔토(驛屯土) [-뚠-] 圓 ①역의 급전(給田)으로 준 둔토. ②역토와 둔토.

역란(逆亂) [영난] 圓하자 ☞반란(叛亂).

역람(歷覽) [영남] 圓태 ①여러 곳을 두루 다니면서 봄. ②하나하나 살펴봄.

역량(力量) [영냥] 圓 일을 해낼 수 있는 능력, 또는 그 능력의 정도. ¶역량 있는 사업가. /관리자로서의 역량을 충분히 발휘하다.

역려(逆旅) [영녀] 圓 ☞여관(旅館).

역력-하다(歷歷-) [영녀카-] 혱예 (자취나 기미·기억 따위가) 또렷하다. 분명하다. ¶뉘우치는 기색이 역력하다. **역력-히**부 ¶이번 작품에 그동안 노력한 흔적이 역력히 발휘하다.

역로(逆路) [영노] 圓 ①반대 방향의 길, 또는 반대 방향으로 가는 일. ②역경에서 허덕이는 고비. ↔순로(順路).

역로(歷路) [영노] 圓 거쳐서 지나가는 길.

역로(驛路) [영노] 圓 역참(驛站)으로 통하는 길. 비참로(站路).

역류(逆流)[영뉴][하자] ①거꾸로 흐름, 또는 거꾸로 흐르는 물. 역수(逆水). ¶피가 역류하다. /바닷물이 강으로 역류한다. ②흐름을 거슬러 오름. ¶역사의 역류. /운명의 역류. ↔순류(順流).

역륜(逆倫)[영뉸][명][하자] 인륜에 어긋남.

역률(力率)[영뉼][명] 교류 회로에서, 전력과 전압·전류의 곱과의 비율.

역률(逆律)[영뉼][명] 역적을 다스리는 법률.

역리(疫痢)[영니][명] 적리균(赤痢菌)에 의한 급성 전염병의 한 가지. 2~6세의 유아에게 흔히 나타남.

역리(逆理)[영니][명][하자] 도리나 사리에 어그러지는 일.

역리(驛吏)[영니][명] 역참(驛站)에 딸린 아전.

역린(逆鱗)[영닌][명][하자] 〔'한비자'의 '세난편(說難編)'에 나오는 말로, 용의 가슴에 거꾸로 난 비늘을 건드리면 반드시 죽임을 당한다는 데서〕 '왕의 노여움'을 이르는 말.

역마(役馬)[영-][명] 노역(勞役)에 사용하는 말.

역마(驛馬)[영-][명] 역참(驛站)에 대기시켜 두고 관용(官用)으로 쓰던 말. 역말.

역마-살(驛馬煞)[영-쌀][명] 늘 이리저리 떠돌아다니게 된 액운. ¶역마살이 끼다.

역마-직성(驛馬直星)[영-썽][명] 늘 분주하게 멀리 돌아다니는 사람을 이르는 말.

역-마차(驛馬車)[영-][명] 서양에서, 철도가 통하기 전에 정기적으로 여객이나 화물·우편물 따위를 수송하던 마차.

역-말(驛-)[영-][명] ☞역마(驛馬).

역면(力勉)[영-][명][하자] 부지런히 힘씀.

역명(逆命)[영-][명] ①정도(正道)에서 벗어난 포학무도한 명령. ②[하자]명령을 거스름. 복종하지 않음.

역명(譯名)[영-][명] 번역하여 붙인 이름.

역명지전(易名之典)[영-][명] 임금으로부터 시호(諡號)를 받는 은전(恩典).

역모(逆謀)[영-][명][하자] 반역을 모의함, 또는 그런 모사(謀事). ¶역모를 꾀하다. /역모가 탄로나서 모두 죽임을 당하다. 비흉모(凶謀).

역-모:션(逆motion)[영-][명] ①어떤 동작을 함에 있어, 그 동작 자세와는 반대되는 동작을 하는 일. 〔몸이 오른쪽으로 향해 있는 자세에서 왼쪽으로 공을 던지는 따위.〕 ②영화 촬영 기법의 하나. 〔높은 곳에 뛰어오르는 장면을 나타낼 때, 실지는 뛰어내리는 장면을 촬영하여, 프린트할 때, 이를 반대로 해서 뛰어오르는 것처럼 보이게 하는 따위.〕

역무(役務)[영-][명] 노역(勞役)의 일.

역무-배상(役務賠償)[영-][명][하타] 전쟁 상대국에 대한 배상을 돈이나 물건으로 하지 않고, 기술이나 노동력의 제공으로 하는 것.

역-무역(逆貿易)[영-][명][하타] 역수입(逆輸入)이나 역수출(逆輸出)에 의한 무역.

역무-원(驛務員)[영-][명] 역에 근무하는 사람.

역문(譯文)[영-][명] 번역한 글.

역-반응(逆反應)[영-][빠능][명] 화학 반응에서, 생성된 물질로부터 본디의 물질로 되돌아가는 반응. ↔정반응.

역발산-기개세(力拔山氣蓋世)[영-빨싼-][명] 힘이 산이라도 빼어 던질 만하고, 기(氣)는 세상을 덮을 만큼 웅대함. 〔'사기'의 '항우본기(項羽本紀)'에 나오는 말로, 초패왕(楚霸王) 항우

(項羽)의 빼어난 힘과 기개(氣槪)를 표현한 말.〕 ☞발산개세.

역방(歷訪)[영-][명][하타] 여러 곳을 차례로 방문함.

역법(曆法)[영-뻡][명] 책력을 제정하는 데에 기준이 되는 법칙.

역병(疫病)[영-뼝][명] 악성(惡性)의 전염병. ¶역병이 돌다.

역복(易服)[영-뽁][명][하자] 거상(居喪) 중이나 탈상(脫喪) 때 옷을 바꿔 입는 일, 또는 그 옷.

역본(譯本)[영-뽄][명] ☞역서(譯書). ↔원본(原本).

역본-설(力本說)[영-뽄-][명] ☞다이너미즘.

역부(役夫)[영-뿌][명] ☞역군(役軍).

역부(驛夫)[영-뿌][명] 지난날, 역에 딸리어 심부름하던 사람. 역졸(驛卒).

역부득(易不得)[영-뿌-][하형] 〈이역부득〉의 준말.

역부족(力不足)[영-뿌-][명][하형] 힘이 모자람. 기량이 미치지 못함. ¶있는 힘을 다하였으나 그를 당해 내기엔 역부족이었다. 비역불급(力不及).

역분-전(役分田)[영-뿐-][명] 고려 태조 때의 토지 제도. 공신에게 공에 따라 토지를 나누어 주었음.

역불급(力不及)[영-뿔-][명][하형] 힘이 미치지 못함. 비역부족(力不足).

역비(逆比)[영-삐][명] ☞반비(反比). ↔정비(正比).

역비(驛婢)[영-삐][명] 조선 시대에, 역참(驛站)에 딸려 있던 계집종. ↔역노.

역-비례(逆比例)[영-삐-][명] ☞반비례(反比例). ↔정비례.

역-빠르다(~빠르니·~빨라)[형][러] 역고 눈치가 빠르다. 〔준〕역빠르다.

역-빨리[부] 역빠르게. 〔준〕역빨리.

역사(力士)[영-싸][명] 뛰어나게 힘이 센 사람. 장사(壯士).

역사(役事)[영-싸][명][하자] 토목이나 건축 따위의 공사. ¶바다를 메우는 큰 역사.

역사(歷史)[영-싸][명] ①인간 사회가 거쳐 온 변천의 모습, 또는 그 기록. ¶역사에 남을 사건. /역사의 심판에 맡기다. ②어떤 사물이나 인물·조직 따위가 오늘에 이르기까지의 자취. ¶도자기 공예의 역사.

역사(歷事·歷仕)[영-싸][명][하타] 여러 대(代)의 임금을 섬김. ¶3대의 임금을 역사하다.

역사(譯詞)[영-싸][명] 가사(歌詞)를 번역하는 일, 또는 그 번역한 가사.

역사(轢死)[영-싸][명][하자][되자] 기차·자동차 따위에 치여 죽음.

역사(驛舍)[영-싸][명] 역으로 쓰는 건물.

역사-가(歷史家)[영-싸-][명] 역사를 연구하는 학자, 또는 역사에 정통한 사람. ☞사가(史家).

역사^과학(歷史科學)[영-싸-][명] ①과거에 일어난 인간 생활의 여러 현상을 대상으로 하는 여러 과학을 통틀어 이르는 말. 역사학. ②인간에 관한 사물의 역사적 개성(個性)의 기술(記述)을 방법으로 하는 여러 과학을 통틀어 이르는 말. ②문화 과학(文化科學). ↔법칙 과학(法則科學).

역사-관(歷史觀)[영-싸-][명] ☞사관(史觀).

역사-극(歷史劇)[영-싸-][명] 역사상의 인물이나 사건을 소재로 한 연극이나 희곡. ☞사극.

역사^법칙(歷史法則)[영-싸-][명] ①역사상의 사상(事象)의 진보·발전에서 볼 수 있는 법칙. ②어느 일정한 역사적 시대에만 적용되는 법칙.

역사^법학(歷史法學) [-싸버퐈]圓 법의 역사성을 강조하고, 법제(法制)나 법칙의 발달과 현상(現狀)을 역사적 관점에서 연구함으로써 법률의 원리를 구명하려는 학문.

역사-상(歷史上) [-싸-]圓 역사에 관계되는 것. 역사에 나타나는 바. ¶역사상의 인물. /인류 역사상 유례가 없는 사건. 㑐사상.

역사^소:설(歷史小說) [-싸-]圓 역사상의 사건이나 인물·풍속 등 사실(史實)을 소재로 하여 구성한 소설.

역사^시대(歷史時代) [-싸-]圓 (문헌이나 기록이 존재하지 않는 선사 시대에 대하여) 문헌·기록으로 인간 생활의 변천을 연구할 수 있는 시대를 이르는 말.

역사-적(歷史的) [-싸-]관圓 ①역사에 관한 (것). ¶역사적 고찰. /역사적인 사실. ②오랜 옛적부터 이어 내려오는 (것). ¶역사적 관습. /역사적인 전통을 자랑하다. ③역사에 남을 만큼 값어치 있는 (것). ¶역사적 사건. /역사적인 발견.

역사^지리학(歷史地理學) [-싸-]圓 지리의 역사적인 연혁(沿革)을 연구하는 학문.

역사^철학(歷史哲學) [-싸-]圓 역사적 변천을 철학적으로 고찰하고, 어떤 원리에 의하여 그 흥망의 자취를 설명하려는 학문.

역사-학(歷史學) [-싸-]圓 ①☞역사 과학. ②특히 사료(史料), 곧 문헌을 기본적인 자료로 하여 과거의 인간 생활의 모습을 연구하는 학문. 㑐사학.

역사학-파(歷史學派) [-싸-]圓 ①독일에서 19세기 초에, 낭만주의나 민족주의의 풍조에 대립하여 생겨난, 역사주의를 표방하는 학자의 한 파. ②19세기에서 20세기 초에 걸친 독일 경제학자의 한 파. 경제 현상의 역사성을 강조하고, 후진국 독일의 보호 무역을 옹호하였음.

역사-화(歷史畫) [-싸-]圓 역사상의 사건이나 인물을 소재로 한 그림. 㑐사화(史畫).

역산(逆産) [-싼]圓 ①圓되双 ☞도산(倒産)². ②부역자(附逆者)나 역적의 재산.

역산(逆算) [-싼]圓 圓되双 반대의 순서로 계산함, 또는 그런 계산. ②계산한 결과를 계산하기 전의 수 또는 식으로 되돌아가게 하는 계산. 〔곱셈에 대한 나눗셈, 덧셈에 대한 뺄셈 따위.〕

역산(曆算) [-싼]圓 역학(曆學)과 산학(算學).

역살(轢殺) [-쌀]圓圓타되双 차바퀴로 갈아 죽임.

역상(曆象) [-쌍]圓 ①책력으로 천체의 현상을 헤아리는 일. ②책력에 적혀 있는 여러 가지 천문 현상.

역상(轢傷) [-쌍]圓圓하双 차바퀴에 깔려서 다침, 또는 그 상처.

역-상속(逆相續) [-쌍-]圓하타 직계 비속이 상속하는 보통의 것과는 반대로 직계 존속이 하는 상속.

역서(易書) [-써]圓 점술(占術)에 관한 책.

역서(曆書) [-써]圓 ①☞책력. ②역학(曆學)에 관한 서적.

역서(譯書) [-써]圓 번역한 책. 역본(譯本). ↔원서(原書).

역석(礫石) [-썩]圓 조약돌.

역-선전(逆宣傳) [-썬-]圓하되双 ①역효과를 가져오는 선전. ②상대편의 선전을 이용하여 상대편에게 반격하는 선전.

역설(力說) [-썰]圓圓하자타되双 힘주어 말함. 강하게 주장함. ¶군비 축소를 역설하다.

역설(逆說) [-썰]圓 표현 구조상으로나 상식적으로는 모순되는 말이지만, 실질적 내용은 진리를 나타내고 있는 표현. 〔'지는 것이 이기는 것.', '바쁘거든 돌아서 가라.' 따위.〕 패러독스.

역설-적(逆說的) [-썰쩍]관圓 역설을 이용하여 표현하는 (것). ¶역설적 주장. /역설적인 표현.

역성 [-썽]圓하타 옳고 그름에 상관없이 덮어놓고 한쪽만 편드는 일.

역성(易姓) [-썽]圓하자 되자 ☞혁세(革世).

역성-들다 [-썽-] [~드니·~들어]타 역성하다. 편들다. ¶아들만 역성드는 어머니.

역성-혁명(易姓革命) [-썽형-]圓 〔임금의 성이 바뀌는 것은 천명(天命)이 바뀐 것이란 뜻으로〕 고대 중국의 정치사상으로, 덕이 있는 사람이 덕이 없는 임금을 쓰러뜨리고 새로이 왕조(王朝)를 세우는 일.

역세(歷世) [-쎄]圓 ☞역대(歷代).

역세-권(驛勢圈) [-쎄�눤]圓 철도나 지하철 역을 일상적으로 이용하는 주변 거주자가 분포하는 범위. ¶역세권 아파트.

역소(役所) [-쏘]圓 역사(役事)하는 곳.

역수(易數) [-쑤]圓 주역(周易)의 원리에 따라 길흉을 점치는 법.

역수(逆水) [-쑤]圓하자 물이 거슬러 흐름, 또는 그렇게 흐르는 물. 역류(逆流).

역수(逆修) [-쑤]圓 (불교에서) ①사후(死後)의 명복을 빌기 위하여 생전(生前)에 미리 재(齋)를 올리는 일. 예수(豫修). 생전예수(生前豫修). ②젊어서 죽은 이의 명복을 그 부모가 비는 일. ③자신이 복을 받기 위하여, 죽은 이의 명복을 비는 일.

역수(逆數) [-쑤]圓 어떤 수로 1을 나눈 값을 그 수에 대하여 이르는 말. 〔3의 역수는 3분의 1, 5분의 2의 역수는 2분의 5.〕 반수(反數).

역수(歷數) [-쑤]圓하자 차례로 셈.

역수(曆數) [-쑤]圓 ①책력을 만드는 데 기초가 되는 해나 달의 운행(運行) 횟수. ②자연력으로 돌아오는 운수. ③연대(年代). 연수(年數).

역-수송(逆輸送) [-쑤-]圓하타 되双 잘못 수송하여 떠난 곳으로 돌아가는 수송.

역-수입(逆輸入) [-쑤-]圓하타 되双 한번 수출했던 물건을 그 나라로부터 다시 수입하는 일. 㑐재수입.

역-수출(逆輸出) [-쑤-]圓하타 되双 한번 수입했던 물건을 그 나라로 다시 수출하는 일. 㑐재수출.

역순(逆順) [-쑨]圓 거꾸로 된 순서. ¶기계를 분해하던 순서의 역순으로 다시 조립하다.

역순(歷巡) [-쑨]圓하자 여러 곳을 차례로 돌아다님. ¶남해의 여러 섬을 역순하다.

역술(易術) [-쑬]圓 역점(易占)을 쳐서 주역을 해석하는 기술이나 방법.

역술(曆術) [-쑬]圓 천체의 운행을 관측하여 책력을 만드는 기술.

역술(譯述) [-쑬]圓하타 번역하여 말하거나 기술함.

역술-가(易術家) [-쑬-]圓 역점(易占)을 치는 일을 업으로 하는 사람. 역술인.

역술-인(易術人) [-쑬인]圓 ☞역술가.

역-스럽다(逆-) [-쑤]혱 '역겁다'의 잘못.

역습(逆襲) [-쑵]圓하타 되双 공격을 받고 있던 수비 측이, 거꾸로 급히 공격하거나 습격함. ¶불의의 역습을 당하다.

역시(譯詩) [-씨]圓하자 번역한 시.

역시(亦是)[-씨]튄 ①또한. ¶나 역시 너와 같은 생각이다. ②예상한 대로. ¶역시 그놈의 짓이었구나. ③아무리 생각하여도. ¶역시 고향이 최고다.

역시-집(譯詩集)[-씨-]몡 번역한 시를 모아 엮은 책.

역신(疫神)[-씬]몡 ①☞호구별성(戶口別星). ②☞천연두(天然痘). 높역신마마.

역신(逆臣)[-씬]몡 임금에게 반역한 신하. ↔충신(忠臣).

역신-마마(疫神媽媽)[-씬-]몡 '역신'을 높이어 이르는 말. 존마마(媽媽).

역신-하다(疫神-)[-씬-]재여 천연두를 치르다.

역심(逆心)[-씸]몡 ①반역을 꾀하는 마음. ¶역심을 품다. 비역의(逆意). ②상대편의 말이나 행동을 역겨워하는 마음.

역암(礫岩)몡 자갈이 진흙이나 모래에 섞여 굳어진 퇴적암.

역어(譯語)몡 번역한 말. ↔원어(原語).

역업(譯業)몡 (직업으로서의) 번역하는 일, 또는 번역하여 이룬 업적.

역-어시(亦如是)몡 이것도 또한. 이것도 역시.

역-연(亦然)[형] 또한 그러함. 역시 같음.

역연(歷然) '역연하다'의 어근.

역-연령(曆年齡)[-년-]몡 ☞생활 연령.

역연-하다(歷然-)[형] 누가 보아도 분명하다. ¶증거가 역연하다. /역연한 사실에 공연한 변명을 늘어놓다. **역연-히**튄.

역영(力泳)[형] 힘차게 헤엄침, 또는 그런 헤엄.

역옹-패설(櫟翁稗說)몡 고려 공민왕 때의 학자 이제현(李齊賢)이 엮은 설화집. 역사상 알려지지 않은 이문(異聞)·기사(奇事)·시문(詩文)·인물(卷末)에 실려 전함. ('익재난고(益齋亂藁)'의 권말(卷末)에 실려 전함.

역외(域外)[여괴/여궤]몡 일정한 구역이나 범위의 밖. ¶역외 조달. ↔역내(域內).

역외(閾外)[여괴/여궤]몡 ①문지방의 바깥. ②일정한 한계의 밖. ↔역내(閾內).

역용(役用)몡하타되자 노역(勞役)에 사용함. ¶역용 동물.

역용(逆用)몡하타되자 (어떤 목적을 위한 사물이나 일을) 그 반대의 목적으로 이용함. 역이용(逆利用). ¶상대편의 작전을 역용하다.

역우(役牛)몡 논밭 갈이나 짐 실어 나르기 따위의 노역(勞役)에 이용하는 소.

역운(逆運)[-원]몡 비운(悲運).

역원(役員)몡 ☞임원(任員).

역원(驛員)몡 역에 근무하는 직원.

역원(驛院)몡 조선 시대에, 역로(驛路)에 있던 여관.

역위(逆位)몡 염색체 이상(異常)의 한 가지. 유전자의 일부가 거꾸로 배열되어 있는 상태.

역위(逆胃)몡하자 ①먹은 것을 위에서 잘 받지 않음. ②비위에 거슬림.

역-위답(驛位畓)몡 ☞마위답(馬位畓).

역-위전(驛位田)몡 ☞마위전(馬位田).

역유(歷遊)몡 ☞순유(巡遊).

역의(逆意)[여긔/여기]몡 반역을 꾀하는 마음. 비역심(逆心).

역이(逆耳)몡하자 (남의 말이) 귀에 거슬림. ¶충언(忠言)은 역이란다.

역-이용(逆利用)몡하타되자 ☞역용(逆用).

역이지언(逆耳之言)몡 귀에 거슬리는 말, 곧 자기 못을 지적하여 말하는 충고.

역인(役人)몡 조선 시대에, 관청이나 육주비전(六注比廛)에 딸려 허드렛일을 하던 사람.

역인(驛人)몡 역리(驛吏)와 역졸(驛卒)을 통틀어 이르는 말.

역일(曆日)몡 역법(曆法)에 따라서 정해진 하루하루의 날짜.

역임(歷任)몡하타 차례로 여러 관직(官職)을 거침. ¶부내(部內)의 요직을 역임하다.

역자(易者)[-짜]몡 점치는 일을 업으로 하는 사람.

역자(譯者)[-짜]몡 번역한 사람.

역자이교지(易子而教之)[-짜-]몡하자 남의 자식을 내가 가르치고, 내 자식은 남에게 부탁하여 가르치게 하는 일. ('자기 자식을 가르치기 어려움'을 뜻하는 말로, '맹자'의 '이루(離婁)' 상편에 나오는 말임).

역작(力作)[-짝]몡하타 힘들여서 만듦, 또는 그 작품. 힘들여서 만든 뛰어난 작품. ¶5년이 걸려서 이룬 역작. 비노작(勞作).

역장(驛長)[-짱]몡 역의 책임자.

역재(譯載)[-째]몡하타되자 번역하여 신문이나 잡지 따위에 실음. ¶외지(外紙)의 기사를 역재하다.

역쟁(力爭)[-쨍]몡하자 온 힘을 다하여 다툼 (겨룸).

역저(力著)[-쩌]몡 힘들여서 지은 책. ¶평생에 걸쳐서 이룩한 역저.

역적(力積)[-쩍]몡 '충격량(衝擊量)'의 구용어.

역적(逆賊)[-쩍]몡 자기 나라의 임금에게 반역한 사람.

역적-모의(逆賊謀議)[-쩡-의/-쩡-이]몡하자 역적들이 모여서 반역을 꾀함.

역적-질(逆賊-)[-쩍쩔]몡하자 자기 나라나 임금에게 반역을 꾀하는 짓.

역전(力田)[-쩐]몡 ☞역농(力農).

역전(力戰)[-쩐]몡하자 힘을 다하여 싸움. 역투(力鬪). ¶적을 맞아 역전 분투하다.

역전(逆轉)[-쩐]몡하타되자 ①지금까지와는 반대 방향으로 회전함. ¶기계가 역전하다. ②형세나 순위 따위가 지금까지와는 반대의 상황으로 됨. ¶역전의 기회를 잡다. /전세가 역전되다. 비반전(反轉).

역전(歷傳)[-쩐]몡하타 대대로 전해 내려옴.

역전(歷戰)[-쩐]몡하자 여러 차례의 싸움터에서 전투를 겪음. ¶역전의 용사.

역전(驛田)[-쩐]몡 고려·조선 시대에, 역에 딸렸던 논밭. 마전(馬田). 역토(驛土).

역전(驛前)[-쩐]몡 정거장 앞. 역두(驛頭).

역전(驛傳)[-쩐]몡 역체(驛遞).

역전^경주(驛傳競走)[-쩐-]몡 먼 거리를 몇 개의 구간으로 나누고, 몇 사람이 한편이 되어 그 구간을 이어 달려서, 달린 시간으로 승패를 겨루는 경기. 역전 릴레이. 역전 마라톤.

역전^릴레이(驛傳relay)[-쩐-]몡 ☞역전 경주.

역전^마라톤(驛傳marathon)[-쩐-]몡 ☞역전 경주.

역전-승(逆轉勝)[-쩐-]몡 경기 따위에서, 처음에는 지고 있다가 형세가 뒤바뀌어 나중에는 이김. ↔역전패.

역전-층(逆轉層)[-쩐-]몡 ①아래위가 거꾸로 되어 있는 지층(地層). ②기상학에서, 고도가 높음에도 불구하고 그 아래층보다 기온이 높아져 있는 대기층.

역전-패(逆轉敗)[-쩐-]똉하자 경기 따위에서, 처음에는 이기고 있다가 형세가 뒤바뀌어 나중에는 짐. ↔역전승.

역절-풍(歷節風)[-쩔-]똉 한방에서, 뼈마디가 아프거나 붓거나 굴신(屈伸)을 잘 못하는 풍증(風症)을 이르는 말.

역점(力點)[-쩜]똉 ①지레나 지레를 응용한 도구에서, 물체를 움직일 때 힘을 가하는 점. ↔지점(支點). ②힘을 가장 많이 들이는 주안점(主眼點). ¶인재 양성에 역점을 두다.

역점(易占)[-쩜]똉 주역(周易)의 원리에 따라 앞날의 길흉을 점치는 일, 또는 그런 점.

역접(逆接)[-쩝]똉 두 문장 또는 구(句)의 접속 방법의 한 가지. 앞의 글에서 예측되는 사실이 뒤의 글에서 실현되지 않는 접속 관계.〔'봄이 왔다. 그러나 아직 춥다.'의 '그러나' 따위로 이어지는 관계.〕↔순접(順接).

역정(逆情)[-쩡]똉 〈성1〉의 높임말. 역증(逆症). ¶역정을 내다. /왜할아버지의 역정을 사다.

역정(歷程)[-쩡]똉 거쳐 온 길. ¶고난의 역정.

역정(驛程)[-쩡]똉 역과 역 사이의 거리.

역-정리(逆定理)[-쩡니]똉 어떤 정리가 다른 정리의 반대로 되어 있을 때의, 서로 상대 쪽을 이르는 말.

역정-스럽다(逆情-)[-쩡-따][~스러우니·~스러워]휑비 역정이 난 듯하다. 역정스레뮈.

역정-풀이(逆情-)[-쩡-]똉하자 닥치는 대로 함부로 역정을 내는 일.

역제(曆制)[-쩨]똉 책력에 관한 제도.

역조(力漕)[-쪼]똉하자 (배를) 힘껏 저음.

역조(逆潮)[-쪼]똉 ①배의 진행 방향과 반대 방향으로 흐르는 조류(潮流). ②바람의 방향과 반대 방향으로 흐르는 조류. ↔순조(順潮).

역조(逆調)[-쪼]똉 ①일이 순조롭게 나아가지 않는 모양. ¶내분비 대사에 역조가 나타나다. ②일이 좋지 않은 방향으로 나아가는 상태. ¶대일(對日) 무역의 역조 현상.

역조(歷朝)[-쪼]똉 대대의 조정. 역대의 임금.

역졸(驛卒)[-쫄]똉 고려·조선 시대에, 역에 딸리어 심부름하던 사람. 역부(驛夫).

역주(力走)[-쭈]똉하자 힘을 다하여 달림. ¶장거리 경주에서 역주하다.

역주(譯註)[-쭈]똉 ①하자 번역과 그 주석(註釋). ②번역한 사람이 붙인 주석.

역-주행(逆走行)[-쭈-]똉하자 자동차가 차로에서 정해진 진행 방향으로 달리지 않고, 그 반대 방향으로 달리는 일.

역증(逆症)[-쯩]똉 ▷역정(逆情).

역지개연(易地皆然)[-찌-]똉 사람은 지위나 경우에 따라 그 의견이나 행동이 달라지지만, 처지를 서로 바꾸어 놓으면 상대편의 의견이나 행동도 이해할 수 있으며, 언동(言動)이 같아진다는 뜻.

역지사지(易地思之)[-찌-]똉하자 처지를 바꾸어 생각함. 상대편의 처지에서 생각해 봄.

역지정가^주:문(逆指定價注文)[-찌-까-]똉 유가 증권의 매매를 증권업자에게 위탁할 때의 주문 방법의 한 가지. 자기가 지정한 가격보다 오름세일 때는 사고, 내림세일 때는 팔라 달라는 것. ↔지정가 주문(指定價注文).

역-직기(力織機)[-찍끼]똉 동력으로 움직이는 직기를 통틀어 이르는 말.

역진(力盡)[-찐]똉하자 힘이 다함. ¶마침내는 역진하여 쓰러지다.

역진(逆進)[-찐]똉하자 ①반대 방향으로 나아감. ②대기 파동이나 기압계(氣壓系)가 기본적인 흐름의 반대 방향으로 움직이는 일.

역진-세(逆進稅)[-찐쩨]똉 ▷누감세(累減稅).

역질(疫疾)[-찔]똉 한방에서, '천연두'를 이르는 말. 역환(疫患).

역차(逆差)똉 거꾸로 된 차례. 뒤바뀐 차례.

역참(歷參)똉하자 (여러 곳의 절 등에) 차례차례 참예(參詣)함.

역참(驛站)똉 고려·조선 시대에, 역마(驛馬)를 바꿔 타던 곳.

역천(力薦)똉하자 힘써 천거(薦擧)함.

역천(逆天)똉하자 〈역천명(逆天命)〉의 준말. ↔순천(順天).

역-천명(逆天命)똉하자 천명을 거스름. 준역천(逆天). ↔순천명(順天命).

역천-자(逆天者)똉 천명을 거스르는 사람. ↔순천자(順天者).

역청(瀝青)똉 탄화수소의 화합물.〔아스팔트·콜타르·피치 따위.〕

역청-석(瀝青石)똉 ▷역청암.

역청-암(瀝青岩)똉 유리질(琉璃質)의 화산암. 검거나 푸르빛의 광택이 있음. 역청석.

역청^우라늄광(瀝青uranium鑛)똉 '역청 우라늄석'의 구용어.

역청^우라늄석(瀝青uranium石)똉 ▷피치블렌드.

역청-탄(瀝青炭)똉 검고 광택이 있는, 가장 일반적인 석탄. 탄화도(炭化度)는 갈탄보다 높고 무연탄보다 낮음. 도시가스·코크스의 원료가 됨. 석탄(石炭). 흑탄(黑炭).

역체(驛遞)똉하자 역참(驛站)에서 중계식(中繼式)으로 공문을 주고받던 일. 역전(驛傳).

역촌(驛村)똉 역(驛)이 있는 마을.

역추산-학(曆推算學)똉 태양계에 속하는 천체에 대하여 천구 상의 위치나 운동을 예보하는 학문.

역추진^로켓(逆推進rocket)똉 비행 중인 우주선이나 인공위성의 운동에 제동을 걸기 위하여 반대 방향으로 내뿜는 로켓.

역축(役畜)똉 논밭 갈이나 짐 실어 나르기 따위의 노역에 이용하는 가축.〔소·말·낙타·당나귀 따위.〕

역출(譯出)똉하자 번역해 냄. 번역.

역치(閾値)똉 생물체가 자극에 반응을 일으키게 되는 최소한의 자극의 강도(強度).

역-코:스(逆course)똉 ①보통의 코스와는 반대로 거슬러 가는 코스. ②어떤 차례가 보통과는 반대인 것. ③시대의 흐름에 역행하는 일.

역-탐지(逆探知)똉하자 전화나 전파의 발신소·수신소를 탐지함.

역토(礫土)똉 자갈이 섞인 흙.

역토(驛土)똉 ▷역전(驛田).

역투(力投)똉하자 힘껏 던짐. 특히, 야구에서 투수가 힘을 다하여 투구함. ¶역투 끝에 완봉승(完封勝)을 거두다.

역투(力鬪)똉하자 ▷역전(力戰).

역표(曆表)똉 장차 행성을·달 등 천체의 현상에 대하여, 장차 일어날 일시나 위치를 추산해서 예보한 표.〔천문 관측에 쓰이는 천체력, 원양 항해에 쓰이는 항해력 따위가 있음.〕

역표-시(曆表時)똉 지구의 공전 이론을 바탕으로 해서 정한, 완전히 동일한 시간의 체계.

역풍(逆風)똉 ①자기가 가는 방향에서 마주 불어오는 바람. 거슬러 부는 바람. 앞바람. ¶역풍이 일다. ②하자 바람을 안고 감. ¶역풍으로 말미암아 기록이 저조하다. ↔순풍(順風).

역-하다(逆-)1[여카-]탄예 ①거역하다. ②배반하다.

역-하다(逆-)²[여카-][형여] ①메스껍다. ¶역한 냄새. ②마음에 거슬리어 언짢다. ¶그의 자화 자찬이 역하게 느껴졌다.

역학(力學)[여칵][명] ①물체 사이에 작용하는 힘과 물체의 운동과의 관계를 연구하는 물리학의 한 부문. ¶유체(流體) 역학. ②비유적으로 쓰이어 서로 관계되는 세력·영향력·권력 등의 힘을 이르는 말. ¶군사적 역학 관계.

역학(易學)[여칵][명] 주역(周易) 또는 역점(易占)을 연구하는 학문.

역학(疫瘧)[여칵][명] 한방에서, '학질' 곧 '말라리아'를 전염병이란 뜻으로 이르는 말.

역학(疫學)[여칵][명] 의학의 한 분야. 질병을 집단 현상으로서 파악하여, 질병의 원인, 유행의 지역 분포, 식생활 등의 특징에서 법칙성을 찾아내어 공통 인자를 이끌어 내려는 학문.

역학(曆學)[여칵][명] 천체의 운동을 관측하여 책력을 만드는 기술을 연구하는 학문.

역학적 에너지(力學的energy)[여칵쩌게-] 물체의 운동 또는 그 놓여 있는 위치 등의 역학적인 양에 의하여 결정되는 에너지. 운동 에너지·위치 에너지, 또는 그 양자의 합(合)을 말함.

역할(役割)[여칼][명] ①구실. ¶역할을 분담하다. /중요한 역할을 맡고 있다. ②☞역(役).

역-함수(逆函數)[여카쑤][명] 함수의 독립 변수와 종속 변수의 역할을 바꾸어 넣어서 얻어지는 함수를, 본디의 함수에 대하여 이르는 말.

역항(逆航)[여캉][명] 바람 또는 조수(潮水)의 흐름과 반대 방향으로 항해함.

역해(譯解)[여캐][명][하타][되자] 번역해서 알기 쉽게 풀이함, 또는 그렇게 풀이한 것.

역행(力行)[여캥][명][하타] 노력하여 행함. 힘을 다하여서 함. ¶고학(苦學) 역행.

역행(逆行)[여캥][명][하자타][되자] ①보통의 방향과는 반대 방향으로 나아감. ②시대의 흐름에 대하여 반대 방향으로 나아감. ②뒷걸음질을 침. ↔순행(順行).

역행^동화(逆行同化)[여캥-][명] 두 자음이 이어 소리 날 때 앞의 자음이 뒤의 자음을 닮아 소리 나는 현상. 〔'진리'가 '질리'로, '앞마을'이 '암마을'로, '먹는다'가 '멍는다'로 소리 나는 따위.〕☞순행 동화.

역행^운:동(逆行運動)[여캥-][명] ①행성(行星)이 천구 상을 동에서 서로 운행하는 것처럼 보이는 현상. ②위성이 그 행성의 공전 방향과 역방향으로 공전하는 일. 해왕성의 위성인 트리톤에서 볼 수 있음. ↔순행 운동(順行運動).

역혼(逆婚)[여콘][명][하자] ☞도혼(倒婚).

역환(疫患)[여콴][명] 한방에서, '천연두'를 이르는 말. 역질(疫疾).

역환(逆換)[여콴][명] 격지자(隔地者) 사이의 대차 결제 방법의 한 가지. 채권자가 채무자를 지급인으로 하는 환어음을 발행하여 은행에서 어음 할인의 방법으로 할인을 받고, 은행이 채무자로부터 채권을 추심(推尋)하는 방법.

역활(役割)[명] '역할(役割)'의 잘못.

역-효과(逆效果)[여쿄-][명] 얻고자 하는 효과와는 반대가 되는 효과. ¶환심을 사려다가 역효과를 내고 말았다.

엮다[역따][타] ①노끈이나 새끼·짚·대오리 따위로 이리저리 매어 나가다. ¶이엉을 엮다. /싸릿대로 삼태기를 엮다. ②여러 가지를 일정한 순서와 체계에 맞추어 짜서 맞대어 나가다. ¶이야기를 엮어 나가다. ③재료를 모아 책을 만들다. ¶책을 엮다. * 엮어·엮는[영-]

엮은-이[명] 책을 엮은 사람. 편자(編者). 편집자(編輯者).

엮음[명] ①엮는 것. 엮는 일. ②민요 따위에서, 많은 사설을 엮어 가면서 자진가락으로 부르는 창법, 또는 그런 소리.

엮음^수심가(-愁心歌)[명] 서도 민요의 한 가지. 수심가 다음에, 사설을 엮어 가듯 빠르게 부르는 소리로, 인생의 허무함을 탄식한 것. 마지막은 수심가로 끝냄.

엮-이다[자] 〔'엮다'의 피동〕 엮음을 당하다.

연(年)[명] 한 해. 해². ¶연 12%의 이자. /연 4회 발간하다. /연에 1할씩의 선이자를 떼다.

연(碌)[명] 〈약연(藥碌)〉의 준말.

연(鉛)[명] ☞납.

연(煙)[명] 연수정(煙水晶)의 빛깔.

연(鳶)[명] 대오리로 몸대를 만들어 종이를 바르고, 실을 매어서 하늘에 날리는 장난감. 지연(紙鳶). 풍연(風鳶). 풍쟁(風箏).

연(蓮)[명] 수련과의 다년초. 연못에 나는데, 논밭에서 재배하기도 함. 뿌리줄기는 굵고 가로 벋으며 마디가 있음. 잎은 둥근 방패 모양이며 물 위에 뜨고, 여름에 희거나 붉은 꽃이 핌. 뿌리는 먹고, 열매는 연밥이라 하여 한방에서 약재로 쓰임. ᠍뇌지(雷芝).

연(緣)[명] ①불교에서, 원인을 도와 결과를 낳게 하는 직접적인 작용을 하는 것. ②〈연분(緣分)〉의 준말. ¶연을 긇다. /연을 맺다.

연(輦)[명] 임금이 타는 가마의 한 가지. '덩'과 비슷한데, 앞과 좌우에 주렴이 있고, 채가 훨씬 긺. 난가(鸞駕). 난여(鸞輿).

연(聯)[명] ①한 편의 시를 몇 개의 단락으로 구분했을 때, 그 하나하나의 단락을 이르는 말. ¶세 연으로 된 시. ②율시(律詩)에서, 짝을 이루는 두 구(句)를 하나로 묶어 이르는 말. ②연구(聯句).

연(連)[의] 양지(洋紙)의 전지(全紙) 500장을 한 동으로 세는 단위. ¶모조지 두 연.

연(連)[의] 작은 단위가 여러 차례 되풀이되거나 포함되어도, 그 전체를 한 단위로 셈하여 나타낼 때 쓰는 말. 〔3인이 5일 걸려서 한 일거리를, '인(人) 15인의 일거리'라 하는 따위.〕 ¶연 30만 명의 관객.

연-(延)[접두] 〈일부 명사 앞에 붙어〉 같은 성격의 단위가 되풀이되거나 포함되어도 그 전체를 한 단위로 하여 계산한 총계임을 뜻함. ¶연건평(延建坪). /연인원(延人員). /연일수(延日數).

연-(連)[접두] 〈날수·달수·햇수 등을 뜻하는 말 앞에 붙어〉 '계속하여'·'잇대어'의 뜻을 나타냄. ¶연이틀. /연사흘.

연-(軟)[접두] 〈빛깔을 나타내는 일부 명사 앞에 붙어〉 '부드러운'·'연한'·'엷은'의 뜻을 나타냄. ¶연보라. /연분홍.

-연(然)[접미] 〈일부 명사 뒤에 붙어〉 '그것인 체함', 또는 '그것인 것처럼 뽐냄'의 뜻을 나타냄. ¶학자연.

연가(連枷)[명] ☞도리깨.

연가(煙家)[명] 굴뚝 끝을 조그만 집 모양으로 꾸며 놓은 것. 나(爐).

연가(煙價)[-까][명] 여관이나 주막의 밥값.

연:가(戀歌)[명] 이성(異性)에 대한 사랑을 나타낸 노래. 염곡(艶曲).

연:-가시(軟-)[-까-][명] 연가싯과의 선형동물. 몸길이 90 cm가량으로 실같이 가늘고, 몸빛은 검음. 유충은 물에 사는 곤충에 기생하다가 다른 곤충(사마귀)에 먹히어 그 체내에서 성충이

된 뒤 빠져나와 민물로 돌아옴. 기생된 곤충은 생식 능력을 잃음.

연각(緣覺)명 부처의 가르침에 의하지 않고 스스로 깨달음을 얻은 사람. 보살의 아래, 성문(聲聞)의 위에 자리함.

연각-계(緣覺界)[-계/-게]명 십계(十界)의 하나. 연각의 세계.

연각-승(緣覺乘)[-씅]명 불교에서, 이승(二乘) 또는 삼승(三乘)의 하나. 연각의 지위에 이르는 가르침.

연간(年刊)명 일 년에 한 번씩 간행하는 일, 또는 그 간행물.

연간(年間)명 ①한 해 동안. ¶연간 무역량. ②임금의 재위(在位). ¶성종(成宗) 연간.

연-갈색(軟褐色)[-쌕]명 옅은 갈색.

연:-감(軟-)명 홍시(紅柿).

연감(年鑑)명 어떤 분야에 관한 한 해 동안의 사건·통계·조사·전망 따위를 수록하여, 한 해에 한 번씩 내는 정기 간행물. ¶무역 연감.

연갑(年甲)명 ☞연배(年輩).

연갑(硯匣)명 벼룻집.

연강(沿江)명 강가에 있는 땅. 강줄기를 따라 벌여 있는 육지 부분. 연하(沿河). ¶금강 연강.

연강(軟鋼)명 탄소 함유량이 0.12~0.2%인 강철. 가단성(可鍛性)이 강하여 가공하기에 알맞음.

연강(軟薑)명 연한 새앙.

연강(鍊鋼)명 불에 달구어서 다진 강철.

연개-판(椽蓋板)명 서까래 위에 까는 널빤지.

연:거(碾車)명 씨아.

연:거(燕居)명하자 ☞한거(閑居).

연-거푸(連-)甼 계속하여 여러 번. ¶물을 연거푸 들이켜다. /연거푸 네 번을 넘다.

연:건(軟巾)명 지난날, 소과(小科)에 급제한 사람이 백패(白牌)를 받을 때 쓰던 건.

연-건평(延建坪)명 (2층 이상) 건물의 각 층의 바닥 면적을 합계한 평수.

연견(延見)명하타 맞아들이어 만나 봄. 영견(迎見).

연결(連結)명하타되자 서로 이어서 맺음. 결련(結連). ¶객차를 연결하다. /전선이 연결되다.

연결-기(連結器)명 열차의 차량과 차량을 연결하는 장치.

연결-부(連結符)명 ☞이음표.

연결^어:미(連結語尾)명 활용어의 어말 어미의 한 갈래. 한 문장을 끝맺지 않고 다시 다음 문장이나 용언에 연결되게 하는 어말 어미. 대등적 연결 어미, 종속적 연결 어미, 보조적 연결 어미의 구별이 있음. ('산은 높고 물은 깊다.', '봄이 오면 꽃이 핀다.', '그는 의자에 앉아 있다.' 등에서 '-고, -면, -아' 따위.) 참종결 어미·전성 어미.

연결^추리(連結推理)명 ☞복합적 삼단 논법.

연결-형(連結形)명 용언의 활용형의 한 가지. 용언의 어미가 뒤따르는 문장이나 용언을 잇는 꼴로 된 것. [대등적 연결(-고·-며), 종속적 연결(-면·-니), 보조적 연결(-아···고·-게·-지)의 구별이 있음.] 참연결 어미.

연경(連境)명하자되자 ☞접경(接境).

연경(煙景)명 안개가 끼어 있는 봄 경치.

연경(煙鏡)명 거무레한 빛의 색안경.

연계(連繫·聯繫)[-계/-게]명―하자되자 ①서로 밀접한 관련을 가짐, 또는 그런 관계. ¶외부 조직과 연계되어 있다. ②지난날, 다른 사람의 죄에 관련되어 옥에 매이는 일을 이르던 말.

연:계(軟鷄)[-계/-게]명 〈영계〉의 본딧말.

연계-성(連繫性)[-계성/-게성]명 서로 밀접한 관련을 가지고 있는 성질.

연고(年高)명하형 ☞연만(年晩).

연고(研考)명하타 연구하고 궁리함.

연고(軟膏)명 지방·바셀린·글리세린 등에 약을 개어서 만든 반고체 상태의 외용약(外用藥). 대개, 짜서 쓸 수 있도록 튜브에 담음.

연고(緣故)명 ①까닭. 사유(事由). ¶무슨 연고인고? ②혈연이나 인척 관계·정분 등에 의한 특별한 관계, 또는 그런 관계의 사람. ¶아무 연고도 없다.

연고-권(緣故權)[-꿘]명 공유 재산 따위를 불하(拂下)할 때, 그 재산과 어떤 특별한 관계를 가진 사람에게 주어지는 우선권.

연고-로(然故-)甼 [문어 투의 말] 그런 까닭으로. 그러므로.

연고-자(緣故者)명 혈통상 또는 법률상으로 어떤 특별한 관계에 있는 사람. 연변(緣邊). ¶연고자가 모여서 장례를 치르다.

연고-지(緣故地)명 혈연(血緣)이나 지연(地緣), 또는 그 밖의 이유로 어떤 인연이 있는 곳. ¶연고지로 전근되다.

연:골(軟骨)명 ①척추동물의 뼈 중 비교적 연한 뼈. 물렁뼈. 여린뼈. ②의지나 태도 따위가 연약한 일, 또는 그런 사람을 비유하여 일컫는 말. ↔경골(硬骨).

연:골-막(軟骨膜)명 연골을 싸고 있는 결체 조직성(結締組織性)의 질긴 막.

연:골-어류(軟骨魚類)명 뼈가 연골로 되어 있는 원시적인 어류. 부레와 공기집이 없으며, 상어·가오리 등이 이에 딸림. ↔경골어류.

연:골^조직(軟骨組織)명 척추동물과 무척추동물인 두족류(頭足類)에서 볼 수 있는 탄력성 많은 지지 조직(支持組織).

연:골-한(軟骨漢)명 심지(心志)가 연약하여 권세 같은 것에 꺾이기 쉬운 사나이. 의지가 약한 사나이. ↔경골한(硬骨漢).

연공(年功)명 ①여러 해 동안 근무한 공로. ¶연공을 쌓다. ②오랫동안의 수련으로 익힌 고도의 기술.

연공(年貢)명 해마다 바치는 공물(貢物).

연공(連筇·聯筇)명하자 ☞연메(連袂).

연공-가봉(年功加俸)명 근무한 기간에 따라서 본봉 이외에 지급되는 봉급.

연공-서열(年功序列)명 근무 기간이나 나이가 많아짐에 따라 지위가 높아지고 봉급이 많아지는 일, 또는 그런 체계.

연관(年貫)명하타 잇달아 과녁을 맞힘.

연관(煙管)명 ①담뱃대. ②연기를 내보내는 관. ③보일러에서, 화기(火氣)를 통과시키는 관. 여기서 생긴 열로 물이 데워짐.

연관(鉛管)명 납 또는 납의 합금으로 만든 관. 수도관·가스관 따위에 쓰임. 납관.

연관(聯關)명―되자 ①하자 ☞관련(關聯). ¶이 주제와 연관된 모든 항목을 찾아 정리하여라. ②하자 유전학에서, 같은 염색체 위에 있는 두 개 이상의 유전자가 항상 같이 유전하는 현상.

연광(年光)명 ☞세월.

연광(鉛鑛)명 납을 캐내는 광산. 또는, 납이 함유된 광석.

연교(連翹)명 ①개나리. ②한방에서, '개나리의 씨'를 약재로 이르는 말.

연교(延教)명 임금이 연석(筵席)에서 내리는 명령.

연교-차(年較差)**명** 기온이나 기압 따위의 일 년 동안의 최댓값과 최솟값의 차이. ¶기온의 연교차가 심하다.

연구(年久)**명·형돼** 지난 세월이 꽤 오래됨.

연:구(研究)**명하타돼자** 사물을 깊이 생각하거나 자세히 조사하거나 하여 어떤 이치나 사실을 밝혀냄, 또는 그 내용. ¶연구 실적. /10년에 걸친 연구. /대책을 연구하다.

연:구(軟球)**명** 연식 정구에 쓰이는 고무공이나 연식 야구에 쓰이는 무른 공. ↔경구(硬球).

연:구(燕口)**명** 〈연귀〉의 본딧말.

연구(聯句·連句)[-꾸]**명** ㄷ연(聯).

연:-구개(軟口蓋)**명** 입천장 뒷부분인 근육질의 부드러운 부분. 그 뒤 끝 한가운데에 목젖이 있음. 경구개의 뒤. 여린입천장. 逶경구개.

연:구개-음(軟口蓋音)**명** 자음의 한 갈래. 혀의 뒷부분과 연구개 사이에서 나는 소리. ('ㄱ·ㅋ·ㄲ·ㅇ' 따위가 이에 딸림.) 여린입천장소리. 후설음. 逶경구개음.

연:구-비(研究費)**명** 연구하는 데 드는 비용.

연구-세심(年久歲深)**명** 세월이 아주 오램. 연심세구(年深歲久).

연:구-소(研究所)**명** 무엇을 연구하기 위하여 특별한 설비를 갖추어 놓은 곳.

연:구^수업(研究授業)**명** 학교 교육에서, 수업 방법의 개선이나 교육 효과의 측정 등을 목적으로, 참관자들 앞에서 실시되는 공개 수업.

연:구-실(研究室)**명** 어떤 기관 안에서, 연구를 하기 위하여 특별히 마련한 부서, 또는 그 방.

연:구-열(研究熱)**명** 연구를 위하여 기울이는 열성.

연:구-원(研究員)**명** 연구에 종사하는 사람.

연:구-학교(研究學校)[-꾜]**명** 학교 교육의 질을 높일 목적으로, 학교 운영과 수업 방법 등에 관한 연구를 하도록 특별히 지정된 학교.

연:군(戀君)**명하자** 임금을 그리워함.

연:궁(軟弓)**명** ①탄력이 무른 활. ↔강궁(强弓). ②(활의 세기의 등급이)연상·연중·연하인 각 궁을 통틀어 이르는 말.

연:귀(←燕口)**명** 목공(木工)에서, 나무와 나무를 직각으로 되게 맞추기 위하여, 마구리가 보이지 않게 서로 45° 각도로 빗잘라 대는 것. 逶연구(燕口).

연:귀-자(←燕口-)**명** 〈연귀를 표시하기 위한〉 45° 각도의 빗금을 그리는 데 쓰는 자.

연:귀-판(←燕口板)**명** 나무를 45° 각도로 엇자르는 데 쓰는 틀.

연:극(演劇)**명하자** ①배우가 무대 위에서 대본에 따라 동작과 대사를 통하여 표현하는 예술. 연희(演戱). ②남을 속이기 위하여 꾸며 낸 말이나 행동. ¶사표 제출은 연극이었다. 逶극(劇).

연:극-계(演劇界)[-께/-꼐]**명** 연극에 관계하는 사람들의 사회.

연:극-배우(演劇俳優)[-빼-]**명** 연극을 하는 배우.

연:극-인(演劇人)**명** 연극에 관계하고 있는 사람. 〔배우·연출가·극작가 따위들.〕

연:극-제(演劇祭)[-쩨]**명** 연극의 발전과 보급을 목적으로, 여러 단체가 참가하여 공연을 벌이는 행사.

연근(蓮根)**명** 연 땅속줄기. 구멍이 많이 나 있으며, 먹을 수 있음. 연뿌리. 연우(蓮藕).

연금(年金)**명** 일정 기간 또는 종신(終身)에 걸쳐서 해마다 지급되는 일정액의 돈. 국민 복지 연금, 공무원 연금, 군인 연금 등이 있음.

연:금(捐金)**명** 〈의연금(義捐金)〉의 준말.

연:금(軟禁)**명하타돼자** 정도가 가벼운 감금(監禁). 외부와의 접촉이나 외출은 허가하지 않으나, 일정한 장소 안에서는 신체의 자유를 속박하지 않는 감금. ¶가택 연금.

연:금(鍊金)**명하자** 쇠붙이를 불에 달구어 단련(鍛鍊)함.

연금^공채(年金公債)**명** 연금 형식으로 이자와 원금의 일부를 상환하기로 하는 조건 아래 모집하는 공채.

연금^보:험(年金保險)**명** 보험 금액을 연금으로 하여, 종신(終身) 또는 일정 기간에 걸쳐 해마다 일정액씩 지급하는 생명 보험.

연:금-사(鍊金師)**명** 연금술에 능한 사람.

연금-산(年金算)**명** 연금이나 복리법(複利法) 따위에 관한 계산법.

연:금-술(鍊金術)**명** 구리·납·주석·철 따위의 비금속(卑金屬)을 금·은 따위의 귀금속으로 변화시키는 일이나, 불로장수의 약을 만드는 일을 목적으로 한 원시적인 화학 기술. 고대 이집트에서 일어나 16세기경까지 유럽에 유행하였음.

연급(年級)**명** 학령(學齡) 또는 학력에 따라 학년별로 갈라놓은 등급.

연급(年給)**명** ①ㄷ연봉(年俸). ②일 년을 단위로 하는 기간.

연기(年紀)**명** ①연대(年代). ②(대강의) 나이. ③자세히 적은 연보(年譜).

연기(年期)**명** ①ㄷ연한(年限). ②일 년을 단위로 하는 기간.

연기(延期)**명하타돼자** 정해 놓은 기한을 물림. 퇴기(退期). 퇴한(退限). ¶무기 연기. /우천으로 축구 경기가 연기되었다.

연기(連記)**명하타돼자** 잇대어 적음. 둘 이상의 것을 나란히 적음. ¶청원자의 이름을 연기하다. ↔단기(單記).

연기(煙氣)**명** 물건이 탈 때 생기는, 빛깔이 있는 기체. 참내.

연:기(演技)**명하타** ①관객 앞에서 연극·노래·춤·곡예 따위의 재주를 나타내 보임, 또는 그 재주. ¶노련한 연기. /노인 역을 연기하다. ②(어떤 목적이 있어) 일부러 남에게 보이기 위하여 실제와 다르게 하는 말이나 행동. ¶천연스러운 연기.

연기(緣起)**명** ①불교에서, 모든 현상이 생기(生起) 소멸하는 법칙. 절·불상 등이 조성(造成)된 유래, 또는 그것을 적은 기록. ¶연기 설화. ③좋은 일이나 나쁜 일이 일어날 것 같은 조짐.

연-기금(年基金)**명** 연금과 기금을 아울러 이르는 말.

연:기-력(演技力)**명** 배우의 연기에 대한 역량. ¶탄탄한 연기력. /연기력이 뛰어나다.

연기-론(緣起論)**명** 불교에서, 인연으로 말미암아 만유(萬有)가 생성한다는 설(說). 연기설.

연-기명(連記名)**명** ㄷ연기명 투표. ↔단기명.

연기명^투표(連記名投票)**명** 한 선거구에서 여러 명의 의원을 뽑을 때에, 선거인이 한 개의 투표용지에 정원 수대로 피선거인의 이름을 적어서 하는 투표. 연기명. 연기 투표. ↔단기명 투표.

연기-받이(煙氣-)[-바지]**명** ①담뱃대의 물부리에 난 가는 구멍. ②(아궁이 위나 굴뚝 위따위) 직접 연기에 그을리기 쉬운 곳에 가리어 댄 물건.

연기-설(緣起說)**圀** ☞연기론.

연기^소:작(年期小作)**圀** 지주가 일정한 기간을 정하여 남에게 농지를 빌려 주고 소작료를 받는 일.

연:기-자(演技者)**圀** 방송극·영화·연극 따위에서, 전문적으로 연기를 하는 사람.

연기^투표(連記投票)**圀** ☞연기명 투표. ↔단기투표.

연:길(涓吉)**圀**하자 (혼인 날짜 등을 정할 때) 좋은 날을 가림. 택일(擇日).

연-꽃(蓮-) [-꼳]**圀** 연의 꽃. 연화(蓮花). ⓟ부용(芙蓉). * 연꽃이[-꼬치]·연꽃만[-꼰-]

연꽃-끝(蓮-) [-꼳-] 날의 한쪽이 오목하게 된 조각용의 끝.

연꽃-누룩(蓮-) [-꼰-]**圀** 연꽃을 찹쌀·밀가루·녹두 따위와 함께 짓찧은 다음, 천초(川椒)를 넣어 반죽하여 만든 누룩.

연-날리기(鳶-)**圀**하자 (바람을 이용하여) 연을 공중에 띄우는 놀이.

연납(延納)**圀**하타 ①(세금이나 납입금 따위를) 기한이 넘어서 냄. ②납입 기한을 뒤로 물림.

연:납(捐納)**圀** [지난날의 중국 제도에서] 금품을 바치고 관직을 사던 일, 또는 그렇게 해서 얻은 관직.

연:낭(練囊)**圀** 깨끗한 비단 주머니.

연내(年內)**圀** 그해의 안. ¶사옥 신축 공사를 연내에 완공하게 예정이다.

연년(年年) [Ⅰ]**圀** 매년.
[Ⅱ]**뛰** 매년. 연년이.

연년(延年)**圀**하자 오래 삶. 장수함. 연년익수(延年益壽).

연년(連年)**圀** 여러 해를 이어 나가는 일.

연년-생(年年生)**圀** 한 살 터울로 태어남, 또는 그런 형제.

연년세세(年年歲歲)**圀** '매년(每年)'을 힘주어 이르는 말.

연년-이(年年-)**뛰** 해마다. 연년(年年).

연년-익수(延年益壽) [-쑤]**圀**하자 ☞연년(延年).

연:-노랑(軟-)**圀** 엷은 노랑. ¶개나리 울타리에 숨은 연노랑 병아리.

연:-녹색(軟綠色) [-쌕]**圀** 연한 녹색. ⓟ연록(軟綠).

연-놈圀 '계집과 사내'를 낮추어 이르는 말.

연단(鉛丹)**圀** ☞사산화삼납.

연:단(煉丹·鍊丹)**圀** ①고대 중국에서, 도사(道士)가 진사(辰砂)로 불로불사의 묘약을 만들던 일, 또는 그 약. ②기(氣)를 단전(丹田)에 모아 심신을 수련하는 방법.

연:단(演壇)**圀** 연설이나 강연을 하기 위하여, 청중석 앞에 한층 높게 마련한 단. 연대(演臺). ¶연단에 서다.

연:단(鍊鍛)**圀**하타**되자** ☞단련.

연-달(鳶-) [-딸]**圀** ☞연살.

연:-달(練達·鍊達)**圀**하자타**되자** 무슨 일에 익숙하여 막힘이 없이 훤하게 통함. ¶전통 무술에 연달하다.

연-달다(連-) [~다니~달아]**자** 잇따르다. 《주로, '연달아'의 꼴로 쓰임.》 ¶자동차가 연달아 지나간다.

연담(緣談)**圀** ☞혼담(婚談).

연당(鉛糖)**圀** ☞아세트산납.

연당(蓮堂)**圀** 연못가에 지은 정자. 연정(蓮亭).

연당(蓮塘)**圀** ☞연못.

연대(年代)**圀** ①지나온 햇수나 시대. ②역사상의 시대. 세기(世紀).

연대(連帶)**圀**하자 둘 이상이 함께 무슨 일을 하거나 함께 책임을 지는 일. ¶연대 투쟁.

연대(煙臺)**圀** 담뱃대.

연:대(演臺)**圀** ☞연단(演壇).

연대(蓮臺)**圀** 〈연화대(蓮花臺)〉의 준말.

연대(聯隊)**圀** 군대 편성의 한 단위. 육군 및 해병대에서, 사단(師團)의 아래, 대대(大隊)의 위로, 보통 3개 대대로 편성됨.

연대-감(連帶感)**圀** (집단의 성원들이) 자신들의 이해관계나 목표가 서로 같으며, 모두가 밀접하게 연결되어 있다고 느끼는 마음.

연대-기(年代記)**圀** 역사상의 사건을 연대순으로 기록한 것. 기년체 사기(紀年體史記). ¶연대기 형식의 소설.

연대^보증(連帶保證)**圀** 보증인이 주된 채무자와 연대하여 채무를 이행할 것을 약속하는 보증.

연대-순(年代順)**圀** 연대의 차례. ¶연대순으로 기록하다.

연대^운:송(連帶運送)**圀** ☞상차 운송.

연대^의:식(連帶意識)**圀** (집단의 성원들이) 자신들의 이해관계나 목표가 서로 같으며, 모두가 밀접하게 연결되어 있다고 생각하는 일.

연대-장(聯隊長)**圀** 연대를 지휘 통솔하는 지휘관. [보통, 대령(大領)으로 임명됨.]

연대^채:무(連帶債務)**圀** 같은 내용의 채무에 대하여, 몇 사람의 채무자가 각기 독립하여 그 전부를 상환할 의무를 지지만, 누구든 한 사람이 상환하면 다른 채무자는 채무를 면하게 되는 채무 관계.

연대^책임(連帶責任)**圀** 어떤 행위 또는 그 결과에 대하여 연대해서 지는 책임. ¶연대 책임을 묻다. /연대 책임을 지다.

연대-표(年代表)**圀** ☞연표(年表).

연대-학(年代學)**圀** 천문학·역학(曆學)·기상학·문헌학·물리학 등을 이용하여, 역사적 사실의 연대나 시간적 관계를 연구하는 학문. 기년학.

연도(年度)**圀** 사무나 회계 따위의 처리를 위하여 편의상 구분한 1년의 기간. ¶회계 연도.

연도(沿道)**圀** 큰길을 낀 곳. 도로의 연변. 연로(沿路). ¶연도를 메운 시민들.

연도(煙道)**圀** 연기가 굴뚝에 이르러 나가기까지의 통로.

연도(煉禱)**圀** 가톨릭에서, 세상을 떠난 사람을 위한 기도를 이르는 말.

연:도(羨道)**圀** ☞널길.

연독(連讀)**圀**하타 계속해서 읽음.

연독(鉛毒)**圀** 납에 함유되어 있는 독.

연독(煙毒)**圀** 연기 속에 들어 있는 독기.

연동(煙垌)**圀** 굴뚝.

연동(聯動·連動)**圀**하자 ①**되자** 기계 따위에서, 한 부분을 움직이면 그와 연결된 다른 부분도 함께 움직이는 일. ¶교통 신호기의 연동 장치. ②(물가 정책 따위에서) 어떤 것의 값의 오르내림에 따라, 그와 관련되는 다른 것의 값을 올리거나 내리거나 하는 일. ¶교통 요금이 국제 원유가에 연동되다.

연동(蠕動)**圀**하자 ①벌레가 굼실거리면서 움직임. ②근육의 수축이 천천히 파급(波及)하듯이 이행(移行)하는 운동. 위벽이나 장벽이 내용물을 보내는 운동에서 볼 수 있음. ②연동 운동.

연:동(戀童)**圀** ☞면2.

연:동-운:동(蠕動運動)**圀** ☞연동(蠕動).

연동-제(連動制)**圀** 기본 품목의 가격 변동에 따라, 이에 관련되는 다른 품목의 가격도 조절해 나가는 제도.

연두(年頭)圓 해의 첫머리. 연초(年初). ¶연두순시(巡視). /대통령의 연두 기자 회견.

연:두(軟豆)圓 노랑과 녹색의 중간색. 담녹색. 연두색. 연둣빛.

연두^교:서(年頭教書)圓 (미국 대통령의) 일반 교서. 연두에 교서를 의회(議會)로 보내는 데서 이르는 말.

연:두-벌레(軟豆-)圓 편모충류의 원생동물. 몸 길이 0.1 mm 이하. 몸은 물렛가락 모양으로 녹색임. 몸속에 엽록소를 품고 있어 햇빛으로 탄소 동화 작용을 함. 물웅덩이에서 무수히 번식함. 유글레나.

연두-법(年頭法)[-뻡]圓 그해의 천간(天干)으로, 그해 정월의 월건(月建)을 아는 법. [정월이 갑(甲)이나 기(己)면 정월이 병인월(丙寅月), 을(乙)이나 경(庚)이면 무인월(戊寅月)이 되는 따위.]

연두-사(年頭辭)圓 (말이나 글을 통하여 여러 사람 앞에서 하는) 새해의 인사말.

연:두-색(軟豆色)圓 ☞연두.

연두-송(年頭頌)圓 새해의 희망과 기쁨을 예찬하는 글.

연:둣-빛(軟豆-)[-두삗/-둗삗]圓 ☞연두. •연:둣빛이다[-두삐치다/-둗삐치다]·연:둣빛만[-두삔-/-둗삔-]

연득-없다[-드걷따]圈 갑자기 행동하는 것 같다. 갑작스럽다. 연득없-이圓 ¶그 일에 네가 왜 연득없이 나선다고 야단이냐?

연-들다(軟-)[~드니·~들어]丞 감이 무르익어 말랑말랑하여지다.

연등(連等)圓하㉠ 평균(平均).

연등(連騰)圓하㉠ 물가가 계속 오름. 속등(續騰). ↔연락(連落).

연등(煙燈)圓 아편(阿片) 연기를 빨 때에 아편에 불을 붙이는 등.

연등(燃燈)圓 ①〈연등절〉의 준말. ②〈연등회〉의 준말. ③주로 연등절에 밝히는 등불.

연등-절(燃燈節)[등을 달고 불을 켜는 명절이라는 뜻으로] '초파일'을 달리 이르는 말. ㉾연등.

연등-회(燃燈會)[-회/-훼]圓 고려 초부터 있었던 국가적인 불교 행사. 온 나라가 집집마다 등을 달아 부처를 공양하고 나라의 태평을 빌었음. 처음에는 음력 정월 보름에 하다가 후에 음력 이월 보름으로 바뀌었고, 나중에는 사월 초파일로 바뀌었음. ㉾연등.

연-때(緣-)圓 인연이 맺어지는 시기나 기회. ¶연때가 맞아서인지 일이 잘 풀려 나간다.

연:락(宴樂)圓하㉠ 잔치를 베풀고 즐기는 일, 또는 그 잔치.

연락(連絡·聯絡)[열-]圓하㉠㉠ ①정보 따위를 전함, 또는 그 정보. ¶연락 사항. /연락을 받다. ②관계를 가짐, 또는 그 관계. ¶연락을 끊다. ③(교통 기관 따위가 한 지점에서) 서로 이어짐. ¶지하철과 연락이 되는 장소.

연락(連落)[열-]圓하㉠ 물가가 계속 떨어짐. 속락(續落). ↔연등(連騰)·속등(續騰).

연락-망(連絡網)[열랑-]圓 정보의 전달 따위를 빠르고 빈틈없이 하기 위하여 필요한 곳마다 마련해 놓은 연락 조직. ¶비상 연락망.

연락-병(連絡兵)[열-뼝]圓 각 단위 부대 사이의 연락을 맡은 병사.

연락부절(連絡不絶)[열-뿌-]圓하㉠ 왕래가 끊이지 않음. 낙역부절. ¶드나드는 배가 연락부절이다.

연락-선(連絡船)[열-썬]圓 해협(海峽)이나 만(灣), 큰 호수 따위에서, 양안(兩岸)의 육상 교통을 연락하는 선박. ¶부산과 시모노세키를 잇는 부관(釜關) 연락선이 다시 다니게 되었다.

연락^운:송(連絡運送)[열-]圓 여러 구간(區間)이 있는 장거리 운송에서, 각 구간의 운송 기관들이 공동으로 운송을 맡아, 편리하고 능률적인 운송을 꾀하는 일.

연락^장:교(連絡將校)[열-짱-]圓 다른 부대에 파견되어서, 그 부대와 자기 부대와의 연락 임무를 맡은 장교.

연락-처(連絡處)[열-]圓 연락을 주고받을 수 있는 곳.

연란(鰱卵)[열-]圓 연어의 알.

연람(延攬)[열-]圓하㉠ ①끌어들여서 자기편으로 만듦. ②발탁함. 등용함.

연:랍(軟鑞)[열-]圓 납과 주석을 주성분으로 한, 녹는점이 낮은 납땜용 합금을 통틀어 이르는 말. 땜납.

연래(年來)[열-]圓 여러 해 이래. ¶연래의 소망이 이루어지다. /연래에 보기 드문 봄가뭄.

연려실-기술(燃藜室記述)[열-]圓 조선 정조 때의 학자 이긍익(李肯翊)이 지은 책. 태조에서 현종에 이르기까지의 역사적 사실을 기록한 것. 59권 42책.

연력(年力)[열-]圓 나이와 기력.

연력(年歷)[열-]圓 여러 해에 걸친 내력.

연련-하다(戀戀-)圈㉠ '연연(戀戀)하다'의 잘못.

연령(年齡)[열-]圓 나이. ¶연령 제한.

연:령(煉靈)[열-]圓 가톨릭에서, 연옥(煉獄)에 들어가 있는 영혼을 이르는 말.

연령-초(延齡草)[열-]圓 백합과의 다년초. 산간의 습지에 나는데, 줄기 높이는 20~40 cm. 줄기 끝에 세 잎이 돌려나는데, 초여름에 잎 가운데서 꽃대가 나와 자줏빛 꽃이 핌.

연령-층(年齡層)[열-]圓 같은 나이 또는 비슷한 나이의 사람들의 횡적(橫的)인 집단. ¶30~35세까지의 연령층.

연례(年例)[열-]圓 해마다 하게 되어 있는 관례(慣例). ¶연례 총회.

연:례(宴禮)[열-]圓 나라에 경사(慶事)가 있을 때 궁중에서 베풀던 잔치.

연:례-악(宴禮樂)[열-]圓 조회(朝會)나 연례 때 연주하던 아악(雅樂).

연례-행사(年例行事)[열-]圓 해마다 정기적으로 하는 행사.

연례-회(年例會)[열-회/열-훼]圓 해마다 한 번씩 열게 되어 있는 모임.

연로(年老)[열-]圓하㉠ 나이가 많음. ¶연로하신 부모님. ㉾연소(年少)하다.

연로(沿路)[열-]圓 ☞연도(沿道).

연:록(軟綠)[열-]圓 〈연녹색(軟綠色)〉의 준말.

연료(燃料)[열-]圓 열·빛·동력 따위를 얻기 위하여 태우는 물질을 통틀어 이르는 말. [나무·석탄·석유·가스 따위.] 땔감.

연료^가스(燃料gas)[열-]圓 천연가스, 석탄 가스, 석유 가스 등 연료로 이용되는 가스를 통틀어 이르는 말.

연료-봉(燃料棒)[열-]圓 우라늄 연료를 알루미늄이나 마그네슘 피복관(被覆管)으로 싼 막대 모양의 핵연료. 핵분열로 인한 생성물이 피복관 밖으로 새어 나오지 않도록 되어 있음.

연료-비(燃料費)[열-]圓 연료를 구입하는 데에 드는 비용.

연료^액화(燃料液化)[열-애콰][명] 고체 연료를 액체 연료로 만드는 일. [석탄 액화 따위.]

연료:전:지(燃料電池)[열-][명] 연료의 연소에 너지를 열로 바꾸지 않고, 물질이 반응할 때 생기는 화학 에너지를 직접 전기 에너지로 바꾸는 장치.

연루(連累·緣累)[열-][명][하자][되자] 남이 일으킨 사건이나 행위에 걸려들어 죄를 덮어쓰거나 피해를 입게 됨. ¶사기 사건에 연루되다.

연루-자(連累者·緣累者)[열-][명] 남이 일으킨 사건에 연루된 사람. ¶사건 연루자를 모두 소환하다.

연류(連類)[열-][명] 같은 무리. 동아리.

연륙(連陸)[열-][명][하자타] 육지에 이어짐. ¶썰물 때면 섬이 육지와 연륙한다.

연륙-교(連陸橋)[열-꾜][명] 육지와 섬을 이은 다리.

연륜(年輪)[열-][명] ①나무를 가로로 자른 면에 나타나는 동심원(同心圓) 모양의 테. 해마다 하나씩 생겨 나무의 나이를 알 수 있음. 나이테. 목리(木理). ②여러 해 동안 쌓은 경험에 의하여 이루어진 숙련의 정도. ¶연륜이 짧다.

연리(年利)[열-][명] 일 년을 단위로 해서 계산하는 이자 또는 이율. 연이율(年利率). 연변(年邊). ¶연리 6%로 대부를 받다.

연리-지(連理枝)[열-][명] ①한 나무의 가지와 다른 나무의 가지가 서로 붙어서 나뭇결이 하나로 이어진 것. ②'부부 또는 남녀의 애정이 깊음'을 비유하여 이르는 말. /연맹을 맺다.

연립(聯立)[열-][명][하자][되자] 둘 이상의 것이 우 울리어 성립함. ¶연립 정권(政權).

연립-내:각(聯立內閣)[열림-][명] 둘 이상의 정당에 의하여 구성되는 내각. 연립 정부. ↔단독 내각.

연립^방정식(聯立方程式)[열-빵-][명] 둘 이상의 미지수를 가진 둘 이상의 방정식이, 미지수가 같은 값에 의하여 동시에 만족할 때의 방정식.

연립^정부(聯立政府)[열-쩡-][명] ☞연립 내각(聯立內閣). 준연정(聯政).

연립^주:택(聯立住宅)[열-쭈-][명] 한 채의 건물 안에 여러 가구(家口)가 각각 독립된 주거 생활을 할 수 있도록 지은 공동 주택. 아파트보다 규모가 작으며, 보통 3층 이하로 되어 있음.

연:마(研磨·練磨·鍊磨)[명][하다][되자] ①(금속·보석·유리·돌 따위를) 갈고 닦아서 표면을 반질반질하게 함. ②(학문이나 기술·기능 따위를) 힘써 배우고 닦음. 단련(鍛鍊). 마연(磨研). ¶기술 연마./심신을 연마하다.

연마(連馬)[명][하자] 바둑에서, 각각 떨어져 있는 돌을 이음.

연-마루(椽-)[명] 층집에서, 아래층의 지붕에 있는 툇마루.

연:마-반(研磨盤)[명] 공작물의 면을 깎는 회전 숫돌. 그라인더. 연삭기(研削機).

연:마-재(研磨材)[명] 금속·유리·돌·나무 따위의 표면을 갈고 닦는 데 쓰이는 물질. [금강사(金剛砂)·석영 가루·유리 가루 따위.]

연막(煙幕)[명] 적으로부터 자기편의 행동을 숨기기 위하여 공중이나 지상에 치는 인공의 연기.

연막(을) 치다[관용] ①연막을 터뜨려서 자기편의 소재나 행동을 숨기다. ②본마음을 숨기기 위한 말이나 행동을 하다.

연막-작전(煙幕作戰)[열-짝-][명] ☞연막전술.

연막-전술(煙幕戰術)[열-전-][명] ①군(軍)에서, 적에게 아군의 군사 행동 따위를 감추기 위해 연막을 치는 전술. ②'어떤 사실을 숨기기 위해 교묘한 수단이나 능청스러운 말로 상대편이 갈피를 잡지 못하도록 하는 일'을 비유하여 이르는 말. ②연막작전.

연막-탄(煙幕彈)[명] 연막을 치기 위한 포탄이나 폭탄.

연만(年晚·年滿)[명][하형] 나이가 많음. 늘바탕에 들어 있음. 연고(年高).

연말(年末)[명]☞세밑. ¶연말 결산.

연말-연시(年末年始)[-련-][명] 한 해의 마지막 때와 새해의 첫머리를 아울러 이르는 말.

연말^정산(年末精算)[열-][명] 급여 소득에서 원천 징수한 소득세에 대하여, 연말에 그 과부족(過不足)을 정산하는 일.

연:-망간광(軟Mangan鑛)[명] '연망간석'의 구용어.

연:-망간석(軟Mangan石)[명] 이산화망간을 주성분으로 하는 광물. 불투명한 흑갈색이며 연함. 제철(製鐵) 또는 전지용(電池用)으로 중요함.

연매(煙媒)[명] ①☞철매. ②그을음.

연:-맥(軟脈)[명] 저혈압 등으로 긴장도가 낮아진 맥박. ↔경맥(硬脈).

연:-맥(燕麥)[명]☞귀리.

연맹(聯盟)[명] 둘 이상의 단체나 국가 따위가, 공동의 목적을 위하여 서로 돕고 행동을 함께할 것을 약속하는 일, 또는 그 조직체. ¶축구 연맹. /연맹을 맺다.

연맹-전(聯盟戰)[명] ☞리그전.

연메-꾼(輦-)[명] 연을 메는 사람.

연면(連綿)[명][하형] ①(사물이 길게 이어져 있음. ②(무슨 일이 오래 계속되어 끊이지 않음. ¶매듭 공예의 전통을 연면하게 이어 오다. 면연(綿延). 연면-히[튀]

연-면적(延面積)[명] (건물의 각 층의 면적 등) 여러 면적을 합친 총면적.

연면-체(連綿體)[명] 서예에서, 초서(草書)의 글씨가 끊어지지 않고 이어져 있는 것.

연멸(煙滅)[명][하자][되자] 연기처럼 흔적 없이 사라짐. ②인멸(湮滅).

연명(延命)[명][하자] 목숨을 겨우 이어 살아감. ¶우리는 산나물을 캐어 하루하루 연명해 나갔다.

연명(延命)²[명] ①조선 시대에, 감사(監司)나 수령(守令) 등이 임지로 떠날 때, 궐패(闕牌) 앞에서 왕명을 전포(傳布)하던 의식. ②조선 시대에, 수령이 감사(監司)를 처음 가서 보던 의식.

연:-명(捐命)[명][하자] 산 목숨을 버림.

연명(連名·聯名)[명][하다] (두 사람 이상이) 이름을 나란히 씀. ¶서류 끝에 자필로 이름을 연명하다.

연명-법(延命法)[-뻡-][명] 밀교(密敎)에서, 수명을 늘리고 지혜를 얻을 것을 비는 수법(修法).

연명^차자(聯名箚子)[명] 두 사람 이상이 연명하여 임금에게 올리는 글. ②연차(聯箚).

연몌(連袂·聯袂)[-메-][명][하자] 행동을 같이함. 함께 감. 연몌(連筒).

연모[명] 물건을 만들거나 무슨 일을 하는 데 쓰는 기구. ¶서툰 목수가 연모 나무란다.

연모(年暮)[명]☞세밑.

연:모(戀慕)[명][하다] 이성(異性)을 사랑하여 그리워함. ¶연모의 정.

연:-목(軟木)[명] 질이 무른 나무.

연목(椽木)[명]☞서까래.

연목구어(緣木求魚)[-꾸-][〔나무에 올라가 물고기를 구한다는 뜻으로〕①<u>하다</u>'되지도 않을 일을 굳이 하려 함'을 비유하여 이르는 말. ②'방법을 그르치면 아무것도 얻을 수 없음'을 비유하여 이르는 말.

연-못(蓮-)[-몯]명 ①연을 심은 못. ②뜰 안이나 집 가까이에 있는 작은 못. 연당(蓮塘). 연지(蓮池). *연못이[-모시]·연못만[-몬-]

연못-가(蓮-)[-몯까]명 연못의 가. 연못물의 가장자리.

연:-무(研武)명하자 ☞연무(鍊武).

연무(煙霧)명 ①연기와 안개. ②티끌 따위가 대기 중에 떠서 뿌옇게 흐려 보이는 현상.

연:-무(演武)명하자 무예를 실연(實演)해 보임.

연:-무(鍊武)명하자 무예를 닦음. 연무(研武).

연무-기(煙霧機)명 농약이나 소독약 따위를 내뿜는 기구.

연무^신:호(煙霧信號)명 안개로 인한 선박의 충돌을 피하기 위하여, 선박이나 등대에서 기적·나팔·종 따위를 울리는 음향 신호.

연:-문(衍文)명 문장 가운데 잘못 들어간 쓸데없는 말.

연:-문(戀文)명 사랑의 편지. 연서(戀書). 연애 편지.

연:-문학(軟文學)명 남녀 간의 연애나 정사(情事)를 주제로 한, 에로티시즘이 짙은 문학. ↔경문학(硬文學).

연:-미-복(燕尾服)명 검은 모직물로 지은 남자용의 서양식 예복. 저고리의 뒷자락이 제비 꼬리처럼 길게 갈라져 있음.

연:-미사(煉missa)명 '위령 미사'의 이전 일컬음.

연미지액(燃眉之厄)명 눈썹에 불이 붙은 듯, 아주 절박하게 닥친 재액(災厄)을 비유하여 이르는 말.

연민(憐憫·憐愍)명하다 불쌍하고 딱하게 여김. ¶연민의 정을 느끼다.

연반-경(緣攀莖)명 다른 식물 또는 다른 물건을 감거나 그것에 붙어서 몸을 지탱하여 뻗어 나가는 식물의 줄기.

연반-꾼(∠延燔-)명 장사 지내러 갈 때 등(燈)을 들고 가는 사람.

연발(延發)명하다 정하여진 시간보다 늦게 떠남. ¶기차가 한 시간이나 연발하다.

연발(連發)명하다되자 ①〔무슨 일이〕 연이어 일어남, 또는 무슨 일을 연이어 일으킴. ¶사고가 연발하다. /질문을 연발하다. /실수를 연발하다. ②〔총이나 대포 따위를〕 연이어 쏨. 연방(連放). ③〈연발총〉의 준말. ②③→단발(單發).

연:-발(碾鉢)명 ☞약연(藥碾).

연발-총(連發銃)명 탄창에 여러 발의 총알을 재어 놓고, 잇달아 쏠 수 있게 되어 있는 총. ②연발. 窗단발총(單發銃).

연-밥(蓮-)[-빱]명 연꽃의 열매. 연실(蓮實). 연자(蓮子).

연방(連放)명하다자타 ☞연발(連發).

연방(蓮房)명 연밥이 박혀 있는 송이.

연방(蓮榜)명 조선 시대에, 향시(鄕試)와 회시(會試)에 급제한 사람들의 명부.

연방(聯邦)명 자치권을 가지는 여러 국가가 연합하여 구성되는 국가. 〔독일·캐나다·스위스 따위.〕 연합 국가(聯合國家).

연방(連方)用 연달아 곧. ¶사람들이 연방 들랑거린다.

연방^의회(聯邦議會)[-회/-훼]명 연방 국가에서, 연방의 대표들로 구성한 의회.

연방-제(聯邦制)명 연방의 정치 제도.

연배(年輩)명 서로 비슷한 나이. 나이가 서로 비슷한 사람. 연갑(年甲). ¶아버지 연배 되시는 분.

연:-백분(煉白粉)[-뿐]명 크림 모양의 분.

연번(連番)명 〈일련번호(一連番號)〉의 준말. ¶차례로 연번을 매기다.

연벽(聯璧·連璧)명 ①한 쌍의 구슬. ②재주가 특히 뛰어난 한 쌍의 벗. ③형제가 한때에 함께 과거에 급제하는 일, 또는 그런 형제. ①②쌍벽(雙璧).

연변(年邊)명 일 년 동안의 변리. 연리(年利).

연변(沿邊)명 〔강이나 도로 따위와 같이〕 길게 이어져 있는 것의 양쪽 지역. ¶철도 연변의 풍경. /고속도로 연변.

연변(緣邊)명 ①둘레. 테두리. ②척(戚)이 닿는 사람. ③☞연고자(緣故者).

연변^태좌(緣邊胎座)명 식물의 태좌의 한 가지. 배주(胚珠)의 가장자리에 있어 심피(心皮)에 착생(着生)함. 완두·벽오동 따위에서 볼 수 있음.

연별(年別)명하다 해에 따라서 구별함. ¶5개년 계획을 연별로 세우다.

연:병(硯屛)명 벼루 곁에 세워서 먼지 따위를 막는 조그만 병풍 모양의 것. 도자기·구리·나무 따위로 만듦.

연:병(練兵·鍊兵)명하자 병사를 훈련함. 전투에 필요한 동작이나 작업을 몸에 익히기 위한 평시의 훈련.

연:병-장(練兵場)명 군인을 훈련시키기 위하여 병영 안에 마련한 운동장.

연보(年報)명 어떤 사항이나 사업 따위에 대하여 해마다 한 번씩 내는 보고서. ¶무역 연보.

연보(年譜)명 그 사람의 한평생의 이력(履歷) 따위를 연대순으로 적은 기록. 개인의 연대기(年代記). ¶충무공 연보.

연:-보(捐補)명하타 ①금품을 내어 남을 도와줌. 연조(捐助). ②기독교에서, '헌금'을 이르던 말.

연보(蓮步)명 '미인의 걸음걸이'를 이르는 말.

연:보-금(捐補金)명 교회에 내는 헌금. 연봇돈.

연:-보라(軟-)명 엷은 보랏빛.

연:-복(練服)명 소상(小祥) 후부터 담제(禫祭) 전까지 입는 상제(喪制)의 옷.

연:봇-돈(捐補-)[-보돈/-볻똔]명 ☞연보금.

연-봉(蓮-)[-뽕]명 ①막 피기 시작하는 연꽃 봉오리. ②〈연방잠〉의 준말.

연봉(年俸)명 1년을 단위로 정한 봉급. 연급(年給). ¶연봉 책정.

연봉(延逢)명하타 고을의 수령(守令)이 귀한 사람을 나아가 맞음.

연봉(連峰)명 한 줄기로 이어져 있는 여러 산봉우리. ¶설악의 연봉.

연봉-무지기(蓮-)[-뽕-]명 연꽃의 빛깔처럼 끝 부분만 붉게 물들인 무지기.

연봉-잠(蓮-簪)[-뽕-]명 여자의 머리에 꽂는 장신구의 한 가지. 금붙이로 연봉 모양을 만들고 산호를 물렸음. ②연봉.

연부(年賦)명 갚거나 치러야 할 돈을 해마다 얼마씩 나누어 내는 일. 연불(年拂). ¶주택 융자금을 연부로 상환하다. ②월부(月賦).

연부(然否)명 ☞여부(與否).

연부-금(年賦金)명 해마다 얼마씩 나누어 갚는 돈.

연-부년(年復年)閅 해마다.

연:부-병(軟腐病)[-뿌]圀 수분이 많은 식물의
조직이 썩어 문드러지는 병. 무·감자·담배·파
따위에 생김.

연부-역강(年富力強)[-깡]圀閼 나이가 젊고
기력이 왕성함.

연분(年分)圀 조선 시대에, 농사의 작황에 따라
해마다 전세(田稅)의 세율을 정하던 제도. 상
상(上上)에서 하하(下下)까지 9등급으로 나뉘
어 있었음. 연분구등법.

연분(連墳)圀 ☞상하분(上下墳).

연분(鉛粉)圀 ☞백분(白粉).

연분(緣分)圀 ①서로 관계를 가지게 되는 인
연. ②부부가 될 수 있는 인연. ¶연분이 닿다.
㊟(연緣).

연분구등-법(年分九等法)[-뻡]圀 ☞연분(年分).

연:-분홍(軟粉紅)圀 엷은 분홍빛. ¶옥색 저고
리에 연분홍 치마.

연:분홍-산호(軟粉紅珊瑚)圀 산호과의 자포동
물. 높이 1 m, 너비 1.6 m가량. 산호류 중 가
장 큼. 연분홍색이며 많은 가지를 가진 나뭇가
지 모양인데, 목걸이·넥타이핀·단추 따위의 장
식품을 만드는 데 이용됨. 바다 밑 바위에 붙
어 사는데, 일본 남부·타이완 연안 등지에 분
포함.

연불(年拂)圀 ☞연부(年賦).

연불(延拂)圀閼 대금(代金)의 지급을 일정 기
간 후로 미룸.

연불:보:험(年拂保險)圀 보험료를 1년에 한 번
씩 내게 되어 있는 보험.

연불^수출(延拂輸出)圀 수출 대금의 지급을 일
정 기간 연기해 주는 수출 방식.

연:-붉다(軟-)[-북따]혬 엷게 붉다. ¶연붉은
잎술.

연비(連比)圀 수학에서 이르는, 세 개 이상의
수, 또는 세 개 이상의 같은 종류의 양의 비.

연비(燃費)圀 자동차가 1l의 연료로 달릴 수 있
는 거리를 나타낸 수치. ¶연비를 낮추다. /연
비가 높은 자동차.

연비(聯臂)圀閼 ①사이에 사람을 넣어 간접
으로 소개함. ②서로 이리저리 알게 됨.

연비-연비(聯臂聯臂)閅 여러 겹의 간접적 소개
로. 연줄연줄로. ¶연비연비 알게 되다.

연빙(延聘)圀閼 ☞초빙(招聘).

연:-뿌리(蓮-)圀 연의 뿌리. 연근(蓮根).

연사(年事)圀 ☞농형(農形).

연사(連査)圀 사돈집의 친척.

연사(連辭)圀 ☞적사(繫辭).

연:사(軟沙)圀 유밀과(油蜜菓)의 한 가지. 찹쌀
가루를 반죽하여 얇게 펴서 모나게 썬 다음,
기름에 튀겨 엿을 바르고, 거기에 찹쌀튀김을
붙인 것.

연사(鉛絲)圀 한쪽 끝에 추를 단 실. 건축이나
측량 따위에서 연직선(鉛直線)을 알아보는 데
쓰임.

연사(鳶絲)圀 ☞연실.

연:사(演士)圀 연설하는 사람. ¶야당 후보를
지지하는 연사로 활동하다.

연사(撚絲)圀 두 가닥 또는 여러 가닥의 실을
합하여 꼬아 놓은 실.

연:사(練祀)圀 연제사(練祭祀)의 준말.

연:사(練絲)圀 생사(生絲)의 아교질을 없애고
특유의 광택과 촉감을 낸 실. ↔생사.

연사-간(連査間)圀 사돈의 친척 되는 사이.

연사-기(撚絲機)圀 실을 꼬는 기계.

연사-질(撚絲-)圀閼 간교한 말로 남의 속을 떠보는 짓.

연:-삭-기(研削機)[-끼]圀 ☞연마반.

연산(年產)圀 1년 동안에 산출하는 총량. 연간
생산량. ¶연산 300만 톤을 돌파하다.

연산(連山)圀 죽 이어져 있는 산.

연:산(演算)圀閼 정해진 방식에 따라 계산을
하여 필요한 답을 구하는 일. 운산(運算). ¶연
산 기호. ㊟셈.

연:산-자(演算子)圀 어느 하나의 함수를 작용
시켜 다른 함수를 얻기 위한 대응 관계를 나타
내는 것. [미분 기호·적분 기호 따위.]

연:산^장치(演算裝置)圀 컴퓨터의 중앙 처리
장치에서 연산을 담당하는 장치.

연-산적(繼散炙)圀 ☞사슬산적.

연산-품(連產品)圀 (석유 공업에서의 석유·휘발
유·경유·중유 등과 같이) 똑같은 재료를 쓰고
같은 공정을 거쳐서 생산되는 두 가지 이상의
제품.

연-살(鳶-)[-쌀]圀 연의 뼈대가 되는 대오리.
달3. 연달.

연상(年上)圀 (서로 비교하여) 나이가 많음, 또
는 많은 그 사람. ¶연상의 여인. /3년 연상의
남편. ↔연하(年下).

연상(連喪)圀閼 연이어 초상(初喪)이 나는
일, 또는 그 초상. 줄초상.

연:상(軟上)圀 [활의 세기에서] 중힘보다는 무
르나, 연궁(軟弓) 중에서는 가장 센 등급의 각
궁(角弓).

연:상(硯床)圀 벼루 따위의 문방구를 놓아두는
작은 책상.

연:상(硯箱)圀 ☞벼룻집.

연:상(鉛商)圀 [지난날, 연광(鉛鑛)만 허가하던
시대에] 연광에서 금이나 은 따위를 캐내어 몰
래 매매하던 사람.

연:상(練祥)圀 ☞소상(小祥).

연:상(燕商)圀 지난날, 지금의 중국 베이징(北
京)인 연경(燕京)을 왕래하던 무역상.

연상(聯想)圀閼 어떤 사물을 보거나 듣
거나 생각하거나 할 때, 그와 관련 있는 다른
사물이 머리에 떠오르는 일. 관념 연합(觀念聯
合). ¶기념사진을 보고 옛일을 연상하다.

연상약(年相若)'연상약하다'의 어근.

연상약-하다(年相若-)[-야카-]혬 나이가
서로 비슷비슷하다.

연-새圀 ☞여새.

연:-색(研索)圀閼 연구와 사색. 연구하고 사
색함.

연색(鉛色)圀 납빛.

연색(鳶色)圀 ☞다갈색.

연생(緣生)圀 [불교에서] ①閼 온갖 인연에 의
하여 생겨나는 일, 또는 인연에 의하여 나타나
는 것. ②인연에 의하여 생겨난 결과.

연생-보험(聯生保險)圀 한 계약의 피보험자가
둘 이상인 생명 보험. ↔단생보험.

연생이圀 잔약한 사람이나, 보잘것없는 물건을
이르는 말.

연서(連書)圀 순경음(脣輕音)을 표시하기 위하
여 순음(脣音) 밑에 'ㅇ'을 이어 쓴 것. [ㅁ·
ㅂ·ㅍ 따위.] ㊟부서(附書).

연:서(連署)圀閼 같은 문서에 두 사람 이
상이 나란히 서명함, 또는 그 서명.

연:서(戀書)圀 ☞연문(戀文).

연:석(宴席)圀 연회(宴會)의 자리. 연석(筵席).
연회석(宴會席). ¶연석에 초대하다. /시상식에
이어 연석을 베풀다.

연석(連席)**명하자** ①여러 사람이 한자리에 늘어앉음. ¶일동이 연석한 끝자리에 가서 앉다. ②여러 기관이나 단체의 사람들이 동등한 자격으로 자리를 같이함. ¶재야 단체의 대표들이 연석하다.

연:석(硯石)**명** 벼룻돌.

연석(筵席)**명** ①☞연석(宴席). ②☞연중(筵中). ③돗자리.

연석(緣石)**명** 차도(車道)와 인도(人道)의 경계가 되게 늘어놓은 돌.

연석(憐惜)**명하타** 딱하고 애석히 여김.

연석-회의(連席會議)[-서쾨의/-서쿼이]**명** ①다른 부서 또는 다른 기관과 합동으로 여는 회의. ¶당정(黨政) 연석회의. ②국회에서, 둘 이상의 위원회가 공동으로 회의를 열어 의견을 교환하는 일. ¶내무위와 국방위의 연석회의.

연선(沿線)**명** (철도 따위의) 선로를 따라 그 옆에 있는 지역. ¶철도 연선의 경치.

연설(筵說)**명하자** 연중(筵中)에서 임금의 물음에 응답하는 일, 또는 그 말.

연:설(演說)**명하자** 많은 사람 앞에서 자기의 주의·주장·사상·의견 따위를 말함, 또는 그 말. ¶선거 연설. /지루한 연설.

연:설-문(演說文)**명** 연설할 내용을 적은 글.

연:설-조(演說調)[-쪼]**명** 연설하는 것 같은 어조(語調). ¶연설조의 강의.

연성(延性)**명** 물체를 잡아당겼을 때, 탄성(彈性)의 한계를 넘어도 파괴되지 않고 가늘고 길게 늘어나는 성질. 🔗전성(展性).

연성(連星·聯星)**명** 두 개 이상의 항성이, 만유인력의 작용에 의하여 공통의 중심(重心)의 둘레를 서로 공전하고 있는 것. 쌍성. 🔗중성(重星).

연성(連聲)**명하자** ☞연음(連音).

연:성(軟性)**명** 무른 성질. 유연한 성질. ↔경성(硬性).

연성(緣成)**명하자** 불교에서, 모든 것은 인연에 의하여 이루어짐을 뜻하는 말.

연:성(鍊成)**명하타** 몸과 마음을 단련함.

연:-성분(軟成分)**명** 방사선이나 우주선에서, 물질을 투과하는 힘이 약한 부분. ↔경성분(硬成分).

연:성^하:감(軟性下疳)**명** 성병의 한 가지. 감염 후 2~3일의 잠복기를 거쳐 감염 부위에 붉은 발진(發疹)이 나타났다가, 좁쌀 크기의 궤양(潰瘍)으로 발전함. ↔경성 하감.

연:성^헌:법(軟性憲法)[-뻡]**명** 보통의 법률과 같은 절차로 개정할 수 있는 헌법, 곧 개정의 절차가 비교적 덜 까다로운 헌법. ↔경성 헌법(硬性憲法).

연세(年歲)**명** 〈나이〉의 높임말. 연치(年齒). 춘추(春秋)¹. ¶자당의 연세가 어떻게 되시는가?

연:세(捐世)**명** 〈세상을 버린다는 뜻으로〉〈사망(死亡)〉의 높임말.

연소(年少)'**연소하다**'의 어근.

연소(延燒)**명하자** 화재의 불길이 번져 다른 곳까지 탐. ¶이웃 점포들로 연소하다.

연:소(燕巢)**명** ☞연와(燕窩).

연소(燃燒)**명하자** (불이 붙어서) 탐. 물질이 공기 속의 산소와 화합하여 빛과 열을 내는 현상. ¶연료의 완전 연소.

연소-관(燃燒管)**명** 높은 열에 견디는 경질(硬質)의 유리관. 원소의 화학 분석 따위에 쓰임.

연소-기예(年少氣銳)**명하형** 나이가 젊고 기운이 왕성함.

연소몰각(年少沒覺)'**연소몰각하다**'의 어근.

연소몰각-하다(年少沒覺-)[-가카-]**형여** 나이가 어리고 철이 없다.

연소-물(燃燒物)**명** 불에 타는 물질, 곧 산소와 화합하여 열과 빛을 낼 수 있는 물질.

연소-배(年少輩)**명** 나이 어린 무리.

연소-숟가락(燃燒-)[-까-]**명** 금속으로 된, 고열에 견디는 숟가락 모양의 실험 기구. 원소의 화학 분석 실험 등에 쓰임.

연소-실(燃燒室)**명** ①보일러 따위에서, 연료를 태우는 곳. ②내연 기관에서 혼합 가스를 태우는 곳.

연소-열(燃燒熱)**명** 물질이 탈 때 발생하는 열량. 1g 또는 1몰(mol)의 물질이 탈 때의 열량을 '칼로리'로 나타냄.

연소-율(燃燒率)**명** 보일러 따위의 불판 위에서 고체 연료가 탈 때, 불판 1 m²위에서 한 시간에 타는 연료의 무게.

연소-자(年少者)**명** 나이가 젊은 사람. 또는, 나이가 어린 사람. ¶연소자 관람 불가.

연소-하다(年少-)**형여** 나이가 젊다. 또는, 나이가 어리다. ¶신랑이 신부보다 연소하다. 🔗연로.

연속(連續)**명하자되자** 끊이지 않고 죽 이어지거나 지속함. ¶노력의 연속. /연속 동작. /비슷한 사건이 연속하여 일어났다.

연속-극(連續劇)[-끅]**명** 정기적으로 그 일부분씩을 연속하여 방영하는 방송극. ¶주말 연속극. /일일(日日) 연속극.

연속-범(連續犯)[-뻠]**명** (같은 창고에서 여러 차례에 걸쳐 상품을 훔쳐 낸 경우와 같이) 연속된 몇 가지 범행이 같은 죄명에 해당되는 범죄, 또는 그 범인.

연속-부절(連續不絕)[-뿌-]**명하자** (무슨 일이) 죽 계속되어 끊이지 않음.

연속-성(連續性)[-썽]**명** 끊이지 않고 죽 이어지거나 지속되는 상태.

연속^스펙트럼(連續spectrum)**명** 고온으로 가열된 고체가 내는 빛의 스펙트럼처럼, 연속적으로 퍼지는 스펙트럼.

연속-적(連續的)[-쩍]**관명** 연달아 이어지는 (것). ¶연속적 행사. /연속적인 질문 공세. ↔간헐적(間歇的).

연속-파(連續波)**명** 물리에서 이르는, 잇달아 진동하는 파동의 순환.

연송(連誦)**명하타** 책 한 권을 첫머리부터 끝까지 내리 욈.

연쇄(連鎖)**명** ①물건과 물건을 이어 매는 사슬, 또는 사슬처럼 이어져 있는 것. ②하자타되자 (어떤 사물이나 현상 따위가) 사슬처럼 서로 이어지거나 관련을 맺음. ¶연쇄 강도 사건. /연쇄 작용.

연쇄^구균(連鎖球菌)**명** 지름 1미크론 안팎의 구균이 사슬처럼 이어져 있는 화농균(化膿菌). 화농·편도염·성홍열 따위를 일으킴.

연쇄-극(連鎖劇)**명** 연극과 영화를 같은 무대에서 번갈아 상연하는 연극.

연쇄^반:응(連鎖反應)**명** ①하나의 반응이 계기가 되어 외부로부터의 에너지의 공급 없이도 풀이하여 진행되는 반응. [원자로 안에서의 핵분열 따위.] ②하나의 사건이 계기가 되어 연달아 같은 종류의 사건이 유발되는 일.

연쇄-상(連鎖狀)**명** 사슬처럼 생긴 모양.

연쇄-식(連鎖式)**명** 복합적 삼단 논법의 한 가지. 여러 삼단 논법의 결론을 생략하고 전제(前提)만을 이어 가는 추론(推論).

연쇄-점 (連鎖店)圈 매입(買入)이나 광고 따위를 공동으로 하는 소매점의 집단. 하나의 회사가 많은 소매점을 거느리는 형태와, 독립된 소매점이 협동하는 형태가 있음. 체인점.

연수 (年收)圈 한 해 동안의 수입.

연수 (年首)圈 설.

연수 (年數) [-쑤]圈 햇수. ¶근무 연수.

연수 (延髓)圈 뇌수(腦髓)의 아래끝에 있으며 척수(脊髓)의 위끝으로 이어지는 부분. 생명에 직접 관계되는 폐·심장·혈관 등의 운동을 지배하고 있음. 숨골.

연:수 (研修)圈(하타) 그 분야에 필요한 지식이나 기능을 몸에 익히기 위하여 특별한 공부를 하는 일. ¶교사 연수. /사법 연수. /신입 사원 연수를 받다.

연:수 (宴需)圈 잔치에 드는 물건이나 비용.

연:수 (軟水)圈 ☞단물1. ↔경수(硬水).

연수 (淵藪)圈(하자)〔못에는 물고기가, 숲에는 새나 짐승이 모이는 것처럼〕'사물이나 사람이 모이는 곳'을 비유하여 이르는 말. 연총(淵叢).

연:수 (硯水)圈 ①벼룻물. ②☞연적(硯滴).

연수-당 (延壽堂)圈 절에서, 병든 중을 수용하는 집이나 방.

연-수정 (煙水晶)圈 엷은 갈색 또는 검은빛으로, 연기와 같은 무늬가 있는 수정.

연:-수필 (軟隨筆)圈 ☞경수필(輕隨筆).

연:숙 (鍊熟)圈(하여) 몸에 익어서 익숙함.

연습 (沿襲)圈(하자) 관례(慣例)에 따름.

연:습 (演習)圈(하타) ①☞연습(練習). ¶연습 경기. ②군대에서, 실전 상황을 상정(想定)하여 행하여는 모의 군사 행동. ¶도하(渡河) 연습.

연:습 (練習·鍊習)圈(하타) 학문이나 기예 따위를 되풀이하여 익힘. 연습(演習). ¶연습 문제. /운전 연습.

연:습-곡 (練習曲) [-꼭]圈 기악이나 성악의 연습을 위하여 만들어진 곡. 에튀드.

연:습-기 (練習機) [-끼]圈 조종이나 폭격 따위의 연습에 쓰이는 비행기.

연:습-림 (演習林)圈 임학(林學)을 연구하는 학생의 실제적인 연습을 위하여 특별히 가꾸어 놓은 숲.

연:습-선 (練習船) [-썬]圈 수산 대학·해양 대학 등에서, 항해 기술·해상 실무 등을 훈련하는 데 쓰이는 배.

연:습-장 (練習帳) [-짱]圈 연습을 할 때 쓰는 공책.

연승 (連乘)圈(하타) 세 개 이상의 수나 식을 차례로 곱함.

연승 (連勝)圈 ①두 차례 이상의 전쟁이나 경기 등에서 잇달아 이김. ¶연승 행진. /3연승을 거두다. ↔연패. ②〈연승식(連勝式)〉의 준말.

연승-식 (連勝式)圈 경마·경륜 따위에서, 1~3등 가운데서 어느 하나를 맞히는 방식. ㉖연승. ㉗단승식·복승식.

연시 (年始)圈 ①한 해의 처음. 연초(年初). ②설.

연:시 (軟柿)圈 ☞홍시(紅柿).

연시 (聯詩)圈 두 사람 이상이 모여, 각각 한 연(聯) 또는 한 구(句)를 지어 한 편의 한시(漢詩)를 만들어 내는 일, 또는 그 한시.

연-시조 (聯時調)圈 두 수(首) 이상의 평시조로 한 편을 이루는 시조 형식. 연형시조(聯形時調). ㉖단시조(單時調).

연:식 (軟式)圈 야구·정구 따위에서, 연구(軟球)를 사용하여 하는 경기 방식. ↔경식(硬式).

연:식 (軟食)圈 죽·빵·국수 따위 부드러운 음식에 소화가 잘되는 반찬을 곁들인 음식물. 반고형식(半固形食).

연:식^야:구 (軟式野球) [-식냐-]圈 연구(軟球)를 사용하는 야구. ↔경식 야구.

연:식^정구 (軟式庭球) [-쩡-]圈 연구(軟球)를 사용하는 테니스. 우리나라·일본 등 동아시아 몇 나라에서 발달하고 있음.

연:식^지구의 (軟式地球儀) [-찌-의/-찌-이]圈 축(軸)을 조립식으로 하고, 이중으로 인쇄한 지도를 풍선처럼 발라, 접고 펼 수 있게 만든 지구의.

연신圈 잇따라 자주. ¶연신 눈을 깜박이다.

연신 (連信)圈(하자) 소식이 끊이지 아니함, 또는 끊이지 않는 소식.

연-실 (鳶-) [-씰]圈 연줄로 쓰는 실. 연사(鳶絲). ¶연실을 주다. /연실을 감다.

연실 (煙室)圈 보일러에서, 연기를 일단 모았다가 굴뚝으로 내보내는 부분.

연실 (蓮實)圈 ☞연밥.

연실-갓끈 (蓮實-) [-간-]圈 연밥 모양의 구슬을 꿰어서 만든 갓끈.

연실-돌쩌귀 (蓮實-)圈 연밥 모양으로 생긴 돌쩌귀.

연실-법 (鉛室法) [-뻡]圈 황산의 공업적인 제조법의 한 가지. 이산화황·공기·수증기의 혼합물에, 촉매인 산화질소를 가하여 연실에서 반응시킴.

연실-죽 (蓮實竹)圈 대통을 연밥 모양으로 만든 담뱃대.

연실^황산 (鉛室黃酸)圈 연실법으로 만든 황산. 접촉법(接觸法)으로 만든 황산에 비하여 순도가 떨어지는데, 과인산석회나 황산암모늄 따위를 만드는 데 쓰임.

연:심 (戀心)圈 사랑하여 그리는 마음.

연심-세구 (年深歲久)圈 ☞연구세심(年久歲深).

연안 (沿岸)圈 ①바닷가·강가·호숫가의 육지. ¶한강 연안에 발달한 도시. ②바닷가·강가·호숫가에 가까운 수역(水域).

연:안 (宴安·燕安)圈(하여) 몸과 마음이 한가롭고 편안함. 연일(燕日)하다.

연안-국 (沿岸國)圈 연안에 있는 나라. ¶태평양(太平洋) 연안국.

연안-류 (沿岸流) [-뉴]圈 해안을 따라 흐르는 바닷물의 흐름.

연안^무:역 (沿岸貿易)圈 한 나라의 해안선에 있는 여러 항구 사이를 항해하면서 하는 무역. 연해 무역(沿海貿易).

연안^어업 (沿岸漁業)圈 해안에서 가까운 곳, 또는 그 나라의 영해(領海) 안에서 하는 어업. 연해 어업(沿海漁業).

연안^항:로 (沿岸航路) [-노]圈 한 나라 안의 여러 항구 사이를 잇는 항로.

연안-해 (沿岸海)圈 육지와 가까운 바다. 곧, 간조선에서 3해리 이내의 해역.

연안^해:저^지역 (沿岸海底地域)圈 ☞대륙붕(大陸棚).

연:-알 (碾-)圈 약재(藥材)를 갈 때, 약연(藥碾)에 굴리는 바퀴 모양의 쇠.

연암-집 (燕巖集)圈 조선 영조·정조 때의 학자 박지원(朴趾源)의 문집. 시문·편지와 기행문인 '열하일기(熱河日記)' 등이 있음. 별집(別集)으로 '연암외전'이 있음.

연앙(年央)**圕** 한 해의 중간이 되는 시기, 또는 그 날씨.

연애圕〈옛〉아지랑이. 이내1. 남기(嵐氣). ¶연남:嵐(訓蒙上2).

연-애(涓埃)**圕** 물방울과 티끌. 곧, '아주 하찮은 일이나 썩 작은 것'을 비유하여 이르는 말.

연-애(戀愛)**圕[하자]** 남녀가 서로 애틋하게 그리워하고 사랑함. ¶연애 감정. /연애한 지 10년 만에 결혼했다.

연:애-결혼(戀愛結婚)**圕** (중매결혼 등에 대하여) 연애를 통하여 맺어진 결혼.

연:애^소:설(戀愛小說)**圕** 남녀 간의 애정 문제를 주제로 한 소설. 염정 소설(艶情小說).

연:애-지상-주의(戀愛至上主義)[-의/-이] **圕** 연애를 인생 최고의 목적이라고 하는 주의.

연:애-편지(戀愛便紙)**圕** 연애하는 남녀 사이에 주고받는 사랑의 편지. 연문(戀文). 연서(戀書).

연액(年額)**圕** (수입·지출·생산액 따위의) 한 해 동안의 총액.

연야(連夜)**Ⅰ圕[하자]** 여러 날 밤을 계속함. **Ⅱ圎** 밤마다. 또는 되풀이되는 야간 근무.

연약(軟弱)**圕** '연약하다'의 어근.

연:-약(煉藥)**圕** ①꿀이나 물엿 따위에 개어서 만든 약. ②**[하자]** 한방에서, 약을 고는 일, 또는 고아서 만든 약.

연:-약과(軟藥果)[-꽈] **圕** 말랑말랑하게 썩 잘 만든 약과.

연:-약밥(軟藥-)[-빱] **圕** 보들보들하게 썩 잘 만든 약밥.

연:약-외교(軟弱外交)[여냐괴-/여냐궤-] **圕** 상대국의 눈치만 살피는 자주성 없는 외교.

연:약-하다(軟弱-)[여냐카-] **圎** ①무르고 약하다. ¶지반(地盤)이 연약하다. ↔강고(强固)하다. ②성질이 부드럽고 의지가 굳지 못하다. ¶연약한 마음.

연양-가(延陽歌)**圕** 우리나라의 고대 가요. 고구려 때, 연양현의 머슴이 주인에 대한 충성을 다짐하며 지어 부른 노래. (가사는 전하지 아니하고, '고려사'의 '악지'에 그 설화 내용만이 실려 전함.)

연어(鰱魚)**圕** 연어과의 바닷물고기. 몸길이 70cm가량. 몸은 원통 모양으로 송어와 비슷하게 생겼으나 폭이 더 넓음. 몸빛은 등이 파란색을 띤 회색, 배는 은색. 가을에 강으로 거슬러 올라와 상류의 모랫바닥에 알을 낳고 죽음. 우리나라에서는 두만강에서 낙동강까지의 연해에 분포함.

연-역(演繹)**圕[하타]** 논리학에서, 일반적인 원리로부터 논리의 절차를 밟아서 낱낱의 사실이나 명제를 이끌어 냄, 또는 그러한 일. ↔귀납(歸納).

연:역-법(演繹法)[-뻡] **圕** 논리학에서, 연역에 의하여 추리하는 방법을 이름. 연역적 방법. ↔귀납법(歸納法).

연:역-적(演繹的)[-쩍] **관圕** 연역으로 논리를 전개해 나가는 (것). ¶연역적 사고. /연역적인 해석. ↔귀납적(歸納的).

연:역적 방법(演繹的方法)[-빵뻡] **圕** ⇨연역법.

연:역-학파(演繹學派)[여녀캅-] **圕** 경제학의 연구에서, 연역적 방법으로 경제 생활의 원리를 설명하려는 학파. ↔귀납학파(歸納學派).

연연(娟娟)**圕** '연연(娟娟)하다'의 어근.

연연(涓涓)**圕** '연연(涓涓)하다'의 어근.

연연(連延)**圕** '연연(連延)하다'의 어근.

연연(軟娟)**圕** '연연(軟娟)하다'의 어근.

연연(戀戀)**圕** '연연(戀戀)하다'의 어근.

연:연불망(戀戀不忘)**圕[하타]** (안타까울 정도로) 그리워할 정도로.

연연-하다(連延-)**[자어]** ①죽 이어져 길게 뻗다. ②무슨 일이 끝없이 미루어지다.

연연-하다(娟娟-)**圎** (빛깔이) 산뜻하고 곱다. ¶진달래의 연연한 빛깔. 연연-히圎.

연연-하다(涓涓-)**圎** 시냇물이나 소리의 흐름 또는 늘 숨 가쁘게 가늘거나 잔잔하고 약하다. ¶흐르는 숨 가쁘게 가늘거나 잔잔하고 약하다. 연연-히圎.

연연-하다(軟娟-)**圎** 가냘프고 연약하다. 섬약하다. 연연-히圎.

연:연-하다(戀戀-)**Ⅰ[자어]** 미련이 남아서 잊지 못하다. ¶과거에 연연하다. **Ⅱ圎** 잊히지 않고 안타깝게 그립다. ¶연연한 그리움. 연연-히圎.

연염(煙焰)**圕** 연기와 불꽃, 또는 연기 속에서 타오르는 불길. ¶화광(火光)과 연염에 진동하는 광경.

연엽(蓮葉)**圕** 〈연엽살〉의 준말.

연엽(蓮葉)**圕** ⇨연잎.

연엽-관(蓮葉冠)[-꽌] **圕** 관례를 치르고 상투를 튼 사람이 쓰는 연잎 모양의 관.

연엽-대접(蓮葉-)[-때-] **圕** 연엽반상에 딸린 대접. 밑이 빨고 위가 바라져서 모양이 연잎 같고, 두께가 얇음.

연엽-바리때(蓮葉-)[-빠-] **圕** 밑이 빨고 위가 바라진, 연잎처럼 생긴 바리때.

연엽-반상(蓮葉飯床)[-빤-] **圕** 위가 바라지고 운두가 낮은, 연잎 모양으로 생긴 그릇들로 된 반상.

연엽-살[-쌀] **圕** 소의 도가니에 붙은 고기. ⑥연엽.

연엽-주발(蓮葉周鉢)[-쭈-] **圕** 연엽반상에 딸린 주발. 밑이 빨고 위가 바라져서 모양이 연잎 같고, 두께가 얇음.

연영-전(延英殿)**圕** 고려 시대에, 대궐 안에 많은 전적(典籍)을 갖추어 놓고, 임금이 신하들과 학문을 연구하던 곳. 인종(仁宗) 때 집현전(集賢殿)으로 바뀌었음.

연:예(演藝)**圕** 대중적인 연극·노래·춤·희극·만담·마술 따위의 예능, 또는 관중 앞에서 그런 예능을 공연하는 일.

연예(蓮蕊)**圕** 연의 꽃술. '불좌수(佛座鬚)'라고도 함.

연:예(鍊銳)**圕** 잘 훈련된 군사.

연:예-계(演藝界)[-계/-게] **圕** 연예인들의 사회.

연:예-란(演藝欄)**圕** 신문·잡지 등에서 주로 연예에 관한 기사를 싣는 난.

연:예-인(演藝人)**圕** 연예에 종사하는 사람들을 통틀어 일컫는 말.

연:옥(軟玉)**圕** 옥의 한 가지. 각섬석(角閃石)으로 된 것과 양기석(陽起石)으로 된 것이 있으며, 휘석(輝石)으로 된 경옥(硬玉)에 비하여 질이 무름.

연:옥(煉獄)**圕** 가톨릭에서, 죄를 범한 사람의 영혼이 천국에 들어가기 전에, 불의 의함을 받음으로써 그 죄가 씻어진다는 곳. 천국과 지옥 사이에 있다 함.

연:옥-사(研玉沙·研玉砂)[-싸] **圕** 옥을 가는 데 쓰는 보드라운 모래.

연:-옥색(軟玉色)[-쌕] **圕** 엷은 옥색. 연한 옥색.

연:옴지치(吮癰舐痔)**圕** 〈종기의 고름을 빨고, 치질 앓는 밑을 핥는다는 뜻으로〉'방법을 가리지 않고 천박(淺薄)하게 아첨함'을 비유하여 이르는 말.

연:와(煉瓦)명 ☞벽돌.

연:와(燕窩)명 바다제비의 일종인 금사연(金絲燕)의 둥지. 바닷말 따위를 물어다가 침으로 굳혀 만든 것으로, 중화요리에서 국물의 재료로 쓰임. 연소(燕巢).

연완(嬿婉·燕婉)명 '연완하다'의 어근.

연:완-하다(嬿婉·燕婉-)형여 마음이 곱고 얼굴이 예쁘다.

연우(延虞)명하자 장사 지낸 뒤 신주를 집으로 모셔 올 때 성문 밖에 나가 신주를 맞이하는 일.

연우(連雨)명 날마다 계속해서 내리는 비.

연우(煙雨)명 ☞는개.

연우(蓮藕)명 ☞연근(蓮根).

연운(年運)명 그해의 운수. 해운.

연운(煙雲)명 ①연기와 구름. ②구름처럼 피어오르는 연기.

연원(淵源)명 사물의 깊은 근원. 사물이 성립된 바탕. ¶죄악의 연원. /겨레의 연원을 찾아서.

연월(連月)명하자 여러 달을 계속함. ¶연월로 출장을 떠나다.

연월(煙月)명 ①흐릿하게 보이는 달. ②편안한 세월. ¶태평연월.

연월일(年月日)명 해와 달과 날을 아울러 밝히는 날짜. ¶출생 연월일. /연월일을 밝혀 적다.

연월일시(年月日時)명[-씨]명 해와 달과 날과 시를 아울러 밝히는 날짜와 시각. 〔1999년 7월 8일 상오 9시 따위.〕

연:유(宴遊)명하자 잔치를 벌여 놓고 놂.

연:유(煉乳)명 달여 진하게 만든 우유. 당유(糖乳).

연유(緣由)명 ①☞사유(事由). ¶연유를 캐다. / 연유를 털어놓다. ②하자 무슨 일이 거기에서 비롯됨. 유래(由來). ¶원시 신앙에 연유하다.

연유(燃油)명 연료로 쓰는 기름.

연육(蓮肉)명 연밥의 살. 한방에서 원기(元氣)를 돕우는 약으로 쓰임.

연:융(鍊戎)명하자 군사를 훈련함. ¶삼군(三軍)을 연융하여 북적 남만(北狄南蠻) 파(破)한 후에(古時調).

연음(延音)명 음악에서, 한 음을 본디의 박자 이상으로 길게 늘이는 일, 또는 그렇게 늘어난 음.

연:음(宴飮·讌飮)명 술잔치, 또는 술잔치에서 술을 마심.

연음(連音)명하타되자 앞 음절의 끝소리가 모음으로 시작하는 뒤 음절의 첫소리로 이어져 나는 소리. 〔옷이→오시, 꽃을→고츨 따위.〕연성(連聲). ㈜연음 법칙(連音法則).

연음(漣音)명 꾸밈음의 한 가지. 잔물결처럼 떨리게 울리는 소리.

연음^기호(連音記號)명 ☞늘임표.

연음^법칙(連音法則)명 앞 음절과 뒤 음절 사이에 연음 현상이 일어나는 음운 법칙. ㈜절음 법칙.

연음-부(連音符)명 정해진 분할법에 따르지 아니하고 분할할 음부. 〔2등분해야 할 음부를 3등분한 삼련음부(三連音符) 따위.〕잇단음표.

연읍(沿邑)명 연도(沿道)에 있는 고을.

연:의(衍義)명하타 뜻을 확대하여 자세히 설명함, 또는 확대해서 풀이한 뜻.

연:의(演義)명하자 ①역사적 사실을 부연하여 재미있게 재구성해서 쉬운 글로 쓴 중국의 통속 소설. ¶삼국지연의. ②하타 뜻을 알기 쉽고 재미있게 풀이함.

연:의^소:설(演義小說)명[여늬-/여니-] 중국에서 역사상의 사실을 재미있게 재구성하여 쓴 통속 소설. 〔'삼국지연의(三國志演義)' 따위.〕

연-이나(然-)튀 〔예스러운 표현으로〕 그러나. 그러하나.

연-이율(年利率)명[-니-]명 일 년을 단위로 하여 정한 이율. 연리(年利). ¶연이율 20%를 보장하는 수익성 저축.

연:익(燕翼)명하자 ①조상이 자손을 편안하도록 도움. ②어진 신하가 임금을 도움.

연인(延引)명하타되자 길게 잡아 늘임.

연인(連引)명하타 (어떤 일에) 관계있는 것을 끌어옴.

연:인(戀人)명 서로 사랑하는 관계에 있는 남녀. 또는, 이성으로서 사랑하는 사람. ㈔애인(愛人).

연-인원(延人員)명 어떤 일에 동원된 인원(人員)과 걸린 날수를 두고, 그 일을 하루로 끝내는 것으로 가정하여 환산한 총인원수. 〔세 사람이 열흘 걸렸을 때의 연인원은 30명임.〕

연인접족(連姻接族)명[-쪽]명 친족과 인척.

연일(連日)명 〔Ⅰ〕명하자 여러 날을 계속함. ¶연일의 폭우에도 불구하고 공사는 계속되었다.
〔Ⅱ〕튀 매일. 날마다. ¶연일 눈이 내리다. /공사가 연일 계속되다.

연일-석(延日石)명[-썩]명 경상북도 포항시 연일(延日)에서 나는 숫돌.

연-일수(延日數)명[-쑤]명 어떤 일에 걸린 날짜를, 한 사람이 그 일을 끝내는 것으로 가정하고 계산한 총일수. 〔세 사람이 엿새 걸렸을 때의 연일수는 18일임.〕

연일-연야(連日連夜)명[-려냐]명 〔Ⅰ〕명 매일의 낮과 밤.
〔Ⅱ〕튀 날마다 밤마다.

연임(連任)명하타되자 임기를 마친 사람이 다시 그 자리에 임용됨. ¶연임 금지 조항. /대법관을 연임하다.

연-잇다(連-)[-닏따]〔~이으니·~이어〕자타ㅅ ①끊어지지 않고 이어지다. 잇달다. 《주로, '연이어'·'연이은'의 꼴로 쓰임.》 ¶희망자가 연이어 나타나다. ②이어 닿다. 잇달다. ¶변명을 연이어 늘어놓다. ③계속하여 잇다. 잇대다. ¶구호 물자를 연이어 공급하다.

연-잎(蓮-)명[-닙]명 연의 잎. 연엽(蓮葉). 하엽(荷葉). *연잎이[-니피]·연잎만[-님-]

연:자(衍字)명[-짜]명 글 속에 잘못 들어간, 쓸데없는 글자.

연자(蓮子)명 ☞연밥.

연자-간(研子間)명[-깐]명 ☞연자맷간.

연자-마(研子磨)명 ☞연자매.

연자-매(研子-)명 판판하고 둥글게 다듬은 돌 위에 둥글고 판판한 돌을 세로로 세워 얹어, 마소가 끌어 돌려서 곡식을 찧거나 빻는 큰 매. 연자마. 연자방아.

연-자맷-간(研子-間)명[-매깐/-맫깐]명 연자매를 차려 놓고 곡식을 찧는 곳. 연자간.

연자-방아(研子-)명 ☞연자매.

연:-자주(軟紫朱)명 엷은 자줏빛.

연작(連作)명하타 ☞연작(聯作).

연작(聯作)명하타 ①(문예 작품이나 그림 따위에서) 한 사람의 작가가 하나의 주제 아래 내용상 관련이 있는 작품을 잇달아 짓는 일, 또는 그 작품. ②여러 작가가 한 작품을 나누어 맡아서 쓰는 일, 또는 그 작품.

연작(連雀)명 ☞여새.

연:작(燕雀)몡 ①제비나 참새, 또는 그런 작은 새. ②'도량이 좁은 사람, 곧 옹졸한 사람'을 비유하여 이르는 말.

연작^소:설(聯作小說) [-쏘-]몡 몇 사람의 작가가 하나의 주제 아래 한 부분씩을 맡아 지어, 전체로써 한 편의 작품을 이룬 소설.

연장 물건을 만드는 데, 또는 일을 하는 데 쓰는 기구.

연장(年長)몡혱 (서로 비교하여) 나이가 많음, 또는 그런 사람.

연장(延長)몡 ①하타되자(일정 기준보다) 길이나 시간 따위를 늘림. ¶연장 운행. /회기(會期)를 연장하다. ↔단축. ②하타되자 수학에서, 주어진 선분(線分)을 한 방향으로, 또는 양쪽 방향으로 늘이는 일. ③여러 선의 길이를 연결했을 때의, 그 전체의 길이. ¶연장 490 km의 새 도로를 완성했다. ④하타되자 어떤 일이 그치지 않고 죽 이어져 있다고 생각하는 것. ¶야유회도 업무의 연장이다.

연장(妍粧)몡하타 곱게 단장함.

연장(連將)몡 〈연장군(連將軍)〉의 준말.

연장(連墻)몡하타 담이 서로 맞닿음.

연장(聯裝·連裝)몡하타 나란히 장치하는 일. 특히, 하나의 총좌(銃座)·포가(砲架)·포탑(砲塔) 등에 두 문(門) 이상의 기관총·대포 등을 나란히 장비하는 일.

연장-걸이몡 씨름에서, 오른다리로 상대편의 오른다리를 밖으로 걸어 넘기는 재주.

연-장군(連將軍)몡 장기에서, 어느 한쪽이 잇달아 부르는 장군, 또는 그런 말밭에 놓인 관계. ⬤연장.

연장-궤(-櫃) [-꿰-]몡 연장을 넣어 두는 궤.

연장^기호(延長記號)몡 ⏞늘임표.

연장-선(延長線)몡 어떤 현상·행위 따위가 계속하여 이어지는 것. ¶그의 주장은 개혁주의적 운동 노선의 연장선 위에 있다.

연장-자(年長者)몡 나이가 많은 사람. 전배(前輩).

연장-전(延長戰)몡 운동 경기에서, 규정된 횟수나 시간 안에 승부가 나지 않을 때, 횟수나 시간을 연장해서 계속하는 경기.

연장-접옥(連墻接屋)몡하자 [담이 서로 맞닿은 집이란 뜻으로] 집이 이웃하여 있음.

연장-주머니 [-쭈-]몡 연장을 넣어 가지고 다니는 주머니.

연장-체(聯章體)몡 한 작품이 몇 개의 연(聯)으로 이루어진 시가의 형식.

연재(烟滓)몡 그을음.

연재(連載)몡하타되자 신문이나 잡지 따위에, 소설이나 기사·논문·만화 따위를 연속해서 싣는 일. ¶연재 만화. /장편 소설을 연재하다.

연:재(軟材)몡 연한 목재(木材), 곧 침엽수의 목재.

연재-만화(連載漫畵)몡 신문이나 잡지 따위에 연속하여 싣는 만화.

연재-물(連載物)몡 신문이나 잡지 따위에 연속하여 싣는 소설·논문·만화·기사 따위.

연재-소설(連載小說)몡 신문이나 잡지 따위에 연속하여 싣는 소설.

연:적(硯滴)몡 벼룻물을 담는 조그만 그릇. 수적(水滴). 연수(硯水).

연:적(戀敵)몡 연애의 경쟁자.

연전(年前)몡 몇 해 전. ¶연전에 있었던 일.

연전(連戰)몡하자 두 번 이상 계속해서 전쟁이나 경기를 함.

연:전(揀箭)몡 활쏘기 연습을 할 때, 무겁에 떨어진 화살을 주워 오는 일. 활량들이 돌아가며 하였음.

연:전-길(揀箭-) [-낄]몡 활쏘기 연습 때, 무겁에 떨어진 화살을 주우러 다니는 길.

연:전-동(揀箭童)몡 무겁에 떨어진 화살을 주워 나르는 아이.

연:전띠-내기(揀箭-)몡 사정(射亭)에서 활쏘기를 할 때, 편을 갈라서 차례대로 활을 쏘아, 가장 적게 맞힌 편인 하띠가 화살을 주워 오기로 하면 내기.

연전-연승(連戰連勝) [-년-]몡하자 싸울 때마다 이김. ↔연전연패.

연전-연패(連戰連敗) [-년-]몡하자 싸울 때마다 짐. ↔연전연승.

연:절(軟癤)몡 피부에 생기는 화농성 염증의 한 가지. 작은 멍울이 자꾸 생기어 좀처럼 낫지 않음.

연접(延接)몡하타 ⏞영접(迎接).

연접(連接)몡하자되자 서로 잇닿음. 서로 맞닿음. ¶해안선과 연접한 마을.

연접-봉(連接棒) [-뽕]몡 증기 기관이나 내연 기관 등에서, 피스톤에 작용하는 동력(動力)을 크랭크축에 전하여 바퀴의 회전 운동으로 변환시키는 일을 하는 대.

연정(蓮亭)몡 ⏞연당(蓮堂).

연정(聯政)몡 〈연립 정부(聯立政府)〉의 준말.

연:정(鍊正)몡 도자기 굽는 곳에서, 도토(陶土)를 이기거나 잿물을 만들거나 하는 사람.

연:정(戀情)몡 이성(異性)을 그리는 마음. 연모(戀慕)의 정. 사랑. 애정. 염정(艶情). ¶연정을 품다. /연정을 느끼다.

연:제(演題)몡 연설이나 강연 따위의 제목. ¶연단 한쪽에 써 붙인 연제.

연:제(練祭)몡 〈연제사(練祭祀)〉의 준말.

연:제-복(練祭服)몡 소상(小祥) 뒤 대상(大祥) 전에 빨아서 입는 상복(喪服).

연:-제사(練祭祀)몡 (아버지가 살아 있는 경우에) 어머니의 소상(小祥)을 한 달 앞당겨 열한 달 만에 지내는 제사. ⬤연사(練祀)·연제(練祭).

연조(年祚)몡 ①임금의 재위(在位) 연수. ②나라의 존속(存續) 연수. ③사람의 수명.

연조(年租)몡 해마다 내는 조세.

연조(年條)몡 ①어떤 일에 종사한 햇수. ¶연조가 얕다. ②사물의 역사나 유래. ¶이끼 긴 축대가 오랜 연조를 말해 준다. ③어느 해에 어떤 일이 있었음을 나타내는 조목.

연-조(捐助)몡하타 ⏞연보(捐補).

연:조(軟條)몡되자 ⏞여린줄기.

연-존장(年尊長)몡 자기보다 스무 살 이상 나이가 많은 어른.

연종(年終)몡 ⏞세밑.

연:좌(宴坐)몡하자 불교에서, 심신의 동요를 가라앉히고 좌선을 하는 일. 연좌(燕坐).

연좌(連坐)몡하자 ①남의 범죄에 휘말려서 처벌을 받음. ¶오직 사건(汚職事件)에 연좌되다. ②(여러 사람이) 같은 자리에 나란히 앉음. ¶연좌 농성.

연좌(緣坐)몡 ①역모 등의 중대 범죄에서, 범죄자의 친척이나 인척까지 처벌하던 옛날의 형벌 제도. ②친척이나 인척이나 인척의 범죄 때문에 처벌이나 불이익을 받음.

연좌(蓮座)몡 〈연화좌(蓮花座)〉의 준말.

연:좌(燕坐)몡하자 ⏞연좌(宴坐).

연좌-구들명 방고래를 켜고 놓은 구들. ↔허튼 구들.

연좌-시위 (連坐示威)명 (여러 사람이) 같은 자리에 죽 늘어앉아 하는 시위. ¶연좌시위를 벌이다.

연좌-제 (緣坐制)명 범죄자의 친척이나 인척까지 연대적으로 처벌하거나 불이익을 주는 제도. 우리나라에서는 1980년대 이후 사실상 폐지되었음.

연주 (連奏·聯奏)명[하타] 같은 종류의 악기를 두 사람 이상이 동시에 연주함. 慘합주(合奏).

연주 (連珠)명①〈연주창(連珠瘡)〉의 준말. ☞오목(五目).

연주 (筵奏)명[하타] 임금 앞에서 사연을 아룀.

연:주 (演奏)명 남 앞에서 악기를 다루어 음악을 들려주는 일. ¶피아노 연주.

연주 (聯珠)명①여러 개의 구슬을 꿰어서 이음, 또는 이은 그 구슬. ②'아름다운 시문(詩文)'을 비유하여 이르는 말.

연:주-가 (演奏家)명 기악의 연주를 직업으로 하는 사람. ¶바이올린 연주가.

연:주-권 (演奏權) [-꿘]명 작품을 군중 앞에서 독점적으로 연주할 수 있는 권리.

연주^나력 (連珠瘰癧)명 목에 멍울이 연이어 생기는 나력. [이것이 헐어서 터진 것이 연주창(連珠瘡)임.]

연:주-법 (演奏法) [-뻡]명 악기를 연주하는 방법. ☞주법.

연주-시 (聯珠詩)명 당시(唐詩) 칠언 절구 중에서 잘된 것을 가려 뽑아 모은 시집.

연주^시:차 (年周視差)명 어떤 항성을 지구에서 본 경우와 태양에서 본 경우와의 방향의 차. 항성과 지구, 항성과 태양을 잇는 두 직선이 이루는 각도를 나타내며, 항성까지의 거리를 결정함.

연:주-자 (演奏者)명 악기를 연주하는 사람. ¶피아노 연주자. 慘주(奏者).

연주-차 (年周差)명 ☞연차(年差).

연주-창 (連珠瘡)명 한방에서, 연주 나력이 터져서 생긴 부스럼을 이르는 말. 慘연주. 慘경선 종창(頸腺腫脹).

연주창 앓는 놈의 갓끈을 핥겠다[속담] 몹시 인색하고 다라운 사람을 두고 이르는 말.

연주-체 (聯珠體)명 풍유(諷喩)와 가탁(假託)을 주장으로 하여 대구(對句)로 잇대어 짓는 시문(詩文)의 한 형식.

연주-혈 (連珠穴)명 풍수지리에서, 연주처럼 이어진 혈을 이르는 말.

연:주-회 (演奏會) [-회/-훼]명 청중을 모아 놓고 음악을 연주하는 모임. ¶피아노 연주회.

연:주회^형식 (演奏會形式) [-회/-/-훼-]명 오페라 공연의 한 형식. 무대 장치나 가수의 연기 등은 생략하고 성악과 관현악 연주만으로 공연하는 음악회.

연죽 (煙竹)명 담뱃대.

연죽-전 (煙竹廛) [-쩐]명 담뱃대를 파는 가게.

연-줄 (鳶-) [-쭐]명 연을 매어 날리는 실. ¶연줄을 감다.

연-줄 (緣-) [-쭐]명 연고(緣故)가 닿는 길. ¶연줄이 닿다. /연줄을 대다. /회장 연줄로 입사하다.

연줄-연줄 (緣-緣-) [-련-련-]명 거듭되는 연줄로. ¶연줄연줄로 알게 되다. /연줄연줄 물어서 찾아왔다.

연줄-혼인 (緣-婚姻)명 연줄이 닿는 사람끼리 하는 혼인.

연중 (年中)명 (그해의) 한 해 동안. ¶연중 강우량.

연중 (連中)명[하타][되자] (과녁 따위에) 연달아 맞힘.

연:중 (軟中)명[활의 세기에서] 연상(軟上)보다는 무르고 연하(軟下)보다는 센 등급의 각궁.

연중 (筵中)명①신하가 임금에게 경서(經書)를 강의하는 자리. ②신하가 임금의 자문에 응답하는 자리. 연석(筵席).

연^중독 (鉛中毒)명 납 중독.

연중-무휴 (年中無休)명[하자] 한 해 동안 하루도 쉬지 아니함. ¶연중무휴로 영업하다.

연-중석 (鉛重石)명 납과 텅스텐을 주성분으로 하는 광석의 한 가지.

연중-에 (然中-)무 '그러한 가운데'·'그런데다가'의 뜻을 나타내는 접속 부사.

연중-행사 (年中行事)명 해마다 일정한 시기에 하기로 되어 있는 행사.

연즉 (然則)무 '그러하니'·'그러면'의 뜻을 나타내는 접속 부사.

연증세가 (年增歲加)명[하자] 해마다 더하여 늘어남.

연지 (連枝)명〔한 뿌리에서 난 이어진 가지라는 뜻으로〕'형제자매'를 비유하여 이르는 말.

연:지 (硯池)명 벼루 같은데 있는, 벼룻물을 담는 오목한 자리. 연해(硯海).

연지 (蓮池)명 연못. 연당(蓮塘).

연지 (撚紙)명 종이로 꼰 노끈. 지노.

연지 (臙脂)명①자주와 빨강의 중간색. ¶연지 빛깔 연연한 무궁화가 피고 지고. ②잇꽃의 꽃잎에서 뽑아낸 붉은 안료. 여자의 얼굴 화장에 쓰였음. ¶연지 곤지.

연지-묵 (臙脂墨)명 연지에 먹을 섞어 만든, 밤색과 검은 빛깔 물감.

연지-벌레 (臙脂-)명 둥근깍지진딧과에 딸린 곤충. 선인장에 기생하는 작은 벌레인데, 수컷은 몸빛이 적갈색이며 날개가 있고 암컷에는 날개가 없음. 암컷으로 붉은 색소인 카민을 만듦.

연지-분 (臙脂粉)명 연지와 분. 곧, 화장품.

연직 (鉛直)명①중력(重力)의 방향. ②물체를 매단 실이 가리키는 방향. ③어떤 직선 또는 평면에 대하여 수직인 방향.

연직^거:리 (鉛直距離) [-꺼-]명 두 점을 잇는 선분을 연직선 상에 정사영(正射影)한 길이.

연직-면 (鉛直面) [-징-]명 수평면과 직각을 이루는 평면. 수직면(垂直面).

연직-선 (鉛直線) [-썬]명 연직 방향의 직선. 수평면과 수직을 이루는 직선.

연진 (煙塵)명①연기와 먼지. ②☞전진(戰塵).

연:질 (軟質)명 무른 성질, 또는 그러한 성질의 물질. ↔경질(硬質).

연:질-미 (軟質米)명 물기가 15% 이상 함유되어 있어 변질되기 쉬운 현미(玄米).

연:질^유리 (軟質琉璃) [-류-]명 비교적 쉽게 녹는 유리. 보통의 소다 유리로, 유리창·유리병·전구 따위에 쓰임. ↔경질 유리.

연차 (年次)명①해의 차례. ¶연차 총회. ②매년(每年). ③연도(年度). ¶연차 계획. ④나이의 차례.

연차 (年差)명 태양·달·지구 사이의 거리 변화에 의하여, 태양으로부터 받는 인력이 증감함으로써 생기는 달의 섭동(攝動). 주기는 1근점년(近點年). 연주차(年周差).

연차 (連借)명[하타] 여러 사람이 연대(連帶)하여 돈이나 물품을 차용함.

연차(聯箚)[명] 〈연명 차자〉의 준말.

연차(連次)[부] 여러 차례 거듭하여. 번번이.

연:-차관(軟借款)[명] 이율이 낮고 상환 기간이 긴, 유리한 조건의 차관.

연차^교:서(年次敎書)[명] 미국에서, 대통령이 해마다 정기적으로 의회에 보내는 교서. [일반 교서, 예산 교서 등.] �齧특별 교서.

연차^휴가(年次休暇)[명] 기업체에서 종업원에게 해마다 정기적으로 베푸는 유급 휴가. ⇒연휴.

연착(延着)[명][하자][되자] 예정된 날짜나 시각보다 늦게 도착함. ¶부산행 열차가 30분이나 연착하였다.

연:-착륙(軟着陸)[-창뉵][명][하자][되자] ①우주 공간을 비행하는 물체가 지구나 그 밖의 천체에 착륙할 때, 속도를 줄이고 충격을 피하면서 사뿐히 착륙하는 일. ¶우주선이 달에 연착륙하였다. ②경기(景氣)의 하강이나 후퇴가 급격하지 않고 서서히 안정기에 접어드는 현상. 주로 정부는 건설 경기의 연착륙 방안을 내놓았다. ②→경착륙.

연:찬(硏鑽)[명][하다] 〈학문 따위를〉 깊이 연구함. 찬연(鑽硏)¶해외에서 연찬을 쌓았다.

연창(-窓)[명] 안방과 건넌방에 딸린 덧문 또는 덧창.

연창(煙槍)[명] 아편(阿片) 연기를 빠는 대롱.

연창-문(連窓門)[명] 문짝의 중간 부분만 살창으로 한 사분합(四分閤).

연:채(軟彩)[명] 엷게 나타낸, 도자기에 그린 그림의 빛깔. ⇒경채(硬彩).

연천(年淺)〈'연천하다'의 어근.

연천-하다(年淺-)[형여] ①나이가 적다. ②햇수가 오래지 않다. ¶경력이 연천하다.

연철(連綴)[명][하다][되자] 한 음절의 종성(終聲)을 다음 자의 초성(初聲)으로 내려쓰는 훈민정음의 표기 방식. ['말씀이'를 '말쓰미'로 쓰는 것 따위.]

연:철(軟鐵)[명] 탄소 함유량이 적은 철. 질이 연하여, 철선(鐵線)이나 철판 따위로 쓰임.

연철(鉛鐵)[명] 납과 철이 섞여 있는 광석.

연:철(鍊鐵·練鐵)[명] ①잘 단련한 쇠. ②탄소를 0~0.2% 함유한 쇠. 철선·못 따위로 쓰임. 단철(鍛鐵).

연:철-심(軟鐵心)[명] 연철로 만든 막대. [여기에 절연 동선(絶緣銅線)을 감아 전자석을 만듦.]

연철-줄(鉛鐵-)[-쭐][명] 납과 철이 섞여 있는 광맥.

연청(延請)[명][하다] ⇨청요(請邀).

연체(延滯)[명][하다] 〈금전의 지급이나 납입 따위를〉 기한이 지나도록 지체함. 건체(愆滯)¶소득세 납부를 연체하다.

연체-금(延滯金)[명] 세금 따위를 정한 기한이 지나도록 내지 않았을 때에 그 지난 기간에 따라 더 무는 돈. 연체료.

연:체-동물(軟體動物)[명] 동물계의 한 문(門). 몸은 좌우 상칭으로 뼈가 없고 피부가 부드러움. 모두 유성 생식을 하며 대부분이 물에서 삶. [달팽이·문어·조개 따위.]

연체-료(延滯料)[명] ⇨연체금.

연체^이:자(延滯利子)[명] 원금의 상환을 연체하였을 때, 연체한 기간에 따라 지급하는 이자. 지연 이자(遲延利子).

연초(年初)[명] 새해의 첫머리. 연두(年頭). 연시(年始).

연초(煙草)[명] 담배.

연초(鉛醋)[명] 염기성 아세트산납의 수용액. 무색 투명한 액체로, 수렴제(收斂劑) 등 의약품에 쓰임.

연-초자(鉛硝子)[명] ⇨납유리.

연:-초점(軟焦點)[-쩜][명] ⇨소프트 포커스.

연촌(煙村)[명] 안개가 끼어 희미하게 윤곽만 나타나는 마을의 모습.

연총(淵叢)[명] ⇨연수(淵藪).

연축(攣縮)[명][하자][되자] 자극을 받은 근육이 흥분하여 수축하였다가, 이어서 이완하기까지의 과정.

연축-기(連軸器)[-끼][명] ⇨클러치(clutch).

연-축전지(鉛蓄電池)[-쩐-][명] ⇨납축전지.

연:출(演出)[명][하다] ①연극·영화·방송극 따위에서, 대본(臺本)에 따라 배우의 연기나 무대 장치·조명·음향 효과 따위를 지도하고, 전체를 종합하여 하나의 작품이 되게 하는 일. ¶연출 담당. ②어떤 행사나 집회를 효과적으로 진행시키는 일. ¶올림픽 대회 개회식의 연출.

연:출-가(演出家)[명] 연극·영화·방송극 따위를 연출하는 사람. [영화에서는 '감독'이라고 함.]

연:출-자(演出者)[명] 연극·영화·방송극 따위를 연출한 사람.

연춧-대[-추때/-춘때][명] 토담을 쌓을 때에 쓰는 나무.

연춧-대(輦-)[-추때/-춘때][명] 연(輦)이나 상여(喪輿) 등을 멜 때, 채 밑에 가로 대는 나무.

연충(淵衷)[명] 깊은 속마음. ¶선생님의 연충을 헤아리지 못하다.

연충(蠕蟲)[명] 지렁이·거머리·갯지렁이 따위와 같이 몸이 가늘고 길며, 꿈틀거리며 기어다니는 하등 동물을 흔히 이르는 말.

연취(煙嘴)[명] ⇨물부리.

연층^갱도(沿層坑道)[명] 탄층(炭層)을 따라서 파 늘이는 갱도.

연치(年齒)[명] 〈나이〉의 높임말. 연세(年歲).

연칙(筵飭)[명][하타] 연석(筵席)에서 임금이 단단히 훈계함.

연:침(燕寢)[명] 한가히 거처하는 방.

연타(連打)[명][하타] ①연이어 침. ¶종을 연타하다. ②야구에서, 안타가 이어지는 일. ¶연타를 날리다. /연타를 당하다.

연:탄(煉炭)[명] 무연탄 가루를 점결제(粘結劑)와 함께 가압하여 덩어리로 만든 연료. 특히, 잘 타게 하려고 여러 개의 구멍을 뚫은 원통 모양의 것. 준탄.

연탄(連彈·聯彈)[명][하타] 한 대의 피아노를 두 사람이 연주하는 일. ¶피아노 연탄.

연:탄-가스(煉炭gas)[명] 연탄이 탈 때 발생하는 유독성 가스. 일산화탄소를 주성분으로 함.

연:탄-불(煉炭-)[-뿔][명] 연탄에 붙은 불.

연:탄-재(煉炭-)[-째][명] 연탄이 다 타고 남은 재.

연:탄-집게(煉炭-)[-께][명] 연탄을 갈거나 옮길 때 사용하는 쇠 집게.

연:토-판(鍊土板)[명] ⇨암줄널.

연통(連通·聯通)[명][하자][되자] 연락하거나 기별함, 또는 그런 통지나 기별. ¶연통을 받다.

연통(煙筒)[명] 양철 따위로 둥글게 만든 굴뚝.

연통-관(連通管)[명] 위가 열린 두 개 이상의 그릇의 밑 부분을 관으로 연결하여 액체가 자유로이 통할 수 있게 만든 것.

연투(連投)[명][하다] 야구에서, 한 사람의 투수가 두 경기 이상 계속해서 등판하여 투구하는 일.

연:투(軟投)[명][하타] 야구에서, 투수가 느린 변화구를 던지는 일.

연파(連破)[명][하타] 〈싸움이나 경기에서〉 잇달아 상대를 물리침. ¶우리 팀은 강팀들을 연파하고 결승에 진출했다.

연ː파(軟派)명 강경한 주장을 하지 않는 사람, 또는 그런 사람들의 무리. ↔경파(硬派). 참비둘기파.

연파(煙波)명 안개가 자욱이 긴 수면(水面).

연렬(連列)명하다 하나의 문서에 둘 이상이 연명(連名)하고 도장을 찍음. 교인(交印).

연판(鉛版)명 활판(活版)에서 뜬 지형(紙型)에 납·주석·알루미늄의 합금을 녹여 부어서 만든 인쇄판.

연판(蓮瓣)명 연꽃의 잎.

연판-장(連判狀)[-짱]명 연판한 문서. 〔동지끼리의 서약서나 진정서 따위.〕

연패(連敗)명하자 두 차례 이상의 전쟁이나 경기 따위에서 연달아 짐. ¶연패에서 벗어나다. ↔연승(連勝).

연패(連覇)명하타 (운동 경기 따위에서) 연달아 우승함.

연-평균(年平均)명 1년을 단위로 하여 내는 평균. ¶연평균 소득. /연평균 강수량.

연-평수(延坪數)[-쑤]명 여러 층으로 된 건물에서, 각 층의 평수를 모두 합친 평수.

연ː포(練布)명 누인 베. 빤 베.

연포지목(連抱之木)명 아름드리 나무.

연폭(連幅)명하타 (피륙·종이·널빤지 따위의 조각을) 너비로 마주 이어 댐.

연폭(連爆)명하타 잇달아 폭격함.

연ː폿-국(軟泡-)[-포꾹/-폰꾹]명 쇠고기·두부·다시마·무 따위를 넣어 끓인 국. 〔혼히, 상가에서 발인(發靷)하는 날에 끓임.〕 염폿국.

연표(年表)명 역사적 사실을 연대의 차례로 적은 표. 연대표(年代表). ¶세계사 연표.

연풍(年豊)명하자 풍년이 듦.

연풍(連豊)명 여러 해를 계속해서 드는 풍년.

연ː풍(軟風)명 ①가볍고 시원하게 부는 바람. ②'산들바람'의 이전 일컬음.

연ː풍-대(燕風臺)명 ①기생이 추는 칼춤의 한 가지. ②기생들이 노래를 부를 때 빙빙 돌아다니는 곳.

연피-선(鉛被線)명 〈연피 전선〉의 준말.

연피^전ː선(鉛被電線)명 많은 절연선(絶緣線)을 다발로 묶어 연관(鉛管)으로 싼 전선. 준연피선.

연필(鉛筆)명 필기도구의 한 가지. 흑연 가루와 점토를 섞어 개어, 가늘고 길게 만들어서 굳힌 심을, 가는 나뭇대에 박은 것.

연필-깎이(鉛筆-)명 연필을 깎는 데 쓰는 기구. 흔히, 통 속의 칼날과 연결된 구명에 연필을 넣어 돌리면 원뿔꼴로 깎이게 되어 있음.

연필-꽃이(鉛筆-)명 연필이나 볼펜 따위의 필기도구를 꽃아 두는 물건.

연필-심(鉛筆心)명 연필 속에 들어 있는 가늘고 긴 심. 흑연 가루와 점토를 섞어 만듦.

연필-화(鉛筆畫)명 연필로 그린 그림.

연하(年下)명 (서로 비교하여) 나이가 적음, 또는 그 사람. ¶연하의 남자. /3년 연하의 아내. ↔연상(年上).

연하(年賀)명 새해를 기뻐하고 복을 비는 일.

연하(沿河)명 ⇨연강(沿江).

연ː하(軟下)명 (활의 세기에서) 가장 무른 등급의 각궁. 참연중(軟中).

연하(煙霞)명 ①안개와 이내, 또는 안개 낀 부연 풍경. ②한가로운 자연의 풍경.

연하(嚥下)명하타 삼킴.

연하-고질(煙霞痼疾)명 '자연의 아름다운 경치를 즐기고 사랑하는 성벽(性癖)'을 고치기 어

려운 병에 비유하여 이르는 말. 연하지벽(煙霞之癖). 천석고황(泉石膏肓).

연-하다(連-)자여 잇다. 잇닿다. ¶초가집 두 채가 연해 있다. /두 동작을 연하여 하다.

연ː-하다(練-)타여 소상(小祥) 때 상복을 빨아 부들부들하게 다듬다.

연ː-하다(軟-)형여 ①무르고 부드럽다. ¶연한 채소. /고기가 연하다. ②빛깔이 엷고 산뜻하다. ¶연한 분홍빛. ③액체의 농도가 흐리다. ¶된장을 연하게 풀다. ②③←진하다.

-연하다(然-)접미여 (일부 한자어 뒤에 붙어) '-인 체하다', '-인 것처럼 뿜내다'의 뜻을 나타냄. ¶대가연(大家然)하다. /예술가연하다.

연하-우편(年賀郵便)명 특별 취급 우편물의 한 가지. 연하장 등 새해를 축하하는 우편.

연하-일휘(煙霞日輝)명 (안개와 노을과 빛나는 햇살이라는 뜻으로) '아름다운 자연 경치'를 이르는 말.

연하-장(年賀狀)[-짱]명 새해를 축하하는 글이나 그림이 담긴 서장(書狀).

연하지벽(煙霞之癖)명 ⇨연하고질.

연ː학(硏學)명 학문을 닦음.

연한(年限)명 정해진 기한. 연기(年期). ¶근무 연한. /연한이 차다.

연한(煙閑·煙閒)명 연안-히튀 안안-히튀

연ː한-하다(燕閑-·燕閒-)형여 아무런 근심이나 걱정이 없고 몸과 마음이 한가하다. 참연안(宴安). 연안-히튀

연함(椽檻)명 서까래 끝의 평고대 위에, 기왓골이 되는 암키와가 놓일 만하게 반달 모양으로 오목오목 에어서 대는 나무.

연합(聯合)명하자타되자 두 개 이상의 것이 합동함. 또는, 두 개 이상의 것을 합쳐 하나의 조직을 만듦. ¶기업 연합. /양국이 연합하다.

연합-고사(聯合考査)[-꼬-]명 어떤 지역의 전체 학교가 연합하여, 해당되는 전 학생에게 동시에 보이는 고사.

연합-국(聯合國)[-꾹]명 ①같은 목적을 위하여 연합한 두 개 이상의 나라. ②제2차 세계 대전 때, 독일·일본 등 추축국(樞軸國)을 상대로 연합해서 싸운 미국·영국·프랑스·중국·소련 등의 나라. ↔추축국.

연합^국가(聯合國家)[-꾸까]명 ⇨연방(聯邦).

연합-군(聯合軍)[-꾼]명 두 나라 이상의 군대를 연합해서 편성한 군대. 〔제2차 세계 대전 때의 연합국의 군대 따위.〕

연합^함ː대(聯合艦隊)[-하뭐-]명 두 개 이상의 함대 또는, 두 나라 이상의 함대를 연합해서 편성한 함대.

연해(沿海)명 ①바다에 연(沿)한 육지 부분. ②육지에 연한 바다 부분.

연ː해(硯海)명 ⇨연지(硯池).

연해(煙害)명 공장이나 화산 등에서 뿜어내는 연기로 말미암아 사람·가축·농작물·산림 등이 입는 피해.

연해(緣海)명 대륙의 가장자리에 있으면서, 반도나 섬으로 불완전하게 구획되어 있는 비교적 얕은 바다. 〔동해·오호츠크 해·황해·발트 해 따위.〕

연해^무ː역(沿海貿易)명 ⇨연안 무역.

연해-변(沿海邊)명 해안 일대의 지역.

연해-안(沿海岸)명 바닷가를 따라서 이어져 있는 육지. 해안.

연해^어업(沿海漁業)명 ⇨연안 어업.

연해-연방(連-連-)튀 자주 잇달아서 곧. ¶연해연방 웃음을 터뜨리다.

연행(連行)[圈][하타][되자] 강제로 데리고 감. 특히, 범인이나 용의자 따위를 경찰서로 데리고 가는 일. ¶ 용의자를 연행하다.

연:행(燕行)[圈][하자] 지난날, 사신이 중국의 연경(燕京), 곧 북경으로 가던 일.

연:행-가(燕行歌) 조선 고종 때, 홍순학(洪淳學)이 지은 가사. 중국의 연경(燕京), 곧 북경(北京)을 다녀와서 지은 장편 기행 가사.

연:향(宴享·讌享)[圈][하자] 왕조 때, 국빈(國賓)을 대접하던 일, 또는 그 잔치.

연:혁(沿革)[圈] 사물의 변천, 또는 변천해 온 내력. ¶ 우리 지방의 연혁.

연형(年形)[圈] ⇨농형(農形).

연형(連衡)[圈] '연횡(連衡)'의 잘못.

연형-동물(蠕形動物)[圈] 편형(扁形)동물·윤형(輪形)동물·환형(環形)동물 등 꿈틀거리는 동물을 통틀어 말하는 말. 몸이 가늘고 길며, 대체로 좌우가 같은 모양임. 〔지렁이·선충·촌충·회충 따위.〕

연형-시조(聯形時調)[圈] ⇨연시조(聯時調).

연호(年號)[圈] 임금의 재위 연대에 붙이는 칭호. 〔'광무(光武)'·'융희(隆熙)' 따위.〕 다년호. 원호(元號).

연호(連呼)[圈][하타] 계속해서 부름. ¶ 독립 만세를 연호하다.

연호(煙戶)[圈] 굴뚝에서 연기가 나는 집, 곧 사람이 사는 집.

연호-법(煙戶法)[웹][圈] 조선 태조 6년에 제정된 호적법의 한 가지.

연혼(連婚)[圈][하자] ①혼인을 맺음. ②혼인으로 해서 인척 관계가 맺어지는 일.

연홍(緣紅)[圈] 전두리를 붉은 빛깔로 칠하여 만든 도자기.

연:홍지탄(燕鴻之歎)〔여름새인 제비와 겨울새인 기러기가 만나지 못하듯〕 길이 어긋나 서로 만나지 못함을 한탄하는 일.

연화(年華)[圈] ⇨세월(歲月).

연화(軟化)[圈][하자타][되자] ①(단단한 것이) 무르게 됨, 또는 무르게 함. ②(강경하던 주장이나 태도가) 부드러워짐. ↔경화(硬化).

연:화(軟貨)[圈] ①주화(鑄貨)가 아닌 화폐, 곧 지폐(紙幣). ②금이나 외국의 통화와 바꿀 수 없는 통화. ↔경화(硬貨).

연화(煙火)[圈] ①인연(人煙). ②연기와 불.

연화(煙花·煙火)[圈] ①봄 경치. ②⇨화포(花砲). ③기녀(妓女).

연화(鉛華)[圈] ⇨백분(白粉).

연화(蓮花)[圈] ⇨연꽃.

연화-국(蓮花國)[圈] 불교에서, '극락정토(極樂淨土)'를 이르는 말.

연화-대(蓮花臺)[圈] ①불교에서, 극락세계에 있다는 대. ②지난날, 나라의 잔치 때 추던 춤의 한 가지.

연화-등(蓮花燈)[圈] 연꽃 모양으로 만든 등.

연화-문(蓮花紋)[圈] 연꽃을 도안화(圖案化)한 무늬.

연화-발(燕火-)[圈] 한자 부수의 한 가지. '烈'·'然' 등에서 '불화(火)'가 '灬'로 쓰일 때의 이름.

연:화-병(軟化病)[웹][圈] 몸이 물렁물렁해지고 산 채로 꺼멓게 썩는 누에의 병을 통틀어 이르는 말.

연화-부(蓮花部)[圈] 불교에서, 금강계(金剛界) 오부의 하나. 또는 태장계(胎藏界) 삼부의 하나.

연화-분(鉛華粉)[圈] ⇨함석꽃.

연화-세계(蓮花世界)[-계/-게][圈] ⇨극락세계.

연화-소(緣化所)[圈] 특별한 불사(佛事)를 관리하기 위한 임시 사무소.

연:화-유(軟火釉)[圈] 약한 불에 녹는 잿물.

연화-좌(蓮花坐)[圈] ⇨결가부좌(結跏趺坐).

연화-좌(蓮花座)[圈] 불상을 안치하는, 연꽃 모양으로 만든 대좌(臺座). 보좌(寶座). ⤵연좌(蓮座).

연환(連環)[圈] 여러 개의 고리가 서로 이어져 사슬처럼 된 것.

연환-계(連環計)[-계/-게][圈] 간첩을 적에게 보내어 계교를 꾸미게 하고, 그 사이에 적을 공격하여 승리를 얻는 계교. 〔중국 삼국 시대에, 주유(周瑜)가 조조(曹操)의 군선을 불로 칠 때, 방통(龐統)을 보내 조조의 군함을 모조리 쇠고리로 연결시킨 일에서 유래함.〕

연활(軟滑)[圈] '연활하다'의 어근.

연:활-하다(軟滑-)[웹][형여] 연하고 매끄럽다.

연회(年會)[-회/-훼][圈] ①일 년에 한 번씩 여는 집회. ②감리교에서, 목사와 평신도의 대표가 해마다 한 번씩 모이는 집회, 또는 그 조직.

연:회(宴會)[-회/-훼][圈] 여러 사람이 모여 술을 마시거나 음식을 먹으면서 즐기는 모임. ¶ 연회를 베풀다.

연-회비(年會費)[-회/-훼][圈] 회원으로 어떤 단체나 모임에 회원의 자격을 유지하는 대가로 일 년에 한 번씩 내는 돈.

연:회-석(宴會席)[-회/-훼][圈] 연회를 베푸는 자리. 연석(宴席).

연횡(連橫)[-횡/-휑][圈] ⇨연횡설.

연횡-설(連橫說)[-횡/-휑][圈] 중국 전국 시대에, 진(秦)나라와 그 동쪽에 있던 여섯 나라를 동서로 연합하려던 외교 정책. 장의(張儀)가 주장하였음. ⤵합종설(合從說).

연후(然後)[圈]《주로 어미 'ㄴ'·'-은' 뒤에 쓰이어》 뒤. ¶ 돈을 번 연후에 쓸 생각을 하라.

연훈(煙燻)[圈] 연기로 말미암은 훈훈한 기운.

연휴(年休)[圈] 〈연차 휴가(年次休暇)〉의 준말.

연휴(連休)[圈] (일요일의 앞이나 뒤에 공휴일이 있거나 하여) 휴일이 계속되는 일, 또는 계속되는 휴일.

연흉(連凶)[圈] 계속해서 드는 흉년.

연흔(漣痕)[圈] 물가의 지층이나 모래 따위의 위에 생기는 물결 모양의 흔적.

연:희(演戲)[-히][圈][하자] ⇨연극.

엳다[圈]〈옛〉얹다. ¶ 뭇 연즌 활이니(老解下28). / 보야미 가칠 므러 쟝사 연즈니(龍歌7章).

엳:다[圈]〈옛〉이제. ¶ 엳 금:수(訓蒙下2).

옅-아홉[주관] 여덟이나 아홉쯤 되는 수(의).

엳아홉-째[주관] 여덟째나 아홉째(의).

엳줍다[圈]〈옛〉여쭈다. ¶ 말쏘물 엳줍노이다(月釋2:69). / 이 行애 드러가 엳줍는 혜아리미 젹디 아니호미(杜初8:23).

열[의] 도리깨채나 채찍 따위의 끝에 달려 있는 회초리나 끈 같은 것.

열²[관] ①〈출열〉의 준말. ②〈챗열〉의 준말.

열³[주관] 아홉에 하나를 더한 수(의). 십(十).

열 길 물속은 알아도 한 길 사람의 속은 모른다[속] 사람의 속마음은 짐작하기 어렵다는 말.

열 번 찍어 아니 넘어가는 나무 없다[속] 아무리 뜻이 굳은 사람이라도 여러 번 권하거나 꾀고 달래면 마음이 변한다는 말.

열 손가락을 깨물어 안 아픈 손가락이 없다[속] 아무리 못난 자식이라도 부모로서는 한결같이 소중한 자식이라는 말.

열에 아홉관용 열 가운데 아홉. 곧, 거의 모두. 거의 예외 없이. ¶회원의 열에 아홉은 미혼 여성이다.

열(列)명 ①사람이나 물건 등이 죽 늘어선 줄. ¶열을 맞추다. /열을 지어 날아가는 기러기 떼. ②[의존 명사적 용법] 사람이나 물건 등이 죽 늘어선 줄을 세는 단위. ¶삼 열 종대로 집합해라. 참오(伍).

열(熱)명 ①물건을 데우거나 태우거나 하는 힘. ¶태양의 열. ②〈신열(身熱)〉의 준말. ¶열이 내리다. ③무슨 일에 정신을 집중시키는 일. ¶공부를 열을 내다. ④몹시 격분하거나 흥분한 상태. ¶열을 내며 말다툼을 하다.

열(을) 받다관용 몹시 흥분하거나 격분하다.

열(을) 올리다[내다]관용 ①열중하거나 열성을 보이다. ②흥분하여 성을 내다. ③기염을 토하다.

열(이) 오르다관용 ①기세가 오르다. ②격분하거나 흥분하다.

열-가소성(熱可塑性)[-썽]명 열을 가하면 마음대로 변형할 수 있게 되고, 냉각시키면 다시 굳어지는 성질. ↔열경화성.

열가소성^수지(熱可塑性樹脂)[-썽-]명 열가소성이 있는 합성수지. [염화비닐 수지·폴리에틸렌 수지 따위.] ↔열경화성 수지.

열각(劣角)명 수학에서 이르는, 컬레각의 작은 쪽의 각. 180°보다 작음. ↔우각(優角).

열간^가공(熱間加工)명 가열된 금속을 냉각하기 전에 성형(成形)하는 가공.

열간^압연(熱間壓延)명 강철 따위의 금속 재료를 재결정 온도(再結晶溫度) 이상으로 가열해서 하는 압연. 열연(熱延). ↔냉간 압연.

열감(熱疳)명 한방에서, 어린아이의 감병(疳病)을 이르는 말. 혈이 붉어지고 입 안이 타며, 변비가 생기고 몸이 차차 야위어 감.

열감(熱感)명 신열(身熱)이 있는 느낌.

열강(列强)명 여러 강국. 강국들. ¶세계 열강.

열개(裂開)[-깨]명[하다자·되자] 찢어서 벌림. 쪼개어 엶. ②광물이 일정하지 않은 방향의 면에 따라 쪼개지는 일. ↔벽개(劈開).

열거(列擧)[-꺼]명[하다타·되자] 여러 가지를 하나씩 들어 말함. ¶증거를 열거하다. /그의 죄목이 낱낱이 열거되었다.

열거-법(列擧法)[-뻡]명 문장 수사법에서의 강조법의 한 가지. 비슷한 어구나, 내용적으로 관련이 있는 어구를 늘어놓음으로써 표현 효과를 높이려는 기교.

열경화-성(熱硬化性)[-썽]명 가열하면 단단해지는 성질. 특히, 저분자(低分子)의 중합체(重合體)를 가열하면 중합도가 증가하여 큰 힘을 가하여도 변형하지 않게 되는 성질. ↔열가소성.

열경화성^수지(熱硬化性樹脂)[-썽-]명 열경화성을 가진 합성수지. 내열성(耐熱性)과 기계적 강도가 큼. [페놀 수지·규소 수지 따위.] ↔열가소성 수지.

열고(熱固)명 열이 나서 급하게 서두름. ¶그녀는 자식 생각에 갑자기 열고가 났다.

열고-나다자 ①몹시 급하게 서두르다. ②몹시 화가 나다.

열^공학(熱工學)명 연료와 증기의 이용에 대한 이론과 기술을 연구하는 학문.

열과(裂果)명 마른 열매의 형태. 익으면 건조하여 껍질의 일부가 벌어져서 종자가 떨어지는 건조과(乾燥果)의 한 가지. [콩·나리·나팔꽃의 열매 따위.] 개과. ↔폐과(閉果).

열^관리(熱管理)[-괄-]명 (석탄·석유·가스·전열 등) 열원(熱源)이 가지는 열에너지를 가장 효율적으로 이용할 수 있도록 관리하는 일.

열광(烈光)명 강렬한 빛.

열광(熱狂)명[하다자·되자] 어떤 일에 몹시 흥분하여 미친 듯이 날뜀, 또는 그런 상태. ¶열광하는 관중.

열광-적(熱狂的)관용 몹시 흥분하여 미친 듯이 행동하는 (것). ¶축구 선수단은 열광적 환영을 받으며 귀국했다. /열광적인 반응.

열교(裂教)명 [갈라져 나간 교회라는 뜻으로] 가톨릭교에서 '개신교(改新教)'를 이르는 말.

열구(悅口)명[하다자] 음식이 입에 맞음.

열-구름명 떠가는 구름. 행운(行雲).

열구자(悅口子)명 〈열구자탕〉의 준말.

열구자-탕(悅口子湯)명 신선로에 여러 가지 고기와 생선·채소를 넣고, 그 위에 여러 가지 과일과 갖은 양념을 넣어 끓인 음식. ②열구자·구자탕.

열구지물(悅口之物)명 입에 맞는 음식.

열국(列國)명 여러 나라.

열:굽명 열삼의 잎사귀.

열궁-형(劣弓形)명 '열활꼴'의 구용어.

열궐(熱厥)명 ☞양궐(陽厥).

열:기(熱-)[-끼]명 눈동자에 나타나는 정신의 담찬 기운.

열기(列記)명[하다타·되자] ☞열록(列錄).

열기(熱氣)명 ①뜨겁게 가열된 기체. ¶열기에 손을 데다. ②뜨거운 기운. ¶열기를 뿜어내다. ③고조(高潮)된 흥분, 또는 그런 분위기. ¶올림픽의 열기. ④높아진 체온, 곧 신열(身熱).

열-기관(熱機關)명 열에너지를 기계적 에너지로 바꾸는 원동기를 통틀어 이르는 말. 가솔린 기관·로켓 기관 등의 내연 기관과, 증기 기관·원자력 기관 등의 외연 기관으로 나뉨.

열-기구(熱氣球)명 공기를 버너로 가열 팽창시켜, 바깥 공기와의 비중의 차이로 공중에 떠오르게 만든 기구(氣球).

열-기구(熱器具)명 전기·가스·석유 등을 연료로 하는 난로·풍로 등의 기구.

열기-욕(熱氣浴)명 전열(電熱) 장치를 한 상자 속에 환자를 넣어 뜨거운 공기를 쐬게 하는 요법. 류머티즘, 신경 마비 후의 관절 경직(關節硬直) 등에 이용됨.

열-김(熱-)[-낌]명 (주로 '열김에'의 꼴로 쓰이어) ①흥분된 김. 열이 오른 김. ¶열김에 벌떡 일어났다. ②홧김.

열-꽃(熱-)[-꼳]명 홍역·수두 따위를 앓을 때, 살갗에 좁쌀처럼 불긋불긋하게 내돋는 것. ¶온몸에 열꽃이 피다. * 열꽃이[-꼬치]·열꽃만[-꼰-]

열-나다(熱-)[-라-]자 ①몸에서 열이 나다. ②(주로 '열나게'의 꼴로 쓰이어) ⓝ열성이 나다. 열의(熱意)가 생기다. ¶열나게 찾다. /열나게 토론하다. ⓛ화가 나다. ¶공연한 말로 남을 열나게 한다.

열-나절[-라-]명 (어떤 한도 안에서의) 매우 오랫동안. ¶차 시간이 다 되었는데도 열나절이나 안내판을 들여다보고 있다.

열녀(烈女)[-려]명 절개를 굳게 지키는 여자. 열부(烈婦).

열녀 불경이부(烈女不更二夫)@ 열녀는 두 번 시집가거나 않음. ②열불이경(烈不二更).

열녀-문(烈女門)[-려-]명 열녀를 기리기 위하여 세운 정문(旌門).

열녀-비(烈女碑)[-려-]圀 열녀를 기리기 위하여 그 행적(行蹟)을 새겨서 세운 비.

열녀-전(烈女傳)[-려-]圀 열녀의 행실을 적은 전기.

열녀춘향-수절가(烈女春香守節歌)[-려-]圀 ☞춘향전(春香傳).

열년(閏年)[-련]圀(하자) 해가 지남. 참열월(閏月).

열뇨(熱鬧)'열뇨하다'의 어근.

열뇨-하다(熱鬧-)[-료-]圀여 많은 사람이 득실거려 크게 떠들썩함.

열:다¹[여니·열어]재 열매가 맺히다. ¶ 대추가 많이 열다.

열:다²[여니·열어]타 ①(닫힌 창이나 문 따위를) 밀거나 당기거나 하여 틔우다. ¶문을 열다. ②(무슨 일을) 시작하게 하다. /가게를 열다. /운동회를 열다. ③(제한이나 조건을 풀고 남과 관계를) 맺거나 가지다. ¶국교를 열다. ④나아갈 길을 마련하다. ¶활로를 열다. ②→닫다².

열고 보나 닫고 보나[관용] 이렇게 하나 저렇게 하나 마찬가지임을 비유하여 이르는 말.

열담(熱痰)[-땀]圀 한방에서, 열이 오르고 얼굴이 달아오르며, 눈이 짓무르고 목이 잠기는 병을 이르는 말.

열대(熱帶)[-때]圀 위도 상 적도를 중심으로 남북 회귀선 사이의 지대. 또는, 연평균 기온이 섭씨 20도 이상인 지대. 참냉대·온대·한대.

열대^강:우림(熱帶降雨林)[-때-]圀 열대 지방의 비가 많은 곳에 발달한 대삼림 지대.

열대-과실(熱帶果實)[-때-]圀 열대 지방에서 나는 과실. [바나나·파인애플·파파야 따위.]

열대^기후(熱帶氣候)[-때-]圀 열대에서 볼 수 있는 기후. 연중 기온이 높고 비가 많으며, 기온의 일교차가 연교차보다 크고, 온대와 같은 뚜렷한 계절 변화가 없음.

열대-림(熱帶林)[-때-]圀 열대에 발달해 있는 삼림대.

열대^몬순^기후(熱帶monsoon氣候)[-때-]圀 열대 우림 기후와 열대 사바나 기후의 중간적인 기후. 건기의 강우량이 많은 점으로는 우림 기후와, 건계가 있는 점으로는 사바나 기후와 비슷함. 인도와 서인도 제도에서 볼 수 있음.

열대-병(熱帶病)[-때뼝]圀 열대 지방에 흔히 발생하는 병. [아메바 적리(赤痢)·말라리아 따위.]

열대^사바나^기후(熱帶savanna氣候)[-때-]圀 우기(雨期)와 건기(乾期)의 구별이 뚜렷한 열대 기후. 대체로 우림 기후대의 바깥쪽에 분포함.

열대-산(熱帶産)[-때-]圀 열대 지방에서 나는 산물. ¶ 열대산 과실.

열대성^저:기압(熱帶性低氣壓)[-때썽-]圀 열대 저기압 중 폐쇄된 등압선을 갖는, 최대 풍력 7 이하의 저기압.

열대^식물(熱帶植物)[-때싱-]圀 열대 지방에서 번식하는 식물. 대체로 상록 활엽수이며 잎이 큰 것이 많음. [야자수·바나나·파파야·고무나무 따위.]

열대-야(熱帶夜)[-때-]圀 야간의 최저 기온이 25℃ 이상인 무더운 밤.

열대-어(熱帶魚)[-때-]圀 ①열대에 사는 어류를 통틀어 이르는 말. ②열대·아열대 지방 원산(原産)인 관상용 물고기. 생김새가 다양하고 동작이 재빠름. [에인절피시·네온테트라·거피 등이 있음.]

열-열(熱熱)[-때-]圀 이틀씩 걸러 열이 오르는 말라리아.

열대^우:림^기후(熱帶雨林氣候)[-때-]圀 열대 기후형의 한 가지. 연중 비가 많으며 건기(乾期)가 없음. 한 달의 최저 강수량은 60 mm 이상임.

열대^저:기압(熱帶低氣壓)[-때-]圀 주로, 열대의 해상에서 발생하는 저기압. 세찬 폭풍우가 따르며, 발생하는 지역에 따라 태풍·허리케인·사이클론·윌리윌리 등 특정한 이름으로 불림.

열대-호(熱帶湖)[-때-]圀 ①표면의 수온이 연중 4℃ 이상인 호수. ②우기(雨期)에 수위가 높아지는 호수.

열도(列島)[-또]圀 길게 줄을 지어 늘어서 있는 섬들. ¶ 일본 열도.

열도(熱度)[-또]圀 ①열의 정도. 뜨거운 정도. ¶ 열도가 높다. ②열의(熱意)의 정도. ¶ 야구에 대한 열도가 매우 높다.

열독(熱毒)[-똑]圀 한방에서, 더위로 말미암아 일어나는 발진(發疹)을 이르는 말. 온독(溫毒).

열독(熱讀)[-똑]圀(하타) 글을 열심히 읽음.

열독(閱讀)[-똑]圀(하타) 책이나 문서 따위를 죽 훑어 읽음. ¶ 보고서를 열독한다.

열독-창(熱毒瘡)[-똑-]圀 한방에서, 온몸에 부스럼이 나고 몹시 아픈 병을 이르는 말.

열두발-고누[-뚜발고-]圀 말밭이 열둘인 고누의 한 가지. 서로 번갈아 놓다가 말 셋이 나란히 놓이면 상대편 말 하나를 따 냄. 이렇게 해서 상대편 말을 먼저 다 따는 편이 이기게 됨.

열두^신장(-神將)[-뚜-]圀 판수나 무당이 경(經)을 욀 때 부르는 신장. 십이신(十二神). 이 신장(十二神將).

열두-째[-뚜-]Ⅰ(수관) 열한째의 다음 차례(의). Ⅱ圀 '열둘째'의 잘못.

열두^하님[-뚜-]圀 지난날의 혼례 때, 신부를 따르던 열두 사람의 하님.

열둘-째[-뚤-]Ⅰ圀 맨 앞에서부터 세어 모두 열두 개째가 됨을 이르는 말. Ⅱ(수관) '열두째'의 잘못.

열등(劣等)[-뜽]圀(하형) 정도나 등급 따위가 보통보다 떨어져 있음, 또는 낮은 등급. ↔우등(優等).

열등-감(劣等感)[-뜽-]圀 자기가 다른 사람보다 뒤떨어져 있다는 느낌, 또는 그럴 때의 불쾌한 감정. ↔우월감(優越感).

열등-생(劣等生)[-뜽-]圀 성적이 보통보다 뒤떨어지는 학생. ¶ 학교에서 열등생이라고 해서 사회에 나가서도 그런 것은 아니다. ↔우등생(優等生).

열등-아(劣等兒)[-뜽-]圀 ☞정신 지체아.

열등-의식(劣等意識)[-뜽의-/-뜽이-]圀 자기가 다른 사람보다 열등하다고 느끼는 의식.

열-띠다(熱-)재 열기를 띠다. 열의를 띠다. 《주로, '열띤'의 꼴로 쓰임.》 ¶ 열띤 응원.

열락(悅樂)[-]圀(하자) ①기뻐하고 즐거워함. ②불교에서, 이승의 욕구를 초월함으로써 얻어지는 정신적인 만족감을 이르는 말.

열람(閱覽)[-]圀(하타) ①(도서관 등에서) 책이나 신문 등을 죽 훑어봄. ②[문서나 공부(公簿) 등의] 내용을 조사하면서 읽음. ¶ 선거인 명부를 열람한다.

열람-권(閱覽券)[-꿘]圀 (도서관 등에서) 도서를 열람할 수 있는 증명서.

열람-료(閱覽料) [-뇨][명] 도서나 공부(公簿) 따위를 열람할 때 내는 요금.

열람-실(閱覽室)[명] (도서관 등에서) 도서를 열람하는 방.

열량(熱量)[명] 열을 에너지의 양으로서 나타낸 것. 단위는 보통 '칼로리'를 사용함. ¶ 열량이 높은 음식.

열량-계(熱量計) [-계/-게][명] 열용량(熱容量)을 알고 있는 물체에 열을 흡수시키거나 방출시켜서 미지(未知)의 열량을 측정하는 계기.

열렁-거리다[자] 자꾸 열렁열렁하다. 열렁대다.

열렁-대다[자] 열렁거리다.

열렁-열렁[-렁널-/-렁열][부][하자] 크고 긴 것이 연해 조금씩 흔들리는 모양.

열력(閱歷)[명]☞경력(經歷).

열력-풍상(閱歷風霜)[명][하자] (오랜 세월을 두고) 온갖 풍상을 겪음.

열렬(熱烈·熱裂)[명] '열렬하다'의 어근.

열렬(熱裂)[명] 돌 따위의 고체가 열을 받아 갈라지는 일.

열렬-하다(熱烈--熱裂-)[형어] (어떤 사람이나 사물에 대한 애정이나 태도가) 걷잡을 수 없이 세차다. ¶ 열렬한 환영. **열렬-히**[부] ¶ 열렬히 사랑하다.

열록(列錄)[명][하타] (여러 가지를) 나란히 적음. 또는 나란히 적은 기록. 열기(列記). 열서(列書). ¶ 충신(忠臣) 열록.

열뢰(熱雷)[-뢰/-뤠][명] 여름철에, 강한 햇살에 의하여 지면이 과열되고, 그것으로 말미암은 상승 기류로 생긴 뇌우(雷雨).

열루(熱淚)[명] 마음속 깊이 사무쳐서 흐르는 뜨거운 눈물. 몹시 감동해서 흘리는 눈물.

열름(熱瘰)[명] 마소의 '열 살'을 이르는 말.

열리(熱痢)[명]☞서리(暑痢).

열리(熱離)[명]〈열해리(熱解離)〉의 준말.

열-리다¹[자] 열매가 맺혀 달리다. ¶ 감이 주렁주렁 열렸다.

열-리다²[자] ('열다²'의 피동) ①닫힌 것이나 덮인 것이 트이다. ¶ 문이 열리다. ②무슨 일이 시작되다. ③어떤 관계가 맺어지다. ¶ 국교가 열리다. ④사람들의 머리가 깨고 문화가 발전하다. ¶ 세상이 열리다. ⑤나라 길이 마련되다. ¶ 앞길이 열리다.

열립(列立)[명][하자] 여럿이 죽 늘어섬.

열망(熱望)[명][하타] 열심히 바람. 간절히 바람. 갈망. ¶ 통일을 열망하는 국민.

열매[명] ①식물의 꽃이 수정(受精)한 후 씨방이 자라서 맺힌 것. 과실(果實). ¶ 은행나무 열매. ②'이루어 놓은 결과'를 비유하여 이르는 말. ¶ 그동안의 노력이 열매를 맺었다.

    열매 될 꽃은 첫 삼월부터 안다[속담] 잘될 일은 처음 그 기미부터 좋음을 이르는 말.

열매-가지[명] 과실 나무에서, 꽃이 피고 열매를 맺는 가지. 결과지. 발육지.

열명(列名)[명][하타] 여러 사람의 이름을 나란히 벌여 적음.

열명^정장(列名呈狀)[명] 지난날, 여러 사람의 이름을 죽 적어서 관가(官家)에 내던 진정서.

열목-어(熱目魚)[명]☞열목이.

열목-이(熱目-)[명] 연어과의 민물고기. 몸길이 65 cm가량. 몸빛은 은빛인데 옆구리·등지느러미·가슴지느러미에 크고 작은 자홍색의 점들이 흩어져 있음. 항상 찬물만 좋아하여 일생을 강물 상류에서만 삶. 열목어.

열목-카래[명] 두 개의 가래를 나란히 잇고, 장부

잡이 두 사람과 줄잡이 여덟 사람이 하는 가래질.

열-무[명] 주로 잎과 줄기를 먹기 위해 기르는, 뿌리가 작은 무. ¶ 열무를 솎다.

열무(閱武)[명][하자] 임금이 친히 열병(閱兵)함. 대열(大閱).

열무-김치[명] 열무로 담근 김치.

열-무날[명] 조수의 간만의 차가 같은, '음력 초나흗날과 열아흐레'를 아울러 이르는 말. ⓑ무날·무수기.

열문(熱門)[명] 권세가 있어 사람이 많이 드나드는 집.

열-바가지[명] '바가지'의 잘못.

열박(劣薄)[명] '열박하다'의 어근.

열박-하다(劣薄-)[-바카-][형어] 열등하고 경박하다.

열반(涅槃)[명]〔불교에서〕①일체의 번뇌에서 해탈한 불생불멸(不生不滅)의 높은 경지. ②열반죽음. 특히, 석가나 고승의 입적(入寂)을 이르는 말. 적멸(寂滅). 멸도(滅度).

열반-종(涅槃宗)[명] 열반의 적극적인 해석을 종지(宗旨)로 삼는 불교의 한 종파. 우리나라에서는 신라 무열왕 때 보덕 화상(普德和尙)이 개종(開宗)하였음. 시흥종(始興宗).

열-벙거지(熱-)[명]〈열화(熱火)〉의 속된 말. ¶ 열벙거지가 나다. /그는 혼자 속에서 볶다가 열벙거지가 벌컥 오르자 밖으로 뛰쳐나갔다.

열변(熱辯)[명] 열의에 찬 변설(辯舌). ¶ 토론회에서 열변을 토했다.

열변(熱變)[명][하자] 광물이 열로 말미암아 그 질이 변화함.

열병(熱病)[명] (말라리아·티푸스·폐렴 등) 높은 신열이 따르는 병.

열병-식(閱兵式)[명] 열병하는 의식.

열-복사(熱輻射)[-싸][명] 물체 내부의 이온이나 전자의 열운동에 의하여 전자파(電磁波)가 방사(放射)되는 현상.

열부(烈夫)[명] 절개가 굳은 남자.

열부(烈婦)[명]☞열녀(烈女).

열분-수(熱粉水)[명] 쌀가루나 보릿가루를 물에 잘 풀어서 끓였다가 다시 식힌 유동식(流動食). 병을 앓는 어린아이에게 먹임.

열-불(熱-)[명] '속에서 치미는 울화'를 비유하여 이르는 말. ¶ 열불이 나서 도저히 못 참겠다.

열불이경(烈不二更)[명] '열녀 불경이부(烈女不更二夫)'의 준말.

열브스름-하다[형어] 좀 엷은 듯하다. ㈜얄브스름하다. **열브스름-히**[부].

열비(劣比)[명] 수학에서, 전항(前項)의 값이 후항(後項)의 값보다 작은 비. ↔우비(優比).

열본(옛)〔'엷다'의 활용형〕엷은. ¶ 열본 어르믈 하놀히 구디시니(龍歌30章).

열사(烈士)[명] 나라를 위하여 절의를 굳게 지켜 죽은 사람. ¶ 유관순 열사.

열사(熱沙)[-싸][명] ①여름 햇볕에 뜨거워진 모래. ②뜨거운 사막. ¶ 열사의 나라. /열사의 땅.

열사-병(熱射病)[-싸뼝][명] 온도가 높고 습기가 많은 곳에서, 몸의 열을 밖으로 내보내지 못하여 일어나는 병. 체온이 높아져 의식을 잃고 쓰러짐.

열:-삼(-蔘)[명] 씨를 받기 위하여 기르는 삼.

열상(裂傷)[-쌍]똉 피부 따위가 찢어진 상처. 열창(裂創).

열새[-쌔]똉 ☞열새베.

열새-베[-쌔-]똉 고운 베. 열새. ¶열새베로 지은 저고리.

열서(列書)[-써]똉하타 ☞목록(列錄).

열석(列席)[-썩]똉하자 ①자리에 죽 벌여 앉음. 열좌(列坐). ②(회의나 의식 따위에) 다른 사람과 함께 출석함. ¶평화 회의에 열석하다.

열선(熱線)[-썬]똉 ☞적외선(赤外線).

열설(熱泄)[-썰]똉 한방에서 이르는, 배가 아플 때마다 붉은빛의 설사가 나는 병.

열-섬(熱-)[-썸]똉 (주로 도시나 공장 지대에 나타나는) 주변보다 기온이 높은 지역. 이 지역의 등온선 모양이 마치 섬과 같다는 데서 온 말임.

열성(劣性)[-썽]똉 ①열등한 성질. ②유전하는 형질(形質)에서, 잡종 제1대에는 나타나지 않고 잠재해 있다가, 그 이후의 대(代)에서 나타나는 형질. 잠성(潛性). ↔우성(優性).

열성(列聖)[-썽]똉 ①대대(代代)의 임금. ②여러 성인(聖人).

열성(熱性)[-썽]똉 ①흥분하기 쉬운 성질. ②열을 내는 성질. ¶열성 소아마비.

열성(熱誠)[-썽]똉 열렬한 정성. 열정에 찬 성의. ¶연구에 바친 그동안의 열성. /열성을 보이다.

열성-껏(熱誠-)[-썽껃]閉 열성을 다하여. ¶열성껏 지도하다.

열성^인자(劣性因子)[-썽-]똉 유전에서, 우성인자(優性因子)에 눌려서 나타나지 않는 인자.

열성-적(熱誠的)[-썽-]똉관 열성을 다하는 (것). ¶열성적 태도. /열성적인 활동.

열성-조(列聖朝)[-썽-]똉 대대의 임금의 시대. 열조.

열세(劣勢)[-쎄]똉하형 (힘이나 형세 따위가) 상대편보다 떨어져 있음, 또는 그런 형세나 상태. ¶병력의 열세. /열세에 몰리다. ↔우세(優勢).

열세(熱洗)[-쎄]똉 ☞화세(火洗).

열손(熱損)[-쏜]똉 ①열의 손실. ②전기 기계에서, 전류의 일부가 열로 바뀌면서 생기는 전력의 손실.

열-쇠[-쐬/-쒜]똉 ①자물쇠를 잠그거나 여는 데 쓰는 쇠. 개금(開金). 약건(鑰鍵). ¶열쇠로 문을 열다. ②어떤 문제나 사건 따위를 해결하기 위한 가장 중요한 실마리. ¶사건의 열쇠를 쥐고 있다.

열쇠-고리[-쐬-/-쒜-]똉 열쇠를 끼워 보관하는 데 쓰는 고리.

열수(熱水)[-쑤]똉 ①뜨거운 물. ②마그마가 식어서 굳어질 때에 정출(晶出)되는 고온의 수용액.

열수(熱嗽)[-쑤]똉 한방에서, 더위로 말미암아 신열·기침·구갈(口渴)·객혈 등을 일으키는 병증을 이르는 말.

열심(熱心)[-씸]똉 어떤 일에 정신을 집중하는 일. ¶공부에 열심이다.

열심-히(熱心-)[-씸-]閉 정신을 집중하여. ¶열심히 공부하다. /일을 열심히 하다.

열-십(-十)[-씹]똉 한자 부수의 한 가지. '千'·'半'·'協' 등에서의 '十'의 이름.

열:쌔다형 ①매우 날쌔다. ¶열쌘 동작. ②눈치가 빠르다.

열씨(列氏)똉 열씨온도계의 눈금의 이름.

열씨-온도계(列氏溫度計)[-계/-게]똉 어는점을 0℃로 하고 끓는점을 80℃로 하는 온도계. 〔1730년 프랑스의 레오뮈르가 고안한 것.〕

열악(劣惡) '열악하다'의 어근.

열악-하다(劣惡-)[여라카-]형여 품질·형편·성질 따위가 몹시 나쁘다. ¶열악한 상품. /근무 환경이 열악하다.

열안(悅顔)똉하자 ①눈을 즐겁게 함. ②눈에 좋게 보임.

열안(閱眼)똉하타 지나가면서 잠시 봄.

열애(熱愛)똉하자타 열렬히 사랑함, 또는 열렬한 사랑.

열약(劣弱) '열약하다'의 어근.

열약-하다(劣弱-)[여라카-]형여 열등하고 약하다.

열양(洌陽)똉 우리나라 '서울'을 달리 이르던 말.

열어-붙이다[-부치-]타 문이나 창문 따위를 갑자기 힘차게 열다. ¶화가 난 그는 갑자기 문을 열어붙이고 소리를 질렀다.

열어-젖뜨리다[-젇-]타 문이나 창문 따위를 갑자기 활짝 열다. 열어젖트리다.

열어-젖트리다[-젇-]타 열어젖뜨리다.

열어-젖히다[-저치-]타 문이나 창문 따위를 갑자기 벌컥 열다.

열어-제치다타 '열어젖히다'의 잘못.

열:-없다[여럽따]형 ①조금 겸연쩍고 부끄럽다. ¶열없어서 얼굴이 붉어지다. ②성질이 묽고 다부지지 못하다. ③겁이 많고 담이 작다. ④어리숙하고 짜임새가 없다. **열:없-이**閉.
　열없는 색시 달밤에 삿갓 쓴다[속담] 정신이 흐려져 망령된 짓을 하는 경우를 비유적으로 이르는 말.

열:없-쟁이[여럽쨍-]똉 '열없는 사람'을 얕잡아 이르는 말.

열-에너지(熱energy)똉 에너지의 한 형태로서의 열.

열-역학(熱力學)[-려카]똉 물리학의 한 분야. 열을 에너지의 한 형태로 생각하여, 열과 역학적 일과의 관계를 연구하는 학문.

열연(熱延)똉 금속을 어느 온도 이상으로 가열하여 눌러 펴서 판자 모양 또는 막대 모양으로 가공하는 일. 열간 압연. ¶열연 강판(鋼板).

열연(熱演)똉하타 연기를 열심히 또는 정열적으로 함, 또는 그런 연기. ¶춘향전에서 주역으로 열연하여 갈채를 받았다.

열왕-기(列王記)똉 구약 성서 중의 한 편. 다윗 왕의 죽음으로부터 예루살렘의 멸망까지의 이스라엘 고대 역사를 기록함. 상·하 두 권임.

열외(列外)[-뇌/-웨]똉 ①늘어선 줄의 밖. 대열의 밖. ¶열외로 밀려나다. ②어떤 몫이나 축에 들지 않는 부분. ¶열외로 치다.

열-용량(熱容量)[-룡냥]똉 어떤 물체의 온도를 1℃ 올리는 데 필요한 열량.

열운형 〔옛〕〔'엷다'의 활용형〕 엷은. ¶열운 갓과 두터운 갓과(永嘉上35).

열원(熱援)똉하타 열렬하게 응원함, 또는 열렬한 응원.

열원(熱源)똉 에너지로서의 열을 공급하는 근원.

열원(熱願)똉하타 ☞절원(切願).

열월(閱月)똉하자 달이 지남. ☞열년(閱年).

열위(劣位)똉 남보다 못한 자리나 수준. ↔우위(優位).

열위(列位)때 여러분.

열음똉 〔옛〕 열매. ¶무쇠 기둥에 꽃 피어 열음 열어 따도록에 누리소서(古時調).

열-음극(熱陰極)똉 가열해서 열전자(熱電子)를 방출시키기 위한 음극. 〔텅스텐 음극·산화물 음극 등이 있음.〕

열읍(列邑)[명] 여러 고을.

열의(熱意)[여릐/여리] [명] 무슨 일을 이루려고 열성을 다하는 마음. ¶ 경제 개발에 대한 열의. /열의를 보이다.

열인(閱人)[명][하다] 여러 사람을 겪어 봄(사람).

열일(烈日)[명] ①여름에 뜨겁게 내리쬐는 태양. ②'세찬 기세'를 비유하여 이르는 말. 참추상 열일(秋霜烈日).

열-장부(烈丈夫)[−짱−][명] 절개가 굳은 남자.

열장-이음(−짱니−)[명] 길이이음의 한 가지. 열 장 장부촉을 끼워 맞춰 잇는 방법.

열장´장부촉(−鏃)[−짱−][명] 장부촉의 한 가지. 비둘기 꽁지처럼 끝이 넓음.

열재(劣才)[−째][명] 열등한 재주. 재주가 열등한 사람. 참수재(秀才).

열적(烈蹟)[−쩍][명] 빛나는 사적(事蹟).

열-적다[형] '열없다'의 잘못.

열전(列傳)[−쩐][명] 여러 사람의 개별적인 전기 (傳記)를 차례로 벌여 적은 것. ¶ 사기(史記) 열전. 참본기(本紀).

열전(熱戰)[−쩐][명] ①무력에 의한 전쟁. ↔냉전(冷戰). ②'열기에 찬 격렬한 경기'를 비유하여 이르는 말. ¶ 열전 15일의 막이 오르다.

열-전기(熱電氣)[명] ☞열전쌍.

열-전대(熱電對)[명] ☞열전쌍(熱電雙).

열-전도(熱傳導)[명] 열이 물질 안의 고온 부분에서 저온 부분으로 흐르는 현상.

열전도-도(熱傳導度)[명] ☞열전도율. 준전도도.

열전도-율(熱傳導率)[명] 물체 속을 열이 전도하는 정도를 나타낸 수치. 열전도도(熱傳導度). 준전도율.

열-전류(熱電流)[−절−][명] 열전쌍(熱電雙)의 기 전력에 의하여 회로에 흐르는 전류. 열전기.

열전-쌍(熱電雙)[−쩐−][명] 두 가지 금속을 이어서 고리 모양으로 하고 접점(接點) 사이에 온도차를 주면 열기전력(熱起電力)이 발생하는 것. 열전대(熱電對). 열전지(熱電池).

열-전자(熱電子)[명] 고온으로 가열한 금속이나 반도체의 표면에서 방출되는 전자.

열전지(熱電池)[명] ☞열전쌍(熱電雙).

열전-체(列傳體)[−쩐−][명] 열전의 형식에 의한 역사 기술의 한 형태. 중국의 사마천(司馬遷)의 '사기(史記)'에서 비롯됨.

열절(烈節)[−쩔][명] 꿋꿋한 절의.

열정(劣情)[−쩡][명] ①비열한 마음. ②남녀 간의 정욕(情慾)을 추하고 천한 것으로 보고 이르는 말.

열정(熱情)[−쩡][명] ①불타오르는 듯한 세찬 감정. ②어떤 일에 열중하는 마음. ¶ 열정을 기울이다. /예술에 열정을 쏟다.

열-정산(熱精算)[명] 공급된 열량과 출열(出熱)의 계산.

열정-적(熱情的)[−쩡−][관명] 열정이 있는 (것). ¶ 열정적 삶. /열정적인 사랑.

열조(列朝)[−쪼][명] ☞열성조(列聖朝).

열조(烈祖)[−쪼][명] 공업(功業)이 큰 조상.

열좌(列坐)[−좌][명][하다] ☞열석(列席).

열주(列柱)[−쭈][명] 줄지어 늘어선 기둥.

열중(熱中)[−쭝][명][하다][되다] 한 가지 일에 정신을 집중시킴. 몰두(沒頭). ¶ 사업에 열중하다. /실험에 열중하여 침식을 잊다.

열-중성자(熱中性子)[명] 원자로 속에서 핵분열에 의하여 발생한 고속 중성자가 감속(減速)되어, 그 평균 운동 에너지가 열에너지 정도로 된 것.

열중-쉬어(列中−)[−쭝−어/−쭝−여] Ⅰ[명] '차려' 자세에서 왼발을 30 cm 간격으로 벌리고 두 손을 등의 허리띠 부분에 댄 자세. ¶ 학생들은 열중쉬어 자세로 서 있었다. Ⅱ[감] '열중쉬어'하라는 구령. ¶ "열중쉬어!" 하는 소리가 들렸다.

열증(熱症)[−쯩][명] 체온이 높은 증세.

열지(裂指)[−찌][명] 주로 부모나 남편의 병이 위중할 때, 생혈(生血)을 마시게 하기 위하여 자기 손가락을 째는 일. 참단지(斷指).

열진(列陣)[−찐][명][하다] 군사를 벌여서 진을 침. 벌여 친 진.

열진(烈震)[−찐][명] 진도 6의 지진. 집이 30%가량 무너지고 산사태가 일어나며, 땅이 갈라지고 사람이 서 있을 수 없게 되는 정도의 지진.

열-째 Ⅰ[수관] 아홉째의 다음 차례(의). ¶ 열째 줄. Ⅱ[명] 맨 앞에서부터 세어 모두 열 개가 됨을 이르는 말. ¶ 딸기를 열째 먹었다.

열쭝이[명] ①겨우 날기 시작한 어린 새, 또는 생육(生育)이 신통찮은 병아리. ②연약하고 겁이 많은 사람.

열차(列次)[명] 차례. 순서.

열차(列車)[명] 철도에서, 여러 대의 객차나 화차를 연결하여 편성한 한 줄의 차량. 기차(汽車). ¶ 여객 열차. /상행 열차.

열차-원(列車員)[명] 여객 열차에서, 여객 전무나 차장의 감독 아래, 열차 안의 여러 가지 일을 보살피는 승무원.

열차^집중^제:어(列車集中制御)[−쭝−][명] 일정 구간의 열차의 운행·관리를 한곳에서 집중적으로 하는 방식. 곧, 전철기(轉轍機)·신호기 등을 전자 기기(電子器機)를 이용하여 한곳에서 집중적으로 원격 조작함. 시티시(CTC).

열:-창(−窓)[명] '여닫을 수 있게 된 창'을 통틀어 이르는 말. ↔붙박이창.

열창(裂創)[명] ☞열상(裂傷).

열창(熱唱)[명][하다] 열을 다하여 노래함.

열:-채[명] ①쳇열이 달린 채찍. ②장구채의 한 가지. 길이가 30 cm 정도 되는 쪼갠 대나무를 가늘게 깎아서 만듦.

열-처리(熱處理)[명][하다][타] 재료를 가열하거나 냉각함으로써 그 기계적 성질을 바꾸는 일. 경도(硬度)를 높이기 위한 담금질 같은 것.

열천(洌泉)[명] 물이 차고 맑은 샘.

열:-치다[타] 힘있게 열다. ¶ 창문을 열치다.

열친(悅親)[명][하다] 부모를 기쁘게 함.

열탕(熱湯)[명][하다] 끓는 물. 또는, 끓는 국.

열통(熱−)[명] 열화가 치밀어 가슴속에서 부글부글 끓어오르는 기운. ¶ 열통이 터져 가만히 못 앉아 있겠다. 비분통(憤痛).

열퇴(熱退)[−퇴/−퉤][명][하다][되다] 신열(身熱)이 내림.

열투(熱鬪)[명][하다] ①열렬하게 싸움. ②열기를 띤 경기.

열:-퉁적다[−따][형] 말이나 행동이 데퉁스럽다. ¶ 열퉁적게 말참견을 하고 나서다.

열파(裂破)[명][하다][자][되다][자] ☞파열(破裂).

열파(熱波)[명] 대륙 남동 해양으로부터 더운 기단(氣團)이 주기적으로 밀려오는 현상. ↔한파(寒波).

열패(劣敗)[명][하다] 남만 못하거나 남보다 약한 자가 경쟁에서 짐. ¶ 열패를 당하다.

열-팽창(熱膨脹)[명] 온도가 올라감에 따라 물체의 길이, 면적, 부피가 늘어나는 현상.

열품(劣品)[명] 품질이 나쁜 물건.

열풍(烈風)[명] ①굵은 나무줄기가 흔들릴 정도로 세차게 부는 바람. 풍속으로는 초속 15~29m에 해당함. ②'어떤 현상이나 기운 따위가 사회적으로 거세게 일어나는 상태'를 비유하여 이르는 말. ¶독서 열풍. /투기 열풍.

열풍(熱風)[명] 열기(熱氣)를 품은 바람. 뜨거운 바람. ¶사막의 열풍.

열-하다(熱-)[타여] 덥게 하다. 뜨겁게 하다. 가열하다.

열하^우라늄(劣下uranium)[명] 우라늄 235의 함유율이 0.712% 이하인 우라늄.

열하-일기(熱河日記)[명] 조선 정조 때, 연암(燕巖) 박지원(朴趾源)이 중국 러허(熱河) 강까지 갔을 때의 감상을 적은 기행문.

열학(熱瘧)[명] 말라리아의 한 가지. 더위를 먹어 열이 몹시 나고 오한(惡寒)이 따름. 서학(暑瘧).

열학(熱學)[명] 물질의 열 현상을 연구하는 물리학의 한 부문. 열에 의한 물질의 상태 변화, 전도(傳導), 대류, 열역학 등을 연구함.

열한(熱寒)[명] 몹시 심한 추위.

열한(熱汗)[명] 격렬한 운동이나 심한 노동 끝에 흘리는 땀.

열한-째[수관] 열째의 다음 차례(의).

열-해리(熱解離)[명] 열에 의하여 물질이 분해되는 일. 분해 생성물은 냉각에 의하여 역방향의 변화를 일으켜 본디의 물질로 돌아감. ⑳열리.

열핵(熱核)[명] 초고온 아래에 있는 원자핵.

열핵^반응(熱核反應)[-빠능][명] ⇨핵융합.

열행(烈行)[명] 〈여자가〉 정조와 절개를 꿋꿋이 지킨 행위나 행적(行蹟).

열혈(熱血)[명] ①더운피. ②(펄펄 끓는 피라는 뜻으로) '열렬한 정신', '격렬한 정열' 등을 비유하여 이르는 말. ¶열혈 청년.

열혈-남아(熱血男兒)[-라마][명] 혈기가 왕성하고 열렬한 의기를 가진 사나이. 열혈한.

열혈-한(熱血漢)[명] ⇨열혈남아.

열호(劣弧)[명] 원주(圓周)를 두 점에 의하여 두 개의 호로 나누었을 때의 작은 쪽의 호. 반원보다 작은 원호(圓弧). ↔우호(優弧).

열화(烈火)[명] 세차게 타는 불.

열화(熱火)[명] ①((주로 '같다'와 함께 쓰이어)) '뜨거운 불길이라는 뜻으로) '매우 격렬한 열정'을 비유하여 이르는 말. ¶열화와 같은 성원. ②매우 급한 화증. ¶열화가 치밀다.

열-화학(熱化學)[명] 물리 화학의 한 분과. 물질의 화학 반응에 따르는 현상을 연구함.

열^확산(熱擴散)[-싼][명] 분자 질량이 다른 기체 혼합물에 일정한 전도(傳導)가 일어날 때, 그에 따라 농도차(濃度差)가 생기는 현상.

열-활꼴(劣-)[명] 반원보다 작은 활꼴. ↔우궁형.

열-효율(熱效率)[명] 열기관(熱機關)에 공급된 열량과 그 기관의 출력(出力)과의 비율.

열후(列侯)[명] ⇨제후(諸侯).

열훈(熱暈)[명] 한방에서, 열이 심하여 현기가 나고 목이 몹시 타는 병을 이르는 말.

열흘[명] ①〈열흘날〉·〈초열흘〉·〈초열흘날〉의 준말. ②열 날. ¶열흘쯤 쉬겠다.

열흘 굶어 군자 없다[속담] 누구나 굶주리게 되면 점잖지 않고 옳지 못한 일까지 하게 된다는 말.

열흘-날[-랄][명] ①〈초열흘날〉의 준말. ②열째 날. ⑳열흘.

엷:다[열따][형] ①두께가 두껍지 않다. ¶판자가 엷다. ②농도·밀도·빛깔 따위가 진하지 않다. ¶엷은 노랑. /엷은 화장. ③하는 짓이나 마음

이 뻔히 들여다보이게 얄팍하다. ¶사람이 좀 엷은 데가 있다. ④웃음 따위가 보일 듯 말 듯 은근하다. ¶엷은 미소. ㉔얇다. *엷어·엷:고 [열꼬]

엷:-붉다[열북따][형] 엷게 붉다.

엾쇠[옛] 열쇠. ¶엾쇠:鑰匙(譯語上14).

염[명] 바위로 된 작은 섬.

염(炎)[명] 〈염증(炎症)〉의 준말.

염(念)[명] 무엇을 하려는 생각. ¶해볼 염도 못 내겠다.

염(鹽)[명] ①소금. ②산의 수소 이온을 금속 이온 또는 금속성 이온으로 치환(置換)한 화합물. 염류(鹽類).

염(髯)[명] 〈수염(鬚髯)〉의 준말.

염(殮)[명][하타] 〈염습(殮襲)〉의 준말. ¶시신을 염하다.

염(簾)[명] 한시(漢詩)에서, 자음(字音)의 높낮이를 맞추어 시구를 만드는 방법.

염가(廉價)[-까][명] 싼값. 저가(低價). ¶염가 판매.

염간(念間)[명] 스무날께. 스무날 전후. ¶정축년 시월 염간.

염간(鹽干)[명] 조선 시대에, 염전에서 '소금 만드는 사람'을 이르던 말.

염객(廉客)[명] 염탐꾼.

염검(廉儉)[명] '염검하다'의 어근.

염검-하다(廉儉-)[형여] 청렴하고 검소하다. 염검-히[부]

염결(廉潔)[명] '염결하다'의 어근.

염결-하다(廉潔-)[형여] 청렴하고 결백하다. 염백(廉白)하다. 염결-히[부]

염:경(念經)[명][자] (가톨릭에서) 기도문을 욈.

염경(廉勁)[명] '염경하다'의 어근.

염경-하다(廉勁-)[형여] 청렴하고 강직하다. 염직(廉直)하다.

염:고(厭苦)[명][하타] (어떤 일을) 싫어하고 괴롭게 여김.

염:곡(艶曲)[명] ⇨연가(戀歌).

염구(殮具)[명] 염습(殮襲)에 쓰이는 물건.

염구(鹽鉤)[명] 발을 거는 갈고리.

염:근(念根)[명] 불교에서의 오근(五根)의 하나. 정법(正法)을 마음에 두고 잊지 않는 일.

염글다[자][옛] ⇨여물다. ¶손 바리 염그르시며(月釋2:59). /여름 열리도 염글며 ㅎ야(月釋13:47).

염:금(斂衿)[명][하자] 삼가 옷깃을 여밈.

염기(鹽氣)[-끼][명] 소금기. 또는, 소금기가 있는 습기.

염기(鹽基)[명] 산을 중화하여 염(鹽)을 만드는 수산화물. 〔수산화나트륨·수산화칼륨·수산화암모늄 따위〕. ↔산(酸). ⑳알칼리.

염:기(厭忌)[명][하타] 싫어하고 꺼림.

염기-도(鹽基度)[명] 산의 한 분자 속에 포함되는 수소 원자 중 금속 원자로 치환할 수 있는 수소 원자의 수.

염기-류(鹽基類)[명] 산을 중화하여 염을 만들 수 있는 수산화물에 속하는 것을 통틀어 이르는 말. ↔산류(酸類).

염기-성(鹽基性)[-썽][명] 염기가 가지는 성질. 산과 중화하여 염을 만드는 성질. ↔산성. ⑳알칼리성.

염기성^산화물(鹽基性酸化物)[-썽-][명] 산과 중화하여 염을 만드는 산화물. 금속 원소의 산화물 등이 이에 딸림.

염기성-암(鹽基性岩)[-썽-][명] 규산(硅酸)이 비교적 적게 함유된 화성암. 〔현무암(玄武岩

이나 반려암(斑糲岩) 따위.) 기성암(基性岩).
↔산성암(酸性岩).

염기성^염(塩基性塩) [-썽념]圀 산과 염기의 중
화 반응에 의하여 생기는 화합물 중 염기의 수산
기, 또는 산소 원자를 함유하는 염을 이르는 말.

염기성^염:료(塩基性染料) [-썽념뇨]圀 분자
속에 염기성의 원자단(原子圉)을 가진 수용성
의 합성염료를 통틀어 이르는 말. 색조가 선명
하고 농도가 높지만, 햇빛이나 마찰에 견디는
힘이 약함.

염난-수(塩難水) 圀 '압록강'을 이전에 이르던 말.

염낭(囊)圀 ⊏두루주머니.

염낭-거미(-囊-)圀 염낭거밋과의 거미. 몸길이
1cm가량. 등은 갈색, 배는 회색을 띤 황색에
암자색 점무늬가 있음. 나뭇잎이나 풀잎을 말
아 집을 짓거나, 돌 밑에 주머니 모양의 집을
지어 알을 낳음.

염낭-쌈지(-囊-)圀 염낭 모양으로 된 쌈지.

염-내(塩-)圀 두부나 비지에서 나는 간수 냄새.

염:내(念内)圀 ⊏염전(念前).

염:념불망(念念不忘)圀하타 자꾸 생각이 나서
잊지 못함. ¶ 임 떠나신 뒤로 지금까지 염념불
망으로 하룻밤도 단잠 이룬 적이 없사옵니다.

염-념-생멸(念念生滅)圀 불교에서, 만물은 잠
시도 멈추지 않고 변화하고 있음을 이르는 말.

염담(恬淡) '염담하다'의 어근.

염담-퇴수(恬淡退守) [-퇴-/-퉤-]圀 욕심도
의욕도 없이 그저 담담하게 물러나 현상만을
지킴.

염담-하다(恬淡-)형여 사물에 집착하지 않아
욕심이 없고 마음이 깨끗하다. 염담-히튀.

염도(塩度)圀 소금기의 정도. 잔 정도.

염독(炎毒)圀 심한 더위로 말미암은 고통, 또는
더위 먹은 증세.

염:독(念讀)圀하타 정신을 차려서 읽음.

염:두(念頭)圀 마음. 생각. ¶ 사장은 그를 곧
승진 발령하리라 하고 늘 염두에 두고 있었다.

염라-국(閻羅國) [-나-]圀 염라대왕이 다스린
다는 나라, 곧 저승.

염라-대왕(閻羅大王) [-나-]圀 불교에서, 죽은
이의 영혼을 다스리고, 생전의 행동을 심판하
여 상벌을 주는 염라국의 임금. 야마(夜摩). 염
마(閻魔). 염마대왕.

　염라대왕이 제 할아버지라도[속담] 큰 죄를 짓거
나 중병에 걸려 살아날 가망이 없음을 이르는 말.

염량(炎涼) [-냥]圀 ①더위와 서늘함. ②선악과
시비를 분별하는 슬기. ③융성함과 쇠퇴함.

염량-세태(炎涼世態) [-냥-]圀 권세가 있을 때
는 아부하고, 몰락하면 푸대접하는 세상 인심.
¶ 염량세태를 따르지 못하는 고지식한 양반.

염:려(念慮) [-녀]圀하타되자 마음을 놓지 못
함. 걱정함. ¶ 염려를 놓다. /후유증을 염려하다.
염려(艶麗) '염려하다'의 어근.

염:려-스럽다(念慮-) [-녀-떠] [~스러우니·~
스러워]형ㅂ 걱정이 되어 불안하다. ¶ 늘 어머
니 건강이 염려스럽습니다. **염려스레**튀.

염:려-하다(艶麗-) [-녀-]형여 ①모습이 아리
땁고 곱다. ②문장이나 그림·음악 따위가 화려
하고 곱다. ⇨염려한 문장.

염:력(念力) [-녁]圀 ①신념이 가져다주는 힘.
집중된 정신력. ②정신의 집중으로 손을 대지
않고 물건을 움직이는 초능력. ③불교에서 이
르는 오력(五力)의 하나. 생각을 바로하고, 못
되고 악한 마음을 버리는 일.

염:료(染料) [-뇨]圀 ⊏물감.

염:료^식물(染料植物) [-뇨싱-]圀 염료의 원료
가 되는 식물. 〔잇꽃·치자·쪽 따위.〕

염류(塩類) [-뉴]圀 ⊏염(塩).

염류-천(塩類泉) [-뉴-]圀 염소 이온의 염류를
많이 함유하고 있는 온천.

염리(廉吏) [-니]圀 청렴결백한 관리.

염:리(厭離) [-니]圀하타 불교에서, 더럽혀진
세상이 싫어서 속세를 떠남을 이르는 말.

염마(閻魔)圀 ⊏염라대왕.

염마-대왕(閻魔大王)圀 ⊏염라대왕.

염마-법왕(閻魔法王)圀 '염라대왕'을 높이어
이르는 말.

염마-장(閻魔帳)圀 염라대왕이 죽은 이의 생전
의 행적을 적어 둔다는 장부.

염마-졸(閻魔卒)圀 염마청(閻魔廳)이나 지옥에
서 죄인을 다스리며 고통을 주는 옥졸. 귀졸
(鬼卒). 야차(夜叉).

염마-천(閻魔天)圀 ⊏염마하늘.

염마-청(閻魔廳)圀 염라대왕이 죽은 이의 생전
의 행적을 심판하여 상벌을 내리는 법정.

염마-하늘(閻魔-)圀 '염라대왕'을 밀교(密敎)
에서 이르는 말. 염마천.

염막(塩幕)圀 ⊏벗집.

염막(簾幕)圀 발과 장막.

염:망(念望)圀하타 (무엇이 이루어지기를) 바
람, 또는 바라는 일.

염매(塩梅)圀 ⊏백매(白梅).

염매(廉買)圀하타 싼값으로 삼.

염매(廉賣)圀하타 싼값으로 팖.

염명(廉明) '염명하다'의 어근.

염명-하다(廉明-)형여 청렴하고 분명하다. **염
명-히**튀.

염:문(廉問)圀하타 (무엇을 탐지하기 위하여) 몰
래 물어봄.

염:문(艶文)圀 ⊏염서(艶書).

염:문(艶聞)圀 연애나 정사(情事)에 관한 소
문. ¶ 염문을 뿌리다. /터무니없는 염문에 시달
리다.

염문-꾼(廉問-)圀 ⊏염알이꾼.

염:미(染尾)圀 ⊏부들1.

염:박(厭薄)圀하타 싫어하여 박대함.

염반(塩飯)圀 ①⊏소금엣밥. ②손에게 대접하는
자기 집 '식사'를 겸손하게 이르는 말. ¶ 염반
이지만 많이 드시지요.

염:발(染髮)圀하자 머리털을 염색함, 또는 그
머리.

염:발(斂髮)圀하타 머리를 쪽 찌거나 틀어 올림.

염:발-제(染髮劑) [-쩨]圀 머리털을 염색하는
데에 쓰는 약.

염방(炎方)圀 〔몹시 더운 곳이라는 뜻으로〕 '남
방(南方)'을 이르는 말.

염방(廉防)圀 염치(廉恥)와 예방(禮防).

염-밭(塩-) [-받]圀 ⊏염전(塩田). * 염밭이[-
바치] ·염밭을[-바틀] ·염밭만[-반-].

염백(廉白) '염백하다'의 어근.

염백-하다(廉白-) [-배카-]형여 ⊏염결(廉潔)
하다.

염:병(染病)圀 ①〈전염병(傳染病)〉의 준말. ¶ 염
병이 돌다. ②'장티푸스'를 흔히 이르는 말.
¶ 염병이 나다. /염병을 앓다.

　염병에 땀을 못 낼 놈[속담] 괴로워하다가 죽을
놈이라는 뜻으로 저주하며 욕하는 말.

염:병-하다(染病-)자여 염병을 앓다.

염:병-할(染病-)관감 〔'전염병에 걸려 앓을' 의 뜻으로〕몹시 못마땅할 때 욕으로 하는 말. ¶ 염병할 놈. /염병할, 웬 날씨가 이리도 더워.

염-보다(簾-)자 한시(漢詩)를 지을 때, 자음(字音)의 높낮이를 맞추다.

염:복(艶福)명 아름다운 여자가 잘 따르는 복. 여복(女福).

염부(廉夫)명 청렴한 사람.

염부(塩釜)명 바닷물을 고아 소금을 만드는 큰 가마. 벗1. 염분(塩盆).

염부한기(炎附寒棄)셩 〔권세가 있을 때에는 잘 따르다가 권세가 없으면 돌아보지도 않는다는 뜻으로〕'인정이 박함'을 이르는 말.

염분(塩分)명 ①물질 속에 함유되어 있는 소금의 양. 소금기. ②조선 시대에, 관아나 궁방(宮房)이 소금 장수에게서 받던 세금.

염분(塩盆)명 ☞염부(塩釜).

염불명 ☞자궁탈(子宮脫).

염:불(念佛)명하다 부처의 모습이나 그 공덕을 생각하면서 부처의 이름을 외는 일. 특히, '나무아미타불'을 외는 일.

염불도 몫몫이요 쇠뿔도 각각이다속담 무슨 일이나 각각 특성이 있으므로 일하는 방식도 서로 다름을 비유하여 이르는 말.

염불에는 마음이 없고 잿밥에만 마음이 있다속담 마땅히 해야 할 일은 건성으로 하고 잇속에만 마음을 둔다는 말.

염불 외듯관용 알아 듣지 못할 소리로 중얼거리는 경우를 비유하여 이르는 말.

염불(塩拂)명 장례(葬禮) 뒤에, 부정(不淨)을 씻기 위하여 소금을 몸에 뿌리는 일.

염:불급타(念不及他)명 다른 것에 마음을 둘 겨를이 없음.

염:불^삼매(念佛三昧)명 정신을 집중하여 염불을 함으로써 잡념을 없애고 번뇌(煩惱)에서 벗어나는 일.

염:불^왕:생(念佛往生)명 염불 삼매로 극락에 왕생하는 일.

염불위괴(恬不爲愧)[-괴/-궤]명 옳지 않은 일을 하고도 부끄러워할 줄을 모름.

염사(廉士)명 청렴한 선비.

염산(塩酸)명 염화수소의 수용액. 순수한 것은 무색투명하고, 불순물을 함유한 것은 황색을 띰. 염화수소가 증발할 때 흰 연기가 보이고, 강한 자극성 있는 냄새가 남. 화학 공업·섬유 공업 등에 널리 이용됨.

염산-가스(塩酸gas)명 ☞염화수소.

염산-칼륨(塩酸Kalium)명 ☞염소산칼륨.

염산-키니네(塩酸kinine)명 키니네를 염산과 화합시켜 만든 흰 가루. 해열 진통제이며, 특히 말라리아의 치료약으로 쓰임. 割금계랍.

염상(塩商)명 소금 장수.

염:색(染色)명하다재 염료를 써서 천 따위에 물을 들임. ¶ 머리를 염색하다. ↔탈색(脫色).

염색^반:응(焰色反應)[-빵능] 알칼리 금속 따위의 염(塩)을 불꽃 속에 넣으면, 불꽃이 그 원소 특유의 빛깔을 나타내는 반응. 불꽃 반응.

염:색-사(染色絲)[-싸]명 세포의 핵 속에 있으며 염기성 색소에 물들기 쉬운 실 모양의 물질. 세포 분열이 시작되면 둘레에 기질(基質)이 붙어서 염색체가 됨.

염:색-질(染色質)[-찔]명 세포의 핵 속에 있으며, 염기성 색소에 물들기 쉬운 물질. 염색사(染色絲)를 만듦.

염:색-체(染色體)명 세포가 분열할 때 나타나는 실 모양의 물질. 유전자를 포함하며, 유전이나 성(性)의 결정에 중요한 구실을 함.

염:색체^돌연변이(染色體突然變異)명 염색체에 변화가 생겨 유전자의 위치·배열 등에 이상이 일어나서 나타나는 돌연변이.

염:색체^지도(染色體地圖)명 염색체 위에서의 유전자의 상대적 위치 관계를 나타낸 그림.

염생^식물(塩生植物)[-싱-]명 바닷가나 암염지대(岩塩地帶) 등 염분이 많은 땅에 잘 자라는 식물을 통틀어 이르는 말. 〔보리사초·갯메꽃 따위.〕염성 식물(塩性植物).

염서(炎暑)명 심한 더위. 열열(炎熱).

염:서(艶書)명 이성(異性)에게 연모의 정을 적어 보내는 편지. 염문(艶文).

염석(塩析)명하다타 어떤 물질의 수용액에 다른 무기 염류를 넣어서 녹아 있던 물질을 석출(析出)하는 일. 〔비눗물에 소금을 많이 넣으면 비누가 석출되는 따위.〕

염:선(艶羨)명하다 남의 장점을 부러워함.

염성^식물(塩性植物)[-싱-]명 ☞염생 식물.

염세(塩稅)[-쎄]명 지난날, 소금을 만들어 파는 사람에게 물리던 세금.

염:세(厭世)명 세상을 괴롭고 비관적인 것으로 생각하고 싫어함. ↔낙천(樂天).

염:세-가(厭世家)명 염세관을 가진 사람. 세상을 덧없는 것으로 여기고 인생을 비관하는 사람. ↔낙천가(樂天家).

염:세-관(厭世觀)명 ☞염세주의.

염:세-적(厭世的)관명 세상을 싫어하고 모든 것을 비관적으로 생각하는 (것). ↔낙천적(樂天的).

염:세-주:의(厭世主義)[-의/-이]명 세상이나 인생에 실망하여 인생을 싫어하는 생각. 곧 세상이나 인생에는 살아갈 만한 값어치가 없다고 하는 생각. 염세관. ↔낙천주의(樂天主義).

염:세-증(厭世症)[-쯩]명 인생이 싫어지고 모든 것이 귀찮게 여겨지는 정신적 증세.

염:세^철학(厭世哲學)명 염세주의에 바탕을 둔 철학. 곧 인간의 생활이란 고통을 의미하며, 이 고통에서 벗어나는 길은 의지의 멸각(滅却)에 밖에 없다고 주장하는 것으로, 쇼펜하우어가 그 대표자임.

염소명 솟과의 동물. 양 비슷한데 뒤로 굽은 뿔이 있고 네 다리와 목·꼬리가 짧으며, 수컷에는 턱 밑에 긴 수염이 있음. 몸빛은 갈색·회갈색·흑색·백색 등 여러 가지임. 성질은 활발하고 조급함. 고기와 젖은 식용, 털은 직물로 이용됨. 산양(山羊).

염소 물똥 누는 것 보았나속담 있을 수 없는 일을 말할 때 이르는 말.

염소(塩素)명 기체 원소의 한 가지. 자극적인 냄새가 강한 황록색의 기체. 액화하기 쉬우며, 표백제·산화제·소독제 등으로 쓰임. 〔C1/17/35.4527〕

염소-량(塩素量)명 바닷물 1kg에 들어 있는 염소의 양. 'g'으로 표시함.

염소-산(塩素酸)명 염소산바륨 수용액에 황산을 가했을 때 생기는 수용액. 무색으로만 존재하는데, 무색이며, 진한 것은 냄새가 자극적임. 산화 작용이 강함.

염소산-나트륨(塩素酸Natrium)명 염소산염의 한 가지. 무색무취의 결정. 산화제로서 염색에 쓰임. 염소산소다.

염소산-소:다(塩素酸soda)명 ☞염소산나트륨.

염소산-염(塩素酸塩)[-념](명) 염소산의 수소가 금속 원소로 치환되어 생기는 염. 〔염소산나트륨·염소산칼륨 따위.〕

염소산-칼륨(塩素酸Kalium)(명) 염소산의 칼륨염. 무색의 광택 있는 결정이며 물에 잘 녹지 않음. 산화력이 강하며, 성냥이나 화약의 원료로 쓰임. 염산칼륨. 염소산칼리.

염소-칼리(塩素酸Kali)(명) ⇨염소산칼륨.

염소-수(塩素水)(명) 염소의 수용액. 황록색의 액체이며, 표백제·살균제·분석 시약 등으로 쓰임.

염소-자리(명) 황도 십이궁의 하나. 남쪽물고기자리와 독수리자리 사이에 있는 별자리. 가을에 남쪽 하늘에 보이며, 9월 하순에 자오선을 통과함. 마갈궁. 산양자리. 산양좌.

염소족^원소(塩素族元素)(명) ⇨할로겐족 원소.

염:속(染俗)[명하자 되자] 세속(世俗)에 물듦.

염:송(念誦)(명하타) 마음으로 부처를 생각하면서, 일심(一心)으로 불경을 외는 일.

염수(塩水)(명) 소금물.

염:수(斂手)(명하자) ①무슨 일에 손을 대지 않음, 또는 어떤 일에서 손을 뗌. ②서서 두 손을 공손히 모아 잡음.

염수-선(塩水選)(명하타) 벼나 보리의 씨앗을 소금물에 넣어, 뜨는 것은 버리고 가라앉는 것을 씀, 또는 그렇게 하여 알찬 씨앗을 고르는 일.

염수^주:사(塩水注射)(명) ⇨식염 주사.

염수-초(塩水炒)(명) 한방에서, 약재의 변질을 막기 위하여 소금물에 담갔다가 볶는 일.

염:슬-단좌(斂膝端坐)(명하타) 무릎을 꿇고 바르게 앉음. ¶ 염슬단좌로 참선하다.

염:습(殮襲)(명하타) 죽은 이의 몸을 씻은 다음에 수의(壽衣)를 입히고 염포(殮布)로 묶는 일. ¶ 정성을 다하여 염습하다. ⓒ염(殮).

염심(焰心)(명) 불꽃의 중심부인 어두운 부분. 불꽃심.

염아(恬雅) '염아하다'의 어근.

염아-하다(恬雅-)(형여) 욕심이 없으며 마음이 늘 편안하고 바르다. ¶ 염아한 자세로 사는 것이 장수(長壽)의 비결이다.

염-알이(廉-)(명) (남의 사정이나 비밀 따위를) 몰래 조사하여 알아냄. 내탐. 수탐(搜探). 염탐(廉探).

염알이-꾼(廉-)(명) 몰래 염탐하는 사람. 염문꾼. 염탐꾼.

염야(艶冶) '염야하다'의 어근.

염:야-하다(艶冶-)(형여) (용모나 자태가) 곱고 아리땁다.

염양(炎陽)(명) 여름의 햇볕. 뜨겁게 내리쬐는 여름의 태양.

염:양(艶陽)(명) 화창한 봄 날씨.

염:언(念言)(명) 깊이 생각한 바를 나타낸 말.

염연(恬然) '염연하다'의 어근.

염연-하다(恬然-)(형여) 아무 욕심이 없이 마음이 편안하다. **염연-히**(부)

염열(炎熱)[-녈] (명) ⇨염서(炎暑).

염염(冉冉) '염염(冉冉)하다'의 어근.

염염(炎炎) '염염(炎炎)하다'의 어근.

염염-하다(冉冉-)[-념-](형여) ①나아가는 꼴이 느릿느릿하고 약하다. ②부드럽고 약하다. **염염-히**(부)

염염-하다(炎炎-)[-념-](형여) ①타오르는 불기운이 세차다. ②열기가 대단하다. **염염-히**(부)

염:오(染汚)(명)[하자) ①오염(汚染). ②번뇌(煩惱), 또는 번뇌로 마음이 더러워짐.

염:오(厭惡)(명하타) 싫어하고 미워함. 혐오(嫌惡).

염:외(念外)[여뫼/여붸] (명) 생각 밖. 뜻밖.

염:용(艶容)(명) (여자의) 아리땁고 고운 용모.

염우(廉隅)(명) 바른 행실과 꼿꼿한 품성. 刨야무.

염우-염:치(廉隅廉恥)(명) ①염우와 염치. ②'염치'의 뜻을 힘주어 이르는 말. 刨야무염치.

염:원(念願)(명하타) ㉠ 생각하고 간절히 바람, 또는 그러한 소원. ¶ 평화를 염원하다.

염위(炎威)(명) 복중(伏中)의 심한 더위.

염의(廉義)(명) 염치와 의리.

염의-없다(廉義-)[여의업따/여미업따](형) 예의도 모르고 부끄러움도 없다. 염치가 없다. **염의 없-이**(부) ¶ 전철 안이 제 안방인 양 염의없이 구는 젊은이.

염:일(念日)(명) (그달의) 스무날.

염:자(艶姿)(명) 아리땁고 고운 자태.

염장(炎瘴)(명) 더운 지방의 개펄에서 나는 독기(毒氣).

염장(塩醬)(명) ①소금과 간장. ②온갖 양념을 통틀어 이르는 말.

염장(塩藏)(명하타) 소금에 절이어 저장함.

염:장(殮葬)(명하타) 시체를 염습하여 장사지냄.

염:장(殮匠)(명) ⇨염장이.

염:장(艶粧)(명하타) 아리땁게 단장함.

염장-법(塩藏法)[-뻡](명) 소금에 절여 저장하는 방법.

염-장이(殮-)(명) 시체를 염습하는 일을 업으로 하는 사람. 염장(殮匠).

염:적(染跡·染迹)(명하자) 더러운 행적, 또는 행적을 더럽힘.

염:적(斂跡·斂迹)(명하자) ①종적을 감춤. ②어떤 곳에서 발을 뗌.

염:전(念前)(명) (그달의) 스무날이 되기 전. 염내(念內).

염전(塩田)(명) 바닷물을 끌어 들여 태양열로 증발시켜서 소금을 만드는 넓은 모래밭. 염밭.

염전(塩廛)(명) 소금 가게.

염:전(厭戰)(명하자) 전쟁을 싫어함. ¶ 싸움이 오래 계속되자 염전 사상이 싹트기 시작했다.

염:전(斂錢)(명하자) (여러 사람들로부터) 돈을 거두어 모음, 또는 그 돈.

염:접(斂摺)(명하타) 종이·피륙·떡·저냐 따위의 가장자리를 자르거나 접어서 가지런하게 함.

염정(炎程)(명) 몹시 더운 여름날에 먼 길을 가는 일, 또는 그 길.

염정(炎精)(명) ①⇨태양(太陽). ②⇨불귀신.

염정(恬靜) '염정(恬靜)하다'의 어근.

염정(塩井)(명) 염전에서, 소금을 만들기 위하여 바닷물을 가두어 두는 웅덩이.

염정(廉正) '염정(廉正)하다'의 어근.

염정(簾政)(명)[하자] 〈수렴청정(垂簾聽政)〉의 준말.

염:정(艶情)(명) ⇨연정(戀情).

염정-성(廉貞星)(명) 구성(九星) 가운데 다섯째 별.

염:정^소:설(艶情小說)(명) ⇨연애 소설.

염정-하다(恬靜-)(형여) 편안하고 고요하다. **염정-히**(부)

염정-하다(廉正-)(형여) 청렴하고 공정하다. **염정-히**(부)

염제(炎帝)(명) ①신농씨(神農氏). 화제(火帝). ②여름을 맡은 신. ③⇨태양(太陽).

염:좌(捻挫)(명하자) 발을 삐는 일, 곧 관절에 무리한 힘이 가해져 관절 내부나 주위의 조직에 일어난 손상(損傷). 참좌섬(挫閃).

염:주(念珠)(명)[1] 보리수·모감주 따위를 여러 개 실에 꿰어서 둥글게 만든 것. 부처에게 절하거나 염불할 때, 손가락 끝으로 한 알씩 넘기면서 그 횟수를 세거나 함.

염:주(念珠)²명 볏과의 일년초. 들에 절로 나기도 하고 재배하기도 함. 줄기 높이는 1.5 m가량. 잎은 어긋맞게 나며, 7월경에 수꽃은 위쪽, 암꽃은 아래쪽에 이삭 모양으로 핌. 열매는 먹거나 약으로 쓰고, 염주를 만드는 데 쓰이기도 함. 열대 아시아가 원산지임.

염:주-나무(念珠-)명 피나뭇과의 낙엽 활엽 교목. 강원도 지방에서 많이 나는데, 높이가 5~6 m. 잎은 넓은 달걀 모양이며 어긋맞게 남. 길둥근 열매는 끝이 뾰족하며 다섯 개의 줄이 있음. 열매는 염주를 만듦.

염증(炎症)[-쯩]명 세균이나 그 밖의 어떤 원인으로 인하여 몸의 어떤 부분이 붉어지면서 붓고, 열이나 통증, 기능 장애 따위를 일으키는 일. ⓒ염(炎).

염증(炎蒸)명 찌는 듯한 더위.

염:증(厭症)[-쯩]명 ☞싫증. ¶염증이 나다. / 염증을 느끼다.

염:지(染指)하타 남몰래 부정을 저지르거나 부당한 이득을 가짐.

염지(鹽池)명 염전에서, 소금을 만들기 위하여 바닷물을 가두어 두는 못.

염:직(染織)명 ①하타 피륙에 물을 들임, 또는 물들인 피륙. ②염색과 직물.

염직(廉直)어기 '염직(廉直)하다'의 어근.

염직-하다(廉直-)[-지카-]형 청렴하고 강직하다. 염경(廉勁). **염직-히**튄.

염:질(染疾)명 ☞시환(時患).

염:질(艶質)명 곱고 아름다운 바탕.

염:-집[-찝]명 〈여염집〉의 준말.

염찰(簾察)명 ☞염탐(廉探).

염창(簾窓)명 ☞발창.

염:처(艶妻)명 예쁜 아내.

염천(炎天)명 ①타는 듯이 더운 한여름의 하늘, 또는 그런 날씨. ¶삼복 염천에 어떻게 지내시는지요? ②구천(九天)의 하나. 남쪽 하늘.

염천(鹽泉)명 ☞식염천(食鹽泉).

염:체(艶體)명 수사(修辭)가 아름다운 서정적인 시체(詩體).

염초(焰硝)명 ①한방에서 이르는, 박초(朴硝)를 개어 만든 약. ②화약의 원료가 되는 초석(硝石), 곧 '질산칼륨'을 흔히 이르는 말. ③'화약(火藥)'을 흔히 이르는 말.

염초-청(焰硝廳)명 조선 시대에, 훈련도감의 관장(管掌) 아래 화약 만드는 일을 맡아보던 곳. **염초청 굴뚝 같다**[속담] 마음이 검고 엉큼하다.

염:-출(捻出)하타 ①애를 써서 생각을 짜냄. ¶묘안을 염출하다. ②애써서 돈을 끌어냄. ¶비용을 염출하다.

염치(廉恥)명 체면을 차릴 줄 알며 부끄러움을 아는 마음. ¶사람이면 염치가 있어야지. ⓒ얌치.

염치-없다(廉恥-)[-업따]형 염치를 생각하는 마음이 없다. 부끄러움을 아는 태도가 아니다. **염치없이**튄 염치없이 함부로 드나들다. ⓒ얌치없다.

염탐(廉探)명하타 어떤 일의 사정이나 내막 따위를 몰래 조사함. 수탐(搜探). 염찰(廉察). 염알이. ¶상대편의 동정을 염탐하다.

염탐-꾼(廉探-)명 염탐하는 사람. 염객(廉客). 염알이꾼.

염탐-질(廉探-)명하타 '염탐하는 짓'을 얕잡아 이르는 말. ¶남의 비밀을 염탐질하다.

염:태(艶態)명 아리땁고 고운 태도.

염통명 ☞심장(心臟).

염통-방(-房)명 ☞심방(心房).

염통-주머니[-쭈-]명 ☞심낭(心囊).

염통-집명 ☞심실(心室).

염퇴(恬退)[-퇴/-퉤]명하타 명리(名利)에 욕심이 없어 벼슬을 내어 놓고 물러남.

염통-머리명 〈염치〉의 속된 말.

염파(簾波)명 발 그림자의 어른어른하는 무늬, 또는 그 무늬의 결.

염평(廉平)명 '염평하다'의 어근.

염평-하다(廉平-)형 성품이 청렴하고 공평하다. **염평-히**튄.

염:포(殮布)명 염습(殮襲)할 때, 수의(壽衣)를 입힌 시체를 묶는 베. 교포(絞布).

염:꽃-국(殮布-)[-포꾹/-폼꾹]명 ☞연꽃국.

염풍(炎風)명 팔풍의 하나. 동북풍(東北風).

염피(厭避)명하타 싫어서 피함.

염:필(染筆)명하자 ①붓에 먹이나 물감을 묻힘. ②붓으로 글씨를 쓰거나 그림을 그림.

염하(炎夏)명 더운 여름. 몹시 더운 한여름.

염:-하다(殮-)타여 불경·진언(眞言) 등을 외다.

염-하다(廉-)형여 ①값이 싸다. ②청렴하다.

염한(炎旱)명 타는 듯한 한여름의 가뭄.

염한(鹽漢·鹽干)명 소금을 굽는 사람.

염호(鹽湖)명 ☞함수호(鹹水湖).

염화(鹽化)명 어떤 물질이 염소와 화합함.

염화-금(鹽化金)명 ①염소와 금과의 화합물. 염화 제일금과 염화 제이금이 있음. ②'염화금산'을 흔히 이르는 말.

염화금-산(鹽化金酸)명 금을 왕수(王水)에 녹여서 얻어지는, 담황색의 바늘 모양의 결정. 도자기의 착색(着色), 알칼로이드 시약(試藥) 등으로 쓰임.

염화-나트륨(鹽化Natrium)명 나트륨과 염소와의 화합물. 소금. 식염.

염화-동(鹽化銅)명 염소와 구리와의 화합물. 염화 제일동과 염화 제이동이 있음.

염화-마그네슘(鹽化Magnesium)명 염소와 마그네슘과의 화합물. 조해성(潮解性)이 있는 무색의 결정. 간수의 주성분이며, 두부를 식힐 때 응고시키거나 목재의 방부제로 쓰임.

염화-물(鹽化物)명 염소와, 염소보다 양성인 원소와의 화합물. [염화나트륨·염화은 따위.]

염화미소(拈華微笑)명 '말로 하지 않고 마음에서 마음으로 전하는 일'을 뜻하는 말. [석가가 영취산에서 설법할 때, 말없이 연꽃을 들어 대중에게 보였더니 가섭(迦葉)만이 그 뜻을 알아차리고 미소지었다는 데서 유래함.] 염화시중(拈華示衆).

염화-바륨(鹽化barium)명 염소와 바륨과의 화합물. 무색의 결정이며 독성(毒性)이 있음. 매염제·살충제·쥐약·분석용 시약 등으로 쓰임.

염화-백금산(鹽化白金酸)[-끔-]명 백금을 왕수(王水)에 녹여 증발시켜서 얻은, 황갈색의 기둥 모양의 결정. 백금 석면·백금흑의 제조 또는 시약 따위로 쓰임.

염화ˇ비닐(鹽化vinyl)명 아세틸렌과 염소를 원료로 해서 만드는 화합물. [염화 비닐 수지의 원료.]

염화ˇ비닐ˇ수지(鹽化vinyl樹脂)명 염화 비닐이 단독으로 주체가 되어 중합(重合)해서 된 고체. 열에 약하지만, 내수성·내산성·전기 절연성이 뛰어남. 합성 섬유, 필름, 레코드판, 전선의 피복(被覆) 등에 널리 쓰임.

염화-수소(鹽化水素)명 염소와 수소와의 화합물. 자극성의 냄새가 있는 무색의 기체. 수소와 염소 가스로부터의 직접 합성법에 의하여 생산됨. 물에 잘 풀리는데, 이 수용액을 '염산'이라고 함. 〔염화 비닐의 원료가 됨.〕 염산가스.

염화시중(拈華示衆)**圀** ⇨염화미소.

염화-아연(塩化亞鉛)**圀** 염소와 아연과의 화합물. 아연 또는 산화아연을 염산에 작용시켜서 만듦. 백색이며 조해성(潮解性)이 있음. 유기 합성의 탈수제, 나무의 방부제, 건전지의 재료 등으로 쓰임.

염화-알루미늄(塩化aluminium)**圀** 알루미늄과 염소와의 화합물. 조해성(潮解性)이 있는 고체. 공기 중의 수분을 흡수해서 가수 분해하여 흰 연기를 냄. 촉매·의약품 따위에 쓰임.

염화-암모늄(塩化ammonium)**圀** 암모니아에 염산을 작용시켜서 얻는 무색의 결정. 물에 잘 녹음. 질소질 비료로 많이 쓰이고, 건전지·도금·염색·의약 등에도 이용됨. 노사(磠砂). 망사(硇砂).

염화-은(塩化銀)**圀** 염소와 은과의 화합물. 백색의 미세한 결정. 햇빛에 쬐면 분해되어 검게 변함. 사진의 감광제, 은도금 등에 쓰임.

염화^제:이동(塩化第二銅)**圀** 흡습성(吸濕性)이 있는 황갈색의 결정. 구리의 가루를 염소 속에서 가열하면 얻을 수 있음. 독성이 있으며, 촉매·매염제 및 나무의 방부제 따위에 쓰임.

염화^제:이수은(塩化第二水銀)**圀** 산화 제이수은을 염산에 작용해 만드는, 백색이며 투명한 결정. 맹독이 있으며, 소독제와 방부제, 유기 합성의 촉매, 분석 시약 등에 쓰임. 승홍(昇汞).

염화^제:이철(塩化第二鐵)**圀** 염소와 철과의 화합물. 적갈색이며 조해성(潮解性)이 있는 결정. 유기물의 산화제·축합제(縮合劑)·분석 시약·매염제·금속 부식제 등에 쓰임.

염화^제:일동(塩化第一銅)**圀** 〔−똥〕**圀** 무색의 결정. 공기 속에서 쉽게 산화되어 녹색이 됨. 독성이 있으며, 촉매와 살충제, 일산화탄소의 분석용 흡수제 등에 쓰임.

염화^제:일수은(塩化第一水銀)**圀** 염소와 수은과의 화합물. 백색이며 광택이 있는 결정 또는 가루. 물에는 녹지 않으나 독성은 약함. 표준 전극·이뇨제·하제(下劑) 따위에 쓰임. **준**감홍(甘汞).

염화^제:일철(塩化第一鐵)**圀** 염소와 철과의 화합물. 백색 또는 담녹색의 조해성(潮解性) 있는 결정. 염화 제이철의 원료, 매염제 등에 쓰임.

염화-주석(塩化朱錫)**圀** 염소와 주석과의 화합물. 무색의 결정인 염화 제일주석과, 무색의 발연성이 있는 액체인 염화 제이주석이 있음.

염화-철(塩化鐵)**圀** 염소와 철의 화합물인 염화 제일철과 염화 제이철.

염화-칼륨(塩化Kalium)**圀** 염소와 칼륨과의 화합물. 무색의 결정이며 물에 녹음. 화학적 성질은 염화나트륨과 비슷함. 칼리염의 원료나 칼리 비료에 쓰임. 염화포타슘.

염화-칼슘(塩化calcium)**圀** 염소와 칼슘과의 화합물. 백색의 조해성(潮解性)이 있는 결정. 건조제·한제(寒劑)·방화제(防火劑)·의약품 등에 쓰임.

염화-포타슘(塩化potassium)**圀** ⇨염화칼륨.

염:회-간(念晦間)〔−회−/−훼−〕**圀** 그달의 스무날에서 그믐날까지의 사이.

염:후(念後)**圀** 그달의 스무날 이후.

엽(葉)**圀** 옛 악곡(樂曲)에서, 동안이나 단락으로 는 여음(餘音)을 나타낼 때 쓰는 말.

엽각(葉脚)〔−깍〕**圀** 잎의 밑동.

엽견(獵犬)〔−견〕**圀** 사냥개. 엽구(獵狗).

엽고-병(葉枯病)〔−꼬−〕**圀** 벼의 병의 한 가지. 잎에 황백색의 반점이 생기거나 군데군데에 부정형 황백색의 반문(斑紋)이 줄지어 생긴 후, 그 부분이 흑갈색으로 변하여 응털하게 됨.

엽관(獵官)〔−꽌〕**圀하**② (많은 사람이) 관직을 얻으려고 동분서주하며 서로 다툼. 〔사냥에서 '짐승을 잡으려고 다투는 모습'에 비유하여 이르는 말.〕 ¶ 연줄을 찾아 엽관 운동을 하다.

엽구(獵狗)〔−꾸〕**圀** 사냥개. 엽견(獵犬).

엽구(獵具)〔−꾸〕**圀** 새나 짐승을 잡는 데 쓰이는 기구. 사냥 도구. 〔총·활·그물·올가미·덫 따위.〕

엽구(獵區)〔−꾸〕**圀** 사냥이 허가되어 있는 구역.

엽-궐련(←葉卷煙)〔−궐−〕**圀** 잎담배를 말아서 만든 담배. 시가(cigar). **준**지궐련.

엽기(獵奇)〔−끼〕**圀하**② 기괴한 것이나 이상한 일에 강한 흥미를 가지고 찾아다님. ¶ 엽기 행각.

엽기(獵期)〔−끼〕**圀** ① 사냥에 알맞은 시기. ② (일 년 중에서) 사냥이 허가되는 시기. 〔대체로 번식기를 피한, 가을에서 초봄까지의 기간.〕

엽기^소:설(獵奇小說)〔−끼−〕**圀** 기이한 세계를 소재로 한 흥미 본위의 소설.

엽기-적(獵奇的)〔−끼−〕**관圀** 기괴하고 이상한 일에 유난히 흥미를 느끼는 (것). 기괴하고 흥미 있는 (것). ¶ 엽기적 충동. /엽기적인 살인 사건이 일어나다.

엽록-소(葉綠素)〔엽녹쏘〕**圀** 식물의 세포인 엽록체 속에 들어 있는 녹색의 색소. 광합성(光合成)에 필요한 에너지를 태양으로부터 얻는 구실을 함. 잎파랑이.

엽록-체(葉綠體)〔엽녹−〕**圀** 엽록소를 가지고 있는 색소체. 식물의 녹색 부분의 세포질 안에 있으며, 광합성을 영위하는 중요한 부분임.

엽맥(葉脈)〔엽−〕**圀** ⇨잎맥.

엽병(葉柄)〔엽−〕**圀** 잎자루.

엽복(獵服)〔−뽁〕**圀** 사냥할 때 입는 옷.

엽부(獵夫)〔−뿌〕**圀** 사냥꾼.

엽비(葉肥)〔−삐〕**圀** 녹비(綠肥)의 한 가지. 초목의 잎을 썩혀서 만듦.

엽사(獵師)〔−싸〕**圀** 사냥꾼, 또는 사냥꾼을 대접하여 이르는 말.

엽산(葉酸)〔−싼〕**圀** 비타민 B 복합체의 하나. 녹색 야채, 동물의 간, 효모(酵母) 따위에 들어 있으며, 이것이 모자라면 빈혈을 일으킴. 비타민 엠(M).

엽삼-병(葉澁病)〔−쌈뼝〕**圀** (보리 따위) 식물의 잎이나 줄기에 굴색 또는 갈색의 가루가 덮여 리로 생기는 병. 녹병. 수병(銹病).

엽상(葉狀)〔−쌍〕**圀** 잎처럼 생긴 모양.

엽상-경(葉狀莖)〔−쌍−〕**圀** 식물의 줄기의 한 변태. 줄기가 납작한 잎 모양으로 되어 동화 작용을 하는 것.

엽상^식물(葉狀植物)〔−쌍싱−〕**圀** 다세포체(多細胞體)이면서 잎·줄기와 같은 구별이 없거나, 겉보기에 줄기와 잎의 구별은 있으나 관다발 따위의 분화(分化)가 없는 식물. 이끼류·조류(藻類)·균류가 이에 속함. 세포 식물. ↔상엽 식물(莖葉植物).

엽상-체(葉狀體)〔−쌍−〕**圀** 잎·줄기·뿌리의 구별이 없는 김이나 미역 따위의 식물. 전체가 잎 모양이고, 잎으로서의 작용을 함.

엽색(獵色)〔−쌕〕**圀하**② 변태적으로 분별없이 여색을 탐함. ¶ 엽색 행각. /엽색에 빠지다.

엽서(葉序)[-써]圏 ⇨잎차례.
엽서(葉書)[-써]圏 〈우편엽서〉의 준말.
엽쇼[-쑈]갭 〈여보시오〉의 준말. ¶엽쇼, 이게 뭐죠?
엽술(獵術)[-쑬]圏 새나 짐승을 잡는 기술.
엽신(葉身)[-씬]圏 ⇨잎몸.
엽아(葉芽)圏 ⇨잎눈.
엽액(葉腋)圏 ⇨잎겨드랑이.
엽연(葉緣)圏 잎의 가장자리.
엽-연초(葉煙草)圏 ⇨잎담배.
엽우(獵友)圏 함께 사냥하러 다니는 사람. 사냥을 함께 즐기는 동호인이나 친구.
엽육(葉肉)圏 ⇨잎살.
엽자(葉子)[-짜]圏 〈엽자금〉의 준말.
엽자-금(葉子金)[-짜-]圏 정련(精鍊)이 잘된 최상품의 금. 얇게 불려서 잎사귀 모양으로 만들었음. 준엽자(葉子).
엽자금에 동자삼(童子蔘)이라❪족담❫ 무엇이 썩 좋거나 금상첨화(錦上添花)라는 뜻으로 하는 말.
엽장(獵場)[-짱]圏 사냥터.
엽전(葉錢)[-쩐]圏 쇠붙이로 만든 옛날 돈. 둥글고 납작하며 가운데에 네모진 구멍이 있음. ¶엽전 한 냥.
엽전-평(葉錢坪)[-쩐-]圏 ⇨엽전풀이.
엽전-풀이(葉錢-)[-쩐-]圏 다른 돈을 엽전으로 환산하는 일. 엽전평(葉錢坪). 엽평(葉坪).
엽조(獵鳥)[-쪼]圏 사냥을 할 수 있도록 행정 당국에서 허가한 새. ↔금렵조(禁獵鳥).
엽주(獵酒)[-쭈]圏하자 아는 사람을 체면 없이 찾아다니면서 술을 우려 마심, 또는 그 술.
엽지(葉枝)[-찌]圏 ①잎과 가지를 아울러 이르는 말. ②고대 왕관 따위에 금실로 달아 맨 작은 동그라미 모양의 장식물. ¶130개의 엽지로 나뉜 황금 둘레에, 비취로 만든 57개의 곡옥이 달려 있는 금관.
엽차(葉茶)圏 차나무의 어린잎을 따서 말린 찻감, 또는 그것을 달인 물. ¶엽차만 마시고 버티고 있으려니 레지의 눈총이 따갑다.
엽채(葉菜)圏 주로 잎사귀를 먹는 채소. 〔배추·양배추·상추·시금치 따위.〕 잎채소. 준근채·경채.
엽채-류(葉菜類)圏 주로 잎사귀를 먹는 채소류를 통틀어 이르는 말. 준경채류·근채류.
엽초(葉草)圏 ⇨잎담배.
엽초(葉鞘)圏 ⇨잎집.
엽총(獵銃)圏 사냥총.
엽축(葉軸)圏 ⇨잎줄기.
엽치다타 보리·수수 따위의 겉곡식을 대충대충 찧다.
엽침(葉枕)圏 잎자루가 줄기에 붙는 부분, 또는 소엽(小葉)의 잎자루가 잎줄기에 붙는, 볼록한 부분. 〔소나무 따위에서 볼 수 있음.〕
엽침(葉針)圏 ⇨잎바늘.
엽탁(葉托)圏 ⇨턱잎.
엽편(葉片)圏 잎의 넓은 부분. 잎몸.
엽평(葉坪)圏 ⇨엽전풀이.
엽호(獵戶)[여포]圏 사냥꾼, 또는 사냥꾼의 집.
엽황-소(葉黃素)[여황-]圏 엽록체 중의 엽록소와 함께 존재하는 노랑 색소(色素). 가을에 잎이 누레지는 것은 이 색소 때문임. 잎노랑이.
엿¹[엳]圏 쌀이나 고구마·옥수수 따위의 녹말과 엿기름으로 만드는 달고 끈끈한 전통적인 식품. 이당. *엿이[여시]·엿만[연-]
엿을 물고 개잘량에 엎드러졌나❪족담❫ 수염이나 털이 많이 난 사람을 놀리는 말.

엿 먹어라❪관용❫ (속되게) 남을 골탕 먹이거나 속여 넘기거나 할 때에 하는 말.
엿 먹이다❪관용❫ '남을 속여 골탕 먹이다'의 속된 표현.
엿²[엳]圏 'ㄴ·ㄷ·ㅁ·ㅂ·ㅅ·ㅈ' 따위로 첫소리로 하는 일부 명사 앞에 쓰이어, '여섯'의 뜻을 나타내는 말. ¶엿 말. /엿 냥. /엿 돈.
엿-[엳]접투 (일부 동사 앞에 붙어) '몰래'·'가만히' 등의 뜻을 나타냄. ¶엿듣다. /엿보다. / 엿살피다.
엿-가락[엳까-]圏 ⇨엿가래.
엿-가래[엳까-]圏 가래엿의 낱개. 엿가락.
엿-가위[엳까-]圏 엿장수가 들고 다니는 큰 가위.
엿귀[엳-]〈옛〉여귀. ¶뉘 엿귀롤 쓰다 니르느뇨(杜 初8:18). /엿귀 료:蓼(訓蒙上7).
엿-기름[엳끼-]圏 보리에 물을 부어 싹을 내어서 말린 것. 녹말을 당분으로 바꾸는 효소가 많이 들어 있음. 맥아(麥芽). 엿길금.
엿-길금[엳낄-]圏 ⇨엿기름.
엿다타자 〈옛〉여쭙다. ¶집 압 논 무살미예 고기 엿논 白鷺 ㅣ로다(古時調). /窓ᄋ로 어셔 지블 보니(楞解5:72).
엿-단쇠[엳딴쇠/엳딴쉐]갭 지난날, 엿장수가 엿을 사라고 외치던 소리.
엿-당(-糖)[엳땅]圏 녹말에 디아스타아제나 엿기름을 작용시켜 만드는 이당류(二糖類)의 한 가지. 바늘 모양의 흰 결정으로 산이나 효소에 의해 고분자의 포도당으로 분해됨. 물엿의 주성분임. 맥아당(麥芽糖).
엿-듣다[엳뜯따][~들으니·~들어]타⒟ 남의 말을 몰래 듣다. ¶방 안의 이야기를 밖에서 엿듣다.
엿-목판(-木板)[연-]圏 엿을 담는 목판.
엿-물[연-]圏 엿기름물에 밥을 담가 식혀서 짠 물. 이것을 고면 엿이 됨.
엿-반대기[엳빤-]圏 엿으로 만든 반대기. 엿자락.
엿-밥[엳빱]圏 엿물을 짜낸 밥찌끼.
엿-방망이[엳빵-]圏 ①투전이나 골패 노름의 한 가지. 세 짝 이내를 뽑아 끗수가 많은 사람이 이김. 준여서. ②〈엿죽방망이〉의 준말.
엿:보다[엳뽀-]타 ①남이 모르게 가만히 보거나 살피다. ¶방 안을 엿보다. ②알맞은 때를 기다리다. ¶만회할 기회를 엿보다. ③짐작으로 살펴 알다. ¶조선 후기의 생활상을 엿볼 수 있는 작품.
엿:보-이다[엳뽀-]타자 [『엿보다'의 피동] ①(남에게) 엿봄을 당하다. ②짐작으로 알 수 있게 나타나다. ¶예술적인 재능이 엿보이다. ③살짝 보이다. ¶구름 사이로 초승달이 엿보였다.
엿:-살피다[엳쌀-]타 남모르게 가만히 살피다.
엿새[엳쌔]圏 ①〈엿샛날〉·〈초엿새〉·〈초엿샛날〉의 준말. ②여섯 날. ¶엿새 동안 쉬었다.
엿샛-날[엳쌘-]圏 〈초엿샛날〉의 준말. 준엿새.
엿-자락[엳짜-]圏 ⇨엿반대기.
엿-장수[엳짱-]圏 엿을 팔러 다니는 사람.
엿장수 마음대로[맘대로]❪관용❫ 엿장수가 엿을 늘이듯 무슨 일을 제 마음대로 이랬다저랬다 하는 것을 못마땅하게 여기는 투로 이르는 말. ¶그렇게 엿장수 마음대로는 잘 안 될걸.
엿-죽[엳쭉]圏 〈엿죽방망이〉의 준말.
엿죽-방망이[엳쭉빵-]圏 ①엿을 골 때 엿물을 젓는 막대기. 준엿방망이. ②'쉬운 일'을 놓으로 이르는 말. 준엿죽.

엳-치기[엳-]명하자 엿가래를 부러뜨려 구멍의 크기로 승부를 겨루는 내기.

여다[타]옛 여다. ¶ 엿글 편:編(類合下37).

-엿[연]선미 ①용언 어간 '하-' 뒤에만 쓰이는 과거 시제 선어말 어미. ¶ 공부하였다. /노력하였다. ②어간 형성 접미사 '-이-'가 바로 다음에 놓인 선어말 어미 '-엇-'과 합쳐서 준 말. 〔'먹이었다→먹엿다'에서의 '엿' 따위.〕

영의[명]옛 〔'여수'의 관형어.〕 여우의.

영:¹[명] 〈이영〉의 준말.

영:²[명] 깔끔하게 꾸민 집 안이나 방 안에서 느껴지는 산뜻하고 밝은 기운. ¶ 영이 도는 화목한 집.

영:³[부] 도무지. 전혀. 《주로, 뒤에 부정하는 말이 따름.》 ¶ 영 재미가 없어. /군것질을 했더니 영 밥맛이 없다.

영(令)[명] ①〈명령(命令)〉의 준말. ¶ 영을 내리다. /영을 어기다. ②〈법령(法令)〉의 준말. ③〈약령(藥令)〉의 준말.

영(英)[명] '영국(英國)'의 준말.

영(零)[명] ①음수와 양수의 경계가 되는 수. ②수량이 전혀 없음을 수량이 있는 경우에 대해서 이르는 말.

영(嶺)[명] ☞재². ¶ 영을 넘다.

영(營)[명] 〈영문(營門)〉의 준말.

영(靈)[명] 〈신령(神靈)〉·〈심령(心靈)〉·〈영혼(靈魂)〉의 준말. 넋. 육(肉).

영(令)[의] 가죽을 세는 단위. ¶ 우피 세 영.

영:(永)[부] 〈영영(永永)〉의 준말. ¶ 영 돌아오지 않는다. /영 떠나 버렸다.

영가(詠歌)[명]하자 ☞창가(唱歌).

영가(靈歌)[명] ☞흑인 영가(黑人靈歌).

영가(靈駕)[명] ☞영혼(靈魂).

영각[명]하자 암소를 찾는 황소의 긴 울음소리.
　영각(을) 쓰다[켜다]관용 (암소를 찾느라고) 황소가 길게 운다.

영:각(影閣)[명] 절에서, 고승(高僧)의 화상(畫像)을 안치한 건물.

영각(靈覺)[명] ①하자 뛰어나게 지혜롭고 총명함. ②불교에서, 중생이 본디 갖추고 있는 영묘한 불성(佛性).

영간(零簡)[명] ☞낙질.

영:감(永感)[명] 부모를 모두 여의어 오랫동안 슬퍼하는 일.

영:감(令監)[명] ①나이 든 남편을 일컫는 말. ¶ 영감, 나이도 있으니 이제 술은 조금만 드세요. ②지체 있는 사람이나 나이가 많은 사람을 대접해서 일컫는 말. ⑳영감마님. ③지난날, 종이품과 정삼품의 벼슬아치를 높여 그 관직명에 붙여서 부르던 말.
　영감의 상투[속담] '보잘것없는 물건'을 비유하여 이르는 말.

영감(靈感)[명] ①신의 계시를 받은 것같이 머리에 번득이는 신묘한 생각. ¶ 영감이 떠오르다. ②신불의 영묘한 감응(感應).

영:감-마님(令監-)[명] 〈영감〉의 높임말.

영:감-하(永感下)[명] 부모가 죽고 없는 처지, 또는 그런 처지에 있는 사람.

영거(領去)[명]하타 함께 데리고 감.

영거(靈車)[명] 영구(靈柩)를 실어 나르는 수레.

영거리^사격(零距離射擊)[명] 100~300 m의 근거리에 있는 적에 대하여 하는 사격. 사각(射角)을 영으로 하여 사격함.

영건(營建)[명]하타 건물 따위를 지음. 영구(營繕). ¶ 경복궁 영건.

영걸(英傑)[명]하형스형 큰일을 이룰 수 있을 만큼 용기와 재지(才智)가 뛰어남, 또는 그런 큰 인물. 영걸-히[부]. 영걸스레[부].

영걸지주(英傑之主)[명] ☞찌─[명] 영걸스러운 군주.

영검(靈-)[명]靈劍 영묘한 위력을 가진 검.

영검(←靈驗)[명]하형스형 사람의 기원에 대한 신불의 반응이 영묘함, 또는 기원에 대해서 나타나는 효험. ¶ 영검이 있다. 영검스레[부].

영:겁(永劫)[명] 한없이 오랜 세월. 영원한 세월. 광겁(曠劫). 만겁(萬劫). 천겁(千劫).

영:겁^회귀(永劫回歸)[-꾀-/-꿰−]**[명] 독일의 철학자나 니체의 용어. 우주가 영원히 되풀이되는 회전 운동임과 같이, 만물은 영원히 회귀하여 멈추는 일이 없다는 사상.

영격(迎擊)[명]하타 공격해 오는 적을 나아가 맞아서 침. ⑪요격(邀擊).

영견(迎見)[명]하타 ☞연견(延見).

영:결(永訣)[명]하자타 영구히 헤어짐. 보통, 죽은 이와의 헤어짐을 뜻함. ⑪영별(永別)·영이별(永離別).

영:결-식(永訣式)[명] 장례 때 친지가 모여 죽은 이와 영결하는 의식. 고별식.

영:결-종천(永訣終天)[명]하자 죽어서 영원히 헤어짐.

영경(靈境)[명] ☞영지(靈地).

영계(←軟鷄)[-계/-게][명] 병아리와 큰 닭과의 중간 정도의 닭. 약병아리.

영계(靈戒)[-계/-게][명] 대종교(大倧敎)에서, 신자에게 자격을 주는 의식.

영계(靈界)[-계/-게][명] ①정신의 세계. 곧, 정신 및 그 작용이 미치는 범위. ↔육계(肉界). ②영혼의 세계. 죽은 뒤의 세계.

영계-구이(←軟鷄-)[-계−/-게−][명] 영계의 고기를 저며서 양념하여 구운 음식.

영계-백숙(←軟鷄白熟)[-계-쑥/-게-쑥][명] 털과 내장을 없앤 영계를 통째로 삶은 음식.

영계-찜(←軟鷄-)[-계-/-게−][명] 백숙한 영계의 뼈를 다져다가, 밀가루나 녹말을 끓여서 붓고, 양념을 치고 고명을 얹은 음식.

영고(迎鼓)[명] 부여국(夫餘國)에서, 해마다 12월에 일종의 추수 감사제로 행하던 국가적인 제천 의식(祭天儀式). ⑪동맹(東盟)·무천(舞天).

영고(榮枯)[명] 성함과 쇠함. 번영함과 쇠멸함. 영락(榮落).

영고(靈告)[명] 신령(神靈)의 계시.

영고(靈鼓)[명] 지제(地祭)를 지낼 때 치는 북. 여덟 모로 되었고 누런 옻칠을 하였음.

영고-성쇠(榮枯盛衰)[-쇠/-쉐][명] 인생이나 사물의 성함과 쇠함이 서로 바뀜.

영곡(嶺曲)[명] 영남(嶺南) 지방에서 나는 곡삼(曲蔘).

영공(領空)[명] 한 나라의 영토와 영해의 상공으로, 그 나라의 주권이 미치는 공간. ¶ 영공을 침범하다.

영공(靈供)[명] 부처나 죽은 이의 영혼 앞에 바치는 젯밥. 영반(靈飯).

영공-권(領空權)[-꿘][명] 국가가 그 영토와 영해의 상공을 배타적으로 지배하는 권리.

영:과(穎果)[명] 열매의 한 가지. 과피(果皮)가 씨에 밀착하여 있으며, 대체로 작기 때문에 씨처럼 보임. 벼·보리·밀 등 볏과 식물의 열매에서 볼 수 있음.

영관(領官)[명] ①육·해·공군 장교의 계급인 대령·중령·소령을 통틀어 이르는 말. 장관(將官)의 아래, 위관(尉官)의 위. ②조선 말기의 무관 계급인 정령(政領)·부령(副領)·참령(參領)을 통틀어 이르는 말.

영관(榮冠) 圐 ①명예나 승리를 얻은 사람이 쓰는 영예로운 관. ②'빛나는 승리나 명예로운 지위, 훌륭한 성공 등'을 비유하여 이르는 말. ¶최우수 선수의 영관을 차지하다.

영광(榮光) 圐떼쟈 (경쟁에서 이기거나, 남이 하지 못한 어려운 일을 해냈을 때의) 빛나는 영예. 광영. ¶승리의 영광. /수석 입학의 영관을 차지하였다.

영광(靈光) 圐 ①영묘(靈妙)한 빛. 성스러운 광채. ②'임금의 은덕'을 비유하여 이르는 말.

영광-스럽다(榮光-) [-따] [~스러우니·~스러워]圐ㅂ 영광이 있다. 영광이 넘치다. ¶영광스러운 자리. /우수상을 받게 되어 한없이 영광스럽다. 영광스레튀.

영괴(靈怪) '영괴하다'의 어근.

영괴-하다(靈怪-) [-괴/-궤-]圐어 불가사의하고 괴이하다. 영괴히튀.

영교(令嬌) 圐 ⇨영애(令愛).

영구(永久) 圐쪵 (주로 일부 명사 앞에 쓰이어) 길고 오램. 오래 계속되어 끊임이 없음. 몰세(沒世). ¶영구 보존. **영구-히**튀 ¶영구히 변치 않는 사랑.

영구(營救) 圐떼타 죄에 빠진 사람을 구하여 냄.

영구(營構) 圐떼타 ⇨영건(營建).

영구(靈柩) 圐 시체를 넣은 관(棺).

영구-가스(永久gas) 圐 ⇨영구기체(永久氣體).

영구^경수(永久硬水) 圐 칼슘이나 마그네슘 등의 황산염을 많이 함유하고 있는 경수. 끓여도 연수(軟水)가 되지 않음.

영구^공채(永久公債) 圐 ⇨영원 공채(永遠公債).

영구^기관(永久機關) 圐 에너지의 공급 없이도 영구히 운동을 계속할 수 있는 가상적인 기계나 장치. 예부터 그 실현이 계속 연구되어 왔으나 불가능하다는 것이 밝혀짐.

영구-기체(永久氣體) 圐 지난날, 영구히 기체의 상태로만 존재하는 것으로 믿고 있었던 산소·수소·질소·아르곤 등의 기체. 오늘날에는 모두 그 액화(液化)가 가능해졌음. 영구가스.

영구^동·토(永久凍土) 圐 땅속의 온도가 영도 이하로 언제나 얼어 있는 땅. 시베리아·그린란드 등에 분포함.

영구-불변(永久不變) 圐떼쟈쪵 영구히 변하지 아니함, 또는 그리되게 함. ¶영구불변의 진리.

영구-성(永久性) [-썽]圐 영구히 변하지 않는 성질. ¶영구성이 있는 작품.

영구^운·동(永久運動) 圐 에너지의 공급 없이도 자동적으로 움직이는 가상적인 기계 운동.

영구^자·석(永久磁石) 圐 한번 자성(磁性)을 띠게 되면 오랫동안 자력(磁力)을 지니는 자석. ↔일시 자석(一時磁石).

영구-장천(永久長天) [Ⅰ]圐 한없이 길고 오랜 세월.
[Ⅱ]튀 언제까지나 늘. 한없이 늘. ¶분단이 영구장천 계속되지는 않는다.

영구-적(永久的) 圐 영구히 변하지 않고 계속되는 (것). ¶영구적 정착. /영구적인 안전 보장. ↔일시적.

영구^중립국(永久中立國) [-닙꾹]圐 ⇨영세 중립국.

영구-차(靈柩車) 圐 영구를 실어 나르는 차. 장의차. ⑧구차.

영:구-치(永久齒) 圐 젖니가 빠진 다음에 나는 이. 위아래 모두 32개. 어금니는 처음부터 영구치이며, 평생 다시 나지 않음. 간니. ↔치(乳齒).

영:구-화(永久化) 圐떼쟈타 되쟈 영구하게 되거나 영구하게 되도록 함.

영국^국교회(英國國敎會) [-꾹꾜회/-꾹꾜훼]圐 영국의 국교회. 영국 국왕을 수장(首長)으로 하며, 교의(敎義)는 신교(新敎)에 가까우나, 의식(儀式) 같은 것은 가톨릭과 비슷함.

영군(領軍) 圐떼쟈 군대를 거느림.

영궤(靈几) 圐 상가(喪家)에서, 영위(靈位)를 모셔 놓은 작은 의자와 그것을 받치는 상(床). 영좌(靈座).

영귀(榮貴) '영귀하다'의 어근.

영귀-접(靈鬼接) 圐떼쟈 [귀신이 접했다는 뜻으로] 보통 사람이 짐작할 수 없는 일을 척척 알아맞히는 일.

영귀-하다(榮貴-) 圐어 지체가 높고 귀하다.

영규(令閨) 圐 ⇨부인(夫人).

영글다[영그니·영글어]쟈 ⇨여물다.

영금圐 따끔하게 당하는 곤욕.
영금(을) 보다관용 따끔하게 곤욕을 치르다. ¶죽을 영금을 보았다.

영금(靈禽) 圐 ⇨영조(靈鳥).

영기(令旗) 圐 지난날, 군중(軍中)에서 군령(軍令)을 전하러 가는 사람이 들고 가던 기. 푸른 비단 바탕에 붉게 '令' 자를 오려 붙였음.

영기(英氣) 圐 ①뛰어난 기상(氣像). ¶영기를 기르다. ②뛰어난 재기(才氣). ¶그는 나이가 들수록 영기가 빛을 발하였다.

영기(靈氣) 圐 영묘(靈妙)한 기운. ¶영기가 서리다.

영남(嶺南) 圐 조령(鳥嶺)의 남쪽, 곧 경상도 지방을 이르는 말. 교남(嶠南).

영남-가(嶺南歌) 圐 조선 인조 때, 노계(蘆溪) 박인로(朴仁老)가 지은 가사. 영남 순찰사 이근원(李謹元)의 선정(善政)을 기린 것임.

영내(營內) 圐 영토나 영지의 안.

영내(營內) 圐 병영의 안. ¶민간인의 영내 출입은 통제합니다. ↔영외(營外).

영내^거주(營內居住) 圐 군인이 업무 이외의 일상생활을 병영 안에서 하는 것. ↔영외 거주(營外居住).

영녀(令女) 圐 ⇨영애(令愛).

영:년(永年) 圐 긴 세월. ¶영년 근무.

영년(迎年) 圐떼쟈 새해를 맞는 일. 영세(迎歲). 영신(迎新). 영춘(迎春). 해맞이. ↔송년(送年).

영:년^변:화(永年變化) 圐 지구 과학에서의 관측 값이 수십 년 이상에 걸쳐 천천히 증가하거나 감소하는 현상.

영:녕-전(永寧殿) 圐 조선 시대에, 임금이나 왕비로서 종묘(宗廟)의 정전(正殿)에 모실 수 없는 분의 신위(神位)를 봉안(奉安)하던 곳.

영노(營奴) 圐 조선 시대에, 감영(監營)·병영(兵營)·수영(水營)에 딸렸던 종.

영노흐다[옛] 영리하다. 슬기롭다. ¶客鄕에 영노흐더니(內訓2:37).

영농(營農) 圐떼쟈 농업을 경영함. 경농(經農). ¶영농 기술. /영농 후계자.

영농^자금(營農資金) 圐 농사를 짓는 데 쓰이는 자금. ¶영농 자금을 지원하다.

영단(英斷) 圐떼타 (현명한 판단 아래) 과감하게 결정하는 일. 뛰어난 결단. ¶백년대계를 위하여 영단을 내리다.

영단(營團)**명** 공공 기업 형태의 한 가지. 오늘날에는 '공사(公社)' 또는 '공단(公團)' 등의 이름이 쓰이고 있음.

영단(靈壇)**명** ①신을 제사 지내는 단. ②기우제(祈雨祭)를 지내는 단. ③불교에서, 영혼의 위패를 두는 단.

영달(令達)**명하타** 명령을 전달함, 또는 그 명령.

영달(英達)**명** '영달하다'의 어근.

영달(榮達)**명하자** 높은 지위에 오르고 귀하게 됨. ¶ 일신의 영달을 꾀하다. ⑪영진(榮進)·출세(出世).

영달-하다(英達-)**[형여]** ☞영명(英明)하다.

영:답(影沓)**명** 〈영위답(影位畓)〉의 준말.

영당(令堂)**명** '남의 어머니'를 높이어 일컫는 말. 자당(慈堂).

영:당(影堂)**명** 개산조사(開山祖師)나 고승(高僧)의 화상을 안치한 건물. 영전(影殿).

영대(永代)**명** 영원한 세월. 영세(永世).

영대(靈臺)**명** ¹영혼이 있는 곳, 곧 마음. 정신. **참**영부(靈府).

영대(靈臺)**명** ²문예 동인지. 1924년 8월 평양에서 창간되어 5호까지 펴냄.

영:대^차:지권(永代借地權)**[-권]명** 국내에 거주하는 외국인이 일정한 토지세를 치르고 영구히 땅을 사용할 수 있는 권리.

영덕(令德)**명** 훌륭한 덕. 미덕(美德).

영덕(靈德)**명** 〈신이나 부처의〉 영묘한 덕.

영도(英圖)**명** 뛰어난 계획. 영략(英略). ¶ 고구려의 옛 땅을 회복하려는 영도.

영도(零度)**명** (온도·각도·고도 따위의) 도수를 계산할 때의 기점(起點). ¶ 기온이 영도 이하로 떨어지다.

영도(領導)**명하타되자** 거느려 이끎. 앞장서서 지도함. ¶ 국민을 영도하는 지도자.

영도(靈都)**명** ☞성도(聖都).

영도-력(領導力)**명** 영도하는 능력. ¶ 뛰어난 영도력을 발휘하다.

영도-자(領導者)**명** 영도하는 사람.

영도-적(領導的)**관명** 영도하거나 영도하는 성격을 띤 (것).

영독(獰毒)**명** '영독하다'의 어근.

영독-하다(獰毒-)**[-도카-]형여** 모질고 독살스럽다. ¶ 영독한 짐승. /영독하게 굴다. **영독-히부** ¶ 영독히 대하다.

영동(楹棟)**명** (기둥과 마룻대라는 뜻으로) '중요한 인물'을 비유하여 이르는 말. 동량(棟梁). 주석(柱石).

영동(嶺東)**명** 강원도(江原道)의 태백산맥 동쪽 지방. 관동(關東).

영동^팔경(嶺東八景)**명** ☞관동 팔경.

영-둔전(營屯田)**명** 조선 시대에, 각 영문에 급전(給田)으로 나라에서 내려 준 둔전.

영득(領得)**명하타** ①자기나 제삼자의 소유로 할 목적으로 남의 재물을 취득함. ②사물의 이치를 깨달음. ¶ 진리를 영득하다.

영득(贏得)**명** 남긴 이득.

영등-날명 민속에서, 영등할머니가 내려온다고 하는 음력 이월 초하룻날. (이날 비가 오면 풍년이 들고 바람이 불면 흉년이 든다고 함).

영등-할머니명 민속에서, 영등날에 내려와서 집집을 돌아다니며 농가의 실정을 살펴보고 하늘로 올라간다는 할머니.

영락(零落)**[-낙]명하자되자** ①초목의 꽃이나 잎이 시들어 떨어짐. ②살림이나 세력 따위가 아주 보잘것없이 찌부러짐. 낙백(落魄). 낙

탁(落魄). 영체(零替). ¶ 집안이 영락하였다.

영락(榮落)**[-낙]명** ☞영고(榮枯).

영락(榮樂)**[-낙]명하타** 영화롭고 즐거움.

영락(瓔珞)**[-낙]명** 구슬이나 귀금속을 꿰어서 머리·목·가슴 따위에 두르는 장신구. (본디 부처의 몸을 장식하는 것으로 쓰였음).

영락-없다(零落-)**[-나겁따]형** 조금도 틀리지 않다. 조금도 틀리지 않고 꼭 들어맞다. ¶ 영락없는 농사꾼. /그가 하고 있는 꼴을이라는 게 영락없는 거지꼴이었다. **영락없-이부**.

영란(迎鑾)**[-난]명하타** 임금의 거가(車駕)를 맞음.

영란(英蘭)**[-난]명** ①'잉글랜드'의 한자음 표기. ②영국과 화란(和蘭). ¶ 영란 전쟁.

영랑(슈郞)**[-낭]명** ☞영식(令息).

영략(英略)**[-냑]명** ☞영도(英圖).

영략(領略)**[-냑]명하타** 대강을 짐작하여 앎.

영력(營力)**[-녁]명** 지형(地形)에 변화를 주는 힘. 지각 변동·지진·화산 등 지구 내부의 원인에 의한 것과, 풍화 작용 등 태양 에너지의 작용에 의한 것이 있음. 지질영력.

영련(楹聯)**[-년]명** ☞주련(柱聯).

영령(泠泠)**[-녕]명** '영령하다'의 어근.

영령(英靈)**[-녕]명** ☞영혼의 영토.

영령(英靈)**[-녕]명** 죽은 이, 특히 '전사자(戰死者)의 영혼'을 높이어 이르는 말. 영현(英顯). ▷ 英국 영령.

영령쇄쇄(零零碎碎)**[-녕-]명하자** (가루가 되듯) 썩 잘게 부스러짐. **준**영쇄.

영령쇄쇄(零零瑣瑣)**[-녕-]명하형** 보잘것없이 자질구레함. **준**영쇄. **영령쇄쇄-히부**.

영령-하다(泠泠-)**[-녕-]형여** (물소리, 바람소리, 거문고 소리 따위가) 듣기에 맑고 시원하다. ¶ 청아하고도 영령한 가락. **영령-히부**.

영록(榮祿)**[-녹]명** 높은 지위와 많은 녹봉.

영롱(玲瓏)**[-농]명** '영롱하다'의 어근.

영롱-하다(玲瓏-)**[-농-]형여** ①구슬에 반사되거나 비치는 빛처럼 맑고 아름답다. ¶ 영롱한 아침 이슬. ②(옥을 굴리는 것처럼) 소리가 맑고 아름답다. ¶ 영롱한 목소리. **영롱-히부**.

영류(癭瘤)**[-뉴]명** ☞혹1.

영리(伶悧·伶俐)**[-니]명** '영리하다'의 어근.

영:리(英里)**[-니]명** ¹의 ☞마일(mile).

영리(榮利)**[-니]명** 영예와 이익. 번영과 이득.

영리(營吏)**[-니]명** 조선 시대에, 감영(監營)·병영(兵營)·수영(水營)에 딸려 있던 아전.

영리(營利)**[-니]명하자** 재산상의 이익을 얻으려고 활동하는 일. 이윤을 추구하는 행위. ¶ 영리를 추구하다.

영리^기업(營利企業)**[-니-]명** 영리를 목적으로 경영하는 기업.

영리^단체(營利團體)**[-니-]명** 영리를 목적으로 하는 단체. ↔비영리 단체.

영리^법인(營利法人)**[-니-]명** 영리를 목적으로 하는 법인. ↔공익 법인(公益法人).

영리^보:험(營利保險)**[-니-]명** 영리를 목적으로 하는 보험. ↔상호 보험(相互保險).

영리-사업(營利事業)**[-니-]명** 영리를 목적으로 경영하는 사업.

영리-주의(營利主義)**[-니-의/-니-이]명** 영리의 획득을 사업 활동의 으뜸 되는 방침이나 원칙으로 하는 일.

영:리-하다(伶悧·伶俐-)**[-니-]형여** 똑똑하고 눈치가 빠르다. ¶ 영리한 소년. /그 개는 몹시 영리하다.

영림(營林)[-님]圈囹邳 산림을 관리하고 경영하는 일.

영립(迎立)[-닙]圈囹 (다른 곳에 있는 사람을) 맞아들여 임금으로 세움.

영-마루(嶺-)圈 재의 맨 꼭대기. ¶영마루에서 한숨 돌렸다.

영만(盈滿) '영만하다'의 어근.

영만-하다(盈滿-)囹에 ①풍성하고 그득하다. ②(집안이) 번성하다. 鬱성만(盛滿).

영망(令望)圈 ①훌륭한 명예. 좋은 평판. ②'남의 인망(人望)'을 남을 높이어 이르는 말.

영매(令妹)圈 남을 높이어 그의 '누이동생'을 일컫는 말. 鬱영자(令姉)·영제(令弟).

영:매(永賣)圈囹邳 〈영영방매(永永放賣)〉의 준말.

영매(英邁) '영매하다'의 어근.

영매(靈媒)圈 신령이나 망령(亡靈)에 접신(接神)하여, 그들을 대신해서 말을 하거나 하는 일, 또는 그 사람.

영매-술(靈媒術)圈 영매를 통하여 신령이나 망령(亡靈)을 불러내는 술법.

영매-스럽다(英邁-)[-따][~스러우니·~스러워]囹囝 재지(才智)가 썩 뛰어난 데가 있다.

영매-하다(英邁-)囹에 재지(才智)가 썩 뛰어나다. 〔흔히, 임금에 대하여 씀.〕 ¶영매한 군주.

영맹(獰猛) '영맹하다'의 어근.

영맹-하다(獰猛-)囹에 거칠고 사납다. 성질이 잔인하고 난폭하다. ¶영맹한 산적들. **영맹-히**튀.

영:면(永眠)圈囹邳 〔영원히 잠든다는 뜻으로〕 '죽음'을 이르는 말. 영서(永逝). 잠매(潛寐). 장서(長逝). 鬱사망(死亡).

영:멸(永滅)圈囹邳 영영 없어짐. 아주 사라짐.

영명(令名)圈 훌륭한 인물이라는 좋은 평판. 영예(英名). 영문(令聞). 영예(令譽). 凹명성(名聲).

영명(英名)圈 ☞영명(令名).

영명(英明) '영명하다'의 어근.

영명(榮名)圈 ☞영예(榮譽).

영명-하다(英明-)囹에 재지(才智)가 뛰어나며 사리와 도리에 밝다. 영달(英達)하다.

영:모(永慕)圈囹 ①오래도록 흠모함. ②(자식이) 평생토록 어버이를 잊지 못함.

영모(翎毛)圈 〔새털과 짐승의 털이라는 뜻으로〕 새나 짐승을 그린 그림을 화가에서 이르는 말.

영목(嶺木)圈 영남에서 생산되는 무명.

영몽(靈夢)圈 신불(神佛)의 계시가 있는 신령스러운 꿈.

영묘(英妙)圈하에 재주가 뛰어남, 또는 그런 젊은이.

영묘(英妙) '영묘하다'의 어근.

영묘(靈廟)圈 ①옛사람의 신주를 모셔 놓은 사당. ②'탑(塔)'을 달리 이르는 말.

영묘-하다(靈妙-)囹에 (사람의 지혜로는 짐작할 수 없을 만큼) 훌륭하고 신비스럽다. ¶석굴암 불상의 영묘한 자태. **영묘-히**튀.

영무(英武) '영무하다'의 어근.

영무(榮茂) '영무하다'의 어근.

영무-하다(英武-)囹에 뛰어나게 용맹스럽다.

영무-하다(榮茂-)囹에 번화하고 무성하다.

영문(〔주로 의문이나 부정을 나타내는 말과 함께 쓰이어〕 ①(알 수 없거나 궁금한) 까닭. ¶무슨 영문인가? ②(어찌 된 것인지 전혀 모를) 사정. 형편. ¶영문도 모르는 일이다.

영문(令聞)圈 ☞영명(令名).

영문(英文)圈 영어로 된 글. ¶영문 편지.

영문(榮門)圈囹邳 과거에 급제한 사람을 찾아보고 축하의 인사를 함.

영문(營門)圈 ①군문(軍門). ②☞감영(監營). ③병영의 문. ¶영문을 지키는 병사. 鬱☞영(營).

영-문법(英文法)[-뻡]圈 영어의 문법.

영-문학(英文學)圈 ①(영국·미국 등의) 영어로 표현된 문학, 또는 그것을 연구하는 학문. ②(미국 문학과 구별히) 영국의 문학.

영물(英物)圈 영특한 인물.

영:물(詠物)圈하에 한시체(漢詩體)의 한 가지. 새·짐승·초목 또는 자연 그 자체를 주제로 하여 시를 짓는 일, 또는 그 시.

영물(靈物)圈 ①영묘하고 신비로운 물건이나 짐승. ②'썩 영리한 짐승'을 신통히 여기어 이르는 말. ¶우리 집 개는 영물이다.

영미(英美)圈 영국과 미국.

영미-법(英美法)[-뻡]圈 영국의 법률과 그 계통에 딸리는 미국의 법률을 통틀어 이르는 말. 鬱대륙법(大陸法).

영민(英敏·穎敏) '영민하다'의 어근.

영민-하다(英敏-·穎敏-)囹에 뛰어나게 현명(賢明)하고 민첩하다. **영민-히**튀.

영-바람[-빠-]圈 뽐내는 기세. ¶명문대에 척합격했으니 영바람이 나는 것도 무리가 아니다.

영반(靈飯)圈 ☞영공(靈供).

영발(英發) '영발하다'의 어근.

영발(映發)圈하에 광채가 번쩍번쩍 빛남.

영발-하다(英發-)囹에 재기(才氣)가 저절로 겉으로 드러날 만큼 뛰어나거나 현명하다.

영방(營房)圈 조선 시대에, 감영(監營)·병영(兵營)·수영(水營) 등에서 아전이 사무를 보던 곳.

영백(嶺伯)圈 〔영남의 방백(方伯)이란 뜻으로〕 '경상도 관찰사'를 이르던 말.

영:벌(永罰)圈 가톨릭에서, 지옥에서 받는 영원한 벌을 이르는 말. ↔영복(永福).

영:별(永別)圈하자타 ☞영이별(永離別). 凹영결(永訣).

영보(領報)圈 가톨릭에서, 성모 마리아가 천사로부터 성자를 잉태할 것을 기별받은 일을 이르는 말.

영:복(永福)圈 가톨릭에서, 천당에서 받는 영원한 복락(福樂)을 이르는 말. ↔영벌(永罰).

영복(營福)圈囹邳 복을 구함.

영본(影本)圈 ☞탑본(搨本).

영봉(零封)圈囹邳 운동 경기 등에서, 상대편에게 한 점도 잃지 않고 이김.

영봉(靈峯)圈 신령스러운 산, 또는 그 봉우리. ¶백두(白頭) 영봉. 凹영산(靈山)².

영부(靈府)圈 대종교에서, '영대(靈臺)'를 이르는 말.

영-부인(令夫人)圈 지체 높은 사람의 부인을 높이어 이르는 말.

영분(榮墳)圈하자 지난날, 과거에 급제하거나 벼슬에 오른 사람이, 조상의 묘를 찾아 풍악을 잡히며 영예를 아뢰던 일.

영불(英佛)圈 영국과 프랑스.

영비(營裨)圈 조선 시대, 감사(監司)의 비장(裨將).

영빈(迎賓)圈하자 손을 맞음, 특히 국빈 등을 맞음.

영빙(迎聘)圈囹邳 사람을 초대해서 대접함. 청대(請待).

영사(令士)圈 훌륭한 선비.

영사(令嗣)圈 남을 높이어 그의 '사자(嗣子)'를 일컫는 말.

영사(映寫)**명**하타 되자 영화 필름이나 슬라이드 따위를 영사막에 비춤.

영사(領事)**명** 국교가 있는 나라에 머물면서 자국민(自國民)을 보호 감독하고, 통상과 문화 교류 등의 일을 맡아보는 관직, 또는 그 직에 있는 외무 공무원.

영:사(影祀)**명** 영당(影堂)에 지내는 제사.

영:사(影寫)**명**하타 얇은 종이 따위의 밑에 그림이나 글씨를 받쳐 놓고, 원본대로 쓰거나 그리거나 하는 일.

영사(營舍)**명** 군대가 거주하는 건물. 병사(兵舍). 병영(兵營).

영사(靈砂)**명** 수은을 고아서 만든 한방 약재. 곽란·토사·경기(驚氣) 등에 쓰임.

영사-관(領事館)**명** 영사가 그 주재지(駐在地)에서 사무를 보는 관청.

영사-기(映寫機)**명** 영화 필름의 화상(畫像)을 영사막에 확대해서 비추어 보이는 기계.

영사-막(映寫幕)**명** 영화 필름이나 슬라이드 따위를 비추는 흰 막. 스크린. 참은막(銀幕).

영:사-본(影寫本)**명** (서체 따위를) 원본대로 충실히 영사(影寫)한 책.

영사^송:장(領事送狀) [-�짱]**명** 수출국에 주재하는 수입국의 영사가 기재 사항에 틀림이 없음을 증명한 송장.

영사-실(映寫室)**명** 영사를 하기 위하여 영사기 따위의 시설을 마련해 놓은 방.

영사^재판(領事裁判)**명** 영사가 주재국에서 자국민(自國民)을 재판하던 제도. 19세기에 유럽 열강들이 후진국에서 자국민의 생명·재산을 보호하다는 명분으로 행하였음.

영산(靈山)¹**명** 참혹하게 횡사(橫死)한 사람의 넋.

영산(靈山)²**명** 신령스러운 산. 비영봉(靈峯).

영산-가(令山歌)**명** 조선 시대의 잡가(雜歌)의 한 가지. 지은이와 지은 때는 미상. 인생의 덧없음을 한탄하고, 살아 있을 때 인생을 즐겨야 함을 노래한 내용.

영산-놀이(靈山-)**명** 농악의 한 부분. 연주 종목 가운데서 절정을 이루는 부분임.

영:산-백(映山白)**명** 진달랫과의 낙엽 관목. 잎이 잘게 휘 꽃은 개나리 비슷한데 좀 작음. 꽃이 자줏빛인 것은 영산자(映山紫)라 함.

영산-상(靈山床) [-쌍]**명** 무당이 굿을 할 때 쓰는 제물상의 한 가지.

영:산-자(映山紫)**명** 진달랫과의 낙엽 관목. 영산백의 한 품종으로, 꽃은 자줏빛임. 자영산(紫映山).

영:산-홍(映山紅)**명** 철쭉과의 낙엽 관목. 잎은 피침 모양으로 끝이 둔하고, 꽃은 붉음.

영산-회(靈山會) [-회/-훼]**명** ①석가가 영취산(靈鷲山)에서 법화경이나 무량수경 등을 설법했을 때의 모임. ②법회를 설법하는 자리.

영산-회상(靈山會相) [-회-/-훼-]**명** ①석가가 영취산(靈鷲山)에서 법화경 등을 설법하던 자리. ②조선 세종 때 만들어진 불교 음악의 한 가지. 영산회의 불보살(佛菩薩)을 노래한 것이라 함.

영삼(嶺蔘)**명** 영남에서 생산되는 인삼.

영상(映像)**명** ①빛의 굴절이나 반사에 따라 비추어지는 물체의 모습. ②머릿속에 떠오르는 사물의 모습. 이미지. 심상(心像). ③영화나 텔레비전 따위의 화상(畫像). ¶ 영상의 미(美). / 영상 매체.

영상(零上)**명** 온도계가 가리키는 온도가 0°C 이상임을 나타내는 말. ↔영하(零下).

영상(領相)**명** '영의정(領議政)'의 딴 이름.

영:상(影像)**명** 그림으로 나타낸 부처나 사람의 모습. 비영정(影幀).

영상(靈牀)**명** 대렴(大殮)한 시체를 얹어 두는 곳. 영침(靈寢).

영상(靈想)**명** 신불(神佛)의 신령스러운 감응.

영상-물(映像物)**명** 영화·비디오·텔레비전 따위의 영상 매체로 전달되는 작품을 통틀어 이르는 말.

영상^미디어(映像media)**명** 영화·비디오·방송 따위의 영상 매체. ☞화상 회의.

영상^회:의(映像會議) [-회의/-훼이]**명** ☞화상 회의.

영색(令色)**명**하자 남의 비위를 맞추려고 일부러 얼굴빛을 꾸밈, 또는 그 얼굴빛. 참교언영색.

영:생(永生)**명**하자 ①영원히 삶, 또는 영원한 생명. ②기독교에서, 천국의 복락(福樂)을 길이 누리는 생활을 이르는 말. ¶ 영생을 얻다.

영:생불멸(永生不滅)**명**하자 죽지 아니하고 영원히 삶.

영생이[명] ☞박하(薄荷).

영서(令書)**명** 왕세자가 왕을 대신하여 정사(政事)를 처리할 때 내리던 영지(令旨).

영서(令壻)**명** 남을 높이어 그의 '사위'를 일컫는 말.

영:서(永逝)**명**하자 ☞영면(永眠).

영서(英書)**명** 영어로 쓰인 책.

영서(嶺西)**명** 강원도의 태백산맥 서쪽 지방.

영서(靈瑞)**명** 영묘하고 상서로운 조짐.

영선(嶺扇)**명** 영남 지방에서 나는 부채.

영선(營繕)**명**하타 건축물 따위를 새로 짓거나 수리하거나 하는 일.

영선-비(營繕費)**명** 건축물 따위를 새로 짓거나 수리하는 데 드는 비용.

영:설지재(詠雪之才) [-찌-]**명** '여자의 뛰어난 글재주'를 이르는 말. [중국 진나라 때의 한 여인이 눈이 보로 바람에 날리는 버들개지 같다고 읊은 고사(故事)에서 유래함.]

영성(盈盛) '영성(盈盛)하다'의 어근.

영성(零星) '영성(零星)하다'의 어근.

영성(靈性)**명** 신령한 품성.

영-성체(領聖體)**명** 가톨릭에서, 성체 성사를 받는 일.

영성-하다(盈盛-)**형여** ①풍성하고 그득하다. ②(집안이) 번성하다. 참성만(盛滿).

영성-하다(零星-)**형여** 수효가 적어서 보잘것없다. ¶ 자료가 영성하다.

영:세(永世)**명**하상 끝없는 세월. 영원한 세월. 몰세(沒世). 영대(永代).

영세(迎歲)**명**하자 새해를 맞이함. 영년(迎年). 영신(迎新). 영춘(迎春).

영세(零細)**명**하여 ①썩 자잘함. 아주 적음. ②규모가 아주 작거나 빈약함. ¶ 영세 상인.

영세(領洗)**명**하자 가톨릭에서, 세례를 받는 일, 또는 그 세례. 이를 받음으로써 신자가 됨. ¶ 영세를 받다. 참성세 성사(聖洗聖事).

영세^기업(零細企業)**명** 경영 규모가 극히 작은 기업.

영세-농(零細農)**명** 아주 좁은 땅뙈기에 기대어 겨우 살아가는, 몹시 가난한 농가.

영세무궁(永世無窮) '영세무궁하다'의 어근.

영:세무궁-하다(永世無窮-)**형여** 영원하여 다함이 없다. 참영세무궁.

영세-민(零細民)**명** 수입이 적어 겨우 살아가는 주민. ☞세민.

영:세불망(永世不忘)몡하타 영원히 잊지 아니함. 만세불망(萬世不忘).

영세업-자(零細業者)[-짜]몡 경영 규모가 극히 작은 기업을 운영하는 사람.

영:세^중립국(永世中立國)[-납꾹]몡 영구히 다른 나라 사이에서 일어나는 전쟁에 개입하지 않는 의무를 지는 한편, 그 독립과 영토의 보전이 다른 나라로부터 보장되어 있는 나라. 스위스·오스트리아 등이 이에 해당함. 영구 중립국.

영소(領所)몡 절의 사무소.

영소(營所)몡 군영(軍營).

영:-소작(永小作)몡 20년 이상 50년 이하로 되어 있던 장기간의 소작 제도. 구민법(舊民法)에서 인정되었던 것이나, 우리나라에서는 드물었음.

영:속(永續)몡하자타되자 오래 계속함. ¶대립이 영속되어서는 안 된다.

영속(營屬)몡 감영(監營)·병영(兵營)·수영(水營) 등에 딸린 아전과 종을 통틀어 이르던 말.

영:속-변:이(永續變異)[-뼌니]몡 ☞계속 변이.

영:속-성(永續性)[-썽]몡 같은 상태가 오래 계속되는 성질. ¶영속성이 없는 사업.

영:속-적(永續的)[-쩍]관몡 끊이지 않고 오래 계속되는 (것). ¶영속적 권력. /영속적인 우호 관계.

영손(令孫)몡 남을 높이어 그의 '손자'를 일컫는 말. 영포(令抱).

영솔(領率)몡하자되자 (부하나 식솔을) 보살피며 거느림. 대솔(帶率).

영송(迎送)몡하타 ☞송영(送迎).

영쇄(零碎)몡하자 〈영령쇄쇄(零零碎碎)〉의 준말.

영쇄(零瑣)몡하타 〈영령쇄쇄(零零瑣瑣)〉의 준말. ¶영쇄한 일들에 얽매이다.

영:-수(永壽)몡하자 ☞장수(長壽).

영수(英數)몡 영어와 수학. ¶영수 학원.

영수(領水)몡 영해(領海).

영수(領收·領受)몡하타 돈이나 물건 따위를 받음. 수령(受領).

영수(領袖)몡 어떤 단체의 대표가 되는 사람. 우두머리. ¶여야 영수 회담.

영수(靈水)몡 신비스러운 효험이 있는 물.

영수(靈獸)몡 영묘하고 상서로운 짐승. 곧, 기린(麒麟)을 이르는 말.

영수-서(領收書)몡 ☞영수증(領收證).

영수-인(領收印)몡 돈이나 물건을 받은 표시로 찍는 도장.

영수-증(領收證)몡 돈을 받은 사람이 돈을 준 사람에게 써 주는 증서. 영수서.

영-순위(零順位)몡 어떤 일에 가장 우선적인 자격을 가지는 순위. ¶그는 영순위의 자격으로 아파트를 분양받았다.

영시(英詩)몡 영어로 쓰인 시나 영국의 시.

영시(詠詩·咏詩)몡하자 시를 읊음.

영시(零時)몡 24시제에서, 하루가 시작되는 시각. 자정(子正). ¶영시 5분발 열차. /15일 영시를 기점으로 휘발유 값이 5% 인상되다.

영식(令息)몡 남을 높이어 그의 '아들'을 일컫는 말. 영랑(令郞). 영윤(令胤). ㉾영애(令愛).

영신(令辰)몡 좋은 시기. 상서로운 때.

영:신(佞臣)몡 간사하게 아첨하는 신하.

영신(迎神)몡하자 제사 때 신을 맞아들이는 절차. ↔송신(送神).

영신(迎晨)몡 날이 밝아 올 무렵.

영신(迎新)몡하자 새해를 맞이함. 영년(迎年). 영세(迎歲). 영춘(迎春). ¶송구(送舊)영신.

영신(靈神)몡 ①영검이 있는 신. ②가톨릭에서, '영혼'과 같은 뜻으로 쓰이는 말.

영신군-가(迎神君歌)몡 구지가(龜旨歌).

영신-초(靈神草)몡 ☞애기풀.

영실(令室)몡 부인(夫人).

영실(營實)몡 한방에서, 찔레나무의 열매를 이르는 말. 대소변을 잘 통하게 하는 약으로 쓰임.

영:실(靈室)몡 ☞궤연(几筵).

영아(嬰兒)몡 젖먹이.

영아-세:례(嬰兒洗禮)몡 ☞유아 세례.

영아자몡 초롱꽃과의 다년초. 산이나 들에 절로 나는데 줄기 높이는 1m가량. 잎은 긴 달걀 모양이고 가장자리에 톱니가 있으며, 7~9월에 자줏빛 꽃이 핌. 어린순은 나물로 먹음.

영악(獰惡)'영악(獰惡)하다'의 어근.

영악(靈惡)'영악(靈惡)하다'의 어근.

영악-스럽다(靈惡-)[-쓰-따][~스러우니·~스러워]톈 보기에 영악한 데가 있다. ¶야무지고 영악스러운 아이. /그 집 아이는 아이답지 않게 매우 영악스럽다. 영악스레톈.

영악-하다(獰惡-)[-아카-]톈 사납고 모질다. ¶영악한 산짐승. 영악-히톈.

영악-하다(靈惡-)[-아카-]톈 잇속이 밝고 약다. ¶영악한 장사꾼의 눈.

영안-실(靈安室)몡 종합 병원 등에서, 시체를 임시로 안치해 두는 방.

영애(令愛)몡 남을 높이어 그의 '딸'을 일컫는 말. 따님. 영교(令嬌). 영녀(令女). 영양(令孃). 영원(令媛). ㉾영식(令息).

영액(靈液)몡 생명에 영묘한 힘을 주는 물. ②고대 중국에서, 생명에 영묘한 작용을 하는 것으로 여겨졌던 '이슬'을 이르던 말.

영약(靈藥)몡 영묘한 효험이 있는 약. 신약(神藥).

영양(令孃)몡 영애(令愛).

영양(羚羊)몡 솟과의 짐승. 염소 비슷한데 더 크고 살진 편임. 황갈색 털은 짧고 가늘며 털이 달리게 알맞게 날씬함. 뿔은 암수 모두 있는 것과 수컷만 있는 것도 있음. 대개가 아프리카의 초원이나 사막에 살며 때로는 삼림에도 삶.

영양(榮養)몡하타 지위가 높아져서 부모를 영화롭게 봉양하는 일.

영양(營養)몡 생물이 생명을 유지하고 몸을 성장시켜 나가기 위하여 필요한 성분을 섭취하는 작용, 또는 그 성분. ¶영양 보충. /영양을 공급하다. ㉾자양(滋養).

영양-가(營養價)[-까]몡 식품에 들어 있는 영양적 가치. 몸속에서 내는 열량을 칼로리로 나타냄. ¶영양가가 높은 음식.

영양-각(羚羊角)몡 한방에서, 영양의 뿔을 이르는 말. 진경제(鎭痙劑)·통경제(通經劑) 따위에 쓰임.

영양^기관(營養器官)몡 생물의 영양을 맡아보는 기관. 동물에서는 호흡·소화·순환·배설 등의 기관, 식물에서는 뿌리·줄기·잎 등이 이에 해당함.

영양-물(營養物)몡 영양소를 많이 함유하고 있는 음식물.

영양^부족(營養不足)몡 영양분의 섭취가 모자라는 일.

영양-분(營養分)몡 [식품 속에 들어 있는] 영양이 되는 성분. ¶특정한 영양분의 과다 섭취는 오히려 해롭다.

영양^불량(營養不良)몡 영양 장애나 영양 부족으로 말미암은 좋지 않은 건강 상태.

영양-사(營養士)명 단체 급식소 등에서 식생활의 영양 지도를 담당하는 사람. 식품 위생법에 의하여 그 자격이 주어짐.

영양^생식(營養生殖)명 무성 생식(無性生殖)의 한 가지. 생물체의 일부가 분리하여 독립된 새 개체(個體)를 만드는 생식법. 식물의 땅속줄기나 꺾꽂이, 단세포 생물의 분열이나 출아 등에서 볼 수 있음. ☞출아법(出芽法).

영양-소(營養素)명 생물체의 성장을 촉진하고 생리적 과정에 필요한 에너지를 공급하는 영양분이 있는 물질. 사람에게 필요한 영양소로는 단백질·지방·탄수화물·비타민·무기 염류 따위가 있음.

영양-식(營養食)명하자 영양가에 주안(主眼)을 두고 만든 식품이나 식사.

영양-실조(營養失調)[-쪼]명 영양분의 부족이나 부조화 때문에 몸에 일어나는 장애. 빈혈·부기(浮氣)·설사 따위의 증세가 나타나며, 목숨을 잃는 경우도 있음. ¶ 영양실조에 쓰러지다.

영양-액(營養液)명 식물이 자라는 데 필요한 여러 가지 물질을 함유시킨 수용액(水溶液).

영양-엽(營養葉)[-녑]명 포자(胞子)를 만들지 않고, 광합성만 영위하는 잎. 나엽(裸葉). ↔포자엽.

영양^요법(營養療法)[-뇨뻡]명 ☞식이 요법(食餌療法).

영양^장애(營養障碍)명 필요한 영양소가 몸속에서 완전히 소화·흡수되지 않음으로써 일어나는 장애.

영양-제(營養劑)명 영양분을 보충하기 위한 약제.

영양^지수(營養指數)명 영양 상태의 판정(判定)에 쓰이는 지수.

영양-학(營養學)명 (영양 화학, 영양 생리학, 영양 병리학 등) 영양을 연구하는 학문을 통틀어 이르는 말.

영양^화:학(營養化學)명 영양소가 몸속에서 일으키는 화학적 변화를 생리학에 기초하여 연구하는 학문.

영어(囹圄)명 감옥, 또는 감옥에 갇혀 있는 상태를 흔히 이르는 말. ¶ 영어의 몸이 되다.

영어(英語)명 영국을 비롯한 미국·캐나다·오스트레일리아·뉴질랜드 등의 공용어.

영어(營漁)명하자 어업을 경영함. ¶ 영어 자금.

영:언(永言)명 (길게 끌면서 하는 말이라는 뜻으로) '시가(詩歌)'를 뜻하는 말. ¶청구영언.

영업(營業)명하타 이익을 얻을 목적으로 사업을 경영하는 일, 또는 그 사업. ¶ 영업 사원.

영업^감찰(營業鑑札)[-깜-]명 영업을 허가한 증거로 행정 관청에서 내주는 감찰.

영업-권(營業權)[-꿘]명 영업을 할 수 있는 권리. 법률상 재산적 가치를 가지는 것, 곧 무형 재산의 한 가지임.

영업-금:지(營業禁止)[-끔-]명 행정 처분으로 영업을 금지시키는 일.

영업-비(營業費)[-삐]명 기업이 영리를 목적으로 한 사업을 계속해 나가는 데 드는 비용. 〔판매비·일반 관리비 따위.〕

영업-세(營業稅)[-쎄]명 지난날, 영업에 대해서 부과되던 국세(國稅). 〔현재는 그 대부분이 부가 가치세에 흡수되었음.〕

영업-소(營業所)[-쏘]명 ①영업 활동을 하는 곳. ②어떤 기업에서, 영업 활동의 근거지로 삼는 사업장.

영업-소:득(營業所得)[-쏘-]명 ☞영업 이익.

영업^신:탁(營業信託)[-씬-]명 수탁자(受託者)의 영리 목적으로 신탁 재산의 관리나 처분을 영업으로 하는 신탁.

영업^양:도(營業讓渡)[-양냥-]명 영업용의 물품이나 채권·채무·상호(商號) 등을 한 덩어리로 하여, 계약에 의해서 이전하는 일.

영업^연도(營業年度)[-엄년-]명 ☞사업 연도.

영업^외:비:용(營業外費用)[-어뵈-/-어뻬-]명 영업과 직접적인 관계가 없는 비용. 〔어음 할인료·사채 이자·유가 증권 매각손(賣却損) 따위.〕

영업^외:^수익(營業外收益)[-어뵈-/-어뻬-]명 주요 영업 활동이 아닌 것에서 생기는 수익. 〔배당금, 유가 증권의 이자나 매각 수익 따위.〕

영업-용(營業用)[-엄농]명 영업에 쓰임, 또는 그런 대상. ¶ 영업용 택시. ☞자가용.

영업-이:익(營業利益)명 영업 활동에 의하여 생기는 이익. 영업 소득.

영업-자(營業者)[-짜]명 영업을 하는 사람.

영업-장(營業場)[-짱]명 〈영업장소〉의 준말.

영업-장소(營業場所)[-짱-]명 영업 활동을 하는 장소. ㈜영업장.

영업^재산(營業財産)[-째-]명 영업을 위하여 유기적으로 결합되어 있는 모든 재산.

영업^정지(營業停止)[-쩡-]명 영업자가 법규를 어기거나 하였을 때 그 벌로서 일정 기간 영업을 못하게 하는 행정 처분. ¶ 미성년자를 출입시킨 유흥업소들이 대거 영업 정지 처분을 당했다.

영업^조합(營業組合)[-쪼-]명 일정한 지역 안의 동업자가 공동의 이익을 꾀하려고 설립하는 공공 단체.

영업-주(營業主)[-쭈]명 영업소의 주인. 영업상의 명의주(名義主). ㈜영주.

영업-체(營業體)[-쳬]명 영업을 하기 위한 조직체.

영역(英譯)명하타되자 영어 이외의 언어를 영어로 번역함, 또는 그 번역. ¶ 우리의 고전 작품을 영역하다.

영역(塋域)명 ☞산소(山所).

영역(領域)명 ①한 나라의 주권이 미치는 범위. 영토·영해·영공으로 이루어짐. ②관계되는 범위. 세력이 미치는 범위. ¶ 활동 영역이 서로 다르다. ③학문이나 연구 따위에서 전문으로 하는 범위. ¶ 천문학의 영역. /생물학의 영역에 속하는 문제.

영역(靈域)명 (유서 깊은 절이나 능묘 등이 있거나 하여) 성스럽게 여기는 지역.

영역-권(領域權)[-꿘]명 자기 나라의 영역에 대하여 가지는 국가의 권리.

영영(盈盈)어기 '영영(盈盈)하다'의 어근.

영영(營營)어기 '영영(營營)하다'의 어근.

영:영(永永)부 언제까지나. 영원히. ¶ 영영 잊지 못하다. /영영 볼 수 없게 되었다. ㈜영(永).

영영급급(營營汲汲)[-끕]명하자 ☞영영축축.

영:영-무궁(永永無窮)명하형 ☞영원무궁.

영:영-방매(永永放賣)명하타 아주 팔아 버림. 〔지난날, 부동산을 매매할 때, 임대차가 아님을 밝히기 위하여 계약서에 쓰던 말.〕 ㈜영매.

영영축축(營營逐逐)명하자 세리(勢利)를 얻기 위하여 분주히 왔다 갔다 함. 영영급급.

영영-하다(盈盈-)형 물이 가득하다. 물이 그득히 괴어 있다. ¶ 두 눈에 눈물이 영영하다.

영영-하다(營營-)형 출세나 돈벌이 따위를 위하여 몹시 아득바득하고 급급하다. **영영-히**부.

영예(令譽)명 ☞영명(令名).

영예(英銳)어기 '영예하다'의 어근.

영예(榮譽)圓 빛나는 명예. 영명(榮名). ¶수상(受賞)의 영예.

영예-롭다(榮譽-) [-따] [~로우니·~로워]圈旦 영예로 여길 만하다. 영예스럽다. ¶영예로운 수상식(受賞式). 영예로이旦.

영예-스럽다(榮譽-) [-따] [~스러우니·~스러워]圈旦 영예롭다. 영예스레旦.

영예-하다(英銳-)圈에 영민(英敏)하고 날카로운 기상이나. ¶주인공을 영웅화하다.

영오(囹圄)圓 '영어(囹圄)'의 잘못.

영오(穎悟)圓 '영오하다'의 어근.

영:오-하다(穎悟-)圈에 총명하고 이해가 빠르다.

영외(營外) [-외/-웨]圓 병영의 밖. ↔영내.

영외^거주(營外居住) [-외-/-웨-]圓 군인이 업무 이외의 일상생활을 병영 밖에서 하는 것. 주로 부사관 이상의 군인에게만 허가함. ↔영내 거주.

영욕(榮辱)圓 영예(榮譽)와 치욕(恥辱). ¶영욕의 세월. /영욕이 엇갈리다.

영용(英勇)圓 '영용하다'의 어근.

영용-무쌍(英勇無雙)圓圈 영특하고 용감하기가 비길 데 없음.

영용-하다(英勇-)圈에 영특하고 용감하다. ¶영용한 우리 국군. 영용-히旦.

영우(零雨)圓 부슬비. 조용히 내리는 비.

영우(靈雨)圓 (농사 따위에) 때맞추어 내리는 좋은 비. 호우(好雨).

영운(嶺雲)圓 산마루 위에 뜬 구름.

영웅(英雄)圓 ①재지(才智)와 담력과 무용(武勇)이 특별히 뛰어난 인물. ¶충무공은 겨레의 존경을 받는 영웅이다. ②보통 사람으로는 엄두도 못 낼 큰일을 이루어 대중으로부터 칭송받는 사람. ¶사하라 사막을 관통하는 대수로(大水路) 사업을 성공시킨 영웅.

영웅-담(英雄譚)圓 영웅에 관한 전설.

영웅-시(英雄詩)圓 역사상·전설상의 영웅의 사적(事跡)이나 운명을 읊은 서사시.

영웅-시대(英雄時代)圓 (특히, 고대 그리스 사회에서) 영웅시(英雄詩)의 배경이 되었던 시대. 원시 사회로부터 국가 사회에 이르는 과도기.

영웅^신화(英雄神話)圓 영웅의 출생·성장·결혼이나 괴물 퇴치 따위의 초인간적 행동을 내용으로 하는 신화.

영웅-심(英雄心)圓 지략과 담력과 용맹이 뛰어남을 나타내 보이고 싶은 마음.

영웅-적(英雄的)판圓 영웅다운 (것). ¶영웅적기상. /영웅적인 항쟁.

영웅-전(英雄傳)圓 영웅의 일생과 업적을 적은 전기.

영웅-주의(英雄主義) [-의/-이]圓 영웅을 숭배하여, 영웅적인 행위에 공감을 가지는 생각.

영웅지재(英雄之材)圓 영웅이 될 만한 자질을 가진 사람.

영웅-호걸(英雄豪傑)圓 영웅과 호걸.

영웅-호색(英雄好色)圓 '영웅은 여색(女色)을 좋아한다'는 말.

영웅-화(英雄化)圓圈타퇴 영웅이 됨, 또는 영웅이 되게 함. ¶주인공을 영웅화하다.

영원(令愛)圓 ⇨영애(令愛).

영:원(永遠)圓 ①圈 언제까지나 계속하여 끝이 없음, 또는 끝없는 세월. ¶영원한 작별. ②시간을 초월하여 존재하는 일. 시간에 좌우되지 않는 존재. ¶영원의 진리. ①영원-히旦.

영원(蠑蚖·蠑螈)圓 영원과의 동물. 도롱뇽과 비슷하고, 몸빛은 흑갈색이며 배는 빨간 바탕에 흑색 반점이 있음. 북반구의 온대 지방에 분포. 우리나라에는 없음.

영:원-공채(永遠公債)圓 상환 기간을 정하지 않고, 정기적으로 일정한 이자를 지급하는 공채. [영국의 콘솔 공채 따위.] 영구 공채.

영:원-무궁(永遠無窮)圓圈 영원하여 다함이 없음. 영영무궁. 찮영세무궁(永世無窮)하다.

영:원-불멸(永遠不滅)圓圈자 영원히 계속되어 없어지지 아니함.

영:원-성(永遠性) [-씽]圓 시간을 초월하여 영원히 존재하는 성질. ¶예술의 영원성.

영월(令月)圓 ①상서로운 달. 길월(吉月). ②'음력 이월'을 달리 이르는 말. ②찮화경(華景).

영월(迎月)圓圈자 ⇨달맞이.

영월(盈月)圓 ⇨만월(滿月).

영위(英偉)圓 '영위하다'의 어근.

영위(榮位)圓 영예로운 지위. 높은 지위.

영위(領位)圓 ⇨영좌(領座).

영위(營爲)圓圈타 일을 함. 무슨 일을 해 나감. ¶삶을 영위하다.

영위(靈位)圓 혼백(魂帛)·신주(神主)·지방(紙榜) 따위의 신위(神位)를 통틀어 이르는 말.

영:위-답(影位畓)圓 불교에서, 신자가 영상(影像) 앞에 향을 피워 달라는 뜻으로 절에 바치는 논. ②영답.

영위-하다(英偉-)圈에 뛰어나게 훌륭하다.

영:유(永有)圓圈타 영원히 소유함.

영유(領有)圓圈타 (주로 영토 따위를) 점령하여 소유함.

영육(靈肉)圓 영혼과 육체. ¶영육의 갈등.

영육^일치(靈肉一致)圓 정신과 육체가 이원적(二元的)인 것이 아니라는 사상.

영윤(令胤)圓 ⇨영식(令息).

영윤(榮潤)圓 '영윤하다'의 어근.

영윤-하다(榮潤-)圈에 집안이 영화롭고 생활이 윤택하다.

영은-문(迎恩門)圓 조선 시대에, 중국에서 오는 사신을 맞아들이던 문. [대한 제국 때, 서재필 등이 그 문을 헐어 내고 그 자리에 독립문을 세웠음.]

영음(嬰音)圓 서양 음악에서, 샤프(#)에 의하여 반음 높아진 음. ↔변음(變音).

영-의정(領議政) [-의-/-이-]圓 조선 시대의 최고 관청인 의정부(議政府)의 으뜸 벼슬. 상상(上相). 수상(首相)·영상(領相).

영이(靈異)圓 '영이하다'의 어근.

영:이-돌다 [~도니·~돌아]圈 집안의 꾸밈새가 밝고 깨끗하며 생기가 있다. ¶영이도는 화목한 집.

영:-이별(永離別) [-니-]圓圈자타 다시 만나지 못하는 이별. 영별(永別). ④영결(永訣).

영이-하다(靈異-)圈에 (인간의 지혜로는 헤아릴 수 없이) 신령스럽고 경이롭다.

영인(令人)圓 조선 시대에, 외명부의 한 품계. 정사품·종사품 문무관의 아내의 칭호.

영인(佞人)圓 간사하고 아첨을 잘 떠는 사람.

영인(伶人)圓 악공(樂工)과 광대.

영:인(影印)圓圈타 책 따위의 내용을 사진으로 찍어서 복제(複製)인쇄하는 일.

영:-인본(影印本)圓 원본을 사진으로 찍어서 복제(複製)한 책. ¶용비어천가의 영인본.

영:일(永日)圓 낮 시간이 긴 날. [봄이나 여름의 낮 동안이 긺을 이름.]

영일(盈溢)圓圈자 가득 차서 넘침.

영일(寧日)몡 별다른 일이 없는 평온한 날. ¶노사 간의 분규로 영일이 없다.

영입(迎入)몡하타 (사람을) 맞아들임. ¶사장을 외부에서 영입하다.

영자(令姉)몡 남을 높이어 그의 '손위의 누이'를 일컫는 말. 참영매(令妹).

영:자(泳者)몡 헤엄치는 사람. 특히, '수영 경기에 나온 선수'를 이르는 경우가 많음.

영자(英字)[-짜]몡 영어를 적는 글자. ¶영자 신문.

영자(英姿)몡 늠름하고 당당한 모습. ¶군중 앞에 영자를 드러내다. 비영풍(英風).

영자(英資)몡 뛰어나게 훌륭한 자질. 비범한 바탕. ¶영자를 타고나다.

영:자(影子)몡 그림자.

영자(纓子)몡 ①<구영자(鉤纓子)>의 준말. ②(중이 입는) 가사(袈裟)에 달린 끈. ③문코.

영:자-팔법(永字八法)[-짜-뻡]몡 서예에서, '永'자 한 자가 가진, 모든 한자에 응용할 수 있는 여덟 가지 운필법(運筆法).

영작(英作)몡 <영작문>의 준말.

영작(榮爵)몡 영예로운 높은 작위(爵位).

영작(營作)몡하타 ⇨영조(營造).

영-작문(英作文)[-짱-]몡 영어로 글을 짓는 일, 또는 그 글. ⇨영작(英作).

영장(令狀)[-짱]몡 ①명령을 적은 문서. ¶비상소집 영장. ②법원이 발부하는, 사람이나 물건에 대한 강제 처분의 명령 또는 허가를 내용으로 하는 문서. ¶구속 영장을 발부하다.

영:장(永葬)몡하타 ⇨안장(安葬).

영장(英將)몡 지략(智略)과 무용(武勇)이 뛰어난 장수.

영장(營將)몡 <진영장(鎭營將)>의 준말.

영장(靈長)몡 영묘한 능력을 지닌 우두머리라는 뜻으로, '사람'을 이르는 말. ¶사람은 만물의 영장이다.

영장(靈場)몡 ⇨영지(靈地).

영장-목(靈長目)몡 포유강의 한 목(目). 대뇌가 잘 발달했고 가슴에 한 쌍의 유방을 갖춤. 사지(四肢)는 물건을 잡기에 알맞음. 〔성성이·원숭이·고릴라 따위.〕

영장-주의(令狀主義)[-짱-의/-짱-이]몡 형사 소송법에서, 체포·구속·압수·수색 등 강제 처분을 할 때에, 적법한 절차에 따라 발부된 영장(令狀)을 제시해야 한다는 주의, 또는 그런 제도.

영재(英才)몡 뛰어난 재능이나 지능, 또는 그런 지능을 가진 사람. ¶영재 교육.

영재(零在)몡 (물건 따위가) 조금 남아 있음, 또는 조금 남아 있는 것.

영저(嶺底)몡 높은 재의 아래 기슭. 고갯길이 시작되는 곳.

영저-리(營邸吏)몡 조선 시대에, 각 감영(監營)에 딸려 감영과 각 고을과의 연락 업무를 맡아 보던 아전. 영주인(營主人).

영적(靈跡·靈蹟)몡 기적(奇跡)이 있었던 자취. 신령스러운 사적(事蹟)이 있었던 곳.

영-적(靈的)[-쩍]팬몡 정신이나 영혼과 관계가 있는 (것). ¶영적 존재. 영적인 감응(感應).

영전(令前)몡 명령이 떨어지기 전. 명령이 도착하기 전. ¶영전에 출타하여 명령을 직접 받지 못하였다. ↔영후(令後).

영전(令箭)몡 지난날, 군대의 이동 등 군령을 전할 때 증거로 가지고 간, '令'자가 새겨진 화살. 〔영기(令旗)와 같은 구실을 하였음.〕

영전(迎戰)몡하자 쳐들어오는 적을 기다리고 있다가 마주 나아가 싸움.

영전(榮典)몡 ①영광스러운 의식. ¶졸업의 영전에서 축사하다. ②영예의 표시로 나라에서 주는 훈장이나 포장(褒章) 따위.

영전(榮轉)몡하자되자 지금까지보다 더 좋은 자리나 직위로 옮기는 일. ↔좌천(左遷).

영:전(影殿)몡 ①임금의 화상(畫像)을 걸어 두는 전각(殿閣). ②⇨영당(影堂).

영전(靈前)몡 영위(靈位)의 앞, 또는 영구(靈柩)의 앞. ¶영전에 향을 피우다.

영절(令節)몡 좋은 시기. 좋은 시절.

영:절(永絕)몡하자되자 ①(소식 따위가) 영영 끊어짐. ②(혈통 따위가) 아주 끊어져 없어짐.

영절-스럽다[-따]몡 ①~스러우니·~스러워]몡B (마치 실제의 것인 양) 보기에 그럴듯하다. ¶산천(山川)의 풍경을 영절스럽게 나타냈다. 영절스레目.

영절-하다몡B '영절스럽다'의 잘못.

영점(零點)[-쩜]몡 ①득점이나 점수가 전혀 없는 것. ②평가할 만한 값어치가 전혀 없는 것. ¶이 작품은 영점이다.

영접(迎接)몡하타 손을 맞아 접대함. 연접(延接). ¶영접을 받다. 외교 사절단을 영접하다.

영:정(零丁) '영정하다'의 어근.

영:정(影幀)몡 족자로 된 화상(畫像). 비영상(影像).

영정(營庭)몡 병영 안에 있는 광장. 참연병장.

영정-하다(零丁-)몡B 외로운 몸이 되어 의지할 데가 없다. 영정-히目.

영제(令弟)몡 남을 높이어 그의 '아우'를 일컫는 말. 참영매(令妹).

영:제(永制)몡 영구히 시행될 법률이나 제도.

영:조(暎照)몡하타 (빛을) 비침.

영조(零凋)몡하자 (꽃 따위가) 시들어서 말라 버림. 참영락(零落).

영조(營造)몡하타 규모가 큰 토목 공사나 건축 공사를 하는 일. 영작(營作). ¶경복궁을 영조하다.

영조(嶺調)[-쪼]몡 영남 지방에서 발달한 시조의 창법. 비경조(京調)·완조(完調).

영조(靈鳥)몡 영묘한 힘이 있으며, 상서로운 새. 〔'봉황'과 같은 상상의 새에 대해서 이르는 말. 영금(靈禽).

영조-물(營造物)몡 건조물, 특히 국가나 공공 단체가 공공의 이익을 위하여 만든, 도로·철도·학교·공원·도서관·상하수도 따위의 시설.

영:조-본(影照本)몡 고서나 비명(碑銘) 따위의 문자를 사진으로 찍어서 제판한 책. 영인본.

영조-척(營造尺)몡 지난날, 목수가 쓰던 자의 한 가지. 한 자는 주척(周尺)의 한 자 네 치 아홉 푼 아홉 리에 해당함.

영존(令尊)몡 춘부장(椿府丈).

영:존(永存)몡 ①하자영원히 존재함. ②하타영구히 보존함.

영졸(營卒)몡 감영(監營)에 딸린 군졸.

영종(令終)몡하자 ⇨고종명(考終命).

영:종(影從)몡하타 그림자처럼 언제나 떨어지지 아니하고 따라다님.

영-종정경(領宗正卿)몡 조선 시대의 종친부(宗親府)의 으뜸 벼슬. 품계가 없으며, 대군(大君)이나 왕자군(王子君)이 맡았음.

영좌(領座)몡 한 마을이나 단체의 대표가 되는 사람. 영위(領位).

영좌(靈座)몡 ⇨영궤(靈几).

영:주(永住)**[명][하자]** (어떤 곳에서) 오랫동안 삶, 또는 죽 죽까지 삶. ¶미국에서 영주하다.

영주(英主)**[명]** 뛰어나게 훌륭한 임금.

영주(領主)**[명]** (봉건 제도 아래서의) 영지(領地)나 장원(莊園)의 주인.

영:주-권(永住權)**[-꿘]명** 일정한 자격을 갖춘 외국인에게 주는, 그 나라에서 영주할 수 있는 권리. ¶미국 영주권을 취득하다.

영주-권(領主權)**[-꿘]명** 중세 유럽에서, 영주가 행사하던 권리. 토지 소유권, 인격적 지배권, 영주 재판권으로 이루어짐.

영주-산(瀛州山)**명** ①중국의 삼신산(三神山)의 하나. ②제주도 '한라산'을 달리 이르는 말.

영-주인(營主人)**명** ☞영저리(營邸吏).

영준(英俊)**명** 재능이 남보다 특별히 뛰어남, 또는 그런 사람. 준영(俊英).

영지(令旨)**명** 왕세자의 명령을 적은 문서.

영지(英志)**명** 영특한 뜻.

영지(英智)**명** 영민한 지혜.

영지(領地)**명** ①☞영토(領土). 땅. ②☞봉토.

영지(嶺紙)**명** 영남 지방에서 생산되던 한지(韓紙).

영지(靈地)**명** 신령스러운 땅. 영경(靈境). 영장(靈場).

영지(靈芝)**명** 모균류(帽菌類)에 딸린 버섯. 산속의 활엽수의 뿌리에서 남. 높이 10 cm가량. 갓은 신장(腎臟) 모양이고, 전체가 적갈색 또는 자갈색이며 광이 남. 한방에서 약재로 쓰임. 영지버섯. 자지(紫芝) 지초(芝草).

영지-버섯(靈芝-)**[-섣]명** ☞영지(靈芝). * 영지버섯이[-서시]·영지버섯만[-선-]

영직(嶺直)**명** 영남 지방에서 생산되는 직삼(直蔘).

영진(榮進)**명][하자]** 벼슬이나 지위가 높아짐. 비영달(榮達).

영질(令姪)**명** 남을 높이어 그의 '조카'를 일컫는 말. 함씨(咸氏).

영-집합(零集合)**[-짜]명** ☞공집합.

영:차 〈이영차〉의 준말. ¶줄꾼들은 한 목소리로 '영차!' 소리를 잇달아 외치며 줄을 끌어당겼다.

영:찬(影讚)**명** 어떤 이의 영정(影幀)에 부쳐 그를 기리는 내용의 글.

영찬(營饌)**명][하자]** 음식을 장만함.

영찰(寧察)**명** 조선 말기에, 평안북도 관찰사를 달리 이르던 말.

영:창(映窓)**명** 방과 마루 사이의 두 쪽 미닫이의 창.

영:창(詠唱·咏唱)**명** ☞아리아(aria). ㈜창(唱)1.

영:창(影窓)**명** 유리를 끼운 창. 유리창.

영창(營倉)**명** 법규를 어긴 군인을 가두어 두는 병영 안의 건물, 또는 그곳에 들어가는 형벌.

영:창-대(映窓-)**[-때]명** 영창을 끼우기 위하여 홈을 파서 낸 긴 나무.

영:채(映彩)**명** 환히 빛나는 고운 빛. ¶영채가 도는 눈.

영천(靈泉)**명** 영묘한 약효가 있는 샘.

영철(英哲·穎哲)**명][하형]** 뛰어나게 총명함, 또는 그런 사람.

영:청(影靑)**명** 흰색의 아주 얇은 그릇에 푸르스름한 잿물을 입힌 자기(瓷器), 또는 그 자기의 빛깔. 반투명인 것처럼 보임. 침청(沈靑).

영체(零替)**명][하자][되자]** ☞영락(零落).

영체(靈體)**명** 신령스러운 존재, 곧 신(神)을 이르는 말.

영초(英綃)**명** 중국에서 나는 비단의 한 가지. 모초(毛綃)와 비슷하나 품질이 좀 떨어짐. 영초단(英綃緞).

영초(靈草)**명** ①영묘한 약효가 있는 풀. ②'담배'를 달리 이르는 말.

영초-단(英綃緞)**명** ☞영초(英綃).

영총(令寵)**명** 남을 높이어 그의 '첩'을 일컫는 말.

영총(榮寵)**명** 임금의 은총. ¶영총을 입다.

영총(靈寵)**명** 신이나 부처의 은총.

영추(迎秋)**명][하자]** 가을맞이.

영축(盈縮·贏縮)**명** 남는 일과 모자라는 일.

영축(零縮)**명][하형]** 수량이 줄어들어 모자람.

영춘(迎春)**명][하자]** ①신춘(新春), 곧 새해를 맞이함. 영년(迎年). 영세(迎歲). 영신(迎新). ②'개나리'를 달리 이르는 말.

영취-산(靈鷲山)**명** 중인도(中印度) 마갈타국(摩竭陀國)의 왕사성(王舍城) 동북쪽에 있는 산. 석가여래가 이곳에서 법화경(法華經)과 무량수경(無量壽經)을 강(講)하였다 함.

영치(領置)**명][하타]** 압수(押收)의 한 가지. 형사 소송법상, 법원이나 수사 기관이 피의자나 피고인·재감자 등에게 딸린 물건을 보관하거나 처분하는 행위.

영치-금(領置金)**명** 재소자(在所者)가 교도소에 맡겨 두는 돈.

영:치기갑 목도할 때 힘을 맞추기 위하여 여럿이 함께 내는 소리. ¶영치기 영차!

영칙(令飭)**명][하타]** 명령을 내려 경계하고 타이름.

영친(榮親)**명][하자]** (지위가 높아지거나 하여) 부모를 영화롭게 함.

영침(靈寢)**명** ☞영상(靈牀).

영탁(鈴鐸)**명** ☞방울1.

영:탄(詠歎·詠嘆)**명][하자]** ①깊이 감동함. ②감동을 소리로 내어 나타냄.

영:탄-법(詠歎法)**[-뻡]명** 수사법상 강조법의 한 가지. 감탄사나 감탄형 어미 등을 써서 놀라움·슬픔·기쁨 따위의 감정을 강하게 또는 간절하게 나타내는 표현 방법. ('아, 벌써 가을인가!' 하는 따위.)

영토(領土)**명** ①영유하고 있는 땅. 땅1. 영지(領地). 토지. ②그 나라가 영유하고 있는 땅. 그 나라의 통치권이 미치는 지역. ¶영토 분쟁.

영토-권(領土權)**[-꿘]명** 국가가 영토에 대하여 가지는 일체의 권능.

영토^주권(領土主權)**[-꿘]명** 국가가 영토 내의 사람과 물건에 대해서 가지는 일체의 지배권.

영통(靈通)**명][하자]** 영묘하게 통함.

영특(英特)** '영특(英特)하다'의 어근.

영특(獰慝)** '영특(獰慝)하다'의 어근.

영특-하다(英特-)**[-트카-]형** 뛰어나게 영명하다. ¶영특하고 총명한 아이. **영특-히**부.

영특-하다(獰慝-)**[-트카-]형** 영악하고 사특하다.

영판부 '아주1'의 잘못.

영-판(靈-)**명** 앞날의 길흉(吉凶)을 신통하게 맞추어 내는 일, 또는 그런 사람.

영패(零敗)**명][하자]** 경기 따위에서, 한 점도 얻지 못하고 짐. 영점으로 짐.

영:폐(永廢)**[명/-폐]명][하타]** 영영 폐지함.

영포(令抱)**명** ☞영손(令孫).

영표(令票)**명** 지난날, 군령(軍令)을 전할 때 쓰던 표. 나무로 둥글납작하게 만들었음.

영품(英風)**명** ①뛰어난 풍채. 영웅다운 풍채. 비영자(英姿). ②뛰어난 덕풍(德風). 훌륭한 교화(敎化).

영-피다[자] 기운을 내다. 기를 펴다.

영하(零下)[명] 온도계가 가리키는 온도가 0°C 이하임을 나타내는 말. 빙점하(氷點下). ¶영하의 날씨./기온이 영하로 뚝 떨어지다. ↔영상.

영-하다(靈-)[형] 영검이나 효험이 있다. ¶영하다고 소문난 복술가.

영하-읍(營下邑)[명] 감영이나 병영이 있는 고을.

영한(迎寒)[명][자] ①추운 계절을 맞음. ②'음력 팔월'을 달리 이르는 말. ②참장월(壯月).

영합(迎合)[명][하자] (독자적인 생각이나 신념을 버리고) 자기의 생각을 상대편이나 세상 풍조에 맞춤. ¶대중의 취향에 영합한 소설. 비봉영(逢迎).

영합(領閤)[명] '영상(領相)'을 높여 일컫는 말.

영합-주의(迎合主義)[명] [一쭈의/一쭈이] 자기의 주장은 없이 남의 뜻에만 맞추어 행동하는 원칙 없는 태도나 경향.

영해(領海)[명] 한 나라의 둘레에 있으며, 그 나라의 영역에 포함되는 바다. 우리나라의 영해는 간조선(干潮線)에서 12해리까지이며, 대한해협만 3해리로 되어 있음. 영수(領水).

영해(嬰孩)[명] 어린아이. 비유아(幼兒).

영해-선(領海線)[명] 영해와 공해(公海)와의 경계선.

영해^어업(領海漁業)[명] 영해 안에서 하는 어업. 그 나라에 의하여 독점됨.

영-향(影響)[명] 다른 것에 작용을 미치어 반응이나 변화를 주는 일, 또는 그 작용. ¶영향을 주다(받다)./기름 값이 우리 경제에 미치는 영향.

영-향-력(影響力)[一녁][명] 영향을 끼치는 힘, 또는 그 정도. ¶영향력이 미치다. /경제계에서 큰 영향력을 발휘하다.

영허(盈虛)[명][하자] ⇨영휴(盈虧).

영험(靈驗)[명][하][스형] '영검'의 본딧말.

영현(英顯)[명][하형] 뛰어나고 총명함, 또는 그런 사람.

영현(英顯)[명] ⇨영령(英靈).

영현(榮顯)[명] '영현하다'의 어근.

영현-하다(榮顯-)[형여] 지위와 명망이 높다.

영형(令兄)[명] ①남을 높이어 그의 '형'을 일컫는 말. ②주로 편지 글에서, 친구끼리 서로 높이어 이르는 말.

영혜(英慧)[명] '영혜(英慧)하다'의 어근.

영혜(靈慧)[명] '영혜(靈慧)하다'의 어근.

영혜-하다(英慧-)[一혜/一헤-][형여] 영민하고 지혜롭다.

영혜-하다(靈慧-)[一혜/一헤-][형여] 신령스럽고 슬기롭다.

영호(永好)[명] '영호하다'의 어근.

영호-하다(永好-)[자여] 오래도록 사이좋게 지내다.

영혼(靈魂)[명] ①육체가 아니면서 육체에 깃들어 인간의 활동을 지배하며, 죽어서도 육체를 떠나 존재하는 것으로 여겨지는 정신적 실체(實體). 영가(靈駕). 혼령(魂靈). ↔육체(肉體). ②가톨릭에서, 불사불멸의 신령한 정신을 이르는 말. 영신(靈神). ②영(靈).

영혼^불멸-설(靈魂不滅說)[명] 철학에서, 죽은 후에도 인간의 영혼은 지성과 의지를 발휘하며 영원히 존재한다는 학설.

영혼-설(靈魂說)[명] 영혼은 존재하며, 현상계의 모든 사물을 영혼의 작용에 불과하다는 설.

영혼^신:앙(靈魂信仰)[명] 영혼은 육체를 떠나서도 존재하며 살아 있는 사람이나 사물에 영향을 끼친다고 믿어, 이를 숭배하는 일.

영화(英貨)[명] 영국의 화폐. 파운드 화폐.

영화(英華)[명] ①겉으로 나타나는 아름다운 색채. ②뛰어나게 운치 있는 시나 문장.

영화(映畫)[명] 연속 촬영한 필름을 연속으로 영사막에 비추어, 물건의 모습이나 움직임을 실제와 같이 재현하여 보이는 것. ¶무성 영화. /영화를 찍다.

영화(榮華)[명] 권력과 부귀를 마음껏 누리는 일. ¶영화를 누리다.

영화-감독(映畫監督)[명] 영화 제작의 모든 과정을 지휘하는 사람.

영화-계(映畫界)[一계/一게][명] 영화감독·영화배우·시나리오 작가·제작자 등 영화에 관계되는 사람들의 사회.

영화-관(映畫館)[명] 영화를 상영하는 극장.

영화-롭다(榮華-)[一따][~로우니·~로워][형비] 영화롭다. ¶평생토록 영화로운 삶을 살다. **영화로이**[부].

영화-배우(映畫俳優)[명] 영화에 출연하는 것을 직업으로 하는 사람.

영화-사(映畫社)[명] 영화의 제작·배급·수입·수출 등을 주요 업무로 하는 회사.

영화-스럽다(榮華-)[一따][~스러우니·~스러위][형비] 영화로운 데가 있다. **영화스레**[부].

영화^예:술(映畫藝術)[명] 영화에 의하여 표현되는 예술. 오락성이나 실용성보다 예술성을 중시할 때 쓰는 말.

영화^음악(映畫音樂)[명] 영화의 주제를 표현하거나 화면의 정경(情景)을 돕기 위하여 특별히 작곡된 음악.

영화-인(映畫人)[명] 영화 사업에 종사하는 사람을 통틀어 일컫는 말.

영화-제(映畫祭)[명] 영화 작품을 모아서 그 우열을 겨루거나, 제작자·감독·출연자 등의 친선과 교류를 꾀하기 위한 행사. ¶칸 영화제. /베니스 영화제에서 작품상을 수상하다.

영화^촬영기(映畫撮影機)[명] 영화를 촬영하는 사진기. 시네카메라.

영화-화(映畫化)[명][하타][되자] 소설·무대극(舞臺劇)·실화(實話) 따위를 영화로 만듦. ¶이상의 생애를 영화화하다.

영활(靈活)[명] ①[하타] 신통하게 살림. ②[하형] 마음 또는 정신의 활동이 기민함. ¶머리가 영활하게 움직인다.

영효(榮孝)[명] 부모를 영예롭게 하는 효도.

영효(靈效)[명] 영묘한 효험.

영후(令後)[명] 명령이 내린 뒤. ↔영전(令前).

영휴(盈虧)[명][하자] ①참과 이지러짐. (달이) 차기도 하고 이지러지기도 하는 일. ②번영함과 쇠퇴함. 영허(盈虛).

옅:다[옅따][형] ①겉에서 안까지, 또는 아래에서 위까지의 길이가 짧다. ¶옅은 물. ↔깊다. ②빛깔이나 농도 따위가 흐리거나 묽다. ¶빛깔이 옅다. /안개가 옅다. /화장이 옅다. ↔짙다. ③생각이나 감정 따위가 깊지 못하다. ¶옅은 소견. ④정의(情誼)가 두텁지 못하다. ⑤학문이나 지식이 적다. ⑥잠이 깨기 쉬운 상태에 있다. ¶옅은 잠. ⑧얕다. *옅어·옅고[옅꼬]

옅디-옅다[옅띠옅따][형] 아주 옅다. *옅디옅어[옅띠옅어]

옆[엽][명] 어떤 것을 중심으로 하여 그 왼쪽이나 오른쪽 곁. ¶가방을 책상 옆에 놓다. /내 옆에 앉아라. *옆이·옆만[옆—]

옆-갈비[엽깔—][명] 갈빗대의 옆구리 부분.

옆-구리[엽꾸—][명] 가슴과 등 사이의 양쪽 옆 부분. 겨드랑이의 아랫부분. ¶옆구리가 결리다.

옆구리에 **섬 찼나**[속담] 많이 먹는 사람을 보고 조롱하여 이르는 말.

옆-길[엽낄]圓 ①큰길 옆으로 따로 난 작은 길. ¶옆길로 빠지다. ②'본래 하여야 할 일 이외의 다른 일을 하는 경우'를 비유하여 이르는 말. ¶이야기가 옆길로 샌다.

옆-널[엽-]圓 나무 상자의 양쪽 옆에 대는 널빤지. ¶옆널로 베니어 합판을 쓰다.

옆-눈圓 '곁눈'의 잘못.

옆눈-질圓 '곁눈질'의 잘못.

옆-댕이[엽땡-]圓 '옆'의 속된 말.

옆-들다[엽뜰-][~드니·~들어]퇸 옆에서 도와 주다. ¶그에게는 옆들어 주는 이가 많다.

옆-막이[옘-]圓 옆쪽을 막기 위하여 대는 물건.

옆-면(-面)[옘-]圓 아래위나 앞뒤가 아닌 양쪽 옆의 면. 측면(側面).

옆-모서리[옘-]圓 각뿔이나 각기둥의 옆면과 옆면이 서로 만나서 이루는 모서리. 참측릉(側稜).

옆-모습[옘-]圓 옆에서 본 모습. ¶옆모습이 멋있다.

옆-문(-門")[옘-]圓 측문.

옆-바람[엽빠-]圓 옆에서 불어오는 바람.

옆-발치[엽빨-]圓 발치의 옆.

옆-방(-房)[엽빵]圓 방이 연이어 있을 때 이웃하는 방.

옆-쇠[엽쐬/엽쒜]圓 옷장 따위의 기둥과 기둥 사이를 걸어 두는 나무.

옆-심(-心)[엽씸]圓 배의 뜸집의 서까래.

옆-얼굴[여벌-]圓 옆에서 본 얼굴.

옆얼-이[여더피]囝 바로 옆에. 옆에.

옆-줄[엽쭐]圓 ①옆으로 난 줄. ②물고기나 양서류 따위의 몸의 옆쪽에 한 줄로 늘어서 있는 감각기(感覺器). 물살이나 수압(水壓)을 느끼는 구실을 함. 측선(側線).

옆-질[엽찔]圓하자 배가 좌우로 흔들리는 일. 〔뱃사람들의 말.〕 ↔앞뒷질.

옆-집[엽찝]圓 (어떤 집의) 바로 옆에 있는 집.

옆-찌르다[엽-][~찌르니·~찔러]퇸틔 넌지시 귀띔해 주려고 손으로 남의 옆구리를 찌르다.

옆찔러 절받기[속담] 상대편은 할 생각도 없는데 자기 스스로가 요구하거나 알려 주어서 대접을 받는다는 말.

옆^차기[엽-]圓 태권도의 발기술의 한 가지. 옆쪽에 있는 상대를 공격하는 기술. 몸은 정면을 향하고, 윗몸을 옆으로 굽히면서 발길로 차는 동작.

옆-폭(-幅)[엽-]圓 옆에 대는 널빤지.

옆-훑이[여훌치]圓 홈 따위의 옆을 훑어 내는 데 쓰는 연장.

예[1]圓 한글 자모(字母)의 이중 모음(二重母音)인 'ㅖ'의 음가(音價) 및 이름.

예[2]圓 오래전. 옛날. 옛적. 《주로, '예나·예부터'의 꼴로 쓰임.》 ¶예부터 전해지는 이야기. /예나 지금이나 변한 게 하나도 없다.

예[3]圓 〈여기〉의 준말. ¶예가 어딥니까?

예[4]囝 ①존대할 자리에 대답하는 말. ¶예, 그렇습니다. ②존대할 자리에 재우쳐 묻는 말. ¶예, 안 가시겠다고요? ③(입말에서, 말의 끝에 쓰여) 존대할 자리에 무엇인가를 요구하거나 부탁함에 대하여 묻는 말투로서 확인하거나 독촉하는 말. ¶잘되도록 해 주세요, 예?/부탁드렸던 일, 꼭 되겠지요, 예? 네3.

예[5]囝 심하게 나무랄 때 하는 소리. ¶예, 이놈! 비에기.

예[1]圓 (옛) 왜(倭). ¶에 와:倭(訓蒙中4). /請으로 온 에와 싸호샤(龍歌52章).

예[2]때 여기. ¶예 사흘 머믄 後의(鄭澈.關東別曲).

예[3]조 에. ¶ 놀애에 일홈 미드니(龍歌16章). /狄人ㅅ서리예 가샤(龍歌4章).

예:(例)圓 ①〈전례(前例)〉·〈선례(先例)〉의 준말. ②무엇을 설명하는 데 증거가 되는 사물. 보기. 본보기. ¶예를 들어 설명하다. ↔여느 때와 같음. 《주로, '예의'의 꼴로 쓰임.》 ¶예의 그 다방으로 오너라.

예:(豫)圓 〈예산(豫算)〉의 준말.

예(澧)圓 ➡예맥(澧貊).

예(禮)圓 ①원활한 인간관계를 위하여 일상생활의 규범으로서 마땅히 지켜야 할 일정한 형식. ¶예를 갖추어 오다. ②〈예법(禮法)〉의 준말.

예-가(禮家)圓 〈예문가(禮文家)〉의 준말.

예-각(銳角)圓 직각보다 작은 각. ↔둔각(鈍角).

예-각(豫覺)圓하자 ➡예감(豫感).

예:각^삼각형(銳角三角形)[-쌍가켱]圓 세 각이 모두 예각으로 된 삼각형.

예-감(銳感)圓하짜 예민한 감각, 또는 감각이 예민함. ↔둔감(鈍感).

예:감(豫感)圓하자 무슨 일이 일어날 것 같다는 것을 사전에 느끼는 일, 또는 그런 느낌. 예각(豫覺). ¶불길한 예감이 들다.

예:거(例擧)圓하퇸 예를 듦. ¶장점을 하나하나 예거하다.

예:건(例件)[-껀]圓 〈의례건(依例件)〉의 준말.

예:격(例格)圓 예가 되는 격식. 전례(前例)로 하여 온 격식.

예:견(豫見)圓하퇸되자 일이 있기 전에 미리 앎. 예지(豫知). ¶충분히 예견되었던 문제다.

예경(禮敬)圓하자 부처나 성현 앞에 절함.

예:계(豫戒)[-계/-게]圓하퇸 미리 경계함. 미리 조심함.

예:고(豫告)圓하퇸되자 미리 알림. ¶다음 달 행사를 예고하다.

예:고-편(豫告篇)圓 영화나 텔레비전 등에서, 상영 또는 방영할 내용을 미리 알리기 위하여 그 일부를 추려 엮은 것.

예:과(豫科)[-꽈]圓 본과에 들어가기 전의 예비 과정. 본과(本科).

예광-탄(曳光彈)圓 탄도(彈道)를 알 수 있도록, 빛을 내면서 날아가는 탄환.

예:괘(豫卦)圓 육십사괘의 하나. 진괘(震卦)와 곤괘(坤卦)를 위아래로 놓은 괘. 우레가 땅에서 나와 떨침을 상징함. 준예(豫).

예궁(禮弓)圓 예식에 쓰이는 활의 한 가지. 모양이 각궁과 같고, 길이는 여섯 자임. 대궁(大弓).

예:궐(詣闕)圓하자 대궐에 들어감. 입궐(入闕). 참내(參內).

예:규(例規)圓 관례와 규칙. 관례로 되어 있는 규칙.

예:금(預金)圓하퇸되자 은행 등의 금융 기관에 돈을 맡김, 또는 그 돈. ¶예금을 찾다.

예:금^계:좌(預金計座)[-계-/-게-]圓 금융 기관에 예금하기 위하여 개설하는 계좌. 준예금 좌(計座).

예:금^보:험(預金保險)圓 은행의 파산으로 생기는 예금자의 손해를 보상하기 위한 보험.

예:금-액(預金額)圓 예금한 금액.

예:금^원가(預金原價)[-까]圓 예금 이자·영업비 등 은행이 예금을 모으는 데 필요한 경비.

예:금-은행(預金銀行)[-은-] 圏 〔예금을 주된 업무로 하는 은행을 보통은행에 상대하여 이르는 말.

예:금-주(預金主) 圏 예금한 사람.

예:금=증서(預金證書) 圏 은행 등이 예금을 받았음을 증명하여 예금자에게 내주는 증서.

예:금-통장(預金通帳) 圏 예금의 출납을 적어 두는, 은행 등의 장부.

예:금=통화(預金通貨) 圏 수표를 발행함으로써 언제든지 현금과 같은 기능을 할 수 있는, 요구불 예금.

예:금=협정(預金協定) 圏 ←예금 금리에 관한 협정.

예:기(豫期) 圏 ─하다 태 앞으로 닥쳐올 일을 미리 기대하거나 예상함.

예:기(銳氣) 圏 날카롭고 씩씩한 기상. 《예기를 꺾다.》

예:기(銳器) 圏 날이 날카로운 연장. 날붙이. 예리한 기기.

예:기-하다(豫期─) 태예 미리 기약하다.

예:나-제나 무 옛날이나 지금이나.

예:년(例年) 圏 ① 보통의 해. 《예년보다 더웠다.》 ② 해마다. ③ 예년의 일. 《예년의 기록.》

예:능(藝能) 圏 ① 재주와 기능. ② 영화·연극·음악·무용 따위 예술과 관련된 능력이나 기예.

예:니-레 圏 이레나 여드레.

예:당(例─) 圏 으레 있던 일정한 본.

예:도(禮度) 圏 예의와 법도.

예:도(銳刀) 圏 날카로운 칼.

예:도(銳鋒) 圏 날이 날카롭고 끝이 뾰족한 병기.

예:당(銳鋒) 圏 날카롭고 뾰족한 끝.

예:라 團 놀라거나 기뻐서 내는 소리.

예:레미야서(←Jeremiah 書) 圏 구약 성서 중의 한 편.

예:레미야-애:가(←Jeremiah哀歌) 圏 구약 성서 중의 한 편.

예:례미야애가(←Jeremiah哀歌) 圏 구약 성서 중의 한 편.

예:리-하다(銳利─) 휑여 ① 날이 날카롭다. ② 관찰력이나 판단력이 날카롭다. 예리-히 무

예:림(藝林) 圏 예술가들의 사회.

예:막(瞖膜)圏 흰 막 또는 붉거나 푸른 막이 눈자위에 덮이는 눈병을 한방에서 이르는 말.

예:망(曳網)圏[―하다形] 어망(漁網)을 끌어당김. ②―그물.

예:매(買買)圏[―하다形][타] ①시기가 되기 전에 미리 삼. ¶배추를 밭떼기로 ― 하다. ②물건을 받기 전에 미리 값을 치러 삼. 전매(先買).

예:매(豫買)圏[―하다形][타] ①시기가 되기 전에 미리 기거값을 예매하는 청구. ②물품을 전 매기기 전에 미리 값을 치러 삼. 선매(先賣). 전매(前賣).

예:매-권(豫賣券)[―꿘]圀 미리 파는 입장권이나 차표 따위.

예:재(穢齋)圏 한곳(韓國)의 부족 국가의 하나. 예(濊).

예:명(例明)圏 '예명하다'의 어근.

예:명(藝名)圏 연예인의 본명 이외에 따로 지어 부르는 이름.

예:명-하다(叙明―)圏[타] 임금이 죽은 뒤 신하가 시립하고 서다.

예:모圏 예모 차림을 할 때 갖추는 모자.

예:모(例貌)圏 예절에 맞도 태도.

예:모-답다(禮貌―)[―따우니・―다워][타] 예의나 예절에 어그러짐이 없다.

예:문(例文)圏 설명을 들이 위한 보기가나 응례가 되는 문장.

예:문(例問)圏[―하다形] 지난날, 감사(監司)나 병사 (兵使)가 중앙의 고관에게 선사하던 일.

예:문(例文)2圏 예로 보인 문례. ¶예문을 들다.

예:문-관(藝文館)圏 고려・조선 시대에, 칙령(勅令)과 사회(辭令)를 맡아보던 관청. ②조선 시대에, 왕명의 제찬(制撰)을 맡던 관청.

예:물(禮物)圏 ①사례의 뜻으로 주는 물품. ②신부나 신랑이 예물로 주고받는 기 물품. ③신랑・신부가 혼례에서 주고받는 반지.

예:물(穢物)圏 더러운 물건. 오물(汚物).

예:민(例民)圏 '예민하다'의 어근.

예:민(叡敏)圏 '예민하다'의 어근.

예:민-하다(敏敏―)圏[―하여]形 신경이나 감수성이 예민하다. ¶감수성이 ― 나다.

예:방(禮防)圏 예의로서 못된 행동을 막음.

예:방(豫防)圏[―하다形] 질병이나 재난 같에 예방하는 것. 미리 막아 방지함. [―줄임]

예:방-선(豫防線)圏 ①위험을 예방하기 위하여 치는 줄. ②지망・관심을 예방하는 방어선.

예:방-주사(豫防注射)圀 면역을 얻게 하기 위하여 주사로 백신을 만드는 것.

예:방-책(豫防策)圀 병이나 재난을 예방하는 대책.

예:배(禮拜)圏 ①신이나 부처에게 공손한 마음으로 절하는 일. ②개신교에서, 성경을 읽고, 기도와 찬송으로 하나님에 대한 숭경을 나타내는 일. ¶예배를 보다.

예:복(禮服)圏 의식 때에 입는 옷.

예:부(禮部)圏 ①고려 시대의 육부(六部)의 하나. 예관. ②조선 시대의 예조(禮曹)를 달리 이르던 말.

예:불(禮佛)圏[―하다形] 부처에게 예배함.

예:사(禮砂)圏 '예사하다'의 어근.

예:복(隸僕)圏 노복. 종.

예:산(禮山)圏 충청 남도에 있는 읍. 예산군의 군청 소재지.

예:산(豫算)圏 ①미리 계산함. ②국가나 단체의 일정 기간의 수입과 지출을 미리 헤아려 셈함.

예:사(例事)圏 보통 있는 일. 예삿일.

예:상(豫想)圏[―하다形] 미리 생각함.

예:색(叡色)圏 임금의 얼굴빛.

예:서(隸書)圏 한자 서체의 하나.

예:성(叡聖)圏 왕의 성덕(聖德).

예:속(隸屬)圏 딸려서 붙음.

예:술(藝術)圏 ①기예와 학술. ②특별한 재료・양식・기교 등에 의하여 미를 창조・표현하는 활동.

예:순圏 열의 여섯 배가 되는 수. 육십(六十).

예:습(豫習)圏[―하다形] 배울 것을 미리 익힘.

예:시(例示)圏[―하다形] 예를 들어 보임.

예:식(禮式)圏 예법에 따라 치르는 의식.

거나 격리시켜 두었다가, 결정적인 시기에 사용할 목적으로 편성하여 두는 부대.

예:비-병(豫備兵)몡 ①예비역에 복역하는 군인. ②예비로 갖추어 두는 군인.

예:비-비(豫備費)몡 예측할 수 없는 세출 예산(歲出豫算)의 부족에 대비하여 미리 예산 편성에 넣어 두는 비용. 예비금. ¶행사 비용을 예비비에서 지출하다.

예:비^선:거(豫備選擧)몡 미국에서, 각 당의 대통령 후보자를 지명할 대의원을 선출하는 선거.

예:비^시험(豫備試驗)몡 본시험을 칠 만한 학력이 있는지 없는지를 알아보기 위한 시험.

예:비-역(豫備役)몡 병역의 한 가지. 현역(現役)을 마친 사람으로서 평시에는 일상생활을 하다가 비상시나 훈련 기간에 소집되어 군무에 복무하는 병역, 또는 그에 해당하는 사람. ↔현역.

예:비^정:리(豫備定理)[-니]몡 ☞보조 정리.

예:비-지식(豫備知識)몡 (무슨 일을 하기 전에) 미리 알아 두어야 할 지식. ¶해저 탐험을 위한 예비지식.

예빙(禮聘)몡하타 예의를 갖추어 사람을 부름.

예:쁘다[예쁘니·예뻐]톙 (생김새나 하는 짓 따위가) 아름답고 귀엽다. ¶예쁜 여학생. /제비 꽃이 예쁘다. /얼굴보다 마음이 예뻐야지.

예쁘지 않은 며느리가 삿갓 쓰고 으스름 달밤에 나선다[속] 가뜩이나 못난 자가 격에 맞지 않게 어설픈 짓을 하여 눈 밖에 난다는 말.

예쁜 자식 매로 키운다[속] 귀여운 자식일수록 잘 기르려면 엄하게 가르치며 키워야 한다는 뜻.

예:쁘장-스럽다[-따][~스러우니·~스러워]톙ㅂ 보기에 예쁘장하다. ¶아기 옷이 아주 예쁘장스럽다. **예쁘장스레**튀 **예쁘장스러**다 형.

예:쁘장-하다형여 제법 예쁘다. ¶예쁘장하게 생긴 아이.

예:사(例事)몡 <예상사(例常事)>의 준말. ¶그 정도는 예사다.

예사(禮斜)몡 조선 시대에, 예조(禮曹)에서 입양(入養)의 청원을 허가하여 주던 글.

예:사(禮謝)몡하타 감사의 뜻으로 사례함.

예:사^낮춤(例事-)[-낟-]몡 ①인칭 대명사에서 예사로 낮추어 일컫는 말. 〔나·자네·저 사람 따위.〕보통 비칭(普通卑稱). ②☞하게체.

예:사-내기(例事-)몡 ☞보통내기. 여간내기. ¶저 아이가 저래 봬도 예사내기가 아니라네.

예:사^높임(例事-)몡 ①인칭 대명사에서 예사로 높이어 일컫는 말. 〔당신·그대·이분·저분 따위.〕보통 존칭. ②☞하오체.

예:사-로(例事-)튀 예사로. 아무렇지도 않게. ¶높은 나무에도 예사로 오른다. /그 정도의 행패는 예사로 저지른다.

예:사-롭다(例事-)[-따][~로우니·~로워]톙ㅂ 보통 있는 일이다. 별다를 것이 없다. ¶그건 예사로운 문제가 아니다. **예:사로이**튀 ¶결코 예사로이 생각할 일이 아니다.

예:사-말(例事-)몡 ①보통 예사롭게 하는 말. ¶예사말로 듣지 말고 명심해야 한다. ②높임의 뜻이 없는 보통의 말. 〔'말씀'에 대한 '말', '주무시다'에 대한 '자다' 따위.〕↔공대말.

예:사-소리(例事-)몡 자음의 한 갈래. 예사로 숨 쉴 때의 날숨으로 내는 소리. 〔'ㄱ·ㄷ·ㅂ·ㅅ·ㅈ'이 이에 딸림.〕평음(平音). ⶮ거센소리·된소리.

예:산(豫算)몡하타 ①무엇을 미리 헤아려 어림잡음. 어떤 일을 위하여 미리 필요한 비용을 어림잡음, 또는 그 비용. ¶예산을 세우다. /경비를 얼마로 예산하느냐? ②국가나 지방 자치 단체, 기업 등의 한 회계 연도에 있어서의 세입(歲入)과 세출(歲出)에 관한 계획. ¶예산 편성. /예산을 삭감하다.

예:산^단가(豫算單價)[-까]몡 표준적인 인건비(人件費)나 물건비(物件費)에 대하여 정하는 단가. 예산을 세우는 데 있어서 기초 자료가 되는 것.

예:산^선의권(豫算先議權)[-서늬꿘/-서니꿘]몡 양원제(兩院制)의 국회에서, 하원이 상원보다 먼저 예산안의 제출을 받아 심의할 수 있는 권한.

예:산^수정권(豫算修正權)[-꿘]몡 국회가 정부에서 제출한 예산안을 수정할 수 있는 권한.

예:산^심:의(豫算審議)[-시믜/-시미]몡 정부에서 제출한 예산안을 확정하기 위한 국회의 심의.

예:산-안(豫算案)몡 ①정부에서 국회에 제출하여, 아직 의결을 거치지 않은 예산의 원안. ②지방 자치 단체나 기업체 따위의 집행 기관이 작성하여, 의회나 총회의 승인을 얻지 않은 예산의 원안.

예:산^초과(豫算超過)몡 ①세입(歲入) 또는 세출(歲出)이 예산액보다 많아지는 일. ②지출이 예정 금액보다 많아지는 일.

예:삿-일(例事-)[-산닐]몡 보통으로 있는 일. 별다를 것이 없는 일. 예상사. ¶그건 예삿일이 아니다. /그 정도는 예삿일로 여긴다.

예:상(豫想)몡하자타되자 (어떤 일의 경과나 결과 따위를) 미리 어림잡아 생각함, 또는 그 생각. ¶예상이 어긋나다. /일이 예상했던 대로 되다.

예:상-고(豫想高)몡 ①☞예상량. ②☞예상액.

예:상-량(豫想量)[-냥]몡 미리 헤아려 본 수. 예상고.

예:상^배:당(豫想配當)몡 주식의 배당에서, 과거의 실적이나 현재의 수익 따위를 참고로 해서 산출한 장래의 배당.

예:상-사(例常事)몡 ☞예삿일. ⶮ상사·예사.

예:상-액(豫想額)몡 미리 헤아려 본 금액. 예상고(豫想高).

예:상-외(豫想外)[-외/-웨]몡 생각 밖. 뜻밖. ¶예상외의 승리. /예상외로 고전을 하다.

예새몡 (도자기를 만들 때에) 도자기의 몸을 다듬는 데 쓰는 나무칼.

예서준 '여기서'가 줄어든 말. ¶예서 잠시 기다려라.

예:서(隷書)몡 한자의 팔체서의 한 가지. 중국 진(秦)나라 때 정막(程邈)이 전서(篆書)의 번잡한 점을 생략하여 만든 글씨체임. 좌서(左書).

예:서(瘞墸)몡 ☞데릴사위.

예서(禮書)몡 ①예법에 관한 책. ②☞혼서(婚書).

예선준 '여기서는'이 줄어든 말.

예선(曳船)몡하자되자 배에 줄을 매어 끄는 일. ②다른 배를 끄는 배. ②예인선(曳引船).

예:선(豫選)몡하자타 ①많은 것 중에서, 다음 선별(選別)의 대상으로 하기 위하여 미리 뽑음. ¶예선을 거치다. ②경기에서, 결승전이나 본대회에 나갈 선수나 팀을 선출함, 또는 그 시합. ¶예선을 통과하다. ⶮ본선(本選)·결선(決選).

예:설(禮說)몡 예절에 관한 설(說).

예:성(叡聖)명 임금이, 지덕(知德)이 뛰어나고 사리에 밝음.

예:성(譽聲)명 ①명예와 명성. ②남을 칭찬하는 말.

예:성-문무(叡聖文武)문무를 겸비한 임금의 성덕(聖德).

예셔조(옛)①에서. ¶雲臺에서 나리 못드록 그 리느니(杜初20:11). ②보다. ¶이 소리는 우리 나랏 소리에셔 열보니(訓諺).

예:속(隷屬)하자되자 남의 뜻대로 지배되어 따름. 남의 지배 아래 매임. ¶사령부에 예속된 부대. /강대국에 예속되다.

예속(禮俗)명 예의범절에 관한 풍속이나 습관. 〔관혼상제(冠婚喪祭) 따위.〕

예:속-국(隷屬國)[-꾹]명 ☞종속국(從屬國).

예속상교(禮俗相交)[-쌍-]명 향약의 네 덕목 중의 하나. 서로 사귐에 예의를 지킴.

예:수^자본(隷屬資本)[-짜-]명 ☞매판 자본.

예손(裔孫)명 여러 대(代)가 지난 뒤의, 먼 자손.

예:송(例送)명하다 정례(定例) 또는 전례(前例)에 따라 보냄.

예송(禮訟)명 예법에 관한 논란.

예:수(豫受)명하다 미리 받음.

예:수(豫修)명 ☞역수(逆修).

예:수(←Jesus)명 기독교의 개조(開祖). 그리스도. 기독. 독생자(獨生子). 야소(耶蘇). 참메시아.

예:수-교(←Jesus敎)명 ①기독교. ②기독교의 신교(新敎). 종교 개혁으로 가톨릭에서 갈려 나온 종파를 우리나라에서 이르는 말. 참개신교·프로테스탄트.

예:수교-인(←Jesus敎人)명 예수교를 믿는 사람. 기독교 신자.

예:수교-회(←Jesus敎會)[-회/-훼]명 예수교 신도들의 조직, 또는 신도들이 모여서 예배를 보는 곳.

예:수^그리스도(←Jesus Kristos)명 '구세주인 예수'라는 뜻으로 '예수'의 존칭.

예:수-금(豫受金)명 미리 받는 돈.

예수-남은수관 예순보다 조금 더 되는 수(의). ¶예수남은이 되어 보이는 노인. /예수남은 사람이 모이다.

예:수-재(豫修齋)명 불교에서, 죽어서 극락에 가기 위하여 생전에 부처에게 올리는 재.

예:수-쟁이(←Jesus-)명 '예수교인'의 속된 말.

예순수관 열의 여섯 곱절이 되는 수(의). 육십(六十). ¶내 나이 예순 살 환갑.

예:술(藝術)명 어떤 일정한 재료와 양식·기교 등에 의하여 미(美)를 창조하고 표현하는 인간의 활동, 또는 그 산물. 〔문학·음악·회화·조각·연극·영화 따위.〕

예:술-가(藝術家)명 예술 작품을 창작하거나 표현하는 사람.

예:술-계(藝術界)[-계/-게]명 예술가들의 사회.

예:술-관(藝術觀)명 예술의 본질·가치 등에 관한 견해.

예:술-론(藝術論)명 예술의 본질·기능·기법 따위에 관한 이론.

예:술-미(藝術美)명 예술적인 미. 예술로 표현되는 아름다움. ↔자연미(自然美).

예:술^사진(藝術寫眞)명 대상을 예술적 시점(視點)에서 포착하여, 미적 감동을 일으키게 할 것을 목적으로 하여 제작된 사진.

예:술-성(藝術性)[-썽]명 (예술 작품이 지닌) 예술적인 특성. ¶예술성이 뛰어난 작품.

예:술^영화(藝術映畫)명 흥행성을 염두에 두지 않고 예술성을 추구하여 만든 영화.

예:술-원(藝術院)명 예술의 발전을 위한 정부의 자문에 응하기 위하여, 문화 보호법에 따라 설치된 기관. 문화 체육 관광부 장관이 관리하고, 원로 예술인들을 회원으로 함. 참학술원(學術院).

예:술-인(藝術人)명 '예술가'를 달리 일컫는 말. ¶예술인들의 세계.

예:술-적(藝術的)[-쩍]관명 ①예술로서의 성격을 갖추고 있는 (것). ¶예술적 감흥. /삶을 예술적으로 승화시킨 작품. ②예술의 면에서 본 (것). ¶예술적 가치. /예술적으로 가치가 높다.

예:술-제(藝術祭)[-쩨]명 예술의 향상·발전을 목적으로 하는 종합적인 행사의 이름으로 흔히 쓰이는 말.

예:술^지상주의(藝術至上主義)[-의/-이]명 예술은 정치·철학·종교 등 어떤 다른 것을 위하여 있는 것이 아니라, 예술 그 자체가 목적이며 가치라고 하는 주의.

예:술-파(藝術派)명 문학에서, 예술 지상주의의 처지에서 예술적 세련미를 추구하는 파.

예:술-품(藝術品)명 예술가가 독자적인 양식과 기법으로 제작한 예술적인 작품.

예:술-학(藝術學)명 음악학·문예학·연극학 등 개별적인 예술을 연구하는 학문을 통틀어 이르는 말.

예:-스럽다[-따][~스러우니·~스러워]형ㅂ 옛 것을 대하는 것 같은 느낌이 있다. ¶예스러운 건물. /예스러운 말. 예스레부.

예스맨(yes-man)명 무슨 일에나 '예예' 하고 시키는 대로 고분고분 따르는 사람을 이르는 말.

예:습(豫習)명하다 아직 배우지 않은 것을 미리 학습하거나 연습함. ↔복습(復習).

예:승(例陞)명하다되자 규례(規例)에 따라 벼슬을 높임.

예승즉이(禮勝則離)명하자 예의가 지나치면 도리어 사이가 멀어짐.

예:시(例示)명하다되자 예를 들어 보임. 실례(實例)로서 보임. ¶몇 가지 방법을 예시하다.

예:시(豫示)명하다되자 미리 보이거나 알림. ¶신의 예시.

예:-시위(詣侍衛)갭 〔'모시고 나가자'의 뜻으로〕 봉도(奉導) 때 외치던 소리.

예:식(例式)명 정례적(定例的)인 의식(儀式). 관례로 되어 있는 법식. ¶예식을 올리다.

예식(禮式)명 예법에 따른 의식. 예의 법식.

예식-장(禮式場)[-짱]명 예식을 올리는 곳. 주로, '결혼식장'을 말함.

예:신(禮臣)명 임금이 가난한 신하나 앓아누워 있는 신하에게 금품이나 약제를 내려 주던 일.

예:신(穢身)명 불교에서 이르는, 더러운 몸. 부정(不淨)한 육신(肉身).

예:심(豫審)명 ①본심사에 앞서서 미리 하는 심사. ②구형사 소송법(舊刑事訴訟法)에서, 사건을 공판에 회부할 것인지를 결정하고, 또 공판에서 조사하기 어려울 것으로 생각되는 증거를 수집하고 확보하기 위하여 행하던 심사.

예:심(穢心)명 불교에서 이르는, 더러운 마음. 부정(不淨)한 마음. 범부(凡夫)의 마음.

예악(禮樂)명 예절과 음악. 예절은 언행을 삼가게 하고, 음악은 인심을 감화시키는 것이라 하여, 중국에서는 예로부터 사회의 질서 유지를 위하여 매우 중요시하였음.

예:약(豫約)圓 ①[하타][되자](어떤 것을 확보하기 위하여) 미리 약속함, 또는 그 약속. ¶예약된 좌석. /객실을 예약하다. ②앞으로 어떤 계약을 맺을 것을 미리 약속하여 두는 계약.

예:약-금(豫約金)[-끔]圓 예약할 때 치르는 보증금.

예:약^전:보(豫約電報)[-전-]圓 특정한 구간(區間)에 일정한 글자 수로 발신(發信)하고 요금을 나중에 납부하는 특수 전보.

예:약^전:화(豫約電話)[-전-]圓 특정한 구간(區間)의 전화선을 일정한 시간에 한하여, 전용(專用)하는 일. 주로, 신문사·통신사·방송국 등에서 이용함.

예:약-처(豫約處)圓 예약을 받는 곳.

예:약^출판(豫約出版)圓 간행에 앞서 구독자를 모집하고, 그 예약 신청자만을 대상으로 서적을 출판하는 일.

예:약^판매(豫約販賣)圓 구매 신청을 미리 받아 그 예약 신청자에게만 물건을 판매하는 일, 또는 그러한 판매 방식.

예양(禮讓)圓[하자] 예의를 다하며, 공손한 태도로 사양함.

예:언(例言)圓 책의 머리에서 미리 일러두는 말. 범례(凡例). 일러두기.

예:언(豫言)圓[하자][되자] ①미래에 일어날 일을 미리 헤아려 말함, 또는 그 말. ¶예언이 들어맞다. /천재지변을 예언하다. ②기독교에서, 신탁(神託)으로 하나님의 계시나 뜻을 사람들에게 전하는 일, 또는 그 말. ¶구세주의 재림을 예언하다.

예:언(譽言)圓 남을 칭찬하여 기리는 말.

예:언-서(豫言書)圓 ①예언자가 미래의 일을 헤아려 적은 글. ②기독교에서, 신의 계시를 전하려고 적은 글. 구약 성서의 전예언서와 후예언서를 이름.

예:언-자(豫言者)圓 ①예언을 하는 사람. 예언을 할 능력이 있는 사람. ②기독교에서, 신탁(神託)으로 예언을 하는 사람. ③선지자(先知者).

예:열(豫熱)圓[하타] (원동기의 시동 따위에서) 미리 가열(加熱)함.

예:-예圓 시키거나 부탁하는 말에 아주 순종한다는 뜻으로 하는 대답. ¶"여기 국밥 한 그릇 주시오." "예예!"

예오圓 벽제(辟除) 소리의 한 가지. 거동 때 등 가사령(導駕使令)이 앞서 가며 외쳤음.

예:외(例外)[-의/-웨]圓 보통의 예에서 벗어나는 일. 일반의 원칙에 해당하지 않는 일. ¶예외로 처리하다. /예외 없는 법은 없다. /이 규정엔 예외가 없다.

예:외-법(例外法)[-의/-웨뻡-웨뻡]圓 원칙법을 적용하기 어려운 경우에, 예외의 사항에만 적용되는 법. ↔원칙법(原則法).

예:외-적(例外的)[-의/-웨-/-웨-]관圓 어떤 규정이나 정례(定例)에 해당하지 않는 (것). ¶예외적 조치. /예외적인 사항.

예요조 ☞어요. ¶그 애는 착한 아이예요.

예:욕(穢慾)圓 더러운 욕심.

예용(禮容)圓 예의 바른 태도.

예우(禮遇)圓[하자] 예로써 대접함. 예의를 다하여 대우함. 예대(禮待). ¶선배를 깍듯이 예우하다.

예:원(藝苑·藝園)圓 '예술계'를 아름답게 이르는 말. 예림(藝林).

예월(穢月)圓 지난달, 초상(初喪) 뒤에 장사 지내는 달. [천자는 일곱 달, 제후(諸侯)는 다섯 달, 대부(大夫)는 석 달, 선비는 한 달 만에 장사 지냈음.]

예:의(銳意)[-의/-이]圓 (어떤 일을 열심히 하려고) 단단히 차리는 마음. ¶예의로 입시에 대비하다. /사태를 예의 주시(注視)하다.

예의(禮意)[-의/-이]圓 경의를 표하는 마음. 공경의 뜻을 나타내는 마음. 경의(敬意).

예의(禮義)[-의/-이]圓 예절과 의리.

예의(禮儀)[-의/-이]圓 사회생활과 사람과의 관계에서, 예로써 공손하게 나타내는 말투나 몸가짐. ¶예의가 바르다. /예의를 지키다. /예의는 형식보다 마음이 중요하다. ଷ예의범절·예절.

예의(禮誼)[-의/-이]圓 사람이 마땅히 지켜야 할 올바른 도리. ¶예의에 벗어나다.

예의-범절(禮儀凡節)[-의-/-이-]圓 (일상생활에서) 모든 예의와 법도에 맞는 절차. ¶예의범절에 어긋난 행동. ଷ예의·예절.

예이1圓 어떤 사실을 부정하거나 무엇이 못마땅하거나 할 때 내는 소리. ¶예이, 설마 그 사람이 거짓말을 했으라고.

예:-이2圓 지난날, 병졸이나 하례(下隸)들이 위의(威儀)를 갖추어 일제히 내던 대답의 소리.

예인(曳引)圓[하타] (배·잠수함 따위를) 끌어당김. ¶좌초된 배를 예인하다.

예:인(銳刃)圓 날카로운 칼날.

예인-선(曳引船)圓 (줄을 매어) 다른 배를 끄는 배. 예선(曳船).

예:입(預入)圓[하타] 돈을 은행 따위에 맡김. 예금을 함. ¶수금한 돈을 은행에 예입하다.

예:입-금(預入金)[-끔]圓 예입한 돈.

예:자(隸字)圓 예서체(隸書體)의 글자.

예:작-부(例作府)[-뿌]圓 신라 때에, 영선(營繕)에 관한 일을 맡아보던 관청.

예:장(銳將)圓 날쌘 장수.

예장(禮狀)圓 ①☞혼서(婚書). ②사례(謝禮)의 편지.

예장(禮裝)圓[하자] 예복을 입음, 또는 그 복장. 예복 차림.

예:장(禮葬)圓 ①[하타]예도(禮度)를 갖추어 치르는 장례. ②지난날, '국장(國葬)'을 달리 이르던 말.

예장-함(禮狀函)圓 혼서지(婚書紙)와 채단(采緞)을 담는 함.

예:전圓 오래된 지난날. ¶예전에는 미처 몰랐다.

예:전(例典)圓 규정된 법식.

예전(禮典)圓 육전(六典)의 하나. 예조(禮曹)의 사무를 규정한 책.

예전(禮電)圓 ①사례(謝禮)의 전보. ②의례적(儀禮的)인 전보.

예절(禮節)圓 예의와 절도. 예의범절. 예도(禮度). 의절(儀節).

예:정(豫定)圓[하자][되자] 앞으로 할 따위를 미리 정함. ¶출발 예정 시각. /내일 떠날 예정이다.

예:정(豫程)圓 일 따위의 예정된 과정이나 일정.

예:정(穢政)圓 ☞비정(秕政).

예:정-설(豫定說)圓 ①기독교 신학에서, 인간이 구원받느냐, 멸망하느냐 하는 것은 미리 정해져 있다는 설. ②모든 일은 자유로운 의지나 행위까지도 포함하여, 미리 정해져 있다는 설.

예:정-일(豫定日)圓 예정한 날짜. 예정되어 있는 날짜. ¶분만(分娩) 예정일.

예:정^조화설(豫定調和說)圓 라이프니츠의 철학에서, 각 단자(單子)가 독립하여 자기 발전

을 하는 존재이면서, 서로 일치하여 세계의 질서를 유지하고 있는 것은, 신이 예정해 놓은 각 단자 사이의 조화에 의한 것이라는 설.

예:정-표(豫定表)**명** 예정을 적어서 표로 만들어 놓은 것. ¶작업 예정표.

예-제(例祭)**명** 여기와 저기.

예:제(例祭)**명** 해마다 일정한 시기에 지내는 제사. 항례(恒例)대로 지내는 제사.

예:제(例題)**명** 교과 내용 따위의 이해를 돕기 위하여, 또는 연습을 시키기 위하여 보기로서 내는 문제.

예:제(睿製)**명하타** 왕세자나 왕세손이 글을 지음, 또는 그 글.

예:제(豫題)**명** 예상한 문제. 넌지시 미리 알려준 글제.

예제(禮制)**명** 상례(喪禮)에 관한 제도.

예:조(柄鑿)**명** 〈방예원조(方枘圓鑿)〉의 준말.

예:조(銳爪)**명** 날카로운 손톱이나 발톱.

예조(禮曹)**명** 고려·조선 시대의 육조(六曹)의 하나. 예악(禮樂)·제사(祭祀)·연향(宴享)·조빙(朝聘)·학교·과거 등에 관한 일을 맡았음.

예조^판서(禮曹判書)**명** 조선 시대에, 예조의 정이품. 으뜸 벼슬. ㉜예판(禮判).

예:종(隷從)**명하자** 남에게 예속됨. 남의 지배 아래로 들어가서 시키는 대로 복종함.

예:좌(猊座)**명** ('예(猊)'는 사자(獅子)의 뜻으로) ①부처가 앉는 자리. ②고승(高僧)이 앉는 자리. ③☞사자자리.

예주(醴酒)**명** 연주회 때, 앙코르에 응하여 답례(答禮)로 하는 연주.

예:증(例症)**명** 늘 앓고 있는 병. 지병(持病).

예:증(例證)**명하타** 실례(實例)를 들어 증명함. 또는 증거로 드는 예. ¶예증을 들다.

예:지(睿旨)**명** 왕세자가 임금을 대신하여 통치할 때 내리는 명령.

예:지(銳志)**명** 예기(銳氣) 있는 마음.

예:지(銳智)**명** 예민한 지식. 날카로운 지혜.

예:지(叡智)**명** 사물의 본질을 꿰뚫는 뛰어난 지혜.

예:지(豫知)**명**[**하타**] 미리 앎. 사전에 앎. 예견(豫見). ②심령 현상의 한 가지. 이론적 추론으로는 불가능한 장래의 사상(事象)을 미리 지각하는 초감각적 지각, 또는 그런 능력.

예:진(銳進)**명하자** 썩씩하게 나아감.

예:진(豫診)**명하타** 본격적인 진찰을 하기 전에 미리 간단하게 병의 상태를 진찰함, 또는 그 진찰.

예:차(預差)**명하타** 지난날, 유사시에 쓸 차비관(差備官)을 미리 정하던 일, 또는 장차 차비관으로 임용될 사람을 일컫던 말.

예찬(禮讚)**명하자타** 존경하여 찬양함. 매우 좋게 여겨 찬양하고 감탄함. ¶청춘을 예찬하다. /장군의 업적을 예찬하다. ②[하타] 부처께 예배하고 그 공덕을 기림.

예참(禮參)**명하자** 부처나 보살 앞에 예배함.

예참(禮懺)**명하자** 부처나 보살 앞에 예배하고 죄를 참회함.

예철-하다(睿哲-)**형어** '예철하다'의 어근.

예:철(睿哲)**명** 뛰어나게 총명하다.

예총(禮銃)**명** 의식(儀式)에서, 경의를 나타내기 위하여 쏘는 공포(空砲)의 총. ¶예총을 쏘다. ㉜예포(禮砲).

예:측(豫測)**명하자타되자** 앞으로의 일을 미리 짐작함. 예료(豫料). 예탁(豫度). ¶예측 불허. /경기 결과를 예측하기가 어렵다.

예:치(預置)**명하타** 맡겨 둠. ¶법원에 공탁금을 예치하다.

예:치-금(預置金)**명** ①맡겨 둔 돈. ②보조 장부에 수지 명세를 기록하거나, 원장(元帳)에 한 과목을 만들어 그것만으로 정리해도 되는 예금.

예:탁-대(例-臺)**명** 예를 들어대는 대. 이를테면.

예:탁(預託)**명하타** 부탁하여 맡겨 둠. ¶예탁증서.

예:탁(豫度)**명하타되자** ☞예측(豫測).

예:탁(豫託)**명하타** 미리 부탁함.

예:탁-금(預託金)[-끔]**명** 금융 기관, 특히 증권 회사에 맡겨 둔 돈. 또는 고객 예탁금.

예:탐(豫探)**명하타**①[되자] 미리 탐지함. ②〈여탐〉의 본딧말.

예:탐-굿(豫探-)[-굳]**명** 〈여탐굿〉의 본딧말. *예:탐굿이[-구시]·예:탐굿만[-군-]

예:탐-꾼(豫探-)**명** 미리 탐지하는 사람.

예:토(穢土)**명** 날고 더러운 땅. 곧, '이승'을 이르는 말. ↔정토(淨土).

예:통(豫通)**명하타** 미리 알림.

예:투(例套)**명** 상례가 된 버릇.

예판(禮判)**명** 〈예조 판서(禮曹判書)〉의 준말.

예팔(隷八)**명** 예서(隷書)와 팔분(八分).

예:-팥[-팥]**명** 길쭉하게 생긴 붉은빛의 팥. *예:팥이[-파치]·예:팥을[-파틀]·예:팥만[-판-]

예:편(豫編)**명하자타되자** 예비역(豫備役)으로 편입함. ¶중장으로 예편하다.

예폐(禮幣)[-페/-폐]**명** 경의를 표하기 위하여 보내는 물건.

예포(禮砲)**명** 의식(儀式)에서, 경의(敬意)를 나타내기 위하여 쏘는 공포(空砲). ㉜예총.

예:풍(藝風)**명** 예술이나 기예·연예 따위의 경향. ¶스승의 예풍을 따르다.

예:필(睿筆)**명** 왕세자(王世子)의 글씨.

예:하(例下)**명하타** (상급 기관이나 손윗사람이) 물건이나 물품을 정례(定例)에 따라서 내려 줌.

예:하(猊下)**명** ①고승(高僧)의 경칭(敬稱)으로 쓰는 말. ②중에게 편지를 보낼 때, 그 법명(法名) 아래 쓰는 말.

예:하(隷下)**명** 딸림, 또는 딸린 사람. ¶맹호 사단으로의 예하 부대(部隊).

예-하다(禮-)**자어** 경의를 표하기 위하여 말이나 인사를 하다.

예:학(睿學)**명** 왕세자가 닦는 학문.

예학(禮學)**명** 예법에 관한 학문.

예항(曳航)**명하타** (자력으로 운항할 수 없는) 배 따위를 끌고 항행함. 인항(引航).

예:해(例解)**명하타** 예를 들어 해석하거나 설명함, 또는 그 해석이나 설명.

예:행(豫行)**명하타** (의식이나 행사 따위를) 정식으로 하기 전에 미리 해봄.

예:행-연습(豫行演習)[-년-]**명** 무슨 행사를 개최하기 전에 그 당일과 꼭 같은 순서로 해보는 종합적인 연습. ¶리허설.

예:혈(豫血)**명하자** 필요할 때 수혈용의 혈액을 얻기 위하여, 미리 혈액은행에 혈액을 제공함.

예:화(例話)**명** 실례(實例)로 드는 이야기.

예화(禮化)**명** 예의와 교화(敎化).

예:-황제(-皇帝)**명** 하는 일 없이 편하게만 지내는 임금.

예황제 부럽지 않다[관용] 아주 편하게 지내다.

예:회(例會)**명** [-회/-훼]**명** 날짜를 정하여 정기적으로 여는 모임.

예:획(隷畫)[-획/-훽]圏 예서(隷書)의 자획(字畫).

예:후(豫後)圏 ①[하다]병에 걸렸을 때, 그 병의 앞으로의 경과가 어떠할 것인가에 대하여 의학적으로 전망함, 또는 그런 병의 증세. ②병후(病後)의 경과. ¶예후가 좋다. /예후가 좋지 않아 걱정이다.

엔:장캅 실망을 나타낼 때 하는 소리. ¶엔장, 오늘도 틀렸구나.

옐로:^저:널리즘(yellow journalism)圏 개인의 비밀·추문(醜聞)을 폭로하는 따위 흥미 위주의 저속하고 선정적인 기사를 주로 다루는 신문, 또는 그런 논조. 凾옐로 페이퍼.

옐로:-카:드(yellow card)圏 ①축구 경기 등에서, 고의로 반칙을 한 선수에게 주심이 경고의 뜻으로 내보이는 노란빛 카드. ②해외여행 때, 방역상(防疫上) 필요한 예방 접종을 전부 마쳤음을 증명하는 카드.

옐로:^페이퍼(yellow paper)圏 개인의 비밀·추문(醜聞)을 폭로하는 따위 흥미 위주의 저속하고 선정적인 기사를 주로 다루는 신문. 황색신문(黃色新聞). 凾옐로 저널리즘.

옛:[옌]판 지나간 때의. 예전의. 옛날의. ¶옛 형벌 제도. /옛 세시 풍속.

옛:-것[옏껀]圏 오래된, 옛날의 것.

옛:-글[옏끌]圏 ①옛사람의 글. ¶옛글을 익히다. ②옛말을 적은 글.

옛:-길[옏낄]圏 예전에 지나다니던 길.

옛:-날[옌-]圏 오래된 지난날. 옛 시대. 석일(昔日). ¶옛날에 살던 집.

옛날 갑인(甲寅)**날 콩 볶아 먹은 날**속답 아주 오랜 옛날이라는 뜻.

옛날 옛적관용 썩 오래된 옛적.

옛:-날-얘기[옌-래-]圏〈옛날이야기〉의 준말.

옛:-날-이야기[옌-리-]圏 옛날부터 전해 내려오는 이야기. 고담(古談). 옛말. 옛이야기. 凾옛날얘기.

-옛다어미〈옛〉-어 있다. -었다. ¶거른 뜰에 橘柚ㅣ 드리옛고(杜初6:26). /諸島의 큰 일후미 宇宙에 드리옛ᄂᆞ니(杜初6:32).

옛:-말[옌-]圏 ①지금은 쓰이지 않는 옛날 말. 고어(古語). ②옛날부터 전해 오는 속담. 고언(古諺). ¶옛말에 발 없는 말이 천 리를 간다고 했지다. ③옛날이야기. ④[하다][짜]지난 일을 회상하는 말. ¶옛말하며 재미있게 살게 되겠지.

옛말 그른 데 없다속답 예부터 전해 내려오는 말은 잘못 않은 것이 없다는 말.

옛:-사람[옏싸-]圏 ①옛날 사람. 고인(古人). ②지금은 죽고 없는 사람. ¶벌써 옛사람이 되었구나.

옛:-사랑[옏싸-]圏 ①지난날에 하였던 사랑. ②지난날의 애인(愛人).

옛-스럽다[옏써-]圏 '예스럽다'의 잘못.

옛:-시조(-時調)[옏써-]圏 ☞고시조.

옛:-이야기[옏니-]圏 옛날이야기.

옛:-이응[옏니-]圏 한글의 옛 자모(字母) 중, 'ㆁ'의 이름.

옛:-일[옏닐]圏 ①옛날의 일. ②지나간 과거의 일. ¶옛일은 잊어버려라.

옛:-적[옏쩍]圏 옛날. 오래전에 지나간 때. 석시(昔時). ¶옛적 일. /옛적부터 전해 온 전설.

옛:-정(-情)[옏쩡]圏 지난날 사귀던 정. ¶옛정을 생각해서도 그럴 수는 없지.

옛:-집[옏찝]圏 ①옛날의 집. 오래 묵은 집. ②전에 살던 집. ¶고향의 옛집이 생각나다.

옛:-터[옏-]圏 옛날에 어떤 건물이나 시설 또는 어떤 사건이 있었던 곳. 고적(古跡). ¶안압지는 신라 왕궁의 옛터라고 한다.

옜네[옌-]준 '여기 있네'가 줄어서 된 말. 하게 할 사람에게 무엇을 주려고 부르는 말. ¶옜네, 지난번에 빌려 갔던 책인데 잘 읽었네.

옜다[옏따]춘 ①'여기 있다'가 줄어서 된 말. 해라할 사람에게 무엇을 주려고 부르는 말. 어따. ¶옜다, 이거 네가 가져라. ②'에라, 모르겠다'의 뜻을 나타내는 말. ¶옜다, 이거나 먹어라.

옜소[옏쏘]준 '여기 있소'가 줄어서 된 말. 하오할 사람에게 무엇을 주려고 할 때 부르는 말. ¶옜소, 돈 가져가오.

옜습니다[옏씀-]준 '여기 있습니다'가 줄어서 된 말. 합쇼할 사람에게 무엇을 주려고 할 때 부르는 말. ¶옜습니다, 세어 보십시오. /옜습니다, 이만하면 만족하시겠습니까?

오¹圏 한글 자모(字母)의 모음 'ㅗ'의 이름.

오:²캅 ①〈옳지〉·〈옳아〉·〈옳다구나〉의 준말. ¶오, 그렇게만 계속하면 된다네. /오, 그랬었구나. ②〈오냐〉의 준말. ¶오 그래, 곧 나간다니까.

오:³춘 '오다'의 하오체 명령형 '오오'가 줄어든 말. ¶이리 오.

오:(午)圏 ①십이지(十二支)의 일곱째. ②〈오방(午方)〉의 준말. ③〈오시(午時)〉의 준말.

오:(伍)圏 ①군대의 편제(編制)에서 다섯 사람으로 이루어진 한 조. ②(대열에서) 종대로 늘어섰을 때의 옆으로의 한 조. 또는, 횡대로 늘어섰을 때의 앞뒤로의 한 조. ¶오와 열을 맞추다. 凾열(列).

오:(墺)圏〈오지리(墺地利)〉의 준말.

오:(O)圏 ①산소의 원소 기호. ②ABO식 혈액형의 하나.

오:(五)주 다섯.
Ⅱ판《수량을 나타내는 말 앞에 쓰이어》①그 수량이 다섯임을 나타내는 말. ¶오 년. /오 개월. ②그 순서가 다섯 번째임을 나타내는 말. ¶오 조. /오 반 어린이들.

오:-(접두)〈올〉의 준말. ¶오조.

-오-(선미) 모음이나 'ㄹ'로 끝난 용언의 어간 또는 높임의 '-시-'에 붙어, '-옵-'의 'ㅂ'이 모음이나 '-니'·'-리'·'-면' 등의 어말 어미 앞에서 줄어진 선어말 어미. ¶가오면. /가오리다. 凾-옵-·-으오-.

-오어미 모음이나 'ㄹ'로 끝난 용언의 어간 또는 높임의 '-시-'에 붙어, 현재의 동작이나 상태에 대한 서술이나 의문 또는 어찌하라고 시키는 뜻을 나타내는 하오체의 종결 어미. ¶따님이 참 예쁘오. /어서 가시오. 凾-으오·-소.

오조 지명 인고. 凾蟾섬江강은 어디메오(鄭澈.關東別曲)

-오어미〈옛〉-고. ¶精金 밍골오(月釋1:6).

오:가(五歌)圏 판소리 열두 마당 중에서, 지금까지 불려지는 '춘향가·심청가·흥부가·수궁가·적벽가'의 다섯 가지.

오-가다[자]①무엇을 주거나 받거나 하다. ¶편지가 오가다. /선물이 오가다. ②오고 가고 하다. 왕래하다. ¶거리를 오가는 사람들.

오가리圏 ①박·호박·무 따위의 살을 가늘고 길게 오려 말린 것. ¶호박 오가리. /무 오가리. ②식물의 잎이 마르거나 병이 들어 오글쪼글하게 된 것. 凾오갈.

오가리(가) **들다**[지다]관용 (식물의 잎 따위가) 병들고 말라서 오글쪼글하게 되다. 오갈(이) 들다.

오가리[명]〈옛〉왜가리. ¶ 오가리:青鶴(四解下38).

오가리-솥[-솓][명] 위가 안쪽으로 옥은 옹솥. • 오가리솥이[-소치] · 오가리솥을[-소틀] · 오가리솥만[-손-]

오:가-재비(五-)[명] 굴비나 준치 자반 따위를 한 줄에 다섯 마리씩 엮은 것.

오:가-피(五加皮)[명] ⇨오갈피.

오:가피-나무(五加皮-)[명] ⇨오갈피나무.

오:가피-주(五加皮酒)[명] ⇨오갈피술.

오:각(五角)[명] 다섯모.

오:각(五覺)[명] ⇨오감(五感).

오:-각(O脚)[명] 〈내반슬(內反膝). ↔엑스각

오:각-기둥(五角-)[-끼-][명] 밑면이 오각형으로 된 각기둥.

오각-대(烏角帶)[-때][명] 조선 시대에, 벼슬아치들이 띠던 품대(品帶)의 한 가지. 정칠품에서 종구품 사이의 벼슬아치들이 띠었으며, 은테두리에 검은 뿔 조각을 붙였음.

오:각-뿔(五角-)[명] 밑면이 오각형으로 된 각뿔.

오:각-주(五角柱)[-쭈][명] '오각기둥'의 구용어.

오:각-추(五角錐)[명] '오각뿔'의 구용어.

오:각-형(五角形)[-가켱][명] 다섯모가 진 평면 도형. 오변형(五邊形).

오:간(午間)[명] 한나절. 낮때.

오갈(명) 〈오가리〉의 준말.

오갈(이) 들다[관용] ①⇨오가리(가) 들다. ②두려움에 기운을 펴지 못하다. ¶ 형 앞에서는 오갈이 들어 말도 제대로 못한다.

오:갈-피(←五加皮)[명] 한방에서, '오갈피나무의 뿌리껍질'을 약재로 이르는 말. 성질은 온하며 강장제나 진통제로 쓰이고, 오갈피술을 만드는 데도 쓰임. 오가피.

오:갈피-나무(←五加皮-)[명] 두릅나뭇과의 낙엽 활엽 관목. 산지에 흔히 나는데 높이는 3~4m. 줄기에 가시가 있고 잎은 손바닥 모양의 겹잎임. 여름에 자줏빛의 잔꽃이 뭉쳐 피고, 열매는 가을에 검게 익음. 한방에서 뿌리껍질을 '오갈피'라 하여 약재로 씀. 오가피나무.

오:갈피-술(←五加皮-)[명] 오갈피를 삶은 물로 담근 술. 허리 아픈 데에 약으로 쓰임. 오가피주.

오:감(五感)[명] 시각·청각·후각·미각·촉각의 다섯 감각. 오각(五覺). ¶ 오감을 동원하다.

오:감-스럽다(-따)[~스러우니·~스러워][형田] 언행이 괴벽하고 경망스럽다. ¶ 그분은 말투가 오감스러워서 함께 이야기하기가 어렵다. 오감스레[부].

오:감-하다[형여] 분수에 맞아 만족히 여길 만하다. ¶ 여기 있게 해 주시는 것만 해도 오감합니다.

오:강(五江)[명] 지난날, 서울 근처의 한강(漢江)·용산(龍山)·마포(麻浦)·현호(玄湖)·서강(西江)의 다섯 나루가 있던 다섯 군데의 강마을을 이르던 말.

오강 사공의 닻줄 감듯[속담] 둘둘 잘 감아 동이는 말.

오:-거리(五-)[명] 길이 다섯 방향으로 갈라진 곳.

오:거-서(五車書)[명]〔다섯 수레에 실을 만한 책이라는 뜻으로] 많은 장서(藏書)를 이르는 말. 오거지서(五車之書).

오:거지서(五車之書)[명] ⇨오거서.

오:견(誤見)[명] 잘못된 생각. 그릇된 견해.

오:결(誤決)[명][하타] 잘못 처결(處決)함, 또는 그 처결.

오:경(五更)[명] 하루의 밤을 다섯으로 나눈 다섯째 시각. 상오 3시부터 5시까지. 무야(戊夜). 잔경(殘更).

오:경(五硬)[명] 한방에서, 어린아이의 체질에 따라 생기는 '다섯 군데의 병적 증상'을 이르는 말. [손·다리·허리·살·목이 뻣뻣해짐.] ↔오연(五軟).

오:경(五經)[명] ①유학(儒學)의 다섯 경서(經書). 곧, 시경(詩經)·서경(書經)·주역(周易)·예기(禮記)·춘추(春秋). ②동양 고대의 다섯의 서(醫書). 곧, 소문(素問)·영추(靈樞)·난경(難經)·금궤요략(金匱要略)·갑을경(甲乙經). ③모세 오경.

오경(烏鏡)[명]〈오수경(烏水鏡)〉의 준말.

오:경-박사(五經博士)[-싸][명] 백제 때, 오경(五經)에 능통한 학자에게 주던 칭호.

오:계(五戒)[명][-게/-계][명] ①⇨세속 오계(世俗五戒). ②불교에서, 신남(信男) 신녀(信女)들이 지켜야 할 다섯 가지 계(禁戒). 곧, 망어(妄語)·사음(邪淫)·살생(殺生)·음주(飮酒)·투도(偸盜)를 이름.

오:계(午鷄)[-게/-계][명] 낮녘에 우는 닭.

오:계(悟界)[-게/-계][명] 불교에서, 오도(悟道)의 세계를 이르는 말. ↔미계(迷界).

오계(烏鷄)[-게/-계][명]〔털의 빛깔이 모두 새까만 닭.〈오골계(烏骨鷄)의 준말.

오:계(誤計)[-게/-계][명][하타] 계획을 그릇되게 함.

오:고(五苦)[명]〔불교에서〕①인생의 다섯 가지 괴로움. 곧, 생로병사(生老病死)의 사고(四苦)와 애별리고(愛別離苦)를 아울러 이름. ②미계(迷界)의 다섯 가지 괴로움. 곧, 제천고(諸天苦)·인도고(人道苦)·축생고(畜生苦)·아귀고(餓鬼苦)·지옥고(地獄苦).

오:고(午鼓)[명] 지난날, 임금이 정전(正殿)에 있을 때, 정오를 알리기 위해 치던 북.

오:곡(五穀)[명] ①다섯 가지 주요 곡식. 곧, 쌀·보리·조·콩·기장. ②'온갖 곡식'을 통틀어 이르는 말. ¶ 오곡이 무르익는 가을.

오:곡-반(五穀飯)[-빤][명] ⇨오곡밥.

오:곡-밥(五穀-)[-빱][명] 다섯 가지 곡식을 섞어 짓는 별식의 한 가지. 음력 정월 대보름에 쌀·차조·붉은팥·찰수수·검은콩을 섞어 지어 먹음. 오곡반(五穀飯).

오:곡-백과(五穀百果)[-빼꽈][명] 온갖 곡식과 과실.

오:곡-수라(←五穀水剌)[-쑤-][명] 지난날, 궁중에서 임금에게 차려 올리는 '오곡밥'을 이르던 말.

오:곡-충(五穀蟲)[명] 똥에 생긴 구더기.

오골-계(烏骨鷄)[-게/-계][명] 닭의 한 품종. 동남아시아 원산으로, 깃털·가죽·살·뼈가 모두 검은 빛깔임. 민간에서 풍병·습증·허약증 등에 약으로 씀. 춘0계(烏鷄).

오공(蜈蚣)[명] ①⇨지네. ②한방에서, '말린 지네'를 약재로 이르는 말. 어린이의 경풍·림프선염·늑막염 등에 씀.

오공-계(蜈蚣鷄)[-게/-계][명] 닭의 내장을 빼고 말린 지네를 넣어 곤 국. 부족증(不足症)·내종(內腫) 등에 약으로 먹음.

오:공-이(悟空-)[명]〔손오공(孫悟空)처럼 생겼다는 뜻으로〕'몸이 작고 옹골찬 사람'을 농으로 이르는 말.

오공-철(蜈蚣鐵)[명] ⇨지네철.

오:과(五果)[명] 다섯 가지 주요 과실. 곧, 복숭아·자두·살구·밤·대추.

오:과-다(五果茶)[명] ⇨오과차(五果茶).

오과리명 〈옛〉왜가리. ¶오과리 창:鶬(訓蒙上15).

오:과-차(五果茶)명 호두·은행·대추·밤·곶감을 새알과 짓이겨 두었다가 달인 차. 감기나 기침이 잦을 때 상약으로 마심. 오과다(五果茶).

오:관명 화투나 골패로 혼자서 하는 놀이.
오관(을) 떼다관용 오관을 놀다. ¶오관을 떼면서 소일한다.

오:관(五官)명 오각(五覺)을 일으키는 다섯 가지 감각 기관. 곧, 눈[시각]·귀[청각]·코[후각]·혀[미각]·피부[촉각].

오:관(五款)명 천도교에서, 교인이 하는 다섯 가지 수도 행사를 이름. 곧, 주문(呪文)·청수(淸水)·시일(侍日)·성미(誠米)·기도(祈禱).

오:-광대(五一)명 동래·통영·고성 등지에서 전해 내려오는 가면극. 음력 정월 보름에 펼치는 놀이로 대개 다섯 마당으로 이루어지며, 다섯 광대가 춤을 추는 덧보기춤이 특색임.

오괴(迂怪)어기 '오괴하다'의 어근.

오:괴-하다(迂怪一)[-괴-/-꿰-]형여 물정에 어둡고 성미가 괴까다롭다. 본우괴하다.

오:교(五教)명 ①오륜(五倫)의 가르침. ②신라 시대에, 불교의 다섯 종파인 열반종(涅槃宗)·남산종(南山宗)·법성종(法性宗)·화엄종(華嚴宗)·법상종(法相宗)을 묶어 이르는 말.

오:교(誤校)명 잘못된 교정(校正).

오구명 어구(漁具)의 한 가지. 굵은 실을 용수 모양으로 떠서 아가리에 둥근 테를 메운 위에 '+' 자 모양의 긴 자루를 맨 것.

오:구(汚垢)명 더러운 때.

오구(烏口)명 ☞마두(馬頭).

오구(烏韭)명 ☞맥문동(麥門冬).

오구-굿[-굳]명 죽은 이의 넋을 극락세계로 인도하는 굿. ☞오구굿이[-구시]·오구굿만[-군-].

오구-나무(烏臼一)명 대극과의 낙엽 교목. 높이는 10m가량. 잎은 둥글넓적하며 꽃은 6~7월에 피고, 가을에 흑갈색 열매를 맺음. 씨껍질에 지방이 많아 비누나 양초의 원료로 쓰임. 오구목.

오구-목(烏臼木)명 ☞오구나무.

오구-잡탕(烏口雜湯)명 추잡한 짓을 일삼는 잡된 무리들. ¶오구잡탕만 들끓는 그곳에 네가 왜 가겠다는 것이냐?

오:-구족(五具足)명 불전(佛前)을 장식하는 다섯 가지 기구. 곧, 촛대 둘, 화병 둘, 향로 하나를 이름.

오:국(誤國)명하자 나라의 일을 그르침.

오:-군문(五軍門)명 ☞오군영(五軍營).

오:-군영(五軍營)명 임진왜란 이후에, 오위(五衛)를 고쳐 두었던 다섯 군영. 훈련도감·총융청(摠戎廳)·수어청(守禦廳)·어영청(御營廳)·금위영(禁衛營)을 묶어 이르는 말. 오군문(五軍門). 오영문(五營門).

오:궁-도화(五宮桃花)명 바둑에서, 다섯 집으로 이루어진 말의 집이 열십자로 벌여 서거나 두 줄로 늘어선 형세를 이르는 말. [이 경우 상대편이 치중하면 그 말이 죽게 됨.]

오귀-굿(惡鬼一)명 '오구굿'의 잘못.

오귀-발명 ☞불가사리2.

오그라-들다[~드니·~들어]자 ①오그라져 작아지거나 오목하게 되다. ¶잎이 말라 오그라들다. 본우그러들다. ②(형편이나 살림살이 등이) 이전보다 못하게 되어 가다. ¶오그라든 살림살이.

오그라-뜨리다타 힘을 주어 오그라지게 하다. 오그라트리다. 큰우그러뜨리다.

오그라-지다자 ①물체가 안쪽으로 오목하게 휘어지다. 또는, 물체의 가장자리가 안쪽으로 옥아 들다. ¶마른 잎이 오그라지다. ②주름이 지거나 줄어드는 상태로 되다. ¶모직으로 된 옷이 오그라졌다. 큰우그러지다. ③길이·넓이·부피 따위가 작아지다. ¶풍선의 공기가 빠지면서 차차 오그라지다. ④두렵거나 춥거나 하여 몸이 움츠러지다. ¶심한 추위로 몸이 오그라지는 느낌이었다. ⑤일이 잘 풀리지 아니하고 차차 글러지다. ¶불경기로 가득이나 영세한 사업 규모가 날로 오그라진다.

오그라-트리다타 오그라뜨리다. 큰우그러트리다.

오그랑-망태(-網-)명 아가리에 돌려 꿴 줄로 오그리거나 벌리게 된 망태기.

오그랑-오그랑부하형 여러 군데가 안쪽으로 오목하게 들어가고 주름이 많이 잡힌 모양. 준오글오글2. 큰우그렁우그렁.

오그랑-이명 ①오그랑하게 생긴 물건. 큰우그렁이. ②'마음씨가 올바르지 아니한 사람'을 비유하여 이르는 말. ¶그런 오그랑이에게 가까운 친구가 있을 리 있나?

오그랑-장사명 들인 밑천만 먹어 들어가는 장사. 밑지는 장사. 큰옥장사.

오그랑-쪼그랑부하형 여러 군데가 오그라지고 쪼그라진 모양. ¶박을 잘못 말려서 오그랑쪼그랑해졌다. 준오글쪼글. 큰우그렁쭈그렁.

오그랑-쪽박[-빡]명 ①오그라진 작은 바가지. 큰우그렁쪽박. ②'규모나 형세가 형편없이 된 상태'를 비유하여 이르는 말. ¶신세가 아주 오그랑쪽박이네.

오그랑-하다형여 안쪽으로 조금 오그라져 있다. ¶오그랑한 바가지. 큰우그렁하다.

오그르르부 ①작은 벌레 따위가 좁은 곳에 많이 모여 있는 모양. ②하자 (좁은 그릇에서) 적은 물이 야단스럽게 끓어오르는 소리, 또는 그 모양. ¶찻주전자에 찻물이 오그르르 끓고 있다. 큰우그르르.

오그리다타 오그라지게 하다. ¶다리를 오그리고 앉다.

오:극(五極)명 다섯 가지의 더없이 훌륭한 덕(德). 곧, 인(仁)·의(義)·예(禮)·지(智)·신(信).

오:근(五根)명 〔불교에서〕 ①보고, 듣고, 맡고, 맛보고, 접촉하는 감각 기관인 눈·귀·코·혀·몸의 다섯 가지를 이르는 말. 〔여기서의 '근(根)'은 '기관(器官)'을 뜻함.〕 ②번뇌에서 벗어나 깨달음에로 나아가게 하는 다섯 가지의 좋은 방법. 곧, 신근(信根)·정진근(精進根)·염근(念根)·정근(定根)·혜근(慧根).

오글-거리다자 ①액체가 오그르르 끓다. ②(벌레 따위가) 오그르르 모여 자꾸 움직이다. 오글대다. 큰우글거리다.

오글-대다자 오글거리다.

오글-보글부하자 액체가 오글거리고 보글거리면서 끓는 소리, 또는 그 모양. ¶된장찌개가 오글보글 끓는다. 큰우글부글.

오글-오글1부하자 ①(벌레 따위가) 한곳에 많이 모여 자꾸 움직이는 모양. ¶썩은 나무 밑동에 개미가 오글오글 모여 있다. ②(액체 따위가) 오그르르 끓어오르는 소리, 또는 그 모양. ¶찌개가 오글오글 끓는다. 큰우글우글1.

오글-오글2부하형 〈오그랑오그랑〉의 준말. 큰우글우글2.

오글-쪼글부하형 〈오그랑쪼그랑〉의 준말. 큰우글쭈글.

오금圈 ①무릎이 구부러지는, 다리의 뒤쪽 부분. 뒷무릎. ②〈팔오금〉의 준말. ③〈한오금〉의 준말.

오금아 날 살려라판용 도망칠 때, 다리가 빨리 움직여지기를 비는 마음에서 하는 소리. 참걸음아 날 살려라.

오금에서 불이 나게판용 무엇을 찾거나 구하려고 부지런히 움직임을 형용하는 말. ¶돈을 좀 구하려고 오금에서 불이 나게 싸다녀도 못 구하였다.

오금을 못 쓰다판용 몹시 마음이 끌리어 어쩔 줄을 몰라 한다. 오금을 못 펴다. ¶그저 영화라면 오금을 못 쓴다.

오금을 못 추다판용 힘이 빠지거나 병이 들어서서 제 몸을 가누지 못하다.

오금을 못 펴다판용 ☞오금을 못 쓰다.

오금(을) 박다판용 장담하던 이가 그와 반대되는 언행을 할 때, 그 장담하던 말을 들추어 몹시 공박하다. ¶"네 입으로 전에 그렇게 말했잖아!" 하고 오금을 박자, 그는 그만 입을 다물어 버렸다.

오금이 굳다판용 꼼짝 못하게 되다. ¶몰래 외출하려다가 아버지와 딱 마주치자 그만 오금이 굳어 버렸다.

오금(이) 뜨다판용 ①침착하게 한곳에 오래 있지 못하고, 달떠서 나댐비다. ②마음이 방탕하여 놀아나다.

오금(이) 박히다판용 장담하던 이가 그와 반대되는 언행을 할 때, 그 장담하던 말을 빌미로 몹시 공박당하다.

오금이 쑤시다판용 무슨 일을 하고 싶어 가만히 있을 수가 없다. ¶오금이 쑤셔 견딜 수가 없다.

오금이 저리다판용 저지른 잘못이 들통이 나거나 또는 그것 때문에 어떤 벌이 내릴 것 같아 마음을 졸이다. ¶제가 저지른 죄가 있는 터라 오금이 저리겠지.

오:금(五金)圈 다섯 가지의 주요한 금속. 곧, 금(金)·은(銀)·동(銅)·철(鐵)·주석(朱錫).

오금(烏金)圈 ①장식용의 검붉은 금속. 구리에 1~10%의 금을 섞어 만든 합금. ②'적동(赤銅)' 또는 '철(鐵)'을 달리 이르는 말. ③'먹'을 달리 이르는 말.

오금-대패圈 재목을 둥글고 우묵하게 우비어 깎는 대패.

오금-탱이圈 '오금팽이'의 잘못.

오금-팽이圈 ①'오금'을 홀하게 이르는 말. ②구부러진 물건의 굽은 자리의 안쪽.

오굿-오굿[-그드굳]튀하튀 여러 군데가 모두 오굿한 모양. 준우긋우긋.

오굿-하다[-그타-]혱 안쪽으로 조금 옥은 듯하다. ¶오긋한 이. 준우긋하다. 오굿-이튀.

오:기(五氣)圈 ①목(木)·화(火)·토(土)·금(金)·수(水)의 오행(五行)의 기(氣). ②중앙·동·서·남·북의 다섯 방위. ③한방에서 이르는 다섯 가지 병증. 곧, 추운 기운[寒], 더운 기운[暑], 바람기[風], 속이 타는 듯한 기운[燥], 습한 기운[濕].

오:기(傲氣)圈 힘이 달리면서도 남에게 지기 싫어하는 마음. ¶오기를 부리다. /끝까지 오기로 버티다.

오기에 쥐 잡는다속담 쓸데없는 오기를 부리다가 낭패를 본다는 말.

오:기(誤記)圈하타되자 글자나 글을 잘못 적음, 또는 잘못 적힌 글자나 글. ¶오기가 많다.

오나-가나튀 오는 경우나 가는 경우나 다름이 없이. 가는 데마다 어디서든지. 가나오나. ¶오나가나 고생스럽기는 마찬가지다.

오나니슴(Onanisme 프)圈 자위 행위. 수음(手淫).

오날나라[-라-]圈 '오늘'의 심마니말.

오:납(誤納)圈하타 (세금 따위를) 잘못 납부함.

오:낭(五囊)圈 죽은 이를 염(殮)할 때, 그의 머리털과 좌우의 손톱·발톱을 잘라서 넣는 다섯 개의 작고 붉은 주머니.

오:내(五內)圈 한방에서, '오장(五臟)'을 달리 이르는 말.

오:냐캅 ①아랫사람의 물음이나 청원에 대하여 승낙이나 동의를 나타내는 말. 그래!. ¶오냐, 알았다. /오냐, 허락하마. 준오2. ②혼잣말로 벼르거나 다짐하는 말. ¶오냐, 두고 보자.

오:냐오냐-하다자타어 어린아이의 응석이나 투정 따위를 다 받아 주다. ¶막내라고 오냐오냐했더니 너무 버릇이 없다.

오:너(owner)圈 소유자, 특히 기업의 소유자.

오:너-드라이버(owner driver)圈 자가운전자(自家運轉者).

오:너먼트(ornament)圈 꾸밈음.

오:년(午年)圈 태세(太歲)의 지지(地支)가 오(午)로 된 해. 곧, 말띠가 되는 해.〔갑오년(甲午年)·무오년(戊午年) 따위.〕말해.

오:뇌(懊惱)圈-뇌/-눼하자 뉘우쳐 한탄하고 괴로워함.

오-누이圈〈오누이〉의 준말.

오-누이圈 오라비와 누이. 남매. 준오누·오뉘.

오-뉘圈〈오누이〉의 준말.

오뉘-죽(-粥)圈 멥쌀에 잘게 간 팥을 섞어서 쑨 죽.

오:뉴-월(←五六月)圈 ①'오월'과 '유월'을 아울러 이르는 말. ②[음력 오월과 유월의 때로] 한창의 여름철을 이름.

오뉴월 감기는 개도 아니 걸린다[않는다]속담 여름철에 감기를 앓는 사람을 조롱하여 이르는 말.

오뉴월 개 가죽 문인가속담 추울 때 문을 열어 놓고 다니는 사람을 탓하여 이르는 말.

오뉴월 겻불도 쬐다 나면 서운하다[섭섭하다]속담 평소에 대단하지 않게 여기다가도 그것이 없어지면 아쉬움을 느낀다는 말.

오뉴월 더위에는 염소[암소] 뿔이 물러 빠진다속담 오뉴월에 더위가 가장 심하다는 말.

오뉴월 배 양반이오 동지섣달은 뱃놈속담 〔뱃사공이 물 위에서 여름에는 더운 줄 모르고 지내는 데 비하여 겨울에는 무척 고생스럽게 지낸다는 뜻으로〕 시절에 따라 세상의 대접이나 형편이 다른 직업이나 신분을 두고 하는 말.

오뉴월 소나기는 쇠등을 두고 다툰다속담 여름 소나기는 같은 시간에 아주 가까운 지역끼리도 내리는 곳과 그렇지 않은 곳이 있다는 말.

오뉴월 송장이라속담 '받들기 귀찮은 웃어른'을 욕으로 이르는 말.

오뉴월 쇠불알 (늘어지듯)속담 〔한더위 때 쇠불알이 축 늘어지듯〕 '사물이나 행동이 축 늘어져 있음'을 농조로 이르는 말.

오뉴월 쉬파리속담 '몹시 귀찮고 성가신 존재'를 조롱하여 이르는 말.

오뉴월 써렛발 같다속담 사물이 촘촘하지 못하고 드문드문하다는 말.

오뉴월 염천(炎天)판용 음력 오월과 유월의 더위가 한창 심한 때, 또는 그런 날씨.

오늘 [Ⅰ]몡 ①지금 지내고 있는 이날. 금일(今日). 본일(本日). ②〈오늘날〉의 준말. [Ⅱ]得 지금 지내고 있는 이날에. ¶오늘 해야 할 일.

오늘-껏 [-껟]得 오늘까지. 오늘까지도 아직. ¶오늘껏 해결을 못 짓고 있다.

오늘-날 [-랄]몡 지금 지내고 있는 이 시대. 현금(現今). ¶오늘날의 학교 교육. ◉오늘.

오늘-내일 (-來日) [-래-]몡 오늘이나 내일 사이. 가까운 시일 안. ¶뭐, 오늘내일로 될 일도 아니니 느긋하게 기다려 보세.

오늘내일-하다 (-來日-) [-래-]⊼어 ①가까운 시일 안에 결말이 날 형세다. ¶병세가 위중하여 오늘내일한다. /해산날이 오늘내일한다. ②그날이 오기를 매우 고대하다. ¶답장을 오늘내일하며 기다리다.

오늬 [-늬]몡 화살의 머리를 시위에 끼우도록 에어 낸 부분. 광대싸리의 짧은 동강을 만들어 화살 머리에 붙임.

오늬-도피 (桃皮) [-늬-]몡 화살의 오늬를 싼 복숭아나무 껍질.

오:니 (汚泥)몡 더러운 흙.

오니까조 모음으로 끝난 어간이나 높임의 '-시-'에 붙어, 현재의 상태를 묻는 합쇼체의 예스러운 종결형 서술격 조사. ¶그가 누구오니까? /그분이 누구시오니까? 좜이오니까.

-오니까어미 모음이나 'ㄹ'로 끝난 용언의 어간 또는 높임의 '-시-'에 붙어, 현재의 상태를 묻는 합쇼체의 예스러운 종결 어미. ¶키가 얼마나 크오니까? 좜-으오니까.

오놀몡 〈옛〉오늘. ¶오놀 더 순종ᄒᆞ면(五倫2:24). /오놀 다려니잇가(龍歌26章). /오ᄂᆞᆯ나래 내내 웃보리(龍歌16章).

오다[1[오너라] [Ⅰ]ᄌᆞ대너라 ①(다른 데서 이쪽으로) 움직여 이동하다. ¶이리 오너라. /친구들이 우리 집에 왔다. ②어떤 직책이나 소임 따위를 띠고 부임하다. (《'-으로 오다'의 꼴로 쓰임.》) ¶이분이 이번에 교장으로 오신 분이다. ↔가다.
[Ⅱ]ᄌᆞ너라 ①(때·기회·계절·사태 등이) 이르다. 닥치다. ¶결단할 때가 오다. /새봄이 왔다. ②(어떤 기준이나 정도에) 이르다. ¶물이 가슴까지 오는 강물을 가까스로 건넜다. ③(비·눈·서리·이슬 등이) 내리다. ¶비가 온다. /함박눈이 오다. ④(병이나 졸음 등이) 들거나 시작하다. ¶졸음이 오다. /어제 오십오 킬로미터를 걸었더니 온몸에 무리가 왔나 보다. ⑤추운 것이 감기라도 오려나. ⑤(전등·가스·수도 등이) 켜지거나 통하다. ¶전기가 오다. ⑥(어떤 일을 하는 데) 차례나 순서가 되다. ¶내 차례가 왔다. ⑦(관념·표상·기억 등이) 의식의 표면에 떠오르다. ¶멋진 아이디어가 머리에 왔다. ⑧(편지·전보·전갈·소식 등이) 전하여지거나 알려지다. ¶편지가 오다. /그가 온다는 전갈이 오다. ⑨'이르러'·'이르러서는'의 뜻을 나타냄. (《'와서·와서는'의 꼴로 쓰임.》) ¶철석같이 약속을 해 놓고 이제 와서 안 된다는 거냐? ⑩('-에서·-로부터' 등에 이어 쓰이어) 말미암아 생기다. 유래하다. ¶우리의 승리는 총화 단결에서 온다. ①②③⑧↔가다.
[Ⅲ]티너라 그 목적으로 위치를 옮기다. ¶면회를 오다. /근친(覲親)을 오다. ↔가다.

오는 말이 고와야 가는 말이 곱다녀 남이 나를 정당히 대접해 주어야 나도 상대편을 정당히 대접해 주게 마련이라는 뜻.

오는 정이 있어야 가는 정이 있다속담 남이 나에게 잘해 주면 나도 그만큼 상대편에게 잘해 주게 된다는 말.

오라는 데는 없어도 갈 데는 많다속담 남이 긴히 여겨 주거나 청하여 주는 데는 없어도 자기로서는 가야 할 데나 하여야 할 일이 많다는 말.

오도 가도 못하다관용 한곳에서 자리를 옮기거나 움직일 수 없는 상태가 되다.

오다²[오너라]조동너라 〈연결 어미 '-아'·'-어' 뒤에 쓰이어) ①어떤 행동이나 상태가 계속하여 진행됨을 나타냄. ¶십 년을 하루같이 살아온 원앙새 같은 부부. ②일정 기간이 차게 됨을 나타냄. ¶고향을 떠나온 지도 벌써 3년이 되어 온다. ③어떤 상태나 현상이 시작되거나 비롯됨을 나타냄. ¶동녘 하늘이 밝아 온다. /슬픔이 북받쳐 온다.

오다-가다得 ①오고 가는 겨를에. ¶오다가다 들르는 단골 서점. ②가끔 어쩌다가. ¶오다가다 들르는 사람이라 오늘도 들를지 어떨지는 알 수 없지. ③우연히. 가다오다. ¶오다가다 만난 사람.

오:단 (誤斷)몡하타 그릇되게 판단함, 또는 그 판단.

오:단계^교:수법 (五段階教授法) [-계/-꼐-꼐]몡 학습 지도에서의 전개 방법의 한 가지. 예비·제시·비교·총괄·응용의 다섯 단계로 이루어지는 방법을 이름.

오달-지다혱 (허술한 데가 없이) 야무지고 실속이 있다. ¶오달진 대답. /나이에 비해 말씨가 오달지다. 좜오지다·올지다.

오달지기는 사돈네 가을 닭이다속담 보기가 좋아도 나와는 아무 상관도 없고 실속도 없다는 말.

오:답 (誤答)몡하자 틀린 답, 또는 틀린 답을 함. ↔정답(正答).

오:대 (五大)몡 불교에서, 만물을 만들어 내는 주요 요소로서 '지(地)'·'수(水)'·'화(火)'·'풍(風)'·'공(空)'의 다섯 가지를 이르는 말. 오륜(五輪).

오:대 (五代)몡 ①〈예기(禮記)〉에서, 중국 상고 시대의 '당(唐)·우(虞)·하(夏)·은(殷)·주(周)'를 이르는 말. ②중국에서, 당나라의 멸망에서부터 송나라가 성립하기까지의 사이에 흥망(興亡)했던 후량(後梁)·후당(後唐)·후진(後晉)·후한(後漢)·후주(後周)의 다섯 왕조, 또는 그 시대.

오:대 (五帶)몡 지구 상의 다섯 기후대(氣候帶). 곧, 열대, 남·북반구의 온대, 남·북반구의 한대.

오대 (烏臺)몡 조선 시대에, '사헌부(司憲府)'를 달리 이르던 말.

오:-대양 (五大洋)몡 지구 상의 다섯 대양. 곧, 태평양·대서양·인도양·남빙양·북빙양.

오:대-조 (五代祖)몡 고조(高祖)의 아버지.

오:-대주 (五大洲)몡 지구 상의 다섯 대륙. 곧, 아시아 주·유럽 주·아프리카 주·오세아니아 주·아메리카 주.

오:더 (order)몡 물품의 주문(注文).

오뎅 (おでん[御田] 일)몡 '꼬치'·'꼬치안주'로 순화.

오:도 (五道)몡 ☞오취(五趣).

오:도 (悟道)몡하자 불도의 진리를 깨달음.

오:도 (誤導)몡하타되자 그릇된 길로 이끎. ¶진실을 오도하지 마라.

-오도어미 〈옛〉-아도. [어미 '-고도'의 ㄱ 약화형.] ¶앗이 모딜오도…兄이 모딜오도…(龍歌103章). /시혹 사ᄅᆞ미 듸외오도 ᄂᆞᆺ가ᄇᆞᆯ ᄂᆞ미 죵이 ᄃᆞ외야(釋譜91:6).

오도깝-스럽다[-쓰-따][~스러우니·~스러워]
형B 경망스레 덤비는 태도가 있다. **오도깝스러워.**
오:-도깨비명 괴상한 잡것. 또는, 온갖 잡귀신.
오도당-거리다자 자꾸 오도당오도당하다. 오도
당대다. 趣우두덩거리다.
오도당-대다자 오도당거리다.
오도당-오도당부자 〈작고 단단한 물건들이)
잇달아 무너져 떨어질 때 나는 요란한 소리,
또는 그 모양. ¶청소를 한답시고 오도당오도당
하면서 교실 마룻바닥에 책상들이 끌리는 소리
가 시끄럽다. 趣우두덩우두덩.
오도독하자타 ①단단한 물건을 깨물 때 나는
소리. ¶날밤을 오도독 깨물다. ②단단하고 가
는 물건을 단번에 부러뜨릴 때 나는 소리. 趣우
두둑. **오도독-오도독**하자타.
오도독-거리다[-꺼-]자타 자꾸 오도독오도독
하다. 오도독대다. 趣우두둑거리다.
오도독-대다[-때-]자타 오도독거리다.
오도독-뼈명 소나 돼지의 여린 뼈.
오도독-주석(朱錫)[-쭈-]명 노란 빛깔의 주석.
오:동명관(五道冥官)명 불교에서, 오귀(五趣)로
가는 중생의 죄를 다스리는 저승의 관인(官人).
오:-도미명 ☞옥돔. 준오돔.
오도-방정명 '오두방정'의 잘못.
오도카니부 넋이 나간 듯이 가만히 서 있거나
앉아 있는 모양. ¶빈 교실에 혼자서 오도카니
앉아 무얼 생각하고 있느냐? 趣우두커니.
오:독(汚瀆)명하타되자 〈더러운 도랑이란 뜻으
로) 명예나 이름 따위를 더럽힘.
오:독(誤讀)명하타 잘못 읽음. 오독을 줄이다.
오독도기¹[-또-]명 미나리아재빗과의 다년초.
높이 60cm가량. 뿌리는 굵고 흑갈색이며 산지
(山地)에 남. 여름에 엷은 자색의 꽃이 피며
뿌리는 '낭독(狼毒)'이라 하며 약재로 쓰임.
오독도기²[-또-]명 경기 민요의 한 가지. 오돌
또기가 서울에 전해져 달리 부르게 된 이름.
오독-오독부하자타 단단한 물건을 자꾸 깨물
때 나는 소리, 또는 그러한 모양. ¶날밤을 오
독오독 씹어 먹다. 趣우두두둑.
오돌또기명 제주도의 대표적 민요의 한 가지.
오돌-오돌부하형 ①씹기에 아주 단단하면서도
탄력이 있는 모양. ②오동통하고 보드라운 모
양. 趣우둘우둘.
오돌-토돌부하형 오톨도톨. 趣우둘투둘.
오:-돔명 〈오도미〉의 준말.
오동명〈돛대를 제외한) 배의 높이.
오동(烏銅)명 검붉은 빛이 나는 구리. 장식품으
로 쓰임.
오동 숟가락에 가물칫국을 먹었나속담 살갗이
검은 사람을 놀리는 말.
오동(梧桐)명 ①〈오동나무〉의 준말. ②화투짝의
한 가지. 오동을 그린, 11월을 상징하는 딱지.
오동-나무(梧桐)명 현삼과의 낙엽 활엽 교목.
우리나라 특산으로 마을 부근에 심는데, 높이
는 10~15m. 넓은 잎이 마주나며, 봄에 보랏빛
꽃이 핌. 나무는 가볍고 질이 좋아 악기나 고급
가구 따위를 만드는 데 쓰임. 준오동(梧桐).
오동나무만 보아도 춤을 춘다속담 성미가 너무
급하여 미리부터 서두른다는 뜻.
오동-딱지(烏銅-)[-찌]명 오동(烏銅)으로 만
든, 몸시계의 껍데기.
오동-보동부하형 몸이 오동통하고 살이 보동보
동한 모양. ¶오동보동한 예쁜 볼. 趣우둥부둥.
오동-빛(烏銅-)[-삗]명 검붉은 빛. 구릿빛.
* 오동빛이[-삐치]·오동빛만[-삔-]

오동-상장(梧桐喪杖)명 어머니의 상사(喪事)
때 짚는 오동나무 지팡이.
오동-수복(烏銅壽福)명 백통으로 만든 그릇에
검붉은 구리로 '수(壽)'나 '복(福)'자를 박은
글자 꼴.
오동-장(梧桐欌)명 오동나무로 만든 장.
오:-동지(-冬至)명 음력으로 동짓달 초순에 드
는 동지. 애동지.
오:-동지(五冬至)명 음력 오월과 동짓달. [동짓
달에 오는 눈의 양을 보고 이듬해 오월에 비가
올 양을 헤아릴 수 있다는 데서, 상대적으로
이르는 말.]
오동-철갑(烏銅-)명하자 〔껍데기를 오동빛으로
함빡 입혔다는 뜻으로〕'때가 까맣게 낀 상태'
를 이르는 말.
오동통부하형 몸집이 작으며 통통한 모양. ¶동
동통 살이 오르다. 趣우둥퉁.
오동-포동부하형 몸이 오동통하고 살이 포동포
동한 모양. 趣우둥푸둥.
오:-되다[-뇌/-뒈-]자 〈올되다〉의 준말.
오두(烏頭)명 ①바꽃. ②〈천오두(川烏頭)〉의
준말. ③〈초오두(草烏頭)〉의 준말.
오두-막(-幕)명 사람이 겨우 거처할 정도로 작
게 지은 막.
오두막-집(-幕-)[-찜]명 오두막으로 된 집.
비오막살이.
오:두-미(五斗米)명 〔닷 말의 쌀이란 뜻으로〕
'얼마 안 되는 급료(給料)'를 이르는 말.
오두-발광(-發狂)명 매우 방정맞게 굴며 날뛰
는 행동.
오:두-방정명 몹시 방정맞은 행동. ¶오두방정
을 떨다.
오두-잠(烏頭簪)명 조선 시대에, 부인들이 보통
때 꽂던, 꼭대기의 한편을 턱지게 만든 비녀.
오둠지명 ①옷의 깃고대가 붙은 어름. ②그릇의
윗부분.
오둠지-진상(-進上)명하타 ①너무 높이 올라
붙은 것을 이르는 말. ②상투나 멱살을 잡고
번쩍 들어 올리는 짓.
오:드(ode)명 ①고대 그리스에서, 음악에 맞추
어 부르기 위해 지은, 신(神)이나 영웅에 대한
찬가(讚歌). 송가(頌歌). ②근대 서양에서, 사
람이나 사건에 부치어 지은 서정시.
오:-득(悟得)명하타 깨달아 얻음.
오들-오들부하자타 〔어린이나 몸집이 작은 사
람이) 춥거나 무서워서 몸을 잘시 떠는 모양.
¶아이들은 추위에 오들오들 떨고 있었다. 趣우
들우들.
오:등(五等)명 ①☞오등작(五等爵). ②죽음을
그 신분에 따라 구분하던 다섯 등급. 곧, 붕
(崩)·훙(薨)·졸(卒)·불록(不祿)·사(死).
오등(吾等)메 우리들. 아배(我輩). ¶오등은 자
(玆)에 아(我) 조선의 독립국임과 조선인의 자
주민임을 선언하노라.
오:등-작(五等爵)명 다섯 등분한 작위. 곧, 공
작·후작·백작·자작·남작. 준오작.
오디명 뽕나무의 열매. 상실(桑實).
오디-새명 후투팃과의 새. 몸길이 28cm가량.
날개와 꽁지는 흑색과 백색의 줄무늬가 있고,
등은 분홍색을 띤 갈색, 배는 흼. 부리는 길고
갈고리처럼 굽었음. 우리나라에서는 중부 이북
에서 볼 수 있는 드문 여름새임. 후투티.
오:디션(audition)명 ①〈가수나 성우·배우 등의)
채용 심사. ¶오디션을 받다. ②새로 채택한 방
송 프로그램을 그 관계자들만이 검토하는 일.

오:디오 (audio)**명** ①텔레비전의 영상(映像)에 대하여, '음성(音聲)' 부분을 뜻하는 말. ↔비디오(video). ②〈오디오 기기〉의 준말.

오:디오^기기 (audio機器)**명** (라디오·전축·카세트 따위와 같이 귀로 들을 수 있는) 음향 재생 장치. ㉜오디오.

오:디오미터 (audiometer)**명** 청력계(聽力計).

오디(옛)**명** 오디. 뽕나무의 열매. ¶오디:桑椹子(方藥32).

오똑튀 '오뚝'의 잘못.

오똑-이명 '오뚝이'의 잘못.

오뚝부형 (여럿 가운데서) 조금 높이 도드라진 모양. ¶오뚝한 코. 되؏. ㉜우뚝. **오뚝-이**부.

오뚝-오뚝부형

오뚝-이명 아무렇게나 굴려도 오뚝오뚝 일어나게 만든 장난감. 부도옹(不倒翁).

오뚝이-찌명 오뚝이 모양으로 만든 낚시찌.

오:라명 지난날, 도둑이나 죄인을 묶던 붉고 굵은 줄. 오랏줄. 홍사(紅絲). 참포승(捕繩).

-오:라어미 (옛)〔감탄형 종결 어미〕-노라.-어라. ¶가다가 가다가 드러라 에졍지 가다가 드러라(樂詞.靑山別曲). /내 쟝차 北으로 갈제 아오라히 지블 무로라(杜重1:1).

오:라기명 (실이나 헝겊 따위의) ①동가 난 조각. ②(의존 명사적 용법) 동가 난 조각을 세는 단위. ¶실 한 오라기.

오라다형 (옛) ①희 오라거늘 호갓 불휘 기펫도다(杜初16:4). /聖化] 오라샤(龍歌9章).

오라버니명 여자가, 같은 항렬의 손위 남자 형제를 일컫는 말.

오라버님명 〈오라버니〉의 높임말.

오라범명 '오라비'를 조금 높이어 일컫는 말.

오라범-댁[-宅]**[-땍]명** 오라범의 아내. 올케.

오라비명 ①(남 앞에서) 자기의 '오라버니'를 낮추어 일컫는 말. ②(손위의 누이가 남 앞에서) 자기의 '사내 아우'를 일컫는 말.

오라샤부 (옛) 오랜 뒤에야. ¶오라샤 니르샤더(金剛下4).

오:라-지다자 죄인이 두 손을 뒤로 하여 오랏줄로 묶이다. 줄지다.

오:라-질갑 〔'오라로 묶여 갈'이란 뜻으로〕 ①상대를 부르는 말에 앞세워, 그를 욕하는 뜻을 나타냄. ¶야, 이 오라질 놈아. ②'고약한!'·'빌어먹을!' 따위와 같이, 욕하는 뜻으로 내뱉는 말. ¶이런 오라질! 뭐 되는 게 하나라도 없어야지. 준우라질.

오라토리오 (oratorio 이)**명** 종교적인 제재(題材)를 극적으로 표현한, 큰 규모의 악곡. 독창·합창·관현악을 사용함. 성담곡(聖譚曲).

오:락(娛樂)**명**하자 (생활이나 노동·학업 등의 여가에) ①피로나 긴장을 풀기 위하여 게임·노래·춤 따위로 즐겁게 노는 일. ¶오락 시설. / 오락을 즐기다. ②사람의 마음을 즐겁게 하고 위안을 베푸는 것.

오락-가락[-까-]**부**하자타 ①왔다 갔다 하는 모양. ¶할머니는 동구 밖을 오락가락하며 손녀가 오기를 기다린다. ②(눈이나 비 따위가) 오다 말다 하는 모양. ¶진눈깨비가 오락가락하는 날씨. ③생각이나 기억이 떠오를 듯 말 듯한 모양. ④정신이 혼미해졌다 맑아졌다 하는 모양. ¶정신이 오락가락하다.

오:락-물(娛樂物)**[-랑-]명** ①오락에 사용하는 사물. ②오락을 위하여 마련한 연예물.

오:락-실(娛樂室)**[-씰]명** 오락에 필요한 시설을 마련해 놓은 방.

오:락-회(娛樂會)[-라쾨/-라퀘]**명** 오락을 즐기기 위한 모임.

오란비(옛) 장마. ¶오란비 림:霖(訓蒙上3).

오람(吳藍)**명** 마디풀과에 딸린 쪽의 한 가지.

오:랏-바람[-빠-/-빧-]**명** 지난날, 오라를 차고 죄인을 잡으러 나선 포졸(捕卒)의 위세를 이르는 말.

오:랏-줄[-라쭐/-랕쭐]**명** ☞오라.

오랑우탄 (orangutan)**명** ☞성성이.

오랑캐명 ①(야만스러운 종족이란 뜻으로) '침략자'를 업신여겨 이르던 말. ②15세기, 중국 동북 지방에 분포하여 살던 여진족을 이르던 말. 되². 외이(外夷). 이적(夷狄). 만이(蠻夷).

오랑캐-꽃[-꼳]**명**제비꽃. ☞오랑캐꽃이[-꼬치]·오랑캐꽃만[-꼰-]

오랑캐명 말의 뱃대끈. ¶오랑 느추고(老解上35). /오랑 드리윗고(翻朴上30).

오래¹명 한 동네에서, 몇 집이 한 골목이나 한 이웃이 되어 사는 구역 안.

오래²부 동안이 길게. 시간이 길게.

오래 앉으면 새도 살을 맞는다속 이로운 자리에 너무 오래 있으면 마침내 화를 당한다는 말.

오래명 (옛) 문(門). ¶오래 문:門(訓蒙中7).

오래-가다형 (상태나 현상이) 긴 동안 이어지다. ¶전쟁이 오래가다.

오래간-만명 오래된 끝. 오래 지난 뒤. ¶오래간만에 만나는군. ㉜오랜만.

오래다형 (어떤 시점을 기준으로 하여) 지나간 동안이 길다. ¶그 사람을 못 만난 지가 벌써 오래다.

오래-도록부 시간이 많이 지나도록. ¶오래도록 기다리셨습니다.

오래-되다[-되-/-뒈-]형 지나거나 묵힌 동안이 오래다. ¶오래된 술.

오래-뜰명 대문 앞의 뜰.

오래-오래¹부 아주 오래도록. ¶할아버지, 오래 사세요.

오래-오래²부 돼지를 부를 때 하는 소리.

오래-전(-前)**명** 상당한 시간이 지나간 과거. ¶오래전의 일이라 가물가물하다.

오랜관 동안이 오래된. ¶오랜 세월.

오랜 원수 갚으려다가 새 원수가 생겼다속 무슨 일에나 보복을 하고 앙갚음을 하면 그 뒤가 더 좋지 않다는 말.

오랜-만명 〈오래간만〉의 준말.

오랜-동안[-래똥-/-랟똥-]**명** 매우 긴 동안. ¶오랫동안 기다리다.

오:량(五樑)**명** 우리나라의 전통 가옥 건축에서, 보를 다섯 줄로 얹어 두 칸 넓이가 되게 집을 짓는 방식.

오:량-각(五樑閣)**명** ☞오량집.

오:량-보(五樑-)[-뽀]**명** 오량집 한가운데 줄의 보.

오:량-집(五樑-)[-찝]**명** 오량으로 지은 집. 오량각(五樑閣).

오:량^쪼구미(五樑-)**명** 오량보를 받치도록 들보 위에 세우는 짧은 기둥.

오렌지(orange)**명** 감귤류 열매의 한 가지.

오렌지-색(orange色)**명** 주황빛. 귤색.

오렌지에이드(orangeade)**명** 오렌지 즙에 설탕과 냉수를 섞은 음료.

오려(옛) 올벼. ¶오려 고개 숙고 열무우 솔졋 늣듸(古時調). /오려 點心 날 시기소(古時調).

오려-논[명] 올벼를 심은 논.
　오려논에 물 터놓기[속담] [물이 한창 필요한 오려논의 물고를 터놓는다는 뜻으로] 매우 심술 사나운 짓을 이르는 말.
오려백복(烏驢白腹)[-빡][명] 온몸이 검고, 배만 흰 나귀.
오:력(五力)[명] 불법(佛法)의 실천에 필요한 다섯 가지 힘. 곧, 신력(信力)·진력(進力)·염력(念力)·정력(定力)·혜력(慧力).
오련-하다[형][여] ①빛깔이나 형체 등이 겨우 알아볼 정도로 희미하다. ⑤우련하다. ②기억 따위가 또렷하지 아니하다. ¶오련한 기억을 더듬다. ⑥아련하다. **오련-히**[부] ¶안개가 조금 걷히면서 산허리가 오련히 드러난다.
오:렴(誤廉)[명] 염알이를 잘못함, 또는 잘못한 염알이.
오렴매(烏蘝苺)[명] ⇨거지덩굴.
오:령(五齡)[명] ①누에가 넉 잠을 자고 섶에 오를 때까지의 사이. ②⇨오령잠(五齡蠶).
오:령(五靈)[명] 다섯 가지의 신령한 점승. 곧, 기린·봉황·거북·용·백호.
오:령-잠(五齡蠶)[명] 넉 잠을 잔 누에. 오령.
오:령-지(五靈脂)[명] 한방에서, '산박쥐의 똥'을 약재로 이르는 말. [하혈이나 복통·이질·산증(疝症) 등에 쓰임.]
오:례[명] 〈오례쌀〉의 준말.
오:례(五禮)[명] 지난날, 나라에서 지내던 다섯 가지 의례. 곧, 길례(吉禮)·흉례(凶禮)·군례(軍禮)·빈례(賓禮)·가례(嘉禮).
오:례-송편(一松)[명] 오례쌀로 빚은 송편.
오:례-쌀[명] 올벼의 쌀. ⑥오례.
오로[부] 〈옛〉온전히. 오로지. ¶온 體ㅣ 오로 업스며(月釋上一之二140). /鴻寶로 엇뎨 오로 秘密히 히리오(杜初8:10). ⑧오으로.
오로(烏鷺)[명] ①까마귀와 해오라기. ②[흰 것과 검은 것이라는 뜻으로] '바둑'을 멋스럽게 이르는 말.
오로(惡露)[명] 산후(産後)에 산부의 음문(陰門)에서 흐르는, 피가 섞인 분비물.
오:로라(Aurora)[명] 로마 신화에 나오는 '여명(黎明)의 여신'.
오:로라(aurora)[명] 극광(極光).
오:로지[부] 오직 한 곳으로. 오로지. ¶오로지 학업에만 열중하다. /우리는 오로지 너 하나만 기대할 뿐이다.
오로지쟁(烏鷺之爭)[명] [검은 까마귀와 흰 해오라기의 싸움이란 뜻으로] '바둑 두는 일'을 이르는 말.
오로지-하다[타][여] ①혼자 차지하여 제 마음대로 하다. ¶권력을 오로지하다. ②[한 가지만을] 외곬으로 하다. ¶국악만을 오로지하다.
오:록(誤錄)[명][하타] 잘못 기록함, 또는 잘못된 기록.
오롯-이[부] 고요하고 쓸쓸하게. 호젓하게. ¶창가에 오롯이 앉아 명상에 잠기다.
오롯이[부] 〈옛〉오로지. 온전히. ¶그 本은 오롯이 誠홈에 이시니(常解13).
오롯-하다[-로타-][형][여] [남고 처짐이 없이] 온전하다. ¶오롯한 살림살이. **오롯-이**[부]
오롱이-조롱이[명] '오롱조롱하게 생긴 여럿'을 이르는 말.
오롱-조롱[부][하형] 몸집이 작은 여러 개의 물건이, 생김새와 크기가 저마다 다른 모양. ¶박덩굴에 여러 개의 박이 오롱조롱 달려 있다.
오:룡-초(五龍草)[명] ⇨거지덩굴.

오:류(誤謬)[명] ①생각이나 지식 등의 그릇된 일. ¶오류를 범하다. ②논리학에서, '그릇된 인식(認識)'을 이름. ③⇨에러.
오:륙(五六)[관] 다섯이나 여섯의. 대여섯의. ¶오륙 년. /오륙 세.
오륙-월(五六月)[명] '오뉴월'의 잘못.
오:륜(五倫)[명] 유교에서 이르는 다섯 가지의 인륜(人倫). 곧, 부자(父子) 사이의 친애(親愛), 군신(君臣) 사이의 의리, 부부(夫婦) 사이의 분별(分別), 장유(長幼) 사이의 차서(次序), 붕우(朋友) 사이의 신의(信義)를 이름. 오상(五常). 오전(五典).
오:륜(五輪)[명] ①⇨오대(五大). ②오륜기에 그려진 다섯 개의 고리 모양의 그림.
오:륜-가(五倫歌)[명] 조선 초기의 작품으로 짐작되는, 작자를 알 수 없는 경기체가. 오륜(五倫)을 주제로 한 내용으로, 6연으로 되어 있음. '악장가사(樂章歌詞)'에 실려 전함.
오:륜-기(五輪旗)[명] 근대 올림픽을 상징하는 기. 흰 바탕에 세계 오대륙을 상징하는 파랑·노랑·검정·초록·빨강의 다섯 고리가 아래와 두 줄로 그려져 있음. 올림픽기.
오:륜^대:회(五輪大會)[-회/-훼][명] 국제 올림픽 위원회가 주최하는 국제 스포츠 경기 대회. 국제 올림픽 경기 대회.
오:륜-행실도(五倫行實圖)[-또][명] 조선 정조 때, 이병모(李秉模)가 엮은 책. 오륜에 모범이 될 만한 효자·충신·열녀 등 150명의 행적을 그림을 곁들여 한글로 기록한 내용.
오르가슴(orgasme 프)[명] 성교(性交)할 때에 느끼는 쾌감의 절정.
오:르간(organ)[명] ⇨리드 오르간. [유럽에서는 '파이프 오르간'을 가리킴.] 풍금(風琴).
오르골(←orgel)[명] 태엽을 이용하여 자동적으로 간단한 음악이 연주되도록 장치한 상자나 장난감. 음악상자. 자명금(自鳴琴).
오르-내리다[자타] ①올라갔다 내려갔다 하다. ¶뒷산의 언덕길을 오르내리다. /반입량에 따라 시세가 오르내리고 있다. ②어떤 기준에 넘쳤다 모자랐다 하다. ¶열이 40도를 오르내린다. ③남의 말거리가 되다. ¶남의 입에 오르내리다.
오르다[오르니·올라][I][자타] 낮은 데서 높은 데로, 아래에서 위로 움직이어 가다. ¶나무에 오르다. /계단을 오르다.
[II][자] ①기록에 적히다. ¶호적에 오르다. / 그 단어는 사전에 올라 있지 않다. ②(자동차 따위의 탈것에) 타다. ¶가마에 오르다. /기차에 오르다. ③(물속에서나 배에서 육지로) 옮다. 상륙하다. ¶육지에 오르다. ④(어떤 지위나 정도·상태 등이) 보다 높아지다. ¶급수가 오르다. /2학기에는 성적이 올랐다. ⑤좋은 결과로 되다. ¶성과가 오르다. /한반기 실적이 오르다. ⑥(물가·가치·수·양 등이) 비싸지다. 높아지다. 많아지다. ¶물가가 오르다. /등록금이 오르다. ⑦(높은 지위에) 앉다. ¶장관 자리에 오르다. ⑧(상 위에 음식이) 차려지다. ¶귀한 음식이 잔칫상에 오르다. ⑨(기세나 열기 따위가) 한결 더하여지다. 높아지다. ¶기세가 한껏 오르다. /혈압이 오르다. ⑩(화나 분기가) 치밀다. ¶약이 오르다. ⑪(이름·사진·화제 따위가) 실리다. 거론되다. ¶이름이 신문에 오르다. /의제에 오르다. /화제에 오르다. ⑫(살이나 살갗에) 늘거나 윤이 나다. ¶군살이 오르다. /얼굴에 기름기가 오르다. ⑬(때나 기름 따위가) 묻거나 칠해지다. ¶까맣게 때가 오르다. /반질

르르하게 기름이 오른 가구. ⑭(병이나 독 따 위가) 옮다. ¶ 옴이 오르다. / 옻이 오르다. ⑮(약 기운·술기운 따위가) 몸에 퍼지다. ¶ 술 이 오르다. ⑯(귀신 따위가) 들리다. ¶ 신이 오른 무당은 춤을 더 신명나게 추었다. ⑰(어디를 목적으로 삼아) 떠나다. ¶ 이민 길에 오르다. ⑱(강의 상류로 향하여) 나아가다. ¶ 물길을 거슬러 오르다.
　오르지 못할 나무는 쳐다보지도 마라[속담] 가능성이 없는 일은 처음부터 바라지 말라는 말.

오르도비스-기 (Ordovice紀)圀 고생대(古生代) 가운데 캄브리아기의 다음, 실루리아기의 앞 시대. 5억~4억 4천만 년 전으로, 삼엽충(三葉蟲)이 많이 살았음.

오르되:브르 (hors-d'œuvre 프)圀 서양식 식사에서 수프가 나오기 전에 간단하게 먹는 음식. 전채(前菜).

오르락-내리락 [-랑-]閉 ①하자(값이나 수치·온도·성적 따위가) 계속하여 올라갔다 내려갔다 하는 모양. ¶ 체온이 오르락내리락하다. ②하자타(아래위로 계속하여 올라갔다 내려갔다 하는 모양. ¶ 공이 오르락내리락하다. /언덕을 오르락내리락하다.

오르-로閉 오른쪽으로 향하여. ↔외로.

오르르閉하자 ①(사람이나 짐승이 무리를 지어 바쁘게 몰려다니는 모양. ②쌓여 있던 물건이 한꺼번에 무너지는 소리, 또는 그 모양. ③작은 그릇에서 액체가 갑자기 끓어오르는 소리, 또는 그 모양. ☞우르르.

오르르閉 '오르르'의 힘줌말.

오르-막圀 ①비탈이 되어 올라가도록 된 곳, 또는 그런 길. ¶ 오르막에서 잠시 쉬어 가다. /오르막이 지다. ②기운이나 기세가 올라가는 상태. ↔내리막.

오르막-길 [-낄]圀 오르막으로 된 길. ¶ 가파른 오르막길을 따라 오르다. ↔내리막길.

오르케스타^티피카 (orquesta tippica 스)圀 (스페인 어를 쓰는 여러 나라에서의) 표준 편성 관현악단.

오르토-헬륨 (ortho-helium)圀 두 개의 전자(電子)의 스핀이 같은 방향인 헬륨 원자.

오른판 오른쪽의. 바른. ¶ 오른 무릎. ↔왼.

오른-걸음圀 건축에서, 쪼구미의 밑동 가랑이를 오른편으로 대각(對角)이 되게 '▙' 모양으로 따 내는 방식. ↔왼걸음.

오른-나사 (-螺絲)圀 오른쪽, 곧 시곗바늘 방향으로 돌리는 나사. ↔왼나사.

오른-발圀 오른쪽 발. ↔왼발.

오른-배지기圀 씨름의 기술의 한 가지. 오른쪽 엉덩이를 상대편의 양다리 사이에 대고, 오른손으로 샅바를 당기며 왼쪽으로 돌면서 넘어뜨리는 기술. ↔왼배지기.

오른-뺨圀 오른쪽 뺨. ↔왼뺨.

오른-새끼圀 오른쪽으로 꼰 새끼. ↔왼새끼.

오른-섶 [-섭]圀 저고리의 오른쪽으로 덮은 섶, 또는 그러한 저고리. ↔왼섶. * 오른섶이 [-저피]·오른섶만 [-섬-]

오른-손圀 오른쪽 손. ↔왼손.

오른손-잡이圀 오른손을 왼손보다 더 잘 쓰는 사람. ↔왼손잡이.

오른-씨름圀 씨름에서, 샅바를 왼 다리에 끼고 고개와 어깨는 오른쪽으로 돌려 대고 하는 씨름의 한 가지. ↔왼씨름.

오른-쪽圀 동쪽을 향하였을 때, 남쪽에 해당하는 방향. 바른쪽. 우측(右側). ↔왼쪽.

오른-팔圀 ①오른쪽 팔. 우완(右腕). ↔왼팔. ② '큰 힘이 되는 중요한 사람'을 비유하여 이르는 말.

오른-편 (-便)圀 오른쪽. 오른쪽 방향. 우편(右便). ↔왼편.

오른-편짝 (-便-)圀 오른쪽의 편짝. ↔왼편짝.

오름-세 (-勢)圀 (물가나 기세 따위가) 오르는 형세. ¶ 주가(株價)의 오름세. ↔내림세.

오름-차 (-次)圀 수학에서, 각 항의 차수를 낮은 것에서 높은 것의 차례로 배열하는 일. ↔내림차.

오름차-순 (-次順)圀 다항식에서, 각 항의 차수를 낮은 것에서 높은 것의 차례로 배열해 놓은 차례. ↔내림차순.

오리[1] (실·나무·대 따위의) ①가늘고 긴 가닥. ②[의존 명사적 용법] 가늘고 긴 가닥을 세는 단위. ¶ 실 세 오리.

오리[2]圀 오릿과의 물새를 통틀어 이르는 말. 부리는 길고 넓적하며, 발가락 사이에 물갈퀴가 있음. 낮에는 물에 떠서 삶.〔집오리·물오리·비오리·황오리 따위.〕
　오리 알에 제 똥 묻은 격[속담] 제 본색에 과히 어긋나지 않아 흠잡을 것은 못 된다는 뜻.
　오리 홰 탄 것 같다[속담] 제가 있을 곳이 아닌 데 있어서 격에도 맞지 않거니와 위태하다는 말.

오-리 (汚吏)圀 청렴하지 못한 관리. ↔청리.

오리-걸음圀 오리처럼 뒤뚱거리며 걷는 걸음걸이. ②쪼그려 앉은 채로 걷는 동작.

-오리까어미 모음이나 'ㄹ'로 끝난 동사 어간 또는 높임의 '-시-'에 붙어, '그리할까'의 뜻으로, 자기의 생각에 대한 상대편의 의사를 묻는 합쇼체의 종결 어미. ¶ 이 일을 어찌 하오리까. ⊗-으오리까.

오리-나무圀 자작나뭇과의 낙엽 활엽 교목. 산이나 들·습지에 나는데, 높이는 20 m가량. 초봄에 잎보다 먼저 꽃이 피고, 가을에 솔방울 모양의 열매를 맺음. 유리목(楡理木). 적양(赤楊).

오리-너구리圀 오리너구릿과의 포유동물. 몸길이 30~45 cm. 너구리와 비슷하나 주둥이가 오리의 부리 같고 발가락 사이에 물갈퀴가 있어 헤엄을 잘 침. 몸빛은 회갈색이며 알로 깐 새끼는 젖을 먹여 기름. 오스트레일리아 등지에 분포함.

오리다티 (종이·천 따위를) 칼이나 가위로 필요한 모양으로 베다. ¶ 색종이를 둥글게 오리다.

-오리다어미 모음이나 'ㄹ'로 끝난 동사 어간 또는 높임의 '-시-'에 붙어, '그리 하겠습니다'의 뜻으로, 자기의 의사를 나타내는 합쇼체의 종결 어미. ¶ 다녀오리다. ⊗-으오리다.

오리-목 (-木)圀 가늘고 길게 켠 나무.

오:리무중 (五里霧中)圀〔5리에 걸친 깊은 안개 속이라는 뜻으로〕어디에 있는지 찾을 길이 막연하거나, 갈피를 잡을 수 없음을 이르는 말. ¶ 범인의 행방이 오리무중이다.

오:리-발圀 ①물갈퀴. ② '손가락이나 발가락 사이가 맞붙은 손발'을 이르는 말. ③〔'닭 잡아먹고 오리발 내놓는다'는 속담에서〕 '엉뚱하게 부리는 딴전'을 비유하여 이르는 말. ¶ 오리발을 내밀다.

오리-새圀 ☞오처드그라스.

오리엔탈리즘 (orientalism)圀 ①근세 유럽에서의 문학과 예술상의 한 풍조. '동양풍(東洋風)'을 뜻함. ②동양학(東洋學).

오리엔테이션 (orientation)圀 (신입생이나 신입 사원 등 새로운 환경에 들어가는 사람에게) 환경 적응을 위한 방향을 제시하고 지도하는 일.

오리엔트 (Orient)圓 〔서양에서 볼 때 해가 뜨는 곳이란 뜻으로〕①'서남아시아와 근동 및 이집트'를 두루 이르는 말. 동방(東方). ②아시아, 특히 동아시아를 이르는 말. 동양(東洋). ↔옥시덴트.

오리엔티어링 (orienteering)圓 산과 들에서 지도와 나침반을 가지고 미리 정해 둔 몇 군데의 중간 지점을 찾아 통과하여 되도록 짧은 시간 내에 목적지까지 이르기를 겨루는 경기.

오리온 (Orion 그)圓①그리스 신화의 거인 사냥꾼의 이름. ②〈오리온자리〉의 준말.

오리온-성좌 (Orion星座) ⇨오리온자리.

오리온-자리 (Orion−)圓 하늘의 적도 양편에 걸쳐 있는 별자리의 한 가지. 중앙에 있는 세 개의 별은 겨울에 가장 잘 보임. 오리온성좌. 㽞오리온.

-오리까어미 모음이나 'ㄹ'로 끝난 동사 어간 또는 높임의 '-시-'에 붙어, '그리할까요'의 뜻으로, 자기의 생각에 대한 상대편의 의사를 묻는 합쇼체의 종결 어미. ¶함께 가오리까? 魯-으오리이까.

-오리다어미 모음이나 'ㄹ'로 끝난 동사 어간 또는 높임의 '-시-'에 붙어, '그리하겠습니다'의 뜻으로, 자기 의사를 나타내는 합쇼체의 종결 어미. ¶보내 드리오리다. 魯-으오리이다.

오리지널 (original)圓①(미술이나 문학 작품의) 원작(原作). ②(번역의 근거가 되는) 원서(原書)나 원문(原文).

오림-장이圓 오리목 따위를 전문으로 켜는 목수.

오:립-송 (五粒松)[-쏭]圓 잣나무.

오르다[올아]圓 (옛) 오르다. ¶뎔비치 軒檻애 오르놋도다(杜初8:25)./樓 우희 노라 올아(釋譜6:3).

오:마-작대 (五馬作隊)[-때]圓圓자 지난날, 마병(馬兵)이 행군할 때 5열 종대로 편성하던 방식.

오막-살이[-싸리]圓①사람이 겨우 들어 살 만큼 작고 허술한 집. 오막살이집. 톈오두막집. ②오두막집에서 하는 살림살이.

오막살이-집[-싸리-]圓 ⇨오막살이.

오:만 (傲慢)圓圓형스園 젠체하며 남을 업신여기는 태도가 있음. 거만(倨慢). ¶오만한 태도. 오만스레園.

오:만 (五萬)團 많은 수량이나 종류를 나타냄. ¶오만 가지 물건이 다 있다.

오:만-불손 (傲慢不遜)[-쏜]圓圓형 오만하여 겸손한 데가 없음. ¶오만불손한 태도.

오:만-상 (五萬相)圓 얼굴을 잔뜩 찌푸린 형상, 또는 그 얼굴. ¶오만상을 쓰다.

오:만-소리 (五萬−)圓 수다스럽게 지껄이는 여러 가지 구구한 소리. ¶오만소리를 다 해 가며 유혹하다.

오:말 (午末)圓 십이시의 오시(午時)의 끝. 〔오 1시에 가까운 무렵.〕

오:망 (迂妄)圓圓형스園 하는 짓이 괴상스럽고 요망함, 또는 그러한 태도. ¶오망을 떨다. /오망을 부리다. 톈우망(迂妄). 오망스레園.

오망-부리圓 (전체에 비하여) 어느 한 부분이 너무 볼품없이 작게 된 형체.

오망-하다형여 물체의 면이 쏙 들어가서 오목하다. 톈우멍하다.

오:맞이-꾼 (五−)圓 집안 살림을 돌보기보다는 나들이에 여념이 없는 여자를 조롱하여 이르는 말. 〔물 맞으러 약수터에 갔다가 비 맞고, 도둑 맞고, 서방 맞고, 집에 와서 매 맞는다는, 뜻이

다른 '맞다'가 다섯 번 들어 있는 민요조 사설에서 유래함.〕

오매 (烏梅)圓 한방에서, 덜 익은 푸른 매실(梅實)의 껍질을 벗기고 짚불 연기에 그슬려서 말린 것을 약재로 이르는 말. 〔설사·기침·소갈(消渴) 등에 쓰이며, 구충약으로도 쓰임.〕

오매 (寤寐)圓 깨어 있는 때와 자는 때. 자나 깨나 언제나. 〔흔히, '오매에(도)'의 꼴로 쓰임.〕 ¶오매에도 잊지 못하다.

오매-구지 (寤寐求之)圓圓자 자나 깨나 찾음.

오매-불망 (寤寐不忘)圓圓자 자나 깨나 잊지 못함. ¶오매불망으로 임 그리는 마음.

오매-육 (烏梅肉)圓 오매의 씨를 발라낸 살. 오매차를 만들기도 하고, 구워서 한약재로도 씀.

오매-차 (烏梅茶)圓 오매육의 가루를 끓는 꿀물에 타서 만든 차.

오메가 (omega 그)圓①그리스 어 자모의 스물넷째 글자인 'Ω, ω'의 이름. ②맨 끝. 최종. ↔알파(α). ③전기의 저항 단위인 옴(ohm)의 기호(Ω).

오면-가면園 오면서 가면서.

오:면-잠 (五眠蠶)圓 (알에서 깬 뒤) 다섯 번 잠을 자는, 곧 다섯 번 허물을 벗고 나서 고치를 짓는 누에.

오:면-체 (五面體)圓 다섯 평면으로 둘러싸인 입체.

오:명 (汚名)圓①더러워진 이름이나 명예. ¶오명을 남기다. ②누명(陋名). ¶오명을 썻다. /오명을 벗다.

오:명-마 (五明馬)圓 몸의 털빛이 모두 검고 이마와 네 발만 흰 말.

오목園형 동그스름하게 쏙 들어가 있는 모양. ¶망그레 웃을 때마다 오목 팬 보조개가 무척 귀엽다. /가운데가 오목하게 들어간 필통 뚜껑. 큰우묵. ↔볼록. **오목-오목**園형.

오:목 (五目)圓 바둑판을 이용한 놀이의 한 가지. 두 사람이 돌 하나씩을 번갈아 놓아 가로나 세로나 모로 한 줄에 자기의 돌 다섯 개를 잇따라 먼저 놓기를 겨루는 놀이. 연주(連珠).

오목 (烏木)圓 흑단(黑檀)의 심재(心材). 빛깔이 검으며 나무의 질이 단단함. 담배설대·문갑 따위의 재료로 쓰임.

오목^거울[-꺼-]圓 반사면(反射面)이 오목한 거울. 오목면경. 요경(凹鏡). 요면경(凹面鏡). ↔볼록 거울.

오목-누비[-뭉-]圓 (솜옷이나 이불 따위에) 줄을 굵게 잡아서 골을 깊게 한 누비.

오목-눈[-뭉-]圓 오목하게 들어간 눈.

오목눈-이[-뭉-]圓 오목눈잇과의 새. 몸길이 14 cm(꽁지 길이 8 cm)가량으로 박새와 비슷함. 등은 분홍색, 깃털은 흑색과 백색이며 특히 긴 꽁지는 흑색임. 나무 사이를 재빨리 날면서 거미 따위를 잡아먹는 익조(益鳥)임. 우리나라의 모든 삼림에서 볼 수 있는 텃새.

오목^다각형 (−多角形)[-따가켱]圓 다각형의 한 변이나 여러 변을 연장할 때, 그 변이 그 도형 안으로 통과하는 다각형. ↔볼록 다각형.

오목-다리[-따-]圓 누비어 지은 어린아이의 버선. 흔히, 버선코에는 꽃을 수놓고 무에는 대님을 닮.

오목^렌즈 (−lens)圓 가운데로 갈수록 엷고 언저리가 두꺼운 렌즈. 근시의 교정에 쓰임. ↔볼록 렌즈.

오목면-경 (−面鏡)[-뭉-]圓 ⇨오목 거울.

오목-조목[-쪼-]閈閝 여러 군데가 고르지 않게 오목오목한 모양. 閳우목주목.

오목-주발(-周鉢)[-쭈-]閝 운두가 옥아 들어 속이 오목한 주발. 閳우목주발.

오목-판(-版)閝 인쇄판의 한 양식. 잉크가 묻는 부분이 다른 면보다 오목하게 들어가 있는 인쇄판.〔그라비어판 따위.〕 요판(凹版). ↔볼록판.

오묘(奧妙) '오묘하다'의 어근.

오:묘-하다(奧妙-)閞閶 심오하고 미묘하다. ¶ 자연의 오묘한 섭리.

오무래미(합죽한 입을) '늘 오물거리는 늙은 이'를 흘하게 이르는 말.

오:문(誤聞)閝閷 잘못 들음.

오:물(汚物)閝 ①지저분하고 더러운 물건. ②대소변 따위의 배설물. ¶ 오물 수거.

오물-거리다閶 벌레나 작은 물고기 따위가 한곳에 많이 모여 자꾸 꼼지락거리다. 오물대다1. 閳우물거리다.

오물-거리다²閞閶 ①음식을 자꾸 오물오물하며 씹다. ②말이나 행동을 자꾸 오물오물하다. 오물대다2. 閳우물거리다2.

오물-대다¹閶 ☞오물거리다.

오물-대다²閞閶 ☞오물거리다2.

오물-오물¹閈閷 벌레 따위처럼 몸피가 비교적 작은 생물이 한곳에 많이 모여 꼼지락거리는 모양. 閳우물우물1.

오물-오물²閈閷閶 ①입을 다문 채 입 안에 든 음식을 요리조리 천천히 자꾸 씹는 모양. ¶ 할머니가 반찬을 오물오물 씹고 있다. ②말이나 행동을 시원스럽게 하지 못하고 자꾸 꼬물거리는 모양. 閳우물우물2.

오므라-들다[~드니·~들어]閶 점점 오므라져 들어가다. ¶ 상처가 오므라들다. /해가 지자 호박꽃이 오므라들었다. 閳우므러들다.

오므라-뜨리다閶 힘주어 오므라지게 하다. 오프라트리다. 閳우므러뜨리다.

오므라이스(←omelet+rice)閝 서양식 요리의 한 가지. 채소와 고기를 잘게 썰어 넣고 케첩을 섞어 볶은 밥을 오믈렛으로 싼 음식.

오므라-지다閶 ①속이 비어 있는 물체의 가장자리가 한군데로 옥아 들다. ¶ 나팔꽃이 오므라지다. ②물체의 거죽이 안으로 옴폭하게 패어 들어가다. ¶ 이가 거의 다 빠져서 볼이 오므라지다. 閳우므러지다.

오므라-트리다閶 ☞오므러트리다. 閳우므러트리다.

오므리다閶 오므라지게 하다. ¶ 입을 오므리다. /손바닥을 오므리다. 閳우므리다.

오믈렛(omelet)閝 서양 요리의 한 가지. 달걀을 부친 음식으로, 달걀만 부친 것, 다른 재료에 달걀을 섞어 볶은 것, 다른 재료를 볶은 것을 푼 달걀로 싸듯이 부친 것 따위를 이름.

오미(汚微) 평지보다 조금 낮아서, 물이 늘 괴어 있으며 물풀이 나 있는 곳.

오:미(五味)閝 신맛·쓴맛·매운맛·단맛·짠맛의 다섯 가지 맛.

오미뇌閝閵 꿀무늬. ¶ 오미뇌 고:尼. 오미뇌 슈:䐁(訓蒙上27).

오:미-자(五味子)閝 한방에서, '오미자나무의 열매'를 약재로 이르는 말. 폐를 돕는 효능이 있어 기침이나 갈증의 약재로 쓰이고, 땀과 설사를 그치게 하는 데도 씀.

오:미자-나무(五味子-)閝 목련과의 낙엽 만목. 산기슭의 돌밭 비탈에 흔히 나는데, 잎은 넓은 달걀 모양이며 뒤쪽에 털이 있음. 여름에 황백

색 꽃이 피고, 둥근 열매는 가을에 붉게 익음. 열매는 '오미자'라 하여 한약재로 쓰임.

오:미자-차(五味子茶)閝 오미자와 미삼(尾蔘)을 함께 달여 만든 차.

오밀-조밀(奧密稠密)閈閞 ①〔공예의 의장(意匠)이나 사물을 정리하는 따위의〕솜씨가 교묘하고 세밀한 모양. ¶ 좁은 장소에 갖가지 위락 시설을 오밀조밀 갖추어 놓다. ②마음씨가 자상하고 세밀한 모양.

오바댜-서(←Obadiah書)閝 구약 성서 중 가장 짧은 편. 오바댜의 예언을 기록한 것으로, 에돔 족(族)의 멸망에 대한 징벌과 이스라엘의 회복에 관한 약속 등이 그 내용임.

오:바이트(←over+eat)閞閶 (음식·술 따위를 많이 먹거나 하여) 속이 불편하여, 먹은 것들을 토하여 내는 일.

오:반(午飯)閝 점심. 중식.

오:발(誤發)閝閶 ①(총포 따위를) 실수로 잘못 쏨. ¶ 사격장에서 총기 오발 사고가 일어났다. ②실수로 말을 잘못함.

오:발-탄(誤發彈)閝 실수로 잘못 쏜 탄알.

오:-밤중(午-中)[-쭝]閝 한밤중.

오:방(午方)閝 이십사방위의 하나. 정남을 중심으로 한 15도 범위 이내의 방위. 병방(丙方)과 정방(丁方)의 사이. 閴오(午). ↔자방(子方).

오:방(五方)閝 동·서·남·북의 사방과 그 중앙의 다섯 방위.

오:방-신장(五方神將)閝 민속에서 이르는 동·서·남·북·중앙의 다섯 방위를 지키는 신. 곧, 동은 청제(靑帝), 서는 백제(白帝), 남은 적제(赤帝), 북은 흑제(黑帝), 중앙은 황제(黃帝). 오방장군. 방위신.

오:방-장군(五方將軍)閝 ☞오방신장.

오:배-자(五倍子)閝 한방에서, 붉나무 잎줄기나 새잎에 오배자벌레가 기생하여 생기는 벌레혹을 이르는 말. 자갈색의 울퉁불퉁한 주머니 모양으로 많은 타닌산이 들어 있음. 가을에 혹 안의 벌레가 나가기 전에 따서 말려 일병·치통·치질 등의 약재로 쓰고, 염료나 잉크 제조에도 쓰임. 백충창(白蟲倉).

오:배자-나무(五倍子-)閝 ☞붉나무.

오:배자-벌레(五倍子-)閝 면충과의 곤충. 몸길이 2mm가량. 몸빛은 흑색이며 날개는 투명한 흰빛. 붉나무에 기생하여 오배자를 지음. 우리나라·일본·중국 등지에 분포함.

오:백-계(五百戒)[-꼐-/-꼐]閝 비구니(比丘尼)가 지켜야 할 온갖 계율.

오:백⌐나한(五百羅漢)[-뱅-]閝 석가가 입적(入寂)한 뒤 그 가르침을 결집(結集)하기 위하여 모였다는 오백 명의 아라한(阿羅漢).

오:버(over)〔Ⅰ〕閝 〈오버코트〉의 준말. ¶ 오버를 입고 외출한다.
〔Ⅱ〕閔 주로 무선 통신에서, 상대편의 응답을 요구하는 말. ¶ 응답하라, 오버.

오:버⌐네트(over net)閝 배구·테니스 등에서, 손 또는 라켓이 네트를 넘어 상대편의 코트에 있는 볼에 닿았을 때의 반칙.

오:버랩(overlap)閝 영화 등에서, 어떤 화면 위에 다른 화면이 겹치면서 먼저 화면이 차차 사라지게 하는 기법. 약호는 오엘(OL).

오:버런(overrun)閝 야구에서, 주자(走者)가 달리던 가속도 때문에 베이스를 지나치는 일.

오:버-론(over loan)閝 은행이 예금액 이상으로 대출을 하고, 부족한 자금을 중앙은행으로부터 차입(借入)하는 일. 초과 대부.

오:버블라우스(overblouse)명 옷자락을 스커트 밖으로 내어 입는 블라우스를 통틀어 이르는 말. 참언더블라우스.

오:버-센스(over+sense)명 지나치게 예민한 생각.

오:버슈-즈(overshoes)명 고산(高山) 등반에서의 방한(防寒)이나, 비 오는 날의 방수(防水)를 위하여 구두 위에 덧신는 신.

오:버-스로(overthrow)명 야구에서, 팔을 위로부터 아래로 휘둘러 던지는 투구법. 오버핸드 스로. 참언더스로.

오:버액션(overaction)명 자연스럽지 못하고 과장된 연기.

오:버올:(overall)명 아래위가 한데 붙은 작업복.

오:버추어(overture)명 〔오페라나 오라토리오 등에서〕 개막 전에 연주하는 악곡. 서곡.

오:버코:트(overcoat)명 외투. 준오버.

오:버타임(over time)명 배구·농구 등의 구기에서, 규정 횟수 또는 규정 시간 이상 공을 만지는 반칙.

오:버핸드^스로:(overhand throw)명 ☞오버 스로.

오:버행(overhang)명 암벽의 일부가 처마처럼 튀어나온 부분.

오:버헤드^킥(overhead kick)명 축구에서, 자기 앞에 있는 공을 몸을 뒤로 눕혀 공중에 뜨면서 머리 너머로 차는 일.

오:버히:트(overheat)명 (엔진 따위의) 과열(過熱).

오벨리스크(obelisk)명 고대 이집트에서 태양 신앙의 상징으로 세웠던, 네모진 거대한 돌기둥. 방첨탑(方尖塔).

오:변-형(五邊形)명 ☞오각형.

오:보(誤報)명하자되자 그릇되게 보도함, 또는 그런 보도. ¶오보를 정정하는 기사.

오보록-하다[-로카-]형여 (키가 작은 풀 따위가) 한데 몰려 있어 소복하다. ¶토끼풀이 오보록하게 나 있다. 준오복하다. 큰우부룩하다.
오보록-이튀.

오보에(oboe 이)명 목관 악기의 한 가지. 세로로 잡고서 불며, 약간 가라앉은 듯한 음색을 지녔음. 관현악에서는 고음부(高音部)를 맡음.

오:복(五服)명 다섯 가지 복제(服制). 곧, 참최(斬衰)·재최(齊衰)·대공(大功)·소공(小功)·시마(緦麻)를 이름.

오:복(五福)명 유교에서 이르는 다섯 가지 복. 곧, 수(壽)·부(富)·강녕(康寧)·유호덕(攸好德)·고종명(考終命)을 이름.

오:복-음(五腹飮)명 한방에서, 오장(五臟)을 보(補)하는 약.

오:복-조르듯[-쪼-들]튀하자 몹시 조르는 모양. ¶하도 오복조르듯해서 부탁을 들어주었다.

오:복-탕(五福湯)명 도라지·닭고기·돼지고기·해삼·전복의 다섯 가지를 넣고 끓인 국.

오복-하다[-보카-]형여 〈오보록하다〉의 준말.
큰우북하다. 오복-이튀.

오:부(五父)명 아버지로서 섬겨야 할 다섯 분. 곧, 실부(實父)·양부(養父)·계부(繼父)·의부(義父)·사부(師父).

오:부(五部)명 고려 시대에는 개경(開京), 조선 시대에는 한성(漢城)을 동부·서부·남부·북부·중부의 다섯 구역으로 나눈 행정 구역, 또는 그 관아를 아울러 이르던 말.

오불-고불튀하형 고르지 않게 고불고불한 모양. ¶오불고불한 면양의 털. 유우불구불. 센오불꼬불.

오불관언(吾不關焉)명하타 나는 상관하지 아니함, 또는 그러한 태도. ¶형은 한식구이면서 집안일에 도무지 오불관언이다.

오불-꼬불튀하형 〈오불고불〉의 센말. 큰우불꾸불.

오:-불효(五不孝)명 자식으로서의 다섯 가지 불효. 곧, 게으름 피우기, 도박과 술을 좋아하기, 재물과 처자만 아끼기, 유흥을 좋아하기, 성질이 사납고 싸움을 잘하기 등으로 부모를 돌보지 않거나 욕되게 하고 불안하게 하는 일.

오붓-하다[-부타-]형여 ①홀가분하면서 아늑하고 정답다. ¶휴일을 가족끼리 오붓하게 지내다. ②(살림 따위가) 실속이 있고 포실하다. ¶오붓한 살림살이. 오붓-이튀.

오브제(objet 프)명 ①초현실주의 미술에서, 작품에 쓴 일상생활 용품이나 자연물 또는 예술과 무관한 물건을 본래의 용도에서 분리하여 작품에 사용함으로써 새로운 느낌을 일으키는 상징적 기능의 물체를 이르는 말. ②꽃꽂이에서, 꽃 이외의 재료.

오븐(oven)명 조리 기구의 한 가지. 속에 재료를 넣고 밀폐하여, 상하 좌우에서 열을 보내어 재료를 굽는 기구.

오블라:토(oblato 포)명 녹말로 만든 얇은 종이 모양의 투명한 막(膜). 쓴 가루약이나 알사탕을 싸서 먹기 좋게 만드는 데 쓰임.

오블리가토(obbligato 이)명 〔음악에서〕 ①'의 무화되지 수 없는, 생략할 수 없는 악기나 성부(聲部)를 가리키는 말. ②조주(助奏).

오:비(OB)명 〔재학생에 상대하여 그 학교의〕 졸업생, 또는 선배. ¶재학생 팀과 오비 팀과의 친선 경기. [old boy]

오비다타 ①구멍이나 틈 따위의 속을 갉아 도려내다. ¶가슴을 오비는 듯한 아픔. ②조롱박 속을 오비다. ③속에 붙은 것을 구멍을 통해 기구로 갉아 내다. 큰우비다. 거호비다.

오:비-삼척(吾鼻三尺)명〔내 코가 석 자라는 뜻으로〕'내 사정이 급하여 남을 돌볼 겨를이 없음'을 이르는 말.

오:비이락(烏飛梨落)명〔까마귀 날자 배 떨어진다는 뜻으로〕'공교롭게도 어떤 일이 괴진 때에 일어나 남의 의심을 받게 됨'을 이르는 말.

오:비일색(烏飛一色)명[-쌕]명〔날고 있는 까마귀가 모두 같은 빛깔이라는 뜻으로〕'모두 같은 종류이거나, 또는 서로가 같음'을 이르는 말.

오비작-거리다[-꺼-]태 자꾸 오비작오비작하다. 오비작대다. ¶귓속을 오비작거리다. 큰우비적거리다. 거호비작거리다.

오비작-대다[-때-]태 오비작거리다.

오비작-오비작튀하타 자꾸 오비어 파내는 모양. 큰우비적우비적. 거호비작호비작.

오빠명 ①'오라버니'의 어린이 말. ②'오라버니'를 친근하게 일컫는 말.

오:사(五事)명 ①유교에서, 예절상 다섯 가지의 중요한 일. 곧, 모(貌)·언(言)·사(思)·시(視)·청(聽). ②불교에서, 늘 조절해야 할 다섯 가지 일. 곧, 심(心)·신(身)·식(息)·면(眠)·식(食).

오사(烏蛇)명 ☞먹구렁이.

오:사(誤死)명 형벌이나 재앙을 입어 비명에 죽음.《주로, '오사할'의 꼴로 쓰임.》

오:사(誤寫)명하타 (글이나 글씨를) 잘못 베낌.

오:-사리명 ①음력 오월 사리 때 잡것이 많이 섞여서 잡힌 새우나 해산물. ②이른 철의 사리에 잡힌 해산물. ③하타 이른 철에 농작물을 거두는 일, 또는 그 농작물.

오:사리-잡놈(-雜-)[-잠-]圀 ①'온갖 지저분한 짓을 하는 사내'를 욕으로 이르는 말. 오색잡놈. ②여러 종류의 불량배.

오:사리-젓[-젇]圀 오사리로 담근 새우젓. 준오젓. *오:사리젓이[-저시]·오:사리젓만[-전-]

오-사모(烏紗帽)圀 ⇨사모.

오사바사-하다휑옌 ①성격이 사근사근하고 부드러우나 굳은 주견이 없어 요리조리 변하기 쉽다. ②잔재미가 없다.

오삭-오삭튄휑 ⇨오슬오슬.

오:산(誤算)圀하탸 ①잘못 셈함, 또는 잘못된 셈. ②추측이나 예상을 잘못함, 또는 그런 추측이나 예상. ¶상대편이 굴복하리라는 예상은 오산이었다.

오산(鰲山·鼇山)圀 ⇨산대놀음.

오:산화-인(五酸化燐)圀 인(燐)을 공기 중에서 태웠을 때 생기는 흡습성(吸濕性)을 가진 흰 가루. 탈수제·건조제 등에 쓰임. 무수 인산.

오:살(誤殺)圀하탸 잘못하여 사람을 죽임.

오:상(五常)圀〔유교에서〕①사람으로서 마땅히 지켜야 할 다섯 가지 도리. 곧, 인(仁)·의(義)·예(禮)·지(智)·신(信). ②부·모·형·제·자식이 저마다 지켜야 할 도리. 아버지는 의리, 어머니는 자애, 형은 우애, 아우는 공경, 자식은 효도를 이름. 오륜(五倫). 오전(五典).

오:상(五傷)圀 가톨릭에서, 그리스도가 수난을 당할 때 입은 양손·양발·옆구리의 다섯 군데의 상처를 이름.

오:상(誤想)圀하탸 착각으로 말미암은 그릇된 생각.

오:상-고절(傲霜孤節)圀〔서릿발 속에서도 굽히지 않고, 외로이 지키는 절개라는 뜻으로〕'국화(菊花)'를 비유하여 이르는 말.

오:상^방위(誤想防衛)圀 형법에서, 정당 방위의 요건이 갖추어져 있지 아니한데도 갖추어진 것으로 그릇 판단하여 행한 방위 행위를 이름. 착각 방위(錯覺防衛).

오:상^피:난(誤想避難)圀 형법에서, 긴급 피난의 요건이 갖추어져 있지 아니한데도 갖추어진 것으로 그릇 판단하여 행한 피난 행위를 이름. 착각 피난(錯覺避難).

오:색(五色)圀 ①파랑·노랑·빨강·하양·검정의 다섯 가지 빛깔. 오채(五彩). ②여러 가지 빛깔. ¶오색이 영롱하다./단풍이 오색으로 물들다.

오:색(傲色)圀 오만한 기색.

오:색-나비(五色-)[-생-]圀 네발나빗과의 곤충. 편 날개 길이 7 cm가량. 날개의 바탕색은 흑갈색으로 가장자리를 따라 황갈색 띠가 있고, 수컷은 앞면이 보라색으로 빛남. 버드나무나 상수리나무의 진을 빨아 먹음. 우리나라·일본·유라시아 북부에 분포함.

오:색-단청(五色丹靑)[-딴-]圀 파랑·노랑·빨강·하양·검정의 오색으로 칠한 단청.

오:색-딱따구리(五色-)圀 딱따구릿과의 새. 몸길이 23 cm가량. 몸빛은 흑색과 백색이 섞여 있고 꽁지는 진홍색임. 부리로 나무줄기를 쪼아서 구멍을 파고, 긴 혀를 이용하여 그 속의 곤충을 잡아먹음. 우리나라 전역에 분포하는 흔한 텃새임.

오:색-실(五色-)[-씰]圀 파랑·노랑·빨강·하양·검정의 다섯 가지 빛깔의 실.

오색영롱(五色玲瓏) '오색영롱하다'의 어근.

오:색영롱-하다(五色玲瓏-)[-녕농-]휑옌 여러 가지 빛깔이 어울려 눈부시게 찬란하다.

오:색-잡놈(五色雜-)[-짬-]圀 ⇨오사리잡놈.

오색찬란(五色燦爛) '오색찬란하다'의 어근.

오:색찬란-하다(五色燦爛-)[-찰-]휑옌 여러 가지 빛깔이 어울려 황홀하고도 아름답다.

오:생(午生)圀 오년(午年)에 난 사람. 말띠.

오:생(五牲)圀 지난날, 제물(祭物)로 쓰던 다섯 가지 짐승. 흔히, 사슴·고라니·본노루·이리·토끼를 이름.

오:서(誤書)圀하탸 글자를 잘못 씀, 또는 잘못 쓴 글자.

오:서-낙자(誤書落字)[-짜]圀하자 ⇨오자낙서.

오석(烏石)圀 흑요암(黑曜岩).

오:선(五線)圀 악보를 만들 때, 음표를 적을 수 있도록 가로로 그어 놓은 다섯 줄의 평행선.

오:선-주(五仙酒)圀 오가피와 어아리·쇠무릎지기·삼주·소나무의 마디를 넣어 빚은 술.

오:선-지(五線紙)圀 (악보를 적을 수 있도록) 오선을 그어 인쇄해 놓은 종이.

오:성(五性)圀 사람의 다섯 가지 성정(性情). 곧, 기쁨·노여움·욕심·두려움·근심.

오:성(五星)圀 다섯 개의 별. ②중국에서 고대로부터 알려진 '다섯 행성'을 통틀어 이르는 말. 곧, 세성(歲星;목성, 동쪽)·형혹(熒惑;화성, 남쪽)·태백(太白;금성, 서쪽)·진성(辰星;수성, 북쪽)·진성(鎭星;토성, 중앙).

오:성(五聖)圀 ①문묘(文廟)에 함께 모신 다섯 성인. 곧, 공자(孔子)·안자(顔子)·증자(曾子)·자사(子思)·맹자(孟子). ②고대 중국의 다섯 성인. 곧, 황제(黃帝)·요(堯)·순(舜)·우(禹)·탕왕(湯王).

오:성(五聲)圀 ⇨오음(五音).

오:성(悟性)圀 사물에 대하여 논리적으로 이해하고 판단하는 능력. 〔칸트는 감성(感性)과 더불어 인식 능력에 속하는 하나로 봄.〕

오:성^장군(五星將軍)圀 〔계급장에 별이 다섯 달린 장군이란 뜻으로〕 '원수(元帥)'를 달리 이르는 말.

오세아니아(Oceania)圀 호주·뉴질랜드·멜라네시아·미크로네시아·폴리네시아를 포함하는 대부분의 태평양 지역의 섬을 아울러 이름. 대양주(大洋洲).

오소리圀 족제빗과의 짐승. 산림에서 사는데 몸길이 70~90 cm. 꼬리는 10~18 cm. 몸은 너구리와 비슷하며, 앞발에는 큰 발톱이 있어서 땅굴을 파기에 알맞음. 몸빛은 회색 또는 갈색이고 얼굴에 뚜렷한 흑백색의 띠가 있음.

오소리-감투圀 오소리의 털가죽으로 만든 벙거지.

오소리감투가 둘이다[속] 일을 맡아 처리하는 사람이 둘이라, 서로 아웅다웅함을 이르는 말.

오소소튄하자 ①(깨나 좁쌀 따위의) 작은 물건이 한꺼번에 많이 쏟아지는 모양. ②작은 가랑잎이 나무에서 많이 떨어지는 소리, 또는 그 모양. ¶낙엽이 오소소 떨어지다. 큰우수수.

오:손(汚損)圀하탸짜 더럽히고 손상함. ¶기계 문명에 오손된 자연.

오손-도손튄휑 의좋게 서로 이야기를 나누거나 지내는 모양. 큰오순도순.

오술-길[-낄]圀 폭이 좁고 호젓한 길.

오솔-하다휑옌 (사방이 괴괴하여) 무서우리만큼 호젓하다.

오:수(午睡)圀 낮잠. 오침(午寢). ¶오수를 즐기다.

오:수(汚水)圀 더러워진 물. 구정물.

오수-경(烏水鏡)圀 알이 오수정(烏水晶)으로 된 안경. 준오경.

오:수부동(五獸不動)圀〔쥐는 고양이를, 고양이는 개를, 개는 범을, 범은 코끼리를, 코끼리는 쥐를 서로 두려워하고 꺼리기 때문에, 쥐·고양이·개·범·코끼리가 만나면, 서로 두려워하고 움직이지 못한다는 뜻으로〕'사회 조직이 서로 견제하는 여러 세력으로 이루어져 있음'을 비유하여 이르는 말.

오-수유(吳茱萸)圀 운향과의 낙엽 활엽 교목. 중국 원산으로 높이는 3 m가량. 잎은 깃털 모양의 겹잎임. 초여름에 황록색의 꽃이 피고, 가을에 둥근 열매가 붉게 익음. 열매는 한방에서 약재로 쓰임. 㤠오수유.

오-수정(烏水晶)圀 검은 빛깔의 수정.

오순-도순圁(하閒) 의좋게 서로 이야기를 나누거나 지내는 모양. ¶화롯가에 모여 앉아 오손도순 이야기를 나눈다. 㥠오손도손.

오:순-절(五旬節)圀 성령이 세상에 임한 날을 기념하는 축일. 그리스도의 부활에서 50일째에 해당하는 날. 성신 강림절(聖神降臨節).

오스뮴(osmium)圀 백금족 원소의 한 가지. 은회색의 고체로 금속 중에서 비중이 가장 크고, 백금족 원소 가운데 녹는점이 가장 높음. 합금 재료나 촉매(觸媒) 등에 쓰임.〔Os/76/190.2〕

오스뮴^전:구(osmium電球)圀 오스뮴을 필라멘트로 한 백열전구.

오스스圁(하閒) 차고 싫은 기운이 몸에 돌면서 소름이 끼치는 듯한 모양. ¶섬뜩하고 오스스한 장면에 연이은 영화. 㥠으스스. 㾌아스스.

오스카(Oscar)圀 미국의 세계적 영화상인 아카데미상 수상자에게 주는 청동제의 금도금 입상.

오스카-상(Oscar賞)圀 ☞아카데미상.

오스트라시즘(ostracism)圀 고대 그리스의 아테네에서, 시민의 투표로 국가의 위험 인물을 10년간 국외로 추방하던 제도.

오스트랄로피테쿠스(Australopithecus)圀 제3기 말에서 홍적세 중기(200만~50만 년 전)까지의 지층에서 발견된 화석 인류.

오슬-오슬圁(하閒) (감기나 몸살 따위로) 몸에 소름이 오스스 끼칠 듯이 추위가 느껴지는 모양. 오삭오삭. ¶몸살이 났는지 몸이 오슬오슬하다. 㥠으슬으슬. 㾌아슬아슬.

오:승(五乘)圀 불교에 있어서의 다섯 가지 교법(敎法). 곧, 인승(人乘)·천승(天乘)·성문승(聲聞乘)·연각승(緣覺乘)·보살승(菩薩乘)을 이름.

오:승-포(五升布)圀 다섯 새의 올이 굵은 베나 무명.

오:시(午時)圀 ①십이시의 일곱째 시. 상오 11시부터 하오 1시까지의 동안. ②이십사시의 열셋째 시. 상오 11시 30분부터 하오 12시 30분까지의 동안. 㤠오(午).

오:시-교(五時敎)圀 석가여래의 일생 동안의 설교를 연대에 따라 나눈 것. 곧, 화엄시(華嚴時)·아함시(阿含時)·방등시(方等時)·반야시(般若時)·법화열반시(法華涅槃時)를 이름.

-오시니이(어閒)〔옛〕-시오니. ¶天爲建國ᄒᆞ샤 天命을 ᄂᆞ리오시니(龍歌32章)./하ᄂᆞ히 病을 ᄂᆞ리오시니(龍歌102章).

오시-목(烏柿木)圀 ☞먹감나무.

오:시:아:르(OCR)圀 컴퓨터의 입력 장치에서 사용되는 광학 문자 판독기. 자성(磁性)을 띤 특수 잉크로 인쇄된 문자를 읽는 장치. [optical character reader]

오:시:아:르 카:드(OCR card) 오시아르 장치를 한 카드. 채점을 전산기로 처리하는 학력고사 답안지 따위.

오:시-오중(五矢五中)圀(하자) 화살 다섯 대를 쏘아 다섯 대를 모두 맞힘. 㤠오중(五中).

오:식(五識)圀 불교에서, 오근(五根)에 따라 일어나는 다섯 가지 지각. 곧, 색(色)·성(聲)·향(香)·미(味)·촉(觸)을 이름.

오:식(誤植)圀(하타) 활판에 활자를 잘못 꽂음, 또는 그로 인한 인쇄상의 잘못.

오:신(娛神)圀(하자) (무당이 굿을 할 때) 타령이나 노랫가락 등으로 흥겹게 신(神)을 찬양하고 즐겁게 하는 일.

오:신(誤信)圀(하자타) 그릇 믿음. ¶위험이 없는 데도 있는 것으로 오신하다.

오:-신명(誤身命)圀(하자) 몸과 목숨을 그르침.

오실로그래프(oscillograph)圀 (전류나 전압 따위의) 전기적 진동을 가시(可視) 곡선으로 기록하는 장치.

오실로스코:프(oscilloscope)圀 (브라운관을 사용하여) 시간적 변화가 빠른 전류의 파형(波形)을 관측하는 장치.〔브라운관 오실로스코프라고도 함.〕

오:심(惡心)圀 한방에서, 속이 불쾌하고 울렁거리며 토할 듯한 기분이 생기는 증상을 이르는 말.

오:심(誤審)圀(하자타) 잘못 심판함, 또는 그 심판. 㭒오심(誤審).

오:심-열(五心熱)[-널]圀 한방에서, 위경(胃經) 속에 화기(火氣)가 뭉쳐서 양쪽 손바닥과 발바닥, 가슴의 다섯 곳이 몹시 더워지는 병증을 이르는 말.

오:십(五十·五拾)Ⅰ主 쉰.
Ⅱ판 (일부 단위를 나타내는 명사 앞에 쓰이어) ①그 수량이 쉰임을 나타내는 말. ¶오십년. /오십 미터. ②그 순서가 오십 번째임을 나타내는 말. ¶이번 시험에 오십 등을 했다.

오:십-견(五十肩)[-껸]圀 어깨의 통증으로 인하여 어깨의 움직임에 지장을 받게 되는 증상. 〔주로, 오십 세 전후의 나이에 많이 발생하여 붙은 이름.〕

오:십보-백보(五十步百步)[-뽀-뽀]圀 약간의 차이는 있으나 본질적으로는 같다는 뜻.〔싸움에서, 오십 보를 달아난 자가 백 보를 달아난 자를 보고 비웃더라도, 달아나기는 매일반이라고 한 맹자(孟子)의 말에서 유래함.〕¶이것이나 그것이나 오십보백보다. 㤠오십소백.

오:십-소백(五十笑百)[-쏘-]圀 〈오십보백보(五十步百步)〉의 준말.

오:십음-도(五十音圖)圀 일본 문자의 오십음을 성음(聲音)의 종류에 따라 배열한 표.

오:십이-위(五十二位)圀 불교에서, 보살 수행의 52단계. 곧, 십신(十信)·십주(十住)·십행(十行)·십회향(十廻向)·십지(十地)와 등각(等覺)·묘각(妙覺)을 이름.

오싹圁(하자) 몸이 움츠러들도록 갑자기 오스스 추워지거나 소름이 끼치는 모양. ¶등골이 오싹해지는 무서운 광경. /소름이 오싹 끼치는 날카로운 비명 소리가 들려왔다. 오싹-싹圁(하자).

오스리圀〔옛〕오소리. ¶오스리 단:獾(訓蒙上19).

오아시스(oasis)圀 ①사막 가운데에 샘이 솟고 초목이 자라는 곳. ②'삶의 위안이 되는 사물이나 장소'를 비유하여 이르는 말.

오:악(五惡)圀 불교에서 이르는, 오계(五戒)를 어기는 다섯 가지의 악행(惡行). 곧, 망어(妄語)·

사음(邪淫)·살생(殺生)·음주(飮酒)·투도(偸盜).

오:악(五岳·五嶽)圀 ①우리나라의 이름난 다섯 산. 곧, 금강산·지리산·묘향산·백두산·삼각산. ②중국의 다섯 영산(靈山). 곧, 타이산 산(泰山山)·화산산(華山山)·헝산 산(衡山山)·헝산 산(恒山山)·쑹산 산(嵩山山). ③관상학에서, 사람의 '이마·코·턱·좌우의 광대뼈'를 이르는 말.

오:안(五眼)圀 불교에서, 수행에 따라 성도(成道)에 이르는 순서를 보인 다섯 안력(眼力). 곧, 육안(肉眼)·천안(天眼)·법안(法眼)·혜안(慧眼)·불안(佛眼).

오:야(午夜)圀 자정(子正). 밤 열두 시.

오:야(五夜)圀 지난날, 하루의 밤을 다섯으로 구분하던 이름. 곧, 갑야(甲夜)·을야(乙夜)·병야(丙夜)·정야(丁夜)·무야(戊夜).

오:약(烏藥)圀 한방에서, '천태오약'이나 '형주오약'의 뿌리를 약재로 이르는 말. 〔곽란이나 토사 따위에 쓰임.

오얏띰 '자두'의 잘못.

오얏圀 [옛] 자두. ¶ 블근 오야지 프레 드마도 츠디 아니호고(杜初10:23). 團오얏.

오:언(五言)圀 한 구(句)가 다섯 자썩으로 된 한시(漢詩), 또는 그 시체(詩體). 오언시.

오:언^고:시(五言古詩)圀 한 구가 다섯 자썩으로 된 고체시(古體詩).

오:언^배율(五言排律)圀 한 구가 다섯 자썩으로 된 배율.

오:언-시(五言詩)圀 한 구가 다섯 자썩으로 된 한시(漢詩). 오언.

오:언^율시(五言律詩)[-뉼씨]圀 오언 팔구(八句)로 된 율시. 團오율.

오:언^절구(五言絶句)圀 기(起)·승(承)·전(轉)·결(結)의 네 구로 된 오언. 團오절.

오:에스(OS)圀 ▷오퍼레이팅 시스템.

오:에이(OA)圀 사무 자동화(事務自動化). [office automation]

오:엑스-문제(OX問題)圀 문제를 보고 맞는 곳에 '○'표, 틀린 곳에 '×' 표를 하여 답안을 작성하도록 한 시험 문제.

오:엘(OL)圀 '오버랩(overlap)'의 약호.

오:엠아:르(OMR)圀 광학 마크 판독기. [optical mark reader]

오:역(五逆)圀 불교에서, 무간지옥(無間地獄)에 떨어질 다섯 가지의 악행을 이르는 말. 곧, 아버지를 죽이는 일, 어머니를 죽이는 일, 아라한(阿羅漢)을 죽이는 일, 중의 화합을 깨뜨리는 일, 불신(佛身)을 손상하는 일.

오:역(誤譯)圀웹퇴 잘못 번역함, 또는 잘못된 번역.

오:연(五軟)圀 한방에서, 어린아이의 체질에 따라 생기는 다섯 가지 무력해지는 증상을 이르는 말. 곧, 고개를 가누지 못하는 것, 몸을 가누지 못하는 것, 입과 혀에 맥이 없어 말을 하는 것, 살에 맥이 없어 피부가 늘어지는 것, 팔다리에 맥이 없어 움직이지 못하는 것. ↔오경(五硬).

오연(傲然) '오연하다'의 어근.

오:연-하다(傲然-)薑혱 오만스럽다. 거만한 듯하다. ¶ 산정에 올라 짐짓 오연한 자세로 세상을 굽어본다. 薑혱오연-히團.

오:열(五列)圀 적 내부에 침투하여, 모략·파괴·간첩 활동을 하는 비밀 요원을 이름. 〔스페인 내란 때, 4개 부대를 이끌고 마드리드를 공격한 프랑코 장군이, 시내에도 우리에게 내응하는 위장(僞裝)한 제5부대가 있다고 말한 데서 유래함. 團제오 열(第五列).

오:열(嗚咽)圀웹퇴 목이 메어 욺, 또는 그 울음. ¶ 유족들의 오열 속에 장례를 치르다.

오:염(汚染)圀퇴 ①더러워짐. 염오(染汚). ¶오염된 산천. ②(공기·물·식료품 따위가) 세균·방사능·가스 따위로 하여 독성을 갖게 됨.

오:염-도(汚染度)圀 오염된 정도. ¶한강 상류의 오염도가 점점 높아지고 있다.

오:염-원(汚染源)圀 환경을 오염시키는 근원지나 근본 원인.

오엽(梧葉)圀 오동나무의 잎.

오엽-선(梧葉扇)[-썬]圀 살의 끝을 휘어서 오동나무 잎의 잎맥과 비슷하게 만든 둥근 부채.

오:엽-송(五葉松)[-쏭]圀 ▷잣나무.

오:-영문(五營門)圀 ▷오군영(五軍營).

오:예(汚穢)圀웹혱 지저분하고 더러움, 또는 그 것.

오오열열(嗚嗚咽咽)圀 몹시 목메어 욺.

오:옥(五玉)圀 다섯 가지 빛깔의 옥. 곧, 창옥(蒼玉)·적옥(赤玉)·황옥(黃玉)·백옥(白玉)·현옥(玄玉)을 이름.

오옥(烏玉)圀 빛깔이 검은 구슬.

오:온(五蘊)圀 불교에서, 정신과 물질을 오분(五分)한 것. 곧, 색(色)·수(受)·상(想)·행(行)·식(識). 오음(五陰).

오올다[혱 [옛] 온전하다. 성하다. ¶엇뎨 뻐 내 모미 ᄒᆞ오아 오오라 이시리오(杜重4:9). /오ᄂᆞᆫ 蜀애 일홈 난 士ㅣ 하니(杜重2:3). 團오올다.

오요요[圀 강아지를 부르는 소리.

오:욕(五慾)圀 ①사람의 다섯 가지 욕심. 곧, 재물욕(財物慾)·명예욕(名譽慾)·식욕(食慾)·수면욕(睡眠慾)·색욕(色慾). ②오진(五塵).

오:욕(汚辱)圀웹퇴 (남의 명예를) 더럽혀 욕되게 함. ¶오욕의 역사. /오욕을 씻었다.

오:용(誤用)圀웹퇴 잘못 씀. ¶약의 오용으로 약화(藥禍)를 자초하다.

오우(烏芋)圀 한방에서, '올방개의 뿌리'를 약재로 이르는 말. 지갈(止渴)이나 개위(開胃) 등에 약재로 씀.

오:우-가(五友歌)圀 조선 인조 때 윤선도(尹善道)가 지은 연시조. '산중신곡(山中新曲)'에 들어 있는 여섯 수의 시조로서, 서시에 이어 다섯 가지 자연물인 물[水]·돌[石]·솔[松]·대[竹]·달[月]에 대하여 한 수씩 읊은 내용.

오:운(五雲)圀 오색(五色)의 구름.

오:운(五運)圀 오행(五行)의 운행, 곧 상생(相生)·상극(相剋)의 순서.

오:운-거(五雲車)圀 (신선이 타고 다닌다는) 오색의 수레.

오:월(午月)圀 〔월건(月建)에 십이지의 오(午)가 드는 달로〕 '음력 오월'의 딴 이름. 薑혱중하(仲夏).

오:월(五月)圀 한 해의 다섯째 달. 薑혱미음·오월(午月)·중하(仲夏).

오월(吳越)圀 〔중국 춘추 시대의 오나라와 월나라를 가리키는 말로〕 '원수 같은 사이'를 이르는 말.

오월(梧月)圀 '음력 칠월'을 달리 이르는 말.

오:월-국(五月菊)圀 국화의 한 가지. 오월에 꽃이 핌.

오:월-동주(吳越同舟)圀 서로 적의(敵意)를 품은 사람끼리 한자리나 같은 처지에 있게 된 경우, 또는 서로 이해가 같을 때에는 공통의 어려움이나 이해에 대해서는 협력하는 경우를 비유하는 말. 〔손자(孫子)'의 '구지편(九地篇)'에 나오는 말로, 원수 사이인 오나라 군사와 월나라

군사가 같은 배를 타게 되었다는 고사에서 유래함.

오:월-로(五月爐)**명** 〔오월의 화로란 뜻으로〕 '당장은 필요 없지만 없으면 아쉽게 여겨지는 물건'을 비유하여 이르는 말.

오:위(五衛)**명** 조선 세조 3(1457)년에, 이전의 군제를 고쳐 새로 정한 다섯 위. 전(前佐)·후(後武)·좌(龍驤)·우(虎賁)·중(義興)의 다섯 위를 두고, 한 위를 다섯 부(部), 한 부를 네 통(統)으로 나누어 통제하였음.

오:위-도총부(五衛都摠府)**명** 조선 시대에, 오위를 지휘 감독하던 최고 군령 기관(軍令機關).

오:위-장(五衛將)**명** 조선 시대, 오위의 으뜸 벼슬. 정원(定員)은 열둘이며, 종이품 벼슬.

오유(迂儒)**명** '우유(迂儒)'의 잘못.

오유(吳萸)**명** 〈오수유(吳茱萸)〉의 준말.

오유(烏有)**명** 사물이 아무것도 없이 됨. ¶화재로 가재도구 일체가 오유가 되다.

오:유(娛遊)**명하자** 즐기고 놂.

오유-선생(烏有先生)**명** 실제로는 없는, 가공의 인물.

오:율(五律)**명** 〈오언 율시(五言律詩)〉의 준말.

오:음(五音)**명** 국악(國樂)의 다섯 음계. 곧, 궁(宮)·상(商)·각(角)·치(徵)·우(羽). 오성(五聲).

오:음(五陰)**명** 〈오온(五蘊)〉.

오:음(五飮)**명** 다섯 가지의 마실 것. 곧, 물·미음·약주·단술·차임.

오:음성-고(五陰盛苦)**명** 불교에서 이르는 팔고(八苦)의 하나. 오온(五蘊)이 불같이 일어나서 생기는 고통.

오:음^육률(五音六律) [-뉵-뉼] **명** '오음'과 '육률'을 아울러 이르는 말.

오:음^음계(五音音階) [-계/-게] **명** 오음으로 이루어진 음계. 우리나라와 중국 음악의 주조(主調)를 이룸.

오:의(奧義) [-의/-이] **명** 매우 깊은 뜻. 오지(奧旨).

오이명 박과의 일년생 만초. 인도 원산의 재배 식물. 초여름에 노란 꽃이 핌. 길쭉한 열매는 녹색에서 황갈색으로 익는데, 물기가 많고 맛이 시원함. ㉰외2. ㉰물오이.

오이는 씨가 있어도 도둑는 씨가 없다 [속담] 마음을 잘못 가지면 누구나 도둑이 되기 쉽다는 뜻.

오이를 거꾸로 먹어도 제멋 [제 소청] [속담] 남의 눈에 벗어나는 이상한 짓이라도 제가 좋아하는 짓이라면 상관할 바가 아니라는 말.

오이-과(-瓜)**명** 한자 부수의 한 가지. '瓜'·'瓢' 등에서의 '瓜'의 이름.

오이-김치명 오이로 담근 김치. ㉰외김치.

오이-깍두기 [-뚜-] **명** 오이를 썰어서 젓국과 고춧가루와 고명을 넣고 버무려 담근 깍두기.

오이-나물명 오이를 가로 썰어 고기와 양념을 넣고 버무려 약간 볶은 반찬.

오이-냉국(-㖃-) [-꾹] **명** 오이를 채를 쳐서 양념한 것에, 끓여 식힌 물을 붓고 식초를 친 냉국. ㉰외냉국.

오이다㉠ 모음으로 끝난 체언에 붙어, '입니다'의 뜻을 보다 정중하게 이르는 합쇼체의 종결형 서술격 조사. ¶훌륭한 시(詩)오이다. ㉰외다3. ㉲이오이다.

-오이다㉠ 모음으로 끝난 어간이나 'ㄹ'로 끝난 용언의 어간 다음에 '-시-'에 붙어, 현재의 사실을 베풀어 말하는 뜻을 나타내는 합쇼체의 종결 어미. ¶사실이 아니오이다. ㉰외다. ㉲으오이다.

오이디푸스^콤플렉스(Oedipus complex)**명** 정신 분석학에서, 사내아이가 어머니에게 애정을 느끼고, 아버지에게 반감을 가지는 심리적 경향을 이르는 말. ㉲엘렉트라 콤플렉스.

오이-소박이명 〈오이소박이김치〉의 준말.

오이소박이-김치명 꼭지를 딴 오이를 두세 토막으로 나누고, 그 끝을 조금 남기고 '+'자 모양으로 쪼갠 다음 그 속에 갖은 양념·젓갈 등을 넣고 담근 김치. ㉰소박이·소박이김치·오이소박이.

오이-순(-筍)**명** 오이의 애순.

오:이:시:디:(OECD)**명** 경제 협력 개발 기구. [Organization for Economic Cooperation and Development]

오이-씨명 오이의 씨. ㉰외씨.

오:이:엠(OEM)**명** 주문자 상표 부착 생산. 계약에 따라, 상대편의 상표를 붙인 부품이나 완제품을 제조하여 공급하는, 일종의 하청 생산 방식. [original equipment manufacturer]

오이-지명 끓여서 식힌 소금물에 오이를 담가 익힌 반찬의 한 가지. ㉰외지.

오이-찬국명 ⇨오이냉국.

오이-풀명 장미과의 다년초. 산과 들에 흔히 나는데, 줄기 높이는 1m가량. 잎은 깃 모양의 겹잎이며, 7~9월에 진한 자줏빛 꽃이 핌. 어린잎은 먹을 수 있고, 뿌리는 해열·지혈 등의 약재로 쓰임. 외나물.

오:인(午人)**명** 조선 시대에, '남인(南人)'을 달리 이르는 말.

오:인(誤認)**명하자되자** 잘못 보거나 잘못 생각함. 그릇 인정함. ¶동생을 형으로 오인하다·범인으로 오인하다.

오인(吾人)**대** ①나. ②우리.

오:일(午日)**명** 일진(日辰)의 지지(地支)가 오(午)로 된 날. 〔갑오일(甲午日)·병오일(丙午日) 따위.〕 말날.

오일(汚溢)**명** 기름.

오:일-경조(五日京兆)**명** '일이 오래가지 못함'을 비유하여 이르는 말. 〔중국 한(漢)나라 때, 장창(張敞)이 유가(京兆尹)이 되었다가 며칠 만에 물러났다는 고사에서 유래함.〕

오일^달러(oil dollar)**명** 산유국이 원유를 수출하여 벌어들이는 잉여 외화(剩餘外貨).

오일^버:너(oil burner)**명** 경유나 중유(重油)를 연소시키는 장치.

오일^샌드(oil sand)**명** 중질 원유(重質原油)를 함유하고 있는 모래나 사암(沙岩).

오일^셰일(oil shale)**명** 석유 혈암(石油頁岩).

오일^쇼크(oil shock)**명** 유가(油價)의 폭등이나 폭락으로 말미암은 국제적인 경제 타격. 석유 파동. 유류 파동.

오일스킨(oilskin)**명** 동백기름이나 삼씨기름 따위를 먹여 방수 가공을 한 천.

오일-실크(←oiled silk)**명** 기름이나 수지 용액 따위를 입힌 견직물. 방수용 외투 등에 쓰임.

오:일-장(五日場) [-짱] **명** 닷새마다 서는 시골의 장.

오:일-장(五日葬) [-짱] **명** 초상난 지 닷새 만에 지내는 장사.

오일클로:스(oilcloth)**명** ①기름으로 방수 처리한 피륙을 통틀어 이르는 말. 〔오일실크 따위.〕②두꺼운 피륙에 에나멜을 입히고 여러 가지 무늬를 그린 천. 책상보 따위로 씀.

오일-펌프(oil pump)**명** 송유(送油)·급유(給油)를 위하여 쓰는 펌프.

오일-펜스(oil fence)명 바다나 강·호수에 기름이 유출되었을 때, 기름이 퍼지는 것을 막기 위하여 수면 위에 울타리처럼 둘러치는 것.

오:입(悟入)명하자 불교에서, '도를 깨달아 실상(實相)의 세계로 들어감'을 이르는 말.

오:입(誤入)명하자 제 아내 아닌 여자와 성 관계를 가지는 일. 외도(外道). 외입(外入).

오:입-쟁이(誤入-)[-쟁-] '오입을 잘하는 사내'를 홀하게 이르는 말.
오입쟁이 헌 갓 쓰고 똥 누기는 예사다속담 되지 못한 자의 못된 짓거리야 놀랄 바가 아니라는 말.

오:입-질(誤入-)[-찔]명하자 오입하는 짓.

오:입-판(誤入-)명 오입쟁이들이 노는 사회.

오우오뿌 (옛) 온전히. 전허. ¶ ㅎ나히 빠로 달아비치 오우로 히오(月釋2:46). /오우로 가난티아니ᄒ도다(杜初7:21). 참오로.

오올다형 (옛) 온전하다. 완전하다. ¶ 善心이 오올면(月釋8:1). / 敬心이 몯 오ᅌᆞ다시니(月印128). 참오울다.

오올-오다타 〈옛〉온전하게 하다. ¶ 衆生돌히 ㅁ수믈 오올오며(月釋5:5). 참오울오다.

오:자(誤字)[-짜]명 ①잘못 쓴 글자. ②(인쇄물에 박힌) 틀린 글자. 참탈자(脫字).

오:자-낙서(誤字落書)[-짜-써]명 글자를 잘못 쓰는 일과 빠뜨리고 쓰는 일, 또는 그런 글자. 오서낙자(誤書落字).

오자미명 헝겊에 콩 따위를 싸서 공 모양으로 만든 주머니.

오:작(五爵)명 〈오등작(五等爵)〉의 준말.

오:작(作作)명 지난날, 고을 수령에 딸리어 시체를 검시(檢屍)하던 하인.

오작(烏鵲)명 까막까치.

오작-교(烏鵲橋)[-꾜]명 칠월 칠석날에 견우와 직녀가 만날 수 있도록 까막까치가 은하에 놓는다는 전설상의 다리. 은하 작교.

오작-오작부(오작자타) 비교적 단단한 음식을 얌전스레 씹는 모양, 또는 그 소리. 큰우적우적². 셈오짝오짝.

오:장(五葬)명 장례의 다섯 가지 방식. 곧, 토장(土葬)·화장(火葬)·수장(水葬)·야장(野葬)·임장(林葬).

오:장(五臟)명 한방에서, 다섯 가지 내장을 통틀어 이르는 말. 곧, 간장·심장·비장·폐장·신장.
오장(을) 긁다관용 남의 비위를 건드리다.
오장이 뒤집히다관용 분이 치밀어 견딜 수가 없다.

오:장^육부(五臟六腑)[-뉵뿌]명 〔오장과 육부라는 뜻으로〕한방에서, '내장'을 통틀어 이르는 말. 준장부(臟腑).

오:재(五材)명 사물의 다섯 가지 재료. 곧, 금(金)·목(木)·수(水)·화(火)·토(土), 또는 금·목·피(皮)·옥(玉)·토.

오쟁이명 짚으로 만든 작은 섬.
오쟁이(를) 지다관용 자기 아내가 다른 남자와 사통(私通)하다.

오:적(五賊)명 대한 제국 때, 을사 오조약에 찬동한 다섯 사람의 역적. 곧, 박제순(朴齊純)·이지용(李址鎔)·이근택(李根澤)·이완용(李完用)·권중현(權重顯).

오적어(烏賊魚)명 '오징어'의 잘못.

오:전(五典)명 ①오륜(五倫). ②오상(五常).

오:전(午前)명 ①⇒상오(上午). ②해가 뜰 때부터 낮 열두 시까지의 동안. ¶ 오전 근무. ↔오후.

오:전(誤傳)명하타되자 사실과 다르게 전함, 또는 그 전갈이나 문헌.

오:절(五絶)명 ①비명에 죽는 다섯 가지 죽음. 곧, 목매어 죽는 일, 물에 빠져 죽는 일, 눌려죽는 일, 얼어 죽는 일, 놀라서 죽는 일. ②〈오언 절구(五言絶句)〉의 준말.

오:점(汚點)[-쩜]명 ①더러운 점, 곧 얼룩. ②명예롭지 못한 흠. ¶ 한 번의 실수로 일생일대의 오점을 남기다.

오-접선(烏摺扇)[-썬]명 검은 칠을 한 쥘부채.

오:-젓[-젇]명 〈오사리젓〉의 준말. * 오:젓이[-저시], 오:젓만[-전-].

오:정(午正)명 십이시의 오시의 한가운데. 〔낮 12시.〕정오(正午). ↔자정(子正).

오:정(五情)명 사람의 다섯 가지 감정. 곧, 희(喜)·노(怒)·애(哀)·낙(樂)·욕(慾). 〔욕(慾) 대신에 원(怨)이나 오(惡)를 이르기도 함.〕

오:정-포(午正砲)명 지난날, 오정에 놓아서 시각을 알리던 대포 소리. 준오포.

오:제(五帝)명 ①중국 태고 시대의 다섯 성군을 아울러 이르는 말. 곧, 복희(伏羲)·신농(神農)·황제(黃帝)·요(堯)·순(舜). 또는, 복희·신농·황제 대신 소호(少昊)·전욱(顓頊)·제곡(帝嚳)을 들기도 함. ②민속에서, 오방(五方)을 맡은 다섯 신(神). 곧, 동쪽의 청제(靑帝), 서쪽의 백제(白帝), 남쪽의 적제(赤帝), 북쪽의 흑제(黑帝), 중앙의 황제(黃帝).

-오져어 (옛) -고자. ¶ 男子이 몸 도외오져 ᄒ리와(佛頂上4). /목숨 길오져 ᄒ다가(釋譜9:36).

오:-조명 일찍 익는 조.
오조 먹은 돼지 벼르듯속담 혼내 주려고 잔뜩 벼르고 있다는 말.

오:-조약(五條約)명 〈을사 오조약〉의 준말.

오조-증(惡阻症)[-쯩]명 입덧.

오:족(五足)명 씨를 다섯 오씩 촘촘하게 하고 간(間)을 걸러서 짠 천.

오족-철(烏足鐵)명 문짝들이 벌어지지 않게 덧붙이는 쇠.

오:족-항라(五足亢羅)[-조캉나]명 오족으로 짠 항라.

오존(ozone)명 산소의 동소체(同素體)로서 특유한 냄새가 나는 무색의 기체. 음료수의 살균이나 유류의 표백 따위에 쓰임. 액체일 때는 흑청색, 고체일 때는 암자색을 띰.

오존-층(ozone層)명 오존을 많이 포함하고 있는 공기층. 지상에서 약 20∼25 km 범위의 상공을 가리킴. 인체나 생물에 해로운 태양의 자외선을 잘 흡수하는 성질이 있음.

오졸-거리다자타 자꾸 오졸오졸하다. 오졸대다. 큰우줄거리다. 셈오쫄거리다.

오졸-대다자타 오졸거리다.

오졸-오졸부(오졸자타) (몸피가 작은 사람이나 짐승이) 온몸을 가볍고 율동적으로 움직이는 모양. ¶ 오졸오졸 따라오는 강아지. 큰우줄우줄. 셈오쫄오쫄.

오좀 (옛) 오줌. ¶ 오좀 뇨:尿(訓蒙上28). /오좀 누는 짜흘 할ᄒ니(釋譜11:25).

오좀-깨명 오줌깨. 방광(膀胱). ¶ 오좀새 포:脬. 오좀새 방:膀(訓蒙上28).

오:종(五種)명 다섯 종류. 다섯 가지.

오:종^경기(五種競技)명 육상 경기 중 혼성 경기의 한 가지. 한 사람이 다섯 종목을 겨루어 총득점으로 등수를 가리는 경기. 〔남자는 멀리뛰기·창던지기·200 m 달리기·원반던지기·1500 m

달리기, 여자는 100m 허들·포환던지기·높이뛰기·멀리뛰기·창던지기의 다섯 종목임.]

오종종-하다[형] ①(잘고 둥근 물건이) 빽빽하게 놓였거나 달려 있다. ②(얼굴이) 작고 옹졸스럽다. ¶ 이목구비가 오종종하다. **오종종-히**[부]

오:좌(午坐)[명] (집터나 묏자리 따위가) 오방(午方)을 등진 좌향, 또는 그런 자리.

오:좌-자향(午坐子向)[명] (집터나 묏자리 따위가) 오방을 등지고 자방(子方)을 향한 좌향.

오죽[부] 여간. 얼마나. 작하나. ¶ 생인손을 앓으니 오죽 아프겠느냐.

오죽(烏竹)[명] 볏과의 다년생 목본 식물. 대의 일종으로, 높이는 2~20m까지 자람. 줄기는 첫해에 녹색이며 이듬해부터 자흑색이 됨. 주로 관상용으로 심는데, 다 자란 줄기는 여러 가지 세공 재료로 쓰임.

오죽-이나[부] 오죽.

오죽잖다[-짠타][형] 예사 정도도 못 되다. 변변하지 못하다. ¶ 솜씨가 오죽잖다. **오죽잖-이**[-]. * 오죽잖아[-짜나]·오죽잖소[-짠쏘]

오죽-하다[-주카-][형] 정도가 매우 심하다. 《주로 의문 종결형 앞에서, '오죽하면'·'오죽해서'의 꼴로 쓰임.》 ¶ 오죽하면 그 짓을 했을까. 오죽하면 ○ 낮에 날까[속] 하는 짓이 늘 무례 망측하지만 오죽 못났으면 그러겠는가 하고 그냥 내버려 두라는 말.

오줄-없다[-줍따][형] 하는 일이나 태도가 야무지거나 칠칠하지 못하다.

오줌[명] (물질 대사로 몸 안에 생긴 찌꺼기로) 방광에서 요도를 통해 몸 밖으로 나오는 액체. 소변. ¶ 오줌을 누다. /오줌을 싸다. /오줌이 마렵다. 오줌 누는 새에 십 리 간다[속] 잠시 동안이나마 쉬는 것과 쉬지 않고 계속하는 것은 상당한 차이가 있다는 말.

오줌에도 데친다[속] '몸이 몹시 허약함'을 빗대어 이르는 말.

오줌-관(-管)[명] ☞ 요관(尿管).

오줌-독[-똑][명] 오줌을 누거나 모아 두는 독.

오줌-버캐[명] 오줌을 담아 둔 그릇에 엉겨 붙은 허연 물질, 또는 가라앉은 찌끼.

오줌-소태[명] (방광염이나 요도염으로) 오줌이 자주 마려운 증세의 병. 삽뇨증(澁尿症).

오줌-싸개[명] '오줌을 가리지 못하거나 실수로 싼 아이'를 놀리어 이르는 말.

오줌-장군[-짱-][명] 오줌을 담아 나르는 오지나 나무로 된 통. ⤵장군.

오줌-줄[-쭐][명] ☞ 요도(尿道).

오줌-통(-桶)[명] ①오줌을 누거나 담아 두는 통. ②방광(膀胱).

오:중(五中)[명][하다] 〈오시오중(五矢五中)〉의 준말.

오:중(誤中)[명][하다] 과녁이나 목표를 잘못 맞힘.

오:중-별(五重-)[명] 오중성(五重星).

오:중-성(五重星)[명] (서로 접해 있거나 우연히 같은 방향에 있어서) 육안으로는 하나로 보이나 망원경으로는 다섯으로 보이는 별. 오중별.

오:중-주(五重奏)[명] 다섯 사람이 연주하는 실내악의 한 형식. 보통 바이올린 둘, 비올라 둘, 첼로 하나로 편성된 현악 오중주가 대표적임.

오:중-창(五重唱)[명] 다섯 사람이 서로 다른 성부(聲部)를 함께 부르는 중창. 보통, 소프라노 두 사람, 알토·테너·베이스 각 한 사람씩으로 편성됨.

오:중-탑(五重塔)[명] ☞ 오층탑.

오증어[명] 〈옛〉 오징어. ¶ 오증어:烏鰂魚(四聲下 60. 方藥51).

오:지[명] ①〈오지그릇〉의 준말. ②〈오짓물〉의 준말.

오:지(五指)[명] 다섯 손가락.

오:지(汚池)[명] ①물이 더러운 못. ②검버섯.

오:지(忤旨)[명][하다] 임금의 뜻을 거역함.

오:지(奧地)[명] 해안이나 도시에서 멀리 떨어진 내륙에 있는 땅. ¶ 산간 오지.

오:지(奧旨)[명] ☞오의(奧義).

오지-그릇[-른][명] 질흙으로 빚어서 볕에 말리거나 낮은 온도로 구운 다음 잿물을 입혀 다시 구운 그릇. 겉면이 거칠고 검붉음. [도깨그릇·뚝배기·약탕관 따위] 도기(陶器). 오지. * 오지그릇이[-르시]·오지그릇만[-른-]

오지끈[부][하다] 몸피가 작고 단단한 물건이 갑자기 부러지는 소리, 또는 그 모양. ¶ 나뭇가지가 오지끈하고 부러지다. ⤵우지끈. **오지끈-오지끈**[부][하다]

오지끈-거리다[자태] 자꾸 오지끈오지끈하다. 오지끈거리다. ⤵우지끈거리다.

오지끈-대다[자태] 오지끈거리다.

오지끈-뚝딱[부][하다] 몸피가 작고 단단한 물건이 별안간 부러지거나 요란스레 바서지는 소리, 또는 그 모양. ⤵우지끈뚝딱.

오지다[형] 〈오달지다〉의 준말. ¶ 부피는 작지만 목직하고 단단한 것이 내용은 오지겠다.

오지-동이[명] 오짓물을 칠하여 만든 동이.

오지랖[-랍][명] 웃옷의 앞자락. * 오지랖이[-라피]·오지랖만[-람-]

오지랖(이) 넓다[관용] '주제넘게 남의 일에 참견하는 사람'을 빗대어 이르는 말.

오지리(墺地利)[명] '오스트리아'의 한자음 표기. ⤵오(墺).

오지-벽돌(-甓-)[-똘][명] 오짓물을 입혀 구워 낸 벽돌.

오지병-격(-甁鬲)[명] 한자 부수의 한 가지. '鬺'·'鬻' 등에서의 '鬲'의 이름. 다리굽은솥력.

오:지-서(五指書)[명] 다섯 손가락에 힘을 주어 붓대를 꽉 잡고 쓴 글씨.

오지자웅(烏之雌雄)[명] 〔까마귀는 암수의 구별이 어렵다는 뜻으로〕 선악과 시비(是非)를 가리기가 어렵다는 말.

오지직[부][하다] ①잘 마른 보릿짚 따위가 불이 붙어 타는 소리. ②장국물이나 기름 따위가 바짝 졸아붙는 소리. ③가느다란 나뭇가지 따위를 한 번에 부러뜨릴 때 나는 소리. ④조개껍데기처럼 단단한 물건이 바스러지는 소리. ⤵우지직. **오지직-오지직**[부][하다]

오지직-거리다[-꺼-][자태] 자꾸 오지직오지직하다. 오지직대다. ⤵우지직거리다.

오지직-대다[-때-][자태] 오지직거리다.

오지-항아리(-缸-)[명] 오짓물을 칠하여 만든 항아리.

오:직[부] 〔하나뿐이란 뜻으로〕 다만. 단지. 오로지. ¶ 오직 너만 믿는다.

오:직(汚職)[명][하다] 직권을 남용하여 부정한 일을 꾀함. ⤵독직(瀆職).

오직-율(-聿)[-쯀][명] 한자 부수의 한 가지. '肆'·'肇' 등에서의 '聿'의 이름. 붓율.

오:진(五塵)[명] 불교에서 이르는, 중생의 진성(眞性)을 더럽히는 다섯 가지 더러움. 곧, 색(色)·성(聲)·향(香)·미(味)·촉(觸). 오욕(五慾).

오:진(五鎭)[명] 우리나라의 다섯 진산(鎭山)을 아울러 이르는 말. 곧, 백악산(白岳山)을 중심으로 동쪽의 오대산, 서쪽의 구월산, 남쪽의 속리산, 북쪽의 백두산.

오:진(汚塵)[명] 더러운 먼지.

오:진(誤診)**명**(하타)(되자) 진단을 잘못함, 또는 그 릇된 진단. ¶감기를 폐렴으로 오진하다.

오:진-법(五進法)[-뻡]**명**(0·1·2·3·4 따위의) 다섯 가지 숫자로만 나타내는 기수법의 한 가지. 수를 셀 때마다 4 다음은 한 자리 올려 10으로 적고, 다시 10이 다섯이면 100으로 적듯이, 다섯씩 모일 때마다 한 자리씩 올려 적는 방법. **함**십진법.

오집지교(烏集之交)[-찌-]**명**(까마귀들이 모여 사귄다는 뜻으로) ①거짓이 많고 신용이 없는 교제를 이르는 말. ②이욕(利慾)으로 맺은 교제를 이르는 말.

오짓-물[-진-]**명** 오지그릇의 윤을 내는 데 쓰는 잿물. ⓟ오물.

오징어**명** 오징엇과의 연체동물. 몸길이 30~ 40cm. 몸은 머리·몸통·다리의 세 부분으로 되어 있으며 길쭉한 주머니 모양임. 머리 부분에 있는 입 둘레에 10개의 다리가 있는데, 그 가운데 긴 두 다리로 먹이를 잡음. 몸속에 먹물 주머니가 있어 적을 만나면 먹을 뿜고 달아남.

오징어-무침**명** 말린 오징어를 가늘게 썰어서 장과 기름에 무친 음식.

오징어-젓[-젿]**명** 생오징어를 고춧가루 양념으로 버무려 삭힌 것. ⁀오징어젓이[-저시]·오징어젓만[-젼-]

오징어-포(-脯)**명** 말린 오징어.

오짝-오짝**부**(하자타)〈오작오작〉의 센말. **큰**우쩍우쩍.

오쫄-거리다(자타)〈오졸거리다〉의 센말. 오쫄대다. **큰**우쭐거리다.

오쫄-대다(자타) 오쫄거리다.

오쫄-오쫄**부**(하자타)〈오졸오졸〉의 센말. **큰**우쭐우쭐.

오:차(誤差)**명**①실지로 계산하거나 측량한 값과 이론적으로 정확한 값과의 차이. ¶오차가 나다. /오차가 크다. ②수학에서, 참값과 근삿값과의 차이. ③잘못 또는 실수. ¶회견은 한 치의 오차도 없이 예정된 순서에 따라 진행되었다.

오:-차물(五借物)**명** 불교에서 이르는, 중생이 빌려서 산다는 다섯 가지 물질. 곧, 흙·물·불·바람·공기.

오:차-율(誤差率)**명**①오차의 정도. ②수학에서, 참값과 근삿값과의 차이의 참값에 대한 비율.

오:착(五鑿)**명** 사람의 몸에 있는 다섯 가지 구멍. 곧, 이(耳)·목(目)·구(口)·비(鼻)·심(心).

오:착(誤捉)**명**(하타)(사람이나 사물을) 잘못 알고 붙듦.

오:착(誤錯)**명**(하타) ☞착오(錯誤).

오:찬(午餐)**명** 여느 때보다 잘 차려 먹는 점심. 주찬(晝餐).

오:찬-회(午餐會)[-회/-훼]**명** 손에게 오찬을 베풀기 위한 모임.

오:채(五彩)**명**①파랑·노랑·빨강·하양·검정의 다섯 가지 채색. **비**오색(五色). ②☞경채(硬彩).

오처드그라스(orchard grass)**명** 볏과의 다년초(多年草). 유럽과 서아시아 원산의 목초로, 줄기 높이는 1m가량이며 잎은 가늘고 긺. 봄철에 일찍 자라기 시작하여 초여름에 꽃이 핌. 오리새.

오:천(午天)**명** 한낮.

오:천(五天)**명** 동·서·남·북 및 중앙의 하늘을 아울러 이르는 말.

오:첩-반상(五-飯床)[-빤-]**명** 반찬 수에 따른 상 차리기의 한 가지. 밥·탕·김치·간장(초간장)·조치(찌개류)는 기본이고, 거기에 숙채·생채·구이(또는 조림)·전류·마른반찬의 다섯 가지 반찬을 차리는 상차림. **함**칠첩반상·구첩반상.

오:청(五淸)**명** 문인화(文人畫)의 소재로 쓰이는 다섯 가지. 곧, 소나무·대나무·매화·난초·돌. 〔매화 대신 파초를, 소나무와 난초 대신에 국화와 파초를 넣기도 함.〕

오:청(五聽)**명** 지난날, 송사를 듣고 판단하던 다섯 가지 기준. 곧, 사청(辭聽;옳지 않으면 말이 번거로움), 기청(氣聽;진실이 아니면 숨이 참), 색청(色聽;옳지 않으면 안색이 변함), 이청(耳聽;진실이 아니면 잘못 들음), 목청(目聽;진실이 아니면 정기가 없음).

오:청(誤聽)**명**(하타) 잘못 들음.

오:체(五體)**명**①사람의 온몸. ②불교에서, '머리와 사지(四肢)'를 아울러 이르는 말. ③한방에서, '근(筋)·맥(脈)·육(肉)·골(骨)·모피(毛皮;피부)'를 통틀어 이르는 말. ④한자의 다섯 가지 서체(書體). 곧, 전(篆)·예(隸)·해(楷)·행(行)·초(草).

오:체-투지(五體投地)**명**(하자) 불교에서 절하는 법의 한 가지. 두 무릎을 꿇은 다음 두 팔을 땅에 대고 머리를 땅에 닿도록 함.

오:초(午初)**명** 십이시의 오시의 처음. 〔상오 11시가 막 지난 무렵.〕

오:초-룰(五秒rule)**명**①농구에서, 공을 가진 선수가 패스나 슛 또는 드리블을 하지 않고 5초를 넘기면 안 된다는 규칙. ②배구에서 서브할 선수가, 주심이 호루라기를 분 뒤 5초 이내에 서브해야 한다는 규칙.

오:촌(五寸)**명** 사촌의 아들딸이나 아버지의 사촌과의 촌수. **함**종숙(從叔)·종질(從姪).

오:촌-정(五寸釘)**명** 다섯 치 길이의 쇠못.

오:촌-척(五寸戚)**명** 오촌이 되는 친척.

오통-이(烏銅-)**명** 흰 털이 섞인 검은 말.

오추(梧秋)**명**〔오동나무 잎이 지는 가을이라는 뜻으로〕 '음력 칠월'을 달리 이르는 말. **함**조추(肇秋).

오추-마(烏騅馬)**명**①검은 털에 흰 털이 섞인 말. ②옛날 중국의 항우(項羽)가 탔다는 준마.

오:축(五畜)**명** 다섯 가지 가축. 곧, 소·양·돼지·개·닭.

오:충(五蟲)**명** (형태상으로 구분한) 다섯 가지 종류의 벌레. 곧, 인충(鱗蟲)·우충(羽蟲)·모충(毛蟲)·나충(裸蟲)·개충(介蟲).

오:취(五臭)**명** 다섯 가지 냄새. 곧, 노린내·비린내·향내·타는 내·썩는 내.

오:취(五趣)**명** 불교에서, 중생이 업보에 따라 이르게 되는 미계(迷界)를 이르는 말. 곧, 천상(天上)·인간(人間)·축생(畜生)·아귀(餓鬼)·지옥의 다섯 세계. 오도(五道).

오:층-탑(五層塔)**명** 다섯 층으로 된 불탑(佛塔). 〔흙·물·불·바람·공기를 상징함.〕 오중탑(五重塔).

오:칠-일(五七日)**명** 불교에서, 사람이 죽은 뒤의 35일간, 또는 35일째 되는 날을 이름.

오:침(午寢)**명** 낮잠. 오수(午睡).

오:칭(誤稱)**명**(하타)(되자) 잘못 일컬음. 또는, 그 릇된 명칭.

오카리나(ocarina)**명** 찰흙이나 사기로 만든 비둘기 모양의 서양식 피리. 구멍이 8~10개로, 왼쪽 돌기(突起) 부분을 입에 물고 불며 손가락으로 소리를 조절함.

오:케스트라(orchestra)몝 ①관현악. ②관현
악단.

오:케스트라^박스(orchestra+box)몝 오페라
극장에서, 관현악단이 연주하는 자리.

오:케이(OK) Ⅰ감하타 되자 ①승인. 허가.
②[인쇄물의 교정에서] 교정 완료. 교료(校了).
¶오케이를 놓다.
Ⅱ감 [그만하면 되었다는 뜻에서] 좋다. 알았
다. ['all correct'가 변해서 된 말.]

오:타(誤打)감하타 타자기 따위를 칠 때에 잘못
침, 또는 그 글자. ¶오타를 수정하다.

오탁(五濁)몝 불교에서 이르는, 세상의 다섯
가지 더러움. 곧, 명탁(命濁)·중생탁(衆生濁)·
번뇌탁(煩惱濁)·견탁(見濁)·겁탁(劫濁).

오탁(汚濁)몝몝 더럽고 흐림. 탁오.

오:탄-당(五炭糖)몝 탄소 원자 다섯 개를 지닌
단당류(單糖類)를 통틀어 이르는 말.

오:탈(誤脫)몝 ①⇨탈오(脫誤). ②오류(誤謬)와
탈루(脫漏).

오토(烏兎)몝 <금오옥토(金烏玉兎)>의 준말.

오:토^단청(五土丹靑)몝 분(粉)과 먹, 연록색,
육색(肉色), 석간주(石間砂)로 선이나 무늬를
그리는 단청.

오:토매틱(automatic)몝 자동.

오:토맷(automat)몝 (사진기의 셔터 따위가) 자
동으로 걸리는 장치. 자동 장치.

오:토메이션(automation)몝 ①전기 장치 따위
로 자동 조작하거나 통제하는 방식, 또는 그
일. ②(과정이나 체계 따위가) 자동적으로 이
루어지는 기술.

오:토바이(←auto+bicycle)몝 발동기를 장치하
여 그 힘으로 달리게 된 자전거. 모터바이사
클. 모터사이클.

오:토자이로(autogyro)몝 항공기의 한 가지. 보
통 비행기의 날개 대신 프로펠러형의 회전 날
개를 붙여 좁은 공간에서도 이착륙이 가능하게
만든 항공기.

오:토-피아노(auto+piano)몝 자동 피아노.

오톨-도톨뮈하뮈 물건의 거죽이 고르지 못하여
요리조리 잘게 자꾸 오른 모양. 오돌도톨.
¶오톨도톨한 바다. /오톨도톨한 피부. ☞우툴
두툴.

오:트밀(oatmeal)몝 귀리의 가루로 죽을 쑤어
소금과 설탕·우유 따위를 넣어 먹는 서양 음
식.

오:판(誤判)몝몝자타 잘못 판단함, 또는 그릇된
판정. 凮오심(誤審).

오:판-화(五瓣花)몝 ⇨다섯잎꽃.

오팔(opal)몝 단백석(蛋白石).

오팍(傲愎)몝 '오팍하다'의 어근.

오:팍-하다(傲愎-)[-파카-]톙어 교만하고 독
살스럽다.

오퍼(offer)몝 수출업자가 상대국의 수입업자에
게 거래 조건 등을 제시하여 매매 계약을 맺겠
다는 의사 표시, 또는 그 신청서.

오퍼랜드(operand)몝 컴퓨터에서, 연산의 대상
이 되는 변수, 또는 명령어에서 명령의 대상이
되는 부분.

오:퍼레이션(operation)몝 (증권 시장의) 투기
매매, 또는 매매에 의한 시장 조작.

오퍼레이션^리서:치(operations research)몝
①기업 경영에서, 근대 수학이나 컴퓨터를 도
입한 가장 합리적인 경영 방법의 연구. ②군대
의 작전에서, 가장 과학적이고 수학적인 작전
계획의 방법.

오퍼레이터(operator)몝 기계를 다루는 사람.
[전화 교환원·무선 통신사·컴퓨터 조작자 등.]

오퍼레이팅^시스템(operating system)몝 컴퓨
터의 운용 능률을 높이거나 조작을 쉽게 하기
위하여 준비된 소프트웨어를 통틀어 이르는
말. [약호는 OS] 凮 디스크 오퍼레이팅 시스템.

오퍼-상(offer商)몝 무역에서, 오퍼 업무를 전문
으로 하는 업자, 또는 그 영업.

오페라(opera)몝 가극(歌劇).

오페라-글라스(opera glass)몝 연극이나 오페
라를 볼 때 쓰는 작은 쌍안경.

오페라^코미크(opéra comique 프)몝 연극적
대사를 곁들인 프랑스식 가극(歌劇).

오페라^하우스(opera house)몝 오페라 극장.

오페레타(operetta 이)몝 경가극(輕歌劇).

오펙(OPEC)몝 석유 수출국 기구. [Organization
of Petroleum Exporting Countries]

오펜스(offence)몝 (구기 종목에서) 공격. ↔디
펜스.

오:평(誤評)몝몝하타 되자 잘못 평함, 또는 그릇된
평론.

오:-평생(誤平生)몝몝하자 평생을 그르침.

오:포(五包)몝 촛가지가 다섯으로 된 공포.

오:포(午砲)몝 <오정포(午正砲)>의 준말.

오:풍(午風)몝 ⇨마파람.

오:풍(烏風)몝 한방에서, 눈이 가렵고 아프며,
머리를 흔드는 병을 이르는 말.

오:풍십우(五風十雨)[닷새에 한 번 바람이
불고, 열흘에 한 번 비가 내린다는 뜻으로] 날
씨가 순조로움. 세상이 태평함.

오풍-증(惡風症)[-쯩]몝 한방에서, 몸이 으슬
으슬 추운 증세를 이르는 말.

오프너(opener)몝 '따개', '병따개'로 순화.

오프닝(opening)몝 방송 프로그램이나 공연 따
위의 첫 부분, 또는 첫 부분을 시작하는 일.
¶오프닝 쇼. /오프닝 멘트.

오프^더^레코:드(off the record)몝 (기자 회견
이나 일반 면담 등에서) 기록하지 않거나 공표하
지 않는 것을 조건으로 하는 일. ↔온 더 레코드.

오프라인(off-line)몝 컴퓨터에 관련된 기기(器
機)가 중앙 처리 장치와 직결되어 있지 않은
상태, 또는 그러한 조직. 凮온라인.

오프라인^시스템(off-line system)몝 얻은 정보
를 종이 테이프나 자기(磁氣) 테이프 등의 중
간 기록 매체에 기록했다가, 그것을 다시 다른
정보 처리 기계에 입력 처리하는 방식.

오프사이드(offside)몝 축구·럭비·하키 등에서
의 반칙의 한 가지. 경기자가 경기해서는 안
되는 위치에서 공격하거나 방해하거나 하는
일. ↔온사이드.

오프셋(offset)몝 <오프셋 인쇄>의 준말.

오프셋^인쇄(offset印刷)몝 평판 인쇄 방식의
한 가지. 금속 제판면에 묻힌 잉크를 고무판에
한 번 옮겨 박은 다음에 종이에 제대로 인쇄하
는 방법. 정판(精版). 凮오프셋.

오프신(off-scene)몝 [화면 밖이란 뜻으로] 화
면 밖의 인물이 말하는 대사나 설명.

오:픈^게임(open+game)몝 ①연습 경기나 비
공식 경기. ②본경기에 앞서 하는 경기.

오:픈^블로:(open blow)몝 권투에서, 글러브를
낀 주먹을 펴거나 손바닥 쪽으로 상대편을 치
는 일.

오:픈^세트(open set)몝 (영화나 텔레비전 등의
촬영을 위하여) 촬영소의 건물 밖에 마련하는
장면이나 장치.

오:픈-카:(open car)명 지붕이 없는 승용차, 또는 접어서 열 수 있게 지붕을 포장으로 만든 승용차.

오:픈^코:스(open course)명 스케이트나 육상 경기의 중·장거리 경주에서, 각 선수의 경주로(競走路)의 구별이 없이 자유로이 달릴 수 있는 주로(走路).

오:픈^토:너먼트(open tournament)명 운동 경기 따위에서, 선수의 참가 자격을 제한하지 않고 토너먼트 방식으로 하는 경기.

오:피(OP)명 관측소. [observation post]

오피스텔(←office+hotel)명 간단한 주거 시설을 갖춘 사무실.

오한(惡寒)명 (병적으로) 갑자기 몸에 열이 나면서 오슬오슬 추운 증세. ¶오한이 들다.

오:한(懊恨)명[타] ☞회한(悔恨).

오한-증(惡寒症)[-쯩]명 몸에 오한이 일어나는 증세.

오:함(汚陷)명[하자] 땅바닥이 우묵하게 패어 들어가는 일.

오:무지기(五-)[-함-]명 길이가 같지 않은 다섯 벌의 무지기. 오색이 층이 지게 입음.

오합-잡놈(烏合雜-)명 '오사리잡놈'의 잘못.

오합지졸(烏合之卒)[-찌-]명〔까마귀 떼처럼〕아무 규율도 통일도 없이 몰려 있는 무리, 또는 그러한 군사. 오합지중.

오합지중(烏合之衆)[-찌-]명 ☞오합지졸.

오:해(誤解)명[하자타][되자]〔어떤 표현이나 사실에 대하여〕잘못 해석하거나 잘못 이해함, 또는 그런 해석이나 이해. ¶오해가 생기다. /오해를 받다. /오해를 사다.

오:행(五行)명 동양 철학에서, 만물을 생성하고 만상(萬象)을 변화시키는 다섯 가지 원소인 '금(金)·목(木)·수(水)·화(火)·토(土)'를 이르는 말.

오:행^상극(五行相剋)명 오행설에서, 오행에는 서로 이기는 관계가 있다고 보는 이치.〔토(土)는 수(水)를, 수는 화(火)를, 화는 금(金)을, 금은 목(木)을, 목은 토를 이긴다는 것.〕

오:행^상생(五行相生)명 오행설에서, 오행에는 서로 생겨나게 하는 관계가 있다고 보는 이치.〔목(木)에서 화(火)가, 화에서 토(土)가, 토에서 금(金)이, 금에서 수(水)가, 수에서 목이 생겨난다는 것.〕

오:행-설(五行說)명 동양 철학에서, 천지간에 끊임없이 순환하는 목(木)·화(火)·토(土)·금(金)·수(水)의 다섯 가지 원소가 온갖 사물을 이루고 또 변화시킨다고 보는 이론.

오:행-점(五行占)명 음양오행설의 이치로 풀어서 헤아리는 점.

오:향(五香)명 ①한방에서, 감인(芡仁)·복령(茯苓)·백출(百朮)·인삼(人蔘)·사인(沙仁)의 다섯 가지 약재를 이르는 말. ②불교에서, 단향(白檀香)·울금향(鬱金香)·침향(沈香)·정향(丁香)·용뇌향(龍腦香)의 다섯 가지 향을 이르는 말.

오:현-금(五絃琴)명 다섯 줄을 걸게 되어 있는 옛날 거문고의 한 가지.

오:형(五刑)명 조선 시대에, 죄인을 다스리던 다섯 가지 형벌. 곧, 태형(笞刑)·장형(杖刑)·도형(徒刑)·유형(流刑)·사형(死刑).

오:형(吾兄)명 '나의 형'이라는 뜻으로, 친근한 벗 사이의 편지에서 서로 상대편을 이르는 말. ¶오형의 반가운 소식을 접고….

오:-형(O型)명 ABO식 혈액형의 한 가지. 에이형·비형·에이비형·오형인 사람에게 수혈할 수 있고, 오형인 사람에게서만 수혈받을 수 있음.

오:호(五胡)명 중국 후한 때부터 중국의 북부와 서부에서 살던, 흉노(匈奴)·갈(羯)·선비(鮮卑)·저(氐)·강(羌)의 다섯 이민족(異民族).

오호(嗚呼)김 한문 투의 문장에서, 슬픔을 나타낼 때 '아'·'오'의 뜻으로 쓰는 말.《주로, '오호라'의 꼴로 쓰임.》¶오호라, 통탄(痛歎)할 일일진저!

오:호^십육국(五胡十六國)[-심뉵꾹]명 중국의 진(晉)나라 말엽부터 남북조 시대가 시작될 때까지 오호(五胡)와 한족(漢族)이 세운 열여섯 나라.

오호-애재(嗚呼哀哉)김 한문 투의 문장에서, '아아, 슬프도다'의 뜻으로 쓰는 말.《주로, '오호애재라'의 꼴로 쓰임.》¶오호애재라, 오백 년(五百年) 사직(社稷)이 매국 오적(賣國五賊)에 농락되다니.

오호-통재(嗚呼痛哉)김 ☞오호애재. ¶오호통재라, 국운(國運)이 바야흐로 풍전등화(風前燈火)에 처하였구나.

오호호뿐[하자] 간드러지게 웃는 여자의 웃음소리.

오흡다(於-)[-따]감 감탄하여 찬미할 때 하는 말.

오활(迂闊)명 '오활하다'의 어근.

오:-활하다(迂闊-)형 ①실제와 관련이 멀다. ②사정에 어둡다. ③주의가 부족하다. 본우활(迂闊)하다.

오:황(五黃)명 음양설에서 이르는 구성(九星)의 하나, 곧 토성(土星)을 이름.

오:회(悟悔)[-회/-훼]명[하자타] 잘못을 깨닫고 뉘우침. 회오(悔悟). ¶표정에 오회의 빛이 역력하다.

오:후(午後)명 ①☞하오(下午). ②낮 열두 시부터 해가 질 때까지의 동안. ↔오전.

오:-훈채(五葷菜)명 자극성이 있는 다섯 가지의 채소. 불가(佛家)에서는 마늘·달래·무릇·김장파·실파를, 도가(道家)에서는 부추·자총이·마늘·평지·무릇을 이름.

오히려뿐 ①일반적인 기준·예상·짐작·기대와는 전혀 반대가 되거나 다르게, 생각이 들be 보이는 이가 오히려 빨리 달린다. ②그럴 바에는 차라리. ¶해고되느니 오히려 사표를 내겠다. 준외려.

오히양[옛] 외양간. ¶馬廐는 오히야이라(月釋2:46)/오히양 구:廐(訓蒙中19).

옥(玉)명 ①보석의 한 가지. 경옥(硬玉)과 연옥(軟玉)을 통틀어 이르는 말. ②옥돌을 갈아서 동글게 만든 것. 구슬. ¶은반에 옥을 굴리는 듯한 고운 목소리.

옥에는 티나 있지[속담] 사람의 마음이나 물건의 바탕이 아주 깨끗하여 흠이 없다는 말.

옥에도 티가 있다[속담] 아무리 훌륭한 사람이나 좋은 물건이라도 작은 흠은 있다는 말.

옥에 티[속담] 모든 점이 다 좋은데, 아깝게도 한 가지 작은 흠이 있다는 말.

옥(獄)명 죄인을 가두어 두는 곳. ¶죄인을 옥에 가두다. 준감옥.

-옥(屋)접미 (지명을 나타내는 일부 고유 명사 뒤에 붙어) '음식점'의 뜻을 나타냄. ¶부산옥.

옥-가락지(玉-)[-까-찌]명 옥으로 만든 가락지. 옥지환(玉指環).

옥-갈다(玉-갈-)[-깔-][~가니·~갈아]타〔칼이나 대패·낫 따위를 빨리 갈기 위하여〕날을 조금 세워 빗문질러 갈다.

옥갑(玉匣)[-깝]명 ①옥으로 만든 갑. ②옥돌로 장식을 한 갑.

옥개(屋蓋) [-깨] 뗑 ①지붕. ②☞옥개석.

옥개-석(屋蓋石) [-깨-] 뗑 석탑(石塔)이나 석등 (石燈) 따위의 위를 덮는 돌. 옥개.

옥경(玉京) [-경] 뗑 도가(道家)에서, 옥황상제 (玉皇上帝)가 있다는 곳. 백옥경(白玉京).

옥경(玉莖) [-경] 뗑 '음경(陰莖)'을 높이어 이르는 말.

옥경(玉鏡) [-경] 뗑 ①옥으로 만든 거울. ②'달' 을 달리 이르는 말.

옥계(玉階) [-계/-께] 뗑 '대궐 안의 섬돌(돌층 계)'을 아름답게 이르는 말.

옥계(玉鷄) [-계/-께] 뗑 털빛이 흰 닭. 백계 (白鷄).

옥고(玉稿) [-꼬] 뗑 〔훌륭한 원고란 뜻으로〕남 을 높이어 그의 '원고'를 이르는 말.

옥고(獄苦) [-꼬] 뗑 옥살이하는 고통. ¶5년 동 안이나 옥고를 치르다.

옥골(玉骨) [-꼴] 뗑 ①살빛이 희고 고결한 풍채. ②'매화나무'를 달리 이르는 말.

옥골-선풍(玉骨仙風) [-꼴-] 뗑 살빛이 희고 고 결하여 신선과 같은 풍채.

옥공(玉工) [-꽁] 뗑 옥돌로 장식품 따위를 만드 는 일을 전문으로 하는 사람. 옥장이.

옥-관자(玉貫子) [-꽌-] 뗑 조선 시대에, 왕·왕족, 당상관이 벼슬아치가 쓰던 옥으로 만든 관자.

옥교(玉轎) [-꾜] 뗑 (위를 장식하지 아니한) 임 금이 타던 가마의 한 가지. 보연(寶輦).

옥교-배(玉轎陪) [-꾜-] 뗑 지난날, 옥교를 메는 사람을 이르던 말.

옥구(獄具) [-꾸] 뗑 감옥에서, 죄인의 처형이나 고문 등에 쓰는 도구.

옥근(玉根) [-끈] 뗑 '음경(陰莖)'을 높이어 이르는 말.

옥기(玉肌) [-끼] 뗑 옥과 같이 희고 아름다운 살갗. 옥부(玉膚).

옥기(玉器) [-끼] 뗑 옥으로 만든 그릇.

옥-난간(玉欄干) [옥-] 뗑 옥으로 장식한 난간.

옥내(屋內) [옹-] 뗑 집의 안. 건물의 안. ¶옥내 배선. ↔옥외(屋外).

옥녀(玉女) [옹-] 뗑 ①옥과 같이 아름다운 여자. ②남의 딸을 아름답게 이르는 말. ③☞선녀(仙女).

옥-니 [옹-] 뗑 안으로 옥게 난 이. ↔버드렁니.

옥-니(玉-) [옹-] 뗑 옥으로 만들어 박은 의치 (義齒). 옥치(玉齒).

옥니-박이 [옹-] 뗑 옥니가 난 사람.

옥니박이 곱슬머리와는 말도 말아라 속담 옥니 인 사람과 곱슬머리인 사람은 흔히 깐깐하고 매섭다는 속설에서, 이 두 가지를 겸친 사람은 그 정도가 매우 심하다는 말.

옥다 [-따] Ⅰ재 장사 따위에서 본전보다 밑지 다. ¶옥는 장사. Ⅱ타 끝 부분이 안으로 조금 고부라져 있다. ㉣옥다. ↔벋다.

옥단춘-전(玉丹春傳) [-딴-] 뗑 조선 말기의 국 문 소설의 하나. 작자·연대 미상으로 기생 옥 단춘을 주인공으로 한 애정 소설임.

옥답(沃畓) [-땁] 뗑 기름진 논. ↔박답(薄畓).

옥당(玉堂) [-땅] 뗑 ①'홍문관(弘文館)'을 달리 이르던 말. ②홍문관의 부제학·교리·부교리·수 찬·부수찬을 통틀어 이르던 말.

옥-당목(玉唐木) [-땅-] 뗑 품질이 낮은 옥양목 의 한 가지.

옥대(玉帶) [-때] 뗑 비단으로 싸고 옥으로 된 장식을 붙여 꾸민 띠. 임금이나 높은 벼슬아치 가 공복(公服)에 띠었음. 옥띠.

옥도(玉度) [-또] 뗑 ①아름다운 풍채와 태도. ②임금의 몸차림과 몸가짐.

옥도(沃度) [-또] 뗑 ☞요오드(Jod).

옥도-가리(沃度加里) [-또-] 뗑 ☞요오드화칼륨.

옥도가리^전:분지(沃度加里澱粉紙) [-또-] 뗑 ☞요오드화칼륨 녹말 종이.

옥-도끼(玉-) [-또-] 뗑 옥으로 만든 도끼. 옥 부(玉斧).

옥도-아연(沃度亞鉛) [-또-] 뗑 ☞요오드화아연.

옥도^적정법(沃度滴定法) [-또-쩡뻡] 뗑 ☞요오 드 적정법.

옥도^전:분:반:응(沃度澱粉反應) [-또-] 뗑 ☞ 요오드 녹말 반응.

옥도-정기(沃度丁幾) [-또-] 뗑 ☞요오드팅크.

옥-돌(玉-) [-똘] 뗑 ①옥이 들어 있는 돌. ②가 공하지 않은 옥. 옥석(玉石).

옥-돔(玉-) [-똠] 뗑 옥돔과의 바닷물고기. 몸길 이 45cm가량. 몸은 길둥글고 납작함. 몸빛은 뚜렷한 적색이며 옆구리에 주홍색 가로띠가 있음. 눈은 높게 달렸고 주둥이는 무디며 작 음. 우리나라·일본·중국 등의 연해에 분포함. 오도미.

옥동(玉童) [-똥] 뗑 ☞옥동자(玉童子).

옥-동귀(玉-) [-똥-] 뗑 까뀌의 한 가지. 양쪽 날을 옥게 만든 것으로 재목을 후비어 파는 데 쓰임.

옥-동자(玉童子) [-똥-] 뗑 〔잘생긴 사내아이란 뜻으로〕남의 어린 아들을 추어서 이르는 말. 옥동. ¶옥동자를 낳다.

옥등(玉燈) [-뜽] 뗑 옥으로 만든 등.

옥-띠(玉-) [옥-] 뗑 ☞옥대(玉帶).

옥란(玉蘭) [옹난] 뗑 ☞백목련(白木蓮).

옥련(玉輦) [옹년] 뗑 임금을 높이어 그가 타는 '연(輦)'을 이르던 말.

옥렴(玉簾) [옹념] 뗑 옥으로 장식한 발. 아름다 운 발.

옥로(玉露) [옹노] 뗑 구슬처럼 맑게 방울진 이슬.

옥로(玉鷺) [옹노] 뗑 옥으로 해오라기 모양을 만 든 옛 꾸미개의 한 가지. 높은 벼슬아치나 외 국으로 가는 사신이 갓 위에 달았음.

옥루(玉淚) [옹누] 뗑 ①구슬 같은 눈물. ②'임금 의 눈물'을 이르는 말. ②용루(龍淚).

옥루(玉樓) [옹누] 뗑 '백옥루(白玉樓)'의 준말.

옥루-몽(玉樓夢) [옹누-] 뗑 조선 말기에, 남영 로(南永魯)가 지었다는 고대 소설. 하늘의 신 선들이 땅에 태어나서 영화를 누리다가 올라간 다는 내용임.

옥륜(玉輪) [옹뉸] 뗑 '달'을 아름답게 이르는 말.

옥리(獄吏) [옹니] 뗑 ①지난날, 감옥에 딸리어 있던 아전. ②형벌에 관한 일을 심리하던 아전.

옥매(玉梅) [옹-] 뗑 장미과의 낙엽 관목. 줄기는 무더기로 나고, 잎은 길둥글며 가장자리에 톱 니가 있음. 봄에 연분홍 꽃이 피고, 둥근 열매 는 여름에 붉게 익는데 먹을 수 있음.

옥모(玉貌) [옹-] 뗑 옥과 같이 아름다운 얼굴 모습. 옥용(玉容).

옥문(玉文) [옹-] 뗑 아름다운 문장.

옥문(玉門) [옹-] 뗑 ①옥으로 꾸민 화려한 문. ②'음문(陰門)'을 높이어 이르는 말.

옥문(獄門) [옹-] 뗑 감옥의 문.

옥문-대(獄門臺) [옹-] 뗑 ☞효목(梟木).

옥-물부리(玉-) [옹-] 뗑 〔담배설대에 끼우 는〕옥으로 만든 물부리.

옥-밀이 [옹-] 뗑 꺾어 구부린 끝이 도래송곳의 날처럼 생긴 새김질 연장.

옥-바라지(獄-) [-빠-] **명하타** 옥살이하는 사람에게 외부에서 옷이나 책·일용품 등을 들여보내 주거나 하며 보살피는 일.

옥반(玉盤) [-빤] **명** 옥으로 만든 예반.
옥반에 진주 구르듯[굴듯]**[속담]** '목소리가 맑고 아름다움'을 비유하여 이르는 말.

옥방(玉房) [-빵] **명** 지난날, 옥으로 여러 가지 제품을 만드는 집, 또는 그러한 제품을 파는 가게를 이르던 말.

옥배(玉杯·玉盃) [-빼] **명** ①옥으로 만든 술잔. 옥치(玉巵). ②'술잔'을 아름답게 이르는 말.

옥백(玉帛) [-빽] **명** 옥과 비단. 특히, 옛날 중국에서 제후(諸侯) 등이 황제를 뵐 때 예물로 바치던 것.

옥병(玉屏) [-뼝] **명** 옥으로 꾸민 병풍.
옥병(玉瓶) [-뼝] **명** 옥으로 만든 병.
옥보(玉步) [-뽀] **명** 귀인이나 부인의 걸음걸이를 아름답게 이르는 말.

옥보(玉寶) [-뽀] **명** 임금의 존호를 새긴 도장.
옥부(玉斧) [-뿌] **명** ☞옥도끼.
옥부(玉膚) [-뿌] **명** 옥과 같이 희고 아름다운 살갗. 옥기(玉肌).

옥-비녀(玉-) [-삐-] **명** 옥으로 만든 비녀. 옥잠(玉簪). 옥차(玉釵).

옥사(屋舍) [-싸] **명** 집. 건물.
옥사(獄死) [-싸] **명하자** 감옥살이를 하다가 감옥에서 죽음. 뇌사(牢死).

옥사(獄舍) [-싸] **명** 죄인을 가두어 두는 건물.
옥사(獄事) [-싸] **명** 반역·살인 등 중대한 범죄를 다스리는 일, 또는 그 사건. 죄옥(罪獄).

옥사-쟁이(←獄鎖-) [-싸-] **명** 지난날, 감옥에서 죄수를 감시하는 일을 맡아보는 사람을 이르던 말. 옥정(獄丁). 옥졸(獄卒). **(**사령이.

옥-살이(獄-) [-싸리] **명** '감옥살이'의 준말.
옥상(屋上) [-쌍] **명** ①지붕 위. ②현대식 건물에서, 지붕 부분을 편평하게 만들어 놓은 곳.

옥상-가옥(屋上架屋) [-쌍-] **명** [지붕 위에 또 지붕을 얹는다는 뜻으로] '부질없이 덧보태어 하는 일'을 비유하여 이르는 말. **(**옥하가옥(屋下架屋).

옥상-토(屋上土) [-쌍-] **명** 육십갑자의 병술과 정해(丁亥)에 붙이는 납음(納音). **(**벽력화(霹靂火).

옥새(-璽) [-쌔] **명** 잘못 구워서 안으로 오그라든 기와.
옥새(玉璽) [-쌔] **명** 임금의 도장. 국새(國璽). 대보(大寶). 어새(御璽). 인새(印璽).

옥색(玉色) [-쌕] **명** 약간 파르스름한 빛깔.
옥-생각[-쌩-] **명하자** ①(사실을 사실 그대로 보지 아니하고) 공연히 자기에게 불리하거나 언짢은 듯이 여기는 그릇된 생각. ¶ 허물없이 한 말에 옥생각을 품다니. ②(마음을 순하게 가지지 아니하고) 옹졸하게 가지는 생각.

옥서(玉書) [-써] **명** ①[도가(道家)에서], 신선이 전하는 책. ②상대편을 존대하여 그의 편지를 이르는 말. ②옥찰(玉札)·옥장(玉章).

옥석(玉石) [-썩] **명** ②['옥과 돌'이라는 뜻으로] 좋은 것과 나쁜 것을 구분함을 이르는 말. ¶ 옥석을 가리다. / 옥석을 고르다.

옥석-구분(玉石俱焚) [-썩-] **명** [옥과 돌이 함께 탄다는 뜻으로] '착한 사람이나 악한 사람이 함께 화를 당함'을 비유하여 이르는 말.

옥석-혼효(玉石混淆) [-썩콘-] **명** [옥과 돌이 섞여 있다는 뜻으로] '좋은 것과 나쁜 것, 또는 훌륭한 것과 하찮은 것이 한데 뒤섞여 있음'을 비유하여 이르는 말.

옥설(玉屑) [-썰] **명** [옥의 부스러기라는 뜻으로] ①한방에서, '옥의 가루'를 약재로 이르는 말. ②시문(詩文)에서, 특히 잘 지은 글귀를 기리어 이르는 말.

옥설(玉雪) [-썰] **명** [백옥같이 흰 눈이라는 뜻으로] '깨끗하고 흰 것'을 비유하여 이르는 말. ¶ 옥설같이 고운 살결.

옥섬(玉蟾) [-썸] **명** ①[전설에서, 달 속에 있다는 두꺼비]. ②'달'을 달리 이르는 말.

옥-셈[-쎔] **명하타** [잘못 생각하여] 자기에게 도리어 손해가 되게 하는 셈.

옥소(玉簫) [-쏘] **명** ⟨옥통소의 준말⟩.
옥소(沃素) [-쏘] **명** ☞요오드(Jod).
옥송(獄訟) [-쏭] **명** 형사상의 소송을 이르는 말.
옥-송골(玉松鶻) [-쏭-] **명** 좋은 송골매.
옥쇄(玉碎) [-쐐] **명하자** [옥처럼 아름답게 부서져 흩어진다는 뜻으로] 명예나 충절을 지키어 기꺼이 목숨을 바침을 이르는 말. ↔와전(瓦全).

옥쇄-장(獄鎖匠) [-쐐-] **명** ⟨옥사쟁이⟩의 본딧말. ②쇄장.

옥수(玉水) [-쑤] **명** 맑은 샘물.
옥수(玉手) [-쑤] **명** ①임금을 높이어 그의 '손'을 이르던 말. 어수(御手). ②'여성의 아름다운 손'을 이르는 말. ¶ 옥수를 부여잡다.

옥수(獄囚) [-쑤] **명** 감옥에 갇힌 죄수.
옥-수수[-쑤-] **명** 볏과의 일년초. 열대 아메리카 원산의 재배 식물. 줄기 끝에 수꽃 이삭이, 잎겨드랑이에 수염 같은 암꽃 이삭이 달림. 열매는 둥글고 길쭉한데 낟알이 여러 줄로 박혀 있음. 열매는 주요 잡곡의 한 가지이며 사료로도 이용됨. 강냉이. 옥촉서(玉蜀黍).

옥수수-쌀[-쑤-] **명** 맷돌에 타서 껍질을 벗긴 옥수수의 낟알.

옥수숫-대[-쑤수때/-쑤숟때] **명** 옥수수의 줄기.

옥시글-거리다[-씨-] **자** 자꾸 옥시글옥시글하다. 옥시글대다. ¶ 장사치들이 옥시글거리는 시골 장터. ②옥시글거리다.

옥시글-대다[-씨-] **자** 옥시글거리다.
옥시글-옥시글[-씨-씨-] **부** 여럿이 한데 모여 몹시 오글거리는 모양. ¶ 옥시글옥시글한 시장 골목. ②옥실옥실. ②옥시글옥시글.

옥시다아제(Oxydase 독) **명** 세포 안에서 산화 반응을 일으키는 효소를 통틀어 이르는 말.

옥시덴트(Occident) **명** 서양(西洋). 구미(歐美). ↔오리엔트(Orient).

옥시돌(oxydol) **명** 2~3%의 과산화수소에 안정제를 섞은 약품. 살균·소독제나 표백제로 쓰임.

옥식(玉食) [-씩] **명** ①맛있는 음식. ②흰 쌀밥.
옥신-각신[-씬-씬] **Ⅰ부하자** 사람들이 서로 옳으니 그르니 하며 자꾸 다툼. ¶ 그들은 모이기만 하면 옥신각신한다.
Ⅱ부 사람들이 서로 옳으니 그르니 하며 자꾸 다투는 모양.

옥신-거리다[-씬-] **자** 자꾸 옥신옥신하다. 옥신대다. ②욱신거리다.

옥신-대다[-씬-] **자** 옥신거리다.
옥신-석(屋身石) [-씬-] **명** 석탑의 탑신(塔身)을 이루는 돌.

옥신-옥신[-씬옥씬] **부하자** ①(사람이나 동물이) 한데 몰려 몹시 북적거리는 모양. ②몸의 탈이 난 데나 상처가 자꾸 쑤시는 듯이 아픈 느낌. ¶ 머리가 옥신옥신 아프다. ③사람들이 서로 옳으니 그르니 하며 자꾸 다투는 모양. ②욱신욱신.

옥실-거리다[-씰-]재 〈옥시글거리다〉의 준말. 옥실대다. ㉰옥실거리다.

옥실-대다[-씰-]재 옥실거리다.

옥실-옥실[-씨록씰]튀㉠㉥ 〈옥시글옥시글〉의 준말. ¶시험 때만 되면 도서관의 각 열람실마다 학생들이 옥실옥실한다. ㉰옥실욱실.

옥심-기둥(屋心-)[-씸-]명 다층(多層) 건물의 중심에 세우는 기둥.

옥안(玉案)명 ①'책상'을 아름답게 이르는 말. ②남을 높이어 그의 '책상'을 이르는 말.

옥안(玉眼)명 ①고귀한 사람의 눈. 또는, 여자의 아름다운 눈. ②불상(佛像)에 수정이나 구슬 따위로 만들어 박은 눈.

옥안(玉顏)명 ①'임금의 얼굴'을 이르는 말. 용안(龍顏). ②남달리 아름다운 미인의 얼굴.

옥안(獄案)명 옥사(獄事)에 관한 조서(調書).

옥야(沃野)명 기름진 들.

옥야-천리(沃野千里)[-철-]명 끝없이 넓게 펼쳐지는 기름진 들.

옥-양목(玉洋木)명 생목보다 발이 고운 무명. 빛이 썩 희고 얇음.

옥-양사(玉洋紗)명 감이 비단같이 얇고 고운 옥양목의 한 가지.

옥연(玉硯)명 ①옥돌로 만든 벼루. ②'벼루'를 아름답게 이르는 말.

옥예(玉瞖)명 한방에서, 각막(角膜)이 쑥 나오고 거죽은 옥색, 속은 청홍색으로 되는 눈병을 이르는 말.

옥외(屋外)[오괴/오궤]명 집의 바깥. 건물의 바깥. 한데. ¶옥외 집회. ↔옥내(屋內).

옥외-등(屋外燈)[오괴-/오궤-]명 밤에 건물 바깥을 밝히는 등. ㉰외등.

옥요(沃饒)명 '옥요하다'의 어근.

옥요-하다(沃饒)㉠㉠ 땅이 기름져서 산물이 많다.

옥용(玉容)명 ①옥과 같이 아름다운 얼굴. 옥모(玉貌). ②'임금의 얼굴'을 이르는 말.

옥우(屋宇)명 여러 집채.

옥운(玉韻)명 남을 높이어 그의 '시가(詩歌)'를 이르는 말.

옥음(玉音)명 ①임금의 말 또는 목소리를 이르는 말. 덕음(德音). ②남을 높이어 그의 '편지'를 이르는 말.

옥의(玉衣)[오긔/오기]명 ①임금의 옷이나 귀인의 옷을 이르는 말. ②아름다운 옷. 좋은 옷.

옥의-옥식(玉衣玉食)[오긔-씩/오기-씩]명㉠㉠ 좋은 옷을 입고 맛있는 음식을 먹음.

옥이(玉珥)명 구슬로 된 귀고리.

옥-이다[오긔]㉥ 『'옥다'의 사동』 안쪽으로 옥게 만들다. ㉰욱이다.

옥인(玉人)명 ①☞옥장이. ②용모나 마음씨가 아름다운 사람. ③옥으로 새겨 만든 인형.

옥인(玉印)명 옥으로 만든 도장.

옥자강이[-짜-]명 올벼의 한 품종.

옥-자귀[-쭈-]명 끝이 안쪽으로 옥은 자귀. 무엇을 후비어 파내는 데 쓰임.

옥자-동이(玉子-)[-짜-]명 『옥같이 귀하고 보배롭다는 뜻으로』 '어린아이'를 이르는 말.

옥-자새[-짜-]명 끝이 안쪽으로 옥은 자새.

옥작-거리다[-짝꺼-]재 자꾸 옥작옥작하다. 옥작대다. ¶조무래기들이 옥작거리는 골목. ㉰옥적거리다.

옥작-대다[-짝때-]재 옥작거리다.

옥작-옥작[-짜곡짝]튀㉠㉥ (사람이나 동물이) 여럿이 한데 몰려 복작거리는 모양. ㉰옥적옥적.

옥잠(玉簪)[-짬]명 옥비녀.

옥잠-화(玉簪花)[-짬-]명 백합과의 다년초. 중국 원산의 관상용 화초. 잎은 자루가 길고 넓은 달걀 모양임. 한여름에 흰 꽃이 피는데, 꽃봉오리의 모양이 옥비녀 비슷함.

옥장(玉匠)[-짱]명 옥장이.

옥장(玉章)[-짱]명 ①남을 높이어 그의 '편지나 글'을 이르는 말. 옥서(玉書). ②아름다운 시문(詩文).

옥장(玉帳)[-짱]명 옥으로 장식한 장막(帳幕).

옥-장도(玉粧刀)[-짱-]명 자루와 칼집을 옥으로 만든 장도.

옥-장사[-짱-]명 〈오그랑장사〉의 준말.

옥-장이(玉-)[-짱-]명 옥돌을 다루어 장식품 따위를 만드는 일을 전문으로 하는 사람. 옥공(玉工). 옥인(玉人). 옥장(玉匠).

옥-쟁반(玉錚盤)[-쟁-]명 옥으로 만든 쟁반.

옥저(玉-)[-쩌]명 옥으로 만든 젓가락.

옥저(沃沮)[-쩌]명 함경도 일대에 분포하고 있던 고조선의 한 부족, 또는 그 부족 국가.

옥적(玉笛)[-쩍]명 옥으로 만든 저.

옥전(沃田)[-쩐]명 기름진 밭.

옥절(玉折)[-쩔]명㉠㉥ '요절(夭折)'을 달리 이르는 말.

옥절(玉節)[-쩔]명 옥으로 만든 부절(符節).

옥정(玉丁)[-쩡]명 ☞옥사쟁이.

옥정-반(玉井飯)[-쩡-]명 연뿌리와 연밥을 두어서 지은 맵쌀밥.

옥제(玉帝)[-쩨]명 〈옥황상제(玉皇上帝)〉의 준말.

옥졸(獄卒)[-쫄]명 ☞옥사쟁이.

옥좌(玉座)[-쫘]명 임금이 앉는 자리. 또는, 임금의 지위. 보좌(寶座). 보탑(寶榻). 어좌(御座). 왕좌(王座). 제좌(帝座). ¶옥좌에 오르다.

옥-죄다[-쬐-/-쮀-]㉥ 『몸의 어느 부분을』 바싹 옥이어 죄다. ¶목을 옥죄다. ㉰욱죄다.

옥죄-이다[-쬐-/-쮀-]재 『'옥죄다'의 피동』 옥죔을 당하다. ㉰욱죄이다.

옥중(獄中)[-쭝]명 ①감옥의 안. ②감옥에 갇히어 있는 동안.

옥-지환(玉指環)[-찌-]명 옥가락지. 옥환.

옥-집[-찝]명 바둑에서, 필요한 연결점을 상대편이 끊어 놓아 집같이 보이면서도 집이 아닌 것.

옥차(玉釵)[-차]명 옥비녀.

옥찰(玉札)명 남을 높이어 그의 '편지'를 이르는 말. 옥서(玉書).

옥창(獄窓)명 감옥의 창문.

옥책(玉冊)명 왕이나 왕비의 존호(尊號)를 지어 올릴 때, 송덕문(頌德文)을 새긴 간책(簡策). 평평하게 깎은 여러 개의 옥 조각을 엮어서 만듦.

옥책-문(玉冊文)[-쨍-]명 옥책에 새긴 송덕문(頌德文).

옥척(屋脊)명 ☞용마루.

옥천(玉泉)명 맑은 샘.

옥체(玉體)명 ①(편지 글 등에서) 남을 높이어 그의 '몸'을 이르는 말. 보체(寶體). ②'임금의 몸'을 이르는 말. ¶전하, 옥체를 보중하옵소서.

옥촉-서(玉蜀黍)명 ☞옥수수.

옥총(玉蔥)명 ☞양파.

옥추-경(玉樞經)명 소경이 읽는, 도가(道家)의 경문(經文)의 한 가지.

옥치(玉巵)명 옥으로 만든 술잔. 옥배(玉杯).

옥치(玉齒)명 ①'임금의 이'를 이르는 말. ②아름다운 이. ③☞옥니.

옥쇄(玉碎)[―쐐] 명 ―하다 자 옥처럼 아름답게 부서진다는 뜻으로, 명예나 충절을 위하여 깨끗이 죽음을 이르는 말.

옥수(玉手) 명 ①임금의 손. ②아름답고 고운 손. '옥수(玉樹)' 명 ①멋진 나무. ②남의 아들을 높이어 이르는 말.

옥수수 명 볏과의 한해살이풀. 강냉이.

옥신각신 부 ―하다 자 옳으니 그르니 하며 서로 다투는 모양.

옥안(玉顔) 명 ①아름다운 얼굴. ②임금의 얼굴.

옥양목(玉洋木) 명 빛이 썩 희고 발이 고운 무명.

옥체(玉體) 명 ①임금의 몸. ②남을 높이어 그의 몸을 이르는 말.

온 관 전부의. 모두의. 모든.

온감(溫感) 명 따뜻한 느낌.

온건(穩健)[어] 명 ―하다 형 생각이나 언행이 온당하고 건실함. ↔과격. 온건―히 부

온난(溫暖) 명 ―하다 형 날씨가 따뜻함. 온난―히 부

온대:동〔—계〕[溫帶冬季乾燥氣候]

온대-림[溫帶林]

온대^습윤^기후[溫帶濕潤氣候]

온대-식물[溫帶植物]

온대:하〔—계〕[溫帶夏季乾燥氣候]

온대-호[溫帶湖]

온:도[溫度]

온도-계[溫度計]

온독[溫毒]

온-돌[溫-]

온돌-방[溫-房]

온:둔-하다[溫鈍—]

온:량[溫良]

온:량[溫凉]

온량보사[溫凉補瀉]

온:마[縕麼]

온:면[溫麵]

온:몸-운:동[—運動]

온:박[縕駮]

온:반[溫飯]

온:상[溫床]

온:색[溫色]

온:수[溫水]

온:수-난방[溫水煖房]

온:순-하다[溫順—]

온:습[溫濕]

온:신[溫腎]

온실[溫室]

온실-효:과[溫室效果]

온:아-하다[溫雅—]

온:양[溫陽]

온:언[溫言]

온:열[溫熱]

온:유[溫柔]

온-음[溫飲]

온:정[溫情]

온:후[溫厚]

온라인[on-line]

온라인^리얼^타임^시스템[on-line realtime system]

온-스[ounce]

과를 얻는 방법. 〔더운 습포나 탕파(湯婆) 찜질 따위.〕 더운찜질. ↔냉업법(冷業法).

온^에어(←on the air)圓 방송국에서, 프로그램이 방송 중임을 알리는 말.

온역(瘟疫·溫疫)圓 한방에서, '유행성 열병'을 이르는 말. 역역(瘴疫).

온오(蘊奧) '온오하다'의 어근.

온오-하다(蘊奧-)혱 학문이나 기에 등이 쌓이고 깊다.

온유(溫柔)명혱 마음씨가 따뜻하고 부드러움. ¶온유한 태도.

온^유어^마^크(on your mark)캄 ☞온 더 마크(on the mark).

온윤(溫潤) '온윤하다'의 어근.

온윤-하다(溫潤-)혱 마음씨가 따뜻하고 인정이 있다. 따뜻하고 화기롭다.

온:-음(-音)圓 반음 두 개에 해당하는 음정(音程). 〔장2도의 음정.〕 전음(全音).

온:-음계(-音階)[-계/-게]圓 한 옥타브 안에 다섯 개의 온음과 두 개의 반음을 포함하는 음계. 전음계(全音階). ⮝온음계.

온:-음^음계(-音音階)[-계/-게]圓 한 옥타브 안에 여섯 개의 온음만으로 된 음계.

온:-음정(-音程)圓 두 개의 반음정을 합한 음정. 전음정(全音程).

온:-음표(-音標)圓 음표 가운데 기준이 되는 길이의 음표. 'o'로 표시함. 전음부(全音符).

온:의(穩意)圓 [오지/오니]圓 쌓인 마음.

온:-이圓 전체의 것. (주로, '온이로'의 꼴로 쓰임.)

온인(溫人)圓 조선 시대, 외명부의 한 품계. 정·종오품인 종친(宗親)의 아내의 일컬음.

온자(溫慈) '온자하다'의 어근.

온자(蘊藉) '온자하다'의 어근.

온자-하다(溫慈-)혱 부드럽고 인자하다.

온:자-하다(蘊藉-)혱 교양이 있고 마음이 넓으며 온화하다.

온:-장(-張)圓 종이 따위의 자르지 않은 온통의 것. 전장(全張).

온장-고(溫藏庫)圓 조리한 식품 따위를 따뜻한 상태로 저장하는 상자 모양의 장치.

온재(溫材)圓 한방에서, 더운 성질의 약재(藥材)를 이르는 말. 〔육계(肉桂)·육두구(肉荳蔻)·사인(沙仁)·회향(茴香) 따위.〕 ↔냉재(冷材).

온전(穩全) '온전하다'의 어근.

온:전-하다(穩全-)혱 본디 그대로 고스란하다. ¶깨지지 않은 온전한 기와. 온전-히뭄.

온:-점(-點)圓 ☞마침표.

온점(溫點)[-쩜]圓 피부 온도보다 높은 온도, 곧 온각(溫覺)을 느끼는 감각점(感覺點). 피부나 구강·식도 등의 점막에 흩어져 있음. ↔냉점(冷點).

온정(溫井)圓 ①절로 더운물이 솟는 우물. ②☞온천(溫泉).

온정(溫淸)혱졔 〈동온하정(冬溫夏淸)〉의 준말.

온정(溫情)圓 따뜻한 인정. 정다운 마음. ¶이웃을 생각하는 온정. /온정이 넘치는 사회.

온정-주의(溫情主義)[-의/-이]圓 아랫사람에게 따뜻한 마음씨로 대하려 하는 생각이나 태도.

온제(溫劑)圓 한방에서, 몸을 덥게 하는 약제를 이르는 말. ↔양제(涼劑).

온:-종일(-終日)圓 아침부터 저녁 무렵까지. 진종일. ¶온종일 비가 내린다.

온중(溫中)명졔 한방에서, '탕약을 먹여서 속

을 덥게 함'을 이르는 말.

온:-채圓 집의 전체. ¶집을 온채로 빌리다.

온:-챗-집[-채찝/-챋찝]圓 한 채를 전부 쓰는 집. ¶여유 있게 온챗집을 쓰고 살다.

온처(溫處)명졔 따뜻한 방에서 지냄. ¶두 분 어른이 온처하시도록 삼가 조처하다.

온천(溫泉)圓 ①지열(地熱)로 말미암아 땅속에서 평균 기온 이상의 온도로 데워진 물이 자연적으로 솟아나는 샘. 온정(溫井). 탕천(湯泉). ↔냉천(冷泉). ②〈온천장〉의 준말.

온천-가스(溫泉gas)圓 온천물에 섞여 뿜어나오는 가스.

온천-물(溫泉-)圓 온천에서 솟아나는 더운물. 온천수.

온천-수(溫泉水)圓 ☞온천물.

온천-장(溫泉場)圓 온천이 있는 곳. ⮝온천.

온천-하다혱졔 (재료가) 축남이 없이 온전하다. 온천-히뭄.

온:축(蘊蓄)명혱타되쟈 ①오랫동안 충분히 연구해서 쌓아 놓은, 학문이나 기에 따위의 깊은 지식. ②물건 따위를 쌓아 둠.

온:침(穩寢)명혱쟈 편안하게 잠을 잠. 온숙(穩宿).

온탕(溫湯)圓 더운물이 들어 있는 탕. ↔냉탕.

온:-통Ⅰ圓 있는 대로 전부.
Ⅱ뭄 있는 대로 모두. 모조리. ¶온통 다 새파랗다. /나라 안이 온통 환희의 도가니다. ⮝통6.

온파(溫波)圓ↅ난파(暖波).

온^퍼레이드(on parade)圓 공연을 마친 후에 출연 배우들이 무대 위에 죽 늘어서는 일.

온편(穩便) '온편하다'의 어근.

온:-편-하다(穩便-)혱 온당하다. 온편-히뭄.

온포(溫飽)圓 〔옷을 따뜻하게 입고 음식을 배불리 먹는다는 뜻으로〕 '생활에 아쉬움이 없이 넉넉함'을 이르는 말.

온:-포(縕袍)圓 묵은 솜을 둔 도포.

온:-폭(-幅)圓 (피륙이나 종이 따위의) 가르지 아니한 온 너비.

온:-품圓 ①온 하룻일의 품이나 품삯. ②온전히 셈하여 받은 품삯.

온풍(溫風)圓 따뜻한 바람.

온풍-난방(溫風煖房)圓 데운 공기를 방 안으로 보내어 방을 따뜻하게 하는 난방 방식.

온:-필(-疋)圓 (필로 된 피륙이) 잘라 쓰지 아니한, 본디 그대로의 필(疋).

온-하다(溫-)혱졔 ①따뜻하다. ②(약의 성질이) 덥다. ¶온한 약재.

온혈(溫血)圓 ①(외기의 온도와는 관계없이) 늘 더운 동물의 피. ↔냉혈. ②한방에서, 약으로 먹는 사슴이나 노루의 '더운피'를 이르는 말.

온혈-동:물(溫血動物)圓 정온 동물(定溫動物). ↔냉혈 동물.

온화(溫和) '온화하다'의 어근.

온화(穩和) '온화하다'의 어근.

온:화(穩話)명혱쟈 화기롭고 부드럽게 이야기하는 일.

온화-하다(溫和-)혱 ①날씨가 따뜻하고 바람결이 부드럽다. ②(성질이나 태도·행동 따위가) 온순하고 부드럽다. ¶평소 성품은 온화하시지만 불의(不義)는 절대 용납하지 않으신다.

온:-화-하다(穩和-)혱 조용하고 평화롭다. ¶온화한 분위기.

온:-회(穩會)[-회/-훼]명혱쟈 화기롭게 모이는 일.

온후(溫厚) '온후하다'의 어근.

온후-하다(溫厚-)[혱여] (마음씨나 태도가) 부드럽고 무던하다. ¶성품이 온후하신 어른.

옫바미[옛]圀뻬미. ¶賈生이 옫바믜 對ᄒᆞ야(杜初21:40). /옫바믜 효:梟(訓蒙上17).

올[¹]圀 ①실이나 줄의 가닥. ¶올이 가는 베. ②[의존 명사적 용법] 실이나 줄 따위의 가닥을 세는 단위. ¶한 올의 실.

올[²]圀 올해의. ¶올 농사도 풍년이다. /올 들어 첫눈이다.

올-[젒투] (일부 식물이나 열매 이름 앞에 붙어) 여느 품종보다 일찍 자라거나 일찍 익음을 나타냄. ¶올벼./올콩. ⓐ오.

올가미圀 ①새끼나 노끈·철사 따위로 고를 내어 짐승을 잡는 데 쓰는 물건. 활고자. ②남이 걸려들게 꾸민 꾀.
올가미 없는 개장사[쇽담] 밑천을 들이지 않은 장사를 두고 이르는 말.
올가미(를) 쓰다[관용] 남의 꾀에 걸려들다.
올가미(를) 씌우다[관용] 남을 자기의 계략에 걸려들게 하다.

올-가을[-까-]圀 올해 가을. 금추(今秋).

올각-거리다[-꺼-]团 자꾸 올각올각하다. 올각대다. ⓐ울걱거리다.

올각-대다[-때-]团 올각거리다.

올각-올각[-까-]閈 입에 물 따위를 조금 머금고 양볼의 근육을 자꾸 움직이는 모양, 또는 그럴 때 나는 소리. ⓐ울걱울걱.

올-감자圀 보통 감자 품종보다 이르게 수확하는 감자.

올강-거리다囸 자꾸 올강올강하다. 올강대다. ⓐ울겅거리다.

올강-대다囸団 올강거리다.

올강-볼강閈[하囸団] 올강거리며 볼강거리는 모양. ⓐ울겅불겅.

올강-올강[하囸団] 입 안에 든 단단하고 탄력 있는 물건이 잘 씹히지 않고 요리조리 미끄러지는 모양. ⓐ울겅울겅.

올-겨울[-껴-]圀 올해 겨울. 금동(今冬).

올-고구마圀 보통 고구마 품종보다 이르게 수확하는 고구마.

올-곡-하다[-고카-][혱여] (실이나 줄 따위가) 너무 꼬여서 비비 틀려 있다.

올-곧다[-따][혱] ①[마음씨가] 곧고 바르다. ¶올곧은 성품. ②[모양이나 생김새 따위가] 비뚤지 않고 반듯하다. ¶올곧게 뻗은 도로.

올공-거리다囸 자꾸 올공올공하다. 올공대다. ⓐ울겅거리다.

올공-대다囸団 올공거리다.

올공-볼공[하囸団] 올공거리며 볼가지는 모양.

올공-올공[하囸団] 입 안에 든 단단하고 탄력 있는 물건이 잘 씹히지 않고 요리조리 미끄러지는 모양.

올근-거리다団 자꾸 올근올근하다. 올근대다. ⓐ울근거리다.

올근-대다団 올근거리다.

올근-볼근[¹]閈 ①[하囸] 사이가 틀어져서 잘 다투는 모양. ②[하囸] 올근거리며 볼근거리는 모양. ¶올근볼근 마냥 싸움만 있다. ⓐ울근불근[¹].

올근-볼근[²]閈[혱] 무엇에 덮였거나 싸인 단단한 것이 드러나 보이는 모양. ¶갈빗대가 올근볼근 드러나 보인다. ⓐ울근불근[²].

올근-올근[하囸] 입 안에 든 질기고 오돌오돌한 물건을 오물거리며 씹는 모양. ¶오징어 다리를 올근올근 씹다. ⓐ울근울근.

올긋-볼긋[-귿뿔귿]閈[하囸] 여러 가지 짙고 엷은 빛깔의 것이 야단스럽게 한데 뒤섞여 있는

모양. ¶화단에 갖가지 꽃들이 올긋볼긋 피어 있다. ⓐ울긋불긋.

올깍閈[하囸団] 먹은 음식을 갑자기 조금 토해 내는 소리, 또는 그 모양. ¶갓난아이가 젖을 올깍 게웠다. ⓐ울꺽. ⑧올칵. **올깍-올깍**閈[하囸団].

올깍-거리다[-꺼-]囸団 자꾸 올깍올깍하다. ⓐ울꺽거리다.

올깍-대다[-때-]囸団 올깍거리다.

올나-히니[옛] 오르니. 오른즉. ¶北寬亭의 올나ᄒᆞ니(鄭澈. 關東別曲).

올-내년(-來年)[-래-]圀 ①올해와 내년. ②올해나 내년. ¶나도 올내년에는 결혼해야지.

올-되다[-되-~-뒈-][혱] (피륙의 올 같은 것이) 바짝 죄어서 켕기다.

올-되다[-되-~-뒈-]囸 ①(곡식이나 과실 따위가) 제철보다 일찍 여물다. ¶올된 벼. /사과가 올되다. ②나이에 비하여 철이 일찍 들다. ¶올된 아이. ⓐ오되다. ↔늦되다.

올-드미스(old+miss)圀 노처녀.

올딱閈 조금 삼킨 음식을 도로 토하는 모양. ⓐ왈딱.

올라-가다[Ⅰ]囸団 낮은 데서 높은 데로, 아래에서 위로 움직이어 가다. ¶무대에 올라가다. /깃발이 올라가다. /언덕에 올라가다. /산을 올라가다. ↔내려가다.
[Ⅱ]囸 ①물속에서나 배에서 뭍으로 옮아가다. ¶배를 떠나 뭍으로 올라가다. ②[지위·단계·정도 등이] 보다 높게 옮아가다. ¶계급이 올라가다. /한 학년이 올라가다. /성적이 올라가다. ③[물가·가치·수량 등이] 비싸지다. 높아지다. 많아지다. ¶물가가 올라가다. /기온이 올라가다. ④[기세·열기 등이] 한결 더해지다. 높아지다. ¶선수들의 사기가 올라가다. ⑤지방에서 중앙으로 가다. ¶지방 대표자들이 서울로 올라가다. ⑥[강물의] 상류로 향하여 나아가다. ¶보트로 강을 거슬러 올라가다. ②~⑥↔내려가다.

올라-붙다[-붇따]囸 ①높은 곳에 바짝 다가가다. ¶언덕에 올라붙다. ②살이 찌다. ¶살이 보기 좋게 올라붙으려면 시간이 걸리겠다.

올라-서다囸 ①높은 데로 올라가 서다. ¶지붕 위에 올라서다. ②지위나 등급 따위가 높아지다. ¶부장으로 올라서다. ③무엇을 디디고 그 위에 서다. ¶의자에 올라서다. ⓐ↔내려서다.

올라-앉다[-안따]囸 ①낮은 데서 높은 데로, 아래에서 위로 가 앉다. ¶마루 위에 올라앉다. ②지위가 올라서 이전보다 높은 자리를 차지하다. ⓐ내려앉다.

올라-오다囸 ①낮은 데서 높은 데로, 아래에서 위로 움직이어 오다. ¶일행이 모두 다 정상으로 올라오다. ②아래에서 위로 미치어 오다. ¶강물이 불어서 허리까지 올라왔다. ③지방에서 중앙(서울)으로 오다. ¶시골에 사는 아우가 서울로 올라왔다. ④삼킨 것이나 배 속의 것이 입으로 나오다. ¶신물이 올라오다. ⑤배에서 뭍으로 옮아오다. 상륙하다. ¶육지로 올라오다. ⓐ③④↔내려오다.

올-라운드 플레이어(all-round player) 운동 경기에서, 공격·수비의 모든 기술에 뛰어난 선수, 또는 모든 경기에 뛰어난 선수. 만능 선수.

올라-채다囸 ①움직이던 탄력을 이용해 꼭대기에 오르다. ②힘들여 꼭대기에 이르다. ¶언덕을 올라채고 있는 아이들.

올라-타다囸団 ①탈것에 오르다. ¶배에 올라타다. ②몸 위에 오르다. ¶앞사람의 등에 올라타다.

올라흐니다邇〈옛〉오르니. 오른즉. ¶외나믜 뼈근 드리 佛頂臺 올라흐니(鄭澈.關東別曲)

올랑-거리다邇 자꾸 올랑올랑하다. 올랑대다. 曾울렁거리다.

올랑-대다邇 올랑거리다.

올랑-올랑튀邇 ①마음이 설레거나 하여 가슴이 자꾸 두근거리는 모양. ②작은 물결이 자꾸 흔들리는 모양. ③먹은 것이 잘 소화되지 않고 자꾸 매슥매슥하여 토할 것 같은 상태. ¶차를 오래 탔더니 배 속이 올랑올랑하다. 曾울렁울렁.

올랑-이다邇 ①가슴이 설레며 뛰놀다. ②작은 물결이 흔들리다. ¶산들바람에 강물이 올랑인다. ③먹은 것이 토할 것같이 매슥거리다. 曾울렁이다.

올랑-촐랑튀邇 작은 그릇에 담긴 액체가 자꾸 흔들리면서 나는 소리, 또는 그 모양. 曾울렁출렁.

올레-산(←oleic酸)圀 고급 지방산의 한 가지. 빛깔·냄새가 없는 액체로 공기 중에서 산화하여 누런 빛깔로 변함. 올리브유나 동백기름 등 식물성 기름에 많이 들어 있음. 비누의 원료나 천의 방수제로 쓰임. 유산(油酸).

올려-놓다[-노타]邇 ①무엇의 위에 옮겨 놓다. ¶난로 위에 주전자를 올려놓다. ↔내려놓다. ②명단 따위에 이름을 적어 넣다. ¶회원 명부에 이름을 올려놓았다. ③등급·직급·정도·수준을 높아지게 하다. ¶우리 팀을 4강에 올려놓은 감독. /아이들 사기를 최고로 올려놓는 방법은 무엇일까?

올려-보다邇 ①아래에서 위쪽을 보다. ¶나무 위를 올려보다. ②남을 높이 받들고 우러러보다. ↔내려보다.

올려본-각(-角) 수학에서, 높은 곳에 있는 물체를 보는 시선과 수평면이 이루는 각도를 이르는 말. 고각(高角). 앙각. ↔내려본각.

올려-붙이다[-부치-]邇 (손바닥으로 뺨을) 세게 때리다.

올려-치다邇 광산에서 '안아치다'를 이르는 말.

올록-볼록[-뿔-]튀邇 (물체의 거죽이) 고르지 않게 높고 낮은 모양. ¶올록볼록한 벽지. 曾울룩불룩.

올리고-당(←oligosaccharide糖)圀 구조 단위가 2~10인 다당류. 다당류 가운데 구조가 비교적 간단하고 용해되나 맛, 화학적 성질 따위가 단당류와 비슷함.

올리고-세(←Oligocene世)圀 신생대(新生代) 제3기(紀)를 다섯으로 나눈 때의 셋째 번 지질 시대. 점신세(漸新世).

올리다邇['오르다'의 사동〕㉠오르게 하다. ¶손을 올리다. /벼슬을 올리다. ㉡문서에 기록하거나 화젯거리로 삼게 하다. ¶지면에 올리다. /화제에 올리다. ㉢병 따위를 옮기게 하다. ①음을 올리다. ②윗사람에게 드리거나 바치다. ¶술잔을 올리다. /진짓상을 올리다. ③(칠이나 단청 따위를) 입히다. ¶금박을 올리다. ④(예식이나 행사를) 지내거나 거행하다. ¶결혼식을 올리다. ⑤기와 따위로 지붕을 이다. ¶기와를 올리다. /지붕에 이엉을 올리다. ⑥'먹다'의 궁중말. ⑦(따귀 따위를) 때리다. ⑧보기 좋게 한 대 올리다. ⑧큰 소리를 내거나 지르다. ¶함성을 올리다. ⑨이익을 올리다.

올리브(olive)圀 물푸레나뭇과의 상록 교목. 높이 5~10 m. 열매는 길둥근 모양이며 암녹색으로 익음. 열매의 살로는 올리브유를 짬. 소아

시아 원산으로 지중해 연안과 미국에서 많이 재배함.

올리브-색(olive色)圀 (올리브의 열매와 같이) 약간 누른빛을 띤 녹색.

올리브-유(olive油)圀 올리브의 열매로 짠 기름. 약용·식용 또는 비누·화장품 등의 재료로 쓰임.

올림圀 어림수를 만드는 방법의 한 가지. 구하고자 하는 자리 미만의 끝수를 버리고, 구하고자 하는 자리에 1을 더하는 일. ↔버림. 曾반올림.

올림-대[-때]〈시상판(屍床板)〉의 속된 말. ②'숟가락'의 심마니말.
올림대(를) **놓다**판曾 〔'숟가락을 놓았다'는 뜻〕'죽다'를 속되게 이르는 말.

올림-말圀 ⇨표제어.

올림-조(-調)[-쪼]圀 악보에서, 올림표로만 나타낸 조(調). 曾내림조.

올림-표(-標)圀 샤프(sharp).

올림피아드(Olympiad)圀 ①4년을 단위로 한 고대 그리스의 기년법(紀年法). ②올림픽.

올림픽(Olympic)圀 ①국제 올림픽 위원회가 주최하는 국제적 종합 경기 대회. 4년에 한 번씩 국제 올림픽 위원회가 선정한 도시에서 열림. 올림픽 경기. ②체육 이외의 '국제 경기'를 흔히 이름. 〔기능 올림픽 따위.〕

올림픽^경기(Olympic競技)圀 ⇨올림픽.

올림픽-기(Olympic旗)圀 오륜기(五輪旗).

올막-졸막[-쫄-]튀邇 작고 도드라진 것들이 고르지 않게 많이 벌여 있는 모양. 曾울먹줄먹.

올-망(-網)圀 깊은 바다에서 고기를 잡을 때 쓰는 긴 그물.

올망-대(-網-)[-때]圀 올망을 칠 때 쓰는 긴 장대.

올망이-졸망이圀 올망졸망한 물건.

올망-졸망튀邇 작고 고만고만한 것들이 고르지 않게 빽빽이 벌여 있는 모양. ¶아이들이 올망졸망 모여 있다. 曾울멍줄멍.

올목-졸목[-쫄-]튀邇 작고 도드라진 것들이 고르지 않게 많이 벌여 있는 모양. 曾울목줄목.

올몽-졸몽튀邇 작고 고만고만한 것들이 고르지 않게 빽빽이 벌여 있는 모양. ¶올몽졸몽한 섬들이 눈 아래로 보인다. 曾울몽줄몽.

올무圀 새나 짐승을 잡는 데 쓰는 올가미.

올:-무[2]圀 보통의 품종보다 일찍 자라는 무, 또는 일찍 자란 무.

올미圀 택사과의 다년초. 꽃줄기 높이 10~30 cm. 논밭이나 연못가에 흔히 나는데, 땅속 줄기가 가로 벋으며, 가늘고 긴 잎은 뿌리에서 무더기로 남. 여름부터 가을에 걸쳐 긴 꽃줄기 끝에 흰 꽃이 핌.

올-바로튀 옳고 바르게. 곧고 바르게. ¶사리 판단을 올바로 하다.

올-바르다[~바르니·~발라]휑邇 옳고 바르다. ¶올바른 충고. /몸가짐이 올바르다.

올-밤圀 보통 품종보다 일찍 익는 밤.

올방개圀 사초과의 다년초. 늪 등에 자라는데, 가로 벋는 뿌리 끝에 덩이뿌리가 생김. 가을에 높이 70 cm가량의 줄기 끝에 작은 이삭이 달림. 덩이뿌리는 한방에서 '오우(烏芋)'라 하여 약재로 쓰임.

올:-백(all+back)圀 길게 기른 머리털을 가르마를 타지 않고 모두 뒤로 빗어 넘긴 머리 모양.

올:-벼圀 보통 품종보다 일찍 익는 벼. 조도(早稻). 조양(早穰). ↔늦벼.

올:벼-신미(-新味)圀하자 그해에 거둔 올벼의 쌀을 처음 맛봄.

올-봄[-뽐]圀올해 봄. 금춘(今春).

올빼미圀올빼밋과의 새. 몸길이 38 cm가량. 부엉이와 비슷하나 머리가 둥글고 우각(羽角)이 없음. 깃털에는 황갈색의 세로무늬가 있음. 낮에는 나뭇가지에 앉아 있다가 밤에 새나 쥐 따위를 잡아먹음. 천연기념물 제 324호. 치효(鴟梟).

올:-새圀 ①피륙의 발. ¶올새가 곱다. ②[의존 명사적 용법] 피륙의 날을 세는 단위. ¶이 베는 몇 올새나 될까?

올:-서리圀 여느 해에 비하여 일찍 내린 서리. ↔늦서리.

-올습니다어미 '-올시다'의 잘못.

올시다[-씨-]죠 모음으로 끝난 체언에 붙어, '입니다'의 뜻을 보다 정중하게 나타내는 합쇼체의 종결형 서술격 조사. ¶훌륭한 솜씨올시다. 좋이올시다.

-올시다[-씨-]어미 '아니다'의 어간에 붙어, '-ㅂ니다'의 뜻을 나타내는 합쇼체의 종결 어미. ¶그런 게 아니올시다.

올-실圀 '외올실'의 잘못.

올쑥-볼쑥[-뽁-]用하형 작은 모가 군데군데 툭툭 튀어나온 모양. 퐁올쑥볼쑥.

올여圀 '올벼'의 잘못.

올-여름[-려-]圀올해 여름. 금하(今夏).

올연(兀然)[-련]用하형 홀로 우뚝한 모양. ¶올연하게 버티고 선 거한(巨漢). **올연-히**用 반도의 남쪽에 올연히 솟은 영봉(靈峯).

올연-독좌(兀然獨坐)[-좌]圀하자 홀로 단정히 앉음.

올오다用 (옛) 온전하게 하다. ¶사르미…ㅁ슈물 올오과뎌 ㅎ논 마리라(內訓二上13)./麋鹿 톳 서리예 사라쇼믈 올왯노라(杜初7:14). 좋올오 오다.

올올(兀兀)用하형 ①마음을 한곳에 집중하여 흔들리지 않는 모양. ②(산이나 바위 따위가) 우뚝우뚝 솟은 모양. **올올-히**用

올올-고봉(兀兀高峯)用 우뚝하게 높이 솟은 산봉우리.

올:올-이用 올마다. 가닥마다.

올이다用 (옛) 올리다. ¶石壁에 무물 올이샤(龍歌48章). ②드리다. ¶센 머리예 便安히 몰 수믈 올요니(杜初20:54).

올-적[-쩍]圀 ☞미래(未來). ↔지난적.

올적-끝남[-쩍끈-]圀 ☞미래 완료(未來完了).

올적-나아가기[-쩡-]圀 ☞미래 진행.

올적나아가기-끝남[-쩡-끈-]圀 ☞미래 진행 완료(未來進行完了).

올:-지다圀 '오달지다'의 준말.

올:-차다형 ①오달지고 기운차다. ¶올찬 모습의 어린 씨름 선수. ②곡식의 알이 일찍 들어차다. ¶벼 이삭이 올차다.

올챙이圀 개구리의 유생. 알에서 부화한 지 오래지 않은 것으로, 지느러미처럼 생긴 꼬리로 헤엄치는 시기의 것을 이름. 과두(蝌蚪). 현어(玄魚).

올챙이 개구리 된 지 몇 해나 되나속담 어떤 일에 좀 익숙해진 사람이나, 가난하거나 형세가 좀 나아진 사람이 젠체함을 편잔하여 이르는 말.

올챙이 적 생각은 못하고 개구리 된 생각만 한다속담 형세가 좀 나아진 사람이 지난날 어렵게 지내던 때를 잊고 오만하게 행동함을 빗대어 이르는 말.

올케圀 (여자의 처지에서) 그의 오빠나 남동생의 아내. ¶새 올케 언니는 아주 멋쟁이다.

올:-콩圀 보통 콩보다 일찍 여무는 콩.

올톡-볼톡[-뽈-]用하형 (물체의 거죽이나 바닥이) 고르지 않게 여기저기 볼가져 있는 모양. 퐁울툭불툭.

올통-볼통用하형 (물체의 거죽이나 바닥이) 고르지 않게 여기저기 볼통볼통한 모양. 퐁울퉁불퉁.

올:-팥[-판]圀 보통 팥보다 일찍 여무는 팥. *올:팥이[-파치]·올:팥을[-파틀]·올:팥만[-판-]

올:-풀이圀하형 지난날, 규모가 작은 장사치가 상품을 낱개나 낱자로 팔던 일. 좋자풀이.

올-해圀 이해. 금년. 당년(當年). 본년(本年).

올히圀 (옛) 오리. ¶淸江ㅅ 뎃는 올히 白沙ㅎ올마 안자(鄭澈.星山別曲)./沐浴ㅎᄂ 올히와 ᄂ 하야로비ᄂ(杜初9:38).

올흔관 (옛) 오른. 올흔 소ᄂ로 하놀 ᄀ른치시며(月釋2:38). 올옳은. ¶올흔 일 ᄒ기예ᄂ(翻小10:12).

올흔-녘圀 (옛) 오른녘. 오른편. ¶右ᄂ 올흔녀키라(訓諺)./앉ᄂ 올흔녀킈 銘(內訓1:26).

올히믜圀 (옛) 오리의. ¶올히 둘ᄒ 다리 학긔 다리 되도록애(古時調). 좋올히.

옭-걸다[옥껄-][~거니~걸어]탄 옭아서 걸다.

옭다[옥따]탄 ①(실이나 노끈 따위로) 친친 감아서 잡아매다. ②올가미를 씌우다. ③행동이 자유롭지 못하게 얽매다. ¶이번엔 꼼짝 못하게 옭아 두었다. *옭아·옭고[올꼬]·옭는[옹-]

옭-매다[옹-]탄 ①풀리지 않도록 고를 내지 않고 매다. ②옭아매다.

옭-매듭[옹-]圀 고를 내지 않고 옭아맨 매듭. ↔풀매듭.

옭매-이다[옹-]짜 ['옭매다'의 피동] ①옭맴을 당하다. ¶포승줄에 두 손이 옭매이다. ②어떤 일에 말려들어 몸을 빼지 못하게 되다. ¶독직(瀆職) 사건에 옭매이다.

옭아-내다탄 ①올가미 따위를 씌워서 끌어내다. ②(남의 것을) 몰래 끄집어내다. 얽어내다.

옭아-매다탄 ①잘 풀리지 않도록 단단히 매다. ¶밧줄로 짐을 옭아매다. ②행동이 자유롭지 못하게 얽매다. ③없는 허물을 짐짓 꾸미어 씌우다. 옭매다. ¶무고한 사람을 사기죄로 옭아매다.

옭혀-들다[올켜-][~드니.~들어]짜 ①옭히어 빠져들다. ¶사건에 옭혀들다. ②일이 어렵게 되다. ¶문제가 옭혀들기만 되다.

옭-히다[올키-]짜 ①['옭다'의 피동] 옭음을 당하다. ②(여러 가지 일들이) 서로 섞갈리다. ③일이 잘 풀리지 아니하고 어렵게 되다. ④(실이나 줄 따위가) 마구 엉키다. ¶낚싯줄이 옭히다.

옮겨-심기[옴-끼]圀하형 농작물이나 나무를 옮겨 심는 일.

옮-기다[옴-]탄 ①['옮다'의 사동] ⑦옮기게 하다. ㉡(사람이나 물건을) 본디 있던 자리에서 다른 자리로 바꾸어 놓게 하다. ¶책상을 창가로 옮기다. /총무과에서 인사과로 옮기다. ㉢(병균 따위를) 남에게 전염시키게 하다. ¶독감을 옮기다. ㉣(남에게서 들은 말을 다른 사람에게) 그대로 전하게 하다. ¶소문을 옮기다. ②발걸음을 한 걸음 한 걸음 떼어 놓다. ¶집으로 발걸음을 옮기다. ③(관심이나 시선 등을) 이제까지의 대상에서 다른 대상으로 돌리다. ¶다른 사업에로 관심을 옮기다. ④(어떠한 일을 다음 단계로) 밀고 나아가다. ¶오랜 구상을 실행에 옮기다. ⑤(거처 따위를) 본디 머물던 곳에서 다른 데로 바꾸다. ¶숙소를 다른 데로 옮기다. ⑥(어떤 나라 말을 다른 나라의 말로) 바꾸어 나타내다. 번역하다. ¶한문으로 된 고전들을 우리말로 옮기다. /외국인의 연설을 우리말로 옮기다. ⑦식물을 자라던 자리에서 다른 자리로 가져다 심다. ¶나무를 양지바른 데로 옮겨 심다.

옮:다[옴따]재 ①어떤 곳에서 다른 곳으로 움직이어 자리를 바꾸다. ¶마른 자리로 옮아 앉다. ②(불길이나 소문 따위가) 한 곳에서 다른 곳으로 번져 가다. ¶불길이 마른 잔디로 옮아 붙다. ③(병균 따위가) 몸 안으로 들어오다. 전염되다. ¶눈병이 옮다. /감기가 옮다. ④물이 들다. ¶딸기 물이 옷에 옮다. *옮아·옮:고[옴꼬]·옮:는[옴—]

옮아-가다[오마—]재 ①본디 있던 자리에서 다른 곳으로 가다. 그 새대는 해산달에 친정으로 옮아갔다. ②마음이나 눈길 등이 이제까지와는 다른 쪽으로 가다. ¶국민의 관심이 올림픽 경기에로 옮아가다. ③어떤 일이 다른 데로 미치다. ¶사업이 구상 단계에서 실천 단계로 옮아가다. /불길이 차차 이웃으로 옮아가다. ④병이나 버릇 따위가 다른 데로 번지거나 물들다. ¶독감이 여러 사람에게로 옮아가다.

옮아-앉다[—안따]재 본디 있던 곳에서 다른 곳으로 이동하여 자리 잡다. ¶생산부에서 관리부로 옮아앉다.

옮아-오다재 ①다른 곳에서 일정한 곳으로 자리 잡아 오다. ¶지방에서 서울로 옮아왔다. ②불이나 질병 따위가 번져 오다. ¶반 아이에게 감기를 옮아 온 것 같다.

옰[올]명 손해에 대한 보충이나 잘못에 대한 갚음. ¶남을 골탕 먹인 옰으로 다리를 다쳤다. *옰이[올씨]·옰만[올—]

옳다¹[올타]형 ①틀리지 않다. ¶옳은 답이 나오다. ②도덕이나 규칙 등에 벗어남이 없다. ¶옳은 도리를 다하다. /옳은 일을 하다. ③사리에 맞다. ¶자네의 말이 옳다. /옳은 말만 골라 한다. ④격식에 벗어남이 없이 제대로이다. ¶한복을 옳게 차려입다. **옳아-이**부. *옳아[오라]·옳소[올쏘]

옳다²[올타]감 (어떤 생각이 꼭 필요한 때에 문득 떠올랐을 때) '바로 이것이다' 하는 반가운 느낌을 나타내는 말. ¶옳다, 이제 내가 해야 할 일은 이 일뿐이다.

옳다-구나[올타—]감 '옳다²'의 힘줌말. ¶옳다구나 하고 당장 달려갔다. 준 옳소².

옳아[오라]감 ①(미리 들었거나 생각한 바대로) '과연 그렇구나' 하는 느낌을 나타내는 말. ¶옳아, 이제 보니 네가 바로 그대로구나. ②'과연 옳구나' 하는 일까지 옳아남의 뜻을 나타내는 말. ¶옳아, 그의 말이 옳구나. 준 옳소².

옳-이[오리]부 ①말을 옳게 할 사람이 아니다. ↔글리.

옳지[올치]감 ①(남이 어떤 일을 제대로 해내었을 때) '제대로 잘했다'는 뜻으로 하는 칭찬의 말. ¶옳지, 이제 잘하는구나. ②(어떤 일이 사리에 맞거나 마음에 맞았을 때) '그럭저럭 된다'는 뜻을 나타내는 말. ¶옳지, 옳아. 바로 그걸세. ③(어떤 일이 미리 짐작한 바와 같았을 때) '그러면 그렇지' 하는 느낌을 나타내는 말. ¶옳지, 내가 그럴 줄 이미 짐작했었지. ④(어떤 일에서 좋은 생각이 떠올랐을 때, 흔히 혼잣말로 하는 말. ¶옳지, 그 방법으로 한번 해 보아야지. 준 옳소².

옴:¹명 개선충(疥癬蟲)이 기생하여 생기는 전염성 피부병의 한 가지. 손가락이나 발가락 사이, 오금이나 겨드랑이 따위에서 시작하여 온몸으로 퍼져 나가며 몹시 가려움. 개선(疥癬). 개창(疥瘡).

옴:²명 산모(産母)의 젖꼭지 가장자리에 오톨오톨하게 좁쌀 모양으로 돋은 것.

옴:³명 〈옴쌀〉의 준말.

옴:(ohm)의 전기 저항의 단위. 1볼트의 전압으로 1암페어의 전류가 흐를 때의 저항. [기호 Ω]

-옴[옴]〈옛〉-섬. 〔'-곰'의 'ㄱ' 약화형.〕¶四天王 목수미 人間앳 쉰히룰 흐ᄅ옴 혜여 五百히니[月釋1:37]. 참-움.

옴:-개구리명 개구릿과의 한 종. 몸길이 5cm 가량. 몸빛은 흑색이고 등에 많은 혹이 도톨도톨하게 나 있다. 피부에서 독특한 냄새가 나는데, 흔히 물물 따위에 붙어 있다.

옴:-게명 부채겟과의 게. 등딱지의 길이 2cm, 폭 3cm가량. 등딱지와 가슴, 다리 뒤쪽에 혹 모양의 돌기가 돋아 있다.

옴:-나위명하자 ①(《주로 '없다'와 함께 쓰이어》'몸을 움직일 여유'를 뜻함. ¶매표소 앞은 귀성객들로 몰려들어 옴나위가 없다. ②(《주로 '못하다'와 함께 쓰이어》'꼼작달싹'의 뜻을 나타냄. ¶옴나위도 못하다.

옴나위-없다[—업따]형 꼼짝할 만큼의 적은 여유도 없다. **옴나위없-이**부 ¶대합실 안은 피서 인파로 옴나위없이 붐볐다.

옴니버스(omnibus)명 영화·연극 등의 한 형식. 하나의 주제를 중심으로 몇 개의 독립된 짧은 이야기를 늘어놓아 한 편의 작품으로 만든 것. 〔옴니버스 영화·옴니버스 드라마 따위.〕

옴니버스^영화(omnibus映畫)명 옴니버스 형식으로 만든 영화.

옴니-암니Ⅰ명 자질구레하게 이래저래 드는 비용. ¶옴니암니까지 따져 보니 비용이 엄청나다. Ⅱ부 자질구레한 것까지 좀스럽게 따지는 모양. ¶사소한 일까지 옴니암니 따지는 데 아주 질렸다.

옴:-두꺼비명 '두꺼비'를 달리 이르는 말. 〔살가죽이 옴딱지 붙은 것처럼 보이는 데서 유래함.〕

옴둔거비명 〈옛〉옴두꺼비. ¶옴둔거비: 癩蝦蟆[四解下31].

옴:-딱지[—찌]명 옴이 올라 헐었던 자리에 말라붙은 딱지.

옴:-벌레명 개선충(疥癬蟲).

옴부즈맨^제:도(ombudsman制度)명 국회를 통해 임명된 조사관이 국민의 권리 보호를 위한 각종 행정 제도가 합법적으로 수행되고 있는가를 조사·감시하는 행정 통제 제도.

옴:-살명 한 몸같이 친한 사이.

옴실-거리다困 자꾸 옴실옴실하다. 옴실대다. ¶ 마당의 큰 돌을 들어냈더니 개미 떼가 옴실거리고 있었다. 큰움실거리다.

옴실-대다困 옴실거리다.

옴실-옴실團困 작은 벌레 따위가 한데 모여 오글거리는 모양. 큰움실움실.

옴:-쌀圈 인절미에 덜 뭉개진 채 섞여 있는 밥 알. 준옴3.

옴쏙團困 가운데가 오목하게 쏙 들어간 모양. ¶ 옴쏙한 양볼. 큰움쑥. **옴쏙-옴쏙**團困.

옴씰團困 놀라서 얼른 물러서거나 기운이 팍 질리어 몸을 움츠리는 모양. 큰움씰. **옴씰-옴씰**團困.

옴:자-떡(蕖字-) [-짜-]圈 부처 앞에 공양하는 흰떡의 한 가지. 범자(梵字)의 '蕖'자를 새긴 판으로 가운데를 찍은 떡. 옴자병.

옴:자-병(蕖字餠) [-짜-]圈 ☞옴자떡.

옴:-쟁이圈 '옴이 오른 사람'을 조롱하여 이르는 말.

옴:-종(-腫)圈 옴이 올라서 생긴 헌데.

옴죽團困 〈주로 뒤에 오는 '못하다'·'않다'·'말다' 따위의 부정어와 함께 쓰이어〉몸의 한 부분을 조금 움츠렸다 폈다가 하는 모양. ¶ 독감에 걸려 몸도 옴죽 못하고 누워 있다. 큰움죽. 쎈옴쭉. **옴죽-옴죽**團困.

옴죽-거리다[-꺼-]困围 자꾸 옴죽옴죽하다. 옴죽대다. 큰움죽거리다.

옴죽-대다[-때-]困围 옴죽거리다.

옴직-거리다[-꺼-]困围 자꾸 옴직옴직하다. 옴직대다. 큰움직거리다. 쎈옴찍거리다.

옴직-대다[-때-]困围 옴직거리다.

옴직-옴직團困围 몸의 한 부분을 자꾸 조금씩 움직이는 모양. 큰움직움직. 쎈옴찍옴찍.

옴질-거리다¹〈작은 생물이〉한데 많이 모여 자꾸 굼뜨게 움직이다. 옴질대다¹. 쎈옴질거리다. **Ⅱ**困 결단성이 없이 망설이며 꼬물거리다. 옴질대다¹. 큰움질거리다. 쎈옴찔거리다¹.

옴질-거리다²围 질긴 물건을 자꾸 오물거리며 씹다. 옴질대다². ¶ 온종일 옴질거리며 껌을 씹다. 큰움질거리다². 쎈옴찔거리다².

옴질-대다¹ Ⅰ困围 ☞옴질거리다¹. **Ⅱ**困 ☞옴질거리다¹.

옴질-대다²围 ☞옴질거리다².

옴질-옴질¹團 **①**困围〈작은 생물이〉한데 많이 모여 굼뜨게 자꾸 움직이는 모양. **②**困일에 결단성이 없이 자꾸 망설이는 모양. 큰움질움질¹. 쎈옴찔옴찔¹.

옴질-옴질²團困围 입 안의 질긴 물건을 자꾸 오물거리며 씹는 모양. ¶ 오징어 다리를 옴질옴질 씹다. 큰움질움질². 쎈옴찔옴찔².

옴짝-달싹[-딸-]團困围 〈주로 '못하다'·'않다'·'말다' 따위의 부정어와 함께 쓰이어〉'몸을 겨우 움직이려 하는 상태'를 뜻하는 말. 꼼짝달싹. ¶ 옴짝달싹할 수가 없다. /기가 질려서 몸을 옴짝달싹 못하다. 큰움쭉달싹.

옴쭉團困 〈옴죽〉의 센말. 큰움쭉.

옴쭉-달싹[-딸-]團 '옴짝달싹'의 잘못.

옴찍-거리다[-꺼-]困围 〈옴직거리다〉의 센말. 옴찍대다. 큰움찍거리다.

옴찍-대다[-때-]困围 옴찍거리다.

옴찍-옴찍團困围 〈옴직옴직〉의 센말. 큰움찍옴찍.

옴찔團困困 갑자기 몸을 옴츠리는 모양. ¶ 심하 잘리던 아이들이 내가 들어서자 옴찔하더니 입

들을 꼭 다물었다. 큰움찔. **옴찔-옴찔**團困困).

옴찔-거리다¹困围 〈옴질거리다¹〉의 센말. 옴찔대다¹. 큰움찔거리다¹.

옴찔-거리다²〈옴질거리다²〉의 센말. 옴찔대다². 큰움찔거리다².

옴찔-거리다³困围 갑자기 몸을 자꾸 옴츠리다. 옴찔대다³.

옴찔-대다¹困围 ☞옴찔거리다¹.

옴찔-대다²围 ☞옴찔거리다².

옴찔-대다³困围 ☞옴찔거리다³.

옴찔-옴찔¹團困困 〈옴질옴질¹〉의 센말. 큰움찔움찔¹.

옴찔-옴찔²團困 〈옴질옴질²〉의 센말. 큰움찔옴찔².

옴츠러-들다[~드니·~들어]困 점점 옴츠러지다. ¶ 겁을 먹었는지 몸이 옴츠러들었다. 큰움츠러들다.

옴츠러-뜨리다围 '옴츠리다'의 힘줄말. 옴츠러지게 하다. 옴츠러트리다. 큰움츠러뜨리다.

옴츠러-지다困 차차 작아지거나 줄어지다. ¶ 몸이 옴츠러지다. /기세가 차차 옴츠러지다. 큰움츠러지다.

옴츠러-트리다围 옴츠러뜨리다. 큰움츠러트리다.

옴츠리다 **①**몸을 오그리어 작아지게 하다. ¶ 날씨가 추워지자 목을 옴츠리고 걷는다. **②**내밀었던 목을 오그리어 들여보내다. ¶ 자라가 목을 옴츠리다. 준옴치다. 큰움츠리다.

옴치다〈옴츠리다〉의 준말. 큰움치다.

옴켜-잡다[-따]围 손가락을 고부리어 꼭 잡다. ¶ 멱살을 옴켜잡다. /메기를 두 손으로 옴켜잡았다. 큰움켜잡다. 倒홈켜잡다.

옴켜-쥐다围 **①**손가락을 고부리어서 꼭 쥐다. ¶ 넘어지지 않기 위해서 천장에 매달린 손잡이를 꽉 옴켜쥐었다. **②**제 손에 든 것을 야무지게 지니다. ¶ 모든 권한을 옴켜쥐다. 큰움켜쥐다. 倒홈켜쥐다.

옴큼의 물건을 한 손에 옴켜쥔 분량. ¶ 쌀 한 옴큼. 큰움큼.

옴키다围 손가락을 옥이어 쥐다. 큰움키다.

옴-파다围 속을 오목하게 오비어 파다. 큰움파다. 倒홈파다.

옴파리圈 사기로 만든, 아가리가 오목한 바리.

옴팍團困 가운데가 오목하게 쏙 들어간 모양. 큰움퍽. **옴팍-옴팍**團困.

옴팍-눈圈 옴팍하게 들어간 눈. 큰움펑눈.

옴팍눈-이圈 '눈이 옴팍하게 생긴 사람'을 이르는 말. 큰움펑눈이.

옴패다困 〔'옴파다'의 피동〕오목하게 패다. 큰움패다. 倒홈패다.

옴포동이-같다[-갇따]圈 **①**〈어린아이가〉살이 쪄서 포동포동하다. **②**옷을 두툼하게 입은 맵시가 통통하다. **옴포동이같-이**團.

옴폭團困 가운데가 오목하게 쏙 들어간 모양. ¶ 도로의 옴폭 꺼진 곳에 위험 표지판을 세우다. 큰움폭. **옴폭-옴폭**團困.

-옵-(-선)선미 모음이나 'ㄹ'로 끝난 용언 어간 또는 높임의 '-시-'에 붙어, 공손의 뜻을 나타내는 선어말 어미. ¶ 빌고 또 비옵나이다. /사뿐히 즈려 밟고 가시옵소서. 倒-으옵-.

-옵니까[옴-]어미 '-옵-'과 '-나이까'가 합하여 줄어서 된 말. 모음이나 'ㄹ'로 끝난 어간 또는 높임의 '-시-'에 붙어, 현재의 동작이나 상태에 대해 물음을 나타내는 합쇼체의 종결 어미. ¶ 벌써 가시옵니까?/건강은 여전하시옵니까? 倒-으옵니까.

-옵니다[옴-]어미 '-옵-'과 '-나이다'가 합하여 줄어서 된 말. 모음이나 'ㄹ'로 끝난 어간 또는 높임의 '-시-'에 붙어, 현재의 동작이나 상태를 설명하거나 대답하는 뜻을 나타내는 합쇼체의 종결 어미. ¶사실이 그러하옵니다. 참-으옵니다.

-옵니까[-따-]어미 '-옵-'과 '-더이까'가 합하여 줄어서 된 말. 모음이나 'ㄹ'로 끝난 어간 또는 높임의 '-시-'에 붙어, 상대편이 경험한 과거의 사실에 대해 묻는 뜻을 나타내는 합쇼체의 종결 어미. ¶화를 푸옵디까?/어디 계시옵니까? 참-으옵니까.

-옵디다[-따-]어미 '-옵-'과 '-더이다'가 합하여 줄어서 된 말. 모음이나 'ㄹ'로 끝난 어간 또는 높임의 '-시-'에 붙어, 경험한 과거의 사실을 돌이켜 말하는 뜻을 나타내는 합쇼체의 종결 어미. ¶식사는 잘 하시옵디다. 참-으옵디다.

옵서버(observer)명 회의 등에서 발언권은 있으나 의결권이 없는 방청자(傍聽者).

옵션(option)명 ①〔상거래에서〕 일정한 금액을 치르고 계약 기간 전에 언제든지 할 수 있는 매매, 또는 그 권리. ②각종 기기 따위에서, 표준 장치나 설비 이외에 구매자가 추가로 선택할 수 있는 장치나 설비.

옵티미즘(optimism)명 낙천주의. 낙관론. ↔페시미즘.

옷[옫]명 몸을 가리거나 꾸미기 위하여 몸에 걸치거나 입는 물건. 복장(服裝). 의복(衣服). *옷도[오디]·옷만[온-]

옷은 새 옷이 좋고 사람은 옛 사람이 좋다[속담] 물건은 새 것이 좋지만 사람의 경우는 오래 사귀어 정이 든 사람이 좋다는 말.

옷은 시집을 때처럼 음식은 한가위처럼[속담] 옷은 시집을 때처럼 아름답게 입고 싶고, 음식은 한가윗날처럼 좋은 음식을 먹고 싶다는 말.

옷이 날개라[속담] 못난 사람도 옷을 잘 입으면 잘나 보인다는 말. 의복이 날개라.

옷 입고 가려운 데 긁기[속담] 요긴한 데에 꼭 맞추지 못하여 시원히 않음을 뜻하는 말.

옷¹[옫]〈옛〉옷. ¶椿은 오시라(法華10).

옷²조〈옛〉곧. 만. ¶사롬이 되여머나 올티옷 ㅎ 면(古時調)./부텨옷 죽사릴 여희샤 娑婆世界 밧긔 버서 나시니라(月釋1:21).

옷-가게[옫까-]명 옷을 파는 가게.

옷-가슴[옫까-]명 윗옷의 가슴 부분. 준가슴.

옷-가지[옫까-]명 몇 가지의 옷. 몇 벌의 옷. ¶옷가지를 장만하다.

옷-감[옫깜]명 옷을 짓는 데 쓰는 천. 의차(衣次).

옷-값[옫깝]명 옷의 값. *옷값이[옫깝씨]·옷값만[옫깜-]

옷-갓[옫깓]명 남자의 '웃옷과 갓'을 아울러 이르는 말. 의관(衣冠). ¶옷갓을 갖추다. *옷갓이[옫까시]·옷갓만[옫깐-]

옷갓-하다[옫까타-]자여 웃옷을 입고 갓을 쓰다. 의관을 제대로 차려입다.

옷-거리[옫거-]명 옷을 입은 맵시. ¶옷거리가 좋다./솜옷을 입은 옷거리가 옴포동이같구나.

옷-걸이[옫거리]명 옷을 걸게 만든 기구. 의가(衣架).

옷-고름[옫꼬-]명 저고리나 두루마기의 깃을 여미어 매기 위하여 깃 끝과 그 맞은편에 단 헝겊 끈. ¶옷고름을 매다. 준고름¹.

옷곳-하다[옫고-]형〈옛〉향기롭다. ¶香潔은 옷곳하고 조홀씨라(月釋7:65).

옷-기장[옫기-]명 옷의 길이.

옷-깃[옫낃]명 ①저고리나 두루마기의 목에 둘러 대어 앞으로 여미게 된 부분. 의금(衣襟). 깃³. ②양복저고리나 와이셔츠·블라우스 따위의 목둘레에 길게 덧붙여진 부분. ¶옷깃을 세우다. *옷깃이[옫끼시]·옷깃만[옫낀-]

옷깃을 여미다[관용] 경건한 마음으로 자세를 바로잡다.

옷깃-차례(-次例)[옫낃-]명 (어떠한 일을 차례차례 해 나갈 때) 시작한 사람으로부터 오른쪽으로 돌아가는 차례.

옷깃명〈옛〉옷깃. ¶領은 옷기지라(圓覺上一之二76)./닶으믈 스즈니 옷깃에 젓눈 피오(杜初8:28).

옷ㄱ외명〈옛〉옷. 의상(衣裳). ¶구루메 누어슈멘 옷ㄱ외와 서늘ㅎ도다(杜初9:27).

옷-농(-籠)[옫-]명 옷을 넣어 두는 농. 의롱(衣籠).

옷-단[옫딴]명 옷자락·소매·가랑이 등의 가장자리를 안으로 접어 붙이거나 감친 부분. 준단².

옷-매[옫-]명 옷의 모양새. ¶옷매가 수수하다.

옷-매무새[옫-]명 ⇒매무새.

옷-매무시[옫-]하자 옷을 입을 때 매고 여미는 일. ¶옷매무시가 단정하다.

옷-맵시[옫-씨]명 ①옷의 맵시. ②옷을 차려입고 잘 매무시한 모양새. ¶옷맵시가 나다./옷맵시를 내다.

옷-밥[옫빱]명 옷과 음식. 먹을 것과 입을 것. 의식(衣食). ¶옷밥 걱정은 없다.

옷-벌[옫뻘]명 몇 벌의 옷. (주로, 동사 앞에서 '옷벌이나'의 꼴로 쓰임.) ¶옷벌이나 가지고 있다.

옷-보[옫뽀]명 '옷을 몹시 탐내는 사람'을 조롱조로 이르는 말.

옷-보(-褓)[옫뽀]명 옷을 싸는 보.

옷-섶[옫썹]명 두루마기나 저고리 등의 깃 아래에 달린 길쭉한 조각. ¶옷섶을 여미다. *옷섶이[옫써피]·옷섶만[옫썸-]

옷-소매[옫쏘-]명 옷의 팔을 꿰는 부분.

옷-솔[옫쏠]명 옷의 먼지 따위를 쓸어 떨어뜨리는 데 쓰이는 솔.

옷-의(-衣)[오디/오디]명 한자 부수의 한 가지. '表', '裁' 등에서의 '衣'를 이름. '被'·'裕' 등에서 쓰일 때는 자형이 'ㅊ'으로, 명칭은 '옷의변'으로 바뀜.

옷의-변(-衣邊)[오디-/오디-]명 한자 부수의 한 가지. '被'·'裕' 등에서 '옷의(衣)'가 'ㅊ'로 쓰일 때의 이름.

옷-자락[옫짜-]명 옷의 아래로 드리운 부분. 준자락.

옷-장(-欌)[옫짱]명 옷을 넣는 장. 의장(衣欌).

옷-좀나방[옫-]명 곡식좀나방과의 곤충. 편 날개 길이 2~3 cm가량. 몸빛은 회갈색이며 날개 가운데에 3개의 흑갈색 점이 있음. 유충은 옷감이나 모피 따위의 해충임.

옷-주제[옫쭈-]명 옷을 입은 모양새. ¶옷주제가 사납다./옷주제가 초라하다.

옷-차림[옫-]명 ①하자 옷을 갖추어 입는 일. ②옷을 입은 차림새. 복장(服裝). ¶단정한 옷차림.

옷-치레[옫-]명하자 좋은 옷을 입고 몸치장하는 일.

옷-핀(-pin)[옫-]명 무엇을 옷에 달거나, 옷을 여미거나 할 때 꽂는 핀. 주로, 안전핀을 이름.

옹(癰)명 화농균이 옮아서 생기는 나쁜 혹의 한 가지. 목이나 등·엉덩이·입술 등에 남.

옹(翁)[I]명 주로 사회적으로 존경을 받는 나이가 많은 사람의 성(姓)이나 성명·호 뒤에 쓰이어, 그 사람을 높여 부르거나 이르는 말. [II]대 '남자 노인'을 높이어 이름 대신 일컫는 말. ¶옹은 자신의 평생에 후회는 없다고 말했다.

-옹(翁)접미 서화가나 문필가들의 사회에서, 나이를 뜻하는 말이나 호(號) 뒤에 쓰이어, 늙은 이임을 멋스럽게 나타내는 말. ¶고희옹(古稀翁). /어초옹(漁樵翁).

옹고(翁姑)명 '시아버지'와 '시어머니'를 아울러 이르는 말.

옹:-고집(壅固執)명 억지가 아주 심한 고집. ¶옹고집이 아주 세다.

옹:고집-쟁이(壅固執-)[-쩽-]명 '옹고집이 있는 사람'을 낮추어 이르는 말.

옹골-지다형 실속이 있게 속이 꽉 차 있다. ¶옥수수가 옹골지게 여물었다. /올해는 고추 농사가 옹골지다더군.

옹골-차다형 ①보기보다 속이 꽉 차서 실속이 있다. 내용이 충실하다. ¶책의 겉모기는 이래도 내용은 매우 옹골차다. ②힘차고 실한 일도 잘 해낼 만큼 다부지다. 준옹차다.

옹:-관(甕棺)명 ☞도관(陶棺).

옹:-관-묘(甕棺墓)명 ☞독무덤.

옹구명 새끼로 망태처럼 얽어 만든 농기구의 한 가지. 소의 길마 위에 걸쳐 얹어, 양쪽 불에 거름이나 섶나무 따위를 실어서 나름.

옹구(翁嫗)명 '늙은 남자'와 '늙은 여자'를 아울러 이르는 말.

옹구-바지명 대님을 맨 윗부분의 바지통이 옹구의 불처럼 축 처진 한복 바지.

옹구-소매명 〈중치막의 소매처럼〉 옹구 모양으로 생긴 폭이 넓은 소매.

옹그리다타 〈춥거나 겁이 나서〉 몸을 옴츠리다. ¶추워서 옹그리고 앉아 있다. 큰웅그리다. 게옹크리다.

옹근관[I]본디 그대로의. ¶옹근 사과. ②조금도 축나거나 모자라지 아니한. ¶이 일을 하는 데 옹근 나흘이 걸렸다.

옹글다[옹그니·옹글어]형 물건이 깨져 조각나거나 축나지 않고 본디대로 있다.

옹굿-옹굿[-굳-굳]부형 크기가 비슷한 것이 군데군데 쏙쏙 볼가져 있는 모양. 큰웅긋웅긋.

옹긋-쫑긋[-귿-귿]부형 크고 작은 것이 군데군데 쏙쏙 솟아 있거나 볼가져 있는 모양. 큰웅긋쭝긋.

옹:기(甕器)명 옹기그릇. 참질그릇.

옹:기^가마(甕器-)명 옹기를 굽는 가마.

옹:기-그릇(甕器-)[-륻]명 '질그릇'과 '오지그릇'을 통틀어 이르는 말. *옹:기그릇이[-르시]·옹:기그릇만[-른-]

옹기-옹기부형 크기가 작은 사람이나 물건들이 많이 모여 있는 모양. ¶아이들이 옹기옹기 앉아 있다. 큰웅기웅기.

옹:기-장이(甕器-)명 옹기를 전문으로 만드는 사람. 도공(陶工).

옹:기-전(甕器廛)명 옹기를 파는 가게.

옹:기-점(甕器店)명 옹기를 만들거나 파는 곳.

옹기-종기부형 크기가 다른 것들이 고르지 않게 많이 모여 있는 모양. ¶옹기종기 모여서 사는 마을. 큰웅기중기.

옹달-샘명 작고 오목한 샘.

옹달-솥[-손]명 작고 오목한 솥. 준옹솥. *옹달

솥이[-소치]·옹달솥을[-소틀]·옹달솥만[-손-]

옹달-시루명 작고 오목한 시루. 준옹시루.

옹달-우물명 작고 오목한 우물.

옹당이명 늪보다는 작게 옴폭 패어 물이 괸 곳. 큰웅덩이.

옹당이-지다자 비나 큰물에 땅이 옴폭 패어 옹당이처럼 물이 괴다. 큰웅덩이지다.

옹동고라-지다자 바짝 오그라지다.

옹-동이(甕-)명 오지그릇으로 된 작은 동이.

옹:-두(甕頭)명 처음 익은 술. 참옹두춘.

옹:-두라지명 작은 옹두리.

옹:두리명 나무의 가지가 떨어진 자리 같은 데에 결이 맺혀 혹처럼 불퉁해진 것. 목류(木瘤).

옹:두리-뼈명 짐승의 정강이에 불퉁하게 나온 뼈.

옹:-두-춘(甕頭春)명 '옹두(甕頭)'를 멋스럽게 이르는 말.

옹:립(擁立)[-닙]명하타 (임금의 자리 따위에) 모시어 세움. ¶세자(世子) 옹립.

옹망-추니명 ①작은 물건이 고부라지고 오그라진 모양. ②☞옹춘마니.

옹-방구리(甕-)명 아주 작은 방구리.

옹배기명 〈옹자배기〉의 준말.

옹:-벽(壅壁)명 흙이 토압(土壓)에 무너지지 않게 만든 벽.

옹:산(甕算)명 ☞독장수셈.

옹:산-화병(甕算畫餠)명 〔독장수의 셈과 그림의 떡이라는 뜻으로〕①'헛배만 부르고 실속이 없음'을 이르는 말. ②'허황되고 현실성이 없음'을 이르는 말.

옹색(壅塞)명 '옹색하다'의 어근.

옹:-색-하다(壅塞-)[-새카-]형여 ①생활이 군색하다. ¶옹색한 살림. ②아주 비좁다. ¶방이 옹색하다. ③생각이 막혀서 옹졸하고 답답하다. ¶옹색한 사람.

옹:-생원(-生員)명 '성질이 옹졸한 사람'을 농으로 이르는 말.

옹서(翁壻)명 장인과 사위를 아울러 이르는 말.

옹:-성(甕城)명 ①큰 성문을 지키기 위하여 성문 밖에 쌓은 작은 성. ②〈철옹산성〉의 준말.

옹송-그리다타 〈춥거나 두렵거나 하여〉 궁상맞게 몸을 옹그리다. 큰웅숭그리다. 게옹송크리다.

옹송망송-하다형여 옹송옹송하다.

옹송옹송-하다형여 정신이 흐릿하여 무슨 생각이 나나 말다 하다. 옹송망송하다.

옹송-크리다타 〈춥거나 두렵거나 하여〉 궁상맞게 몸을 옹크리다. 큰웅숭크리다. 게옹송그리다.

옹:-솥[-솓]명 〈옹달솥〉의 준말. *옹:솥이[-소치]·옹:솥을[-소틀]·옹:솥만[-손-]

옹:-솥(甕-)[-솓]명 옹기로 만든 솥. *옹:솥이[-소치]·옹:솥을[-소틀]·옹:솥만[-손-]

옹스트롬(angstrom)의 길이의 단위. 1옹스트롬은 1cm의 1억분의 1. 빛의 파장이나 원자 간의 거리 등을 측정하는 데 쓰임. 〔기호는 Å 또는 Å〕

옹:-시루명 〈옹달시루〉의 준말.

옹알-거리다자타 자꾸 옹알옹알하다. 옹알대다. 큰웅얼거리다.

옹알-대다자타 옹알거리다.

옹알-옹알부 ①하자타입말로 똑똑하지 않게 중얼거리는 모양. 큰웅얼웅얼. ②하자아직 말을 못하는 어린아이가 입속말처럼 소리를 내는 모양.

옹알-이명하자 생후 백일쯤 되는 아기가 사람을 알아보고 옹알거리는 짓.

옹용(雍容)명 '옹용하다'의 어근.

옹용-하다(雍容-)[형어] 화락하고 조용하다. 옹용-히[부].

옹울(壅鬱) '옹울하다'의 어근.

옹:울-하다(壅鬱-)[형어] 통하지 않아 답답하다.

옹:위(擁衛)[명] 부축하여 좌우로 호위함.

옹이[명] 나무에 박힌 가지의 그루터기.

옹이에 마디[속담] ①곤란이 겹쳐 생긴다는 뜻. ②일이 공교롭게도 자꾸 꼬이게 됨을 이름.

옹-자배기[명] 작은 자배기. ⑧옹배기.

옹잘-거리다[자타] 자꾸 옹잘옹잘하다. 옹잘대다. ⑧웅절거리다.

옹잘-대다[자타] 옹잘거리다.

옹잘-옹잘[부][하자타] (불만이나 탄식·원망 따위를) 입속말로 혼자 옹알거리는 모양. ⑧웅절웅절.

옹:저(癰疽)[명] 한방에서, '큰 종기'를 통틀어 이르는 말.

옹:절(壅癤)[명] 한방에서, 급성으로 곪아서 한가운데에 마개 같은 근이 박히는 큰 종기를 이르는 말.

옹:정(甕井)[명] ➾독우물.

옹졸(壅拙) '옹졸하다'의 어근.

옹:졸-하다(壅拙-)[형어] 성질이 너그럽지 못하고 소견이 좁다. ¶옹졸한 생각. /그는 사람이 너무 옹졸하다. ⑧옹졸하다.

옹종망종-하다[형어] 몹시 오종종하다.

옹종-하다[형어] 마음이 옹졸하고 모양이나 태도가 오종종하다. ¶옹종한 영감님이 그런 사업에 투자할 리가 없다. ⑧옹졸하다.

옹주(翁主)[명] ①조선 시대에, 임금의 후궁(後宮)에게서 태어난 왕녀. ②조선 중엽 이전에, 왕의 서녀(庶女) 및 세자빈(世子嬪) 이외의 임금의 며느리를 일컫던 말. ⑪현주(縣主).

옹:-차다[형]〈옹골차다〉의 준말.

옹:체(壅滯)[명][하자] 막혀서 걸림.

옹추[명] 자기가 늘 미워하고 싫어하는 사람. 〔중국 한나라의 고조가 미워하던 사람의 이름이 옹치(雍齒)였던 데에서 유래함.〕⑧옹치(雍齒).

옹춘마니[명] 소견이 좁고 성품이 오그라진 사람. 옹망추니. ¶저 사람 이상도 하지. 그 옹춘마니가 어떻게 그 일을 선뜻 결정했는지 말이다.

옹치(雍齒)[명]〈옹추〉의 본딧말.

옹크리다[타] [몹시 춥거나 겁이 나서] 몸을 잔뜩 옴츠리다. ⑧웅크리다. ⑨옹그리다.

옹:-폐(壅蔽)[명][-폐/-페][명][하타] 윗사람의 총명(聰明)을 막아서 가림.

옹:-하다[형어] ①〈옹졸하다〉의 준말. ②〈옹종하다〉의 준말.

옹:호(擁護)[명][하타][되자] ①부축하여 보호함. ②편들어 지킴. ¶인권을 옹호하다.

옻[옫][명] 옻나무 껍질에서 뽑은 진이나 독기. 또는 그 독기에 따라 생기는 중독증. 살에 닿으면 부르터 오르면서 몹시 가렵고 주위가 부어오름. *옻이[오치]·옻만[온-].

옻을 타면 꿈에 대만 보아도 옮는다[속담]〔옻나무 잎과 대나무 잎이 닮았으므로 꿈에 대나무만 보아도 옻을 탈 만큼 옻을 잘 탄다는 뜻으로〕옻을 잘 타는 사람에게 하는 말.

옻(을) 올리다[관용] 옻을 올라 살갗이 헐다.

옻(을) 타다[관용] 살갗이 옻의 독기를 잘 받다.

옻-기장[옫끼-][명] 기장의 한 가지. 껍질은 잿빛이고 열매는 검은데, 음력 3월에 파종함.

옻-나무[온-][명] 옻나뭇과의 낙엽 교목. 중국 원산으로 높이는 7m가량. 잎은 깃 모양의 겹잎이며 6월경에 연두색의 꽃이 핌. 껍질에서 뽑

은 진을 '옻'이라고 하며, 도료로 쓰거나 한방에서 약재로 씀. 칠목(漆木).

옻-닭[온딱][명] 털을 뽑은 닭을 옻나무 껍질과 함께 곤 음식. 〔여름철 보신용으로 먹음.〕*옻닭이[옫딸기]·옻닭만[옫땅-].

옻-오르다[오도][~오르니·~올라][자르] 몸에 옻의 독기가 오르다.

옻-칠(-漆)[옫-][명] ①옻나무의 끈끈한 진. 처음에는 회색이나 물체에 바르면 암갈색의 윤이 남. ②[하자타]옻나무의 진을 바르는 일. ¶옻칠이 잘된 밥상. ⑧칠(漆).

와¹[명] 한글 자모(字母)의 이중 모음(二重母音) 'ㅘ'의 음가 및 이름.

와²[감] ①'오다'의 해체 명령형 꼴. ¶이리 와. ②'오다'의 부사형 '오아'의 준말. ¶이리 와 앉아라.

와³[부][하자] 여럿이 한목에 움직이는 모양, 또는 여럿이 한꺼번에 웃거나 떠들거나 지르는 소리. ¶와 몰려오다. /와하고 떠들다.

와:⁴[감] ➾우아. 와-와[감] ¶야구장에서 와와 하는 함성이 계속 들려왔다.

와⁵[조]《모음으로 끝난 체언에 붙어》①둘 이상의 사물을 같은 자격으로 이어 주는 뜻을 나타내는 접속 조사. ¶고양이와 개. ②비교되는 대상을 나타내는 부사격 조사. ¶언니와 닮은 동생. ③'함께함'을 나타내는 부사격 조사. ¶어머니와 같이 가다. ⑪과.

와:과[옛] 와. 과. 과.〔¶果實와 믈와 좌시고(月釋 1:5). /나모와 투구(龍歌89章).

와가(瓦家)[명] 기와집.

와각(蝸角)[명] ①달팽이의 촉각. ②'매우 작거나 좁은 지경'을 비유하여 이르는 말.

와각-거리다[-꺼-][자] 자꾸 와각와각하다. 와각대다.

와각-대다[-때-][자] 와각거리다.

와각-와각[부][하자] 여러 개의 단단한 물건이 서로 뒤섞여 자꾸 부딪칠 때 나는 소리, 또는 그 모양. ⑧워걱워걱.

와각지세(蝸角之勢)[-찌-][명] 와각지쟁(蝸角之爭)을 하는 형세.

와각지쟁(蝸角之爭)[-찌-][명]〔달팽이의 뿔 위에서 하는 싸움이라는 뜻으로〕사소한 일로 벌이는 다툼, 또는 작은 나라끼리 싸우는 일을 이르는 말. '장자'의 '칙양편(則陽篇)'에 나오는 말임.

와:-간상(臥看床)[명] 누워서 책을 읽을 때 책을 올려놓는 받침.

와:-견(臥繭)[명] 뇌문(雷紋) 비슷한 무늬의 한 가지. 서랍 고리 모양을 여러 개 끝과 끝이 겹물리게 늘어놓은 것으로, 흔히 미술품의 가장자리를 꾸미는 데 쓰임.

와공(瓦工)[명] ①기와를 굽는 사람. ②기와장이.

와:-공후(臥箜篌)[명] 공후의 한 가지. 나무로 배처럼 만들어 공명(共鳴)하게 하고, 소나 양의 심줄로 줄을 매었음.

와관(瓦棺)[명] ➾도관(陶棺).

와구(瓦溝)[명] ➾기왓고랑.

와:구(臥具)[명] 누울 때 쓰는 제구를 통틀어 이르는 말.

와구-토(瓦口土)[명]〈아귀토〉의 본딧말.

와굴(窩窟)[명] ➾소굴(巢窟).

와그르르[부][하자] ①쌓여 있던 여러 개의 단단한 물건이 갑자기 무너지는 소리, 또는 그 모양. ¶돌담이 와그르르 무너지다. ②작은 그릇의 물이 야단스럽게 끓어오르는 소리, 또는 그 모

양. ¶물이 와그르르 끓는다. 환워그르르.
와그작-거리다[-꺼-]짜 자꾸 와그작와그작하
다. 와그작대다. 환워그적거리다.
와그작-대다[-때-]짜 와그작거리다.
와그작-와그작뮈하자 시끄럽게 복작거리는 모
양, 또는 그 소리. 환워그적워그적.
와글-거리다짜 자꾸 와글와글하다. 와글대다.
¶사람들로 와글거리는 시장 골목. 환워글거
리다.
와글-대다짜 와글거리다.
와글-와글뮈하자 ①사람이나 벌레 따위가 좁은
곳에 많이 모여 복작거리는 모양, 또는 그 소
리. ②작은 그릇의 물이 야단스럽게 끓는 모
양, 또는 그 소리. 환워글워글.
와기(瓦器)몡 ☞토기(土器).
와니스(←varnish)몡 '바니시'의 잘못.
와닥닥[-딱]뮈짜 놀라서 급히 뛰어나오는 모
양, 또는 그 소리. ¶선생님이 들어서자 학생
들이 와닥닥 달아났다.
와당(瓦當)몡 기와의 마구리.
와당탕뮈하자 (널빤지 같은 것 위에서) 부딪치
거나 뛰어서 요란하게 울리는 소리. 와당탕-와
당탕뮈하자.
와당탕-거리다짜 자꾸 와당탕와당탕하다. 와당
탕대다.
와당탕-대다짜 와당탕거리다.
와당탕-퉁탕뮈하자 (널빤지 같은 것 위에서)
요란스럽게 뛰거나 부딪쳐 울리는 소리.
와대(瓦大)몡 질그릇으로 된 큰 술함아리.
-와뎌어미 〈옛〉-고자. -고 싶다. ¶가슴멸하며 願
ᄒᆞ노라(杜初8:52). 환-과더.
와도(瓦刀)몡 기와를 쪼개는 데 쓰는 칼. 네모
반듯한 쇳조각에 쇠로 된 자루가 달렸음.
와동(渦動)몡하자 ☞소용돌이.
와동-륜(渦動輪)[-뉸]몡 ☞소용돌이테.
와동-환(渦動環)몡 ☞소용돌이테.
와드득몡하자타 단단한 물건을 깨물거나 마구
부러뜨릴 때 나는 소리. ¶얼음을 와드득 깨물
다. 와드득-와드득몡하자타.
와드득-거리다[-꺼-]짜타 자꾸 와드득와드득
하다. 와드득대다.
와드득-대다[-때-]짜타 와드득거리다.
와드등-와드등뮈하자 그릇 따위가 서로 부딪쳐
서 깨어지는 소리.
와들-와들뮈하자타 (춥거나 무서워서) 몸을 아
주 심하게 떠는 모양. ¶추워서 와들와들 떨다.
준왈왈.
와디(wadi)몡 (주로 아라비아나 사하라 사막에
있는) 비가 내릴 때만 물이 흐르고 이내 말라
버리는 골짜기.
와락몡 ①급히 대들거나 잡아당기거나 끌어안는
모양. ¶도사견이 와락 달려들다. /"어머니!"
하며 와락 껴안았다. ②(어떤 감정이나
생각 따위가) 갑자기 치밀거나 떠오르는 모양.
¶눈물이 와락 쏟아지다. /와락 겁이 나다.
와락-와락뮈하자 더운 기운이 매우 세차게 일
어나는 모양. 환워럭워럭.
와려(蝸廬)몡 〔달팽이집의 껍데기처럼 좁고 초
라한 집이라는 뜻으로〕'자기의 집'을 겸손하
게 이르는 말. 와옥(蝸屋).
와력(瓦礫)몡 〈와륵(瓦礫)〉의 본딧말.
-와로조 〈옛〉-와 더불어. ¶文字와로 서르 ᄉ못
디 아니홀쎄(訓諺). /옷과 뵈와로 佛像을 ᄭ무미
ᄉᆞ바도(釋譜13:52).
와:료(臥料)몡 일을 하지 않고 받는 돈.

와:룡(臥龍)몡 ①도사리고 누워 있는 용. ②'초
야에 묻혀 있는 큰 인물'을 비유하여 이르는 말.
와:룡-관(臥龍冠)몡 말총으로 만든 관의 하나
지. 〔제갈량이 썼다고 함.〕
와:룡-장자(臥龍壯字)몡 도사리고 누운 용처
럼, 힘이 서려 있는 글씨. ¶와룡장자 입춘서
(立春書)는 동남풍에 펄렁펄렁, 이내 수심 도
와 낸다(興婦春香守節歌).
와:룡-촉대(臥龍燭臺)[-때]몡 놋쇠나 나무로
만든, 긴 줄기에 용틀임을 새긴 촛대. 와룡촛대.
와:룡-촛대(臥龍-臺)[-초때/-촌때]몡 ☞와룡
촉대.
와류(渦流)몡하자 소용돌이치며 흐르는 물, 또
는 그 흐름.
와르르뮈하자 ①쌓여 있던 작고 단단한 물건이
갑자기 야단스럽게 무너지는 소리, 또는 그 모
양. ¶쌓아 놓은 벽돌이 와르르 무너졌다. ②많
은 사람이 한꺼번에 몰려드는 모양. ¶군중이
한꺼번에 와르르 몰려가다. ③물이 야단스럽게
끓어오르거나 넘치는 소리, 또는 그 모양. ④담
겨 있거나 매달려 있던 물건이 한꺼번에 쏟아
지는 소리, 또는 그 모양. ¶동전이 방바닥에
와르르 쏟아졌다. 환워르르.
와르릉뮈하자 ①천둥소리 따위가 요란스럽게
울리는 소리, 그 모양. ②무엇이 무너지
거나 흔들리면서 매우 요란스럽게 울리어 나는
소리, 또는 그 모양. 환우르릉.
와르릉-거리다짜 자꾸 와르릉와르릉하다. 와르
릉대다. 환우르릉거리다.
와르릉-대다짜 와르릉거리다.
와륵(瓦礫)몡 〔깨진 기와 조각, 또는 기와와
자갈이라는 뜻으로〕'하찮은 것'을 비유하여
이르는 말. 본와력(瓦礫).
와롤조 〈옛〉과를. ¶起와 滅과롤 니저(圓覺序
57). /종과 몰와롤 현맨돌 알리오(月印52章).
와문(渦紋)몡 소용돌이무늬.
와:방(臥房)몡 침실.
와:변(臥邊)몡 ☞누운변.
와:병(臥病)몡하자 병으로 자리에 누움. 병을
앓음. 병와.
와부(瓦釜)몡 ☞와요(瓦窯).
와사-등(瓦斯燈)몡 ☞가스등.
와삭몡 〈옛〉가랑잎이나 바싹 마른 빨래 따위
가 스치거나 바스러질 때 나는 소리. 환위석.
쎄와싹. 와삭-와삭뮈짜타.
와삭-거리다[-꺼-]짜타 자꾸 와삭와삭하다. 와
삭대다. 환워석거리다.
와삭-대다[-때-]짜타 와삭거리다.
와:상(臥牀)몡 ☞침상(寢牀).
와상(渦狀)몡 ☞와형(渦形).
와:상^마비(臥牀痲痹)몡 오랫동안 병석에 누워
있어서 환자의 발끝이 마비되는 일.
와상^성운(渦狀星雲)몡 소용돌이 모양의 성운.
수백만 광년이 되는 은하계 밖에 있음.
와서(瓦署)몡 조선 시대에, 관에서 쓰는 기와와
벽돌을 만들어 바치던 관아.
와석(瓦石)몡 기와와 돌.
와:석(臥席)몡하자 병석에 누움.
와:석-종신(臥席終身)몡하자 〔자리에
누워 신명을 마친다는 뜻으로〕제 명(命)을 다
살고 편안히 죽음.
와설(訛說)몡 ☞와언(訛言).
와셀린(←vaseline)몡 '바셀린'의 잘못.
와셔(washer)몡 볼트를 죌 때, 너트 밑에 끼우
는 둥글고 얇은 금속판. 자릿쇠. 좌철(座鐵).

와스스부 ①가랑잎 따위가 요란스럽게 흔들리거나 떨어지는 소리. ¶낙엽이 와스스 떨어지다. ②가벼운 물건이 요란스럽게 무너져 내리는 소리. ③물건의 사개가 한꺼번에 물러나는 모양. **와스스-와스스**부하저.

와:식(臥食)명하저 일하지 않고 거저먹음. 좌식(坐食).

와:신-상담(臥薪嘗膽)명하저 '원수를 갚거나 어떤 목적을 이루기 위하여 괴로움을 참고 견딤'을 비유하여 이르는 말. 〔'사기'의 '월세가(越世家)'와 '십팔사략' 등에 나오는 말로, 일부러 섶나무 위에서 자고, 쓰디쓴 곰 쓸개를 핥으며 패전의 굴욕을 되새겼다는, 중국 춘추 시대의 오왕(吳王) 부차(夫差)와 월왕(越王) 구천(句踐)의 고사에서 유래함.〕준상담.

와실(蝸室)명 〔달팽이의 껍데기 같은 좁은 방이라는 뜻으로〕'자기 방'을 겸손하게 이르는 말.

와싹[1]부하저타 〈와삭〉의 센말. 큰워썩.

와싹[2]부 단번에 거침없이 나아가거나, 또는 갑자기 늘거나 줄어드는 모양. 큰우썩. **와싹-와싹**부하저.

와어(訛語)명 사투리.

와언(訛言)명 ①잘못 전하여진 말. 와설(訛說). ¶"아니, 그건 와언일세. 사실은 그런 말이 아니고 …." ②사투리.

와옥(瓦屋)명 기와집.

와옥(蝸屋)명 ☞와려(蝸廬).

와요(瓦窯)명 기와를 구워 내는 굴. 기왓가마. 와부(瓦釜).

와우(蝸牛)명 ☞달팽이.

와우-각(蝸牛殼)명 ☞달팽이관(管).

와우각-상(蝸牛角上)[-쌍]명 〔달팽이의 뿔 위라는 뜻으로〕'세상이 좁음'을 비유하여 이르는 말.

와:유-강산(臥遊江山)명 〔누워서 강산을 노닌다는 뜻으로〕산수화(山水畫)를 보며 즐김을 이르는 말.

와음(訛音)명 잘못 전하여진 글자의 음(音).

와의(瓦衣)[-의/-이]명 기왓장 위에 끼는 이끼.

와이더블유시:에이(YWCA)명 기독교 여자 청년회. 〔Young Women's Christian Association〕

와이드^스크린(wide screen)명 비스타비전·시네라마·시네마스코프 등의 '대형 스크린'을 틀어 이르는 말.

와이드^텔레비전(wide television)명 화면의 가로와 세로의 비율이 4대 3을 넘어 5대 3이나 6대 3 정도 되는 대형 텔레비전.

와이드^프로(←wide program)명 라디오나 텔레비전의, 장시간 집중적으로 방영하는 대형 프로그램.

와이-샤쓰(←white+shirts)명 ☞와이셔츠.

와이-셔:츠(←white+shirts)명 칼라와 소매가 달린 남자용 셔츠. 와이샤쓰.

와이어(wire)명 ①철사. ②전선(電線).

와이어^게이지(wire gauge)명 철사의 굵기를 재는 기구.

와이어-로:프(wire rope)명 쇠줄. 강삭(鋼索).

와이엠시:에이(YMCA)명 기독교 청년회. 〔Young Men's Christian Association〕

와이^염:색체(Y染色體)명 성염색체(性染色體)의 한 가지. 암컷에는 없고 수컷의 몸 세포에 외짝으로 들어 있는 염색체 이외의 또 하나의 특수한 염색체. ↔엑스 염색체.

와이^좌:표(Y座標)명 ☞세로 좌표.

와이-축(Y軸)명 좌표축의 한 가지. 세로축. ↔엑스축(X軸).

와이퍼(wiper)명 자동차의 앞 유리에 들이치는 빗방울 따위를 자동적으로 좌우로 움직여서 닦아 내는 장치.

와이프아웃(wipe-out)명 〔영화나 텔레비전 등에서 장면을 바꿀 때〕한쪽으로부터 화면이 지워지듯이 없어지면서 다음 장면이 나타나는 장면 접속법.

와인(wine)명 ①술. 양주(洋酒). ②포도주.

와인글라스(wineglass)명 ①양주용의 술잔. ②포도주, 특히 셰리주용의 유리잔.

와인드업(windup)명 야구에서, 투수가 투구하는 예비 동작으로 팔을 들어 올리는 일.

와일드-카:드(wild card)명 ①컴퓨터의 운영 체제 명령어에서, 파일의 이름을 지정할 때, 여러 파일을 동시에 지정할 목적으로 사용하는 특수 기호. 〔'?'는 임의의 한 문자를, '*'는 임의의 수의 문자들을 나타내는 따위.〕②별도로 출전 자격이 주어지는 선수나 팀, 또는 그 규정.

와작-와작[1]부하타 일을 무리하게 급히 해 나가는 모양. 큰우적우적. 센꽈작꽈작[1].

와작-와작[2]부하저타 (좀 단단한 음식을) 시원스레 씹는 모양, 또는 그렇게 씹는 소리. 큰우적우적[2]. 센꽈작꽈작[2].

와:잠(臥蠶)명 잠자는 누에.

와:잠-미(臥蠶眉)명 잠자는 누에처럼 길게 굽은 눈썹.

와장(瓦匠)명 〈개와장(蓋瓦匠)〉의 준말.

와장창부하저 갑자기 한꺼번에 무너지거나 부서지는 소리, 또는 그 모양. ¶현관 유리창이 와장창 깨져 버렸다.

와전(瓦全)명하저되저 아무 보람도 없이 헛된 삶을 이어 감. ↔옥쇄(玉碎).

와전(訛傳)명하저타 그릇 전함. ¶말이 와전되어 친구끼리 서로 오해가 생겼다.

와:류-전:류(渦流電流)[-절-]명 ☞와전류.

와중(渦中)명 〔물이 소용돌이치는 가운데라는 뜻으로〕복잡한 일이 벌어진 가운데. 《주로, '와중에'의 꼴로 쓰임.》¶이사하는 와중에 시계를 잃어버린 듯하다.

와즙(瓦葺)명하타 기와로 지붕을 임.

와지(窪地)명 오목하게 패어 웅덩이가 된 땅.

와지끈부하저타 단단한 물건이 부러지거나 부서지는 소리, 또는 그 모양. ¶나뭇가지가 와지끈 부러지다. **와지끈-와지끈**부하저타.

와지끈-거리다자타 자꾸 와지끈와지끈하다. 와지끈대다.

와지끈-대:다자타 와지끈거리다.

와지끈-뚝딱부 단단한 물건이 부서지거나 세차게 부딪치는 소리, 또는 그 모양.

와짝부 갑자기 늘거나 줄어드는 모양. ¶날씨가 추워지자 손님이 와짝 늘었다. 큰우쩍. **와짝-와짝**부하저.

와짝-와짝[1]부하타 〈와작와작[1]〉의 센말. 큰우쩍우쩍[1].

와짝-와짝[2]부하저타 〈와작와작[2]〉의 센말. 큰우쩍우쩍[2].

와:창(臥瘡)명 한방에서, 병석에 오래 누워 있어서 엉덩이 같은 데에 생긴 부스럼을 이르는 말.

와창(蝸瘡)명 한방에서, 손가락이나 발가락 사이에 팥루지가 나서 몹시 가렵고 아픈 병.

와탈(訛脫)**몡**[하자] 글이나 글자의 와전(訛傳)과 탈락(脫落).

와-탑(臥榻)**몡** ⇨침상(寢牀).

와트(watt)**의** 전기 공학에서, 공률(일률)의 단위. 1볼트의 전압으로 1암페어의 전류를 통할 때의 전력의 크기에 해당함. 〔기호는 W〕

와트-계(watt計)[-계/-게]**몡** ⇨전력계(電力計).

와트-시(watt時)**의** 전기 에너지의 실용 단위. 1와트의 전력을 한 시간 동안 썼을 때의 전력의 소비량. 〔기호는 Wh〕

와하하[뿐] 거리낌 없이 떠들썩하게 웃는 소리, 또는 그 모양.

와해(瓦解)**몡**[하자타][되자] 조직이나 기능 따위가 무너져 흩어짐. ¶보수 연합 세력이 와해되다.

와형(渦形)**몡** 소용돌이 모양으로 빙빙 도는 형상. 와상(渦狀).

와:환(臥還)**몡** 지난날, 봄에 관아에서 백성들에게 대여하였던 환자(還子) 곡식을 가을에 거두어들이지 않고 해마다 모곡(耗穀)만 받아들이던 일.

와디그르르[-따-]**뿐**[자] 여러 개의 작고 단단한 물건이 요란스레 맞부딪치며 굴러 가는 소리, 또는 그 모양. ㉡워더그르르.

와다글-다다글[-따-따-]**뿐**[하자] 여러 개의 작고 단단한 물건이 다른 물건에 야단스레 부딪치면서 굴러 가는 소리, 또는 그 모양. ㉡워더 다글다글.

와다글-와다글[-따-따-]**뿐**[하자] 잇달아 자꾸 와다그르르하는 소리, 또는 그 모양. ㉡워더글 워더글.

와달-박달[-딸-딸]**뿐**[하형] 행동이 단정하지 못하고 조심성 없이 수선스러운 모양.

와:댓-값[-때갑/-땓깝]**몡** 자기 아내를 딴 남자에게 빼앗기고 받는 돈. * 와:댓값이[-때갑씨/-땓깝씨]·와:댓값만[-때갑-/-땓깝-]

와살-스럽다[-쌀-따][~스러우니·~스러워]**형**[비] 〈우악살스럽다〉의 준말. ¶와살스러운 생선 가게 아주머니. **와살스레**[뿐]

왁스(wax)**몡** ①가구나 자동차 따위에 광택을 내는 데 쓰이는 납(蠟). ②스키의 활주면에 바르는 납의 한 가지. ③레코드 취입에 쓰이는 납판(蠟板).

왁시글-거리다[-씨-]**자** 자꾸 왁시글왁시글하다. 왁시글대다.

왁시글-대다[-씨-]**자** 왁시글거리다.

왁시글-덕시글[-씨-씨-]**뿐**[하자] 많은 사람이나 짐승이 들끓어 서로 부딪고 붐비게 움직이는 모양.

왁시글-왁시글[-씨-씨-]**뿐**[하자] 많은 사람이나 짐승이 들끓어 붐비게 움직이는 모양.

왁실-거리다[-씰-]**자** 자꾸 왁실왁실하다. 왁실대다. ¶새벽부터 왁실거리는 동대문 시장.

왁실-대다[-씰-]**자** 왁실거리다.

왁실-덕실[-씰-씰]**뿐**[하자] 많은 사람이나 짐승이 들끓어 어지럽게 움직이는 모양.

왁실-왁실[-씰-씰]**뿐**[하자] 많은 사람이나 짐승이 붐비며 어지럽게 움직이는 모양.

왁자그르르[-짜-]**뿐**[하자] ①여럿이 한데 모여 시끄럽게 떠드는 소리, 또는 그 모양. ¶시장 골목에 사람이 몰려 왁자그르르하다. ②소문이 갑자기 퍼져 시끄러운 모양. ㉡워저그르르.

왁자지껄[-짜-]**뿐** 여럿이 한데 모여 정신이 없도록 소리 높여 지껄이는 소리, 또는 그 모양.

왁자지껄-하다[-짜-]**형**[여] 매우 떠들썩하고 어수선하다.

왁자-하다[-짜-]**형**[여] 여럿이 한데 모여 떠들어서, 정신이 없도록 떠들썩하다.

왁작[-짝]**뿐** 여럿이 한꺼번에 급히 밀려드는 모양.

왁:저지[-쩌-]**몡** 무를 굵게 썰고, 고기나 대가리 따위를 넣고 양념을 하여 지진 반찬.

완각(阮閣) 맞배지붕이나 팔작지붕의 측면.

완강(頑強) '완강하다'의 어근.

완강-하다(頑強-)**형**[여] 성질이나 태도가 검질기고 굳세다. ¶부탁을 완강하게 거절하다. **완강-히**[뿐] ¶원고 청탁을 완강히 거절하다.

완거(頑拒)**몡**[하타] 완강하게 거절함.

완결(刓缺)**몡**[하자][되자] 나무나 돌·쇠붙이 따위에 새긴 글자가 닳아서 없어짐.

완결(完決)**몡**[하자타][되자] ⇨완결(完結).

완결(完結)**몡**[하타][되자] 완전하게 끝맺음. 완결(完決).

완고(完固) '완고(完固)하다'의 어근.

완고(頑固) '완고(頑固)하다'의 어근.

완고-하다(完固-)**형**[여] 빈틈없이 완전하고 튼튼하다. **완고-히**[뿐].

완고-하다(頑固-)**형**[여] 성질이 완강하고 고루하다. ¶완고하신 어른. **완고-히**[뿐].

완곡(婉曲) '완곡하다'의 어근.

완:곡-하다(婉曲-)[-고카-]**형**[여] ①(말이나 행동을) 드러내지 않고 빙 돌려서 나타내다. ¶완곡한 표현. ②(말씨가 부드럽고 차근차근하다. ¶완곡한 말씨. **완곡-히**[뿐] ¶완곡히 거절하다.

완골(完骨) 귀 뒤에 조금 도도록하게 솟아오른 뼈.

완:골(腕骨)**몡** ⇨손목뼈.

완공(阮工)**몡** 건축에서, 머름의 한가운데나 장지문·궁창·분합 따위에 새김질하는 일.

완공(完工)**몡**[하타][되자] 공사를 마침. 준공(竣工). ¶사옥이 완공되다. ↔착공(着工).

완:구(玩具)**몡** 장난감.

완:구(緩球)**몡** 야구에서, 투수가 느리게 던지는 공. ↔속구.

완국(完局)**몡** 완전하여 결점이 없는 판국.

완:급(緩急)**몡** ①느림과 빠름. ②속도의 완급을 조절하다. ②일의 급함과 급하지 않음. ¶업무의 완급을 가려서 처리해야 한다.

완:급-열차(緩急列車)[-금녈-]**몡** 완급차를 연결한 열차.

완:급-차(緩急車)**몡** 열차 사고에 대비하여 수동 제동기나 관통(貫通) 제동기를 장치한 객차. 보통, 열차의 끝에 연결함.

완:기(緩期)**몡**[하타][되자] 기약한 날짜를 늦춤.

완납(完納)**몡**[하타] 모두 납부함. 개납(皆納). ¶세금을 완납하다.

완:독(玩讀)**몡**[하타] 글의 뜻을 깊이 음미하며 읽음.

완두(豌豆)**몡** 콩과의 이년생 만초. 잎은 깃 모양의 겹잎이며 덩굴손으로 다른 물건에 감김. 봄에 흰빛 또는 보랏빛 꽃이 피고 열매는 꼬투리로 맺음. 꼬투리에는 2~10개의 푸른 콩이 들어 있음.

완둔(阮鈍) '완둔하다'의 어근.

완둔-하다(阮鈍-)**형**[여] 완고하고 우둔하다.

-완디어미(옛) -건대. -기에. ¶엇던 行일 지스며 엇던 願을 셰완디 不思議옛 이룰 能히 일우 니싯고(月釋21:15). 웹-관디.

완:력(腕力)[왈-]**몡** ①주먹심, 또는 팔의 힘. 여력(膂力). ¶완력이 세다. ②육체적으로 상대편을 억누르는 힘. ¶완력으로 해결하려 한다.

완:롱 (玩弄) [완-] 명하타되자 장난감이나 놀림 감으로 삼음.

완료 (完了) [왈-] 명하타되자 완전히 끝마침. 완제(完濟). ¶ 작업 완료.

완료-상 (完了相) [완-] 명 시제(時制)에서의 동작상(動作相)의 한 가지. 동작의 완료를 나타냄. ('-아(어) 있다'·'-아(어) 있었다'·'-아(어) 있겠다' 따위로 표현됨.)

완:류 (緩流) [왈-] 명하자 느리게 흐름, 또는 그 물.

완만 (婉娩) '완만(婉娩)하다'의 어근.

완만 (頑慢) '완만(頑慢)하다'의 어근.

완만 (緩晩) '완만(緩晩)하다'의 어근.

완만 (緩慢) '완만(緩慢)하다'의 어근.

완:만-하다 (婉娩-) 형어 ①(여자의 태도가) 얌전하고 부드럽다. ②수더분하다. 완만-히튀.

완만-하다 (頑慢-) 형어 (성질이) 모질고 거만하다. 완만-히튀.

완만-하다 (緩晩-) 형어 일 따위의 속도가 늦다. 완만-히튀.

완:만-하다 (緩慢-) 형어 ①가파르지 않다. ¶ 완만한 언덕길. ②행동이 느릿느릿하다. ¶ 완만한 동작. 완만-히튀.

완매 (頑昧) '완매하다'의 어근.

완매-채 (完賣債) 명 채권 거래 당사자가 일정 기간이 지난 후에 미리 약속한 가격에 되사는 조건으로 채권을 매도하는(또는 되파는 조건으로 채권을 매수하는) 매매 행위.

완매-하다 (頑昧-) 형어 완고하고 우매하다.

완명 (頑命) 명 죽지 않고 모질게 살아 있는 목숨.

완명 (頑冥) '완명하다'의 어근.

완명-하다 (頑冥-) 형어 완고하고 사리에 어둡다. ⑥완하다.

완몽 (頑蒙) '완몽하다'의 어근.

완몽-하다 (頑蒙-) 형어 완고하고 몽매하다.

완문 (完文) 명 조선 시대에, 관아에서 부동산이나 세금 따위의 처분에 관하여 발급하던 증명, 또는 승인 문서.

완:물 (玩物) 명 장난감. 노리개.

완미 (完美) 명하형 완전하여 결함이 없음.

완:미 (玩味) 명하타 ①시문(詩文)의 뜻을 깊이 음미함. ②음식을 잘 씹어서 맛을 즐김.

완미 (頑迷) '완미하다'의 어근.

완미-하다 (頑迷-) 형어 완고하여 사리에 어둡다.

완벽 (完璧) 명하형 모자라거나 흠잡을 데 없이 완전함. ¶ 완벽한 기술.

완보 (完補) 명하타되자 완전하게 보충함.

완:보 (緩步) 명하타 느리게 걸음, 또는 그런 걸음. ↔질족(疾足).

완본 (完本) 명 ☞완질본(完帙本).

완봉 (完封) 명 ①하타 완전히 봉함. 완전히 봉쇄함. ②하자 야구에서, 투수가 상대 팀에게 득점을 주지 않고 완투(完投)하는 일.

완부 (完膚) 명 〔온전한 살갗이라는 뜻으로〕 '흠이 없는 곳'을 비유하여 이르는 말.

완부 (頑夫) 명 완고한 사내.

완불 (完拂) 명하타되자 (남김없이) 완전히 지불함. ¶ 공사비를 완불하다.

완비 (完備) 명하타되자 완전히 갖춤. ¶ 교육 시설을 완비하다.

완:사 (緩斜) 명 가파르지 않은 경사.

완:사-면 (緩斜面) 명 완만한 경사면.

완:상 (玩賞) 명하타 (취미로) 즐겨 구경함. ¶ 춘색(春色)을 완상하다.

완:색 (玩索) 명하타 ☞완역(玩繹).

완서 (緩徐) '완서하다'의 어근.

완:서-하다 (緩徐-) 형어 느릿느릿하고 더디다.

완선 (頑癬) 명 헌데가 둥글고 붉으며 몹시 가려운 피부병의 한 가지.

완성 (完成) 명하타되자 완전히 다 이룸. ¶ 완성된 작품. /논문을 완성하다.

완성-도 (完成度) 명 어떤 일이나 예술 작품 따위가 질적으로 완성된 정도. ¶ 완성도가 높은 작품.

완성-품 (完成品) 명 완성된 물품.

완:속-물질 (緩速物質) [-송-찔] 명 ☞감속재.

완:속-체 (緩速體) 명 ☞감속재.

완수 (完遂) 명하타되자 (목적이나 책임을) 모두 이루거나 다함. ¶ 책임 완수. /임무를 완수하다.

완수 (頑守) 명하타 완강하게 지킴.

완숙 (完熟) 명 ①하자 (열매 따위가) 무르익음. 완전히 익음. ②하형 (사람이나 동물이) 완전히 성숙함. ¶ 완숙한 여인. ③하형 (재주나 기술 따위가) 아주 능숙함. ¶ 완숙한 솜씨. ④하타되자 (음식 따위를) 완전히 익힘, 또는 그렇게 익힌 것. ¶ 달걀 완숙. ④참반숙.

완숙-기 (完熟期) [-끼] 명 ①무르익는 시기. ②통일 신라는 불교 문화의 완숙기였다.

완순 (婉順) '완순하다'의 어근.

완:순-하다 (婉順-) 형어 예쁘고 순하다.

완습 (頑習) 명 완고한 버릇.

완승 (完勝) 명하자 완전하게 이김, 또는 그 승리. ¶ 개막전에서 완승을 거두었다. ↔완패(完敗).

완악 (頑惡) '완악하다'의 어근.

완악-하다 (頑惡-) [와나카-] 형어 성질이 검질기고 모질다. ¶ 완악한 무리. ⑥완하다.

완약 (婉弱) '완약하다'의 어근.

완:약-하다 (婉弱-) [와냐카-] 형어 성질이 유순하고 생김새가 아리잠직하다.

완양 (羜羊) 명 ☞야양(野羊).

완여-반석 (完如盤石) 명 완전하기가 반석과 같음. 삐견고반석(堅如盤石).

완역 (完譯) 명하타되자 전체의 글을 완전히 번역함, 또는 그 번역. 참초역(抄譯).

완:역 (玩繹) 명하타 글의 깊은 뜻을 생각하여 찾음. 완색(玩索).

완연 (宛然) '완연(宛然)하다'의 어근.

완연 (完然) '완연(完然)하다'의 어근.

완연 (蜿蜒) '완연(蜿蜒)하다'의 어근.

완연-하다 (完然-) 형어 흠이 없이 완전하다. 완연-히튀.

완:연-하다 (宛然-) 형어 ①분명하다. ¶ 봄빛이 완연하다. /병색이 완연하다. ②모양이 흡사하다. 완연-히튀.

완:연-하다 (蜿蜒-) 형어 벌레 따위가 꿈틀거리듯이 길게 뻗어 있는 모양이 구불구불하다. 완연-히튀.

완영 (完泳) 명하타되자 목표 지점까지 완전히 헤엄침.

완완 (婉婉) '완완(婉婉)하다'의 어근.

완완 (緩緩) '완완(緩緩)하다'의 어근.

완:완-하다 (婉婉-) 형어 예쁘고 맵시가 있다. 완전(婉轉)하다.

완:완-하다 (緩緩-) 형어 동작이 느릿느릿하다.

완완 (緩緩) ¶ 어떤 사람이 비수(匕首)를 들고 완완히 방문을 열고 들어오는지라(許筠.洪吉童傳).

완우 (頑愚) '완우하다'의 어근.

완우-하다 (頑愚-) 형어 완고하고 어리석다.

완:월 (玩月) 명하자 달을 구경함.

완:월-사 (玩月砂) [-싸] 명 한방에서, '토끼의 똥'을 약재로 이르는 말. 안질·폐로(肺癆)·치루 등에 쓰임.

완:의(浣衣)[완늬/완니]**명**[하자] 옷을 빪.
완:이(莞爾)**명** 빙그레 웃는 모양.
완인(完人)**명** ①신분이나 명예 따위에 흠이 없는 사람. ②병이 완전히 나은 사람.
완자명 쇠고기를 잘게 다진 후 달걀이나 두부 따위를 섞어 둥글게 빚어서 기름에 지진 음식.
완-자(←卍字)**명** ☞만자(卍字). 〔'완'은 '만(卍)'의 중국 음임.〕
완자-문(←卍字紋)**명** '卍' 자 모양을 이어서 만든 무늬.
완자-창(←卍字窓)**명** '卍' 자 모양의 창살이 있는 창. 만자창(卍字窓).
완:자-탕(─湯)**명** 완자를 넣고 끓인 국.
완장(完粹)**명** ☞완꼽(完쏲).
완:장(阮丈)**명** 남을 높이어 그의 '삼촌'을 일컫는 말.
완:장(腕章)**명** 팔에 두르는 표장(標章). ¶주번 완장.
완재(完載)**명** [하자] [되자] (주로 신문이나 잡지 등에) 작품 전체를 마지막까지 다 실음.
완:저(緩疽)**명** 한방에서, 살빛이 검은 보랏빛으로 변하면서 짓무르는 병.
완적(頑敵)**명** 완강하게 버티는 적.
완전(完全)**명** 필요한 것이 모두 갖추어져 있음. 부족함이나 흠이 없음. ¶완전한 자유. / 부품을 완전하게 갖추다. ↔불완전. **완전-히** **부** 일을 완전히 마무리하여.
완전(宛轉)**명** '완전(宛轉)하다'의 어근.
완전(婉轉)**명** '완전(婉轉)하다'의 어근.
완전^고용(完全雇用)**명** 일할 능력과 의사가 있는 사람에게 일자리가 보장되어 있는 상태.
완전^기체(完全氣體)**명** ☞이상 기체(理想氣體).
완전^독점(完全獨占)[-쩜]**명** 상품의 공급자나 수요자가 단 한 사람이어서 경쟁자가 없는 일.
완전^동:사(完全動詞)**명** 〔이전 문법에서〕 문장에서 서술 능력이 완전하여 따로 보충하는 말을 필요로 하지 않는 동사를 이르던 말. 갖은움직씨. ↔불완전 동사.
완전^명사(完全名詞)**명** ☞자립 명사. ↔불완전 명사.
완전-무결(完全無缺)**명** [하형] 완전하여 아무런 결점이 없음.
완전:범:죄(完全犯罪)[-쬐/-쮀]**명** 증거를 전혀 남기지 않고 교묘히 이루어진 범죄.
완전:변:태(完全變態)**명** 곤충의 성장 과정이 유충, 번데기, 성충의 3단계를 확실히 거치는 변태 형식.〔나비·모기·벌 따위에서 볼 수 있음.〕 ☞불완전 변태.
완전:비:료(完全肥料)**명** 질소·인산·칼륨을 알맞게 혼합한 비료.
완전-수(完全數)**명** ①분수나 소수가 아닌 수. 정수(整數). ②어떤 정수 a에서, a 이외의 모든 약수의 합이 a와 같을 때 a를 이르는 말. 〔28의 모든 약수 중 28을 제외한 나머지 약수 $1 \cdot 2 \cdot 4 \cdot 7 \cdot 14$의 합이 28이므로 28은 완전수임.〕
완전^시합(完全試合)**명** ☞퍼펙트게임.
완전-식품(完全食品)**명** 인체에 필요한 영양소를 모두 갖춘 식품.〔우유 따위.〕
완전^연소(完全燃燒)[-년-]**명** 가연물(可燃物)이 산소의 충분한 공급으로 완전히 타는 일. ↔불완전 연소.
완전-엽(完全葉)**명** ☞갖춘잎.
완전^음정(完全音程)**명** 두 음이 동시에 울렸을 때 완전히 어울리는 음정.〔완전 1도·완전 4도·완전 5도·완전 8도 따위.〕

완전^자동사(完全自動詞)**명** 〔이전 문법에서〕 문장에서 주어 이외의 다른 성분을 필요로 하지 않는 자동사를 이르던 말.〔'꽃이 피다.', '개가 짖다.'에서 '피다'·'짖다' 따위.〕 갖은제움직씨.
완전^제곱(完全-)**명** 어떤 수나 수식의 제곱이 되는 정수나 정식.
완전^주권국(完全主權國)[-꿘-]**명** (일부 주권국에 대하여) 외국의 간섭이나 제한 없이 주권을 완전히 행사하는 나라.
완전^타:동사(完全他動詞)**명** 〔이전 문법에서〕 문장에서 주어·목적어 이외의 다른 성분을 필요로 하지 않는 타동사를 이르던 말.〔'철수가 책을 읽다.', '순이가 물을 마신다.'에서 '읽다'·'마신다' 따위.〕 갖은남움직씨.
완전-화(完全花)**명** ☞갖춘꽃.
완정(完定)**명** [하자] [되자] 완전히 정함.
완정-질(完晶質)**명** 광물의 성분이 유리질을 함유하지 않고 모두 결정질로 이루어져 있는 조직.
완제(完制)**명** ☞완조(完調).
완제(完製)**명** [하타] 완전히 만듦, 또는 그 제품.
완제(完濟)**명** [하자] [되자] ①채무를 완전히 정리함. ②☞완료(完了).
완제-품(完製品)**명** 일정한 조건에 맞추어 완전하게 이루어진 물품.
완조(完調)[-쪼]**명** 전라도 전주(완주) 지방을 중심으로 발달한 시조의 창법. 완제(完制). 참경조(京調).
완존(完存)**명** [하자] 온전하게 존재함.
완주(完走)**명** [하타] 목표 지점까지 완전히 달림. ¶마라톤의 정식 코스인 42.195km를 완주하다.
완준(完準)**명** [하타] [되자] ☞교료(校了).
완질(完帙)**명** 〔여러 권으로 된 한 질을 이루는 책에서〕 빠진 책이 없이 완전히 갖추어져 있는 일, 또는 그 책. 완질본. ¶완질의 송강가사. ↔낙질(落帙).
완질-본(完帙本)**명** 낙질이 없이 완전히 갖추어진 책. 완본(完本). 완질. ↔낙질본.
완:착(緩着)**명** 바둑이나 장기에서, 서둘러 두어야 할 다른 점이 있는데도 엉뚱한 데 두는 수나 점.
완:초(莞草)**명** ☞왕골.
완:충(緩衝)**명** [하타] 급박한 충격이나 충돌을 중간에서 완화시킴. ¶완충 작용.
완:충-국(緩衝國)**명** 대립하는 강대국 사이에서 그들의 긴장이나 충돌을 완화시키는 위치에 있는 나라.
완:충-기(緩衝器)**명** ☞완충 장치.
완:충-액(緩衝液)**명** 외부로부터 어느 정도의 산이나 알칼리를 가하여도 영향을 받지 않고 수소 이온 농도를 거의 일정하게 유지하게 하는 용액.

완ː충^장치(緩衝裝置)圀 (기계나 차량·총포 따위에 설치하여) 급격한 충격을 완화시키는 장치. 완충기(緩衝器). ❷범퍼.

완ː충-재(緩衝材)圀 두 물체 사이에 끼어서 충격을 완화하는 재료. 〔고무·용수철 따위.〕

완ː충^지대(緩衝地帶) 국가 간의 무력 충돌을 피하기 위하여 그 중간 지역에 설치하는 중립 지대. 비무장 지대.

완치(完治)圀하타되자 병을 완전히 고침. ¶ 지병이 완치되다. 비전치(全治).

완ː치(緩治)圀하타 병이나 죄를 느즈러지게 다스림.

완쾌(完快)圀하자되자 병이 완전히 나음. 비전쾌(全快).

완투(完投)圀하자 야구에서, 한 투수가 교대하지 않고 한 경기를 끝까지 던지는 일.

완파(完破)圀하타 완전히 부서짐, 또는 완전히 쳐부숨. ¶ 큰 점수 차로 상대 팀을 완파하다. /폭발 사고로 공장 건물이 완파되었다.

완판-본(完板本)圀 조선 후기에, 전주(全州)에서 간행된 고대 국문 소설의 목판본. ❷경판본(京板本).

완패(完敗)圀하자 여지없이 패함, 또는 그 패배. ¶ 완패를 당하다. ↔완승(完勝).

완패(頑悖) '완패하다'의 어근.

완패-하다(頑悖-)혱여 성질이 모질고 도리에 어긋나다.

완폄(完窆)圀하타 (가매장에 대하여) 정식으로 매장(埋葬)함. 완장(完葬). ❷권폄(權窆).

완-하다(刓-)혱여 도장이나 책판(冊板) 따위에 새긴 글자가 닳아서 희미하다.

완-하다(頑-)혱여 ①〈완명(頑冥)하다〉의 준말. ②〈완악(頑惡)하다〉의 준말.

완ː-하다(緩-)혱여 느리다. 더디다.

완ː하-제(緩下劑) 변비를 다스리어, 똥이 묽게 나오도록 하는 약제.

완ː한(緩限)圀하타 기한을 늦춤.

완ː행(緩行)圀 ①하자 느리게 감. ②〈완행열차〉의 준말. ↔급행.

완ː행-열차(緩行列車)[-녈-]圀 역마다 정거하는 보통 속도의 열차. 보통 열차. ❷완행. ↔급행열차.

완호(完戶)圀 조선 시대에, '식구가 여덟 이상인 집'을 이르던 말.

완ː호(玩好)圀 ①하자 좋아하여 가지고 놂. ②진귀한 노리갯감.

완ː화(莞花)圀 한방에서, 팥꽃나무의 꽃봉오리를 말린 약재를 이르는 말. 〔부종(浮症)·창증(脹症)·해수(咳嗽)·담(痰) 등에 쓰임.〕

완ː화(緩和)圀하타되자 (긴장되거나 엄중하거나 격심한 것 따위를) 풀어서 느슨하게 하거나 편하게 함. ¶ 긴장 완화. /규율을 완화하다. /각종 행정 규제를 완화하다.

완ː화-책(緩和策)圀 완화하는 계획.

왈(曰) Ⅰ[자] 가로되. 가라사대. 말하기를. ¶ 공자 왈. /맹자 왈.
Ⅱ분 흔히 말하는 바.

왈가닥-거리다[-꺼-]자타 자꾸 왈가닥왈가닥하다. 왈가닥대다. ❷월거덕거리다. ❷왈각거리다.

왈가닥-달가닥[-딸-]튀하자타 왈가닥거리고 달가닥거리는 소리, 또는 그 모양. ❷월거덕덜거덕. ❷왈각달각.

왈가닥-대다[-때-]자타 왈가닥거리다.

왈가닥-왈가닥튀하자타 여러 개의 크고 작은 물건이 서로 부딪치면서 나는 소리, 또는 그 모양. ❷월거덕월거덕. ❷왈각왈각.

왈가왈부(曰可曰否)圀하타 〔옳다느니 그르다느니 말한다는 뜻으로〕 '이러쿵저러쿵 말함'을 이르는 말. ¶ 밖에서 왈가왈부할 게 아니라 들어가서 차분히 의논하세.

왈각-거리다[-꺼-]자타 자꾸 왈각왈각하다. 왈각대다. ❷월걱거리다. ❷왈가닥거리다.

왈각-달각[-딸-]튀하자타 여러 개의 크기가 다른 작고 단단한 물건이 서로 마구 부딪치면서 나는 소리, 또는 그 모양. ❷월걱덜걱. ❷왈가닥달가닥.

왈각-대다[-때-]자타 왈각거리다.

왈각-왈각튀하자타 여러 개의 작고 단단한 물건이 서로 마구 부딪치면서 나는 소리, 또는 그 모양. ❷월걱월걱. ❷왈가닥왈가닥.

왈강-달강튀하자타 여러 개의 단단한 물건이 어수선하게 자꾸 서로 부딪치는 소리, 또는 그 모양. ❷월겅덜겅.

왈칵튀 ①먹은 것을 갑자기 다 게워 내는 모양. ②물건이 별안간 통째로 뒤집히거나 젖혀지는 모양. ③물 따위가 갑자기 끓어올라 넘치는 모양. ❷월떡. 왈딱-왈딱❷하자.

왈시왈비(曰是曰非)[-씨-]圀하타 옳으니 그르니 시비하는 말. 시야비야.

왈왈[1]튀하혱 많은 물이 급히 흐르는 모양.

왈왈[2]튀하자타 〈와들와들〉의 준말.

왈왈-하다혱여 ①성질이 괄괄하다. ②성질이 매우 급하다.

왈자(←曰者)圀 '왈짜'의 잘못.

왈짜圀 ☞왈패.

왈짜-자식(-子息)圀 '못된 놈'이라는 뜻으로, 남을 욕하여 이르는 말.

왈츠(waltz)圀 4분의3 박자의 경쾌한 춤곡, 또는 그 춤. 원무곡(圓舞曲).

왈카닥튀하자타 ①별안간 밀치거나 잡아당기는 모양. ¶ 모두 함께 왈카닥 떠밀려 쓰러졌다. ②갑작스레 마구 쏟아지는 모양. ❷월커덕. 왈카닥-왈카닥❷하자타.

왈카닥-거리다[-꺼-]자타 자꾸 왈카닥왈카닥하다. 왈카닥대다. ❷월커덕거리다.

왈카닥-대다[-때-]자타 왈카닥거리다.

왈칵튀 ①하자타먹은 것을 별안간 다 게워 내는 모양. ¶ 왈칵 게우다. ②별안간 통째로 뒤집히는 모양. ③하자타별안간 밀치거나 잡아당기는 모양. ¶ 왈칵 떠밀다. /방 문을 왈칵 열어젖혔다. ④격심한 감정이 갑자기 치미는 모양. ¶ 설움이 왈칵 솟구치다. ❷월컥. 왈칵-왈칵튀하자타.

왈칵-하다[-카카-]혱여 성미가 몹시 급하다.

왈패(-牌)圀 '언행이 단정하지 못하고 수선스러운 사람'을 속되게 이르는 말. 한자를 빌려 '曰牌'로 적기도 함.

왈형-왈제(曰兄曰弟)[-제]圀하자 ☞호형호제.

왓ː조 (옛) 와의. 〔①我와 他와 의誼와 도오문(圓覺下三之—123). ❸함].

왕(王)圀 ①임금. 군주(君主). ②'여럿 중의 으뜸'을 나타내는 말. ¶ 동물의 왕.

왕-(王)졉튀 〔일부 명사 앞에 붙어〕 ①'아주 큼'을 나타냄. ¶ 왕개미. /왕만두. ②'매우 심함'을 나타냄. ¶ 왕가뭄. /왕고집. ③할아버지뻘 되는 사람에 대한 높임을 나타냄. ¶ 왕고모. /왕대인.

-왕(王)[접미] 《일부 명사 뒤에 붙어》 '그 분야에서 가장 뛰어나거나 으뜸이 됨'을 뜻함. ¶발명왕. /타격왕.

왕가(王家)[명] 왕의 집안. 왕실(王室). ¶왕가의 후손.

왕가(王駕)[명] 임금이 타는 수레. 거가(車駕).

왕:가(枉駕)[하자] ⇨왕림(枉臨).

왕-개미(王-)[명] 개미과의 곤충. 몸길이 7~13 mm. 몸빛은 검고 온몸에 금빛 털이 빽빽이 나 있음. 건조한 땅속에서 삶. 말개미.

왕-거미(王-)[명] 왕거미과의 거미. 몸길이는 암컷이 3 cm, 수컷이 1.5 cm가량. 몸빛은 암갈색. 몸은 삼각형 또는 길둥글고, 등에 검은 줄무늬가 있음. 말거미.

왕-겨(王-)[명] 벼의 겉겨. 매조밋겨.

왕계(王系)[-계/-게][명] 왕이나 왕실의 계통.

왕고(王考)[명] ⇨조고(祖考).

왕:고(往古)[명] 오랜 옛날. 전고(前古).

왕:고(枉顧)[하자] ⇨왕림(枉臨).

왕:고-내금(往古來今)[명] 옛날부터 지금까지의 동안. 고왕금래(古往今來).

왕-고모(王姑母)[명] ⇨대고모(大姑母).

왕고-장(王考丈)[명] 남을 높이어 그의 '죽은 할아버지'를 일컫는 말.

왕-고집(王固執)[명] 고집이 몹시 심한 사람, 또는 아주 심한 고집.

왕-골[명] 사초과의 일년초. 논밭이나 습지에 심는데, 줄기 높이는 1~2 m. 줄기는 세모지고 끝에 잔꽃이 핌. 줄기와 껍질은 돗자리나 방석 등을 만드는 데 쓰임. 완초(莞草).

왕골-기직[명] 왕골 껍질로 만든 기직. 왕골자리.

왕골-논[-론][명] 왕골을 심은, 물기가 많은 논.

왕골-속[-쏙][명] 왕골의 껍질을 벗겨 낸 속살. 수공품의 재료로 쓰임. ▷골속.

왕골-자리[명] ⇨왕골기직.

왕공(王公)[명] 왕(王)과 공(公), 또는 신분이 고귀한 사람.

왕공-대인(王公大人)[명] 신분이 고귀한 사람.

왕관(王冠)[명] 왕위를 상징하는 관.

왕국(王國)[명] ①임금이 다스리는 나라. 군주국(君主國). ②'하나의 큰 세력을 이루고 있는 곳(조직)'을 비유하여 이르는 말. ¶자동차 왕국.

왕궁(王宮)[명] 임금이 기거하는 궁전.

왕권(王權)[-꿘][명] 임금의 권위, 또는 권력.

왕권-신수설(王權神授說)[-꿘-][명] 왕권은 신으로부터 받은 것이므로 누구도 이를 제한하지 못하는 절대 무한의 것이라는 정치 이론. 근세 초기에 절대 군주제를 옹호한 이론임. 군주신권설. 제왕 신권설.

왕-귀뚜라미(王-)[명] 귀뚜라미과의 곤충. 몸길이 2~3 cm로 귀뚜라미 중에서 가장 큼. 몸빛은 갈색 또는 흑갈색.

왕기(王氣)[명] ①왕이 나올 기운이나 조짐. 또는, 왕이 될 조짐. ¶왕기가 서리다. ②잘될 조짐.
왕기(가) 뜨이다[관용] 왕이 나올 조짐이 보이다.

왕기(王器)[명] 사기로 만든 큰 대접.

왕기(王畿)[명] 왕도(王都) 부근의 땅.

왕:기(旺氣)[명] ①행복스럽게 될 조짐. ②왕성한 기운. ¶왕기가 뻗치다.
왕기(가) 뜨이다[관용] 행복스럽게 될 조짐이 보이다.

왕-꽃등에(王-)[-꼳등-][명] 꽃등에과의 곤충. 몸길이 1.5 cm가량. 몸빛은 갈색을 띤 흑색임. 유충은 더러운 물이나 분뇨 따위에 서식함.

왕녀(王女)[명] 임금의 딸. 공주. ↔왕자(王子).

왕:년(往年)[명] 지난간 해. 《주로, '왕년에'·'왕년의'의 꼴로 쓰임.》 옛날. 왕세(往歲). ¶왕년엔 나도 힘깨나 썼었지. /왕년의 축구 스타.

왕눈-이(王-)[명] '눈이 큰 사람'을 농으로 이르는 말.

왕당(王黨)[명] 왕권을 유지·확장하려는 당파.

왕-대(王-)[명] 볏과의 상록 목본. 중국 원산의 재배 식물로 높이는 10~20 m. 줄기는 대 가운데서 가장 굵고, 초여름에 뿌리줄기에서 자줏빛 순이 돋음. 죽순은 먹고, 줄기는 건축재 등으로 쓰임. 고죽(苦竹). 왕죽(王竹). 참대.

왕대(王臺)[명] 여왕벌이 될 알을 받아 기르기 위해 벌집 속에 특별히 크게 만든 방.

왕-대고모(王大姑母)[명] 증조부의 자매.

왕-대부인(王大夫人)[명] 남을 높이어 그의 '할머니'를 일컫는 말.

왕-대비(王大妃)[명] 선왕(先王)의 살아 있는 아내. ▷대왕대비.

왕-대인(王大人)[명] 남을 높이어 그의 '할아버지'를 일컫는 말.

왕-대포(王-)[명] 큰 대폿잔으로 마시는 술.

왕도(王都)[명] 왕궁이 있는 도성. 왕성(王城).

왕도(王道)[명] ①왕자(王者)로서 마땅히 행해야 할 도리. ②임금은 마땅히 인덕을 근본으로 천하를 다스려야 한다는 정치사상. ③어떤 어려운 일을 하기 위한 쉬운 방법. ¶영어 공부에는 왕도가 없다. ②↔패도(霸道).

왕동-발가락(王-)[-까-][명] 〔굵은 발가락이라는 뜻으로〕 '올이 굵고 매우 성긴 피륙'을 이르는 말.

왕등(王燈)[명] 장사(葬事) 지내러 갈 때 메고 가는 큰 등.

왕-등이(王-)[명] 큰 피라미의 수컷. 생식 때가 되면 몸 양편에 붉은 무늬가 나타남.

왕-딱정벌레(王-)[-쩡-][명] 딱정벌렛과의 곤충. 몸길이 3 cm가량. 몸빛은 검은데 앞가슴등판과 겉날개에 여덟 개의 줄무늬가 있음.

왕랑반혼-전(王郎返魂傳)[-낭-][명] 조선 시대의 고전 소설. 인과응보(因果應報)의 사상을 강조한 내용으로, 지은이와 지은 때는 알 수 없음.

왕:래(往來)[-내][명][하자][타] ①가고 오고 함. ¶사람의 왕래가 잦다. ②(편지나 소식을) 주고받음. ¶그와는 서신 왕래가 끊긴 지 오래되었다. ③교제함. ¶왕래가 없는 사이다. 통래(通來). ②내왕.

왕:래-부절(往來不絕)[-내-][명][하자] 끊임없이 왕래함.

왕려(王旅)[-녀][명] 임금의 군대. 왕사(王師).

왕:로(往路)[-노][명] 가는 길. ↔귀로(歸路).

왕릉(王陵)[-능][명] 임금의 무덤.

왕:림(枉臨)[-님][명][하자][자] 남을 높이어 그가 자기를 찾아옴을 이르는 말. 왕가(枉駕). 왕고(枉顧). 내림(來臨). 혜고(惠顧). ¶아무쪼록 왕림하시어 자리를 빛내 주시기 바랍니다.

왕-만두(王饅頭)[명] ⇨큰만두.

왕-매미(王-)[명] ⇨말매미.

왕-머루(王-)[명] 포도과의 낙엽 활엽 만목. 산지에 나는데, 잎은 3~5갈래로 얕게 갈라져 있고 톱니가 있음. 초여름에 황록색 꽃이 피고, 동그란 열매는 가을에 검게 익음. 야포도(野葡萄).

왕명(王命)[명] 임금의 명령. 주명(主命). 군명(君命). 준명. ¶왕명을 거역(拒逆)하다.

왕모(王母)[명] 편지 글에서, 남에게 '자기의 할머니'를 높이어 일컫는 말.

왕-모래(王-)圓 굵은 모래.

왕-못(王-)[-몯]圓 크고 굵은 못. *왕못이[-모시]·왕못만[-몬-]

왕-바람(王-)圓 풍력 계급의 11등급에 해당하는 바람. 풍속 28.5~32.6 m. 몹시 거칠고 거센 바람으로, 넓은 지역에 걸쳐 피해가 발생하고, 해상에는 산더미 같은 파도가 일며 시계(視界)가 제한됨. 폭풍(暴風).

왕-바위(王-)圓 큰 바위.

왕-바퀴(王-)圓 바큇과의 곤충. 몸길이 18~23 mm. 몸빛은 밤색이고 앞가슴보다 조금 더 튀어나온 머리는 흑색임. 촉각은 몸길이보다 길고, 앞가슴은 수컷이 둥글고 암컷은 네모짐.

왕:반(往返)圓他 ⇨왕복(往復).

왕-밤(王-)圓 굵은 밤.

왕:방(往訪)圓他 가서 찾아봄. ↔내방.

왕-방울(王-)圓 큰 방울. ¶왕방울 같은 눈.

왕배-덕배[-빼]閂 이러니저러니 하고 시비를 가리는 모양. ¶우리 사이에 왕배덕배 할 일인가.

왕배야-덕배야[-빼-][I]閂 여기저기서 시비를 따지는 소리.
[II]慟 여기저기서 시달림을 받아 견디기 어려울 때 부르짖는 소리.

왕백(王白)圓 ⇨어백미(御白米).

왕-뱀(王-)圓 ①큰 뱀. ②⇨보아(boa).

왕-버들(王-)圓 버드나뭇과의 낙엽 교목. 물가에 절로 나며, 높이는 20 m가량. 잎은 길둥글며 끝이 뾰족한 모양이고, 4월경에 꽃이 핌.

왕-버마재비(王-)圓 ⇨왕사마귀.

왕-벌(王-)圓 ①말벌. ②⇨어리호박벌.

왕법(王法)[-뻡]圓 임금의 법령.

왕:법(枉法)[-뻡]圓何 법을 왜곡함.

왕:복(往復)圓他 갔다가 돌아옴. 왕반(往返). ¶왕복 운동. /왕복 승차권. /버스로 왕복 세 시간이 걸리는 거리.

왕:복^기관(往復機關)[-끼-]圓 증기 기관과 내연 기관을 통틀어 이르는 말. 곧, 피스톤의 왕복 운동을 회전 운동으로 바꾸는 원동기.

왕:복^운^동(往復運動)圓 (시계추의 운동과 같이) 주기적 운동으로서 어느 점까지 질점(質點)의 변이가 생겨 한때 멈췄다가 다시 본디 위치로 돌아가는 운동.

왕봉(王蜂)圓 ⇨여왕벌.

왕부(王父)圓 편지 글에서, 남에게 '자기의 할아버지'를 높이어 일컫는 말.

왕부(王府)圓 조선 시대에, '의금부(義禁府)'를 달리 이르던 말.

왕-부모(王父母)圓 ⇨조부모(祖父母).

왕비(王妃)圓 임금의 아내. 비(妃). 왕후(王后). ⓤ내전(內殿)·중궁전(中宮殿).

왕사(王事)圓 ①임금이 나라를 다스리는 일. ②임금에 관한 일.

왕사(王師)圓 ①임금의 군대. 왕려(王旅). ②임금의 스승.

왕:사(枉死)圓 억울한 죄로 죽음.

왕:사(往事)圓 지나간 일. ¶왕사는 말하지 말고 덮어 두기로 하자.

왕-사마귀(王-)圓 사마귓과의 곤충. 몸길이 7~9 cm. 몸빛은 녹색 또는 갈색. 앞날개는 길이 뾰족하고 좁음. 들의 풀밭에서 삶. 왕버마재비.

왕산(王山)圓 ①큰 산. ②'모양이 불룩하거나 부피가 큰 것'을 비유하여 이르는 말. ¶왕산 같은 배를 하고 어디를 나다니겠소.

왕:상(往相)圓 불교에서, 자기의 공덕을 중생에게 베풀어 함께 왕생하도록 하는 일.

왕-새기(王-)圓 총이 없이 돌기총을 띄엄띄엄 여덟 개 세운 짚신의 한 가지.

왕-새우(王-)圓 ⇨대하(大蝦).

왕:생(往生)圓〔불교에서〕이승을 떠나 저승에 다시 태어남. ②〈왕생극락(往生極樂)〉의 준말.

왕:생-극락(往生極樂)[-궁낙]圓 불교에서, 죽어서 극락세계에 태어남을 이르는 말. 극락왕생. ⓤ왕생.

왕:생-안락(往生安樂)[-알-]圓何 왕생극락하여 안락한 삶을 누림.

왕:생-일정(往生一定)[-쩡]圓 불심(佛心)이 지극하여 왕생극락할 것이 틀림없음.

왕:석(往昔)圓 옛적. 재석(在昔).

왕성(王城)圓 ①⇨왕도(王都). ②왕도의 성.

왕:성(旺盛)圓何 한창 성함. 성왕(盛旺). ¶혈기가 왕성하다. /주식 거래가 왕성하다. 왕성-히閂.

왕:세(往歲)圓 ⇨왕년(往年).

왕-세손(王世孫)圓 왕세자의 맏아들. ⓟ세손(世孫). ⓤ세손궁(世孫宮).

왕-세자(王世子)圓 왕위를 이을 왕자. 동궁(東宮). 저군(儲君). 저사(儲嗣). ⓟ세자(世子). ⓤ세자궁.

왕세자-비(王世子妃)圓 왕세자의 정실 부인.

왕-세제(王世弟)圓 왕위를 이을, 임금의 아우. ⓟ세제.

왕-소금(王-)圓 굵은소금.

왕손(王孫)圓 임금의 손자 또는 후손.

왕손-교부(王孫教傅)圓 지난날, 왕손을 기르고 가르치던 벼슬의 하나.

왕수(王水)圓 진한 염산과 질산을 3대 1의 비율로 혼합한 액체. 금이나 백금 따위를 녹이는 데 쓰임.

왕:시(往時)圓 지나간 때. 지난날. 왕자(往者). 구시(舊時). ¶나도 왕시에는 이름난 씨름 선수였다.

왕:신(王神)圓 '마음이 올곧지 않아 건드리기 어려운 사람'을 농조로 이르는 말.

왕:신(往信)圓 보내는 통신. ↔반신(返信).

왕실(王室)圓 왕의 집안. 왕가(王家).

왕:양(汪洋)圓何 ①바다가 끝없이 넓음. ②미루어 헤아리기 어려움.

왕:얽이(王-)圓 ①굵은 새끼로 친 얽이. ②〈왕얽이짚신〉의 준말.

왕얽이-짚신(王-)[-집씬]圓 볼품없이 마구 삼은 짚신. ⓤ왕얽이.

왕업(王業)圓 임금이 나라를 다스리는 대업, 또는 그 업적. ¶오백 년 왕업.

왕연(汪然) '왕연(汪然)하다'의 어근.

왕연(旺然) '왕연(旺然)하다'의 어근.

왕:연-하다(汪然-)圓何 ①물이 깊고 넓다. ¶왕연한 대양. ②눈물이 줄줄 흐르다. 왕연-히閂.

②사물이 매우 왕성하다. 왕연-히閂.

왕:오천축국-전(往五天竺國傳)[-꾹쩐]圓 신라 때의 중 혜초(慧超)가 10년 동안 인도의 5개국과 그 이웃 나라들을 순례하고 당나라에 돌아와서 완성한 여행기.

왕왕(汪汪)圓何 여럿이 큰 소리로 떠드는 소리.

왕왕(汪汪) '왕왕하다'의 어근.

왕:왕(往往)閂 때때로. 이따금. ¶초보자는 왕왕 그런 실수를 하는 법이다.

왕왕-거리다困 자꾸 왕왕 소리를 내며 떠들다. 왕왕대다. ¶2학년 교실은 요즘 구구법을 외는 소리로 왕왕거린다.

왕왕-대다困 왕왕거리다.

왕:왕-하다(汪汪-)瀦 ①물이 끝없이 깊고 넓다. ②도량이 넓다. ③눈에 눈물이 가득하다. 왕왕-히튀.

왕:운(旺運)명 왕성한 운수.

왕월(王月)명 '음력 정월(正月)'을 달리 이르는 말.

왕위(王位)명 임금의 자리. ¶왕위에 오르다.

왕위(王威)명 임금의 위엄. ¶왕위를 떨치다.

왕유(王乳)명 ☞로열 젤리.

왕:유(往諭)명하타 (임금의 명령으로) 가서 타이름.

왕윤(王胤)명 임금의 자손.

왕인(王人)명 임금의 명령을 받들고 온 관원.

왕:일(往日)명 지나간 날. 예전.

왕자(王子)명 임금의 아들. ¶어린 왕자. ↔왕녀(王女).

왕자(王者)명 ①임금. ②왕도(王道)로써 천하를 다스리는 사람. ③어느 분야의 '으뜸가는 사람'을 비유하여 이르는 말. ¶바둑계의 왕자.

왕:자(往者)명 지난번, 또는 지나간 때. 왕시(往時). ¶왕자에도 경험한 일이다.

왕자-군(王子君)명 〔공신에게 주던 군호(君號)와 구별하기 위하여〕 임금의 서자에게 붙이던 봉작. 참군(君).

왕자-두(王字頭)명 ☞왕자머리.

왕자-머리(王字-)명 건축에서, 사파수(四把手)를 짤 때 기둥 밖으로 나가서 서로 엇물려 물러나지 못하게 하는 봇머리를 이름. 왕자두.

왕자-사부(王子師傅)명 지난날, 왕자를 가르치던 벼슬의 하나.

왕자-의(王子衣)[-의/-이]명 대궐 안의 나장(羅將)들이 입던 옷.

왕-잔디(王-)명 볏과의 다년초. 바닷가 모래땅에 절로 나는데, 뿌리줄기는 가로 벋고 마디마다 뿌리가 내림. 잎은 어긋맞게 나 옆으로 퍼지며, 6월경에 꽃줄기 끝에 이삭 모양의 꽃이 핌. 잔디와 비슷하나 꽃이삭이 특히 큼.

왕-잠자리(王-)명 왕잠자릿과의 곤충. 배 길이 5 cm, 뒷날개 길이 5.3 cm가량. 머리는 녹황색이고, 가슴은 녹색임. 6~10월에 못가나 물가를 날아다님.

왕장(王丈)명 ☞왕존장(王尊丈).

왕장(王葬)명 임금의 장례.

왕정(王廷)명 임금이 친히 나라를 다스리는 조정.

왕정(王政)명 ①왕도로써 다스리는 정치. ②☞군주 정체(君主政體).

왕정(王程)명 나랏일로 다니는 여정(旅程).

왕정-복고(王政復古)[-꼬]명 나라의 정치 체계가 군주 정체(君主政體)로 되돌아가는 일.

왕제(王弟)명 임금의 아우.

왕조(王祖)명 임금의 조상.

왕조(王朝)명 ①임금이 직접 다스리는 나라. ②같은 왕가에 딸린 통치자의 계열이나 혈통. ¶조선(朝鮮) 왕조.

왕조^시대(王朝時代)명 임금이 직접 나라를 다스리는 시대.

왕족(王族)명 임금의 일가.

왕-존장(王尊丈)명 ①편지 글에서, 남을 높이어 그의 할아버지를 일컫는 말. 왕장(王丈). ②자기의 할아버지와 비슷한 나이의 어른을 공경하여 일컫는 말.

왕-종다리(王-)명 종다릿과의 새. 종다리보다 좀 크고 등 빛깔이 거무충충함.

왕좌(王座)명 ①임금이 앉는 자리. 또는, 임금의 지위. 어좌(御座). 옥좌(玉座). ¶왕좌를 보다. ②어느 분야의 '으뜸가는 지위'를 비유하여 이르는 말. ¶헤비급의 왕좌를 차지하다.

왕좌지재(王佐之材)명 임금을 도와서 큰일을 할 만한 인재.

왕죽(王竹)명 ☞왕대.

왕지(王旨)명 ☞교지(敎旨).

왕지-기와명 박공 솟을각 끝에나 추녀 끝에 대는, 삼각형으로 깎은 암키와.

왕-지네(王-)명 왕지넷과의 절지동물. 몸길이 8 cm가량. 몸빛은 암녹색인데, 육식성이고 턱에 독샘이 있음. 그늘진 돌 밑, 먼지 속이나 썩은 나무 밑에 삶. 대오공.

왕지-도리(王-)명 모퉁이 기둥 위에 얹는 도리.

왕:진(往診)명하타 의사가 환자가 있는 곳으로 가서 진찰하는 일. ¶왕진을 가다. /왕진하기엔 거리가 너무 멀다. ↔택진(宅診).

왕창튀 '엄청나게 큰 규모로'의 뜻으로 쓰이는 속된 말. ¶왕창 떼돈을 벌다. /태풍으로 인하여 집이 왕창 부서지다.

왕:척-직심(枉尺直尋)[-찜]명하자 〔한 자를 굽혀서 한 길을 바로 편다는 뜻으로〕 작은 욕에 얽매이지 않고 큰일을 이룸을 이르는 말.

왕-천하(王天下)명하자 임금이 되어 천하를 다스림, 또는 그 천하.

왕:청-되다[-뙤/-뛔]瀦 차이가 엄청나다.

왕:청-스럽다[-따][~스러우니·~스러워]瀦曰 차이가 엄청난 듯하다. **왕청스레**튀.

왕초(王-)명 거지나 넝마주이들의 '우두머리'를 속되게 이르는 말.

왕치(王-)명 지붕의 너새 끝에서 추녀 끝까지 비스듬히 물매가 지게 기와를 인 부분.

왕치(王-)명 방아깨비의 큰 암컷. 참딱따깨비.

왕-태자(王太子)명 대한 제국 때, '태자'를 일컫던 말. 왕세자.

왕태자-궁(王太子宮)명 대한 제국 때, 왕태자의 궁사(宮事) 및 시종(侍從)과 진강(進講) 등을 맡아보던 관아.

왕택(王澤)명 임금의 은택.

왕토(王土)명 임금의 영토.

왕통(王統)명 ①왕위를 이을 정통(正統). ②임금의 혈통.

왕-파(王-)명 굵은 파.

왕-파리(王-)명 ☞쉬파리.

왕패(王牌)명 임금이 궁가(宮家)나 공신에게 논밭·산판·노비 등을 주거나, 또는 공이 큰 향리에게 면역(免役)의 혜택을 줄 때에 내리던 서면(書面).

왕화(王化)명 임금의 덕화(德化).

왕후(王后)명 임금의 아내.

왕후(王侯)명 제왕(帝王)과 제후(諸侯).

왕후장상(王侯將相)명 제왕과 제후와 장수와 재상을 아울러 이르는 말.

왕흥(旺興)명 '왕흥하다'의 어근.

왕:흥-하다(旺興-)瀦여 ☞흥왕(興旺)하다.

왜[介 한글 자모(字母)의 이중 모음(二重母音)인 'ㅙ'의 음가(音價) 및 이름.

왜² Ⅰ튀 '무슨 까닭으로', '어째서'의 뜻으로 물음을 나타내는 말. ¶왜 우느냐? Ⅱ감 ①의문을 나타낼 때 쓰는 말. ¶왜? 무슨 일이야? ②할 말이 금방 안 나올 때 하는 군소리. ¶그 왜 있잖아요. ③남의 부름에 반말로 대답하는 말. ¶ "철수야." "왜."

왜조 〔옛〕와가. 〔'와'에 '이'가 겹친 말.〕¶ 비롬과 비왜 섯그니(杜初22:3). 圏괘.

왜(倭)몡 ①〈왜국(倭國)〉·〈왜인(倭人)〉의 준말. ②〔일부 명사 앞에 붙어〕'일본의 것'임을 나타냄. ¶ 왜나막신. /왜돗자리.

왜:가리몡 왜가릿과의 새. 몸길이 90~100 cm. 등은 잿빛이고 아랫면은 흰색이며 가슴 옆구리에는 잿빛 세로줄무늬가 있음. 뒤통수에 긴 청홍색 털이 났음. 물가에 살며, 개구리나 뱀·물고기 따위를 잡아먹음.

왜각-대각(倭-)[-때-]몡튀자타 그릇 따위가 서로 부딪거나 깨지면서 요란스레 나는 소리. 쎈왜깍대깍.

왜-간장(倭-醬)몡 (집에서 담그는 재래식 간장에 대하여) 공장 같은 데서 만든 일본식 개량간장을 이르는 말.

왜-감(倭-)몡 '밀감(蜜柑)'의 잘못.

왜건(wagon)몡 ①뒷자리에 짐을 실을 수 있는 승용차. ②요리 따위를 나르는 손수레. ¶ 왜건 서비스. ③바퀴 달린 상품 진열대.

왜검(倭劍)몡 ①십팔기 또는 무예 이십사반의 하나. 보졸(步卒)이 일본도(日本刀)로 하는 검술. ②☞일본도(日本刀).

왜경(倭警)몡 일제 강점기에, '일본 경찰'을 낮추어 이르던 말.

왜곡(歪曲)몡하타되자 사실과 다르게 해석하거나 그릇되게 함. ¶ 사실(史實)을 왜곡하다. /왜곡된 보도.

왜골몡 허우대가 크고 언행이 얌전하지 못한 사람.

왜골-참외[-차뫼/-차꿰]몡 골이 움푹움푹 들어간 참외의 한 가지.

왜관(倭館)몡 조선 시대에, 왜인이 머물러 통상할 수 있도록 두었던 관사(館舍).

왜구(倭寇)몡 지난날, '일본의 해적(海賊)'을 이르던 말.

왜구(倭軀)몡 (제 나이에 비하여) 작은 몸집.

왜국(倭國)몡 '일본(日本)'을 얕잡아 이르는 말.

왜군(倭軍)몡 '일본 군대'를 얕잡아 이르는 말.

왜궤(倭櫃)몡 지난날, 남자들이 쓰던 가구의 한 가지. 궤 모양인데 앞면에 두 짝으로 된 여닫이문이 달려 있고, 그 안에 여러 개의 서랍이 있음.

왜귤(倭橘)몡 '밀감(蜜柑)'의 잘못.

왜그르르뤼하자 쌓여 있던 물건이 한꺼번에 무너져 흩어지는 모양.

왜긋다뤼 '뻣뻣하다'의 잘못.

왜깍-대깍[-때-]몡튀하자 〈왜각대각〉의 센말.

왜-나막신(倭-)[-씬]몡 일본식 나막신.

왜-난목(倭-木)몡 내공목(內供木).

왜-낫(倭-)[-낟]몡 날이 얇고 자루가 긴 낫. 圏조선낫. ▷ 왜낫이[-나시]·왜낫만[-난-]

왜냐-하면튀 '왜 그런가 하면'의 뜻의 접속부사.

왜녀(倭女)몡 '일본 여자'를 얕잡아 이르는 말.

왜-놈(倭-)몡 '일본 사람 또는 일본 남자'를 욕하여 이르는 말.

왜-된장(倭-醬)[-된-/-뙨-]몡 일본식으로 만든 된장.

왜-떡(倭-)몡 지난날, 밀가루나 쌀가루를 반죽하여 얇게 늘여서 구운 과자를 이르던 말.

왜뚜리몡 큰 물건.

왜뚤-삐뚤몡하자 볼썽사납게 이리저리 비뚤어진 모양.

왜뚤-왜뚤튀하자 이리저리 몹시 비뚤어진 모양.

왜라조 〔옛〕'와'와 '이라'가 겹친 말. ¶ 四衆은 比丘와 比丘尼와 優婆塞와 優婆夷왜라(月釋序24).

왜란(倭亂)몡 ①왜인들이 일으킨 난리. ②〈임진왜란〉의 준말.

왜력(歪力)몡 ☞응력(應力).

왜림(矮林)몡 키가 작은 나무가 우거진 숲. ↔교림(喬林).

왜마(矮馬)몡 조랑말.

왜-말(倭-)몡 '일본 말'을 얕잡아 이르는 말.

왜-모시(倭-)몡 당모시보다 올이 굵은 모시.

왜-몰개(矮-)몡 잉엇과의 민물고기. 몸길이 6 cm가량. 붕어와 비슷하나 더 가늘고 등지느러미가 짧음. 몸빛은 등이 담갈색, 배는 은백색임. 우리나라·중국 등지에 분포함.

왜-무(倭-)몡 무의 한 품종. 뿌리가 굵고 길며 살이 연함. 단무지의 재료로 쓰임.

왜-밀(倭-)몡 ☞왜밀기름의 준말.

왜-밀기름(倭-)몡 지난날, '향료를 섞어서 만든 밀기름'을 이르던 말. 圏왜밀.

왜-바람(倭-)몡 일정한 방향이 없이 마구 부는 바람. 왜풍(倭風)1.

왜-반물(倭-)몡 남빛에 검은빛이 섞이어 있는 빛깔.

왜배기몡 '겉보기에 좋고 질도 제법 괜찮은 물건'을 속되게 이르는 말.

왜병(倭兵)몡 '일본 병사'를 얕잡아 이르는 말.

왜선(倭船)몡 '일본의 배'를 얕잡아 이르는 말.

왜성(矮性)몡 (생물이) 보통의 것보다 작게 자라는 성, 또는 그러한 특성을 가진 품종. ¶ 왜성 사과.

왜성(矮星)몡 지름과 광도가 작은 항성(恒星). ↔거성(巨星).

왜소(矮小)'왜소하다'의 어근.

왜소-하다(矮小-)형여 키가 작고 몸피가 작다. ¶ 왜소한 체격.

왜-솜(倭-)몡 지난날, '개량종의 목화를 따서 만든 솜'을 이르던 말.

왜송(倭松)몡 ☞누운잣나무.

왜송(矮松)몡 가지가 많고 다보록한 어린 소나무. 다복솔.

왜-솥(倭-)[-솓]몡 전이 있고 밑이 깊은 솥. * 왜솥이[-소치]·왜솥을[-소틀]·왜솥만[-손-]

왜식(倭式)몡 일본식. ¶ 왜식 문화.

왜-식(倭食)몡 '일식(日食)'을 얕잡아 이르는 말.

왜-여모기몡 조의 한 품종. 줄기가 희고 이삭과 수염이 긺.

왜오조 〔옛〕'와(과)'와 '이오'가 겹친 말. ¶ 하나훈 廣大와 第一왜오(圓覺下三之一129).

왜옥(矮屋)몡 낮고 작은 집.

왜왕(倭王)몡 지난날, '일본의 왕'을 얕잡아 이르던 말.

왜-이이(倭-)몡하타 짧은 재목(材木)을 이어서 쓸, 또는 그렇게 하는 방법.

왜인(倭人)몡 '일본 사람'을 얕잡아 이르는 말.

왜인(矮人)몡 난쟁이. 왜자(矮子).

왜인-관장(矮人觀場)몡 ☞왜자간희.

왜자(矮子)몡 난쟁이. 왜인(矮人).

왜자-간희(矮子看戲)[-히]몡 〔난쟁이가 키 큰 사람들 틈에 끼어 구경한다는 뜻으로〕'자신은 아무것도 모르면서 남이 그렇다고 하니까 덩달아 그렇다고 하는 것'을 비유하여 이르는 말. 왜인관장(矮人觀場).

왜자기다(여러 사람이 모여서) 왁자지껄하게 떠들다.

왜자-하다[형여] 소문이 퍼져서 떠들썩하다. ¶염문이 왜자하다.

왜장(倭將)[명] 지난날, '일본 장수'를 얕잡아 이르던 말.

왜장-녀(-女)[명] ①'체격이 크고 부끄럼을 타지 않는 여자'를 이르는 말. ②산대놀음에서 여자의 탈을 쓰고 춤을 추는 사람, 또는 그 탈.

왜장-치다[자] 맞대어 바로 말하지 아니하고 괜스레 큰 소리로 떠들다.

왜적(倭敵)[명] 지난날, 적으로서의 '일본이나 일본인'을 얕잡아 이르던 말.

왜전(矮箭)[명] 짧은 화살. 짧은작.

왜정(倭政)[명] 일본이 우리나라를 강점하여 다스리던 정치. 일정(日政).

왜정^시대(倭政時代)[명] '일제 강점기'의 구용어.

왜-주홍(倭朱紅)[명] 선명한 붉은 물감.

왜죽-왜죽[부][하자] 팔을 홰홰 내저으며 빠른 걸음걸이로 걷는 모양. 큰위죽위죽.

왜쭉-왜쭉[부][하자] 걸핏하면 성을 내는 모양.

왜첨(矮檐)[명] 짧고 낮은 처마.

왜청(倭青)[명] 당청보다 검은빛을 띤 검푸른 물감.

왜청-빛(倭青-)[명] [-삗][명] 검푸른 빛. * 왜청빛이[-삐치]·왜청빛만[-삔-]

왜축(矮縮)[명][하자][되자] (물건 따위가) 쪼그라져 줄어듦.

왜-콩(倭-)[명] '땅콩'의 잘못.

왜-태(-太)[명] 큰 명태.

왜퉁-스럽다[-따][~스러우니·~스러워][형][보] 보통 때와는 달리 아주 엉뚱한 데가 있다. 왜퉁스레[부].

왜틀-비틀[부][하자] 몸을 이리저리 흔들면서 걸어가는 모양.

왜포(倭布)[명] ⇨광목(廣木).

왜풍(倭風)[명]1 왜바람.

왜풍(倭風)[명]2 일본의 풍속.

왜형(歪形)[명] 비뚤어진 모양.

왜화(矮花)[명] 작은 꽃.

왝[명] ①왜가리의 울음소리. ②구역질이 나서 갑자기 게워 내는 소리. ②큰웩. **왝-왝**[부][하자].

왝왝-거리다[-꺼-][자] 자꾸 왝왝 소리를 내다. 왝왝대다. 큰웩웩거리다.

왝왝-대다[-때-][자] 왝왝거리다.

왠지[부] '왜 그런지'가 줄어서 된 말. ¶그가 난데없이 찾아온다니까 왠지 심란하구나.

왯다[옛] 와 있다. 왔다. ¶나는 녀 불셔 믌ᄀ애 왯거늘(杜초1:4).

왱[명] 작은 날벌레가 날아다닐 때나 전선 등에 바람이 세차게 스칠 때 나는 소리. 큰웽. **왱-왱**[부][하자].

왱강-댕강[부][하자] 얇고 작은 여러 개의 쇠붙이가 아무렇게나 부딪치며 나는 소리. 큰웽겅뎅겅.

왱그랑-거리다[자][타] 자꾸 왱그랑왱그랑하다. 왱그랑대다. 큰웽그렁거리다.

왱그랑-대다[자][타] 왱그랑거리다.

왱그랑-댕그랑[부][하자][타] 크기가 다른 작은 쇠붙이가 아무렇게나 부딪치며 나는 소리. 큰웽그렁뎅그렁.

왱그랑-왱그랑[부][하자][타] 풍경이나 방울 따위가 자꾸 부딪치며 나는 소리. 큰웽그렁웽그렁.

왱댕[부][하자] 요란하게 떠드는 소리, 또는 그 모양.

왱댕그랑[부][하자][타] 모양이나 크기가 다른 여러 개의 작은 쇠붙이가 요란하게 부딪치며 나는 소리.

왱-왱[부][하자] 소리를 높여 길게 뽑으며 글을 읽는 소리.

왱왱-거리다[자] 자꾸 왱왱 소리를 내다. 왱왱대다. 큰웽웽거리다.

왱왱-대다[자] 왱왱거리다.

외1[외/웨][명] 한글 자모(字母)의 단모음인 'ㅚ'의 음가(音價) 및 이름.

외:2[외/웨][명] 〈오이〉의 준말.

외:(外)[외/웨][Ⅰ][명] 시문(詩文)을 평가하는 등급의 맨 꼴찌.
[Ⅱ][의] 어떤 범위나 한계를 벗어나는 것. 밖. ¶필기도구 외에는 지참하지 마시오./그 외에 또 무엇이 필요한가?

외(椳)[외/웨][명] 흙벽을 만들 때, 댓가지나 싸리 등으로 가로세로 얽어서 흙을 받는 벽체(壁體)로 삼는 것. ¶외를 엮다.

외-[외/웨][접구] ①(일부 명사 앞에 붙어) '오직 하나만임', '한쪽에 치우친'의 뜻을 나타냄. ¶외아들./외길./외나무다리./외고집./외골수. ②(몇몇 부사 또는 동사 앞에 붙어) '홀로'의 뜻을 더함. ¶외따로.

외-(外)[외/웨][접두] (일부 명사 앞에 붙어) ①'밖'·'바깥'의 뜻을 나타냄. ¶외과피./외배엽./외산소. ②'외가(外家) 쪽 친척임'을 나타냄. ¶외삼촌./외할아버지./외할머니.

-외[어미] 〈옛〉 -되다. -이이다. ¶ 혼 몸으로서는 눈호디 못ᄒ여 민망ᄒ외(新語2:13).

외:가(外家)[외/웨-][명] 어머니의 친정. 외갓집. ⓵외가댁.

외-가닥[외/웨-][명] 외줄로 된 가닥. ¶외가닥으로 뻗은 길.

외가닥-길[외/웨-][명] '외길'의 잘못.

외:가-댁(外家宅)[외-땍/웨-땍][명] 〈외가〉의 높임말.

외:가-서(外家書)[외-/웨-][명] 중국에서, 유교의 경서(經書)와 사기(史記) 이외의 모든 서적을 통틀어 이르는 말. ⓸외서.

외:각(外角)[외-/웨-][명] ①다각형에서, 한 변과 그 이웃 변의 연장선 사이에 이루어진 각. ②야구에서, 아웃코너. ↔내각(內角).

외:각(外殼)[외-/웨-][명] 겉껍데기. ↔내각(內殼).

외:-각사(外各司)[외-싸/웨-싸][명] 지난날, 궁궐 밖에 있던 여러 관청. ↔내각사(內各司).

외:간(外間)[외-/웨-][명] 동기(同氣)나 친척이 아닌 남. ¶외간 남자.

외:간(外艱)[외-/웨-][명] 아버지의 상사(喪事), 또는 승중(承重)으로서 당하는 할아버지의 상사. 외간상(外艱喪). 외우(外憂). ↔내간(內艱).

외:간(外簡)[외-/웨-][명] 남자가 하는 편지.

외:간-상(外艱喪)[외-/웨-][명] ⇨외간(外艱). ↔내간상.

외-갈래[외-/웨-][명] 한 갈래.

외갈-소로(-小櫨)[명] 두공(枓栱) 끝에 놓는 접시받침. ⓵접시받침.

외:감(外感)[외-/웨-][명] 한방에서, '감기(感氣)', 또는 '기후의 갑작스러운 변화 등으로 일어나는 병'을 이르는 말.

외:-감각(外感覺)[외-/웨-][명] ⇨외부 감각.

외:감-내상(外感內傷)[외-/웨-][명] 한방에서, '감기에 배탈이 겹친 병증'을 이르는 말.

외:감지정(外感之情)[외-/웨-][명] 외부로부터의 자극으로 일어난 정.

외:갓-집(外家-) [외가찝/웨갇찝] 명 ☞외가.

외강(煨薑) [외-/웨-] 명 한방에서, '불에 구운 생강'을 약재로 이르는 말. 이질 등에 쓰임.

외:강내유(外剛內柔) [외-/웨-] 명하형 겉으로는 강하게 보이나 속은 부드러움. 내유외강. ↔외유내강.

외:객(外客) [외-/웨-] 명 ①(여자의 처지에서 이르는) 남자 손. 바깥손. ¶외객을 사랑채로 안내하다. ↔내객(內客). ②외부에서 온 손.

외:거(外舉) [외-/웨-] 명하자 일가나 친척이 아닌 남을 천거함.

외:거^노비(外居奴婢) [외-/웨-] 명 독립된 가정을 이루고 재산을 소유할 수 있었던 노비. 주인 집에 거주하지 않고, 주인의 토지를 경작하면서 조(租)만 바쳤음.

외:겁(畏怯) [외-/웨-] 명하다 두렵게 여기고 겁냄.

외:견(外見) [외-/웨-] 명 ☞외관(外觀).

외:겹[외-/웨-] 명 (겹으로 되지 않은) 단 한 켜. ¶외겹 치마.

외겹-실[외-쎌/웨-쎌] 명 ☞외올실. 홑실.

외:경(外徑) [외-/웨-] 명 ☞바깥지름.

외:경(畏敬) [외-/웨-] 명하다 ☞경외(敬畏).

외:-경동맥(外頸動脈) [외-/웨-] 명 경동맥의 한 가지. 안면과 두개부에 분포함.

외:-경정맥(外頸靜脈) [외-/웨-] 명 경정맥의 한 가지. 뒷머리와 귀 뒤의 외피(外皮)에 분포함.

외:-경험(外經驗) [외-/웨-] 명 철학에서, 감각과 지각에 따르는 경험의 객관화, 또는 주관화(主觀化)를 이르는 말.

외:계(外界) [외계/웨게] 명 ①사람이나 사물 등을 둘러싸고 있는 모든 것. 환경. ¶외계의 변화에 적응하다. ②지구 밖의 세계. ¶외계에서 오는 빛. ③철학에서, '인간의 인식과는 관계없이 독립하여 존재하는 모든 것'을 이르는 말.

외:계-인(外界人) [외계-/웨게-] 명 지구 밖의 다른 천체(天體)에서 온 사람. 우주인.

외:고(外姑) [외-/웨-] 명 편지 글에서, '장모(丈母)'를 일컫는 말. 참외구(外舅).

외-고리눈이[외-/웨-] 명 한쪽 눈이 고리눈으로 된 말.

외-고집(-固執) [외-/웨-] 명 외곬으로 부리는 고집, 또는 그런 고집을 부리는 사람.

외:곡(外穀) [외-/웨-] 명 외국에서 나는 곡물, 또는 외국으로부터 수입한 곡물.

외곡(歪曲) [외-/웨-] 명 '왜곡(歪曲)'의 잘못.

외:-골격(外骨格) [외-/웨-] 명 일부 동물의 몸의 거죽을 이루고 있는 뼈 모양의 물질. 〔연체동물의 껍데기 따위.〕 겉뼈대.

외-골목[외-/웨-] 명 단 하나뿐인 골목.

외-골수(-骨髓) [외-쑤/웨-쑤] 명 '한 가지에만 매달리고 파고드는 사람'을 이르는 말.

외-곬[외골/웨골] 명 ①한 곳으로만 트인 길. ②단 한 가지 방법이나 일. 《주로, '외곬으로'의 꼴로 쓰임.》 ¶외곬으로 파고들다. * 외곬이[외골씨/웨골씨]·외곬만[외골-/웨골-]

외:공(外供) [외-/웨-] 명 〔내공(內供)에 대하여〕 '옷의 거죽감'을 이르는 말.

외:과(外科) [외꽈/웨꽈] 명 의학의 한 분과. 외부의 상처나 내부 여러 기관의 질병을 수술이나 처치에 의하여 치료함. ↔내과(內科).

외:-과(外踝) [외-/웨-] 명 발목 바깥쪽에 있는 복사뼈. ↔내과(內踝).

외:과-의(外科醫) [외꽈의/웨꽈이] 명 외과 치료를 전문으로 하는 의사.

외:-과피(外果皮) [외-/웨-] 명 열매의 가장 바깥쪽에 있는 껍질. 겉 열매껍질. 참내과피(內果皮)·중과피(中果皮).

외:곽(外廓·外郭) [외-/웨-] 명 ①성 밖으로 다시 둘러쌓은 성. 외성(外城). ②바깥 테두리. ¶외곽 도로. /외곽 지대. ↔내곽(內廓).

외:곽(外槨) [외-/웨-] 명 관(棺)을 담는 곽. 외곽(外棺).

외:곽^단체(外廓團體) [외-딴-/웨-딴-] 명 관청이나 단체 등의 조직과는 형식상 별개이나 그것의 보조를 받아 운영되며 사업 활동을 하는 단체. 〔철도청의 홍익회 따위.〕

외:관(外官) [외-/웨-] 명 지난날, 지방의 관직이나 관원을 이르던 말. ↔경관(京官).

외:관(外棺) [외-/웨-] 명 ☞외곽(外槨).

외:관(外觀) [외-/웨-] 명 겉모양. 겉보기. 보임새. 불품. 외견(外見). ¶외관이 번듯하다.

외:-광선(外光線) [외-/웨-] 명 옥외의 태양 광선.

외:광-파(外光派) [외-/웨-] 명 ①근대 프랑스 회화의 한 유파. 주로, 야외의 태양 광선 아래에서의 자연을 묘사함. ②'인상파'를 달리 이르는 말.

외:교(外交) [외-/웨-] 명하자 ①외국과의 교제나 교섭, 또는 국가 상호 관계를 맺는 일. ¶대미(對美) 외교. ②외부와 교제나 교섭을 하는 일. ¶외교 수완이 좋다.

외:교(外敎) [외-/웨-] 명 불교의 처지에서, 불교 이외의 종교를 이르는 말. 외도(外道). ↔내교(內敎).

외:교-가(外交家) [외-/웨-] 명 ①외교를 직업으로 하는 사람. ②외교에 능한 사람.

외:교-관(外交官) [외-/웨-] 명 외교 통상부 장관의 감독 아래 외국에 주재하며 외교 사무에 종사하는 공무원을 통틀어 이르는 말.

외:교-권(外交權) [외-뀐/웨-뀐] 명 주권 국가로서 제삼국의 간섭을 받지 않고 다른 나라와 외교 관계를 맺을 수 있는 권리.

외:교-단(外交團) [외-/웨-] 명 한 나라에 주재하거나 임국에 파견되는 외교 사절의 단체.

외:교^문서(外交文書) [외-/웨-] 명 ①외교 교섭에서 교환되거나 작성되는 모든 공문서. ②외교 관계의 일정한 의사 표시를 적은 문서.

외:교-부(外交部) [외-/웨-] 명 중앙 행정 기관의 하나. 외교 정책, 통상·경제 협력, 조약, 기타 국제 협정 등에 관한 사무를 맡아봄.

외:교-사(外交史) [외-/웨-] 명 어떤 나라 또는 어떤 시대의 외교에 관한 역사.

외:교^사:절(外交使節) [외-/웨-] 명 외교 교섭을 하고, 자국민을 보호 감독하며, 주재국의 정세를 살펴 보고하기 위하여 파견되는 사절.

외:교-술(外交術) [외-/웨-] 명 외교하는 수완. ¶외교술이 좋은 사원.

외:교-원(外交員) [외-/웨-] 명 은행이나 회사 등에서 교섭이나 권유·선전·판매 등을 위하여 고객을 방문하는 일을 주로 하는 사원. 외무원.

외:교-적(外交的) [외-/웨-] 관명 ①외교에 관한 (것). 외교와 관계되는 (것). ¶양국 간에 외교적 접촉을 시도하다. ②외교와 같은 (것). ¶외교적 수법.

외:교^정책(外交政策) [외-/웨-] 명 한 나라가 자국(自國)의 정치 목적이나 국가 이익을 위하여 다른 나라에 대하여 취하는 정책.

외:교^특권(外交特權) [외-뀐/웨-뀐] 명 외교 사절이 주재하는 나라에서 누리는 국제법상의 특권. 〔불가침권·치외 법권 따위.〕

외:교-파우치 (外交pouch) [외-/웨-] 圐 외교상의 기밀 문서나 자료 따위를 수송하는 데 쓰는, 특수한 우편 행낭.

외:구 (外寇) [외-/웨-] 圐 ⇒외적(外敵). ↔내구.

외:구 (外舅) [외-/웨-] 圐 편지 글에서, '장인(丈人)'을 일컫는 말. 웹외구(外姑).

외:구 (畏懼) [외-/웨-] 圐|하재 삼가고 두려워함.

외:국 (外局) [외-/웨-] 圐 중앙 행정 기관에 직속되어 있으면서, 독립적인 특수 사업을 집행하는 기관.

외:국 (外國) [외-/웨-] 圐 자기 나라 이외의 '다른 나라'. 외방(外邦). 이국(異國). 타국(他國). ¶외국 상품. /외국으로 이민을 가다.

외:국=공채 (外國公債) [외-꽁-/웨-꽁-] 圐 정부나 공공 단체 등이 외국의 자본 시장에서 발행하는 공채. 웹외국채·외채.

외:국=무:역 (外國貿易) [외-/웨궁-] 圐 외국을 상대로 하여 이루어지는 수출과 수입. 해외 무역.

외:국-미 (外國米) [외궁-/웨궁-] 圐 외국에서 수입한 쌀. 웹외미.

외:국-법 (外國法) [외-뻡/웨-뻡] 〔내국법(內國法)에 상대하여 이르는〕외국의 법률.

외:국=법인 (外國法人) [외-뻐빈/웨-뻐빈] 圐 외국의 법령에 따라 설립된 법인.

외:국^사:절 (外國使節) [외-싸-/웨-싸-] 圐 외국 정부로부터 파견되어 온 특명 전권 대사·특명 전권 공사·대리 공사·임시 외교 사절 등을 통틀어 이르는 말.

외:국-산 (外國産) [외-싼/웨-싼] 圐 외국에서 생산된 물건. ↔내국산.

외:국-선 (外國船) [외-썬/웨-썬] 圐 다른 나라의 배. 외국에 선적(船籍)을 두고 있는 선박.

외:국-선^추섭권 (外國船追躡權) [외-썬-꿘/웨-썬-꿘] 圐 한 나라의 영해 안에서 밀어(密漁)의 위법 행위를 한 외국 선박을 그 나라의 군함이 영해 밖까지 쫓아가서 나포할 수 있는 권리.

외:국-어 (外國語) [외-/웨-] 圐 다른 나라의 말. 웹외래어.

외:국인 (外國人) [외-/웨-] 圐 다른 나라의 사람. 외국의 국적을 가진 사람. 〔무국적자도 이에 포함됨.〕타국인(他國人). 웹외인.

외:국인^학교 (外國人學校) [외-꾜/웨-꾜] 圐 외국인의 자녀를 대상으로 하여 그 본국의 교과 과정에 따른 교육을 실시하는 학교.

외:국^자본 (外國資本) [외-짜-/웨-짜-] 圐 외국 투자가에 의하여 투자되는 자본. 웹외자.

외:국-제 (外國製) [외-쩨/웨-쩨] 圐 외국에서 만든 물건. 웹외제. ↔내국제(內國製).

외:국-채 (外國債) [외-/웨-] 圐 외국 시장에서 기채(起債)하여 납입과 상환도 외국 시장에서 하는 공채나 사채. ②〈외국 공채〉의 준말. 웹외채.

외:국^판결 (外國判決) [외-/웨-] 圐 외국 법원의 확정 판결. 민사에서는 일정 요건만 갖추면 국내의 판결과 같은 효력을 가짐.

외:국^항:로 (外國航路) [외구캉노/웨구캉노] 圐 국내에서 외국에 이르는 항로.

외:국^화:폐^어음 (外國貨幣-) [외구콰폐-/웨구콰페-] 圐 어음 금액이 외국 화폐로 표시된 어음.

외:국-환 (外國換) [외구콴/웨구콴] 圐 국제간의 채권·채무를 현금으로 하지 않고 환어음으로 결제하는 방식. 국제환. 웹외환.

외:국환^관리법 (外國換管理法) [외구콴괄-뻡/웨구콴괄-뻡] 圐 외국환과 그 대외 거래의 관리에 관한 제반 사항을 규정한 법률. 웹외환관리법.

외:국환^시:장 (外國換市場) [외구콴-/웨구콴-] 圐 외국환이 거래되며 환시세(換時勢)가 이루어지는 시장. 웹외환 시장.

외:국환^어음 (外國換-) [외구콰너-/웨구콰너-] 圐 어음의 발행지와 지급지가 서로 다른 나라로 되어 수출입 거래에 사용되는 환어음. 국제 어음.

외:국환^은행 (外國換銀行) [외구콰는-/웨구콰는-] 圐 외국환의 매매, 수출입 신용장의 개설, 대외 환거래 계약의 체결 등 외국환 업무를 다루는 특수 은행. 웹외환 은행.

외:군 (外軍) [외-/웨-] 圐 다른 나라의 군대. ¶외군의 주둔을 반대하다.

외:근 (外勤) [외-/웨-] 圐|하재 (관청이나 회사 등의 직원으로서) 외부와 관계되는 일을 하기 위해 직장 밖에 나가서 근무함, 또는 그 일. ¶외근 사원. ↔내근(內勤).

외:-금정 (外金井) [외-/웨-] 圐 무덤의 구덩이를 팔 때 그 길이와 넓이를 금정틀에 맞추어 파낸 곳.

외:기 (外技) [외-/웨-] 圐 ⇒잡기(雜技).

외:기 (外記) [외-/웨-] 圐 본문(本文) 이외의 기록.

외:기 (外氣) [외-/웨-] 圐 바깥의 공기. ¶외기를 쐬다.

외:기 (畏忌) [외-/웨-] 圐|하재 두려워하고 꺼림. 외탄(畏憚).

외:-기권 (外氣圈) [외-꿘/웨-꿘] 圐 대기의 가장 바깥쪽 기층(氣層).

외-기러기 [외-/웨-] 圐 짝이 없는 한 마리 외로운 기러기. 고안(孤雁).

외-길 [외-/웨-] 圐 ①한 군데로만 난 길. ②한 가지 방법이나 방향만을 택하는 태도. ¶외길 인생.

외길-목 [외-/웨-] 圐 두 갈래의 길에서 외길로 접어들게 된 어귀. 웹외목.

외:-김치 [외-/웨-] 圐 〈오이김치〉의 준말.

외:-꼬부랑이 [외-/웨-] 圐 꼬부라진 모양의 오이.

외꼬지 [외-/웨-] 圐 조의 한 품종. 줄기가 희고 까끄라기가 짧으며 알이 누름.

외나무-다리 [외-/웨-] 圐 좁은 시내나 도랑 같은 데에, 통나무 하나를 걸치거나 나무토막 여러 개를 길이로 잇대어 놓은 다리. 독목교.

외나무다리에서 만날 날이 있다[속담] 남과 원수진 사람은 언젠가는 피하기 어려운 데에서 만나 화를 당하게 마련임을 이르는 말.

외:-나물 [외-/웨-] 圐 ⇒오이풀.

외:난 (外難) [외-/웨-] 圐 밖으로부터 닥치는 재난.

외-눈 [외-/웨-] 圐 ①한쪽 눈. ②'애꾸눈이'의 잘못.

외눈-박이 [외-/웨-] 圐 애꾸눈이.

외눈-부처 [외-/웨-] 圐 〔하나밖에 없는 눈동자라는 뜻으로〕'매우 소중한 것'을 가리키는 말.

외눈-퉁이 圐 '애꾸눈이'의 잘못.

외:다¹ [외-/웨-] 国 〔(외우다)의 준말.〕¶천자문을 외다. ②(같은 말을) 되풀이하여 말하다.

외:다² [외-/웨-] ① 国|자|피하여 비키다. Ⅱ 圐 물건을 제대로 놓이지 않고 뒤바뀌어 있어 쓰기에 불편하다.

외다³ [외-/웨-] 죄 〈오이다〉의 준말. ¶별명이 돼지외다/제 안식구외다. 웹이외다.

외다[혱] 〈옛〉그르다. ¶그 겻티 귀먹은 벙어리는 외다 올타 하더라(古時調).

-외다[외-/웨-] [어미] 〈-오이다〉의 준말. ¶내일 가외다. /자리가 참 편하외다. ❸으외다.

외-다리[외-/웨-] 명 ①하나만 있는 다리. ②'다리가 하나뿐인 사람이나 물건'을 비유하여 이르는 말.

외-당(外堂)[외-/웨-] 명 ⇨사랑(舍廊).

외:-당숙(外堂叔)[외-/웨-] 명 '외종숙(外從叔)'을 친근하게 일컫는 말.

외:-당숙모(外堂叔母)[외-숙-/웨-숙-] 명 '외종숙모'를 친근하게 일컫는 말.

외:-당질(外堂姪)[외-/웨-] 명 ⇨외종질.

외:-당질녀(外堂姪女)[외-려/웨-려] 명 ⇨외종질녀.

외-대[외-/웨-] 명 나무나 풀 따위의 단 한 대(줄기).

외-대(外待)[외-/웨-] 명 하타 푸대접. ¶심한 외대를 받다.

외-대다¹[외-/웨-] 타 사실과 반대로 일러 주다. ¶나무꾼은 사냥꾼에게 사슴이 도망간 쪽을 외대었다.

외대다²[외-/웨-] 타 ①소홀하게 대하다. ②꺼리며 멀리하다.

외대-머리[외-/웨-] 명 정식 혼례를 하지 않고 머리를 쪽 찐 여자. 기생이나 매춘부 등을 가리켜 이르던 말.

외대-박이[외-/웨-] 명 ①돛대가 하나뿐인 배. ❸두대박이. ②배추나 무의 한 포기로 한 뭇을 만든 것. ③'애꾸눈이'의 잘못.

외대-으아리[외-/웨-] 명 미나리아재빗과의 낙엽 활엽 만초. 산기슭 양지에 남. 여름에 흰 꽃이 피고 열매는 가을에 익음. 뿌리는 약으로 쓰고 어린잎은 식용함.

외:도(外道)¹[외-/웨-] 명 ①지난날, 경기도(京畿道) 이외의 다른 도를 이르던 말. ②불교에서, 불교 이외의 종교, 또는 그것을 따르는 사람을 이르는 말. 외교(外教). ↔내도(內道).

외:도(外道)²[외-/웨-] 명 ①정도(正道)가 아닌 길, 또는 정도를 어기는 일. ②하자 오입(誤入). ③하자 본업을 떠나서 다른 일에 손을 댐.

외-독(-櫝)[외-/웨-] 명 하나의 신주(神主)만 모신 독. ❸합독(合櫝).

외-돌다[외-/웨-] [-도니·~돌아] 자 ①비뚤어지게 돌다. ②남과 어울리지 않고 따로 떨어져 행동하다.

외-돌토리[외-/웨-] 명 기댈 데 없고 매인 데도 없는 홀몸. 외돌이. ❀외톨.

외-동[외-/웨-] 명 〈외동무니〉의 준말.

외동-덤[외-/웨-] 명 자반고등어 따위의 배 속에 덤으로 끼워 놓는 한 마리의 새끼 자반.

외동-딸[외-/웨-] 명 '외딸'을 귀엽게 이르는 말. ¶무남독녀 외동딸.

외동-무니[외-/웨-] 명 윷놀이에서, 한 동으로만 가는 말. ❀외동.

외동-아들[외-/웨-] 명 '외아들'을 귀엽게 이르는 말.

외-둥이[외-/웨-] 명 '외아들'을 귀엽게 이르는 말.

외:-등(外等)[외-/웨-] 명 지난날, 시험 성적이 가장 낮은 등급. 차하(次下)의 아래로, 영점인 것을 이름.

외:-등(外燈)[외-/웨-] 명 〈옥외등〉의 준말.

외-따님[외-/웨-] 명 남을 높이어 그의 '외딸'을 일컫는 말. ❸고명딸.

외-따로[외-/웨-] 부 오직 홀로. 혼자 따로. ¶외따로 있는 초가집.

외-따름하다[외-/웨-따] [~따로우니·~따로워][혱ㅂ] 홀로 떨어져 외딴 듯하다. **외따로이**부.

외-딴[외-/웨-] 명 (태견 같은 운동에서) 혼자 휩쓸며 판을 치는 일.

외딴²[외-/웨-] 관 외따로 떨어져 있는. ¶외딴 초가집.

외딴-곳[외-곧-/웨-곧-] 명 외따로 떨어져 있는 곳. * 외딴곳이[외-고시/웨-고시]·외딴곳만[외-곤-/웨-곤-]

외딴-길[외-/웨-] 명 외따로 난 작은 길.

외딴-섬[외-/웨-] 명 뭍에서 멀리 떨어져 외따로 있는 섬.

외딴-집[외-/웨-] 명 외따로 떨어져 있는 집.

외딴-치다[외-/웨-] [I]자 (태견 같은 운동에서) 혼자 휩쓸며 판을 치다. [II]타 《주로 '-을'의 조사가 생략된 꼴로 쓰이어》 능히 앞지르다. ¶남자 외딴치게 꿋꿋한 여자.

외-딸[외-/웨-] 명 ①아들 없이 단 하나뿐인 딸. ②딸로는 하나뿐인 딸. ③고명딸. ↔외아들.

외-딸다[외-/웨-] [~따니·~딸아] 혱 다른 것과 잇닿아 있지 않고 홀로 떨어지다. ¶외딸고 낡은 집.

외-떡잎[외떡닙/웨떡닙] 명 떡잎이 한 장인 것. 단자엽(單子葉). ❀뭇떡잎·쌍떡잎. * 외떡잎이[외떡니피/웨떡니피]·외떡잎만[외떡님-/웨떡님-]

외떡잎-식물(-植物)[외떡닙씽-/웨떡닙씽-] 명 밑씨가 한 장의 떡잎을 가진 식물. (벼·보리·백합 따위.) 단자엽식물(單子葉植物).

외-떨어지다[외-/웨-] 자 외롭게 따로 떨어지다.

외람(猥濫)[외-/웨-] '외람하다'의 어근.

외:람-되다(猥濫-)[외-되-/웨-뒈-] 혱 (하는 짓이) 분수에 지나친 데가 있다. ¶외람된 말씀이오나…. **외람되-이**부.

외:람-스럽다(猥濫-)[외-따/웨-따] [~스러우니·~스러워][혱ㅂ] 외람한 데가 있다. **외람스레**부.

외:람-하다(猥濫-)[외-/웨-] 혱 (하는 짓이) 분수에 지나치다. **외람-히**부.

외:-랑(外廊)[외-/웨-] 명 집채의 바깥쪽에 달린 복도.

외:래(外來)[외-/웨-] 명 《주로 일부 명사 앞에 쓰이어》 ①외국에서 들어오거나 전하여 옴. ¶외래 사조. ②외부로부터 옴. ③(환자가 병원에 입원하여 치료받지 않고) 병원에 다니면서 치료를 받는 일, 또는 그러한 환자.

외:래-문화(外來文化)[외-/웨-] 명 외국에서 전하여 온 문화. ¶외래문화에 동화되다.

외:래-어(外來語)[외-/웨-] 명 외국에서 들어온 말로, 국어처럼 쓰는 단어. 특히, 한자어 이외의 외국어가 국어화된 것. 〔감포·라디오·아파트 따위.〕 들온말.

외:래-종(外來種)[외-/웨-] 명 외국에서 들어온 씨나 품종. ↔재래종.

외:래-품(外來品)[외-/웨-] 명 외국에서 들어온 물품. ↔국산품.

외:래^환자(外來患者)[외-/웨-] 명 (병원 쪽에서 입원한 환자와 구별하여) '진찰이나 치료를 받으러 오는 환자'를 이르는 말.

외:려[외-/웨-] 부 〈오히려〉의 준말. ¶외려 잘 되었다.

외:-력(外力)[외-/웨-] 명 물체의 외부에서 작용하는 힘.

외:로[외-/웨-]𝙵 왼쪽으로. 왼쪽으로 향하여. ¶외로 꼰 새끼. ↔오르로.

  외로 지나 바로 지나관용 이렇게 되든지 저렇게 되든지 마찬가지라는 뜻.

외:로-뒤기[외-/웨-]명 씨름 기술의 한 가지. 상대편을 안걸이나 연장걸이로 걸거나, 또는 걸린 사람이 몸을 외로 뒤어 넘어뜨리는 기술.

외로움[외-/웨-]명 (홀로 되거나 의지할 데가 없어) 쓸쓸한 느낌. 고독한 느낌. ¶외로움을 타는 아이.

외:-론(外論)[외-/웨-]명 외부의 논평.

외롭다[외-따/웨-따][외로우니·외로워]형ㅂ 홀로 되거나 의지할 데가 없어 쓸쓸하다. ¶혼자서 외롭게 살아가시는 외할머니. **외로이**𝙵 ¶외로이 떠나다.

외:-륜(外輪)[외-/웨-]명 ①바깥쪽의 바퀴. ②바퀴의 바깥쪽에 단 쇠나 강철제의 둥근 테. ③원형을 이룬 바깥 둘레.

외:륜-산(外輪山)[외-/웨-]명 복성 화산(複成火山)에서 중앙의 분화구(噴火口)를 둘러싸고 있는 고리 모양의 산.

외:륜-선(外輪船)[외-/웨-]명 배의 중앙부 양쪽이나 고물에 물레방아 모양의 추진 장치를 달아 항해하는 선박.

외:마(畏馬)[외-/웨-]명하자 말(馬)을 두려워함.

외-마디[외-/웨-]명 ①(말이나 소리의) 한 마디. ¶갑자기 '윽' 하는 외마디 비명이 들렸다. ②마디가 없이 한 결로 밋밋하게 된 동강.

외-마치[외-/웨-]명 ①의로 치는 마치. ¶외마치라 헛손질이 많다. ②혼자서 치는 마치.

외마치-장단[외-/웨-]명 북이나 장구 등을 칠 때, 소리의 높낮이나 박자의 변동 없이 단조롭게 치는 장단.

외:-맥(外麥)[외-/웨-]명 외국산 보리나 밀.

외-맹이[외-/웨-]명 광산에서 돌에 구멍을 뚫을 때, 망치를 한 손으로 쥐고 정을 때리는 일, 또는 그 망치.

외-며느리[외-/웨-]명 오직 하나뿐인 며느리.

  외며느리 고운 데 없다속담 외며느리는 다른 며느리와 비교할 수가 없기 때문에 언제나 밉게 보이기 마련이라는 뜻.

외:면(外面)¹[외-/웨-]명 ①거죽. 겉. 겉면. ②겉에 나타난 모양. 겉모양. ¶사람을 외면만 보고 판단하다. ↔내면(內面).

외:면(外面)²[외-/웨-]명하자 ①대면하기를 꺼리어 피하거나 얼굴을 돌림. ¶친구의 시선을 외면하다. ②(어떤 인물이나 사상·학문 따위를) 받아들이지 않고 배척하거나 도외시함. ¶현실을 외면하다. /진실을 외면하다.

외:면^묘:사(外面描寫)[외-/웨-]명 소설 등에서, 동작이나 태도 등 외면에 드러난 상태만을 묘사함으로써 인물의 성격이나 심리를 표현하려는 인물 묘사법. ↔내면 묘사.

외:면-수새(外面-)[외-/웨-]명하타 마음에 없는 짓으로 그럴듯하게 발라맞춤.

외:-면적(外面積)[외-/웨-]명 물체의 겉넓이.

외:면-치레(外面-)[외-/웨-]명하자 겉모양만 그럴듯하게 꾸밈. 겉치레. 면치레. 외식(外飾). ¶한푼 없는 주제에 외면치레는 번드레하다.

외:-명부(外命婦)[외-/웨-]명 조선 시대에, 대전 유모(大殿乳母), 왕비의 어머니, 왕녀, 왕세자녀, 종친의 아내, 문무관(文武官)의 아내로서 품계를 가졌던 사람. ⤵내명부.

외:모(外侮)[외-/웨-]명 외부로부터 받는 모욕.

외:모(外貌)[외-/웨-]명 겉에 나타난 모습이나 용모. 겉모습. ¶외모가 단정하다.

  외모는 거울로 보고 마음은 술로 본다속담 술이 들어가면 본심을 털어놓고 이야기한다는 뜻으로 하는 말.

외:목[외-/웨-]명 ①〈외길목〉의 준말. ②〈외목장사〉의 준말.

외:목(外目)[외-/웨-]명 ①건축에서, '기둥의 바깥쪽'을 이르는 말. ↔내목. ②바둑에서, 제3선과 제5선이 교차하는 점을 이르는 말. 보통, 귀에 착점하는 정석(定石) 위치의 한 가지임.

외:목-도리(外目-)[외-또-/웨-또-]명 건축에서, '포작(包作) 바깥에 서까래를 얹기 위해 가로 걸는 도리'를 이르는 말.

외:목-장사[외-짱-/웨-짱-]명하자 혼자만 독차지하여 파는 장사. ⤵외목.

외:목-장수[외-짱-/웨-짱-]명 외목장사를 하는 사람.

외-몬뎌다위[외-/웨-]명 '단봉낙타(單峰駱駝)'를 흔히 이르는 말.

외:-무(外務)[외-/웨-]명 ①외국에 관한 정무(政務). ↔내무. ②나다니며 보는 업무.

외:무-대신(外務大臣)[외-/웨-]명 조선 말기, 외무아문(外務衙門)의 으뜸 벼슬.

외:무-아문(外務衙門)[외-/웨-]명 조선 말기에, 외교 행정을 총괄하던 관청.

외:무-원(外務員)[외-/웨-]명 ☞외교원(外交員)

외:무주장(外無主張)[외-/웨-]명하형 집안에 살림을 주장할 만한 장성한 남자가 없음. ⤵내무주장.

외:문(-門)[외-/웨-]명 외짝으로 된 문.

외:문(外門)[외-/웨-]명 바깥문.

외:문(外聞)[외-/웨-]명하자 초상집에 이르러, 들어가지 않고 문밖에서 조문하는 일.

외:문(外聞)[외-/웨-]명 바깥소문.

외:-물(外物)[외-/웨-]명 ①외계(外界)에 존재하는 사물. ②철학에서, '내면에 접촉하는 모든 객관적 대상'을 이르는 말.

외:-미(外米)[외-/웨-]명 〈외국미(外國米)〉의 준말. ¶외미 도입.

외:-바퀴[외-/웨-]명 외짝으로 된 바퀴. ¶외바퀴 자전거. /외바퀴 수레.

외:박(外泊)[외-/웨-]명하자 자기 집이나 정해진 데에서 자지 않고 딴 데 나가서 잠. 외숙(外宿). ¶하루가 멀다고 외박이니 부부 싸움이 잦은 것도 당연하다.

외:-반슬(外反膝)[외-/웨-]명 두 다리를 한데 모으고 섰을 때, 무릎 아랫부분이 바깥쪽으로 구부러진 상태의 다리. 엑스각(X脚). ↔내반슬.

외발-제기[외-/웨-]명 한 발로만 차는 제기.

외:방(外方)[외-/웨-]명 ①지난날, '서울 이외의 지방'을 이르던 말. 외하방(外下方). ②☞외지(外地). ③바깥쪽. 외부.

외:방(外邦)[외-/웨-]명 남의 나라. 외국(外國). 타국.

외:방(外房)[외-/웨-]명 ①바깥에 있는 방. ②첩의 방. ③하자 〈외방출입〉의 준말.

외:방^별과(外方別科)[외-/웨-]명 조선 시대에, 임금의 명령에 따라 지방에서 보이던 과거의 한 가지. 함경도·평안도·강화·제주 등지에서 실시하였는데 인원은 일정하지 않았음.

외:방-살이(外方-)[외-/웨-]명하자 지난날, '벼슬아치가 지방 관아에 파견되어 지내는 생활'을 이르던 말.

외:방-출입(外房出入)[외-/웨-]몜하자 계집질을 하고 다님. ㉠외방.

외:-밭[외받/웨받]뗌 오이나 참외를 심은 밭. *외:밭이[외바치/웨바치]·외:밭을[외바틀/웨바틀]·외:밭만[외반-/웨반-].

외:-배엽(外胚葉)[외-/웨-]뗌 동물의 배(胚)의 맨 겉층을 이루는 세포층. 〔나중에 신경계·감각기 등을 형성하는 부분임.〕㉠내배엽(內胚葉).

외:-배유(外胚乳)[외-/웨-]뗌 배낭(胚囊) 밖의 주심 조직(珠心組織)이 양분을 저장하여 저장 조직으로 된 것. 〔명아줏과·석류과의 씨 따위.〕㉠내배유(內胚乳).

외:-백호(外白虎)[외백코/웨백코]뗌 풍수설에서, 주산(主山)에서 남쪽을 향하여 오른쪽으로 벋어 나간 여러 갈래의 산줄기 가운데서 맨 바깥 줄기를 이르는 말. ㉠내백호(內白虎).

외:번(外藩)[외-/웨-]뗌 ①국경 밖의 자기 나라 속지(屬地). ②제왕(諸王)·제후(諸侯)의 봉국(封國).

외별-노[외-로/웨-로]뗌 얇고 좁다란 한 조각의 쇠붙이 쪽으로 비벼서 꼰 노.

외별-매듭[외-/웨-]뗌 한 번만 맺은 매듭.

외:벌-적(外罰的)[외-적/웨-적]뀀 심리학에서, 뜻대로 되지 않거나 난처한 일이 생겼을 때 그것을 남의 탓으로 돌리는 경향을 (것). ㉠내벌적(內罰的).

외:벽(外壁)[외-/웨-]뗌 바깥쪽의 벽. 밭벽. ㉠내벽(內壁).

외:변(外邊)[외-/웨-]뗌 바깥의 둘레.

외:보(外報)[외-/웨-]뗌 외국으로부터의 통신이나 보도.

외:-보도리[외-/웨-]뗌 오이를 썰어서 소금에 조금 절인 다음 기름으로 볶은 반찬.

외:복(畏服)[외-/웨-]뗌하자되자 두려워하며 복종함.

외:봉(外封)[외-/웨-]뗌 겉봉.

외:봉-선(外縫線)[외-/웨-]뗌 속씨식물의 수꽃술로 변한 잎의 주맥(主脈).

외:봉-치다(外-)[외-/웨-]턔 물건을 훔쳐 딴 곳으로 옮겨 놓다.

외:부(外部)¹[외-/웨-]뗌 ①물체나 일정한 범위의 바깥 부분. ¶건물 외부의 벽면. ②그 단체나 조직의 밖. ¶경비실에서 외부 사람의 출입을 통제하다. /회사의 신제품 정보가 외부로 새어 나가다. ㉠내부(內部).

외:부(外部)²[외-/웨-]뗌 조선 말기에 '외무아문(外務衙門)'을 고친 이름.

외:부^감:각(外部感覺)[외-/웨-]뗌 외부로부터의 자극에 따라 일어나는 감각. 자극의 종류에 따라 시각·청각·후각·미각·촉각의 오감(五感)으로 나뉨. 외감각(外感覺).

외:부^기생(外部寄生)[외-/웨-]뗌 기생 동물이 숙주(宿主)의 몸 거죽에 붙어서 살아가는 상태. ㉠내부 기생(內部寄生).

외:부^기억^장치(外部記憶裝置)[외-짱-/웨-짱-]뗌 컴퓨터에서, 자기 디스크나 자기 테이프 따위와 같이 중앙 처리 장치에서 따로 떨어진 기억 장치.

외:부내빈(外富內貧)[외-/웨-]뗌하뼝 겉보기에는 부유한 듯하나 실상은 가난함. ↔외빈내부.

외:부-대신(外部大臣)[외-/웨-]뗌 조선 말기, 외부(外部)의 으뜸 벼슬.

외부^영력(外部營力)[외-녁/웨-녁]뗌 지구의 외력(外力). ↔내부 영력(內部營力).

외:부-협판(外部協辦)[외-/웨-]뗌 조선 말기, 외부대신의 아래 벼슬.

외:분(外分)[외-/웨-]뗌하타 수학에서, 점이 선분의 연장선 상에 있는 것. 점 P가 선분 AB의 연장선 상에 있을 때, 점 P는 선분 AB를 PA:PB로 외분한다고 함. ↔내분(內分).

외:분-비(外分比)[외-/웨-]뗌 수학에서, 하나의 선분을 외분하는 비율. ↔내분비(內分比).

외:-분비(外分泌)[외-/웨-]뗌 동물체에서, 외분비샘을 통하여 몸 거죽이나 소화관 등으로 분비액을 내보내는 현상. 땀·젖·소화액 따위의 분비를 이름.

외:분비-샘(外分泌-)[외-/웨-]뗌 외분비 작용을 하는 샘. 〔땀샘·눈물샘·침샘 따위.〕

외:분-점(外分點)[외-점/웨-점]뗌 수학에서, 선분을 외분하는 점. ↔내분점(內分點).

외:비(外備)[외-/웨-]뗌 외적의 침입을 막기 위한 군사상의 방어 대책.

외:빈(外賓)[외-/웨-]뗌 외부나 외국에서 온 귀한 손. ¶외빈 응접실.

외:빈내부(外貧內富)[외-/웨-]뗌하뼝 겉보기에는 가난한 듯하나 실상은 부유함. ↔외부내빈.

외별소-자리[외-/웨-]뗌 별자리의 하나. 오리온자리의 동쪽 은하 중에 있음. 이른 여름 저녁에 남중(南中)함.

외:사(外史)[외-/웨-]뗌 ①지난날, 사관(史官) 이외의 사람이 기록한 역사. ②(민간에서 사사로이 기록한) 정사(正史)가 아닌 역사의 기록.

외:사(外使)[외-/웨-]뗌 외국의 사신이나 사절.

외:사(外事)[외-/웨-]뗌 ①바깥일. ②외국이나 외국인과 관계되는 일.

외:-사면(外斜面)[외-/웨-]뗌 바깥쪽의 사면. ↔내사면(內斜面).

외:-사촌(外四寸)[외-/웨-]뗌 외삼촌의 아들이나 딸. 외종(外從). 외종 사촌. 표종(表從). ㉠친사촌.

외:-삼촌(外三寸)[외-/웨-]뗌 어머니의 남형제. 외숙. 외숙부. 표숙(表叔). ㉠친삼촌.

외삼촌 산소에 벌초하듯 [솀] 정성을 들이지 않고 건성으로 일을 이르는 말.

외:삼촌-댁(外三寸宅)[외-땍/웨-땍]뗌 〈외숙모〉의 속된 말.

외:상[외-/웨-]뗌 값은 나중에 치르기로 하고 물건을 사고파는 일. ¶외상 사절. /외상을 긋다. /외상 거래를 트다.

외상이면 소〔당나귀〕도 잡아먹는다 [솀] 뒷일은 생각지 않고 당장 좋은 일이면 무턱대고 하고 봄을 이르는 말.

외:-상(-床)[외-/웨-]뗌 한 사람 몫으로 차린 음식상. ¶외상을 받다. 뗌독상(獨床). ㉠겸상.

외:상(外相)[외-/웨-]뗌 우리나라의 '외교 통상부 장관'에 해당하는 외국의 관직을 흔히 이르는 말.

외:상(外傷)[외-/웨-]뗌 몸의 겉에 생긴 상처. ¶외상이 심하다.

외:상-값[외-깝/웨-깝]뗌 외상으로 거래한 물건의 값. ¶외상값이 밀리다. *외:상값이[외-깝씨/웨-깝씨]·외:상값만[외-깜-/웨-깜-].

외:상-관례(-冠禮)[외-괄-/웨-괄-]뗌하자 ➪외자관례.

외:상코지[외-/웨-]뗌 (어떤 일을 시키거나 물건을 주문할 때) 돈을 먼저 치르지 않으면 선뜻 해 주지 않는 일.

외:상-술[외-/웨-]뗌 외상으로 마시는 술.

외:상-없다[외-업따/웨-업따]懰 조금도 틀림이 있거나 어김이 없다. **외상없-이**團.

외:상-질[외-/웨-]圀闼団 외상으로 물건을 사는 것.

외:생(外甥)[외-/웨-]団 〔주로 편지 글에서〕 사위가 장인·장모에게 '자기'를 일컫는 일인칭 대명사.

외:서(外書)[외-/웨-]団 ①외국의 도서. ②〈외가서(外家書)〉의 준말.

외:서(猥書)[외-/웨-]団 음탕하고 난잡한 내용의 책.

외:-선[외-/웨-]団 오이에 고기소를 넣어서 삶은 다음에 식은 장국을 부어 만든 음식.

외:선(外線)[외-/웨-]団 ①바깥쪽의 선. ②건물 밖의 전선. ↔내선(內線).

외:설(猥褻)[외-/웨-]団 ①성욕을 자극하는 난잡한 것. ②懰団 성욕을 자극하거나 하여 난잡함. ¶외설 기사. /외설 잡지.

외:설-물(猥褻物)[외-/웨-]団 성적으로 문란한 그림·사진·글 등을 통틀어 이르는 말.

외:설-죄(猥褻罪)[외-/웨-쮀]団 공공연하게 외설 행위를 하거나, 외설물 등을 판매·반포·진열하여 성도덕을 문란하게 함으로써 성립되는 죄.

외:성(外城)[외-/웨-]団 성 밖에 겹으로 에워싼 성. 나성(羅城)¹. 외곽(外廓). ↔내성(內城).

외:세(外勢)[외-/웨-]団 ①외부의 형세. ②외국의 세력. ¶외세의 압력을 받는다.

외:-소박(外疎薄)[외-/웨-]団闼団 남편이 아내를 소박함. 〔'소박(疎薄)'을 '내소박(內疎薄)'에 상대하여 이르는 말임.〕 ↔내소박.

외:-손[외-/웨-]団 ①한쪽 손. ②〔두 손을 다 가지지 아니한〕 한쪽만의 손.

외:손(外孫)[외-/웨-]団 ①딸이 낳은 아들딸. 사손(獅孫). ②딸의 자손.

외:-손녀(外孫女)[외-/웨-]団 딸이 낳은 딸.

외:손-봉사(外孫奉祀)[외-/웨-]圀闼団 조상의 제사를 받들 자손이 없는 경우에 외손이 대신 제사를 받드는 일.

외:-손부(外孫婦)[외-/웨-]団 딸의 며느리.

외손-뼉[외-/웨-]団 〔처서 소리를 내려는〕 한쪽 손바닥.
　외손뼉이 소리 날까[솝딤] ☞외손뼉이 울지 못한다.
　외손뼉이 울랴[솝딤] ☞외손뼉이 울지 못한다.
　외손뼉이 울지 못한다[솝딤] ①일이란 상대자가 같이 응해야지, 혼자서만 해서는 제대로 되지 않는다는 말. ②상대가 없이는 어떤 분쟁이나 싸움도 일어나지 않는다는 말. 외손뼉이 소리 날까. 외손뼉이 울랴.

외:-손자(外孫子)[외-/웨-]団 딸이 낳은 아들.
　외손자는 업고 친손자는 걸리면서 업은 아이 발 시리다 빨리 가자 한다[솝딤] 흔히, 친손자보다 외손자를 더 귀여워함을 빗대어 이르는 말.
　외손자를 귀애하느니 방앗공이[절굿공이]를 귀애하지[솝딤] 외손자는 잘 보살펴 주어도 자란 다음에는 그 정을 모르기 때문에 귀여워한 보람이 없음을 이르는 말.

외손-잡이[외-/웨-]団 ①손으로 하는 일에 한쪽 손이 더 능한 사람. 한손잡이. ②씨름에서, 기운이 세거나 재간이 좋은 사람이 한 손은 뒤로 접고 한 손만으로 겨루는 일.

외손-지다[외-/웨-]懰 〔물체가 한쪽으로 다가 붙어 있어서〕 외손밖에 쓰지 못하게 되어 불편하다.

외손-질[외-/웨-]圀闼団 외손만을 쓰는 일.

외:수(外需)[외-/웨-]団 외국으로부터의 수요(需要). ¶외수 상품. ↔내수(內需).

외:수(外數)[외-/웨-]団 남을 속이는 수. 속임수. 암수(暗數). ¶외수에 걸리다.

외:-수외미(畏首畏尾)[외-외-/웨-웨-]圀闼団 〔처음도 끝도 다 두려워한다는 뜻으로〕 남이 알게 되는 것을 꺼리고 두려워함.

외:숙(外叔)[외-/웨-]団 어머니의 남자 형제. 외삼촌. 표숙(表叔). 函내구(內舅).

외:숙(外宿)[외-/웨-]圀闼団 ☞외박(外泊).

외:-숙모(外叔母)[외숭-/웨숭-]団 외삼촌의 아내.

외:-숙부(外叔父)[외-뿌/웨-뿌]団 ☞외삼촌(外三寸).

외:-시골(外-)[외-/웨-]団 먼 시골. ⓑ외읍(外邑).

외:식(外食)[외-/웨-]圀闼団 끼니 음식을 음식점 등에 가서 사서 먹는 일, 또는 그러한 식사. ¶한 달에 두 번 외식을 한다.

외:식(外飾)[외-/웨-]圀闼団 겉치레. 외면치레.

외:식^산:업(外食産業)[외-싸넙/웨-싸넙]団 여러 연쇄점을 거느린, 산업화한 요식업(料食業). 조리 재료의 일괄 구입, 공통된 식단 등이 특색임. ⓒ외식업.

외:식-업(外食業)[외-/웨-]団 〈외식 산업〉의 준말.

외:신(外信)[외-/웨-]団 〔보도 기관에 보내오는〕 외국으로부터의 통신. ¶외신 기자. /외신이 전해 온 뉴스.

외:신(外腎)[외-/웨-]団 〔내신(內腎)인 신장에 상대하여〕 '불알'을 이르는 말.

외:신(畏愼)[외-/웨-]圀闼団 두려워하여 언행을 삼감.

외:신(外臣)[외-/웨-]団 지난날, 외국의 사신이 그 나라 임금에게 '자기'를 가리켜 일컫던 제일 인칭 대명사.

외:실(外室)[외-/웨-]団 ☞사랑(舍廊). ↔내실(內室).

외:심(外心)[외-/웨-]団 수학에서, 삼각형에 외접(外接)하는 원의 중심을 이름. ↔내심(內心)².

외:-씨[외-/웨-]団 〈오이씨〉의 준말.

외:-씨버선[외-/웨-]団 〔'외씨처럼 예쁜 버선'이라는 뜻으로〕 볼이 조붓하고 갸름하여, 신으면 맵시가 있는 버선.

외아(巍峨)[외아/웨아]団 '외아하다'의 어근.

외:-아들[외-/웨-]団 ①〔형제가 없는〕 오직 하나뿐인 아들. 독자(獨子). ②아들로는 하나뿐인 아들. ↔외딸.

외아-하다(巍峨-)[외-/웨-]懰闄 산이 높이 솟아 있다.

외:-안산(外案山)[외-/웨-]団 풍수설에서, 가장 바깥쪽에 있는 안산. ↔내안산(內案山).

외알-박이[외-/웨-]団 〔콩이나 총알·안경 따위의〕 알이 하나만 들어 있는 것을 두루 이르는 말.

외알-제기[외-/웨-]圀闼団 ①마소가 굽 하나를 끌듯이 디디어 걷는 걸음, 또는 그런 마소. ②나귀 따위가 못마땅할 때 한 발로 걸어 차는 것.

외:압(外壓)[외-/웨-]団 외부로부터 가해지는 압력. 외부의 압력. ↔내압(內壓).

외:야(外野)[외-/웨-]団 ①야구장의 본루에서 보아, 일루의 연장선 왼편과 삼루의 연장선 오른편 지역에서 내야 지역 이외의 지역. ②〔...

야수(外野手)의 준말. ③〈외야석(外野席)〉의 준말. ⑩내야(內野).

외:야-석(外野席)[외-/웨-]명 야구장에서 외야의 주위에 마련된 관람석. ⑥외야. ↔내야석.

외:야-수(外野手)[외-/웨-]명 야구에서, 외야를 수비하는 선수들을 통틀어 이르는 말. 〔우익수·좌익수 등.〕 ⑥외야. ↔내야수(內野手).

외:양(外洋)[외-/웨-]명 뭍에서 멀리 떨어진 넓은 바다. 외해(外海). ↔내양(內洋)·내해(內海).

외:양(外樣)[외-/웨-]명 겉모양. 겉보기. ¶외양만 번드르르하다.

외양[외-/웨-]명 ①〈외양간〉의 준말. ②하타마소를 기르는 일.

외양-간(一間)[외-간/웨-깐]명 마소를 기르는 집. ⑥외양.

외얕명〔옛〕자두. ¶먼자 외야자(樂範.處容歌). ㉝오얏·외엿.

외-어깨[외-/웨-]명 한쪽 어깨.

외:-어물전(外魚物廛)[외-/웨-]명 조선 시대에, 서소문(西小門) 밖에 늘어서 있던 어물전. ㉝내어물전.

외어-서다[외어-/웨어-]자 ①길을 비키어 서다. ②방향을 다른 쪽으로 바꾸어 서다.

외어-앉다[외어안따/웨어안따]자 ①자리를 피하여 비켜 앉다. ②다른 방향으로 돌아앉다.

외얽-이(椳-)[외-/웨-]명하자 〔흙벽을 바르기 위하여〕외를 가로세로로 얽는 일, 또는 그 물건. ㉝내어물전.

외:역(外役)[외-/웨-]명하자 ①밖에 나가서 하는 노동. ②☞외정(外征).

외:역-전(外役田)[외-쩐/웨-쩐]명 고려 시대에, 나라에서 지방 향리(鄕吏)에게 주던 토지.

외:연(外延)[외-/웨-]명 논리학에서, 어떤 개념이 적용되는 명제나 사물의 범위. 〔동물이란 개념의 외연이 개·물고기·인간이 되는 따위.〕 ↔내포(內包)².

외:연(外宴)[외-/웨-]명 〈외진연〉의 준말.

외:연(外緣)[외-/웨-]명 겉둘레. 가장자리.

외연(巍然) '외연하다'의 어근.

외:연^기관(外燃機關)[외-/웨-]명 기관의 외부에 연소실을 두어 연료를 연소시켜 동력을 일으키는 기관.〔증기 기관 따위.〕↔내연 기관.

외:연-량(外延量)[외-냥/웨-냥]명 같은 종류의 작은 양을 합산하여 큰 양을 만들 수 있는 양.〔도량형으로 잴 수 있는 양 따위.〕↔내포량.

외연-하다(巍然-)[외-/웨-]형여 높게 솟아 있다. 외연-히甼.

외:열(外熱)[외-/웨-]명 ①외부의 더운 기운. ②한방에서, 몸 거죽으로 나타나는 열기를 이르는 말.

외:염(外焰)[외-/웨-]명 불꽃의 가장 바깥 부분.〔연소가 가장 완전하며 온도가 제일 높은 곳임.〕겉불꽃. 산화염(酸化焰). ↔내염(內焰).

외엿명〔옛〕자두. ¶외엿 니:李(訓蒙上11). ㉝오얏·외얕.

외오¹명〔옛〕멀리. 외따로. ¶늙거야 므스 일로 외오 두고 그리난고(鄭澈.思美人曲).

외오²甼〔옛〕그릇. 잘못. ¶忠臣을 외오 주겨늘(龍歌106章).

외오다¹타〔옛〕에우다. ¶한 비록 아니 그치샤 날므를 외오시니(龍歌68章).

외오다²타〔옛〕외다. ¶글 외오미 다 遊衍하니(杜初16:1).

외-올[외-/웨-]명 〔여러 겹이 아닌〕단 하나의 올.

외올-뜨기[외-/웨-]명 외올로 뜬 망건이나 탕건.

외올-망건(-網巾)[외-/웨-]명 외올로 뜬 망건.

외올-베[외-/웨-]명 외올로 성기게 짠 얇고 부드러운 베. 흔히, 붕대 등으로 쓰임. 난목.

외올-실[외-/웨-]명 한 올로 된 실. 외겹실. 홑실.

외올-탕건(-宕巾)[외-/웨-]명 외올로 뜬 탕건.

외:-왕모(外王母)[외-/웨-]명 외할머니.

외:-왕부(外王父)[외-/웨-]명 외할아버지.

외외(巍巍) '외외하다'의 어근.

외:-외가(外外家)[외-/웨웨-]명 어머니의 외가. ㉝진외가.

외외-하다(巍巍-)[외-/웨웨-]형여 우뚝 높이 솟아 있다. 외외-히甼.

외욕-질[외-쩔/웨-쩔]명하자 욕지기를 하는 짓. ⑥외질.

외:용(外用)[외-/웨-]명하타되자 외부에 씀. 몸의 거죽에 씀.〔주로, 약을 피부나 점막에 바르거나 붙이는 일을 이름.〕¶외용 연고. ↔내복(內服)².

외:용(外容)[외-/웨-]명 겉으로 본 모양이나 모습. 겉모양. ¶기골이 장대하고 외용이 늠름한 장부.

외:용-약(外用藥)[외-냑/웨-냑]명 피부에 바르거나 붙이는 약. ↔내복약(內服藥).

외우(外憂)[외-/웨-]甼 ①외치게. ②멀리.

외:우(外憂)[외-/웨-]명 ①☞외환(外患). ↔내우(內憂). ②☞외간(外艱).

외:우(畏友)[외-/웨-]명 존경하는 친구.

외우다[외-/웨-]타 ①(글이나 말을) 기억하여 그대로 말하다. 암송하다. ¶불경을 줄줄 외우다. ②마음에 새겨 잊지 아니하다. 기억하다. ¶영어 단어를 외우다. ㉝외다.

외:원(外苑·外園)[외-/웨-]명 궁궐의 바깥 뜰. ↔내원.

외:원(外援)[외-/웨-]명 ①외국의 원조. ¶식량을 외원에 의존하다. ②외부의 도움.

외:위(外圍)[외-/웨-]명 ①바깥 둘레. ②생물의 개체 둘레에 있는 모든 것. 환경.

외:유(外遊)[외-/웨-]명하자 외국에 여행함.

외:유-내강(外柔內剛)[외-/웨-]명하여 겉으로는 부드럽고 순하게 보이나 마음속은 단단하고 굳셈. 내강외유. ↔외강내유.

외:율(外律·外率)[외-/웨-]명 ☞외항(外項).

외율(椳栗)[외-/웨-]명 군밤.

외:-음부(外陰部)[외-/웨-]명 남녀 생식기의 몸 겉으로 드러나 있는 부분.

외:읍(外邑)[외-/웨-]명 외딴 시골. 비외시골.

외:응(外應)[외-/웨-]명 ①하자 외부 사람과 몰래 통함. ②하자 외부에서 호응함. ③외부의 반응.

외:의(外衣)[외의/웨이]명 겉옷. ↔내의(內衣).

외의-하다(嵬嶷-)[외의-/웨이-]형여 산 따위가 높고 크다.

외:이(外耳)[외-/웨-]명 청각 기관의 한 가지. 귓바퀴와 외이도(外耳道)로 이루어져 있으며, 음파를 중이(中耳)로 보내는 구실을 함. 겉귀.

외:이(外夷)[외-/웨-]명 오랑캐.

외:-이도(外耳道)[외-/웨-]명 청각 기관의 한 가지. 귓구멍에서 고막에 이르는 'S'자 모양의 관(管)으로, 음파를 고막에 보내는 구실을 함. 외청도(外聽道).

외ː이도-염(外耳道炎)[외-/웨-]명 외이도에 생긴 염증.

외ː인(外人)[외-/웨-]명 ①가족 이외의 사람. ②한집안 사람이 아닌 남. ③같은 조직이나 단체에 딸리지 않은 사람. ¶외인 출입 금지. ④<외국인>의 준말.

외ː인(外因)[외-/웨-]명 (그것 자체에서 생긴 것이 아닌) 외부로부터 생긴 원인. ↔내인(內因).

외ː인-부대(外人部隊)[외-/웨-]명 외국 국적을 가진 사람으로 편성된 용병(傭兵) 부대.

외ː임(外任)[외-/웨-]명 ➡외직(外職).

외ː입(外入)[외-/웨-]명하자 ➡오입(誤入).

외-자(-字)[외-/웨-]명 한 글자. ¶외자 이름.

외ː자(外字)[외-/웨-]명 외국의 글자. ¶외자 신문.

외ː자(外資)[외-/웨-]명 <외국 자본>의 준말. ¶외자 도입(導入). /외자 유치. ↔내자(內資).

외자-관례(-冠禮)[외-괄-/웨-괄-]명하자 지난날, 혼인을 정한 데도 없이 상투만 틀어 올리던 일. 외상관례.

외자-궁(外梓宮)명 '외재궁(外梓宮)'의 잘못.

외자-상투(外-)[외-/웨-]명 지난날, '외자관례로 틀어 올린 상투'를 이르던 말.

외-자식(-子息)[외-/웨-]명 단 하나뿐인 자식.

외잡(猥雜)'외잡하다'의 어근.

외잡-하다(猥雜-)[외자파-/웨자파-]혱여 음탕하고 난잡하다.

외ː장(外庄)[외-/웨-]명 지난날, '먼 곳에 있는 자기의 땅'을 이르던 말.

외ː장(外場)[외-/웨-]명 지난날, '도시 밖에서 서는 시장'을 이르던 말.

외ː장(外裝)[외-/웨-]명①하타되자 외부를 꾸미거나 설비를 갖춤, 또는 그 공사. ↔내장(內裝). ②겉 포장. ¶외장 검사.

외ː장(外障)[외-/웨-]명 눈알에 백태가 끼어서 잘 보이지 않게 되는 눈병.

외ː재(外在)[외-/웨-]명하자 밖에 있는 것. 어떤 일에 직접적 관계가 없이 존재하는 것. ¶외재 원인의 규명. ↔내재(內在).

외ː-재궁(外梓宮)[외-/웨-]명 지난날, 임금이나 왕비의 장사(葬事)에 쓰던 외곽(外槨).

외ː재-비평(外在批評)[외-/웨-]명 문예 비평의 한 가지. 작품을 하나의 사회적 현상으로 보고, 사회적·역사적 관점에서 비평하는 일. ↔내재비평(內在批評).

외ː재-율(外在律)[외-/웨-]명 외형률.

외ː-재종매(外再從妹)[외-/웨-]명 자기보다 나이가 아래인, 외종숙의 딸.

외ː-재종자(外再從姉)[외-/웨-]명 자기보다 나이가 위인, 외종숙의 딸.

외ː-재종제(外再從弟)[외-/웨-]명 자기보다 나이가 아래인, 외종숙의 아들.

외ː-재종형(外再從兄)[외-/웨-]명 자기보다 나이가 위인, 외종숙의 아들.

외ː-저항(外抵抗)[외-/웨-]명 전지(電池)의 양극을 연결한 도선에서 생기는 저항. ↔내저항.

외ː적(外賊)[외-/웨-]명 외부로부터 해를 끼치는 도둑의 무리.

외ː적(外敵)[외-/웨-]명 외국(외부)으로부터 쳐들어오는 적. 외구(外寇).

외ː-적(外的)[외적/웨적]관명 ①사물의 외부에 관한 (것). 외부적. ¶외적 조건. /외적으로 심각한 상황이다. ②(정신에 상대하여) 물질이나

육체에 관한 (것). ¶외적 욕망. /외적인 충족. ↔내적(內的).

외ː전(外典)[외-/웨-]명 ①불교에서, 불교의 경전(經典) 이외의 책을 이르는 말. ↔내전(內典). ②가톨릭에서, '경외 성경(經外聖經)'을 달리 이르는 말.

외ː전(外電)[외-/웨-]명 외국으로부터 온 전신.

외ː전(外傳)[외-/웨-]명 본전(本傳)에 기록되지 아니한 전기(傳記)나 일화·주석 등을 따로 모아 엮은 책.

외ː절(外切)[외-/웨-]명하자 ➡외접(外接).

외ː접(外接)[외-/웨-]명하자 수학에서, '어떤 도형이 다른 도형의 바깥쪽에 접해 있는 상태'를 이르는 말. ↔내접(內接).

외ː접^사:각형(外接四角形)[외-싸가켱/웨-싸가켱]명 수학에서, '각 변이 한 원의 곁에 접해 있는 사각형'을 그 원에 대하여 이르는 말.

외ː접-원(外接圓)[외-/웨-]명 한 다각형의 각 꼭짓점을 모두 지나는 원. ↔내접원(內接圓).

외ː정(外征)[외-/웨-]명하자 외국에 군사를 보내어 싸우는 일. 외역(外役).

외ː정(外情)[외-/웨-]명 외부나 외국의 사정.

외ː제(外除)[외-/웨-]명하타 조선 시대에, 내직에 있던 관원을 외방의 수령으로 보내던 일.

외ː제(外製)[외-/웨-]명 <외국제>의 준말. ¶외제 담배.

외ː조(外助)[외-/웨-]명 아내가 사회적 활동을 잘할 수 있도록 남편이 도움. ↔내조(內助).

외ː조(外祖)[외-/웨-]명 <외조부>의 준말.

외ː-조모(外祖母)[외-/웨-]명 외할머니.

외ː-조부(外祖父)[외-/웨-]명 외할아버지. 준 외조.

외ː족(外族)[외-/웨-]명 어머니의 친정 쪽의 일가. 외편(外便).

외ː종(外從)[외-/웨-]명 ➡외사촌(外四寸).

외ː종(外腫)[외-/웨-]명 한방에서, 몸의 거죽에 난 종기를 이르는 말. ↔내종(內腫).

외ː-종매(外從妹)[외-/웨-]명 자기보다 나이가 아래인, 외삼촌의 딸.

외ː종^사:촌(外從四寸)[외-/웨-]명 ➡외사촌(外四寸).

외ː-종숙(外從叔)[외-/웨-]명 어머니의 사촌 형제. 외당숙.

외ː-종숙모(外從叔母)[외-숭-/웨-숭-]명 외종숙의 아내. 외당숙모.

외ː-종씨(外從氏)[외-/웨-]명 ➡외종형.

외ː-종자(外從姉)[외-/웨-]명 자기보다 나이가 위인, 외삼촌의 딸.

외ː-종제(外從弟)[외-/웨-]명 자기보다 나이가 아래인, 외삼촌의 아들.

외ː-종조모(外從祖母)[외-/웨-]명 외종조부의 아내.

외ː-종조부(外從祖父)[외-/웨-]명 외조부의 형제.

외ː-종질(外從姪)[외-/웨-]명 외사촌의 아들. 외당질(外堂姪).

외ː-종질녀(外從姪女)[외-려/웨-려]명 외사촌의 딸. 외당질녀(外堂姪女).

외ː종-피(外種皮)[외-/웨-]명 ➡겉씨껍질.

외ː-종형(外從兄)[외-/웨-]명 자기보다 나이가 위인, 외삼촌의 아들. 외종씨(外從氏).

외ː-종형제(外從兄弟)[외-/웨-]명 외사촌 형제.

외ː주(外注)[외-/웨-]명하자 (회사의 작업의 일부를) 외부의 업자에게 주문하는 일. ¶외주를 주다.

외:주(外周)[외-/웨-]閱 바깥쪽의 둘레, 또는 그 길이. ↔내주(內周).

외주물-집[외-찜/웨-찜]閱 마당이 없고 안이 길 밖에서 들여다보이는 집.

외:-주방(外廚房)[외-/웨-]閱 궁중에서, 임금의 수라상에 차릴 음식을 만들던 방.

외-죽각(-角)[외-깍/웨-깍]閱 한쪽 모서리만이 둥글게 되어 있는 각재(角材).

외-줄[외-/웨-]閱 단 하나 줄. 단선(單線).

외-줄기[외-/웨-]閱 (여러 가닥이 아닌) 단 한 줄기.

외줄-낚시[외-락씨/웨-락씨]閱 낚시 방법의 한 가지. 한 가닥의 본줄 끝에 하나 또는 몇 개의 낚싯바늘을 달아 물고기를 낚음. 대낚시와 주낙 따위가 있음.

외-중-비(外中比)[외-/웨-]閱 ☞황금비.

외:-증조모(外曾祖母)[외-/웨-]閱 어머니의 할머니.

외:-증조부(外曾祖父)[외-/웨-]閱 어머니의 할아버지.

외-지[외-/웨-]閱 〈오이지〉의 준말.

외-지(外地)[외-/웨-]閱 ①나라 밖의 땅. ②제 고장 이외의 땅. ¶외지 사람. 외방(外方). ③식민지를 본국에 상대하여 이르는 말. ③→내지(內地).

외-지(外紙)[외-/웨-]閱 외국의 신문.

외-지(外智)[외-/웨-]閱 불교에서 이르는, 삼지(三智)의 하나. 물질적 현상계를 관찰하는 지(智).

외-지(外誌)[외-/웨-]閱 외국의 잡지.

외-지다[외-/웨-]閻 외따로 떨어져 있고 구석지다. ¶외진 곳이어서 사람의 왕래가 드물다.

외지-인(外地人)[외-/웨-]閱 그 고장 사람이 아닌 사람을 이르는 말. ¶외지인의 발길이 끊기다.

외-직(外職)[외-/웨-]閱 지난날, '지방 관아의 벼슬'을 달리 이르던 말. 외관(外官). 외임(外任). ↔내직(內職)².

외:-진연(外進宴)[외-/웨-]閱 궁궐에서, 외빈(外賓)을 초대하여 베풀던 잔치. ☞내연(內宴).

외-질빵[외-/웨-]閱 한쪽 어깨로만 메는 질빵. ¶외질빵의 학생 가방.

외:-집단(外集團)[외-/웨-]閱 집단 심리학에서, '자기가 딸려 있지 않은 집단'을 이르는 말. ↔내집단(內集團).

외-짝[외-/웨-]閱 (짝을 제대로 갖추지 아니한) 한 짝으로 된 것. ¶외짝 문.

외짝^열개[외짱녈/웨짱녈-] (두 짝으로 된 문으로) 한쪽은 고정되어 있고 한쪽만 여닫게 된 문.

외-쪽[외-/웨-]閱 ①방향이 서로 맞선 두 쪽 가운데의 한쪽. ②단 한 조각. ¶외쪽 마늘.

외쪽-박이[외-빠기/웨-빠기]閱 뒷발의 왼쪽이 흰 짐승.

외쪽-생각[외-쌩/웨-쌩-]閱 상대편의 속은 알지도 못하면서 이쪽에서 혼자 하는 생각.

외쪽-어버이[외-/웨-]閱 〈홀어비이〉의 속된 말.

외쪽-여수[-與受][외쫑녀-/웨쫑녀-]閱하지 (저쪽에서는 얻어 쓰이도 못하면서) 이쪽에서 꾸어 주기만 하는 일.

외쪽-지붕[외-찌/웨-찌-]閱 앞이 높고 뒤쪽이 낮아 한쪽으로만 기울게 된 지붕.

외:-차(外車)[외-/웨-]閱 스크루를 이용하기 이전의 기선에 달던 차륜 추진기. 둘레에 물갈퀴 노릇을 하는 판자가 방사상으로 달려 있음.

외-채[외-/웨-]閱 단 하나로 된 집채.

외:-채(外債)[외-/웨-]閱 ①〈외국 공채(外國公債)〉의 준말. ②〈외국채(外國債)〉의 준말. ¶외채를 상환하다.

외챗-집[외채찜/웨챗찜]閱 외채로 된 집.

외:-처(外處)[외-/웨-]閱 제 고장이 아닌 다른 곳.

외:-척(外戚)[외-/웨-]閱 ①외가 쪽의 친척. 이성친(異姓親). ¶외척의 세도. ↔내척(內戚). ②본(本)이 다른 친척.

외:-첨내소(外諂內疏)[외-/웨-]閱하지 겉으로는 비위를 맞추면서 속으로는 해치려고 함. 비외친내소(外親內疏).

외:-청도(外聽道)[외-/웨-]閱 ☞외이도.

외:-청룡(外靑龍)[외-/농-/웨-농]閱 풍수설에서, 주산(主山)에서 남쪽을 향하여 왼쪽으로 벋어 나간 여러 갈래의 산줄기 가운데서 맨 바깥쪽의 줄기를 이르는 말. ☞내청룡.

외:-초(外哨)[외-/웨-]閱 건물이나 막사의 바깥에 서 있는 초병(哨兵).

외:-촉(外鏃)[외-/웨-]閱 화살촉의 더데 아래쪽 부분.

외:-촌(外村)[외-/웨-]閱 ①고을 밖에 있는 마을. ②다른 마을.

외촘[옛] 침실. ¶외촘 구:褥(訓蒙下8).

외:-축(畏縮)[외-/웨-]閱하지退자 두려워서 몸을 움츠림.

외:-출(外出)[외-/웨-]閱하지 (집이나 직장 등에서) 볼일을 보러 나감. 출타(出他). ¶외출 금지. /외출을 삼가다. 비나들이.

외:출-복(外出服)[외-/웨-]閱 외출할 때 입는 옷. 나들이옷.

외:출-증(外出證)[외-쯩/웨-쯩]閱 외출을 허가하는 증명서.

외:-출혈(外出血)[외-/웨-]閱 피부나 점막이 상하여 피가 몸 밖으로 흘러 나오는 상태, 또는 그 피. ↔내출혈(內出血).

외:-측(外側)[외-/웨-]閱 바깥쪽. ↔내측.

외:-측(外廁)[외-/웨-]閱 남자들이 쓰는 변소. ☞내측(內廁).

외:-층(外層)[외-/웨-]閱 (여러 겹으로 포개져 있는 것의) 바깥쪽의 커나 층. ↔내층(內層).

외:-치(外治)[외-/웨-]閱하지 외국을 상대로 하는 정치. 외국과의 교제나 교섭.

외:-치(外治)²[외-/웨-]閱하타 외용약이나 수술 등으로 병을 다스리는 일. ↔내치(內治)².

외:-치(外侈)[외-/웨-]閱하지 (속사정은 아주 쪼들리면서) 분수에 넘치게 사치함.

외:-치(外痔)[외-/웨-]閱 ☞수치질. ↔내치(內痔).

외치다[외-/웨-] Ⅰ자 큰 소리를 질러서 알리다. ¶큰 소리로 '도둑이야!' 하고 외치다. Ⅱ타 의견이나 요구 등을 강력히 주장하다. ¶자연보호의 절실함을 외치다.

외:-친내소(外親內疏)[외-/웨-]閱하지 겉으로는 가깝거나 친한 체하면서 속으로는 멀리함. 비외첨내소(外諂內疏).

외:-침(畏鍼)[외-/웨-]閱하지 침 맞기를 두려워함.

외:-캘리퍼스(外callipers)[외-/웨-]閱 곡면(曲面)이 있는 물체의 바깥지름를 재는 기구.

외-코[외-/웨-]閱 솔기를 외줄로 댄 가죽신의 코.

외코-신[외-/웨-]閱 지난날, 가난한 사람들이 신던 가죽신의 한 가지. 코가 좀 짧고 눈을 놓지 않았음.

외:-탁(外-)[외-/웨-]**명하자** 생김새나 성질 등이 외가(外家) 쪽을 닮음. ↔친탁.

외:탄(畏憚)[외-/웨-]**명하자** ☞외기(畏忌).

외:택(外宅)[외-/웨-]**명** 남을 높이어 그의 외가(外家)를 이르는 말.

외-톨[외-/웨-]**명** ①밤송이나 마늘통 따위에 한 톨만 들어 있는 알. ②〈외톨토리〉의 준말.

외톨-박이[외-/웨-]**명** '알이 하나만 든 밤송이나 마늘통' 따위를 이르는 말.

외톨-밤[외-/웨-]**명** 한 송이에 한 톨만 들어 있는 밤.

　외톨밤이 벌레가 먹었다[속담] '단 하나뿐인 소중한 물건에 흠집이 생긴 경우'를 비유하여 이르는 말.

외톨-이[외-/웨-]**명** 외돌토리.

외-통(-通)[외-/웨-]**명** 장기에서, 상대편이 부른 장군에 궁이 피할 수 없게 된 형편. 단수(單手).

외통-길(-通-)[외-낄/웨-낄]**명** 오로지 한 곳으로만 난 길. 외곬의 길.

외통-목(-通-)[외-/웨-]**명** 장기에서, 외통장군이 될 요긴한 목.

외통-수(-通手)[외-/웨-]**명** 장기에서, 외통장군이 되게 두는 수. 단수(單手).

외통-장군(-通將軍)[외-/웨-]**명** 장기에서, 상대편을 외통으로 몰아 승부를 결정짓는 장군.

외:투(外套)[외-/웨-]**명** 겨울철에 겉옷 위에 덧입는 방한용 옷. 오버코트.

외:투-강(外套腔)[외-/웨-]**명** 연체동물의 외투막과 몸 사이의 빈 곳.

외:투-막(外套膜)[외-/웨-]**명** ①연체동물의 외피에서 형성되어 몸 전체 또는 일부를 싸고 있는 막. ②대뇌(大腦)의 바깥쪽 부분.

외-틀다[외-/웨-]〔~트니·~틀어〕**타** 한쪽으로 또는 왼쪽으로 비틀다. ¶고개를 외틀어 쳐다보다.

외틀-리다[외-/웨-]**자**〔'외틀다'의 피동〕 한쪽이나 왼쪽으로 비틀리다.

외틀-지다[외-/웨-]**자** 한쪽으로 또는 왼쪽으로 비틀어지다. ¶외틀어진 널빤지.

외:판(外販)[외-/웨-]**명하자** 판매 사원이 직접 고객을 방문하여 상품을 파는 일. ¶외판 조직.

외:판(外辦)[외-/웨-]**명하자** 임금의 거둥 때, 의장(儀仗)과 호종(扈從)들을 제자리에 정렬시키던 일.

외:판-원(外販員)[외-/웨-]**명** 외판 일을 하는 사원. 세일즈맨.

외-팔[외-/웨-]**명** 한 팔. 한쪽뿐인 팔.

외팔-이[외-/웨-]**명** '한쪽 팔만 있는 사람'을 흘하게 이르는 말.

외패부득(-霸不得)[외-/웨-]**명** 바둑에서, 패를 쓸 자리가 한 군데도 없음을 이르는 말.

외패-잡이[외-/웨-]**명** 처음부터 끝까지 한 번도 갈마들지 앉고 메고 가는 가마, 또는 그런 가마를 메는 교군꾼을 이르던 말.

외:편(外便)[외-/웨-]**명** 외가 편의 일가. 외족(外族).

외:편(外篇)[외-/웨-]**명** (한 부의 책에서) 중심 내용이 되는 내편 이외의 부분. ↔내편(內篇).

외:포-계(外圃契)[외-/웨-]**명** 왕조 때, 채소를 공물로 바치던 계.

외:표(外表)[외-/웨-]**명** ①겉으로 드러나 있는 풍채나 표정. ②사물의 겉면.

외:풍(外風)[외-/웨-]**명** ①(주로) 겨울에 문틈이나 벽틈으로 방 안에 새어 들어오는 찬 바람. 웃바람. ¶외풍이 없는 방. /외풍이 세다. ②외국에서 들어온 풍속.

외:피(外皮)[외-/웨-]**명** ①겉껍질. 겉가죽. ↔내피(內皮). ②동물의 몸의 거죽이나 몸 안의 여러 기관을 싸고 있는 세포층을 통틀어 이르는 말.

외:-하방(外下方)[외-/웨-]**명** ☞외방(外方).

외:학(外學)[외-/웨-]**명** 불교에서, 불교에 관한 학문 이외의 학문을 이르는 말.

외:한(外寒)[외-/웨-]**명** 바깥의 찬 기운.

외:한(畏寒)[외-/웨-]**명하자** 추위를 두려워함.

외:-할머니(外-)[외-/웨-]**명** 어머니의 친정어머니. 외왕모. 외조모. ㉠외할미.

외:-할미(外-)[외-/웨-]**명**〈외할머니〉의 낮춤말.

외:-할아버지(外-)[외-/웨-]**명** 어머니의 친정아버지. 외왕부. 외조부. ㉠외할아비.

외:-할아비(外-)[외-/웨-]**명**〈외할아버지〉의 낮춤말.

외:합(外合)[외-/웨-]**명** (지구에서 보아) 태양과 행성이 일직선으로 늘어선 현상 가운데서, 행성(수성·금성)이 태양보다 먼 위치에서 일직선이 된 현상을 이르는 말. 상합(上合). 순합(順合). ↔내합(內合).

외:항(外航)[외-/웨-]**명하자** 배가 외국으로 항행함. ↔내항(內航).

외:항(外港)[외-/웨-]**명** ①선박이 항구에 들어오기 전에 임시로 정박하는 해역. ②항구의 방파제 바깥쪽 해역. ¶외항에 정박하다. ③대도시 가까이에 있어 그 도시의 출입구 구실을 하는 항구. ↔내항(內港).

외:항(外項)[외-/웨-]**명** 비례식에서, 바깥쪽에 있는 두 항. 〔a:b=c:d에서 a와 d.〕외율(外律). ↔내항(內項).

외:항-선(外航船)[외-/웨-]**명** 국제 항로에 취항하여 왕래하는 선박.

외:해(外海)[외-/웨-]**명** ①뭍에 둘러싸여 있지 아니한 바다. ↔내해(內海). ②☞외양(外洋).

외:-행성(外行星)[외-/웨-]**명** 태양계의 행성 중 지구보다 바깥쪽의 궤도에 있는 행성. 〔화성·목성·토성·천왕성·해왕성·명왕성의 여섯 행성.〕↔내행성.

외:향(外向)[외-/웨-]**명** ①바깥으로 드러남. ②마음의 움직임을 적극적으로 겉으로 드러냄. ↔내향.

외:향-성(外向性)[외-생/웨-생]**명** 심리학에서, 마음의 작용이 외부로 향하기 쉬운 적극적이고 사교적인 성격, 또는 그런 특징. ↔내향성.

외:향-적(外向的)[외-/웨-]**관명** ①바깥으로 드러나는 (것). ②마음의 움직임을 적극적으로 나타내는 (것). ¶외향적 성격. ↔내향적(內向的).

외:허(外虛)[외-/웨-]**명하형** ①겉이 허함. ㉕내허(內虛). ②태양의 흑점 둘레의 어둡침침한 부분.

외:허-내실(外虛內實)[외-/웨-]**명하형** 겉은 허한 듯 보이나 속은 옹골참.

외:현(外現)[외-/웨-]**명하자 되자** 겉으로 나타남.

외:형(外形)[외-/웨-]**명** 겉으로 드러난 모양. 겉모양. ¶외형이 웅장하다.

외:형(畏兄)[외-/웨-]**명** 〔편지 글 따위에서〕 친구끼리 상대편을 대접하여 일컫는 말.

외:형-률(外形律) [외-눌/웨-눌] 몜 시가(詩歌)에서, 일정한 음격(律格)이 겉으로 드러나는 운율.〔주로, 음수에 의한 운율을 말함. 삼사조(三四調)·사사조(四四調)·칠오조(七五調) 따위.〕 외재율(外在律). ↔내재율(內在律).

외-형제(外兄弟) [외-/웨-] 몜 ①고모의 아들. ②어머니는 같고, 아버지가 다른 형제.

외:호(外濠) [외-/웨-] 몜 성(城) 밖으로 돌려 판 호(濠). 해자(垓字).

외:호(外護) [외-/웨-] 몜하타 밖으로부터 보호함, 또는 그 보호.

외:-호흡(外呼吸) [외-/웨-] 몜 〔폐나 아가미 따위〕 호흡 기관에 의하여 공기나 물에서 산소를 받아들이고 이산화탄소를 내보내는 작용. ↔내호흡(內呼吸).

외:혼(外婚) [외-/웨-] 몜 ☞족외혼(族外婚).

외:화(外貨) [외-/웨-] 몜 ①외국의 화폐. ↔방화(邦貨)·내화(內貨). ②외국에서 들어오는 화물.

외:화(外華) [외-/웨-] 몜 겉모양이 화려한 꾸밈새.

외:화(外畫) [외-/웨-] 몜 외국 영화. ¶외화를 수입하다. ↔방화(邦畫).

외:화^가득률(外貨稼得率) [외-등눌/웨-등눌] 몜 상품의 수출액에서 원자재 수입액을 뺀 금액의 상품 수출액에 대한 비율.

외:화^어음(外貨-) [외-/웨-] 몜 외국환 어음 중, 어음 금액이 외국 통화로 표시된 어음.

외:환(外患) [외-/웨-] 몜 외적의 침범에 대한 근심. 외우(外憂). ¶내우외환. ↔내우·내환.

외:환(外換) [외-/웨-] 몜 〈외국환(外國換)〉의 준말.

외:환^관리법(外換管理法) [외-괄-뻡/웨-괄-뻡] 몜 〈외국환 관리법〉의 준말.

외:환^시:장(外換市場) [외-/웨-] 몜 〈외국환 시장(外國換市場)〉의 준말.

외:환-율(外換率) [외-눌/웨-눌] 몜 ☞환시세(換時勢).

외:환^은행(外換銀行) [외-/웨-] 몜 〈외국환 은행(外國換銀行)〉의 준말.

외:환-죄(外患罪) [외-죄/웨-죄] 몜 국가의 대외적 지위를 침해함으로써 성립되는 죄.

외훈(巍勳) 몜 뛰어나게 큰 공훈.

외:-질 [익쩰/웩쩰] 몜하자 〈외쇠질〉의 준말.

왼 [왼/웬] 관 왼쪽의. ¶왼 다리. ↔오른.

왼:-걸음 [왼-/웬-] 몜 건축에서, 쪼구미의 밑동 가랑이를 왼편으로 대각(對角)이 되게 '▪' 모양으로 따 내는 방식. ↔오른걸음.

왼:-고개 [왼-/웬-] 몜 ①왼쪽으로 돌리는 고개. ②부정하는 뜻으로 돌리는 고개.

왼고개(를) 젓다관용 부정하거나 반대하는 뜻을 표시하다.

왼고개(를) 틀다관용 무엇이 못마땅하여 외면하다.

왼:-구비 [왼-/웬-] 몜 쏜 화살이 높이 떠가는 상태. 쬠반구비.

왼:-나사(-螺絲) [왼-/웬-] 몜 왼쪽(시곗바늘과 반대 방향)으로 돌리는 나사. ↔오른나사.

왼:-낫 [왼낟/웬낟] 몜 왼손잡이가 쓰도록 날을 돌려놓은 낫. *왼:낫[왼나시/웬나시]·왼:낫만[왼난-/웬난-]

왼:-달몜 '온달'의 잘못.

왼:-발 [왼-/웬-] 몜 왼쪽 발. ↔오른발.

왼발 구르고 침 뱉는다쬠 무슨 일이든, 처음에는 앞장섰다가 곧 꽁무니를 빼는 사람을 두고 하는 말.

왼:발목^치기 [왼-/웬-] 몜 씨름 기술의 한 가지. 오른손으로 상대편의 왼편 발목을 치면서 왼팔로 다리 살바를 당기며 오른편으로 돌아 넘어뜨리는 기술.

왼:-배지기 [왼-/웬-] 몜 씨름의 들기술의 한 가지. 왼편 다리를 상대편의 다리 사이에 들여 밀고 살바를 당기며 오른쪽으로 돌면서 넘어뜨리는 기술. ☞오른배지기.

왼:-뺨 [왼-/웬-] 몜 왼쪽 뺨. ↔오른뺨.

왼:-새끼 [왼-/웬-] 몜 왼쪽으로 꼰 새끼. ↔오른새끼.

왼새끼 내던졌다쬠 두 번 다시 돌아볼 생각 없이 아주 내버릴 때 이르는 말.

왼새끼(를) 꼬다관용 ①비비틀려 나가는 일이 어떻게 될지 궁금하다. ②비비꼬아서 말하거나 비아냥거리다.

왼:-섶 [왼섭/웬섭] 몜 저고리의 왼쪽에 댄 섶, 또는 그러한 옷차림. 겉섶. ↔오른섶. *왼:섶이[왼서피/웬서피]·왼:섶만[왼섬-/웬섬-]

왼:-소리 [왼-/웬-] 몜 사람이 죽었다는 소문.

왼:-손 [왼-/웬-] 몜 왼쪽 손. ↔오른손.

왼:손-잡이 [왼-/웬-] 몜 왼손을 오른손보다 더 잘 쓰는 사람. ↔오른손잡이.

왼:손-좌(-方) [왼-/웬-] 몜 한자 부수의 한 가지. '屮'에서의 '屮'의 이름.

왼:손-좌질 [왼-쩔/웬-쩔] 몜하자 식사할 때, 숟가락이나 젓가락을 왼손으로 잡는 것.

왼:-씨름 [왼-/웬-] 몜 샅바를 오른 다리에 끼고 고개와 어깨는 왼쪽으로 돌려 대고 하는 씨름의 한 가지. 쬠오른씨름·띠씨름.

왼:-안걸이 [왼-/웬-] 몜 씨름 기술의 한 가지. 왼배지기를 할 듯 하다가 왼 다리로 상대편의 오른 다리를 걸어서 왼쪽으로 젖히는 기술.

왼:오금^치기 [왼노-/웬노-] 몜 씨름 기술의 한 가지. 상대편의 몸을 왼편으로 기울게 누르다가 오른 다리로 상대편의 왼 다리 오금 바깥쪽을 쳐서 넘어뜨리는 기술.

왼:-쪽 [왼-/웬-] 몜 동쪽을 향했을 때, 북쪽에 해당하는 방향. 좌측(左側). ↔오른쪽.

왼:-팔 [왼-/웬-] 몜 왼쪽 팔. 좌완. ↔오른팔.

왼:-편(-便) [왼-/웬-] 몜 왼쪽. 왼쪽 방향. 좌편(左便). ↔오른편.

왼:-편짝(-便-) [왼-/웬-] 몜 왼쪽의 편짝. ↔오른편짝.

욀:-재주(←-才操) [욀째-/웰째-] 몜 잘 외는 재주.

욀:-총(-聰) [욀-/웰-] 몜 잘 기억하여 외는 총기.

욋-가지(根-) [외까-/웨까-] 몜 외(根)를 엮는 데 쓰이는 가느다란 나뭇가지나 수수깡.

욍 [욍/웽] 무 ①작은 날벌레나 물건이 빠르게 날아갈 때 나는 소리. ¶모기가 '욍!' 하고 날아들다. ②기계의 바퀴가 세게 돌아갈 때, 또는 바람이 가느다란 철사 따위에 세게 부딪칠 때 나는 소리. 쿤욍. 욍-욍무하자.

욍욍-거리다 [욍욍-/웽웽-] 자 자꾸 욍욍 소리가 나다. 욍욍대다. 쿤윙윙거리다.

욍욍-대다 [욍욍-/웽웽-] 자 욍욍거리다.

요 몜 한글 자모(字母)의 이중 모음(二重母音) 'ㅛ'의 음가(音價) 및 이름.

요관 ①자기로부터 또는 현재로부터 아주 가까운 사물이나 시간을 이를 때 쓰는 말. ¶요 자리. /요 근방. /요 시간. ②눈앞에 있는 사람이나 사물을 얕잡아 이를 때 쓰는 말. ¶요 녀석. 쿤이[5].

요³조 ①모음으로 끝난 체언에 붙어, 둘 이상의 사물을 대등적으로 나열하는 뜻을 나타내는 연결형 서술격 조사. **참**이요. ②모음으로 끝난 체언 뒤에 쓰이는 하오체의 종결형 서술격 조사. ㉠무엇을 단정하여 일러 주는 뜻을 나냄. ¶요게 바로 다람쥐요. ㉡묻는 뜻을 나타냄. ¶여기가 어디요? **참**이요. ③서술어의 어미에 붙어 존칭이나 주의를 끌게 하는 뜻을 나타내는 보조사. ¶신부가 아주 예뻐요. /벌써 갔는걸요.

요(←褥)명 침구의 한 가지. 사람이 눕거나 앉을 때 아래 바닥에 깖.

요(要)명 요점. 요지. 대요(大要). 《주로, '요는'의 꼴로 쓰임.》 ¶됐어, 그만하게. 요는 자네 잘못은 없다는 말이 아닌가?

요(料)명 [지난날] ①잡직(雜職)이나 각 군문·아문의 장교, 그 밖의 구실아치들에게 급료로 사맹삭(四孟朔)에 주던 쌀·콩·보리·무명·베·돈 따위 급료를 통틀어 이르던 말. ②하인에게 급료로 주던 곡식.

요(窯)명 기와나 자기를 굽는 가마.

요(謠)명 동요·민요·속요 따위의 가요를 통틀어 이르는 말.

요가(yoga 범)명 인도 고유의 심신 단련법의 한 가지. 자세와 호흡을 가다듬어 정신을 통일·순화시키고, 초자연적인 힘을 얻으려는 수행법.

요각(凹角)명 수학에서, 두 직각보다 크고 네 직각보다 작은 각, 곧 180°와 360° 사이의 각. ↔철각(凸角).

요감(了勘)명하타 ☞요결(了結).

요감(搖撼)명하타 흔들리게 함. 흔듦.

요강명 방에 두고 오줌을 누는 그릇. 한자를 빌려 '溺缸·溺釭·溺江'으로 적기도 함. 야호(夜壺).

요강(要綱)명 중요한 골자나 줄거리, 또는 기본이 되는 중요 사항. ¶입시 요강을 발표하다.

요강-도독명 바지의 솜이 아래로 처져서 퉁퉁하게 보이는 사람을 놀리는 말.

요-개갑 개를 쫓을 때 하는 말. **圏**이개.

요-거대 〈요것〉의 준말. ¶요거 얼마죠? **圏**이거.

요거(搖車)명 어린아이를 태워 밀어 주는 수레.

요거(饒居)명하타 넉넉하게 삶.

요건(要件) [-껀] **명** 요긴한 일이나 조건. ¶요건을 갖추다.

요-것 [-건] **대** ①'이것'을 얕잡아, 또는 귀엽게 이르는 말. ¶요것은 책이고 조것은 연필이다. ②'요 사람'을 얕잡아 이르는 말. ¶요것들이 남을 놀리는구나. ③《반어적 표현으로》 '요 아이'를 귀엽게 이르는 말. ¶요것이 벌써 어리광을 부리네. /아이고나, 요것이 어디서 나왔을꼬. **준**요거. ②③**圏**이것. * 요것이[-거시]·요것만[-건-]

요-게준 '요것이'가 줄어든 말. ¶요게 뭘까?

요격(邀擊)명하타 공격해 오는 적을 도중에서 기다렸다가 마주 나가 침. 〔주로, 미사일이나 항공기의 공격에 쓰임.〕 ¶적기를 요격하다. **비**영격(迎擊).

요격^미사일(邀擊missile)명 적의 미사일이나 항공기를 요격하기 위한 미사일.

요결(了結)명하타 일을 끝내어 마침. 끝을 막음. 요감(了勘).

요결(要訣)명 ①종요로운 비결. ②긴요한 뜻.

요결(要結)명 긴요한 결과.

요경(凹鏡)명 ☞오목 거울.

요고(腰鼓)명 ☞장구.

요고-전(腰鼓田)명 ☞장구배미.

요골(腰骨)명 ☞허리뼈.

요골(橈骨)명 아래 팔뼈를 이루는 두 개의 뼈 중 바깥쪽에 있는 삼각기둥 모양의 뼈.

요공(要功)명하자 남에게 베푼 공을 스스로 드러내어 자랑함.

요관(尿管)명 오줌을 신장에서 방광으로 보내는 도관(導管). 오줌관. 수뇨관(輸尿管).

요광(搖光)명 북두칠성의 하나. 자루 쪽의 첫째 별. 2등성. 파군성(破軍星). **참**천추(天樞).

요괴(妖怪) [-괴/-궤] **명** ①**하형** 〔스형〕 요사스럽고 괴상함. ¶하는 짓이 요괴하다. ②요망한 마귀. ①요괴스레**부**.

요구(要求)명하타 ①**되자** 달라고 청함. ¶요구 조건. /많은 돈을 요구하다. ②어떤 행위를 하도록 청하거나 구함. ¶증인으로 출두할 것을 요구하다.

요구(要具)명 필요한 도구.

요구르트(yogurt)명 발효유의 한 가지. 우유류에 젖산균을 넣어 발효시켜 만든 영양 식품.

요구불^예:금(要求拂預金) [-레-] **명** 예금주(預金主)의 지급 청구가 있을 때 언제든지 즉시 지급할 수 있는 예금. 〔당좌 예금·보통 예금 따위.〕

요구-서(要求書)명 요구하는 내용을 쓴 문서. ¶출두 요구서.

요귀(妖鬼)명 ☞요마(妖魔).

요:금(料金)명 남에게 수고를 끼쳤거나 사물을 사용·관람한 대가로 지불하는 금전을 통틀어 이르는 말. 〔이발료·대관료·관람료 따위.〕 ¶교통 요금. /전기 요금이 오르다.

요:급(料給)명 삯으로 주는 돈. 급료.

요-기대 요 곳. 요 점. 요져. ¶요기에서 기다리고 있어라. /요기에 대해서 설명해 보아라. **圏**여기.

요기(妖氣)명 요사스러운 기운. ¶요기가 서리다. /요기를 부리다.

요기(療飢)명하자되자 시장기를 면할 정도로 음식을 조금 먹음. ¶차린 음식이 별로 많지 않아 요기나 되었는지 모르겠소.

요기-스럽다(妖氣-) [-따] **형비** 〔-스러우니·-스러워〕**형비** 요사스러운 기운이 있다. 요기스레**부**.

요기-조기명 여러 장소를 통틀어 이르는 말. ¶개나리가 요기조기에 피었다. **圏**이기저기.

요기-차(療飢次)명 ①〔지난날〕 요기나 하라고 하인에게 주던 돈. ②상여꾼에게 쉴 참마다 주는 돈. ②요차.

요긴(要緊)명 '요긴하다'의 어근.

요긴-목(要緊-)명 요긴한 길목이나 대목.

요긴-하다(要緊-)형여 ①긴요하다. ¶요긴한 물건. /빌려 준 돈은 요긴하게 잘 썼다. 요긴-히**부**.

요깃-거리(療飢-) [-끼꺼-/-낃꺼-] **명** 먹어서 시장기를 면할 만한 간단한 음식. ¶배가 출출한데 빵 같은 요깃거리 없나요?

요-까짓 [-진] **관** 겨우 요 정도밖에 안 되는. ¶요까짓 일로 쩔쩔매다니. **준**까짓·요깟. **圏**이까짓.

요-깟 [-깐] **관** 〈요까짓〉의 준말. **圏**이깟.

요나(嬶娜·嫋娜)명 '요나하다'의 어근.

요-나마부 요것이나마. ¶요나마 마저 빼앗기게 되다니. **圏**이나마.

요나-서(←Jonah書)명 구약 성서 중의 한 편. 예언자 요나가 하나님의 명령에 거역하려다 고래 배 속에 갇히는 징벌을 받고, 회개의 기도를 통하여 구원되는 내용을 기록함.

요나-하다(嬈娜-·褭娜-)〖형여〗 (몸매가) 날씬하고 가냘프다. 간드러지다.

요-냥〖부〗 요 모양대로. 요대로 내쳐. ¶언제까지나 요냥 살 수는 없다. ⑳이냥.

요녀(妖女)〖명〗 요사스러운 여자. 요회(妖姬).

요-년〖대〗 '이년'을 얕잡아, 또는 귀엽게 이르는 말.

요년(堯年)〖명〗〔요 임금이 다스린 해라는 뜻으로〕 '태평성대(太平聖代)'를 예스럽게 이르는 말.

요-놈〖대〗 '이놈'을 얕잡아, 또는 귀엽게 이르는 말.

요다(饒多)〖'요다하다'의 어근.

요-다각형(凹多角形)〔-가켱〕〖명〗 '오목 다각형'의 구용어.

요-다음〖명〗 뒤미처 오는 때나 자리. 요번의 다음. ¶요다음 일요일에 다시 만나자. /요다음은 누구 차례냐? ⑳요담. ⑳이다음.

요-다지〖부〗 요렇게까지. 요러한 정도로까지. ¶장미꽃인들 요다지 예쁠까? ⑳이다지.

요다-하다(饒多-)〖형여〗 넉넉하고 많다.

요-담〖명〗〈요다음의 준말. ⑳이담.

요담(要談)〖명〗 긴요한 말이나 이야기. ¶요담을 나누다.

요담-하다(要談-)〖자여〗 긴요한 이야기를 하다.

요당(僚堂)〖명〗 지난날, 자기가 근무하는 관아의 당상관(堂上官)을 이르던 말.

요대(腰帶)〖명〗허리띠.

요대(饒貸)〖명하〗 너그러이 용서함.

요-대로〖부〗 요 모양으로 변함없이. 요와 같이. ¶요대로 만들어 보아라. ⑳이대로.

요도(尿道)〖명〗 방광에 괸 오줌을 몸 밖으로 내보내는 관. 오줌길. 오줌줄.

요도(要圖)〖명〗 필요한 사항만을 간단히 그린 도면이나 지도.

요도(腰刀)〖명〗 지난날, 병기(兵器)로 쓰던 칼의 한 가지. 집이 없는 칼로 날의 길이가 석 자 두 치, 자루가 세 치인데, 강철로 조금 휘우듬하게 만들어 허리에 찼음.

요독-증(尿毒症)〔-쯩〕〖명〗 신장병의 경과 중에 나타나는 신경 계통의 중독 증세. 오줌이 잘 나오지 않고 몸 안에 남아서 일어남.

요동(搖動)〖명하자타〗〖되자〗 흔들림. 흔듦. ¶배가 심하게 요동을 하다.

요동-시(遼東豕)〖명〗 '견문이 좁아서 세상의 모든 것을 모르고 혼자 득의양양함'을 비유하여 이르는 말.〔옛날 요동의 어느 돼지가 머리가 흰 새끼를 낳았는데, 그것을 임금에게 바치려 하동(河東)에 갔더니 그곳 돼지는 모두 흰 돼지였다는 고사에서 유래함.〕

요동-치다(搖動-)〖자〗①심하게 흔들리거나 움직이다. ¶높은 파도에 배가 요동치다. ②(바람·불길·눈보라 따위가) 몹시 세차게 일어나다. ¶눈보라가 요동치는 벌판.

요두전목(搖頭轉目)〖명자〗〔머리를 흔들고 눈알을 굴린다는 뜻으로〕 '행동이 침착하지 못함'을 이르는 말.

요-뒤〖명〗 ⇨요의.

요들(yodel)〖명〗 스위스나 오스트리아의 산악 지방에서 불리는 독특한 창법의 노래, 또는 그 창법.

요들-송(yodel+song)〖명〗 요들 창법으로 부르는 노래.

요-때기〖명〗 허름하여 요답지 못한 요.

요락(搖落)〖명〗①〖하자타〗흔들어 떨어뜨림. 흔들어 떨어짐. ②〖하자〗늦가을에 나뭇잎이 저절로 말라 떨어짐.

요란(搖亂·擾亂)〖명〗〖하형〗〖스형〗①시끄럽고 떠들썩함. ¶요란을 떨다. /요란한 박수 소리. ②정도가 지나쳐 야단스럽거나 어수선함. ¶옷차림이 요란하다. **요란-히**〖부〗. **요란스레**〖부〗 아이들이 어쩌나 요란스레 설치는지 정신이 하나도 없다.

요란(燎亂)〖'요란하다'의 어근.

요란-지다(搖亂-)〖형〗 불이 붙어서 어지럽다.

요람(要覽)〖명〗 중요한 것만 간추려서 볼 수 있게 엮은 책. ¶학교 요람.

요람(搖籃)〖명〗①젖먹이를 눕히거나 앉히고 흔들어서 즐겁게 하거나 잠재우는 채롱. ②'사물의 발생지나 근원지'를 비유하여 이르는 말. **요람에서 무덤까지**〖관〗 나서 죽을 때까지.〔제2차 세계 대전이 끝난 후, 영국의 노동당이 사회 보장 제도의 완벽한 실시를 주장하여 내세운 슬로건.〕

요람-기(搖籃期)〖명〗①어린 시절. ②사물 발달의 초창기. 요람시대.

요람-시대(搖籃時代)〖명〗 ⇨요람기.

요람-지(搖籃地)〖명〗①어린 시절의 고향. ②사물이 처음 생겨서 발달하기 시작한 곳. ¶문명의 요람지.

요래[1]〖준〗①'요러하여'가 줄어든 말. ¶요래 뭬 무게는 천 근이지. ②'요리하여'가 줄어든 말. ¶요래 보아도 조래 보아도 결과는 마찬가지다. ⑳이래.

요래[2]〖준〗〔구어 투에서〕 '요렇다'·'요리한다'·'요럴까'·'요러할까' 등의 뜻으로 끝맺는 말. ¶무슨 모양이 요래? ⑳이래[3].

요래(邀來)〖명하〗 사람을 맞이하여 옴.

요래도〖준〗①'요리하여도'가 줄어든 말. ¶요래도 조나 조래도 보았다. ②'요러하여도'가 줄어든 말. ¶요래도 숨길 테냐? ⑳이래도.

요래라-조래라〖'요리하여라 조리하여라'가 줄어든 말. ¶요래라조래라 잔소리도 많다. ⑳이래라저래라.

요래서〖준〗①'요리하여서'가 줄어든 말. ②'요러하여서'가 줄어든 말. ⑳이래서[2].

요래야〖준〗①'요리하여야'가 줄어든 말. ②'요러하여야'가 줄어든 말. ⑳이래야[2].

요래-조래〖부〗①'요리하여 조리하여'가 줄어서 된 말. 요리조러하여. ¶요래조래 핑계만 대다. ②요러조러하여. ¶요래조래 일이 제대로 되지 않다. ⑳이래저래.

요랬다-조랬다〔-랟따-랟따〕〖준〗 '요리하였다가 조리하였다가'가 줄어든 말. ¶요랬다조랬다 참 변덕도 많다. ⑳이랬다저랬다.

요략(要略)〖명하타〗 중요한 것만 대충 추려서 줄임, 또는 줄인 그것.

요량(料量)〖명하타〗 (앞일에 대하여) 잘 헤아려 생각함, 또는 그 생각. ¶요량이 있다.

요러고〖'요리하고'가 줄어든 말. ¶왜 요러고만 있느냐? ⑳이러고.

요러고-조러고〖준〗 '요리하고 조리하고'가 줄어든 말. ¶요러고조러고 할 것 없이 일이나 해라. ⑳이러고저러고.

요러나-조러나〖1〗〖부〗 이것이고 요렇다치고. ⑳이러나저러나.
〖2〗〖준〗①'요리하나 조러하나'가 줄어든 말. ②'요리하나 조리하나'가 줄어든 말. ⑳이러나저러나.

요러니-조러니〖준〗 '요러하다느니 조러하다느니'가 줄어든 말. ¶사람이 여럿 모이니까 요러니조러니 말도 많다. ⑳이러니저러니.

요러다재 '요리하다'가 줄어서 된 말. 요렇게 말하거나 행동하거나 생각하다. ¶요러지 마세요. /요러다가 늦겠다. 僭이러다.

요러요러-하다형 요러하고 요러하다. ¶요러 요러한 물건 보았소? 僭이러이러하다.

요러조러-하다형 요러하고 조러하다. 僭이러저러하다.

요러쿵-조러쿵부재 요러하다는 둥 조러하다는 둥. ¶일은 하지 않고 요러쿵조러쿵 구실만 둘러댄다. 僭이러쿵저러쿵.

요러-하다형어 ①요와 같다. ②요런 모양으로 되어 있다. 준요렇다. 僭이러하다.

요력-조력[-쪼-]부재 ①요렇게 조렇게 하는 사이에. 어느덧. ②되어 가는 대로. ③정한 방법이 없이 요러하게 또는 조러하게. 僭이력저력.

요런[Ⅰ]관 상태·모양·성질 따위가 요러한. ¶어떻게 요런 일이 다 있지. 僭이런1. [Ⅱ]준 '요러한'이 줄어든 말. ¶요런 물건. /요런 사람. 僭이런1.

요런2갑 가볍게 놀랐을 때 내는 소리. 僭이런2.

요렁-조렁부재 요런 모양과 조런 모양으로. 僭이렁저렁.

요렇다[-러타][요러니·요래]형ㅎ〈요러하다〉의 준말. ¶사건의 진상은 요렇다. 僭이렇다.

요렇-듯[-러튼]준 '요러하듯'이 줄어든 말. ¶요렇듯 착한 학생이 또 있을까? 僭이렇듯.

요렇-듯이[-러트시]준 '요러하듯이'가 줄어든 말. ¶요렇듯이 험한 길은 처음이다. 僭이렇듯이.

요령(要領)명 ①사물의 요긴하고 으뜸되는 점, 또는 그 줄거리. ¶요령을 알 수가 없다. ②ㅇ 미립. ¶요령이 좋은 사람. ③적당히 꾀를 부려 하는 짓. ¶요령을 부리다. /요령을 피우다.

요령(鈴鈴·搖鈴)명 ①ㅁ솔발(鐸鈸) ②불가에서, 법요(法要)를 행할 때 흔드는 기구. 솔발보다 작음.

요령-부득(要領不得)명하형 (말이나 글의) 요령을 잡지 못함. 부득요령. ¶그의 설명은 도무지 무슨 말인지 요령부득이다.

요로(要路)명 ①중요한 길. 요충한 지위. ¶정부 요로에 진정하다.

요론(要論)명하자 긴요한 의론이나 논설.

요리[Ⅰ]부 상태·모양·성질 따위가 요러한 모양. (『요리도'의 꼴로도 쓰임.) ¶요리 귀여울 수가. /요리도 작은 손으로 그 큰일을 해내다니. 僭이리3.

요리2부 요 곳으로. 요쪽으로. 《주로, '요리로'의 꼴로 쓰임.》 ¶아가야, 요리 온. /우체국은 요리로 가야 한다. 僭이리4.

요리(要利)명 ㅁ식리(殖利).

요리(要理)명 ①긴요한 이치나 도리. ②중요한 교리(教理) ①천주교 요리 문답집.

요리(料理)명하자 ①맛있는 음식을 만드는 일, 또는 그 음식. ¶요리 강습. ②'어떤 대상을 능숙하게 다루어 처리함'을 속되게 이르는 말. ¶남편을 제 마음대로 요리하다.

요리-사(料理師)명 음식을 전문으로 조리하는 사람.

요리-상(料理床)[-쌍]명 요리를 차려 놓은 상.

요리-요리부재되자 상태·모양·성질 따위가 요러하고 요러한 모양. ¶요리요리하라고 귀에 대고 속삭이다. 僭이리이리.

요리-점(料理店)명 ㅁ요릿집.

요리-조리부 ①(일정한 방향이 없이) 요쪽 조쪽으로. ¶술래가 숨은 아이를 요리조리 찾아다

닌다. ②하자 이러하고 저러하고 되는대로 하는 모양. ¶요리조리 핑계만 댄다. 僭이리저리.

요리쿵-조리쿵부하자 요렇게 하자는 둥 조렇게 하자는 둥. 僭이리쿵저리쿵.

요릿-집(料理-)[-리찝/-릿찝]명 (객실을 갖추고) 요리를 만들어 파는 집. 요리점(料理店). 요정(料亭).

요마(么麽)명하형 ①작음, 또는 그런 것. ②변변하지 못함, 또는 그런 사람.

요마(妖魔)명 요사스러운 마귀. 요귀(妖鬼).

요마마-하다형어 요만한 정도에 이르다. 僭이마마하다.

요마-적(-的)명 이제로부터 아주 가까운 얼마 동안의 지난날. 僭이마적.

요-만[Ⅰ]관 요만한. 요 정도의. ¶요만 일로 투다니? 僭이만. [Ⅱ]부 요 정도까지나. ¶일은 요만 하고 쉬어라. 僭이만.

요만-조만(부정하는 말을 뒤따르게 하거나 반의적 의문에 쓰이어) [Ⅰ]명하형 요만하고 조만함. ¶억지가 요만조만이 아니다. 僭이만저만. [Ⅱ]부 요만하고 조만한 정도로. 어지간히. ¶과일 값이 요만조만 비싼 게 아니다. 僭이만저만.

요-만치[Ⅰ]명 요만큼. 僭이만치. [Ⅱ]부 요만큼. 僭이만치.

요-만큼[Ⅰ]명 요만한 정도. 요만치. 僭이만큼. [Ⅱ]부 요만한 정도로. 요만치. 僭이만큼.

요만-하다형어 요 정도만 하다. ¶요만한 일로 너무 상심하지 마라. 僭이만하다.

요마-때명 요만한 정도에 이른 때. ¶내일 요맘때. /어제 요맘때 다녀갔다. 僭이맘때.

요망(妖妄)명하형스 요사하고 망령됨, 또는 그러한 짓. ¶요망을 떨다. /요망을 부리다. /요망한 짓. **요망스레**부 요망스레 행동하다.

요망(要望)명하자 어떻게 해 주기를 바람. ¶요망 사항(事項).

요망(遙望)명하자 멀리 바라봄.

요망(瞭望)명하자 높은 곳에서 적의 동정을 살피어 바라봄.

요망-군(瞭望軍)[-꾼]명 지난날, 주로 요망을 맡아 하던 군사. 망군(望軍).

요면(凹面)명 가운데가 오목하게 들어간 면. ↔철면(凸面).

요면-경(凹面鏡)명 ㅁ오목 거울.

요면^동판(凹面銅版)명 인쇄에서, 글씨나 그림이 들어가게 새겨진 동판.

요명(要名)명하자 명예를 구함. 요예(要譽).

요모-조모명 요런 면 조런 면. 요쪽 조쪽의 여러 방면. ¶문단(文壇)의 요모조모. 僭이모저모.

요목(要目)명 중요한 항목이나 조목.

요무(要務)명 중요한 임무. 요긴한 일.

요물(妖物)명 ①요망스러운 것. ②'간악한 사람'을 빗대어 이르는 말.

요물^계^약(要物契約)[-게-/-게-]명 당사자끼리의 합의뿐만 아니라 목적물의 인도와 다른 급부(給付)까지도 효력 발생의 요건이 되는 계약. ↔낙성 계약(諾成契約).

요물-단지(妖物-)[-판-]명 요사스러운 사람이나 물건을 낮추어 이르는 말.

요:미(料米)명 지난날, 하급 관원에게 급료로 주던 쌀.

요미걸련(搖尾乞憐)명하자 〔개가 꼬리를 흔들며 알랑거린다는 뜻으로〕 '간사하고 아첨을 잘함'을 이르는 말.

요민(擾民)명하자 백성을 성가시게 함.

요민(饒民)**명** 살림이 넉넉한 백성.

요밀(要密)**명** 빈틈없이 자세하고 세밀함.

요밀요밀(要密要密) '요밀요밀하다'의 어근.

요밀요밀-하다(要密要密-) [-료-]**형여** 매우 요밀하다.

요배(僚輩)**명** ⇨요우(僚友).

요배(遙拜)**명하자** ⇨망배(望拜).

요-번(-番)**명** 이제 돌아온 바로 요 차례. ¶요번에는 꼭 이기겠다. /요번에는 네가 총무를 맡아라. **관**이번.

요법(療法)[-뻡]**명** 병을 치료하는 방법.

요변(妖變)**명하자** ①요사스럽고 변덕스럽게 행동함, 또는 그 행동. ¶요변을 떨다. /요변을 부리다. ②요사스러운 변고.

요변(窯變)**명** 도자기를 구울 때, 통풍이나 불길 등의 영향으로 도자기가 변색하거나 모양이 일그러지는 일, 또는 그렇게 된 도자기.

요-변덕(妖變德)**명** 요사스러운 변덕.

요변-스럽다(妖變-) [-따] [~스러우니·~스러워]**형ㅂ** (말이나 하는 짓이) 요사하고 변덕스럽다. **요변스레부.**

요변-쟁이(妖變-)**명** 몹시 요변스러운 사람.

요병(療病)**명하자** 병을 치료함.

요부(妖婦)**명** (남자를 홀리는) 요사한 여자.

요부(要部)**명** 가장 중요한 부분. 가장 중요한 부서(部署). **비**요처(要處).

요부(腰部)**명** 허리 부분. ¶요부의 통증.

요부(饒富) '요부하다'의 어근.

요부-하다(饒富-)**형여** 살림이 넉넉하다. 요실(饒實)하다. 요족(饒足)하다. **요부-히부.**

요분-질(명)**하자** 성교할 때, 여자가 남자에게 쾌감을 더해 주기 위하여 허리를 요리조리 놀리는 짓.

요-사(夭死)**명하자** ⇨요절(夭折).

요사(妖邪)**명하여 슈형** 요망스럽고 간사함. ¶요사를 떨다. /요사를 부리다. /요사를 피우다. **요사스레부.**

요사(要事)**명** 매우 중요하거나 긴요한 일.

요사-꾼(妖邪-)**명** '몹시 요사스러운 사람'을 홀하게 이르는 말.

요-사이(명) 요전부터 이제까지의 동안. ¶요사이의 추운 날씨. /요사이 어떻게 지내십니까? **준**요새. **참**이사이.

요산-요수(樂山樂水) [-뇨-]**명하자** 산과 물을 좋아함, 곧 자연을 사랑함.

요상(要償)**명하자** 보상을 요구함.

요상(僚相)**명** 지난날, 정승끼리 동료인 상대편을 일컫던 말.

요상-권(要償權) [-꿘]**명** 보상을 요구할 수 있는 권리. [손해 배상 청구권 따위.]

요-새(명)〈요사이〉의 준말. ¶요새 물가가 부쩍 올랐다. /요새 젊은이치고는 예의 바르다. **원**이새.

요새(要塞)**명** 국방상 중요한 지점에 견고하게 마련해 놓은 군사적 방어 시설. ②차지하기 어렵게 되어 있는 대상이나 목표.

요색(要塞)**명** '요새(要塞)'의 잘못.

요샛-말[-샌-]**명** ⇨지쳇말.

요-서(夭逝)**명하자** ⇨요절(夭折).

요서(妖書)**명** (민심을 현혹시키는) 요사스러운 내용의 책.

요석(尿石)**명** 오줌 속에 있는 염분이 신장이나 방광의 내부에 가라앉아서 생긴 결석(結石).

요선(僚船)**명** 같은 선단(船團)에 딸린 선박.

요설(饒舌)**명하자** 수다스레 지껄임, 또는 수다스러운 말. 말이 많음.

요소(尿素)**명** 포유동물의 몸 안에서 단백질이 분해될 때 생겨 오줌으로 나오는 질소 화합물. 무색·무취의 바늘꼴의 결정임.

요소(要所)**명** 중요한 장소나 지점. 요처(要處).

요소(要素)**명** ①어떤 사물의 성립이나 효력 따위에 없어서는 안 될 근본적인 조건. ¶연극의 3 요소. /비료의 3 요소. ②더 이상 간단하게 분석할 수 없는 것. ③구체적인 법률 행위나 의사 표시의 내용 가운데 그 표의자(表意者)에 의하여 중요한 의의를 가지는 부분.

요소^수지(尿素樹脂)**명** 요소와 포르말린을 원료로 하여 만든 합성수지. 가정용 기구의 재료·도료·접착제로 이용됨. **참**투명 수지.

요속(僚屬)**명** 자기보다 아래 계급인 동료. 속료(屬僚).

요수(潦水)**명** ①땅 위에 괸 빗물. ②한방에서, 깊은 산중의 인적이 없는 곳에 새로 우묵 팬 땅에 괸 물을 이름. 여러 가지 보약제를 달이는 데 쓰임.

요순(堯舜)**명** 고대 중국의 요(堯)임금과 순(舜)임금을 아울러 이르는 말.

요순-시대(堯舜時代)**명** ⇨요순시절.

요순-시절(堯舜時節)**명** 〔요임금과 순임금이 다스리던 시절이라는 뜻으로〕 '태평성대(太平聖代)'를 비유하여 이르는 말. 요순시대.

요술(妖術)**명하자** 초자연적인 능력으로 괴이한 일을 행하거나, 사람의 눈을 어리게 하여 여러 가지 이상한 일을 나타내 보임, 또는 그런 방술. 마술(魔術). **참**마법(魔法).

요술-객(妖術客)**명** 요술쟁이.

요술-쟁이(妖術-)**명** 요술하는 재주를 가진 사람. 요술객.

요승(妖僧)**명** 요사스러운 중.

요시찰-인(要視察人)**명** 사상이나 보안 문제와 관련되어 행정 당국이나 경찰 기관에서 감시가 필요하다고 인정하는 인물.

요식(要式)**명** 일정한 규정이나 방식에 따를 것을 필요로 하는 양식, 또는 그 일. ¶요식 절차. /요식 행사.

요식(料食)**명** ①지난날, 이속(吏屬)의 잡급(雜給) ②자기 몫으로 배정받은 분량의 밥. 소식(所食).

요식-계:약(要式契約) [-께-/-께-]**명** 법률상 일정한 형식을 갖추어야 하는 계약.

요식-업(料食業)**명** 음식을 파는 영업.

요식^행위(要式行爲) [-시캥-]**명** 법률 행위의 요소인 의사 표시가 일정한 방식에 따라 행해질 것을 필요로 하는 행위. 〔유언·혼인, 또는 어음·수표의 발행 따위.〕 ↔불요식 행위.

요신(妖臣)**명** 요사스러운 신하.

요신(妖神)**명** 요사스러운 귀신.

요신(要信)**명** 중요한 편지.

요실(饒實) '요실하다'의 어근.

요-실금(尿失禁)**명** 자기도 모르는 사이에 오줌이 저절로 나오는 상태를 이르는 말.

요실-하다(饒實-)**형여** ⇨요부(饒富)하다.

요수십(옛) 요사이. ¶요수십에 幽深흔 興이 フ장흘쒸(杜初15:52).

요수이(옛) 요사이. ¶요수이 서르 아는 사룸이 와 니르더(老解上8). /요수이예 刺史 除授 호물 보고(杜初23:10). **준**요수십.

요악(妖惡)**명하여 슈형** 요사스럽고 간악함. **요악스레부.**

요약(要約)**명하타 되자** 말이나 글에서 중요한 것만을 추려 냄. ¶강연의 취지를 요약한 글.

요약-자(要約者) [-짜] 명 제삼자를 위한 계약에서, 상대편으로 하여금 제삼자에게 지불할 채무를 부담할 것을 약속하게 하는 계약 당사자. ↔낙약자(諾約者).

요양(療養) 명하다자 병을 조섭하며 치료함. ¶ 전원에서의 요양 생활.

요양(擾攘) '요양하다'의 어근.

요양-미정(擾攘未定) 명하타 정신이 혼미하여 안정되지 못함.

요양-소(療養所) 명 요양에 필요한 시설이 갖추어져 있는 곳. 요양원(療養院). ¶ 결핵 요양소.

요양-원(療養院) 명 ⇨요양소.

요양-하다(擾攘-) 형여 시끄럽고 어수선하다.

요언(妖言) 명 요사스러운 말.

요언(要言) 명 요점만 추려 정확하게 하는 말.

요업(窯業) 명 화학 공업의 한 가지. 가마를 이용하여 열처리 공정을 거쳐 제품을 만드는 산업을 통틀어 이르는 말. [도자기·벽돌 및 시멘트·유리 공업 따위.] 도업(陶業).

요엘-서(Joel書) 명 구약 성서 중의 한 편. 예언자 요엘의 구술에 따라 기록한 것으로, 메뚜기 떼로 말미암은 재해가 하나님의 심판임을 밝히고 회개를 권장하는 내용임.

요여(腰輿) 명 장사를 지낸 뒤에 혼백과 신주를 모시고 돌아오는 작은 가마.

요:역(了役) 명하다 ⇨필역(畢役).

요역(要驛) 명 ①지난날의 중요한 역참. ②철도의 중요한 역. 주요 역.

요역(徭役) 명하자 지난날, 백성에게 일정한 구실 대신에 시키던 강제 노동.

요역-국(要役國) [-꾹] 명 국제 지역(地役)으로 권리나 이익을 받는 국가. ↔승역국(承役國).

요역-지(要役地) [-찌] 명 지역권(地役權)으로 편익을 얻는 토지. ↔승역지(承役地).

요연(瞭然) 명 '요연하다'의 어근.

요연-하다(瞭然-) 형여 똑똑하고 분명하다. 효연(曉然)하다. 요연-히 (부)

요열(潦熱) 명 ⇨요염(潦炎).

요염(妖艶) 명하형 사람을 호릴 만큼 아리따움. ¶ 요염한 자태.

요염(潦炎) 명 장마철의 무더위. 요열(潦熱).

요예(要譽) 명하자 ⇨요명(要名).

요오드(Jod 독) 명 할로겐 원소의 한 가지. 금속 광택이 있는 암자색의 비늘 모양의 결정체. 해초나 해산(海産) 동물 속에 있으며 성질은 염소나 브롬과 비슷함. 여러 가지 물감이나 소독약으로 쓰임. [I/53/126.9045]

요오드^녹말^반:응(Jod綠末反應) [-농-] 명 녹말 용액에 찬 요오드를 작용시키면 남청색을 나타내는 반응.

요오드^적정법(Jod滴定法) [-쩡뻡] 명 용량 분석(容量分析)의 한 가지. 산화 적정과 환원 적정이 있음.

요오드-팅크(←Jodtinktur 독) 명 요오드의 알코올 용액으로, 대표적인 팅크제의 한 가지. 주로, 피부 살균이나 소독제로 쓰임.

요오드-화(Jod化) 명하자타되자 요오드와 다른 물질이 화합하는 일.

요오드-물(Jod化物) 명 요오드와 그보다 양성인 원소와의 화합물을 통틀어 이르는 말.

요오드화-수소(Jod化水素) 명 인산을 요오드화칼륨에 작용시켜 만든 자극성이 있는 무색의 기체. 환원제·소독제·살균제 및 분석 시약 등으로 쓰임.

요오드화-아연(Jod化亞鉛) 명 무색 또는 담황의

팔면체 결정. 물에 잘 녹고, 아질산 따위의 시약으로 쓰임.

요오드화-은(Jod化銀) 명 누른빛의 미세한 바늘 모양의 결정. 빛을 받으면 분해해서 암색(暗色)을 띠게 되므로 건판·필름 따위에 사진 유제(乳劑)로 쓰임.

요오드화-칼륨(Jod化Kalium) 명 무색투명 또는 흰색의 입방체 결정. 별에 쬐면 요오드가 떨어져 나가 누렇게 됨. 물과 알코올에 잘 녹고 쓴맛이 남.

요오드화칼륨^녹말^종이(Jod化Kalium綠末-) [-농-] 명 산화성 물질을 검출하는 시험지. 축축하게 젖은 상태에서 적은 양의 산화제와 반응하여 푸른빛을 띰.

요외(料外) 명 [-외/-웨] 명 생각 밖. 요량 밖.

요요(夭夭) '요요(夭夭)하다'의 어근.

요요(姚姚) '요요(姚姚)하다'의 어근.

요요(搖搖) '요요(搖搖)하다'의 어근.

요요(寥寥) '요요(寥寥)하다'의 어근.

요요(遙遙) '요요(遙遙)하다'의 어근.

요요(擾擾) '요요(擾擾)하다'의 어근.

요요(yoyo) 명 장난감의 한 가지. 둥근 널빤지 두 쪽의 중심축을 연결하여 고정시키고, 그 축에 실의 한쪽 끝을 묶어 매고 실의 다른 한쪽을 손에 쥐고 널빤지를 내렸다 하면서 회전시킴.

요요-무문(寥寥無聞) 명하형 명예나 명성이 미미하여 남에게 알려지지 아니함.

요요-하다(搖搖-) 자타 자꾸 흔들다, 또는 자꾸 흔들리다.

요요-하다(夭夭-) 형여 ①나이가 젊고 아리땁다. ②(물건이) 보기에 가냘프고 아름답다. 요요-히 (부)

요요-하다(姚姚-) 형여 예쁘고 아리땁다. 요요-히 (부)

요요-하다(寥寥-) 형여 ①괴괴하고 쓸쓸하다. ②매우 적고 드물다. 요요-히 (부)

요요-하다(遙遙-) 형여 매우 멀고도 아득하다. 요요-히 (부)

요요-하다(擾擾-) 형여 주위가 정돈되지 않고 어수선하다. 정신이 뒤숭숭하고 어지럽다. 요요-히 (부)

요요-현상(yoyo現象) 명 줄어든 체중이 얼마 지나지 않아 본래의 체중으로 되돌아가는 현상.

요용(要用) 명하타되자 요긴하게 씀.

요용-건(要用件) [-껀] 명 아주 긴요한 일, 또는 요긴하게 쓸 물건.

요용-품(要用品) 명 요긴하게 쓸 물품.

요우(僚友) 명 같은 일자리에서 일하고 있는 동료. 요배(僚輩).

요운(妖雲) 명 상서롭지 못한 구름. 불길한 낌새가 보이는 구름.

요원(要員) 명 ①어떤 일을 하는 데 꼭 필요한 인원. ¶ 행정 요원. /특수 부대 요원으로 근무하다. ②중요한 직위에 있는 사람. ¶ 필수 요원.

요원(遙遠·遼遠) '요원하다'의 어근.

요원(燎原) 명 불타고 있는 벌판.

　요원의 불길[관용] 〔벌판의 불길처럼〕'무서운 기세로 번져 가는 세력'따위를 비유하여 이르는 말.

요원-하다(遙遠-·遼遠-) 형여 아득히 멀다. ¶ 전도가 요원하다. /남북통일의 날은 아직도 요원한가? 요원-히 (부)

요위(腰圍) 명 허리통.

요:율(料率) 명 요금의 정도나 비율.

요의(-衣)[-의/-이]명 요의 등 쪽에 시치는 무색의 천. 요뒤.

요의(要義)[-의/-이]명 중요한 뜻. 중요한 줄거리.

요의(僚誼)[-의/-이]명 동료 간의 정분.

요-빈삭(尿頻數)[-의/-이/-이]명 (임독성 방광염이나 요도염 때문에) 오줌이 자주 마려운 증세. ⑪빈뇨증·삭뇨증(數尿症).

요인(妖人)명 요사스러운 사람.

요인(要人)명 중요한 자리에 있는 사람. ¶정부 요인. /요인을 경호하다.

요인(要因)명 중요한 원인. ¶실패의 요인.

요인^증권(要因證券)[-꿘]명 증권상의 권리가, 그 원인이 되는 법률관계의 유효한 존재를 필요로 하는 유가 증권. 어음·수표 이외의 거의 모든 유가 증권이 이에 해당함. 유인 증권(有因證券). ↔불요인 증권.

요일(曜日)명 '요(曜)'를 붙이어 나타내는, 한 주일의 각 날을 이르는 말.

요임(要任)명 중요한 임무.

요잡(繞匝)명하타 불교에서, 부처를 중심으로 그 둘레를 돌아다니는 일. 위요(圍繞)².

요적(寥寂) '요적하다'의 어근.

요적-하다(寥寂-)[-쩌카-]형여 고요하고 적적하다.

요-전(-前)명 요 며칠 전. ¶요전에 만났던 장소에서 저녁 7시에 보자.

요전번(-前番)[-뻔]명 지나간 지 얼마 안 되는 차례나 때. ¶요전번에는 폐를 많이 끼쳤소.

요전-상(澆奠床)[-쌍]명 무덤 앞에 차려 놓은 제상(祭床).

요:절(夭折)명하자 젊어서 일찍 죽음. 단절(短折). 요사(夭死). 요서(夭逝). 요함(夭陷). 조사(蚤死). 조서(蚤逝). 조세(蚤世). 조졸(蚤卒). ¶요절한 천재 시인.

요절(要節)명 문장에서, 중요한 대목.

요절(腰絶·腰折)명하자 (몹시 우스워서) 허리가 꺾일 지경임. ¶요절 복통.

요절-나다(撓折-)[-라-]자 ①물건이 못 쓸 만큼 깨지거나 해어지다. ¶장난감을 잘못 다루어 요절났다. ②일이 깨어져서 실패하게 되다. ¶사업이 요절나다.

요절-내다(撓折-)[-래-]타 ['요절나다'의 사동] 요절나게 하다. ¶홧김에 책상을 요절내 버렸다.

요점(要點)[-쩜]명 가장 중요한 점. 골자. 요체(要諦). 절점(切點). 주점(主點). ¶요점 정리. /요점만 간단히 말하게.

요접(凹棱)명 대목(臺木)의 접붙이기할 부분을 '凹' 자 모양으로 깎아 내고 접가지를 맞대어 붙여 접눈만 남기고 동여매는 접목 방법.

요:정(了定)명하타 ①무엇을 결판냄. 끝을 냄. ¶요정을 짓다. /요정이 나다. ②무엇을 결정함.

요정(尿精)명 한방에서, 오줌에 정액이 섞여 나오는 병증을 이르는 말.

요정(妖精)명 ①요사스러운 정령(精靈). ②(서양의 신화나 전설에 나오는) 사람의 모습을 한 자연물의 정령. 〔마력을 지녔으며 주로 깜찍한 선녀로서 나타남.〕⑪님프.

요정(料艇)명 ⑦요릿집.

요정(僚艇)명 같은 임무를 띤 다른 배.

요조(凹彫)명 ⑦음각(陰刻).

요조(窈窕) '요조하다'의 어근.

요:조-숙녀(窈窕淑女)[-숭-]명 품위 있고 얌전한 여자. 얌전하고 조용한 여자.

요조숌(옛)요즈음. ¶요조숌 브터 오매(杜初 21:25).

요:조-하다(窈窕-)형여 부녀자의 행실이 아리땁고 얌전하다.

요족(饒足) '요족하다'의 어근.

요족-하다(饒足-)[-조카-]형여 ⑦요부하다.

요-주의(要注意)[-의/-이]명 주의를 요함. ¶요주의 사항.

요-즈막명 이제까지에 이르는 아주 가까운 과거. ¶요즈막에야 겨우 허락을 얻었다. ⑫이즈막.

요-즈음명 요사이. 이적. ¶요즈음의 젊은이들. ⑥요즘. ⑫이즈음.

요-즘명 〈요즈음〉의 준말. ¶요즘도 바쁘니? ⑫이즘.

요:지(了知)명하타 깨달아서 앎.

요지(要旨)명 ①(말이나 글의) 중요한 뜻. ¶질문의 요지를 파악하다. ②문장에서, 지은이의 의도를 짧게 간추린 대강의 내용.

요지(要地)명 중요한 역할을 하는 곳, 또는 핵심이 되는 곳. ¶교통의 요지.

요지(窯址)명 '가마터'로 순화.

요지-경(瑤池鏡)명 ①상자 앞면에 확대경을 달고, 그 안에 여러 가지 그림을 넣어 들여다보게 만든 장치. ②'알쏭달쏭하고 묘한 세상일'을 비유하여 이르는 말.

요지경 속이다〔속담〕 '속 내용이 알쏭달쏭하고 복잡하여 뭐가 뭔지 이해할 수 없음'을 비유하여 이르는 말.

요지부동(搖之不動)명하자 흔들어도 조금도 움직이지 않음.

요지-호(凹池湖)명 수면(水面)이 해면(海面)보다 낮은 호수.

요직(要職)명 중요한 직위나 직무. ¶행정부의 요직을 두루 거치다.

요질(腰絰)명 상복을 입을 때 허리에 띠는 띠. 짚에다 삼을 섞어 굵은 동아줄같이 만듦.

요-쪽대 말하는 이에게 비교적 가까운 곳이나 방향을 나타내는 말.

요-쯤 Ⅰ명 요만한 정도. ¶요쯤이면 해결되겠지. ⑫이쯤. Ⅱ부 요만한 정도로. ¶요쯤 해도 양은 충분하다. ⑫이쯤.

요차(療次)명 〈요기차(療飢次)〉의 준말.

요참(腰斬)명하타 지난날, 죄인의 허리를 잘라 죽이던 일, 또는 그런 형벌.

요:채(了債)명하자 ①빚을 다 갚음. ②자기의 의무를 다함.

요처(要處)명 중요한 곳. 요소(要所). ⑪요부(要部).

요천(遙天)명 아득히 먼 하늘.

요철(凹凸)명하여 오목함과 볼록함. 철요.

요철^렌즈(凹凸lens)명 한쪽 면은 오목하고 다른 한쪽 면은 볼록한 렌즈. 〔작용은 볼록 렌즈와 같음.〕

요청(要請)명하자타되자 필요한 일을 이리이리 해 달라고 청함. ¶시대의 요청에 부응하다. / 긴급 지원을 요청하다.

요체(要諦)명 ①사물의 가장 중요한 점. 요점(要點). ¶성공의 요체. ②중요한 깨달음. 올바른 사리(事理).

요초(料峭) 이른 봄의 으스스한 추위. ¶춘한 (春寒) 요초.

요추(腰椎)명 ⑦허리등뼈.

요-축(饒-)명 살림이 풍족한 사람들.

요충(要衝)명 〈요충지(要衝地)〉의 준말.

요충(蟯蟲)**명** 요충과의 기생충. 암컷 1cm, 수컷 3~5mm. 실처럼 회고 가는데, 사람의 대장에 기생함. 특히, 어린이에게 많으며 소화 불량·신경증·불면증 등을 일으킴.

요충-지(要衝地)**명** 지세(地勢)가 군사적으로 중요한 곳. 요해지. ¶전략적 요충지. ⦿요충.

요-컨대(要-)**부** 중요한 점을 말하자면. 결국은. ¶요컨대 모든 일의 성패는 마음에 달렸다.

요크(yoke)**명** (여성복이나 아동복을 마름질할 때) 장식으로 어깨나 스커트의 윗부분을 다른 감으로 바꿔 대는 것.

요:크셔-종(Yorkshire種)**명** 돼지의 한 품종. 영국 요크셔 원산. 몸빛은 흰색. 소백종·중백종·대백종이 있는데, 우리나라에는 대백종이 많음. 조숙하고 다산(多産)·강건함.

요:탁(料度)**명하타** ⇨촌탁(忖度).

요탁(遙度)**명하타** 남의 심정 따위를 먼 곳에서 미루어 헤아림.

요탕-조탕[-탕쪼탕]**명하자** 요리 탓하고 조리 탓함. ¶요탕조탕 좀 그만 해라. ⦿이탓저탓. *요탕조탕을[-탕쪼탕을]·요탕조탕만[-탕쪼탕-].

요통(腰痛)'허리가 아픈 증세'를 통틀어 이르는 말. 허리앓이.

요트(yacht)**명** 돛, 스포츠나 유람용으로 쓰이는 가볍고 작은 범선. [넓게는 발동기를 단 사교나 레저용의 주정(舟艇)까지를 뜻함.] ⦿요트판.

요판(凹版)**명** ⇨음각(凹刻).

요패(腰牌)**명** 조선 시대에, 군졸이나 하인들이 신분을 나타내기 위하여 허리에 차던 나무패.

요폐(尿閉)[-폐/-폐]**명** 한방에서, 하초(下焦)에 열이 생겨 오줌이 잘 나오지 않는 방광병(膀胱病)을 이르는 말.

요-포대기명 요로 쓸 수 있게 만든 포대기.

요하(腰下)**명** ⇨허리춤.

요:-하다(要-)**타여** 필요로 하다. ¶검토를 요하는 문제. /많은 시간을 요하다.

요한^계:시록(←Johannes啓示錄)[-게-/-게-]**명** 신약 성서 중의 마지막 편. 사도 요한이 하나님으로부터 계시를 받고 저술했다는 것으로, 예수의 재림, 천국의 도래, 로마 제국의 멸망 등이 그 내용임. 계시록. 묵시록. 요한 묵시록.

요한^묵시록(←Johannes默示錄)[-씨-]**명** ⇨요한 계시록.

요한-복음(←Johannes福音)**명** 신약 성서 중의 넷째 편. 사도 요한의 저작으로 사복음서(四福音書) 중의 하나. 예수의 부활·사랑·기적 등에 관한 내용이 기록되어 있음.

요한^서한(←Johannes書翰)**명** 신약 성서 중, 요한이 쓴 세 편의 편지. 하나님의 사랑과 교회의 윤리에 관하여 기록했음. [요한 일서·요한 이서·요한 삼서로 되어 있음.]

요:함(夭陷)**명하자** ⇨요절(夭折).

요함(凹陷)**명하자** 오목하게 빠져 들어감.

요함(僚艦)**명** 같은 작전 임무를 띤 군함.

요항(要項)**명** 중요한 사항. 필요한 사항.

요항(要港)**명** 교통이나 수송·군사 면에서의 중요한 항구. ¶지중해 항로상의 요항.

요:해(了解)**명하타** 사물의 이치나 뜻 따위를 분명히 이해함. 회득(會得).

요해(要害)<요해처(要害處)>의 준말.

요해-지(要害地)**명** ⇨요충지(要衝地).

요해-처(要害處)**명** ①지세가 아군에게는 유리하고 적에게는 불리한 곳. ②(생명과 직결되는) 신체의 중요 부분. ⦿요해.

요행(僥倖·徼幸)**명하형**스형 뜻밖의 행운. 또는, 행운을 바람. ¶요행을 바라다. /요행으로 입사 시험에 합격했다. ¶요행히 일이 잘 풀려 나간다. 요행스레부.

요행-수(僥倖數)[-쑤]**명** 뜻밖에 얻는 좋은 운수. ¶요행수를 바라다.

요혈(尿血)**명** 오줌에 피가 섞여 나오는 병증. 혈뇨(血尿).

요호(饒戶)**명** 살림이 넉넉한 집. 부잣집.

요화(妖花)**명** (요사스러운 아름다움을 지닌 꽃이란 뜻으로) '요염한 여자'를 이름.

요화(蓼花)**명** 여뀌의 꽃.

요횟-대(蓼花-)[-화때/-활때]**명** 여뀌꽃 모양으로 만든 유밀과(油蜜菓)의 한 가지.

요회(妖姬)[-히]**명** ⇨요녀(妖女).

요힘빈(yohimbin)**명** 꼭두서닛과의 식물인 요힘베의 껍질에 들어 있는 알칼로이드. 최음제(催淫劑)로 쓰임.

욕(辱)[욕]**명하자**<욕설>의 준말. ¶욕을 퍼붓다. ②**하자타**나무라거나 꾸짖음. 비난함. ¶상사에게 욕을 듣다. ③<치욕(恥辱)>의 준말. ¶욕을 당하다.

-욕(欲·慾)**접미** (일부 명사 뒤에 붙어) '욕구'·'욕망'의 뜻을 나타냄. ¶성취욕. /승부욕. /출세욕.

욕-가마리(辱-)[-까-]**명** '남에게 욕을 먹어 마땅한 사람'을 이르는 말.

욕-감태기(辱-)[-깜-]**명** '남에게 노상 욕을 먹는 사람'을 일컫는 말.

욕객(浴客)[-깩]**명** 목욕을 하려고 오는 손.

욕계(欲界·慾界)[-께]**명** 불교에서 이르는 삼계(三界)의 하나. 식욕·음욕·수면욕 따위의 본능적인 욕망의 세계.

욕계^삼욕(欲界三欲)[-께-/-께]**명** 불교에서 이르는 욕계의 세 가지 욕망, 곧 식욕·음욕·수면욕.

욕교(辱交)[-교]**명** ⇨욕지(辱知).

욕교반졸(欲巧反拙)[-교-]**명** [기교를 지나치게 부리면 도리어 졸하게 된다는 뜻으로] 너무 잘하려 하면 도리어 잘 안됨을 이르는 말.

욕구(欲求·慾求)[-꾸]**명하타** 무엇을 얻거나 무슨 일을 하고자 바라고 원함, 또는 그 욕망. ¶생에 대한 욕구. /욕구를 채우다.

욕구^불만(欲求不滿)[-꾸-]**명** 욕구가 충족되지 않은 상태. ¶욕구 불만에 의한 반항.

욕기(浴沂)[-끼]**명** '명리(名利)를 잊고 유유자적함'을 비유하여 이르는 말. [공자가 제자들에게 취향을 묻자 증석(曾晳)이 기수(沂水)에서 목욕하고 무우(舞雩)에 올라가 시가를 읊조리고 돌아오겠다고 대답한 고사에서 유래함.]

욕기(欲氣·慾氣)[-끼]**명** 가지고 싶어 하는 마음. 욕심. ¶욕기가 생기다. /욕기를 부리다.

욕-되다(辱-)[-뙤-/-뛔-]**형** 명예나 체면이 없거나 명예롭지 못하다. ¶죄를 짓고 욕되게 살다. 욕되-이부 ¶욕되이 사느니 죽는 편이 낫다.

욕례(縟禮)[-녜]**명** 복잡하고 까다로운 예절. 번욕(煩縟).

욕망(欲望·慾望)[용-]**명하타** 무엇을 하거나 가지고 싶어 간절히 바라고 원함, 또는 그 마음. ¶출세에 대한 욕망. /욕망을 충족시키다.

욕-먹다(辱-)[용-]**타자** 악평을 듣다. 욕설을 듣다. ¶욕먹을 짓만 골라 한다.

욕-보다(辱-)[-뽀-]**자** ①곤란한 일을 겪거나 수고를 하다. ¶그걸 해내느라고 욕봤네. ②치욕스러운 일을 당하다. ③강간을 당하다.

욕보-이다(辱-)[-뽀-]国『'욕보다'의 사동』 ①남을 괴롭히거나 수고롭게 하다. ②남에게 치욕을 주다. ③여자를 달리 이르는 말. 강간하다.

욕불(浴佛)[-뿔]圀하자 ☞관불(灌佛).

욕불-일(浴佛日)[-뿔릴]圀〔욕불하는 날이란 뜻으로〕'파일(八日)'을 달리 이르는 말.

욕사무지(欲死無地)[-싸-]圀〔죽으려 해도 죽을 만한 땅이 없다는 뜻으로〕매우 분하고 원통함을 이르는 말.

욕-사행(欲邪行)[-싸-]圀☞사음(邪淫)1.

욕생(欲生)[-쌩]圀 죽은 다음에, 극락세계에 다시 태어나기를 바라는 마음.

욕설(辱說)[-썰]圀하자 ①남을 저주하는 말. ②남을 욕되게 하는 말. 남을 모욕하는 말. ¶욕설을 퍼붓다. ㊀욕.

욕속부달(欲速不達)[-쏙뿌-]圀 너무 빨리 하려고 서두르면 도리어 일을 이루지 못한다는 말.

욕실(浴室)[-씰]圀〈목욕실〉의 준말.

욕심(欲心·慾心)[-씸]圀 무엇을 지나치게 탐내거나 누리고 싶어 하는 마음. 욕기(欲氣). ¶욕심을 부리다. /재물에 대한 욕심이 많다.

욕심은 부엉이 같다[속담] 온갖 것에 욕심을 부린다는 말.

욕심이 눈을〔앞을〕**가리다**[관용] 욕심 때문에 사리 분별을 못하다.

욕심(이) 사납다[관용] 지나치게 욕심이 많다. ¶욕심 사납게 혼자서 다 차지하다.

욕심-꾸러기(欲心-)[-씸-]圀'욕심이 많은 사람'을 얕잡아 이르는 말. 욕심쟁이.

욕심-나다(欲心-)[-씸-]재 욕심이 생기다. ¶욕심나는 책. /돈이 욕심나면 일을 해서 벌어라.

욕심-내다(欲心-)[-씸-]태 욕심을 먹다. 욕심을 부리다. ¶남의 돈을 욕심내다.

욕심-쟁이(欲心-)[-씸-]圀 욕심꾸러기.

욕우(辱友)団☞욕지(辱知).

욕의(浴衣)[요긔/요기]圀 목욕할 때 입는 옷.

욕장(浴場)[-짱]圀 목욕을 하는 곳.

욕-쟁이(辱-)[-쨍]圀'욕을 잘하는 사람'을 낮추어 이르는 말.

욕정(浴情·慾情)[-쩡]圀 ①몹시 가지고 싶은 마음. ②이성(異性)에 대한 육체적 욕망. 정욕. 색정(色情). ¶욕정이 동하다.

욕조(浴槽)[-쪼]圀 목욕물을 담는 통.

욕지(辱知)[-찌]団〔자기 같은 사람을 알게 된 것이 그 사람에게 욕이 된다는 뜻으로〕상대편에게 '자기'를 겸손하게 이르는 말. 욕교(辱交). 욕우(辱友).

욕-지거리(辱-)[-찌-]圀하자〈욕설〉의 속된 말.

욕지기[-찌-]圀 토할 것 같은 메슥메슥한 느낌. 역기(逆氣). 토기(吐氣).

욕지기-나다[-찌-]재 토할 것 같은 메스꺼운 느낌이 나다. 구역나다.

욕-질(辱-)[-찔]圀하자 욕하는 짓.

욕창(褥瘡)圀 병으로 오랫동안 누워 지내는 환자의, 병상에 닿는 곳의 피부가 짓물러서 생기는 부스럼.

욕탕(浴湯)圀〈목욕탕〉의 준말.

욕통(浴桶)圀〈목욕통〉의 준말.

욕해(欲海·慾海)[요캐]圀 불교에서, '세속의 애욕이 넓고 깊음'을 바다에 비유하여 이르는 말.

욕화(浴化)[요콰]圀하자 되자 높은 덕화(德化)를 입음.

욜랑-욜랑[-놀-/-율-]囝하자재 ①가볍게 움직이는 모양. ¶어린아이가 욜랑욜랑 잘도 걷는다. ②자꾸 출싹거리는 모양.

욥-기(Job記)圀 구약 성서 중의 한 편. 의인(義人) 욥이 모든 재산을 잃고 병마에 신음하면서도 끝까지 신앙을 지킨 내용으로, 하나님의 사랑과 신앙의 위대함을 기록한 지혜 문학의 하나.

옷-속[오쏙/옫쏙]圀 요 안에 넣는 '솜이나 털 따위'를 통틀어 이르는 말.

옷-의(-衣)圀 '요의'의 방언.

옷-잇[온닏]圀 요의 거죽을 싸서 등 쪽으로 넘어오게 하여 시치는 흰 천. ＊옷잇이[온니시]·옷잇만[온닌-].

용(茸)圀〈녹용(鹿茸)〉의 준말.

용(庸)圀 당나라 때, 부역을 치르거나 않는 대신 현물로 바치던 공부(貢賦)의 한 가지.

용(龍)圀 고대 중국인이 상상한 신령한 짐승. 머리에 뿔이 있고 몸통은 뱀과 같으나 네 발에 날카로운 발톱이 있으며, 춘분(春分)에는 하늘로 올라가고 추분(秋分)에는 연못에 잠긴다는 것임. 〔상서로운 존재로 믿으며 제왕에 비유함.〕

용 못 된 이무기 방천 낸다[속담] 못된 사람은 반드시 못 될 짓을 한다는 뜻.

용의 꼬리보다 닭의 머리가 낫다[속담] 크고 훌륭한 이의 뒤를 좇아다니기보다는 작고 보잘것없어도 우두머리 노릇하는 것이 낫다는 뜻.

용이 물을 잃은 듯[속담] 능력은 출중하나 그 능력을 펼칠 수 있는 환경이나 조건이 사라져서 불행하게 된 모양을 이르는 말.

용(이) 되다[관용] 변변치 못하던 것이 크게 되다. ¶미꾸라지가 용이 되다.

-용(用)〔접미〕 주로 한자어 뒤에 붙어, 그러한 데 쓰임을 뜻함. ¶자가용. /선전용. /유아용.

용가(龍駕)圀 임금이 타는 수레.

용-가마(龍-)圀 큰 가마솥.

용가마에 삶은 개가 멍멍 짖거든[속담] 들어줄 수 없는 일이나 도저히 이루어질 수 없는 일을 두고 하는 말. ¶그래, 용가마에 삶은 개가 멍멍 짖거든 해 주마.

용-간(用奸)圀하자 간사한 피로 남을 속임.

용:감-무쌍(勇敢無雙)圀하자 용감하기 짝이 없음. 용감무쌍한 병사.

용:감-스럽다(勇敢-)[-따]〔-스러우니·-스러워〕圀 씩씩하고 겁이 없으며 기운찬 데가 있다. 용감스레[-레]

용:감-하다(勇敢-)圀여 씩씩하고 겁이 없으며 기운차다. ¶용감한 군인. /용감하게 싸우다. 용감-히[-]

용강(勇剛)圀 '용강하다'의 어근.

용:강-하다(勇剛-)圀여 (성격이) 씩씩하고 굳세다.

용:건(用件)[-껀]圀 볼일. 용무(用務). ¶우선 중요한 용건부터 말해라. /급한 용건으로 해외 출장을 떠나다.

용고(龍鼓)圀 국악(國樂)의 타악기의 한 가지. 용을 그린 북통 양쪽에 쇠고리를 박아 끈을 단 것으로, 어깨에 메고 양손에 쥔 채로 두드림.

용고뚜리圀'담배를 지나치게 많이 피우는 사람'을 농조로 이르는 말. 골초.

용골(龍骨)圀 ①큰 배 밑바닥 한가운데를, 이물에서 고물에 걸쳐 선체를 받치는 길고 큰 목재. ②신생대에 살았던 마스토돈의 화석.

용골`돌기(龍骨突起)圀 조류(鳥類)의 가슴뼈에 있는 돌기. 날개를 움직이는 근육이 붙어 있는 부분임.

용골때-질[평][하자] 심술을 부려 남을 화나게 하는 짓.

용골-자리(龍骨-)[평] 겨울철 남쪽 하늘에 낮게 보이는 별자리.

용골-차(龍骨車)[평] 물을 자아올려 논밭에 대는 기구.

용공(容共)[평] 공산주의의 주장을 받아들이거나 그 운동에 동조하는 일. ¶용공 분자. /용공 세력.

용공(庸工)[평] 재주나 기술이 용렬한 장인.

용관(冗官)[평] 직책이 없는 벼슬아치, 또는 한가한 벼슬.

용광-로(鎔鑛爐)[-노][평] 높은 온도로 금속·광석을 녹여 무석 따위를 제련해 내는 가마.

용:구(用具)[평] 무엇을 하거나 만드는 데 쓰이는 기구. ¶제도 용구. /청소 용구.

용:군(用軍)[평] ☞용병(用兵).

용군(庸君)[평] 용렬하고 어리석은 임금.

용궁(龍宮)[평] 바다 속에 있다는 용왕의 궁전. ⑪수궁(水宮).

용:권(用權)[평][하자] 권세를 부림.

용규(龍葵)[평] ☞까마종이. ②한방에서, '까마종이를 말린 것'을 약재로 이르는 말.

용:기(用器)[평] 어떤 일을 하는 데 쓰는 기구.

용:기(勇氣)[평] 씩씩하고 굳센 기운. ¶용기가 나다. /용기를 잃다.

용기(容器)[평] 물건을 담는 그릇. ¶플라스틱 용기.

용기-백배(勇氣百倍)[-빼][평][하자] 격려나 응원 따위에 자극을 받아 용기가 크게 더하여 짐.

용:기-기병(龍騎兵)[평] 지난날 유럽에서, 갑옷에 총으로 무장한 기마병을 이르던 말.

용:기-화(用器畫)[평] 제도기를 써서 물체를 기하학적으로 정확하게 그리는 그림. 설계도 작성 등에 쓰임. ↔자재화(自在畫).

용-꿈(龍-)[평] 용을 본 꿈. [이 꿈을 꾸면 대길(大吉)하다는 속설이 있음.] 용몽(龍夢).

용-날(龍-)[평] ☞진일(辰日).

용납(容納)[평][하자][되자] 남의 언행을 너그러운 마음으로 받아들임. ¶이 이상은 더 용납할 수 없다.

용녀(龍女)[평] ①용왕의 딸. ②용궁에 산다는 선녀.

용뇌(龍腦)[-뇌/-눼][평] ①〈용뇌수〉의 준말. ②〈용뇌향〉의 준말.

용뇌-수(龍腦樹)[-뇌/-눼-][평] 용뇌수과의 상록 교목. 보르네오와 수마트라 원산으로 줄기의 갈라진 틈에서 용뇌향을 얻음. ⓢ용뇌.

용뇌-향(龍腦香)[-뇌/-눼-][평] 한방에서, '용뇌수에서 얻은 널빤지 모양의 결정'을 약재로 이르는 말. 무색투명한데, 구강 청량제나 방충제·훈향(薰香) 따위에 쓰임. 빙편(氷片). 편뇌(片腦). ⓢ용뇌.

용:단(勇斷)[평][하자] 용기 있게 결단을 내림, 또는 그 결단. ¶용단을 내리다.

용:달(用達)[평][하자] 물건이나 짐 따위를 전문적으로 배달함, 또는 그 일.

용:달-사(用達社)[-싸][평] 용달하는 것을 업으로 하는 회사.

용:달-차(用達車)[평] 용달을 전문으로 하는 화물 자동차.

용담(冗談)[평] 쓸데없이 하는 말.

용:담(冗談)[평] 어떤 용건에 대한 이야기.

용담(龍膽)[평] 용담과의 다년초. 산지의 풀밭에 절로 나는데 줄기는 20~60 cm. 수염뿌리가 사방으로 퍼짐. 잎은 마주나고, 8~10월에 자줏빛 꽃이 핌. 한방에서, 근경(根莖)과 뿌리의 말린 것을 '용담'이라 하여 고미 건위제로 씀.

용:덕(勇德)[평] 가톨릭에서 이르는 사추덕(四樞德)의 하나. 어떤 위험을 무릅쓰고서라도 착한 일을 해내는 덕행.

용:도(用度)[평] ①씀씀이. 드는 비용. ②관공서나 회사 같은 데서, 사무용품 따위를 구입하여 내부에 공급하는 일.

용:도(用途)[평] 쓰이는 곳이나 쓰는 법. 효용(效用). ¶돈의 용도. /용도가 다양한 물건.

용도(鎔度)[평] ☞녹는점.

용:도^구역(用途區域)[평] 급속한 도시화에 따른 도시의 평면적 확대 및 인구의 과다 집중을 막기 위해 행정적으로 그 용도를 설정한 구역. [특정 시설 제한 구역, 개발 제한 구역, 시가화 조성 구역이 있음.]

용:도^지역(用途地域)[평] 토지를 효율적으로 이용·관리하기 위하여, 그 기능과 자연 조건 등에 따라 계획적으로 용도를 지정한 지역. [국토 이용 관리법상 도시 지역·농림 지역·산림 지역·공업 지역 따위로 나누고, 도시 계획법상 주거 지역·상업 지역·공업 지역·녹지 지역이 있음.]

용:-돈(用-)[-똔][평] 평소에 잡비로 쓰는 돈이나 특별한 목적 없이 자유롭게 쓰는 돈. ¶용돈을 타다.

용:동(聳動)[평][되자] 깜짝 놀람. ¶세인이 용동한 사건.

용두(龍頭)[평] ①지난날, 문과(文科)의 '장원(壯元)'을 이르던 말. ②☞망새. ③손목시계 따위의 태엽을 감는 꼭지.

용-두레[평] 지난날, 논에 물을 퍼 올려 대는 데 쓰이던 농구(農具).

용두-머리(龍頭-)[평] ①용의 머리 모양을 한 장식. 건축물이나 상여·승교(乘轎) 따위에 닮. ②베틀 앞다리의 위 끄트머리에 얹는 나무.

용두-사미(龍頭蛇尾)[평] [머리는 용이나 꼬리는 뱀이라는 뜻으로] '시작은 거창하나 뒤로 갈수록 흐지부지해짐'을 비유하여 이르는 말. ¶그 계획은 용두사미로 끝났다.

용두-쇠(龍頭-)[-쇠/-쉐][평] 장구의 양쪽에 달아 줄을 연결하는, 쇠로 만든 고리.

용두-질(龍頭-)[평] 남성의 수음(手淫).

용-띠(龍-)[평] ☞진생(辰生).

용:략(勇略)[-냑][평] 용기와 지략.

용:량(用量)[-냥][평] 주로 약제 따위, 하루 또는 한 번에 사용하거나 복용하는 일정한 분량.

용량(容量)[-냥][평] ①용기 안에 들어갈 수 있는 물건의 분량. ¶6백 리터 용량의 냉장고. ②물리에서, 물질이 일정한 상태 변화에서 받아들이는 분량, 또는 그 분량의 최대값. [열용량이나 전기 용량 따위.] ③컴퓨터에서, 저장할 수 있는 정보의 양.

용량^분석(容量分析)[-냥-][평] 정량 분석의 한 가지. 농도가 정해진 시약 용액을 시료 용액에 떨어뜨려서 일정한 화학 반응을 일으켜 그 반응이 끝날 때까지 소요된 시약의 용량으로 시료의 정량을 측정하는 방법.

용:려(用慮)[-녀][평][하자] 마음을 씀. 걱정함.

용:력(用力)[-녁][평][하자] 힘을 냄. 힘을 씀.

용:력(勇力)[-녁][평] 씩씩한 힘. 용맹스러운 힘.

용렬(庸劣)[-녈][평] '용렬하다'의 어근.

용렬-스럽다(庸劣-)[-녈-따][-스러우니·-스러워][형어] 용렬한 데가 있다. **용렬스레**[부]

용렬-하다(庸劣-) [-녈-]혱옘 사람이 변변하지 못하고 졸렬하다. ¶용렬한 사람.

용:례(用例) [-녜]몡 실제로 쓰이고 있는 예, 또는 용법의 보기. ¶용례를 들어서 자세하게 설명하다.

용-룡(龍龍) [-농]몡 한자 부수의 한 가지. '龐'·'龕' 등에서의 '龍'의 이름.

용루(龍淚) [-누]몡 [용의 눈물이라는 뜻으로] '임금의 눈물'을 높이어 이르는 말. 옥루(玉淚). ¶용루를 흘리다.

용린-갑(龍鱗甲) [-닌-]몡 용의 비늘 모양으로 된 미늘을 달아 만든 갑옷.

용:립(聳立) [-닙]몡하자 (산이나 나무 따위가) 높이 우뚝 솟음.

용마(龍馬)몡 ①중국 복희씨(伏義氏) 때, 황하에서 팔괘(八卦)를 등에 싣고 나왔다는 준마. ②썩 잘 달리는 '훌륭한 말'을 비유하여 이르는 말. ②용총(龍驄).

용-마루(龍-)몡 지붕 위의 마루. 옥척(屋脊). 지붕마루.

용-마름(龍-)몡 초가의 용마루나 담 위에 덮는, 짚으로 길게 틀어 엮은 이엉.

용매(溶媒)몡 용액을 만들 때에 용질을 녹이는 액체. 용제. 용해제. ⑪용질(溶質).

용:맹(勇猛)몡혱어스멩 용감하고 사나움. ¶용맹과 지략을 겸비한 장수. /용맹스럽게 싸우다.
용맹스럽다.

용:맹무쌍(勇猛無雙)몡혱 견줄 만한 데가 없을 만큼 용감하고 사나움. ¶용맹무쌍한 군인.

용-머리(龍-)몡 꿀풀과의 다년초. 산지에 나는데, 줄기는 15~40 cm까지 자라며 여름에 자줏빛 꽃이 줄기 끝에 핌.

용:명(勇名)몡 용자(勇者)로서의 명성. 용맹스럽다는 평판. ¶용명을 떨치다.

용명(勇明) '용명하다'의 어근.

용명(溶明)몡 ☞페이드인(F.I.). ↔용암(溶暗).

용:명-하다(勇明-)혱어 용감하고 명민하다.

용모(容貌)몡 사람의 얼굴 모양. 모용. 면상(面相). 형모(形貌). ¶출중한 용모. /용모가 준수하다.

용모-파기(容貌疤記)몡하타 (어떤 사람을 체포하기 위하여) 그 사람의 용모와 특징 따위를 기록함, 또는 그 기록.

용몽(龍夢)몡 ☞용꿈.

용:무(用武)몡하자 무력을 씀.

용:무(用務)몡 볼일. 용건(用件). ¶용무를 마치다. /용무가 있어 외출하다.

용문(龍門)몡 중국 황하 중류에 있는 여울 이름. [물살이 세어, 잉어가 이곳을 뛰어오르면 용이 된다는 전설이 있음.]

용문(龍紋)몡 용을 그린 오색의 무늬.

용문-석(龍紋席)몡 용문을 넣어 짠 돗자리.

용미(龍尾)몡 ①용의 꼬리. ②무덤의 분상 뒤를 용의 꼬리처럼 만든 자리.

용미봉탕(龍味鳳湯)몡 '맛이 썩 좋은 음식'을 비유하여 이르는 말.

용반-호거(龍蟠虎踞)몡 [용이 서리고 범이 걸터앉았다는 뜻으로] '산세(山勢)가 웅장함'을 비유하여 이르는 말.

용-방망이(龍-)몡 지난날, 지방의 사령들이 쓰던 형구(刑具). 한끝에 용을 새겼음.

용:법(用法)[-뻡]몡 ①(무엇을) 사용하는 방법. ②하자법을 부림.

용:-벚[-벋]몡 온몸을 벚나무 껍질로 싼 활.
 * 용:벗이[-버지]·용:벗만[-번-]

용:변(用便)몡하자 대소변을 봄. ¶용변을 가리다.

용:병(用兵)몡하자 군사를 부림. 용군(用軍).

용:병(勇兵)몡 용감한 병사. 용사(勇士).

용:병(傭兵)몡하자 보수를 주고 병사를 고용하는 일, 또는 그 병사. 고군(雇軍). 고병(雇兵).

용:병-법(用兵法)[-뻡]몡 전투에서, 군사를 쓰거나 부리는 방법.

용:병-술(用兵術)몡 전투에서, 군사를 쓰거나 부리는 기술. ¶용병술에 능하다.

용:병-학(用兵學)몡 군사를 쓰거나 부리는 방법을 연구하는 학문.

용봉-탕(龍鳳湯)몡 ①닭고기와 잉어를 한데 넣어 끓인 국. ②닭을 고아 뼈를 발라내고, 은어와 쌀을 넣어 끓인 국.

용부(庸夫)몡 용렬한 남자. 범용한 사내.

용부(傭夫)몡 고용살이하는 남자.

용:부(傭婦)몡 고용살이하는 부녀자.

용:불용-설(用不用說)몡 생물에는 환경에 대한 적응력이 있어, 자주 사용하는 기관은 발달하고 사용하지 않는 기관은 퇴화하여 없어지게 된다는 학설. [라마르크가 제창한 진화설임.]

용비(冗費)몡 쓸데없는 비용. ⑪비용. ¶용비를 절감하다.

용비어천가(龍飛御天歌)몡 조선 세종 27(1445)년에 권제·정인지·안지 등이 세종의 명을 받아 지은 악장. 조선 건국의 위업과 선대(先代) 육조(六祖)의 덕을 중국 고사에 비유하여 칭송한 서사시로, 역사상 최초의 한글 문헌임. 전 10권 5책 125장.

용빙(傭聘)몡하타되자 (사람을) 예를 갖추어 고용함. 청하여 고용함.

용:-빼다자 기운을 몰아 내다. 또는, 큰 재주를 부리다.
용빼는 재주관용 아주 뛰어난 재주. ¶제아무리 용빼는 재주가 있어도 이 일은 해내지 못할 것이다.

용:사(用私)몡하자 사사로운 정을 둠.

용:사(勇士)몡 ①용기가 있는 사람. ②☞용병(勇兵). ¶역전의 용사.

용:사(容赦)몡하타되자 용서하여 놓아줌.

용사(龍蛇)몡 ①용과 뱀. ②초서(草書)의 필세(筆勢)를 형용하여 이르는 말.

용사-비등(龍蛇飛騰)몡하형 [용이 날아오르는 형세라는 뜻으로] '초서로 쓴 큰 글자의 필세가 활기참'을 비유하여 이르는 말.

용상(庸常) '용상하다'의 어근.

용상(龍床)몡 〈용평상(龍平床)〉의 준말.

용:-상(擧上)몡 역도 종목의 한 가지. 역기를 한 동작으로 가슴 위까지 올린 후, 곧 그 반동으로 머리 위까지 추어올리는 것. 魯인상(引上).

용상-하다(庸常-)혱어 (됨됨이가) 대수롭지 아니하다. 용상(凡常)하다.

용:색(用色)몡 (남녀가 교합하여) 색을 씀.

용색(容色)몡 용모와 안색.

용서(容恕)몡하타 잘못이나 죄를 꾸짖거나 벌하지 않고 덮어 줌. ¶용서를 빌다. /잘못을 용서하다.

용석(鎔石)몡 화산에서 뿜어 나온 돌. 또는, 땅속에서 열을 받아 녹은 돌.

용선(溶銑)몡하타 선철(銑鐵)을 녹는점 이상으로 가열하여 녹이는 일, 또는 녹아서 걸쭉해진 그 선철.

용선(傭船)몡하자 세를 내고 배를 빌림, 또는 그 배. ¶용선 계약.

용설-란(龍舌蘭)**명** 용설란과의 상록 다년초. 맥시코 원산의 관상 식물. 잎은 다육질(多肉質)인데 가장자리에 억센 가시가 있으며 길이는 1～2 m. 10년 이상 묵은 포기에서 높이 5～10 m의 꽃줄기가 나와 노란 꽃이 핌. 열매를 맺은 다음은 그루가 말라 죽음.

용소(龍沼)**명** 폭포가 떨어지는 바로 밑에 있는 웅덩이. 용추(龍湫).

용속(庸俗)'용속하다'의 어근.

용속-하다(庸俗-)[-쏙카-]**형** 사람됨이 범상하고 속되다.

용-솟음(涌-)**명[하자]** (물 따위가) 세차게 솟아 오르거나 끓어 오름, 또는 그 기세.

용솟음-치다(涌-)**자** 세차게 용솟음하다. ¶지하수가 용솟음쳐 오르다. /기쁨이 용솟음치다.

용수(명) ①술이나 장 따위를 거르는 데 쓰는 기구. 싸리나 대오리 따위로 둥글고 깊게 통처럼 만듦. 추자(篘子). ②지난날, 죄수를 밖으로 데리고 다닐 때 얼굴을 보지 못하게 머리에 씌우던 물건. ③꿀을 채취할 때 머리에 쓰는, 망으로 된 쓰개.

용수(를) **지르다**[관용] 술이나 간장을 뜨기 위하여 용수를 박다.

용:수(用水)**명** ①(음료수에 대하여) '허드렛물'을 이르는 말. ②음료나 관개·방화·공업 등에 쓰기 위하여 끌어들이거나 저장한 물.

용수(龍鬚)**명** 〔용의 수염이란 뜻으로〕 '임금의 수염'을 높이어 이르는 말.

용수-뒤(명) 용수로 술을 거른 뒤의 남은 찌끼술. 조하주(糟下酒).

용:-수로(用水路)**명** 수원(水源)에서 용수를 끌어들이기 위하여 만든 수로.

용수-철(龍鬚鐵)**명** 강철로 나사처럼 만든 탄력이 강한 물건. 스프링.

용수철-저울(龍鬚鐵-)**명** 용수철에 가해진 무게와 용수철이 늘어난 정도가 비례하는 성질을 응용하여 만든 저울.

용숫-바람(龍鬚-)[-수빠-/-숟빠-]**명** ☞회오리바람.

용슬(容膝)**명[하자]** 〔무릎이나 겨우 들이밀 정도라는 뜻으로〕 '방이나 처소가 매우 비좁음'을 뜻하는 말. 용신(容身).

용식^작용(溶蝕作用)[-짜굥]**명** 침식 작용의 하나로, 암석이 물에 의하여 점차 용해되는 작용.

용신(容身)**명[하자]** ①=용슬(容膝). ②이 세상에 겨우 몸을 붙이고 살아감.

용신(龍神)**명** ☞용왕(龍王).

용신-경(龍神經)**명** ☞용왕경(龍王經).

용신-굿(龍神-)[-꿋]**명** 무당이 용왕에게 비는 굿. *용신굿이[-꾸시]·용신굿만[-꾼-].

용신-제(龍神祭)**명** 음력 유월 유둣날 또는 칠월에 용신에게 풍작을 비는 제사.

용:심(用心)**명[하자]** 정성스레 마음을 씀. 주의를 기울임.

용:심(명) 남을 미워하고 시기하는 심술. ¶용심을 부리다. /용심이 나다.

용:심-꾸러기(명) 용심을 잘 부리는 사람. 용심쟁이.

용:심-부리다(자) 괜히 남을 미워하며 심술을 부리다.

용:심-쟁이(명) 용심꾸러기.

용-심지(-心-)**명** 실이나 종이·헝겊 따위의 오라기를 꼬아 기름이나 밀을 묻혀 초 대신 불을 켜는 물건.

용:-쓰다[~쓰니·~써]**자** ①기운을 몰아 쓰다. ¶아무리 용써 보아야 소용없다. ②힘을 들이어 괴로움을 억지로 참다.

용안(容顔)**명** 얼굴.

용안(龍眼)**명** 무환자과의 상록 교목. 높이 13 m. 인도 원산으로 동남아시아와 열대 아메리카에 분포함. 열매에 붙은 용안육은 한약재로 씀.

용안(龍顔)**명** '임금의 얼굴'을 높이어 이르는 말. 성면(聖面). 성안(聖顔). 옥안(玉顔). 천안(天顔).

용안-육(龍眼肉)[-뉵]**명** 한방에서, '용안 열매의 살'을 약재로 이르는 말. 맛이 달고 자양분이 많아 날로 먹기도 하는데, 말려서 강장제·진정제로 씀.

용암(溶暗)**명** 페이드아웃. ↔용명(溶明).

용암(鎔岩)**명** 화산이 분화할 때 분화구에서 분출한 마그마, 또는 그것이 굳어서 된 암석.

용암-구(鎔岩丘)**명** 유출한 용암이 분화구에 쌓여서 언덕 모양을 이룬 것.

용암-굴(鎔岩窟)**명** 용암 가운데 안쪽의 아직 굳지 않은 마그마가 겉옷을 뚫고 흘러내림으로써 생긴 공동(空洞). 용암 터널.

용암^대지(鎔岩臺地)**명** 유동성이 심한 용암이 분출하여 이루어진 대지.

용암-류(鎔岩流)[-뉴]**명** 화산이 분화할 때, 분화구에서 흘러나오는 용암, 또는 그것이 식어서 굳어진 것.

용암-층(鎔岩層)**명** 용암이 분출하여 이루어진 지층.

용암-탑(鎔岩塔)**명** 분출한 용암이 화구(火口)에 높이 쌓이어 탑 모양을 이룬 것.

용암^터널(鎔岩tunnel)**명** 용암굴.

용액(溶液)**명** 물리·화학에서, 두 가지 이상의 물질이 섞여 액체 모양으로 된 균일 혼합물. 〔설탕물·소금물 따위.〕

용:약(勇躍)**명[하자]** (무엇을 향하여) 마음이 힘차게 뜀.

용:약(踊躍)**명[하자]** 기쁘거나 좋아서 뜀.

용양호박(龍攘虎搏)**명** 〔용과 범이 서로 사납게 싸운다는 뜻으로〕 '비슷한 상대끼리 맹렬히 다툼'을 비유하여 이르는 말.

용:어(用語)**명** 쓰는 말, 특히 어떤 분야에서 주로 많이 사용하는 말. ¶의학 용어.

용:언(用言)**명** 문장의 주체를 서술하는 기능을 가진 단어. 〔'무엇이 어찌하다', '무엇이 어떠하다'에서 동작이나 작용을 나타내는 '어찌하다', 성질이나 상태를 나타내는 '어떠하다'에 해당하는 단어. 동사와 형용사가 이에 딸림.〕 풀이씨. 활어(活語). ㉠체언.

용언(庸言)**명** 평범한 말. 일상에서 쓰는 말.

용여(容與)'용여하다'의 어근.

용여-하다(容與-)**형** ①태도나 마음이 태연하고 여유가 있다. ②한가롭고 편안하여 흥에 겹다.

용:역(用役)**명** 주로, 생산과 소비에 필요한 노무(勞務)를 제공하는 일. ¶용역 회사./전문 회사에 용역을 맡기다.

용:역^수출(用役輸出)[-쑤-]**명** 은행·보험·운송 등의 용역(勞務)를 외국에 제공하거나 노동 인력을 수출하는 일.

용연-향(龍涎香)**명** 향유고래에서 채취하는 송진 같은 향료. 진도나 마음이 태연하고 향기가 있음.

용왕(龍王)**명** ①용궁의 임금. ②불교에서 이르는, 용족(龍族)을 거느리는 여덟 왕. 불법을 수호한다고 함. ②용신(龍神).

용왕-경(龍王經)**몡** 용제(龍祭) 때에 읽은 경문. 용신경(龍神經).

용:왕-매진(勇往邁進)**몡**[하자] 거리낌 없이 용감하고 씩씩하게 나아감.

용음[-늠]**갑** 어린아이들이 양쪽 엄지손가락을 자기의 양볼에 대고 나머지 손가락을 펴서 너울거리며 남을 약 올릴 때 외는 소리.
　용음 죽겠지[관용] '몹시 약 오르지'의 뜻으로, 남을 약 올릴 때 하는 말.

용용(溶溶) '용용하다'의 어근.

용용-하다(溶溶-)**혱** 큰 강물의 흐름이 넓고 조용하다. **용용-히**[튀].

용우(庸愚) '용우하다'의 어근.

용우-하다(庸愚-)**혱** (남보다) 못하고 옹졸하며 어리석다.

용원(傭員)**몡** 관청에서 임시로 뽑아 쓰는 사람.

용유(溶油)**몡** 유화용(油畫用) 물감을 녹이는 데 쓰는 기름.

용융-점(鎔融點)**몡**[-쩜]**☞** 녹는점.

용:의(用意)[-의/-이]**몡**[하타] ①어떤 일을 할 마음을 먹음, 또는 그 마음. ¶도와줄 용의가 있다. ②마음의 준비를 함.

용의(容疑)[-의/-이]**몡** 범죄의 혐의(嫌疑). ¶용의 차량.

용의(容儀)[-의/-이]**몡** ☞의용(儀容). ¶용의 단정. /조회 시간의 용의 검사.

용의(庸醫)[-의/-이]**몡** 의술이 변변하지 못한 의사.

용의 알(龍-)[-의/-/-에-]**귀** 궁중의 정재(呈才) 때 춤을 추면서 던지던, 나무로 만든 공. 채구(彩毬).

용의-자(容疑者)[-의/-/-이-]**몡** ☞피의자(被疑者). ¶유력한 용의자로 지목되다.

용의주도(用意周到) '용의주도하다'의 어근.

용:의주도-하다(用意周到-)[-의/-이-]**혱** 마음의 준비가 두루 미쳐 빈틈이 없다. ¶용의주도한 계획.

용이(容易) '용이하다'의 어근.

용이-하다(容易-)**혱** 아주 쉽다. 어렵지 않다. ¶사용법이 용이하다. **용이-히**[튀].

용:익(用益)**몡** 사용하여 얻는 이익.

용:익^물권(用益物權)[-잉-꿘]**몡** 민법에서, 일정한 목적을 위해 남의 토지를 사용하고 이익을 얻을 수 있는 권리. [지상권(地上權)·지역권(地役權)·전세권 따위.] **참**담보 물권.

용:인(用人)**몡**[하자] 사람을 씀, 또는 그 사람.

용인(容忍)**몡**[하타][되자] 너그러운 마음으로 참음.

용인(容認)**몡**[하타][되자] 너그럽게 받아들여 인정함.

용인(庸人)**몡** 어리석고 변변하지 못한 사람.

용인(傭人)**몡** 고용된 사람. 품을 파는 사람.

용:자(勇姿)**몡** 용감한 모습.

용자(容姿)**몡** 용모와 자태.

용:자-례(用字例)[-짜-]**몡** 글자를 사용하는 보기. ¶한글의 용자례.

용:자-창(用字窓)[-짜-]**몡** 가로살 두 개와 세로살 한 개로 '用' 자처럼 생기게 짠 창.

용잠(龍簪)**몡** 한쪽에 용의 머리 모양을 새겨 든 비녀.

용잡(冗雜) '용잡하다'의 어근.

용잡-하다(冗雜-)[-자파-]**혱** 쓸데없이 번거롭다.

용장(勇壯) '용장하다'의 어근.

용:장(勇將)**몡** 용감한 장수. ¶용장 밑에 약졸(弱卒) 없다.

용장(庸將)**몡** 용렬한 장수.

용장(龍欌)**몡** 용 모양의 무늬를 새긴 옷장.

용:장-하다(勇壯-)**혱** 씩씩하고 장하다. 날쌔고 굳세다. ¶용장한 모습.

용:재(用材)**몡** ①연료 이외의 용도를 가진 재목. 건축이나 가구 따위에 쓰이는 재목. ②재료로 쓰이는 물건.

용재-총화(慵齋叢話)**몡** 조선 중기의 문신인 용재(慵齋) 성현(成俔)의 수필집. 시문·설화·역사·인물·풍속 등을 모아 엮은 내용으로, '대동야승(大東野乘)'에 실려 전함. 전 3권 3책.

용적(容積)**몡** ①물건을 담을 수 있는 부피. 용기(容器) 안을 채우는 분량. ②입체가 차지하고 있는 공간의 크기.

용적-계(容積計)[-께/-께]**몡** 용적을 재는 계량기.

용적-량(容積量)[-정냥]**몡** 담을 수 있는 분량.

용적-률(容積率)[-정뉼]**몡** 대지 면적에 대한 건물 연건평(延建坪)의 비율. [건물에 의한 토지 이용도를 나타내는 척도임.] **참**건폐율.

용:전(用錢)**몡** 용돈.

용:전(勇戰)**몡**[하자] 용감하게 싸움, 또는 그 전투.

용점(鎔點)**몡**[-쩜]**☞** 녹는점.

용접(容接)**몡**[하타] ①(찾아온 손을) 맞이하여 만나 봄. ②가까이하여 사귐.

용접(鎔接)**몡**[하타][되자] 높은 전열이나 가스열을 가하여 두 쇠붙이를 녹이어 붙이거나 이음.

용접-봉(鎔接棒)[-뽕]**몡** 용접할 때, 접합 부분에 녹여 붙이는 녹는점이 낮은 금속 막대.

용정(舂精)**몡**[하타] 곡식을 찧음.

용정-자(龍亭子)**몡** 지난날, 나라의 옥책(玉册)이나 금보(金寶) 등 보배를 옮길 때 사용하던 가마.

용제(溶劑)**몡** ☞용매(溶媒).

용제(鎔劑·熔劑)**몡** ☞용제(融劑).

용제(龍祭)**몡** 가물 때, 용왕에게 비가 오게 해 달라고 비는 제사.

용존^산소량(溶存酸素量)**몡** 하천·호수 따위의 물속에 녹아 있는 산소의 양. 수질 오염을 나타내는 척도의 한 가지로, 보통 깨끗한 하천에서는 7～10ppm임. 디오(DO).

용졸(庸拙) '용졸하다'의 어근.

용졸-하다(庸拙-)**혱** 못나고 좀스럽다.

용종(龍種)**몡** 고려 시대에, '왕족'을 이르던 말.

용주(龍舟)**몡** 임금이 타는 배.

용지(用紙)**몡** 헝겊이나 헌 솜을 나무 막대기에 감고 기름을 묻혀서 초 대신 불을 켜는 물건.

용:지(用地)**몡** 어떤 일에 쓰기 위한 땅. ¶상업(商業) 용지. /주거 용지.

용:지(用紙)**몡** 어떤 일에 쓰는 일정한 양식의 종이. ¶신청 용지.

용지-연(龍池硯)**몡** 용의 모양을 아로새겨 놓은 벼루.

용지-판(-板)**몡** 벽이 무너지지 않게 하려고 지방(地枋) 옆에 대는 널조각.

용:진(勇進)**몡**[하자] 용감하게 나아감.

용질(容質)**몡** 얼굴 모양과 몸바탕.

용질(溶質)**몡** 용액 속에 녹아 있는 물질. 용해질. ¶용질의 농도는 용질의 질량에 비례한다.

용집(-)**몡** 발에 땀이 나서 버선 위로 내밴 얼룩.

용:처(用處)**몡** 쓸 곳. 쓰이는 데. ¶얼마 안 되는 봉급인데 용처가 많아 걱정이다.

용천(龍泉)圓 문둥병·지랄병 따위의 몹쓸 병.
용:천(湧泉)圓 물이 솟아나는 샘.
용천-맞다[-맏따]재 용천한 데가 있다. ¶ 별 용천맞은 소리를 다 하네.
용천-스럽다[-따][~스러우니·~스러워]혱ㅂ 보기에 용천한 데가 있다. 용천스레튀.
용천-하다혱여 썩 좋지 않다. 꺼림칙한 느낌이 있다. ¶ 먹은 것도 없는데 속이 용천하다.
용총(龍驄)圓 ☞용마(龍馬).
용총-줄[-쫄]圓 돛을 올리고 내리기 위해 돛대에 매어 놓은 줄. 마룻줄.
용추(龍湫)圓 ☞용소(龍沼).
용:출(湧出)圓하자 물이 솟아남. 병출(迸出).
용:출(聳出)圓하자 우뚝 솟아남.
용-춤圓 남이 추어올리는 바람에 기분이 좋아서 시키는 대로 하는 짓.
용춤(을) 추다관용 남이 추어올리는 바람에 기분이 좋아서 시키는 대로 하다.
용태(容態)圓 ①얼굴 모양과 몸맵시. ②병의 상태. ¶ 용태가 어떤지?
용:퇴(勇退)[-퇴/-퉤]圓하자 조금도 꺼리지 않고 용기 있게 물러남. 선선히 그만둠.
용통-하다혱여 소견이 좁고 미욱하다.
용-트림(龍-)圓하자 거드름을 부리느라고 일부러 하는 트림. ¶ 비짓국 먹고 용트림하다.
용-틀임(龍-)圓 ①전각(殿閣) 등에 용의 모양을 그리거나 새긴 장식. 교룡(交龍). ②하자 이리저리 비틀거나 꼬면서 움직임.
용-평상(龍平床)圓 임금이 정무(政務)를 볼 때 앉는 평상. 보탑(寶榻). ②용상(龍床).
용포(龍袍)圓 ☞곤룡포(袞龍袍)의 준말.
용:품(用品)圓 (일부 명사 뒤에 붙어) 무엇에 쓰이거나 필요한 여러 가지 물품. ¶ 사무용품. /일상용품.
용:필(用筆)圓하자 ☞운필(運筆).
용:하(用下)圓하타 (윗사람이 아랫사람에게) 쓸 돈을 내줌, 또는 그 돈.
용:-하다혱여 ①(어떤) 재주가 남달리 뛰어나다. ¶ 침술이 용한 의원. ②기특하고 장하다. ¶ 일 등을 하다니 참 용하구나. ③매우 다행스럽다. ¶ 태풍이 용하게도 우리나라를 비켜갔다. 용-히튀.
용-하다(庸-)혱여 (사람이) 성질이 순하고 어리석다. ¶ 겉보기에는 용해 보여도 화나면 무섭다.
용한(勇悍)圓 '용한하다'의 어근.
용:한-하다(勇悍-)혱여 날래고 사납다.
용합(溶合)圓하자타되자 녹아서 한데 합쳐짐, 또는 녹여서 한데 합침.
용-해(龍-)圓 ☞진년(辰年).
용해(溶解)圓하자타 ①녹거나 녹임. ②기체 또는 고체가 액체 속에서 녹아서 용액이 되는 현상. ¶ 소금을 용해한 물이 소금물이다. ②ㅂ용해(融解).
용해(鎔解)圓하자타되자 금속이 열에 녹아 액체 상태로 됨, 또는 그런 상태로 되게 함.
용해-도(溶解度)圓 포화 용액 속에 들어 있는 용질(溶質)의 농도.
용해-로(鎔解爐)圓 금속을 녹이는 데 쓰는 가마를 통틀어 이르는 말.
용해-열(溶解熱)圓 용질이 용매 속에서 녹을 때 발생하거나 흡수되는 열량.
용해-제(溶解劑)圓 ☞용매(溶媒).
용해-질(溶解質)圓 ☞용질(溶質).
용행(庸行)圓 평소의 품행이나 행실.
용허(容許)圓하타되자 ☞허용(許容).

용:현(用賢)圓하자 어진 사람을 뽑아 씀.
용혈(溶血)圓 적혈구의 세포막이 파괴되어 그 안에 있는 헤모글로빈이 혈구 밖으로 빠져나가는 현상. 용혈 반응.
용혈-반(溶血反應)圓 ☞용혈(溶血).
용혈성^빈혈(溶血性貧血)[-썽-]圓 적혈구가 쉽게 파괴되어 생기는 질환. 빈혈·황달·비종(脾腫) 등의 증세가 나타남.
용혈-소(溶血素)[-쏘]圓 적혈구를 파괴하고 헤모글로빈을 유출시키는 물질. 〔형(型)이 다른 적혈구가 몸 안에 들어온 경우 이를 용혈시키는 성분 따위를 말함.〕
용험-저면흑(龍髥猪面黑)圓 원진살의 한 가지. 궁합에서, 용띠는 돼지띠를 꺼린다는 말.
용호(龍虎)圓 ①용과 범. ②'뛰어난 두 사람, 또는 두 영웅'을 비유하여 이르는 말.
용호-군(龍虎軍)圓 고려 시대에, 임금의 신변 경호를 맡아보던 군대.
용호-방(龍虎榜)圓 조선 시대에, 문무과(文武科)에 급제한 사람의 이름을 써 붙이던 나무 판. 〔나중에는 종이 썼음.〕
용호-상박(龍虎相搏)圓하자 〔용과 범이 서로 싸운다는 뜻으로〕 '힘이 강한 두 사람이 승부를 겨룸'을 비유하여 이르는 말.
용혹무괴(容或無怪)[-혹-괴/-혹-궤]圓하혱 혹시 그럴지라도 괴이할 것이 없음.
용화(容華)圓 예쁜 얼굴.
용화(鎔化)圓하자타되자 열에 녹아서 모양이 변함, 또는 열로 녹여서 모양을 변하게 함.
용훼(容喙)圓하자 말참견을 함. ¶ 이 문제는 자네가 용훼할 일이 아닐세.
우¹圓 한글의 자모 'ㅜ'의 음가 및 이름.
우²튀 ①여럿이 한꺼번에 한데로 몰리는 모양. ¶ 방 안에서 아이들이 우 몰려나왔다. ②바람이 한쪽으로 세차게 몰아치는 소리, 또는 그 모양. 우-우튀.
우:圓〔옛〕위. '위'의 옛말. ¶ 하늘 우 하늘 아래 尊호라(釋譜6:17). /곳 우마다 닐굽 玉女ㅣ러니(釋譜6:31). 참용.
우(우성(牛星))의 준말.
우:(右)圓 오른쪽. ¶ 우로 가! ↔좌(左).
우:(羽)圓 동양 음악의 오음(五音) 음계의 다섯째 음. ②궁상각치우.
우(愚)圓혱 어리석음. ¶ 다시는 이러한 우를 범하지 않도록 해라.
우(優)圓 수·우·미·양·가의 다섯 등급으로 성적을 평가할 때의 둘째 등급.
-우-접미 일부 동사 어근에 붙어, 주동사를 사동사로 만드는 구실을 함. ¶ 깨우다. /지우다.
-우어미 모음으로 끝난 용언의 어간 또는 'ㄹ'·'ㅆ'·'ㅄ'으로 끝난 용언의 어간이나 어미에 붙어, 하오할 자리에 쓰여, 동작이나 상태의 서술·의문·명령을 나타내는 종결 어미. 여성은 이 친근한 손윗사람을 대할 때 씀. ¶ 나 좀 보우. /이리 오우.
우각(牛角)圓 쇠뿔.
우각(隅角)圓 ①모퉁이. 구석. ②'입체각'의 구용어.
우각(優角)圓 켤레각에서 큰 쪽의 각, 곧 180°보다 큰 각. ↔열각(劣角).
우각-사(牛角莎)[-싸]圓 무덤의 뒤와 양옆에 흙을 돋우어 떼를 심은 곳.
우각-새(牛角顋)[-쌔]圓 쇠뿔 속에 든 골.
우:개-지륜(羽蓋芝輪)圓 왕후(王侯)가 타던, 덮개가 녹색의 새털로 된 수레.

우거(牛車)圓 불교에서 이르는 삼거(三車)의 하나. '보살승(菩薩乘)'을 비유하여 이르는 말.

우·거(寓居)圓 ①하자 임시로 몸을 붙여 삶, 또는 그 집. 교거(僑居). 우접(寓接). ②남에게 자기의 '주거(住居)'를 낮추어 이르는 말.

우거지집 ①푸성귀에서 뜯어낸 떡잎이나 겉대. ②김장이나 새우젓 따위의 맨 위에 덮는, 빛깔이나 맛이 덜한 부분.

우거지다丞 초목이 자라 빽빽하게 들어차고 가지나 잎이 많이 퍼지다. ¶숲이 우거지다.

우거지-상(-相)圓 '잔뜩 찌푸린 얼굴 모양'을 속되게 이르는 말.

우거짓-국[-지꾹/-진꾹] 우거지를 넣고 끓인 국.

우걱-뿔圓 안으로 구부러진 뿔. 壐송낙뿔.

우걱뿔-이圓 우걱뿔이 난 소.

우걱-우걱튀하자 마소가 짐을 지고 걸을 때에 나는 소리.

우걱-지걱[-찌-]튀하자 마소나 달구지에 실은 짐 따위가 움직이는 대로 이리저리 쏠리면서 나는 소리.

우·걸(羽傑)圓 새 중에서 가장 뛰어난 새.

우겨-넣다(-너타)타 억지로 밀어 넣다. ¶신문지를 쓰레기통에 우겨넣다.

우격圓 억지로 무리하게 우김. 《주로, '우격으로'의 꼴로 쓰임.》 ¶무슨 일이든 우격으로 해서는 안 된다.

우·격(羽檄)圓 군사상 급하게 전하는 격문(檄文). 〔옛날 중국에서 급한 일이 있을 때 날아가듯이 가라는 뜻으로 닭의 깃을 꽂아 보내던 데에서 유래함.〕 우서(羽書).

우격-다짐[-따-]圓하자타 억지로 우겨서 남에게 강요함, 또는 그런 짓. ¶우격다짐을 벌이다.

우견(愚見)圓 ①어리석은 생각. ②남 앞에서 '자기의 의견'을 낮추어 이르는 말.

우경(牛耕)圓하자 소로 논밭을 갊.

우·경(右傾)圓하자 우익(右翼)으로 기울어짐, 또는 그런 경향. ¶우경 세력. ↔좌경(左傾).

우경(雨景)圓 비가 내릴 때의 경치. 비에 젖는 강산(江山)의 풍경.

우·경-화(右傾化)圓하자타되자 우익적인 사상으로 기울어지게 됨, 또는 그렇게 되게 함. ↔좌경화.

우·계(右契)[-계/-게]圓 지난날, 병부(兵符) 따위를 둘로 쪼갰을 때의 '오른쪽 짝'을 이르던 말. ↔좌계(左契).

우계(佑啓)[-계/-게]圓하타 도와서 이루게 함. 도와서 발달시킴.

우·계(雨季)[-계/-게]圓 (강우량의 연변화에 따라 구별한) 비가 많이 내리는 계절. ↔건계.

우계(愚計)[-계/-게]圓 ①어리석은 계략이나 계획. ②남 앞에서 '자기의 계략이나 계획'을 낮추어 이르는 말.

우곡(紆曲)'우곡하다'의 어근.

우곡-하다(紆曲-)[-고카-]형여 서로 얽혀 구부러져 있다.

우골(牛骨)圓 소의 뼈.

우골-유(牛骨油)[-류]圓 낮은 온도에서 우골지(牛骨脂)로부터 빼낸 기름. 응고점이 낮으며 윤활유로 씀.

우골-지(牛骨脂)[-찌]圓 소의 뼈에서 뽑아낸 지방. 비누나 우골유 등의 제조에 쓰임.

우공(牛公)圓 '소'를 사람 부르듯이 높여 이르는 말.

우괴(迂怪)'우괴하다'의 어근.

우괴-하다(迂怪-)[-괴-/-궤-]형여 〈오괴(迂怪)하다〉의 본딧말.

우:구(雨具)圓 ⇨우비(雨備).

우구(憂懼)圓하타되자 걱정하고 두려워함.

우:구-화(雨久花)圓 물옥잠.

우국(憂國)圓하자 나라의 현상이나 장래에 대하여 걱정함.

우국지사(憂國之士)[-찌-]圓 나라의 현상이나 장래에 대하여 근심하는 사람.

우국지심(憂國之心)[-찌-]圓 나라의 현상이나 장래에 대하여 염려하는 마음.

우국-충정(憂國衷情)圓 나라의 현상이나 장래에 대하여 염려하는 참된 마음.

우:군(友軍)圓 자기와 한편인 군대. ⽥아군.

우:군(右軍)圓 〈우익군(右翼軍)〉의 준말.

우:궁(右弓)圓 오른손으로 시위를 당겨 쏘는 활. ↔좌궁(左弓).

우:-궁깃(右弓-)[-긴]圓 새의 왼쪽 날개 깃으로 꾸민 화살의 깃. ↔좌궁깃. * 우:궁깃이[-기시]·우:궁깃만[-긴-]

우-궁형(優弓形)圓 '우볼꼴'의 구용어.

우귀(于歸)圓하자 전통 혼례에서, 혼인한 신부가 처음으로 시집에 들어감. 壐우례(于禮).

우:규(右揆)圓 '우의정(右議政)'을 달리 이르는 말. 壐좌규.

우그러-들다[~드니·~들어]丞 우그러져서 작아지거나 오목하게 되다. 壐오그라들다.

우그러-뜨리다타 힘을 주어 우그러지게 하다. 우그러트리다. ¶빈 깡통을 우그러뜨리다. 壐오그라뜨리다.

우그러-지다丞 ①물체가 안쪽으로 우묵하게 휘어지다. 또는, 물체의 가장자리가 안쪽으로 옥어들다. ¶우그러진 냄비. ②물체의 거죽이 주름이 지거나 줄어드는 상태로 되다. 壐오그라지다.

우그러-트리다타 우그러뜨리다. 壐오그라트리다.

우그럼-우그럼튀하자 여러 군데가 안쪽으로 우묵하게 들어가고 주름이 많이 잡힌 모양. 壐우글우글우². 壐오그랑오그랑.

우그럼-이圓 우그렁우그럼하게 생긴 물건. 壐오그랑이.

우그럼-쪽박[-빡]圓 우그러진 작은 바가지. 壐오그랑쪽박.

우그럼-쭈그럼튀형 여러 군데가 우그러지고 쭈그러진 모양. 壐우글쭈글. 壐오그랑쪼그랑.

우그럼-하다형여 조금 우그러져 있다. 壐오그랑하다.

우그르르튀-하자 (사람이나 생물 따위가) 한곳에 많이 몰려들거나 모여 있는 모양. ¶아이들이 우그르르 모여들다. ②비교적 깊은 그릇의 물이 야단스레 끓어오르는 소리, 또는 그 모양. 壐오그르르.

우그리다타 우그러지게 하다. 壐오그리다.

우글-거리다丞 ①액체가 우그르르 끓다. ②(사람이나 생물 따위가) 한곳에 우그르르 모여서 자꾸 움직이다. 우글대다. 壐오글거리다.

우글다[우그니·우글어] ① 丞 '우그러지다'의 잘못.
Ⅱ 형 옥어 들어 있다.

우글-대다丞 우글거리다.

우글-부글튀하자 액체 따위가 우글거리고 부글거리면서 끓는 소리, 또는 그 모양. ¶김치찌개가 우글부글 끓다. 壐오글보글.

우글-우글¹튀하자 ①(사람이나 좀 큰 생물이) 한곳에 많이 모여 자꾸 움직이는 모양. ¶도둑과 소매치기들이 우글우글 끓다. ②액체 따위가 우그르르 끓어오르는 소리, 또는 그 모양. 줸오글오글¹.

우글-우글²[무][하형] 〈우그령우그령〉의 준말. 줸오글오글².

우글-쭈글[무][하형] 〈우그령쭈그령〉의 준말. 줸오글쭈글.

우금[명] 시냇물이 급히 흐르는, 가파르고 좁은 산골짜기.

우금(于今)[무] 지금까지. 이제까지. ¶고향을 떠난 지 우금 20년.

우굿-우굿[-그두근][무][하형] 여러 군데가 모두 우긋한 모양. 줸오긋오긋.

우굿-하다[-그타-][형여] 조금 욱은 듯하다. 줸오긋하다. 우긋-이[무].

우:기(右記)[명] 세로쓰기로 쓴 글에서, 그 글의 '오른쪽에 쓴 글'을 가리키는 말. ↔좌기(左記). 줸하기(下記).

우:기(雨氣)[명] 비가 내릴 듯한 기운.

우:기(雨期)[명] 1년 중에서 비가 계속해서 많이 내리는 시기. ↔건기(乾期).

우기다[자타] 〈자기의 주장이나 의견을〉 고집하며 주장하다. ¶자기 말이 옳다고 끝까지 우기다.

우김-성(-性)[-썽][명] 자기의 주장이나 의견을 고집하는 성벽.

우꾼-우꾼[무][하자] ①어떤 기운이 자꾸 세게 일어나는 모양. ②여러 사람이 자꾸 기세를 올리는 모양.

우꾼-하다[자여] ①어떤 기운이 한꺼번에 세게 일어나다. ②여러 사람이 한꺼번에 소리치며 기세를 올리다.

우낭(牛囊)[명] 〈우랑〉의 본딧말.

우:내(宇內)[명] 온 세계.

우너리[명] 가죽신의 운두.

우:는-살[명] 끝에 나무때기로 만든 속이 빈 깍지를 달아 붙인 화살. 옛날 전쟁 때 쓰던 것으로 날아갈 때 소리가 남. 명적(鳴鏑).

우:는-소리[명] 자기의 불행한 처지나 어려운 사정 등을 사실보다 과장하여 늘어놓는 말.

우니다[자] 〈옛〉울며 지내다. ¶내 님믈 그리ᅀᅡ와 우니다니(鄭敍.鄭瓜亭)./너를 여희ᄋᆞ 더옥 우니ᄂᆞ니 어셔 도라나거라(釋譜8:101).

우:닐다[~니니·~닐어][자] ①울다. ②울고 다니다.

우:단(羽緞)[명] 거죽에 고운 털이 돋게 짠 비단. 벨벳.

우담(牛膽)[명] 소의 쓸개.

우담화(優曇華)[명] ①인도에서 3천 년에 한 번씩 꽃이 핀다고 하는 상상의 나무. ②뽕나뭇과의 낙엽 교목. 키는 3m가량. 잎은 길둥글며 길이 15cm가량임. 작은 꽃이 꽃턱에 싸여 있어서 잘 보이지 않으며, 열매는 먹을 수 있음.

우당(友黨)[명] 〈어떤 정당 편에서 보아〉 당파는 다르지만 정책이나 강령 등에 공통점이 있어서 우호 관계를 유지하고 있는 정당.

우당(右黨)[명] 우익(右翼) 정당. ↔좌당(左黨).

우당탕[무][하자] 잘 울리는 바닥에 물건이 요란스레 떨어지거나 널마루에서 요란스레 털 때 나는 소리. **우당탕-우당탕**[무][하자] ¶아이들이 계단을 우당탕우당탕 뛰어내렸다.

우당탕-거리다[자] 자꾸 우당탕우당탕하다. 우당탕대다. ¶방에서 우당탕거리며 다투다.

우당탕-대다[자] 우당탕거리다.

우당탕-퉁탕[무][하자] 우당탕거리고 퉁탕거리는 소리, 또는 그 모양. ¶수업이 끝나자 아이들은 계단을 우당탕퉁탕 뛰어내렸다.

우대[명] ①지난날, 서울 성내(城內)의 서북쪽 지역을 이르던 말. 곧, 인왕산 부근의 동네들을 이르던 말. 줸아래대. ②위쪽.

우:대(羽隊)[명] 지난날, '군대에서 화살을 지는 부대'를 이르던 말.

우대(優待)[명][하타][되자] 특별히 잘 대우함, 또는 그러한 대우. ¶교육계 출신을 우대한다.

우대-권(優待券)[-핀][명] (남보다) 특별히 대우하겠다는 뜻을 나타낸 표.

우대^금리(優待金利)[-니][명] 은행이 실적·신용도 따위가 좋은 특정 기업체에 적용해 주는, 이자율이 낮은 대출 금리.

우:대신(右大臣)[명] 지난날, '우의정(右議政)'을 달리 이르던 말.

우댓-사람[-대싸~/-댇싸~][명] 지난날, 우대에 사는 아전 계급의 사람을 이르던 말. 줸아래댓사람.

우덜거지[명] 허술하나마 위를 가리게 되어 있는 것.

우도(牛刀)[명] 소를 잡는 데 쓰는 칼.

우:도(友道)[명] 친구와 사귀는 도리.

우:도(右道)[명] 조선 시대에, 경기도·충청도·전라도·경상도·황해도의 각 도를 둘로 나누어 그 한쪽을 이르던 말. 경기도의 북부 지역과 충청도·전라도·경상도·황해도의 서쪽 지역을 이름. ↔좌도(左道).

우도-할계(牛刀割鷄)[-게/-게][명] 〔소 잡는 칼로 닭을 잡는다는 뜻으로〕 '작은 일을 하는 데 어울리지 않게 거창스레 벌이거나 큰 연장을 씀'을 비유하여 이르는 말.

우동(うどん.饂飩 일)[명] '가락국수'로 순화.

우두(牛痘)[명] ①〈급성 전염병인〉 천연두의 예방약으로 쓰이는, 소의 몸에서 뽑아낸 면역 물질. 두묘. ②☞종두(種痘).

우두(牛頭)[명] 소의 대가리.

우두덩-거리다[자] 자꾸 우두덩우두덩하다. 우두덩대다. 줸오도당거리다.

우두덩-대다[자] 우두덩거리다.

우두덩[무][하자] 비교적 크고 단단한 물건들이 잇따라 무너져 떨어질 때 나는 요란한 소리, 또는 그 모양. 줸오도당오도당.

우두둑[무][하자] ①비교적 크고 단단한 물건을 야무지게 깨물 때 나는 소리. ¶아이는 사탕을 입 안에 넣고 우두둑 씹어 먹었다. ②[하자타]단단한 물건을 부러뜨릴 때 나는 소리. ③[하자]굵은 빗방울을 따위가 세차게 떨어지는 소리. ¶우두둑하고 우박이 한차례 내린다. ①②줸오도독. **우두둑-우두둑**[무][하자타]

우두둑-거리다[-꺼-][자타] 자꾸 우두둑우두둑하다. 우두둑대다. ¶날밤을 우두둑거리며 먹다. 줸오도독거리다.

우두둑-대다[-때-][자타] 우두둑거리다.

우두망찰-하다[자여] 갑작스러운 일로 얼떨떨하여 어찌할 바를 모르다.

우두커니[무] '우두커니'의 잘못.

우두머리[명] ①물건의 꼭대기. ②어떤 집단이나 조직의 가장 윗사람. 통솔하는 사람.

우두커니[무] 넋이 나간 듯이 가만히 서 있거나 앉아 있는 모양. ¶우두커니 먼 산만 바라보고 있다. 줸오도카니.

우둑-우둑[무][하자타] 비교적 크고 단단한 물건을 자꾸 깨물 때 나는 소리, 또는 그러한 모양. 줸오독오독.

우둔(愚鈍)[명][하형] 어리석고 무딤. ¶우둔한 생각. 줸노둔(鈍鈍)하다.

우둔-우둔[―] 무서워서 가슴이 두근거리는 모양.

우둘-우둘[―] ①씹기에 좀 단단하면서도 탄력이 있는 느낌. ②우둥퉁하고 부드러운 모양. ㈜오들오들.

우둘-투둘[―] 우둘두둘. ㈜오돌토돌.

우둥-부둥[―] 몸이 조금 우둥퉁한 모양. ㈜오동보동.

우둥-우둥[―] 여러 사람이 웅기중기 모여서 서성거리는 모양.

우둥퉁[―] 몸집이 크고 퉁퉁한 모양. ㈜오동통.

우둥-푸둥[―] 몸집이 크고 살이 푸둥푸둥한 모양. ㈜오동포동.

우드(wood)명 공을 치는 부분이 나무로 되어 있는 원거리용 골프채. ☞아이언(iron).

우드^합금(Wood合金)[―끔]명 이융(易融) 합금의 한 가지. 창연 50 %, 납 24 %, 주석 14 %, 카드뮴 12 %의 비율로 이루어짐. 녹는점은 66~71℃. 퓨즈 따위로 쓰임.

우들-우들[하자타] (몸집이 큰 사람이) 춥거나 무서워서 몸을 몹시 떠는 모양. ㈜오들오들.

우듬지명 나무의 꼭대기 줄기. ¶미루나무 우듬지의 까치집.

우등(優等)[명][하형] 학업 성적이나 능력 등이 남보다 특별히 뛰어난 상태. 또는, 높은 등급. ¶우등으로 학업을 마치다. ↔열등(劣等).

우등-상(優等賞)명 우등생, 또는 우등한 사람에게 주는 상.

우등-상장(優等賞狀)[―짱]명 우등생에게 주는 상장.

우등-생(優等生)명 학업 성적이 남보다 특별히 뛰어나고 품행이 방정한 학생. ↔열등생(劣等生).

우뚝[부][하형] ①(여럿 가운데서) 유난히 높이 두드러진 모양. ¶바다 위에 우뚝 솟은 한라산. ㈜오뚝. ②남보다 두드러지게 뛰어난 모양. ¶김 군의 성격은 유난히 우뚝하다. **우뚝-이**[부]. **우뚝-우뚝**[부][하형].

우라늄(uranium)명 천연으로 존재하는 원소 중 가장 무거운 방사성(放射性) 원소의 하나. 철과 비슷한 은백색의 결정성 금속 원소로, 원자폭탄·원자로 등 원자력의 이용에 필요한 중요한 원료이며, 라듐의 모체임. 우란(Uran). 〔U/92/238.029〕

우라늄-광(uranium鑛)명 우라늄이 들어 있는 광석을 통틀어 이르는 말.

우라-지다[자]〔'오라지다'의 변한말로〕몹시 마음에 맞지 아니함을 비속하게 이르는 말.《주로, '우라질'·'우라지게'의 꼴로 쓰임.》¶날씨 한번 우라지게 덥다.

우라-질[감]〔'오라질'의 변한말로〕속이 상할 때 혼잣말처럼 내뱉거나 미운 상대를 욕할 때 하는 말.

우락(牛酪)명 ⇨버터.

우:락(羽樂)명 전통 가곡의 한 가지. 우조(羽調)에 딸림.

우락-부락[―빡―][부][하자] 생김새가 험상궂고 행동이 거친 모양. ¶우락부락한 얼굴로 상대편을 노려보다.

우란(Uran 독)명 ⇨우라늄(uranium).

우란분(盂蘭盆<ullambana 범)명 불교에서, 하안거(夏安居)의 끝 날인 음력 칠월 보름에 지내는 행사. 아귀도(餓鬼道)에 떨어져 괴로워하는 망령을 위안하는 행사임.

우랄알타이^어:족(Ural-Altai語族)명 '우랄 어족'과 '알타이 어족'을 가까운 갈래의 것으로 보고 아울러 이르는 말.

우랄^어:족(Ural語族)명 유럽 북부·동부에서 시베리아에 걸쳐 분포하는 어족. 모음조화 현상이나 교착어적(膠着語的)인 데가 있다는 점 등이 알타이 어족과 비슷함.

우람(愚濫)'우람(愚濫)하다'의 어근.

우람-스럽다[―따][~스러우니·~스러워][형][비] 보기에 우람하다. **우람스레**[부].

우람-지다[형] 우람한 데가 있다.

우람-차다[형] 매우 우람스럽다. ¶몸집이 우람찬 씨름 선수.

우람-하다(愚濫─)[형][여] 모양이 웅장하여 위엄이 있다. ¶우람한 체격.

우람-하다(愚濫─)[형][여] 어리석고 외람되다.

우랑(牛囊)명 소의 불알.

우:량(雨量)명 '강우량'으로 순화.

우량(優良)[명][하형] 여럿 가운데서 뛰어나게 좋음. ¶우량 상품. /우량 품종. /우량 기업.

우:량-계(雨量計)[―계/―게]명 일정 시간 동안에 내린 비의 양을 재는 기구.

우:량-도(雨量圖)명 지도에 강우량(降雨量)을 선으로 나타낸 도표.

우량-주(優良株)명 수익과 배당이 높으며 경영 내용이 건실한 회사의 주식.

우량-품(優良品)명 훌륭한(좋은) 물품.

우러곰[부][옛] 울면서. ¶아나녀리 그츤 이런 이본 길헤 눌 보리라 우러곰 온다(月釋8:87). /괴시란대 우러곰 좃니노이다(樂詞.西京別曲).

우러-나다[자] 액체에 잠긴 물질에서 빛깔이나 맛 따위가 빠져나오다. ¶소금기가 우러나다. /덟은맛이 우러나다.

우러-나오다[자] ①생각이나 느낌이 마음속에서 절로 생겨나다. ¶마음속에서 우러나오는 기쁨. ②눈물이나 소리 따위가 솟아나듯이 절로 나오다. ¶배 속에서 우러나오는 함성. /우러나오는 기쁨의 눈물을 주체하지 못하다.

우러러-보다[타] ①얼굴을 위로 향하여 쳐다보다. ¶하늘을 우러러보다. ②훌륭한 사람을 존경하는 마음으로 대하거나 그리다. ¶스승으로서 우러러보다.

우러르다[우러르니·우러러][타] ①얼굴을 위로 향하다. ¶푸른 하늘을 우러르다. ②존경하는 마음을 지니다. ¶우러러 모시다. /우러러 받들다.

우러리명 엎어 만든 물건의 뚜껑.

우럭-우럭[부][하자] ①불기운이 세차게 일어나는 모양. ¶우럭우럭 타오르는 화톳불. ②술기운이 얼근하게 나타나는 모양. ③병세가 차차 더해가는 모양.

우럭쉥이명 ⇨멍게.

우렁-우렁[부] ①[하자]소리가 크게 울리는 모양. ¶목소리가 우렁우렁하다. ②[하형]울리는 소리가 매우 큰 모양.

우렁이명 우렁잇과의 고둥을 통틀어 이르는 말. 소라와 비슷하나 크기는 소라보다 작으며 껍데기가 곱고 불룩함. 껍데기의 빛깔은 녹갈색. 수렁이나 논에 삶. 토라(土螺).

우렁이도 두렁 넘을 꾀가 있다[속담] 미련하고 못난 사람도 제 요량은 하고 있고, 한 가지 재주는 있다는 말.

우렁이도 집이 있다[속담] (거처할 곳이 없을 때) 우렁이와 같은 미물도 집이 있건만 자기는 왜 없는가 하고 한탄할 때 하는 말.

우렁잇-속 [-이쏙/-일쏙]閻 ①'내용이 복잡하여 헤아리기가 어렵거나 자세히 알 수 없는 일'을 비유하여 이르는 말. ②'털어놓지 않는 속마음'을 비유하여 이르는 말.

우렁-차다懀 ①소리가 매우 크다. ¶우렁찬 만세 소리. ②매우 힘차고 씩씩하다.

우레¹圀 천둥. ¶우레와 같은 박수 소리.

우:레²圀 꿩 사냥을 할 때 불어서 소리를 내는 물건. 살구 씨나 복숭아씨에 구멍을 뚫어 만드는데, 그 소리가 마치 장끼가 까투리를 꾀는 소리와 같음. ¶우레를 켜다.

우레이:제(urease)圀 요소(尿素)를 암모니아와 이산화탄소로 가수 분해 하는 효소. 콩과 식물이나 세균 등에서 볼 수 있음.

우레탄(urethane)圀 ①에틸우레탄을 주성분으로 하는 무색무취의 결정. 실험 동물의 마취나 백혈병 치료 등에 쓰임. ②<우레탄 수지>의 준말.

우레탄^수지(Urethane樹脂)圀 인조 고무의 한 가지. 기름에 녹지 않고 마멸도가 적어 접착제나 방음제로 쓰임. ㉳우레탄.

우렛-소리 [-레쏘-/-렌쏘-]圀 천둥소리. 뇌성(雷聲).

우려(憂慮)圀向어되어 근심하거나 걱정함. ¶무질서한 사태를 우려한다.

우려-내다固 ①(무엇을) 물에 담가 성분·빛깔·맛 따위를 우러나게 하다. ¶쑥바귀의 쓴맛을 우려낸다. ②구실을 붙여 남을 위협하거나 달래거나 하여 돈 따위를 억지로 얻어 내다. ¶용돈을 우려낸다.

우려-먹다 [-따]固 ①음식 따위를 우려서 먹다. ¶한약을 우려먹다. ②이미 썼던 내용을 다시 써먹다.

우력(偶力)圀 ☞짝힘.

우련-하다懀向 빛깔이나 형체 등이 조금 나타나 보일 정도로 엷고 희미하다. ¶안개 속으로 산봉우리가 우련하게 드러났다. ㉳오련하다. 우련-히冃.

우례(于禮)圀向되 전통 혼례에서, 혼인한 신부가 처음으로 시집에 들어가는 예식. ㉳우귀(于歸).

우례(優禮)圀向되 예를 두텁게 함.

우로(迂路)圀 멀리 돌아가게 된 길. ☞첩경(捷徑).

우:로(雨露)圀 비와 이슬.

우:로-봐(右-)[Ⅰ]圀 사열(査閱) 때, 사열관을 향해 고개를 오른쪽으로 60° 되게 돌려 예의를 표시하는 자세.
[Ⅱ]圀 '우로봐' 하라는 구령.

우:로지택(雨露之澤)圀 ①('비와 이슬의 혜택'이라는 뜻으로) 자연의 혜택. ②넓고 큰 은혜.

우론(愚論)圀 ①어리석은 이론. 어리석은 견해. ②남 앞에서 '자기의 이론이나 견해'를 겸손하게 이르는 말.

우롱(愚弄)圀向固 (남을 바보로 여기고) 업신여겨 놀림. ¶사람을 우롱하지 말게.

우뢰圀 '우레'의 잘못.

우료(郵料)圀 <우편 요금>의 준말.

우루(愚陋)圀 '우루하다'의 어근.

우:루-처(雨漏處)圀 빗물이 새는 곳.

우루-하다(愚陋-)懀向 어리석고 고루하다.

우르르圀向되 ①사람이나 짐승이 무리를 지어 바쁘게 몰려다니는 모양. ¶마을 청년들이 우르르 몰려왔다. ②쌓여 있던 큰 물건이 한꺼번에 무너지는 소리, 또는 그 모양. ¶건축 자재가 우르르 무너졌다. ③액체가 갑자기 끓어오르는 소리, 또는 그 모양. ④천둥치는 소리. ㉳오르르.

우르릉冃向되 ①천둥소리 따위가 무겁고 둔하게 울리는 소리, 또는 그 모양. ②무엇이 무너지거나 흔들리면서 매우 요란하게 울리어 나는 소리, 또는 그 모양.

우르릉-거리다固 자꾸 우르릉우르릉하다. 우르릉대다. ㉳와르릉거리다.

우르릉-대다固 우르릉거리다.

우리¹圀 짐승을 가두어 두거나 가두어 기르는 곳. ¶돼지 우리. /우리에 갇힌 호랑이.

우리²㜾 기와를 세는 단위. 한 우리는 2천 장임.

우리³㐅 ①말하는 이가 자기와 자기 동아리를 함께 일컬을 때 쓰는 말. ¶우리 국군. ㉠말하는 이와 제삼자만을 일컬음. ¶우리는 당신 친구요. ㉡말하는 이와 말을 듣는 이만을 일컬음. ¶우리 손잡고 일해 봅시다. ②((일부 명사 앞에 쓰이어)) '나의'의 뜻으로 쓰는 말. ¶우리 집. /우리 어머니. ②㉳울3.

우리-구멍圀 논물이 새어 나가도록 논두렁에 뚫어 놓은 작은 구멍.

우리-글圀 우리나라의 글. 곧, '한글'을 이르는 말.

우리-나라圀 우리 한민족(韓民族)이 세운 나라를 스스로 이르는 말. ¶우리나라 고유의 악기.

우리다¹圀 ①바깥의 더운 기운으로 말미암아 방 안이 더워지다. ②달빛이나 햇빛 따위가 희미하게 비치다. ¶달빛이 우린 정원.

우리다²固 ①어떤 물건을 물에 담가 맛이나 빛깔 따위가 우러나게 하다. ¶감을 우리다. ②어떤 구실로 위협하거나 달래어 남의 것을 억지로 얻다. ¶강도가 아녀자의 금품을 우리다. ③갯물을 내리다.

우리-말圀 우리 겨레가 쓰는 고유의 말. 국어(國語). ¶우리말을 사랑합시다.

우리^사주^조합(-社株組合)圀 회사 종업원이 자기 회사 주식을 차지·관리하기 위해 조직한 조합. 회사의 종업원 단체로서, 이들을 회사의 경영 및 이익 분배에 참여시킴으로써 종업원의 재산 형성을 촉진하고 근로 의욕을 고취하기 위한 제도임.

우리-판(-板)圀 테두리를 좋은 나무로 짜고 가운데는 널빤지를 끼운 문작.

우:립(雨笠)圀 ☞갈삿갓.

우릿-간(-間)[-리깐/-릳깐]圀 짐승의 우리로 쓰는 칸.

우마(牛馬)圀 소와 말. 마소.

우마가 기린 되라(珥)[족] 본시 타고난 천품은 숨길 수 없음을 비유하여 이르는 말.

우-마차(牛馬車)圀 소나 말이 끄는 수레.

우망(迂妄)圀 '오망(迂妄)'의 본딧말.

우매(愚昧)圀向 어리석고 사리에 어두움. 우몽(愚蒙). 우미(愚迷). ¶우매한 백성.

우맹(愚氓)圀 ☞우민(愚民).

우:면-파워(woman+power)圀 여성이 결속하여 나타내는 활동력이나 세력.

우멍거지圀 ☞포경(包莖).

우멍-하다懀向 물체의 면(面)이 쑥 들어가서 우묵하다. ㉳오망하다.

우명(優命)圀 두터운 은혜로 내리는 명령.

우모(牛毛)圀 소의 털. 쇠털.

우:모(羽毛)圀 ①깃과 털. ②새의 깃에 붙어 있는 털. 깃털.

우:모(羽旄)圀 새의 깃으로 꾸며 기(旗)에 꽂는 물건.

우목(牛目)圀 ①소의 눈. ②소의 눈으로 만든 잡차래의 한 가지.

우목 (疣目)명 ⊏무사마귀.

우몽 (愚蒙)명[하다형] 우매(愚昧).

우묘 (尤妙) '우묘하다'의 어근.

우묘-하다 (尤妙-)형여 더욱 묘하다. 더욱 신통하다.

우무명 우뭇가사리를 끓인 다음, 식혀서 묵처럼 굳힌 것. 한천(寒天)².

우묵부[하형] 가운데가 둥그스름하게 들어가 있는 모양. ㉠오목. 우묵부[하형].

우묵-주묵 [-쭈-]부[하형] 여러 군데가 고르지 않게 우묵우묵한 모양. ㉠오목조목.

우묵-주발 (-周鉢) [-쭈-]명 운두가 좀 욱어 들어 속이 우묵한 주발. ㉠오목주발.

우문 (愚問)명 어리석은 질문. ↔현문(賢問).

우문-우답 (愚問愚答)명 어리석은 물음에 어리석은 대답.

우:문-좌무 (右文左武)명[하다자] 문무를 다 갖추고 천하를 다스림.

우문-현답 (愚問賢答)명 어리석은 물음에 현명한 대답. ↔현문우답(賢問愚答).

우물명 물을 얻으려고 땅을 파서 지하수를 괴게 한 곳, 또는 그런 시설. ¶우물을 파다. 참샘¹.

우물 들고 마시겠다[속담] 성미가 몹시 급하다는 뜻.

우물 안 개구리[속담] '견문이 좁아서 세상 형편을 모르는 사람'을 비유하여 이르는 말. 정저와(井底蛙). 정중와(井中蛙).

우물에 가 숭늉 찾는다[속담] 성미가 너무 급하여 참고 기다리지 못함을 이르는 말.

우물을 파도 한 우물을 파라[속담] 무슨 일이든 한 가지 일을 끝까지 꾸준히 해야 성공할 수 있다는 말.

우물 (尤物)명 ①가장 좋은 물건. ②'얼굴이 잘 생긴 여자'를 이르는 말.

우물 (愚物)명 '아주 어리석은 사람'을 얕잡아 이르는 말. 비우인(愚人).

우물-가 [-까]명 우물의 언저리.

우물가에 애 보낸 것 같다[속담] 익숙하지 못한 사람에게 일을 시켜 놓고 몹시 불안해함을 비유하여 이르는 말.

우물가 공론 (公論)[관용] 여자들이 우물가에서 주고받는, 세상 돌아가는 이야기나 남의 소문.

우물-거리다¹자 꿈지기나 벌레 따위가 한곳에 많이 모여 자꾸 굼지락거리다. 우물대다¹. ㉠오물거리다.

우물-거리다²자타 ①음식을 자꾸 우물우물 씹다. ②말을 자꾸 우물우물하다. ¶우물거리지 말고 똑똑히 말해라. 우물대다². ㉠오물거리다².

우물-고누명 고누의 한 가지. 'ㅗ'의 네 귀를 둥글게 이어 안쪽만 터놓은 판에 서로 말 둘씩을 놓고 먼저 가두어 이기는 놀이. 〔먼저 두는 사람이 첫수에 가두지는 못함.〕

우물고누 첫수[속담] ①상대편을 꼼짝 못하게 할 수 있을 정도의 좋은 대책을 비유하여 이르는 말. ②한 가지 방법밖에는 달리 변통할 재주가 없음을 비유하여 이르는 말.

우물-대다¹자 ⊏우물거리다¹.

우물-대다²자타 ⊏우물거리다².

우물-둔덕명 우물 곁에 작은 둑 모양으로 마련해 놓은 곳.

우물-마루명 짧은 널을 가로로, 긴 널을 세로로 놓아 '井'자 모양으로 짠 마루. 귀틀마루.

우물-물명 ①우물에 괸 물. ②우물에서 길어 올린 물.

우물^반자명 ⊏소란 반자.

우물-우물¹부[하자] (벌레 따위) 몸피가 비교적 큰 것들이 한곳에 많이 모여 자꾸 굼지럭거리는 모양. ㉠오물오물¹.

우물-우물²부[하자타] ①입을 다문 채 입 안에 든 음식을 이리저리 천천히 씹는 모양. ②말이나 행동을 시원스럽게 하지 못하고 자꾸 꾸물거리는 모양. ¶우물우물하지 말고 분명하게 대답하여라. ㉠오물오물².

우물-지다자 ①빰에 보조개가 생기다. ②우묵하게 들어가다.

우물-질명[하다자] 우물물을 퍼내는 일.

우물쩍-주물쩍 [-쭈-]부[하자타] '우물쭈물'의 힘줌말.

우물-쭈물부[하자타] 말이나 행동을 분명하게 하지 않고 우물거리면서 흐리멍덩하게 하는 모양. ¶우물쭈물하지 말고 시원하게 털어놓아라.

우뭇-가사리 [-무까-/-묻까-]명 우뭇가사릿과의 바닷말. 높이 10～30cm. 검붉은 나뭇가지 모양의 가지가 많음. 바다 속의 모래나 암석에 붙어사는데, 긴 쇠갈퀴 등으로 채취함. 우무의 원료가 됨. 석화채(石花菜). 준가사리·우뭇가시.

우뭇-가시 [-무까-/-묻까-]명 〈우뭇가사리〉의 준말.

우므러-들다 [～드니·～들어]자 점점 우므러져 들어가다. ㉠오므라들다.

우므러-뜨리다타 '우므리다'의 힘줌말. 우므러트리다. ㉠오므라뜨리다.

우므러-지다자 ①물체의 가장자리가 일정한 곳으로 욱어 들다. ②물체의 거죽이 안으로 움푹하게 패어 들어가다. ¶우므러진 양은 냄비. ㉠오므라지다.

우므러-트리다타 우므러뜨리다. ㉠오므라트리다.

우므리다타 우므러지게 하다. ¶입을 우므리다. ㉠오므리다.

우믈명 (옛) 우물. ¶우믈믈 ᄒ로 五百 디위옴 길이더시니(月釋8:91). /아ᄃᆞᆯ 안고 우믈에 ᄲᅡ질씨(五倫2:70).

우미 (愚迷)명[하다형] ⊏우매(愚昧).

우미 (優美) '우미하다'의 어근.

우미다타 '매만지다'의 잘못.

우미인-초 (虞美人草)명 ⊏개양귀비.

우미-하다 (優美-)형여 뛰어나게 아름답다. 우아하게 아름답다. ¶한복의 우미한 맵시.

우민 (愚民)명 ①어리석은 백성. 우맹(愚氓). ②국민이 통치자에게 '자신'을 낮추어 일컫는 말.

우민 (憂民)명[하다자] 백성의 살아가는 일을 걱정함, 또는 백성에 대한 근심.

우민 (憂悶)명[하다형] 걱정하고 괴로워함.

우민^정책 (愚民政策)명 지배자가 지배 체제의 안정을 유지하기 위해 피지배자로 하여금 정치적 관심을 갖지 않게 하거나 비판 정신을 흐리게 하려는 정책. 참삼에스(3S) 정책.

우바니 (←優婆尼.upāsikā 범)명 불교에서, 출가하지 않고 부처의 제자가 된 여자를 이름. 청신녀(淸信女). 우바이. ㉠우바새.

우바니사토 (←優婆尼沙土.Upanisad 범)명 ⊏우파니샤드.

우바새 (←優婆塞.upāsaka 범)명 불교에서, 출가하지 않고 부처의 제자가 된 남자를 이름. 거사(居士). 신사(信士). 청신남(淸信男). 청신사(淸信士). ㉠우바니.

우바이 (←優婆夷.upāsikā 범) ⊏우바니.

우:박 (雨雹)명 주로 적란운에서 내리는 지름 5 mm쯤의 얼음이나 얼음 덩어리, 또는 그것이

내리는 현상. 여름철로 접어드는 5, 6월과 겨울철로 접어드는 9, 10월에 많이 내림. 누리. 백우(白雨).

우:발(偶發)**명하자되자** 우연히 일어남. 뜻밖에 발생함. ¶우발 사고. /우발 전쟁.

우:발-범(偶發犯)**명** 범죄의 원인이 행위자의 성격에 기인하지 않고 주로 외부적인 사정에 기인하는 범죄. 기회범(機會犯).

우:발-적(偶發的)[-쩍]**관명** 어떤 일이 전혀 예기치 않게 일어나는 (것). ¶우발적 행동. /우발적인 사건.

우:발^채:무(偶發債務)**명** 어떤 우발적 사실의 발생으로 말미암아 생기는 채무. 어음 배서 의무나 보증 채무 등으로서 장래에 일정 조건이 발생했을 때 채무가 됨.

우방(牛蒡)**명** ☞우엉.

우:방(友邦)**명** 서로 우호적인 관계를 맺고 있는 나라.

우:방(右方)**명** 오른쪽. ↔좌방(左方).

우방-자(牛蒡子)**명** 한방에서, '우엉의 씨'를 약재로 이르는 말. 이뇨제나 해독제 등으로 쓰임.

우:배(友輩)**명** 친구들.

우:-백호(右白虎)[-배코]**명** 풍수지리에서, 서쪽을 상징하는 '백호'가 주산(主山)의 오른쪽에 있다는 뜻으로 오른쪽으로 벋은 산줄기를 이르는 말. 백호(白虎). ↔좌청룡(左靑龍).

우범(虞犯)**명** 성격이나 환경 등으로 죄를 저지를 수가 있음. ¶우범 지역.

우범^소:년(虞犯少年)**명** 범죄나 비행을 저지를 우려가 있는 소년. 성격이나 환경 등으로 보아서 장래 형벌 법령에 저촉되는 행위를 할 우려가 있는 12세 이상 20세 미만의 소년.

우범-자(虞犯者)**명** 범죄를 저지를 우려가 있는 사람.

우범^지대(虞犯地帶)**명** 범죄 발생의 우려가 있는 지대. ¶우범 지대의 순찰을 강화하다.

우:변(右邊)**명** ①오른편짝. ②오른쪽 가장자리. ③등식이나 부등식에서, 등호 또는 부등호의 오른쪽에 있는 수식(數式). ④조선 시대에, '우포도청(右捕盜廳)'을 달리 이르던 말. ↔좌변(左邊).

우:변^칙^활용(-變則活用)[-치콰룡]**명** ☞우불규칙 활용.

우보(牛步)**명** 소의 걸음. 느린 걸음.

우부(愚夫)**명** 어리석은 남자.

우부(愚婦)**명** 어리석은 여자.

우부룩-하다[-루콰-]**형여** (긴 풀이나 나무 따위가) 한곳에 몰려 있어 수북하다. ¶전나무가 우부룩하게 자라 있는 숲. ☞우북하다. ㈜오보록하다. **우부룩-이**閉.

우:-부방(右阜傍)**명** 한자 부수의 한 가지. '郡'·'鄕' 등에서 '고을읍(邑)'이 'ß'으로 쓰일 때의 이름.

우부-우맹(愚夫愚氓)**명** 어리석은 백성들.

우북-하다[-부카-]**형** 〈우부룩하다〉의 준말. ㈜오복하다. **우북-이**閉.

우분(牛糞)**명** 쇠똥.

우:-불구불閉**하형** 고르지 않게 구불구불한 모양. ㈜오불고불.

우^불규칙^용:언(-不規則用言)[-칭농-]**명** 우불규칙 활용을 하는 용언. ('푸다'뿐임.)

우^불규칙^활용(-不規則活用)[-치콰룡]**명** 어간의 끝 음절 모음 'ㅜ'가 '-어'로 시작되는 어미와 결합될 때 탈락되는 활용. ('푸다'가 '퍼라·퍼서·퍼'로 되는 활용.) 우 변칙 활용.

우불-꾸불閉**하형** 〈우불구불〉의 센말. ☞오불꼬불.

우:비(雨備)**명** 비를 가리는 여러 가지 기구. 〔우산·우의·삿갓·도롱이 따위.〕 우구(雨具).

우비(優比)**명** 수학에서, 전항(前項)의 값이 후항(後項)의 값보다 큰 비(比). ↔열비(劣比).

우비다国 ①구멍이나 틈 따위의 속을 긁어내거나 도려내다. ¶박 속을 우비어 바가지를 만들다. ②속에 붙은 것을 구멍을 통해 기구로 긁어내다. ¶귀를 우비다. ☞오비다. ㈜후비다.

우비적-거리다[-꺼-]**国** 자꾸 우비적우비적하다. 우비적대다. ☞오비작거리다. ㈜후비적거리다.

우비적-대다[-때-]**国** 우비적거리다.

우비적-우비적[-꺼-]閉 자꾸 우비어 파내는 모양. ☞오비작오비작. ㈜후비적후비적.

우:빙(雨氷)**명** 빗방울이 어는점 이하의 물체 표면에 떨어졌을 때, 그 표면에 생기는 얼음같이 반드러운 피막(皮膜).

우사(牛舍)**명** 외양간.

우:사(雨師)**명** 비를 맡은 신. ¶풍백(風伯)과 운사(雲師)와 우사를 거느린 황웅 천왕.

우:산(雨傘·雨繖)**명** 펴고 접을 수 있게 만들어, 비가 올 때 손에 들고 머리 위에 받쳐 쓰는 우비(雨備)의 한 가지.

우:산-걸음(雨傘-)**명** 〔우산을 들었다 내렸다 하듯이〕 몸을 추썩거리며 걷는 걸음.

우산-국(于山國)**명** 삼국 시대에, 울릉도에 있던 나라. 512년에 신라에 망함.

우:산-나물(雨傘-)**명** 국화과의 다년초. 높이 50~100cm쯤, 깊은 산에 남. 잎이 새로 나올 때 우산같이 펴지면서 나오는데, 어린잎은 나물로 먹음. 삿갓나물.

우:삼(雨衫)**명** 〔종이나 천에 기름을 먹여〕 비가 내릴 때 덮어쓰게 만든 것.

우:상(右相)**명** '우의정(右議政)'을 달리 이르는 말. ☞좌상(左相).

우:상(偶像)**명** ①나무·돌·쇠붙이 따위로 만든, 사람이나 신의 형상. ②신앙의 대상으로 삼는 잡신(雜神)의 상. ③맹목적인 인기나 추종·존경의 대상. ¶그는 청소년들의 우상인 야구 선수다.

우:상-교(偶像敎)**명** 우상을 숭배하는 종교를 통틀어 이르는 말.

우:상-맥(羽狀脈)**명** 잎맥의 한 가지. 한 주맥(主脈)의 좌우에 지맥(枝脈)이 벋고 다시 세맥(細脈)으로 갈라져 새의 깃 모양을 이룬 잎맥. 〔무궁화·매화·벚나무 따위의 잎맥.〕

우:상^복엽(羽狀複葉)**명** 겹잎의 한 가지. 잎자루의 연장부 좌우 양쪽에 두 잎 이상의 작은 잎이 배열되어 새의 깃과 같은 모양을 이룬 잎. 〔가시나무·고비·고사리·소태나무·아카시아 따위의 잎.〕

우:상^숭배(偶像崇拜)**명** 신(神) 이외의 사람이나 물체를 종교적 신앙의 대상으로 믿거나 추앙하는 일.

우:상-적(偶像的)**관명** 우상에 관한 (것). 우상과 같은 (것). ¶우상적 존재. /우상적인 인물.

우상-전(愚裳傳)**명** 조선 연종ㆍ정조 때의 학자 박지원(朴趾源)이 지은 한문 소설. 우상 이언진의 전기(傳記)를 통하여 양반들의 허례를 풍자한 내용으로, '열하일기'에 실림.

우:상-화(偶像化)**명하자타되자** 우상이 됨, 또는 우상이 되게 함. ¶독재자는 어느 나라에서나 어김없이 자신을 우상화한다.

우색(憂色)명 근심하는 기색.

우:생(寓生)명하자 남에게 얹혀 삶.

우생(愚生)ⅠⅡ 어리석은 사람.
Ⅱ대 '자기'를 낮추어 일컫는 말.

우생^수술(優生手術)명 우생학에 따른 단종(斷種) 수술. 악성의 유전성 질환자(疾患者)의 생식 능력을 제거하는 수술.

우생-학(優生學)명 인류의 유전적 소질의 개선을 목적으로 하는 학문. 우량한 유전 형질을 보존하기 위해 배우자의 선택이나 출산에 관하여 유전학적으로 연구함.

우:서(羽書)명 ☞우격(羽檄)

우서(郵書)명 우편으로 보내는 편지.

우서(愚書)명 [어리석은 편지란 뜻으로] '자기의 편지'를 겸손하여 이르는 말.

우:선(右旋)명하자타 오른쪽으로 돎, 또는 오른쪽으로 돌림. ↔좌선(左旋).

우:선(羽扇)명 새의 깃으로 만든 부채.

우선(郵船)명 <우편선(郵便船)>의 준말.

우선(優先)명하자 다른 것보다 앞섬, 또는 남보다 앞서 행사함. ¶동점일 경우는 외국어 성적이 우선한다.

우선(于先)ᄇ (무엇을 하기에 앞서) 먼저. 위선(爲先). ¶우선 점심부터 먹자.
우선 먹기는 곶감이 달다(속담) 그다지 실속은 없으나 당장 좋으니 취할 만하다는 말.

우선-권(優先權)[-꿘]명 ①남보다 앞서 행사할 수 있는 권리. ¶우선권을 주다. ②(금전이나 물건의 처분·취득 또는 이익 배당 등에서) 다른 권리자보다 먼저 그 특전을 받을 수 있는 권리.

우선-멈춤(優先-)명 달리던 자동차가 횡단보도 따위 앞에서 일단 정지하였다가 가는 일.

우선-순위(優先順位)명 (특별한 대우로) 다른 것에 앞서 매겨진 차례나 위치.

우선-적(優先的)관 다른 것에 앞서 특별하게 대우하는 (것). ¶우선적으로 해결할 과제.

우선-주(優先株)명 보통주보다 이익 배당이나 잔여 재산의 분배를 받는 데 우선권(優先權)이 주어진 주식.

우선-하다 형어 ①앓던 병이 조금 나은 듯하다. ②몰리거나 급박하던 형편이 다소 풀리다.

우설(牛舌)명 소의 혀.

우:설(雨雪)명 비와 눈.

우설(愚說)명 [어리석은 설(說)이란 뜻으로] '자기의 설(說)'을 겸손하게 이르는 말.

우성(牛星)명 이십팔수의 하나. 북쪽의 둘째 별자리. ᄌ우(牛).

우:성(羽聲)명 국악의 오음(五音)의 하나. ᄌ우(羽).

우:성(雨聲)명 빗소리.

우:성(偶性)명 철학에서, 본질적이 아닌 우연히 발생한 성질, 또는 그 상태를 이르는 말.

우성(優性)명 대립 형질이 서로 다른 두 품종을 교배시켰을 때 잡종 제1대에 나타나는 형질. ↔열성(劣性).

우성^인자(優性因子)명 두 가지 유전 인자 중 한쪽 인자를 억압하여 잠복시키는 인자.

우세명하자 남에게 놀림이나 비웃음을 받음, 또는 그 놀림이나 비웃음. ¶우세를 사다.

우:세(雨勢)명 비가 내리는 형세.

우세(憂世)명하자 세상일을 근심함.

우세(優勢)명하형 (힘이나 형세 따위가) 상대편보다 나음, 또는 그런 형세나 상태. ¶전투력이 우세하다. ↔열세(劣勢).

우세-스럽다[-따] [~스러우니·~스러워] 형ㅂ

남에게 비웃음을 받을 만하다. ᄶ남우세. 우세스레ᄇ.

우세-승(優勢勝)명 유도에서, 판정승의 한 가지. 절반·유효·효과를 얻었거나 상대편이 주의·경고 등을 받았을 때, 또는 경기 태도 및 기술의 묘 등이 상대편보다 낫다고 인정될 때 내려짐.

우셋-거리[-쎄꺼-/-쎈꺼-]명 우세를 받을 만한 거리.

우송(郵送)명하자 되자 우편으로 보냄.

우송-료(郵送料)[-뇨]명 편지나 물건을 부치는 데 드는 비용. ¶항공 우송료.

우수명 일정한 수효 이외에 더 받는 물건. ②<우수리>의 준말.

우수(牛髓)명 소의 뼈 속에 있는 골.

우:수(右手)명 오른손. ↔좌수(左手).

우:수(迂叟)ⅠⅡ 세상일에 어두운 노인.
Ⅱ대 노인이 자기를 낮추어 이르는 말.

우:수(雨水)명 ①이십사절기의 하나. 입춘(立春)과 경칩(驚蟄) 사이로, 2월 19일께. 이 무렵에 생물을 소생시키는 봄비가 내리기 시작한다고 함. ②빗물.

우:수(偶數)명 짝수. ↔기수(奇數).

우수(憂愁)명 근심과 걱정. ¶우수에 잠기다. / 우수에 찬 얼굴.

우수(優秀)명 여럿 가운데 뛰어남. ¶우수 사원. /우수 상품.

우수(優數) '우수하다'의 어근.

우수리명 ①물건 값을 제하고 거슬러 받는 잔돈. 거스름돈. 단수(端數). 잔돈. ②우수. ②일정한 수효를 다 채우고 남은 수.

우수마발(牛溲馬勃)명 [소의 오줌과 말불버섯이란 뜻으로] '흔히이면 유용한 물건 따위'를 비유하여 이르는 말. '한유(韓愈)'의 '진학해(進學解)'에 나오는 말임.

우:-수사(右水使)명 조선 시대, 우수영(右水營)의 수사. ᄶ좌수사.

우수-성(優秀性)[-썽]명 우수한 특성이나 속성. ¶우리 민족의 우수성.

우수수ᄇ하자 ①물건이 한꺼번에 많이 쏟아지는 모양. ②가랑잎이 나무에서 많이 떨어져 흩어지는 소리, 또는 그 모양. ¶낙엽이 우수수 떨어지다. ③세간의 사개나 묶어 놓은 물건이 저절로 물러나는 모양. ①②ᄌ오소소.

우수-아(優秀兒)명 심리학에서, 지능이 같은 또래의 아동 집단에서 2% 안에 드는 우수한 어린이를 이름.

우:-수영(右水營)명 조선 시대에, 전라도와 경상도의 각 우도(右道)에 두었던 수군절도사의 군영. 해남에 전라 우수영, 통영에 경상 우수영을 두었음. ᄶ좌수영.

우수-하다(優數-)형어 수효가 많다.

우:순-풍조(雨順風調)명하형 [비 오고 바람 부는 것의 때와 분량이 알맞다는 뜻으로] 농사에 알맞게 기후가 순조로움을 이르는 말.

우:숫-물(雨水-)[-순-]명 우수 때 내리는 많은 비.
우숫물(이) 지다관용 우수 무렵에 많은 비가 내려서 홍수가 나다.

우스개명 남을 웃기려는 말이나 짓. ¶우스개로 해 본 소리다.

우스갯-소리[-개쏘-/-갣쏘-]명 우스개로 하는 말.

우스갯-짓[-개찓/-갣찓]명 우스개로 하는 짓.
* 우스갯짓이[-개찌시/-갣찌시]·우스갯짓만 [-개찓-/-갣찓-]

우스꽝-스럽다[-따][~스러우니·~스러워] [형ㅂ] ①하는 모양이 가소롭다. ¶잘난 체하는 꼴이 참 우스꽝스럽다. ②웃됨이라가 우습게 생기다. ¶우스꽝스럽게 꾸민 광대. **우스꽝스레**[부].

우슬(牛蝨)[명] ☞진드기.

우-습(雨濕)[명] 비가 와서 생기는 습기.

우:습게-보다[-께-][형] 대수롭지 아니하게 여기다.

우:습다[-따][우스우니·우스워][형ㅂ] ①웃음이 나올 만하다. ¶우스운 이야기. ②하찮다. 가소롭다. ¶젠체하는 꼴이 우습다.

우습지도 않다[관용] 너무 어이가 없는 일이어서 기가 막히다.

우승(優勝)[명] ①[하자] 경기나 경주 등에서, 최고의 성적으로 이김. ¶마라톤에서 우승하다. ②[하형] 가장 뛰어남.

우승-기(優勝旗)[명] 우승한 사람이나 단체에게 주는 기.

우승-배(優勝杯·優勝盃)[명] 우승한 사람이나 단체에게 주는 상배. 우승컵. 트로피.

우승-열패(優勝劣敗)[-녈-][명][하자] ①나은(강한) 자는 이기고 못한(약한) 자는 짐. ②적자생존(適者生存).

우승-자(優勝者)[명] 우승한 사람. 챔피언.

우:-승지(右承旨)[명] ①고려 시대에, 왕명의 출납(出納)을 맡아보던 밀직사(密直司)의 정삼품 벼슬. ②조선 시대에, 중추원(中樞院) 또는 승정원(承政院)의 정삼품 벼슬.

우승-컵(優勝cup)[명] ☞우승배.

우시(憂時)[명][하자] 시국(時局)을 걱정함, 또는 그 걱정.

우-시장(牛市場)[명] 소를 사고파는 시장. 쇠전.

우식-악(憂息樂)[명] 신라 눌지왕이 지었다는 노래. 고구려와 일본에 볼모로 가 있던 왕의 아우 복호(卜好)와 미사흔(未斯欣)이 박제상(朴堤上)의 외교로 돌아오자, 그 축하 잔치에서 불렀다 함. 가사는 전하지 않음.

우신(牛腎)[명] 소의 자지.

우신(郵信)[명] ☞우서(郵書).

우신(牛心)[명] 소의 염통.

우심(尤甚)[어근] '우심하다'의 어근.

우:심(寓心)[명][하자] 마음을 둠, 또는 그 마음.

우심(憂心)[명] 걱정하는 마음.

우:-심방(右心房)[명] 심장 안의 오른쪽 윗부분. 온몸의 정맥(靜脈)에서 오는 피를 받아 우심실로 보냄. [참] 좌심방.

우:-심실(右心室)[명] 심장 안의 오른쪽 아랫부분. 우심방에서 오는 피를 깨끗이 하여 폐동맥으로 보냄. [참] 좌심실.

우심-하다(尤甚-)[형여] 더욱 심하다. **우심-히**[부].

우심-혈(牛心血)[명] 소의 염통 피. 강장제로 쓰임.

우썩[부] 단번에 거침없이 나아가거나, 또는 갑자기 늘거나 줄어드는 모양. [참] 와싹2. **우썩-우썩**[부][하자].

우숨(옛) 웃음. ¶호오사 우수믈 우사 경샤(精쉬)ㅅ공득(功德) 니르고(月印 *168*章). [참] 우음·우슴.

우아[감] ①뜻밖의 기쁜 일이 생겼을 때 내는 소리. ¶우아, 금메달이다. ②여럿이 한꺼번에 기세를 올려 외치는 소리. ¶의병들은 우아 소리와 함께 적진을 향해 돌진하였다. ③말이나 소를 달랠 때 내는 소리. 와4. **우아-우아**[감].

우아(優雅)[어근] '우아하다'의 어근.

우아-하다(優雅-)[형여] 아름다운 품위와 아취(雅趣)가 있다. 부드럽고 곱다. ¶우아한 자태.

우악(愚惡)[어근] '우악(愚惡)하다'의 어근.

우악(優渥)[어근] '우악(優渥)하다'의 어근.

우악살-스럽다(愚惡-)[-쌀-따][~스러우니·~스러워][형ㅂ] 매우 우악스럽다. ②왁살스럽다. **우악살스레**[부].

우악-스럽다(愚惡-)[-쓰-따][~스러우니·~스러워][형ㅂ] 우악한 데가 있다. ¶사람됨이 우악스럽다. **우악스레**[부].

우악-하다(愚惡-)[-아카-][형여] 어리석고 포악하다. ¶성격이 우악하다.

우악-하다(優渥-)[-아카-][형여] (임금의) 은혜가 넓고 두텁다.

우:안(右岸)[명] (바다나 강의 하류를 향하여) 오른쪽의 기슭. ↔좌안(左岸).

우안(愚案)[명] '자기 생각이나 의견'을 겸손하게 이르는 말.

우:애(友愛)[명][하자] 형제간이나 친구 사이의 도타운 정과 사랑. ¶우애가 두텁다.

우:애-롭다(友愛-)[-따][~로우니·~로워][형ㅂ] 우애가 있어 보이다. ¶우애로운 형제. **우애로이**[부] 우애로이 지내다.

우:야(雨夜)[명] 비 오는 밤.

우양(牛羊)[명] 소와 양.

우어[감] 말이나 소를 멈추게 할 때 내는 소리. 워2. **우어-우어**[감].

우:어(偶語)[명][하자] 두 사람이 마주 대하여 이야기함.

우:언(寓言)[명] (어떤 뜻을 직접 말하지 않고) 다른 사물에 비유하여 의견이나 교훈을 나타내는 말.

우엉[명] 국화과의 이년생 재배 식물. 뿌리는 길고 살이 많으며, 높이는 1.5 m가량. 잎은 뿌리에서 무더기로 나며, 7월경에 검은 자줏빛 꽃이 핌. 뿌리는 먹고, 씨는 한방에서 '우방자(牛蒡子)'라 하여 이뇨제(利尿劑) 따위로 쓰임. 우방(牛蒡).

우여[감] 새 따위를 쫓는 소리.

우여-곡절(迂餘曲折)[-쩔][명] 여러 가지로 뒤얽힌 복잡한 사정이나 변화. ¶그렇게 되기까지는 숱한 우여곡절이 있었다.

우역(牛疫)[명] 소의 전염병. 우질(牛疾).

우역(郵驛)[명] ☞역(驛).

우:연(偶然)[명] 뜻밖에 저절로 됨, 또는 그 일. 우이(偶爾). ¶우연의 일치. /우연한 기회. ↔필연(必然). **우연-히**[부] 백화점에서 우연히 친구를 만났다.

우연만-하다[형여] 〈웬만하다〉의 본딧말.

우:연[^]발생설(偶然發生說)[-쌩-][명] ☞자연 발생설(自然發生說).

우연[^]변:이(偶然變異)[명] ☞돌연변이.

우:연-사(右撚絲)[명] 오른쪽으로 꼰 실. ↔좌연사(左撚絲).

우:연-사(偶然死)[명] 우연한 원인으로 죽음. ↔자연사(自然死).

우:연-성(偶然性)[-썽][명] 우연으로 되는 성질. ↔필연성(必然性).

우:열(右列)[명] 오른쪽의 대열. ↔좌열(左列).

우열(愚劣)[어근] '우열하다'의 어근.

우열(優劣)[명] 우수함과 열등함. ¶학업 성적으로 우열을 가리다.

우열-하다(愚劣-)[형여] 어리석고 못나다.

우:완(右腕)[명] 오른팔. ¶우완 투수. ↔좌완(左腕).

우완(愚頑)[어근] '우완하다'의 어근.

우완-하다(愚頑-)[형여] 어리석고 완고하다.

우:왕좌왕(右往左往) **Ⅰ**뗑하자 이리저리 오락가락하며 일이나 나아갈 방향을 결정짓지 못하고 망설임. ¶대입 수험생들이 지원 학과를 결정하지 못해 **우왕좌왕**하다. **Ⅱ**뿐 이리저리 오락가락하며 일이나 나아갈 방향을 결정짓지 못하고 망설이는 모양. ¶우왕좌왕 갈피를 못 잡다.

우:요(右繞)뗑하자 부처를 중심으로 하여 오른쪽으로 도는 일.

우:-우뎅 ①시시하거나 야비함을 야유할 때 여럿이 내는 소리. ②짐승을 쫓거나 말 내는 소리.

우우(憂虞)뗑하자 근심하고 걱정함.

우우(優遇)뗑하타 아주 후하게 대우함, 또는 그러한 대우.

우울(憂鬱)뗑하형 (근심 걱정으로 마음이나 분위기 따위가) 답답하고 밝지 못함. ¶우울한 표정. /우울한 나날을 보낸다.

우울-병(憂鬱病)[-뼝]뗑 ⇨우울증.

우울-증(憂鬱症)[-쫑]뗑 ①근심 걱정으로 마음이 늘 우울한 증세. 우울병. ②⇨심기증(心氣症).

우울-질(憂鬱質)[-찔]뗑 심리학에서, 사소한 일도 지나치게 생각하여 쓸데없이 애쓰면서 늘 마음이 우울한 기질.

우음뗑 (옛) 웃음. ¶말하며 우음 우어 河北을 업시 너기고(杜重5:53). /믈읫 횟룡앳 우음과 야쇽호 말숨을 일즉 입에 내디 아니ᄒᆞ며(小解6:121). ⚌우숨.

우원(迂遠) '우원하다'의 어근.

우원-하다(迂遠-)뗑형 길이 구불구불하게 굽이저 돌아서 멀다.

우:월(雨月)뗑 [비 오는 달이라는 뜻으로] '음력 오월'을 달리 이르는 말. 포월(蒲月).

우월(優越)뗑하자 남보다 뛰어나게 나음.

우월-감(優越感)뗑 자기가 남보다 뛰어나다고 느끼는 감정. ¶누나는 자신의 미모에 대한 우월감이 대단하다. ↔열등감(劣等感).

우월-성(優越性)[-썽]뗑 우월한 성질이나 특성. ¶민족적 우월성.

우위(優位)뗑 남보다 우세한 자리나 수준. ¶실력으로 우위를 확보하다. ↔열위(劣位).

우유(牛乳)뗑 암소의 젖. 타락(駝酪).

우유(迂儒)뗑 세상 물정에 어두운 선비.

우유(優柔)뗑하형 ①(마음씨가) 매우 부드러움. ②마음이 부드러워 끊고 맺는 데가 없음.

우유(優遊·優游)뗑하자 한가롭게 잘 지냄.

우유-도일(優遊度日)뗑하자 하는 일 없이 한가롭게 세월을 보냄.

우유부단(優柔不斷)뗑하형 줏대 없이 어물거리기만 하고 딱 잘라 결단을 내리지 못함. ¶우유부단한 성격이 실패의 원인이다.

우유불박(優遊不迫)뗑하형 한가로움 속에서 급할 것이 없음.

우유-자적(優遊自適)뗑하자 한가로움 속에서 스스로 만족하게 지냄.

우:유적 속성(偶有的屬性)[-쏙썽] 철학에서, 어떤 사물을 생각할 때에 본질적으로 그것이 없어도 무방한 성질. ↔본질적 속성.

우유-체(優柔體)뗑 문장 표현의 강유(剛柔)에 따라 나눈 문체의 한 가지. 청초·온화·겸허한 아취 등을 특징으로 하는 여성적인 문체. ↔강건체(剛健體).

우육(牛肉)뗑 쇠고기.

우:윤(右尹)뗑 ①고려 시대, 삼사(三司)의 종삼품 벼슬의 한 가지. ②조선 시대, 한성부의 종이품 벼슬의 한 가지.

우융-빛(牛乳-)[-빋/-윤삗]뗑 젖빛. ¶우융빛 살결. * 우융빛이[-우삐치/-윤삐치]·우융빛만[-윤삗/-윤삗]

우은(優恩)뗑 임금의 두터운 은혜. ⓗ성은(聖恩).

우음뗑 (옛) 웃음. ¶내 시룸 어더 두고 ᄂᆞ미 우음 블리오ᄂᆞ뇨(勉漱.星山別曲). ⚌우숨.

우음(牛飮)뗑하타 소처럼 많이 마심.

우음-마식(牛飮馬食)뗑 [소같이 술을 많이 마시고 말같이 음식을 많이 먹는다는 뜻으로] '많이 마시고 먹음'을 비유하여 이르는 말.

우읍다형 (옛) 우습다. ¶淸江 비듯는 소리 그 무어시 우읍관디(古時調). /長沙王 賈太傅 헤컨대 우읍괴라(靑丘10). ⚌웁보다.

우의(-이)[-의/-이]뗑 ⇨덕석.

우:의(友誼)[-의/-이]뗑 친구 사이의 정분. 우정(友情). ¶우의가 두텁다.

우:의(羽衣)[-의/-이]뗑 새의 깃으로 만든 옷. [도사나 선녀가 입는다고 함.]

우:의(羽蟻)[-의/-이]뗑 [날개 단 개미라는 뜻으로] 교미기의 여왕개미와 수개미의 일컬음.

우:의(雨衣)[-의/-이]뗑 비옷.

우:의(寓意)[-의/-이]뗑하자 어떤 의미를 직접 말하지 않고 다른 사물에 빗대어 넌지시 비춤. ¶우의적 표현.

우의(優毅) '우의하다'의 어근.

우:의ᄉᆞ설(寓意小說)[-의-/-이-]뗑 어떤 의견이나 교훈을 어떤 이야기에 빗대어서 쓴 소설.

우:-의정(右議政)[-의-/-이-]뗑 조선 시대, 의정부(議政府)의 정일품 벼슬. ⓗ우상(右相)·우정승(右政丞).

우의-하다(優毅-)[-의-/-이-]뗑형 마음씨가 부드러우면서도 굳세다.

우이(牛耳)뗑 ①쇠귀. ②일당·일파 등 동아리의 우두머리.

우이(를) 잡다판용 어떤 일을 주관하게 되거나 단체의 우두머리가 되다.

우:이(偶爾)뗑하형 ⇨우연(偶然).

우이다형 (옛) 웃기다. ¶아마도 너 츷녀 ᄃᆞ니다가 ᄂᆞᆷ 우일가 ᄒᆞ노라(古時調). /모쳐라 밤일싀만졍 ᄂᆞᆷ 우일 번 ᄒᆞ괘라(古時調). ⚌웃이다.

우이-독경(牛耳讀經)[-경]뗑 [쇠귀에 경 읽기라는 뜻으로] '아무리 가르치고 일러 주어도 알아듣지 못함'을 이르는 말. 우이송경(牛耳誦經). ⚌쇠귀.

우이-송경(牛耳誦經)뗑 ⇨우이독경. ⚌쇠귀.

우:익(右翼)뗑 ①오른쪽 날개. ②〈우익군〉의 준말. ③보수적이고 점진적인 당파, 또는 거기에 딸린 사람. 우파(右派). ④⇨라이트 윙. ⑤야구에서, 외야의 오른쪽. 〈우익수〉의 준말. ↔좌익.

우:익(羽翼)뗑 ①새의 날개. ②보좌(輔佐)하는 사람, 또는 그 일.

우:익-군(右翼軍)[-꾼]뗑 지난날, 중군(中軍)의 오른쪽에 진을 친 군대, 곧 우익의 군대. ⚌우군(右軍)·우익. ↔좌익군.

우:익-수(右翼手)[-쑤]뗑 야구에서, 외야의 오른쪽을 맡아 지키는 선수. ⚌우익.

우:인(友人)뗑 ⇨벗3.

우인(愚人)뗑 어리석은 사람. ⓗ우물(愚物).

우:자(芋子)뗑 ⇨토란.

우자(愚者)뗑 어리석은 사람.

우자-스럽다(愚者-)[-따](-스러우니·-스러워)뗑형 보기에 어리석은 데가 있다. **우자스레**뿐.

우자-일득(愚者一得)[-뜩]몡 아무리 어리석은 사람일지라도 때로는 슬기롭게 잘하는 때도 있다는 말.

우장(牛獎)몡 천연두를 앓는 소의 두창(痘瘡)에서 뽑아낸 물. 면역성이 있어 천연두의 예방에 씀.

우:장(雨裝)몡하자 비를 맞지 않게 우비를 차림, 또는 그 옷차림.

우:적(雨滴)몡 빗방울.

우적-가(遇賊歌)[-까]몡 신라 원성왕 때의 중 영재(永才)가 지었다는 10구체 향가. 도둑의 무리를 만나 불도(佛道)를 설파(說破)한 내용으로 '삼국유사'에 실려 있음.

우적-우적¹[-하다] ①거침없이 나아가는 모양. 기세 좋게 나아가는 모양. ②일을 우격다짐으로 급하게 해 나가는 모양. ¶미루어 두었던 일을 하루 만에 우적우적 해치웠다. ㈜와작와작. ⑩우쩍우쩍.

우적-우적²[-하다타] ①(좀 단단한 음식을) 입을 크게 움직이면서 먹음새가 시원스레 씹는 모양, 또는 그 소리. ¶사과를 우적우적 베어 먹었다. ㈜오작오작·와작와작². ②좀 크고 묵직한 것이 무너지거나 버그러지는 모양, 또는 그 소리. ⑩우쩍우쩍².

우:전(右前)몡 야구에서, 우익수(右翼手)의 앞. ¶우전 안타.

우전(郵電)몡 우편과 전보.

우전(郵傳)몡 우편으로 전함.

우:점(雨點)몡 빗방울이 떨어진 자국.

우점-종(優占種)몡 일정한 범위 안의 생물 군집(群集) 가운데서 가장 무성한 종류. 흔히, 식물 군락을 대표하는 종류를 이름.

우:접(寓接)몡하자 ☞우거(寓居).

우-접다[-따] 丁团 남보다 빼어나게 되다.
丁타 선배를 이겨 내다.

우:정(友情)몡 친구 사이의 정. 우의(友誼).

우정(郵政)몡 우편에 관한 사무.

우정-국(郵政局)몡 조선 말기에, 체신(遞信) 사무를 맡아보던 관청. 우정총국.

우:-정승(右政丞)몡 '우의정(右議政)'을 달리 이르는 말. ⑫좌정승(左政丞).

우정-총국(郵政總局)몡 ☞우정국(郵政局).

우제(愚弟)丁몡 말하는 이가 자기 동생을 낮추어 이르는 말.
丁대 〔편지 글 따위에서〕 형으로 대접하는 사람에게 '자기'를 낮추어 이르는 말.

우제(虞祭)몡 초우·재우·삼우를 아울러 이르는 말.

우:조(羽調)몡 국악에서, 오음의 하나인 우성(羽聲)의 곡조. 낙시조(樂時調)와 대조되는, 높고 씩씩하고 맑은 곡조.

우족(牛足)몡 잡아서 각을 뜬 소의 발.

우:족(右足)몡 오른발.

우:족(右族)몡 ①적자(嫡子)의 계통. ↔좌족(左族). ②명문 집안의 겨레붙이.

우:족(羽族)몡 '날짐승'을 통틀어 이르는 말. 우충(羽蟲).

우졸(愚拙)몡 '우졸하다'의 어근.

우졸-하다(愚拙-)톙몡 어리석고 못나다. ¶우졸한 생각.

우:주(宇宙)몡 ①온 세계를 둘러싸고 있는 공간. ②천문학에서, 천체를 비롯한 만물을 포용하는 물리적 공간을 이름. ③철학에서, 질서 있는 통일체로서의 세계를 이름.

우주(虞主)몡 지난날, 대궐 안에서 우제(虞祭)를 지낼 때 쓰던, 뽕나무로 만든 신주(神主).

우:주^개벽론(宇宙開闢論)[-병논]몡 철학에서, 우주의 기원 발생을 신화적·종교적·형이상학적 또는 과학적으로 설명한 이론.

우:주^공학(宇宙工學)몡 우주 개발을 목적으로 우주 비행을 여러 가지 분야에서 연구하는 학문.

우:주-관(宇宙觀)몡 우주의 기원·본질·변화·발전 등에 대한 견해.

우주다타 장사판에서 이익을 남겨 주다.

우:주-론(宇宙論)몡 우주의 구조·기원·진화 등에 관한 자연 철학적 가설과 수리학적 이론을 통틀어 이르는 말.

우:주^먼지(宇宙-)몡 우주 공간에 널려 있는 아주 작은 물질. 우주진(宇宙塵).

우:주-복(宇宙服)몡 우주를 여행할 때, 우주 공간의 여러 조건에서 견딜 수 있도록 특수하게 만든 옷.

우:주^산:업(宇宙産業)몡 우주 개발에 필요한 기기·로켓 추진제 등을 개발하여 생산하는 산업.

우:주-선(宇宙船)몡 사람이 과학 기술로 우주 공간을 비행하게 만든 물체. ⑳인공위성.

우:주-선(宇宙線)몡 우주로부터 지구로 끊임없이 날아오는 매우 높은 에너지의 입자선(粒子線)을 통틀어 이르는 말.

우:주^속도(宇宙速度)[-또]몡 인공위성 등이 지구에서 우주 공간으로 날아가는 데 필요한 속도. 〔지구의 주위를 도는 데는 초속 7.91 km(제1 우주 속도), 지구의 인력을 벗어나는 데는 11.19 km(제2 우주 속도), 태양계를 벗어나는 데는 16.65 km(제3 우주 속도)가 필요함.〕

우:주-식(宇宙食)몡 우주를 여행할 때 우주선 안에서 먹을 수 있도록 만든 특수 식품.

우:주-여행(宇宙旅行)몡 인류가 우주선을 타고 지구 이외의 다른 천체로 비행하는 일.

우:주^유영(宇宙遊泳)몡 우주 비행사가 우주선 밖에서 행동하는 일.

우:주-인(宇宙人)몡 ①우주선을 타고 우주를 비행하는 사람. ②☞외계인(外界人).

우:주^정류장(宇宙停留場)[-뉴-]몡 인류가 다른 천체로 비행하기 위해 우주 공간에 설계가 설치하는 항구적인 우주 기지.

우:주-진(宇宙塵)몡 ☞우주 먼지.

우:주-총(宇宙銃)몡 우주 유영 때, 앞으로 움직일 수 있게 하는 가스 분사식 추진 장치.

우:주^통신(宇宙通信)몡 인공위성이나 우주선 등을 이용하는 무선 통신. 〔우주선과 지구 간의 통신, 인공위성을 중계소로 하는 원거리 통신 따위.〕

우죽몡 나무나 대의 우두머리 가지.

우죽(牛粥)몡 ☞쇠죽.

우죽-거리다[-꺼-]재 자꾸 우죽우죽하다. 우죽대다. ¶키다리 박 군이 우죽거리며 다가왔다.

우죽-대다[-때-]재 우죽거리다.

우죽-우죽톙하자 (괜히 무슨 일이나 있는 것처럼) 몸을 아단스럽게 흔들면서 바삐 걷는 모양.

우줄-거리다재타 자꾸 우줄우줄하다. 우줄대다. ㈜오줄거리다. ⑩우쭐거리다.

우줄-대다재타 우줄거리다.

우줄-우줄톙하자 (몸피가 큰 사람이나 짐승이) 온몸을 천천히 율동 있게 움직이는 모양. ¶곡마단에서 우줄우줄 춤추는 곰들. ㈜오줄오줄. ⑩우쭐우쭐.

우줅-거리다[-줙꺼-]재 자꾸 우줅우줅하다. 우줅대다.

우줅-대다[-줅때-]재 우줅거리다.

우줅-우줅[-주구줅]**무**(하자) 어기적거리며 걷는 모양.

우줅-이다(타) 말려도 듣지 않고 억지로 하다.

우:중(雨中)**명** 비가 오는 가운데. 비가 올 때. 빗속. ¶우중에 어디 가느냐?

우:중(偶中)**명**(하자) 우연히 맞음. 우연히 적중함.

우:-중간(右中間)**명** 야구에서, 우익수와 중견수 사이. ¶우중간 안타.

우중-우중(무) 몸을 일으켜 서거나 걷는 모양.

우중충(무)(하형) ①보기 흉하게 침침한 모양. ¶우 중충한 방 안. ②오래되어서 색이 선명하지 않은 모양. ¶우중충 얼룩진 대문.

우지[1]**명** 〈가마우지〉의 준말.

우:지[2]**명** 걸핏하면 우는 아이를 일컫는 말.〔남자 아이는 ‘울남’, 여자 아이는 ‘울녀’라 함.〕울보.

우지(牛脂)**명** 소의 살이나 뼈에서 녹여 낸 지 방.〔비누나 초의 원료가 됨.〕쇠기름.

우:-지(羽枝)**명** ☞깃가지.

우지끈(무)(하자) 몸피가 크고 단단한 물건이 갑 자기 부러지는 소리, 또는 그 모양. 〈잘〉오지끈. **우지끈-우지끈**(무)(하자)

우지끈-거리다(자타) 자꾸 우지끈우지끈하다. 우 지끈대다. 〈잘〉오지끈거리다.

우지끈-대다(자타) 우지끈거리다.

우지끈-뚝딱(무)(하자) 몸피가 크고 단단한 물건 이 별안간 부러지거나 요란스레 부서지는 소 리, 또는 그 모양. 〈잘〉오지끈뚝딱.

우지지다(자)〈옛〉우짖다. ¶우지질 조:噪(訓蒙下8). / 東窓이 불갓느냐 노고지리 우지진다(古時調).

우지직(무)(하자) ①보릿짚 따위가 불이 붙어 타 는 소리. ②장국물이나 기름 따위가 바짝 졸아 붙는 소리. ③좀 굵은 나뭇가지 따위를 단번 에 부러뜨릴 때 나는 소리. ④조개껍데기 따 위가 부서지는 소리. 〈잘〉오지직. **우지직-우지 직**(무)(하자)

우지직-거리다[-꺼-](자타) 자꾸 우지직우지직 하다. 우지직대다. 〈잘〉오지직거리다.

우지직-대다[-때-](자타) 우지직거리다.

우직(愚直)‘우직하다’의 어근.

우직-하다(愚直-)[-지카-](형여) 어리석고 고지 식하다. ¶우직하게 일하다.

우진마불경(牛嗔馬不耕)**명** 원진살의 한 가지. 궁합에서, 소띠는 말띠를 꺼린다는 말.

우질(牛疾)**명** ☞우역(牛疫).

우질-부질(무)(하형) 성질이나 행동이 곰살궂지 아 니하고 좀 뚝뚝하고 그악스러운 모양.

우집다[-따](타) 남을 업신여기다.

우:징(雨徵)**명** 비가 올 징조.

우:-짖다[-짇따](자) ①새가 울어 지저귀다. ¶ 참새들이 우짖다. ②울부짖다.

우쩍(무) 갑자기 많이 나아가거나, 또는 갑자기 늘거나 줄어드는 모양. 우쩍. **우쩍-우쩍**(무)

우쩍-우쩍[1](무)(하자)〈우적우적[1]〉의 센말. 〈잘〉와쩍 와쩍[1].

우쩍-우쩍[2](무)(하자)〈우적우적[2]〉의 센말. 〈잘〉와 쩍와쩍[2].

우쭉-우쭉(무)(하자) ①키가 갑자기 커지는 모양. ¶화분에 심은 난초가 우쭉우쭉 자란다. ②걸 음을 걸을 때 몸을 위아래로 흔드는 모양.

우쭐-거리다(자타) ①〈우줄거리다〉의 센말. 〈잘〉 쫄거리다. ②의기양양하여 자꾸 뽐내다. 우쭐 대다.

우쭐-대다(자타) 우쭐거리다.

우쭐-우쭐(무)(하자)〈우줄우줄〉의 센말. 〈잘〉오쭐 오쭐.

우쭐-하다(자타여)〈자기가 잘난 듯이 여겨져〉한 번 우쭐거리고 싶은 느낌이 들다. ¶나보다 덩 치 큰 학생을 씨름에서 이기니 우쭐했다.

우차(牛車)**명** 소가 끄는 수레. 소달구지.

우:-찬성(右贊成)**명** 조선 시대, 의정부(議政府) 의 종일품 벼슬.

우:-참찬(右參贊)**명** 조선 시대, 의정부(議政府) 의 정이품 벼슬.

우책(愚策)**명** 어리석은 술책이나 책략.

우처(愚妻)**명** 편지 글 등에서, 남에게 ‘자기의 아내’를 낮추어 이르는 말. 형처(荊妻).

우:천(雨天)**명** ①비가 내리는 날씨. ¶우천으로 경기가 연기되었다. ②비가 내리는 하늘.

우:천-순연(雨天順延)**명** 〔어떤 모임이나 행사 를 알릴 때〕미리 정한 날에 비가 오면 다음 날로 연기한다는 뜻으로 쓰는 말.

우:청(雨晴)**명** ☞청우(晴雨).

우체(郵遞)**명** ☞우편(郵便).

우체-국(郵遞局)**명** 지식 경제부에 딸리어 우편 업무와 전신·전보 및 우편환 등의 사무를 맡아 보는 기관.

우체-부(郵遞夫)**명** ‘우편집배원’을 이전에 이 르던 말.

우체-통(郵遞筒)**명** 거리의 일정한 곳에 설치하 여, 부칠 편지를 넣는 통.

우:충(羽蟲)**명** ☞우족(羽族).

우충(愚衷)**명** ‘자기의 정성스러운 마음’을 겸손 하게 이르는 말.

우:측(右側)**명** 오른쪽. 바른쪽. ¶우측 차선. ↔좌측(左側).

우:측-통행(右側通行)**명** 도로 따위를 다닐 때 에 오른쪽으로 다님, 또는 그렇게 다니게 되어 있는 규칙.

우치(疣痔)**명** 피가 나오는 치질. 혈치(血痔).

우치(愚痴)**명** ①(하형)어리석고 못남. ②불교에서 이르는 삼독(三毒)의 하나. 사상(事象)에 의혹 되어 진리를 분별하지 못하는 일.

우치(龋齒)**명** ☞충치(蟲齒).

우케(명)〈옛〉찧기 위하여 말리는 벼. ¶우케는 하앴 브로매 노겻다(杜初7:16). /우케爲未舂稻(訓解).

우쿨렐레(ukulele)**명** 기타와 비슷한 넉 줄의 현 악기. 〔본래는 하와이 원주민이 사용했음.〕

우:택(雨澤)**명** 비의 은택. 패택(沛澤).

우통-하다(형여) 재빠르지 못하다. 굼뜨다. ¶사 람이 너무 우통해서 큰일을 맡길 수가 없다.

우툴-두툴(무) 물건의 거죽이 고르지 못하여 이리저리 굵게 부풀어 오른 모양. 우둘투둘. ¶우툴두툴한 자갈길. 〈잘〉오툴도툴.

우:파(右派)**명** ①어떤 단체나 정파(政派) 따위 의 안에서, 온건주의적인 경향을 띤 파. ②〈➡〉 우익(右翼). ↔좌파(左派).

우파니샤드(Upanisad 범)**명** 바라문교의 철학 사상을 나타내는 성전(聖典). 고대 인도의 철 학서로서 성전 베다의 마지막 부분을 형성함. 우바니사토.

우:-편(右便)**명** 오른쪽. ¶단상의 우편에 앉다. ↔좌편(左便).

우편(郵便)**명** 공중(公衆)의 의뢰로 편지나 기타 의 물품을 전국 또는 전 세계에 보내 주는 제 도. 우체(郵遞).

우편-낭(郵便囊)**명** ①우편물을 담아 우체국 사 이에 주고받는 자루. ②우편집배원이 우편물을 넣어 메고 다니는 주머니.

우편-물(郵便物)**명** 우체국을 통하여 부치는 편 지나 물품을 통틀어 이르는 말.

우편^번호(郵便番號)몡 우편물을 분류하는 작업의 능률 향상을 위해 지역별로 정해 놓은 고유 번호.

우편^사서함(郵便私書函)몡 우체국에 설치해 두고 가입자가 전용으로 이용하게 하는 우편물함. 준사서함.

우편-선(郵便船)몡 우편물을 전문으로 나르는 배. 준우선.

우편-엽서(郵便葉書) [-녑써]몡 지식 경제부가 일정한 규격의 용지에다 우편 요금의 증표를 인쇄하여 발행하는 엽서. 준엽서.

우편^요:금(郵便料金) [-뇨-]몡 우편물의 발송인이나 수취인이 내는 수수료. [흔히, 수수료를 낸 표시로 우표를 우편물에 붙임.] 준우료금.

우편^저:금(郵便貯金)몡 우체국에서 맡아 하는 저금.

우편-집배원(郵便集配員) [-삐-]몡 우체통에서 우편물을 모아 들이고, 부쳐 온 우편물을 받을 사람에게 배달하는 우체국 직원. 준집배원.

우편-함(郵便函)몡 벽이나 대문 같은 데 걸어 두고 우편물을 넣게 한 작은 상자.

우편-환(郵便換)몡 우체국에서 발행하는 환증서로 송금하는 방식. [통상환·소액환·전신환 등이 있음.]

우:-포도청(右捕盜廳)몡 조선 시대, 포도청의 우청(右廳). ↔좌포도청.

우표(郵票)몡 우편물에 붙여 수수료를 낸 증표로 삼는, 정부 발행의 종이 딱지. 본우표딱지.

우표-딱지(郵票-) [-찌]〈우표〉의 본딧말.

우표-첩(郵票帖)몡 ①여러 가지 우표를 모아 사진첩처럼 꾸미어 맨 것. ②우표를 모아 보관할 수 있게 책처럼 매어 놓은 것.

우피(牛皮)몡 쇠가죽.

우:-필성(右弼星)몡 구성(九星) 가운데 아홉째 별.

우-하다(愚-)혱여 어리석다.

우:합(右閤)몡 '우의정(右議政)'을 달리 이르던 말.

우:합(偶合)몡하자되자 우연히 맞음. 우연히 합치함.

우:향-우(右向右) Ⅰ몡 바로 서 있는 상태에서 몸을 오른쪽으로 90도 틀어 돌아서는 동작. Ⅱ캄 '우향우' 하라는 구령.

우:현(右舷)몡 (배의 뒤쪽에서 뱃머리 쪽으로 보아) 오른쪽 뱃전. ↔좌현(左舷).

우:협(右挾)몡 〈우협무〉의 준말.

우:-협무(右挾舞) [-혐-]몡 춤출 때, 주연자(主演者)의 오른쪽에서 춤추는 사람. 준우협. ↔좌협무.

우형(愚兄) Ⅰ몡 말하는 이가 '자기 형'을 낮추어 이르는 말. Ⅱ団 [편지 글 등에 쓰이어] 아우뻘 되는 사람에게 '자기'를 겸손하게 일컫는 말.

우:호(友好)몡 서로 친함. 사이가 좋음. ¶우호 관계를 계속 유지하다.

우호(優弧)몡 수학에서, 원주 위에 임의의 두 점을 잡아 원주를 둘로 나누었을 때의 큰 쪽의 호. ↔열호(劣弧).

우:호-적(友好的)관몡 사이 좋은 (것). ¶우호적 감정을 가지다. /회담이 우호적인 분위기 속에서 진행되다.

우:호^조약(友好條約)몡 나라와 나라 사이에 우의적 관계를 유지하기 위하여 맺는 조약.

우:화(羽化)몡하자 ①번데기가 날개 있는 성충으로 변하는 일. ②〈우화등선〉의 준말.

우:화(雨靴)몡 비 올 때 신는 신.

우:화(寓話)몡 교훈적·풍자적인 내용을 동식물 등에 빗대어 엮은 이야기.

우:화등선(羽化登仙)[-짜]몡하자 도교(道敎) 사상에서, '사람이 신선이 되어 하늘로 올라감'을 이르는 말. ['진서'의 '허매전(許邁傳)'에 나오는 말임.] 준우화.

우:화-법(寓話法) [-뻡] ⇨풍유법.

우:화^소:설(寓話小說)몡 교훈적·풍자적인 내용을 우화의 수법으로 엮은 소설.

우:화-시(寓話詩)몡 동식물을 의인화하여 교훈이나 풍자를 곁들여 쓴 시.

우:화-집(寓話集)몡 우화를 모아 엮은 책.

우환(憂患)몡 집안에 병자가 있거나 복잡한 일이 생기거나 하여 겪는 근심.

우환-에団 그렇게 언짢은 위에 또.

우환질고(憂患疾苦)몡 '근심과 걱정과 질병과 고생'을 아울러 이르는 말.

우활(迂闊) '우활하다'의 어근.

우-활꼴(優-)몡 [수학] 큰 활꼴. 웹활꼴.

우활-하다(迂闊-)혱여 '오활(迂闊)하다'의 본딧말.

우황(牛黃)몡 소의 쓸개에 병적으로 생겨 뭉친 물건. 강장제 또는 경간(驚癇)의 약재로 쓰임.

우:황(又況)団 하물며.

우회(迂廻·迂回) [-회/-훼]몡하자타 멀리 돌아서 감. 일정 지역을 우회하여 통과하다.

우회 도:로(迂廻道路) [-회/-훼-] 시가지나 주요 도로의 교통 혼잡을 덜기 위하여 에둘러 가게 만든 보조 도로.

우회^생산(迂廻生産) [-회/-훼-]몡 (생산 능률을 향상시키기 위하여) 기계나 설비 따위 생산 수단을 먼저 만든 다음, 그것을 이용하여 소비재를 생산하는 방식.

우:-회전(右回轉·右廻轉) [-회/-훼-]몡하자타 오른쪽으로 돎. ¶우회전 신호. ↔좌회전.

우:후(雨後)몡 비가 온 뒤.

우:후죽순(雨後竹筍) [-쑨]몡 [비 온 뒤에 솟는 죽순같이] '어떤 일이 한때에 많이 일어남'을 비유하여 이르는 말.

우휼(優恤)몡하타 두텁게 은혜를 베풀어 도움.

우흡(優洽)몡혱자 인덕(仁德)이 널리 미침.

욱-기(-氣) [-끼]몡 욱하는 성질. 사납고 괄괄한 성질. ¶욱기가 대단한 사람.

욱다[-따] Ⅰ저 기운이 줄어들다. Ⅱ団 끝 부분이 안으로 구부러져 있다. 캄옥다.

욱-대기다 [-때-]타 ①난폭하게 위협하다. ②우락부락하게 우겨 대다. ③억지를 부려 제 마음대로 해내다.

욱-둥이 [-뚱-]몡 욱기가 있는 사람.

욱시글-거리다 [-씨-]자 자꾸 욱시글욱시글하다. 욱시글대다. 캄옥시글거리다.

욱시글-대다 [-씨-]자 욱시글거리다.

욱시글-득시글 [-씨-씨-]団하자 몹시 들끓는 모양. ¶거리에 거지들이 욱시글득시글하다. 캄옥실득시글.

욱시글-욱시글 [-씨-씨-]団하자 여럿이 한데 모여 몹시 우글거리는 모양. 캄옥실옥실. 큰욱시글옥시글.

욱신-거리다 [-씬-]자 자꾸 욱신욱신하다. 욱신대다. ¶머리가 욱신거리다. 캄옥신거리다.

욱신-대다 [-씬-]자 욱신거리다.

욱신-덕신 [-씬-썬]団하자 뒤끓는 모양.

욱신-욱신 [-씬눅씬]団하자 ①(사람이나 동물이) 한데 몰려 몹시 북적거리는 모양. ②몸의 탈이 난 데나 상처가 자꾸 쑤시듯이 아픈 모양. ⑳옥신옥신.

욱실-거리다[-씰-]ᄌ 〈욱시글거리다〉의 준말. 욱실대다. ⑳욱실거리다.

욱실-대다[-씰-]ᄌ 욱실거리다.

욱실-득실[-씰-씰]ᄇᄒᄌ 〈욱시글득시글〉의 준말.

욱실-욱실[-씰-씨룩씰]ᄇᄒᄌ 〈욱시글욱시글〉의 준말. ⑳옥실옥실.

욱여-들다[~드니·~들어]ᄌ 주변에서 한가운데로 모여들다.

욱여-싸다ᄐ ①한가운데로 모아들여서 싸다. ②가장자리를 욱여 속에 있는 것을 싸다.

욱욱(郁郁) '욱욱(郁郁)하다'의 어근.

욱욱(昱昱) '욱욱(昱昱)하다'의 어근.

욱욱(煜煜) '욱욱(煜煜)하다'의 어근.

욱욱-하다(郁郁-)[우구카-]ᄒᄋ ①문채가 찬란하다. 문물이 번성하다. ②향기가 가득하다.

욱욱-하다(昱昱-)[우구카-]ᄒᄋ (해가) 눈부시게 밝다.

욱욱-하다(煜煜-)[우구카-]ᄒᄋ 빛나서 환하다.

욱-이다ᄐ 〖'욱다'의 사동〗 안쪽으로 욱게 하다. ⑳옥이다.

욱일(旭日)ᄆ 아침 해.

욱일-승천(旭日昇天)ᄆᄒᄌ 아침 해가 하늘에 떠오름, 또는 그런 세력. ¶욱일승천의 기세. / 우리나라의 국력이 욱일승천한다.

욱적-거리다[-쩍꺼-]ᄌ 자꾸 욱적욱적하다. 욱적대다. ¶증권 시세가 상승의 기미를 보이자 거래소 안팎은 거래인들로 욱적거렸다. ⑳옥작거리다.

욱적-대다[-쩍때-]ᄌ 욱적거리다.

욱적-욱적[-쩌국쩍]ᄇᄒᄌ (사람이나 동물이) 여럿이 한데 몰려 북적거리는 모양. ¶욱적욱적하던 시장이 오늘은 매우 한가하다. ⑳옥작옥작.

욱-죄다[-쬐-/-쮀-]ᄐ (몸의 어느 부분을) 욱이어 바짝 죄다. ⑳옥죄다.

욱죄-이다[-쬐-/-쮀-]ᄌ 〖'욱죄다'의 피동〗 욱죔을 당하다. ⑳옥죄이다.

욱-지르다[-찌-]〔~지르니·~질러〕ᄐᄌ 욱대겨 기를 꺾어 버리다.

욱질리다[-찔-]ᄌ 〖'욱지르다'의 피동〗 욱지름을 당하다. ¶욱질려서 변변히 말도 못하고 나왔다.

욱케ᄆ(옛) 쬘기 위하여 말리는 벼. ¶노래 욱케 논 밤마다 이받놋다(杜初13:15).

욱-하다[우카-]ᄌᄋ 앞뒤를 헤아리지 않고 말이나 행동을 함부로 하다. ¶그의 욱하는 성미가 늘 일을 그르쳐 놓는다.

운:ᄆ 어떤 일을 여럿이 어울려 한창 하는 바람. ⑳운김.

운:(運)ᄆ 〈운수(運數)〉의 준말. ¶운이 좋았다. /운에 맡기다.

운:(韻)ᄆ ①〈운자(韻字)〉의 준말. ②〈운향(韻響)〉의 준말.

운(을) 달닽ᄋ ①운(韻)을 달아서 시문(詩文)을 짓다. ②〔강조나 긍정의 뜻으로〕 말의 뒤끝에 덧붙여 말을 하다.

운(을) 떼닽ᄋ 이야기의 첫머리를 말하기 시작하다.

운(을) 밟닽ᄋ ①남이 지은 한시에 화답하거나 운을 따라 한시를 짓다. ②남의 행동을 따라 하거나 본받아 비슷하게 하다.

운각(雲刻)ᄆ 기구(器具) 따위의 가장자리에 새긴 구름 모양의 새김.

운:각(韻脚)ᄆ 시나 부(賦)의 끝 구(句)에 붙이는 운자(韻字).

운객(雲客)ᄆ 〔구름 속의 사람이라는 뜻으로〕 '신선이나 은자(隱者)'를 이르는 말.

운검(雲劍)ᄆ 지난날, 의장(儀仗)에 쓰이던 큰 칼. 검(劍).

운경(雲鏡)ᄆ 거울로 구름의 방향과 속도를 재는 기구. 운속계(雲速計).

운:고(韻考)ᄆ 한자의 운자(韻字)를 분류해 놓은 책. 운책(韻冊).

운:-구(運柩)ᄆᄒᄐ 시체를 넣은 관을 운반함. ¶운구 행렬이 길게 이어지다.

운:구-차(運柩車)ᄆ 시체를 넣은 관을 무덤까지 운반하는 차.

운궁-법(運弓法)[-뻡]ᄆ 바이올린 따위의 현악기에서 활을 쓰는 법.

운권-천청(雲捲天晴)ᄆᄒᄌ ①구름이 걷히고 하늘이 맑게 갬. ②'병이나 근심 따위가 말끔히 사라짐'을 비유하여 이르는 말.

운기(雲氣)ᄆ ①기상 조건에 따라 구름이 움직이는 모양. ②공중으로 떠오르는 기운.

운:기(運氣)ᄆ ①돌림으로 돌아다니는 열병. ②☞운수(運數).

운:-김[-낌]ᄆ ①여러 사람이 함께 일할 때 우러나는 힘. ¶운김에 끝까지 해치우다. ②사람들이 있는 곳의 따뜻한 기운.

운니지차(雲泥之差)ᄆ 〔구름과 진흙의 차이라는 뜻으로〕 매우 큰 차이. 천양지차.

운:-달다[~다니·~달아]ᄌᄋ 운김에 이끌리다. 운김에 따라서 하다. ¶여럿이 함께 먹으니 운달아서 밥맛이 더 좋다.

운당(雲堂)ᄆ ①불교에서, '구름집'을 이르는 말. ②도사(道士)의 방.

운:동(運動)ᄆᄒᄌ ①물체가 시간의 경과에 따라 위치를 바꾸는 일. ¶시계추의 왕복 운동. ②몸을 단련하거나 건강을 보존하기 위하여 몸을 움직이는 일. ¶운동 시설. ③어떤 목적을 달성하기 위하여 여러 방면에 적극적으로 활동하는 일. ¶여권 운동. /학생 운동.

운:동-가(運動家)ᄆ ①운동을 좋아하고 잘하는 사람. ②사회적 또는 정치적인 개혁이나 개선을 위하여 비영리적이면서 적극적으로 활동하는 사람. ¶운동가 출신의 국회의원.

운:동^감:각(運動感覺)ᄆ 신체 각 부분의 운동에 대한 감각. 근육 조직이나 관절·건(腱)에 있는 특수한 감수기(感受器)를 자극시킴으로써 일어남.

운:동-구(運動具)ᄆ 운동하는 데 쓰이는 여러 가지 기구.

운:동-권(運動圈)[-꿘]ᄆ 노동 운동·학생 운동·인권 운동 따위와 같은 사회 변혁이나 개혁 활동에 적극적으로 참여하는 사람들의 무리.

운:동^기관(運動器官)ᄆ 동물이 운동할 때 쓰는 기관. 〔고등 동물의 근육·골격, 하등 동물의 섬모(纖毛)·편모(鞭毛)·위족(僞足) 따위.〕

운:동-량(運動量)[-냥]ᄆ ①운동하는 데 들인 힘의 양. ②운동하는 물체의 속도와 질량과의 곱으로 나타내는 벡터량.

운:동^마찰(運動摩擦)ᄆ 물체가 다른 물체의 표면에 닿아서 움직일 때 접촉면으로부터 받는 저항. 〔미끄럼마찰과 구름마찰로 구분함.〕 ↔정지 마찰(靜止摩擦).

운:동-모(運動帽)ᄆ ☞운동모자.

운:동-모자(運動帽子)ᄆ 운동 경기 등에서 쓰는 모자. 운동모.

운:동-복 (運動服)圀 ☞체육복.

운:동-비 (運動費)圀 ①운동을 하는 데 드는 비용. ②어떤 목적을 이루기 위하여 활동하는 데 드는 비용. ¶선거 운동비.

운:동-선수 (運動選手)圀 어떤 운동 경기에 뛰어난 재주가 있거나 운동을 전문적으로 하는 사람.

운:동^신경 (運動神經)圀 뇌나 척수 따위 중추에서 근육 같은 말초에 자극을 전달하여 운동을 일으키는 신경을 통틀어 이르는 말.

운:동^실조 (運動失調) [-쪼]圀 의학에서, 근육은 모두 건전한데도 각 근육 간의 조화 장애로 말미암아 일정한 운동을 잘할 수 없는 병증, 또는 그러한 상태. 〔말초 신경염이나 척수 질환으로 비롯됨.〕

운:동-에너지 (運動energy)圀 물리에서, 운동하고 있는 물체가 갖는 에너지. 〔물체의 질량을 m, 속도를 v라 할 때 물체의 운동 에너지는 $1/2\ mv^2$으로 나타냄.〕

운:동-원 (運動員)圀 어떤 목적을 위해 적극적으로 참여하여 활동하는 행동원. ¶선거 운동원.

운:동잔상 (運動殘像)圀 심리학에서, 움직이는 대상을 바라본 뒤에 정지한 대상을 보면 이것이 앞서 본 운동 방향과 반대 방향으로 움직이는 것처럼 보이는 현상.

운:동-장 (運動場)圀 주로, 체육이나 운동 경기를 하기 위해 마련한 큰 마당.

운:동-중추 (運動中樞)圀 고등 척추동물의 대뇌피질(大腦皮質) 가운데 맘대로근인 골격근의 수축을 지배하는 부분, 곧 근육 운동을 주재하는 신경 중추.

운:동-학 (運動學)圀 물체의 운동에서 나타나는 기하학적 성질을 연구하는 학문.

운:동-화 (運動靴)圀 운동할 때 신는 신.

운:동-회 (運動會) [-회/-훼]圀 여러 사람이 모여 운동 경기나 놀이 따위를 하는 모임.

운두圀 그릇이나 신 따위의 둘레의 높이.

운량 (雲量)[-냥]圀 구름이 하늘을 덮은 비율. 구름이 전혀 없을 때를 0으로 하고 하늘에 가득할 때를 10으로 하여 눈대중으로 관측한 값.

량:-량(運)[울-]圀 양식을 나름.

운:량 (運糧)圀하짜 양식을 나름.

운:명 (運命)圀 인간을 포함한 모든 것을 지배하는 필연적이고 초월적인 힘, 또는 그 힘으로 말미암아 생기는 길흉화복. 타고난 운수나 수명. 기수(氣數). 명운(命運). ¶운명의 여신. ㉭명(命).

운:명 (殞命)圀하짜 사람의 목숨이 끊어짐, 곧 죽음. ¶막 운명하셨습니다.

운:명-극 (運命劇)圀 개인의 의지와 운명과의 싸움이나 운명의 지배를 받게 되는 이야기를 제재로 한 희곡이나 연극. 圀운명 비극.

운:명-론 (運命論)[-논]圀 모든 자연현상이나 인간사는 이미 정해진 운명이기 때문에 변경시킬 수 없다고 믿는 이론. 숙명론.

운:명^비극 (運命悲劇)圀 모든 인간사의 원인을 숙명적인 관점에서 보고 묘사하는 희곡. 〔주로, 그리스 비극을 가리킴.〕 圀운명극.

운:명-신 (運命神)圀 ①사람의 운명을 좌우한다는 신. ②운명을 신격화하여 이르는 말.

운:명-적 (運命的)圀 운명으로 정하여진 (것). ¶운명적 이별. /운명적인 만남.

운모 (雲母)圀 조암 광물의 한 가지. 널빤지나 비늘 모양의 규산(硅酸) 광물. 화강암·화성암 등에 많이 들어 있으며 엷은 판으로 갈라지는 성질이 있음. 백운모·흑운모 등이 있는데, 전기 절연체 등으로 널리 쓰임. 돌비늘.

운모-고 (雲母膏)圀 한방에서, 운모를 고아서 만든 고약. 음이나 독창(毒瘡)에 발라 바름.

운모-병 (雲母屛)圀 운모로 만든 병풍.

운모-지 (雲母紙)圀 운모의 가루를 바른 종이.

운모^편암 (雲母片岩)圀 운모·석영 등을 주성분으로 하는 결정 편암.

운:목 (韻目)圀 한시(漢詩)의 끝 구(句)가 두 자 또는 석 자의 운으로 된 글자.

운무 (雲霧)圀 ①구름과 안개. ②'아주 의심스러운 일'을 비유하여 이르는 말.

운문 (雲紋)圀 구름 모양의 무늬. 구름문.

운:문 (韻文)圀 ①〔한시나 부(賦) 따위와 같이〕 운자를 갖춘 글. ②〔산문에 상대하여〕 운율을 가진 글을 이르는 말. 율문(律文). ↔산문(散文).

운:문-체 (韻文體)圀 글의 유무에 따라 나눈 문체의 한 가지. 곧, 향가나 속요·가사와 같이 외형적인 자수율(字數律)을 가진 문체. 圀산문체(散文體).

운:반 (運搬)圀하짜되짜 물건을 옮겨 나르는 일. ¶건축 자재를 운반하다.

운:반-비 (運搬費)圀 운반하는 데 드는 비용.

운:반^작용 (運搬作用)圀 물이나 바람이 흙이나 모래를 딴 곳으로 나르는 작용.

운발 (雲髮)圀 여자의 탐스러운 머리 모양을 구름에 비유하여 이르는 말.

운봉 (雲峯)圀 ①산봉우리처럼 뭉게뭉게 피어오른 구름. ②구름이 떠도는 산봉우리.

운:봉 (運逢)圀하짜 좋은 운수를 만남.

운:부 (韻府)圀 운목(韻目)을 모아 놓은 책.

운-불삽 (雲黻翣)[-쌉]圀 운삽과 불삽을 아울러 이르는 말.

운빈 (雲鬢)圀 여자의 탐스러운 귀밑머리를 구름에 비유하여 이르는 말.

운빈-화용 (雲鬢花容)圀 아름다운 여자의 모습, 또는 아름다운 여자를 이르는 말.

운사 (雲師)圀 구름을 다스린다는 신(神). 圀우사(雨師)/풍백(風伯).

운:-사 (韻士)圀 ☞운인(韻人).

운산 (雲山)圀 구름이 낀 높고 아득한 산.

운:산 (運算)圀하짜 ☞연산(演算). 圀셈.

운산-무소 (雲散霧消)圀하짜 〔구름이 흩어지고 안개가 사라진다는 뜻으로〕 '근심 걱정이 말끔히 없어짐'을 비유하여 이르는 말.

운:산-증 (運算症)[-쯩]圀 보이는 것을 모두 숫자로 환산하거나 특수한 수만을 생각하거나, 특수한 수에 대하여 공포를 느끼거나 하는 정신병.

운삽 (雲翣)圀 발인할 때, 상여 앞뒤에 세우거나 드는, 구름무늬를 그린 부채 모양의 널빤지.

운상-기품 (雲上氣稟)圀 속됨을 벗어난 고상한 기품, 곧 왕족의 기품.

운색 (暈色)圀 ☞훈색(暈色).

운:서 (韻書)圀 한자의 사성(四聲)을 운에 따라 분류·배열한 책. 운책(韻冊).

운:석 (隕石)圀 우주진(宇宙塵)이 떨어질 때, 지구의 대기 중에서 다 타지 않고 땅 위에 떨어진 것. 별똥돌.

운:선 (運船)圀하짜 배를 띄워 나아감.

운:성 (隕星)圀 ☞유성(流星).

운:세 (運勢)圀 사람이 타고난 운명이나 운수. ¶운세가 사납다.

운소 (雲霄)圀 ①구름이 낀 하늘. ②'높은 지위'를 비유하여 이르는 말.

운속-계 (運速計)[-꼐/-꼐]圀 ☞운경(運鏡).

운손 (雲孫)圀 〔구름과 같이 멀어진 자손이라는 뜻으로〕 '잉손(仍孫)의 아들'을 이르는 말.

운ː송(運送)명하타되자 사람을 태워 보내거나 물건을 운반하여 보냄. ¶ 여객 운송. /우편물을 항공 편으로 운송하다.

운ː송-료(運送料)[-뇨]명 운송하는 삯. 운송비(運送費). 운임(運賃).

운ː송^보ː험(運送保險)명 운송에 관한 사고로 말미암아, 운송되는 화물에 생기는 손해를 보상하기 위한 손해 보험.

운ː송-비(運送費)명 ①☞운송료. ②운송하는 데 드는 비용.

운ː송-선(運送船)명 여객이나 화물을 실어 나르는 배.

운ː송-업(運送業)명 일정한 운임을 받고 여객이나 화물을 실어 나르는 업.

운ː송-장(運送狀)[-짱]명 ①운송인이 화물을 받을 사람에게 보내는 통지서. ②짐 임자가 운송인의 청구에 따라 법정 사항을 기재하여 주는 증서. 송장.

운ː송^증권(運送證券)[-꿘]명 운송 계약에 따라 운송품의 인도 청구권을 나타내는 유가 증권. [화물 인환증과 선화(船貨) 증권이 포함됨.]

운수(雲水)명 ①구름과 물.〈운구승(雲水僧)의 준말.

운ː수(運數)명 인간의 힘을 초월한 천운(天運)과 기수(氣數). 명분(命分). 성수(星數). 신운(身運). 운기(運氣). ¶ 운수가 사납다. /운수가 대통하다. ⑥수(數)·운(運).

운ː수(運輸)명 여객이나 화물을 실어 나르는 일. 〔운반·운송업보다 규모가 큼.〕수운(輸運).

운ː수-불길(運數不吉)명하형 운수가 좋지 않음. 운수가 사나움.

운ː수-소관(運數所關)명 모든 일이 운수에 달려 있어 사람의 힘으로는 어찌할 수 없다는 말.

운수-승(雲水僧)명 '탁발승(托鉢僧)'을 멋스럽게 이르는 말. ⑥운수.

운ː수-업(運輸業)명 여객이나 화물을 실어 나르는, 비교적 규모가 큰 영업.

운수지회(雲樹之懷)[-회/-훼]명 벗을 그리는 마음.

운ː수^회ː사(運輸會社)[-회-/-훼-]명 운수업을 하는 회사.

운ː신(運身)명하자 ①몸을 움직임. ¶ 다리를 다쳐서 운신을 못한다. ②(사회적으로) 어떤 일이나 행동을 자유롭게 함. ¶ 운신의 폭이 좁다.

운애(雲靉)명 구름이나 안개가 끼어 흐릿하게 된 기운. ¶ 운애가 자욱하다.

운ː역(運役)명하자 운반하는 일.

운연(雲煙)명 ①구름과 연기, 또는 구름과 안개. ②그림이나 글씨에서 운치 있는 필적을 형용하여 이르는 말.

운연-과안(雲煙過眼)명하자 〔구름이나 안개가 눈앞을 지나간다는 뜻으로〕'한때의 즐거운 일이나 어떤 사물에 마음을 깊이 두지 않음'을 비유하여 이르는 말.

운영(雲影)명 구름의 그림자.

운영(暈影)명 '훈영(暈影)'의 잘못.

운ː영(運營)명하타되자 (어떤 일이나 조직 따위를) 운용하여 경영함. ¶ 독서회 운영 방안. /백화점을 운영하다.

운ː영^체제(運營體制)명 컴퓨터의 운용 능률을 높이거나 조작을 쉽게 하기 위하여 준비된 소프트웨어를 통틀어 이르는 말. 오에스(OS). 오퍼레이팅시스템.

운예(雲霓)명 〔구름과 무지개라는 뜻으로〕'비가 내릴 징조'를 이르는 말.

운예(雲翳)명 햇빛을 가린 구름의 그늘.

운ː용(運用)명하타되자 (돈이나 물건·제도 따위의) 기능을 부리어 씀. ¶ 운용의 묘(妙)를 살리다. /자금을 잘 운용하다.

운우(雲雨)명 ①구름과 비. ②'남녀 간의 육체적인 어울림'을 비유하여 이르는 말.

운우지락(雲雨之樂)명 남녀가 육체적으로 어울리는 즐거움. 〔중국 초나라 혜왕(惠王)이 운몽(雲夢)에 있는 고당에 갔을 때에 꿈속에서 무산(巫山)의 신녀(神女)를 만나 즐겼다는 고사에서 유래함.〕

운우지정(雲雨之情)명 남녀 간에 육체적으로 나누는 정(情).

운운(云云)명 ①글이나 말을 인용하거나 중도에서 끊어 생략할 때, '이러이러함'의 뜻으로 쓰는 말. ¶ 자유, 평화 운운. ②하자타이러쿵저러쿵 말함, 또는 그렇게 하는 여러 가지 말. ¶ 과거지사는 더 이상 운운하지 말자.

운월(雲月)명 구름에 가려진 달.

운위(云謂)명하타되자 일러 말함.

운유(雲遊)명하자 뜬구름처럼 여기저기 돌아다니며 놂.

운ː율(韻律)명 시문(詩文)의 음성적 형식. 〔외형률과 내재율이 있음.〕리듬.

운ː의(運意)[우늬/우니]명하자 이리저리 여러모로 생각함.

운ː인(韻人)명 운치가 있는 사람. 운사(韻士).

운ː임(運賃)명 운반이나 운송·운수한 보수로 받거나 무는 삯. 운송료(運送料). 짐삯. ¶ 철도 운임. /운임을 받다.

운ː임-표(運賃表)명 여객이나 화물의 운임을 거리·무게별로 적은 표.

운잉(雲仍)명 〔운손(雲孫)과 잉손(仍孫)이라는 뜻으로〕 대수(代數)가 먼 자손을 이르는 말.

운ː자(韻字)[-짜]명 한시(漢詩)의 운각(韻脚)에 쓰는 글자. ⑥운(韻).

운작(雲雀)명☞종다리.

운잔(雲棧)명 〔구름에 닿을 정도로 높은 사다리라는 뜻으로〕 높은 산의 벼랑 같은 가파른 곳을 건너다니도록 만든 통로.

운ː재(運材)명하타되자 재목을 운반함.

운ː적-토(運積土)명 풍화로 생긴 토양, 또는 침식으로 생긴 암석의 잔해가 중력이나 물·빙하·바람 따위로 운반되어 다른 곳에 퇴적함으로써 이루어진 토양. 이적토(移積土). ↔잔적토(原積土).

운전(雲箋)명 상대편을 높이어 그의 편지를 이르는 말. 귀함(貴函). 운한(雲翰).

운ː전(運轉)명하타되자 ①(기계나 자동차 따위를) 움직여 부림. ②(자금 따위를) 돌라대어 활용함.

운ː전-기사(運轉技士)명 '운전사'를 대접하여 이르는 말.

운ː전-대(運轉-)[-때]명 운전을 하는 손잡이. ¶ 운전대를 잡다.

운ː전-면허(運轉免許)명 도로에서 자동차나 오토바이 따위를 운전할 수 있는 자격.

운ː전-사(運轉士)명 자동차나 기차·선박·기계 따위를 운전하는 사람.

운ː전-수(運轉手)명 '운전사(運轉士)'·'운전기사'로 순화.

운ː전^자금(運轉資金)명 기업의 경상적(經常的) 활동에 필요한 자금, 곧 원자재나 상품의 구입, 인건비 등의 경비로 쓰이는 자금. 회전자금.

운:전^자본(運轉資本)명 기업 자본 가운데, 일상적인 기업 운영에 투입되는 자본.

운제(雲梯)명 ①높은 사닥다리. ②지난날, 성(城)을 공격할 때 썼던 높은 사닥다리.

운조(運漕)명[하타] 배로 짐을 운반함.

운조-술(運操術)명 배를 부리는 기술.

운:주(運籌)명[하자] 주판을 놓듯이 이리저리 꾀를 냄.

운:지-법(運指法)[-뻡]명 악기를 연주할 때 손가락을 사용하는 방법.

운진(運盡)명[하자] 운수가 다함.

운집(雲集)명[하자][되자] (구름처럼 모인다는 뜻으로) 사람이 많이 모임. ¶군중이 운집하여 인산인해를 이루었다.

운집-종(雲集鐘)[-쫑]명 절에서, 사람을 모으려고 치는 종.

운:책(韻冊)명 ☞운서(韻書).

운:철(隕鐵)명 주성분이 철로 된 운석(隕石).

운:치(韻致)명 고아(高雅)한 품격을 갖춘 멋. 풍치. ¶운치가 있는 정원.

운:통(韻統)명 운서(韻書)에 있는 운자(韻字)의 계통.

운판(雲版)명 절에서, 식사 시간 등을 알리기 위하여 치는, 구름 모양을 새긴 금속판.

운편(芸編)명 '서책(書册)'을 아름답게 이르는 말. [지난날, 책에 좀이 쏠지 않도록 궁궁이 잎을 끼워 두었던 데서 유래함.]

운:필(運筆)명[하자] 글씨를 쓰거나 그림을 그리기 위하여 붓을 움직임. 용필(用筆).

운하(雲霞)명 구름과 노을.

운:하(運河)명 선박의 통행이나 농지의 관개·배수 또는 용수를 위하여 육지를 파서 만든 수로. ¶파나마 운하.

운:하(運荷)명[하자] 짐을 나름.

운:학(韻學)명 한자(漢字)의 음운을 연구하는 학문.

운한(雲翰)명 ☞운전(雲箋).

운:항(運航)명[하자][되자] (배나 항공기 등이) 정해진 항로를 운행함. ¶태풍으로 항공기 운항이 전면 중단되었다.

운해(雲海)명 ①(구름 바다라는 뜻으로) 매우 높은 곳에서 널리 깔린 구름을 내려다본 경치를 이르는 말. ②바다나 호수의 수면이 구름에 닿아 보이는 먼 곳.

운:행(運行)명[하자][되자] ①운전하여 다님. ¶시내버스 운행 노선. /정기 노선을 운행한다. ②천체가 궤도를 따라 운동함.

운:향(韻響)명 시(詩)의 신비로운 운치와 음조. ㉮운(韻).

운형-자(雲形-)명 ☞곡선자.

운혜(雲鞋)[-혜/-헤]명 지난날, 여자가 신던 마른신의 한 가지. 앞코에 구름무늬를 수놓았음.

운:화(運貨)명[하타] 화물을 운반함.

운환(雲鬟)명 예쁜 여자의 쪽 찐 머리를 구름에 비유하여 이르는 말.

운:휴(運休)명[하자타] 교통 기관이 정기적인 운행을 멈추고 쉼. ¶폭설로 버스가 운휴하다.

운겁다[형ㅂ](옛) 사납다. 성급하다. ¶운거울 한: 悍(訓蒙下26).

울¹명 ①(울타리)의 준말. ②(신울)의 준말. ③속이 비고 위가 트인 것의 가를 두른 부분. ¶울이 높은 물통.

울²명 (다른 개인이나 패에 대하여) 이편의 힘이 될 일가나 친척.

울이 세다[관용] 족속이 많고 번성하다. 떨거지가 많다.

울³대 ('나의'의 뜻을 나타내는) 〈우리³〉의 말. ¶울 엄마. /울 아버지.

울:(wool)명 ①양모(羊毛). 털실. ②짧은 양털로 짠 모직물의 한 가지.

울가망명[하형] 근심스럽거나 답답하여 마음이 편하지 않음, 또는 그런 상태.

울거미명 ①얽어맨 물건의 거죽에 댄 테나 끈. ②짚신이나 미투리 따위의 총을 꿰어 신갱이친, 기다랗게 둘린 끈.

울거미^문골(-門-)[-꼴]명 방문이나 장지 따위의 가를 두른 테두리. 참문얼굴.

울격-거리다(-꺼-)[타] 자꾸 울격울격하다. 울격대다. ㉮올각거리다.

울격-대다[-때-]타 울격거리다.

울격-울격[부] 입에 물 따위를 양껏 머금고 양볼의 근육을 자꾸 움직이는 모양, 또는 그럴 때 나는 소리. ㉮올각올각.

울겅-거리다[자타] 자꾸 울겅울겅하다. 울겅대다. ¶파리를 울겅거리기만 한다. ㉮올강거리다.

울겅-대다[자타] 울겅거리다.

울겅-불겅[부][자타] 울겅거리며 불겅거리는 모양. ㉮올강불강.

울겅-울겅[부] 입 안에 든 단단하고 탄력 있는 물건이 잘 씹히지 않고 이리저리 미끄러지는 모양. ㉮올강울강.

울결(鬱結)명[하자] 가슴이 답답하게 꽉 막힘.

울:고-불고[부][하자] 야단스레 울기도 하고 부르짖기도 하는 모양. ¶돌아가신 뒤에 아무리 울고불고해도 소용없는 짓이다.

울골-질[하자] 지긋지긋하게 으르며 마구 덤비는 짓.

울근-거리다[타] 자꾸 울근울근하다. 울근대다. ¶뭘 울근거리냐? 어디 한번 벨어 봐! ㉮올근거리다.

울근-대다[타] 울근거리다.

울근-불근[부] ①[자형]사이가 토라져서 잘 다투는 모양. ②[하타]울근거리며 불근거리는 모양. ¶울근불근 씹으며 말을 하다. ㉮올근불근.

울근-불근[부][하형] 무엇에 덮였거나 싸인 단단한 것이 드러나 보이는 모양. ¶갈빗대가 울근불근 드러나 보이는 여읜 몸. ㉮올근불근.

울근-울근[부][하자] 질기고 우둘우둘한 물건을 우물거리며 씹는 모양. ㉮올근울근.

울금(鬱金)명 ☞심황.

울금-색(鬱金色)명 ☞등색(橙色).

울금-향(鬱金香)명 ☞튤립.

울긋-불긋[-귿-][하형] 여러 가지 짙고 옅은 빛깔이 한데 야단스럽게 뒤섞여 있는 모양. ¶울긋불긋한 옷. /산에 울긋불긋하게 단풍이 들다. ㉮올긋볼긋.

울기(鬱氣)명 답답한 기분.

울꺽[부] ①[하자타]먹는 음식을 갑자기 토해 내는 소리, 또는 그 모양. ②새아기가 울컥 구역질을 하는 모양. ㉮올꺽. ③격한 감정이나 생각이 한꺼번에 치미는 모양. ¶그 말을 듣는 순간 울꺽 화가 치밀어 오르다. ㉮올꺽. 울-꺽-울-꺽[하자타] ¶아이가 차멀미를 참지 못하고 먹은 것을 울꺽울꺽 해놓았다.

울꺽-거리다[-꺼-][자타] 자꾸 울꺽울꺽하다. 울꺽대다. ㉮올각거리다.

울꺽-대다[-때-][자타] 울꺽거리다.

울:-남(-男)[-람]명 울기를 잘하는 사내아이. ↔울녀.

울:-녀(-女)[-려]圓 울기를 잘하는 계집아이. ↔울남.

울녘圓 '언저리'의 잘못.

울:다[우니·우어]재 ①(기쁘거나 슬프거나 아파서) 눈물을 흘리면서 소리를 내다. ¶어머니를 생각하며 울다. ②새나 짐승·벌레 따위가 소리를 내거나 부르짖다. ¶귀뚜라미가 울다. ③물체가 움직여 소리를 내다. ¶문풍지가 울다. ④종(鐘)이나 천둥 등이 소리를 내다. ¶종이 울면 즉시 모여라. ⑤귀에서 저절로 소리가 나다. ¶귀가 울다. ⑥(도배나 장판의 바른 면이나 바느질 자리 따위가) 반듯하지 못하고 우글쭈글하다. ¶장판이 울다. ⑦짐짓 어려운 체하다. ¶네가 운다고 누가 도와줄 줄 아니?

우는 가슴에 말뚝 박듯[속담] 그렇지 않아도 가슴이 아픈데 더욱 큰 상처를 입힌다는 뜻.

우는 아이 젖 준다[속담] 보채고 조르고 해야 얻기가 쉬움을 이르는 말. 울지 않는 아이 우물 젖 주랴.

울고 싶자 때린다[속담] 무슨 일을 하고 싶으나 마땅한 구실이 없어서 하지 못하고 있는데, 때마침 좋은 핑곗거리가 생겼음을 이르는 말.

울며 겨자 먹기[속담] 하기 싫은 일을 마지못해 함을 이르는 말.

울지 않는 아이 젖 주랴[속담] ☞우는 아이 젖 준다.

울담(鬱痰)[-땀]圓 한방에서, 목구멍이 마르고 기침이 나는 병을 이르는 말.

울-대¹[-때]圓 울타리의 양쪽이나 군데군데 세운 기둥 같은 대.

울:-대²[-때]圓 새의 발성 기관. 명관(鳴管).

울:-뼈[-때-]圓 ☞결후(結喉).

울도(鬱陶) '울도하다'의 어근.

울도-하다(鬱陶-)[-또-]匌어 ①궁금하고 답답하다. ②날씨가 무덥다.

울두(熨斗)[-뚜]圓 ☞다리미.

울뚝뿌하형 성미가 급하여 언행을 우악스럽게 하는 모양. 울뚝-울뚝뿌하형.

울뚝-불뚝[-뿔-]뿌하형 성질이 급하여 언행을 함부로 우악스럽게 하는 모양.

울-띠圓 울타리의 안팎에 가로 대고 새끼 따위로 얽어맨 띠 모양의 나무.

울렁-거리다재 자꾸 울렁울렁하다. 울렁대다. ¶가슴이 울렁거리다. ㉵올랑거리다.

울렁-대다재 울렁거리다.

울렁-울렁뿌하형 ①마음이 설레거나 하여 가슴이 자꾸 두근거리는 모양. ②물결이 자꾸 흔들리는 모양. ③먹은 것이 잘 소화되지 않고 자꾸 메슥메슥하여 토할 것 같은 상태. ㉵올랑올랑.

울렁-이다재 ①가슴이 설레며 뛰놀다. ②물결이 흔들리다. ③먹은 것이 토할 것같이 메슥거리다. ¶차를 오래 탔더니 속이 울렁인다. ㉵올랑이다.

울렁-출렁뿌하형 큰 그릇에 담긴 액체가 자꾸 흔들리면서 나는 소리, 또는 그 모양. ㉵올랑출랑.

울레-줄레뿌 여러 사람이 줄레줄레 뒤따르는 모양. ¶사람들이 울레줄레 따라다닌다.

울려-오다재 소리가 좀 떨어진 곳으로부터 들려오다. ¶메아리가 울려오다. /기관실에서 기계 소리가 울려왔다.

울:력하형 (여러 사람이) 힘을 합하여 일을 함, 또는 그 힘.

울:력-다짐[-따-]圓하형 여러 사람이 울력하는 기세. ¶울력다짐으로 일을 마치다.

울:력-성당(-成黨)[-썽-]圓하형 떼를 지어서 으로고 협박하는 일.

울룩-불룩[-뿔-]뿌하형 (물체의 거죽이) 고르지 않게 불룩불룩한 모양. ㉵올록볼록.

울릉-대다匌 힘이나 말로써 남을 위협하다.

울:리다재 ①큰 파위의 소리가 나거나 퍼지다. ¶전화벨 소리가 요란하게 울리다. ②소리가 반사되어 퍼지다, 또는 그 소리가 들리다. ¶메아리가 울리다.

울:-리다²匌 ①('울다'의 사동) 울게 하다. ¶잘 노는 아이를 공연히 울리다. ②마음에 감동을 일으키다. ¶마음(가슴)을 울리는 슬픈 사연. ③악기나 종 따위를 퉁기거나 두드려 소리 나게 하다. ¶북을 울리다. ④(명성이나 평판 따위가) 널리 알려지거나 퍼지다.

울림圓 ①소리가 무엇에 부딪쳐 되울려 오는 현상, 또는 그 소리. ②☞맥놀이.

울림-소리圓 소리 낼 때 목청을 울리어 내는 소리. 모든 모음과 비음(鼻音) 'ㄴ·ㅁ·ㅇ', 유음(流音) 'ㄹ'이 이에 딸림. 유성음(有聲音). 탁음. 흐린소리. ↔안울림소리.

울:^마:크(wool mark)圓 일정한 국제 품질 기준에 도달한 양모 제품에 붙여 주는, 국제 양모 사무국이 제정한 품질 표시 기호.

울먹-거리다[-꺼-]재 자꾸 울먹울먹하다. 울먹대다. ¶울먹거리는 꼬마를 달래다.

울먹-대다[-때-]재 울먹거리다.

울먹-울먹[-머-]뿌하형 울상이 되어 금방이라도 울 듯 울 듯 하는 모양.

울먹-이다재 울상이 되어 금방이라도 울 듯 울 듯 하다. ¶울먹이며 말하다.

울먹-줄먹[-쭐-]뿌하형 크고 두드러진 것들이 고르지 않게 많이 벌여 있는 모양. ㉵올막졸막.

울멍-줄멍뿌하형 크고 그만그만한 것이 고르지 않게 많이 있는 모양. ㉵올망졸망.

울:며-불며하형 소리 내어 야단스럽게 부르짖으며 우는 모양. ¶울며불며 애타게 용서를 빈다.

울묵-줄묵[-쭉-]뿌하형 크고 두드러진 것들이 고르지 않게 많이 벌여 있는 모양. ㉵올목졸목.

울뭉-줄뭉뿌하형 크고 그만그만한 것이 고르지 않게 많이 있는 모양. ¶산들이 울뭉줄뭉 줄기 산맥을 이루다. ㉵올몽졸몽.

울민(鬱悶) '울민하다'의 어근.

울민-하다(鬱悶-)匌어 마음이 답답하고 괴롭다.

울밀(鬱密) '울밀하다'의 어근.

울밀-하다(鬱密-)匌어 나무가 빽빽이 우거지다.

울-바자圓 울타리를 만드는 데 쓰이는 바자, 또는 바자로 만든 울타리.

울바자가 헐어지니 이웃집 개가 드나든다[속담] 자신에게 약점이 있으니까 남이 업신여긴다는 말.

울:-보圓 걸핏하면 잘 우는 아이. 우지².

울부짖다[-짇따]재 울며 부르짖다. 우짖다. ¶유가족들의 울부짖는 소리. *울부짖어·울부짖는[-진-].

울분(鬱憤)圓하형 분한 마음이 가슴에 가득함, 또는 그 마음. ¶울분을 터뜨리다. /울분을 참지 못하다.

울불(鬱怫) '울불하다'의 어근.

울불-하다(鬱怫-)匌어 성이 불끈 나도록 답답하다.

울-뽕圓 (집 둘레나 밭머리 중에) 울타리가 되게 심은 뽕나무, 또는 그 나무의 뽕.

울:-상(-相)[-쌍]圓 울 듯한 얼굴 모양. ¶울상을 짓다. /꾸중을 듣고 울상이 되다.

울-섶[-썹]圓 울타리를 만들어 세우는 데 쓰이는 섶나무. *울섶이[-써피]·울섶만[-썸-]

울쑥-불쑥[-뿔-]剾헝 (산봉우리 따위가) 여기저기 고르지 않게 높이 솟은 모양. 珚울쑥볼쑥.

울-안圓 울타리로 둘러싼 집의 안쪽.

울-어리圓 둘러싼 어리. ¶어리를 벗어나다.

울연(蔚然) '울연(蔚然)하다'의 어근.

울연(鬱然) '울연(鬱然)하다'의 어근.

울연-하다(蔚然-)혱헝 ①초목이 무성하게 우거져 있다. ②사물이 매우 홍성하다. 울연-히튀.

울연-하다(鬱然-)혱헝 ①마음이 답답하다. ②초목이 무성하다. 울연-히튀.

울울(鬱鬱) '울울하다'의 어근.

울울창창(鬱鬱蒼蒼) '울울창창하다'의 어근.

울울창창-하다(鬱鬱蒼蒼-)혱 (주로 큰 나무들이) 빽빽하게 들어차서 매우 무성하고 푸르다. 珚창창울울하다. ¶ 울울창창한 산. 珚울창하다.

울울-하다(鬱鬱-)혱 ①마음이 매우 답답하다. ¶ 울울한 심사. ②초목 따위가 매우 무성하다.

울-음圓 ①우는 소리나 동작. ¶ 진종일 울음을 그치지 않다. ②우는 일. ¶ 울음으로 해결될 일이 아니다.

울음-바다[-빠-]圓 많은 사람이 한꺼번에 울음을 터뜨려 온통 울음으로 뒤덮인 상태. ¶ 울음바다가 된 사고 현장.

울음-보[-뽀]圓 《주로 '터지다'·'터뜨리다'와 함께 쓰이어》 꾹 참고 있는 울음을 이르는 말. ¶ 길을 잃었던 꼬마는 엄마를 보자 울음보를 터뜨렸다.

울음-소리[-쏘-]圓 우는 소리. ¶ 두견이의 한맺힌 울음소리.

울음-주머니[-쭈-]圓 개구리나 맹꽁이 따위의 수컷의 귀 뒤나 목 밑에 있는 발음기(發音器). 명낭(鳴囊).

울음-통(-筒)圓 ①곤충이나 새의 발성 기관. 명기(鳴器). ②<울음>의 속된 말. ¶ 울음통을 터뜨리다.

울인(鬱刃)圓 독약을 바른 칼.

울적(鬱寂) '울적하다'의 어근.

울적(鬱積)圓 [-쩍]圓하쟈 되쟈 ①울화가 쌓임. ②불평불만이 쌓임.

울적-하다(鬱寂-)[-쩌카-]혱 마음이 답답하고 쓸쓸하다. ¶ 울적한 마음. /기분이 울적하다.

울증(鬱症)[-쯩]圓 가슴이 답답한 병증.

울짱圓 ①말뚝 따위를 잇달아 박아서 만든 울타리, 또는 그 말뚝. 목채. 목책. 책(柵). ②울타리.

울창(鬱鬯)(鬱-鬯)圓 한자 부수의 한 가지. '鬱'에서의 '鬯'의 이름. 울창큰창.

울창-주(鬱鬯酒)圓 울금향(鬱金香)을 넣어 빚은 술. 제사의 강신(降神)에 씀.

울창주-창(鬱鬯鬯)圓 ☞ 울창술창.

울창-하다(鬱蒼-)혱 <울울창창하다>의 준말. ¶ 울창한 삼림.

울첩(鬱悒)圓하쟈 마음이 우울하여 집 안에만 들어앉아 있음.

울컥圓 ①하쟈타 먹은 것을 갑작스레 세게 토하려고 하는 모양. 珚올칵. ②하쟈 분한 생각이 한꺼번에 치미는 모양. ¶ 분이가 울컥 치밀다. 珚울꺽. 몀올컥-거리다.

울컥-거리다[-꺼-]쟈타 자꾸 울컥울컥하다. 울컥대다. 珚올칵거리다.

울컥-대다[-꺼-]쟈타 ☞ 울컥거리다.

울타리圓 담 대신에 풀이나 나무 따위를 얽어서 집을 둘러막거나 경계를 구분하는 물건. 울짱. ¶ 울타리를 치다. 珚울¹.

울타리 밖을 모른다솝답 세상 물정을 전혀 모른다는 뜻.

울타리(를) 벗어나다판용 좁고 제한된 생활 범위에서 벗어나다.

울타리^조직(-組織)圓 식물의 잎의 겉쪽 표피 바로 밑에 있는 조직. 세로로 길쭉한 세포가 촘촘히 줄지어 있으며, 많은 엽록소를 지니고 있음. 책상 조직(柵狀組織).

울툭-불툭[-뿔-]튀혱 (물체의 거죽이나 바닥이) 고르지 않게 여기저기 붙거져 있는 모양. 珚올톡볼톡.

울퉁-불퉁튀혱 (물체의 거죽이나 바닥이) 고르지 않게 불퉁불퉁한 모양. ¶ 울퉁불퉁한 비포장도로. 珚올퉁볼퉁.

울-하다(鬱-)혱 가슴이 답답하다.

울흥(鬱興)쟈 (옛) 울타리 치다. ¶ 長松 울흥 소개(鄭澈.關東別曲).

울혈(鬱血)圓 혈관의 일부에 정맥성(靜脈性) 혈액의 양이 증가되어 있는 상태. 정맥의 협착(狹窄)이나 폐색(閉塞)이 원인이 됨.

울화(鬱火)圓 분한 마음을 삭이지 못하여 일어나는 화. ¶ 울화가 치밀다.

울화-병(鬱火病)[-뼝]圓 한방에서, 울화로 말미암아 나는 병을 이르는 말. 심화병. 울화증. 冱화병(火病).

울화-증(鬱火症)[-쯩]圓 ☞ 울화병.

울화-통(鬱火-)圓 '울화'의 힘줌말. 화통. ¶ 울화통이 터지다.

욿囹 (옛) 울. 울타리. ¶ 욿른 솔와 菊花롤 帶▯ 얏도다(杜初21:15).

움¹圓 ①나무 등걸의 뿌리나 풀의 뿌리에서 새로 돋는 싹이나 어린 줄기. ¶ 움이 돋다.

움도 싹도 없다솝답 ①(사람이나 물건이) 감쪽같이 없어져서 간 곳을 모름을 이르는 말. ②장래성이 전혀 없음을 이르는 말.

움:²圓 땅을 파고 위를 거적 따위로 덮어서 추위나 비바람을 막게 한 곳. 흔히, 겨울철에 화초나 채소 따위를 넣어 둠.

움 안에서 떡 받는다솝답 구하지도 않은 좋은 물건을 뜻밖에 얻게 됨을 이르는 말.

움(을) 묻다판용 움을 만들다.

움³갑 마음에 못마땅하거나 비분(悲憤)의 뜻으로 내는 소리.

움:-누이圓 시집간 누이가 죽고, 그 매부가 다시 장가를 든 후실(後室)을 이르는 말.

움:-돋이[-도지]圓 초목의 베어 낸 자리에서 다시 돋아 나온 움.

움:-딸圓 시집간 딸이 죽고, 그 사위가 다시 장가를 든 후실(後室)을 이르는 말.

움라우트(Umlaut 독)圓 ①(게르만 어, 특히 독일어에서) 뒤따르는 'i'나 'e'의 영향으로, 모음 'a·o·u'가 음질을 바꾸는 현상, 또는 그 바뀐 음. 〔'ä·ö·ü'로 표시됨〕②(우리말에서) 모음 'ㅏ·ㅓ·ㅗ·ㅜ' 등이 그 뒤 음절의 'ㅣ' 모음을 직접, 또는 자음을 건너서 만날 때, 그 'ㅣ'를 닮아서 'ㅐ·ㅔ·ㅚ·ㅟ' 등으로 바뀌는 현상. 변모음.

움:-막(-幕)圓 움으로 지은 막. 움집보다 작음. 움막집.

움:막-살이(-幕-)[-싸리]圓하쟈 움막에서 지내는 생활. ¶ 피난 시절의 움막살이.

움:막-집(-幕-)[-찝]圓 ☞ 움막.

움:-버들圓 움이 돋아난 버들.

움:-벼圓 베어 낸 벼의 그루에서 다시 움이 터 자란 벼. 그루벼.

움:-불[-뿔]**명** 움 안에서 피우는 불.

움:-뽕명 봄에 한 번 뽕잎을 딴 뽕나무에 다시 돋아난 뽕잎.

움실-거리다짜 자꾸 움실움실하다. 움실대다. ¶ 구더기가 움실거린다. **짱**옴실거리다.

움실-대다짜 ☞움실거리다.

움실-움실튀**하자** 작은 벌레 따위가 한데 모여 우글거리는 모양. **짱**옴실옴실.

움쑥튀**하형** 가운데가 우묵하게 쑥 들어간 모양. **짱**옴쏙. **움쑥-움쑥**튀**하형**.

움:-씨명 뿌린 씨가 잘 싹트지 않을 때, 다시 덧뿌리는 씨.

움씰튀**하자** 놀라 얼른 물러서면서 몸을 움츠리는 모양. **짱**옴씰. **움씰-움씰**튀**하자**.

움:-잎[-닙]**명** 움에서 돋아난 잎. *움잎이[-니피]·움잎만[-님-].

움죽튀**하자** 《주로 '못하다'·'않다'·'말다' 따위의 부정어와 함께 쓰이어》몸의 한 부분을 조금 움츠리거나 펴거나 하는 모양. ¶ 승객이 너무 많아 발도 움죽 못할 정도다. **짱**옴쪽. **쎈**움쭉. **움죽-움죽**튀**하자**.

움죽-거리다[-꺼-]**자타** 자꾸 움죽움죽하다. 움죽대다. ¶ 움죽거리는 입. **짱**옴죽거리다.

움죽-대다[-때-]**자타** 움죽거리다.

움직-거리다[-꺼-]**자타** 자꾸 움직움직하다. 움직대다. **짱**옴직거리다. **쎈**움찍거리다.

움직-대다[-때-]**자타** 움직거리다.

움직-도르래[-또-]**명** 축이 고정되어 있지 않고 이동할 수 있게 만든 도르래. 동활차(動滑車). ↔고정 도르래.

움직-씨명 동사.

움직-움직튀**하자타** 몸의 한 부분을 자꾸 움직이는 모양. **짱**옴작옴작. **쎈**움찍움찍.

움직-이다자타 ①처음 있던 곳에서 동작을 계속한다. ¶ 발동을 걸자 자동차가 움직이기 시작한다. ②바뀌다. 변동하다. ¶ 정세가 유리한 쪽으로 움직이다. ③활동(활약)하다. 조종하다. ¶ 회사 재건을 위하여 움직이다. /공작원이 비밀리에 움직이다. ④가동하다. 경영(운영)하다. ¶ 공장을 움직이다. ⑤마음이 흔들리다. ¶ 무엇을 할 마음이 생기다. ¶ 마음이 움직이다. ⑥제자리에서 흔들리다. ¶ 앞니가 움직이다. /지진으로 집채가 움직이다. ⑦감동하다. ¶ 그의 열변에 마음이 움직이다.

움질-거리다¹ Ⅰ **자타** 〈생물이〉한데 많이 모여 자꾸 굼뜨게 움직이다. 움질대다¹. **쎈**움찔거리다¹. Ⅱ **자** 결단성이 없이 망설이며 꾸물거리다. 움질대다¹. **쎈**움찔거리다¹.

움질-거리다²타 질긴 음식을 자꾸 우물거리며 씹다. 움질대다². **쎈**움찔거리다². **쎈**움찔거리다².

움질-대다¹ Ⅰ **자타** ☞움질거리다¹. Ⅱ **자** ☞움질거리다¹.

움질-대다²타 ☞움질거리다².

움질-움질¹튀**하자타**〈생물이〉한데 많이 모여 굼뜨게 많이 모여 굼뜨게 움직이는 모양. ②결단성이 없이 자꾸 망설이는 모양. **짱**옴질옴질¹. **쎈**움찔움찔¹.

움질-움질²튀**하자** 입 안에 든 질긴 물건을 자꾸 우물거리며 씹는 모양. **짱**옴질옴질². **쎈**움찔움찔².

움:-집[-찝]**명** 움을 파고 지은 집. 굴집. 토막.

움:집-살이[-찝싸리]**명하자** 움집에서 사는 생활.

움쩍튀**하자타** 《주로 '못하다'·'않다'·'말다' 따

위의 부정어와 함께 쓰이어》몸을 움츠리거나 펴거나 하는 모양. ¶ 다리를 다쳐 움쩍도 못하고 누워 있다.

움쩍-거리다[-꺼-]**자타** 몸을 움츠리거나 펴거나 하며 자꾸 움직이다. 움쩍대다.

움쩍-대다[-때-]**자타** 움쩍거리다.

움쩍-달싹[-딸-]**하자타** 《주로 '못하다'와 함께 쓰이어》자꾸 우리 움직이려 하는 상태를 뜻하는 말. ¶ 좁은 공간에서 몸을 움쩍달싹도 못하고 있다. **짱**옴짝달싹.

움찍-거리다[-꺼-]**자타** 〈움직거리다〉의 센말. 움찍대다. **짱**옴찍거리다.

움찍-대다[-때-]**자타** 움찍거리다.

움찍-움찍튀**하자타** 〈움직움직〉의 센말. **짱**옴찍옴찍.

움찔튀**하자타** 갑자기 몸을 움츠리는 모양. ¶ 화를 내자 그가 움찔하며 뒷걸음질쳤다. **짱**옴찔. **움찔-움찔**튀**하자타**.

움찔-거리다¹자타 〈움질거리다¹〉의 센말. 움찔대다¹. **짱**옴찔거리다¹.

움찔-거리다²자타 〈움질거리다²〉의 센말. 움찔대다². **짱**옴찔거리다².

움찔-거리다³자타 갑자기 몸을 자꾸 움츠리다. 움찔대다³.

움찔-대다¹자타 ☞움찔거리다¹.

움찔-대다²자타 ☞움찔거리다².

움찔-대다³자타 ☞움찔거리다³.

움찔-움찔¹튀**하자타** 〈움질움질¹〉의 센말. **짱**옴찔옴찔¹.

움찔-움찔²튀**하** 〈움질움질²〉의 센말. **짱**옴찔옴찔².

움츠러-들다[~드니·~들어]**자** 점점 움츠러지다. ¶ 날씨가 추워서 몸이 자꾸 움츠러들다. **짱**옴츠러들다.

움츠러-뜨리다타 '움츠리다'의 힘줌말. 움츠러지게 하다. 움츠러트리다. **짱**옴츠러뜨리다.

움츠러-지다자 차차 작아지거나 줄어들다. **짱**옴츠러지다.

움츠러-트리다타 움츠러뜨리다. **짱**옴츠러트리다.

움츠리다타 ①몸을 우그리어 작아지게 하다. ¶ 어깨를 움츠리다. ②내밀었던 몸을 우그리어 들여보내다. 움추리다. **짱**옴츠리다.

움치다 〈움츠리다〉의 준말. **짱**옴치다.

움칠튀**하자타** 깜짝 놀라서 몸을 갑자기 움직이는 모양. **움칠-움칠**튀**하자타**.

움칫[-친]**튀하자타** 놀라서 몸을 갑자기 가볍게 움직이는 모양. **움칫-움칫**튀**하자타**.

움켜-잡다[-따]**타** 손가락을 구부리어 꼭 잡다. ¶ 머리채를 움켜잡다. **짱**옴켜잡다. **큰**훔켜잡다.

움켜-쥐다 ①손가락을 구부리어 꼭 쥐다. ¶ 멱살을 움켜쥐다. ②일이나 물건을 수중에 넣고 마음대로 다루다. ¶ 권력을 움켜쥐다. **짱**옴켜쥐다. **큰**훔켜쥐다.

움큼의 물건을 한 손으로 움켜쥔 분량을 세는 단위. ¶ 한 움큼의 흙. **짱**옴큼.

움키다타 손가락을 우키어 쥐다. **짱**옴키다.

움:-트다[~트니·~터]**자** ①(초목의) 움이 돋기 시작하다. ¶ 한창 움트는 봄보리. ②생각이나 기운 따위가 처음으로 일기 시작하다. ¶ 사랑이 움트다.

움:-파명 ①움 속에서 기른, 빛이 누런 파. ②줄기를 베어 먹은 자리에서 다시 줄기가 나온 파.

움:-파다타 속을 우묵하게 우비어 파다. **짱**옴파다. **큰**훔파다.

움:파리[명] ①땅이 우묵하게 들어가서 물이 괸 곳. ②'샘물'의 잘못.

움:패다[자] 〖'움파다'의 피동〗 우묵하게 패다. ⑩움패다. ⑦움패다.

움퍽[부]명] 가운데가 우묵하게 쑥 들어간 모양. ¶마당을 움퍽 꺼지다. ⑩움파. 움퍽-움펑[부][형].

움펑-눈[명] 움퍽하게 들어간 눈. ⑩움팡눈.

움펑눈-이[명] '눈이 움퍽하게 생긴 사람'을 이르는 말. ⑩움팡눈이.

움쑥[부]명] 가운데가 우묵하게 푹 들어간 모양. ⑩움쑥. 움쑥-움쑥[부][명].

옰다[자]혬 움츠러지다. ¶펴며 움츠며(楞解2:41).

움[옛] 움. 움막. 噂沮 ⣒샛 움을 後堲이 니르시니(龍歌 5章).

웁쌀[명] 잡곡으로 밥을 지을 때 위에 조금 얹어 안치는 쌀. ¶웁쌀을 얹다.

웃-[윗][접투] 〖일부 명사 앞에 붙어〗 '더함'·'위'의 뜻을 나타냄. ¶웃국. /웃돈. /웃어른.

웃-간(—間)[명] '윗간'의 잘못.

웃-거름[윗꺼—][명]자] 자라나는 농작물에 주는 거름. 덧거름. 뒷거름. 추비(追肥). ⑩밑거름.

웃-국[윗꾹][명] 간장이나 술 따위를 담가서 익은 뒤에 맨 처음에 떠내는 진한 국.

웃기[윗끼][명] ①'떡·포·과실 따위를 괸 위에 볼품으로 올려 놓는 재료. ②<웃기떡>의 준말.

웃-기다[윗끼—][타] 〖'웃다'의 사동〗 ①웃게 하다. ¶남을 곧잘 웃기곤 한다. ②어떤 일이나 모습 따위가 한심하고 기가 막히다. ¶웃기는 세상.

웃기-떡[윗끼—][명] 합이나 접시 따위에 떡을 담고, 그 위에 모양을 내기 위하여 얹는 작고 예쁜 떡. 〔주악·산병·꽃전 따위.〕

웃-날[윗—][명] '흐렸을 때의 날씨'를 이르는 말. **웃날이 들다**[관용] 날이 개다. ¶웃날이 들거든 고기나 잡으러 가자.

웃-녘[명] '윗녘'의 잘못.

웃-눈썹[명] '윗눈썹'의 잘못.

웃-니[명] '윗니'의 잘못.

웃:다[윗따] Ⅰ[자] ①기쁜 빛을 얼굴에 나타내다. ¶빙그레 웃다. ②입을 벌리고 소리 내어 기뻐하다. ③(꽃이) 활짝 피다. ¶활짝 웃는 나팔꽃. ④같잖게 여기거나 경멸하거나 조롱하듯 비웃다. ¶그런 짓을 하면 사람들이 웃는다. * 웃어·웃는[윗—]

Ⅱ[타] 《'웃음' 또는 '~웃음'이 붙는 말을 목적어로 하여》 환한 표정을 짓거나 소리를 내어 어떤 종류의 웃음을 나타내다. ¶너털웃음을 웃다. * 웃어·웃는[윗—]

웃는 낯에 침 뱉으랴[속담] 좋은 낯으로 대하는 사람에게는 모질게 굴지 못한다는 말.

웃으며 뺨 치듯[관용] 겉으로는 부드럽게 대하면서 실제로는 해롭게 하는 경우를 이르는 말.

웃-당줄[명] '윗당줄'의 잘못.

웃-대(—代)[명] '윗대'의 잘못.

웃-더껑이[윗떼—][명] 물건 위에 덮어 놓는 물건을 이르는 말.

웃-덧줄[명] '윗덧줄'의 잘못.

웃-도드리[윗또—][명] 국악 장단의 한 가지. 2분의10 박자의 대단히 빠른 장단으로 된 곡조, 또는 그 박자의 움을 이름.

웃-도리[명] '윗도리'의 잘못.

웃-돈[윗똔][명] ①본래의 값에 덧붙이는 돈. 가전(加錢). ¶구하기 힘든 약이라 웃돈을 주고 주문해서 사 왔다. ②(물건을 맞바꿀 때, 그 값의 차이를 없애기 위하여) 값이 싼 물건 위에 얹어 주는 돈. 덧두리.

웃-돌다[윗똘—][~도니·~돌아][자]타] 어떤 기준이나 정도를 넘어서다. 상회(上廻)하다. ¶목표를 웃도는 수출. ↔밑돌다.

웃-동네(—洞—)[명] '윗동네'의 잘못.

웃-동아리[명] '윗동아리'의 잘못.

웃-마을[명] '윗마을'의 잘못.

웃-막이[명] '윗막이'의 잘못.

웃-머리[명] (옛) 윗머리.

웃-목[명] '윗목'의 잘못.

웃-물[윈—][명] ①☞겉물. ②무엇을 우리거나 고거나 죽 따위를 쑬 때, 위에 뜬 국물. ¶웃물을 걷어 내다. ⑩윗물.

웃-바람[윈빠—][명] 겨울에, 방 안의 천장이나 벽 사이로 스며들어 오는 찬 기운. 웃풍.

웃-방(—房)[명] '윗방'의 잘못.

웃-배[명] '윗배'의 잘못.

웃-벌[명] '윗벌'의 잘못.

웃-변(—邊)[명] '윗변'의 잘못.

웃-비[윈삐][명] (날이 아주 갠 것이 아니라) 한창 내리다가 잠시 그친 비.

웃비-걷다[윈—떠][혬] 내리던 비가 잠시 그치다. ⑩윗물.

웃-사람[명] '윗사람'의 잘못.

웃-사랑(—舍廊)[명] '윗사랑'의 잘못.

웃-아귀[우다—][명] 엄지손가락과 집게손가락의 뿌리가 서로 닿은 곳.

웃-알[명] '윗알'의 잘못.

웃어-넘기다[우더—][타] ①(유감스러운 일이지만) 웃어 버리고 없던 일로 치다. ②하찮게 여기고 무시해 버리다. ¶남의 비난을 웃어넘기다.

웃-어른[우더—][명] 자기가 직접·간접으로 모셔야 할 어른. ⑩윗사람.

웃-옷[우돋][명] 겉에 입는 옷. 〔두루마기 따위.〕 겉옷. ¶웃옷을 걸치다. ⑩윗옷. *웃옷이[우도시]·웃옷만[우돈—]

웃-음[우—][명] 웃는 일. ¶소리 없는 웃음. /웃음을 터뜨리다. /웃음이 터지다. /웃음이 나오다.

웃음을 사다[관용] 웃음거리가 되다.

웃음을 팔다[관용] 여자가 화류계 생활을 하다.

웃음-가마리[—까—][명] 남의 웃음거리가 되는 일, 또는 그런 사람.

웃음-거리[—꺼—][명] (남에게) 비웃음을 살 만한 채신. ¶그런 짓은 남의 웃음거리가 될 뿐이다.

웃음-기(—氣)[—끼][명] 웃으려는 기색, 또는 채 가시지 않은 웃음의 흔적. ¶웃음기를 머금은 얼굴. /웃음기를 띠다.

웃음-꽃[—꼳][명] '즐거운 웃음이나 웃음판'을 비유하여 이르는 말. ¶한바탕 웃음꽃을 피우다. *웃음꽃이[—꼬치]·웃음꽃만[—꼰—]

웃음-바다[—빠—][명] '여러 사람이 한꺼번에 웃음을 터뜨리는 장면'을 비유하여 이르는 말. ¶극장 안은 온통 웃음바다였다.

웃음-보[—뽀][명] 《주로 '터지다'·'터뜨리다'와 함께 쓰이어》 잔뜩 참고 있는 큰 웃음을 이르는 말. ¶마침내 터진 웃음보.

웃음-보따리[—뽀—][명] 《주로 '터지다'·'풀다'와 함께 쓰이어》 웃음이 많이 쌓여 있는 것을 이르는 말. ¶웃음보따리를 풀다.

웃음-빛[—삗][명] 웃는 얼굴의 표정. 또는, 웃음의 빛깔. ¶웃음빛. /웃음빛이 흐르다. *웃음빛이[—삐치]·웃음빛만[—삔—]

웃음-소리[—쏘—][명] 웃는 소리. 소성(笑聲). ¶웃음소리가 대문 밖에까지 들린다.

웃음엣-말[우스멘—][명] 웃음엣소리.

웃음엣-소리[우스멘쏘—/우스멛쏘—][명] 웃느라고 하는 말. ¶웃음엣소리니까 오해하지 말게.

웃음엣-짓[우스메젇/우스멛짇]명 웃기느라고 하는 짓. *웃음엣짓이[우스메찌시/우스멛찌시]·웃음엣짓만[우스메젇─/우스멛젇─]

웃음-판명 여러 사람이 어우러져 웃는 자리. ¶한바탕 웃음판이 벌어지다.

웃-입술명 '윗입술'의 잘못.

웃-잇몸명 '윗잇몸'의 잘못.

웃-자라다[욷짜─]자 식물의 줄기나 가지가 보통 이상으로 길고 연약하게 자라다. 高도장(徒長).

웃-자리명 '윗자리'의 잘못.

웃-중방(─中枋)명 '윗중방'의 잘못.

웃-짐[욷찜]명 짐 위에 덧얹은 짐. ¶잔뜩 실은 짐 위에 웃짐까지 올리다.

웃짐을 치다관용 ①마소에 웃짐을 싣다. ②사물을 덧붙이다.

웃-집명 '윗집'의 잘못.

웃-짝명 '위짝'의 잘못.

웃-쪽명 '위쪽'의 잘못.

웃-채명 '위채'의 잘못.

웃-층(─層)명 '위층'의 잘못.

웃-치다[욷─]타 실력이나 값 따위를 기준보다 높이 평가하거나 인정하다.

웃-턱명 '위턱'의 잘못.

웃-통[욷─]명 ①사람 몸의 윗부분. ②≒윗옷.

웃-팔명 '위팔'의 잘못.

웃-풍(─風)[욷─]명 웃바람. ¶웃풍이 센 방.

웃보다[옏] 웃습다. ¶出家릏 거스니 跋提 말이 긔 아니 웃보니(月印176章). 高우습다.

웃보리링[옏] ['웃보다'의 활용형] 우스우리. ¶오눐나래 내내 웃보링(龍歌16章).

웃비[옏] 우습게. ¶世훻ㅅ 말올 웃비 너기니(月釋7:5).

웃이다[옏] 웃기다. ¶位 업슨 眞人을 웃이리로다(金三2:28). 高우이다.

웅거(雄據)명하자 어떤 지역에 자리 잡고 굳게 막아 지킴.

웅건(雄健)명 '웅건하다'의 어근.

웅건-하다(雄健─)형여 웅대하고 힘차다. ¶웅건한 필체.

웅걸(雄傑)명 ①뛰어난 호걸. ②하형웅대하고 훌륭함.

웅계(雄鷄)[─계/─게]명 수탉.

웅그리다타 (춥거나 겁이 나서) 몸을 움츠리다. 高옹그리다. 큰웅크리다.

웅긋-웅긋[─귿─귿]부 크기가 비슷한 것이 군데군데 쑥쑥 불거져 있는 모양. 高옹긋옹긋.

웅긋-쭝긋[─귿─귿]부하형 크고 작은 것이 군데군데 쑥쑥 솟아 있거나 불거져 있는 모양. 高옹긋쫑긋.

웅기-웅기부하형 몸피가 좀 큰 사람이나 물건이 많이 모여 있는 모양. 高옹기옹기.

웅기-중기부하형 크기가 다른 것이 고르지 않게 많이 모여 있는 모양. ¶초가집들이 웅기중기 모여 있다. 高옹기종기.

웅담(熊膽)명 한방에서, 바람에 말린 곰의 쓸개를 약재로 이르는 말. [열병·등창·이질·안질 등에 쓰임.]

웅대(雄大)명 '웅대하다'의 어근.

웅대-하다(雄大─)형여 웅장하고 크다. ¶포부가 웅대하다.

웅덩이명 늪보다는 작게 움푹 패어 물이 괸 곳. 高옹당이.

웅덩이-지다자 비나 큰물에 땅이 움푹 패어 웅덩이처럼 물이 괴다. 高옹당이지다.

웅도(雄途)명 (큰 목적을 위하여 떠나는) 장한 길. ¶웅도에 오르다.

웅도(雄圖)명 웅대한 계획.

웅략(雄略)[─냑]명 웅대한 계략.

웅려(雄麗)명 '웅려하다'의 어근.

웅려-하다(雄麗─)[─녀─]형여 웅대하고 화려하다.

웅맹-탁특(雄猛卓特)명 웅대하고 용맹하여 우뚝 뛰어남.

웅문(雄文)명 기개(氣槪)가 뛰어난 힘찬 문장.

웅문-거벽(雄文巨擘)명 웅문에 능한 사람.

웅변(雄辯)명하자 (청중을 감동시킬 수 있게) 조리 있고 힘차게 거침없이 말함, 또는 그런 말이나 연설.

웅변-가(雄辯家)명 웅변에 능한 사람.

웅변-술(雄辯術)명 웅변의 기술.

웅변-조(雄辯調)[─쪼]명 웅변하는 것과 같은 힘찬 말투.

웅보(雄步)명 (웅대한 일을 위해 나서는) 씩씩하고 당당한 걸음. ¶선진 국가로의 웅보를 내딛었다.

웅봉(雄蜂)명 수벌. ↔자봉(雌蜂).

웅비(雄飛)명하자 힘차고 씩씩하게 뻗어 나아감. ¶전 세계로 웅비하는 자동차 산업. ↔자복(雌伏).

웅성(雄性)명 수컷의 공통적인 성질. ↔자성(雌性).

웅성-거리다자 자꾸 웅성웅성하다. 웅성대다. ¶웅성거리는 교실.

웅성-대다자 웅성거리다.

웅성-웅성부 (많은 사람이 모인 자리에서) 몇몇 사람이 수군거리기 시작하여 분위기가 소란스러워지는 모양이나 소리. ¶의안이 부결되자 장내는 웅성웅성해지기 시작했다.

웅숭-그리다타 (춥거나 두렵거나 하여) 궁상맞게 몸을 웅그리다. 高옹숭그리다. 큰웅숭크리다.

웅숭-깊다[─김따]형 ①도량이 넓고 크다. ②되바라지지 않고 깊숙하다.

웅숭-크리다타 (춥거나 두렵거나 하여) 궁상맞게 몸을 웅크리다. 高옹숭크리다. 작웅숭그리다.

웅시(雄視)명하자 잔뜩 위세를 부리며 남을 낮추봄.

웅신-하다형이 ①웅숭깊게 덥다. ②불꽃이 세지 않다. ¶장작이 마르지 않아서 웅신하게 타고 있다.

웅심(雄深)명 '웅심하다'의 어근.

웅심-하다(雄深─)형여 문장의 구성이 웅장하고 뜻이 깊다.

웅어(雄魚)명 멸칫과의 바닷물고기. 몸길이 22~30cm. 몸은 가늘고 길며 칼 모양임. 몸은 은백색. 우리나라에서는 서해의 짠물과 민물이 만나는 강어귀에서 삶. 위어.

웅얼-거리다자타 자꾸 웅얼웅얼하다. 웅얼대다. 高옹알거리다.

웅얼-대다자타 웅얼거리다.

웅얼-웅얼부하자 (속말로 똑똑하지 않게 중얼거리는 모양. 高옹알옹알.

웅예(雄蕊)명 ☞수술. ↔자예(雌蕊).

웅용(雄勇)명 '웅용하다'의 어근.

웅용-하다(雄勇─)형여 빼어나게 용맹하다.

웅위(雄偉)명 '웅위하다'의 어근.

웅위-하다(雄偉─)형여 우람하고 훌륭하다. ¶웅위한 기품.

웅읍(雄邑)명 큰 고을(읍). 대읍(大邑).

웅자(雄姿)명 우람한 모습. ¶백두산의 웅자.

웅장 (雄壯) '웅장하다'의 어근.

웅장 (熊掌) 곰의 발바닥.

웅장-하다 (雄壯-)형어 우람하고 으리으리하다.
¶웅장한 모습을 드러낸 독립 기념관.

웅재 (雄才·雄材)명 빼어난 재능, 또는 그런 재능을 가진 사람.

웅재-대략 (雄才大略)명 빼어난 재능과 원대한 지략(智略), 또는 그것을 지닌 사람.

웅절-거리다자타 자꾸 웅절웅절하다. 웅절대다.
좽웅잘거리다.

웅절-웅절자타 웅절거리다.

웅절-웅절불하자타 (불만이나 탄식 또는 원망하는 말 따위를) 입속말로 혼자 웅얼거리는 모양. 좽웅잘웅잘.

웅주거읍 (雄州巨邑)명 땅이 넓고 산물이 많은 큰 고을.

웅지 (雄志)명 웅대한 뜻. 큰 뜻. ¶웅지를 품다.

웅천 (熊川)명 마음이 허황된 사람을 이르는 말. 〔고려 시대에, 열두 사학(私學) 가운데 학문의 수준이 가장 낮았던 웅천도에서 배운 사람을 놀림조로 이르던 말.〕

웅크리다타 (몹시 춥거나 겁이 나서) 몸을 잔뜩 움츠리다. 좽옹크리다. 예웅그리다.

움큼의 '움큼'의 잘못.

웅판 (雄板)명 웅대한 판국이나 국량(局量).

웅편 (雄篇)명 빼어나게 좋은 글이나 작품.

웅풍 (雄風)명 ⇒된바람.

웅피 (熊皮)명 곰의 가죽.

웅필 (雄筆)명 당당하고 힘찬 글씨, 또는 그런 필력이 있는 사람.

웅혼 (雄渾)명 '웅혼하다'의 어근.

웅혼-하다 (雄渾-)형어 〔시문(詩文)이나 필적 따위가〕 웅장하고 막힘이 없다.

웅화 (雄花)명 ⇒수꽃. ↔자화(雌花).

웅황 (雄黃)명 〈석웅황(石雄黃)〉의 준말.

욹명 (옛) 위. ¶千年 우희 미리 定하샨(龍歌125장). 웂.

워¹명 한글 자모(字母)의 이중 모음인 'ㅝ'의 음가(音價) 및 이름.

워²캄 말이나 소를 멈추게 할 때 내는 소리. 우어. 워-워².

워걱-거리다 [-꺼-]자 자꾸 워걱워걱하다. 워걱대다.

워걱-대다 [-때-]자 워걱거리다.

워걱-워걱불하자 단단한 물건들이 서로 뒤섞여서 자꾸 부딪칠 때에 나는 소리, 또는 그 모양. 좽와각와각.

워그르르불하자 ①쌓여 있던 여러 개의 단단한 물건이 갑자기 무너지는 소리, 또는 그 모양. ¶장작더미가 워그르르 무너지다. ②많은 물이 야단스럽게 끓어오르는 소리, 또는 그 모양. ¶냄비의 물이 워그르르 끓는다. 좽와그르르.

워그적-거리다 [-꺼-]자 자꾸 워그적워그적하다. 워그적대다. 좽와그작거리다.

워그적-대다 [-때-]자 워그적거리다.

워그적-워그적불하자 시끄럽게 북적거리는 모양, 또는 그 소리. 좽와그작와그작.

워글-거리다 [-꺼-]자 자꾸 워글워글하다. 워글대다. 좽와글거리다.

워글-대다자 워글거리다.

워글-워글불하자 ①사람이나 벌레 따위가 한데 뒤섞여 북적거리는 모양, 또는 그 소리. ②많은 물이 한꺼번에 야단스럽게 끓는 모양, 또는 그 소리. 좽와글와글.

워낙불 ①본디부터. 원래가. ¶워낙 못된 놈이라 타일러도 말을 잘 듣지 않는다. ②두드러지게 아주. 원체. ¶워낙 마르다. /워낙 말이 서툴다. /워낙 길이 험하다.

워낭명 ①마소의 턱밑에 달아 늘어뜨린 쇠고리. ②마소의 귀에서 턱밑으로 늘이어 단 방울.

워:드^프로세서 (word processor)명 컴퓨터를 이용하여 문장의 기억과 편집, 인자(印字) 등의 기능을 갖춘 문서 작성 기계.

워라-말명 '얼룩말'의 잘못.

워럭불 매우 급히 대들거나 잡아당기거나 끌어안는 모양. ¶워럭 달려들다. /방문을 워럭 열어젖히다. 좽와락.

워럭-워럭불하자 더운 기운이 매우 성하게 일어나는 모양. 좽와락와락.

워르르불하자 ①쌓여 있던 크고 단단한 물건이 갑자기 야단스럽게 무너지는 소리, 또는 그 모양. ¶쌓여 있던 책이 워르르 무너졌다. ②많은 사람이 한꺼번에 몰려드는 모양. ③많은 물이 야단스럽게 끓어오르거나 넘치는 소리, 또는 그 모양. ④담겨 있거나 매달려 있던 큰 물건이 한꺼번에 쏟아지는 소리, 또는 그 모양. 좽와르르.

워:리캄 개를 부르는 소리.

워:밍업 (warming-up)명 경기 전에 몸을 풀기 위해서 하는 준비 운동이나 가벼운 연습.

워석불하자 가랑잎이나 바싹 마른 빨래 따위가 서로 스치거나 부스러질 때 나는 소리. 좽와삭. 쒠워썩. 워석-워석불하자.

워석-거리다 [-꺼-]자타 자꾸 워석워석하다. 워석대다. 좽와삭거리다.

워석-대다 [-때-]자타 워석거리다.

워썩불하자타 〈워석〉의 센말. 좽와싹¹.

워:어호캄 상여꾼이 상여를 메고 갈 때 여럿이 함께 부르는 소리.

워:커 (walker)명 '군화'로 순화.

워:크숍 (workshop)명 연구 발표회. 참가자가 전문가의 조언을 받으면서, 문제 해결을 위하여 하는 협동 연구.

워:크스테이션 (workstation)명 ①개인용 컴퓨터의 규모에 소형 컴퓨터의 처리 속도를 갖춘 중간 형태의 컴퓨터. ②중앙 처리 장치에 연결되어 있으면서, 접속 없이도 독립해서 일을 처리할 수 있는 단말 장치로서의 컴퓨터. 주로, 근거리 컴퓨터 통신망에 다른 컴퓨터들과 접속하여 자료를 제공하는 용도로 쓰임.

워:크아웃 (workout)명 채권 금융 기관이 주도하여, 거래 기업의 재무 구조를 개선하고 채무 상환 능력을 높이는 일.

워:키토:키 (walkie-talkie)명 가까운 거리에서의 연락을 위한 휴대용 소형 무전기.

웍더그르르 [-떠-]불하자 여러 개의 크고 단단한 물건이 요란스레 맞부딪치며 굴러 가는 소리, 또는 그 모양. 좽왁다그르르.

웍더글-덕더글 [-떠-떠-]불하자 여러 개의 크고 단단한 물건이 다른 물건에 야단스레 부딪치면서 굴러 가는 소리, 또는 그 모양. 좽왁다글닥다글.

웍더글-웍더글 [-떠-떠-]불하자 잇달아 자꾸 웍더그르르하는 소리, 또는 그 모양. 좽왁다글왁다글.

웍저그르르 [-쩌-]불하자 ①여럿이 한데 모여 매우 시끄럽게 떠드는 소리, 또는 그 모양. ②소문이 갑자기 퍼져 매우 시끄러운 모양. 좽왁자그르르.

원¹(의) 우리나라 화폐의 단위.

원²(갑) 놀랍거나 언짢거나 뜻밖의 일을 당할 때 하는 말. ¶나 원, 별소리를 다 듣겠네.

원:(怨)명[하타] <원망(怨望)>의 준말. ②<원한(怨恨)>의 준말.

원(員)명 조선 시대에, 고을을 다스리는 부윤·목사·부사·군수·현감·현령 등 관원을 두루 일컫던 말. 수령(守令).

원(院)¹명 고려·조선 시대에, 출장하는 관원들을 위해 각 요로(要路)나 인가가 드문 곳에 두었던 국영(國營)의 숙식 시설.

원(院)²명 <의원(議院)>의 준말. ¶원을 구성하다.

원(園)명 <원소(園所)>의 준말.

원(圓)명 ①동그라미. ②수학에서, 한 정점(定點)에서 같은 거리에 있는 점의 자취의 곡선 및 그 자취에 둘러싸인 평면.

원:(願)명 ☞소원(所願). ¶합격만 된다면 원이 없겠다.

원(圓)의 지난날, 우리나라 화폐의 단위. 1전의 100배. [1953년 2월의 화폐 개혁 이전의 단위임.]

원-(元·原)접투 《일부 명사 앞에 붙어》 '본디'·'시초'의 뜻을 나타냄. ¶원그림. /원말. /원줄기.

-원(員)접미 조직이나 기능을 다하는 사람 뒤에 붙어, 그 일에 관계하거나 종사하는 사람임을 나타냄. ¶수금원(收金員). /회사원. /배달원.

-원(院)접미 일부 명사 뒤에 붙어, 그것을 위해 일하는 관청이나 집(시설)임을 나타냄. ¶학술원. /고아원. /요양원.

-원(園)접미 《일부 명사 뒤에 붙어》 '집'·'시설'의 뜻을 나타냄. ¶유치원. /동물원. /식물원.

원가(怨歌)명 신라 효성왕 때, 신충(信忠)이 지었다고 하는 향가. 임금의 식언(食言)을 원망한 내용. 원수가(怨樹歌).

원가(原價)[-까]명 ①처음 사들일 때의 값. 매입 원가. 본값. ②제품의 생산이나 공급에 쓰인 순수 비용. ¶원가 산출.

원가계:산(原價計算)[-까계-/-까게-]명 제품을 생산하는 데 드는 원재료·노동력, 그 밖의 비용을 산출하는 일.

원-가지(原-)명 나무의 원줄기에 직접 붙어 있는 굵은 가지. 주지(主枝).

원각(圓覺)명 불교에서, 부처의 완전하고 원만한 깨달음을 이르는 말.

원각-경(圓覺經)[-�? -경]명 대승 경전(大乘經典)의 한 가지. 보살들의 물음에 일일이 대답한, 석가여래의 각성(覺性)을 명백히 한 경전.

원각-본(原刻本)[-뽄]명 ①☞초간본(初刊本). ②☞원본(原本). ③초간본 중에서 특히 목판(木版)으로 간행된 책. ③초각본(初刻本).

원각-사(圓覺社)[-싸]명 광무 연대(光武年代)에 생긴, 우리나라 최초의 국립 극장. 1909년에 신극(新劇)의 첫 공연이 여기서 있었음.

원간(原刊)명 ☞초간(初刊).

원간-본(原刊本)명 ①초간본(初刊本). ②☞원본(原本).

원:객(遠客)명 먼 곳에서 온 손.

원:-거리(遠距離)명 먼 거리. 장거리(長距離). ↔근거리(近距離).

원거원처(爰居爰處)명[하자] 이곳저곳으로 옮겨 다니며 사는 일.

원:격(遠隔)명[하형] 기한이나 거리가 멀리 떨어져 있음. ¶원격 조종(操縱).

원:격^제:어(遠隔制御)[-제-]명 멀리 떨어진 곳에 있는 기계나 장치에 대해서 자동 제어를 하는 일. 리모트 컨트롤. 원격 조작.

원:격^조작(遠隔操作)[-쪼-]명 ☞원격 제어.

원:경(遠景)명 ①멀리 보이는 경치. ②그림이나 사진 등에서, 먼 곳에 있는 것으로 그려지거나 찍히는 대상. ↔근경(近景).

원:경(遠境)명 ①멀리 떨어져 있는 국경. ②멀리 떨어져 있는 지역.

원:경-법(遠景法)[-뻡]명 ☞투시 도법.

원고(原告)명 법원에 소송을 제기하여 재판을 청구한 사람. ↔피고(被告).

원고(原稿)명 ①출판하기 위하여 초벌로 쓴 글, 또는 제판(製版)의 기초가 되는 문서나 그림 따위. ②연설 따위의 초안.

원고-료(原稿料)명 원고를 집필한 데 대한 보수. ⓒ고료.

원고-용지(原稿用紙)명 원고를 작성할 때 쓰는 일정한 규격의 종이. ⓒ원고지.

원고-지(原稿紙)명 <원고용지>의 준말.

원곡(元曲)명 ☞북곡(北曲).

원곡(元穀)명 조선 시대에, 각 고을에서 춘궁기에 농가에 꾸어서 주던 곡식.

원:골(怨骨)명 원한을 품고 죽은 사람.

원공(元功)명 가장 으뜸이 되는 큰 공.

원공(猿公)명 '원숭이'를 의인화하여 이르는 말.

원-관념(元觀念)명 비유법(譬喻法)에서, 표현하고자 하는 사물을 이르는 말. ['앵두 같은 입술'에서 '앵두'는 보조 관념이고, '입술'은 원관념임.] ⑳보조 관념.

원광(原鑛)명 제련하지 않은, 파낸 그대로의 광석. 원석(原石). ②주가 되는 광산.

원광(圓光)명 ①둥근 모양의 빛, 곧 햇빛이나 달빛을 이르는 말. ②부처의 몸이나 머리에서 내비치는 둥근 빛. ②후광(後光).

원:교(遠郊)명 도시에서 멀리 떨어져 있는 들이나 논. ↔근교(近郊).

원:교근공(遠交近攻)명 먼 나라와 우호 관계를 맺고, 이웃 나라를 공략하는 일. [중국 전국 시대에, 진(秦)나라의 범수(范睢)가 주창한 외교 정책으로 '사기'의 '범저채택전(范雎蔡澤傳)'에 나오는 말임.]

원:교^농업(遠郊農業)명 대도시에서 멀리 떨어진 교외에서 채소·과일·화초 등을 도시민들에게 공급하기 위하여 하는 집약적 농업. ⑳근교 농업(近郊農業).

원:국(怨國)명[하타] (남을) 원망(怨望)하고 꾸짖음. 원우(怨尤).

원:구(怨溝)명 [사이를 갈라놓는 골이라는 뜻에서] 원한으로 벌어진 사이. ¶영원히 화동할 수 없는 원구.

원구(圓球)명 둥근 공. 둥근 물체.

원:국(遠國)명 멀리 떨어진 나라. 원방(遠邦). ↔근국(近國).

원:군(援軍)명 도와주는 군대. 원사(援師). ¶원군을 청하다.

원굴(冤屈)명 '원굴하다'의 어근.

원:굴-하다(冤屈-)형여 까닭 없는 죄를 뒤집어써서 억울하고 원망스럽다.

원권(原權)[-꿘]명 어떤 권리의 침해에 따라 발생하는 원상 복구나 손해 배상의 청구권에 대하여, 그 침해받은 본래의 권리를 이르는 말. ↔구제권(救濟權).

원:귀(冤鬼)명 원통하게 죽은 사람의 귀신. ¶원귀를 달래다.

원규(原規)**명** 사회를 올바르게 유지하는 데 필요한 으뜸이 되는 원칙.

원-그림(原-)**명** 모사(模寫)나 복제(複製) 따위의 바탕이 되는 그림. 본그림. 원도(原圖).

원-근(遠近)**명** 멀고 가까움, 또는 먼 곳과 가까운 곳.

원-근-감(遠近感)**명** 멀고 가까운 거리에 대한 느낌.

원-근-법(遠近法)[-뻡]**명** 미술에서, 화면에 원근을 나타내어 그림의 현실감이나 입체감을 강하게 하는 기법.

원금(元金)**명** ①밑천으로 들인 돈. ¶소득은커녕 원금마저 날렸다. ②꾸어 준 돈에서 이자를 붙이지 아니한 본디의 돈. ¶이자는 포기하고 원금만 받았다. 본전(本錢). ↔이자.

원기(元氣)**명** ①타고난 기운. ②심신(心身)의 정력. ¶원기를 회복하다. ③만물의 정기.

원기(原器)**명** ①표준이 되게 만든 기물(器物). ②도량형의 기본이며 표준이 되는 기물. 〔미터 원기와 킬로그램 원기 따위.〕

원-기둥(原-)**명** ①중심이 되는 곳이나 가장 중요한 곳을 버티는 기둥.

원-기둥(圓-)**명** 수학에서, 원주 곡면을 주어진 원의 면에 평행한 두 평면으로 자른 중간의 입체. 원통(圓筒).

원기둥^곡면(圓-曲面)[-공-]**명** 수학에서, 정직선(定直線)에 평행하면서, 일정한 원둘레를 지나면서 움직이는 직선으로 생기는 곡면.

원-납(願納)**명하다** 자원해서 재물을 바침.

원-납-전(願納錢)[-쩐]**명** ①지난날, 스스로 원하여 바치던 돈. ②조선 말기에, 경복궁 중수를 위하여 대원군이 백성들로부터 거두어들인 기부금을 이르던 말.

원내(院內)**명** ①'원(院)' 자가 붙은 각종 기관의 내부. 곧, 병원·양로원·유치원 따위의 안. ②의원(議院)의 안, 곧 국회의 안. ¶원내 활동. ↔원외(院外).

원내^총:무(院內總務)**명** 의회 안에서 자기 당에 딸린 의원을 통솔하고, 당무(黨務) 및 다른 당의 의원과의 대외 교섭을 총괄하는 정당의 간부 의원. ⓒ총무.

원:녀(怨女)**명** ⇨원부(怨婦).

원년(元年)**명** ①임금이 즉위한 해. ¶태종 원년. ②나라를 세운 해. ③연호(年號)를 정한 첫해. ¶융희 원년. ④어떤 일이 처음으로 시작되는 해.

원:념(怨念)**명** 원한을 품은 생각.

원-노비(元奴婢)**명** 지난날, 부모가 본디 데리고 있던 노비를 이르던 말.

원-님(員-)**명** 지난날, 고을의 '원'을 높이어 일컫던 말.

원님 덕에 나팔[나발] **분다**[족답] 남의 덕으로 분에 넘치는 대접을 받음을 비유하여 이르는 말.

원님도 보고 환자(還子)**도 탄다**[족답] 어떤 일을 동시에 겸하여 꾀함을 비유하여 이르는 말.

원-다회(圓多繪)[-회/-훼]**명** ⇨동다회(童多繪).

원단(元旦)**명** 설날 아침. 사시(四始). 삼시(三始). 세단(歲旦). 원신(元辰). 원조(元朝). 정단(正旦). 정조(正朝). ¶무진 원단.

원단(原緞)**명** (옷 따위의) 제품을 만드는 원료로서의 '천'을 이르는 말. ¶순면 원단.

원-단위(原單位)**명** (광업이나 제철업 등에서) 일정한 생산품을 만드는 데 드는 재료·시간·노동력 따위의 기준량.

원-달구(圓-)**명** 둥글고 큼직한 돌에 끈을 맨, 달구의 한 가지. 땅을 다지는 데 쓰임.

원당(原糖)**명** 〈원료당(原料糖)〉의 준말.

원:당(願堂)**명** ①왕조 때, 궁중이나 민가에 베풀어 왕실의 명복을 빌던 곳. ②지난날, 소원을 빌기 위하여 세운 집.

원:대(怨懟)**명하다** 원망(怨望).

원대(原隊)**명** 본디 소속되어 있던 부대. ¶원대 복귀.

원대(遠大)'원대하다'의 어근.

원:대(遠代)**명** 아득한 먼 시대. 또는, 먼 조상의 대(代).

원:대-하다(遠大-)**형여** (계획이나 희망 따위의) 규모가 크고 깊다. ¶원대한 꿈. /포부가 원대하다.

원덕(元德)**명** ⇨주덕(主德).

원도(原圖)**명** ⇨원그림.

원:도(遠逃)**명하다** 멀리 달아남.

원:도(遠島)**명** 뭍에서 멀리 떨어져 있는 섬.

원:독(怨毒)**명** 원망이 지극하여 마음속에 생긴 독기(毒氣).

원동(原動)**명** 운동을 일으키는 근원.

원:동(遠東)**명** ⇨극동(極東).

원동-기(原動機)**명** 자연계의 에너지를 역학적에너지로 바꾸어 필요한 동력을 발생시키는 장치를 통틀어 이르는 말. 〔열기관·수력 기관·전동기 등이 있음.〕 발동기.

원동-력(原動力)[-녁]**명** ①사물의 운동을 일으키는 근원이 되는 힘. ¶건전한 비판은 발전의 원동력이다. ②물체나 기계의 운동을 일으키는 힘. 〔열·수력·풍력 따위.〕 동력(動力).

원두(原頭)**명** 들 주변. 들판 머리. 들판.

원두(園頭)**명** 밭에 심은 오이·참외·수박·호박 따위를 통틀어 이르는 말.

원두(를) **놓다**[관용] 밭에 원두를 심어 가꾸다.

원두(를) **부치다**[관용] 밭에 원두의 씨를 심다.

원두-막(園頭幕)**명** 원두밭을 지키기 위하여 그 한컨에 세워 놓은 간단한 다락집.

원두-밭(園頭-)[-받]**명** 원두를 놓은 밭. *원두밭이[-바치]·원두밭을[-바틀]·원두밭만[-반-]

원두-커피(原豆coffee)**명** 커피 열매를 볶아서 빻은 가루를 물에 탄 커피.

원두-한(←園頭干)**명** 〈원두한이〉의 준말.

원두-한이(←園頭干-)**명** 원두를 부치거나 놓는 사람을 홀하게 이르는 말. ⓒ원두한.

원-둘레(圓-)**명** 한 점에서 같은 거리에 있는 폐곡선(閉曲線). 원주(圓周).

원둘레-율(圓-率)**명** 원둘레와 그 지름과의 비. 〔약 3.1416으로 나타나며 기호는 π임.〕 원주율(圓周率).

원-뜻(元-·原-)[-뜯]**명** 본디 가지고 있는 뜻. ¶내 원뜻은 널 도우려는 것이었다. *원뜻이[-뜨시]·원뜻만[-뜬-]

원래(元來·原來)[월-]**명** 본디. ¶원래의 위치로 돌아오다. /원래 악한 사람은 없다.

원:래(遠來)[월-]**명하다** 먼 곳에서 옴.

원량(原量)[월-]**명** 본디의 분량.

원량(原諒)[월-]**명하다** 〔주로 한문 투의 편지글 따위에서〕 '용서'의 뜻으로 쓰는 말.

원:려(遠慮)[월-]**명하다** 먼 앞일을 잘 헤아려 생각함, 또는 그 생각.

원력(原力)[월-]**명** 본디부터 있는 기운. 근원이 되는 힘.

원:력(願力)[월-]**명** ①신이나 부처에게 빌어 바라는 바를 이루려는 염력(念力). ②불교에서, 아미타불의 서원(誓願)의 힘을 이르는 말.

원:령(怨靈)[월-] 圏 원한을 품고 죽은 사람의 혼령.

원례(援例)[월-]圏하타 전례를 끌어다 댐.

원로(元老)[월-] 圏 ①지난날, 관직이나 나이·덕망 따위가 높고 나라에 공로가 많던 사람. ¶원로 재상. ②어떤 일에 오래 종사하여 경험과 공로가 많은 사람. ¶문단의 원로. /원로 가수.

원:로(遠路)[월-] 圏 멀리 가거나 멀리서 오거나 하는 길. 원정(遠程). ¶원로에 고생이 많소.

원로-원(元老院)[월-] 圏 ①고대 로마의 입법·자문 기관. ②일부 공화국 등에서 상원(上院)을 달리 이르는 말.

원론(原論)[월-] 圏 근본(根本)이 되는 이론, 또는 그런 이론을 기술한 책. ¶문학 원론. /경제원론.

원론-적(原論的)[월-]圏판 근본이 되는 (것). ¶원론적 답변. /원론적으로 접근하다.

원:뢰(遠雷)[월뢰/월뤠]圏 멀리서 울리는 우레나 우렛소리.

원료(原料)[월-] 圏 어떤 물건을 제조하거나 가공하는 데 바탕이 되는 재료. 밑감. 원재료.

원료-당(原料糖)[월-] 圏 정제하여 설탕을 만드는 조당(粗糖). 준원당.

원:루(冤淚)[월-]圏 원통하여 흘리는 눈물. ¶고신(孤臣) 원루를 비 삼아 띄어다가(古時調).

원룸(one-room) 圏〈원룸 아파트〉의 준말.

원룸:^아파:트(←one-room apartment)圏 침실·거실·부엌 따위가 따로 구분되지 않고 하나의 방으로 되어 있는 주거 형태. 준원룸.

원류(源流)[월-]圏 ①물이 흐르는 근원. 수원(水源). ¶한강의 원류. ②사물이 일어나는 근원. 기원(起源). ¶문명의 원류를 찾다. ③주가 되는 유파(流派).

원:류(願留)[월-]圏 지난날, 고을 백성이 갈려 가는 벼슬아치의 유임을 상부에 청원하던 일.

원리(元利)[월-]圏 원금과 이자. 밑천과 변리.

원리(原理)[월-]圏 ①사물의 기본이 되는 이치나 법칙. ¶지렛대의 원리. ②바탕이 되는 근거, 또는 보편적 진리. 원칙(原則).

원리-금(元利金)[월-]圏 원금과 이자를 합친 돈. ¶원리금을 상환하다.

원림(園林)[월-]圏 ①집터에 딸린 수풀. ②공원이나 정원의 숲.

원-마부(元馬夫)[월-]圏 지난날, 기구(器具)를 갖춘 말의 왼쪽에 달린 긴 경마를 잡고 끌던 말구종. 참결마부.

원만(圓滿)[월-] '원만하다'의 어근.

원만-스럽다(圓滿-)[월-][-따][~스러우니·~스러워]圏비 보기에 원만한 듯하다. 원만스레틧.

원만-하다(圓滿-)圏여 ①(성격이나 행동이) 모나지 않고 두루 너그럽다. ¶인품이 원만하다. ②(일의 진행이) 순조롭다. ¶원만한 진행. ③(지내는 사이가) 구순하다. ¶원만한 인간관계. 원만-히틧 ¶일을 원만히 해결하다.

원-말(原-)圏 ①번역한 말에 대하여 그 본디의 말. 원어(原語). ②준말 또는 변화말에 대하여 그 본디의 말. ②본딧말.

원:망(怨望)圏하타 (남이 내게 한 일에 대하여) 억울하게 여겨 탓하거나 분하게 여겨 미워함. 원대(怨懟). ¶원망을 사다. /친구를 원망하다. 준원(怨).

원:망(遠望)圏하타 ①먼 곳을 바라봄. ②먼 앞날의 희망.

원:망(願望)圏하타 원하고 바람, 또는 원하고 바라는 바.

원:망-스럽다(怨望-)[-따][~스러우니·~스러워]圏비 (어떤 사람이나 일에 대하여) 한스럽거나 유감스럽다. 원망하는 마음이 있다. ¶나를 버리고 떠난 그가 원망스럽다. 원망스레틧.

원:매-인(願買人)圏 사려고 하는 사람. 원매자(願買者). 작자(作者).

원:매-인(願賣人)圏 팔고자 하는 사람. 원매자(願賣者).

원:매-자(願買者)圏 ⇨원매인(願買人).

원:매-자(願賣者)圏 ⇨원매인(願賣人).

원맥(原麥)圏 밀가루의 원료로 쓰는 밀.

원맨-쇼(one-man show)圏 한 사람이 무대에 나와 벌이는 쇼.

원면(原綿)圏 면사 방적의 원료로 쓰는, 아직 가공하지 아니한 솜.

원명(原名)圏 본디의 이름. 원이름.

원명(原命)圏 본디 타고난 목숨.

원:모(怨慕)圏하타 (임금이나 부모의) 무정함을 원망하면서도 사모함.

원모(原毛)圏 모직물의 원료로 쓰는 짐승의 털. 〔주로, 양모(羊毛)를 이름.〕

원:모(遠謀)圏하타 먼 장래를 위한 꾀. 원대한 계획.

원목(原木)圏 아직 제재(製材)하거나 가공하지 아니한 통나무. 참소재(素材).

원무(圓舞)圏 ①둥근 꼴을 이루며 추는 춤. ②왈츠나 폴카 따위와 같이 남녀 한 쌍이 추는 경쾌한 사교춤. 윤무(輪舞). ③〈원무곡(圓舞曲)〉의 준말.

원무-곡(圓舞曲)圏 ⇨왈츠. 준원무.

원문(原文)圏 (베끼거나 번역한 것에 대하여) 본디의 글을 이르는 말. 본문(本文).

원문(轅門)圏 ⇨군문(軍門).

원문(願文)圏 ⇨발원문(發願文).

원물(元物)圏 민법에서, 경제적 수익으로서의 과실(果實)을 낳는 물건을 이르는 말. 〔우유에 대한 젖소, 과일에 대한 과일나무 따위.〕

원물(原物)圏 ①제품의 원료가 되는 물건, 또는 제품의 기준이 되는 물건. ②사진이나 그림, 또는 모조품 따위의 소재가 된 실제의 물건.

원미(元味)圏 쌀을 동강내서 살짝 갈아서 쑨 죽. 여름에 꿀과 소주를 넣어 차게 해서 먹음. 흰원미.

원-밀이(圓-)圏 건축에서, 문살의 등을 둥글게 밀어 파는 살밀이의 한 가지.

원반(原盤)圏 (복제한 음반에 대하여) 본디의 음반.

원반(圓盤)圏 ①접시 모양으로 둥글고 넓적하게 생긴 물건. ②원반던지기에 쓰는 운동 기구. 나무 바탕에 쇠붙이로 심과 테두리를 씌우고 둥글넓적하게 만든 판.

원반-던지기(圓盤-)圏튀자 던지기 경기의 한 가지. 지름이 2.5m인 원 안에서 일정한 규격의 원반을 한 손으로 던지어 그 거리를 겨루는 경기. 투원반(投圓盤). 참필드 경기.

원밥-수기[-쑤-]圏 떡국에 밥을 넣어 끓인 음식.

원:방(遠方)圏 먼 곳. 먼 지방. 원지(遠地).

원:방(遠邦)圏 먼 나라. 원국(遠國).

원-방패(圓防牌)圏 방패의 한 가지. 둥근 널빤지에 뒷면은 무명으로 바르고 그 가운데에 손잡이를 했으며, 앞면은 쇠가죽으로 싸고 그 위에 수면(獸面)을 그렸음.

원배(元配)圏 (죽거나 헤어진) 원래의 아내. 전배(前配).

원:배(遠配)**명**하타 되자 먼 곳으로 귀양을 보냄. 원찬(遠竄).

원범(原犯)**명** ☞정범(正犯).

원법(原法)[-뻡]**명** (고치기 전의) 본디의 법.

원:별(遠別)**명**하타 서로 멀리 헤어짐.

원:병(援兵)**명** 싸움을 도와주는 군사. 구병(救兵). ¶원병을 청하다.

원복(元服)**명** 지난날, 남자가 성년이 되어 비로소 어른의 의관을 입던 의식.

원본(原本)**명** ①등사나 초록(抄錄)·개정·번역 따위를 하기 전의 본디의 책. 원각본(原刻本). 원간본(原刊本). 저본(底本). ↔역본(譯本). ②등본이나 초본의 근본이 되는 문서. ②정본(正本).

원본(院本)**명** 중국 남송(南宋) 시대에, 북방의 금(金)나라에서 행하던 연극의 한 장르, 또는 그 각본(脚本).

원:부(怨府)**명** 뭇사람의 원한이 쏠리는 단체나 기관. ¶일제(日帝) 강점기의 총독부는 우리 민족의 원부였다.

원:부(怨婦)**명** [원한이 맺힌 여자라는 뜻으로] 흔히 '홀어미'를 이르는 말. 원녀(怨女).

원부(原簿)**명** ①(베끼거나 고쳐 적기를 전의) 본디의 장부. ¶호적 원부. ②☞원장(元帳).

원:부-사(怨婦詞)**명** ☞규원가(閨怨歌).

원:불(願佛)**명** 사사로이 모셔 놓고 발원(發願)하는 부처.

원-불교(圓佛敎)**명** 1916년 박중빈(朴重彬)이 법신불(法身佛) 일원상(一圓相)의 진리를 믿음의 대상과 수행의 표본으로 삼아 개창한 종교. 'O'을 상징으로 나타내며, 불교의 현대화와 생활화·대중화를 주장함.

원비(元妃)**명** 임금의 정실(正室).

원비(元肥·原肥)**명** 밑거름.

원-뿌리(元-)**명** 식물의 뿌리 가운데 근본이 되는 뿌리. 주근(柱根).

원-뿔(圓-)**명** 수학에서, 직삼각형이 직각을 이루는 한 변을 축으로 하여 한 바퀴 돌 때 생기는 입체.

원뿔^곡선(圓-曲線)[-썬]**명** 수학에서, 원뿔을 그 꼭짓점을 지나지 않는 평면으로 잘랐을 때 생기는 단면의 곡선.

원뿔-꼴(圓-)**명** 원뿔 모양.

원뿔-대(圓-臺)**명** 수학에서, 원뿔을 밑면에 나란한 평면으로 잘랐을 때, 그 평면과 밑면 사이에 있는 부분의 입체.

원뿔-면(圓-面)**명** 수학에서, 하나의 원둘레를 도선(導線)으로 하여 그 위의 각 점과 원의 평면 밖에 있는 꼭짓점을 지나는 모든 직선을 모선(母線)으로 하여 생기는 곡면.

원사(元士)**명** 국군의 부사관 계급의 하나. 상사의 위, 준위의 아래로, 부사관 중 가장 위의 계급.

원:사(怨詞)**명** 우리나라의 고대 가요. 신라 시대에, 기생 천관녀(天官女)가 김유신(金庾信)에게 버림받고 나서 그를 원망하여 지어 부른 노래. [가사는 전하지 아니하고, '동국여지승람'에 그 설화 내용만이 실려 전함.]

원:사(怨辭)**명** 원망하는 말.

원:사(原絲)**명** 섬유를 가볍게 꼬아서 만든 직물의 원료가 되는 실.

원:사(寃死)**명**하자 원통하게 죽음. 원한을 품고 죽음.

원:사(援師)**명** 도와주는 군대. 원군(援軍).

원:사(遠射)**명**하타 (활이나 총을) 먼 곳에서 쏨, 또는 멀리 쏨.

원:사(遠寫)**명**하타 되자 ①사진을 먼 곳에서 찍음. ②영화 촬영에서, 멀리서 넓게 찍음.

원사^시대(原史時代)**명** 고고학상의 시대 구분의 한 가지. 선사 시대와 역사 시대의 중간 시대. [문헌적 자료가 단편적으로 존재하는 시대를 이름.]

원사이드^게임(←one-sided game)**명** 한편이 일방적으로 이기는 게임.

원-사상체(原絲狀體)**명** ☞사상체(絲狀體).

원삭-동물(原索動物)[-똥-]**명** 동물 분류상의 한 문(門). 원시적 등뼈인 척삭(脊索)이 한 시기 또는 일생 동안 소화기의 등 쪽에 있고, 인두부(咽頭部) 양쪽에 아가구멍이 뚫려 있음. 모두 바다에 사는데, 물 위에 떠다니거나 바위 따위에 붙거나 모래 속에서 생활함. [멍게·창고기 따위].

원산(原産)**명** (어떤 곳에서) 처음으로 생산되는 일, 또는 그 물건. ¶열대 원산의 식물.

원:산(遠山)**명** ①멀리 있는 산. ②안경테의 좌우 두 알을 잇는 부분. ③문짝이 걸리도록 문턱에 박는 쇠. ④뒷간 안의, 앉아서 볼 때 생식기 있는 부분을 가리게 된 물건. ⑤☞풍잠(風簪).

원산-지(原産地)**명** ①원료나 제품의 생산지. ¶원산지 표시가 없는 불법 수입품. ②동식물의 본디의 산지. 본산지(本産地).

원삼(元蔘)**명** ☞현삼(玄蔘).

원삼(圓衫)**명** 여성 예복의 한 가지. 연둣빛 길에 자주 깃라 색동 소매를 달고 허리에는 대대(大帶)를 띰. [대례복이나 신부의 혼례복으로 입었음.]

원상(原狀)**명** 본디의 상태. 원래 있던 그대로의 상태. ¶원상 복구.

원상(原象)**명** 본디의 형상(形象).

원상(院相)**명** 조선 시대에, 왕이 병이 났거나 어린 왕이 즉위한 경우 원임(原任)·시임(時任)의 재상들로 하여금 승정원에 주재하게 하여 국정을 의논하게 한 임시 관직.

원상-회복(原狀回復)[-회-/-훼-]**명**하타 되자 본디의 형편이나 상태로 돌아감, 또는 그렇게 함.

원색(原色)**명** ①다른 빛깔로 더 분해할 수 없는, 모든 빛깔의 바탕이 되는 빨강, 곧 빨강·노랑·파랑을 이름. 기색(基色). ②☞천연색.

원:색(遠色)**명**하자 여색(女色)을 멀리함.

원색-적(原色的)[-쩍]**관명** 언행이나 차림새 따위가 노골적인 (것). ¶원색적 비난. /원색적인 옷차림.

원색-판(原色版)**명** 인쇄에서, 원색을 써서 실물과 똑같은 효과를 내는 망판 인쇄, 또는 그런 쇄물. [현재는 원색에 흑색을 더한 사색판(四色版)이 쓰임.] 참삼색판(三色版).

원생(原生)**명** 자연 그대로 있어 아직 진보나 변화가 없는 것. 원시(原始).

원생(院生)**명** ①(고아원이나 소년원·학원 따위) '원(院)'에 수용되거나 소속되어 있는 사람. ②조선 중기 이후에 서원(書院)에 딸린 유생을 이르던 말.

원생-대(原生代)**명** 지질 시대 구분의 한 가지. 선(先)캄브리아기의 마지막 시대, 곧 시생대(始生代)와 고생대(古生代)의 중간 시대. 화석이 드물게 산출되며 단세포 동물 따위의 유적이 있음.

원생-동물(原生動物)**명** 동물 분류의 한 문(門). 몸이 하나의 세포로 되어 있는 원시적인 최하등 동물. 세포 분열이나 아생(芽生)에 의해서 번식함. 바닷물이나 민물·흙·속, 또는 썩고 있는 유기물이나 식물에서 살며 동물에 기생하는 것도 있음. 〔아메바·나팔벌레·유글레나·종벌레 따위.〕

원생-림(原生林) [-님] 명 ⇨원시림(原始林).

원생-생물(原生生物) 명 단세포 생물을 통틀어 이르는 말.

원생-식물(原生植物) [-싱-] 명 한 개의 세포로 된 최하등 식물. 〔박테리아·남조류 따위.〕

원서(爰書) 명 지난날, 죄인의 공초(供招)를 적던 서류.

원서(原恕) 명하타 되자 형편을 딱하게 여겨 용서함.

원서(原書) 명 (번역하거나 베낀 책에 대하여) 그 원본이 된 책. 원전(原典). ↔역서(譯書).

원:서(願書) 명 지원하거나 청원하는 뜻을 적은 서류. ¶입학 원서. /입사 원서를 제출하다.

원석(元夕) 명 음력 정월 보름날 밤. 원소(元宵).

원석(原石) 명 ①파낸 그대로의 광석. 원광(原鑛). ②가공하기 전의 보석.

원선(圓扇) 명 둥근 모양의 부채. 가운데를 중심으로 참대의 살을 둥글게 펼쳐 기름 먹인 종이를 붙여 만듦.

원:성(怨聲) 명 원망의 소리. ¶원성을 사다. /원성이 자자하다.

원성(原性) 명 본디의 성질.

원소(元宵) 명 ⇨원석(元夕).

원소(元素) 명 ①수학에서, 집합을 이루는 낱낱의 대상이나 요소. ②화학에서, 한 종류의 원자로만 만들어진 물질, 또는 그 물질의 구성 요소. 〔현재 109종 정도가 알려져 있음.〕 홑원소 물질.

원:소(冤訴) 명하자 무고한 죄를 호소함. 억울함을 하소연함.

원소(園所) 명 왕세자나 왕세자빈 또는 왕의 사친(私親) 등의 산소. 준원(園).

원소^기호(元素記號) 명 원자 기호(原子記號).

원소-병(元宵餅) 명 음력 정월 보름날 밤에 먹는 떡.

원소^분석(元素分析) 명 유기 화합물에 들어 있는 원소를 검출하여 그 성분 원소의 함유량을 결정하는 일.

원소^주기율(元素週期律) 명 원소를 원자 번호나 원자량의 차례로 벌여 놓을 때, 그 물리적·화학적 성질이 주기적으로 변화한다고 하는 법칙. 준주기율.

원손(元孫) 명 왕세자의 맏아들.

원:손(遠孫) 명 먼 후대의 자손. 촌수가 먼 자손. 계손(系孫). 말손(末孫).

원수(元首) 명 ①한 나라의 최고 통치권을 가진 사람. ②국제법상, 외국에 대하여 그 나라를 대표하는 국가의 최고 기관. 〔군주국에서는 군주, 공화국에서는 대통령 등.〕

원수(元帥) 명 ①군인의 가장 높은 계급, 또는 그 명예 칭호. 대장의 위. 오성 장군(五星將軍). ②고려 시대에, 전시(戰時)에 군을 통솔하던 장수, 또는 한 지방 군대를 통솔하던 주장(主將). ③대한 제국 때, 원수부의 으뜸 벼슬. 주로, 황태자가 대통령을.

원수(元數) 명 ①근본이 되는 수. ②본디의 수.

원:수(怨讐) 명 자기 또는 자기 집이나 나라에 해를 끼쳐 원한이 맺힌 사람. 구수(仇讐). 구수(寇讐). 구원(仇怨). 구적(仇敵). 수적(讎敵). 적수(敵讐). ¶겨레의 원수. /원수를 갚다.

원수는 외나무다리에서 만난다 속담 남에게 원

한을 사면 피할 수 없는 곳에서 공교롭게 만나게 된다는 말.

원수(貝數) [-쑤] 명 사람의 수효.

원:수-가(怨樹歌) 명 ⇨원가(怨歌).

원수-부(元帥府) 명 대한 제국 때, 국방·용병(用兵)·군사에 관한 일을 지휘 감독하던 관청.

원:수-지다(怨讐-) 자 서로 원수가 되다.

원:수-치부(怨讐置簿) 명하타 원수진 것을 잊지 않고 오래 기억해 둠.

원숙(圓熟) '원숙하다'의 어근.

원숙-하다(圓熟-) [-쑤카-] 형여 ①무르익다. ②나무랄 데 없이 익숙하다. 아주 숙달하다. ¶원숙한 연기. ③(인격이나 지식·기예 따위가) 깊은 경지에 이르다. ¶더욱 원숙해진 인품. **원숙-히** 투.

원순^모:음(圓脣母音) 명 입술을 둥글게 오므려서 소리 내는 단모음. 〔'ㅗ'·'ㅜ'·'ㅚ'·'ㅟ' 가 이에 딸림.〕

원순^모:음화(圓脣母音化) 명 순음(脣音) 밑의 'ㅡ'가 설음(舌音)이나 치음(齒音) 위에서 'ㅜ'로 변하는 현상. 〔믈>물, 블>불, 므지게>무지개, 므슷>무엇 따위.〕

원:숭이 명 ①원숭잇과의 동물을 통틀어 이르는 말. 사람과 비슷하나 온몸에 긴 털이 나고 꼬리가 있음. 영리하고 흉내를 잘 내며 나무에 잘 오름. ②'남의 흉내를 잘 내는 사람'을 비유하여 이르는 말.

원숭이도 나무에서 떨어진다 속담 아무리 재주가 뛰어나도 때로는 실수할 때가 있다는 말.

원:숭이-날 명 ⇨신일(申日).

원:숭이-띠 명 ⇨신생(申生).

원:숭이-해 명 ⇨신년(申年).

원-스텝(one-step) 명 4분의2 박자의 음악에 맞춰 추는 경쾌한 사교춤. 한 박자에 한 걸음씩 나아갔다 물러섰다 함.

원-승자(原乘子) 명 ⇨소인수.

원시(元是) [-씨] 명 본디. 본시(本是). ¶소문이란 원시 과장되어 퍼지기 마련이다.

원시(原始·元始) 명 ①(사물의) 처음. ②자연 그대로 있어 아직 진보나 변화가 없는 것. 원생(原生). ¶원시 사회.

원시(原詩) 명 (번역이나 개작한 시에 대하여) 본디의 시.

원:시(遠視) 명 〈원시안(遠視眼)〉의 준말. 멀리 보기. ↔근시(近視).

원:시-경(遠視鏡) 명 원시안(遠視眼)에 쓰는, 볼록 렌즈로 만든 안경. 돋보기. 돋보기안경. ↔근시경.

원시^공:동체(原始共同體) 명 ⇨원시 공산체.

원시^공:산체(原始共產體) 명 토지를 공유하고 계급 지배가 없던 원시 사회의 혈연적 집단 조직. 〔인류가 최초로 만들었던 사회 조직으로 추정됨.〕 씨족 공산체. 원시 공동체.

원시-림(原始林) 명 사람이 벌목하거나 이용하지 않은 자연 그대로의 산림. 시원림(始原林). 원생림(原生林). 자연림. 처녀림.

원시-산업(原始産業) 명 ①원시 시대의 산업. 〔수렵이나 어로, 또는 초보적인 농목축업 따위.〕 ②천연자원의 획득을 목적으로 하는 산업. 〔농업·어업·광업 따위.〕 ②비제일차 산업.

원시-생활(原始生活) 명 원시 시대에, 나무 열매를 따 먹고, 물고기·짐승 따위를 잡아먹고 살던 생활.

원시^시대(原始時代) 명 문화가 아직 발달되지 않았던 미개한 시대.

원:시-안(遠視眼)圓 눈에 들어온 평행 광선이 망막 뒤쪽에서 상(像)을 맺어 먼 곳은 잘 보이나 가까운 곳은 잘 보이지 않는 눈. 멀리보기눈. ⓒ원시·원안. ↔근시안.

원시-인(原始人)圓 ①현재의 인류 이전의 고대 인류. ②원시 시대나 미개 사회의 야만적으로 사람. 미개인(未開人).

원시-적(原始的)관圓 원시 상태이거나 그와 같은 (것). 문화적이지 못한 (것). ¶원시적 방법. /원시적인 생활.

원시^종교(原始宗敎)圓 원시 시대나 미개 민족의 종교. 〔영혼이나 정령 따위의 초자연적인 존재에 대한 믿음으로, 애니미즘·토테미즘 등이 이에 딸림.〕

원시^프로그램(原始program)圓 기계어로 번역되기 이전의 원래의 프로그램. 소스 프로그램. ↔목적 프로그램.

원-식구(原食口)〔-꾸〕圓 본디의 집안 식구.

원신(元辰)圓 ①☞원단(元旦). ②좋은 때.

원심(怨心)圓 원망하는 마음.

원심(原審)圓 상소심에서, 상소 전에 이루어진 재판, 또는 그 심리. 원재판. ¶원심 파기.

원심(圓心)圓 원의 중심.

원:심(遠心)圓 회전하는 물체가 중심에서 멀어지려고 하는 작용. ↔구심(求心).

원:심-력(遠心力)〔-녁〕圓 물체가 원운동을 할 때, 그 물체에 작용하는 관성(慣性)의 힘. 〔원의 중심에서 멀어지려는 방향으로 작용하는 힘.〕 ↔구심력(求心力).

원:심^분리기(遠心分離機)〔-불-〕圓 원심력의 작용으로 고체와 액체 또는 비중이 다른 두가지 액체를 분리하는 장치.

원:심성^신경(遠心性神經)〔-썽-〕圓 중추에서 일어난 흥분을 근육 따위의 말초 기관에 전달하는 신경. 〔운동 신경이나 대부분의 자율 신경이 이에 딸림.〕

원:심^조속기(遠心調速機)〔-끼〕圓 원심력을 이용하여 물체의 회전 속도를 자동적으로 일정하게 조절하는 장치.

원아(院兒)圓 육아원이나 보육원 같은 데서 맡아 키우는 어린아이.

원아(園兒)圓 유치원에 다니는 아이.

원악(元惡)圓 ①악한 일의 주모자. 악한(惡漢)의 우두머리. ②매우 악한 사람.

원악-대대(元惡大憝)〔-때-〕圓 ①반역죄를 지은 사람. ②매우 악하여 온 세상이 미워하는 사람.

원:안(遠眼)圓〈원시안(遠視眼)〉의 준말.

원앙(鴛鴦)圓 ①오릿과의 물새. 몸길이 43㎝ 가량. 수컷의 몸빛은 여러 가지이나 암컷은 갈색임. 나무에 즐겨 앉고 높은 나무 구멍에 집을 지음. 암수가 늘 함께 다님. 우리나라·중국·일본 등지에 분포함. 천연기념물 제327호. ②'늘 함께 있는 의좋은 부부'를 비유하여 이르는 말.

원앙-금(鴛鴦衾)圓 ①원앙을 수놓은 이불. ②부부가 함께 덮는 이불.

원앙-금침(鴛鴦衾枕)圓 '원앙금'과 '원앙침'을 아울러 이르는 말.

원앙-새(鴛鴦-)圓 '원앙'을 분명히 이르는 말.

원앙-침(鴛鴦枕)圓 ①베갯모에 원앙을 수놓은 베개. ②부부가 함께 베는 베개.

원액(元額·原額)圓 본디의 액수.

원액(原液)圓 (가공하거나 묽게 하지 않은) 본디의 액체. ¶위스키 원액.

원야(原野)圓 (개척하지 않았거나 인가가 없는) 들판.

원:양(遠洋)圓 뭍에서 멀리 떨어진 바다. 난바다. 원해(遠海). ↔근해(近海).

원:양^어선(遠洋漁船)圓 원양 어업을 하기 위하여, 그 구조나 설비가 외양(外洋)의 거센 파도를 견딜 수 있고 어획물을 실어 나르거나 스스로 처리할 수 있도록 시설을 갖춘 배.

원:양^어업(遠洋漁業)圓 어획물의 저장 및 가공 설비를 갖추고, 근거지로부터 수십 일 또는 수개월씩 걸리는 원양을 항해하며 하는 어업. ↔근해 어업.

원:양^항:해(遠洋航海)圓 원양을 항해하는 일. 〔특히, 항해의 실무 연습을 위해 연습함을 타고 원양을 항해하는 일.〕 ⓒ원항.

원어(原語)圓 번역하거나 고치거나 한 말의 본디의 말. 원말. 밑말. ↔역어(譯語).

원:언(怨言)圓 원망하는 말.

원:연(蜿蜒)부형 ①뱀 따위가 구불구불 굼틀거리며 기어가는 모양. ②구불구불한 것이 길게 이어진 모양.

원염(原塩)圓 정제(精製)하지 않은 굵고 거친 소금. 소다 공업 따위 화학 공업에 쓰임.

원엽-체(原葉體)圓 ☞전엽체(前葉體).

원:영(遠泳)圓 먼 거리를 헤엄치는 일.

원예(園藝)圓 (농업의 일부로) 채소나 화훼·과수 따위를 심어 가꾸는 일, 또는 그 기술.

원:예(遠裔)圓 먼 후세의 자손.

원예-농(園藝農)圓 원예 작물을 주로 재배하는 농업.

원예-사(園藝師)圓 원예를 업으로 하거나 원예 기술이 뛰어난 사람. 동산바치.

원예^식물(園藝植物)〔-씽-〕圓 원예로서 가꾸는 식물. 〔정원수·화훼·과수 따위.〕 원예 작물.

원예^작물(園藝作物)〔-장-〕圓 ☞원예 식물.

원예-학(園藝學)圓 원예에 관한 기술이나 이론을 연구하는 학문.

원:오(怨惡)하타 원망하고 미워함.

원:옥(冤獄)圓 죄 없이 억울하게 옥에 갇히는 일, 또는 억울하게 옥살이하는 사람.

원:왕생-가(願往生歌)圓 신라 문무왕 때의 중 광덕(廣德)이 지었다는 10구체 향가. 서방 정토에 가고자 하는 염원을 읊은 내용.

원외(員外)〔워뇌/워눼〕圓 정해진 사람 수효의 밖. 정원(定員) 밖.

원외(院外)〔워뇌/워눼〕圓 '원(院)'자가 붙은 기관의 밖, 또는 국회(國會)의 밖. ¶원외 교섭단체. ↔원내(院內).

원외^운:동(院外運動)〔워뇌-/워눼-〕圓 어떤 지역의 선거민이, 특정한 법률의 제정에 대하여 출신 의원에게 찬성 또는 반대 투표를 하도록 작용하는 일.

원외^투쟁(院外鬪爭)〔워뇌-/워눼-〕圓 국회의 원이, 국회 밖에서 벌이는 정치 투쟁. 장외 투쟁.

원:용(援用)하타 ①자기의 주장에 도움이 되게 어떤 문헌이나 사례·관례 따위를 인용함. ②법률에서 어떤 사실을 들어 주장함.

원:우(怨尤)하타 ☞원구(怨咎).

원-운동(圓運動)圓 (추를 실에 달아 돌릴 때와 같이) 하나의 원을 그리면서 도는 운동.

원원(元元)圓 ①근본, 근본의 뜻. ②백성.

원원(源源) '원원하다'의 어근.

원원-이(元元-)**月** 본디부터. 원래부터.

원원-하다(源源-)**혱어** 근원이 깊어서 끊임이 없다. **원원-히혱**

원월(元月)**명**☞정월(正月).

원위(原位)**명** 본디의 위치나 지위.

원-위치(原位置)**명** 본디 있던 자리.

원유(苑囿)**명** 지난날, 울을 치고 금수(禽獸)를 기르던 곳.

원유(原由)**명** ①☞원인(原因). ②원인과 이유(理由). 근본 이유.

원유(原油)**명** 땅속에서 나는 그대로의, 정제하지 않은 석유. 탄화수소의 혼합물로, 물·석유가스와 적은 양의 황·산소·질소·금속을 함유함.

원:유(遠遊)**명** ①멀리 가서 놂. ②수학(修學)이나 수업 등을 위하여 먼 곳에 감.

원:유-관(遠遊冠)**명** 고려 말과 조선 시대에, 임금이 조하(朝賀)에 나올 적에 강사포를 입고 쓰던 관. 검은 비단으로 만들었음.

원유-회(園遊會)[-회/-훼]**명** (축하·사교 등을 목적으로) 손들을 청하여 정원에서 음식을 대접하는 모임.

원융(圓融) '원융하다'의 어근.

원융-무애(圓融無礙)**명** 일체 제법(諸法)의 사리가 융통되어 막힘이 없음.

원융-하다(圓融-)**혱어** ①한데 통하여 아무 구별이 없다. ②원만하여 막히는 데가 없다. ③불교에서, 일체 제법의 사리가 널리 어울리어 하나가 되어 구별이 없다.

원음(元音·原音)**명** 발음체가 낼 수 있는 소리 가운데 진동수가 가장 적은 소리. 기본음. 기음(基音).

원음(原音)**명** ①글자의 본디의 음. ②☞간음(幹音). ③(재생음에 대하여) 본디의 소리.

원:음(遠音)**명** 먼 데서 나는 소리.

원의(原意)[워늬/워니]**명** ①본디의 생각. ②본디의 뜻. 원의(原義).

원의(原義)[워늬/워니]**명** 본디의 뜻. 본의. 원의(原意).

원의(院議)[워늬/워니]**명** '원(院)' 자가 붙은 의결 기관의 토의나 결의.

원:의(願意)[워늬/워니]**명** (무엇을) 바라는 생각.

원-이름(原-)[-니-]**명** 본디의 이름. 원명(原名).

원인(原人)**명** 지금의 인류보다 이전에 지구 상에 살았던 원시적 인류. 〔피테칸트로푸스 에렉투스·네안데르탈인 따위.〕

원인(原因)**명하자** 사물의 말미암은 까닭, 곧 어떤 일이나 상태보다 먼저 일어나 그것을 일으키는 근본 현상. 원유(原由). ¶원인 분석. /사고의 원인을 규명하다. /다툼의 원인은 농담 한마디였다. ↔결과.

원:인(挼引)**명하자** 끌어당김.

원인(猿人)**명** 가장 원시적인 최고(最古)의 화석 인류를 통틀어 이르는 말.

원:인(遠因)**명** 먼 원인. 간접적인 원인. ↔근인(近因).

원:인(願人)**명** (무엇을) 청하거나 원하는 사람.

원-일자(原日子)**명** ☞소인수(素因數).

원:일(元日)**명** 설날.

원:일-점(遠日點)[-쩜]**명** 태양의 둘레를 도는 행성이나 주기 혜성 등의 궤도 상에서, 태양과 가장 멀리 떨어진 점. ㉣원점(遠點). ↔근일점(近日點).

원임(原任)**명** ①☞전관(前官). ②본디의 벼슬. ㉣시임(時任).

원:입(願入)**명하자** (어떤 기관이나 조직·단체 따위에) 들어가고자 함. 가입하고자 함.

원자(元子)**명** (아직 세자에 책봉되지 않은) 임금의 맏아들. ¶원자 아기.

원자(原子)**명** ①(그리스 철학의) 아톰(Atom). ②물질을 이루는 기본적인 단위. 화학 원소의 특성을 잃지 않는 범위에서 이를 수 있는 최소의 미립자. 〔원자핵과 전자(電子)로 이루어짐.〕

원자-가(原子價)[-까]**명** 원자 한 개와 화합할 수 있는 수소 원자의 수.

원자-구름(原子-)**명** 원자 폭탄이나 수소 폭탄이 폭발할 때 급격한 상승 기류로 말미암아 생기는 버섯 모양의 구름. 버섯구름. 원자운(原子雲).

원자^기호(原子記號)**명** 원자의 종류를 나타내는 기호. 원소 기호. 화학 기호.

원자-단(原子團)**명** 화합물의 분자 안에 들어 있는 특정한 원자의 집단. 〔기(基) 또는 근(根)보다 넓은 뜻으로 쓰임.〕

원자-량(原子量)**명** 어떤 원소의 질량을 기준으로 삼아 각 원소의 상대적 질량을 나타낸 값. 〔현재는 탄소의 동위 원소 가운데 탄소 12를 기준으로 함.〕

원자-력(原子力)**명** 원자핵의 변환에 따라 방출되는 에너지. 〔일반적으로 핵분열이나 핵융합에 따라 일어나는 이용 가능한 에너지를 이름.〕 원자 에너지.

원자력^공학(原子力工學)[-꽁-]**명** 핵분열·핵융합 등의 원자 에너지의 이용에 관한 공학.

원자력^발전(原子力發電)[-빨쩐]**명** 원자로 안에서, 원자핵의 붕괴나 핵반응 결과로 방출되는 에너지로 증기를 만들고, 이것으로 터빈을 돌려 발전하는 일.

원자력^발전소(原子力發電所)[-빨쩐-]**명** 원자력으로 발전하는 시설.

원자-로(原子爐)**명** 원자핵 분열의 연쇄 반응을 인위적으로 제어하여 원자력을 필요에 따라 서서히 방출하도록 조절하는 장치.

원자-론(原子論)**명** ☞원자설(原子說).

원자^무:기(原子武器)**명** ☞핵무기(核武器).

원자-번호(原子番號)**명** 원소 주기율표에서 원소의 차례를 나타내는 수. 〔원자핵 속의 양자수(陽子數)와 같음.〕

원자-병(原子病)[-뼝]**명** 원자핵의 파괴로 말미암아 생기는 방사선을 몸에 받음으로써 일어나는 병. 백혈구가 비정상적으로 많아지는 것이 특징임.

원자-설(原子說)**명** ①철학에서, 모든 물질은 원자와 그 운동으로 성립되었다는 고대 그리스의 자연관. ②물리학에서, 원소는 각각 일정한 화학적 성질 및 질량을 가진 원자로 이루어지고, 화합물은 원자가 결합한 분자로 이루어진다는 학설. 아토미즘. 원자론.

원자^스펙트럼(原子spectrum)**명** 원자가 복사(輻射) 또는 흡수하는 빛의 스펙트럼. 원자가 어떤 에너지 상태에서 다른 상태로 옮길 때 생김. 휘선 스펙트럼.

원자-시(原子時)**명** 원자시계로 정한 시간의 체계. 〔오차는 300년에 1초 이하임.〕

원자-시계(原子時計)[-계/-게]**명** 원자가 복사(輻射) 또는 흡수하는 전자기(電磁氣) 에너지의 일정한 주기를 이용하여 만든 시계. 중력이나 지구 자전에 관계없고 온도의 영향도 받지 않으므로 시간의 정밀 측정에 사용됨.

원자^에너지(原子energy)**명** ☞원자력.

원자-열(原子熱)**명** 어떤 원소의 1g 원자의 온도를 1℃ 올리는 데 필요한 열량. 〔원자량과 비열(比熱)과의 곱.〕

원자-운(原子雲)**명** ☞원자구름.

원-자재(原資材)**명** 공업 생산의 원료가 되는 자재. 〔원유·원목·철광석 따위.〕 ¶수입 원자재. /원자재 값이 오르다.

원자-탄(原子彈)**명** 〈원자 폭탄〉의 준말.

원자^탄두(原子彈頭)**명** ☞핵탄두.

원자-포(原子砲)**명** 핵탄두를 장치한 포탄을 발사할 수 있는 대포.

원자^폭탄(原子爆彈)**명** 원자핵이 분열할 때 생기는 에너지를 이용한 폭탄. 우라늄 235, 플루토늄 239가 주원료임. ⑤원폭·원자탄.

원자-핵(原子核)**명** 원자의 중심부에 있는 작은 입자. 양자와 중성자가 결합된 것으로 양(陽)의 전하(電荷)를 띰. 핵(核).

원자핵^반:응(原子核反應)[-빵-]**명** ☞핵반응.

원자핵^분열(原子核分裂)[-뿐녈]**명** ☞핵분열. ↔원자핵 융합.

원자핵^붕괴(原子核崩壞)[-뿡괴/-뿡궤]**명** ☞핵붕괴.

원자핵^연료(原子核燃料)[-헬녈-]**명** ☞핵연료.

원자핵^융합(原子核融合)[-행늅-]**명** ☞핵융합. ↔원자핵 분열.

원작(原作)**명** 번역·개작·각색 등을 하기 전의 본디 작품. 원저(原著). ¶원작에 충실하게 각색하다.

원작-자(原作者)[-짜]**명** ☞원저자(原著者).

원잠-아(原蠶蛾)**명** ☞누에나방.

원잠-종(原蠶種)**명** 계통이 바른 누에씨.

원장(元帳)[-짱]**명** ①부기에서 가장 근본이 되는 장부. 〔계정 과목별로 계좌를 두어 각각의 증감이나 변화를 계산하는 장부임.〕 원부. 원장부. ②조선 시대에, 고친 양안(量案)에 대하여 '본디의 양안'을 이르던 말.

원장(原狀)[-짱]**명** 〔소장을 여러 차례 내었을 경우에〕 처음에 내었던 소장(訴狀).

원장(院長)**명** '원(院)' 자가 붙은 기관이나 시설의 대표자.

원-장부(元帳簿)**명** ①〔금전 출납부·일기장 따위에 대하여〕 근본이 되는 장부. ②☞원장(元帳).

원-재료(原材料)**명** ☞원료(原料).

원-재판(原裁判)**명** 지금 진행 중인 재판보다 앞서 있었던 재판. 〔항소(抗訴)에서는 초심(初審)의 재판을 이르고, 상고(上告)에서는 항소의 재판을 이름.〕 원심(原審).

원저(原著)**명** 번역·개작·각색·초록(抄錄) 등의 바탕이 된 본디의 책이나 작품. 원작(原作).

원-저자(原著者)**명** 원작을 지은 사람. 원작자.

원:적(怨敵)**명** 원한이 있는 적. 원한 맺힌 원수.

원적(原籍)**명** ①호적법에서, 입적(入籍)하거나 취적(就籍)하기 전의 호적. ②☞본적(本籍).

원:-적외선(遠赤外線)[-쩌괴-/-쩌궤-]**명** 파장이 가장 긴 영역의 적외선. 파장은 50μm~1mm임.

원적-지(原籍地)[-찌]**명** ①적(籍)을 옮기기 전에 적을 두고 살던 곳. ②☞본적지.

원적-토(原積土)**명** 암석의 풍화한 분해물이 다른 곳으로 옮겨지지 않고 본디의 암석 위에 그대로 쌓여서 된 흙. 잔적토. 정적토. ↔운적토.

원전(元田)**명** 조선 시대에, 양안(量案)을 고칠 때 '원장(元帳)에 적혀 있는 논밭'을 이르던 말.

원전(原典)**명** ①기준이 되는 본디의 전거(典據). ②☞원서(原書).

원전(原電)**명** '원자력 발전소'를 줄여 이르는 말.

원전(圓田)**명** 둥글게 생긴 밭.

원전(圓轉)**명**하자**되자** ①둥글게 빙빙 돎, 또는 구름. ②글의 뜻이 순하게 잘 통함. ③막힘이 없이 순조롭게 진행됨.

원전-활탈(圓轉滑脫)**명**하자** 〔말을 하거나 일을 처리하는 데〕 모나지 않게 갖은 수단을 다하여 잘 헤쳐 나감.

원점(原點)[-쩜]**명** ①길이 따위를 잴 때 기준이 되는 점. ②사물이 시작되는 점. 기점(起點). ¶수사가 원점으로 돌아가다. ③수학에서, 좌표를 정할 때 기준으로 삼는 점.

원점(圓點)**명** 둥근 점.

원:점(遠點)[-쩜]**명** ①물리학에서 이르는, 눈으로 똑똑히 볼 수 있는 가장 먼 점. ②〈원일점(遠日點)의 준말.

원:접-사(遠接使)[-싸]**명** 조선 시대에, 중국 사신을 멀리까지 나가 맞아들이던 임시 벼슬.

원정(原情)**명**하자**타** 사정을 하소연함.

원정(園丁)**명** ☞정원사(庭園師).

원:정(遠征)**명**하자** ①멀리 적을 치러 감. ②먼 곳으로 경기나 조사·답사·탐험 따위를 하러 감. ¶원정 경기. /남극 원정.

원:정(遠程)**명** ☞원로(遠路).

원:점(遠點)**명** ☞원로(遠路).

원:정-대(遠征隊)**명** ①멀리 적을 치러 가는 군대. ②먼 곳으로 경기나 조사·답사·탐험 따위를 하러 가는 단체.

원제(原題)**명** 본디의 제목. 본제(本題).

원조(元祖)**명** ①한 겨레의 맨 처음 조상. ②어떤 일을 처음 시작한 사람. ②비조(鼻祖).

원조(元朝)**명** 원단(元旦).

원:조(援助)**명**하자**타** 도와줌. ¶아프리카에 식량을 원조하다.

원:조(遠祖)**명** 〔고조(高祖) 이전의〕 먼 조상.

원:족(遠族)**명** 혈통이 먼 일가. 먼 친족. 소족(疏族). 원척(遠戚).

원종(原種)**명** ①사육하거나 재배하는 품종의 원형(原型)의 야생 동식물. ②재배용의 씨앗을 받는 데 쓰이는 씨.

원:종(願從)**명**하자** 〔남을〕 따라가기를 원함.

원:죄(怨罪)[-죄/-줴]**명** 원한을 품고 저지른 극악한 죄.

원죄(原罪)[-죄/-줴]**명** ①하자**죄를 용서하여 형(刑)을 더하지 않음. ②기독교에서, 아담과 하와가 금단(禁斷)의 열매를 따 먹은 이후부터, 인간이 본디부터 지니고 태어나게 되었다는 죄. ☞본죄(本罪).

원죄(寃罪)[-죄/-줴]**명** 억울하게 뒤집어쓴 죄.

원주(原主)**명** 본디의 임자. 정당한 주인.

원주(原住)**명**하자**본디부터 살고 있음. ②〈원주소(原住所)〉의 준말.

원주(原株)**명** 곁가지에 대한 원줄기.

원주(原註)**명** 본디의 주석(註釋).

원주(圓周)**명** ☞원둘레.

원주(圓柱)**명** ①☞두리기둥. ②'원기둥'의 구용어.

원주^곡면(圓柱曲面)[-공-]**명** '원기둥 곡면'의 구용어.

원주-민(原住民)**명** 본디부터 살던 사람. 본바닥 사람.

원주-소(原住所)**명** 본디 살고 있던 곳. ②원주(原住). ☞원주소.

원주-율(圓周率)**명** ☞원둘레율.

원주-지(原住地)**명** 본디 살던 곳. 이전에 살던 고향 땅.

원주^투영법(圓柱投影法) [-뻡] 명 ☞원통 도법.

원-줄기(元-) 명 근본이 되는 줄기. 본간(本幹).
¶ 유교 사상의 원줄기.

원:증회-고(怨憎會苦) [-회/-훼-] 명 불교에서 이르는 팔고(八苦)의 하나. 원망하거나 미워하는 사람과 만나 살아야 하는 고통.

원지(原紙) 명 ①닥나무 껍질을 원료로 하여 뜬, 두껍고 질긴 종이. 누에씨를 받는 데 쓰임. ②등사판 따위의 원판으로 쓰이는, 초를 먹인 종이.

원지(園池) 명 ①정원(庭園)과 못. ②정원 안에 있는 못.

원:지(遠地) 명 ☞원방(遠方).

원:지(遠志)¹ 명 원대한 뜻. 앞날을 생각하는 마음. ¶원지를 품다.

원:지(遠志)² 명 ①원지과의 다년초. 산이나 들에 절로 나는데, 뿌리는 굵고 길며 줄기 높이는 30 cm가량. 잎은 어긋맞게 나며, 여름에 자줏빛 꽃이 핌. ②한방에서, '원지의 뿌리'를 약재로 이르는 말. [거담(祛痰)·강장·강정제 등으로 쓰임.]

원:지-점(遠地點) [-쩜] 명 달이나 인공위성이 그 궤도 상에서 지구와 가장 멀리 떨어지는 지점. ↔근지점(近地點).

원-지형(原地形) 명 침식이나 변형이 되기 전의 본디 지형.

원진-살(元嗔煞) [-쌀] 명 ①부부 사이에 까닭 없이 서로 미워하는 한때의 액운. ②궁합이 서로 꺼리게 되어 있다는 살(煞). [소띠가 말띠를, 범띠가 닭띠를, 뱀띠가 개띠를 꺼리는 따위.]

원질(原質) 명 ①본디의 성질. ②밑바탕이 되는 물질이나 성분.

원:찬(遠竄) 명하다 되자 먼 고장으로 귀양살이를 보냄. 원배(遠配).

원-채(原-) 명 한 집터 안에서 으뜸이 되는 집채. 몸채.

원:처(遠處) 명 먼 곳.

원:척(遠戚) 명 ☞원족(遠族).

원:천(怨天) 명하다 하늘을 원망함.

원천(源泉) 명 ①물이 솟아나는 근원. ②사물이 나거나 생기는 근원. ¶활력의 원천.

원천^과세(源泉課稅) 명 과세 방식의 한 가지. 소득이나 수익에 대한 과세를 소득자에게 종합해서 매기지 않고, 소득이나 수익을 지급하는 곳에서 그 지급액을 과세 표준으로 하여 개별적으로 매김.

원:천-우인(怨天尤人) 명하자 하늘을 원망하고 남을 탓함.

원천-적(源泉的) 관명 사물의 근원에 관계되는 (것). ¶원천적 문제. /원천적으로 해결하다.

원천^징수(源泉徵收) 명 소득세의 징수 방법의 한 가지. 각종 급여금이나 배당금·퇴직금 등 특정 소득에 대하여, 이를 지급하는 사람이 소정의 소득 세액을 공제 징수하여 국고에 납부함.

원체(元體) [Ⅰ] 명 으뜸이 되는 몸. 본디의 형체. [Ⅱ] 부 워낙. 본디부터. ¶몸이 원체 약하다. /채소 값이 원체 비싸서 못 샀다.

원체(圓體) 명 둥근 형체.

원초(原初) 명 사물이 비롯되는 맨 처음. 발생의 시초.

원초-적(原初的) 관명 사물이 비롯되는 맨 처음의 (것). ¶원초적 욕구. /원초적인 문제.

원촌(原寸) 명 실제 치수.

원:촌(遠寸) 명 먼 촌수. 먼촌. ↔근촌(近寸).

원:촌(遠村) 명 먼 마을. ↔근촌(近村).

원추(圓錐) 명 '원뿔'의 구용어.

원추^곡선(圓錐曲線) [-썬] 명 '원뿔 곡선'의 구용어.

원추-근(圓錐根) 명 원뿔 모양으로 생긴 뿌리. [당근이나 무의 뿌리 따위.]

원추^꽃차례(圓錐-次例) [-꼳-] 명 ☞원추 화서(圓錐花序)

원추-대(圓錐臺) 명 '원뿔대'의 구용어.

원추^도법(圓錐圖法) [-뻡] 명 ☞원추 투영법.

원추리 명 백합과의 다년초. 산지에 절로 나는데 관상용으로 심기도 함. 잎은 뿌리에서 무더기로 나며, 여름에 등황색 꽃이 종 모양으로 핌. 어린잎과 꽃은 먹을 수 있고, 뿌리는 한방에서 약재로 쓰임. 망우초(忘憂草).

원추-면(圓錐面) 명 '원뿔면'의 구용어.

원추^투영법(圓錐投影法) [-뻡] 명 지구 투영법의 한 가지. 지구의 어떤 위선(緯線)에 원뿔면을 맞닿게 하여 그 위에 비치는 지구 표면의 형태를 그리는 방법. 원추 도법(圓錐圖法).

원추-형(圓錐形) 명 '원뿔꼴'의 구용어.

원추^화서(圓錐花序) 명 화서(花序)의 한 가지. 화서의 축이 한 번 또는 여러 번 갈라져 맨 나중의 각 분지(分枝)가 총상 화서를 이루면서 전체가 원뿔 모양으로 되는 화서. 원추 꽃차례.

원:출(遠出) 명하자 먼 길을 떠남.

원칙(原則) 명 ①근본이 되는 법칙. 본칙(本則). ¶문장 수련의 3대 원칙. ②여러 사물이나 일반 현상에 두루 적용되는 법칙. ¶웃어른께 먼저 예를 갖추는 게 원칙이다. 원리(原理).

원칙-론(原則論) [-칭논] 명 원칙에 근거하거나 원칙을 따르고자 하는 주장이나 논리.

원칙-법(原則法) [-뻡] 명 어떤 사실의 기본적이고 원리적인 사항을 규정하는 법규. ↔예외법.

원칙-적(原則的) [-쩍] 관명 원칙에 근거를 두는 (것). ¶원칙적 방침. /원칙적인 합의.

원:친(遠親) 명 먼 일가.

원:칭(遠稱) 명 말하는 이와 듣는 이로부터 멀리 떨어져 있는 대상을 가리키는 것. 먼가리킴. ↔근칭(近稱).

원:칭^대:명사(遠稱代名詞) 명 멀리 떨어져 있는 것을 가리키는 대명사. 말머리에 '저'가 붙어 이루어진 대명사. [저이·저것·저기 따위.] ↔근칭 대명사.

원:-컨대(願-) 부 바라건대. ¶원컨대 조속한 시일 안에 가부를 알려 주십시오.

원탁(圓卓) 명 둥근 탁자.

원탁-회의(圓卓會議) [-타쾨의/-타퀘이] 명 원탁에 둘러앉아서 하는 회의. 주로, 자리의 차례에 관계없이 참가자들이 모두 평등한 처지임을 내세울 때 이용함.

원탑(圓塔) 명 원기둥 모양으로 만든 탑.

원:통(冤痛) 명하자 분하고 억울함. 몹시 원망스러움. 원통-히 부.

원통(圓筒) 명 ①둥근 통. ②'원기둥'의 구용어.

원통^도법(圓筒圖法) [-뻡] 명 지도 투영법의 한 가지. 지구의 중심을 시점(視點)으로 하고, 적도 위에서 지구에 접하는 원통면을 정하여 그 면에 투영된 경선(經線)과 위선(緯線)을 그리는 도법. 항해도·항공도 따위를 그릴 때 이용함. 개전법(開展法). 원주 투영법(圓柱投影法).

원투:^펀치(one-two punch) 명 권투에서, 좌우의 주먹으로 연달아 치는 공격법.

원특(怨慝) '원특하다'의 어근.

원:특-하다(怨慝-)[-트카-]형여 원한을 품어 요사스럽고 악하다.

원판(元-) I형 본디의 판국.
II부 원래. ¶원판 착한 성품이지.

원판(原板)명 사진에서, 밀착 또는 확대할 때 쓰는 음화(陰畫).

원판(原版)명 ①활판 인쇄에서, 연판(鉛版)의 바탕이 되는 활자 조판. ②복제나 번각(翻刻) 따위의 본디의 판. ③☞초판(初版).

원판(圓板)명 둥근 널빤지.

원-판결(原判決)명 원재판에서 받은 판결.

원포(園圃)명 과수나 채소 따위를 심는 뒤란이나 밭.

원폭(原爆)명 〈원자 폭탄〉의 준말.

원표(元標)명 〈거리 따위를 잴 때의〉 근본이 되는 표, 또는 푯대.

원-표피(原表皮)명 식물의 줄기가 되는 부분의 맨 거죽에 있는 세포층. 자라서 겉껍질이 됨.

원:-풀이(怨-)명하자 원한을 푸는 일.

원:-풀이(願-)명하자 소원을 푸는 일.

원품(原品)명 〈모조품·가공품 등에 대하여〉 본디의 물품.

원피(原皮)명 가공하지 않은 동물의 가죽. 원료로서의 가죽.

원-피고(原被告)명 원고(原告)와 피고(被告)를 아울러 이르는 말.

원피:스(one-piece)명 여성이 입는, 위아래가 한데 이어져 하나로 된 옷.

원:-하다(願-)타여 〈장래에 무엇이 이루어지거나 얻게 되기를〉 바라거나 청하다. ¶평화를 원하다. /입신출세를 원하다.

원:한(怨恨)명 원통하고 한스러운 생각. ¶원한이 뼈에 사무치다. 원수(怨讎).

원:항(遠航)명하자 〈원양 항해〉의 준말.

원:해(遠海)명 ☞원양(遠洋). 난바다. ↔근해.

원:행(遠行)명하자 먼 곳으로 감. 먼 여행길을 떠남. 탁행(遠行). 참원정(遠征).

원향(原鄕)명 한 지방에서 여러 대를 살아오는 향족(鄕族).

원향-리(原鄕吏)[-니]명 지난날, 한 고을에서 여러 대를 살면서 관아의 아전 노릇을 하던 사람.

원:혐(怨嫌)명 ①원망과 혐의(嫌疑). ¶원혐을 품다. ②하타원망하고 미워함. ¶친구들에게 원혐을 사다.

원:혐(遠嫌)명하타 ①〈의심스러운 일 따위를〉 멀리함. ②멀리하고 미워함.

원형(元型)명 생물의 발생적인 유사성에 따라 추상(抽象)된 유형. 〔주로, 생물학이나 심리학·성격학 따위에서 생명 현상을 유형화할 때 쓰는 말임.〕

원형(原形)명 ①〈변하기 전의〉 본디의 모양. 본형(本形). ¶원형을 유지하다. ②진화하지 아니한 원시의 형태. ③☞기본형(基本形).

원형(原型)명 같거나 비슷한 여러 개가 만들어져 나온 본바탕.

원:형(寃刑)명 죄 없이 억울하게 받는 형벌.

원형(圓形)명 둥글게 생긴 모양. 원 모양. ¶원형 경기장.

원형^극장(圓形劇場)[-짱]명 ①고대 로마 때, 관람석을 원형의 계단식으로 만든 옥외(屋外) 극장 또는 투기장(鬪技場). ②계단으로 둘러싸인 관람석 중앙에 마련된 원형의 무대, 또는 그러한 상연 형식.

원형이정(元亨利貞)[-니-]명 ①주역(周易)의 건괘(乾卦)의 네 가지 덕, 곧 천도(天道)의 네 가지 원리를 이르는 말. 〔원(元)은 만물의 시작인 봄·인(仁), 형(亨)은 여름·예(禮), 이(利)는 가을·의(義), 정(貞)은 겨울·지(智)를 뜻함.〕 사덕(四德). ②사물의 근본 원리나 도리.

원형-질(原形質)명 생물체의 세포를 이루는 기초 물질. 핵(核)과 세포질을 포함하는 세포 안의 살아 있는 물질계(物質界). 참후형질.

원형질-막(原形質膜)명 생물 세포의 원형질의 바깥쪽을 싸고 있는 매우 얇은 막.

원형질-체(原形質體)명 식물의 세포에서 세포막을 제외한 본체. 〔동물의 경우에는 세포와 같은 뜻으로 쓰임.〕

원호(元號)명 ☞다년호. 연호(年號).

원:호(援護)명하타되자 도와주며 보살핌. ¶전쟁 유가족 원호 활동.

원호(圓弧)명 수학에서, 두 점 사이에 있는 원 둘레의 한 부분. 〔우호(優弧)와 열호(劣弧)의 구분이 있음.〕

원:혼(寃魂)명 원통하게 죽은 사람의 넋. ¶원혼을 달래다.

원-화(-貨)명 '원' 단위의 화폐, 곧 우리나라의 화폐.

원화(原畫)명 ①밑그림. ②〈복제한 그림에 대한〉 본디의 그림.

원:화(遠禍)명하자 화(禍)를 물리침.

원:화-소복(遠禍召福)명하자 화를 물리치고 복을 불러들임.

원환(圓環)명 둥근 쇠고리.

원활(圓滑)명하여 ①일이 거침이 없이 순조로움. ②모나지 않고 부드러움. ③인간관계가 원활하다. 원활-히부 ¶회의가 원활히 진행되다.

원회(元會)[-회/-훼]명 지난날, 정월 초하룻날에 하던 대궐 안의 조회(朝會).

원훈(元勳)명 ①나라를 위한 가장 큰 공훈. ②지난날, 나라에 큰 공이 있어 임금이 믿고 가까이하던 노신(老臣).

원흉(元兇)명 못된 짓을 한 무리의 우두머리. 악당의 두목. ¶민족의 원흉.

월:명 하나의 온전히 짠인 생각을 나타낸 글. 글월. 문장.

월(月) I명 ①달. ¶월에 소요되는 경비. /평균 강우량. ②〈월요일〉의 준말. II의 달을 세는 단위. ¶5월의 축제.

월가(越價)[-까]명하자 ①값을 치러 줌. ②값을 누리.

월간(月刊)명 다달이 한 번씩 펴냄, 또는 그 간행물. ¶월간 잡지.

월간(月間)명 한 달 동안. 한 달간. ¶월간 경제 동향.

월간-보(越間-)[-뽀]명 공청(空廳)이 아닌 칸과 칸 사이에 얹힌 대들보.

월간-지(月刊誌)명 한 달에 한 번씩 펴내는 잡지.

월강(越江)명하자 ①강을 건넘. ②지난날, 압록강이나 두만강을 건너 중국에 감을 이르던 말.

월거덕-거리다[-꺼-]자타 월거덕월거덕하다. 월거덕대다. ¶소달구지가 마을 앞길을 월거덕거리며 지나간다. 참왈가닥거리다. 셈얼거덕거리다.

월거덕-대다[-때-]자타 월거덕거리다.

월거덕-덜거덕[-떨-]부하자타 월거덕거리고 덜거덕거리는 소리, 또는 그 모양. 참왈가닥달가닥. 셈얼거덕덜거덕.

월거덕-월거덕부하자타 여러 개의 크고 단단한 물건이 서로 거칠게 마구 부딪치면서 나는 소리, 또는 그 모양. 참왈가닥왈가닥. 셈얼걱덕월걱.

월걱-거리다[-꺼-]**자타** 자꾸 월걱월걱하다. 월
걱대다. **웹**왈각거리다.

월걱-대다[-때-]**자타** 월걱거리다.

월걱-덜걱[-떨-]**부하자타** 여러 개의 크기가
다른 단단한 물건이 서로 마구 부딪치면서 나
는 소리, 또는 그 모양. **웹**왈각달각.

월걱-월걱[**부하자타**] 여러 개의 단단한 물건이
서로 마구 부딪치면서 나는 소리, 또는 그 모
양. **웹**왈각왈각.

월건(月建)**명** 다달이 배정된 간지(干支). 〔갑
자·을축·병인 따위.〕

월겅-덜겅[**하자타**] 여러 개의 단단하고 큼직한
물건이 어수선하게 자꾸 서로 부딪치는 소리,
또는 그 모양. **웹**왈강달강.

월경(月頃)**명** 한 달쯤. 달포.

월경(月經)**명하자** 성숙기의 정상적인 여성에게
있는 생리 현상. 난소 기능으로 일어나는 자궁
점막의 출혈로, 보통 28일 정도의 주기로 반복됨.
경도(經度)². 달거리. 생리(生理). 월사(月事).
월수(月水). 월후(月候). 멘스. **웹**경수(經水).

월경(越境)**명하자** 국경 또는 관할하는 경계 선
을 넘음.

월경-대(月經帶)**명** └개짐. 생리대(生理帶).

월경=불순(月經不順)**명** 월경이 고르지 못
한 부인병. 부조증(不調症).

월경-수(月經水)**명** └몸엣것.

월경-통(月經痛)**명** 월경할 때 아랫배나 자궁
등이 아픈 증세. 생리통(生理痛).

월경=폐:쇄기(月經閉鎖期)[-폐/-페-]**명** 월
경이 멈추는 시기. 보통, 쉰 살 전후임. 경폐
기. 폐경기(閉經期).

월계(月計)[-계/-게]**명하타** 한 달을 단위로
하여 셈함, 또는 그 회계나 통계.

월계-관(月桂冠)[-계/-게-]**명** ①고대 그리
스에서, 월계수의 가지와 잎으로 관처럼 만들
어 경기의 우승자에게 승리를 기리는 뜻으로
머리에 씌워 주던 것. ②'승리하거나 남보다
앞선 사람이 차지하는 명예'를 비유하여 이르
는 말. ¶승리의 월계관을 쓰다. 계관(桂冠).

월계-수(月桂樹)[-계/-게-]**명** 녹나뭇과의
상록 교목. 지중해 연안 원산으로 높이는 10~
20 m. 잎은 어긋나며 딱딱함. 봄에 잎겨드랑이
에 담황색의 작은 꽃이 피고, 가을에 앵두 모
양의 열매가 암자색으로 익음. 잎은 향수 원료
로 쓰임.

월계-표(月計表)[-계/-게-]**명** 한 달 동안의
회계나 통계를 나타낸 표.

월계-화(月季花)[-계/-게-]**명** 장미과의 상
록 활엽 관목. 중국 원산의 관상 식물. 줄기에
가시가 있고, 잎은 깃 모양의 겹잎임. 5월에서
가을까지 홍자색이나 연분홍색의 꽃이 피고 둥
근 열매가 붉게 익음. 사계. 사계화(四季花).

월고(月雇)**명하자** ①한 달 기한으로 사람을 씀,
또는 그 사람. ②달로 쳐서 품삯을 주고 사람
을 씀, 또는 그 품삯.

월과(月課)**명** ①달마다 일정하게 하는 일. ②
달마다 보는 시험. ③지난날, 지방 관청이 달마
다 정부에 바치던 세금.

월광(月光)**명** 달빛. 월화(月華).

월광-단(月光緞)**명** 달무늬를 놓은 비단.

월광-보살(月光菩薩)**명** 불교에서 이르는, 약사
삼존(藥師三尊)의 하나. 약사여래불의 오른쪽
에 모심.

월구(月球)**명** └달¹.

월궁(月宮)**명** 전설에서, 달 속에 있다는 궁전.

월궁-항아(月宮姮娥)〔월궁에 있다는 항아같
이 아름다운 '절세 미인'을 비유하여 이르는 말.

월권(越權)[-꿘]**명하자** 자기 권한 밖의 일을
함. 남의 직권을 침범함. ¶월권 행위.

월귤(越橘)**명** 철쭉과의 상록 소관목. 높이는
30 cm. 높은 산에 절로 나며, 꽃은 5~6월에
총상 화서로 두세 개씩 분홍색으로 핌. 8~9월
에 익는 둥근 열매는 신맛이 나며 날로 먹거나
과실주로 담가 먹음.

월금(月琴)**명** 중국에서 전해 온 현악기의 한 가
지. 당비파와 비슷한데, 달 모양의 둥근 공명 상
자에 가늘고 긴 목을 달고 네 줄을 맨 악기임.

월급(月給)**명** (일한 데 대한 삯으로) 다달이 받
는 일정한 돈. 월봉(月俸).

월급-쟁이(月給-)[-쩽-]**명** '월급을 받고 일하
는 사람'을 홀하게 이르는 말.

월남(越南)[-람]**명하자** 어떤 경계선을 넘어 남
쪽으로 가거나 옴. ¶일사 후퇴 때 월남했다.
↔월북(越北).

월남-치마(越南-)[-람-]**명** └통치마.

월내(月內)[-래]**명** 한 달 안. 그달 안. ¶꾸어
주면 월내에 갚겠다.

월년(越年)[-련]**명하자** 해를 넘김.

월년-생(越年生)[-련-]**명** 〈월년생 식물〉의
준말.

월년생^식물(越年生植物)[-련-싱-]**명** 이년생
식물. 월년생 초본. ⑥월년생.

월년생^초본(越年生草本)[-련-]**명** └월년생
식물.

월년-성(越年性)[-련썽]**명** (식물의 심은 씨가)
가을에 싹이 터서 겨울을 난 다음, 봄에 꽃이
피고, 열매가 맺히고는 말라 죽는 성질. 〔보리
따위.〕

월단(月旦)[-딴]**명** 매달의 첫날.

월담(越-)[-땀]**명하자** 담을 넘음.

월당(月當)[-땅]**명** 월액(月額).

월대(月臺)[-때]**명** 대궐의 전각 앞에 놓인 섬돌.

월대-식(月帶蝕)[-때-]**명** 월식(月蝕) 중인 달
이 이지러진 채 지평선 위로 돋거나 또는 지는
상태.

월도(月刀)[-또]**명** ①무예 이십사반의 하나. 보
졸(步卒)이 언월도(偃月刀)로 하는 검술. ②〈언
월도〉의 준말.

월동(越冬)[-똥]**명하자** 겨울을 넘김. 겨울을
남. 겨우살이¹. 과동(過冬). ¶월동 준비.

월동-력(越冬力)[-똥녁]**명** (식물이) 겨울철을
잘 견디어 내는 능력.

월동-비(越冬費)[-똥-]**명** 겨울철을 지내는 데
드는 비용.

월동-성(越冬性)[-똥썽]**명** (식물이) 겨울철의 추
위를 잘 견디어 내는 성질.

월드^와이드^웹(World Wide Web)**명** 동영상·
음성·문자 따위의 멀티미디어 환경으로 인터넷
정보를 찾아볼 수 있도록 해 주는 검색 서비스
를 이르는 말. ⑥웹(web).

월등(越等)[-뜽]**명** 정도의 차이가 대단히 크게.
다른 것보다 훨씬 낫게. ¶옛날보다는 생활수
준이 월등 나아졌다.

월등-하다(越等-)[-뜽-]**형여** 정도의 차이가
대단히 크다. 다른 것보다 훨씬 낫다. ¶내 짝
은 나보다 학업 성적이 월등하다. 월등-히**부**.

월떡[**명**] ①먹은 것을 갑자기 다 게워 내는 모양.
②물건이 통째로 뒤집히거나 젖혀지는 모양.
③물 따위가 갑자기 끓어올라 넘치는 모양.
웹왈딱. 월떡-월떡**부하자**.

월래(月來)**명** ①지난달 이래 지금까지 이르는 동안. ②두어 달 동안.

월력(月曆)**명** ☞달력.

월령(月令)**명** 지난날, 한 해 동안의 정례적인 정사(政事)나 의식(儀式), 또는 농가(農家)의 행사 따위를 다달이 구별하여 규정해 두던 것.

월령(月齡)**명** ①초승달에서 다음 초승달까지의 동안을 하루 단위로 세어서, 그 날수에 따라 달의 차고 이지러진 정도를 나타내는 말. 초승달을 0으로 하여 세어 가면 보름달은 월령이 15가량 됨. ②생후 한 살 미만인 갓난아이의 나이를 달수로 세는 말.

월령-가(月令歌)**명** 한 해 동안의 기후 변화나 의식 및 농가 행사 따위를 달의 차례로 섣달까지의 차례로 읊은 노래. 〔농가월령가·사친가(思親歌)·동동(動動) 등이 이에 딸림.〕월령체가.

월령-체(月令體)**명** ☞달거리.

월령체-가(月令體歌)**명** ☞월령가.

월례(月例)**명** 다달이 정해 두고 하는 일. ¶월례 행사. /월례 조회.

월례-회(月例會)[-회/-훼]**명** 다달이 가지는 정기적인 모임.

월로(月老)〈월하노인(月下老人)〉의 준말.

월로-승(月老繩)**명** 월하노인이 주머니 속에 지니고 다닌다는 붉은 끈. 〔이 끈으로 남녀의 인연을 맺어 준다고 함.〕

월륜(月輪)**명** 달, 또는 달의 둘레.

월름(月廩)**명** 지난날, 월급으로 주던 곡식.

월름-미(月廩米)**명** 지난날, 월급으로 주던 쌀.

월리(月利)**명** ☞달변.

월리(月離)**명** ①달의 운동. ②달과 어떤 항성 또는 행성과의 각거리(角距離). 해상의 경도(經度)를 산출하는 데 쓰임.

월리스-선(Wallace線)**명** 생물 분포의 한 경계선. 아시아 주와 오스트레일리아 주를 구획하는 선으로 보르네오 섬과 술라웨시 섬 사이를 지남.

월말(月末)**명** 그달의 끝 무렵. ¶월말 고사. ↔월초(月初).

월면(月面)**명** ①달의 겉면. ②달처럼 환하게 잘 생긴 얼굴.

월면-도(月面圖)**명** 달의 표면의 지세(地勢)를 나타낸 지도.

월면-차(月面車)**명** 달 표면을 탐험하는 데 사용하는 차.

월반(越班)**명**하자 학생의 학습 능력이 높아서 학년의 차례를 걸러서 상급반으로 오르는 일.

월방(越房)**명** 건넌방.

월번(月番)**명** 달마다 바뀌는 번차례.

월변(月邊)**명** ☞달변.

월별(月別)**명** 달에 따라 나눈 구별. ¶월별 작업량.

월병(月餠)**명** ☞달떡.

월보(月報)**명** 다달이 내는 보고나 보도, 또는 그 인쇄물. ¶세정(稅政) 월보.

월복(越伏)**명**하자 예사 때는 열흘 간격으로 드는 중복과 말복 사이가 스무 날로 되는 일.

월봉(月俸)**명** 월급(月給).

월부(月賦)**명** 갚거나 치러야 할 돈을 얼마씩 나누어 다달이 내는 일. ¶월부 판매. ⑳연부.

월부-금(月賦金)**명** 다달이 얼마씩 나누어 갚는 돈.

월북(越北)**명**하자 어떤 경계선을 넘어 북쪽으로 가거나 옴. ¶월북 작가의 작품에 대한 해금(解禁) 조치. ↔월남(越南).

월비(月費)**명** 다달이 쓰는 비용.

월사(月事)[-싸]**명** ☞월경(月經).

월사-금(月謝金)[-싸-]**명** 지난날, 다달이 내는 수업료를 이르던 말.

월삭(月朔)[-싹]**명** 그달의 초하룻날.

월삭(越朔)[-싹]**명**하자 해산달을 넘김.

월산(月産)[-싼]**명** 한 달 동안의 생산량.

월-삼도(越三道)[-쌈-]**명**하자 〔세 도(道)를 지난다는 뜻으로〕지난날, 먼 고장으로 귀양 보냄을 이르던 말.

월색(月色)[-쌕]**명** 달빛.

월석(月夕)[-썩]**명** ①달이 밝은 저녁. 밝은 밤. ②한가윗날 밤.

월석(月石)[-썩]**명** 달의 표면에 있는 암석.

월성(越城)[-썽]**명**하자 성을 넘음.

월세(月貰)[-쎄]**명**하자 사글세.

월-세계(月世界)[-쎄계/-쎄게]**명** ①달의 세계. 달나라. ②달빛이 환히 비친 온 세상.

월소(月梳)[-쏘]**명** 얼레빗.

월소(越訴)[-쏘]**명**하자 지난날, 하급 관아를 거치지 않고 곧바로 상급 관아에 소청(訴請)하던 일.

월수(月水)[-쑤]**명** ☞월경(月經).

월수(月收)[-쑤]**명** ①다달이 들어오는 돈, 또는 매달의 수입. ¶월수 이백만 원. ②본전에다 이자를 얹어서 다달이 갚아 나가는 일, 또는 빚.

월수(月數)[-쑤]**명** 달수.

월수(越數)[-쑤]**명**하자 정한 수효나 예정한 수를 넘음.

월시(月始)[-씨]**명** ☞월초(月初).

월시진척(越視秦瘠)[-씨-]**명** 〔월(越)나라가 진(秦)나라의 땅이 걸고 메마름을 상관하지 않았다는 데서〕 '남의 일이나 환난에 도무지 개의치 않음'을 비유하여 이르는 말.

월식(月蝕·月食)[-씩]**명** 지구가 태양과 달 사이에 들어가서 지구의 그림자로 말미암아 달의 일부 또는 전부가 가려져 어둡게 보이는 현상. ⑳일식(日蝕).

월액(月額)**명** 달마다 정한 금액. 월당(月當).

월야(月夜)**명** 달밤.

월여(月餘)**명** 한 달 남짓. 달포. ¶월여에 걸쳐 공사를 마무리하다.

월영(月影)**명** 달의 그림자.

월요(月曜)**명** 〈월요일〉의 준말. 《주로, 관형어로 쓰임.》 ¶월요 토론.

월요-병(月曜病)[-뼝]**명** 봉급 생활자가 토요일과 일요일에 지나치게 놀거나 푹 쉬지 못하여, 월요일에 느끼게 되는 피곤한 상태.

월-요일(月曜日)**명** 칠요일(七曜日)의 하나. 일요일의 다음 날. ⑳월(月)·월요.

월용(月容)**명** 달처럼 아름다운 얼굴.

월의-송(越議送)[위릐-/위리-]**명**하자 지난날, 그 지방의 관아를 거치지 않고 바로 관찰사에게 소청(訴請)하던 일.

월인석보(月印釋譜)**명** 조선 세조가, 월인천강지곡(月印千江之曲)의 각 절을 본문으로 삼고 석보상절(釋譜詳節)의 해당 부분을 주석처럼 엮어서 간행한 책. 〔세조 5(1459)년에 초간본 간행.〕

월인천강지곡(月印千江之曲)**명** 조선 세종이, 수양 대군이 지은 석보상절을 보고, 석가모니의 공덕을 찬양하여 지은 노래, 또는 그 노래를 실은 책. 〔세종 31(1449)년에 초간본 간행.〕

월일(月日)**명** ①달과 해. ②달과 날.

월자(月子)[-짜]**명** ☞다리³.

월자(月滋)[-짜]圀 ☞달불이.

월장(越墻)[-짱]圀[하타] 담을 넘음.

월장성구(月章星句)[-짱-]圀 〔달빛 같은 문장, 별 같은 구절이란 뜻으로〕 '문장의 훌륭함'을 칭찬하여 이르는 말.

월전(月前)[-쩐]圀 달포 전.

월전(月顚)[-쩐]圀 신라 시대의 가면극의 한 가지. 두 어깨가 쑥 올라가고 목은 푹 들어간 데다가 상투를 뾰족하게 튼 모습으로, 노래와 웃음을 섞어 춤을 춘 골계희(滑稽戲)였음.

월-점(-點)[-쩜]圀 ☞문장 부호.

월정(月定)[-쩡]圀 한 달을 단위로 하여 얼마로 정해 놓음. ¶월정 요금. /월정 독자.

월조(越俎)圀 자기 직분을 넘어 남의 일에 간섭함.

월중(月中)[-쭝]圀 ①그달 동안. ¶월중 행사. ②달 가운데.

월차(月次)圀 ①하늘에서의 달의 위치. ②'매달'로 순화. ¶월차 계획. /월차 휴가.

월척(越尺)圀 낚시에서, 잡은 물고기의 길이가 한 자 남짓함, 또는 그 물고기. ¶월척을 낚다.

월천(越川)圀[하타] 내를 건넘.

월천-꾼(越川-)圀 지난날, 사람을 업어서 내를 건너주는 일을 업으로 삼던 사람.

월초(月初)圀 그달의 처음 무렵. 월시(月始). ↔월말(月末).

월출(月出)圀 달이 떠오름.

월커덕[-덕]튀[하자타] ①별안간 힘껏 밀치거나 잡아당기는 모양. ②별안간 마구 많이 쏟아지는 모양. 徵왈카닥. **월커덕-월커덕**튀[하자타].

월커덕-거리다[-꺼-]재타 자꾸 월커덕월커덕하다. 월커덕대다. 徵왈카닥거리다.

월커덕-대다[-때-]재타 월커덕거리다.

월컥튀[하자타] ①먹은 것을 별안간 다 게워 내는 모양. ②갑작스럽게 통째로 뒤집히는 모양. ③별안간 힘껏 밀치거나 잡아당기는 모양. 徵왈칵. **월컥-월컥**튀[하자타].

월파(月波)圀 달그림자가 비치는 물결.

월패(月牌)圀 달을 그린 패. 또는, 달 모양으로 된 패.

월편(越便)圀 건너편. 너머.

월평(月評)圀 다달이 하는 비평이나 평가.

월표(月表)圀 주요 사항을 다달이 알기 쉽게 적어 놓은 표.

월하-노인(月下老人)圀 부부의 인연을 맺어 주는 '중매쟁이' 노인'을 이르는 말. 〔중국 당(唐)나라 때 위고(韋固)가 만난 노인의 예언에서 유래함.〕 준월로(月老).

월하-빙인(月下氷人)圀 부부의 인연을 맺어 주는 '중매쟁이'를 이르는 말. 〔중국 진(晉)나라의 삭담(索紞)이 얼음 위에서 얼음 아래의 사람과 이야기하였다는 고사에서 유래함.〕 적승자(赤繩子). 준빙인.

월형(月形)圀 달처럼 둥근 모양.

월형(刖刑)圀 지난날, 범죄인의 발꿈치를 베던 형벌. 徵단지(斷趾).

월화圀 일찍 익는 감의 한 종류. 열매가 작고 껍질이 얇음.

월화(月華)圀 달빛. 월광(月光).

월후(月候)圀 ☞월경(月經).

월훈(月暈)圀 달무리.

월흔(月痕)圀 새벽녘의 거의 스러져 가는 달그림자.

웨圀 한글 자모(字母)의 이중 모음인 'ㅞ'의 음가(音價) 이름.

웨다재타 〈옛〉외치다. ¶웰 호:呼(類合下6).

웨딩-드레스(wedding dress)圀 결혼식 때, 신부가 입는 서양식 혼례복.

웨스턴^그립(western grip)圀 배드민턴이나 테니스에서, 라켓을 쥐는 방식의 한 가지. 라켓의 면을 수평으로 하여, 그 면과 얼굴이 마주보게 쥐는 방식. 徵이스턴 그립.

웨이브(wave)圀 '주름'·'물결 주름'으로 순화.

웨이터(waiter)圀 〔호텔이나 서양식 식당 등에서〕 음식 따위를 나르거나 손님의 시중을 드는 남자 종업원. 보이.

웨이트리스(waitress)圀 〔호텔이나 식당·바 등에서〕 음식 따위를 나르거나 손님의 시중을 드는 여자 종업원. 여급(女給).

웨이트^트레이닝(weight training)圀 바벨 따위의 무거운 기구를 써서 하는 운동. 근력(筋力)의 강화를 위한 것으로, 각종 경기의 보조 운동으로 함.

웨이퍼(wafer)圀 양과자의 한 가지. 밀가루·설탕·달걀 따위를 섞어 틀에 넣고 살짝 구운 다음, 두 쪽 사이에 크림이나 초콜릿을 넣어 만듦.

웨죽-웨죽튀[하자] 팔을 휘휘 내저으며 느릿느릿 걷는 모양. 徵왜죽왜죽.

웩튀 ①구역질이 치밀어서 갑자기 게워 내는 소리. 徵왝. ②기를 쓰며 마구 고함치는 소리. **웩-웩**튀[하자타].

웩웩-거리다[-꺼-]재 자꾸 웩웩 소리를 내다. 웩웩대다. 徵왝왝거리다.

웩웩-대다[-때-]재 웩웩거리다.

웬관 어찌 된. 어떠한. ¶웬 편지냐?/웬 소동이냐?/웬 사람이 저리 많으냐?

웬 불놀이 튀어 나 박혔나[속담] 무슨 일을 당하기에 그토록 찡그린 얼굴을 하고 있느냐는 뜻으로 이르는 말.

웬 떡이냐[관용] 뜻밖의 행운을 만났을 때 하는 말. ¶아니, 이게 웬 떡이냐.

웬간-하다형여 '웬만하다'의 잘못.

웬-걸〔'웬 것을'이 줄어서 된 말로〕 의심이나 의외·부정의 뜻을 나타내는 말. ¶사실을 알아보았더니 웬걸, 헛소문이었어.

웬-만치튀 웬만큼.

웬-만큼튀 ①그저 그만하게. 웬만하게. ¶몸에 좋다는 약은 웬만큼 다 먹어 봤다. ②보통으로. ¶웬만큼 해 두고 끝맺다. 웬만치.

웬-만하다형여 ①정도가 표준에 가깝거나 그보다 약간 낫다. ¶성적이 웬만하다. ②허용되는 범위에서 크게 벗어나지 않은 상태에 있다. ¶웬만하면 참으세요. /웬만해서는 놀라지 않는다.

웬-셈圀 어찌 된 셈. ¶그가 떠났다니 웬셈인지 모르겠다.

웬-일[-닐]圀 어떻게 된 일. 무슨 까닭. ¶웬일로 이렇게 일찍 일어났니?

웰터-급(welter級)圀 권투·태권도 따위에서, 중량별 체급의 한 가지. 아마추어 권투는 63.5kg 이상 67kg 미만, 태권도 남자 일반부는 70kg 초과 76kg 이하임. 徵라이트 웰터급·라이트미들급.

웹(web)圀 〈월드 와이드 웹〉의 준말.

웹-마스터(web master)圀 웹 사이트를 구축하거나 웹 사이트의 운영을 책임지고 관리하는 사람.

웹^사이트(web site)圀 웹 서비스를 제공하는, 웹이 개설된 사이트.

웽[】 좀 큰 날벌레가 날아다닐 때나 전선 따위에 바람이 세차게 스칠 때 나는 소리. ㈜웽. 웽-웽閉하자.

웽겅-뎅겅[뭐하자] 좀 두껍고 큰 여러 개의 쇠붙이가 아무렇게나 부딪치며 나는 소리. ㈜왱겅댕겅.

웽그렁-거리다[자타] 자꾸 웽그렁웽그렁하다. 웽그렁컹그렁.

웽그렁-대다[자타] 웽그렁거리다.

웽그렁-뎅그렁[뭐하자] 크기가 다른 쇠붙이가 아무렇게나 부딪치며 나는 소리. ㈜왱그랑댕그랑.

웽그렁-웽그렁[뭐하자] 풍경이나 방울 따위가 자꾸 부딪치며 나는 소리. ㈜왱그랑왱그랑.

웽웽-거리다[자] 자꾸 웽웽 소리를 내다. 웽웽대다. ㈜왱왱거리다.

웽웽-대다[자] 웽웽거리다.

위[1][명] 한글 자모(字母)의 단모음인 'ㅟ'의 음가(音價) 및 이름.

위[2][명] ①(자리가) 높은 곳. 높은 쪽. ¶벼랑 위에 서 있는 소나무. ②(물체의) 곁면. ¶책상 위에 놓인 책. ③(높고 긴 것의) 꼭대기나 그쪽에 가까운 곳. ¶전주 위의 까치 둥지. ④(지위나 정도·능력·품질 따위가) 보다 높거나 나은 쪽, 또는 그 사람이나 물건. ¶상대편의 수법이 한 수 위였다. /순위가 한 단계 위로 오르다. ⑤(수가 어떤 것에 비하여) 많은 편. ¶신랑의 나이가 두 살 위이다. ⑥'앞' 또는 '앞에 적은 것' 등의 뜻. ¶위의 내용은 사실 그대로임. ⑦'그것에 더하여'의 뜻을 나타내는 말. (('(그) 위에'의 꼴로 쓰임.)) ¶다수확 표창장을 받은 위에 영농 장려금까지 받게 되었다. ①~⑥상(上). ①~⑥→아래.

위(危)[명]〈위성(危星)〉의 준말.

위(位)[명] 지위. 직위. ¶정승의 위에 오르다.

위(胃)[명] ①내장의 식도(食道)와 장(腸) 사이에 있는, 주머니 모양의 소화 기관. 밥통. 위부(胃腑). 위장(胃臟). ②〈위경(胃經)〉의 준말. ③〈위성(胃星)〉의 준말.

위(緯)[명]〔가로·좌우·동서의 뜻으로〕①〈위도(緯度)〉의 준말. ¶북위 38도. ②피륙의 씨. ↔경(經)[2].

위(位)의 ①차례나 등급을 나타내는 말. ¶제3위. /달리기에서 2위를 하다. ②신위(神位)를 세는 단위. ¶영령(英靈) 10위에 대한 위령제.

위각(違角)[명] 정상 상태에서 어긋나는 일.

위각-나다(違角-)[-강-][자] 정상적인 상태에서 어긋나다.

위거(偉擧)[명] ①뛰어난 계획. ②위대한 거사.

위격(違格)[-격][명]하자 격식이나 도리에 어긋남.

위-결핵(胃結核)[명] 위에 생기는 결핵.

위경(危境)[명] 위태로운 경우. 위험한 경지. ¶위경에 빠지다.

위경(胃經)[명] 한방에서 이르는, 위에 딸린 경락. ㈜위. ②위에 딸린 인대.

위경(胃鏡)[명] 의료 기구의 한 가지. 위 속을 들여다보는 거울. 가스트로스코프.

위경(僞經)[명] 위조한 성경.

위-경련(胃痙攣)[-년][명]〔위궤양이나 담석증·충수염 따위로〕위가 오그라지며 심한 통증을 일으키는 병증.

위계(危計)[-계/-게][명] 위험한 계획이나 계책.

위계(位階)[-계/-게][명] ①벼슬의 품계. ②지위의 등급. ¶위계가 분명히 서다.

위계(爲計)[-계/-게][명]〔주로 한문 투의 편지글에 쓰이어〕'예정임'·'작정임'을 뜻하는 말. ¶추후 발표 위계.

위계(僞計)[-계/-게][명]하자 거짓 꾸민 계획이나 계략. ¶위계를 쓰다.

위계-질서(位階秩序)[-계-써/-게-써][명] (나이나 지위 등에 따라 나누어진) 상하 관계에 있는 사람들 사이의 질서. ¶위계질서를 세우다.

위곡(委曲)[1][명] 자세한 사정이나 곡절.

위곡(委曲)[2] '위곡하다'의 어근.

위곡-하다(委曲-)[형여] 자세하고 찬찬하다. 위상(委詳)하다. **위곡-히**閉 ¶위곡히 타일러 보내다.

위공(偉功)[명] 위대한 공로. 위열(偉烈).

위과(僞果)[명] ☞헛열매.

위관(胃管)[명] 의료 기구의 한 가지. 위를 세척하거나 위액을 검사할 때 쓰는 가느다란 고무관.

위관(尉官)[명] 군의 장교 계급에서, 대위·중위·소위를 통틀어 이르는 말.

위관(偉觀)[명] 훌륭한 경치. 위대한 광경(光景). 장관(壯觀).

위-관절(僞關節)[명] 골절(骨折)의 치유 장애의 한 가지. 골절부에 가동성(可動性)을 남기는 상태. 가관절(假關節).

위관택인(爲官擇人)[명][자] 관직에 등용하기 위하여 인재를 고름.

위광(威光)[명] 감히 범할 수 없는 권위나 위엄. ¶위광에 눌리다. /위광이 천하에 미치다.

위괴(違乖)[명] -괴/-궤][명하자] 어기고 배반함.

위구(危懼)[명]하자되자 염려하고 두려워함, 또는 그러한 느낌.

위구르^문자(Uighur文字)[-짜][명] 9세기 무렵부터 수세기에 걸쳐 위구르 족이 사용했던 문자. 몽골 문자의 바탕이 되었음.

위구-스럽다(危懼-)[-따][~스러우니·~스러워][형b] 염려되고 두렵다. **위구스레**閉

위구-심(危懼心)[명] 염려하고 두려워하는 마음.

위국(危局)[명] 위태한 시국이나 판국.

위국(爲國)[명]하자 나라를 위함.

위국(衛國)[명]하자 나라를 지킴.

위국-충절(爲國忠節)[명] 나라를 위한 충성스러운 절개.

위권(威權)[명] 위세와 권력. 위엄과 권세.

위권(僞券)[-권][명] 위조한 문권(文券).

위-궤양(胃潰瘍)[명] 위의 점막이 헐고, 심하면 구멍이 나는 병.

위그노(Huguenot 프)[명] 16~17세기경의 프랑스 신교도를 통틀어 이르던 말. 칼뱅파(派)에 딸렸음.

위극(危極)[명] ①하형 매우 위태함. ②경제 공황의 한 가지. 신용의 남용으로 생산·분배·교환 등의 활동이 마비되어 파산자가 잇달아 생기는 상태.

위근(胃筋)[명] 위벽을 이루는 근육.

위근^쇠약증(胃筋衰弱症)[-쇠-쯩/-쉐-쯩][명] 위근이 약해져서 위벽의 수축 운동에 장애가 생긴 병증. 위아토니.

위-근시(僞近視)[명] ☞가성 근시(假性近視).

위금(僞金)[명] ①황화 제이주석으로 된 황금빛의 도료. 금박 대신으로 쓰임. ②알루미늄 10%와 동 90%로 된 알루미늄 청동.

위급(危急)[명]하형 매우 위태롭고 급함. ¶위급한 상황. /병세가 위급하다. /사태가 매우 위급하다.

위급존망지추(危急存亡之秋) [-쭌-]圖 일의 존 망이 걸려 있을 위태로운 때나 지경.〔제 갈량의 '출사표'에 나오는 말임.〕

위기(危機)圖 위험한 때나 고비. ¶위기에 처하 다. /위기에서 벗어나다.

위기(胃氣)圖 위의 작용.

위기(偉器)圖 (보통 사람보다) 뛰어난 큰 인재.

위기(圍棋·圍碁)圖하凡 바둑을 둠, 또는 그 일.

위기(違期)圖자되凡 약속한 기한을 어김.

위기(衛氣)圖 한방에서, 음식의 양분이 피부와 주리(腠理)를 튼튼히 하여 몸을 지켜 주는 기운을 이르는 말.

위기-감(危機感)圖 위기에 처해 있거나 위기가 닥쳐오고 있다는 느낌. ¶위기감이 감돌다.

위기-관리(危機管理) [-괄-]圖 현대 사회에서, 끊임없이 밀어닥치는 경제적·정신적·사회적 위기에 적절히 대처하여 극복해 나가는 일.

위기-의식(危機意識) [-의-/-이-]圖 위기가 닥쳐오고 있다는 느낌.

위기-일발(危機一髮)圖 '눈앞에 닥친 위기의 순간'을 이르는 말. 위여일발(危如一髮).

위나니미슴(unanimisme 프)圖 20세기 초 프랑스에서 일어난 문학 운동의 한 가지. 군중 속에 들어가 집단의 심리와 감정을 평명(平明)히 표현하려는 것으로, 로맹(J. Romains) 등이 제창함.

위난(危難)圖 매우 위급하고 어려운 경우. ¶국 가가 위난에 처하다.

위-남자(偉男子)圖 인품이나 용모가 뛰어난 남 자. 위장부(偉丈夫).

위내(衛內)圖 임금의 거둥 때, 위병이 호위하고 있는 수레의 전후좌우를 이르던 말.

위노위비(爲奴爲婢)圖하凡 왕조 때, 역적의 처 자를 종으로 삼던 일.

위답(位畓)圖〈위토답(位土畓)〉의 준말.

위대(偉大)圖 '위대하다'의 어근.

위대-하다(偉大-)圍凡 (도량이나 업적 따위가) 크게 뛰어나고 훌륭하다. ¶위대한 인물.

위덕(威德)圖 위엄과 덕망.

위덩더 둥성間 (옛) 악곡의 여음(餘音). ¶위덩더 둥성 어마님ㄱ디 괴시리 업세라(樂詞.思母曲).

위도(緯度)圖 지구 위의 위치를 나타내는 좌표 의 한 가지. 적도에서 남북으로 잰 각거리. 적 도를 0°로 하여 남북 각 90°에 이르며, 북으로 잰 것이 북위, 남으로 잰 것이 남위임. 씨도. ⮕위(緯). ↔경도(經度)¹.

위도-변(緯度變:化 緯度變化)圖 자전축의 이동에 따라 생기는 위도의 주기적인 변화.

위독(危篤)圖 '위독하다'의 어근.

위독-하다(危篤-) [-도카-]圍凡 병이 몹시 중 하여 목숨이 위태롭다. ¶위독한 환자. /할아버 님의 용태가 위독하다.

위-동맥(胃動脈)圖 위에 분포되어 있는 동맥.

위-들다[~드니·~들어]圈凡 연을 날릴 때, 연줄을 걸어 얽히게 하다. ¶위드는 방패연을 피하다.

위-뜸圖 한 마을의 위에 있는 부분. ↔아래뜸.

위락(萎落)圖 시들어 떨어짐.

위락(慰樂)圖 위안과 즐거움. ¶위락 시설을 조성하다.

위란(危亂)圖하졀 나라가 위태하고 어지러움.

위랭(胃冷)圖 한방에서, 위가 냉한 상태를 이르는 말.

위략(偉略)圖 위대한 책략. 출중한 꾀.

위력(威力)圖 ①사람을 위압하는 힘. ②강대한 힘이나 권력. ¶핵무기의 위력.

위력(偉力)圖 위대한 힘. 뛰어난 힘.

위력-성당(威力成黨)圖 '울력성당'의 잘못.

위령(違令)圖하凡 명령을 위반함.

위령(慰靈)圖하凡 죽은 사람의 영혼을 위로함.

위령-곡(慰靈曲)圖 ☞진혼곡(鎭魂曲).

위령^미사(慰靈missa)圖 가톨릭에서, 세상을 떠난 이를 위한 미사를 이르는 말.

위령-제(慰靈祭)圖 죽은 사람의 영혼을 위로하 는 제사. 진혼제(鎭魂祭). ¶전몰 장병을 위한 위령제가 엄숙히 거행되다.

위령-탑(慰靈塔)圖 죽은 사람의 영혼을 위로하 기 위해 세우는 탑.

위례(違例)圖하凡 상례를 벗어나거나 어김.

위로(慰勞)圖하凡되凡 ①괴로움을 어루만져 잊 게 함. ¶실의에 빠진 수재민을 위로하다. ②수 고를 치사하여 마음을 즐겁게 함. ¶해외로 위 로 휴가를 보내다.

위로-금(慰勞金)圖 위로하는 뜻으로 주는 돈. ¶수재민에게 위로금을 전달하다.

위루(危樓)圖 높은 누각.

위리(圍籬)圖 왕조 때, 배소(配所)의 둘레 에 가시나무로 울타리를 치던 일.

위리-안치(圍籬安置)圖 왕조 때, 외부와의 접 촉을 못하게 위리한 배소(配所) 안에 중죄인을 가두어 두던 일.

위립(圍立)圖하자凡 삥 둘러싸고 섬.

위망(威望)圖 위세와 명망.

위망(僞妄)圖 거짓과 망령.

위명(威名)圖 위세를 떨치는 이름.

위명(偉名)圖 위대한 명성. ¶위명을 떨치다.

위명(爲名)圖 '위명하다'의 어근.

위명(僞名)圖 거짓 이름.

위명-하다(爲名-)자凡 《남의 허물을 드러내려 할 때, 그 사람의 이름을 나타내는 말 뒤에 쓰 이어》'이른바 …이라 이름하다'의 뜻으로, 그 사람의 사회적 지위 따위를 얕잡아 이르는 말. ¶세상에 공직자라 위명하는 자가 협잡질이나 하다니….

위모(僞冒)圖하凡 거짓 언행으로 남을 속임.

위목(位目)圖 절에서, 성현이나 혼령의 이름을 종이에 쓴 것.

위무(威武)圖 ①위세와 무력. ②위엄 있고 씩씩 함. ¶위무 당당.

위무(慰撫)圖하凡 위로하고 어루만져 달램. ¶수 재민을 위무하다.

위문(慰問)圖하凡 불행한 사람이나 수고하는 사 람들을 방문하고 위로함. ¶위문 공연. /국군 장병들을 위문하다.

위문-대(慰問袋)圖 (일선 장병이나 이재민 등에 게) 위문하는 뜻에서 여러 가지 물품을 넣어 보내는 주머니.

위문-문(慰問文)圖 위문의 뜻을 적은 글.

위문-서(慰問書)圖〈위조문서〉의 준말.

위문-편지(慰問便紙)圖 위문의 뜻을 나타내기 위하여 보내는 편지.

위문-품(慰問品)圖 위문하기 위하여 보내는 여 러 가지 물품.

위물(僞物)圖 위조한 물건. 가짜 물건.

위미(萎靡)圖하凡 시들고 느른함.

위미부진(萎靡不振)圖하凡 시들고 약해져서 떨 쳐 일어나지 못함.

위미-태(位米太)圖 조선 중기 이후, 토산품의 공물(貢物) 대신 바치던 쌀과 콩.

위민(爲民)圖하凡 백성(국민)을 위함. ¶공무원 이 위민 봉공의 자세를 견지하다.

위민부모(爲民父母)圀 '임금은 온 백성의 어버이가 되고, 고을의 원은 고을의 어버이가 됨'을 이르는 말.

위반(違反)圀—하타—되자 (약속이나 명령 따위를) 어기거나 지키지 아니함. 위배. ¶법률을 위반./전세 계약을 위반하다.

위방불입(危邦不入)圀—하자 (군자는) 위험한 곳에 들어가지 아니함.〔'논어'의 '태백편(泰伯篇)'에 나오는 말임.〕

위배(圍排)圀—하타 죽 둘러서 벌여 놓음.

위배(違背)圀 ☞위반(違反).

위범(違犯)圀—하타 법을 어겨 죄를 저지름.

위법(違法)圀—하자 법을 위반함. ↔적법·합법.

위법-성(違法性)[—썽]圀 어떤 행위가 불법 행위 또는 범죄로 인정되는 객관적 요건.

위법성^조^각^사^유(違法性阻却事由)[—썽—싸—]圀 법률에서, 형식적으로는 위법성이 갖추어졌더라도 실질적으로는 위법으로 인정하지 않는 일. 정당 방위·긴급 피난 따위가 이에 해당함.

위법자폐(爲法自弊)[—짜폐/—짜페]圀—하자 〔자기가 정한 법을 스스로 범하여 벌을 받는다는 뜻으로〕'자기가 한 일로 자기가 고난을 받음'을 비유하여 이르는 말.

위법^처^분(違法處分)圀 법규에 위반되는 행정 처분.

위법^행위(違法行爲)[—뻐팽—]圀 (행위의 객관적인 성질이) 법의 규범을 위반한 행위.

위벽(胃壁)圀 위의 안쪽을 이루고 있는 벽. 점막과 근막(筋膜)·장액막(漿液膜)으로 이루어짐.

위병(胃病)[—뼝]圀 '위에서 생기는 병'을 통틀어 이르는 말. ֍위장병.

위병(萎病)圀 ☞시들병.

위병(衛兵)圀 ①호위하는 병사. ②경비하거나 단속하기 위하여 일정한 곳에 배치된 병사.

위병-소(衛兵所)圀 위병 근무를 맡은 병사가 근무하는 곳.

위복(威服)圀—하타자 위력에 복종함, 또는 위력으로 복종시킴.

위복(威福)圀 ①위광(威光)과 복덕(福德). ②벌을 주고 복도 주는 임금의 권력.

위본(僞本)圀 위조한 책. ↔진본(眞本).

위부(委付)圀 ①맡겨 부탁하는 일. ②상법에서, 해상 보험의 목적물이 전손(全損)되었는지의 여부가 분명하지 않을 경우 피보험자가 보험자에게 그 목적물을 이전하는 일.

위부(胃腑)圀 ☞위(胃).

위부모-보처자(爲父母保妻子)圀—하자 부모를 위하고 처자를 보호함.

위부인-자(衛夫人字)[—짜]圀〔중국 서진(西晉)의 위부인의 필적을 닮았다는 데서〕'갑인자(甲寅字)'를 흔히 이르는 말.

위불-없다(爲不—)[—부럽따]휑 〈위불위없다〉의 준말. 위불없-이圂.

위불위-간(爲不爲間)圂 되든 안 되든, 또는 하든 안 하든 좌우간. ¶위불위간 소식을 전하시오.

위불위-없다(爲不爲—)[—업따]휑 틀림없다. 의심할 여지가 없다. ¶흘릴 글씨가 위불위없는 그의 필적이다. ֍위불없다. 위불위없-이圂.

위비(位卑)圀—하자 벼슬이 낮음.

위비(委毖)圀—하타 국가의 대사(大事)를 신하에게 맡김.

위:빙(weaving)圀 권투에서, 몸을 앞뒤나 좌우로 흔들어 상대편의 공격을 피하는 일.

위사(緯絲)圀 ☞씨실. ↔경사(經絲).

위사(衛士)圀 왕조 때, 대궐이나 능·관아·군영 등을 지키던 장교.

위산(胃散)圀 위병에 쓰는 가루약.

위산(胃酸)圀 위액 속에 들어 있는 산성 물질. 염산이나 젖산임.

위산^결핍증(胃酸缺乏症)[—쯩]圀 ☞무산증(無酸症).

위산^과^다증(胃酸過多症)[—쯩]圀 위산이 너무 많이 분비되어 위벽을 헐게 하는 병증.

위-삼각(胃三角)圀 의학에서, 위의 전벽(前壁)의 일부로서 전복벽(前腹壁)에 직접 접촉하여 삼각을 이루고 있는 부분을 이르는 말.

위상(位相)圀 ①어떤 사물이 다른 사물과의 관계에서 가지는 위치나 상태. ¶국가의 위상을 높이다. ②물리학에서, 주기적으로 되풀이되는 운동 중에 나타나는 상태나 위치의 변수. ③수학에서, 집합의 요소가 이루는 연속 상태, 또는 그런 구조. ④(지역이나 직업·성별·나이 따위의) 사회적 차이에 따라 나타나는 말씨의 차이.

위상(委詳)'위상하다'의 어근.

위상^기하학(位相幾何學)圀 기하학의 한 가지. 도형이나 공간의 연속적인 변형(變形)이 가진 불변의 성질을 연구함.

위상^수(位相數)학 (位相數學)圀 위상에 관한 연구를 하는 수학. 위상 공간론·위상 기하학·측정론 등을 통틀어 이르는 말. 토폴로지 수학.

위상^심리학(位相心理學)[—니—]圀 레빈의 심리학, 곧 그의 이론 및 실험적 연구를 이름. 레빈은 행동을 규정하는 여러 조건을 다루는데 위상 기하학의 개념을 이용하였음. 토폴로지 심리학.

위상-어(位相語)圀 남녀·연령·직업·계층 등의 차이에 따라 독특하게 쓰이는 말.〔여성어·유아어·학생어·직업어 따위.〕

위상-하다(委詳—)휑어 ☞위곡(委曲)하다.

위-샘(胃—)圀 위벽에 있는, 위액을 분비하는 소화샘. 위선(胃腺).

위생(衛生)圀 건강의 유지·증진을 위하여 질병의 예방이나 치료에 힘쓰는 일. ¶위생 관리./보건 위생. /위생 관념.

위생^공학(衛生工學)圀 공중위생을 위하여 상수도와 하수도 따위에 관한 문제를 다루는 공학의 한 분야.

위생-병(衛生兵)圀 군에서 위생에 관한 일을 맡아보는 병종(兵種), 또는 그 병사.

위생-복(衛生服)圀 위생을 위하여 특별히 입는 덧옷. 소독의(消毒衣).

위생-적(衛生的)관圀 위생에 알맞은 (것). 위생에 관련된 (것). ¶위생적 방법./위생적인 식당 설비.

위생-학(衛生學)圀 위생에 관한 일들을 연구하는 의학의 한 분야.〔정신 위생학·공중위생학 따위.〕

위서(僞書)圀 ①가짜 편지. ②비슷하게 만든 가짜 책. ③〈위조문서〉의 준말.

위:-서다자 ①혼인 때 신랑이나 신부를 따라다. 후행하다. ②지체 높은 사람의 뒤를 따라가다.

위선(胃腺)圀 ☞위샘.

위선(爲先)圀—하자 〈위선사(爲先事)〉의 준말.

위선(僞善)圀—하자 겉으로만 착한 체함, 또는 겉치레로 보이는 선행(善行). ¶위선을 벗기다. ֍사선(詐善).

위선(緯線)**명** 위도를 나타낸 가상의 선. 씨금. 씨줄. ↔경선(經線).

위선(爲先)**부**하자 ☞우선(于先).

위선사(爲先事)**명**하자 조상을 받들어 위함, 또는 그 일. **춘**위선.

위선-자(僞善者)**명** 겉으로만 착한 체하는 사람.

위선-적(僞善的)**관명** 겉으로만 착한 체하는 (것). ¶위선적 태도. /위선적인 인간.

위선지도(爲先之道)**명** 조상을 위하는 도리.

위성(危星)**명** 이십팔수의 하나. 북쪽의 다섯째 별자리. **춘**위(危).

위성(胃星)**명** 이십팔수의 하나. 서쪽의 셋째 별자리. **춘**위(胃).

위성(衛星)**명** ①행성의 둘레를 운행하는 작은 천체. [지구에서의 '달'과 같은 것.] 달별. 배성(陪星). ②(위성처럼) 주된 것 가까이에 있어, 그것을 지키거나 그것에 딸리어 있음을 나타내는 말. ¶위성 도시. ③〈인공위성〉의 준말.

위성-국(衛星國)**명** 〈위성 국가〉의 준말.

위성^국가(衛星國家)[-까]**명** 강대국의 주위에 있어 정치·외교·경제적 지배나 영향을 받고 있는 나라. **춘**위성국.

위성^도시(衛星都市)**명** 대도시 주변에 발달하여 대도시와 밀접한 관계를 맺고, 그 기능의 일부를 분담하고 있는 중소 도시. ☞모도시(母都市).

위성^방:송(衛星放送)**명** 지상 방송국에서 전송한 방송 프로그램을 통신 위성으로 변환 증폭하여 최종 이용자에게 직접 보내는 방식의 방송. 방송 위성의 텔레비전 중계기에서 전파를 발사하므로, 깨끗한 영상을 수신할 수 있고 난시청 지역이 해소됨.

위성-사진(衛星寫眞)**명** 인공위성에서 찍은 사진.

위성^중계(衛星中繼)[-게/-게]**명** 통신 위성이나 방송 위성을 이용한 중계 방식.

위성^통신(衛星通信)**명** 인공위성을 중계소로 이용하는 장거리 통신 방법.

위세(委細)**명** '위세하다'의 어근.

위세(威勢)**명** 위엄이 있는 기세. ¶위세에 눌리다. /위세를 부리다. /위세가 당당하다.

위세-하다(委細-)**형여** ☞상세(詳細)하다.

위수(位數)**명** 수(數)의 자리. 오른쪽에서부터 제1, 제2의 순으로 나아감. [일·십·백·천·만…의 차례로 헤아림.]

위수(衛戍)**명**하타 ①(일정 지역의 경비와 질서 유지를 위해) 육군 부대가 한곳에 오래 주둔하는 일. ¶위수 사령부. /위수 지구(地區). ②☞위수자리.

위수-령(衛戍令)**명** 육군 부대가 일정한 지역에 주둔하여, 경비와 질서 유지 및 군기(軍機)의 감시, 군에 딸린 시설물 등을 보호할 것을 규정한 대통령령. ¶시위가 폭동성을 띠자 그 도시 일대에 위수령을 발동했다.

위수-병(衛戍兵)**명** ①위수 근무를 맡은 병사. ②지난날, 수자리를 살던 병정.

위수-병:원(衛戍病院)**명** 위수지에 설치한, 육군 소속의 병원.

위수-지(衛戍地)**명** 군대가 위수를 하고 있는 일정한 지역.

위스키(whiskey)**명** 양주의 한 가지. 보리·밀·옥수수 따위에 엿기름·효모를 섞어 발효시킨 다음 증류하여 만드는데, 알코올 함유량이 많음.

위시(爲始)**명**하타 여럿 중에서 어떤 대상을 첫번째로 삼음. 비롯함. 《주로, '위시하여'·'위시한'의 꼴로 쓰임.》 ¶큰아버지를 위시하여 일가친척이 한자리에 다 모였다.

위식(違式)**명**하자 격식에 어긋남.

위신(委身)**명**하자 어떠한 일에 몸을 맡김.

위신(威信)**명** 위엄과 신망. ¶위신을 지키다. /위신이 서다.

위신지도(爲臣之道)**명** 신하로서 마땅히 지켜야할 도리.

위실(委悉)**명**하타 (뜻이나 일을) 자세히 앎.

위-아래명 ①위와 아래. 상하(上下). ¶위아래를 찬찬히 훑어보다. ②윗사람과 아랫사람. 아래위.

위아랫물-지다[-랜-]**자** ①(한 그릇 속에서) 두 가지의 액체가 서로 섞이지 않고 나누어지다. ②나이나 계급의 차이 때문에 서로 어울리지 아니하다.

위-아토니(胃Atonie)**명** 위근 쇠약증.

위악(僞惡)**명**하자 일부러 악한 체함, 또는 그런 행동.

위안(元 중)**의** 중국의 화폐 단위.

위안(慰安)**명**하타되자 위로하여 안심시킴. ¶위안을 삼다. /위안이 되다.

위안-부(慰安婦)**명** 전시에, 일선의 군인을 위안하기 위하여 성(性)의 도구로 동원되는 여자.

위안-제(慰安祭)**명** 민속에서, 산소나 신주의 경동(驚動)을 위안하기 위하여 지내는 제사.

위안-처(慰安處)**명** 위안이 될 만한 곳.

위알(胃軋)**예**동산. ¶위안해 토란과 바물 거두워 드릴서(杜初7:21).

위암(危岩)**명** 깎아지른 듯이 절벽을 이룬 높은 바위.

위암(胃癌)**명** 위 속에 생기는 암종(癌腫).

위압(威壓)**명**하타되자 위력으로 억누르거나 위엄으로 올러댐, 또는 그 압력.

위압-감(威壓感)[-깜]**명** 위압을 받는 느낌.

위압-적(威壓的)[-쩍]**관명** 위력으로 억누르거나 위엄으로 올러대는 (것). ¶직장 상사의 위압적 태도.

위액(胃液)**명** 위샘에서 위 속으로 분비되는 소화액. 단백질을 분해하는 한편 음식물의 해독도 함.

위에〈결핍증(胃液缺乏症)[-쯩]**명** 위액의 분비가 낮거나거나 없어지면서 일어나는 병증. 무산증의 일종으로, 노인에게 많음.

위약(胃弱)**명** 위경(胃經)의 소화력이 약해지는 병을 두루 이르는 말.

위약(胃藥)**명** 위병(胃病)에 먹는 약을 통틀어 이르는 말.

위약(違約)**명**하자 약속이나 계약을 어김. 부약(負約).

위약(僞藥)**명** (심리 요법의 필요에서) 의사가 환자에게 주사하거나 복용시키는 무해 무익한 약물.

위약-금(違約金)[-끔]**명** 계약 당사자가 계약위반을 했을 때, 손해 배상으로 상대편에게 치르기로 정한 금전.

위약-하다(胃弱-)[-야카-]**형여** 위가 약하다.

위양(委讓)**명**하타되자 남에게 위임하여 양보함. ¶권리 위양.

위양-장(渭陽丈)**명** 남의 외숙(外叔)을 높여 이르는 말.

위어(葦魚)**명** ☞웅어.

위언(違言)**명**하자 ①자기가 한 말을 어김, 또는 어긴 그 말. ②이치에 닿지 않는 말.

위언(僞言)**명** 거짓말.

위엄(威嚴)**명**하타〔스형〕 의젓하고 엄숙함, 또는 그러한 태도나 기세. ¶위엄이 있는 어조. **위엄스레부**.

위엄-차다(威嚴-)[형] 매우 위엄이 있다. ¶위엄 찬 음성으로 호령하다.

위업(偉業)[명] 위대한 사업이나 업적. ¶삼국 통일의 위업을 달성하다.

위업(爲業)[명][하다] 생업으로 삼음.

위-없다[-업따][형] 〔그 위에는 더 없다는 뜻으로〕 가장 높거나 좋다. **위없-이**[부].

위여[감] 참새 떼를 쫓는 소리.

위여(偉如)「위여하다」의 어근.

위여일발(危如一髮)[명] ⇒위기일발.

위여-하다(偉如-)[형] 위대하다.

위연(威然)「위연(威然)하다」의 어근.

위연(喟然)「위연(喟然)하다」의 어근.

위연-하다(威然-)[형] 점잖고 엄숙한 데가 있다. ¶위연한 태도. **위연-히**[부] ¶좌상(座上)으로서 상좌(上座)에 위연히 좌정하다.

위연-하다(喟然-)[형] 한숨 쉬는 모양이 서글 프다. **위연-히**[부].

위열(偉烈)[명] ①위대한 공로. 위공(偉功). ②위 대한 공로를 남긴 사람.

위열(慰悅)[명][하다] 위안하여 기쁘게 함.

위염(胃炎)[명] 위 점막에 생기는 염증성 질환을 통틀어 이르는 말. 〔급성과 만성이 있음.〕 위카 타르.

위옹(胃癰)[명] 한방에서, 위장에 열기가 모여 생기는 종기를 이르는 말. 〔구토와 해소가 나고 피를 토하기도 함.〕

위완타(-) [옛] 위하다. 섬기다. ¶위와돌 봉:奉 (類合下14)./제 사오나불몰 붓그려 어디로몰 위와돌씨 慚이오(釋譜11:43).

위요(圍繞)[명] 혼인 때, 가족으로서 신랑이나 신부를 데리고 가는 사람. 상객(上客). 후배(後 陪). 후행. ⑲위우(位右).

위요(圍繞)²[명][하다][되자] ①주위를 둘러쌈. ②ⓟ요잡(繞匝).

위요-가다(圍繞-)[자] 혼인 때, 가족으로서 신랑 이나 신부를 데리고 가다.

위요-지(圍繞地)[명] ①어떤 땅을 둘러싸고 있는 둘레의 토지. ②다른 나라에 의하여 둘러싸 인 영토.

위용(威容)[명] 위엄 있는 모양이나 모습. ¶위용 을 과시하다.

위용(偉容)[명] 뛰어나게 훌륭한 용모나 모양.

위우(位右)[명] ⟨위요(圍繞)¹⟩의 변한말.

위운(違韻)[명] 한문의 시부(詩賦)에서, 운자(韻 字)가 틀리는 일.

위원(委員)[명] 행정 관청이나 기타 단체 등에 서) 특정한 사항의 처리나 심의를 위임받은 자 로서 임명되거나 선출된 사람. ¶국무 위원.

위원-회(委員會)[-회/-훼][명] 특정한 목적 아래 위원으로 구성된 합의체.

위월(違越)[명][하다] 위반함. 어김.

위유(慰諭)[명][하다] 위로하고 타이름.

위유-사(慰諭使)[명] 조선 시대에, 천재지변이 있을 때 백성을 위로하려고 파견하던 임시 벼슬.

위의(危疑)[-의/-이][명][하다] 의심이 나서 마음 이 불안함.

위의(威儀)[-의/-이][명] ①위엄이 있는 몸가짐 이나 차림새. ②불교에서 이르는, 규율에 맞는 기거 동작. 행(行)·주(住)·좌(坐)·와(臥)의 네 가지 태도.

위의당당(威儀堂堂)「위의당당하다」의 어근.

위의당당-하다(威儀堂堂-)[-의-/-이-][형여] 위엄 있는 거동이 훌륭하다.

위인(偉人)[명] 위대한 일을 한 사람, 또는 국량 이 위대한 사람. 거인(巨人).

위인(爲人)[명] 사람의 됨됨이, 또는 됨됨이로 본 그 사람. 사람됨. ¶못난 위인 같으니라고.

위인(僞印)[명] 가짜 도장. 안인(贋印).

위인모충(爲人謀忠)[명][하다] 남을 위하여 정성껏 일을 꾀함.

위인설관(爲人設官)[명][하자] 어떤 사람을 위하여 벼슬자리를 새로 마련함.

위인-전(偉人傳)[명] 위인의 업적과 일화(逸話) 등을 사실에 맞게 적어 놓은 글이나 책.

위임(委任)[명][하다][되자] ①일이나 처리를 남에게 맡김. ②법률에서, 당사자의 한 편(위임자)이 다른 편(수임자)에게 사무 처리를 맡기는 계약. ③행정청이 그 권한 사무를 다른 행정청에 위탁하는 일.

위임^대:리(委任代理)[명] ⇒임의 대리.

위임^명:령(委任命令)[-녕][명] 법률의 위임을 받은 사항에 관하여, 법률 내용을 보충하기 위 하여 내리는 행정 관청의 명령.

위임^입법(委任立法)[-뻡][명] 법률의 위임에 따라 행정부가 법규를 정립(定立)하는 일.

위임-장(委任狀)[-짱][명] ①어떤 사람에게 일정 한 사항을 위임한다는 뜻을 적은 서장(書狀). ②국제법상, 영사를 파견하는 나라가 어떤 사 람을 영사로 임명한다는 뜻을 적은 문서.

위임^통:치(委任統治)[명] 일정한 지역이나 나라 에 대하여, 다른 나라 또는 나라들이 국제적인 합의에 의하여 맡아서 하는 통치.

위자(慰藉)[명][하다] 위로하고 도와줌.

위자-료(慰藉料)[명] 〔재산이나 생명·신체·명예 따위를 침해하였을 때〕 그 정신적 고통과 손해 에 대하여 지급하는 배상금.

위자지도(爲子之道)[명] 자식 된 도리.

위작(僞作)[명][하다] ①⇒위조(僞造). ②다른 사람 의 작품을 흉내 내어 비슷하게 만듦, 또는 그 런 작품.

위장(胃腸)[명] 위와 창자. 배1.

위장(胃臟)[명] ⇒위(胃).

위장(僞裝)[명][하다][되자] ①사실과 다르게 거짓 꾸밈, 또는 그 꾸밈새. ¶위장 결혼. ②(적의 눈을 속이기 위하여) 장비나 복장·행동 따위를 거짓으로 꾸미는 일, 또는 그 수단. 의장(擬裝).

위장-망(僞裝網)[명] 전투 시에, 장비나 시설 따 위를 위장하는 데 쓰는 그물. ¶전차에 위장망 을 씌우다.

위장-병(胃腸病)[-뼝][명] 위장에 생기는 병증을 두루 이르는 말. ⓟ위병(胃病).

위-장부(偉丈夫)[명] ⇒위남자.

위장^실업(僞裝失業)[명] ⇒잠재적 실업(潛在的 失業).

위장-염(胃腸炎)[-념][명] 위와 장에 생기는 염 증. 〔위염·대장염 따위.〕 위장 카타르.

위장^카타르(胃腸catarrh)[명] 위장염.

위재(偉才)[명] 위대한 재주, 또는 그런 재주를 지닌 사람.

위적(偉跡·偉蹟)[명] 위대한 사적(事跡).

위적(偉績)[명] 위대한 공적.

위전(位田)[명] ①지난날, 관아·학교·절 등의 유 지 경비를 마련하기 위하여 따로 마련한 토지. 〔신라 때의 승위전(僧位田), 고려 시대의 학전 (學田), 조선 시대의 공수전(公須田)·원위전 (院位田) 따위.〕 ②〈위토전(位土田)〉의 준말.

위정(爲政)[명][하자] 정치를 함.

위정-자(爲政者)[명] 정치를 하는 사람.

위정-척사(衛正斥邪) [-싸]圀 조선 말기에, 정학(正學)인 주자학을 지키고 사도(邪道)인 천주교를 물리치자던 주장. 척사위정.

위조(僞造)圀ᄒᆡᄐᆞᄃᆡᄌᆞ (물건이나 문서 따위의) 가짜를 만듦. 안조(贋作). 안조(贋造). 위작(僞作). ¶여권을 위조하다.

위조-문서(僞造文書)圀 거짓으로 꾸며 만든 문서. ᄌᆞ위문서(僞文書)·위서(僞書).

위조-죄(僞造罪) [-죄/-�줴]圀 권한이 없는 자가 문서·통화·유가 증권·인장 등을 위조함으로써 성립되는 범죄.

위조-지폐(僞造紙幣) [-폐/-페]圀 위조한 지폐. 가짜 돈. 위폐(僞幣).

위족(僞足)圀 원생동물 따위의 세포 표면에 형성된 원형질의 돌기. 이것으로 운동하며 먹이를 잡음. 허족(虛足). 헛발.

위종(衛從)圀ᄒᆡᄐᆞ 호위하기 위하여 곁에 따름.

위주(爲主)圀 주되는 것으로 삼음. ¶경공업 중심에서 중공업 위주의 산업 구조로 개편하다.

위중(危重) '위중하다'의 어근.

위중-하다(危重-)혬ᄋᆡ 병세가 무겁고 위태롭다. ¶그는 부친이 위중하다는 소식을 듣고 고향으로 내려갔다.

위증(危症)圀 위중한 병세.

위증(僞證)圀ᄒᆡᄌᆞ ①거짓 증거, 또는 거짓으로 증명함. ②법원에서, 증인이 허위 진술을 함.

위증-죄(僞證罪) [-죄/-쥐]圀 법률에 따라 선서한 증인이 고의로 허위 진술을 함으로써 성립하는 죄.

위지(危地)圀 위험한 곳이나 지위.

위지협지(威之脅之) [-찌]圀ᄒᆡᄐᆞ 여러 가지 방법으로 위협함.

위집(蝟集)圀ᄒᆡᄌᆞ (고슴도치의 털처럼) 많은 것이 한데 또는 한시에 모여듦.

위-짝圀 (아래위가 한 벌을 이루는 물건의) 위의 짝. ¶맷돌의 위짝. ↔아래짝·밑짝.

위-쪽圀 ①위의 방향. 상방(上方). ¶고개를 위쪽으로 쳐들다. ②위의 자리나 곳. 상측(上側). ¶서가(書架)의 맨 위쪽에 있는 책들. ↔아래쪽.

위차(位次)圀 벼슬의 품계나 등급의 차례.

위착(違錯)圀ᄒᆡᄌᆞ 말한 내용의 앞뒤가 서로 어긋남. ¶모순과 위착의 연속.

위착-나다(違錯-) [-창-]圀 말한 내용의 앞뒤가 서로 어긋나다.

위-채圀 (집채가 둘 이상이 있을 때의) 위쪽에 있는 집채. ↔아래채.

위처자(爲妻子)圀ᄒᆡᄌᆞ 처자를 위함.

위-청(-廳)圀 윗사람이 있는 처소나 관청. 상청(上廳). ↔아래청.

위촉(委囑)圀ᄒᆡᄐᆞᄃᆞᄌᆞ 남에게 맡겨 부탁함. ¶김 교수를 편집 고문으로 위촉하다.

위축(爲祝)圀ᄒᆡᄌᆞ 불교에서, 나라를 위한 기도를 이르는 말.

위축(萎縮)圀ᄒᆡᄌᆞ ①마르거나 시들어서 오그라지고 쪼그라듦. ②(어떤 힘에 눌려서) 기를 펴지 못함. ¶마음이 위축되다. /건설 경기가 위축되다. ③정상이던 생물체의 기관·조직 따위의 크기가 줄어듦. ¶혈관이 위축되다.

위축-감(萎縮感) [-깜]圀 무엇에 눌려서 기를 펴지 못하는 느낌.

위-출혈(胃出血)圀 위의 질환으로 위벽에서 피가 나오는 증세.

위-층(-層)圀 이 층 이상으로 된 건물이나 물건의 위쪽에 있는 층. 상층(上層). ↔아래층.

위치(位置)圀 ①자리나 처소. ¶위치를 옮기다. ②사회적인 자리. 지위. ᄒᆡᄌᆞ자리 잡고 있음. ¶우리 학교는 교외에 위치하고 있다.

위치-각(位置覺)圀 ᄃᆞ위치 감각.

위치ᄉᆞ감각(位置感覺)圀 공간에서의 신체의 위치, 또는 신체 각 부분의 상대적인 위치에 대한 감각. 위치각.

위치ᄉᆞ에너지(位置energy)圀 물리학에서, 어떤 특정 위치에 있는 물체가 표준 위치로 돌아갈 때까지 일할 수 있는 에너지.

위치ᄉᆞ천문학(位置天文學)圀 ᄃᆞ구면 천문학(球面天文學).

위친(爲親)圀ᄒᆡᄌᆞ 어버이를 위함.

위친지도(爲親之道)圀 어버이를 섬기는 도리.

위칭(僞稱)圀ᄒᆡᄐᆞ 거짓 일컬음. 사칭(詐稱).

위ᄉᆞ카메라(胃camera)圀 위의 내부를 촬영하는 카메라.

위-카타르(胃catarrh)圀 위염(胃炎).

위탁(委託)圀ᄒᆡᄐᆞᄃᆞᄌᆞ ①남에게 사물의 책임을 맡김. ②남에게 법률 행위나 사실 행위의 수행을 맡기는 일. ¶위탁 교육.

위탁ᄉᆞ가공ᄉᆞ무ᄉᆞ역(委託加工貿易) [-까-]圀 가공 무역의 한 가지. 외국의 위탁자가 국내의 수출업자나 제조업자에게 원료를 주어 가공하게 한 뒤, 재수출의 형식으로 자기 앞으로 실어 보내게 하는 무역 방식.

위탁-금(委託金) [-끔]圀 일정한 계약 아래 남에게 위탁하여 두는 돈.

위탁ᄉᆞ매매(委託賣買) [-탕-]圀 거래에 유리한 상인에게 상품의 매입이나 판매를 위탁하는 일.

위탁-자(委託者) [-짜]圀 위탁한 사람. ↔수탁자(受託者).

위탁ᄉᆞ증권(委託證券) [-꿘]圀 증권의 발행자 자신이 급부 의무를 지지 않고 제삼자로 하여금 급부시키기 위하여 제삼자 앞으로 급부 위탁을 적은 증권.

위탁ᄉᆞ출판(委託出版)圀 저작자가 모든 비용을 부담하여, 출판사나 개인에게 출판에 관한 일을 맡겨서 책을 펴내는 일.

위탁ᄉᆞ판매(委託販賣)圀 물품을 중간 상인에게 위탁하여, 판매 수수료를 주고 판매하도록 하는 일.

위태(危殆) '위태하다'의 어근.

위태-롭다(危殆-) [-따] [~로우니·~로워]혬ᄇᆞ 위태한 듯하다. ¶목숨이 위태롭다. **위태로이**ᄇᆞ.

위태위태(危殆危殆) '위태위태하다'의 어근.

위태위태-하다(危殆危殆-)혬ᄋᆡ 매우 위태하다. ¶축대가 몹시 위태위태하다.

위태-하다(危殆-)혬ᄋᆡ ①형세(形勢)가 어려운 지경이다. ¶회사 형편이 위태하다. ②마음을 놓을 수 없다. ③위험하다. ¶위태하니 큰길에는 나가지 마라.

위-턱圀 위쪽의 턱. 상악(上顎). ↔아래턱.

위턱-구름(-구-)圀 ᄃᆞ상층운(上層雲).

위토(位土)圀 제사 또는 이에 관련된 일에 드는 비용을 마련하기 위하여 장만한 토지. 위토답·위토전 등이 있음.

위토-답(位土畓)圀 위토로서의 논. ᄌᆞ위답.

위토-전(位土田)圀 위토로서의 밭.

위통圀 물체의 위쪽 부분. ¶나무의 위통을 잘라 내다. ↔아래통.

위통(胃痛)圀 위가 아픈 증세. 위염·위궤양 따위로 위에 분포된 지각 신경이 자극을 받아 생김.

위트(wit)圀 ①기지(機智). 재치. ②익살.

위튼입구-몸 (-ㅁ-) [-닙꾸-]圀 한자 부수의 한 가지. '凸'·'出' 등에서의 '�凵'의 이름.

위판 (位版)圀 ☞위패 (位牌).

위-팔 (上腕)圀 어깨에서 팔꿈치까지의 부분. 상박 (上膊). 상완 (上腕).

위패 (位牌)圀 〔절이나 단 (壇)·묘 (廟)·원 (院)에 모시는〕 신주의 이름을 적은 나무패. 목주 (木主). 위판 (位版). ¶위패를 모시다. /위패를 안치하다.

위패-당 (位牌堂)圀 위패를 모신 사당.

위패-목 (位牌木)圀 ①위패를 만들 나무. ②아직 글씨를 쓰지 않은 위패.

위패-바탕 (位牌-)圀 위패를 꽂아 놓는 받침 나무.

위편 (韋編)圀 책을 맨 가죽 끈.

위편-삼절 (韋編三絕)圀 '독서에 힘씀'을 이르는 말. 〔'사기 (史記)'의 '공자세가 (孔子世家)'에 나오는 말로, 공자가 주역 (周易)을 즐겨 읽어서 책을 묶은 가죽 끈이 세 번이나 끊어졌다는 고사에서 유래함.〕 삼절.

위폐 (僞幣) [-폐/-페]圀 위조한 화폐. 위조지폐.

위품 (位品)圀 벼슬의 품계.

위풍 (威風)圀 위엄이 있는 풍채나 모양.

위풍-당당 (威風堂堂)圀하 (남을 압도할 만큼) 풍채가 의젓하고 떳떳함. ¶위풍당당한 장군의 모습. /장병들의 위풍당당한 행진.

위필 (僞筆)圀하 남의 필적을 위조하여 씀, 또는 그 위조한 필적.

위하 (威嚇)圀하 ☞위협 (威脅).

위-하다 (爲-)匣 ①(어떤 사람이나 사물을) 사랑하거나 소중히 여기다. ¶부모를 위한 정성. /책을 신주처럼 위하다. ②(공경하여) 말씨를 존대하다. ③(일정한 목적이나 행동을) 이루려고 생각하다. ¶승리를 위한 다짐. /너의 성공을 위해서 하는 말이다. ④(무엇을) 이룹게 하려고 생각하다. ¶사업의 성공을 위하여 전력을 다하다.

위하는 아이 눈이 먼다[속] 무슨 일에나 너무 많은 기대를 걸면 도리어 잘되지 않는 법이라는 말.

위-하수 (胃下垂)圀 의학에서, 위가 정상 위치보다 아래로 처지는 증상.

위학 (胃瘧)圀 위에 탈이 나서 생긴 학질.

위학 (僞學)圀 ①정도 (正道)에 어그러진 학문. ②(그 시대에 있어서) 정통 (正統)이 아닌 학문이나 학파.

위한 (胃寒)圀 한방에서, '위가 냉해지는 증상'을 이르는 말.

위한 (委限)圀하 〔문어 투의 말〕 기한이나 한도를 정함.

위한 (違限)圀하 약속한 기한을 어김.

위항 (委巷)圀 좁고 지저분한 거리.

위항-인 (委巷人)圀 서리 (胥吏)·중인 (中人)·평민 등을 통틀어 일컫던 말. 여항인 (閭巷人).

위해 (危害)圀 위험한 재해, 특히 사람의 생명을 위협하는 해나 위험. ¶위해를 가하다.

위해-물 (危害物)圀 ①위험하고 해로운 물건. ②폭발물이나 석유·가스 따위) 위해를 끼칠 만한 물건.

위허 (胃虛)圀 '위허하다'의 어근.

위허-하다 (胃虛-)匼 위가 허약하다.

위헌 (違憲)圀하 (어떤 법률이나 명령 등의 내용이나 절차 따위가) 헌법 규정을 어김. ↔합헌 (合憲).

위헌-성 (違憲性) [-썽]圀 어떤 법률 행위가 헌법의 조문이나 정신에 위배되는 일. 비합헌성 (非合憲性). ↔합헌성.

위험 (危險)圀하匼스 실패하거나 목숨을 위태롭게 할 만함. 안전하지 못함. ¶위험을 무릅쓰다. /음주 운전은 매우 위험하다. ↔안전. 위험스럽다.

위험-성 (危險性) [-썽]圀 위험한 성질, 또는 위험해질 가능성.

위험^수역 (危險水域)圀 핵무기 실험이나 군사 연습 등으로 발생할 위험을 예방하기 위하여 설정하는 수역.

위험^수위 (危險水位)圀 물이 넘쳐 홍수가 일어날 위험이 있는 수위.

위험-시 (危險視)圀하되자 위험하다고 여김.

위험^신:호 (危險信號)圀 (선로의 사고나 발파 작업 등의 경우에) 열차나 통행인에게 위험을 알려 정지시킬 때 쓰는 붉은 기 (旗)나 등 (燈)의 신호. 적신호 (赤信號).

위험-인물 (危險人物)圀 ①위험한 사상을 품은 사람. ②마음을 놓을 수 없는 사람.

위험-천만 (危險千萬)圀하 몹시 위험함. 위험하기 짝이 없음.

위협 (威脅)圀하匼 으르고 협박함. 공하 (恐嚇). 위하 (威嚇). 협위 (脅威). ¶위협 사격. /총을 겨누고 위협하다.

위협-색 (威脅色) [-쌕]圀 동물의 몸빛이 이상한 무늬나 빛깔을 띰으로써 포식자 (捕食者)의 공격으로부터 벗어나는 효과가 있는 빛깔. 〔나비나 나방 등에서 볼 수 있는, 눈알 모양의 무늬 따위.〕

위협-적 (威脅的) [-쩍]관圀 위협이 되는 (것). ¶위협적인 분위기. /위협적인 언동 (言動).

위호 (位號)圀 작위 (爵位)와 명호 (名號)를 아울러 이르는 말.

위화 (違和)圀 ①몸이 편하지 않아 기분이 좋지 않음. ②다른 사물과 조화되지 않는 일.

위화-감 (違和感)圀 잘 어울리지 않아서 일어나는 어색한 느낌. ¶위화감을 조성하다.

위-확장 (胃擴張) [-짱]圀 위장이 병적으로 확장된 상태, 또는 그 상태.

위황 (危慌) '위황하다'의 어근.

위황-병 (萎黃病) [-뼝]圀 ①한방에서, 청춘기의 여자에게 흔히 있는 빈혈증을 이르는 말. 피부 점막이 창백해지며 월경 불순, 손톱의 변화 등이 나타나고 체력이 약해짐. ②(벼나 콩 따위) 식물의 잎이 누렇게 되고 줄기가 위축되는 병.

위황-하다 (危慌-)匼 위태하고 황망하다.

위훈 (偉勳)圀 위대한 훈공.

윈도: (window)圀 ①〈쇼윈도〉의 준말. ②컴퓨터에서, 처리 결과를 눈으로 직접 볼 수 있는 화면 상의 한 부분에 지정된 영역.

윈도:쇼-핑 (window-shopping)圀 상점이나 백화점의 진열장이나 진열창 안의 상품을 구경만 하고 돌아다니는 일.

윈드서:핑 (windsurfing)圀 레저 스포츠의 한 가지. 판 위에 돛을 달아 바람의 힘으로 물 위를 달리는 일, 또는 그런 기술이나 결승점에 닿은 차례 따위로 승부를 겨루는 수상 경기.

윈치 (winch)圀 밧줄이나 쇠사슬을 감았다 풀었다 함으로써 물건을 위아래로 옮기는 기계를 통틀어 이르는 말. 권양기.

윌리윌리 (willy-willy)圀 오스트레일리아 북쪽의 주변 해상에서, 여름철에서 가을철에 걸쳐 발생하는 열대성 저기압.

윗-간 (-間) [위깐/윋깐]圀 (전통적 한옥에서, 방이 둘로 나뉘어 있을 때) 아궁이에서 먼 쪽에 있는 방. ↔아랫간.

윗-국[명] '웃국'의 잘못.

윗기[명] '웃기'의 잘못.

윗-길[위낄/원낄][명] ①위쪽에 있는 길. ②(비교되는 것보다) 품질이 좋은 물품이나 등급. ¶ 자네 솜씨보다 윗길일세. ↔아랫길.

윗-녘[원녁][명] ①위쪽. ¶ 윗녘 마을. ②☞뒤대.
* 윗녘이[원녀키]·윗녘만[원녕-]

윗-누이[원-][명] 손윗누이.

윗-눈썹[원-][명] 윗눈시울에 난 속눈썹. ↔아랫눈썹.

윗-니[원-][명] 윗잇몸에 난 이. 상치(上齒). ↔아랫니.

윗-다리[위따/원따][명] 다리의 윗부분. ↔아랫다리.

윗-당줄[위땅쭐/원땅쭐][명] 망건당에 꿴 당줄. ↔아랫당줄.

윗-대(-代)[위때/원때][명] 조상의 대(代). 상대(上代). 상세(上世).

윗-덧줄[위떧쭐/원떧쭐][명] 악보의 오선(五線)보다 위쪽에 붙는 덧줄.

윗-도리[위또/원또-][명] ①인체의 허리 윗부분. 상반신(上半身). ②〈윗도리옷〉의 준말. ③지위가 높은 계급. ④흙일 따위를 할 때, 책임자로서 일하는 사람. ①∼③↔아랫도리.

윗도리-옷[위또-옫/원또-옫][명] 윗도리에 입는 옷. ㉰윗도리. ↔아랫도리옷. * 윗도리옷이[위또-오시/원또- 오시]·윗도리옷만[위또- 온-/원또-온-]

윗-돈[명] '웃돈'의 잘못.

윗-돌[위똘/원똘][명] (돌로 쌓은 축대의) 위쪽 돌. ↔아랫돌.

윗-동[위똥/원똥][명] 〈윗동아리〉의 준말.

윗-동네(-洞-)[위똥-/원똥-][명] (물의 흐름이나 지형의 높낮이로 보아서) 위쪽에 있는 동네. ↔아랫동네.

윗-동아리[위똥-/원똥-][명] ①긴 물건의 위쪽 부분. ㉰윗동. ②〈윗도리〉의 속된 말. ↔아랫동아리.

윗-마기[원-][명] 저고리나 적삼을 두루 이르는 말. ↔아랫마기.

윗-마을[원-][명] (물의 흐름이나 지형의 높낮이로 보아서) 위쪽에 있는 마을. ↔아랫마을.

윗-막이[원-][명] 물건의 위쪽 머리를 막은 부분. ↔아랫막이.

윗-머리[원-][명] 아래위가 같은 물건의 위쪽 끝 부분. ↔아랫머리.

윗-면(-面)[원-][명] 물건의 위쪽을 이루는 겉면. ↔아랫면.

윗-목[원-][명] (구들을 놓은 방에서) 아궁이에서 멀고 굴뚝에 가까운 방바닥. ↔아랫목.

윗-몸[원-][명] 허리 윗부분의 몸. ↔아랫몸.

윗-물[원-][명] 강이나 내의 상류(上流) 쪽의 물. ↔아랫물.

윗물이 맑아야 아랫물이 맑다[속담] 윗사람의 행실이 깨끗해야 아랫사람의 행실도 거기에 따라 깨끗해진다는 말.

윗-바람[위빠/원빠-][명] ①물의 상류 쪽에서 불어오는 바람. ②연을 날릴 때, '서쪽에서 불어오는 바람'을 이르는 말. ↔아랫바람.

윗-반(-班)[위빤/원빤][명] ①위 학년의 학급(學級). ②수준이나 등급을 아래위로 구분한 경우 그 위가 되는 반. 상급반. ↔아랫반.

윗-방(-房)[위빵/원빵][명] (방고래가 잇달린 두 방 중에서) 아궁이로부터 멀리 떨어진 쪽에 있는 방. ↔아랫방.

윗-배[위빼/원빼][명] 배의 배꼽 위쪽 부분. ↔아랫배.

윗-벌[위뻘/원뻘][명] (한 벌 가운데서) 윗도리에 입는 옷. ↔아랫벌.

윗-변(-邊)[위뻔/원뻔][명] 다각형(多角形)에서 위의 변.

윗-불[위뿔/원뿔][명] 불의 윗부분. ↔아랫불.

윗-부분(-部分)[위뿌-/원뿌-][명] 전체 가운데 위에 해당되는 범위. ↔아랫부분.

윗-사람[위싸-/원싸-][명] ①손윗사람. ¶ 윗사람을 섬기다. ②자기 또는 어떤 사람보다 지위나 신분 따위가 높은 사람. 상사(上司). ↔아랫사람.

윗-사랑(-舍廊)[위싸-/원싸-][명] 위채에 있는 사랑방. ↔아랫사랑.

윗-세장[위쎄-/원쎄-][명] 지게나 걸채 따위에서, 윗부분에 가로질러 박은 나무. ↔아랫세장.

윗-수염(-鬚髯)[위쑤-/원쑤-][명] 윗입술의 가장자리 위로 난 수염. ↔아랫수염.

윗-알[위달][명] 수판에서, 가름대의 위쪽의 알. [한 알이 5를 나타냄.] ↔아래알.

윗-어른[명] '웃어른'의 잘못.

윗-옷[위돋][명] 윗도리에 입는 옷. 상의. 웃통.
* 윗옷이[위도시]·윗옷만[위돈-]

윗-입술[원닙쑬][명] 위쪽의 입술. 상순(上脣). ↔아랫입술.

윗-잇몸[원닌-][명] 위쪽의 잇몸. ↔아랫잇몸.

윗-자리[위짜-/원짜-][명] ①윗사람이 앉는 자리. 상좌(上座). ②높은 지위나 순위. ③십진법에서, 어느 자리보다 높은 자리. ①②↔아랫자리.

윗-중방(-中枋)[위쭝-/원쭝-][명] ☞상인방(上引枋).

윗-집[위찝/원찝][명] 바로 위쪽에 이웃하여 있는 집. 더 높은 곳에 있는 집. ↔아랫집.

윙[부] ①좀 큰 날벌레나 물건이 매우 빨리 날아갈 때 나는 소리. ②기계의 바퀴가 돌아갈 때, 또는 바람이 가느다란 철사 따위에 세게 부딪칠 때 나는 소리. ㉱윙. **윙-윙**[부]윙윙.

윙(wing)[명] 축구 따위의 포워드 전용 가운데서 바깥쪽의 자리, 또는 그 자리를 맡은 선수.

윙윙-거리다[자] 자꾸 윙윙하다. 윙윙대다. ㉱웡웡거리다.

윙윙-대다[자] 윙윙거리다.

윙크(wink)[명][하자] (상대에게 무엇인가 암시하거나 추파로서) 한쪽 눈을 깜작여서 하는 눈짓.

유 이중 모음인 한글 자모 'ㅠ'의 음가(音價) 및 이름.

유:(有)[명] ①존재함. 있음. (형체가) 있는 것. ¶ 무(無)에서 유를 낳다. ↔무(無). ②철학에서 이르는, 존재(存在). ③불교에서 이르는, 십이 인연의 하나인 미(迷)로서의 존재.

유(酉)[명] ①십이지(十二支)의 열째. ②〈유방(酉方)〉의 준말. ③〈유시(酉時)〉의 준말.

유(柳)[명] 〈유성(柳星)〉의 준말.

유(紐)[명] ☞인꼭지.

유:(類)[명] ①〈종류〉의 준말. ②☞무리1. ③생물 분류에서, '강(綱)'·'목(目)' 대신에 흔히 쓰는 말.

유-(有)[접두] (일부 명사 앞에 붙어) '있음'을 뜻함. ¶ 유분수. /유자격.

유:**가**(有價)[-까][명] 금전상의 가치가 있음.

유가(油價)[-까][명] 석유의 가격.

유가(瑜伽←yoga 범)[명] 불교에서, 주관·객관의 모든 사물이 서로 응하여 융합하는 일.

유가(遊街)[명][하자] 지난날, 과거 급제자가 좌주(座主)·선진(先進)·친척들을 찾아보기 위하여 풍악을 울리며 시가를 행진하던 일.

유가(儒家)**명** 공자의 학설·학풍 등을 신봉하고 연구하는 학자나 학파.

유:가-물(有價物)[-까-]**명** 경제적 가치가 있는 물건.

유-가족(遺家族)**명** 죽은 사람의 뒤에 남은 가족. 유족. ¶전몰 군경 유가족.

유:가^증권(有價證券)[-까-꿘]**명** 사법상(私法上)의 재산권을 표시한 증권.〔어음이나 수표·채권·주권 따위.〕

유:가^증권^대:부(有價證券貸付)[-까-꿘-]**명** 유가 증권을 담보로 자금(資金)을 대부하는 일.

유:가^증권^위조:조죄(有價證券僞造變造罪)[-까-꿘-쬐/-까-꿘-쮀]**명** 법률에서, 유가 증권을 위조·변조 또는 허위로 기입하거나, 또는 그 행사·교부·수입 등을 함으로써 성립되는 죄.

유:각-호(有脚湖)[-가코]**명** ⇨유구호(有口湖).

유:감(有感)**명** 느끼는 바가 있음.

유감(遺憾)**명** ①마음에 남아 있는 섭섭한 느낌. ②언짢은 마음. ¶그에게는 유감이 많다.

유:감^반:경(有感半徑)**명** (지진이 났을 때) 진앙(震央)으로부터 가장 먼 유감 지점.

유감-스럽다(遺憾-)[-따][~스러우니·~스러워]**형ㅂ** 섭섭한 느낌이 있다. 언짢은 마음이 있다. ¶다른 사람도 아닌 네가 그런 생각을 가졌다니 정말 유감스럽다. 유감스레**부**.

유감-없다(遺憾-)[-업따]**형** 마음에 부족하거나 언짢은 느낌이 없다. 유감없이**부** ¶비록 졌으나 유감없이 싸운 경기였다.

유:감^지대(有感地帶)(지진이 났을 때) 지진동(地震動)을 인체가 느낄 수 있는 지역. ↔무감 지대.

유:감^지점(有感地點)(지진이 났을 때) 지진동을 인체가 느낄 수 있는 지점.

유:감^지진(有感地震)**명** 지진동이 직접 인체에도 느껴지는 지진. ↔무감 지진.

유감-천만(遺憾千萬)**명** 몹시 유감스러움. ¶제삼자가 내가 생각해도 정말 유감천만이다.

유감-하다(遺憾-)**형여** 마음에 차지 아니하여 섭섭하다.

유:개(有蓋)**명** 덮개나 뚜껑이 있음. ↔무개.

유:-개념(類槪念)**명** 논리학에서, 어떤 개념의 외연(外延)이 다른 개념의 외연보다 크고 그것을 포괄할 경우, 뒤의 개념(종개념)에 대한 앞의 개념을 이르는 말.〔곧, '개인'이나 '인종'에 대한 '인류' 따위.〕**↔**종개념(種槪念).

유:개-차(有蓋車)**명** 뚜껑이 있는 차량. 개차. ↔무개차(無蓋車).

유객(幽客)**명** 세상을 멀리하여 한가로이 사는 사람.

유객(留客)**명하자** 손님을 머물게 함.

유객(遊客)**명** ①유람하는 사람. ②놀고 지내는 사람. ③주색으로 소일하는 사람.

유객(誘客)**명하자** 손님을 꾀어 들임.

유거(幽居)**명하자** 속세를 떠나 그윽하고 외딴곳에 삶, 또는 그 집.

유:-거(柳車)**명** 왕조 때, 나라나 민간에서 장사 지낼 때, 재궁(梓宮)이나 시체를 실어 끌던 큰 수레.〔조선 세종 이후는 상여(喪輿)의 대신함.〕

유건(儒巾)**명** 지난날, 유생들이 쓰던 예관. 검은 베로 만들었음.

유격(遊擊)**명하타** 그때그때의 형편에 따라 우군을 도와 적을 침.

유격-대(遊擊隊)[-때]**명** 유격의 임무를 띠고, 주로 적의 배후나 측면에서 활동하는 특수 부대나 비정규군(非正規軍). 게릴라. **참**파르티잔.

유격-수(遊擊手)[-쑤]**명** 야구에서, 이루와 삼루 사이를 지키는 내야수(內野手). 쇼트스톱.

유격-전(遊擊戰)[-쩐]**명** 유격대가 벌이는 싸움. 게릴라전.

유:견(謬見)**명** 그릇된 생각이나 견해.

유경(幽境)**명** 그윽하고 조용한 곳.

유경(留京)**명하자** (볼일이 있어) 시골 사람이 서울에 와서 얼마 동안 머묾.

유경-촛대(鍮檠-臺)[-초때/-촏때]**명** 유경을 걸 수 있게 만든 촛대.

유계(幽界)[-계/-게]**명** 저승. ↔현계(顯界).

유계(遺戒)[-계/-게]**명** ⇨유훈(遺訓).

유:고(有故)**명하형** 탈이나 사고가 있음. ¶유고 결근. ↔무고(無故).

유고(油桁)**명** 유바지.

유고(諭告)**명하타** 〔타일러 알린다는 뜻으로〕 나라에서 결행할 일을 백성에게 알려 줌, 또는 그 글.

유고(遺孤)**명** 부모를 여읜 외로운 아이.

유고(遺稿)**명** 죽은 사람이 생전에 써서 남긴 원고. 유초(遺草). ¶유고 시집. /유고를 모아 출판한다.

유곡(幽谷)**명** 그윽하고 깊은 산골.

유골(遺骨)**명** ①죽은 사람의 뼈. 특히, 화장(火葬)하고 남은 뼈. 유해(遺骸). ¶유골을 강물에 뿌리다. ②무덤 속에서 나온 뼈. ¶유골을 발굴한다.

유:공(有功)**명하형** 공로가 있음. ¶유공 훈장(勳章). ↔무공(無功).

유공(遺功)**명** 죽은 뒤에까지 남아 있는 공.

유:공-성(有孔性)[-썽]**명** 물질이 가지는 성질의 한 가지. 모든 물질이 그 조직 사이에 작은 구멍을 갖는 성질. 고체나 액체가 기체를 흡수하고, 고체가 액체에 흡수되는 것은 이 성질 때문임.

유:공-자(有功者)**명** 공로가 있는 사람. ¶국가 유공자. /독립 유공자.

유:공-전(有孔錢)**명** 구멍 뚫린 엽전. ↔맹전(盲錢)·무공전.

유:공-충(有孔蟲)**명** 원생동물의 육질충 아문(肉質蟲亞門)에 딸린 한 목(目)의 동물들을 통틀어 이르는 말.

유:공충-니(有孔蟲泥)**명** 열대 지방의 바다 밑에 쌓여 있는, 유공충이 죽어서 된 진흙.

유과(油菓·油果)**명** 〈유밀과(油蜜菓)〉의 준말.

유과(乳菓)**명** 우유를 넣어 만든 과자.

유곽(遊廓)**명** 〔지난날, 공창(公娼) 제도가 있었을 때〕 창녀가 모여서 몸을 팔던 집이나 그 구역.

유:관(有關)**명하형** 관계가 있음. ¶자네와도 유관한 일일세. ↔무관(無關).

유관(留官)**명** 왕조 때, 고을 원의 직무를 대리로 보던 좌수(座首).

유관(遊觀)**명** 돌아다니며 구경함. **비**유람(遊覽).

유관-속(維管束)**명** ⇨관다발.

유:관^식물(有管植物)[-싱-]**명** ⇨경엽 식물(莖葉植物). ↔세포 식물.

유광(流光)**명** ①물에 비친 달빛. ②(흐르는 물처럼) '빨리 가는 세월'을 이르는 말.

유:광-지(有光紙)**명** 겉쪽이 반들반들하며 광택이 있는 종이.

유괘(遺掛)**명** 죽은 이가 남기고 간 옷 따위.

유괴(誘拐)[-괴/-궤]**명**[하타]되재] (사람을) 속여 꾀어냄. ¶어린아이를 유괴하다.

유괴-범(誘拐犯)[-괴-/-궤-]**명** 남을 유괴하는 범인이나 범죄.

유교(遺敎)**명** ①⇨유명(遺命). ②부처와 조사(祖師)가 후인을 위하여 남긴 교법(敎法).

유교(儒敎)**명** 공자를 시조로 하고) 인의(仁義)를 근본으로 하는 정치·도덕의 실천을 주장하는 유학의 가르침. 명교(名敎).

유구(悠久) '유구하다'의 어근.

유구(遺構)**명** 지난날의 토목(또는 건축) 구조를 알아볼 수 있는 실마리가 될 구조물의 유물(遺物).

유-구(類句)[-꾸]**명** 시문(詩文)에서의 비슷한 글귀. 유사한 구(句).

유구-곡(維鳩曲)**명** 작자·연대 미상의 고려 속요. 비둘기를 노래한 내용. 속칭 '비두로기'. ['시용향악보'에 실려 전함.]

유:구무언(有口無言)**명**[입은 있으나 할 말이 없다는 뜻으로] 변명할 말이 없음.

유:구불언(有口不言)**명**[입은 있으되 말을 아니한다는 뜻으로] 사정이 거북하거나 따분하여, 특별히 하고 싶은 말이 있어도 하지 아니함.

유:구-조충(有鉤條蟲)**명** 조충과의 기생충. 몸길이 2~3m, 마디 수는 800~900 개나 되며 머리에 26 개가량의 갈고리가 붙어 있음. 돼지를 중간 숙주(宿主)로 하여 사람의 장내(腸內)에 기생함.

유구-하다(悠久-)**형여** 연대가 아득히 길고 오래되다. 유원(悠遠)하다. ¶유구한 역사를 자랑하다. 유구-히**부**

유:구-호(有口湖)**명** 물이 흘러 나갈 하천이 있는 호수. 유각호(有脚湖). ↔무구호.

유군(幼君)**명** ⇨유주(幼主).

유:권(有權)[-꿘]**명** 권리가 있음.

유:권-자(有權者)[-꿘-]**명**[권리가 있는 사람이란 뜻으로] 선거권이 있는 사람. ↔무권자.

유:권^해:석(有權解釋)[-꿘-]**명**[주로 입법적인 해석에서] 국가 기관에 의해 공식적으로 하는 구속력 있는 해석. 공권적 해석(公權的解釋).

유규(幽閨)**명** 부녀자가 거처하는 방.

유근(幼根)**명** ⇨어린뿌리.

유글레나(Euglena)**명** ⇨연두벌레.

유금(遊金)**명** 쓰지 않고 놀리는 돈.

유금-류(遊禽類)[-뉴]**명** 물 위를 헤엄쳐 다니는 새를 통틀어 이르는 말. [오리 따위.]

유:급(有給)**명** 급료가 있음. ↔무급(無給).

유급(留級)**명**[하자]되재] (학교 등에서) 진급(進級)하지 못하고 그 학년에 그대로 남음. ¶수업 일수가 모자라 유급되었다.

유:급-직(有給職)[-찍]**명** 급료를 받는 직임(職任). **ⓗ**명예직(名譽職).

유:급^휴가(有給休暇)[-그퓨-]**명** 임금을 받으면서 쉬는 휴가.

유:기(有期)**명** ⟨유기한(有期限)⟩의 준말. ¶유기 징학. ↔무기(無期).

유:기(有機)**명** ①생명을 가지며, 생활 기능을 갖추고 있음. ↔무기. ②(생물체와 같이) 전체를 이루고 있는 각 부분이 서로 밀접한 관련을 가지고 있는 것.

유기(柳器)**명** ⇨고리2.

유기(遊技)**명** 오락으로서 승부를 겨루는 운동. [당구·볼링 따위.]

유기(遺棄)**명**[하타]되재] 내버리고 돌아보지 않음. ¶시체 유기. /직무 유기.

유기(鍮器)**명** 놋그릇.

유:기^감:각(有機感覺)**명** 심리학에서, 체내의 여러 기관의 활동이나 상태에 따라 일어나는 막연한 감각을 통틀어 이르는 말. [시장기·한기·피로·쾌·불쾌·구토 따위 감각.] 보통 감각. 일반 감각. 장기 감각(臟器感覺).

유:기^감:정(有機感情)**명** 심리학에서, 유기 감각에 자극되어 일어나는 감정.

유:기^공채(有機公債)**명** 일정한 시기에 일정한 방법에 따라 원금을 상환하는 의무를 지는 공채. ↔무기 공채.

유:기^광:물(有機鑛物)**명** 유기물에서 생긴 광물을 통틀어 이르는 말. [석탄·백토·호박(琥珀) 따위.]

유기-그릇(鍮器-)[-륻]**명** 놋그릇. *유기그릇이[-르시]·유기그릇만[-른-]

유:기^금:고(有期禁錮)**명** 유기형(有期刑)의 한 가지. 1개월 이상 15년 이하의 금고. ↔무기 금고.

유:기^농업(有機農業)**명** 농약·화학 비료 따위를 쓰지 않고, 유기 비료를 써서 짓는 농사법.

유:기-물(有機物)**명** ①생물에서, 생체(生體)를 이루고 그 기관을 조직하는 물질. ↔무기물. ②⟨유기 화합물⟩의 준말.

유:기^비:료(有機肥料)**명** 성분이 유기물인 비료, 곧 동·식물질의 비료. [녹비·퇴비·어비(魚肥) 따위.] ↔무기 비료.

유:기-산(有機酸)**명** 화학에서, 산성을 보이는 유기 화합물을 통틀어 이르는 말. [포름산·아세트산·부티르산 따위.] ↔무기산(無機酸).

유:기-암(有機岩)**명** 광산에서, 동식물의 유해가 물 밑에 겹으로 쌓여서 된 암석을 통틀어 이르는 말. [석회암·규조토 따위.]

유:기^유리(有機琉璃)**명** 합성수지의 한 가지. 무색투명하고 강인하며 가공성이 좋아 유리와 같은 용도로 쓰임.

유:기-음(有氣音)**명** 'ㅋ·ㅌ·ㅍ' 따위의 파열음이 다음의 음에 옮을 때 터져 나오는 소리. [우리말에서는 'ㅊ·ㅋ·ㅌ·ㅍ·ㅎ' 따위의 소리.] 거센소리. 격음. ↔무기음.

유:기인-제(有機燐劑)**명** 인원자(燐原子)를 함유한 유기 화합물 가운데서 살충제로 쓰이는 약제.

유기-장(柳器-)**명** ⇨고리장이.

유기-장이(柳器-)**명** ⇨고리장이.

유:기-적(有機的)**명** ①(유기체처럼) 생명이나 생활력이 있는 (것). ②(유기체처럼) 각 부분과 전체가 필연적 관계를 지니는 (것). ¶유기적 기능. /유기적인 구성.

유:기-죄(遺棄罪)[-쬐/-꿰]**명** 노유(老幼)나 질병 때문에 부조(扶助)해야 할 사람을 보호할 의무가 있는 사람이 버려 둔 죄.

유:기-질(有機質)**명** 유기물에 딸리는 물질이나 성질. ↔무기질.

유:기^징역(有期懲役)**명** 유기형의 한 가지. 1개월 이상 15년까지의 징역. ↔무기 징역.

유:기-체(有機體)**명** ①생물에서, 유기적으로 이루어진 생활 기능을 가진 조직체, 곧 동식물 따위. ↔무기체. ②(많은 부분들이 목적 아래 통일·조직되어 그 각 부분과 전체가 필연적 관계를 가진 것.

유:기체-설(有機體說)**명** (사회 제도를 생물 체제에 견주어) 유기체로서 사회를 설명하는 학설. 18~19세기에 발달한 서구의 사회 이론으로, 헤겔의 국가관이 대표적임.

유:-기한(有期限)**명**하형 정해진 기한이 있음. ⊕유기(有期).

유:-기-형(有期刑)**명** 일정한 기간의 구금(拘禁)을 내용으로 하는 자유형. 유기 징역·유기 금고·구류 등이 있음. ↔무기형.

유:기^호흡(有氣呼吸)**명** ☞산소 호흡. ↔무기 호흡.

유:기^화학(有機化學)**명** 유기 화합물을 연구 대상으로 하는 화학의 한 분야.

유:기^화합물(有機化合物)[-함-]**명** 탄소를 주성분으로 하는 화합물을 통틀어 이르는 말. ⊕유기물. ↔무기 화합물.

유나(柔懦)**명** '유나하다'의 어근.

유나-하다(柔懦-)**형여** 유약하고 겁이 많다.

유:난(幼男)**명**하형스형 보통과 달리 각별함, 또는 그 상태나 행동. ¶유난을 떨다. **유난-히**튀 ¶눈이 유난히 큰 아이. **유난스레**튀 ¶오늘 별빛은 유난스레 밝다.

유:-난무난(有難無難)**명**하형 있으나 없으나 다 곤란함.

유남(幼男)**명** 어린 사내아이.

유-납(鍮-)**명** 놋쇠를 만드는 데 섞는 아연.

유네스코(UNESCO)**명** 국제 연합 교육 과학 문화 기구. 교육·과학·문화의 보급과 국제 교류 증진을 통한 국가 간의 이해와 세계 평화를 추구하는 국제 연합의 전문 기관. [United Nations Educational, Scientific and Cultural Organization]

유녀(幼女)**명** 어린 계집아이.

유녀(猶女)**명** 조카딸.

유녀(遊女)**명** ☞노는계집. 갈보. 논다니.

유년(幼年)**명** 어린 나이나 때, 또는 어린아이. ¶유년 시절.

유:년(有年)**명** ①풍년(豊年). ②여러 해.

유년(酉年)**명** 태세(太歲)의 지지(地支)가 유(酉)로 된 해. 〔을유(乙酉)·정유(丁酉) 따위.〕닭해.

유년(流年)**명** 〈유년사주(流年四柱)〉의 준말. 유년(을) 내다관용 유년사주를 풀다.

유년(踰年·逾年)**명**하자 해를 넘김.

유년-기(幼年期)**명** ①어린이의 발달 단계를 나타내는 말로〕유아기와 소년기의 중간 시기, 곧 유아기의 후반 2년과 초등학교 1·2학년의 시기. ②지질학에서, 침식 윤회에서의 초기. ¶유년기 지형.

유년-사주(流年四柱)**명** 해마다 운수를 점치는 사주. ⊕유년.

유년-칭원법(踰年稱元法)[-뻠]**명** 고려·조선 시대에 왕위 계승에서 왕이 죽은 그해는 전왕(前王)의 연호를 그대로 쓰고, 그 다음 해부터 새 왕의 연호를 쓰기 시작하던 법.

유념(留念)**명**하타 마음에 새기고 생각함.

유뎐(諛諂)**명**자 남에게 아첨함.

유뇨-증(遺尿症)[-쯩]**명** ☞야뇨증(夜尿症).

유:능(有能)**명**하형 재능이나 능력이 있음. ¶성실하고 유능한 사람. /유능한 인재. ↔무능.

유능제강(柔能制剛)**명**하자 부드러운 것이 능히 굳센 것을 이김.

유니버:시아드(Universiade)**명** 국제 학생 경기 대회. 〔2년마다 열림.〕

유니세프(UNICEF)**명** 국제 연합 아동 기금. 1946년 개발도상국 아동의 복지 향상을 위하여 설립한 국제 연합의 특별 기구. [United Nations International Children's Emergency Fund]

유니섹스(unisex)**명** ①옷이나 머리 모양 따위가 남녀의 구별이 없는 것, 또는 그러한 풍조.

②남성의 여성화, 여성의 남성화 경향으로, 성의 구별이 없는 상태를 이르는 말.

유니언-잭(Union Jack)**명** 영국의 국기.

유니폼:(uniform)**명** ①제복(制服). ②단체 경기를 하는 선수들이 똑같이 맞추어 입는 운동복.

유:-다르다(類-)[~다르니·~달라]**형르** 다른 것과 몹시 다르다. 특별하다. 유별나다. ¶유다른 인생.

유다-서(←Judas書)**명** 신약 성서 중의 한 편. 유다가 썼다는 편지로, 교회 내의 이단자(異端者)와 악덕자(惡德者)를 경계하고 바른길을 권하는 내용임.

유단(油單)**명** 기름에 결은, 두껍고 질긴 큰 종이.

유:단-자(有段者)**명** (검도·유도·바둑 등에서) 초단 이상의 사람. ¶태권도 유단자.

유:-달리(類-)튀 유다르게. 유별나게. ¶소쩍새 울음소리가 오늘따라 유달리 구슬프다.

유당(乳糖)**명** ☞젖당.

유대(紐帶)**명** 〔끈과 띠라는 뜻으로〕기구·단체·나라 따위가 서로 인연을 맺은 관계. ¶동맹국과 유대하다. /동포들 사이의 돈독한 유대를 재확인하다.

유대(←Judea)**명** 기원전 10~6세기경, 지금의 팔레스타인 지방에 있었던 유대 민족의 왕국. ⊕유태(猶太).

유대-감(紐帶感)**명** 여러 개인이나 단체들 사이를 이어 주는 공통된 느낌.

유대-교(←Judea敎)**명** 모세의 율법을 기초로 발달한 유대 사람의 민족 종교. 유일신 여호와를 믿고, 여호와와 하느님의 선민(選民)임을 자처하며 메시아가 올 것을 믿고 있음. 유태교.

유대^인(←Judea人)**명** 셈 어족으로 히브리 어를 쓰고 유대교를 믿는 민족. 유태인.

유대-주의(←Judea主義)[-의/-이]**명** ☞시오니즘.

유덕(有德)**명** '유덕하다'의 어근.

유덕(遺德)**명** 죽은 이가 끼친 덕.

유:덕-하다(有德-)[-더카-]**형여** 덕을 갖추거나 덕망이 있다. ↔무덕(無德)하다.

유:도(有道)**명** 〔무도(無道)에 대하여〕'덕행(德行)이 있거나 정도(正道)에 맞음'을 이르는 말.

유도(乳道)**명** ①젖이 나오는 분비샘. ②젖이 나오는 상황.

유도(柔道)**명** 두 경기자가 맨손으로 맞잡고 서서 서로 상대편의 힘을 이용하여 넘어뜨리거나 또는 눌러 조르거나 하여 승부를 겨루는 운동. 일본에서 유술(柔術)을 개량하여 만든 스포츠임.

유도(誘導)**명**되자 ①하타 일정한 방향으로 나아가도록 이끎. 또는, 꾀어서 이끎. ¶차량 유도. /물건을 사도록 유도하다. ②하자 물리학에서, 전기나 자기가 자계(磁界)·전계(電界) 속에 있는 어떤 물체에 미치는 작용. 감응. ③하자 생물에서, 동물의 배(胚)의 일부가 다른 부분의 분화를 일으키는 작용.

유도(儒道)**명** 유가(儒家)의 도(道).

유도^기전기(誘導起電機)**명** 정전(靜電) 유도를 이용하여 전기를 모아 놓는 실험 장치. 감응 기전기.

유도^기전력(誘導起電力)[-쩐녁]**명** 전자기 유도에 따라 일어나는 기전력. 감응 기전력.

유도^단위(誘導單位)**명** 물리학에서, 기본 단위에서 유도한 단위를 이르는 말. 곧, 기본 단위에서 에너지·힘·속도·가속도 등의 단위가 유도되는 따위.

유도^신:문 (誘導訊問)〔명〕 혐의자를 신문할 때, 예상하는 죄상(罪狀)의 단서를 얻기 위해 교묘한 질문을 하여 무의식중에 자백을 하도록 이끄는 신문. ¶유도 신문에 넘어가다.

유도-자 (誘導子)〔명〕①〔전기〕에서 ①자기(自己) 인덕턴스나 상호 인덕턴스의 표준이 되는 코일. ②코일을 갖지 않고 톱니바퀴를 가진 강자성체로 된 회전자(回轉子).

유도^작전 (誘導作戰)[-쩐]〔명〕적군이 알지 못하는 사이에 아군의 계책에 빠지도록 하는 작전.

유도^전:기 (誘導電氣)〔명〕☞감응 전기.

유도^전:동기 (誘導電動機)〔명〕교류 전동기의 한 가지. 고정자(固定子)와 회전자로 되어 있음. 감응 전동기.

유도^전:류 (誘導電流)[-절-]〔명〕전자기 유도에 따라 일어나는 전류. 감응 전류. 감전 전류.

유도^코일 (誘導coil)〔명〕1차 코일에 흐르는 전류를 단속(斷續)하여 2차 코일에 높은 전압을 얻도록 한 장치. 감응 코일.

유도-탄 (誘導彈)〔명〕☞미사일(missile).

유:독 (有毒)〔명•하형〕《일부 명사 앞에 쓰이어》독기(毒氣)가 있음. ¶유독 가스. /유독 물질. ↔무독(無毒).

유독 (幽獨)'유독하다'의 어근.

유독 (流毒)〔명•하자〕《세상에》해독이 널리 퍼짐, 또는 그 해독.

유독 (遺毒)〔명•하자〕해독을 끼침, 또는 아직 남아 있는 해독.

유독 (唯獨•惟獨)〔부〕《여럿 가운데》홀로. 오직 홀로. ¶다 찬성인데 유독 너만 반대내.

유:독-성 (有毒性)[-씽]〔명〕독기(毒氣)가 있는 성질. ¶유독성 화학 물질.

유독-하다 (幽獨-)[-도카-]〔형여〕쓸쓸하여 외롭다.

유동 (油桐)〔명〕대극과의 낙엽 활엽 교목. 높이 10 m가량. 줄기와 가지는 회갈색이며, 재목으로 쓰임. 열매는 둥근데, 그 씨에서 '동유(桐油)'라는 기름을 짬.

유동 (流動)〔명•하자〕①(액체나 기체 따위가) 흘러 움직임. ②(사람이나 형세 따위가) 이리저리 옮겨 다니거나 변천함. ¶유동 인구. /유동하는 국제 정세.

유동 (遊動)〔명•하자〕자유로이 움직임.

유동^공채 (流動公債)〔명〕모집액이나 기한 및 이자 따위가 확정되지 않은 단기 공채. ↔확정 공채.

유동-물 (流動物)〔명〕유동성이 있는 물질.〔기체나 액체 따위.〕

유:동-법 (類同法)[-뻡]〔명〕밀(J.S. Mill)이 든 다섯 가지 귀납법의 하나. 둘 이상의 사례(事例)에서 단 하나의 사례만 공통되더라도 이 공통 사례를 현상의 원인 또는 결과로 판단하는 방법. 일치법(一致法).

유동-성 (流動性)[-씽]〔명〕①(액체처럼) 흘러 움직이는 성질. ②이리저리 옮겨 다니는 성질. ③기업이, 경영상의 여러 가지 요구에 적시(適時)에 대응하는 데 필요한 지급 능력.

유동-식 (流動食)〔명〕씹지 않고 삼킬 수 있는 음식. 소화하기 쉬워 흔히 환자식으로 쓰임.〔미음이나 죽·우유 같은 것.〕

유동-원목 (遊動圓木)〔명〕통나무의 양쪽 끝을 쇠사슬로 나직이 매달아 앞뒤로 움직일 수 있게 하여 그 위를 걸어다니게 만들어 놓은 놀이 기구.

유동^자본 (流動資本)〔명〕한 번 사용함으로써 그 가치의 전부가 생산물로 전이(轉移)되어 버리는 자본.〔운전 자본·경영 자본 따위.〕↔고정 자본(固定資本).

유동^자산 (流動資産)〔명〕현금, 또는 1년 이내에 현금화할 수 있는 자산.〔현금·상품·미수금 따위.〕↔고정 자산.

유동-적 (流動的)〔관명〕유동의 성질을 띤 (것). ¶유동적 상황. /유동적인 상태.

유동-체 (流動體)〔명〕☞유체(流體).

유두 (乳頭)〔명〕①젖꼭지. ②동물의 피부나 혀 따위에 있는, 젖꼭지 모양의 돌기(突起).

유두 (流頭)〔명〕민속에서, '음력 유월 보름날'을 명절로 이르는 말.〔이날, 동쪽으로 흐르는 물에 머리를 감고, 수단(水團) 따위를 만들어 먹음.〕

유두-분면 (油頭粉面)〔명•하자〕〔기름 바른 머리와 분 바른 얼굴이라는 뜻으로〕'부녀자의 화장, 또는 화장한 여자'를 이르는 말.

유둣-물 (流頭-)[-둔-]〔명〕유두를 전후하여 많이 내리는 비. ¶유둣물이 지다.

유들-유들[-들류-/-드류-]〔부•하형〕부끄러움 줄 모르고 뻔뻔한 데가 있는 모양. ¶그 사람은 얼마나 유들유들한지 꼴도 보기 싫다.

유:디:티: (UDT)〔명〕수중(水中) 파괴반. 상륙용 주정(舟艇)의 접근을 막기 위해 설치한 해안 부근의 수중 장애물을 파괴하거나 제거하는 최소 단위 부대. [underwater demolition team]

유라시아 (Eurasia)〔명〕'유럽'과 '아시아'를 한 대륙으로 묶어 이르는 말.

유라시안 (Eurasian)〔명〕유럽 사람과 아시아 사람 사이에 태어난 사람.

유락 (乳酪)〔명〕우유를 가공하여 만든 식품.〔버터·치즈 따위.〕

유락 (流落)〔명•하자〕①(고향을 떠나) 타향에 삶. ②(망하여) 떠돌아다님.

유락 (遊樂)〔명•하자〕놀며 즐김.

유람 (遊覽)〔명•하타〕구경하며 돌아다님. ¶명승지를 유람하다. 旭유관(遊觀).

유람-객 (遊覽客)〔명〕돌아다니며 구경하는 사람.

유람-선 (遊覽船)〔명〕관광이나 유람용으로 사용되는 여객선.

유랑 (流浪)〔명•하타〕일정한 거처 없이 떠돌아다님. ¶유랑 극단. 旭유리표박(流離漂泊).

유랑-민 (流浪民)〔명〕일정한 거처가 없이 이리저리 떠돌아다니는 백성.

유래 (由來)〔명•하자•되자〕(사물이 어디에서) 연유(緣由)하여 옴, 또는 그 내력.

유래-담 (由來談)〔명〕사물의 내력에 대한 이야기.

유래지풍 (由來之風)〔명〕옛적부터 전하여 오는 풍속.

유량 (乳量)〔명〕젖의 양.

유량 (流量)〔명〕유체(流體)가 단위 시간에 흐르는 양. ¶유량을 조절하다.

유량 (留糧)〔명〕객지에서 먹으려고 마련한 양식.

유:러달러 (Eurodollar)〔명〕유럽의 은행에 예치되어 주로 단기의 이자 차액을 목적으로 운용되는 달러 자금. 艬아시아달러.

유:럽 (Europe)〔명〕육대주의 하나. 아시아의 서북부에 돌출한 반도 모양의 대륙과 이에 딸린 여러 섬으로 이루어짐. 구주(歐洲). 유럽 주.

유:럽^주 (Europe洲)〔명〕☞유럽.

유려 (流麗)'유려하다'의 어근.

유려-하다 (流麗-)〔형여〕(글이나 말이) 유창하고 아름답다. **유려-히**〔부〕.

유:력(有力)[명][하][형] ①힘이 있음. 세력이 있음. 유세(有勢). ¶유력 일간지. /유력 인사. /유력한 사람. ↔무력(無力). ②가능성이 많음. ¶유력한 우승 후보.

유력(遊歷)[명][하][타] (여러 곳을) 놀며 두루 돌아다님.

유:력-시(有力視)[-씨][명][하][타][되][자] 유력하다고 여김. 가능성이 많다고 여김. ¶당선이 유력시되는 후보.

유련(留連)[명][하][자] 객지에 머묾.

유련-황락(流連荒樂)[-낙][명][하][자] 유흥을 좋아하고 주색에 빠짐.

유렵(遊獵)[명][하][자] 놀이로서 사냥을 함, 또는 놀러 다니면서 하는 사냥. 유익(遊弋).

유령(幼齡)[명] 어린 나이.

유령(幽靈)[명] ①죽은 사람의 혼령. 망혼(亡魂). ②죽은 사람의 혼령이 생전의 모습으로 나타난 형상. ③실제로는 없는 것을 마치 있는 것처럼 꾸민 것을 이르는 말. ¶유령 단체.

유령^도시(幽靈都市)[명] (광산(鑛山) 경기(景氣) 따위로) '갑자기 번창했다가 경기 후퇴로 쇠망해 버린 빈 도시'를 비유하여 이르는 말.

유령^인구(幽靈人口)[명] (거짓 신고 따위로 생긴) 실제로는 없는 인구.

유령-주(幽靈株)[명] ①실제로는 주금(株金)을 불입하지 않았는데도 불입한 것처럼 꾸며서 발행한 주식. ②유령 회사의 주식. ③위조한 주식.

유령^회:사(幽靈會社)[-회-/-훼-][명] 법적으로 정당한 절차를 밟지 않은 이름뿐인 회사, 또는 이름만 등록하고 주금(株金)을 불입하지 않은 회사.

유:례(謬例)[명] 잘못된 사례(事例).

유:례(類例)[명] 《주로 '없거나 적다는 뜻의 서술어와 함께 쓰이어》 같거나 비슷한 예. ¶그런 유례를 찾아볼 수 없다.

유:례-없다(類例-)[-업따][형] (그와) 비슷한 전례가 없다. ¶유례없는 물난가. 유례없-이[부]

유로(流路)[명] 물이 흐르는 길.

유로(流露)[명][하][자] (진상이) 나타나거나 드러남.

유로(Euro)[명] 유럽 연합의 화폐 단위.

유:로퓸(europium)[명] 희토류 원소의 한 가지. 무색인 2가(價)와 담홍색인 3가의 화합물을 만듦. [Eu/63/151.96]

유록(柳綠)[명] ①푸른빛과 누른빛의 중간 빛. ②봄철의 버들잎의 빛깔.

유록(黝綠)[명] 검은빛을 띤 녹색.

유:록-화홍(柳綠花紅)[-로콰-][명] 〔버들은 푸르고 꽃은 붉다는 뜻으로〕'봄철의 경치'를 말할 때 흔히 쓰는 말.

유:료(有料)[명] 요금(料金)을 내게 되어 있음. ¶유료 입장. /유료 주차장. ↔무료.

유:료^도:로(有料道路)[명] 통행료를 받는 도로.

유료^작물(油料作物)[-장-][명] 기름을 짤 목적으로 재배하는 작물. 〔들깨·콩·평지 따위.〕

유:루(有漏)[명] 불교에서, '번뇌에 얽매임', 또는 '번뇌에 얽매인 사람'을 이르는 말. 속인(俗人). ↔무루(無漏).

유루(流淚)[명] 유체(流涕).

유루(遺漏)[명][하][자][되][자] 《주로 '없다'와 함께 쓰이어》 (필요한 것이) 비거나 빠짐. ¶그는 모든 일에 유루가 없이 기민하다. 비탈루(脫漏).

유류(油類)[명] 기름 종류에 딸린 것을 두루 이르는 말. ¶유류 저장 탱크.

유류(遺留)[명][하][타][되][자] ①(물건 따위를) 남겨 둠. ②(죽은 뒤에) 물려줌.

유류-분(遺留分)[명] 상속을 받은 사람이 다른 일정한 상속인을 위하여 법률상 반드시 남겨 두어야 할 유산의 일정 부분.

유류^파동(油類波動)[명] 유류의 품귀(品貴)로 일어난, 세계적인 경제 파동. 오일쇼크.

유류-품(遺留品)[명] ①죽은 뒤에 남겨 둔 물품. ②잊어버리고 놓아 둔 물품.

유륜(乳輪)[명] 젖꽃판.

유리(由吏)[명] 지난날, 지방 관아에 딸린 '이방(吏房)의 아전(衙前)'을 이르던 말.

유:리(有利)[명][하][형] 이익이 있음. 이로움. ¶피고에게 유리한 증언. ↔불리(不利).

유:리(有理)¹[명] 더하기·빼기·곱하기·나누기의 네 가지 이외의 관계를 포함하지 않는 일. ↔무리(無理)².

유리(有理)² '유리하다'의 어근.

유리(流離)[명][하][자] ⇨유리표박의 준말.

유리(琉璃)[명] 규사(硅砂)와 소다회·석회 따위를 섞어서 녹였다가 급히 냉각시켜 만든 물질. 단단하고 투명하나 깨어지기 쉬움. 파리(玻璃).

유리(遊離)[명][하][자] ①(다른 것에서) 떨어짐, 또는 떨어져 존재함. ¶대중과 유리된 정치. ②단체(單體) 또는 기(基)가 딴 원소와 화합하지 않고 분리되어 존재하거나 화합물에서 분리되는 일.

유리(瑠璃)[명] ①금빛의 작은 점이 여기저기 박혀 있는, 검푸른빛이 나는 광물. ②검푸른빛이 나는 보석.

유리-걸식(流離乞食)[-씩][명][하][자] 정처 없이 떠돌아다니며 빌어먹음.

유리-관(琉璃管)[명] 유리로 만든 관. 흔히, 화학 실험 용구로 쓰임.

유리-구슬(琉璃-)[명] 유리로 만든 구슬. 장난감이나 장식용으로 쓰임. 유리알.

유리-그릇(琉璃-)[-를][명] 유리로 만든 그릇. 〔유리 접시·유리컵·유리병 따위.〕 *유리그릇이[-르시]·유리그릇만[-른-]

유리-론(唯理論)[명] ⇨합리주의(合理主義).

유리-막(琉璃膜)[명] 동물의 상피 조직 겉면에 어떤 물질의 분비의 의하여 생기거나 바깥층의 세포질이 굳어져서 된 물질. 사진기의 어둠상자와 같은 구실을 함.

유리-면(琉璃綿)[명] ⇨유리솜.

유리-목(楡理木)[명] ⇨오리나무.

유리-병(琉璃瓶)[명] 유리로 만든 병.

유리^섬유(琉璃纖維)[명] 용해된 유리를 섬유 모양으로 만든 것. 전기 절연재나 단열재 따위로 쓰임.

유리^세:포(遊離細胞)[명] 다세포 동물의 세포 중에서 일정한 조직을 이루지 않고 독립적으로 행동하는 세포. 〔생식 세포나 혈구(血球) 따위.〕

유리-솜(琉璃-)[명] 솜 모양으로 만든 유리 섬유의 한 가지. 석면의 대용품으로 전기 절연과 단열 따위에 쓰임. 유리면. 참유리 섬유.

유:리-수(有理數)[명] 정수(整數)나 분수(分數)의 형식으로 나타낼 수 있는 수. ↔무리수.

유:리-식(有理式)[명] 근호 속에 문자를 포함하지 않은 대수식(代數式). 〔정식(整式)과 분수식(分數式)을 아울러 이름.〕 ↔무리식(無理式).

유리-알(琉璃-)[명] ①유리로 만든 안경알. ②유리 구슬.

유리-잔(琉璃盞)[명] 유리로 만든 잔.

유:리-정:식(有理整式)[명] 근호(根號)를 쓰지 않고 나타낼 수 있는 정식.

유리-창(琉璃窓)[명] 유리판을 낀 창문.

유리-체(琉璃體)[명] 안구의 내부를 채우고 있는 투명하고 연한 물질. 앞쪽은 수정체, 옆과 뒤쪽은 모양체와 망막에 둘러싸여 있음. 안구의 형태를 유지하고 빛을 통과시켜 망막에 상을 맺게 함. 초자체(硝子體).

유리-컵(琉璃cup)[명] 유리로 만든 컵.

유리-판(琉璃板)[명] 유리로 만든 평평한 판. 〔참〕판유리.

유리-표박(流離漂泊)[명][하자] 일정한 집과 직업이 없이 이리저리 떠돌아다님. 〔준〕유리. 〔비〕유랑(流浪).

유:리-하다(有理-)[형여] 사리에 맞다. 이치가 있다.

유린(蹂躪·蹂躏)[명][하타][되자] 남의 권리나 인격을 함부로 짓밟음. ¶ 정조를 유린하다. /적군의 발길에 국토가 유린되었다.

유림(儒林)[명] 유도(儒道)를 닦는 학자들, 또는 그들의 사회. 사림(士林).

유마(留馬)[명][하타] 지난날, 마소를 징발하여 쓰던 일.
　유마(를) 잡다[관용] 군용(軍用)으로 마소를 징발하다.

유마-경(維摩經)[명] 유마 거사(維摩居士)와 문수 보살(文殊菩薩)이 대승(大乘)의 깊은 뜻에 대해 문답한 내용을 기록한, 대승 불교 초기의 경전.

유막(帷幕)[명] 기밀을 의논하는 곳. 작전을 계획하는 곳. 유악(帷幄).

유:만부동(類萬不同)[명][하형] ①비슷한 것이 많으나 서로 같지는 아니함. ②분수에 넘치는 일음. 정도에 넘침. ¶ 배은망덕도 유만부동이지, 네가 나한테 그럴 수가 있느냐.

유달(酉末)[명] 십이시의 유시의 끝. 하오 7시에 가까운 무렵.

유:망(有望)[명][하형] 앞으로 잘될 듯한 희망이나 전망이 있음. ¶ 유망 직종. /전도가 유망한 청년.

유망(遺忘)[명][하타] 잊어버림.

유:망-주(有望株)[명] ①앞으로 시세가 오를 가망이 있는 주식이나 증권. ②'장래가 촉망되는 사람'을 비유하여 이르는 말.

유:머(humor)[명] 익살스러운 농담. 해학(諧謔). ¶ 유머 감각이 풍부하다.

유:머러스-하다(humorous-)[형여] 해학이 있거나 익살스럽다. ¶ 그는 유머러스한 언행으로 사람들을 곧잘 웃기곤 한다.

유:머레스크(humoresque)[명] 경쾌하고 유머러스한 기악곡의 한 형식. 〔참〕해학곡.

유:머^소:설(humor小說)[명] ☞해학 소설.

유면(宥免)[명][하타][되자]〔잘못을〕용서하여 놓아줌.

유:명(有名)[명][하형] ①이름이 있음. ②이름이 널리 알려져 있음. ¶ 유명 인사. /세계적으로 유명한 화가. 〔비〕저명(著名). ↔무명.

유명(幽明)[명] ①어둠과 밝음. ②저승과 이승.
　유명을 달리하다[관용] '죽다'를 완곡하게 이르는 말.

유명(幽冥)[명] ①〔하형〕그윽하고 어두움. ②저승.

유명(遺命)[명] 임금이나 부모 등이 임종할 때 내리는 분부. 유교(遺敎).

유:명^계:약(有名契約)[-계/-게-][명] 매매나 증여 등, 일상생활에서 자주 쓰이는 계약의 전칭. 법률이 정하는 계약. ↔무명 계약.

유명-론(唯名論)[-논][명] 중세 철학에서, 개체(個體)만이 실재하고 보편은 개체에서 추상하여 얻은 명목에 지나지 않는다고 하였던 이론. 명목론(名目論). ↔실념론(實念論).

유:명-무실(有名無實)[명][하형] 이름뿐이고 실상이 없음.

유:명-세(有名稅)[-쎄][명] 〔스포츠나 연예, 그 밖의 방면에서〕'세상에 이름이 널리 알려진 일 때문에 겪게 되는 어려움'을 세금에 비유하여 속되게 이르는 말. ¶ 유명세를 치르다.

유몌(濡袂)[-몌-메][명] 눈물로 옷소매를 적심, 또는 눈물에 젖은 옷소매.

유모(乳母)[명] 어머니를 대신하여 젖을 먹여 길러 주는 여자. 젖어머니.

유모-차(乳母車)[명] 어린아이를 태워서 밀거나 끌고 다니게 만든 자그마한 차. 동차(童車). 유아차.

유모^혈암(油母頁岩)[명] ☞석유 혈암.

유목(幼木)[명] 어린나무.

유목(流木)[명] 〔물에 떠서〕흘러가는 나무.

유목(遊牧)[명][하자] 거처를 정하지 않고 물과 목초(牧草)를 따라 소·양·말 등의 가축을 몰고 다니며 하는 목축.

유목-민(遊牧民)[-몽-][명] 유목을 하면서 이동 생활을 하는 민족.

유몽(幼蒙)[명] 어린아이.

유묘(幼苗)[명] 어린 모종.

유무(由無)[명] 지난날, 관원이 갈릴 때, 보관하던 물품 따위의 인계가 끝났음을 나타내기 위하여 녹패(祿牌)에 먹으로 찍던 글자.

유:무(有無)[명] 있음과 없음. ¶ 경험의 유무.

유:무-상통(有無相通)[명][하타] 있는 것과 없는 것을 서로 융통함.

유:무죄간(有無罪間)[-죄-/-줴-][명] 죄가 있든지 없든지 관계하지 아니함.

유묵(遺墨)[명] 죽은 이가 남긴 글씨나 그림.

유문(幽門)[명] 위(胃)의 아래쪽 십이지장과 잇닿은 부분. 괄약근(括約筋)이 있어 항상 닫혀 있고, 이따금 열려 음식물을 장(腸)으로 보냄. 〔참〕분문(噴門).

유문(留門)[명][하타] 조선 시대에, 특별한 일이 있어 밤중에 궁궐 문이나 성문 닫는 것을 중지시키던 일.

유문(遺文)[명] 죽은 이가 남긴 글.

유문-암(流紋岩)[명] 정장석과 석영·운모 따위로 이루어진 화성암. 도자기의 원료나 건축 재료로 쓰임.

유물(油物)[명] 기름을 칠하여 결은 물건.

유물(留物)[명] 쓸모가 없어 버려 둔 물건.

유물(唯物)[명]〔물질만이 존재한다고 하여〕물질만을 위주로 생각하는 일. ↔유심(唯心).

유물(遺物)[명] ①〔죽은 이가〕남겨 놓은 물건. 유품(遺品). ②과거의 인류가 남긴 유형(有形)의 제작품. 〔특히, 부피가 작고 옮길 수 있는 물건을 이름.〕 ¶ 신석기 시대의 유물을 발굴하다. ③'이미 그 효력을 잃어 쓸모없이 된 이전 시대의 제도나 이념 따위'를 비유하여 이르는 말. ¶ 구시대의 유물.

유물-관(唯物觀)[명] 유물론에 입각하여 사물을 보는 견해나 관점. ↔유심관.

유물-론(唯物論)[명] 영혼이나 정신 따위의 실재(實在)를 부정하고, 우주 만물의 궁극적 실재는 물질뿐이라고 보는 이론. 〔고대 그리스에서 비롯하여 마르크스에 의하여 무신론(無神論)의 근거가 됨.〕 ↔유심론(唯心論).

유물^변:증법(唯物辨證法)[-뻡][명] ☞변증법적 유물론.

유물^사:관 (唯物史觀) [-싸-] 명 마르크스주의의 역사관. 역사적 발전을 유물 변증법의 관점에서 설명한 것으로, 물질적·경제적 생활 관계를 사회 발전의 궁극적인 원동력으로 보는 관점. 사적 유물론(史的唯物論). →유심 사관.

유미 (乳糜) 명 ①젖으로 쑨 죽. ②장벽에 흡수된 지방의 작은 입자 때문에 젖빛이 된 림프액.

유-미 (柳眉) 명 버들잎 같은 눈썹이라는 뜻으로] '미인의 눈썹'을 이르는 말.

유미-관 (乳糜管) 명 ☞암죽관.

유미-뇨 (乳糜尿) 명 지방분이 섞여 젖빛이 된 오줌을 누는 병증.

유미-주의 (唯美主義) [-의/-이] 명 ☞탐미주의 (耽美主義).

유미-파 (唯美派) 명 ☞탐미파 (耽美派).

유민 (流民) 명 고향을 떠나 낯선 땅을 떠돌아다니는 백성.

유민 (遊民) 명 직업이 없이 놀고 지내는 사람.

유민 (遺民) 명 망하여 없어진 나라의 백성.

유밀-과 (油密菓·油蜜果) 명 쌀가루나 밀가루의 반죽을 밀어서 여러 가지 모양으로 빚은 조각을 기름에 지져서 꿀이나 조청에 잰 과자. [약과·다식과·타래과 따위.] 밀과. 준유과 (油果).

유-바지 (油-) 명 비가 올 때 마부들이 입는, 기름에 결은 바지. 유고 (油袴).

유박 (油粕) 명 깻묵.

유발 (乳鉢) 명 약을 빻거나 가는 데 쓰이는 보시기 모양의 그릇. 도자기나 유리 따위로 만듦. 막자사발. 준약연 (藥碾).

유발 (誘發) 명 하타 되자 어떤 일이 원인이 되어 다른 일이 일어남, 또는 일으킴. ¶ 동기 유발. /사라에보의 총성이 제일 차 세계 대전을 유발했다.

유발 (遺髮) 명 죽은 이의 머리털.

유방 (酉方) 명 이십사방위의 하나. 정서 (正西)를 중심으로 한 15도 범위 이내의 방위. 경방 (庚方)과 신방 (辛方)의 사이. 준유 (酉). ↔묘방 (卯方).

유방 (乳房) 명 포유동물의 가슴이나 배에 있는, 젖을 분비하기 위한 기관. 가운데에 젖꼭지가 있고 거기에 젖샘이 나 있어 젖을 분비한다. 젖.

유방 (遺芳) 명 하자 후세에 빛나는 영예를 남김.

유방백세 (流芳百世) [-쎄-] 명 하자 꽃다운 이름이 후세에 길이 전함.

유방-암 (乳房癌) 명 ☞유암 (乳癌).

유방-염 (乳房炎) [-념-] 명 여자의 유방에 생기는 염증.

유배 (流配) 명 하타 되자 (죄인을) 귀양 보냄.

유:배유-종자 (有胚乳種子) 명 식물에서, 배젖을 가지는 종자. [감·벼 따위.] ↔무배유 종자.

유배-지 (流配地) 명 유배된 곳.

유-백색 (乳白色) [-쌕] 명 젖빛.

유벌 (流筏) 명 강물에 띄워 보내는 뗏목.

유법 (遺法) 명 ①옛사람이 남긴 법. ②불교에서, '부처의 가르침'을 이르는 말.

유벽 (幽僻) 어기 '유벽 (幽僻)하다'의 어근.

유벽-하다 (幽僻-) [-벽카-] 형여 한적하고 구석지다.

유:별 (有別) 명 하형 스형 구별이 있음. 다름이 있음. ¶ 남녀 유별. 유별-히 부. 유별스레 튀 ¶ 왜 너만 유별스레 반찬 투정을 하니?

유별 (留別) 명 하자 (떠나는 사람이) 뒤에 남는 사람에게 작별함. ↔송별.

유:별 (類別) 명 하타 되자 종류에 따라 구별함. 종별 (種別).

유:별-나다 (有別-) [-라-] 형 (다른 것과) 두드러지게 다르다. 별나다. ¶ 유별나게 굴다. /유별난 짓을 하다.

유:병 (有病) 명 하형 병이 있음. ↔무병 (無病).

유보 (留保) 명 하타 되자 ①(뒷날로) 미룸. 보류. ¶ 임금 인상을 유보하다. /발표가 유보되다. ②법률에서, 권리나 의무에 관하여 제한을 붙임.

유보^약관 (留保約款) [-관] 명 외국법의 적용에서, 그 결과가 사회의 질서에 위반될 때 그 적용을 배척할 수 있는 경우를 규정하는 국제 사법상 (私法上)의 예외 규정. 준금지법.

유:-보트 (U-boat) 명 제1·2차 세계 대전 중에 독일이 사용하였던 대형 잠수함.

유:-복 (有服) 명 〈유복지친 (有服之親)〉의 준말.

유복 (有福) 명 '유복 (有福)하다'의 어근.

유복 (裕福) 명 '유복 (裕福)하다'의 어근.

유복-자 (遺腹子) [-짜] 명 어머니의 배 속에 있을 때 아버지를 여의고 태어난 자식. 유자 (遺子).

유:복지친 (有服之親) [-찌-] 명 복제 (服制)에 따라 상복을 입는 가까운 친척. 준유복·유복친.

유:복-친 (有服親) 명 〈유복지친〉의 준말.

유:복-하다 (有福-) [-보카-] 형여 복이 있다. ¶ 유복한 사람.

유복-하다 (裕福-) [-보카-] 형여 살림이 넉넉하다. ¶ 유복한 가정에서 태어나다. /어린 시절을 유복하게 보내다.

유봉 (乳棒) 명 유발 (乳鉢)에 약을 넣고 갈 때 쓰는 막자.

유부 (幼婦) 명 어린 부녀자.

유:부 (有夫) 명 남편이 있음.

유:부 (有婦) 명 아내가 있음.

유부 (油腐) 명 기름에 튀긴 두부.

유부 (猶父) 명 아버지의 형제. 삼촌. 준유자.

유:부-간 (有夫姦) 명 남편이 있는 여자가 딴 사내와 간통하는 일.

유부-국수 (油腐-) [-쑤] 명 유부를 썰어 얹어서 만 국수.

유:부-남 (有婦男) 명 아내가 있는 남자. ↔유부녀.

유:부-녀 (有夫女) 명 남편이 있는 여자. ↔유부남.

유부-유자 (猶父猶子) 명 삼촌과 조카.

유-부족 (猶不足) 명 하형 오히려 부족함.

유:-분수 (有分數) 명 분수가 있음. 《주로, '-어도 유분수지'의 꼴로 쓰임.》 ¶ 사람을 업신여겨도 유분수지, 그럴 수가 있나?

유불 (儒佛) 명 ①유교와 불교. ②유가 (儒家)와 불가 (佛家).

유불선 (儒佛仙) [-썬] 명 유교·불교·선교를 아울러 이르는 말. 삼교 (三教).

유:불여무 (有不如無) [-려-] 명 (있어도 없음만 못하다는 뜻으로] '있으나마나 함'을 이르는 말.

유비 (油肥) 명 동물성 기름으로 된 거름.

유:-비 (類比) 명 ①하자 되자 ☞유추 (類推). ②하타 되자 비교함. ③철학에서, 서로 다른 사물의 상호 간에 대응적으로 존재하는 유사성 또는 동일성을 이르는 말.

유:비-무환 (有備無患) 명 '준비가 있으면 근심할 것이 없음'을 이르는 말. ['서경'의 '열명편'에 나오는 말임.] ¶ 유비무환의 정신.

유비쿼터스 (Ubiquitous 라) 명 [언제 어디에나 존재한다는 뜻으로] 때와 장소에 구애받지 않고 자유로이 네트워크에 접속할 수 있는 정보 통신 환경.

유빙 (流氷) 명 ☞성엣장.

유:-사 (有史) 명 역사가 시작됨. 역사가 있게 됨. ¶ 유사 이래 최대의 풍년.

유:**사**(有司)圏 ①어떤 단체의 사무를 맡아보는 직무, 또는 그 사람. ¶종친회 유사. ②집사(執事)¹.

유사(有事) '유사하다'의 어근.

유사(流沙)圏 하천에서, 물에 밀려 흘러내리는 모래.

유사(遊絲)¹圏 작은 시계의 초침을 움직이게 하는, 나선 모양의 가느다란 부속품.

유사(遊絲)²圏 아지랑이.

유사(瘦死)[하자] (고문·질병 따위로) 감옥에 갇혀 고생하다가 죽음.

유사(遺事)圏 ①후세에 전하는 사적(事跡). ②(죽은 이가) 생전에 남긴 일이나 사업.

유:**사**(類似)圏[형] 서로가 비슷함. ¶유사 단체. /저 두 사람은 형제처럼 생김새가 유사하다.

유:**사**^**분열**(有絲分裂)圏 세포 분열의 한 형식. 핵 속에 염색체가 나타나서 새로 생겨나는 세포의 핵에 고르게 분배되는 일. 간접 분열. ↔무사 분열(無絲分裂).

유:**사**^**상호**(類似商號)圏 특정의 상호와 똑같지는 않으나 혼동 또는 오인될 우려가 있는 상호.

유:**사**-**성**(類似性)[-썽] 圏 서로 비슷한 성질. ¶내용의 유사성.

유:**사**-**시**(有事時)圏 비상한 일이 있을 때. 유사지추(有事之秋). ¶일단 유사시에 대비하다.

유:**사**^**시대**(有史時代)圏 인간이 문헌적 역사 자료를 가지기 시작한 때부터 현대에 이르는 시대. 구석기 시대에서 현대에 이르는 시대. 참선사 시대.

유사^**연합**(類似聯合)圏 현재의 의식 내용이나 경험이 그것과 유사한 다른 의식 내용이나 경험을 환기시키는 과정.

유사입검(由奢入儉)[-껌]圏[하자] 사치를 폐하고 검소하기에 힘씀.

유:**사**-**점**(類似點)[-쩜]圏 서로 비슷한 점.

유:**사**^**종교**(類似宗敎)圏 공인(公認)을 받지 못한 종교.

유:**사지추**(有事之秋)圏 ☞유사시(有事時).

유:**사**-**품**(類似品)圏 서로 비슷한 물품, 또는 비슷하게 만든 물품.

유:**사**-**하다**(有事-)[형][어] 큰일이 있다. 사변이 있다.

유:**산**(有産)圏 재산이나 재물이 많이 있음. ↔무산(無産).

유산(乳酸)圏 ☞젖산.

유산(油酸)圏 ☞올레산.

유산(流産)[되자] ①[하자타]달이 차기 전에 태아가 죽어서 나옴. 낙태(落胎). 타태(墮胎). ②[하자]'계획한 일이 중지됨'을 비유하여 이르는 말. ¶세계 대회가 유산되다.

유산(硫酸)圏 ☞황산.

유산(遊山)[하자] 산에 놀러 나감.

유산(遺産)圏 ①죽은 이가 남겨 놓은 재산. ¶부친으로부터 막대한 유산을 물려받다. ②'전대(前代)의 사람들이 물려준 사물이나 문화'를 비유하여 이르는 말. ¶냉전 시대의 유산을 청산하다. /받아야 할 값진 유산.

유산-객(遊山客)圏 산에 놀러 나온 사람.

유:**산**^**계급**(有産階級)[-계-/-게-]圏 많은 재산을 가지고 풍요한 생활을 하는 신분의 계급. 부르주아지. ↔무산 계급(無産階級).

유산-균(乳酸菌)圏 ☞젖산균.

유산^**발효**(乳酸醱酵)圏 ☞젖산 발효.

유산^**상속**(遺産相續)圏 ☞재산 상속.

유:**산소**^**운**-**동**(有酸素運動)圏 근육에 산소가 공급되도록 움직이는 동안에 계속 숨을 쉬며 하는 운동. 조깅·에어로빅스·줄넘기 따위가 대표적이며, 몸속의 지방을 산화시킴.

유산^**음**:**료**(乳酸飮料)[-뇨]圏 ☞젖산 음료.

유:**산**-**자**(有産者)圏 재산이 많은 사람. 유산 계급에 속하는 사람. ↔무산자(無産者).

유산-지(硫酸紙)圏 ☞황산지.

유산-탄(榴散彈)圏 포탄의 한 가지. 탄환이 터질 때 속에 든 많은 산탄이 튀어 나가게 만듦.

유살(誘殺)圏[하자] 꾀어내어 죽임.

유삼(油衫)圏 비나 눈을 막기 위하여 옷 위에 껴입는, 기름에 결은 옷. 유의(油衣).

유:**상**(有償)圏 ①(한 일에 대하여) 보상이 있는 것. ②값이나 삯을 받는 일. ¶유상 원조. ↔무상(無償).

유상(油狀)圏 기름과 같은 모양.

유상(遺像)圏 ①죽은 사람의 초상(肖像). ②잔상(殘像).

유:**상**^**계**:**약**(有償契約)[-계-/-게-]圏 당사자끼리 대가(對價)를 치르기로 하는 계약. 〔고용이나 매매 따위의 계약.〕

유상-곡수(流觴曲水)[-쑤]圏 ☞곡수유상.

유:**상**^**대**:**부**(有償貸付)圏 대가를 받고 빌려 주는 일. ↔무상 대부(無償貸付).

유:**상**^**몰수**(有償沒收)[-쑤]圏 어떤 사물의 소유주에게 대가(對價)를 주고 하는 몰수.

유:**상**-**무상**(有象無象)圏 ①천지간에 있는 모든 물체. ②어중이떠중이.

유상^**석회**(乳狀石灰)[-서쾨/-서훼]圏 ☞석회유.

유:**상**^**증자**(有償增資)圏 주주(株主)로부터 증자의 불입금을 직접 징수하는 증자. ↔무상 증자.

유:**상**^**행위**(有償行爲)圏 어떠한 급부(給付)에 대하여 대가를 치르는 법률 행위. 〔매매나 고용 계약 따위.〕 ↔무상 행위(無償行爲).

유:**색**(有色)圏[하형]《주로 일부 명사 앞에 쓰이어》빛깔이 있음. ¶유색 옷감. ↔무색.

유:**색**-**인**(有色人)圏 ①(황색·동색·흑색 따위의) 유색 피부를 가진 사람. ②《유색 인종(有色人種)》의 준말.

유:**색**-**인종**(有色人種)圏 백색 인종 이외의 인종을 통틀어 이르는 말. 참유색인. 참백색 인종.

유:**색**-**체**(有色體)圏 (엽황소나 카로틴 따위) 엽록소 이외의 색소를 함유하는 색소체(色素體). 식물의 뿌리나 꽃잎 또는 과실 따위에 함유되어 광합성을 하지 않음.

유생(幼生)圏 변태 동물의 어린 것. 〔곤충에서는 애벌레라고 하며, 개구리에 대한 올챙이 따위가 있음.〕 ¶올챙이는 개구리의 유생이다.

유:**생**(有生)圏 생명이 있음.

유:**생**(酉生)圏 유년(酉年)에 태어난 사람. 닭띠.

유생(儒生)圏 유도(儒道)를 닦는 선비. 유자(儒者).

유생**기관**(幼生器官)圏 변태 동물의 유생에서만 볼 수 있고, 자라면 퇴화하거나 없어지는 기관. 〔올챙이의 아가미나 꼬리, 곤충 유충의 배나 다리 따위.〕

유:**생**-**물**(有生物)圏 생명이 있는 것. 곧 동식물. 생물.

유생**생식**(幼生生殖)圏 유생의 단계에서 성숙하여 생식하는 현상.

유서(由緖)圏 예로부터 전하여 오는 까닭과 내력. ¶유서 깊은 곳.

유서(宥恕)**명하타** 너그럽게 용서함.

유:서(柳絮)**명** 버들개지.

유서(遺書)**명** 유언을 적어 남긴 글.

유서(遺緖)**명** ⇨유업(遺業).

유서(諭書)**명** 지난날, 관찰사나 절도사·방어사 등이 부임할 때 임금이 내리던 명령서.

유:서(類書)**명** ①같은 종류의 책. ②지난날 중국에서, 경사자집(經史子集)의 여러 책을 내용이나 항목별로 분류하여 알아보기 쉽게 엮은 책을 통틀어 이르는 말.〔오늘날의 백과사전과 비슷함.〕

유선(有線)**명** 통신 따위에서, '전선(電線)을 사용함'을 이르는 말. ↔무선.

유선(乳腺)**명** ⇨젖샘.

유선(油腺)**명** (오리 따위) 물새의 꽁지 위쪽에 있어 기름을 분비하는 선. 이 기름이 깃에 퍼져 물의 침투를 막음.

유선(流線)**명** 운동하는 유체(流體)의 각 점의 접선 방향이 유체의 운동 방향과 일치하도록 그어진 곡선.

유선(遊船)**명** 놀이할 때 타는 배. 놀잇배.

유선-도(流線圖)**명** 사람이나 물자의 이동 경로 등을 도표화한 통계 지도.

유:선^방:송(有線放送)**명** 전선을 사용하여 하는 방송. 교내 방송이나 제한 구역 안에서 연락 방송 따위에 이용됨.

유:선^전:신(有線電信)**명** 전선을 사용하여 전신 부호를 보내는 통신 방식. ↔무선 전신.

유:선^전:화(有線電話)**명** 전선을 이용한 전화. ↔무선 전화.

유선^텔레비전(有線television)**명** 텔레비전 카메라와 수상기를 전선으로 연결하여 방영하는 텔레비전을 통틀어 일컫는 말. **참**시에이티브이·공청용 안테나.

유:선^통신(有線通信)**명** 전선을 사용하여서 하는 통신. ↔무선 통신.

유선-형(流線型)**명** 유체(流體)의 저항을 최소한으로 줄이기 위하여, 앞부분을 곡선이 지게 둥글린 물체의 외형.〔비행기나 자동차의 모양을 둥글게 하는 따위.〕

유선-희(遊仙戱)[-히]**명**〔선녀가 노는 놀이란 뜻으로〕'그네뛰기'를 이르는 말.

유설(流說)**명** 뜬소문.

유설(遊說)**명** '유세(遊說)'의 잘못.

유설(縲絏)**명** '누설(縷絏)'의 잘못.

유:설(謬說)**명** 이치에 어긋나는 말이나 학설.

유:성(有性)**명** 같은 종류의 개체에 '암컷과 수컷의 구별이 있음'을 이르는 말. ↔무성.

유성(油性)**명** 기름과 같은 성질, 또는 기름의 성질. **¶**유성 사인펜.

유:성(柳星)**명** 이십팔수의 하나. 남쪽의 셋째 별자리. **준**유(柳).

유성(流星)**명** 우주진(宇宙塵)이 지구의 대기권에 들어와 공기의 압축과 마찰로 빛을 내는 것. 〔대기권에서 다 타지 않고 지상에 떨어진 것이 운석(隕石)임.〕별똥. 별똥별. 비성(飛星). 성화(星火). 운성(隕星).

유성(遊星)**명** ⇨행성(行星).

유성-군(流星群)**명** 태양 주위를 떼 지어 공전(公轉)하는 작은 천체들의 집합체.

유성-기(留聲機)**명** '축음기(蓄音機)'를 이전에 이르던 말.

유:성^생식(有性生殖)**명** 암수의 배우자(配偶子)가 합쳐서 새 개체를 만드는 생식 방법의 한 가지. ↔무성 생식(無性生殖).

유:성^세:대(有性世代)**명** 세대 교번을 하는 생물에서, 유성 생식을 하는 세대. ↔무성 세대.

유성-우(流星雨)**명** 유성군(流星群) 속을 지구가 통과할 때, 한꺼번에 많은 유성을 볼 수 있는 현상. 성우(星雨).

유성-음(有聲音)**명** ⇨울림소리.

유:세(有稅)**명하형** 세금이 있음. ↔무세(無稅).

유:세(有勢)**명** ①**하형**세력이 있음. 유력(有力). ②**하자**자랑삼아 세도를 부림. **¶**유세를 떨다. / 유세를 부리다.

유세(遊說)**명하자타** 각처로 돌아다니며 자기의 의견이나 소속 정당의 주장 따위를 설명하고 선전함, 또는 그 일. **¶**국회의원 선거에 출마한 후보자들이 선거구를 돌며 유세를 하고 있다.

유세(誘說)**명하타** 감언이설로 달래어 꾐.

유세-장(遊說場)**명** 유세하는 장소.

유:세-지(有稅地)**명** 세금을 내어야 하는 땅. ↔무세지(無稅地).

유세차(維歲次)**명**〔간지로 따져 볼 때의〕해의 차례.〔제문·축문의 첫머리에 쓰는 관용어.〕

유:세-통(有勢-)**명** 유세를 부리는 서슬. **¶**그놈의 유세통에 다들 죽어지낸다.

유:세-품(有稅品)**명** 세금이 붙는 물품. ↔무세품(無稅品).

유소(幼少)**명** '유소하다'의 어근.

유소(流蘇)**명** 끈목으로 매듭을 맺어 그 끝에 색실로 술을 드리운 것. 기(旗)나 승교(乘轎) 따위에 달았음.

유소(儒疏)**명** 지난날, 유생(儒生)들이 연명으로 올리던 상소(上疏).

유소(類燒)**명하자** 남의 집에 난 불 때문에 자기 집이 탐.

유-소년(幼少年)**명** 유년과 소년을 아울러 이르는 말.

유소-성(留巢性)[-썽]**명** 새끼 때의 발육이 더디어 보금자리에서 어미 새의 보호를 오래 받아야 하는 성질.〔비둘기나 제비 따위에서 볼 수 있음.〕↔이소성(離巢性).

유소-시(幼少時)**명** 어릴 때.

유소-씨(有巢氏)**명** 중국 고대의 전설상의 성인. 새의 보금자리를 보고 사람에게 집 짓는 법을 가르쳤다 함.

유소-하다(幼少-)**형여** 나이가 어리다. **비**유충하다.

유속(流俗)**명** 예로부터 전하여 오는 풍속. 세상 일반의 풍속. 유풍(流風).

유속(流速)**명** 물 따위의 유체(流體)의 속도, 또는 단위 시간에 그 유체가 흘러간 거리.

유속(遺俗)**명** (지금에 남아 있는) 옛날의 풍속. 후세에 끼친 풍속. 유풍(遺風).

유송(油松)**명** ⇨잣나무.

유송-관(油送管)**명** ⇨송유관(送油管).

유:수(有數)**명하형** ①손꼽힐 만큼 두드러짐. **¶**국내 유수의 보험 회사. ②(모든 것이) 운수에 있음. **¶**흥망이 유수하니 만월대도 추초로다(古時調).

유수(幽囚)**명하타** 잡아 가둠.

유수(幽邃)**명** '유수하다'의 어근.

유수(流水)**명** 흐르는 물. **¶**세월은 유수 같은 세월.

유수(留守)**명** 조선 시대에, 수도 이외의 요긴한 지역을 맡아 다스리던 정이품의 특수 외관직.

유수(遊手)**명** 일정한 직업이 없이 놀고 지내는 일, 또는 그런 사람.

유수-도식(遊手徒食)**명하자** 아무 일도 하지 않고 놀고먹음. 무위도식(無爲徒食).

유:수존언(有數存焉)圓허자 모든 일은 운수가 있어야 됨.

유수-지(遊水池)圓 홍수 때 물을 일시적으로 저장하여 하천의 수량을 조절하는 천연 또는 인공의 저수지.

유수-하다(幽邃一)働어 그윽하고 깊숙하다. 유수-히匣.

유숙(留宿)圓허자 남의 집에서 묵음.

유순(柔順) '유순하다'의 어근.

유순-하다(柔順一)働어 성질이 부드럽고 순하다. ¶비둘기처럼 유순한 며느리. /크고 유순한 눈동자. 유순-히匣.

유술(柔術)圓 유도의 모태가 된 일본의 옛 무술.

유스타키오-관(Eustachio管)圓 중이(中耳)의 일부로, 중이에서 구강(口腔)으로 통하는 관(管). 고막 안팎의 기압을 조절하며 고실(鼓室)의 분비물을 배출하는 구실을 함. 이관(耳管).

유:스^호스텔(youth hostel)圓 청소년의 건전한 여행 활동을 위하여 시설한 비영리적인 숙박 시설. 호스텔.

유습(遺習)圓 예로부터 전해 오는 풍습(風習). 圓유풍(遺風).

유:습(謬習)圓 그릇된 습관. 못된 버릇.

유시(幼時)圓 어릴 때.

유시(酉時)圓 ①십이시의 열째 시. 하오 5시부터 7시까지의 동안. ②이십사시의 열아홉째 시. 하오 5시 30분부터 6시 30분까지의 동안. 준유(酉).

유시(流矢)圓 빗나간 화살. 누가 쏘았는지 모르는 화살. 비시(飛矢). 유전(流箭).

유시(諭示)圓허타 (관청 같은 데서 백성에게) 타일러 가르치거나 일러서 곧이듣게 함, 또는 그런 문서.

유:시무종(有始無終)圓허자 〔처음은 있되 끝이 없다는 뜻으로〕 시작한 일을 마무리를 하지 아니함을 이르는 말. ¶그는 매사가 유시무종으로 흐리멍덩하게 넘어간다.

유:시·유:종(有始有終)圓 〔처음이 있고 끝도 있다는 뜻으로〕 시작한 일을 끝까지 마무리함을 이르는 말.

유:시호(有時乎)匣 어떤 때는, 혹 가다가는.

유:식(有識)圓 학식이 있음. 아는 것이 많음. ¶유식한 사람. ↔무식.

유식(侑食)圓 제례에서, 종헌(終獻)이 끝나고 첨작(添酌)한 다음 숟가락을 젯메 가운데에 꽂고 젓가락 끝이 동쪽으로 가도록 음식 접시 중앙에 놓는 일.

유식(唯識)圓 불교에서, 일체의 제법(諸法)은 오직 식(識)이 변하여 이루어진 것이라는 말. 〔법상종(法相宗)의 근본 원리임.〕

유식(遊食·游食)圓하다 하는 일 없이 놀고먹음.

유식지민(遊食之民)[-찌-]圓 하는 일 없이 놀고먹는 백성.

유:신(有信)圓허타 믿음성이 있음. 신의가 있음. ¶붕우(朋友)유신. ↔무신(無信).

유신(維新)圓허타 ①새롭게 함. ②낡은 제도나 체제를 아주 새롭게 고침.

유신(諛臣)圓 아첨하는 신하.

유신(遺臣)圓 ①왕조(王朝)가 망한 뒤에도 남아 있는 신하. ②선대(先代)부터 계속 임금을 모시는 신하.

유신(儒臣)圓 ①〔유학에 조예가 깊은 신하라는 뜻으로〕 문신(文臣)을 이르는 말. ②조선 시대에, 홍문관(弘文館) 관원을 두루 이르던 말.

유:신-론(有神論)[-논-]圓 무신론에 대하여, 신의 존재를 주장하는 설. 〔이신론(理神論)에 대

하여 세계를 창조·지배하는 인격신(人格神)을 주장하는 견해와, 범신론(汎神論)에 대하여 변화·생멸하는 세계를 초월한 신의 존재를 주장하는 견해가 있음.〕 ↔무신론(無神論).

유실(幽室)圓 조용하고 그윽한 곳에 있는 방.

유실(流失)圓허타되자 물에 떠내려가서 없어짐. ¶홍수로 가옥이 유실되다.

유실(遺失)圓허타되자 ①잃어버림. 떨어뜨림. ②동산의 소유자가 그 점유(占有)를 잃고 소재를 모르게 됨.

유:실난봉(有實難捧)[-란-]圓 '채무자에게 재물이 있어도 빚을 받기가 어려움'을 이르는 말.

유:실-무실(有實無實)圓 실상이 있는 것과 없는 것.

유실-물(遺失物)圓 ①잃어버린 물건. ¶유실물 보관소. ②법률적으로, 훔치거나 가로채지 아니하고 정당하게 차지해 있던 제 것을 잃어버린 물건.

유:실-수(有實樹)[-쑤]圓 과실이 열리는 나무. 〔감나무·밤나무·대추나무 따위.〕

유심(有心) '유심(有心)하다'의 어근.

유심(幽深) '유심(幽深)하다'의 어근.

유심(唯心)圓 ①오직 정신만이 존재한다고 생각하는 일. ↔유물(唯物). ②불교에서, 일체의 제법(諸法)은 그것을 인식하는 마음의 나타남이며 존재의 본체는 오직 마음뿐이라는 말. 〔화엄경의 중심 사상임.〕

유심-관(唯心觀)圓 유심론에 근거하여 사물을 관찰하는 견해나 관점. ↔유물관.

유심-론(唯心論)[-논-]圓 우주 만물의 참된 실재(實在)는 정신적인 것이며, 물질적인 것은 그 현상에 지나지 않는다고 주장하는 이론. ↔유물론(唯物論).

유심^사(唯心史觀)圓 역사 발전의 원동력을 인간의 이성이나 도덕 의식, 이념 등 정신적인 작용에서 구하는 역사관. ↔유물 사관.

유심^연기(唯心緣起)[-년-]圓 불교에서, 만법(萬法)을 일심(一心)으로 나타내는 것이라고 설명하는 연기설.

유심-정토(唯心淨土)圓 불교에서, 정토는 일심(一心)의 현현(顯現)으로서, 마음 밖에 실재하는 것이 아니라 마음속에 존재함을 이르는 말.

유:심-하다(有心一)働어 ①깊은 뜻이 있다. ②마음을 한 곳에로 쓰는 뜻이 깊다. 주의가 깊다. 유심-히匣 ¶유심히 살피다.

유심-하다(幽深一)働어 깊숙하고 그윽하다.

유아(幼兒)圓 어린아이. 흔히, 학령(學齡) 이전의 아이를 이름. 참유아(乳兒).

유아(幼芽)圓 씨의 배(胚)의 한 부분으로, 자라서 줄기나 잎이 되는 부분. 어린눈.

유아(乳兒)圓 젖먹이. 참유아(幼兒).

유아(幽雅) '유아하다'의 어근.

유아(遺兒)圓 ①부모가 죽거나 없어져 고아로 남게 된 아이. ②내버린 아이. ②기아(棄兒).

유아-기(幼兒期)圓 젖을 뗄 때로부터 학령(學齡) 이전까지의 시기.

유아-기(乳兒期)圓 모유나 우유로 양육되는 생후 약 1년간의 젖먹이의 시기.

유아-독존(唯我獨尊)[-쫀]圓 ①세상에서 자기만이 잘났다고 뽐내는 일. ②〈천상천하 유아독존(天上天下唯我獨尊)〉의 준말.

유아-등(誘蛾燈)圓 주광성(走光性)이 있는 해충을 이용하여 물에 빠져 죽게 만든 등불. 논밭·과수원·원예지 등에 설치하는데, 전등이나 석유 등 밑에 물이 든 그릇을 놓아 둠.

유아-론(唯我論)阅 실재하는 것은 오직 자아(自我)와 그 의식뿐이며, 다른 모든 사물은 자아의 관념이거나 자아에 대한 현상에 지나지 않는다는 이론.

유:아:르엘(URL)阅 인터넷에서 홈페이지나 사이트의 위치를 표시하기 위한 방법. 맨 앞에 'http:∥'을 입력하고 각 사이트의 주소를 붙임. [Uniform Resource Locator]

유아^세:례(幼兒洗禮)阅 기독교에서, 어린아이에게 세례를 베풀어 구제의 축복에 참례하게 하는 관례. 영아 세례.

유아이사(由我而死)阅 나로 인하여 죽음. ¶무죄한 너를 마치니, 백인(伯仁)이 유아이사(由我而死)라, 누를 한(恨)하며 누를 원(怨)하리오〔兪氏夫人.弔針文〕.

유아지탄(由我之歎)阅 나로 말미암아 남이 해를 입게 된 것을 걱정하는 탄식.

유아-차(乳兒車)阅 ⇨유모차(乳母車).

유-하다(幽雅-)혭 깊은 품위가 있고 우아하다.

유악(帷幄)阅 ①⇨유막(帷幕). ②⇨모신(謀臣). 참모(參謀).

유안(留案)阅하타 일의 처리를 한동안 미루어 둠. 囹보류(保留).

유안(硫安)阅 ⇨황산암모늄.

유암(乳癌)阅 젖샘에 생기는 암종(癌腫). 유방암.

유암(柳暗)阅 '유암(柳暗)하다'의 어근.

유암(幽暗)阅 '유암(幽暗)하다'의 어근.

유-암-하다(柳暗-)혭 버드나무가 무성하여 그늘이 짙다.

유암-하다(幽暗-)혭 그윽하고 어둠침침하다.

유-암-화명(柳暗花明)[-명]〔버들은 무성하여 그 늘이 짙고, 꽃은 활짝 피어 환하게 아름답다는 뜻으로〕 시골의 아름다운 봄 경치를 이르는 말.

유압(油壓)阅 ①기름에 가해지는 압력. ②압력을 가한 기름으로 피스톤 따위의 동력 기계를 움직이게 하는 일. ¶유압 브레이크.

유압-식(油壓式)[-씩]阅 높은 압력을 가한 기름을 매개로 하여 동력을 전달함으로써, 기계를 움직이는 방식.

유액(乳液)阅 ①식물에서 분비되는 젖 같은 액즙.〔쑥바귀·율나무 등에서 볼 수 있음.〕②기초 화장품의 원료로 사용되는 묽은 액체. 피부에 지방분과 수분을 주고 분이 잘 묻게 함.

유액(誘掖)阅하타 이끌어서 도와줌.

유아-랑(遊冶郞)阅 주색에 놀아나는 사나이.

유:야무야(有耶無耶)阅하 있는 듯 없는 듯 흐지부지함. ¶사건이 유야무야로 처리되다.

유:야무야-되다(有耶無耶-)[-되/-뒈-]재 있는 듯 없는 듯 흐지부지하게 되다.

유:야무야-하다(有耶無耶-)타어 있는 듯 없는 듯 흐지부지하게 처리하다. ¶사건을 철저히 조사하여 유야무야하지 않도록 하시오.

유약(幼弱)阅 '유약(幼弱)하다'의 어근.

유약(柔弱)阅 '유약(柔弱)하다'의 어근.

유약(釉藥·泑藥)阅 ⇨잿물².

유:약(類藥)阅 ①비슷한 약방문으로 지은 약제. ②약효가 비슷한 약.

유약무(有若無) '유약무하다'의 어근.

유:약무-하다(有若無-)[-양-]혭어 있어도 없는 것과 다름이 없다.

유약-하다(幼弱-)[-야카-]혭어 어리고 여리다.

유약-하다(柔弱-)[-야카-]혭어 부드럽고 약하다. ¶성품이 너무 유약하다.

유양(乳養)阅하타되자 젖을 먹여 기름.

유양(悠揚)阅 '유양하다'의 어근.

유양-하다(悠揚-)혭어 (태도가) 듬직하고 느긋하다. ¶유양한 금도(襟度)를 보이다.

유어(幼魚)阅 어린 물고기. 囹치어(稚魚).

유어(游魚)阅 물속에서 노는 고기.

유:어(類語)阅 뜻이 비슷한 말. 유의어(類義語).

유인(幽隱)阅 ①그윽하고 깊이가 있는 말. ②귀신이나 도깨비의 말.

유언(流言)阅 터무니없는 소문. 뜬소문. 부언.

유언(諛言)阅 아첨하는 말.

유언(遺言)阅 ①하자타 죽음에 이르러서 부탁하여 남기는 말. 유음(遺音). ②죽은 뒤에 법률상의 효력을 발생시킬 목적으로 일정한 방식에 따라 하는 단독 의사 표시.

유언-비어(流言蜚語)阅 아무 근거 없이 널리 퍼진 소문. 터무니없이 떠도는 말. 뜬소문. 부언낭설(浮言浪說). 부언유설(浮言流說). ¶유언비어를 퍼뜨리다. 囲도청도설(道聽塗說).

유언-장(遺言狀)[-짱]阅 유언을 적은 문서.

유얼(遺孼)阅 ①죽은 뒤에 남은 서얼(庶孼). ②뒤에 남은 나쁜 재앙.

유업(遺業)阅 선대(先代)로부터 물려받은 사업. 유서(遺緖). ¶선친의 유업을 계승하다.

유:에스(US)阅 미국(美國). [United States]

유:에스에이(USA)阅 아메리카 합중국. 미국. [United States of America]

유:에이치에프(UHF)阅 극초단파(極超短波). [ultrahigh frequency]

유:에프오:(UFO)阅 정체를 알 수 없는 비행 물체.〔비행접시 따위.〕미확인 비행 물체. [unidentified flying object]

유:엔(UN)阅 ⇨국제 연합. [United Nations]

유:엔-군(UN軍)阅 국제 연합군. ¶맥아더 사령관의 지휘로 인천에 상륙한 유엔군.

유:엔-기(UN旗)阅 국제 연합을 상징하는 기.

유여(有餘)阅 '유여하다'의 어근.

유여(遺輿)阅 남겨 줌.

유:여-하다(有餘-)혭어 여유가 있다. 넉넉하다.

유역(流域)阅 강물이 흐르는 언저리의 지역. ¶한강 유역.

유연(油然)阅하 (저절로 일어나는 형세가) 왕성함. 유연-히甼 ¶파란 새싹을 보면 삶의 의욕이 유연히 솟아난다.

유연(油煙)阅 기름이나 관솔 따위를 불완전 연소시킬 때 생기는 검은빛의 자디잔 탄소 가루.〔먹 따위를 만듦.〕

유연(柔軟)阅 '유연(柔軟)하다'의 어근.

유연(悠然)阅 '유연(悠然)하다'의 어근.

유연(遊宴)阅 놀이를 겸한 베푼 잔치.

유연(鍮硯)阅 놋쇠로 만든, 먹물을 담는 그릇.

유:연(類緣)阅 생물 상호 간의 형상이나 성질 등에 비슷한 관계가 있어, 그 사이에 연고(緣故)가 있는 것.

유연-노장(幽燕老帥)阅〔유주 연지(幽州燕地)에 나아가 북쪽 오랑캐와 싸운 늙은 명장(名將)이란 뜻으로〕'전투에 경험이 많은 늙은 장수'를 이르는 말.

유연-성(柔軟性)[-썽]阅 부드럽고 연한 성질, 또는 그 정도.

유연-체조(柔軟體操)阅 몸을 부드럽게 할 목적으로 팔다리·몸뚱이·머리 등의 관절을 충분히 굽혔다 폈다 하는 맨손 체조.

유:연-탄(有煙炭)阅 탈 때 연기가 나는 석탄.〔갈탄이나 역청탄 따위.〕↔무연탄.

유연-하다(柔軟-)[혱여] 부드럽고 연하다. ¶몸 놀림이 매우 유연하다. 유연-히튀.

유연-하다(悠然-)[혱여] 침착하고 여유가 있다. 유유하고 태연하다. 유연-히튀 ¶쫓길수록 유연히 행동하라.

유열(愉悅)[명하형] 유쾌하고 기쁨. 즐거움.

유-엽-전(柳葉箭)[-쩐][명] 살촉이 버들잎처럼 생긴 화살.

유영(游泳)[명하자] 헤엄치며 놂.

유영(遺影)[명] 죽은 사람의 사진이나 초상화.

유영=동ː물(游泳動物)[명] 물고기처럼 물속을 마음대로 헤엄쳐 다니는 동물을 통틀어 이르는 말.

유예(猶豫)[명하타] ①우물쭈물하며 망설임. ¶유예하고 있을 때가 아니다. ②시일을 미루거나 늦춤. ¶핵실험 유예에 동의하다.

유요(有要) '유요하다'의 어근.

유ː요(柳腰)[명] (버들가지처럼 가늘고 부드러운 허리라는 뜻에서) '미인의 허리'를 비유하여 이르는 말.

유ː요-하다(有要-)[혱여] 필요하다. 요긴하다.

유용(有用)[명하형] 쓸모가 있음. 이용할 데가 있음. ¶유용 생물. /유용 광물. /유용한 인재. ↔무용(無用).

유용(流用)[명] ①[하타되자](남의 것이나 딴 데 쓰기로 된 것을) 돌려서 씀. ¶공금 유용. ②예산(豫算) 등에서, 정해진 용도 이외의 딴 곳에 쓰는 일.

유-용^가격(有用價格)[-까-][명] 실지의 가치보다 수요의 많고 적음에 따라 정해진 가격.

유ː용^식물(有用植物)[-싱-][명] 인간 생활에 유용하게 쓰이는 식물을 통틀어 이르는 말.

유용-종(乳用種)[명] 젖을 얻기 위하여 기르는 가축의 품종.〔홀스타인 따위.〕

유우(乳牛)[명] 젖소.

유원(幽園)[명] 깊고 아늑한 동산.

유원(悠遠) '유원하다'의 어근.

유원-지(遊園地)[명] 즐겁게 놀 수 있도록 구경거리나 오락을 위한 시설을 갖추어 놓은 곳.

유원-하다(悠遠-)[혱여] 아득히 멀다. 유구(悠久)하다. ¶유원한 역사와 전통. 유원-히튀.

유월(←六月)[명] 한 해의 여섯째 달. ¶유월 호(號). 홀미월·계하·모춘.

유월(酉月)[명] 〔월건(月建)에 십이지의 유(酉)가 드는 달로〕'음력 팔월'의 딴 이름. 홀중추.

유월(流月)[명] 〔유두가 있는 달이라는 뜻으로〕 '음력 유월'을 달리 이르는 말. 홀임종(林鍾).

유월(逾月·踰月)[명하자] 달을 넘김. 그믐을 지남.

유월(逾越)[명하자] 한도를 넘음.

유월-도(←六月桃)[-또][명] 〔一또〕음력 유월에 익는 복숭아. 알이 크고 털이 많으며, 빛이 검붉음. 홀털복숭아.

유월-절(逾越節)[-쩔][명] 유대교의 3대 축일의 하나. 고대 이스라엘 민족이 하나님의 도움으로 이집트에서 탈출한 것을 기념하는 봄의 축제.

유ː위(有爲)[명] ①[하형](일을 할 만한) 능력이 있음. 쓸모가 있음. ②불교에서, 인연으로 말미암아 일어나는 모든 현상을 이르는 말.

유위부족(猶爲不足)[명하형] 오히려 모자람.

유ː위-전변(有爲轉變)[명] 인연에 의하여 일어난 일체 것의 변이.

유유(幽幽) '유유(幽幽)하다'의 어근.

유유(唯唯)[명하형] 시키는 대로 고분고분함.

유유(悠悠) '유유(悠悠)하다'의 어근.

유유낙낙(唯唯諾諾)[-낭-][명하자] 명령하는 대로 언제나 공손히 승낙함.

유유-도일(悠悠度日)[명하자] 하는 일 없이 세월만 보냄.

유유범범(悠悠泛泛)[명하형] 일을 다잡아 하지 아니하고 느리며 조심성이 없음.

유ː유-상종(類類相從)[명하자] 같은 동아리끼리 서로 오가며 사귐.

유-유아(乳幼兒)[명] 유아(乳兒)와 유아(幼兒)를 아울러 이르는 말. 곧, 학령(學齡) 이전의 어린이를 통틀어 이르는 말.

유유-자적(悠悠自適)[명하자] 속세를 떠나 아무 것에도 매이지 않고 자유롭게 마음 편히 삶.

유유-창천(悠悠蒼天)[명] 가마아득히 멀고 푸른 하늘. ¶유유창천 바라보며 청운의 꿈을 키우다.

유유-하다(幽幽-)[혱여] 깊고 그윽하다. ¶유유한 사찰(寺刹)의 경내. 유유-히튀.

유유-하다(悠悠-)[혱여] ①태연하고 느긋하며 침착하고 여유가 있다. ¶시험이 코앞에 닥쳤어도 그의 태도는 유유하다. ②(움직임이) 느릿느릿하고 한가하다. ③아득히 멀다. 유유-히튀 ¶삼엄한 경계망을 유유히 빠져나가다.

유은(遺恩)[명] 고인(故人)이 끼친 은혜. 고인에게서 받은 은혜.

유음(兪音)[명] 신하의 상주(上奏)에 대한 '임금의 하답'을 이르는 말.

유음(流音)[명] 자음의 한 갈래. 혀끝을 잇몸에 가볍게 대었다가 떼거나, 혀끝을 잇몸에 댄 채 날숨을 그 양옆으로 흘려 보내면서 내는 소리. 〔'ㄹ'이 이에 딸림.〕흐름소리.

유음(溜飮)[명] 먹은 음식물이 소화가 되지 않고 위 속에 머물러 신물이 나오는 증상을 이르는 말.

유음(遺音)[명] ①남긴 소문. ②[하자타]☞유언(遺言).

유ː의(有意)[-의/-이][명하형] ①뜻이 있음. 생각이 있음. ②의미가 있음.

유의(油衣)[-의/-이][명]☞유삼(油杉).

유의(留意)[-의/-이][명하자타] 마음에 둠. 잊지 않고 새겨 둠. 유념(留念). ¶유의 사항. /건강에 유의하다. 비착의(着意).

유의(襦衣)[-의/-이][명] 남자가 입는 저고리. 동옷.

유ː의-막수(有意莫遂)[-의-쑤/-이-쑤][명하자] 뜻은 있어도 마음대로 하지 못함. 유의미수(有意未遂).

유ː의-미수(有意未遂)[-의-/-이-][명하자]☞ 유의막수.

유ː의-범(有意犯)[-의-/-이-][명]☞고의범(故意犯).

유ː의-어(類義語)[-의-/-이-][명] 뜻이 비슷한 말. 유어(類語).

유의-유식(遊衣遊食)[-의-/-이-][명하자] 하는 일 없이 놀면서 입고 먹음.

유ː의-주ː의(有意注意)[-의-의/-이-이][명] 심리학에서, '미리 조심하려는 의지를 가지고 하는 주의(注意)'를 이르는 말. ↔무의 주의.

유ː의-행동(有意行動)[-의-/-이-][명] 심리학에서, '의지의 작용에 따라 하는 행동'을 이르는 말.

유ː익(有益)[명하형] 이익이 있음. 도움이 될 만함. 이로움. ¶유익한 이야기. ↔무익(無益).

유익(遊弋)[명]☞유렵(遊獵).

유ː익-비(有益費)[-삐][명] 관리비의 한 가지. 물건을 고쳐서 쓰는 데 드는 비용.

유:익-탄(有翼彈)명 탄두(彈頭)의 비행을 안정시키기 위하여 꼬리에 날개를 단 탄환. 박격포 따위에 쓰임.

유:인(有人)명 《일부 명사 앞에 쓰이어》 인공위성 등에 그것을 다루는 '사람이 타고 있음'을 이르는 말. ¶유인 우주선. ↔무인(無人).

유인(幽人)명 속세를 피하여 그윽한 곳에서 조용히 숨어 사는 사람.

유인(柔靭)명 '유인하다'의 어근.

유인(流人)명 유형(流刑)을 받은 사람. 유배를 당한 죄인.

유인(遊人)명 ①하는 일 없이 놀고 있는 사람. ②놀러 다니는 사람.

유인(誘引)명하다타 (남을) 꾀어냄. ¶적을 계곡으로 유인하여 요격하다.

유인(誘因)명 어떤 작용을 일으키는 직접적인 원인. ¶과속은 사고의 유인이 된다.

유인(孺人)명 ①'생전에 벼슬하지 못한 사람의 아내를 높여 일컫는 말.〔신주나 명정(銘旌) 등에 쓰임.〕 ②조선 시대, 외명부의 한 품계. 정·종구품 문무관의 아내의 칭호.

유인-물(油印物)명 등사한 인쇄물.

유:인-원(類人猿)명 유인원과의 동물을 통틀어 이르는 말. 영장류 중에서 사람과 가장 비슷함. 꼬리가 없고 털이 적으며 거의 곧게 서서 걸을 수 있음.〔고릴라·성성이·침팬지 따위.〕

유:인^증권(有因證券)[-꿘]명 ☞요인 증권(要因證券).

유인-하다(柔靭-)혱여 부드러우면서 질기다. ¶섬유가 유인하다.

유일(柔日)명 일진(日辰)의 지지(地支)가 유(酉)로 된 날.〔계유(癸酉)·신유(辛酉)·정유(丁酉) 따위.〕닭날.

유일(柔日)명 천간(天干)이 을(乙)·정(丁)·기(己)·신(辛)·계(癸)인 날. 쌍일(雙日).

유일(唯一·惟一)명혱형 오직 그 하나밖에 없음. ¶유일의 친구. /유일한 방법.

유일-무이(唯一無二)명혱형 (둘이 아니고 오직 하나뿐이라는 뜻으로) '유일(唯一)'의 힘줌말. ¶유일무이의 존재. /유일무이한 것.

유일-신(唯一神)[-씬]명 단 하나밖에 없는 지상(至上)의 신.

유일신-교(唯一神教)[-씬-]명 ☞일신교.

유임(留任)명하다자타 (그 자리에) 그대로 머물러 일을 맡아봄. ¶이번 개각으로 유임된 각료.

유입(流入)명하다자타 흘러 들어옴. ¶공장 폐수가 강으로 유입되다.

유입(誘入)명하다타 꾀어 들임.

유자(幼子)명 어린 아들. 어린 자식.

유자(幼者)명 어린아이.

유:자(有刺)명 가시가 있음. ¶유자 식물. /유자 철조망.

유자(柚子)명 유자나무의 열매.

유자(帷子)명 밑으로 늘어뜨리는 휘장.

유자(猶子)명 Ⅰ조카.
Ⅱ대〔한문 투의 편지 글 등에서〕나이 많은 삼촌에 대하여 조카가 자기를 일컫는 말. ❀유부(猶父).

유자(遊資)명 〈유휴 자본(遊休資本)〉의 준말.

유자(遺子)명 ☞유복자(遺腹子).

유자(儒者)명 ☞유생(儒生).

유자(孺子)명 나이 어린 남자.

유:자(類字)명 모양이 비슷한 글자.

유:-자격(有資格)명 자격이 있음. ↔무자격.

유:자-관(U字管)[-짜-]명 흔히, 실험실에서 액체의 밀도나 비중을 비교하는 데 쓰이는 'U'자 모양의 가느다란 대롱.

유자-기(油榨器)명 기름틀.

유:자-나무(柚子-)명 운향과의 상록 관목. 중국 원산의 재배 식물로 높이는 4m가량. 잎은 길둥글며 초여름에 흰 꽃이 핌. 약간 편평하게 둥근 열매는 노랗게 익는데, 신맛과 향기가 있어 향미료로 쓰임.

유-자녀(遺子女)명 죽은 사람의 자녀. 특히, 나라와 겨레를 위하여 싸우다 죽은 사람의 자녀를 이름. ¶군경(軍警) 유자녀.

유자-망(流刺網)명 ☞흘림걸그물.

유:자생녀(有子生女)명하자 ①아들도 두고 딸도 낳음. ②아들딸을 많이 낳음.

유:자-차(柚子茶)명 끓는 물에 유자청을 타고 실백을 띄운 차.

유:자-청(柚子淸)명 유자를 꿀에 재어 한두 달동안 꼭 눌러 두면 고이는 맑은 즙.

유작(遺作)명 창작 예술가나 저작자가 생존 중에 공표하지 않았던 창작품이나 저작물. ¶고(故) ○○○ 선생 유작 전시회.

유장(油帳)명 기름종이로 만든 천막.

유장(乳漿)명 젖에서 지방과 단백질을 빼고 남은 성분.

유장(悠長)명 '유장하다'의 어근.

유장(儒將)명 선비 출신의 장수(將帥).

유:장-동물(有腸動物)명 동물의 상동(相同) 구조에서, 창자가 있는 동물을 통틀어 이르는 말.

유장-하다(悠長-)혱여 ①길고 오래다. ②서두르지 않고 마음에 여유가 있다. 유장-히튀.

유재(留在)명하다자 머물러 있음.

유재(留財)명 모아 둔 재물.

유재(遺在)명하다자 남아 있음.

유재(遺財)명 고인이 남겨 놓은 재물.

유저(遺著)명 (생전에 지었으나) 죽은 뒤에 낸 책. ¶고인의 유저 출판 기념회.

유적(幽寂)명 '유적하다'의 어근.

유적(流賊)명 떼를 지어 여러 곳으로 떠돌며 노략질하는 도둑.

유적(遺跡·遺蹟)명 ①옛 인류가 남긴 유형물(有形物)의 자취.〔특히, 패총·고분·집터 등 부피가 크고 옮길 수 없는 것을 이름.〕 ②역사상 큰 사변 따위가 있었던 자리.

유적(遺籍)명 옛사람이 남긴 서적.

유적-도(遺跡島)[-또]명 아주 오랜 옛날에 대륙의 대부분이 바다 속으로 가라앉아 없어진 뒤 그 일부가 남아서 된 섬.

유적-지(遺跡地)[-찌]명 유적이 있는 곳.

유적-하다(幽寂-)[-저카-]혱여 깊숙하고 고요하다. 그윽하고 쓸쓸하다.

유전(油田)명 석유가 나는 곳. 석유가 땅속에 묻혀 있는 지역. ¶유전 지대(地帶). /해저 유전을 개발하다.

유전(流典)명하다자타 채무자가 변제 기한이 지나도 채무 이행을 하지 않을 때, 채권자가 질물(質物)의 소유권을 취득하거나 임의 매각의 방법으로 우선 변제에 충당하는 일. 유질(流質).

유전(流傳)명하다자타 세상에 널리 퍼짐. 또는 그렇게 퍼뜨림. ¶유전하는 소문.

유전(流箭)명 ☞유시(流矢).

유전(流轉)명하다자 ①이리저리 떠돌아다님. ¶유전하듯 살아온 일생. ②불교에서, 번뇌 때문에 생사(生死)를 수없이 되풀이하며 '미망(迷妄)

의 세계를 떠도는 일'을 이르는 말. ②→환멸.

유전(遺傳)[명][하자타]되[제] ①끼쳐 내려옴. ②양친의 형질이 자식에게 전해지는 현상. 〔형질이 표면에 나타나지 않더라도 유전자가 전해지면 유전이라고 함.〕¶ 나병은 유전하지 않는다.

유전^공학(遺傳工學) 유전자의 변형·합성 등을 연구하여, 병의 치료나 이로운 산물의 대량 생산 등에 기여하도록 하는 응용 유전학의 한 분야. 유전자 공학.

유전-물(油煎物)[명] 기름에 지진 음식.

유전-병(遺傳病)[-뼝][명] 선천적으로 어버이로부터 자손에게 유전하는 병. 〔혈우병(血友病)·적록 색맹 따위.〕

유전-성(遺傳性)[-썽][명] 유전하는 성질이나 경향. ¶ 혈액형은 유전성이 가장 확실하므로 친자 관계를 확인하는 결정적 근거가 된다.

유:전스(usance)[명] ①기한부 환어음의 지급 기한. 특히, 환어음이 수입지에 도착하여 수입업자에게 인수되면서부터 실제로 지급될 때까지의 유예 기간. ②기한부 어음.

유전^인자(遺傳因子)[명] ⇨유전자.

유전-자(遺傳子)[명] 자손에게 물려줄 형질(形質)을 지배하는 기본 인자. 디옥시리보핵산, 또는 그것과 단백질과의 복합체로서 염색체 안에 일정한 순서로 배열되어 있음. 유전 인자.

유전자^공학(遺傳子工學) ⇨유전 공학.

유전자^돌연변이(遺傳子突然變異)[명] 생물의 돌연변이 중에서, 유전자를 이루는 디엔에이(DNA)에 구조상의 변화가 일어나서 유전자의 형질이 바뀌는 현상.

유전자-량(遺傳子量)[명] 하나의 핵(核) 안에 들어 있는 유전자의 수(數).

유전자-형(遺傳子型)[명] 생물체 개체의 특성을 결정짓는 유전자의 결합 양식. 인자형(因子型).

유전-질(遺傳質)[명] 생물의 생식 세포 중에서 어버이의 형질을 자손에 전해 주는 물질. 〔유전자보다 넓은 뜻으로 쓰임.〕

유전-체(誘電體)[명] 전장(電場) 안에 놓았을 때 양쪽 표면에 전하(電荷)가 나타나는 물질. 〔유리·운모·합성수지 등의 절연체는 모두 이에 딸림.〕전매질(電媒質).

유전-학(遺傳學)[명] 유전자의 이동 방식이나 물질적 기초, 외계와의 관계 따위를 연구하여, 생물의 형질이 자손에게 나타나는 원인이나 과정 등을 밝히는 생물학의 한 분야.

유점(油點)[명] ①오래된 종이나 피륙 따위에 생기는 누릇누릇한 점. ②운향과나 물레나물과 같은 식물의 잎에서 볼 수 있는 반투명의 작은 점.

유:정(有情)[명][하형] 정이 있음. 사랑이나 동정심이 있음. ↔무정(無情). ②불교에서, 감정의 움직임이 있는 동물. 특히, '중생'을 이르는 말. ①유정-히[부].

유정(酉正)[명] 십이시의 유시(酉時)의 한가운데. 〔하오 6시 정각.〕

유정(油井)[명] 천연석유를 찾아 뽑아 올리기 위하여 판 우물.

유정(遺精)[명] 성행위 없이 자기도 모르는 사이에 정액(精液)이 나오는 일. 누정(漏精).

유:정^명사(有情名詞)[명] 사람이나 동물을 가리키는 명사. 〔'학생·개…' 따위.〕↔무정 명사.

유정지공(惟正之供·惟正之貢)[명] 지난날, 해마다 인사치레로 궁중이나 고관에게 바치던 공물.

유제(油劑)[명] 유상(油狀)이거나 기름기가 들어 있는 약제.

유제(乳劑)[명] 기름이나 지방 따위 물에 녹지 않는 물질에 아라비아고무·난황(卵黃)·연유(煉乳) 등을 넣어 물을 타고 짓개어서 만든 젖빛의 액체. 〔감광 유제나 석유 유제 따위.〕

유제(遺制)[명] 선대(先代)부터 전해 오는 제도. 남아 있는 옛날의 제도.

유:제(類題)[명] 비슷하거나 같은 종류의 문제.

유-제품(乳製品)[명] 우유를 가공하여 만든 식품. 〔버터·치즈·분유 따위.〕

유:조(有助)[명][하형] 도움이 있음.

유조(油槽)[명] 석유나 가솔린 따위를 저장하는 아주 큰 용기(容器).

유조(留鳥)[명] 텃새.

유조(溜槽)[명] 빗물을 받는 통.

유조(遺詔)[명] 임금의 유언(遺言). ¶ 유조를 받들다.

유조-선(油槽船)[명] 유조(油槽)를 갖추고 석유나 가솔린 따위를 실어 나르는 배. 탱커.

유조-지(留潮地)[명] 수문(水門)으로 조수(潮水)가 드나드는 개펄.

유조-차(油槽車)[명] 유조(油槽)를 갖추고 석유나 가솔린 따위를 실어 나르는 차.

유족(有足)[명] '유족(有足)하다'의 어근.

유족(裕足)[명] '유족(裕足)하다'의 어근.

유족(遺族)[명] (어떤 사람이) 죽은 뒤에 남아 있는 가족. 유가족(遺家族).

유:족-하다(有足-)[-조카-][형여] (형편이) 넉넉하다. ¶ 자금은 유족하나, 사람이 부족하다.
유족-히[부].

유족-하다(裕足-)[-조카-][형여] (살림살이가) 넉넉하다. 쓰고 남음이 있다. ¶ 유족한 집안.
유족-히[부].

유:종(有終)[명][하형] ①끝이 있음. ②끝맺음이 있음.
유종의 미[관용] 어떤 일 따위의 끝을 잘 마무리하는 성과.

유종(乳腫)[명] 젖샘에 염증이 생겨 젖이 곪는 종기. 젖멍울.

유종(儒宗)[명] 유자(儒者)들이 우러러보는, 유학에 통달한 큰 학자.

유-종신(流終身)[명][하자] 죽을 때까지 귀양살이함. 또는 그 귀양살이.

유:종지미(有終之美)[명] 시작한 일을 끝까지 잘하여 결과가 좋음. ¶ 유종지미를 거두다.

유좌(酉坐)[명] (집터나 묏자리 따위가) 유방(酉方)을 등진 좌향, 또는 그런 자리.

유좌-묘향(酉坐卯向)[명] (집터나 묏자리 따위가) 유방(酉方)을 등지고 묘방(卯方)을 향한 좌향.

유:죄(有罪)[-죄/-줴][명][하형] ①죄가 있음. ②재판상 죄가 되거나 범죄의 증명이 있음, 또는 그 판결. ¶ 유죄 판결을 받다. ↔무죄(無罪).

유죄(宥罪)[-죄/-줴][명][하타] 죄를 너그럽게 용서함.

유죄(流罪)[-죄/-줴][명] 유형(流刑)에 해당하는 죄.

유주(幼主)[명] ①나이 어린 임금. 유군(幼君). ¶ 유주를 능멸한 불충. ②나이 어린 주인.

유주(遺珠)[명] (빠뜨리고 미처 줍지 못한 구슬이라는 뜻으로) ①[하자] 훌륭한 인재를 빠뜨리고 등용하지 못함, 또는 그 인재. ②'세상에 알려지지 않은 뛰어난 시문(詩文)'을 비유하여 이르는 말.

유주^골저(流注骨疽)[-쩌][명] 한방에서, 골막이나 골수에 염증이 생기는 병을 이르는 말.

유주-담(流注痰)명 한방에서, 몸의 군데군데가 욱신거리고 간혹 아픈 곳이 부어오르는 병을 이르는 말.

유:주-무량(有酒無量)[─](하형) 한없이 마실 정도로 주량(酒量)이 큼.

유:주-물(有物)명 소유주가 있는 물건.

유주지탄(遺珠之歎)명 마땅히 등용(登用)되어야 할 인재가 빠진 데 대한 한탄.

유즙(乳汁)명 젖.

유증(遺贈)명(하타) 유언에 따라 재산을 무상으로 물려줌, 또는 그 일.

유:지(有志)명 ①(하형) 어떤 좋은 일에 관심을 가지어 그 일을 이루려는 뜻이 있음. ②어떤 지역에서 이름 있고 영향력을 가진 사람. ¶지역 유지.

유지(油脂)명 동식물에서 얻는 기름을 통틀어 이르는 말. [식용 및 비누·도료·의약 등 용도가 많음.]

유지(油紙)명 기름을 먹인 종이. 기름종이.

유지(乳脂)명 ①☞크림. ②☞유지방(乳脂肪).

유지(有旨)명 조선 시대에, 임금이 죄인을 특별히 사(赦)하던 명령.

유지(維持)명(하타)(되자) (어떤 상태를) 그대로 지니어 감. 지켜 감. 지탱함. ¶건강 유지. /질서를 유지한다.

유지(遺旨)명 죽은 이의 생전의 생각.

유지(遺志)명 죽은 이가 생전에 이루지 못하고 남긴 뜻. ¶고인의 유지를 받들다.

유지(遺址)명 옛 자취가 남아 있는 빈터.

유지(諭旨)명 임금이 신하에게 내리던 글.

유:지-가(有志家)명 ☞유지자(有志者).

유지^공업(油脂工業)명 유지를 채취하여 정제하거나, 유지를 가공하여 여러 가지 제품을 만드는 공업.

유지-면관(諭旨免官)명 임금의 유지로 벼슬을 물러나게 하던 일.

유-지방(乳脂肪)명 젖이나 우유에 들어 있는 지방. 유지(乳脂).

유지-비(維持費)명 (단체나 시설 따위를) 유지하는 데드는 비용. ¶차량 유지비.

유지^사료(維持飼料)명 가축의 성장이나 노역(勞役), 또는 알이나 고기 같은 것의 생산에 필요한 사료가 아닌, 그 생명을 유지하는 데에만 필요한 사료.

유-지-자(有志者)명 어떤 좋은 일에 관심을 가지고 그 일을 이루려는 뜻이 있는 사람. 유지가(有志家). 유지지사.

유지^작물(油脂作物)[─장─]명 기름을 얻기 위해 심는 식물. [깨·콩·평지·아주까리 따위.]

유:지지사(有志之士)명 ☞유지자(有志者).

유진(留陣)명(하자타) 행군하던 군대가 어떤 곳에서 한동안 머무름.

유:진-무퇴(有進無退)[─퇴/─퉤]명(하자) 나아가기만 하고 물러나지 아니함.

유질(乳質)명 ①젖의 품질. ②젖과 같은 성질.

유질(流質)명 유전(流典).

유질(留質)명(하자타) 볼모.

유-질(類質)명 비슷한 성질.

유-질-동상(類質同像)명 서로 비슷한 화학 성분을 가진 광물들이 비슷한 결정 구조를 가지는 현상. [방해석과 마그네사이트와의 관계 따위.]

유징(油徵)명 땅 밑에 석유가 있음을 알 수 있는 징후.

유착(癒着)명(하자)(되자) ①서로 떨어져 있어야 할 피부나 막(膜) 등이 염증으로 말미암아 붙어버리는 일. ②어떠한 관계 또는 사물이 아주 밀접하게 결합되는 일. ¶정경(政經) 유착.

유:착-스럽다[─쓰─따][─스러우니·─스러워](형비) 보기에 투박하고 크다. 유착스레(부).

유:착-하다[─차카─]형여 몹시 투박하고 크다. ¶유착한 놋대야. 유착-히(부).

유찬(流竄)명(하타)(되자) 멀리 귀양을 보냄.

유찰(流札)명(하자)(되자) 입찰한 결과 낙찰되지 못하고 그 무효가 됨.

유창(流唱)명 소의 창자의 가장 긴 부분. 흔히, 국거리로 쓰임.

유창(流暢)어근 '유창하다'의 어근.

유창-하다(流暢)형여 글을 읽거나, 하는 말이 거침이 없다. ¶영어를 모국어처럼 유창하게 구사하다. /유창한 말솜씨로 사람들의 관심을 끌다. 유창-히(부).

유채(油彩)명 ☞유화(油畫).

유채(油菜)명 ☞평지.

유:채-색(有彩色)명 색상(色相)을 가진 빛깔. [빨강·노랑·주홍 따위.] ↔무채색.

유:책(有責)명(하형) 책임이 있음.

유:책^행위(有責行爲)[─채캥─]명 법률상 책임이 있는 행위.

유:처-취처(有妻娶妻)명(하자) 아내가 있는 사람이 또 아내를 맞아들임.

유척(鍮尺)명 조선 시대에 쓰이던 한 자짜리 놋쇠로 만들었는데, 주로 지방 수령이나 암행어사가 검시(檢屍)에 썼음.

유:척-동물(有脊動物)[─똥─]명 ☞척추동물.

유천(幽天)명 구천(九天)의 하나. 서북쪽 하늘.

유-천(─天)명 ☞버드나무하늘소.

유철(柔鐵·鑞鐵)명 무쇠를 조금 불린 시우쇠의 한 가지.

유철(鍮鐵)명 놋쇠.

유:체(有體)명 형체가 있는 것. 실체가 있는 것.

유체(流涕)명(하자) 눈물을 흘림, 또는 그 눈물. 유루(流淚).

유체(流體)명 '기체'와 '액체'를 통틀어 이르는 말. 동체(動體). 유동체(流動體).

유체(遺體)명 ①(부모가 남겨 준 몸이라는 뜻으로) '자기 몸'을 이르는 말. ②송장.

유체(濡滯)명(하자) (사물의 상태가 발전하거나 나아가지 아니하고) 막히고 걸림.

유:체-물(有體物)명 (공간의 일부를 차지하는) 형체가 있는 물건. ↔무체물(無體物).

유체-스럽다[─따][─스러우니·─스러워](형비) 말이나 하는 짓이 여느 사람과 달라서 별나다. 유체스레(부).

유체^역학(流體力學)[─여칵]명 유체가 가만히 있거나 움직이고 있을 때의 상태, 또는 유체가 그 안에 있는 물체에 미치는 힘 등을 연구하는 역학의 한 분야.

유:체^자산(有體資産)명 유체물인 자산.

유초(酉初)명 십이시의 유시(酉時)의 처음. [오후 다섯 시가 막 지난 무렵.]

유초(遺草)명 세상을 떠난 이가 생전에 써서 남겨 놓은 시문(詩文)의 초고. 유고(遺稿).

유촉(遺囑)명(하타) 자기가 죽은 뒤의 일을 부탁함, 또는 그 부탁.

유-추(類推)명(되자) ①(하타) 어떠한 사실을 근거로 하여, 그것과 같은 조건 아래에 있는 다른 사실을 미루어 헤아리는 일. 유비(類比). ②(하자) 어떤 단어나 문법 형식이, 그와 비슷한 다른 단어나 문법 형식을 본으로 하여 만들어지거나 변화하는 일. ['서르→서로, 바르→바

로, 새려→새로'의 변화가 '거꾸로·함부로·스스로' 등의 '로'에 유추된 것 따위.〕

유:추^해:석(類推解釋)명 어떤 사항에 대하여 법으로 규정해 놓은 바를 그것과 비슷한 다른 사항에 대해 적용하는 법 해석의 한 방법.

유:축^농업(有畜農業)[-축-]명 가축의 사육과 농작물의 재배를 아울러 경영하는 농업 경영 형태.〔혼합 농업 따위.〕

유출(流出)명하자되자 ①(액체 등이) 흘러나오거나 흘러 나감. ¶원유가 바다로 유출되다. ②흐르는 물에 실려 다른 데로 흘러감. ¶토사의 유출이 심하다. ③사물이 밖으로 나감, 또는 그것을 내보냄. ¶외화의 유출을 억제하다. /문화재를 국외로 유출하다.

유출(溜出)명하자 증류할 때, 어떤 성분이 액체 상태로 엉기어 나오는 일.

유출(誘出)명하타 되자 꾀어냄.

유충(幼沖)명 '유충하다'의 어근.

유충(幼蟲)명 ▷애벌레. ↔성충(成蟲).

유충-하다(幼沖-)형여 (사람의) 나이가 어리다. ¶유소하다.

유취(乳臭)명 젖에서 나는 냄새. 젖내.

유취(幽趣)명 그윽한 풍치.

유:취(類聚)명하타 같은 종류의 것을 갈라 대로 모음. 휘집(彙集).

유취-만년(遺臭萬年)명하자 더러운 이름을 오래도록 남김.

유층(油層)명 석유가 괴어 있는 지층.

유치(由致)명 불교에서, 부처나 보살을 청할 때 그 까닭을 먼저 알리는 일.

유치(幼稚)명 '유치하다'의 어근.

유치(乳齒)명 젖니. ↔영구치.

유치(留置)명하타 되자 ①(남의 물건을) 맡아 둠. ②구속의 집행 및 재판의 진행이나 그 결과의 집행을 위하여 일정한 곳에 사람을 가두어 두는 일.

유치(誘致)명하타 되자 설비 등을 갖추어 두고 권하여 오게 함. ¶공장 유치. /관광객을 유치하다.

유치-권(留置權)[-꿘]명 법률에서, 남의 물건을 점유하고 있는 사람이 그 물건에 관하여 생긴 채권의 변제를 받을 때까지 그 물건을 유치할 수 있는 권리.

유치-원(幼稚園)명 초등학교에 들어가기 전의 어린이를 대상으로 삼는 교육 기관.

유치-장(留置場)명 경찰서에서, 형사 피의자 등을 한동안 가두어 두는 곳. ¶유치장에 수감되다.

유치-하다(幼稚-)형여 ①(사람의) 나이가 어리다. ②생각이나 하는 짓이 어리다. ¶유치한 행동. ③(지식이나 기술 따위가) 수준이 낮거나 익숙하지 아니하다. ¶기술이 아직도 유치한 단계이다.

유칙(遺勅)명 세상을 떠난 임금이 생전에 남긴 명령.

유칠(油漆)명 들기름으로 만든 칠.

유침(留鍼)명 한방에서, 침을 꽂은 채 한동안 가만히 두는 일.

유칩-역구(幽蟄歷久)[-침꾸]명 오랫동안 감옥에 갇혀 있는 일.

유쾌(愉快)명 '유쾌하다'의 어근.

유쾌-하다(愉快-)형여 마음이 즐겁고 상쾌하다. ¶유쾌한 분위기. ↔불쾌하다. 유쾌-히부.

유타(遊惰)명 '유타하다'의 어근.

유타-하다(遊惰-)형여 빈들빈들 놀기만 하고 게으르다.

유탄(流彈)명 (목표물에 맞지 아니하고) 빗나간 탄환. 일탄(逸彈).

유-탄(柳炭)명 버드나무를 태워 만든 숯. 주로, 소묘(素描)에 쓰임.

유탄(榴彈)명 포탄의 한 가지. 탄체 안에 작약(炸藥)을 채워서 목표물에 맞았을 때 터지게 만든 것.

유탈(遺脫)명하자되자 책이나 활판(活版)에서, 글자 따위가 빠짐.

유탕(遊蕩)명하자 ①만착 놀기만 함. ②음탕하게 놀아남.

유대(猶太)명 '유대(Judea)'의 한자음 표기.

유태-교(猶太教)명 ▷유대교.

유태-인(猶太人)명 ▷유대 인.

유택(幽宅)명 〔죽은 이의 집이라는 뜻으로〕 '무덤'을 달리 이르는 말.

유택(遺澤)명 후세에까지 남아 있는 고인(故人)의 은혜(恩惠).

유:-턴(U turn)명하자 자동차 따위가 'U'자형으로 방향을 바꾸는 회전.

유:토피아(Utopia)명 이상적인 사회. 이상향(理想鄕).

유통(乳筒)명 소나 돼지 따위의 젖통이 고기.

유통(流通)명하자되자 ①유체(공기나 액체가) 흘러 움직임. 흘러 드나듦. ¶오래된 책을 유통이 좋은 곳에 보관하다. ②하타상품이 생산자·상인·소비자 사이에 거래되는 일. ¶유통 과정. /시장에 유통되는 상품. ③하타(화폐나 수표 등이) 사회에서 널리 쓰이는 일. 통용(通用). ¶새로 유통되는 화폐.

유통(儒通)명 지난날, 유생(儒生)들 사이에 통지하던 글.

유통^경제(流通經濟)명 〔자급자족 경제에 대하여〕 '상품의 교환을 기초로 하는 경제'를 이르는 말.

유통^기구(流通機構)명 생산자가 생산한 상품이 소비자의 손으로 넘어가기까지의 판매 경로. 수송 수단·시장·중간 업자 등을 통틀어 이르는 말.

유통^기한(流通期限)명 식품 따위의 상품이 시중에 유통될 수 있는 기한. ¶유통 기한이 지난 우유.

유통-세(流通稅)[-쎄]명 상품이나 재산의 매매 거래에 대하여 부과되는 세금.〔인지세·등록세 따위.〕

유통-업(流通業)명 생산자가 생산한 상품이 소비자의 손으로 넘어가기까지 여러 단계에서 교환·분배되는 활동과 관련된 사업.

유통^자본(流通資本)명 상품 자본, 또는 화폐 자본으로 되어 있는 자본. ☞생산 자본.

유통^증권(流通證券)[-꿘]명 법률상 배서(背書), 또는 교부에 따라 자유로이 그 권리를 양도할 수 있는 증권.

유통^혁명(流通革命)[-형-]명 대량 생산과 대량 소비가 더해 감에 따라 상품의 유통 구조, 거래 방식, 기업의 상태 등이 아주 새롭게 바뀌는 현상.

유통^화:폐(流通貨幣)[-폐/-페]명 사회에서 통용되고 있는 화폐.

유파(流派)명 (예술이나 기예 등의) 으뜸 되는 계통에서 어떤 독자적인 주의나 수법을 가지고 갈려 나온 한 파(派).

유폐(幽閉)[-폐/-페]명하타 되자 사람을 일정한 곳에 가두어 두고 밖으로 나오지 못하게 함. ¶정신병자를 특수 병실에 유폐하다.

유폐(流弊)[-폐/-폐]圈 ①사회에 널리 유행하고 있는 나쁜 풍속. ②〈말류지폐(末流之弊)〉의 준말.

유포(油布)圈 기름을 먹인 무명.

유포(流布)圈하자타 세상에 널리 퍼짐, 또는 퍼뜨림. ¶언어비어를 유포하다.

유:포니(euphony)圈 ☞활음조(滑音調).

유:표(有表)圈하형 (여럿 가운데서) 특별히 두드러진 특징이 있음. ¶유표한 옷차림. 유표-히튀.

유품(遺品)圈 세상을 떠난 이가 생전에 쓰던 물건. 유물(遺物). ¶아버지의 유품을 잘 간직하다.

유풍(流風)圈 ☞유속(流俗).

유풍(遺風)圈 ①예로부터 전해 내려오는 풍속. 유속(遺俗). ⑪유습(遺習). ②선인(先人)이 남긴 기풍. 선인이 남긴 가르침.

유풍(颺風)圈 팔풍(八風)의 하나. 서풍(西風).

유풍-여속(遺風餘俗)[-녀-]圈 예로부터 전하여져 오늘에 이른 풍속.

유피(柔皮) 부드럽고 연한 가죽.

유피(鞣皮)圈 무두질한 가죽.

유:피-유(UPU)圈 만국 우편 연합(萬國郵便聯合). [Universal Postal Union]

유:피-화(有被花)圈 꽃받침과 꽃잎을 갖춘 꽃. [이꽃에는 암수의 두가지가 있는데, 속씨식물이 이에 딸림.] ↔무피화(無被花).

유-하다(留-)재여 머물러서 묵다. ¶오랜만에 오셨는데 하루만이라도 유하셔야지요.

유:-하다(有-)형어 〔한문 투의 말〕 있다.

유-하다(柔-)형어 ①부드럽다. ¶유한 살결. ②성질이 태평스럽고 눅다. ¶성미가 유하다. ↔강(剛)하다.

유하-주(流霞酒)圈 ①신선이 마신다는 좋은 술. ②멥쌀·쌀누룩·밀가루로 빚은 술.

유학(幼學)圈 고려·조선 시대에, '벼슬을 하지 아니한 유생(儒生)'을 이르던 말.

유학(幽壑)圈 깊숙한 골짜기.

유학(留學)圈하자 외국에 머물러 학문이나 예술 등을 공부함. ¶미국 유학. /조기 유학. /유학 생활.

유학(遊學)圈하자 고향을 떠나 객지에서 공부함. ¶서울 유학.

유학(儒學)圈 유교의 학문. 공자의 사상을 근본으로 하고, 사서오경(四書五經)을 경전으로 삼아 정치·도덕의 실천을 중심 과제로 함. 공맹학(孔孟學).

유학-생(留學生)[-쌩]圈 외국에 머물면서 공부하는 학생.

유학-자(儒學者)[-짜]圈 유학에 조예가 깊은 사람.

유한(由限)圈 말미의 기한.

유:한(有限)圈하형 한도나 한계가 있음. ↔무한. 유한-히튀.

유:한(有閑·有閒)圈하형 ①겨를이 있음. 한가함. ②재물이 넉넉하여 일하지 않아도 생활이 한가로움.

유한(幽閑·幽閒) '유한하다'의 어근.

유한(流汗)圈 흘러내리는 땀.

유한(遺恨)圈 ①(생전에 풀지 못하고) 남은 원한. ¶이제 죽는다 해도 유한이 없다. ②풀리지 아니한 원한. 잔한(殘恨). ¶서로 유한이 있는 집안.

유:한-계급(有閑階級)[-계/-게-]圈 재물이 넉넉하여 일하지 아니하고 한가로이 놀면서 지내는 계급. 유한층(有閑層).

유:한-급수(有限級數)[-쑤]圈 수학에서, 항(項)의 수에 한정이 있는 급수. ↔무한급수.

유:한-꽃차례(有限-次例)[-꼳-]圈 ☞유한 화서. ↔무한 꽃차례.

유:한-마담(有閑madame)圈 오락이나 사교를 일삼는 유한계급의 부인. 유한부인.

유:한-부인(有閑夫人)圈 ☞유한마담.

유:한^소:수(有限小數)圈 소수점 아래의 어떤 자리에 이르러 그치는 소수. ↔무한 소수.

유한-정정(幽閑靜貞)圈하형 (여성으로서의) 인품이 얌전하고 몸가짐이 조촐함.

유:한^직선(有限直線)[-썬]圈 ☞선분(線分). ↔무한 직선.

유:한^책임(有限責任)圈 채무자가 자기의 재산의 일부나 일정한 금액을 한도로 하여 채무로서 갚는 형식의 책임. ↔무한 책임.

유:한^책임^사원(有限責任社員)圈 회사 채무에 대하여, 출자액(出資額)을 한도로 하여 직접 연대 책임을 지는 합자 회사의 사원. ↔무한 책임 사원.

유한-층(有閑層)圈 ☞유한계급.

유한-하다(幽閑-·幽閒-)형어 (여성으로서의) 인품이 조용하고 그윽하다. 유한-히튀.

유:한^화서(有限花序)圈 화서의 한 가지. 꽃줄기 끝의 꽃부터 먼저 피고 차차 그 아래의 꽃이 피어 가는 화서. 유한 꽃차례. ↔무한 화서.

유:한^회:사(有限會社)[-회/-훼-]圈 50인 이하의 유한 책임 사원들로 구성된 소규모의 회사.

유합(癒合)圈하자타 상처가 나아서 피부나 근육이 아물어 붙음.

유:해(有害)圈하형 해가 있음. 해로움. ¶유해 식품. /담배는 몸에 유해하다. ↔무해(無害).

유해(遺骸)圈 주검. 망해(亡骸). ¶국립묘지에 안치된 순국선열들의 유해.

유:해-무익(有害無益)圈하형 해롭기만 하고 이로움은 없음.

유:해-성(有害性)[-썽]圈 해로운 성질이나 특성.

유행(流行)圈하자되자 ①어떠한 양식이나 현상 등이 새로운 경향으로서 한동안 사회에 널리 퍼짐, 또는 그런 경향. ¶유행을 따르다. /유행의 첨단을 걷는 옷차림. ②전염병 따위가 한동안 널리 퍼짐. ¶독감이 유행한다.

유행(遊行)圈하자 유람하기 위하여 여러 지방을 돌아다님.

유행-가(流行歌)圈 어느 한 시기에 널리 불리는 대중가요.

유행-병(流行病)[-뼝]圈 ①한동안 널리 옮아 퍼지는 병. 돌림병. 질역(疾疫). ②'바람직하지 않은 유행을 무턱대고 따르는 경향'을 비유하여 이르는 말.

유행-성(流行性)[-썽]圈 유행하는 성질 또는 특성. ¶유행성 독감.

유행성^간:염(流行性肝炎)[-썽-]圈 급성 간염의 한 가지. 바이러스가 입을 통하여 감염되어 일어남.

유행성^감:기(流行性感氣)[-썽-]圈 인플루엔자 바이러스로 말미암아 일어나는 급성 전염병. 돌림감기. 인플루엔자.

유행성^결막염(流行性結膜炎)[-썽-망념]圈 바이러스의 감염으로 눈의 결막에 일어나는 전염성의 염증.

유행성^뇌염(流行性腦炎)[-썽뇌-/-썽눼-]圈 모기가 바이러스를 옮김으로써 일어나는 전염성의 뇌염.

유행성^출혈열(流行性出血熱) [-썽-렬]**명** 들쥐나 집쥐가 바이러스를 옮김으로써 일어나는 법정 전염병. 호흡기를 통하여 감염되는데, 두통·권태·근육통·발열 따위의 증상이 나타나고 좁쌀만 한 출혈진(出血疹)과 함께 단백뇨·혈뇨가 생김.

유행-어(流行語)**명** 어느 한 시기에 많은 사람 사이에 많이 쓰이는 말. 시쳇말.

유향(乳香)**명** 감람과의 상록 교목. 아프리카의 소말리아 원산으로 높이는 6 m가량. 잎은 깃 모양의 겹잎이고 잎의 가장자리는 톱니 모양임. 나무줄기에 상처를 내어 뽑아내는 수지(樹脂)도 '유향'이라 하며, 한방에서 약재로 쓰임.

유향(幽香)**명** 그윽한 향기.

유향(留鄕)**명** 지난날, '고을 수령의 자리가 비었을 때의 그 고을의 좌수(座首)'를 일컫던 말.

유향(遺香)**명** ①남아 있는 향기. 여향(餘香). ②'고인이 끼친 미덕'을 비유하여 이르는 말.

유향(儒鄕)**명** 선비가 많이 사는 고장.

유향-소(留鄕所)**명** 조선 시대에, 군현(郡縣)의 수령을 보좌하던 자문 기관. 향소. 향청(鄕廳).

유현(幽玄)**하형** 헤아리기 어려울 만큼 깊고 오묘함. ¶유현한 음향.

유현(儒賢)**명** 경학(經學)에 정통하고 언행이 바른 선비.

유현(遺賢)**명** 벼슬하지 아니하고 보통 사람처럼 살아가는 현인(賢人).

유현-증(乳懸症) [-쯩]**명** 한방에서, 산후(産後)에 젖이 아랫배까지 늘어지고 몹시 아픈 병증을 이르는 말.

유혈(流血)**명** ①흐르는 피. ②(다툼이나 사고 등으로) 피를 흘림. ③살상이 벌어지는 일. ¶유혈 충돌. /유혈 사태가 벌어지다.

유혈-극(流血劇)**명** 피를 흘리는 싸움판. ¶유혈극을 벌이다.

유협(遊俠)**명** ☞협객(俠客).

유형(有形)**명하형** 형체나 형상이 있음. 형상이 있음. ↔무형(無形).

유형(流刑)**명** 죄인을 외딴곳으로 보내어 그곳을 떠나지 못하게 하던 형벌.

유-형(類型)**명** ①비슷한 틀. 비슷한 틀. ②어떤 비슷한 것들의 본질을 개체로서 나타낸 것, 또는 그것들의 공통되는 성질이나 모양. ¶인간의 체형을 몇 개의 유형으로 분류하다. ③개성이 뚜렷하지 않은 흔한 모양. ¶유형의 범위를 벗어나지 못한 평범한 작품.

유형-객(流刑客)**명** 유형 생활을 하는 사람.

유:형^고정^자산(有形固定資産)**명** 구체적인 형태를 가진 자산. [토지·가옥·기계 따위.] 유형 자산. ↔무형 고정 자산.

유형-동물(紐形動物)**명** 동물 분류의 한 문(門). 몸은 좌우 대칭이며, 등과 배는 납작하고 길어, '끈벌레'라고도 함. 몸빛은 노란색·붉은색·녹색 등 여러 가지임. 모래 속이나 바위틈, 해조 사이에서 삶.

유:형^무:역(有形貿易)**명** 상품의 통관(通關)이 따르는 무역. ↔무형 무역.

유:형-무적(有形無跡)**명하형** 혐의는 있으나 증거가 없음.

유:형-무형(有形無形)**명하형** ①형체가 있는 것과 형체가 없는 것. ¶유형무형의 은혜를 입다. ②형체가 있는지 없는지 뚜렷하지 않음.

유:형^문화재(有形文化財)**명** 건축물·회화·조각·공예품·고문서 따위 유형의 문화적 소산 가운데서 역사와 예술 및 고고학적 가치가 높

은 것. 국보·보물 따위 국가 지정 문화재와 지방 문화재가 있음. ↔무형 문화재.

유:형-물(有形物)**명** 형체가 있는 물건. ↔무형물(無形物).

유형-살이(流刑-)**명하자** 유형당하여 살아가는 삶.

유형-수(流刑囚)**명** 유형살이를 하는 죄수.

유:형-인(有形人)**명** 무형인(無形人)인 법인(法人)에 상대하여 '자연인(自然人)'을 달리 이르는 말.

유:형^자본(有形資本)**명** 유형 재산으로 된 자본. [화폐·토지·건축물·기계 따위.] ↔무형 자본.

유:형^자산(有形資産)**명** ☞유형 고정 자산. ↔무형 자산.

유:형-재산(有形財産)**명** 구체적인 형태를 갖추고 있는 재산. [화폐·동산·부동산·상품 따위.] ↔무형 재산.

유:형-적(有形的)**관명** 형체가 있는 (것).

유:형-적(類型的)**관명** 어떤 틀에 박혀 있듯이 개성이 없는 (것). 퍽 흔한 모양의 (것). ¶유형적 문체. /조각 작품이 유형적이며 독창성이 없다.

유-형제(乳兄弟)**명** 유모의 젖을 먹고 자라는 아이와 그 유모의 자식을 형제 같은 관계라는 뜻으로 이르는 말.

유형-지(流刑地)**명** 유형살이를 하는 곳.

유:형-체(有形體)**명** 형상이 있는 물체.

유:형-학(類型學)**명** ①어떤 대상을 함에 있어서 전형적인 형태를 분명히 해 두고 연구를 진행하는 학문의 방법, 또는 그 성과. ②심리학에서, 개인이나 민족의 심신의 구조를 유형으로 분류하여 고찰하는 연구.

유혜(油鞋) [-혜/-헤]**명** 지난날, 기름에 결은 가죽으로 만들어 신던 신. 진신. 유혜(油彩).

유호-덕(牧好德)**명** 오복(五福)의 하나. 도덕을 지키기를 낙으로 삼는 일.

유호-필(柔毫筆)**명** 산양털이나 토끼털 등 비교적 부드러운 털로 만든 붓.

유혹(誘惑)**명하타되자** ①남의 마음을 현혹되게 하여 꾐. ②남을 호리어 나쁜 길로 꾐. ¶유혹의 손길. /유혹에 빠지다. /돈으로 상대를 유혹하다.

유혹(蹂躪)**명부** 설명(設令).

유혹-적(誘惑的) [-쩍]**관명** 유혹하거나 유혹하는 것과 같은 (것). ¶유혹적 자태. /유혹적인 몸짓.

유혼(幽昏)'유혼하다'의 어근.

유혼(遊魂)**명** 죽은 사람의 혼.

유혼-일(遊魂日)**명** 생기법(生氣法)으로 본 해롭지 않은 날의 하나.

유혼-하다(幽昏-)**형여** 그윽하고 어둡다.

유화(乳化)**명** 어떤 액체 속에 그것과 잘 섞이지 않는 다른 액체를 작은 낱알로 분산시켜 젖 모양의 액체로 만드는 일, 또는 분산된 그 상태.

유화(油畫)**명** 서양화의 한 가지. 기름으로 갠 물감으로 그리는 그림. 유채(油彩).

유화(宥和)**명하자** 너그럽게 대하여 화평하게 지냄. ¶유화의 메시지를 보내다.

유화(柔和)'유화하다'의 어근.

유화(流火)**명** '유성(流星)'을 달리 이르는 말.

유:화(柳花)**명** 버드나무의 꽃.

유화(硫化)**명하자** 황화(黃化).

유화(榴花)**명** 석류나무의 꽃.

유:화(類化)**명하자되자** 같은 종류의 물질이 동화 작용을 함.

유화^정책(宥和政策)團 상대편의 강경한 자세에 대하여 양보하거나 타협하여 화평을 꾀하는 정책.

유화-하다(柔和─)[5]函 성질이 부드럽고 온화하다.

유황(硫黃)團 ☞황(黃).

유황-불(硫黃─)[─뿔]團 황이 탈 때 생기는 파란 빛깔의 불.

유황-천(硫黃泉)團 많은 양의 황이 섞여 있는 광천(鑛泉). 피부병이나 신경통 등의 치료에 이용됨.

유회(油灰)[─회]團 기름과 재와 솜을 섞어서 만든 물건. 나무에 칠을 하기 전에 구멍을 메우는 데 쓰임.

유회(幽懷)[─회/─훼]團 마음속 깊이 간직한 회포.

유회(流會)[─회/─훼]團函函 예정된 모임이 어떠한 사정으로 말미암아 이루어지지 않거나 중도에 그만두게 됨. ↔성회(成會).

유회(遊回)[─회/─훼]團函 떠돌아다님.

유회(儒會)[─회/─훼]團 유생들의 모임.

유회-색(黝灰色)[─회/─훼─]團 잿빛을 띤 검푸른 색.

유:효(有效)[─]團函 효과나 효력이 있음. 보람이 있음. ¶유효 기간. /이 약은 신경통 치료에 유효하다. ↔무효. ②유도 경기에서, 메치기나 누르기가 '절반'에 미치지 못한 경우에 심판이 선언하는 판정 용어. ⇨유효-히[─].

유:효^사거리(有效射距離)團 ⇨유효 사정.

유:효^사정(有效射程)團 사격에서, 쏜 탄알이 도달하여 효력을 나타낼 수 있는 거리. 유효 사거리.

유:효^수요(有效需要)團 실제로 살 수 있는 능력을 가진 수요. 사람이 사고자 하는 욕망을 가졌을 때, 살 수 있는 능력이 있어서 언제든지 그 욕망이 실현될 수 있는 수요. ↔잠재 수요.

유:효^숫:자(有效數字)[─수짜/─순짜]團 ①0에 대하여) 1에서 9까지의 숫자. ②근삿값 등에서 실질적으로 유효하거나, 또는 잘라 버리지 않는 자리에 있는 숫자.

유훈(遺訓)團 세상을 떠난 사람이 생전에 남긴 훈계나 교훈. 유계(遺戒).

유휴(遊休)團 (쓸 수 있는 설비나 기계 등을) 쓰지 않고 놀리거나 묵힘. ¶유휴 시설. /유휴 경작지.

유휴^자본(遊休資本)團 생산에 활용되지 않고 있는 자본. 金유자본(遊資本).

유휴-지(遊休地)團 사용하지 않고 묵히고 있는 땅.

유흔(遺痕)團 남은 흔적. 끼친 흔적.

유흥(遊興)團函函 재미있게 즐기면서 노는 일. 음식점·술집 등에서 즐기면서 노는 일. ¶유흥 시설.

유흥-가(遊興街)團 유흥장이 많이 늘어서 있는 거리.

유흥-비(遊興費)團 유흥에 드는 비용.

유흥-업(遊興業)團 음식이나 술 등을 팔거나 유흥 시설을 빌려 주는 영업.

유흥업-소(遊興業所)[─쏘]團 유흥업을 경영하는 곳.

유희(遊戲)[─히]團函函 즐겁게 놂, 또는 노는 일. 놀이1.

유희-요(遊戲謠)[─히─]團 놀음놀이를 하면서 여러 사람이 부르는 노래. 강강술래·놋다리밟

기·줄다리기·대문놀이 등을 하면서 부름. ㊀노동요(勞動謠)·의식요(儀式謠).

육(肉)團 ①〈육신〉·〈육체〉의 준말. ¶영(靈)과 육이 일치하다. ↔영(靈). ②짐승의 고기, 또는 과실의 살.

육(六)Ⅰ[쥐] 여섯.
Ⅱ[판] 《일부 단위를 나타내는 말 앞에 쓰이어》 ①그 수량이 여섯임을 나타내는 말. ¶육년. /육 미터. ②그 순서가 여섯 번째임을 나타내는 말. ¶육 장. /육 번.

육^가야(六伽倻)[─까─]團 삼한(三韓) 때에, 낙동강 하류 유역에 있던 여섯 가야. 금관가야(金官伽倻)·아라가야(阿羅伽倻)·고령가야(古寧伽倻)·소가야(小伽倻)·대가야(大伽倻)·성산가야(星山伽倻)를 이름.

육각(六角)1[─깍] 국악에서, 북·장구·해금·피리 및 태평소 한 쌍을 통틀어 이르는 말.
육각(을) 잡히다[판용] 육각을 갖추어 음악을 연주하다.

육각(六角)2[─깍]團 여섯 모. 육모.

육각-정(六角亭)[─깍─]團 ⇨육모정.

육각-형(六角形)[─까켱]團 여섯 개의 직선으로 둘러싸인 평면 도형.

육간(六間)團 '푸줏간'의 잘못.

육간-대청(六間大廳)[─깐─]團 여섯 칸이 되는 넓은 마루.

육감(六感)[─깜]團 〈제육감(第六感)〉의 준말. ¶육감으로 알아차리다.

육감(肉感)[─깜]團 ①육체상(肉體上)의 감각. ②육체에서 풍기는 성적인 느낌.

육감-적(肉感的)[─깜─]團판 성욕을 자극하는 (것). ¶육감적 자태. /육감적인 여인.

육갑(六甲)[─깝]團 ①〈육십갑자〉의 준말. ②函函 남의 언행을 얕잡아 이르는 말. ¶육갑을 떨다.
육갑을 짚다[판용] ①간지(干支)로써 사람의 나이를 헤아리다. ②간지로 나타낸 연월일로써 사람의 길흉화복을 헤아리다.

육-개장(肉─醬)[─깨─]團 소의 살코기를 푹 고아 찢어 고추·파·마늘·간장·기름·후춧가루로 양념하여 국물에 넣고 끓인 국.

육경(六卿)[─껑]團 '육조의 판서'를 예스럽게 일컫던 말.

육경(六經)[─껑]團 중국의 여섯 가지 경서. 역경(易經)·시경(詩經)·서경(書經)·춘추(春秋)·주례(周禮)·예기(禮記)를 통틀어 이르는 말.

육경(六境)[─껑]團 불교에서, 육식(六識)으로 인식하는 여섯 가지 대상인 '색경(色境)·성경(聲境)·향경(香境)·미경(味境)·촉경(觸境)·법경(法境)'을 이르는 말.

육계(六界)[─계/─께]團 ⇨육도(六道).

육계(肉界)[─계/─께]團 육신의 세계. 곧, 육체 및 그 작용이 미치는 범위. ↔영계(靈界).

육계(肉桂)[─계/─께]團 한방에서, '계수나무의 두꺼운 껍질'을 약재로 이르는 말. 건위제·강장제로 쓰임.

육계(肉鷄)[─계/─께]團 ⇨고기닭.

육계(肉髻)[─계/─께]團 부처의 정수리에 솟아 있는 상투 모양의 혹.

육계-도(陸繫島)[─계─/─께─]團 《육지에 가까이 있어》 모래톱으로 육지와 이어져 있는 섬.

육계-정기(肉桂丁幾)[─께─]團 육계나무의 진액으로 만든 물약. 교정약(矯正藥)으로 쓰임.

육계-주(肉桂酒)[─계─/─께─]團 육계를 소주에 담가 설탕을 타서 만든 술.

육고(肉庫)[-꼬]圈 지난날, 각 관아에 딸렸던 푸주.

육고-자(肉庫子)[-꼬-]圈 지난날, 육고에 딸려 관아에 육류를 진상하던 관노(官奴).

육과(肉果)[-꽈]圈 즙과 살이 많은 과실.〔사과·복숭아 따위.〕

육-관음(六觀音)[-꽈늠]圈 육도(六道)의 중생을 교화하는 육체(六體)의 관세음. 곧, 성관음(聖觀音), 천수(千手)관음, 마두(馬頭)관음, 십일면(十一面)관음, 준지(准胝)관음, 여의륜(如意輪)관음을 이름.

육괴(肉塊)[-꾀/-꿰]圈 고깃덩어리.

육교(陸橋)[-꾜]圈 도로나 철도 위에 가로질러 놓은 다리. 가도교(架道橋).

육구(肉灸)[-꾸]圈 뜸.

육군(陸軍)[-꾼]圈 육상에서의 전투를 맡은 군대. 图공군·해군.

육군^본부(陸軍本部)[-꾼-]圈 국방부에 딸린, 육군의 최고 통수 기관. 图육본.

육군^사:관학교(陸軍士官學校)[-꾼-꾜]圈 육군의 초급 장교가 될 사람에게 필요한 정규 교육을 베푸는 군사 학교. 图육사.

육근(六根)[-끈]圈 불교에서, 육식(六識)이 그 대상이 되는 육경(六境)에 대하여 인식 작용을 일으킬 경우의 그 여섯 가지 인식 기관. 안근(眼根)·이근(耳根)·비근(鼻根)·설근(舌根)·신근(身根)·의근(意根)을 이름.

육기(六氣)[-끼]圈 중국 철학에서 이르는 천지간의 여섯 가지 기운. 곧, 음(陰)·양(陽)·풍(風)·우(雨)·회(晦)·명(明).

육기(肉氣)[-끼]圈 ①몸에 살이 붙은 정도. ¶육기가 좋은 몸매. ②☞육미(肉味).

육-기통(六氣筒)[-끼-]圈 실린더가 여섯 개인 내연 기관.

육니(忸怩) '육니하다'의 어근.

육니-하다(忸怩-)[-우-]혭 부끄럽고 창피하다.

육다골소(肉多骨少)[-따-쏘]혭뤱 (몸에) 살이 많고 뼈가 적음.

육-달월(肉-月)[-따뤌]圈 한자 부수의 한 가지. '肝'·'肺' 등에서의 '月'의 이름. ('肉(고기육)'의 변형임.) 图고기육·달월.

육담(肉談)[-땀]圈 상스러운 말씨나 이야기. ¶육담과 패담.

육-대주(六大洲)[-때-]圈 지구 상의 여섯 개의 대륙. 아시아·아프리카·유럽·오세아니아·남아메리카·북아메리카를 아울러 이름.

육덕(六德)[-떡]圈 〈육원덕(六元德)〉의 준말.

육덕(肉德)[-떡]圈 몸에 살이 붙은 정도나 상태. ¶육덕이 좋은 중년 부인.

육덕(六德)[-떡]㈜圈 찰나(刹那)의 10분의 1, 허공(虛空)의 10배가 되는 수(의). 곧, 10^{-19}.

육도(六道)[-또]圈 불교에서, 중생이 생전에 한 행위에 따라서 저마다 가서 살게 된다는 '지옥도·아귀도·축생도·아수라도·인간도·천상도'를 이르는 말. 육계(六界).

육도(六韜)[-또]圈 중국 주(周)나라의 태공망(太公望)이 지었다는, 문도(文韜)·무도(武韜)·용도(龍韜)·호도(虎韜)·표도(豹韜)·견도(犬韜) 등 여섯 종류의 병서(兵書).

육도(陸島)[-또]圈 〈대륙도(大陸島)〉의 준말.

육도(陸稻)[-또]圈 밭벼.

육도-삼략(六韜三略)[-또-냑]圈 중국의 병서(兵書)의 고전인 '육도(六韜)'와 상략·중략·하략으로 된 황석공(黃石公)의 '삼략(三略)'을 아울러 이르는 말.

육도-풍월(肉跳風月)[-또-]圈 글자를 잘못 써서 알아보기 어려운 한시(漢詩)를 이르는 말.

육돈(肉豚)[-똔]圈 고기돼지.

육-두구(肉荳蔲)[-뚜-]圈 육두구과의 상록 활엽 교목. 열대 식물로서 높이는 20m가량 자람. 잎은 길둥글며 가장자리가 밋밋하고 두꺼움. 살구 씨처럼 생긴 열매가 익으면 적황색 껍질이 갈라지는데, 씨는 건위제·강장제·향미료 등으로 쓰임.

육두-문자(肉頭文字)[-뚜-짜]圈 상스러운 말로 된 숙어. 육담으로 된 말.

육-두품(六頭品)[-뚜-]圈 신라 골품 제도에서 진골 다음가는 신분의 등급. 왕족이 아닌 사람이 오를 수 있는 가장 높은 등급으로 오두품의 위임.

육량(肉量)[융냥]圈 고기를 먹는 양. ¶육량이 크다.

육량(陸梁)[융냥]圈혵재 제멋대로 날뜀.

육려(六厲)[-려]圈 십이율(十二律) 가운데서 음성(陰聲)인 '대려(大呂)·협종(夾鍾)·중려(仲呂)·임종(林鍾)·남려(南呂)·응종(應鍾)'의 여섯 음을 통틀어 이르는 말. 음려(陰呂).

육력(戮力)[융녁]圈혵재 서로 힘을 합침.

육련-성(六連星)[융년-]圈 ☞묘성(昴星).

육례(六禮)[-례]圈 우리나라의 재래식 혼례에서의 여섯 가지 의식. 곧, 납채(納采)·문명(問名)·납길(納吉)·납폐(納幣)·청기(請期)·친영(親迎). 육례를 갖추어 혼인하다.

육로(陸路)[융노]圈 육상(陸上)의 길. 한로(旱路). ¶육로로 인도까지 가다.

육룡(六龍)[융뇽]圈 ①'임금의 어가(御駕)'를 높이어 이르는 말. ②용비어천가에서, 조선조를 개국한 여섯 조상. 곧, '목조(穆祖)·익조(翼祖)·도조(度祖)·환조(桓祖)·태조(太祖)·태종(太宗)'을 높이어 이르는 말.

육류(肉瘤)[융뉴]圈 ☞육혹.

육류(肉類)[융뉴]圈 먹을 수 있는 '짐승의 고기'를 두루 이르는 말. 육붙이.

육륜(肉輪)[융뉸]圈 아래위의 눈꺼풀.

육률(六律)[융뉼]圈 십이율(十二律) 가운데서 양성(陽聲)인 '태주(太簇)·고선(姑洗)·황종(黃鍾)·유빈(蕤賓)·이칙(夷則)·무역(無射)'의 여섯 음을 통틀어 이르는 말. 양률(陽律). 图율(律).

육림(肉林)[융님]圈 산이나 들에 고기로서 나무를 심어 숲을 가꾸는 일. ¶육림 사업.

육림-업(育林業)[융니멉]圈 나무를 심어 가꾸어 목재를 생산하는 사업.

육면-체(六面體)[융-]圈 여섯 개의 평면에 둘러싸인 입체.

육-모(六-)[융-]圈 ①여섯 개의 직선에 싸인 평면. ②(한 물체의 둘레를 이루고 있는) 여섯 개의 모. 육각(六角). ¶육모가 지다.

육모^방망이(六-)[융-]圈 지난날, 포졸들이 가지고 다니던 여섯 모가 진 방망이.

육모-얼레(六-)[융-]圈 모서리가 여섯인 얼레. 육모얼레에 연줄 감듯[속] 무엇을 둘둘 잘 감는다는 뜻.

육모-정(六-亭)[융-]圈 (여섯 개의 기둥을 세워) 지붕이 여섯 모가 지게 지은 정자. 육각정.

육목(六目)[융-]圈 타짜꾼이 쓰려고 일부러 맞추어 만든, 예순 장으로 된 투전.

육묘(育苗)[융-]圈혵재 묘목이나 모를 기름, 또는 그 모.

육미(六味)[융-]圈 ①여섯 가지의 맛. '쓴맛, 신맛, 단맛, 매운맛, 짠맛, 싱거운 맛'을 아울러 이르는 말. ②〈육미탕〉·〈육미환〉의 준말.

육미(肉味)[육-] 명 ①짐승 고기로 만든 음식. 육기(肉氣). ②고기의 맛.

육미-붙이(肉味-)[육-부치] 명 육미 종류들. 육류(肉類). 육속(肉屬). ㈜육붙이.

육미-탕(六味湯)[융-] 명 한방의 보약의 한 가지. 숙지황·산약·산수유·백복령·목단피·택사 등으로 지음. ㈜육미.

육미-환(六味丸)[융-] 명 한방에서, 육미탕을 가루로 만들어 꿀에 반죽한 알약. ㈜육미.

육-바라밀(←六波羅蜜)[-빠-] 명 불교에서, 보살이 수행에 들어 이르는 여섯 가지 방편. 보시(布施)·지계(持戒)·인욕(忍辱)·정진(精進)·선정(禪定)·지혜(智慧)를 아울러 이름.

육박(肉薄·肉迫)[-빡] 명하자타 ①바싹 가까이 다가감. 바싹 따라붙음. ¶불과 2점 차로 육박하다. ②바싹 덤벼듦. 바싹 가까이 쳐들어감.

육박-전(肉薄戰)[-빡쩐] 명 적과 맞붙어 싸우는 전투. ¶치열한 육박전을 벌이다.

육-반구(陸半球)[-빤-] 명 북극을 북위 48°, 동경 30°, 남극을 남위 48°, 서경 179°에서 지구를 둘로 가를 경우의 북반구를 이름. 지구 상의 육지의 약 90%가 이에 들어감. ↔수반구.

육발-이(六-)[-빠리] 명 발가락이 여섯인 사람. ㈜육손이.

육방(六房)[-빵] 명 조선 시대에, 승정원과 지방 관아에 두었던 여섯 부서. 이방(吏房)·호방(戶房)·예방(禮房)·병방(兵房)·형방(刑房)·공방(工房)을 이름.

육방^관속(六房官屬)[-빵-] 명 지방 관아의 육방에 딸렸던 구실아치.

육-방망이(六-)[-빵-] 명 방망이 여섯 개를 가로 꿰어 열두 사람이 메는 상여(喪輿).

육방^승지(六房承旨)[-빵-] 명 승정원의 육방에 딸렸던 벼슬아치.

육방^정계(六方晶系)[-빵-계/-빵-게] 명 결정계의 한 가지. 한 평면 안에서 길이가 같은 세 축이 서로 60°의 각으로 엇걸리고, 그 세 축과 길이가 다른 축이 세 축과 직각이 되게 엇걸리는 결정계. 〔석영(石英)·방해석(方解石) 따위에서 볼 수 있음.〕

육백(六白)[-빽] 명 음양설에서 이르는 구성(九星)의 하나, 곧 금성(金星)을 이름.

육백(六百)[-빽] 명 화투 놀이의 한 가지. 득점수 600이 먼저 되기를 겨루는 놀이.

육법(六法)[-뻡] 명 ①여섯 가지의 기본이 되는 법률. 곧, 헌법(憲法)·민법(民法)·상법(商法)·형법(刑法)·민사 소송법(民事訴訟法)·형사 소송법(刑事訴訟法). ②〈육법전서〉의 준말.

육법-전서(六法全書)[-뻡쩐-] 명 육법과 그것에 딸린 법규 등을 모아 엮은 책. ㈜육법.

육보(肉補)[-뽀] 명하자 고기붙이를 먹어서 몸을 보(補)하는 일.

육본(陸本)[-뽄] 명 〈육군 본부〉의 준말.

육봉(肉峯)[-뽕] 명 낙타 등의 살가죽 밑에 지방이 모여 불거진 큰 혹. 〔단봉(單峯)과 쌍봉(雙峯)이 있음.〕

육부(六部)[-뿌] 명 고려 시대에, 국무를 맡아보던 여섯 관부. 곧, 이부(吏部)·병부(兵部)·호부(戶部)·형부(刑部)·예부(禮部)·공부(工部).

육부(六腑)[-뿌] 명 한방에서, 대장·소장·위·담·방광·삼초(三焦)를 통틀어 이르는 말.

육분의(六分儀)[-뿐늬/-뿐니] 명 천구 상의 두 점 간의 각도를 재는 기계. 태양이나 별의 고도를 재거나, 지금 있는 곳의 위도와 경도를 알아내는 데 쓰임.

육붕(陸棚)[-뿡] 명 ☞대륙붕(大陸棚).

육-붙이(肉-)[-뿌치] 명 〈육미붙이〉의 준말.

육사(六司)[-싸] 명 고려 시대에, 주요한 나랏일을 맡아보던 여섯 관청. 곧, 군부사·예의사·전공사·전리사·전법사·판도사.

육사(六邪)[-싸] 명 나라에 해로운 여섯 유형의 신하. 곧, 사신(邪臣)·구신(具臣)·유신(諛臣)·간신(奸臣)·참신(讒臣)·적신(賊臣)을 이름. ↔육정(六正).

육사(陸士)[-싸] 명 〈육군 사관학교〉의 준말.

육-사단(六紗緞)[-싸-] 명 생사(生紗)와 누인 명주실을 섞어 짠 옷감.

육산(陸産)[-싼] 명 〈육산물〉의 준말.

육산-물(陸産物)[-싼-] 명 육지에서 나는 물건. ㈜육산.

육상(陸上)[-쌍] 명 ①물 위. 육지의 위. ¶육상 교통. ②〈육상 경기〉의 준말.

육상-경기(陸上競技)[-쌍-] 명 달리기·뛰기·던지기의 세 가지 기본 기능을 중심으로 하여 땅 위에서 하는 운동 경기를 통틀어 이르는 말. 〔필드 경기·트랙 경기·혼성 경기·도로 경기 따위로 나뉨.〕 ㈜육상.

육색(肉色)[-쌕] 명 ①살갗의 빛깔. ¶언제 보아도 육색이 좋다. ②사람의 살빛처럼 불그스름한 빛깔.

육서(六書)[-써] 명 ①한자의 구성상의 여섯 가지 유형. 상형·지사(指事)·회의(會意)·형성(形聲)·전주(轉注)·가차(假借)를 이름. ②한자의 여섯 가지 서체. 대전(大篆)·소전(小篆)·팔분(八分)·예서(隷書)·행서(行書)·초서(草書), 또는 고문(古文)·기자(奇字)·전서(篆書)·예서(隷書)·무전(繆篆)·충서(蟲書)를 이르기도 함. ②육체(六體).

육서(陸棲)[-써] 명하자 육지에서 삶. ¶육서 동물.

육-섣달(六-)[-썯딸] 명 '유월'과 '섣달'을 아울러 이르는 말.

육성(肉聲)[-썽] 명 (확성기 따위의 기계를 통하지 않고) 직접 입으로 말하는 사람의 목소리. ¶명사의 육성 연설을 듣는 청중.

육성(育成)[-썽]명하타(되자) 길러서 자라게 함. ¶원예 작물을 육성하다.

육성-층(陸成層)[-썽-] 명 육지에 생긴 지층.

육속(肉屬)[-쏙] 명 ☞육미붙이.

육속(陸續)[-쏙]명하자 계속하여 끊이지 않음.

육손-이(六-)[-쏘니] 명 손가락이 여섯인 사람. ㈜육발이.

육송(陸松)[-쏭] 명 ☞소나무.

육송(陸送)[-쏭]명하타(되자) 육지에서의 운송.

육수(肉水)[-쑤] 명 양지머리·사태 등을 고아 밭친 국물.

육수(陸水)[-쑤] 명 지구 표면에 있는, 바닷물 이외의 내륙의 물. 지표수와 지하수로 크게 나뉨.

육수^꽃차례(肉穗-次例)[-쑤꼳-] 명 ☞육수화서.

육수-학(陸水學)[-쑤-] 명 하천·호소(湖沼)·지하수 등의 유래·분포·이동 등을 연구 대상으로 하는 학문.

육수^화서(肉穗花序)[-쑤-] 명 식물에서, 무한(無限) 화서의 한 가지. 꽃대 주위에 꽃자루가 없는 수많은 잔꽃이 피는 꽃차례. 〔육수꽃차례·살이삭 꽃차례 따위임.〕 육수 꽃차례.

육순(六旬)[-쑨] 명 ①예순 날. ②예순 살.

육시(戮屍)[-씨]명하타 지난날, 죽은 사람의 목을 베던 일, 또는 그 형벌.

육시-랄(戮屍-) [-씨-]곕 '육시를 할'이 줄어서 된 말로, 욕으로 하는 소리.

육식(六識) [-씩]圐 불교에서, 육경(六境)의 대상을 육근(六根)에 따라 인식하는 여섯 가지 마음의 작용. 곧, 안식(眼識)·이식(耳識)·비식(鼻識)·설식(舌識)·신식(身識)·의식(意識).

육식(肉食) [-씩]圐하재 ①짐승의 고기를 먹음, 또는 그 음식. ↔채식(菜食). ②[일반 동물의 식성이] 동물을 먹이로 함. ②→초식(草食).

육식-가(肉食家) [-씩까]圐 육식을 즐기는 사람.

육식^동·물(肉食動物) [-씩똥-]圐 동물성의 먹이를 먹고 사는 동물. [육식수·육식조 따위.]

육식-수(肉食獸) [-씩쑤]圐 '식육성(食肉性) 짐승'을 흔히 이르는 말. [사자·범 따위.]

육식-조(肉食鳥) [-씩쪼]圐 다른 새나 짐승을 잡아먹는 맹금류의 새. [솔개나 매 따위.]

육식-처대(肉食妻帶) [-씩-]圐 고기를 먹고 아내를 둔 중을 이르는 말.

육식-충(肉食蟲) [-씩-]圐 작은 벌레를 잡아먹는 벌레. [물방개·잠자리·사마귀·거미 따위.]

육신(六神) [-씬]圐 민속에서, 오방(五方)을 지킨다는 여섯 신. 청룡(靑龍; 동), 백호(白虎; 서), 주작(朱雀; 남), 현무(玄武; 북), 구진·등사(句陳·螣蛇; 중앙)를 이름.

육신(肉身) [-씬]圐 ①사람의 산 몸뚱이. ¶육신을 놀리다. /육신이 멀쩡하다. ②육체. ②육. ↔심령(心靈).

육신^승천(肉身昇天) [-씬-]圐 ▷백일 승천(白日昇天).

육십(六十·六拾) [-씹] Ⅰ쉬 예순.
Ⅱ관 (일부 단위를 나타내는 말 앞에 쓰이어) ①그 수량이 예순임을 나타내는 말. ¶육십 미터. ②그 순서가 예순 번째임을 나타내는 말. ¶육십 등.

육십-갑자(六十甲子) [-씹깝짜]圐 민속에서, 십간(十干)과 십이지(十二支)를 순차로 배합하여 육십 가지로 배열한 순서. [‘갑자(甲子)’에서 시작하여 ‘계해(癸亥)’에서 끝남.] ②육갑.

육십분-법(六十分法) [-씹뿐뻡]圐 수학에서, 각도의 단위를 정하는 방법. 곧, 직각의 90분의 1을 1도, 1도의 60분의 1을 1분, 1분의 60분의 1을 1초로 함.

육십사-괘(六十四卦) [-씹싸-]圐 주역에서, 팔괘(八卦)를 두 괘씩 겹쳐 얻은 64개의 괘.

육십진-법(六十進法) [-씹찐뻡]圐 수학에서, 60을 한 단위로 자릿수를 올려가는 기수법(記數法). [고대 바빌로니아 때 비롯된 것으로 지금도 시간이나 각도 등에 쓰이고 있음.]

육아(肉芽) [-가]圐 식물에서, 싹의 구실에 해당하는 부분에 많은 양분을 저장하여 알 모양을 이룬 것. 땅에 떨어지면 새로운 개체가 됨.

육아(育兒) [-가]圐하재 어린아이를 기름. ¶육아 일기. /육아 문제.

육아-낭(育兒囊) [-가-]圐 캥거루 따위 암컷의 아랫배에 있는, 새끼를 넣어 기르는 주머니.

육아-원(育兒院) [-가-]圐 고아나 기아(棄兒)를 거두어 기르는 곳. 磭고아원.

육아^조직(肉芽組織) [-가-]圐 [의상(外傷)이나 염증이 있을 때] 상처가 아물어 가는 과정에서 볼 수 있는 부드럽고 과립상인 선홍색의 조직.

육안(肉眼) [-간]圐 ①[안경 따위를 쓰지 않은] 본디의 눈이나 시력. 맨눈. ②불교에서 이르는 오안(五眼)의 하나. 인간의 육체에 갖추어진 범부(凡夫)의 눈. ③눈으로 보는 표면적인 안식(眼識). ④→심안(心眼).

육양(育養) [-]圐하타되재 ▷양육(養育).

육양(陸揚) [-]圐하재 ▷양륙(揚陸).

육영(肉癭) [-]圐 ▷육혹.

육영(育英) [-]圐하재 인재를 가르쳐 기름. 곧 ‘교육’을 달리 이르는 말.

육영(育嬰) [-]圐하재 어린아이를 기르고 가르침.

육영^사·업(育英事業) [-]圐 육영 재단이나 교육 기관을 두어 육영에 힘을 쏟는 사업.

육영^재단(育英財團) [-]圐 육영 사업을 목적으로 설립한 재단.

육예(六藝) [-]圐 고대 중국의 여섯 가지 교과(敎科). 곧 예(禮)·악(樂)·사(射)·어(御)·서(書)·수(數)를 아울러 이르는 말.

육욕(肉慾) [-]圐 ①육체적인 욕망. ②이성(異性)의 육체에 대한 욕망. 정욕(情慾). 육정(肉情).

육욕(戮辱) [-]圐 큰 치욕.

육욕-주의(肉慾主義) [-쭈의/-쭈이]圐 육욕의 만족이 인생의 목적이요, 그 추구만이 가치 있다고 여기는 주의.

육-욕천(六欲天) [융녹-]圐 불교에서 이르는 삼계(三界) 중 욕계에 딸린 여섯 하늘. 곧, 사왕천(四王天)·도리천(忉利天)·야마천(夜摩天)·도솔천(兜率天)·화락천(化樂天)·타화자재천(他化自在天).

육용(肉用)圐하타 식육(食肉)으로 쓰는 것.

육용-종(肉用種)圐 [닭이나 소·양 따위에서] 고기를 얻으려고 기르는 가축의 품종. 磭난용종.

육우(肉牛)圐 ▷고기소2.

육운(陸運)圐 육상에서 하는 여객 및 화물의 운송. 磭공운(空運)·해운(海運).

육-원덕(六元德)圐 ①사람으로서 지켜야 할 여섯 가지 도의. 지(知)·인(仁)·성(聖)·의(義)·충(忠)·화(和)를 이름. 磭육덕(六德). ②진실·겸손·용기·충신·정의·인도(人道)의 여섯 가지 덕.

육월(六月)圐 ‘유월(六月)’의 잘못.

육위(六衛)圐 고려 시대 군대의 편제인 여섯 위. 곧, 좌우위·신호위·흥위위·금오위·천우위·감문위를 이름.

육의-전(六矣廛) [유긔-/유기-]圐 ▷육주비전.

육자(肉刺)圐 ▷티눈.

육자^명호(六字名號) [-짜-]圐 여섯 자로 된 미타(彌陀)의 명호(名號), 곧 ‘나무아미타불(南無阿彌陀佛)’을 이름.

육자-배기(六字-) [-짜-]圐 잡가의 한 가지. 남도 지방에서 널리 불리는데, 곡조가 활발함.

육자^염·불(六字念佛) [-짜-]圐 ‘나무아미타불(南無阿彌陀佛)’만을 외는 염불.

육장(六場) [-짱] Ⅰ圐 지난날, 한 달에 여섯 번씩 열리던 장.
Ⅱ閘 늘. 항상. ¶육장 신세타령, 돈타령이군.

육장(肉醬) [-짱]圐 새나 짐승의 고기를 끓인 국물.

육장(을) 내다관용 초주검이 되도록 몹시 때리다.

육장(肉醬) [-짱]圐 잘게 썬 쇠고기를 간장으로 조린 반찬. 磭장조림.

육재-일(六齋日) [-째-]圐 불교에서, 매월 몸과 마음을 깨끗이 하여 재계하는 여섯 날, 곧 음력 8·14·15·23·29·30일.

육적(六賊) [-쩍]圐 ▷육진(六塵).

육적(肉炙) [-쩍]圐 고기를 양념장에 쟁였다가 구운 적.

육적(肉積) [-쩍]圐 한방에서, 지나치게 육식만을 하여 위에 탈이 나서, 무엇이 뭉쳐 있는 병증을 이르는 말.

육전(肉錢)[-쩐]똉 ☞살돈.
육전(陸戰)[-쩐]똉 ☞지상전(地上戰).
육-젓(六-)[-쩓]똉 유월에 잡은 새우로 담근 새우젓. *육젓이[-쩌시]·육젓만[-쩐-]
육정(六正)[-쩡]똉 나라에 이로운 여섯 신하. 곧, 성신(聖臣)·양신(良臣)·충신(忠臣)·지신(智臣)·정신(貞臣)·직신(直臣). ↔육사(六邪).
육정(六情)[-쩡]똉 사람의 여섯 가지 성정(性情). 곧, 희(喜)·노(怒)·애(哀)·낙(樂)·애(愛)·오(惡).
육정(肉情)[-쩡]똉 남녀가 각각 이성(異性)의 육체를 바라는 욕망. 육욕(肉慾).
육조(六曹)[-쪼]똉 고려·조선 시대에, 기능에 따라 나랏일을 분담하여 집행하던 여섯 개의 중앙 관청. 곧 이조·호조·예조·병조·형조·공조를 통틀어 이르는 말.
육조(六朝)[-쪼]똉 중국 역사에서, 후한(後漢)이 멸망하고 수(隋)나라가 천하를 통일하기까지 건업(建業), 즉 지금의 난징(南京)에 도읍하였던 오(吳)·동진(東晉)·송(宋)·제(齊)·양(梁)·진(陳)의 여섯 왕조.
육조^판서(六曹判書)[-쪼-]똉 육조의 각 판서. 㽺육판서. 㽺육경(六卿).
육족(六足)[-쪽]똉 [발이 여섯이란 뜻으로] '말과 마부'를 아울러서 얕잡아 이르는 말.
육종(肉腫)[-쫑]똉 ☞종양(腫瘍).
육종(育種)[-쫑]똉 (재배 식물이나 사육 동물 중에서) 좋은 품종을 육성하거나 품종을 개량하는 일.
육-주비전(六注比廛)[-쭈-]똉 조선 시대에, 서울 종로에 있던 백각전(百各廛) 가운데서 으뜸가던 여섯 전. 곧, 선전(縇廛)·면포전(綿布廛)·지전(紙廛)·면주전(綿紬廛)·저포전(紵布廛)·내외어물전(內外魚物廛). 육의전(六矣廛).
육중(肉重)[-쭝]똉 '육중하다'의 어근.
육중-하다(肉重-)[-쭝-]톙 (덩치나 생김새 따위가) 투박하고 무겁다. ¶육중한 몸집.
육즙(肉汁)[-쯥]똉 쇠고기를 다져 삶아서 짠 국물.
육지(陸地)[-찌]똉 물에 잠기지 않은 지구 거죽의 땅. 땅1. 뭍. ¶육지와 바다.
육지니(育-)[-찌-]똉 날지 못하는 어린 것을 잡아다 길들인, 한 살이 못 되는 매.
육지-면(陸地棉)[-찌-]똉 목화의 한 품종. 미국 원산으로 기온이 높은 남부 지방에 나며, 수확기는 늦으나 소출이 많고 섬유가 길어서 옷감으로 좋음. ↔재래면.
육지-행선(陸地行船)[-찌-]똉 [뭍으로 배를 저으려 한다는 뜻으로] 되지도 않을 일을 억지로 하고자 함을 이르는 말.
육진(六塵)[-찐]똉 불교에서 이르는, 인간의 본성을 흐리게 하는 여섯 가지. 색, 색(色)·성(聲)·향(香)·미(味)·촉(觸)·법(法)의 여섯 가지 욕정. 육적(六賊).
육진(六鎭)[-찐]똉 조선 세종 때, 함경북도 경원·경흥·부령·온성·종성·회령의 여섯 곳에 두었던 진(鎭).
육진-장포(六鎭長布)[-찐-]똉 [지난날, 함경북도 육진에서 나던] 필(疋)의 길이가 정한 척수보다 긴 삼베. ¶육진장포 개렴(改斂)하여 출한 상여 위에 덩그렇게 실은 후에(烈女春香守節歌).
육질(肉質)[-찔]똉 ①살이나 살 같은 성질, 또는 그러한 질. ¶육질의 잎. ②고기의 품질. ¶육질이 좋은 한우.

육징(肉癥)[-찡]똉 자꾸 고기가 먹고 싶은 생각이 나는 병증. 㽺소증(素症).
육찬(肉饌)똉 고기붙이로 만든 반찬.
육척(六戚)똉 ①☞육친(六親). ②모든 혈족.
육체(六體)똉 ①과거 때 시험 보던, 시(詩)·부(賦)·표(表)·책(策)·논(論)·의(疑)를 통틀어 이르던 말. ②☞육서(六書).
육체(肉滯)똉 한방에서, 짐승의 고기를 먹어서 생긴 체증을 이르는 말.
육체(肉體)똉 (구체적인 물질로서의) 사람의 몸. 육신(肉身). ¶육체와 정신의 합일. 㽺육(肉). ↔정신·영혼·심령(心靈).
육체-관계(肉體關係)[-계/-게]똉 남녀 사이의 성적(性的)인 교섭. ¶육체관계를 맺다.
육체-노동(肉體勞動)똉 ☞근육노동. ↔정신노동.
육체-미(肉體美)똉 육체의 균형이 주는 아름다움.
육체-적(肉體的)관똉 육체에 관련되는 (것). ¶육체적 고통. /육체적인 성숙. ↔정신적.
육체-파(肉體派)똉 체격이나 육체미가 뛰어난 사람. [흔히, 여성의 몸매에 대하여 씀.] ¶육체파 여배우.
육-초(肉-)똉 쇠기름으로 만든 초. 육촉.
육촉(肉燭)똉 ☞육초.
육촌(六寸)똉 ①여섯 치. ②사촌의 아들딸, 곧 재종간의 형제자매. 재종(再從). ¶육촌 동생.
육추(育雛)똉 알에서 난 새끼를 기름, 또는 그 새끼. [주로, 병아리를 이름.]
육축(六畜)똉 여섯 가지 가축, 곧 소·말·돼지·양·닭·개를 통틀어 이르는 말.
육친(六親)똉 ①부모·형제·처자를 통틀어 이르는 말. 육척(六戚). ②점괘를 볼 때, 부모·형제·처재(妻財)·자손·관귀(官鬼)·세응(世應)의 여섯 가지를 이르는 말.
육친(肉親)똉 [부자(父子)나 형제와 같이] 혈족 관계에 있는 사람을 이르는 말. ¶육친의 정.
육칠(六七)관똉 단위를 나타내는 일부 명사 앞에 쓰이어, 그 수량이 여섯이나 일곱임을 나타내는 말. 예닐곱. ¶육칠 명.
육침(肉針)똉 (해면 따위 일부 생물의 몸에 있는) 가시처럼 생긴 뼈.
육침(肉鍼)똉 한방에서, 손가락으로 혈(穴)을 눌러서 치료할 때의 '손가락'을 이르는 말.
육침(陸沈)똉쟈 [뭍이 가라앉는다는 뜻에서] ①'나라가 매우 어지럽거나 망함'을 비유하여 이르는 말. ②'기량을 세상에 펴지 못하고 재능이 있으나 세간(世間)에 은거함'을 비유하여 이르는 말.
육탄(肉彈)똉 육체를 탄환 삼아 적진에 돌입하는 일, 또는 그 몸. ¶육탄 공격.
육탄-전(肉彈戰)똉 육탄이 되어 싸우는 전투. ¶육탄전을 벌이다. 왹백병전.
육탈(肉脫)똉쟈 ①몸이 여위어 살이 빠짐. ②매장한 시체의 살이 썩어 뼈만 남음, 또는 그 상태.
육탈-골립(肉脫骨立)똉쟈 몸이 몹시 여위어 뼈만 남도록 마름, 또는 그 상태.
육탕(肉湯)똉 고깃국.
육태(陸駄)똉 배에서 육지로 운송하는 짐.
육태-질(陸駄-)똉쟈 짐을 배에서 육지로 나르는 일.
육통-터지다(六通-)쟈 [강경과(講經科)에서 칠서(七書) 가운데 여섯 가지만 외웠다는 뜻으로] 일이 거의 다 되려다가 틀어짐을 이르는 말.

육-판서(六判書)명 〈육조 판서〉의 준말.

육포(肉包)명 □ 고기쌈.

육포(肉脯)명 쇠고기를 얇게 저미어서 말린 포. 〔염포(塩脯)·약포(藥脯) 따위.〕

육풍(陸風)명 (밤 기온의 차이로) 뭍에서 바다로 부는 바람. 뭍바람. ↔해풍(海風).

육필(肉筆)명 본인이 직접 손으로 쓴 글씨. 친필(親筆). ¶육필 원고.

육하-원칙(六何原則)[유카-]명 기사 작성의 여섯 가지 필수 조건, 곧 '누가·언제·어디서·무엇을·어떻게·왜'의 여섯 가지 조건.

육합(六合)[유캅]명 천지와 사방, 곧 온 우주.

육항-단자(六行單子)[유캉-]명 지난날, 생원이나 진사·문무관에 급제한 사람이 사은(謝恩)하기 위하여 임금에게 바치던 여섯 줄로 쓴 글.

육해공-군(陸海空軍)[유캐-]명 육군·해군·공군을 아울러 이르는 말. 삼군(三軍).

육행-단자(六行單子)명 '육항단자'의 잘못.

육-허기(肉虛飢)[유커-]명 〔육욕(肉慾)에 허기가 졌다는 뜻으로〕'남녀 간에 지나치게 사랑함'을 빗대어 이르는 말. ¶육허기가 지다.

육혈-포(六穴砲)[유켤-]명 지난날, 총알을 재는 구멍이 여섯 개 있는 권총을 이르던 말.

육형(肉刑)[유켱]명 옛날 중국에서, 육체에 과하던 형벌. 곧, 묵(墨)·의(劓)·비(剕)·궁(宮)·대벽(大辟) 등을 통틀어 이르는 말.

육-혹(肉-)[유콕]명 살로미 이루어진 혹. 육류(肉瘤). 육영(肉癭).

육화(六花)[유콰]명 '눈[雪]'을 달리 이르는 말.

육회(肉膾)[유쾨/유쿼]명 소의 살코기를 얇고 가늘게 썰어 갖은 양념을 한 회.

육효(六爻)[유쿄]명 점괘의 여섯 가지 획수. 〔1괘(卦)는 6효임.〕

육후(肉厚) '육후하다'의 어근.

육후-하다(肉厚-)[유쿠-]형여 살이 두툼하다.

윤:(潤)명 ①〈윤기〉의 준말. ②광(光). 광택. ¶마룻바닥을 윤이 나게 닦다.

윤:-가(允可)명하타되자 □ 윤허(允許).

윤간(輪姦)명하타 한 여자를 여러 남자가 돌아가면서 강간함.

윤감(輪感)명 돌림감기.

윤곽(輪廓)명 ①둘레의 선. 테두리. ¶윤곽을 그리다. ②겉모양. 외모. ¶윤곽이 뚜렷한 얼굴. ③사물의 대강. 개관(概觀). ¶사건의 윤곽이 드러나다.

윤관(輪關)명 지난날, 상관이 하관에게 돌려 보게 한 공문(公文).

윤:군(允君·胤君)명 □ 윤옥(允玉).

윤기(倫紀)명 윤리와 기강을 아울러 이르는 말.

윤:-기(潤氣)[-끼]명 윤택한 기운. ¶얼굴에 윤기가 흐르다.

윤:-나다(潤-)자 번지르르한 기운이 돋다.

윤납(輪納)명하타 차례로 돌아가며 바침.

윤:-내다(潤-)타 번지르르한 기운이 나게 하다.

윤:-년(閏年)명 윤일이나 윤달이 든 해. 〔태양력에서는 4년마다 2월을 29일로, 태음력에서는 5년에 두 번의 비율로 1년을 13개월로 함.〕↔평년(平年).

윤:-달(閏-)명 윤년에 드는 달, 또는 윤일이 든 달. 〔태음력에서는 평년보다 한 달을 더하여 윤달을 만들고, 태양력에서는 2월이 평년보다 하루가 많음.〕윤월. 윤삭.

윤달에 만난 회양목속담 〔회양목은 윤년에 한 치씩 줄어든다는 전설에서〕①일이 매우 더딤

을 이르는 말. ②'키 작은 사람'을 농조로 이르는 말.

윤대(輪臺)명 □ 물레.

윤대(輪對)명하타 조선 시대에, 매월 세 번씩 각 사(司)의 낭관(郎官)이 차례로 임금에게 직무에 대하여 보고하던 일.

윤도(輪圖)명 방위를 가리켜 보이는 기구의 한 가지. 중앙에 지남철을 놓고 주위에 이십사 방위를 그려 놓았음.

윤독(輪讀)명하타 (글이나 책을) 여러 사람이 차례로 돌려 가며 읽음.

윤-똑똑이명 '지나치게 영리한 체하는 사람'을 농조로 이르는 말.

윤락(淪落)[율-]명하자 〔몰락하여 타향에서 떠돎의 뜻으로〕타락하여 몸을 버리거나 몸을 파는 처지에 빠짐. ¶윤락 여성. /윤락 행위.

윤락-가(淪落街)[율-까]명 윤락업소가 모여 있는 거리.

윤락-녀(淪落女)[율랑-]명 타락하여 몸을 파는 처지에 있는 여자.

윤리(倫理)[율-]명 ①사람이 지켜야 할 도리와 규범, 곧 인륜 도덕의 원리. ¶윤리 의식. ②〈윤리학〉의 준말.

윤리-관(倫理觀)[율-]명 윤리에 대하여 가지는 생각이나 태도.

윤리^신학(倫理神學)[율-]명 기독교 신학의 한 분과. 인간의 지복(至福)으로서의 신과, 그 지복에 이르는 길로서의 인간의 행위와 덕·은혜·법 등을 대상으로 함.

윤리-적(倫理的)[율-]관명 ①윤리에 관한 (것). ②윤리에 근거한 (것). ¶윤리적 규범. /윤리적인 태도.

윤리-학(倫理學)[율-]명 인간 행위의 선악을 정하는 표준을 연구하고 사람으로서 지켜야 할 의무와 도덕을 논하여, 도덕적 심성을 향상시키는 방법을 연구하는 학문. 도덕 철학. ⑤윤리.

윤몰(淪沒)명하자되자 ①물에 빠져 들어감. ②죄에 빠짐.

윤무(輪舞)명 □ 원무(圓舞).

윤:문(潤文)명하타 글을 윤색함.

윤번(輪番)명하자 차례로 번을 듦, 또는 그 돌아가는 차례.

윤번-제(輪番制)명 (어떤 일을) 차례대로 번들어 맡아보는 방법이나 제도.

윤벌(輪伐)명 해마다 삼림의 일부를 차례로 벌채함, 또는 그 일.

윤:삭(閏朔)명 □ 윤달.

윤상(倫常)명 인륜의 상도(常道).

윤상(輪狀)명 바퀴 모양. 윤형(輪形).

윤:색(潤色)명하타되자 ①광택을 내고 색칠함. ②시문(詩文) 따위의 초고를 다듬어 좋게 꾸밈, 또는 그 일.

윤생(輪生)명하자 □ 돌려나기.

윤서(輪序)명 차례. 순서.

윤선(輪船)명 〈화륜선(火輪船)〉의 준말.

윤씨-행장(尹氏行狀)명 조선 숙종 때 김만중(金萬重)이 지은 수필. 어머니의 생전의 행적을 적어 여러 조카에게 나누어 준 글임.

윤:옥(允玉·胤玉)명 남을 높이어 그의 '아들'을 이르는 말. 윤군(允君).

윤:우(允友·胤友)명 웃어른이나 가까운 친구를 높이어 그의 '장성한 아들'을 일컫는 말.

윤:월(閏月)명 □ 윤달.

윤월(輪月)명 둥근 달.

윤:월(閏月)명 □달불이.

윤:위(閏位)명 정통이 아닌 임금의 자리.

윤:유(允兪)명하다 퇴자 □유허(允許).

윤:음-언해(綸音諺解)명 조선 정조(正祖)가 각 도에 내린 유칙(遺勅) 23편을 모아 언해한 책. 전 1권.

윤:일(閏日)명 태양력에서, 윤년에 드는 날, 곧 2월 29일.

윤작(輪作)명하다 같은 경작지에 일정한 연한마다 여러 가지 농작물을 순서에 따라 돌려 가며 재배하는 경작법. 돌려짓기. ⍨연작(連作).

윤전(輪轉)명하자 (바퀴 모양으로) 둥글게 돎.

윤전-기(輪轉機)명 인쇄 기계의 한 가지. 두루마리로 된 인쇄용지를 빙빙 돌아가는 원통 모양의 인쇄판 사이로 통과하게 하여 고속으로 인쇄하는 기계. 윤전 인쇄기.

윤전^인쇄기(輪轉印刷機)명 윤전기.

윤중-제(輪中堤)명 강 가운데 있는 섬의 둘레를 둘러쳐 쌓은 둑.

윤증(輪症)명 돌림병.

윤:지(綸旨)명 □윤음(綸音).

윤:집(閏集)명 원본(原本)에서 빠진 것을 편집한 문집.

윤차(輪次)명 돌아가는 순차.

윤차(輪差)명하다 벼슬을 돌려 가며 시킴.

윤창(輪唱)명 돌림 노래.

윤척(輪尺)명 (서 있는 나무 따위의) 지름을 재는 기계 자. ⍨캘리퍼스.

윤척-없다(倫脊-)[-업따]형 (되는대로 지껄여) 하는 말에 대중이 없다. 윤척없-이튀.

윤첩(輪牒)명 지난날, 회람시키던 통첩.

윤:초(閏秒)명 지구의 자전 속도의 불규칙적인 변화에 따라 일어나는, 표준시와 실제 시각과의 오차. 〔한 해에 약 1초임.〕

윤축(輪軸)명 (바퀴를 축에 고정시켜) 바퀴와 축을 동시에 회전시키는 장치. 작은 힘으로 무거운 물체를 끌어 올리는 데 쓰임.

윤:택(潤澤)명하다형 ①태깔이 부드럽고 번지르르함. ②〔살림살이가〕 넉넉함. ¶윤택한 생활. 윤택-히튀.

윤:-포(-布)명 무당들이 쓰는, 발이 굵고 거친 베.

윤:필(潤筆)명하자 ①〔붓을 적신다는 뜻으로〕 글씨를 쓰거나 그림을 그림. ②〈윤필료〉의 준말.

윤:필-료(潤筆料)명 남에게 시문(詩文)이나 서화를 받고자 청할 때 주던 사례금. ⍨윤필.

윤:하(閏下)명하다 퇴자 임금이 윤가(允可)를 내림.

하:-수(閏下水)명 육십갑자의 병자(丙子)와 정축(丁丑)에 붙이는 납음(納音). ⍨성두토(城頭土).

윤:허(允許)명하다 퇴자 임금이 허락함. 윤가(允可). 윤유(允兪). ↔불윤(不允).

윤형(輪刑)명 지난날, 죄인을 큰길을 따라 각 읍으로 끌고 다니며 욕보이던 형벌.

윤형(輪形)명 □윤상(輪狀).

윤형-동물(輪形動物)명 후생동물의 한 문(門). 몸은 매우 작아 2 mm가량이고, 몸의 앞쪽에 섬모의 관(冠)이 있어 섬모를 움직이면서 마치 수레바퀴처럼 돎. 주로, 민물에서 삶.

윤화(輪禍)명 (자동차나 기차 따위) 육상의 교통 기관에 의한 사고로 말미암은 화(禍).

윤환(輪奐)명하다형 집이 크고 아름다움.

윤:활(潤滑)명하다형 (물기나 기름기가 있어) 빽빽하지 않고 반드러움. 윤활-히튀.

윤:활-유(潤滑油)[-류]명 (기계 따위의) 맞닿는 부분의 발열을 방지하고 마찰을 덜기 위하여 치는 기름. 감마유(減磨油).

윤:활-제(潤滑劑)[-쩨]명 기계의 회전부 따위에 발라 마찰을 적고 부드럽게 하는 재료. 〔각종 윤활유·흑연·활석·그리스·석필 따위.〕 감마제(減磨劑).

윤회(輪廻)[-회/-훼]명하다 ①차례로 돌아감. ②〈윤회생사〉의 준말.

윤회^사상(輪廻思想)[-회/-/-훼-]명 중생은 끊임없이 삼계 육도(三界六道)를 돌고 돌며 생사를 거듭한다고 보는 사상.

윤회-생사(輪廻生死)[-회/-/-훼-]명 불교에서, 수레바퀴가 끝없이 돌듯, 중생의 영혼은 해탈을 얻을 때까지는 육체와 같이 멸하지 않고 전전(轉轉)하여 무시무종(無始無終)으로 돎을 이르는 말. ⍨윤회.

윤회-설(輪廻說)[-회/-/-훼-]명 불교에서, 윤회생사를 주장하는 설.

윤회-전생(輪廻轉生)[-회/-/-훼-]명 불교에서, 중생이 번뇌나 업(業) 따위로 말미암아 삼계 육도(三界六道)를 돌고 돌면서 생사를 끊임없이 반복함을 이르는 말.

율(律)명 ①〈음률(音律)〉의 준말. ②〈육률(六律)〉의 준말. ③〈계율(戒律)〉의 준말. ④불교의 삼문(三門)의 하나. 신앙생활의 계율.

율(率)명 〈비율(比率)〉의 준말.

-율(律)접미 (모음이나 'ㄴ' 받침으로 끝난 일부 명사 뒤에 붙어) '규범이나 법칙' 등의 뜻을 나타냄. ¶모순율./인과율. ⍨률(律).

-율(率)접미 모음이나 'ㄴ' 받침으로 끝난 일부 명사 뒤에 붙어, 그것의 '비율'임을 나타냄. ¶백분율. /치사율. ⍨률(率).

율객(律客)명 ①음률(音律)에 밝은 사람. ②□가객(歌客).

율격(律格)[-껵]명 ①규칙·법칙. 규정. ②한시(漢詩)의 구성법의 한 가지. 곧, 평측(平仄)·각운(韻脚) 따위를 두루 이르는 말.

율과(律科)명 조선 시대에, 형률(刑律)에 능한 사람을 등용하던 잡과(雜科)의 한 가지.

율관(律官)명 조선 시대에, 율과(律科)에 급제하여 임명된 관원을 이르던 말.

율기(律己)명하다 ①자기 자신을 잘 다스림. 율신(律身). ②안색을 바르게 함.

율당(栗糖)[-땅]명 밤엿.

율동(律動)[-똥]명 ①규칙적인 움직임. ②음률(音律)의 곡조. 리듬. ③가락에 맞추어 추는 춤.

율동^체조(律動體操)[-똥-]명 음악의 가락에 맞추어 하는 체조. 심신의 발달과 운동의 미적 표현을 목적으로 함.

율려(律呂)명 ①'육률(六律)'과 '육려(六呂)'를 아울러 이르는 말. ②음악, 또는 그 가락. ⍨성률(聲律).

율렬(慄烈·栗烈) '율렬하다'의 어근.

율렬-하다(慄烈-·栗烈-)형여 추위가 맵고 심하다. 율렬-히튀.

율령(律令)명 ①(형률과 법령이란 뜻으로) 모든 국법(國法)을 통틀어 이르는 말. ②중국의 수(隋)·당(唐) 때의 법전(法典).

율례(律例)명 형률의 적용에 관한 법례.

율리우스-력(Julius曆)명 태양력의 한 가지. 율리우스 카이사르가 기원전 46년에 제정한 달력. 4년마다 하루의 윤일을 두었음.

율모기명 뱀과의 동물. 몸길이 90 cm가량. 몸빛

은 감람녹색, 또는 암회색으로 큼직큼직한 검정 얼룩점이 있음.

율목(栗木)圄 밤나무.

율무圄 볏과의 일년초. 중국 원산의 재배 식물. 줄기 높이는 1~1.5 m, 잎은 가늘고 길며 어긋맞게 남. 여름에 꽃이 피며, 열매는 먹기도 하고, 한방에서 이뇨·건위·진통제 등으로도 쓰임.

율무-쌀圄 율무 열매의 껍질을 벗긴 알맹이. 한방에서 소염·배농(排膿)·이뇨 및 진통제로 쓰이며, 민간에서는 율무죽이나 율무차로 만들어 허약 체질에 보양 식품으로 쓰임.

율문(律文)圄 ①형률(刑律)의 조문. ②율격에 맞추어 지은 글. ☞운문(韻文).

율의(律儀)〔옛〕율무. ¶율의 의:薏(訓蒙上13).

율방(栗房)圄 밤송이.

율법(律法)[-뻡]圄 ①기독교에서, 하나님이 인간에게 지키도록 내린 규범을 이르는 말.〔모세의 십계명이 대표적임.〕②불교에서, '계율'을 달리 이르는 말. 법계(法戒).

율부(律賦)圄 한시에서, 부(賦)의 한 체(體). 변려문에 운(韻)을 달고 구(句)의 수를 봄.

율사(律士)[-싸]圄 '변호사'를 흔히 이르는 말. ¶율사 출신의 국회의원.

율사(律師)[-싸]圄 불교에서 ①계율을 잘 알고 지키는 중. ②승직(僧職)의 한 가지. 중의 잘못을 검찰하는 승려.

율시(律詩)[-씨]圄 한시의 한 체. 여덟 구(句)로 이루어지며, 한 구의 글자 수에 따라 오언(五言) 율시와 칠언(七言) 율시로 나뉨.

율신(律身)[-씬]圄阻闍 ☞율기(律己).

율원(栗園)圄 밤나무가 많은 동산.

율장(律藏)[-짱]圄 불교에서 이르는 삼장(三藏)의 하나, 곧 석가의 계율에 관한 전적(典籍)을 통틀어 이르는 말.

율절(律絕)[-쩔]圄 '율시(律詩)'와 '절구(絕句)'를 아울러 이르는 말.

율조(律調)[-쪼]圄〈선율(旋律)〉의 속된 말.

율종(律宗)[-쫑]圄 ☞계율종(戒律宗).

율학-청(律學廳)圄 조선 시대에, 형률(刑律)·형구(刑具) 등에 관한 일을 맡아보던 형조(刑曹)의 부장(分掌).

융(戎)圄 ①오랑캐.〔특히, 북쪽의 오랑캐를 이르며, 중국에서는 서쪽의 오랑캐를 이르던 말.〕②'무기'를 통틀어 이르는 말. ③전쟁. 전투.

융(絨)圄 감의 거죽을 부풋하게 짠, 촉감이 부드러운 피륙의 한 가지.

융기(隆起)圄阻闍 ①어느 한 부분이 높이 솟아오름. ②땅이 해면에 대하여 높아짐, 또는 그러한 자연현상.

융기-도(隆起島)圄 지각의 변동으로, 한 부분이 물 위로 솟아 이루어진 섬.

융기^산호초(隆起珊瑚礁)圄 지반(地盤)의 융기 또는 해면의 저하(低下)로 말미암아 해면 위로 드러난 산호초.

융기^해:안(隆起海岸)圄 지반(地盤)의 융기로 말미암아 생긴 해안.

융단(絨緞)圄 모직물의 한 가지. 염색한 털로 그림이나 무늬를 놓아 짠 두꺼운 천.〔마루에 깔거나 벽에 걸기도 함.〕

융단^폭격(絨緞爆擊)[-격]圄 (여러 대의 폭격기가 융단을 깔듯이) 특정한 지역 안에 집중적으로 폭탄을 퍼붓는 일.

융동(隆冬)圄 ☞엄동(嚴冬).

융로(隆老)[-노]圄 칠팔십 세 이상의 노인.

융모(絨毛)圄 ☞융털.

융병(癃病)圄 늙어서 몸이 수척해지는 병.

융복(戎服)圄 철릭과 주립(朱笠)으로 된 옛날 군복의 한 가지. 융의(戎衣).

융비(隆鼻)圄 ☞융준(隆準).

융비-술(隆鼻術)圄 낮은 코를 높이거나 코를 아름답게 다듬는 수술.

융성(隆盛)圄阻闍 매우 기운차게 일어나거나 대단히 번성함. 융창(隆昌). ¶국운이 융성하다.

융숭(隆崇)圄 ☞융숭하다.

융숭-하다(隆崇-)ꟼꟼ (대접하는 태도가) 극진하고 정성스럽다. ¶융숭한 대접을 받다. **융숭-히**ꟼ

융안-악(隆安樂)圄 임금의 어가(御駕)가 궁문(宮門)을 드나들 때 치던 풍류.

융액(融液)圄 녹아 액체가 됨, 또는 그 물.

융압(融合)圄 '융합하다'의 어근.

융압-하다(融合-)ꟼꟼ 화평한 기운이 있다. ¶화기(和氣)가 융합하다. **융압-히**ꟼ

융은(隆恩)圄 '임금이나 윗사람의 은혜'를 높이어 이르는 말.

융의(戎衣)[-의/-이]圄 ☞융복(戎服).

융이(戎夷)圄〔오랑캐라는 뜻으로〕옛날 중국에서, '서쪽과 동쪽의 이민족'을 얕잡아 이르던 말.

융자(融資)圄阻闍闇 자금을 융통함, 또는 융통한 자금. ¶은행 융자. /농어촌 대학생에 대해 학자금이 융자된다.

융적(戎狄)圄〔오랑캐라는 뜻으로〕옛날 중국에서 '서쪽과 북쪽의 이민족'을 얕잡아 이르던 말.

융점(融點)[-쩜]圄 ☞녹는점.

융제(融劑)圄 화학에서, 광석 따위 다른 물질을 녹이기 위해 사용하는 약제. 융용 상태에서 용융물의 접촉을 도움.〔탄산소다나 질산칼륨 따위.〕용제(鎔劑).

융준(隆準)圄 우뚝한 코. 융비(隆鼻).

융창(隆昌)圄阻闍 ☞융성(隆盛).

융체(隆替)圄阻闍 성함과 쇠함, 곧 성쇠(盛衰). ¶국운(國運)의 융체.

융-털(絨-)圄 ①융단의 거죽에 덮인 보드라운 털. ②포유류의 소장(小腸) 점막에 있는 많은 돌기. ③꽃잎이나 잎의 거죽에 있는 가는 털 모양의 돌기. 융기가 들어 있고, 물에 젖는 것을 막음. 융모(絨毛).

융통(融通)圄阻闍闇 필요한 물건이나 돈을 돌려 씀. 유통(流通). ¶자금을 융통하다.

융통-물(融通物)圄 사법(私法)에서, 거래의 객체가 될 수 있는 물건. ↔불융통물.

융통-성(融通性)[-썽]圄 (융통이 잘되는 성질이란 뜻으로) 때나 경우에 따라 임기응변으로 변통할 수 있는 성질이나 재주. ¶융통성을 발휘하다. /고지식하기만 하고 융통성 없는 사람.

융통^어음(融通-)圄 실제의 상거래 없이, 단순히 일시적인 자금의 융통을 꾀하기 위해 발행된 어음.

융합(融合)圄阻자闇 ①여럿이 섞이거나 녹아서 하나로 합침. ¶구리와 주석을 융합시키다. /불교와 고유 신앙이 융합하다. ②섬모충 이하의 원생동물에서, 두 개체가 합쳐 하나의 개체가 되는 현상.

융합^합성어(融合合成語)[-하쌍-]圄 두 어근(語根)이 본디 본디 뜻을 버리고, 다른 새로운 뜻을 지니는 한 단어로 어우러진 복합어.〔춘추(春秋)→나이, 밤낮→늘, 광음(光陰)→시간 따위.〕閣병렬 합성어.

융해(融解)〔명〕〔하자타〕〔되자〕①녹아서 풀어짐. ②물리학에서, 열을 받은 고체가 액체로 되는 현상. 용융. ②〔비〕용해(溶解). ↔응결·응고.

융해-열(融解熱)〔명〕물리학에서, 고체 1g을 완전히 융해시켜 같은 온도의 액체로 하는 데 필요한 열량. 녹는열.

융해-점(融解點)〔-쩜〕〔명〕☞녹는점.

융화(融化)〔명〕〔하자〕〔되자〕녹아서 아주 다른 것이 됨.

융화(融和)〔명〕〔하자〕〔되자〕서로 어울려 화목하게 됨. ¶이민족(異民族) 간의 융화 정책.

융회(融會)〔-회/-훼〕〔명〕자세히 이해함.

융흥(隆興)〔명〕〔하자〕(형세가) 기운차게 일어남.

융희(隆熙)〔-히〕〔명〕대한 제국의 마지막 연호. 〔1907~1910년〕광무(光武).

윷〔윧〕〔명〕①(박달나무 따위) 둥근 나무 도막 두 개를 반으로 쪼개어 네 쪽으로 만든 놀이감. ¶윷을 놀다. 鑾장작윷. ②윷놀이에서, 던진 윷짝 네 개가 모두 잦혀진 경우를 이름.〔끗수는 넷으로 네 말밭을 가며, '모'처럼 다시 한 번 던질 수 있음.〕③윷판에서, 넷째 자리, 곧 모와 걸의 사이. • 윷:이〔유치〕• 윷:만〔윤-〕

윷〔윧〕〔명〕 ☞윷짝.

윷-가락〔윧까-〕〔명〕 ☞윷짝.

윷-놀이〔윧-〕〔명〕〔하자〕편을 갈라 윷을 던져 승부를 겨루는 민속놀이. 척사(擲柶).

윷:놀이^채찍〔윧-놀-〕〔명〕지난날, 대궐을 지키던 병정이 가지던 채찍.

윷:-말〔윧-〕〔명〕윷판에 쓰는 말.

윷:-밭〔윧-〕〔명〕윷판의 말밭. * 윷:밭이〔윧빠치〕• 윷:밭을〔윧빠틀〕• 윷:밭만〔윧빤-〕

윷:-점(-占)〔윧쩜〕〔명〕민속에서, 섣달그믐 날 밤이나 설날에 윷으로 그해의 길흉을 알아보는 점. 윷을 세 번 던져 패를 만들어 육십사괘에 맞추어 점을 침.

윷:-짝〔윧-〕〔명〕윷의 낱개. 윷가락.

  윷짝 가르듯〔관용〕판단이 분명함을 이르는 말. ¶매사에 맺고 끊는 것이 윷짝 가르듯 하신다네.

윷:-판〔윧-〕〔명〕①윷을 놀고 있는 자리. ¶마을 회관에서 윷판을 벌인다니 한번 가 보세. ②윷놀이에서, 윷밭을 그린 널빤지나 그런 물건. 곧, 윷의 말판.

으〔명〕한글 자모의 모음인 'ㅡ'의 음가 및 이름.

으그러-뜨리다〔타〕(물건의 거죽을) 으그러지게 하다. 으그러트리다. ¶깡통을 으그러뜨리다. 鑾으끄러뜨리다.

으그러-지다〔자〕①물건의 거죽이 찌그러지다. ¶으그러진 냄비. 鑾으끄러지다. ②물건의 사개가 물러나다.

으그러-트리다으그러뜨리다. 鑾으끄러트리다.

으그르르〔부〕먹은 음식이나 물이 목구멍으로 끓어오르는 소리.

으깨다〔타〕(덩이진 물건 따위를) 눌러 부스러뜨리다. ¶찐 감자를 으깨다.

으끄러-뜨리다〔타〕으끄러지게 하다. 으끄러트리다. 鑾으그러뜨리다.

으끄러-지다〔자〕①(군은 덩이 따위가) 눌리거나 문질러져서 부스러지다. 鑾으그러지다. ②뭉그러지다. ③으스러지다.

으끄러-트리다〔타〕으끄러뜨리다. 鑾으그러트리다.

으끄-지르다〔~지르니·~질러〕〔타〕(버릴 작정으로) 힘차게 으깨다.

-으나〔어미〕'ㄹ' 이외의 자음으로 끝난 어간이나 시제의 '-았(었)-'에 붙는 연결 어미. ¶앞말과 뒷말을 대립적으로 이어 줌. ¶뜻은 좋으나 실

천이 문제다. ②주로 상대적인 뜻을 가진 두 용언이 '-으나~-(으)나'의 꼴을 이루어, '언제든지'·'항상'의 뜻을 나타냄. ¶입으나 벗으나 즐기는 마찬가지. ③형용사를 과장하기 위하여 어간을 겹쳐 쓸 때, '-으나~-ㄴ(은)'의 꼴을 이루어 강조하는 뜻을 나타냄. ¶넓으나 넓은 세상. 鑾-나.

-으나마〔어미〕'ㄹ' 이외의 자음으로 끝난 어간이나 시제의 '-았(었)-'에 붙는 종속적 연결 어미. '-지만'의 뜻으로, 앞말이 사실임을 인정하되 뒷말이 그에 매이지 아니함을 나타냄. ¶찬은 없으나마 많이 드십시오. 鑾-나마.

-으나마나〔어미〕'ㄹ' 이외의 자음으로 끝난 어간에 붙어, '그리하거나 아니하거나' 또는 '그러하거나 아니하거나 마찬가지'의 뜻을 나타내는 연결 어미. ¶몸에 맞으나마나 돈이 있어야 사지. 鑾-나마나.

-으냐〔어미〕'ㄹ' 이외의 자음으로 끝난 형용사 어간에 붙는, 해라체의 의문형 종결 어미. ¶빛이 짙으냐?/너는 낚시가 그리도 좋으냐? 鑾-냐.

-으냐고〔어미〕'-으냐 하고'가 줄어든 된 말. 'ㄹ' 이외의 자음으로 끝난 형용사 어간에 붙어, 물음을 인용하는 뜻을 나타내는 연결 어미. ¶방이 좁으냐고 묻더라. 鑾-냐고.

-으냐는〔준〕'-으냐고 하는'이 줄어든 말. 'ㄹ' 이외의 자음으로 끝난 형용사 어간에 붙어, 물음이나 의사를 인용하는 뜻을 나타냄. ¶그만두는 것이 좋지 않으냐는 의견이더라. 鑾-냐는.

-으냔〔준〕'-으냐고 하는' 또는 '-으냐고 한'이 줄어든 말. 'ㄹ' 이외의 자음으로 끝난 형용사 어간에 붙어, 물음을 인용하는 뜻을 나타냄. ¶욕심이 왜 그리 많으냔 소리는 나 들으라고 하는 말이야? 鑾-냔.

-으냘〔준〕'-으냐고 할'이 줄어든 말. 'ㄹ' 이외의 자음으로 끝난 형용사 어간에 붙어, 물음을 인용하는 뜻을 나타냄. ¶그 사람보고만 왜 그리 마음이 좁으냘 수도 있겠더라. 鑾-냘.

으늑-하다〔-느카-〕〔형〕①둘레가 푹 싸여 편안하고 조용한 느낌이다. ¶산속의 으늑한 암자. 鑾아늑하다. ②은근한 멋이 있다. 으늑-히〔부〕.

-으니〔어미〕①'ㄹ' 이외의 자음으로 끝난 형용사 어간에 붙는, 해라체의 의문형 종결 어미. '-냐'·'-느냐'보다 친근하고 부드러운 느낌을 나타냄. ¶날씨가 좋으니? ②'ㄹ' 이외의 자음으로 끝난 형용사 어간에 붙는, 하게체의 평서형 종결 어미. 경험을 바탕으로 하여 믿는 바를 일러 주는 뜻을 나타냄. ¶운동은 건강에 좋으니. 鑾-니.

-으니〔어미〕'ㄹ' 이외의 자음으로 끝난 용언의 어간이나 시제의 '-았(었)-'·'-겠-' 등에 붙는 종속적 연결 어미. ㉠앞말이 뒷말의 원인이나 근거가 됨을 나타냄. ¶시간이 없으니 서둘러라. ㉡어떤 사실을 밝혀 다음 그와 관련된 다음 말을 끌어내는 뜻을 가짐. ¶그때 나타난 사람이 있으니 그가 바로 길동이었다. ②'ㄹ' 이외의 자음으로 끝난 형용사 어간에 붙는 종속적 연결 어미. 주로, '-으니~-(으)니'의 꼴로 쓰이어, 이렇게 하기도 하고 저렇게 하기도 한다는 뜻을 나타냄. ¶적으니 많으니 하면서도 다들 가지고 간다. 鑾-니.

-으니까〔어미〕'-으니'의 힘줌말.

-으니까는〔어미〕'-으니까'의 힘줌말. 鑾-으니까.

-으니깐〔어미〕〈-으니까는〉의 준말.

-으니라〔어미〕'ㄹ' 이외의 자음으로 끝난 형용사 어간에 붙는, 해라체의 평서형 종결 어미.

으레 그러한 일이나 경험으로 얻은 사실을 타이르듯 일러 주는 뜻을 나타냄. ¶입에 쓴 약이 몸에는 좋으니라. 참-니라.

-으니만치 어미 ☞-으니만큼.

-으니만큼 어미 ‘ㄹ’ 이외의 자음으로 끝난 용언의 어간이나 시제의 ‘-았(었)-’·‘-겠-’ 등에 붙어, 앞말이 뒷말의 원인이나 이유가 됨을 나타내는 연결 어미. ¶올해는 날씨가 좋으니만큼 고추 농사도 잘될 것이다.

-으되[-되/-뒈] 어미 ‘ㅆ’·‘ㅃ’으로 끝나는 용언의 어간이나 시제의 ‘-았(었)-’·‘-겠-’ 등에 붙는 연결 어미. ①위의 사실을 시인하면서, 아래에서 그것을 더 덧붙여 설명하는 뜻을 나타냄. ¶보긴 보았으되 다 보지는 못했다. ②앞의 사실은 인정하나 뒤의 사실이 이에 매이지 아니함을 나타냄. ¶가진 것은 없으되 마음은 한가롭다. 참-되.

으드득 부 하자테 ①매우 단단한 물건을 힘껏 깨물어 깨뜨릴 때 나는 소리. ¶알밤을 으드득 깨물어 먹다. ②여무지게 이를 한 번 가는 소리. 작아드득. 으드득-으드득 부 하자테.

으드득-거리다[-꺼-] 자테 자꾸 으드득으드득하다. 으드득대다. 작아드득거리다.

으드등-대다[-때-] 자테 으드등거리다.

으드등-거리다 자 자꾸 으드등으드등하다. 으드등대다. 작아드등거리다.

으드등-대다 자 작아드등대다.

으드등-으드등 부 자 서로 고집을 꺾지 않고 부득부득 다투는 모양. 작아드등아드등.

으등그러-지다 자 ①말라서 비틀어지다. ②날씨가 흐려지며 점점 찌푸리다. 작아둥그러지다.

으뜸 명 ①(중요한 정도로 본) 어떤 사물의 첫째. ②기본이나 근본이 되는 것. ¶효는 인류의 으뜸이 되는 덕목이다.

으뜸-가다 형 ①(많은 가운데에서) 첫째가다. 일등이다. ¶장안에서 으뜸가는 부자. ②(어떤 일이나 현상 중에서) 가장 중요하다.

으뜸-꼴 명 ☞기본형(基本形).

으뜸-마디 명 ☞주성분.

으뜸^삼화음(-三和音) 명 으뜸음과 딸림음·버금딸림음을 밑음으로 하는 삼화음. 화음 중에서 가장 중요한 역할을 함. 주요 삼화음.

으뜸-셈씨 명 ☞양수사(量數詞).

으뜸-움직씨 명 ☞본동사(本動詞).

으뜸-음 (-音) 명 음계의 첫째 음.〔장음계에서는 도(do), 단음계에서는 라(la)임.〕주음(主音). 참딸림음·버금딸림음.

으뜸-조각 명 ☞주성분(主成分).

-으라 어미 ‘ㄹ’ 이외의 자음으로 끝난 동사 어간에 붙는, 문어 투의 해라체 종결 어미. 권유나 명령의 뜻을 나타냄. ¶거기 앉으라. 참-라.

-으라고 어미 ‘ㄹ’ 이외의 자음으로 끝난 동사 또는 일부 형용사 어간에 붙는 연결 어미. 명령·지시·소망 등의 내용을 인용하는 뜻을 나타냄. ¶이게 더 나 좋으라고 한 일이야. 참-라고.

-으라니 어미 ‘ㄹ’ 이외의 자음으로 끝난 동사 어간에 붙는 종결 어미. 남의 말이 못마땅하여 얕잡아 이르거나 시들한 심정을 나타냄. ¶나보고 남은 음식을 다 먹으라니. 참-라니.

-으라네 준 ‘-으라고 하네’가 줄어든 말. ‘ㄹ’ 이외의 자음으로 끝난 동사 어간에 붙어, 명령한 내용을 알려줌을 나타냄. ¶여기에 꽃을 심으라네. 참-라네.

-으라느냐 준 ‘-으라고 하느냐’가 줄어든 말. ‘ㄹ’ 이외의 자음으로 끝난 동사 어간에 붙어, 남이 들은 사실에 대하여 묻는 뜻을 나타냄. ¶뭘 먹으라느냐? 참-라느냐.

-으라느니 어미 ‘ㄹ’ 이외의 자음으로 끝난 동사의 어간에 붙는 연결 어미. 《주로 ‘-으라느니~으라느니’의 꼴로 쓰이어》 지시나 명령이 섞갈리어 나옴을 뜻함. ¶모자를 벗으라느니 쓰라느니 말이 많다. 참-라느니.

-으라는 준 ‘-으라고 하는’이 줄어든 말. ‘ㄹ’ 이외의 자음으로 끝난 동사 어간에 붙어, 지시나 당부 또는 인정하는 내용을 전하는 뜻을 나타냄. ¶빨리 갚으라는 독촉. 참-라는.

-으라니 어미 ‘-으라고 하니’가 줄어서 된 말. ‘ㄹ’ 이외의 자음으로 끝난 동사 어간에 붙는, 연결 어미 또는 종결 어미. ①그 말을 조건으로서 시인하면서, 이에 상응하는 행동이 이어 옴을 나타냄. ¶당장 다 갚으리니, 이대로 구해야 갖지. ②미심쩍은 내용을 되짚어 묻거나, 불만스럽거나 석연치 못한 감정을 나타내어 말맺는 말. ¶이걸 음식이라고 먹으라니. 참-라니.

-으라니까 ‘ㄹ’ 이외의 자음으로 끝난 동사 어간에 붙어》 Ⅰ어미 지시·명령·다짐·부정 을 강조하는 뜻을 나타내는 종결 어미. ¶꽉 잡으라니까. 참-라니까.
Ⅱ준 ‘-으라고 하니까’가 줄어든 말. 앞말이 이유나 조건이 됨을 나타냄. ¶먹으라니까 싫단다. 참-라니까.

-으라든지 준 ‘-으라고 하든지’가 줄어든 말. ‘ㄹ’ 이외의 자음으로 끝난 동사 어간에 붙어, 가리어 정하도록 하는 뜻을 나타냄. 《주로, ‘-으라든지~으라든지’의 꼴로 쓰임.》 ¶앉으라든지 서라든지 어서 지시를 내리시오. 참-라든지.

-으라며 Ⅰ어미 <-으라면서의 준말.
Ⅱ준 ‘-으라면서’가 줄어든 말.

-으라면 준 ‘-으라고 하면’이 줄어든 말. ‘ㄹ’ 이외의 자음으로 끝난 동사 어간에 붙어, 가정의 뜻을 나타냄. ¶읽으라면 읽겠소. 참-라면.

-으라면서 《‘ㄹ’ 이외의 자음으로 끝난 동사 어간에 붙어》 Ⅰ어미 들은 사실을 다짐하거나 빈정거리는 뜻을 나타내는, 종결 어미 또는 연결 어미. ¶이젠 널 잊으라면서. 준-으라며. 참-라면서.
Ⅱ준 ‘-으라고 하면서’가 줄어든 말. 명령이나 당부의 말과 함께 그에 상응하는 행위가 뒤따름을 나타냄. ¶부디 잘 있으라면서 그는 떠나갔다. 참-라면서.

-으라지 《‘ㄹ’ 이외의 자음으로 끝난 동사 어간에 붙어》 Ⅰ어미 남의 말 하듯 빈정거리거나, 자기와는 상관이 없다는 투로 말함을 나타내는 해라체의 종결 어미. ¶마음대로 웃으라지. 참-라지.
Ⅱ준 ‘-으라고 하지’가 줄어든 말. 어떤 일을 간접으로 시키거나 권함을 나타냄. ¶시장할 텐데 뭘 좀 먹으라지. 참-라지.

-으락 어미 ‘ㄹ’ 이외의 자음으로 끝난 동사 어간에 붙는 연결 어미. ‘-으락~으락 하다’의 꼴로 쓰이어, 어떤 동작이나 상태가 서로 엇바뀌어 일어남을 나타냄. ¶얼굴빛이 붉으락푸르락한다. 참-락.

으란조 (옛) 일랑. 을랑은. ¶이렁공 뎌렁공 ᄒᆞ야 나즈란 디내와손뎌 오리도 가리도 업슨 바므란 또 엇디 호리라〔樂詞.靑山別曲〕.

-으란 '-으라고 하는'·'-으라고 한'이 줄어든 말. '-ㄹ' 이외의 자음으로 끝난 동사 어간에 붙어 명령하거나 확인하는 뜻을 나타냄. ¶나더러 꿇어앉으란 말이냐. ◈-란.

-으란다준 '-으라고 한다'가 줄어든 말. '-ㄹ' 이외의 자음으로 끝난 동사 어간에 붙어, 남의 말을 제삼자에게 전해 주는 뜻을 나타냄. ¶이번 교육이 무료로 실시된다니 요번 교육은 어김없이 받으란다. ◈-란다.

-으랄 '-으라고 할'이 줄어든 말. '-ㄹ' 이외의 자음으로 끝난 동사 어간에 쓰임. ¶가진 것을 다 내놓으랄 수야 있나. ◈-랄.

-으람어미 '-ㄹ' 이외의 자음으로 끝난 동사 어간에 붙는, 해체의 종결 어미. '-으라는 말인가'의 뜻으로, 어떤 사실을 반박하면서 불평하거나 나무람을 나타냄. ¶그 말을 어찌 믿으람. ◈-람.

-으랍니까[-람-]준 '-으라고 합니까'가 줄어든 말. '-ㄹ' 이외의 자음으로 끝난 동사 어간에 붙어, 남이 들은 사실에 대해 물어봄을 나타냄. ¶뭘 먹으랍니까?/언제까지 있으랍니까? ◈-랍니까.

-으랍니다[-람-]준 '-으라고 합니다'가 줄어든 말. '-ㄹ' 이외의 자음으로 끝난 동사 어간에 붙어, 남의 명령을 전해 줌을 나타냄. ¶아무데나 놓으랍니다. /기다리지 말고 먼저 먹으랍니다. ◈-랍니다.

-으랍디까[-띠-]준 '-으라고 합디까'가 줄어든 말. '-ㄹ' 이외의 자음으로 끝난 동사 어간에 붙어, 남이 이전에 들은 사실을 물어봄을 나타냄. ¶뭘 심으랍디까? ◈-랍디까.

-으랍디다[-띠-]준 '-으라고 합디다'가 줄어든 말. '-ㄹ' 이외의 자음으로 끝난 동사 어간에 붙어, 이전에 들은 사실을 일러 줌을 나타냄. ¶있고 싶으면 있으랍디다. ◈-랍디다.

-으래준 '-으라고 해'가 줄어든 말. '-ㄹ' 이외의 자음으로 끝난 동사 어간에 붙어, 남의 말을 전해 줌을 나타냄. ¶점심 먹으래. /먼저 하고 있으래. ◈-래.

-으래도준 '-으라고 해도'가 줄어든 말. ◈-래도.

-으래서준 '-으라고 하여서'가 줄어든 말. '-ㄹ' 이외의 자음으로 끝난 동사 어간에 붙어, 어떤 내용을 전하되, 그것이 뒷말의 이유(근거·전제)가 됨을 나타냄. ¶먹으래서 먹었다. ◈-래서.

-으래서야준 '-으라고 하여서야'가 줄어든 말. '-ㄹ' 이외의 자음으로 끝난 동사 어간에 붙어, 그리하여서는 도리가 아니라는 뜻을 나타냄. ¶이런 누추한 데 앉으래서야 될 말입니까. ◈-래서야.

-으래야준 '-으라고 하여야'가 줄어든 말. '-ㄹ' 이외의 자음으로 끝난 동사 어간에 붙어, 앞의 내용이 뒤의 행동의 필수 요건임을 뜻함. ¶찬물 한 그릇이나마 주인이 먹으래야 먹지. ◈-래야.

-으래요준 '-으라고 하여요'가 줄어든 말. '-ㄹ' 이외의 자음으로 끝난 동사 어간에 붙어, 남이 한 말을 일러 줌을 뜻함. ¶여기 있으래요. ◈-래요.

-으랴어미 ①'-ㄹ' 이외의 자음으로 끝난 어간이나 시제의 '-았(었)-'·'-겠-'에 붙는 종결 어미. '-을까 보냐'의 뜻으로, 반어적 의문을 나타냄. ¶어찌 기쁘지 않으랴? ②'-ㄹ' 이외의 자음으로 끝난 동사 어간에 붙는, 해라체의 의문형 종결 어미. 자기가 앞으로 할 일에 대해 상대편의 의사를 묻는 뜻을 나타냄. ¶이 책은 내가 읽으랴? ◈-랴.

-으려어미 '-ㄹ' 이외의 자음으로 끝난 동사 어간에 붙어, 어떤 동작의 직접적인 목적을 나타내는 종속적 연결 어미. ¶고기 잡으러 간다. ◈-려.

으레 ①두말할 것 없이. 마땅히. 의당(宜當). ¶학생이니 으레 공부해야지. ②거의 틀림없이. 대개. ¶이맘때면 으레 그가 나타난다.

-으려고〈-으려고〉의 준말.

-으려거든(('-ㄹ' 이외의 자음으로 끝난 동사 어간에 붙어)) **Ⅰ**어미 '가상된 어떤 일이 실현될 경우에는'의 뜻을 나타내는 종속적 연결 어미. ¶늦으려거든 그 원고를 주었으면 좋겠다. ◈-려거든. **Ⅱ**준 '-으려고 하거든'이 줄어든 말. ¶이러고 있으려거든 아예 집에 가거라. ◈-려거든.

-으려고어미 ①'-ㄹ' 이외의 자음으로 끝난 동사 어간에 붙는, 종속적 연결 어미. ㉠장차 그렇게 하려는 의도를 나타냄. ㉡곧 일어날 움직임이나 상태의 변화를 나타냄. 준-으려. ②모음이나 'ㄹ'로 끝난 용언의 어간 또는 시제의 '-았(었)-'에 붙는, 해체의 종결 어미. 의심과 반문을 나타냄. ¶설마 그 많은 것을 다 먹으려고. ◈-려고.

-으려기에준 '-으려고 하기에'가 줄어든 말. '-ㄹ' 이외의 자음으로 끝난 동사 어간에 붙어, 앞말이 뒷말의 원인이나 이유(근거)가 됨을 나타냄. ¶손목을 잡으려기에 뿌리쳤다. ◈-려기에.

-으려나(('-ㄹ' 이외의 자음으로 끝난 어간이나 시제의 '-았(었)-'·'-겠-'에 붙어)) **Ⅰ**어미 추측하여 가볍게 의문을 품거나, 상대편의 의사를 묻는 뜻을 나타내는 해체의 종결 어미. ¶그가 왔으려나? ◈-려나. **Ⅱ**준 '-으려고 하나'가 줄어든 말. ¶정말 가지 않으려나? ◈-려나.

-으려네준 '-으려고 하네'가 줄어든 말. '-ㄹ' 이외의 자음으로 끝난 동사 어간에 붙어, 자기의 의사를 밝히는 뜻을 나타냄. ¶이제 독서로나 낙을 삼으려네. ◈-려네.

-으려느냐준 '-으려고 하느냐'가 줄어든 말. '-ㄹ' 이외의 자음으로 끝난 동사 어간에 붙어, 상대편이 하려는 동작에 대해 묻는 뜻을 나타냄. ¶언제 밥을 먹으려느냐? ◈-려느냐.

-으려는준 '-으려고 하는'이 줄어든 말. '-ㄹ' 이외의 자음으로 끝난 동사 어간에 붙어, 그리하려는 의도임을 나타냄. ¶몽땅 다 먹으려는 욕심. ◈-려는.

-으려는가준 '-으려고 하는가'가 줄어든 말. '-ㄹ' 이외의 자음으로 끝난 동사 어간에 붙어, 추측하여 가볍게 의문을 품거나 상대편의 의사를 묻는 뜻을 나타냄. ¶정원에 무슨 나무를 심으려는가? ◈-려는가.

-으려는고준 '-으려고 하는고'가 줄어든 말. '-ㄹ' 이외의 자음으로 끝난 동사 어간에 붙는, '-으려는가'보다 예스러운 말씨. 상대편의 의사를 묻는 뜻을 나타냄. ¶내 말을 들으려는고? ◈-려는고.

-으려는데준 '-으려고 하는데'가 줄어든 말. '-ㄹ' 이외의 자음으로 끝난 동사 어간에 붙어, 앞말이 뒷말의 전제가 됨을 나타냄. ¶막 먹으려는데 손이 찾아왔다. ◈-려는데.

-으려는지준 '-으려고 하는지'가 줄어든 말. '-ㄹ' 이외의 자음으로 끝난 동사 어간에 붙어, ①막연한 의문을 나타냄. ¶그 많은 빚을 언제 다 갚으려는지. ②추측하여 묻거나 의심스러워

하는 뜻을 나타냄. ¶내 말을 믿으려는지 모르겠다. **참**-려는지.

-으려니 (('ㄹ' 이외의 자음으로 끝난 어간에 붙어) **Ⅰ**어미 '그러하겠거니' 하고 혼자 속으로만 추측하여 짐작하는 뜻을 나타내는 종속적 연결 어미. ¶뛰어가면 따라잡으려니 여겼는데…. **참**-려니.
Ⅱ준 '-으려고 하니'가 줄어든 말. 앞말의 결과로서 뒷말이 이끌려 나옴을 나타냄. ¶혼자 먹으려니 목에 걸려서 안 넘어간다. **참**-려니.

-으려니와 어미 'ㄹ' 이외의 자음으로 끝난 어간이나 시제의 '-았(었)-'·'-겠-'에 붙는 종속적 연결 어미. ①'그러하겠거니와'의 뜻으로, 앞말을 인정하면서 뒷말이 그보다 더하거나 대등함을 나타냄. ¶경치가 좋으려니와 인심도 좋다. ②'-지마는'의 뜻으로, 어떤 일을 추정하되 그것이 뒷말에 매이지 아니함을 나타냄. ¶오지도 않으려니와 편지조차 안 할 것이다. **참**-려니와.

-으려다 준 '-으려다가'가 줄어든 말. **참**-려다.
-으려다가 준 '-으려고 하다가'가 줄어든 말. 'ㄹ' 이외의 자음으로 끝난 동사 어간에 붙어, 어떤 동작이 이루어질 듯하다가 다른 동작으로 바뀜을 나타냄. ¶책이나 읽으려다가 그냥 갔다. **참**-려다가.

-으려더니 준 '-으려고 하더니'가 줄어든 말. 'ㄹ' 이외의 자음으로 끝난 동사 어간에 붙어, 어떤 일이 의도대로 되려 하다가 아니 되거나 덜 이루어짐을 나타냄. ¶다 먹으려더니 겨우 두 개 먹고 말더라. **참**-려더니.

-으려더라 준 '-으려고 하더라'가 줄어든 말. 'ㄹ' 이외의 자음으로 끝난 동사 어간에 붙어, 이루어지려던 과거 일을 남에게(들은 대로) 전하는 뜻을 나타냄. ¶그 욕심쟁이가 네 것까지 다 먹으려더라. **참**-려더라.

-으려던 준 '-으려고 하던'이 줄어든 말. 'ㄹ' 이외의 자음으로 끝난 동사 어간에 붙어, 앞말이 뒷말의 전제가 됨을 나타냄. ¶막 밥을 먹으려던 참이다. **참**-려던.

-으려던가 준 '-으려고 하던가'가 줄어든 말. 'ㄹ' 이외의 자음으로 끝난 동사 어간에 붙어, 제삼자의 어떤 사실(행동)을 확인하려고 묻는 뜻을 나타냄. ¶그 소문을 믿으려던가? **참**-려던가.

-으려도 준 '-으려고 하여도'가 줄어든 말. 'ㄹ' 이외의 자음으로 끝난 동사 어간에 붙어, '어떤 일을 마음먹은 대로 하여도'의 뜻으로, 뒷말이 그에 매이지 아니함을 나타냄. 〔대개, 부정하는 말이 뒤에 옴.〕 ¶잊으려도 잊을 수 없는 사람. **참**-려도.

-으려면 어미 'ㄹ' 이외의 자음으로 끝난 동사 어간이나 시제의 '-았(었)-'에 붙는 종속적 연결 어미. '그러한 의도라면'의 뜻으로, 앞말이 뒷말의 전제나 조건이 됨을 나타냄. ¶사랑을 받으려면 먼저 사랑해라. **참**-려면.

-으려무나 어미 'ㄹ' 이외의 자음으로 끝난 동사 어간에 붙는, 해라체의 종결 어미. ①제 마음대로 하라는 뜻을 나타냄. ①어서 먹으려무나. ②완곡하게 요구하는 뜻을 나타냄. ¶더러우니 그 옷 좀 벗으려무나. 준-으렴. **참**-려무나.

-으려서는 준 '-으려고 하여서는'이 줄어든 말. 'ㄹ' 이외의 자음으로 끝난 동사 어간에 붙어, 앞말이 뒷말을 제한·구속함을 나타냄. ¶급히 먹으려서는 체하기 쉽다네. **참**-려서는.

-으려서야 준 '-으려고 하여서야'가 줄어든 말. 'ㄹ' 이외의 자음으로 끝난 동사 어간에 붙어, 어떤 의도를 가정하되, 그 의도가 뒷말의 원인(근거)이 됨을 나타냄. 〔대개, 뒤에 부정하는 말이나 훈계조의 말이 이어짐.〕 ¶놀고먹으려서야 되나. **참**-려서야.

-으려야 준 '-으려고 하여야'가 줄어든 말. 'ㄹ' 이외의 자음으로 끝난 동사 어간에 붙어, 하려고 의도하는 사실이나 행동이 뒷말의 조건이 됨을 나타냄. ¶약을 먹으려야 먹이지. **참**-려야.

-으려오 준 '-으려고 하오'가 줄어든 말. 'ㄹ' 이외의 자음으로 끝난 동사 어간에 붙어, 자기의 의사를 밝혀 말하는 뜻을 나타냄. ¶이젠 다 잊으려오. **참**-려오.

-으련 **Ⅰ**어미 'ㄹ' 이외의 자음으로 끝난 동사 어간에 붙는, 해라체의 의문형 종결 어미. 화자가 할 의사가 있는 어떤 행동에 대하여 상대편의 의향을 친근하게 묻는 뜻을 나타냄. ¶내가 밥을 지으련? **참**-으련.
Ⅱ준 '-으려느냐'가 줄어든 말. ¶무엇을 먹으련? **참**-런.

-으련다 준 '-으려고 한다'가 줄어든 말. 'ㄹ' 이외의 자음으로 끝난 동사 어간에 붙어, 앞으로 그렇게 하겠다는 의지를 나타냄. ¶너를 믿으련다. **참**-런다.

-으련마는 어미 'ㄹ' 이외의 자음으로 끝난 어간이나 시제의 '-았(었)-'에 붙는, 종속적 연결 어미. '-겠건마는'의 뜻으로, 앞일이나 가정의 사실을 추측하되, 그것이 뒷말에 매이지 아니함을 나타냄. ¶충고를 들어주면 좋으련마는 저렇게 고집불통이니. 준-으련만. **참**-련마는.

-으련만 어미 〈-으련마는의 준말.
-으렴 어미 〈-으려무나의 준말.
-으렵니까 [-렴-] (('ㄹ' 이외의 자음으로 끝난 동사 어간에 붙어) **Ⅰ**어미 상대편이 장차 어떤 행위를 할 것인지에 대한 의사를 묻는 뜻을 나타내는, 합쇼체의 의문형 종결 어미. ¶당신이 읽으렵니까? **참**-렵니까.
Ⅱ준 '-으려고 합니까'가 줄어든 말. ¶어떤 것을 먹으렵니까? **참**-렵니까.

-으렵니다 [-렴-] (('ㄹ' 이외의 자음으로 끝난 동사 어간에 붙어) **Ⅰ**어미 장차 어떤 행위를 할 자기의 의지를 베풀어 말하는 뜻을 나타내는, 합쇼체의 평서형 종결 어미. ¶제가 참으렵니다. **참**-렵니다.
Ⅱ준 '-으려고 합니다'가 줄어든 말. ¶허락하신다면 제가 직접 읽으렵니다. **참**-렵니다.

-으렷다 [-럳따] 어미 ①'ㄹ' 이외의 자음으로 끝난 어간에 붙는, 해라체의 평서형 종결 어미. ㉠경험이나 이치로 미루어, 으레 그렇게 되거나 그러할 것임을 추정하는 뜻을 나타냄. ¶가을 날씨야 항상 좋으렷다. ㉡추상되는 사실에 대한 그것을 인정하면서 더 다지는 뜻을 나타냄. ¶두말 없으렷다. ②'ㄹ' 이외의 자음으로 끝난 동사 어간에 붙는, 해라체의 명령형 종결 어미. ¶당장 잡아 묶으렷다. **참**-럿다.

으레 부 '으레'의 잘못.
으로 조 'ㄹ' 이외의 자음으로 끝나는 체언에 붙는 부사격 조사. ①방향을 나타냄. ¶산으로 가자. ②원인·이유를 나타냄. ¶암으로 죽다. ③재료·연장·방편을 나타냄. ¶톱으로 나무를 켜다. ④신분·자격을 나타냄. ¶반장으로 선출되다. ⑤작용한 결과임을 나타냄. ⑥한정된 시간(때)임을 나타냄. ¶오늘 오전으로 원서 접수가 마감되었다. **참**-로.

으로-도조 '르' 이외의 자음으로 끝나는 체언에 붙어 '으로'와 '도'가 겹친 뜻을 나타내는 부사격 조사. ¶돈으로도 살 수 없다. 참로도.

으로-밖에조 '르' 이외의 자음으로 끝나는 체언에 붙어, 그것 이외는 해석이나 판단이 되지 않거나 기구로 쓸 수 없음을 뜻함. ¶공중에 떠서 오는 공은 손으로밖에 받을 도리가 없다.

으로-부터조 '르' 이외의 자음으로 끝나는 체언에 붙어, 거쳐 온 출발 지점이나 대상을 나타내는 부사격 조사. ¶삼촌으로부터 받은 공책. 참로부터.

으로서조 '르' 이외의 자음으로 끝나는 체언에 붙어, '지위나 신분 또는 자격을 가지고'의 뜻을 나타내거나 '어떤 동작이 일어나거나 시작되는 출발점'의 뜻을 나타내는 부사격 조사. ¶대통령으로서 행사하는 권한. /싸움은 저 편으로서 시작되었다. 참로서.

으로써조 '르' 이외의 자음으로 끝나는 체언에 붙어, '…을 가지고'의 뜻을 나타내는 부사격 조사. '으로'와 같으나, 이유·수단·조건이 더 확실함을 뜻함. ¶믿음으로써 지켜 온 절개. 참로써.

으르다1[으르니·을러]目园 물에 불린 곡식 따위를 방망이 같은 것으로 으깨다.

으르다2[으르니·을러]目园 (상대편을 해칠 듯이) 말이나 행동으로써 위협하다.

으르-대다目 자꾸 으르고 딱딱거리다.

으르렁튀困困 ①사나운 짐승이 몹시 성나서 울부짖는 소리, 또는 그 모양. ¶으르렁하며 달려드는 맹견. ②몹시 성이 나서 사나운 말로 서로 다투는 모양. 困아르렁. 으르렁-으르렁튀困困

으르렁-거리다困 자꾸 으르렁으르렁하다. 으르렁대다. ¶저 두 사람은 만나기만 하면 서로 으르렁거린다. 困아르렁거리다.

으르렁-대다困 으르렁거리다.

으르르튀困困 (분하거나 두렵거나 춥거나 할 때) 몸이 으스스 떨리는 모양. ¶놀라움에 으르르 떨다. 困아르르.

으름명 으름덩굴의 열매.

으름-덩굴명 으름덩굴과의 낙엽 만목. 산이나 들에 절로 나는데 길이는 5m가량. 잎은 손바닥 모양의 겹잎이며 4월경에 연한 자줏빛 꽃이 핌. 길둥근 열매는 가을에 자갈색으로 익어 벌어짐. 뿌리 및 가지는 약용함. 목통(木通).

으름장[-짱]명 말과 행동으로 남을 위협하는 일.
으름장(을) 놓다판용 위협하는 말이나 행동으로 으르다. ¶자기 말을 듣지 않으면 재미없을 거라면서 으름장을 놓았다.

-으리어미 <-으리라의 준말.

-으리까어미 '르' 이외의 자음으로 끝난 어간이나 시제의 '-았(었)-'·'-겠-'에 붙는, 합쇼체의 의문형 종결 어미. ①앞으로의 자기 행동을 남에게 묻는 뜻을 나타냄. ¶이 일을 어찌해야 좋으리까? ②남에게 추측하여 반문하는 형식을 빌려, 자기 생각이 틀림없음을 은근히 강조하는 뜻을 나타냄. ¶어찌 보고 싶지 않으리까. 참-리까.

-으리니어미 '르' 이외의 자음으로 끝난 어간이나 시제의 '-았(었)-'·'-겠-'에 붙는, 종속적 연결 어미. '-을 것이니'의 뜻으로, 뒷말의 조건(근거)이 되는, 추측이나 의지를 나타냄. ¶사노라면 기쁜 날도 있으리니 희망을 가지고 살자. 참-리니.

-으리니라어미 '르' 이외의 자음으로 끝난 어간이나 시제의 '-았(었)-'·'-겠-'에 붙는, 문어투의 해라체 종결 어미. '-을 것이니라'의 뜻으로, 경험을 바탕으로 하여 어떤 사실을 장중하게 베풀어 말하는 뜻을 나타냄. ¶착한 일을 했으니 필시 복을 받으리니라. 참-리니라.

-으리다어미 '르' 이외의 자음으로 끝난 동사 어간이나 시제의 '-았(었)-'·'-겠-'에 붙는, 하오체의 종결 어미. ①'기꺼이 그리하겠소'의 뜻으로, 자기의 의사를 나타냄. ¶잊으리면 잊으리다. ②'그러할 것이오'의 뜻으로, 추측하여 조심하도록 일깨워 주는 뜻을 나타냄. ¶그러다가는 시간에 늦으리다. 참-리다.

-으리라어미 '르' 이외의 자음으로 끝난 어간이나 시제의 '-았(었)-'·'-겠-'에 붙는, 해라체의 종결 어미. '-을 것이다'의 뜻으로, 추측이나 미래의 의지를 나타냄. ¶그 은혜는 꼭 갚으리라. /내일이면 늦으리라. /어떤 벌이든 달게 받으리라. 준-으리. 참-리라.

-으리로다어미 '르' 이외의 자음으로 끝난 어간이나 시제의 '-았(었)-'·'-겠-'에 붙는, 문어투의 종결 어미. '-으리라'보다 더 장중하게 추측이나 미래의 의지를 나타냄. ¶마음이 청결한 자에게 복이 있으리로다. 참-리로다.

-으리만큼어미 '르' 이외의 자음으로 끝난 어간이나 시제의 '-았(었)-'·'-겠-'에 붙는, 종속적 연결 어미. '그러할 정도로'의 뜻으로, 뒷말이 앞말의 원인이 됨을 나타냄. ¶몇 번이나 보았으리만큼 재미있는 영화였다. 참-리만큼.

-으리오어미 '르' 이외의 자음으로 끝난 어간이나 시제의 '-았(었)-'에 붙는 종결 어미. 이치로 미루어 '어찌 그러할 것이냐'의 뜻으로, 반어적 의문이나 한탄하는 뜻을 나타냄. ¶그 때 갔더라면 얼마나 좋았으리오. 참-리오.

으리으리-하다휑困 (건물·살림 따위의 규모나 형세가) 기가 질리도록 굉장하다. ¶으리으리한 저택.

-으마어미 '르' 이외의 자음으로 끝난 동사 어간에 붙어, 자기가 기꺼이 그리하겠다고 약속하는 뜻을 나타내는 해라체의 종결 어미. ¶그 일은 내가 맡으마. 참-마.

-으매어미 '르' 이외의 자음으로 끝난 어간이나 시제의 '-았(었)-'·'-겠-'에 붙어, 앞말이 뒷말의 이유나 전제가 됨을 나타내는 종속적 연결 어미. ¶물이 깊으매 고기가 모이고, 덕이 높으매 사람이 따른다. 참-매.

-으며어미 ①<-으면서>의 준말. ②'르' 이외의 자음으로 끝난 어간이나 시제의 '-았(었)-'·'-겠-'에 붙어, 둘 이상의 동작이나 상태 따위를 나열할 때 쓰는 연결 어미. ¶강물이 맑으며 깊다. 참-며.

-으면어미 '르' 이외의 자음으로 끝난 어간이나 시제의 '-았(었)-'·'-겠-'에 붙는, 종속적 연결 어미. ①뒤의 실현을 전제한 가정적 조건임을 뜻함. ⑤실현이 불확실한 가정적 조건. (이때는 흔히 '만약', '만일', '혹시' 등의 부사와 호응하여 쓰임.) ¶날것을 먹으면 배탈이 나기 쉽다. ⑥실현이 확실한 가정적 조건. ¶저 고개만 넘으면 내 고향 마을이다. ②다음과 같은 관용구를 이루어 쓰임. ㉠'-으면 여간'의 호응 관계로 관용되어, 정도가 예상 밖으로 더함을 뜻함. ¶키가 높으면 여간 높아야지. ⑥'('차라리) -으면 -었지'의 꼴로 쓰이어) 단호한 거부의 뜻을 나타냄. ¶굶으면 굶었지 빌어먹지는 않는다. ㉢'-으면 -르수록'의 호응 관계로 관용되어,

정도가 심해짐을 나타내는 말의 조건이 됨을 뜻함. ¶읽으면 읽을수록 재미있다. 魯-면.

-으면서〖어미〗'ㄹ'이외의 자음으로 끝난 어간이나 시제의 '-았(었)-'·'-겠'에 붙는 연결 어미. ①둘 이상의 동작이나 상태 따위가 동시에 겸하여 있음을 나타냄. ¶웃으면서 살자. ②둘 이상의 동작이나 상태가 서로 맞서는 관계에 있음을 나타냄. ¶일을 하지도 않으면서 하는 체한다. 魯-으며. 魯-면서.

-으므로〖어미〗'ㄹ'이외의 자음으로 끝난 어간이나 시제의 '-았(었)-'·'-겠'에 붙어, 앞말이 뒷말의 원인(이유·근거)이 됨을 나타내는 종속적 연결 어미. ¶사랑하였으므로 행복하였노라. 魯-므로.

으밀-아밀〖부〗〖하자〗남이 모르게 비밀스레 이야기 하는 모양.

-으사이다〖어미〗'ㄹ'이외의 자음으로 끝난 동사 어간에 붙어, 청유의 뜻을 나타내는 합쇼체의 종결 어미. ¶여기 앉으사이다. 魯-사이다.

-으세요〖어미〗☞-으셔요. ¶새해 복 많이 받으세요.

-으셔요〖어미〗높임의 선어말 어미 '-으시-'와 어미 '-어요'를 합하여 줄여 이르는 말. 'ㄹ'이외의 자음으로 끝난 어간 뒤에 붙어, 그리하도록 권하는 뜻을 나타내는 합쇼체의 종결 어미. -으세요. ¶이번에는 당신이 참으세요. 魯-셔요.

-으소서〖어미〗'ㄹ'이외의 자음으로 끝난 동사 어간에 붙어, 그리하거나 그리되기를 간절히 바라는 뜻을 나타내는 합쇼체의 종결 어미. ¶이것을 받으소서. 魯-소서.

으스-대다〖자〗(어울리지 않게) 으쓱거리며 뽐내다. ¶자기가 제일이라고 으스대다.

으스러-뜨리다〖타〗단단한 물체를 힘껏 으깨어서 부스러지게 하다. 으스러트리다. ¶호두를 돌멩이로 찍어 으스러뜨리다. 魯아스러뜨리다.

으스러-지다〖자〗①크고 단단한 물체가 센 힘에 짓눌려서 부서지다. ②살이 터지거나 벗어지다. 魯아스러지다.

으스러-트리다〖타〗으스러뜨리다. 魯아스러트리다.

으스름〖명〗빛 따위가 침침하고 흐릿한 상태. ¶으스름-히〖부〗초저녁 달빛이 으스름히 비치다.

으스름-달[-딸]〖명〗으슴푸레하게 비치는 달. 담월(淡月).

으스름-달밤[-빰]〖명〗달빛이 으슴푸레한 밤.

으스스〖부〗〖하형〗차고 싫은 기운이 몸에 스르르 돌면서 소름이 끼치는 듯한 모양. ¶온몸이 으스스 떨린다. 魯아스스·오스스.

으슥-하다[-스카-]〖형〗〖어〗①무서운 느낌이 들 만큼 구석지고 조용하다. ¶으슥한 골목. ②옴시 고요하다.

으슬-으슬〖부〗〖하형〗(감기나 몸살 따위로) 몸에 소름이 끼칠 듯이 추위가 느껴지는 모양. ¶오한인지 온몸이 으슬으슬 추워지는군. 魯아슬아슬·오슬오슬.

으슴푸레〖부〗〖하형〗(달빛이나 불빛이) 흐릿하고 침침한 모양. ¶으슴푸레한 가로등 불빛. 魯아슴푸레.

-으시〖선어〗'ㄹ'이외의 자음으로 끝난 어간에 붙어, 높임의 뜻을 나타내는 선어말 어미. ¶손을 꼭 잡으시오. 魯-시-.

으시-대다〖자〗'으스대다'의 잘못.

-으십시다[-씨-]〖어미〗'ㄹ'이외의 자음으로 끝난 동사 어간에 붙는, 합쇼체의 종결 어미. 어떤 행동을 함께 하자는 뜻을 나타냄. ¶그 사람의 말을 믿으십시다. 魯-십시다.

-으십시오[-씨-]〖어미〗'ㄹ'이외의 자음으로 끝난 동사 어간에 붙는, 합쇼체의 종결 어미. 명령이나 권유를 나타냄. ¶여기 앉으십시오. 魯-십시오.

으썩〖부〗〖하자타〗(단단한 과실이나 무 따위를) 이로 힘껏 깨무는 모양, 또는 그 소리. ¶사과를 한입 으썩 베어 먹다. 으썩-으썩〖부〗〖하자타〗.

으썩-거리다[-꺼-]〖자타〗자꾸 으썩으썩하다. 으썩대다.

으썩-대다[-때-]〖자타〗으썩거리다.

으쓱¹〖부〗〖하자타〗①어깨를 갑자기 한 번 들먹이는 모양. ②어깨를 들먹이며 우쭐하는 모양. 으쓱-으쓱〖부〗〖하자타〗.

으쓱²〖부〗〖하형〗(무섭거나 찬 기운을 느낄 때) 갑자기 몸이 움츠러드는 모양. ¶몸이 으쓱한 게 감기에 걸린 모양이다. 魯아쓱.

으쓱-거리다[-꺼-]〖자타〗자꾸 으쓱으쓱하다. 으쓱대다. ¶선수로 뽑혔다고 으쓱거리는 철수.

으쓱-대다[-때-]〖자타〗으쓱거리다.

으아〖Ⅰ〗〖부〗어린아이가 우는 소리. 으앙. 〖Ⅱ〗〖감〗감탄하여 스스로 외치는 소리.

으아리〖명〗미나리아재빗과의 다년초. 산기슭에 절로 나는데, 줄기 높이는 2m가량. 잎은 깃모양 겹잎이며 7~8월에 흰 꽃이 핌. 뿌리는 한방에서 약재로 쓰임.

으악〖Ⅰ〗〖부〗갑자기 토하는 소리. ¶술을 마시더니 으악 하고 토했다. 〖Ⅱ〗〖감〗스스로 놀라서, 또는 남을 놀라게 하려고 지르는 소리.

으앙〖부〗어린아이의 울음소리. 으아. ¶갓난아이가 '으앙!'하고 울음을 터뜨렸다. 으앙-으앙〖부〗.

-으오〖선어〗'-으옴'의 'ㅂ'이 모음이나 'ㄴ'·'-리'··-면' 등의 어말 어미 앞에서 줄어든 선어말 어미. ¶잡으오니. /잊으오리다. 魯-오-.

-으오〖어미〗'ㄹ'이외의 자음으로 끝난 어간에 붙어, 현재의 동작이나 상태에 대한 서술이나 의문 또는 이러하라고 시키는 뜻을 나타내는 하오체의 종결 어미. ¶얼마나 많으오? 魯-오.

-으오니까〖어미〗'ㄹ'이외의 자음으로 끝난 형용사 어간이나 시제의 '-았(었)-'·'-겠'에 붙어 현재의 상태를 묻는, 합쇼체의 예스러운 종결 어미. ¶빛깔이 검으오니까? 魯-오니까.

-으오리까〖어미〗'ㄹ'이외의 자음으로 끝난 동사 어간이나 시제의 '-았(었)-'·'-겠'에 붙어, '그리할까요'의 뜻으로, 자기의 생각에 대한 상대편의 의사를 묻는 합쇼체의 종결 어미. ¶이래도 참으오리까? 魯-오리까.

-으오리다〖어미〗'ㄹ'이외의 자음으로 끝난 동사 어간이나 시제의 '-았(었)-'·'-겠'에 붙어, '그리하겠습니다'의 뜻으로, 자기의 의사를 나타내는 합쇼체의 종결 어미. ¶잊으려면 잊으오리다. 魯-오리다.

-으오리이까〖어미〗'ㄹ'이외의 자음으로 끝난 동사 어간이나 시제의 '-았(었)-'·'-겠-'에 붙어, '그리할까요'의 뜻으로, 자기의 생각에 대한 상대편의 의사를 묻는 합쇼체의 종결 어미. ¶그 약속을 믿으오리이까. 魯-오리이까.

-으오이다〖어미〗'ㄹ'이외의 자음으로 끝난 동사 어간이나 시제의 '-았(었)-'·'-겠-'에 붙어, '그리하겠습니다'의 뜻으로, 자기 의사를 나타내는 합쇼체의 종결 어미. ¶제가 참으오리이다. 魯-오리이다.

-으오이다〖어미〗'ㄹ'이외의 자음으로 끝난 어간이나 시제의 '-았(었)-'·'-겠-'에 붙어, 현재

의 사실을 베풀어 말하는 뜻을 나타내는 합쇼체의 종결 어미. ¶경험이 많으오이다. ㈜-으외다. ㈜-오이다.

-으옵-〔선미〕'ㄹ' 이외의 자음으로 끝난 용언 어간이나 시제의 '-았(었)-'·'-겠-'에 붙어, 공손의 뜻을 나타내는 선어말 어미. ¶받으옵소서. ㈜-옵-.

-으옵니까[-옴-]〔어미〕'-으옵'과 '-나이까'가 합하여 줄어서 된 말. 'ㄹ' 이외의 자음으로 끝난 어간이나 시제의 '-았(었)-'·'-겠-'에 붙어, 현재의 동작이나 상태에 대해 묻는 뜻을 나타내는 합쇼체의 종결 어미. ¶할 일이 많으옵니까? ㈜-옵니까.

-으옵니다[-옴-]〔어미〕'-으옵'과 '-나이다'가 합하여 줄어서 된 말. 'ㄹ' 이외의 자음으로 끝난 어간이나 시제의 '-았(었)-'·'-겠-'에 붙어, 현재의 동작이나 상태를 설명하거나 대답하는 뜻을 나타내는 합쇼체의 종결 어미. ¶밖이 아직 밝으옵니다. ㈜-옵니다.

-으옵디까[-띠-]〔어미〕'-으옵'과 '-더이까'가 합하여 줄어서 된 말. 'ㄹ' 이외의 자음으로 끝난 어간이나 시제의 '-았(었)-'·'-겠-'에 붙어, 상대편이 경험한 과거의 사실에 대해 묻는 뜻을 나타내는 합쇼체의 종결 어미. ¶정말 믿으옵디까?/무슨 부탁의 말씀이 있으옵디까? ㈜-옵디까.

-으옵디다[-띠-]〔어미〕'-으옵'과 '-더이다'가 합하여 줄어서 된 말. 'ㄹ' 이외의 자음으로 끝난 어간이나 시제의 '-았(었)-'·'-겠-'에 붙어, 경험한 과거의 사실을 들어서 말하는 뜻을 나타내는 합쇼체의 종결 어미. ¶물이 차고 맑으옵디다. ㈜-옵디다.

-으외다[-외-/-웨-]〔어미〕〈으오이다〉의 준말.

으음〔감〕①응, 그랬구나. ②마음에 덜 차거나 짜증이 날 때 내는 소리. ¶으음, 겨우 요거야?

-으이〔어미〕자음으로 끝난 형용사 어간에 붙어, 자기 생각에 약간의 느낌을 담아 베풀어 말하는 뜻을 나타내는 하게체의 평서형 종결 어미. ¶이만하도 좋으이. ㈜-의.

으지적〔부〕〔하자토〕단단하고 질긴 물건을 단번에 깨물 때 부서지는 소리. ㈜아지작. **으지적-으지적**〔부〕〔하자토〕

으지적-거리다[-꺼-]〔자토〕자꾸 으지적으지적하다. 으지적대다. ㈜아지작거리다.

으지적-대다[-때-]〔자토〕으지적거리다.

으지직〔부〕〔하자토〕단단하고 질긴 물건이 부서지거나 쭈그러질 때 나는 소리. ¶의자가 으지직 부서졌다. ㈜아지직. **으지직-으지직**〔부〕〔하자토〕

으지직-거리다[-꺼-]〔자토〕자꾸 으지직으지직하다. 으지직대다. ㈜아지직거리다.

으지직-대다[-때-]〔자토〕으지직거리다.

으쩍〔부〕〔하자토〕단단하고 질긴 물건을 으물고 깨무는 소리. ㈜아쩍. **-으쩍**〔부〕〔하자토〕

으츠라-지다〔자〕(푸성귀 따위) 연한 것이 다른 것에 문질리거나 눌리어 부스러지다. 으그러지다.

으흐흐〔부〕짐짓 음침하게 웃는 소리.

윽-물다[응-][~무니·~물어]〔타〕(몹시 아프거나 화가 나거나 또는 단단히 결심을 하거나 할 때) 아래위의 이를 마주 힘 있게 물다. ¶이를 윽물고 분을 참다. ㈜악물다.

윽-물리다[응-][타]〔'윽물다'의 피동〕윽물음을 당하다. ㈜악물리다.

윽-박다[-빡따]〔타〕억지로 짓누르다. 몹시 억누르다.

윽박-지르다[-빡찌-][~지르니·~질러]〔타〕〔르〕심하게 꾸짖거나 다그쳐서 기를 못 펴게 하다. ¶윽박지르지 말고 잘 타일러라.

은〔조〕자음으로 끝난 체언에 붙어, 그 말을 한정 또는 지적하거나, 다른 말과 대조하거나, 때로는 강조하는 뜻을 나타내는 보조사. ¶청소년은 나라의 기둥. /산은 높고, 물은 깊다. /아직 갈 수 없다. ㈜는.

은(恩)〔명〕〈은공〉·〈은덕〉·〈은택〉·〈은혜〉의 준말.

은(殷)〔명〕중국 고대의 왕조 이름. 처음 이름은 상(商), 시조는 탕왕(湯王). 주(周)나라 무왕(武王)에게 멸망당하였음.

은(銀)〔명〕구리족(族)에 딸리는 금속 원소의 한 가지. 청백색의 광택을 가진 귀금속. 전성(展性)과 연성(延性)이 커서 은박(銀箔)을 만들 수 있음. 양도체이며, 가공성과 기계적 성질이 좋아서 공업용 및 장식품·공예품·식기 따위와 사진 공업, 화폐 제조 등에도 쓰임. 〔Ag/47/107.869〕

-은〔어미〕'ㄹ' 이외의 자음으로 끝난 어간에 붙는, 관형사형 전성 어미. ①동사 어간에 붙어, 과거 시제를 나타냄. ¶죽은 사람. ②형용사 어간에 붙어, 현재 시제를 나타냄. ¶맑은 시냇물. ㈜-ㄴ.

-은가〔어미〕'ㄹ' 이외의 자음으로 끝난 형용사의 어간에 붙는, 하게체 또는 해체의 현재 시제 종결 어미. 스스로의 의심이나 손아랫사람에게 묻는 뜻을 나타냄. ¶건강은 좋은가? ㈜-ㄴ가.

은-가락지(銀-)[-찌]〔명〕은으로 만든 가락지. 은지환(銀指環). 은환(銀環).

은-가루(銀-)[-까-]〔명〕①은이 부서진 가루. 은분(銀粉). ¶은가루를 뿌려 놓은 듯한 은하수. ②은을 갈아을 띤 재료로 만든 가루.

은감(殷鑑)〔명〕〔은(殷)나라 사람은 바로 전대의 하(夏)나라가 망한 일을 거울삼으라는 뜻으로〕'거울삼아 경계하여야 할 선례'를 뜻하는 말.

-은감〔어미〕'-은가 뭐'가 줄어서 된 말. 'ㄹ' 이외의 자음으로 끝난 형용사 어간에 붙는, 해체의 현재 시제 종결 어미. 뒤의 사실을 주장하거나 위하여 앞의 사실을 반박하는 뜻을 나타냄. ¶월이가 매일 좋은감, 공치는 날도 있지. ㈜-ㄴ감.

은감불원(殷鑑不遠)〔'시경(詩經)'의 '당편(蕩篇)'에 나오는 말로, 은(殷)나라 사람이 경계해야 할 선례(先例)는 먼 데 있지 않고, 바로 전대(前代)인 하(夏)나라 걸왕(桀王)의 학정(虐政)에 있다는 뜻으로〕'다른 사람의 실패를 자신의 경계로 삼으라'는 말.

은갑(銀甲)〔명〕①비파 따위를 탈 때 손가락에 끼우는 물건. ②은으로 만든 갑옷.

은갱(銀坑)〔명〕은을 파내는 광산의 구덩이.

은거(隱居)〔명〕〔하〕(세상을 피하여) 숨어 삶.

-은걸〔어미〕①'ㄹ' 이외의 자음으로 끝난 어간에 붙는, 해체의 종결 어미. 이미 지난 사실을 새삼스럽게 감탄하거나 상대편에게 깨우쳐 주는 뜻을 나타냄. ¶생각보다 많은걸. ②'ㄹ' 이외의 자음으로 끝난 형용사 어간에 붙는, 종속적 연결 어미. 앞말의 뒷말의 이유나 전제가 됨을 나타냄. ¶싫은걸 어쩌나. ㈜-ㄴ걸.

은격(隱格)[-껵]〔명〕관상에서, 겉으로 나타나지 않은 상격(相格).

은-결(銀-)[-껼]〔명〕☞은물결.

은결-들다(銀-)[~드니·~들어]〔자〕①내부에 상처가 나다. ②원통한 일로 남몰래 속을 썩이다.

은고(恩顧)〔명〕〔하〕특별히 아끼어 돌보아 줌.

-은고(어미) 'ㄹ' 이외의 자음으로 끝난 형용사 어간에 붙는, 해체의 현재 시제 종결 어미. '-은가'보다 예스러운 말투. 점잖게 묻거나 나무라는 뜻을 나타냄. ¶ 왜 이리 말이 많은고. 魯-ㄴ고.

은공(恩功)[명] 은혜와 공로. 魯은(恩).

은광(恩光)[명] ①하늘이 내려 주는 비와 이슬의 은택. ②윗사람이나 임금의 은혜.

은광(銀鑛)[명] ①은을 파내는 광산. 은산(銀山). 은점(銀店). ②은이 들어 있는 광석.

은괴(銀塊)[-괴/-꿰] 은 덩어리. 은 덩이.

은구(銀鉤)[명] ①은으로 만든, 발[簾]을 거는 고리. ②'썩 아름답게 쓴 글씨'를 비유하여 이르는 말. 〔주로, 초서(草書)의 경우에 쓰임.〕

은구(隱溝)[명] 땅속에 묻어서 만든 수채.

은-군자(隱君子)[명] ①부귀와 명예를 구하지 않고 숨어서 사는 군자. ②'국화(菊花)'를 달리 이르는 말. ③☞은군자.

은근(慇懃)[명][하다] ①야단스럽지 않고 꾸준함. ¶ 은근과 끈기. ②겸손하고 정중함. ¶ 그는 만날 때마다 은근하게 인사한다. ③마음속으로 생각하는 정이 깊음. ¶ 그들은 서로 은근한 사이다. ④드러나지 않음. ¶ 은근하게 일을 꾸미다. 은근-히[부] ¶ 은근히 뜻을 전하다.

은근-슬쩍(慇懃-)[부] 은근하게 슬쩍. ¶ 은근슬쩍 길에 휴지를 버리다.

은근-짜(慇懃-)[명] ①①의뭉스러운 사람을 이르는 말. ②'몸을 파는 여자'를 속되게 이르는 말. ②은군자(隱君子).

은금(恩金)[명] 은급(恩給)으로 주던 돈.

은급(恩給)[명] 지난날, 정부가 법정 조건을 갖추어 퇴직한 사람에게 죽을 때까지 주던 연금.

은기(銀器)[명] 은으로 만든 그릇.

은니(銀泥)[명] 은가루를 아교에 개어 만든 물질. 글씨를 쓰거나 그림을 그리는 데 쓰임.

은닉(隱匿)[명][하다][되자] (남의 물건이나 범인 등을) 몰래 감추어 둠.

은닉-죄(隱匿罪)[-죄/-쮀][명] ①〈범인 은닉죄〉의 준말. ②범인이나 장물 따위를 숨겨 감춘 죄.

은닉^행위(隱匿行爲)[-니캥-][명] 상대편과 짜고 어떤 행위를 은폐하거나 위장하여 진실이 드러나지 않게 하는 불법 행위.

은-단풍(銀丹楓)[명] 단풍나뭇과의 낙엽 교목. 미국 원산으로 높이는 40 m가량. 잎은 다섯 갈래로 깊이 갈라진 모양이며 뒷면은 은백색을 띰. 잎보다 먼저 황록색 꽃이 피고, 열매는 늦봄에 익음.

은대(銀帶)[명] 왕조 때, 품대(品帶)의 한 가지. 은으로 새긴 장식을 붙였으며, 정삼품에서 종육품에 이르는 벼슬아치가 허리에 띠던 띠.

은덕(恩德)[명] 은혜와 덕. 은혜로 입은 신세. 魯은(恩).

은덕(隱德)[명] ①숨는 덕행. ②남이 모르게 베푸는 은덕(隱德).

-은데(어미) 'ㄹ' 이외의 자음으로 끝난 형용사 어간에 붙는 연결 어미. ①뒷말을 끌어내기 위하여 어떤 전제를 베풀어 나타내는 종속적 연결 어미. ¶ 몸집은 작은데 힘은 장사다. ②어떤 사실에 대하여 남의 동의나 의견을 구하는 투로, 가벼운 느낌을 담아 나타낼 때 쓰는 종결 어미. ¶ 경치가 참 좋은데. 魯-ㄴ데.

은도(銀濤)[명] ☞은물결.

은-도금(銀鍍金)[명][하다] 다른 금속의 표면에 은을 입힘, 또는 그 일.

은-돈(銀-)[명] 은으로 만든 돈, 또는 은을 섞어 합금으로 만든 돈. 은자. 은전. 은화.

은-동거리(銀-)[명] 은을 물린 동거리. 魯은목.

은-동곳(銀-)[-곧][명] 은으로 된 동곳. * 은동곳이[-고시]·은동곳만[-곤-]

은-두구리(銀-)[명] 은으로 된 약두구리.

은두^꽃차례(隱頭-次例)[-꼳-][명] ☞은두 화서.

은두^화서(隱頭花序)[명] 유한 꽃차례의 한 가지. 꽃대와 꽃턱이 살지고 꽃턱이 항아리처럼 깊이 들어가, 그 안에서 꽃이 피므로 겉에서는 꽃이 보이지 않는 꽃차례. 〔무화과가 대표적임.〕은두 꽃차례.

은둔(隱遁·隱遯)[명][하다] 세상을 피하여 숨음. 둔피(遁避). ¶ 은둔 생활.

은둔-사상(隱遁思想)[명] 속세와 인연을 끊고 숨어 살려는 생각. 둔피사상(遁避思想).

-은들(어미) 'ㄹ' 이외의 자음으로 끝난 어간에 붙는 종속적 연결 어미. '-다 할지라도 어찌'의 뜻으로, 일부 말에 매이지 아니함을 나타냄. ¶ 강이 아무리 넓은들 바다만 하랴. 魯-ㄴ들.

은-딱지(銀-)[-찌][명] 은으로 된 몸시계의 껍데기.

은딴[명] 딴꾼의 우두머리.

은랍(銀鑞)[을-][명] 땜납의 한 가지. 은과 구리가 주성분이며, 아연·카드뮴·인 등을 더하여 연성(軟性)을 좋게 한 합금. 동·동합금은·은·철강 등의 납땜에 쓰임.

은령(銀嶺)[을-][명] '눈이 하얗게 덮인 산'을 아름답게 이르는 말.

은로(銀露)[을-][명] '달빛에 은빛으로 빛나는 이슬'을 아름답게 이르는 말.

은록(恩祿)[을-][명] 임금이 주는 녹봉(祿俸).

은루(隱漏)[을-][명][하다] 지난날, 논밭을 숨기고 양안(量案)에 올리지 않던 일.

은류(隱流)[을-][명][하다] 보이지 않게 속으로 흐름.

은륜(銀輪)[을-][명] 〔은으로 만든 바퀴라는 뜻으로〕'자전거'를 아름답게 이르는 말.

은린(銀鱗)[을-][명] 〔은빛 나는 비늘이라는 뜻으로〕'물고기'를 아름답게 이르는 말.

은린-옥척(銀鱗玉尺)[을-][명] 〔비늘이 은빛으로 번쩍이는 옥 같은 큰 물고기라는 뜻으로〕'싱싱하고 아름다운 큰 물고기'를 비유하여 이르는 말.

은막(銀幕)[명] ①'영사막'을 달리 이르는 말. ②'영화계'를 비유하여 이르는 말. ¶ 은막의 여왕.

은맥(銀脈)[명] 은의 광맥. 은줄1.

은-메달(銀medal)[명] ①은으로 만들거나 은도금(銀鍍金)한 메달. ②각종 운동 경기나 기능 대회 같은 데서 2위 입상자에게 주어지는 은빛 메달. 魯금메달·동메달.

은명(恩命)[명] 임금이 임관(任官)이나 유죄(有罪)에 관하여 내리던 명령.

은-목감이(銀-)[-까미][명] (담배물부리 따위의) 목을 은으로 감은 것.

은문(恩門)[명] 고려 시대에, 감시(監試)에 급제한 사람이 '시관(試官)'을 높이어 이르던 말. 좌주(座主).

은-물(銀-)[명] 불에 녹아서 유동체로 된 은.

은-물결(銀-)[-껼][명] 달빛을 받아 은빛으로 반짝이는 물결. 은결. 은도(銀濤). 은파(銀波).

은미(隱微)[명] 〈은미하다〉의 어근.

은미-하다(隱微-)[형여] ①희미하여 나타나지 않다. ②속이 깊어서 알기 어렵다.

은밀(隱密) '은밀하다'의 어근.

은밀-하다(隱密-)〖형어〗 (생각이나 행동 따위를) 숨겨서 형적이 드러나지 아니하다. ¶은밀한 관계. /은밀한 이야기. 은밀-히〖부〗 ¶ 마약을 은밀히 거래하다.

-은밖에 'ㄹ'이외의 자음으로 끝난 동사 어간이나 시제의 '-았(었)-' 뒤에 붙는, 종속적 연결 어미. '하였더니'·'어떠어떠하니까'의 뜻으로, 앞말에 대하여 뒷말이 보충 설명의 관계에 있음을 나타냄. ¶내가 읽은바 정말 좋은 책이더라. 참-ㄴ바.

은박(銀箔)〖하타〗(비단이나 책 따위에) 은박지로 글자나 문양을 박아 넣음, 또는 그것. ¶은박을 박다. /은박을 입히다. ②☞은박지.

은박-지(銀箔紙)[-찌]〖명〗 은을 종이처럼 아주 얇게 늘인 것. 흔히, 모조 은박이나 기타 금속박을 이용함. 은박. 참은지.

은반(銀盤)〖명〗①은으로 만든 쟁반. ②'둥근달'을 아름답게 이르는 말. ③'맑고 깨끗한 얼음판'을 아름답게 이르는 말. 주로, 빙상 경기장이나 아이스 쇼의 무대를 가리킴. ¶은반의 요정.

은반-계(銀盤界)[-계/-게]〖명〗 빙상 경기 선수들의 세계.

은-반상(銀飯床)〖명〗 은으로 만든 반상.

은반위구(恩反爲仇)〖하자〗 은혜가 도리어 원수가 됨.

은-반지(銀斑指)〖명〗 은으로 만든 반지.

은발(銀髮)〖명〗①'백발(白髮)'을 아름답게 이르는 말. ¶은발의 노신사. ②은백색의 머리털.

은방(銀房)[-빵]〖명〗 금이나 은 따위로 장식물을 만들어 파는 가게.

은방울-꽃(銀-)[-꼳]〖명〗 백합과의 다년초. 산에 절로 나는데, 잎이 뿌리에서 두세 개 남. 5월경에 잎 사이에서 꽃줄기가 나와 방울 모양의 회고 작은 꽃이 핌. 열매와 뿌리는 한방에서 약재로 쓰임. * 은방울꽃이[-꼬치]·은방울꽃만[-꼰-]

은배(銀杯·銀盃)〖명〗 은으로 만들거나 은도금한 잔 또는 상배(賞杯). 은잔(銀盞).

은백-색(銀白色)[-쌕]〖명〗 은빛이 도는 흰색.

은-백양(銀白楊)〖명〗 버드나뭇과의 낙엽 교목. 유럽 중부에서 아시아 중부까지 분포하는데 높이 20 m, 지름 50 cm 이상 자람. 나무껍질은 회백색이고 잎은 달걀 모양임. 잎 뒷면에 은백색 털이 빽빽이 나 있음. 꽃은 4월에 피고 열매는 5월에 익음.

은벽(隱僻)〖명〗 '은벽하다'의 어근.

은벽-하다(隱僻-)[-벼카-]〖형어〗 사람의 왕래가 드물고 구석지다. ¶외지고 은벽한 곳에 살다.

은병(銀甁)〖명〗①은으로 만든 병, 또는 은도금한 병. ②고려 시대에 쓰던 화폐의 한 가지. 은 한 근으로 나라의 지형을 상징하여 만든 병인데, 그 가치는 일정하지 않아 쌀 열다섯 섬에서 쉰 섬 사이를 오르내렸음.

은복(隱伏)〖하자〗①숨어 엎드림. ②사람이 안 보이게 숨어 있음.

은^본위제(銀本位制)〖명〗 일정량의 은을 본위 화폐로 하는 화폐 제도.

은봉(銀-)[-뿡]〖명〗 미술 장식품 따위에 은을 새겨 박은 것.

은봉(隱鋒)〖명〗 해서(楷書)를 쓸 때, 예리한 규각(圭角)을 나타내지 아니하고 부드러운 형태로 쓰는 서법(書法).

은-봉채(銀鳳釵)〖명〗 봉의 머리 모양으로 꼭지를 조각한 은비녀.

은부(殷富) '은부하다'의 어근.

은부-하다(殷富-)〖형어〗 풍성하고 넉넉하다.

은분(銀粉)〖명〗 은가루.

은-붙이(銀-)[-부치]〖명〗 은으로 만든 물건을 통틀어 이르는 말.

은비(隱庇)〖하타〗 보호하여 덮어 줌.

은-비녀(銀-)〖명〗 은으로 만든 비녀. 은잠(銀簪). 은채(銀釵).

은-빛(銀-)[-삣]〖명〗 은과 같은 빛깔. 은색(銀色). * 은빛이[-삐치]·은빛만[-삔-]

은사(恩師)〖명〗①(은혜를 베풀어 준 스승이라는 뜻으로〕'스승'을 감사한 마음으로 이르는 말. ②불교에서, 자기를 출가시켜 길러 준 스님을 이르는 말.

은사(恩赦)〖하타〗 왕조 때, 나라에 경사가 있을 경우 죄가 가벼운 죄인을 석방하던 일.

은사(恩賜)〖하타〗 임금이 신하나 백성에게 물건을 내려 줌, 또는 그 물건.

은사(銀沙)〖명〗'은빛같이 흰 모래'를 아름답게 이르는 말.

은사(銀絲)〖명〗 은실.

은사(隱士)〖명〗 벼슬을 하지 않고 숨어 사는 학덕이 높은 선비.

은사(隱私)〖명〗 감추고 있는 사사로운 일.

은사(隱事)〖명〗 숨기어 두고 남에게 드러내지 않는 일. 비밀로 하여 감추어야 할 일.

은-사시나무(銀-)〖명〗 버드나뭇과의 낙엽 교목. 한국산 사시나무와 미국산 은백양 사이에서 생긴 천연 잡종. 잎의 겉모양은 달걀 모양에 톱니가 있으며, 뒷면은 은백양처럼 흰 털로 덮여 있음.

은사-죽음(隱事-)〖하자〗 마땅히 보람이 나타나야 할 일이 나타나지 않고 마는 일.

은산(銀山)〖명〗☞은광(銀鑛).

은산덕해(恩山德海)[-떠캐]〖명〗 산같이 큰 은혜와 바다같이 너른 덕.

은-살대(隱-)[-때]〖명〗 두 널빤지를 맞붙이기 위해 쓰이는 가늘고 납작한 나무쪽. 맞붙일 부분의 가운데에 은장홈을 내고 은살대를 끼워 맞춤.

은상(恩賞)〖하타〗 (공을 기리어) 임금이 상을 내림, 또는 그 상.

은상(銀賞)〖명〗 (상의 등급을 금·은·동의 차례로 나누었을 때의) 2등상.

은상(銀霜)〖명〗☞백영사(白靈砂).

은색(銀色)〖명〗 은빛.

은서(隱棲)〖명〗 세상을 피해 숨어 삶.

은설(銀屑)〖명〗 한방에서, 은의 부스러기를 약재로 이르는 말. 해열·해독에 쓰임.

은-섭옥(銀鑷玉)〖명〗 섭옥잠처럼 만든 은비녀.

은성(殷盛)〖하형〗 번화하고 성함.

은-세계(銀世界)[-계/-게]〖명〗 눈이 내려 사방이 온통 은백색으로 덮인 천지를 이르는 말.

은^세:공(銀細工)〖명〗 은을 재료로 한 세공.

은-수복(銀壽福)〖명〗(그릇이나 수저 따위에) '壽福'이란 글자를 은으로 박아 넣어 새긴 장식.

은-수저(銀-)〖명〗 은으로 만든 숟가락과 젓가락.

은신(隱身)〖하자〗 몸을 숨김. ¶친구 집에 은신하고 있다. ☞피신.

은신-처(隱身處)〖명〗 몸을 숨기는 곳. ¶ 범인에게 은신처를 제공하다.

은-실(銀-)〖명〗 은을 얇게 입힌 실, 또는 종이 따위 위에 은을 입혀 가늘게 썬 것. 은사(銀絲).

은애(恩愛)〖명〗①은혜와 도타운 애정. ②〖하타〗불교에서, 부모 자식 사이나 부부 사이에 못내 사랑하는 정을 이르는 말.

은약(隱約)몜혭 ①뚜렷이 알 수 없음. 분명하지 않음. ②말은 간략하나 뜻이 깊음.

은어(銀魚)몜 바다빙엇과의 민물고기. 몸길이 20~30 cm. 몸은 가늘고 길며 몸빛은 어두운 녹색을 띤 회색. 자갈이 깔려 있는 맑은 강에 삶. 치어(稚魚)는 바다에서 지내고 이른 봄에 강을 거슬러 올라와 알을 낳음. 일본·만주·대만 등지에 분포함.

은어(隱語)몜 특수한 집단이나 계층 또는 사회에서, 남이 모르게 자기네끼리만 쓰는 말. 참곁말·변말.

은어-받이[-바지]몜 음력 시월 보름께, 함경도 앞바다로 도루묵 떼를 쫓아 몰려드는 몸집이 큰 명태의 때. 〔함경도 방언으로 '도루묵'을 '은어'라고 함.〕

은연(隱然) '은연하다'의 어근.

은연-중(隱然中)뷔 은연한 가운데. 남이 모르는 동안에.《주로, '은연중에'의 꼴로 쓰임.》¶ 그 연중에 깊어진 정(情).

은연-하다(隱然-)혭 ①그윽하고 은근하다. ②겉으로 드러나지 아니하다. 은은하다. ¶ 남을 구제하는 일일수록 은연하게 해야 한다. 은연-히뷔.

은영(恩榮)몜 임금의 은혜를 입은 영광.

은영(隱映)몜혭 은은하게 비침.

은-오절(隱五節)몜 화살대 다섯 마디 가운데 상사에 가려진 절명.

은-옥색(銀玉色)[-쌕] 엷은 옥색.

은-옥색(銀玉色)[-쌕]몜 은은한 옥색.

은우(恩遇)몜혭 은혜로써 대우함, 또는 그런 대우.

은우(隱憂)몜 남모르게 혼자 하는 근심.

은원(恩怨)몜 은혜와 원한.

은위(恩威)몜 은혜와 위엄.

은위-병행(恩威竝行)몜혭 은혜와 위엄을 아울러 베풂.

은유(隱喩)몜 ①암유. ②<은유법(隱喩法)>의 준말.

은유-법(隱喩法)[-뻡]몜 수사법상 비유법의 한 가지. 본뜻은 숨기고 비유하는 형상만 드러내어, 표현하려는 대상을 설명하거나 그 특질을 묘사하는 표현 방법. 〔'내 마음은 호수' 따위.〕참은유(隱喩).

은율^탈:춤(殷栗-)몜 황해도 은율 지방에 전해 내려오는 가면극. 가면은 모두 종이로 만들어 씀. 중요 무형 문화재 제61호.

은은(殷殷) '은은(殷殷)하다'의 어근.

은은(隱隱) '은은(隱隱)하다'의 어근.

은은-하다(殷殷-)혭 ①겉으로 뚜렷하게 드러나지 않고 어슴푸레하여 흐릿하다. ¶ 창에 은하게 비치는 달빛. ②(대포나 천둥 따위) 멀리서 들려오는 소리가 크고 웅장하다. ¶ 은은한 대포 소리. 은은-히뷔.

은은-하다(隱隱-)혭 (먼 데서 울리어 들려오는 소리가) 들릴락 말락 하게 아득하다. 은은-히뷔 ¶ 은은히 들려오는 종소리.

은의(恩義)[-의/-이]몜 은혜와 의리, 또는 갚아야 할 의리 있는 은혜. ¶ 은의를 입다.

은익(銀翼)몜 ①(비행기의) 은빛 날개. ②'비행기'를 멋스럽게 이르는 말.

은익(隱匿)몜혭되혭 '은닉'의 잘못.

은인(恩人)몜 은혜를 베풀어 준 사람. 신세를 진 사람. ¶ 생명의 은인.

은인(隱人)몜 속세를 떠나 초야에 묻혀 사는 사람. 은자(隱者).

은인(隱忍)몜혭 괴로움을 참고 견디어 겉으로 드러내지 않음.

은인-자중(隱忍自重)몜혭 마음속으로 참으며, 몸가짐을 신중히 함. ¶ 아무쪼록 은인자중 하소서.

은일(隱逸)몜 ①혭자세상을 피하여 숨어 삶, 또는 그 사람. ②지난날, 은거하는 학자로서 임금이 특별히 벼슬을 내린 사람.

은자(隱子)몜 은돈.

은자(隱者)몜 ☞은인(隱人).

은잔(銀盞)몜 은으로 만든 술잔. 은배(銀杯).

은잠(銀簪)몜 ①은비녀. 은채(銀釵). ②은으로 만든 뒤꽂이.

은장(隱-)몜 목공에서, 각재나 판재(板材)를 이을 때, 두 나무에 같은 모양의 홈을 파고 거기에 걸어 끼우는, 나비 모양의 나무쪽. 나비장.

은장(銀匠)몜 은장이.

은-장도(銀粧刀)몜 ①노리개로 차던, 칼자루와 칼집을 은으로 장식한 작은 칼. ②의장의 한 가지. 나무로 만들고 칼집에 여러 가지 무늬를 아로새겼으며 몸에 은칠을 하고 끈을 달았음.

은-장색(銀匠色)몜 ☞은장이.

은-장이(銀-)몜 은을 세공이나 놋그릇 따위를 만드는 기술자. 은장. 은장색.

은장-홈(隱-)몜 두 목재를 마주 이을 때, 맞붙는 면을 은살대가 끼이도록 파낸 홈.

은재(隱才)몜 숨은 재주, 또는 숨은 재주가 있는 사람.

은-저울(銀-)몜 금이나 은 따위를 다는 작은 저울. 은칭(銀秤). 은형(銀衡).

은적(隱跡·隱迹)몜혭 종적을 감춤.

은전(恩典)몜 ①온정 있는 조처(措處). 특별한 배려. ¶ 집행 유예의 은전. ②은혜를 베푸는 일.

은전(銀錢)몜 은돈.

은점(銀店)몜 ☞은광(銀鑛).

은정(恩情)몜 사랑을 베푸는 마음. 은혜로운 마음.

은정(隱釘)몜 ☞은혈못.

은제(銀製)몜 은으로 만듦, 또는 그런 물건. ¶ 제의 비녀.

은제-마(銀蹄馬)몜 ☞사족발이.

은조-사(銀造紗·銀條紗)몜 중국에서 나던 사(紗)의 한 가지. 여름 옷감으로 썼음.

은족-반(銀足盤)[-빤]몜 다리 대신 편평한 받침을 붙인 둥근 소반.

은졸(隱卒)몜혭 공신이 죽었을 때, 임금이 애도의 뜻을 표하던 일.

은졸지전(隱卒之典)[-찌-]몜 왕조 때, 시호 따위를 주어서 은졸의 특전을 베풀던 일.

은종(隱腫)몜 속으로 곪아 겉으로 드러나지 않는 종기.

은-종이(銀-)몜 ①은가루나 은박을 입혀서 만든 종이. ②납과 주석의 합금을 종이처럼 얇게 펴서 만든 것. 은지(銀紙).

은주(銀朱·銀硃)몜 수은으로 된 주사(朱砂). 주묵(朱墨)이나 약재로 쓰임.

은-죽절(銀竹節)[-쩔]몜 가는 대나무처럼 마디를 넣어 만든 은비녀.

은-줄(銀-)[-쭐]몜 ☞은맥(銀脈).

은-줄(銀-)몜몜 은으로 만든 줄.

은중-부(銀重符)몜 드나드는 방문의 안쪽 위의 인방(引枋)이나 그 위에 붙여서 액(厄)을 막는다는 부적(符籍).

은중-태산(恩重泰山)몜 '은혜가 태산같이 큼'을 이르는 말.

-은즉어미 'ㄹ' 이외의 자음으로 끝난 어간이나 시제의 '-았(었)-'에 붙는, 종속적 연결 어미. 앞말이 뒷말의 이유나 원인 또는 가정이나 조건이 됨을 나타냄. ¶이제 위험한 고비는 넘겼은즉 안심하시오.

-은즉슨[-쓴]어미 '-은즉'의 힘줌말.

은지(銀紙)명 은종이.

-은지어미 'ㄹ' 이외의 자음으로 끝난 형용사 어간에 붙어, 막연한 의문을 나타내는 해체의 연결 어미 또는 종결 어미. ¶산이 어떻게나 높은지. 참-ㄴ지.

-은지고어미 'ㄹ' 이외의 자음으로 끝난 형용사 어간에 붙어, 스스로의 느낌을 영탄조로 나타내는 예스러운 말투의 종결 어미. ¶오, 가엾은지고. 참-ㄴ지고.

-은지라어미 'ㄹ' 이외의 자음으로 끝난 어간에 붙는 종속적 연결 어미. '-(으)므로'의 뜻으로, 앞말이 뒷말의 이유나 전제가 됨을 나타냄. 〔동사 어간 뒤에서는 과거 시제를 나타내고, 형용사 어간 뒤에서는 현재 시제를 나타냄.〕¶그는 마음이 좋은지라 친구가 많다. 참-ㄴ지라.

은-지환(銀指環)명 은가락지.

은진(殷賑)명 '은진하다'의 어근.

은진(癮疹)명 한방(韓方)에서, '두드러기'를 이르는 말.

은진-하다(殷賑-)형여 흥성흥성하다.

은짬[-짬] 명 은밀한 대목. ¶은짬을 남긴 발표.

은채(銀釵)명 은비녀.

은초(銀-)명 ①백랍으로 만든 초. ②깨끗이 비치는 촛불. ②은촉.

은초(銀硝)명 질산칼륨. 초석(硝石).

은촉(銀燭)명 ⇨은초.

은총(恩寵)명 ①높은 사람에게서 받는 특별한 사랑. ②기독교에서, 하나님이 인간에게 내리는 은혜를 이르는 말. ¶그리스도의 죽음은 인류의 죄를 구속(救贖)하려는 하나님의 은총입니다.

은-총이(銀-)명 불알이 흰 말.

은침(銀鍼)명 은으로 만든 침.

은칭(銀秤)명 은저울.

은-커녕조 '커녕'의 힘줌말. ¶술값은커녕 차비도 없다.

은택(恩澤)명 은혜로운 덕택. ②은(恩).

은-태(銀-)명 은으로 만들거나 은으로 도금한 테. ¶은테 안경.

은토(銀兔)명 ①달 속에 있다는 전설의 토끼. ②'달'을 달리 이르는 말. ③'흰 토끼'를 아름답게 이르는 말.

은퇴(隱退)[-퇴/-퉤]명하자 직임(職任)에서 물러남, 또는 물러나서 한가로이 삶. 퇴은. ¶공직에서 은퇴하다. 참인퇴(引退).

은파(銀波)명 은물결.

은폐(隱蔽)[-폐/-폐]명하다 되다 ①덮어 감추거나 가리어 숨김. ¶비위 사실을 은폐하다. ②군에서, 병력이나 장비 등을 적에게 노출되지 않게 함. ¶위장막으로 장비를 은폐하다. 참엄폐(掩蔽).

은피(隱避)명하다 피하여 숨음.

은하(銀河)명 ①맑은 날 밤, 흰 구름 모양으로 길게 남북으로 보이는 수많은 행성의 무리. 은하수(銀河水). 은하(銀漢). 성하(星河). 천하(天漢). 참천하(天河). ②은하수에 있다는 전설상의 맑은 물.

은하-계(銀河系)[-계/-게]명 태양계가 딸려 있는 수많은 항성과 성운의 집단.

은하-수(銀河水)명 '은하'를 강물에 비유하여 이르는 말. 하한(河漢).

은하^작교(銀河鵲橋)[-꾜]명 ⇨오작교(烏鵲橋).

은한(銀漢)명 ⇨은하(銀河).

은합(銀盒)명 은으로 만든 합(盒).

은행(銀行)명 ①일반인의 예금을 맡고 다른 데 대부하는 일, 유가 증권을 발행·관리하는 일 등을 하는 금융 기관. 〔보통 은행과 특수 은행의 구별이 있음.〕②갑자기 필요한 것이나 모자라는 것 등을 모아서 보관하는 조직이나 체계. ¶문제 은행. /골수 은행.

은행(銀杏)명 은행나무의 열매. 백과(白果).

은행-가(銀行家)명 은행을 경영하는 사람.

은행-가(銀行街)명 ①은행이 많이 모여 있는 거리. ②은행을 비롯한 금융업계.

은행^공황(銀行恐慌)명 경제 위기로 신용이 동요됨에 따라, 은행에 예금의 지급 청구가 한꺼번에 몰리어 은행이 청구대로 지급할 수 없게 되는 상태. 금융 공황.

은행-권(銀行券)[-꿘]명 한 나라의 특정 은행이 발행하는 지폐. 〔우리나라의 경우 한국은행이 발행함.〕은행 지폐.

은행-나무(銀杏-)명 은행나뭇과의 낙엽 교목. 중국 원산으로 높이는 30 m가량 자람. 흔히, 가로수나 정자나무로 심는데 암수딴그루임. 잎은 부채 모양이며 서리를 맞으면 노랗게 단풍이 듦. 4월경에 녹황색 꽃이 피고 열매는 10월경에 노랗게 익는데 씨의 배젖은 먹음. 나무는 가구 재료 등으로 쓰임. 공손수(公孫樹).

은행-법(銀行法)[-뻡]명 은행의 설립이나 업무·경영 등에 관한 것을 규정하는 법률.

은행^수표(銀行手票)명 예금자가 그 은행 앞으로 발행하는 지급 위탁서.

은행^어음(銀行-)명 은행이 그 지점이나 거래처 앞으로 발행한 어음, 또는 다른 곳에서 발행된 것의 지급 의무를 인수한 어음. ↔개인어음.

은행-원(銀行員)명 은행의 업무를 맡아보는 직원. ②행원(行員).

은행^이율(銀行利率)명 중앙은행이 주로 일정한 조건을 갖춘 어음을 할인하는 이율.

은행-장(銀行長)명 보통 은행의 직무상의 최고 책임자. 은행장.

은행^준:비금(銀行準備金)명 ⇨지급 준비금.

은행^지폐(銀行紙幣)[-폐/-페]명 ⇨은행권(銀行券).

은행^할인(銀行割引)명 은행이 하는 어음의 할인. 어음의 기일 지급 금액을 원금으로 하여 할인료를 계산함.

은행-환(銀行換)명 은행에서 발행하는 환전표.

은허(殷墟)명 중국 허난 성(河南省) 안양 현(安陽縣)에서 발견된, 은나라 중기 이후의 도읍의 유적. 땅속에 궁전 터 및 크고 작은 고분이 있고, 갑골 문자(甲骨文字)를 새긴 귀갑(龜甲)·수골(獸骨)·동기(銅器)·토기·골기(骨器)·석기 등이 출토됨.

은허^문자(殷墟文字)[-짜]명 은허에서 나온, 거북의 딱지나 짐승의 뼈에 새겨진 상형 문자. 갑골 문자.

은현(隱現·隱顯)명하자 숨었다 나타났다 함, 또는 그런 일.

은현-잉크(隱現ink)명 쓴 그대로는 보이지 않으나, 불에 쬐거나 화학 약품을 바르거나 하면 써 놓은 것이 나타나게 만든 잉크.

은혈(銀穴)명 은을 캐내는 굴. 은광 구덩이.

은혈(隱穴)명 ①겉으로 드러나 있지 않은 구멍.
②비밀스레 서로 통하는 것.

은혈-로(隱穴-)부 남이 모르도록 몰래. ¶ 떳떳
하지 못하게 은혈로 처리하다.

은혈-못(隱穴-)[-몯]명 (못을 박은 흔적이 보
이지 않게) 은혈에 박는 나무못. 은정(隱釘).
* 은혈못이[-모시]·은혈못만[-몬-]

은혈-장색(隱穴匠色)명 은혈장식을 전문으로
만드는 사람.

은혈-장식(隱穴裝飾)명 (세간 따위의 장식을)
겉에서 보이지 않게 은혈로 박는 장식.

은형(銀衡)명 은저울.

은혜(恩惠)[-혜/-헤]명 ①고맙게 베풀어 주는
신세나 혜택. ¶ 스승의 은혜. /은혜를 베풀다.
준-은(恩). ②기독교에서, '하나님이 인간에게
베푸는 사랑'을 이름.

은혜-롭다(恩惠-)[-혜-따/-헤-따][~로우니·
~로워]형ㅂ 은혜가 크다. 남의 은혜를 입어서
매우 고맙게 느끼다. ¶ 은혜로운 사랑. 은혜로
이부.

은혼-식(銀婚式)명 결혼기념식의 한 가지. 서양
풍속으로, 결혼 25주년을 맞아 베푸는 기념 의
식. 참진주혼식(眞珠婚式).

은홍-색(殷紅色)명 짙은 검붉은 빛깔.

은화(恩化)명하자 은혜로 교화시킴, 또는 그
교화.

은화(銀貨)명 은돈.

은화-식물(隱花植物)[-싱-]명 ☞포자식물(胞
子植物). ↔현화식물.

은환(銀環)명 ①은으로 만든 고리. ②은가락지.
은지환(銀指環).

은-회색(銀灰色)[-회-/-훼-]명 은빛이 나는
회색.

은휘(隱諱)명하타 꺼리어 숨김.

은휼(恩恤)명하타 사랑으로 남을 도움.

을조 ①자음으로 끝난 체언이나 용언의 명사형
에 붙어, 그 말이 행위의 목적물이 되게 하는
목적격 조사. ¶ 강을 건너다. /잠을 자다. /즐거
움을 맛보다. ②자음으로 끝난 일부 부사 뒤에
붙어, 강조하는 뜻을 나타내는 보조사. ¶ 먹고
싶은 대로 맘껏을 먹어라. 참을.

을(乙)명 ①십간(十干)의 둘째. ②(십간의 차례
로, 등급이나 차례를 매길 때) '둘째'를 이르
는 말. ③〈을방(乙方)〉의 준말 ④〈을시(乙時)〉
의 준말. ⑤둘 이상의 사람이나 사물이 있을
때, 그 하나의 이름에 대신하여 이르는 말. ¶ 건
물주를 갑(甲), 입주자를 을이라 칭한다.

-을어미 'ㄹ' 이외의 자음으로 끝난 어간이나
시제의 '-았(었)-'에 붙는, 관형사형 전성 어
미. ①추측·예정·의지·가능성 등의 속뜻을 지
니면서 미래 시제를 나타냄. ¶ 그렇게 말하면
모두 믿을 것이다. ②시제 관념 없이 추측하는
는 가능성만을 나타냄. ¶ 더 이상 참을 수 있을
다. ③시간을 뜻하는 명사(때·적·제·무렵 따
위) 앞에서, 시제 기능 없이 다만 뒷말을 꾸미
는 구실을 함. ¶ 미소 지을 참을 예쁘다. ④시
제 관념 없이, 그것이 일반적 사실임을 나타
냄. ¶ 입을 웃가지. 참-ㄹ.

-을거나[-꺼-]어미 'ㄹ' 이외의 자음으로 끝난
동사 어간이나 시제의 '-았(었)-'·'-겠'에 붙는,
문어 투의 감탄형 종결 어미. 그렇게 하고 싶다
는 스스로의 뜻을 나타냄. ¶ 고향 떠나 떠도는
몸, 떨어진 짚신으로나 친구 삼을거나. 참-ㄹ거나.

-을걸[-껄]어미 '-을 것이'가 줄어서 된 말.
'ㄹ' 이외의 자음으로 끝난 어간 또는 시제의

'-았(었)-'에 붙는, 해체의 종결 어미. ①미루
어 생각하는 뜻을 나타냄. ¶ 이미 떠나고 없을
걸. ②지난 일에 대한 후회나 아쉬움의 뜻을
토로하는 투로 나타냄. ¶ 집에서 책이나 읽을
걸. 참-ㄹ걸.

-을게[-께]어미 'ㄹ' 이외의 자음으로 끝난 동
사 어간에 붙는, 하게체 또는 해체의 종결 어
미. 자기의 의사를 드러내어 상대편에게 약속
하거나 동의를 구하는 뜻을 나타냄. ¶ 그 일은
내가 맡을게. 참-ㄹ게.

을과(乙科)명 조선 시대에, 과거의 복시(覆試)
합격자에게 예조(禮曹)에서 전시(殿試)를 보
여, 성적순에 따라 갑·을·병으로 분류하던 중
의 둘째 등급. 참갑과·병과.

을근-거리다자 자꾸 을근을근하다. 을근대다.
¶ 마주치기만 하면 으레 을근거리는 사이다.

을근-대다자 을근거리다.

을근-을근부어미 미워하는 마음에서 은근히 자
꾸 으르는 모양.

-을까어미 'ㄹ' 이외의 자음으로 끝난 어간 또
는 시제의 '-았(었)-'에 붙는, 해체의 종결 어
미. ①앞일을 짐작하여 말하는 뜻을 나타냄.
¶ 지금쯤 도착했을까? ②행동 주체의 의사를
나타냄. ¶ 정원에 꽃씨를 심을까? ③의지나
가능성을 나타냄. ¶ 얼마나 보고 싶을까? ④현
재 정해지지 않은 일에 대하여 자기나 상대편
의 의사를 묻는 뜻을 나타냄. (주로, '-을까 하
다'·'-을까 싶다'·'-을까 보다'의 꼴로 쓰임.)
¶ 이 사탕은 내가 먹을까 보다. /내일은 화단
에 꽃씨나 심을까 한다. 참-ㄹ까.

-을꼬어미 'ㄹ' 이외의 자음으로 끝난 어간 또
는 시제의 '-았(었)-'에 붙는, 해체의 의문형
종결 어미. '-을까'보다 예스러운 말씨. ①추측
하여 묻는 뜻을 나타냄. ¶ 어디쯤 가고 있을
꼬? ②자기의 의지를 스스로 묻거나 상대편과
상의하는 투로 묻는 뜻을 나타냄. ¶ 어떤 음악
을 들을꼬? ③가능성 여부를 묻는 뜻을 나타
냄. ¶ 이번에는 원하는 학교에 합격할 수 있을
꼬? 참-ㄹ꼬.

-을는지[-른-]어미 'ㄹ' 이외의 자음으로 끝
난 어간이나 시제의 '-았(었)-'에 붙는, 종결
어미 또는 연결 어미. 행동 주체의 의지나 추
측·가능성 여부를 묻는 뜻을 나타냄. ¶ 그 애
가 이 책을 능히 읽을는지. /다시 만날 수 있을
는지 기약할 수 없구나. 참-ㄹ는지.

-을라어미 'ㄹ' 이외의 자음으로 끝난 동사 또
는 일부 형용사 어간이나 시제의 '-았(었)-'에
붙는, 해라체의 종결 어미. 그리될까 염려하는
뜻을 나타냄. ¶ 늑장 부리다가 시간에 늦을라.
참-ㄹ라.

-을라고어미 'ㄹ' 이외의 자음으로 끝난 어간
또는 시제의 '-았(었)-'에 붙는, 해체의 종결
어미. ①그 사실을 의심하면서, 상대편에게 되
묻는 뜻을 나타냄. ¶ 그 주제에 아는 게 있을
라고? ②상대편을 타이를 목적으로, 그 일보다
더한 일이 있다는 것을 강조하는 뜻으로 쓰임. ¶ 그
만 일로 너무 서러워 말게. 자식 잃은 나 같은
사람도 있을라고. ③반문하는 형식이되, 물음의
뜻은 같이 사실(상황)을 감탄조로 인정하는 뜻
을 나타냄. ¶ 당선이 되면야 오죽이나 좋을라
고. 참-ㄹ라고.

-을라치면어미 'ㄹ' 이외의 자음으로 끝난 동
사 어간에 붙는, 종속적 연결 어미. '-으면'의
뜻으로, 뒤의 사실을 전제로 한 가정적 조건임
을 나타냄. 참-ㄹ라치면.

-을락[어미] '르' 이외의 자음으로 끝난 일부 동사 어간이나 시제의 '-았-'에 붙는 연결 어미. 주로, '-을락 말락'의 꼴로 쓰이어, 거의 되려다 말고 되려다 말고 함을 나타냄. ¶선반에 달닿을락 말락 한 키. 魯-ㄹ락.

을람(乙覽)[명][옛]〈을야지람(乙夜之覽)〉의 준말.

을랑[조] 일부 자음으로 끝난 체언에 붙어, '은·는'의 뜻으로 특별히 지정하여 강조하는 뜻을 나타내는 보조사. ¶집안 걱정을랑 말고 공부에만 힘써라.

-을래[어미] '르' 이외의 자음으로 끝난 동사 어간에 붙는, 해체의 종결 어미. 앞으로 할 일에 대해 자기의 의사를 잘라 말하거나, 상대편의 의사를 묻는 뜻을 나타냄. ¶속이 불편해서 점심은 굶을래. /무엇을 먹을래? 魯-ㄹ래.

-을러니[어미] '르' 이외의 자음으로 끝난 어간이나 시제의 '-았(었)-'에 붙는, 종속적 연결 어미. '-겠더니'의 뜻으로, 경험에 바탕한 가능성을 나타내거나, 그 사실을 상대편에게 단순히 일러 주거나 하면서 뒤의 사실이 이와 대립적으로 이어지게 하는 뜻을 나타냄. ¶젊어서는 한 말 술도 먹을러니 이젠 한 잔이 어렵다네. 魯-ㄹ러니.

을러-대다[타] ⇒ 을러메다.

-을러라[어미] '르' 이외의 자음으로 끝난 어간이나 시제의 '-았(었)-'에 붙는, 문어 투의 해라체 종결 어미. '-겠더라'의 뜻으로, 경험에 바탕한 추측이나 가능성을 자기 스스로에게, 또는 상대편에게 감탄조로 말함을 나타냄. ¶춘풍(春風)이 불어오니 새순 곧 돋을러라. 魯-ㄹ러라.

을러-메다[타] 우격다짐으로 으르다. 을러대다.

을러-방망이[명][하] 때릴 것처럼 겁을 주며 으르는 짓.

-을런가[어미] '르' 이외의 자음으로 끝난 어간이나 시제의 '-았(었)-'에 붙는 종결 어미. '-을까'·'-을 것인가'의 뜻. 경험한 사실이나 의사를 묻는 뜻을 나타냄. ¶누구의 말이 옳을런가? 魯-ㄹ런가.

-을런고[어미]〈-을런가〉의 예스러운 말. 魯-ㄹ런고.

-을런지[어미]〈-을는지〉의 잘못.

-을래[어미] '르' 이외의 자음으로 끝난 어간이나 시제의 '-았(었)-'에 붙는 하게체의 종결 어미. '-겠데'의 뜻으로, 경험한 사실에 바탕한 가능성이나 추측을 나타냄. ¶그만하면 어려운 글도 읽기는 읽을래. /얘기를 들으니 그의 말이 옳을래. 魯-ㄹ래.

-을러라[어미] '르' 이외의 자음으로 끝난 어간이나 시제의 '-았(었)-'에 붙는, 문어 투의 종결 어미. '-겠도다(-겠더라)'의 뜻으로, 추측·희망·가능성 따위를 감탄조로 나타냄. ¶세월이 흘러도 진정 못 잊을러라. /정직한 사람이지만, 그 말만은 못 믿을러라. 魯-ㄹ러라.

-을려고[어미]〈-으려고〉의 잘못.

-을망정[어미] '르' 이외의 자음으로 끝난 어간이나 시제의 '-았(었)-'에 붙는, 종속적 연결 어미. '비록 그러하지만 그러나', '비록 그러하다 하여도 그러나'의 뜻으로, 사실이 그러하나 거기에 매이지 아니함을 나타냄. ¶굶어 죽을망정 빌어먹지는 않을래. 魯-ㄹ망정.

을모(명)〔책상의 귀같이〕세모진 모.

을모-지다[형] 책상의 귀같이 세모지다.

을묘(乙卯)[명] 육십갑자의 쉰두째.

을미(乙未)[명] 육십갑자의 서른두째.

을미-사변(乙未事變)[명] 조선 고종 32(1895, 을미)년, 일본의 자객들이 경복궁에 침입하여 명성 황후를 죽인 사건. 일본 공사 미우라 고로(三浦梧樓) 등이 친러파를 제거하기 위하여 일으켰음.

을밋-을밋[미들밋][부][하자] ①기한이나 일을 우물우물하며 미루어 나가는 모양. ¶어차피 해야 할 일을 을밋을밋 뒤로 미루다. ②자기의 허물이나 책임 등을 우물우물 넘기려 하는 모양.

-을밖에[-빠께][어미] '르' 이외의 자음으로 끝난 어간이나 시제의 '-았(었)-'에 붙는 종결 어미. '그 방법밖에 다른 도리가 없음'을 뜻함. ¶힘센 놈이 때리면 맞을밖에 딴 도리가 없지. / 배가 고프니 아무거나 잘 먹을밖에. 魯-ㄹ밖에.

을방(乙方)[명] 이십사방위의 하나. 동남동에서 동쪽으로 15도까지의 방위. 묘방(卯方)과 진방(辰方)의 사이. 魯을(乙). ↔신방(辛方).

을번(乙番)[명] 지난날, 두 편이 번갈아 일할 때, 뒤에 일을 맡던 번. 魯갑번(甲番).

을부(乙部)[명] ⇒사부(史部).

-을뿐더러[어미] '르' 이외의 자음으로 끝난 어간이나 시제의 '-았(었)-'에 붙어, 어떤 일이 그것만으로 그치지 않고 그 밖에 다른 일이 더 있음을 나타냄. ¶인물도 좋을뿐더러 마음씨도 좋다. 魯-ㄹ뿐더러.

을사(乙巳)[-싸][명] 육십갑자의 마흔두째.

을사-늑약(乙巳勒約)[-싸-][명] ⇒을사조약.

을사-사화(乙巳士禍)[-싸-][명] 조선 명종 원년(1545, 을사) 7월 1일, 인종(仁宗)이 죽고 명종(明宗)이 즉위하자 외숙 윤원형(尹元衡)이 인종의 외숙 윤임(尹任) 등을 무고(誣告)하여 그의 집안 및 일당을 죽이거나 귀양 보낸 일.

을사-오조약(乙巳五條約)[-싸-][명] ⇒을사조약. 魯오조약.

을사-조약(乙巳條約)[-싸-][명] 1905년 11월에, 일본이 한국의 외교권을 빼앗기 위하여 강제로 맺은, 다섯 조문으로 된 조약. 을사늑약. 을사오조약.

-을새[-쌔][어미] '르' 이외의 자음으로 끝난 어간이나 시제의 '-았(었)-'에 붙는, 문어 투의 연결 어미. ①앞말이 뒷말의 원인이나 전제가 됨을 나타냄. ¶샘이 깊을새 물빛 더욱 푸르더라. ②그것을 기점으로 여러 행위나 상황이 동시적으로 일어남을 뜻함. 魯-ㄹ새.

-을세라[-쎄-][어미] '르' 이외의 자음으로 끝난 어간이나 시제의 '-았(었)-'에 붙는, 종결 어미 또는 연결 어미. 행여 그렇게 될까 염려하는 뜻을 나타냄. ¶모임에 늦을세라 단숨에 달려왔다. 魯-ㄹ세라.

-을세말이지[-쎄-][어미] '르' 이외의 자음으로 끝난 어간이나 시제의 '-았(었)-'에 붙는 종결 어미. 남의 말을 되받아서 부인하는 뜻을 나타냄. ¶그나저나 내 말을 들을세말이지. 魯-ㄹ세말이지.

-을수록[-쑤-][어미] '르' 이외의 자음으로 끝난 어간이나 시제의 '-았(었)-'에 붙는, 종속적 연결 어미. 어떤 일이 더하여 감에 따라 다른 일이 그에 비례하여 더하거나 덜하여 감을 나타냄. 《흔히, '-으면~을수록'의 꼴로 쓰임.》 ¶많으면 많을수록 좋다. /먹으면 먹을수록 맛있다. 魯-ㄹ수록.

을시(乙時)[-씨][명] 이십사시의 여덟째 시. 상오 6시 30분부터 7시 30분까지의 동안. 魯을(乙).

-을쏘냐[어미] '르' 이외의 자음으로 끝난 어간이나 시제의 '-았(었)-'에 붙는, 해라체의 종결 어미. 사실은 그렇지 않다는 뜻으로, 강한 부정을 반어적 물음의 꼴로 나타냄. ¶억만금을 준다한들 님 향한 이내 뜻을 꺾을쏘냐? 魯-ㄹ쏘냐.

-을씨고[어미][옛] 받침 있는 일부 형용사 어간

에 붙어, '-구나'의 뜻으로, 명랑한 기분을 나타내는 감탄형 종결 어미. ¶날씨도 좋을씨고. ㈜-ㄹ씨고.

을씨년-스럽다[-따][~스러우니·~스러워]〔형〕㉠
①보기에 쓸쓸하다. ¶을씨년스러운 겨울 바다. / 날씨가 을씨년스럽다. ②보기에 살림이 군색해 보이는 듯하다. ¶을씨년스러운 살림살이. **을씨년스레**〔부〕.

을야(乙夜)〔명〕하루의 밤을 갑·을·병·정·무의 다섯으로 나눈 둘째 시각. 오후 10시경. 이경(二更).

을야지람(乙夜之覽)〔명〕〔임금은 낮에는 정사를 보고, 밤 열 시(을야)경이나 되어야 독서를 한 다는 데서〕'임금의 독서'를 이르는 말. ㉕을람.

을유(乙酉)〔명〕육십갑자의 스물두째.

-을이만큼〔어미〕'-으리만큼'의 잘못.

-을작시면[-짝씨-]〔어미〕'ㄹ' 이외의 자음으로 끝난 일부 동사 어간이나 시제의 '-았(었)-'에 붙는, 예스러운 말투의 종속적 연결 어미. 우습거나 같잖은 경우에 '그러한 처지에 이르게 되면'의 뜻을 나타냄. ¶네 노래를 들을작시면 영락없는 명매기 소리로다. ㈜-ㄹ작시면.

을종(乙種)[-쫑]〔명〕갑·을·병 등으로 차례나 등급을 매길 때, 그 둘째 종류.

을좌(乙坐)[-쫘]〔명〕(집터나 묏자리 따위가) 을방(乙方)을 등진 좌향, 또는 그런 자리.

을좌-신향(乙坐辛向)[-쫘-]〔명〕(집터나 묏자리 따위가) 을방(乙方)을 등지고 신방(辛方)을 향한 좌향.

-을지[-찌]〔어미〕'ㄹ' 이외의 자음으로 끝난 어간이나 시제의 '-았(었)-'에 붙는, 해체의 종결 어미 또는 연결 어미. 어떤 일을 추측하여 그 가능성을 묻거나 의문을 나타냄. ¶그가 집에 있을지 모르겠다. /지금쯤 도착했을지 모르겠다. /과연 그의 소망을 이룰 수 있을지. ㈜-ㄹ지.

-을지나[-찌-]〔어미〕'ㄹ' 이외의 자음으로 끝난 어간이나 시제의 '-았(었)-'에 붙는, 문어투의 종속적 연결 어미. '마땅히 그러할 것이나'의 뜻으로, 뒷말이 앞말에 매이지 아니함을 나타냄. ¶이 시간쯤이면 그곳에 다다랐을지나 아직도 아무런 소식이 없소. ㈜-ㄹ지나.

-을지니[-찌-]〔어미〕'ㄹ' 이외의 자음으로 끝난 어간이나 시제의 '-았(었)-'에 붙는, 문어투의 종속적 연결 어미. '마땅히 그러할 것이니'의 뜻으로, 앞말이 뒷말의 원인이나 근거가 됨을 나타냄. ¶학문도 다 때가 있을지니 그때를 놓치지 말지니라. /곧 점심을 먹을지니 배가 고파도 조금만 참아라. ㈜-ㄹ지니.

-을지니라[-찌-]〔어미〕'ㄹ' 이외의 자음으로 끝난 어간이나 시제의 '-았(었)-'에 붙는, 문어투의 종결 어미. '응당 그리(그러)할 것'임을 단정하여 장중하게 말하는 뜻을 나타냄. ¶착한 자에게 복이 있을지니라. ㈜-ㄹ지니라.

-을지라[-찌-]〔어미〕'ㄹ' 이외의 자음으로 끝난 어간이나 시제의 '-았(었)-'에 붙는, 문어투의 종결 어미. '마땅히 그리(그러)할 것이라'의 뜻을 나타냄. ¶죄를 지으면 벌을 받을지라. ㈜-ㄹ지라.

-을지라도[-찌-]〔어미〕'ㄹ' 이외의 자음으로 끝난 어간이나 시제의 '-았(었)-'에 붙는, 종속적 연결 어미. '비록 그러하더라도'의 뜻으로, 뒷말이 앞말에 매이지 아니함을 나타냄. ¶몸은 비록 작을지라도 품은 뜻은 크다. /비록 죽을지라도 그렇게는 못하겠다. ㈜-ㄹ지라도.

-을지어다[-찌-]〔어미〕'ㄹ' 이외의 자음으로 끝난 어간이나 시제의 '-았(었)-'에 붙는, 문어투의 종결 어미. '마땅히 그리하여라'의 뜻을

명령조로 장중하게 나타냄. ¶심신을 닦아 덕을 쌓을지어다. ㈜-ㄹ지어다.

-을지언정[-찌-]〔어미〕'ㄹ' 이외의 자음으로 끝난 어간이나 시제의 '-았(었)-'에 붙는, 종속적 연결 어미. 어떤 사실을 인정(가정)하되, 뒷말이 앞말에 매이지 아니함을 나타냄. ¶하루 끼니를 굶을지언정 임을 하루라도 안 보고는 못 살겠네. ㈜-ㄹ지언정.

-을진대[-찐-]〔어미〕'ㄹ' 이외의 자음으로 끝난 어간이나 시제의 '-았(었)-'에 붙는, 문어투의 종속적 연결 어미. 어떤 사실을 인정(가정)하되, 그것이 다음 사실의 근거나 전제가 됨을 장중하게 나타냄. ¶우리에게 젊음이 있을진대 무엇이 두려우랴. ㈜-ㄹ진대.

-을진댄[-찐-]〔어미〕'-을진대'의 힘줌말. ¶시작을 했을진댄 결과가 좋아야지.

-을진저[-찐-]〔어미〕'ㄹ' 이외의 자음으로 끝난 어간이나 시제의 '-았(었)-'에 붙는, 문어투의 종결 어미. '마땅히(아마) 그러할 것이다'의 뜻을 영탄조로 장중하게 나타냄. ¶죄지은 자 마땅히 벌을 받을진저. ㈜-ㄹ진저.

을축(乙丑)〔명〕육십갑자의 둘째.

을축-갑자(乙丑甲子)[-갑짜]〔명〕〔갑자을축이 바른 순서인데, 그것을 반대로 하였다는 뜻으로〕'무슨 일이 제대로 되지 않고 뒤죽박죽으로 뒤바뀜'을 이르는 말.

을해(乙亥)〔명〕육십갑자의 열두째.

읊다[읍따]〔타〕①가락이 있는 소리로 시를 읽거나 외다. ¶시를 읊다. ②시를 짓다. ¶괴로운 심정을 읊은 시. * 읊어·읊고[읍꼬]·읊는[음-]

읊-조리다[읍쪼-]〔타〕(시의) 뜻을 음미하면서 낮은 소리로 읊다.

음[갑]긍정하는 뜻으로 입을 다물고 내는 소리. ¶음, 듣고 보니 과연 그렇구나.

음(音)〔명〕①귀에 들리는 울림 소리. ¶음의 파장. ②사람이 말을 하기 위하여 내는 소리. 목소리. ③정확한 음. ③글자를 읽을 때 내는 소리. 〔'天'을 '하늘 천'으로 읽을 때의 '천' 따위.〕자음(字音). ¶한자의 음.

음(陰)〔명〕①역학에서, '양(陽)과 합하여 우주의 근원을 이루는 기(氣)'를 이르는 말. 양(陽)에 상대되는 것으로 수동적·소극적인 사상(事象)을 상징함. 〔해에 대한 '달', 남성에 대한 '여성' 따위.〕②(물건의) 그늘. 이면(裏面). 배후(背後). ③한방에서, 사람의 체질, 병의 증상, 약성(藥性) 등이 '찬' 것, 조용한 것, 소극적인 것'을 이름. ④〈음극(陰極)〉의 준말. ↔양(陽). **음으로 양으로**〔관용〕알게 모르게. 기회가 있을 때마다 항상. ¶음으로 양으로 돕다.

-음[1]〔접미〕'ㄹ' 이외의 자음으로 끝난 용언의 어근에 붙어, 그 말을 명사로 만들어 어떤 사실을 지칭하는 뜻을 나타내는 접사. ¶웃음. /죽음. /믿음. /걸음. ㈜-ㅁ[1].

-음[2]〔어미〕'ㄹ' 이외의 자음으로 끝난 용언의 어간이나 시제의 '-았(었)-'에 붙어, 그 말을 명사형으로 만들어 서술어 기능을 갖게 하는 전성 어미. ¶아주 높음. /빈방 없음. ㈜-ㅁ[2].

음가(音價)[-까]〔명〕낱자가 지니고 있는 소리. 소릿값.

음각(陰角)〔명〕삼각법에서, 각을 낀 두 반직선 중의 한 반직선이 시곗바늘의 방향으로 돌아 생기는 각. ↔양각(陽角).

음각(陰刻)〔명〕〔하다〕〔타〕평면에 글씨나 그림 따위를 옴폭 들어가게 새김, 또는 그러한 조각. 요조(凹彫). ↔양각(陽刻).

음간(陰乾)**명하타되자**〈음건(陰乾)〉의 본딧말.
음감(音感)**명** ①음이나 음악에서 받는 느낌. 음이나 음악이 빚어내는 감동. ¶음감이 좋다. /입체적인 음감이 나다. ②음에 대한 감각. 음의 높낮이나 셈여림·음색 등을 듣고 분별하는 능력. ¶음감이 아다.
음강-증(陰强症)[-쯩] ☞설단증(舌短症).
음객(吟客)**명**'시인(詩人)'을 달리 이르는 말.
음건(陰乾)**명하타되자** 그늘에서 말림. 그늘말림. **본**음간(陰乾). ↔양건(陽乾).
음경(陰莖)**명** 남성의 외부 생식기. 옥경(玉莖). 옥근(玉根). 자지.
음계(音階)[-게/-게]**명** 음악에 쓰이는 음을 그 높이의 차례대로 일정하게 배열한 것. [서양 음악의 도·레·미·파·솔·라·시, 동양 음악의 궁·상·각·치·우 따위.]
음계(陰界)[-게/-게]**명** 귀신의 세계. ↔양계(陽界).
음계(陰計)[-게/-게]**명하타** ☞음모(陰謀).
음고(音高)**명** 음의 높낮이. 음높이.
음곡(音曲)**명** ①음악의 곡조(曲調). ②'음악(音樂)'을 달리 이르는 말. ¶가무(歌舞)와 음곡.
음공(陰功)**명** ①드러나지 않게 돕는 공. ②남이 모르는 숨은 공덕. ¶음공을 쌓다. /음공이 세상에 알려지다.
음관(蔭官)**명** 조상의 공덕으로 얻은 벼슬, 또는 음직(蔭職)의 벼슬아치.
음교-맥(陰蹻脈)**명** 한방에서 이르는, 기경팔맥(奇經八脈)의 하나.
음구(音溝)**명** 영화 필름의 가장자리에 있는, 음성이 녹음된 부분. 사운드 트랙.
음극(陰極)**명** 두 전극 사이에 전류가 흐르고 있을 때, 전위(電位)가 낮은 쪽의 극. 곧, 마이너스(-)의 극. (기호는 -) ¶음전극(陰電極). **준**음(陰). ↔양극(陽極).
음극-관(陰極管)[-꽌]**명** 음극선을 방출하는 데 쓰이는 진공관(眞空管). (가이슬러관·브라운관 따위.) 음극선관(陰極線管).
음극-선(陰極線)[-썬]**명** 진공 방전 때에, 음극에서 나와 양극으로 흐르는 빠른 전자(電子)의 흐름.
음극선-관(陰極線管)[-썬-]**명** ☞음극관.
음기(陰記)**명** 비갈(碑碣)의 뒷면에 새긴 글.
음기(陰氣)**명** ①만물이 생성하는 근본이 되는 정기(精氣)의 한 가지. 음의 기운. ②음산하고 찬 기운. 음침한 기운. ¶음기가 돌다. ③한방에서, 몸 안의 음과 관련된 기운을 이르는 말. ¶음기를 돕는 약. ↔양기(陽氣).
음낭(陰囊)**명** 불알을 싸고 있는, 주머니 모양으로 생긴 부분.
음-넓이(音-)**명** ☞음역(音域).
음녀(淫女)**명** 음탕한 여자. 음부(淫婦).
음-높이(音-)**명** 음의 높낮이.
음달(陰-)**명**〈응달〉의 본딧말.
음담(淫談)**명** 음탕한 이야기.
음담-패설(淫談悖說)**명** 음탕하고 상스러운 이야기. ¶음담패설을 늘어놓다.
음덕(陰德)**명** 남 앞에 드러내지 않고 베푼 덕행. 숨은 덕행. 음공(蔭德).
음덕(蔭德)**명** ①(조상의) 드러나지 않게 베푸는 덕. ¶음덕을 입다. ②☞음덕(陰德). 비음(庇陰).
음덕-양보(陰德陽報)[-덩냥-]**명** 남이 모르게 덕행을 쌓은 사람에게 반드시 그 보답이 있음을 이르는 말.
음도(音度)**명** 음의 높낮이의 정도.

음도(陰道)**명** ①〔군신(君臣)·부자(父子)·부부(夫婦)의 관계를 음양의 도에 비유하여〕'신하·자식·아내 된 사람의 도리'를 이르는 말. ↔양도(陽道). ②달의 궤도.
음도(蔭塗)**명** 왕조 때, 음관(蔭官)의 벼슬길.
음독(音讀)**명하타** ①한자(漢字)를 음으로 읽음. ¶음독과 훈독. ↔훈독(訓讀). ②글을 소리 내어 읽음. **유**→묵독(默讀).
음독(陰毒)**명** ①한방에서, 병독이 겉으로 내솟지 아니하고 몸속에 모여 목이 아프고 살빛이 검푸르게 되는 병을 이르는 말. ②겉으로 드러나지 않는 해독.
음독(陰毒)² '음독하다'의 어근.
음:독(飮毒)**명하자** 독약을 먹음. 복독(服毒). ¶음독 자결.
음:독-자살(飮毒自殺)[-짜-]**명하자** 독약을 먹고 스스로 자기의 목숨을 끊는 일.
음독-하다(陰毒-)[-토카-]**형여** (성질이) 음험하고 독하다.
음동(陰冬)**명** 음산하고 찬 겨울.
음:락(飮樂)[-낙]**명** 술을 마시며 즐거워함.
음란(淫亂)[-난]**명하형** 음탕하고 난잡함. ¶음란 도서. /음란한 생활. /음란한 이야기.
음란-물(淫亂物)[-난-]**명** 음란한 내용을 담은 책이나 그림·사진·영화 따위를 통틀어 이르는 말.
음랭(陰冷) '음랭하다'의 어근.
음랭-하다(陰冷-)[-냉-]**형여** 음산하고 차다. ¶음랭한 겨울 날씨. /음랭한 동굴 속.
음량(音量)[-냥]**명** (악기나 사람이 내는) 소리나 목소리의 크기. 성량(聲量). ¶라디오의 음량을 조절하다.
음량(陰涼) '음량하다'의 어근.
음량-하다(陰涼-)[-냥-]**형여** 그늘져서 시원하다.
음려(陰呂)[-녀]**명** 십이율(十二律) 가운데서 음성(陰聲)에 딸린 여섯 음, 곧 육려(六呂). ↔양률(陽律).
음력(陰曆)[-녁]**명**〈태음력〉·〈태음 태양력〉의 준말. 구력(舊曆). ¶음력 정월. ↔양력(陽曆).
음롱(音聾)[-농]**명** 청각에 이상은 없으면서 악음(樂音)의 이해나 식별을 못하는 사람.
음:료(飮料)[-뇨]**명** 사람이 갈증을 풀거나 맛을 즐기거나 하기 위하여 마시는 액체. [차·사이다·과즙 따위.] 음료수. ¶천연 과즙 음료. /유산균 음료.
음:료-수(飮料水)[-뇨-]**명** ①사람이 그대로 마시거나 음식을 만드는 데 쓸 수 있는 물. 음용수(飮用水). 음수(飮水). ¶빗물을 받아 음료수로 쓰다. ②☞음료(飮料).
음률(音律)[-뉼]**명** ①아악(雅樂)의 오음(五音)과 육률(六律). ②음악. ¶음률을 배우다. ③음악의 곡조. 성률(聲律). ¶청아한 음률. **준**율(律).
음림(霪霖)[-님]**명** ☞음우(霪雨).
음매뿐 소나 송아지의 울음소리. 엄매.
음모(陰毛)**명** 거웃².
음모(陰謀)**명하타** 몰래 좋지 못한 일을 꾸밈, 또는 그 꾸민 일. 음계(陰計). ¶음모를 꾸미다.
음문(陰文)**명** 도장이나 금석문(金石文) 따위에서, 음각(陰刻)한 글. ↔양문(陽文).
음문(陰門)**명** 여성의 외부 생식기. 보지. 옥문(玉門). 하문(下門).
음물(淫物)**명** '음탕한 사람'이나 '쓸모없는 물건'을 하찮게 이르는 말.

음미(吟味)명하타 ①시가(詩歌)를 읊조리며 그 깊은 뜻을 맛봄. ¶시를 음미하다. ②사물의 내용이나 속뜻을 깊이 새기면서 맛봄. ¶그가 보낸 회신을 찬찬히 음미하였다.

음미(淫靡)'음미하다'의 어근.

음미-하다(淫靡-)형여 (이성 교제나 풍습 따위가) 문란하고 난잡스럽다.

음반(音盤)명 음성이나 음악 따위를 녹음한 소용돌이 모양의 원반(圓盤). 레코드. 레코드판. 소리판. 앨범.

음방(淫放)'음방하다'의 어근.

음방-하다(淫放-)형여 음란하고 방탕하다.

음보(音步)명 ①시가를 읽을 때, 한 호흡 단위로 느껴지는 운율 단위. [‘나 보기가/역겨워/가실 때에는∥말없이/고이 보내/드리오리다’는 3음보의 운율이라고 하는 따위.] ②[의존 명사적 용법] 시에 있어서 운율을 이루는 기본 단위를 세는 말.

음보(音譜)명 ▷악보(樂譜).

음보(蔭補)명하자 지난날, ‘조상의 덕으로 벼슬을 얻게 되는 일’을 이르던 말.

음보-율(音步律)명 시에서, 일정한 음보(音步)가 규칙적으로 반복됨으로써 이루어지는 운율. ⑪음수율.

음‧복(飮福)명하타 제사를 지내고 나서 제사에 썼던 술을 제관들이 나누어 마시는 일.

음부(音符)명 음표(音標).

음부(陰府)명 저승.

음부(陰部)명 몸 밖에 드러나 있는 외부 생식기, 또는 그 생식기가 있는 자리. 국부(局部). 치부(恥部).

음부(淫婦)명 음탕한 여자. 음녀(淫女).

음부^기호(音部記號)명 ▷음자리표.

음분(淫奔)명하자 여자가 음란한 짓을 함.

음사(陰私)명 몰래 감추어 두는 일. 사사로운 비밀.

음사(陰事)명 ①비밀한 일. ②하자 남녀가 잠자리를 같이하는 일.

음사(淫祠)명 사신(邪神)을 모셔 놓은 집.

음사(淫辭)명 음탕한 말.

음산(陰散)'음산하다'의 어근.

음산-스럽다(陰散-)[-따][~스러우니‧~스러워]형 분위기가 음산한 데가 있다.

음산-하다(陰散-)형여 ①날씨가 흐리고 으스스하다. ¶음산한 날씨. ②을씨년스럽고 썰렁하다. ¶음산한 사무실 분위기. 음산-히튀

음상(音相)명 어떤 단어 안에서, 그 근본적인 뜻에는 공통성을 지니고 있으면서, 모음이나 자음을 달리함에 따라서 느끼는 어감(語感)의 차이. [‘가죽말/거짓말’, ‘간질간질/근질근질’, ‘야위다/여위다’ 등에서의 어감 차이 따위.]

음색(音色)명 (목소리나 악기 등의) 그 음이 지닌 특유한 성질이나 울림. ¶부드러운 음색. /음색이 곱다.

음서(淫書)명 음탕한 내용의 책.

음‧서(飮暑)명하자 ▷복서(伏暑).

음서(蔭敍)명 고려‧조선 시대에, 공신(功臣)이나 고관의 자제를 과거에 의하지 않고 관리로 뽑아 쓰던 일.

음성(吟聲)명 시나 노래를 읊조리는 소리.

음성(音聲)명 사람의 발음 기관에서 나오는 소리. 말소리. 목소리. ¶낮익은 음성. /또렷한 음성으로 대답하다.

음성(陰性)명 ①(본질이나 현상이) 음(陰)에 속하는 성질. ②어둡고 소극적인 성질. 폐쇄적인

성질. ¶성격이 음성인 사람. ③〈음성 반응〉의 준말. 하나의 물질로써 어떤 반응을 나타냄. ¶음성 거래. /음성 수입. ①~③↔양성(陽性).

음성(陰聲)명 십이율(十二律) 가운데의 육려(六呂)의 소리. ↔양성(陽聲).

음성(淫聲)명 ①음탕한 목소리. ②음탕하고 난잡스러운 음악.

음성^기관(音聲器官)명 ▷발음 기관.

음성^기호(音聲記號)명 언어의 발음을 나타내는 데 쓰이는 기호. 발음 기호. 발음 부호. 음표문자(音標文字).

음성^다중^방송(音聲多重放送)명 두 가지 음성 신호를 동시에 보내는 텔레비전 방송. [2개 국어 방송이나 스테레오 방송 따위.]

음성-률(音聲律)명 시에서, 어음(語音)의 강약이나 장단‧청탁(淸濁) 등을 알맞게 배치함으로써 이루어지는 운율. 주로, 한시(漢詩)에서 많이 쓰임.

음성^모:음(陰性母音)명 한글 모음의 한 갈래. 음(音)의 느낌이 어둡거나, 둔하거나, 크거나, 웅숭깊은 ‘ㅓ‧ㅔ‧ㅕ‧ㅜ‧ㅟ‧ㅠ‧ㅡ’ 등을 이름. 약모음(弱母音). ↔양성 모음(陽性母音).

음성^반:응(陰性反應)명 (병의 화학적‧세균학적인 검사 결과) 병독értica(病毒)의 반응이 나타나지 않는 상태. ⑳음성(陰性). ↔양성 반응.

음성^사:서함(音聲私書函)명 통신 서비스의 한 가지. 이용자가 음성을 저장할 수 있는 통신상의 우편함에 정보 내용을 저장해 놓으면 상대편은 언제든지 이를 들을 수 있음.

음성^상징(音聲象徵)명 어떤 특정한 뜻이나 인상을 상징적으로 나타내어, 듣는 이에게 그 뜻을 짐작하도록 하는 현상. [와지끈‧출렁출렁‧쾅쾅 따위.]

음성^언어(音聲言語)명 사람의 음성으로 나타내는 언어. ↔문자 언어(文字言語).

음성-적(陰性的)관명 밖으로 드러나지 아니하는 (것). ¶음성적 거래. /음성적인 방법.

음성-학(音聲學)명 사람의 언어 음성을 연구 대상으로 삼는 언어학의 한 분야. 성음학.

음세(音勢)명 음이나 음성의 강약.

-음세어미 ‘ㄹ’ 이외의 자음으로 끝난 동사 어간에 붙어, 기꺼이 그리하겠다는 뜻을 나타내는, 하게체의 종결 어미. ¶내가 읽음세. /밥을 먹음세. ⑧-ㅁ세.

음소(音素)명 (그 이상 작은 단위로 나눌 수 없는) 음운론상의 최소 단위. 하나 이상의 음소가 모여 음절을 이룸.

음소^문자(音素文字)[-짜]명 표음 문자의 한 갈래. 하나의 음소를 문자로 나타내는 글자. [한글‧로마자 따위.] 낱소리글. ⑳음절 문자.

음속(音速)명 소리의 속도. [15℃의 대기 중에서는 매초 340 m. 단위는 마하.]

음송(吟誦)명하타 시가를 소리 내어 읊음.

음수(陰數)명 영(零)보다 작은 수. ↔양수(陽數).

음수(陰樹)명 응달에서도 잘 자라는 나무. [주목‧전나무‧비자나무 따위.] ↔양수(陽樹).

음‧수(飮水)명 ▷음료수.

음수-율(音數律)명 시가에서, 음절의 수를 일정하게 배치함으로써 이루어지는 운율. [3‧4조, 4‧4조, 7‧5조 따위.] ⑪자수율.

음순(陰脣)명 여성의 외음부의 일부. 요도(尿道)와 질(膣)을 좌우에서 싸고 있는 주름으로, 대음순과 소음순이 있음.

음습(陰習)명 음탕한 버릇.

음습(陰濕)'음습하다'의 어근.

음습-하다(陰濕-)[-스파-]囹㈜ 그늘지고 축축하다. 음산하고 눅눅하다. ¶숲 속의 음습한 땅.

음시(吟詩)囹㈜ 시를 읊음.

음:식(飲食)囹 (사람이) 먹고 마시는 것. 음식물.

음식 같잖은 개떡수제비에 입천장(만) 덴다[속] 우습게 알고 대한 일에 뜻밖에 해를 입었을 때에 이르는 말.

음식 싫은 건 개나 주지 사람 싫은 건 할 수 있나[속] 싫은 음식은 안 먹으면 되지만 사람 싫은 건 어찌할 수도 없다는 말.

음식은 갈수록 줄고 말은 갈수록 는다[속] 먹을 것은 먹을수록 줄고 주나 말은 할수록 보태져, 건잡을 수 없게 되는 것이니 말을 삼가라는 말.

음:식-물(飲食物)[-씽-]囹 (사람이) 먹고 마시는 것. 음식.

음:식-상(飲食床)[-쌍]囹 음식을 차린 상.

음:식-점(飲食店)[-쩜]囹 조리한 음식을 파는 가게. ¶중국 음식점. ⑪식당.

음식-창(陰蝕瘡)囹 남녀의 음부에 나는 창병. 변독(便毒). 하감(下疳).

음신(音信)囹 (먼 데서 전하는) 소식이나 편지. 성식(聲息). ¶음신이 끊어지다.

음실(陰室)囹 ①햇빛이 들지 않는 음침한 방. ②북쪽으로 난 방.

음심(淫心)囹 음탕한 마음. ¶음심을 품다.

음악(音樂)囹 인간의 사상이나 감정을 주로 악음(樂音)을 소재로 하여 나타내는 예술. 〔율동·선율·화성이 기본적인 요소가 되며, 기악과 성악으로 크게 나뉨.〕

음악(淫樂)囹 음탕한 음악.

음악-가(音樂家)[-까]囹 음악을 전문으로 하는 사람. 〔작곡가·작사가·연주가·지휘자·성악가 따위.〕

음악-계(音樂界)[-꼐/-께]囹 ①음악의 분야. ②음악가들의 사회. 음악 관계자들의 사회. 악단(樂壇). ¶음악계의 소식.

음악-당(音樂堂)[-땅]囹 음악의 연주를 위하여 특별히 설비된 건물. ¶야외 음악당.

음악-대(音樂隊)[-때]囹 주로 야외에서 취주악기나 타악기를 연주하는 단체.

음악-상자(音樂箱子)[-쌍-]囹 ☞오르골.

음악-성(音樂性)[-썽]囹 ①음악적인 성질. ②음악적인 감성이나 소질. ¶음악성이 풍부하다.

음악-인(音樂人)囹 ①음악계에 종사하는 사람. ②음악을 즐겨 하는 사람.

음악-적(音樂的)[-쩍]㉾囹 음악과 같거나 음악과 관련되는 (것). ¶음악적 감각. /음악적인 요소.

음악-회(音樂會)[으마쾨/으마퀘]囹 음악을 연주하여 청중이 감상하는 모임. 연주회.

음애(陰崖)囹 햇빛이 잘 들지 않는 언덕. ¶풍우을 언제 어디 삼일우(三日雨)를 디련느다. 음애에 이온 풀을 다살 와 내여스라(鄭澈. 關東別曲).

음액(陰液)囹 ☞정액(精液).

음약(陰約)囹㈜ 몰래 약속함, 또는 그 약속.

음약(淫藥)囹 ☞미약(媚藥).

음:약(飲藥)囹㈜ 약을 마심.

음:약자처(飲藥自處)[-짜-]囹㈜ 독약을 마시고 자살함.

음양(陰瘍)囹 한방에서, 부녀자의 음부가 가려운 병을 이르는 말.

음양(陰陽)囹 ①음(陰)과 양(陽). 건곤(乾坤). ¶음양의 이치를 살핌. ②역학(易學)에서 이르는, 만물의 근원이 되는 상반된 성질을 가진 두 가지 것. 〔해와 달, 남성과 여성, 낮과 밤, 불과 물, 여름과 겨울 따위.〕③전기나 자기(磁氣) 등의, 음

극과 양극. ④여러 방면. 《주로, '음양으로'의 꼴로 쓰임.》¶불우한 이웃을 음양으로 돕다.

음양-가(陰陽家)囹 ①음양설에 정통한 사람. ②음양오행설을 바탕으로 하여 일이나 사람의 길흉화복을 헤아리는 사람.

음양-각(陰陽刻)囹㈜ 음각과 양각을 섞어서 새기는 일.

음양-객(陰陽客)囹 음양가 노릇을 하는 사람.

음양-과(陰陽科)囹 조선 시대에, 잡과(雜科)의 하나. 천문학·지리학·명과학(命課學)에 밝은 사람을 뽑던 과거.

음양-곽(淫羊藿)囹 한방에서, 삼지구엽초(三枝九葉草)의 잎을 약재로 이르는 말. 〔음위(陰痿)·냉풍(冷風)·노기(勞氣) 등에 쓰임.〕

음양-도(陰陽道)囹 음양오행설을 바탕으로 하여, 인간의 길흉화복을 논하는 학문.

음양-력(陰陽曆)[-녁]囹 음력과 양력을 아울러 이르는 말.

음양-립(陰陽笠)[-닙]囹 갓의 한 가지. 말총으로 모자를 만들고 모시나 명주실로 양태를 싼 갓. 〔품계 이상의 당하관(堂下官)이 썼음.〕

음양-배합(陰陽配合)囹㈜ 남녀가 화합함.

음양-상박(陰陽相薄)囹㈜ 음과 양이 서로 합하지 아니함.

음양-설(陰陽說)囹 음과 양에 관한 이론이나 학설.

음양-소(陰陽梳)囹 빗살이 한쪽은 성기고 한쪽은 촘촘한 빗.

음양-수(陰陽水)囹 끓는 물에 찬물을 탄 물.

음양-쌍보(陰陽雙補)囹 (몸속의) 음기와 양기를 함께 보함.

음양-오행설(陰陽五行說)囹 음양과 오행의 상호 관련으로 자연현상이나 인간 생활에서의 길흉화복을 설명하려는 사상.

-음에도㈜ 명사형 전성 어미 '-음'에 조사 '에'와 '도'가 합쳐서 된 말. 《주로, '음에도 불구하고'의 꼴로 관용됨.》¶열심히 연습했음에도 불구하고 좋은 성적을 거두지 못했다. ㉾-ㅁ에도.

-음에랴㈜ 'ㄹ' 이외의 자음으로 끝난 동사 어간이나 시제의 '-았/었-'에 붙는 종결 어미. 흔히, '-거늘 -음에랴'와 같은 반문하는 꼴로 쓰이어, '일이 이미 이리 되었으니 더 말할 것이 없다'는 뜻을 나타냄. ¶내 준 것만도 고맙거늘, 옆에 계속 있음에랴. ㉾-ㅁ에랴.

음역(音域)囹 사람의 목소리나 악기가 낼 수 있는 음(音)의 고저(高低)의 범위. 최고음에서 최저음까지의 폭. 음넓이. ㉾성역(聲域).

음역(音譯)囹㈜ 한자의 음을 빌려 외국어의 음을 나타내는 일. 〔'India'를 '印度'로 적는 따위.〕

음역(陰易)囹 한방에서, 심하던 열병이 고비를 지나 음증(陰症)으로 바뀌는 일.

음염(淫艶)囹 '음염하다'의 어근.

음염-하다(淫艶-)囹㉾ (색정을 불러일으킬 만큼) 음탕하고 요염하다.

음엽(陰葉)囹 (그늘진 쪽에 달려) 햇빛을 받지 못한 잎. ↔양엽(陽葉).

음영(吟詠)囹㈜ 시가(詩歌)를 읊조림.

음영(陰影)囹 ①그림자. ②그늘. ¶음영으로 입체감을 내다. ③미묘한 변화나 차이. ¶음영이 짙은 문장.

음영-법(陰影法)[-뻡]囹 ☞명암법.

음영^화:법(陰影畫法)[-뺍]囹 물체의 음영을 그리어 입체감이 나게 하는 화법.

음예(淫穢)囹 '음예하다'의 어근.

음예(陰翳)명(하형) (하늘에) 구름이 끼어 어두움.

음애-하다(淫穢−)형어 (말이나 행동 따위가) 음란하고 더럽다.

음욕(淫慾)명 음탕한 욕심. 색욕(色慾). ¶음욕을 품다.

음용(音容)명 음성과 용모.

음:용(飮用)명[하타] 마시는 데 씀.

음:용-수(飮用水)명 ⇨음료수.

음우(陰佑)명 남몰래 도움. 뒤에서 도움.

음우(陰雨)명 음산하게 내리는 비.

음우(霖雨)명 여러 날 계속 내리는 궂은비. 음림(霖霖). 장맛비.

음운(音韻)명 ①한자의 음(音)과 운(韻). 〔한 음절(音節)의 초성이 음이고, 중성과 종성이 운임.〕②말의 뜻을 구별해 주는 소리의 가장 작은 단위.〔'김'과 '감'이 다른 뜻이 되게 하는 'ㅣ'와 'ㅏ', '말'과 '발'이 다른 뜻이 되게 하는 'ㅁ'과 'ㅂ' 따위를 이름.〕

음운(陰雲)명 짙게 낀 검은 비구름.

음운^도:치(音韻倒置)명 한 단어 안에서 음운의 자리가 서로 바뀌는 현상. 한 음절 안에서 서로 바뀌는 경우와, 음절과 음절이 서로 바뀌는 경우가 있는데, 뒤의 경우를 특히 '음절 도치'라 함.〔'빗복'→'빗곱(배꼽), 하더시니→하시더니, 시혹→혹시' 따위.〕

음운^동화(音韻同化)명 소리와 소리가 이어 날 적에, 한 소리가 다른 소리의 영향을 받아서 그와 가깝게, 또는 같게 소리 나는 음운 현상.〔모음조화·'ㅣ' 모음 동화·원순 모음화·전설 모음화·간음화(間音化)·구개음화·유성음화·자음 동화·유음화(流音化) 등이 모두 이에 딸림.〕

음운-론(音韻論)[−논]명 언어의 음운 조직과 체계를 연구하는 언어학의 한 부문. 음운학.

음운^첨가(音韻添加)명 모음 충돌이나 자음 충돌을 피하기 위하여, 또는 청각상의 강화(强化)를 위하여 음절이 첨가되는 현상.〔'나식(나이)→냉이, 먹나→먹으니, 보(樑)→들보, 호자→혼자, 짜→땅, 내가→냇가' 따위.〕

음운-학(音韻學)명 ①한자의 음운·사성(四聲)·반절(反切) 등을 연구하는 학문. ②⇨음운론(音韻論).

음울(陰鬱)어기 '음울하다'의 어근.

음울-하다(陰鬱−)형어 ①(날씨가) 음침하고 쓸쓸하다. ¶며칠 동안 음울한 날씨가 계속되다. ②(기분이나 분위기 따위가) 어둡고 착 가라앉는 느낌이 있다. ¶음울한 분위기. /음울한 표정.

음월(陰月)명 '음력 사월'을 달리 이르는 말. 참조하(肇夏).

음위(陰痿)명 (질병이나 정신적인 장애 등으로) 남자의 생식기가 발기하지 않아 성교를 할 수 없게 되는 상태. 음위증. 임포텐스.

음위-율(音位律)명 시에서, 비슷한 음이나 같은 음을 시행(詩行)의 처음이나 중간, 또는 끝에 규칙적으로 되풀이하여 둠으로써 운율을 나타내는 것.〔두운(頭韻)·각운(脚韻) 따위.〕

음유(吟遊)명[하자] 시를 지어 읊으며 여기저기 떠돌아다님.

음유-맥(陰維脈)명 한방에서 이르는, 기경팔맥(奇經八脈)의 하나.

음유^시인(吟遊詩人)명 중세에, 프랑스를 중심으로 하여 유럽 각지에서 봉건 제후의 궁정을 찾아다니면서 스스로 지은 시를 낭송하던 시인.

음음(陰陰)어기 '음음하다'의 어근.

음음-하다(陰陰−)형어 ①날이 흐리고 어두컴컴하다. ¶음음한 날씨. ②(수풀이) 무성하다. ¶음음한 밀림.

음:읍(飮泣)명[하자] 흐느끼어 욺.

음의(音義)[으믜/으미]명 (글자의) 음(音)과 뜻. ¶한자(漢字)의 음의.

음-이온(陰ion)명 음전기(陰電氣)를 띤 이온. ↔양이온.

음일(淫佚)명[하자] 거리낌 없이 음탕하게 놂.

음자(音字)[−짜]명 〈표음 문자〉의 준말.

음자(陰字)명 인쇄에서, 음각(陰刻)한 활자로 인쇄하여 획이 희게 나타난 글자를 이르는 말.

음자리-표(音−標)명 악보의 첫머리에 적어 음역을 나타내는 기호. 음부 기호(音部記號).

음자호산(淫者好酸)명 색(色)을 좋아하는 사람은 신맛을 좋아함.

음전(陰田)형[하형] ①(말이나 행동이) 의젓하고 점잖음. ¶음전한 규수. ②(모나거나 날카롭지 않고) 얼굴이 둥글고 번듯함.

음전(音栓)명 오르간 등의 음색(音色)이나 음역(音域)을 바꾸는 장치.

음전(陰電)명 〈음전기(陰電氣)〉의 준말.

음-전극(陰電極)명 ⇨음극. ↔양전극.

음-전기(陰電氣)명 전기의 두 가지 종류 가운데의 하나. 유리 막대를 비단 헝겊으로 문질러서 마찰 전기를 일으킬 때 비단 헝겊에 일어나는 전기, 또는 그와 같은 성질을 띤 전기. ㉰음전. ↔양전기(陽電氣).

음-전자(陰電子)명 음전기를 띤 전자. 보통, '전자'라 하면 이 음전자를 가리킴. ↔양전자(陽電子).

음-전하(陰電荷)명 음전기의 전하. 음하전. ↔양전하(陽電荷).

음절(音節)명 음소(音素)가 모여서 이루어진 소리의 덩어리. 모음만으로 이루어지거나 모음과 자음, 자음과 모음, 또는 자음과 모음과 자음이 어울려서 이루어짐.〔'아·악·가·갈' 따위.〕소리마디.

음절^문자(音節文字)[−짜]명 표음 문자의 한 가지. 한 음절을 한 글자로 나타내는 문자.〔일본의 가나(かな) 따위.〕참음소 문자.

음정(音程)명 음악에서, 동시에 또는 잇달아 울리는 두 음 사이의 높낮이의 차. ¶음정이 고르다.

음조(音調)명 ①소리의 높낮이와 강약 및 빠르기의 정도.〔악센트나 인토네이션 따위.〕②음악이나 시가의 가락.

음조(陰助)명[하타] (도움을 받는 사람도 모르게) 뒤에서 넌지시 도움.

음종(陰腫)명 부녀자의 외음부(外陰部)가 붓고 아픈 병.

음종(陰縱)명 남자의 생식기에 열이 생기고 늘 발기하여 있는 병.

음종(淫縱)명[하자] 색정(色情)에 빠져 함부로 놀아남. 색사(色事)가 지나치게 난잡함.

음:주(飮酒)명[하자] 술을 마심. ¶음주 운전.

음중(陰中)명 '가을'을 달리 이르는 말. ↔양중(陽中).

음증(陰症·陰證)명 ①내숭스러운 성격. 내숭스러운 마음. ②한방에서, '병세가 몸 안에 뭉치어 있으면서 겉으로 내솟지 않는 상태'를 이르는 말. ③〈상한음증(傷寒陰症)〉의 준말. ↔양증(陽症).

음증-외감(陰症外感)[−외−/−웨−]명 한방에서, '내부적인 원인으로 생기는 만성 허증(虛症)'을 이르는 말. ↔양증외감(陽症外感).

음지(陰地)圏 그늘진 곳. 응달. ↔양지(陽地).
　음지도 양지 될 때가 있다[속] 역경에 있던 사
　람도 때가 되면 행운을 만날 수 있다는 말.
　음지의 개 팔자[속] 남 보기에는 시시하게 보
　여도 실상 당사자에게는 더 바랄 것이 없을 만
　큼 좋은 처지임을 이르는 말.
음지^식물(陰地植物)[-싱-]圏 응달에서 잘 자
　라는 식물. 〔양치류·선태류 따위.〕↔양지 식물.
음직(蔭職)圏 ①고려·조선 시대에, 부조(父祖)
　의 공으로 얻어 하던 벼슬. ②생원(生員)·진사
　(進士)·유학(幼學)으로서 하던 벼슬을 두루 이
　르던 말. 남행(南行)².
-음직스럽다[-쓰-][접미] 'ㄹ' 이외의 자음으
　로 끝난 동사 어간에 붙어, '그럴 만한 가치
　가 있음'을 나타냄. ¶먹음직스럽다. 참-ㅁ직스
　럽다.
-음직하다[-지카-][접미] 'ㄹ' 이외의 자음으로
　끝난 동사 어간에 붙어, '그럴 만한 특성이나
　가치가 있음'을 나타냄. ¶믿음직하다. /먹음직
　하다. 참-ㅁ직하다.
음질(音質)圏 말하거나 녹음된 소리의 질적인
　상태. ¶음질이 좋다. /음질이 깨끗하다.
음-집(陰-)[-찝]圏 짐승의, 음문(陰門)에서 자
　궁으로 통하는 길.
음차(音叉)圏 ▷소리굽쇠.
음창(陰瘡)圏 한방에서, '부녀자의 음부에 나는
　부스럼'을 이르는 말.
음청(陰晴)圏 날씨의 흐림과 갬. 청음(晴陰).
음축(陰縮)圏 한방에서, 음경(陰莖)이 차고 바
　짝 줄어드는 병을 이르는 말.
음충(陰蟲)圏 ①음습한 성질을 지닌 벌레. 〔빈
　대 따위.〕②음습한 곳에 사는 벌레.
음충-맞다[-맏따]闠 (성질이) 음충한 데가 있다.
음충-스럽다[-따][~스러우니·~스러워]闠
　보기에 음충맞다. ¶음충스러운 웃음소리. 음충
　스레튀.
음충-하다闠 (성질이) 엉큼하고 불량하다. ¶음
　충한 말로 둘러대다.
음측(陰測)闠 남이 모르게 넌지시 헤아림.
음치(音痴)圏 ①음(音)에 대한 감각이 둔하고
　목소리의 가락이나 높낮이 등을 분별하지 못하
　는 상태. ②음악에 대하여 아는 것이 없거나
　노래가 서투를, 또는 그러한 사람.
음침(陰沈) '음침하다'의 어근.
음침-스럽다(陰沈-)[-따][~스러우니·~스러
　워]闠闠 보기에 음침한 데가 있다. 음침스레튀.
음침-하다(陰沈-)闠 ①(날씨가) 흐리고 침침
　하다. ¶음침하던 날씨가 활짝 개다. ②어두컴
　컴하고 스산하다. ¶음침한 굴속. ③(성질이)
　그늘지고 엉큼하다. 의뭉스럽고 흉하다. 음침-
　히튀.
음탐(淫貪)圏闠 음란한 것을 좋아함.
음탕(淫蕩)圏 '음탕하다'의 어근.
음탕-스럽다(淫蕩-)[-따][~스러우니·~스러
　워]闠闠 겉으로 보기에 음탕한 태도가 있다.
　음탕스레튀.
음탕-하다(淫蕩-)闠 ①주색(酒色)에 마음을
　빼앗기어 행실이 온당하지 못하고 방탕하다.
　¶음탕한 생활. ②성적(性的)인 내용을 노골적
　으로 다루고 난잡하다. 또는, 성적으로 엉큼
　한 데가 있다. ¶음탕한 마음. /음탕한 언
　자. /노래 가사가 음탕하다.
음택(陰宅)圏 풍수지리에서, 사람 사는 집에
　상대하여 '무덤'을 달리 이르는 말. ↔양택
　(陽宅).

음통(陰通)圏闠 (남녀가) 처음으로 성교를 하
　게 됨.
음특(陰慝) '음특하다'의 어근.
음특-하다(陰慝)[-트카-]闠 음흉하고 간사
　하다.
음파(音波)圏 소리의 파동. 발음체의 진동으로
　말미암아 공기나 그 밖의 매질에 생기는 파동.
음파^탐지기(音波探知機)圏 ▷소나(SONAR).
음편(音便)圏 발음의 편의를 위하여, 어떤 음이
　발음하기 쉬운 다른 음으로 바뀌어 발음되는
　음운 현상. 〔'ㄹ' 아래의 '이'를 '리'로 발음
　하는 따위.〕
음표(音標)圏 악보에서, 음의 길이와 높낮이를
　나타내는 기호. 음부(音符). 소리표.
음표^문자(音標文字)[-짜]圏 ①▷표음 문자(表
　音文字). ②▷음성 기호(音聲記號).
음풍(淫風)圏 (남녀의 성에 관한) 음란한 풍속.
　음란한 풍조.
음풍(陰風)圏 ①겨울바람. 북풍. 삭풍(朔風).
　②(흐린 날에 부는) 음산한 바람. ¶음풍이 스
　산하다.
음풍-농월(吟風弄月)圏闠 맑은 바람과 밝은
　달을 대하여 시를 지어 읊으며 즐김. 음풍영월
　(吟風咏月). 준풍월.
음풍-영월(吟風咏月)[-녕-]圏闠 ▷음풍농월.
음-하다(淫-)闠 음욕(淫慾)이 많다.
음-하다(陰-)闠 ①(날씨가) 흐리다. ②(마음
　이) 엉큼하다.
음:하만복(飮河滿腹)圏 〔강물은 많지만, 실지
　로 마시는 분량은 배를 채우는 정도를 넘기지 못
　한다는 뜻으로〕'무슨 일이나 제 분수를 넘지
　않도록 조심해야 함'을 이르는 말.
음-하전(陰荷電)圏 ▷음전하.
음학(淫虐) '음학하다'의 어근.
음학-하다(淫虐-)[-하카-]闠 행실이 음탕하
　고 잔학하다.
음해(陰害)圏闠 남을 넌지시 해침.
음핵(陰核)圏 여자의 외음부에 있는 해면체(海
　綿體)의 작은 돌기. 공알. 클리토리스.
음행(淫行)圏闠 음란한 짓을 함, 또는 그런
　행실. ¶음행을 일삼다.
음향(音響)圏 소리의 울림. 울리어 귀로 느끼게
　되는 소리. ¶음향 시설.
음향-관제(音響管制)圏 차량의 경적 등 시끄러
　운 소리를 내지 못하게 금하는 일.
음향^신(音響信號)圏 음향을 이용하는 신호.
　〔기적(汽笛)·무적(霧笛)·사이렌 따위.〕참가시
　신호(可視信號).
음향^측심(音響測深)[-씸]圏 초음파를 바다 밑
　으로 쏘아 보내어, 그것이 반사되어 오기까지
　의 시간으로 바다의 깊이를 재는 일.
음향-학(音響學)圏 음향의 성질·현상·진동 등
　을 연구하는 학문.
음향^효:과(音響效果)圏 ①방송·영화·연극에
　서, 의음(擬音)을 써서 극의 효과를 높이는 일.
　②극장·음악실·무적(霧笛)·건물의 구조·재질(材質)에
　따라서 영향을 받게 되는 음향의 효과. ¶음향
　효과가 좋은 연주회장.
음허(陰虛)圏 ①한방에서, 날마다 오후에 춥고
　조열(潮熱)이 나는 병을 이르는 말. ②▷허혈 혈
　기가 허함.
음허-천(陰虛喘)圏 한방에서 이르는, 음기(陰
　氣)가 허하여져 일어나는 병의 한 가지. 조열
　(潮熱)·도한(盜汗)·객담(喀痰) 등이 있고, 기침
　을 몹시 함.

음허-화동(陰虛火動)명 한방에서 이르는, 음기가 허하여서 일어나는 병의 한 가지. 혈담(血痰)이 있고 기침이 나며, 유정(遺精)·몽설(夢泄) 등의 증세가 나타남.

음험(陰險) '음험하다'의 어근.

음험-하다(陰險-)형여 마음씨가 음흉하고 사납다. ¶음험한 인물.

음혈(音穴)명 피리 같은 악기의 몸통에 뚫어 놓은 구멍.

음호(陰戶)명 보지. 하문(下門).

음화(陰火)명 (흐리거나 궂은비가 내리는) 밤에 묘지나 습지 등에서 파랗게 빛나는 불. 도깨비불. 인화(燐火).

음화(陰畫)명 사진에서, 현상한 필름에 나타난 화상(畫像). 명암·흑백 등이 피사체와는 반대임. ↔양화(陽畫).

음황(淫荒) '음황하다'의 어근.

음황(陰黃)명 한방에서, 양기가 줄고 음기가 성해서 일어나는 병을 이르는 말. 황달의 한 가지로 살빛이 누레지고 기운이 없음.

음-하다(淫荒-)형여 주색(酒色)에 빠져 몸과 마음이 건강하지 못한 상태에 있다.

음훈(音訓)명 (표의 문자인) 한자의 음과 새김(뜻).

음휼(陰譎) '음휼하다'의 어근.

음휼-하다(陰譎-)형여 (마음속이) 컴컴하고 내숭스럽다. ¶음휼한 속셈.

음흉(陰凶)명하형 (마음속이) 음침하고 흉악함. ¶음흉한 술책. /음흉한 미소. **음흉스레부.**

음흉-주머니(陰凶-)[-쭈-]명 '마음씨가 음흉한 사람'을 조롱조로 이르는 말.

읍(邑)명 ①지방 행정 구역의 한 가지. 시(市)나 군(郡)의 관할에 딸린 인구 2~5만 이내의 작은 도시. ②<읍내>의 준말.

읍(揖)명하자 인사하는 예의 한 가지. 두 손을 맞잡아 얼굴 앞으로 들고 허리를 공손히 구부렸다가 펴면서 두 손을 내림.

읍각부동(邑各不同)[-깍뿌-]명하형 ①풍속이나 규칙이 각 고을마다 같지 아니함. ②사람마다 의견이 서로 같지 아니함.

읍간(泣諫)[-깐]명하타 울면서 간함.

읍곡(泣哭)[-꼭]명하자 소리 내어 통곡함.

읍내(邑內)[음-]명 읍의 구역 안. ¶읍내로 들어가는 길목. ㉣읍(邑). ②고을. ③왕조 때, 관찰 관아(觀察官衙)를 제외한, 지방 관아가 있던 마을.

-읍넌다어미 '-습넌다'의 잘못.

-읍니까어미 '-습니까'의 잘못.

-읍니다어미 '-습니다'의 잘못.

-읍디까어미 '-습디까'의 잘못.

-읍디다어미 '-습디다'의 잘못.

-읍딘다어미 '-습딘다'의 잘못.

읍례(揖禮)명하자 읍으로 하는 예, 또는 그 예법.

읍리(邑吏)[음니]명 지난날, '군아(郡衙)에 딸린 아전'을 이르던 말.

읍민(邑民)[음-]명 읍내에 사는 사람.

읍소(泣訴)[-쏘]명하자타 (어려운 사정을) 울며 간절히 하소연함.

읍속(邑俗)[-쏙]명 읍내의 풍속.

-읍시다[-씨-]어미 'ㄹ' 이외의 자음으로 끝난 동사 어간에 붙어, 어떤 행동을 함께 하자고 나타낼 뜻을 나타내는, 하오체의 종결 어미. ¶그 분을 믿읍시다. /우리가 참읍시다. ㉠-ㅂ시다.

읍안(泣顏)명 우는 얼굴.

읍양(揖讓)명 ①하타 예를 다하여 사양함. ②하자 겸손한 태도를 가짐.

읍양지풍(揖讓之風)명 읍양의 예를 잘 지키는 풍습.

읍울(悒鬱)명하형 근심스러워 마음이 답답함.

읍읍(悒悒) '읍읍하다'의 어근.

읍읍-하다(悒悒-)[으브파-]형여 마음이 답답하고, 편하지 아니하다. **읍읍-히부.**

읍장(邑長)[-짱]명 읍의 행정 사무를 통할하는 책임자.

읍지(邑誌)[-찌]명 읍의 역사나 지리·풍속 따위를 기록한 책.

읍징(邑徵)[-찡]명하타 지난날, 고을의 아전이 공금을 유용했을 때 그 돈을 아전의 친척에게 물리고도 모자랄 경우에 나머지 돈을 읍민에게 물게 하던 일.

읍차(邑借)명 삼한 때에, 가장 작은 부족 국가의 우두머리를 이르던 말.

읍참-마속(泣斬馬謖)명 군율을 세우기 위해서는 사랑하고 아끼는 사람도 버림을 이르는 말. 〔'삼국지'의 '마속전(馬謖傳)'에 나오는 말로, 중국 촉나라의 제갈량(諸葛亮)이 군령을 어긴 마속을, 눈물을 흘리면서 목을 베었다는 고사에서 유래함.〕

읍청(泣請)명하타 울면서 간절히 청함.

읍체(泣涕)명하자 ⇨체읍(涕泣).

읍혈(泣血)[-으렬]명하자 어버이의 상(喪)을 당하여, 피눈물을 흘리며 슬퍼함.

읍호(邑豪)[으포]명 ①고을이나 읍내에서 으뜸가는 부호. ②고을이나 읍내에서 가장 유력한 사람.

응감 ①나이가 비슷한 벗 사이나 손아랫사람에게 대답하는 말, 또는 대답을 재촉하거나 다짐을 둘 때 하는 소리. ¶응, 그렇게 하지. /왜 대답이 없나, 응?/알았지, 응? ②무슨 일이나 남의 행동이 못마땅할 때 불평하여 내는 소리. ¶그만큼 주의를 주었는데 또 늦어, 응?

응가Ⅰ명 '똥'의 어린이 말. Ⅱ엄마, 응가 했어. Ⅱ감 어린아이에게 똥을 누일 때 하는 소리. ¶자, 응가!

응:감(應感)명하자하되자 마음에 통하여 느낌.

응견(鷹犬)[-껸]명 ①사냥하는 데 쓰려고 길들인 매와 개. ②⇨주구(走狗).

응:결(凝結)명하자하되자 ①엉기어 맺힘. 응고(凝固). 응집(凝集). ㉣응해(融解). ②액체나 기체에 흩어져 있던 미립자가 모여 큰 입자를 이루어 가라앉는 현상. ¶수증기의 응결로 물이 만들어졌다. ③시멘트 등에 물이 섞였을 때 차차 엉기는 현상.

응:결-기(凝結器)명 ⇨응축기(凝縮器).

응:결-력(凝結力)명 한 물질 중 가까이 있는 부분이 서로 끌어당겨 엉기는 힘.

응:고(凝固)명하자하되자 ①엉기어 굳어짐. 응결(凝結). ¶혈액이 응고한다. ②액체나 기체가 고체로 변함, 또는 그런 현상. ↔융해(融解).

응:고-열(凝固熱)명 액체 또는 기체가 응고하여 고체로 될 때 내놓는 열.

응:고-점(凝固點)[-쩜]명 액체나 기체가 응고할 때의 온도.

응:구-첩대(應口輒對)[-때]명하자 묻는 대로 거침없이 대답함.

응그리다타 ①얼굴을 찌푸리다. ¶잔뜩 응그린 얼굴. ②손으로 움키다.

응:급(應急)명하자 《주로 일부 명사 앞에 쓰이어》 급한 대로 우선 처리함. 또는, 급한 정황에 대처함. ¶응급 환자. /응급 상황.

응:급-수단(應急手段)[-쑤-]명 급한 대로 우선 조처하는 수단.

응:급-실(應急室)[-씰]명 병원 등에서, 환자의 응급 치료를 할 수 있는 시설을 갖추어 놓은 방.

응:급-조처(應急措處)[-쪼-]명하타 급한 대로 우선 베푸는 처리. 응급조치. ¶응급조처를 취하다. /환자를 응급조처하다.

응:급-조치(應急措置)[-쪼-]명하타 ☞응급조처(應急措處).

응:급^처치(應急處置)명 ☞응급 치료.

응:급^치료(應急治療)명 (다쳤거나 갑작스레 병이 났을 때) 급한 대로 우선 베푸는 간단한 치료. 구급 치료. 응급 처치.

응:낙(應諾)명하타 부탁의 말을 들어줌. ¶어려운 부탁을 선선히 응낙하다.

응:납(應納)명 지난날, '마땅히 바쳐야 할 물건'을 이르던 말.

응-능-주의(應能主義)[-의/-이]명 과세의 기준을 납세자의 조세 부담 능력에 두어야 한다는 주장. 참응익주의(應益主義).

응달명 햇빛이 들지 않아 그늘진 곳. 음지(陰地). 본음달. ↔양달.

응달에도 햇빛 드는 날이 있다(속담) 역경에 빠진 사람도 더러는 좋은 때를 만날 수 있다는 말.

응달-지다[형] 그늘이 져 있다. ¶응달진 산비탈.

응달-쪽명 응달진 쪽. ↔양달쪽.

응:답(應答)명하자 물음이나 부름에 응하여 대답함. ¶응답을 받다. /응답을 기다리다.

응:당(應當)[부] 마땅히. 당연히. ¶응당 해야 할 책무.

응:당-하다(應當-)형여 ①지극히 당연하다. ¶그 문제에 관하여 회장에게 책임을 묻는 것은 응당하다. ②무엇이 그것에 해당하거나 알맞다. ¶능력에 걸맞은 응당한 보수. 응당-히[부].

응:대(應待)명하타 ☞응접(應接).

응:대(應對)명하자 상대가 되어서 이야기를 나누거나 물음에 답하거나 함. ¶전화 응대. /응대가 시큰둥하다.

응등그러-지다자 ①(물체가) 마르거나 굳어지면서 뒤틀리다. ②(춥거나 겁이 나서) 몸이 움츠러지다. 작앙당그러지다.

응등-그리다타 (춥거나 겁이 나서) 갑자기 몸을 움츠러뜨리다. 작앙당그리다.

응:력(應力)[-녁]명 물체가 외부로부터 힘을 받았을 때, 물체 안에 생기는 반작용의 힘. 내력(內力). 외력(歪力).

응:모(應募)명하자되자 모집에 응함. ¶응모 작품. /신춘문예에 응모하다.

응:변(應變)명 〈임기응변〉의 준말.

응:보(應報)명 선악의 행위에 따라 받게 되는 길흉화복의 갚음. 보응(報應).

응:보-주의(應報主義)[-의/-이]명 형벌은 법질서를 어긴 범죄자가 마땅히 받아야 할 갚음이라고 하는 주장. 응보형론(應報刑論).

응:보-형(應報刑)명 응보주의의 이념에 따라 과하는 형벌. ↔목적형(目的刑).

응:보형-론(應報刑論)[-논]명 ☞응보주의(應報主義). 목적형론(目的刑論).

응:분(應分)명하형 제 신분에 맞음. 분수나 정도에 맞음. 《주로, '응분의'의 꼴로 쓰임.》 ¶응분의 대가. /응분의 보수를 받다.

응:사(應射)명하자 상대편의 사격에 맞서서 사격함. 맞총질.

응:석(하자) 어린이가 어른에게 어리광을 부리며 하는 버릇없는 말이나 행동. ¶응석을 받아주다. /응석을 부리다. /외아들이라고 귀여워했더니 응석이 심하다.

응:석-꾸러기명 응석을 잘 부리는 아이.

응:석-둥이[-뚱-]명 응석을 부리며 자란 아이. 응석받이.

응:석-받이[-빠지]명 ①응석을 받아 주는 일. ②응석둥이.

응:성-충(應聲蟲)[사람의 목구멍 속에 있으면서 사람의 말을 하는 것을 흉내 내는 벌레라는 뜻으로] '일정한 주견이 없이 남이 하는 대로 따라 하는 사람'을 이르는 말.

응:소(應召)명하자 소집에 응함.

응:소(應訴)명하자 원고의 소송에 대하여, 피고도 맞서서 소송 행위를 함. 응송(應訟).

응:송(應訟)명하자 ☞응소(應訴). 대송(對訟).

응:수(應手)명하자되자 바둑이나 장기 따위에서, 상대편의 수를 받은 다음에 두는 일, 또는 두는 그 수.

응:수(應酬)명하자 ①대립되는 의견 따위로 맞서서 주고받음. ②상대편의 말을 되받아 반박함. ¶한마디도 지지 않고 응수하다.

응:시(凝視)명하타 눈길을 한곳으로 모아 가만히 바라봄. ¶창밖을 응시한 채 상념에 잠겨 있다. 비주시(注視).

응:시(應試)명하자 시험을 치름. ¶검정고시에 응시하다.

응:신(應身)명 불교에서 이르는 삼신(三身)의 하나. 중생을 제도(濟度)하기 위하여 때에 따라 여러 가지 모습으로 나타나는 부처를 이름. 현신(現身).

응:신-불(應身佛)명 삼신불(三身佛)의 하나인 '석가여래불'을 이르는 말.

응아-응아[부] ☞응애응애.

응애-응애[부] 갓난아이가 잇따라 우는 소리. 응아응아.

응어리명 ①근육이나 피하 조직의 일부가 뭉쳐져서 덩어리진 부분. ¶장딴지에 응어리가 생기다. ②마음에 가시지 않고 남아 맺혀 있는 한이나 불만 따위의 감정. ¶마음에 응어리가 맺히다. ③사물 속에 깊이 박힌 것. ④과실의 씨가 박힌 부분.

응어리-지다자 ①무엇이 한데 엉기어 뭉치다. ②한이나 불만 따위의 감정이 쌓여 가슴에 맺히다. ¶가슴에 응어리진 울분. /슬픔이 응어리지다.

응얼-거리다자타 자꾸 응얼응얼하다. 응얼대다. ¶아이가 혼자 응얼거리며 시를 외고 있다.

응얼-대다자타 ☞응얼거리다.

응얼-응얼[부](하자타) ①원망이나 불만의 말을 입속에서 중얼거리는 소리, 또는 그 모양. ②글이나 노래 따위를 입속말로 외거나 읊조리는 소리, 또는 그 모양.

응:역(應役)명하자 왕조 때, 병역이나 부역 등을 치르던 일.

응연(凝然) '응연(凝然)하다'의 어근.

응연(應然) '응연(應然)하다'의 어근.

응:연-하다(凝然-)형여 단정하고 점잖다. ¶이제 성년이 되었으니 행동은 더욱 의젓하고 태도는 응연해야 한다. 응연-히[부].

응:연-하다(應然-)형여 마땅히 그러하다. 당연하다. 응연-히[부].

응:용(應用)명하타되자 원리나 지식·기술 따위를 실제로 다른 일에 활용함.

응:용^경제학(應用經濟學)몡 이론 경제학의 연구 성과를 실질 경제 현상에 응용하는 실천 경제학의 한 분야. ↔이론 경제학.

응:용-과학(應用科學)몡 인간 생활이나 산업에 실제로 활용될 기술을 연구하는 과학. 〔공학·농학·의학 따위.〕 ↔이론과학.

응:용-문제(應用問題)몡 기본 지식을 활용하여 풀어 보게 하는 문제.

응:용^물리학(應用物理學)몡 인간 생활이나 산업에 실제로 활용되는 공업 기술 따위를 연구하는 물리학의 한 분야.

응:용^미:술(應用美術)몡 감상을 주로 하지 않고 실용품에 알맞게 응용하는 미술. 〔도안·모형·의장(意匠) 따위.〕

응:용^수:학(應用數學)몡 역학·통계학·물리학·공학 등에 응용되는 수학을 통틀어 이르는 말.

응:용^심리학(應用心理學)[-니-]몡 의료·산업·종교·법률·사회 등의 실제 문제의 해결에 응용되는 심리학.

응:용-화:학(應用化學)몡 인간 생활이나 산업에 실제로 활용될 화학적 기술을 연구하는 화학의 한 분야. 공업 화학·농예 화학·식품 화학 따위. 〔좁은 뜻으로 공업 화학만을 이름.〕

응:원(應援)몡하타 ①편들어 격려하거나 돕는 일. ②운동 경기 등에서, 박수나 노래 등으로 자기편 선수의 힘을 북돋우는 일. ¶응원 연습. /자기 나라 선수를 열렬히 응원하다.

응:원-가(應援歌)몡 운동 경기 등에서, 자기편 선수를 응원할 때 여럿이 함께 부르는 노래.

응:원-단(應援團)몡 운동 경기 등에서, 자기편 선수를 응원하는 단체.

응:-응부하타 크게 소리 내어 우는 소리.

응:익-주의(應益主義)[-주의/-주이]몡 과세의 기준을 납세자가 국가나 지방 자치 단체로부터 받는 이익의 크기에 두어야 한다는 주장. 鞐응능주의(應能主義).

응:장-성식(凝粧盛飾)몡 얼굴을 단장하고 옷을 잘 차려입음.

응:전(應戰)몡하타 적의 공격에 맞서서 싸움. ¶응전 태세를 갖추다.

응:접(應接)몡하타 손을 맞이하여 접대함. 응대(應待). ¶가정 방문 오신 담임선생님을 정중히 응접하다.

응:접-세트(應接set)몡 손을 응접하는 데 쓰이는, 한 벌로 된 탁자와 의자.

응:접-실(應接室)[-씰]몡 손을 맞이하여 접대하는 방. 접빈실(接賓室).

응:제(應製)몡 ①임금의 명에 따라 임시로 치르던 과거. ②하타임금의 명에 따라 시문(詩文)을 지은 글.

응:종(應從)몡하자 받아들여 그대로 따름.

응:종(應鐘)몡 ①아악(雅樂) 십이율 가운데 음려(陰呂)의 하나. ②鞐방동(方冬).

응:진(應眞)몡 ☞아라한(阿羅漢).

응:집(凝集)몡하자되자 ①(분산 또는 용해되어 있던 물질이) 한데 엉김. 응결. ¶수은(水銀)이 응집하다. ②'사물이 한데 모임'을 뜻함. ¶온 국민의 열의가 응집된 결과.

응:집-력(凝集力)[-찝녁]몡 분자·원자 또는 이온 사이에 작용하여 고체나 액체 등을 이루고 있는 인력(引力).

응:집^반:응(凝集反應)[-찝빠능]몡 항원 항체 반응의 한 가지. 세균이나 적혈구 등의 항원 부유액과 항체를 지닌 혈청을 섞였을 때 한데 엉기는 현상. 혈액형 반응이나 세균의 혈청 진단 등에 이용됨.

응:집-소(凝集素)[-쏘]몡 ①응집 반응을 일으키는 항체. ②같은 종류의 혈액이 응집 반응을 할 때에 항체로 되는 물질. 사람의 혈청 속에 있음.

응:징(膺懲)몡하타되자 ①잘못을 뉘우치도록 징계함. ¶응징을 가하다. ②적국(敵國)을 정복함.

응:착(凝着)몡하자되자 두 고체의 면이 액체 상태로 녹아 엉겨 붙음, 또는 그런 현상.

응:찰(應札)몡하자 입찰에 응함. ¶응찰 가격.

응:천-순인(應天順人)몡하자 하늘의 뜻에 따르고, 백성의 뜻에 순종함.

응:체(凝滯)몡하자되자 (사물의 흐름이) 막히어 나아가지 아니함. ¶업무 처리가 응체되다.

응:체(凝體)몡 엉기어 굳은 물체.

응:축(凝縮)몡하자되자 ①(흩어져 있던 것이) 한데 엉겨 굳어짐. ②어느 한 점으로 집중되게 함. ¶전 국민의 열의가 하나로 응축되다. ③기체가 액체로 변하는 현상. ¶수증기가 응축하여 이슬이 되다.

응:축-기(凝縮器)[-끼]몡 기체를 냉각 응축하여 액체로 만드는 장치. 응결기(凝結器).

응:축-열(凝縮熱)[-충녈]몡 기체가 응축하여 같은 온도의 액체로 될 때에 내는 열.

응:-하다(應-)자여 ①(요구나 질문 등에 대하여) 그것에 따르는 행동을 하다. ¶예비군 비상소집에 응하다. ②(부름에) 대답하다. 응답하다. ③(정세나 변화 등에) 알맞게 맞추어 따르다. ¶정세 변화에 응하여 신중히 조처하다.

응:험(應驗)몡하자 징조가 나타나 맞음, 또는 그 징조.

응:혈(凝血)몡하자 피가 엉김. 또는 엉긴 피.

응:화(應化)몡하자되자 ①불보살(佛菩薩)이 중생을 구제하기 위하여 여러 형태로 이 세상에 나타나는 일. ②鞐적응(適應).

응:화(應和)몡하자 서로 응하여 대답함.

응:회-암(凝灰岩)[-회/-훼-]몡 화산에서 분출된 화산회(火山灰) 등이 쌓여 굳어진 암석.

읂다태 〔옛〕읊다. ¶노래 영:詠(石千14). /며리며 긴 으푸믈 虛費히 호라(杜重2:5). 鞐읊다.

의¹몡 한글 이중 모음의 자모 'ㅢ'의 음가 및 이름.

의²조 체언이나 용언의 명사형에 붙어, 그 말이 관형어의 구실을 하게 하는 관형격 조사. ①'가진 사람[소유]', '딸린 바[소속]'를 뜻함. ¶나의 책. /우리나라의 선박. ②그 말이 다음 말의 내용의 주체임을 뜻함. ¶온 겨레의 염원. /우리의 각오. ③'있는 곳[데]'·'범위'·'시간'을 뜻함. ¶강원도의 경승지. /시민의 한 사람. /저녁 무렵의 하늘 빛깔. ④'성질'·'상태'·'수량' 등을 뜻함. ¶빨간 빛깔의 모자. /다섯 자루의 연필. ⑤뒤의 체언이 나타내는 동작이나 작용의 '목표' 또는 '대상'임을 뜻함. ¶질서의 확립. ⑥'관계'를 뜻함. ¶나의 스승. /당신의 아우. ⑦'(지은) 대상, 내용상의 관련'을 뜻함. ¶가을의 노래. /요리의 교본. ⑧'나는 데[생산지]'를 뜻함. ¶대구의 사과. ⑨'일어난 곳'을 뜻함. ¶중동의 석유 전쟁. ⑩'…과(와) 같은'의 뜻으로, 비유를 나타냄. ¶하루살이의 인생. /철의 여인. ⑪'…이(가) 이룬'의 뜻을 나타냄. ¶신라의 삼국 통일. ⑫'…이라 하는'의 뜻을 나타냄. ¶고요한 아침의 나라. ⑬'작가(지은이)'를 뜻함. ¶춘원(春園)의 단편 소설.

의조〖옛〗에. ¶울흔 녀긔 브텨 쓰라(訓諺).

-의어미〖옛〗-게. ¶後ㅅ 사ᄅᆞ물 알의ᄒᆞᄂᆞᆫ 거시라(釋譜序1).

의:(義)〖명〗 ①오상(五常)의 하나. 사람으로서 지켜야 할 바른 도리. ②오륜(五倫)의 하나. 임금과 신하 사이에 지켜야 할 바른 도리. ③〈덕의(德義)〉의 준말. ④〈도의(道義)〉의 준말. ⑤글자나 글의 뜻. ⑥남과 맺은, 혈연과 같은 관계. ¶형제의 의를 저버리다.

의:(誼)〖명〗 〈정의(情誼)〉의 준말. ¶의가 상하다. /의가 도타운 형제.

의가 좋으면 천하도 반분한다〖속담〗 사이가 좋으면 무엇이나 나누어 가진다는 뜻.

의가 나다〖관용〗 사이가 나빠지다.

-의어미〈-으이〉의 준말. ¶정말 보기 좋의.

의가(衣架)〖명〗 옷걸이.

의가(醫家)〖명〗 〈의술가(醫術家)〉의 준말.

의가-반낭(衣架飯囊)〖명〗〔옷걸이와 밥주머니란 뜻으로〕'아무 쓸모 없는 사람'을 비유하여 이르는 말.

의가사^제대(依家事除隊)〖명〗 군대에서, 현역으로 복무 중에 있는 사람이 가정 사정으로 말미암아 제대하게 되는 일.

의가-서(醫家書)〖명〗의서(醫書).

의:각(義脚)〖명〗의족(義足).

의거(依據)〖명〗 ①〖하자〗어떠한 사실을 근거로 함. ¶헌법에 의거하다. ②〖하자〗어떤 곳에 자리 잡고 머무름. ¶산촌에 의거하다. ③〖하자타〗남의 힘을 빌려 의지함. ⑩의빙(依憑).

의:거(義擧)〖명〗〖하자〗 정의를 위하여 사사로운 이해타산을 생각함이 없이 일으킨 행동.

의건(議件)[-껀]〖명〗 의논할 안건.

의건모-하다자예 살아 나갈 계획을 세우다.

의-걸이(衣-)〖명〗〈의걸이장〉의 준말.

의걸이-장(衣-欌)〖명〗 위는 윗옷을 걸 수 있고, 아래는 반닫이 모양으로 되어 옷을 개어 넣게 된 장. 준의걸이.

의-견(意見)〖명〗 어떤 일에 대한 생각. ¶의견이 일치하다. /다수의 의견에 따르다.

의-견사(擬絹絲)〖명〗 면화·아교·단백질 등을 진한 수산화나트륨으로 처리하여 천연견사와 같은 광택이 나게 한 실.

의-견-서(意見書)〖명〗 어떤 의견을 적은 글, 또는 의견을 적은 그 문서.

의결(議決)〖명〗〖하타되자〗 합의에 의하여 어떤 의안(議案)에 대한 의사를 결정하는 일. ¶법률안을 만장일치로 의결하다.

의결-권(議決權)[-꿘]〖명〗 ①회의에 참석하여 의사를 밝히고 의결에 참여할 수 있는 권리(權利). ②의결 기관이 어떤 사항을 의논하여 결정할 수 있는 권리. 결의권.

의결^기관(議決機關)〖명〗 국회·지방 의회·주주 총회 등과 같이, 국가나 공공 단체, 주식회사 등 법인의 의사를 결정하는 합의제의 기관. 결의 기관. ↔집행 기관.

의:경(義警)〖명〗〈의무 경찰〉의 준말.

의고(擬古)〖명〗〖하타〗 ①옛것을 본뜸. ②시가(詩歌)나 문장 등을 옛 형식에 맞추어 지음.

의고-주의(擬古主義)〖명〗 예술 작품의 표현에서, 고전적 작품의 양식을 본뜨려는 주의. 고전주의(古典主義). 상고주의(尙古主義).

의고-체(擬古體)〖명〗 옛 형식을 본뜬 문체.

의공(蟻孔)〖명〗 개미구멍.

의과(醫科)〖명〗 고려·조선 시대에, 의관을 뽑기 위해 두었던 잡과(雜科)의 한 가지.

의과^대:학(醫科大學)[-꽈-]〖명〗 의학을 연구하고 가르치는 단과 대학. ⑥의대(醫大).

의관(衣冠)〖명〗 ①옷과 갓. 옷차림. ¶의관을 갖추다. /의관을 정제하다. ②문물(文物)이 열리고 예의가 바른 풍속. ⑩옷과 갓을 갖추어 차림. ¶의관하고 나오느라 시간이 걸렸소.

의관(醫官)〖명〗 조선 시대에, 내의원에 속하여 의술에 종사하던 관원.

의관(議官)〖명〗 조선 고종 때 두었던 중추원(中樞院)의 한 벼슬.

의관-문물(衣冠文物)〖명〗 그 나라의 의관을 비롯한 예절과 문물, 곧 그 나라의 문명.

의구(疑懼)〖명〗〖하타〗 의심하고 두려워함.

의구(依舊)〖명〗 '의구하다'의 어근.

의구-심(疑懼心)〖명〗 의심하고 두려워하는 마음. ¶의구심이 들다. /의구심을 가지다.

의구-하다(依舊-)〖형여〗 옛 모양과 다름이 없다. 옛날 그대로 변함이 없다. ¶산천은 의구하되 인걸은 간 데 없다(古時調). **의구-히**튀.

의:군(義軍)〖명〗 국가를 위하여 스스로 일어난 군대. 의려(義旅). 의병(義兵).

의궤(儀軌)〖명〗 ①본보기. 법칙. ②밀교(密敎)에서, 의식(儀式)의 법칙, 또는 그것을 적은 책. ③지난날, 나라에 큰일이 있을 때, 후세에 참고로 하기 위하여 그 일의 처음부터 끝까지의 경과나 경비 등을 자세히 적은 책.

의귀(依歸)〖명〗 몸과 마음을 의지함.

의:근(意根)〖명〗 불교에서 이르는 육근(六根)의 하나. 마음으로 인식 작용이 이루어질 때의, 그 근거가 되는 기관을 이르는 말.

의금(衣衾)〖명〗 옷과 이부자리.

의금(衣襟)〖명〗 옷깃.

의:금-부(義禁府)〖명〗 조선 시대에, 왕명을 받들어 죄인을 추국(推鞫)하는 일을 맡아보던 관청. ⑥금부.

의:금-사(義禁司)〖명〗 조선 고종 때, '의금부'를 고친 이름. 법무아문(法務衙門)에 딸려 각 재판소의 상소(上訴)를 다루었음.

의:기(意氣)〖명〗 ①적극적으로 무엇을 하려고 하는 마음. 기개(氣槪). ¶의기가 드높다. /의기가 왕성하다. ②장한 마음.

의:기(義妓)〖명〗 의로운 일을 한 기생. ¶의기논개.

의:기(義氣)〖명〗 정의감에서 일어나는 기개.

의:기(義旗)〖명〗 의병(義兵)의 군기(軍旗).

의기(疑忌)〖명〗 의심하고 꺼림.

의:기-상투(意氣相投)〖명〗〖하자〗 서로 마음이 맞음. 의기투합.

의:기-소침(意氣銷沈)〖명〗〖하형〗 기운을 잃고 풀이 죽음. 의욕을 잃고 기가 꺾임.

의:기-양양(意氣揚揚)〖명〗〖하여〗 (바라던 대로 되어) 아주 자랑스럽게 행동하는 모양. ¶우승기를 앞세우고 의기양양하게 개선하였다.

의:기-충천(意氣衝天)〖명〗〖하여〗 (뜻한 바를 이루어) 기세가 하늘을 찌를 듯함.

의:기-투합(意氣投合)〖명〗〖하자〗 ☞의기상투(意氣相投).

의:-남매(義男妹)〖명〗 ①의로 맺은 남매. ②아버지나 어머니가 서로 다른 남매.

의낭(衣囊)〖명〗 호주머니.

의녀(義女)〖명〗 의붓딸.

의녀(醫女)〖명〗 조선 시대에, 기생으로 간단한 의술을 배워 내의원(內醫院)·혜민서(惠民署)에서 심부름하던 여자.

의념(疑念)〖명〗 의심스러운 생각. ¶의념을 품다.

의논(*議論)몡하타되자 (어떤 일을 해결하기 위하여) 서로 의견을 주고받음. ¶대학 진학 문제를 의논한다.

의단(疑端)몡 의심을 하게 되는 실마리.

의:담(義膽)몡 의로운 마음. 의로운 담력.

의당(宜當)튀 마땅히. 으레. ¶의당 그래야 될 일이지. /그분의 판단에 따름이 의당하다.
　의당-히튀 ¶그 일 의당히 그의 차례가 아닌가?

의당-당(宜當當)몡 '의당'의 힘줌말.

의당-사(宜當事)몡 ①마땅한 일. ②지난날, 관아의 명령문 끝에 '마땅히 이대로 실행할 것'이란 뜻으로 쓰던 말.

의대(衣帶)몡 ①옷과 띠. ¶의대를 갖추다. ②옷의 띠.

의대(衣襨)몡 ①임금의 옷. 주로, 겉에 입는 평복을 이름. ②무당이 굿할 때 입는 옷.

의대(醫大)〈의과 대학〉의 준말.

의덕(懿德·宜德)몡 아름다운 덕행.

의:덕(義德)몡 가톨릭에서, 사추덕(四樞德)의 하나. 의로운 일을 지향하고 생명·자유·명예 등 인간의 권리를 보호하는 덕.

의:도(義徒)몡 정의를 위하여 일을 일으키는 사람들. 의중(義衆).

의:도(意圖)몡 ①무엇을 이루려는 생각. ¶일이 의도대로 잘되다. ②하자타 무엇을 이루려고 속으로 꾀함, 또는 그 계획. ¶상대의 의도를 간파하다.

의:도-적(意圖的)관몡 무엇을 이루려고 미리 정해 놓은 계획에 따르는 (것). 계획적. ¶의도적 실수. /의도적으로 접근하다.

의:도-형(意圖形)몡 용언의 연결 어미의 한 갈래. 동사에만 있는 것으로 주어(主語)의 의도를 나타냄. ('-(으)려·-고자·-자' 따위.)

의량(衣糧)몡 옷과 양식.

의려(倚閭)몡하자 (마을 어귀의 문에 의지해 선다는 뜻으로) 어머니가 아들딸이 돌아오기를 애타게 기다림.

의:려(義旅)몡 의로운 군대. 의군(義軍).

의려(疑慮)몡하타 의심하여 염려함.

의려지망(倚閭之望)몡 ⇨의려지정.

의려지정(倚閭之情)몡 자녀가 돌아오기를 초조하게 기다리는 어머니의 마음. 의려지망(倚閭之望). 의문이망(倚門而望).

의례(依例)몡하자 〈의전례〉의 준말. **의례-히**튀.

의례(儀禮)몡 형식을 갖춘 예의.

의례-건(依例件)[-껀]몡 전례 또는 관례에 따라 마땅히 할 일. ¶그 집 혼사에 가는 거야 의례건이지. ㉰예식(例式).

의론(議論)몡하타되자 (어떤 문제에 대하여) 각자 의견을 주장하거나 논의함, 또는 그 의견이나 논의. ¶의론이 분분하다. /두 가지 의론이 팽팽하게 맞서다.

의:-롭다(義-)[-따][~로우니·~로워]톈ㅂ ①의기(義氣)가 있다. ②의리(義理)가 있다. ③의분(義憤)이 있다. **의로이**튀.

의롱(衣籠)몡 옷을 넣어 두는 농. 옷농.

의뢰(依賴)[-뢰/-뤠]몡하타되자 ①남에게 의지함. ②남에게 부탁함. ¶중재를 의뢰하다. /소송을 의뢰한다.

의뢰-서(依賴書)[-뢰/-뤠-]몡 남에게 부탁하는 내용을 적은 글. ¶매매 의뢰서.

의뢰-심(依賴心)[-뢰/-뤠-]몡 남에게 의지하는 마음. ¶의뢰심이 생기다.

의뢰-인(依賴人)[-뢰/-뤠-]몡 남에게 어떤 일을 의뢰한 사람. ¶송금 의뢰인.

의료(衣料)몡 '옷감이나 옷'을 통틀어 이르는 말.

의료(醫療)몡 의술로 병을 고치는 일.

의료-계(醫療界)[-계/-게]몡 의료에 종사하는 사람들의 사회.

의료-기(醫療器)몡 병자를 치료하기 위한 검사·진찰·수술 등에 쓰이는 기구.

의료-기관(醫療機關)몡 의료인이 공중 및 특정 다수인을 위하여 의료 행위를 하는 곳. [병원·의원·조산원 따위.]

의료-보:험(醫療保險)몡 사회 보험의 한 가지. 수입에 따라 일정한 보험료를 치른 보험 계약자와 그 부양 가족이, 의료 기관에서 치료를 받을 수 있는 보험.

의료-비(醫療費)몡 병을 치료하는 데 드는 비용.

의료-업(醫療業)몡 의술로 병을 고치는 직업.

의료-진(醫療陣)몡 의료 부문에 종사하는 사람들의 진용.

의류(衣類)몡 옷 종류를 통틀어 이르는 말.

의:리(義理)몡 ①사람으로서 마땅히 지켜야 할 바른 도리. ¶의리를 모르다. ②남과 사귈 때 지켜야 할 도리. ¶의리 없는 사람으로 낙인 찍히고 말았다.

의:리-부동(義理不同)몡하톈 의리에 맞지 아니함.

의:마-심원(意馬心猿)몡 [뜻은 날뛰는 말과 같고, 마음은 떠드는 원숭이와 같다는 뜻으로] 불교에서, '세속의 번뇌와 욕정 때문에 흐트러진 마음을 억누를 수 없음'을 비유하여 이르는 말.

의마지재(倚馬之才)몡 '글을 빨리 잘 짓는 재주'를 이르는 말. [말에 잠깐 기대어 있는 동안에 만인(萬人)의 글을 지었다는 중국 진(晉)나라 원호(袁虎)의 고사에서 유래함.]

의막(依幕)몡 임시로 거처하게 된 곳.

의망(意望)몡 바라는 마음. 소망.

의망(擬望)몡하타 지난날, 삼망(三望)의 후보자로 추천하던 일.

의:매(義妹)몡 ①의로 맺은 누이동생. ②아버지나 어머니가 서로 다른 누이동생.

의명(依命)몡하자 명령에 따름. ¶의명 통첩(通牒).

의:모(義母)몡 ①의붓어머니. ②수양어머니. ③의로 맺은 어머니.

의:무(義務)몡 ①마땅히 해야 할 직분. ¶윤리적 의무./가장으로서의 의무. ②법률로서 강제로 하게 하거나 못하게 하는 일. ¶납세의 의무./병역의 의무. ↔권리.

의무(醫務)몡 ①의료에 관한 업무. ②의사로서의 업무.

의:무-감(義務感)몡 의무를 느끼는 마음.

의:무-경:찰(義務警察)몡 병역 의무를 대신하여 일정 기간 동안 치안 업무를 보조하는 경찰. ㉰의경.

의:무-교:육(義務敎育)몡 국민의 의무로서 학령(學齡)에 이른 아동을 취학시켜야 하는 보통 교육. 국민 교육.

의문(疑問)몡하타 의심스러운 생각을 함, 또는 그런 일. ¶의문의 죽음. /의문이 풀리다.

의문-대:명사(疑問代名詞)몡 대명사의 한 가지. 알지 못하는 사람이나 확실하지 아니한 사실을 말할 때 쓰이는 대명사. [누구·무엇·어디 따위.] 물음대이름씨.

의문-문(疑問文)몡 서술어의 종결 어미에 따른 문장 갈래의 하나. 무엇을 물어서 그 답을 듣고자 하는 형식의 문장. 용언의 의문형 종결 어미로 끝맺는 형식. ('너도 지금 떠나겠느냐?', '지금 거기서 무얼 하고 있니?' 따위.)

의문-부(疑問符)[명] ☞물음표.
의문-스럽다(疑問-)[-따][~스러우니·~스러워]
[형ㅂ] 보기에 의문 나는 데가 있다. 의문스레[부]
의문-시(疑問視)[명][하타][되자] 의문스럽게 여김.
¶어린 선수들이 제 기량을 발휘할 수 있을지
의문시된다.
의문이망(倚門而望)[명][하타] ☞의려지정(倚閭
之情).
의문-점(疑問點)[-쩜][명] 의심나는 점.
의문-표(疑問標)[명] ☞물음표.
의문-형(疑問形)[명] 종결 어미의 한 갈래. 어떤
사실에 대해서 묻거나 의문을 나타내는 형식.
[‘-느냐·-는가·-오·-ㅂ니까’ 따위.]
의뭉[명][하형] 겉으로는 어리석은 것 같으나 속은
엉큼함. ¶의뭉을 떨다.
　의뭉한 두꺼비 옛말 한다[속담] 의뭉한 사람이
남의 말이나 옛말을 끌어다가 자기 속의 말을
한다는 말.
의뭉-스럽다[-따][~스러우니·~스러워][형ㅂ]
의뭉한 데가 있다. 의뭉스레[부] 모른 척하고
있지만 의뭉스레 제 실속은 다 차리고 있다.
의미(依微)[명] ‘의미하다’의 어근.
의:미(意味)[명][하타] ①어떤 말이 나타내고 있는
내용. 뜻. 의의(意義). ¶낱말의 의미. /나는
그것이 무엇을 의미하는지 모르겠다. ②표현이
나 행위 등의 의도나 동기. ¶의미가 있어서 시
작한 일이다. ③(어떤 행위나 사물이 지닌) 보
람 또는 가치. ¶여름 방학을 의미 없이 보낸다.
의:미-론(意味論)[명] 언어의 의미에 관하여, 그
기원·변화·발전 등을 연구하는 언어학의 한 분
야. 의의학(意義學).
의:미-소(意味素)[명] ☞실질 형태소.
의미심장(意味深長) ‘의미심장하다’의 어근.
의:미심장-하다(意味深長-)[형여] (말이나 글
따위의) 뜻이 매우 깊다. ¶의미심장한 한마
디. /의미심장한 미소를 짓다.
의미-하다(依微-)[형여] 어렴풋하다.
의발(衣鉢)[명] 〔스승인 중이 제자에게 주는 가사
(袈裟)와 바리때란 뜻으로〕 불교의 오의(奧義)
를 이르는 말.
의방(依倣)[명][하타] (남의 것을) 모방함. 흉내 냄.
의범(儀範)[명] 모범이 될 만한 몸가짐.
의법(依法)[명][하자] 법에 따름.
의:병(義兵)[명] 나라를 위하여 스스로 일어난 군
대, 또는 그 군사. 의군(義軍).
의병(擬兵)[명] 적의 눈을 속이려고 거짓으로 꾸
민 군사.
의:병-장(義兵將)[명] 의병의 장수.
의병^제대(依病除隊)[명] 병으로 말미암아 제대
하는 일.
의복(衣服)[명] 옷.
　의복이 날개[라][속담] ☞옷이 날개라.
의:복(義服)[명] 친족 관계로 되지 않아 상복을
입지 않아도 되는 사람이 의리로 입는 상복.
의복풍(醫卜風)[명] 의술(醫術)과 복술(卜術)과
풍수(風水)를 아울러 이르는 말.
의봉(蟻封)[명] ☞개밋둑.
의:부(義父)[명] ①의붓아버지. ②수양아버지.
③의로 맺은 아버지.
의:부(義婦)[명] 의로운 여자.
의부(蟻附)[명][하자] ①개미 떼처럼 달라붙거나
모여듦. ②개미 떼처럼 한마음으로 장수에게
복종함.
의부-증(疑夫症)[-쯩][명] 남편의 행실을 공연히
의심하는 변태적 성격이나 병적 증세. 魣의처증.

의:분(義憤)[명] 의로운 마음에서 우러나오는 분
노. ¶의분에 떨다. /의분을 느끼다. /의분을 참
지 못하다.
의:분(義奮)[명][하자] 의를 위하여 기운을 냄.
의불합(意不合)[명] ‘의불합하다’의 어근.
의:불합-하다(意不合-)[-하파-][형여] 뜻이 서
로 맞지 않다.
의:붓-딸[-붇-][명] 개가해 온 아내나 첩이 데리
고 온 딸. 가봉녀(加捧女). 의녀(義女).
의:붓-아들[-부다-][명] 개가해 온 아내나 첩이
데리고 온 아들. 가봉자(加捧子). 의자(義子).
의:붓-아버지[-부다-][명] 개가한 어머니의 남
편. 계부(繼父). 의부(義父). 魣의붓아비.
의:붓-아비[-부다-] 〈의붓아버지〉의 낮춤말.
　의붓아비 제삿날 물리듯[속담] 마음에 없는 일이
라 차일피일하며 뒤로 미룸을 이르는 말.
의:붓-어머니[-부더-][명] 아버지의 후처나 첩.
계모(繼母). 의모(義母). 魣의붓어미.
의:붓-어미[-부더-] 〈의붓어머니〉의 낮춤말.
　의붓어미 눈치 보듯[속담] 어려운 사람이나 무서
운 사람의 눈치를 살핌을 이르는 말.
의:붓-자식(-子息)[-붇짜-][명] 개가해 온 아내
나 첩이 데리고 온 자식. 계자(繼子).
　의붓자식 다루듯[속담] 남의 것처럼 하찮게 다룸
을 이르는 말.
의빈(儀賓)[명] 부마도위(駙馬都尉) 등과 같이 왕
족의 신분이 아니면서 왕족과 통혼한 사람을
두루 일컫던 말.
의빙(依憑)[명][하자타] ☞의거(依據).
의빙(疑氷)[명] (굳게 언 얼음처럼) 풀리지 않는
의심.
의:사(義士)[명] ①의리와 지조를 굳게 지키는 사
람. 의인(義人). ②(나라와 민족을 위해) 의로
운 행동으로 목숨을 바친 사람. ¶조국 광복을
위해 목숨을 바친 윤봉길 의사.
의:사(義死)[명][하자] 의로운 일을 위하여 죽음.
의:사(意思)[명] ①무엇을 하려고 하거나 생각하
나 마음. ¶의사 전달. /상대편의 의사를 알아
보다. /행동을 함께하겠다는 의사를 밝히다.
②법률에서, 행위의 직접적인 원인이 되는 심
리 작용을 이르는 말. ¶의사 표시.
의사(繪사)[명] 〈액사(繪死)〉의 본딧말.
의사(擬死)[명] 동물이 갑작스러운 자극이나 적의
공격을 받았을 때 반사적으로 죽은 체하는 일.
〔곤충·조류·포유류 따위에서 널리 볼 수 있는
습성임.〕
의사(擬似) ‘의사하다’의 어근.
의사(醫師)[명] 의술과 약으로 병을 고치는 직업
에 종사하는 사람. 일정한 자격을 가지고 면허
를 받아야 함. 도규가(刀圭家).
의사(議事)[명][하타] 회의에서, 어떤 안건을 토의
함, 또는 그 토의.
의:사-능력(意思能力)[-녁][명] 법률에서, 자기
행위의 결과를 인식하고, 판단할 수 있는 정신
적인 능력.
의사-당(議事堂)[명] 의원들이 모여서 회의하는
건물. 흔히, 국회 의사당을 이름.
의사-록(議事錄)[명] 회의의 내용, 토의의 경과,
의결 사항 등을 기록한 문서.
의사-봉(議事棒)[명] 의결 기관의 의장이 회의의
개회나 폐회, 안건의 상정·가결·부결 등을 선
언할 때 탁자를 두드리는 기구. 망치와 비슷한
모양으로 되어 있음.
의:사-소통(意思疏通)[명][하자] 생각이나 뜻이 서
로 통함. ¶의사소통이 원활하다.

의사-일정(議事日程) [-쩡]圀 그날의 회의할 안건을 미리 정해 놓은 차례.

의:사-주의(意思主義) [-의/-이]圀 법률에서, 의사 표시의 효력을 생각하는 경우에, 객관적인 표시 행위보다 그 사람의 진의(眞意)를 중시하는 주의. ⚘표시주의.

의사-증(擬似症) [-쯩]圀 진성(眞性)의 전염병과 비슷한 병증(病症).

의사^콜레라(擬似cholera)圀 콜레라균은 검출되지 않았으나 콜레라와 비슷한 증상을 보이는 병.

의:사^표시(意思表示)圀 ①의사를 밖으로 나타내는 일. ②법률에서, 권리나 의무에 관한 효과를 발생시킬 목적으로 자기 의사를 외부에 나타내는 일. [계약의 청약이나 해제, 유언 따위.]

의사-하다(擬似-)困어 실제와 비슷하다.

의산(蟻酸)圀 ⇨포름산.

의상(縊殺)圀 <액살(縊殺)>의 본디말.

의상(衣裳)圀 ①(여자가 겉에 입는) 저고리와 치마. ②옷. ¶민족 고유의 의상.

의:상(意想)圀 (마음속의) 뜻과 생각.

의상-실(衣裳室)圀 ①주로, 여성 정장을 만들어 파는 옷가게. ②옷을 보관하거나 갈아입거나 하기 위하여 따로 마련한 방.

의생(醫生)圀 지난날, 한방 의술로 병을 고치는 일을 업으로 하던 사람.

의서(醫書)圀 의학에 관한 책. 의가서(醫家書).

의석(議席)圀 ①회의를 하는 자리. ②회의장에서 의원이 앉는 자리.

의성(擬聲)圀 사물의 소리를 흉내 냄. 소리시늉. ⚘의음(擬音).

의성-법(擬聲法) [-뻡]圀 비유법의 한 가지. 사물의 소리를 그대로 시늉하여 나타내려는 표현 방법. 성유법(聲喩法).

의성^부:사(擬聲副詞)圀 성상 부사(性狀副詞)의 한 갈래. 사물의 소리를 시늉한 부사. [철썩철썩·딸랑딸랑·와당탕퉁탕 따위.]

의성-어(擬聲語)圀 사물의 소리를 흉내 낸 말. [딸랑·쟁그랑·철썩철썩 따위.] 소리시늉말. 소리흉내말. ⚘의태어(擬態語).

의세(倚勢)圀困困 세력을 믿고 떠세함.

의속(依屬)圀 논리학에서, 어떤 사물의 존재·가치·성질·상태 따위가 다른 사물에 따라 규정되고 제약되는 관계를 이르는 말.

의송(議送)圀 조선 시대에, 고을의 원에게 제소(提訴)했다가 패소(敗訴)한 백성이, 그에 불복하여 다시 관찰사에 제소하던 일.

의수(依數)圀困 일정한 수대로 함. 정한 수에 따름. 준수(準數).

의:수(義手)圀 손이 없는 사람이, 나무·고무·금속 따위로 만들어 붙이는 인공의 손. ⚘의족(義足).

의:숙(義塾)圀 공익을 위하여 의연금(義捐金)으로 세운 교육 기관.

의술(醫術)圀 병을 고치는 기술. 의학에 관한 기술. 도규술(刀圭術).

의술-가(醫術家)圀 의술에 뛰어난 사람. 의술가. ⚘의가(醫家).

의시(依施)圀困困 청원(請願)에 의하여 임금이 허가함. 준허(準許).

의시(疑視)圀困困 의심하여 봄.

의식(衣食)圀 의복과 음식. 옷밥.

의:식(意識)圀困 ①깨어 있을 때의 마음의 작용이나 상태. ¶의식을 잃다. /3일째 의식을 차리지 못하고 있다. ②사회적 또는 역사적인 영

향을 받아서 형성되는 감정·견해·사상·이론 따위를 이르는 말. ¶엘리트 의식. /역사 의식. ③困困 (어떤 일을) 마음에 둠. 자각함. ¶남의 눈을 의식하다. /이성(異性)을 의식하다. ④불교에서, 육식(六識) 또는 팔식(八識)의 하나. 대상을 총괄하며 판단·분별하는 심적 작용.

의식(儀式)圀 의례(儀禮)를 갖추어 베푸는 행사. 식전(式典). 의전(儀典). ¶혼인 의식. ⚘식.

의:식^구조(意識構造) [-꾸-]圀 어떤 개인이나 집단이 가진 의식의 짜임새, 또는 그 계통. ¶대학생의 의식 구조를 조사하다.

의:식-불명(意識不明) [-뿔-]圀 의식을 잃은 상태. ¶의식 불명에 빠지다.

의:식^수준(意識水準) [-쑤-]圀 어떤 대상에 대하여 생각하고 판단하는 능력의 정도. [정치 의식의 수준, 사회 비판 의식의 수준 따위.] ¶의식 수준이 낮다. /환경 문제에 대한 국민의 의식 수준이 점차 높아지고 있다.

의:식^심리학(意識心理學) [-씸니-]圀 의식을 주요 연구 대상으로 삼는 심리학.

의식-요(儀式謠)圀 의식을 치르면서 부르는 민요. 의식이 아닌 때에는 거의 부르지 않는 노래로서, 장례요·지신밟기 노래·성주풀이·동투잡이 등이 있음. ⚘노동요·유희요(遊戱謠).

의:식^일반(意識一般)圀 칸트 철학의 선험적 관념론에서, 객관적 인식 정립의 기초로서 상정(想定)되는 인식론적 주관.

의:식-적(意識的) [-쩍]관圀 스스로 그런 줄 알면서 일부러 하는 (것). ¶의식적 행동. /의식적으로 친구들을 피하다. ↔무의식적.

의식주(衣食住) [-쭈]圀 인간 생활의 세 가지 요소인 옷·음식·집을 아울러 이르는 말.

의식-화(意識化)圀困困困 어떤 관념이나 사상에 대하여, 아직 체계적으로 의식하지 못하는 상태에 있는 것을, 의식하는 상태가 되게 함. 의식화 보기에 의식시키다.

의신간-에(疑信間-)閤 반은 의심하고 반은 믿는 정도로.

의:심(疑心)圀 의로운 마음.

의심(疑心)圀困困困 확실히 알지 못하거나 믿지 못하여 이상하게 생각함, 또는 그런 마음. ¶의심을 받다. /남의 말을 의심하다.

의심-꾸러기(疑心-)圀 의심이 많은 사람을 얕잡아 이르는 말.

의심-나다(疑心-)困 의심이 생기다. ¶의심나는 점이 있으면 언제든지 질문하십시오.

의심-스럽다(疑心-) [-따]형困 [~스러우니·~스러워]형困 보기에 의심되는 데가 있다. 의심쩍다. ¶의심스러운 눈빛으로 바라보다. 의심스레閤 ¶의심스레 살피다.

의심-증(疑心症) [-쯩]圀 공연히 남을 믿지 못하여 의심하는 버릇.

의심-쩍다(疑心-) [-따]형 의심스러운 데가 있다. 의심스럽다. ¶하는 수작이 영 의심쩍다.

의아(疑訝)圀困形困 [-하다형] 뜻밖의 일이어서 의심스럽고 괴이쩍음. ¶의아스럽다는 얼굴로 바라보다. 의아-히閤 의아스레閤

의아-심(疑訝心)圀 의아하게 여기는 마음.

의:안(義眼)圀 유리알 같은 것으로 만들어 박은 인공의 눈알. 이로써 볼 수는 없음.

의안(疑案)圀 ①의심스러운 안건. ②의혹에 싸인 안건.

의안(議案)圀 회의에서 토의할 안건.

의약(依約)圀困困 약조한 대로 함.

의약(醫藥)명 ①병을 고치는 데 쓰는 약. ②의술과 약품. ③의학과 약학.

의약^분업(醫藥分業)[-뿐넙]명 의사와 약사의 업무 한계를 분명히 하여, 의사는 약제의 처방전을 내고, 약사는 약제의 조제만 하게 하는 제도.

의약-품(醫藥品)명 병을 고치는 데 쓰는 약품.

의양(衣樣)명 옷의 치수.

의양-단자(衣樣單子)[-딴-]명 신랑이나 신부가 입을 옷의 치수를 적은 단자.

의:업(意業)명 불교에서 이르는 삼업(三業)의 하나. 마음에서 비롯되는 모든 활동을 이르는 말.

의업(醫業)명 ①의술을 베푸는 직업. ②고려 시대의 잡과(雜科)의 한 가지. 여러 의서(醫書)로 의술을 시험했음.

의:역(意譯)명하타 되자 낱낱의 단어나 구절의 뜻에 너무 얽매이지 않고 문장 전체의 뜻을 살리는 번역. ↔직역(直譯)

의연(依然)'의연(依然)하다'의 어근.

의:연(義捐)명 자선이나 공익을 위하여 돈이나 물품을 냄. 기연(棄捐).

의연(毅然)'의연(毅然)하다'의 어근.

의:연-금(義捐金)명 자선이나 공익을 위하여 내는 돈. ¶ 수재 의연금. 준연금.

의연-하다(依然-)형여 전과 다름이 없다. ¶의연한 사고방식. **의연-히**부.

의연-하다(毅然-)형여 의지가 굳세고 태도가 꿋꿋하며 단호하다. ¶온갖 압력과 회유에도 굴하지 않고 의연하게 대처하다. **의연-히**부.

의열(義烈)'의열하다'의 어근.

의:열-하다(義烈-)형여 의로운 마음이 열렬하다. 방렬하다.

의옥(疑獄)명 죄가 있는지 없는지 의심스러워 판결하기 어려운 형사 사건. 〔대규모의 정치적 수회(收賄) 사건 따위.〕

의:외(意外)[-외/-웨]명 뜻밖. 생각 밖. ¶의외의 결과.

의:외-로(意外-)[-외/-웨-]부 뜻밖에. ¶매우 어려울 것이라고 생각했었는데 의외로 쉬웠다.

의:외-롭다(意外-)[-외-따/-웨-따][~로워 니·~로워]형ㅂ 뜻밖이라고 생각되는 느낌이 있다. ¶사건의 진상은 참으로 의외로웠다. **의외로이**부.

의:욕(意欲)명 ①적극적으로 하고자 하는 마음. ¶배우려는 의욕이 강하다. ②철학에서, 선택된 어떤 목표로 향하여 의지가 적극적이고 능동적으로 움직이는 일.

의:욕-적(意欲的)[-쩍]관명 무엇을 적극적으로 하고자 하는 (것). ¶의욕적 태도. /의욕적으로 일하다.

의용(義勇)명 ①의로운 일을 위하여 일으키는 용기. ②정의와 용기.

의용(儀容)명 몸을 가지는 태도, 또는 차린 모습. 용의(容儀). 의표(儀表). 의형(儀形).

의:용-군(義勇軍)명 전쟁이나 사변 때, 국민이 자진해서 참여하여 조직한 군대, 또는 그 군사.

의:용병-제(義勇兵制)명 징병에 의하지 않고 자원하여 입대한 병사로 군대를 충원하는 제도.

의:용^소방대(義勇消防隊)명 소방서의 업무를 돕기 위하여, 그 지역 주민들이 자진하여 구성한 비상근(非常勤)의 소방대.

의운(疑雲)명 의심스러운 일을 구름에 비유하여 이르는 말. ¶의운이 짙게 일다.

의원(醫員)명 의사(醫師)와 의생(醫生)을 아울러 이르는 말.

의원(醫院)명 병자나 부상자의 치료를 위해 특별한 시설을 갖추어 놓은 곳. 병원보다 규모가 작으며, 법적으로는 환자 20명 이하의 수용 시설을 갖춘 곳을 말함.

의원(議員)명 국회나 지방 의회 따위의 합의 기관의 구성원으로서 의결권(議決權)을 가진 사람.

의원(議院)명 ①합의제의 기관이 의사(議事)를 펴는 곳, 또는 그 조직. ②양원제 의회의 상원과 하원을 두루 이르는 말. 준원(院)².

의원^내:각제(議院內閣制)[-쩨]명 민주 국가의 주요 정부 형태의 한 가지. 정부의 성립과 존립이 국회의 신임을 필수 조건으로 하는 제도. 내각 책임제(內閣責任制). 참대통령제.

의원-면직(依願免職)명하타 본인의 원하는 바에 따라 그 직(職)에서 물러나게 함.

의위(依違)명 '의위하다'의 어근.

의위(儀衛)명 의식을 장엄하게 하기 위하여 참렬시키는 호위병.

의위-하다(依違-)형여 〔의(依)는 가까이 붙고, 위(違)는 떨어져 나간다는 뜻으로〕 ①사물이 분명치 않다. ②태도가 분명치 않다.

의:유당-일기(意幽堂日記)명 조선 순조 때의 유당 김씨가 지은 수필집. 함흥 판관인 남편을 따라가서 그 지방의 풍물과 인정을 적은 것으로, 기행·번역·정기 등으로 구성됨. 원제는 '의유당관북유람일기(意幽堂關北遊覽日記)'.

의:육(意育)명 의지의 단련을 목적으로 하는 교육.

의윤(依允)명하타 상주(上奏)를 윤허함.

의율(擬律)명하타 법원이 법규를 구체적인 사건에 적용하는 일. 조율(照律).

의음(擬音)명 어떤 소리를 흉내 내어 인공적으로 만드는 소리. 흔히, 연극·영화·방송극 등에 쓰임. 효과음(效果音).

의의(依依)'의의(依依)하다'의 어근.

의의(猗猗)'의의(猗猗)하다'의 어근.

의:의(意義)[-의/-이]명 ①의미. 뜻. ②(어떤 일정한 사실이나 행위 따위가 갖는) 중요성이나 가치. ¶이번 행사는 그 의의가 자못 크다. ③언어학에서, 하나의 말이 가리키는 대상.

의의(疑義)[-의/-이]명 글의 뜻 가운데 의심이 나는 곳.

의:의-소(意義素)[-의/-이-]명 ☞실질 형태소.

의의-하다(依依-)[-의/-이-]형여 ①풀이 싱싱하게 푸르다. ②기억이 어렴풋하다. ③헤어지기가 서운하다. ④몸이나 마음이 부드럽고 약하다. **의의-히**부.

의의-하다(猗猗-)[-의/-이-]형여 ①보기 좋을 만큼 성하다. ②(바람 소리가) 부드럽다. **의의-히**부.

의:의-학(意義學)[-의/-이-]명 ☞의미론(意味論).

의인(宜人)명 조선 시대, 외명부의 한 품계. 정육품·종육품 무관의 아내의 칭호.

의:인(義人)명 의로운 사람. 의사(義士).

의인(擬人)명 ①사람이 아닌 것을 사람인 양 나타내는 일. ②자연인이 아닌 것에 법률상 인격을 부여하는 일.

의인-법(擬人法)[-뻡]명 비유법의 한 가지. 사람이 아닌 것을 사람인 것처럼 나타내는 표현 방법. 〔'가을은 마차를 타고 달아나는 신부(新婦)'하는 따위.〕참활유법(活喩法).

의인-화 (擬人化)圀하타되자 사람이 아닌 사물을 사람에 견주어 나타냄. 田인격화.

의자 (倚子)圀 바닥에 앉을 때 몸을 뒤로 기댈 수 있게 만든 기구.

의자 (椅子)圀 걸터앉도록 만든 기구. 〔사무용 의자, 안락의자 따위.〕 교의(交椅). 걸상.

의:자 (義子)圀 의붓아들.

의작 (擬作)圀하타 (남의 것을) 본떠서 만듦, 또는 그런 작품.

의잠 (蟻蠶)圀 개미누에.

의장 (衣裝)圀 옷을 차려냄. 꾸밈새.

의장 (衣欌)圀 옷을 넣어 두는 장. 옷장.

의장 (倚仗)圀하타 의지하고 믿음.

의:장 (意匠)圀 물품의 겉에 아름다운 느낌을 주기 위하여 그 모양·맵시·빛깔, 또는 이들의 조화 따위를 연구하여 응용하는 장식적인 고안(考案). 미장(美匠).

의장 (儀仗)圀 의식에 쓰이는 무기나 일산(日傘)·기 따위의 기구.

의장 (擬裝)圀하타 ⇨위장(僞裝).

의장 (艤裝)圀하타 배가 항행할 수 있도록 모든 장비를 갖춤, 또는 그 일.

의장 (議長)圀 ①회의에서 의사(議事)를 주재하는 사람. ②의원(議員)을 통솔하고 의회를 대표하는 사람. ¶ 국회 의장.

의:장-가 (意匠家)圀 의장(意匠)을 잘하는 사람. 의장을 업으로 하는 사람.

의:장-권 (意匠權)[-꿘]圀 의장(意匠)을 등록함으로써 얻는 소유권. 등록된 의장에 대하여 그 제작·사용·판매 등의 독점적이고 배타적인 권리를 이름.

의장-기 (儀仗旗)圀 의장(儀仗)에 쓰이는 기.

의장-단 (議長團)圀 의장과 부의장을 아울러 이르는 말. ¶ 의장단을 선출하다.

의장-대 (儀仗隊)圀 의식 절차에 따른 예법을 익혀 의식 때에만 참렬(參列)하는 군대.

의:장^등록 (意匠登錄)[-녹]圀 독창적 의장을 특허청의 의장 원부(意匠原簿)에 기재함으로써, 법적으로 그 지적 소유권을 확보하는 일.

의장-병 (儀仗兵)圀 의장대의 구성원으로 의식에 참렬하는 군인.

의:적 (義賊)圀 부정으로 치부한 사람의 재물을 훔쳐다가 가난한 사람들에게 나누어 주는, 의협심이 많은 도둑.

의전 (衣廛)圀 ⇨넝마전.

의:전 (義戰)圀 정의를 위한 전쟁.

의전 (儀典)圀 ⇨의식(儀式).

의전 (醫專)圀 '의학 전문학교'가 줄어서 된 말.

의-전례 (依前例)[-녜-]圀하자 전례에 따름. 준의례.

의:절 (義絶)圀 ①하자 맺었던 의를 끊음. ②하자 (감정이 상하여) 친구나 친척 사이의 정을 끊음. ③아내가 죽은 뒤의 처족(妻族)과 자기 사이를 이르는 말. ④조선 시대에, 일정한 법정 원인(法定原因)에 의하여 강제로 이혼시키던 일. 절의(絶義).

의절 (儀節)圀 ⇨예절(禮節).

의젓잖다[-젇짠타]톙 의젓하지 아니하다. ⑳야 젓잖다. 의젓잖-이휘. *의젓잖아[-젇짜나]·의 젓잖소[-젇짠쏘]

의젓-하다[-저타-]톙여 말이나 행동이 점잖고 무게가 있다. ¶ 어린 나이답지 않게 하는 짓은 의젓하다. ⑳야젓하다. 의젓-이휘.

의정 (議定)圀하타되자 의논하여 결정함, 또는 그 결정.

의정 (議政)[1圀 〈의회 정치(議會政治)〉의 준말.

의정 (議政)[2圀 ①조선 시대에, 영의정·좌의정·우의정을 통틀어 이르던 말. 정승(政丞). ②대한 제국 때, 의정부의 으뜸 벼슬.

의정-부 (議政府)圀 조선 시대에, 백관(百官)을 통솔하고 정사를 도맡아 하던 최고 행정 관청. '도당(都堂)'의 고친 이름. 준정부.

의정-서 (議定書)圀 국가 간에 의정한 사항을 기록한 문서, 또는 관계국의 대표가 의정한 외교 교섭이나 국제회의의 의사(議事)를 기록하여 서명한 문서.

의정-안 (議定案)圀 회의에서 의정할 사항의 초안, 또는 그 안건.

의정^헌:법 (議定憲法)[-뻡]圀 ⇨협정 헌법(協定憲法).

의제 (衣制)圀 의복에 관한 제도.

의:제 (義弟)圀 ①의로 맺은 아우. ②아버지나 어머니가 서로 다른 아우. ↔의형(義兄).

의제 (擬制)圀 성질이 다른 것을 같은 것으로 보고 법률상 같은 효과를 주는 일. 〔실종된 것을 사망한 것으로 간주하는 따위.〕

의제 (擬製)圀하타 어떤 물건을 흉내 내어 만듦, 또는 그 만든 물건. 모조(模造).

의제 (議題)圀 (회의에서) 논의할 문제.

의제^자본 (擬制資本)圀 현실적 가치는 갖지 않으나 장래에 이익을 낳는 원천으로서 상정(想定)된 가공의 자본. 〔주권·공사채·권리금 따위.〕 가장 자본.

의:족 (義足)圀 다리가 없는 사람이 나무나 고무 또는 금속 따위로 만들어 쓰는 인공의 다리. 의각(義脚). 찹나무다리²·의수(義手).

의존 (依存)圀하자되자 다른 것에 의지하여 있음. ¶ 원자재를 외국에 의존하다.

의존-도 (依存度)圀 의존하는 정도. ¶ 무역 의존도가 높은 산업 구조.

의존^명사 (依存名詞)圀 자립성이 없어 다른 말 아래에 기대어 쓰이는 명사. 〔분·것·데·바·듯·체·개·마리 따위.〕 불완전 명사. 형식 명사. 매인이름씨. 안옹근이름씨. ↔자립 명사.

의존-적 (依存的)圀 다른 것에 의지하는 성질이 있는 (것). ¶ 의존적 자세. /의존적인 성격.

의존^형태소 (依存形態素)圀 다른 말에 기대어 쓰이는 형태소. 〔'철수가 이야기 책을 읽었다.'에서 '가·을·읽·었·다' 따위로, 일부 어간·조사·선어말 어미·어말 어미·접사가 이에 딸림.〕 ↔자립 형태소.

의:-좋다 (誼-)[-조타]톙 정분이 두텁다. 정답다. 사이가 좋다. ¶ 의좋은 형제.

의주 (儀註)圀 지난날, 나라의 전례(典禮) 절차를 적은 책.

의준 (依準)圀하타 청원(請願)을 들어줌.

의:중 (意中)圀 마음속. 심중(心中). ¶ 그의 의중을 떠보기로 했다.

의:중 (義衆)圀 ⇨의도(義徒).

의:중-인 (意中人)圀 〈의중지인(意中之人)〉의 준말.

의:중지인 (意中之人)圀 마음속에 두고 있는 사람. 준의중인.

의증 (疑症)[-쯩]圀 의심을 잘하는 성질, 또는 그런 증세.

의지圀 관(棺) 대신에 시체를 넣는 기구.

의지 (依支)圀하타 (다른 것에) 몸을 기댐, 또는 기댈 대상. ① 밤길에는 작은 막대기 하나라도 큰 의지가 된다. ②하자타 (무엇에) 마음을 붙여 도움을 받음. ¶ 의지할 데 없는 몸.

의:지(意志)圀 ①(목적이 뚜렷한) 생각. 뜻. ¶의지를 관철(貫徹)하다. ②사물을 깊이 생각하고 선택·판단하여 실행하려는 적극적인 마음가짐. ¶강철 같은 의지. /의지가 약하다(강하다). ③철학에서, 도덕적 행위의 근원이 되는 힘.

의지(義肢)圀 의수(義手)와 의족(義足)을 아울러 이르는 말.

의지가지-없다(依支-)[-업따]圀 의지할 곳이 전혀 없다. ¶의지가지없는 전쟁 고아. 의지가 지없-이튄.

의지-간(倚支間)[-깐]圀 원채의 처마 밑에 잇대어 지은 조그만 집. 倄달개.

의:지-력(意志力)圀 의지의 힘. ¶의지력이 강한 사람.

의:지-박약(意志薄弱)圀녉 의지가 약함. 무슨 일을 결심하거나, 어려운 일을 해내거나 하는 강한 마음이 없음.

의질(疑疾)圀 전염될 우려가 있는 병.

의집(蟻集)圀녌 개미 떼처럼 모임.

의차(衣次)圀 옷감.

의:창(義倉)圀 고려 시대에, 평상시에 곡식을 저장하여 두었다가 흉년에 빈민을 구제하던 제도, 또는 그 곡식을 넣어 두던 창고. 倄진대(賑貸)·환곡.

의처-증(疑妻症)[-쯩]圀 아내의 행실을 공연히 의심하는 변태적 성격이나 병적 증세.

의:체(義諦)圀 사물의 근본 뜻, 또는 근본 이유.

의:초(誼-)圀 ①동기간(同氣間)의 우애. ②부부 사이의 정의(情誼).

의:초-롭다(誼-)[-따][-로우니·-로워]녉 화목하고 우애가 있다. 의초로이튄.

의촉(依囑)圀녌 어떤 일을 남에게 맡기어 부탁함. ¶연구소에 성분 분석을 의뢰하다.

의:총(義塚)圀 ①불교에서, '연고가 없는 사람의 주검을 거두어 묻은 무덤'을 이르는 말. ②의사(義士)의 무덤.

의총(疑塚)圀 지난날, 남이 파낼 염려가 있는 무덤을 보호하기 위하여 진짜 무덤과 똑같이 만들어 놓던 여러 개의 '가짜 무덤'.

의:충(意衷)圀 마음속에 깊이 품은 참뜻.

의:취(意趣)圀 ①마음이 쏠리는 데. 의향(意向). ②의지와 취향. 지취(志趣).

의:치(義齒)圀 이를 뽑아낸 자리에 보충하여 만들어 박은 가짜 이. 가치(假齒). 비틀니.

의치(醫治)圀녌 의술로써 병을 다스림.

의침(依枕)圀 (비스듬히 앉을 때 팔꿈치를 괴도록 만든) 사방침(四方枕)이나 장침(長枕) 따위를 통틀어 이르는 말.

의타(依他)圀 남에게 의지함.

의타-심(依他心)圀 남에게 의지하는 마음.

의탁(依託·依托)圀녌 남에게 맡기어 부탁함. ¶모든 일을 그에게 의탁하다.

의:태(意態)圀 마음이 움직이는 상태. 마음의 상태.

의태(擬態)圀 어떤 모양이나 움직임(짓)을 흉내 내어 그와 비슷하게 꾸미는 일. 짓시늉. 倄성(擬聲).

의태-법(擬態法)[-뻡]圀 수사법상 비유법의 한 가지. 사물의 모양이나 동작 등을 그 느낌이나 특징대로 시늉하여 나타내는 표현 방법. ['구름이 뭉게뭉게 피어 오른다.', '술 취한 사람처럼 비틀비틀 걸어왔다.' 하는 따위.] 시자법(示姿法).

의태^부:사(擬態副詞)圀 성상 부사(性狀副詞)의 한 갈래. 사물의 모양이나 움직임을 흉내

내어 만든 부사. ['데굴데굴'·'나풀나풀'과 같이 같은 말이 되풀이되는 특성이 있음.] 倄의성 부사.

의태-어(擬態語)圀 사물의 모양이나 움직임을 흉내 내어 만든 말. ['아장아장'·'곰실곰실'·'반짝반짝' 따위.] 倄의성어(擬聲語).

의:표(意表)圀 (상대편이나 남이) 전혀 예상하고 있지 않았던 것. 생각 밖. 예상 밖. ¶의표를 찌르다.

의표(儀表)圀 ①☞의용(儀容). ②본받을 만한 모범.

의피(擬皮)圀 ☞인조 가죽.

의-하다(依-)자녀 《주로 '의한'·'의하면'·'의하여'의 꼴로 쓰이어》 ①(무엇으로) 말미암다. ¶운전 부주의에 의한 교통사고. /부득이한 사정에 의하여 학교에 결석하다. ②어떠한 사실에 근거하다. 의거하다. ¶법에 의하여 처벌되다.

의-하다(疑-)녉 생각이 분명하지 않다. 미심하다.

의학(醫學)圀 인체의 구조와 기능, 건강과 질병의 여러 현상을 연구하며, 건강 유지와 질병의 예방 및 치료에 관한 기술을 발전시켜 나가는 학문.

의학-계(醫學界)[-계/-께]圀 의학을 연구하는 학자들의 사회.

의학-부(醫學部)[-뿌]圀 대학에서, 의학에 관한 학문을 전공하는 학부.

의학-자(醫學者)[-짜]圀 의학을 전문으로 연구하는 학자.

의:합(意合)圀녉 ①뜻이나 마음이 서로 맞음. ②의가 좋음. ¶의합한 친구끼리의 모임.

의항(衣桁)圀 ☞횃대.

의:해(義解)圀 글의 뜻을 밝히 풀이.

의:행(義行)圀 의로운 행위.

의향(衣香)圀 ①좀먹지 않도록 옷장이나 옷 갈피에 넣어 두는 향. ②옷에서 나는 향내.

의:향(意向)圀 (무엇을) 어떻게 할 것인가에 대한 생각. 의취(意趣). ¶상대편의 의향을 타진해 보다.

의혁-지(擬革紙)[-찌]圀 종이를 가공하여 가죽 비슷하게 만든 것.

의현(疑眩)圀 '의현하다'의 어근.

의현-하다(疑眩-)녀 얼떨떨하도록 의심스럽다.

의:혈(義血)圀 정의를 위하여 흘린 피.

의혈(蟻穴)圀 개미굴.

의:협(義俠)圀 자기를 희생하면서까지 정의의 편에 서서 약자를 돕는 일, 또는 그런 기질.

의:협-심(義俠心)[-씸]圀 자기를 희생하는 일이 있다 하더라도 불의의 강자를 누르고 정의의 약자를 도우려 하는 의로운 마음. ¶의협심이 강하다.

의:형(義兄)圀 ①의리로 맺은 형. ②아버지나 어머니가 서로 다른 형. ↔의제(義弟).

의형(儀形)圀 ☞의용(儀容).

의형-의제(宜兄宜弟)[-의-/-이-]圀녉 형제 간에 우애가 좋음.

의:-형제(義兄弟)圀 〈결의형제(結義兄弟)〉의 준말. ¶의형제를 맺다.

의혹(疑惑)圀녌 의심하여 수상히 여김, 또는 그 생각. ¶의혹을 품다. /남의 의혹을 사다.

의혼(議婚)圀자 혼사를 의논함, 또는 그 일.

의-화학(醫化學)圀 생리학에서 떨어져 나온 기초 의학의 한 갈래. 인체의 생리 현상을 화학적·물리 화학적 방면에서 연구함.

의회(議會)[-회/-훼]**명**①국민이 선출한 의원들로 구성되어, 선거민의 의사를 대표하여 예산의 심의·입법·의결 등을 하는 합의제(合議制) 기관. ②'국회'를 달리 이르는 말.

의회=정치(議會政治)[-회/-훼]**명** 의회주의에 의한 정치. ⓥ의정(議政)1.

의회-주의(議會主義)[-회-의/-훼-이]**명** 국가의 최고 정책을 의회에서 결정하여 그것에 따라 정치를 펴 나가는 정치 방식.

의:흥-위(義興衛)**명** 조선 시대, 오위(五衛)의 하나인 중위(中衛).

의희-하다(依稀-·依俙-)[-히-]**형어**①매우 비슷하다. 방불하다. ②어렴풋하다. 의희-히**부**.

윗조(옛)에 있는 '‖'지빗 眷騰이 호 사리미나(月釋21:136).

윗-님[원-]명 '심마니'를 대접하여 일컫는 말.

윗-만[원-]명 '어른'의 심마니말.

‖조(옛)①가. ¶一夫‖ 流毒홀씨(龍歌10章). ②와. 과. ¶오늘날 보숌논 佛土‖ 곧더라(釋譜13:32). ③의. ¶公州‖ 江南을 저허샤(龍歌15章).

이1**명** 한글 자모의 모음인 'ㅣ'의 음가 및 이름.

이2**명** ①사람이나 척추동물의 입 안에 아래위로 나란히 돋아 있어, 음식물 등을 씹거나 으깨는 일을 하는 기관. ¶이가 나다. ⓥ치아(齒牙). ⓥ빨. ②톱날이나 톱니바퀴 따위의 뾰족뾰족하게 내민 부분. 톱의 이가 날카롭다. ¶톱니바퀴의 이가 닳았다. ③기구나 기계 따위의 맞물리는 짬이나 낱낱의 이. ¶집게의 이가 많다.

이도 아니 나서 콩밥을 씹는다(속담) 재능과 역량이 부족한 사람이 분에 넘치는 일을 하려 한다는 말.

이도 안 난 것이 뼈다귀 추렴하겠단다(추렴한다)(속담) 무턱대고 자기의 능력에 부치는 일을 하려 한다는 말.

이 없으면 잇몸으로 살지(산다)(속담) 꼭 있어야 할 것이 없으면 없는 대로 견디어 나갈 수 있다는 말.

이에 신물이 돈다(난다)(속담) 어떤 일을 거듭 당하여 치졌거나 싫증이 몹시 나서 지긋지긋하다.

이(가) 갈리다(관용) 몹시 분하여 이가 절로 갈리다.

이(가) 빠지다(관용) ①칼날이나 그릇 등의 가장자리의 일부가 조금 떨어져 나가다. ¶이가 빠진 사발. ②한 벌로 갖추어져 있어야 할 것에서 일부가 빠져서 온전하지 않다.

이(를) 갈다(갈아 마시다)(관용) 어떤 일에 대하여 참을 수 없이 분하거나 원통하여 상대편에게 독한 마음을 먹고 벼르다.

이를 악물다(깨물다/물다/사리물다)(관용) 고통이나 힘에 겨운 어려움을 기어이 이겨 내려고 꾹 참거나 단단히 결심하다. ¶시험에 합격하기 위해 이를 악물고 공부하다.

이3**명** 이목의 곤충. 몸길이 1~4 mm. 몸빛은 담황색 또는 갈색. 흡혈 기생충으로 사람이나 가축의 몸에 붙어살며, 발진 티푸스·재귀열·참호열 등을 옮김.

이 잡듯이(관용) 샅샅이 뒤지어 찾는 모양.

이4**의** '사람'이나 '사물(것)'을 뜻하는 말. ¶서 있는 이에게 다가가다. /궁리만 하는 이보다 차라리 직접 해보는 이가 더 빠르겠다.

이5**대** ①(이것'의 준말. ¶이와 같은 모양. ②'이러한 형편'을 뜻함. ¶이에 이천만 동포가 분연히 일어나도다. ②(참)이에.

Ⅱ관 ①말하는 이에게 가까이 있는 사람이나 물건을 가리킬 때 쓰는 말. ¶이 꽃을 보세요. /이 사람이 제 친구입니다. ②조금 전에 말한 바 있거나 알려진 사물을 가리킬 때 쓰는 말. ¶꽃이 피어야 열매를 맺는다. 이 말은 행위가 결과를 낳는다는 뜻이다. (참)요2.

이6**조** 자음으로 끝난 일부 체언이나 용언의 명사형에 붙는 조사. ①그 말이 주어의 자격을 가지게 하는 주격 조사. ¶하늘이 맑다. /한 사람이 이리로 뛰어온다. ⓥ께서. ②(동사 '되다' 앞에 쓰이어)('무엇이') 변하여 그것으로 됨'을 뜻하는 보격 조사. ¶검던 머리가 백발이 되다. ③(형용사 '아니다' 앞에 쓰이어) 그말이 '부정의 대상이 됨'을 뜻하는 보격 조사. ¶그 동물은 말이 아니다. (참)가3.

이(伊)**명** 〈이태리(伊太利)〉의 준말.

이:(利)**명** ①이익이나 이득. ¶이가 되는 해가 되든 한번 해 보는 거지. ↔해(害). ②변리(邊利). ¶몇 푼의 이를 붙여 빌려 주다.

이:(里)**명** 지방 행정 구역의 한 가지. 면에 딸리며 여러 개의 마을로 이루어짐.

이(理)**명** ①☞이치. ②성리학에서 이르는, 우주의 본체. ¶이와 기(氣). ③☞기(氣).

이(頤)**명** 〈이괘(頤卦)〉의 준말.

이(履)**명** 〈이괘(履卦)〉의 준말.

이(離·离)**명** ①〈이괘(離卦)〉의 준말. ②이방(離方)의 준말.

이:(二·貳)Ⅰ**주** 둘. Ⅱ관 (일부 단위를 나타내는 명사 앞에 쓰이어) ①그 수량이 둘임을 나타내는 말. ¶이 개월. /이 미터. ②그 순서가 두 번째임을 나타내는 말. ¶이제 수호지 이 권을 읽었다.

-이 (접미)①자음으로 끝난 일부 체언 뒤에 붙어, ㉠그 체언이 뜻하는 특징을 지닌 사람임을 나타냄. ¶절름발이. /육손이. ㉡자음으로 끝난 일부 고유 명사에 붙어, 어조(語調)를 고르는 구실을 함. ¶복동이/갑순이. ㉢명사 뒤에 부사로 바꾸는 구실을 함. ¶나날이./집집이. ②자음으로 끝난 일부 용언의 어근에 붙어, ㉠그 동사를 명사로 바꾸는 구실을 함. ¶먹이. /놀이. ㉡그 형용사를 부사로 바꾸는 구실을 함. ¶많이. /높이. ㉢그 형용사를 명사로 바꾸는 구실을 함. ¶깊이. /넓이. ③일부 수사나 수를 나타내는 수사 뒤에 붙어, 사람의 수효를 지시하는 뜻을 나타냄. ¶둘이. /셋이. /여럿이. ③참서4.

-이- (접미)①일부 용언의 어간에 붙어, 그 말을 사동사로 만듦. ¶녹이다. /속이다. /높이다. ②일부 동사의 어간에 붙어, 그 말을 피동사로 만듦. ¶놓이다. /쌓이다.

-이- (어미)모음으로 끝난 형용사 어간에 붙어, 자기 생각에 약간의 느낌을 담아 베푸는 뜻을 나타내는, 하게체의 평서형 종결 어미. ¶참 서운하이. ⓥ-으이.

이:가(二價)[-까]**명** ①수학에서, 결정되는 값이 둘인 것. ②화학에서, 두 단위의 원자가(原子價). ¶이가 알코올. /이가 원소.

이:가(離家)(하자) 집을 떠남.

이:각(二刻)[-깍]**명** (옛 시각(時刻)에서) 한 시간을 넷으로 나눈 그 둘째 시각. 곧, 30분.

이:각(耳殼)**명** 귓바퀴.

이:각(離角)**명** 천구 위에서, 한 천체나 한 정점에서 다른 천체까지의 각거리(角距離).

이:간(離間)**명**(하자) 짐짓 두 사람 사이에 하리놀아 서로 떨어지게 만듦. 반간(反間).

이간(을) 붙이다[관용] 이간질을 하여 서로의 사이를 버성기게 만들다.

이ː간-질(離間-)**명**[하타] 두 사람 사이를 갈라놓는 짓. ¶어디서나 이간질하는 사람을 조심하여라.

이ː간-책(離間策)**명** 이간을 붙이는 술책.

이-갈이명 젖니가 빠지고 영구치가 나는 일.

이감(移監)**명**[하타][되자] 수감되어 있던 사람을 다른 교도소로 옮김.

이ː갑-사(二甲絲)[-싸]**명** ⇒이겹실.

이ː강(以降)**명** ⇒이후(以後).

이ː강-웅예(二強雄蕊)**명** 이생 웅예(離生雄蕊)의 한 가지. 네 개의 수꽃술 가운데서 둘은 길고 둘은 짧은 것.

이-같이[-가치]**부** 이와 같이. 이렇게. ¶할아버지께서 이같이 화를 내시는 모습을 본 적이 없다.

이-개캄 개를 쫓을 때 하는 말. **잡**요개.

이ː객(異客)**명** 타향살이하는 나그네.

이-거대 〈이것〉의 준말. ¶이거 얼마요? **잡**요거.

이ː거(移去)**명**[하자] 옮겨 감. 옮아감.

이ː거(移居)**명**[하자] ⇒이주(移住).

이ː거(離居)**명**[하자] (한집에서 같이 살아야 할) 서로 떨어져서 따로 삶.

이거나조 자음으로 끝난 체언에 쓰이되, 둘 이상 열거된 체언마다 붙어서 그중 어느 것(쪽)이든 가리지 아니함을 나타내는 연결형 서술격 조사. 《모음 뒤에서는 '이'가 생략되기도 하고, 강조할 때에는 '간에'와 어울려 쓰이기도 하며, 체언이 '아무'·'어느'·'무엇' 따위일 때는 다른 체언이 열거되지 않기도 함.》 ¶아들이거나 딸이거나 간에 하나만 낳자. /무엇이거나 상관이 없다. **준**이건·건ː. **잡**거나.

이거늘조 자음으로 끝난 체언에 붙는 연결형 서술격 조사. 《모음 뒤에서는 '이'가 생략되기도 함.》 ①'사실이 이러이러하기에 그에 따라서'의 뜻을 나타냄. ¶오랫만의 산행이거늘 중도에서 하산할 수야 있나. ②앞의 사실로 미루어 뒤의 사실이 마땅하다는 뜻을 나타냄. 《흔히, 반어적 의문의 말이 뒤따름.》 ¶그도 사람이거늘 어찌 피불이를 그리는 정이 하나도 없으랴. **잡**거늘.

이거니조 자음으로 끝난 체언에 붙는 연결형 서술격 조사. 《모음 뒤에서는 '이'가 생략되기도 함.》 ①'사실이 이러이러한데'의 뜻을 나타냄. 《흔히, 반어적 의문의 말이 뒤따름.》 ¶휴일이거니 좀 쉰들 어떠랴. ②혼자 속으로 추측하는 뜻을 나타냄. ¶인기척이 나기에 형이거니 싶었는데. /내 집이거니 여기고 편하게 지내게. **잡**거니.

이거니와조 자음으로 끝난 체언에 붙는 연결형 서술격 조사. 《모음 뒤에서는 '이'가 생략되기도 함.》 ①서로 맞서거나 어긋나는 사실을 이어 줌. ¶이것은 내가 할 일이거니와 저것은 누가 할 일인고. ②이미 있는 사실(현상)을 인정하되, 그보다 더하거나 그와 다른 사실이 있음을 나타냄. ¶공부도 일등이거니와 품행도 방정하거니와. **잡**거니와.

이거든조 자음으로 끝난 체언에 붙는 서술격 조사. 《모음 뒤에서는 '이'가 생략되기도 함.》 ①㉠가정하여 말하는 내용이 뒷말의 조건이 됨을 나타내는 연결형 서술격 조사. ¶너도 사람이거든 부끄러움을 알아라. ㉡앞말을 인정함으로써, 뒷말이 앞말에 매이는 뜻을 나타내는 연결형 서술격 조사. 《흔히, '~거든 어찌 ~

랴'와 같은 반어적 의문의 꼴로 쓰임.》 ¶부모가 모범적이거든 하물며 자식이야 더 말할 나위가 있으랴. /나도 아는 사실이거든 어찌 그가 모르랴. ②신기하거나 이상함을 스스로 영탄하는 투로 나타내는 종결형 서술격 조사. ¶그 친구의 속은 참 알다가도 모를 일이거든. **잡**거든.

이거들랑조 '이거든'과 '일랑'이 합쳐서 줄어서 된 말. 자음으로 끝난 체언에 붙어, 앞말이 뒷말의 전제 조건이 됨을 나타내는 연결형 서술격 조사. 《모음 뒤에서는 '이'가 생략되기도 함.》 ¶식전이거들랑 같이 한술 뜨자. **준**이걸랑. **잡**거들랑.

이거들랑-은조 〈이거들랑〉의 힘줌말.

이건조 〈이거나〉의 준말. ¶밤이건 낮이건 할 일은 해야지.

이건마는조 자음으로 끝난 체언에 붙는 연결형 서술격 조사. 앞의 사실을 정해진 또는 마땅한 사실로 인정하거나 미루어 짐작하면서 뒤의 사실이 이와 어긋난다는 뜻을 나타냄. 《모음 뒤에서는 '이'가 생략되기도 함.》 ¶사위도 자식이건마는 어찌 그리 데면데면하게 구는지. **준**이건만. **잡**건마는.

이건만조 〈이건마는〉의 준말. ¶겉은 사람이건만 속은 짐승이다.

이걸랑조 〈이거들랑〉의 준말. ¶착실한 총각이걸랑 데리고 오너라.

이ː검(利劍)**명** 썩 잘 드는 검.

이ː-것[-걷]대 ①말하는 이가 그의 '가까이에 있는 사물'을 가리키는 말. ¶이것은 책이고 저것은 연필이다. ②이제 막 말한 내용이나 지금의 상황 등을 두루 가리키는 말. ¶물가의 안정, 이것은 사회 안정의 기본 요건이다. ③'이 사람'을 얕잡아 이르는 말. ¶이것들이 사람을 어떻게 보고 하는 수작이야. ④《반어적 표현으로》'이 아이'를 귀엽게 이르는 말. ¶이것이 이젠 도리도리도 할 줄 알고 죄암죄암도 할 줄 안다니까. ①~③**준**이ː5·이거. ③④**잡**요것. * 이것이[-거시]·이것만[-건-]

이것다[-건따]**준**〈이것이다〉자음으로 끝난 체언에 붙어, 원인이나 조건 등이 충분하다는 뜻을 나타내는 연결형 서술격 조사. 《모음 뒤에서는 '이'가 생략되기도 함.》 ¶부자것다, 미남이것다, 뭐가 맘에 안 차서 마다하느냐? **잡**것다.

이것-저것[-걷쩌걷]**명** 이것과 저것. ¶이것저것을 다 잘 살펴보더라. * 이것저것이[-걷쩌거시]·이것저것만[-걷쩌건-]

이ː격(離隔)**명**[하자타] 사이가 벌어짐, 또는 사이를 벌려 놓음.

이ː견(異見)**명** 남과 다른 의견. 또는, 서로 다른 의견. 이론(異論). ¶이견을 내놓다. /이견을 좁히다.

이ː결(已決)**명**[하타][되자] 이미 결정함. 기결(既決).

이ː겹-실(二-)[-쒼]**명** 두 올을 겹으로 꼰 실. 이갑사(二甲絲). 이합사(二合絲).

이ː경(二更)**명** 하루의 밤을 다섯 경(更)으로 나눈 둘째의 때. 밤 10시를 전후한 두 시간, 곧 하오 9시부터 11시까지의 동안. 을야(乙夜).

이ː경(耳鏡)**명** 의료기의 한 가지. 귓속을 들여다보는 데 쓰임.

이ː경(異境)**명** 모국에서 멀리 떨어진 곳. 이역(異域). 타국(他國).

이ː경(離京)**명**[하자] 서울을 떠남. ↔귀경(歸京).

이ː계(異系)[-계/-게]**명** 서로 계통이 다른 것. 또는 그 다른 계통.

이:계^교배(異系交配)[-계-/-게-]**명** 종류는 같으나 계통이 서로 다른 품종을 교배시키는 일.

이고조 자음으로 끝난 체언에 붙는 조사. 《모음 뒤에서는 '이'가 생략되기도 함.》 ①두 가지 이상의 사실을 대등하게 벌여 놓는 뜻을 나타내는 대등적 서술격 조사. ¶이것은 돌이고, 저것은 흙이다. ②물음이나 항의하는 뜻을 나타내는 의문형 서술격 조사. ¶날더러 바보라니, 그럼 저는 무엇이고? ③두 가지 이상의 사물(사실)을 벌여 놓는 뜻을 나타내는 접속 조사. ¶어머니는 술이고 음식이고 달라는 대로 준다. **참고.**

이고(尼姑)**명** '비구니'를 낮잡아 이르는 말.

이고-말고조 자음으로 끝난 체언에 붙어, 상대편의 물음에 대하여 긍정하는 뜻을 강조하여 나타내는 종결형 서술격 조사. 《모음 뒤에서는 '이'가 생략되기도 함.》 ¶아무렴, 좋은 사람이고말고. **참고말고.**

이-골¹명 ⇨치수(齒髓).

이:골²명 어떤 방면에 아주 길이 들어서, 그것에 익숙해진 상태.
　이골(이) 나다관용 어떤 방면에 아주 익숙해지다. ¶낚시질에 이골이 난 사람.

이-곳[-곧]**대** ①말하는 이로부터 아주 가까운 곳을 가리키는 말. ¶이곳에다 나무를 심어라. / 이곳에 30층 빌딩이 들어설 예정이다. ②이 지방. ¶이곳 특산물./순박한 이곳 사람들. * 이곳이[-고시]·이곳만[-곤-].

이곳-저곳[-곧쩌곧]**명** '여기저기'를 문어적으로 이르는 말. * 이곳저곳이[-곧쩌고시]·이곳저곳만[-곧쩌곤-].

이:공(理工)**명** '이학(理學)'과 '공학(工學)'을 아울러 이르는 말.

이:-과(耳科)[-꽈]**명** 귓병을 전문으로 치료하는 의술 부분.

이:-과(理科)[-꽈]**명** 자연 과학의 이론과 현상을 연구하는 학과. 〔물리학이나 화학·생리학·천문학 따위.〕 ↔문과(文科).

이:과지사(已過之事)**명** 이미 지나간 일. 이왕지사(已往之事).

이:-관(耳管)**명** ⇨유스타키오관.

이관(移管)**명-하다**티조 관할을 옮김, 또는 옮기어 관할함. ¶출판 관계 업무를 문화 체육관광부로 이관하다.

이관데조 자음으로 끝난 체언에 붙어, 어떤 원인이나 근거 등을 따져 묻는 뜻을 나타내는, 예스러운 말투의 연결형 서술격 조사. 《모음 뒤에서는 '이'가 생략되기도 함.》 ¶고향이 무엇이관데 나를 이토록 그리움에 떨게 하느뇨? **참관데.**

이괘(頤卦)**명** 육십사괘의 하나. 간괘(艮卦)와 진괘(震卦)를 위아래로 놓은 괘. 산과 우레를 상징함. **준**이(頤).

이:괘(履卦)**명** 육십사괘의 하나. 건괘(乾卦)와 태괘(兌卦)를 위아래로 놓은 괘. 하늘 아래의 못(池)을 상징함. **준**이(履).

이괘(離卦·离卦)**명** ①팔괘의 하나. 상형은 ☲. 불을 상징함. ②육십사괘의 하나. ☲를 위아래로 놓은 괘. 밝음이 거듭됨을 상징함. **준**이(離).

이-괴[-괴/-궤]**갑** 고양이나 도둑을 쫓을 때 하는 말.

이:교(理教)**명** 불교에서, 본체와 현상을 다른 것으로 보지 않고, 차별 그대로 평등이라고 보는 교지(教旨).

이:교(異教)**명** ①자기가 믿는 종교 이외의 종교. ②기독교에서, 기독교 이외의 종교를 이르는 말.

이:교-도(異教徒)**명** ①자기가 믿는 종교 이외의 종교를 믿는 사람. ②기독교에서, 기독교 이외의 종교를 믿는 사람을 이르는 말.

이:교-주의(異教主義)[-의/-이]**명** (기독교에서 본) 다른 종교를 신봉하는 처지나 주의를 이르는 말.

이:구(已久)'이구하다'의 어근.

이:구(耳垢)**명** 귀지.

이구(泥丘)**명** 이화산(泥火山)에서 내뿜어진 진흙이 분화구의 둘레에 원뿔 모양으로 엉겨 붙어서 이루어진 언덕.

이구나조 〈이로구나〉의 준말. 구나. ¶벌써 가을이구나. /아, 이게 산삼이구나. **준**이군.

이:구-동성(異口同聲)**명** 여러 사람의 말이 한결같이 같음. 여출일구(如出一口). 이구동음. ¶이구동성으로 칭찬하다.

이:구-동음(異口同音)**명** ⇨이구동성.

이구려조 〈이로구려〉의 준말. ¶나를 생각해 주는 역시 당신이구려.

이구료조 '이구려'의 잘못.

이구먼조 〈이로구먼〉의 준말. ¶듣던 대로 과연 미인이구먼. **준**이군.

이:구-하다(已久-)**형여** 이미 오래되다. ¶집 떠난 지 이구하되 소식이 돈절이라.

이국(夷國)**명** 오랑캐 나라.

이:국(理國)**명-하다**자 나라를 다스림. 치국(治國).

이:국(異國)**명** 다른 나라. 외국. ¶이국의 풍물-.

이:국-땅(異國-)**명** 남의 나라 땅.

이:국-적(異國的)[-쩍]**관명** (풍물이나 분위기 따위가) 자기 나라와는 다른 (것). ¶이국적 풍경. /이국적 정취.

이:국-정조(異國情調)[-쩡-]**명** ①다른 나라의 낯선 풍물에 감도는 자기 나라와는 다른 독특한 분위기, 또는 그러한 풍물을 대하여 느끼게 되는 독특한 정서. ②작품 속에서 표현된, 외국의 풍물이나 정취. 이국정취.

이:국-정취(異國情趣)[-쩡-]**명** ⇨이국정조.

이:국-취미(異國趣味)**명** ①다른 나라의 낯선 풍물이나 일들에서 느껴지는 색다른 정취나 맛, 또는 그러한 것을 동경하는 일. ②문학에서, 다른 나라의 풍물이나 정취를 그려서 예술적 효과를 높이는 일.

이:국-편민(利國便民)**명-하다**자 나라를 이롭게 하고, 국민의 생활을 편안하게 함.

이군조 ①〈이로구나〉·〈이구나〉의 준말. ¶여기가 자네 집이군. ②〈이로구먼〉·〈이구먼〉의 준말. ¶참, 좋은 세상이군.

이궁(離宮)**명** ①지난날, 태자궁과 세자궁을 두루 이르던 말. ②⇨행궁(行宮). ③고려 시대에, 동경과 남경·서경에 두었던 임금의 별궁.

이:궁(理窮)'이궁하다'의 어근.

이:궁-하다(理窮-)**형여** 이치 또는 사리가 막히어 어찌할 도리가 없다.

이:권(利權)[-꿘]**명** 이익을 얻게 되는 권리. 〔업자가 공무원이나 정객 등과 결탁하여 얻는, 이익이 많은 권리 따위.〕 ¶이권 다툼. /사업자 선정 과정에서 이권이 개입되다.

이그러-지다자 '일그러지다'의 잘못.

이:극-구당(履屐俱當)**명** 〔맑은 날에는 신으로 쓰고, 궂은 날에는 나막신으로 쓴다는 뜻으로〕 온갖 재주를 다 갖추어 못할 일이 없는 재간이나 사람을 두고 이르는 말.

이:극^진공관(二極眞空管) [-전-]명 음극에 해당하는 필라멘트와 양극에 해당하는 플레이트만 들어 있는 진공관. 정류기나 검파기로 쓰이는 가장 단순한 진공관임.

이:근(耳根)명 ①귀뿌리. ②불교에서 이르는, 육근(六根)의 하나. 청각 기관인 '귀'를 이르는 말.

이:글(eagle)명 골프에서, 기준 타수보다 둘 적은 타수로 홀(hole)에 공을 쳐 넣는 일. 참버디(birdie)·파(par)·보기(bogey)

이글-거리다자 자꾸 이글이글하다. 이글대다. 》한여름의 이글거리는 태양.

이글-대다자 이글거리다.

이글루(igloo)명 ①얼음과 눈덩이로 둥글게 지은, 에스키모의 집. ②이글루 모양으로 지은 집.

이글-이글 [-글리-/-그리-]부하자 ①불꽃이 벌겋게 타오르는 모양. 》모닥불이 이글이글 타오르고 있다. ②얼굴이 벌겋게 달아오르는 모양. 》놀이에 열중한 꼬마의 얼굴이 이글이글 달아올랐다. ③정기나 정열이 매우 왕성하게 나타나는 모양. 》젊은이의 눈동자는 미래에 대한 의욕으로 이글이글 타올랐다.

이금(弛禁)명하자되자 금령(禁令)을 조금 늦춤.

이:금(利金)명 ①이익으로 얻은 돈. ②변리(邊利)으로 얻은 돈.

이금(泥金)명 금박 가루를 아교에 갠 것. 글을 쓰거나 그림을 그리는 데 쓰임. 금니(金泥).

이:금당(已今當)명 불교에서, 과거·현재·미래를 통틀어 이르는 말.

이금-에(而今-)[-으-]뛰 와서. 》이금에 종군 외 안부 문제를 거론함은….

이금-이후(而今以後)뛰 지금으로부터 이후. 자금이후(自今以後). 》이금이후 吾等은 民族自覺의 意志에 좇아 外勢의 干涉을 除할 것인즉….

이긔다타 <옛> 이기다. 》勝은 이긜씨라(月釋序9). /이긜 승:勝(訓蒙下22).

이기조 서술격 조사의 명사형. 》이왕이면 아들 이기를 바랐다.

이:기(二氣)명 [동양 철학에서] 음(陰)과 양(陽).

이:기(利己)명 (남의 일을 생각함이 없이) 자기 한 몸의 이익만을 꾀하는 일. ↔이타(利他).

이:기(利器)명 [날카로운 병기나 연장이라는 뜻으로] ①실제로 쓰기에 편리한 기계나 기구. 》문명의 이기. ②쓸모 있는 재능, 또는 그런 재능을 가진 사람. ③마음대로 할 수 있는 권력.

이:기(理氣)명 성리학에서, 태극과 음양, 우주의 본체인 이(理)와 그 현상인 기(氣).

이기다¹ [I]자타 힘이나 재주를 겨루어 상대편을 앞지르거나 굴복시키다. 》전쟁에 이기다. /씨름을 해서 이기다. ↔지다³.
[II]타 ①(육체적·정신적 고통이나 장애·슬픔·흥분 등을) 참고 견디다. 》슬픔을 이기다. /그는 아픔을 이기고 일어섰다. /그는 제 분을 못 이기어 문을 박차고 나갔다. ②몸을 가누거나 바로 하다. 》제 몸도 못 이기는 환자 신세.

이기다²타 ①흙이나 가루 따위에 물을 부어 뒤섞어서 반죽하다. 》칼국수를 하려고 밀가루 반죽을 이기다. ②잘게 썰어 짓찧어서 다지다. 》마늘 양념을 이겨 넣다. ③빨래 따위를 이리저리 뒤치면서 두드리다.

이기로조 자음으로 끝난 체언에 붙는 연결형 서술격 조사. '아무리 그렇다 하더라도'의 뜻으로, 앞의 사실을 인정하되 뒤의 사실이 마땅하지 아니함을 반어적으로 나타냄. 《모음 뒤에서는 '이'가 생략되기도 함.》 》아무리 좋은 집이기로 그렇게 터무니없이 비쌀까. 준기로.

이기로서조 <이기로서니>의 준말.

이기로서니조 '이기로'의 힘줌말. 》아무리 높은 산이기로서니 못 갈 게 무어냐. 준이기로서.

이기로선들조 '이기로서니'의 힘줌말. 기로선들. 》제가 아무리 재주꾼이기로선들 이것만은 못할걸.

이:기-심(利己心)명 자기의 이익만을 꾀하는 마음. ↔공공심(公共心).

이기에조 자음으로 끝난 체언에 붙는 연결형 서술격 조사. 《모음 뒤에서는 '이'가 생략되기도 함.》 ①원인이나 이유를 나타냄. 》하나밖에 없는 자식이기에 오냐오냐했더니 버릇이 없다. ②원인이나 이유를 따지는 뜻을 나타냄. 》무슨 책이기에 밤새워 읽느냐? 참기에.

이:기-작(二期作)명 한 경작지에서 한 해에 같은 작물을 두 차례 지어 거두는 일.

이:기-적(利己的)관[-적] 자기의 이익만 꾀하는 (것). 》이기적 사고방식. /이기적인 목적.

이:기-주의(利己主義)[-의/-이]명 ①윤리학에서, 자기의 쾌락을 증진시킴을 도덕적 행위의 유일한 목적이라고 하는 이기적 쾌락주의. 자애주의. 주아주의. ←이타주의·이타주의. ②다른 사람이야 어떻든 자기의 이익만을 추구하는 방식이나 태도. 개인주의. 자기주의.

이기죽-거리다[-꺼-]자 자꾸 이기죽이기죽하다. 이기죽대다. 》그는 눈꼴사납다는 듯이 입을 비쭉이면서 이기죽거렸다. 준이죽거리다. 관이기죽거리다.

이기죽-대다[-때-]자 이기죽거리다.

이기죽-이기죽뛰하자 밉살스럽게 지껄이며 빈정거리는 모양. 》이기죽이기죽 빈정대다. 준이죽이죽. 관이기죽이기죽.

이:기-증(異嗜症)[-쯩]명 ☞이미증(異味症).

이:기-한(利己漢)명 (다른 사람이야 어떻든) '자신의 이익과 쾌락만을 꾀하는 사람'을 얕잡아 이르는 말.

이-까짓[-진]관 겨우 이 정도밖에 안 되는. 》이까짓 것쯤이야 하루면 다 끝낼 수 있다. 준이깟. 관요까짓.

이-깟[-깟]관 <이까짓>의 준말. 》이깟 것쯤은 한 손으로도 들 수 있다. 관요깟.

이끌다[이끄니·이끌어]타 ①앞에서 잡고 끌다. 》막내의 손을 이끌고 공원 길을 거닐었다. /손수레를 이끌다. ②따라오도록 인도하다. 》모세는 유대 민족을 가나안 복지로 이끌었다. ③마음이나 시선이 쏠리게 하다. 》그의 옷차림은 뭇시선을 한몸에 이끌었다. ⑤끌다.

이끌-리다자 [('이끌다'의 피동] 이끎을 당하다. 》나도 모르게 마음이 이끌린다.

이끎-음(-音)[-끄믐]명 음계(音階)의 제7음으로, 으뜸음의 반음 아래에 있으며, 으뜸음으로 이끄는 음. 도음(導音).

이:-끗(利)[-끋]명 ①이익을 얻는 실마리. 》이 끗에 밝다. /장사야 이 이끗을 보고 하는 노릇 아닌가. *이:끗만[-끄만]·이:끗받[-끈-]

이끼¹명 습기가 많은 땅·숲 속·고목 껍질·바위 밑 등에서 자라는 선태식물류·지의류 따위를 통틀어 이르는 말. 매태(苺苔). 선태(蘚苔). 태선(苔蘚).

이끼²감 <이끼나>의 준말.

이끼나감 갑작스러운 일로 놀라서 급히 물러설 듯이 하며 하는 말. 》이끼나 이게 뭐야? 준이끼².

이나조 자음으로 끝난 체언에 붙는 조사. 《모음 뒤에서는 '이'가 생략되기도 함.》①선택의 뜻을 나타내는 보조사. ¶잠이나 자자. ②가리지 않는다는 뜻을 나타내는 보조사. ¶밥이 없으면 술이나 주시오. ③조건을 붙이는 뜻을 나타내는 보조사. ¶장정이나 할 일. ④어림이나 짐작의 뜻을 나타내는 보조사. ¶한 백 명이나 모였을까? ⑤'많지는 않으나 좀 있음'을 얕잡아 이르는 뜻을 나타내는 보조사. ¶돈푼이나 있다고 되게 으스댄다. ⑥〈이나마〉의 준말. ¶변변찮은 찬이나 많이 드시오. ⑦느꺼움을 나타내는 감탄 조사. ¶돈을 만 원이나 주시다니. ⑧앞말이 뒷말에 매이지 아니함을 뜻하는, 방임형 서술격 조사. ¶직함은 사장이나 이름뿐인 사장이오. ⑨둘 이상의 사람이나 사물을 같은 자격으로 이어 주는 접속 조사. ¶옷이나 신발을 사 주세요. 참나.

이-나마¹閏 이것이나마. 이것이라도. ¶이나마 남겨 뒀으니 망정이지 이마저 없었다면…. 좐요나마.

이나마²조 자음으로 끝난 체언에 붙어, '좀 모자라지만 아쉬운 대로'의 뜻으로, 양보나 불만의 뜻을 나타내는 보조사. 《모음 뒤에서는 '이'가 생략되기도 함.》¶조그만 정성이나마 받아 주시오. 준이나. 참나마.

이나-마나조 자음으로 끝난 체언에 붙어, '그것이기는 하나, 아닌 것과 마찬가지로'의 뜻을 나타내는 서술격 조사. 《모음 뒤에서는 '이'가 생략되기도 함.》¶봉급이나마나 뭐 남는 게 있어야지. 참나마나.

이-날閏 바로 앞에서 이야기한 날. ¶경술년 8월 29일, 이날에 우리 이천만 동포는 하늘을 우러러 호곡하니….

이날 이때까지관용 지금에 이르기까지. ¶결혼 후 30년, 이날 이때까지 서로 얼굴 안 번 붉혀 본 적이 있다.

이-남(以南)閏 ①기준으로 삼은 곳에서 그보다 남쪽. ¶한강 이남 지역. ②우리나라에서, '남한(南韓)'을 흔히 이르는 말. ↔이북(以北).

이남-박閏 함지박의 한 가지. 쌀 따위의 곡물을 씻거나 일 때에 씀. 안쪽에 여러 줄의 골이 나 있음.

이내¹閏 해 질 무렵에 멀리 보이는 푸르스름하고 흐릿한 기운. 남기(嵐氣).

이-내²관 '나의'의 힘줌말. ¶슬프다, 이내 신세.

이내³閏 ①(시간적으로) 그때 바로. 지체하거나 그 곧. ¶검은 구름이 몰리자 이내 비가 쏟아졌다. ②(공간적으로) 가까이에. 멀지 않게. ¶이 고개만 넘어서면 이내 우리 고향 동네요. ③그때의 형편대로 계속. 내처. ¶그때 헤어진 후 이내 소식이 끊겼다.

이:-내(以內)閏 (시간 또는 공간에서) 어떤 기준을 포함한 범위의 안. ¶15분 이내. /백 리 이내의 거리. ↔이외(以外).

이냐조 자음으로 끝난 체언에 붙어서, 묻는 뜻을 나타내는 해라체의 종결형 서술격 조사. ¶그게 무슨 말이냐? 참냐.

이냐고조 자음으로 끝난 체언에 붙어, 물음의 말을 인용하는 뜻을 나타내는 연결형 서술격 조사. 《모음 뒤에서는 '이'가 생략되기도 함.》¶오늘이 생일이냐고 했더니 아니라더라. 참냐고.

이냐는조 '이냐고 하는'이 줄어서 된 말. 자음으로 끝난 체언에 붙는 서술격 조사. 《모음 뒤에서는 '이'가 생략되기도 함.》¶무엇이 행복이냐는 질문. 참냐는.

이냔조 '이냐고 하는' 또는 '이냐고 한'이 줄어서 된 말. 자음으로 끝난 체언에 붙는 서술격 조사. 《모음 뒤에서는 '이'가 생략되기도 함.》¶이것도 음식이냔 말이야. 참냔.

이날조 '이냐고 할'이 줄어서 된 말. 자음으로 끝난 체언에 붙는 서술격 조사. 《모음 뒤에서는 '이'가 생략되기도 함.》¶얻어먹는 주제에, 이게 어른에 대한 대접이냘 수는 없잖은가. 참낼.

이-냥閏 이 모양대로. 이대로 내처. ¶자네나 떠나려면 떠나게. 나는 이냥 여기 눌러앉아 고향을 지키겠네. 좐요냥.

이냥-저냥閏 이대로. 적당히. 되어 가는 대로. ¶구차한 대로 이냥저냥 꾸리고 살아갑니다.

이너(inner)閏 축구에서, 제일선의 다섯 사람의 공격수 중, 중간의 센터 포워드와 양쪽 가의 윙 사이의 공격수.

이-네대 이 사람들. ¶나 혼자 본 게 아니라 이네들도 다 함께 보았소.

이-녁閏 [하오할 자리에] ①상대편을 조금 낮추어 이르는 말. ¶방금 이녁이 그리 말하지 않았소? ②'자기'를 낮추어 일컫는 말. ¶제발 이녁 형편도 좀 생각해 주시오.

이-년대 ①말하는 이에게 가까이 있거나, 말하는 이가 생각하고 있는 여자를 흘하게 가리키는 말. ②여자가 윗사람에게 자기를 낮추어 이르는 말. ③'이 여자아이'를 흘하게 또는 얕잡아 이르는 말.

이:년-생(二年生)閏 ①〈이년생 식물〉의 준말. 두해살이. 월년생. ②(각급 학교에서) 2학년이 되는 학생. ③만 지 2년이 되는 동물 또는 식물. ④이년생 젖소. /이년생 감나무.

이:년생^식물(二年生植物)[-싱-]閏 식물체가 싹 트고, 자라고, 꽃이 피고, 열매 맺은 다음에 말라 죽기까지 1년 이상 2년 이내의 시일이 걸리는 초본(草本) 식물. 두해살이풀. 월년생 식물. 이년생 초본. 준이년생. 참다년생 식물.

이:년생^초본(二年生草本)閏 ☞이년생 식물.

이:념(理念)閏 ①철학에서, 모든 경험에 통제를 부여하는, 순수 이성에서 얻어진 최고의 개념. 〔가령, 플라톤에서는 도덕 가치로서의 최고선(最高善), 칸트에서는 경험을 통일하는 데 불가결한 순수 이성 개념 따위.〕 이데아(Idea). ②무엇을 최고의 것으로 이루려는 그 사람의 근본적인 생각. ¶이념 대립. /건국 이념.

이념(泥濘)閏 ☞진창.·

이노베이션(innovation)閏 기술 혁신. 〔이제까지 없었던 새 상품의 개발, 새 기술, 새로운 생산 조직, 새 원료, 새 시장의 개척 따위의 새로운 방법을 끌어들여 새로운 발전을 이룩하는 일.〕

이노신산^소다(←inosinic酸soda)閏 무색 또는 백색의 결정. 고등어 따위의 살에서 뽑아내며 물에 잘 녹음. 독특한 맛이 있어 단독 또는 글루탐산나트륨과 섞어 음식의 맛을 내는 데 쓰임.

이-놈대 ①말하는 이에게 가까이 있거나, 말하는 이가 생각하고 있는 남자를 흘하게 가리키는 말. ¶이놈이 범인입니다. ②남자가 윗사람에게 자기를 낮추어 이르는 말. ③'이 아이'를 흘하게 또는 얕잡아 이르는 말. ④말하는 이에게 가까이 있거나, 말하는 이가 생각하고 있는 사물을 속되게 이르는 말. 《주로, '이놈의'의 꼴로 쓰임.》¶이놈의 차가 또 말썽이다. ①~③에 '년'.

이:-농(離農)閏 (농민이) 농사일을 그만두고 농촌을 떠나는 현상.

이:-뇨(利尿)閏하 오줌을 잘 나오게 함.

이:뇨-제(利尿劑)명 오줌을 잘 나오게 하는 약제.

이:능(異能)명 남다른 재능. 특이한 재능.

이니조 자음으로 끝난 체언에 붙는 연결형 서술격 조사.《모음 뒤에서는 '이'가 생략되기도 함.》①앞말이 뒷말의 까닭이 됨을 나타냄. ¶휴일이니 푹 쉬어라. ②어떤 사실을 들어 보인 다음 그와 관련된 다른 말을 끌어내는 뜻을 나타냄. ¶금강산은 천하 명산이니, 그 봉우리가 무려 일만이천이나 된다. ③《주로 '-이니 -이니'의 꼴로 쓰이어》㉠이것이라고도 하고 저것이라고도 함을 나타냄. ¶병신이니 바보니 하면서 구박만 한다. ㉡여러 사물을 벌여 놓는 뜻을 나타냄. ¶아들이니 딸이니 다 모였다. 참나니.

이니²조 자음으로 끝난 체언에 붙는 종결형 서술격 조사.《모음 뒤에서는 '이'가 생략되기도 함.》①경험에 바탕을 둔 어떤 사실을 일러 주는 뜻을 나타냄. ¶회초리를 들게나, 매 끝에 정이 드는 것이니. ②'이냐'보다 온근한 느낌을 나타냄. ¶무슨 일이니? 참나니².

이니까조 앞말이 뒷말의 까닭이 됨을 나타내는 연결형 서술격 조사 '이니¹'의 힘줌말. ¶먼 길이니까 채비를 단단히 해라.

이니까는조 '이니까'의 힘줌말. ¶여름이니까는 덥지. 준이니깐.

이니깐조 〈이니까는〉의 준말. ¶바닷물이니깐 짜다.

이니라조 자음으로 끝난 체언에 붙어, 당연한 일, 또는 경험으로 얻은 어떤 사실을 단정적으로 베풀어 말하는, 해라체의 종결형 서술격 조사.《모음 뒤에서는 '이'가 생략되기도 함.》¶인간은 만물의 영장이니라.

이니셜(initial)명 구문(歐文)의 글 첫머리나 고유 명사의 첫 글자에 쓰는 대문자, 또는 그것의 장식적인 글자. 머리글자.

이닝(inning)명 야구에서, 양 팀이 각각 한 번의 공격과 수비를 끝내는 동안. 한 회(回).

이다¹타 ①(물건을) 머리 위에 얹다. ¶물동이를 머리에 이다. ②(무엇이) '머리 위쪽에 있음'을 비유하여 이르는 말. ¶푸른 하늘을 이고 솟아 있는 산봉우리.

이:다²타 (기와나 볏짚·슬레이트 따위로) 지붕을 덮다. ¶초가집 속에 드문드문 기와로 지붕을 인 집도 보인다.

이다³조 자음으로 끝난 체언에 붙어, 사물을 지정하는 뜻을 나타내는 종결형 서술격 조사.《모음 뒤에서는 '이'가 생략되기도 함.》¶이것은 연필이다. 참다4.

이다⁴조 자음으로 끝난 체언에 붙어, 둘 이상의 사물을 같은 자격으로 열거하는 뜻을 나타내는 접속 조사.《주로, '-이다 -이다'의 꼴로 쓰임.》¶밥이다 떡이다 잔뜩 먹었다. 참다5.

-이다접미 '-거리다'가 붙을 수 있는 시늉말(부사) 어근에 붙어, 그 말이 동사가 되게 함. ¶끄덕이다. /망설이다. /혈떡이다. /출렁이다.

이다마는조 '이다'와 '마는'이 합쳐서 된 말. 자음으로 끝난 체언에 붙어, '그렇기는 하지마는'의 뜻으로, 앞말을 인정하되 그것이 뒷말에 영향을 미치지 아니함을 나타내는 연결형 서술격 조사.《모음 뒤에서는 '이'가 생략되기도 함.》¶형식은 소설이다마는 내용은 수필이다. 준이다만. 참다마는.

이다만조 〈이다마는〉의 준말. ¶예쁜 꽃이다만 향기가 없구나.

이-다음명 뒤미처 오는 때나 자리. 이번의 다음. ¶이다음에 전개되는 장면이 더욱 장관이로구. 준이담. 쟌요다음.

이-다지부 이렇게까지. 이러한 정도로까지. ¶이 다지 기쁨 줄이야. 쟌요다지.

이다지-도부 '이다지'의 힘줌말. ¶이다지도 고생일 줄은 미처 몰랐소.

이:단(異端)명 ①정통 학파나 종파에 벗어나는 설(說)이나 파벌을 주장하는 일. ②기독교에서, '정통적 교의(教義)나 교파 이외의 교의나 교파'를 이름. ③유교에서, '노(老)·장(莊)·양(楊)·묵(墨) 등의 제자백가'를 이르던 말. ④불교에서, '외도' 또는 '이안심(異安心)'을 이름.

이:단-시(異端視)명하타되자〔어떤 사상이나 학설·교의(教義) 따위를〕이단으로 봄.

이:단-자(異端者)명 ①(어떤 사상이나 학설·교의(教義) 따위의〕이단을 믿거나 주장하는 사람. ¶학계의 이단자. ②세속적 전통이나 권위 또는 세속적 상식에 반발하여, 자기 개성을 강하게 내세워 무리로부터 고립해 있는 사람. ¶그는 시대의 이단자였다.

이:단^평행봉(二段平行棒)명 여자 체조 경기 종목의 한 가지. 2~3 m의 높은 봉과 1.5 m의 낮은 봉을 이용하여 매달리기·흔들기·버티기 따위의 동작을 연결하며 하는 운동.

이-달명 ①이번 달. 금월. ¶이달의 인물. ②바로 앞에서 이야기한 달. 참그달.

이-담명 〈이다음〉의 준말. ¶이담에 여기서 다시 만나세. 쟌요담.

이담(飴餹)명 ☞엿¹.

이:당(離黨)명하자 소속되어 있던 정당이나 당파에서 떠남.

이:당-류(二糖類)[-뉴]명 가수 분해로 한 개의 분자에서 두 분자의 단당류가 생기는 당류. 복당류(複糖類).

이대부 (옛) 잘. 좋게. ¶모몰 주개 이대 가져 돈니사(月釋2:56).

이-대로부 이와 같이. 이 모양으로 변함없이. ¶이대로 만들어 보아라. /손대지 말고 꼭 이대로 두어라. 쟌요대로.

이더구나조 자음으로 끝난 체언에 붙어, 지난 일을 일러 주거나 스스로 돌이켜 생각하는 뜻을 나타내는 해라체의 종결형 서술격 조사.《모음 뒤에서는 '이'가 생략되기도 함.》¶알고 보니 헛소문이더구나. 쟌요더군. 참더구나².

이더구려조 자음으로 끝난 체언에 붙어, 경험한 사실을 회상하거나 알려 주는 뜻을 나타내는 하오체의 종결형 서술격 조사.《모음 뒤에서는 '이'가 생략되기도 함.》¶겪어 보니 무던한 성격이더구려. 참더구려.

이더구먼조 자음으로 끝난 체언에 붙어, 경험한 사실을 혼잣말처럼 나타내는 반말 투의 종결형 서술격 조사.《모음 뒤에서는 '이'가 생략되기도 함.》¶동네가 온통 꽃밭이더구먼. 쟌요더군. 참더구먼.

이더군조 ①〈이더구나〉의 준말. ¶믿음직한 청년이더군. ②〈이더구먼〉의 준말. ¶아주 절경이더군.

이더냐조 자음으로 끝난 체언에 붙는 해라체의 종결형 서술격 조사.《모음 뒤에서는 '이'가 생략되기도 함.》①남을 묻는 뜻을 나타냄. ¶어떤 사람이더냐? ②과거 느낌을 강조하는 뜻을 나타냄. ¶얼마나 아름다운 강산이더냐. 참더냐.

이더니[조] '이더냐'의 뜻을 보다 친밀하고 부드럽게 이르는 말. ¶무슨 일이던? ㉐더니[1].
(참)더니[1].

이더니²[조] 자음으로 끝난 체언에 붙는 서술격 조사. 《모음 뒤에서는 '이'가 생략됨.》 ①지난 일을 회상하는 뜻을 나타내는 종결형 서술격 조사. ¶한때는 당당하던 집안이더니. ②지난 일을 회상하면서 지금의 일을 감상 조로 베풀어 말하는 뜻을 나타내는 연결형 서술격 조사. ¶전에는 논이더니 지금은 주택지가 되었더라. (참)더니².

이더니라[조] 자음으로 끝난 체언에 붙어, 지난 일을 회상하여 일러 주는 뜻을 나타내는 해라체의 종결형 서술격 조사. 《모음 뒤에서는 '이'가 생략되기도 함.》 ¶이 터가 옛날에 절이 있던 땅이더니라. (참)더니라.

이더니마는[조] 연결형 서술격 조사 '이더니²'의 힘줌말. ¶옛날에 가난한 마을이더니마는 이젠 아주 부자 마을이 되었더라. (준)이더니만. (참)더니마는.

이더니만[조] 〈이더니마는〉의 준말. ¶전에는 바싹 마른 소년이더니만 어느새 건강한 청년이 되었더군.

이더니까[조] 자음으로 끝난 체언에 붙어, 윗사람에게 전에 경험한 사실을 돌이켜 묻는 뜻을 나타내는 합쇼체의 종결형 서술격 조사. 《모음 뒤에서는 '이'가 생략되기도 함.》 ¶무슨 까닭이더니까? (준)이더이까. (참)더니이까.

이더니이다[조] 자음으로 끝난 체언에 붙어, 전에 경험한 사실을 윗사람에게 알려 주는 뜻을 나타내는 합쇼체의 종결형 서술격 조사. 《모음 뒤에서는 '이'가 생략되기도 함.》 ¶썩 훌륭한 가문이더니이다. (참)더니이다.

이더라[조] 자음으로 끝난 체언에 붙어, 지난 일을 회상하거나 그 회상을 감상 조로 나타내는 해라체의 종결형 서술격 조사. 《모음 뒤에서는 '이'가 생략되기도 함.》 ¶깨고 보니 꿈이더라. (참)더라.

이더라도[조] 자음으로 끝난 체언에 붙어, 가정하거나 양보하는 뜻으로, 뒷말이 앞말에 매이지 아니함을 나타내는 연결형 서술격 조사. 《모음 뒤에서는 '이'가 생략되기도 함.》 ¶설령 그의 말이 거짓이더라도 나는 그를 따르겠다. (참)더라도.

이더라면[조] 자음으로 끝난 체언에 붙어, 지난 일을 회상하되 그 회상 내용과는 다른 사실을 가정하는 뜻을 나타내는 연결형 서술격 조사. 《모음 뒤에서는 '이'가 생략되기도 함.》 ¶내가 총각이더라면 그 여자와 결혼했을 거요. (참)더라면.

이더라손[조] 자음으로 끝난 체언에 붙어, '이더라고'의 뜻을 나타내는 연결형 서술격 조사. 흔히, '치다'의 활용형과 어울려 쓰이어, 앞말을 가정하되 그것이 뒷말에 영향을 미치지 아니함을 나타냄. 《모음 뒤에서는 '이'가 생략되기도 함.》 ¶촌각을 다투는 일이더라손 치더라도 절대로 서두르지 마라. (참)더라손.

이더랍니까[-람-]〔조〕'이더라고 합니까'가 줄어서 된 말. 자음으로 끝난 체언에 붙어, 남이 들은 사실에 대해서 묻는 뜻을 나타내는 종결형 서술격 조사. 《모음 뒤에서는 '이'가 생략되기도 함.》 ¶그 소문이 사실이더랍니까? (참)더랍니까.

이더랍니다[-람-]〔조〕'이더라고 합니다'가 줄어서 된 말. 자음으로 끝난 체언에 붙어, 들은 사실을 인용하는 뜻을 나타내는 종결형 서술격 조사. 《모음 뒤에서는 '이'가 생략되기도 함.》 ¶그 사람이 그 회사의 사장이더랍니다. (참)더랍니다.

이더랍디까[-띠-]〔조〕'이더라고 합디까'가 줄어서 된 말. 자음으로 끝난 체언에 붙어, 남이 들은 과거 사실에 대해서 묻는 뜻을 나타내는 종결형 서술격 조사. 《모음 뒤에서는 '이'가 생략되기도 함.》 ¶아들이더랍디까? (참)더랍디까.

이더랍디다[-띠-]〔조〕'이더라고 합디다'가 줄어서 된 말. 자음으로 끝난 체언에 붙어, 과거에 들은 사실을 인용하는 뜻을 나타내는 종결형 서술격 조사. 《모음 뒤에서는 '이'가 생략되기도 함.》 ¶아직도 홀몸이더랍디다. (참)더랍디다.

이더이까[조] 〈이더니이까〉의 준말.

이더이다[조] 〈이더니이다〉의 준말.

이던¹[조] 〈이더니〉의 준말.

이던²[조] 체언에 두루 붙어, 지난 일을 회상하는 뜻을 나타내는 관형사형 서술격 조사. ¶시인이던 국어 선생님. /대표 선수이던 시절.

이던가[조] 자음으로 끝난 체언에 붙는 서술격 조사. 《모음 뒤에서는 '이'가 생략되기도 함.》 ①㉠지난 일을 돌이켜 생각하면서 스스로에게 묻는 투로 가벼운 느낌을 나타내는 종결형 서술격 조사. ¶얼마나 그리던 고향이던가. ㉡지난 일을 손아랫사람이나 스스로에게 묻는 뜻을 나타내는 종결형 서술격 조사. ¶그때가 작년이던가? ②지난 일에 대한 의심이나 의문의 뜻을 나타내는 연결형 서술격 조사. ¶그때 먹은 게 무슨 음식이던가 생각이 안 난다. (참)던가.

이던걸[조] 자음으로 끝난 체언에 붙어, 지난 일을 회상하면서 자기 생각으로는 이러이러하다고 스스로 느껴워하는 뜻을 나타내는 종결형 서술격 조사. 《모음 뒤에서는 '이'가 생략되기도 함.》 ¶노래 솜씨가 대단한 수준이던걸. (참)던걸.

이던고[조] 자음으로 끝난 체언에 붙어, '이던가'보다 예스럽고 점잖은 뜻을 나타내는 종결형 또는 연결형 서술격 조사. 《모음 뒤에서는 '이'가 생략되기도 함.》 ¶얼마나 기다리던 소식이던고. /이름이 무엇이던고 기억에 없구려. (참)던고.

이던데[조] 자음으로 끝난 체언에 붙는 서술격 조사. 《모음 뒤에서는 '이'가 생략되기도 함.》 ①다음의 말을 끌어내기 위해 그와 관련된 지난 일을 회상하는 뜻을 나타내는 연결형 서술격 조사. ¶참 좋은 책이던데 다 읽었니? ②남의 의견을 듣고자 하는 태도로, 지난 일에 대한 자기의 느낌을 들어 보이는 뜻을 나타내는 종결형 서술격 조사. ¶되게 험상궂은 인상이던데. (참)던데.

이던들[조] 자음으로 끝난 체언에 붙어, 지난 일을 회상하되 그 결과와 반대되는 어떤 사실을 가정하는 연결형 서술격 조사. 《모음 뒤에서는 '이'가 생략되기도 함.》 ¶그가 조금만 느긋한 성질이던들 이렇게 되지는 않았을 텐데. (참)던들.

이던지[조] 자음으로 끝난 체언에 붙는 연결형 서술격 조사. 《모음 뒤에서는 '이'가 생략되기도 함.》 ①지난 일을 회상하되, 그 회상이 막연함을 나타냄. ¶누가 일등이던지 잘 모르겠다. ②지난 일을 회상하되, 그것이 다른 일을 일으키는 근거나 원인이 됨을 나타냄. ¶얼마나 험한 산이던지 아주 혼났다. (참)던지.

이데[조] 자음으로 끝난 체언에 붙는 종결형 서술격 조사. 《모음 뒤에서는 '이'가 생략되기도 함.》 ①하게할 자리에, 경험하여 알게 된 사실을 회상하여 일러 주거나 스스로의 느낌을 나타냄. ¶ 아직도 총각이데. ②해라할 자리에, 지난 일을 회상하여 묻는 뜻을 나타냄. ¶ 그 여자가 부인이데? [참]데².

이데아(Idea 독)[명] [보이는 것, 모습·형체 등의 뜻으로] 철학에서, 인간이 감각하는 개개 사물의 원형으로서, 모든 존재와 그 인식과의 근거가 되는 것을 뜻함. 이념.

이데올로기(Ideologie 독)[명] 정치나 사회에 대한 기본적인 사고방식. 사상 경향. 관념 형태(觀念形態).

이:도(吏道)¹[명] 관리로서 마땅히 지켜야 할 도리.

이:도(吏道)²[명] ⇨이두(吏讀).

이:도(利刀)[명] (썩 잘 드는) 날카로운 칼.

이:도(異道)[명] ①서로 다른 방법. ②(생활·사업에서의) 서로 다른 길. ③(학문·학술에서의) 다른 주장.

이돌라(idola 라)[명] 〔'우상'·'환상'의 뜻으로〕 올바른 인식을 가로막는 선입견을 뜻함.

이:동(以東)[명] 어떤 지점을 기준으로 하여 그 곳으로부터의 동쪽.

이동(移動)[명][하][자타]되[자] 옮아 움직임. 움직여서 자리를 바꿈. ¶ 군 부대의 이동. /기차 편으로 이동하는 것이 좋겠다.

이:동(異同)[명] 서로 다름, 또는 서로 다른 점. ¶ 실물과 모조품과의 이동을 살펴보다.

이:동(異動)[명] (같은 직장 안에서의) 직위나 직책 따위의 변동. ¶ 사내의 인사 이동.

이동^경:찰(移動警察)[명] 기차·선박·전차 등을 타고 다니면서 그 안에서 일어난 범죄 사고를 단속하는 경찰관.

이동^대:사(移動大使)[명] ⇨순회 대사(巡廻大使).

이동-도서관(移動圖書館)[명] ⇨순회도서관(巡廻圖書館).

이동^무:대(移動舞臺)[명] 무대 장치의 한 형식. 본무대 양편에 바퀴 장치로 된 다음 무대를 미리 준비해 두어 쉽게 장면을 바꿀 수 있게 만든 무대.

이동^방:송(移動放送)[명] 라디오·텔레비전 방송국에서, 송신 장비를 가지고 중계차로 취재 현장을 옮겨 가면서 직접 방송하는 일.

이동^병:원(移動病院)[명] 의료 시설과 기구를 갖추어, 이동하면서 위급한 환자를 치료하는 야전 병원.

이동성^고기압(移動性高氣壓)[-씽-][명] 비교적 빠른 속도로 옮겨가는 고기압. 우리나라의 경우는 매시 약 50 km의 속도로 서쪽에서 동쪽으로 이동함.

이동-식(移動式)[명] 움직일 수 있게 된 방식, 또는 그런 방식으로 만든 장치. ↔고정식.

이동^연:극(移動演劇)[-년-][명] 작은 규모로 편성된 극단이 간편한 장비를 가지고 각 지방을 옮아 다니면서 공연하는 연극.

이동^전:화(移動電話)[명] 이동하면서 통화할 수 있는 무선 전화. 〔휴대 전화 따위.〕

이동^촬영(移動撮影)[명] 피사체(被寫體)의 움직임에 따라, 카메라의 위치를 이동해 가면서 촬영하는 일.

이동^취:락(移動聚落)[명] (특정 지역에 정착하지 않고) 생활의 근거지나 물자를 찾아 자주 이동하는 취락. 〔유목민·화전민 등의 취락.〕

이:동-치마(二-)[명] 연의 한 가지. 위쪽은 희고, 아래쪽은 세로로 양분하여 두 가지 색으로 꾸민 연.

이동^통신(移動通信)[명] 움직이는 물체 사이에, 또는 움직이는 물체와 붙박인 물체 사이에 이루어지는 통신.

이동-판(移動瓣)[명] 기계가 도는 대로 위치가 바뀌는 판(瓣).

이되[-되/-뒈][조] 자음으로 끝난 체언에 붙어, 앞의 사실을 인정하면서 설명을 덧붙이거나, 뒤의 사실이 앞의 사실에 매이지 아니함을 나타내는 연결형 서술격 조사. 《모음 뒤에서는 '이'가 생략되기도 함.》 ¶ 값싼 상품이되 쓸모는 많다. [참]되³.

이:두(吏讀·吏頭)[명] 신라 때부터, 한자의 음과 새김을 빌려 우리말을 적던 방식, 또는 그 문자. 이도(吏道)². 이서(吏書). 이토(吏吐). 이투(吏套). [참]이두(鄕札).

이:두(李杜)[명] 중국 당나라 때의 시인인 '이백(李白)'과 '두보(杜甫)'를 아울러 이르는 말.

이두(蝤頭)[명] ①⇨이(蝤頭). ②⇨이무깃돌.

이:두^문학(吏讀文學)[명] 이두로 씌어진 우리나라의 고전 문학. 〔향가가 대표적임.〕

이:두-박근(二頭膊筋)[-끈][명] 위팔의 앞쪽에 있는 큰 근육. 팔을 굽혀 펴거나 뒤로 돌리는 데 작용함. 상완 이두근.

이:두-정치(二頭政治)[명] ⇨양두 정치.

이둔(利鈍)[명] ①날카로움과 무딤. ②영리함과 어리석음. 예둔(銳鈍).

이드(id 라)[명] 정신 분석학에서, 정신의 심층부에 있는, 본능적 에너지의 원천. 성적 쾌락과 만족을 추구하나, 자아와 초자아(超自我)의 통제를 받음.

이드거니[부][하][형] 시간이 좀 걸리면서 분량이 좀 넉넉히. ¶ 너무 가물었으니 비가 이드거니 와야 벼가 자라겠는걸.

이드르르[부][하][형] 번들번들 윤이 나고 부드러운 모양. ¶ 얼굴에 개기름이 이드르르 흐른다. [준]이드를. [센]야드르르.

이드를[부][하][형] 〈이드르르〉의 준말. [센]야드를.

이:득(利得)[명] 이익을 얻는 일, 또는 그 이익. ¶ 이득을 보다. ↔손실(損失).

이든[조] 〈이든지〉의 준말. ¶ 어느 것이든 아무 상관 없다.

이든[관] (옛) 착한. 어진. ¶ 善女人은 이든 겨지비라(阿彌17).

이든지[조] 자음으로 끝난 체언에 붙어, '무엇이나 가리지 않음'을 나타내는 보조사. 《모음 뒤에서는 '이'가 생략되기도 함.》 ¶ 무엇이든지 사 줄 테니 마음대로 골라 보아라. [준]이든. [참]든지.

이들-이들[-들리-/-드리-][부][하][형] 윤이 나고 매우 부들부들한 모양. [센]야드를하다.

이듬[하][타] 논이나 밭을 두 번째 갈거나 매는 일. 이듬매기.

이듬-달[-딸][명] 바로 그 다음의 달. 익월(翌月).

이듬-매기[명] ⇨이듬.

이듬-해[명] 바로 그 다음의 해. 익년(翌年).

이듭[명] 마소의 두 살.

이:등(二等)[명] 둘째 등급.

이:등(異等)[명][하][형] 재능이 여느 사람과 다름.

이:등^도:로(二等道路)[명] '지방도'의 구용어.

이:등변^삼각형(二等邊三角形)[-가켱][명] 두 변의 길이가 같은 삼각형. 등각 삼각형.

이:등-병(二等兵)[명] 국군의 사병 계급의 하나. 군의 가장 아래의 계급. [준]이병.

이:-등분(二等分)**명**하타되자 둘로 똑같이 나눔. ¶사과를 이등분하여야 나눠 먹다.

이:등분-선(二等分線)**명** 각이나 선분을 두 부분으로 똑같게 나누는 선.

이:디:피:에스(EDPS)**명** 전자적 데이터 처리 시스템. 컴퓨터를 이용하여 사무나 경영·관리를 위한 정보를 처리하는 방식. [electronic data processing system]

이따부 〈이따가〉의 준말. ¶이따 다시 와. /이따 보여 줄게.

이따가부 조금 뒤에. ¶이따가 말해 줄게. 준이따.

이따금부 조금씩 있다가. 가끔. 때때로. 왕왕(往往). ¶이따금 내리는 비. /이따금 들르곤 한다.

이-따위① 대 이러한 부류의 대상을 얕잡아 이르는 말. ¶뭐 이따위가 다 있어! ② 관 〔얕잡는 뜻으로〕 이러한 부류의. ¶이따위 짓이나 하고 돌아다니다니, 네가 뭐 살이냐?

이-때명 ① 바로 지금의 때. 현시(現時). ¶이때까지 헛살았어. ② 바로 앞에서 이야기한 시간상의 어떤 점이나 부분. ¶초인종이 울린 것은 바로 이때였다.

이때-껏〔-껃〕부 지금에 이르기까지. 이제까지. 여태까지. ¶이때껏 거짓말 한 번 한 적이 없다.

이-똥명 이 안팎에 누렇게 낀 곱 모양의 버캐. 치석(齒石).

이라고조 자음으로 끝난 체언에 붙는 서술격 조사. 《모음 뒤에서는 '이'가 생략되기도 함.》 ① 이러이러하다고 베풀어 말하는 뜻을 나타내는 종결형 서술격 조사. ¶역시 무궁화는 꽃 중의 꽃이라. ② '이므로'의 뜻으로, 앞말이 뒷말의 원인이나 이유가 됨을 나타내는 연결형 서술격 조사. ¶워낙 귀한 물건이라 구하기가 어렵다. 참라².

이라조 ① 〈이라고〉의 준말. ¶공자 같은 분을 성인이라 한다. /그 정도면 똑똑한 사람이라 할 만하다. ② 〈이라서〉의 준말. ¶너무 비싼 값이라 살 엄두도 못 내었다.

이라고조 자음으로 끝난 체언에 붙는 조사. 《모음 뒤에서는 '이'가 생략되기도 함.》 ① 남의 말을 인용함을 뜻하는 조사. ㉠남의 말을 단순히 인용하는 뜻을 나타냄. ¶그 아이가 자기 동생이라고 하더라. ㉡남의 말을 인용하되, 그것을 하찮게 여기는 뜻을 나타냄. ¶이걸 음식이라고 먹으라니. /재미있는 책이라고 해서 샀더니 볼 것이 없더라. ㉢보편적·일반적 개념을 인용하는 투로, 그것을 남에게 일러 주는 뜻을 나타냄. ¶직립 보행하는 동물을 사람이라고 한다. ¶별것 아니라는 뜻을 나타냄. ¶뭐, 그 사람이라고 별수 있으랴. ③남의 말을 인용하는 투로 되묻는 뜻을 나타내는 종결형 서술격 조사. ¶그래 이걸 인삼이라고? 준라². 참라고.

이라나조 자음으로 끝난 체언에 붙어, 남의 말이 못마땅하여 얕잡아 이르거나 시들한 심정을 나타내는 종결형 서술격 조사. 《모음 뒤에서는 '이'가 생략되기도 함.》 ¶체, 자기는 보나마나 합격이라나. 참라나.

이라느냐조 '이라고 하느냐'가 줄어서 된 말. 자음으로 끝난 체언에 붙어, 묻는 뜻을 나타내는 종결형 서술격 조사. 《모음 뒤에서는 '이'가 생략되기도 함.》 ¶입상한 작품이 어느 것이라느냐? 참라느냐.

이라느니조 '이라고 하느니'가 줄어서 된 말. 자음으로 끝난 체언에 붙어, '그러다 하기도 하고 저러다 하기도 함'을 나타내는 연결형 서술격 조사. 《모음 뒤에서는 '이'가 생략되기도 함.》 ¶날짐승이라느니 길짐승이라느니 의견이 분분하다. 참라느니.

이라는조 '이라고 하는'이 줄어서 된 말. 자음으로 끝난 체언에 붙어, 어떤 사실을 짐작하거나 인용하는 뜻을 나타내는 서술격 조사. 《모음 뒤에서는 '이'가 생략되기도 함.》 ¶어젠지 이번이 마지막이라는 생각이 든다. /명색이 반장이라는 사람이 그런 짓을 하다니. 참라는.

이라니조 '이라고 하니'가 줄어서 된 말. 자음으로 끝난 체언에 붙는 연결형 서술격 조사. ㉠상대편의 말이 의심쩍어 되묻는 뜻을 나타냄. ¶내 책임이라니, 그게 어찌 내 책임이냐? ㉡앞말이 뒷말의 원인이나 근거가 됨을 나타냄. ¶사실이라니 믿을 수밖에. ②자음으로 끝난 체언에 붙어, 상대편의 말이 의심쩍거나 놀랍다는 뜻을 나타내는 종결형 서술격 조사. 《모음 뒤에서는 '이'가 생략되기도 함.》 ¶아니, 그 말썽꾸러기가 수석 합격이라니. 참라니.

이라니까조 ① '이라고 하니까'가 줄어서 된 말. 자음으로 끝난 체언에 붙어, 앞말이 뒷말의 까닭이나 전제적 사실이 됨을 나타내는 연결형 서술격 조사. ¶돈이라니까 끝내 사양하더군. ②자음으로 끝난 체언에 붙어, 의심쩍어하는 상대편에게 거듭 다짐하는 뜻을 나타내는 종결형 서술격 조사. 《모음 뒤에서는 '이'가 생략되기도 함.》 ¶글쎄, 내 동생이라니까.

이라도조 자음으로 끝난 체언에 붙는 조사. 《모음 뒤에서는 '이'가 생략되기도 함.》 ① '이라고 하여도'가 줄어서 된 말. 어떤 사실을 인정하거나 가정하되, 뒷말이 거기에 매이지 아니하고 맞서거나 그보다 더한 사실이 이어짐을 나타내는 서술격 조사. ¶밤이라도 달이 밝아서 대낮 같다. ②여럿 중에서 특히 그것을 가리거나 가리지 아니함을 뜻하는 보조사. ¶생선이라도 한 마리 사 들고 찾아가야지. /나물이라도 좀이나마 내놓아라. 참라도.

이라든지조 자음으로 끝난 체언에 붙는 연결형 서술격 조사. 《모음 뒤에서는 '이'가 생략되기도 함.》 ① '이라고 하는 것이든지'의 뜻으로, 무엇을 생각하여 열거할 때 쓰임. ¶햇빛이라든지 비라든지 모두 자연이 인간에게 주는 혜택이다. ② '이라고 하든지'가 줄어서 된 말. 무엇이거나 가리어 정하는 뜻을 나타냄. ¶정군이라든지 미스터 정이라든지 편하신 대로 부르시지요. 참라든지.

이라며조 〈이라면서〉의 준말. ¶부산이 고향이라며?/착한 학생이라며 추천하더라.

이라면조 '이라고 하면'이 줄어서 된 말. 자음으로 끝난 체언에 붙어, 어떤 사실(상황)을 가정(가상)하는 뜻을 나타내는 연결형 서술격 조사. 《모음 뒤에서는 '이'가 생략되기도 함.》 ¶외상이라면 소도 잡아먹는다. /아마 형이라면 그렇게 하지는 않았을 거다. 준이람². 참라면.

이라면서조 자음으로 끝난 체언에 붙는 서술격 조사. 《모음 뒤에서는 '이'가 생략되기도 함.》 ① 들은 사실을 다짐하거나 빈정거려 묻는 뜻을 나타내는 종결형 서술격 조사. ¶그게 네 생각이라면서? ② '이라고 하면서'가 줄어서 된 말. 남이 말한 어떤 사실을 인용하는 뜻을 나타내는 연결형 서술격 조사. ¶제 잘못이라면서 용서를 빌더군. 준이라며. 참라면서.

이라서조 자음으로 끝난 체언에 붙는 조사. 《모음 뒤에서는 '이'가 생략되기도 함.》①'감히(능히)'의 뜻을 속뜻으로 지니면서, 주격 조사 '이(가)'의 기능으로 쓰임. ¶학생이라서 못할 일은 아니다. ②앞말이 뒷말의 이유나 전제적 사실이 됨을 나타내는 연결형 서술격 조사. ¶따뜻한 고장이라서 살기는 참 좋겠다. 㽄이라². 참라서.

이라손조 자음으로 끝난 체언에 붙어, '이라고'의 뜻을 나타내는 연결형 서술격 조사. '치다'의 활용형과 어울려 쓰이어, 앞말을 가정하되 그것이 뒷말에 영향을 미치지 아니함을 나타냄. 《모음 뒤에서는 '이'가 생략되기도 함.》¶설혹 그가 죄인이라손 치더라도 그에게 돌을 던질 자가 누구냐? 참라손.

이라야조 자음으로 끝난 체언에 붙어, 꼭 필요한 사물을 가리키거나 꼭 그래야 함을 나타내는 연결형 서술격 조사. 《모음 뒤에서는 '이'가 생략되기도 함.》¶그 일은 그 사람이라야 해낼 수 있다. 참라야.

이라야만조 '이라야'의 힘줌말. ¶란 뚜껑에 못을 박은 다음이라야만 그 사람의 진가를 알 수 있다.

이라오조 조사 '이라'와 어미 '-오'가 합쳐서 된 말. 자음으로 끝난 체언에 붙어, 어떤 사실을 설명하되 좀 대접하거나 친근한 맛이 느껴지게 베풀어 말하는, 하오체의 종결형 서술격 조사. 《모음 뒤에서는 '이'가 생략되기도 함.》¶겨울엔 그저 따뜻한 게 제일이라오. 참라오.

이라최〔옛〕보다. ¶노비츠 히요미 누니라와 더우더니(杜重1:5). 참라와.

이라지조 자음으로 끝난 체언에 붙어, 묻는 뜻을 나타내는 하게체의 종결형 서술격 조사. 《모음 뒤에서는 '이'가 생략되기도 함.》¶고향이 서울이라지? 참라지.

이:락(二樂)명 삼락(三樂) 중의 둘째의 낙(樂), 곧, 위로는 하늘에 아래로는 사람에게 부끄러울 것이 없이 사는 군자의 즐거움. 참삼락(三樂).

이:락(利落)명 ①〈이락 가격〉의 준말. ②〈이자락(利子落)〉의 준말. ↔이부(利附).

이:락^가격(利落價格)[-까-]명 이자가 지급된 뒤의 채권(債權)으로 가치가 낮아진 때의 가격. 㽄이락.

이란조 자음으로 끝난 체언에 붙는 서술격 조사. 《모음 뒤에서는 '이'가 생략되기도 함.》①'이라고 하는'이 줄어서 된 말. 뒤의 사실을 규정하는 뜻을 나타냄. ¶사슴이란 짐승은 보기와는 달리 성질이 조급하다. ②'이라고 하는 것은'의 뜻으로, 지적하여 강조하는 뜻을 나타냄. ¶삶이란 기쁘거나 슬픈 것만은 아니다. 참란.

이:란격석(以卵擊石)[-썩]명 〔달걀로 돌을 친다는 뜻으로〕'턱없이 약한 것으로 엄청나게 강한 것을 당해 내려는 어리석음'을 비유하여 이르는 말.

이란다조 자음으로 끝난 체언에 붙는, 해라체의 종결형 서술격 조사. 《모음 뒤에서는 '이'가 생략되기도 함.》①'이라고 한다'가 줄어서 된 말. 남이 한 말을 인용하여 전달하는 뜻을 나타냄. ¶자기 책이란다. ②'이란 말이다'의 뜻으로 어떤 사실을 단정하되 그것을 친근하게 베풀어 말함을 나타냄. ¶아무리 조심해도 모자라는 것이 건강이란다. 참란다.

이:란성^쌍생아(二卵性雙生兒)[-썽-]명 두 개의 난자가 두 개의 정자에 의해 제각기 수정

되어 태어난 쌍생아. 동성일 경우도 있고 이성일 경우도 있으며, 닮은 정도가 일란성 쌍생아보다 덜함.

이랄조 '이라고 할'이 줄어서 된 말. 자음으로 끝난 체언에 붙는 서술격 조사. 주로, 부정적인 말과 어울려 양보의 뜻을 나타냄. 《모음 뒤에서는 '이'가 생략되기도 함.》¶집이랄 수도 없는 오두막. 참랄.

이람¹조 자음으로 끝난 체언에 붙어, '이란 말인가'의 뜻으로, 대상(상황)을 못마땅해하거나 빈정거리는 투로 말하는 종결형 서술격 조사. 《모음 뒤에서는 '이'가 생략되기도 함.》¶이게 무슨 짓이람. 참람¹.

이람²조 〈이라면〉의 준말. ¶어차피 틀린 일이람 빨리 손을 떼라.

이랍니까[-람-]조 '이라고 합니까'가 줄어서 된 말. 자음으로 끝난 체언에 붙어, 남이 들은 사실에 대해서 묻는 뜻을 나타내는, 합쇼체의 종결형 서술격 조사. 《모음 뒤에서는 '이'가 생략되기도 함.》¶누가 한 짓이랍니까? 참랍니까.

이랍니다[-람-]조 자음으로 끝난 체언에 붙는, 합쇼체의 종결형 서술격 조사. 《모음 뒤에서는 '이'가 생략되기도 함.》①'이라고 합니다'가 줄어서 된 말. 들은 사실을 남에게 알려 주는 뜻을 나타냄. ¶모두 자기 탓이랍니다. ②자기와 관련된 어떤 사실을 친근하게 베풀어 말하는 뜻을 나타냄. ¶실은 오늘이 제 생일이랍니다. 참랍니다.

이랍디까[-띠-]조 '이라고 합디까'가 줄어서 된 말. 자음으로 끝난 체언에 붙어, 남이 전에 들은 사실을 돌이켜 묻는 뜻을 나타내는 종결형 서술격 조사. 《모음 뒤에서는 '이'가 생략되기도 함.》¶그 청년이 우리 학교 학생이랍디까? 참랍디까.

이랍디다[-띠-]조 '이라고 합디다'가 줄어서 된 말. 자음으로 끝난 체언에 붙어, 남의 말을 인용해서 사실이 그러함을 단정하여 말하는 뜻을 나타내는 종결형 서술격 조사. 《모음 뒤에서는 '이'가 생략되기도 함.》¶그분은 공무원이랍디다. 참랍디다.

이랍시고[-씨-]조 자음으로 끝난 체언에 붙어, '이라고'의 뜻으로, 스스로 그것이라고 여기는 꼴을 빈정거리거나 어떤 사물을 얕잡아 하는 연결형 서술격 조사. 《모음 뒤에서는 '이'가 생략되기도 함.》¶사장이랍시고 도도하게 구는 꼴이라니. 참랍시고.

이랑¹①갈아 놓은 논밭의 한 두둑과 한 고랑을 아울러 이르는 말. ¶이랑을 따라 씨를 뿌린다. ②〔의존 명사적 용법〕갈아 놓은 논밭의 한 두둑과 한 고랑을 하나로 묶어 세는 단위. ¶한 이랑.

이랑²조 자음으로 끝난 체언에 붙어, 둘 이상의 사물을 같은 자격으로 열거하는 뜻을 나타내는 접속 조사. 《모음 뒤에서는 '이'가 생략되기도 함.》¶산이랑 들이랑 마구 뛰놀던 어린 시절. 참랑.

이랑^재:배(-栽培)명 이랑을 만들어 곡식을 심어 가꾸는 일, 또는 그 방식.

이래¹조 '이라고 해'가 줄어서 된 말. 자음으로 끝난 체언에 붙어, 남의 말을 인용하여 전하는 뜻을 나타내는 종결형 서술격 조사. 《모음 뒤에서는 '이'가 생략되기도 함.》¶아직 총각이래. 참래.

이래²조 ①'이리하여'가 줄어든 말. ¶이래 보아도 안 되고, 저래 보아도 안 되네. ②'이러

하여'가 줄어든 말. ¶성적이 이래 가지고 어찌 진학하겠느냐?/이래 봬도 값비싼 고급품이란다. ㉰요래1.

이래³㈜ '이렇다'·'이리한다'·'이럴까'·'이리할까' 등의 뜻으로 끝맺는 말. ¶이 사람 옷차림은 항상 이래. ㉰요래2.

이래(移來)⟨명⟩⟨하자⟩ 옮겨 옴.

이래(邇來·邇來)⟨명⟩ 요사이. 근래(近來).

이:래(以來)⟨의⟩ 지난간 일정한 때로부터 지금까지. 《어미 '-ㄴ(-은)'이나 일부 명사 뒤에 쓰임.》 ¶건국 이래. /지난 여름에 떠나 온 이래로 고향 소식을 통 듣지 못했다.

이래도㈜ ①'이러하여도'가 줄어든 말. ¶이래도 보고 저래도 보았다. ②'이리하여도'가 줄어든 말. ¶이래도 항복하지 않을 테냐? ㉰요래도.

이래라-저래라㈜ '이리하여라 저리하여라'가 줄어든 말. ¶이래라저래라 간섭하지 마시오. ㉰요래라조래라.

이래서¹㈜ '이라고 하여서'가 줄어서 된 말. 자음으로 끝난 체언에 붙어, 앞말이 뒷말의 이유나 전제적 사실이 됨을 나타내는 연결형 서술격 조사.《모음 뒤에서는 '이'가 생략되기도 함.》 ¶자네 딸이래서 예쁘다고 하는 건 아닐세. ㉰래서.

이래서²㈜ ①'이러하여서'가 줄어든 말. ②'이리하여서'가 줄어든 말.

이래서야㈜ '이라고 하여서야'가 줄어서 된 말. 자음으로 끝난 체언에 붙어, 그러하여서는 이치에 어긋나거나 정상적이 아니라는 뜻을 나타내는 연결형 서술격 조사.《모음 뒤에서는 '이'가 생략되기도 함.》 ¶콩을 팥이래서야 누가 믿겠니? ㉰래서야.

이래야¹㈜ '이라고 하여야'가 줄어서 된 말. 자음으로 끝난 체언에 붙어, 앞의 사물을 뒷말로 한정하되, 그 사물이 시답지 않다는 느낌을 나타내는 연결형 서술격 조사.《모음 뒤에서는 '이'가 생략되기도 함.》 ¶월급이래야 쥐꼬리만 한걸. ㉰래야.

이래야²㈜ ①'이러하여야'가 줄어든 말. ②'이리하여야'가 줄어든 말. ¶이래야 이긴다. ㉰요래야.

이래요㈜ '이라고 하여요'가 줄어서 된 말. 자음으로 끝난 체언에 붙어, 남의 말을 인용하여 윗사람에게 알려 주는 뜻을 나타내는 종결형 서술격 조사.《모음 뒤에서는 '이'가 생략되기도 함.》 ¶올해도 풍년이래요. ㉰래요.

이래-저래㈜ ①'이리하고 저리하여'가 줄어된 말. ¶넉넉하지 않지만 이래저래 꾸려 나간다. ②이러저러하여. ¶이래저래 꾸중만 듣는다. ㉰요래조래.

이랬다-저랬다[-랟따-랟따]㈜ '이리하였다가 저리하였다가'가 줄어든 말. ¶이랬다저랬다 변덕이 죽 끓듯 하다. ㉰요랬다조랬다.

이라⟨감⟩ 마소를 몰 때 내는 소리. ㉰이러.

이랴²㈜ 자음으로 끝난 체언에 붙어, 이치로 미루어 '어찌 그러할 것이냐'의 뜻으로, 반어적 의문을 나타내는 종결형 서술격 조사.《모음 뒤에서는 '이'가 생략되기도 함.》 ¶부모를 버린 놈이 어찌 자식이랴. ㉰랴.

이러⟨감⟩ 마소를 몰거나 쫓거나 끌어당길 때 하는 소리. ¶"이러, 쯧쯧." 쟁기질하는 김 서방은 쟁기를 끄는 소의 고삐를 잡아챘다. ㉰이랴.

이러⟨자⟩⟨옛⟩〔'일다'의 활용형〕이루어져. ¶내히 이러 바래 가나니(龍歌2章).

이러고㈜ '이리하고'가 줄어든 말. ¶이러고 있을 때가 아니다. ㉰요러고.

이러고-저러고㈜ '이러하고 저러하고'가 줄어든 말. ¶이러고저러고 변명만 늘어놓는다. ㉰요러고조러고.

이러구러⟨부⟩ ①우연히 이러하게 되어. ¶이러구러 이 학교에서 공부하게 되었습니다. ②이럭저럭하여. ¶이러구러 10년의 세월이 흘렀다.

이러나㈜ '이러하나' 또는 '이리하나'가 줄어든 말. ¶제 생각은 이러나 그 사람의 생각은 다릅니다. ㉰그러나.

이러나-저러나㈜ Ⅰ⟨부⟩ 이것도 이렇다 치고. ¶이러나저러나 결과가 좋아야 할 텐데. ㉰요러나조러나. Ⅱ㈜ ①'이러하나 저러하나'가 줄어든 말. ¶이러나저러나 금세 오겠다더니 어제 종무소식일까? ②'이리하나 저리하나'가 줄어든 말. ¶이러나저러나 이미 늦었으니 다시 해 보세. ㉰요러나조러나.

이러니㈜ 자음으로 끝난 체언에 붙는 연결형 서술격 조사. '이더니'의 예스러운 말.《모음 뒤에서는 '이'가 생략되기도 함.》 ¶그는 본시 유가(儒家)의 자손이러니 일찍이 대과에 급제하여…. ㉰러니.

이러니라㈜ 자음으로 끝난 체언에 붙는 종결형 서술격 조사. '이더니라'의 예스러운 말.《모음 뒤에서는 '이'가 생략되기도 함.》 ¶가슴에 깊이 새길 교훈이러니라. ㉰러니라.

이러니이까㈜ 자음으로 끝난 체언에 붙는 종결형 서술격 조사. '이더니이까'의 예스러운 말.《모음 뒤에서는 '이'가 생략되기도 함.》 ¶그렇게도 안타까운 사연이러니이까? ㉰러니이까.

이러니이다㈜ 자음으로 끝난 체언에 붙는 종결형 서술격 조사. '이더니이다'의 예스러운 말.《모음 뒤에서는 '이'가 생략되기도 함.》 ¶덕망이 높으신 분이러니이다. ㉰러니이다. ㉠러니이다.

이러니-저러니㈜ '이러하다느니 저러하다느니'가 줄어든 말. ¶이러니저러니 해도 내 집이 제일 편하다네. ㉰요러니조러니.

이러다⟨자⟩ '이리하다'가 줄어서 된 말. 이렇게 말하거나 행동하거나 생각하다. ¶이러지 마세요. /이러다 다치겠다. /아침부터 이러다 지각하겠군. ㉰요러다.

이러루-하다⟨형⟩⟨여⟩ 대개 이런 정도로 엇비슷하다. ¶사는 형편이 모두 이러루하다.

이러면㈜ '이러하면'·'이리하면'이 줄어든 말. ¶이 모양이 이러면 누가 사겠어요?/너 또 이러면 혼난다.

이러이까㈜ 〈이러니이까〉의 준말. ¶어찌 된 영문이러이까?

이러이다㈜ 〈이러니이다〉의 준말. ¶무어니 무어니 해도 그에게서 가장 부러운 것은 건강이러이다.

이러이러-하다⟨형⟩⟨여⟩ 이러하고 이러하다. 여차여차하다. ¶사정이 이러이러하다. /사실인즉슨 이러이러하다. /이러이러한 사람을 찾습니다. ㉰요러요러하다.

이러저러-하다⟨형⟩⟨여⟩ 이러하고 저러하다. ¶이러저러한 사정으로 휴학을 하게 되었다. ㉰요러조러하다.

이러쿵-저러쿵⟨부⟩⟨하자⟩ 이러하다는 등 저러하다는 둥. ¶이러쿵저러쿵 뒷말이 많다. ㉰요러쿵조러쿵.

이러-하다[형여] ①이와 같다. ¶사건의 진상은 이러하다. ②이런 모양으로 되어 있다. ⑧이렇다. ⑨요러하다. 이러-히[부].

이럭-저럭[-쩌-][부][하자] ①하는 일 없이 어름 어름하는 가운데 어느덧. ¶이럭저럭 하루 해가 다 갔다. ②되어 가는 대로. ¶"사는 형편이 어떤가?" "그저 이럭저럭 살아가지." ③정한 방법이 있어 이러하게 또는 저러하게. ¶이럭저럭 짜 맞추었더니 그런대로 맞더라. ⑨요럭조럭.

이런[I][관] 상태·모양·성질 따위가 이러한. ¶이런 일 저런 일. /이런 변이 있나. ⑨요런1.
[II][준] '이러한'이 줄어든 말. ¶이런 일이 되풀이되어선 안 됩니다. ⑨요런1.

이런갑[감] 가볍게 놀랐을 때 내는 소리. ¶이런, 차에다 우산을 놓고 내렸네. ⑨요런2.

이런가[조] 자음으로 끝난 체언에 붙는, 종결형 또는 연결형 서술격 조사. '이런가'의 예스러운 말. 《모음 뒤에서는 '이'가 생략되기도 함.》 ¶이게 꿈이런가 생시런가. /어즈버, 태평연월이 꿈이런가 하노라. ⑧런가.

이런-고로(-故-)[부] 이러한 까닭으로. ¶이런고로 사람을 차별해서는 안 된다.

이런-대로[부] 만족스럽지는 아니하지만 이러한 정도로. ¶이런대로 아직 쓸 만합니다.

이런들[조] 자음으로 끝난 체언에 붙는 연결형 서술격 조사. '이런들'의 예스러운 말. 《모음 뒤에서는 '이'가 생략되기도 함.》 ¶친자식이런들 이토록 지극하랴. ⑧런들.

이런-즉[준] '이러한즉'이 줄어든 말. ¶지금 우리의 형편이 이런즉 서두르지 않으면 큰일 난다.

이럼[준] '이러면'이 줄어든 말. ¶이럼 어떨까?

이렁성-저렁성[부][하다] 이런 듯도 하고 저런 듯도 하여 아무 대중 없이. ⑧그렁성저렁성.

이렁-저렁[부][하자] 이런 모양 저런 모양으로. ¶이렁저렁 해를 넘겼다. ⑨요렁조렁.

이럴다[-러타][이러나·이래][형동] 〈이러하다〉의 준말. ¶그 얼굴을 그림으로 그려 보인다면 바로 이럴다. ⑨요럴다.

이럴 저럴 말이 없다[관용] 이러하다거나 저러하다거나 하는 의사 표시를 하지 아니하다. ¶이럴도 저럴도 말이 없이 하늘만 쳐다보고 있다.

이럴-듯[-러튿][준] '이러하듯'이 줄어든 말. ¶이럴듯 험한 길은 처음이다. ⑨요럴듯.

이럴-듯이[-러트시][준] '이러하듯이'가 줄어든 말. ¶우리 형편이 이럴듯이 저쪽도 어렵기는 매한가지다. ⑨요럴듯이.

이렇게지[-러치][I][감] '틀림없이 이와 같다'는 뜻을 나타낼 때 내는 소리. ¶이렇지, 분명히 네가 여기 있을 줄 알았어.
[II][준] '이러하지'가 줄어든 말. ¶어렸을 적에는 이렇지 않았다.

이레[명] ①〈이렛날〉·〈초이레〉·〈초이렛날〉의 준말. ②일곱 날. 칠일. ¶그가 떠난 지 벌써 이레나 되었다.

이렛-날[-렌-][명] 〈초이렛날〉의 준말. ¶동짓달 이렛날이 내 생일일세. ⑧이레.

이려니[조] 자음으로 끝난 체언에 붙어, 혼자 속으로 '그러하겠거니' 하고 추측하는 뜻을 나타내는 연결형 서술격 조사. 《모음 뒤에서는 '이'가 생략되기도 함.》 ¶헛소문이려니 했는데 사실이더라. ⑧려니.

이려니와[조] 자음으로 끝난 체언에 붙어, 어떤 사실을 인정하면서 그와 비슷하거나 대립되는

다른 사실을 덧붙이는 뜻을 나타내는 연결형 서술격 조사. 《모음 뒤에서는 '이'가 생략되기도 함.》 ¶돈도 돈이려니와 몸도 좀 생각해라. ⑧려니와.

이:력(二力)[명] 조선 시대에, 역(力)의 둘째 등급. 50근 무게의 물건을 양손에 하나씩 들고 130보를 가던 시험. ⑧역(力).

이:력(履歴)[명] 지금까지 닦아 온 학업이나 거쳐 온 직업 따위의 경력. ¶이력이 화려하다.
이력(이) 나다[관용] (어떤 일에) 경험을 많이 쌓아 숙달되다.

이:력-서(履歷書)[-써][명] 이력을 적은 문서. ¶건설 회사에 이력서를 내다.

이련마는[조] 자음으로 끝난 체언에 붙어, '-건마는'의 뜻으로, 어떤 사실이 가정이나 추측으로는 그러됨직하나 실제로는 그렇지 아니함을 나타내는 연결형 서술격 조사. 《모음 뒤에서는 '이'가 생략되기도 함.》 ¶양보해도 그만을 일이련마는 내내 싸우기만 한다. ⑧이련만. ⑧련마는.

이련만[조] 〈이련마는〉의 준말. ¶그도 인간이련만 어찌 그리 무정한지.

이렸다[-럳따][조] 자음으로 끝난 체언에 붙는 해라체의 종결형 서술격 조사. 《모음 뒤에서는 '이'가 생략되기도 함.》 ①경험이나 이치로 미루어 사실이 으레 그러할 것임을 추정하는 뜻을 나타냄. ¶이제 곧 봄이렸다. ②짐작되는 어떤 사실에 대해 다짐하여 확인하는 뜻을 나타냄. ¶그 말이 어김없는 사실이렸다. ⑧렸다.

이:령(二齡)[명] 누에가 첫잠을 자고 난 뒤부터 두 잠을 자기까지의 동안.

이령수[명][하자] 신(神)에게 비손을 할 때, 말로 고하는 일.

이:령-잠(二齡蠶)[명] 첫잠을 자고 난 때부터 두 잠을 잘 때까지의 누에.

이:례(異例)[명] 보통의 예에서 벗어나는 일. 특수한 예. ¶이례에 속하는 특별 승진.

이:례-적(異例的)[관][명] 특수한 예에 속하는 (것). ¶이례적 조치. /이례적인 현상.

이로(泥路)[명] 진흙 길. 진창 길.

이로(理路)[명] (말이나 글 따위에서의) 논리의 맥락. ¶이로가 정연하다.

이로고[조] 자음으로 끝난 체언에 붙어, 괴이쩍거나 새삼스러운 느낌을 혼잣말로 나타내는 종결형 서술격 조사. 《모음 뒤에서는 '이'가 생략되기도 함.》 ¶귀신이 곡할 노릇이로고. ⑧로고.

이로구나[조] 자음으로 끝난 체언에 붙어, 새삼스럽게 깨닫는 느낌을 나타내는 해라체의 종결형 서술격 조사. 《모음 뒤에서는 '이'가 생략되기도 함.》 구나. ¶올해도 벌써 섣달이로구나. ⑧이구나·이로군. ⑧로구나.

이로구려[조] 자음으로 끝난 체언에 붙어, 어떤 사실을 새삼스러운 느낌을 담아 인정하는 뜻을 나타내는 하오체의 종결형 서술격 조사. 《모음 뒤에서는 '이'가 생략되기도 함.》 ¶올해도 마지막이로구려. ⑧이구려. ⑧로구려.

이로구먼[조] 자음으로 끝난 체언에 붙어, 어떤 사실을 새삼스럽게 깨닫는 느낌을 나타내는 하게체의 종결형 서술격 조사. 《모음 뒤에서는 '이'가 생략되기도 함.》 ¶아담한 집이로구먼. ⑧이구먼. ⑧로구먼.

이로군[조] ①〈이로구나〉의 준말. ¶현명한 사람이로군. ②〈이로구먼〉의 준말. ¶완연한 봄이로군.

이로다조 자음으로 끝난 체언에 붙는 해라체의 종결형 서술격 조사. 《모음 뒤에서는 '이'가 생략되기도 함.》 ①'이로구나'의 뜻을 예스럽게 나타냄. ¶어화둥둥 내 사랑이로다. ②일다. ②'이다'의 뜻을 예스럽게 나타냄. ¶참예쁜 꽃이로다. ◎로다.

이:로-동귀(異路同歸)〔길은 다르나 돌아가는 곳은 같다는 뜻으로〕 방법은 다르지만 결과는 같다는 말.

이로되[-되/-뒈]조 자음으로 끝난 체언에 붙는 연결형 서술격 조사. 《모음 뒤에서는 '이'가 생략되기도 함.》 ①앞의 사실을 인정하면서 뒤의 사실을 덧붙여 한정하는 뜻을 나타냄. ¶길은 길이로되 험한 산길이다. ②앞의 사실은 인정하나 뒤의 사실이 그에 매이지 아니함을 나타냄. ¶산천은 옛 산천이로되 인심은 옛 인심이 아니로구나. ◎로되.

이로라조 자음으로 끝난 체언에 붙어, 남의 몸가짐이나 하는 짓이 스스로를 쳐들어 뽐내는 모습을 두고 이르는 연결형 서술격 조사. 《모음 뒤에서는 '이'가 생략되기도 함.》 ¶제 딴에는 사장이로라 하고 행세를 내지만…. ◎로라.

이로세조 자음으로 끝난 체언에 붙어, '일세'의 뜻으로, 감탄을 나타내는 종결형 서술격 조사. 《모음 뒤에서는 '이'가 생략되기도 함.》 ¶그야말로 통탄할 일이로세. ◎로세.

이록(移錄)명하타되자 옮기어 적음, 또는 그 기록.

이:론(理論)명 ①낱낱의 사물이나 현상을 일정한 원리와 법칙에 따라 통일적으로 설명할 수 있는, 보편적인 지식 체계. ¶문학 이론. ②(실천에 대립되는) 관념적이고 논리적인 지식. ¶실현성이 없는 공허한 이론. ↔실천. ③어떤 한 문제에 관한 특정한 학자의 견해나 학설. ¶아인슈타인의 상대성 이론.

이:론(異論)명 다른 의견. 이견(異見). 이설(異說). 이의(異議). ¶이론을 제기하다.

이:론-가(理論家)명 ①이론에 밝고 능한 사람. ②실천은 하지 아니하고 이론만 내세우는 사람. ↔실천가.

이:론²경제학(理論經濟學)명 경제 현상 및 경제 조직에 지배적인 공통성 또는 상대적인 법칙성을 추상하여 이론으로 연구하는 경제학. 순수 경제학. ↔응용 경제학.

이:론-과학(理論科學)명 (실제적인 응용 방면의 연구보다는) 순수한 지식의 원리를 중시하여 연구하는 과학. ↔응용과학.

이:론^물리학(理論物理學)명 계산과 추론 따위의 이론적 연구를 주로 하는 물리학. 실험이나 관측에 의해 얻어진 사실이나 경험적인 법칙을 토대로, 원리 또는 가설을 세워 더 많은 사실을 포괄하는 이론적 체계를 만드는 것을 목적으로 함. ↔응용 물리학.

이:론-적(理論的)관명 이론에 바탕을 둔 (것). ¶이론적 근거. /이론적으로 뒷받침되다.

이:론^철학(理論哲學)명 이론적 문제로서의 논리학, 존재론, 인식론 등을 연구 대상으로 삼는 철학의 한 부문. ↔실천 철학.

이:론-화(理論化)명하자타되자 법칙을 찾고 체계를 세워 이론으로 되게 함.

이롭명 마소의 일곱 살.

이:-롭다(利-)[-따]〔-따〕[~로우니·~로워]형비 유리하다. 이익이 있다. ¶몸에 이로운 약. /정치적 안정은 경제 발전에 이롭다.

이:롱(耳聾)명 귀가 먹어 소리를 듣지 못함.

이:롱-증(耳聾症)[-쯩]명 한방에서, 귀가 먹어 소리를 듣지 못하는 병을 이르는 말.

이룡(驪龍)명 몸빛이 검은 용. 여룡(驪龍). 흑룡(黑龍).

이루분 《주로 '이루 다'의 꼴로 쓰이며, '어찌'와 어울리거나, '없다'·'어렵다' 따위의 부정어와 호응하여 쓰이거나, 반어적 의문으로 끝맺게 하여》 도저히. 아무리 하여도 다. 있는 것은 모두. ¶피난 때의 고생이란 이루 다 말할 수 없다. /그 눈물겨운 사연을 어찌 이루 다 말할 수 있으리요.

이:루(二壘)명 야구에서, 투수의 뒤쪽, 곧 일루와 삼루 사이의 베이스.

이:루(耳瘻)명 귓구멍에서 고름이 나오는 병.

이루다타 ①어떤 상태나 결과가 되게 하다. ¶한 가정을 이루다. /온갖 걱정으로 잠을 이루지 못했다. ②(몇 가지 부분이나 요소를 모아서) 일정한 성질이나 모양을 가진 존재가 되게 하다. ¶주성분을 이루다. ③일을 마무리 짓다. ¶오늘 안으로 이 일을 다 이루어 놓아라. ④뜻한 바를 얻다. 뜻대로 되게 하다. ¶소원을 이루다.

이:루-수(二壘手)명 야구에서, 이루를 지키는 선수.

이루어-지다자 ①어떤 상태나 결과가 되다. ¶합의가 이루어지다. ②뜻한 바대로 되다. ¶이루어질 수 없는 사랑. /기도가 이루어지다. ③(몇 가지 부분이나 요소가 모여서) 일정한 성질이나 모양을 가진 존재가 되다. ¶의회가 상하 양원으로 이루어지다. /우리 마을은 30여 호로 이루어졌다.

이:루-타(二壘打)명 야구에서, 타자가 이루까지 나갈 수 있게 친 안타.

이룩-되다[-뙤/-뛔-]자 (목적하던 큰일이나 현상이) 이루어지다. ¶통일이 이룩되다.

이룩-하다[-루카-]타여 ①(목적하던 큰일이나 현상 따위를) 이루어 놓다. ¶국내 기술진만으로 이룩한 대역사. /밝고 명랑한 사회를 이룩하다. ②(나라나 도움 또는 건물 따위의 구조물을) 새로 세우다. ¶고승 원효 대사가 이룩한 절.

이:류(二流)명 버금가는 정도, 또는 그런 정도의 부류. ¶이류 극장.

이류(泥流)명 (화산의 폭발이나 산사태 따위로 말미암아) 산꼭대기나 산허리에서 흘러내리는 진흙의 흐름.

이:류(異流)명 같지 아니한 다른 무리. 함께 섞일 수 없는 각기 다른 것.

이:류(異類)명 서로 다른 종류나 종족.

이:류-개념(異類概念)명 ☞괴리개념.

이류^안개(移流-)명 대기가, 온도 차가 매우 큰 지역으로 흘러 들어갔을 경우에 생기는 안개.

이:륙(離陸)명하자타되자 비행기가 날기 위해서 땅에서 떠오름. ↔착륙(着陸).

이:륙^활주(離陸滑走)[-류롼쭈]명 비행기가 땅에서 떠오르기 위해 미끄러져 달리는 일.

이:륜(耳輪)명 귓바퀴.

이륜(彛倫)명 ☞인륜(人倫).

이:륜-차(二輪車)명 바퀴가 둘 달린 차. 〔자전거나 오토바이 따위〕.

이:륜-행실도(二倫行實圖)[-또]명 조선 중종 때, 김안국(金安國)이 장유(長幼)와 붕우(朋友)의 도리에 뛰어난 사람의 사실을 모아 엮어, 조신(曺伸)에게 위탁하여 간행한 책. 〔그 뒤 정조 때에 이르러 '삼강행실도'와 합하여 '오륜행실도'로 간행됨.〕

이르다¹[이르니·이르러]〔자러〕①어떤 곳에 닿다. 도착하다. ¶종착점에 이르다. ②일정한 시간에 미치다. ¶새벽녘에 이르러 비로소 열이 내리기 시작하였다. ③어느 정도나 범위에 미치다. ¶결론에 이르다. /어린이로부터 노인에 이르기까지 다 모였다.

이르다²[이르니·일러]〔타러〕①(무엇이라고) 말하다. ¶공자가 이르기를…. /저곳을 생활관이라고 이른다. ②알도록 말하다. ¶학생들에게 버스가 다섯 시에 출발한다고 일러라. ③타이르다. ¶내가 알아듣도록 이를 테니, 이제 그만하게나. ④고자질하다. ¶네가 거짓말한 것을 선생님께 이를 거야.

이를 데(것) 없다〔관용〕①'더 말할 나위가 없다'는 뜻으로, '더없이 마땅하거나 옳음'을 이름. ¶이를 데 없이 적절한 결단을 내리다. ②'무어라고 표현할 길이 없다'는 뜻으로, '정도가 대단함'을 뜻함. ¶이를 데 없이 감격적인 순간. /기쁘기 이를 데 없다.

이르다³[이르니·일러]〔형르〕①시간이 늦지 않고 빠르다. ¶이른 아침. ②시간이, 대중 잡은 때보다 앞서 있다. ¶산에 오르기에는 아직 이르다. ⑧늦다. ↔늦다.

이른 새끼가 살 안 찐다〔속담〕①조숙한 사람은 대체로 큰 인물이 되기가 어렵다는 말. ②무엇이나 처음에 너무 쉽게 잘되는 일은 나중이 시원치 않다는 말.

이르집다[—따]〔타〕①여러 겹의 껍질을 뜯어내다. ②(없는 일을 거짓으로 만들거나 옛일을 들추어내어) 말썽을 일으키다. ¶왜 문제를 이르집어 시끄럽게 만드니?

이른-모〔명〕일찍 심는 모. ↔마냥모.
이른-바〔부〕흔히 말하는. 소위(所謂). ¶이른바 학자라는 사람이 책을 멀리하다니.
이를-지(-至)[—찌]〔명〕한자 부수의 한 가지. '致'·'臺' 등에서의 '至'의 이름.
이를-터이면〔부〕'이를테면'의 본딧말.
이를-테면〔부〕'가령 말하자면'의 뜻으로 쓰이는 접속 부사. ¶이를테면 너와 내가 형제인 것처럼 그들도 한핏줄이다. 〔본〕이를터이면.

이름〔명〕①사람의 성(姓) 뒤에 붙여, 그 사람만을 가리켜 부르는 일컬음. ¶이름을 부르다. /손녀 딸의 이름을 순 우리말로 지었다. ②성(姓)과 이름을 아울러 이르는 말. ¶당신의 이름 석 자를 여기에 쓰시오. ③다른 것과 구별 짓기 위하여 사물이나 단체에 붙이는 일컬음. ¶이 꽃의 이름은 무궁화다. /자네 회사 이름이 뭔가? ④일이나 행동이 유별나다 해서, 일반에게 불리는 일컬음. ¶그녀는 노래 솜씨가 뛰어나 꾀꼬리란 이름을 얻었다. ⑤널리 알려진 소문. ¶이름 높은 명승고적. /전주 비빔밥으로 이름이 난 식당. ⑥평가나 가치, 또는 그에 따른 영광. 명예. 영예. ¶나라의 이름을 빛내다. ⑦겉으로 내세우는 까닭. 구실. 명분. ¶평화라는 이름으로 독재를 정당화해서는 안 된다. ⑧명의(名義). ¶대통령의 이름으로 된 축전을 받다. ⑨남을 대하거나 떳떳한 처지. 체면. 체통. ¶제 이름을 스스로 깎아내리는 행위. ⑩《주로 '〜의 이름으로'의 꼴로 쓰이어》'〜의 세력이나 권위를 빌려', '〜을 대표 (대신)하여'의 뜻을 나타냄. ¶반역자를 국민의 이름으로 처단하다.

이름도 성도 모른다〔속담〕전연 모르는 사람이라는 말.
이름이 고와야 듣기도 좋다〔속담〕이왕이면 사물의 명칭도 좋아야 한다는 말.

이름 좋은 하눌타리〔속담〕'겉모양은 그럴듯하나 실속이 없음'을 비유하여 이르는 말.
이름(을) 날리다〔떨치다〕〔관용〕좋은 평판을 얻다. ¶세계적인 성악가로 이름을 날리다.
이름(을) 남기다〔관용〕후세에까지 이름이 전해질 만큼 공적을 세우다.
이름(을) 팔다〔관용〕이름이나 명성을 이용하다. ¶남의 이름을 팔아 제 배를 채우다.
이름(이) 없다〔관용〕세상에 알려질 만한 존재가 못되다. 유명하지 않다. 성명없다. ¶이름 없는 작가의 작품.
이름(이) 있다〔관용〕(두드러진 존재라서) 세상에 그 이름이 널리 알려져 있다. ¶이름 있는 집안의 후손.

이름-값[—깝]〔명〕《주로 '하다'·'못하다'와 함께 쓰이어》세상에 널리 알려진 제 이름에 걸맞은 행동이나 구실. ¶이름값도 못하다. *이름값이 [—깝씨]·이름값만[—깜—]
이름-나다〔자〕이름이 세상에 널리 알려지다. 유명해지다. ¶소설가로 이름나다.
이름난 잔치 배고프다〔속담〕소문이 크게 난 것이 도리어 보잘것없다는 말.
이름-씨〔명〕명사(名詞).
이름-자(-字)[—짜]〔(어떤 사람의) 이름을 나타내는 글자. ¶제 이름자도 못 쓰는 무지렁이.
이름-표(—標)〔명〕이름이나 직위 등을 써서 옷 따위에 다는 표. 명찰(名札). ¶가슴에 이름표를 달다. ⑧명패(名牌).

이리¹〔명〕물고기 수컷의 배 속에 들어 있는 흰 정액 덩어리. 어백(魚白).
이리²〔명〕갯과의 짐승. 개 비슷하나 좀 야위었고, 늑대나 승냥이보다 좀 큼. 털빛은 대개 회갈색 바탕에 검은 털이 섞였으나 변화가 많음. 무리를 이루어 다니며, 성질이 사나워 사람을 해침.
이리³〔부〕〔하자·되자〕상태·모양·성질 따위가 이러한 모양. ('이리도'의 꼴로도 쓰임.) ¶이리도 내 마음을 몰라주다니. ⑧요리.
이리⁴〔부〕이곳으로. 이쪽으로. ¶이리 앉게. /이리 놓아라. ⑧요리².

이리 뒤적 저리 뒤적〔관용〕물건을 이리저리 뒤적이기는 모양. ¶생선을 이리 뒤적 저리 뒤적 고르기만 하고 사지는 않는다.
이리 뒤척 저리 뒤척〔관용〕몸을 이쪽저쪽으로 뒤척이는 모양. ¶잠을 이루지 못하여 이리 뒤척 저리 뒤척 하다가 날밤을 새웠다.
이리 오너라〔관용〕예전에, 남의 집에 찾아가 대문 밖에서 그 집 사람을 부를 때 하던 말. ¶이리 오너라. 게 아무도 없느냐?

이리⁵〔조〕자음으로 끝난 체언에 붙어, '이라'의 뜻으로, 스스로에게 묻거나 한탄함은 나타내는 종결형 서술격 조사. 《모음 뒤에서는 '이'가 생략되기도 함.》¶그게 어찌 사람이 할 짓이리. ⑧리라.

이리듐(iridium)〔명〕백금족에 딸린 은백색 원소. 경도가 크고 팽창률이 작으며 잘 녹지 않음. 주로, 백금과의 합금으로 쓰임. 만년필의 촉 끝에 붙이는 금속 및 화학 기구를 만드는 데 쓰임. 〔Ir/77/192.22〕
이리라〔조〕자음으로 끝난 체언에 붙어, '일 것이다'의 뜻으로, 미루어 짐작함을 나타내는 종결형 서술격 조사. 《모음 뒤에서는 '이'가 생략되기도 함.》¶더없는 영광이리라. ⑧리라.
이리-박이〔명〕배 속에 이리가 들어 있는 물고기.

이리오조 자음으로 끝난 체언에 붙어, 반어적 의문을 나타내거나 한탄함을 나타내는 종결형 서술격 조사. 《모음 뒤에서는 '이'가 생략되기도 함.》 ¶ 그게 어디 남의 탓이리오. ⓔ리오.

이리-위갑 신래(新來)를 불릴 때, 신래를 앞으로 나오라고 불리는 쪽의 하인들이 외치던 소리. ¶ 신래 이리위, 신은(新恩) 이리위, 찍찍. ↔시래위. ⓔ신은·신래.

이리-이리부 하자 되자 상태·모양·성질 따위가 이러하고 이러한 모양. ¶ 이리이리하라고 일러 주었다. ⓔ요리요리.

이리-저리부 ①(일정한 방향이 없이) 이쪽저쪽으로. ¶ 이리저리 돌아다니며 지지를 호소했다. ②하자 이러하고 저러하게 되는대로 하는 모양. ¶ 거짓말로 이리저리 둘러대다. ⓔ요리조리.

이리쿵-저리쿵부 하자 이렇게 하자는 둥 저렇게 하자는 둥. ¶ 여러 사람이 모이니까 이리쿵저리쿵 말이 많다. ⓔ요리쿵조리쿵.

이리-탕(-湯)명 생선의 이리로 저냐를 만들어 넣어 맑게 끓인 장국. 백자탕(白子湯).

이립(而立)〔논어의 '三十而立(서른 살에 인생관이 서다)'에서 온 말로〕 나이 '서른 살'을 이르는 말.

이링공-더링공부 〈옛〉 이러쿵저러쿵. 이렁저렁. 이렇게 저렇게. ¶ 이링공더링공 ᄒᆞ야 나즈란 디 내와손뎌(樂詞.青山別曲).

이ᄅᆞ삷다타 〈옛〉 경영하다. 이룩하다. ¶ 집을 이 ᄅᆞ삷ᄆᆡ며(呂約4).

이리명 〈옛〉 재롱. 아양. 응석. ¶ 나도 님을 미더 군 ᄯᅳ디 전혀 업서 이러야 교튀야 어즈러이 ᄒᆞ돗썬디(鄭澈.續美人曲).

이마명 ①눈썹 위로부터 머리털이 난 부분까지의 사이. ②〈이맛돌〉의 준말.

  이마를 뚫어도 진물도 아니〔안〕난다[속담] 몹시 인색한 사람을 두고 하는 말.

  이마를 맞대다〔마주하다〕[관용] 어떤 일을 의논하거나 결정하거나 하려고 서로 마주 대하다.

  이마에 내 천(川) 자를 쓰다〔그리다〕[관용] 언짢거나 근심이 있어 얼굴을 잔뜩 찌푸리다.

  이마에 피도 안 마르다[관용] 아직 나이가 어리다.

이마-하다형어 이만한 정도에 이르다. 이 정도만 하다. ⓔ요마마하다.

이마-받이[-바지]명 ①하자 이마로 부딪는 짓. ②하자 '두 물체가 맞부딪거나 서로 닿을 듯이 아주 가까이 있음'을 이르는 말. ¶ 우리 집 추녀와 이웃집 추녀가 이마받이라도 할 듯이 붙어 있다.

이마-빡명 〈이마〉의 속된 말.

이마-빼기명 〈이마〉의 속된 말.

이마-적명 이제에 가까운 얼마 동안의 지난날. 간경(間頃). 간자(間者)¹. ⓔ요마적.

이-만 Ⅰ관 이만한. 이 정도의. ¶ 이만 일에 화를 내나? ⓔ요만.
Ⅱ부 이 정도까지만. 이만하고서. ¶ 이만 합시다. ⓔ요만.

이만-저만 (부정하는 말을 뒤따르게 하거나 반의적 의문에 쓰이어) Ⅰ명 하자 이만하고 저만함. ¶ 걱정이 이만저만이 아니다. ⓔ요만조만.
Ⅱ부 이만하고 저만한 정도로. 대단히 많이. ¶ 값이 비싸도 이만저만 비싼 게 아니야. ⓔ요만조만.

이-만치 Ⅰ명 이만큼. ⓔ요만치.
Ⅱ부 이만큼. ¶ 이만치 물러나라. ⓔ요만치.

이-만큼 Ⅰ명 이만한 정도. 이만치. ¶ 이만큼이 더 먹어라. ⓔ요만큼.

Ⅱ부 이만한 정도로. 이만치. ¶ 그동안 이만큼 컸구나. ⓔ요만큼.

이만-하다형어 이 정도만 하다. ¶ 피해가 이만하길 다행입니다. ⓔ요만하다.

이맘-때명 이만한 정도에 이른 때. ¶ 작년 이맘때. ⓔ요맘때.

이맛-돌[-똘~-똘]명 아궁이 위쪽 앞으로 가로 얹어 놓는 긴 돌. ⓔ이마.

이맛-살[-쌀~-쌀]명 ①이마의 살갗. ②이마에 잡힌 주름살. ¶ 이맛살을 찌푸리다.

이맛-전[-쩐~-쩐]명 이마의 넓은 부분.

이매(移買)명 하자 자기 땅을 팔아서 다른 땅을 사는 일.

이매(魑魅)명 사람을 홀려 해친다는 산도깨비. 사람의 얼굴에 짐승의 몸을 한, 네발 가진 도깨비라고 함.

이매-망량(魑魅魍魎)[-냥]명 (사람을 해치는) 온갖 도깨비나 귀신. ⓔ망량.

이:-메일(email)명 컴퓨터 이용자끼리 네트워크를 통하여 문서나 화상(畫像) 등의 정보를 주고받는 통신 시스템. 메일. 전자 우편(電子郵便). [electronic mail]

이며조 ①자음으로 끝난 체언에 붙어, 둘 이상의 사물을 같은 자격으로 열거하는 뜻을 나타내는 접속 조사. 《모음 뒤에서는 '이'가 생략되기도 함.》 ¶ 이번 장마로 논이며 밭이며 집이며 모두가 물에 잠겼다. 준말. ②〈이면서〉의 준말. ¶ 그는 시인이며 소설가다.

이면조 자음으로 끝난 체언에 붙어, 앞의 사실이 가정적 조건임을 나타내는 연결형 서술격 조사. 《모음 뒤에서는 '이'가 생략되기도 함.》 ¶ 사람이면 나서고 귀신이면 썩 물러가라. 준말면³.

이:-면(裏面)명 ①속. 안쪽 면. ②뒷면. ¶ 수표 이면에 주민 번호와 서명을 적어 주세요. ③겉으로 드러나지 않은 속사정. ¶ 범죄 조직의 이면을 속속들이 파헤치다. ↔표면(表面).

  이면(을) 모르다[관용] 경위를 알고 체면을 차릴 만한 지각이 있다.

이:-면-각(二面角)명 수학에서, 서로 만나는 두 평면이 이루는 각. 면각(面角).

이:-면-경계(裏面境界)[-계/-게]명 일의 내용과 옳고 그름. ¶ 이면경계도 모르면서 참견하다.

이:-면-공작(裏面工作)명 (겉으로 드러나지 않게) 뒤에서 일을 꾸밈.

이:-면-부지(裏面不知)명 경위도 모르고 체면을 지킬 줄도 모름, 또는 그러한 사람.

이:-면-사(裏面史)명 (어떤 사건이나 일의) 이면에 숨어 있는 역사, 또는 그 사실을 서술한 것. ¶ 문단(文壇)의 이면사.

이면서조 자음으로 끝난 체언에 붙어, 둘 이상의 사실을 아울러 나타내는 연결형 서술격 조사. 《모음 뒤에서는 '이'가 생략되기도 함.》 ¶ 그는 교장이면서 평교사다. 준말이며. ⓔ면서.

이면수명 '임연수어'의 잘못.

이:-면-지(裏面紙)명 한쪽 면은 사용되었으나 그 뒷면은 사용되지 않은 종이.

이:-면-치레(裏面-)명 하자 ⇨면치레.

이:-명(耳鳴)명 귀의 질환이나 정신 흥분 등으로 청신경(聽神經)에 병적 자극이 생겨 어떤 소리가 잇달아 울리는 것처럼 느껴지는 일. 귀울음.

이:-명(異名)명 ①본이름 외에 달리 부르는 이름. ②서로 다른 이름.

이:-명-법(二名法)[-뻡]명 생물 분류학에서, 종(種)의 학명(學名)을 붙일 때, 라틴 어로 그 속

(屬)의 이름 다음에 종의 이름을 붙여 나타내는 명명법(命名法).

이:명-주(耳明酒)명 ☞귀밝이술.

이:명-증(耳鳴症)[-쯩]명 정신 흥분이나 혈관 장애 또는 귀의 질환 등으로, 귀에서 저절로 소리가 울리는 것처럼 느껴지는 상태, 또는 그 증세. 노인이나 허약한 이에게 흔히 일어남.

이:모(二毛)명 ①반백(斑白)의 머리. ②<이모지년(二毛之年)>의 준말.

이모(姨母)명 어머니의 자매.

이모(移模·移摸)명하타 남의 글씨나 그림을 본떠 쓰거나 그림.

이모-부(姨母夫)명 이모의 남편.

이:모-작(二毛作)명 한 경작지에서 한 해에 두 차례 다른 작물을 심어 거두는 일. 그루갈이. 양그루. 양모작. 참다모작·일모작.

이모-저모명 이런 면 저런 면. 이쪽 저쪽의 여러 방면. ¶가정생활의 이모저모를 찬찬히 이야기하고 있다. 참오모조모.

이:모-제(異母弟)명 배다른 아우.

이모지년(二毛之年)명 [흰 머리털이 나기 시작하는 나이라는 뜻으로] '서른두 살'을 이르는 말. 준이모(二毛).

이:모취인(以貌取人)명하자 생김새만 보고 사람을 쓰는 일.

이모티콘(emoticon)명 컴퓨터 통신 등에서, 자신의 감정을 나타내기 위하여 사용하는 기호. 웃는 모습은 ^^, 반가운 표정은 *^^* 따위로 나타냄. [emotion+icon]

이:모-형(異母兄)명 배다른 형.

이:모-형제(異母兄弟)명 배다른 형제.

이:목(耳目)명 ①귀와 눈, 또는 귀와 눈을 중심으로 한 얼굴의 생김새. ¶잘생긴 이목. ②다른 사람의 관심이나 주의·주목. ¶남의 이목이 두렵다.
이목을 끌다관용 남의 주목을 받다. 특별히 남의 눈에 띄다.
이목이 넓다관용 보고 듣고 하여 아는 것이 많다.

이목(梨木)명 배나무.

이목(移牧)명 가축을 여름에는 산야에 놓아기르고, 겨울에는 우리에 넣어 마른풀로 기르는 일. [유목과 방목의 중간 형태임.]

이:목-구비(耳目口鼻)[-꾸-]명 ①귀·눈·입·코를 아울러 이르는 말. ②귀·눈·입·코를 중심으로 한 얼굴의 생김새. ¶이목구비가 수려하다.

이:목지욕(耳目之慾)[-찌-]명 ①듣고 싶고 보고 싶은 욕망. ②귀로 듣고 눈으로 봄으로써 생기는 물질에 대한 욕망.

이몽-가몽(一夢-夢)명 '비몽사몽'의 잘못.

이무(移貿)명하자 조선 말기에, 지방의 벼슬아치가 값이 오른 자기 고을의 환곡(還穀)을 팔아서, 그 돈으로 값이 싼 다른 고을의 곡식을 사서 채워 넣음으로써 남는 이익을 가로채던 일.

이:무기명 ①용이 되려다 못 되고 물속에 산다는 전설상의 큰 구렁이. ②'거대한 뱀'을 흔히 이르는 말. [열대 지방에 사는 왕뱀 따위.]⑪대망(大蟒).

이:무깃-돌[-기뚤/-긷똘]명 성문 같은 데의 난간에 끼워 빗물을 흘러내리게 하는, 이무기 대가리 모양의 돌 홈. 이두(螭頭).

이:문(耳門)명 귓문.

이:문(利文)[명 이익으로 남은 돈. 이전(利錢). ¶이문이 크다. /이문을 남기다. ②☞이자(利子).

이:문(里門)명 동네 어귀에 세운 문. 여문(閭門).

이:문(異聞)명 이상한 소문. 신기한 소문.

이:문-목견(耳聞目見)[-껸]명하타 [귀로 듣고 눈으로 본다는 뜻으로] '실지로 겪어 봄'을 이르는 말.

이물명 배의 머리 쪽. 뱃머리. 선두(船頭). 선수(船首). ↔고물.

이:물(異物)명 ①기이한 물건. ②제대로의 것이 아닌 딴 물질. ¶눈에 이물이 들어가다. ③음흉한 사람. ④죽어 없어진 사람.

이:물-감(異物感)명 무엇인가 별다른 것이 들어 있는 듯한 느낌.

이물-대[-때]명 두대박이 배의 이물 쪽에 있는 돛대. ↔고물대.

이물-스럽다(異物-)[-따][~스러우니·~스러워]형ㅂ 성질이 음험하여 마음속을 헤아리기 어렵다. 이물스레부

이:-물질(異物質)[-찔]명 섞이거나 들어가서는 안 될 다른 물질. ¶곡식에서 이물질을 골라내다.

이므로조 체언에 두루 붙어, 그 말이 뒤의 사실의 까닭이 됨을 나타내는 연결형 서술격 조사. ¶정기 휴일이므로 쉽니다.

이:믜셔[옛] 이미. ¶이믜셔 世間애 얽미여슈믈 免티 몯호니(杜初9:22).

이:미부 벌써. 이왕에. 기위(旣爲). [돌이킬 수 없이 된 지난 일을 말할 때 쓰임.] ¶이미 엎질러진 물. /기차는 이미 떠나고 난 뒤였다.

이:미(異味)명 이상한 맛. 색다른 맛.

이:미-증(異味症)[-쯩]명 기생충에 의한 소화 장애나 정신 장애 등으로 말미암아 입맛이 이상하게 바뀌는 병. [어린이들이 흙이나 백묵을 먹는 다든지, 임신부가 신 것을 즐기는 따위.] 이기증.

이미지(image)명 ①마음속에 그려지는 사물의 감각적 영상. 심상(心象). ②어떤 사람이나 사물로부터 받는 느낌이나 인상. ¶청순한 이미지.

이미지^오:시콘(image orthicon)명 텔레비전의 영상을 얻기 위하여 사용하는, 텔레비전 카메라용 촬상관(撮像管)의 한 가지. 종래의 아이코노스코프의 분해 능력이나 감도보다 그 성능이 훨씬 뛰어남.

이미지즘(imagism)명 제1차 세계 대전 후, 재래의 시(詩)에 대한 반동으로 일어난 신시(新詩) 운동. 음악적 율동과 회화적(繪畫的) 영상을 융합한 새로운 운율을 창조하려 하였음.

이미테이션(imitation)명 ①모방. ②보석 따위의 모조품.

이:민(吏民)명 지방의 아전과 백성.

이:민(里民)명 동리 사람.

이민(移民)명하자 다른 나라의 땅으로 옮겨 가서 사는 일, 또는 그 사람. ¶호주로 이민을 가다.

이:민위천(以民爲天)명하자 [백성으로써 하늘을 삼는다는 뜻으로] '백성을 소중하게 여김'을 이르는 말.

이:-민족(異民族)명 [핏줄이나 언어·풍속 따위가] 다른 민족.

이바[감] [옛] 여봐. 여봐라. ¶이바 거리에 셰낙기 잇느냐(朴解下57).

이바디[명] [옛] 잔치. ¶이바디 연:宴(訓蒙下10).

이바지명 ①하자 되자 [나라나 사회에] 도움이 되게 함. 공헌함. ¶산업 발전에 이바지한 공로. ②하타 음식 같은 것을 정성 들여 보내 줌, 또는 그 음식. ¶형님에게 음식을 이바지하다 ③하타 물건을 고루 갖추어 바라지함.

이:-박기[-끼]명 음력 정월 대보름날, 이를 튼튼히 한다는 뜻으로 부럼을 씹는 일.

이반(離叛·離反)명하자 사이가 벌어져 떠나거나 돌아섬. ¶민심(民心)이 이반한다.

이받다탄 〈옛〉대접하다. 공궤하다. ¶ 아버님 이 받즈봉 제(龍歌91章).

이:발(理髮)명하자 머리털을 깎고 다듬음.

이:발-관(理髮館)명 ⇨이발소.

이:발-기(理髮器)명 머리털을 깎는 기계.

이:발-사(理髮師)[-싸]명 남의 머리털을 깎고 다듬어 주는 일을 직업으로 하는 사람.

이:발-소(理髮所)[-쏘]명 이발을 영업으로 하는 집. 이발관.

이발지시(已發之矢)[-찌-]〔이미 시위를 떠난 화살이란 뜻으로〕'이미 벌인 일이라 그만두기 어려운 처지'를 이르는 말.

이:-밥 입쌀로 지은 밥. 쌀밥. 흰밥.
이밥이면 다 젯밥인가속 같은 물건이라도 경우에 따라 각각 다르게 쓰이며 또 효과도 각각 다름을 이르는 말.

이:방(吏房)명〔조선 시대〕①승정원과 지방 관아에 딸린 육방(六房)의 하나. 인사(人事)와 비서(祕書) 따위의 일을 맡아보았음. ②지방 관아에 딸린 이방의 아전.

이:방(異方)명 ①풍속이나 습관 따위가 다른 지방. ②빛의 굴절·팽창 등 물체의 물리적 성질이, 방향에 따라 다른 것. ⓐ→등방(等方).

이:방(異邦)명 다른 나라. 타국(他國).

이:방(←豫防)명 질병이나 재앙을 미리 막기 위하여 하는 미신적인 행위.

이방(離方·离方)명 팔방(八方)의 하나. 정남(正南)을 중심으로 한 45도 범위 이내의 방위. ⓐ리(離). ↔감방(坎方).

이:방-성(異方性)[-썽]명〔대부분의 결정질(結晶質) 고체와 같이〕빛의 굴절·열전도·팽창률 따위 물질의 물리적 성질이, 그 물질 안에서 방향에 따라 다르게 작용하는 성질. ↔등방성.

이:방승(二方乘)명 '제곱'의 구용어.

이:방-인(異邦人)명 ①다른 나라 사람. ②유대인들이 선민(選民) 의식에서, 그들 이외의 다른 민족을 얕잡아 이르던 말.

이:방-체(異方體)명 이방성(異方性)이 있는 물체. ↔등방체(等方體).

이:배(吏輩)명 아전(吏胥)의 무리. 이속(吏屬).

이:배(移配)명하타되자 귀양살이하는 곳을 다른 곳으로 옮김.

이:배-체(二倍體)명 보통의 2배의 염색체 수를 가지는 생물체.

이:배-치(吏輩-)명 울이 깊고 코가 짧으며 투박하게 생긴 남자 가죽신. 〔이속(吏屬)들이 많이 신은 데서 생긴 이름.〕

이:-번(一番)명 이제 돌아온 바로 이 차례. 금번. 이참. ¶ 이번에는 꼭 이기겠다.

이벌-찬(伊伐飡)명 신라 때의 17관등의 첫째 등급. 각간. 각찬. 간벌찬. 서불한. ⓐ이찬.

이:법(理法)[-뻡]명 ①원리와 법칙. ¶ 대자연의 이법. ②도리와 예법. 이법에 밝다.

이:법종사(以法從事)[-쫑-]명하자 법에 따라 일을 처리함.

이벤트(event)명〔'사건(事件)'의 뜻으로〕①경기의 종목, 또는 그 경기. ②행사. ¶ 상품 홍보를 위한 이벤트.

이:변(異變)명 ①괴이한 변고. ②상례에서 벗어나는 변화. 예상하지 못한 사태. ¶ 기상 이변. /이번 월드컵에서는 이변이 속출했다.

이:별(離別)명하자 〔오랫동안 떨어져 있어야 할 일로 해서〕서로 헤어짐. 별리(別離). 메별(袂別). ¶ 슬픈 이별. /사랑하는 이와 이별하다.

이:별-가(離別歌)명 이별의 노래.

이:별-주(離別酒)[-쭈]명 이별할 때 나누어 마시는 술. 이별(酒別).

이:병(二兵)명〈이등병(二等兵)〉의 준말.

이:병(罹病)명하자 병에 걸림. 이환(罹患).

이:보(移步)명하자 걸음을 옮김.

이:-보다(利-)자 ①이익이 되다. ②이익을 얻다.

이:복(異腹)명 아버지는 같고 어머니가 다름. ¶ 이복 남매. ↔동복(同腹).

이:복-동생(異腹同生)[-똥-]명 배다른 동생.

이:복-형(異腹兄)[-보켱]명 배다른 형.

이:복-형제(異腹兄弟)[-보켱-]명 배다른 형제나 자매. 줄무더기형제.

이:본(異本)명 ①희귀한 책. 진본(珍本). 진서(珍書). ②같은 내용으로 되었으나 판각(板刻) 또는 인쇄 때나 곳이 다른 책. 이서(異書). ¶ 춘향전 이본.

이-봐라〔'이 보아'가 줄어서 된 말로〕평교간이나 아랫사람을 부를 때 하는 말. ¶ 이봐, 나좀 보세.

이:부(二部)명 이부제를 실시하는 학교에서, 야간 또는 오후에 수업을 하는 부.

이:부(利附)명〈이자부(利子附)〉의 준말. ↔이락(利落).

이:부(吏部)명 고려 시대의 육부(六部)의 하나. 문선(文選)과 훈봉(勳封)에 관한 일을 맡아보았음.

이:부(異父)명 어머니는 같고 아버지가 다름.〔한 어머니에게서 태어났으나 그 아버지가 서로 다른 경우를 이름.〕↔동부(同父).

이:부^가격(利付價格)[-까-]명 이자를 치르기 전의 채권 가격. 값이 가장 높음.

이:부^교^수(二部敎授)명 학교의 수업을 주간과 야간 또는 오전과 오후의 두 부로 나누어 하는 일. 이부 수업(二部授業).

이:부^수업(二部授業)명 ⇨이부 교수.

이부-자리명 이불과 요. 금구(衾具). ¶ 이부자리를 펴다.
이부자리를 보다관용 이부자리를 깔아서 잘 수 있게 준비를 하다.

이:부-작(二部作)명 〔소설·희곡·음악·그림 따위에서〕두 부분으로 갈라져 있으나, 주제가 서로 관련되어 통일을 이룬 작품.

이:부-제(二部制)명 〔주·야간제 따위와 같이〕이부 교수를 하는 제도.

이:부-지(耳部-)명 〈방언〉'귀지'의 궁중말.
이부지(를) 아뢰다관용 '귀지를 우비어 드리다'의 궁중말.

이:부^합주(二部合奏)[-쭈]명 ⇨이중주.

이:부^합창(二部合唱)명 두 성부(聲部)로 나누어 각각 다른 가락으로 노래하는 합창. ⓐ이중창(二重唱).

이:부^형식(二部形式)명 한 곡이 두 개의 큰 악절(樂節)로 이루어진 형식.

이:부^형제(異父兄弟)명 어머니는 같고 아버지가 다른 형제.

이:북(以北)명 ①어떤 지점을 기준으로 한 그 북쪽. ¶ 한강 이북 지역. ②〔우리나라에서〕북위 38° 선, 또는 휴전선을 기준으로 한 그 북쪽. 곧, '북한(北韓)'을 가리킴. ↔이남(以南).

이:-분(-分)명 '이 사람'의 높임말. 이 어른. 이 양반. ¶ 이분이 우리 선생님이십니다.

이:분(二分)명 ①하자되자 둘로 나눔. ②춘분과 추분 또는 춘분점과 추분점을 아울러 이르는 말. ⓐ이지(二至).

이:-분모(異分母)명 둘 이상의 분수에서 분모가 서로 다른 것. ↔동분모(同分母).

이:분-법(二分法) [-뻡][명] 논리학에서, 어떤 대상을 둘로 나누는 논리적 구분의 방법. 곧, 생물을 동물과 식물로 나누는 따위.

이:분-쉼표(二分-標)[명] 온쉼표의 절반의 길이를 가지는 쉼표. (기호는 ▬)

이:분-음표(二分音標)[명] 온음표의 절반의 길이를 가지는 음표. (기호는 ♩)

이:-분자(異分子)[명] 같은 정당이나 단체에 있으면서, 주의 주장이나 사상을 달리하는 사람. ¶이분자를 색출해 내다.

이불[명] 잘 때에 몸을 덮기 위하여 피륙과 솜 따위로 꾸미어 만든 것.
　　이불 안 활개(관용)[이불 속에서 활개친다는 뜻으로] '남이 보지 않는 곳에서 호기를 부림'을 이르는 말.

이불(泥佛)[명] 진흙으로 빚어서 구워 만든 불상.

이:불리-간(利不利間)[부] 이가 되든지 해가 되든지 간에. (주로, '이불리간에'의 꼴로 쓰임.) ¶이불리간에 약속한 것은 지켜야지.

이불-보(-褓)[-뽀][명] 이불을 간수할 때 싸기 위하여 만든 크고 넓은 보자기.

이불-잇[-릳][명] 이불이 더러워지지 않도록 하기 위해) 이불에 덧씌우거나 덧싸서 시치는 천. 홑이불. * 이불잇이[-리시]·이불잇[런-]

이불-장(-欌)[-짱][명] 이불을 넣어 두는 장롱.

이불-줄[-쭐][명] 광산에서, 경사가 거의 없이, 편평한 이불이 깔려 있는 것처럼 가로 박힌 광맥을 이르는 말.

이:브(Eve)[명] 구약 성서에 나오는, 하나님이 아담의 갈비뼈로 만든 인류 최초의 여성. 아담의 아내. 하와.

이:브닝-드레스(evening dress)[명] 여자의 야회복(夜會服).

이:브닝-코:트(evening coat)[명] ①남자의 야회복. 연미복. ②이브닝드레스 위에 입는 코트.

이:비(吏批)[명] 지난날, 이조(吏曹)에서 임금에게 주청하여 윤허를 얻는 일을 맡아보던 벼슬, 또는 그 일.

이:비(理非)[명] 옳음과 그름. 시비(是非). ¶어느새 인생의 애환과 이비를 아는 나이가 되었다.

이:비인후-과(耳鼻咽喉科)[-꽈][명] 귀·코·목구멍·기관 및 식도의 질병 치료를 전문으로 하는 의학의 한 분과, 또는 그 병원.

이:빙(履氷)[명][하자] [얼음을 밟는다는 뜻으로] '매우 위태로운 짓을 함'을 이르는 말. 여리박빙(如履薄氷).

이:-빛(二-) [-삗][명] 단청(丹靑)에서, 채색의 짙은 정도를 이르는 말로, 초빛보다 진하고 삼빛보다 엷은 빛. ⑧삼빛·초빛. * 이:빛이[-삐]·이:빛만[-빈-]

이빨[명] 〈이²〉의 낮은말.

이쁘다[형] ☞예쁘다.

이쁘-둥이[명] ①귀엽게 생긴 어린아이. ②'어린아이'를 귀엽게 부르는 말.

이:사(二死)[명] 야구에서, 공격 쪽의 선수가 두 사람 아웃되는 일. 투 아웃. ¶이사 만루.

이사(移徙)[명][하자] 살던 곳(집)을 떠나 다른 데로 옮김.
　　이사할 때 강아지 따라다니듯(속담) 어디든지 늘 붙어 다니며 귀찮게 굶을 이르는 말.

이:사(理事)[명] 법인(法人) 기관의 사무를 처리하며 이를 대표하여 권리를 행사하는 직위, 또는 그러한 일을 맡은 사람.

이:사-관(理事官)[명] 일반직 2급 공무원의 직급.

관리관의 아래, 부이사관의 위. (중앙 관청의 국장급으로.)

이:사-국(理事國)[명] 국제기관의 이사회(理事會)의 일원이 되는 나라.

이사금(尼斯今)[명] 신라 때, '임금'의 칭호. (제3대 유리왕 때부터 제18대 실성왕 때까지 사용되었음.)

이:-사반기(二四半期)[명] ☞이사분기.

이:-사분기(二四分期)[명] 1년을 네 기(期)로 나눈 그 둘째 기간. 곧, 4·5·6월. 이사반기.

이사야-서(Isaiah書)[명] 구약 성서 중의 한 편. 예언자 이사야가, 메시아가 동정녀(童貞女)에게서 탄생하게 되리라는 것과 여호와의 궁극적인 승리 등에 관하여 예언(預言)한 내용임.

이:-사하다(以死爲限)[명][하다] (어떤 일을) 죽기를 각오하다.

이-사이[명] 좀 가까운 이전부터 이제까지의 동안. ¶이사이는 날씨가 고르지 못해 혼났다. ⑤이새. ⑩요사이.

이:사-회(理事會)[-회/-훼][명] ①이사들로 구성되는 회의체의 의사 결정 기관, 또는 그 모임. ②국제기구에서, 이사국(理事國)의 대표로 구성되는 기관.

이삭[명] ①(벼나 보리 따위의) 꽃이나 열매가 꽃대 둘레에 많이 달려 있는 부분. ¶벼 이삭. / 이삭이 떨어지다. ②농사지은 것을 거둔 뒤에 땅에 흘러어 처진 지스러기. ¶이삭을 줍다.
　　이삭(이) 패다(관용) (벼나 보리 따위의) 이삭이 돋아 나오다.
　　이삭 밥에도 가난이 든다(속담) 가난하게 살 징조가 보임을 이르는 말.

이삭-줍기[-쭙끼][명][하자] 이삭을 줍는 일.

이:산(離散)[명][하자][되자] 헤어져 흩어짐. 거산.

이:산-가족(離散家族)[명] 남북 분단 등의 사정으로 헤어져 흩어져서 서로 소식을 모르는 가족. ¶이산가족 찾기.

이:산-염기(二酸鹽基)[-념-][명] 한 분자 속에 두 개의 수산기를 가진 염기. (수산화칼슘·수산화마그네슘 따위.)

이:-산화(二酸化)[명] 화학에서, 산소 두 원자가 결합한 화합물임을 나타내는 말.

이:산화-규소(二酸化硅素)[명] 규소의 산화물. 경유리(硬琉璃)의 원료로 쓰이는데, 천연으로는 석영·수정·규사·규조토 등에서 산출됨. ⑧규산.

이:산화-망간(二酸化Mangan)[명] 망간 산화물의 한 가지. 연망간광으로 많이 산출되는 회흑색 또는 흑색의 가루. 산화제로서 산소·염소·브롬의 제조와 유리·도자기 등의 착색에 쓰임. 과산화망간. ⑧연망간광.

이:산화-수소(二酸化水素)[명] ☞과산화수소.

이:산화-질소(二酸化窒素)[-쏘][명] 질소의 산화물의 한 가지. 초산연이 분해될 때 생기는 갈색의 기체로, 질식성이 강하며 마취제 등에 쓰임.

이:산화-탄소(二酸化炭素)[명] 탄소와 산소의 화합물. 탄소가 완전 연소할 때 생기는, 빛깔과 냄새가 없는 기체로, 공기보다 1.5배 무거움. 대기 중에 0.03%가 들어 있으며, 식물의 동화 작용에 가장 중요한 물질임. 석회석에 묽은 염산을 섞어 만들며, 청량음료나 탄산소다의 제조에 쓰임. 무수 탄산. 탄산 무수물. 탄산가스.

이:산화-황(二酸化黃)[명] 황과 산소의 화합물. 황을 공기 중에서 태울 때 생기는 기체로서 빛깔이 없고 자극성의 냄새가 나며 독이 있음. 무수 아황산. 아황산가스.

이:삼(二三)䴡 단위를 나타내는 일부 명사 앞에 쓰이어, 그 수량이 둘이나 셋임을 나타내는 말. ¶이삼 명. /이삼 분 동안.

이삿-짐(移徙-) [-사찜/-삳찜]囘 이사할 때 옮기는 짐. ¶이삿짐을 싸다.

이:상(二上)囘 지난날, 시문(詩文)을 끊을 때의 등급의 한 가지. 열두 등급 중 넷째 등급. 상지 하(上之下)와 이중(二中)의 중간급임. ⑳이중.

이:상(以上)囘 ①(어떤 수량·정도 따위를 나타내는 말 뒤에 쓰이어)'그것을 포함하여, 그것보다 많거나 위임'을 나타냄. ¶20세 이상의 남성들. /자녀를 둘 이상 둔 가정. ②(두 가지 사물을 비교할 때 다른 한쪽이) '그것보다 정도가 더하거나 위임'을 나타냄. ¶그 사람은 자네 이상의 어려움을 겪었지. ↔이하(以下). ③(말이나 글 따위에서)이제까지 말한 내용. ¶이상의 일은 모두 사실이다. ④문서나 강연 등의 마지막에 써서, '끝'의 뜻을 나타냄. ¶이것으로써 오늘 강의를 마치겠습니다. 이상. ⑤(용언의 관형사형 어미 '-ㄴ'·'-은'·'-는' 뒤에 쓰이어) '이미 …한(…된) 바에는'의 뜻을 나타냄. ¶일단 약속한 이상 반드시 실천한다.

이:상(異狀)囘 ①평소와는 다른 상태. ¶갑작스레 몸에 이상이 생기다. ②보통과는 다른 상태나 모양. ¶농약이 묻은 잎에만 이상이 나타나다. ⑳이상(異常).

이:상(異相)囘 보통 사람과는 다른 인상(人相)이나 골상(骨相).

이:상(異常)[하]囘[스]囘 ①정상이 아닌 상태나 현상. ¶이상한 행동. ②보통과는 다름. 이제까지와 달리 별남. ¶기후가 이상하다. ③의심스러움. ¶행동이 이상하여 주의 깊게 살피다. ⑳이상(異狀). 이상-히囝. 이상스레囝.

이:상(異象)囘 ②기이한 모양. ③기이한 현상.

이:상(理想)囘 ①(실제로는 실현할 수 없다 하더라도) 이성으로 생각할 수 있는, 사물의 가장 완전한 상태나 모습. ¶이상 세계. ②그렇게 되었으면 하고 마음에 그리며 추구하는 최상·최선의 목표. ¶젊은이의 이상. /이상이 높다(낮다).

이:상(貳相)囘〔삼정승(三政丞) 다음의 정승이라는 뜻으로〕조선 시대에, 좌찬성과 우찬성을 아울러 이르던 말.

이:상^건조(異常乾燥)囘 맑은 날씨가 오래 계속되어 공기가 유난히 건조해지는 일. 곧, 실효(實效) 습도가 50% 이하인 상태.

이:상-곡(履霜曲)囘 작자·연대 미상의 고려 가요. 음녀(淫女)의 음탕한 노래라 하여 조선 성종 때에 남녀상열지사(男女相悅之詞)라는 비난을 받음. 〔'악장가사'와 '시용향악보'에 실려 전함.〕

이:상^기체(理想氣體)囘 '보일 샤를의 법칙'이 그대로 적용될 수 있다고 가정한 기체. 고온·저압의 기체가 이에 가까움. 완전 기체.

이:상-론(理想論)[-논]囘 현실을 고려하지 않고 추상적인 이상만을 주장하는 논설. ¶그의 경제 이론은 현실을 외면한 이상론에 치우쳐 있다.

이:상^심리학(異常心理學)[-니-]囘 ☞변태 심리학.

이:상-아(異常兒)囘 심신에 장애가 있거나 사회적으로 어떤 이상이 있는 어린이를 통틀어 이르는 말. ↔정상아(正常兒).

이:상야릇-하다(異常-)[-나르타-]囝囘 (무엇이라고 표현할 수 없을 정도로) 이상하고 묘

하다. ¶사무실 분위기가 이상야릇하다. 이상야릇-이囝.

이:상-적(理想的)囝囘 사물의 상태가 이상에 가장 가까운 (것). 사물이 가장 바람직한 상태인 (것). ¶이상적인 인간상. /이상적인 교사상.

이:상-주의(理想主義)[-의/-이]囘 인생의 의의를 도덕적·사회적 이상의 실현에 두고 그것을 목표로 삼는 주의, 또는 그러한 인생관. 逦넘주의. ↔현실주의.

이:상-향(理想鄕)囘 이상으로 그리는, 완전하고 평화로운 상상(想像)의 세계. 도원경(桃源境). 유토피아.

이:상-화(理想化)囘[하]囘[되]囘 사물을 현실 그대로 보지 않고, 가장 바람직한 모습에 비추어 생각하거나 이상으로 삼는 모습으로 바꾸어 생각하는 일. ¶혁명을 이상화하다.

이-새(←이사이)의 준말. ⑳요새.

이:색(二色)囘 두 가지 색.

이:색(異色)囘 ①다른 빛깔. ¶이색 천으로 꾸미다. ②(성질이나 상태 등이) 색다르게 두드러진 것. ¶건물 정면의 이색 조형물이 눈길을 끌었다.

이:색-적(異色的)[-쩍]囝囘 색다르게 두드러진 성질을 지닌 (것). ¶이색적 제안. /이색적인 풍습.

이:색-지다(二色-)[-찌-]囚 ①똑같아야 할 빛깔이나 모양이 서로 딴판이다. ②어떤 물건의 빛깔이나 모양이 서로 잘 어울리지 아니하다.

이:색-판(二色版)囘 두 가지 색으로 찍은 인쇄물. ②두 가지 색으로 찍은 인쇄판.

이-생(-生)囘 이 세상에 살아 있는 동안. ②☞이승.

이:생(利生)囘[하]囘 불교에서, '세상 사람들을 제도(濟度)하는 일'을 이르는 말.

이:생규장-전(李生窺墻傳)囘 조선 초기의 학자 김시습(金時習)이 지은 한문 단편 소설. '금오신화(金鰲新話)'에 실리어 전함.

이:생^웅예(離生雄蕊)囘 저마다 따로, 떨어져 있는 수술을 이름. 이강웅예(二强雄蕊)와 사강웅예(四强雄蕊)로 나뉨.

이:생-지(泥生地)囘 (흔히 냇가에서 볼 수 있는) 모래 섞인 개흙 땅.

이:서(以西)囘 기준으로 삼은 어떤 지점으로부터의 서쪽.

이:서(吏胥)囘 ☞아전(衙前).

이:서(吏書)囘 ☞이두(吏讀).

이:서(異書)囘 보기 드문 책. 색다르고 귀한 책.

이:서(裏書)囘[하]囘 ①증이 뒤에 씀. ②서화(書畫)의 뒷면에 그 서화의 진위 여부를 증명하는 글을 씀. ③☞배서(背書).

이선악-곡(離仙樂曲)囘[-곡]囘 ☞배따라기.

이:선-주(二仙酒)囘 소주에 용안육(龍眼肉)·계피·꿀 따위를 넣어 우린 술.

이:설(移設)囘[하]囘[되]囘 다른 곳으로 옮겨 설치함. ¶공장을 이설하다.

이:설(異說)囘 ①이미 나와 있는 설(說)과 다른 설. ②통설이나 정설과는 다른 설. 이론(異論).

이:성(二姓)囘 ①혼인을 할 남자와 여자의 양가. ②성이 다른 두 임금. ③두 지아비.

이:성(理性)囘 사물의 이치를 논리적으로 생각하고 판단하는 마음의 작용. 도리에 따라 판단하거나 행동하는 능력. ¶이성을 되찾다. /이성을 잃은 행동.

이:성(異姓)囘 다른 성. 타성(他姓). ↔동성(同姓).

이:성(異性)명 ①성질이 다름, 또는 그 다른 성질. ②남성 쪽에서 본 여성, 또는 여성 쪽에서 본 남성을 이르는 말. ¶ 건전한 이성 교제. ③(같은 종류의 생물 사이에서) 암수가 서로 다름, 또는 서로 다른 그것. ↔동성(同性).

이성에 눈을 뜨다관용 이성에 대한 감정을 느끼기 시작하다.

이:성-론(理性論)[-논]명 참된 인식은 경험에 의한 것이 아니고, 선험적인 이성적 인식이라고 설명하는 이론.

이:성^장군(二星將軍)[명 '소장(少將)'을 달리 이르는 말.

이:성-적(理性的)관용 감정에 치우치지 않고 이성에 따른 (것). ¶ 이성적 행동. /이성적인 판단. ↔감정적.

이성지합(二姓之合)명 〔두 성이 합한다는 뜻으로〕 '남녀의 혼인'을 이르는 말.

이:성질-체(異性質體)명 화학에서, 분자식은 같으나 물리적·화학적 성질이 다른 화합물을 이르는 말.

이:성-친(異姓親)명 어머니 쪽의 일가. 외척.

이:세(二世)명 ①외국에 이주해 가서 낳은 자녀로서 그 나라의 시민권을 가진 사람. ¶ 재일 동포 이세. ②다음 세대. ③(주로 서양에서) 같은 이름을 가지고 둘째 번으로 자리에 오른 황제나 교황의 일컬음. ¶성 바오로 이세. ④불교에서, 현세와 내세를 아울러 이르는 말. ⑤(뒤를 이을 아이라는 뜻으로) '자녀'를 흔히 이르는 말. ⑥<이세국민>의 준말.

이:세(理勢)명 ①도리와 형세. ②자연의 운수.

이:세-국민(二世國民)[-궁-]명 〔다음 세대의 국민이라는 뜻으로〕 '어린이' 또는 그 세대를 이르는 말. 준이세.

이소(泥沼)명 진흙의 수렁.

이:소(咍笑)명하자 남에게 비웃음을 받게 됨.

이:소(離騷)명 〔시름을 만난다는 뜻으로〕 중국 초나라 때의 사람 굴원(屈原)이 지은 사부(詞賦).

이소(ISO)명 국제 표준화 기구. [International Standardization Organization]

이:소능장(以少凌長)명하자 젊은 사람이 어른을 업신여김.

이소류신(isoleucine)명 필수 아미노산의 한 가지. 육류에 많이 들어 있음.

이:소-성(離巢性)[-썽]명 새의 새끼가 빨리 자라, 둥지에 오래 머물지 않는 성질. [물오리·닭 요새 따위에서 볼 수 있음.] ↔유소성(留巢性).

이:소역대(以小易大)[-때]명하자 작은 것을 큰 것과 바꿈.

이소옥탄(isooctane)명 포화 탄화수소의 한 가지. 무색 액체로, 가솔린의 내폭성을 측정하는 데 쓰이는 표준 연료임.

이소프렌(isoprene)명 불포화 탄화수소의 한 가지. 천연고무를 열분해할 때 생기는 무색 투명한 휘발성 액체로, 인조 고무의 주원료임.

이속(夷俗)명 오랑캐의 풍속.

이:속(吏屬)명 아전의 무리. 이배(吏輩).

이:속(異俗)명 ①다른 풍속. ②색다른 풍습. 이풍(異風). ↔정속(正俗).

이:솝^우:화(Aesop寓話)명 고대 그리스 사람 이솝이 지었다는 우화. 동물을 의인화하여 인간 세계를 풍자한 내용들임.

이송(移送)명하타타자 ①다른 곳으로 옮기어 보냄. ¶ 화물 이송 열차. /중환자를 종합 병원으로 이송하다. ②(소송 또는 행정 절차에서) 사건의 처리를 다른 관청으로 옮기는 일. ¶ 경찰서에서 사건을 검찰청으로 이송하다.

이:수(耳垂)명 ☞귓불.

이:수(利水)명하자 ①물을 잘 이용함. ②물이 잘 통하게 함. ¶ 이수 공사. ③(오줌 따위) 액체를 장기(臟器)에서 잘 나오게 함.

이:수(里數)[-쑤]명 ①거리를 리(里)의 단위로 헤아린 수. ②마을의 수효.

이수(泥水)명 진흙이 섞여 흐린 물. 흙탕물.

이수(移囚)명하타 죄수를 다른 교도소로 옮김.

이:수(履修)명하타 해당 학과를 차례대로 공부하여 마침. ¶ 이수 과목. /이수 학점. /석사 과정을 이수하다.

이수(螭首)명 궁전의 섬돌이나 비(碑) 머리·인장(印章)·종정(鐘鼎) 따위에, 뿔 없는 용이 서린 모양을 새긴 형상. 이두(螭頭).

이:수(離水)명하자 (수상 비행기가) 수면을 떠나 날아오름. 화이륙(離陸).

이:수(離愁)명 이별의 슬픔.

이:수-도(利水道)명하자 한방에서, '이뇨(利尿)'를 달리 이르는 말.

이:수-변(二水邊)명 한자 부수의 한 가지. '冬'·'冷' 등에서의 '冫'의 이름.

이:수-성(異數性)[-썽]명 ①염색체의 수가 정상보다 약간 늘거나 주는 현상. ②같은 식물 중에서, 꽃이나 잎의 수효가 일정하지 않은 성질. 〔연꽃의 꽃잎·꽃받침 따위에서 볼 수 있음.〕

이숙(梨熟)명 ☞배숙.

이:순(耳順)명 〔'논어(論語)'의 '육십이이순(六十而耳順)'에서 온 말로, 나이 육십쯤에야 비로소 모든 것을 순리대로 이해하게 된다는 뜻에서〕 나이 '예순 살'을 이르는 말.

이슈(issue)명 논의나 논쟁의 중심이 되는 점. 논점(論點). 논쟁점(論爭點). ¶ 남북 회담의 주요 이슈.

이슘과명 〔'이시다'의 명사형〕 있음. ¶ 이슘과 업스매 다르디 아니홀씨(月釋2:53).

이:-스턴^그립(eastern grip)명 배드민턴이나 테니스에서, 라켓을 쥐는 방식의 한 가지. 라켓의 면이 지면과 직각이 되도록 하여, 마치 악수할 때처럼 쥐는 방식. 화웨스턴 그립.

이:스트(yeast)명 효모. 효모균.

이슥-하다[-스카-]형여 밤이 매우 깊다. 이슥-히부

이슥히[-] (옛) 밤 깊게. 이슥하도록. ¶ 말스믈 이슥히 호디(翻小10:26).

이슬명 ①공기 중의 수증기가 식어서 물체의 겉면에 물방울이 되어 엉겨 붙어 있는 것. ②'눈물'을 비유하여 이르는 말. ¶ 그대 눈에 맺힌 이슬. ③'덧없는 생명'을 비유하여 이르는 말. ¶ 형장의 이슬. ④월경이나 해산 전에 미리 나오는 누르스름한 액체.

이슬로 사라지다관용 형장이나 싸움터에서 목숨을 잃다.

이슬-떨이명 ①☞이슬받이. ②이슬을 떠는 막대기.

이슬람(Islam)명 ①〔신에 복종한다는 뜻으로〕 이슬람교도가 자기네 종교를 이르는 말. ②이슬람교의 세계, 또는 이슬람교도 전체. ¶ 이슬람 문화.

이슬람-교(Islam敎)명 세계 3대 종교의 하나. 7세기 초엽에 아라비아의 마호메트가 알라의 계시를 받은 데서 비롯된 종교. 계시를 기록한 코란을 경전으로 삼고 알라를 유일(唯一) 전능

(全能)의 신으로 믿음. 마호메트교. 모하메드교. 회교(回敎). 회회교.

이슬람-력(Islam曆) [-녁]**명** 이슬람교 국가에서 쓰는 태음력의 한 가지. 평년이 354일, 윤년이 355일로 태양년과는 10~11일의 차가 있음. 예 언자 마호메트가 메디나로 옮겨 간 서기 622년 7월 16일을 기원 원년 1월 1일로 정하여 서기 636년에 제정됨. 마호메트력. 회교력.

이슬-마루명 배 위에 지은 뜸집의 대들보.

이슬-받이 [-바지] **명** ①이슬이 내리는 무렵. ②양 길섶의 풀에 이슬이 맺혀 있는 작은 오솔 길. ③이슬이 맺힌 풀섶을 걸을 때 이슬을 막기 위하여 아랫도리에 둘러 입는 도롱이. ④이 슬 내린 길을 걸을 때 맨 앞에 서서 가는 사람. ④이슬떨이.

이슬-방울 [-빵-] **명** 구슬처럼 둥글게 맺힌 이슬.

이슬-비명 아주 가늘게 내리는 비. 는개보다 굵고 가랑비보다 가늚.

이슬-아침명 이슬이 마르지 않은 이른 아침.

이슬-점(-點) [-쩜] **명** 이슬이 맺히기 시작할 때 의 온도. 곧, 대기 중의 수증기가 식어서 엉겨 붙기 시작할 때의 온도. 노점(露點).

이슬점^습도계(-點濕度計) [-쩜-또계/-쩜-또 계] **명** 이슬점을 재어 공기 속의 습도를 구하는 장치. 노점 습도계. 다니엘 습도계.

이:습(吏習)명 아전(衙前)의 풍습.

이슷하다형 〈옛〉비슷하다. ¶山 접동새 난 이슷 호요이다(鄭敍.鄭瓜亭).

이승명 지금 살고 있는 '일생(동안)', 또는 '이 세상'을 이르는 말. 금생(今生). 금세(今世). 이생. 차세(此世). 차생(此生). ¶이승에서 못 다 이룬 사랑. ↔저승.

  이승을 떠나다관용 '죽다'를 완곡하게 이르 는 말.

이:승(二乘)명 ①'제곱'의 구용어. ②불교에서, 성문승과 연각승, 성문승과 보살승, 대승과 소 승을 각각 아울러 이르는 말.

이승(尼僧)명 ☞비구니.

이승-잠명 〔이 세상에서 자는 잠이라는 뜻으로〕 '병중에 정신을 못 차리고 계속해서 자는 잠' 을 이르는 말.

이시(伊時·爾時)명 그때.

이:시(移施)명 지난날, 양자(養子) 간 사람 의 벼슬이 높아지면, 생가(生家)의 아버지나 할아버지에게 품계와 벼슬을 내리던 일.

이:시(異時)명 다른 때.

이시다자 〈옛〉있다. ¶니르고져 홇 배 이셔도(訓 詁)./道] 이시매(小解1:8). ⑱잇다.

이시여조 자음으로 끝난 체언에 붙어, 호칭의 대상을 감탄 조로 높이어 부를 때 쓰이는, 극 존칭 호격 조사. 《모음 뒤에서는 '이'가 생략 되기도 함.》 ¶하느님이시여.

이:식(利息)명 ☞이자(利子). 길미.

이:식(利殖)명하자 (이자에 이자가 붙어) 재물 이 점점 늘어 감.

이:식(移植)명하타되자 ①농작물이나 나무를 다 른 데로 옮겨 심는 일. ¶묘목을 이식하다. ⑭이 종(移種). ②의학에서, 생체(生體)의 일부 조직 을 다른 생체나 부위에 옮겨 붙이는 일, 또는 그런 치료법. ¶피부 이식. /심장 이식 수술.

이:식위천(以食爲天)명 사람이 살아가는 데 먹 는 것이 가장 중요함을 이르는 말.

이:신-론(理神論) [-논] **명** 세계의 창조자인 신 (神)은 세상일에 관여하거나 계시를 보이지 않 으며, 세계는 독자적인 법칙에 따라 움직인다

고 하는 이성적인 종교관. 18세기 계몽주의 시 대의 대표적인 기독교 사상임. 자연신론.

이:신벌군(以臣伐君)명 신하가 임금을 침.

이:신-양성(頤神養性) [-냥-] **명하자** 마음을 가 다듬어 고요하게 정신을 수양함. ⑭이양(頤養).

이:실고지(以實告之)명하타 ☞이실직고.

이:실직고(以實直告) [-꼬] **명하자타** 사실 그대 로 고함. 이실고지.

이:심(二心·貳心)명 ①두 가지 마음. 이심(異 心). ②배반하는 마음. ¶이심을 품다. ③바뀌 기 쉬운 마음.

이:심(二審)명 〈제이심(第二審)〉의 준말. ¶이 심에서 무죄 판결을 받다.

이심(移審)명하타 소송 사건을 다른 법원으로 이송하여 심리하는 일, 또는 그 심리.

이:심(異心)명 ①딴마음. ②☞이심(二心).

이:심-률(離心率) [-뉼] **명** 이차 곡선이 갖는 상 수(常數)의 한 가지. 이것이 1보다 크면 쌍곡 선, 같으면 포물선, 작으면 타원이 됨.

이:심-스럽다(貳心-) [-따] **[~스러우니·~스러 워] 형비** 이심한 데가 있다. 이심스레뵈.

이:심전심(以心傳心)명하자 (말이나 글을 쓰지 않고) 마음에서 마음으로 서로 뜻을 전함. 심 심상인(心心相印). ¶이심전심으로 통하는 사이.

이:심-하다(貳心-) [-따] **형여** 정도에 지나치게 심하 다. 이심-히뵈.

이:십(二十)명주 스물.

Ⅱ관 일부 단위를 나타내는 명사 앞에 쓰이어, 그 수량이 스물임을 나타내는 말. ¶이십 년. / 이십 세.

이:십사-금(二十四金) [-싸-] **명** 〔금의 성분이 24분의 24라는 뜻으로〕 '순금(純金)'을 이르 는 말.

이:십사-기(二十四氣) [-싸-] **명** ☞이십사절기.

이:십사반^무예(二十四般武藝) [-싸-] **명** ☞ 무예 이십사반.

이:십사-방위(二十四方位) [-싸-] **명** 스물넷으 로 나눈 방위, 곧 자(子)·계(癸)·축(丑)·간(艮)· 인(寅)·갑(甲)·묘(卯)·을(乙)·진(辰)·손(巽)·사 (巳)·병(丙)·오(午)·정(丁)·미(未)·곤(坤)·신 (申)·경(庚)·유(酉)·신(辛)·술(戌)·건(乾)·해 (亥)·임(壬)의 방위를 통틀어 이르는 말.

이:십사번-화신풍(二十四番花信風) [-싸-] **명** 이십사절기 중에서, 소한에서 곡우까지의 사이 에 부는 바람. 닷새마다 새로운 바람이 불며, 그에 따라 꽃도 차례로 핀다 함. ⑭화신풍.

이:십사-사(二十四史) [-싸-] **명** 중국 청나라 건륭(乾隆) 때에 정한 '중국의 스물네 가지 정 사(正史)'를 이르는 말.

이:십사-시(二十四時) [-싸-] **명** 하루를 스물넷 으로 나눈 시간. 상오와 하오 각각 열두 시간 에 이십사방위의 이름을 붙여 이름.

시	1	2	3	4	5	6	7	8	9	10	11	12
상	계	축	간	인	갑	묘	을	진	손	사	병	오
오	癸	丑	艮	寅	甲	卯	乙	辰	巽	巳	丙	午
하	정	미	곤	신	경	유	신	술	건	해	임	자
오	丁	未	坤	申	庚	酉	辛	戌	乾	亥	壬	子

〈이십사시〉

이:십사-절(二十四節) [-싸-] **명** 〈이십사절기〉 의 준말.

이:십사-절기(二十四節氣)[-싸-]圀 태양의 황도(黃道) 상의 위치에 따라 일 년을 스물넷으로 나눈 계절의 구분. 이십사기. 이십사절후. ⓟ이십사절.

계 절	절 기	음력	양 력
봄	입춘(立春)	정월	2월 4·5일
	우수(雨水)		2월 19·20일
	경칩(驚蟄)	이월	3월 5·6일
	춘분(春分)		3월 21·22일
	청명(淸明)	삼월	4월 5·6일
	곡우(穀雨)		4월 20·21일
여름	입하(立夏)	사월	5월 6·7일
	소만(小滿)		5월 21·22일
	망종(芒種)	오월	6월 6·7일
	하지(夏至)		6월 21·22일
	소서(小暑)	유월	7월 7·8일
	대서(大暑)		7월 23·24일
가을	입추(立秋)	칠월	8월 8·9일
	처서(處暑)		8월 23·24일
	백로(白露)	팔월	9월 8·9일
	추분(秋分)		9월 23·24일
	한로(寒露)	구월	10월 8·9일
	상강(霜降)		10월 23·24일
겨울	입동(立冬)	시월	11월 7·8일
	소설(小雪)		11월 22·23일
	대설(大雪)	동지	12월 7·8일
	동지(冬至)		12월 22·23일
	소한(小寒)	섣달	1월 6·7일
	대한(大寒)		1월 20·21일

〈이십사절기〉

이:십사-절후(二十四節候)[-싸-]圀 ☞이십사절기.
이:십오^보살(二十五菩薩)圀 불교에서, 아미타불을 염하여 극락왕생을 원하는 사람을 보호하여 주는 스물다섯 보살을 통틀어 이르는 말.
이:십오-시(二十五時)圀 부조리의 시대에 전개되는 '불안과 절망의 시간'을 뜻하는 말.〔루마니아의 소설가 게오르기우의 소설 제명(題名)에서 유래함.〕
이:십오-유(二十五有)圀 불교에서, 윤회의 생사계(生死界)를 스물다섯 가지로 나누어 이르는 말. 욕계(欲界)에 열넷, 색계(色界)에 일곱, 무색계에 네 개의 유가 있다고 함.
이:십팔-수(二十八宿)[-쑤]圀 〔고대 인도·페르시아·중국에서, 해와 달 및 행성들의 소재를 밝히기 위하여〕황도를 중심으로 나눈 천구(天球)의 스물여덟 자리. 동쪽의 각(角)·항(亢)·저(氐)·방(房)·심(心)·미(尾)·기(箕), 서쪽의 규(奎)·누(婁)·위(胃)·묘(昴)·필(畢)·자(觜)·삼(參), 남쪽의 정(井)·귀(鬼)·유(柳)·성(星)·장(張)·익(翼)·진(軫), 북쪽의 두(斗)·우(牛)·여(女)·허(虛)·위(危)·실(室)·벽(壁).
이쓴조 옛 이쓰여. 이 같이 이쓴 ¶白骨糜粉인들 丹心이쓴가 시리잇가(樂詞.感君恩).
이-쑤시개圀 잇새에 낀 것을 우벼 내는 데 쓰는 작은 나뭇개비.

이슥-고튐 옛 이윽고. ¶이슥고 부톄 드러오나 시놀(月釋10:8).
이아치다재타 ①(자연의 힘에 의하여) 손실이나 손해를 입다, 또는 입게 하다. ②(남에게) 거치적거려 방해가 되거나 손실을 입게 하다. ⓟ이치다.
이악-스럽다[-쓰-따][~스러우니·~스러워]匃匕 보기에 이악한 데가 있다. ¶그 나이에 벌써 저렇게 이악스러워서야 장차 어떤 인간이 될런고? 이악스레튐.
이악-하다[-아카-]匃여 ①자기 이익에만 마음이 있다. ②달라붙는 기세가 군세고 끈덕지다.
이:안(吏案)圀 지난날, 군아(郡衙)에 갖추어 두던 아전 명부.
이안(移安)圀하타 〔신주나 영정(影幀) 따위를〕다른 곳으로 옮겨 모심.
이:안-류(離岸流)[-뉴]圀 짧은 시간에 매우 빠른 속도로 해안에서 바다 쪽으로 흐르는 좁은 표면 해류.
이:-안심(異安心)圀 불교에서, 조사(祖師)로부터 이어지는 정통적인 교리에 어긋나는 사설(私說)을 주장하는 안심(安心)을 이르는 말. 이단.
이-알圀 이밥의 낱알.
이알이 곤두서다속담 가난하던 사람이 조금 잘살게 되었다고 거만하게 행동함을 비꼬아 이르는 말.
이-앓이[-아리]圀하자 이를 앓는 일.
이암(泥岩)圀 미세한 진흙이 쌓여서 딱딱하게 굳어 이루어진 암석.
이앙(移秧)圀하자 모내기.
이앙-기(移秧機)圀 모를 내는 기계.
이애저애-하다[-애-]匃여 〔'이 애', '저 애' 하는 식으로〕남을 함부로 얕잡아 부르거나 하대(下待)하다. ¶누구더러 이애저애하는 거야.
이야조 자음으로 끝난 체언에 붙는 조사.《모음 뒤에서는 '이'가 생략되기도 함.》①긍정적으로 단정하는 뜻을 나타내는, 해체 또는 하게체의 평서형 서술격 조사. ¶여기가 우리 집이야. ②사물을 지정하여 묻는 뜻을 나타내는, 해체 또는 하게체의 의문형 서술격 조사. ¶보따리에 싼 것이 책이야? ③별다르거나 특수함을 뜻하는 조사. ¶사람이야 그만이지. ④'-이-야 -이야'와 같이 겹치는 꼴로 쓰이어, 여러 가지를 열거하거나 이어 주는 뜻을 나타내는 보조사. ¶술이야 고기야 흥청망청이더라. 준에기.
이야기圀 ①일정한 줄거리가 있는 긴 말. ¶별에 관한 이야기. ②현실 경험을 일정한 주제 아래 재구성한 것. ¶젊었을 때 고생한 이야기. ③소문. 평판. ¶요즘 당신한테 좋지 않은 이야기가 떠돌더군요. ④옛이야기. 고담(古談). 야담(野談). ¶할머니한테서 '나무꾼과 선녀'의 이야기를 들었다. ⑤하자자되자①느낌·감정·사상 등을 전하는 내용. ¶처리 결과를 놓고 이야기를 나누다. /글쎄 내 이야기는 그게 아니라니까. ㉡어떤 문제를 놓고 하는 이런 말 저런 말. ¶이야기가 막혀서 헛기침을 한다. /화롯가에서 정겨운 이야기를 나눈다. ㉢사정하거나 부탁하는 말. ¶오해를 풀도록 이야기 좀 잘해 주시오. /취직 이야기를 한다. 준에기.
이야기 장단에 도끼자루 썩는다속담 이야기에 정신이 팔려 시간 가는 줄을 깨닫지 못함을 이르는 말.
이야기-꽃[-꼳]圀 '즐겁고 재미나는 이야기나 이야기판'을 비유하여 이르는 말. ♦이야기꽃이[-꼬치]·이야기꽃만[-꼰-].
이야기꽃을 피우다관용 (여럿이 한자리에 모여) 이야기를 한창 재미있게 하다.

이야기-꾼圐 이야기를 재미있게 잘하는 사람.

이야기-책圐[-册] 이야기를 적어 놓은 책. 〔고담(古談)책이나 소설책 따위.〕

이야기-판圐 여럿이 한자리에 모여서 이야기를 재미있게 하는 판. ¶이야기판이 벌어지다.

이야깃-거리[-끼꺼-/-긷꺼-]圐 이야기가 될 만한 자료. 준애깃거리.

이야깃-주머니[-끼쭈-/-긷쭈-]圐 재미있는 이야깃거리를 많이 가지고 있는 사람.

이야-말로¹튀 '이것이야말로'가 줄어서 된 말. ¶사람이 개를 물다니, 이야말로 포복절도할 이야기로군.

이야-말로²조 자음으로 끝난 체언에 붙어, '그것이야 참말로'의 뜻으로, 특수함을 강조하는 뜻을 나타내는 보조사. 〔모음 뒤에서는 '이'가 생략되기도 함.〕 ¶노력이야말로 성공의 비결이다. 솸야말로.

이약(餌藥)圐 몸을 보하기 위하여 먹는 약.

이양(移讓)圐〔하타〕[되자] (권리 따위를) 남에게 양보하여 넘겨줌. ¶정권을 이양하다.

이양(頤養)圐〔하타〕 〈이신양성(頤神養性)〉의 준말.

이:양-선(異樣船)圐 〔이상한 모양을 한 배라는 뜻으로〕 대한 제국 때, '외국의 선박'을 이르던 말.

이어튀 계속하여. 잇대어. ¶1등에 이어 2등과 3등을 발표하다.

이어(耳語)圐〔하자〕☞귀엣말.

이어(俚語)圐〔하자〕☞이언(俚言).

이어(移御)圐〔하자〕 임금이 거처를 옮김.

이:어(鯉魚)圐 〈잉어〉의 본딧말.

이어-갈이圐☞이어짓기.

이어다타 〔옛〕 혼들다. ¶쇠락롤 쭘로이 이어다고 (杜初3:9).

이어-달리기圐 트랙 경기의 한 가지. 한편을 이룬 네 선수가 일정한 거리를 나누어 맡아 차례로 배턴 등을 이어받아 달려서 그 빠르기를 겨루는 경기. 계주 경기(繼走競技). 릴레이 경주.

이어도조 자음으로 끝난 체언에 붙어, 가정이나 양보의 뜻을 나타내는 연결형 서술격 조사. ¶꿈이어도 좋으니 깨지나 말았으면. 솸이어도.

이어마:크(earmark)圐 ①(놓아기르는 가축의 임자를 밝히기 위하여) 가축의 귀에 다는 표지. ②㉠무역이나 차관 등으로 외국에서 받은 금을 그대로 그 나라의 중앙은행에 맡겨 두는 일. ㉡외국 은행에서의 차입금의 일부를 금으로 인출할 수 있는 특별 계정에 예금해 두는 일.

이어-받다[-따]타 (재산이나 지위·신분·권리·의무 따위를) 조상이나 선임자에게서 물려받다. 계승하다. ¶조상의 얼을 이어받다.

이어-서튀 부사 '이어'와 조사 '서'가 합쳐서 된 말. 계속하여서. 잇달아서. ¶10분간 휴식이 끝나자 곧 이어서 강의가 계속되었다.

이어야조 자음으로 끝난 체언에 붙어, 앞의 사실이 뒤의 사실에 대한 조건이 됨을 나타내는 연결형 서술격 조사. ¶노력하는 사람이라야 성공한다. 솸여야.

이어요조 자음으로 끝난 체언에 붙어, 친근한 느낌을 담아 사물을 긍정적으로 단정하여 말하거나 지정하여 묻는 뜻을 나타내는 종결형 서술격 조사. 이에요. ¶좋은 고장이어요. /누구의 집이어요? 솸이에요.

이:어인(異於人)圐〔하형〕 보통 사람과 다름.

이:어중(異於衆)圐〔하형〕 뭇사람보다 뛰어남.

이어-지다자 ①끊어졌거나 따로 있던 것이 잇대어지다. ¶전지와 전구가 전선으로 이어져 있다. /연등 행렬이 끝없이 이어지다. ②(어떤 일이나 현상 따위가) 끊어지거나 끝나지 않고 다음에 계속되다. ¶궂은 날씨가 이어지다. /조상을 기리는 미풍양속이 이어져 내려오다.

이어진-문장(-文章)圐 둘 이상의 절(節)이 연결 어미에 의하여 결합된 문장. 대등하게 이어지거나 종속적으로 이어짐. 〔'꽃이 피고 새가 운다.', '겨울이 오니 날이 춥다.' 따위.〕 솸겹문장.

이어-짓기[-짇끼]圐〔하타〕 한 땅에 같은 농작물을 해마다 이어서 심는 일. 연작(連作). 이어갈이.

이어폰:(earphone)圐 (혼자서 라디오 따위를 들을 때나 동시 통역을 들을 때) 귀에 꽂아 소리를 듣게 만든 장치.

이:언(二言)圐〔하타〕 한번 한 말을 뒤집어서 달리하는 말. ¶일구이언.

이언(俚言)圐 항간에 떠돌며 쓰이는 속된 말. 상말. 이어(俚語).

이언(俚諺)圐☞속담(俗談).

이언정조 자음으로 끝난 체언에 붙어, '일지언정'의 뜻으로, 앞의 사실을 인정(가정)하되 뒤의 사실이 그에 매이지 아니함을 나타내는 연결형 서술격 조사. 《모음 뒤에서는 '이'가 생략되기도 함.》 ¶영위계구(寧爲鷄口)이언정 물위우후(勿爲牛後)라. 솸일망정.

이:엄(耳掩)圐 지난날, 관복을 입을 때 귀를 가리기 위해 사모 밑에 쓰던, 모피로 된 방한구.

이엄-이엄[-엄나-/-어미-]튀 끊이지 않고 자꾸 이어 가는 모양.

이엉圐 초가집의 지붕이나 담을 이기 위하여 엮은 짚. 개초(蓋草). 圐영짚.

이엉-꼬챙이圐 지붕을 일 때 이엉 마름을 꿰어 올리는 기구.

이-에튀 그래서. 이리하여 곧. ¶이에 우리의 나아갈 바를 밝히一….

이-에서튀 ①이보다. 이것에 비하여. ¶만약 그렇게만 된다면 이에서 더 반가울 데가 없겠다. ②여기서. ¶자, 이 일은 이에서 그치자.

이에요조☞이어요. ¶이곳은 아주 살기 좋은 고장이에요.

이-음圐 물건과 물건을 맞붙여 이은 짬.

이여圐-짬圐 자음으로 끝난 체언에 붙어, 호칭의 대상을 감탄조로 높여 부를 때 쓰이는 호격 조사. 《모음 뒤에서는 '이'가 생략되기도 함.》 ¶소년이여, 대망을 품어라. 솸여³.

이여(爾汝)圐 너나들이. ¶이여의 친분.

이여(剩餘)圐☞잉여(剩餘).

이여차값〈이영차〉의 준말.

이:역(二役)圐 ①두 가지 역할. ②한 배우가 극중에서 두 사람의 역을 하는 일. 솸일인이역.

이:역(異域)圐 ①다른 나라의 땅. ¶이역에서 고향을 그리워하다. ②제 고장에서 멀리 떨어진 다른 곳. 이경(異境).

이:역-만리(異域萬里)[-영말-]圐 다른 나라의 아주 먼 곳.

이역부득(移易不得)[-뿍-]圐〔하형〕 달리 변통할 도리가 없음. 솸이역부득.

이연(怡然)'이연하다'의 어근.

이연(移延)圐〔하타〕 (시일이나 기일 따위를) 차례로 뒤어나 나감.

이:연(異緣)圐 〔불가사의한 인연이라는 뜻으로〕 '남녀의 인연'을 이르는 말.

이연(離緣)**圀**[하자] ①☞이혼. ②☞파양.

이연^계:정(移延計定)[-게-/-게-]**圀** 회계에서, 한 기(期)의 손익 계산에서 차기로 이월해야만 될 자산·부채를 위해 설정하는 계정.

이연^부:채(移延負債)**圀** 회계에서, 이미 수익으로 기장된 것 중에서 아직 그 기간의 이익으로 계산하지 않고 차기 이후의 수익으로 하기 위하여 이연된 부분.

이:연지사(已然之事)**圀** 이미 그렇게 된 일.

이연-하다(怡然-)**쥉어** 기뻐 좋아하다. ¶장쇠 이연하여 계모 따라 나서는데 거동 보소. 이연-히**囝**.

이열(怡悅)**圀**[하됨] 즐겁고 기쁨.

이:열치열(以熱治熱)**圀**[하자] 〔열은 열로써 다스린다는 뜻으로〕'힘에는 힘으로, 또는 강한 것에는 강한 것으로 상대함'을 이르는 말. ¶이열치열이라고, 삼복에는 뜨거운 삼계탕이 그만이지.

이:-염기산(二塩基酸)**圀** 황산·황화수소·탄산 따위와 같이 한 분자 속에 금속 원자와 바꿀 수 있는 수소 원자 2개를 가진 산.

이:영보래(以影補來)**圀** '형(影)' 자의 'ㅎ'으로써 '래(來)' 자의 'ㄹ'을 깁는다는 뜻으로, '동국정운'에 규정되어 있는 한자음 표기법. 한자의 'ㄹ' 받침이 들어가는 글자는 중국에서는 'ㄷ'으로 발음되는 입성자(入聲字)인데, 이것을 'ㄹ'로 발음하면 입성이 되지 못하므로, 폐쇄음인 'ㅎ'을 'ㄹ' 뒤에 병서하여 입성이 되게 하자는 표기법임.〔八밣·日삟·戌슗·佛뿛 따위.〕

이영차[갑] (여러 사람이 무거운 물건을 움직이거나 옮길 때) 한목에 기운을 돋우려고 함께 지르는 소리. ¶두 아저씨가, "이영차!" 하고 외치며 큰 냉장고를 마주 들어 옮겼다. ⑫여차·영차·이여차.

이오[조] 자음으로 끝난 체언에 붙는 하오체의 종결형 서술격 조사. ⑤무엇을 단정하여 일러 주는 뜻을 나타냄. ¶이게 우리 집이오. ⑥묻는 뜻을 나타냄. ¶무슨 사건이오? 철요³.

이오니까[조] 자음으로 끝난 체언 뒤에 쓰이어, 현재의 상태를 묻는 합쇼체의 예스러운 종결형 서술격 조사. 《모음이나 높임의 '-시-' 뒤에서는 '이'가 생략되기도 함.》 ¶그가 사람이오니까? 철이니까.

이오니아-식(Ionia式)**圀** 고대 그리스의 3대 건축 양식의 하나. 도리스식보다 뒤늦게 이오니아 지방에서 이룩됨. 기둥에는 주춧돌이 있고 기둥머리가 곡선으로 된 와형(渦形)이며, 우아한 것이 특징임. 철도리스식·코린트식.

이오이다[조] 자음으로 끝난 체언에 붙어, '입니다'의 뜻을 보다 정중하게 이르는 합쇼체의 종결형 서술격 조사. 《모음 뒤에서는 '이'가 생략되기도 함.》 ¶상쾌한 아침이오이다. ⑫이와다. 철오이다.

이온(ion)**圀** 양(陽) 또는 음(陰) 전기를 띠는 원자나 원자단을 통틀어 이르는 말. 〔양극으로 향하는 것을 음의, 음극으로 향하는 것을 양이온이라고 함.〕

이온-설(ion說)**圀**☞전리설(電離說).

이온-화(ion化)**圀**[하자되][되자] 원자 또는 원자단이 대전하여 이온으로 되는 일. 전리(電離).

이온화 상자(ion化箱子) 방사선에 의한 기체의 이온화 작용을 이용하여 방사선을 전기적으로 검출하거나, 그 세기·조사량(照射量)·에너지 따위를 측정하는 장치. 전리 상자(電離箱子).

이올시다[-씨-]**조** 자음으로 끝난 체언에 붙어, '입니다'의 뜻을 보다 정중하게 나타내는 합쇼체의 종결형 서술격 조사. 《모음 뒤에서는 '이'가 생략되기도 함.》 ¶제 자식이올시다. 철이올시다.

이옵나이다[-옴-]**조** 자음으로 끝난 체언에 붙어, '이올시다'의 뜻을 더 높여 이르는 종결형 서술격 조사. ¶제 여식이옵나이다.

이옵니다[-옴-]**조** 자음으로 끝난 체언에 붙어, '입니다'의 뜻을 높여 이르는 종결형 서술격 조사. ¶제가 그린 그림이옵니다.

이:와전와(以訛傳訛)**圀**[하자] 거짓말에 또 거짓말이 더해져 자꾸 거짓으로 전해 감. ¶그 소문은 이와전와하여 걷잡을 수가 없었다.

이완(弛緩)**圀**[하자] ①(근육이나 신경 따위가) 느즈러짐. ②(주의나 긴장 따위가) 풀리어 느슨해짐. ¶이완 감정(感情)./긴장이 이완되다. ↔긴장(緊張).

이:왕(已往)**Ⅰ圀** 지나간 때. 이전(以前). ¶이왕의 일은 생각하지 말자. **Ⅱ囝** 〈이왕에〉의 준말. 기왕(旣往). ¶이왕 하는 김에 끝을 맺읍시다.

이왕(易往)**圀** 아미타불의 본원(本願)에 의하여 극락정토에 쉽게 왕생하는 일.

이:왕-에(已往-)**囝** 이미 그렇게 된 바에. 기왕에. 이미. ¶이왕에 만났으니, 서로 지난 이야기나 합시다. ⑥이왕.

이:왕-이면(已往-)**囝** 이미 그리하게 된 바에는. 기왕이면. ¶이왕이면 잘해 보자.

이:왕지사(已往之事)**圀** 이미 지나간 일. 기왕지사. 이과지사(已過之事).

이:외(以外)[-외/-웨]**圀** 어떤 범위나 한도의 밖. 이 밖. 그 밖. ¶관계자 이외 출입 금지.

이외다[-외/-웨-]**조** 〈이오이다〉의 준말. ¶제 소생이외다.

이요[조] 자음으로 끝난 체언에 붙어, 둘 이상의 사물을 대등적으로 나열하는 뜻을 나타내는 연결형 서술격 조사. 《모음 뒤에서는 '이'가 생략되기도 함.》 ¶당신은 꽃이요, 나는 나비로다. 철요³.

이:욕(利慾)**圀** 이익을 탐하는 욕심.

이:용(利用)**圀**[하타][되자] ①물건을 이롭게 쓰거나 쓸모 있게 씀. ¶강물을 이용한 수력 발전. ②방편으로 하거나 남을 부려 씀. ¶남을 이용하다./학문을 출세의 도구로 이용한다.

이용(移用)**圀**[하타] 세출 예산에 세워 놓은 각 부(部)·국(局) 또는 부·국 내의 각 항목의 경비를 필요에 따라 다른 부·국 또는 다른 항목으로 돌려쓰는 일.

이용(理容)**圀** 이발과 미용. 흔히, 남자의 조발(調髮)·면도 따위를 이름.

이:용-후생(利用厚生)**圀** 기구를 편리하게 쓰고 먹을 것과 입을 것을 넉넉하게 하여, 국민의 생활을 나아지게 함.

이우(移寓)**圀**[하자] 딴 곳으로 옮겨 몸을 붙여 삶.

-이우- [접미](사동화 접미사 '이'와 '우'가 어우러진 꼴로) 일부 동사나 형용사를 사동사로 만드는 구실을 하는 말. 〔세우다(서+이우+다)·키우다(크+이우+다) 따위.〕

이우다[타] ('이다'의 사동) 머리 위에 이게 하다. ¶보통이를 머리에 이우다.

이운(移運)**圀**[하타][되자] ①자리를 옮김. ②부처를 옮겨 모심.

이울다[이우니·이울어]**자** ①꽃이나 잎이 시들다. ②점점 쇠약해지다. ¶국운이 이울다. ③해나 달의 빛이 약해지거나 스러지다.

이웃[-욷]團 ①가까이 있는 곳. 인근(隣近). ¶이웃 마을. ②가까이 사는 사람, 또는 그 집. ¶이웃끼리 잘 지내다. ③가까이 있어 경계가 서로 맞닿아 있음. ¶이웃 나라. ④가까이 있음. 가까이 삶. ¶우리 집은 동사무소와 이웃하고 있다. 인비(隣比). *이웃이[-우시]·이웃만[-운-]

이웃-사촌(-四寸)[-욷싸-]團〔먼 데 사는 사촌보다 이웃에 사는 남이 더 가깝다는 말로〕 정분이 두터운 이웃을 이르는 말.

이웃-집[-욷찝]團 이웃하여 사는 집. 인가(隣家). 이웃집 개도 부르면 온다(俗)〕 불러도 못 들은 체하는 사람을 두고 핀잔하는 말. 이웃집 며느리 흉도 많다(俗)〕 늘 가까이 있고 잘 아는 사이일수록 상대편의 결점이 눈에 더 많이 띈다는 말.

이웃(옛)이웃. ¶이우지 업거니(楞解3:37).

이:원(二元)團 ①두 가지의 요소. ②철학에서, 사물이 두 개의 다른 근본 원리로 이루어져 있다고 생각할 때의 그 '두 원리'를 뜻함. ③수학에서의 두 개의 미지수. ¶이원 3차 방정식. ④근거가 되는 두 곳. ¶이원 방송으로 중계하다.

이:원(利源)團 이익이 생기는 근원.

이원(梨園)團 ①배나무 동산. ②본디는 당(唐)나라 때의 배우(俳優) 양성소로서〕 '배우들의 사회'나 '연극계'를 이르는 말.

이:원-권(以遠權)[-꿘]團〔항공 협정에 따라 인정되는 권리로서〕 항공 협정을 맺은 상대국 내의 지점에서 다시 제3국으로 여객이나 화물을 운송할 수 있는 권리.

이:원-론(二元論)[-논]團 ①〔철학에서, 주관과 객관, 정신과 물질, 천지, 음양 따위와 같이〕 서로 대립하는 두 개의 원리로써 실재(實在)의 개별적 부분 또는 전체를 설명하는 이론. ②우주의 근본 원리를 정신과 물질로 삼는 설. 데카르트의 물심 이원론이 대표적임.

이:원-제(二院制)團〈이원 제도(二院制度)〉의 준말. 양원제.

이:원^제:도(二院制度)團 ⇨양원 제도(兩院制度). 圗이원제.

이:월(二月)團 한 해의 둘째 달. 圖묘월·중춘·중양(仲陽).

이월(移越)團하타 되자〔옮기어 넘긴다는 뜻으로〕 ①부기에서, 계산의 결과를 다음 쪽으로 넘기는 일. ②회계에서, 한 회계 연도의 순손익금, 또는 남은 돈을 다음 기로 넘기는 일.

이:월^혁명(二月革命)[-형-]團 ⇨삼월 혁명(三月革命).

이:유(理由)團 까닭. 사유.

이:유(離乳)團하자타 되자 젖먹이가 자라서 젖을 먹지 않게 됨, 또는 먹지 못하게 젖을 뗌.

이:유-기(離乳期)團 젖먹이의 젖을 떼는 시기. 보통, 태어난 지 6〜7개월부터 시작함.

이:유-부(理由符)團 이유표.

이:유-식(離乳食)團 젖먹이의 이유기에 먹이는, 젖 이외의 음식.

이:유-율(理由律)團 ⇨충족 이유율.

이:유-표(理由標)團 수학에서, 어떤 문제나 사실을 베풀어 보인 뒤 그 까닭을 나타낼 때, '왜냐하면'의 뜻으로 쓰는 부호 ∵의 이름. 그 까닭이 되는 식 앞에 씀. 거꿀삼발점. 까닭표. 이유부(理由符).

이유화-탄소(二硫化炭素)團 ⇨이황화탄소.

이:윤(利潤)團 ①장사하여 남은 돈. 이(利). 이익(利益). ¶이윤을 남기다. ②기업의 총수익에서 모든 생산비를 뺀 나머지의 소득.

이:윤-율(利潤率)[-늘]團 총자본에 대한 이윤의 비율.

이:율(利率)團 원금에 대한 이자의 비율. 기간을 잡기에 따라 연리(年利)·월리(月利)·일변(日邊) 따위로 나뉨. 변(邊).

이:율-배반(二律背反)團 서로 모순·대립하는 두 명제가 동등한 타당성을 가지고 주장되는 일. 안티노미.

이:융^합금(易融合金)[-끔]團 (납·주석·카드뮴·창연 따위와 같이) 융점이 낮은 금속을 알맞은 비율로 섞어 만든, 융점이 더 낮은 합금. 〔맥납이나 퓨즈 따위.〕 가융 합금(可融合金).

이윽고[-꼬]團 얼마쯤 있다가. 한참 만에. ¶하늘에 먹구름이 끼더니 이윽고 빗방울이 떨어지기 시작했다.

이은-말團 ⇨구(句).

이음-매團 두 물체를 이은 자리.

이음-새團 ①두 물체를 이은 모양새. ②'이음매'의 잘못.

이음-씨團 ⇨접속사(接續詞).

이음-줄[-쭐]團 악보에서, 음높이가 다른 둘 또는 그 이상의 음표의 위나 아래에 긋는 호선(弧線). 레가토(legato)로 연주하라는 뜻을 나타내는 부호의 이름.

이음-토씨團 ⇨접속 조사(接續助詞).

이음-표(-標)團 문장 부호의 한 가지. 물결표(〜)·붙임표(-)·줄표(—)를 통틀어 이르는 말. 연결부.

이응團 한글 자모의 자음 'ㅇ'의 이름.

이:의(二儀)[-의/-이]團 ⇨양의(兩儀).

이:의(異義)[-의/-이]團 다른 뜻. 다른 의미. ↔동의(同義).

이:의(異意)[-의/-이]團 ①다른 의견. 다른 의사. ¶이의가 없다. ②모반(謀反)하려는 마음.

이:의(異議)[-의/-이]團 ①의견이나 주장을 남과 달리함, 또는 그 의견이나 주장. 이론(異論). ¶이의를 달다. /이의가 있으신 분은 발언해 주십시오. ↔동의(同議). ②남의 어떤 행위가 법률상의 효력을 갖지 않도록 반대하여, 그것을 따르지 않겠다는 뜻을 나타내는 일. ¶이의를 제기하다.

이:의^신청(異議申請)[-의-/-이-]團 법률상 인정되어 있는 절차에 따라 이의를 주장하는 행위.

이-이團 이 사람.

이:이제:이(以夷制夷)團하자〔오랑캐로 오랑캐를 제어한다는 뜻으로〕 이 나라의 힘을 빌리어 저 나라를 침.

이:익(利益)團 ①이롭고 도움이 되는 일. ¶화해를 하는 것이 피차의 이익이다. ②물질적으로 보탬이 되는 것. ¶내 손으로 직접 하는 것이 여러모로 이익이 된다. ③기업의 결산 결과 모든 경비를 빼고 남은 순소득. 이윤(利潤). ¶인건비가 올라서 이익이 크게 줄었다. ↔손실·손해.

이:익-금(利益金)[-끔]團 이익으로 남은 돈. ¶이익금의 일부를 장학금으로 내놓다.

이:익^대:표(利益代表)[-때-]團 어떤 단체에서 권익을 보장받기 위하여 의회에 뽑아 보낸 대표.

이:익^배:당(利益配當)[-빼-]團 회사 등에서, 기말 결산의 순이익을 주주에게 나누어 주는 일.

이:익^사회(利益社會)[-싸회/-싸훼]명 자유 의지로 이익을 얻으려는 목적 아래 모여 이룬 사회.〔각종 영업 조합·노동조합·영리 회사 따위가 이에 딸림.〕→공동 사회.

이:익^준:비금(利益準備金)[-준-]명 결산기(決算期)마다 순이익에서 일부를 떼어 적립하는 법정 준비금.

이:인(異人)명 ①보통 사람과는 달리 재주가 신통하고 뛰어난 사람. ②다른 사람. ¶동명(同名)이인. ③다른 나라 사람.

이:인-삼각(二人三脚)명 두 사람이 옆으로 나란히 서서 맞닿는 쪽의 발목을 함께 묶고 뛰는 경기.

이:인칭(二人稱)명 ☞제이 인칭.

이:일(異日)명 ①앞으로 올 어느 날. ②딴 날. ②타일(他日).

이:일-학(二日瘧)명 ☞이틀거리.

이임(移任)명하자되자 전임(轉任).

이:임(離任)명하자 맡아보던 일을 내놓고 그 자리를 떠남. ↔착임(着任)·취임(就任).

이입(移入)명하타되자 ①옮겨 들여옴. ②한 나라 안의 어떤 지역에 다른 지역으로부터 화물을 옮겨 들이는 일. ↔이출(移出).

이어긔대〔옛〕여기. ¶天дl 이어긔 왯더니(月釋2:27).

이자조 자음으로 끝난 체언에 붙어, 두 가지 이상의 사실을 같은 자격으로 이어 주는 접속 조사.〔모음 뒤에서는 '이'가 생략되기도 함.〕¶오늘이 청명이자 한식이다. /교육은 국민의 권리이자 의무다. ☞자³.

이:자(利子)명 남에게 금전을 꾸어 쓴 대가로 치르는 일정한 비율의 금전. 길미. 변리(邊利). 이문(利文). 이식(利息). ↔원금(元金).

이자(胰子)명 ☞췌장(膵臟).

이-자(-者)대 '이 사람'을 속되게 이르는 말. ¶이자를 당장 끌어내시오.

이자-관(胰子管)명 이자에서 분비되는 이자액을 십이지장으로 보내는 가는 관.

이:자-락(利子落)명 공채나 유가 증권의 이자 또는 이익 배당이 지급필(支給畢)로 된 것. ②이락(利落). ↔이자부(利子附).

이자-머리명 새창에 붙은 쇠고기의 한 가지. 열구자탕(悅口子湯)을 만드는 데 쓰임.

이:자-부(利子附)명 공채나 주식 등에 이자 또는 이익 배당이 붙어 있는 것. ②이부(利附). ↔이자락(利子落).

이자-액(胰子液)명 이자에서 분비되는 소화액. 약알칼리성으로 무색투명함. 췌액(膵液).

이:자-택일(二者擇一)명하자 ☞양자택일.

이작(移作)명하자 소작인(小作人)을 바꿈.

이:작(裏作)명 ☞뒷갈이.

이장(弛張)명하타되자 느즈러짐과 팽팽하게 켕김.

이:장(里長)명 행정 구역의 하나인 이(里)의 사무를 맡아보는 사람.

이장(移葬)명하자 무덤을 옮김. 개장(改葬). ¶선친의 묘를 선산으로 이장했다.

이:재(吏才)명 관리로서 백성을 잘 다스리는 재간. 관리의 행정적 수완.

이:재(異才)명 남다른 재주.

이:재(理財)명하자 재물을 유리하게 다루어 씀. ¶이재에 밝은 사람.

이재(罹災)명 재해를 입음. 재앙을 당함.

이재-민(罹災民)명 재해를 입은 주민. ¶이번 호우로 수많은 이재민이 발생하였다. ②재민.

이:재발신(以財發身)[-씬]명하자 재물의 힘으로 출세함.

이:재-학(理財學)명 ①☞경제학(經濟學). ②☞재정학(財政學).

이저디다[이-]자〔옛〕이지러지다. ¶입시우리 둗거우며 거두쥐며 이저디디 아니ᄒᆞ야(法華6:18).

이-적명 ①이때. 요즈음. ②☞현재(現在).

이적(夷狄)명 오랑캐.

이적(利敵)명하자 적을 이롭게 함. ¶이적 단체. /이적 행위.

이적(移籍)명하자되자 ①(혼인하거나 양자로 가서) 호적을 옮김. ②(운동선수가) 소속을 옮김.

이:적(異蹟·異蹟)명 ①이상스러운 행적. ②신의 힘으로 이루어지는 불가사의한 일. ③☞기적(奇跡).

이:적(離籍)명하타되자 호적에서 떼어 냄.〔구제도(舊制度)에서, 호주가 가족에 대하여 가족 신분을 박탈하는 법률 행위였음.〕

이적-토(移積土)명 ☞운적토(運積土).

이:전(以前)명 ①기준이 되는 일정한 때를 포함하여 그 앞(전). ¶선사(先史) 시대 이전. ↔이후. ②오래 전. 옛날. ¶이전에 살던 곳.

이:전(吏典)명〔조선 시대〕①육전(六典)의 하나. 군무(軍務) 이외의 일반 관제와 관규(官規) 및 이조(吏曹)의 여러 가지 사무를 규정한 법전. ②'이속(吏屬)'을 통틀어 이르던 말.

이:전(利錢)명 돈을 꾸어 주어 남은 돈. 길미. 이문(利文). ¶이전이 많은 장사.

이전(移轉)명하타되자 ①(처소나 주소 따위를) 다른 데로 옮김. ¶사무실 이전. ②(권리 따위를) 넘겨주거나 넘겨받음. ¶등기 이전. /소유권을 이전한다.

이전^등기(移轉登記)명 부동산의 매매·증여·상속 등의 사실에 따라 생기는 권리의 이전에 관한 등기.

이:전^소:득(移轉所得)명 이전 지급(移轉支給)에 따라 생기는 소득.

이:전^지급(移轉支給)명 재화나 용역의 급부(給付)와는 관계없이 이루어지는 지급.〔연금·실업수당·보조금 따위.〕

이전-투구(泥田鬪狗)명〔'진창에서 싸우는 개'라는 뜻으로〕①'강인한 성격'을 평하여 이르는 말. ②'볼썽사납게 서로 헐뜯거나 다투는 모양'을 비유하여 이르는 말.

이:점(利點)[-쩜]명 이로운 점.

이접(移接)명하자 ①거처를 잠시 옮겨 자리를 잡음. ②지난날, 글을 배울 때 동접(同接)을 옮김. ③자기가 딸려 있던 사정(射亭)에서 다른 사정으로 옮겨 감.

이:정(里程)명 길의 이수(里數). 도리(道里).

이정(移定)명하타되자 옮겨 정함.

이:정-표(里程表)명 육로(陸路)의 거리를 적어 놓은 표.

이:정-표(里程標)명 ①(도로·선로 등의 길가에 거리(距離)를 적어 세운 푯말이나 표석. 거리표(距離標). ②어떤 일이나 목적의 기준. ¶정표로 삼다. /이정표를 세우다.

이제 Ⅰ명 ①(말하고 있는) 바로 이때. 지금. ¶더위가 이제부터 시작이다. ②현재. ¶에나 이제나 변함이 없다.
　Ⅱ튀 바로 이때에. 지금 곧. 지금에 이르러. ¶이제 날이 새려나 보다.

이:제(裏題)명 책의 속표지에 적힌, 그 책의 제목.

이:-제공(二提栱)명 주삼포(柱三包) 집 기둥에 덧붙이는 세공받침.

이제-껏[-껃]閉 지금에 이르기까지. 여태껏. 입때껏. ¶이제껏 무엇을 했느냐?

이제나-저제나閉 언제인지 알 수 없을 때나, 어떤 일을 몹시 기다릴 때 쓰는 말. ¶이제나 저제나 소식이 올까 하여 애를 태우다. 헤이제나 하며.

이제-야閉 이제 겨우. 이제 비로소. 지금에 이르러서야 겨우. ¶이제야 좀 알 것 같다. /이제야 운이 트이나 보다.

이젝션^시:트(ejection seat)명 비행기가 사고로 추락할 때, 탑승원이 앉은 채 좌석과 함께 자동적으로 비행기 밖으로 튀어나오면서 낙하산이 펴지게 된 장치.

이:젤(easel)명 화가(畫架).

이:조(吏曹)명 고려·조선 시대의 육조(六曹)의 하나. 문관의 선임과 훈봉, 관원의 성적 고사와 포폄에 관한 일을 맡아보았음.

이:조(李朝)명 '이씨 조선'을 줄여 이르는 말. [일본인들이 '조선 왕조'를 얕잡아 일컬은 말.]

이조(移調)명하자 조옮김.

이:조^판서(吏曹判書)명 조선 시대, 이조의 정이품 으뜸 벼슬. 조이판.

이:족(異族)명 ①다른 민족. ↔동족(同族). ②성(姓)이 다른 겨레붙이.

이종(姨從)명 이모의 아들이나 딸. 이종 사촌. 헤고종(姑從).

이종(移種)명하자되자 모종을 옮겨 심음. 비이식(移植).

이:종(異種)명 ①다른 종류. ②변한 종자.

이:종^교배(異種交配)명 서로 다른 종류의 동식물을 교배시키는 일. [여기서 나오는 새로운 품종은 생식 능력이 없음.]

이종-매(姨從妹)명 자기보다 나이가 아래인, 이모의 딸.

이종-사:촌(姨從四寸)명 ☞이종(姨從).

이종-자(姨從姉)명 자기보다 나이가 위인, 이모의 딸.

이종-제(姨從弟)명 자기보다 나이가 아래인, 이모의 아들.

이종-형(姨從兄)명 자기보다 나이가 위인, 이모의 아들.

이:주(二走)명 지난날, 달음질 취재(取才)에서의 둘째 등급을 이르던 말.

이주(移住)명하자 살던 곳이나 다른 나라로 옮아가서 삶. 이거(移居). ¶해외 이주.

이:주-화(異株花)명 수꽃과 암꽃이 서로 다른 나무에서 피는 꽃. [삼나무·은행나무 따위.]

이죽-거리다[-꺼-]재 〈이기죽거리다〉의 준말. 이죽대다. 헤야죽거리다.

이죽-대:다[-때-]재 이죽거리다.

이죽-이죽[-중니-/-주기-]閉하자 〈이기죽이기죽〉의 준말. 헤야죽야죽.

이:중(二中)명 ①지난날, 시문(詩文)을 끊을 때의 등급의 한 가지. 열두 등급 중의 다섯째 등급. 이상(二上)과 이하(二下)의 중간급임. ②하자 국궁(國弓)에서, 화살 다섯 대를 쏘아 두 대를 맞히는 일.

이:중(二重)명 ①두 겹. ¶이중 창문. /적군을 이중으로 에워싸다. ②두 가지가 겹침, 또는 두 번 거듭됨. ¶이중 과세.

이:중^가격(二重價格)명[-까-]명 물가 통제 정책상, 같은 상품에 대하여 두 가지 이상의 공정 가격을 매기는 일, 또는 그 가격. [쌀의 생산자 가격과 소비자 가격, 상품의 수출 가격과 수입 가격 따위.]

이:중^결합(二重結合)명 두 개의 원자가 두 개의 원자가(原子價)로 결합되는 일. ['='또는 ':'로 표시함.]

이:중^경제(二重經濟)명 기본적으로 사기업(私企業)의 자유로운 경제 활동을 인정하면서, 정부가 대규모의 정부 사업이나 국영 기업 등을 통하여 경제 활동에 적극적으로 참여하는 경제.

이:중-고(二重苦)명 겹치는 고생. 거듭되는 고생. ¶이중고에 시달리다.

이:중-과세(二重過歲)명하자 양력의 설과 음력의 설을 둘 다 쇠는 일.

이:중-과세(二重課稅)명 동일한 과세 물건에 대하여 같은 성격의 조세를 두 번 이상 매기는 일.

이:중^국적(二重國籍)명[-쩍] 한 사람이 동시에 둘 이상의 국적을 가지는 일.

이:중^노출(二重露出)명 각각 다른 피사체를 같은 건판이나 필름에 이중으로 노출되게 촬영하는 일.

이:중^매:매(二重賣買)명 동일한 목적물을 이중으로 매매하는 일.

이:중^모:음(二重母音)명 국어에서, 소리를 내는 동안 입술 모양이나 혀의 위치가 처음과 나중이 달라지는 모음. [ㅑ·ㅕ·ㅛ·ㅠ·ㅒ·ㅖ·ㅘ·ㅙ·ㅝ·ㅞ·ㅟ 따위.] 거듭홀소리. 겹홀소리. 복모음(複母音). 중모음(重母音).

이:중^방:송(二重放送)명 한 방송국에서 전파를 달리하여 동시에 두 가지 방송을 하는 일.

이:중-상(二重像)명 ①한 물체를 볼 때 둘로 나타나는 망막(網膜)의 영상. ②두 개로 겹쳐 보이는 텔레비전의 화상(畫像).

이:중-생활(二重生活)명 ①한 사람이 직업이나 환경 따위가 크게 다른 두 가지 생활을 하는 일, 또는 한 사람이 두 곳에서 생활하는 일. ¶서울과 부산에서의 이중생활. ②한 가족의 구성원이 어떤 사정으로 서로 다른 곳에서 생활하는 일.

이:중-성(二重性)명[-씽] 하나의 사물이 동시에 가지고 있는, 서로 다른 두 가지의 성질.

이:중-성(二重星)명 육안으로는 하나로 보이나 망원경으로는 둘로 보이는 별.

이:중-성격(二重性格)명[-껵] 양면성을 띤 성격.

이:중^수소(二重水素)명 수소의 동위 원소 중에서 질량수가 2인 중수소.

이:중^압류(二重押留)명[-암뉴] 한 채권자를 위하여 압류한 채무자의 재산이나 권리를 다시 다른 채권자를 위하여 압류하는 일.

이:중^외:교(二重外交)명[-외-/-웨-]명 내각(內閣) 이외의 독립 권한을 가진 특수 기관이 외무 당국과 병립적으로 하는 외교.

이:중^의:식(二重意識)명 의식이 동시에 두 가지로 작용하는 일. [글을 쓰면서 옆 사람과 이야기하는 따위.]

이:중-인격(二重人格)명[-껵]명 ①한 사람이 전혀 다른 두 가지 성격을 지니고 때때로 다른 사람처럼 행동하는 일, 또는 그 성격. ②인격장애로 말미암아 일어나는 이상 심리.

이:중-장부(二重帳簿)명 금전의 출납·거래 따위의 실상을 감추기 위해 본디의 장부 이외에 따로 장부를 만드는 일, 또는 그 장부.

이:중^저:당(二重抵當)명 동일한 부동산에 대하여 이중으로 저당권을 설정하는 일.

이-중절(離中絕)圈 팔괘 중, 이괘(離卦)는 가운데 막대만 끊어졌다는 뜻으로 '☲'의 모양을 이르는 말. ↔감중련(坎中連).

이:중-주(重奏)圈 두 사람이 서로 같거나 다른 두 개의 악기로 합주하는 일. 이부 합주. 듀엣. ¶현악 이중주.

이:중-창(重唱)圈 두 사람이 두 개의 성부(聲部)를 동시에 또는 교대로 부르는 일. 듀엣. ¶이부 합창.

이:중-창(二重窓)圈 방한(防寒)·방음(防音) 등의 목적으로 두 겹으로 만든 창.

이:중-화:산(二重火山)圈 복성 화산(複成火山)의 한 가지. 화구(火口)나 칼데라 안에 새로운 작은 화산이 생겨난 화산.

이:중-회로(二重回路)[-회/-훼-]圈 한 회로로 송신과 수신을 동시에 할 수 있는 통신 회로.

이-즈막圈 이제까지에 이르는 가까운 지난날. ¶무슨 일로 그리 바쁜지 이즈막에는 통 만날 수가 없다. 愛요즈막.

이-즈음圈 이 사이. 준이즘. 愛요즈음.

이-즘圈〈이즈음〉의 준말. 愛요즘.

이즘(ism)圈 주의(主義). 설(說).

이증(貽贈)圈명하타 ↔추증(追贈).

이:증(痢症)圈명하타 ¶이질(痢疾).

이:증(裏症·裏證)圈 한방에서, 몸에 병이 들었을 때의 증세를 이르는 말.

이지조 자음으로 끝난 체언에 붙는 서술격 조사. 《모음 뒤에서는 '이'가 생략되기도 함.》 ①서로 다른 두 가지 사실을 견주되, 앞의 사실을 시인하는 뜻을 나타내는 연결형 서술격 조사. ¶고래는 짐승이지 물고기가 아니다. ②어떤 사실을 약간의 느낌을 담아 베풀어 말하는 뜻을 나타내는 종결형 서술격 조사. ¶잘생긴 모습이야 깔끔한 미남이지. ③묻는 뜻을 나타내는 종결형 서술격 조사. ¶내일이 며칠이지? 愛지4.

이:지(二至)圈 하지(夏至)와 동지(冬至)를 아울러 이르는 말. 愛이분(二分).

이:지(異志)圈 딴생각. 등지거나 저버릴 뜻.

이:지(理智)圈 ①감정이나 본능에 치우치지 않고 깊은 지식으로 사물을 분별하고 이해하는 슬기. ②불교에서, 진여(眞如)의 이치를 깨닫는 지혜를 이르는 말.

이지-기사(頤指氣使)圈하타 〔턱으로 가리켜 부리고, 기색(氣色)으로 시킨다는 뜻으로〕 '남을 마음대로 부림'을 이르는 말.

이:지다圈 (물고기나 닭·돼지 따위가) 살져서 기름지다.

이지러-뜨리다타 한 귀퉁이가 떨어지게 하다. 이지러트리다.

이지러-지다자 ①(물건의) 한 부분이 떨어져 없어지다. 愛아지러지다. ②(달 따위가) 한쪽이 차지 아니하다. ¶이지러진 조각달. ③얼굴이 일그러지다. ¶표정이 이지러지다.

이지러-트리다타 ¶이지러뜨리다.

이지렁-스럽다[-따][~스러우니·~스러워]형비 얄밉도록 능청맞으면서 천연스럽다. 愛야지랑스럽다. ¶이지렁스레用.

이지렁-스레用 이지렁스럽게.

이지마조 자음으로 끝난 체언에 붙어, 앞의 사실을 인정하되 그것이 뒤의 사실과는 상관이 없음을 나타내는 연결형 서술격 조사. 《모음 뒤에서는 '이'가 생략되기도 함.》 ¶봄이 지나는 바람이 꽤 쌀쌀하다. 준이지만·지만. 준지마는.

이지만조〈이지마는〉의 준말. ¶시인이지만 소설도 쓴다.

이:지-적(理智的)관圈 ①이지를 갖추고 그에 따라 행동하는 (것). ②모습이나 언행에서 이지가 풍기는 (것). ¶이지적 여성. /이지적인 모습. /얼굴이 이지적으로 생기다.

이직(移職)圈명하타 직장이나 직업을 옮김. 비전직(轉職).

이:직(離職)圈명하타 직업을 잃거나 직장을 떠남.

이:직(理直)圈명하형 이치가 곧고 바름.

이:진(二陣)圈 ①둘째의 진(陣)이나 집단. ②(경기 따위에서) 보결·후보 선수, 또는 그러한 팀. ¶이진 선수.

이:진-법(二進法)[-뻡]圈 (0·1 또는 +·-따위로 된) 두 가지 숫자로 나타내는 기수법의 한 가지. 수를 셀 때 1 다음은 한 자리 올려 10으로 적고, 다시 10이 둘 모일 때 100으로 적듯이, 둘씩 모일 때마다 한 자리씩 올려 세는 방법. 컴퓨터 등에 쓰임.

이질(姨姪)圈 ①언니나 여동생의 아들딸. ②아내의 자매의 아들딸.

이:질(異質)圈 ①성질이 다름, 또는 그 다른 성질. ↔동질(同質). ②남달리 뛰어난 재주, 또는 그런 재주가 있는 사람.

이:질(痢疾)圈 뒤가 잦고 곱똥이 나오며 항문 둘레가 당기는 병. 급성 전염병으로, 피가 섞여 나오는 것을 적리(赤痢), 흰 곱만 나오는 것을 백리(白痢)라고 한. 이증(痢症). 하리(下痢).

이질-녀(姨姪女)[-려]圈 ①언니나 여동생의 딸. ②아내의 자매의 딸.

이질-부(姨姪婦)圈 이질의 아내.

이질-서(姨姪壻)[-써]圈 이질녀의 남편.

이:질-성(異質性)[-썽]圈 서로 다른 성질이나 특성. ↔동질성.

이:질-적(異質的)[-쩍]관圈 성질이 서로 다른 (것). ¶동서의 이질적 문화. /둘 사이에는 이질적인 요소가 너무 많다.

이:질-풀(痢疾-)圈 쥐손이풀과의 다년초. 산이나 들에 절로 나는데 키는 50 cm가량. 잎은 손바닥 모양으로 갈라져 있고 검은 무늬가 있으며, 8~9월에 황홍색·홍자색·백색 등의 꽃이 핌. 민간에서 이질과 설사의 약으로 씀.

이징가미圈 질그릇의 깨어진 조각. ¶이징가미로 소꿉 살림을 차리다.

이-똥圈 오래되어 굳어 붙은 이똥.

이-쪽圈 이곳을 향한 쪽. ↔저쪽.

이-쪽圈 ¶이의 부스러진 조각.

이쪽-저쪽[-쩌-]圈 이쪽과 저쪽을 아울러 이르는 말.

이-쯤 Ⅰ圈 이만한 정도. ¶이쯤이면 충분하겠지. 愛요쯤.
Ⅱ用 이만한 정도로. ¶이쯤 해 두자. 愛요쯤.

이:차(二次)圈 ①두 번째. 비이차 모임. ②이차 모임. ③사물이나 현상이 본디 것에 대하여 부수적 관계나 처지에 있는 것. 부차(副次). ¶이번 안건에서 파생되는 이차 문제는 뒤에 따로 논의하기로 했다. ③정식·방정식·대수 곡선 따위의 차수(次數)가 2인 것. ¶이차 방정식.

이:차-곡면(二次曲面)[-공-]圈 해석 기하학에서, 삼원 이차 방정식으로 나타내는 곡면을 통틀어 이르는 말. 〔구면(球面)·뿔면·쌍곡선·타원면 따위.〕

이:차^곡선(二次曲線)[-썬]圓 해석 기하학에서, 이차 방정식으로 나타내는 곡선을 통틀어 이르는 말. 〔원·타원·쌍곡면·포물선 따위.〕

이:차^방정식(二次方程式)圓 미지수의 가장 높은 근을 가진 항(項)이 이차인 방정식. [$ax^2+bx+c=0$의 꼴로 나타남.]

이:차^산:업(二次産業)圓 ⇨제이차 산업.

이:차-색(二次色)圓 두 가지의 다른 원색(原色)이 섞이어 이루어진 색. ⑱삼차색.

이:차어피-에(以此於彼-)[투] ⇨어차어피에. ⓒ이차피.

이-차원(二次元)圓 차원의 수가 둘인 것. 곧, 길이와 폭이라는 두 방향으로 넓이를 이루어 내는 평면 같은 것.

이:차이:피-에(以此以彼-)[투] ⇨어차어피에.

이:차^전:류(二次電流)[-절-]圓 전자 유도(電磁誘導)로 이차 회로나 이차 코일 속에 유도되는 전류.

이:차^전:지(二次電池)圓 ⇨축전지(蓄電池).

이:차^코일(二次coil)圓 유도 코일이나 변압기에서 전압을 받는 쪽의 코일.

이:차피(以此彼)[투] 〈이차어피에〉의 준말. 어차피(於此彼).

이:차-회(二次會)[-회/-훼]圓 연회나 회의 따위를 한 번 연 뒤에, 그 참가자들이 다시 다른 곳에서 가지는 모임.

이:-착륙(離着陸)[-챵뉵]圓하자 이륙과 착륙을 아울러 이르는 말. ¶짙은 안개로 항공기 이착륙이 전면 중단되었다.

이찬(伊湌)圓 신라 때의 17관등의 둘째 등급. ⑱잡찬(迊湌).

이-참圓 ☞이번. ¶이참에 양복도 한 벌 사자.

이-찹쌀圓 '찹쌀'의 잘못.

이-창포(泥菖蒲)圓 창포의 한 가지. 못이나 늪 같은 데에 남. 뿌리가 굵고 살지고 희며 마디가 성김. 백창포(白菖蒲).

이:채(吏債)圓 지난날, 백성이 그 지방의 아전에게 진 빚을 이르던 말.

이:채(異彩)圓 ①이상한 빛. 색다른 빛깔. ②남다름. 뛰어남. ¶이채를 띠다.

이:채-롭다(異彩-)[-따][~로우니·~로위]혱 보기에 색다른 데가 있다. 이채로이투.

이처^흐다타〈옛〉고단해하다. 힘들어하다. ¶새 그늘 海內에서 流傳호물 이처흐노니(杜初 22:16). ⑱잋다.

이:천(二天)¹圓하자 지난날, 과거나 백일장을 보는 자리에서 한시(漢詩) 따위를 지을 때, 둘째로 지어 바치던 일.

이:천(二天)²圓 ①범천(梵天)과 제석천(帝釋天). ②다문천(多聞天)과 지국천(持國天).

이:첨-판(二尖瓣)圓 ⇨승모판.

이첩(移牒)圓하타 받은 통첩을 다른 곳으로 다시 알림, 또는 그 통첩.

이:첩-계(二疊系)[-꼐/-꿰]圓 이첩기의 지층(地層).

이:첩-기(二疊紀)[-끼] ⇨페름기.

이:첩^석탄기(二疊石炭紀)[-썩-]圓 ①이첩기와 석탄기를 아울러 이르는 말. ②이첩기와 석탄기의 중간 시대.

이체(移替)圓하자타 ①서로 갈리고 바뀜. 또는, 서로 바꿈. ②바꾸거나 돌려씀.

이:체(異體)圓 ①같지 않은 몸. 서로 다른 몸. ②⇨번체(變體).

이:체-동심(異體同心)圓 몸은 서로 다르나 마음은 한가지임.

이:체-동종(異體同種)圓 겉모양은 다르나 본바탕은 같은 것.

이:체^웅예(異體雄蕊)圓 열 개의 수술 가운데서 아홉 개는 꽃실이 서로 붙고, 남은 한 개는 떨어져 있어 두 몸으로 된 합생 웅예(合生雄蕊)의 한 가지.

이:초(二草)圓 담뱃잎을 한 번 딴 뒤, 그 줄기에서 다시 돋은 잎으로 만든 잎담배.

이:초(異草)圓 이상한 풀이나 화초.

이:초(離礁)圓하자 항해 중에 암초에 걸려 좌초했던 배가 암초에서 떨어져 다시 뜸.

이-촉圓 이의 뿌리. 치근(齒根).

이추(泥鰍)圓 미꾸라지.

이축(移築)圓하타 (건물 따위를) 다른 곳으로 옮겨 세움. ¶본사 건물을 이축하다.

이:출(利出)圓 본전을 빼고 남은 이익.

이출(移出)圓하타되자 ①옮겨 냄. ②한 나라 안의 어떤 지역에서 다른 지역으로 화물을 옮기는 일. ↔이입(移入).

이-출입(移出入)圓하타 이출과 이입을 아울러 이르는 말.

이-춤圓 옷을 두껍게 입거나 물건을 몸에 지녀 가려워도 긁지 못하고 몸을 일기죽거리며 어깨를 으쓱거리는 짓. ¶이춤을 추다.

이:충기대(以充其代)圓하자 실물이 아닌 딴 물건으로 대신 채움.

이:취(泥醉)圓하자 술에 곤드레만드레 취함.

이:취(異臭)圓 이상한 냄새. 싫은 냄새.

이-취임(離就任)圓 이임과 취임을 아울러 이르는 말.

이:측(離側)圓하자 부모의 슬하를 떠남.

이:층(離層)圓 '떨켜'로 순화.

이:층-장(二層欌)[-짱]圓 두 층으로 된 장.

이:층-집(二層-)[-찝]圓 단층 위에 한 층 더 올려 지은 집.

이-치(齒)圓 한자 부수의 한 가지. '齡'·'齬' 등에서의 '齒'의 이름.

이:치(理致)圓 사물의 정당한 조리. 도리에 맞는 근본 뜻. 이(理). ¶자연의 이치. /이치에 어긋나는 말.

이-치 '이 사람'을 얕잡아 이르는 말. ¶이치는 누군데 나서는 거야.

이치다자〈이아치다〉의 준말.

이치다자〈옛〉가빠하다. 시달리다. ¶ㅂ롬의 이치여 이제야 왓숩늬(新語1:12).

이:-칠일(二七日)圓 두이레.

이:칭(異稱)圓 달리 일컫는 말.

이카오(ICAO)圓 국제 민간 항공 기구. [International Civil Aviation Organization]

이커서니캄 힘을 써서 무거운 물건을 번쩍 들 때 내는 소리. ⑱아카사나.

이코노마이저(economizer)圓 연료를 절약하기 위하여 보일러와 굴뚝의 중간이나 연도(煙道)의 도중에 많은 수관(水管)을 붙여 폐열을 이용하는 급수 가열 장치.

이퀄(equal)圓 등호(等號) '='의 이름. 같음표.

이:큐(EQ)圓 ⇨감성 지수(感性指數). [Emotional Quotient]

이크캄 ①당황하거나 놀랐을 때 내는 소리. ②남을 슬쩍 추어주면서 비웃을 때 내는 소리.

이키캄 〈이키나〉의 준말.

이키나캄 뜻밖의 일을 보고 놀랐을 때 지르는 소리. ¶이키나, 뱀이다. ⓒ이키.

이타(弛惰) '이타하다'의 어근.

이:-타(耳朶)圓 ⇨귓불¹.

이:타(利他)[명] ①[하자]자기를 희생하여 남을 이롭게 함. 타애. ↔이기(利己). ②불교에서, 공덕과 이익을 베풀어 중생을 구제하는 일.

이:타-주의(利他主義)[-의/-이][명] ☞애타주의. ↔이기주의.

이타-하다(弛惰)—[형여] 마음이 느슨하고 게으르다.

이탄(泥炭)[명] ☞토탄(土炭).

이:탈(離脫)[명][하자타][되자] 떨어져 나가거나 떨어져 나옴. 관계를 끊음. 탈리. ¶ 대열에서 이탈하다.

이탓-저탓[-탇저탇][명][하자] 이리 탓하고 저리 탓함. ¶ 이탓저탓은 이제 그만하고 어서 일이나 시작하게. ☞요탓조탓. *이탓저탓이[-탇쩌타시]·이탓저탓만[-탇쩌탄-]

이태[명] 두 해.

이태리(伊太利)[명] '이탈리아(Italia)'의 한자음 표기. 준이(伊).

이태리-포플러(伊太利poplar)[명] 버드나뭇과의 낙엽 활엽 교목. 미루나무와 비슷하며, 산기슭의 비옥한 땅에서 잘 자람. 유럽 원산으로, 성냥개비·건축재·가로수 따위에 쓰임. 양버들.

이탤릭(italic)[명] 서양 활자체의 한 가지. 오른쪽으로 조금 비스듬한 글자체. 강조할 어구나 외국어·학명 따위를 두드러지게 나타내는 데 쓰임. 쌜사체(斜體).

이테르븀(ytterbium)[명] 희토류 원소의 한 가지. 가돌리나이트나 제노타임 따위의 광석에 들어 있는데 순수한 산화물로서 얻어짐. [Yb/70/173.04]

이:토(吏吐)[명] ☞이두(吏讀).

이토(泥土)[명] 진흙.

이-토록[부] 이러하도록. 이런 정도로까지. 이와 같이. ¶ 그리움이 이토록 사무칠 줄이야.

이:투(吏套)[명] ☞이두(吏讀).

이트륨(yttrium)[명] 희토류 원소의 한 가지. 가돌린석의 주성분이며, 모나자이트·제노타임 따위에 많이 들어 있는 은백색의 금속. [Y/39/88.9059]

이튿-날[-튼-][명] ①어떤 일이 있은 다음의 날. 뒷날. ¶ 밤새 이가 아프더니 이튿날 아침에는 말짱했다. ②둘쨋날. 이튿째의 날. ③〈초이튿날〉의 준말. 준이틀날¹.

이틀¹[명] ①두 날. 양일(兩日). ¶ 이틀을 꼬박 굶었다. /나는 이틀에 한 번은 꼭 목욕한다. ②〈이튿날〉·〈초이튿날〉·〈초아흐렛날〉의 준말.

이-틀²[명] 이가 박혀 있는 아래위의 턱뼈.

이틀-거리[명] 이틀씩 걸러서 앓는, 좀처럼 낫지 않는 학질. 당고금. 이일학(二日瘧). 해학(痎瘧).

이-틈[명] 이와 이 사이의 틈.

이:파(異派)[명] 다른 유파.

이파리[명] 살아 있는 나무나 풀의, 넓이가 있는 낱 잎. ⑪잎사귀.

이:판(吏判)[명] 〈이조 판서〉의 준말.

이:판(理判)[명] 불교에서, 속세를 떠나 도를 닦는 데 마음을 기울이는 일.

이판-사판[명] 막다른 데에 이르러 더는 어찌할 수 없게 된 판. ¶ 어차피 이판사판이니까 후회나 없도록 저질러 놓고 보는 거야.

이판-암(泥板岩)[명] 수성암의 한 가지. 점토가 엉겨 붙어서 된 암석. 혈암(頁岩). 셰일(shale).

이:판-화(離瓣花)[명] ☞갈래꽃. ↔합판화.

이:판화-관(離瓣花冠)[명] ☞갈래꽃부리. ↔합판화관.

이:판화-악(離瓣花萼)[명] ☞갈래꽃받침. ↔합판화악.

이:팔-월(二八月)[명] 민간에서, 2월에 눈비가 오는 정도에 따라 그해 8월에 비가 많이 오고 적게 온다고 하여 2월과 8월이 맞섬을 이르는 말.

이:팔-청춘(二八靑春)[명] 나이가 열여섯 살가량 된 젊은이.

이:팝-나무[-팝-][명] 물푸레나뭇과의 낙엽 교목. 산이나 들에 나는데, 높이는 20m가량. 잎은 길둥글며 마주남. 늦봄에 흰 꽃이 피고, 열매는 가을에 보랏빛으로 익음. 정원수나 풍치목(風致木)으로 심음.

이:팥-[명][팥의 한 종류. 알이 조금 납작하고 길며, 빛이 검붉고 품질이 낮음. *이:팥이[-파치]·이:팥을[-파틀]·이:팥만[-판-]

이펙트(effect)[명] ('효과'·'영향'의 뜻으로) 연극이나 방송 등에서의 음향 효과.

이-편(-便)[대] ①이쪽. ¶ 동생은 쏜살같이 이편으로 뛰어왔다. ②자신이 스스로 '자기'를 좀 대접하여 이르는 말. ¶ 이편이 잘못했네.

이폐(弛廢)[명][폐-/폐][하자] 느즈러지고 거칠어짐.

이:폐(貽弊)[-폐/-폐][명][하자] 남에게 폐를 끼침.

이:포역포(以暴易暴)[명] 〔횡포한 사람으로 횡포한 사람을 바꾼다는 뜻으로〕 나쁜 사람을 갈아치운다면서 또 나쁜 사람을 들여세운다는 말.

이:-푼(二-)[명] 인쇄에서, 활자나 공목 따위의 크기의 한 가지. 전각의 반. 반각(半角).

이:-풀[명] 입쌀가루로 쑨 풀.

이:품(異稟)[명] 남달리 뛰어난 성품.

이:풍(異風)[명] ①이상스러운 기풍. ②☞이속(異俗).

이풍-역속(移風易俗)[-녁쏙][명][하자] 풍속을 보다 좋게 고쳐 바꿈.

이:피-반(EP盤)[명] 1분간에 45회 회전하는 음반. 도넛판. [extended play]

이:피-화(異被花)[명] 꽃받침이 초록색이고 꽃잎이 초록색 이외의 빛깔인 꽃. ↔등피화(等被花).

이:필(吏筆)[명] 지난날, 아전들이 쓰던 글씨체. 일정한 서체에 따르지 않고 겉보기에만 곱고 미끈하게 썼음.

이:필(異筆)[명] 필적(筆跡)이 다름. 한 사람의 필적이 아님.

이필-지다(異筆-)[자] 한곳에 쓴 글씨가 서로 다르다.

이:하(二下)[명] 지난날, 시문(詩文)을 끊을 때의 등급의 한 가지. 열두 등급 중의 여섯째 등급. 이중(二中)과 삼상(三上)의 중간급임.

이:하(以下)[명] ①(어떤 수량·단계 따위가) '그것을 포함하여, 그것보다 적거나 아래임'을 나타냄. ¶ 50세 이하의 여성. /18세 이하 관람 불가. ②그것보다 정도가 덜하거나 아래임. ¶ 수준 이하의 작품. ③다음에 말할(적을) 내용. ¶ 이하 생략. ↔이상(以上).

이:하부정관(李下不整冠)[명] ('자두나무 밑에서 관을 고쳐 쓰지 말라'는 뜻으로) 남의 의심을 받을 일을 하지 말라는 말. '문선(文選)'의 '군자행(君子行)'에 나오는 말임.

이:하-선(耳下腺)[명] 구강(口腔) 안에 있는 세 개의 침샘 가운데 가장 큰 침샘. 분비되는 맑은 점액이 없어 물 같고, 단백질과 효소가 많음. 귀밑샘.

이:하선-염(耳下腺炎)[-념]명 침샘, 특히 이하선에 염증이 부어오르는, 여과성 병원체에 의한 전염병.

이:학(異學)명 이단(異端)의 학문.

이:학(理學)명 ①자연 과학을 통틀어 이르는 말. ②원리를 연구하는 학문이라는 뜻으로 '철학'을 이르는 말. ③☞생리학(生理學).

이:학^병기(理學兵器)[-뼝-]명 과학 병기 중에서 전기나 광선 따위를 이용하여 만든 병기.

이:학-부(理學部)[-뿌]명 대학의 학부의 한 가지. 수학·천문·물리·화학·생물·지질·광물 따위의 학과를 포함함.

이:한(離韓)명하자 한국에서 떠남.

이:합(離合)명하자 헤어짐과 모임. 이합집산.

이:합-사(二合絲)[-싸]명 외겹실.

이:합-집산(離合集散)[-찝싼]명 헤어짐과 모임. 헤어졌다 모였다 함. 이합. ¶ 선거철이 되면 정치인들이 이합집산을 한다.

이항(移項)명하타되자 ①항목(項目)을 옮김. ②수학에서, 등식의 한 변에 있는 항을 부호를 바꾸어 다른 변으로 옮기는 일.

이:항-식(二項式)명 두 개의 항으로 된 정식(整式).

이:항^정:리(二項定理)[-니]명 이항식을 오름차순으로 전개하는 방법을 나타낸 정리.

이-해명 ①바로 앞에서 이야기한 해. ¶ 딸아이가 태어난 1995년, 나는 이해를 결코 잊지 못할 것이다. ②이번 해. 올해. ¶ 이해를 넘기지 말고 일을 마무리 짓자.

이:해(利害)명 이익과 손해. ¶ 이해를 분명하게 따지다. ②득실(得失).

이:해(理解)명하타되자 ①사리를 분별하여 앎. ②(말이나 글의 뜻을) 깨쳐 앎. ¶ 이해하기 어려운 책. ③☞양해(諒解). ¶ 친구들에게 이해를 구하고 자리에서 먼저 일어났다.

이:해-간(利害間)[-깐]명 해가 되거나 득이 되거나 간에. ¶ 이해간에 따질 것은 따져야지.

이:해-관계(利害關係)[-계/-게]명 서로 이해가 미치는 사이의 관계. ¶ 이해관계가 복잡하게 얽힌 사건.

이:해관계-인(利害關係人)[-계-/-게-]명 어떤 사실의 유무(有無) 또는 어떤 행위나 공공기관의 처분 등으로 말미암아 자기의 권리나 이익에 영향을 받는 사람.

이:해-관두(利害關頭)명 이해관계가 결정되는 고비.

이:해-득실(利害得失)[-씰]명 이로움과 해로움 및 얻음과 잃음. ¶ 이해득실을 따지다.

이:해-력(理解力)명 사리를 분별하여 아는 힘. ¶ 이해력이 부족하다. /이해력을 알아보는 문제.

이:해-상반(利害相半)명하여 이익과 손해가 어금지금함.

이:해-설(利害說)명 이해관계에 대한 관심을 사회 현상의 원동력이라고 주장하는 사회학설.

이:해-심(理解心)명 남의 사정이나 형편을 잘 헤아려 주는 마음. ¶ 이해심이 많은 청년.

이:해-타산(利害打算)명 이익과 손해를 이모저모 따져 셈함.

이:핵(離核)명 과실의 살과 떨어져 있는 씨.

이행(易行)명하여 실행하기 쉬움. ↔난행(難行).

이행(移行)명하자 (어떤 현상이 다른 현상으로) 옮아감. 변해 감. 추이(推移).

이:행(履行)명하타되자 ①실제로 행함. 말과 같이 함. ¶ 약속 이행. ②법적 의무의 실행. 채무 소멸의 경우의 변제(辨濟)를 이름.

이행-도(易行道)명 불교에서, 염불을 외움으로써 아미타불의 자비에 의하여, 곧 타력(他力)에 의하여 쉽게 깨달음에 이르는 방법을 이르는 말. ↔난행도(難行道).

이:행^불능(履行不能)[-릉]명 채권 성립 때에 가능했던 급부가 그 뒤에 불능이 되는 일.

이:행정^기관(二行程機關)명 내연 기관에서, 피스톤의 한 번 왕복으로 한 사이클을 완료하는 기관. 주로, 오토바이 같은 소형 기관에 쓰임.

이:향(異香)명 이상야릇하게 좋은 향기.

이:향(異鄕)명 낯선 고장. 타향(他鄕).

이:향(離鄕)명하자 고향을 떠남. ↔귀향(歸鄕).

이:허(里許)명 십 리쯤. 십 리쯤 되는 곳.

이:현령비현령(耳懸鈴鼻懸鈴)[-녕-녕-녕]〔귀에 걸면 귀걸이 코에 걸면 코걸이라는 뜻으로〕 어떤 사실이 이렇게도 저렇게도 해석됨을 이르는 말. 爲귀.

이:형(異形)명 ①이상야릇하게 생긴 모양. ②보통과 다른 모양.

이:형-관(異形管)명 구부러지거나 갈라지는 곳을 이을 때 쓰는 관. 〔'T'자 관, 'Y'자 관 따위.〕

이:형^배:우자(異形配偶子)명 유성 생식(有性生殖)을 하는 식물의 두 배우자가 서로 모양이나 크기가 다른 것. ↔동형 배우자.

이:형^분열(異形分裂)명 염색체 수가 반으로 줄어드는 세포 분열. 감수 분열.

이:형질(異形質)명 생물의 세포에서 특수한 기능을 하는, 원형질이 변해서 된 세포 내용물.

이혜(泥鞋)[-혜/-혜]명 ☞진신.

이:혼(離婚)명하자 생존 중인 부부가 서로의 합의나 재판상의 청구에 따라 부부 관계를 끊는 일. ↔결혼.

이:혼-병(離魂病)[-뼝]명 ☞몽유병(夢遊病).

이:화(李花)명 ①자두나무의 꽃. ②대한 제국 때, 관리들이 쓰던 휘장.

이화(梨花)명 배나무의 꽃. 배꽃.

이:화(異化)명 ①〈이화 작용〉의 준말. ②두 감각을 시간적·공간적으로 가깝게 했을 때, 그 둘의 질적·양적인 차이가 더욱 두드러지게 나타나는 일. ③한 단어 안에서, 같거나 비슷한 두 음이 이웃하여 있을 때, 그 가운데 한 음을 다른 음으로 바꾸거나 탈락시켜, 발음의 단조로움을 피하는 음운 현상. 〔'붑>북'에서의 'ㅂ,ㅂ→ㅂ,ㄱ'은 자음의 이화이며, '서르>서로'에서의 'ㅡ,ㅡ→ㅡ,ㅗ'는 모음의 이화임.〕 ↔동화(同化).

이:화(罹禍)명하자 재앙을 당함.

이:화-명충(二化螟蟲)명 한 해에 두 번 우화(羽化)하는 명충. 벼의 큰 해충(害蟲)임. 명충나방.

이-화산(泥火山)명 땅속에서 가스가 솟아 나올 때 함께 나온 진흙이 쌓여 생긴 작은 산. 유전(油田) 지역에서 흔히 볼 수 있음.

이:화-성(二化性)[-썽]명 한 해에 두 번 우화(羽化)하는 성질. 爲다화성·일화성.

이:화^수정(異花受精)명 식물이 같은 나무의 다른 꽃이나 다른 나무의 꽃으로부터 꽃가루를 받아 수정하는 현상.

이:화^작용(異化作用)명 생물의 물질대사 가운데, 체내의 복잡한 화합물을 간단한 물질로 분해하는 작용. 준이화.

이화-주(梨花酒)명 배나무의 꽃을 넣고 빚은 술. 백운향(白雲香).

이:-화학(理化學)명 물리학과 화학.

이:환(耳環)명 귀고리.

이:환(罹患)명하자 병에 걸림. 이병(罹病).

이환-율(罹患率)[-눌]圀 일정한 기간 내의 평균 인구에 대한 질병 발생 건수의 비율.

이:황화-탄소(二黃化炭素)圀 탄소와 황의 화합물인 무색투명한 액체. 인조견 제조의 원료, 또는 살충제 및 지방·고무·수지 등을 녹이는 데 쓰임. 이유화탄소(二硫化炭素).

이:회(里會)[-회-훼]圀 한 동네에 관한 일을 의논하기 위하여 모이는 모임.

이회(泥灰)[-회-훼]圀 물에 이긴 석회. 장사 지낼 때, 광중(壙中)이 굳도록 흙을 메우기 전에 씀.

이:회(理會)[-회-훼]圀粵 사리를 깨달아 앎.

이회-암(泥灰岩)[-회-/-훼-]圀 모래에 진흙이 덮여서 된 석회질의 이판암(泥板岩).

이회-질(泥灰-)[-회-/-훼-]圀粵 석회를 이기어 벽을 바르는 일.

이:효상효(以孝傷孝)圀졌 효성이 지극한 나머지, 부모의 죽음을 너무 슬퍼하여 병이 나거나 죽음.

이:후(以後)圀 ①기준이 되는 일정한 때를 포함하여 그 뒤. ¶유사(有史) 이후. ②지금으로부터 뒤. 이다음. ¶이후에는 좋은 성적을 올리자. 이강(以降). ↔이전(以前).

이후(爾後)圀기후(其後).

이:흙(二黑)圀 음양설에서 이르는 구성(九星)의 하나, 곧 토성(土星)을 이름.

이히히悹 얄밉맞게 웃거나 바보스럽게 웃는 웃음소리.

익(益)圀〈익괘(益卦)〉의 준말.

익(翼)圀〈익성(翼星)〉의 준말.

익곡(溺谷)[-꼭]圀 육지의 침강(沈降)이나 해면의 상승(上昇)에 따라 육지에 바닷물이 밀려들어와 생긴 골짜기.

익공(翼工)[-꽁]圀 첨차(檐遮) 위에 소로(小櫨)와 함께 얹는, 장식한 나무.

익공-집(翼工-)[-꽁찝]圀 기둥 위에 익공을 얹어 지은 집.

익과(翼果)[-꽈]圀☞시과(翅果).

익괘(益卦)[-페]圀 육십사괘의 하나. 손괘(巽卦)와 진괘(震卦)를 위아래로 놓은 괘. 바람과 우레를 상징함. 준익(益).

익년(翌年)[잉-]圀 다음 해. 이듬해.

익다¹[-따]쭈 ①열매나 씨 따위가 다 자라서 여물다. ②오곡이 익다. ②날것이 뜨거운 열을 받아 그 성질과 맛이 달라지다. ¶덜 익은 불고기./군고구마가 먹기 좋게 익었다. ③빛거나 담근 음식물이 맛이 들다. ¶술이 익다. /총각 김치가 알맞게 익었다. ④볕이나 불을 오래 쬐거나 뜨거운 물에 담그거나 하여 살갗이 빨갛게 되다. ¶뙤약볕에 얼굴이 빨갛게 익었다.

익은 밥 먹고 선소리한다谷 사리에 맞지 않는 말을 싱겁게 하는 사람을 핀잔하여 이르는 말.

익은 밥이 날로 돌아갈 수 없다谷 일이 이미 다 되었으니 아무리 해도 소용없음을 이르는 말.

익다²[-따]쭈 ①여러 번 겪거나 치러서 익숙하다. ¶일이 손에 익다. ②여러 번 보거나 들어서 설지 않다. ¶낯이 익다. /귀에 익은 목소리.

익대(翊戴·翼戴)[-때]圀粵 받들어 정성스럽게 모심.

익더귀[-떠-]圀 새매의 암컷. ↔난추니.

익랑(翼廊)[잉낭]圀 대문의 좌우 양쪽에 잇대어 지은 행랑(行廊).

익룡(翼龍)[잉농]圀 중생대 쥐라기 초부터 백악기에 걸쳐 살았던, 하늘을 나는 파충류.

익면(翼面)[잉-]圀 날개의 표면.

익명(匿名)[잉-]圀졌 본이름을 숨김. ¶익명의 제보.

익모-초(益母草)[잉-]圀 ①꿀풀과의 이년초. 들에 절로 나는데 키는 1m가량. 줄기는 네모지고 잎은 갓 모양이거나 손바닥 모양임. 여름에 연한 홍자색 꽃이 핌. 암눈비앗. ②한방에서, '익모초의 잎과 줄기'를 약재로 이르는 말. 〔산모(産母)의 지혈이나 강장·이뇨 및 더위먹은 데 등에 쓰임.〕

익몰(溺沒)[잉-]圀粵 물에 빠져 가라앉음.

익-반죽[-빤-]圀 곡식 가루에 끓는 물을 끼얹어 가며 하는 반죽. 짠날반죽.

익벽(翼壁)[-뼉]圀 교대(橋臺)의 양쪽 둑의 흙이 무너지지 않게 하기 위하여 교대에 붙여 양 날개처럼 만든 벽체(壁體).

익사(溺死)[-싸]圀粵 물에 빠져 죽음. ¶하절기(夏節期) 익사 사고 방지 대책을 세우다.

익사-체(溺死體)[-싸-]圀 물에 빠져 죽은 사람의 시체.

익살[-쌀]圀 남을 웃기려고 일부러 하는 우스운 말이나 짓. 골계(滑稽). ¶익살을 부리다. 짠학(謔).

익살-꾸러기[-쌀-]圀☞익살꾼.

익살-꾼[-쌀-]圀 익살을 잘 부리는 사람. 익살꾸러기. 익살쟁이.

익살-맞다[-쌀맏따]쭈 익살스러운 데가 있다. ¶익살맞게 굴다.

익살-스럽다[-쌀-따][~스러우니·~스러워]쭈H 말이나 하는 짓이 우습고 재미난 데가 있다. ¶재롱을 떠는 피에로의 모습이 익살스럽다. 익살스레悹.

익살-쟁이[-쌀-]圀☞익살꾼.

익선-관(翼善冠·翼蟬冠)[-썬-]圀 임금이 평상복(곤룡포) 차림으로 정사(政事)를 볼 때 쓰던 관.

익성(翼星)[-썽]圀 이십팔수의 하나. 남쪽의 여섯째 별자리. 준익(翼).

익숙-하다[-쑤카-]쭈에 ①손에 익어서 매우 능란하다. ②자주 보거나 들어서 눈에 환하다 ¶눈을 감고도 찾아갈 만큼 익숙해진 길. ③서로 잘 알고 사귀어서 사이가 가깝다. ¶익숙한 친구. 익숙-히悹.

익실(翼室)[-씰]圀 재래식 한옥(韓屋)의 몸채에 있는 대청 좌우편에 딸려 있는 방.

익심(益甚) '익심하다'의 어근.

익심-하다(益甚-)[-]쭈에 점점 더 심하다.

익심-형(益甚形)[-씸-]圀 용언의 연결 어미의 한 갈래. 문장에서 서술되는 사실의 정도가 더하여짐에 따라 다른 일이 더욱더 나타남을 뜻함. 〔'먹을수록·갈수록·할수록' 등에서의 '(으)ㄹ수록' 따위.〕

익애(溺愛)[-]圀粵 ①몹시 사랑함, 또는 열렬한 사랑에 빠짐. ㉑혹애(惑愛). ②맹목적으로 귀여워함.

익야(翌夜)[잉냐]圀 이튿날 밤.

익우(益友)[잉-]圀 사귀어서 도움이 되는 벗. 유익한 친구. ↔손우(損友).

익월(翌月)[잉-]圀 다음 달. 이듬달.

익은-말[잉-]圀☞숙어(熟語).

익은-소리[잉-]圀☞속음(俗音).

익은-이圀☞수육.

익일(翌日)[잉-]圀 이튿날.

익자-삼요(益者三樂)[-짜-]**명** (사람이) 좋아하여 유익한 일 세 가지. 곧 '예악(禮樂)을 알맞게 지키며, 남의 착함을 들어 말하며, 어진 벗이 많음을 좋아하는 일'의 세 가지를 이름. 〔'논어'의 '이씨편(李氏篇)'에 나오는 말임.〕 ↔손자삼요(損者三樂).

익자-삼우(益者三友)[-짜-]**명** 사귀어 유익한 세 가지 유형의 벗. 곧, '정직한 벗, 신의가 있는 벗, 지식이 많은 벗'을 이름. 삼익우(三益友). ↔손자삼우.

익재-난고(益齋亂藁)[-째-]**명** 고려 공민왕 때의 학자 익재 이제현(李齊賢)의 유고(遺稿)를 모아 엮은 시문집. 〔이 책의 한 편인 '소악부(小樂府)'에 고려 가요의 한역시(漢譯詩) 11수가 실려 있음.〕

익조(益鳥)[-쪼]**명** 농작물 따위의 해충을 잡아먹거나 고기와 알을 식용으로 이바지하는 등 사람에게 직접·간접으로 유익한 새. 〔제비·까치·딱따구리 따위.〕 ↔해조(害鳥).

익조(翌朝)[-쪼]**명** 이튿날 아침.

익찬(翊贊·翼贊)**명〔허조〕** (임금의 정사를) 잘 도와서 인도함.

익충(益蟲)**명** 해충을 잡아먹거나 식물의 꽃가루를 매개하거나 하여 직접·간접으로 인간 생활에 유익한 곤충. 〔꿀벌·누에나방·잠자리 따위.〕 ↔해충(害蟲).

익효(翌曉)[이쿄] 이튿날 새벽.

익-히[이키]**부** ①(사람과의 사귐에서) 익숙하게. 익숙히. ¶그와는 익히 아는 사이다. ②(귀에) 설지 아니하게. ¶귀에 못이 박히도록 익히 들었던 말.

익-히다[이키-]**타** 〔'익다'의 사동〕 ①날것을 뜨거운 기운으로 익게 하다. ¶ 날밤을 잿불에 묻어 알맞게 익히다. ②빚거나 담근 음식물이 제 맛이 들게 하다. ¶잘 익힌 동동주.

익-히다[이키-]**타** 〔'익다'의 사동〕 익숙해지도록 하다. ¶기술을 익히다. /낯을 익히다.

인 늘 되풀이하여 몸에 배다시피 한 버릇.
  인(이) **박이다**[관용] 버릇이 되다시피하게 짙이 배거나 빠지거나 굳어지다. ¶담배에 인이 박이다.

인 체언에 두루 붙어, 그 말의 성질이나 자격을 강조하여 '…으로서'·'…으로써'의 뜻을 나타내는 관형사형 서술격 조사. ¶교사인 내 친구. /그도 사람인 이상 어찌 감회가 없겠나.

인(人)**명** ①만물지중에 인이 최귀(最貴)라. ¶〔의존 명사적 용법〕 사람을 세는 단위. ¶민족 대표 삼십삼인.

인(仁)**명** 타고난 어진 마음씨와 자애(慈愛)의 정을 바탕으로 하여 자기를 완성하는 덕(德). 〔유교의 근본 개념임.〕

인(仁)**명** ①한방에서, '식물의 씨의 겉껍질을 벗겨 낸 알맹이'를 이르는 말. ②생물의 세포핵 속에 있는 작은 구형의 구조.

인(印)**명** ①도장. 인장. ②불상의 손가락 끝으로 나타내는 여러 가지 모양의 표상. 〔깨달음이나 맹세 등을 나타냄.〕 ③〈인도(印度)〉의 준말.
  인(을) **치다**[관용] 도장을 찍다.

인(因)**명** ①어떤 일이 일어나는 원인. ②불교에서 이르는, 어떤 결과를 일으키는 직접적인 원인. ↔과(果). **한**연(緣).

인(寅)**명** ①십이지(十二支)의 셋째. 범을 상징함. ②〈인방(寅方)〉의 준말. ③〈인시(寅時)〉의 준말.

인(燐)**명** 질소족 원소의 한 가지. 황린·자린·흑린 따위가 있는데, 황린은 습한 공기 속에서 빛을 냄. 황린은 쥐약으로, 적린은 성냥 제조나 농약의 합성 등에 쓰임. 〔P/15/30.97376〕

인(in)**명** ①〈탁구·테니스 등에서〕 일정한 선의 안쪽, 또는 공이 안쪽에 있음. ②골프의, 규정된 18홀 중에서 후반의 9홀. ↔아웃.

-인(人)**접미** 일부 명사 뒤에 붙어, '그 일에 종사하거나 거기에 딸린 사람임'을 나타냄. ¶예술인. /상공인. /연극인. /한국인.

인가조 자음으로 끝난 체언에 붙어, 의문의 뜻을 나타내는 종결형 서술격 조사. 《모음 뒤에서는 '이'가 생략되기도 함.》 ¶벌써 가을인가? **한**ㄴ가.
  인가 보다[관용] 조사 '인가'에 보조 형용사 '보다'가 이어 쓰인 꼴. 짐작의 뜻을 나타냄. ¶그 소문이 사실인가 보다.

인가(人家)**명** 사람이 사는 집. 인호(人戶).

인가(姻家)**명** 인척(姻戚)의 집.

인가(認可)**명〔하다〕되자** ①(어떤 일을) 인정하여 허락함. 인허(認許). ¶인가를 받다. ②어떠한 일을 법적으로 옳다고 인정하여, 행정적으로 그 시행을 허락하는 일.

인가(隣家)**명** 이웃집.

인-가난(人-)**명** 실제로 쓸 만한 사람이 모자라서 일을 하는 데 어려움을 겪는 상태.

인가-목(-木)**명** 장미과의 낙엽 관목. 줄기는 떨기로 돋아나고, 줄기의 밑동에 가시가 많이 남. 5월에 홍자색 또는 흥백색의 다섯잎꽃이 피고, 달걀 모양의 열매가 7∼8월에 익음. 우리나라 중·북부 및 만주·사할린 등지의 높은 산에 남.

인각(印刻)**명〔하다〕되자** ①도장을 새기는 일. ②(나무·돌·쇠붙이 에) 그림이나 글자를 새기는 일.

인각(麟閣)**명** 지난날, '충훈부(忠勳府)'를 달리 이르던 말.

인간(人間)**명** ①사람. 인류(人類). ②사람의 됨됨이. ¶그는 인간이 됐어. ③사람이 사는 세상. 세간(世間). ¶환웅이 인간에 내려와서 백성을 다스리다. ④'마음에 마땅치 않은 사람'을 얕잡아 이르는 말. ¶저 인간의 말은 아무도 믿지 않는다.
  인간 만사는 새옹지마라[속담] 〔인간의 길흉화복은 돌고 도는다는 뜻으로〕 인생의 덧없음을 비유적으로 이르는 말.

인간(印刊)**명〔하다〕** 인쇄하여 책을 박아 냄, 또는 그 책.

인간-계(人間界)[-계/-게]**명** ①사람이 사는 세계. 하계(下界). **한**인계. ②불교에서 이르는, 십계(十界)의 하나. 중생의 세계. ②사바세계.

인간-고(人間苦)**명** 사람이 세상을 살아가는 데 따르는 고통이나 번뇌.

인간-고해(人間苦海)**명** '사람이 살아가는 데 괴로움이 한없이 많음'을 바다에 비유하여 이르는 말.

인간^공학(人間工學)**명** 기계나 작업 환경을 인간의 정신적·육체적인 여러 조건에 알맞도록 설계·제작·배치·조정하는 일을 연구하는 과학.

인간-관계(人間關係)[-계/-게]**명** 사회 집단이나 조직의 구성원이 빚어 내는 개인적·정서적인 관계. ¶인간관계가 원만하다.

인간-대사(人間大事)**명** ⇨인류대사.

인간^독(人間dock)**명** 건강 상태를 정밀하게 검사하기 위하여 병원에 단기간 입원하여 하는 종합 검진.

인간-문화재(人間文化財)**명** '무형 문화재 기능 보유자'를 흔히 이르는 말.

인간-미 (人間味)**명** 인간다운 정겨운 맛. ¶ 인간미가 있는 사람. /인간미가 넘치다.

인간-사 (人間事)**명** 사람이 살아가면서 겪게 되는 온갖 일들.

인간-상 (人間像)**명** ①인간으로서 갖추어야 할 모습. ②어떤 사람의 생김새·성격·행동·사상 등 모든 것을 포함한, 그 사람 전체의 모습이나 상태. ¶ 대통령의 인간상을 부각시켜 많은 이의 관심을 모으다.

인간-성 (人間性)[-썽]**명** ①사람이 타고난 본성. ¶ 인간성 회복. ②사람다운 품성. ¶ 인간성이 좋다.

인간^세:계 (人間世界)[-계/-게]**명** ☞중생계(衆生界).

인간^소외 (人間疏外)[-외/-웨]**명** 고도로 발달한 산업 사회에서, 문명의 이기로 말미암아 오히려 인간들 사이의 정신적 유대가 허물어지고 인간미가 없어져, 인간성이 소외되는 현상.

인간-애 (人間愛)**명** 인간에 대한 사랑.

인간-적 (人間的)**관명** ①사람의 성격·인격·감정 따위에 관한 (것). ¶ 인간적 욕망. ②사람다운 성질이 있는 (것). ¶ 인간적인 대접.

인간-주의 (人間主義)[-의/-이]**명** ☞인간 중심주의.

인간^중심주의 (人間中心主義)[-의/-이]**명** 인간이 우주의 중심이며 궁극의 목적이라고 여기는 세계관. 인간주의.

인간-학 (人間學)**명** ①인간에 관한 생물학적 연구. ②(인류학에 상대하여) 인간성의 본질이나 우주에서의 인간의 지위 등을 연구하는 학문.

인감 **조** '인가 뭐'가 줄어서 된 말. 자음으로 끝난 체언에 붙어, 남의 말에 의문을 품으면서 반박하는 뜻을 나타내는, 해체의 종결형 서술격 조사. 《모음 뒤에서는 '이'가 생략되기도 함.》¶ 체, 호박꽃도 꽃인감. **참** ㄴ감.

인감 (印鑑)**명** 자기의 도장임을 증명할 수 있도록 미리 관공서·거래처 등에 등록해 둔 특정한 도장의 인발.

인감-도장 (印鑑圖章)[-또-]**명** 인감 등록이 되어 있는 도장. 실인(實印).

인감^증명 (印鑑證明)**명** ①증명을 신청해 온 인발이 관공서의 인감부에 등록된 인발과 같다는 사실을 관공서에서 책임지어 증명하는 일. ②〈인감 증명서〉의 준말.

인감^증명서 (印鑑證明書)**명** 증명을 신청해 온 인발이 관공서에 이미 등록된 인발과 같음을 증명하는 서류. **준**인감 증명.

인-감질 (人疳疾)**명** 꼭 필요한 때에 일손이 모자라서 몹시 애가 타는 일.

인갑 (印匣)**명** 도장을 넣어 두는 갑.

인갑 (鱗甲)**명** ①(동물의) 비늘과 껍데기. ②어류(魚類)와 갑각류(甲殼類)를 아울러 이르는 말. ③거북이나 악어 등에서와 같은 비늘 모양의 딱딱한 껍데기.

인개 (鱗介)**명** 어류(魚類)와 패류(貝類)를 아울러 이르는 말.

인거 (引鋸)**명하**자 큰 톱을 두 사람이 밀고 당기면서 톱질함.

인건 (人件)[-껀]**명** 개인의 직무나 능력·신분 등에 관한 일.

인건^비 (人件費)[-껀-]**명** (경비 중에서) 사람을 쓰는 데 드는 비용.

인걸 **조** 자음으로 끝난 체언에 붙는 서술격 조사. 《모음 뒤에서는 '이'가 생략되기도 함.》① '이다'의 뜻으로, 이미 있는 사실에 대해 새삼스럽게 감탄하거나 어떤 결과가 자기의 생각 밖임을 나타내는 종결형 서술격 조사. ¶ 아주 멋진 계획인걸. ②앞말을 인정하면서 그것이 뒷말의 전제적 이유가 됨을 나타내는 연결형 서술격 조사. ¶ 제 잘못인걸 가지고 저렇게 우기다니. **참** ㄴ걸.

인걸 (人傑)**명** 매우 뛰어난 인재(人材). 걸출한 인물. ¶ 산천은 의구(依舊)하되 인걸은 간 데 없다(古時調).

인검 (印劍)**명** 지난날, 임금이 군사를 통솔하는 장수에게 주던 칼. 명령을 어기는 자는 보고하지 않고 죽일 수 있는 권한을 주었음.

인격 (人格)[-껵]**명** ①(말이나 행동 등에 나타나는) 사람의 품격. ¶ 훌륭한 인격을 갖춘 지도자. **비** 품성(品性). ↔신격(神格). ②온갖 행위를 함에 있어서, 스스로 책임을 질 자격을 가진 독립된 개인. ¶ 인격이 형성되다. ③법률에서 이르는, 권리·의무의 주체가 되는 자격.

인격-권 (人格權)[-껵꿘]**명** 생명·신체·자유·명예 등에 관한 권리와 같이 권리 주체와 떼어 놓을 수 없는, 인격적 이익을 누리는 것을 목적으로 하는 권리.

인격^분열 (人格分裂)[-껵뿐녈]**명** 기억이나 의식의 연락이 없고, 정신의 통일이 되지 않아 자기를 잃어버리고 때때로 이상한 증세를 나타내는 일.

인격-신 (人格神)[-껵씬]**명** (신을 의인화한 것으로) 인간적인 의식과 감정을 가진 신. [그리스 신화에 나오는 신 따위.]

인격-자 (人格者)[-껵짜]**명** 훌륭한 인격을 갖춘 사람.

인격-주의 (人格主義)[-껵쭈의/-껵쭈이]**명** 인격에 최고의 가치를 두어, 다른 모든 가치의 척도로 삼는 사상.

인격-화 (人格化)[-껴콰]**명**하**타**되**자** 사물을 감정과 의지가 있는 인간으로 간주함. **비**의인화.

인견 (人絹)**명** 〈인조견(人造絹)〉의 준말.

인견 (引見)**명**하**타** 신분이나 지위가 높은 사람이 아랫사람을 불러 봄. 만나 보는 일.

인견-사 (人絹絲)**명** 〈인조 견사〉의 준말.

인경 (←人定)**명** 조선 시대에, 밤에 사람이 거리에 다니는 것을 금하기 위하여 밤마다 이경(二更 후 10시)에 쇠북을 스물여덟 번씩 치던 일. **참**파루(罷漏).

인경 (隣境)**명** 이웃하여 있는 땅의 경계.

인경 (鱗莖)**명** ☞비늘줄기.

인계 (人界)[-계/-게]**명** ①삼계(三界)의 하나. 사람의 세계. ②〈인간계(人間界)〉의 준말.

인계 (引繼)[-계/-게]**명**하**타**되**자** (어떤 일이나 물건을) 남에게 넘겨줌, 또는 남으로부터 이어받음. ¶ 이동 발령으로 업무를 인계하다.

인계-인수 (引繼引受)[-계-/-게-]**명**하**타**되**자** ☞인수인계.

인고 **조** 자음으로 끝난 체언에 붙어, 현재의 사실과 관련하여 묻거나 나무라는 뜻을 나타내는, 해체의 종결형 서술격 조사. '인가'보다 예스러운 또는 점잖은 말투. 《모음 뒤에서는 '이'가 생략되기도 함.》¶ 이게 무슨 짓인고!/어디서 오는 길인고? **참** ㄴ고.

인고 (印稿)**명** 도장을 새기기에 앞서 종이에 쓴 도장 본.

인고 (忍苦)**명**하**자** 괴로움을 참음. ¶ 인고의 생활. /인고의 세월을 보내다.

인곤마핍 (人困馬乏)**명**하**자** (먼 길을 달려와) 사람과 말이 모두 지쳐 피곤함.

인골(人骨)몡 사람의 뼈. 해골.

인골(in-goal)몡 럭비 경기장에서, 양쪽 골라인 밖의 직사각형으로 된 지역.

인공(人工)몡 ①자연물을 사람의 힘(손)으로 달리 바꾸어 놓는 일. 인위(人爲). ②사람의 힘으로 자연물과 똑같은 것을, 또는 전혀 새로운 것을 만들어 내는 일. 인조(人造). ¶인공 심장. /인공 호수의 아름다운 경관.

인공(人共)몡 '인민 공화국'을 줄여 이르는 말.

인공^가루받이(人工-)[-바지]몡 ☞인공 수분.

인공^강:우(人工降雨)몡 인공적으로 비가 내리게 하는 일, 또는 그 비. 과냉각 구름 속에 드라이아이스·요오드화은·물 따위를 뿌려서 비가 되게 함.

인공^결정(人工結晶)[-쩡]몡 실험실이나 공장 등에서 천연의 결정체와 화학 성분이 같게 만든 결정.

인공^교배(人工交配)몡 재배 식물이나 가축의 품종 개량 등을 위하여 인공적으로 수분이나 수정이 되게 하는 일.

인공^기흉^요법(人工氣胸療法)[-뇨뻡]몡 폐결핵 치료법의 한 가지. 흉막강(胸膜腔)에 공기를 넣고 폐를 수축시켜 결핵의 치료를 촉진하는 방법. 기흉.

인공^단위생식(人工單爲生殖)몡 수정되지 아니한 난자를 물리적 자극이나 약품 처리로써 발생시키는 일.

인공^돌연변이(人工突然變異)몡 생체의 염색체나 유전자에 물리적·화학적인 자극을 주어서 인공적으로 만들어 낸 돌연변이.

인공^두뇌(人工頭腦)[-뇌/-뉘]몡 사람의 대뇌 활동을 본떠 만든 기계, 특히 컴퓨터를 이르는 말.

인공^림(人工林)[-님]몡 사람이 계획적으로 심어 가꾸어 이룬 숲. ↔자연림.

인공-미(人工美)몡 사람의 힘으로 이루어진 아름다움. ↔자연미.

인공^방:사능(人工放射能)몡 인공 방사성 원소에서 발생하는 방사능.

인공^방:사성^원소(人工放射性元素)몡 중성자(中性子)·양자(陽子)·알파 입자(α粒子) 등으로 핵반응을 일으켜서 인공적으로 만들어 낸 방사성 원소.

인공^부화(人工孵化)몡 날짐승·물고기·누에 따위의 알을 인공적으로 까는 일. ↔모계 부화(母鷄孵化).

인공^수분(人工受粉)몡 과수(果樹)나 원예 식물 가운데서 품종 개량이나 결실을 목적으로 하여, 사람의 힘으로 수꽃의 꽃가루를 암꽃술 머리에 묻히는 일. 인공 가루받이.

인공^수정(人工受精)몡 인위적으로 수컷의 정액을 채취하여 암컷의 생식기 속으로 들여보내어 수정되게 하는 일. 동물 실험, 가축의 품종 개량, 번식 등에 이용됨.

인공^심폐(人工心肺)[-폐/-폐]몡 심장 수술을 하는 동안 심장과 폐장을 대신하여 혈액 순환과 산소의 공급을 할 수 있게 만든 장치.

인공-어(人工語)몡 ①세계의 공통어가 될 것을 목표로 하여 만든 언어. 에스페란토가 대표적임. 국제어. ②어떤 기계 체계로 정보를 처리할 수 있도록 바꾸어 놓은 언어. 기계어(機械語).

인공-영양(人工營養)[-녕-]몡 ①입으로 음식물을 먹을 수 없을 때에 피하·정맥·직장(直腸) 등에 생리적 식염수·포도당액·유화 지방액 등을 주입하는 일, 또는 그 영양분. ②모유(母乳)

대신에 우유·분유 따위로 유아에게 영양을 주는 일, 또는 그 영양. ↔자연영양.

인공-위성(人工衛星)몡 지구에서 사람이 쏘아 올려 지구 둘레를 공전하고 있는 물체. 〔과학 위성·기상 위성·통신 위성·방송 위성 따위.〕 준위성.

인공^조:림(人工造林)몡 임지 조성 등의 필요에 따라, 씨앗을 뿌리거나 식목하여 인공적으로 나무를 키우는 일. ↔천연 조림(天然造林).

인공^지능(人工知能)몡 인간의 지능이 갖는 학습·추리·적응 따위의 기능을 갖춘 컴퓨터 시스템. 또는 그것을 연구하는 컴퓨터 공학의 한 분야. 에이아이(AI).

인공^진주(人工眞珠)몡 인공적으로 만들어 낸 진주. 진주조개 속에 조개껍데기 또는 은으로 만든 주핵(珠核)을 넣고 바다 속에서 기름으로써 만들어지는 진주.

인공-호흡(人工呼吸)몡 호흡이 멈추어져 가사(假死) 상태에 있거나 호흡 곤란에 빠진 사람에게 인공적으로 호흡을 시키는 일. 〔입을 통해 공기나 산소를 불어 넣는 방법, 가슴 부위를 주기적으로 움직여서 호흡을 돌이키게 하는 방법 따위.〕

인과(因果)몡 ①원인과 결과. ¶사건의 인과 관계를 밝히다. ②원인이 있으면 반드시 결과가 있게 마련이고, 결과가 있으면 반드시 그 원인이 있다는 이치. ③불교에서 이르는, 선악의 행위에는 반드시 그 업보(갚음)가 있다는 이치.

인과^관계(因果關係)[-게/-게]몡 〔사물의 생성·변화에서의〕 원인과 결과의 관계. 〔두 가지 일에서 한 현상은 다른 현상의 원인이고, 다른 한 현상은 그 결과가 되는 관계.〕

인과니조 '인고 하니'가 줄어서 된 말. 자음으로 끝난 체언에 붙어, 무엇을 지적하여 서술하려 할 때, 그에 앞서 스스로 다짐하여 묻는 형식을 취하는 연결형 서술격 조사. 《모음 뒤에서는 '이'가 생략되기도 함.》 ¶이게 무슨 책인과니 우리 가문의 족보랄까. 瞬니과니.

인과-율(因果律)몡 원인이 되는 어떤 상태가 일어나면, 결과적인 다른 상태가 필연적으로 따라 일어난다는 법칙.

인과-응보(因果應報)몡 불교에서, 과거 또는 전생의 선악의 인연에 따라서 뒷날 길흉화복의 갚음을 받게 됨을 이르는 말. 준과보.

인과-자책(引過自責)명하자 자기의 잘못을 깨닫고 스스로 책함.

인광(燐光)몡 ①황린(黃燐)이 공기 중에서 절로 내는 파란빛. ②어떤 물체에 자외선 등의 빛을 쬐었다가 그 빛을 없앤 뒤에도 그 물질에서 한동안 나오는 빛, 또는 그러한 현상.

인광(燐鑛)몡 인(燐) 성분을 많이 함유한 광물을 통틀어 이르는 말. 인회석·인회토 따위가 있으며, 인산이나 비료의 원료로 쓰임.

인교(人巧)몡 사람의 세밀하고 교묘한 솜씨.

인교(隣交)몡 이웃 또는 이웃 나라와의 사귐.

인-교대(印交代)명하자 왕조 때, 벼슬아치가 갈릴 때, 후임자에게 관인을 넘겨주던 일.

인구(人口)몡 ①한 나라 또는 일정한 지역 안에 사는 사람의 수. ¶농촌 인구. ②세상 사람의 입. 세상의 소문. ¶인구에 회자되다.

인구(印歐)몡 인도(印度)와 유럽.

인구-동:태(人口動態)몡 일정 시점으로부터 다른 시점 사이에서의 인구 변동의 상태. 출생·사망·이주(移住) 등이 그 주요 요인이 됨. 瞬인구 정태(人口靜態).

인구^밀도(人口密度)[-또]명 일정한 지역의 단위 면적에 대한 인구수의 비율. 보통 1 km² 안의 인구수로 나타냄.

인구-센서스(人口census)명 ⇨인구 조사(人口調査).

인구^어:족(印歐語族) ⇨인도게르만 어족.

인구^정:태(人口靜態)명 인구의 지리적 분포·밀도·성별·구조 등을 일정 시점의 정지한 상태에서 관찰할 때의 인구의 상태. 團인구 동태.

인구^조사(人口調査)명 일정한 시기에 전국적으로 동시에 인구의 실태를 알아보는 조사. 인구센서스.

인구-준행(因舊遵行)명하타 (어떤 일을) 옛 전례대로 좇아 함.

인구^지수(人口指數)명 해마다 또는 달마다의 인구 변동량을 나타내기 위하여 일정 시(一定時)를 100으로 하여 비교하는 수.

인구^통:계(人口統計)[-계/-게]명 인구가 나타내는 여러 현상을 알아보기 위한 통계. [인구의 분포·밀도·구조 등을 조사하는 정태(靜態) 통계와 출생·사망·전입·전출 등을 조사하는 동태(動態) 통계가 있음.]

인구^피라미드(人口pyramid)명 일정 지역 또는 사회의 인구를, 성별(性別)을 가로축으로 하고, 연령을 세로축으로 하여 만든 도표. 출생률과 사망률이 비슷하고 장기간 안정되는 경우에는 대체로 피라미드 모양을 이룸.

인국(隣國)명 이웃 나라. 인방(隣邦).

인군(人君)명 임금.

인군(隣郡)명 이웃 고을.

인권(人權)[-꿘]명 사람이라면 누구나 태어나면서부터 가지고 있는, 생명·자유·평등 등에 관한 기본적인 권리. ¶인권 탄압.

인권(引勸)명하타 불교에서, 남에게 시주(施主)하도록 권하는 일.

인권^선언(人權宣言)[-꿘-]명 1789년 8월 26일, 프랑스 국민 의회의 결의에 따라 채택된, 인간의 자유·평등 등 인권에 관한 선언.

인궤(印櫃)명 ⇨인뒤웅이.

인귀(人鬼)명 ①사람과 귀신. ②'잔인하기 이를 데 없는 사람'을 가리켜 이르는 말.

인귀-상반(人鬼相半)명하다 [반은 사람이고 반은 귀신이라는 뜻으로] '몸이 쇠약하여 뼈만 앙상하게 드러난 사람의 모습'을 이르는 말.

인근(隣近)명 가까운 곳. 이웃. ¶인근 도로. /인근 마을.

인-금(人-)[-끔]명 사람의 값어치. 사람의 됨됨이.

인기(人氣)[-끼]명 어떤 사람이나 사물에 대하여 쏠리는 사람들의 높은 관심이나 호감. 사회의 평판. ¶인기 가수. /인기를 끌다.

인기(人器)명 사람의 됨됨이.

인기-인(人氣人)[-끼-]명 (스포츠나 연예 등에서) 대중의 환심을 많이 사고 있는 사람.

인-기척(人-)[-끼-]명 ①사람이 있음을 알 수 있게 내는 소리. ②사람이 있음을 짐작할 수 있을 만한 기미. ¶방 안에서 인기척이 나다.

인기-투표(人氣投票)[-끼-]명하타 투표를 통하여 인기의 순위를 정하는 일.

인-꼭지(印-)[-찌]명 도장의 등에 있는 손잡이. 유(鈕).

인-끈(印-)명 ①인꼭지에 꿴 끈. ②조선 시대에, 병조 판서나 군문의 대장 등 병권을 가진 관원이 병부 주머니를 차던, 사슴 가죽으로 된 끈. 인수(印綬).

인-날(人-)명 '음력 정월 초이렛날'을 이르는 말. 인일(人日).

인-내(人-)명 ①사람의 몸에서 나는 냄새. ②(짐승이나 벌레 따위가) 사람에게서 맡게 되는 냄새.

인내(忍耐)명하타 (괴로움이나 노여움 따위를) 참고 견딤. ¶인내는 쓰나 그 열매는 달다.

인내-력(忍耐力)명 참고 견디는 힘. 견딜힘.

인내-성(忍耐性)[-썽]명 참고 견디는 성질. 견딜성.

인내-심(忍耐心)명 참고 견디는 마음. ¶인내심이 강하다.

인내천(人乃天)명 천도교(天道敎)의 근본 교의(敎義)로, 사람이 곧 한울님이라는 뜻. [사람마다 한울님을 모시고 있으므로 사람을 하늘과 같이 여겨야 한다고 실천 요강에서 이름.]

인년(寅年)명 태세(太歲)의 지지(地支)가 인(寅)으로 된 해. 곧, 갑인년(甲寅年)·병인년(丙寅年)·무인년(戊寅年)·경인년(庚寅年)·임인년(壬寅年)을 이름. 범해.

인-누에명 잠이 깊이 들어 허물을 갓 벗은 누에.

인당(印堂)명 관상에서, 양쪽 눈썹 사이를 이르는 말.

인대(靭帶)명 ①척추동물의 뼈와 뼈를 잇는 끈 모양의 결합 조직. 관절의 운동 및 억제 작용을 함. ②조개의 두 껍데기를 잇는 탄력성의 섬유 조직. 조개껍데기를 벌리는 작용을 함.

인-대:명사(人代名詞)명 ⇨인칭 대명사(人稱代名詞).

인덕(人德)[-떡]명 ⇨인복(人福). ¶인덕이 많은 사람. /인덕이 있다.

인덕(仁德)명 어진 덕.

인덕턴스(inductance)명 회로 내를 흐르는 전류가 변화했을 때 생기는 역기전력(逆起電力)과 전류의 변화량과의 비.

인데조 자음으로 끝난 체언에 붙어 쓰이는 서술격 조사. 《'모음 뒤에서는 '이'가 생략되기도 함.》 ①뒤의 사실을 끌어내기 위해 어떤 전제를 말하는 뜻을 나타내는 연결형 서술격 조사. ¶집에서 담근 술인데 한잔 드시려요? ②말에 남의 동의를 구하는 투로 가벼운 느낌이나 아쉬움 등을 나타내는 종결형 서술격 조사. ¶참 아까운 사람인데. 圖ㄴ데.

인덱스(index)명 색인(索引).

인도(人道)¹명 (가로에서 차도와 구별되어 있는) 사람이 다니는 길. 보도(步道). ¶시내버스가 인도로 돌진하다.

인도(人道)²명 인간으로서 마땅히 지켜야 할 도리.

인도(引渡)명하타퇴자 (물건이나 권리 따위를) 남에게 넘겨줌. ¶상품을 매수인에게 인도하다. ↔인수.

인도(引導)명하타퇴자 ①가르쳐 일깨움. 이끌어 지도함. ②길을 안내함. ③불교에서, 사람을 불도로 이끄는 일. ④불교에서, 죽은 이의 넋을 정토(淨土)로 이끌기 위하여 장례 때 중이 관 앞에서 경을 외우는 일.

인도(印度)명 '인디아'의 한자음 표기. 墬인(印).

인도게르만^어:족(Indo-German語族)명 인도에서 유럽에 이르는 지역에 퍼져 있는 대어족. [영어·독일어·프랑스 어·이탈리아 어·러시아 어·스페인 어 등 현재 유럽의 거의 모든 언어가 이에 딸림.] 인구 어족. 인도유럽 어족.

인도-고(人道苦)명 불교에서 이르는, 오고(五苦)의 하나. 인간으로 태어나서 받는 고통.

인도-고무나무(←印度gomme-)圀 뽕나뭇과의 상록 교목. 인도 원산인데 우리나라에서는 흔히 관상용으로 심음. 잎은 길둥글고 두꺼우며 어긋맞게 남. 여름에 꽃이 피고, 열매는 황록색으로 익는데 모양은 무화과와 비슷함.

인도-교(人道橋)圀 (열차 철교에 상대하여) 사람이나 자동차 따위가 건너다니게 만든 다리.

인도-교(印度教)圀 ☞힌두교.

인도-남(印度藍)圀 ☞인디고.

인도유:럽`어:족(Indo-Europe語族)圀 ☞인도게르만 어족.

인도-적(人道的)圀圀 인간으로서 마땅히 지켜야 할 도리에 관계되는 (것). ¶인도적 차원의 해결책을 찾다. 圀인도적인 처리.

인도-주의(人道主義)[-의/-이]圀 모든 인류의 공존과 복지의 실현을 꾀하려는 박애적인 사상. 휴머니즘. 웹인문주의·인본주의.

인도-지(印度紙)圀 ☞인디언지.

인도차이나^어:족(Indo-China語族)圀 서쪽은 인도의 카슈미르에서 티베트와 중국 대륙을 거쳐, 동쪽은 타이완에 이르고, 북쪽은 중앙아시아, 남쪽은 동남아시아에 걸친 넓은 지역에 분포하는 어족. 티베트 어·남어·모소 어·서하어·미얀마 어·퓨 어 등의 고립어가 이에 딸림.

인도-코끼리(印度-)圀 코끼릿과의 짐승. 키 3m, 코 길이 1.8m 이상. 몸집은 아프리카코끼리보다 좀 작음. 헤엄을 잘 치며 겁이 많아 낮에는 숲에 숨고 밤에 나와 나무 잎사귀나 과실을 따 먹음. 성질이 온순하여 길들여서 짐을 나르는 데 부리기도 함. 귀와 어금니는 널리 쓰임.

인동(忍冬)圀 ①☞인동덩굴. ②한방에서, '인동덩굴의 줄기와 잎사귀를 말린 것'을 약재로 이르는 말.

인동(隣洞)圀 이웃 동네. 인리(隣里).

인동-덩굴(忍冬-)圀 인동과의 반상록 덩굴성 관목. 꽃은 향기로우며, 백색에서 황색으로 변함. 가을에 검은 장과가 익음. 줄기와 잎은 그늘에서 말려 한방에서 약제로 쏨. 겨울살이덩굴. 인동.

인두圀 ①재래식 바느질 도구의 한 가지. 불에 달구어 솔기를 꺾어 누르거나 구김살을 늘어 펴는 데 쓰임. ②납땜할 때 쓰이는 작은 망치 모양의 기구.

인두(人頭)圀 ①사람의 머리. ②사람의 머릿수.

인두(咽頭)圀 구강(口腔)과 식도, 비강(鼻腔)과 후두(喉頭) 사이에 있는 깔때기 모양의 근육.

인-두겁(人-)圀 사람의 형식나 겉모양.

인두겁(을) **쓰다**〔관용〕 행실이나 바탕이 사람답지 못한 사람을 욕으로 이르는 말.

인두-세(人頭税)[-쎄]圀 원시적인 조세 형태의 한 가지. 성·신분·소득 등에 관계없이, 가족의 수에 따라 일정하게 매기는 조세.

인두-염(咽頭炎)圀 인두에 염증이 생겨서 발창게 붓는 병.

인두-질圀〔하자타〕 인두로 솔기를 누르거나 옷감의 구김살을 늘이는 일.

인두-판(-板)圀 인두질할 때 받쳐 쓰는, 안에 솜을 두고 헝겊으로 싼 널빤지.

인-돌리다(人-)짜 여러 사람의 운김에 정신이 휘둘리다.

인-뒤웅이(印-)圀 지난날, 관아에서 쓰는 도장을 넣어 두던 궤. 인궤(印櫃). 인뒹이. 인합(印盒).

인듐(indium)圀 희유원소의 한 가지. 은백색의 납처럼 말랑말랑한 금속으로, 가열하면 푸른 불꽃을 내며 탐. 섬아연광에 들어 있음. 전자

공업에서 합금 등에 쓰임. 〔In/49/114.88〕

인들조 자음으로 끝난 체언에 붙어, '이라고'·'이라고 할지라도 어찌'의 뜻으로, 양보 또는 비특수(非特殊)의 뜻을 나타내는 보조사. 《모음 뒤에서는 '인'가 생략되기도 함.》 ¶그 사람인들 별 수 있겠는가. ☞ㄴ들.

인등(引燈)圀圀〔하자〕 불당(佛堂)에 등불을 켬.

인디고(indigo)圀 마디풀과 식물인 쪽에서 들어 내는 색소 성분. 어두운 붉은빛 가루로 금속광택이 남. 남(藍). 양람(洋藍). 인도남(印度藍). 청람(靑藍).

인디언(Indian)圀 아메리칸 인디언.

인디언-지(Indian紙)圀 얇으면서도 질기고 불투명한 서양 종이. 성경이나 사전 등의 용지로 쓰임. 인도지.

인디오(Indio 스)圀 (아메리칸 인디언 가운데) 중남미에 사는 원주민.

인-똥이(印-)圀 ☞인뒤웅이.

인라인-스케이트(inline skate)圀 창 밑에 4~5개의 작은 바퀴가 한 줄로 달린 신발을 신고 아스팔트나 콘크리트 바닥 등을 달리는 놀이, 또는 그 기구. 롤러블레이드.

인력(人力)[-]圀 ①사람의 힘. 사람의 능력. ¶인력으로는 안 되는 일. ②사람의 노동력. ③사회의 각 분야에서 필요한 전문적인 지식이나 기술 따위를 가진 자원(資源)으로서의 인간.

인력(引力)[-]圀 떨어져 있는 두 물체가 서로 끌어당기는 힘. ↔척력(斥力).

인력-거(人力車)[-꺼]圀 사람을 태우고 사람이 끄는, 두 개의 큰 바퀴가 달린 수레.

인력거-꾼(人力車-)[-꺼-]圀 인력거를 끄는 일을 업으로 하는 사람.

인력-권(引力圈)[-꿘]圀 인력이 미치는 범위.

인력-난(人力難)[일력-]圀 인력 부족으로 겪는 어려움. ¶심각한 인력난을 겪다.

인례(引例)[일-]圀 ①인용된 예. ②〔하자되자〕해당되는 예를 끌어다 보임(일). 예를 들어서 말함.

인류(人類)[일-]圀 ①'사람'을 다른 동물과 구별하여 이르는 말. 인간(人間). ②세계의 모든 사람. ¶인류의 역사.

인류 공:영(人類共榮)[일-] 온 인류가 다 함께 번영함. ¶인류 공영에 이바지하다.

인류-애(人類愛)[일-]圀 (인류로서) 인류 전체에 대한 사랑. 인류를 사랑하는 일.

인류-학(人類學)[일-]圀 생물로서의 인류와 그 문화를 연구하는 학문. 〔자연 인류학과 문화 인류학의 두 부문이 있음.〕

인륜(人倫)[일-]圀 ①사람으로서 마땅히 지켜야 할 도리(도덕). 이륜(彝倫). ②사람과 사람과의 사이에 자연적으로 생겨난 질서. 오륜(五倫)의 도(道).

인륜-대사(人倫大事)[일-]圀 사람의 일생에서 겪게 되는 가장 중요한 일, 곧 출생·혼인·사망 등의 일. 인간대사(人間大事).

인리(隣里)[일-]圀 이웃 마을. 인동(隣洞).

인린(燐燐)[일-]圀 '인린하다'의 어근.

인린-하다(燐燐-)[일-]〔자여〕 도깨비불이나 인 됫불 따위가 반득거리다.

인마(人馬)圀 ①사람과 말. ②마부와 말.

인마-궁(人馬宮)圀 ☞궁수자리.

인-마일(人mile)의 마일로 계산하는 나라에서 인킬로에 해당하는 계산 단위.

인하(姻婭)때 편지 글 등에서, 이질(姨姪)이나 처질(妻姪)에게 자기를 가리켜 이르는 말. 인하(姻下).

인말(寅末)**명** 십이시의 인시(寅時)의 끝. 〔상오 5시에 가까운 무렵.〕

인망(人望)**명** 세상 사람이 우러러 믿고 따르는 덕망.

인맥(人脈)**명** 〔학문·출신·경향·친소(親疎) 등의 관계로〕 한 갈래로 얽힌 인간관계. ¶ 인맥을 형성하다.

인면(人面)**명** 사람의 얼굴.

인면-수심(人面獸心)**명** 〔사람의 얼굴을 하였으나 마음은 짐승과 같다는 뜻으로〕 '사람의 도리를 지키지 못하고 배은망덕하거나 행동이 흉악하고 음탕한 사람'을 이르는 말.

인멸(湮滅·堙滅)**명하타되자** 흔적도 없이 모조리 없어짐, 또는 없앰. 인몰(湮沒). ¶ 범인이 증거를 인멸하다.

인명(人名)**명** 사람의 이름.

인명(人命)**명** 사람의 목숨. ¶ 인명 구조.

인명-록(人名錄)[-녹]**명** 사람의 이름을 적은 문서나 책. ⑭방명록(芳名錄).

인명-재천(人命在天)**명** 사람이 오래 살고 일찍 죽음이 다 하늘에 매여 있음.

인모(人毛)**명** 사람의 머리털.

인모(鱗毛)**명** 식물의 줄기나 잎 따위의 겉면을 덮고 있는 털의 한 가지. 방패 모양이나 비늘 모양의 많은 세포로 되어 있어서, 속의 기관을 싸서 보호함.

인모-앞(人毛-)[-압] 사람의 머리털로 뜬 망건의 앞. *인모앞이[-아피]·인모앞만[-암-]

인목(人目)**명** 보는 사람의 눈. 남의 눈길.

인몰(湮沒)**명하자타되자** ☞ 인멸(湮滅).

인문(人文)**명** ① 인류의 문화. ② 인물(人物)과 문물(文物). ③ 인륜의 질서.

인문(印文)**명** ☞ 인발.

인문-계(人文系)[-계/-게]**명** 〔이과계(理科系)에 대하여〕 언어·문학·철학·사회학 등의 학문(학과) 계통.

인문^과학(人文科學)**명** 정치·경제·사회·역사·학에 따위의 정신 과학을 통틀어 이르는 말. ⑭자연 과학(自然科學).

인문-주의(人文主義)[-의/-이]**명** 중세 문예 부흥기에, 스콜라적이며 교회적인 세계관에 대한 반동으로서 일어났던 정신 운동. 인간성의 존중과 문화적 교양의 발전을 주장으로 삼았음. 휴머니즘. ⑭인도주의·인본주의.

인문^지리학(人文地理學)**명** 지표(地表)에 존재하는 인간 사상(事象)을 대상으로 하여, 그것을 지역적 관점에서 연구하는 과학. ↔자연 지리학(自然地理學).

인문^토기(印紋土器)**명** 겉면에 도장 무늬를 새겨 빚어 만든 선사 시대의 토기. 주로, 중국의 양쯔 강 중류와 하류 지방에서 많이 발견됨.

인물(人物)**명** ① 사람과 물건. ② 어떤 역할을 하는 사람. ¶ 주요 인물. ③ 뛰어난 사람. 인재(人材). ¶ 당대의 인물. / 인물이 없다. ④ 사람의 생김새. ¶ 인물이 잘났다. ⑤ 사람의 됨됨이. ¶ 인물을 살피다.

인물-가난(人物-)**명** 뛰어난 인물이 드문 일.

인물-값(人物-)[-깝]**명** 《주로 '하다'·'못하다'와 함께 쓰이어》 생김새와 어울리는 행동. ¶ 인물값도 못하다. *인물값이[-깝씨]·인물값만[-감-]

인물-차지(人物次知)**명** 지난날, 인사 관계의 사무를 맡아보던 사람을 이르던 말.

인물-추심(人物推尋)**명** ① 도망한 인물의 자취를 더듬어 찾음. ② 도망하여 딴 곳에서 사는

노비나 그 자손을 그의 상전이나 자손이 찾는 일.

인물-화(人物畫)**명** 사람을 주제로 하여 그린 그림.

인민(人民)**명** ① 사회를 구성하는 사람. 국민. 민인(民人). 백성. ② 공화국의 구성원인 자연인(自然人), 또는 군주국 따위의 피치자(被治者).

인민^공:화국(人民共和國)**명** 인민이 주권을 가지고 직접 또는 대표 기관을 통하여 주권을 행사하는 공화국. 공산주의 체제의 국가에서 쓰는 말임.

인민^위원회(人民委員會)[-회/-훼]**명** 공산 국가에서의 행정 기관.

인민-재판(人民裁判)**명** 공산주의 국가에서, 민중을 배심으로 하여 직접 행하여지는 재판 형식.

인민^전:선(人民戰線)**명** 지난날, 독일의 나치스나 이탈리아의 파시즘에 대항하여 싸우던 모든 정당·단체의 연합체.

인민^주권(人民主權)[-꿘]**명** 주권이 인민에게 있는 것, 또는 그 주권. 주권 재민(主權在民).

인바:(invar)**명** 철에 니켈을 36~38%가량 섞은 합금. 열팽창 계수가 아주 작으며 정밀 기계나 측량기 등에 쓰임.

인-발(印-)**명** 찍어 놓은 도장의 형적. 인문(印文). 인영(印影). 인장(印章). 인형(印形).

인방(引枋)**명** 출입구나 창 따위의 아래위에 가로놓여 벽을 받쳐 주는 나무 또는 돌.

인방(寅方)**명** 이십사방위의 하나. 동북동에서 북쪽으로 15도까지의 방위. 간방(艮方)과 갑방(甲方)의 사이. ㉜인(寅). ↔신방(申方).

인방(隣邦)**명** ☞인국(隣國).

인법(人法)[-뻡]**명** 〔국제 사법상, 관할 구역이 달라서 법규의 저촉 문제가 일어났을 때〕 사람에 부수(附隨)되어 어느 곳에서나 적용되는 법. ↔물법(物法).

인변(人變)**명** ☞ 인아(人痾).

인병-치사(因病致死)**명** 병에 걸려 죽음.

인보(印譜)**명** 여러 가지 인발을 모아 둔 책.

인보(隣保)**명** ① 이웃집과 이웃 사람들. 〔중국 당나라 때 한 집의 이웃 네 집을 '인(隣)'이라 하고, 그 집을 보탠 다섯 집을 '보(保)'라 는 주민 조직이 있었던 데서 유래함.〕 ② 이웃끼리 서로 힘을 합해 돕는 일, 또는 그러한 조직.

인보:사:업(隣保事業)**명** 빈민의 실생활을 조사하여, 그의 개선과 교화를 위해서 하는 사회 사업. 보린 사업.

인보이스(invoice)**명** 수출업자가 수입업자 앞으로 써서 보내는 거래 상품의 안내서. 송장(送狀).

인-보험(人保險)**명** 사람에 관한 보험 사고가 일어났을 때 보험금을 줄 것을 약속하는 보험. ⑭물보험.

인복(人福)[-뽁]**명** 사람을 잘 사귀고, 사귄 사람들에게서 도움을 받는 복. 인덕(人德). ¶ 인복이 많은 사람. / 인복이 없다.

인본(印本)**명** 인쇄한 책. 간본(刊本).

인본-주의(人本主義)[-의/-이]**명** 인간이 모든 것의 중심이 된다는 사상. 휴머니즘. ⑭인도주의·인문주의.

인봉(印封)**명하타** ① (함부로 손을 대지 못하도록) 단단히 뚜껑을 닫은 물건에 도장을 찍음. 봉인. ② 공무가 끝난 뒤에 관인을 봉하여 둠.

인봉(因封)**명** ☞ 인산(因山).

인봉-가수(印封枷囚)**명** 지난날, 중죄인(重罪人)의 목에 칼을 씌우고 그 위에 관인을 찍은 종이를 붙이던 일.

인부(人夫)〔명〕 막벌이꾼. 인정(人丁).
인부(人負)〔명〕 사람의 등에 지우는 짐.
인-부심(人-)〔명〕〔하자〕〔아이 낳은 집에서, 인부정을 막는다는 뜻으로〕이레마다 수수떡을 쪄서 문 앞을 지나가는 사람에게 먹이던 일.
인-부정(人不淨)〔명〕 꺼려 하거나 피해야 할 사람을 금하지 않음으로써 생기는 부정.
　인부정(을) **타다**〔관용〕 부정한 사람을 가까이 하여 탈이 나다.
인분(人糞)〔명〕 사람의 똥.
인분(鱗粉)〔명〕 나비·나방 따위의 날개나 몸의 겉면을 덮고 있는 가루 모양의 분비물.
인-분뇨(人糞尿)〔명〕 사람의 똥과 오줌.
인비(人祕)〔명〕〈인사비밀〉의 준말.
인비(隣比)〔명〕 ☞이웃.
인비(燐肥)〔명〕〈인산 비료(燐酸肥料)〉의 준말.
인비(鱗比)〔명〕 '인비하다'의 어근.
인-비늘(人-)〔명〕 사람의 살갗에서 생겨 떨어지는 하얀 부스러기.
인비-하다(鱗比-)〔형여〕 ☞인차(鱗次)하다.
인사(人士)〔명〕 (어떤 일에 있어서) 사회적인 지위가 있는 사람. ¶각계각층의 저명한 인사들이 참석한 가운데 행사가 벌어졌다.
인사(人事)〔명〕〔하자〕①안부를 묻거나 공경하는 뜻을 나타낼 때 하는 예(禮). ¶인사를 드리다. ②처음 만나 서로의 이름을 주고받으며 자기를 소개하는 일. ¶이웃과 인사를 나누다. ③사람들 사이에 지켜야 할 예의범절. ¶인사를 차리다. /신세를 많이 졌는데 인사가 좀 늦었습니다. ④세상의 일. ⑤개인의 능력이나 신분에 관계되는 행정적인 일. ¶인사 행정. /낙하산 인사.
인사-권(人事權)[-꿘]〔명〕 (기관이나 단체 등의 조직에서) 구성원에 대하여 채용·해임·승진·상벌·이동 따위의 인사 문제를 다루는 권한. 〔참〕임명권(任命權).
인사-란(人事欄)〔명〕 ☞소식란(消息欄).
인사-말(人事-)〔명〕 인사로 하는 말.
인사불성(人事不省)[-썽]〔명〕①정신을 잃어 의식이 없음. ②사람으로서 지켜야 할 예절을 차릴 줄을 모름. 불성인사.
인사-비밀(人事祕密)〔명〕 (개인의 능력이나 신분 따위의) 인적 사항에 관한 비밀. 〔준〕인비(人祕).
인사-성(人事性)[-썽]〔명〕 인사를 차리는 습성. ¶인사성이 밝다.
인사-이동(人事異動)〔명〕 (기관이나 단체 등의 조직에서) 구성원의 지위나 근무 부서를 바꾸는 일.
인사이드(inside)〔명〕 테니스·배구 등에서, 공이 경기장 안으로 떨어지는 일. ↔아웃사이드.
인사이드-킥(inside kick)〔명〕 축구에서, 발의 안쪽으로 공을 차는 일.
인사-조(人事調)[-쪼]〔명〕①마음에 없이 겉으로만 형식을 갖춘 인사나 대접. ②인사하는 모양이나 태도. ¶인사조로 한마디 하다.
인사-치레(人事-)〔명〕〔하자〕 성의나 공경심이 없이 겉으로 꾸미기만 하는 인사.
인산(人山)〔명〕 (산처럼) 많은 사람이 모인 상태를 이르는 말. 〔참〕인산인해.
인산(因山)〔명〕 태상황과 그의 비, 임금과 그의 비, 황태자 부부, 황태손 부부의 장례. 국장(國葬). 인봉(因封).
인산(燐酸)〔명〕 오산화인이 여러 가지 방법으로 물과 작용하여 생기는 산을 통틀어 이르는 말. 무색무취의 끈적끈적한 액체이며 농도가 높아

지면 딱딱하게 되기 쉬움. 인산 비료로 쓰이거나 녹의 제거, 금속 표면 처리, 염색 공업, 식품 가공이나 의약품 등으로 널리 쓰임. 〔일반적으로 〔표준어로 '오르토인산'을 단순히 인산이라 함〕.
인산-나트륨(燐酸Natrium)〔명〕 인산이 탄산나트륨이 녹아 있는 물에 포화시켜서 만든, 색이 없고 투명한 기둥 모양의 덩어리. 인산소다.
인산^비:료(燐酸肥料)〔명〕 인산이 많이 섞인 비료. 뼈·구아노·달걀 껍데기·쌀겨 따위의 천연 인산 비료와 과인산석회·인산암모늄·소성 인비 따위의 인조 인산 비료가 있음. 〔준〕인비(燐肥).
인산-석회(燐酸石灰)[-서쾨/-서쿼]〔명〕 ☞인산칼슘.
인산-소:다(燐酸soda)〔명〕 ☞인산나트륨.
인산-암모늄(燐酸ammonium)〔명〕 인에 암모늄을 넣어 만든 화합물. 〔인산일암모늄·인산이암모늄·인산삼암모늄의 세 가지가 있음.〕 인안(燐安).
인산-인해(人山人海)〔명〕〔산과 바다처럼〕'많은 사람이 모인 상태'를 이르는 말.
인산-칼슘(燐酸calcium)〔명〕 인산과 칼슘의 염(塩). 천연으로는 인회석(燐灰石)의 주성분으로서 산출되고 척추동물의 뼈 속에도 널리 들어 있음. 잿물·에나멜·젖빛 유리 따위의 첨가제나 치약·의약품 등에 쓰임. 인산석회.
인삼(人蔘)〔명〕①두릅나뭇과의 다년초. 예로부터 약용으로 많이 재배하고 있는 식물. 줄기 높이는 60 cm가량. 뿌리는 희고 살이 많으며 가지를 많이 침. 줄기 끝에 손바닥 모양의 잎이 서너 잎 돌려나며 봄에 연한 녹색 꽃이 피고 길쭉한 열매가 붉게 익음. 4~6년 만에 수확함. ②한방에서, '인삼의 뿌리'를 약재로 이르는 말. 〔성질이 온(溫)하여 강장제로 쓰임.〕 〔준〕삼(蔘).
인삼-주(人蔘酒)〔명〕 인삼을 넣어 빚거나 소주에 인삼을 넣어 우린 술.
인삼-차(人蔘茶)〔명〕 인삼, 특히 미삼(尾蔘)을 넣어 끓인 차.
인상(人相)〔명〕 사람의 얼굴 생김새와 골격. ¶험악한 인상의 사나이. /인상을 찌푸리다.
　인상(을) **쓰다**〔관용〕 얼굴 표정을 일그러뜨려 사람을 기분 나쁘게 만들다.
인상(引上)〔명〕①〔하다〕〔되자〕끌어 올림. ②〔하다〕〔되자〕(가격이나 요금·임금 따위를) 올림. ¶임금 인상. /금리를 인상하다. ↔인하. ③역도 종목의 한 가지. 역기를 두 손으로 단숨에 머리 위까지 들어 올리는 것. ③용상(聳上).
인상(印象)〔명〕①외래의 사물이 사람의 마음에 주는 감각. ②마음에 깊이 새겨져 잊혀지지 않는 자취. ¶인상에 남다.
　인상(이) **깊다**〔짙다〕〔관용〕 마음속에 강렬히 새겨져 잊히지 않다.
인상(鱗狀)〔명〕 비늘 모양.
인상^비:평(印象批評)〔명〕 예술 작품을 비평자 개인의 주관적인 인상에 따라 행하는 비평.
인상-적(印象的)〔관명〕 뚜렷이 기억에 남는 (것). ¶인상적 장면. /인상적인 그림.
인상-주의(印象主義)[-의/-이]〔명〕 19세기 후반, 프랑스를 중심으로 일어난 근대 미술 운동의 한 갈래. 빛의 변화에 따라 시시각각 달라 보이는 자연을 그 순간적 양상 그대로 묘사하고자 하는 주의. 뒤에 음악·문학 등의 분야에도 크게 영향을 끼쳤음.
인상-착의(人相着衣)[-차긔/-차기]〔명〕 사람의 생김새와 옷차림. ¶범인의 인상착의를 말하다.

인상-파(印象派)**명** 예술에서, 인상주의를 좇는 한 갈래, 또는 그러한 사람들.

인새(印璽)**명** 임금의 도장. 옥새(玉璽).

인색(吝嗇)**명**〔하다**형**〕①재물을 아끼는 태도가 몹시 지나침. ¶돈에 인색하다. ②어떤 일을 하는 데 대하여 지나치게 박함. ¶웃음에 너무 인색하다. 인색-히**부**.

인생(人生)**명** ①목숨을 가지고 살아가는 사람. ¶아직도 정신을 못 차리다니, 불쌍한 인생이로군. ②이 세상에서의 인간 생활. ¶인생을 설계하다. ③사람의 살아 있는 동안. ¶인생은 짧고 세월은 덧없다.

인생 칠십 고래희(人生七十古來稀)**관용** 사람이 일흔 살까지 살기란 예로부터 드문 일이라는 말. 〔두보(杜甫)의 시 '곡강(曲江)'에 있는 말.〕**준**고희.

인생(寅生)**명** 인년(寅年)에 태어난 사람. 범띠.

인생-관(人生觀)**명** 인생의 존재 가치·의미·목적 등에 관해 갖고 있는 전체적인 사고방식.

인생-길(人生-)[-낄]**명** 태어나서 세상을 살아가는 길. ¶고달픈 인생길.

인생-무상(人生無常)**명** 인생이 덧없음.

인생-살이(人生-)**명** 사람이 세상을 살아가는 일.

인생-삼락(人生三樂)[-낙]**명**☞삼락.

인생-파(人生派)**명** 인생을 위한 예술을 주장하는 문학상의 한 파. 〔흔히, 톨스토이를 인생파의 대표적인 문학가로 침.〕

인생-항로(人生航路)[-노]**명** 사람이 한평생 여러 가지 어려움을 겪으며 살아가는 일을, 험한 바다의 뱃길에 견주어 이르는 말.

인서-트(insert)**명** 영화에서, 어떤 장면에 편지·전보·명함·신문 따위에 쓰여 있는 글자를 화면에 끼워 넣는 기법.

인석(人石)**명**☞석인(石人).

인석(茵席)**명** 왕골이나 부들로 만든 돗자리.

인선(人選)**명**〔하다**타**〕사람을 가려 뽑음. ¶총리 인선.

인선(仁善)'인선하다'의 어근.

인선-하다(仁善-)**형여** 어질고 착하다. ¶배우자의 조건으로서 우선 성품이 인선하고 성실해야 돼.

인성(人性)**명** 사람의 성품. ¶인성 교육.

인성(人聲)**명** 사람의 소리.

인성(引性)**명** 끌어당기는 성질.

인성(靭性)**명** 물리학에서, 재료가 지닌 점성(粘性)의 강도. 다른 힘에 의해서 파괴되기 어려운 성질을 말함.

인성(靭性)**명** 잡아당기는 힘에 견디는 성질.

인성-만성(하다형) ①많은 사람이 떠들썩하게 복작거리는 모양. ②정신이 걷잡을 수 없이 아뜩한 모양.

인세(人稅)[-쎄]**명** 소득세나 상속세 따위와 같이, 과세의 목표를 사람에게 두고 그 사정에 따라 부과하는 조세. 대인세(對人稅). ↔물세(物稅).

인세(印稅)[-쎄]**명** 저작물의 출판과 발매를 조건으로, 출판사로부터 작자 또는 저작권자에게 지급되는 저작권의 사용료.

인센티브(incentive)**명** 동기 부여를 목적으로 행하는 자극. 특히, 종업원의 근로 의욕이나 소비자의 구매 의욕을 높이는 각종 포상이나 혜택 따위를 이름.

인솔(引率)**명**〔하다**타**〕손아랫사람이나 무리를 이끌고 감. ¶인솔 교사. /학생들을 인솔하다.

인쇄(印刷)**명**〔하다**되자**〕문자나 그림·사진 등을 종이나 기타 물체의 겉면에 옮겨 찍어서 여러 벌의 복제물(複製物)을 만드는 일.

인쇄-공(印刷工)**명** 인쇄에 종사하는 직공.

인쇄-물(印刷物)**명** 인쇄하여 내는 신문·책·잡고 따위의 물건을 통틀어 이르는 말.

인쇄-소(印刷所)**명** 인쇄의 일을 맡아 하는 곳.

인쇄-인(印刷人)**명** 인쇄하는 곳의 대표자, 또는 간행물의 인쇄 책임자. 박은이.

인쇄-체(印刷體)**명** 인쇄 활자의 글자꼴로 된 해서체(楷書體). ↔필기체(筆記體).

인쇄-판(印刷版)**명** 인쇄를 하는 판. 양식으로는 볼록판·오목판·평판이 있고, 재료로는 동판·목판·석판·연판·활판 따위가 있음. 박음판. ☞인판.

인수(人數)[-쑤]**명** 사람의 수효. 인원수.

인수(仁壽)**명** 인덕(仁德)이 있고 수명이 긺.

인수(引水)**명** 물을 끌어다 댐.

인수(引受)**명**〔하다**타**〕①(물건이나 권리를) 넘겨받음. ¶현장에서 관련 자료를 인수하다. ↔인도(引渡). ②환어음을 넘겨받아 어음의 지급 채무자가 된다는 뜻을 어음에 기재하는 일.

인수(印綬)**명**☞인끈.

인수(因數)[-쑤]**명** 주어진 정수 또는 정식을 몇 개의 정수 또는 정식의 곱으로 나타낼 때, 이들을 본래 주어진 정수나 정식에 대해 이르는 말.

인수-분해(因數分解)**명** 주어진 정수(整數)나 정식(整式)을 몇 개의 인수(因數)의 곱으로 바꾸어 나타내는 일.

인수^설립(引受設立)**명**☞단순 설립.

인수-인(引受人)**명** ①(물건이나 권리를) 넘겨받는 사람. ②환어음을 넘겨받아 채무를 지는 사람.

인수-인계(引受引繼)[-게/-게]**명**〔하다**타**자**되자**〕(업무 따위를) 넘겨받고 물려줌. 인계인수.

인숙(姻叔)**명**☞고모부(姑母夫).

인순(因循)**명**〔하다**자**〕①내키지 않아서 머뭇거림. ②낡은 인습을 고집하고 고치지 않음.

인순-고식(因循姑息)**명**〔하다**자**〕낡은 인습에서 벗어나지 못하고 눈앞의 평안함만 좇음.

인술(仁術)**명** ①어진 덕을 베푸는 법. ②(사람을 살리는 어진 기술이라는 뜻으로〕'의술(醫術)'을 이르는 말. ¶인술을 펼치다.

인숭무레기명 어리석어 올바르게 사리를 가릴 줄 모르는 사람.

인-슈트(inshoot)**명** 야구에서, 투수가 던진 공이 타자의 안쪽으로 꺾이어 들어오는 일. ↔아웃슈트.

인슐린(insulin)**명** 이자로부터 분비되는 호르몬. 포도당으로부터 글리코겐의 생성을 돕고 포도당의 산화 및 지방으로의 전화 등을 촉진하는 작용을 하며, 혈당을 낮춰 주므로 당뇨병 따위의 치료에 쓰임.

인스턴트(instant)**명** 즉석에서 손쉽게 조리하여 먹을 수 있도록 만들어진 상태, 또는 그 식품. ¶인스턴트 만두.

인스턴트-식품(instant食品)**명** 즉석에서 손쉽게 조리해 먹고, 저장이나 휴대에 편리한 가공 식품. 즉석식품(卽席食品).

인스텝^킥(instep kick)**명** 축구에서, 공을 발등으로 차는 일.

인습(因習)**명** 이전부터 전해 내려와 몸에 익은 관습. ¶인습 타파. /인습에 얽매이다.

인습(因襲)**명**〔하다**타**〕옛 관습을 따름, 또는 그 따르는 짓이나 노릇.

인습-도덕(因襲道德)[-또-]**명** ①옛날부터 켜 내려오는 도덕. ②인습에 젖어 지금의 생활에 맞지 않는 형식적인 도덕.

인습-주의(因襲主義)[-쭈의/-쭈이]명 옛 관습에 사로잡혀 새로운 사회도덕을 따르지 않는 주의.

인시(人時)명 ☞민시(民時).

인시(因時)명하자 때를 좇거나 시세(時勢)를 따름.

인시(寅時)명 ①십이시의 셋째 시. 상오 3시부터 5시까지의 동안. ②이십사시의 다섯째 시. 상오 3시 30분부터 4시 30분까지의 동안. ㈜인(寅).

인식(認識)명 ①하타 되자 사물을 깨달아 아는 일. ¶역사에 대한 인식이 부족하다. ②사물의 의의를 바르게 이해하고 판별하는 마음의 작용.

인식^능력(認識能力)[-녕-녁]명 사물을 인식할 수 있는 정신 능력. ↔감정 능력.

인식-론(認識論)[-싱논]명 인식이나 지식의 기원·구조·범위·방법 등을 연구하는 철학.

인식-색(認識色)[-쌕]명 동물의 체색(體色)의 한 가지. 같은 종류의 동물 사이에서 서로의 눈에 잘 띄고 서로 간의 연락에 도움이 되는 몸빛이나 무늬. [원숭이의 붉은 궁둥이나 사슴 꼬리의 흰 무늬 따위.]

인식-표(認識票)명 군인의 이름·군번·혈액형 따위가 새겨져 있는 길둥글고 얇은 금속판. 쇠줄이나 끈으로 목에 걸도록 되어 있어, 군인이 사망하거나 부상당했을 때 그 신분을 바로 알게 함. ㈜군번(軍番).

인신(人臣)명 ☞신하(臣下).

인신(人身)명 ①사람의 몸. ②개인의 신상이나 신분.

인신(印信)명 도장. 관인(官印).

인신-공격(人身攻擊)명하타 남의 신상에 관한 일을 들어 비난함. ¶인신공격을 퍼붓다.

인신-매매(人身賣買)명 사람을 팔고 삼.

인심(人心)명 ①사람의 마음. ¶시골 인심. /인심을 쓰다. ②백성의 마음. ¶인심을 살피다. ③남의 딱한 사정을 헤아려 주고 도와주는 마음. 인정(人情). ¶인심이 후하다. /인심이 각박해지다.

인심(을) 사다관용 남에게서 좋은 사람이라는 평을 듣다.

인심(을) 쓰다관용 (필요 이상으로) 남에게 좋게 대해 주다.

인심(을) 잃다관용 (남을 박대하거나 하여) 사람들에게 나쁜 사람이라는 평을 듣다.

인심 사납다관용 인정이 없고 매우 야박하다.

인심-세태(人心世態)명 세상 사람들의 마음과 세상 물정.

인아(人我)명 ①다른 사람과 나. ②불교에서, 사람의 몸 안에 늘 변하지 않는 본체가 있다는 미혹한 생각. 곧, '아(我)'가 있다는 생각.

인아(人痾)명 사람이 죽었다가 다시 살아나거나, 남녀의 성(性)이 뒤바뀌거나, 또는 사람의 몸뚱이가 바뀌어 이상하게 되는 현상. 인변(人變).

인아(姻婭)명 사위 쪽의 사돈과 동서 쪽의 사돈을 통틀어 이르는 말.

인아(鱗芽)명 ☞비늘눈. ↔나아(裸芽).

인안(燐安)명 ①☞인산암모늄. ②화성 비료의 한 가지. 인산에 암모니아를 넣어 만듦. 질소분 20%, 인산분 50%를 함유함.

인애(仁愛)명하타 어진 마음으로 남을 사랑함. 또는 그 마음.

인양(引揚)명하타 되자 끌어 올림. ¶익사자 인양 작업. /사고 선박을 인양하다.

인어(人魚)명 상반신은 사람의 몸이며 하반신은 물고기의 몸인 상상의 동물.

인어(人語)명 ①사람의 말. ②사람의 말소리.

인언(人言)명 세상 사람들의 말. 소문.

인-업(人-)명 사람으로 태어난 업. 사람으로서의 업.

인업(因業)명 불교에서, '전세(前世)의 업을 벗는 현세의 운명과 내세(來世)의 과보를 자아내는 필연적인 현세의 작업(作業)'을 이르는 말.

인연(人煙)명 [인가에서 불을 때어 나는 연기라는 뜻으로] 사람이 사는 기척, 또는 인가(人家)를 이르는 말. 연화(煙火).

인연(因緣)명 ①사물들 사이에 서로 맺어지는 관계. ¶경제계 인사들과는 별로 인연이 없다. ②연분. ¶아름다운 인연을 맺다. ③내력. ④불교에서, 결과를 내는 직접적인 원인인 인(因)과 간접적인 원인인 연(緣). [쌀과 보리는 그 씨가 인(因)이고, 노력·자연·거름 따위가 연(緣)임.]

인연이 멀다관용 관계가 적거나 없다.

인연-하다(因緣-)자타어 서로 관련을 맺어 어떠한 일이 이루어지거나 생기다. ¶한 여자에 인연하여 집안을 멀리하게 되었다.

인엽(鱗葉)명 ☞비늘잎.

인영(人影)명 사람의 그림자.

인영(印影)명 ☞인발.

인왕(仁王)명 ☞금강신(金剛神).

인왕-문(仁王門)명 인왕의 상(像)을 좌우에 세워 놓은, 절의 문.

인요(人妖)명 [떳떳한 도리에서 벗어나 요사스러운 짓을 하는 사람이라는 뜻으로] '남자가 여자로, 여자가 남자로 옷을 바꿔 입고 그 행세를 하는 사람'을 이르는 말.

인욕(人慾)명 사람의 욕심.

인욕(忍辱)명 ①욕되는 일을 참음. ¶인욕의 세월. ②불교에서 이르는, 온갖 모욕과 번뇌를 참고 원한을 일으키지 않는 수행.

인용(引用)명하타 되자 (남의 글이나 말 가운데서 필요한 부분만을) 끌어다 씀. ¶인용 보도.

인용(認容)명하타 되자 인정하여 받아들임.

인용-구(引用句)[-꾸]명 다른 글에서 필요한 부분만을 끌어다 쓴 구절.

인용-례(引用例)[-네]명 남의 글이나 다른 문헌에서 따온 예.

인용-문(引用文)명 다른 글에서 끌어다 쓴 문장. 따옴글.

인용-법(引用法)[-뻡]명 수사법상 변화법의 한 가지. 남의 말이나 글, 또는 고사나 격언 등에서 필요한 말을 인용함으로써 글의 뜻을 더욱 분명히 하는 표현 방법. 인유법(引喩法).

인용-부(引用符)명 다른 글에서 끌어다 쓰는 말이나 글을 다른 글과 가르기 위해서 앞뒤에 찍는 부호. [가로쓰기에는 " ", '' ', 세로쓰기에는 『 』, 「 」을 씀.] 따옴표.

인용-어(引用語)명 남의 글이나 말에서 끌어다 쓴 말. 따옴말.

인용-절(引用節)명 문장에서 남의 말을 직접 또는 간접으로 인용한 절. 직접 인용에는 인용된 말 앞뒤에 따옴표가 들어가고, '라고' 또는 '하고' 따위가 붙으며, 간접 인용에는 '고'가 붙어서 이루어짐. [〔'어떤 청년이 "이 근처에 혹시 절이 있습니까?"라고 물었다.', '순이가 자기 집 바둑이가 새끼를 낳았다고 나에게 말했다.' 따위.]

인우(隣友)명 이웃에 사는 벗.

인원(人員)⊙ ①사람의 수. ¶인원 점검. /인원이 모자라다. ②단체를 이룬 여러 사람. ¶인원을 감축하다. /회사의 규모에 비해 인원이 너무 많다.

인원-수(人員數)[-쑤]⊙ 사람의 수효. 인수(人數).¶인원수가 부족하다.

인월(寅月)⊙〔월건(月建)에 십이지의 인(寅)이 드는 달로〕'음력 정월'의 딴 이름. ❀맹춘(孟春).

인위(人爲)⊙ (자연의 힘이 아닌) 사람의 힘으로 이루어지는 일. 인공. ↔자연·천연·천위(天爲).

인위^도태(人爲淘汰)⊙ 사람의 힘으로 생물의 형태와 기능을 인간이 바라는 대로 바꾸는 일. ↔자연 도태.

인위^분류(人爲分類)[-불-]⊙ 생물의 분류 방법의 한 가지. 생물의 유연(類緣)이나 계통과는 상관없이 겉으로 드러나는 특징에 따라 분류하는 일.〔고래를 어류로, 박쥐를 조류로 분류하는 따위.〕↔자연 분류(自然分類).

인위^사회(人爲社會)[-회/-훼]⊙ 인간의 의지나 목적에 의하여 이룩된 사회.〔이익 단체나 문화 단체 따위.〕↔자연 사회.

인위-적(人爲的)⊙⊙ 사람이 일부러 한 모양이나 성질의 (것). ¶인위적 조작. /인위적으로 만들어진 폭포.

인위적 경계(人爲的境界)[-경계/-경게] 경계 구분에 표적이 될 만한 자연물이 없을 때, 인공적으로 목표를 만들어서 삼아 놓은 경계. ↔자연적 경계.

인유(人乳)⊙ 사람의 젖.

인유(引喩)⊙⊙⊙ 다른 예를 끌어다 비유함.

인유-법(引喩法)[-뻡]⊙ ☞인용법(引用法).

인육(人肉)⊙ ①사람의 고기. ②'매음하는 여자의 몸뚱이'를 이르는 말.

인육-시장(人肉市場)[-씨-]⊙〔사람의 몸뚱이를 거래하는 곳이라는 뜻으로〕'매음굴'을 빗대어 이르는 말.

인은(仁恩)⊙ 어진 사랑으로 베푸는 은혜.

인음-증(引飮症)[-쯩]⊙ 술을 한번 마시기 시작하면 자꾸 마시고 싶어 하는 버릇.

인읍(隣邑)⊙ 가까운 고을. 이웃 고을.

인의(人意)[이늬/이니]⊙ 사람의 뜻. 민심(民心).

인의(人義)[이늬/이니]⊙ 사람이 마땅히 해야 할 도리. ¶사람이 인의를 모른다면 금수(禽獸)나 다름이 없다.

인의(仁義)[이늬/이니]⊙ 어짊과 의로움. ¶인의를 치자(治者)의 근본으로 여기는 정치가.

인의(引義)[이늬/이니]⊙⊙⊙ 모든 일을 함에 있어 의리를 좇아 함.

인의(隣誼)[이늬/이니]⊙ 이웃끼리의 정의(情誼). ¶인의가 두텁다.

인의예지(仁義禮智)[이늬-/이니-]⊙〔사단(四端)의 근본으로〕사람으로서 갖추어야 할 네 가지 마음가짐, 곧 어짊과 의로움과 예의와 지혜. 사단(四端).

인의예지신(仁義禮智信)[이늬-/이니-]⊙ 사람으로서 갖추어야 할 다섯 가지 도리, 곧 어짊과 의로움과 예의와 지혜와 믿음. 오상(五常).

인의지정(仁義之情)[이늬-/이니-]⊙ 어짊과 의로움의 인간 본성.

인인(認印)⊙ 막도장.

인인(隣人)⊙ 이웃 사람. ¶인인의 증언.

인인-성사(因人成事)⊙⊙⊙ 다른 사람의 힘으로 일을 이룸. ¶인인성사의 사은을 표하는 잔치.

인일(人日)⊙ ☞인날.

인일(寅日)⊙ 일진(日辰)의 지지(地支)가 인(寅)으로 된 날.〔갑인일·병인일 따위.〕범날.

인임(←仍任)⊙⊙⊙ 지난날, 갈릴 기한이 된 관리를 그대로 두던 일.

인자(人子)⊙ 기독교에서, 예수가 스스로를 일컫은 말.

인자(仁者)⊙ 어진 사람. ¶인자는 산을 좋아하며, 적이 없느니라.

인자(仁慈) '인자하다'의 어근.

인자(因子)⊙ ①어떤 결과의 원인이 되는 낱낱의 요소. ②생명 현상에 있어서 어떤 작용의 원인이 되는 요소.〔영양 인자·유전 인자 따위.〕

인자(印字)⊙⊙⊙ (타이프라이터나 전신 수신기 따위의 기계로) 글자를 찍는 일, 또는 그 글자. ¶먹픔이 낡아 인자 상태가 불량하다.

인자-기(印字機)⊙ 낱자로 글자를 찍어 내는 기계를 통틀어 이르는 말.〔타자기, 전신기, 텔레타이프의 수신 장치, 컴퓨터의 인자(印字) 출력 장치 따위.〕

인자-롭다(仁慈-)[-따][~로우니·~로워]⊙⊙ 인자스럽다. 인자로이.

인자-무적(仁者無敵)⊙ 어진 사람에게는 적이 없음.

인자-스럽다(仁慈-)[-따][~스러우니·~스러워]⊙⊙ 인자한 데가 있다. 인자롭다. 인자스레.

인자요산(仁者樂山)⊙ 어진 사람은 산을 좋아함.〔어진 사람의 행동은 신중하기가 산과 같다는 말.〕❀지자요수(智者樂水).

인자-하다(仁慈-)⊙⊙ 마음이 어질고 무던하며 자애롭다. ¶인자한 성품.

인자-형(因子型)⊙ ☞유전자형(遺傳子型).

인작(人爵)⊙ ☞인조(人造). ↔천작(天作).

인작(人爵)⊙〔사람이 정해 준 지위라는 뜻으로〕'공경대부(公卿大夫)의 벼슬'을 이르는 말. ↔천작(天爵).

인장(印章)⊙ ①도장. 인(印). ②인발.

인장(印藏)⊙⊙⊙ (문서 따위를) 인쇄하여 잘 보관함.

인장-묘발(寅葬卯發)⊙〔인시(寅時)에 장사 지내고 묘시(卯時)에 발복(發福)한다는 뜻으로〕'묏자리를 잘 써서, 장사 지낸 뒤에 곧 복을 받음'을 이르는 말.

인재(人才)⊙ 재주가 뛰어난 사람.

인재(人材)⊙ 학식과 능력이 뛰어난 사람. 인물(人物). ¶참신한 인재를 물색하다.

인재(人災)⊙ 사람의 잘못으로 일어나는 재난. ↔천재(天災).

인재(印材)⊙ 도장을 만드는 재료.

인저리^타임(injury time)⊙ ☞로스 타임.

인적(人跡·人迹)⊙ 사람이 다닌 발자취. 사람의 왕래. ¶인적이 드문 산길.

인-적(人的)[-쩍]⊙⊙ 사람에 관한 (것). ¶인적 사항. /인적인 요소. ↔물적(物的).

인적(人跡氣)[-끼]⊙ 사람이 다니는 기척.

인적 자원(人的資源)[-쩍짜-] (생산 조건에서 물적 자원에 대하여) '사람의 노동력'을 이르는 말.

인적 증거(人的證據)[-쩍쯩-] 증거 방법의 한 가지. 증인이나 감정인 또는 당사자인 본인의 진술을 토대로 하는 증거. ↔물적 증거.

인전(印篆)⊙ 도장에 새긴 전자(篆字).

인절미 찹쌀이나 찹쌀가루를 시루에 쪄서 떡메로 친 다음, 길둥글거나 네모지게 썰어 고물을 묻힌 떡.

인접(引接)**명****하타** ①들어오게 하여 면접함. ②지난날, 임금이 의정(議政)을 불러들일 때 시신(侍臣)을 시켜 맞게 하던 일. ③불교에서, 부처나 보살이 대자대비의 손으로 염불하는 행자를 인도하는 일.

인접(隣接)**명****하자****되자** 이웃해 있음. 맞닿아 있음. ¶인접 국가. /도로에 인접한 건물.

인접^수역(隣接水域) [—쑤—]**명** ☞접속 수역(接續水域).

인정(人丁)**명** ☞인부(人夫).

인정(人定)**명** 〈인경〉의 본딧말.

인정(人情)**명** ①사람이 본디 지니고 있는 온갖 감정. ②남을 생각하고 도와주는 따뜻한 마음씨. 인심(人心). ¶인정이 많은 사람. ③세상 사람의 마음. ¶인정이 각박하다. ④지난날, 벼슬아치들에게 은근히 주던 선물이나 뇌물 따위를 이르던 말.

인정도 품앗이라[속담] 남도 나를 생각해야 나도 그를 생각하게 된다는 말.

인정은 바리로 싣고 진상(進上)**은 꼬치로 꿴다**[속담] ①직접 자기의 이해에 관계 있는 일에 더 마음을 쓴다는 뜻. ②하급 관원들은 실제적 영향력 때문에 높은 벼슬아치보다 더 권세를 부린다는 말.

인정(을) 쓰다[관용] 남에게 돈이나 물건 따위를 주어 자기의 마음을 보이다.

인정(仁政)**명** 어진 정치.

인정(寅正)**명** 십이시의 인시(寅時)의 한가운데. 〔상오 4시.〕

인정(認定)**명****하자****되자** ①옳다고 믿고 정함. 확실히 그렇다고 여김. ¶패배를 인정하다. ②국가의 행정 기관이 어떤 일을 판단하여 결정함.

인정^과세(認定課稅)**명** 정부가 조사한 여러 가지 간접 자료에 의하여 과세 표준액을 결정하여 조세를 부과하는 방법.

인정-머리(人情—)**명** (흔히 부정적인 뜻으로 쓰이어) '인정미(人情味)'를 속되게 이르는 말. ¶인정머리 없는 놈.

인정-미(人情味)**명** 인정이 깃든 따뜻한 맛. ¶인정미가 넘치다. ㉦정미.

인정-받다(認定—) [—따]**타** ①남으로부터 확실한 사람이라는 신임을 얻다. ¶능력을 인정받다. ②학술계·예술계나 그 밖의 사회에서 충분한 자격이 있다고 믿게 되다.

인정-법(人定法) [—뻡]**명** 인위적으로 제정한 법. ↔자연법(自然法).

인정^사:망(認定死亡)**명** 어떤 사고 등으로 사망이 확실하나 시체를 발견할 수 없을 때, 이를 처리하는 관서(官署)가 사망으로 인정하여 처리하는 일.

인정-사정(人情事情)**명** 인정과 사정을 아울러 이르는 말. ¶인정사정을 두지 않다.

인정사정-없다(人情事情—) [—업따] 〔인정을 베푸는 것도 없고 사정을 봐주는 것도 없다는 뜻으로〕 '몹시 무자비하거나 엄격함'을 이르는 말. **인정사정없이**-**부** ¶몽둥이를 인정사정없이 휘두르다.

인정-세태(人情世態)**명** (세상을 살아가며 느끼는) 사람들의 정의와 세상의 형편.

인정-스럽다(人情—) [—따] —스러우니·—스러워**형** 인정이 있다. **인정스레**-**부**

인정^신:문(人定訊問)**명** 형사 재판의 법정에서, 재판관이 피고인의 성명·연령 등 인적 사항을 물어, 본인임을 확인하는 일.

인제[I]**명** 이제. ¶자, 인제부터 시작이다. /인제는 정신을 차리겠지.

[II]**부** ①지금에 이르러. 이 시점에 와서야. ¶인제 말해 무엇 하랴. /인제 와서 안 갚겠다는 거요? ②지금부터. 이제 다시는 안 하겠다. /인제 곧 가겠다. /꽃샘추위도 인제 고비를 넘겼다.

인제 보니 수원 나그네[속담] 모르고 있었는데, 본인이 깨우쳐 주어서 다시 보니 아는 사람이라는 말.

인제(姻弟)**명** 편지 글에서, 매부가 처남에게 자기를 낮추어 일컫는 말.

인조(人造)**명** ①사람이 만듦. 천연물과 비슷하게 인공으로 만듦, 또는 그 물건. 인작(人作). ¶인조 섬유. /인조 잔디. ②〈인조견(人造絹)〉의 준말.

인조^가죽(人造—)**명** 삼베나 인조견 따위에 고무·합성수지 등을 입혀서 천연 가죽처럼 만든 것. 의피(擬皮). 인조 피혁.

인조-견(人造絹)**명** 인조 견사로 짠 비단. ㉦인견(人絹). ↔본견(本絹).

인조^견사(人造絹絲)**명** 섬유소(纖維素)를 화학적으로 합성하여 천연 견사와 비슷하게 만든 실. ㉦인견사.

인조-고기(人造—)**명** 콩이나 밀에서 단백질을 뽑아 정제하여 고기와 같은 맛이 나게 만든 식품.

인조^고무(←人造gomme)**명** ☞합성 고무.

인조-물감(人造—) [—깜]**명** 화학적으로 합성시켜 만든 물감. 인조염료. 합성물감.

인조-미(人造米)**명** 밀가루 등 쌀 이외의 곡식의 가루와 녹말을 원료로 하여 쌀알 모양으로 만든 것.

인조-반(因早飯)**명****하자** 주막에서 묵은 나그네가, 아침에 일어나자마자 그 자리에서 아침밥을 먹음, 또는 그 아침밥.

인조-반정(仁祖反正)**명** 광해군 15(1623)년에 김유(金瑬)·이서(李曙)·이귀(李貴)·이괄(李适) 등의 서인(西人)이, 집권 세력인 대북파(大北派)와 광해군을 몰아내고 능양군(綾陽君), 곧 인조를 즉위시킨 일.

인조-버터(人造butter)**명** ☞마가린.

인조-석(人造石)**명** 시멘트에 모래·화강암·석회 등의 가루를 섞어 굳혀서 자연석과 비슷하게 만든 돌. 모조석(模造石).

인조^섬유(人造纖維)**명** 인공적으로 만든 섬유를 통틀어 이르는 말. 화학 섬유. ↔천연 섬유.

인조-염료(人造染料) [—뇨]**명** ☞인조물감.

인조-인간(人造人間)**명** ☞로봇.

인조^진주(人造眞珠)**명** 유리구슬에 진주 빛깔의 도료를 입히어 천연 진주처럼 만든 모조품. 모조 진주(模造眞珠).

인조^피혁(人造皮革)**명** ☞인조 가죽.

인족(姻族)**명** ☞인척(姻戚).

인종(人種)**명** 사람의 피부나 머리털의 빛깔, 골격 등 신체적인 여러 형질에 따라 구분되는 사람의 집단. 〔백인종·황인종·흑인종 따위.〕 ¶인종 차별. /유색 인종.

인종(忍從)**명****하자** 참고 따름.

인좌(寅坐)**명** (집터나 묏자리 따위가) 인방(寅方)을 등진 좌향, 또는 그런 자리.

인좌-신향(寅坐申向)**명** (집터나 묏자리 따위가) 인방(寅方)을 등지고, 신방(申方)을 향한 좌향.

인주(人主)**명** '임금'을 달리 이르는 말.

인주(印朱)**명** 도장을 찍을 때 묻혀 쓰는, 붉은 빛깔의 재료. 도장밥.

인준(認准)[-하타] 법률에 규정된 공무원의 임명(任命)에 대한 국회의 승인. ¶ 국무총리의 인준. /인준을 받다.

인-줄(人-)[-쭐]명 부정(不淨)을 꺼리어 사람이 함부로 드나들지 못하도록 문이나 길 어귀에 건너질러 매는 줄. 금줄.

인중(人中)명 코와 윗입술 사이에 우묵하게 골이 진 부분.
인중이 길다관용 〔인중이 길면 수명이 길다는 속설에서〕 수명이 길 것이다.

인중(人衆)명 ①많은 사람. ②사람.

인-중방(引中枋)명 인방(引枋)과 중방(中枋)을 아울러 이르는 말.

인중-백(人中白)명 한방에서, '오줌버캐'를 이르는 말.

인중지말(人中之末)명 여러 사람 가운데서 행실이나 인품이 가장 못난 사람을 이르는 말.

인-쥐(人-)명 '곡식이나 음식물을 남몰래 조금씩 훔치는 사람'을 비유하여 이르는 말.

인즉조 자음으로 끝난 체언에 붙는 연결형 서술격 조사. 《모음 뒤에서는 '이'가 생략되기도 함.》 '으로 말하면'의 뜻으로, 조건이나 전제적 사실을 힘주어 나타냄. ¶ 김 군이야 사람인즉 그만이지. 참ㄴ즉.

인즉슨[-쓴]조 '인즉'의 힘줌말. ¶ 사건의 내막인즉슨 이렇다.

인증(人證)명 법원에서, 증인이나 감정인(鑑定人)·참고인 등의 증언을 증거로 삼는 일.

인증(引證)[명][하타][되자] 〔글 따위를〕 인용하여 증거를 삼음. 또는 그 증거.

인증(認證)[명][하타][되자] 어떠한 행위 또는 문서의 성립이나 기재가 정당한 절차로 이루어졌음을 공적 기관이 증명하는 일.

인지조 자음으로 끝난 체언에 붙어, 막연한 의문을 나타내는 연결형 또는 종결형 서술격 조사. 《모음 뒤에서는 '이'가 생략되기도 함.》 ¶ 무슨 뜻인지 모르겠다. /이게 꿈인지 생신지. 참ㄴ지.

인지(人指)명 둘째손가락. 집게손가락.

인지(人智)명 사람의 슬기. 사람의 지식.

인지(印紙)명 국가가 세금이나 수수료 등을 거두어들일 때 그 증서 등에 붙이게 하는, 일정한 금액을 나타낸 증표(證票). 수입 인지가 그 대표적인 것임.

인지(認知)[명][하타][되자] ①어떠한 사실을 분명히 인정함, 또는 인정하여 앎. ¶ 실태를 인지하다. ②법률에서, 혼인 관계에 있지 않은 남녀가 낳은 자녀에 대하여 그 생부(生父)나 생모(生母)가 자기의 자식이라고 인정하는 일.

인지^과학(認知科學)명 인간의 마음과 지식의 습득 과정 등을 종합적으로 탐구하는 학문.

인지-도(認知度)명 〔어떤 사람이나 물건 따위를〕 알아보는 정도. ¶ 제품의 인지도를 높이다.

인지라조 자음으로 끝난 체언에 붙어, 앞말의 이유나 전제가 됨을 나타내는 연결형 서술격 조사. 《모음 뒤에서는 '이'가 생략되기도 함.》 ¶ 그도 사람인지라 실수할 때가 있겠지. 참ㄴ지라.

인지상정(人之常情)명 사람이라면 누구나 가지는 보통의 마음, 또는 생각. ¶ 떠나온 고향을 그리워하는 것도 인지상정이지.

인지-세(印紙稅)[-쎄]명 매매 계약서, 차용 증서, 위임장, 어음, 영수증 등, 재산권의 창설·이전·변경·소멸 등을 증명하는 증서나 장부 등을 작성하는 사람에게 부과되는 세.

인지위덕(忍之爲德)명 참는 것이 덕이 됨.

인지-의(認地儀)[-의/-이]명 조선 시대에, 세조가 만든 토지의 측량 기구. 각도와 축척의 원리를 이용하여 토지의 거리와 높낮이를 쟀음. 규형(窺衡).

인-지질(燐脂質)명 분자 안에 인산(燐酸)이 들어 있는 복합 지질. 동식물의 세포를 형성하는 중요한 물질임. 〔레시틴 따위.〕

인진(引進)[명][하타] 인재를 끌어다 씀.

인진(茵蔯)명 ①☞사철쑥. ②한방에서, '사철쑥의 어린잎'을 약재로 이르는 말. 〔황달을 다스리거나 이뇨(利尿)에 쓰임.〕

인질(人質)명 볼모.

인질(姻姪)명 고모부에 대하여 자기를 일컫는 말. 고질(姑姪). 부질(婦姪).

인질-극(人質劇)명 완력이나 무력으로 무고한 사람을 붙들어 놓고, 자기의 목적을 이루려고 벌이는 소동.

인차(人車)명 탄광이나 광산에서 광부를 실어 나르는 데 쓰이는 특수한 광차(鑛車).

인차(鱗次)명 '인차하다'의 어근.

인차-하다(鱗次-)[형여] 비늘처럼 차례로 잇닿아 있다. 인비(鱗比)하다.

인찰-지(印札紙)[-찌]명 미농지에 괘선을 인쇄해 놓은 종이. 괘지(罫紙).

인책(引責)[명][하타] 〔잘못된 일에 대하여〕 스스로 책임을 지거나 책임을 지게 함. ¶ 인책 사직. /시민 단체는 관련자의 인책을 요구했다.

인척(姻戚)명 혈연관계가 없으나 혼인으로 맺어진 친족. 〔혈족의 배우자, 혈족의 배우자의 혈족, 배우자의 혈족, 배우자의 혈족의 배우자 따위.〕 인족(姻族). 혼척(婚戚). ¶ 회사의 주요 임직은 사주(社主)의 인척들이 완전히 장악하고 있다.

인-청동(燐靑銅)명 청동에 약간의 인을 섞은 합금. 용수철 따위를 만드는 데 쓰임.

인체(人體)명 사람의 몸.

인체^모델(人體model)명 화가나 조각가의 모델이 되는 사람.

인초(寅初)명 십이시의 인시(寅時)의 처음. 〔상오 3시가 막 지난 무렵.〕

인촌(隣村)명 이웃 마을.

인총(人總)명 ①인구의 총수. ②☞인구(人口).

인축(人畜)명 사람과 가축.

인출(引出)[명][하타][되자] 예금 따위를 찾음. ¶ 현금 /500만 원을 수표로 인출하다.

인출(印出)[명][하타] 인쇄하여 펴냄.

인충(鱗蟲)명 몸에 비늘이 있는 동물을 통틀어 이르는 말. 〔뱀·물고기 따위.〕

인치(引致)[명][하타][되자] ①사람을 억지로 끌어가거나 끌어 오는 일. ②신체의 자유를 구속하여 일정한 곳으로 데려가는 일. ¶ 인치를 가하다. /인치를 당하다.

인치(inch)의 영국식 도량형의 길이의 단위. 〔1피트의 12분의 1을 1인치로 함. 약 2.54 cm.〕

인친(姻親)명 ☞사돈(査頓).

인칭(人稱)명 어떤 동작의 주체가 말하는 이, 말 듣는 이, 제삼자의 어느 것인가의 구별을 이르는 말. 〔제일 인칭·제이 인칭·제삼 인칭의 세 가지가 있음.〕 참인칭 대명사.

인칭^대:명사(人稱代名詞)명 사람을 이름 대신 가리키는 대명사. 나·우리·저희(일인칭), 너·당신·그대·너희(이인칭), 이이·그이·저이·이들·그들·저들(삼인칭), 아무(부정칭) 따위.〕 사람대이름씨. 인대명사.

인커:브 (incurve)명 야구에서, 투수가 던진 공이 홈 가까이에서 안으로 꺾이어 들어오는 일, 또는 그 공. ↔아웃커브.

인-코:너 (←inside corner)명 야구에서, 홈베이스의 중앙부와 타자와의 사이. 내각(內角). ↔아웃코너.

인코넬 (Inconel)명 니켈을 주성분으로 하여 크롬 15%, 철 6~7%, 티탄 2.5%와, 1% 이하의 알루미늄·망간·규소를 넣어 만든 합금. 내열성이 강하여 제트 엔진의 재료나 진공관의 필라멘트 따위에 쓰임. 〔상표명〕

인코:스 (in+course)명 ①야구에서, 인코너를 지나가는 공의 길. ②육상 경기장의 트랙의 안쪽 주로(走路). ↔아웃코스.

인큐베이터 (incubator)명 보육기(保育器).

인클라인 (incline)명 경사진 곳에 레일을 깔고, 주로 동력으로 배나 화물 따위를 운반하는 일.

인-킬로 (人kilo)의 교통 기관에서, 여객 운수의 양을 정밀하게 나타낼 때의 계산 단위. 〔1인킬로는 한 사람의 여객을 1 km 운송하였음을 나타냄.〕

인터내셔널 (international)명 여러 나라에 관계되거나 미침.

인터넷 (Internet)명 (1969년, 미국 국방부에서 비롯된) 국제 컴퓨터 통신망의 한 가지. 서로 다른 컴퓨터나 네트워크 사용자들과 연결, 여러 가지 서비스를 제공받으며 통신할 수 있는 세계 최대의 컴퓨터 통신망임.

인터럽트 (interrupt)명 컴퓨터에서, 어떤 프로그램의 실행을 잠시 중단하고 다른 프로그램을 불러들여 실행할 수 있도록 어떤 사상(事象)이나 신호가 들어오게 하는 일.

인터벌 (interval)명 ①시간적인 간격. ②야구에서, 투수의 투구와 투구 사이의 시간. ¶인터벌이 길다. ③막간(幕間). 휴식 시간.

인터뷰: (interview)명하자타 〔'면접'·'대담'·'회견' 등의 뜻으로〕 조사·진단·시험·취재 등을 목적으로, 특정한 개인이나 집단을 만나 필요한 정보를 수집하는 일.

인터셉트 (intercept)명하타 축구·럭비·농구 등의 경기에서, 상대편에서 패스한 공을 중간에서 가로채는 일.

인터체인지 (interchange)명 고속도로의 출입구나 일반 도로의 교차 지점에 설치되어 있는 입체 교차 시설의 교차 부분. 나들목. 아이시(IC).

인터컷 (intercut)명 스포츠 실황 방송 따위를 할 때, 관람석의 모습이나 관객의 소감 따위를 짧게 끼워 넣는 일.

인터타이프 (intertype)명 ☞라이노타이프.

인터페론 (interferon)명 바이러스에 감염된 동물 세포에서 생기는 단백질. 바이러스의 증식을 방해하는 물질이며, 암 치료 등에 이용됨.

인터페이스 (interface)명 ①컴퓨터에서, 서로 다른 두 시스템·장치·소프트웨어 따위를 서로 이어 주는 부분, 또는 그런 접속 장치. ②컴퓨터에서, 사용자인 인간과 컴퓨터를 연결하여 주는 장치. 〔키보드·디스플레이 따위.〕

인터폰 (interphone)명 옥내의 통화에 쓰이는 간단한 유선 전화.

인터폴 (Interpol)명 국제 형사 경찰 기구. 〔International Criminal Police Organization〕

인턴 (intern)명 수련의(修鍊醫) 과정의 첫 1년 동안의 의사를 이르는 말. 〔전 과목에 걸쳐 순환 근무를 하며 임상 수련을 받음.〕 ♠레지던트.

인턴-사원 (intern社員)명 회사에 정식으로 채용되지 아니한 채 실습 과정을 밟는 사원.

인테르 (←interline)명 활자 조판에서 행간을 띄우기 위하여 행과 행 사이에 끼워 넣는 물건. ↔아웃코너.

인테르메조 (intermezzo 이)명 ①간주곡(間奏曲). ②막간극(幕間劇). ③교향악이나 소나타를 연결하는 소형식(小形式)의 기악.

인테리어 (interior)명 실내 장식. ¶인테리어 디자인.

인텔리 (←intelligentsia 러)명 〈인텔리겐치아〉의 준말.

인텔리겐치아 (intelligentsia 러)명 〔러시아 제정 시대에, 혁명적 지식인을 일컫던 말로〕 지식층. 지식 계급. ⓒ인텔리.

인텔리전트^빌딩 (intelligent building)명 〔자동 제어 장치, 근거리 통신망, 사무 자동화 시스템 따위〕 최첨단 전자 시설 및 정보 통신 시설을 완비한 임대용 사무실 빌딩.

인텔샛 (INTELSAT)명 국제 상업 통신 위성 기구. 〔International Telecommunication Satellite Organization〕

인퇴 (引退) 〔-퇴/-퉤〕명하자 어떤 직무를 그만두고 물러남. ♠은퇴(隱退).

인트라넷 (intranet)명 기업이 내부의 정보 교환 및 공동 작업을 위하여 인터넷을 이용하여 구축한 컴퓨터 통신망.

인파 (人波)명 많이 모여 움직이는 사람의 모양을 파도에 비유하여 이르는 말. ¶퍼서 인파.

인파이팅 (infighting)명 권투에서, 상대편에게 접근하여 공격하는 전법. ↔아웃복싱.

인판 (印版)명 〈인쇄판〉의 준말.

인편 (人便)명 오가는 사람의 편. ¶인편에 편지를 부치다.

인편 (鱗片)명 비늘 조각.

인품 (人品)명 사람의 품격. 사람의 됨됨이. ¶인품이 원만하다. ꮸ품성(品性).

인풋 (input)명 컴퓨터에 정보를 넣는 일. 입력(入力). ↔아웃풋.

인프라 (←infrastructure)명 〈인프라스트럭처〉의 준말.

인프라스트럭처 (infrastructure)명 생산이나 생활의 기반을 형성하는 기초적인 시설. 〔도로·항만·철도·발전소·통신 시설 따위.〕 ⓒ인프라.

인플레 (←inflation)명 〈인플레이션〉의 준말. ↔디플레.

인플레이션 (inflation)명 물가가 오랫동안 지속적으로 올라가는 경제 현상. 통화 팽창(通貨膨脹). ⓒ인플레. ↔디플레이션.

인플루엔자 (influenza)명 돌림감기.

인피 (靭皮)명 ①☞체관부. ②←인피 섬유.

인피-부 (靭皮部)명 ☞체관부.

인피^섬유 (靭皮纖維)명 식물의 체관부 섬유 및 피층(皮層) 섬유. 질기고 저항력이 강하여 제지(製紙)나 제직(製織)에 이용됨. 인피(靭皮).

인피-식물 (靭皮植物) 〔-싱-〕명 잎이나 줄기의 인피 섬유가 직물·종이·끈·편물 따위의 공업용 원료로 쓰이는 식물을 통틀어 이르는 말. 〔아마(亞麻)·삼·청마(靑麻) 따위.〕

인필:드^플라이 (infield fly)명 야구에서, 노 아웃 또는 원 아웃에 주자가 일루·이루에 있거나 또는 만루일 때에, 타자가 친 공이 내야수가 쉽게 잡을 수 있게 뜬 것. 심판이 이를 선언하면 타자는 자동적으로 아웃이 됨. ꮸ내야 플라이.

인하(引下)[하][되자] ①끌어내림. ②(가격이나 임금·요금 따위를) 떨어뜨림. ¶ 물가 인하 정책. /금리를 인하하다. ↔인상(引上).

인하(姻下)[대] ⇨인말(姻末).

인-하다(因-)[재] ①본디 그대로 하다. ¶ 옛 풍속에 인하여 식을 올리다. ②말미암다. ¶ 병충해로 인하여 수확이 크게 줄었다.

인-하다(吝-)[형여] 좀 인색하다.

인합(引盒)[명][하] ⇨인뒤웅이.

인항(引航)[명][하타] ①⇨예항(曳航). ②글라이더를 공중으로 떠오르게 할 때 자동차 따위로 끌어서 이륙시키는 일.

인해(人海)[명] (바다처럼) 많은 사람이 모인 상태를 이르는 말. ¶ 오후가 되자 이곳은 청중들로 인해를 이루었다. [참]인산인해(人山人海).

인해^전:술(人海戰術)[명] ①막대한 인명 피해를 무릅쓰고 많은 지상군(地上軍)을 계속적으로 투입하여, 적군을 압도하려고 하는 전술. ②많은 사람을 투입하여 무슨 일을 이룩하려는 방책.

인행(印行)[명][하타][되자] ⇨간행(刊行).

인허(認許)[명][하타][되자] 인정하여 허가함. 인가(認可).

인-허가(認許可)[명] 인가와 허가를 아울러 이르는 말.

인현왕후-전(仁顯王后傳)[명] 작자·연대 미상의 조선 시대 전기 소설. 숙종의 계비(繼妃) 인현 왕후의 폐비(廢妃) 사건과 장 희빈(張禧嬪)과의 관계를 다룬 내간체(內簡體)의 궁중 비극 소설. '인현왕후덕행록(仁顯王后德行錄)'이라고도 함.

인혐(引嫌)[명][하타] 자기의 과실(過失)에 대한 책임을 짐.

인형(人形)[명] ①사람의 형상. ②사람의 형상을 본떠 만든 장난감.

인형(印形)[명] ⇨인(印).

인형(姻兄)[명] 편지 글 등에서, '자형(姉兄)'을 달리 이르는 말.

인형(姻兄)[대] 편지 글에서, 친구 사이에 서로 상대편을 높이어 일컫는 말.

인형-극(人形劇)[명] 인형을 움직여서 하는 연극을 통틀어 이르는 말.

인혜(仁惠)[명] '인혜하다'의 어근.

인혜-하다(仁惠-)[-혜-/-헤-][형여] 어질고 은혜롭다.

인호(人戶)[명] 사람의 집. 인가(人家).

인호(隣好)[명] 이웃끼리 다정히 지내는 일.

인홀불견(因忽不見)[명] 언뜻 보였다가 금방 사라져 보이지 않음.

인화(人和)[명][하자] 여러 사람의 마음이 서로 화합함. ¶ 인화 단결.

인화(引火)[명][하자][되자] 불이 옮아 붙음. ¶ 인화 물질. /불이 이웃집으로 인화하다.

인화(印花)[명] 도자기를 만들 때, 겉면에 도장 따위를 눌러 찍어 무늬를 만드는 기법, 또는 그 무늬. 고화(鼓花).

인화(印畫)[명][하타] 필름이나 건판의 상(像)을 감광지에 비추어 화상(畫像)이 나타나게 하는 일.

인화(燐火)[명] ①인(燐)이 탈 때 보이는 파르스름한 빛. ②도깨비불. ②음화(陰火).

인화-물(引火物)[명] 불이 잘 옮아 붙는 성질을 가진 물질.

인화-성(引火性)[-썽][명] 불이 잘 옮아 붙는 성질. ¶ 인화성 물질.

인화-점(引火點)[-쩜][명] 물질이 인화하는 최저 온도. [참]발화점(發火點).

인화-지(印畫紙)[명] 사진의 음화(陰畫)를 양화(陽畫)로 만드는 데 쓰이는 감광지(感光紙).

인회-석(燐灰石)[-회-/-훼-][명] 인(燐)이 섞인 광물. 주성분은 산성 인산칼슘. 녹색·청색·갈색·무색 등 여러 가지이며 유리와 같은 광택이 있음. 인산질 비료의 원료로 쓰임.

인후(仁厚)[명] '인후하다'의 어근.

인후(咽喉)[명] ⇨목구멍.

인후-강(咽喉腔)[명] 목구멍의 후두개 연골에서 성문(聲門)까지의 기도(氣道).

인후-병(咽喉病)[-뼝][명] 목구멍이 붓고 아픈 병을 통틀어 이르는 말. 후증(喉症).

인후-염(咽喉炎)[명] 인후의 점막에 염증이 생겨 붉게 부어오르는 병. 인후 카타르.

인후지지(咽喉之地)[명] [목과 같은 땅이라는 뜻으로] 중요한 요새가 되는 땅.

인후^카타르(咽喉catarrh)[명] ⇨인후염(咽喉炎).

인후-하다(仁厚-)[형여] 마음이 어질고 두텁다.

인휼(仁恤)[명][하타] 어진 마음으로 어려운 처지에 놓인 사람을 구제함.

인희-지광(人稀地廣)[-히-][명][하형] 사람은 드물고 땅은 넓음. 지광인희(地廣人稀).

일다[형] [옛] 좋다. 잘생기다. ¶ 이든 工巧호 말(法華6:67). /이든 양 오쟎나요?

일[명] ①(어떤 가치 창조를 위하여) 몸과 마음을 쓰는 활동. 작업. ¶ 인간은 일을 하기 위하여 태어났다. ②(어떤 사건이나 사태에 관련된) 짓. 행위(行爲). ¶ 그 시각에 피고가 한 일을 소상히 말하시오. ③(생계나 벌이를 위한) 노동. 직업. ¶ 요즘 무슨 일을 하십니까? ④(되어 가는) 형편. ¶ 요즘 회사 일이 어떻게 돌아갑니까? ⑤볼일. 소관사(所關事). 용무. ¶ 무슨 일로 오셨나요? ⑥형편. 사정. 사유. ¶ 참석하지 못할 일이 생겼소. ⑦사실. 현상. ¶ 무사하셨다니 반가운 일입니다. /준비도 없는 데 손님이 들이닥쳤으니 이 일을 어쩐담. ⑧(돈이나 노력이 드는) 행사(行事). ¶ 이번에 혼사 일을 치르느라 애 많이 쓰셨습니다. ⑨계획. 사업. ¶ 나라를 세우는 일. /이번 일은 성공률 100%다. ⑩(실제로 겪거나 본) 경험. ¶ 이런 걸 본 일이 있느냐?/저 사람에게 속았던 일이 있소. ⑪말썽. 사단(事端). 사건. 변고(變故). ¶ 곤란한 일이 생기다. /갑자스럽게 일을 당하다. /기어이 일을 저지르고야 마는구나. ⑫(처리해야 할) 사안(事案). 책무(責務). ¶ 어려운 일을 혼자 감당하다. /그 지도자에게 나라의 일을 맡기다. ⑬용변이나 남녀의 교접을 완곡하게 이르는 말. ¶ 친구 하나가 화장실로 일을 보러 갔다. /일을 치르다. ⑭물리학에서, 물체에 힘이 작용하여 그것을 움직이게 하는 기능.

일 다 하고 죽은 무덤 없다[속담] 일을 하려고 들면 끝이 없다는 말.

일에는 베돌이, 먹을 땐 감돌이[속담] 일할 때는 멀리 가서 있으려고 살살 빼다가, 먹을 것이 있으면 조금이라도 더 많이 먹으려고 살금살금 다가오는 사람을 두고 이르는 말.

일이 되면 입도 되다[속담] 일이 많으면 먹을 것도 많이 생기게 된다는 말.

일 잘하는 아들 낳지 말고 말 잘하는 아들 낳으라[속담] 사람이 말을 잘하면 처세(處世)하기에 유리하다는 뜻으로 이르는 말.

일²조 자음으로 끝난 체언에 붙는 관형사형 서술격 조사.《모음 뒤에서는 '이'가 생략되기도 함.》¶그 말이 일반적인 사실임을 나타냄. ¶한 집안의 가장다운 사람이 저런 행동을 하다니. 그 일을 짐작하는 듯을 나타냄. ¶이번에도 또 우승일 것이다. ⑫ㄹ².

일 거다관용 '일 것이다'가 줄어서 된 말. 자음으로 끝난 체언에 붙어, 추측하여 단정하는 듯을 나타냄. ¶이번에는 틀림없이 합격일 거다.

일 거야관용 '일 것이야'가 줄어서 된 말. 자음으로 끝난 체언에 붙어, 가능성이나 추측의 듯을 나타냄. ¶일 등은 아마 박 군일 거야.

일 바에관용 자음으로 끝난 체언에 붙어, '어차피 그렇게 된 일이면'의 뜻으로, 앞말이 뒷말의 전제나 조건이 됨을 나타냄. ¶어차피 떠날 수 없는 사람일 바에 굳이 가 뭣 하랴.

일 바에야관용 '일 바에'의 힘줌말. ¶이왕 버릴 옷일 바에야 나나 다오.

일부 〈옛〉일찍이. ¶일 門을 닫놋다(杜初7:10).

일(日)¹ Ⅰ명 ①①날. 하루. ¶일 평균 생산량. ②〈일요일〉의 준말.
Ⅱ의 날짜를 세는 단위. ¶3째 되는 날. /아버지 생신이 앞으로 15일 남았다.

일(日)²명 〈일본〉의 준말. ¶한·일 관계.

일(一·壹) Ⅰ수 하나.
Ⅱ관 《일부 단위를 나타내는 명사 앞에 쓰이어》①그 수량이 하나임을 나타내는 말. ¶일 그램. ②그 순서가 첫 번째임을 나타내는 말. ¶삼국지 일 권.

-일(日)접미 일부 체언 뒤에 붙어, 그러한 날의 뜻을 나타냄. ¶공휴일. /기념일. /마감일.

일가(一家)명 ①한집안. 한가족. ②동성동본(同姓同本)의 겨레붙이. ③학문이나 예술·기술 등의 분야에서, 독자성을 가진 독립된 유파(流派). ¶나전 공예 부문에서 일가를 이루다.

일가-견(一家見)명 ①자기대로의 독특한 의견이나 학설. ¶일가견을 가지다. /일가견이 있다. ②상당한 견식을 가진 의견. ¶일가견을 피력하다. 일가언(一家言).

일가-문중(一家門中)명 모든 일가.

일가-붙이(一家-)[-부치]명 성과 본이 같은 모든 겨레붙이.

일가-언(一家言)명 ⇨일가견(一家見).

일가^원소(一價元素)[-까-]명 원자가 하나인 원소. 〔취소·염소·나트륨 따위.〕

일가월증(日加月增)[-쯩]명하자 날이 가고 달이 갈수록 더욱 늘어감.

일-가족(一家族)명 한집안의 가족, 또는 온 가족.

일가-천척(一家親戚)명 일가와 외척(外戚)·인척(姻戚)의 모든 겨레붙이.

일가^함:수(一價函數)[-까-쑤]명 하나의 독립 변수에 대하여 종속 변수의 값이 하나뿐인 함수. ↔다가 함수(多價函數).

일각(一角)명 한 귀퉁이. 한 모서리. 한 부분. ¶사회 일각에서 제기되고 있는 여론.

일각(一刻)명 ①매우 짧은 동안. ¶최후의 일각까지 분전하다. /일각이 급한 처지다. ②한 시(時)의 첫째 각(刻). 〔옛 시각의 단위로, 지금의 한 시간의 4분의 1. 곧, 15분.〕

일각이 삼추(三秋) 같다속담〔일각이 삼 년의 세월같이 여겨진다는 뜻으로〕'기다리는 마음이 매우 간절함'을 이르는 말.

일각(日脚)명 햇발.

일각^대문(一角大門)[-때-]명〔대문간이 따로 없이〕양쪽에 기둥을 하나씩 세우고 문짝을 단 대문. 일각문.

일각-문(一角門)[-강-]명 ⇨일각 대문.

일각-수(一角獸)[-쑤]명 중국의 전설상의 동물. 모양과 크기는 말과 비슷하고 이마에는 뿔이 하나 있다 함.

일각^중문(一角中門)[-쭝-]명 두 개의 기둥으로 세운 중문.

일각-천금(一刻千金)명 '매우 짧은 시간도 천금과 같이 귀중함'을 이르는 말.

일간(日刊)명하타 날마다 간행함, 또는 그 간행물.

일간(日間) Ⅰ명 하루 동안. ¶일간 생산량.
Ⅱ부 가까운 며칠 사이에. ¶일간 찾아가겠네. /일간 다시 오겠네.

일간-두옥(一間斗屋)명 한 칸밖에 되지 않는 작은 오두막집.

일간^신문(日刊新聞)명 날마다 박아서 펴내는 신문. 일간지(日刊紙).

일간-지(日刊紙)명 ⇨일간 신문.

일간-초옥(一間草屋)명 한 칸밖에 되지 않는 작은 초가집.

일갈(一喝)명하자 한 번 큰 소리로 꾸짖음.

일:-감(-)[-깜]명 일거리. ¶일감이 쌓이다.

일갓-집(一家-)[-가찝/-갇찝]명 일가가 되는 집.

일개(一介)명 보잘것없는 한 낱. ¶일개 사원에 지나지 않는 내가 입신 입조(立朝)하다.

일-개미명 개미의 한 가지. 집을 짓고 먹이를 모으는 등의 일을 맡아 하는 개미. 날개가 없고 생식 기능이 없음.

일-개인(一個人)명 한 사람. 한 개인.

일거(一擧)명 한 번의 행동. 한 번의 동작. 《주로, '일거에'의 꼴로 쓰임.》¶만루서 홈런을 날려 일거에 넉 점을 더하다.

일거(逸居)명하자 별로 하는 일 없이 편안하고 한가로이 지냄.

일:-거리[-꺼-]명 해야 할 일. 일감. ¶일거리를 맡기다. /일거리가 다 떨어졌다.

일거수-일투족(一擧手一投足)〔손을 한 번 드는 일과 발을 한 번 옮겨 놓는 일이라는 뜻으로〕사소한 하나하나의 동작이나 행동을 이름. ¶적 진지의 일거수일투족을 살피다.

일거-양득(一擧兩得)명하자 한 가지 일로써 두 가지의 이익을 얻음. ¶일거양득의 효과. 비일석이조(一石二鳥).

일거월저(日居月諸)[-쩌]명 쉼 없이 가는 세월. 준거저(居諸).

일거-일동(一擧一動)[-똥]명 하나하나의 행동이나 동작. ¶학생들의 일거일동을 보다.

일건(一件)[-껀]명 ①한 가지. ②한 벌. ¶일건 서류를 갖추어서 제출하다. ③한 가지 일. ¶일건은 이미 해결되었다.

일건^기록(一件記錄)[-껀-]명〔그 일에 관계되는〕모든 기록. 한 벌의 기록.

일건^서류(一件書類)[-껀-]명〔그 일에 관계되는〕모든 서류.

일걸조 자음으로 끝난 체언에 붙어, 막연한 추측의 뜻을 나타내는 종결형 서술격 조사.《모음 뒤에서는 '이'가 생략되기도 함.》¶그건 아마 헛소문일걸. ⑫ㄹ걸.

일격(一擊)명 한 번 세게 침. 한 번의 공격. ¶일격에 때려눕히다. 일 격으로 쓰러뜨리다.

일견(一見)명하타 한 번 봄. 언뜻 봄. 《주로, '일견'·'일견에'의 꼴로 쓰임.》¶일견에 알아보다. 비일모(一眸).

일:결〖명〗 크게 손(客)을 겪는 일.

일결(一決)〖명〗〖하타〗 ①한 번에 결정함. ②(제방 따위가) 한 번에 터짐.

일경(一更)〖명〗 하루의 밤을 다섯으로 나눈 첫째 시각. 〔하오 7시부터 9시까지.〕 갑야(甲夜).

일경(日警)〖명〗 일본 경찰, 특히 '일제 강점기의 경찰'을 이르는 말.

일계(一計)[-게/-게]〖명〗 (목적을 이루기 위하여 생각해 낸) 한 가지 꾀. 한 가지 책략. ¶저에게 기발한 일계가 있습니다.

일계(日計)[-게/-게]〖명〗 ①하루를 단위로 하는 계산. ②날수대로 하는 계산.

일계-표(日計表)[-게-/-게-]〖명〗 날마다의 계산을 한눈에 알아볼 수 있도록 만든 표.

일고(一考)〖명〗〖하타〗 한 번 생각하여 봄. ¶일고해 볼 만한 일이다.

일고(一顧)〖명〗〖하타〗《주로 부정하는 말과 함께 쓰이어》 ①잠깐 돌아봄. ②(관심을 두고) 조금 생각하여 봄. ¶이 제안은 일고의 가치도 없다.

일고(日雇)〖명〗 날품팔이. 일용(日傭).

일:-고동[-꼬-]〖명〗 일의 되고 안 됨이 결정되는 중요한 고비.

일고-삼장(日高三丈)〖명〗 〔해가 세 길이나 떠올랐다는 뜻으로〕 '아침 해가 높이 떴음'을 뜻하는 말. 삼간(三竿).

일고-여덟[-덜]〖수관〗 일곱이나 여덟쯤 되는 수(의). ¶일고여덟 살쯤 된 어린이. ⑤일여덟. *일고여덟이[-덜비]·일고여덟만[-덜-].

일곱〖수관〗 여섯에 하나를 더한 수(의). 칠(七). ¶모임에 참석한 사람은 모두 일곱이다. /그 애는 일곱 살이다.

일곱-무날[-곰-]〖명〗 조수의 간만의 차가 같은 음력 초하루와 열엿샛날을 아울러 이르는 말.

일곱-이레[-곤니-]〖명〗 (아기가) 태어난 지 일곱 번째 되는 이레의 끝날. 〔태어난 지 49일째 되는 날.〕 칠칠(七七).

일곱-째 Ⅰ〖수관〗 여섯째의 다음 차례(의). ¶일 곱째 줄.
Ⅱ〖명〗 맨 앞에서 세어 모두 일곱 개가 됨을 이르는 말. ¶귤을 벌써 일곱째 먹는다.

일공(一空)〖명〗 아무것도 없이 텅 빈 상태.

일공(日工)〖명〗 ①하루의 품삯. ②날삯을 받고 하는 일, 또는 그런 사람. 날품팔이.

일공-쟁이(日工-)〖명〗 날삯을 받고 일하는 사람을 홀하게 이르는 말. 날품팔이꾼.

일과(一過)〖명〗〖하타〗 한 번 지남. ¶태풍이 한반 도를 일과하다. ②스치듯이 한 번 봄, 또는 그런 시선.

일과(日課)〖명〗 날마다 일정하게 하는 일, 또는 그 과정. ¶아침 산책을 일과로 삼다.

일과-력(日課曆)〖명〗 날마다 할 일을 적어 놓을 수 있게 만든 일력(日曆).

일과-성(一過性)[-썽]〖명〗 (어떤 현상이나 증상이) 일시적으로 일어났다가 곧 사라지는 성질. ¶증권에 대한 일과성 과잉 투자 열기.

일과-표(日課表)〖명〗 그날그날의 해야 할 일을 적어 놓은 표.

일곽(一郭·一廓)〖명〗 하나의 담으로 둘러쳐 막은 곳. 한 구역.

일관(一貫)〖명〗〖하자타〗〖되자〗 ①〈일이관지(一以貫之)〉의 준말. ②(태도나 방법 등을) 처음부터 끝까지 한결같이 함. ¶처음에 결정한 방침대로 일관하다. /일관된 정책.

일관-성(一貫性)[-썽]〖명〗 (태도나 방법 등에서) 처음부터 끝까지 한결같은 성질. 일관하는 성질.

일관^작업(一貫作業)〖명〗 (어떤 일의 모든 과정을) 분산하지 않고 연속적으로 하는 작업. ¶원고 작성부터 출판까지 일관 작업으로 처리되다.

일괄(一括)〖명〗〖하타〗〖되자〗 (낱낱의 것들을) 한데 뭉뚱그림. ¶일괄 사표. /남은 안건들을 일괄하여 처리하다.

일괄^처리(一括處理)〖명〗 컴퓨터에서, 입력 데이터를 일정량 또는 일정 기간 모아서, 한꺼번에 처리하는 방법. 배치 프로세싱.

일광(日光)〖명〗 햇빛.

일광^반:사경(日光反射鏡)〖명〗 ☞헬리오스탯.

일광-보살(日光菩薩)〖명〗 불교에서, 약사 삼존(藥師三尊)의 한 보살. 약사여래불의 왼쪽에 서 있는 협사(脇士).

일광^소독(日光消毒)〖명〗 햇빛 속의 자외선의 살균력을 이용한 소독법.

일광^요법(日光療法)[-뇨뻡]〖명〗 햇빛 속의 자외선을 이용한 치료법. 구루병·결핵성 질환 따위에 효과가 있음.

일광-욕(日光浴)[-녁/-뉵]〖명〗〖하자〗 (병을 치료하거나 건강을 위하여) 맨몸을 햇빛에 쬐는 일. ¶일광욕을 즐기다.

일광^절약^시간(日光節約時間)[-씨-]〖명〗 ☞서머 타임.

일교-차(日較差)〖명〗 하루 동안의, 기온·기압·습도 따위의 가장 높은 값과 가장 낮은 값의 차.

일구(一口)〖명〗 ①한 입. ②한 사람. ③여러 사람의 한결같은 말. ④한 마디의 말.

일구(日寇)〖명〗 ☞왜구(倭寇).

일구(逸口)〖명〗 지나친 말. 실수하는 말. 과언(過言). 실언(失言).

일구-난설(一口難說)〖명〗 한 마디 말로는 다 설명하기 어려움.

일구다〖타〗 ①(논밭을 만들기 위하여) 땅을 파서 흙을 뒤집다. ¶화전을 일구다. ②(두더지 따위가) 땅속을 쑤셔 흙이 솟게 하다.

일구월심(日久月深)[-씸]〖하염〗 〔날이 오래고 달이 깊어 간다는 뜻으로〕 세월이 흐를수록 바라는 마음이 더욱 간절해짐을 이르는 말. ¶일구월심 그와의 재회를 기다리다.

일구-이언(一口二言)〖명〗〖하자〗 〔한 입으로 두 말을 한다는 뜻으로〕 말을 이랬다저랬다 함을 이르는 말. ¶대장부가 일구이언을 하다니.

일구-하다(逸口-)〖자여〗 지나친 말이나 실언을 하다.

일국(一國)〖명〗 ①한 나라. ¶일국의 장관. ②온 나라.

일국(一掬)〖명〗〖하타〗 두 손으로 한 번 움키는 일, 또는 한 움큼.

일군(一軍)〖명〗 ①한 군대. ②온 군대.

일군(一群)〖명〗 한 무리. 한 떼. ¶일군의 외국인 관광객이 입국하다.

일군(逸群)〖명〗〖하염〗 무리 가운데서 매우 뛰어남. 발군(拔群).

일규(一揆)〖명〗 ①같은 경우나 경로(經路). ②한결같은 법칙.

일그러-뜨리다〖타〗 (물건이나 얼굴의) 한쪽을 좀 비뚤어지게 하거나 우글쭈글하게 하다. 일그러트리다. ¶미간을 일그러뜨리다.

일그러-지다〖자〗 한쪽이 좀 틀리어 비뚤어지다. ¶그의 왼쪽 눈언저리가 일그러져 있다.

일그러-트리다〖타〗 일그러뜨리다.

일근(日勤)〖명〗〖하자〗 ①날마다 출근하여 사무를 봄. ②낮에 근무함. ◎참야근.

일금(一金)〖명〗 돈의 액수를 쓸 때 그 앞에

'돈'이란 뜻으로 쓰는 말. ¶일금 만 원정.

일급(一級)**圀** ①한 계급. ②등급의 첫째. ¶일급 공무원. /일급 자격증. ③어떤 분야에서 '최고 수준에 이른 것'을 뜻하는 말. ¶일급 기능공. /일급 투수. ④바둑이나 유도 따위에서 초단 바로 아래의 급수.

일급(日給)**圀** ①하루에 얼마로 정한 급료. 일한 삯을 하루 단위로 셈하여 받는 급료. ②하루치의 품삯. 날삯. 날날공전.

일급-쟁이(日給-)[-쩽-] 일급을 받고 일하는 사람을 얕잡아 이르는 말. 날품팔이꾼.

일긋-거리다[-끈꺼-]**자** 자꾸 일긋일긋하다. 일긋대다. 왕얄긋거리다.

일긋-대다[-끈때-]**자** 일긋거리다.

일긋-얄긋[-끈냘긋-/-그달긋]**昌하자** 일긋거리고 얄긋거리는 모양.

일긋-일긋[-끈닐긋-/-그닐긋]**昌하자** (꽉 짜인 물건의) 사개가 느슨하여 조금씩 일그러지는 모양. 왕얄긋얄긋.

일긋-하다[-그타-]**혱어** 한쪽으로 조금 삐뚤어져 있다. 왕얄긋하다.

일기(一己)**圀** 자기 한 몸.

일기(一技)**圀** 한 가지 기술. 한 가지 능한 솜씨. ¶일인(一人) 일기.

일기(一氣)**圀** ①천지간에 가득한 대기(大氣). ②한목에 내치는 기운.

일기(一期)**圀** 일생(一生). ¶70세를 일기로 세상을 떠났다.

일기(一朞)**圀** 한 돌. 일주년(一週年).

일기(日記)**圀** ①그날그날 겪은 일이나 생각·느낌 등을 적은 개인의 기록. ¶일기를 꼬박꼬박 쓰다. ②일기를 적는 책. 일기장. ③폐위된 임금의 재위 기간의 사적(事績)을 적은 기록. 실록(實錄)에 해당하는 것. 〔'연산군 일기' 따위.〕③실록(實錄).

일기(日氣)**圀** 날씨. 천기(天氣).

일기(逸機)**하자** 기회를 놓침.

일기-가성(一氣呵成)**圀** ①단숨에 문장을 지어 냄. ②(무슨 일을) 단숨에 해냄.

일기^개:황(日氣槪況)**圀** 일기 개황.

일기-당천(一騎當千)**圀** 〔혼자서 천 명의 적을 대항해 낸다는 뜻으로〕①무예가 매우 뛰어남. ¶일기당천의 기백으로 계백의 진영에 뛰어든 관창랑. ②기술이 남보다 뛰어남. 경험이 남보다 월등히 많음. 일인당천(一人當千).

일기-도(日氣圖)**圀** 어떤 지역의 기상 상태를 숫자나 기호 따위로 나타낸 그림.

일기^문학(日記文學)**圀** ①일기 형식으로 표현된 문학. ②일기로서 문학적인 가치가 높은 기록.

일기^예:보(日氣豫報)**圀** 일정한 지역에서의 얼마 동안의 기상 상태를 미리 알리는 일.

일기-장(日記帳)[-짱]**圀** ①일기를 적는 책. ②영업상의 거래나 기업 재산에 관한 나날의 상태를 기록하는 장부.

일기죽-거리다[-꺼-]**자타** 자꾸 일기죽일기죽하다. 일기죽대다. 왕얄기죽거리다.

일기죽-대다[-때-]**자타** 일기죽거리다.

일기죽-얄기죽[-중냘-/-주갈-]**昌하자타** 일기죽거리고 얄기죽거리는 모양.

일기죽-일기죽[-중닐-/-주길-]**昌하자타** 걸을 때, 허리를 이리저리 느리게 흔드는 모양. 왕얄기죽얄기죽.

일기지욕(一己之慾)**圀** 자기만의 욕심.

일기-초(日記抄)**圀** 폐위된 임금의 역사를 편찬하는 데에 근거가 되는 초록(抄錄).

일길-찬(一吉湌)**圀** 신라 때의 17관등의 일곱째 등급. 왕사찬.

일까圂 자음으로 끝난 체언에 붙어, 앞일이나 지금의 일을 짐작함에 있어 의문이나 의심의 뜻을 나타내는 종결형 서술격 조사.《모음 뒤에서는 '이'가 생략되기도 함.》¶그는 어떤 사람일까?/이게 무슨 뜻일까?/과연 이게 옳은 일일까? 왕ㄹ까.

일-깨다¹**자** 잠을 일찍 깨다.

일-깨다²**자** '일깨우다'의 잘못.

일-깨다³**타** '일깨우다²'의 잘못.

일-깨-우다¹**타** 『'일깨다'의 사동』(자고 있는 이를) 여느 때보다 일찍 깨게 하다.

일-깨우다²**자타** (일러 주거나 가르쳐서) 깨닫게 하다. ¶청소년들에게 애국심을 일깨우다.

일:껏[-껀]**昌** 모처럼. 애써서. ¶일껏 요리해 주었더니 맛이 없다고 투정이다. /일껏 귀띔해 두었는데도 소용이 없다더니.

일꼬圂 자음으로 끝난 체언에 붙어, '일까'의 뜻을 예스럽게 나타내는 종결형 서술격 조사.《모음 뒤에서는 '이'가 생략되기도 함.》¶이게 어찌 된 노릇일꼬?/저 사람 직업이 무엇일꼬? 왕ㄹ꼬.

일:-꾼圀 ①일하는 사람, 또는 일을 할 사람. 일손. ¶일꾼을 구하다. /일꾼이 턱없이 부족하다. ②일을 솜씨 있게 계획하거나 처리하는 사람. ¶저 사람은 우리 과의 일꾼이야. /어린이는 나라의 일꾼이 될 새싹이다.

일:-끝[-끋]**圀** 일의 실마리. ¶일끝이 풀리다. *일:끝이[-끄치]·일:끝을[-끄틀]·일:끝만[-끈-]

일낙(一諾)[-락]**하타** 한 번 승낙함.

일낙-천금(一諾千金)[-락-]**圀** 〔한 번 승낙한 일은 천금같이 귀중하다는 뜻으로〕'확실한 승낙'을 뜻하는 말.

일난풍화(日暖風和)[-란-]**圀하형** 날씨가 따뜻하고 바람결이 부드러움.

일-남중(日南中)[-람-]**圀** 태양이 자오선(子午線)에 이르는 일.

일-남지(日南至)[-람-]**圀** 〔동지 때 해가 남회귀선에 이르는 데서〕'동짓날'을 뜻하는 말.

일:-내다[-래-]**자** 말썽을 일으키다. 사고를 저지르다. ¶저 사람 일낼 사람일세.

일년-감(一年-)[-련-]**圀** '토마토'를 달리 이르는 말.

일년-생(一年生)[-련-]**圀** ①학교에 입학하여 제1학년 과정을 공부하고 있는 학생. ¶고등학교 일년생. ②싹이 터서 자란 지 1년 정도 되는 식물. ③〈일년생 식물〉의 준말. 圂한해살이.

일년생^식물(一年生植物)[-련-싱-]**圀** 〔식물체가 한 해 동안에, 싹 트고, 자라고, 꽃이 피고, 열매 맺고 말라 죽는 초본 식물. 일년생 초본. 일년초. 圂일년생. 圂다년생 식물·월년생 식물·이년생 식물.

일년생^초본(一年生草本)[-련-]**圀** ☞일년생 식물. 圂일년생 초본.

일년-초(一年草)[-련-]**圀** ☞일년생 식물.

일념(一念)[-렴]**圀** ①한결같은 마음. 오직 한 가지의 생각. ¶구국(救國)의 일념. ②불교에서, 온 정신을 기울여 염불하는 일.

일념-통천(一念通天)[-렴-]**圀** 한결같은 마음으로 노력하면 하늘도 감동시켜 무슨 일이든 이룰 수 있음을 뜻하는 말.

일는지[-른-]圂 자음으로 끝난 체언에 붙어, 막연한 의문이나 추측의 뜻을 나타내는 종결형 또는 연결형 서술격 조사. 《모음 뒤에서는 '이'가 생략되기도 함.》 ¶ 이게 진짜 산삼일는지? ⓐ르는지.

일능(一能)[-릉]圀 한 가지의 재능.

일다1[이나·일어]巫 ①(어떤 상태가) 새로 생기다. ¶ 바람이 일다. /거품이 일다. ②(약하거나 대단하지 않던 것이) 성하게 되다. ¶ 살림이 날로 일다. /불꽃이 일다. ③위로 솟아오르거나 겉으로 부풀다. ¶ 옷에 보푸라기가 일다.

일·다2[이나·일어]巴 ①곡식이나 광물 따위를 물에 담가 조리질을 하거나 흔들어서, 가벼운 것은 위로, 무거운 것은 아래로 가게 하여 쓸 것과 못 쓸 것을 가려내다. ¶ 쌀을 일다. /사금(沙金)을 일다. ②까붐질이나 사래질을 하여 쓸 것과 못 쓸 것을 가려내다. ¶ 키로 참깨를 일다.

일다3[-따]圀〈이르다3〉의 준말.

일다4조〈이로다〉의 준말.

일다巫 〈옛〉 이루어지다. 되다. ¶ 내히 이러 바르래 가느니(龍歌2章). /西征에 功이 일어늘(龍歌41章).

일단(一段)[-딴]圀 ①계단 따위의 한 층계. ②문장이나 이야기 따위의 한 도막. ③신문 따위 인쇄물의 한 단. ¶ 일단 기사. ④자동차 따위의 기어 변속에서 그 첫 단계. ⑤바둑·검도·유도 따위의 초단(初段) 또는 한 단.

일단(一團)[-딴]圀 ①한 덩어리. ②하나의 집단. 한 무리. ¶ 일단의 시인들.

일단(一端)[-딴]圀 ①한 끝. ②(사물의) 한 부분. ¶ 그것은 오류의 일단에 지나지 않는다.

일단(一旦)[-딴]튄 ①한번. 우선. 먼저. ¶ 일단 정해진 대로 실천하다. ②잠깐. ¶ 일단 정지(停止)하시오.

일-단락(一段落)[-딸-]圀囙囝 (일정한 정도에서) 일이 마무리되는 일. ¶ 그 까다롭던 교섭도 일단락되었다. /범인의 자수로 그 사건은 일단락되었다.

일단-정지(一旦停止)[-딴-]圀 차량이 횡단보도 따위를 통과할 때에 우선멈춤으로써 보행자의 통행을 방해하지 않는 일.

일당(一黨)[-땅]圀 ①목적과 행동을 함께하는 무리, 또는 그에 딸린 사람. 한 동아리. ¶ 폭력배 일당이 검거되다. ②하나의 정당 또는 당파. ¶ 일당 독재를 고수하다.

일당(日當)[-땅]圀 하루 몫의 수당이나 보수. ¶ 회의에 참석하는 이에게는 일당을 지급합니다.

일당백(一當百)[-땅-]圀〔한 사람이 백 사람을 당해 낸다는 뜻으로〕'매우 용맹함'을 비유하여 이르는 말. ¶ 일당백의 장수.

일대(一代)[-때]圀 ①어떤 한 시대. 그 시대. ¶ 일대의 영걸. 일세(一世).

일대(一帶)[-때]圀 어떤 지역의 전부. 일원(一圓). ¶ 서해안 일대의 어장.

일대(一隊)[-때]圀 (대오를 지은) 한 떼. ¶ 일대의 병사.

일대(一對)[-때]圀 한 쌍.

일대(一大)[-때]꽌《명사 앞에 쓰이어》'하나의 큰' 또는 '굉장한'의 뜻을 나타내는 말. ¶ 일대 수라장. /일대 장관이다.

일대-기(一代記)[-때-]圀 어느 한 사람의 일생 동안의 일을 적은 기록.

일대-사(一大事)[-때-]圀 중대한 일. 아주 큰 일. ¶ 결혼은 인생의 일대사다.

일대^잡종(一代雜種)[-때-쫑]圀 서로 다른 순수 품종을 교배시켜서 얻은 최초의 것.

일-더위[-떠-]圀 첫여름부터 일찍 오는 더위. ↔늦더위.

일뎡튄〈옛〉 반드시. 필연코. ¶ 일뎡 빅년 사 디 아니 초호호가(古時調).

일도(一到)[-또]圀 한 번 다다름. ¶ 일도 창해(一到滄海)하면 다시 오기 어려우리(古時調).

일도(一途)[-또]圀 한 가지 길이나 방도. 같은 길.

일도(一道)[-또]圀 ①한 길. ②하나의 도리.

일도-양단(一刀兩斷)[-또-]圀囝〔한 칼로 두 동강이를 낸다는 뜻으로〕'머뭇거리지 않고 과감히 결정하거나 처리함'을 이르는 말.

일도-조(一刀彫)[-또-]圀 조각에서, 한 칼로 간단히 소박하게 조각하는 방법.

일독(一讀)[-똑]圀囙 한 번 읽음. ¶ 용모 작품을 일독하다.

일동(一同)[-똥]圀 그곳에 있는 모든 사람. 또는 어떤 집단이나 단체에 든 모든 사람. ¶ 3학년 1반 일동. /일동을 대신하다.

일동일정(一動一靜)[-똥-쩡]圀 하나하나의 모든 행동이나 동정. 모든 동작.

일동장유-가(日東壯遊歌)[-똥-]圀 조선 영조 때, 김인겸(金仁謙)이 지은 장편 기행 가사. 통신사의 서기관으로 일본에 다녀오면서 그곳의 문물·풍속 등을 읊은 내용. 4책. 〔필사본으로 전함.〕

일-되다[-뙤-/-뛔-]巫 ①곡식이나 열매 따위가 제철보다 일찍 익다. ②(나이에 비해) 발육이 빠르거나 일찍 철이 들다. ¶ 하는 짓이 일되다. ↔늦되다.

일득일실(一得一失)[-뜨길씰]圀 한 가지 이득이 있으면 한 가지 손실이 있다는 말. ⓐ일리일해(一利一害).

일등(一等)[-뜽]圀 (순위·등급 따위에서) 첫째. ¶ 일등 국민. /일등을 차지하다.

일등^도:로(一等道路)[-뜽-]圀 '국도(國道)'의 구용어.

일등-병(一等兵)[-뜽-]圀 국군의 사병 계급의 하나. 이등병의 위, 상등병의 아래. ⓐ일병.

일등-성(一等星)[-뜽-]圀 맨눈으로 볼 수 있는 별의 밝기를 여섯 등급으로 나눌 때, 가장 밝게 보이는 별. 〔항성 중의 시리우스·카노푸스·견우성·직녀성 따위.〕

일등-품(一等品)[-뜽-]圀 품질이 가장 뛰어난 물품이나 상품.

일-떠나다1巫 기운차게 일어나다.

일-떠나다2巫 일찍 길을 떠나다.

일떠-서다巫 기운차게 벌떡 일어서다. ¶ 훈련병들은 교관의 호각 소리에 일떠서서 정렬을 했다

일떠세우다巴 『'일떠서다'의 사동』 일떠서게 하다.

일라조 자음으로 끝난 체언에 붙어, 의심하거나 염려됨을 나타내는, 해라체의 종결형 서술격 조사. 《모음 뒤에서는 '이'가 생략되기도 함.》 ¶ 아무거나 사다가는 불량품일라. ⓐ라.

일라고조 자음으로 끝난 체언에 붙어, 그 사실을 의심하면서 되묻는 뜻을 나타내는 종결형 서술격 조사. 《모음 뒤에서는 '이'가 생략되기도 함.》 ¶ 설마 그 사람이 진짜 범인이라고? ⓐ라고.

일락(一樂)圀 삼락(三樂) 중의 첫째의 낙, 곧 부모가 살아 계시고 형제가 다 무고히 일. ⓐ삼락(三樂).

일락(逸樂)[-]圀囙囝 편안히 놀며 즐김, 또는 제멋대로 놀며 즐김.

일락-배락[부] (옛) 흥할락 망할락. 이을락 끊일락.
¶엇디호 時運이 일락배락 ᄒ얏눈고(鄭澈.星山
別曲).

일락-서산 (日落西山) [-써-] [명][하자] 해가 서산
에 짐.

일란성^쌍생아 (一卵性雙生兒) [-썽-] [명] 한 개
의 수정란에서 태어난 쌍생아. 유전자가 같기
때문에 동성(同性)이며, 체형·성질·지능 정도
따위가 비슷함. [참]이란성 쌍생아.

일람 (一覽) [명] ①[하타] 한 번 봄, 또는 한 번 죽
훑어봄. ¶선수 명단을 일람하다. ②모든 내용
을 한눈에 볼 수 있도록 간단히 적은 작은 책
이나 표. ¶명승지 일람.

일람불^어음 (一覽拂-) [명] 수취인이 지급인에게
어음 금액을 청구하면서 함께 제시하면 즉시
지급해야 하는 어음. 일람 출급 어음. ↔기한
부 어음.

일람-첩기 (一覽帖記) [-끼] [명][하자] (기억력이
좋아리) 한 번 보면 잊지 아니함.

일람^출급^어음 (一覽出給-) [명] ☞일람불 어음.

일람-표 (一覽表) [명] 여러 사항을 한눈에 죽 훑
어보아 알 수 있게 꾸며 놓은 표.

일랍 (一臘) [명] ①〈일랍법〉의 준말. ②절에서, 법
랍(法臘)이 제일 많은 스님을 이르는 말. ③'첫
이레'를 달리 이르는 말.

일랑[조] 자음으로 끝난 체언에 붙어, 조사 'ㄴ
(은·는)'의 뜻으로, 주격·목적격을 나타내는
보조사. 《모음 뒤에서는 '이'가 생략되기도
함.》¶종철일랑 여기 남아라. /책가방일랑 여
기 두고 가자. [참]ㄹ랑.

일랑-은[조] '일랑'의 힘줌말. ¶딴생각일랑은 아
예 하지 마라.

일러니[조] 자음으로 끝난 체언에 붙어, '이겠더
니'의 뜻으로, 경험에 바탕을 둔 어떤 사실을
말하되, 뒤의 사실이 그것과는 다르게 전개됨
을 예스럽게 나타내는 연결형 서술격 조사.
《모음 뒤에서는 '이'가 생략되기도 함.》¶장
래의 장군감일러니 중도에서 포기할 줄이야.
[참]러니.

일러두기 [명] 책의 첫머리에 그 책의 내용이나
사용법 등에 대하여 설명한 글. 범례(凡例).

일러-두다[자타] 특별히 부탁하거나 지시하여 두
다. ¶ 문단속을 잘 일러두다.

일러라[조] 자음으로 끝난 체언에 붙어, '이겠더
라'의 뜻으로, 경험에 바탕을 둔 어떤 사실을
감탄조로 예스럽게 베풀어 말하는 종결형 서술
격 조사. 《모음 뒤에서는 '이'가 생략되기도
함.》¶그분은 만고의 충신일러라. [참]러러라.

일러-바치다[자타] 윗사람에게 고자질하다. ¶형
은 내가 거짓말했다고 어머니께 일러바쳤다.

일러스트 (←illustration) [명] 〈일러스트레이션〉의
준말.

일러스트레이션 (illustration) [명] ①삽화(揷畵).
도해(圖解). ②책이나 잡지·신문 등에서 글의
내용을 돕기 위하여 곁들인 그림. [준]일러스트.

일런가[조] 자음으로 끝난 체언에 붙는 종결형 서
술격 조사. 《모음 뒤에서는 '이'가 생략되기도
함.》①혼자 속으로 의심쩍어하거나 묻는 뜻을
나타냄. ¶새로 짓는 건물이 무엇일런가. ②'이
런가'의 강조형으로, 스스로 느껴워하여 묻는
뜻을 나타냄. ¶아, 이게 꿈일런가. [참]ㄹ런가.

일런고[조] 자음으로 끝난 체언에 붙어, '일런
가'보다 예스럽게 나타내는 종결형 서술격 조
사. 《모음 뒤에서는 '이'가 생략되기도 함.》
¶이 무슨 기구의 운명일런고. [참]ㄹ런고.

일렁-거리다[자] 자꾸 일렁일렁하다. 일렁대다.
¶일렁거리는 물결. [자]얄랑거리다.

일렁-대다[자] 일렁거리다.

일렁-알랑[-낭-/-알-] [부][하자] 일렁거리며 얄
랑거리는 모양.

일렁-이다[자] 물에 뜬 물건이 물결에 따라 이리
저리 움직임.

일렁-일렁[-닐-/-일-] [부][하자] 물에 뜬 물건이
물결에 따라 이리저리 움직이는 모양. [자]얄랑
알랑.

일레[조] 자음으로 끝난 체언에 붙어, '이겠데'의
뜻으로, 겪어 본 바에 따른 가능성이나 추측을
나타내는 종결형 서술격 조사. 《모음 뒤에서는
'이'가 생략되기도 함.》¶이목구비가 반듯한
게 그런대로 미인일레. [참]ㄹ레.

일레라[조] 자음으로 끝난 체언에 붙어, '이겠더
라'의 뜻으로, 막연한 추측·희망·가능성 따위
를 감탄조로 나타내는 종결형 서술격 조사.
《모음 뒤에서는 '이'가 생략되기도 함.》¶벗이
따로 소용이라, 술이 바로 벗일레라. [참]ㄹ레라.

일렉트론-메탈 (electron metal) [명] 마그네슘을
주성분으로 하는 경합금(輕合金)의 한 가지.
알루미늄 계통의 경합금보다 가볍고 강하지만
내식성(耐蝕性)은 떨어짐.

일력 (一力) [명] 조선 시대에, 역(力)의 첫째 등급.
50근 무게의 물건을 두 손에 하나씩 들고 160
보를 가던 시험. [참]역(力).

일력 (日力) [명] ①해가 떠서 해가 질 때까지의 동
안. 그날의 해가 있는 동안. ②하루 종일의 일,
또는 날마다의 일.

일력 (日曆) [명] 날마다 한 장씩 떼거나 젖히어 가
며 그날의 날짜·요일·일진 따위를 보게 만든
책력(冊曆).

일련 (一連) [명] (관계를 가지고) 하나로 이어지는
것. 하나의 연속. 일련. (一聯). ¶일련의 사건.

일련 (一聯) [명] ①☞일련(一連). ②율시의 한 대
구(對句).

일련-번호 (一連番號) [명] 일률적으로 연속되어
있는 번호, 또는 연속되게 매긴 번호. [참]연번.

일련-탁생 (一蓮托生) [-쌩-] [명] ①다른 사람과 행
동과 운명을 같이하는 일. ②불교에서, 죽은
뒤에 극락정토의 같은 연대(蓮臺)에 왕생하는
일을 이르는 말.

일렬 (一列) [명] 한 줄. ¶일렬로 늘어서다.

일령 (一齡) [명] 알에서 깬 누에가 첫 번째 잠을
잘 때까지의 동안.

일례 (一例) [명] 하나의 예. 한 가지의 실례. ¶일
례를 들다. /일례를 보면 이렇다.

일로 (一路) [명] ①[일부 명사 뒤에 쓰이어] 한 방향
으로 곧장 뻗어 나가는 길. ¶성장 일로에 있
는 건설 회사.

일로-매진 (一路邁進) [명][하자] 한 길로 곧장 힘
차게 나아감. ¶목표 달성을 위하여 일로매진
하다.

일록 (日錄) [명][하자] 날마다의 일을 기록함, 또는
그 기록.

일루 (一縷) [명] 〔한 오리의 실이라는 뜻으로〕 '몹
시 미약하여 겨우 유지되는 정도의 상태'를 비
유하여 이르는 말. ¶일루의 희망도 없다.

일루 (一壘) [명] 야구에서, 주자가 맨 처음 밟는
베이스.

일루-수 (一壘手) [명] 야구에서, 일루를 지키는
선수.

일루-타 (一壘打) [명] 야구에서, 타자가 일루까지
갈 수 있게 친 안타. 단타(單打).

일류(一流)**몡** ①(어떤 분야에서) 첫째가는 지위나 부류. ¶일류 호텔. /일류의 작곡가. ②(학문이나 예술 따위 분야에서) 하나의 같은 유파(流派)나 계통(系統).

일류-제(溢流堤)**몡** 저수지 따위에서, 수량을 조절하기 위하여 물이 찼을 때 저절로 넘쳐흐르도록 만든 둑.

일륜(一輪)**몡** ①(달 따위와 같이) 둥근 것. ②외바퀴. ③꽃 따위의 한 송이.

일륜(日輪)**몡** 불교에서, 태양을 이르는 말.

일륜-명월(一輪明月)**몡** (음력 보름날 밤의) 둥글고 밝은 달.

일륜-차(一輪車)**몡** 바퀴가 하나 달린 수레.

일(一率)**몡** 단위 시간당 이루어지는 일의 양. 〔단위는 와트(W) 또는 마력.〕

일률(一律)**몡** ①(사물의 상태나 무슨 일을 하는 방법이) 한결같음. ¶모든 것을 일률로 처리한다. ②지난날, 사형에 해당되는 죄를 이르던 말. ②일죄(一罪).

일률-적(一律的)[-쩍]**관몡** 태도나 방식 따위가 한결같은 (것). ¶일률적 방식. /일률적으로 처리하다.

일리(一利)**몡** 한 가지 이익이나 이로움.

일리(一理)**몡** ①《주로 '있다'·'없다'와 함께 쓰이어》 어떤 것에 수긍하거나 인정할 만하다고 생각되는 이치. ¶그 말도 일리가 있는 말이다. ②같은 이치.

일리미네이터(eliminator)**몡** (라디오나 수신기 따위에 사용하는) 교류 전원으로부터 직류를 얻는 장치.

일리일해(一利一害)**몡** 한 가지 이로움이 있으면 한 가지 해로움도 있음.

일립만배(一粒萬倍)[-림-]**몡** 〔한 알의 곡식도 심으면 만 알이 된다는 뜻으로〕 '아주 적은 것도 쌓이면 많게 됨'을 비유하여 이르는 말.

일막-극(一幕劇)[-끅]**몡** ☞단막극(單幕劇).

일말(一抹)**몡** 〔한 번 바르거나 지우는 정도라는 뜻으로〕 약간. 조금. 《주로, '일말의' 꼴로 쓰임.》 ¶일말의 후회. /일말의 불안감이 없지는 않다.

일망(一望)¹**몡하타** 한눈에 바라봄. 일모(一眸).

일망(一望)²**몡** 한 보름 동안.

일망-무애(一望無涯)**몡하형** ☞일망무제.

일망-무제(一望無際)**몡하형** 아득히 멀고 넓어서 끝이 없음. 일망무애. ¶일망무제의 대평원. 비일망무애(一望無涯).

일망정조 자음으로 끝난 체언에 붙어, '비록 그러하지만 그러나'의 뜻으로, 앞의 사실을 인정하되 뒤의 사실이 그에 매이지 아니함을 나타내는 연결형 서술격 조사. 《모음 뒤에서는 '이'가 생략되기도 함.》 ¶미물일망정 함부로 죽이지 마라. 참le망정.

일망지하(一望之下)**몡** 한눈에 바라볼 수 있는 시야의 아래. ¶비로봉 꼭대기에 오르니 동해 바다가 멀리까지 일망지하에 내려다보인다.

일망타진(一網打盡)**몡하타되자** 〔한 번 그물을 쳐서 모조리 잡는다는 뜻으로〕 어떤 무리를 한꺼번에 죄다 잡음을 이르는 말. ¶폭력배를 일망타진하다. 준le망타.

일매-지다형 죄다 고르고 가지런하다. ¶걸음새가 일매지지 못하다. /사과를 일매지게 깎다.

일맥(一脈)**몡** 하나로 이어진 것. 한줄기.

일맥-상통(一脈相通)[-쌍-]**몡하자** (처지·성질·생각 등이) 어떤 면에서 한 가지로 서로 통함. ¶그와 나의 시국관은 일맥상통한 데가 있다.

일면(一面)**몡** ①(물체의) 한 면. ¶팔면체의 일 면. ②(사물의) 한쪽 면. 한 방면. ¶그에게도 어수룩한 일면이 있다. /일면만을 보고 사람을 평하다. ③주위 일대. 전체. ¶호수 일면에 어려 있는 짙은 안개. ④허자타모르는 사람을 처음으로 한 번 만나 봄. ¶일면을 권하다.

일-면식(一面識)**몡** 한 번 만난 적이 있어 얼굴을 약간 알고 있는 일. ¶일면식도 없는 사람.

일면여구(一面如舊)[-녀-]**몡하형** 처음 만나 사귀었으나 오래 사귄 것처럼 친밀함.

일명(一名)**몡** 사물의 본이름 외에 달리 일컫는 딴 이름. ¶일명 까치내라고 하는 마을.

일명(一命)**몡** ①한 목숨. ②한 번의 명령.

일명(逸名)**몡** ☞서얼(庶孼).

일명-경인(一鳴驚人)**몡** 한 마디 말로 뭇사람을 놀라게 함. 사람들을 놀라게 할 만한 일을 함.

일모(一毛)**몡** 〔한 가닥의 털이란 뜻으로〕 아주 가벼운 것, 또는 아주 적은 분량.

일모(一眸)**몡하타** ①한눈에 바라봄. 일망(一望)¹. ②한 번 봄. 비일견(一見).

일모(日暮)**몡하자** 날이 저무는 일, 또는 날이 저물 무렵.

일모-도궁(日暮途窮)**몡하형** 〔날은 저물고 갈 길은 막힘의 뜻으로〕 '늙고 쇠약하여 앞날이 오래지 않음'을 비유하여 이르는 말.

일모-작(一毛作)**몡** 한 경작지에서, 한 해에 한 차례만 작물을 심어 거두는 일. 단일 경작. 한 그루. 참다모작·이모작.

일목요연(一目瞭然)'일목요연하다'의 어근.

일목요연-하다(一目瞭然-)**형여** 한 번 보고도 환히 알 수 있을 만큼 분명하다. ¶공정표(工程表)를 일목요연하게 작성하다.

일목-장군(一目將軍)[-짱-]**몡** '애꾸눈이'를 조롱하여 이르는 말.

일몰(日沒)**몡하자** 해가 지는 일, 또는 해넘이. 일입(日入). ¶일몰 시간. ↔일출(日出).

일무(一無)**몡하형** 하나도 없음.

일무(佾舞)**몡** 사람을 여러 줄로 벌여 세워 놓고 추게 하는 춤.

일무-가관(一無可觀)**몡** 하나도 볼 만한 것이 없는 것.

일무-가론(一無可論)**몡** 의논할 일이 전혀 없음.

일무-소식(一無消息)**몡** ☞감감소식.

일무-차착(一無差錯)**몡** (일을 처리함에 있어) 조금도 잘못이나 실수가 없음.

일문(一門)**몡** ①한 혈통의 사람들. 한 가족. 한 집안. ②불교에서, 같은 종파의 사람들을 이르는 말. ③예술이나 학문 따위에서, 같은 스승 밑에서 배운 동문을 이르는 말.

일문(日文)**몡** 일본 글.

일문(逸文)**몡** ①뛰어난 글. ②세상에 알려지지 않은 글. ③흩어져서 그 일부밖에 전하여지지 아니하는 글.

일문(逸聞)**몡** 세상에 알려지지 않은 소문이나 이야기. 일화(逸話).

일문-일답(一問一答)[-땁]**몡하자** 하나의 질문에 대하여 하나씩 답변함, 또는 그 일을 여러 차례 되풀이함. ¶기자단과 일문일답하다.

일물(逸物)**몡** 매우 뛰어난 물건.

일미(一味)**몡** ①아주 뛰어난 맛. 독특한 맛. ②불교에서, 부처의 가르침은 여러 가지인 듯하나 그 본래의 뜻은 하나라는 뜻.

일미-선(一味禪)**몡** 불교에서, 참선하여 부처의 참뜻을 깨닫게 되는 경지.

일민(逸民)**명** (학문과 덕행이 있으면서도) 세상을 피해 숨어 사는 사람.

일박(一泊)**명하자** 하룻밤을 묵음. ¶일박 이 일(二日). /경주에서 일박하다.

일밖에 [-빼께] 명 자음으로 끝난 체언에 붙어, '그럴 수밖에 없음'의 뜻을 나타내는 종결형 또는 연결형 서술격 조사. 《모음 뒤에서는 '이'가 생략되기도 함.》 ¶전쟁이 나면 고생하는 건 그 나라 백성일밖에 있나. **참**밖에.

일반 명 ⇨절반(折半).

일반(一般)**명** ①(어떤 공통되는 요소가) 전체에 두루 미치고 있는 일. ¶일반 상식. ②(특별한 점이 없이) 보통인 것, 또는 그러한 사람들. ¶일반 가정. /일반에게 인기가 있는 작품. ③다를 데가 없는 마찬가지의 상태. 같은 모양. 《주로, '일반이다'의 꼴로 쓰임.》 ¶이것이나 저것이나 일반이다. ↔특별.

일반^감:각(一般感覺)**명** ⇨유기 감각(有機感覺).

일반^개:념(一般槪念)**명** 많은 대상의 어느 것에나, 그 뜻을 바꾸지 않아도 적용되는 개념. 급개념. 보통 개념. 보편 개념. ↔개별 개념·단독 개념.

일반^교:서(一般敎書)**명** 미국 대통령이 연두 (年頭)에 의회에 보내는 시정 방침 교서.

일반^명사(一般名詞)**명** ⇨보통 명사.

일반-법(一般法)[-뻡]**명** (특별법에 대하여) 사람·장소·사항 따위에 특별한 제한 없이 널리 적용되는 법. [헌법·형법·민법 따위]. 보통법. ↔특별법(特別法)·특례법(特例法).

일반^사:면(一般赦免)**명** 범죄의 종류를 지정하여 이에 해당하는 모든 죄인에게 베푸는 사면. 형의 선고 효력과 공소권이 소멸됨. **참**특별 사면.

일반^상대성^이:론(一般相對性理論)[-썽-]**명** 1915년 아인슈타인이 특수 상대성 이론을 확장하여, 가속 운동을 하는 좌표계에도 상대성 원리를 적용하여 체계화한 이론. **참**특수 상대성 이론.

일반-석(一般席)**명** (귀빈석이나 특별석에 대하여) 보통의 자리. 보통석. ↔특별석.

일반-세(一般稅)[-쎄]**명** 국가의 일반 경비에 쓸 목적으로 매기는 세금. [지세(地稅)·소득세·주세(酒稅) 따위]. ↔특별세.

일반-수(一般數)[-쑤]**명** 수식(數式)에서, 문자로 나타내어 아무 수치로도 대신할 수 있는 수. 〔$a+2a=3a$에서의 a 따위〕.

일반^심리학(一般心理學)[-니-]**명** 개체에 차이를 두지 않고, 누구에게나 공통되는 것을 연구 대상으로 하는 심리학. 보통 심리학. ↔개성 심리학.

일반^예:금(一般預金)[-녜-]**명** 시중 은행이 중앙은행에 이자 없이 맡겨 둔 돈.

일반^은행(一般銀行)**명** 일반으로부터의 예금을 주된 자금원으로 하여 금융 사업을 하는 은행. 보통 은행. ↔특수 은행(特殊銀行).

일반-인(一般人)**명** ①특별한 신분이나 지위가 없는 보통 사람. ¶일반인의 자격으로 출국하다. ②특별히 지정되지 않은 사람. ¶일반인의 통행을 제한하다. ↔특정인(特定人).

일반-적(一般的)**관** 어떤 특정한 분야에만 한정되지 않고 전체에 두루 걸치는 (것). ¶일반적 방식. /일반적으로 나타나는 현상.

일반^조약(一般條約)(형식을 기준으로 분류할 때) 다수의 국가가 참가하는 조약. ↔특수 조약.

일반지덕(一飯之德)**명** 〔한술 밥을 베푸는 정도의 덕이라는 뜻으로〕 아주 작은 은덕을 이르는 말.

일반지보(一飯之報)**명** 〔한 번 밥을 얻어먹은 은혜에 대한 보답이라는 뜻으로〕 아주 작은 은혜에 대한 보답을 이르는 말.

일반-직(一般職)**명** 국가 공무원 중에서, 행정 일반이나 기술·연구 등의 업무를 담당하는 공무원의 직.

일반^투표(一般投票)**명** ⇨국민 투표.

일반-항(一般項)**명** 여러 항으로 된 식·수열·급수 등에서의 임의의 항.

일반-화(一般化)**명하자타되자** 일반적으로 되거나 일반적인 것으로 되게 함.

일반^회:계(一般會計)[-회계/-훼계]**명** (특별 회계에 속하지 않는) 국가나 지방 자치 단체의 일반적인 세입·세출을 종합하여 처리하는 회계. ↔특별 회계.

일발(一發)**명** ①(활이나 총포 따위를) 한 번 쏘는 일. ¶일발의 총성. ②총알이나 탄환 따위의 한 방. ¶일발이 명중하다.

일발(一髮)**명** 〔한 가닥의 머리털이라는 뜻으로〕 극히 작음을 이르는 말.

일방(一方)**명** 한쪽. 한편. ¶길이 일방으로 통하다.

일방(一棒)**명** 불교에서, 선의 수행에 있어서 스승이 죽비나 방망이로 제자를 깨우치는 일.

일-방보(一方步)**명** 사방 한 걸음의 넓이.

일방-적(一方的)**관** ①어느 한편으로 치우치는 (것). ¶일방적 행동. /일방적인 승리를 거두다. ②상대편은 생각지도 않고 자기 만 생각해서 하는 (것). ¶일방적 주장. /일방적으로 선전 포고를 하다.

일방-통행(一方通行)**명** ①사람이나 차량을 도로의 한쪽 방향으로만 통행시키는 일. ¶일방통행 도로. ②'어떤 의사나 주장 따위가 일방적으로만 전하여지거나 이루어지는 일'을 비유하여 이르는 말. ¶정치가 일방통행의 양상을 띠다.

일방^행위(一方行爲)**명** ⇨단독 행위.

일배-주(一杯酒)**명** 한 잔의 술.

일백(一白)**명** 음양설에서 이르는 구성(九星)의 하나, 곧 수성(水星)을 이름.

일백(一百)**수관** 백(百). ¶일백 년.

일-벌 명 꿀벌의 한 가지. 생식 능력이 없는 암 벌로서, 집을 짓고 애벌레를 기르며 꿀을 치는 일을 맡아 함.

일벌-백계(一罰百戒)[-꼐/-께]**명하자** 〔한 사람을 벌하여 백 사람을 경계한다는 뜻으로〕 여러 사람에게 경각심을 불러일으키기 위하여 무거운 벌로 다스리는 일.

일벌-일습(一一-襲)[-씁]**명** '옷 한 벌'을 거듭 강조하여 이르는 말.

일-법랍(一法臘)[-범납]**명** 중의, 득도(得道)한 후의 한 해. **준**일랍.

일벗다타 〔옛〕 도둑질하다. ¶金을 일벗디 아니 히리라(杜初21:35). /竊盜는 일버슬씨라(法華2:167). /그윗 거슬 일버서(月釋1:6).

일변(一邊)**명** ①어느 한쪽 부분. 한편. ②어떤 일의 한 측면. 한편. ¶동네 사람의 친절은 일변으로는 고맙기도 하고 일변으로는 부담스럽기도 하다.

일변(一變)**명하자되자** 〔'한 번에 바뀜'의 뜻으로〕 아주 싹 달라짐. ¶사태가 일변하다. /태도가 일변하다.

일변(日邊)®명 하루하루 계산하는 변리. ¶ 눈덩이처럼 불어나는 고리(高利)의 일변.

일변-도(一邊倒)® 한쪽으로만 쏠리거나 치우침. ¶ 대미 일변도의 무역.

일-변화(日變化)® 어떤 지점에서의 기온·습도·기압 등의 하루 동안의 변화.

일별(一別)®하자 한 번 헤어짐.

일별(一瞥)®하타 한 번 흘끗 봄. ¶ 일별조차 하지 않고 지나쳤다.

일별(日別)® ①날마다. ②날을 단위로 나눈 구별. ¶ 일별 생산량.

일병(一兵)<일등병>의 준말.

일보(一步)® ①[비유적으로] 어떤 일이 아주 가까이 있음. ¶ 건물이 붕괴되기 일보 직전에 구출되다. ②[비유적으로] 첫걸음. 시작. 보. ¶ 마침내 개혁의 일보를 내딛다. ③조금. 약간. ¶ 일보도 양보할 수 없다.

일보(日報)® ①날마다의 보도나 보고. ¶ 일보를 작성하다. ②매일 나오는 신문.

일보불양(一步不讓)®하자 남에게 조금도 양보하지 아니함.

일:-복(一服)® 일을 할 때 입는 옷.

일:-복(一福)[-뽁] '늘 일거리가 많은 상태'를 복으로 비유하여 이르는 말. ¶ 일복이 많다. / 일복이 터지다. /일복을 타고나서 늘 바쁘다.

일본-도(日本刀)® 일본의 온갖 검을 통틀어 이르는 말. 일본에서 옛날부터 무기로서 사용해 온 칼. 왜검(倭劍).

일본-잎갈나무(日本-)[-잎깔라-]® ⇨낙엽송.

일봉(一封)® ①한 통의 편지. ②(상금이나 사례금으로) 얼마의 돈을 넣은 봉투.

일봉(日捧)®하타 날마다 거두어들임.

일부(一部)® (전체의) 한 부분. ¶ 일부 지역. / 사건의 일부가 발표되었다. 비일부분.

일부(日賦)® (갚아야 할 돈을) 날마다 얼마씩 갚아 가는 일, 또는 그 돈. 참월부(月賦).

일부-금(日賦金)® 얼마 동안에 나누어 날마다 갚아 나가는 돈.

일부-다처(一夫多妻)® 한 남자가 둘 이상의 아내를 거느리는 혼인 형태.

일:부러® ①특히 일삼아. 굳이. ¶ 일부러 갈 것까지는 없다. ②알면서도. 짐짓. ¶ 일부러 모르는 체하다. /일부러 나쁜 짓만 골라 하다.

일부^변:경선(日附變更線)® ⇨날짜 변경선.

일-부분(一部分)® 전체 중의 한 부분. ¶ 신체의 일부분. /건물의 일부분만 보수하다. 비일부(一部).

일부-인(日附印)® 서류 따위에 그날그날의 날짜를 넣어 찍는 도장. 날짜 도장.

일부일(日復日)뷔 날마다. 나날이.

일부-일처(一夫一妻)® 한 남자와 한 아내만 거느리는 혼인 형태.

일부-종사(一夫從事)®하자 한 남편만을 섬김.

일부-종신(一夫終身)®하자 한 남편만을 섬기어 남편이 죽은 뒤에도 개가하지 아니하고 혼자서 일생을 마침.

일부^주권국(一部主權國)[-꿘-]® 국제적으로 완전한 주권을 인정받지 못하고 있는 나라. 반독립국. 반주권국. 불완전 주권국.

일부^판결(一部判決)® 하나의 소송에 여러 개의 청구가 있는 경우, 그 일부에 대해서만 행하여지는 종국 판결. ↔전부 판결.

일분자-층(一分子層)® ⇨단분자층.

일불(一不)® 여럿 가운데서 하나가 잘못되거나 불합격임.

일불이 살육(殺六)통관용 단 하나의 잘못으로 모든 것이 다 그릇됨을 이르는 말. [지난날, 강경과(講經科)의 강생이 칠서(七書) 중에서 육서(六書)에 합격하고도 일서(一書)에 합격하지 못하여 낙제하던 일에서 유래함.]

일불(一佛)® ①한 분의 부처. ②'아미타여래'를 달리 이르는 말.

일불^국토(一佛國土)® 일불 세계.

일불^세:계(一佛世界)[-계/-게]® 불교에서, 한 부처의 교화가 골고루 미치는 세계. 일불국토.

일-불승(一佛乘)[-씅]® 불교에서, 모든 중생을 구제하고 깨닫게 하는 부처의 가르침을 이르는 말. 일승법(一乘法).

일불^정토(一佛淨土)® 일불(一佛)의 극락정토. [특히, 아미타불의 극락정토를 이름.]

일비(日費)® 날마다 드는 비용.

일비일회(一悲一喜)[-히]®하자 ①슬픈 일과 기쁜 일이 번갈아 일어남. ②하형 한편으로는 슬프고 한편으로는 기쁨.

일비지력(一臂之力)[한 팔의 힘이라는 뜻으로] 아주 조그마한 힘.

일빈-일소(一嚬一笑)[-쏘]®하자 [얼굴을 찡그리기도 하고 웃기도 한다는 뜻으로] '사람의 감정이나 표정이 때때로 변하는 것'을 이르는 말.

일뿐더러조 자음으로 끝난 체언에 붙어, 어떤 일이 그것만으로 그치지 않고 그 밖에 다른 일이 더 있음을 나타내는 말. 《모음 뒤에서는 '이'가 생략되기도 함.》 ¶ 사랑은 세상을 밝히는 빛일뿐더러 썩지 않게 하는 소금이라. 잘ㄹ뿐더러.

일사(一死)[-싸]® ①한 번 죽음. 한 목숨을 버림. ②야구에서, 공격 쪽의 선수가 한 사람 아웃되는 일. 원 아웃. ¶ 일사 이루.

일사(一事)[-싸]® 한 가지의 일. 한 사건.

일사(日射)[-싸]® ①햇빛이 내리쬐는 일. ②태양으로부터 지구에 이른 방사 에너지.

일사(逸士)[-싸]® ①세상에 나타나지 아니하고 숨어 사는 사람. ②(호(號) 뒤에 쓰이어) '속세에 매이지 아니하고 유유자적하는 선비'임을 나타내는 말. ¶ 청명(靑溟) 일사.

일사(逸史)[-싸]® 정사(正史)에서 빠져 드러나지 않은 사실을 기록한 역사.

일사(逸事)[-싸]® 세상에 드러나지 아니한 숨겨진 일.

일-사반기(一四半期)[-싸-]® ⇨일사분기(一四分期).

일사-병(日射病)[-싸뼝]® 한여름의 뙤약볕 따위 강한 햇볕을 오래 쬐으므로 일어나는 병. 열이 나고 심한 두통과 현기증이 일어나며, 심하면 경련과 졸도를 함. 갈병(暍病).

일사부재리(一事不再理)[-싸-]® 형사 소송법에서, 어떤 사건에 대하여 일단 판결이 내리고 확정되면 그 사건을 다시 소송하여 심리하지 않는다는 원칙.

일사부재의(一事不再議)[-싸-의/-싸-이]® 의회의 의사(議事)에서 한 번 부결된 안건은 같은 회기 중에는 다시 제출할 수 없다는 원칙.

일-사분기(一四分期)[-싸-]® 1년을 네 기(期)로 나눈 그 첫째 기간, 곧 1·2·3월. 일사반기.

일사불란(一絲不亂)[-싸-]®하형 질서나 체계 따위가 정연하여 조금도 흐트러진 데나 어지러운 데가 없음. ¶ 일사불란하게 움직이다.

일사-천리(一瀉千里)[-싸철-]명〔강물이 거침 없이 흘러 천 리에 다다른다는 뜻으로〕'어떤 일이 거침없이 기세 좋게 진행됨'을 이르는 말. ¶일사천리로 일을 해치우다. ②'말이나 글이 조금도 거침이 없음'을 이르는 말. ¶일사천리로 써 내려가다.

일삭(一朔)[-싹]명 한 달.

일산(日産)[-싼]명 ①하루의 생산량. ②일본에서 만든 물건.

일산(日傘)[-싼]명 ①햇볕을 가리기 위해 한데 다 세우는 큰 양산. ②지난날, 의장(儀仗)의 한 가지. 자루가 긴 양산으로 왕·왕후·왕세자 등이 받았음. ③지난날, 감사(監司)나 수령(守令)들이 부임할 때 받던 의장.

일산 염기(一酸塩基)[-싼-]명 산(酸)의 수소 원자와 작용하여 물을 만드는 수산기를 한 개 가진 염기. 〔수산화나트륨이나 수산화칼륨 따위.〕

일산화-납(一酸化-)[-싼-]명 ☞일산화연.

일산화-연(一酸化鉛)[-싼-]명 납을 공기 속에서 태워 만든 황색 가루. 납유리·도자기·유약 따위에 쓰임. 일산화납.

일산화-질소(一酸化窒素)[-싼-쏘]명 질소와 산소를 고온에서 직접 작용시키거나 암모니아를 가열하거나 하여 만드는 무색의 기체. 공기보다 약간 무거우며, 여러 금속과 니트로 화합물을 만드는 데 쓰임.

일산화-탄소(一酸化炭素)[-싼-]명 ☞산화탄소(酸化炭素).

일:-삼다[-따]타 ①어떤 일을 자기의 일처럼 여기어 자주 하다. ¶그렇게 일삼아 할 정도까지는 없다. ②오로지 그 짓만을 계속하여 하다. ¶당쟁을 일삼다.

일상(日常)[-쌍]명 날마다. 평소. 항상. ¶일상의 대화. /일상 하고 있는 일.

일상-사(日常事)[-쌍-]명 날마다 일어나는 일. 늘 있는 일.

일상-생활(日常生活)[-쌍-]명 날마다의 생활. 평소의 생활. 늘 하는 생활.

일상-성(日常性)[-쌍썽]명 일상적인 특성.

일상-용어(日常用語)[-쌍농-]명 평소 생활에서 일상으로 쓰이는 말.

일상-적(日常的)[-쌍-]관명〔특별한 것이 아닌〕늘 있는 예사로운 (것). ¶일상적 습관. /일상적인 생활에 권태를 느끼다.

일새[-쎄]조 자음으로 끝난 체언에 붙어, 앞말이 뒷말의 전제나 원인으로서 이미 그러하거나 진행 중임을 나타내는 문어 투의 연결형 서술격 조사.《모음 뒤에서는 '이'가 생략되기도 함.》¶밤은 깊어 삼경일새 세상은 쥐 죽은 듯 고요하고. 참ㄹ새.

일색(一色)[-쌕]명 ①한 가지 빛. ¶벽을 온통 붉은빛 일색으로 칠하다. ②아주 뛰어나게 아름다운 미인. ¶인물이 일색인 여인. ③《일부 명사 뒤에 쓰이어》'같은 종류나 같은 경향이 지배하는 모양'을 비유하여 이름. ¶온통 빨간 모자 일색이다. ②→박색(薄色).

일색 소박은 있어도 박색 소박은 없다[속담] ①아름다운 여자는 남편에게 박대를 받게 되나 못생긴 여자는 그렇지 않으니, '아무리 아름다운 여자라도 그 사람됨이 좋지 않으면 남편에게 버림받게 됨'을 이르는 말. ②사람됨이 얼굴에 매인 것은 아니라는 말.

일생(一生)[-쌩]명 살아 있는 동안. 평생. 일기(一期). 전생(全生). 한살이. 한평생. ¶사람의

일생. /일생 잊을 수 없는 일. /일생을 헛되이 하다. /일생을 이제 교육에 바치다.

일생-일대(一生一代)[-쌩-때]명 사람의 평생. 사람의 한평생. 《주로, '일생일대의'의 꼴로 쓰임.》¶일생일대의 걸작.

일생-토록(一生-)[-쌩-]명 평생토록.

일서(逸書)[-써]명 세상에 드러나지 아니한 글, 또는 없어져 전하지 아니하는 글.

일석(一夕)[-썩]명 ①하루 저녁. ②어느 저녁.

일석(日夕)[-썩]명 저녁.

일석이조(一石二鳥)[-써기-]명〔한 개의 돌을 던져 두 마리의 새를 잡는다는 뜻으로〕한 가지 일로써 동시에 두 가지의 이득을 얻음을 이르는 말. ¶일석이조의 효과를 노리다. 비일거양득(一擧兩得).

일석-점호(日夕點呼)[-썩쩜-]명 군대에서, 취침 전에 취하는 점호. 참일조점호.

일선(一線)[-썬]명〈일선(第一線)〉의 준말. ¶일선 기자. /일선 장병.

일설(一說)[-썰]명 ①하나의 설. 하나의 학설. ¶일설을 이루다. ②(어떤 일에 관한) 또 하나의 설. 다른 설. ¶일설에 의하면….

일성(一聲)[-썽]명 (큰) 한 마디의 소리. ¶일성을 지르다.

일성(日省)[-썽]명하타 날마다의 자기의 행실을 남을 반성함.

일성-일쇠(一盛一衰)[-썽-쐬/-썽-쉐]명하자 한 번 성하고 한 번 쇠하는 일. 성쇠가 엇갈리는 일. 일영일락(一榮一落).

일성-장군(一星將軍)[-썽-]명 '준장(准將)'을 달리 이르는 말.

일성-호가(一聲胡笳)[-썽-]명 한 가락의 피리 소리. ¶어디서 일성호가는 남의 애를 끊나니(古時調).

일세[-쎄]조 자음으로 끝난 체언에 붙어, 어떤 사실이나 자기의 생각을 베풀어 말하는 뜻을 나타내는 하게체의 종결형 서술격 조사.《모음 뒤에서는 '이'가 생략되기도 함.》¶오늘이 바로 섣달 그믐일세. 참ㄹ세.

일세(一世)[-쎄]명 ①(사람의) 일생. ¶일세를 마치다. ②한 시대. 당대. 일대(一代). ¶일세를 풍미하다. ③한 군주나 가장이 다스리는 동안. ④한 혈통이나 유파의 원조, 또는 같은 이름의 황제나 법왕 중 첫 대의 사람. ¶엘리자베스 일세. ⑤이주민(移住民) 따위의 첫 대의 사람. ¶제일 교포 일세. /미국 교민 일세. ⑥한 세대가 다음 세대와 바뀌는 동안. 〔약 30년 동안.〕

일세라[-쎄-]조 자음으로 끝난 체언에 붙어, 행여 그렇게 될까 염려하는 뜻을 나타내는 종결형 또는 연결형 서술격 조사.《모음 뒤에서는 '이'가 생략되기도 함.》¶보고 또 보며 한 숨짓는 뜻은, 아 어쩌면 이번이 마지막일세라. 참ㄹ세라.

일세말이지[-쎄-]조 자음으로 끝난 체언에 붙어, 그 말을 되받아서 부인하는 뜻을 나타내는 종결형 서술격 조사.《모음 뒤에서는 '이'가 생략되기도 함.》¶글쎄, 내가 주인일세말이지. 참ㄹ세말이지.

일세-일대(一世一代)[-쎄-때]명〔한 세상과 한 대란 뜻으로〕'한평생'을 이르는 말.

일세지웅(一世之雄)[-쎄-]명 그 시대에 대적할 사람이 없을 정도로 뛰어난 사람.

일:-소(一-)[-쏘]명 주로, 일을 시키기 위하여 기르는 소.

일소(一笑)[-쏘]몡 ①하자 한 번 웃는 일. ②하타엾신여기거나 깔보아 웃음.
　일소에 부치다관용 대수롭지 않게 여겨 그대로 묵살하다. ¶그의 충고를 일소에 부치다.

일소(一掃)[-쏘]몡-하타되자 남김없이 모조리 쓸어 버림. ¶부정부패 일소. /구습을 일소하다.

일소(馹召)[-쏘]몡-하피 지난날, 지방의 관원에게 역마(驛馬)를 주어 불러올리던 일.

일속[-쏙]몡 일의 속사정이나 실속. ¶일속이 훤히 들여다보인다.

일:-손[-쏜]몡 ①일하고 있는 손. 또는, 손을 놀려 하고 있는 일. ¶잠시 일손을 멈추다. ②일하는 사람. ¶일손이 달린다. /일손을 구하다. ③일하는 솜씨. ¶일손이 시원스럽다.
　일손(을) 놓다관용 ①하던 일을 그만두다. 일손(을) 떼다. ②일하던 손을 잠시 멈추다. ¶일손을 놓고 잠시 먼 산을 바라보았다.
　일손(을) 떼다관용 ①☞일손(을) 놓다. ②하던 일을 마치다.
　일손이 잡히다관용 일할 의욕이 생기다. ¶요즘은 전혀 일손이 잡히지 않는다.

일-솜씨몡 일하는 솜씨. 또는 일해 놓은 솜씨. ¶일솜씨가 제법이다.

일수(一手)[-쑤]몡 바둑이나 장기 따위에서, 한 수. 한 번 둔 수. ¶일수를 놓다.

일수(一數)[-쑤]몡 제일 좋은 수. 상수.

일수(日收)[-쑤]몡 ①하루의 수입. ¶일수 오만 원으로 생계를 이어 가다. ②본전과 이자를 일정한 날짜로 나눠 날마다 갚아 나가는 일, 또는 그 빚. ¶일수를 빌려 쓰다.

일수(日數)[-쑤]몡 ①날의 수. ¶근무 일수. /수업 일수. ②그날의 운수. 날성수. ¶일수가 사납다.

일수-돌이(日收-)[-쑤-]몡 일수로 돈을 빌려 주는 일.

일수록[-쑤-]조 자음으로 끝난 체언에 붙어, '그러할수록'의 뜻으로, 어떤 일이 더하여 감에 따라 다른 일이 더하거나 덜하여 감을 나타내는 연결형 서술격 조사. 《모음 뒤에서는 '이'가 생략되기도 함.》 ¶거짓말일수록 내용은 그럴싸하다. 참ㄹ수록.

일수백확(一樹百穫)[-쑤백콱]몡〔나무 한 그루를 기르면 백 가지 수확이 있다는 뜻으로〕'인재 한 사람을 길러 내면 사회에 큰 이득이 있음'을 이르는 말.

일수불퇴(一手不退)[-쑤-뇌/-쑤-눼]몡하자 (바둑이나 장기를 둘 때) '한번 둔 수는 무르지 아니함'을 이르는 말.

일수-판매(一手販賣)[-쑤-]몡 물건을 도거리로 혼자 맡아서 파는 일. 도고(都庫).

일숙-일반(一宿一飯)[-쑤길-]몡〔하룻밤을 머무르면서 한 끼 끼니를 얻어먹는다는 뜻으로〕'조그마한 은덕을 입음'을 비유하여 이르는 말.

일-숙직(日宿直)[-쑥찍]몡 일직(日直)과 숙직(宿直)을 아울러 이르는 말.

일순(一巡)[-쑨]몡하자타 한 바퀴 돎, 또는 한 바퀴 돌림. ¶타자 일순. /술잔이 일순하다.

일순(一瞬)[-쑨]몡〔'일순간(一瞬間)'의 준말. 삼시(霎時). ¶일순의 착각.

일순-간(一瞬間)[-쑨-]몡 눈 깜짝할 사이. 아주 짧은 시간 동안. 삼시간(霎時間). ¶일순간에 일어난 사고. 준일순.

일순-천리(一瞬千里)[-쑨철-]몡하자 넓게 펼쳐진 경치를 한눈에 내다봄.

일숫-돈(日收-)[-쑤똔/-쑫똔]몡 본전과 이자를 일정한 날짜로 나누어 날마다 갚아 나가는 빚돈. ¶일숫돈을 쓰다.

일습(一襲)[-씁]몡 (옷·그릇·기구 따위의) 한 벌. ¶반상기 일습을 새로 장만하다.

일승-법(乘法)[-씁뻡]몡 ☞일불승(一佛乘).

일승일패(一勝一敗)[-씅-]몡 한 번 이기고 한 번 지는 일. 일승일패의 전적.

일시[-씨]조 자음으로 끝난 체언에 붙어, '일 것이'·'인 것이'의 뜻으로, 미루어 헤아린 사실이 틀림없음을 나타내는 연결형 서술격 조사. 《주로, '분명하다'와 어울려 쓰이며, 모음 뒤에서는 '이'가 생략되기도 함.》 ¶그가 범인임이 분명하다. 참ㄹ시.

일시(一時)[-씨]몡 Ⅰ①짧은 한 시기. 한동안. 한때. ¶일시도 마음을 놓을 수 없다. ②같은 때. 《주로, '일시에'의 꼴로 쓰임.》 ¶일시에 일어난 일. Ⅱ뮈 한동안. 잠시. ¶일시 정신을 잃다. /일시 귀국하다.

일시(日時)[-씨]몡 날과 때. 날짜와 시간. ¶회합 일시를 알리다.

일시동인(一視同仁)[-씨-]몡하자 누구나 차별 없이 똑같이 사랑함.

일시^변:이(一時變異)[-씨-]몡 (환경이 바뀜에 따라 생기는) 생물체의 일시적인 변이.

일시-불(一時拂)[-씨-]몡 (치러야 할 돈을) 한꺼번에 다 치르는 일. ¶일시불로 물건을 사다. ↔분할급(分割給).

일시-생사(一時生死)[-씨-]몡 같이 살다가 함께 죽는 일. ¶백년 고락과 일시생사를 한가지로 하기를 바라노라(弔針文).

일시-성(一時星)[-씨-]몡 ☞신성(新星).

일시^자석(一時磁石)[-씨-]몡 (전자석과 같이) 일시적으로 자성(磁性)을 띠는 자석. ↔영구 자석(永久磁石).

일시-적(一時的)[-씨-]몡관용 한때만의 (것). 오래가지 않는 (것). ¶일시적 현상. /일시적인 사랑. ↔영구적(永久的).

일시^차:입금(一時借入金)[-씨-]몡 국고금의 일시적인 부족을 메우기 위해 국가가 한국은행에서 빌려 넣는 돈.

일식(一式)[-씩]몡 (그릇이나 가구 따위의) 한 벌.

일식(日食)[-씩]몡 일본식 요리. 화식(和食). 참왜식.

일식(日蝕·日食)[-씩]몡하자 (달이 태양과 지구의 사이에 끼여) 태양의 일부 또는 전부가 가리는 현상.〔개기 일식·금환 일식·부분 일식 등이 있음.〕

일-식경(一息耕)[-씩꼉]몡 넓이가 한 식경인 밭을 갈 만한 동안.

일신(一身)[-씬]몡 ①자기 한 몸. ¶일신을 보존하다. /일신의 영달만을 노리다. ②온몸. ¶일신을 다 바치다.

일신(一新)[-씬]몡하자타되자 아주 새로워짐, 또는 새롭게 함. ¶분위기를 일신하다. /내용이 일신되다.

일신(日新)[-씬]몡하자타 나날이 새로워짐, 또는 새롭게 함.

일신 일일신 우일신(日新日日新又日新)관용〔중국 탕왕(湯王)의 반명(盤銘)에 있는 말로서〕날로 새롭게 하며 나날이 새롭게 하며 또 날로 새롭게 함, 곧 '날마다 잘못을 고치어 그 덕(德)을 닦음에 게으르지 않음'을 이르는 말.

일신-교(一神敎)[-씬-]圀 오직 하나의 신(神)만을 인정하고 믿는 종교. [기독교·마호메트교·유대교 따위.] 유일신교(唯一神敎). ↔다신교.

일신-상(一身上)[-씬-]圀 자기 한 몸에 관한 일. ¶일신상의 문제로 사직을 하다.

일신-양역(一身兩役)[-씬냥-]圀 한 몸으로 두 가지 일을 겸하여 맡음.

일실(一室)[-씰]圀 ①한 방. ②같은 집에서 사는 가족.

일실(逸失)[-씰]圀ⅰ하다 잃어버림. 놓침.

일심(一心)[-씸]圀 ①한마음. ¶일심으로 단결하다. ②하자 마음을 한쪽으로 굳게 결합하는 그 마음. ¶일심으로 기도하다. ③하자 여러 사람이 한마음으로 일치함.

일심(一審)[-씸]圀 〈제일심(第一審)〉의 준말.

일심(日甚)[-씸] ‘일심하다’의 어근.

일심-동체(一心同體)[-씸-]圀 여러 사람이 한 사람처럼 뜻을 합하여 굳게 결합하는 일. ¶형제가 모두 일심동체가 되어 사업을 성공시켰다.

일심-만능(一心萬能)[-씸-]圀 무슨 일이든 한마음이 되어 하게 되면 안 될 일이 없음을 이르는 말.

일심-불란(一心不亂)[-씸-]圀ⅰ하다 마음에 흐트러짐이 없이 오로지 한 가지 일에만 마음을 기울임. **일심불란-히**튀.

일심-전력(一心專力)[-씸절-]圀ⅰ절 온 마음을 기울이고 온 힘을 다 쏟음.

일심-하다(日甚-)[-씸-]휑 날로 심하다.

일심-협력(一心協力)[-씸협녁]圀하자 한마음 한뜻으로 서로 힘을 합함.

일쏘냐조 자음으로 끝난 체언에 붙어, 앞말의 내용을 반어적 물음의 꼴로 나타내는 종결형 서술격 조사. 《모음 뒤에서는 ‘이’가 생략되기도 함.》 ¶부모를 버린 자식이 어찌 자식일쏘냐? 참ㄹ쏘냐.

일쑤[Ⅰ]圀 흔히 또는 으레 그러는 일. 《주로, ‘-기(가) 일쑤이다’의 꼴로 쓰임.》 ¶밥을 흘리기 일쑤이다. /넘어지기 일쑤이다.
[Ⅱ]튀 드물지 않게 흔히. ¶일쑤 뒷머리를 긁는다.

일악(一惡) 몹시 악한 사람.

일안(一安) ‘일안하다’의 어근.

일안^리플렉스^카메라(一眼reflex camera)圀 한 조의 렌즈가 초점 조절용과 촬영용을 겸하고 있는 카메라.

일안-하다(一安-)휑 한결같이 편안하다.

일야(一夜)圀 하루의 밤. 한 밤. ¶악몽의 일야.

일야(日夜)圀하자 밤과 낮. 밤낮. ¶일야로 책만 읽는다.

일약(一躍)[Ⅰ]圀하자 대번에 높이 뛰어오름. ¶평사원에서 부장으로 일약하다.
[Ⅱ]튀 (지위나 등급·가격 따위가) 대번에 뛰어오르는 모양. ¶일약 인기인이 되다.

일양(一樣)[Ⅰ]圀 한결같은 모양. 같은 모양.
[Ⅱ]튀 한결같이 그대로, 또는 꼭 그대로. ¶쌀값은 오르지도 내리지도 않고 일양 그 수준이다.

일-양일(一兩日)[-량-]圀 하루나 이틀.

일어(日語)[-러]圀 일본 말.

일어-나다재 ①누웠다가 앉거나, 앉았다가 서다. ¶얼마나 컸는지 어디 일어나 보아라. ②잠에서 깨어 몸을 일으키다. ¶아침 일찍 일어나다. ③몸과 마음을 모아 나서다. 분기(奮起)하다. ¶일어나라, 학도들이여! ④(없던 현상이) 생겨나다. 발생하다. ¶전쟁이 일어나다. ⑤(약

하거나 희미하던 것이) 한창 성하게 되다. ¶가세(家勢)이러저러. ⑥(불이 붙기) 시작하다. ¶장작에 불이 일어나다. ⑦완쾌하다. ¶오랜 투병 끝에 병석에서 일어나다.

일어-서다재 ①앉았다가 서다. ②나쁜 상태로 기울었다가 다시 본디의 좋은 상태로 돌아오다. ¶좌절을 딛고 일어서다. ③다시 성해지다. ¶회사가 다시 일어서다.

일어성구튀 〈옛〉이러저럭. ¶每日에 일어성 지내然므슨 실음 잇시리고(古時調).

일어-앉다[-안따]재 (누웠다가) 일어나 앉다.

일어탁수(一魚濁水)[-쑤]圀 [한 마리의 물고기가 물을 흐리게 한다는 뜻으로] ‘한 사람의 잘못으로 여러 사람이 피해를 입게 됨’을 비유하여 이르는 말.

일언(一言)圀 ①한 마디 말. ¶남아(男兒) 일언은 중천금(重千金)이다. ②하자타 간단하게 말함, 또는 그 말.

일언-가파(一言可破)圀 (여러 말을 하지 않고) 한 마디로 잘라 말해도 능히 판단해 냄.

일언-거사(一言居士)圀 무슨 일이든지 한 마디씩 참견하지 않으면 마음이 놓이지 않는 사람.

일언-반구(一言半句)圀 [한 마디의 말과 한 구(句)의 반이라는 뜻으로] 아주 짧은 말. ¶일언반구의 사과도 없다.

일언이폐지(一言以蔽之)[-폐-/-페-]圀하자 구구하던 말을 다 줄이고, 한 마디의 말로써 함. 《주로, ‘일언이폐지하여’·‘일언이폐지하고’의 꼴로 쓰임.》 ¶일언이폐지하고, 그는 쓸모없는 인간이다. 참폐일언(蔽一言)하다.

일언-일행(一言一行)圀 하나하나의 말과 행동. 사소(些少)한 언행.

일언지하(一言之下)圀 한 마디로 딱 잘라서 말함. 두말할 나위 없음. 《주로, ‘일언지하에’의 꼴로 쓰임.》 ¶윗고 청탁을 일언지하에 거절하다.

일-없다[이럽따]휑 ①소용이나 필요가 없다. ¶네 도움은 일없다. ②괜찮다. ¶염려하지 않아도 일없다. **일-없이**튀 동생은 아까부터 집 앞을 일없이 왔다 갔다 하고 있다.

일-여덟[-덜]㉜관 〈일고여덟〉의 준말.

일역(日域)圀 ①[해가 뜨는 곳이라는 뜻으로] 중국에서 ‘우리나라’를 이르던 말. ②(태양이 비치는 곳이라는 뜻으로) 왕이나 황제의 치덕(治德)이 미치는 나라 안, 또는 천하.

일역(日譯)圀하자 일본어로 번역함, 또는 일본어로 번역한 것.

일-염기산(一鹽基酸)圀 산(酸)의 염기도(鹽基度)가 1인 산. [염산·질산 따위.]

일엽-주(一葉舟)[-쭈]圀 〈일엽편주〉의 준말.

일엽-지추(一葉知秋)[-찌-]圀 [나뭇잎 하나가 떨어지는 것을 보고 가을이 온 것을 안다는 뜻으로] 하찮은 조짐을 보고 앞으로 일어날 일을 미리 안다는 말.

일엽-편주(一葉片舟)圀 한 척의 조각배. 준일엽주.

일영(日影)圀 ①햇빛이 비치어서 생긴 그림자. ②지난날, 햇빛이 비칠 때 생기는 그림자를 이용하여 시간을 헤아리던 해시계의 한 가지.

일영일락(一榮一落)圀하자 ☞일성일쇠(一盛一衰).

일오(日午)圀 한낮. 정오(正午).

일요(日曜)圀 〈일요일〉의 준말. 《주로, 관형어로 쓰임.》 ¶일요 신문.

일-요일(日曜日)**명** 칠요일의 첫째 날. 공일(空日). 준일(日)·일요(日曜).

일용(日用)**명**①**하타** 날마다 씀. ¶일용 잡화. / 일용할 양식. ②나날의 쏨쏨이.

일용(日傭)**명** 날품팔이. 일고(日雇). ¶일용 노무자.

일용-범백(日用凡百)**명** 늘 쓰는 모든 물건.

일용-상행(日用常行)**명** 날마다 하는 행위. 일상적인 행동.

일용-품(日用品)**명** 날마다 쓰는 물건.

일우(一隅)**명** 한쪽 구석. 한 모퉁이.

일우명지(一牛鳴地)**명** 소 한 마리의 울음소리가 들릴 만한 가까운 거리의 땅.

일운(日暈)**명** 햇무리. 일훈(日暈).

일-울다[~우니·~울어]**자** (제때나 제철보다) 일찍 울다.

일원(一元)**명**①여러 사물·현상의 근원이 오직 하나인 것. ②대수 방정식에서, 미지수가 하나인 것. ¶일원 이차 방정식. ↔다원(多元).

일원(一員)**명** 어떤 단체나 사회를 이루는 구성원 가운데의 한 사람. ¶가족의 일원.

일원(一圓)**명** ☞일대(一帶).

일원-론(一元論)[-논]**명** (정신이든 물질이든, 또는 그 둘을 합한 것이든) 우주의 본체는 오직 하나라고 하는 견해나 학설. 단원론(單元論). ↔다원론.

일원^묘:사(一元描寫)**명** 소설에서, 작품 속의 사건이나 인물의 심리를 주요 인물 한 사람의 시점(視點)을 통하여 묘사하는 일. ↔다원 묘사(多元描寫).

일원-제(一院制)**명** 〈일원 제도(一院制度)〉의 준말. 단원제(單院制).

일원^제:도(一院制度)**명** ☞단원 제도(單院制度). 준일원제.

일원-화(一元化)**하자타되자** 하나의 체계로 됨. 한 줄기로 만듦. ¶조직을 일원화하다.

일월(一月)**명**①한 해의 첫째 달. ②☞정월(正月).

일월(日月)**명**①해와 달. ②(날과 달의 뜻으로) '세월'을 이르는 말.

일월-광(日月光)**명**①해와 달의 빛. ②불교에서, 가사(袈裟)의 등에 붙이는 수(繡).

일월-권(日月圈)[-꿘]**명** 사월 초파일에 세우는 등대 꼭대기의 장식.

일월성신(日月星辰)**명** 해와 달과 별.

일-월식(日月蝕)[-씩]**명** 일식과 월식.

일위(一位)**명** 한 분. 한 사람.

일위다자 〈옛〉 흔들거리다. ¶萬國이 일위더니(鄭澈. 關東別曲)

일으키다타①일어나게 하다. 일어서게 하다. ¶앉아 있는 사람을 일으키다. ②일을 벌이다. ¶말썽을 일으키다. ③병이 나다. ¶경련을 일으키다. ④세우다. 창시(創始)하다. 창설(創設)하다. ¶학교를 일으키다. /기업을 일으키다. ⑤생겨나게 하다. ¶전기를 일으키다. ⑥기운이 성하게 하다. ¶집안을 일으키다. ⑦출세하다. 입신(立身)하다. ¶천한 신분에서 몸을 일으키다.

일음-증(溢飮症)[-쯩]**명** 한방에서, 몸속의 수분이 땀이나 오줌으로 배설되지 못하여 일어나는 병을 이름.

일읍(-邑)**명** 한 고을. 온 고을. ¶일읍을 들썩하게 만든 사건.

일의대-수(一衣帶水)[이의-/이리-]**명** 한 가닥의 띠와 같은 좁은 냇물이나 바닷물, 또는 그

것을 사이에 둔 관계. ¶한일 양국은 일의대수의 이웃이다.

일이(一二)**관** 《단위를 나타내는 일부 명사 앞에 쓰이어》 그 수량이 하나나 둘임을 나타내는 말. ¶일이 명의 힘으로는 다루기 어려운 일.

일이관지(一以貫之)**명하자타** 하나의 이치로써 모든 일을 꿰뚫음. 준일관.

일익(一翼)**명** 한쪽 부분. 한 가지의 구실. ¶국방의 일익을 담당하는 예비군.

일익(日益)**부** 날이 갈수록 더욱. 나날이.

일인(一人)**명**①한 사람. ¶일인 독재. ②어떤 사람.

일인(日人)**명** 일본 사람.

일인-당천(一人當千)**명** ☞일기당천.

일인-이역(一人二役)**명** 한 사람이 두 가지 구실을 맡아 함.

일인-일기(一人一技)**명** 사람마다 한 가지 기술을 가지는 일. ¶일인일기 교육.

일인-자(一人者)〈제일인자(第一人者)〉의 준말. ¶병아리 감별의 일인자.

일-인칭(一人稱)**명**①☞제일 인칭. ②창작의 주인공으로 묘사되는 '나'.

일인칭^소:설(一人稱小說)**명** '나'를 주인공으로 삼는 소설. 내가 남에게 나 자신에 관한 이야기를 하듯이, 대상을 보는 시점이 '나'에게 한정된 구조 형식임.

일인칭^희곡(一人稱戲曲)[-히-]**명** 한 사람의 배우가 독백 형식으로 연기하도록 쓴 희곡. 참모노드라마.

일일(一日)**명** 하루. ¶일일 관광권.

일일(日日)[일릴]**명**①일일 연속극. Ⅱ부 매일. ¶일일 성장하는 사업.

일일-생활권(一日生活圈)[-꿘]**명** 그날로 볼일을 끝내고 되돌아올 수 있는 거리 안에 있는 구역이나 범위.

일일신(日日新)[-씬]**명하자** 나날이 새로워짐 참일신(日新).

일일여삼추(一日如三秋)[-려-]**명하열** 〔하루가 삼 년 같다는 뜻으로〕 '매우 지루하거나 몹시 애태우며 기다림'을 비유하여 이르는 말.

일:일-이[-리리]**부** 일마다 모두. 사사(事事)이. ¶일일이 트집을 잡다. /일일이 제대로 된 거 없다.

일일-이(一一-)[-리리]**부** 하나하나. 낱낱이 모조리. ¶일일이 간섭하다. /일일이 검사하다. /일일이 체크하다.

일일-조(日日潮)[-쪼]**명** 하루의 주기를 가지는 천체의 기조력(起潮力)에 따라 일어나는 조석(潮汐), 곧 매일의 밀물과 썰물.

일일지장(一日之長)[-찌-]**명** 〔하루 먼저 태어나서 나이가 조금 위가 된다는 뜻으로〕 '조금 나음'을 이르는 말.

일일-학(一日瘧)**명** 날마다 일정한 시간에 앓는 학질.

일임(一任)**명하자되자** 도맡김. 모조리 맡김. ¶집안일을 맏며느리에게 일임하다.

일입(日入)**명하자** ☞일몰(日沒). ↔일출(日出).

일자(一字)[-짜]**명**①(한 글자라는 뜻으로) 아주 적은 지식을 이르는 말. ②짧은 글. 한 마디의 글. ¶일자 소식도 없다. ③'一' 자 모양. ¶입을 일자로 다물다.

일자(日字)[-짜]**명** ☞날짜[1].

일:-자리[-짜-]**명** 직업으로 삼아 일하는 곳. 일터. 직장(職場). ¶일자리가 생기다. /일자리를 얻다.

일자-매기(一字-)[-짜-][명][하타] 서까래 끝을 '一'자 모양으로 가지런히 자르는 일. ↔방구매기.

일자-무식(一字無識)[-짜-][명][하형] 글자를 한 자도 모를 정도로 무식함. 목불식정. 전무식(全無識).

일자-반급(一資半級)[-짜-][명] 보잘것없는 작은 벼슬.

일자-양의(一字兩義)[-짜-의/-짜-이][명] 한 글자에 두 가지의 뜻이 있음.

일자이후(一自以後)[-짜-][명] 그 뒤부터 지금까지. ¶일자이후 사뭇 이 집에서 살고 있지.

일자-좀나비(一字-)[-짜-][명] 팔랑나빗과의 곤충. 몸길이 2 cm, 편 날개 길이 3.5 cm가량. 몸빛은 다갈색, 날개는 흑갈색이며 앞날개에 8개, 뒷날개에 4개의 흰 반점이 '一'자 모양으로 있음. 애벌레는 '가위좀'이라 하며 벼의 해충임.

일자-집(一字-)[-짜-][명] 집채를 '一'자 모양으로 지은 집.

일자-총(一字銃)[-짜-][명] 한 방으로 바로 맞히는 좋은 총.

일자-포수(一字砲手)[-짜-][명] 한 방으로 바로 맞히는 명포수.

일-잠[-짬][명] 저녁 일찍 드는 잠.

일장(一場)[-짱][명] 한바탕. 《주로, '일장'·'일장의'의 꼴로 쓰임.》 ¶일장 연설. /일장의 훈시.

일-장검(一長劍)[-짱-][명] 자루의 길고 큰 칼. ¶일장검 짚고 서서 만병을 호령하다.

일장-기(日章旗)[-짱-][명] 일본 국기(國旗).

일장-월취(日將月就)[-짱-][명][하자] ☞일취월장. ❀장취.

일장일단(一長一短)[-짱-딴][명] 장점도 있고 단점도 있음. ¶사람은 누구에게나 일장일단이 있게 마련이다.

일장일이(一張一弛)[-짱-][명] 〔활시위를 죄었다 늦추었다 하는 것처럼〕사람이나 물건을 적당히 부리고 적당히 쉬게 함.

일장-춘몽(一場春夢)[-짱-][명] 〔한바탕의 봄꿈이라는 뜻으로〕'헛된 영화(榮華)나 덧없는 일'을 비유하여 이르는 말.

일장-풍파(一場風波)[-짱-][명] 〔한바탕의 심한 야단이나 싸움〕을 비유하여 이르는 말.

일재(逸才)[-째][명] 뛰어난 재주, 또는 그런 재주를 가진 사람.

일-재간(-才幹)[-째-][명] 어떤 일을 해 나가는 솜씨.

일적(一滴)[-쩍][명] 〔한 방울이라는 뜻으로〕아주 적은 액체를 이르는 말.

일전(一戰)[-쩐][명][하자] 한바탕의 싸움. ¶최후의 일전을 벌이다. /일전을 불사(不辭)하다.

일전(一轉)[-쩐][명] ①[하타] 한 번 돎. ②[하자] 아주 변함. 싹 바뀜. ¶심기(心機)의 일전.

일전(日前)[-쩐][명] 며칠 전. 요전. ¶일전에드린 말씀을 기억하시는지요?

일절(一切)[-쩔][부] 〔사물을 부인하거나 금하는 말과 어울려서〕아주. 도무지. 결코. 전혀. ¶면회는 일절 금한다. /발길을 일절 끊다. ❀일체(一切).

일점-혈육(一點血肉)[-쩜-][명] 자기가 낳은 단 하나의 자녀. ¶일점혈육도 없는 노부부.

일점-홍(一點紅)[-쩜-][명] ①홍일점(紅一點). ②'석류꽃'을 달리 이르는 말.

일정(一定)[-쩡][명][하형] ①정해져 있어 바뀌거나 달라지지 않고 한결같음. ¶수입이 일정하다. ②어떤 기준에 따라 모양이나 방향 따위가 정해져 있음. ¶일정한 복장 형태. **일정-히**[부] 몫을 일정히 나누다.

일정(日政)[-쩡][명] ☞왜정(倭政). ¶일정 시대.

일정(日程)[-쩡][명] ①그날에 할 일, 또는 그 분량이나 차례. ¶행사 일정. ②그 하루에 가야 할 도정(道程). ¶여행 일정. ③의회(議會) 등에서, 그날그날 심의할 의사(議事)나 그 차례.

일정-량(一定量)[-쩡냥][명] 정해진 분량. 어느 한도를 넘지 않는 알맞은 분량.

일정-표(日程表)[-쩡-][명] 일정을 적어 놓은 표. ¶일정표에 따라 행동하다.

일제(一齊)[-쩨][명] 《일부 명사 앞에 쓰이어》여럿이 한꺼번에 함. ¶일제 단속. /일제 점검.

일제(日帝)[-쩨][명] '일본 제국'또는 '일본 제국주의'를 줄이어 이르는 말.

일제(日製)[-쩨][명] 일본에서 만든 물품(物品). 일본의 제품.

일제²강:점기(日帝强占期)[-쩨-][명] 우리나라가 일본 제국에 국권을 빼앗겨 통치당하던 시대. 1910년 8월 29일부터 1945년까지 35년간의 시기임.

일제^사격(一齊射擊)[-쩨-][명] 여러 사람이 한꺼번에 총을 쏘는 일.

일제-히(一齊-)[-쩨-][부] 여럿이 한꺼번에. ¶기계가 일제히 멈추었다. /수업이 끝나자 아이들이 일제히 교실에서 나왔다.

일조(一助)[-쪼][명][하자] 얼마간의 도움이 됨, 또는 그 도움. ¶우리도 이번 행사에 일조할 만한 일을 찾아본다.

일조(一朝)[-쪼][명] ①〈일조일석(一朝一夕)〉의 준말. ②하루아침. 어느 날 아침. 《주로, '일조에'의 꼴로 쓰임.》¶계획이 일조에 수포로 돌아가다. ③만일의 경우. ¶일조 유사시(有事時).

일조(日照)[-쪼][명] 햇볕이 내리쬠.

일조-권(日照權)[-쪼꿘][명] 햇볕을 확보할 수 있도록 법률상 보호되어 있는 권리. 인접 건물 따위에 의하여 자기 집에 태양 광선이 충분히 닿지 못하여 생기는 신체·정신·재산의 피해에 대하여 보상을 청구할 수 있는 권리를 말함.

일조-량(日照量)[-쪼-][명] 일정한 물체의 표면이나 지표면에 햇볕이 내리쬐는 양. ¶일조량이 풍부하다.

일조부등(日潮不等)[-쪼-][명] 같은 날의 두 번의 만조나 간조의 높이가 서로 같지 않은 현상.

일조-시(日照時)[-쪼-][명] ☞일조 시간(日照時間).

일조^시간(日照時間)[-쪼-][명] 해가 구름이나 안개 따위에 가리지 않고 햇볕을 일정하게 비추는 시간. 일조시(日照時). ☞가조시간(可照時間).

일조-율(日照率)[-쪼-][명] 가조시간(可照時間)에 대한 일조 시간의 비율.

일조-일석(一朝一夕)[-쪼-썩][명] 〔하루 아침이나 하루 저녁이라는 뜻으로〕'아주 짧은 시일'을 이르는 말. 《주로, '일조일석에'의 꼴로 쓰임.》¶문화의 전통은 일조일석에 이루어지지 않는다. ❀일조(一朝).

일조-점호(日朝點呼)[-쪼-][명] 군대에서, 기상하여 일과를 시작하기 전에 취하는 점호.

일족(一族)[-쪽][명] 〔조상이 같은〕한 족속. 같은 겨레붙이.

일족(을) 물리다[관용] 지난날, '일가붙이에게 족징(族徵)을 내게 하다'의 뜻으로 쓰던 말.

일종(一種)[-쫑]圓 ①한 종류. 한 가지. ¶고래는 포유동물의 일종이다. ②어떤 종류.《주로, '일종의'의 꼴로 쓰임.》¶그것도 일종의 모험이다.

일좌(一座)[-쫘]圓 ①한자리. 같은 자리. 동석(同席). ②온 자리. 만좌(滿座).

일죄(一罪)[-쬐/-쮀]圓 ①한 가지의 죄. 같은 죄. ¶일당(一黨) 일죄. ②⇨율률(律).

일주(一走)[-쭈]圓 지난날, 달음질 취재(取才)에서의 첫째 등급을 이르던 말.

일주(一周)[-쭈]圓하ꟷ 한 바퀴를 돎, 또는 그 한 바퀴. ¶세계 일주.

일주(逸走)[-쭈]圓하ꟷ 딴 데로 달아남. 엉뚱한 데로 벗어나 내닫는 일. ¶자유적 정신을 발휘할 것이오, 결코 배타적 감정으로 일주하지 마라.

일주-권(日週圈)[-쭌꿘]圓 천구(天球)의 일주 운동에 의한 천체의 궤도.

일주-기(一週忌)[-쭈-]圓⇨소상(小祥).

일주-년(一週年)[-쭈-]圓 한 돌. ¶결혼 일주년.

일주-문(一柱門)[-쭈-]圓 기둥을 한 줄로 세운 문.〔흔히, 절 입구 등에 세움.〕

일주^운=동(日週運動)[-쭈-]圓 천체가 약 하루를 주기로 하여 지구 둘레를 회전하는 현상. 지구의 자전에 따른 천체의 겉보기 운동임. 매일 운동(每日運動).

일-주일(一週日)[-쭈-]圓 이레 동안. 칠 일간.

일중-식(日中食)[-쭝-]圓하ꟷ (가난한 사람이) 아침과 저녁은 거르고 낮에 한 끼만 먹는 일.

일증-월가(日增月加)[-쯩-]圓하ꟷ 나날이 다달이 자꾸자꾸 늘어 감.

일지[-찌]閣 자음으로 끝난 체언에 붙어 쓰이는, 연결형 또는 종결형 서술격 조사. 어떤 일을 추측하여 그 가능성을 묻거나 의문의 뜻을 나타냄.《모음 뒤에서는 '이'가 생략되기도 함.》일는지. ¶이게 맞는 대답일지 모르겠다.

일지(日誌)[-찌]圓 그날그날의 직무상의 기록을 적은 책. ¶근무 일지.

일지(逸志)[-찌]圓 세속을 벗어난 고결한 뜻.

일지나[-찌-]閣 자음으로 끝난 체언에 붙어, '비록 그러할 것이나'의 뜻으로, 뒷말이 앞의 말에 매이지 아니함을 나타내는, 예스러운 말투의 연결형 서술격 조사.《모음 뒤에서는 '이'가 생략되기도 함.》¶서로 남일지나 아끼는 정은 일가보다도 더하오. 參ꟷ리지나.

일지니[-찌-]閣 자음으로 끝난 체언에 붙어, '마땅히 그러할 것이니'의 뜻으로, 앞말이 뒷말의 원인이나 근거가 됨을 나타내는 예스러운 말투의 연결형 서술격 조사.《모음 뒤에서는 '이'가 생략되기도 함.》¶자연은 우리 삶의 터전일지니 우리가 마땅히 가꾸어야 할지니라. 參ꟷ리지니.

일지니라[-찌-]閣 자음으로 끝난 체언에 붙어, '마땅히 그러할 것이니라'의 뜻으로, 어떤 사실을 힘주어 장중하게 말하는 예스러운 말투의 종결형 서술격 조사.《모음 뒤에서는 '이'가 생략되기도 함.》¶효는 인륜의 으뜸일지니라. 參ꟷ리지니라.

일지라[-찌-]閣 자음으로 끝난 체언에 붙어, '마땅히 그리(그러)할 것이라'의 뜻으로, 단정을 나타내는 예스러운 말투의 종결형 서술격 조사.《모음 뒤에서는 '이'가 생략되기도 함.》¶나라의 발전이 곧 나의 발전일지라. 參ꟷ리지라.

일지라도[-찌-]閣 자음으로 끝난 체언에 붙어, '비록 그러하더라도'의 뜻으로, 양보하여 가정함을 나타내는 연결형 서술격 조사.《모음 뒤에서는 '이'가 생략되기도 함.》¶하찮은 미물일지라도 밟으면 꿈틀한다. 參ꟷ리지라도.

일지-반해(一知半解)[-찌-]圓하ꟷ 〔하나쯤 알고 반쯤 깨닫는 뜻에서〕'아는 것이 매우 적음'을 이르는 말.

일지어다[-찌-]閣 자음으로 끝난 체언에 붙어, '마땅히 그러하여라'의 뜻을 명령조로 장중하게 나타내는 예스러운 말투의 종결형 서술격 조사.《모음 뒤에서는 '이'가 생략되기도 함.》¶나라에 충성함이 대장부의 본분일지어다. 參ꟷ리지어다.

일지언정[-찌-]閣 자음으로 끝난 체언에 붙어, 어떤 사실을 인정(가정)하되, 뒷말이 거기에 매이지 아니함을 나타내는 연결형 서술격 조사.《모음 뒤에서는 '이'가 생략되기도 함.》¶몸은 비록 칠십 노령일지언정 마음만은 젊다. 參ꟷ리지언정.

일지-필(一枝筆)[-찌-]圓 한 자루의 붓.

일직(日直)[-찍]圓 ①그날그날의 당직. ②낮의 당직, 또는 그런 사람. 參ꟷ숙직.

일직^사령(日直司令)[-찍싸-]圓 지난날, 군대에서 지휘관의 명령을 받아 지휘관이 퇴근한 뒤부터 다음 날 출근할 때까지 부대의 모든 업무를 맡아보던 장교.

일-직선(一直線)[-찍썬]圓 한 방향으로 쪽 곧음, 또는 그런 선.

일진(一陣)[-찐]圓 ①한 떼의 군사의 진. ¶전방에 일진의 군사를 배치해 두다. ②첫째의 진(陣)이나 집단. ¶국가 대표 일진. /일진 선수들로 구성된 팀. ③(주로 바람이나 구름 따위의) '한바탕 이는', 한 떼로 몰린'의 뜻을 나타냄. ¶일진의 눈보라.

일진(日辰)[-찐]圓 ①날의 육십갑자(六十甲子).〔갑자일·을축일·병신일 따위.〕②그날의 운세. ¶일진이 좋다. /일진이 사납다고 이사할 날짜를 미루었다.

일진(日進)[-찐]圓하ꟷ 날로 나아짐. 나날이 진보함.

일진-광풍(一陣狂風)[-찐-]圓 한바탕 부는 사납고 거센 바람.

일진대[-찐-]閣 자음으로 끝난 체언에 붙어, '일 것 같으면'의 뜻으로, 어떤 사실을 인정하되, 그것이 뒷말의 근거나 전제가 됨을 나타내는 연결형 서술격 조사.《모음 뒤에서는 '이'가 생략되기도 함.》¶그게 숙명일진대 피하고 해결되라. 參ꟷ리진대.

일진댄[-찐-]閣 '일진대'의 힘줌말. ¶그게 내 욕심일진댄 누가 동조하겠니?

일진-월보(日進月步)[-찐-]圓하ꟷ 날로 달로 끊임없이 나아감.

일진일퇴(一進一退)[-찐닐퇴/-찐닐퉤]圓하ꟷ 한 번 나아갔다 한 번 물러섰다 하거나 좋아졌다 나빠졌다 함. ¶일진일퇴의 접전. /일진일퇴의 공방전이 벌어지다.

일진저[-찐-]閣 자음으로 끝난 체언에 붙어 '마땅히 그러할 것이다'의 뜻을 영탄조로 장중하게 나타내는 예스러운 말투의 종결형 서술격 조사.《모음 뒤에서는 '이'가 생략되기도 함.》¶희망이 있는 생활이 곧 행복일진저. 參ꟷ리진저.

일진-청풍(一陣淸風)[-찐-]圓 한바탕 부는 시원한 바람.

일진-흑운(一陣黑雲)[-찐-][-운-]명 한바탕 이는 먹구름.

일쩝다[-따][일쩌우니·일쩌워]형ㅂ 거추장스럽거나 일거리가 되어 귀찮고 불편하다. ¶몸이 아파 밥을 먹는 것도 일쩝다.

일쭉-거리다[-꺼-]자타 자꾸 일쭉일쭉하다. 일쭉대다. ¶허리를 얄밉게 일쭉거리면서 춤을 추었다. 郒얄쭉거리다.

일쭉-대다[-때-]자타 일쭉거리다.

일쭉-얄쭉[-쭝날-/-쭈갈-]부하자타 고르지 않고 재게 일긋거리고 얄긋거리는 모양.

일쭉-일쭉[-쭝닐-/-쭈찔-]부하자타 허리를 이리저리 빠르게 흔드는 모양. 郒얄쭉얄쭉.

일찌감치부 좀 더 일찍이. 일찌거니. ¶일찌감치 속 차려라. /일찌감치 나서다. ↔느지감치.

일찌거니부 일찍감치. ↔느지거니.

일찌기부 '일찍이'의 잘못.

일찍부〈일찍이〉의 준말. ¶일찍 자고 일찍 일어나라.

일찍-이부 ①이르게. 늦지 않게. ¶일찍이 떠나다. /일찍이 나섰지만 길이 막혀서 지각하고 말았다. 준일찍. ②이전에. 이전까지. ¶일찍이 이런 일은 없었다.

일차(一次)명 ①한 차례. 한 번. ②첫 번. 일차 원인. ③대수식에서, 제곱 또는 그 이상의 항(項)을 갖지 않는 것.

일차^방정식(一次方程式)명 미지수(未知數)의 가장 높은 근을 가진 항이 일차인 방정식.

일차^산:업(一次産業)명 ☞제일 차 산업.

일차^산:품(一次産品)명 가공 단계를 거치지 않은, 일차 산업의 생산물. 〔곡식·목재·석탄 따위.〕

일차-적(一次的)관명 첫 번째가 되는 (것). 우선적인 (것). ¶일차적 목적. /일차적인 책임은 내가 지겠다.

일차^전:류(一次電流)[-쩐-]명 변압기 따위에서, 일차 코일에 흐르는 전류.

일차^제:품(一次製品)명 자연에서 얻는 일차 산품을 원료로 하여 첫 단계의 가공 과정을 거친 제품. 〔방적사·선철 따위.〕

일차^코일(一次coil)명 유도 코일이나 변압기에서 전원(電源)에 연결하는 코일. 郒일차 코일.

일착(一着)명 ①맨 먼저 닿음. ¶일착으로 골인하다. ②맨 처음 시작함. ③바둑이나 장기에서, 돌이나 말을 한 번 놓음.

일처-다부(一妻多夫)명 한 여자가 둘 이상의 남편을 가지는 혼인 형태. 郒일부다처.

일척(一擲)명하타 (가진 것을) 한 번에 다 버림.

일척-천금(一擲千金)명 많은 돈을 한꺼번에 써 버림.

일천(一天)명 과거(科擧) 때, 맨 먼저 지어 바치던 글장.

일천(一喘)명 한 번 숨을 쉬는 시간, 곧 매우 짧은 시간을 이름.

일천(日淺)명 '일천하다'의 어근.

일천-하다(日淺-)형여 시작한 지 얼마 되지 않다. 날짜가 많지 않다. ¶경험은 일천하나 기세는 대단하다.

일철(一轍)명 〔한 수레바퀴의 자국이라는 뜻으로〕'이전 사람의 경우와 똑같은 길을 밟음'을 이르는 말.

일체(一切) Ⅰ명 모든 것. 온갖 것. ¶재산 일체를 고아원에 기부하다.
Ⅱ부 모든 것을 다. ¶일체 사무를 관장하다. 郒일절(一切).

일체(一體)명 ①한 몸. 한 덩어리. ¶부부는 일체다. ②전부. 온통. ③한결같음.

일체-감(一體感)명 하나가 되는 느낌. 하나인 듯한 느낌.

일체-경(一切經)명 ☞대장경(大藏經).

일체-종지(一切種智)명 삼지(三智)의 하나. 일체 만상(萬相)의 진리를 낱낱이 구체적으로 아는 부처의 지혜. 일체지.

일체-중생(一切衆生)명 불교에서 이르는, 이 세상에 살아 있는 온갖 생물. 〔특히, '사람'을 가리킴.〕

일체-지(一切智)명 ①삼지(三智)의 하나. 일체 만상(萬相)을 완전히 아는 지혜로, 성문 연각(聲聞緣覺)의 지혜. ②일체종지(一切種智).

일초(日草)〔지난날〕 ①평양에서 나던 질 좋은 살담배. ②일본에서 나던 솜털 같은 살담배.

일촉즉발(一觸卽發)[-쪽빨]명 -쪽빨]명 〔조금만 닿아도 곧 폭발한다는 뜻으로〕'금방이라도 일이 크게 터질 듯한 아슬아슬한 긴장 상태'를 이르는 말. 《주로, '일촉즉발의'의 꼴로 쓰임.》 ¶일촉즉발의 위기.

일촌(一村)명 한 마을. 온 동네. ¶일촌을 휩쓴 소문.

일촌-간장(一寸肝腸)〔한 도막의 간과 창자라는 뜻으로〕 애달프거나 애가 탈 때의 '마음'을 형용하여 이르는 말. ¶일촌간장을 에는 듯한 슬픔.

일촌-광음(一寸光陰)명 매우 짧은 시간. 촌각(寸刻). ¶일촌광음도 가벼이 여기지 말자.

일축(一蹴)명하타 단번에 물리침. ¶그의 의견을 일축해 버리다.

일출(日出)명하자 해가 돋음. 해돋이. ↔일몰(日沒)·일입(日入).

일출(逸出)명 ①하자 피하여 빠져나옴. ②하형 보통보다 뛰어남.

일출(溢出)명하자 물 같은 것이 넘쳐 흐름.

일취(日就)명하자 〈일취월장〉의 준말.

일취-월장(日就月將)[-짱]명하자 날로 달로 자라거나 나아감. 일장월취. ¶실력이 일취월장하다. 준일취.

일취지몽(一炊之夢)명 ☞한단몽(邯鄲夢).

일층(一層)부 한결. 더욱. ¶경계를 일층 강화하다.

일치(一致)명하자되자 서로 어긋나지 않고 꼭 맞음. 어긋나는 것이 없음. ¶언행의 일치. /의견이 일치하다.

일치-단결(一致團結)명하자 여럿이 한 덩어리로 굳게 뭉침.

일치-법(一致法)[-뻡]명 ☞유동법(類同法).

일치-점(一致點)[-쩜]명 〔둘 이상의 것이〕 서로 일치하는 점이나 계기. 합치점. ¶일치점을 찾다.

일침(一鍼)명 〔침 한 대라는 뜻으로〕'따끔한 충고나 경고'를 이르는 말. ¶일침을 가하다. /일침을 맞다.
일침(을) 놓다관용 따끔한 충고를 하다.

일컫다[-따][일컬으니·일컬어]타디 ①(무엇이라고) 일러 부르다. ¶그를 일컬어 천재라고 한다. ②(무엇이라고) 이름 지어 부르다. ¶사람들은 흔히 사자를 백수의 왕으로 일컫는다. ③우러러 칭찬하거나 기리어 말하다. ¶효행을 길이 일컫다. ④핑계 삼다. ¶병을 일컬어 퇴직하다.

일ㅋ다타디〔옛〕일컫다. ¶如來ㅅ 일후믈 일ㅋ즙방(釋譜9:25). /호번 經ㅅ 일홈 일ㅋㄹ면(月釋18:58).

일탄(逸彈)명 목표물에 맞지 않고 빗나간 탄환. 유탄(流彈).

일탈(逸脫)하자타되자 ①(어떤 사상이나 조직·규범 등에서) 벗어남. 빠져나감. ②미풍양속을 일탈한 행동. ②(잘못하여) 빠뜨림.

일:-터명 일을 하는 곳. 일자리. 작업장. 직장.

일:-토시명 일할 때 끼는 토시.

일통(一統)명하타되자 한데 뭉침. 하나로 합침. **일통(을) 치다**관용 한데 뭉치다. 하나로 합치다. ¶일통을 쳐서 셈합시다.

일퇴(日退)[-퇴/-퉤]명하자 날로 뒤떨어짐. 나날이 쇠퇴함.

일파(一派)명 ①강의 한 줄기. ②학예(學藝)·종교·사상 등의, 본디의 계통에서 떨어져 나온 한 갈래. ¶그들은 진경 산수화에서 독자적인 일파를 이루었다. ③주의나 주장 또는 목적을 같이하는 한 동아리.

일파-만파(一波萬波)명 〔하나의 물결이 연쇄적으로 많은 물결을 일으킨다는 뜻으로〕한 사건이나 일이 크게 확대되거나 번져 나가는 상태를 이르는 말.

일:-판명 일이 벌어진 판. ¶일판에서 막일을 하다.

일패도지(一敗塗地)명하자 여지없이 패하여 다시는 일어날 수 없게 됨.

일편(一片)명 한 조각. ¶일편의 구름.

일편(一便)명 한편.

일편-고월(一片孤月)명 외로이 떠 있는 조각달.

일편-단심(一片丹心)명 〔한 조각의 붉은 마음이라는 뜻으로〕'변치 않는 참된 마음'을 이르는 말. ¶임 향한 일편단심이야 가실 줄이 있으랴.

일-평생(一平生)명 한평생.

일폭(一幅)명 한 폭. 한 장. ¶일폭의 그림.

일폭-십한(一曝十寒)[-씨판] ☞십한일폭.

일-품(一品) '품삯'의 방언.

일품(一品)명 ①으뜸가는 품질, 또는 그런 물품. ¶일품으로 평가된 상품. ②솜씨가 제일감, 또는 그 솜씨. ¶음식 솜씨가 일품이다. ③고려와 조선 시대, 문무관 벼슬의 첫째 품계(品階). 〔정(正)·종(從)의 구별이 있었음.〕

일품(逸品)명 아주 뛰어난 물품, 또는 다시없는 물품. 신품(神品). 절품(絕品).

일품-요리(一品料理)[-뇨-]명 ①한 가지마다 그 값을 매겨 놓고 손님의 주문에 따라 내는 요리. ②맛이 좋기로 첫째가는 요리. ③한 끼의 음식을 모두 한 그릇에 담은 간편한 요리. 〔덮밥·비빔밥·카레라이스 따위.〕

일필(一筆)명 ①(붓에 먹을 다시 먹이지 않고) 한 번에 내리 씀. ②같은 필적. ③짧은 한 문장. ④한 통의 문서.

일필-난기(一筆難記)[-란-]명 (내용이 복잡하거나 길어서) 간단히 적기가 어려움.

일필-휘지(一筆揮之)명하자 글씨를 단숨에 힘차고 시원하게 죽 써 내림.

일하(一瑕)명 한 가지 흠. 조그마한 결점.

일:-하다자여 일을 하다. 작업하다. 활동하다. 노동하다. ¶일하는 즐거움. /일하지 않고는 먹지도 말라. /공사판에서 일하다.

일한(日限)명 일정한 날짜의 기한. 〔특히, 계약 따위로 지정해 놓은 날을 말함.〕

일합(一合)명 창·칼 따위로 싸울 때, 창과 창 또는 칼과 칼이 서로 한 번 맞부딪침. ¶일합에 승부를 내다.

일행(一行)명 길을 함께 가는 사람, 또는 함께 가는 사람 전체.

일행(日行)명 하루 걷는 걸음.

일향(←一晌)명 아주 짧은 시간.

일향(一向)부 언제나 한결같이. 꾸준히. ¶일향 만강(萬康)하옵소서.

일혁-금(一絃琴)명 길이 석 자 여섯 치가량 되는 나무에 한 가닥의 줄을 친 금(琴).

일혈(溢血)명 몸의 조직 사이에 일어나는 내출혈(內出血).

일호(一毫)명 〔한 개의 가는 털이라는 뜻으로〕'아주 작은 정도'를 비유하여 이르는 말. ¶일호의 어긋남도 없다.

일호-반점(一毫半點)명 '일호(一毫)'의 힘줌말. ¶일호반점의 흠도 없다.

일호-차착(一毫差錯)명하자 아주 작은 잘못이나 어긋남.

일훔명 (옛) 이름. ¶일훔을 後世예 베퍼(小解 2:29). 화일훔.

일화(逸話)명 (어떤 사람이나 어떤 사건에 관련된) 아직 세상에 널리 알려지지 않은 이야기. 일문(逸聞).

일화-성(一化性)[-썽]명 한 해에 한 번만 까는 누에 품종의 성질. 참다화성·이화성.

일확(一攫)명 ①한 움큼. ②하타 힘들이지 않고 손쉽게 얻음.

일확-천금(一攫千金)명하자 힘들이지 않고 단번에 많은 재물을 얻음. ¶일확천금의 꿈을 버리지 못하다.

일환(一環)명 ①이어져 있는 많은 고리 가운데의 하나. ②썩 가까운 관계에 있는 사물의 한 부분. ¶국가 발전의 일환인 농촌 개발.

일환-책(一環策)명 전체와 관련되면서 한 부분이 되는 방법과 계책.

일회-성(一回性)[-회썽/-훼썽]명 오직 한 번만 일어나는 성질. ¶일회성 행사.

일회-용(一回用)[-회-/-훼-]명 한 번만 쓰고 버리도록 되어 있는 상태, 또는 그런 것. ¶일회용 주사기. /일회용 접시.

일회-용품(一回用品)[-회-/-훼-]명 한 번만 쓰고 버리도록 되어 있는 물품.

일후(一吼)명하자 크게 한 번 울부짖음.

일후(日後)명 뒷날. 나중. ¶일후에 또 만납시다.

일훈(日暈)명 햇무리.

일홈명 (옛) 이름. ¶일홈 명:名. 일홈 호:號(訓蒙上32). 참일훔.

일흔수관 열의 일곱 곱절(의). 칠십(七十).

일희일비(一喜一悲)[-히-]명 ①하자 기쁜 일과 슬픈 일이 번갈아 일어남. ②하형 한편으로는 기쁘고 한편으로는 슬픔.

일히명 (옛) 이리. ¶비얌과 일히와 가히와(月釋 21:45).

읽다(익따)타 ①(소리를 내거나 눈으로 살피어) 글을 보다. ¶편지를 읽다. /신문을 읽다. ②(표정이나 태도를 보고) 뜻을 헤아려 알다. ¶그의 표정에서 마음의 심각성을 읽을 수 있었다. ③바둑이나 장기에서, 자기의 수(手)를 생각하거나 상대편의 수를 헤아리다. ¶다음 수를 읽기가 쉽지 않다. ▸읽어·읽고[일꼬]·읽는[잉-]

읽을-거리[-꺼-]명 읽을 만한 책이나 잡지·신문 따위의 내용.

읽-히다[일키-] I 자 〔'읽다'의 피동〕읽음을 당하다. ¶재미있게 읽히는 책. II 타 〔'읽다'의 사동〕읽게 하다. ¶어린이에게 동화책을 읽히다.

잃다[일타]타 ①(몸에 지녔던 물건을) 자기도 모르게 떨어뜨리거나 놓치어 없어지게 되다. ¶가방을 잃다. /복잡한 시장 거리에서 지갑을 잃다. ②(지니거나 누리고 있던 것을) 빼앗기거나 차지하지 못하게 되다. ¶직장을 잃다. /농토를 잃다. ③(주위의 가까운 사람이) 죽어서 헤어지게 되다. ¶부모를 잃다. /병으로 조강지처를 잃다. ④어떤 사람과의 관계가 끊어지거나 벌어지게 되다. ¶돈 때문에 벗을 잃다. /불친절한 종업원들의 태도 때문에 손님을 많이 잃었다. ⑤(정신이나 감각 따위) 자기에게 본디 있던 것이 사라지거나 없어지다. ¶넋을 잃다. /이성을 잃다. /용기를 잃다. ⑥경기나 도박에서져서 돈을 빼앗기거나 손해를 보다. ¶본전까지 다 잃다. ⑦(가야 할 길이나 방향을) 못 찾거나 분간하지 못하게 되다. ¶길을 잃은 나그네. /산 속에서 길을 잃었다. ⑧같이 있던 사람을 놓쳐 헤어지게 되다. ¶어머니가 잠깐 한눈을 파는 사이에 아이를 잃고 말았다. ⑨때나 기회, 운 따위)를 놓치다. ¶공부할 기회를 잃다. /때를 만나기는 어려워도 잃기는 쉽다. ＊얻어·잃는[일른]·잃소[일쏘]

잃어-버리다[이러-]타 아주 잃다. ¶잃어버린 세월. /입맛을 잃어버리다. /아이를 잃어버리다.

림명 사모하는 사람. ¶임을 그리는 마음.

임도 보고 뽕도 딴다속 한꺼번에 두 가지의 좋은 결과를 얻게 됨을 이르는 말. 도랑 치고 가재 잡는다.

임²명 머리에 인 물건, 또는 머리에 일 정도의 짐. ¶머리에 임을 인 여자.

임³조 체언에 두루 붙어, 앞의 말이 사실이라는 뜻을 나타내는 종결형 또는 명사형 서술격 조사. ¶회의 장소는 강당임. /이 사람은 학생임을 증명함.

임:(壬)명 ①십간(十干)의 아홉째. ②<임방(壬方)>의 준말. ③<임시(壬時)>의 준말.

림(臨)명 <임괘(臨卦)>의 준말.

임:-가공(賃加工)명 일정한 값을 받고 물품을 가공하는 일.

림간(林間)명 수풀 사이. 숲 속.

림간-학교(林間學校)[-꾜]명 학교 교육 행사의 한 가지. 여름철에 학생들의 건강 증진이나 자연 학습 등을 꾀하기 위해 숲 속 같은 데서 베푸는 교육, 또는 그런 교육을 하기 위해 세운 건물.

림검(臨檢)명하타 현장에 가서 검사함.

림경업-전(林慶業傳)[-쩐]명 작자와 연대 미상의 고대 소설. 조선 인조 때의 명장 임경업의 빛나는 무공과 생애를 그린 군담 소설(軍談小說).

림계(臨界)[-계/-게]명 ①경계(境界). ②따한 물리 현상이 갈라져서 다르게 나타나기 시작하는 경계.

림계-각(臨界角)[-계-/-게-]명 빛의 전반사(全反射)가 일어나는 한계의 입사각. 한계각.

림계-량(臨界量)[-계-/-게-]명 핵분열 물질이 연쇄 반응을 일으킬 수 있는 최소의 질량. 임계 질량.

림계-상태(臨界狀態)[-계-/-게-]명 임계 온도·임계 압력 아래에 있는 물질의 상태.

림계^압력(臨界壓力)[-계압녁/-게압녁]명 일정한 온도에서 기체를 액화시키는 데 필요한 최소한의 압력.

림계^온도(臨界溫度)[-계-/-게-]명 일정한 압력에서 기체를 액화시키는 데 필요한 최고 온도.

림계^질량(臨界質量)[-계-/-게-]명 ☞임계량(臨界量).

임관(任官)명하자되자 ①관직에 임명됨. 서관(敍官). ¶지방 수령으로 임관되다. ②사관생도나 사관후보생이 장교로 임명됨. ¶이제 유격 훈련만 마치면 임관이다.

림관(林冠)명 수림(樹林)의 위층의 모양. 수령(樹齡)에 따라 층이 생기며, 수관(樹冠)에 따라 모양이 달라짐.

림관-석(臨官席)명 극장 같은 곳에 단속 경찰관이나 소방관 등을 위해 따로 마련한 자리.

임괘(臨卦)명 육십사괘의 하나. 곤괘(坤卦)와 태괘(兌卦)를 위아래로 놓은 괘. 기쁨과 유순의 덕을 상징함. 준임(臨).

임:국(任國)명 외교 사절로 임명되어 부임하는 나라.

림균(淋菌·痲菌)명 임질을 일으키는 병원균. 환자의 백혈구 속에 있으며 요도로 고름이 되어 흘러나옴. 몸 밖에서는 저항력이 약함.

림:균성^결막염(淋菌性結膜炎)[-썽-망념]명 임균의 감염으로 눈에 생기는 급성 결막염.

임:금명 군주 국가에서, 나라를 다스리는 원수. 나라님. 왕(王). ¶어진 임금. /세종은 조선 4대 임금이다. ☞군주·상감·상감마마.

림금(林檎)명 능금.

임:금(賃金)명 ①노동의 대가로 받는 보수. 노비(勞費). 노임(勞賃). 삯. 삯돈. ¶임금 인상. ②임대차(賃貸借)에서, 차용물 사용에 대한 대가.

임:금^기금설(賃金基金說)명 일정한 사회의 임금으로서 근로자에게 주는 기금은 일정하며, 노동자 개인은 이 기금 총액을 노동자 총수로 나눈 임금을 받는 것이라는 학설. 노임 기금설(勞賃基金說).

임:금^지수(賃金指數)명 시간이나 장소에 따른 임금 수준의 변동을 나타내기 위한 지수.

임:금^철칙(賃金鐵則)명 임금은 노동자와 그 가족의 생존비에 따라 결정된다고 하는 학설을 부동의 것으로 여겨 이르는 말. 노임 철칙(勞賃鐵則).

임:금^학설(賃金學說)[-썰]명 임금 수준을 결정하는 요인을 연구하는 이론.

임:금^형태(賃金形態)명 임금 지급의 형태. 〔크게 나누어 고정급과 능률급(能率給)이 있음.〕

임:기(任期)명 일정한 임무를 맡아보는 기간. ¶임기를 마치다. /임기를 채우지 못하고 장관 직에서 물러나다.

림기(臨機)명하자 어떤 기회나 고비에 이름.

림기-응변(臨機應變)명하자 그때그때의 형편에 따라 알맞게 일을 처리함. 기변. ¶임기응변에 능하다. /임기응변으로 겨우 위기를 모면하다. 준응변.

임:년(壬年)명 태세(太歲)의 천간(天干)이 임(壬)으로 된 해. 〔임자년(壬子年)·임진년(壬辰年) 따위.〕

림농(臨農)명하자 농사지을 때가 됨.

임:대(賃貸)명하타되자 임금을 받고 자기 물건을 상대편에게 사용·수익하게 하는 일. ¶임대 아파트. /사무실을 임대하다. ↔임차(賃借).

임:대-료(賃貸料)명 빌려 주고 받는 돈. ¶사무실 임대료. ↔임차료.

임:대-물(賃貸物)명 임대차의 목적이 되는 물건을 임대인 쪽에서 이르는 말. ↔임차물.

임:대-인(賃貸人)명 임대차 계약에 따라 임대물을 빌려 주는 사람. ↔임차인. 준대주(貸主).

임:대-지(賃貸地)[명] 임대차 계약에 따라 삯을 받고 빌려 주는 토지. ↔임차지.

임:-대차(賃貸借)[명]하타] 당사자의 한쪽이 상대편에게 일정한 목적물을 사용·수익하게 하고, 상대편이 그 대가로 임대료를 지급할 것을 내용으로 하는 계약.

임:독(淋毒·痲毒)[명] 임질의 독.

임:란(壬亂)[-난][명] 〈임진왜란〉의 준말.

임:리(淋漓)[-니][명]하형] 피·땀·물 따위가 흥건하게 흐르거나 뚝뚝 떨어지는 모양.

임립(林立)[-닙][명]하자] 숲의 나무들처럼 죽 늘어섬. ¶고층 빌딩이 임립한 신시가지.

임마누엘(Immanuel 히)[명] 〔하나님이 우리와 함께 계시다는 뜻으로〕 구약 성서에 예언된 내림(來臨)할 사람의 이름. 〔신약 성서에는 그 예언된 사람이 그리스도라고 하였음.〕

임:만(任滿)[명]하자] 임기가 다 참.

임:맥(任脈)[명] 한방에서 이르는, 기경팔맥(奇經八脈)의 하나.

임:면(任免)[명]하타] 임명(任命)과 해면(解免). 임관과 면관.

임:면-권(任免權)[-꿘][명] 직무를 맡기거나 그만두게 할 권한. (참]임명권(任命權).

임:명(任命)[명]하타]되자] 직무를 맡김. 관직을 줌. ¶교장으로 임명되다. (준]명(命).

임:명-권(任命權)[-꿘][명] 구성원의 임명·휴직·면직 또는 징계 따위를 할 수 있는 인사권. ¶대통령은 국무총리의 임면권을 가진다. (참] 면권(免權).

임:명-장(任命狀)[-짱][명] 임명한다는 사실을 밝힌 서류, 또는 문서.

임목(林木)[명] 숲을 이룬 나무.

임:무(任務)[명] 맡은 일. 또는, 맡겨진 일. ¶임무 교대. /임무를 완수하다.

임박(臨迫)['임박하다'의 어근.

임박-하다(臨迫-)[-바카-][자여] 어떤 때가 가까이 닥쳐오다. ¶인사 발표 시기가 임박하다. /죽음에 임박하다. /마감 시간에 임박해서야 겨우 기사를 넘겼다.

임:방(壬方)[명] 이십사방위의 하나. 북북서에서 북쪽으로 15도까지의 방위. 해방(亥方)과 자방(子方)의 사이. (준]임(壬). ↔병방(丙方).

임:방(任房)[명] 지난날, 보부상(褓負商)들이 모여 놀던 곳.

임:병-양란(壬丙兩亂)[-냥난][명] 임진왜란과 병자호란의 두 난리.

임:부(姙婦)[명] 아기를 밴 부인. 임신부. 잉부(孕婦).

임사(臨死)[명]하자] ⇨임종(臨終).

임사(臨事)[명]하자] 일에 임함.

임사-본(臨寫本)[명] 원본을 옆에 놓고 베낀 모사본(模寫本).

임삭(臨朔)[명]하자] 임부가 해산달을 당함. 아이 낳을 달이 닥침. 임월(臨月). 당삭(當朔). (참]만삭(滿朔).

임산(林山)[명] 숲으로 덮여 있는 산. 수풀이 우거져 있는 산.

임산(林産)[명]하자] ⇨임산물(林産物).

임:산(姙産)[명] 아이를 배고 낳는 일.

임산(臨産)[명]하자] 아이를 낳을 때가 됨.

임산-물(林産物)[명] 산림에서 나는 산물. 임산(林産).

임:-산부(姙産婦)[명] '임부(姙婦)'와 '산부(産婦)'를 아울러 이르는 말. ¶임산부와 노약자는 이 영화를 관람하실 수 없습니다.

임산^자원(林産資源)[명] 산림에서 생산되는 자원. 〔목재·연료·수액 따위.〕

임상(林相)[명] 이루어져 있는 산림의 모습.

임상(臨床)[명]하자] 〔'병상에 임한다'는 뜻으로〕 실지로 환자를 접하여 병의 치료와 함께 그 예방의 실천 면을 연구하는 일. ¶임상 실험. /임상 경험. /임상 전문의.

임상^강:의(臨床講義)[-의/-이][명] 직접 환자의 병상 곁에서 그 병의 진단 및 치료 방법 따위를 강의하는 일.

임상^의학(臨床醫學)[명] 직접 환자를 관찰하여 연구·치료하는 학문.

임서(臨書)[명]하자] (글씨를 배우는 과정에서) 글씨본을 보고 씀.

임석(臨席)[명]하자] 자리에 참석함. ¶임석 상관에 대한 경례. /많은 축하객이 임석하다.

임:석-간(衽席間)[-깐][명] 부부가 잠자리를 같이하는 때.

임성(稔性)[명] 식물이 수정(受精)에 의해서 열매를 맺는 일.

임:소(任所)[명] 지난날, 지방 관원이 머물며 근무하던 곳.

임:술(壬戌)[명] 육십갑자의 쉰아홉째.

임:시(壬時)[명] 이십사시의 스물넷째 시. 하오 10시 30분부터 11시 30분까지의 동안. (준]임(壬).

임시(臨時)[명] ①하자] 일정한 때에 다다름, 또는 그 때. (주로, '-을 임시에'의 꼴로 쓰임.) ¶배 뜰 임시에 출발하다. ②(본래 정해져 있는 때가 아닌) 필요에 따른 일시적인 때. ¶임시 기구. /임시경(經常). ③(정식 절차를 밟기 전의) 일시적인 얼마 동안. ¶임시 반장. /사장님은 나에게 임시로 가게를 맡아 달라고 했다.

임시^국회(臨時國會)[-구퀘/-구궤][명] 국회법에 따라, 임시로 소집하는 국회. ↔정기 국회.

임시-낭패(臨時狼狽)[명]하자] 다 잘된 일이 그때에 이르러 틀어짐. ¶임시낭패를 하지 않으려면 사전 준비를 철저히 해라.

임시-방편(臨時方便)[명] ⇨임시변통.

임시-변통(臨時變通)[명]하자] 뜻밖에 생긴 일을 우선 급하게 둘러맞추어 해결함. 임시방편. ¶급한 대로 임시변통해서 써라.

임시-비(臨時費)[명] 임시로 지출하는 비용. 불힝비(不恒費). ↔경상비.

임시^정부(臨時政府)[명] 국내적으로나 국제적으로 적법한 절차가 없어서 그 정당성을 인정받지 못한 사실상의 정부. 가정부(假政府). (준]임정(臨政).

임시-졸판(臨時猝辨)[명]하타] 졸지에 당한 일을 급하게 처리함.

임시-직(臨時職)[명] 일정 기간 동안만 근무하기로 계약하고 고용된 직원. ¶임시직을 고용하다. /임시직으로 일하다.

임시-표(臨時標)[명] 악보에서, 변화표의 하나. 악곡(樂曲)의 도중에서, 본디의 음을 임시로 변화시키기 위하여 쓰는 표. 올림표(♯), 내림표(♭), 제자리표(♮) 따위를 씀. 〔한 마디 안에서만 효력이 있음.〕 변위 기호. (참]조표(調標).

임:신(壬申)[명] 육십갑자의 아홉째.

임:신(姙娠)[명]하자되자] 아이를 뱀. 잉태(孕胎). 회임(懷姙). 회잉(懷孕).

임:신-부(姙娠婦)[명] ⇨임부(姙婦).

임야(林野)[명] ①숲이 있거나 개간되지 않은 땅 ②(재산으로 말할 때의) 산지. ¶임야 천 평.

임업(林業)[명] 경제적 이득을 얻고자 삼림(森林)을 경영하는 사업.

임연수어(林延壽魚)똉 쥐노래밋과의 바닷물고
기. 몸길이 45 cm가량으로 쥐노래미와 비슷함.
몸빛은 누런 바탕에 다섯 줄의 검은 세로띠가
있음. 한해성(寒海性) 어종임.

임:염(荏苒)똉[하자] ①세월이 흐름. ②(사물이)
점차로 변화함.

임:오(壬午)똉 육십갑자의 열아홉째.

임:오-군란(壬午軍亂)[-굴-]똉 조선 고종
19(1882.임오)년에 신식 군대 양성과 군제(軍
制) 개혁에 불만을 품고 구군인(舊軍人)들이
일으킨 변란.

임:용(任用)똉[하자][되자] 어떤 일을 맡아 할 사
람을 씀. ¶신규 임용. /공무원 임용 시험. /무
관으로 임용하다.

임우(霖雨)똉 장마.

임:원(任員)똉 어떤 단체의 일을 맡아 처리하는
사람. 역원(役員). ¶동창회의 임원으로 뽑히다.

임월(臨月)똉 ⇨임삭(臨朔).

임:의(任意)[이믜/이미]똉 ①자기 뜻대로 하는
일. ¶일을 임의로 하다. ②대상이나 장소
따위를 일정하게 정하지 아니함. 《주로, '임의
의'의 꼴로 쓰임.》 ¶임의의 장소. /임의의 수.

임:의^공채(任意公債)[이믜-/이미-]똉 응모자
가 자기 뜻대로 정부와의 자유 계약으로 응모
하는 공채. ↔강제 공채.

임:의^규정(任意規定)[이믜-/이미-]똉 당사자
가 법의 규정과 다른 의사를 표시한 경우에는
적용되지 않는 법 규정. ↔강행 규정(強行規定).

임:의^대:리(任意代理)[이믜-/이미-]똉 본인
과 대리인 사이의 수권(授權) 행위에 의해서
생기는 대리 관계. 위임 대리. ↔법정 대리(法
定代理).

임:의^동행(任意同行)[이믜-/이미-]똉 수사
기관이 피의자나 참고인 등에게 검찰청이나 경
찰서에 함께 가기를 요구하여 상대편의 승낙을
얻은 다음에 연행하는 처분.

임:의-롭다(任意-)[이믜-따/이미-따][~로우
니·~로워]휑 ①얽매이거나 제한이 없이 내
키는 대로 자유롭다. ¶임의로운 처지. /임의로
운 선택. ②체면을 차릴 필요가 없이 무간하
다. ¶두 사람은 죽마지우로 임의로운 사이다.
임의로이휘 ¶우리는 나이 차이가 꽤 나지만
서로 친구처럼 임의로이 지낸다.

임:의-법(任意法)[이믜뻡/이미뻡]똉 당사자의
의사에 의하여 다른 효과를 발생시킬 수 있을
때, 그 당사자가 희망하면 적용이 배제되는 법
규. 임의 법규. ↔강행법(強行法).

임:의^법규(任意法規)[이믜-뀨/이미-뀨]똉 ⇨
임의법(任意法). ↔강행 법규.

임:의^소각(任意消却)[이믜-/이미-]똉 주주와
회사의 임의 계약에 의하여, 회사가 주식을 취
득해서 하는 소각. ↔강제 소각(強制消却).

임:의^수사(任意捜査)[이믜-/이미-]똉 수사를
받는 사람의 동의나 승낙을 얻고 하는 수사.
↔강제 수사.

임:의^조정(任意調整)[이믜-/이미-]똉 노동
쟁의에서, 노사 관계에 있는 당사자 쌍방의 요
청에 의하여 하는 조정. ↔강제 조정.

임:의^준:비금(任意準備金)[이믜-/이미-]똉
회사 등에서, 정관(定款) 또는 주주 총회의 결
의에 의하여 적립하는 준비금. ↔법정 준비금.

임:의^추출법(任意抽出法)[이믜-뻡/이미-뻡]
똉 통계학 용어의 한 가지. 표준을 뽑을 때,
여러 개 가운데서 일정한 기준 없이 되는대로
뽑는 방법. 무작위 추출법.

임:의^출두(任意出頭)[이믜-뚜/이미-뚜]똉 용
의자가 자기 뜻대로 수사 기관에 나오는 일.

임:의^표본(任意標本)[이믜-/이미-]똉 임의
추출법에 따라 추출되는 표본.

임:인(壬人)똉 절조가 없고 간사한 사람.

임:인(壬寅)똉 육십갑자의 서른아홉째.

임:일(壬日)똉 일진(日辰)의 천간(天干)이 임
(壬)으로 된 날.

임:자똉 물건을 차지하고 있는 사람. 주인(主
人). ¶건물 임자. /임자 없는 땅.
임자(를) 만나다관용 ①제 주인을 만나 구실을
제대로 다할 수 있게 되다. ②단수가 높거나
한결 뛰어난 상대 등을 만나, 된고생을 하게
되다. ¶그도 이제 임자를 만나 꼼짝 못하고
있다.

임:자²똉 ①친한 사람끼리 '자네'라는 뜻으로
서로를 조금 높이어 이르는 말. ¶이번 해외
출장은 임자 덕에 잘되었네. ②나이 지긋한 부
부 사이에서 남편이 '아내'를 이르는 말. ¶임
자, 내일은 아들네나 다녀옵시다. /음식을 장만
하느라 임자가 고생이 많았소.

임:자(壬子)똉 육십갑자의 마흔아홉째.

임:자-마디똉 ⇨주어절(主語節).

임:자-말똉 ⇨주어(主語).

임:자-몸똉 ⇨숙주.

임:자-씨똉 ⇨체언(體言).

임:자-자리똉 ⇨주격(主格).

임:자자리-토:씨똉 ⇨주격 조사(主格助詞).

임:자-조각똉 ⇨주부(主部).

임장(林葬)똉 시체를 숲 속에 버려 금수(禽獸)
의 먹이가 되게 하는 장사법. 참오장(五葬).

임장(臨場)똉[하자] 그 현장에 나옴.

임전(臨戰)똉[하자] 전쟁에 나아감. ¶임전 태세.

임전-무퇴(臨戰無退)[-퇴/-퉤]똉 세속 오계의
하나로, 전쟁에 임하여 물러나지 아니하여야
한다는 계율.

임정(林政)똉 임업(林業)에 관한 행정.

임정(臨政)똉〈임시 정부(臨時政府)〉의 준말.

임종(林鐘)똉 ①십이율 가운데 육려(陰呂)의 하
나. ②'음력 유월'을 달리 이르는 말. ②장하.

임종(臨終)똉[하자] ①죽음에 다다름. 또는 그때
의 망종(亡終). 임사(臨死). 최후(最後). ¶할
아버지는 편안하게 임종을 하셨다. ②아버지나
어머니가 운명할 때에 그 옆에 모시고 있음.
종신(終身). ¶임종을 못하다.

임:좌(壬坐)똉〈집터나 묏자리 따위가〉임방(壬
方)을 등진 좌향, 또는 그런 자리.

임:좌-병향(壬坐丙向)똉〈집터나 묏자리 따위
가〉임방(壬方)을 등지고 병방(丙方)을 향한
좌향(坐向).

임:중도원(任重道遠)똉[하자] 맡은 책임은 무겁
고 가야 할 길은 멂.

임:지(任地)똉 관원이 부임하는 곳.

임지(林地)똉 나무가 많이 자라고 있는 땅.

임:직(任職)똉[하자] 임원의 직을 맡김.

임:-직원(任職員)똉 임원과 직원을 아울러 이
르는 말.

임:진(壬辰)똉 육십갑자의 스물아홉째.

임진(臨陣)똉[하자] 싸움터에 나섬.

임진-대적(臨陣對敵)똉[하자] 싸움터에 나서서
적과 맞섬.

임:진-란(壬辰亂)[-난]똉 ⇨임진왜란.

임:진-록(壬辰錄)[-녹]똉 작자·연대 미상의 고
대 소설. 임진왜란을 소재로 한 군담류(軍談類)
로서 허구적 승전사(勝戰史)로 꾸며져 있음.

임진-역장(臨陣易將) [-녁짱] 명하자 (싸움터에 서 장수를 바꾼다는 뜻으로) '실제로 일할 때 가 되어 익숙한 사람을 버리고 서투른 사람으로 바�784 쓴'을 비유하여 이르는 말.

임:진-왜란(壬辰倭亂)명 조선 선조 25(1592.임진)년에 일본의 침입으로 비롯된 6년간의 전란. 임진란. ⊛왜란·임란.

임-질하자 물건을 머리 위에 이는 일.

임:질(淋疾·痲疾)명 임균의 감염에 의하여 일어나는 성병의 한 가지. 주로, 성교에 의해서 전염됨.

임:차(賃借)명하타 되자 삯을 내고 물건을 빌림. ¶은행에서 대출을 받아 사무실을 임차하였다. ↔임대(賃貸).

임:차-권(賃借權) [-꿘] 명 임대차 계약에서, 임차인이 임대물을 쓰고 이득을 얻을 수 있는 권리. [민법상의 채권(債權)임.]

임:차-료(賃借料)명 물건을 빌린 삯으로 내는 돈. ↔임대료.

임:차-물(賃借物)명 임대차의 목적이 되는 물건을 임차인 쪽에서 이르는 말. ↔임대물.

임:차-인(賃借人)명 임대차 계약에서, 삯을 주고 물건을 빌려 쓰는 사람. ↔임대인.

임:차-지(賃借地)명 임대차 계약에 따라 삯을 주고 빌려 쓰는 토지. ↔임대지.

임:천(任天)명하타 하늘에 맡김.

임천(林泉)명 [숲과 샘이라는 뜻으로] '은사(隱士)가 사는 곳'을 이르는 말.

임:치(任置)명하타 되자 ①남에게 돈이나 물건 따위를 맡겨 둠. ②물품의 보관을 위탁받은 사람이, 상대편에게 보관하기로 계약함, 또는 그렇게 함으로써 성립되는 계약. ⊕기탁(寄託).

임:파(淋巴)명 ⇨림프.

임:파-선(淋巴腺)명 ⇨림프샘.

임팩트^론:(impact loan)명 용도에 규제를 받지 않는 차관(借款).

임:편(任便)명하자 편리할 대로 함.

임포텐츠(Impotenz 독)명 ⇨음위(陰痿).

임플란트(implant)명 턱뼈에 인공 치아를 심는 일, 또는 그 인공 치아.

임:-하다(任-)타여 ①떠맡아 자기의 직무로 삼다. ¶관직을 임하다. ②어떠한 직무나 임무를 맡게 하다. ¶김 계장을 관리과장에 임하다.

임-하다(臨-)자여 ①높은 곳에서 낮은 곳을 대하다. ②윗사람이 아랫사람을 대하다. ¶아랫사람에게 임하는 태도. ③(지위가) 높은 사람이 낮은 사람의 집으로 가다. ④(어떤 장소에) 다다르다. ¶공사 현장에 임하다. ⑤(어떤 때나 일에) 이르다. ¶전시에 임하다. /회담에 임하다. ⑥(어떤 대상을 향하여) 가까이 있다. 면(面)하다. ¶바다에 임한 마을.

임하-유문(林下儒門)명 초야에 묻혀 벼슬길에 나아가지 않은 선비.

임학(林學)명 임업(林業)에 관해 연구하는 학문. 삼림학(森林學).

임항(臨港)명하자 항구에 가까이 있음.

임해(臨海)명하자 바다에 가까이 있음. ¶임해 지역.

임행(臨幸)명하자 임금이 그곳에 임함.

임화(臨畫)명하자 미술책 따위를 보고 그림을 그려 배우는 일, 또는 그 그림. ↔자유화.

입명 ①입술에서 목구멍에 이르는 부분으로, 음식물을 받아들이고, 소리를 내는 신체의 기관. ②(사람의) 두 입술 부분. ¶꼭 다문 입. ③'말재간'이나 '말버릇'을 이르는 말. ¶입이 걸

다. /입이 재다. ④'음식을 먹는 사람의 수효'를 비유하여 이르는 말. ¶입이 늘다. /집에서 기다리는 입이 한둘이 아니네. ⑤[의존 명사적 용법] 한 번에 먹을 만한 음식물의 분량을 세는 단위. ¶사과를 한 입 베어 먹다.

입에 문 혀도 깨문다[속담] 사람인 이상 누구라도 실수는 있다는 말.

입은 비뚤어져도 말은 바로 해라[하082다][속담] 언제든지 말은 정직하게 해야 한다는 말.

입만 살다[관용] ①'실천은 따르지 않으면서 말만 그럴듯하게 잘함'을 이르는 말. ¶입만 살았지, 정말로 시키면 아무 일도 못하더라. ②'격에 맞지 않게 음식을 까다롭게 가려 먹음'을 이르는 말.

입만 아프다[관용] '여러 번 말해 주어도 아무 소용이 없음'을 이르는 말.

입 밖에 내다[관용] (감추어야 할 말이나 사실을) 드러내어 말하다. 발설하다. ¶이번 프로젝트에 관한 정보를 절대 입 밖에 내서는 안 된다.

입에 거미줄 치다[관용] 오랫동안 주리다. 목에 거미줄 치다. ¶무슨 일이든 닥치는 대로 하다보면 밥은 안 굶겠지. 설마 산 입에 거미줄 치겠어?

입에 발린[붙은] 소리[관용] 마음에는 없이, 듣기 좋으라고 말로만 하는 소리. ¶그는 입에 발린 소리를 잘하니 그의 말을 모두 믿지는 마라.

입에 침이 마르다[관용] 남을 아주 좋게 말하다. ¶입에 침이 마르도록 친구 자랑을 하다.

입(을) 놀리다[관용] 거리낌 없이 함부로 나불나불 지껄이다. ¶함부로 입을 놀렸다가는 큰 낭패를 보게 될 것이다.

입(을) 다물다[관용] 말을 하지 아니하거나 하던 말을 그치다. ¶1년 입 다물고 가만히 있어.

입(을) 떼다[관용] 말을 하기 시작하다.

입(을) 막다[관용] 말이 나지 않게 하다. ¶입을 막기 위해 뇌물을 쓴다.

입(을) 맞추다[관용] '서로의 말이 일치하도록 미리 짜다'를 속되게 이르는 말. ¶그들은 범행 사실을 숨기기 위해 서로 입을 맞추었다.

입(을) 모으다[관용] 여러 사람이 내는 의견이 모두 일치하거나 일치되게 하다. ¶입을 모아 반대하다.

입(을) 씻기다[관용] 자기에게 불리한 말을 못하도록 슬며시 금품을 주다.

입(을) 씻다[닦다][관용] 이문 같은 것을 혼자 가로채거나 감추고서 모르는 체하다.

입을 열다[관용] 말을 하기 시작하다.

입(이) 가볍다[싸다][관용] 아무에게나 경솔하게 이것저것 지껄이거나, 비밀을 지키지 못하고 금방 누설하다. ¶입이 가벼워서 무슨 얘기를 못한다.

입이 되다[관용] 음식에 몹시 까다롭다. ¶풍족하지 않은 가정 형편에 남편이 입이 되어 여자가 무척 고생이 심한 모양이다.

입이 (딱) 벌어지다[관용] 매우 놀라거나 좋아하다.

입(이) 뜨다[관용] 말수가 적다. 입이 무겁다. ¶그는 입이 뜨고 과묵한 사람이다.

입이 무겁다[관용] ①⇨입(이) 뜨다. ¶입이 무거운 아이. ②해서는 안 될 말은 하지 않는다. 비밀을 잘 지킨다. ¶그는 입이 무거운 사람이니까 함부로 말을 옮기지 않을 거야.

입이 쓰다[관용] 어떤 일이나 말 따위가 못마땅하여 기분이 언짢다. ¶신임하던 그가 사실은 사기꾼이었다는 사실에 모두들 입이 썼다.

입이 짧다[받다][관용] 음식을 심하게 가리거나 적게 먹다. ¶그녀는 입이 짧아 음식을 조금 먹다가 그만둔다.

입이 천 근 같다[관용] 입이 매우 무겁다. 말수가 매우 적다.

입(옛)어귀. 출입문. ¶입과 窓과 삐메(楞解2:25). 참잎.

입-가[-까]명 입의 가장자리. 입의 언저리. 구변(口邊). ¶입가에 미소를 띠다.

입-가심[-까-]명①하자(먹은 음식이 쓰거나 느끼하거나 텁텁하거나 할 때) 무엇을 먹어서 입맛을 개운하게 함, 또는 그런 음식. ¶입가심으로 사과를 먹었다. ②'더 중요한 일에 앞서 가볍게 할 수 있는 일'을 비유하여 이르는 말. ¶이 정도 일은 입가심이다.

입각(入閣)[-깍]명하자되자 내각 조직의 한 사람이 됨.

입각(立脚)[-깍]명하자 근거로 삼아 그 처지에 섬. ¶증거에 입각해서 판결을 내리다.

입-간판(立看板)[-깐-]명 (처마나 벽에 걸거나 높이 매달지 않고) 땅에 세워 두는 간판.

입감(入監)[-깜]명하자타되자 죄수가 감방이나 감옥에 갇힘. 수감(收監).

입-거(入渠)[-꺼]명하자 배를 독(dock)에 넣음.

입-거웃(옛) 수염. ¶입거웃 슈:鬚(訓蒙上28). 참입거웃.

입-거웃명 (옛) 수염. ¶鬚는 입거우지니(月釋18:73). 참거웃·입거웃.

입건(立件)[-껀]명하자타되자 범죄 사실을 인정하여 사건을 성립시킴. ¶폭력 혐의로 입건되다.

입격(入格)[-껵]명하자①시험에 뽑힘. 합격(合格). ②지난날, 생원·진사·초시의 과거(科擧)에 합격하던 일.

입곁(옛) 토. ¶입곁 언:焉. 입곁 지:哉(石千42). 참입곁.

입경(入京)[-꼉]명하자 서울에 들어옴. ↔외국 사절단이 입경하다. ↔출경(出京)·퇴경(退京). 참상경(上京).

입곁(옛) 토. ¶之는 입겨지라(訓諺). 참입곁.

입곁결(옛) 토. 구결(口訣). ¶哉는 입겨쳐 쓰는 字ㅣ라(月釋序9). /上이 입겨쳘 ㄷ루샤(楞解跋4).

입고(入庫)[-꼬]명하자되자 (물건이나 자동차 따위를) 창고에 넣음. ↔출고(出庫).

입곡(入哭)[-꼭]명하자 우제(虞祭)·졸곡(卒哭)·소상(小祥)·대상(大祥) 따위의 제사를 드리기 전에 먼저 소리 내어 욺.

입공(入貢)[-꽁]명하자 지난날, 조공을 바치던 일.

입관(入棺)[-꽌]명하자되자 시체를 관 속에 넣음.

입관(入館)[-꽌]명 도서관·미술관·박물관 따위에 들어감.

입관(入關)[-꽌]명 관문으로 들어감.

입교(入校)[-꾜]명하자되자 →입학(入學).

입교(入敎)[-꾜]명하자①종교를 믿기 시작함. ②기독교에서, 세례를 받고 정식으로 교인이 됨.

입-구(-口)[-꾸]명 한자 부수의 한 가지. '可'·'比'·'吉' 등에서의 '口'의 이름.

입구(入口)[-꾸]명 들어가는 어귀. ¶교문 입구. /주차장 입구가 너무 좁다. ↔출구(出口).

입구(入寇)[-꾸]명하자 적이 쳐들어옴.

입국(入國)[-꾹]명하자 (자기 나라나 남의) 나라에 들어감. ¶입국 절차. ↔출국(出國).

입국^사증(入國査證)[-꾹싸쯩]명 외국에 가기 위하여, 그 나라 주재 기관으로부터 받는 입국 허가 증명. 비자(visa). 사증.

입궁(入宮)[-꿍]명하자①궁 안으로 들어감. ②장기에서, 말이 상대편의 궁밭에 들어감. ③지난날, 궁궐에 들어가 궁녀가 되던 일.

입궐(入闕)[-꿜]명하자 대궐로 들어감. 예궐(詣闕).

입-귀명 '입아귀'의 방언.

입-귀틀[-뀌-]명 대청 한가운데에 있는 동귀틀.

입금(入金)[-끔]명하자되자①돈이 들어옴, 또는 들어온 돈. ¶입금 전표. ↔출금. ②(예금을 하거나 빚을 갚기 위하여) 은행 등에 돈을 들여놓음.

입금-액(入金額)[-끄맥]명 은행 따위에 넣은 돈의 액수.

입-길[-낄]명 남을 흉보는 입의 놀림. ¶남의 입길에 오르내리다.

입-김[-낌]명①입에서 나오는 더운 김이나 날숨의 기운. ¶유리창에 입김을 불다. ②'어떤 일에 대한 영향력'을 비유하여 이르는 말. ¶입김을 넣다. /입김이 세다.

입납(入納)[임-]명 편지의 겉봉에 '삼가 편지를 드림'의 뜻으로 쓰는 말.

입-내[임-]명 소리와 말로 내는 흉내.

입-내[임-]명 입에서 나는 나쁜 냄새. 구취(口臭).

입-노릇[임-른]명하자 음식을 먹는 것을 속되게 이르는 말. *입노릇이[임-르시]·입노릇만[임-른-]

입-놀림[임-]명①입의 움직임. ¶입놀림이 빠르다. ②거리낌 없이 함부로 하는 말. ¶입놀림이 가볍다.

입니까[임-]조 자음으로 끝난 체언에 붙어, 묻는 뜻을 나타내는 합쇼체의 종결형 서술격 조사. 《모음 뒤에서는 '이'가 생략되기도 함.》 ¶아니, 그게 사실입니까? 參ㅂ니까.

입니다[임-]조 자음으로 끝난 체언에 붙어, '이다'의 높임말로, 어떤 사실을 단순히 베풀어 말하거나 상태의 뜻으로 나타내는 합쇼체의 종결형 서술격 조사. 《모음 뒤에서는 '이'가 생략되기도 함.》 ¶여기가 제 고향입니다. 參ㅂ니다.

입다[-따]타①옷을 몸에 꿰거나 두르다. ¶작업복을 입다. /치마를 입다. ②손해를 받거나 누명 따위를 뒤집어쓰다. ¶피해를 입다. ③(은혜나 도움 따위를) 받다. ¶가없는 은총을 입다. ④(어떤 일을) 치르거나 당하다. ¶부상을 입다.

입다[ㅂ](옛) 혼미(昏迷)하다. ¶ 긿 길히 입더시니(龍歌19章). /이런 이본 길헤(月8:86).

입-다짐[-따-]명하자 말로써 굳게 약속하여 다짐함, 또는 그 다짐. ¶입다짐을 받아 두다.

입단(入團)[-딴]명하자 어떤 단체에 가입함. ¶입단 선서./시향(市響)에 입단하다. ↔퇴단(退團).

입-단속(-團束)[-딴-]명 말이 밖으로 새어 나가지 못하도록 단단히 주의하는 일.

입-담[-땀]명 말하는 솜씨와 힘. 언변(言辯). ¶입담이 좋다. /입담을 늘어놓다.

입당(入黨)[-땅]명하자 정당(政黨) 등에 가입함. ↔탈당(脫黨).

입대(入隊)[-때][하자] 군대에 들어가 군인이 됨. 입영(入營). ↔제대(除隊).

입대(入對)[-때][명][하자] 지난날, 임금 앞에 나아가 임금의 자문에 응하던 일.

입-덧[-떧][명][하자] 임신 초기에 구역질이 나고 몸이 쇠약해지는 증세. 임신 2~3개월에 일어나며, 신 음식 등을 좋아하게 됨. 오조증(惡阻症). *입덧이[-떠시]·입덧만[-떤-]

입덧(이) 나다[관용] 입덧의 증세가 나타나다.

입도(入道)[-또][명][하자] ①불도(佛道)에 들어감, 또는 그 사람. ②도교(道教)에 들어 도사(道士)가 됨.

입도(粒度)[-또][명] 암석이나 모래 따위의 낱알의 평균적인 크기.

입도-선매(立稻先賣)[-또-][하타] 아직 논에서 자라고 있는 벼를 미리 팖.

입도^압류(立稻押留)[-또암뉴][명] 아직 논에서 자라고 있는 벼를 강제 집행으로 압류함.

입동(立冬)[-똥][명] 이십사절기의 하나. 상강(霜降)과 소설(小雪) 사이로, 11월 8, 9일경. 이 무렵에 겨울이 시작된다고 함.

입디까[-띠-][조] 자음으로 끝난 체언에 붙어, 지난 일을 돌이켜 묻는 뜻을 나타내는 하오체의 종결형 서술격 조사. 《모음 뒤에서는 '이'가 생략되기도 함.》 ¶무슨 사연입디까? ⓟㅂ디까.

입디다[-띠-][조] 자음으로 끝난 체언에 붙어, 지난 일을 돌이켜 말하는 뜻을 나타내는 하오체의 종결형 서술격 조사. 《모음 뒤에서는 '이'가 생략되기도 함.》 ¶오늘이 그 사람 생일입디다. ⓟㅂ디다.

입때[부] 여태. 입때껏. ¶입때 안 왔어. /입때 떠나지 않았구나.

입때-껏[-껀][부] 이제껏. 여태껏. 입때.

입락(入落)[임낙][명] 합격과 낙제, 또는 급제와 낙방을 아울러 이르는 말.

입력(入力)[임녁][명] ①어떤 장치 등을 정상적으로 움직이게 하기 위해 필요한 동력이나 신호를 보내는 일. ②[하타][되자] 컴퓨터에서, 문자나 숫자 등 정보를 컴퓨터가 기억하게 하는 일. 인풋(input). ↔출력.

입력^장치(入力裝置)[임녁짱-][명] 컴퓨터의 중앙 처리 장치에 정보를 읽어 주는 장치. ↔출력 장치(出力裝置).

입론(立論)[임논][명][하타] 의론의 체계를 세움, 또는 그 의론.

입-막음[임-][명][하타] 비밀이나 자기에게 불리한 사실을 말하지 못하게 함. 입을 막음.

입-말[임-][명] ☞구어(口語). ↔글말.

입-맛[임맏][명] 입이 받는, 음식의 자극이나 맛. 구미(口味). ¶입맛이 변하다. /입맛이 하나도 없다. *입맛이[임마시]·입맛만[임만-]

입맛대로 하다[관용] 저 좋은 대로 하다.

입맛(을) 다시다[관용] ①일이 난처하게 되어 근심스럽게 여기다. ②무엇을 갖거나 하고 싶어 하다.

입맛(이) 쓰다[관용] 뜻대로 되지 않아 기분이 좋지 않다.

입-맞춤[임맏-][명][하자] ①서로 입을 맞추는 일. 키스. ②(어린아이에게 귀엽다는 뜻으로) 뺨이나 손등에 입을 맞추는 일. ⓟ뽀뽀.

입매¹[임-][명][하타] ①음식을 조금 먹어 시장기를 면함. ②[하타]일을 남의 눈가림으로만 함.

입-매²[임-][명] 입의 생긴 모양. ¶고운 입매.

입-맵시[임-씨][명] 예쁘게 생긴 입의 모양.

입맷-상(-床)[임매쌍/임맫쌍][명] 잔치 같은 때에 큰상을 드리기 전에 간단히 차려 대접하는 음식상.

입면(立面)[임-][명] 수직으로 본 면에 대하여, 정면이나 측면에서 수평으로 본 면.

입면-도(立面圖)[임-][명] 수학에서, 투영법(投影法)에 따라 입면에 투영된 그림. 수직 투영도.

입멸(入滅)[임-][명][하자] ☞입적(入寂).

입명(立命)[임-][명][하자] 천명(天命)에 좇아 마음의 평안을 얻음.

입모(笠帽)[임-][명] ☞갈모.

입모-근(立毛筋)[임-][명] 포유류의 모근에 붙어 기온의 변화나 정신 감동에 따라 수축하는 평활근(平滑筋). 〔수축 상태가 곧 소름이 돋는 것임.〕

입-모습[임-][명] 입의 생김새.

입목(立木)[임-][명] 땅에 뿌리 박고 서 있는 수목.

입몰(入沒)[임-][명] ①[하자][되자]무엇에 들어가 빠짐. ②죽음.

입묘(入廟)[임-][명][하타] 대상(大祥)을 치른 뒤에 신주를 사당에 모심.

입묵(入墨)[임-][명] ☞먹물뜨기.

입문(入門)[임-][명] ①[하자]스승을 따라 그의 문하에 제자가 됨. ②어떤 학문을 배우려고 처음 들어감, 또는 그 과정. ¶역사학 입문. ③〈입문서〉의 준말. ④[하자]왕조 때, 과거 보는 유생이 과장(科場)에 들어가던 일. ⑤[하자]일정한 직업이나 분야에 처음 들어섬, 또는 그 길. ¶정계에 입문하다.

입문(入聞)[임-][명][하자][되자] 윗사람의 귀에 들어감.

입문-관(入門官)[임-][명] 왕조 때, 과장(科場)에서 과거를 감독하던 임시 벼슬.

입문-서(入門書)[임-][명] 입문하는 사람을 위해 쉽게 쓴 해설서나 소개서. 안내서. ⓟ입문.

입-바르다[-빠-][~바르니·~발라][형르] 《주로 관형사형으로 쓰이어》 바른말을 하는 데 거침이 없다. ¶입바른 소리.

입-발림[-빨-][명] 사탕발림. ¶입발림 소리 좀 그만 하시오.

입방(立方)[-빵][명] '세제곱'의 구용어.

입방-근(立方根)[-빵-][명] '세제곱근'의 구용어.

입-방아[-빵-][명] 어떤 일을 화제로 삼아 이러쿵저러쿵 쓸데없이 입을 놀리는 일.

입방아(를) 찧다[관용] 쓸데없는 말을 방정맞게 자꾸 하다. ¶남의 일에 이러쿵저러쿵 입방아를 찧다.

입-방정[-빵-][명] 말을 수다스럽게 지껄이며 방정을 떠는 일.

입방-체(立方體)[-빵-][명] ☞정육면체.

입-버릇[-뻐른][명] 입에 굳어 버린 말버릇. 구벽(口癖). 구습(口習). ¶입버릇이 고약하다. /입버릇처럼 말하다. *입버릇이[-뻐르시]·입버릇만[-뻐른-]

입법(立法)[-뻡][명] 법을 제정함, 또는 그 행위. ¶입법 정신. ⓟ사법(司法)·행정.

입법-권(立法權)[-뻡꿘][명] 〔삼권(三權)의 하나로〕 ①법을 제정하는 국가 작용. ②의회가 행사하는 법률 제정권.

입법^기관(立法機關)[-뻡끼-][명] 법률 제정에 참여하는 권한을 가진 국가 기관을 통틀어 이르는 말.

입법-부(立法府)[-뻡뿌][명] 삼권 분립에 따라 법률을 제정하는 '국회'를 이르는 말. ⓟ사법부·행정부.

입법-화(立法化) [-뻐퐈]**명**[하타]되자] 법률이 되거나, 법률이 되게 함. ¶감사권을 입법화하다.

입-병(-病) [-뼝]**명** 입에 생기는 모든 병.

입북(入北) [-뿍]**명**[하자] 북한으로 들어감.

입-비뚤이 [-삐-]**명** '입이 비뚤어진 사람'을 속되게 이르는 말.

입-빠르다 [~빠르니·~빨라]**형리** ①입이 가볍다. 입이 싸다. ②경솔하게 남의 약점을 잘 찔러 말하다. ¶입빠른 소리.

입사(入仕) [-싸]**명**[하자] 벼슬자리에 나아감.

입사(入社) [-싸]**명**[하자] ①회사에 취직이 되어 들어감. ¶입사 시험. ↔퇴사(退社). ②조선 시대에, 기로소(耆老所)에 들어가던 일.

입사(入射) [-싸]**명**[하자] ☞투사(投射).

입사(入絲) [-싸]**명**[하자] (놋그릇이나 쇠 그릇에) 은실을 장식으로 박아 넣음.

입사(立嗣) [-싸]**명**[하타] ①사자(嗣子)를 길러 대를 잇게 함. ②사자(嗣子) 또는 상속인을 세움. 입후(入後).

입사-각(入射角) [-싸-]**명** 물리학에서, 입사 광선이 입사점에서 경계면의 법선(法線)과 이루는 각. 투사각(投射角).

입사^광선(入射光線) [-싸-]**명** 제1매질(媒質)을 통과하여 제2매질의 경계면에 들어오는 광선. 투사선. 투사 광선. ↔반사 광선.

입사-점(入射點) [-싸쩜]**명** 입사 광선이 제2매질의 경계면과 만나는 점. 투사점(投射點).

입사-첩(入社帖) [-싸-]**명** 임금이 기로소(耆老所)에 들어간 내용을 적은 기록. 기로소에 보관하던 문서.

입산(入山) [-싼]**명**[하자] ①산에 들어감. ↔하산(下山)·출산(出山). ②출가하여 중이 됨.

입상(入賞) [-쌍]**명**[하자]되자] 상을 타게 되는 등수에 듦. ¶입상 경력.

입상(立像) [-쌍]**명** 서 있는 모양의 상. 선 모양으로 만든 형상.

입상(粒狀) [-쌍]**명** 알갱이나 낟알 모양.

입상-반(粒狀斑) [-쌍-]**명** 멀리서 본 태양(太陽)의 광구면(光球面)에 나타나는, 쌀알 모양의 잔무늬.

입석(立石) [-썩]**명** ①[하자] 돌로 노정(路程)의 표지 따위를 세움, 또는 그 돌. ②☞선돌. ③[하자] 비석 따위를 세움.

입석(立席) [-썩]**명** (탈것·극장 따위에서) 서서 타거나 구경하는 자리. ↔좌석.

입선(入選) [-썬]**명**[하자]되자] ①응모·출품한 작품 따위가 뽑는 범위 안에 듦. ¶신춘문예에 입선되다. ②선거 등에 입후보하여 뽑힘. ↔낙선(落選). ⍺당선(當選).

입선(入禪) [-썬]**명**[하자] 불교에서, 참선(參禪)하러 염불당에 들어감.

입성 [-썽]**명** 〈옷〉의 속된 말.

입성(入城) [-썽]**명**[하자] ①성 안으로 들어감. ↔출성(出城). ②싸움에서 이겨 점령지에 진주(進駐)함. ¶연합군의 베를린 입성.

입성(入聲) [-썽]**명** ①사성(四聲)의 하나. 짧고 빨리 닫는 소리. ②15세기 국어의 사성(四聲)의 하나. 훈민정음 등에서 받침이 'ㄱ·ㅂ·ㄹ·ㅅ·ㄷ' 등인 것은 방점에 관계없이 모두 입성임. ⍺방점.

입-성수(-星數) [-썽-]**명** 음성(音聲)으로 그 사람의 장래를 점치는 일.

입소(入所) [-쏘]**명**[하자] (훈련소·연구소 등에) 들어감. ¶신병 훈련소에 입소하다.

입-소리 [-쏘-]**명** ☞구음(口音).

입-소문(-所聞) [-쏘-]**명** 입에서 입으로 전해지는 소문. ¶입소문이 나다.

입-속 [-쏙]**명** ☞구강.

입속-말 [-쏭-]**명** 입속으로 중얼거리는 말. ¶입속말로 투덜거리다.

입수(入水) [-쑤]**명**[하자] 물에 들어감.

입수(入手) [-쑤]**명**[하자타]되자] 손에 넣거나 손에 들어옴. ¶새로운 정보를 입수하다.

입술 [-쑬]**명** 입의 아래위에 붙은 살. 구문(口吻). 구순(口脣).

입술에 침이나 바르지[속담] 거짓말을 천연스럽게 꾸며 대는 것을 욕하는 말.

입술을 깨물다[관용] 고통을 참거나 분을 참을 때, 또는 굳게 결심할 때, 이로 입술을 물다. ¶슬픔을 참느라고 입술을 깨물다.

입술-가벼운소리 [-쑬-]**명** ☞순경음.

입술-소리 [-쑬-]**명** 자음의 한 갈래. 두 입술 사이에서 나는 소리. ('ㅂ·ㅃ·ㅍ·ㅁ'이 이에 딸림.) 순음(脣音). 양순음(兩脣音).

입술-연지(-臙脂) [-쑬런-]**명** 입술을 아름답게 꾸미는 데 쓰이는 화장품.

입시(入侍) [-씨]**명** 지난날, 대궐에 들어가 임금을 알현하던 일.

입시(入試) [-씨]**명** 〈입학시험〉의 준말. ¶입시 제도. 입시 준비.

입시울[명] 〈옛〉입술. ¶脣은 입시우리라(訓諺).

입시울가비야봇소리[명] 〈옛〉한글 초기에 쓰이던 'ㅸ·ㆄ·ㅹ·ㅱ' 따위의 소리. 순경음(脣輕音). ¶ㅸ는 입시울가비야봇소리니(訓諺).

입시울쏘리[명] 〈옛〉입술소리. 순음(脣音). ¶ㅂ는 입시울쏘리니(訓諺).

입식(入植) [-씩]**명**[하자] 개척지(開拓地)나 식민지(植民地) 같은 데 가서 생활함.

입식(立式) [-씩]**명** 서서 행동하도록 된 방식. ↔좌식(坐式).

입신(入神) [-씬]**명** [신의 경지에 이른다는 뜻으로] ①[하자] 지혜나 기술이 신묘한 경지에 이름. ②바둑에서, '9단(段)'을 이르는 말.

입신(立身) [-씬]**명**[하자] 사회적으로 인정을 받고 높이 됨. 사회적으로 기반을 닦고 출세함.

입신-양명(立身揚名) [-씬냥-]**명**[하자] 입신하여 이름을 세상에 떨침.

입신-출세(立身出世) [-씬-쎄]**명**[하자] 입신하여 사회적으로 높은 지위에 오르거나 유명해짐.

입실(入室) [-씰]**명**[하자] ①방에 들어감. ②연수·교육 등을 받기 위해 어떤 조직에 들어가거나 군부대의 의무실에 환자로 들어감. ③선종에서, 제자가 스승의 방에 들어가 도를 받는 일.

입-심 [-씸]**명** 쉬지 않고 거침없이 말하는 힘. ¶입심이 좋다. /입심이 대단하다.

입심(立心) [-씸]**명**[하자] 마음을 작정하여 세움, 또는 그 안건.

입:-쌀[명] (잡곡에 대하여) 멥쌀을 이르는 말. 도미(稻米). ⍺좁쌀.

입-씨름[명]하자] ①어떤 일을 이루려고 말로 애를 쓰는 일. ¶여러 차례의 입씨름 끝에 모든 일이 원만히 해결되었다. ②☞말다툼.

입-씨김 [-씬낌]**명**[하타] 자기에게 불리한 말을 못하도록 슬며시 금품을 줌.

입-씻이 [-씨-]**명**[하타] 입씻김으로 금품을 줌, 또는 그 금품. ②☞입가심.

입-아귀[명] 입의 양쪽 구석. 구각(口角).

입안(立案) [-싼]**명** ①[하타] (실행에 옮길) 안을 세움, 또는 그 안건. ¶문화재 보존책을 입안하다. ②관청에서 어떤 사실을 인증(引證)한 서류.

입약(立約) [-싸]**명**[하타] 약속함.

입양(入養)**명하타되자** 혈연관계가 아닌 일반인 사이에, 양친과 양자로서의 법적인 친자 관계를 맺는 일. ¶해외 입양. /그들 부부는 고아원에서 아이 한 명을 입양하였다. /나는 두 살 때 미국으로 입양되었다.

입어(入御)**명하자** 임금이 편전에 들어 좌정함.

입어-권(入漁權)[-꿘]**명** 남이 점유하고 있는 어장(漁場) 등, 특정한 어장에서 어업을 할 수 있는 권리.

입언(立言)**명하자** ①의견을 발표함. 언명(言明). ②후세에 교훈이 될 만한 훌륭한 말을 함, 또는 그 말.

입영(入營)**명하자** 군(軍)에 들어가 군인이 됨. 입대(入隊). ¶입영 통지.

입영(笠纓)**명** 갓끈.

입옥(入獄)**명하타되자** 옥에 갇힘. ↔출옥(出獄). **참**투옥.

입욕(入浴)**명하자** 목욕하러 탕에 들어감. 입탕.

입원(入院)**명하자** 환자가 치료 또는 요양을 위하여 병원에 들어감. ¶입원 수속. ↔퇴원.

입자(笠子)[-짜]**명** 갓.

입자(粒子)[-짜]**명** 물질을 이루는 매우 작은 낱낱의 알. 알갱이¹.

입장(入場)[-짱]**명하자** (회장이나 식장·경기장 따위의) 장내에 들어감. ↔퇴장.

입장(立場)[-짱]**명** ☞처지.

입장-권(入場券)[-짱꿘]**명** 입장하기 위한 표.

입-장단(-長-)[-짱-]**명** 음악을 듣거나 춤을 출 때 입속말로 맞추는 장단.

입장-료(入場料)[-짱뇨]**명** 입장하기 위하여 내는 돈.

입재(入齋)[-째]**명하자** 〔불교에서〕①제사 전날에 재계(齋戒)함. ②재를 시작함, 또는 그 의식.

입적(入寂)[-쩍]**명하자** 불교에서, 수도승의 죽음을 이르는 말. 〔적(寂)은 열반(涅槃)의 옮긴 말.〕귀적(歸寂). 입멸(入滅). 멸도(滅度).

입적(入籍)[-쩍]**명하타되자** ①호적에 넣음. ¶사고로 부모를 잃은 그 아이는 큰아버지의 호적에 입적되었다. ②명부에 끼임.

입전(入電)[-쩐]**명하타되자** 전신·전화·전보 등이 들어옴, 또는 그 전신·전화·전보. ↔타전(打電).

입점(入店)[-쩜]**명** 상가나 건물 따위에 어떤 점포가 새로 들어가 영업함.

입정[-쩡]**명** 입버릇. 입노릇.

입정(을) 놀리다〔관용〕①쉴 새 없이 군것질을 계속하다. ②입버릇 사납게 말하다.

입정(이) 사납다〔관용〕①말투가 점잖지 못하다. ②거칠게 탐식하다.

입정(入廷)[-쩡]**명하자** 재판을 하거나 받기 위하여 법정에 들어감. ↔퇴정(退廷).

입정(入定)[-쩡]**명하자** ①선정(禪定)에 듦. ↔출정(出定). ②출가(出家)한 사람의 죽음.

입정-미(入鼎米)[-쩡-]**명** ☞아주먹이.

입제(入題)[-쩨]**명** 지난날, 과거(科擧)에서 시(詩)의 첫째 귀와 부(賦)의 넷째 귀.

입조(入朝)[-쪼]**명하자** 〔지난날〕①벼슬아치가 조회에 들어가던 일. ↔퇴조(退朝). ②외국 사신이 조정에 참렬(參列)함.

입조(立朝)[-쪼]**명하자** 벼슬에 오름.

입주(入住)[-쭈]**명하자** 특정한 땅이나 집 등에 들어가 삶. ¶아파트 단지에 입주하다.

입주(立柱)[-쭈]**명하자** 집을 짓기 위하여 기둥을 세움, 또는 세워 놓은 기둥.

입증(立證)[-쯩]**명하타되자** 증거를 내세워 증명함. 거증(擧證). ¶알리바이를 입증하다.

입증^책임(立證責任)[-쯩-]**명** ☞거증 책임.

입지(立地)[-찌]**명** ①농업·공업 등의 산업 경영에 적당한 토질이나 기후 따위의 자연환경. ¶입지 조건. ②생태학(生態學) 등에서, 동식물이 자라는 특정 지역의 환경을 이르는 말.

입지(立志)[-찌]**명하자** 뜻을 세움.

입지-전(立志傳)[-찌-]**명** 뜻을 세워, 고난을 잘 참고 정진하여 그 뜻을 이룬 사람의 전기.

입직(入直)[-찍]**명하자** 근무하는 곳에 들어가 번(番)을 듦. 숙직함.

입-질[-찔]**명하자** 낚시질할 때, 물고기가 낚싯밥을 건드리는 일.

입질(入質)[-찔]**명하타** 돈을 빌릴 때 저당으로 물품 등을 맡기는 일.

입-짓[-찓]**명하자** 뜻을 전하기 위해 입을 움직이는 짓. *입짓이〔-찌시〕·입짓만〔-찐-〕.

입-차다자 말로 떠벌리다. 장담하다.

입찬-말명하자 ☞입찬소리.

입찬-소리명하자 자기의 지위나 능력을 믿고 지나치게 장담함, 또는 그 말. 입찬말.

입찬소리는 무덤 앞에 가서 하라〔속담〕입찬소리는 죽어서나 하라는 뜻으로, 함부로 장담하지 말라는 말.

입찰(入札)**명하자** 일의 도급이나 물건의 매매 등의 계약 체결에서, 희망자에게 예정 가격을 써내게 하는 일, 또는 그것을 써내는 일. ¶입찰 공고.

입참(入參)**명하자** 궁중의 경축이나 제례에 참렬함.

입창(入倉)**명하타** ①(물건이나 곡식 따위를) 창고에 넣음. ②**하자타**법규를 어긴 군인이 영창에 들어감.

입창(立唱)**명** ☞선소리¹.

입-천장(-天障)**명** 입 안의 천장을 이루는 부분.

입천장-소리(-天障-)**명** ☞구개음(口蓋音).

입천장소리-되기(-天障-)[-되-/-뒈-]**명** ☞구개음화.

입첨(笠檐)**명** ☞갓양태.

입체(立替)**명** 뒤에 상환받을 목적으로 금품 등을 대신 지급함.

입체(立體)**명** 공간의 일부를 차지하고, 길이와 넓이, 두께를 지닌 것. **참**평면.

입체-각(立體角)**명** 공간의 한 점을 정점(頂點)으로 하는 사선이, 정점을 중심으로 회전하여 처음의 위치로 되돌아왔을 때 그려진 도형에 생긴 각.

입체-감(立體感)**명** ①위치와 넓이, 길이와 두께를 가진 물체의 느낌. ②입체를 보는 것과 같은 느낌. ¶입체감을 살리다.

입체-경(立體鏡)**명** ☞실체경(實體鏡).

입체^교차(立體交叉)**명** 도로나 철도가 아래위로 높이를 달리 하여 교차되는 일, 또는 그런 방식.

입체^기하학(立體幾何學)**명** 공간에 있는 점·각·직선·곡선·평면·곡면·입체 또는 그것들의 집합으로 된 도형을 연구하는 기하학.

입체-낭독(立體朗讀)**명** 소설 따위를 낭독할 때, 대화 장면 같은 데서 등장인물의 성별에 따라 남녀가 나누어 읽고 효과나 음악 등도 넣어, 듣는 사람으로 하여금 실감을 느끼게 하는 낭독.

입체^도형(立體圖形)**명** 한 평면 위에 있지 않고 공간적인 부피를 가지는 도형. 공간 도형.

입체-미(立體美)[명] (조각·공예·건축 등의) 입체의 형상이 갖는 아름다움.

입체^방:송(立體放送)[명] 하나의 방송 프로그램을 주파수가 다른 둘 이상의 방송 회로(回路)을 통하여 하는 방송.

입체^사진(立體寫眞)[명] 같은 대상을 시차(視差)를 달리 하여 찍은 두 장의 사진을 실체경으로 동시에 들여다볼 때 입체적으로 보이는 것.

입체^영화(立體映畫)[명] 화면이 입체감을 내도록 만든 영화. 시차(視差)를 달리 하는 두 화상(畫像)을 합쳐서 입체감을 내는 스테레오 스코프와, 시각(視角)에 가까운 화상을 볼 때 생기는 착각을 이용하는 시네라마 방식이 있음. 삼차원 영화.

입체^음향(立體音響)[명] 원음(原音)의 음색뿐만 아니라 방향감·거리감 등이 그대로 재생되는 음. 입체 녹음된 레코드나 테이프, 스테레오 방송이 좌우 또는 앞뒤로 놓인 두 개 이상의 스피커를 통하여 재생될 때 이루어짐.

입체-적(立體的)[명] ①입체감을 주는 (것). ¶입체적 기법. /도안이 입체적인 포스터. ②사물을 여러 각도로 파악하는 (것). ¶입체적 진단. /입체적으로 조명하는 역사의 현장.

입체-전(立體戰)[명] 육해공군의 합동 작전으로 하는 현대의 전쟁.

입체-주의(立體主義)[-의/-이][명] ☞입체파(立體派).

입체-파(立體派)[명] 20세기 초, 프랑스에서 일어난 회화의 한 유파. 물체의 본질이나 형상을 이성(理性)이나 관념적인 것을 주장하고, 물체의 모양을 분석하여 기하학적인 점과 선으로 표현하려고 했음. 입체주의. 큐비즘.

입체^화:법(立體畫法)[명] 여러 종류의 입체 도형을 평면 상에 정밀하게 나타내려고 하는 기법. [투시 화법·투영 화법 따위.]

입초(入超)[명] 《수입 초과(輸入超過)의 준말.》↔출초.

입초(立哨)[명][하자] (정해진 곳에 고정되어) 보초를 섬, 또는 그 사람. 부동초(不動哨). ↔동초.

입촌(入村)[명][하자] 마을에 들어감. ¶선수단이 선수촌에 입촌하다.

입추(立秋)[명] 이십사절기의 하나. 대서(大暑)와 처서(處暑) 사이로, 8월 8일경. 이 무렵부터 가을이 시작된다고 함.

입추(立錐)[명][하자] 송곳을 세움.

입추의 여지가 없다[관용] 《송곳을 세울 틈도 없을 만큼》 많은 사람이나 물건이 꽉 들어차 있다. ¶입추의 여지가 없이 들어찬 관람객.

입추지지(立錐之地)[명] 《송곳 하나를 세울 만한 땅이라는 뜻으로》 매우 좁아 조금도 여유가 없음을 이르는 말.

입춘(立春)[명] 이십사절기의 하나. 대한(大寒)과 우수(雨水) 사이로, 2월 4일경. 이 무렵에 봄이 시작된다고 함.

입춘-대길(立春大吉)[명] 입춘을 맞이하여 크게 길함. [입춘 때 문지방이나 대문 등에 써 붙이는 입춘방의 한 가지.]

입춘-방(立春榜)[명] 입춘 때, 대문이나 문지방에 써 붙이는 한문 글귀. 입춘서(立春書).

입춘-서(立春書)[명] ☞입춘방(立春榜).

입출(入出)[명] 수입과 지출. 수지(收支). ¶입출 내역.

입-출금(入出金)[명] 들어오는 돈과 나가는 돈. ¶입출금이 자유로운 보통 예금.

입출력^장치(入出力裝置)[-짱-][명] 컴퓨터 등

에서, 입력 장치와 출력 장치를 아울러 이르는 말.

입-춤(立-)[명] 기생 춤의 한 가지. 평상복을 입고 둘이 마주 서서 춤.

입-치다꺼리[명] 《'먹는 일을 뒷바라지하는 일'을 속되게 이르는 말.》 ¶저축은커녕 입치다꺼리도 하기가 벅차다.

입탕(入湯)[명] ☞입욕(入浴).

입-태자(立太子)[명][하자] 태자를 정함(세움).

입평(立坪)[의] 흙이나 모래 따위의 용적을 헤아리는 단위. [1입평은 가로, 세로, 높이를 각각 여섯 자로 쌓아 올린 더미의 용적임.]

입표(立標)[명] ①[하자]나무·돌·기(旗) 등으로 표를 세움, 또는 그 표. ②항로(航路) 표지의 한 가지. 암초나 여울 등이 있음을 알리는 경계 표지.

입품(入品)[명][하자][되자] 물품을 들여옴, 또는 들여온 그 물품.

입품(入稟)[명][하타] (임금에게 들어가서) 아룀.

입하(入荷)[이파][명][하자타][되자] 물건이 들어옴, 또는 물건을 들여옴. ¶신상품이 매장에 입하되었다. ↔출하(出荷).

입하(立夏)[이파][명] 이십사절기의 하나. 곡우(穀雨)와 소만(小滿) 사이로, 5월 6일경. 이 무렵에 여름이 시작된다고 함.

입학(入學)[이파][명][하자타][되자] (공부하기 위해) 학교에 들어가서 학생이 됨. 입교(入校). ¶초등학교에 입학하다. ↔졸업.

입학-시험(入學試驗)[이파씨-][명] 입학하기 위하여 치르는 시험. 준입시.

입학-식(入學式)[이파씩][명] 입학할 때에 신입생을 모아 놓고 행하는 의식. ¶초등학교 입학식.

입학^원:서(入學願書)[이파권-][명] 입학을 청원하는 문서.

입항(入港)[이팡][명][하자] 배가 항구에 들어옴. ↔출항.

입향-순속(入鄕循俗)[이팡-][명][하자] 다른 지방에 가서는 그 지방의 풍속을 따름. [「회남자」의 「제속편(齊俗篇)」과 「장자」의 「외편(外篇)」에 나오는 말임.]

입헌(立憲)[이편][명] ①[하자]헌법을 제정함. ②《주로 관형어적으로 쓰이어》 '헌법에 따름'을 뜻하는 말. ¶입헌 군주 정체.

입헌-국(立憲國)[이편-][명] 입헌 정치를 하는 나라.

입헌^군주국(立憲君主國)[이편-][명] 입헌 군주제를 실시하는 나라.

입헌^군주제(立憲君主制)[이편-][명] 삼권 분립의 원칙을 인정한 헌법에 따라 군주의 권력이 일정한 제약을 받는 정치 체제. [절대 군주제가 시민 계급의 대두한 결과로 생겼음.]

입헌^정체(立憲政體)[이편-][명] 입헌 정치의 체제. [군주제와 공화제(共和制)가 있음.]

입헌^정치(立憲政治)[이편-][명] 삼권 분립의 원칙을 인정한 헌법에 따라 하는 정치. 준헌정.

입헌-주의(立憲主義)[이편-의/이편-이][명] 입헌 정치의 체제를 이상으로 하고, 이것의 성장·실현을 꾀하는 주의.

입-화면(立畫面)[이화-][명] 투영도에서, 물체를 평면에 수직을 이루는 정면에서 보았을 때의 모양을 그린 면. 직립면(直立面). 준측화면·평화면.

입회(入會)[이푀/이풰][명][하자] 어떤 회에 들어가 회원이 됨. ↔퇴회·탈회.

입회(立會)[이푀/이풰]**명**[하자] ①(증거로 삼거나 검증을 하려고) 현장에 가서 지켜봄. ¶경찰관 입회 아래 추첨하다. ②거래소에서, 거래원이나 그 대리인이 일정 시간에 모여 매매 거래를 하는 일.

입회-인(立會人)[이푀−/이풰−]**명** 뒷날에 증인으로 삼기 위하여 어떤 일이 벌어지거나 일어난 곳에 입회시키는 사람.

입후(入后)[이푸]**명**[하자타] 왕후 또는 황후를 들임, 또는 왕후로 들어감.

입후(入後)[이푸]**명**[하자타] 양자(養子)를 들임, 또는 양자로 들어감. 입사(立嗣).

입후(立后)[이푸]**명**[하타] 왕후 또는 황후를 봉하여 세움.

입-후보(立候補)[이푸−]**명**[하자][되자] 후보자로 나서거나 내세움. ¶대통령 선거에 입후보하다.

-속-하다[이피−]**타** 『'입다'의 사동』①입게 하다. 당하게 하다. 끼치다. ¶옷을 입히다. /손해를 입히다. ②물건의 거죽에 무엇을 한 꺼풀 올리거나 바르다. ¶금박을 입히다. /운동장에 잔디를 입히다.

잇¹[인]**명** 이부자리나 베개 따위의 거죽에 시치는 피륙. ¶이불의 잇. *잇이[이시]·잇만[인−]

잇²[인]**명** ①잇꽃. ②잇꽃의 꽃부리에서 채취하는 붉은빛의 물감. *잇이[이시]·잇만[인−]

잇[인]**명**〈옛〉이끼. ¶푸른 잇과 흐린 수레(杜初10:8). 句 미:菁. 句 E:菁(訓蒙上8). 魯잇.

잇-꽃[인꼳]**명** 국화과의 이년초. 줄기 높이는 1m가량. 잎은 가장자리가 톱니 모양임. 여름에 줄기 끝이나 가지 끝에 주황색 꽃이 핌. 꽃은 한방의 약재로, 꽃부리는 붉은 물감의 원료로, 씨는 기름을 짜는 데 쓰임. 잇². 홍화(紅花). *잇꽃이[잇꼬치]·잇꽃만[인꼰−]

잇:-다[인따][이으니·이어]**타**[人] ①두 끝을 맞대어 붙이다. ¶끈을 잇다. ②앞뒤가 끊어지지 않게 계속하다. ¶끼니를 잇기가 어렵다. ③뒤를 잇달다. ¶가업(家業)을 잇다.

잇다〈옛〉있다. ¶녜도 잇더신가(龍歌88章). /녀 マ투니 쏘 잇눈가(鄭澈.關東別曲). 魯이시다.

잇다감[인−]**부**〈옛〉이따금. ¶이런드로 잇다감 닐오더(金三2:41).

잇:-단-음표(−音標)[인따음−]**명** 같은 음표 몇 개를 이어서 본디의 박자 수보다 길거나 짧게 연주하는 표. 연음부(連音符).

잇:-달다[인딸−][~다니·~달아]**II**[자] 잇따르다. ¶차량 행렬이 잇달다. /어린이 실종 사건이 잇달아 발생했다.
II[타] 일정한 모양이 있는 사물을 다른 사물에 이어 달다. ¶방을 잇달아 짓다.

잇:-달-리다[인딸−]**자** 『'잇달다'의 피동』일정한 모양이 있는 사물이 다른 사물에 이어 달리다. ¶마당에 잇달린 텃밭.

잇:-닿다[인따타]**자** ①뒤에 이어 닿다. ②서로 이어져 맞닿다. ¶바다에 잇닿은 길. /두 산맥이 잇닿는 곳에 깊은 계곡이 있다.

잇:-대다[인때−]**타** 서로 잇닿게 하다. ¶꼬빡연의 종이 꼬리를 잇대어 붙이다.

잇둔조〈옛〉이야. ¶信얻든 그츠리잇가(樂詞.西京別曲).

잇:-따르다[인−][~따르니·~따라]**자** ①움직이는 물체가 다른 물체의 뒤를 이어 따르다. ¶그 분이 들어가자 나도 잇따라 들어갔다. ②어떤 사건이나 행동 따위가 이어 발생하다. ¶유괴 사건이 잇따라 발생하다. /각계의 성원이 잇따르다. 연달다. 잇달다.

잇-몸[인−]**명** 이촉을 싸고 있는 살. 치경(齒莖). 치은(齒齦).

잇몸-소리[인−]**명** 자음의 한 갈래. 혀끝과 잇몸 사이에서 나는 소리. 〔'ㄷ·ㅌ·ㄸ·ㄴ·ㄹ'이 이에 딸림.〕치조음.

잇-바디[이빠−/인빠−]**명** 이가 죽 박힌 줄의 생김새. 치열.

잇브다형〈옛〉고단하다. ¶大闕을 思戀ㅎ야 肝肺롤 잇브게 ㅎ노니(杜初3:49).

잇-살[−]〈옛〉잇몸의 틈. ②'잇몸'의 잘못.

잇-살[옛] '잇몸'의 잘못.

잇-새[이쌔/인쌔]**명** 이와 이의 사이. ¶잇새가 넓다.

잇-소리[이쏘−/인쏘−]**명** ☞치음(齒音).

잇-속[이쏙/인쏙]**명** 이의 생긴 모양, 또는 이가 난 모양새. ¶잇속이 고르다.

잇:-속(利−)[이쏙/인쏙]**명** 이익이 있는 실속, 또는 그것을 가늠하는 셈. ¶잇속에 밝다.

잇-솔[−] '칫솔'의 잘못.

잇쏜조〈옛〉이야. ¶一片丹心잇쏜 變홀 쭐이 이시랴(古時調).

잇-자국[이짜−/인짜−]**명** 이로 문 자국.

잇:-줄(利−)[이쭐/인쭐]**명** 이익을 얻을 수 있는 길. 또는, 이익이 될 만한 연줄.

잇-집[이찝/인찝]**명** ☞치조(齒槽).

잇:-짚[이찝/인찝]**명** 메벼의 짚. *잇:짚이[이찌피/인찌피]·잇:짚만[이찜−/인찜−]

읻멱[옛]이끼. ¶ᄇ릐미 잇글 쓰러 다ᄋ니(南明上72). 魯잇.

있다¹[읻따][I]**자** ①존재하다. 尊계시다. ②사람이 어떤 직장에 계속 다니다. ¶다른 회사로 옮길 생각 말고 그 회사에 있어라. ③어떤 상태를 유지하고 있다. ¶가만히 있어라. /손 들고 있어. ④얼마의 시간이 경과하다. ¶사흘만 있으면 휴가다. ⑤(무슨 일이) 벌어지다. 진행되다. ¶하필이면 학예회가 있는 날 병이 나다니. /12시에 회의가 있습니다. *있어·있는[인−]
II[형] ①존재하거나 소유한 상태(상황)임을 나타냄. ¶신(神)이 있다. /우리에겐 희망이 있다. ②재물이 넉넉하거나 많다. (주로, '있는'의 꼴로 쓰임.) ¶그는 있는 집 자손이다. ③('−ㄹ 수 있다'의 꼴로 쓰이어) 가능하다는 뜻을 나타냄. ¶나도 해낼 수 있다. /돈 쓸 수만 있다면 작히나 좋으랴. ④(구어체에서, '있지'·'있잖아'의 꼴로 쓰이어) 어떤 사실을 강조하는 뜻을 나타냄. ¶그 소문 있지 사실이래. ⑤어떤 상태에 처하거나 놓이다. ¶난처한 상태에 있다. ⑥일정 범위에 포함된 상태이다. ¶명단에 내 이름이 있다. ⑦소유하거나 자격이나 능력을 가진 상태이다. ¶나에게 만 원이 있다. /그는 고집이 있다. ⑧일정한 관계를 가진 사람이 존재하는 상태이다. ¶나에게는 형제가 있다. ⑨무슨 일이 생긴 상태이다. ¶급한 일이 있으면 이리로 연락해라. ⑩(직장 따위에) 어떤 지위나 역할로 존재하는 상태이다. ¶부과장으로 있다. ⑪'에(에게·게) 있어서'의 꼴로 쓰이어, '에(에게·게)'를 강조하는 뜻을 지님. ¶그 감격은 나에게 있어서 평생 잊지 못할 감격이었소. ⑫이유나 근거 따위가 성립된 상태이다. ¶그녀의 투정은 이유가 있다. ↔없다. *있어·있는[인−]

있다²[읻따][I]**조동** 《동사의 보조적 연결 어미 '−고' 뒤에 쓰이어》 그 동작이 현재 계속되다. ¶아기가 놀고 있다. /새가 울고 있다. *있어·있는[인−]

Ⅱ조형 《보조적 연결 어미 '-아(어)' 뒤에 쓰이어 본용언의 상태가》 계속되다. ¶꽃이 피어 있다. * 있어·있고[읻꼬]

잉걸몜 〈불잉걸〉의 준말.

잉걸-불[-뿔]몜 ①활짝 핀 숯불. ②다 타지 않은 장작불.

잉곳(ingot)몜 제련하여 녹인 금속을 일정한 주형(鑄型)에 부어 굳힌 것.

잉글리시^호른(English horn)몜 목관 악기의 한 가지. 오보에보다 낮은 음성을 내며 대편성(大編成)의 관현악에 쓰임.

잉꼬(←いんこ[鸚哥] 일)몜 ①앵무과의 앵무속을 제외한 대부분의 새를 흔히 이르는 말. ②앵무과의 새. 몸길이 21 cm가량. 도가머리 없고, 몸빛은 적색·녹색·황색 등이며, 암수의 사이가 좋음.

잉꼬-부부(←いんこ夫婦)몜 '금실이 좋은 부부'를 비유하여 이르는 말.

잉:모(孕母)몜 ⇨잉부(孕婦).

잉:부(孕婦)몜 아이를 밴 부인. 임부(姙婦). 잉모(孕母). 태모(胎母).

잉:손(仍孫)몜 곤손(昆孫)의 아들.

잉:수(剩數)[-쑤]몜 남은 수.

잉아몜 베틀의 날을 한 칸씩 걸러서 끌어 올리도록 맨 굵은 실. 종사(綜絲).

잉앗-대[-아때/-안때]몜 베틀에서, 뒤로는 눈썹줄에 달고 아래로는 잉아를 걸어 놓은 나무.

잉:어몜 잉엇과의 민물고기. 몸길이는 일정하지 않으나 큰 것은 1 m에 이름. 등의 빛깔은 검푸르고 배는 담황색임. 잡식성인데, 입가에 두 쌍의 수염이 있음. 逄이어(鯉魚).

잉:어-등(-燈)몜 사월 초파일에 등대에 다는, 종이 따위로 만든 잉어 모양의 등.

잉:엇-국[-어꾹/-얻꾹]몜 잉어를 넣고 끓인 국.

잉엇국 먹고 용트림한다[속담] 작은 일을 큰일인 체하고 남에게 거짓 태도를 보이거나 행동한다는 말.

잉:여(剩餘)몜 쓰고 난 나머지. 여잉(餘剩). ¶잉여 농산물.

잉:여^가치(剩餘價値)몜 노동자가 생산하는 생산물의 가치와 노동자에게 지급되는 임금과의 차액. 기업 이윤·이자·지대 같은 소득의 원천이 됨.

잉:여-금(剩餘金)몜 기업의 자산 가운데 법정(法定) 자본을 넘는 금액. 〔이익 잉여금과 자본 잉여금으로 이루어짐.〕

잉:용(仍用)하타되재 이전의 것을 그대로 씀.

잉잉[1]뷘하재 어린애가 잇달아 우는 소리.

잉-잉[2]뷘하재 ①가느다란 철사 줄이나 전선 따위에 세찬 바람이 부딪칠 때 나는 소리. ②날벌레가 연이어 나는 소리.

잉잉-거리다1째 어린애가 자꾸 잉잉하며 울다. 잉잉대다1.

잉잉-거리다2째 자꾸 잉잉 소리를 내다. 잉잉대다2. ¶벌들이 잉잉거리다.

잉잉-대다1째 ⇨잉잉거리다1.

잉잉-대다2째 ⇨잉잉거리다2.

잉:조(剩條)[-쪼]몜 쓰고 남은 부분.

잉카-문명(Inca文明)몜 15~16세기에 남아메리카 안데스 지대를 중심으로 잉카 족이 이루었던 청동기 문명. 높은 산악 지역에 건축물을 세우고 도시를 건설하였는데, 직물·금세공 및 농업 문화가 발달하였음.

잉크(ink)몜 필기나 인쇄에 쓰는, 빛깔이 있는 액체.

잉크스탠드(inkstand)몜 책상 위에 놓고 쓰게 만든, 잉크를 담는 그릇.

잉:태(孕胎)하자타되재 아이를 밴. 임신(姙娠). 태잉(胎孕). 회태(懷胎).

잊다[읻따]타 ①(알았던 것을) 기억하지 못하거나 깨닫지 못하다. ¶수학 공식을 잊다. /약속 시간을 잊지 마라. ②단념하고 생각하지 아니하다. ¶침식을 잊고 연구에 매달리다. ③마음에 새겨 두지 않고 저버리다. ¶은혜를 잊다. /은혜를 잊다. ④품었던 생각을) 떨어내 끊어 버리다. ¶시름을 잊다. ⑤해야 할 일을 깨닫지 못하고 그냥 지나 버리다. ¶숙제를 깜박 잊다. * 잊어·잊는[인-]

잊어-버리다타 모두 잊다. 아주 잊다. 준야자버리다.

잊혀지다째 '잊히다'의 잘못.

잊-히다[이치-]째 『'잊다'의 피동』 잊음을 당하다. 생각이 나지 않게 되다. 모르게 되다. ¶오래도록 잊히지 않을 추억의 말.

잎1[입]몜 식물의 영양 기관의 한 가지. 호흡 작용과 탄소 동화 작용을 하는데, 완전한 것은 잎몸·잎자루·턱잎의 세 부분으로 이루어짐. * 잎이[이피]·잎만[임-]

잎2[입]의 명주실의 한 바람. * 잎이[이피]·잎만[임-]

잎몜 〔옛〕 방문. 어귀. ¶블근 새 그를 므러 寢室 이페 안즈니(龍歌7章). /峽人 이페 브럿마 샹녜 샏르니(杜初7:12). ⤶입.

잎갈-나무[입깔라-]몜 소나뭇과의 낙엽 침엽 교목. 깊은 산이나 고원 등에 남. 4월경에 황갈색 꽃이 피고, 길둥근 열매는 9월경에 익음. 나무는 건축·전주(電柱)·침목(枕木) 등의 재료로 쓰임. 적목(赤木).

잎-겨드랑이[입껴-]몜 잎이 줄기나 가지에 붙어 있는 부분의 위쪽. 엽액(葉腋).

잎-꼭지[입-찌]몜 ⇨잎자루.

잎-꽂이[입꼬지]몜 꺾꽂이의 한 방법. 잎을 흙에 꽂아 뿌리를 내리게 하는 방법.

잎-나무[임-]몜 가지에 잎이 붙어 있는 땔나무.

잎-노랑이[임-]몜 ⇨엽황소(葉黃素).

잎-눈[임-]몜 자라서 잎이나 줄기가 될 식물의 눈. 엽아(葉芽).

잎다[입따]타 〔옛〕 읊다. ¶이플 음: 吟(訓蒙下32). ⤶읊다.

잎-담배[입땀-]몜 썰지 않고 잎사귀 그대로 말린 담배. 엽연초. 엽초. ⇨살담배.

잎-덩굴손[입떵-]몜 잎에서 돋는 덩굴손.

잎-맥(-脈)[임-]몜 잎몸 안에 평행선이나 그물 모양으로 뻗어 있는 관다발. 수분이나 양분의 통로가 됨. 엽맥(葉脈).

잎-몸[임-]몜 잎의 몸을 이루는 얇고 넓은 부분. 잎맥과 잎살로 이루어져 있는데, 엽록소가 풍부하여 광합성(光合成)을 함. 엽신(葉身). 엽편(葉片).

잎-바늘[입빠-]몜 잎 또는 그 일부가 변하여 바늘처럼 된 것. 〔선인장의 가시 따위.〕 엽침(葉針).

잎-사귀[입싸-]몜 낱낱의 잎. 逄이파리.

잎사귀-머리[입싸-]몜 소의 처녑에 붙은 넓고 얇은 고기. 흔히, 저냐를 부쳐 먹음.

잎-살[입쌀]몜 잎몸을 이루는 한 부분으로, 잎의 아래위 겉껍질 사이를 채우고 있는 연하고 얇은 부분. 수많은 엽록체를 가진 세포로 이루어지며, 광합성을 함. 엽육(葉肉).

잎-새몜 '나무'의 잎사귀. 문학적 표현임.

잎-샘[입쌤][명][하자] 이른 봄철, 잎이 나올 무렵에 날씨가 갑자기 추워지는 일, 또는 그 추위. ¶잎샘 추위. [참]꽃샘.

잎-숟가락[입쏟까-][명] 얇고 거칠게 만든 놋쇠 숟가락. ↔간자숟가락.

잎잎-이[임니피][부] 잎마다. ¶잎잎이 이슬이 맺히다.

잎-자루[입짜-][명] 잎몸을 줄기나 가지에 붙어 있게 하는 자루 모양의 꼭지. 잎몸을 햇빛 방향으로 돌리는 작용을 하는데, 식물에 따라서는 없는 것도 있음. 엽병(葉柄). 잎꼭지.

잎-줄기[입쭐-][명] 잎의 줄기. 엽축(葉軸).

잎-집[입찝][명] 잎자루의 밑동이 발달해서 칼집 모양이 되어 줄기를 싸고 있는 부분. [볏과·방동사닛과·미나릿과 따위의 식물에서 볼 수 있음.] 엽초(葉鞘).

잎-차례(-次例)[입-][명] 잎이 줄기나 가지에 붙어 있는 모양. [돌려나기·마주나기·어긋나기 따위의 구별이 있음.] 엽서(葉序).

잎-채소(-菜蔬)[입-][명] ⇨엽채(葉菜).

잎-초(-草)[명] '잎담배'의 잘못.

잎-파랑이[입-][명] ⇨엽록소(葉綠素).

잎파리[명] '이파리'의 잘못.

잎-혀[이펴][명] 잎집의 끝이 줄기에 닿은 부분에 붙어 있는 작고 얇은 조각. 줄기와 잎집 사이에 불순물이 들어가는 것을 막음.

-으니[어미] 〈옛〉-으니. ¶즐겟가재 연즈니(龍歌7장).

-으니이다[어미] 〈옛〉-으니이다. -은 것입니다. ¶洛陽애 올므니이다(龍歌14장).

으란[조] 〈옛〉으랑. ¶됴호 고즈란 푸디 말오 다 王쯰 가져오라(月釋1:9).

으로[조] 〈옛〉으로. ¶單食壺漿으로(龍歌10장).

-으리잇가[어미] 〈옛〉-으리까. -을 것입니까. ¶七代之王을 뉘 마구리잇가(龍歌15장).

-으샤[어미] 〈옛〉-으시어. ¶海東六龍이 ᄂᆞ릭샤(龍歌1章).

-으샨[어미] 〈옛〉-으신. ¶聖人ㅅ ᄀᆞᄌᆞᆫ산 功德에 니르리라(圓覺上三之一62).

-으쇼셔[어미] 〈옛〉-으소서. ¶님금아 아ᄅᆞ쇼셔(龍歌125장).

-으시니이다[어미] 〈옛〉-으신 것입니다. ¶모딘 도즈글 자ᄫᆞ시니이다(龍歌35장).

-으시리잇가[어미] 〈옛〉-으시리이까. -으실 것입니까. ¶天下 蒼生ᄋᆞᆯ 니즈시리잇가(龍歌21章).

-으실씨[어미] 〈옛〉-으실새. -으시므로. ¶天命을 모ᄅᆞ실씨(龍歌13章).

으자[감] 〈옛〉아. 어. ¶으자 내 少年이야 어드러로 간거이고(古時調).

은[조] 〈옛〉은 ¶불휘 기픈 남ᄀᆞᆫ(龍歌2章).

을[조] 〈옛〉을. ¶揚子江南ᄋᆞᆯ(龍歌15章).

-읍[선미] 〈옛〉-읍-. ¶아ᄉᆞ 남하 遠代平生애 여힐술 모ᄅᆞᆸ새(樂詞.滿殿春別詞).

이[감] 〈옛〉아아. ¶이 슬프다. 셜우믈 ᄆᆞ슴매 얼규니(永嘉序15).

이[조] 〈옛〉①의. ¶宮女로 놀라샤미 宮監이 다시 언마론(龍歌17章). ②에. ¶英主 알픽 내내 붓그리리(龍歌16章).

-이[어미] 〈옛〉-게. ¶드트리 ᄃᆞ외이 붓아디거늘(釋譜6:31).

이긋다[자] 〈옛〉애끊다. ¶밤중만 지국총 소래에 이긋는 듯ᄒᆞ여라(古時調).

ㅇ[자모] 〈옛〉옛이응. 옛 한글 자음의 하나. 아음(牙音). 지금의 'ㅇ' 받침 소리와 같은 음가로 씌었음. 오늘날 글자는 쓰이지 않게 되고 음가만이 받침 소리에 남아 'ㅇ'자로 적음. [바올·그에···이다]

-이다[어미] 〈옛〉-습니다/-ㅂ니다. ¶올하시이다 世尊하(釋譜13:47).

-잇가[어미] 〈옛〉-습니까/-ㅂ니까. ¶사뭇 쓰디리잇가(龍歌15章).

-잇고[어미] 〈옛〉-습니까/-ㅂ니까. ¶이 이리 엇뎌 잇고(月釋21:138).

ㅇㅇ[자모] 〈옛〉쌍이응. 'ㅇ'의 각자 병서(各自竝書). [히여/믜여다]

ㅈ[지읒]〔자모〕지읒. ①한글 자모의 아홉째 글자. ②자음의 하나. 혓바닥을 입천장에 붙였다가 터뜨리면서 내는 무성 파찰음. 받침의 경우에는 혀를 입천장에서 떼지 않음. * ㅅ이[지으시]·ㅅ만[지은—]

자¹〔I〕명 길이를 재는 데 쓰이는 기구. 길이의 단위를 나타내는 눈금이 그어져 있으며, 대자·삼각자·곱자·줄자 등이 있음.
〔II〕의 척관법(尺貫法)의 길이의 단위. '치'의 10배.〔약, 30.3 cm에 해당함.〕척(尺). ¶열 자 세 치.
　치에도 모자랄 적이 있고 치에도 넉넉할 적이 있다〔속〕경우에 따라, 많아도 모자랄 수 있고 적어도 남을 수가 있다는 말.

자²甘 ①어떤 행동을 하도록 주의를 주거나, 스스로 하려는 의욕을 보일 때 하는 말. ¶자, 또 시작해 봅시다. /자, 나도 그만 떠나야겠다. ②스스로 안타깝거나 한심스럽게 느낄 때, 혼잣말처럼 하는 말. ¶자, 이런 멍청이가 있나.

자³조 모음으로 끝난 체언에 붙어, 두 가지 이상의 사실을 같은 자격으로 이어 주는 접속 조사. 참|나와.

자(子)¹명 ①아들. ②민법에서, 적출자(嫡出子)·서자(庶子)·양자(養子) 등을 통틀어 이르는 말. ③'공자(孔子)'를 높이어 일컫는 말. ¶자왈(日). ④<자작(子爵)>의 준말.

자(子)²명 ①십이지(十二支)의 첫째. ②<자방(子方)>의 준말. ③<자시(子時)>의 준말.

자(字)명 ①글자. ②[본이름을 함부로 부르지 않던 시대에] 장가든 뒤 본이름 대신 부르던 이름. ¶이순신의 자는 여해(汝諧)이다. ⓐ시호(諡號)는 충무공이다. ③[의존 명사적 용법] 글자의 수를 나타내는 말. ¶200자 원고지. 참|호(號).

자(姉)명 손위의 누이. 누나. 언니.

자(紫)명 자줏빛. 자주.

자(觜)명 <자성(觜星)>의 준말.

자(者)의 '사람'을 얕잡아 가리키는 말. ¶그 자가 나타났던 말이오.

자(秭)주관 해(垓)의 1만 배, 양(穰)의 만분의 일이 되는 수(의). 곧, 10²⁴.

-자(子)접미 ①[일부 명사 뒤에 붙어] ㉠아주 작은 것임을 나타냄. ¶유전자. /미립자. ㉡'기계 장치'·'도구'의 뜻을 나타냄. ¶연산자. /유도자. /전기자. /진동자. ②[주로 성(姓) 뒤에 붙어] 학덕이 높거나 학설을 편 사람임을 나타냄. ¶공자. /맹자.

-자(者)접미 일부 명사 뒤에 붙어, 그러한 사람임을 뜻함. ¶철학자. /기술자. /당사자. /유력자.

-자¹어미 《동사 어간에 붙어》 ①평교간이나 손아랫사람에게 함께 하자는 뜻을 나타내는 해라체의 종결 어미. ¶더 빨리 가자.《일부 형용사 어간에 붙어 쓰이는 경향이 있음. ¶우리 좀 더 침착하자.》②하고자 하는 뜻을 나타내는 연결 어미. ¶버리자 하니 아깝고, 먹자 하니

먹을 게 없다. ③어떤 동작이나 상태가 막 끝나고 다른 동작이나 상태가 바로 이어짐을 나타내는 연결 어미. ¶까마귀 날자 배 떨어진다. /비가 그치자 우리는 다시 길을 떠났다.

-자²어미 《시제의 '-았(었)-'에 붙어》앞 절의 행동이나 상태가 이루어져도 뒤 절의 상태에는 영향을 미칠 수 없다는 뜻을 나타내는 연결 어미. ¶아무리 이야기해 보았자 쇠귀에 경 읽기다.

자가(自家)명 ①자기의 집. 자택(自宅). ↔타가(他家). ②자기. ¶자가 진단.

자가-결실(自家結實)[—씰]명 식물의 난세포가 같은 개체의 꽃가루로 수분하여 열매를 맺는 일.

자가-광고(自家廣告)명 자기의 가치를 자기 스스로 선전함. 자가선전. 자기광고.

자가-규정(自家規定)명 다른 것에 의지하지 않고, 자기의 자유의사에 맡기는 규정. 자기규정.

자가-당착(自家撞着)명 언행의 앞뒤가 맞지 않음. 모순당착. ¶자가당착에 빠지다. ⓐ자기모순.

자가-발전(自家發電)[—쩐]명 개인이 소규모의 발전 시설을 갖추고 하는 발전.

자가-보존(自家保存)명 ⇨자기 보존.

자가사리명 퉁가릿과의 민물고기. 맑은 냇가의 돌 밑에 숨어 사는데, 몸길이 5~13 cm. 몸빛은 등이 짙은 적갈색, 배는 누런색임. 아래턱이 위턱보다 짧고 네 쌍의 수염이 있음. 남부 하천에 분포함. 탁어.

자가-선전(自家宣傳)명 ⇨자가광고.

자가-소비(自家消費)명 자기가 생산하여 자기가 소비함.

자가^수분(自家受粉)명 꽃가루가 같은 그루에 있는 암술 머리에 붙는 일.〔암수한그루로 된 꽃에서 수분하는 경우를 자화 수분(自花受粉)이라고도 함.〕제꽃가루받이. ↔타가 수분.

자가^수정(自家受精)명 ①식물에서, 같은 그루에 있는 암술과 수술 사이에 수정이 일어나는 일.〔암수한몸으로 된 꽃에서 수정하는 경우를 자화 수정(自花受精)이라고도 함.〕제꽃정받이. ②암수한몸인 동물에서 수정이 일어나는 일.〔지렁이·달팽이 따위에서 볼 수 있음.〕↔타가 수정.

자가-용(自家用)명 ①영리를 목적으로 하지 않고 개인이나 개인의 가정에서 사용함, 또는 그 물건. ¶자가용 발전기. ②영리를 목적으로 하지 않고 개인이나 개인의 가정에서 전용으로 사용하는 자동차. 주로, 승용차를 이름.

자가-운전(自家運轉)명 자기의 차를 자기가 손수 운전함.

자가^임성(自家稔性)명 타화 수분 식물 중, 어떤 개체에 한하여 자기의 꽃가루로 열매를 맺는 성질.

자가^전염(自家傳染)명 병을 일으킨 병원균이 다른 데서 침입한 것이 아니라, 이전부터 몸 속에 있다가 어떤 유인(誘因)에 의하여 병을 일으키게 되는 일.

자가-제(自家製)명 자기 집 또는 자기 공장에서 만든 물건.

자가^중독(自家中毒)명 몸 안에서 물질대사의 결과로 생긴, 유독한 물질로 말미암은 중독 현상.

자가품명 과로로, 손목·발목·손아귀 등의 이음매가 마비되어 시고 아픈 병증.

자각(自覺)명-하다目자 ①[자기의 처지를] 스스로 깨달음. ¶책임감을 자각하다. ②스스로 느낌. ¶자각 증세. ③불교의 삼각(三覺)의 하나. 미망(迷妄)에서 벗어나 스스로 진리를 깨닫는 일. ③→각타.

자각-심(自覺心)[-씸]圐 자각하는 마음.

자각^존재(自覺存在)[-쫀-]圐 '사람'을 뜻하는 말. 동물에게는 자기 이외의 대상을 아는 능력이 있을 뿐이지만, 인간에게는 자기의 사명이나 인생의 의의를 자각하는 능력이 있는 데에서 이르는 말.

자각^증상(自覺症狀)[-쯩-]圐 환자가 스스로 느끼는 병의 상태. [열·아픔·가려움·구역·출혈·설사·현기증·숨참 따위.]

자간(子癎)圐 분만(分娩) 때 흔히 일어나는, 전신 경련과 실신 발작을 되풀이하는 병. 발작에 앞서 두통·현기증·구역 등이 나타나는 것이 보통임.

자간(字間)圐 쓰거나 인쇄한, 글자와 글자의 사이. ¶자간을 넓히다(좁히다). 웬행간(行間).

자갈圐 자잘한 돌멩이. 석력(石礫).

자갈-길[-낄]圐 자갈이 깔린 길.

자갈-밭[-받]圐 자갈이 많은 밭, 또는 자갈이 많은 땅. *자갈밭이[-바치]·자갈밭을[-바틀]·자갈밭만[-반-]

자:-갈색(紫褐色)[-쌕]圐 검누르면서 붉은빛을 조금 띤 빛깔. 자주고동색.

자갈-수멍圐 물이 잘 빠지도록 바닥에 조약돌을 채워 묻은 도랑.

자갈치圐 등가시칫과의 바닷물고기. 몸은 길고 꼬리 쪽이 가늘며, 몸빛은 연한 갈색임. 배지느러미가 없음. 동해와 오호츠크 해에 널리 분포함.

자강(自強·自彊)圐하자 스스로 가다듬어 힘씀.

자강불식(自強不息)[-씩]圐하자 스스로 힘쓰며 쉬지 않음.

자개圐 금조개 껍데기를 얇게 썰어 낸 조각. 갖가지 모양으로 오려서 칠기(漆器)의 표면에 박아 장식하는 데 쓰임.

자개-그릇[-륻]圐 자개를 박아서 만든 나무 그릇. *자개그릇이[-르시]·자개그릇만[-른-]

자개-농(-籠)圐〈자개장롱〉의 준말.

자개미圐 허벅다리가 몸에 붙은, 불두덩 양쪽의 오목한 곳.

자개-상(-床)圐 자개를 박아서 꾸민 상을 통틀어 이르는 말.

자개-장(-欌)圐〈자개장롱〉의 준말.

자개-장롱(-欌籠)[-농]圐 자개를 박아서 꾸민 장롱. 쭌자개농·자개장.

자개-함(-函)圐 자개를 박아서 꾸민 함.

자:객(刺客)圐 (어떤 음모에 가담하거나 남의 사주를 받고) 사람을 몰래 찔러 죽이는 사람.

자:객-간인(刺客奸人)[-까닌]圐 마음씨가 매우 모질고 악한 사람.

자가(←自家)圐 '자기(自己)'를 예스럽게, 좀 더 공손하게 일컫는 말.

자거(恣擧)圐하타 불교를 공부하는 동안 느낀 바를 들어서 말함.

자겁(自怯)圐하자 제풀에 겁을 냄. ¶자겁이 나다.

자:-게(紫-)圐 자겟과의 게. 등딱지의 길이는 4 cm, 폭은 5 cm가량. 털이 없고 몸빛은 연붉은 자줏빛임. 집게발이 억세고 큼. 깊이 30~200 m의 바다 밑 진흙이나 모래땅에 사는데, 우리나라와 일본·태평양 연안 등지에 분포함.

자격(字格)圐 글자, 특히 한자를 쓰는 법칙.

자격(資格)圐 ①일정한 신분·지위를 가지거나, 어떤 행동을 하는 데 필요한 조건. ¶중등 교사 자격. /그를 나무랄 자격이 없다. ②(어떤 조직 속에서의) 일정한 지위나 신분. ¶회원 자격으로 참석하다.

자격-루(自擊漏)[-경누]圐 조선 세종 때, 물이 듣는 성질을 이용하여 일정한 시각이 되면 자동적으로 소리를 내게 만든 시계의 한 가지.

자격-법(資格法)[-뻡]圐 용언이 경우에 따라 전성 어미로 그 자격을 바꾸어, 명사·관형사·부사의 구실을 하게 되는 법. 감목법.

자격^상실(資格喪失)[-쌍-]圐 사형이나 무기형 또는 무기 금고의 판결을 받은 사람에게, 일정한 자격을 갖지 못하도록 하는 명예형(名譽刑)의 한 가지.

자격-시험(資格試驗)[-씨-]圐 특정 업무에 종사할 수 있는 자격의 유무를 검정하기 위한 시험.

자격^임:용(資格任用)圐 일정한 자격을 갖춘 사람만을 임용하는 일, 또는 그 제도. ↔자유 임용.

자격-자(資格者)[-짜]圐 일정한 자격을 갖춘 사람.

자격^정지(資格停止)[-쩡-]圐 유기 징역이나 유기 금고의 판결을 받은 사람에게, 일정한 자격의 전부 또는 일부가 일정 기간 동안 정지되는 명예형(名譽刑)의 한 가지.

자격-증(資格證)[-쯩]圐 일정한 자격을 인정하여 주는 증서. ¶교사 자격증.

자격지심(自激之心)[-찌-]圐 자기가 한 일에 대하여 자기 스스로 미흡하게 여기는 마음.

자견(雌犬)圐 암캐.

자결(自決)圐하자 ①(의분을 참지 못하거나, 지조를 지키기 위해) 스스로 목숨을 끊음. 자처(自處). ②타문 자기의 문제를 자기의 의사(意思)로 결정하고 해결함. ¶민족 자결.

자결-권(自決權)[-꿘]圐 자기 문제를 자기 스스로 결정·해결할 수 있는 권리.

자결-주의(自決主義)[-의/-이]圐 (남의 힘을 빌리지 않고) 자기 문제를 스스로의 힘으로 결정·해결하려는 주의.

자겸(自謙)圐하자 겸손한 태도로 자신을 낮춤.

자경(自剄)圐하자 ☞자문(自刎).

자경(自敬)圐 ①철학에서, 자기 인격의 절대적 가치와 존엄을 스스로 깨달아 아는 일을 이르는 말. ②☞자존(自尊).

자경(自警)圐하자 스스로 경계하여 조심함.

자경-단(自警團)[-농]圐 지역 주민들이 마을을 지키기 위해 스스로 조직한 경비 단체.

자-경마(←自牽馬)圐하자 말 탄 사람 스스로가 고삐를 잡고 말을 모는 일.
  자경마를 들다관용 말 탄 사람이 스스로 고삐를 잡고 말을 몰다.

자계(自戒)[-계/-게]圐하자 스스로 경계하고 삼감.

자:계(磁界)[-계/-게]圐 ☞자기장(磁氣場).

자고(自顧)圐하자 스스로 자신을 돌아봄.

자:고(瓷鼓)圐 도자기로 된 장구.

자고(慈姑)圐 ☞쇠귀나물.

자고(鷓鴣)圐 꿩과의 새. 날개 길이는 수컷이 17 cm, 암컷이 16 cm가량이며 메추리와 비슷함. 산이나 들에서 풀씨·곤충 따위를 먹고 삶. 우리나라와 중국·유럽 동부 등지에 분포함.

자고-급금(自古及今)[-끔]圐 예부터 지금에 이르기까지. 《주로, '자고급금에'의 꼴로 쓰임.》

자고-로(自古-)튀〈자고이래로〉의 준말. ¶자고로 죄를 짓고는 못 사는 법이다.

자고-이래(自古以來)圐 예부터 지금까지의 동안. ¶자고이래 남녀 사이는 유별한 법이다. 쭌고래(古來).

자고이래-로(自古以來-)[튀] 예부터 내려오면서. 倒고래(古來)로·자고로·자래로.

자고-자대(自高自大)[명][하자] 교만하여 스스로 잘난 체함.

자곡(自曲)[명][하자] (열등감 따위로 말미암아) 스스로 고깝게 여김.

자곡지심(自曲之心)[-찌-][명] 자곡하는 마음. 스스로 고깝게 여기는 마음.

자공(自供)[명][하자] 범인이나 용의자가, 자기가 지은 죄나 자기의 행동에 대하여 스스로 말함, 또는 그 내용. ¶그의 자공에 의하여 공범자가 밝혀졌다.

자과(自科)[명] 자기가 저지른 죄과.

자과(自過)[명] 자신의 잘못.

자과(自誇)[명][하자] 스스로 자신을 자랑함.

자과부지(自過不知)[명][하자] 자기의 잘못을 스스로 알지 못함.

자과-심(自誇心)[명] 스스로 자랑하는 마음.

자괴(自愧)[-괴/-궤][명][하자] 스스로 부끄러워함.

자괴(自壞)[-괴/-궤][명][하자] 저절로 부서짐. 내부에서 자연적으로 붕괴함.

자괴-감(自愧感)[-괴-/-궤-][명] 스스로 부끄럽게 여기는 느낌이나 감정. ¶자괴감에 잠을 못 이루다.

자괴지심(自愧之心)[-괴-/-궤-][명] 스스로 부끄럽게 여기는 마음. ¶자괴지심이 들다.

자구(字句)[-꾸][명] 문자와 어구. ¶개정판에서 자구를 수정하다.

자구(自求)[명][하타] (필요한 것을) 스스로 구함.

자구(自救)[명][하자] 스스로 자신을 구제함.

자:구(磁區)[명] 강자성체의 내부에서 일정한 방향으로 자화(磁化)하여 있는 작은 영역.

자:구(藉口)[명][하자] 구실 삼아 핑계함, 또는 핑계가 될 만한 구실.

자구-권(自救權)[-꿘][명] 자구 행위를 할 수 있는 법률상의 권리.

자:구지단(藉口之端)[명] 핑계로 내세울 만한 거리.

자구-책(自救策)[명] 스스로 자기를 구하기 위한 방책. ¶자구책을 강구하다.

자구-행위(自救行爲)[명] 형법에서, 권리 침해를 받았을 때 공권력의 발동을 기다리지 않고, 피해자 자신이 권리 보존을 위하여 직접 실력 행위를 하는 일을 이르는 말. 민법에서는 '자력구제(自力救濟)', 국제법에서는 '자조(自助)'라고 함.

자국(自國)[명] ①어떤 물체에 다른 물건이 닿거나 하여 생긴 자리. ¶손톱 자국. ②상처나 부스럼 따위가 아문 흔적. ¶수술 자국. ③발자국.

  자국(을) 밟다[관용] 남이 남긴 발자국을 따르다. 남을 따라 하다.

자국²[명] ①물건이 생산되거나 집산(集散)되는 곳. ②일의 근원이 발단된 곳. ③붙박이로 있어야 할 자리.

자국(自國)[명] 자기 나라.

자국-걸음[-꺼름][명] 조심스럽게 한 발씩 옮겨 디디는 걸음.

자국-눈[-꿍-][명] 겨우 발자국이나 날 정도로 조금 내린 눈. 박설(薄雪).

자국-물[-꿍-][명] ①발자국에 괸 물. ②겨우 발목에나 닿을 정도의 적은 물.

자국-민(自國民)[-꿍-][명] 자기 나라의 국민. 자국인.

자국민^대:우(自國民待遇)[-꿍-][명] ☞내국민대우(內國民待遇).

자국-인(自國人)[명] ☞자국민.

자굴(自屈)[명][하자] 남에게 스스로 굽힘.

자굴지심(自屈之心)[-찌-][명] 남에게 스스로 굽히는 마음.

자궁(子宮)[명] 여성 생식기의 일부로, 수정란이 착상하여 자라는 곳. 아기집. 자호(子壺). 포궁(胞宮).

자궁(←梓宮)[명] 왕·왕비·왕세자 등의 시체를 넣던 관. 图재궁(梓宮).

자궁^내:막염(子宮內膜炎)[-망념][명] 여러 가지 세균에 감염하여 일어나는 자궁 내막의 염증.

자궁-병(子宮病)[-뼝][명] 자궁에 일어나는 병을 통틀어 이르는 말.

자궁-암(子宮癌)[명] 자궁에 생기는 암.

자궁-염(子宮炎)[-념][명] 자궁의 안벽에 생기는 염증.

자궁^외:임:신(子宮外姙娠)[-외-/-웨-][명] 수정란이 자궁이 아닌 난관·난소·복강 등에서 자라는 임신.

자궁-탈(子宮脫)[명] 자궁이 정상적인 위치에서 내려앉는 병. 염불. 图탈음(脫陰).

자궁-후굴(子宮後屈)[명] 자궁이 뒤로 젖혀져 있는 상태. 임신이 어렵고 임신하더라도 유산하기 쉬움.

자궤(自潰)[명][하자] 저절로 뭉그러져 터짐.

자귀¹[명] 연장의 한 가지. 나무를 깎아 다듬을 때 씀. 图까뀌.

자귀²[명] 짐승의 발자국.

  자귀(를) 짚다[관용] 짐승의 발자국을 따라 찾아가다.

자귀³[명] 개나 돼지 따위에, 과식으로 생기는 병. 배가 붓고 발목이 굽으며, 때로 목숨을 잃음.

자귀-나무[명] 콩과의 낙엽 활엽 소교목. 높이는 3~5 m. 잎은 깃 모양의 겹잎인데 밤이 되면 오므라듦. 6~7월에 실처럼 길고 붉은 꽃이 핌. 우리나라 황해도 이남과 일본·이란 등지에 분포함. 합환목.

자귀-벌(自歸-)[명] 원목(原木)을 산판에서 자귀로 제재(製材)한 것.

자귀-질[명][하자] 자귀로 나무를 깎는 일.

자귀-풀[명] 콩과의 일년초. 높이 50~100 cm. 잎은 깃 모양의 겹잎으로 어긋맞게 남. 7월에 노란 꽃이 피며, 열매는 협과(莢果)임. 밭이나 습지에 남. 잎은 차 대용으로 쓰임.

자귓-밥[-귀빱/-귇빱][명] 자귀질할 때 깎여 나오는 나무 부스러기. 비목(飛木).

자규(子規)[명] ☞두견새.

자그락-거리다[-꺼-][자] 자꾸 자그락자그락하다. 자그락대다. 图지그럭거리다. 쎈짜그락거리다.

자그락-대다[-때-][자] 자그락거리다.

자그락-자그락[-짜-][튀][하자] 하찮은 일로 다투며 옥신각신하는 모양. 图지그럭지그럭. 쎈짜그락짜그락.

자그르르[튀][하자] 거의 잦아진 물이나 기름 따위가 바짝 끓어오르거나 졸아드는 소리, 또는 그 모양. 图지그르르. 쎈짜그르르.

자그마치[튀] ①자그마하게. 적게. ¶속 좀 자그마치 썩여라. ②생각보다 훨씬 많을 때 반어적으로 쓰는 말. ¶그 좁은 곳에 자그마치 300명이나 모였다더군.

자그마-하다[형여] 보기에 좀 작다. ¶키가 자그마하다. 蚤자그맣다.

자그만치[튀] '자그마치'의 잘못.

자그맣다[-마타][자그마니·자그매][형ㅎ] <자그마하다>의 준말. ¶생각보다 몸집이 자그맣다.

자그시[부] ①(무엇을 누르거나 밀거나 할 때) 힘을 사르르 은근히 들이는 모양. ¶배를 손바닥으로 자그시 누르다. ②눈을 살며시 감는 모양. ③참을성 있게 견디는 모양. ¶아픔을 자그시 참다. 셋지그시.

자:극(刺戟)[명][하타·되자] ①생물체나 그 감각 기관에 작용하여 어떤 반응을 일으키게 하는 일, 또는 일으키게 하는 것. ¶위에 자극을 주다. ②흥분시키는 일.

자:극(磁極)[명] ①자기력(磁氣力)이 가장 센, 자석의 양쪽 끝 부분. ②지구 상에서 자기력이 가장 센 부분, 곧 자북극과 자남극.

자:극-물(刺戟物)[-꿍-][명] 자극을 주는 물질.

자:극^비:료(刺戟肥料)[-삐-][명] 농작물의 생리적 기능을 촉진함으로써 양분 흡수의 효율을 높이는 간접 비료. 〔망간·구리·철·붕소·취소(臭素) 등의 화합물이 이에 딸림.〕보조 비료.

자:극-성(刺戟性)[-썽][명] (감각·신경 등을) 자극하는 성질. ¶커피는 자극성 있는 음료이다.

자:극-역(刺戟閾)[-녁][명] 생체 반응을 일으키게 하는 데 필요한 가장 작은 자극의 양.

자:극^운:동(刺戟運動)[명] 식물의 세포가 외부의 자극을 받아 일으키는 일련의 운동.

자:극-적(刺戟的)[-쩍][관][명] 신경이나 감각 등을 자극하는 (것). ¶토론 석상에서는 자극적 언행을 삼가야 한다. /자극적인 용어.

자:극-제(刺戟劑)[-쩨][명] ①피부나 내장을 자극하여 염증·운동·이뇨 등을 일으키게 하는 약제. ②어떤 현상이 촉진되도록 자극을 주는 소. ¶여행은 그의 창작 활동에 자극제가 된다.

자근(紫根)[명] ⇒자초근(紫草根).

자근-거리다[자타] 자꾸 자근자근하다. 자근대다. 큰지근거리다. 셋짜근거리다. 깐차근거리다.

자근-대다[자타] 자근거리다.

자근덕-거리다[-꺼-][자타] 자꾸 자근덕자근덕하다. 자근덕대다. 큰지근덕거리다. 셋짜근덕거리다. 깐차근덕거리다.

자근덕-대다[-때-][자타] 자근덕거리다.

자근덕-자근덕[-짜-][부][하자타] 끈덕지게 자근자근하는 모양. 큰지근덕지근덕. 셋짜근덕짜근덕. 깐차근덕차근덕.

자근-자근[부] ①[하자] 머리가 좀 가벼운 상태로 쑤시듯 아픈 모양. 큰지근지근. 셋자끈자끈. ②[하자타] (남을) 은근히 못 견디게 괴롭히거나 조르는 모양. ③[하타] 가볍게 자끈자끈 누르거나 씹거나 하는 모양. ¶껌을 자근자근 씹다. 큰지근지근. ②③셋짜근짜근.

자글-거리다[자] 자꾸 자글자글하다. 큰지글거리다. 셋짜글거리다.

자글-대다[자] 자글거리다.

자글-자글[부][하자] ①끓고 있는 액체가 갖쪽하게 잦아들 때 나는 소리, 또는 그 모양. ¶소고기 장조림의 국물이 자글자글 잦아들다. ②어린아이의 몸에 열이 몹시 나는 상태를 나타내는 말. ¶독감으로 온몸이 자글자글 끓듯 하다. ③걱정스럽거나 하여 마음을 몹시 졸이는 모양. ¶말은 못하고 속만 자글자글 끓이다. 큰지글지글. 셋짜글짜글.

자글-자글[부][하] 물체가 쪼그라들어 잔주름이 많은 모양. ¶얼굴에 주름살이 자글자글한 게 고생깨나 했나 보다.

자금(自今)[부] 이제부터.

자금(資金)[명] ①〈자본금〉의 준말. ¶사업 자금. ②특정한 목적에 쓰는 돈. ¶결혼 자금을 마련하다.

자금-거리다[자] 자꾸 자금자금하다. 자금대다. 큰지금거리다.

자금-난(資金難)[명] 자금이 부족한 데서 생기는 어려움. ¶기업들이 자금난에 허덕이다.

자금-대다[자] 자금거리다.

자금^동:결(資金凍結)[명] ①자금의 처분이나 이동을 극도로 제한하거나 금지하는 조치. ②대부(貸付)된 자금이 회수되지 않는 일.

자금-우(紫金牛)[명] 자금우과의 상록 활엽 소관목. 여름에 흰 꽃이 피며, 열매는 장과(漿果)로 가을에 빨갛게 익음. 산지의 숲 속에 나는데, 우리나라 남부 및 일본·대만·중국 등지에 분포함. 관상용으로도 재배함.

자금-이후(自今以後)[명] 이제부터의 뒤. 이금이후(而今以後).

자금-자금[부][하자] 음식에 섞인 잔모래 따위가 가볍게 자꾸 씹히는 모양. 큰지금지금. 셋자끔자끔.

자금-줄(資金-)[-쭐][명] 돈줄. ¶자금줄이 끊기다.

자금^코스트(資金cost)[명] 기업체가 생산 또는 사업을 위하여 사용하는 자금 중, 차입금(借入金)에 대한 금리 따위를 이르는 말.

자금^통:제(資金統制)[명] 정부 또는 중앙은행이 금융 시장을 통하여, 자금의 원활한 수급과 통화 가치의 안정을 꾀하기 위하여 실시하는 정책.

자급(自給)[명][하타·되자] 필요한 것을 자기 힘으로 채워서 씀. ¶식량을 자급하다.

자급^비:료(自給肥料)[-삐-][명] 농가에서 만들어 쓰는 거름. 〔두엄·뒷거름·재 따위.〕

자급-자족(自給自足)[명][하]⇒[하] (교환에 의하지 않고) 자기에게 필요한 것을 자기가 생산하여 충당함. ¶자급자족의 경제.

자급자족-주의(自給自足主義)[-짜-쭈의/-짜-쭈이] 자기 나라의 수요를 자기 나라에서 생산·충족시킴으로써 경제의 발전을 꾀하는 주의.

자굿-자굿[-끋끋][부] ①자그시 자꾸 누르는 모양. ②괴로움을 가까스로 참으면서 견디어 내는 모양. 큰지굿지굿.

자굿-자굿[-끋끋][부][하] ①진저리가 나도록 싫고 괴로운 모양. ②보기에 소름이 끼치도록 잔인한 모양. 큰지굿지굿². 자굿자굿-이[부].

자긍(自矜)[명][하자타] 스스로 하는 자랑, 또는 스스로 긍지를 가짐.

자긍-심(自矜心)[명] 스스로 자랑하는 마음. 스스로 가지는 긍지. ¶자긍심을 갖다.

자기(自己)[Ⅰ][명] 그 사람 자신(自身). ¶자기보다 이웃을 먼저 생각하다. [Ⅱ][대] 앞에서 이야기된 사람을 다시 가리키는 말. 저3. ¶그는 자기가 가졌다고 자원했다.

자기도 모르게[관용] 무의식중에. 절로.

자기(自記)[명][하타] ①스스로 기록함. ②(부호·문자 따위를) 기계가 자동적으로 기록하는 일.

자기(自起)[명][하자] ①남의 힘을 빌리지 않고 제 힘으로 일어남. ②저절로 일어남.

자기(自期)[명][하자] 스스로 마음속에 기약함.

자기(自棄)[명][하자] 될 대로 되라는 태도로 자기 자신을 버림.

자기(自欺)[명][하자] 자기의 양심을 속임, 곧 스스로 자기의 생각에 어긋난 언동을 함.

자:기(瓷器·磁器)[명] 백토(白土) 따위를 원료로 하여 빚은 다음 1300~1500℃의 비교적 높은 온도로 구운 도자기의 한 가지. 겉면이 매끄럽고 단단하며, 두드리면 맑은 쇳소리가 남. 셋도기(陶器)·석기(炻器).

자:기(磁氣)[명] 자석이 철을 끌어당기는 작용, 또는 그런 작용의 근원이 되는 것.

자기-감응(自己感應)[명] ⇨자기 유도(自己誘導).

자:기-감응(磁氣感應)[명] ⇨자기 유도(磁氣誘導).

자기-감정(自己感情)[명] 자기 자신에 대하여 갖는 감정. 〔우월감·자기 혐오 따위.〕

자기^고도계(自記高度計)[-계/-게][명] 자동적으로 고도를 기록하는 항공용 계기.

자기-과:시(自己誇示)[명] 자기의 존재를 인정받으려고 남에게 자기를 과장하여 보여 주려는 심리적인 경향.

자기^관찰(自己觀察)[명] 자기의 심리 상태나 정신의 움직임을 스스로 관찰하는 일. 내관(內觀).

자기-광고(自己廣告)[명] ⇨자가광고(自家廣告).

자기^교:육(自己教育)[명] 학습자가, 자기가 자신을 교육한다는 자각을 가지고 학문의 추구, 기술의 연마, 인격의 향상을 꾀하는 일.

자기-규정(自己規定)[명] ⇨자가 규정.

자:기^기뢰(磁氣機雷)[-뢰/-뤠][명] 함선(艦船)이 가까이 다가오면, 자기의 작용에 의하여 자동적으로 폭발하도록 장치한 기뢰.

자기-기만(自己欺瞞)[명] 스스로 자기의 마음을 속이는 일. 자기의 신조나 양심에 어긋난다는 것을 의식하면서 굳이 실행하는 경우를 이름.

자기^기압계(自記氣壓計)[-계/-게][명] 기압의 시간적 변화를 자동적으로 기록하는 장치. 〔아네로이드 자기 기압계가 대표적임.〕

자:기^나침의(磁氣羅針儀)[-치의/-치믜][명] ⇨자기 컴퍼스(磁氣compass).

자:기^녹음(磁氣錄音)[명] 테이프 리코더 등 강자성체(强磁性體)의 자화 현상(磁化現象)을 이용한 녹음.

자:기-도(磁氣圖)[명] 지구 상의 여러 지점의 지자기(地磁氣)를 측정하여 도면으로 나타낸 것.

자기-도취(自己陶醉)[명] ⇨자아도취.

자:기^드럼(磁氣drum)[명] 컴퓨터의 정보 기억 매체의 한 가지. 회전하는 원통에 자성(磁性) 재료를 바른 것, 또는 그것을 갖춘 장치.

자:기^디스크(磁氣disk)[명] 컴퓨터의 정보 기억 매체의 한 가지. 회전하는 원반에 자성(磁性) 재료를 바른 것, 또는 그것을 갖춘 장치.

자:기-력(磁氣力)[명] ⇨자력(磁力).

자기-류(自己流)[명] 보통과는 다른 자기만의 방식. 자기가 생각해 낸 독특한 방식. ¶ 자기류의 창법(唱法). /자기류로 세상을 살다.

자:기^마당(磁氣-)[명] ⇨자기장.

자기-만족(自己滿足)[명] 스스로 자기 자신이나 자신의 행위에 대하여 만족하는 일.

자기-모순(自己矛盾)[명] 자기의 논리나 실천의 내부에서 몇몇 사항이 서로 대립하는 일. ¶ 자기모순에 빠지다. ㉐자가당착(自家撞着).

자기-반성(自己反省)[명] 자기가 한 일을 스스로 반성하는 일.

자기^보:존(自己保存)[명] 생물이 자기의 생명을 보존·발전시키려는 작용. ㉐자기 보존.

자기^부상^열차(磁氣浮上列車)[-녈-][명] 자기력(磁氣力)에 의해 차륜(車輪)이 궤도와 접촉하지 않고 떠서 달리는 열차. 고속 구동 및 고가속이 가능하고 소음과 진동이 적은 것이 특징임.

자기^부:정(自己否定)[명] 스스로 자기 자신을 부정하는 일. 〔변증법에서는, 다음의 새로운 자기 발전을 위하여 필연적으로 거쳐야 할 단계로 되어 있음.〕

자기^분석(自己分析)[명] 자기의 심리를 스스로 분석해 보는 일.

자기-비판(自己批判)[명] 이제까지의 자기 행동이나 사상에 대해 잘못을 스스로 비판하는 일. 자아비판(自我批判).

자기^생산(自己生産)[명] 자기가 소비하기 위하여 자기가 하는 생산. '시장 생산(市場生産)'에 상대하여 이르는 말.

자:기세력(藉其勢力)[하자] 남의 세력에 의지함.

자기-소개(自己紹介)[명] 초면인 사람에게, 자기의 이름이나 경력·직업 따위를 알리는 일.

자기-소외(自己疏外)[-외/-웨][명] 인간의 개성이나 인격이 사회관계 속에 파묻혀서 주체성을 잃어버린 결과, 남에게 대해서뿐만 아니라 자기 자신에 대해서도 소원(疏遠)한 느낌에 사로잡히는 상태. ㉑소외.

자기^습도계(自記濕度計)[-또계/-또게][명] 습도의 시간적 변화를 자동적으로 기록하는 장치.

자기-실현(自己實現)[명] ⇨자아실현.

자기^암:시(自己暗示)[명] 자기가 자기에게 일정한 관념(觀念)을 되풀이하여 암시함으로써 저절로 그러한 관념이 마음에 새겨지게 하는 심리 작용.

자기앞^수표(自己-手票)[-압쑤-][명] 발행인이 자기를 지급인으로 하여 발행하는 수표. 보증 수표.

자기앞^어음(自己-)[-아버-][명] 발행인이 자기를 지급인으로 하여 발행하는 어음. ↔단명 어음.

자기-애(自己愛)[명] 정신 분석학에서, 리비도가 자기를 향하여 나타나는 사랑을 이르는 말. ↔대상애(對象愛).

자기^온도계(自記溫度計)[-계/-게][명] 온도의 시간적 변화를 자동적으로 기록하는 장치.

자기^우:량계(自記雨量計)[-계/-게][명] 강우량의 시간적 변화를 자동적으로 기록하는 장치.

자기유도(自己誘導)[명] 전기 회로에서 전류의 크기나 방향을 바꿈으로써 회로 자체에 일어나는 전자 유도(電磁誘導). 자기감응(自己感應). 자체 유도. ↔상호 유도.

자:기^유도(磁氣誘導)[명] 자석의 부근 등 자기장에 놓여 있는 물체가 자기를 띠는 현상. 자기감응(磁氣感應).

자기^일사계(自記日射計)[-싸계/-싸게][명] 일사량의 시간적 변화를 자동적으로 기록하는 장치.

자기^자본(自己資本)[명] 기업 소유자의 출자 자본과 기업 내부에서 축적된 적립금·준비금 따위의 유보 자본(留保資本)을 합한 자본. ↔타인 자본.

자:기^자오선(磁氣子午線)[명] 지구 상의 어느 지점에 있어서, 수평 자기력(水平磁氣力)의 방향을 연결한 곡선.

자:기-장(磁氣場)[명] 자기력이 작용하고 있는 공간. 자석끼리, 전류끼리, 또는 자석과 전류 사이에 작용하는 힘의 공간. 자계(磁界). 자기마당.

자기^장치(自記裝置)[명] 시간적으로 변화하는 현상을 자동적으로 기록하는 장치.

자:기^저:항(磁氣抵抗)[명] 자기 회로 안에서 자기의 투과력을 방해하는 현상.

자:기^적도(磁氣赤道)[-또][명] 지구 상에서 자기의 복각(伏角), 곧 자침(磁針)의 방향과 수평면이 이루는 각이 영(零)인 점을 연결하는 곡선. 적도 부근에서 지구를 일주함.

자기^점유(自己占有)**명** 점유자가 스스로 물건을 소지하는 점유. 직접 점유.

자기-접종(自己接種)[-쫑]**명** ①병이 몸의 한 부분으로부터 다른 곳으로 퍼지는 일. ②자가 백신의 주사.

자기-주의(自己主義)[-의/-이]**명** ☞이기주의(利己主義).

자기-주장(自己主張)**명** 자기의 생각이나 의견 따위를 당당하고 자신 있게 주장하는 일. ¶자기주장이 강하다.

자기-중심(自己中心)**명** 자기의 처지만 생각하고 남의 처지는 생각하지 않는 일.

자:기^증폭기(磁氣增幅器)[-끼]**명** 강자성체(强磁性體)의 자기 포화 현상(磁氣飽和現象)을 이용하여 전류를 증폭하는 장치.

자기^진:단(自己診斷)**명** ☞자기 평가.

자기-청산(自己淸算)**명** 이제까지의 온갖 복잡했던 생활을 스스로 깨끗이 정리하는 일.

자:기^컴퍼스(磁氣compass)**명** 자석의 남북을 가리키는 성질을 이용하여 방향을 아는 장치. 자기 나침의(磁氣羅針儀). 자석반(磁石盤).

자:기^탐광법(磁氣探鑛法)[-뻡]**명** 지자기(地磁氣)의 국부 이상(局部異常)을 측정하여 광상(鑛床)의 위치나 지질 구조를 추정하는 물리 탐광법의 한 가지.

자:기^탐지기(磁氣探知機)**명** 자기를 이용하여, 주로 물속을 항해하는 잠수함을 탐지하는 장치.

자:기^테이프(磁氣tape)**명** 플라스틱이나 종이에 자성(磁性) 재료로 막을 입힌 테이프. 음성 신호나 화상(畫像) 신호를 기록하는 데 쓰임. **준**테이프.

자기-편(自己便)**명** 자기와 같은 처지에 선 쪽, 또는 그런 사람.

자기^평:가(自己評價)[-까]**명** 자기의 정신·행동·개성 등을 어떤 기준에 따라 스스로 평가해 보는 일. 자기 진단.

자:기^폭풍(磁氣暴風)**명** 지구의 자기장에 일어나는 불규칙한, 비교적 큰 변동. 지구 위 전체에 걸쳐 자침(磁針)이 빗나가고 전파 통신이 교란됨. 태양면의 폭발과 깊은 관계가 있음.

자기-표현(自己表現)**명** 자기의 생각이나 의견 또는 자기에 관한 것을 겉으로 드러내 보이는 일.

자기^현:시(自己顯示)**명** 자기의 존재를 유난히 남에게 드러내는 일.

자기-혐오(自己嫌惡)**명** 스스로 자기 자신을 싫어함. ¶자기혐오에 빠지다.

자기-황(自起磺)**명** 화약을 채워, 문지르거나 부딪치면 불이 일어나거나 폭발하도록 만들어진 것을 통틀어 이르는 말.

자기-희생(自己犧牲)[-히-]**명** 남을 위하여 자기의 노력이나 목숨을 아끼지 않는 일.

자깝-스럽다[-쓰-따][~스러우니·~스러워]**형ㅂ** 어린아이가 너무 어른스럽게 행동하여 깜찍스럽다. **자깝스레****부**.

자꾸(←지퍼)**명** '지퍼(zipper)'의 잘못.

자꾸**부** 잇달아서 여러 번. 끊이지 않고 잇달아서. ¶자꾸 찾아와서 괴롭힌다. /왜 자꾸 우니? **자꾸-자꾸****부**.

-자꾸나**어미** 《동사 어간에 붙어》'-자'의 뜻을 좀 더 친근하게 나타내는 해라체의 종결 어미. ¶같이 가자꾸나. 《일부 형용사 어간에도 쓰이는 경향이 있음. ¶좀 조용하자꾸나.》

자꾸-만**부** '자꾸'의 힘줌말. ¶일이 자꾸만 꼬인다.

자끈**부** 작고 단단한 물건이 갑자기 부러지거나 깨지는 소리, 또는 그 모양. ¶아이가 나뭇가지를 자끈 부러뜨렸다. **큰**지끈. **자끈-자끈****부하자**.

자끈-거리다¹**자** 여러 개의 작고 단단한 물건이 한꺼번에 부러지거나 깨지는 소리가 자꾸 나다. 자끈대다¹. **큰**지끈거리다¹.

자끈-거리다²**자** 자꾸 자끈자끈하다. 자끈대다². ¶어깨가 자끈거려 좀 쉬어야겠다. **큰**지끈거리다².

자끈-대다¹**자** ☞자끈거리다¹.

자끈-대다²**자** ☞자끈거리다².

자끈-동**부** '자끈'의 힘줌말. **큰**지끈등.

자끈-자끈**부하자** 머리나 몸이 쑤시듯이 아픈 모양. **큰**지끈지끈. **예**자근자근.

자끔-거리다**자** 〈자금거리다〉의 센말. 자끔대다. **큰**지끔거리다.

자끔-대다**자** 자끔거리다.

자끔-자끔**부** 〈자금자금〉의 센말. ¶찌꺼기라 그런지 자꾸 자끔자끔 씹힌다. **큰**지끔지끔.

자:-난초(紫蘭草)**명** 꿀풀과의 다년초. 줄기 높이 50cm가량. 잎은 마주나고 올라갈수록 작아지며 넓은 타원형임. 6월에 짙은 자줏빛 꽃이 피며, 열매는 둥근 수과(瘦果)임. 산지에 절로 자라는데, 경기도 광릉이나 황해도 개성 등지에 분포함.

자:-남극(磁南極)**명** 지자기(地磁氣)의 축(軸)이 지구 표면과 만나는 남쪽 점, 곧 자침이 가리키는 남쪽 끝. 남자극. ↔자북극(磁北極).

자낭(子囊)**명** ①하등 식물에서, 자낭균의 포자가 들어 있는, 주머니처럼 생긴 기관. ②양치류, 특히 태류(苔類)의 포자낭. 씨주머니.

자낭균-류(子囊菌類)[-뉴]**명** 자낭 속에서 포자를 만드는 균류를 통틀어 이르는 말. 〔효모균·누룩곰팡이·푸른곰팡이 따위.〕털곰팡이.

자내**명** (옛) 몸소. 스스로. ¶舍利弗도 자내 毗沙門王이 드외어니〈釋譜6:33〉.

자내^거동(←自內擧動)**명** 임금이 대궐 안에서 하는 거동.

자내^제수(自內除授)**명** 임금이 삼망(三望)을 거치지 않고 친히 벼슬을 임명함, 또는 그 일을 이르던 말. 특지(特旨).

자네**대** 하게할 자리에, 상대자를 가리켜 일컫는 말. ¶이 일은 자네가 맡아야겠네.

자녀(子女)**명** 아들과 딸. 아들딸. ¶자녀 교육.

자녀-안(恣女案)**명** 조선 시대에, 양반집 여자로서 품행이 나쁘거나 세 번 이상 개가(改嫁)한 이의 소행(所行)을 적어 두던 문서.

자년(子年)**명** 태세(太歲)의 지지(地支)가 자(子)로 된 해. 〔갑자년·병자년 따위.〕쥐해.

자-놀이(字-)**명하자** 한시를 지을 때, 압운(押韻)이나 평측(平仄) 따위의 형식에 맞추어 글자를 배치하는 일.

자농(自農)**명** 〈자작농(自作農)〉의 준말.

자늑-자늑[-짜-]**부하자** 움직임이 가볍고 부드러운 모양.

자:니(紫泥)**명** 철분이 많이 섞여 검붉게 된 도자기의 빛.

자닝-스럽다[-따][~스러우니·~스러워]**형ㅂ** 자닝한 데가 있다. **자닝스레****부**.

자닝-하다**형여** 모습이나 처지 따위가 참혹하여 차마 볼 수 없다. ¶병고에 시달리는 그의 모습이 참으로 자닝하다. **자닝-히****부**.

자다 **Ⅰ자** ①바람이나 파도 따위가 잠잠해지다. ¶물결이 자다. ②기계가 멎다. ¶시계가 자다. ③화투장 따위가 떼어 놓은 몫의 맨 밑에 깔리다. ¶흑싸리가 자고 있었구나. ④남녀가 잠자리를 함께하다. ⑤물건이 제 용도로 쓰이지 못하고 묻혀 있다. ¶물건이 팔리지 않고 창고에서 자고 있다.

Ⅱ타 잠이 든 상태가 되다. ¶잠을 푹 자다. 춘주무시게.

자는 범〔호랑이〕코침 주기속담 공연히 건드려서 스스로 위험을 부른다는 뜻.

자다 봉창 두드린다속담 얼토당토않은 딴말을 할 때 이르는 말.

　자나 깨나관용 잠을 잘 때나 깨어 있을 때나늘. 언제나. ¶자나 깨나 불조심. /자나 깨나 자식 걱정으로 마음 편할 날이 하루도 없다.

자단(自斷)명하타 〔스스로 끊는다는 뜻으로〕스스로 결단을 내림.

자:단(紫檀)명 콩과의 상록 활엽 교목. 높이 10 m가량. 껍질은 자줏빛이며 부드러운 잔털이 있음. 잎은 깃 모양의 겹잎인데, 잔잎은 달걀 모양이고 꽃은 노란 나비 모양임. 인도 및 스리랑카 원산으로 대만·필리핀 등지에 분포함. 재목은 붉은빛을 띠고 아름다워서 건축·가구 따위의 재료로 쓰임.

자:단-향(紫檀香)명 자단을 잘게 깎아 만든 향. 불에 피우기도 하고, 약으로도 쓰임.

자담(自擔)명하타 자기가 부담함. 자당(自當). ¶교통비 이외의 비용은 자담한다.

자답(自答)명하타 〈자신의 물음에 대하여〉스스로 대답함. ¶자문 자답.

자당(自當)명하타 ☞자담(自擔).

자당(自黨)명 자기의 당파(黨派).

자당(慈堂)명 상대편의 어머니를 높이어 일컫는 말. 대부인. 북당(北堂). 영당(令堂). 훤당(萱堂).

자당(蔗糖)명 ☞수크로오스(sucrose). 춘당.

자대(自大)명하자 자기 스스로 잘난 체함.

자도(子道)명 아들로서 지켜야 할 도리.

자도(紫桃)명 ☞'자두'의 잘못.

자독(自瀆)명 〔스스로 자신을 더럽힌다는 뜻에서〕'수음(手淫)'을 달리 이르는 말.

자돈(仔豚)명 돼지 새끼. 새끼 돼지.

자동(自動)명 ①〔기계 따위가〕제힘으로 움직임. ¶자동 승강기. /자동 응답기. ↔수동(手動). ②〈자동사〉의 준말. ③↔타동(他動).

자동^경운기(自動耕耘機)명 원동기를 장치하여 논과 밭을 갈거나 김을 매는 데 쓰는 농업 기계. 동력 경운기.

자동-계단(自動階段)[-계-/-게-]명 ☞에스컬레이터.

자동^기록기(自動記錄器)[-끼]명 여러 가지 계기에 의하여 측정된 값을 자동적으로 종이나 자기(磁氣) 테이프 따위에 기록하는 장치.

자동-기술법(自動記述法)[-뻡]명 초현실주의 시나 회화에서 쓰이는 표현 기법의 한 가지. 이성이나 기존의 미학을 배제하고 무의식의 세계에서 생기는 이미지를 그대로 옮기는 기법임.

자동^긁:개(自動-)[-동-]명 동력으로 움직여 자동으로 나무를 깎을 수 있게 만든 대패.

자동-면:역(自動免疫)명 어떤 병을 앓은 후, 또는 백신의 접종에 의하여 직접 제 몸 안에 항체를 생기게 하여 면역이 되는 일. ↔타동 면역.

자동-문(自動門)명 사람이 출입할 때, 센서에 의하여 자동으로 여닫히게 된 문.

자-동사(自動詞)명 동사의 한 갈래. 움직임의 대상인 목적어를 필요로 하지 않고 주어 자체만의 움직임을 나타내는 단어. 〔'송아지가 운다.', '새가 날다.'에서 '운다'·'날다' 따위.〕↔타동사(他動詞).

자동^선반(自動旋盤)명 금속 소재를 갈거나 도려내거나 하는 작업을 자동적으로 하는 선반.

자동^소:총(自動小銃)명 방아쇠를 당기면 발사·추출·장전 등이 자동적으로 되는 소총.

자동-식(自動式)명 사람의 힘을 필요로 하지 않고, 기계 장치 자체의 힘으로 움직이게 만든 방식. ¶자동식 기계. ↔수동식(手動式).

자동^악기(自動樂器)[-끼]명 자동 피아노·오르골 등 자동적으로 악곡을 연주하는 악기.

자동-저울(自動-)명 저울판에 물건을 올려놓으면 자동적으로 무게를 나타내는 저울.

자동-적(自動的)관명 ①다른 힘을 빌리지 않고 저절로 움직이는 (것). ¶자동적 장치. /날이 어두워지면 자동적으로 불이 켜진다. ②당연한 결과로서 그렇게 되는 (것). ¶자동적 현상. /자동적으로 의뢰되을 승계하다.

자동^접지기(自動摺紙機)[-찌-]명 종이나 인쇄물 따위를 자동적으로 접는 기계.

자동^제:어(自動制御)명 기계 작동을, 조건의 변화에 따라 자동적으로 조정하는 일.

자동^직기(自動織機)[-끼]명 사람의 손을 빌리지 않고 동력에 의하여 자동으로 옷감을 짜는 직기.

자동-차(自動車)명 석유나 가스 등을 연료로 하는 엔진의 힘으로 도로 위를 달리게 만든 차. 보통, 바퀴가 넷인 차를 이름.

자동-총(自動銃)명 기관 단총·자동 소총 따위 자동식 총을 통틀어 이르는 말.

자동-판매기(自動販賣機)명 돈을 넣고 지정된 단추를 누르면, 원하는 물건이나 차표 따위가 자동적으로 나오게 되어 있는 기계 장치. 춘자판기.

자동^피아노(自動piano)명 〈사람이 연주하는 대신에〉기계 작용에 의하여 자동적으로 연주할 수 있게 장치한 피아노. 특수한 악보를 쓰며, 공기의 힘으로 해머를 쳐서 소리를 내게 되어 있음. 오토피아노.

자동-화(自動化)명하자타되자 자동적으로 됨, 또는 자동적으로 되게 함. ¶사무 자동화 기기.

자동^화:기(自動火器)명 자동 권총·자동 소총·기관총·기관포 따위 자동식 화포를 통틀어 이르는 말.

자두(←紫桃)명 자두나무의 열매. 복숭아와 비슷한데, 조금 작고 신맛이 있음. 가경자(嘉慶子). 자리(紫李).

자두-나무(←紫桃-)명 장미과의 낙엽 활엽 교목. 과실나무의 한 가지로 높이는 10 m가량. 잎은 끝이 뾰족한 긴 달걀 모양이며 가장자리에 잔 톱니가 있음. 4월경에 잎보다 먼저 흰 꽃이 피고, 둥근 열매는 7월경에 누른빛이나 자줏빛으로 익음.

자두지미(自頭至尾)명 처음부터 끝까지. 자초지종(自初至終). 종두지미(從頭至尾).

자드락명 산기슭의 비탈진 땅.

자드락-거리다[-꺼-]재 자꾸 자드락자드락하다. 자드락대다. 큰지드럭거리다. 센짜드락거리다.

자드락-길[-낄]명 산기슭의 비탈에 난 좁은 길.

자드락-나다[-랑-]재 남에게 숨겨 오던 일이 드러나다. 센짜드락나다.

자드락-대다[-때-]재 ☞자드락거리다.

자드락-밭[-빧]명 산기슭의 비탈에 있는 밭. ＊자드락밭이[-빠치]·자드락밭을[-빠틀]·자드락밭만[-빤-]

자드락-자드락[-짜-]**旲**<u>하</u><u>자</u><u>타</u> 몹시 성가시도록 잇달아 까다롭게 구는 모양. @지드럭지드럭. @짜드락짜드락.

자득(自得)**명**<u>하</u><u>자</u> ①스스로 터득함. 스스로 이해함. ②자기가 한 일에 대하여 자기 스스로 갚음을 받음. ¶자업(自業)자득. ③스스로 뽐내며 우쭐거림.

자득지묘(自得之妙)[-찌-]**명** 스스로 터득한 묘리(妙理)나 묘법(妙法).

자:등(紫藤)**명** 등나무의 한 가지. 보랏빛 꽃이 핌.

자디-잘다[~자니·~잘아]**형** ①아주 가늘고 작다. ¶글씨가 자디잘다. ②성질이 아주 좀스럽다. ¶남자가 그렇게 자디잘아서야 무슨 큰일을 할 수 있겠나.

자라명 자랏과의 동물. 몸길이 30 cm가량. 거북과 비슷한데 등딱지에 각질(角質)의 비늘판이 없으며, 중앙부는 좀 볼록하고 단단하지만, 그 밖의 부분은 사마귀 모양의 돌기가 있는 연한 피부로 싸여 있음. 주둥이는 뾰족하고, 발에는 물갈퀴가 있으며 각각 세 개씩의 발톱이 있음. 얕은 물의 바닥에 숨어 있다가 물고기·개구리·게 따위를 잡아먹음. 우리나라·일본·중국 등지의 강·못·늪 등에서 삶.

자라 보고 놀란 가슴 소댕(솥뚜껑)**보고 놀란다**(孟) 무엇에 놀라면, 그와 비슷한 것만 보아도 겁이 난다는 말.

자라-구이명 자라의 껍데기를 벗겨 내고 기름종이로 싸서 짚불에 구운 음식.

자라-나다郾 자라서 크게 되다. ¶새싹이 자라나다. /아이가 건강하게 잘 자라났다.

자라-눈명 젖먹이의 엉덩이 양쪽에 오목하게 들어간 부분.

자라다¹郾 ①(생물이) 점점 커지다. ¶아기가 많이 자랐다. /나무가 자라다. ②(생물이) 성숙한 상태로 되다. ¶훌륭한 성인으로 자라다. ③기능이나 역량 따위가 나아지다(발전하다). ¶훌륭한 선수로 자라다.

자라다²[Ⅰ]郾 어떤 수준에 미치거나 닿다. ¶너무 떨어져 있어서 손이 자라지 않는다. [Ⅱ]郾 모자라지 않다. 충분하다. ¶여비가 이만하면 자라고도 남는다.

자라-마름명 ⇨자라풀.

자라-목명 '보통 사람보다 짧고 밭은 목'을 비유하여 이르는 말.

자라목 오그라들듯(孟) 면구스럽거나 멋쩍어서 목을 움츠림을 비유하는 말.

자라-배명 ⇨복학(腹瘧).

자라-병(-甁)**명** 자라 모양의 병.

자라-자지명 보통 때에는 작지만 발기하면 몹시 커지는 자지.

자라-풀명 자라풀과의 다년초. 연못 등의 물속에 나는데, 줄기는 옆으로 벋고 마디에서 수염뿌리가 남. 잎은 원형 또는 콩팥 모양인데 물위에 뜨고, 8~9월에 하얀 꽃이 핌. 자라마름.

자락명 ①'옷자락'의 준말. ②옷이나 피륙 따위의 아래로 드리운 부분. ¶두루마기 자락. ③는밭이나 산 따위의 넓은 부분. ¶설악산 자락에서 길을 잃었다. ④넓게 퍼진 안개·구름·어둠 따위를 이르는 말. ¶안개 자락.

자락(恣樂)**명**<u>하</u><u>자</u> 마음대로 즐김.

자락-자락[-짜-]**旲** 갈수록 거리낌 없이 행동하는 모양. ¶보자 보자 하니까 자락자락 더해지는군.

자:란(紫蘭)**명** ⇨대왐풀.

자란-벌레명 ⇨성충(成蟲).

자란-자란旲<u>형</u> ①그릇에 가득한 액체가 잔에서 넘칠 듯 말 듯한 모양. ¶유리잔에 물이 자란자란하다. ②물체의 한끝이 다른 물체에 가볍게 스칠락 말락 하는 모양. @지런지런. @자란자란.

자란-점(-點)[-쩜-]**명** ⇨생장점.

자람명<u>하</u><u>자</u><u>타</u> 자기 또는 자기와 관계되는 것을 남에게 드러내어 뽐냄. 또는 그렇게 뽐낼 수 있는 거리. ¶자식 자랑. /친구에게 새 신발을 자랑하다.

자랑 끝에 불붙는다(孟) 자랑이 지나치면 그 끝에 무슨 말썽이 생기기가 쉽다는 말.

자랑²旲<u>하</u><u>자</u><u>타</u> 얇은 쇠붙이 같은 것이 서로 가볍게 부딪쳐서 나는 부드러운 소리. @저렁. @짜랑. @자랑. **자랑-자랑旲**<u>하</u><u>자</u><u>타</u>.

자랑-거리[-꺼-]**명** 자랑할 만한 거리.

자랑-거리다郾 자꾸 자랑자랑하다. 자랑대다. @지렁거리다.

자랑-대다郾 자랑거리다.

자랑-삼다[-따]**타** 자랑거리로 하다. ¶형은 반에서 일 등을 한 사실을 자랑삼아 말했다.

자랑-스럽다[-따][~스러우니·~스러워]**형**<u>ㅂ</u> 자랑할 만하다. **자랑스레旲**.

자래명 쌍으로 된 물고기의 알주머니.

자래-로(自來-)**旲** '자고이래로(自古以來로)'의 준말.

자량(自量)**명**<u>하</u><u>자</u> 스스로 헤아림. 자기 자신의 요량. ¶자량하여 처리하라.

자량(資糧)**명** 자량. 자금과 식량.

자량-처:치(自量處之)**명**<u>하</u><u>타</u> 스스로 헤아려서 처리함.

자력(自力)**명** ①자기 혼자의 힘. ¶자력으로 대학원까지 마치다. →타력(他力). ②불교에서, 자기 자신의 행업(行業)에 의하여 깨달음을 얻으려고 하는 일을 이르는 말.

자력(資力)**명** ①자본을 낼 수 있는 힘. ②경제적인 지급 능력. ¶자력이 좀 약하다.

자:력(磁力)**명** (같은 극끼리는 서로 밀치고, 다른 극끼리는 서로 끌어당기는) 자석의 힘. 자기력.

자력-갱생(自力更生)[-갱-]**명**<u>하</u><u>자</u> 남에게 의지하지 아니하고, 스스로의 힘만으로 어려운 처지에서 벗어나 새로운 삶을 살아감.

자:력-계(磁力計)[-계-/-게-]**명** 자기장의 세기와 그 방향을 측정하는 장치.

자력-교(自力敎)[-꾜-]**명** 불교에서, 자력으로 깨달음을 얻으려는 성도(聖道)의 가르침을 이르는 말. 자력문(自力門).

자력^구:제(自力救濟)[-꾸-]**명** 민법에서, 자기의 권리를 확보하기 위하여 사법 절차를 따르지 아니하고 피해자 자신이 직접 실력 행위를 하는 일. @자구 행위(自救行爲).

자력-문(自力門)[-령-]**명** ⇨자력교(自力敎).

자:력-선(磁力線)[-썬]**명** 자기장의 내부에서 자기 작용의 방향을 나타내는 곡선. N극에서 나와 S극으로 향하려는 성질이 있음. 지력선.

자:력^선:광(磁力選鑛)[-썬-]**명** 광물의 자성(磁性) 차이를 이용하여, 전자석의 작용으로 유용 광물을 골라내는 방법.

자력^염:불(自力念佛)[-렴념-]**명** 불교에서, 아미타여래(阿彌陀如來)의 본원(本願)의 힘에 의하지 않고, 자력으로 왕생을 얻으려고 외는 염불을 이르는 말.

자력-종(自力宗)[-쫑]**명** 불교에서, 자력(自力)으로 깨달음에 이르는 것을 원칙으로 하는 종파(宗派)를 이르는 말.

자력-회향(自力回向) [-려쾨-/-려퀘-]**명** 불교에서, 자기가 닦은 선행의 공덕을 남에게 베풀어서 과보(果報)를 얻으려는 일을 이르는 말.

자:로(紫鷺)**명** ☞얼룩백로.

자로이득(自勞而得)**명하타** (어떤 결과를) 스스로 노력하여 얻음.

자뢰(資賴) [-뢰/-뤠]**명하타** 밑천으로 삼음.

자료(自了)**명하타** (어떤 일을) 스스로의 힘으로 끝마침.

자료(資料)**명** 무엇을 하기 위한 재료. 특히, 연구나 조사 등의 바탕이 되는 재료. ¶자료 수집. /그 시기의 신문에서 자료를 모으다.

자루¹**명** ①(여러 가지 물건을 담을 수 있게) 헝겊 따위로 만든, 크고 길쭉한 주머니. ②**의존 명사적 용법** 물건을 헝겊 따위로 만든 크고 길쭉한 주머니에 담아, 그 분량을 세는 단위. ¶쌀 두 자루.

자루²**명** ①연장의 손잡이. ¶낫 자루. /도끼 자루. ②**의존 명사적 용법** (총·칼·도끼 따위) 기름한 물건을 세는 단위. ¶권총 한 자루. /연필 두 자루.

자루-걸레[-래]**명** 긴 막대로 된 자루에 걸레를 단 청소 용구. 대걸레.

자루-바가지[-치]**명** 나무를 파서 만든, 손잡이가 달린 바가지.

자:류-마(紫騮馬)**명** 털빛이 밤빛인 말.

자르다¹[자르니·잘라]**타르** ①(날붙이 따위로) 물체를 베어 도막을 내다. ¶고등어를 세 도막으로 자르다. ②온 것에서 한 부분을 떼어 내다. ¶곁가지를 자르다. /생선의 꼬리만 자르다. ③(말이나 일 등이) 이어지던 것을 끊다. ¶남의 말을 중도에서 자른 다음, 제 주장만 늘어놓다. ④(상대편의 요구 등을) 받아들이지 않겠다는 뜻을 나타내다. 거절하다. ¶경위 해명의 요구를 한마디로 잘라 버렸다. ⑤(직장 등에서) '내보내다'를 속되게 이르는 말.

자르다²[자르니·잘라]**타르** (물체를) 잘록하도록 동이다. ¶지혈을 위해 상처를 붕대로 잘라 매었다.

자르랑[-랑]**부하자타** 얇은 쇠붙이 조각들이 서로 부딪칠 때 울리어 나는 소리. 저르렁. **셈**짜르랑. **거**차르랑. **자르랑-자르랑**[-랑]**부하자타**

자르랑-거리다[자태] 자꾸 자르랑자르랑하다. 자르랑대다. 저르렁거리다.

자르랑-대다[자태] 자르랑거리다.

자르르[부하형] ①물기·기름기·윤기 따위가 고루 묻거나 배어서 반드르한 모양. ¶기름기가 자르르 흐르다. ②뼈마디나 몸의 일부가 조금 자릿한 느낌. ¶손목이 자르르 저리다. **큰**지르르. **셈**짜르르.

자리¹**명** ①차지하는 어떤 한정된 공간. ¶자리가 좁다. /구경하기에 좋은 자리. ②앉거나 서거나 누울 곳. ¶자리에 눕다. /자리에서 일어서다. ③물건을 놓아 두는 곳. ¶본디 자리에 갖다 놓아라. ④무엇 또는 무슨 일이 있었던 곳. ¶못에 긁힌 자리. /성문이 있던 자리. ⑤일정한 사람이 모인 곳, 또는 그런 기회. ¶친구들이 모인 자리. ⑥지위 또는 직위. ¶과장 자리. ⑦십진법에 따른 숫자의 위치. ¶백(百)의 자리. /두 자리의 수(數). ⑧일정한 조건의 사람을 필요로 하는 곳. ¶영업부에 자리가 났다. /자네가 일할 만한 자리를 마련해 보겠네.

자리(가) **잡히다**[관용] ①서투르던 것이 익숙해지다. ②생활이 안정되다. ③규율이나 질서 따위가 제대로 이루어지다.

자리를 같이하다[관용] ①(옆에) 같이 앉다. ¶나란히 자리를 같이하여 연극을 보다. ②한자리에 모이다.

자리를 뜨다[관용] 그곳을 떠나다. ¶회의 중에는 자리를 뜨지 마라.

자리(를) 잡다[관용] ①어떤 자리를 정하거나 차지하다. 들어앉다. 들어앉다. ②일정한 곳에서 살게 되다. ¶그는 외국으로 이민 간 후 그곳에 자리를 잡고 살고 있다. ③어떤 생각이 마음속에 뿌리박다. ¶과학자가 되겠다는 생각이 자리 잡기 시작하였다.

자리²**명** ①사람이 앉거나 눕거나 하기 위하여 바닥에 까는 물건. 〔돗자리·삿자리 따위.〕 ¶자리를 펴다. ②잠을 잘 때 깔고 덮는 이부자리. ③〈잠자리①〉의 준말. ¶자리에 들다.

자리(를) 보다[관용] (잠을 자려고) 이부자리를 펴다. ¶아버지 주무시게 자리 보아 드려라.

자리에 눕다[관용] 병으로 앓아 눕다.

자리(自利)**명** ①자신의 이익. ②불도를 닦아서 얻은 공덕을 남에게 돌리지 않고 자기 혼자 차지하는 일.

자:리(紫李)**명** ☞자두.

자리-같이[명][하자] 누에의 똥을 치고 새 자리로 바꾸어 주는 일.

자리개[명] 무엇을 옭아 매거나 묶거나 하는 데 쓰는, 짚으로 만든 굵은 줄.

자리개미[명][하타] 조선 시대에, 포도청에서 사형수의 목을 졸라 죽이던 일.

자리개-질[명][하자] 자리개로 곡식 단을 동여 타작하는 일. **준**잘개질.

자리-걷이[-거지]**명[하자]** 관(棺)이 나간 뒤에 집가나는 일종의 한 가지. 관이 놓였던 자리에 음식을 차려 놓고 굿을 하며 죽은 이의 명복을 빎.

자리공[명] 자리공과의 다년초. 뿌리는 굵고 줄기는 1~1.5 m. 잎은 담배잎의 잎과 비슷함. 5~6월에 흰 꽃이 피며, 열매는 적자색의 장과(漿果)로 독(毒)이 있음. 산의 그늘진 메에 나는데, 뿌리는 '상륙(商陸)'이라 하여 이뇨제로 쓰임.

자리-끼[명] 잠자리에서 마시기 위하여 머리맡에 떠 놓는 물.

자리다[형] ①몸의 일부가 오래 눌려 있어서 신경이 마비된 듯한 느낌이 있다. ¶발이 자리다. ②근육이나 뼈마디가 쏙쏙 쑤시듯이 아프다. ¶뼈마디가 자리다. **큰**저리다.

자리-다툼[명][하자] 좋은 지위나 자리를 차지하려고 다투는 일. ¶나는 친구와 자리다툼하고 싶지 않다.

자리-돔[명] 자리돔과의 바닷물고기. 몸길이 10~18 cm. 몸이 달걀 모양이며, 몸빛은 검붉은 꼬리지느러미 양옆에 흑자색에 세로 무늬, 가슴지느러미의 기부(基部)에 맑은 청색 무늬가 있음. 내만(內灣)에 사는데, 중남부 특히 제주도 연해에서 많이 남.

자리-매김[명][하자][되자] (어떤 집합체 안에서) 특정의 사물이 가진 그 나름의 의의나 중요성 따위를 매기는 일. ¶여성 심리를 날카롭게 파헤친 그의 노력은 우리 문학사에서 하나의 새로운 시도로 자리매김되어야 할 것이다.

자리-바꿈[명] ①어떤 자리를 바꿈. ②☞격 변화(格變化). ③[하자] 음정·선율·화음에서 음을 한 옥타브 올리거나 내리는 일. ③전회(轉回).

자리-보전(-保全)**명[하자]** 병이 들어 자리를 깔고 누워서 지냄.

자리-옷[-옫]**명** 잠을 잘 때 입는 옷. 잠옷. ＊자리옷이[-오시]·자리옷만[-온-]

자리-자리[부][형] 심하지 않게 계속 자린 느낌. [큰]저리저리.

자리-토씨[명] ☞격 조사(格助詞).

자리-틀[명] 자리를 짜는, 나무로 만든 틀.

자리-품[명] 〈고지자리품〉의 준말.

자리-하다[자][여] (어떠한 곳에) 자리를 차지하다. ¶대도시 근교에 자리한 원예 단지. ②(정해진) 자리에 앉다. ¶자기소개가 끝나신 분은 모두 자리하십시오. ③여러 사람이 일정한 곳에 모이다. ¶조만간 함께 자리해서 술이나 한잔 하자.

자린-고비[명] '아니꼬울 정도로 인색한 사람'을 이르는 말.

자림(子淋)[명] 한방에서, 임부(姙婦)의 소변이 잦은 병증을 이르는 말.

자립(自立)[명][하자] 남에게 의지하거나, 남의 지배를 받거나 하지 않고 자기의 힘으로 해 나감. ¶자립 생활. /자립 경영. /경제적으로 자립하다.

자립^명사(自立名詞)[-림-][명] 문장에서 다른 말의 도움 없이 여러 성분으로 쓰이는 명사. 〔'인수가 안국역에서 지하철을 탔다.'에서 '인수'·'안국역'·'지하철' 따위.〕실질 명사. 완전 명사. ↔의존 명사(依存名詞).

자립-성(自立性)[-썽][명] 남에게 의존함이 없이 스스로의 힘으로 일어서려는 성질.

자립-심(自立心)[-씸][명] 남에게 의존하거나 일어서거나 또는 일어서거나 하는 마음 가짐.

자립-적(自立的)[-쩍][관][명] 남에게 의존함이 없이 스스로의 힘으로 서는 (것). ¶자립적 국민 경제. /자립적인 경영.

자립^형태소(自立形態素)[-리평-][명] 단독으로 쓰일 수 있는, 뜻을 가진 가장 작은 말의 단위. 〔'철수가 책을 읽었다.'에서 '철수'·'책' 따위로, 체언·수식언·독립언이 이에 딸림.〕↔의존 형태소(依存形態素).

자릿-값[-리깝/-릳깝][명] 자릿세. ＊자릿값이[-리깝씨·-릳깝씨]·자릿값만[-리깜-/-릳깜-]

자릿-내[-리-/-릳-][명] 씻지 않고 오래 둔 빨랫감이 떠서 나는 쉰 냄새.

자릿-상(-床)[-리쌍/-릳쌍][명] 이부자리를 쌓아 두는 상(床). 의장(衣欌)같이 만드는데, 놓이는 책상만 트고 문짝은 없으며 서랍만 있음.

자릿-세(-貰)[-리쎄/-릳쎄][명] 자리를 빌려 쓰고 내는 셋돈. 자릿돈.

자릿-쇠[-리쐬/-릳쐬][명] ☞와셔(washer).

자릿-수(-數)[-리쑤/-릳쑤][명] 십진법에 따른 자리의 숫자. ¶두 자릿수.

자릿-자릿[-릳짜릳][부][형] (피부나 점막 등에 강한 자극을 받아) 잇달아 자지러지게 자린 듯한 느낌. ¶자릿자릿한 쾌감. /뼈마디가 자릿자릿한 통증. 센째릿째릿.

자릿-장(-欌)[-리짱/-릳짱][명] 이부자리를 넣어 두는 장롱. 금침장(衾枕欌).

자릿-저고리[-리쩌-/-릳쩌-][명] 잠잘 때에 입는 저고리.

자릿-점(-點)[-리쩜/-릳쩜][명] 수판(數板)에서, 수의 '자리를 나타내기 위하여 표시한 점. 정위점(定位點).

자릿-조반(-早飯)[-리쪼-/-릳쪼-][명] 새벽에 일어나는 대로 그 자리에서 먹는 죽이나 미음 따위의 간단한 음식.

자릿-하다[-리타-][형][여] (감전된 것처럼) 순간적으로 자지러지게 자리다. ¶전선에 닿는 순

간 자릿한 느낌이 온몸을 스쳐 갔다. [큰]저릿하다. 센째릿하다.

자마구[명] 벼·보리 따위의 꽃가루.

자:-마노(紫瑪瑙)[명] 자줏빛을 띤 마노.

-자마자[어미] 동사 어간이나 높임의 '-시-' 뒤에 붙어, '그 동작을 하자 곧' 또는 '그 상태가 되자 곧'의 뜻으로, 앞말이 뒷말의 전제적 사실이 됨을 나타내는 종속적 연결 어미. ¶날이 밝자마자 떠났다.

자막(字幕)[명] 영화·텔레비전 등에서, 제목·배역·해설·대사 등을 글자로 나타낸 화면.

자-막대기(尺-)[-때-][명] 자로 쓰는 막대기. 잣대.

자막집중(子莫執中)[-찝쭝][성구] '융통성이 없음'을 이르는 말. 〔중국 전국 시대의 자막(子莫)이란 사람이 중용(中庸)만을 지켰다는 데에서 유래함.〕

자만(自滿)[명][하자] 스스로 만족하게 여김.

자만(自慢)[명][하자타] 자기에게 관계되는 일을 남 앞에서 뽐내고 자랑하며 오만하게 행동함. ¶자만에 빠지다.

자만-심(自慢心)[명] 자만하는 마음.

자말(子末)[명] 십이시의 자시(子時)의 끝. 〔상오 1시에 가까운 무렵.〕

자:망(刺網)[명] 물고기를 잡는 그물의 한 가지. 고기 떼가 지나는 곳에 길게 쳐서 물고기가 그물코에 걸리게 하여 잡는 그물.

자망(資望)[명] 자질과 인망. 신분과 인망.

자-맞춤(字-)[-맏-][명자] ①책에서, 나란히 있는 같은 글자를 찾아내는 놀이. ②☞자모듬.

자매(自媒)[명] ☞자천(自薦).

자매(姉妹)[명] ①여자끼리의 동기. 손위 누이와 손아래 누이. 여형제. ②같은 계통에 속하여 밀접한 관계에 있거나 서로 친선 관계에 있는 둘 또는 그 이상의 것. ¶자매 학교. /자매 회사.

자매-결연(姉妹結緣)[명] ①자매의 관계를 맺는 일. ②어떤 지역이나 단체 또는 집단이 다른 지역이나 단체 또는 집단과 친선이나 상호 교류를 목적으로 밀접한 관계를 맺는 일.

자매-교(姉妹校)[명] ①친선이나 연구 교류 등의 목적으로 특별히 가까운 관계에 있는 두 학교. ②같은 대학의 부속 학교 관계에 있는 두 학교.

자매-기관(姉妹機關)[명] 목적과 정신을 같이하여, 서로 밀접한 관계에 있는 기관.

자매^도시(姉妹都市)[명] 국제적인 문화 교류나 친선을 목적으로, 특별히 친밀한 관계를 맺은 도시와 도시.

자매-선(姉妹船)[명] 같은 설계로써 건조된 배, 또는 그런 관계에 있는 배들을 이르는 말.

자매^역연혼(姉妹逆緣婚)[명] 홀아비가, 죽은 아내의 언니나 아우와 하는 결혼.

자매-지(姉妹紙)[명] 발행 정신과 목적이 같고 서로 밀접한 관계에 있거나, 한 기관에서 내는 두 신문.

자매-편(姉妹篇)[명] 소설·희곡·영화 따위의, 서로 관련되는 두 작품, 또는 먼저의 작품에 이어지는 비슷한 내용의 작품.

자매^회:사(姉妹會社)[-회-/-훼-][명] 같은 목적과 정신을 가지고 운영되는, 서로 밀접한 관계에 있는 두 회사.

자맥(自脈)[명][하자] 자기 자신의 맥을 짚어 스스로 진찰하는 일.

자맥-질[-찔][명][하자] 〈무자맥질〉의 준말.

자-머리[명] 피륙 따위를 자로 잴 때, 자의 길이보다 좀 여유 있게 잡은 부분. ¶자머리를 넉넉하게 두고 끊다.

자멸(自滅)[명][하자][되자] ①저절로 멸망함. ②자기의 행동이 원인이 되어 자기가 멸망함. ¶인류는 핵무기에 의하여 자멸할는지 모른다.

자멸(自蔑)[명][하자] 자기 자신을 멸시함.

자멸-책(自滅策)[명] 잘한다는 것이 잘못되어, 도리어 자기 자신이 망하게 되는 꾀.

자명(自明)[명] '자명하다'의 어근.

자명(自鳴)[명][하자] ①저절로 소리가 남. ②제풀에 울거나 울림.

자:명(藉名)[명][하타] 이름을 빙자함.

자명-고(自鳴鼓)[명] 적이 침입해 오면 저절로 울렸다는 전설상의 북.〔한사군(漢四郡) 때 낙랑(樂浪)에 있었다고 함.〕

자명-금(自鳴琴)[명] ☞오르골(orgel).

자명-소(自明疏)[명] 자신의 결백을 스스로 밝히는 상소(上疏).

자명-종(自鳴鐘)[명] 미리 정하여 놓은 시간이 되면 스스로 울려서 시각을 알려 주는 시계.

자명-하다(自明-)[형여] 증명하나 설명의 필요 없이 그 자체로서 명백하다. ¶자명한 이치.

자모(子母)[명] 아들과 어머니. 모자(母子).

자모(字母)[명] ①표음 문자(表音文字)의 음절을 이루는 단위인, 하나하나의 글자.〔ㄱ·ㄴ·ㅏ, a·b·c 따위.〕낱자. ②☞모형(母型).

자모(自侮)[명][하자] 자기 자신을 업신여김.

자모(姉母)[명] 손위 누이와 어머니. 모자(母姉).

자모(姿貌)[명] 얼굴 모양. 얼굴 모습.

자모(慈母)[명] ①자애로운 어머니. ②팔모(八母)의 하나. 죽은 어머니를 대신하여 자기를 길러 준 서모(庶母).

자-모듬(字-)[명][하자] 한시(漢詩) 짓기를 익히기 위하여, 아이들이 한자를 되는대로 모아서 말을 만드는 일. 자맞춤.

자모-변(字母辨)[명] 조선 정조 때의 학자 황윤석(黃胤錫)의 문집인 '이재유고(頤齋遺稿)' 26권 13책 중, 26권 속에 든 국문 연구론. 한글의 자모나 우리말의 어원을 몽골 어·범어(梵語)·여진어 등과 대조해 가며 밝힌 점이 특색임.

자모-순(字母順)[명] 자모의 배열 순서.〔ㄱㄴㄷ·알파벳순 따위.〕

자-모음(子母音)[명] 자음과 모음.

자모-자(子母字)[명] 자음 문자와 모음 문자.

자모-전(子母錢)[명] 이자가 붙은 돈. 본전과 이자.

자모-회(姉母會)[-회/-훼][명] 유치원·초등학교 등에서, 어린이들의 효과적인 교육을 위하여 그 자모들이 구성한 후원 단체.

자목(字牧)[명][하타] 지난날, 지방 수령(守令)이 백성을 사랑하여 다스리던 일.

자:-목련(紫木蓮)[-몽년][명] 목련과의 낙엽 활엽 교목. 중국 원산의 관상용 식물. 잎은 끝이 뾰족한 달걀 모양임. 봄에 짙은 자줏빛 꽃이 잎보다 먼저 피고, 열매는 가을에 갈색으로 익음.

자목지임(字牧之任)[-찌-][명] 지난날, '수령(守令)'을 달리 이르던 말.

자못[-몯][부] 생각보다는 훨씬. 꽤. 퍽. ¶올림픽 참가 선수들에 대한 기대가 자못 크다.

자문(自刎)[명][하자] 스스로 자신의 목을 찔러 죽음. 자경(自剄).

자문(自問)[명][하자타] 스스로 자신에게 물음.

자:문(刺文)[명][하자] ①☞자자(刺字). ②☞문신(文身).

자:문(諮問)[명][하타] ①아랫사람에게 의견을 물음. ②정부나 기업체 따위에서, 학식과 경험이

풍부한 전문가에게 의견을 물음. ¶선거법 개정에 대한 자문에 응하다.

자:문-감(紫門監)[명] 조선 시대에, 궁중의 영선(營繕)·공작(工作)을 맡아보던 선공감(繕工監)의 한 직소(職所).

자:문^기관(諮問機關)[명] 자문받은 문제에 대해서 전문가들이 연구·검토·협의하여 답신하는 기관.

자문-자답(自問自答)[명][하자] 스스로 묻고 스스로 대답함.

자문-죽(自紋竹)[명] 아롱진 무늬가 있는 대나무의 한 종류. 중국 원산으로, 담뱃대를 만드는 데 많이 쓰였음.

자물-단추(-單-)[명] 직사각형이나 타원형으로 된 암단추의 구멍에 작은 수단추를 끼게 된 단추. 금·은·옥 따위로 만듦.

자물-쇠[-쐬/-쒜][명] 여닫는 물건에 채워서 열지 못하게 잠그는 쇠. 자물통.

자물쇠-청[-쐬-/-쒜-][명] 자물쇠에 딸린 날름쇠. 탄력성 있는 얇은 강철 조각으로 되어 있음.

자물-통(-筒)[명] ☞자물쇠.

자:미(紫薇)[명] ☞백일홍.

자미(滋味)[명] ①자양분이 많고 맛이 좋은 음식. ②'재미'의 잘못.

자:미-궁(紫微宮)[명] ☞자미원(紫微垣).

자:미-사(紫微紗)[명] 봄옷이나 가을옷의 옷감으로 쓰이는 비단의 한 종류.

자:미-성(紫微星)[명] 고대 중국의 천문학에서 이르던 자미원(紫微垣)에 딸린 별. 북두칠성의 북쪽에 있으며, 천제(天帝)에 비유됨.

자미-승(柔米僧)[명] ①음력 섣달 대목이나 정월 보름에 아이들의 복을 빌어 준다며 쌀을 얻으려 다니는 중. ②☞동냥중.

자:미-원(紫微垣)[명] 고대 중국의 천문학에서, 삼원(三垣)의 하나인 별자리. 큰곰자리를 중심으로 한 170여 개의 별로 이루어져, 천제(天帝)가 거처하는 곳이라고 전해 옴. 자미궁.

자미-중(柔米-)[명] ☞동냥중.

자바라(←啫哱囉)[명] 놋쇠로 둥글넓적하고 배가 불룩하게 만든, 두 짝으로 된 타악기. 한가운데 있는 구멍에 가죽 끈을 꿰어 한 손에 하나씩 쥐고 마주 쳐서 소리를 냄. 불교 의식에 많이 쓰임. 부구(浮漚). 제금. 제바라.

자바라-수(←啫哱囉手)[명] 군중(軍中)에서 자바라를 치던 취타수(吹打手). ☜바라수(哱囉手).

자-바리[명] 바릿과의 바닷물고기. 몸길이 60㎝ 가량. 몸빛은 다갈색인데, 옆구리에 흑갈색 가로띠가 있음. 우리나라 남해 및 일본 중부 이남과 중국·인도 등지의 연안(沿岸)에 분포함.

자바^원인(Java猿人)[명] 인류와 유인원(類人猿)의 중간형으로 추정되는, 약 40만 년 전의 화석 인류(化石人類). 1891년에 네덜란드인 뒤브와가 자바에서 발견함. 학명은 '호모 에렉투스'. 직립 원인(直立猿人).

자박¹[명] 사금광(沙金鑛)에서 캐낸 큰 생금(生金) 덩어리.

자박²[부][하자] 가만가만 내디딜 때 나는 발자국 소리, 또는 그 모양. ☜저벅. ☜작박·작박.

자박(自縛)[명][하자] ①스스로 자신을 옭아 묶음. ②자기가 주장한 의견에 구속되어 자기의 자유를 잃음. ☜자승자박.

자박-거리다[-꺼-][자] 자꾸 자박자박하다. 자박대다. ☜저벅거리다.

자박-대다[-때-][자] 자박거리다.

자:반[명] ①물고기를 소금에 절인 반찬. ②해산 물이나 나물 종류에 간장이나 찹쌀 풀을 발라 서 말린 것을 굽거나 기름에 튀긴 반찬. ③짭 짤하게 무치거나 졸인 반찬. 한자를 빌려 '佐飯'으로 적기도 함.

자:반(紫斑)[명] 피부 조직에 내출혈로 말미암아 나타나는 자줏빛 얼루기.

자:반(紫瘢)[명] 상처가 아문 자리에 한동안 남는 자줏빛 흔적.

자:반-뒤지기[명] 씨름 재주의 한 가지. 자기 몸을 뒤로 젖히면서 상대편을 넘기는 기술.

자:반-뒤집기[−끼][명]하자 (고통을 못 이겨) 몸을 마구 엎치락뒤치락하는 것.

자:반-병(紫斑病)[−뼝][명] 피부 조직이나 점막 아래에 출혈(出血)로 인하여 자줏빛 얼루기가 나타나는 병.

자발(自發)[명]하자 (남의 명령이나 암시 따위에 의하지 않고) 자기 스스로 하는 일.

자:발머리-없다[−업따][형] 〈자발없다〉의 속된 말. 자발머리없-이[부].

자발-성(自發性)[−씽][명] (남의 영향에 의하지 않고) 무슨 일을 자기 스스로 하는 성질, 또는 그런 특성.

자:발-없다[−업따][형] 참을성 없이 가볍고 방정맞다. 자발없-이[부] ¶자발없이 다리를 떨면서 조잘거린다.

자발-적(自發的)[−쩍][관][명] (남의 영향에 의하지 않고) 자기 스스로 하는 (것). ¶자발적 참여. /자발적인 학습 태도를 기르다.

자발적 실업(自發的失業)[−쩍써럽] 일할 의사나 능력은 있으나 임금이 너무 낮거나 조건이 맞지 않을, 스스로 취업을 거부함으로써 생기는 실업.

자밤[명] 양념이나 나물 따위의, 두 손가락 끝으로 집을 만한 정도의 분량을 나타내는 말. ¶나물 한 자밤.

자밤-자밤[명] 손가락으로 한 자밤씩 한 자밤씩 계속 집는 모양. ¶나물을 그릇마다 자밤자밤 집어 놓다.

자방(子方)[명] 이십사방위의 하나. 정북을 중심으로 하여 15도 범위 이내의 방위. 임방(壬方)과 계방(癸方) 사이. (준)자(子)². ↔오방(午方).

자방(子房)[명] ☞씨방.

자방(恣放)[명] '자방하다'의 어근.

자방-충(虸蚄蟲)[명] ☞며루.

자방-하다(恣放−)[형여] ☞방자(放恣)하다.

자배기[명] 질그릇의 한 가지. 둥글넓적하고 아가리가 쩍 벌어진 질그릇으로, 소래기보다 운두가 약간 높음.

자백(自白)[명]하자타 ①자기의 죄나 허물을 스스로 고백함. ②형사 소송법에서, 자기의 범죄 사실을 인정하는 일. ③민사 소송법에서, 상대편이 주장하는, 자기에게 불리한 점을 인정하는 일.

자벌(自伐)[명] 자기의 공로를 드러내어 자랑함.

자-벌레[명] 자나방과의 나방의 유충. 가슴에 세 쌍, 배에 한 쌍의 발이 있으며, 기어갈 때는 꼬리를 머리 쪽에 붙이고 마치 뼘으로 자질하 듯 기어감. 풀이나 나뭇잎을 갉아 먹고 사는 해충임.

자벌레-나방[명] 자나방과의 곤충을 통틀어 이르는 말.

자벌-적(自罰的)[−쩍][관][명] ☞내벌적(內罰的).

자법(子法)[명] 외국의 법률을 본떠서 만든 법률. ↔모법(母法).

자벽(自辟)[명]하타 조선 시대, 관리 등용 방법의 한 가지. 각 관아의 장이 자기 마음대로 관원을 임명하던 일. 특히, 중국에 가는 사신들이 역관(譯官)을 자의로 임명하는 일이 많았음.

자벽-과(自辟窠)[−꽈][명] 조선 시대에, 자벽으로 시킨 벼슬을 이르던 말.

자변(自辨)[명]하타 스스로 비용(費用)을 부담함. 자판(自辦).

자별(自別)[명] '자별하다'의 어근.

자별-하다(自別−)[형여] ①본디부터 다르다. ¶남녀가 자별하다. ②(인정이나 교분 따위가) 남보다 특별하다. ¶그는 나와 자별한 사이다. 자별-히[부].

자복(子福)[명] ①자식을 많이 둔 복. ②자식을 두어서 얻는 복.

자복(自服)[명] ①친고죄(親告罪)에 있어서, 고소권을 가진 피해자에게 자발적으로 자기의 범죄 사실을 고백하는 일. 자수(自首)와 같이 취급됨. ②저지른 죄를 자백하고 복종함.

자복(雌伏)[명]하자 ①(새의 암컷이 수컷에 복종한다는 뜻으로) 남에게 굴복함. ②(실력 있는 사람이) 시기를 기다리며 가만히 숨어 있음. ¶자복 십 년. ↔웅비(雄飛).

자본(資本)[명] ①사업을 하는 데 필요한 돈. 밑천. ②(토지·노동과 함께) 생산의 기본 요소의 하나. ③'활동의 바탕이 되는 소중한 것'을 비유하여 이르는 말. ¶건강이야말로 가장 큰 자본이다.

자본-가(資本家)[명] ①자본금을 내어서 그 이윤을 얻는 사람. ②노동자를 고용·사역하여 기업을 경영하는 사람.

자본-가계급(資本家階級)[−계−/−게−][명] 생산 수단으로서 자본을 소유하는 계급. 부르주아지. 자본 계급.

자본-거:래(資本去來)[명] 국가 간의 거래에서, 유가 증권의 매매나 자금의 융통 따위에 의한 채권·채무의 거래.

자본-계급(資本階級)[−계−/−게−] ☞자본가 계급.

자본-계:수(資本係數)[−계−/−게−][명] 생산 설비, 원자재 등 투입 자본 전량(全量)의 생산량에 대한 비율.

자본-계:정(資本計定)[−계−/−게−][명] 부기에서, 자본 거래를 계상(計上)하는 계정 과목(計定科目). 자본금·자본 잉여금·이익 잉여금·결손금 등의 과목으로 나뉨.

자본-금(資本金)[명] ①이익을 낳는 바탕이 되는 돈. ②영리를 목적으로 하는 회사를 경영하는 바탕이 되는 돈. 주식회사에서는 주주(株主)에게서 모집함.

자본-도:피(資本逃避)[명] 자국 화폐 가치의 하락이 예상되는 경우, 불이익을 피하기 위하여 자국 화폐 자금을 외화 자금으로 옮겨 놓는 일.

자본-수출(資本輸出)[명] 한 나라의 자본을 다른 나라의 생산 활동에 투자하는 일. 외국의 채권이나 증권에 대한 투자, 차관 또는 외국에서의 공장 건설, 합작 회사 설립 등의 방법으로 이루어짐.

자본-시:장(資本市場)[명] 금융 시장 중, 장기 자금의 수요와 공급이 이루어지는 시장.

자본-예:산(資本豫算)[−녜−][명] 기업의 설비 자산에 대한 지출 예산.

자본-재(資本財)[명] 부(富)를 생산하기 위하여 사용되고 또는 생산에 쓰이는 그 밖의 재화. (원)생산재(生産財).

자본-주(資本主)[명] 자본을 대는 사람.

자본-주의(資本主義)[-의/-이]**명** 생산 수단을 가진 자본가 계급이 노동자 계급으로부터 노동력을 사서 생산 활동을 함으로써 이익을 추구해 나가는 경제 구조, 또는 그 바탕 위에 이루어진 사회 제도.

자본^준:비금(資本準備金)**명** 주식회사·유한 회사가 적립해야 할 법정 준비금.

자본^축적(資本蓄積)[-쩍]**명** 이익의 일부를 자본에 추가하여 생산 규모를 확대해 나가는 일.

자-불기명 자막대기로 때리는 불기.

　자볼기 맞겠다(속담) 〔아내가 쓰는 자막대기로 볼기를 맞겠다는 뜻으로〕'아내에게 나무람을 듣겠다'는 말을 농조로 하는 말.

자봉(自奉)**명하자** 스스로 자기 몸을 보양(保養)하는 일.

자봉(雌蜂)**명** 벌의 암컷. 암벌. ↔웅봉(雄蜂).

자봉-침(自縫針)**명** '재봉틀'의 잘못.

자봉-틀(自縫-)**명** '재봉틀'의 잘못.

자부(子部)**명** 중국의 고전을 경(經)·사(史)·자(子)·집(集)의 사부로 분류한 것 중에서 '자'에 딸린 부류. 〔유가(儒家)·병가(兵家)·법가(法家)·도가(道家)·석가(釋家)·기예(技藝)·술수(術數) 및 소설 따위.〕 병부(丙部).

자부(子婦)**명** 며느리.

자부(自負)**명하자타** 자기의 재능이나 학문·직업 따위에 자신을 가지고 스스로 자랑으로 생각함, 또는 그런 마음. ¶일류 선수임을 자부한다. /그는 컴퓨터 분야에서는 그 누구보다도 잘 안다고 자부한다.

자부(姉夫)**명** ☞자형(姉兄).

자부(慈父)**명** ①자식에 대하여 깊은 사랑을 가진 아버지. 자애로운 아버지. ②'아버지'를 빗대어 일컫는 말.

자부락-거리다[-꺼-]**자타** 자꾸 자부락자부락하다. 자부락대다. (큰)지부럭거리다.

자부락-대다[-때-]**자타** 자부락거리다.

자부락-자부락[-짜-]**부** 실없는 말이나 행동으로 가만히 있는 사람을 자꾸 귀찮게 하는 모양. (큰)지부럭지부럭.

자부-심(自負心)**명** 자부하는 마음. ¶일등 국민이라는 자부심을 가지다.

자부지명 쟁기의 손잡이.

자:북(磁北)**명** 나침의(羅針儀)가 가리키는 북쪽 방향. (참)도북(圖北)·진북(眞北).

자:-북극(磁北極)[-끅]**명** 지자기(地磁氣)의 축(軸)이 지구 표면과 만나는 북쪽 점, 곧 자침이 가리키는 북쪽 끝. 북자극. ↔자남극(磁南極).

자분(自噴)**명하자** (온천수·석유·가스 따위가) 저절로 뿜어 나옴.

자분-거리다자타 자꾸 자분자분하다. 자분대다. (큰)지분거리다.

자분-대다자타 자분거리다.

자분-자분¹[-부-]**부하자타** 짓궂은 말이나 행동으로 남을 자꾸 귀찮게 하는 모양. ②**하자**음식에 섞인 잔모래 따위가 자꾸 씹히는 모양. (큰)지분지분.

자분-자분²부하형 성질이 찬찬하고 부드러운 모양. (큰)저분저분. ②차분차분.

자분-정(自噴井)**명** 지하수가 지층의 압력으로 자연히 뿜어 나오는 샘.

자분치명 귀 앞에 난 잔머리카락.

자불(自不)**명** 과거(科擧)의 강서과(講書科)에서, 시관(試官)의 대답을 못한 사람이, 자기 이름 위에 '불(不)'자를 써 달라고 스스로 시관에게 청하던 일.

자:불(瓷佛)**명** 도자기로 된 불상.

자비¹(自費)**명** 가마·초헌(軺軒)·승교(乘轎)·남여(籃輿) 따위의 탈것을 통틀어 이르는 말.

자비²〈차비(差備)〉의 변한말.

자비(自卑)**명하자** ①스스로 자신을 낮춤. ②낮은 곳에서부터 시작함.

자비(自備)**명하타** 스스로 준비함.

자비(自費)**명** 스스로 부담하는 비용. 사비(私費). ¶자비로 길을 가다.

자비(煮沸)**명하자타** (물 같은 것이) 펄펄 끓임, 또는 펄펄 끓음.

자비(慈悲)**명하형** (고통 받는 이를) 사랑하고 불쌍히 여김. ¶자비를 베풀다. ②**하자**부처가 중생을 불쌍히 여겨 고통을 덜어 주고 안락하게 해 주려고 함, 또는 그 마음. 자비심(慈悲心).

자비-량(自備糧)**명하자** (길을 떠나거나 할 때) 몸소 가지고 다니는 식량, 또는 그 양식.

자비-롭다(慈悲-)[-따]**형비** [~로우니·~로워] 사랑하고 불쌍히 여기는 마음이 깊다. 자비스럽다. 자비로운 얼굴. 자비로이**부**.

자비-문(-門)**명** 〈차비문(差備門)〉의 변한말.

자비^소독법(煮沸消毒法)[-뻡]**명** 물체를 펄펄 끓는 물속에 넣어서 살균하는 방법.

자비-스럽다(慈悲-)[-따]**형비** [~스러우니·~스러워]**형비** 자비롭다. 자비스레**부**.

자비-심(自卑心)**명** 스스로 자신을 남보다 못하다고 여기는 마음.

자비-심(慈悲心)**명** ☞자비(慈悲).

자비-옷(慈悲-)[-옫]**명** 중들이 입는 '가사(袈裟)'를 달리 이르는 말. *자비옷[-오시]/자비옷만[-온-].

자비-인욕(慈悲忍辱)**명** ①(중이 반드시 지켜야 할 도리로서) 대중을 사랑하는 일과 욕됨을 참는 일. ②보살이 중생을 구제하기 위한 자비심으로 고난을 참고 견디는 일.

자비^출판(自費出版)**명** 개인이 자기의 비용으로 책을 펴내는 일.

자빗-간(-間)[-빈깐/-빋깐]**명** 지난날, 가마 따위의 탈것을 넣어 두던 곳간.

자빠-뜨리다타 자빠지게 하다. 자빠트리다. ¶도망가는 도둑의 다리를 걸어 자빠뜨리다.

자빠-지다자 ①뒤로 넘어지다. ¶벌렁 자빠지다. ②함께 하던 일에서 손을 떼다. ¶이 고비에서 네가 자빠지다니…. ③〈눕다〉의 속된 말. ¶집에 들어오자마자 발랑 자빠지다. ④〈있다〉의 속된 말. ¶지랄하고 자빠졌다.

자빠-트리다타 자빠뜨리다.

자빡명 결정적인 거절. 납백(納白).

　자빡(을) 대다(디다)[관용] 딱 잘라 거절하다.

　자빡(을) 맞다[관용] 딱 잘라 거절을 당하다.

자빡-계(-契)[-께/-게]**명** 곗돈을 타는 동시에 곧 탈퇴하도록 된 산통계(算筒契)의 한 가지.

자빡-뿔명 끝이 뒤틀려 뒤로 잦혀진 쇠뿔.

자-뼈명 하박(下膊)을 이루는 두 뼈 가운데 안쪽에 있는 뼈. 척골(尺骨).

자뿌룩-하다[-루카-]**형여** 조금 어긋나다.

자사(子史)**명** 중국 고전의 분류법에 의한 자부(子部)와 사부(史部), 곧 유교 이외의 사상서와 역사서.

자사(子舍)**명** ①☞자제(子弟). ②지난날, 각 고을 원의 아들이 거처하던 곳.

자사(自社)**명** 자기가 소속되어 있는 회사. ¶자사 제품. ↔타사(他社).

자사(恣肆)**명하형** 자기 멋대로 하는 면이 있음.

자:사(刺絲)**명** 자포동물인 해파리나 산호 따위의 자세포에 있는, 실 모양의 독이 든 기관.

자사-받기[-끼]**명허자** 옻을 치던겨 손등으로 받아서, 다시 치던겨 잡는 놀이.

자산(資産)**명** ①토지·건물·금전 따위의 재산. ②법률에서, 자본이 될 수 있거나 채무의 담보가 될 수 있는 재산을 이르는 말. 자재(資財).

자산-가(資産家)**명** 자산을 많이 가지고 있는 사람. 재산이 많은 사람.

자산^계:정(資産計定)[-게-/-게-]**명** 부기(簿記)에서, 자산의 증감을 기록하기 위한 계정 과목. ↔부채 계정.

자산^동:결(資産凍結)**명** 자산의 처분이나 이동을 제한하거나 금지하는 조치. 주로, 적대국에 대한 경제 제재 수단으로 쓰임.

자산^재:평가(資産再評價)[-까]**명** 적정한 감가 상각(減價償却)을 위하여, 고정 자산의 장부 가격을 시가(時價)로 다시 평가하는 일.

자산-주(資産株)**명** 자산으로 가지고 있을 만한, 장래성 있는 견실한 주식.

자산^평:가(資産評價)[-까]**명** 토지·건물 따위의 적극 재산(積極財産)을 값으로 표시하는 일.

자살(自殺)**허자** 스스로 자기의 목숨을 끊음. 자재(自裁). 자진(自盡). 자해(自害). ¶자살을 기도하다. ↔타살.

자:살(刺殺)**명허타 되자** ☞척살(刺殺).

자살-골(自殺goal)**명** ☞자책골.

자살^관여죄(自殺關與罪)[-쬐/-�]**명** 남에게 자살을 교사하거나 방조함으로써 성립하는 죄.

자살^교:사죄(自殺敎唆罪)[-쬐-/-�]**명** 자살의 의사가 없는 사람에게 협박·유혹 따위의 방법으로 자살을 결의하게 함으로써 성립하는 죄.

자살^방조죄(自殺幇助罪)[-쬐/-e]**명** 자살의 의사가 있는 사람에게 유형·무형의 편의를 제공하여 자살하게 함으로써 성립하는 죄.

자살-자(自殺者)[-짜]**명** 자살한 사람.

자상(仔詳)**명** '자상하다'의 어근.

자상(自傷)**명** 일부러 자기 몸에 상처를 냄, 또는 그 상처. ⑪자해(自害).

자:상(刺傷)**명**(칼 따위의) 날카로운 기물에 찔린 상처. ¶팔에 자상이 있다.

자상달하(自上達下)**명허자** 위로부터 아래에까지 미침. ↔자하달상(自下達上).

자상-스럽다(仔詳-)[-따](-스러우니·-스러워)**혱** 자상한 데가 있다. **자상스레**♥.

자상-처분(自上處分)**명허자** 상관이 내리는 지휘나 명령.

자상-하다(仔詳-)**혱여** ①(성질이) 꼼꼼하고 찬찬하다. ¶자상한 성미. ②(말이나 글 따위가) 구체적이고 자세하다. ¶학습 내용을 자상하게 설명해 주다. ③정이 넘치고 마음씀이 융숭하다. ¶자상한 남편. /자상하신 어머니. **자상-히**♥.

자상^행위(自傷行爲)**명** 스스로 자기의 몸에 상처를 내는 행위.

자새명 실·새끼·바 따위를 감거나 꼬는 데 쓰는 작은 얼레.

자새-질허자 새끼를 꼬거나 줄을 드리기 위하여 자새를 돌리는 일.

자색(自色)**명** 그 광물 고유의 빛깔. 불순물로서 착색되지 않음.

자색(姿色)**명** 여자의 고운 얼굴.

자색(紫色)**명** ☞자줏빛.

자:색(赭色)**명** 붉은 흙빛 같은 검붉은 색.

자:색-금(紫色金)[-끔]**명** 금 78%와 알루미늄 22%의 비율로 만든 합금.

자생(子生)**명** 자년(子年)에 태어난 사람. 〔갑자생·병자생·무자생 따위.〕쥐띠.

자생(自生)**명허자** ①(식물이) 사람의 재배나 보호에 의하지 않고 자연히 싹 터서 자라는 일. ¶자생 춘란. ②저절로 생겨남. ¶자생 단체. ③(사물이) 스스로의 힘으로 존속함. ¶자생 능력.

자생-력(自生力)[-녁]**명** ①(식물이) 사람의 손길 없이 저절로 나서 자라는 힘. ②(사물이) 스스로 존속할 수 있는 힘. ¶자생력이 없는 기업.

자생^식물(自生植物)[-싱-]**명** 산이나 들 또는 강이나 바다에 저절로 나는 식물. ↔재배 식물.

자생-적(自生的)**관명** 저절로 나서 자라나거나 생기는 (것). ¶자생적 정당. /자생적인 조직.

자생-지(自生地)**명** 자생 식물이 자라는 곳. ¶풍란(風蘭)의 자생지.

자서(字書)**명허** ☞자전(字典).

자서(自序)**명허자** 지은이가 책머리에 스스로 적는 서문.

자서(自書)**명허타** ☞자필(自筆).

자서(自敍)**명허타** 자신(自身)에 관한 일을 자기가 서술함.

자서(自署)**명허자** (문서 따위에) 자기 이름을 적음, 또는 그 서명(署名). 수서(手署).

자서^문학(自敍文學)**명** 자기 자신의 지난 일을 소재로 한 문학.

자서-전(自敍傳)**명** 자기가 쓴 자기의 전기. 쥔자전(自傳).

자서제질(子壻弟姪)**명** 아들과 사위와 아우와 조카. ¶회갑 잔치에 자서제질이 다 모였다.

자:석(字釋)**명** ①한자(漢字)의 새김. 〔'하늘 천'에서의 '하늘' 따위.〕②글자의 뜻풀이. 자해(字解).

자:석(紫石)**명** ①〈자석영(紫石英)〉의 준말. ②자줏빛의 돌로 만든 벼루.

자:석(磁石)**명** ①철을 끌어당기는 성질을 가진 물체. 자침(磁針). 지남철. 지남철. ②자기 컴퍼스·자석반·지남침 등을 흔히 이르는 말. ③☞자철석(磁鐵石).

자:석(赭石)**명** ①붉은 빛깔의 돌. ②〈대자석(代赭石)〉의 준말.

자:석-강(磁石鋼)[-깡]**명** 영구 자석으로 쓰이는 특수강(特殊鋼). 확성기·발전기·계전기(繼電器) 등에 널리 쓰임.

자:석-광(磁石鑛)[-꽝]**명** '자석석'의 구용어.

자:석-반(磁石盤)[-빤]**명** ☞자기 컴퍼스.

자:석-석(磁石石)[-썩]**명** ☞자철석.

자:석식 전:화기(磁石式電話機)[-씩전-]**명** 통화할 때마다 핸들을 돌려서 신호 전류를 발생시켜 교환수를 불러내는 방식의 전화기.

자:-석영(紫石英)**명** 자수정(紫水晶). 쥔자석.

자선(自選)**명허자** ①선거 따위에서, 자기 자신에게 투표함. ②자기 작품을 자기가 고름, 또는 골라서 엮음. ¶자선 작품집.

자선(慈善)**명허타** 가난하거나 불행한 처지에 있는 사람을 딱하게 여겨 도와주는 일. ¶자선을 베풀다.

자선-가(慈善家)**명** 자선 행위를 하는 사람.

자선-냄비(慈善-)**명** 구세군(救世軍)이 연말에 가난한 사람들을 돕기 위한 성금을 받는, 쇠로 만든 그릇.

자선^단체(慈善團體)**명** 자선 사업을 하는 단체. 〔적십자사·고아원·양로원 따위.〕

자선^병:원(慈善病院)**명** 공공 단체 등에서 자선을 목적으로 설립한 병원.

자선^사:업(慈善事業)**명** 고아·병자·노약자·빈민 등을 돕기 위한 사회적·공공적인 구제 사업.

자선-시(慈善市)**명** ▷바자(bazaar).

자선-회(慈善會)[-회-]**명** 자선 사업의 자금을 마련하기 위하여, 어떤 흥행(興行)을 하거나 물품을 판매하는 모임.

자설(自說)**명** 자기의 의견이나 학설. ¶어떠한 비판에도 자설을 굽히지 않는다.

자성(自性)**명** 〈자성본불(自性本佛)〉의 준말.

자성(自省)**명하타** 스스로 반성함. 자기가 한 일에 대하여 옳고 그름을 되돌아봄. ¶과소비에 대한 자성의 목소리가 높아지고 있다.

자성(觜星)**명** 이십팔수의 하나. 서쪽의 여섯째 별자리. 준자(觜).

자성(資性)**명** ▷천성(天性).

자성(雌性)**명** 암컷의 공통적인 성질. ↔웅성.

자성(慈聖)**명** 임금의 어머니를 높이어 일컫는 말. 자전(慈殿).

자:성(磁性)**명** 자기(磁氣)를 띤 물체가 쇠붙이 따위를 끌어당기거나 하는 성질.

자성-본불(自性本佛)**명** 본래부터 지니고 있는 불성(佛性). 준자성(自性).

자:성^산:화철(磁性酸化鐵)**명** ▷사산화삼철.

자성-일가(自成一家)**명하자** 스스로의 노력으로 어떤 학문이나 기예에 통달하여 일가를 이룸.

자:성-체(磁性體)**명** 자기장에 놓았을 때 자화(磁化)하는 물질. 상자성체(常磁性體)·반자성체·강자성체(強磁性體)로 나뉨.

자세(仔細·子細) '자세하다'의 어근.

자세(姿勢)**명** ①(앉아 있다든가 서 있다든가 하는) 몸을 가누는 모양. ¶자세가 바르다. /자세를 가다듬다. ②무슨 일에 대하는 마음가짐, 곧 정신적인 태도. ¶소극적 자세. /전진적(前進的)인 자세.

자:세(藉勢)**명하자타** 자기나 남의 세력을 믿고 의지함. ¶돈푼이나 있다고 자세가 대단하다.

자:-세포(刺細胞)**명** 자포동물의 해파리·히드라 따위의 표피 속에 들어 있는 특유한 세포. 세포 속에 독액(毒液)과 나선형으로 감긴 실 모양의 자사(刺絲)가 들어 있는데, 외부의 자극에 의하여 독액이 묻은 자사가 튀어나와 먹이를 잡거나 몸을 지키거나 함. 바늘 세포.

자세-하다(仔細-·子細-)**형** 아주 작고 하찮은 부분까지 구체적이고 분명하다. ¶기타 자세한 사항은 본사 총무부로 문의하시오. **자세-히** ¶향후 계획을 자세히 설명하시오.

자소(仔小) '자소하다'의 어근.

자소(自訴)**명하자** 스스로 자기 자신의 죄를 고소함.

자소-로(自少-)**부** 〈자소이래로〉의 준말.

자소이래-로(自少以來-)**부** 어렸을 때부터 이제까지. 준자소로.

자소-하다(仔小-)**형** ▷잔작하다.

자손(子孫)**명** ①자식과 손자. ②아들·손자·증손·현손 및 후손을 통틀어 이르는 말. ③▷후손(後孫). ¶ 단군의 자손. 준손(孫).

자손-계(子孫計)[-계/-게]**명** 자손의 앞날을 위하여 세우는 계획.

자수(自手)**명** 자기 혼자의 노력이나 힘.《주로, '자수로'의 꼴로 쓰임.》¶자수로 성공한 어른. /자수로 마련한 집.

자수(自守)**명하타** (언행 따위를) 스스로 삼가서 범절을 지킴.

자수(自首)**명하자** 죄를 지은 사람이, 경찰의 조사나 수사를 받기 전에 자기의 범죄를 경찰 등 수사 기관에 신고하는 일. 자현(自現). ¶자수를 권하다.

자수(自修)**명하타** (남에게서 배우지 않고) 스스로 학문이나 기술 따위를 익힘. **비**독학.

자수(字數)[-쑤]**명** 글자의 수효.

자:수(刺繡)**명하자** 수를 놓음, 또는 그 수. ▷수(繡).

자:수(紫綬)**명** 지난날, 당상관(堂上官)이 차던 호패(號牌)의 자줏빛 술이나 술띠.

자-수립(自樹立)**명하타** (사업의 기초나 공을) 자기 스스로의 힘으로 세움.

자수-삭발(自手削髮)[-빨]**명하자** ①자기 손으로 자기 머리털을 깎음. ②'어려운 일을 혼자의 힘으로 감당함'을 비유하여 이르는 말.

자수-성가(自手成家)**명하자** (물려받은 재산이 없이) 스스로의 힘으로 집안을 일으키고 재산을 모음.

자수-율(字數律)[-쑤-]**명** 시가(詩歌)의 외형률의 한 가지. 글자의 수로써 나타내는 운율. 음수율(音數律).

자:수정(紫水晶)**명** 자줏빛의 수정. 자석영.

자숙(自肅)**명하자** 스스로 행동이나 태도를 삼감. ¶공해 배출 업소의 자숙을 촉구하다.

자숙-자계(自肅自戒)[-짜계/-짜게]**명하자** 스스로 자신의 언행을 삼가고 경계함.

자:순(諮詢)**명하타** ▷하순(下詢).

자술-서(自述書)[-써]**명** 어떤 사건의 형사 피의자가 혐의 사실에 대하여 스스로 진술하여 적은 서면(書面).

자슬(慈膝)**명** 〔자애로운 무릎이라는 뜻으로〕 '부모의 슬하(膝下)'를 이르는 말.

자습(自習)**명하자타** (가르치는 이 없이) 혼자서 공부하여 익힘. 독습(獨習). ¶자습 시간.

자습-서(自習書)[-써]**명** 남의 가르침 없이, 스스로 배워 익힐 수 있도록 쉽고 자세하게 풀이해 놓은 책. ¶수학 자습서.

자승(自乘)**명하타** ▷제곱.

자승(自勝)**명** ①스스로 자기가 남보다 나은 줄로만 여김. ②스스로 욕망을 억누름.

자승-근(自乘根)**명** ▷제곱근.

자승-멱(自乘冪)**명** ▷제곱멱.

자승-비(自乘比)**명** ▷제곱비.

자승-수(自乘數)[-쑤]**명** ▷제곱수.

자승-자박(自繩自縛)**명** 〔자기가 꼰 새끼로 스스로를 묶는다는 뜻으로〕 자기가 한 말이나 행동 때문에 자기 자신이 구속되어 괴로움을 당하게 됨을 이름.

자승지벽(自勝之癖)**명** 스스로 자기가 남보다 나은 줄로 여기는 버릇.

자시(子時)**명** ①십이시의 첫째 시. 하오 11시부터 상오 1시까지의 동안. ②이십사시의 첫째 시. 하오 11시 30분부터 상오 12시 30분까지의 동안. ▷자(子)[2].

자시(自恃)**명하자** ▷자신(自信).

자시(自是)**명하자** (고집스럽게) 자기의 의견만 옳은 줄로 여김.

자:시[1]**타** 〔먹다〕의 높임말. **활**잡수다.

자:시다[2]**자** 《주로 '-고 자시고'의 꼴로 쓰이어》 '-고 말고'의 뜻을 나타냄. ¶목적지를 알고 있을 텐데 기다리고 자시고 할 게 뭐 있나?

자시지벽(自是之癖)**명** 자신의 의견만 옳은 줄로 여기는 버릇.

자:시하(慈侍下)**명** ▷편모시하. ↔엄시하(嚴侍下).

자식(子息)**명** ①아들과 딸. ¶자식이 여럿이다. ②남자를 욕하여 이르는 말. ¶나쁜 자식. ③어린아이를 귀엽게 이르는 말. ¶자식, 참 귀엽기도 하지.

자식 둔 골은 호랑이(범)**도 돌아본다**(속) 짐승도 새끼를 사랑하는데, 사람이야 더 말할 나위 없다는 뜻.

자식-농사(子息農事) [-싱-]閣 '자식 키우는 일'을 비유하여 이르는 말. ¶두 아들 모두 바르게 자랐으니 자식농사는 성공한 셈이다.

자식-새끼(子息-) [-쎄-]閣〈자식〉의 속된 말.

자신(自身)閣 제 몸. 자기. ¶네 자신을 알라.

자신(自信)閣하저타 자기의 값어치나 능력을 믿음, 또는 그런 마음. 자시(自恃). ¶자신 있게 나서다. /합격을 자신하다.

자신-감(自信感)閣 자신이 있다고 여겨지는 느낌. ¶자신감이 넘치다.

자신만만(自信滿滿) '자신만만하다'의 어근.

자신만만-하다(自信滿滿-)형여 아주 자신이 있다. 자신감이 넘쳐 있다. ¶자신만만하게 대답하다. 자신만만-히閏.

자신-방매(自身放賣)閣하저 제 몸을 스스로 팔아 맡김. 스스로 남의 종이 됨.

자신지책(資身之策)閣 자기 한 몸의 생활을 꾸려 나갈 계책.

자실(自失)閣하저 자기 자신을 잊고 멍해짐.

자실-체(子實體)閣 균류의 균사(菌絲)가 빽빽이 모여서 된 영양체.

자심(滋甚) '자심하다'의 어근.

자심-하다(滋甚-)형여 점점 더 심하다. ¶충격이 자심하다. 자심-히閏.

자씨(姉氏)閣 남을 높여 그의 '손위의 누이'를 일컫는 말. ¶자씨께서도 편안하신지요?

자씨(慈氏)閣〈자씨보살〉의 준말.

자씨-보살(慈氏菩薩)閣 '미륵보살'의 딴 이름. 준자씨(慈氏). 높자씨존(慈氏尊).

자씨-존(慈氏尊)閣〈미륵보살〉의 높임말.

자아(自我)閣 ①자기. 자기 자신. ②철학에서, 천지 만물에 대한 인식이나 행동의 주체로서의 자기를 이르는 말. 나. ↔객아(客我)·비아(非我)·타아(他我). ③심리학에서, 자기 자신에 대한 의식이나 관념을 이르는 말.

자아-내다타 ①펌프 같은 것으로 물 따위를 높은 데로 흘러나오게 하다. ¶지하실에 괸 물을 자아내다. ②물레 같은 것으로 실을 뽑아내다. ③어떤 느낌을 우러나게 하다. ¶슬픔을 자아내는 장면.

자아-도취(自我陶醉)閣 스스로에게 황홀하게 빠지는 일. 또는, 스스로를 제일이라고 여기는 일. 자기도취(自己陶醉).

자아-비판(自我批判)閣 ⇨자기비판.

자아-실현(自我實現)閣 자기의 가능성을 실현하는 일. 자기가 본디 가지고 있는 절대적인 자아를 완전히 실현하는 일. 자기실현.

자아-올리다타 펌프 같은 것으로 물이나 석유 따위를 높은 데로 빨아올리다.

자아-의식(自我意識) [-의/-이-]閣 ⇨자의식.

자안(字眼)閣 시문(詩文), 특히 한시나 한문에서, 그 시문의 사활(死活)을 결정하는 가장 중요한 한 글자.

자안(慈眼)閣 ①자비(慈悲)의 눈. 자애로운 눈. ②(중생을 자비롭게 보는) 불보살의 눈.

자안(慈顏)閣 자비로운 얼굴. 자애(慈愛)에 찬 다정한 얼굴.

자애(自愛)閣하저 ①자기 자신을 스스로 아끼고 사랑함. 애기(愛己). ②행동을 삼가 품행을 바르게 가짐. ¶부디 자중(自重) 자애하십시오.

자애(慈愛)閣 아랫사람에게 베푸는 깊은 사랑.

자애-롭다(慈愛-) [-따] [~로우니·~로워]형비 (자기 자식에 대한 것처럼) 사랑이 도탑다. 자애로이閏.

자애-심(慈愛心)閣 아랫사람에게 깊은 사랑을 베푸는 마음.

자애-주의(自愛主義) [-의/-이]閣 ⇨이기주의.

자애지정(慈愛之情)閣 자애로운 마음.

자액(自縊)閣하저 스스로 목을 매어 죽음.

자야(子夜)閣 자시(子時) 무렵의 한밤중.

자약閣〈작약(芍藥)〉의 변한말.

자약(自若) '자약하다'의 어근.

자약-하다(自若-) [-야카-]형여 큰일을 당하고도 아무렇지도 않은 듯 침착하다. ¶임종을 앞두고도 자약하다. 자약-히閏.

자양(字樣)閣 글자의 모양. 자체(字體). 자형(字形).

자양(滋養)閣 몸에 영양이 되는 일, 또는 그런 물질. 비영양(營養).

자양^관(滋養灌腸)閣 입으로 음식을 섭취할 수 없을 때, 자양액을 항문으로 넣어 대장벽(大腸壁)에서 흡수시키는 일.

자양-담(滋養糖)閣 맥아당과 덱스트린을 주성분으로 하는 유아용(乳兒用) 영양제의 한 가지.

자양-물(滋養物)閣 자양분이 많은 음식물. 자양품.

자양-분(滋養分)閣 몸의 자양이 되는 성분. ¶자양분을 섭취하다.

자양-액(滋養液)閣 자양분이 많이 들어 있는 액체.

자양-제(滋養劑)閣 소화·흡수가 잘 되도록 만들어진 영양제. 소화기 계통의 환자나 회복기의 환자 및 어린이들의 영양에 쓰임.

자양-품(滋養品)閣 ⇨자양물(滋養物).

자:양-화(紫陽花)閣 ⇨수국(水菊).

자언(自言)閣하타 자기 말을 자기가 함.

자업-자득(自業自得) [-짜-]閣하저 자기가 저지른 일의 과보(果報)를 자기 자신이 받음. 자업자박. ¶이번에 당한 봉변도 다 자업자득이지.

자업-자박(自業自縛) [-짜-]閣하저 ⇨자업자득(自業自得).

자-에(玆-)閏 이에. 여기에. ¶오등(吾等)은 자에 (我) 조선의 독립국임을 선언하노라.

자여(自餘)閣 넉넉하여 저절로 남음.

자여손(子與孫)閣 아들과 손자.

자여질(子與姪)閣 아들과 조카. 자질(子姪).

자연(自然)¹ Ⅰ閣 ①사람의 손에 의하지 않고서 존재하는 것이나 일어나는 현상. 〔산·강·바다·동물·식물·비·바람·구름 따위.〕 ¶자연의 혜택을 누리다. 자연을 기억한다. ↔인위(人爲). ②사람이나 물질의 본디의 성질. 본성(本性). ¶잠을 안 자면 졸리는 것은 다 자연의 이치다. ③철학에서, 인식의 대상이 되는 외계(外界)의 모든 현상을 이르는 말. Ⅱ閏 사람의 의도적인 행위 없이 저절로. ¶물은 자연 아래로 흐르기 마련이다.

자연(自然)² '자연하다'의 어근.

자:연(瓷硯)閣 자기로 만든 벼루. 도연(陶硯).

자연(紫煙)閣 ①담배 연기. ②보랏빛 연기.

자연-가스(自然gas)閣 ⇨천연가스.

자연-경관(自然景觀)閣 자연의 경치. ↔문화경관.

자연^경제(自然經濟)閣 교환 수단으로서의 화폐를 사용하지 않는 물물 교환 경제. ↔교환경제·화폐 경제.

자연-계(自然界)[-계/-게]團 (인간을 포함한) 천지 만물이 존재하는 범위.

자연-공물(自然公物)團 자연 그대로의 상태로 공공(公共)의 소용에 이바지되는 것. 〔하천·호수·늪·해변 따위.〕

자연^과학(自然科學)團 자연계에서 일어나는 현상을 연구하는 학문. 자연현상 사이의 상호 관계나 원인 등을 연구하여 그 일반적인 법칙을 탐구하려는 과학. (참문화 과학·사회 과학·인문 과학·정신과학.

자연-관(自然觀)團 자연에 대한 관념이나 견해. ¶ 종교적 자연관.

자연-광(自然光)團 인공적인 광원(光源)에서 나오는 빛이 아닌, 태양 광선이나 구름의 반사광 등으로 비치는 빛.

자연-교(自然教)團 ☞자연 종교.

자연-권(自然權)[-꿘]團 인간이 나면서부터 자연적으로 가지고 있는 권리. 천부 인권(天賦人權).

자연-금(自然金)團 천연으로 산출되는 금. 보통, 은·구리 따위의 불순물을 함유하고 있음. 〔산금(山金)이나 사금(沙金) 따위.〕

자연-대수(自然對數)團 '자연로그'의 구용어.

자연-도태(自然淘汰)團 ①☞자연선택. ↔인위도태. ②'시대의 흐름에 따라가지 못하는 것은 저절로 없어지고 만다는 것'을 비유하여 이르는 말.

자연-동(自然銅)團 천연으로 산출되는 구리. 보통, 표면이 변색되어 흑색·녹색·갈색 등을 나타냄. 소량의 은이나 금을 함유하는 경우도 있음.

자연-력(自然力)[-녁]團 ①자연계의 작용이나 능력. ②경제학에서 생산 요소의 한 가지. 곧, 인간의 노동력을 돕는 바람·물·빛·수증기·전기 따위의 힘.

자연-로그(自然log)團 흔히 e로 나타내는 특정한 수(e=2.71828…)를 밑으로 하는 로그.

자연-림(自然林)[-님]團 ①원시림. ②자연적으로 이루어진 수풀. 천연림. ↔인공림.

자연^면:역(自然免疫)團 사람이나 동물이 어떤 병원체에 대하여 선천적으로 가지고 있는 저항성. 선천성 면역(先天性免疫).

자연-목(自然木)團 산과 들에 저절로 나서 자라는 나무.

자연^묘:사(自然描寫)團 문학 작품 등에서, 자연을 있는 그대로 그려 내는 일.

자연-물(自然物)團 (인공으로 된 것이 아닌) 자연계에 있는 유형물(有形物).

자연-미(自然美)團 (꾸밈이 없는) 자연 그대로의 아름다움. 천연미(天然美). ↔예술미·인공미.

자연^발생설(自然發生說)[-쌩-]團 생물이 무생물로부터 자연적으로 생겨날 수 있다는 학설. 예로부터 많은 학자가 믿어 왔으나, 파스퇴르에 이르러 부정되었음. 우연 발생설.

자연^발화(自然發火)團 황린(黃燐)·인화수소(燐化水素) 등 공기에 닿으면 산화되기 쉬운 유기물이 계속 산소를 흡수함으로써 열을 내어, 발화 온도에 이르러 타기 시작하는 일. 자연 연소.

자연-범(自然犯)團 법규로 규정할 필요도 없이, 어느 시대 어느 사회에서나 도의적·사회적 규범에 어긋나는 범죄. 〔살인·절도·강간 따위.〕형사범(刑事犯). ↔법정범·행정범.

자연-법(自然法)[-뻡]團 인간의 본성에 바탕을 두고 시대와 장소에 관계없이 영구불변의 효력을 가지는 것으로 생각되는 보편적인 법률. 인위적인 실정법 위에 위치함. ↔실정법·인정법(人定法).

자연-법칙(自然法則)團 자연의 여러 사건이나 성질 사이에서 성립하고 있는 항상적이고 보편적인 관계를 경험적으로 나타낸 것. 자연율.

자연법-학(自然法學)[-빼콱]團 자연법을 인정하여 이를 실정법(實定法)의 기초로 삼으려는 법률 사상의 학문 체계.

자연-보호(自然保護)團 인류의 생활 환경인 자연을 훼손하지 않고 좋은 상태로 가꾸고 보살펴 본래의 모습으로 보존하려 하는 일.

자연^분류(自然分類)[-뉴]團 생물 분류법의 한 가지. 유연 관계(類緣關係)를 반영하고 있는 생식 기관 등 형질(形質)을 기준으로 하는 분류 방법. ↔인위 분류.

자연-사(自然史)團 인류가 나타나기 이전의 자연의 발전이나 인간 이외의 자연계의 발전 및 변화에 관한 역사.

자연-사(自然死)團(하자) 노쇠로 말미암아 자연히 죽는 일. 생리적인 여러 기능이 쇠약해짐으로써 저절로 죽는 일. ↔우연사(偶然死).

자연^사회(自然社會)[-회/-훼]團 개인의 의지나 목적과는 관계없이 혈연이나 지연에 의하여 성립하는 사회. ↔인위 사회.

자연-산(自然産)團 양식한 것이 아니라 자연에서 저절로 생산된 것. ¶ 자연산 광어. /자연산 송이.

자연-생(自然生)團 (자연계에) 씨를 뿌리거나 심지 아니하여도 풀이나 나무가 저절로 남, 또는 그런 것. ¶ 자연생 향나무.

자연-석(自然石)團 인공을 가하지 않은 자연 그대로의 돌. 천연석.

자연-선택(自然選擇)團 생물 중에서, 외계에 적응하는 것은 번영하고, 적응하지 못하는 것은 자손을 남기지 못하고 멸망하게 되는 일. 자연도태.

자연-성(自然性)[-썽]團 자연 그대로의 성질.

자연-수(自然水)團 바다·강·호수·땅속 같은 데에 자연적으로 있는 물.

자연-수(自然數)團 양(陽)의 정수(整數)를 통틀어 이르는 말. 〔1·2·3… 따위.〕

자연^수은(自然水銀)團 천연으로 산출되는 수은. 상온에서는 액체 상태이며, 소량의 금과 은을 함유함.

자연^숭배(自然崇拜)團 자연신을 숭배하는 일. 〔태양 숭배·수목 숭배·산악 숭배 따위.〕천연 숭배(天然崇拜).

자연-스럽다(自然-)[-따][~스러우니·~스러워]휑旧 꾸밈이나 거짓이나 억지가 없어 어색하지 않다. ¶ 말이나 태도가 자연스럽다. /자연스러운 분위기. **자연스레**튀 ¶ 두 사람은 함께 공부하면서 자연스레 친해졌다.

자연-식(自然食)團 인공 색소나 방부제 등을 첨가하는 따위의 가공(加工)을 하지 않은 자연 그대로의 식품.

자연-신(自然神)團 자연물이나 자연현상을 신격화(神格化)한 것.

자연신-교(自然神教)團 자연신론에 바탕을 두는 종교.

자연신-론(自然神論)[-논]團 ☞이신론(理神論).

자연^신학(自然神學)團 신의 존재 및 그 진리의 근거를 초자연적인 계시나 기적에서 구하지 않고, 인간의 이성(理性)이 인식할 수 있는 자연적인 것에서 구하는 처지. 〔이신론(理神論)이 그 전형(典型)임.〕

자연^신화(自然神話)圈 자연물이나 자연현상이 성립한 기원이나 상태·활동 따위를 종교적·문학적으로 서술한 신화.

자연^언어(自然言語)圈 인간이 일상생활을 하는 가운데 자연스럽게 사용하고 있는 언어. [에스페란토·기계어와 같은 인공 언어에 상대하여 이르는 말.]

자연^연소(自然燃燒) [-년-] 圈 ⇨자연 발화.

자연-영양(自然營養) [-녕-] 圈 모유로 젖먹이를 기르는 일, 또는 모유의 영양. ↔인공영양.

자연-율(自然律) [-뉼] 圈 ⇨자연법칙.

자연-은(自然銀) 圈 천연으로 산출되는 은. 금·수은 등의 불순물을 함유하며, 공기 속에서 변색되기 쉬움.

자연-인(自然人) 圈 ①미개인, 또는 사회나 문화 따위에 오염되지 않은 자연 그대로의 인간. ②법률에서, 권리나 의무의 주체로서 평등하게 그 능력과 자격을 인정받고 있는 개인을 이르는 말. ↔법인(法人).

자연^인류학(自然人類學) [-일-] 圈 생물로서의 인간의 특성을 과학적으로 연구하는 학문. 圈문화 인류학.

자연-재해(自然災害) 圈 자연현상으로 일어나는 재해. [가뭄·홍수·태풍 따위.] 雹천재(天災).

자연-적(自然的) 圐圈 ①인공을 가하지 않은 자연 그대로의 (것). ¶자연적 환경. /자연적인 상태. ②저절로 또는 당연히 그렇게 되는 (것). ¶언어의 자연적 습득.

자연적 경계(自然的境界) [-경계/-경계] 산맥·해양·하천·사막·산림 따위의 자연물에 의하여 이루어진 경계. ↔인위적 경계.

자연^종교(自然宗敎) 圈 ①(윤리적 종교에 대하여) 자연 발생적인 원시 종교나 민족 종교를 통틀어 이르는 말. 자연교. ②(신의 은총에 바탕을 두는 계시 종교에 대하여) 인간 본래의 이성(理性)에 바탕을 두는 종교. ↔계시 종교.

자연-주의(自然主義) [-의/-이] 圈 ①철학에서, 자연을 오직 하나의 실재(實在)로 보고, 모든 현상을 자연 과학의 방법으로 설명하려는 주의를 이르는 말. ②윤리학에서, 인간의 자연적인 소질을 바탕으로 하여 도덕을 설명하려는 주의를 이르는 말. ③문학에서, 인생의 현실을 이상화(理想化)하지 않고, 있는 그대로 묘사해야 한다는 주의를 이르는 말. 19세기 후반, 프랑스를 중심으로 일어난 문예 사조임. ④교육에서, 어린이의 천성을 자연 그대로 발달시키려고 하는 주의를 이르는 말.

자연-증가율(自然增加率) 圈 출생률에서 사망률을 뺀 값. [인구 동태 통계의 하나.]

자연^증수(自然增收) 圈 세율의 인상이나 세제(稅制)의 개혁 없이, 경기 상승 등의 원인으로 조세 수입이 증가하는 일.

자연-지(自然智) 圈 남의 가르침을 받지 않고 저절로 생겨나는 지혜.

자연^지리학(自然地理學) 圈 인간 활동의 자연적 배경을 연구하는 학문을 통틀어 이르는 말. [지리학·기후학·육수학(陸水學)·토양 지리학·생물 지리학 등으로 구성됨.] 지문학(地文學). ↔인문 지리학.

자연^채:무(自然債務) 圈 꼭 이행해야 할 의무나 책임이 없는 채무. 곧, 채권자에게 소송할 권리나 강제 이행 청구권이 없는 채무. [도박으로 말미암아 생긴 채무 따위.]

자연-철(自然鐵) 圈 천연으로 산출되는 철. 소량의 니켈·구리·탄소 등을 함유함.

자연^철학(自然哲學) 圈 자연 과학의 근본 개념인 공간·물질·운동·힘·에너지·생명 따위를 인식론적으로 고찰하거나 관련짓거나 종합화하거나 하는 철학.

자연-파(自然派) 圈 서정적인 농촌의 풍경화를 주로 그렸던 근대 미술의 한 유파.

자연-하다(自然-) 圐圈 저절로 그렇게 되어 꾸밈이나 거짓이 없다. ¶부모의 자식 사랑은 자연한 일이다. **자연-히**團 ¶상처가 자연히 아물다.

자연-현상(自然現象) 圈 자연계의 법칙에 따라서 일어나는 여러 가지 현상.

자연^혈족(自然血族) [-쪽] 圈 어버이와 자식처럼 실제로 혈통이 이어져 있는 혈족. ↔법정 혈족.

자연-환경(自然環境) 圈 자연계의 모든 요소가 이루는 환경.

자연-황(自然黃) 圈 천연으로 산출되는 황. 황색의 덩어리·알갱이·가루 모양임. 화산이나 온천 등에서 산출되며, 불순물을 함유함. 공업용 또는 약용으로 널리 쓰임.

자:염(煮塩)圐재 바닷물을 졸여 소금을 만듦, 또는 그 소금.

자엽(子葉)圈 ⇨떡잎.

자영(自營)圐圈재 (사업 따위를) 독립하여 자기의 혼자 힘으로 경영함.

자:-영산(紫映山)圈 ⇨영산자.

자영-업(自營業)圈 자기의 혼자 힘으로 경영하는 사업.

자예(雌蕊)圈 ⇨암술. ↔웅예(雄蕊).

자오(慈烏)圈 ⇨까마귀. 자조(慈烏).

-자오-(語) '-자옵-'의 'ㅂ'이 'ㄴ·ㄹ·ㅁ'이나 모음으로 시작되는 어말 어미 앞에서 줄어든 선어말 어미. [받자와·듣자오면·묻자오며·잊자오니 등에서의 '자오'.]

자오록-하다(-로카-)圐圈 매우 자옥한 느낌이 있다. 圈자우록하다. **자오록-이**團.

자오-면(子午面)圈 자오선이 이루는 평면. 적도면(赤道面)과 직교(直交)함.

자오-선(子午線)圈 ①하늘의 북극(子)에서 어떤 지점의 천정(天頂)을 지나 하늘의 남극[午]에 이르는 천구 상의 가장 짧은 선. ②⇨경선(經線).

자오선^고도(子午線高度)圈 천체가 자오선을 지나갈 때의 고도.

자오선^관측(子午線觀測)圈 천체가 자오선을 통과할 때 그 적경과 적위를 관측하는 일.

자오선^통과(子午線通過)圈 태양·달·항성 따위의 천체가 주로 일주 운동(日週運動)에 의하여 자오선을 지나가는 일, 또는 지나가는 그 시간. 이때, 천체의 고도는 최대가 됨.

자오-의(子午儀) [-의/-이] 圈 천체가 자오선을 지나가는 시각이나 위치를 관측하는 기계.

자오-환(子午環)圈 대형의 자오의(子午儀). 천체가 자오선을 통과할 때의 고도(高度)를 측정하여, 그 천체의 적위(赤緯)를 정밀하게 구하는 기계임.

자옥-금(-金) [-끔] 圈 같은 광맥(鑛脈)이면서 금의 함유량이 고르지 못하여 부분적으로 많기도 하고 적기도 한 사금 광맥의 상태.

자옥-하다(-오카-)圐圈 연기나 안개 같은 것의 끼어 있는 정도가 짙다. ¶방에 담배 연기가 자옥하다. 圈자욱하다. **자옥-이**團.

-자옵-(語) 'ㄷ·ㅊ'으로 끝난 동사 어간과 자음으로 시작되는 어말 어미 사이에 쓰이어, 공손의 뜻을 나타내는 선어말 어미. [듣자옵건대·받자옵고 등에서의 '자옵'.] 圈-잡-.

자:완 (紫菀)圀 ①☞탱알. ②한방에서, 탱알의 뿌리를 약재로 이르는 말. 기침을 가라앉히고 가래를 삭히는 데 쓰임.

자:외-선 (紫外線)[-외-/-웨-]圀 파장이 가시 광선보다 짧고 엑스선보다 긴, 눈에 보이지 않는 복사선(輻射線). 태양 스펙트럼에서 보랏빛의 바깥쪽에 나타남. ㉦적외선(赤外線).

자:외선^사진 (紫外線寫眞)[-외-/-웨-]圀 특수한 건판(乾板)에 자외선을 비추어서 찍는 촬영법, 또는 그렇게 찍은 사진. 고문서(古文書)의 감정이나 범죄 수사 따위에 이용됨.

자:외선^요법 (紫外線療法)[-외-뇨뻡/-웨-뇨뻡]圀 태양등 따위의 자외선을 사용하는 질병 치료법. 구루병, 외과적 결핵, 허약 체질의 개선 따위에 유효함.

자용 (自用)[하타] 자기가 몸소 씀, 또는 그 쓴 씀이.

자용 (姿容)圀 모습. 모양. 자태.

자우 (慈雨·滋雨)圀 ①식물이 자라기 알맞게 내리는 비. 택우(澤雨). ②오래도록 가물다가 내리는 비. ②비단비.

자우룩-하다[-루카-]혱예 매우 자욱한 느낌이 있다. ㉦자오룩하다. 자우룩-이튀.

자욱-포수 (-砲手)圀 짐승의 발자국을 용케 잘 찾아가는 포수.

자욱-하다[-우카-]혱예 연기나 안개 같은 것의 끼어 있는 정도가 몹시 짙다. ¶안개가 자욱하다. ㉦자옥하다. 자욱-이튀.

자운 (字韻)圀 글자의 운(韻).

자:운 (紫雲)圀 자줏빛 구름. 〔불교에서는 부처가 이 구름을 타고 나타난다고 하여 상서로운 징조로 여김.〕

자:운영 (紫雲英)圀 콩과의 이년초. 중국 원산의 녹비 작물. 줄기는 지면을 따라 뻗으며, 꽃잎은 깃 모양의 겹잎임. 4~5월에 홍자색 꽃이 피고 꼬투리는 검게 익음. 밭에 심었다가 자란 뒤에 갈아엎어 녹비로 쓰는데 꼴을 얻음.

자웅 (雌雄)圀 ①암컷과 수컷. 암수. ②이김과 짐. ¶자웅을 겨루다.

자웅-눈 (雌雄-)圀 한쪽은 크고 한쪽은 작은 눈. 짝눈. 자웅목.

자웅눈-이 (雌雄-)圀 자웅눈을 가진 사람. 자웅묵.

자웅^도태 (雌雄淘汰)圀 ☞자웅 선택.

자웅^동가 (雌雄同家)圀 한 꽃봉오리에 암술과 수술이 다 있는 것. 자웅 일가. ↔자웅 이가.

자웅^동주 (雌雄同株)圀 ☞암수한그루. ↔자웅 이주.

자웅^동체 (雌雄同體)圀 ☞암수한몸. ↔자웅 이체.

자웅^동형 (雌雄同形)圀 같은 종류로서, 암컷과 수컷의 형태가 서로 같은 것. ↔자웅 이형.

자웅^동화 (雌雄同花)圀 ☞양성화(兩性花). ↔자웅 이화.

자웅-목 (雌雄目)圀 ①☞자웅눈. ②☞자웅눈이.

자웅^선택 (雌雄選擇)圀 동물계에서는 이차 성징이 발달한 개체가 배우자로서 선택될 기회를 많이 가지며, 그 형질(形質)이 더욱 발달한다는 학설. 자웅 도태(雌雄淘汰).

자웅-성 (雌雄聲)圀 거센 소리와 앳된 소리가 섞여 나오는 목소리.

자웅^이:가 (雌雄異家)圀 암꽃과 수꽃이 서로 다른 꽃봉오리에 있는 것.

자웅^이:색 (雌雄異色)圀 동물 중, 암컷과 수컷의 몸빛이 서로 다른 것. 〔새나 곤충 따위에서 볼 수 있음.〕

자웅^이:주 (雌雄異株)圀 ☞암수딴그루. ↔자웅 동주(雌雄同株).

자웅^이:체 (雌雄異體)圀 ☞암수딴몸. ↔자웅 동체(雌雄同體).

자웅^이:형 (雌雄異形)圀 같은 종류이면서 암컷과 수컷의 형태가 서로 다른 것. ↔자웅 동형.

자웅^이:화 (雌雄異花)圀 ☞단성화(單性花). ↔자웅 동화.

자웅^일가 (雌雄一家)圀 ☞자웅 동가.

자원 (字源)圀 글자의 기원(起源). 특히, 한자(漢字)의 구성 원리. 〔'信'이 '人'과 '言'으로 이루어졌다는 따위.〕

자원 (自願)[하자타] 어떤 일을 자기 스스로 하고자 바라거나 나섬. ¶궂은일을 자원하다.

자원 (資源)圀 ①생산의 바탕이 되는 여러 가지 물자(物資). 〔지하의 광물이나 임산물·수산물 따위.〕 ¶자원이 풍부하다. ②어떤 목적에 이용할 수 있는 물자나 인재. ¶현대는 기술력이 가장 큰 자원이다.

자원-봉사 (自願奉仕)圀 〔대가를 바라지 아니하고〕 자기 스스로 나서서 국가나 사회 또는 남을 위하여 애쓰는 것.

자:-원앙 (紫鴛鴦)圀 ☞비오리.

자원^위성 (資源衛星)圀 적외선 카메라 따위를 사용하여 지구 상의 자원을 감시하거나, 자원의 개발과 이용을 위한 자료를 수집하거나 하는 인공위성.

자월 (子月)圀 〔월건(月建)에 십이지의 자(子)가 드는 달로〕 '동짓달'의 딴 이름. ㉦중동(仲冬).

자위[1]圀 ①무거운 물건이 놓여 있던 자리. ②밤속의 아이가 놓기 전까지 차지하고 있는 자리. ③밤이 완전히 익기 전까지 밤톨이 밤송이 안에 붙어 있는 자리. ④운동 경기 따위에서, 상대에게 틈을 보여서는 안 될, 선수가 지킬 자리.

자위(가) 돌다[관용] 먹은 것이 삭기 시작하다.

자위(가) 뜨다[관용] 밤톨이 익어서 밤송이와의 사이에 틈이 나기 시작하다.

자위(를) 뜨다[관용] ①무거운 물건이 조금 움직이다. ②배 속의 아이가 놀기 시작하다. ③운동 경기 따위에서, 선수가 자기 자리에서 벗어나 빈틈이 생기다.

자위[2]圀 눈알이나 새알·달걀 따위에서, 빛깔에 따라 구분되는 그 각각의 부분. ¶알의 노른자위. /눈의 검은자위.

자위 (自慰)[하자타] ①스스로 자신을 위로함. 스스로 자기 마음을 달램. ¶실패를 교훈으로 여기며 자위하다. ②수음(手淫).

자위 (自衛)[하타] 〔침략이나 폭력 따위에 대하여〕 자기의 힘으로 자기를 지킴.

자위 (慈闈)圀 〈어머니〉의 높임말. 자친(慈親).

자위-권 (自衛權)[-뀐]圀 ①다른 사람으로부터 자신의 생명이나 재산의 위해(危害)를 받을 때 자기 실력을 행사할 수 있는 권리. ②외국의 불법적인 침해에 대해서, 자기 나라 또는 자기 나라 국민을 위하여 국가가 실력 행사를 할 수 있는 권리. ¶자위권을 발동하다.

자위-대 (自衛隊)圀 ①자위를 위하여 조직한 부대. ②제2차 세계 대전 이후 일본의 방위 조직.

자위-책 (自衛策)圀 스스로 위험을 막고 자신을 지키기 위한 방책. ¶자위책을 강구하다.

자유 (自由)圀 ①남에게 얽매이거나 구속받거나 하지 않고, 자기 마음대로 행동하는 일. ¶먹고 안 먹고는 내 자유니까 상관하지 마라. ②법률이 정한 범위 안에서 자기 뜻대로 할 수 있는 행위. ¶언론의 자유. /주거(住居)의 자유.

자유^가격 (自由價格) [-까-]圏 정부의 간섭 없이, 시장에서 자유 경쟁에 의하여 성립되거나 변동하는 가격.

자유^결혼 (自由結婚)圏 부모의 동의 없이 당사자들의 자유의사로 하는 혼인. 〔오늘날의 혼인 사상은 자유 결혼을 원칙으로 하고 있음.〕자유 혼인.

자유^경:쟁 (自由競爭)圏 아무런 규제도 받지 않고 남과 자유로이 경쟁하는 일. 〔자본주의 체제 아래서의 경제 활동을 이르는 말.〕

자유^경제 (自由經濟)圏 ①국가의 간섭이나 통제 없이, 기업이나 개인의 경제 활동의 자유가 인정되는 경제. ↔계획 경제·통제 경제. ②자유주의유(自由主義)

자유^공채 (自由公債)圏 법률상, 응모(應募)의 의무가 없는 공채. ↔강제 공채.

자유^교:육 (自由敎育)圏 정치·종교·직업 등 모든 속박에서 떠나, 인간으로서의 자질과 교양을 높일 목적으로 베푸는 교육.

자유-권 (自由權) [-꿘]圏 국가 권력에 의해서도 침해될 수 없는 개인의 자유. 〔신앙·학문·사상·언론·집회·결사(結社)·직업 선택·거주 이전의 자유 따위.〕參기본적 인권.

자유-기구 (自由氣球)圏 밧줄로 지상에 붙잡아 매지 않고 바람의 방향에 따라 날아가게 한 기구. 학술용·탐험용 따위로 쓰임.

자유-기업 (自由企業)圏 개인의 자유의사로 경영하는 기업.

자유-노동 (自由勞動)圏 일정한 직장을 갖지 않고 날삯으로 하는 노동.

자유-노동자 (自由勞動者)圏 자유노동에 종사하는 사람. 날품팔이꾼.

자유-대:련 (自由對鍊)圏 태권도의 겨루기의 한 가지. 실전에 임하는 자세로 상대의 급소를 노리며 공격과 방어 기술을 발휘하여 득점하거나 상대를 제압하는 대련.

자유-도 (自由度)圏 하나의 역학계(力學系)에서, 물체의 운동 상태나 평형 상태를 나타내는 데 필요한 독립 변수의 개수(個數).

자유-도시 (自由都市)圏 중세 후기의 유럽에서, 국왕이나 제후·교황 등의 지배를 받지 않고 자치권을 가지고 있던 도시. 〔이탈리아의 베네치아·피렌체, 독일의 브레멘 따위.〕자유시(自由市).

자유-롭다 (自由-) [-따] [~로우니·~로워]휑田 아무런 규제나 구속 따위가 없이 자기 마음대로 행동할 수 있는 상태에 있다. ¶의견을 자유롭게 발표하다. **자유로이**휑 ¶자유로이 활동하다. /자유로이 움직이다.

자유^무:역 (自由貿易)圏 국가가 아무런 규제나 보호를 하지 않고 수출입을 자유로이 방임하는 무역. ↔보호 무역.

자유^무:역항 (自由貿易港) [-여캉]圏 ⇨자유항.

자유-민 (自由民)圏 ①정당한 행위에 대하여 자기의 권리를 자유로이 행사할 수 있는 국민. 자유인. ↔노예·사민(私民). ②그리스·로마에서, 천민과 노예가 아닌 모든 사람을 이르던 말.

자유^민권론 (自由民權論) [-꿘논]圏 자유와 민권의 신장 및 민주적 의회 정치를 주장한 정치 사상. 〔18세기 프랑스의 사상가 루소가 주장한 것임.〕

자유-방임 (自由放任)圏하타 각자의 자유에 맡겨 간섭하지 않음.

자유방임-주의 (自由放任主義) [-의/-이]圏 국가가 국민의 경제 활동에 간섭하지 않고, 각자의 자유 경쟁에 맡겨야 한다는 경제적 자유주의.

자유^법학 (自由法學) [-버팍]圏 개념 법학(槪念法學)이나 법전 만능주의(法典萬能主義)에 반대하고, 법을 자유로이 해석함으로써 사회의 실정에 합치시키려는 법률 사상. 19세기 말에서 20세기 초에 걸쳐 독일·프랑스 등에서 주장되었음. ↔개념 법학.

자유-분방 (自由奔放)圏하엔 체면이나 관습·격식 같은 것에 얽매이지 아니하고 행동이 자유로움. ¶자유분방한 옷차림.

자유-사상 (自由思想)圏 자유를 소중히 여기는 사상. 자유로운 활동을 주장하는 사상.

자유-삼매 (自由三昧)圏 마음껏 자기가 하고 싶은 대로 행동하는 태도.

자유^선박 (自由船舶)圏 국제법에서, 교전국(交戰國)에서 포획·몰수할 수 없는 중립국의 선박을 이르는 말.

자유-세:계 (自由世界) [-계/-게]圏 ①자유가 보장된 사회. 자유로운 세계. ②제2차 세계 대전 후, 공산주의 국가군(國家群)에 대하여 자본주의 국가들을 통틀어 이르는 말.

자유-스럽다 (自由-) [-따] [~스러우니·~스러워]휑田 자유로운 상태에 있다. ¶자유스러운 분위기. **자유스레**튀.

자유-시 (自由市)圏 ⇨자유 도시.

자유-시 (自由詩)圏 정형적(定型的) 운율이나 시형(詩型)에 구애되지 않고, 자유로운 형식으로 시상을 나타낸 시. ↔정형시(定型詩).

자유^심증주의 (自由心證主義) [-의/-이]圏 재판에 필요한 사실의 인정에 관하여, 그 증거의 가치 평가를 법관의 자유로운 판단에 맡기는 주의. ↔법정 증거주의.

자유^어업 (自由漁業)圏 관(官)의 허가 없이 자유로이 할 수 있는 어업.

자유-업 (自由業)圏 일정한 고용 관계에 의하지 않으며, 시간에 얽매이지 않고 독립해서 하는 직업. 〔변호사·개업의·작가 등의 직업.〕자유 직업.

자유^연상 (自由聯想)圏 어떤 말이 주어질 때, 그 말에서 떠오르는 생각을 자유로이 연상하여 나가는 일.

자유-연애 (自由戀愛)圏 전통이나 도덕적 속박에서 벗어나 당사자의 자유로운 뜻에 따라 하는 연애.

자유-의사 (自由意思) [-의-/-이-]圏 남의 속박이나 강제에 의한 것이 아닌 자유로운 의사.

자유^의:지 (自由意志)圏 ①윤리학에서, 외부의 제약이나 구속을 받지 아니하고 어떠한 목적을 스스로 세우고 실행할 수 있는 의지를 이르는 말. ②심리학에서, 두 가지 이상의 동기에 대한 선택과 결정은 자신이 자유로이 할 수 있다는 의지를 이르는 말. ③철학에서, 유심론(唯心論)에 근거를 두어, 우주의 일체의 정신이 목적을 가지고 스스로 생각하고 결정하는 의지를 이르는 말. ④종교적 처지에서, 인간이 신에 의해 창조될 때 부여되었다는 의지를 이르는 말. 내적 자유.

자유^의:지론 (自由意志論)圏 ⇨비결정론.

자유^이민 (自由移民)圏 개인의 자유의사에 따라 다른 나라로 이주하는 일, 또는 그 사람.

자유-인 (自由人)圏 ⇨자유민(自由民).

자유^임:용 (自由任用)圏 (공무원이나 공공 단체의 구성원 등을 임용할 때) 임용권자가 특별한 자격이나 요건에 구애되지 아니하고 자유롭게 결정하는 임용. 〔별정직 공무원의 임용 따위.〕↔자격 임용.

자유-자재(自由自在)**명** 자기 뜻대로 모든 것이 자유롭고 거침이 없음.〔주로,'자유자재로'의 꼴로 쓰임.〕¶영어를 자유자재로 구사하다.

자유-재(自由財)**명** 사람이 차지할 수도 처분할 수도 없고 그럴 필요도 없는 재화, 곧 임자가 있을 수 없는 재화.〔공기·바닷물·일광(日光) 따위.〕자유 재화(自由財貨). ↔경제재.

자유-재량(自由裁量)**명** ①개인이 자기가 옳다 고 믿는 바대로 일을 처리하거나 결단함. ②(법으로 규정할 수 없는 판단에 대하여) 국가 기관에 허용되는 판단 및 행위의 자유. ⓐ재량.

자유^재화(自由財貨)**명** ☞자유재(自由財).

자유^전:기(自由電氣)**명** 절연된 도체(導體)에 있는 전기. 다른 물체를 만나게 되면 전기의 작용을 일으킴.

자유^전:자(自由電子)**명** 진공 속이나 물질 속을 자유로이 운동하는 전자.

자유-주의(自由主義)[-의/-이]**명** 개인의 자유 를 존중하여 국가의 간섭을 최대한으로 줄이려 는 사상이나 태도.

자유주의^경제(自由主義經濟)[-의-/-이-]**명** 중상주의(重商主義)와 자유 무역을 배경으로 한 세계 시장 체제. 19세기 영국을 중심으로 발달하였으나, 20세기 후반에 이르러 쇠퇴함. 자유 경제.

자유주의^경제학(自由主義經濟學)[-의-/-이-] **명** 무역에서 자유 경제학을 바탕에서, 보호 관세 (保護關稅)나 제도적 통제 등을 반대함을 바탕 으로 하는 경제학.

자유지정(自有之情)**명** 인(仁)·의(義)·예(禮)·지 (智)의 바탕이 되는, 나면서부터 가지고 있는 정(情). ⓐ사단(四端).

자유-직업(自由職業)**명** ☞자유업.

자유^진:동(自由振動)**명** 외력(外力)의 영향을 받지 않고 자유로이 하는 진동. 고유 진동(固 有振動).

자유^토:의(自由討議)[-의/-이]**명** 특정한 의 제를 회의에 올리지 않고 자유로이 문제를 내 놓고 하는 토의.

자유^통상(自由通商)**명** 교역 당사국들 사이에 통상의 원활함을 위하여, 보호 무역의 정책을 협력적으로 완화하거나 배제하는 조처.

자유-투(自由投)**명** 농구·핸드볼·수구(水球) 따 위에서, 상대편이 반칙을 범하였을 때, 일정한 선이나 지점에서 상대 수비수의 방해 없이 자 유로이 공을 던지는 일. 프리 스로.

자유-항(自由港)**명** 외국의 화물이나 선박에 대 하여 관세 없이 자유롭게 출입할 수 있도록 개 방된 항구. 자유 무역항.

자유^항:로(自由航路)[-노]**명** 정부의 규제 없 이 선주(船主)가 자유로이 골라서 배선(配船) 할 수 있는 항로.

자유-항행(自由航行)**하다** 국제적으로 개방된 공해(公海)나 하천을 자유로이 항행함, 또는 그 항행.

자유-행동(自由行動)**명** 집단에 소속된 개인이 그 집단의 규율에 따르지 않고, 자기 마음대로 하는 행동.

자유-형(自由刑)**명** 범죄자의 자유를 빼앗는 형 벌.〔징역·구류·금고 따위.〕ⓐ체형(體刑).

자유-형(自由型)**명** ①레슬링 경기 종목의 한 가지. 몸 전체를 이용하여 공격하거나 방어할 수 있는 경기 방식. ⓐ그레코로만 형. ②수영 경기 종목의 한 가지. 수영법의 형 (型)에 제한을 두지 않는 경기 방식. ②크롤.

자유^혼인(自由婚姻)**명** ☞자유 결혼(自由結婚).

자유-화(自由化)**명하다**자동타동 자유롭게 하거나 자유롭게 됨, 또는 그 일. ¶두발 자유화. /자 유화의 물결.

자유-화(自由畫)**명** 어린이들이 사물에 대한 인 식을 표현하고 싶은 대로 자유로이 그린 그림, 또는 아이들이 자기의 실감(實感)을 솔직하게 표현한 그림. ↔임화(臨畫).

자유^화:물(自由貨物)**명** 교전국(交戰國)이 포 획·몰수할 수 없는 중립국 선박의 화물.

자유^시:세(自由換時勢)**명** 시장에서 자유로 이 거래되는 환(換)의 시세.

자육(孳育)**명하다** 동물이 새끼를 낳아서 기름.

자육(慈育)**명하다** 사랑으로 기름.

자율(自律)**명** ①스스로의 의지로 자신의 행동을 규제함. ↔타율(他律). ②칸트의 윤리관에서, 어떤 권위나 욕망에도 구애됨이 없이 실천 이 성에 의하여 스스로 세운 도덕률에 따르는 일.

자율-권(自律權)[-꿘] **명** 국가 기관의 독자성을 존중하여, 일정한 범위 안에서 그 기관이 스스 로 규칙을 제정할 수 있는 권리.

자율-성(自律性)[-썽] **명** 스스로의 의지로 자기 행동을 조절하는 성질이나 특성. ¶자율성이 보장되다.

자율^신경(自律神經)**명** 생체의 의지와는 관계 없이 신체 내부의 기관이나 조직의 활동을 지 배하며 조절하는 신경. 교감 신경과 부교감 신 경이 있음. 식물성 신경.

자율-적(自律的)[-쩍]**관명** 스스로의 의지로 자 기 행동을 조절하는 (것). ¶자율적 통제. /자 율적인 결정.

자은-종(慈恩宗)**명** ☞법상종(法相宗).

자음(子音)**명** 날숨이 날숨으로 소리를 낼 때, 목 안 또는 입 안에서 장애를 받고 나는 소리. 소리를 내는 자리에 따라 입술소리·혀끝소리· 구개음·연구개음·목청소리로, 소리를 내는 방 법에 따라 파열음·마찰음·비음·유음·파찰음으 로 나뉨. 닿소리. ⓐ모음(母音).

자음(字音)**명** ①글자의 음. ②한자(漢字)의 음. 음(音).

자음-강화탕(滋陰降火湯)**명** 한방에서, 음허화 동(陰虛火動)·도한(盜汗)·폐결핵 따위에 쓰는 탕약.

자음^동화(子音同化)**명** 음절 끝 자음이 그 뒤 에 오는 자음과 만날 때, 어느 한쪽이 다른 쪽 을 닮아서 그와 비슷하거나 같은 소리로 바뀌 기도 하고, 양쪽이 서로 닮아서 두 소리가 다 바뀌기도 하는 현상.〔'밥물→밤물, 종로→ 종노, 섭리→섬니, 신라→실라'따위.〕자음 접변.

자음^접변(子音接變)[-뺀] **명** ☞자음 동화(子音 同化).

자:응-장(紫鷹章)**명** 대한 제국 때의 무공 훈장 의 한 가지. 무공이 뛰어난 사람에게 주었는 데, 1등부터 8등까지 있었음.

자의(字義)[-의/-이]**명** 글자, 특히 한자(漢字) 의 뜻.

자의(自意)[-의/-이]**명** 자기 스스로의 생각이 나 의견. ¶자의로 사표를 내다. ↔타의(他意).

자의(恣意)[-의/-이]**명** 제멋대로 하는 생각. ¶저마다 자의로 해석한다.

자:의(紫衣)[-의/-이]**명** ①자줏빛 의복. ②임 금의 의복. ③자줏빛 가사(袈裟).

자:의(赭衣)[-의/-이]**명** ①붉은빛의 옷. ②지 난날, 죄수가 입던 붉은 옷, 또는 그 죄수.

자:의(諮議)[-의/-이]**명** ①자문(諮問)하여 의논함. ②조선 시대에, 세자시강원에 딸린 정칠품의 벼슬. ③고려 시대에, 춘방원(春坊院)에 딸린 정삼품 벼슬.

자의-대부(資義大夫)[-의-/-이-]**명** 조선 시대에, 부마(駙馬)에게 주던 종이품의 동반(東班) 벼슬.

자의-성(恣意性)[-의셍/-이셍]**명** 언어에 있어서, 소리와 의미의 관계가 사회적 약속에 의하여 임의적으로 이루어지는 특성.

자-의식(自意識)[-의-/-이-]**명** ①외계의 의식에 대립하는, 자아(自我)에 대한 의식. 자아의식. ②자기 중심적인 의식 상태.

자의-적(恣意的)[-의-/-이-]**관명** (일정한 질서를 무시하고) 제멋대로 하는 (것). ¶자의적 판단. /법조문을 자의적으로 해석하다.

자이로스코:프(gyroscope)**명** 회전체의 역학적인 운동 성질을 관찰하는 실험 기구. 회전하는 팽이를 세 개의 회전축으로 자유로이 방향을 바꿀 수 있도록 받친 장치. 회전의(回轉儀).

자이로스태빌라이저(gyrostabilizer)**명** 자이로스코프를 응용하여 선박이나 항공기의 동요를 막는 장치.

자이로컴퍼스(gyrocompass)**명** 나침반의 한 가지. 자이로스코프의 원리를 이용하여 만든 방위(方位) 측정 계기. 자기(磁氣)와 관계없이 진북(眞北)을 가리킴.

자이로파일럿(gyropilot)**명** 선박·항공기 따위에서, 자이로스코프를 응용하여 조타수나 조종사를 대신해서 자동적으로 진로를 유지시키는 기계 장치.

자이로^호라이즌(gyro horizon)**명** 기울기 쉬운, 배나 비행기 따위의 수평 상태를 확인하기 위한 장치. 자이로스코프의 원리를 응용한 것임.

자익(自益)**명** 자기의 이익.

자익-권(自益權)[-꿘]**명** 사원권(社員權)의 한 가지. 사원 개인을 위하여 상법상 주어진 권리. [이익 배당 청구권 따위.] ↔공익권.

자익^신:탁(自益信託)[-썬-]**명** 신탁 재산에서 생기는 이익이 위탁자에게 돌아가는 신탁. ↔타익 신탁.

자인(自刃)**명하자** 칼로 자기 목숨을 끊음.

자인(自認)**명하자타** ①스스로 인정함. 시인(是認). ¶그는 공개적으로 자신의 잘못을 자인했다. ②형사 소송법상, 범인이 자기에게 불리한 사실을 인정하는 것.

자:인(瓷印·磁印)**명** 흙을 구워서 만든 도장.

자인-소(自引疏)**명** 왕조 때, 자신의 허물을 스스로 밝히던 상소. 자핵소(自劾疏).

자일(子日)**명** 일진(日辰)의 지지(地支)가 자(子)로 된 날. [갑자일·병자일 따위.] 쥐날.

자일(恣逸)**명** '자일하다'의 어근.

자일(Seil 독)**명** 등산용의 밧줄. 로프.

자:일-하다(恣逸-)**타여** ☞방자(放恣)하다.

자임(自任)**명** ①어떤 일을 스스로 자기의 임무로 여김. ¶후원자 역할을 자임하다. ②**하자타** 스스로 자기의 능력 따위에 대하여 훌륭하다고 자부함. ¶국내 최강의 선수임을 자임하다.

자자(字字)**명** 한 글자 한 글자.

자자(自恣)**명** ①**하자** 자기 멋대로 함. ②불교에서, 하안거(夏安居)의 마지막 날에, 모인 중들이 자기 잘못을 뉘우치고 고백하여 서로 훈계하는 일.

자자(孜孜)'자자(孜孜)하다'의 어근.

자:자(刺字)**명하타** 옛날 중국에서, 얼굴이나 팔뚝에 죄명을 먹칠하여 넣던 형벌. 자문(刺文). 자청(刺青). ¶자자 지르다.

자:자(紫瓷·紫磁)**명** ①발해(渤海) 때 만든 자줏빛 사기그릇. ②중국 명(明)나라 세종 때 만든 자줏빛 사기그릇.

자자(藉藉)'자자(藉藉)하다'의 어근.

자자손손(子子孫孫)**명** 자손의 여러 대(代). 대대손손(代代孫孫). ¶자자손손이 부귀영화를 누리라.

자자-이(字字-)**부** 한 글자 한 글자마다. 글자마다. ¶자자이 비점(批點)이요 구구(句句)이 관주(貫珠)로다(烈女春香守節歌).

자자-일(自恣日)**명** 절에서, 하안거(夏安居)의 마지막 날, 곧 자자(自恣)를 하는 날인 '음력 칠월 보름날'을 이르는 말.

자자-주옥(字字珠玉)**명** [글자마다 주옥과 같다는 뜻으로] 글씨의 한 자 한 자가 모두 잘 쓰여진 것을 칭찬하여 이르는 말.

자자-하다(孜孜-)**형여** 꾸준하게 부지런하다. **자자-히부**.

자:자-하다(藉藉-)**형여** (소문이나 칭찬 따위가) 여러 사람의 입에 오르내리어 떠들썩하다. 짜자하다. ¶그의 효성에 대해 칭찬이 자자하다. **자자-히부**.

자:자-형(刺字刑)**명** 자자(刺字)의 형벌.

자작(子爵)**명** 오등작(五等爵)의 넷째 작위. 백작의 아래, 남작의 위. 준자(子)[1].

자작(自作)**명하타** ①손수 만듦, 또는 그 물건. 자제(自製). ¶자제(自製). ¶자작 농토에 직접 농사를 지음. 가작(家作). ¶자작 농토. ②↔소작(小作).

자작(自酌)**명하자** 〈자작자음의 준말〉

자작-거리다[-꺼-]**자** 자꾸 자작자작하다. 자작대다. **본**저적거리다.

자작-곡(自作曲)[-꼭]**명** 스스로 지어 부르는 악곡. ¶자작곡을 불러 갈채를 받았다.

자작-극(自作劇)[-끅]**명** ①자기 스스로 만든 연극. ②남을 속이거나 모략하기 위해서 자기 스스로 거짓으로 꾸민 사건. ¶자작극을 벌이다.

자작-나무[-장-]**명** 자작나뭇과의 낙엽 활엽 교목. 북부 지방의 깊은 산에 나는데, 높이는 20 m가량. 나무껍질은 희며 얇게 벗겨짐. 봄에 잎이 이삭 모양의 꽃이 핌. 나무는 가구재로 쓰임. 백단(白椴). 백화(白樺).

자작-농(自作農)[-장-]**명** 자기 땅에 자기가 직접 짓는 농사, 또는 그러한 농민. **준**자농. ↔소작농.

자작-대다[-때-]**자** 자작거리다.

자작-시(自作詩)[-씨]**명** 자기가 지은 시. ¶문학의 밤에서 자작시를 낭송하다.

자작-일촌(自作一村)**명하자** 한집안끼리 또는 뜻이 같은 사람끼리 모여 한 마을을 이룸.

자작-자급(自作自給)[-짜-]**명하타** ①생활에 필요한 것들을 자기가 직접 경작하거나 만들어 해결함. ②자기 나라에서 생산한 것만으로 살아감. **참**자급자족.

자작-자연(自作自演)[-짜-]**명하타** 자기가 지은 각본을 몸소 연출하거나 거기에 출연함.

자작-자음(自酌自飮)[-짜-]**명하자** 손수 술을 따라 마심. **준**자작.

자작-자작[1](-짜-]**부하자** 아기가 겨우 발걸음을 떼며 위태롭게 걷는 모양. **큰**저적저적.

자작-자작[2][-짜-]**부하형** 액체가 조금씩 잦아들어 적은 모양. ¶국물이 자작자작할 때까지 끓여라. **큰**지적지적[1].

자작-자필(自作自筆) [−짜−]명하타 자기가 글을 지어 자기 손으로 씀. 작지서지(作之書之).

자작-자활(自作自活) [−짜−]명하자 자작하여 제힘으로 살아감.

자작-지(自作地)[−찌]명 직접 경작하는 자기 소유의 농지. ↔소작지.

자작지얼(自作之孽) [−찌−]명 자기 스스로가 만든 재앙(災殃).

자작-지주(自作地主) [−찌−]명 자작농인 지주.

자잘-하다형여 여럿이 모두 다 잘다. ¶가물었던 탓에 감자 알이 모두 자잘하다.

자:장(煮醬)명 장조림.

자:장(磁場)명 자석이나 전류의 주위에 생기는 자력(磁力)이 미치는 범위. 자계(磁界). 자기장(磁氣場).

자장-가(−歌)명 아기를 잠재우기 위하여 부르는 노래.

자장-격지(自將擊之) [−찌]명 ①하자 스스로 군사를 거느리고 나아가 싸움. ②하타 남에게 시키지 않고 손수 함을 이르는 말.

자장면(←炸醬麵 중)명 중국식 국수 요리의 한 가지. 고기와 채소를 넣고 볶은 중국식 된장에 국수를 비벼 먹는 음식.

자장-분자(滋長分子)명 관계된 물건으로부터 불어서 생기는 이자.

자장-자장갑 아기를 재우며 조용히 노래처럼 부르는 소리.

자장-타령명 아기를 재울 때에 부르는, 타령조의 자장가.

자재(−재) [옛] 자벌레. ¶자재 척:尺(訓蒙上21).

자재(自在)명하형 ①저절로 있음. 스스로 있음. ②구속이나 방해가 없이 마음대로임.

자재(自裁)명하자 ⇨자살(自殺).

자재(資材)명 물자와 재료. ¶건축용 자재.

자재(資財)명 ①⇨자산(資産). 재산. ②자본이 되는 재산.

자재^관리(資材管理) [−괄−]명 생산에 필요한 각종 자재의 보관·운반 및 재고(在庫) 등을 합리적으로 운영하는 생산 관리.

자재-난(資材難)명 자재가 귀하거나 모자라서 겪게 되는 어려운 사정.

자재^스패너(自在spanner) ⇨멍키 스패너.

자재-천(自在天)명 ⇨대자재천의 준말.

자재-화(自在畫)명 〔자·컴퍼스·분도기 따위의 기구를 쓰지 아니하고 손만으로 그리는 그림. 〔사생화·상상화 따위.〕 ↔용기화(用器畫).

자저(自著)명 자기 스스로 책을 지음, 또는 그 책.

자저(越趄)명하자되자 머뭇거리며 망설임. 주저.

자적(自適)명하자 (무엇에 속박됨이 없이) 제 마음 내키는 대로 즐김. ¶유유(悠悠)자적.

자전(字典)명 한자를 모아 일정한 순서로 배열하여 그 한 자 한 자의 음(音)·훈(訓)·운(韻)·자원(字源) 따위를 해설한 책. 옥편(玉篇). 자서(字書). 자휘(字彙).

자전(自全)명하자되형 스스로 편안하고 온전함, 또는 그렇게 되게 함.

자전(自傳)명 〈자서전(自敍傳)〉의 준말.

자전(自轉)명하자 ①저절로 돎. ②천체(天體)가 그 내부를 지나는 축(軸)을 중심으로 하여 회전하는 일. ↔공전(公轉).

자:전(紫電)명 ①보랏빛을 띤 전광(電光). ②날카로운 눈빛. ③'일이 매우 다급함'을 비유하여 이르는 말.

자전(慈殿)명 ⇨자성(慈聖).

자전-거(自轉車)명 사람이 올라타고 두 발로 페달을 밟아 바퀴를 돌리면서 앞으로 나아가게 만든 것.

자전거^경:기(自轉車競技)명 자전거를 타고서 일정한 거리를 달려 그 속력을 겨루는 경기를 통틀어 이르는 말.

자전거-포(自轉車鋪)명 자전거를 팔거나 수선하는 점포.

자:전-관(磁電管)명 극초단파(極超短波)를 발생시키는 특수 진공관. 레이더에 이용됨.

자전^소:설(自傳小說)명 자기 자신의 성장 과정을 중심으로 생애의 전부 또는 일부를 내용으로 하여 쓴 소설.

자전-적(自傳的)명 자서전의 성격을 띠고 있는 (것). ¶자전적 소설.

자전^주기(自轉週期)명 천체(天體)가 한 바퀴 자전하는 데 걸리는 시간. ↔공전 주기.

자전지계(自全之計) [−계/−게]명 자신의 안전을 도모하는 계책.

자전-차(自轉車)명 '자전거'의 잘못.

자절(自切·自截)명하자 일부 동물이 외부의 공격으로부터 벗어나 생명을 유지하기 위하여 몸의 일부를 절단하는 일. 〔촌충·지렁이·오징어·불가사리·게·새우·도마뱀 따위에서 볼 수 있음.〕 자할(自割).

자정(子正)명 십이시의 자시(子時)의 한가운데. 곧, 밤 12시. ↔오정(午正).

자정(自淨)명하자되자 ①오염된 물이나 공기 따위가 물리학적·화학적·생물학적 작용으로 저절로 깨끗해지는 일. ¶생태계의 자정 능력. ②어떤 조직이 스스로 정화하는 일. ¶언론계의 자정 노력.

자-정간(字井間)명 여러 줄로 쓴 각 글자 사이의 가로줄과 세로줄로 이루어진 가지런한 정간.

자정-수(子正水)명 자정에 길은 물. 〔이 물을 날마다 마시면 건강에 좋다고 함.〕

자정^작용(自淨作用)명 오염된 대기나 하천이 침전, 산화 작용, 유기물의 분해 등으로 저절로 깨끗해지는 작용.

자:−정향(紫丁香)명 ⇨라일락(lilac).

자제(子弟)명 ①남을 높이어 그의 아들을 일컫는 말. ②남을 높이어 그의 집안 젊은이를 일컫는 말. 자사(子舍).

자제(自制)명하타 욕망·감정 따위를 스스로 억제함. 극기(克己). ¶흥분을 자제하다.

자제(自製)명하타 〔공예품 따위의 물건을〕 자기가 직접 만듦, 또는 그 물건. 자작(自作).

자제(姉弟)명 누이와 동생.

자제-력(自制力)명 스스로 자기를 억제하는 힘. ¶자제력을 잃다.

자제-심(自制心)명 자기의 욕망·감정 따위를 억누르는 마음. ¶강한 자제심.

자조(自助)명하자 ①스스로 자기를 도움. ②국제법상, 국가가 자기 힘으로 자기의 권리를 확보하는 일. 자구 행위(自救行爲). 자력 구제.

자조(自照)명하자 자기 자신을 스스로 돌아보아 관찰함, 또는 그렇게 하는 일.

자조(自嘲)명하자타 스스로 자신을 비웃음.

자조(慈烏)명 〔밤 12시 〈새끼가 어미에게 먹이를 물어다 주는 어진 새란 뜻으로〉 '까마귀'를 달리 이르는 말. 자오(慈烏).

자조^문학(自照文學)명 (일기·수필 따위처럼) 자조의 정신에서 이루어지는 문학.

자조-적(自嘲的)관명 스스로 자기 자신을 비웃는 (것). ¶자조적 표현. /자조적인 냉소(冷笑).

자족(自足)**명**[하자] 스스로 만족하게 여김, 또는 그 만족. ¶작은 집일망정 내 집이란 생각에 자족한다.

자족-감(自足感) [-깜] **명** 스스로 자신을 만족스럽게 여기는 느낌.

자족^경제(自足經濟) [-졍-] **명** (경제 발전의 가장 초기 단계로) 자기가 필요한 만큼 생산하여 소비하고, 가족 이외의 교환 관계를 일으키지 않는 경제.

자족-하다(自足-) [-조카-] **형여** 남에게 빌리거나 의지하지 않을 만큼 넉넉하다.

자존(自存)**명** ①자신의 존재 또는 생존. ②[하자] (남의 힘에 기대지 않고) 스스로의 힘으로 생존하는 일. ¶독립 자존의 의지.

자존(自尊)**명** ①스스로 잘난 체하거나 자기를 높임. ②자신의 인격을 존중하며, 긍지를 가지고 스스로의 품위를 지킴. 자경(自敬).

자존-권(自存權) [-꿘]**명** 자기의 생존을 유지하기 위하여 필요한 일체의 행위를 할 수 있는 자기 보호권.

자존-심(自尊心)**명** (남에게 굽힘이 없이) 제 몸이나 품위를 스스로 높이 가지는 마음. ¶자존심이 상하다. /자존심이 강한 사람. /자존심이 없는 얄미운 아첨이 있다.

자존-자대(自尊自大)**명**[하자] 스스로 자기를 높고 크게 여김.

자존-자만(自尊自慢)**명**[하자] 스스로 자기를 높여 잘난 체하며 뽐냄.

자종(自從)**명**[하자] 스스로 따르고 복종함.

자좌(子坐)**명** (집터나 묏자리 따위가) 자방(子方)을 등진 좌향, 또는 그런 자리.

자좌-오향(子坐午向)**명** (집터나 묏자리 따위가) 자방(子方)을 등지고 오방(午方)을 향한 좌향(坐向).

자주[튀] 동안이 짧게 여러 번. 잦게. ¶몸은 못 가지만 편지는 자주 한다.

자주(自主)**명**[하자] ①(남의 도움이나 간섭을 받지 아니하고) 자신의 일을 스스로 처리하는 일. 〈자주장(自主張)〉의 준말.

자주(自註)**명**[하자] 자기가 쓴 글에 자기가 직접 주를 닮, 또는 그 주석(註釋). [참]역주(譯註).

자-주(紫朱)**명** 자줏빛.

자-주(紫珠)**명** 『식』 작살나무.

자-주(紫紬)**명** 자줏빛 나는 명주(明紬).

자주(慈主)**명** 어머니. 〔편지 글에 쓰는 말.〕

자-주-감자(紫朱-)**명** 감자의 한 품종. 알은 기름하며 껍질은 자줏빛. 성숙은 늦은 편이나, 추위와 습기·병에 강함. 경북·충북 지방에서 많이 재배함.

자-주-고동색(紫朱古銅色)**명** 『미』자갈색.

자주-권(自主權) [-꿘]**명** ①어떤 일을 자기의 뜻대로 자유롭게 결정·처리할 수 있는 권리. ②지방 자치 단체가 가지는 자치 입법권. ③독립 국가로서, 국가의 존립과 발전을 위하여 제 나라에 관한 나라 안팎의 문제를 자주적으로 행사하거나 처리할 수 있는 권리.

자주-달개비(紫朱-)**명** 닭의장풀과의 다년초. 북미 원산의 관상용 식물. 높이 50 cm가량의 줄기는 무더기로 나고, 5월경에 자줏빛 꽃이 핌. 닭의장풀과 비슷하나 꽃빛이 더 짙음.

자주-독립(自主獨立) [-똥닙]**명**[하자] 국가가 자주권을 행사할 수 있는 완전한 독립.

자주-독왕(自主獨往)**명**[하자] (남의 주의·주장에 조금도 거리끼지 아니하고) 자기의 주의나 주장대로 소신껏 행동함.

자주-민(自主民)**명** 자주권을 가진 국가의 국민(國民). ¶오동(吾等)은 자(玆)에 아(我) 조선의 독립국임과 조선인의 자주민임을 선언하노라.

자주-색(紫朱色)**명** 자줏빛.

자주-성(自主性) [-썽]**명** 자주적인 성질.

자:주-쓴풀(紫朱-)**명** 용담과의 이년초. 산이나 들에 절로 나는데, 줄기 높이는 15∼30 cm. 가름한 잎은 마주나며, 9∼10월에 푸른 자줏빛 꽃이 핌. 한방에서, 뿌리와 줄기를 말린 것을 약용(藥用)이라 하여 약재로 씀.

자-주장(自主張)**명**[하자] 자신에 관한 일은 자기의 뜻대로 처리함. @자주.

자주-적(自主的)**관[명]** 자기에게 관계되는 일을 독자적으로 처리하는 (것). ¶자주적 결정. /자주적인 노력을 기울이다.

자주^점유(自主占有)**명** 법률에서, 소유의 의사를 가지고 하는 점유를 이르는 말. ↔타주 점유(他主占有).

자주-정신(自主精神)**명** 자주적으로 일을 처리하려는 정신.

자주-포(自走砲)**명** 차량 위에 고정시켜, 기동성이 있는 야포(野砲). 전차(戰車)도 이 일종임.

자:주-호반새(紫朱湖畔-)**명** 물총새과의 새. 호반새와 비슷함. 날개 길이 13 cm, 부리 6 cm가량. 등과 꽁지의 빛깔은 고운 남색, 목과 가슴은 회고 머리는 검은빛임. 작은 개울이나 연못가·양어장에서 삶. 물고기·개구리·가재 따위를 잡아먹음. 양어장의 해조(害鳥)임. 산비취.

자:죽(紫竹)**명** 볏과의 대. 흔히 관상 및 마당의 산울타리로 심음. 높이 3 m, 굵기 2 cm가량. 마디 사이의 겉껍질은 적갈색임. 잎은 길이 6∼15 cm, 9∼11월에 죽순이 돋음. 설죽(雪竹). 한죽(寒竹).

자:줏-물(紫朱-) [-준-]**명** 자줏빛 물감.

자:줏-빛(紫朱-) [-뺃/-줃뼫]**명** 짙은 남빛에 붉은빛을 띤 빛. 자색(紫色). 자주(紫朱). 자주색. 자지(紫地). ＊자:줏빛이[-주뼈치/-준뼈치]·자:줏빛만[-주뺀/-준뺀-]

자중(自重)**명** 물건 그 자체의 무게. ¶하물의 중량에 자동차의 자중이 포함된 중량.

자중(自重)[2]**명**[하자] ①자기 몸을 소중히 여김. ¶자중 자애(自愛)하다. ②품위(品位)를 지켜 몸가짐을 진중히 함.

자:중(籍重)**명**[하자] 중요한 것에 의거하거나 좇음.

자중지란(自中之亂)**명** 한패 속에서 일어나는 싸움질. ⑪소장지변(蕭墻之變).

자증(自證)**명**[하자] ①스스로 자기에 관한 것을 증명함, 또는 그 증명. ②불법(佛法)을 자기 스스로 깨달아 앎.

자:지(自持)**명** 남자의 외부 생식기의 길게 내민 부분. 남경(男莖). 남근(男根). 양경(陽莖). 양근(陽根). 음경(陰莖).

자지(子枝)**명** 번성하게 퍼진 자손.

자지(自持)**명**[하자] ①(무엇을) 자기가 가짐. ②(무엇을) 스스로 지님.

자:지(紫地)**명** 자줏빛.

자:지(紫芝)**명** ①『식』자지. ②『한』영지(靈芝).

자:지(慈旨)**명** 임금의 어머니의 전교(傳敎).

자지러-들다[~드니·~들어]**자** 몸이나 목소리 따위가 움츠러들거나 움츠러듦. ¶그의 질문에 그녀는 자지러드는 목소리로 대답했다.

자지러-뜨리다[타] 자지러지게 하다. 자지러트리다. @지지러뜨리다.

자지러-지다¹[자] ①몹시 놀라서 몸이 움츠러지다. ¶ 자지러질 정도로 기침을 한다. ②(생물이 자라는 도중에 병이 생겨 잘 자라지 못하다. ③(웃음이나 울음소리 또는 장단이) 듣기에 자릿자릿하도록 빠르고 잦아지다. ¶ 자지러지게 웃다. ①②⑧자지러뜨리다.

자지러-지다²[형] (솜씨가) 정교하고 미묘하다. ¶ 자수의 무늬가 자지러지다.

자지러-트리다[타] 자지러뜨리다. ⑤지지러트리다.

자지레-하다[형][동] 〈자질구레하다〉의 준말.

자지리[부] 《주로 부정적인 뜻을 나타내는 말과 함께 쓰이어》 아주 몹시, 또는 지긋지긋하게. ¶ 자지리 계속되는 장마. /자지리 못나다. ⑤지지리.

자진(自進)[명][하자] (남이 시키기 전에) 제 스스로 나섬. ¶ 자진 신고. /자진하여 출두하다.

자진(自盡)[명][하자] ①식음을 끊거나, 병들어도 약을 먹지 아니하여 스스로 죽음. ②(기운·활기가) 저절로 다하거나 잦아듦. ③(몸과 마음으로) 온갖 정성을 다함. ④☞자살(自殺).

자진-가락[명] 전통 음악에서, 빠르고 잦게 넘어가는 가락.

자진-마치[명] (무엇을) 잦게 두드리거나 치는 동작.

자진모리-장단[명] 판소리 및 산조(散調) 장단의 한 가지. 중모리장단보다 조금 빠른 장단.

자진-장단[명] 빠르고 잦게 치는 장단.

**자-질[명][하자] 자로 물건의 길이를 재는 일.

자질(子姪)[명] ☞자여질(子與姪).

자질(資質)[명] ①타고난 성품이나 소질. ②맡아 하는 일에 대한 능력이나 실력의 정도. ¶ 관리자로서의 자질이 부족하다.

자질구레-하다[형] (어슷비슷하게) 모두 다 잘고 시시하다. ⑤자지레하다.

자질-자질[부][하] 물기가 말라서 잦아드는 모양.

자-짜리[명] 낚시에서, '한 자짜리의 물고기'를 이르는 말.

자차(咨嗟)[명][하타] 애석하여 탄식함.

자차분-하다[형] ①자질구레하다. ¶ 자차분한 걱정. ②잘고 아담하게 차분하다. ¶ 자차분한 들국화. ①자차분-히[부].

자찬(自撰)[명][하타] (책 따위를) 손수 편찬함.

자찬(自讚)[명][하자] (자기가 한 일을) 자기가 스스로 칭찬함. 자화자찬(自畫自讚).

자창(刺創)[명] (바늘·송곳·못·칼·창 따위의) 날카롭고 뾰족한 것에 찔린 상처.

자창-자화(自唱自和)[명] ①자기가 노래를 부르고 스스로 화답(和答)함. ②'남을 위하여 자기가 마련한 것을 자기가 이용함'을 비유하여 이르는 말. ③☞자탄자가(自彈自歌).

자-채(紫彩)[명] 〈자채벼〉의 준말.

자-채-논(紫彩-)[명] 〈자채벼논〉의 준말.

자-채-벼(紫彩-)[명] 올벼의 한 가지. 밥맛이 좋아 상등(上等) 쌀로 침. 빛이 누르고 가시랭이가 있으며, 재배하기에 알맞은 논이 따로 있음. ⑤자채.

자-채벼-논(紫彩-)[-벼-][-변-]**[명] 자채벼를 심는 논, 또는 자채벼를 심을 수 있는 좋은 논. ⑤자채논.

자책(自責)[명][하자타] (양심에 거리끼어) 스스로 자기를 책망함.

자책-감(自責感)[-깜]**[명] 자책을 느끼는 마음. 자책하는 마음. ¶ 자책감에 사로잡히다.

자책-골(自責goal)[명] 축구 따위에서, 실수로 자기편 골에 공을 넣는 일. 자살골.

자책^**관념(自責觀念)**[-꽌-]**[명] 자기가 나쁜 짓을 하였다는 망상적(妄想的) 관념.

자책^**점(自責點)**[-쩜]**[명] 야구에서, 야수의 실책에 의해서가 아니고, 데드 볼·안타 따위로 투수가 상대편에 준 점수.

자처(自處)[명][하자타] (자기 자신을 어떠한 사람으로 여기고) 스스로 그렇게 처신함. ¶ 대가(大家)로 자처하다. /세계 최강임을 자처하다. ②[하자] ☞자결(自決).

자처-울다[~우니·~울어]**[자] (닭이) 점점 재우 처 울다.

자천(自薦)[명][하자] 자기가 자기를 추천함. 자매(自媒). ↔타천(他薦).

자천(恣擅)[명][하자] 방자하게 제 주장대로 함.

자천-배타(自賤拜他)[명][하자] 자기 것을 천시하고 남의 것을 숭배함.

자철(子鐵)[명] '신의 바닥에 박는 징'을 통틀어 이르는 말.

자:철(磁鐵)[명] 〈자철석〉의 준말.

자:철-광(磁鐵鑛)[명] '자철석'의 구용어.

자:철-석(磁鐵石)[-썩]**[명] 제철(製鐵)의 주요 원료가 되는 산화철의 한 가지. 알갱이·결정·층상(層狀) 등의 모습으로 생산되는 등축 정계(等軸晶系)의 철광. 검은 광택이 나며 부스러지기 쉽고 자성이 강함. 주성분은 사산화삼철(Fe₃O₃). 자석. 자석석. ⑤자철.

자청(自請)[명][하자타] (어떤 일 하기를) 자기 스스로 청함. ¶ 고생을 자청하다. /기자 회견을 자청하다.

자:청(刺靑)[명] ①글자로 문신(文身)하는 일, 또는 그 글자. ②☞자자(刺字).

자체(字體)[명] ①글자의 체(體). ②☞자양(字樣). 자형(字形).

자체(自體)[명] ①(사람이나 사물의) 그 본체(本體). ②그 자신.

자:체(姿體)[명] 몸의 모양. 몸가짐.

자체-감응(自體感應)[명] ☞자체 유도.

자체^**금융(自體金融)**[-금늉/-그뮹]**[명] 기업 자체나 기업주에 의하여 마련되는 자본.

자체^**방:전(自體放電)**[명] 축전지의 외부 회로를 연결하는 상태에서 저절로 일어나는 방전.

자체^**유도(自體誘導)**[명] 회로를 흐르는 전류가 변화할 때, 그 회로 자체에 전류의 변화를 방해하는 방향으로 기전력이 유발되는 현상. 자기 유도. 자체감응(自體感應). ↔상호 유도.

자체^**환:각(自體幻覺)**[명] 거울에 비치듯 자기 자신을 보는 환각. 경영 환각(鏡映幻覺).

자초(子初)[명] 십이시의 자시(子時)의 처음. 곧, 하오 11시가 막 지난 무렵.

자초(自初)[명] ①어떤 일이 비롯된 처음. ②처음부터. 《주로, '자초로'·'자초에'의 꼴로 쓰임.》 자초로 이 지방에 살던 사람. /자초에 팔자가 사납다.

자초(自招)[명][하자] (어떤 결과를) 자기 스스로 불러들임. ¶ 화(禍)를 자초하다. ⑪자취(自取).

자:초(紫草)[명] ①☞지치. ②☞자초근.

자:초-근(紫草根)[명] 지치의 뿌리. 성질이 차고, 오줌을 순하게 하며 피를 물게 하는 효험이 있어서 창증(脹症)·두진(頭疹) 또는 일반 피부병에 씀. 자근(紫根). 자초(紫草).

자:초-용(紫草茸)[명] 지칫과의 곤충. 약재로 씀.

자초지종(自初至終)[명] 처음부터 끝까지의 동안이나 과정. 자두지미(自頭至尾). 종두지미(從頭至尾). ¶ 사건의 자초지종을 털어놓다.

자:촉(刺促)圀 세상일에 얽매여 몹시 바쁨.

자촉^반:응(自觸反應)[-빠능圀 화학 반응에 이바지하는 물질, 또는 그 생성물이 스스로 촉매 구실을 하는 일.

자:총(紫葱)圀 자총이.

자:총-이(紫葱-)圀 파의 한 가지. 땅속줄기는 보통 파의 것보다 훨씬 매움. 흔히, 김장감으로 쓰임. 자총.

자최(齊衰)[-최/-췌]圀 〈재최(齊衰)〉의 본딧말.

자최(옛) 자취. ¶ 나라해 이셔 도즈기 자최 바 다 가아 그 菩薩의 오바(月釋1:6).

자축(自祝)圀[-하자] (자기가 맞은 경사 따위를) 스스로 축하함. ¶ 승리를 자축하다.

자축-거리다[-꺼-]타 자꾸 자축자축하다. 자축 대다. 郾저축거리다.

자축-대다[-때-]타 자축거리다.

자축-연(自祝宴)圀 자축하는 잔치.

자축-거리[-쫘-]부타 힘없는 다리로 잘록거 리며 걷는 모양. 郾저축저축.

자춤-거리다타 자꾸 자춤자춤하다. 자춤대다. 郾저춤거리다.

자춤-대다타 자춤거리다.

자춤발-이圀 ‘자춤거리는 사람’을 조롱조로 이 르는 말.

자춤-자춤부하타 약간 자춤거리며 걷는 모양. 郾저춤저춤.

자충(仔蟲)圀 애벌레. 유충(幼蟲).

자충(自充)圀하자 바둑에서, 자기가 돌을 놓아 자기의 수를 줄임.

자:충(刺衝)圀하자 찌름.

자충-수(自充手)圀 ①바둑에서, 자충이 되는 수. ②‘스스로 행한 행동이 결국에는 자기에게 불리 한 결과를 가져오게 됨’을 비유하여 이르는 말.

자취①(어떤 원인으로 하여) 남아 있는 흔적. ¶ 자취를 남기다. ②(사람·동물 따위의) 행방(行 方). 간 곳. ¶ 자취를 감추다. ③기하학에서, 주어진 조건의 모든 것을 만족시키는 점의 집 합으로 이루어지는 도형을 이르는 말. ⑨궤적.

자취(自炊)圀하자 손수 밥을 지어 먹음, 또는 그 일. ¶ 방을 얻어 자취를 하다.

자취(自取)圀하자 (잘못된간에) 제 스스로 만들 어서 그렇게 됨. 비자초(自招).

자취-기화(自取其禍)圀하자 스스로의 잘못으로 화를 입게 됨.

자취지화(自取之禍)圀 자기 잘못으로 자기에게 화를 입게 되는 화.

자치 연어과의 민물고기. 송어를 닮았으나 훨 씬 큼. 몸길이 150 cm가량. 몸빛은 등 쪽이 황 갈색이며 머리와 등에 검은 점이 흩어져 있음. 찬물이 흐르는 계곡의 맑은 물 밑바닥에 붙어 헤엄침. 우리나라의 압록강 상류, 장진강 등에 분포하는 특산 어종임.

자치(自治)圀①제 일은 제 스스로 처리함. ¶ 학생 자치 기구. ②(지방 자치 단체 등이) 공 선(公選)된 사람들에 의하여 그 범위 안의 행 정이나 사무를 자주적으로 처리함. ③〈자치 행 정〉의 준말. ③→관치(官治).

자치-국(自治國)圀 연방국(聯邦國)에 딸리면서 자치권을 가진 나라.

자치-권(自治權)[-꿘]圀 (공공 단체, 특히 지 방 자치 단체가) 자치 행정을 할 수 있는 권리.

자-치기圀 어린이들 놀이의 한 가지. 짤막 한 나무토막을 다른 긴 막대기로 쳐서 그 나 간 거리의 멀고 가까움을 자질하여 승부를 겨 루는 놀이.

자치^기관(自治機關)圀 자치 행정의 권한을 가 진 공공 기관. 지방 자치 단체가 그 대표적 기 관임.

자치^단체(自治團體)圀 국가로부터 법적으로 인정된 자치 기관. 〔지방 자치 단체 따위.〕

자치-대(自治隊)圀 (정치상의 공백이나 혼란시 에) 지역 안의 공안 질서를 유지하기 위하여 조직하는 민간 치안대.

자치-동갑(一同甲)圀 나이가 한 살 차이인 동배 (同輩). 어깨동갑.

자치-령(自治領)圀 ①한 국가의 영토이면서 광 범위한 자치권 또는 주권을 행사하는 지역. ②‘영연방의 자치령’을 이르는 말. 〔캐나다·인 도·오스트레일리아·뉴질랜드 따위의 나라.〕

자치^식민지(自治植民地)[-씽-]圀 자치권이 부여된 식민지.

자치-적(自治的)관圀 스스로 다스리는 (것). /자치적 기구. /자치적으로 운영하는 학교.

자치-제(自治制)圀 ☞지방 자치 제도.

자치-제:도(自治制度)圀 ☞지방 자치 제도.

자치^통:제(自治統制)圀 업자(業者)들이 조합 이나 카르텔을 통하여, 각자의 자유로운 경제 활동을 자치적으로 통제하는 일.

자치^행정(自治行政)圀 ①민중 정치의 한 형 태. 국민이 행정 기관을 선출하여 그 기관에 의해 그들의 사무를 처리하는 행정. ②지방 자 치 단체에 의한 행정. ♻자치.

자치^활동(自治活動)[-똥]圀 학생들이 자치적 으로 행하는 학교 생활의 과외 활동.

자치-회(自治會)[-회/-훼]圀 ①학교에서, 학 생들의 자치 활동을 위하여 만든 교육적인 조 직을 이르는 말. ②지역 내 주민들의 지역 생 활 향상을 위하여 만든 자치적인 조직.

자친(慈親)圀 남에게, ‘자기의 어머니’를 일컫 는 말. 가자(家慈). 자위(慈闈). ↔엄친(嚴親).

자침(自沈)圀하자 (타고 있는 배 따위가) 자기 스스로 가라앉힘.

자침(自鍼)圀하자 자기가 자기 몸에 침을 놓음.

자:침(瓷枕)圀 자기(瓷器)로 만든 베개. 도침 (陶枕).

자:침(磁針)圀 자장(磁場)의 방향을 재기 위하 여, 수평으로 자유로이 회전할 수 있도록 한 소형의 영구 자석. 방위를 찾는 데에도 씀. 나 침(羅針). 자석(磁石). 지남침(指南針).

자칫[-칟]부 ①(어떤 일이) ‘조금 어긋남’을 나 타내는 말. ¶ 자칫 잘못하면 큰 화를 입게 된 다. /옛글을 읽으면서 자칫 어지러워지기 쉬운 마음을 가다듬는다. ②‘비교적 조금’을 나타내 는 말. ¶ 자칫 작은 득표.

자칫-거리다[-칟꺼-]자타 자꾸 자칫자칫하다. 자칫대다. 郾저칫거리다.

자칫-대다[-칟때-]자타 자칫거리다.

자칫-자칫[-칟짜칟]부하자 (걸음발 타는 아 기가) 서투른 걸음을 걷는 모양.

자칫-하다[-칟하-]자여 (어떤 일이) 조금 어긋 나 잘못되다. ¶ 자칫하면 사고가 난다.

자칭(自稱)圀 ①하자타 (남에게) 스스로 자기를 일컬음. ¶ 선배라고 자칭하는 이에게서 전화가 걸려 왔다. ②대명사의 제일 인칭. 〔나·우리· 저·저희·소생·소자 등 자기를 가리키는 말을 이름.〕

자:칭(藉稱)圀하타 ☞자탁(藉托).

자칭-군자(自稱君子)圀 ☞자칭천자.

자칭^대:명사(自稱代名詞)圀 자기를 일컫는 대 명사. 〔나·소생·소자 따위.〕

자칭-천자(自稱天子)〔명〕 자기가 스스로 제일이라고 하는 사람을 비웃는 뜻으로 이르는 말. 자칭군자(自稱君子).

자칼(jackal)〔명〕 갯과의 짐승. 몸은 승냥이와 여우의 중간형이며, 털빛은 황갈색이고 꼬리 끝은 검음. 유럽·중앙아시아·북부 아프리카 등지에 분포함.

자켓(jacket)〔명〕 '재킷'의 잘못.

자타(自他)〔명〕 저와 남. ¶자타가 공인하는 세계 최고의 선수. ②불법(佛法)을 깨닫는, 자기의 힘과 남의 힘.

자-타작(自打作)〔명〕〔하자〕 자기의 논밭을 자기 스스로 농사지어 추수함.

자:탁(藉托)〔명〕〔하타〕 (어떤 일의 잘못 따위를) 다른 일에다 미루어 핑계함. 자칭(藉稱).

자탄(自彈)〔명〕〔하타〕 피아노·거문고 따위 현악기를 손수 연주함.

자탄(自歎·自嘆)〔명〕〔하자타〕 자기 일을 자기 스스로 탄식함.

자탄(咨歎)〔명〕〔하타〕 아끼고 가엾게 여겨 탄식함, 또는 그런 탄식.

자탄-가(自歎歌)〔명〕 자기 신세를 스스로 한탄하여 부르는 노래.

자탄-자가(自彈自歌)〔명〕〔하자〕 스스로 타는 거문고 소리에 맞추어 스스로 노래함. 자창자화(自唱自和).

자:탑(瓷塔)〔명〕 자기(瓷器)로 된 탑.

자태(姿態)〔명〕 ①몸가짐과 맵시. ¶한복을 입은 자태. ②모양이나 모습. ¶북악(北岳)의 우아한 자태. 자용(姿容).

자:태(瓷胎·磁胎)〔명〕 돌을 갈아 만든 가루. 그릇 만드는 데 씀.

자택(自宅)〔명〕 자기의 집. 자가(自家).

자:토(瓷土)〔명〕 ☞도토(陶土).

자:토(赭土)〔명〕 ☞석간주(石間硃).

자통(自通)〔명〕 ①〔하타〕 자기 스스로 사리를 통하여 앎. ②〔하자〕저절로 트임. 자연히 통함.

자:통(刺痛)〔명〕 찌르는 듯한 아픔.

자퇴(自退)〔명〕〔-되/-뒈〕〔명〕〔하타〕 스스로 물러남.

자투리〔명〕 ①(팔거나 쓰다가 남은) 피륙의 조각. 말합(末合). ¶비단 자투리. ②어떤 기준에 미치지 못할 정도로 작거나 적음. ¶자투리 필름. /자투리 시간.

자투리-땅〔명〕 구획 정리나 도로 확장 따위에 이용하고 남은 좁은 땅. 잔지(殘地).

자파(自派)〔명〕 자기 쪽의 계파(系派) 또는 유파(流派). 자기편. ¶자파 세력을 규합하다.

자파(自罷)〔명〕〔하타〕 (어떤 일을) 스스로 그만둠.

자판(字板)〔명〕 ①글자판. ②사진 식자에서, 모형(母型)이 되는 글자를 음화(陰畫)로 하여, 일정한 차례에 따라 배열해 놓은 판.

자판(自判)〔명〕 ①〔하자〕 저절로 밝혀짐. ②〔하자타〕 상급 법원에서, 원심(原審)을 파기하고 독자적으로 새로운 판결을 내리는 일.

자판(自辦)〔명〕〔하타〕 ①자기의 일을 스스로 처리함. ②자변(自辨).

자판-기(自販機)〔명〕 〈자동판매기(自動販賣機)〉의 준말.

자:패(紫貝)〔명〕 복족강의 조개. 껍데기의 입구가 안쪽으로 오므라들며 맞닿아 여성의 성기와 같이 생긴 나사조개의 한 가지. 길이 8cm가량으로 등 쪽은 자색임. 옛날에는 안산(安產)·다산(多產)·풍요의 상징물로 몸에 지녔으며, 화폐로도 쓰였음. 난류 해역에 분포함.

자편(子鞭)〔명〕 ☞도리깻열.

자편(自便)〔명〕 ①자기 한 몸의 편안을 꾀하는 일. ②자기편.

자:편-각(磁偏角)〔명〕 독도법에서, 진북(眞北)을 기준으로 하여 자북(磁北)까지 잰 각도.

자평(自評)〔명〕〔하타〕 자기가 한 일을 스스로 평가함, 또는 그런 평가. ¶위정자들은 이번 회담이 성공적이었다고 자평했다.

자:폐(自廢)〔-페/-페〕〔명〕〔하타〕 스스로 그만둠.

자:폐(自斃)〔-페/-페〕〔명〕〔하자〕 자기 스스로 목숨을 끊음. 자살(自殺).

자폐-선(自閉線)〔-페-/-페-〕〔명〕 ☞폐곡선.

자폐-성(自閉性)〔-페성/-페성〕〔명〕 ☞내폐성(內閉性).

자폐-아(自閉兒)〔-페-/-페-〕〔명〕 자폐증의 증상이 있는 어린이.

자폐-증(自閉症)〔-페쯩/-페쯩〕〔명〕 정신병의 한 가지. 주위에 관심이 없어지거나, 남과의 공감·공명을 느낄 수 없이 자기 세계에만 몰두하게 되는 증세로 자기 세계에만 몰두하게 됨.

자포(自暴)〔명〕〔하자〕 〈자포자기〉의 준말.

자:포(刺胞)〔명〕 자포동물의 자세포에서 만들어지는 세포 기관.

자포(恣暴)〔명〕〔하자〕 자기 멋대로 날뜀.

자:포(紫袍)〔명〕 자줏빛 도포. ②흉한 옷.

자포-동물(刺胞動物)〔명〕 동물 분류학상의 한 문(門). 몸의 내부가 하나의 빈 구멍으로 되어 있음.〔물에서 사는 원시적 다세포 동물인 해파리·말미잘·산호 따위.〕

자포-자기(自暴自棄)〔명〕 절망(絕望) 상태에 빠져서, 자신을 버리고 돌보지 아니함. ¶자포자기에 빠지다. ㉾자포(自暴)·포기(自棄).

자폭(自爆)〔명〕〔하자〕 ①전황(戰況)이 불리할 때, 자기가 타고 있는 함선이나 항공기 따위를 적에게 넘겨주지 않기 위하여 스스로 폭파시키는 일. ②자기가 지닌 폭발물을 스스로 폭발시켜 자기 목숨을 끊음.

자폭(恣暴)〔명〕〔하자〕 '자포(恣暴)'의 잘못.

자표(字標)〔명〕 화살에 표시한 숫자.

자-풀이〔명〕〔하타〕 ①피륙 한 필 값을 자수로 풀어 한 자에 값이 얼마씩 치었는가를 셈하여 보는 일. ②피륙을 몇 자씩 끊어서 파는 일. 해척(解尺). ③방의 칸수나 건물의 높이·폭 따위를 계산하는 일.

자품(資稟)〔명〕 사람됨의 바탕과 타고난 성품.

자필(自筆)〔명〕〔하타〕 (글씨를) 자기 손으로 직접 씀, 또는 그 글씨. 자서(自書). ¶자필 이력서. ↔대필(代筆).

자하(自下)〔명〕〔하타〕 〈자하거행〉의 준말.

자:하(紫蝦)〔명〕 ☞곤쟁이.

자:하-거(紫河車)〔명〕 한방에서, '태(胎)'를 약재로서 이르는 말.

자하-거행(自下擧行)〔명〕〔하타〕 전례(前例)가 있는 일을, 윗사람의 결재 없이 스스로 처결함. ㉾자하.

자-하다(資-)〔자여〕 도움이 되게 하다. ¶참고에 자하다.

자하-달상(自下達上)〔-쌍〕〔명〕〔하타〕 (어떤 일의 영향이) 아래로부터 위에까지 미침. ↔자상달하(自上達下).

자학(子瘧)〔명〕 임신한 여자가 앓는 학질.

자학(自虐)〔명〕〔하자〕 스스로 자기를 학대함. ¶자신을 무능한 사람이라고 자학하다.

자학(自學)〔명〕〔하자〕 ①자기 스스로의 힘으로 배움. ②강의를 위주로 하기보다 학생들 스스로 공부하게 하는 학습법.

자학(字學)**명** 글자의 근본 원리와 음(音)·훈(訓) 따위를 연구하는 학문. 문자학(文字學).

자학-자습(自學自習)[-짜-]**명하타** (남의 가르침 없이) 스스로 배워 익힘.

자한(自汗)**명하자** 병적으로 지나치게 땀을 많이 흘림, 또는 그런 증세.

자할(自割)**명하자** ⇨자절(自切).

자항(慈航)**명** 불교에서, 자비심으로 중생(衆生)을 구하는 일.

자해(自害)**명하타** ①스스로 자기 몸을 해침. 비자상(自傷). ②⇨자살(自殺).

자해(自解)**명하타** ①자기 스스로의 생각으로 풀이함. ②자기를 해명함. ③스스로의 힘으로 구속에서 벗어남. ④(스승의 가르침 없이) 스스로 깨달아 해탈함.

자해(字解)**명** (특히 한자에서의) 글자의 풀이. 자석(字釋).

자핵-소(自劾疏)[-쏘]**명** ⇨자인소(自引疏).

자행(字行)**명** (인쇄물 따위에서) 글씨의 줄.

자행(自行)**명** ①자기의 깨달음을 위한 수행. ②(어떤 일을) 스스로 행함.

자행(恣行)**명하타되자** 방자하게 행동함, 또는 그 행동. ¶파렴치한 짓을 자행하다.

자행-자지(自行自止)**명** 제 마음대로, 하고 싶으면 하고 하기 싫으면 아니 함.

자행-화타(自行化他)**명** 스스로 불도(佛道)를 닦고, 그 얻은 바에 따라 다시 다른 중생을 교화함.

자허(自許)**명하타** 자기 힘으로 넉넉히 해낼 만한 일이라고 생각함.

자허(←自詡)**명하자** 스스로 추킴.

자헌-대부(資憲大夫)**명** 조선 시대에, 정이품 문무관의 품계.

자현(自現)**명하자** ⇨자수(自首).

자형(自形)**명** 그 광물(鑛物) 특유의 결정면(結晶面)으로 둘러싸여 있을 때의 광물의 결정 형태. 참사형(似形).

자형(字形)**명** 글자의 모양. 글자의 생김새. 자양(字樣). 자체(字體).

자형(姉兄)**명** 손위 누이의 남편. 매형(妹兄). 자부(姉夫).

자형(慈兄)**명** 〔주로 편지 글에서〕 '자애로운 형'이란 뜻으로, 상대편을 높이어 일컫는 말.

자혜(慈惠)**명** [-혜/-헤]**명** 자애롭게 베푸는 은혜.

자혜-롭다(慈惠-)[-혜-따/-헤-따][~로우니·~로워]**형** 자애롭고 은혜롭다. 자혜로이**부**.

자호(子壺)**명** ⇨자궁(子宮).

자호(自號)**명하자** 스스로 자기의 호(號)를 지어 부름, 또는 그러한 호.

자호(字號)**명** ①활자의 크기를 나타내는 번호. ②토지 번호나 한서(漢書) 따위에 천자문(千字文)의 글자를 순서대로 매긴 것.

자:홍-색(紫紅色)**명** 자주보다 붉은 색. 적자색.

자화(自火)**명** 자기 집에 난 불.

자화(自畫)**명** 자기가 그린 그림.

자화(雌花)**명** 암꽃. ⇨웅화(雄花).

자:화(磁化)**명하타되자** 물체가 자성(磁性)을 띠게 되는 일, 또는 띠게 하는 일. 자성체(磁性體)가 자장(磁場) 속에 놓여질 때 일어남. 대자(帶磁). 여자(勵磁).

자화-상(自畫像)**명** 자기가 그린 자신의 초상화.

자화^수분(自花受粉)**명** 자가 수분(自家受粉). ↔타화 수분.

자화^수정(自花受精)**명** 자가 수정(自家受精). ↔타화 수정.

자화-자찬(自畫自讚)**명하타** 〔자기가 그린 그림을 자기 스스로 칭찬한다는 뜻으로〕 자기가 한 일을 자기 스스로 자랑함. 자찬. ¶자화자찬을 늘어놓다.

자:화-채(紫花菜)**명** (사람이 먹을 수 있는) 꽃이나 잎을 따서 끓는 물에 데친 뒤에 소금과 기름에 무친 나물.

자활(自活)**명하자** 자기 스스로의 힘으로 살아감. ¶자활을 위한 직업 교육.

자황(雌黃)**명** ①(황과 비소의 화합물인 결정체로서) 노란색의 채료(彩料). ②'시문을 첨삭(添削)하는 일' 또는 '변론·시비를 가리는 일'을 이르는 말. 〔고대 중국에서 글의 잘못된 글자를 이 채료로 지운 데서 유래함.〕③한방의 외과용 약재.

자:황-색(赭黃色)**명** ⇨주황.

자회(自晦)[-회/-훼]**명** 자기의 재능이나 지위 따위를 숨기어 드러내지 아니함.

자회(賷賄)[-회/-훼]**명** 시집갈 때 가지고 가는 물품.

자:회(慈誨)[-회/-훼]**명** 자애로운 가르침.

자-회사(子會社)[-회-/-훼-]**명** 다른 회사와 자본적 관계를 맺어, 그 회사의 지배 아래에 있는 회사. ↔모회사(母會社).

자획(字畫)[-획/-훽]**명** 글자의 획. 필획(筆畫). 획.

자획(自劃)[-획/-훽]**명하타** 〔스스로 획을 긋는다는 뜻으로〕하던 일을 도중에 단념함.

자훈(字訓)**명** ①한자(漢字)의 우리말 새김. ②글자와 새김.

자훈(慈訓)**명** ⇨모훈(母訓).

자휘(字彙)**명** ⇨자전(字典).

자휼(慈恤·孳恤)**명하타** 백성을 어루만져 사랑함.

자:흑-색(紫黑色)[-쌕]**명** 짙은 자주(紫朱). 흑자색.

자흔(疵痕)**명** 흠이 된 자리. 흠터.

자히의 〔옛〕채. ¶믈 톤 자히 건너시니이다(龍歌34章).

자히다타 〔옛〕재다. ¶자호로 자히놋다(杜初25:50).

작:불 ①(글자의 획이나 선 같은 것을 한 번 긋는 소리. ②종이나 헝겊 따위를 단번에 찢는 소리. @큰지ㄱ3. 여짝ㅅ5. 작-작**튀하타**.

작(作)**명** (작가의 이름 뒤에 쓰이어) '지음'·'작품'·'저작' 등의 뜻을 나타냄. ¶이광수 작.

작(勺)**의** ①(액체·씨앗 따위의 양을 되는 단위. 한 홉의 10분의 1. ②지적(地積)을 나타내는 단위. 한 평(坪)의 100분의 1.

작(昨)**관** (날짜 앞에 쓰이어) 어제. ¶작 삼 일 별세(別世).

-작(作)**접미** (일부 명사 뒤에 붙어) ①'작품'·'제작'의 뜻을 나타냄. ¶처녀작. /출세작. /야심작. ②'작황' 또는 '농사'의 뜻을 나타냄. ¶평년작. /이모작.

작가(作家)[-까]**명** ①문학이나 예술의 창작 활동을 전문으로 하는 사람. ②소설가.

작가-론(作家論)[-까-]**명** 작가의 활동과 그 작품 따위를 여러 각도에서 입체적으로 연구·평론하는 일, 또는 그러한 평론.

작가-적(作家的)[-까-]**관명** 작가로서 가지는 (것), 또는 작가다운 (것). ¶작가적 기질. /불의와의 타협은 작가적인 양심을 포기하는 일이다.

작간(作奸)[-깐]**명하자** 간악한 짓을 함, 또는 그러한 짓.

작객(作客)[-객]圓砲 (자기 집을 떠나) 객지 나 남의 집에서 손 노릇을 함.

작견(作繭)[-견]圓 ☞산누에고치.

작고(作故)[-꼬]圓砲 죽은 사람을 높이어 그 의 '죽음'을 이르는 말. ¶오래전에 작고하신 할아버지.

작곡(作曲)[-꼭]圓하다되자 악곡을 지음, 또는 그 악곡. ¶교가를 작곡하다.

작곡-가(作曲家)[-꼭까]圓 작곡을 전문으로 하 는 사람.

작곡-계(作曲界)[-꼭꼐/-꼭께]圓 작곡가들이 활동하는 사회.

작곡-법(作曲法)[-꼭뻡]圓 선율법·화성법·대위 법·관현악법 따위의 기초 지식을 토대로 하여 악곡을 창작하는 기법.

작곡-자(作曲者)[-꼭짜]圓 작곡한 사람.

작과(作窠)[-꽈]圓하다 (딴 사람을 등용하기 위해) 현임자(現任者)를 사임시킴.

작관(作貫)[-꽌]圓하다 (엽전을) 열 냥씩 꿰어 한 뭉치를 만듦. 작쾌.

작광(作壙)[-꽝]圓하다 땅을 파내어 시체를 묻 을 구덩이를 만듦.

작교(酌交)[-꾜]圓하다 술(술잔)을 나눔.

작구(雀口)[-꾸]圓 도자기 따위에 달린 발.

작국(作局)[-꾹]圓 골상(骨相)이나 묏자리 따 위의 생긴 모양새.

작근(作斤)[-끈]圓하다 ①물건을 무게가 한 근씩 되게 만듦. ②☞작편(作片).

작금(昨今)[-끔]圓 ①어제와 오늘. 어제와 이 제. ②요즈음. 요사이. ¶작금의 사회상.

작금-양년(昨今兩年)[-끔냥-]圓 작년과 금년 의 두 해. ¶작금양년에 걸친 풍작.

작금-양일(昨今兩日)[-끔냥-]圓 어제와 오늘 의 이틀. ¶작금양일의 그의 동정(動靜).

작년(昨年)[장-]圓 지난해. 거년(去年). 구년 (舊年). 전년(前年).

작년-도(昨年度)[장-]圓 작년의 연도. ¶작년 도 졸업생.

작농(作農)[장-]圓하다 농사를 지음.

작:다[-따]혭 ①(부피·길이·넓이·키 따위가) 보 통 정도에 못 미치다. ¶작은 키. /작은 방. ②(소리 따위가) 약하다. ¶작은 소리로 도란 도란 이야기하다. ③(옷·신·모자 따위의 치수 가) 몸의 치수에 못 미치다. ¶신발이 작아서 발이 아프다. /옷이 작아서 거북하다. ④(규모· 범위·도량·정도 따위가) 넓지(크지) 못하다. ¶규모가 작다. /작은 인물(人物). /그것은 작 은 문제가 아니다. ⑤(금액이나 수치의) 단위가 낮다. ¶작은 양(量). /몇 푼 안 되는 작은 돈. ↔크다².

작게 먹고 가는 똥 누어라[싸지]冠冠 분수에 넘치지 않게 생활함이 마땅하다는 말.

작은 고추가 더 맵다冠冠 작은 사람이 큰 사람 보다 오히려 더 단단하고 올차다는 말.

작-다랗다[-따라타]혭 (←다래) 꽤 작다. ¶작다란 몸집. ↔커다랗다.

작-다리[-따-]圓 '키가 작달막한 사람'을 조롱 조로 이르는 말. ↔키다리.

작단(作壇)[-딴]圓 작가의 사회. 웹문단(文壇).

작달막-하다[-딸마카-]혭에 (키가 몸피에 비 해) 작다. ¶작달막한 체구.

작달-비[-딸-]圓 굵고 거세게 퍼붓는 비.

작답(作畓)[-땁]圓하다 토지를 개간하여 논을 만듦. 기답(起畓).

작당(作黨)[-땅]圓하다 떼를 지음. 동아리를

이룸. ¶불량배가 작당하여 행패를 부리다. /내 부 직원과 작당해서 물건을 빼돌리다. 圓작배 (作輩).

작대기[-때-]圓 ①기름한 막대기. 주로, 물건 따위를 버티는 데 씀. ②(시험 답안지 따위의) 잘못된 부분에 가로 또는 세로로 긋는 줄.

작대기-바늘[-때-]圓 굵고 긴 바늘.

작대기-찜질[-때-]圓하다 작대기를 마구 휘둘 러 모질게 때리는 짓. 몽둥이찜질.

작도(作圖)[-또]圓하다하타 ①(지도·설계도 따위 를) 그림. ②주어진 조건을 만족시키는 기하학 적 도형을 그림, 또는 그 일.

작도(斫刀)[-또]圓 〈작두〉의 본딧말.

작도-법(作圖法)[-또뻡]圓 작도하는 여러 가지 규칙이나 방법. 웹도법.

작동(作動)[-똥]圓하다자되자 기계의 운동 부 분이 움직임, 또는 그 부분을 움직이게 함. ¶기 계가 작동하다. /컴퓨터를 작동하다.

작동(昨冬)[-똥]圓 지난겨울.

작두(作頭)[-뚜]圓하다 여러 사람의 우두머리.

작두(←斫刀)[-뚜]圓 풀·짚·약재 따위를 써는 연장. 웹작도.

작두-콩(鵲豆-)[-뚜-]圓 ☞까치콩.

작두-질(←斫刀-)[-뚜-]圓하다자 작두로 짚·풀· 콩깍지·약재 따위를 써는 일.

작두-향(雀頭香)[-뚜-]圓 ☞향부자(香附子).

작:디-작다[-띠-따]혭 몹시 작다. ¶크디크다.

작란(作亂)[장난]圓하다자 난리를 일으킴.

작란(雀卵)[장난]圓 참새의 알. 양기(陽氣)를 돕는 데나 여자의 대하증에 약으로 쓰임.

작란-반(雀卵斑)[장난-]圓 주근깨. 작반(雀斑).

작량(作兩)[장냥]圓하다 지난날, 엽전 백 푼으 로 한 꿰미를 만들던 일.

작량(酌量)[장냥]圓하다 (어떠하리라고) 짐작하 여 헤아림. ¶정상(情狀)을 작량하다.

작량-감경(酌量減輕)[장냥-]圓 (범죄의 정상 에 참작할 만한 사유가 있을 때에) 법관의 작 량에 의하여 형을 경감하는 일.

작려(作侶)[장녀]圓하다 ☞작반(作伴).

작렬(炸裂)[장녈]圓하다되자 (폭발물 따위가) 터져서 산산이 퍼짐. ¶포탄이 작렬하다.

작례(作例)[장녜]圓 시문(詩文) 따위를 짓는 데 본보기가 되는 예문.

작록(爵祿)[장녹]圓 벼슬과 녹봉.

작료(作僚)[장뇨]圓하다 동료가 됨.

작린(作隣)[장닌]圓하다 이웃이 되어 삶.

작만(昨晚)[장-]圓 어제저녁 무렵. 작석(昨夕).

작말(作末)[장-]圓하다 (찧거나 갈거나 빻아 서) 가루로 만듦.

작망(繳網)[장-]圓 ('주살과 그물'이란 뜻으 로) '사냥'과 '고기잡이'를 아울러 이르는 말.

작맥(雀麥)[장-]圓 ☞귀리.

작명(作名)[장-]圓하다하타 ①이름을 지음. ②지난 날, 호(戶) 단위로 기병(騎兵)이나 보졸(步卒) 이 징발되는 수효를 치던 일.

작명-가(作名家)[장-]圓 (사람이나 사물의) 이 름을 짓는 사람. 작명사.

작명-사(作名師)[장-]圓 ☞작명가(作名家).

작명-소(作名所)[장-]圓 (사람이나 사물의) 이 름을 지어 주는 업소.

작목(雀目)[장-]圓 (참새의 눈이라는 뜻으로) 밤눈이 어두운 눈.

작몽(昨夢)[장-]圓 ①지난밤에 꾼 꿈. ②'지나 간 일'을 가리키는 말.

작문(作文)[장-]图히전 ①글을 지음, 또는 그 글. (비)글짓기·행문(行文). ②〈작자문(作者文)〉의 준말. ③국어과의 교과서에서, 학생이 자기의 감상이나 생각을 글로 쓰는 일, 또는 그 글.

작문(作門)[장-]图 지난날, 파수병을 두어 함부로 드나들지 못하게 경계하던 군영의 문.

작문(을) 잡다(관용) 삼문(三門)이 있는 관아에서, 귀빈을 맞을 때 중문(中門)을 열어서 맞다.

작문-법(作文法)[장-뻡]图 글을 짓는 법.

작문-정치(作文政治)[장-]图 '시정 방침(施政方針)'만 늘어놓고 시행하지 않는 정치'를 비꼬아 이르는 말.

작물(作物)[장-]〈농작물〉의 준말.

작물-학(作物學)[장-]图 농작물의 품종·기원·형태·생태·분류·증식·재배·이용·개량 따위를 연구하는 농학의 한 분야.

작물^한:계(作物限界)[장-계/장-게]图 지형이나 기후 따위에 지배되는, 농작물의 재배 한계.

작미(作米)[장-]图히타 벼를 찧어서 쌀로 만듦.

작박구리[-빡꾸-]图 위로 뻗은 뿔.

작반(作伴)[-빤]图히자타 길동무로 삼음. 작려(作侶).

작반(雀斑)[-빤]图 주근깨. 작란반(雀卵斑).

작발(炸發)[-빨]图히자 화약이 폭발함.

작배(作配)[-빼]图히타 부부로 짝을 지음. 배필을 정함.

작배(作輩)[-빼]图히자 무리를 지음. (비)작당(作黨).

작벌(斫伐)[-뻘]图히타 (도끼 따위로) 나무를 찍어 베어 넘김. 참벌(斬伐).

작법(作法)[-뻡]图 ①글을 짓는 법. ¶소설 작법. ②히자법칙을 정함.

작법-자폐(作法自斃)[-뻡짜폐/-뻡짜페]图히자자기가 만든 법에 자기가 해를 입음.

작벼리[-뼈-]图 물가의, 모래와 돌들이 섞여 있는 곳.

작변(作變)[-뼌]图히자 변란을 일으킴.

작별(作別)[-뼐]图히자타 ①서로 헤어짐. ¶작별을 고하다. ②이별의 인사를 나눔.

작보(昨報)[-뽀]图 (신문 따위에서) 어제 보도함, 또는 그 보도.

작봉(作封)[-뽕]图히타 한 봉지씩 따로따로 만듦.

작부(作付)[-뿌]图 농작물을 심음.

작부(酌婦)[-뿌]图 술집에서 손을 접대하며 술을 따라 주는 여자.

작비-금시(昨非今是)[-뻬-]图 전에는 그르다고 여겨지던 것이 지금은 옳게 여겨짐.

작사(作事)[-싸]图히자 일을 꾸밈.

작사(作査)[-싸]图히자 서로 사돈 관계를 맺음.

작사(作詞)[-싸]图히타 가사를 지음.

작사-도방(作舍道傍)[-싸-]图〔길가에 집을 짓자니 오가는 사람의 말이 많다는 뜻에서〕 '무슨 일을 함에 있어, 의견이 분분하여 결정을 짓지 못함'을 비유하여 이르는 말.

작사리[-싸-]图 한끝을 엇결어서 동여맨 작대기. 무엇을 받치거나 걸 때에 씀. (존)작살.

작사-자(作詞者)[-싸-]图 가사를 지은 사람.

작살[-쌀]图 ①작대기 끝에 뾰족한 쇠를 두세 개 박아, 물고기 따위를 찔러 잡는 데 쓰는 연장. ②〈작사리〉의 준말.

작살-나다[-쌀나-]자 ①형편없이 부서져, 산산조각으로 박살나다. ¶도자기가 바닥에 떨어져 작살났다. ②아주 결딴나다. ¶아버지의 사업 실패로 온 집안은 거의 작살나다시피 되었다.

작살-나무[-쌀라-]图 마편초과의 낙엽 활엽 관목. 높이 2∼3m. 잎은 길둥근 모양으로 마주 남. 여름에 자줏빛의 잔 꽃이 피며, 열매는 잘고 둥근 핵과(核果)로 10월쯤 발갛게 익음. 산기슭이나 해안에 절로 나는데, 함남·평남 이남에 분포하며, 목재가 희고 단단하여 도구(道具)·양산 자루 따위를 만드는 데 쓰임. 자주(紫珠).

작살-내다[-쌀래-]타〔'작살나다'의 사동〕 작살나게 하다.

작색(作色)[-쌕]图히자 불쾌한 느낌이 얼굴빛에 드러남.

작석(作石)[-썩]图히타 (곡식을) 섬에 담아 한 섬씩으로 만듦.

작석(昨夕)[-썩]图 어제저녁 무렵. 작만(昨晚).

작설(綽楔)[-썰]图 ☞정문(旌門).

작설지전(綽楔之典)[-썰찌-]图 충신·열녀·효자 등을 표창하기 위하여 정문(旌門)을 세워 주던 나라의 특전.

작설-차(雀舌茶)[-썰-]图 (참새의 혀처럼 생긴) 갓 나온 차나무의 어린싹을 따서 만든 차.

작성(作成)[-썽]图히타되자 (원고·서류·계획 따위를) 만듦. ¶보고서를 작성하다.

작성-법(作成法)[-썽뻡]图 작성하는 방법.

작성-자(作成者)[-썽-]图 작성한 사람.

작소(昨宵)[-쏘]图 어젯밤.

작소(鋤銷)[-쏘]图히타 (한 말이나 한 일의) 흔적을 없애어 버림.

작송(鋤送)[-쏭]图히타 (문서나 물건 따위를) 돌려보냄. 작환(繳還).

작수불입(勺水不入)[-쑤-]图히자〔한 모금의 물도 마시지 못한다는 뜻으로〕 음식을 조금도 먹지 못함을 이르는 말.

작수-성례(酌水成禮)[-쑤-네]图히자〔물을 떠놓고 혼례를 치른다는 뜻으로〕 '가난한 집안에서 구차하게 혼례를 치름'을 이르는 말.

작시(作詩)[-씨]图히자 시를 지음. 시작(詩作).

작시-법(作詩法)[-씨뻡]图 시를 짓는 방법.

작신-거리다[-씬-]자타 자꾸 작신작신하다. 작신대다.

작신-대다[-씬-]자타 작신거리다.

작신-작신[-씬-씬]图 ①히자타검질기게 남을 귀찮게 하는 모양. ②타자그시 힘을 주어 자꾸 누르는 모양. (준)직신직신.

작심(作心)[-씸]图히자타 마음을 단단히 먹음, 또는 그 마음. ¶술을 끊기로 작심하다.

작심-삼일(作心三日)[-씸-]图〔굳은 마음이 사흘을 못 간다는 뜻으로〕 '결심이 굳지 못함'을 빗대어 이르는 말. ¶금연 계획이 작심삼일로 끝난다.

작야(昨夜)[-야]图 어젯밤.

작약(芍藥)图 미나리아재빗과의 다년초로, 백작약·적작약 등을 통틀어 이르는 말.

작약(炸藥)[-야]图 (포탄·어뢰·지뢰 따위의) 외피 용기(外皮容器)를 파열시키도록 내부에 장전한 화약.

작약(雀躍)[-야]图히자 팔딱팔딱 뛰면서 기뻐함.

작약(綽約)图 '작약하다'의 어근.

작약-하다(綽約-)[자갸카-]혱여 몸이 가냘프고 아리땁다.

작약-화(芍藥花)[자갸콰-]图 작약의 꽃. 함박꽃.

작업(作業)图히자 (일정한 목적과 계획 아래) 일터에서 일을 함, 또는 그 일.

작업-가설(作業假說)[-쩨-]图 충분히 실증된 것은 아니나, 연구나 실험을 위하여 잠정적으로 유효한 것으로 간주되는 가설. 작용가설(作用假說).

작업^검:사(作業檢查)[-껌-]명 성격·지능 검사의 한 가지. 미로 찾기·널빤지 맞추기·그림 그리기 따위의 작업을 통하여 지각·기억·주의·학습·상상 능력을 측정함. 언어 지식이 필요 없으므로, 종이와 필기도구를 쓰지 않음.

작업^곡선(作業曲線)[-꼭썬]명 단위 시간에 따른 작업량의 변화를 좌표로 나타낸 곡선.

작업-기(作業機)[-끼]명 원동기로부터 동력을 공급받아 기계 작업을 하는 기계를 통틀어 이르는 말.

작업-대(作業臺)[-때]명 작업을 하기에 편리하도록 만든 대(臺).

작업-등(作業燈)[-뜽]명 작업장을 밝히기 위하여 켜는 등(燈).

작업-량(作業量)[자검냥]명 일정한 시간에 하는 작업의 분량. 일의 분량.

작업-모(作業帽)[자검-]명 ①일할 때 쓰는 모자. ②군인이 일상 근무나 훈련·작업때 쓰는 모자. ②→정모(正帽).

작업-반(作業班)[-빤]명 일정한 작업을 하기 위하여 편성·조직한 반(班).

작업-복(作業服)[-뽁]명 작업할 때 입는 옷.

작업-실(作業室)[-씰]명 작업을 하는 방.

작업-장(作業場)[-짱]명 작업을 하는 곳.〔공장이나 공사장 따위.〕일터.

작연(灼然) '작연(灼然)하다'의 어근.

작연(綽然) '작연(綽然)하다'의 어근.

작연-하다(灼然-)형예 ①(번쩍이는 빛이) 눈부시게 찬란하다. ②명백하다.

작연-하다(綽然-)형예 침착하고 여유가 있다.

작열(灼熱)[장녈]명하다재자 ①불에 새빨갛게 닮. ②뜨겁게 타오름. ¶ 작열하는 태양.

작용(作用)명하다재자 ①어떠한 현상이나 행동을 일으킴, 또는 그 현상이나 행동. ¶ 식물은 동화 작용을 한다. ②한 물체의 힘이 다른 물체의 힘에 미치어서 영향을 주는 일.

작용-가설(作用假說)명 ⇨작용자설.

작용-권(作用圈)[-꿘]명 물리적 작용이 미치는 범위(範圍).

작용-량(作用量)[-냥]명 ①작용하는 물질의 분량. ②작용의 세기 또는 크기.

작용-력(作用力)[-녁]명 작용하는 힘.

작용-선(作用線)[-썬]명 작용점에서 작용하는 힘의 방향으로 그은 직선.

작용-점(作用點)[-쩜]명 어떤 물체에 작용하는 힘이 미치는 한 점.

작월(昨月)명 지난달. 객월(客月). 거월(去月).

작위(作爲)명 ①마음먹고 벌인 짓이나 행동. ¶ 작위에 의한 범죄. →부작위(不作爲). ②의도적으로 꾸민 부자연스러운 짓이나 행동.

작위(爵位)명 오등작(五等爵)에 속하는 벼슬, 또는 그 지위. ¶ 작위를 받다.

작위-령(作爲令)명 특정 행위를 수행하게 하는 행정상의 명령.

작위-범(作爲犯)명 고의로 저지른 범죄, 또는 그 범인. →부작위범.

작위-적(作爲的)관명 꾸며서 하는 것이 두드러지게 눈에 띄는 (것). ¶ 작위적 행동. /작위적인 미소.

작위^채:무(作爲債務)명 채무자의 적극적 행위를 목적으로 하는 채무. →부작위 채무(不作爲債務).

작위^체험(作爲體驗)명 정신 분열 증상의 한 가지. 스스로 하는 생각이나 행위를 모두 남의 조종을 받아 하는 것으로 느끼는 체험.

작육(雀肉)명 겨울에 잡은 참새의 고기를 약재로 이르는 말. 보양제·강장제로 쓰임.

작은-(접투)《친족 관계를 나타내는 명사 앞에 붙어》'맏이가 아님'의 뜻을 나타냄. ¶ 작은이모. /작은동생. ←큰-.

작은개-자리(-)명 북쪽 하늘 별자리의 하나. 쌍둥이자리의 남쪽에 있음.

작은-계집(-)[-계-/-게-]명 '첩' 또는 '소실(小室)'을 속되게 이르는 말.

작은-골(-)명 ⇨소뇌(小腦).

작은곰-자리(-)명 북쪽 하늘 별자리의 하나. 북두칠성 옆에 있으며, 북극성을 주성(主星)으로 함. 소웅좌.

작은-꾸리(-)명 소의 앞다리 안쪽 부분의 살코기. ←큰꾸리.

작은-놈(-)명 남 앞에서, '자기의 작은아들'을 겸손하게 이르는 말.

작은-누나(-)명 '작은누이'의 어린이 말.

작은-누이(-)명 맏누이가 아닌 누이.

작은-달(-)명 양력으로 31일이 못 되는 달, 또는 음력으로 30일이 못 되는 달. ←큰달.

작은-댁(-宅)명 〈작은집〉의 높임말.

작은-동서(-同壻)명 남편의 아우의 아내.

작은-따님(-)명 (남의) 맏딸이 아닌 딸을 정중하게 이르는 말.

작은-따옴표(-標)명 따옴표의 한 가지. 간단한 인용(引用)이나 강조, 따온 말 가운데 다시 따온 말이 있을 때, 단어나 글 앞뒤에 쓰이는 부호 ' '의 이름. 내인용부(內引用符). →큰따옴표.

작은-딸(-)명 맏딸이 아닌 딸.

작은-떼새(-)명 ⇨작은물떼새.

작은-마누라(-)명 ⇨첩(妾).

작은-마마(-媽媽)명 어린이의 살갗에 돋은 붉은 발진이 얼마 안 가서 물집으로 변하는 전염성 피부병. 가두(假痘). 소두(小痘). 수두(水痘).

작은-말(-)명 뜻은 큰말과 거의 같으나 밝고 작은 느낌을 주는 말. 의성어·의태어에 흔히 있으며, 낱말의 주음절을 이루는 모음이 양성 모음임.〔'방글방글·졸졸·노랗다·요기조기·종알거리다' 따위.〕

작은-매부(-妹夫)명 작은누이의 남편.

작은-며느리(-)명 작은아들의 아내.

작은며느리 보고 나서 큰며느리 무던한 줄 안다[속담] 먼저 있던 사람의 좋은 점은 뒷사람을 겪어 보고 나서야 비로소 알게 된다는 말.

작은모-쌓기(-싸키)명 벽돌의 작은 모가 겉으로 나오도록 쌓는 일.

작은-물떼새(-)명 물떼샛과의 여름새. 날개 길이 11cm가량. 등은 연한 갈색, 배는 흰빛임. 앞가슴에 갈색의 무늬가 있음. 바닷가·하천·호수 등지에서 주로 벌레를 잡아먹고 삶. 알도요. 작은떼새.

작은-방(-房)명 집 안의 큰방에 나란히 딸려 있는 방.

작은-북(-)명 ①소고(小鼓). ②타악기의 한 가지. 목에 걸거나 대(臺) 위에 놓고, 두 개의 가는 나무 막대기로 두들겨 소리를 냄. ②사이드 드럼.

작은-사랑(-舍廊)명 (주인의) 아들이 거처하는 사랑. →큰사랑.

작은-사위(-)명 작은딸의 남편.

작은-사폭(-邪幅)명 한복 바지나 고의의 오른쪽 마루폭에 대는, 한쪽이 비스듬한 폭. →큰사폭.

작은-설團 ('설'에 대하여) '섣달 그믐'을 이르
는 말. 까치설날.
작은-손녀 (-孫女)團 맏손녀가 아닌 손녀.
작은-손자 (-孫子)團 맏손자가 아닌 손자.
작은-아기 '막내딸'이나 '막내며느리'를 정
답게 일컫는 말.
작은-아기씨團 작은아씨.
작은-아들團 맏아들이 아닌 아들.
작은-아버지團 아버지의 결혼한 아우. 숙부(叔父).
작은-아씨團 ①(지체가 낮은 사람이) '시집가지
아니한 처녀'를 높이어 일컫는 말. ②손아래
시누이'를 높이어 이르는 말. ③(아씨가 둘이
상일 경우에) 나이 적은 아씨를 일컫는 말.
작은-아이團 작은아들이나 작은딸을 다정하게
이르는 말. 준작은애.
작은-악절 (-樂節) [-쩔]團 음악에서, 두 개의
동기(動機), 곧 네 마디 또는 여섯 마디로 이
루어진 악절을 이르는 말. 소악절. 慶큰악절.
작은-애團 〈작은아이〉의 준말.
작은-어머니團 ①작은아버지의 아내. 숙모(叔
母). ②(자기 어머니와 구별하여) '서모(庶母)'
를 일컫는 말. 慶작은어미.
작은-어미團 〈작은어머니〉의 낮춤말.
작은-언니團 맏언니가 아닌 언니.
작은-오빠團 맏오빠가 아닌 오빠.
작은-집團 ①따로 살림하는 아들이나 아우의
집, 또는 작은아버지의 집. ②첩 또는 첩의 집.
별방. 별실(別室). ③소실. 부실(副室). ③'변소'
의 곁말. ①②慶작은대. ①②↔큰집.
작은-창자團 ↔소장(小腸). ↔큰창자.
작은-처남 (-妻男)團 맏처남이 아닌 처남.
작은-칼團 지난날, 죄수의 목에 씌우던 길이
1 m가량의 형틀. 慶큰칼.
작은-할머니團 작은할아버지의 아내.
작은-할아버지團 할아버지의 아우.
작은-형 (-兄)團 맏형이 아닌 형.
작은-형수 (-兄嫂)團 작은형의 아내.
작을-소 (-小)團 한자 부수의 한 가지. '尖'·
'尙' 등에서의 '小'의 이름.
작을-요 (-幺) [-료]團 한자 부수의 한 가지.
'幻'·'幽' 등에서의 '幺'의 이름.
작의 (作意) [자긔/자기]團 작가가 작품을 창작
하려는 의도, 또는 창작하려는 작품의 의도.
¶이 소설에는 작의가 잘 나타나 있다.
작인 (作人)團 ①〈소작인〉의 준말. ②사람의 됨
됨이.
작일 (昨日)團 어제. ↔내일·명일(明日).
작자 (杓子) [-짜]團 ☞국기.
작자 (作者) [-짜]團 ①〈소작인(小作人)〉. ②〈저
작자(著作者)〉의 준말. ③〈물건을〉살 사람. 윗
매인(願買人). ¶작자가 나서야 팔든지 말든지
하지. ④남을 업신여겨 홀대해서 이르는 말.
¶제 잘난 듯이 떠드는 저 작자는 누구냐?
작자-문 (作者文) [-짜-]團 기교를 부려서 짓는
산문(散文). 준작문.
작작¹ [-짝]團 ①너무 지나치지 않게. 어지간히.
대강. ¶웃기는 소리 좀 작작 하려무나.
   작작 먹고 가는 똥 누어라[속담] 욕심 부리지 말
   고, 분수에 맞게 행동하라는 뜻.
작-작² [-짝]團 ①신발 따위를 가볍게 끌며
걷는 소리, 또는 그 모양. ¶슬리퍼를 작작 끌
며 복도를 지나가다. ②줄이나 획을 마구 긋거
나 종이 따위를 함부로 찢는 소리, 또는 그 모
양. ¶편지를 작작 찢다. 慶직직. 쎈짝짝¹.
작작 (灼灼) '작작(灼灼)하다'의 어근.

작작 (綽綽) '작작(綽綽)하다'의 어근.
작작-거리다[-꺼-]園 자꾸 작작 소리를 내
다. 작작대다. 慶직직거리다.
작작-대다 [-짝때-]園 작작거리다.
작작유여 (綽綽有餘) '작작유여하다'의 어근.
작작유여-하다 (綽綽有餘-) [-쩡뉴-]園어 널
유작작하다.
작작-하다 (灼灼-) [-짜카-]園어 (붉게 핀 꽃
따위가) 화려하고 찬란하다. 작작-히團.
작작-하다 (綽綽-) [-짜카-]園어 빠듯하지 않
고 넉넉하다. 작작-히團.
작잠 (柞蠶) [-짬]團 ☞산누에. ↔가잠(家蠶).
작잠-견 (柞蠶繭) [-짬-]團 ☞산누에고치.
작잠-사 (柞蠶絲) [-짬-]團 산누에고치에서 뽑
은 실.
작잠-아 (柞蠶蛾) [-짜마]團 ☞산누에나방.
작장 (作場) [-짱]團 농사짓는 일터.
작장초 [-짱-]團 ☞괭이밥.초장초.
작재 (作宰) [-째]團 고을의 원이 되는 일.
작전 (作戰) [-쩐]團하자 ①싸움이나 경기의 대
책을 세움. ¶작전을 짜다. ②일정 기간에 집중
적으로 벌이는 군사적 행동을 통틀어 이르는
말. ¶군경(軍警) 합동 작전. /작전을 전개하다.
③증권 시장에서, 일부 세력이 짜고 부당한 방
법으로 특정 주식의 주가를 끌어올린 다음 매
도하여 차익을 챙기는 일.
작전 (作錢) [-쩐]團하자 ①물건을 팔아서 돈을
마련함. ②조선 시대에, 전세(田稅)로서 쌀·콩·
무명 따위 대신에 돈으로 바치게 하던 일.
작전^명:령 (作戰命令) [-쩐-녕]團 군(軍)의 작
전 행동을 구체적으로 규정하는 지휘관의 명령.
작전^목표 (作戰目標) [-쩐-]團 작전 계획의 수
행을 위한 목표.
작전-지 (作戰地) [-쩐-]團 작전의 대상이 되는
지역.
작전^참모 (作戰參謀) [-쩐-]團 부대 작전에 관
한 사항을 맡아보는 참모.
작전^타임 (作戰time) [-쩐-]團 농구·배구 등
운동 경기에서, 감독이나 주장이 자기 팀의 선
수에게 작전을 지시하기 위하여 심판에게 요구
하는 시간.
작전^행동 (作戰行動) [-쩐-]團 군인들이 작전
에 따라 행하는 실제 전투 행위.
작정 (作定) [-쩡]團하자타되자 (어떤 일을) 마
음으로 결정함, 또는 그 결정. ¶내일부터 운
동을 할 작정이다. /죽기를 작정하면 못할 일이
없다.
작정 (酌定) [-쩡]團하타되자 (어떤 일을) 짐작
하여 결정함, 또는 그런 결정.
작조 (昨朝) [-쪼]團 어제 아침.
작조-기 (作條器) [-쪼-]團 씨를 뿌릴 고랑을
만드는 데 쓰이는 기구. [쟁이·쟁기 따위.]
작죄 (作罪) [-죄/-줴]團하자 죄를 지음, 또는
그 죄.
작주 (昨週) [-쭈]團 지난주.
작주 (酌酒) [-쭈]團하타 잔에 술을 따름.
작중^인물 (作中人物) [-쭝-]團 작품 가운데에
등장하는 인물.
작증 (作證) [-쯩]團하타 증거로 삼음, 또는 그
증거.
작지 (昨紙) [-찌]團 어제 날짜의 신문.
작지불이 (作之不已) [-찌-]團하타 (어떤 일을)
끊임없이 힘을 다하여 함.
작지서지 (作之書之) [-찌-]團하타 ☞자작자필
(自作自筆).

작-차다（자） ①가득히 차다. ②（기한·한도 따위가） 꽉 차다.

작처(酌處)（명）（하타） 죄의 무겁고 가벼움을 헤아려 처단함.

작척(作隻)（명）（하자） 서로 척을 지음, 곧 서로 원수가 되는 일.

작첩(作妾)（명）（하자） 첩을 얻음. 첩을 삼음.

작추(昨秋)（명） 지난가을.

작축(作軸)（명）（하타） 종이를 한 축씩 묶음.

작춘(昨春)（명） 지난봄.

작취-미성(昨醉未醒)（명）（하자） 어제 마신 술이 아직 깨지 아니함.

작쾌(作-)（명）（하타） ①☞작관(作貫). ②（북어를） 스무 마리씩 꿰어서 한 쾌로 만듦.

작태(作態)（명） ①（하자）의도적으로 어떠한 태도나 표정을 지음, 또는 그 태도나 표정. ②꼴불견의 짓거리. ¶ 안하무인의 작태를 보이다.

작파(作破)（명）（하타） （어떤 계획이나 하던 일 따위를） 그만두어 버림. ¶ 농사를 작파하고 도시로 떠나다.

작파(斫破)（명）（하타） 찍어서 둘로 쪼갬.

작패(作牌)（명）（하타） （골패 노름에서） 몇 짝씩 모아 한 패를 지음. 조패(造牌).

작편(作片)（명） （인삼을） 굵고 잔 것을 따로따로 골라, 열 냥씩 말아서 한 근을 만듦. 작근(作斤).

작폐(作弊)［-폐/-폐］（명）（하자） 폐를 끼침. 폐단이 됨. ¶ 서민 생활에 작폐가 되어서는 안 된다.

작표(雀瓢)（명）☞새박.

작품(作品)（명） ①만든 물건. ②그림·조각·소설·시 등 예술 활동으로 만든 것. ¶ 전후 문학 작품 선집. /예술 작품을 감상하다.

작품(爵品)（명）☞직품(職品).

작품-란(作品欄)［-난］（명） （신문·잡지·교지 따위의） 문예 작품을 싣는 난.

작품-론(作品論)［-논］（명） 예술 작품의 가치를 여러 각도로 구명(究明)하여 비평한 평론. ⓒ작가론.

작품-성(作品性)［-썽］（명） 작품이 가지는 그 자체의 예술적 가치. ¶ 작품성이 높은 영화.

작품-집(作品集)［-찝］（명） 작품을 모아서 엮은 책. ¶ 희곡 작품집.

작품-풍(作品風)（명） 예술 작품에 나타난 작가의 독특한 수법이나 특징.

작하(昨夏)［자카］（명） 지난여름.

작-하다(作-)［자카-］（타여） （언행을） 부자연스럽게 꾸며서 하다.

작헌-례(酌獻禮)［자컨녜］（명） 임금이 종묘·문묘·영전(影殿)·왕릉 등에 몸소 지내던 제례.

작혐(作嫌)［자켬］（자여） 서로 싫어하고 의심하는 관계가 됨.

작호(綽號)［자코］（명） （본명 이외에） 남들이 별명으로 지어서 불러 주는 이름.

작호(爵號)［자코］（명） 관작의 칭호, 특히 작위의 칭호. 〔공작·후작·백작·자작·남작 따위.〕

작화(作畫)［자콰］（명） 그림을 그림.

작환(作丸)［자콴］（명）（하타） 환약(丸藥)을 만듦.

작환(繳還)［자콴］（명）（하타） ①☞작송(繳送). ②（보냈던 문서나 물건 따위를） 도로 찾아옴.

작황(作況)［자광］（명） 농작(農作)의 잘되고 못된 상황. ¶ 올해는 작황이 어떻습니까?

작황^지수(作況指數)［자광-］（명） 벼 따위의 작황을 평년에 비교하여 나타낸 지수.

작흥(作興)［자킁］（명）（하타） 정신이나 기운을 떨쳐 일으킴. ¶ 민족정신을 작흥하다.

작희(作戲)［자키］（명）（하자타） （남의 일에） 훼방을 놓음.

작히［자키］（부） （반어적으로 쓰이어） 얼마나. 오죽. ¶ 그렇게 된다면야 작히 좋으랴.

작히-나［자키-］（부） '작히'의 힘줌말.

잔(盞)（명） ①술잔. ②찻잔. 컵. ③《의존 명사적 용법》잔의 수를 세는 단위. ¶ 커피 두 잔.

　잔을 기울이다（관용） 술잔에 부어 놓은 술을 마시다.

　잔(을) 드리다（관용） 〔환갑 잔치 같은 데에서, 오래 살기를 비는 뜻으로〕 잔에 술을 부어서 바치다. 잔(을) 올리다.

　잔을 비우다（관용） 부어 놓은 술잔의 술을 말끔히 마시다.

　잔(을) 올리다（관용） ①（제사를 지낼 때에） 잔에 술을 부어 올리다. ②☞잔(을) 드리다.

잔-(孱)（접두）《일부 명사 앞에 붙어》'자잘함'·'가늚'·'하잖음'의 뜻을 나타냄. ¶ 잔가지. /잔심부름. /잔소리.

잔-가락（명） （노래나 춤 따위의） 짧고도 급한, 또는 잦고도 빠른 가락.

잔-가랑니（명） 자디잔 가랑니.

잔-가시（명） 생선의 몸에 있는 자디잔 가시.

잔-가지（명） 풀과 나무의 자디잔 가지.

잔간(殘簡)（명） 일부 또는 대부분이 흩어지고 남은 문서.

잔-걱정［-쩡］（명）（하자） 자질구레한 걱정.

잔-걸음（명） ①가까운 곳을 자주 왔다 갔다 하는 걸음. ②걸음의 폭을 좁게 떼면서 재게 걷는 걸음. ¶ 잔걸음을 치다. ③우리나라 민속 무용의 기본 동작인 걸음새의 한 가지. 한 박자에 두 걸음 앞으로 걸기와 뒤로 걷는 동작. ③⊛장진걸음.

잔-결（명） 가늘게 나타난 곧은결.

잔결(殘缺)（명）（하자）（되자） 일부분이 빠져 있어 완전하지 못함, 또는 그 물건.

잔결-본(殘缺本)（명）☞낙질본(落帙本).

잔경(殘更)（명） 날이 샐 무렵. 오경(五更).

잔-경위(-涇渭)（명） 아주 사소한 일에도 분명히 따지는 경위.

잔고(殘高)（명）☞잔액(殘額).

잔-고기（명） 조그마한 물고기. 소어(小魚).

　잔고기 가시 세다（속담） 몸은 작아도 속은 올차다는 뜻.

잔골(殘骨)（명）☞약골.

잔공(殘孔)（명） 발파한 뒤에 손가락 길이만큼 남은 남폿구멍.

잔광(殘光)（명） ①해가 질 무렵의 약한 햇빛. ②방전관 안의 물질이 전류가 끊어진 뒤에도 잠시 동안 더 내는 빛.

잔교(棧橋)（명） ①（계곡에 걸쳐 놓은） 구름다리. ②☞선창(船艙).

잔구(殘丘)（명） 준평원(準平原) 위에 홀로 남아 있는 언덕(산).

잔-구멍（명） ①잘게 뚫린 구멍. ②（어떤 일에 대하여） 좁게 내다보는 관점.

잔국(殘菊)（명） ①늦가을까지 피어서 남아 있는 국화. ②시든 국화.

잔-글씨（명） 잘고 가늘게 쓴 글씨. 세서(細書). 세자(細字).

잔-금（명） 잘게 접히거나 잘게 긋거나 한 금.

잔금(殘金)（명） ①쓰고 남은 돈. 여전(餘錢). 잔액(殘額). ②갚거나 덜 갚은 돈. ¶ 잔금을 치르고 등기를 이전하다.

잔기(殘期)（명） 나머지 기간.

잔-기술(-技術)圀 운동 경기 따위에서의 자잘한 재간. 세기(細技).

잔-기침圀 작은 소리로 자주 하는 기침. ¶잔기침을 하여 기척을 알리다. ↔큰기침.

잔-꾀[-꾀/-꿰]圀 얕은꾀. ¶잔꾀에 넘어가다.

잔나비圀 '원숭이'의 방언.

잔년(殘年)圀 명(命)이 다할 때까지의 얼마 남지 않은 나이. 여년(餘年). 여생(餘生).

잔-누비圀 잘게 누빈 누비.

잔누비-질하타 잘게 누비는 일.

잔-눈치圀 (남의 언동에서) 자질구레한 기미를 알아채는 눈치.

잔다리-밟다[-밥따]짜 지위가 낮은 데로부터 한 계급씩 차차 올라가다.

잔-달음圀 걸음의 폭을 좁게 잇달아 떼어 놓으면서 바삐 뛰는 걸음. ¶잔달음을 치다.

잔당(殘黨)圀 (패하거나 망하고) 남은 무리. 여당(餘黨). 여류(餘類). 잔도(殘徒).

잔:대圀 초롱꽃과의 다년초. 줄기 높이 50~100cm, 뿌리는 굵고 잔털이 있음. 7~9월에 하늘색 꽃이 종 모양으로 피며, 어린잎은 먹을 수 있음. 굵고 잔털이 있는 뿌리는 민간에서 거담제(祛痰劑)로 씀.

잔대(盞臺)[-때]圀 술잔을 받치는 접시 모양의 그릇. 탁반(托盤).

잔도(殘徒)圀 ☞잔당(殘黨).

잔도(殘盜)圀 (잡히지 아니하고) 남은 도둑.

잔도(棧道)圀 험한 벼랑에 나무로 선반처럼 내매어 만든 길.

잔독(殘毒)圀 '잔독하다'의 어근.

잔독-하다(殘毒-)[-도카-]囫어 잔인하고 악독하다. 잔독-히튀.

잔-돈圀 ①단위가 작은 돈. ¶잔돈이 없어 천 원짜리를 냈다. ②〈잔돈푼〉의 준말.

잔-돈(殘-)圀 ☞우수리. ¶잔돈을 거슬러 주다.

잔돈-푼圀 ①얼마 안 되는 돈. ②자질구레하게 쓰이는 돈. 준잔돈.

잔-돌圀 조그마한 돌.

잔돌-밭[-받]圀 ①잔돌이 많이 섞여 있는 밭. ②잔돌이 널리 깔려 있는 곳. *잔돌밭이[-바치]·잔돌밭을[-바틀]·잔돌밭만[-반-]

잔동(殘冬)圀 겨울이 거의 끝날 무렵.

잔두지련(棧豆之戀)〔말이 얼마 되지 않는 콩을 못 잊어 마구간을 떠나지 못한다는 뜻으로〕 사소한 이익에 집착함을 이르는 말.

잔드근-하다囫어 조금 잔득하다. 큰진드근하다. 잔드근-히튀.

잔득-거리다[-꺼-]짜 자꾸 잔득잔득하다. 잔득대다. 큰진득거리다. 셈짠득거리다.

잔득-대다[-때-]짜 ☞잔득거리다.

잔득-잔득[-짠-]튀하다 ①검질기게 짝짝 달라붙는 모양. ¶껌이 손에 잔득잔득 달라붙다. ②끊으려고 해도 잘 끊어지지 않는 모양. ¶잔득잔득한 연분. 큰진득진득. 셈짠득짠득.

잔득-하다[-드카-]囫어 ①몸가짐이 제법 차분하고 참을성이 있다. ¶조바심 내지 말고 잔득하게 앉아서 기다려라. ②녹진하고 차지다. 큰진득하다. 잔득-이튀.

잔등(殘燈)圀 (심지가 다 타서) 꺼지려고 하는 불, 또는 희미한 등불.

잔등-머리〈등〉의 낮춤말.

잔등-이〈등〉의 낮춤말.

잔디圀 볏과의 다년초. 줄기가 땅바닥에 붙어 옆으로 길게 벋고, 마디마다 뿌리가 내려 재생력이 강함. 5~10cm의 좁고 긴 잎은 줄기의 마디에서 위로 벋으며 안으로 말려 있음. 지표(地表)를 빽빽하게 덮기 때문에 조경으로 널리 쓰이며, 품종이 다양함. 사초(莎草). 초모(草茅). 참떼². ②〈잔디밭〉의 준말.

잔디-밭[-받]圀 ①잔디가 많이 난 곳. ②잔디로 꾸민 마당. 준잔디. *잔디밭이[-바치]·잔디밭을[-바틀]·잔디밭만[-반-]
   잔디밭에서 바늘 찾기축 무엇을 고르거나 찾거나 얻어 내기가 매우 어렵거나 불가능한 경우에 하는 말.

잔디-찰방(-察訪)圀 〔무덤의 잔디를 지킨다는 뜻으로〕 '죽어서 땅에 묻힘'을 농으로 이르는 말.

잔뜩튀 더할 수 없는 데까지. 꽉 차게. ¶화가 잔뜩 나다. /음식을 잔뜩 담다.

잔량(殘量)[잘-]圀 나머지. 남은 수량.

잔루(殘淚)[잘-]圀 눈물 자국.

잔루(殘壘)[잘-]圀 ①(합격되지 않고) 남아 있는 보루(堡壘). ②야구에서, 그 회(回)의 공격이 끝나 교체할 때, 주자가 누(壘)에 남아 있는 일, 또는 그 누.

잔류(殘留)[잘-]圀하자 남아서 처져 있음. ¶잔류 부대. /귀국하지 않고 그대로 잔류하다.

잔류-감:각(殘留感覺)[잘-]圀 감각을 일으키는 자극이 사라진 뒤에도 잠시 남아 있는 감각. 잔존 감각(殘存感覺).

잔류-자:기(殘留磁氣)[잘-]圀 강자성체(強磁性體)를 자화(磁化)한 후, 자화력(磁化力)을 제거한 상태에서 그대로 남아 있는 자기(磁氣).

잔-말圀 쓸데없이 자질구레하게 늘어놓는 말. ¶잔말 말고 시키는 대로 해. 참잔소리.

잔말-쟁이圀 (수다스럽게) 잔말을 잘하는 버릇이 있는 사람.

잔망(殘亡)圀하자되자 ☞잔멸(殘滅).

잔망(孱妄)圀 '잔망하다'의 어근.

잔망-스럽다(孱妄-)[-따]囫 〔~스러우니·~스러워〕囫 잔망한 데가 있다. ¶어린것이 여간 잔망스럽지 않다. 잔망스레튀.

잔망-이(孱妄-)圀 '잔망스러운 사람'을 농조로 이르는 말.

잔망-하다(孱妄-)囫어 ①몸이 작고 약하다. ②하는 짓이 얄밉도록 맹랑하거나 경망하다.

잔매(殘梅)圀 ①철 늦도록 피는 매화. ②잔뜩 남은 매화.

잔맹(殘氓)圀 ☞잔민(殘民).

잔-머리圀 〈잔꾀〉의 속된 말. ¶잔머리를 굴리다.

잔멸(殘滅)圀하자되자 쇠잔하여 다 없어짐. 잔망(殘亡). 잔폐(殘廢).

잔명(殘命)圀 얼마 남아 있지 않은 쇠잔한 목숨. ¶어미 없는 어린애가 어찌 잔명을 부지하랴(謝氏南征記).

잔-모래圀 가는 모래.

잔-못[-몯]圀 작은 못. *잔못이[-모시]·잔못만[-몬-]

잔무(殘務)圀 다 처리하지 못하고 남은 사무.

잔-무늬[-니]圀 잘고 섬세한 무늬.

잔물(殘物)圀 팔거나 쓰고 남은 물건.

잔-물결[-껼]圀 ①초속 1m 이상 5m 이하의 바람이 불 때 생기는 주름살 모양의 작은 파도. 파장(波長)은 1.7cm 이하. ¶은빛 잔물결이 일다. ②'마음에 일어나는 동요'를 비유하여 이르는 말. ¶감동이 잔물결처럼 일다.

잔물-잔물튀하형 (눈가나 살가죽이) 약간 짓무르고 진물이 괴어 있는 모양. ¶눈가가 잔물잔물한 할머니. 큰진물진물.

잔민(殘民)圓 피폐한 백성. 잔맹(殘氓).
잔-밉다[-따][-] 몹시 밉다. **잔밉고 얄밉다**판용 몹시 잔밉다.
잔-바느질하자 자질구레한 바느질.
잔-바늘圓 가는 바늘.
잔바늘 쑤시듯속담 무엇이나 착살맞게 들쑤시기를 잘한다는 말.
잔반(殘班)圓 가세(家勢)가 기운 양반.
잔반(殘飯)圓 ①먹다 남은 밥. ②대궁.
잔-발圓 (무나 인삼 따위 식물의) 굵은 뿌리에 달린 잘고 가는 뿌리.
잔-방귀圓 조금씩 자주 뀌는 방귀.
잔배(殘杯·殘盃)圓 마시다가 잔에 남긴 술, 또는 그 술잔.
잔배-냉적(殘杯冷炙)〔마시다 남은 술과 식은 적이라는 뜻으로〕'보잘것없는 음식(주안상)'을 이르는 말. 잔배냉효.
잔배-냉효(殘杯冷肴)圓 ☞잔배냉적.
잔-별圓 작은 별. 자잘한 별.
잔-병(-病)圓 자주 앓는 자질구레한 병.
잔병에 효자 없다속담 부모가 늘 잔병을 앓고 있으면 자식이 변함없이 효도하기가 쉽지 않다는 말.
잔병(殘兵)圓 ①남아 있는 병사. ②☞패잔병.
잔병-꾸러기(-病-)圓 자질구레한 병을 자주 앓는 사람.
잔병-치레(-病-)하자 자질구레한 병을 자주 앓는 일.
잔본(殘本)圓 팔다가 남은 책. ¶잔본 처리.
잔-부끄러움圓 사소한 일에도 잘 부끄러워하는 마음. ¶잔부끄러움을 타다.
잔-불圓 (꿩 따위 작은 짐승을 잡기 위하여 쏘는) 화력이 약한 총탄. ¶잔불을 놓다.
잔불-놓이[-로-]圓하자 (작은 짐승을 잡기 위하여) 잔불질로 하는 사냥.
잔불-질하자 잔불을 놓는 일.
잔비(殘匪)圓 (소탕을 면하여) 아직 남아 있는 비적(匪賊).
잔비(殘碑)圓 (비바람을 견디며) 오래 전하여 남아 있는 비석.
잔-뼈圓 ①(어려서) 아직 다 자라지 못한 뼈. ②가늘고 작은 약한 뼈. ¶생선의 잔뼈를 발라 내다.
잔뼈가 굵어지다관용 어릴 때부터 어떤 일이나 환경 속에서 자라나다. ¶시장 바닥에서 잔뼈가 굵은 사람.
잔-뿌리圓 (굵은 뿌리에서 돋아난) 잘고 가는 뿌리. 세근(細根).
잔사(殘寺)圓 낡아 허물어져 가는 절.
잔사(殘渣)圓 ☞잔재(殘滓).
잔-사다리하자 〈잔사설〉의 속된 말.
잔-사단(-事端)圓하자 ☞잔사설.
잔-사설(-辭說)圓하자 쓸데없이 번거롭게 늘어놓는 말. 잔사단.
잔산(殘山)圓 비바람에 깎이 나지막한 산.
잔산-단록(殘山短麓)圓 낮고 작은 산들.
잔살(殘殺)圓 잔인하게 죽임.
잔상(殘像)圓 보이던 대상물이 사라진 뒤에도 잠시 동안 그대로 시각에 남아 있는 상(像). 유상(遺像).
잔생(殘生)圓 쇠잔한 생애. 나머지 생애.
잔생-이튀 ①지긋지긋하게 말을 듣지 않는 모양. ¶왜 그렇게 잔생이 말을 안 듣는 거냐? ②애걸복걸하는 모양. ¶살려 달라고 잔생이 빌다. ③'지지리'의 잘못.

잔생이 보배라속담 못난 체하는 것이 처세에 이롭다는 말.
잔서(殘暑)圓 늦여름의 마지막 더위. 여열(餘熱). 잔염(殘炎).
잔-석기(-石器)[-끼]圓 중석기 시대에 사용되었던, 작은 돌로 다듬은 간석기.〔작은 돌칼, 창의 촉, 낫 따위.〕세석기.
잔선(殘蟬)圓 늦가을까지 남아서 우는 매미.
잔설(殘雪)圓 녹다가 남은 눈, 또는 이른 봄까지 녹지 아니한 눈.
잔성(殘星)圓 새벽녘에 보이는 별.
잔-셈하자 자질구레한 셈.
잔-소리하자 ①듣기 싫게 늘어놓는 잔말. 세설(細說). ¶두말하면 잔소리지. ②꾸중으로 이러니저러니 하는 말. ¶주인한테 잔소리를 듣다.
잔소리-꾼圓 잔소리를 많이 하는 사람.
잔-속圓 ①자세한 속내. ¶잔속도 모르면서 아는 체한다. ②잔잘하게 썩이는 속. ¶아이들이 잔속을 많이 썩인다.
잔-손圓 자질구레하게 여러 번 가는 손질. ¶한 복을 짓는 데는 잔손이 많이 간다.
잔-손금[-끔]圓 손바닥의 잔금.
잔손-불림圓 잔손질이 드는 일.
잔-손질하자 자질구레한 손질.
잔-솔圓 어린 소나무. 치송(稚松).
잔솔-가지圓 어린 소나무의 가지.
잔솔-밭[-받]圓 어린 솔이 많이 난 곳. *잔솔밭이[-바치]·잔솔밭을[-바틀]·잔솔밭만[-반-]
잔솔-잎[-닢]圓 어린 소나무의 잎. *잔솔잎이[-니피]·잔솔잎만[-님-]
잔솔-포기圓 어린 소나무의 포기.
잔-술(盞-)[-쑬]圓 ①잔에 따른 술. 배주(杯酒). ②낱잔으로 파는 술.
잔술-집(盞-)[-쑬찝]圓 낱잔으로 술을 파는 술집.
잔-시중圓 자질구레한 시중.
잔-심부름圓하자 자질구레한 심부름.
잔심부름-꾼圓 잔심부름을 하는 사람.
잔악(殘惡)圓하형 잔인하고 악함. 잔악-히튀.
잔악-무도(殘惡無道)[자낭-]圓[자낭-] 더할 수 없이 잔인하고 악독함. 삐잔인무도·잔학무도.
잔악-성(殘惡性)[-썽]圓 잔악한 성질.
잔액(殘額)圓 나머지 금액. 잔고(殘高). 잔금(殘金). ¶예금의 잔액.
잔야(殘夜)圓 새벽녘. 미명(未明).
잔약(屠弱)圓 '잔약하다'의 어근.
잔-약과(-藥菓)[-냑꽈]圓 자잘하게 만든 유밀과(油蜜菓).
잔약-하다(屠弱-)[자냐카-]형에 가냘프고 약하다.
잔양(殘陽)圓 (저녁 무렵의) 기우는 햇볕. 석양. 잔일(殘日).
잔양-판(殘陽-)圓 ☞석양판.
잔업(殘業)圓 ①하다가 남은 작업. ②근무 시간이 끝나고 나서 더 하는 작업.
잔업^수당(殘業手當)[-쑤-]圓 잔업의 대가로 지급되는 노임.
잔여(殘餘)圓 남아 있는 것. ¶잔여 임기. /휴가의 잔여 시간을 시골집에서 보내다.
잔여-기간(殘餘期間)圓 일정한 기간 가운데에서 얼마간 남아 있는 기간.
잔연(殘煙)圓 사라져 가는 연기.
잔열(屠劣)圓 '잔열하다'의 어근.
잔열(殘熱)圓 ☞여열(餘熱).

잔열-하다(孱劣-)[형여] 가냘프고 변변하지 못하다.

잔염(殘炎)[명] ☞잔서(殘暑).

잔영(殘影)[명] ①뒤에 남은 흔적. ②가시지 않은 지난날의 모습.

잔-영산(-靈山)[-녕-][명] 영산회상(靈山會上)의 마지막인 셋째 곡조. 세 곡조 중 가장 빠르며, 네 장(章)으로 되어 있음. 세영산(細靈山). 웥상영산·중영산.

잔용(-用)[-뇽][명] 자질구레한 일에 쓰는 용도. 비잡비(雜費).

잔원(潺湲)[명] '잔원하다'의 어근.

잔원-하다(潺湲-)[형여] 물의 흐름이 조용하고 잔잔하다. ¶잔원한 수성(水聲)에 흥금이 청량하다.

잔월(殘月)[명] ①지새는 달. 새벽달. ②거의 넘어가게 된 달.

잔월-효성(殘月曉星)[명] 지는 달과 샛별. ¶殘月曉星이 아른시리라(鄭瓜亭).

잔읍(殘邑)[명] 피폐한 고을. 박읍(薄邑).

잔인(殘忍)[명][하형][수형] 인정이 없고 몹시 모짊. ¶납치범이 인질을 잔인하게 살해했다. 잔인스레[부].

잔인-무도(殘忍無道)[명][하형] 더할 수 없이 잔인함. 비잔악무도·잔학무도.

잔인-박행(殘忍薄行)[-빵-][명] 잔인하고도 야박한 행실.

잔인-성(殘忍性)[-썽][명] 잔인한 성질.

잔인해물(殘人害物)[명][하자] 사람에게 모질게 굴고 물건을 해침. 잔해(殘害).

잔-일(-일)[-닐][명][하자] 잔손이 많이 가는 자질구레한 일. ↔큰일.

잔일(殘日)[명] ①(저녁 무렵의) 기우는 해. 석양. 잔양(殘陽). ②간신히 살아갈 남은 생애.

잔-입(-닙)[명] 아침에 일어나서 아직 아무것도 먹지 않은 입. 마른입.

잔-잎[-닙][명] 소엽(小葉). ＊잔잎히 [-니피]·잔잎만 [-님-]

잔-자갈[명] 자잘한 자갈.

잔자누룩-하다[-루카-][형여] 소란스럽지 않고 잔잔하다. ¶늦도록 떠들던 아이들도 잠이 들었는지, 밤은 잔자누룩하기만 하다.

잔-작-하다[-자카-][형여] (나이에 비하여) 늦되고 용렬하다. 자소(仔小)하다.

잔잔(屛屛)[명] '잔잔(屛屛)하다'의 어근.

잔잔(潺潺)[명] '잔잔(潺潺)하다'의 어근.

잔-잔누비[명] 이랑의 폭이 썩 좁게 누비는 일, 또는 그렇게 누빈 것.

잔잔-하다[하자여] ①(바람·물결·소리 따위가) 가라앉아 조용하다. ¶잔잔한 바다. /잔잔한 말소리. ②(병세·형세 따위가) 더하지 아니하고 가라앉다. ③(태도 따위가) 차분하고 평온하다. ¶입가에 잔잔한 미소를 띠다. /잔잔한 가슴에 풍파가 일다. ⑬③잔잔-히[부].

잔잔-하다(屛屛-)[형여] (기질이) 잔약하다. 잔잔-히[부].

잔잔-하다(潺潺-)[형여] (물 흐르는 소리나 비 내리는 소리가) 약하고 가늘다. ¶잔잔하게 흐르는 시냇물. 잔잔-히[부].

잔재(殘在)[명][하자] 남아 있음.

잔재(殘滓)[명] 남은 찌꺼기. 잔사(殘渣). ¶일제 (日帝)의 잔재를 청산하다.

잔-재미[명] 아기자기하고 오밀조밀한 재미. ¶잔 재미라고는 전혀 없는 사내.

잔-재비[명] ①자질구레하고 공교로운 일을 잘하

는 손재주. ②(큰일이 벌어진 판에서) 잔손이 많이 드는 일.

잔-재주(←-才操)[명] ①얕은 재주. ¶잔재주를 부리다. ②자질구레한 일을 잘 해내는 재주. ¶잔재주가 많다.

잔적(殘賊)[명] ①(소탕을 면하여) 아직 남아 있는 도둑. ②[하자]☞잔적(狀賊).

잔적(殘敵)[명] (소탕을 면하여) 아직 남아 있는 적병(敵兵).

잔적-토(殘積土)[명] ☞원적토(原積土).

잔전(殘鏡)[명] '잔돈'의 잘못.

잔-절[명] 잘게 만든 절편.

잔-정(-情)[명] 자상하고 다정한 정. ¶잔정이 많은 여자.

잔정(殘政)[명] (백성을 못살게 구는) 잔학한 정치.

잔조(殘租)[명] 기한 안에 다 거두어들이지 못하고 남은 조세.

잔조(殘照)[명] 저녁노을.

잔족(殘族)[명] 남은 족속.

잔존(殘存)[명][하자] 남아 있음. ¶잔존 세력.

잔존-감각(殘存感覺)[명] ☞잔류 감각.

잔졸(孱拙)[명] '잔졸하다'의 어근.

잔졸-하다(孱拙-)[형여] 몹시 약하고 옹졸하다.

잔주[명][하자] 술에 취하여 늘어놓는 잔말. ¶많이 마시지도 않았는데 잔주가 심하다.

잔-주(-註)[명] 큰 주석 아래 잘게 단 주석.

잔-주름(殘-)[명] 잘게 잡힌 주름. ¶눈가에 잡힌 잔주름.

잔-주름살[-쌀][명] 잘게 잡힌 주름살.

잔-주접[명] ①어렸을 때 잔병치레를 하여 제대로 자라지 못하는 탈. ¶돌이 지났건만 잔주접으로 잘 걷지 못하는 말. ②'헌데'나 '옴' 따위를 일컫는 말.

잔-줄[명] 잘게 그은 줄.

잔지(殘地)[명] 자투리땅.

잔지러-뜨리다[타] 몹시 자지러뜨리다. 잔지러트리다. 큰진지러뜨리다.

잔지러-지다[자] 몹시 자지러지다. 큰진지러지다.

잔지러-트리다[타] 잔지러뜨리다. 큰진지러트리다.

잔-질(盞-)[명][하자] 잔에 술을 따르는 짓, 또는 잔에 술을 따라 돌리는 짓.

잔질(殘疾)[명] 몸에 남아 있는 병.

잔질다[잔지니·잔질어][형] ①마음이 굳세지 못하고 약하다. ②하는 짓이 잘고 다랍다.

잔질지인(殘疾之人)[-찌-][명] 병을 많이 치러 쇠약해진 사람.

잔-짐승[명] 작은 짐승.

잔-채[명] 잘게 썬 채.

잔채(殘菜)[명] 먹고 남은 반찬.

잔채-질[명][하자] 포교가 죄인을 신문할 때, 회초리로 마구 때리는 매질.

잔챙이[명] 자잘하고 보잘것없는 것. ¶쓸 만한 것은 다 팔고 잔챙이만 남았다. /오늘 낚시에서는 잔챙이만 걸린다.

잔천(殘喘)[명] (겨우 숨이 붙어 있는) 거의 다 죽게 된 목숨.

잔-초석(殘礎石)[명] 남아 있는 주춧돌.

잔-촉(殘燭)[명] 거의 다 타 가는 촛불.

잔추(殘秋)[명] 늦은 가을. 늦가을. 만추(晚秋).

잔춘(殘春)[명] 늦은 봄. 늦봄. 만춘(晚春).

잔치[명][하자] 경사가 있을 때, 음식을 차려 놓고 여러 사람을 청하여 즐김, 또는 그 일. ¶혼인 잔치. /잔치를 베풀다.

잔치-판[명] 잔치를 벌여 놓은 판. ¶떠들썩하게 잔치판을 벌이다.

잔칫-날[-친-][명] 잔치하는 날.

잔칫-상(-床)[-치쌍/-친쌍]圀 잔치 때에 차리는 음식상.

잔칫-집[-치찝/-친찝]圀 잔치를 베푸는 집.

잔-칼질圀하자 아주 잘게 채를 치거나 이기는 칼질.

잔-털圀 매우 보드랍고 가늘고 짧은 털.

잔판(棧板)圀 굽기 전의 질그릇을 담아 나르는 데 쓰는 널판.

잔판-머리圀 일의 끝판이 날 무렵.

잔패(殘敗)圀하자 쇠잔하여 패함.

잔편(殘片)圀 남은 조각.

잔편(殘編)圀☞낙질(落帙).

잔폐(殘廢)[-폐/-페]圀하자 되자 ☞잔멸(殘滅).

잔포(殘暴)圀하형 ☞잔학(殘虐).

잔풀圀 어린 풀. 자디잔 풀.

잔풀-나기[-라-]圀 잔풀이 돋는 봄철.

잔풀-내기[-래-]圀 '하찮은 출세로 거들먹거리는 사람'을 조롱하여 이르는 말.

잔풀-호사(-豪奢)圀 분(分)에 넘치게 옷치장을 잘하는 일.

잔품(殘品)圀 (팔거나 쓰거나 먹거나 하다가) 남은 물품. ¶잔품 처리.

잔풍(殘風)圀 약한 바람. 잔잔한 바람.

잔풍-하다(殘風-)형어 바람기가 없이 잔잔하다. ¶잔풍한 날씨.

잔피(屠疲)圀 '잔피하다'의 어근.

잔피-하다(屠疲)형어 몹시 잔약하여 골골하다.

잔하(殘夏)圀 늦여름. 만하(晩夏).

잔학(殘虐)圀하형 잔인하고 포악함. 잔포(殘暴). 잔혹(殘酷). ¶잔학한 살인 사건.

잔학-무도(殘虐無道)[-항-]圀하형 더할 수 없이 잔인하고 포악함. [-형잔악무도·잔인무도.

잔학-성(殘虐性)[-썽]圀 잔학한 성질.

잔한(殘恨)圀 ☞유한(遺恨).

잔한(殘寒)圀 봄까지 남아 있는 추위. 늦추위. 여한(餘寒).

잔해(殘害)圀하자 ☞잔인해물(殘人害物).

잔해(殘骸)圀 ①(썩거나 타다가) 남은 뼈. ②(부서지거나 못 쓰게 되어) 남아 있는 물체. ¶추락한 비행기의 잔해.

잔향(殘香)圀 남아 있는 향기.

잔향(殘鄕)圀 황폐한 시골.

잔향(殘響)圀 발음체(發音體)의 진동이 그친 후에도 벽이나 천장에 반사되어 남는 음향. 여향(餘響).

잔-허리圀 허리의 뒤쪽으로 가늘게 된 부분. 가는허리.

잔혈(屠子)圀 '잔혈하다'의 어근.

잔혈-하다(屠子-)형어 잔약하고 의지할 곳이 없다. 잔약하고 외롭다.

잔호(殘戶)圀 피폐한 민가.

잔혹(殘酷)圀하형 잔인하고 혹독함. 잔학(殘虐). ¶잔혹한 행위.

잔화(殘火)圀 타고 남은 불. 꺼져 가는 불.

잔화(殘花)圀 ①거의 다 지고 남은 꽃. ②시들어 가는 꽃.

잔회(殘懷)[-회/-훼]圀 (마음속에) 남은 회포.

잔-회계(-會計)[-회계/-훼게]圀하타 자질구레한 회계.

잔효(殘肴)圀 먹다 남은 안주.

잔훼(殘毀)圀하타 헐어서 무너뜨림, 또는 헐리어 무너진 것.

잔흔(殘痕)圀 남은 흔적.

잘-갈다[-깔-][~가니·~갈아]타 잘고 곱게 갈다.

잘갈-리다[-깔-]자 〖'잘갈다'의 피동〗 잘고 곱게 갈아지다. ¶맷돌로 갈아야 잘갈린다.

잘-별다[잔-][~너니·~널어]타 (음식물 따위를) 이로 깨물어 잘게 만들다.

잘-다듬다[-따-따]타 잘고 곱게 다듬다.

잘-다랗다[-따라타][~다라니·~다래]형ㅎ 매우 잘다. ¶잘다란 소나무. /잘다란 글씨. /사람이 너무 잘다랗다. [-형잔닿다.

잘-달다[-딸-][~다니·~달아]형 (하는 짓이) 잘고 다랍다. ¶그렇게 잘달게 굴지 마시오.

잘-닿다[-따타][~다니·~달]형ㅎ 〈잘다랗다〉의 준말. ¶깨알같이 잔단 글씨.

잘-젊다[-쩜따]형 나이에 비하여 젊다.

잘-주름[-쭈-]圀 옷 따위에 잡는 잔다란 주름.

잘-타다타 맷돌로 콩이나 팥·녹두 따위를 잘게 부수뜨리다.

잘[1]圀 검은담비의 털가죽. 산달피(山獺皮). 초웅피(貂熊皮).

잘[2]뷔 ①익숙하게. 능란하게. ¶글씨를 잘 쓰다. ②옳게. 착하게. 바르게. ¶사람은 마음을 잘 써야지. ③좋게. 훌륭하게. ¶잘 두어/자식을 잘 키웠다. ④만족스럽게. 충분히. ¶우리도 잘 먹고 잘 살아야지. /그 까닭을 잘 모르겠다. ⑤탈없이. 편안히. ¶잘 가시오. /잘 있었는가. ⑥적절하게. 알맞게. ¶마침 잘 만났다. /제때 잘 왔네. ⑦걸핏하면. 버릇으로 늘. ¶잘 우는 아이. ⑧분명하게. 자세히. 똑똑히. ¶잘 모르다. /소리가 잘 들리다. ⑨유리하게. 적당히. ¶잘 봐주시오. ⑩쉽게. ¶문제가 잘 풀리다. /손이 잘 풀리다. ⑪《수량을 나타내는 말 뒤에 쓰이어》실히. 족히. ¶다섯 시간은 잘 걸릴걸. ⑫≒→잘못.

잘 자랄 나무는 떡잎부터 안다〔알아본다〕속담 앞으로 훌륭하게 될 사람은 어려서부터 남다른 점이 있다는 말.

-잘준 '-자고 할'이 줄어든 말. ¶같이 가잘 사람이 마땅치 않다.

잘가닥圀하자 ①차진 물체가 가볍게 달라붙는 소리, 또는 그 모양. ②작은 쇠붙이 따위가 가볍게 맞부딪칠 때 나는 소리, 또는 그 모양. [-형절거덕. 셴잘까닥·짤가닥·짤까닥. ㉮잘카닥·찰가닥·찰카닥. 잘가닥-잘가닥뷔하타.

잘가닥-거리다[-꺼-]자타 자꾸 잘가닥잘가닥하다. 잘가닥대다. ¶호주머니 속의 동전을 잘가닥거리다. [-형절거덕거리다.

잘가닥-대다자타 ☞잘가닥거리다.

잘가당圀하자 작은 쇠붙이 따위가 부딪칠 때에 가볍게 울리어 나는 소리. [-형절거덩. 셴잘까당·짤가당·짤까당. ㉮잘카당·찰가당·찰카당. 잘가당-잘가당뷔하자타.

잘가당-거리다자타 자꾸 잘가당잘가당하다. 잘가당대다. [-형절거덩거리다.

잘가당-대다자타 ☞잘가당거리다.

잘각뷔하자타 작은 쇠붙이 따위가 맞부딪치거나 걸릴 때 나는 소리. [-형절걱. 셴잘깍·짤각·짤깍. ㉮잘카·찰각·찰카. 잘각-잘각뷔하자타.

잘각-거리다[-꺼-]자타 자꾸 잘각잘각하다. 잘각대다. [-형절걱거리다.

잘각-대다[-때-]자타 ☞잘각거리다.

잘강-거리다타 자꾸 잘강잘강하다. 잘강대다. [-형질겅거리다.

잘강-대다타 ☞잘강거리다.

잘강-잘강뷔하타 질긴 것을 잇따라 잘게 씹는 모양. [-형질겅질겅.

잘개-질圀하자 〈자리개질〉의 준말.

잘겁-하다[-거파-]**짜여** 자지러질 정도로 깜짝 놀라다. ¶서늘한 손길이 목에 닿자 잘겁하고 비켜섰다. **윤**질겁하다.

잘그락[**부**][**하짜타**] 얇은 쇠붙이 따위가 가볍게 부딪칠 때 나는 소리. **큰**절그럭. **쎈**짤그락. 잘그락-잘그락[**부**][**하짜타**].

잘그락-거리다[-꺼-]**짜타** 자꾸 잘그락잘그락 하다. 잘그락대다. ¶주머니에서 잘그락거리는 동전. **큰**절그럭거리다.

잘그락-대다[-때-]**짜타** 잘그락거리다.

잘그랑[**부**][**하짜타**] 작은 쇠붙이 따위가 땅에 떨어지거나 서로 부딪칠 때 울리어 나는 소리. **큰**절그렁. **쎈**짤그랑. **거**찰그랑. 잘그랑-잘그랑[**부**][**하짜타**].

잘그랑-거리다[**짜타**] 자꾸 잘그랑잘그랑하다. 잘그랑대다. ¶처마의 풍경이 잘그랑거린다. **큰**절그렁거리다.

잘그랑-대다[**짜타**] 잘그랑거리다.

잘근-잘근[**부**][**하**] 잘깃한 것을 가볍게 자꾸 씹는 모양. **큰**질근질근.

잘금[**부**][**하짜타**] 액체가 조금 새어 흐르거나 쏟아지다가 그치는 모양. **큰**질금. **쎈**짤금. 잘금-잘금[**부**][**하짜타**] ¶오줌을 잘금잘금 누다.

잘금-거리다[**짜타**] 자꾸 잘금잘금하다. 잘금대다. **큰**질금거리다.

잘금-대다[**짜타**] 잘금거리다.

잘깃-잘깃[-긴짇낃][**부**][**하형**] (씹히는 맛이) 매우 잘깃한 모양. ¶오징어를 잘깃잘깃 씹다. **큰**질깃질깃. **쎈**짤깃짤깃. **여**졸깃졸깃.

잘깃-하다[-기타-][**형여**] 조금 질긴 듯하다. **큰**질깃하다.

잘 까닥[**부**][**하짜타**] 〈잘가닥〉의 센말. **큰**절꺼덕. **쎈**짤까닥. **거**찰까닥.

잘까당[**부**][**하짜타**] 〈잘가당〉의 센말. **큰**절꺼덩. **쎈**짤까당. **거**찰까당.

잘깍[**하짜타**] 〈잘각〉의 센말. **큰**절꺽. **쎈**짤깍. **거**찰깍.

잘끈[**부**] 바짝 동이거나 단단히 졸라매는 모양. ¶머리에 수건을 잘끈 동여매다. **큰**질끈.

잘-나가다[-라-][**짜**] 성공을 이루거나 능력을 발휘하거나 하며 계속 순조롭게 되어 가다. ¶요새 한창 잘나가는 가수.

잘-나다[-라-][**짜**] ①(사람됨이) 남보다 똑똑하고 뛰어난 데가 있다. ¶잘난 체하다. /잘난 사람. ②(생김새가) 남보다 빼어나서 썩 좋아 보이다. 잘생기다. ¶그 집 아들, 인물은 정말 잘났어. /듬직한 체구에 얼굴도 훤하니 잘 잘났더라. ③《반어적으로 쓰이어》 보잘것없거나 대수롭지 않다는 뜻을 나타내는 말. ¶그렇게 큰소리만 탕탕 치더니, 잘났어 정말. /뭐, 그 잘난 솜씨로 다음번엔 일등을 하겠다고? ①②↔못나다.

잘다[자니·잘아][**형**] ①(크기가) 작다. ¶알이 잔 사과. ②가늘다. ¶글씨가 잘아 알아보기가 힘들다. ③(성질이) 좀스럽다. ¶사람이 잘아서 늘품이 없다. ①③↔굵다.

잘-되다[-뙤/-뛔-][**짜**] ①(어떤 일이) 바라던 대로 이루어지거나 좋은 상태로 되다. ¶농사가 잘되다. /잘돼야 할 텐데…. /하는 일마다 잘된다. /고향에 돌아온다니 참 잘된 일이다. ②사람이 훌륭하게 되다. ¶부모는 자식 잘되기를 항상 바란다. ③일정한 정도나 수준에 이르다. ¶우리 가운데 잘돼야 세 명만 합격할 수 있다. ④《반어적으로 쓰이어》 결과가 좋지 않게 되다. ¶시험에 떨어졌다고 하자 오빠가 잘됐다고 약을 올렸다.

잘되면 제 탓[**복**] **못되면 조상**〔남〕**탓**[**속담**] 무엇이든 잘되면 제 공으로 돌리고, 잘못되면 남의 탓으로 돌리는 인정 세태를 이르는 말.

잘-:-두루마기[**명**] 검은담비의 털로 안을 대어 지은 두루마기.

잘똑-거리다[-꺼-][**타**] 자꾸 잘똑잘똑 절면서 걷다. 잘똑대다. ¶발목을 삐어서 잘똑거리다. **큰**절뚝거리다. **쎈**짤똑거리다.

잘똑-대다[-때-][**타**] 잘똑거리다.

잘똑-잘똑[1][-짤-][**부**][**하타**] 걸을 때마다 되똑되똑 다리를 저는 모양. **큰**절뚝절뚝. **쎈**짤똑짤똑[1].

잘똑-잘똑[2][-짤-][**부**][**하형**] 군데군데 잘똑한 모양. **큰**질뚝질뚝. **쎈**짤똑짤똑[2].

잘똑-하다[-또카-][**형여**] 갸죽한 물건의 한 부분이 깊이 패어 옴폭하다. **큰**질뚝하다. **쎈**짤똑하다.

잘뚜마기[**명**] (긴 물건의 한 부분이) 잘록하게 들어간 부분.

잘라-매다[**타**] (무엇을 끈 따위로) 단단히 졸라 동여매다. **참**졸라매다.

잘라-먹다[-먹-][**타**] ①(갚아야 할 것을) 갚지 아니하다. 떼어먹다. ②(남에게 전해 주어야 할 것을) 가로채어 가지다. ¶공금을 잘라먹다. ③다른 사람의 의견을 무시하거나 중간에서 끊어서 전하지 않다. ¶그 사람은 다른 사람의 말을 번번이 잘라먹는다. ④〈자르다〉의 속된 말. ¶좋다가 기계에 손가락을 잘라먹었다. ⑤써서 없애거나 마구 허비하다. ¶장사 밑천을 다 잘라먹었다.

잘랑[**부**][**하짜타**] 얇은 쇠붙이나 작은 방울 따위가 함께 흔들려 울리어 나는 소리. **큰**절렁. **쎈**짤랑. **거**찰랑. 잘랑-잘랑[**부**][**하짜타**].

잘랑-거리다[**짜타**] 자꾸 잘랑잘랑하다. 잘랑대다. **큰**절렁거리다.

잘랑-대다[**짜타**] 잘랑거리다.

잘래-잘래[**부**][**하타**] 고개를 자꾸 가볍게 가로 내젓는 모양. ¶고개를 잘래잘래 흔든다. **큰**절레절레. **쎈**짤래짤래. **참**살래살래.

잘량[**명**] 〈개잘량〉의 준말.

잘록-거리다[-꺼-][**타**] 자꾸 잘록잘록 절면서 걷다. 잘록대다. **큰**절룩거리다. **쎈**짤록거리다.

잘록-대다[-때-][**타**] 잘록거리다.

잘록-잘록[1][-짤-][**부**][**하타**] 걸을 때 다리를 조금씩 저는 모양. **큰**절룩절룩. **쎈**짤록짤록[1].

잘록-잘록[2][-짤-][**부**][**하형**] 군데군데 잘록한 모양. **큰**질룩질룩. **쎈**짤록짤록[2].

잘록-하다[-로카-][**형여**] ①긴 물체의 한 부분이 홀쭉하다. ¶허리가 잘록하다. ②길게 두루룩한 것의 한 부분이 옴폭 꺼져 있다. ¶저 산줄기의 잘록한 곳이 고갯마루다. **큰**질록하다. **쎈**짤록하다.

잘름-거리다[1][1][**짜**] (액체 따위가) 자꾸 잘름잘름 넘치다. 잘름대다[1]. **큰**질름거리다. **쎈**짤름거리다.
[2][**타**] 자꾸 잘름잘름 주다. 잘름대다[1]. **큰**질름거리다.

잘름-거리다[2][**타**] 자꾸 잘름잘름 절면서 걷다. 잘름대다[2]. ¶잘름거리면서도 열심히 따라갔다. **큰**절름거리다.

잘름-대다[1][**짜타**] ☞잘름거리다[1].

잘름-대다[2][**타**] ☞잘름거리다[2].

잘름-발이[**명**] ‘다리를 잘름거리는 사람’을 얕잡아 이르는 말. **큰**절름발이. **쎈**짤름발이.

잘름-잘름[**부**] ①[하짜]가득 찬 액체가 흔들려서 그릇 밖으로 잘금잘금 넘치는 모양. ②[하타]동안이 잦게 여러 차례에 걸쳐 조금씩 주는 모양. 囹질름질름. 쎈짤름짤름1.

잘름-잘름²튄 걸을 때 다리를 가볍게 약간씩 저는 모양. 囹절름절름. 쎈짤름짤름².

잘리다재타 〖'자르다'의 피동〗 ①동강나게 끊기다. ¶꼬리가 잘리다. ②(자기의 몫을 남에게) 가로채이다. ¶이자는 잘리고 원금만 도로 받다. ③직장에서 해고를 당하다.

잘못[-몯] 〖-론〗圓 옳게 하지 못한 일. 제대로 되지 못한 일. 허물². ¶잘못을 뉘우치다. /잘못을 저지르다. * 잘못이[-모시] · 잘못만[-몬-]
Ⅱ튄 ①하타 그릇되게. 틀리게. ¶내 뜻을 잘못 이해하고 있다. ②앞뒤를 살피지 않고, 깊이 생각함이 없이. ¶일을 잘못 서두르다가는 낭패를 보기 쉽다. ↔잘².

잘못-되다[-몯뙤-/-몯뙈-]재 ①(어떤 일이) 실패로 끝나다. 나쁜 결과로 되다. ¶하던 사업이 잘못되어 큰 손해를 보다. ②(품성이나 성질이) 나쁘게 되다. ¶자라는 환경이 나쁘다 보면 잘못되기 쉽지요. ③(뜻밖의 사고나 병 등으로) 죽다. ¶집 나간 지 한 달이 넘도록 소식이 없으니 혹시 잘못되지 않았나 걱정이다.

잘못-짚다[-몯찝따]재타 짐작이나 예상이 어긋나다(빗나가다). 헛다리 짚다. ¶우승 후보를 잘못짚다.

잘못-하다[-모타-] 타여 ①올바르게 행동하지 못하고 어물어물하다. 《주로, '잘못하다가는'의 꼴로 쓰임.》 ¶자칫 잘못하다가는 열차 시간에 늦겠다. ②일이 어그러지다. 《주로, '잘못하면'의 꼴로 쓰임.》 ¶자칫 잘못하면 큰 싸움이 났겠다.

잘바닥튄하자타 얕은 물이나 진창을 거칠게 밟거나 칠 때 나는 소리. 囹절버덕. 겐찰바닥. 잘바닥-잘바닥튄하자타.

잘바닥-거리다[-꺼-]재 자꾸 잘바닥잘바닥하다. 잘바닥대다. ¶아이들이 물에서 잘바닥거리며 놀고 있다. 囹절버덕거리다.

잘바닥-대다[-때-]재 잘바닥거리다. 囹절버덕대다.

잘바당튄하자타 조금 묵직한 물체가 얕은 물에 떨어져 울리어 나는 소리. 囹절버덩. 겐찰바당. 잘바당-잘바당튄하자타.

잘바당-거리다재타 자꾸 잘바당잘바당하다. 잘바당대다. 囹절버덩거리다.

잘바당-대다재타 잘바당거리다. 囹절버덩대다.

잘박튄하자타 얕은 물이나 진창을 가볍게 밟거나 칠 때에 나는 소리. 囹절벅. 겐찰박. 잘박-잘박튄하자타.

잘박-거리다[-꺼-]재타 자꾸 잘박잘박하다. 잘박대다. 囹절벅거리다.

잘박-대다[-때-]재타 잘박거리다.

잘방튄하자타 작은 물체 따위가 얕은 물에 떨어질 때 나는 소리. 囹절벙. 겐찰방. 잘방-잘방튄하자타.

잘방-거리다재타 자꾸 잘방잘방하다. 잘방대다. 囹절벙거리다.

잘방-게[-께]圓 민물에 사는 작은 게의 한 가지. 딱지는 앞이 넓고 뒤가 좁으며, 몸빛은 사는 환경에 따라 다르나 대개는 황갈색임. 디스토마의 숙주(宿主)임.

잘방-대다재타 잘방거리다.

잘:-배자(-褙子)圓 검은담비의 털로 안을 대어 지은 배자.

잘-빠지다혱 미끈하게 생기다. ¶잘빠진 몸매. /상품 디자인이 아주 잘빠졌더라. /잘빠진 놈으로 한 마리만 골라 주시오.

잘-살다[~사니·~살아]재 넉넉하게 살다. ¶시집가서 잘살고 있더라. /잘산다고 해도 하루에 세 끼밖에 더 먹겠니? ↔못살다.

잘-생기다혱 (생김새·얼굴 모양이) 훌륭하고 미끈하여 보기에 좋다. 잘나다. ¶잘생긴 이마. /잘생긴 오이. /새신랑이 참 잘생겼다. /코가 특히 잘생겼다. ↔못생기다.

잘싸닥튄하자타 액체의 면이 납작한 물체와 부딪칠 때 크게 울리어 나는 소리, 또는 그 모양. ¶파도가 뱃전에 잘싸닥 부딪힌다. 囹절써덕. 겐찰싸닥. 잘싸닥-잘싸닥튄하자타.

잘싸닥-거리다[-꺼-]재타 자꾸 잘싸닥잘싸닥하다. 잘싸닥대다. 囹절써덕거리다.

잘싸닥-대다[-때-]재타 잘싸닥거리다.

잘싹튄하자타 ①액체의 면이 납작한 물체와 부딪칠 때 차지게 나는 소리. ¶시멘트 반죽을 벽에 잘싹 붙이고 흙칼로 문지르다. ②차진 물건이 물체에 부딪치는 소리, 또는 그 모양. 囹절썩. 겐찰싹. 잘싹-잘싹튄하자타.

잘싹-거리다[-꺼-]재타 자꾸 잘싹잘싹하다. 잘싹대다. 囹절썩거리다.

잘싹-대다[-때-]재타 잘싹거리다.

잘쏙-거리다[-꺼-]타 한쪽 다리가 짧거나 탈이 나서 자꾸 잘쏙잘쏙하며 걷다. 잘쏙대다. ¶발을 빼어 잘쏙거리며 걷다. 囹절쑥거리다.

잘쏙-대다[-때-]타 잘쏙거리다.

잘쏙-잘쏙¹[-짤-]튄하혱 한쪽 다리가 탈이 나거나 하여 걸을 때 약간씩 저는 모양. 囹절쑥절쑥. 쎈짤쏙짤쏙¹. 퉁잘름잘름²·잘똑잘똑¹.

잘쏙-잘쏙²[-짤-]튄혱 여러 군데가 잘쏙한 모양. 囹절쑥절쑥. 쎈짤쏙짤쏙².

잘쏙-하다[-쏘카-]튄여 긴 물체의 한 부분이 잘록하게 가늘다. ¶잘쏙한 허리. 囹질쑥하다. 쎈짤쏙하다. 잘쏙-이튄.

잘잘¹튄 ①물 따위가 끓는 모양. ¶물이 잘잘 끓다. ②뜨거운 열기로 몹시 달아 있는 모양. ¶온돌방 아랫목이 잘잘 끓다. ③좀 적은 양의 액체가 그치지 않고 흐르는 모양, 또는 그 소리. 囹잴잴. 쎈짤짤². 큰질질¹·질질².

잘잘²튄 ①윤기가 반드르르하게 흐르는 모양. ¶벗어진 이마에 윤기가 잘잘 흐른다. ②드리워진 것이 바닥에 닿아 끌리는 모양. ¶치맛자락을 잘잘 끌며 가다. 큰질질².

잘잘³튄 주책없이 이리저리 자꾸 쏘다니는 모양. ¶종일 어디를 그렇게 잘잘 쏘다니느냐? 囹절잘². 질질³. 쎈짤짤².

잘잘-거리다재 주책없이 이리저리 자꾸 쏘다니다. 잘잘대다. 囹절잘거리다 · 질질거리다.

잘잘-대다재 잘잘거리다.

잘-잘못[-몯]圓 잘함과 잘못함. 옳음과 그름. 시비. 곡백(曲白). 흑백. ¶잘잘못을 가리기가 어렵다. * 잘잘못이[-모시] · 잘잘못만[-몬-]

잘잘못-간에(--間-) 〖-몯까네〗튄 잘하였거나 잘못하였거나 따질 것 없이. ¶잘잘못간에 이번 일은 없었던 걸로 하세.

잘착-거리다[-꺼-]재 자꾸 잘착잘착하다. 잘착대다. ¶길바닥이 몹시 잘착거리다. 囹질척거리다.

잘착-대다[-때-]재 잘착거리다.

잘착-잘착[-짤-]튄하자 잘착한 진흙 땅을 자꾸 밟을 때 차지게 나는 소리. 囹질척질척.

잘착잘착-하다[-짤차카-]튄여 여러 군데가 고루 잘착하다. 囹질척질척하다.

잘착-하다[-차카-]톙애 묽은 진흙 따위가 차지게 질다. 图질척하다.

잘카닥튀하자타 ①차진 물체가 세게 맞부딪칠 때 나는 소리, 또는 그 모양. ②작은 쇠붙이 따위가 세게 맞부딪칠 때 나는 소리, 또는 그 모양. ③두 개의 막대자석이 서로 끌리어 들러붙었다. 图절커덕. 센짤카닥. 옛찰카닥. 옛잘가닥. **잘카닥-잘카닥**튀하자타

잘카닥-거리다[-꺼-]재타 자꾸 잘카닥잘카닥하다. 잘카닥대다. 图절커덕거리다.

잘카닥-대다[-때-]재타 잘카닥거리다.

잘카닥-하다[-다카-]톙애 진흙 따위가 물기가 많아서 몹시 질다. 图잘각하다. 图질커덕하다.

잘카당튀하자타 좀 세게 부딪쳐 울려 나는 날카로운 쇳소리. 图절커덩. 센짤카당. 옛잘가당. **잘카당-잘카당**튀하자타

잘카당-거리다재타 자꾸 잘카당잘카당하다. 잘카당대다. 图절커덩거리다.

잘카당-대다재타 잘카당거리다.

잘칵튀하자타 ①단단하고 찰기 있는 물체가 세게 달라붙는 소리, 또는 그 모양. ②작은 자물쇠 따위가 열리거나 잠기는 소리. 图절칵. 센짤칵. 옛찰칵. 옛잘각. **잘칵-잘칵**튀하자타.

잘칵-거리다[-꺼-]재타 자꾸 잘칵잘칵하다. 잘칵대다. 图절칵거리다.

잘칵-대다[-때-]재타 잘칵거리다.

잘칵-하다[-카카-]톙애 〈잘카닥하다〉의 준말. ¶잘칵한 골목길. 图잘칵하다.

잘코사니 Ⅰ뗑 고소하게 여겨지는 일. Ⅱ갑 얄미운 사람이 불행을 당하거나 봉변당하는 것을 고소하게 여길 때 하는 말. ¶잘코사니! 공연스레 허풍을 떨고 으스댈 적에 알아봤지.

잘크라-지다재 잘쪽하게 들어가다. 图질크러지다.

잘:-토시뗑 검은담비의 털을 안에 대어 만든 토시.

잘파닥튀하자타 무르게 진 바닥을 밟을 때 나는 소리. 图잘팍. 图질퍼덕. **잘파닥-잘파닥**튀하자타

잘파닥-거리다[-꺼-]재타 자꾸 잘파닥잘파닥하다. 잘파닥대다. 图잘팍거리다. 图질퍼덕거리다.

잘파닥-대다[-때-]재타 잘파닥거리다.

잘파닥잘파닥-하다[-짤-다카-]톙애 매우 잘파닥하다. 图잘팍잘팍하다. 图질퍼덕질퍼덕하다.

잘파닥-하다[-다카-]톙애 바닥이 물기가 많아 무르게 질다. 图잘팍하다. 图질퍼덕하다.

잘팍튀하자타 〈잘파닥〉의 준말. 图질퍽. **잘팍-잘팍**튀하자타.

잘팍-거리다[-꺼-]재타 〈잘파닥거리다〉의 준말. 잘팍대다. 图질퍽거리다.

잘팍-대다[-때-]재타 잘팍거리다.

잘팍잘팍-하다[-다카-]톙애 〈잘파닥잘파닥하다〉의 준말. 图질퍽질퍽하다.

잘팍-하다[-파카-]톙애 〈잘파닥하다〉의 준말. 图질퍽하다. **잘팍**!-하다혐.

잘-하다 Ⅰ태애 ①바르고 착하고 떳떳하게 하다. ¶정말 잘했다. /그녀는 시부모님께 참 잘한다. ②남보다 낫게, 또는 뛰어나고 훌륭하게 하다. ¶공부를 잘하다. /뭘 해도 잘한다. ③막히거나 서투른 데 없이 익숙하게 하다. ¶영어를 잘하다. /축구를 잘하다. ④음식 따위를 즐겨 먹다. ¶그 사람은 술을 잘한다. ⑤버릇으로 자주 하다. ¶웃기를 잘하는 처녀. /술에 취하면 싸움을 잘한다. ⑥((반어적으로 쓰이어)) 어

이없거나 한심하다는 뜻을 나타내는 말. ¶시험만 봤다 하면 꼴찌라니, 정말 잘하는 짓이다. /잘한다 잘해, 만날 늦잠이나 자고. ⑦(으로, '잘하면'의 꼴로 추측을 나타내는 문장에 쓰이어) '운이나 여건 따위가 좋으면'의 뜻을 나타냄. ¶잘하면 올해도 풍년이 들겠다. ⑧'넉넉잡아서, 넉넉잡아야, 고작'의 뜻을 나타냄.《주로, '잘해서'·'잘해야'의 꼴로 쓰임.》¶이 정도면 잘해서 오천 원이면 살 수 있다. Ⅱ재애 친절히 성의껏 대하다. ¶부모에게 잘해야 한다.

잘-해야태애 고작해야. 기껏해야. 크게(많이) 잡아야. ¶잘해야 오천 원쯤이겠지. /잘해야 일년쯤 버틸 것이다.

잠뗑 ①(동물이) 심신의 활동을 쉬면서 무의식 상태로 되는 일. ¶잠이 들다. /잠을 자다. /잠을 설치다. ②(누에가 허물을 벗기 전) 뽕을 먹지 않고 쉬는 상태. ③(겹으로 쌓인 것이 부풀지 않고) 눌리어 착 가라앉은 상태. ¶솜이 잠을 자서 얄팍하다. ④(문화적으로) 각성하지 못한 상태. ¶겨레가 오랜 잠에서 깨어나다. ⑤(의존 명사적 용법) 누에가 허물을 벗기 전에 뽕잎을 먹지 않고 잠시 쉬는 횟수를 세는 단위.

잠을 자야 꿈을 꾸지[속] 어떤 결과(結果)를 얻으려면 먼저 그에 필요한 조건을 갖추어 놓아야 한다는 말.

잠(箴)뗑 경계(훈계)하는 뜻을 담은 한문(漢文)의 한 체(體).

잠(簪)뗑 ①비녀. ②비녀장.

잠가(蠶架)뗑 누에 채반을 얹는 시렁.

잠간(箴諫)뗑하타 훈계하여 간함.

잠개(蠶介)옛 병기(兵器). 연장. ¶兵소 잠개 사ᄅᆞ미오(月釋序6).

잠거(潛居)뗑하자 남몰래 숨어 있음.

잠견(暫見)뗑하타 잠깐 봄.

잠견(蠶繭)뗑 ☞누에고치.

잠-결[-껼]뗑 의식이 흐릿할 정도로 잠이 어렴풋이 들거나 깬 상태, 또는 잠을 자는 겨를.《주로, '잠결에'의 꼴로 쓰임.》¶잠결에 들은 말이라 기억이 안 난다.

잠결에 남의 다리 긁는다[속] ①자기를 위해 한 일이 뜻밖에 남을 위한 일이 되어 버렸다는 뜻. ②엉떨결에 하는 일은 실수하기 쉽다는 뜻.

잠계(箴戒)[-계/-게]뗑하타 깨우쳐 훈계함.

잠구(蠶具)뗑 누에를 치는 기구.

잠군(潛軍)뗑 ①잠복해 있는 군사. ②몰래 쳐들어오는 군사.

잠-귀[-뀌]뗑 잠결에 소리를 들을 수 있는 감각. ¶잠귀가 밝다. /잠귀가 매우 어둡다.

잠규(箴規)뗑 잘못을 바로잡게 하는 경계.

잠그다[잠그니·잠가]태 ①(여닫는 물건을) 걸거나 채우거나 해서 함부로 열 수 없게 하다. ¶문을 잠그다. /금고를 잠그다. ②(물이나 가스 따위가 흘러나오지 않도록 차단하다. ¶수도꼭지를 잠그다. ③옷의 단추나 지퍼를 채우다. ¶외투의 단추를 단단히 잠그고 나가거라.

잠그다²[잠그니·잠가]태 ①(물체를) 물속에 넣다. ¶목욕물 속에 몸을 잠그다. /아이들이 개울에다 손을 잠그고 물장난을 하고 있다. ②(이익을 바라고) 어떤 일에 밑천을 들이다. ¶증권에 많은 돈을 잠가 두었다.

잠금-장치(-裝置)뗑 총기나 문·서랍 따위를 잠그는 장치.

잠기명〈옛〉쟁기. ¶마히 매양이랴 잠기 연장 다스러라(古時調). ֎잠개.

잠-기(-氣)[-끼]명잠이 오는 기색, 또는 잠에서 덜 깬 기색. 잠기운.

잠기다¹자『잠그다¹'의 피동』열지 못하게 잠가지다. ¶문이 잠기다.

잠기다²자 ①『잠그다²'의 피동』㉠가라앉다. ¶논이 물에 잠기다. ㉡(자금 따위가) 활용될 수 없게 되다. ¶자금의 일부가 부동산에 잠겨 있다. ②한 가지 생각에 골똘하게 되다. ¶생각에 잠겨 꼼짝하지도 않는다. ③(어떤 분위기나 상황에) 휩싸이다. ¶슬픔에 잠기다. /정적(靜寂)에 잠긴 교실.

잠기다³자 (소리를 내기가 거북하도록) 목이 쉬다. ¶목이 잠겨 노래를 부를 수 없다.

잠-기운[-끼-]명ㄷ잠기.

잠깐(←暫間) Ⅰ명 (얼마 되지 아니하는) 매우 짧은 동안. 오래지 않은 사이. ¶좋은 세월도 잠깐이다.
Ⅱ부 얼마 되지 않는 매우 짧은 동안에. ¶잠깐 기다려라. /잠깐 봅시다.

잠깐-잠깐부 잠깐씩 여러 차례 거듭하는 모양. ¶공사 현장에는 잠깐잠깐 들른다.

잠-꼬대명하자 ①잠을 자면서 무의식중에 하는 헛소리. 섬어(譫語). ¶자면서도 잠꼬대에서도 곧잘 투정을 부린다. ②'사리에 닿지 않는 엉뚱한 말'을 이르는 말. ¶이 친구야, 지금이 어느 땐데 그런 잠꼬대를 하고 있나?

잠-꾸러기명'잠이 썩 많은 사람'을 얕잡아 이르는 말. 잠보.

잠녀(潛女)명잠수하여 해산물을 채취하는 일을 업으로 하는 여자. 해녀(海女).

잠농(蠶農)명누에 농사. 잠작(蠶作).

잠-누에명허물을 벗느라고 먹지도 움직이지도 않고 가만히 있는 누에.

잠닉(潛匿)명하자 ㄷ잠복장닉(潛伏藏匿).

잠-동무[-똥-]명하자 남과 친근하게 함께 자는 일, 또는 그 사람.

잠두(蠶豆)명ㄷ누에콩.

잠두-마제(蠶頭馬蹄)명 한자(漢字) 필법(筆法)의 한 가지. 가로 긋는 획의 왼쪽 시작 부분은 말굽 모양으로 하고, 오른쪽 끝은 누에의 머리 모양으로 하는 필법.

잠-들다[~드니~~들어]자 ①잠을 자게 되다. ¶고단하여 초저녁부터 잠들었다. ②'죽다, 묻히다'를 에둘러 달리 이르는 말. ¶고이 잠드소서!/여기 순국의 넋이 잠들다. ③사납던 바람새나 눈보라·물결 따위가 잦아지면서 조용해지다.

잠란(蠶卵)[-난]명누에의 알.

잠란-지(蠶卵紙)[-난-]명누에가 알을 슬어 놓은 종이. 누에알을 붙여 놓은 종이.

잠령(蠶齡)[-녕]명 (누에가 잠을 잔 횟수로 헤아려서 나타내는) 누에의 나이.

잠룡(潛龍)[-농]명 〔승천(昇天)의 때를 기다리며 물속에 잠겨 있는 용이라는 뜻으로〕 '얼마 동안 왕위에 오르지 않고 나를 피하고 있는 사람' 또는 '기회나 얻지 못한 영웅'을 이르는 말. ㉑복룡·침룡. ㉰항룡.

잠루(岑樓)[-누]명높고도 뾰족한 누각.

잠류(暫留)[-뉴]명하자 (한곳에) 잠시 머묾.

잠린(潛鱗)[-닌]명물속에 깊이 잠겨 있는 물고기.

잠망-경(潛望鏡)명 (잠수함이나 참호 따위에서) 해상이나 지상의 목표물을 살펴볼 수 있도록 반사경이나 프리즘을 이용하여 만든 망원경.

잠매(潛寐)명하자 ㄷ영면(永眠).

잠매(潛賣)명하타 ㄷ암매(暗賣).

잠매(蠶莓·蠶苺)명ㄷ뱀딸기.

잠명송(箴銘頌)명 행실을 가르치고 경계하는 글인 잠(箴)과, 마음에 간직하여 생활의 신조로 삼는 글인 명(銘), 공덕을 찬양하는 글인 송(頌)을 아울러 이르는 말.

잠몰(潛沒)명하자 물속에 잠김.

잠바(←jumper)명ㄷ점퍼.

잠박(蠶箔)명누에를 치는 데 쓰는, 싸리나 대오리 등으로 결은 채반. 누에 채반.

잠방[-빵]명하자타 작은 물체가 액체에 떨어져 잠길 때 나는 소리, 또는 그 모양. ㉑점병. **잠방-잠방**[-빵]하자타.

잠방-거리다[-빵]자타 자꾸 잠방잠방하다. 잠방대다. ㉑점벙거리다.

잠방-대다[-빵]자타 잠방거리다.

잠방이명가랑이가 무릎까지 내려오게 지은, 짧은 홑바지.
잠방이에 대님 치듯[속담] 군색한 일을 당하여 몹시 켕긴다는 뜻.

잠뱅이명'잠방이'의 잘못.

잠-버릇[-뻐릇]명 잘 때 하는 버릇이나 짓. ¶잠버릇이 고약하다. * 잠버릇이[-뻐르시]·잠버릇만[-뻐른-].

잠별(暫別)명하자타 잠깐 동안의 이별, 또는 잠깐 동안 이별함.

잠병(蠶病)명누에에 생기는 병(病)을 통틀어 이르는 말.

잠-보[-뽀]명잠꾸러기.

잠복(潛伏)명하자 ①되자(겉으로 드러나지 않게) 숨어 있음. ¶용의자가 잠복 중인 형사에게 붙잡혔다. ②(병에 감염되어 있으면서도) 증상이 겉으로 드러나지 않음.

잠복ː감ː염(潛伏感染)[-까몀]명ㄷ불현성 감염.

잠복-근무(潛伏勤務)[-끈-]명하자 (범인의 연고지나 적군의 출현 예상지에) 잠복하여 임무를 수행함, 또는 그 일.

잠복-기(潛伏期)[-끼]명 병원체가 체내에 침입하여 발병하기까지의 기간.

잠복-아(潛伏芽)명 식물 줄기의 껍질 밑에 생겨 드러나지 않는 눈. 보통 때는 여러 해가 지나도 발달하지 않고 있다가, 근처의 가지나 줄기가 잘리면 비로소 자라기 시작하는 눈. 잠아(潛芽).

잠복ʌ유전(潛伏遺傳)[-봉뉴-]명 ㄷ격세 유전.

잠복-장닉(潛伏藏匿)[-짱-]명하자 행방을 감추어 남이 그 소재를 모르게 함. 잠닉.

잠복ʌ초소(潛伏哨所)명 군대에서, 잠복근무를 하도록 지정해 놓은 곳.

잠봉(暫逢)명하자 잠시 서로 만나 봄.

잠부(蠶婦)명누에를 치는 여자.

잠분(蠶糞)명누에똥.

잠불리측(暫不離側)명하자 잠시도 곁에서 떠나지 않음.

잠불-마(暫佛馬)명 뺨에 흰 줄이 지고, 눈에 누런빛을 띤 말.

잠뿍부 (쌓인 것이) 담뿍하게 잔뜩. ¶짐차에 이삿짐을 잠뿍 싣다. /수면에 수초가 잠뿍 뒤덮여 있다.

잠사(潛思)명하타 (마음을 가라앉히고) 생각에 잠김. 고요한 마음으로 깊이 생각함.

잠사(蠶事)명누에를 치는 일.

잠사(蠶砂)명 한방에서, 누에의 똥을 약재로 이르는 말. 중풍으로 손발을 자유롭게 쓰지 못하는 데 쓰임. 마명간(馬鳴肝).

잠사(蠶絲)명누에고치에서 뽑은 실.

잠사-업(蠶絲業)명 양잠·잠종(蠶種) 제조·제사(製絲) 따위를 경영하는 기업을 통틀어 이르는 말.

잠사-총(潛射銃)명 (참호와 같은 은폐물에 숨어서 목표물을 쏠 수 있도록 잠망경 등을 장치한 총.

잠삼(潛蔘)명 지난날, 관아의 허가 없이 몰래 홍삼을 만들어 팔던 일, 또는 그런 홍삼.

잠상(潛商)명 법령으로 금하는 물건을 몰래 사고파는 장사, 또는 그런 장수.

잠상(潛像)명 사진에서, 노출한 후 아직 현상하지 않은 건판이나 필름의 감광막에 생기는 피사체의 영상(影像)을 이르는 말.

잠상(蠶桑)명 누에와 뽕.

잠섭(潛涉)[하타] (강·호수 따위를) 몰래 건넘.

잠성(潛性)명 □열성(劣性).

잠세(潛勢)명 〈잠세력〉의 준말.

잠-세력(潛勢力)명 겉으로 드러나지 않는 세력. 숨은 세력. 준잠세.

잠소(潛笑)[하자] 가만히 웃음.

잠수(潛水)명[하자] 물속으로 들어감, 또는 물속으로 잠김. ¶잠수 시간을 재다.

잠수-관(潛水冠)명 잠수부가 물속에서 일할 때 쓰는, 구리나 쇠붙이로 만든 모자. 앞면과 좌우 양쪽에 앞을 볼 수 있고 빛을 받을 수 있는 유리가 붙었고, 뒤쪽은 송기관(送氣管)·배기관(排氣管)에 이어however짐.

잠수-교(潛水橋)명 큰물이 났을 때에는 물에 잠기는 교량.

잠수-군(潛水軍)명 지난날, 수영(水營)에 딸려 수중 공사를 하던 군졸.

잠수^모(潛水母艦)명 잠수함에 연료·탄약·식량 등을 공급하며 승무원의 휴양 시설을 갖추고, 잠수 함대의 기함(旗艦)이 되어 그 지휘 임무를 수행하는 군함. 준모함.

잠수-병(潛水病)[-뼝]명 물 밑과 물 위의 심한 기압의 차로 말미암아 잠수부에게 흔히 나타나는 장가지 신체적 장애를 통틀어 이르는 말. 케이슨병.

잠수-복(潛水服)명 물속으로 들어갈 때 입는 특수한 옷.

잠수-부(潛水夫)명 잠수복을 입고 물속에 들어가서 작업을 하는 사람. 다이버(diver).

잠수^어로(潛水漁撈)명 잠수하여 수산물을 잡거나 채취하는 일.

잠수^어업(潛水漁業)명 잠수질로 수산물을 채취하는 어업.

잠수^영:법(潛水泳法)[-뻡]명 □잠영.

잠수-정(潛水艇)명 ①바다 밑으로 잠수하여 항행하는, 비교적 작은 배. 해저 생태나 지형 탐사용이 많다. ②□잠항정(潛航艇).

잠수-질(潛水-)명 물속으로 잠기는 짓.

잠수-함(潛水艦)명 물속에 잠기기도 하고 물위에 떠다닐 수도 있는 군함을 통틀어 이르는 말. 준잠함. 좧잠수정·잠항정.

잠:시(暫時) **Ⅰ**명 〈잠시간〉의 준말. 편시(片時). 수유(須臾). ¶잠시라도 눈을 붙여라.
Ⅱ무 〈잠시간〉의 준말. 편시(片時). ¶잠시 걸음을 멈추다.

잠:시-간(暫時間) **Ⅰ**명 잠깐 동안. 오래지 않은 짧은 동안. 수유(須臾). 준잠시.
Ⅱ무 짧은 시간 동안에. ¶여기서 잠시간 기다려라. 준잠시.

잠식(蠶食)명[하타되자] 〈초잠식지(稍蠶食之)〉의 준말. ¶농산물 시장 개방으로 외국 농산물이 국내 시장을 급속도로 잠식하고 있다.

잠신(潛身)명[하자] ①몸을 숨기어 나타나지 아니함. ②(어떤 활동에 참여할 만한 사람이) 몸을 사리어 나타나지 아니함. ¶정계를 떠나서 잠신하다.

잠신(蠶神)명 □선잠(先蠶).

잠실(蠶室)명 누에를 치는 방.

잠심(潛心)명[하자] 어떤 일에 마음을 두고 깊이 생각함.

잠아(潛芽)명 □잠복아(潛伏芽).

잠아(蠶蛾)명 □누에나방.

잠양(潛陽)명 한방에서, 과음(過淫) 또는 금욕(禁慾)으로 말미암아 성욕이 없어지고 양기가 동하지 않는 상태를 이르는 말.

잠업(蠶業)명 〈양잠업〉의 준말.

잠열(潛熱)명 ①겉으로 나타나지 아니하고 속에 숨어 있는 열. ②(고체가 액체로 변하거나 액체가 기체로 변할 때의 융해열이나 기화열처럼) 외부에서 흡수하는 열량.

잠영(潛泳)명[하자] 몸을 물 위로 드러내지 않고 물속에서만 헤엄치는 일. 잠수 영법.

잠영(潛影)명[하자] ①그림자를 감춤. 일선도 아니함. ②(어떤 무늬나 빛깔 따위가) 잠긴 듯이 은근히 드러나는 일, 또는 그런 상태. 〔백자(白瓷)의 영청(影靑)이 빛깔 따위.〕

잠영(簪纓)명 ①왕조 때, 관원이 쓰던 비녀와 갓끈. ②'높은 벼슬아치'를 이르던 말.

잠영-세족(簪纓世族)명 대대로 높은 벼슬을 지내 온 겨레붙이.

잠-옷[자몯]명 잠잘 때 입는 옷. 자리옷. 침의. *잠옷이[자모시]·잠옷만[자몬-]

잠유(蘚釉)명[하자] □찬유(贊釉).

잠입(潛入)명[하자] ①물속에 잠기어 들어감. ②몰래 숨어 들어감. ¶적의 소굴에 잠입하다.

잠-자다[자] ①잠이 들어서 자다. ②(사물이) 활용되지 않는 상태로 되다. ¶잠자고 있는 천연자원. /불경기로 기계가 잠자고 있는 실정이다. ③(부풀어 오른 물건이) 눌러서 착 가라앉다. ¶솜이불이 잠자다. ④(어떤 현상이) 겉으로 드러나지 않고 감추어지다. ¶내면에서 잠자고 있는 이성을 깨우치다.

잠-자리[-짜-]명 ①잠을 자는 자리. ¶할머니의 잠자리를 살펴 드리다. 준자리². ②[하자] '남녀(부부)가 함께 자는 일'을 완곡하게 이르는 말.
잠자리를 같이하다[관용] 성 관계를 맺거나 성생활을 하다.
잠자리(를) 보다[관용] 이부자리를 깔아서 잘 수 있게 준비를 하다.

잠자리²[-짜-]명 잠자리목의 곤충을 통틀어 이르는 말. 머리에는 큰 겹눈이 한 쌍 있고, 날카롭고 큰 턱을 가졌음. 가슴에는 세 쌍의 다리와 두 쌍의 날개가 있음. 날개는 투명하고 그물 모양의 맥이 있으며, 멀리까지 날 수 있음. 배는 가늘고 길며 10개의 마디로 되어 있음. 불완전변태를 하며 벌레를 잡아먹음. 청령(蜻蛉).
잠자리 날개 같다[관용] 모시나 사붙이 따위가 매우 얇고 고움을 이르는 말.

잠자리-무사(-武砂)명 홍예문(虹霓門)과 홍예문을 잇대어 쌓은 뒤, 벌어진 사이에 처음으로 놓는 돌. 윗면과 앞뒤면은 평평하고, 양옆은 우묵하게 다듬어 아래 끝이 뾰족하게 된 역삼각형 모양임. 청정무사(蜻蜓武砂).

잠자리-비행기(-飛行機)**명** '헬리콥터'를 흔히 이르는 말.

잠자리-채명 잠자리 따위의 곤충을 잡기 위한, 긴 막대에 그물주머니를 단 채. ⊕포충망.

잠자리-피명 볏과의 다년초. 줄기 높이는 40~ 80 cm이고, 까끄라기는 좀 긴 편임. 산이나 들에 흔한 들풀의 한 가지.

잠자-코부 아무 말 없이. ¶잠자코 앉아 있다.

잠자코 있는 것이 무식을 면한다(속담) 아무 말도 하지 않고 가만히 있으면 무식이 드러나지 않으므로, 모르면 가만히 있는 것이 상책이라는 말.

잠작(蠶作)명 누에 농사. 잠농(蠶農).

잠:잖다[-잔타]**형** ①몸가짐이 단정하고 얌전하다. ②품격이 속되지 않고 깔끔하다. ③됨됨이가 의젓하다. ⊕점잖다. *잠:잖아[-자나]·잠: 잖소[-잔쏘]

잠잠(潛潛) '잠잠하다'의 어근.

잠잠-하다(潛潛-)**형여** ①아무 움직임이나 소리가 없이 조용하다. ¶한동안 잠잠하던 파도가 다시 거세게 일었다. ②아무 말이 없이 가만히 있다. 잠잠-히부 ¶잠잠히 듣고만 있다.

잠재(潛在)**명하자** (겉으로 드러나지 않고) 속에 숨어 있거나 있음. ¶잠재 능력./잠재해 있는 민족의 저력. ↔현재(顯在).

잠재-력(潛在力)**명** (겉으로 드러나지 않고) 속에 숨어 있는 힘.

잠재-부(潛在符)**명** ⇨안드러냄표.

잠재^수요(潛在需要)**명** 현금의 뒷받침 없이 잠재 구매력만을 가지는 수요. ↔유효 수요.

잠재우다타['잠자다'의 사동〕 ①잠을 자게 하다. ②(부풀어 오른 물건을) 차분하게 가라앉히다. ¶솜이불을 잠재우다. ③진압하여 조용하게 하거나 무력하게 만들다. ¶적의 화력(火力)을 잠재우다.

잠재^유전(潛在遺傳)명 부모의 유전질이 바로 자식에게 나타나지 않고 잠재하다가 손자 이후에 나타나는 유전. 우성(優性) 유전자와 결합한 열성(劣性) 유전자에 의하여 유전함.

잠재-의식(潛在意識)명[-의-/-이-]명 자각(自覺)됨이 없이 활동하는 의식, 또는 자기의 의식 안에서 강한 금지(禁止)에 의하여 자각면(自覺面)에 나타날 수 없는 의식. 부의식(副意識).

잠재-적(潛在的)**관명** (겉으로 드러나지 않고) 잠재하는 (것). ¶잠재적 능력./잠재적인 가능성.

잠재적 실업(潛在的失業)**명**[-써법] (통계적 실업 인구에 대하여) 취업이 불안정하거나, 능력보다 못한 직장에서 잠정적으로 일을 하면서 본격적인 직업을 얻을 기회를 기다리는 상태 등을 이름. 위장 실업(僞裝失業).

잠재^통화(潛在通貨)**명** 중앙은행에 맡겨진 정부 및 시중 은행의 당좌 예금. 현재는 유통되고 있지 않으나 언제라도 출금되어 통화될 수 있음.

잠저(潛邸)명 왕이 등극하기 전까지 살던 집.

잠저(蠶蛆)명 ⇨누엣구더기.

잠적(潛寂) '잠적하다'의 어근.

잠적(潛迹·潛跡)명 〔잠종비적(潛蹤祕跡)의 준말.〕 ¶사장은 행방을 알리지 않고 잠적해 버렸다. ⊕회적(晦迹).

잠적-하다(潛寂-)[-저카-]**형여** 고요하고 호젓하다. 잠적-히부

잠정(暫定)**명하타** 《일부 명사 앞에 쓰이어》 우선 임시로 정함. ¶잠정 조처.

잠정^예:산(暫定豫算)[-녜-]**명** ⇨가예산.

잠정-적(暫定的)**관명** 우선 임시로 정한 (것). ¶잠정적 조처. ⊕잠정적인 결론.

잠정^조약(暫定條約)명 (정식 조약을 체결하기 전에) 우선 임시로 체결하는, 영구성이 없는 조약. 가조약(假條約).

잠족(蠶蔟)명 ⇨섶4.

잠종(蠶種)명 누에씨.

잠종비적(潛蹤祕跡)**명하자** 종적을 아주 감추어 버림. ⊕잠적.

잠-주정(-酒酊)**명하자** '잠투정'의 잘못.

잠지명 '어린아이의 자지'를 귀엽게 이르는 말.

잠차(暫借)**명하타** 잠시 동안 빌림.

잠착(着)명 〈착참〉의 본딧말. 잠착-히부

잠채(潛採)**명하타** (광물을) 몰래 채굴하거나 채취함. ¶사금을 잠채하다.

잠채-꾼(潛採-)명 잠채하는 사람.

잠청(潛聽)**명하타** ①주의 깊게 조용히 들음. ②몰래 엿들음.

잠-출혈(潛出血)명 화학적 검사에 의해서만 알 수 있을 정도로 매우 적은 양의 혈액이 대변에 섞여 나오는 일. 소화관, 비뇨나 장에 이상이 있을 때에 나타남. 잠혈(潛血).

잠통(潛通)**명하자** ①몰래 간통함. ②몰래 내통함.

잠-투세명하자 '잠투정'의 잘못.

잠-투정명하자 어린아이가 잠들기 전이나 잠 깬 후에 짜증을 내거나 칭얼거리는 버릇. ¶잠투정이 심해져서 엄마를 힘들게 하다.

잠포록-하다[-로카-]**형여** 날이 흐리고 바람이 없다. 잠포록-이부

잠필(簪筆)**명하자** 붓을 지니고 다님. 〔옛날, 중국 사람이 붓을 비녀처럼 머리에 꽂고 다니던 데서 유래함.〕

잠한(涔旱)명 홍수와 가뭄.

잠함(潛函)명 토목건축의 기초 공사 때, 압축 공기를 보내어 지하수가 솟아 나오는 것을 막으면서, 그 속에서 작업할 수 있도록 철근 콘크리트로 만든 함(函). 케이슨.

잠함(潛艦)명 〈잠수함〉의 준말.

잠항(潛航)**명하자** ①(잠수함 따위가) 물속으로 숨어서 항행함. ②몰래 항해함.

잠항-정(潛航艇)명 ①소형의 잠수함. 잠수정. ②초기(初期)의 '잠수함'을 이르던 말.

잠행(潛行)명 ①하자 물속으로 잠기어서 나아감. ②하자 숨어서 남몰래 다님. ③하타되자 비밀리에 감. ④⑤밀행(密行).

잠행^운:동(潛行運動)명 ⇨지하 운동.

잠허(暫許)**명하타** 잠시 허락함.

잠혈(潛血)명 ⇨잠출혈(潛出血).

잠형(潛形)**명하자** 형적을 감춤.

잠홀(簪笏)명 지난날, 벼슬아치가 관(冠)에 꽂던 잠(簪)과 손에 쥐던 홀(笏).

잠화(簪花)명 지난날, 경사스러운 모임이 있을 때에 남자 머리에 꽂던 조화(造花).

잢간부(옛)잠깐. ¶잢간 안자다 ㅏ 느는 가마괴는 두서 삿기롤 더브렛고(杜初7:1).

잡(雜)**접투**①〔일부 명사 앞에 붙어〕 ①'순수하지 않음', '기본적인 것이 아니고 딸린 것임', '갖가지가 뒤섞임' 등의 뜻을 나타냄. ¶잡상인. /잡수입. ②'막된'의 뜻을 나타냄. ¶잡놈. /잡것. /잡년.

-잡-(-선미)〈-자음〉의 준말. 〔'받잡다·듣잡고' 등에서의 '잡.'〕

잡가(雜家)[-까]**명** 중국 춘추 전국 시대의 제자백가의 한 가지. 유가·묵가·명가·법가 등 제가(諸家)의 설(說)을 종합·참작한 학설, 또는 그 학파.

잡가(雜歌)[-까]**명** ①잡상스럽고 속된 노래. 잡소리. ②조선 말기에, 서민층에서 부르던 민속악. 율격이 산문적으로 파격을 이루며 긴 사설로 된, 가사 형태를 가진 노래들을 통틀어 이르는 말. 〔경기 잡가·서도 잡가·남도 잡가 따위.〕

잡감(雜感)[-깜]**명** 잡다한 느낌.

잡객(雜客)[-깩]**명** 대수롭지 않은 손.

잡거(雜居)[-꺼]**명**하자 ①(갖가지 사람들이나 여러 나라의 사람이) 한데 섞여서 삶. 잡처(雜處). ②교도소에서, 한 감방 안에 여러 재소자가 섞여 지내는 일을 이르는 말. 혼거(混居). ③한 집이나 건물 안에 여러 세대가 삶.

잡거^구금(雜居拘禁)[-꺼-]두 사람 이상을 잡거시키는 구금.

잡거-제(雜居制)[-꺼-]**명** 두 사람 이상의 재소자를 잡거시키는 제도. ↔독방제(獨房制).

잡거-지(雜居地)[-꺼-]**명** (여러 나라의 사람이) 한데 섞여 사는 지역.

잡건(雜件)[-껀]**명** 대수롭지 않은 여러 가지의 일.

잡-것(雜-)[-껏]**명** ①(순수하지 못하고) 여러 가지가 섞인 것. ②'잡스러운 사람'을 욕으로 이르는 말. ¶요 잡것이 사람 잡네. *잡것이 [-끄시]·잡껏만[-껀-]

잡견(雜犬)[-껸]**명** 혈통이 순수하지 못한 개.

잡-계정(雜計定)[-께-/-께-]**명** 일정한 항목에 해당되지 않는 거래나 독립된 과목을 설정할 만큼 크지 못한 거래를 처리하는 계정.

잡고(雜考)[-꼬]**명** 계통이 서 있지 않은 여러 가지 사항을 고찰하거나 고증함, 또는 그 고찰이나 고증.

잡곡(雜曲)[-꼭]**명** 잡스러운 곡(曲).

잡곡(雜穀)[-꼭]**명** 멥쌀과 찹쌀 이외의 곡식을 통틀어 이르는 말. 〔보리·밀·수수·조·옥수수·콩 따위.〕

잡곡-밥(雜穀-)[-꼭빱]**명** 잡곡으로 지은 밥.

잡곡-전(雜穀廛)[-꼭쩐]**명** 잡곡을 파는 가게.

잡곡-주(雜穀酒)[-꼭쭈]**명** 잡곡으로 빚은 술.

잡과(雜果)[-꽈]**명** 다식이나 떡을 만들 때 쓰는, 곶감·대추·밤·잣·호두 따위 여러 가지 과실.

잡과(雜科)[-꽈]**명** 고려·조선 시대의 과거 제도의 한 가지로, '역과(譯科)·의과(醫科)·음양과(陰陽科)·율과(律科)' 따위를 통틀어 이르던 말.

잡-관목(雜灌木)[-꽌-]**명** 경제성이 적은, 하찮은 관목.

잡교(雜交)[-꾜]**명**하자 되자 다른 종류 또는 같은 종류끼리 계통이 다른 개체 사이에 이루어지는 수정. 교잡.

잡구(雜具)[-꾸]**명** ☞잡기(雜器).

잡귀(雜鬼)[-뀌]**명** 온갖 못된 귀신. 객귀(客鬼). 객신(客神). 잡신(雜神).

잡균(雜菌)[-뀬]**명** ①미생물 따위를 배양할 때, 외부로부터 섞여 들어가서 자라는 이종(異種)의 세균. ②여러 가지 세균.

잡급(雜給)[-끕]**명** (일정한 급료 이외에) 가외로 더 받는 돈.

잡기(雜技)[-끼]**명** ①(투전·골패 따위의) 잡된 여러 가지 노름. 외기(外技). ②여러 가지 자질구레한 기술이나 재주. ¶잡기에 능하다.

잡기(雜記)[-끼]**명**하타 여러 가지 자질구레한 일들을 기록함, 또는 그 기록. 잡록. 잡필.

잡기(雜器)[-끼]**명** ①잡다한 기명(器皿). 잡구(雜具). ②신령에게 공물(供物)을 바칠 때 쓰는, 작은 나무 접시.

잡기-꾼(雜技-)[-끼-]**명** 잡된 노름으로 소일하는 사람. 노름꾼.

잡기-장(雜記帳)[-끼-]**명** 여러 가지의 잡다한 것을 적는 공책.

잡기-판(雜技-)[-끼-]**명** 잡기를 하는 자리. 노름판.

잡기-하다(雜技-)[-끼-]자여 잡다한 노름을 하다.

잡-꽃(雜-)[-꼳]**명** 대수롭지 않은 꽃. *잡꽃이[-꼬치]·잡꽃만[-꼰-]

잡-년(雜-)[잡-]**명** '행실이 부정(不貞)한 여자'를 욕으로 이르는 말.

잡념(雜念)[잡-]**명** ①여러 가지 쓸데없는 생각. 객념(客慮). ②불도(佛道) 따위의 수행을 방해하는 여러 가지 옳지 못한 생각.

잡-놈(雜-)[잡-]**명** '행실이 나쁜 남자'를 욕으로 이르는 말. 잡한(雜漢).

잡-누르미(雜-)[잡-]**명** 도라지·숙주·미나리·쇠고기·돼지고기·해삼·전복 따위를 잘게 썬 것에, 녹말(木梢)·황화채(黃花菜) 따위를 넣고 갖은 양념을 하여 걸쭉한 밀가루 반죽에 부친 술안주.

잡다[-따]**타** ①손으로 움키거나 거머쥐다. ¶잡이를 잡다. /어린것의 손을 꼭 잡고 가다. ②(범인 따위 쫓는 사람을) 검거하다. 체포하다. ¶범인을 잡다. ③선택해 가지다. 선정하다. ¶패를 잡다. /아파트 한 채를 잡다. ④(탈 것을) 타려고 세우다. ¶택시를 잡다. ⑤(권리·세력 따위를) 차지하다. ¶기득권을 잡다. /대권(大權)을 잡다. ⑥(담보나 저당으로) 맡아 가지다. ¶가옥을 저당으로 잡다. /술값으로 시계를 잡다. ⑦(남의 결점이나 비밀, 또는 사건의 단서 따위를) 찾아내다. 알아내다. ¶약점을 잡다. /증거를 잡다. /트집을 잡다. ⑧(기회·신호·전파·순간적인 장면 따위를) 포착하다. ¶절호의 찬스를 잡다. /괴전파(怪電波)를 잡다. ⑨(시간·방향·처소 등을) 정하다. ¶혼인 날짜를 잡다. /머무를 여관을 잡다. ⑩(어떤 연장이나 물건이 상징하는 일이나 직업에) 종사하거나 활동하다. ¶핸들을 잡다. /지휘봉을 잡다. /망치를 잡다. ⑪(말이나 글의 뜻을) 파악하다. ¶요점을 잡다. ⑫(악기의 음을 맞추거나 고르다. 조율하다. ¶첫 음을 잡다. /현을 잡다. ⑬(논 따위에 물을) 받아 모아 괴게 하다. ¶논물을 잡다. ⑭(삼는 따위를) 고치다. ¶자세를 잡다. ⑮(떠나는 이를) 떠나지 못하게 말리다. ¶떠나려는 손님을 잡다. ⑯(일자리나 소득원을) 확보하다. 장만하다. ¶직장을 잡다. /한밑천 잡다. ⑰어떤 상태를 유지하다. ¶중심을 잡다. /균형을 잡다.

잡다[-따]**타** ①마음으로 헤아려 보다. 개산(槪算)하다. ¶전체의 비용을 대충 잡아 보다. ②어떤 계산의 기준을 요량하여 정하다. 기준으로 삼다. ¶마지기당 벼 한 섬으로 잡다. /부스 한 대당 승객을 마흔으로 잡다. ③일단 어떤 일로 가정하거나 인정하다. ¶일단 그의 소행으로 잡고 증거를 찾다. /횡재를 정상 소득으로 잡을 수는 없다.

잡다[-따]**타** ①(새·물고기·짐승·가축 따위를) ㉠죽이다. 도살하다. ¶소를 잡다. ㉡포획(捕

獲)하다. ¶새를 잡다. ②꾀를 써서 남을 해치다. ¶생사람을 잡다. ③(불길을) 끄다. ¶불길을 잡다. ④(바람·기세·마음 따위를) 가라앉거나 안정되게 하다. ¶마음을 잡아 다시 일에 열중하다. ¶뛰어오르는 물가를 잡다.

잡다⁴[-따] 🅃 ①(굽은 것을) 곧게 하다. ¶물렛가락을 잡다. ②(옷 따위에) 주름을 내다, 또는 주름이 지게 하다. ¶주름을 잡다.

잡다⁵[-따] 🅃 〈잡치다〉의 준말. ¶자네 실수로 다된 일을 잡았네.

잡다(雜多)→'잡다하다'의 어근.

잡다-하다(雜多-)[-따-] 🅐 여러 가지가 뒤섞여 있다. ¶마당에 잡다한 물건들이 흩어져 있다. **잡다-히**🅟.

잡담(雜談)[-땀]🅜🖉 쓸데없이 지껄이는 말. ¶잡담으로 시간을 보내다.

잡답(雜沓)[-땁]🅜🅗 (사람이) 많이 몰리어 붐빔. 분답(紛沓). ¶잡답한 거리.

잡도리[-또-]🅜🅗 ①(잘못되지 않도록) 엄중하게 단속함. ¶비밀이 새지 않도록 잡도리하다.

잡동사니(雜-)[-똥-]🅜 (별 소용이 없는 것들로) 마구 뒤섞인 온갖 물건. ¶창고에는 잡동사니 가재들이 어지럽게 널려 있었다.

잡-되다(雜-)[-뙤-/-뛔-]🅐 ①(여러 가지가 뒤섞여) 순수하지 아니하다. ②됨됨이가 조촐하지 못하고 막되어 천격스럽다.

잡들다🅃〈옛〉붙들다. ¶支는 서르 잡드러 괴올 씨니 모디 서르 업디 몯하야 힘쩌는 뜨디라(釋譜9:18).

잡렴(雜斂)[잠념]🅜〈잡추렴〉의 준말.

잡령(雜令)[잠녕]🅜 여러 가지 금령(禁令).

잡록(雜錄)[잠녹]🅜🖉 ⇨잡기(雜記).

잡류(雜流)[잠뉴]🅜 정파(正派)가 아닌, 잡다한 유파(流派).

잡류(雜類)[잠뉴]🅜 잡된 부류의 사람들. 잡것들. 🅑잡배(雜輩).

잡-말(雜-)[잠-]🅜🖉 잡스러운 말.

잡-맛(雜-)[잠맏]🅜 (제맛이 아닌) 다른 맛이 섞인 군맛. 잡미(雜味). ＊잡맛이[잡마시]·잡맛만[잠만-]

잡-매다[잠-]🅃〈잡아매다〉의 준말.

잡면(雜綿)[잠-]🅜 (미국산이 아닌) 다른 나라의 목화를 이르는 말.

잡목(雜木)[잠-]🅜 (긴요하게 쓰이지 않는) 온갖 나무. ¶잡목으로 덮인 야산.

잡무(雜務)[잠-]🅜 갖가지 자질구레한 일. ¶잡무에 시달리다.

잡문(雜文)[잠-]🅜 일정한 문장 형식에 구애됨이 없이 닥치는 대로 쓰는 글.

잡문(雜問)[잠-]🅜 잡다한 질문이나 문제.

잡물(雜物)[잠-]🅜 ①하찮은 여러 가지 물건. ②어떤 물질 속에 섞여 있는, 필요 없거나 해로운 물질. 🅑불순물(不純物).

잡미(雜味)[잠-]🅜 잡맛.

잡박(雜駁)→'잡박하다'의 어근.

잡박-하다(雜駁-)[잡빠카-]🅐 여러 가지가 마구 뒤섞여 질서가 없다.

잡방(雜方)[잡빵]🅜 의서(醫書)에는 없고, 민간에 전해 오는 약방문(藥房文).

잡배(雜輩)[잡빼]🅜 잡된 무리. ¶허랑방탕한 잡배와 어울리다. 🅑잡류(雜類).

잡범(雜犯)[잡뻠]🅜 정치범 이외의 여러 가지 범죄, 또는 그 죄를 범한 사람.

잡병(雜病)[잡뼝]🅜 갖가지 잡스러운 병.

잡보(雜報)[잡뽀]🅜 자질구레한 보도.

잡부(雜夫)[-뿌]🅜 여러 가지 잡일을 하는 인부. 잡역부.

잡부-금(雜賦金)[-뿌-]🅜 잡다한 부과금.

잡분(雜粉)[-뿐]🅜 (밀가루 이외의) 여러 가지 잡곡(雜穀)의 가루.

잡비(雜肥)[-삐]🅜 온갖 잡살뱅이를 한데 썩혀 만든 거름.

잡비(雜費)[-삐]🅜 자질구레하게 쓰이는 여러 가지 비용. 잡용(雜用). 🅑잔용.

잡사(雜史)[-싸]🅜 (체재를 갖추지 못한 채) 민간에 전하는 역사책.

잡사(雜事)[-싸]🅜 여러 가지의 자질구레한 일.

잡살-뱅이[-쌀-]🅜 여러 가지 자질구레한 것들이 뒤섞인 허름한 물건(것).

잡살-전(-廛)[-쌀-]🅜 여러 가지 씨앗, 특히 채종(菜種)을 파는 가게.

잡상(雜像)[-쌍]🅜 궁전의 추녀나 용마루 또는 박공머리 위의 수키와 위에 덧놓는, 여러 가지 짐승 모양이나 손오공(孫悟空) 모양의 장식.

잡상-스럽다(雜常-)[-쌍-따][~스러우니·~스러워]🅐 ①난잡하고 음탕하다. ②(언행이) 잡되고 상스럽다. **잡상스레**🅟.

잡-상인(雜商人)[-쌍-]🅜 잡다한 물건을 들고 다니면서 파는 상인. ¶잡상인 출입 금지.

잡색(雜色)[-쌕]🅜 ①여러 가지 빛이 뒤섞인 빛깔. ②'온갖 사람이 뒤섞임'을 이르는 말.

잡색-군(雜色軍)[-쌕꾼]🅜 조선 시대에, 생원·진사·향리·교생·장인 등을 모아 조직한 일종의 예비역 군대.

잡색-꾼(雜色-)[-쌕-]🅜 (큰일을 치를 때) 여러 가지 잡일을 맡아 하는 일꾼.

잡서(雜書)[-써]🅜 ①대수롭지 않은 책. ②여러 가지 사실을 되는대로 모아 엮은 책. ③도서 분류상, 부류와 소속이 명확하지 않은 여러 가지 책. ④한학(漢學)에서, 경사자집(經史子集)이 아닌 책을 이르는 말.

잡석(雜石)[-썩]🅜 ①토목·건축 따위에 쓰는 허드렛돌. ②막돌.

잡설(雜說)[-썰]🅜 잡된 이야기나 여론.

잡성-화(雜性花)[-썽-]🅜 한 그루의 나무에 암꽃과 수꽃이 다 피는 꽃.

잡세(雜稅)[-쎄]🅜 ①여러 가지 자질구레한 세금. ②〈잡종세〉의 준말.

잡소(雜訴)[-쏘]🅜 대수롭지 않은 잡다한 소송.

잡-소득(雜所得)[-쏘-]🅜 (정규 소득 이외의) 여러 가지 잡다한 소득.

잡-소리(雜-)[-쏘-]🅜 ①〈잡말〉의 속된 말. ②잡된 노래. 잡가(雜歌). ③⇨잡음(雜音).

잡-손(雜-)[-쏜]🅜🖉〈잡손질〉의 준말.

잡-손질(雜-)[-쏜-]🅜🖉 ①쓸데없는 손질. ②자질구레한 손질. ②⟲잡손.

잡-송골(雜松鶻)[-쏭-]🅜 옥송골(玉松鶻) 다음 가는 송골매.

잡수(雜修)[-쑤]🅜 (염불 이외의) 잡다한 수행.

잡수다[-쑤-]🅃〈먹다²〉의 높임말. 자시다¹. ¶진지를 잡수다. 🟰잡수시다.

잡-수당(雜手當)[-쑤-]🅜 (정규 수당 이외의) 여러 가지 자질구레한 수당.

잡-수수료(雜手數料)[-쑤-]🅜 (정규 수수료 이외의) 여러 가지 자질구레한 수수료.

잡수-시다[-쑤-]🅃〈잡수다〉의 높임말. ⟲잡숫다.

잡-수입(雜收入)[-쑤-]🅜 ①장부에 두드러진 명목의 계정(計定)이 없는, 잡다한 수입. ②(정상적인 수입 이외의) 이럭저럭 생기는 잡다한 수입. 🟰부수입.

잡순(市旬·匝旬)[-쑨]명 십 일간. 열흘 동안.

잡술(雜術)[-쑬]명 사람을 속이는 요사한 술법.

잡숫다[-쑨따]태〈잡수시다〉의 준말.

잡-스럽다(雜-)[-쓰-따][~스러우니·~스러워]형ㅂ 난잡하고 상스럽다. ¶ 노래가 잡스럽다. 잡스레튀.

잡시-방약(雜施方藥)[-씨-]하여 (병을 다스리기 위하여) 여러 가지 약을 시험하여 씀.

잡식(雜食)[-씩]명하자타 ① 여러 가지 음식을 가리지 않고 마구 먹음, 또는 그 음식. ② 동물성 먹이나 식물성 먹이를 두루 먹음. ¶ 참새나 고양이는 잡식하는 동물이다.

잡식(雜植)[-씩]명하타 (모를) 줄을 맞추어 심지 아니하고 되는대로 마구 심음.

잡-식구(雜食口)[-씩꾸]명 군식구.

잡식^동:물(雜食動物)[-씩똥-]명 동물성 먹이와 식물성 먹이를 두루 먹는 동물. 〔닭·참새·쥐·고양이·오소리 따위.〕

잡식-성(雜食性)[-씩썽]명 잡식하는 성질. ¶ 고양이는 잡식성 동물이다.

잡신(雜神)[-씬]명 ☞잡귀.

잡심(雜心)[-씸]명 잡된 마음.

잡아-가다태거라 ① (경찰이 범인이나 용의자를) 붙들어 데려가다. ② (무서운 존재가) 끌고 가다. ¶ 귀신은 뭐하나, 저 인간 안 잡아가고.

잡아-끊다[-끈타]타 이야기나 요구 따위를 딱 잘라 거절하다. ¶ 부탁을 냉정히 잡아끊다.

잡아-끌다[~끄니·~끌어]태 손으로 잡고 끌다. ¶ 수레를 잡아끌다. /멱살을 잡아끌다.

잡아-내다태 ① (결점이나 틀린 점을) 찾아서 들추어 가려내다. ¶ 오자를 잡아내다. ② (숨어 있거나 속에 있는 것을) 찾아내거나 밖으로 나오게 하다. ¶ 범인을 잡아내다. ③ 야구에서, 투수가 타자를 아웃시키다. ¶ 4번 타자를 삼진으로 잡아내다.

잡아-넣다[-너타]타 ① 억지로 들어가게 하다. ¶ 아이를 방에 잡아넣고 공부를 시키다. ② 붙잡아 가두다. ¶ 범인을 감옥에 잡아넣다.

잡아-다니다타 '잡아당기다'의 잘못.

잡아-당기다타 잡아서 자기 쪽으로 끌다. ¶ 줄을 잡아당기다. /소매를 잡아당기다.

잡아-들다[~드니·~들어]ㅣ재 ① 어떤 시기나 나이 따위에 가까워져 가는 상태가 되다. ¶ 가을에 잡아들다. /불혹(不惑)에 잡아들다. ② 어떤 길이나 장소에 들어서게 되다. 들어가다. ¶ 험한 산길로 잡아들다. 圐접어들다. ㅣㅣ타 정하여 두다. ¶ 방을 잡아들다.

잡아-들이다태 ① (범인 따위를) 잡아 오거나 가두다. ¶ 소매치기들을 잡아들이다. ② 밖에 있는 것을 붙잡아서 안으로 들여놓다.

잡아-떼다태 ① (붙은 것을) 잡아당겨 떨어지게 하다. ¶ 벽보를 잡아떼다. ② (한 일이나 아는 일을) 아니라거나 모른다고 우겨 말하다. ¶ 증거가 뚜렷한데도 아니라고 딱 잡아떼다.

잡아-매다태 ① (따로 있는 것을) 흩어지지 않게 한데 매다. ② 두 사람의 한쪽 다리를 서로 걷어매어 이인삼각(二人三脚) 경주를 하다. ③ (달아나지 못하도록) 고정된 곳에 묶어 두다. ¶ 개를 기둥에 잡아매다. 歷잡매다.

잡아-먹다[-따]태 ① (어떤 동물을) 잡아 죽여서 그 고기를 먹다. ¶ 꿩을 잡아먹다. /호랑이가 노루를 잡아먹었다. ② (남을) 모해하여 어려운 처지에 빠뜨리다. ¶ 생사람 잡아먹을 소리. ③ (시간·자재·경비 따위를) 낭비하다. ¶ 시간만 잡아먹다. ④ (공간을) 차지하다.

잡아-채다태 잡아서 낚듯이 세게 당기다. ¶ 가겠다는 사람의 소매를 잡아채서 주저앉히다.

잡아-타다태 (말·자동차 따위 탈것을) 세워서 타다. ¶ 택시를 잡아타고 따라가다.

잡악(雜樂)[-악](아악 이외의) 여러 가지 속악.

잡어(雜魚)[-쩌]명 여러 가지 자질구레한 물고기.

잡언-고시(雜言古詩)명 잡언체(雜言體)로 쓰여진 고시.

잡언-체(雜言體)명 한 수의 시(詩) 속에 삼언(三言)·사언·오언·칠언 따위의 구(句)를 섞어 쓰는 한시체(漢詩體).

잡역(雜役)명 ① 공역(公役) 이외의 여러 가지 부역. ② 갖가지 자질구레한 일. 잡일. 허드렛일.

잡역-꾼(雜役-)명 잡역에 종사하는 일꾼. 막일꾼.

잡역-부(雜役夫)[-뿌]명 잡역에 종사하는 인부. 잡부.

잡역-부(雜役婦)[-뿌]명 잡역에 종사하는 여자.

잡역-선(雜役船)[-썬]명 잡역에 쓰이는 배.

잡연(雜緣)명 불심(佛心)을 흐트러지게 하여 불도(佛道) 수행을 방해하는 온갖 연(緣). 〔사견(邪見)·유혹 따위.〕

잡예(雜藝)명 갖가지 너절한 기예.

잡용(雜用)명 ① 일상의 자질구레한 씀씀이. ② ☞잡비(雜費).

잡은-것[-건]명 '광물을 캐내는 데 쓰는 연장'을 통틀어 이르는 말. *잡은것이[-거시]·잡은것만[-건-]

잡-도조(雜賭租)[-또-]명 지주가 소작인을 입회시켜 간평(看坪)한 수확 예상에 따라 정하는 도조. 간평 도조. 집조(執租).

잡을-손[-쏜]명 일을 다잡아 하는 솜씨.
　잡을손(이) 뜨다관용 일을 다잡아 하지 못하거나 미숙하여 느리다.

잡음(雜音)[-씀]명 ① 시끄러운 소리. ② (전신·라디오 등의) 본디 소리에 섞여 청취를 방해하는 딴 소리. 잡소리. ¶ 잡음이 심해서 들을 수가 없다. ③ 화제의 중간에 끼어든 엉뚱한 소리나 방해되는 말. ¶ 얘기하는데 잡음 넣지 마라. ④ (어떤 일에 대하여) 주위에서 이러쿵저러쿵하는 여론이나 소문. ¶ 잡음이 많아서 이 계획은 취소된다.

잡음-씨명 ☞지정사(指定詞).

잡이명 《어미 '-ㄴ·-ㄹ' 뒤에 쓰이어》 (무엇을 할 만한) 인간. 대상. 감. ¶ 그 일을 해낼 만한 잡이가 못 된다.

-잡이접미 《일부 명사 뒤에 붙어》 ① (그것을 다루는 사람) /칼잡이. ② (그것을 잘 쓰는 사람) ¶ 왼손잡이. /외손잡이. ③ (그것을 잡는 일, 또는 잡는 일을 업으로 삼는 사람) ¶ 고기잡이. /고래잡이.

잡인(雜人)명 (그 장소나 그 일에) 관계가 없는 사람. ¶ 잡인의 출입을 금합니다.

잡-일(雜-)[-릴]명[잡닐]명 ☞잡역(雜役).

잡장(雜杖)[-짱]명 벽을 만들 때 외로 쓰는 잡살뱅이의 나뭇가지.

잡저(雜著)[-쩌]명 ① 서(序)·기(記)·잠(箴)·명(銘)·부(賦)·표(表)·책(策) 이외의, 한문으로 된 갖가지 저술. ② 잡다한 의견이나 감상을 되는대로 모은 책. ③ 여러 가지 잡다한 저술.

잡전(雜廛)[-쩐]명 ① 여러 가지 자질구레한 물건을 파는 가게. ② 잡다한 여러 가지 가게.

잡전(雜錢)[-쩐]명 여러 가지 잔돈.

잡-젓(雜-) [-쩓] 명 여러 가지 생선으로 담근 것. *잡젓이[-쩌시]·잡젓만[-쩓-]

잡제(雜題) [-쩨] 명 ①여러 가지 잡다한 문제. ②(일정한 제목이 없이 여러 가지 글을 적은) 대수롭지 않은 한시(漢詩).

잡졸(雜卒) [-쫄] 명 훈련이 되어 있지 않은 병사나 잡역에 종사하는 병사.

잡종(雜種) [-쫑] 명 ①여러 가지가 섞인 잡다한 종류. ②품종이 다른 암수의 교배에 의하여 생긴, 유전적으로 순수하지 못한 생물체. ③←튀기.

잡종^강세(雜種强勢) [-쫑-] 명 잡종 제1대가 몸의 크기·번식력·내성(耐性) 등의 조건에서 어버이보다 뛰어난 현상.

잡종^경:기(雜種競技) [-쫑-] 명 (정식 육상 경기가 아닌) 줄다리기 따위의 여러 가지 경기.

잡종-법(雜種法) [-쫑뻡] 명 유용한 잡종(雜種)을 만드는 방법.

잡종^보:험(雜種保險) [-쫑-] 명 손해 보험 가운데서, 해상 화재 보험을 제외한 다른 보험을 통틀어 이르는 말. 〔운송 보험·자동차 보험·신용 보험·도난 보험 따위.〕

잡종-세(雜種稅) [-쫑쎄] 명 상공업(商工業) 이외의 영업이나 물품에 부과하는 여러 가지 세금. 〔차량세·시장세·선박세 따위.〕

잡종^형성법(雜種形成法) [-쫑-뻡] 명 품종이 다른 식물을 인공 수분(人工受粉)하여 우수한 개체로 고정시키는 방법.

잡-좆 [-쫃] 명 쟁깃술의 중간에 박아서 잡아 처들게 된 나무. *잡좆이[-쪼지]·잡좆만[-쫃-]

잡-죄다 [-쬐-/-쮀-] 타 ①다잡아서 죄어치거나 독촉하다. ②엄하게 잡도리하다.

잡쥐다 타 〈옛〉잡아 쥐다. 제어(制御)하다. ¶ 히미 세여 可히 잡쥐돌 몯호니(杜初17:7).

잡증(雜症) [-쯩] 명 주되는 병 이외에 함께 일어나는 여러 가지 증세.

잡지(雜誌) [-찌] 명 호(號)를 거듭하여 정기적으로 간행되는 출판물. 〔주간·순간·월간·격월간·계간 등의 구별이 있음.〕 휘보(彙報).

잡지-사(雜誌社) [-찌-] 명 잡지를 편집·간행하는 출판사.

잡직(雜職) [-찍] 명 조선 시대에, 사무를 담당하지 않고 잡무에만 종사하던 관직.

잡차래 명 주로 내포(內包) 따위를 삶아 낸, 잡살뱅이의 쇠고기. ㉖잡찰.

잡착-하다(雜錯-) [-차카-] 형여 ☞착잡하다.

잡착(雜錯) '잡착하다'의 어근.

잡찬(迊湌) 명 신라 때의 17관등의 셋째 등급. ㉒파진찬.

잡찬(雜纂) 명 잡다한 내용을 모아 편찬하는 일, 또는 그 책.

잡찰 명 〈잡차래〉의 준말.

잡채(雜菜) 명 여러 가지 나물에 고기를 잘게 썰어 넣고, 양념하여 볶은 음식. 당면을 주된 재료로 쓰기도 함.

잡처(雜處) 명하자 ☞잡거(雜居).

잡철(雜鐵) 명 잡다한 쇠붙이.

잡초(雜抄) 명하타 여러 가지 것을 추려 뽑아 적음, 또는 그렇게 만든 책.

잡초(雜草) 명 ☞잡풀.

잡총(雜聰) 명 여러 가지 자잘한 일들을 잘 기억하는 총기.

잡-추렴(←雜出斂) 명 (정규적이 아닌) 갖가지 자질구레한 추렴. ㉖잡렴.

잡축(雜畜) 명 말과 소 이외의 여러 가지 가축.

잡치다 타 ①(일을) 잘못하여 그르치다. ¶ 농사를 잡치다. ②(물건을) 못 쓰게 만들다. ③(기분 따위를) 상하다. ㉖잡히다.

잡칙(雜則) 명 여러 가지 자질구레한 규칙.

잡탈(雜頉) 명 ①여러 가지 잡스러운 폐단. ②관노(官奴)의 여러 가지 탈.

잡탕(雜湯) 명 ①쇠고기·해삼·전복·채소·무 등을 삶아 썰어 넣고 양념과 고명을 하여 끓인 국이나 찌개 음식. ②'난잡한 모양이나 사물, 또는 난잡한 행동을 하는 사람'을 비유하여 이르는 말.

잡탕-패(雜湯牌) 명 몹시 난잡한 행동을 하는 사람들의 무리.

잡-티(雜-) 명 여러 가지 자질구레한 티나 흠.

잡-풀(雜-) 명 저절로 나서 자라는 여러 가지 대수롭지 않은 풀. 잡초.

잡품(雜品) 명 여러 가지 자질구레한 물품.

잡필(雜筆) 명하타 ☞잡기(雜記).

잡학(雜學) 명 여러 방면에 걸쳐 있으나 체계가 서지 않은 학문이나 지식.

잡한(雜漢) 명 잡놈.

잡행(雜行) 명 ①잡스러운 행실. ②중이 계율을 범하는 행위. ↔정행(正行).

잡혀-가다 자 ①붙들리어 가다. ¶ 유리창을 깨서 주인에게 잡혀가서 혼이 났다. ②수사 기관에 연행되어 가다. ¶ 형사들에게 잡혀가다. ③볼모나 포로가 되어 가다. ¶ 적군에게 잡혀가다.

잡혼(雜婚) 명 ☞난혼(亂婚).

잡화(雜貨) 명 잡다한 상품.

잡화-상(雜貨商) 명 여러 가지 일용품을 파는 장사, 또는 그 장수나 상점.

잡화-점(雜貨店) 명 여러 가지 일용품을 파는 상점.

잡희(雜戱) 명 여러 가지 잡스러운 놀이.

잡-히다[1] 자 〔'잡다'의 피동〕 ①잡음을 당하게 되다. ¶ 손에 잡히다. ②(범인 또는 쫓기는 사람이) 붙들리어 도망가지 못하게 되다. 체포되다. ¶ 도둑이 잡히다. ③담보 되다. 저당되다. ¶ 집이 빚에 잡히다. ④(결점·비밀·단서 따위가) 드러나다. ¶ 약점이 잡히다. /단서가 잡히다. ⑤(신호·전파 따위가) 포착되다. ¶ 아군의 비밀 신호가 적에게 잡히다. ⑥(글이나 말의 뜻이) 파악되다. ¶ 문의(文意)가 잡히다. /글의 줄거리가 잡히다. ⑦(날짜 따위가) 결정되다. ¶ 결혼식을 거행할 날짜가 잡히다. ⑧조음(調音)되다. 조율(調律)되다. ¶ 기본음이 잡히다. ⑨(눈물 따위가) 가득히 고이게 되다. ¶ 모내기할 논에 물이 잡히다. ⑩(삼눈이) 고쳐지다. ¶ 삼눈이 잡히다. ⑪확보되다. 장만되다. ¶ 살림이 잡히다. /한밑천 잡히다.

잡-히다[2] 자 〔'잡다[2]'의 피동〕 심산(心算)이 서다. 기준이 정해지다. ¶ 계획이 대강 잡히다. /도조가 한 마지기에 두 섬으로 잡히다.

잡-히다[3] 자 〔'잡다[3]'의 피동〕 ①동물이 잡음을 당하게 되다. 포획(捕獲)당하다. ¶ 고등어가 많이 잡히다. /새가 잡히다. ②불길이나 바람 또는 기세(기운) 따위가 꺾이다. 가라앉게 되다. ¶ 불길이 잡히다. /마음이 잡히다.

잡-히다[4] 자피 〔'잡다[4]'의 피동〕 ①굽은 것이 곧게 펴지게 되다. ¶ 굽은 철사가 바르게 잡히다. ②옷이나 천의 주름이 서게 되다. ¶ 주름이 반듯하게 잡히다.

잡-히다⁵[자피-]目〖'잡다¹'의 사동〗①붙들게 하거나 쥐게 하다. ¶형의 손을 잡혀서, 꼬마를 학교에 보내다. ②담보나 저당 따위를 맡게 하다. ¶집을 잡히고 빚을 내다.

잡-히다⁶[자피-]目 ①(얼음이) 얼기 시작하다. ¶살얼음이 잡히다. ②(꽃망울이) 맺히어 생기다. ¶가지마다 꽃망울이 잡히다.

잡힐-손[자필쏜]명 무슨 일에든지 쓸모가 있는 재간. ¶잡힐손이 있는 사람.

잣[잔]명 잣나무의 열매. 백자(柏子). 송자(松子). 해송자(海松子). * 잣:이[자시]·잣:만[잔-]

잣⁵〖옛〗성(城). ¶城은 자시라(月釋1:6).

잣-가루[잗까-]명 잣으로 만든 가루. 음식이나 떡의 고명으로 쓰임. 백자말(柏子末).

잣-기름[잗끼-]명 잣을 짜서 만든 기름. 식용하거나 약용함. 해송자유(海松子油).

잣-나무[잔-]명 소나뭇과의 상록 교목. 높이는 30 m가량 자람. 잎은 한 눈에서 다섯 잎씩 남. 꽃은 5월경에 피고, 가을에 솔방울보다 큰 잣송이가 익음. 씨는 '잣'이라 하여 먹고, 나무는 건축재나 가구재·판재(板材) 등으로 쓰임. 과송(果松). 백목(柏木). 송자송. 오립송(五粒松). 오엽송(五葉松). 유송(油松). 해송(海松).

잣-눈¹[잔-]명 (길이를 재는) 자에 새겨진 눈금. ¶잣눈도 모르고 조복(朝服) 마른다[속담] 기본적이거나 기초적인 것도 모르고 가장 어려운 일을 하고자 함을 빗대어 이르는 말.

잣-눈²[잔-]명 〖한 자가량 내린 눈이란 뜻으로〗'많이 내린 눈'을 이르는 말. 척설(尺雪).

잣:다[잗따]目〔자으니·자아〕目재 ①(물레 따위로 실을) 뽑다. ¶물레로 실을 잣다. ②(무자위 따위로 물을) 낮은 데서 높은 데로 빨아올리다. ¶양수기로 물을 잣다.

잣다리[잗따-]명 까라기 없는 올벼의 한 가지. 한식 뒤에 곧 파종함.

잣-단자(-團養)[잗딴-]명 잣으로 소를 넣어 만든 단자.

잣-대[자때/잗때]명 ①자막대기. ②'무엇을 판단하거나 평가하는 기준'을 비유하여 이르는 말.

잣-박산(-薄饊)[잗빡싼]명 ①산자(饊子)에 잣을 으깨어 붙인 유밀과. ②잣을 끓이어 엿에 버무려 반듯반듯하게 만든 과줄.

잣-불[잗뿔]명 일 년 신수를 보는 아이들의 놀이. 음력 정월 열나흗날 저녁에, 깐 잣 열두 개를 각각 바늘로 꿰어 그해 열두 달에 별러 불에 붙여 놓고, 불이 밝은 달은 신수가 좋고, 밝지 않은 달은 나쁘다고 함.

잣-새[잗쌔]명 ☞솔잣새.

잣-송이[잗쏭-]명 잣이 박혀 있는 잣나무의 열매.

잣-송진(-松津)[잗쏭-]명 잣나무에서 나는 진.

잣-엿[잔녇]명 실백잣을 섞어서 만든 엿. * 잣:엿이[잔녀시]·잣:엿만[잔년-]

잣-죽(-粥)[잗쭉]명 잣과 쌀로 쑨 죽. 쌀을 물에 불린 후 갈아 받친 잣을 섞어서 쑴.

잣-즙(-汁)[잗쯥]명 잣을 짜서 낸 즙.

잣-집게[잗찝께]명 잣을 까는 데 쓰는 작은 집게.

잣-징[잗찡]명 대가리가 잣처럼 동글동글하고 못이 하나 달린 작은 징.

장¹명 화투놀이에서 '열 끗'을 이르는 말.

장²명 게의 딱지 속에 들어 있는, 누르스름한 된장 같은 생식소(生殖巢). 가을이 되면 분량이 많아지고, 맛도 좋음.

장³명 무덤을 헤아리는 단위. ¶두 장의 뫼가 나란히 자리 잡고 있다.

장(長)¹명 길이. ¶장이 일곱 자에 폭이 석 자.

장:(長)²명 (단체나 부서의) 으뜸 직책, 또는 그 직에 있는 사람.

장(章)명 ①〔문장이나 문서에서〕내용을 구분짓는 단위. ¶첫째 장을 서론으로 삼다. ②예산 편성상의 항목의 하나. 관(款)의 위. ③〖의존 명사적 용법〗글의 내용을 구분한 것을 세는 단위. ¶시조는 세 장으로 짜여 있다. /제1편 제3장 제6절.

장(帳)¹명 〈휘장(揮帳)〉의 준말.

장(帳)²명 조선 시대에, 동학(東學) 교구(教區)의 한 단위. 접(接)의 아래들.

장(張)명 〈장성(張星)〉의 준말.

장:(將)명 ①장수(將帥). ②장기에서, '초(楚)'나 '한(漢)' 자를 새긴 짝. 궁밭에서 한 밭씩 움직일 수 있음. ③〈장군(將軍)〉의 준말. ¶장을 부르다. /장이야.

장(을) 받다[관용] 장기를 둘 때, 장군을 부른 데 대하여 장을 피하거나 막다. 장군(을) 받다.

장(場)¹명 ①많은 사람이 모여 물건을 팔고 사는 일, 또는 그러한 곳. ¶장에 가다. /장이 서다. ②〈장날〉의 준말. ¶내일이 봉평 장이다. ③〈시장〉의 준말.

장(을) 보다[관용] 장에서 물건을 사거나 팔다.

장(場)²명 ①어떤 일이 행하여지는 곳. ¶대화의 장이 마련되다. ②물리학에서, 물질 또는 물체 사이에 작용하는 힘이 전달되는 공간을 이르는 말. 〔중력장·자기장 따위〕. ③심리학적인 특정 현상의 원인을, 그 현상과 상호 의존적이고 복합적인 요소로 보았을 때의 그 '총체적인 영역'을 이르는 말.

장:(腸)명 소화물의 소화·흡수·배설 작용을 담당하는 소화기의 한 부분. 비창자.

장:(醬)명 ①〈간장〉의 준말. ②간장·된장·고추장을 통틀어 이르는 말.

장(欌)명 개판과 마대·서랍을 갖추고, 침구·의류 따위를 넣어 두는 가구를 통틀어 이르는 말. 몸체는 층으로 나뉘지 않고 틈째로 쓰이며 칸을 다는 경우도 있으며, 넣어 두는 물건의 종류에 따라 옷장·이불장·찬장 따위로 나뉨. 함농(箱).

장:(臟)명 심장·간장·폐장·신장·비장 따위 오장(五臟)을 통틀어 이르는 말.

장(張)명 (종이·유리 따위처럼) 얇고 넓적한 조각을 세는 단위. ¶종이 열 장.

장(場)명 ①연극에서, 막(幕)을 다시 나눈 작은 단락을 세는 단위. ¶제3막은 5장으로 되어 있다. /2막 5장. 魯막(幕).

-장(-長)[접두](일부 명사 앞에 붙어) 멀거나 래됨을 나타냄. ¶장거리. /장시간. ↔단(短)....

-장(丈)[접미](일부 명사 뒤에 붙어) 어른임을 나타냄. ¶노인장. /주인장. /춘부장.

-장(狀)[접미]일부 명사 뒤에 붙어, 그러한 ᄃ서임을 나타냄. ¶신임장. /임명장. /연하장. 천장.

-장(長)[접미]일부 명사 뒤에 붙어, 그 단체나 ᄂ서의 책임자임을 나타냄. ¶위원장. /홍보실장.

-장(帳)[접미]〖일부 명사 뒤에 붙어〗①'장부'ᄂ 뜻을 나타냄. ¶매입장. /출납장. ②'공책'ᄋ 뜻을 나타냄. ¶연습장. /일기장.

-장(場)[접미]일부 명사 뒤에 붙어, 그러한 ᄌ소임을 나타냄. ¶수영장. /실습장. /연회장. /ᄉ동장.

-**장**(葬)〔접미〕《일부 명사 뒤에 붙어》 '장례(葬禮)'의 뜻을 나타냄. ¶가족장./국민장./사회장.

장:가〔명〕 남자가 아내를 맞아들이는 일. 한자를 빌려 '丈家'로 적기도 함.

장가(長歌)〔명〕 (시조와는 달리) 길이나 편수(篇數)에 제한 없이 형식이 긴, 국문학상의 시가를 통틀어 이르는 말. 〔가사·잡가·경기체가 따위.〕 ↔단가.

장:가(葬歌)〔명〕 남의 죽음에 대한 애도의 뜻으로 부르는 노래.

장:가-가다〔자〕 장가들다. ↔시집가다.

장:가-들다〔~드니·~들어〕〔자〕 남자가 아내를 맞아들이다. 장가가다.

장가들러 가는 놈이 불알 떼어 놓고 간다〔속담〕 가장 중요한 것을 잊거나 잃어버렸을 때 이르는 말.

장:가들-이다〔타〕〔'장가들다'의 사동〕 장가들게 하다. ¶막내아들을 장가들이다.

장:가-보내다〔타〕 장가들이다.

장:가-처(-妻)〔명〕 정식으로 혼례식을 치르고 맞은 아내. 적처(嫡妻). 정실(正室). 정적(正嫡).

장각(長角)〔명〕 ①긴 뿔. ②〈장각과〉의 준말.

장각(長脚)〔명〕 긴 다리.

장각(獐角)〔명〕 한방에서, '노루의 군은 뿔'을 약재로 이르는 말. 임질 또는 부인병·요통·월경불순 등에 쓰임.

장각-과(長角果)[-꽈]〔명〕 건조과(乾燥果)에 딸린 열과(裂果)의 한 가지. 가늘고 길쭉한 꼬투리로 된 열매로, 모가 졌음. 씨방은 한 칸이나 나중에 격막(隔膜)이 생겨 두 쪽으로 벌어짐. 〔무·배추·냉이 따위의 열매가 이에 딸림.〕 준장각.

장:-간(醬-)〔명〕 (간장·음식 따위의) 맛의 짜고 싱거운 정도. ¶이 국은 장간이 알맞다.

장간(長竿)〔명〕 장대.

장간(獐肝)〔명〕 한방에서, '노루의 간'을 약재로 이르는 말.

장간(檣竿)〔명〕 돛대.

장-간막(腸間膜)〔명〕 복막(腹膜)의 한 부분. 한 끝은 창자에 붙어 있고, 다른 한 끝은 척추의 앞을 지나 복막과 합해진, 쭈글쭈글한 반투명의 얇은 막으로 신경과 혈관 등이 통함.

장-간죽(長簡竹)〔명〕 (가는 대나무로 만든) 긴 담뱃설대.

장감(長感)〔명〕 감기가 오래가서 생기는 병. 기침이 나오고 오한이 심하여 폐렴이 되기 쉬움.

장-감고(場監考)〔명〕 지난날, 관아에서 파견되어 장판으로 다니면서 물건의 시세를 살펴 검사하던 사람.

장갑(掌匣·掌甲)〔명〕 손을 보호하거나 추위를 막기 위하여, 천이나 실 또는 가죽 따위로 만들어 손에 끼는 물건. ¶장갑 한 켤레./장갑을 끼다.

장갑(裝甲)〔명〕〔하타〕 ①갑옷을 입고 투구를 갖춤. ②(적탄으로부터 보호하기 위하여) 선체(船體)·차체(車體) 따위를 특수한 강철판으로 둘러쌈, 또는 그 강철판.

장갑^부대(裝甲部隊)[-뿌-]〔명〕 주로 기계화된 장갑 차량으로 편성된 육군의 지상 부대. 비기계화 부대.

장갑^열차(裝甲列車)[-녈-]〔명〕 장갑판과 화포 등으로 중무장한 철도 차량.

장갑^자동차(裝甲自動車)[-짜-]〔명〕 ⇨장갑차.

장갑-차(裝甲車)〔명〕 선회 포탑(旋回砲塔) 및 고정식 또는 반고정식 총포 따위로 무장하고, 전체를 강철판으로 둘러싼 차륜식(車輪式) 차량.

수색이나 경계 또는 인원 수송 등에 쓰임. 장갑 자동차.

장갑^차량(裝甲車輛)〔명〕 전차·장갑차·자주포 따위의 차륜식 차량이나 무한궤도 차량으로서 장갑이 된 전투용 특수 차량을 통틀어 이르는 말.

장갑-판(裝甲板)〔명〕 장갑하는 데 쓰는 강철판.

장갑-함(裝甲艦)[-가팜]〔명〕 강철판으로 장갑한 군함. 갑철함(甲鐵艦).

장강(長江)〔명〕 물줄기가 긴 강.

장강(長杠)〔명〕 길고 굵은 멜대. 장강목.

장강-대필(長杠大筆)〔명〕〔긴 장대와 같은 큰 붓이라는 뜻으로〕 '길고 힘있는 문장'을 비유하여 이르는 말.

장강-목(長杠木)〔명〕 ⇨장강(長杠).

장강-틀(長杠-)〔명〕 둘 이상의 길고 굵은 멜대를 맞추거나 얽어맨 틀. 흔히, 상여 같은 것을 나르는 데 씀.

장갱이〔명〕 장갱잇과의 바닷물고기. 몸길이 60 cm 가량으로 뱀장어를 닮았음. 몸빛은 회갈색이고, 등에 흑갈색 반점이 빽빽함. 눈이 몹시 작고, 입은 매우 큼. 우리나라 동해 북부에서 많이 잡힘.

장:거(壯擧)〔명〕 장하고 큰 계획이나 일. 성거(盛擧). 대유 도보 횡단의 장거.

장-거리(場-)[-꺼-]〔명〕 장이 서는 거리.

장-거리(場-)²[-꺼-]〔명〕 장에 내다 팔아서 돈을 마련할 곡식, 또는 장에서 사 올 물건.

장-거리(長距離)〔명〕 ①멀고 긴 거리. 원거리. ②〈장거리 달리기〉의 준말. ↔단거리.

장거리^경주(長距離競走)〔명〕 장거리 달리기.

장거리-달리기(長距離-)〔명〕 육상 경기의 한 가지. 5000 m, 10000 m 달리기와 마라톤 경주를 통틀어 이르는 말. 장거리 경주. 준장거리. 비단거리 달리기·중거리 달리기.

장거리^전:화(長距離電話)〔명〕 일반 가입 구역 밖인 특정의 먼 구역과 통화하는 전화.

장거리-포(長距離砲)〔명〕 먼 곳을 포격할 수 있도록 만든, 사정(射程)이 긴 대포.

장건(壯健)〔명〕〔하다〕 '장건하다'의 어근.

장:-건건이(醬-)〔명〕 장을 재료로 한 반찬을 통틀어 이르는 말.

장:건-하다(壯健-)〔형여〕 (기골이) 장대(壯大)하고 건장하다.

장검(長劍)〔명〕 지난날, 무기로 쓰던 긴 칼. 비장도(長刀). ↔단검.

장:-결핵(腸結核)〔명〕 장(腸)의 점막에 생기는 결핵. 흔히, 소장(小腸) 끝 부분에서 발생함.

장경(長徑)〔명〕 '긴지름'의 구용어.

장경(粧鏡)〔명〕 경대(鏡臺).

장경(漿莖)〔명〕 식물 줄기의 한 형태. 육질(肉質)이며 비대하고 저수(貯水) 조직이 있음. 〔선인장의 줄기 따위.〕

장경(藏經)〔명〕〈대장경〉의 준말.

장경-성(長庚星)〔명〕 ⇨태백성(太白星).

장경-판(藏經板)〔명〕 석가모니가 일생 동안 베푼 가르침을 새겨 놓은 경판.

장계(長計)[-계/-게]〔명〕 〈장구지계〉의 준말.

장:계(狀啓)[-계/-게]〔명〕〔하자〕 감사나 왕명으로 지방에 파견된 벼슬아치가 글로 써서 올리던 보고.

장계-취계(將計就計)[-계-/-게-게]〔명〕〔하자〕 상대편의 계략을 미리 알아채고 그것을 역이용하는 계략.

장:고(杖鼓·長鼓)〔명〕〈장구〉의 본딧말.

장고(長考)[명][하타] 오랫동안 깊이 생각함. ¶장고 끝에 악수(惡手)를 두다.

장-고래(長-)[명] 길이로 길게 켠 방고래.

장곡(長谷)[명] 깊고 긴 산골짜기.

장:골(壯骨)[명] 기운 좋게 생긴 큰 골격, 또는 그런 골격의 사람. ¶코흘리개가 어느새 어엿한 장골이 되었다.

장골(長骨)[명] 척추동물의 사지(四肢)를 이루고 있는 길고 굵은 뼈. 양 끝이 구상(球狀)인 원통형으로, 내부에는 골수가 들어 있음. 긴뼈.

장:골(掌骨)[명] 손바닥뼈.

장:골(腸骨)[명] 허리 부분을 이루고 있는 뼈. 엉덩이뼈의 두 끝, 궁둥이뼈의 뒤쪽 위에 있음.

장공(長空)[명] 높고 먼 공중.

장공-속죄(將功贖罪)[-쬐/-쮀][명][하자] 죄를 지은 사람이] 공을 세움으로 속죄함.

장과(漿果)[명] 다육과(多肉果)의 한 가지. 겉껍질은 얇고, 살에는 즙이 많으며, 속에는 씨가 들어 있는 과실을 통틀어 이르는 말.〔감·포도·귤·무화과 따위.〕[한]다육과.

장-과지(長果枝)[명] 과수(果樹)에서, 열매가 열리는 30~60cm의 긴 가지.

장곽(長藿)[명] 길이가 길고 넓은 미역.

장:관(壯觀)[명] ①엄청나게 볼 만한 경관. 위관(偉觀). ¶만고천하(萬古天下)에 그런 장관은 대두(對頭)할 데 없을 듯하더라(意幽堂.東溟日記). ②(반어적으로 쓰이어) 꼴불견. ¶거드려거리는 꼴이란 참으로 장관이군.

장:관(長官)[명] ①국무(國務)를 맡아보는 행정 각부의 책임자. ¶국방부 장관. ②왕조 때, 한 관아의 으뜸 벼슬.

장:관(將官)[명] ①▷장수(將帥). ②장성(將星)급의 고급 장교를 통틀어 이르는 말. ③대한 제국 때, 대장(大將)·부장(副將)·참장(參將)을 통틀어 이르던 말.

장:관(掌管)[명][하타] ▷관장(管掌).

장:관(腸管)[명] ①섭취한 음식물을 소화하고 흡수하는 기관을 통틀어 이르는 말. 소화관. ②☞창자.

장관이대(張冠李戴)[명]〔장가(張哥)의 관을 이가(李哥)가 쓴다는 뜻으로〕'이름과 실상이 일치하지 아니함'을 이르는 말.

장광(長廣)[명] 길이와 넓이.

장광-도(長廣刀)[명] 날이 길고 넓은 큰 칼.

장광-설(長廣舌)[명] ①길고 줄기차게 잘하는 말솜씨. ②쓸데없이 장황하게 늘어놓는 말.

장광-창(長廣窓)[명] 창고 따위의 도리 밑에 가로질러 길게 낸 창.

장:교(將校)[명] ①육·해·공군의 소위 이상의 무관을 통틀어 이르는 말.〔위관·영관·장관으로 구분됨.〕↔사병(士兵). ②조선 시대에, 각 군영과 지방 관아의 군무에 종사하던 낮은 벼슬아치를 통틀어 이르던 말. ②군관(軍官)·병교.

장:교-단(將校團)[명]〔임무·목적 및 소속 따위가 같은〕장교들로 구성된 단체.

장구(←杖鼓·長鼓)[명] 국악(國樂)의 타악기의 한 가지. 오동나무로 된, 허리가 가늘고 잘록한 둥근 통의 양쪽 마구리에 말가죽(왼쪽은 쇠가죽을 쓰기도 함)을 팽팽하게 씌운 철테를 대고 조임줄로 켕기게 얽어 만듦. 왼쪽은 손이나 궁채로, 오른쪽은 채로 치는데, 춤이나 소리의 반주에 쓰임. 요고(腰鼓). 요고.

장구를 쳐야 춤을 추지[속담] 어떤 일이든 곁에서 거들어 주는 사람이 있어야 잘할 수 있다는 뜻.

장구(長久) '장구하다'의 어근.

장구(長軀)[명] 키가 큰 몸집. 장신. ¶6척 장구. ↔단구(短軀).

장:구(長驅)[명] ①[하자] 먼 길을 빨리 달려감. ②[하타] 멀리까지 휘몰아 쫓아감.

장구(章句)[명] 글의 장(章)과 구(句).

장:구(葬具)[명] 장사(葬事) 지내는 데 쓰는 제구. 장기(葬器).

장구(裝具)[명] ①(무엇을) 꾸미고 단장하는 데 쓰는 제구. ②무장할 때, 몸에 차는 탄띠·대검 등의 도구. ¶개인 장구.

장구-대진(長驅大進)[명][하자] 멀리까지 몰아서 거침없이 나아감.

장-구력(揚-)[-꾸-][명]〔주로 부녀자들이〕시장에 갈 때 들고 다니는 구력.

장구-매듭[명] 두 끝을 맞매는 매듭의 한 가지. 양 끝을 잡아당기면 줄었다 늘었다 하게 되어 있음.

장구-머리[명] 보·도리·평방(平枋) 따위에 그리는 단청의 한 가지. 다섯 송이씩 꽃을 띄엄띄엄 그리고, '살'과 '휘'를 교착(交錯)하여 그림.

장구-무사(←杖鼓-)[명] 홍예문(虹蜺門)의 홍예의 옆이나 위의 호형(弧形)에 맞추어 평행이 되게 놓는 돌.

장구-배미(←杖鼓-)[명] 가운데가 잘록하게 장구처럼 생긴 논배미. 요고전(腰鼓田).

장구-벌레[명] 모기의 유충. 몸길이 4~7mm. 몸빛은 갈색 또는 흑색. 여름에 썩은 유기물을 먹고 자라 번데기가 되었다가 다시 변태하여 모기가 됨. 적충(赤蟲).

장구-애비[명] 장구애빗과의 곤충. 몸길이 3cm 가량. 몸빛은 갈색이며 배 끝에 한 쌍의 긴 숨흡기가 있음. 논이나 늪에 삶.

장구-재비(←杖鼓-)[명](농악이나 풍악에서) 장구를 치는 일을 맡은 사람.

장구지계(長久之計)[-게/-게][명]〔어떤 일이〕오래 계속되도록 도모하는 계책. 장구지책(長久之策).

장구지책(長久之策)[명] ☞장구지계.

장구-채(←杖鼓-)¹[명] 장구를 치는 채. 보통, 가는 대오리로 만듦.

장구채²[명] 석죽과의 이년초. 산이나 들에 절로 나는데, 높이는 30~80cm. 줄기는 무더기로 남. 잎은 끝이 뾰족한 길둥근 모양으로 마주 나고, 여름에 흰 꽃이 핌. 씨는 한방에서 약재로 쓰임. 전금화(翦金花).

장구-통(←杖鼓-)[명] 장구의 몸통. 허리가 잘록하고 양쪽이 볼록하게 생겼음.

장구-하다(長久-)[형여] 매우 길고 오래다. 장원(長遠)하다. ¶장구한 세월. 장구-히[부].

장:-국(醬-)[-꾹][명]〈맑은장국〉의 준말. ①'토장국이 아닌 국물'을 통틀어 이르는 말. ②간장을 탄 물. 열구자·전골 따위의 국물로 쏨.

장:국-밥(醬-)[-꾹빱][명] ①더운 장국에 만 밥. ②더운 장국을 붓고 산적이나 혹살을 넣은 다음 고명을 얹은 밥. 온반(溫飯). 탕반(湯飯).

장군[명] ①물·술·간장 따위를 담아서 옮길 때 쓰는, 오지나 나무로 만든 그릇. 중두리를 넌 모양으로, 배때기에는 좁은 아가리가 있음. ②〈소줌장군〉의 준말.

장군(將軍)[명] ①군(軍)을 통솔하는 무관(武官). ②'장관(將官)'을 흔히 일컫는 말. ③신라 때, 임금을 호위하던 근위대의 으뜸 벼슬. ④고려 시대, 무관의 정사품 벼슬. 대장군의 아래, 낭장(郎將)의 위. ⑤조선 초기, 무관의 종사품 벼슬.

장군(將軍)² **Ⅰ**명 장기에서, 상대편 '장(將)'을 잡으려고 두는 수. ㉣장(將).

Ⅱ감 장기에서, '장(將)'을 둘 때 지르는 소리.
장군 멍군관용 ☞멍군 장군.
장군(을) 받다관용 부르는 장을 피하는 수를 두다. 장(을) 받다.

장군-목(將軍木)명 궁문이나 성문을 닫아 거는, 길고 큰 나무 빗장.

장군-부(–缶)명 한자 부수의 한 가지. '缸'·'缺' 등에서의 '缶'의 이름.

장군-석(將軍石)명 '무석인(武石人)'을 흔히 이르는 말.

장군-전(將軍箭)명 순쇠붙이로 만든 화살. 쇠뇌로 쏘게 되어 있음.

장군-풀(將軍–)명 여뀟과의 다년초. 고산 지대에 나는데, 뿌리는 굵고 길며 누런빛을 띰. 속이 빈 원줄기는 2m가량 자람. 잎은 손바닥 모양이며, 여름에 황백색 꽃이 핌. 뿌리는 한방에서 약재로 쓰임. ㉣대황(大黃).

장:-굴젓(醬–)[–젇]명 굴을 소금에 절였다가 끓여, 간장을 부어 삭힌 것. *장:굴젓이[–저시]·장:굴젓만[–전–]

장궁(長弓)명 앞을 순전히 뿔로 만든 각궁(角弓).

장:-권(獎勸)명[하다]타 장려하여 권함. 권장(勸奬).

장궐-증(臟厥症)[–쯩]명 한방에서, 원기(元氣)가 빠져 설사와 구토를 하고 오한이 나는 증세를 이르는 말.

장궤(長櫃)명 기다랗고 큼직한 궤짝.

장:-귀명 투전에서, 열 끗짜리 한 장과 아홉 끗짜리 한 장으로 된 가보.

장:귀-천(將鬼薦)명 무과(武科) 출신의 사람으로 장차 대장이 될 만한 사람을 벼슬길에 천거하던 일. 명장의 집안에서 태어난 사람에 한하였음.

당-귀틀(長–)명 마룻귀틀 가운데서 세로로 놓이는 가장 긴 귀틀.

장그럽다[–따][장그러우니·장그러워]형ㅂ '쟁그랍다'를 얕잡아 하는 말.

장근(將近)부 거의. 거의 가깝게. ¶집을 떠나온 지도 장근 두 달이나 되었다.

장근-하다(將近–)형여 거의 가깝다. ¶김 씨는 오십이 장근하도록 슬하에 자식이 없다.

장글-장글부하형 '쟁글쟁글'의 잘못.

장-금(場–)[–끔]명 (물건 따위가) 시장에서 거래되는 시세. 장시세.

장:기(壯妓)명 나이가 지긋한 기생.

장:기(壯氣)명 건장한 기운. 왕성한 원기.

장:기(杖朞)명 상장(喪杖)을 짚고 1년 동안 재최(齊衰)를 입던 거상(居喪), 또는 그 기간.

장기(長技)[–끼]명 가장 능한 재주. 특기. ¶장기 자랑. /장기를 부리다.

장기(長期)명 오랜 기간. 장기간. ↔단기.

장기(帳記·掌記)[–끼]명 물건이나 논밭 따위의 매매에 관한 물목(物目)을 적은 명세서.

장기(將棋·將棊)명 ①둘이서 청·홍의 장기짝을 각각 차지하여 장기판에 정해진 대로 마주 벌여 놓고 번갈아 두는 놀이. 장군을 받지 못하면 지게 됨. ¶장기를 두다. ②〈장기짝〉의 준말.

장:기(將器)명 장수가 될 만한 기량(器量), 또는 그러한 기량을 지닌 사람.

장:기(葬器)명 장례 때 쓰는 기물. 장구(葬具).

장:기(瘴氣)명 축축하고 더운 땅에서 생기는 독기(毒氣). 장독(瘴毒).

장기(臟器)명 내장의 여러 기관. 특히, 흉강(胸腔)과 복강(腹腔)에 있는 기관.

장기(長期間)명 오랜 동안. 오랜 기간. 장기(長期). ↔단기간.

장기^감:각(臟器感覺)명 ☞유기 감각.

장기^거:래(長期去來)명 ☞장기 청산 거래. ↔단기 거래.

장기^금융(長期金融)[–금늉/–그뮹]명 장기간에 걸쳐 갚기로 하고 대부받는 자금. ↔단기 금융.

장기^기생충(臟器寄生蟲)명 동물의 장기 속에 기생하는 벌레.

장:기-망태기(將棋網–)명 장기짝을 넣어 두는 작은 망태기.

장기^신:용(長期信用)명 부동산을 담보로 하여 오래 지속시키는 금융상의 신용.

장기^신:탁(長期信託)명 일반적으로 '5년 이상의 신탁'을 이르는 말. ↔단기 신탁.

장기^어음(長期–)명 발행일로부터 3개월 이상에 걸쳐 지불되는 어음. ↔단기 어음.

장기^예:보(長期豫報)명 사흘 이상의 장기간을 대상으로 하는 기상 예보. ↔단기 예보.

장기^이식(臟器移植)명 다른 개체의 정상적인 장기를 손상된 부분에 이식하여 기능을 회복시키는 일.

장기-적(長期的)관용 오랜 기간에 걸친 (것). ¶장기적 전망. /장기적인 안목. /장기적인 계획.

장기-전(長期戰)명 오랜 기간에 걸친 전쟁. 지구전(持久戰). ¶장기전에 돌입하다. ↔단기전.

장:기-짝(將棋–)명 장기를 두는 데 쓰는 말. 장(將)을 중심으로 차(士)·차(車)·포(包)·마(馬)·상(象)·졸(卒) 등, 청색과 홍색 각 16짝씩으로 모두 32짝임. ㉣장기.

장기-채(長期債)명 오랜 기간에 걸쳐 갚기로 된 채무. ↔단기채.

장기^청산^거:래(長期淸算去來)명 매매 약정을 한 뒤 일정 기간과 대금을 주고받는 기간이 장기인 거래 방법. 장기 거래. ↔단기 청산 거래.

장:기-튀김(將棋–)명 [장기짝을 한 줄로 늘어놓고, 그 한쪽 끝을 밀면 차차 밀리어 나 쓰러지게 된다는 뜻으로] 어떤 일의 영향이 '다른 것에 튀어 번짐'을 이르는 말.

장:기-판(將棋–)명 장기를 두는 자리(판국). ¶남의 장기판에 끼어들어 훈수하다.

장:기-판(將棋板)명 장기를 두는 데 쓰이는 판.

장기-화(長期化)명[하다자타되자] (어떤 일이) 오래 끌게 되거나, 오래 끌게 함. ¶불황이 장기화되다.

장:-김치(醬–)명 무·배추·오이 등을 간장에 절여 갖은 고명을 넣어서 담근 김치.

장:-깍두기(醬–)[–뚜–]명 (소금 대신) 간장을 넣고 담근 깍두기.

장-꾼(場–)명 장(場)에 모여 물건을 팔고 사는 사람들.

장끼명 꿩의 수컷. 수꿩. ↔까투리.

장끼-전(–傳)명 작자·연대 미상의 고대 소설. 꿩을 의인화한 동물 우화 소설.

장-나무(長–)명 (물건을 괴거나 받치는) 굵고 긴 나무(木等). 장목(長木).
장나무에 낫 걸기(걸이)속담 큰 세력에 턱없이 쓸데없는 대항을 하여 헛수고만 한다는 말.

장난명하자 ①아이들의 놀음놀이. ②실없이 하는 짓. ¶장난으로 시작한 것이 싸움이 되다. ③짓궂게 놀리는 짓. 짓궂게 하는 못된 짓. ¶소녀는 사내 녀석들의 짓궂은 장난에 울음을 터뜨렸다.

장난-감[–깜]명 아이들 놀음놀이의 재료가 되는 물건. 애완구. 완구(玩具).

장난-기 (-氣) [-끼] 똉 장난하는 기분. 장난하려는 마음. ¶ 장난기가 발동하다.

장난-꾸러기똉 〔주로 아이들을 두고 하는 말로〕 장난이 심한 사람.

장난-꾼똉 장난을 좋아하거나 잘하는 사람.

장난-삼다 [-따]쩌 목적·의도 따위를 가지지 아니하고 심심풀이로 실없게 행동하다. 《주로, '장난삼아(서)'의 꼴로 쓰임.》 ¶ 장난삼아 한 말.

장난-치다쩌 ①장난을 하다. ②못되게 굴다.

장-날(場-)똉 장이 서는 날. 〔일반적으로 닷새만에 섬.〕 준장(場).

장:남(長男)똉 맏아들.

장:남-하다혱여 '다 자라서 어른스럽다'는 뜻으로 이르는 말. ¶ 장남한 자식.

장내(場內)똉 ①어떠한 장소의 안. 회장(會場)의 내부. ¶ 장내에 계신 손님 여러분께서는 주목해 주십시오. ↔장외(場外). ②지난날, 과장(科場)의 안을 이르던 말. 장중(場中).

장:내(帳內)똉 ①조선 시대에, '서울 오부(五部)의 관할 구역 안'을 이르던 말. ↔장외(帳外). ②지난날, 토지 대장에 경작지로 등록되어 있던 땅.

장:내(掌內)똉 맡아보는 일의 범위 안.

장내(墻內)똉 담장의 안.

장-내기(場-)똉 시장에 내다 팔기 위하여 만든 물건. ¶ 장내기 짚신.

장내기-옷(場-) [-옫]똉 시장에 내다가 팔기 위하여 만든 옷. *장내기옷이 [-오시]·장내기옷만 [-온-]

장:녀(長女)똉 맏딸. 큰딸.

장:년(壯年)똉 혈기 왕성하여 한창 활동할 나이, 또는 그런 나이의 사람. 일반적으로 서른 살에서 마흔 살 안팎을 이름. 장령(壯齡).

장년-기(壯年期)똉 ①나이가 많은 사람. 늙은이. ②긴 세월.

장:년-기(壯年期)똉 ①장년의 시기. ②지질학에서, 침식 작용이 가장 왕성하고 활발하여 지형이 매우 험준한 시기를 이르는 말.

장:년기^지형(壯年期地形)똉 활발한 침식 작용으로 험준한 산곡(山谷)을 이룬 지형.

장년^섭동(長年攝動) [-똥] ➱장차(長差).

장농(欌籠)똉 '장롱(欌籠)'의 잘못.

장뇌(長腦)똉 심어서 기른 산삼. 장뇌산삼(長腦山蔘). 장뇌삼(長腦蔘). 장로(長蘆).

장뇌(樟腦) [-뇌/-눼]똉 휘발성과 방향(芳香)이 있는 무색 반투명의 결정체. 녹나무의 잎·줄기·뿌리 따위를 증류·냉각시켜 얻음. 방충·방취제나 필름 제조 등에 쓰임.

장뇌-산삼(長腦山蔘) [-뇌-/-눼-]똉 ➱장뇌(長腦).

장뇌-삼(長腦蔘) [-뇌-/-눼-]똉 ➱장뇌(長腦).

장뇌-유(樟腦油) [-뇌-/-눼-]똉 녹나무로 장뇌를 만들 때 함께 유출(溜出)되는 정유(精油). 의약품이나 향료 따위의 제조에 쓰임.

장니(障泥)똉 ➱말다래.

장닉(藏匿)똉혜 감추어 숨김.

장:님똉 〈소경〉의 높임말.

장님 문고리 잡기쪽담 ①'재주가 없는 사람이 어떤 일을 우연히 성취하는 경우'를 비유하여 이르는 말. ②가까이 있는 것도 찾지 못하고 헤맴을 이르는 말.

장님 손 보듯 한다쪽담 친절한 맛이 없음을 이르는 말.

장님 잠자나 마나쪽담 무엇을 했는데도 겉으로는 도무지 표가 나지 않을 때 이르는 말.

장님 코끼리 말하듯쪽담 ①일부분만 가지고 그것이 전체인 것처럼 말함을 이르는 말. ②어리석은 사람이 엄청나게 큰일을 아는 체할 때 비웃는 투로 이르는 말.

장:님-도가(-都家)똉 '여럿이 모여서 떠들어대는 곳'을 비유하여 이르는 말.

장:님-술래똉 수건으로 눈을 가린 술래가 손뼉을 쳐서 위치를 알리는 사람들을 쫓아다니며 잡는 놀이.

장:님-총(-銃)똉 바로 겨냥하지 못하고 마구 쏘아 대는 총, 또는 그러한 총질.

장다리똉 무나 배추 따위의 꽃줄기.

장다리-꽃 [-꼳]똉 장다리에서 피는 꽃. *장다리꽃이 [-꼬치]·장다리꽃만 [-꼰-]

장다리-무똉 씨받기를 위하여 장다리꽃이 피도록 가�ా꾼 무.

장단(長短) 〔춤·노래·풍악 등에서의〕 박자. 리듬. 한자를 빌려 '長短'으로 적기도 함.

장단(을) 맞추다판용 ①(악기를 다룸에 있어) 장단이 맞게 하다. ②남의 비위를 맞추다. 남의 말이나 행동에 동조하다.

장단(을) 치다판용 〔풍악이나 노래에 맞도록〕 북·장구·손뼉 따위를 치다.

장단(이) 맞다판용 ①(노래나 춤이) 장단이 서로 맞아 잘 어울리다. ②(말이나 행동이) 서로 짝이 맞다.

장단(長短)똉 ①길고 짧음. ②장점과 단점. 장단점.

장-단점(長短點) [-쩜]똉 장점과 단점. 장단.

장-닭 [-딱]똉 ①(일부 속담이나 관용구에 쓰이어) '수탉'을 이르는 말. ②'수탉'의 방언. *장닭이 [-딸기]·장닭만 [-땅-]

장:담(壯談)(하자타) (확신을 가지고) 자신 있게 말함, 또는 그런 말. 장어(壯語). 장언(壯言). ¶ 승리를 장담하다.

장:담(壯膽)똉 씩씩한 담력.

장-대(長-) [-때] (대나 나무로 만든) 긴 막대기. 장간(長竿). 짭바지랑대.

장대로 하늘 재기쪽담 '되지도 않을 어리석은 일을 함'을 이르는 말.

장:대(壯大) '장대(壯大)하다'의 어근.

장:대(杖臺) ➱장판(杖板).

장:대(長-) '장대(張-)하다'의 어근.

장:대(長臺) 〈장대석〉의 준말.

장:대(狀袋) 왕조 때, 서장(書狀)을 넣던 봉투

장:대(張大) '장대(張大)하다'의 어근.

장:-대(將臺) 지휘하는 장수가 올라서서 명령하던, 돌로 높이 쌓은 대(臺). 성(城)·보(堡) 둔(屯)·수(戍) 따위의 동서(東西)에 쌓음.

장:대(掌大) 〔손바닥만큼의 크기라는 뜻으로〕 '매우 작은 물건이나 비좁은 장소'를 비유하여 이르는 말.

장:-대구(醬大口) 간장에 절였다가 배를 갈라 벌려서 말린 대구.

장대-높이뛰기(長-) [-때-]똉 육상 경기 종목의 한 가지. 긴 장대를 짚고 넘는 높이뛰기 봉고도.

장대-도둑(長-) [-때-]똉 장대질로 남의 물건을 훔치는 도둑.

장대-비(長-) [-때-]똉 장대같이 굵은 빗줄기로 세차게 쏟아지는 비.

장:대-석(長臺石) [-때-]똉 길게 다듬어 만든 돌. 섬돌·축대·디딤돌 따위로 씀. 준장대.

장대-질(長-) [-때-]똉(하자) 장대를 사용하여 하는 짓.

장-대패(長-)[명] 대팻집이 길고 바닥이 평평한 대패. 면을 반듯하게 고르는 데 씀.

장:대-하다(壯大-)[형여] ①(기운이) 세고 씩씩하다. ②(체격이) 매우 크고 튼튼하다. ¶기골이 장대하다. **장대-히**[부].

장대-하다(長大-)[형여] 길고 크다. **장대-히**[부].

장대-하다(張大-)[형여] (규모 따위가) 넓고 크다. ¶장대한 하늘. /장대한 계획.

장:도(壯途)[명] 중대한 사명이나 장한 뜻을 품고 나서는 길. ¶장도에 오르다. /선수들의 장도를 축복하다.

장:도(壯圖)[명] 장대한 계획이나 포부.

장도(長刀)[명] 긴 칼. 町장검. ↔단도.

장도(長途)[명] 먼 길. 긴 여로.

장도(粧刀)[명] 정교한 장식을 한 칼집이 있는 주머니칼. 옷고름이나 주머니에 차고 다녔음. 장도칼.

장-도감(張都監)[명] 큰 말썽이나 풍파를 이르는 말. 〔'수호지(水滸誌)'에 나오는 말로, 장도감의 집이 풍파를 만나 큰 해를 입었다는 이야기에서 유래함.〕

장도감(을) 치다[관용] 말썽이나 풍파를 크게 일으키다.

장-도리[명] 못을 박거나 빼는 데 쓰는 연장.

장-도막(場-)[의] 장날과 장날 사이의 동안을 세는 말. ¶두 장도막 후에야 도착할 물건.

장-도지(場賭地)[명] ⇒장변(場邊).

장도-칼(粧刀-)[명] ⇒장도(粧刀).

장:-독(醬-)[-똑][명] 장(醬)을 담가 두는 독. 장옹(醬甕).

장독보다 장맛이 좋다[속담] 겉모양은 보잘것없으나 내용은 매우 좋다는 말. 뚝배기보다 장맛이 좋다.

장독(杖毒)[명] 곤장을 맞아 생긴 독기(毒氣).

장:독(瘴毒)[명] ⇒장기(瘴氣).

장:독(臟毒)[명] 한방에서, 똥을 눌 때 피가 나오는 치질을 이르는 말.

장:독-간(醬-間)[-똑깐][명] 장독을 놓아두는 곳. 참장독대.

장-독교(帳獨轎)[-꾜][명] 가마의 한 가지. 뒤쪽은 벽, 양옆은 창, 앞쪽은 들창 같은 문으로 되어 있고 뚜껑은 지붕처럼 둥긋하며 바닥은 살을 대었는데, 전체가 붙박이로 되어 있음. 참장보교(帳步轎).

장:독-대(醬-臺)[-똑때][명] 장독을 놓을 수 있도록 땅바닥보다 좀 높게 만든 대(臺).

장:독-받침(醬-)[-똑빧-][명] 장독을 받쳐 놓는 물건. 돌·벽돌·나무토막 따위.

장:독-소래(醬-)[-똑쏘-][명] 〈장독소래기〉의 준말.

장:독-소래기(醬-)[-똑쏘-][명] 장독을 덮는, 오지나 질흙으로 만든 뚜껑. 준장독소래.

장-돌다(場-)[~도니·~돌아][자] (속이 비어서) 자위가 뜨다.

장-돌림(場-)[-똘-][명] 각 장으로 돌아다니면서 물건을 파는 장수.

장돌-뱅이(場-)[-똘-][명] '장돌림'을 속되게 이르는 말.

장:동(章動)[명] 태양의 방향 및 거리의 변동 때문에, 인력 작용이 일정하지 못한 데서 일어나는 지구 자전축의 동요 현상. 매월 장동(每月章動).

장-되(場-)[-뙤/-뛔][명] 지난날, 장판에서 곡식을 되던 공인된 되. 시승(市升). 화인(火印).

장:-두(杖頭)[명하타] 거리의 멀고 가까움을 서로 비교함.

장:두(杖頭)[명] 지팡이의 손잡이 부분.

장두(長頭)[명] 두장폭 시수(頭長幅示數)가 76 미만인 머리. ↔단두(短頭).

장:-두(狀頭)[명] 연명(連名)으로 된 소장(訴狀)의 첫머리에 적힌 사람.

장두(를) 서다[관용] 연명한 소장에 장두가 되다.

장두(檣頭)[명] 돛대의 맨 꼭대기.

장:두-상련(腸肚相連)[-년][명] 〔창자가 서로 잇닿아 있다는 뜻으로〕 배짱이 서로 잘 맞음을 이르는 말.

장두은미(藏頭隱尾)[명하타] 〔머리를 감추고, 꼬리를 숨긴다는 뜻으로〕 일의 전말을 똑똑히 밝히지 아니함을 이름.

장:두-전(杖頭錢)[명] 여행할 때 술값으로 지니고 다니는 약간의 돈.

장등(長燈)[명][하자] ①밤새도록 등불을 켜 둠, 또는 그런 등불. ②[하자] 등불을 켬.

장등(張燈)[명] 등불을 켜 놓음.

장등(檣燈)[명] 배의 돛대 꼭대기에 달아 앞쪽을 비추는 흰빛의 항해등. 헤드라이트.

장등-시주(長燈施主)[명] 장등(長燈)하는 데 쓸 기름을 시주하는 일.

장:딴지[명] 종아리 뒤쪽의 살이 불룩한 부분. 비장(腓腸). 어복(魚腹).

장-딸기[명] 장미과의 반만성(半蔓性) 낙엽 관목. 잎은 깃털 모양인데, 가지에 털이 있음. 초봄에 흰 다섯잎꽃이 피고, 붉게 익는 둥근 열매는 먹을 수 있음.

장땡[명] ①(투전·골패·화투 따위) 끗수를 겨루는 노름에서 가장 높은 끗수. 열 끗이 둘 겹치는 끗수임. ②'제일'·'최고' 또는 '상책(上策)'의 뜻을 나타내는 속된 말. ¶그렇게 입다물고 있으면 장땡인 줄 아니?

장:-떡(醬-)[명] ①고추장을 갠 물에 밀가루를 풀고 미나리와 다른 나물을 넣어서 부친 전병. ②밀가루에 된장을 섞고 파나 다른 나물을 버무려 부친 전병. ③간장을 쳐서 만든 휜무리.

장:람(瘴嵐)[-남][명] (더운 지방의) 산이나 바다가 품는 독기(毒氣).

장랑(長廊)[-낭][명] ⇒줄행랑.

장래(將來)[-내][명] ①앞으로 닥쳐올 날. 뒷날. 미래. 앞날. ②앞날의 전망이나 전도. ¶장래가 촉망되는 젊은이.

장래-성(將來性)[-내썽][명] (성공·발전 따위에 대한) 앞날의 가능성. ¶이 사업은 장래성이 있다.

장:략(將略)[-냑][명] 장수다운 지략.

장:려(奬勵)[-녀][명하타][되자] 권하여 힘쓰게 함. ¶보리 농사를 장려하다.

장:려(瘴癘)[-녀][명] 기후가 덥고 습한 지방에서 생기는 유행성 열병이나 학질.

장:려-금(奬勵金)[-녀-][명] (어떤 일을) 장려하는 뜻으로 보조해 주는 돈.

장:려-상(奬勵賞)[-녀-][명] ①(무엇을) 장려할 목적으로 주는 상. ②본상에는 들지 않지만 참가자 가운데 가능성이 있는 사람에게 격려하는 뜻으로 주는 상.

장:려-하다(壯麗-)[-녀-][형여] 웅장(雄壯)하고 화려하다.

장:력(壯力)[-녁][명] 씩씩하고 굳센 힘.

장력(張力)[-녁][명] ①당기거나 당겨지는 힘. ②물체 안의 임의의 면을 경계로 한쪽 부분이 다른 쪽 부분을 이 면에 수직으로 서로 끌어당기는 힘. ¶표면 장력.

장:력-세다 (壯力-) [-녁쎄-] **형** (담력이 세어) 무서움을 타지 아니하다.

장렬 (壯烈) '장렬하다'의 어근.

장:렬 (葬列) [-널] **명** 장의(葬儀)의 행렬.

장:-하다 (壯烈-) [-널-] **형여** (의기가) 씩씩하고 열렬하다. ¶장렬한 전사. **장렬-히 부**

장:령 (壯齡) [-녕] **명** ➡장년(壯年).

장:령 (將令) [-녕] **명** 장수의 명령.

장:령 (將領) [-녕] **명** ➡장수(將帥). 장성(將星)1.

장:령 (掌令) [-녕] **명** 조선 시대, 사헌부(司憲府)의 정사품 벼슬.

장:례 (葬禮) [-네] **명 하자** 장사를 지내는 일. 빈례(殯禮). 장의(葬儀). ¶장례를 치르다.

장:례-비 (葬禮費) [-네-] **명** ➡장의(葬費).

장:례-식 (葬禮式) [-네-] **명** 장사를 지내는 의식. 준장식.

장:례-원 (掌隷院) [-네-] **명** 조선 시대에, 노비에 관한 부적(簿籍)과 소송 관계 일을 맡아보던 관아.

장:례-원 (掌禮院) [-네-] **명** 조선 말기에서 대한 제국 때까지, 궁내부(宮內府)에 딸리었던 관아. 궁중의 의식·제향·조의(朝儀)·시호·능원·종실(宗室) 등의 일을 맡아보았음.

장:로 (長老) [-노] **명** ①'나이가 지긋하고 덕이 높은 사람'을 높이어 일컫는 말. ②불교에서, 지혜와 덕이 높고 법랍이 많은 중을 높이어 일컫는 말. ③장로교·성결교 등에서 교회 운영 등에 대한 봉사와 교도를 맡아보는 직분, 또는 그 사람.

장로 (長路) [-노] **명** ➡장정(長程).

장로 (長蘆) [-노] **명** ➡장뇌(長腦).

장:로-교 (長老敎) [-노-] **명** 교회의 운영을 장로들의 합의제로 하는, 개신교의 한 교파.

장:롱 (欌籠) [-농] **명** ①장과 농을 아울러 이르는 말. ②농. 농장(籠欌).

장루 (檣樓) [-누] **명** 군함의 돛대 위에 꾸며 놓은 대(臺). 전망대나 포좌(砲座)로 씀.

장루-포 (檣樓砲) [-누-] **명** 장루에 설치한 소구경의 속사포나 기관포.

장:류 (杖流) [-뉴] **명** 장형과 유형. 장배(杖配).

장류 (長流) [-뉴] **명** 폭이 넓고 긴 것발.

장류-수 (長流水) [-뉴-] **명** ①쉬지 않고 늘 흘러가는 물. 천리수(千里水). ②육십갑자의, 임진(壬辰)과 계사(癸巳)에 붙이는 납음(納音). ②참사중금(沙中金).

장:륙 (丈六) [-뉵] **명** ①1장 6척의 높이. ②'높이가 1장 6척 되는 불상'을 이르는 말. ③장륙불.

장:륙-불 (丈六佛) [-뉵뿔] **명** ➡장륙.

장률 (長律) [-뉼] **명** 한시(漢詩)에서, 배율(排律)이나 칠언율(七言律)을 이르는 말.

장르 (genre 프) 명 유(類). 부류(部類). ②문예 작품의 형태상 분류에 의한 종별. 시·소설·희곡·평론·수필·동시·동화 따위가 각각 문학상의 한 장르를 이름.

장:리 (長吏) [-니] **명** 왕조 때, 고을의 '수령(守令)'을 달리 일컫던 말.

장:리 (長利) [-니] **명** ①봄에 꾸어 준 곡식에 대하여 가을에 그 절반을 이자로 쳐 받는 변리. ②물건의 길이나 양에서 '본디의 것보다 절반을 더한 길이나 양'을 이르는 말.

장:리 (掌理) [-니] **명 하타** (일을) 맡아서 처리함.

장:리 (掌裏) [-니] **명** 손바닥 안. 장중(掌中).

장리 (墻籬) [-니] **명** 담장. 울타리.

장림 (長林) [-님] **명** 우거진 숲.

장림 (長霖) [-님] **명** 오래 계속되는 장마.

장림-심처 (長林深處) [-님-] **명** 우거진 숲의 깊숙한 곳. ¶장림심처(長林深處) 녹림간(綠林間)에 춘향 집이 저기로다(烈女春香守節歌).

장립 (將立) [-닙] **명 하타** 개신교에서, 목사가 선정된 신자에게 안수하여 교직(敎職)을 주는 일. ¶장로 장립.

장립-대령 (長立待令) [-닙때-] **명** 〔오래 서서 분부를 기다린다는 뜻으로〕'권문세가에 날마다 문안을 드리며 이권을 기다리는 사람'을 조롱하여 이르는 말.

장:릿-벼 (長利-) [-니뻐/-닏뼈] **명** 장리로 빌려 주는 벼.

장마 명 여러 날 동안 비가 계속해서 오는 일. 임우(霖雨).

장마(가) 들다 관용 장마가 시작되다.

장마(가) 지다 관용 많은 비가 여러 날 오다.

장-마당 (場-) [-빠-] **명** ➡장판. 장터.

장-마루 (長-) **명** 긴 널빤지를 죽 깔아 만든 마루.

장마^전선 (-前線) 명 여름철에 우리나라의 남쪽 지방에 머물면서 장마가 지게 하는 전선. 남쪽 지역부터 시작되어 점차 북상함.

장마-철 (長-) 명 장마가 지는 계절.

장마철에 비구름 모여들듯 속담 구름처럼 많이 모여드는 모양을 나타낸 말.

장막 (帳幕) **명** ①사람이 들어가 볕이나 비를 피할 수 있도록 한데에 둘러치는 막. ②안을 보지 못하게 둘러치는 막, 또는 그러한 조처. ¶철의 장막.

장막 (漿膜) 명 ①포유류·조류·파충류의 배(胚)의 맨 바깥쪽을 둘러싸고 있는 막(膜). ②척추동물의 체강(體腔)에 면한 부분과 내장의 외면을 싸고 있는, 윤빛의 얇은 막(膜). 흉막·복막·심막을 통틀어 이르는 말.

장막-극 (長幕劇) [-끅] **명** 여러 막으로 나누어진 긴 연극. ➡단막극.

장막-절 (帳幕節) [-쩔] **명** 유대 인의 추수 감사절. 유대 인의 삼대 명절의 하나임.

장만 하타 ①(필요한 것을) 갖추어 놓음. ¶저녁 반찬을 장만하다. ②(자기의 것으로) 마련하여 갖춤. ¶내 집 장만.

장만 (腸滿) 명 속에 액체나 가스가 차서 배가 부어오르는 병증. 복막염·간경변증 등이 원인이 됨.

장:-맛 (醬-) [-맏] **명** 간장·된장 따위의 맛. * 장맛이[-마시] /장만-[-만-]

장맛-비 [-마뻐/-맏삐] **명** 장마 때 내리는 비.

장망 (長望) 명 왕조 때, 넷 이상의 후보를 내세워 벼슬아치로 천거하던 일. 참삼망(三望)·수망(首望).

장:-맞이 명 하타 (사람을) 길목에 지켜 서서 만나려고 기다리는 일.

장-매 (長-) 명 길쭉한 물건을 세로로 동이는 줄. ↔동매.

장면 (場面) 명 ①어떤 장소에서 벌어진 광경. ¶싸우는 장면. ②(연극·영화 등에서의) 한 경. ¶전투 장면.

장면^전:환 (場面轉換) 명 (연극·영화 등에서) 장면이 갈리어 바뀜.

장명 (長命) 명 하형 목숨이 길, 또는 긴 수명.

장명-등 (長明燈) 명 ①(처마 끝이나 마당의 기둥에 달아 놓고) 밤새도록 켜 두는 등. ②무덤 앞이나 절 안에 세우는, 돌로 만든 등. ②석등(石燈)·석등롱(石燈籠).

장:모(丈母)**명** 아내의 친정어머니. 빙모(聘母). 악모(岳母). 처모(妻母). **참**장인(丈人).

장-모음(長母音)**명** 길게 발음하는 모음.

장목**명** ①꿩의 꽁지깃. ②꿩의 꽁지깃을 묶어 깃대 끝에 꽂는 꾸밈새.

장목(長木)**명** ☞장나무.

장목(張目)**[하다]** 눈을 부릅뜸.

장목(樟木)**명** ☞녹나무.

장목-계(長木契)[-계/-께]**명** 지난날, 목재를 관청에 공물(貢物)로 바치던 계.

장목-비[-삐]**명** ①꿩의 꽁지깃으로 만든 비. ②장목수수의 이삭을 매어 만든 비.

장목-수수[-쑤-]**명** 이삭의 줄기가 길며 알이 잘고 껍질이 두꺼워 좋은 수수.

장목-어(樟木魚)**명** ☞귀상어.

장목-전(長木廛)[-쩐]**명** 온갖 목재를 파는 가게.

장:-묘(葬墓)**명** '매장(埋葬)'과 '묘지(墓地)'를 아울러 이르는 말. ¶장묘 문화.

장-묵-죽(醬-粥)[-쭉]**명** 쇠고기와 파를 다져 이겨서 끓인 뒤에, 불린 입쌀을 찧어 넣고 다시 끓여 고명을 얹은 죽.

장문(-門)**명** 활짝 열어 놓은 문.

장:문(杖問)**명[하다]** 지난날, 관아에서 곤장을 치면서 신문하던 일.

장문(長文)**명** ①길게 지은 글. ¶장문의 글을 쓰다. ↔단문(短文). ②긴 글.

장:문(狀聞)**명[하다]** 지난날, 상계(上啓)하여 주달(奏達)하던 일, 또는 그 글.

장:문(將門)**명** 장수의 가문.

장:문(掌紋)**명** 손바닥에 나타난 무늬, 곧 손금.

장문(藏門)**명** 바둑에서, 자기편 세력을 이용하여, 한 수로 상대편 돌의 달아날 길을 봉쇄해 버리는 수법.

장:-문(欌門)**명** 장(欌)에 달아 여닫게 된 문.

장:-물(醬-)**명** ①간장을 탄 물. ②간장을 담그려고 소금을 탄 물.

장물(長物)**명** ①긴 물건. ②쓸모가 없는 물건.

장물(贓物)**명** (강도·절도 등) 범죄 행위로 부당하게 취득한 남의 물건. 장물(臟物).

장물-아비(贓物-)**명** '장물을 전문으로 사거나 알선하여 주는 사람'을 속되게 이르는 말.

장물-죄(贓物罪)[-쬐/-쮀]**명** 장물의 취득·매매·보관·운반·알선 따위의 행위를 한 죄를 통틀어 이르는 말. **준**장죄(贓罪).

장물^취:득죄(贓物取得罪)[-쬐/-쮀]**명** 장물을 취득함으로써 성립되는 장물죄의 한 가지.

장미(壯美) '장미하다'의 어근.

장미(薔薇)**명** ①장미과의 낙엽 관목. 관상용 식물로 품종이 많음. 키가 낮은 품종과 덩굴로 벋는 품종으로 크게 나뉘며, 꽃이 피는 시기에 따라 한 철 피는 것, 두 철 피는 것, 네 철 피는 것 등으로도 나뉨. 잎은 깃 모양의 겹잎이며 줄기에는 가시가 있음. ②장미꽃.

장미-계(長尾鷄)[-게/-게]**명** 일본에서 애완용으로 개량한 닭의 한 품종. 수컷의 꼬리가 빠지지 않고 해마다 자라 3~6m에 이름.

장미-꽃(薔薇-)[-꼳]**명** 장미의 꽃. 장미. 장미화. *장미꽃이[-꼬치]·장미꽃만[-꼰-]

장미-꽃부리(薔薇-)[-꼳뿌-]**명** 평평한 꽃잎이 서로 모여서 술잔 비슷한 모양으로 된 이판(離瓣) 꽃부리의 한 가지. 장미상 화관.

장미상 화관(薔薇狀花冠)**명** ☞장미꽃부리.

장미-색(薔薇色)**명** ①장미꽃의 빛깔. ②담홍색(淡紅色). 장밋빛.

장미^석영(薔薇石英)**명** 담홍색의 석영. 덩이꼴이며 공기 가운데 오래 두면 청색이 됨.

장미^소:설(薔薇小說)**명** 세기말적이고 퇴폐적인 경향의 강렬한 연애 소설을 이르는 말.

장미-수(薔薇水)**명** 장미꽃을 증류하거나 장미유를 물에 녹이거나 하여 얻는 투명한 액체. 방향이 나므로 약품의 냄새나 맛을 조절하는 데 쓰임.

장미-유(薔薇油)**명** 장미속(薔薇屬)의 꽃을 물과 함께 증류하여 얻는 휘발성 향유(香油). 고급 향료나 화장품의 원료, 또는 약품의 냄새나 맛을 조절하는 데 쓰임.

장미-진(薔薇疹)**명** ①모세 혈관의 충혈에 의하여 일어나는 장밋빛의 작은 홍반(紅斑). 장티푸스·발진 티푸스·매독 제2기의 초기 등에 나타남. ②☞발진 티푸스.

장미-촌(薔薇村)**명** 우리나라 최초의 시 전문 동인지. 1921년 5월에 창간, 1호에 그침. 황석우·박종화·변영로·노자영·박영희 등이 동인으로 낭만주의를 표방하였음.

장:미-하다(壯美-)**형여** 장대하고 아름답다.

장:민(狀民)**명** 지난날, 관가에 소장(訴狀)을 낸 백성을 이르던 말.

장:밋[-믿]**명** 배에서 쓰는 노(櫓)의 한 가지. *장밋이[-미시]·장밋만[-민-]

장밋-빛(薔薇-)[-삗/-믿뻿-밀삗]**명** ①장미꽃과 같은 빛깔. 장미색. ②(무슨 일이) '낙관적이고 희망적임, 또는 그런 상태'를 비유하여 이르는 말. ¶장밋빛 인생. *장밋빛이[-미뻿치/-믿 뻿치]·장밋빛만[-미뻰/-믿뻰-]

장-바구니(場-)[-빠-]**명** 부녀자들이 주로 찬거리를 사러 시장에 다닐 때 들고 다니는 바구니.

장-바닥(場-)[-빠-]**명** ①시장의 땅바닥. ②장이 서는 범위의 안. ¶온 장바닥을 휩쓸다.

장박-새[-쌔]**명** 되샛과의 새. 날개 길이 7~8cm의 아주 작은 새. 방울새와 닮았음. 회갈색의 머리, 암갈색의 등, 후갈색의 날개와 꼬리에, 부리는 적갈색임. 도로 부근, 촌락 근처의 솔밭에 서식하며 곡식이나 풀씨를 먹고 삶. 제주도에 흔함.

장-반경(長半徑)**명** '긴반지름'의 구용어.

장-반자(長-)**명** (소란 반자를 짜지 않고) 긴 널을 그대로 죽죽 대서 만든 반자.

장:발(杖鉢)**명** 석장(錫杖)과 바리때, 또는 그것을 가지고 다니는 탁발승(托鉢僧).

장발(長髮)**명** 길게 기른 머리털. ↔단발.

장:발(醬-)**명** 장통 밑에 괴는 물.

　장발에 치인 빈대 같다**[속담]** 몹시 납작하여 볼품이 없다는 뜻.

장발-승(長髮僧)[-씅]**명** 머리를 길게 기른 중.

장발-족(長髮族)**명** '머리털을 길게 기른 남자들'을 얕잡아 이르는 말.

장방(長房)**명** ①너비보다 길이가 드러나게 긴 큰 방. ②지난날, 관아에서 서리들이 쓰던 방.

장방-체(長方體)**명** ☞직육면체.

장방-형(長方形)**명** ☞직사각형.

장:배(杖配)**명** 장형(杖刑)과 유배(流配). 장류(杖流).

장백-대(長白帶)[-때]**명** 가톨릭의 사제가 장백의를 입고 허리에 매는 띠.

장-백의(長白衣)[-배긔/-배기]**명** 가톨릭의 사제가 의식 때 입는 길고 흰 두루마기 모양의 겉옷.

장:벌(杖罰)圀[허타] 벌로서 매를 때림.
장법(章法)[-뻡]圀 ①문물 제도와 법도(法度). ②문장을 구성하는 방법.
장:법(葬法)[-뻡]圀 시신을 장사 지내는 방법. 〔토장(土葬)·수장(水葬)·화장(火葬) 따위.〕
장법(臟法)[-뻡]圀 장물(臟物)에 관한 법규.
장벽(-壁)圀 광맥과 맞닿은 모암(母岩)의 면(面).
장벽(腸壁)圀 ①창자의 둘레를 이룬 벽. ②환형동물의 소화관의 벽.
장:벽(腸癖)圀 한방에서, 똥에 피가 섞여 나오는 병을 이르는 말.
장벽(障壁)圀 ①가리어 막은 벽. ¶장벽을 쌓다. /베를린 장벽이 무너지다. ②〔의사소통이나 교류 등에〕'방해가 되는 사물'을 비유하여 이르는 말. ¶양국 간의 교류에 장벽이 되는 요소를 없애다.
장벽(墻壁)圀 담장과 벽.
장벽-무의(墻壁無依)[-병-의/-병-이]圀[허형] 전혀 의지할 곳이 없음.
장변(長邊)圀 ⇨누운변.
장변(場邊)[-뼌]圀 시장판에서 꾸는 돈의 이자. 한 장도막, 곧 닷새 동안에 얼마로 셈함. 시변(市邊). 장도지(場睹地). 장변리. ¶장변을 내다./장변을 얻다.
장-변리(場邊利)[-뼐-]圀 ⇨장변(場邊).
장병(長兵)圀 거리를 두고 싸우는 전투에서 사용되는 병기를 통틀어 이르는 말. 〔궁시(弓矢)·총포(銃砲) 따위.〕↔단병(短兵).
장병(長病)圀 오랜 병. 장질(長疾).
장:병(將兵)圀 ①장교와 사병을 아울러 이르는 말. ¶국군 장병.
장병-엽(長柄葉)圀 잎자루가 긴 잎. 〔미루나무·수양버들·제비꽃 따위의 잎.〕
장-보(長-)[-뽀]圀 칸 이상 되는 큰 방의 중간에 기둥을 세우지 않고 길게 짠 보.
장보(章甫)圀 '유생(儒生)'을 달리 이르는 말.
장:-보교(帳步轎)圀 사면을 휘장으로 둘러치고 들었다 꾸몄다 할 수 있게 한 보교(步轎). 준장독교(帳獨轎).
장-보기(場-)圀 장에 가서 물건을 사거나 팔거나 하는 일.
장-보석(長步席)圀 ⇨행보석(行步席).
장복(長服)圀 〔같은 약이나 음식 따위를〕 오래 두고 늘 먹음. ¶한약을 장복하다.
장본(張本)圀 ①일의 발단이 되는 근원. ¶돈을 물 쓰듯 하는 것이 망할 장본이다. ②〈장본인〉의 준말.
장본(藏本)圀[허자] ⇨장서(藏書).
장본-인(張本人)圀 못된 일을 저지르거나 물의를 일으킨 바로 그 사람. ¶이 사람이 불을 지른 장본인이다. 준장본.
장봉(藏鋒)圀 서도(書道)에서, 획의 처음과 끝에 붓끝의 흔적이 날카롭게 나타나지 않도록 쓰는 필법을 이르는 말.
장부[1]圀 ⇨문장부.
장부[2]圀 〈장부동〉의 준말.
장:부(丈夫)圀 ①다 자란 건강한 남자. ¶장부가 그만한 일에 울어서야 되겠느냐. ②〈대장부〉의 준말.
　장부의 한 말이 천금같이 무겁다[속담] 〔사나이가 한 한마디 말은 천금보다 무겁다는 뜻으로〕 한번 한 말은 꼭 실행해야 한다는 말.
장부(帳簿)圀[허타] 금품의 수입과 지출을 기록하는 일, 또는 그 책. 부책(簿冊). ¶외상 장부./장부를 정리하다.

장부(臟腑)圀 〈오장 육부(五臟六腑)〉의 준말.
장부^가격(帳簿價格)[-가-]圀 총계정 원장(元帳)에 기재되어 있는 자산이나 부채(負債), 또는 자본의 가격.
장부-꾼(帳簿-)圀 가래질할 때, 가랫장부를 잡는 사람. 준장부[2]. 준줄꾼.
장부-쇠[-쇠/-쉐]圀 장부를 보강하려고 씌우는 쇠.
장부-촉(-鏃)圀 장부의 끝.
장붓-구멍[-부꾸-/-붇꾸-]圀 장부촉을 끼우는 구멍.
장비(裝備)圀[허타][되자] 〔장치와 설비 등을〕 갖추어 차림, 또는 그 장치나 비품. ¶촬영 장비.
장:비(葬費)圀 장사를 치르는 데 드는 비용. 장례비. 장수(葬需).
장비 군령(張飛軍令)[-굴-]圀 '갑자기 내리는 명령' 또는 '졸지에 다급하게 서두름'을 이르는 말. 〔옛날 중국 촉한(蜀漢)의 장수 장비(張飛)의 성미가 몹시 급했다는 데서 유래함.〕
장비-목(長鼻目)圀 포유류에 속하는 한 목(目). 육지의 동물 가운데 가장 큰 몸과 긴 코를 가진 동물임. 〔코끼리·매머드 따위.〕
장:-비지(醬-)圀 장을 걸러 내고 남은 찌끼.
장비 호통(張飛-)圀 '벼락같이 큰 호통'을 이르는 말. 〔옛날 중국 촉한(蜀漢)의 장수 장비(張飛)가 무섭게 호통을 잘 쳤다는 데서 유래함.〕
장빙(藏氷)圀[허자] 얼음을 빙고(氷庫)에 저장함, 또는 그 얼음.
장-뼘(長-)圀 엄지손가락과 가운뎃손가락을 다 벌린 길이. 뼘[2].
장사圀[허자] 물건을 사고파는 일.
　장사 웃덮기[속담] 〔장사꾼이 손님을 끌기 위하여〕 겉으로만 허울 좋게 꾸밈을 이르는 말.
장:사(壯士)圀 ①기개와 체질이 굳센 사람. ②⇨역사(力士). ③씨름에서, 선수를 이르는 말.
　장사 나면 용마(龍馬) 나고 문장(文章) 나면 명필(名筆) 난다[속담] 무슨 일이나 잘 되어지면 좋은 기회가 저절로 생긴다는 말.
장:사(杖死)圀[허자] 장형(杖刑)을 당하여 죽음. 장폐(杖斃).
장사(長蛇)圀 ①크고 긴 뱀. ②'열차나 긴 행렬'을 비유하여 이르는 말.
장:사(狀辭)圀 소장(訴狀)에 적은 글의 내용.
장:사(將事)圀[허자] 제사 지내는 일을 맡아 함.
장:사(將士)圀 ⇨장졸(將卒).
장:사(葬事)圀 예를 갖추어 시신을 묻거나 화장하는 일. ¶장사를 지내다.
장사-꾼圀 ①장사 수단이 좋은 사람. ¶타고난 장사꾼. ②
장사-아치圀 '장사치'의 잘못.
장사-진(長蛇陣)圀 ①'많은 사람이 줄을 지어 길게 늘어서 있는 모양'을 이르는 말. ¶매표소 앞은 아침부터 손님들로 장사진을 이루었다. ②지난날, 한 줄로 길게 벌이던 진법의 한 가지.
장사-치圀 '장사하는 사람'을 홀하게 이르는 말. 상고배(商賈輩). 상로배(商路輩). 장사꾼.
장사-판圀 ①장사를 하는 범위나 장소. ¶장사판을 벌이다. ②장사삿짐. ¶장사판에 나서다.
장:산(壯山)圀 웅장하고 큰 산.
장산(長山)圀 ⇨장선(長線).
장:-산적(醬散炙)圀 쇠고기를 짓이겨 갖은 양념을 하고 얇은 반대기를 지어 구운 뒤에 다시 네모반듯하게 썰어서 진간장에 조린 반찬. 산적(藥散炙).

장-살(長-)圀 세로로 세워서 지르는 문살. 장전(長箭). 밴동살2.

장:살(杖殺)圀톈톄 왕조 때, 매로 쳐서 무참히 죽이던 형벌.

장살(戕殺)圀톈톄톈 무찔러서 죽임.

장삼(長衫)圀 검은 베로써 길이가 길고 품과 소매를 넓게 지은 중의 웃옷.

장삼-띠(長衫-)圀 장삼 위에 띠는 헝겊 띠.

장삼-이사(張三李四)圀 ①[장씨의 셋째 아들과 이씨의 넷째 아들이라는 뜻으로] '평범한 보통 사람'을 이르는 말. 갑남을녀. 밴필부필부(匹夫匹婦). ②불교에서, '사람에게 성리(性理)가 있음은 아나, 그 모양이나 이름을 지어 말할 수 없음'을 비유하여 이르는 말.

장삼-춤(長衫-)圀 장삼을 입고 긴 소매를 휘저으며 추는 민속춤.

장삿-길[-삗낃/-삗낃]圀 장사를 하려고 나선 길. 상로(商路). 장사판. ¶장삿길에 나서다.

장삿-속[-사쏙/-삗쏙]圀 (이익을 꾀하는) 장사치의 속마음. ¶장삿속이 밝다.

장:상(杖傷)圀 ①형벌로 매를 맞아 생긴 상처. ②[하자]형벌로 매를 맞아 상함.

장:상(長上)圀 지위가 높거나 나이 많은 어른.

장상(長殤)圀 [하자] ☞상상(上殤).

장:상(將相)圀 장수(將帥)와 재상(宰相). ¶왕후(王侯)장상.

장:상(掌上)圀 손바닥 위.

장:상(掌狀)圀 (손가락을 다 편) 손바닥 모양.

장:상-맥(掌狀脈)圀 손바닥 모양으로 된 잎의 잎맥. [단풍잎·포도나무잎 따위의 잎맥.]

장:상^복엽(掌狀複葉)圀 한 개의 잎자루에 여러 개의 작은 잎이 손바닥 모양으로 붙은 겹잎. [오갈피나무·으름덩굴 따위의 잎.]

장:상^심:렬(掌狀深裂)[-녈]圀 잎이 손바닥 모양으로 갈라짐, 또는 그런 잎. 하늘타리·단풍나무 따위의 잎과 같은 모양.

장:상지재(將相之材)圀 장수나 재상이 될 만한 인재(人材).

장색(匠色)圀 ☞장인(匠人).

장:샘(腸-)圀 장액(腸液)을 분비하는 대롱 모양의 선(腺). 소장(小腸)과 대장(大腸)의 점막(粘膜) 전체에 분포하는데, 길이는 0.3~0.4 mm. 장자샘.

장생(長生)圀 ①[하자]오래도록 삶. ②천도교에서, '육신(肉身)의 장수(長壽), 영혼의 불멸, 사업의 유전(遺傳)'을 통틀어 이르는 말.

장생(長柱)圀 [장승의 본딧말].

장생불사(長生不死)[-싸]圀[하자] 오래도록 살고 죽지 아니함.

장생-전(長生殿)圀 ①조선 초기에, 개국 공신의 화상(畫像)을 모시던 곳. ②조선 시대에, 왕족·대신의 관재(棺材)인 동원비기(東園祕器)를 보관하던 곳, 또는 그 기관.

장서(長書)圀 ①사연을 길게 쓴 편지. ②내용을 길게 쓴 글.

장서(長逝)圀[하자] [영원히 가 버린다는 뜻으로] '죽음'을 달리 이르는 말. 사거(死去). 영면(永眠). ¶친구의 장서를 애도하다.

장서(藏書)圀 책을 간직하여 둠, 또는 그 책. 장본(藏本).

장서-가(藏書家)圀 책을 많이 간직하고 있는 사람.

장서-판(藏書版)圀 오래 간직해 둘 수 있도록 견고하고 미려(美麗)하게 만든 책, 또는 그런 책재.

장서-표(藏書票)圀 책의 임자를 표시하기 위하여 책의 표지나 면지에 붙이는 쪽지.

장:석(丈席)圀 학문과 덕망이 높은 사람.

장석(長石)圀 규산염(硅酸鹽) 광물의 한 가지. 칼륨·칼슘·나트륨·바륨 및 규산이 주성분임. 질그릇·사기(沙器)·유리·성냥·비료의 원료가 됨. 질돌.

장석(長席)圀 짚을 결어 길게 만든 자리.

장석(張石)圀 둑·호안(護岸)·절토(切土) 따위의 경사면을 보호하기 위하여 돌을 덮어 까는 일.

장석(腸石)圀☞분석(糞石).

장석-친구(長席親舊)圀☞병문친구.

장선(長線)圀 장쳥판(長廳板) 밑에 가로놓아 받치는 부재(部材). 장살(長山).

장:선(將船)圀 장수가 타고 군사를 지휘하는 배. 밴기함(旗艦).

장선(裝船)圀톈톄 배에 짐을 실음.

장:선(腸-)圀☞장샘.

장:선(腸線)圀 [양·돼지 따위의 장(腸)으로 만든 노끈으로] ①외과 수술용 봉합사(縫合絲). 주로, 장내 조직을 봉합할 때 쓰며, 조직 내에 녹아 들어 뽑아낼 필요가 없음. ②현악기의 줄이나 라켓의 그물 따위로 쓰는 가는 줄. ²현선(絃線).

장:설(丈雪)圀 한 길이나 되게 내린 눈. 썩 많이 내린 눈.

장:설(壯雪)圀 엄청나게 많이 내린 눈. 대설(大雪).

장설(長舌)圀 [긴 혀라는 뜻으로] 수다스러움. 많이 많음. 다변(多辯).

장:설(帳設)圀 (잔치나 놀이 같은 때) 여러 사람이 모인 자리에 내어 가는 음식.

장설-간(帳設間)圀 [-깐]圀 장설을 차리는 곳.

장성(壯盛)圀 '장성하다'의 어근.

장:성(長成)圀[하자] (아이가) 자라 어른이 됨. ¶장성한 아들을 두셔서 든든하시겠습니다.

장성(長城)圀 ①길게 둘러쌓은 성(城). ②☞만리장성.

장성(張星)圀 이십팔수의 하나. 남쪽의 다섯째 별. ☞장(張).

장:성(將星)¹圀 '장군(將軍)'을 달리 이르는 말. 장령(將領).

장:성(將星)²圀 ①민속에서, 어떤 사람에게든지 각각 그에게 인연이 맺어져 있다는 별. ②☞하괴성(河魁星).

장성-세다圀 '장력세다'의 잘못.

장:성-하다(壯盛-)톈톄 건강하고 원기(元氣)가 왕성하다.

장세(場稅)[-쎄]圀 시장에서, 상인들로부터 시장 사용료로 받아들이는 세금.

장세(場勢)圀 주식 시장의 형세. ¶금융 장세.

장소(場所)圀☞장처(場處).

장소(長嘯)圀[하자] ①휘파람을 길게 붊, 또는 그 휘파람. ②시가(詩歌) 따위를 길게 읊조림.

장소(場所)圀 ①무엇이 있거나 무슨 일이 벌어지거나 하는 곳. ¶학교를 세울 만한 장소. /장소가 좋지 않다. /아무리 좋은 말이라도 때와 장소를 가려서 해라. ②지금 있는 곳, 또는 차지하는 자리. 처소(處所). ¶비좁은 장소.

장:속(杖贖)圀 지난날, 장형(杖刑)을 면하기 위하여 바치던 속전(贖錢).

장속(裝束)圀톈톄 (무슨 일을 하기 위하여) 몸을 꾸며 차림, 또는 그 몸차림.

장:손(長孫)圀 맏손자.

장:-손녀(長孫女)圀 맏손녀.

장송(長松)**명** ①높이 자란 큰 나무. ②너비 25 cm, 두께 4 cm, 길이 250 cm가량의 널.

장ː송(葬送)**명** 시신을 장지로 보냄.

장ː송-곡(葬送曲)**명** ①장례 때 연주하는 악곡(樂曲). ②☞장송 행진곡.

장ː송^행진곡(葬送行進曲) 장례 행렬이 행진할 때 연주하는 장중하고 비통한 느낌의 느린 행진곡. 장송곡.

장수명 장사하는 사람. 상고(商賈). 상인(商人).

장ː수(杖囚)**명하타**〈장지수저〉의 준말.

장수(長袖)**명** (웃옷의) 긴 소매.

장수(長壽)**명** 목숨이 긺. 오래 삶. 대수(大壽). 영수(永壽). 하수(遐壽). ¶장수 마을. /장수를 누리다.

장수(張數)[-쑤]**명** (종이·유리·널빤지 따위처럼) 얇고 넓적한 물건의 수효.

장ː수(將帥)**명** 군사를 지휘 통솔하는 장군. 장(將). 장관(將官). 장령(將領).

장수(葬需)**명**☞장비(葬費).

장수(漿水)**명** 좁쌀을 훔씬 끓여 만든 미음.

장수(樟樹)**명**☞녹나무.

장수(藏守)**명하타** (물건을) 잘 간직하여 지킴.

장-수로(長水路)**명** 수영 경기장에서, 수로가 50 m 이상인 것. ↔단수로(短水路).

장ː수-별(將帥-)**명**☞여왕별.

장수-선무(長袖善舞)**명**〔소매가 길면 춤추기가 수월하다는 뜻으로〕재물이 넉넉하면 성공하기도 쉽다는 말. '한비자'의 '오두편(五蠹篇)'에 나오는 말임.

장ː수장-변(將帥將邊)**명** 한자 부수의 한 가지. '牀'·'牆' 등에서의 '爿'의 이름.

장ː수-풍뎅이(將帥-)**명** 장수풍뎅잇과의 곤충. 수컷의 몸길이는 35~55 mm, 암컷은 40 mm가량이며, 수컷의 머리에는 투구를 쓴 것처럼 뿔 돌기가 있으나 암컷에는 없음. 한여름에 등불을 향해 날아듦. 우리나라·일본·중국 등지에 분포함. 투구벌레. 투구풍뎅이.

장ː수-하늘소(將帥-)[-쏘]**명** 하늘솟과의 곤충. 수컷의 몸길이는 11~66 mm, 암컷은 60~90 mm로 보통 하늘소보다 배 이상 큼. 산림을 해치지만 천연기념물(제218호)로 지정되어 보호하고 있음.

장승(←長柱)**명** ①기다란 통나무나 돌 따위에 사람의 얼굴 모양을 익살스럽게 새겨 세운 것.〔절의 입구에 세워져 그 절을 지키는 호법상(護法像)의 구실을 하는 것과 큰길가에 세워져 이정표 구실을 하는 것이 있음.〕②'멋없이 키가 큰 사람'이나 '멍하니 서 있는 사람'을 비유하여 이르는 말. ¶장승처럼 서 있다. **愈**벅수.

장시(長詩)**명** 많은 시구(詩句)로 이루어진 긴 형식의 시(詩). ↔단시(短詩).

장-시간(長時間)**명** 오랜 시간. 긴 시간. ¶장시간 이야기를 나누다. ↔단시간.

장-시세(場時勢)[-씨-]**명** 시장에서 물건이 거래되는 시세. 장금.

장-시일(長時日)**명** 오랜 시일. 긴 날짜. ↔단시일.

장-시조(長時調)**명**☞사설시조.

장식(粧飾)**명하타** (겉모양을) 치장함, 또는 그 치장.

장식(裝飾)**명하타되자** (겉모양을) 아름답게 꾸밈, 또는 그 꾸밈새나 장식물. ¶실내 장식. / 무대를 국화꽃으로 장식하다.

장식(葬式)**명**〈장례식〉의 준말.

장식-깃(裝飾-)[-낃]**명** 일부 새들에 붙어 있는, 한결 두드러지게 보이는 깃. ◆장식깃이[-끼시]·장식깃만[-낀-]

장식^도안(裝飾圖案)[-또-]**명** 장식(裝飾)을 목적으로 하는 도안.

장식-물(裝飾物)[-씽-]**명**☞장식품.

장식^미술(裝飾美術)[-씽-]**명** (건축물이나 기구 따위의) 장식을 목적으로 하는 응용 미술의 한 분야.〔주금(鑄金)·상안(象眼)·염색 따위.〕

장식-음(裝飾音)**명**☞꾸밈음.

장식-지(裝飾紙)[-찌]**명** (제본·포장·상자·공예 미술 따위에 쓰이는) 장식용 가공지(加工紙).

장식-품(裝飾品)**명** 장식에 쓰이는 물건. 장식물.

장식-화(裝飾畫)[-씨콰]**명** (그릇·가구 따위에) 장식으로 도안화하여 그린 응용 미술의 한 가지.

장신(長身)**명** 키가 큰 몸, 또는 그런 몸을 가진 사람. 장구(長軀). ¶장신 선수. ↔단신(短身).

장ː신(將臣)**명**☞대장(大將).

장신-구(裝身具)**명** 몸치장을 하는 데 쓰는 제구. 목걸이·반지·귀고리 따위.

장ː실(丈室)**명** ①주지(住持)의 거실. 방장(方丈)[1]. ②천도교의 최고 기관, 곧 대도주(大道主)의 방.

장ː심(壯心)**명** 장렬한 마음. 장지(壯志).

장ː심(掌心)**명** 손바닥이나 발바닥의 한복판.

장-써레(長-)**명** 논바닥의 두둑진 곳을 길이로 써는 쇠.

장아찌명 ①무나 오이·마늘 따위를 썰어 말려서 간장에 절이고 양념을 하여 묵혀 두고 먹는 반찬. ②열무나 배추·미나리 따위를 소금에 절여 간장을 붓고 양념을 하여서 곧바로 먹는 반찬. ③두부·물고기 따위를 간장을 치고 조려서 고며 만든 반찬.

장ː악(掌握)**명하타되자**〔손으로 잡아 쥔다는 뜻으로〕판세나 권력 따위를 휘어잡음. ¶고지를 장악하다. /당권을 장악하다.

장ː악-원(掌樂院)**명** 조선 시대에, 음악에 관한 일을 맡아보던 관아.

장안(長安)**명** ①중국 산시 성(陝西省) 웨이수이(渭水) 남쪽에 있었던 지명.〔현재는 시안(西安)으로, 역대 여러 나라의 수도(首都)였음.〕②'서울'을 수도라는 뜻으로 이르는 말. ¶장안의 화젯거리가 되다.

장안-장외(長安場外)[-외/-웨]**명** 지난날, '서울의 성안과 성 밖'을 속되게 이르던 말.

장안-편사(長安便射)**명** 조선 시대에, 서울에서 구역별로 편을 갈라 활을 쏘던 내기의 한 가지.

장ː암(腸癌)**명** 창자에 생기는 암을 통틀어 이르는 말.〔대장암·직장암 따위.〕

장애명 광산에서, 갱구의 물을 퍼 올리는 데 쓰는 기구.

장애(障礙)**명** ①하타되자 (무슨 일을 하는 데) 거치적거리어 방해가 되는 일, 또는 그것. ¶통신 장애. /공부하는 데 장애가 되다. ②신체상의 고장. 장애 경우. 장애 상태. /위장 장애.

장애-경:주(障礙競走)**명**☞장애물 달리기.

장애-물(障礙物)**명** 장애가 되는 사물.

장애물-경:주(障礙物競走)**명**☞장애물 달리기.

장애물^달리기(障礙物-)**명** 육상 경기에서, 트랙에 설치된 장애물을 뛰어넘어 달리는 경기 종목. 장애 경주. 장애물 경주. 허들 레이스.

장애^미:수(障礙未遂)**명** 범죄의 실행에 착수하였으나, 뜻밖의 장애로 범죄의 실행을 완수하지 못한 경우를 이르는 말.

1989 장음정

장애-인(障礙人)명 신체의 일부에 장애가 있거나 정신적으로 결함이 있어서 일상생활이나 사회생활을 하는 데 상당한 제약을 받는 사람.

장애-틀명 광산에서, 장애를 만드는 틀.

장(腸液)명 창자의 점막에 분포하는 무수한 샘과 조직 등에서 분비되는 소화액.

장액(獐腋)명 노루의 앞다리 겨드랑이에 난 보드라운 털. 끝이 빨아서 붓을 매는 데 쓰임.

장액(漿液)명 동식물의, 점성 물질이 섞이지 않은 분비물. ㉭점액(粘液).

장액-막(漿液膜)[-앵-]명 척추동물의 체강(體腔)에 면한 부분을 싸고 있는 얇은 막.

장액-필(獐腋筆)명 장액으로 만든 붓.

장야(長夜)명 가을이나 겨울의 긴긴밤. ↔단야(短夜).

장약(裝藥)명하타되자 (탄환을 발사하기 위하여) 총포의 약실에 화약을 잼, 또는 그 화약.

장:양(將養)명하타

장:어(壯語)명하자타 ☞장언(壯言).

장어(長魚)명 〈뱀장어의 준말.

장어(章魚)명 〈낙지.

장:어-영(壯禦營)명 조선 고종 때, 금위영(禁衛營)·어영청(御營廳)·총융청(摠戎廳)을 합쳐서 만든 군영(軍營).

장:언(壯言)명하자타 (확신을 가지고) 자신 있게 말함, 또는 그 말. 장담(壯談). 장어(壯語).

장엄(莊嚴)명하형 엄숙하고 위엄이 있음. ¶장엄한 분위기를 연출하다. 장엄-히튀.

장:여(丈餘)명 한 길 남짓. 열 자 남짓.

장여(*長欐)명 (도리 밑에서) 도리를 받치고 있는 모가 진 나무.

장:역(瘴疫)명 한방에서, 장기(瘴氣)로 말미암아 생기는 유행성 열병을 이르는 말.

장연(長椽)명 〈들연.

장:열(壯熱)[-녈]명 병으로 말미암아 일어나는 매우 높은 신열(身熱).

장염(腸炎)명 창자의 점막이나 근질(筋質)에 생기는 염증. 장카타르.

장:염-균(腸炎菌)[-념-]명 ☞게르트너균.

장:염비브리오(腸炎Vibrio)[-념-]명 여름에 생선이나 조개류 등으로 말미암아 일어나는 식중독의 병원균.

장:전-증(腸捻轉症)[-념-쯩]명 장관(腸管)이 뒤틀리어 꼬이는 증세.

장-영창(長映窓)명 재래식 건축에서, 광선을 잘 받도록 하기 위하여 방과 마루 사이에 길게 낸 미닫이. ㉣장창(長窓).

장옥(墻屋)명 ☞담.

장옷[-옫]명 지난날, 부녀자들이 나들이할 때 얼굴을 가리기 위하여 머리에서부터 내리쓰던 두루마기 모양의 옷. 장의(長衣). *장옷이[-오시]·장옷만[-온-]

장옷-짜리[-옫-]명 지난날, '장옷을 쓰고 다니는 여자'를 얕잡아 이르던 말.

장:옹(醬甕)명 ☞장독.

장와불기(長臥不起)명하자 오래도록 앓아 누워 일어나지 못하는 일.

장:외(帳外)[-외/-웨]명 조선 시대에, 서울 오부(五部)의 관할 구역 바깥을 이르던 말. ↔장내(帳內).

장외(場外)[-외/-웨]명 일정하게 구획된 공간이나 회장(會場)의 바깥(외부). ¶장외 홈런을 날리다. ↔장내(場內)·장중(場中).

장외거:래(場外去來)[-외/-웨-]명 거래소 밖에서 이루어지는 거래. 특히, 증권 거래소 밖에서 이루어지는 증권 거래를 이름.

장외:시:장(場外市場)[-외/-웨-]명 장외 거래가 이루어질 때 형성되는 시장.

장외^투쟁(場外鬪爭)[-외/-/-웨-]명 ☞원외 투쟁. ¶야당은 국회 등원을 거부한 채 장외 투쟁을 계속 벌여 나가기로 했다.

장용(獐茸)명 한방에서, '돋아서 채 굳지 않은 노루의 어린 뿔'을 약재로 이르는 말. 보약으로 씀. ㉭녹용(鹿茸).

장:용-제(腸溶劑)명 (약의 거죽을 젤라틴으로 싸서) 위(胃)에서는 녹지 않고 장(腸)에 들어가서 녹게 만든 약제.

장-용지(長-)명 벽 밖에 담을 붙여 쌓을 때, 흙이 무너지지 않도록 담의 마구리에 대는 긴 널 조각. 장용지돌.

장우-단탄(長吁短歎)명 〔긴 한숨과 짧은 탄식이라는 뜻으로〕 탄식하여 마지아니함을 이르는 말. ¶장우단탄으로 울분을 삭이다.

장:-운동(腸運動)명 소화 작용으로 일어나는 대장·소장의 운동.

장:원(壯元·狀元)명하자 ①왕조 때, 과거에서 갑과(甲科)에 수석으로 급제함, 또는 그 사람. ②서당이나 백일장 또는 놀이 등에서, 가장 우수한 성적으로 뽑힘, 또는 뽑힌 그 사람.

장원(長遠)형 '장원하다'의 어근.

장원(莊園)명 서양의 중세 봉건 사회에서, 귀족이나 승려·교회 등에 의해 이루어졌던 토지 소유의 한 형태.

장:원(掌苑)명 조선 시대에, 장원서(掌苑署)의 정육품 벼슬을 이르던 말.

장원(墻垣)명 〈담.

장:원^급제(壯元及第)[-쩨]명하자 과거에서, 장원으로 급제함.

장:원-랑(壯元郎)[-낭]명 과거에서, 장원으로 급제한 사람. 괴방(魁榜).

장:원-례(壯元禮)[-녜]명하자 지난날, 글방에서 장원이 된 사람이 한턱내던 일.

장:원-서(掌苑署)명 조선 시대에, 궁중의 원유(苑囿)·과채(果菜)·화초(花草)에 관한 일을 맡아보던 관아.

장원지계(長遠之計)[-계/-게]명 먼 장래를 위한 계책.

장원-하다(長遠-)형여 길고 멀다. 장구(長久)하다. 장원-히튀.

장:월(壯月)명 '음력 팔월'을 달리 이르는 말. ㉭청추(淸秋).

장:유(長幼)명 어른과 어린이. 연상과 연하.

장:유(醬油)명 ①간장. ②간장과 먹는 기름.

장:유-유서(長幼有序)명 오륜(五倫)의 하나. 연장자와 연소자 사이에는 지켜야 할 차례가 있고 복종해야 할 질서가 있음을 이르는 말.

장:-유지(壯油紙)명 들기름에 결은 장지(壯紙).

장:육(醬肉)명 ☞장조림.

장오리명 줄기가 푸르고 씨앗이 흰 기장.

장음(長吟)명하타 (시가 따위를) 길게 읊음.

장음(長音)명 〈단음(短音).

장:-음계(長音階)[-계/-게]명 서양 음계에서, 셋째와 넷째, 일곱째와 여덟째 음 사이는 반음, 그 밖의 음은 온음으로 이루어진 음계. 〔대체로 명랑하고 활발한 느낌을 나타냄.〕 ↔단음계.

장음-부(長音符)명 긴소리표.

장-음정(長音程)명 '다[C]'음을 기준으로 하여 2도·3도·6도·7도 되는 음정, 또는 그와 같은 음정을 이름. 〔장2도·장3도·장6도·장7도 등이 있음.〕 ↔완전히 음정.

장음-화(長音化)[명][하자타][되자] 장음이 됨, 또는 장음이 되게 함.

장읍(長揖)[명][하자] 인사로, 두 손을 마주 잡고 눈 높이만큼 들어 올리며 허리를 약간 굽힘, 또는 그렇게 하는 예.

장읍불배(長揖不拜)[-빨-][명][하자] 길게 읍만 할 뿐 엎드려 절하지는 않음.

장의(長衣)[-의/-이][명] 장옷.

장:의(葬儀)[-의/-이][명] ☞장례(葬禮). ¶ 의의 행렬.

장:의-사(葬儀社)[-의/-이][명] 장례에 필요한 물건을 팔거나, 남의 장사 지내는 일을 맡아 하는 영업집.

장-의자(長椅子)[-의/-이][명] (여러 사람이 앉을 수 있도록) 가로로 길게 만든 의자.

장:의-차(葬儀車)[-의/-이][명] ☞영구차.

-장이(접미) 《일부 명사 뒤에 붙어》 수공업적인 기술로써 물건을 만들거나 수리하거나 하는 사람을 흘하게 이르는 말. ¶ 대장장이. /미장이. /옹기장이.

장:인(丈人)[명] 아내의 아버지. 빙부(聘父). 악부(岳父). ☞빙장(聘丈)·악장(岳丈). ⬆장모(丈母).

장인(匠人)[명] 목공이나 도공(陶工) 등과 같이, 손으로 물건 만드는 일을 업으로 하는 사람. 장색(匠色).

장:인(將印)[명] 장수의 관인(官印).

장인-공(匠人工)[명] 한자 부수의 한 가지. '巧'·'差' 등에서의 '工'의 이름.

장인-바치(匠人-)[명] '장인(匠人)'의 낮춤말.

장:일(葬日)[명] 장사 지내는 날.

장일^식물(長日植物)[-싱-][명] 하루의 일조 시간이 길어야 꽃이 피는 식물. ↔단일 식물.

장:임(將任)[명] 장수의 임무.

장:닙(-닙)[명] (벼·보리·밀 따위의) 이삭이 패기 직전에 나오는 마지막 잎. *장잎이[-니피]·장잎만[-님-]

장:자(壯者)[명] 장년(壯年)에 이른 사람.

장:자(長子)[명] 맏아들.

장:자(長姉)[명] 맏누이.

장:자(長者)[명] ①(나이나 지위·항렬 따위가) 자기보다 위인 사람. 어른. ②덕망(德望)이 있고 노성(老成)한 사람. ¶ 장자의 기풍이 있다. ③'큰 부자'를 높이어 이르는 말. 거부(巨富).

장:자^상속(長子相續)[명] 장자가 단독으로 상속하는 상속 형태의 한 가지.

장-자석(場磁石)[명] (발전기나 전동기 따위에 쓰이는) 강한 자기장을 일으키기 위한 전자석.

장:자-풍(長者風)[명] 〈장자풍도〉의 준말.

장:자-풍도(長者風度)[명] 덕망이 있는 노성(老成)한 사람의 풍채와 태도. ⑤장자풍.

장작(長斫)[명] 통나무를 잘라서 쪼갠 땔나무.

장작-개비(長斫-)[-깨-][명] 쪼갠 장작의 낱개비.

장작-더미(長斫-)[-떠-][명] 장작을 쌓아 놓은 더미.

장작-모시(長斫-)[-장-][명] 올이 굵고 성기게 짠 모시. ↔세모시.

장작-바리(長斫-)[-빠-][명] 수레나 마소의 등 따위에 가득 실은 장작.

장작-불(長斫-)[-뿔][명] 장작으로 피운 불.

장작-윷(長斫-)[-장뉻][명] 굵은 나무를 길게 잘라서 만든 윷. *장작윷이[-장뉴치]·장작윷만[-장뉸-]

장:잠(壯蠶)[명] 석 잠을 잔 누에.

장:장(葬場)[명] 장례를 치르는 장소.

장장(長長)[관] 《주로 시간이나 날짜·거리·분량 따위를 나타내는 수량 표현 앞에 쓰이어》분량이나 날짜 따위가 예상보다 상당히 깊음을 나타내는 말. ¶ 장장 10년이 걸린 대공사.

장:-장이(欌-)[명] 장롱 따위를 만드는 일을 업으로 삼는 사람을 낮추어 이르는 말.

장장-이(張張-)[부] 하나하나의 장마다. ¶ 장장이 눈물로 얼룩진 사연.

장장-추야(長長秋夜)[명] 기나긴 가을밤.

장장-춘일(長長春日)[명] 기나긴 봄날.

장장-치기(長-)[명] 투전 노름의 한 가지.

장장-하일(長長夏日)[명] 기나긴 여름날.

장:재(將材)[명] 장수가 될 만한 훌륭한 인재.

장:재(掌財)[명] 금전의 출납을 맡아보는 사람. ⑪회계(會計).

장재(裝載)[명][하자] (배나 수레에) 짐을 꾸려서 실음.

장:재(醬滓)[명] ☞된장.

장:재(壯哉)[감] 〔한문 투로〕 '장하도다'의 뜻.

장적(戕賊)[명][하타] ①주색(酒色)으로 몸을 상하게 함. ②잔인하게 해치거나 무자비하게 쳐 죽임. ②잔적(殘賊).

장:적(長嫡)[명] 본처(本妻)가 낳은 장남.

장:적(帳籍)[명] 호적(戶籍).

장:적(掌跡)[명] 손바닥 자국.

장전(長田)[명] 고려·조선 시대에, 역장(驛長)의 공비(公費)를 대는 몫으로 지급한 마위전(馬位田).

장전(長箭)[명] ①(싸움에 쓰는) 긴 화살. ②길이로 세운 문살. ☞편전(片箭).

장전(莊田)[명] 지난날, 왕실의 사유지(私有地)를 이르던 말.

장전(章典)[명] ☞전장(典章). ¶ 권리 장전.

장:전(帳前)[명] ①임금이 거둥해 있는 장막의 앞을 이르던 말. ②장수(將帥)의 앞.

장:전(帳殿)[명] 임금이 앉도록 임시로 꾸며 놓은 자리를 이르던 말.

장전(裝塡)[명][하자][되자] 총포에 탄환을 잼. ¶ 권총에 실탄을 장전하다.

장:전(葬前)[명] 장사를 지내기 전. ↔장후(葬後).

장전(贓錢)[명] 옳지 못한 짓을 해서 얻은 돈.

장:전(欌廛)[명] (장롱·찬장·뒤주 따위의) 방세간을 파는 가게.

장:절(壯絶)[명][하여] 매우 장함. 매우 장렬함. ¶ 장절한 최후를 마치다. 장절-히[부]

장절(章節)[명] (문장의) 장(章)과 절(節).

장-절초(長切草)[명] 〔길게 썬 살담배라는 뜻으로〕품질이 썩 좋은 살담배.

장점(長點)[-쩜][명] 가장 나은(좋은) 점. 미점(美點). 장처(長處). ¶ 장점을 찾아내다. /장점을 살리다. ↔결점·단점.

장점(粧點)[명] ①좋은 집터를 가려서 집을 지음. ②살아 있는 동안에 미리 좋은 묘터를 가려서 광중을 마련해 둠.

장:-점막(腸粘膜)[명] 장벽(腸壁)을 이루고 있는 점막.

장:정(壯丁)[명] ①성년(成年)에 이른 혈기가 왕성한 남자. ②징병 적령(適齡)의 남자.

장정(長汀)[명] 길게 뻗치어 있는 바닷가.

장정(長征)[명][하자] 멀리 감, 또는 멀리 정벌(征伐)을 떠남.

장정(長程)[명] 매우 먼 길. 먼 여로(旅路). 장로(長路). ¶ 장정에 오르다.

장정(章程)[명] 여러 가지 조목(條目)으로 나누어 정한 규정.

장정(裝幀·裝訂)圓ᆼ타 ①제본에서, 책을 매어 표지를 붙임. ②책의 모양새 전반에 걸친 의장(意匠)을 함, 또는 그 의장. 책치레. ¶장정이 화려한 책.

장정-곡포(長汀曲浦)圓 해안선이 길게 뻗치어 구부러진 갯벌.

장제(長堤)圓 기다란 둑.

장:제(葬制)圓 장례(葬禮)에 관한 제도.

장:제(葬祭)圓 장례(葬禮)와 제례(祭禮).

장제(漿劑)圓 아라비아고무·셀렌근(selep根)·전분 따위 점액질이 들어 있는 약물을 물에 풀어 끈적끈적하게 만든 물약.

장:조(丈祖)圓 ☞처조부(妻祖父).

장조(長調)[-쪼]圓 장음계(長音階)로 된 곡조. ↔단조(短調).

장:-조림(醬-)圓 쇠고기를 간장에 넣어 조린 반찬. 장육(醬肉). 자장(煮醬).

장:-조모(丈祖母)圓 ☞처조모(妻祖母).

장:-조부(丈祖父)圓 ☞처조부(妻祖父).

장:-조카(長-)圓 맏형의 맏아들. 장질(長姪).

장족(長足)圓 '빠른 걸음이란 뜻으로〕'진보나 발전 속도가 매우 빠름'을 비유하여 이르는 말. 《주로, '장족의'·'장족으로'의 꼴로 쓰임.》¶장족의 발전을 이루다.

장족(獐足)圓 과녁에 꽂힌 화살을 뽑는 데 쓰는 노루발처럼 생긴 연장. 노루발.

장족-마치(獐足-)[-종-]圓 (과녁에 꽂힌 화살을 뽑을 때) 장족을 두드리는 마치.

장:-족편(醬足-)圓 간장을 쳐서 만든 족편.

장족-한량(獐足閑良)[-조량-]圓 장족으로 과녁에 꽂힌 화살을 뽑는 일을 맡아 하는 사람.

장:졸(將卒)圓 장수(將帥)와 병졸(兵卒). 장병(將兵). 장사(將士).

장졸(藏拙)圓 자기의 단점을 가리어 감춤.

장:종(將種)圓 장군 집안에 태어난 사람 또는 무장(武將) 집안의 자손을 낮추어 이르는 말.

장:죄(杖罪)[-쬐/-쮀]圓 장형(杖刑)에 상당한 죄.

장죄(贓罪)[-쬐/-쮀]圓 ①관리가 뇌물을 받은 죄. ②☞장물죄(贓物罪)의 준말.

장죄-피[-쬐/-쮀-]圓 피의 한 가지. 까끄라기가 길고 씨가 흰데, 7월에 익음.

장주기-조(長週期潮)圓 보름 이상의 주기를 가지는, 천체의 기조력(起潮力)에 의하여 일어나는 조석(潮汐). 圈반일조(半日潮).

장-주릅(場-)[-쭙]圓 지난날, 장터에서 흥정붙이는 일을 업으로 하던 사람. 시쾌(市儈).

장주지몽(莊周之夢)圓 '자아(自我)와 외계(外界)와의 구별(區別)을 잊어버린 경지(境地)'를 이르는 말. ('장자(莊子)'에 나오는 말로, 장주(莊周)가 나비가 된 꿈을 꾸는데, 잠에서 깬 뒤에 자기가 나비가 된 것인지 나비가 자기가 된 것인지 분간이 가지 않았다는 데서 유래함.) 호접지몽(胡蝶之夢).

장:죽(杖竹)圓 지팡이로 쓰는 대나무.

장죽(長竹)圓 긴 담뱃대. 긴대.

장준(長蹲)圓 큰 뙤주리감.

장-줄圓 (줄모를 심을 때) 세로로 길게 대는 못줄.

장:-중(帳中)圓 장막의 안.

장중(場中)圓 ①어떠한 장소의 안. ↔장외(場外). ②지난날, 과장(科場)의 안을 이르던 말. 장내(場內).

장:-중(掌中)圓 ①손 안. ②무슨 일이 자기 뜻대로 되는 범위. 수중(手中). 장리(掌裏). ¶정권을 장중에 넣다.

장중-득실(場中得失)[-씰]圓 '일이 생각하는 바와 같이 잘 이루어지지 않음'을 이르는 말. 〔과장에서는 잘하는 사람도 낙방을 하고, 못하는 사람도 급제하는 수가 있다는 말에서 유래함.〕

장:중-물(掌中物)圓 자기 손 안에 든 물건. 수중에 있는 물건.

장:중-보옥(掌中寶玉)〔손 안에 든 보배로운 옥이란 뜻으로〕'가장 사랑스럽고 소중한 것'을 비유하여 이르는 말. 장중주(掌中珠).

장:중-주(掌中珠)圓 ☞장중보옥(掌中寶玉).

장중-하다(莊重-)혱여 장엄하고 정중하다. ¶장중한 음악. **장중-히**團 ¶의식이 장중히 거행되다.

장지(←障子)圓 ①(방과 방 또는 방과 마루 사이에 있는) 운두가 높고 문지방이 낮은, 미닫이와 비슷한 문. ②〈장지문〉의 준말.

장:지(壯志)圓 큰 뜻. 장대한 포부. 장심(壯心). ¶장지를 품다.

장:지(壯紙)圓 두껍고 질긴 한지(韓紙)의 한 가지. 기름을 먹여 장판지로 씀.

장지(長指·将指)圓 가운뎃손가락.

장:지(將指)圓 엄지발가락.

장:지(葬地)圓 장사 지낼 땅. 시체를 묻을 땅. 매장지(埋葬地).

장징두꺼비집(←障子-)圓 장지를 열 때, 문짝이 옆으로 들어가게 된 집.

장지-문(←障子門)圓 지게문에 장지를 덧들인 문. 閏장지.

장지-뱀(←障子-)圓 장지뱀과의 파충류. 몸길이 15~20 cm. 꼬리가 몸길이의 3배를 차지하고 짧은 네 개의 다리가 있어 도마뱀과 닮았음. 몸은 붉은빛이 도는 회갈색, 배는 분홍빛이 도는 흰빛임. 긴 사각형 비늘이 덮여 있음.

장:지수지(杖之囚之)圓 지난날, 죄를 다스릴 때 곤장을 때려서 옥에 가두던 일. 圈장수(杖囚).

장지-틀(←障子-)圓 장지를 끼우는 틀, 곧 장지문이 들락날락하도록 만든 틀.

장진-성(將進性)[-썽]圓 ☞장취성(將就性).

장진주-사(將進酒辭)圓 조선 선조 때의 문인 정철(鄭澈)이 지은 사설시조 형식의 권주가(勸酒歌). ('송강가사'에 실려 전함.)

장질(長疾)圓 ☞장병(長病).

장:질(長姪)圓 장조카. 큰조카.

장-질부사(腸窒扶斯)圓 ☞장티푸스.

장-짐(場-)[-찜]圓 장에서 팔 물건이나 산 물건을 꾸린 짐.

장:-짠지(醬-)圓 데친 오이와 배추를 간장에 절이어 갖은 양념을 넣고, 진간장을 부어 익힌 반찬의 한 가지.

장:-쪽박(醬-)[-빡]圓 〈간장쪽박〉의 준말.

장차(長差)圓 행성(行星)이나 위성(衛星)의 궤도의 위치 및 형상이 해마다 조금씩 변하여 가는 현상. 장년 섭동(長年攝動).

장차(將次)團 앞으로. 앞날에 가서. 방장(方將). ¶장차 무엇을 할 작정인가?

장-차다(長-)혱 ①꼿꼿하고도 길다. ¶장찬 줄기. ②거리가 멀다. ¶하룻길로는 장차다. ③시간적으로 길다. ¶장årum 세월.

장착(裝着)圓ᆼ타 툉ᆺ (기구나 장비 따위를) 부착함. ¶미사일을 장착한 전투기.

장찬(粧撰)圓ᆼ타 허물을 숨기려고 꾸밈.

장찰(長札)圓 긴 사연의 편지.

장-창(長-)圓 짚신이나 미투리 따위의 바닥 전체에 덧대는 창.

장:창(杖瘡)[명] 장형(杖刑)으로 매를 맞은 자리에 생긴 헌데.

장창(長窓)[명]〈장영창(長映窓)〉의 준말.

장창(長槍)[명] ①긴 창. ↔단창(短槍). ②긴 창을 가지고 하는 십팔기(十八技)의 한 가지.

장-채(長-)[명] (가마채 따위와 같은) 긴 채.

장책(長策)[명] 좋은 계책. 양책(良策).

장책(粧冊)[명][하타] 책을 꾸미어 만듦.

장책(賑冊)[명] 거래 따라 분류하여 기입하는 장사꾼의 장부.

장:처(杖處)[명] 곤장(棍杖)을 맞은 자리.

장처(長處)[명] ①장점(長點). ②여러 일 중에서 잘하는 것. 장소(長所). ↔단처(短處).

장:척(丈尺)[명] 열 자 길이의 장대로 된 자.

장척(長尺)[명] (무명이나 베 따위를) 정척(定尺) 마흔 자보다 길게 짠 길이.

장천(長天)[명] 멀고도 넓은 하늘. ¶구만리 장천.

장천(長川)[부]〈주야장천(晝夜長川)〉의 준말.

장:-천공(腸穿孔)[명] (외상이나 궤양 등으로) 창자에 구멍이 뚫린 병.

장첩(粧帖)[명] 책처럼 꾸며 만든 서화첩.

장:-청자(章靑瓷)[명] 중국 송나라 때, 장생일(章生一), 장생이(章生二) 형제가 구워 만든 청자기.

장-청판(長廳板)[명] 마룻바닥에 깔린 기다란 널빤지.

장:-체계(場遞計)[-게/-개][명] 장에서, 비싼 변리로 돈을 꾸어 주고, 장날마다 원금의 일부와 변리를 함께 받아들이던 일. ⓒ체계.

장:초(壯抄)[명][하타] 지난날, 군사가 될 만한 장정을 골라 뽑던 일.

장초(章草)[명] 한자 서체의 한 가지. 초서(草書)의 별체(別體).

장:초-군(壯抄軍)[명] 지난날, 장초에 뽑힌 군사를 이르던 말.

장-초석(長礎石)[명] 다락집이나 정각(亭閣) 등에서, 길게 세운 초석.

장촉(長鏃)[명] 긴 살촉.

장총(長銃)[명] 단총(短銃)에 대하여, '소총(小銃)'을 이르는 말.

장축(長軸)[명] 긴지름. ↔단축.

장:-출혈(腸出血)[명] (장티푸스나 장결핵·장암·장궤양 따위로 말미암아) 장벽(腸壁)에서 일어나는 출혈(出血).

장취(長醉)[명] 늘 술에 취해 있음.

장취(將就)[명][하타]〈일장월취(日將月就)〉의 준말.

장취불성(長醉不醒)[-성][명][하자] 늘 술에 취해 있어 깨어나지 아니함.

장취-성(將就性)[-성][명] 앞으로 진보해 나아갈 만한 가능성. 장진성(將進性).

장-치(場-)[명] 장날마다 갚던 변리. ⓒ날치.

장치(腸痔)[명] 한방에서, 항문 속의 살이 밖으로 늘어져 나온 치질을 이르는 말. 탈항(脫肛).

장치(裝置)[명][하타][되자] ①(기계나 설비 따위를) 어떤 목적에 따라 기능하도록 설치함, 또는 그 설치한 물건. ¶도청 장치. /무대 장치. ②'어떤 일을 원만하게 수행하기 위하여 설정한 조직 구조나 규칙 따위'를 비유하여 이르는 말. ¶환경오염 방지를 위한 제도적 장치 마련이 시급하다.

장치(藏置)[명][하타] (물건 따위를) 간직하여 둠.

장치^공업(裝置工業)[명] 생산 수단으로서 거대한 장치나 설비를 필요로 하는 공업. 〔석유 화학 공업 따위.〕

장:치-기[명][하자] 두 편으로 나뉜 사람들이 각각 공채로 장치기공을 쳐서 서로 한정한 금 밖으로 먼저 내보내기를 겨루는 민속 경기의 한 가지. 공치기.

장:치기-공[명] 장치기할 때 쓰는, 나무를 둥글게 깎아 만든 공.

장:-치다[자] (달이) 누워서 등을 땅에 대고 비비다.

장:-치다²[자] 장치기를 하다.

장:-치다(場-)[자]〈독장치다〉의 준말.

장침(長枕)[명] 모로 기대 앉아서 팔꿈치를 괴는 데 쓰는 베개 모양의 물건. 가로가 길며 네모짐. ⓒ사방침(四方枕).

장침(長針)[명] ①긴 바늘. ②분침. ↔단침.

장-카타르(腸catarrh)[명] ⇨장염(腸炎).

장쾌(壯快)'장쾌하다'의 어근.

장쾌(駔儈)[명] ⇨중도위.

장:-쾌하다(壯快-)[형여] 힘차고 상쾌하다. 장하고 통쾌하다. ¶장쾌한 행진곡. 장쾌-히[부].

장타(長打)[명] 야구에서, 2루타 이상의 안타를 이름. ¶장타를 날리다. ↔단타(短打).

장-타령(場-)[명] 동냥하는 사람이 장판이나 거리로 돌아다니며 부르는 속가(俗歌)의 한 가지. 각설이 타령.

장타령-꾼(場-)[명] 장타령을 부르며 동냥을 다니던 거지.

장탄(長歎·長嘆)[명][하자]〈장탄식〉의 준말.

장탄(裝彈)[명][하타][되자] 총포에 탄환을 잼.

장-탄식(長歎息)[명][하자] 긴 한숨을 내쉬며 크게 탄식함, 또는 그 탄식. 장태식(長太息). ⓒ장탄.

장태(漿胎)[명] 곱게 수비(水飛)하여 앙금을 가라앉힌 도토(陶土).

장:태(醬太)[명] 장을 담글 콩, 곧 메주를 쓸 콩.

장-태식(長太息)[명][하자] ⇨장탄식(長歎息).

장태평(長太平)'장태평하다'의 어근.

장태평-하다(長太平-)[형여] 늘 아무런 걱정 없이 태평하게 지내다. ¶장태평하게 지내다.

장:택(葬擇)[명][하자] 장사 지낼 날짜를 정함.

장-터(場-)[명] 장이 서는 곳. 장마당. 장판.

장토(庄土)[명] ⇨전장(田莊).

장:통(醬桶)[명] 간장을 담는 나무통.

장:-티푸스(腸typhus)[명] 장티푸스균이 장에 들어감으로써 생기는, 급성 법정 전염병의 한 가지. 고열이 나며 두통·설사·장출혈 등을 일으킴. 열병. 장질부사.

장파(長波)[명] 파장(波長) 3000m 이상, 주파수 3~100kHz의 전파. 주로 근거리 통신에 이용됨. ⓒ단파(短波)·중파(中波).

장:파(長派)[명] ⇨만파.

장:파(狀罷)[명][하타][되자] 죄를 지은 원을 감사가 왕에게 장계(狀啓)를 올려 파직시키던 일.

장-파장(長波長)[명] 장파(長波)의 파장. 라디오 방송 및 무선 통신 따위에 쓰임. ⓒ단파장.

장-판(場-)[명] ①장이 선 곳. 장마당. 장터. ②'많은 사람이 모여서 북적거리는 곳'을 비유하여 이르는 말.

장판(壯版)[명] ①새벽질한 위에, 기름 먹인 종이를 바른 방바닥. ②〈장판지〉의 준말.

장:판(杖板)[명] 지난날, 장형(杖刑)을 집행할 때에 죄인(罪人)을 엎어 놓고 팔다리를 잡아매던 틀. 장대(杖臺).

장판(藏板·藏版)[명] (일정한 곳에) 보관하여 둔 책판(冊板).

장판-돌(壯版-)[-똘][명] 광산에서, 선광(選鑛)할 때에 광석을 놓고 두드려 깨뜨리는 받침돌.

장판-머리[명] 소의 양에 붙어 있는 넓적한 고기. 주로, 구이거리로 쓰임.

장판-방(壯版房)[명] 바닥을 장판지로 바른 방.
　　장판방에서 자빠진다[속담] 〔방심함을 경계(警戒)하는 말로〕 안전한 조건 아래에서도 실패할 수 있음을 비유하여 이르는 말.

장판-지(壯版紙)[명] 방바닥을 바르는 데 쓰는, 기름을 먹인 두꺼운 종이.

장판-하다(壯版-)[자타] 장판지로 방바닥을 깔거나 바르다.

장:패(將牌)[명] 지난날, 군관(軍官)이나 비장(神將)들이 허리에 차던 나무 패.

장:편(杖-)[명] 쇠로 된 테에 쇠가죽을 메워 장구의 마구리에 댄 부분.

장편(長篇)[명] ①구(句)의 수(數)에 제한이 없는 한시체(漢詩體)의 한 가지. ②시가나 소설·영화 따위에서, 내용이 긴 작품. ③〈장편 소설(長篇小說)〉의 준말. ③㉰장편(長篇)·중편(中篇).

장:편(掌篇)[명] ①(손바닥만 한 크기의 작품이라는 뜻으로) 극히 짧은 문학 작품을 이르는 말. ②〈장편 소설(掌篇小說)〉의 준말.

장편^소:설(長篇小說)[명] 구상이 크고 줄거리가 복잡하며 양적으로 긴 소설. ㉰장편(長篇).　㉰단편 소설·중편 소설.

장:편^소:설(掌篇小說)[명] ⇨콩트. ㉰장편(掌篇).

장:폐(杖斃)[-폐/-뼤][명][하자] ⇨장사(杖死).

장:폐색-증(腸閉塞症)[-쌔-/-뼤-쯩][명] 장관(腸管)의 일부가 막혀 창자 안의 것이 통하지 않게 되는 병증.

장포(←菖蒲)[명] ⇨창포(菖蒲).

장포(場圃)[명] 집 가까이에 있는 채소밭.

장포(漿疱)[명] 한방에서, 살이 부르터 진물이 괴어 곪은 부스럼을 이르는 말.

장:포(醬脯)[명] 진장(陳醬)을 쳐서 주물러 말린 포육(脯肉).

장폭(長瀑)[명] 큰 폭포.

장품(臟品)[명] ⇨장물(臟物).

장:품(掌風)[명] 무술에서, 손바닥으로 일으키는 바람.

장:풍(腸風)[명] 한방에서, 변을 볼 때 피가 나오는 결핵성 치질을 이르는 말.

장피(獐皮)[명] 노루의 가죽.

장피-살(獐皮-)[명] (창포의 줄기처럼) 배를 약간 불룩하게 만든 문살.

장:하(杖下)[명] 왕조 때, 장형(杖刑)을 집행하는 그 자리를 이르던 말.

장하(長夏)[명] ①긴 여름의 해. ②'음력 유월'을 달리 이르는 말. ②차월(且月).

장:하(帳下)[명] ①장막의 아래. ②⇨막하(幕下).

장하(裝荷)[명][하타] 통신에서, 전송 상태를 좋게 하기 위하여 일정한 간격으로 회로에 코일을 끼워 넣는 일. ¶ 장하 케이블.

장:-하다(壯-)[형어] ①(하는 일이) 매우 대단하고 훌륭하다. ¶장한 일. ②(정성 따위가) 매우 갸륵하다. ¶그 지극한 효성이 정말 장하다.
　　장-히[부].

장-하다(長-)[형어] (어떤 일에) 매우 능하다.

장하-주(章下註)[명] (책에 주석을 달 때) 각 장(章)의 끝에 몰아서 단 주석.

장:학(奬學)[명][하자] 학문을 장려함, 또는 그 일. ¶장학 제도. /장학 사업.

장:학(癀瘧)[명] 열대 지방에 유행하는 학질.

장:학-관(奬學官)[-꽌][명] 교육의 기획·조사·연구·지도·감독에 관한 사무를 맡은 교육 공무원.

장:학-금(奬學金)[-끔][명] ①학술 연구를 장려하고 원조하기 위하여 특정한 학자나 단체 등에 내주는 돈. ②가난한 학생이나 우수한 학생에게 학비 보조금으로 내주는 돈.

장:학-사(奬學士)[-싸][명] 장학관의 아래 직급으로, 교육 내용의 지도와 교사의 감독에 관한 일을 맡아보는 교육 공무원.

장:학-생(奬學生)[-쌩][명] 장학금을 받는 학생.

장:한(壯漢)[명] 허우대가 크고 힘이 센 남자.

장한(長旱)[명][하자] 오랫동안 가뭄, 또는 오랜 가뭄.

장한-몽(長恨夢)[명] 깊이 사무쳐 오래도록 잊을 수 없는 마음.

장함(長銜)[명] 위계(位階)·관직(官職) 따위를 박은 명함.

장:항(醬缸)[명] 간장·된장·고추장 따위를 담은 항아리.

장해(戕害)[명][하타] 참혹하게 상처를 내어 해침. 살해함. 죽임.

장해(障害)[명][하타][되자] 하고자 하는 일을 막아서 방해함, 또는 그것. ¶별다른 장해 없이 고지를 탈환하였다.

장해-물(障害物)[명] 장해가 되는 사물.

장혈(獐血)[명] 노루의 피.

장:혈(葬穴)[명] 시체를 묻는 구덩이.

장:-협착(腸狹窄)[명] 장관(腸管)이 좁아져서 먹은 것 따위가 잘 통하지 않게 되는 증상.

장:형(杖刑)[명] 왕조 때, 오형(五刑)의 하나. 곤장으로 볼기를 치던 형벌. 곤형(棍刑).

장:형(長兄)[명] 맏형. 큰형.

장:형-부모(長兄父母)[명] 맏형의 지위와 하는 일이, 부모와 같음을 이르는 말.

장화(長靴)[명] 목이 무릎께까지 올라오도록 만든 가죽신이나 고무로 된 신. ↔단화.

장화(裝畫)[명] 책의 겉장(裝幀)의 그림.

장-화반(長花盤)[명] 공청(空廳)이나 법당(法堂) 따위에, 두공을 겸하여 초제공(初提栱)과 서로 엇결리어 길게 짠 화반.

장화홍련-전(薔花紅蓮傳)[-년-][명] 작자·연대 미상의 조선 시대의 고대 소설. 많은 계모형(繼母型) 가정 비극 소설 중에서 가장 널리 알려짐. 계모 허씨에 의하여 고통스러운 삶을 살다가 원통한 죽음을 당한 장화·홍련 자매가 원한 되어 복수한다는 내용.

장활(長闊)'장활하다'의 어근.

장활-하다(長闊-)[형어] 장원(長遠)하고 광활(廣闊)하다. ¶장활한 들판. **장활-히**[부] ¶가을 하늘이 장활하게 펼쳐져 있다.

장황(張皇)'장황하다'의 어근.

장황(裝潢·粧潢)[명] (서책·서화첩 따위를) 보기 좋게 꾸미어 만듦. 표장(表裝).

장황-하다(張皇-)[형어] 번거롭고 길다. ¶요령 부득의 말을 장황하게 늘어놓다. **장황-히**[부].

장:회(壯灰)[-회/-훼][명] 장한 생각.

장회^소:설(章回小說)[-회-/-훼-][명] 긴 이야기를 여러 회(回)로 분장(分章)한 중국 소설의 한 체재. 〔삼국지연의·서유기 따위.〕

장:후(葬後)[명] 장사를 치른 뒤. ↔장전(葬前).

장흔(粧痕)[명] 화장(化粧)한 흔적.

장흥-고(長興庫)[명] 조선 시대에, 돗자리·종이·유지(油紙) 따위의 관리를 맡아보던 관아.

장-흥정(場-)[명][하타] 장판에서 하는 흥정.

잦감[잗깜][명] 밀물이 다 빠져서 잦은 상태.

잦다[잗따][자] ①(액체 따위가) 차차 졸아들어 없어지다. ②(흔들리던 기운 따위가) 가라앉아 조용해지다. ＊잦아〈잦는[잗-]

잦다²[잗따]짜 뒤로 기울어지다. 퇸젖다. ▪잦아·잦는[잔-]

잦다³[잗따]형 (거듭되는 어떤 일이) 짧은 동안에 자주 있다. ¶사고가 잦다. /작년 겨울에는 눈이 참 잦았다. ↔드물다. ▪잦아·잦고·잦고[잗꼬]

잦-뜨리다[잗-]타 (힘을 들여서) 뒤로 잦게 하다. 퇸잦트리다. ¶고개를 잦뜨려 뒤를 보다. 퇸젖뜨리다.

잦바듬-하다[잗빠-]형 ①뒤로 자빠질 듯이 배스름하다. ¶모자를 잦바듬하게 쓰다. ②탐탁하게 여기지 않는 듯하다. 퇸젖버듬하다. 잦바듬-히형

잦아-들다[~드니·~들어]짜 ①(액체 따위가) 차츰 졸아들어 없어져 가다. ②(흔들리던 기운 따위가) 가라앉으며 조용해져 가다. ¶비바람이 잦아들다.

잦아-지다짜 차차 잦아들어 없어지게(가라앉게) 되다. ¶바람이 잦아지다. /물결이 잦아지다.

잦아-지다²짜 (어떤 일이) 짧은 동안에 자주 있게 되다. ¶병원에 가는 일이 잦아지다.

잦은-가락명 '자진가락'의 잘못.

잦은-걸음명 ①두 발을 자주 놀려 걷는 걸음. ¶잦은걸음으로 급하게 걷다. ②자주 들름. ¶도서관에 잦은걸음을 하다.

잦은-몰이명 '자진모리장단'의 잘못.

잦은-방귀명 잇달아 잦게 뀌는 방귀.

잦추[잗-]부 잦추는 동작으로. ¶뛰듯이 잦추발을 놀려 길을 건너다.

잦추다[잗-]타 동작을 재게 하여 잇달아 재촉하다. ¶수탉의 울음소리가 아침을 잦추다.

잦추르다[잗-][잦추르니·잦추러]타 잇달아 몹시 재촉하여 몰아치다. ¶아무리 잦추러도 오늘 끝내기는 틀렸다.

잦-트리다[잗-]타 잦뜨리다. 퇸젖트리다.

잦혀-지다[자쳐-]짜 ①(물체가) 뒤로 잦바듬하게 젖다. ②안쪽이 겉으로 드러나게 열리다. 퇸젖혀지다.

잦-히다¹[자치-]타 ①['잦다¹'의 사동] (밥을 지을 때) 초벌 끓은 뒤에 불을 물렸다가 다시 조금 때어 밥물이 잦아지게 하다. ②(흔들리던 기운 따위가) 가라앉아 조용해지게 하다.

잦-히다²[자치-]타 ①['잦다²'의 사동] (물체를) 뒤로 잦게 하다. ¶윗몸을 뒤로 잦히다. ②물건의 밑쪽이 위로 올라오게 뒤집다. ¶엎어진 신발을 잦히다. ③(문짝 따위) 물건의 안쪽이 겉으로 드러나게 열다. ¶문짝을 잦히다. 퇸젖히다.

잘명 (옛) 자. ¶마슨 아홉 자흘 호괴(釋譜9:32).

재¹명 불에 타고 남은 가루 모양의 물질. ¶아궁이의 재를 긁어내다.

재²명 길이 나 있는 높은 산의 고개. 영(嶺).
재는 넘을수록 험하고[높고] 내는 건널수록 깊다[속담] '어떤 일이 갈수록 더 어려워짐'을 비유하여 이르는 말.

재³명 장기판의 앞에서 맨 끝 줄.

재-(在)명 (돈이나 물건 따위의) 쓰거나 팔고 남은 나머지.

재(災)명 〈재액(災厄)〉의 준말. 〈재상(災傷)〉의 준말.

재(財)명 〈재산(財産)〉·〈재물(財物)〉의 준말.

재(齋)¹명 ①명복을 비는 불공. ¶재를 올리다. ②재계(齋戒)〉의 준말.

재(齋)²명 ①초상계(初喪契)에서, 곗돈을 타게 되는 일. ¶재가 나다. /재를 타다. ②☞곗돈.

재(載)수관 '정(正)'의 1만 배, '극(極)'의 1만 분의 1에 해당하는 수(의). 곧, 10⁴⁴.

재-(在)접투 주로, 곳을 나타내는 명사 앞에 붙어, '그곳에 있는'의 뜻을 나타냄. ¶재일본.

재-(再)접투 《일부 명사 앞에 붙어》 '다시'·'거듭'의 뜻을 나타냄. ¶재확인. /재심사.

-재(材)접미 일부 명사 뒤에 붙어, 그러한 데 쓰이는 재목(材木)이나 재료임을 나타냄. ¶건축재. /한약재.

재:가(在家)명하자 ①집에 있음. ②자기의 집에서 중처럼 불도를 닦음. 재속(在俗). ③불가에서, 사회에서 살아가는 일반 사람을 이르는 말. ②③↔출가(出家).

재:가(再嫁)명하자 ☞개가(改嫁).

재가(裁可)명하타 ①결재하여 허가함. ②임금이 결재하여 허가함.

재가(齋家)명 ①재(齋)를 올리는 사람의 집. ②'초상난 집'을 무많이스 중이 이르는 말. ③초상 계원 중에서 '초상난 집'을 초상 계원이 이르는 말.

재:-계(在家戒)[-계/-게]명 불교에서 이르는 삼계(三戒)의 하나. 속세에서 사는 사람이 지켜야 할 계. 톋도속공수계·출가계.

재:-가동(再稼動)명하자타 일을 하기 위하여 기계·인원 따위를 다시 움직임, 또는 그렇게 되게 함.

재:가-무일(在家無日)명 바빠 돌아다니느라고 집에 붙어 있는 날이 없음.

재:가-승(在家僧)명 ①속가(俗家)에서 불법을 닦는 중. ②왕조 때, 합경도 변경 지역에 살던 여진족의 유민. 머리털을 깎고, 마을마다 불당(佛堂)을 두고 살았음.

재각(齋閣)명 ☞재실(齋室).

재간(才幹)명 적절하게 잘 처리하는 솜씨나 능력(기능). ¶재간이 있는 사람. 톋재능. ②방도나 도리. ¶더 이상 추위를 견딜 재간이 없다.

재:간(再刊)명하타퇸자 다시 간행함, 또는 그 간행물. ¶재간 잡지.

재간-꾼(才幹-)명 재간이 많은 사람.

재갈명 ①(말을 마음대로 다루기 위하여) 말의 입에 가로 물리는 쇠 도막. 마함(馬銜). ②(소리를 내거나 말을 하지 못하도록) 사람의 입에 물리는 물건. ¶납치범들은 나의 손을 뒤로 묶고 입에는 재갈을 물렸다.
재갈(을) 먹이다[관용] ①(말의 입에) 재갈을 물리다. ②(소리를 내거나 말을 하지 못하도록) 입을 틀어막다. ¶유괴범들은 소년의 입에 재갈을 먹였다.

재:감(在監)명하자 징역형, 금고형, 구류 처분 따위를 받은 사람이 교도소 안에 갇혀 있는 일.

재감(災減)명하타 재해(災害)를 입은 논밭에 대하여 세금을 덜 매김.

재감(裁減)명하타 짐작하여 가볍게 덜어 줌.

재:-감염(再感染)명 한 번 걸렸던 병에 다시 걸림.

재:감-자(在監者)명 ☞재소자(在所者).

재강명 술을 걸러 내고 남은 찌끼. 술찌끼. 모주(母酒). 조박(糟粕). 주조(酒糟).

재-강아지명 ①잿빛 털의 강아지. ②재투성이가 된 강아지.
재강아지 눈 감은 듯하다[속담] '무슨 일이나 사물이 요행히도 발각되지 않고 감쪽같이 지나감'을 비유하여 이르는 말.

재강-장(-醬)명 재강으로 담근 간장.

재강-죽(-粥)**명** 재강에 멥쌀을 넣고 쌀이 풀리도록 끓여 꿀이나 설탕 따위를 탄 죽.

재:개(再改)**명하타** (한 번 고친 것을) 다시 고침. 두 번째 고침.

재:개(再開)**명하타되자** (끊기거나 쉬었던 회의나 활동 따위를) 다시 엶. ¶중단되었던 회담을 재개하다.

재:-개발(再開發)**명하타되자** (이미 있는 것을 더 낫게 하려고) 다시 개발함, 또는 그 일. ¶재개발 지구.

재:-개의(再改議)[-의/-이]**명하자** 회의에서, 개의(改議)에 대하여 다시 개의함, 또는 그 개의.

재:거(再擧)**명하타** 두 번째 거사(擧事)함, 또는 그 거사.

재-거름명 재로 만든 거름.

재:건(再建)**명하타되자** (없어졌거나 허물어진 것을) 다시 일으켜 세움.

재:-건축(再建築)**명하타되자** 기존에 있던 건축물을 헐고 다시 세우거나 쌓아 만드는 일.

재:-검사(再檢査)**명하타** (한 번 검사한 것을) 다시 검사함, 또는 그 검사.

재:-검토(再檢討)**명하타되자** (한 번 검토한 것을) 다시 검토함, 또는 그 검토.

재격(才格)**명** 재주와 품격.

재결(災結)**명** 재상(災傷)을 입은 논밭.

재결(裁決)**명하타** ①옳고 그름을 가리어 결정함. 재단(裁斷). ②소원(訴願)의 제기나 행정 소송에 대한 행정 기관의 판정.

재결(齋潔)**명하자** 근신하여 몸을 깨끗이 함.

재결^신청(裁決申請) 당사자 간에 행정상의 법률적 분쟁이 생겼을 때, 제삼자인 행정 기관에 그 판정을 청구하는 행위.

재:-결정(再結晶)[-쩡]**명하타되자** 결정성 물질의 용액을 냉각하거나 증발시켜 다시 결정시키는 일.

재결^처:분(裁決處分)**명** 법규에 정한 형식에만 엄밀히 좇아 내리는 행정 처분. 〔조세 징수 따위.〕

재:-결합(再結合)**명하타되자** ①다시 결합함, 또는 그 결합. ②전리(電離)에 의하여 분리된 음양의 이온, 또는 전자와 양이온이 다시 결합하여 중성 분자나 원자를 만드는 일.

재겸(災歉)**명하자** 재상(災傷)으로 곡식이 잘 여물지 못함.

재:경(在京)**명하자** 서울에 있음. ¶재경 동문회.

재:경(再耕)**명하타** ☞두벌갈이.

재경(財經)**명** 재정과 경제. ¶재경 담당 보좌관.

재:-경매(再競賣)**명하타** 경락(競落)이 결정된 뒤, 경락인이 경락 대금을 지불하지 않을 경우에 다시 경매함, 또는 그 경매.

재:계(再啓)[-계/-게]**명하타** ☞추신(追伸).

재계(財界)[-계/-게]**명** 실업가나 금융업자의 사회. 비경제계.

재계(齋戒)[-계/-게]**명하자** 제(祭)를 지낼 사람이, 몸과 마음을 깨끗이 하고 음식과 언행을 삼가며 부정을 멀리하는 일. 준재(齋)1.

재:고(再考)**명하타되자** (한 번 정한 일을) 다시 한 번 생각함. ¶이 계획은 재고의 여지도 없다.

재:고(在庫)**명** ①창고에 있음. ②<재고품>의 준말. ¶재고 정리.

재:고^투자(在庫投資)**명** 기말(期末)에 있어서의 재고의 증가분을 기수(期首)의 재고에 대한 추가 투자로 보아 이르는 말.

재:고-품(在庫品)**명** ①창고에 있는 물품. ②(미처 출고를 못했거나 팔다가 남아서) 창고에 있는 생산품(상품). 준재고.

재곤두-치다자 세게 곤두박질하여 떨어지다.

재골(才骨)**명** 재주 있게 생긴 골상(骨相), 또는 그러한 골상의 사람.

재:관(在官)**명하자** 관직에 있음.

재:교(在校)**명하자** ①학교 안에 있음. ②재학 중임. ②학교(在學).

재:교(再校)**명하타** 초교(初校)를 본 후에 두 번째로 교정함, 또는 그 교정. 재준(再準).

재:-교부(再交付)**명하타되자** (한 번 교부한 서류나 증명서 따위를) 다시 교부하는 일.

재:-교섭(再交涉)**명하타되자** (처음의 교섭이 실패한 경우에) 다시 교섭함, 또는 그 교섭.

재:-교육(再教育)**명하타되자** ①(일정한 교육이 끝난 사람을) 다시 교육함, 또는 그 교육. ②실무에 종사하고 있는 사람에게 다시 직책상 필요한 교육을 베풂, 또는 그 교육.

재구(災咎)**명** 재앙과 허물.

재-구삽(災灰物) 황화물(黃化物)이 산화될 때 생기는 재와 같은 가루를 광산에서 이르는 말.

재:-구성(再構成)**명하타되자** (한 번 구성한 것을) 다시 구성함, 또는 그 구성. ¶내각을 재구성하다.

재국(才局)**명** 재주와 국량(局量). 재기(才器). 재량(才量). ¶재국이 있는 사람.

재국(材局)**명** 사람의 됨됨이와 유능한 소질. 재기(材器). ¶재국이 훌륭한 인재.

재:-군비(再軍備)**명하타** (한 국가가 일단 해제되거나 폐지했던) 군비를 다시 갖춤. ¶일본의 재군비를 주시하다. 비재무장.

재궁(梓宮)**명** <자궁(梓宮)>의 본딧말.

재궁(齋宮)**명** ①지방의 문묘(文廟). 교궁(校宮). ②☞재실(齋室).

재:귀(再歸)**명하자** (본디 있던 곳으로) 다시 돌아옴. 되돌아감.

재:귀^대:명사(再歸代名詞)**명** 서양어에서, 주로 재귀 동사의 목적어로 쓰이면서, 동작주(動作主) 자신을 가리키는 대명사. 우리 문법에서는, 한 문장 안에서 앞에 나온 주어를 도로 가리키는 대명사. 〔'철수는 자기 잘못을 알고 있다'에서의 '자기' 따위.〕

재:귀^동:사(再歸動詞)**명** 서양어에서, 어떤 동작의 작용이 동작주(動作主) 자신에게 되돌아옴을 나타내는 동사.

재:귀-열(再歸熱)**명** 급성 전염병의 한 가지. 5~7일간 내지 두통 및 높은 열과 오한으로 앓다가 5~7일간 회복된 다음 다시 이전의 증세를 보이는 병. 이·벼룩·진드기의 매개로 재귀열 스피로헤타에 의하여 발병함. 회귀열.

재:-귀화(再歸化)**명하자** 혼인·귀화·이탈 등의 이유로 국적을 잃었던 사람이 다시 그 국적을 회복하는 일. 국적 회복.

재:근(在勤)**명하자** (어떤 직장에) 근무하고 있음. 비재직(在職).

재기(才氣)**명** 재주가 있어 보이는 기질. ¶재기 발랄하다. /재기 넘치는 언행.

재:기(再起)**명하자되자** (한 번 망하거나 실패했다가) 다시 일어나는 일. 갱기(更起). ¶재기의 기회를 엿보다.

재:기(再記)**명하타되자** 다시 기록함.

재기(材器)**명** ☞재국(材局).

재기(齋期)**명** 재계(齋戒)하는 기간.

재:기^불능(再起不能)[-릉] 명 다시 일어날 힘
이 없음.

재:-기소(再起訴)명하타 형사 소송법상, 공소
(公訴)를 취소한 후, 그 범죄 사실에 대한 다
른 중요한 증거를 발견하였을 경우에 다시 공
소를 제기하는 일. 공소③.

재깍¹무 ①하자타 단단한 물체가 가볍게 부러지
거나 맞부딪칠 때 나는 소리. ②하자 시계 따위
의 톱니바퀴가 돌아가는 소리. 흰제격1. 엔째
깍. **재깍-재깍**무 하자타.

재깍²무 무슨 일을 빠르고 시원스럽게 해내는
모양. 흰제격². 엔째깍². **재깍-재깍**무.

재깍-거리다[-꺼-] 재 자타 단단한 물체가 잇
달아 가볍게 부러지거나 맞부딪치면서 재깍재
깍 소리를 내다. 재깍대다. 흰제꺽거리다.
Ⅱ재 시계 따위의 톱니바퀴가 잇달아 돌아가며
재깍재깍 소리를 내다. 재깍대다. 흰제꺽거리다.

재깍-대다[-때-] Ⅰ자타 재깍거리다.
Ⅱ자 재깍거리다.

재깔-거리다자 자꾸 재깔재깔하다. 재깔대다.
흰지껄거리다.

재깔-대다자 재깔거리다.

재깔-이다자 나직한 목소리로 좀 떠들썩하게 말
하다. 흰지껄이다.

재깔-재깔무 하자 좀 떠들썩하게 자꾸 이야기하
는 모양, 또는 그 소리. 흰지껄지껄.

재난(災難)명 뜻밖의 불행한 일. 액화(厄禍). 화
해(禍害).

재:-내(在內)명 하자 안에 있음. ↔재외(在外).

재-넘이명 산에서 내려 부는 바람. 산바람.

재녀(才女)명 재주 있는 여자. 비재원(才媛).
↔재사(才士).

재년(災年)명 ①재앙이 많은 해. ②↔흉년.

재능(才能)명 재주와 능력. 재력(才力). 준능
(能). 비재간(才幹).

재:다¹재 젠체하며 뽐내다. ¶돈푼깨나 있다고
너무 재지 마라.

재:다²타 ①〈도량형기나 계측기 또는 연장을 사
용하여〉길이·크기·무게·정도 따위를 헤아려 보
다. ¶뼘으로 길이를 재다. /체온을 재다. ②일
의 앞뒤를 헤아리다. ¶너무 재다가 기회를 놓치
고 말았다. ③몰래 실정을 살피다. ¶뒤를 재다.

재:다³타 ①〈쟁이다〉의 준말. ¶깻잎을 양념장
에 재다. ②〈총포의 약실 속에 화약이나 탄환
을〉다져 넣거나 끼워 넣다. ¶총알을 재다.

재:다⁴형 ①동작이 재빠르고 날쌔다. ¶걸음이
매우 재다. ②물건의, 온도에 대한 감응성이 몹
시 예민하다. ¶양은솥은 불에 재다. ③입이
싸다. 가볍다. ¶입이 잰 여자.

재단(財團)명 일정한 목적을 위하여 결합된
재산의 집합. 법률상 부동산같이 다루어지며,
저당권 설정의 목적이 됨. 참사단(社團). ②〈재
단 법인〉의 준말.

재단(裁斷)명 하타 ①마름질. ②↔재결(裁決).

재단-기(裁斷機)명 (종이·천·철판 따위를) 마름
질하는 기계. 단재기(斷裁機).

재단-법(裁斷法)[-뻡] 마름질하는 방법.

재단^법인(財團法人)명 일정한 목적에 제공된
재산의 독립된 운용을 위하여, 그 설립이 인정
된 공익 법인. 참재단. 참사단 법인(社團法人).

재단^비:평(裁斷批評)명 미리 일정한 기준을
세워 놓고, 그 기준에 준하여 작품을 다루는
문예 비평의 한 가지. 18세기 초까지 영국·프
랑스 등지에서 주로 행하여졌음.

재단-사(裁斷師)명 마름질을 전문으로 하는 사람.

재단^저:당(財團抵當)명 일정한 기업용 재산을
일괄하여 담보 가치를 파악하고 거기에 설정하
는 저당권, 또는 그러한 저당권을 설정하는
일. 공장 재단·어업 재단·철도 재단 따위에 설
정된 저당임.

재단^채:권(財團債權)[-꿘]명 파산한 재단으
로부터 파산 절차에 의하지 아니하고 파산 채
권자에 우선하여 변제를 받을 수 있는 청구권.

재담(才談)명 하자 (익살을 부리며) 재치 있게
하는 재미있는 이야기.

재담-꾼(才談-)명 '재담을 잘하는 사람'을 낮
추어 이르는 말.

재당(齋堂)명 선사(禪寺)의 식당.

재:-당숙(再堂叔)명 재종숙(再從叔)을 친근하
게 일컫는 말.

재:-당숙모(再堂叔母)[-숭-]명 재종숙모(再從
叔母)를 친근하게 일컫는 말.

재:-당질(再堂姪)명 재종질(再從姪)을 친근하
게 일컫는 말.

재:-당질녀(再堂姪女)[-려]명 재종질녀(再從姪
女)를 친근하게 일컫는 말.

재덕(才德)명 재주와 덕. 재지(才智)와 덕행(德
行). ¶재덕을 겸비한 규수.

재덕-겸비(才德兼備)[-껨-]명 하자 재주와 덕
을 두루 다 갖춤.

재:도(再度)명 ☞재차(再次).
Ⅱ무 재차(再次).

재-도감(齋都監)명 재(齋)를 올리는 의식을 감
독하는 중.

재:독(再讀)명 하타 (한 번 읽은 것을) 다시 읽
음. 두 번째 읽음.

재동(才童)명 재주가 빼어난 아이.

재떨-이명 담뱃재를 떨어 놓는 그릇.

재랄명 하자 '법석을 떨거나 분별없이 함부로 행
동하는 짓'을 욕으로 이르는 말. 흰지랄.

재:-래(在來)명 전부터 있어 내려온 것. 이제까
지 해 오던 일. ¶재래의 방식.

재:래(再來)명 하자 다시 한 번 옴. 두 번째 옴.
비재림(再臨).

재래(齎來)명 하타 어떤 결과를 가져옴. 초래.

재:래-면(在來棉)명 옛날부터 재배하여 오던
면화.

재:래-시장(在來市場)명 전부터 있어 오던 시
장을 대형 슈퍼마켓이나 백화점·할인점 따위에
상대하여 이르는 말.

재:래-식(在來式)명 재래의 방식(법식). ¶재래
식 부엌.

재:래식 무기(在來式武器)[-싱-] 칼·총·대포 따
위와 같이 전부터 사용해 오던 무기. [핵무기·생화
학 무기·탄도 미사일 따위를 제외한 무기를 이름.]

재:래-종(在來種)명 어느 지방에서 오랜 세월
동안 다른 품종과 교배되지 않고 재배되거나는
길러 오던 품종. 본종(本種). 토종(土種). ↔개
량종·외래종(外來種).

재략(才略)명 ①재지(才智)와 책략(策略). ②재
주가 있는 꾀.

재량(才量)명 재주와 도량(국량). 재국(才局).
¶마음껏 재량을 펼치다.

재량(裁量)명 ①스스로 판단하여 처리함.
재작(裁酌). 재탁(裁度). ¶맡은 일을 재량껏
처리하다. ②〈자유재량〉의 준말.

재:량(載量)圐 ☞적재량(積載量).

재량(齎糧)圐圌 양식을 가지고 다님.

재량-권(裁量權)[-꿘] 圐 자유재량으로 결정·처리할 수 있는 권한.

재량^변:호(裁量辯護)圐 법원이 자유재량에 의하여 직권으로 선임한 변호인의 변호. 곧, 임의적인 국선(國選) 변호.

재량^처:분(裁量處分)圐 행정청의 자유재량에 속하는 범위 안에서 하는 행정 처분. ↔기속처분(羈束處分).

재력(才力)圐 재주와 능력. 재능(才能).

재력(財力)圐 재물의 힘. 재산상의 능력. 부력(富力). ¶재력만 믿고 까불다가는 큰코다친다.

재력-가(財力家)[-까]圐 재산가.

재:련(再鍊)圐圌圙 ①쇠붙이를 두 번째 불림. ②목재나 석재를 두 번째 다듬음.

재:련-질(再鍊-)圐圌圙 한 번 깎아 낸 목재의 면을 다시 곱게 깎는 일. 재벌질.

재령(材齡)圐 회삼물(灰三物)이나 콘크리트를 한 뒤로 지나간 햇수.

재:록(再錄)圐圌圙圙圛 다시 기록하거나 수록함, 또는 그 기록.

재:록(載錄)圐圌圙圙圛 (책이나 기록 따위에) 올려서 실음.

재록-신(財祿神)[-씬]圐 사람의 재물을 맡아본다는 신. 圙재신.

재:론(再論)圐圌圙圙圛 다시 의논하거나 거론함. ¶재론의 여지도 없다.

재롱(才弄)圐 (어린아이의) 슬기롭고 귀여운 말과 행동. ¶손자의 재롱을 즐기다.

재롱-둥이(才弄-)圐 '재롱을 잘 부리는 어린아이'를 사랑스럽게 이르는 말.

재롱-떨다(才弄-)[~떠나·~떨어]圛 ☞재롱부리다.

재롱-받이(才弄-)[-바지]圐 재롱을 부리는 것을 받아 주는 일.

재롱-부리다(才弄-)圛 (어린아이가) 재롱스러운 짓을 하다. 재롱떨다. ¶요즘은 손자 녀석 재롱부리는 걸 보는 재미에 산다.

재롱-스럽다(才弄-)[-따][~스러우니·~스러워서]圙圛 (어린아이가) 말과 행동이 슬기롭고 귀여운 데가 있다. 재롱스레圌.

재료(材料)圐 ①물건을 만드는 감. ¶나무는 건축 재료로 쓰인다. ②어떤 일을 하거나 이루는 거리. ¶강의 재료. ③예술적 표현의 제재.

재료-미(材料美)圐 예술적 표현물에서, 재료 그대로의 아름다움.

재료-비(材料費)圐 제품 생산에 소비되는 물적(物的) 재료에 드는 비용.

재료^역학(材料力學)[-녀칵]圐 (기계·건축물·교량 따위의) 구조물을 형성하는 재료의 역학적인 성질을 연구하는 학문.

재:류(在留)圐圌圙圛 ①(어느 곳에) 한동안 머물러 있음. ②(외국에 가서) 한동안 머물러 있음. ¶미국 재류 한국인. 圙체류(滯留).

재:류-민(在留民)圐 거류민(居留民).

재리¹(눈이나 얼음에 미끄러지지 않도록) 나막신의 굽에 박는 큰 징.

재:리²(財利)圐 ①나이 어린 땅꾼. ②'몹시 인색한 사람'을 멸시하여 이르는 말.

재리(財利)圐 재물과 이익. ¶재리에 밝다.

재:림(再臨)圐圌圙圛 ①두 번째 옴. 圙재래(再來). ②(다시 내림(來臨)한다는 뜻로서) 부활하여 승천한 예수가, 최후의 심판 때 이 세상에 다시 온다는 일.

재:림-파(再臨派)圐 기독교의 한 종파. 그리스도의 재림에 대한 믿음을 신앙의 가장 중요한 기초로 강조하는 파.

재망(才望)圐 재주와 명망. 재명(才名).

재명(才名)圐 ①☞재망(才望). ②재주로 말미암아 소문난 이름.

재:-명년(再明年)圐 ☞내명년.

재:-명일(再明日)圐 모레.

재목(材木)圐 ①(건축·토목·가구 따위의) 재료로 쓰는 나무. ②'큰일을 할 인물'을 비유하여 이르는 말. ¶저 청년은 앞으로 큰일을 할 재목이다.

재목(宰木)圐 무덤가에 심은 나무.

재목-상(材木商)[-쌍]圐 재목을 사고파는 장사, 또는 그 장수. 圙목상.

재무(財務)圐 재정에 관한 사무.

재무-관(財務官)圐 ①대한 제국 때에, 재무서(財務署)의 주임(奏任) 벼슬을 이르던 말. ②(재무에 관하여) 지출 원인 행위를 운영하는 각 중앙 관서의 공무원.

재무-비(財務費)圐 징세나 국유 재산의 관리 등 재무에 관한 활동이나 운영상의 경비. 〔경영비·출납비·징세비 따위〕.

재무-서(財務署)圐 대한 제국 때에, 세무와 지방 재무에 관한 일을 맡아보던 관청.

재:-무장(再武裝)圐圌圙圛 (무장을 해제당했던 상태에서) 다시 무장함. 圙재군비(再軍備).

재무-제표(財務諸表)圐 기업 활동의 계산적 결과를 이해관계가 있는 사람에게 보고할 목적에서 작성되는 여러 가지 계산표. 〔대차 대조표·손익 계산서 따위〕.

재-무진동(-銅)圐 잿빛 가루로 된 무진동.

재무^테크놀로지(財務technology)圐 기업이 자금의 조달이나 운용에 고도의 기술을 사용하여 금융 거래에 의한 이득을 꾀하는 일. 개인의 자산 운용에도 씀. 圙재테크.

재무^행정(財務行政)圐 국가나 그 밖의 행정주체가 임무를 행하는 데 필요한 재화의 조달·관리·사용 등에 관한 행정.

재문(才門)圐 대대로 재사(才士)가 많이 나오는 가문.

재:문(在文)圐 셈을 하고 남은 돈. 재전(在錢).

재문은-떡圐 굿을 할 때 쓰고 남은 떡.

재:-물(在物)圐 어떤 자리에 있는 물건. ¶재물목록.

재물(財物)圐 ①돈과 값나가는 물건. ¶재물을 모으다. ②(주로 형법상 사용하는 용어로서) 절도·강도·사기·공갈·횡령·장물 따위 죄의 객체가 되는 것. 재화(財貨). ¶재물 손괴죄. 圙재(財).

재:물-대(載物臺)[-때]圐 현미경에서 관찰 재료를 얹어 놓고 보는 대.

재미(←滋味)圐 ①아기자기하게 즐거운 맛이나 기분. ¶살아가는 재미를 알다. /소설의 재미에 취하다. ②(돈벌이 따위의) 좋은 성과나 보람. ¶재미가 괜찮은 사업. ③(안부를 물을 때의) 생활의 형편. ¶요즘 재미가 어떤가?

재미(를) 보다圐圛 ①즐겁거나 수지맞는 일을 경험하다. ¶증권에 투자하여 재미를 보다. ②이성과의 교제를 즐기다. ¶그는 요즘 김 아무개와 재미 보느라고 정신이 없다.

재미(를) 붙이다圐圛 (어떤 일을) 좋아하게 되거나 재미를 느끼게 되다. ¶국어 공부에 재미를 붙이다. /장사에 재미를 붙이다.

재미(齋米)圐 중에게 보시(布施)로 주는 쌀.

재미-나다(←滋味-)짜 아기자기한 맛이나 즐거움이 일다. ¶ 재미나는 일. / 만화가 재미나다.

재미난 골에 범 난다속담 ①지나치게 재미있으면 그 끝에 가서는 좋지 않은 일이 생긴다는 말. ②남몰래 나쁜 짓을 계속하면 마침내는 변을 당하게 마련이라는 말.

재미-스럽다(←滋味-) [-따] [~스러우니·~스러워]형 재미가 있어 보이다. 재미스레튀.

재미-없다(←滋味-) [-업따]형 ①아기자기한 즐거움이나 이문(利文)이 없다. ¶재미있는 장사. /영화가 재미없다. ②(장차) 신상에 좋지 않은 일이 있다. ¶너 또 그런 짓을 하면 재미없어.

재미-있다(←滋味-) [-읻따]형 아기자기한 맛이나 즐거움이 있다. ¶재미있게 말씀하신다.

재미-적다(←滋味-) [-따]형 ①재미있는 편이 못 되다. ¶요즘 부동산 투자는 재미적다. ②신상에 해로운 일이 있을 듯하여 재미적다. ¶그에게 들켰으니 아무래도 재미적을 것 같다. ③(위협하는 뜻으로) '해를 끼치겠다'는 말. ¶또 그런 짓을 하면 재미적을 줄 알아.

재미-중(齋米-)명 ☞동냥중.

재:-바닥명 ①끊긴 광맥의 아래쪽에 다시 나타난 큰 광맥. ②사금(沙金)을 캘 때, 잿빛을 띤 바닥.

재바닥을 짚다관용 재바닥의 광맥을 따라 파들어 가다.

재:-바닥-줄 [-쭐]명 재바닥으로 있는 광맥.

재-바르다 [~바르니·~발라]형타 재치가 있고 날렵하다. 쎈재빠르다.

재:-발(再發)명 ①하자(한 번 생기었던 일이나 병 따위가) 다시 나타남. ¶전쟁의 재발을 막아야 한다. /위암이 재발하다. ②하타(한 번 보낸 글발 따위를) 다시 부침. ¶독촉장을 재발하다.

재:-발견(再發見)명하타되짜 다시 발견함. 새삼스럽게 깨달아 알아냄. ¶전통미의 재발견.

재방-변(才傍邊)명 한자 부수의 한 가지. '打'·'技' 등에서의 '�扌'의 이름. ⑳손수.

재:-방송(再放送)명하타되짜 (이미 했던 방송 내용을) 다시 방송함.

재-방어(-魴魚)명 고등엇과의 바닷물고기. 깊은 바다에서 사는데, 몸길이는 2m가량. 삼치와 모양이 비슷하나 반문이 두드러지지 않음. 혀 위에 이가 있으며, 옆줄이 긴 'S' 자 모양으로 크게 굽어 있음. 제주도 연해 및 남중국해·대만 연해 등지에 분포함.

재:-배(再拜)명 ①하짜두 번 절함, 또는 그 절. 참단배(單拜). ②'두 번 절하며 올립니다.' 하는 뜻으로, 손윗사람에게 보내는 편지 글 끝에 흔히 쓰는 말. ¶소생 이길남 재배.

재:-배(栽培)명하타되짜 (식물을) 심어서 가꿈. ¶비닐하우스에서 꽃을 재배하다.

재:-배당(再配當)명하타되짜 회사가 특별한 이익을 얻었을 때, 보통 배당(配當) 이외에 다시 더하는 배당.

재:-배-법(栽培法) [-뻡]명 식물(植物)을 심어 가꾸는 방법.

재:-배^식물(栽培植物) [-싱-]명 (식용·약용·관상용 따위의 목적으로) 심어서 가꾸는 식물. ↔야생 식물·자생 식물.

재:-배치(再配置)명하타되짜 다시 배치함. ¶서부 전선에 군사를 재배치하다.

재백(財帛)명 재화(財貨)와 포백(布帛).

재:-번(再燔)명하타되짜 (도자기를) 두 번째 구움.

재벌(財閥)명 ①재계에서 큰 세력을 가진 독점적 자본가나 기업가의 무리, 또는 일가나 친척으로 구성된 대자본가의 집단. ②☞콘체른.

재:-벌(再-)명하타 ①(끝낸 일을) 다시 한 번더 하는 일. ②☞재견실.

재:-범(再犯)명하짜 (죄를 저지른 사람이) 다시 죄를 저지름, 또는 그 사람. ⑧누범(累犯)·초범.

재:-벽(再壁)명하짜 (초벽을 바른 위에) 두 번째 벽토를 바름.

재변(才辯)명 재치 있게 잘하는 말.

재변(災變)명 ①재앙으로 말미암아 생기는 변고. ②자연계의 이변(異變).

재:-보(再報)명하타 두 번째 알리는 일.

재보(財寶)명 ①보배로운 재물. 〔금·은·주옥 따위.〕 ②재화와 보배.

재보(裁報)명 재결의 통보.

재-보시(←財布施)명 중이나 가난한 사람에게 재물을 주는 일.

재-보시(←齋布施)명 재주(齋主)가 재(齋)를 치른 뒤에 사례로 절에다 내는 돈.

재:-보험(再保險)명 보험자가 피보험자에 대한 계약상의 책임을 다시 다른 보험자에게 인수시키는 보험.

재:-복무(再服務) [-봉-]명하짜 (일정한 병역 의무를 마친 사람이) 다시 군무(軍務)에 복무함, 또는 그 일.

재:-봉(再逢)명하짜 (헤어졌던 사람을) 다시 만남. 재회.

재봉(裁縫)명하자타 옷감을 말라서 재봉틀로 바느질함, 또는 그 일.

재봉-기(裁縫機)명 ☞재봉틀.

재봉-사(裁縫師)명 (양복 따위를) 마르고 짓는 일을 직업으로 하는 사람.

재봉-사(裁縫絲)명 ☞재봉실.

재봉-수(裁縫繡)명 재봉틀로 놓은 수.

재봉-실(裁縫-)명 재봉하는 데 쓰는 실. 재봉사(裁縫絲).

재:-봉춘(再逢春)명하짜 ①음력으로, 일 년 안에 입춘(立春)이 두 번 드는 일. ②불우한 처지에 빠졌던 사람이 '다시 행복을 되찾음'을 비유하여 이르는 말.

재봉-틀(裁縫-)명 (피륙·종이·가죽 따위를) 바느질하는 기계. 미싱. 재봉기.

재부족(才不足)명 '재부족하다'의 어근.

재부족-하다(才不足-) [-조카-]형여 재주가 모자라다. ¶재부족한 사람이 중책을 맡다.

재:-분배(再分配)명하타되짜 다시 분배함. ¶소득의 재분배.

재:-분할(再分割)명하타되짜 다시 분할함.

재블린(javelin)명 끝에 날카로운 쇠붙이가 달린, 나무로 만든 투척용(投擲用) 창(槍).

재-빠르다 [~빠르니·~빨라]형르 동작이 재고 빠르다. ¶몸놀림이 재빠르다. ㈐재바르다. ↔굼뜨다.

재빨리튀 재빠르게. ¶재빨리 손을 쓰다.

재-빼기(嶺-)명 재(嶺)의 꼭대기. ¶재빼기를 넘어가다.

재사(才士)명 재주가 많은 남자. ↔재녀(才女).

재사(才思)명 재치 있는 생각.

재:-사(在社)명하짜 ①회사에 있음. ②회사에 근무하고 있음. ⑭재직(在職).

재:-사(再思)명하타 (생각한 일을) 다시 생각함, 또는 그 생각. 심사(深思).

재사-스럽다(才思-) [-따] [~스러우니·~스러워]형ㅂ 재사가 있어 보이다. **재사스레**튀 사람이 아주 재사스레 생겼다.

재:삭(再削)**명**[하타] ⇨되깎이.

재산(財産)**명** 개인이나 단체가 소유한 유형·무형의 경제적 가치가 있는 것의 총체. ¶ 저작권이나 특허도 재산의 한 가지다. ②=천량. 돈. ③'개인의 삶을 위하여 가치 있는 것'을 비유하여 이르는 말. ¶ 성실만이 나의 재산이다. ②재(財).

재산-가(財産家)**명** 재산이 많은 사람. 부자. 재력가.

재산^계:정(財産計定)[-계-/-게-]**명** 부기에서, 자산 및 부채에 관한 계정.

재산^관리인(財産管理人)[-괄-]**명** 파산자나 채무자 또는 상속인이 없을 때 상속 재산 따위를 법원의 선임이나 본인의 위탁을 받아 관리하는 사람. 관재인(管財人).

재산-권(財産權)[-�-]**명** 물건·채권·무체(無體) 재산상의 권리. 경제적 이익을 목적으로 하는 재산상의 권리. ②인격권·인격권.

재산^목록(財産目錄)[-몽녹]**명** ①(일정한 시기에 있어서) 상인의 영업 재산을 개별적으로 값을 매겨서 적어 놓은 정태적(靜態的)인 명세표. ②금전상의 가치가 있는 모든 개인 재산의 목록. ¶ 이 도자기는 내 재산 목록 1호일세.

재산-법(財産法)[-뻡]**명** 사법(私法) 관계 중 경제생활 관계를 규정한 법률을 통틀어 이르는 말.〔민법의 물권법·채권법·상법 따위.〕②신분법.

재산^보:험(財産保險)**명** 재산상의 사건에 관련된 경제 사정의 불안정성을 제거할 목적으로 만든 보험.〔해상 보험·화재 보험·운송 보험·도난 보험·신용 보험 따위.〕

재산^분여(財産分與)**명** (이혼할 경우에) 당사자의 어느 한쪽이 상대편에게 재산을 나누어 주는 일.

재산^상속(財産相續)**명** 재산상의 지위 상속. 적극 재산은 물론 소극 재산도 포함됨. 유산 상속. ②신분 상속.

재산-세(財産稅)[-쎄]**명** 재산의 소유, 또는 재산의 이전 사실에 대하여 부과하는 조세.〔지세·가옥세·상속세·증여세 따위.〕

재산^소:득(財産所得)**명** 재산의 이용에서 생기는 이득.〔지대(地代)·이자 따위.〕

재산^압류(財産押留)**명** 채권자가 국가의 공권력을 빌려 채무자의 재산을 압류하는 강제 집행의 한 가지. ②납세 의무를 행하지 않는 사람에게 국가나 자치 단체가 그 사람의 재산을 압류하는 강제 징수의 한 가지. ②재산 차압.

재산-제:도(財産制度)**명** (개인의 재산 보호를 위하여 국가에서 규정한) 재산의 소유 및 처분에 관한 제도.

재산^차압(財産差押)**명** ⇨재산 압류.

재산^출자(財産出資)[-짜]**명** (회사·조합 등의) 공동 사업을 하기 위한 자본으로서 금전, 기타의 재산을 출연(出捐)하는 일.

재산-형(財産刑)**명** 재산의 박탈을 내용으로 하는 형벌.〔벌금·과료 따위.〕↔체형(體刑).

재산^형성^저:축(財産形成貯蓄)**명**〈근로자 재산 형성 저축〉의 준말. ②재형저축.

재살(災煞)**명** 삼살방(三煞方)의 하나. 이 살이 있는 방위를 범하면 질병과 재난을 만나게 된다고 함.〔범·말·개의 해는 자방에, 돼지·토끼·양의 해는 유방에, 원숭이·쥐·용의 해는 오방에, 뱀·닭·소의 해는 묘방에 있다 함.〕

재살(宰殺)**명**[하타] ⇨도살(屠殺).

재:삼(再三)**부** 두세 번. 거듭. ¶ 재삼 당부하다. /재삼 강조하다.

재:삼-사지(再三思之)**명**[하타] 여러 번 생각함.

재:삼-재:사(再三再四)**부** 몇 번씩. 거듭거듭. ¶ 재삼재사 타일러 보내다.

재:상(在喪)**명** (상제로서) 상중(喪中)에 있을 때.

재상(災祥)**명** 재앙과 상서로운 일.

재상(災傷)**명** 천재(天災)로 말미암아 농작물이 입는 해(害). ②재(災).

재:상(宰相)**명** ①임금을 보필하며 관원을 지휘·감독하는 자리에 있는 이품 이상의 벼슬. 또는 벼슬아치를 통틀어 이르던 말. 경상. 경재. 재신. ②상공(相公). ②중당(中堂). ⇨수상(首相).

재:상-가(宰相家)**명** 재상의 집.

재상-분명(財上分明)**명** 돈 거래에서 흐리터분하지 않고 셈이 밝음.

재색(才色)**명** (여자의) 재주와 아름다운 용모. ¶ 재색을 겸비한 규수.

재색(財色)**명** 재물과 여색(女色). 화색(貨色). ¶ 재색을 탐하다.

재:생(再生)**명**[하자타][되자] ①(죽게 되었다가) 다시 살아남. ¶ 사경(死境)에서 재생하다. ②(전과자 등이) 다시 올바른 생활을 시작함. ¶ 사회에 나가면 재생의 길을 찾아야지. ③(버리게 된 물건을) 다시 살려서 쓰게 만듦. ¶ 재생 필름. /폐품을 재생하여 쓰자. ④(신앙을 가져) 새로운 영적 생활을 시작함. ¶ 신앙으로 재생의 길을 찾다. ⑤잊어버렸던 일을 다시 기억해 냄. 재현. ¶ 기억 재생. ⑥어떤 종류의 생물에서) 손상된 생체가 다시 자라나 원상대로 조직체가 만들어짐. ¶ 생체 재생. ⑦(녹음·녹화한 테이프나 레코드로) 본디의 음이나 영상을 다시 들려주거나 보여 줌. ¶ 영상 재생. /음향 재생. ⑧민속 신앙에서, 죽은 뒤에 그 영혼이 다른 육체 속으로 들어가 다시 생활을 시작함. ①②⑪=갱생.

재:생(齋生)**명**〈거재 유생(居齋儒生)〉의 준말.

재:생-고무(再生-)**명** 헌 고무를 가루로 만든 다음 약품을 섞고 가열하여 다시 만들어 낸 고무. 갱생고무.

재생명(哉生明)〔달의 밝은 부분이 처음 생긴다는 뜻으로〕'음력 초사흗날'을 이르는 말.

재:생-모(再生毛)**명** 털을 원료로 한 헌 제품을 풀어 다듬어서 다시 원모(原毛)처럼 만든 털.

재생백(哉生魄)〔달의 검은 부분이 처음 생긴다는 뜻으로〕'음력 열엿샛날'을 이르는 말.

재:생^불량성^빈혈(再生不良性貧血)[-썽-]**명** 골수의 장애로 적혈구·백혈구·혈소판이 매우 감소하는 빈혈.

재:-생산(再生産)**명**[하타][되자] (경제 활동에 의하여) 생산과 소비가 되풀이되는 일. 생산된 재화가 소비에 의하여 다시 생산되는 과정으로 반복됨.

재:생^섬유(再生纖維)**명** (천연 또는 인조의 섬유상 고분자 물질 중에서) 섬유 형태로 되어 있지 않거나 방적에 부적합한 형태의 것을 용해 또는 융해하여 균일한 상태로 만들고 이를 다시 섬유로 형성한 합성 섬유를 통틀어 이르는 말.〔아세테이트·레이온·스판 섬유 따위.〕

재:생-성(再生性)[-썽]**명** (상실되거나 손상된 생물체의 어떤 조직이) 다시 되살아나는 성질.

재:생^에너지(再生energy)**명** 태양열·풍력·조력·지열 따위의 자연 에너지처럼, 아무리 소비하여도 없어지지 않고 무한하게 공급되는 에너지.

재:생-지(再生紙)명 헌 종이를 풀어 녹여서 다시 만든 종이.

재:생지은(再生之恩)명 죽게 된 목숨을 다시 살려 준 은혜.

재:생지인(再生之人)명 죽을 고비를 겪은 사람.

재:생-품(再生品)명 재생한 물품.

재:석(在席)명하자 ①자리에 있음. ②회의에서, 표결할때 자리에 있는 일. ¶ 재석 의원.

재:선(再選)명 ①〈재선거(再選舉)〉의 준말. ②하자되자(한 번 당선된 사람이) 다시 두 번째 당선됨. ¶ 재선 의원.

재:-선거(再選舉)명 다시 하는 선거. 선거의 일부나 전부가 무효 판결을 받았을 때, 또는 당선인이 임기 개시 전에 사망하거나 사퇴할 때, 선거 결과 당선인이 없을 때 등의 경우에 실시함. ⓒ재선거.

재:설(再說)명하자타 (이미 한 이야기를) 다시 말함. 되풀이하여 설명함.

재성(裁成)명하타 (옷감을 말라서 만든다는 뜻으로) 재량껏 조처하여 일을 이루어 냄. ¶ 이 일은 네 재성대로 해 보아라.

재:성-장(再成醬)명 ☞내림장.

재:세(在世)명하자 세상에 살아 있음, 또는 살아 있는 그동안.

재:소(再訴)명하타 ①(한 번 취하했거나 각하당한 소송을) 다시 제기함. ②〈재기소〉의 준말.

재소(齋所)명 ①재계(齋戒)를 하는 곳. ②☞재장(齋場).

재:소난면(在所難免)명하형 어떤 일에서 벗어나기가 어려움.

재:소-자(在所者)명 ①어떤 일정한 곳에 있는 사람. ②교도소(矯導所)에 갇혀 있는 사람. ②감자(在監者).

재:속(在俗)명 ☞재가(在家). ↔출가(出家).

재:송(再送)명 ①하타되자다시 보냄. ②〈재송전보〉의 준말.

재:송(載送)명하타 (차나 배 따위에) 물건을 실어 보냄.

재:송^전:보(再送電報)명 (수신인의 주소가 바뀌었을 때) 수신인의 대리인이나 전 주소에 있는 사람에게 새 주소로 다시 보내 줄 것을 청구하는 특별 전보. ②재송.

재:수(在囚)명하자 교도소 안에 갇혀 있음.

재:수(再修)명하타 한 번 배웠던 학과 과정을 다시 공부함.

재수(財數)명 ①재물에 관한 운수. ②좋은 일이 생길 운수. ¶ 오늘은 정말 재수가 좋다.

재수가 불 일 듯한다[속담] 재수가 썩 좋아서 일이 뜻대로 잘되어 간다는 뜻.

재수가 옴 붙었다[붙다][속담] 재수가 지독하게 없다는 말.

재수 없는 놈은 (뒤로) 자빠져도 코가 깨진다[속담] 하는 일마다 운수가 없다는 말.

재수^발원(財數發願)명 재수가 형통하기를 부처에게 비는 일.

재수^불공(財數佛供)명 재수 발원(財數發願)으로 올리는 불공.

재:수-생(再修生)명 (입학 시험에 떨어져서) 다시 공부하는 학생.

재:-수술(再手術)명하타 (한 번 수술한 부위를) 다시 수술함, 또는 그 수술.

재:-수습(再收拾)명하타 다시 수습함.

재:-수입(再輸入)명하타되자 (수출했던 물건을) 다시 수입함, 또는 그 수입. ↔재수출. ③역수입(逆輸入).

재:-수출(再輸出)명하타되자 (수입한 물건을) 다시 수출함, 또는 그 수출. ↔재수입. ③역수출.

재:숙(再宿)명하자 이틀 밤을 묵음.

재:순(再巡)명 ①두 번째 도는 차례. ②활쏘기의 두 번째 차례.

재스민(jasmine)명 ①열대 또는 아열대에 나는 목본(木本) 식물. 200여 종이 있음. 특유한 향내가 나는 노란 또는 하얀 꽃이 핌. ②재스민의 꽃에서 얻는 향유(香油).

재승덕(才勝德)명 '재승덕하다'의 어근.

재승덕박(才勝德薄)[-빡]명[하형] ☞재승박덕.

재승덕-하다(才勝德-)[-더카-]형여 재주는 있으나 덕이 따르지 못하다.

재승-박덕(才勝薄德)[-떡]명[하형] 재주는 있으나 덕이 적음. 재승덕박.

재시(財施)명 불교에서 이르는, '삼시(三施)'의 하나. 재산(財産)과 입을 것과 먹을 것을 베푸는 일을 이름.

재:-시공(再施工)명하타되자 다시 시공함.

재:-시험(再試驗)명 ①두 번 시험을 침. ②일정한 점수에 미달하는 사람에게 다시 치르게 하는 시험.

재:식(才識)명 재주와 식견.

재:식(栽植)명하타되자 (농작물·초목 따위를) 심음.

재식(齋式)명 재(齋)를 올리는 의식.

재신(財神)명 〈재록신(財祿神)〉의 준말.

재:신(宰臣)명 ☞재상(宰相).

재:-신문(再訊問)명 반대 신문이 끝난 다음에 증인을 검찰의 당사자가 하는 신문.

재:실(在室)명 ①재취한 아내. ②낡은 집을 헐어서 그 재목으로 지은 집.

재실(齋室)명 ①무덤이나 사당 옆에 제사를 지내려고 지은 집. 재각(齋閣). 재궁(齋宮). ②능·종묘 등에 제사를 지내려고 지은 집. 재전(齋殿). ③문묘에서 유생들이 공부하던 집.

재:심(再審)명하타되자 ①〈재심사〉의 준말. ¶ 재심을 본심(本審)으로 간주하다. /작품을 재심하다. ②확정된 판결에 대하여, 그 판결에 결함이 있음을 이유로 당사자나 청구권자가 다시 심리(審理)할 것을 요구하는 일, 또는 그 절차. ③삼심(三審) 제도에서, '제이심(第二審)'을 이르는 말. ③초심.

재:-심사(再審査)명하타되자 (한 번 심사한 일을) 다시 심사함. ②재심.

재앙(災殃)명 천변지이(天變地異) 따위로 말미암은 불행한 변고. ¶ 재앙을 내리다. /재앙을 입다.

재액(災厄)명 재앙으로 입은 화(禍). ③재(災).

재:야(在野)명하자 ①[초야에 파묻혀 있다는 뜻으로] 벼슬하지 아니하고 민간에 있음. ②(정치인이나 저명인사로서) 공직에 있지 않거나 정치 활동에 직접 나서지 않고 있음. ¶ 재야 세력. /재야의 인사를 영입하다.

재:야-당(在野黨)명 ☞야당(野黨).

재:약-하다(-藥-)[-야카-]자여 총포에 화약을 재어 넣다.

재:양(載陽)[명] (명주·모시붙이를) 풀을 먹여 반반하게 펴서 말리거나 다리는 일. ②쟁.

재:양(載陽)[2]명하형 절기가 비로소 따뜻함. ¶ 일기 재양하여 상춘(賞春)에 호기더라.

재:양-치다(載陽-)타 명주나 모시붙이를 풀을 먹여서 반반하게 펴서 말리거나 다리다. ②쟁치다.

재:양-틀(載陽-)몡 재양치는 데 쓰는 틀. 가는 나무오리를 직사각형으로 짜서 만듦. 즌쟁틀.

재:양-판(載陽板)몡 재양하는 데 쓰는 직사각형의 널빤지.

재억(裁抑)몡하타 제재(制裁)하여 억누름.

재:언(再言)몡하타 (한 번 말한 것을) 다시 말함. ¶ 재언할 필요조차 없다.

재역(災疫)몡 천재(天災)와 전염병.

재:연(再演)몡하타되타 ①(이왕 했던 일을) 다시 되풀이함. ②법인은 현장 검증에서 태연히 범행을 재연했다. ②다시 공연함.

재:연(再燃)몡하타되타 ①(꺼졌던 불이) 다시 탐. ②(잠잠해진 일이) 다시 떠들고 일어남. ¶ '순수'와 '참여' 논쟁이 재연된다.

재:열(宰列)몡 재상(宰相)의 반열(班列). ¶ 재열에 오르다.

재:염(再塩)몡 거친 천일염을 물에 풀어서 다시 고아 만든 소금. 빛깔이 희고 고우며, 맛이 좀 쓴 듯함. 재제염.

재:영(在營)몡하자 병역으로 군영(軍營)에 들어가 있음.

재예(才藝)몡 재능과 기예.

재완(才腕)몡 재능 있는 수완(手腕).

재:외(在外)[-외/-웨]몡 외국에 있음. ¶ 재외 동포. →재내.

재:외^공관(在外公館)[-외/-웨-]몡 외교 통상부의 해외 파견 기관을 통틀어 이르는 말.〔대사관·공사관·대표부·총영사관·영사관 따위.〕

재:외^자금(在外資金)[-외/-웨-]몡 외국에 있는 자기 나라의 자금.

재:외:정:화(在外正貨)[-외/-웨-]몡 정부나 중앙은행이 국제 대차를 결제하기 위하여 외국의 금융 중심지에 보관하는 정화.

재요(災妖)몡 재앙과 요괴(妖怪).

재욕(財慾)몡 불교에서 이르는 '오욕(五慾)'의 하나. 재물을 탐내는 욕심.

재용(才容)몡 재주와 용모.

재우閈 매우 재게. ¶ 손을 재우 놀리다.

재:우(再虞)몡 (장사를 지낸 뒤에) 두 번째 지내는 우제(虞祭).⑥초우(初虞)·삼우(三虞).

재우다¹타 ①['자다'의 사동〕 잠이 들게 하다. ¶ 아기를 재우다. ②(잠을) 자게 하다. 숙박시키다. ¶ 손님을 사랑방에 재우다.

재우다²타 거름을 잘 썩도록 손질하다.

재우다³타 (양념한 고기 따위에) 양념 맛이 배어들도록 한동안 담아 두다. ¶ 불고깃거리를 양념하여 재우다.

재:우리몡 재를 모아 두는 우리.

재우-치다타 빨리 몰아치거나 재촉하다. ¶ 학교에 늦을세라 걸음을 재우치다.

재운(財運)몡 재물을 모을 운수.

재원(才媛)몡 재주 있는 젊은 여자. 비재녀(才女). →재자(才子).

재원(財源)몡 재화(財貨)나 자금이 나올 원천. ¶ 재원을 확보하다. /재원이 고갈되다.

재:위(在位)몡하자 임금의 자리에 있음, 또는 그동안. 어극(御極). ¶ 재위 기간의 치적.

재:유(再由)몡 벼슬아치가 말미를 두 번째 연기해 주기를 청함.

재유(齋儒)몡 〈거재 유생(居齋儒生)〉의 준말.

재:-음미(再吟味)몡하타 다시 음미함.

재:의(再議)[-의/-이]몡하타 ①(두 번째의논함, 또는 그 의논. ②이미 의결된 사항에 대하여 같은 기관이 다시 심의하거나 의결하는 절차.

재의 수요일(-水曜日)[-의-/-에-] 가톨릭에서, 사순절이 시작되는 첫날로 사순 제일주일 전 수요일.

재이(災異)몡 ①재앙이 되는 괴이한 일. ②천재(天災)와 지이(地異).

재인(才人)몡 ①재주가 있는 사람. ②고려·조선 시대에, '재주를 넘거나 악기로 풍악을 울리던 광대'를 이르던 말.

재:-인(再人)몡하타되타 〈재인식〉의 준말.

재:-인식(再認識)몡하타되타 ①(이왕의 인식에 대하여) 고쳐서 달리 인식함. ¶ 그분에 대하여 재인식하게 되었다. ②현재의 어떤 자극으로 과거에 경험한 행위나 감정을 새삼 뚜렷하게 인식하는 일. ⑥재인.

재일(齋日)몡 ①불교에서, 재가승(在家僧)이 재계(齋戒)를 하며 착한 일을 행하는 날. ②가톨릭에서, 대소재(大小齋)를 지키는 날.

재:-일차(再一次)閈 다시 또 한 번. ¶ 기획안을 재일차 검토하다.

재:임(在任)몡하자 어떤 직무나 임지에 있음, 또는 그동안. ¶ 재임 기간.

재:임(再任)몡하자되타 본디의 직책에 두 번째 다시 임명됨.

재임(齋任)몡 지난날, 거재 유생(居齋儒生) 중의 임원을 이르던 말.

재:-임용(再任用)몡하타 다시 임용함.

재:입(再入)몡하타 ①다시 넣음. ②하자 (어떤 모임이나 조직체에) 다시 들어감.

재:-입찰(再入札)몡하타 다시 입찰함, 또는 그 입찰.

재자(才子)몡 재주 있는 젊은 남자. ↔재원(才媛).

재자(齋者)몡 재(齋)를 올리러 온 사람.

재자-가인(才子佳人)몡 재주 있는 젊은 남자와 아름다운 여자. 가인재자(佳人才子).

재자-거리다자 자꾸 재자재자하다. 재자대다. ⑥지저거리다.

재자-다병(才子多病)몡 재주 있는 이는 병이 잦음. ¶ 예로부터 재자다병 가인박명(佳人薄命)이라 했다.

재자-대다자 재자거리다.

재자-재자閈하자 끊임없이 지저귀는 소리, 또는 그 모양. ¶ 새들이 재자재자 지저귄다. 비재재 재제. ⑥지저귀다.

재:작(再昨)몡 〈재작일(再昨日)〉의 준말.

재작(裁作)몡하타 마름질하여 만듦.

재작(裁酌)몡하타 ☞재량(裁量).

재:-작년(再昨年)[-냔-]몡 그러께.

재:-작일(再昨日)[-닐-]몡 그저께. ⑥재작.

재잘-거리다자 자꾸 재잘재잘하다. 재잘대다. ¶ 재잘거리는 아이들의 소리. ⑥지절거리다.

재잘-대다자 재잘거리다.

재잘-재잘閈하자 ①여러 사람이 낮은 음성으로 지껄이는 소리, 또는 그 모양. ¶ 교실 귀퉁이에서 여학생들이 모여 앉아 재잘재잘 이야기하고 있다. ②참새 따위가 지저귀는 소리, 또는 그 모양. 비재재재재. ⑥지절지절.

재장(齋場)몡 ①불공을 드리는 곳. ②제사를 지내는 곳. ③밥을 먹는 곳. ③재소(齋所).

재:-장구치다(再-)타 두 번째로 서로 마주쳐 만나다.

재장-바르다[~바르니·~발라]혱르 (일을 시작하기에 앞서 생긴 불길한 일로) 마음에 꺼림하다.

재재-거리다자 자꾸 재재재재하다. 재재대다. ¶ 여학생들이 재재거리며 교문을 나서고 있었다.

재재-대다자 재재거리다.

재:재소소(在所所)명 여기저기. 이곳저곳. ¶재재소소에 산재(散在)하다.

재재-재재투하자 수다스럽게 지저귀거나 지껄이는 소리, 또는 그 모양. ¶먹이를 다투는 재재재재 울어 대는 제비 새끼들. /혼자서 마냥 재재재재 지껄이고 있다. 비자자재자·잴잘잴잘.

재재-하다형여 재재거리어 어지럽다.

재:적(在籍)명하자 ①학적·호적·병적(兵籍) 따위의 적(籍)에 올라 있음. ②어떤 단체 따위에 적(籍)이 있음. ¶재적 회원의 과반수가 출석했다.

재적(材積)명 목재의 부피.

재:적(載積)명하타 (물건을 수레 같은 것에) 실어서 쌓음.

재:적-생(在籍生)[-쌩]명 학적부에 올라 있는 학생.

재:적-수(在籍數)[-쑤]명 학적·호적·병적(兵籍) 따위의 적(籍)에 올라 있는 수효.

재:전(在前)명 이전. 증왕(曾往).

재:전(在錢)명 ▷재문(在文).

재:전(再煎)명하타 ①(한 번 끓고 난 찌꺼기를) 다시 곰. ②▷재탕(再湯).

재전(齋殿)명 ▷재실(齋室).

재전(齋錢)명 ▷잿돈.

재:-전과(再煎果)명 과줄을 부수어 꿀과 기름에 반죽한 뒤에 다시 기름에 지지고 꿀에 담가 낸 과줄.

재:-점검(再點檢)명하타 다시 점검함. ¶장비를 재점검하다.

재:정(在廷)명하자 ①조정(朝廷)에서 일을 함. 재조(在朝). ②법정에 출두하여 있음.

재:정(再訂)명하타되자 두 번째 정정(訂正)함, 또는 그 정정.

재정(財政)명 ①국가 또는 공공 단체가 그 존립·유지에 필요한 재산을 조달·관리·사용하는 일체의 작용. ②개인·가정·단체 등의 경제 상태. ¶재정 상태가 부실한 회사.

재정(裁定)명하타 (어떠한 일의) 옳고 그름을 따지어 결정함.

재정-가(財政家)명 재정 사무와 이재(理財)에 능한 사람.

재정^관세(財政關稅)명 재정상의 수입을 목적으로 하는 관세.

재정-권(財政權)[-꿘]명 재정상의 수입을 올리기 위하여 행사하는 국가 권력.

재정^기간(裁定期間)명 법원에서 재판으로써 정하는 기간. ↔법정 기간(法廷期間).

재정-난(財政難)명 재정의 부족으로 말미암아 생기는 어려움. ¶재정난에 허덕이다.

재:-정립(再正立)[-닙]명하타되자 다시 바로 세움. ¶역할을 재정립하다. /관계를 재정립하다.

재정-범(財政犯)명 행정범의 한 가지. 재정법상의 의무에 위반하는 행위.

재정-법(財政法)[-뻡]명 ①국가 또는 지방 자치 단체의 재정에 관한 법을 통틀어 이르는 말. ②헌법에 따라, 국가 재정의 기본 원칙과 예산의 작성·집행 또는 결산에 관한 기본 규정 등으로 이루어지는 법률.

재정^보증(財政保證)명 재산을 다루는 국가 공무원이나 회사원이 그 사무를 집행함에 있어서 고의 또는 과실로 인하여 일정한 재산에 손해를 끼쳤을 때, 그 신속한 보상을 하게 하기 위한 조처로서의 보증.

재정^보증인(財政保證人)명 재정 보증을 하는 사람. ¶재정 보증인을 세우다.

재:-정비(再整備)명하타되자 다시 정비함. ¶전열(戰列)을 재정비하다.

재정^신청(裁定申請)명 고소 또는 고발한 사건에 대하여 검사가 결정한 불기소 처분에 불복할 경우, 고소인 또는 고발인이 정한 기일 안에 고등 법원에 그 결정의 옳고 그름을 묻는 일.

재정^융자(財政融資)[-늉-]명 국가 재정으로 융자해 주는 일.

재정^인플레이션(財政inflation)명 재정상의 자로 불환 지폐가 증발(增發)되어 일어나는 물가의 앙등(昂騰).

재정^자금(財政資金)명 (민간 자금에 대하여) 국가 재정의 수입 또는 지출로서, 국고(國庫)에서 다루는 자금.

재정^재산(財政財産)명 수익(收益)을 목적으로 보유하는 국가나 지방 자치 단체의 재산.

재정-적(財政的)관 재정상으로 하는 (것), 또는 재정에 관한 (것). ¶재정적 지원. /재정적인 문제.

재:정^증인(在廷證人)명 미리 증인으로 호출·소환(召喚)된 것이 아니고, 우연히 또는 당사자와 동행하여 법정에 현재 있는 사람 중에서 선정된 증인.

재정^투융자(財政投融資)명 (국가의 재정 활동으로서) 물적 자산의 증가를 위해 주택·도로·통신·지역 개발 따위에 돌려지는 투자 및 융자를 틀어서 이르는 말.

재정^투자(財政投資)명 정부가 조세 수입과 전매 사업 따위로 생긴 이익금을 공익사업이나 공공사업에 투자하는 일.

재정-학(財政學)명 국가 또는 공공 단체의 재정에 관하여, 그 조달·관리·운용 등을 연구하는 학문. 이재학(理財學).

재:제(再製)명하타 (이미 만든 것이나 낡아서 못 쓰게 된 것을) 다시 가공하여 제품으로 만듦.

재:제-염(再製塩)명 ▷재염(再塩).

재:제-주(再製酒)명 양조주나 증류주를 원료로 하여 알코올·당분·약품·향료 등을 혼합하여 빚은 술. 〔배갈 따위.〕

재:조(再祚)명하타 (물러났던 임금이) 다시 왕위에 나아감. 중조(重祚).

재:조(再造)명하타 다시 만듦.

재:조(在朝)명하자 조정에 있음(在廷).

재:-조명(再照明)명하타되자 (일반의 관심 밖으로 밀려났거나, 역사 속에 묻혀 버린 것을) 다시 연구하여 그 가치를 밝히는 일. ¶연암 박지원의 현대적 재조명.

재:-조사(再調査)명하타되자 다시 조사함.

재:-조정(再調整)명하타되자 다시 조정함.

재:조지은(再造之恩)명 거의 멸망하게 된 것을 구원하여 준 은혜.

재:-조직(再組織)명하타되자 다시 조직함.

재:종(再從)명 재종간에 서로들 일컫는 말. 육촌.

재종(材種)명 재료나 자재의 종류.

재:종-간(再從間)명 육촌 형제자매의 사이.

재:종-고모(再從姑母)명 아버지의 육촌 누이.

재:종-고모부(再從姑母夫)명 재종고모의 남편.

재:종-대고(再從大姑)명 ▷재종대고모.

재:종-대고모(再從大姑母)명 조부의 사촌 누이. 재종대고(再從大姑).

재:종-동서(再從同壻)명 남편의 재종형제의 아내.

재:종-매(再從妹)명 육촌 손아래 누이. 육촌 동생.

재:종-매부(再從妹夫)명 육촌 누이의 남편.

재-종손(再從孫)〔─쏜〕명 ①종형제의 손자. ②남편의

재-종숙녀(再從叔女)명 ①종형제의 손녀. ②남

재-종숙부(再從叔父)명 재종숙의 아내.

재-종손녀(再從孫女)명 종형제의 손녀.

재-종손부(再從孫婦)명 재종손의 아내.

재-종손서(再從孫壻)명 재종손의 남편.

재-종손자(再從孫子)명 재종손의 아들.

재-종씨(再從氏)명 남에게 자기의 '재종형제'를 일컫는 말.

재-종조모(再從祖母)명 재종조부의 아내.

재-종조부(再從祖父)명 할아버지의 재종형제.

재-종질(再從姪)명 재종형제의 아들.

재-종질녀(再從姪女)명 재종형제의 딸.

재-주(才主)명 재산이나 재물의 임자.

재-주(財主)명 재산의 임자.

재-주(齋主)명 재를 올리는 주인.

재-장(齋長)명

재-죽(一竹)명

재-주-꾼(才―)명

재즈(jazz)명 재즈의

재-중(在中)

재-차(再次)

재즈-맨드(jazz band)명

재질(才質)명

재질(材質)명

재질(再疾)명

재지(才智)명

재지(在地)명

재지-니(再地―)명

재-직(在職)명

재차비(齋―)명

재창(再唱)명

재채기명

재척(在尺)

재천(在天)

재첩(再疊)명

재청(再請)명

재촉명

재축(再祝)

재출(再出)

재취(再娶)명

재치(才致)명

재-침(再侵)명

재탕(再湯)명

재택(在宅)명

재택(再擇)

재탄(再誕)명

재텀(jacket)명

재-판(再版)명

재판(裁判)명

재택-근무(在宅勤務)[-끈-] 명 회사와 통신 회선으로 연결된 정보 통신 기기 등을 이용하여, 출근하지 않고 자기 집에서 회사의 업무를 보는 일.

재-테크(財tech) 명 〈재무 테크놀로지〉의 준말.

재-통일(再統一) 명 하다 타 다시 통일함.

재-투자(再投資) 명 하다 타 단순 재생산을 하기 위하여 자본 소모분을 보전하여 발생한 자본의 소모 분을 충당하는 투자.

재-판(一板) 명 (바둑이나 장기 따위에서) 제1의 국.

재-판(再版) 명 하다 타 ①(이미 간행된 출판물을) 두 번째 판으로 찍음. 중판. ②(과거의 일이) 또다시 있었던 일임.

재판(裁判) 명 하다 타 ①옳고 그름을 심판하는 일. ②구체적인 소송 사건에 대하여 국가 기관인 법원이나 법관이 법률에 따라 내리는 판단.

재판-관(裁判官) 명 ①법원에서 재판 사무를 맡아보는 사람. ②판사와 검사의 권한을 가진 자.

재판-권(裁判權) [-꿘] 명 국가 간의 사무 분배에 관한 권한.

재판-부(裁判部) 명 국가 통치권의 한 작용으로서의 사법권.

재판-소(裁判所) 명 '법원'의 옛 이름.

재판-장(裁判長) 명 합의제 재판에서 재판을 진행하는 법관.

재판-정(裁判廷) 명 재판을 하는 법정(法廷).

재-편(再編) 명 하다 타 다시 편성함. 〈예〉재편성.

재-편성(再編成) 명 하다 타 다시 편성함.

재-평가(再評價) [-까] 명 하다 타 다시 평가함. 〈예〉사후(死後) 100주기를 맞아 재평가되는 문학가의 작품.

재-학(在學) 명 하다 자 학교에 적을 두고 있음. 또는 적을 두고 있는 사람.

재하-도리(在下道理) 명 웃어른을 섬기는 아랫사람으로서의 도리.

재하-자(在下者) 명 웃어른을 섬겨야 할 처지의 사람.

재-학생(在學生)[-쌩] 명 재학하고 있는 학생.

재-할(再割) 명 〈재할인〉의 준말.

재-할인(再割引) 명 할인한 어음을 중앙은행이 다시 할인함.

재-항고(再抗告) 명 하다 자 고등 법원이나 항소 법원의 결정 또는 명령에 대하여 위법함을 이유로 하는 항고.

재-현(再現) 명 하다 타 다시 나타남, 또는 다시 나타냄. 또는 그것을 재현하다.

재해(災害) 명 재앙으로 인한 피해.

재해-보험(災害保險) 명 재해를 막기 위한 보험.

재해-지(災害地) 명 재해를 입은 곳.

재행(再行) 명 하다 자 혼인 뒤 신랑이 처음으로 처가에 가는 일.

재향(在鄕) 명 시골에 있음.

재향-군인(在鄕軍人) 명 현역에서 물러난 군인.

재허(裁許) 명 하다 타 재결하여 허가함.

재-현(再現) 명 하다 타 다시 나타남.

재화(財貨) 명 재물.

재화(災禍) 명 재앙과 화. 재앙으로 입은 곳.

재화-선(載貨吃水線)[-쑤-] 명 선체의 중앙 양쪽에 표기된, 배에 화물을 가득 실었을 때의 흘수선.

재-확인(再確認) 명 하다 타 다시 확인함.

재환(災患) 명 재앙으로 인한 근심.

재활(再活) 명 하다 자 다시 활동함. 또는 다시 활동할 수 있는 상태로 회복함.

재-회(再會) 명 하다 자 ①다시 만남. ②다시 모임.

재회(齋會) 명 불교에서, 재(齋)를 올리는 모임.

재흥(再興) 명 하다 자 타 다시 일어남. 또는 다시 일으킴.

잭(jack)**명** ①무거운 것을 밑에서 받쳐 들어 올리는 기중기. ②트럼프에서, 병사가 그려진 카드. ③플러그에 꽂히는 전기 접속 기구의 한 가지. ③참콘센트.

잭나이프(jackknife)**명** ①접었다 폈다 할 수 있는 주머니칼. ②수영 다이빙의 한 가지. 도약판에서 뛰어내린 순간 몸을 새우처럼 구부렸다가, 물속으로 들어가기 직전에 몸을 쭉 펴고 들어감.

잰-걸음[명] 보폭이 짧고 빠른 걸음.

잰지[명] 큰집가리빗과의 조개. 껍데기는 긴 쪽 길이가 12 cm가량의 부채 모양으로 한쪽은 붉은 갈색, 한쪽은 흰 바탕에 갈색 무늬가 있음. 껍데기 안은 흰빛임. 깊이 20∼30 cm 되는 연안 바다에 살며 겨울에 산란함.

잴잴[부] 적은 양의 액체가 그치지 않고 흐르는 모양, 또는 그 소리. ②잘잘1·질질1. ②젤젤.

잼(jam)[명] 과실을 삶아 즙을 내어 설탕을 넣고 약한 불로 달여 조림으로 한 식품.

잼버리(jamboree)[명] 보이 스카우트의 야영 대회. 흔히, 캠핑·작업·경기 따위를 함.

잼^세션(jam session)[명] (작은 편성의 재즈 밴드에서) 모두 동시에 또는 번갈아 악보 없이 즉흥적으로 연주하는 일.

잼처[부] 다시. 거듭. 되짚어.

잽(jab)[명] 권투에서, 계속적으로 팔을 뻗어 가볍게 상대편을 치는 공격법. ¶ 잽을 넣다.

잽-싸다[동작어] 매우 재고 재르다.

잿-간(-間)[재깐/잳깐][명] (거름으로 쓰기 위하여) 재를 모아 두는 헛간.

잿-길[재낄/잳낄][명] 재에 난 길. 언덕배기로 난 길. ②재2.

잿-날(齋-)[잰-][명] 염불·일종식(一終食)·설법 등을 하며 정진(精進)하는 날.

잿-더미[재떠-/잳떠-][명] ①재가 쌓여 있는 더미. ②'불에 타서 폐허로 된 자리'를 비유하여 이르는 말.

잿-독[재똑/잳똑][명] (잿물을 내리려고) 재를 모아 두는 독.

잿-돈(齋-)[재똔/잳똔][명] 지난날, 초상계(初喪契)에서 초상이 난 집에 상비(喪費)로 보내던 돈. 재(齋)2. 재전(齋錢).

잿-모[잰-][명] 재거름을 한 못자리에 심은 모.

잿-물1[잰-][명] ①(지난날 빨래에 쓰려고) 재에 물을 부어 받아서 우려낸 물. 흔히, 콩깍지·짚·풋나무 따위를 태운 재를 씀. ②〈양잿물〉의 준말.

잿물(을) 내리다[관용] 콩깍지·풋나무 등의 재를 시루에 안쳐서 물을 붓고 시루 구멍으로 잿물이 흘러나오게 함.

잿물2[잰-][명] 도자기의 몸에 덧씌우는 약. 유약(釉藥). ¶도자기에 잿물을 입히다.

잿물-시루[잰-][명] 잿물을 내리는 데 쓰는 시루.

잿-박[재빡/잳빡][명] 거름으로 쓸 재를 담는 그릇.

잿-밥(齋-)[재빱/잳빱][명] (불공을 드릴 때) 부처 앞에 올리는 밥.

잿-방어(-魴魚)[재빵-/잳빵-][명] 전갱잇과의 바닷물고기. 몸길이 150 cm가량. 방어보다 짧고 등이 통통함. 등은 선명한 감색, 배는 회청빛이 도는 흰색임. 몸의 중앙에 머리에서 꼬리까지 뚜렷한 황색 띠가 있음. 황해와 남해 및 일본 근해에 분포함.

잿-발[재빨/잳빨][명] 장기판을 가로 그은 줄의 맨 앞 끝줄 발발. * 잿발이[재빠치/잳빠치]·잿발을[재빠틀/잳빠틀]·잿발만[재빤-/잳빤-]

잿-불[재뿔/잳뿔][명] 재 속에 남아 있는 아주 약한 불.

잿-빛[재삗/잳삗][명] 재와 같은 빛깔. 회색. * 잿빛이[재삐치/잳삐치]·잿빛만[재삔-/잳삔-]

쟁(載陽)[명] 〈재양(載陽)〉의 준말.

쟁(箏)[명] 폭이 좁고 긴 오동나무 공명관(共鳴管) 위에 열세 줄의 명주실을 현으로 한 국악 현악기의 한 가지.

쟁(錚)[명] ☞꽹과리.

쟁강[하자타] 얇은 쇠붙이 따위가 맞부딪치거나 부러질 때 가볍게 울리어 나는 소리. ②젱겅. ③왜쨍강. **쟁강-쟁강**[부하자타]

쟁강-거리다[자타] 자꾸 쟁강쟁강하다. 쟁강대다. ②젱겅거리다.

쟁강-대다[자타] 쟁강거리다.

쟁개비[명] (무쇠나 양은으로 만든) 작은 냄비.

쟁공(爭功)[명][하자] 서로 공을 다툼.

쟁괴(爭魁)[-괴/-궤][명][하자] 서로 두목이 되려고 다툼.

쟁권(爭權)[-꿘][명][하자] 권리나 권세를 다툼.

쟁그랍다[-따][쟁그라우니·쟁그라워][형ㅂ] (만지거나 보기에) 소름이 끼칠 정도로 흉하다. ②징그럽다.

쟁그랑[부][하자타] 얇은 쇠붙이 따위가 가볍게 맞부딪치거나 떨어질 때 울리어 나는 소리. ②젱그렁. ③왜쨍그랑. **쟁그랑-쟁그랑**[부][하자타].

쟁그랑-거리다[자타] 자꾸 쟁그랑쟁그랑하다. 쟁그랑대다. ②젱그렁거리다.

쟁그랑-대다[자타] 쟁그랑거리다.

쟁글-쟁글[부][하자] 쟁그러운 모양. ②징글징글. ②(미운 사람이 잘못되거나 하여) 몹시 고소한 느낌.

쟁기[명] 농사에 쓰이는 ·성에·한마루를 삼각형 모양으로 맞추는 농기구. 마소에 끌려 논밭을 갊.

쟁기-질[하자타] 쟁기로 논밭을 가는 일.

쟁깃-밥[-기빱/-긷빱][명] 쟁기질을 할 때, 쟁기날에 깎이어 나오는 흙.

쟁깃-술[-기쑬/-긷쑬][명] 쟁기의 몸체 아래로 비스듬히 벋어 나간 나무. 그 끝에 술을 맞추는 넓적하고 뾰족한 바닥이 있음. ②술2.

쟁단(爭端)[명] 싸움의 실마리.

쟁두(爭頭)[명][하자] ①어떤 일을 할 때 서로 먼저 하기를 다툼. ②내기에서, 끗수가 같을 때 다른 방법으로 이기고 짐을 겨룸.

쟁란(爭亂)[-난][명][하자] ☞소란(騷亂).

쟁론(爭論)[-논][명][하자] 서로 다투어 논박함, 또는 논박하는 그 이론. 쟁변(爭辯).

쟁반(錚盤)[명] 운두가 얕고 바닥이 넓적한 그릇. 주로, 음식 그릇을 받쳐 드는 데 씀. ¶과일 쟁반.

쟁반-서랍(錚盤-)[명] 일본식 장(欌)에 있는, 운두가 낮은 서랍.

쟁변(爭辯)[명][하자] ☞쟁론(爭論).

쟁선(爭先)[명][하자] 서로 앞서기를 다툼.

쟁소(爭訴)[명][하자] ☞쟁송(爭訟).

쟁송(爭訟)[명][하자] 송사로 서로 다툼. 쟁소(爭訴).

쟁신(諍臣·爭臣)[명] 임금의 잘못을 바른말로 간(諫)하는 신하.

쟁심(爭心)[명] 남과 다투거나 겨루려는 마음.

쟁연(錚然)'쟁연하다'의 어근.

쟁연-하다(錚然-)[형] 쇠붙이가 부딪쳐 울리는 것같이 소리가 새되다. **쟁연-히**[부].

쟁우(諍友·爭友)[명] 친구의 잘못을 바른말로 충고하는 벗.

쟁의(爭議)[-의/-이]**명** ①**하자**서로 자기의 의견을 주장하여 다툼, 또는 그 의론. ②<노동쟁의>의 준말.

쟁의-권(爭議權)[-의꿘/-이꿘]**명** 근로자가 단결하여 자신들의 권익 옹호를 위한 여러 가지 쟁의 행위를 할 수 있는 권리.

쟁의^행위(爭議行爲)[-의/-/-이]**명** 노동 관계의 당사자인 근로자와 사용자가 자기 주장의 관철 또는 이에 대항할 목적으로 행하는, 업무의 정상적인 운영을 저해하는 행위. 〔파업·태업·직장 폐쇄 따위.〕

-쟁이(접미) 사람의 성질, 독특한 습관·행동·모양 등을 나타내는 말에 붙어, 그 사람을 홀하게 이르는 뜻을 나타냄. ¶ 고집쟁이. /멋쟁이. /허풍쟁이.

쟁이다 ①여러 개를 차곡차곡 포개어 쌓다. ¶ 땔나무를 차곡차곡 쟁이다. ②고기 따위를 양념하여 그릇 속에 쌓아 묵히거나, 김 따위에 기름을 바르고 소금을 뿌려서 쌓다. ¶ 쇠고기를 양념하여 쟁이다. **준**재다다.

쟁자(諍子·爭子)**명** 어버이의 잘못을 바른말로 간(諫)하는 아들.

쟁장(錚匠)**명** 조선 시대에, 쟁을 만드는 일을 업으로 하던 장인.

쟁쟁(錚錚)[1]**부** 울림이 좋은 쇠붙이가 맞부딪쳐 내는 맑은 소리.

쟁쟁(錚錚)²'쟁쟁(錚錚)하다'의 어근.

쟁쟁-하다(琤琤-)**형** ①옥이나 물건의 울리는 소리가 매우 맑고 아름답다. ②이전에 들은 소리가 잊히지 않고 남아 귀에 울리는 듯하다. ¶ 선생님의 말씀이 아직도 귀에 쟁쟁하다. **쟁쟁-히부.**

쟁쟁-하다(錚錚-)**형어** 여럿 가운데서 아주 우뚝하다. ¶ 쟁쟁한 인물. /쟁쟁한 실업가.

쟁점(爭點)[-쩜]**명** 논쟁이나 쟁송(爭訟)의 중심이 되고 있는 점. ¶ 노사 분규의 쟁점.

쟁진(爭進)**명하자** 서로 다투어 나아감.

쟁:첩(楪)**명** 반찬을 담는, 뚜껑이 달린 작은 그릇. 세 개, 다섯 개, 일곱 개, 아홉 개를 한 벌로 함.

쟁취(爭取)**명하타** 싸워서 빼앗아 가짐. ¶ 권력 쟁취.

쟁-치다타 <재양치다>의 준말.

쟁탈(爭奪)**명하타** 서로 다투어 빼앗음, 또는 그 다툼. ¶ 선수권을 쟁탈하다.

쟁탈-전(爭奪戰)**명하자** 서로 다투어 빼앗는 싸움. ¶ 우승기를 놓고 쟁탈전을 벌이다.

쟁투(爭鬪)**명하자** 서로 다투어 싸움.

쟁-퉁이명 ①(가난에 쪼들리거나 하여) 마음이 옹졸하고 비꼬인 사람을 별명으로 이르는 말. ②'잘난 체하며 거드름을 피우는 사람'을 같잖게 여겨 이르는 말.

쟁-틀명 <재양틀>의 준말.

쟁패(爭霸)**명하자** ①패자(霸者)가 되려고 다툼. ②우승을 다툼.

쟁패-전(爭霸戰)**명** 패권을 다투는 싸움.

쟁힐(爭詰)**명하타** 서로 다투어 힐난함.

자감(엣) 메밀 꺼풀. ¶ 쟈감:蕎麥皮(訓解).

쟈래(엣) 자라. ¶ 오직 고기와 쟈래를 즐겨 머그며(月釋21:53).

쟈릭[잘이·잘으](엣) 자루. ¶ 쟈릭 디:袋(訓蒙中13). /잘이 녀허(救simp1:86).

-쟈스라(어미)(엣) 자꾸나. ¶ 山中을 미양 보랴 東海로 가쟈스라(鄭澈.關東別曲).

작도명(엣) 작두. 작도:斫刀. ¶ 톱과 칼와 작도와(月釋21:45).

-작시면(어미)(엣) -것 같으면. ¶ 네 이믜 北京을 향호야 갈쟈시면(老解上7).

쟝명(엣) 장. ¶ 쟝 쟝:醬(訓蒙中21).

쟝긔(엣) 장기. ¶ 쟝긔 혁:弈(訓蒙中19).

쟝초명(엣) 장차. ¶ 쟝초 주구미 오라디 아니ᄒ리니(法華6:8).

쟝춧부 장차(將次). ¶ 내 쟝춧 北으로 갈 제(杜重1:1).

재:**준** '저 아이'가 줄어든 말. ¶ 재는 누구니?/아빠, 재 좀 보세요.

저[1]**명** 가로 대고 부는 피리를 통틀어 이르는 말. 적(笛). 횡적(橫笛).

저[2]**명** 젓가락. 한자를 빌려 '箸'로 적기도 함.

저[3]**대** ①<나>의 낮춤말. 〔주격 조사 '가' 앞에서는 '제'가 됨.〕 ¶ 저는 학생입니다. /제가 그랬습니다. ②자기(自己). ¶ 누가 저더러 가라고 했나?

저[4]**대**[1] <저것>의 준말. ¶ 이도 저도 아니다.
[11]**대** 대화하는 양쪽 사람에게 보일 만큼 비교적 가까운 거리에 있는 사람이나 사물을 가리키는 말. ¶ 저 책상. **참**조².

저[5]**감** 〔미처 생각이 나지 않거나, 꺼내기 거북한 말을 하게 되어〕 금방 말을 할 수 없을 때 내는 소리. ¶ 저, 누구더라. /저, 돈 좀 주시겠습니까?

저(氐)**명** <저성(氐星)>의 준말.

저:(著)**명** <저술>·<저작>의 준말. ¶ 김길동 저.

저:(低)**접두** (일부 명사 앞에 붙어) '낮다'는 뜻을 나타냄. ¶ 저물음. /저소득. /저학년.

저:**가**(低價)[-까]**명** 낮은 값. 헐한 값. 염가(廉價). ↔고가(高價).

저:**각**(底角)**명** '밑각'의 구용어.

저:**간**(這間)**명** 그동안. 요즈음. ¶ 저간의 소식을 몰라 궁금하오.

저간(豬肝·猪肝)**명** 돼지의 간. 어린이의 경간(驚癎)과 어른의 각기(脚氣)·대하증 등에 약으로 쓰임.

저:감(低減)**명하타** 줄임. ¶ 비용을 저감하다.

저:개발-국(低開發國)**명** ☞개발도상국.

저-거(엣) <저것>의 준말. **준**조거.

저-거시기(감) 말을 하다가 기억이 잘 나지 않을 때 내는 군소리. ¶ 저거시기, 고향이 어디랬지?

저-것[-걷]**대** 대화하는 양쪽 모두에게 보이면서, 떨어져 있는 사물을 가리키는 말. ¶ 저것이 자동차다. **준**저⁴·저거. ②'저 사람'을 얕잡아 이르는 말. ¶ 저것도 인간인가? ③《(반어적 표현으로)》'저 아이'를 귀엽게 이르는 말. ¶ 저것이 이제 어른이 다 됐네. ②③**준**조것. *저것이[-거시]·저것만[-건-].

저:**격**(狙擊)**명하타** (어떤 대상을) 겨냥하여 쏨. ¶ 괴한에게 저격을 당하다.

저:**격-대**(狙擊隊)[-때]**명** 적을 저격하는 부대.

저:**격-병**(狙擊兵)[-뼝]**명** 은폐 진지(隱蔽陣地)에서, 적을 저격하는 임무를 맡은 병사. 저격수(狙擊手).

저:**격-수**(狙擊手)[-쑤]**명** ☞저격병.

저:**-고도**(低高度)**명** 항공기의 비행에서, 해발 만 피트 이하의 높이를 이르는 말. ¶ 저고도도 비행하다.

저고리명 ①윗도리에 입는 한복의 겉옷. 길·소매·깃·섶·동정·고름 등으로 되어 있으며, 겹저과 핫것이 있음. ②<양복저고리>의 준말.

저:곡(貯穀)**명하자** 곡식을 쌓아 둠, 또는 그 곡식.

저-곳[-곧]떼 말하는 이나 듣는 이로부터 좀 떨어져 있는 곳을 가리키는 말. ¶저곳에 나무와 꽃을 심자. * 저곳만[-곤-]

저-공(低空)뗑 고도가 낮은 공중. ↔고공.

저-공비행(低空飛行)뗑 비행기가 지면 가까이 떠서 낢. →고공비행.

저광-수리뗑 수릿과의 새. 날개 길이 60 cm가량. 목과 배는 희고, 등은 갈색, 꽁지는 잿빛임. 고원(高原)에서 살며 쥐·뱀·개구리 따위를 잡아먹음. 우리나라 전역에 분포함.

저광이뗑 올벼의 한 가지. 까끄라기가 짧고 빛이 검누르며, 이른 봄에 심음.

저-광-장(貯鑛場)뗑 (제철소 등에서) 광석이나 석회석 따위를 저장해 두는 곳.

저구지교(杵臼之交)[절굿공이와 절구통 사이의 사귐이란 뜻으로] 고용인들끼리의 교제, 즉 귀천을 가리지 않고 사귀는 일.

저군(儲君)뗑 ①☞왕세자(王世子). ②☞황태자(皇太子). 저궁(儲宮).

저궁(儲宮)뗑 ☞저군(儲君).

저-극(低極)뗑 장기간에 걸쳐 나타난 기온이나 그 밖의 기상 요소의 최저치. →고극(高極).

저글(juggle)뗑 ①야구에서, 공을 잡을 때 꼭 잡지 못하여 글러브 안에서 공이 한두 번 튀는 일. ②핸드볼에서, 한 사람이 뜬 공을 두 번 쳐서 올리는 반칙.

저-금(貯金)뗑하剛 ①돈을 모아 둠, 또는 그 돈. ②돈을 금융 기관이나 우체국 등에 맡겨 저축함, 또는 그 돈. ¶저금을 찾다.

저-금리(低金利)[-니]뗑 ☞저리(低利).

저-금리^정책(低金利政策)[-니-]뗑 정부나 중앙은행이 주로 금융의 완화, 유통 화폐량 및 대부 신용량의 증대를 목적으로, 낮은 금리 수준을 유지하여 경기의 회복을 촉진시키려는 정책.

저-금-통(貯金筒)뗑 주로 동전을 모아 둘 수 있게 만든 통.

저-금-통장(貯金通帳)뗑 ☞예금 통장.

저-급(低級)뗑하剛 [등급·정도·성질·내용·취미 따위가] 낮거나 천박함. ¶저급 문화. ↔고급.

저-급^개념(低級槪念)[-깨-]뗑 다른 개념에 대하여 적고 좁은 외연(外延)을 가진 개념. [생물이라는 개념에 대한, 동물이나 식물의 개념 따위.] 하위 개념. ↔고급 개념.

저기 Ⅰ떼 저 곳. ¶저기가 어디냐?/저기 들려 있는 사람은 누군가? 준저기².
Ⅱ갭 생각이 잘 나지 아니하거나, 말을 꺼내기 거북할 때 쓰는 말. ¶저기, 그 뭐더라?/저기, 혹시 박 선생님 아니십니까?

저-기(沮氣)뗑하剛 ☞축기(縮氣).

저-기압(低氣壓)뗑 ①대기의 기압이 주위보다 낮은 상태. 이때는 일반적으로 날씨가 나빠짐. ↔고기압. ②'좋지 못한 조짐이나 긴장으로 가라앉은 분위기, 또는 기분이 몹시 언짢은 상태'를 비유하여 이르는 말.

저기압-성(低氣壓性)[-썽]뗑 저기압과 같은 성질. 저기압의 영향으로 생기는 성질.

저-까지로튀 겨우 저만한 정도로. [언짢음을 나타낼 때 흔히 쓰는 말.] ☞조까지로.

저-까짓[-짇]관 겨우 저만한뗑. ¶저까짓 것쯤은 나도 할 수 있다. 준까짓·저깟. ☞조까짓.

저-깟[-깓]관 〈저까짓〉의 준말. ☞조깟.

저-나마튀 (좋지 않거나 부족하지만) 저것이나마. 저것일망정. ¶저나마 없으면 분위기가 너무 썰렁할 뻔했다.

저-나뗑 쇠고기나 생선 따위를 얇게 저미거나 다져서 밀가루를 바르고 달걀을 입혀 기름에 지진 음식. 전(煎). 전유어.

저-냥튀 ①저러한 모양으로. ②저대로 줄곧. ¶언제까지나 저냥 두시럽니까? 재조냥.

저널(journal)뗑 ①일간 신문.

저:널리스트(journalist)뗑 저널리즘에 종사하는 사람. 신문·잡지·방송의 기자나 편집자·기고가(寄稿家) 등을 통틀어 이르는 말.

저:널리즘(journalism)뗑 신문·잡지·방송 등 활자나 전파를 매체로 하는 보도나 그 밖의 전달 활동, 또는 그 사업.

저-네떼 대화하는 양쪽 모두로부터 멀리 있는 사람을 이르는 말.

저녁뗑 ①해가 지고 밤이 되기까지의 사이. ②〈저녁밥〉의 준말. ¶저녁을 먹고 좀 쉬었다가 또 공부를 시작했다. ↔아침.

저녁 굶은 시어미 상(相)(속달) ①'매우 못마땅하여 얼굴을 잔뜩 찌푸리고 있는 모양'을 비유하여 이르는 말. ②음산한 날씨를 이르는 말.

저녁-거리[-꺼-]뗑 저녁밥을 지을 거리.

저녁-곁두리[-곁뚜-]뗑 점심밥과 저녁밥 사이에 먹는 곁두리.

저녁-나절[-녕-]뗑 해 지기 전의 한동안.

저녁-내[-녕-]튀 저녁 동안 계속하여. ¶할 일을 미루어 두고 저녁내 놀기만 한다.

저녁-노을[-녕-]뗑 저녁때 서쪽 하늘에 끼는 노을. 석하(夕霞). 잔조(殘照). 준저녁놀.

저녁-놀[-녕-]뗑 〈저녁노을〉의 준말.

저녁-달[-딸]뗑 저녁에 뜨는 달. 석월.

저녁-때[-떼]뗑 ①해가 질 무렵. ②저녁 끼니때.

저녁-먹이[-녕-]뗑 저녁으로 먹을 음식.

저녁-밥[-빱]뗑 저녁때의 끼니로 먹는 밥. 석반(夕飯). 준저녁.

저녁-상(-床)[-쌍]뗑 저녁밥을 차려 놓은 밥상.

저녁-상식(-上食)[-쌍-]뗑 상가에서, 탈상(脫喪) 때까지 저녁때마다 궤연(几筵) 앞에 올리는 음식. 석상식(夕上食).

저녁-석(-夕)[-썩]뗑 한자 부수의 한 가지. '外'나 '夜' 등에서의 '夕'의 이름.

저녁-쌀[-썰]뗑 저녁밥을 지을 쌀.

저-년뗑 ①말하는 상대로부터 멀리 있는 여자를 낮추어 이르는 말. ②'저 여자 아이'를 낮추어 이르는 말. ↔저놈.

저-놈뗑 ①말하는 상대로부터 멀리 있는 남자를 낮추어 이르는 말. ②'저 아이'를 낮추어 이르는 말. ③말하는 이로부터 멀리 있는 사물을 낮추어 이르는 말. 《주로, '저놈의'의 꼴로 쓰임.》 ¶저놈의 소음 때문에 잠을 잘 수가 없어야지. ①②→저년.

저:능-아(低能兒)뗑 지능이 보통 수준보다 낮은 아이. 주의력 산만, 기억 불확실, 의지 박약 등이 나타남. 정신 지체아.

저-다지튀 저러하게까지. 저러하도록. ¶여행을 떠난다고 저다지도 좋아할까. 재조다지.

저단(低短)뗑 '저단하다'의 어근.

저:단-하다(低短-)혱여 낮고 짧다.

저:당(抵當)뗑하剛 ①서로 맞서서 겨룸. ②하剛(일정한 동산이나 부동산 따위를) 채무의 담보로 삼음. ¶저당을 잡다. /집을 저당하다.

저-당-권(抵當權)[-꿘]뗑 채무자가 채무를 이행하지 않을 경우에, 미리 특정 부동산을 담보물로 저당 잡아 둔 채권자가, 그 담보물에 대하여 다른 채권자에 우선해서 변제받을 것을 목적으로 하는 권리. 담보 물권의 하나.

저:당권^설정(抵當權設定)[-꿘-쩡]圏 채권자와 채무자 또는 제삼자와의 사이에 저당권의 발생을 목적으로 맺어지는 낙성 계약(諾成契約).

저:당-물(抵當物)圏 저당 잡힌 물건.

저:당^채:권(抵當債權)[-꿘]圏 원금 및 이자의 청구권이 저당권부 채권(抵當權付債券)에 의하여 보증되는 유가 증권.

저대(著大) '저대하다'의 어근.

저-대로圎 변함없이. 저 모양으로. 저것과 똑같이. ¶저대로 두었다가는 큰일 나겠다. ㈜조대로.

저:대-하다(著大-)혱여 현저하게 크다.

저돌(豬突·猪突) '저돌하다'의 어근.

저돌-적(豬突的)[-쩍]판圏 앞뒤 헤아림 없이 곧장 돌진하거나 실행하는 (것). ¶저돌적 행동. /저돌적인 추진력.

저돌-하다(豬突--·猪突-)재여 (멧돼지처럼) 좌우를 살핌이 없이 막무가내로 돌진하다, 또는 실행하다. 시돌(豕突)하다. ¶럭비 선수들이 상대 진지로 저돌한다.

저돌-희용(豬突稀勇)[-히-]圏하자 앞뒤를 생각지도 아니하고 함부로 날뛰는 일, 또는 그 사람.

저:두(低頭)圏하자 머리를 숙임.

저:두부답(低頭不答)圏하자 머리를 숙인 채 대답을 하지 않음.

저:두-평신(低頭平身)圏하자 사죄하거나 경의를 표하기 위해 머리를 숙이고 몸을 굽힘.

저:등(低騰)圏하자 물가 따위의 현저하게 오름. ↔저락(著落).

저-따위 【Ⅰ】때 '저러한 종류(물건)' 또는 '저러한 인간'을 얕잡아 이르는 말. 저따위는 아무 쓸모가 없소. /저따위가 교육자라니…. 【Ⅱ】판〔얕잡는 뜻으로〕저러한 부류의. ¶뭐 저따위 녀석이 다 있어.

저라깝 소를 왼편으로 가게 몰 때 지르는 소리. 찹이러·어디여.

저:락(低落)圏하자되자 (물가·명예·가치·위신 따위가) 떨어짐.

저:락(著落)圏하자 물가 따위가 현저하게 떨어짐. ↔저등(著騰).

저래[1]㈜ 【Ⅰ】'저러하여'가 줄어든 말. ¶늘 저래 놓으니 눈총만 맞지. 【Ⅱ】《주로 '가지고'·'가지고도'를 뒤따르게 하여 쓰이어》'저리하여'가 줄어든 말. ¶저래 가지고 무사할 수 있을까? 찹조래.

저래[2]㈜ '저렇다'·'저리한다'·'저럴까'·'저리할까' 등의 뜻으로 끝맺는 말. ¶저 사람은 하고 다니는 꼴이 늘 저래. /말버릇이 원래부터 저래. /무슨 꼴이 저래. /재가 왜 저래?

저래도㈜ 【Ⅰ】'저러하여도'가 줄어든 말. ¶인상은 저래도 마음씨는 착하다. 【Ⅱ】'저리하여도'가 줄어든 말. ¶말은 저래도 일은 제대로 한다. 찹조래도.

저래서㈜ 【Ⅰ】'저러하여서'가 줄어든 말. ¶옷이 저래서 입고 나갈 수가 없다. 【Ⅱ】'저리하여서'가 줄어든 말. ¶말이 늘 저래서 신용이 없는다. 찹조래서.

저러다재 '저리하다'가 줄어서 된 말. 저렇게 말하거나 행동하거나 생각하다. ¶저러다가 실수라도 하면 어쩌지. 찹조러다.

저러루-하다혱여 대개 저런 것과 같거나 비슷하다. 찹조러루하다.

저러면㈜ 【Ⅰ】'저러하면'이 줄어든 말. ¶그것도 저러면 안 사겠소. 【Ⅱ】'저리하면'이 줄어든 말. ¶커서도 저러면 사람 구실 하긴 틀렸다.

저러저러-하다혱여 【Ⅰ】저러하고 저러하다. 【Ⅱ】모두가 다 저러하다. 【Ⅲ】저리루하여 별다른 것이 없다. 찹조러저러하다.

저러-하다혱여 상태·모양·성질 따위가 저와 같다. ¶하는 짓이 다 저러하다. ㈜저렇다. 찹조러하다.

저런[1] 【Ⅰ】판 상태·모양·성질 따위가 저러한. ¶나도 저런 거 갖고 싶어. 찹조런[1]. 【Ⅱ】㈜ '저리한'이 줄어든 말. ¶너도 저런 적이 있느냐? 찹조런[1].

저런[2]깝 뜻밖의 일을 보거나 듣거나 하여 놀랐을 때의 하는 말. ¶저런, 큰일이군. 찹조런[2].

저렁圎하자타 얇은 쇠붙이끼리 부딪쳐서 은은히 울리는 소리. 찹자랑. 쎄쩌렁. 게처렁. 저렁-거리다재타 자꾸 저렁저렁하다. 저렁대다. 찹자랑거리다.

저렁-대다재타 저렁거리다.

저렇다[-러타][저러니·저래]혱동 〈저러하다〉의 준말. 찹조렇다.

저:력(底力)圏 평소에는 잘 드러나지 않다가, 여차할 때 발휘되는 강한 힘. ¶경기 후반에 저력을 발휘하다.

저력지재(樗櫟之材)[-찌-]〔가죽나무와 상수리나무의 재목이란 뜻으로〕'아무 쓸모가 없는 인물'을 비유하여 이르는 말.

저렴(低廉) '저렴하다'의 어근.

저:렴-하다(低廉-)혱여 (물건 따위의) 값이 싸다. ¶저렴한 가격.

저:뢰(抵賴)[-뢰/-뤠]圏하자 변명을 하면서 신문(訊問)에 복종하지 아니함.

저:류(底流)圏 【Ⅰ】(바닷물이나 강물의) 밑바닥을 흐르는 흐름. 【Ⅱ】(겉에 드러나지 않은) '사물의 깊은 곳의 움직임'을 비유하여 이르는 말. ¶사회의 저류.

저르렁圎하자타 얇고 좀 넓은 쇠붙이 조각들이 부딪칠 때 울리어 나는 소리. 찹자르랑. 쎄쩌르렁. 게처르렁. 저르렁-저르렁圎하자타.

저르렁-거리다재타 자꾸 저르렁저르렁하다. 저르렁대다. 찹자르렁거리다.

저르렁-대다재타 저르렁거리다.

저름-나다재 말이나 소가 다리를 절게 되다. ¶소가 저름나서는 논을 못 갈겠다.

저리[1]圎하자되자 상태·모양·성질 따위가 저러한 모양. (‘저리도'의 꼴로도 쓰임.) ¶저리도 영롱한 구슬은 처음 본다. /왜 일을 저리하는지 모르겠다.

저리[2]圎 저 곳으로. 저쪽으로. ¶아까 저리 가는 것을 보았다. 찹조리[2].

저:리(低利)圏 싼 이자. 낮은 비율의 변리. 저금리. 저변. 헐변. ¶저리로 융자하다. ↔고리.

저리(楮李)圏 ☞갈매나무.

저리다혱 ① 몸의 일부가 너무 오래 눌려 있어서 신경이 마비된 듯한 느낌이 있다. ¶발이 저리다. ② 근육이나 뼈마디가 쑥쑥 쑤시듯이 아프다. ¶날만 궂으면 무릎이 저리다. 찹조리다.

저리다타 《옛》 위협하다. ¶저리며 달애야 말ᄃᆞ라 ᄒᆞ야시ᄂᆞᆯ(三綱.忠9).

저리-위깝 신래(新來)를 불릴 때, 저쪽으로 뒷걸음처서 가라고 불리는 쪽의 하인들이 외치던 소리. ¶신은(新恩) 저리위! ↔이리위. 찹신은 신래.

저:리^자금 (低利資金)몡 사회 정책상 정부나 금융 기관이 싼 이자로 빌려 주는 자금.

저리-저리 (-∟∟)묀휑 계속해서 몹시 저린 모양. 좡자리자리.

저:리^차:환 (低利借換)몡 한 번 꾸어 온 빚의 변리를, 지금까지 물어 오던 변리보다 싸게 물게 되는 일.

저:리-채 (低利債)몡 이자가 싼 빚. ↔고리채.

저:립 (佇立)몡하자 우두커니 섬.

저릿-저릿 (-릳쩌릳)묀휑 (피부나 점막 등에 강한 자극을 받아) 잇달아 자지러지게 몹시 저린 듯이 느껴지는 모양. 좡자릿자릿. 솁쩌릿쩌릿.

저릿-하다 (-리타-)휑 감전된 것처럼 순간적으로 자지러지게 저리다. ¶온몸이 저릿하다. 솁쩌릿하다.

저:마 (苧麻·紵麻)몡 ☞모시풀.

저-마다 Ⅰ몡 각각의 사람이나 사물. ¶열심히 저마다의 삶을 살아가다.
Ⅱ묀 각각의 사람이나 사물마다. ¶저마다 제가 제일이라고 뽐낸다.

저만저만-하다휑어 ①(일의 상태 등이) 예사롭다. (흔히, 부정의 뜻을 나타내는 말과 함께 쓰임.) ¶저만저만하게 끝날 일이 아니다. ②사실이나 내용이 저렇고 저렇다. ¶사실은 형편이 저만저만해서 그렇다네. 좡조만조만하다.

저-만치 Ⅰ몡 저만큼 되는 데. ¶저만치에서 오는 아이의 모습.
Ⅱ묀 (떨어진 거리가) 저만큼 되는 데에서. ¶저만치 서서 건너다보다.

저-만큼 Ⅰ몡 저만한 정도. ¶저에게도 저만큼은 주세요. 좡조만큼.
Ⅱ묀 저만한 정도로. ¶학교에도 안 들어간 아이가 저만큼 알기도 어렵다. 좡조만큼.

저만-하다휑어 ①(정도나 수준이) 저 정도만 하다. ¶저만한 일은 나도 할 수 있다. ②정도가 비슷하다. ¶키도 저만하다, 몸집도 저만하다. 좡조만하다.

저맘-때몡 꼭 저만큼 될 때. ¶대부분의 아이들이 저맘때는 낯가림을 하지. 좡조맘때.

저:망 (貯望)몡하자 명망(名望)의 바탕을 기름. 양망(養望).

저:면 (底面)몡 ①밑바닥. ②'밑면'의 구용어.

저:-면적 (底面積)몡 '밑넓이'의 구용어.

저:명 (著名)몡하휑 세상에 이름이 널리 알려짐. ¶저명 작가. /저명한 과학자. 비유명(有名).

저명 (著明)몡 '저명하다'의 어근.

저:명-인사 (著名人士)몡 세상에 이름이 널리 알려진 사람.

저:명-하다 (著明-)휑어 아주 분명하다.

저모 (豬毛·猪毛)몡 돼지의 털. 솔 따위를 만드는 데 쓰임. 돈모(豚毛).

저모-립 (豬毛笠)몡 돼지의 털로 싸개를 한 갓. 당상관(堂上官)이 썼음.
저모립 쓰고 물구나무를 서도 제멋이다족담 제가 좋아서 하는 짓이니, 남이 간섭할 것이 아니라는 뜻.

저:-모음 (低母音)몡 단모음의 한 갈래. 입을 크게 벌려 혀의 위치가 가장 낮은 상태에서 발음하는 모음. ('ㅐ·ㅏ'가 이에 딸림.) 개모음.

저모-필 (豬毛筆)몡 돼지의 털로 맨 큰 붓.

저목 (樗木)몡 ☞가죽나무.

저:묵 (楮墨)몡 종이와 먹.

저문 (著聞)몡 '저문하다'의 어근.

저:문-하다 (著聞-)휑어 (세상에 널리 드러나서) 소문이 자자하다.

저:-물가 (低物價) [-까]몡 물건의 값이 쌈, 또는 헐한 물가.

저:물가^정책 (低物價政策) [-까-]몡 (금융 긴축 따위로) 국가가 국내 물가를 인하하거나, 낮은 물가 수준을 유지하려는 정책.

저물다 [저무니·저물어]자 ①해가 져서 어두워지다. ¶날이 저물다. ②(한 해나 계절이) 거의 다 가게 되다. ¶올해도 거의 저물어 간다. ③(어떤 일이) 날이 어두워질 때까지 늦어지다. ¶귀가가 저물다.

저물-도록묀 해가 져서 어두워질 때까지. 늦게까지. ¶저물도록 일하다.

저뭇-하다 [-무타-]휑어 (날이) 저물어 어스레하다. ¶날이 저뭇해서야 돌아오다.

저:미 (低眉)몡 ①아래로 처진 눈썹. ②하자[눈썹을 낮춘다는 뜻으로] 고개를 숙이거나 굴복함을 이르는 말.

저미 (抵迷)몡 '저미하다'의 어근.

저미다타 ①(여러 개의 작은 조각으로) 얇게 베다. ¶생선을 저미다. ②칼로 도려내듯이 몸이나 마음을 쓰리고 아프게 하다. ¶가슴을 저미는 듯한 아픔.

저:미-하다 (低迷-) Ⅰ자어 ①구름·안개 따위가 낮게 깔려 떠돌다. ②불안한 기미가 감돌다. ¶전운(戰雲)이 저미하다.
Ⅱ휑어 ①구름·안개 따위가 낮게 깔려 어둑하다. ②(기운이) 까라져 활동이 둔하고 흐미하다.

저-백피 (楮白皮)몡 닥나무의 속껍질. 종이의 원료로 씀.

저:버리다타 ①(약속 따위를) 어기다. ¶맹세를 저버리다. ②(은혜 따위를) 마음에 두지 아니하다. ¶어버이의 은혜를 저버리다. ③(호의나 기대 따위를) 거절하여 실망시키다. ¶남의 호의를 저버리다.

저벅하자 크게 한 번 내디딜 때 묵직하게 나는 발자국 소리, 또는 그 모양. 좡자박². 저벅-저벅묀하자

저벅-거리다 [-꺼-]자 자꾸 저벅저벅하다. 저벅대다. 좡자박거리다.

저벅-대다 [-때-]자 저벅거리다.

저:번 (這番)몡 요전의 그때. 거번(去番). ¶저번에는 폐를 많이 끼쳤습니다.

저:변 (低邊)몡 헐한 변리. 경변(輕邊). 저리. 덜변(歇邊).

저:변 (底邊)몡 ①'밑변'의 구용어. ②사회적·경제적으로 기저(基底)를 이루는 계층, 또는 부분. ¶스포츠 인구의 저변 확대.

저:본 (底本)몡 ①문서 또는 저술물(著述物)의 초고(草稿). ②번역을 하거나 저술을 할 때, 그 바탕을 삼는 책. 원본. 대본.

저:부 (低部)몡 낮은 부분.

저:부 (底部)몡 밑바닥을 이루는 부분.

저:-분때 '저 사람'의 높임말. ¶저분이 우리 삼촌이시다.

저:분자^화합물 (低分子化合物) [-합-]몡 적은 수의 분자가 결합한 화합물. ↔고분자 화합물.

저분-저분묀하자 ①가루 따위가 부드럽게 섞이는 모양. ②성질이 매우 찬찬하고 부드러운 모양. 좡자분자분².

저:사 (抵死)몡하자 〈저사위한(抵死爲限)〉의 준말.

저사 (儲嗣)몡 ☞왕세자(王世子).

저:사-위한 (抵死爲限)몡하자 죽기를 작정하고 저항함. 준저사.

저:상(沮喪)**명**[하자][되자] 기력이 꺾여서 기운을 잃음. ¶사기가 저상되다.

저:생-동물(底生動物)**명** 물 밑바닥에 사는 동물을 통틀어 이르는 말. [바다·늪·강 따위의 밑바닥에 사는 말미잘·무명조개·갯지렁이·가래·해삼·넙치·메기 따위.]

저:생-전(楮生傳)**명** 고려 말기의 문인 이첨(李詹)이 지은 가전체 작품. 종이를 의인화하여, 당시 부패한 속유(俗儒)들의 해이한 사도(士道)를 풍자한 내용. ('동문선(東文選)'에 실려 전함.]

저:서(著書)**명** 책을 지음, 또는 지은 책.

저:선(底線)**명** 야구의 이전 일컬음.

저:성(氏星)**명** 이십팔수의 하나. 동쪽의 셋째 별자리. 저수(氐宿). ⓒ저(氐).

저:성(低聲)**명** 낮은 목소리. ↔고성(高聲).

저:-소득(低所得)**명** 소득이 낮음. 낮은 소득. ↔고소득.

저:속(低俗)**명**[하형] ①품은 뜻이나 인격 따위가 낮고 속됨. ¶고상한 외모와 달리 말이나 행동은 아주 저속하다. ②학문·예술성 따위의 정도가 깊거나 고상하지 못하고 천박함. ¶저속한 문학 작품.

저:속(低速)**명** 〈저속도〉의 준말. ¶저속으로 비행하다. ↔고속.

저:-속도(低速度)[-또]**명** 느린 속도. ⓒ저속. ↔고속도.

저:-속-어(低俗語)**명** 고상하지 못하고 천박한 말.

저수(氐宿)**명** ☞저성(氐星).

저:수(低首)**명**[하자] 고개를 숙임.

저:수(貯水)**명**[하터][되자] 인공적으로 물을 가두어 모아 둠, 또는 그 물.

저:수-공사(低水工事)**명** 강물이 최저 수량일 때에도 배가 다닐 수 있도록, 일정한 폭과 깊이를 유지하게 하기 위한 하천 공사.

저:수-량(貯水量)**명** (저수지·댐 따위에) 모아 두는 물의 양.

저:수-로(低水路)**명** 하천 부지에서, 가물 때에도 물이 흐르는 부분.

저:수-반(貯水盤)**명** 분수 시설 따위에서, 뿜어낸 물을 모아 두기 위하여 만들어 놓은 장치.

저:수^식물(貯水植物)[-싱-]**명** 몸 안에 스스로 물을 많이 저장하여, 오랫동안 마르지 않고 가물에 잘 견디는 식물. 다장식물(多漿植物).

저:수-지(貯水池)**명** 인공으로 둑을 쌓아 물을 모아 두는 못.

저술(著述)**명**[하터][되자] 책을 씀, 또는 그 책. 저작. 찬술(撰述). ⓒ저(著).

저:술-가(著述家)**명** 저술을 전문으로 하는 사람. 저작자.

저:술-업(著述業)**명** 저술에 종사하는 직업.

저:습(低濕)**명**[하형] 땅이 낮고 습기가 많음. ¶저습 지대.

저승**명** 죽은 사람의 영혼이 가서 산다는 세계. 명도(冥途). 명부(冥府). 유명(幽冥). 음부(陰府). 타계(他界). 황천(黄泉). ↔이승.

저승-길[-낄]**명** 저승으로 가는 길, 곧 죽음에 이르는 일. ¶모처럼의 귀향길이 저승길이 될 줄이야.

저승길이 대문 밖이다[속담] 죽는 일이 나와는 아무 관계없이 먼 곳의 일 같지만 실상은 아주 가깝다는 말.

저승-꽃[-꼳]**명** '검버섯'을 비유하여 이르는 말. ¶저승꽃이[-꼬치]·저승꽃만[-꼰-]

저승-말**명** 사람을 저승으로 잡아가기 위하여, 저승의 차사(差使)가 타고 온다는 말.

저승-빛[-삗]**명** 저승에서 이승으로 올 때 지고 온다는 빛. ¶저승빛이[-삐치]·저승빛만[-삗-]

저승-사자(-使者)**명** 저승에서 염라대왕의 명에 따라 죽은 사람의 넋을 데리러 온다는 심부름꾼.

저승-패(-牌)**명** 남사당패의 은어로, 놀이를 하지 못하는 노인을 이르던 말.

저:시(貯柴)**명**[하터][되자] 땔나무를 모아 쌓아 둠.

저:실(楮實)**명** 한방에서 '닥나무의 열매'를 약재로 이르는 말. 모양은 딸기와 비슷하며 빛깔은 붉고 성질은 참. 부종·안질에 약으로 쏨.

저쑵다[-따][저쑤우니·저쑤워]**자ㅂ** (신이나 부처에게) 절하다.

저:쓥다**타ㅂ** 〈옛〉 두려워하다. 황송하여다. ['저쑵다'에 어미 '숩다'가 붙은 말.] ¶王기出令을 저쓩바(月釋1:9).

저쑵다**타** 〈옛〉 저쑵다. 절하옵다. ¶부텨를 맞주바 저쑵고(月釋1:13).

저:압(低壓)**명** (전압·기압·풍압·수압 따위의) 압력이 낮음. ↔고압.

저:압-경제(低壓經濟)[-경-]**명** 공급이 수요보다 많아 생산 과잉 상태에 있는 경제.

저:압-계(低壓計)[-께/-께]**명** 희박한 기체의 압력을 재는 장치. ⓑ진공계(眞空計).

저:압-선(低壓線)[-썬]**명** 배전선(配電線)에서, 변압기에 의하여 다시 전압을 낮추어 수요자에게 보내는 전선. ↔고압선.

저:압^터^빈(低壓turbine)**명** 대기압(大氣壓) 내외의 증기로 동력을 발생시키는 터빈.

저:앙(低昂)**명**[하자][되자] ①낮아졌다 높아졌다 함. ②낮추었다 높였다 함.

저:액(低額)**명** 적은 금액. ↔고액.

저어(齟齬)**명** '저어하다'의 어근.

저어-새**명** 저어샛과의 새. 몸길이는 84 cm가량. 겨울깃은 흰색이고, 성조(成鳥)의 여름깃은 가슴에 황갈색 띠가 있으며, 노랑부리저어새와 비슷함. 동북아시아에 분포하는데 해안의 얕은 곳이나 소택지, 간척지, 갈밭 등에서 서식하는 것이 발견되었음. 매우 드문 새로 천연기념물 205호임.

저어-하다**타여** 두려워하다.

저어-하다(齟齬-)**형여** [이가 맞지 아니하다는 뜻으로] 사물이나 일이 잘 맞지 않고 어긋나다.

저:억(沮抑)**명**[하터] 억지로 누름. ⓑ억지(抑止)·저지(沮止).

저열(低劣)**명** '저열하다'의 어근.

저:열(低熱)**명** (온도가) 낮은 열. ↔고열.

저:열-하다(低劣-)**형여** 질이 낮고 용렬하다. 저열-히**부**.

저:온(低溫)**명** 낮은 온도. ¶저온 다습한 기후. ↔고온.

저:온^공업(低溫工業)**명** 기체를 냉각, 액화시켜 제품을 얻는 공업. [공기에서 산소를 분리하는 것 따위.]

저:온^마취(低溫痲醉)**명** 체온을 25〜30℃로 내려 물질대사(物質代謝)를 저하시키면서 하는 마취. 뇌수술·심장 수술 등 큰 수술 때 이용함. 저체온 마취. 저체온법.

저:온^살균(低溫殺菌)**명** 식품류를 60〜80℃의 비교적 낮은 온도에서 30분 정도 살균하는 일.

저용(猪勇·豬勇)**명** (멧돼지처럼) 무턱대고 앞으로만 내닫는 무모한 용기.

저울**명** 물건의 무게를 다는 데 쓰이는 기구를 통틀어 이르는 말. ⓐ권형(權衡).

저울-눈[-룬]**명** 저울의 눈금. ¶저울눈을 속이다.

저울-대[-때]명 대저울의 몸이 되는 긴 막대. 눈금이 새겨져 있음.

저울-자리명 ☞천칭(天秤)자리.

저울-질명하타 ①저울로 물건의 무게를 다는 일. ②남의 속내를 헤아려 봄. ¶사람을 저울질하다. ③이해득실을 헤아림. ¶양쪽을 저울질하다.

저울-추(-錘)명 (무게를 달 때) 저울대 한쪽에 거는, 일정한 무게를 지닌 쇠로 만든 추. 칭추(秤錘). ㉜추.

저울-판(-板)명 무게를 달 때 물건을 올려놓는 접시 모양의 판. 칭판(秤板).

저-원(低原)명 지형이 낮은 벌판.

저-위(低位)명 ①낮은 지위. ②낮은 위치. ↔고위(高位).

저-위도(低緯度)명 낮은 위도, 곧 적도(赤道)에 가까운 위도.

저-위도^지방(低緯度地方)명 적도에서 남·북 회귀선(回歸線)에 이르는 사이의 지역.

저-위도^해역(低緯度海域)명 적도에서 남·북 회귀선에 이르는 사이의 바다.

저-유(貯油)명하자 석유를 저장하는 일.

저육(豬肉·猪肉)명 〈제육〉의 본딧말.

저-율(低率)명 어떠한 표준보다 낮은 비율. ↔고율(高率).

저으기튀 '적이'의 잘못.

저-음(低吟)명하타 (시 따위를) 낮은 소리로 읊음. ↔고음(高吟).

저-음(低音)명 낮은 소리. 약한 음. 낮은음. ↔고음(高音).

저-음부^기호(低音部記號)명 ☞낮은음자리표. ↔고음부 기호.

저-의(底意)[-의/-이]명 (드러내지 않고) 속에 품고 있는 뜻. ¶그 사람에게 접근하려는 저의가 무엇일까?

저-의(紵衣·苧衣)[-의/-이]명 모시로 지은 옷.

저-이때 저 사람.

저-익-기(低翼機)[-끼]명 동체(胴體)의 중심선 아래에 주익(主翼)이 달려 있는 단엽 비행기.

저-인-망(底引網)명 바다 밑바닥으로 끌고 다니며 깊은 데 사는 물고기를 잡는 그물의 한 가지. 자루나 주머니처럼 생겼음. ㉜트롤망.

저-인망^어선(底引網漁船)명 저인망으로 물고기를 잡는 배. 트롤선.

저-인망^어업(底引網漁業)명 저인망으로 바다 깊은 데 사는 물고기를 잡는 어업. 주로 가자미나 명태 따위를 잡음.

저-일-계(低日季)[-계/-게]명 동지(冬至)를 중심으로 한 그 앞뒤의 기간. 이 기간에는 해가 낮게 뜸.

저-임금(低賃金)명 낮은 임금. 싼 품삯.

저자명 ①시장에서 물건을 파는 가게. ②큰 길거리에 아침저녁으로 반찬거리를 사고팔기 위해 서는 장(場).

저자(를) **보다**관용 저자에서 물건을 사거나 팔거나 하다.

저-자(著者)명 〈저작자(著作者)〉의 준말. ¶김부식은 '삼국사기'의 저자다.

저-자(-者)때 '저 사람'을 낮추어 일컫는 말.

저자-상어명 전자리상어.

저-자세(低姿勢)명 (교섭 따위에) 상대편의 비위를 맞추려는 태도. ¶저자세로 나오다. ↔고자세.

저작(咀嚼)명하타되자 음식물을 씹음.

저작(著作)명 ①하타 저술. ㉜저(著). ②조선 시대에, 홍문관·승문원·교서관의 정팔품 벼슬.

저-작-가(著作家)[-까]명 ☞저술가(著述家).

저-작권(著作權)명 저작자가 자기 저작물의 복제·번역·방송·상연 등을 독점적으로 이용할 수 있는 권리.

저-작권-법(著作權法)[-꿘뻡]명 저작권의 보호를 목적으로 하는 법률.

저-작권-자(著作權者)[-꿘-]명 저작권법에 따라 저작물에 대한 저작권을 가진 사람. 원칙적으로 저작자가 저작권자로 됨.

저-작권^침:해(著作權侵害)[-꿘-]명 저작권자의 승낙 없이 저작물의 내용을 상업적으로 이용하여, 저작권자의 이익을 침해하는 일.

저작-근(咀嚼筋)[-끈]명 음식물을 씹는 작용을 맡은 안면근(顏面筋)의 한 가지.

저작-기(咀嚼器)[-끼]명 음식물을 씹는 작용을 맡은 기관. 〔무척추동물의 키틴질(chitin質)의 턱, 척추동물의 이 따위.〕

저-작물(著作物)명 사상 또는 감정을 창작적으로 표현한 것으로, 문예·학술·미술·음악의 범위에 드는 것을 이름.

저-작^인접권(著作隣接權)[-꿘]명 가수나 연주자 등 저작물의 내용을 실연(實演)하는 사람, 음반 제작자, 방송 사업자 등에게 인정하는, 저작권에 준하는 권리.

저-작-자(著作者)[-짜]명 ①책을 지은 사람. 지은이. ㉜저작자·저자. ②(저작권법에 따른) 저작물을 작성하는 사람.

저잣-거리[-자꺼/-짜꺼-]명 시장의, 가게가 죽 늘어서 있는 거리.

저-장(低張)명하형 한 용액의 삼투압이 다른 용액의 삼투압에 비하여 낮음. 〔주로, 각종 용액의 농도를 체액(體液)이나 혈액과 비교할 때 쓰는 말.〕↔고장(高張).

저:-장(貯藏)명하타되자 ①물건을 모아서 간수함. 갈무리. ¶고구마를 움 속에 저장하다. ②컴퓨터에서, 생성된 데이터를 기억 장치에 보존하는 일. 세이브(save). ¶파일을 하드에 저장하다.

저:장-근(貯藏根)명 양분을 저장하여 두는 식물의 뿌리. 〔우엉·고구마·무·당근 따위.〕저장 뿌리.

저:장-량(貯藏量)[-냥]명 ①저장되어 있는 물건의 양. ②물건을 저장할 수 있는 용량.

저:장-물(貯藏物)명 저장되어 있는 물건.

저:장^물질(貯藏物質)[-찔]명 생물의 몸속에 저장되어 있는 영양 물질.

저:장-법(貯藏法)[-뻡]명 물건을 상하지 않게 저장하는 방법.

저:장-뿌리(貯藏-)명 ☞저장근(貯藏根).

저:장-성(貯藏性)[-썽]명 오래 저장해 두어도 상하지 않는 성질.

저:장-실(貯藏室)명 물건을 저장하는 방.

저:-장애(低障礙)명 〈저장애 경주〉의 준말.

저:장애^경:주(低障礙競走)명 남자 육상 경기 종목의 한 가지. 200 m 코스에 높이 62 cm의 허들 열 개를 세워 놓고 빨리 뛰어넘어 달리는 경기. ㉜저장애. ↔고장애물 경주.

저:장-엽(貯藏葉)명 양분이나 수분 따위를 많이 저장하여 두는 특수한 잎. 〔양파·백합 따위의 비늘잎.〕

저:장^전:분(貯藏澱粉)명 식물의 뿌리·땅속줄기·배젖·떡잎 따위에 저장되어 있는 전분. 고구마의 뿌리, 감자의 덩이줄기, 보리나 벼의 배젖, 완두의 떡잎 등에 저장되어 있음. ㉜동화 전분(同化澱粉).

저:장^조직(貯藏組織)圀 식물체 안에서 영양 물질을 특별히 많이 저장하고 있는 조직.

저-저-이(這這-)圁 낱낱이 모두. ¶어려운 실정(實情)을 저저이 보고하다.

저:적(低敵)圀하자타圁 ▱대적(對敵).

적적-거리다[-꺼-]재 자꾸 적적적적하다. 적적대다. ㊅자작거리다.

적적-대다[-꺼-]圁 적적거리다.

저:적-에圁 지난번에. 접때에.

적적-적적[-쩌-]圁하다 ①아기가 간신히 걸음마를 하는 모양. ②힘없이 간신히 발을 내디디며 걷는 모양. ㊅자작자작.

저전(楮田)圀 닥나무 밭.

저-절로圁 인공을 가하지 않고 자연으로. 다른 힘을 빌지 않고 제 스스로. ¶문이 저절로 열리다. /선생의 모습만 봐도 저절로 숙연해진다. ㊅절로.

저:조(低調)圀圁하형되자 ①능률·성적 따위가 낮음. ¶영업 실적이 저조하다. ②활기가 없거나 내용이 충실하지 않음. ¶저조하던 남북 대화가 다시 활기를 띠다.

저:조(低潮)圀 ①간조(干潮). ②'감정이나 기세가 가장 까라진 상태'를 비유하여 이르는 말. ↔고조(高潮).

저:조-선(低潮線)圀 ▱간조선. ▱고조선(高潮線).

저:주(詛呪·咀呪)圀하타 (미운 이에게) 재앙이나 불행이 닥치기를 빌고 바람. 주저. ¶저주를 받다.

저:주-스럽다(詛呪-)[-따] [~스러우니·~스러워]圀 저주하여 마땅하다. 저주스레圁.

저주-지(楮注紙)圀 조선 시대에, 저화(楮貨)로 쓰던, 길이 한 자 여섯 치에 너비 한 자 네 치의 닥나무 껍질로 만든 종이.

저:-주파(低周波)圀 진동수가 비교적 적은 주파, 또는 그러한 파동이나 전파. ↔고주파.

저:지(低地)圀 지대가 낮은 땅. ↔고지.

저:지(底止)圀하자되자 갈 데까지 가서 멈춤.

저:지(沮止)圀하타되자 막아서 못하게 함. ¶적의 침입을 저지하다. ㊟저억(沮抑).

저지(judge)圀 운동 경기의 심판원.

저-지난관 '지지난'의 잘못.

저지난-달圀 ①이삼 개월 전의 달. ②'지지난달'의 잘못.

저지난-밤圀 ①이삼 일 전의 밤. ②'지지난밤'의 잘못.

저지난-번(-番)圀 ①지난번의 전번. ②'지지난번'의 잘못.

저지난-해圀 ①이삼 년 전의 해. ②'지지난해'의 잘못.

저지르다圁 〈옛〉 적시다. ¶샐리 비롤 느리와 히 大地롤 저지라(月釋10:101).

저:-지대(低地帶)圀 (평지보다) 낮은 지대. ¶홍수로 저지대의 가옥이 침수되다. ↔고지대.

저지레圀하다 (일·물건 따위를) 버르집어 그르치는 짓. 말썽 부리는 짓.

저지르다[저지르니·저질러]圁 잘못하여 그르치다. 탈을 내다. ¶네가 기어이 일을 저지르고야 말았구나.

저:지-선(沮止線)圀 그 이상 범하지 못하도록 막는 경계선. ¶경찰의 저지선을 뚫고 시위대가 거리로 진출했다.

저지^페이퍼(judge paper)圀 권투에서, 부심이 경기자의 득점을 기록하는 종이.

저:질(低質)圀 질이 낮음. 바탕이 좋지 않음. ¶저질 상품.

저:질-탄(低質炭)圀 화력(火力)이 약하고 질이 나쁜 석탄.

저-쪽圁圀 ①(이야기하는 곳에서 확인이 되는) 좀 떨어진 곳이나 방향을 가리키는 지시 대명사. ¶저쪽 거리에 있는 사람./이쪽과 저쪽. ②우리 쪽이 아닌 상대편 쪽을 가리키는 삼인칭 대명사. ¶그는 저쪽 사람이다. ③(대화하는 자리에서) 무엇을 사이에 둔 반대편을 가리키는 지시 대명사. ¶강 저쪽./산 너머 저쪽. ↔이쪽.

저-쯤Ⅰ圀 저만한 정도. ¶저쯤이면 충분하겠지? ㊅조쯤.
Ⅱ圁 저만한 정도로. ¶저쯤 했으면 이제 지칠 만도 하지. ㊅조쯤.

다-천우(楮天牛)圀 (닥나무를 해치는) 하늘소를 통틀어 이르는 말.

저:체온^마취(低體溫痲醉)圀 ▱저온 마취.

저:체온-법(低體溫法)[-뻡]圀 ▱저온 마취.

저:촉(抵觸)圀하자 ①서로 부딪침. 서로 모순됨. ②(법률이나 규칙에) 위배되거나 거슬림. ¶법에 저촉되는 일.

저:축(貯蓄)圀하타되자 ①절약해 모아 둠. ¶창고에 저축되었던 곡식. ②소득의 일부를 아껴 금융 기관에 맡겨 둠, 또는 그 돈. ¶저축을 장려하다. /용돈을 고스란히 저축하다.

저축-거리다[-꺼-]재 자꾸 저축저축하다. 저축대다. ㊅자축거리다.

저축-대다[-때-]圁 저축거리다.

저:축^보:험(貯蓄保險)[-뽀-]圀 보험에 든 사람이 일정한 연령이나 조건에 이르렀을 때에 일정한 금액을 지급할 것이 약속된 보험. 〔학자(學資) 보험·혼인 보험 따위〕.

저:축^성:향(貯蓄性向)[-썽-]圀 소득에서 차지하는 저축의 비율. ㊟소비 성향.

저:축^예:금(貯蓄預金)[-충네-]圀 개인이 저축 및 이식(利殖)을 목적으로 하는 은행 예금의 한 가지. 장기에 걸친 정기 예금의 형식을 취하는 경우가 많음.

저:축^은행(貯蓄銀行)圀 일반 서민의 저축을 주안(主眼)으로 하는 은행.

저축-저축[-쩌-]圁하다 힘없는 다리로 절룩거리며 걷는 모양. ㊅자축자축.

저춤-거리다圁 자꾸 저춤저춤하다. 저춤대다. ㊅자춤거리다.

저춤-대다圁 저춤거리다.

저춤-저춤圁하다 약간 저축거리며 걷는 모양. ㊅자춤자춤.

저:층(底層)圀 건물의 낮은 층, 또는 그 건물. ¶저층 아파트.

저-치団 '저 사람'을 얕잡아 이르는 말.

저:치(貯置)圀하타되자 저축하여 둠.

저퀴圀 사람을 몹시 앓게 한다는 귀신. 저퀴(가) 들다관용 저퀴가 씌어서 몹시 앓다.

저름圀하타 잘못을 고치고 다시 잘못하지 않도록 조심함, 또는 그렇게 하는 버릇. ¶그만큼 타일렀으면 저름할 줄 알아야지.

저:탄(貯炭)圀하자 석탄·숯 따위를 저장함, 또는 그 석탄이나 숯.

저:탄-량(貯炭量)[-냥]圀 석탄·숯 따위의 저장되어 있는 분량.

저:탄-장(貯炭場)圀 석탄이나 숯 따위를 저장해 두는 곳.

저:택(邸宅)圀 ①지난날, 왕후의 집. 제관(第館). ②규모가 아주 큰 집. ¶호화로운 저택.

저택(瀦宅)圀하타 왕조 때, 대역 죄인의 집을 헐고 그 자리에 못을 만들던 형벌.

저:토(底土)圓 하층의 흙. 밑바닥의 흙.

저:-토록圓 저러하도록. 저렇게까지. ¶ 저토록 비
는데 너그럽게 용서하시게.

저:판(底板)圓 밑널.

저:-편(-便)団 ①저쪽. ②저쪽 사람. ¶ 말썽은
항상 저편에서 난다.

저폐(楮幣)圓 -폐/-페]圓 ☞저화(楮貨).

저:포(苧布·紵布)圓모시.

저:포-전(苧布廛)圓 조선 시대에, 육주비전의
하나. 모시를 팔던 시전(市廛).

저:품圓 옛 두려움. ¶ 그 쓰리 念佛力으로 自然
히 저푸미 업더라(月釋21:24).

저프다[] 옛 두렵다. 무섭다. ¶ 맀는 저플씨라
(月釋22).

저:피(底皮)圓 쇠가죽이나 물소 가죽을 식물 타
닌으로 무두질한 것. 두껍고 딱딱한데 주로 구
두창으로 쓰임.

저:-하(低下)圓하자[되자] ①(높이 있던 것이) 낮
아짐. ②(사기·정도·수준·물가·능률 따위가)
떨어져 낮아짐. ¶ 사기 저하. /경쟁력이 저하되
다. ↔향상.

저:-하(邸下)圓 조선 시대에, '왕세자'를 높이어
이르던 말.

저:-학년(低學年)圓 -항-]圓 낮은 학년. ↔고학년.

저함(低陷) '저함하다'의 어근.

저:함-하다(低陷-)圍鬪 (밑바닥이 가라앉아)
낮고 우묵하다. ¶ 저함한 부분을 메우다.

저:항(抵抗)圓 ①하자(어떤 힘·권위 따위에) 맞
서서 버팀. ¶ 저항 세력. ②힘의 작용에 대하
여 그 방향과 반대 방향으로 작용하는 힘. 〔전
류 저항·관성 저항 따위가 있음.〕 ¶ 공기 저항.
③정신 분석에서, 치료에 대하여 감정적으로
거슬러 버티는 경향.

저:항-계(抵抗計) -계/-게]圓 유효(有效) 저
항을 재는 데 쓰는 계기.

저:항-권(抵抗權) -꿘]圓 기본적 인권을 침해
하는 압제적(壓制的)인 국가 권력에 대하여 저
항할 수 있는 국민의 권리.

저:항-기(抵抗器)圓 전기 회로에 전기 저항을
조성하기 위하여 연결하는 기구.

저:-항라(苧亢羅) -나]圓 모시로 짠 항라.

저:항-력(抵抗力) -녁]圓 ①병
충해에 대한 저항력이 강한 신품종이 개발되었
다. ②(운동체의) 운동을 방해하는 힘.

저:항-률(抵抗率) -뉼]圓 단면적(斷面積)이 같
은 등질(等質)의 전기 도체가 갖는 전기 저항
의 비율. 비저항(比抵抗).

저:항^문학(抵抗文學)圓 제2차 세계 대전 중,
나치 독일에 대한 프랑스의 저항 운동을 기반
으로 생성된 문학.

저:항-선(抵抗線)圓 ①적의 공격을 막아 버티
는 방어선. ②(전기 에너지를 열에너지로 바꾸
기 위하여) 전류를 통하게 한 고유 저항의 쇠
붙이 줄. 〔니크롬선 따위가 있음.〕

저:항-성(抵抗性) -썽]圓 저항하는 성질.

저:항-손(抵抗損)圓 전류가 저항체를 흐를 때,
열이 되어 소산(消散)하는 전기 에너지의 손실.

저:항-심(抵抗心)圓 저항하는 마음.

저:항^운동(抵抗運動)圓 압제나 외국의 지배
에 대항하여 싸우는 민족적 운동. 참레지스
탕스.

저:항-체(抵抗體)圓 ①☞항체. ②저항기(抵抗
器)나 저항 재료를 이르는 말.

저:해(沮害)圓하타[되자] 막아서 못하게 하여 해
침. ¶ 사회 발전에 저해되는 이기주의적 사고.

저허하다[] 옛 두려워하다. ¶ 오히려 일흘가
저허홀띠니라(論解2:38).

저혈(猪血·豬血)圓 돼지의 피.

저:-혈압(低血壓)圓 혈압이 정상보다 낮은 현
상. 〔보통, 성인의 경우 최고 혈압이 90 mmHg
보다 낮은 혈압.〕 ↔고혈압.

저화(楮貨)圓 고려 말기·조선 초기에, 화폐로
통용되던 저주지(楮注紙).〔조선 태조 때는 쌀
한 되와 이 종이 한 장을 비기게 했음.〕저폐.

저:회(低徊·低回) -회/-훼]圓하자 머리를 숙
이고 생각에 잠겨 왔다 갔다 함.

저:회-취미(低徊趣味) -회/-훼-]圓 세속의
노고(勞苦)를 피하여, 온갖 사물을 여유 있는
각도에서 바라보며, 동양적 시취(詩趣)의 경계
에 노니는 태도.

저희[-히]団 ①(우리3)의 낮춤말. ¶ 저희를 한
번만 용서해 주십시오. ②저 사람들.

저:-희(沮戲) -히]圓하타 (남에게) 지근덕거려
방해함.

저히다[] 옛 위협하다. 두렵게 하다. ¶ 罪福올
저히습거든(龍歌124章).

저흐샤[] 옛 ('젏다'의 활용형) 두려워하시어.
¶ 公州] 江南올 저흐샤 子孫올 ㄱ르치신돌(龍
歌15章).

적圓 ①나무·돌 따위의 결을 따라 일어나는 조
각. ②굴의 껍데기를 떼 낸 뒤에도 아직 굴에
붙어 있는 껍데기 조각.

적²의 (일부 명사나 어미 '-은'·'-을' 뒤에 쓰이
어) ①시기(때). 당시. ¶ 어릴 적 추억. /일할
적엔 일에만 몰두하라. ②경험한 일. ¶ 그를
본 적이 있다. /그와는 다툰 적이 없다.

적¹圓 옛 적. 때. ¶ 이제 겨믄 저그란(釋譜6:11).

적²圓 옛 소금쟁이. ¶ 적 겸: 黽(訓蒙中22).

적(赤)圓 ☞적색(赤色)의 준말.

적(炙)圓 어육(魚肉)·채소 따위를 양념하여 대
꼬챙이에 꿰어 굽거나 번철에 지진 음식.

적(的)圓 ①과녁. ②대상. 목표. 표적. ¶ 선망의
적이 되다.

적(笛)圓 ①☞저¹. ②대로 만든 관악기의 한 가
지. 6 개의 구멍이 있으며 길이는 두 자가량임.

적(賊)圓 도둑. 도적.

적(敵)圓 ①원수가 되는 자(者). ②경쟁의 상대
자. 적수. ③전쟁의 상대자. ④'어떤 것에 해를
끼치는 요소'를 비유하여 이르는 말. ¶ 마약은
인류의 적이다.

적(積)圓 ①'곱'의 구용어. ②☞적취(積聚).

적(篴)圓 퉁소보다 약간 긴 피리의 한 가지. 지
공(指孔)이 앞에 다섯, 뒤에 하나가 있고, 허공
(虛孔)이 끝에 둘 나 있음.

적(籍)圓 (사람·가축·토지 따위의) 소속·신분·성
별·생년월일 따위를 공적(公的)으로 등록한 근
거. 〔학적·호적·병적·당적 따위.〕

적(癪)圓 한방에서, 여자에게 흔히 일어나는 위
경련 증세를 이르는 말.

-적(的)웹[] 일부 한자어 명사 뒤에 붙어, '그
명사의 상태로 된'·'그런 성질을 띤' 등의 뜻
을 나타냄. ¶ 예술적. /인간적. /과학적.

적가(嫡家) -까]圓 서가(庶家)에 대하여 '적자손(嫡
子孫)의 집'을 이르는 말. ↔서가(庶家).

적각(赤脚) -깍]圓 ①벌겋게 드러낸 다리. 맨다
리. ②☞대묵다리.

적각-마(赤脚馬) -깡-]圓 ☞정강말.

적각-선(赤脚仙) -깍썬]圓 ☞적각선인.

적각-선인(赤脚仙人) -깍썬닌]圓 알몸으로 이
곳저곳 돌아다닌다는 신선. 적각선.

적간(摘奸)[-깐]**명****하타** 부정한 일이 있나 살펴어 캐냄.

적-갈색(赤褐色)[-깔쌕]**명** 붉은빛을 띤 갈색. 고동색. 구릿빛.

적강(謫降)[-깡]**명****하자****되자** ①(신선이) 인간 세상에 내려오거나 사람으로 태어남. ②지난날, '관리가 외직(外職)으로 좌천됨'을 이르던 말.

적개-심(敵愾心)[-깨-]**명** 적에 대하여 분개하는 마음. ¶적개심을 품다.

적객(謫客)[-깩]**명** 적소(謫所)에서 귀양살이를 하고 있는 사람.

적거(謫居)[-꺼]**명****하자** 귀양살이를 함.

적격(適格)[-껵]**명****하형** (어떤 일에) 자격이 알맞음, 또는 그 자격. ↔결격.

적격-자(適格者)[-껵짜]**명** (어떤 일에) 알맞은 자격을 갖춘 사람. 자격에 맞는 사람. ¶사회자로는 그가 가장 적격자다.

적견(的見)[-껸]**명****하타** 아주 정확하게 봄.

적경(赤經)[-껑]**명** 천구 상의 천체의 위치를 나타내는 적도 좌표에서의 경도(經度). 춘분점에서 비롯하여 동쪽으로 0도에서 360도까지, 또는 0시에서 24시까지로 나타냄. ↔적위(赤緯).

적경(賊警)[-껑]**명****하자** ①도둑을 경계함. ②도둑이 생길 기미가 보임.

적경(敵境)[-껑]**명** 적 또는 적국과의 경계.

적경(積慶)[-껑]**명** 거듭 생기는 경사스러운 일.

적고병간(積苦兵間)[-꼬-]**명****하자** 여러 해 동안 전쟁터에서 갖은 괴로움을 겪음.

적곡(積穀)[-꼭]**명****하자** 곡식을 쌓아 둠, 또는 그 곡식.

적공(積功)[-꽁]**명****하자** ①공을 쌓음. ②어떤 일에 드는 공을 들임. ¶적공 없이 어찌 성공을 바라겠는가.

적공-누덕(積功累德)[-꽁-]**명** 불과(佛果)의 보리(菩提)를 얻으려고 늘 착한 일을 행하고 공덕을 쌓는 일.

적과(摘果)[-꽈]**명****하타** (과실나무의 보호 따위를 위하여) 과실을 솎아 냄, 또는 그 일.

적과-기(炙果器)[-꽈-]**명** ⇨적틀.

적과-율(賊科律)[-꽈-]**명** 지난날, 과장(科場)에서 남의 답안을 훔쳐 제 이름을 써넣은 사람에게 적용하던 형벌.

적광(寂光)[-꽝]**명** 〔불교에서〕①세상의 번뇌를 끊고 적정(寂靜)의 진리에서 발현(發現)하는 진지(眞智)의 광명. ②〈적광토〉의 준말.

적광-토(寂光土)[-꽝-]**명** 사토(四土)의 하나. 법신불(法身佛)이 사는 정토, 곧 부처가 사는 세계. ㉜적광.

적괴(賊魁)[-꾀/-꿰]**명** 도둑의 괴수(魁首). 적수(賊首).

적괴(敵魁)[-꾀/-꿰]**명** 적의 우두머리.

적교(弔橋)[-꾜]**명** '조교(弔橋)'의 잘못.

적구(適口)[-꾸] '적구하다'의 어근.

적구(積久)[-꾸]**명** 오래 걸림.

적구-독설(赤口毒舌)[-꾸-썰]**명** 남을 몹시 비난하고 저주하는 말.

적구지병(適口之餠)[-꾸-]**명** 입에 맞는 떡.

적구-하다(適口-)[-꾸-]**자어** (음식이) 입에 맞다.

적국(敵國)[-꾹]**명** 적대 관계에 있는 나라. 교전국.

적군(赤軍)[-꾼]**명** 공산군. 붉은 군대.

적군(賊軍)[-꾼]**명** 도둑의 군대. 적도(賊徒). ↔관군.

적군(敵軍)[-꾼]**명** ①적국의 군대. ②(운동 경기 따위에서) '상대편'을 이르는 말. ↔아군.

적굴(賊窟)[-꿀]**명** 도둑의 소굴. 적소(賊巢).

적굴(敵窟)[-꿀]**명** 적(敵)의 무리가 근거를 잡고 우글거리는 소굴.

적권-운(積卷雲)[-꿔눈]**명** ⇨고적운(高積雲).

적극(積極)[-끅]**명** 어떤 일에 대하여, 바짝 다잡는 성향이나 태도. 능동적·긍정적·자발적·진취적·표면적·양성적인 면을 보이는 활동적 성향을 이름. ¶환경 보호에 적극 동참하다. /봉사 활동에 적극 나서다. ↔소극.

적극^명:제(積極命題)[-끙-]**명** ⇨긍정 명제.

적극-방어(積極防禦)[-끙-]**명** 적의 공격에 맞서 각종 화기로 공격함으로써 방어하는 일.

적극-성(積極性)[-끅썽]**명** 적극적인 성질. ¶적극성을 띠다. ↔소극성.

적극^의:무(積極義務)[-끄꾸-]**명** 어떤 일정한 일을 해야 하는 의무. ↔소극 의무.

적극-재산(積極財産)[-끄째-]**명** 어느 특정인에게 딸린 재산권의 총체. ↔소극 재산.

적극^재정(積極財政)[-끄째-]**명** 국가가 어떤 목적을 위하여, 지출을 극대화하고 공채를 발행하여 차입금을 얻는 등 적자 재정이 되는 경제 확대 정책.

적극-적(積極的)[-끅쩍]**관명** (어떤 일을 처리하거나 활동함에 있어) 바짝 다잡아 하는 (것). ¶적극적 홍보. /적극적인 판촉 활동. ↔소극적.

적극적 개:념(積極的概念)[-끅쩍깨-]⇨긍정적 개념.

적극적 판단(積極的判斷)[-끅쩍-]⇨긍정적 판단.

적극-주의(積極主義)[-끙쭈의/-끙쭈이]**명** 실증주의(實證主義). ↔소극주의.

적극-책(積極策)[-끅-]**명** 적극적인 정책이나 대책. ↔소극책.

적극-화(積極化)[-끄콰]**명****하자타****되자** 적극적인 것으로 되거나 되게 함.

적금(赤金)[-끔]**명** ①붉은빛을 띤 금(金)의 합금. ②구리.

적금(積金)[-끔]**명****하타** 돈을 모아 둠, 또는 그 돈. ②일정 기간 동안 일정 금액을 불입한 다음 만기가 되면 찾기로 약속된, 은행 저금의 한 가지.

적기(赤書)[-끼]**명****하타** 붉은 글씨, 또는 붉은 글씨로 쓴 기록.

적기(赤旗)[-끼]**명** ①붉은빛의 기. ②위험 신호용의 붉은 기. ¶적기를 흔들어 위험을 알리다. ③흔히, 공산주의를 상징하는 기.

적기(炙器)[-끼]**명** ⇨적틀.

적기(摘記)[-끼]**명****하타** 요점만 뽑아 적음, 또는 그 기록. 적록(摘錄).

적기(適期)[-끼]**명** 알맞은 시기. ¶모내기에는 지금이 가장 적기다.

적기(敵機)[-끼]**명** 적의 비행기.

적기(積氣)[-끼]**명** ⇨적취(積聚).

적-꼬치(炙-)[-꼬]**명** 적을 꿰는 꼬챙이. 대나 싸리로 만듦.

적-꽃(炙-)[-꼳]**명** 〈적꼬치〉의 준말. ＊적꽃이[-꼬치]·적꽃만[-꼰-]

적나라(赤裸裸) '적나라하다'의 어근.

적나라-하다(赤裸裸-)[정-]**형여** 〔몸에 아무것도 걸치지 않은 발가벗은 상태라는 뜻으로〕있는 그대로 다 드러내어 숨김이 없다. ¶환자의 얼굴에 고통이 적나라하게 드러났다.

적난(賊難)[정-]몡햐자 도둑에게 재난을 당함, 또는 그 재난.

적남(嫡男)[정-]몡 ☞적자(嫡子).

적녀(嫡女)[정-]몡 정실(正室)의 몸에서 난 딸. ↔서녀(庶女).

적년(積年)[정-]몡 여러 해.

적년-신고(積年辛苦)[정-]몡햐자 여러 해를 두고 쓰라린 고생을 겪음, 또는 그 고생.

적념(寂念)[정-]몡 번뇌를 벗어나 몸과 마음이 흔들림 없이 매우 고요한 상태의 생각.

적다[^1][-따]퇴 (어떤 내용을) 글로 쓰다. 기록하다. ¶ 장부에 금액을 적다.

적:다[^2][-따]톙 (분량이나 수효가) 일정한 기준에 미치지 못하다. ¶ 수입이 적다. /경험이 적다. ↔많다.

적게 먹으면 약주요 많이 먹으면 망주다쇤탑 모든 일은 정도에 맞게 하여야 함을 비유하여 이르는 말.

적다(摘茶)[-따]몡햐자 차(茶)나무의 싹을 땀.

적다-마(赤多馬)[-따]몡 ☞절따말.

적담(赤痰)[-따]몡 피가 섞여 붉은빛을 띤 가래.

적담(敵膽)[-따]〔적의 쓸개라는 뜻으로〕적의 마음을 이르는 말. ¶적담을 서늘하게 하다.

적당(賊黨)[-땅]몡 ☞적도(賊徒).

적당(適當)'적당하다'의 어근.

적당-주의(適當主義)[-땅-의/-땅-이]몡 임시 변통이나 눈가림으로 대충 해 버리는 태도나 생각.

적당-하다(適當-)[-땅-]톙어 ①정도나 이치에 꼭 알맞고 마땅하다. ¶ 모내기에 적당한 비. / 신사업을 맡아 하기에 적당한 인물. ②'임시 변통이나 눈가림으로 대충 해 버림'을 속되게 이르는 말. (흔히, '적당하게'·'적당한' 꼴로 쓰임.) ¶ 불참한 이유를 적당하게 둘러대다.
적당-히튀 ¶적당히 얼버무리다.

적대(赤帶)[-때]몡 ☞적도(赤道).

적대(敵對)[-때]몡햐타 적으로 맞서 버팀. ¶적대 행위.

적대-감(敵對感)[-때-]몡 적으로 여기는 감정. ¶적대감을 보이다.

적대-국(敵對國)[-때-]몡 서로 적대하는 나라.

적-대모(赤玳瑁)[-때-]몡 빛깔이 검붉고 광택이 나는 대모갑(玳瑁甲).

적대-성(敵對性)[-때썽]몡 적대되는 성질.

적대-시(敵對視)[-때-]몡햐타되자 적으로 여김. ☞적시(敵視).

적대-심(敵對心)[-때-]몡 적으로 여기는 마음. ¶적대심을 품다.

적대-적(敵對的)[-때-]관몡 적대하는 (것). 적대되는 (것). ¶적대적 태도. /적대적인 관계.

적-대하(赤帶下)[-때-]몡 피가 섞인 붉은빛의 대하증, 또는 그 분비액.

적덕(積德)[-떡]몡햐자 (선행을 많이 하거나 은혜를 베풀어) 덕을 쌓음, 또는 쌓은 덕행.

적덕-누인(積德累仁)[-떵-]몡몡햐자 덕을 쌓고, 어진 일을 많이 함.

적도(赤道)[-또]몡 ①지구의 중심(重心)을 지나는 지축에의 직각인 평면과 지표가 교차되는 선. 〔위도의 0도가 되는 선.〕②지구의 적도 평면을 천구상에 연장했을 때 그 평면이 천구의 면에 닿는 가상의 교선(交線). ②적대(赤帶).

적도(賊徒)[-또]몡 도적의 무리. 적당(賊黨). 도둑. 적군(賊軍).

적도(適度)[-또]몡 알맞은 정도. 적당한 정도.

적도-류(赤道流)[-또-]몡 〈적도 해류〉의 준말.

적도^무풍대(赤道無風帶)[-또-]몡 남북 두 아구의 무역풍대 사이에 끼어 바람이 없는 적도 부근의 지대.

적도^반:경(赤道半徑)[-또-]몡 지구 중심에서 적도까지의 평균 거리. 〔약 6378.4 km〕

적도^반:류(赤道反流)[-또발-]몡 ☞적도 역류.

적도^상우대(赤道常雨帶)[-또-]몡 적도를 중심으로 한 남북 약 5도 이내의, 늘 비가 내리는 지대.

적도^역류(赤道逆流)[-또영뉴]몡 적도의 북쪽에서, 북적도 해류와 남적도 해류 사이의 적도 해류와 반대 방향인 동쪽으로 흐르는 해류. 적도 반류.

적도-의(赤道儀)[-또의/-또이]몡 지구의 자전축에 평행인 회전축과 그에 직각인 회전축을 가진 천체 관측 기계. 천체의 일주 운동을 따르며 관측할 수 있도록 된 방식의 가대(架臺). 적도 좌표에 의한 적경(赤經)과 적위(赤緯)의 두 방향으로 회전할 수 있도록 되어 있음.

적도^저:압대(赤道低壓帶)[-또-때]몡 적도 부근의 온도가 높아 기류가 상승함으로써 기압이 낮아지는 곳. 적도 무풍대와 일치함.

적도^전선(赤道前線)[-또-]몡 북동 무역풍과 남동 무역풍이 열대 기단(熱帶氣團)과 만나서 형성하는 불연속선.

적도-제(赤道祭)[-또-]몡 배가 적도 직하를 지날 때 뱃사람들이 안전한 항해를 비는 제사 의식.

적도^직하(赤道直下)[-또지카]몡 적도의 선(線)에 해당하는 지역. 일 년 내내 태양의 직사광선을 받아 매우 더움.

적도^해:류(赤道海流)[-또-]몡 무역풍 때문에 적도의 남북 양쪽을 동쪽으로부터 서쪽으로 흐르는 두 줄기의 해류. ②적도류.

적돈-수(積噸數)[-똔-]몡 선박에 적재할 수 있는 화물의 돈수.

적동(赤銅)[-똥]몡 ①적동석에서 나는 구리. 적석(赤錫). ②구리에 3~8%의 금을 더한 합금.

적동-광(赤銅鑛)[-똥-]몡 '적동석'의 구용어.

적동-색(赤銅色)[-똥-]몡 검붉은 빛깔. 구릿빛.

적동-석(赤銅石)[-똥-]몡 적동을 주원료로 하는 광석. 구리를 제련하는 원료로 보통 8면체의 결정을 이루는데, 질이 무르고 빛이 검붉으며 광택이 있음.

적동-설(赤銅屑)[-똥-]몡 구리의 가루. 한방에서, 암내 나는 데나 눈병 등에 약으로 씀.

적동-자(赤銅-)[-똥-]몡 적동(赤銅)으로 만든 주전자의 한 가지.

적동-전(赤銅錢)[-똥-]몡 적동색을 띤 동전. 적동화.

적동-화(赤銅貨)[-똥-]몡 ☞적동전(赤銅錢).

적두(赤豆)[-뚜]몡 붉은팥.

적두-반(赤豆飯)[-뚜-]몡 팥밥.

적두-병(赤豆餠)[-뚜-]몡 팥떡.

적두-소(赤豆-)[-뚜-]몡 팥소.

적락(謫落)[정낙]몡햐자 (죄를 지어) 관직을 박탈당함.

적란-운(積亂雲)[정나눈]몡 수직으로 발달한 구름의 한 가지. 검은 구름이 뭉게뭉게 솟구쳐 오르면서 위의 구름은 아래로 흐르듯 흩어져 내리는 비구름. 소나기·우박·번개·천둥·돌풍 등이 함께 일어남. 쎈비구름. ②소나기구름.

적람(積藍)[정남]몡 쪽빛에 가까운 도자기의 빛깔.

적량(適量)[정냥]몡 적당한 분량.

적량(積量)[정냥]圓 (선박 따위에) 적재한 화물의 중량. 적재량.

적력(的歷) '적력하다'의 어근.

적력-하다(的歷-)[정녀카-]圓0 또렷또렷하여 분명하다.

적령(適齡)[정녕]圓 ①(어떤 표준이나 규정에) 알맞은 나이. ¶ 초등학교 입학 적령./군 입대 적령. ②(어떤 일을 치르기에) 알맞은 나이.

적령-기(適齡期)[정녕-]圓 적령이 된 시기. ¶ 결혼 적령기의 젊은이.

적령-자(適齡者)[정녕-]圓 (어떤 표준이나 규정에) 알맞은 나이의 사람.

적례(適例)[정녜]圓 알맞은 예. 적당한 보기.

적로(滴露)[정노]圓 방울지어 떨어지는 이슬.

적로-마(馰盧馬)[정노-]圓 별박이2.

적로-성질(積勞成疾)[정노-]圓0 오랜 노고로 말미암아 병이 남.

적록(赤綠)[정녹]圓 붉은빛을 많이 띤 녹색.

적록(摘錄)[정녹]圓0 요점만을 적음, 또는 그 기록. 적기(摘記). ¶ 적록된 서류.

적록^색맹(赤綠色盲)[정녹쌩-]圓 적색과 녹색을 구별할 수 없는 색맹.

적루(弔樓)圓 '조루(弔樓)'의 잘못.

적루(敵壘)[정누]圓 적의 보루(堡壘).

적루(積累)[정누]圓0 ⇨누적(累積).

적류(嫡流)[정뉴]圓 적가(嫡家)의 계통. 정통(正統)의 유파(流派). ↔서류(庶流).

적률(賊律)[정뉼]圓 도둑을 벌하는 법률.

적리(赤痢)[정니]圓 급성 전염병인 이질의 한 가지. 아랫배가 아프고, 자주 뒤를 보고 싶으며 곱이 섞인 피똥을 눔.

적리-균(赤痢菌)[정니-]圓 적리의 병원균인 간균(桿菌)의 한 가지.

적리-아메:바(赤痢amoeba)[정니-]圓 아메바 적리의 원인이 되는 원생동물의 한 가지. 혈구를 좀먹고, 위족(僞足)으로 운동하며, 큰 저항력을 가지고 있음.

적린(赤燐)[정닌]圓 독이 없는 가루로 된 적갈색의 인. 성냥을 만드는 데 쓰임.

적립(赤立)[정닙]圓0 ⇨적빈(赤貧).

적립(積立)[정닙]圓0 모아서 쌓아 둠. ¶ 장학금으로 은행에 2억 원이 적립됨.

적립-금(積立金)[정닙끔]圓 ①적립하여 두는 돈. ②(특정 목적에 쓰기 위하여) 은행·회사 따위에서 연도마다 이익금의 일부를 기업 내에 유보하여 두는 경우의 축적 자본.

적립^저:금(積立貯金)[정닙쩌-]圓 일정 기간마다 일정 금액을 적립하는 저금.

적마(績麻)[정-]圓0 삼으로 길쌈을 함, 또는 그 일.

적막(寂寞)[정-]圓0 ①고요하고 쓸쓸함. ¶ 적막에 잠기다. ②의지할 곳이 없이 외로움. ¶ 부모 형제 없이 적막한 내 신세. **적막-히**圓

적막-감(寂寞感)[정-깜]圓 고요하고 쓸쓸한 느낌. 외로운 느낌.

적면(赤面)[정-]圓0 부끄럽거나 성이 나서 얼굴을 붉힘, 또는 그 얼굴.

적면^공:포증(赤面恐怖症)[정-쫑]圓 남의 앞에 나서면 얼굴이 붉어져, 나서기를 꺼리는 강박성(強迫性) 신경증.

적멸(寂滅)[정-]圓0 ⇨열반(涅槃).

적멸-궁(寂滅宮)[정-]圓 불상을 봉안하지 않고 법당만 있는 불전(佛殿).

적모(嫡母)[정-]圓 서자(庶子)가 '아버지의 정실(正室)'을 일컫는 말. 큰어머니.

적목(赤木)[정-]圓 ⇨잎갈나무.

적몰(籍沒)[정-]圓0回双 왕조 때, 중죄인의 가산(家産)을 몰수하던 일.

적묵(寂默)[정-]圓 '적묵하다'의 어근.

적묵-하다(寂默-)[정무카-]圓0 고요히 명상에 잠기어 아무 말이 없다.

적미(赤米)[정-]圓 품질이 나쁜 쌀. ❸앵미.

적-바르다[-빠-][~바르니,~발라]圓回 겨우 어떤 수준에 이르러 여유가 없다.

적-바림[-빠-]圓0回双 뒤에 들추어보기 위하여 간단히 적어 두는 일.

적반하장(賊反荷杖)[-빤-]圓 〔도둑이 되레 매를 든다는 뜻으로〕 '잘못한 사람이 도리어 잘한 사람을 나무라는 경우'를 이르는 말. ¶ 적반하장도 유분수지 누구한테 큰소리냐?

적발[-빨]圓0回 적바림하여 둔 글.

적발(摘發)[-빨]圓0回 (숨겨져 드러나지 않는 것을) 들추어냄. ¶ 교통 법규 위반 차량이 적발되다./불법 과외 행위를 적발하다.

적배(賊輩)[-]圓 도둑의 무리.

적법(適法)[-뻡]圓0回 ①법규나 법률에 맞음. ¶ 적법 행위./적법한 조치. ②(어떤 사태나 사안에 관한) 적합한 법이나 법규. ¶ 그러한 부조리를 다스릴 적법이 없다. 합법(合法). ↔위법(違法).

적법-성(適法性)[-뻡썽]圓 법에 어긋남이 없이 맞는 것.

적벽-가(赤壁歌)[-뼉까]圓 판소리의 한 마당. 중국 소설 '삼국지연의(三國志演義)' 가운데 적벽의 싸움을 소재로 한 내용.

적벽-부(赤壁賦)[-뼉뿌]圓 중국 송나라의 소식(蘇軾)이 지은 글. 신종(神宗) 5년(1082)에 적벽에서 놀 때, 적벽 대전(赤壁大戰)을 생각하며 지은 것임.

적벽-부(赤壁賦)[-뼉뿌]² 圓 지난날, 중국에서 들여오던 한 사기대접의 한 가지. 한쪽에 소식(蘇軾)의 적벽부를 쓰고, 다른 한쪽에 적벽의 경치를 그려 넣었음.

적병(賊兵)[-뼝]圓 도둑이나 역적의 병졸.

적병(敵兵)[-뼝]圓 적(敵)의 병사.

적병(積病)[-뼝]圓 적취(積聚).

적보(的報)[-뽀]圓 적확한(確) 통보.

적봉(賊鋒)[-뽕]圓 도둑이나 역적이 세차게 공격해 오는 기세, 또는 그들의 병기(兵器).

적봉(敵鋒)[-뽕]圓 세차게 공격해 오는 적의 기세, 또는 그들의 병기(兵器).

적부(的否)[-뿌]圓 꼭 그러함과 그렇지 아니함.

적부(適否)[-뿌]圓 적당함과 부적당함. 알맞음과 알맞지 않음.

적-부루마(赤-馬)[-뿌-]圓 붉은빛 털이 섞인 흰말의 말.

적부^심사(適否審査)[-뿌-]圓 ⇨구속 적부 심사.

적부적(適不適)[-뿌-]圓 적합한 것과 적합하지 않은 것. 적당과 부적당.

적분(積分)[-뿐]圓0回 ①함수를 나타내는 곡선과 좌표축의 한 일정한 구간으로 싸인 면적을 어떤 극한값으로 구하는 일. ②〈적분학〉의 준말.

적분(積憤)[-뿐]圓 쌓이고 쌓인 분한 마음.

적분^방정식(積分方程式)[-뿐-]圓 미지(未知) 함수의 적분을 포함하는 방정식을 통틀어 이르는 말.

적분-학 (積分學) [-뿐-] 명 함수의 적분에 관한 성질을 연구하는 수학의 한 분과. ⓒ적분. ⓗ미분학.

적불선 (積不善) [-뿔썬] 명ⓗ자 착하지 못한 행실을 거듭함. ↔적선.

적비 (賊匪) [-삐] 명 (살상과 약탈을 일삼는) 도둑의 무리. 비적.

적-비취 (赤翡翠) [-삐-] 명 ☞호반새.

적빈 (赤貧) [-삔] 명ⓗ형 몹시 가난함. 적립(赤立). 철빈(鐵貧).

적빈-무의 (赤貧無依) [-삔-의/-삔-이] 명ⓗ형 몹시 가난한 데다가 의지할 곳조차 없음.

적빈여세 (赤貧如洗) [-삔녀-] 명ⓗ형 마치 물로 씻은 듯이 아무것도 가진 것이 없을 정도로 가난함.

적사 (嫡嗣) [-싸] 명 적출(嫡出)의 사자(嗣子).

적사 (積仕) [-싸] 명 〈적사구근〉의 준말.

적사 (積卸) [-싸] 명ⓗ타 (선박이나 화차 따위에) 짐을 싣거나 부리거나 함.

적사-구근 (積仕久勤) [-싸-] 명ⓗ자 여러 해를 두고 벼슬살이를 함. ⓒ적사.

적사-장 (積卸場) [-싸-] 명 (선박이나 화차 따위에) 짐을 싣거나 부리거나 하는 곳.

적산 (敵産) [-싼] 명 자기 나라의 영토나 점령지 안에 있는 적국의 재산, 또는 적국인(敵國人) 소유의 재산. ¶적산 가옥(家屋).

적산 (積算) [-싼] 명ⓗ타 (어떤 수나 값을) 계속 더하여 계산함.

적산-법 (積算法) [-싼뻡] 명 공사(工事)의 실비를 정확하게 산출하는 방법. 수량의 결정, 단가의 기입, 간접비의 가산 세 부분으로 나뉨.

적산^온도 (積算溫度) [-싸논-] 명 생물의 생육 (生育) 시기와 관련된 온도의 총계.

적산^전:력계 (積算電力計) [-싼쩔-계/-싼쩔-게] 명 일정 기간 동안 사용한 전력의 총량을 재는 계기(計器). 전기미터.

적삼 [-쌈] 명 윗도리에 입는 홑저고리. 단삼.

적삼 벗고 은가락지 낀다[속담] 격에 맞지 않는 짓을 하는 경우를 비유하여 이르는 말.

적상 (積想) [-쌍] 명 오랫동안 쌓이고 쌓인 생각.

적상 (積傷) [-쌍] 명ⓗ자 오래 쌓인 근심, 또 그 근심으로 속을 썩임.

적새 [-쌔] 명 ①기와집의 지붕마루를 포개어 덮어 쌓는 암키와. ②초가집의 지붕마루에 물매가 지게 넣은 이엉.

적색 (赤色) [-쌕] 명 ①붉은빛. 빨강. ⓒ적. ②〔적기(赤旗)를 사용한다는 데서〕'공산주의'를 상징하는 말. ¶적색 사상.

적색^공포 (赤色恐怖) [-쌕꽁-] 명 ☞적색 테러.

적색^리트머스 (赤色litmus) [-쌕-] 명 ①붉은빛의 리트머스 시험지. 알칼리성 용액에 적시면 푸른빛으로 변함. ②붉은 리트머스 시험지를 만드는 용액. 리트머스 용액에 염산을 가해 만듦.

적-색맹 (赤色盲) [-쌩-] 명 적색 시각(赤色視覺)이 보다 더 나쁜 적록 색맹. 붉은색 부분이 더욱 어둡게 보임. ⓗ녹색맹.

적색-분자 (赤色分子) [-쌕뿐-] 명 공산주의자를 이르는 말.

적색^선화^증권 (赤色船貨證券) [-쌕썬-꿘] 명 선화 증권과 보험 증권을 겸한 것으로, 선적 화물에 보험이 붙여진 선화 증권. 적하 증권.

적색^테러 (赤色terror) [-쌕-] 명 공산주의자들의 폭력 행위. 적색 공포. ⓗ백색 테러.

적서 (赤黍) [-써] 명 이삭의 빛이 붉고 알맹이는 누르며 차진 기가 많은, 기장의 한 가지.

적서 (摘書) [-써] 명ⓗ타 남의 글을 따다 씀. 요점만을 뽑아 씀.

적서 (嫡庶) [-써] 명 ①적자(嫡子)와 서자(庶子). ②적파(嫡派)와 서파(庶派). ¶적서의 차별.

적석 (赤舃) [-썩] 명 임금이 면복(冕服)을 입을 때 신던, 붉은 비단으로 만든 운두가 낮은 신.

적석 (赤銅) [-썩] 명 적동(赤銅).

적석^목곽분 (積石木槨墳) [-썩-꽉뿐] 명 ☞돌무지 덧널 무덤.

적석-총 (積石塚) [-썩-] 명 ☞돌무지무덤.

적선 (賊船) [-썬] 명 ☞해적선.

적선 (敵船) [-썬] 명 적(적국)의 배.

적선 (積善) [-썬] 명ⓗ자 착한 일을 많이 함. ↔적악(積惡)·적불선.

적선 (謫仙) [-썬] 명 ①선계(仙界)에서 벌을 받아 인간계로 귀양 온 선인(仙人). ②당나라 시인 이백(李白)을 미화하여 이르는 말.

적설 (赤雪) [-썰] 명 한대(寒帶) 및 고산의 항설대(恒雪帶)에서 볼 수 있는 붉은빛의 조류(藻類)가 번식하기 때문에 붉게 보이는 것.

적설 (積雪) [-썰] 명 쌓인 눈.

적설-량 (積雪量) [-썰-] 명 땅 위에 쌓인 눈의 양.

적성 (赤誠) [-썽] 명 참된 정성. 단성(丹誠).

적성 (笛聲) [-썽] 명 ①피리 소리. ②기적 소리.

적성 (適性) [-썽] 명 (어떤 사물에) 알맞은 성질이나 적응 능력, 또는 그와 같은 소질이나 성격. ¶적성을 살리다. /직업이 적성에 맞다.

적성 (敵性) [-썽] 명 대적하려는 성질, 또는 적국에 동조하는 성향. ¶적성 국가.

적성 (積誠) [-썽] 명ⓗ자 오랫동안 정성을 다함.

적성^검:사 (適性檢査) [-썽-] 명 특정 활동에 대한 개인의 적성을 측정하기 위하여 하는 검사.

적성-병 (赤星病) [-썽뻥] 명 담배·배나무·사과나무 등의 잎에 붉은 반문(斑紋)이 생기는 병.

적세 (賊勢) [-쎄] 명 도둑이나 역적의 세력(형세).

적세 (敵勢) [-쎄] 명 적(적국)의 세력(형세).

적소 (賊巢) [-쏘] 명 도둑의 소굴. 적굴. 적혈.

적소 (適所) [-쏘] 명 알맞은 자리. 적당한 곳. ②알맞은 지위. ¶적소에 배치되다.

적소 (謫所) [-쏘] 명 지난날, 죄인이 귀양살이하던 곳.

적-소두 (赤小豆) [-쏘-] 명 붉은팥.

적소성대 (積小成大) [-쏘-] 명ⓗ자 작은 것을 많이 쌓아 큰 것을 이룸. 적진성산(積塵成山). 적토성산.

적손 (嫡孫) [-쏜] 명 적자(嫡子)의 정실(正室)이 낳은 아들. ↔서손(庶孫).

적손-승조 (嫡孫承祖) [-쏜-] 명 적손이 직접 조부(祖父)의 가독(家督)을 계승하는 일.

적송 (赤松) [-쏭] 명 소나무. 육송(陸松). 〔백송(白松)·흑송(黑松)에 상대하여 이르는 말.〕

적송 (積送) [-쏭] 명ⓗ타 (물품을) 실어서 보냄.

적송-품 (積送品) [-쏭-] 명 실어서 보내는 물품.

적-쇠 [-쐬] 명 '석쇠'의 방언.

적쇳-가락 (炙-) [-쐬까-/-쐰까-] 명 굵은 철사로 만든 기다란 부젓가락. 화로나 풍로에 걸쳐 놓고, 적을 굽거나 음식을 익히는 그릇을 올려놓거나 하는 데 쓰임.

적수 (赤手) [-쑤] 명 맨손.

적수 (赤鬚) [-쑤] 명 ①붉은 수염. ②붉은 갈기.

적수 (笛手) [-쑤] 명 지난날, 대금(大笒)을 불던 세악수(細樂手)의 하나.

적수 (賊首) [-쑤] 명 ☞적괴(賊魁).

적수 (敵手) [-쑤] 명 ①재주나 힘이 서로 비슷하여 상대가 되는 사람. 대수(對手). 적. ¶어린 것이 어찌 어른의 적수가 될까 보냐. ②적의 손길. ¶적수가 아군의 내부에까지 미치다.

적수(敵讎)[-쑤][명] ☞원수.
적수(積數)[-쑤][명] 서로 곱한 수.
적수-공권(赤手空拳)[-쑤-][명] 〔맨손과 맨주먹이란 뜻으로〕아무것도 가진 것이 없음. 도수공권. ¶적수공권으로 시작해서 큰 기업체를 일으켰다.
적수-단신(赤手單身)[-쑤-][명] 〔맨손과 홀몸이란 뜻으로〕재산이나 의지할 일가붙이가 없는 외로운 몸.
적수-성가(赤手成家)[-쑤-][하자] 〔맨손으로 한 집을 이루었다는 뜻으로〕가진 것 없이 시작하여 한 살림(한 기업)을 이룩함.
적습(敵襲)[-씁][명] 적의 습격.
적습(積習)[-씁][명] 오래된 버릇. 옛적부터의 습성.
적승(赤繩)[-씅][명] 부부의 인연을 맺는 일.
적승-계족(赤繩繫足)[-씅계-/-씅게-][명] 〔붉은 끈으로 발을 묶는다는 뜻에서〕'혼인이 정해짐'을 이름.
적승-자(赤繩子)[-씅-][명] ☞월하빙인.
적시(摘示)[-씨][명][하타][되자] 지적하여 제시함. 집어내어 보임. ¶문제점이 적시되다.
적시(適時)[-씨][명] 적당한 시기. 알맞은 때. ¶적시에 안타(安打)를 치다.
적시(敵視)[-씨][명][하타][되자] 〈적대시(敵對視)〉의 준말.
적시다[-씨-][타][①(물이나 액체에) 젖게 하다. ¶개울을 건너다가 바짓가랑이를 적셨다. ②(정조를 빼앗겨) 몸을 더럽히다.
적시재상(赤屍在牀)[-씨-][명] 몹시 가난하여 죽은 사람을 장사 지내지 못함.
적시-적지(適時適地)[-씨-찌][명] 때와 곳이 알맞음.
적시-타(適時打)[-씨-][명] 야구에서, 누상에 있는 주자를 홈으로 불러들여 타점을 올리는 안타.
적신(赤身)[-씬][명] 벌거벗은 몸. 알몸. 벌거숭이.
적신(賊臣)[-씬][명] 반역하는 신하. 불충한 신하.
적-신호(赤信號)[-씬-][명] ①교통 신호의 한 가지. 교차로 따위에 붉은 등이나 기를 달아 '멈춤'을 나타내는 신호. ②(경제나 건강 따위가) 위험한 상태가 되는 징조를 비유하여 이르는 말. ¶혈압이 높아지기 시작하면서 건강에 적신호가 켜졌다. ↔청신호.
적실(的實)'적실(的實)하다'의 어근.
적실(嫡室)[-씰][명] ☞정실(正室).
적실(敵失)[-씰][명] (운동 경기 등에서) 상대편의 실책. ¶적실로 한 점을 만회하다.
적실(適實)'적실(適實)하다'의 어근.
적실-인심(積失人心)[-씨린-][명][하자] (남에게) 인심을 많이 잃음.
적실-하다(的實-)[-씰-][형여] 틀림이 없이 확실하다. ¶그 사람 짓이 불을 보듯 적실하다. 적실-히[부].
적실-하다(適實-)[-씰-][형여] 실제에 적합하다. 실제로 잘 들어맞다.
적심¹[-씸][명] 재목을 물에 띄워 내리는 일.
적심²[-씸][명] 한옥에서, 지붕의 물매를 잡기 위하여 알매 위에 넣는 지저깨비나, 마루·서까래의 뒷목에 눌러 박은 큰 원목.
적심(赤心)[-씸][명] (조금도 거짓이 없는) 참된 마음. 단심(丹心).
적심(摘心)[-씸][명][하자] (성장과 결실을 조절하기 위하여) 나무나 농작물 줄기의 정아(頂芽)나 생장점을 따 내는 일.

적심-돌(積心-)[-씸][명] 옹벽을 쌓을 때, 안쪽에 심을 박아 쌓는 돌. 적심석.
적심-석(積心石)[-씸-][명] ☞적심돌.
적심-쌓음(積心-)[-씸쌰-][명] 옹벽의 안쪽을 돌로 튼튼히 쌓는 일.
적-십자(赤十字)[-씹짜][명] ①흰 바탕에 붉은색의 십자를 그린 휘장. 〔적십자사의 표장.〕②〈적십자기〉의 준말. ③〈적십자사〉의 준말.
적십자-기(赤十字旗)[-씹짜-][명] 적십자의 표장을 나타낸 깃발. 적십자사 또는 적십자 활동을 상징하는 깃발임. 준적십자.
적십자-사(赤十字社)[-씹짜-][명] 적십자 정신에 의한 활동을 하는 국제적, 또는 각 국가별 기구. 1863년 10월 앙리 뒤낭의 제창으로 창설됨. 요원은 전시에 중립적 지위가 보장되며, 적십자 표장을 각국이 공통으로 사용함. 준적십자.
적십자-정신(赤十字精神)[-씹짜-][명] 전쟁·천재(天災)·질병 등으로 재난을 입은 군인·민간인 등에 대하여, 이념과 적대(敵對) 관계를 초월하여, 인류 구원의 입장에서 구휼하고자 하는 박애 정신.
적아(摘芽)[-하자] 농작물의 새싹 가운데서 필요하지 않은 어린눈을 따 냄, 또는 그 눈.
적악(積惡)[-악] 악한 짓을 많이 함. 못할 짓을 많이 함. ↔적선.
적앙(積殃)[-앙] 재앙이 거듭됨, 또는 그 재앙.
적약(敵藥)[-약][명] ①배합의 정도에 따라 서로 독이 되는 약. ②함께 먹으면 독이 되는 약.
적양(赤楊)[명] ☞오리나무.
적:어도[부] ①줄잡아 어림하여도. 최소한도로 잡아도. ¶적어도 십만 명은 모일 게다. ②아무리 양보하여 생각해도. ¶적어도 대장부라면 책은 은 질 줄 알아야지. ③다른 것은 그만두고라도. 하다못해. ¶적어도 밥벌이는 해야지.
적업(適業)[명] 능력이나 적성에 알맞은 직업. 적직(適職).
적여구산(積如丘山)[명][하형] 산더미처럼 많이 쌓여 있음.
적역(適役)[명] (연극·영화 따위에서) 알맞은 배역. ¶적역을 맡다.
적역(適譯)[명] 적절한 번역이나 통역.
적연(寂然)'적연(寂然)하다'의 어근.
적연(寂然)'적연(寂然)하다'의 어근.
적연(的然)'적연(適然)하다'의 어근.
적연무문(寂然無聞)[명][하형] 감히 아무 소식도 없음. 전연 소식이 없음.
적연부동(寂然不動)[명][하형] 아무 소리도 없어 고요하고 움직이지도 아니함.
적-연와(赤煉瓦)[정너놔][명] 붉은 벽돌.
적연-하다(的然-)[형여] 뚜렷하다. 확실하다. ¶그의 승리는 적연하다. 적연-히[부].
적연-하다(寂然-)[형여] ①조용하고 쓸쓸하다. ¶적연한 산속. ②매우 감감하다. ¶그간 소식이 적연하여 궁금하기 그지없다. 적연-히[부].
적연-하다(適然-)[형여] (일이 그렇게 됨이) 우연하다. 공교롭다. 적연-히[부].
적열(赤熱)[정너][명][하자타][되자] (쇠붙이가 따위를) 빨갛게 되도록 달굼, 또는 그러한 상태. ¶적열한 쇳덩이.
적영(敵營)[명] 적군의 진영. 적의 병영.
적외-선(赤外線)[저괴-/저궤-][명] 파장이 가시광선보다 길며 극초단파보다 짧은, 750 μm~1 mm의 전자파. 눈으로는 볼 수 없고, 공기 중의 투과력이 강함. 적외선 사진·적외선 통신 등에 이용됨. 열선.

적외선^사진(赤外線寫眞) [저괴-/저궤-] 명 적외선을 이용하여 찍는 사진. 적외선 필름과 적외선 필터를 사용하여 원거리의 물체를 촬영하거나 야간 촬영에 이용함.

적외선^요법(赤外線療法) [저괴-뇨뻡/저궤-뇨뻡] 명 환부에 적외선을 조사(照射)하는 광선 요법의 한 가지. 류머티즘·신경통·만성 염증·동상 따위의 치료에 효력이 있음.

적외선^필름(赤外線film) [저괴-/저궤-] 명 적외선에 감광하는 필름. 천체의 사진 관측 따위에 쓰임.

적요(寂寥) 형하 쓸쓸하고 고요함. ¶적요한 벽지(僻地) 생활. 참요적(寥寂).

적요(摘要) 명하라 중요한 부분을 뽑아내어 적음, 또는 그렇게 적어 놓은 것.

적요-란(摘要欄) 명 요점을 따서 적는 난.

적용(適用) 명하타 되자 알맞게 응용함. 맞추어 씀. ¶새로운 기술이 적용되면 생산이 늘어날 것이다.

적우(積雨) 명 알맞은 시기에 내리는 비.

적우(積憂) 명 오랫동안 쌓인 근심.

적우침주(積羽沈舟) 명 [깃털같이 가벼운 것이라도 많이 쌓이면 배를 가라앉힐 수 있다는 뜻으로] 많은 사람이 힘을 합하면 놀라운 일을 해낼 수 있음을 이르는 말.

적운(積雲) 명 수직으로 발달한 구름의 한 가지. 독특한 구름 덩이가 둥글게 뭉게뭉게 솟아오르는 흰 구름. 맑은 봄날 지평선에 흔히 나타남. 뭉게구름. 쎈구름.

적울(積鬱) 명 답답한 마음이 풀리지 않고 오래 쌓임.

적원(積怨) 명하자 오랫동안 쌓이고 쌓인 원한.

적위(赤緯) 명 천구 상의 별의 위치를 나타내기 위하여 적도로부터 남북 양쪽으로 재어 나간 각거리(角距離). ↔적경(赤經).

적위(積威) 명 선대(先代)로부터 쌓아 내려온 위세.

적위-권(赤緯圈) [-꿘] 명 ①적위를 나타내기 위하여 적도의(赤道儀)에 표시한 눈금. ②○적위 등권.

적위^등:권(赤緯等圈) [-꿘] 명 천구 상의 등적위(等赤緯)를 이은 선. 적위권.

적은-집(-집) '작은집'의 잘못.

적응(適應) 명하자 되자 ①어떠한 상황이나 조건에 잘 어울림. ¶단체 생활에 적응하다. ②(생물이) 외계의 변화에 따라 생존에 알맞게 그 형태나 습성이 변함. ③(사람이) 자연환경과 사회적 조건에 알맞게 그 습성이나 생활 방식이 변함. 응화(應化).

적응^기제(適應機制) ○방어 기제.

적응-력(適應力) [-녁] 명 적응하는 능력. ¶적응력이 뛰어나다. /적응력이 뛰어나다.

적응-성(適應性) [-썽] 명 생물의 형태나 습성이 주위 환경과 그 변화에 적합하도록 변화하는 능력이나 성질.

적응-증(適應症) [-쯩] 명 약제나 수술, 또는 그 밖의 치료법이 적용되어 효과를 나타내는 질환이나 증세. ¶키니네 투여(投與)에 대한 말라리아 따위.

적응^형질(適應形質) 명 생물이 생명을 유지하기 위하여 주위 환경과 그 변화에 적응하여 나타내는 형질.

적의(赤衣) [저긔/저기] 명 ①붉은 옷. ②진언종(眞言宗)의 중이 군다리명왕(軍茶利明王)에게 수법(修法)할 때 입는 붉은 옷.

적의(翟衣) [저긔/저기] 명 조선 시대에, 왕후가 입던, 붉은 비단 바탕에 꿩을 수놓고 둘레에 용(龍)이나 봉(鳳)을 그린, 붉은 선을 두른 옷.

적의(敵意) [저긔/저기] 명 ①적대하는 마음. ¶적의를 나타내다. ②해치려는 마음. ¶적의를 품다.

적의(適宜) '적의(適宜)하다'의 어근.

적의(適意) '적의(適意)하다'의 어근.

적의-하다(適宜-) [저긔-/저기-] 형여 (무엇을 하기에) 알맞고 마땅하다. **적의-히** 부

적의-하다(適意-) [저긔-/저기-] 형여 뜻에 맞다. 마음에 맞다. 중의(中意)하다. **적의-히** 부

적:이 부 약간. 다소. 얼마간. 조금. ¶인편이나마 소식을 들으니 적이 안심이 된다.

적:-이나 부 ①다소라도. 약간이나마. 그나마도. ¶잘못을 뉘우치니 적이나 다행이다. ②'적이'를 약간 꼬집는 투로, 반어적 부인(否認)의 뜻을 나타냄. ¶네가 나를 치겠느냐? 흥, 적이나 두렵겠다.

적:이나-하면 부 형편이 어지간하면. ¶적이나하면 병문안을 갈 텐데.

적인(狄人) 명 ①○북적(北狄). ②지난날, '여진족(女眞族)'을 이르던 말.

적일(積日) 명 여러 날. 누일(累日).

적임(適任) 명 ①어떤 임무나 일에 알맞음, 또는 그 임무. ②〈적임자의 준말.

적임-자(適任者) 명 그 임무를 맡기에 적당한 사람. 준적임.

적자(赤子) [-짜] 명 ①갓난아이. ②〔갓난아이처럼 여기어 사랑한다는 뜻에서〕임금이 '백성'을 이르던 말.

적자(赤字) [-짜] 명 ①교정에서, 오식(誤植) 등을 바로잡기 위해 적은 붉은빛의 글자. ②장부에서, 수입을 초과한 지출로 잔고 부족일 때 적는 붉은 글씨의 숫자. ③수지 결산 등에서, 지출이 수입보다 많은 일. ¶적자 운영. /적자가 나다. ②③↔흑자(黑字).

적자(炙子) [-짜] 명 쩐번철.

적자(賊子) [-짜] 명 ①(부모에게 거역하는) 불효한 자식. ②불충한 사람.

적자(嫡子) [-짜] 명 정실(正室)의 몸에서 태어난 아들. 적남(嫡男). ↔서자(庶子).

적자(適者) [-짜] 명 (어떤 일에) 알맞은 사람. 잘 적응하는 사람.

적자^공채(赤字公債) [-짜-] 명 국가가 적자를 메우기 위하여 발행하는 공채(公債).

적-자색(赤紫色) [-짜-] 명 자홍색(紫紅色).

적자-생존(適者生存) [-짜-] 명 생존 경쟁의 세계에서, 외계의 상태나 변화에 적합하거나 잘 적응하는 것만이 살아남고, 그렇지 못한 것은 멸망하는 일. 우승열패(優勝劣敗).

적자^예:산(赤字豫算) [-짜-] 명 예산을 편성할 때, 적자 공채를 발행함으로써 그 부족분을 메워 균형을 잡는 예산.

적자^융자(赤字融資) [-짜-] 명 기업체의 적자를 메우도록 금융 기관이 자금을 융통해 주는 일.

적자^재정(赤字財政) [-짜-] 명 국가나 공공 단체의 재정에서, 지출이 수입보다 많은 상태. ↔건전 재정.

적자지심(赤子之心) [-짜-] 명 ①임금에게 충성을 다하는 백성의 마음. ②갓난아이같이 거짓이 없는 마음.

적-작약(赤芍藥) [-짜갹] 명 작약과의 다년초. 산이나 들에서 나는데, 재배하기도 함. 줄기 높이는 50~80cm, 뿌리는 방추형이며 속은 붉은빛을 띰. 5~6월에 하양·빨강의 꽃이 핌. 뿌

리는 한방에서 진통·진경(鎭痙) 및 부인병의
약으로 쓰임.

적:잖다[-짠타][형] ['적지 아니하다'가 줄어
된 말로] 적다고 할 수 없게 많다. ¶사고가
나서 다친 사람이 적잖다고 한다. **적잖-이**[부].
＊적:잖아[-짜니]·적:잖소[-짠쏘]

적장(賊將)[-짱][명] 도둑의 우두머리.

적장(敵將)[-짱][명] 적의 장수.

적-장자(嫡長子)[-짱-][명] 정실이 낳은 장자.

적재(摘載)[-째][명][하타][되자] 요긴한 점만을 따
서 기재함.

적재(適材)[-째][명] (어떤 일에) 알맞은 재목,
또는 그와 같은 인재.

적재(積財)[-째][명][하자] 재산을 모아 쌓음, 또
는 그 재산.

적재(積載)[-째][명][하타][되자] (차나 선박 따위
에) 짐을 실음. ¶수출용 화물을 적재한 선박.

적재-량(積載量)[-째-][명] ①물건을 실은 분량
이나 중량. 재량(載量). ②적재할 수 있는 용
량. 적량.

적재-적소(適材適所)[-째-쏘][명] 어떤 일에 알
맞은 재능을 가진 사람에게 알맞은 임무를 맡
기는 일. ¶인재를 적재적소에 배치하다.

적재-함(積載函)[-째-][명] 화물 자동차 따위에
짐을 실을 수 있게 만들어 놓은 칸.

적적(寂寂)[-쩍] '적적하다'의 어근.

적적-상승(嫡嫡相承)[-쩍쌍-][하자] 대대로
적파(嫡派)의 장자·장손이 가계(家系)를 이어
내려옴.

적적-하다(寂寂-)[-쩌카-][형] 괴괴하고 쓸쓸
하다. 조용하고 쓸쓸하다. ¶시골로 내려와 적
적하게 지내다. **적적-히**[부].

적전(敵前)[-쩐][명] 적의 앞. 적진(敵陣)의 전면.

적전(籍田·耤田)[-쩐][명] 지난날, 임금이 몸소
농사를 짓던 제전(祭田)의 한 가지.

적전^도하(敵前渡河)[-쩐-][명] 적의 전면에서
위험을 무릅쓰고 강을 건넘, 또는 그 작전.

적전^상:륙(敵前上陸)[-쩐-뉵][명] 적의 전면에
서 위험을 무릅쓰고 상륙함, 또는 그 작전.

적절(適切) '적절하다'의 어근.

적절-하다(適切-)[-쩔-][형어] 꼭 알맞다. ¶적
절한 시기. /표현이 적절하다. **적절-히**[부] ¶적
절히 처리하시오.

적-점토(赤粘土)[-쩜-][명] 깊이 3500 m 이상인
대양(大洋)의 바닥에 널리 분포되어 있는, 적
갈색의 해저 침전물의 하나.

적정(寂靜)[-쩡][명] 불교에서, 번뇌를 떠나 고(苦)를
멸(滅)한 해탈·열반의 경지를 이르는 말.

적정(寂靜)² '적정하다'의 어근.

적정(滴定)[-쩡][하타] 화학 실험에서, 정량
분석(定量分析)에 사용되는 중요한 조작의 한
가지. 시료(試料) 용액과 시약(試藥) 용액 중
한쪽을 흔히 뷰렛에 취하고, 한쪽은 비커에 담
아, 뷰렛의 용액을 비커에 방울지게 떨어뜨리
면서 반응을 살핌. 점적(點滴).

적정(適正)[-쩡][명] 적당하고 바름. ¶적정
요금. /적정 인구. /적정한 평가.

적정(敵情)[-쩡][명] 적의 형편. 적군의 동정(動
靜). ¶적정을 살피다.

적정-가(適正價)[-쩡까][명] ☞적정 가격.

적정^가격(適正價格)[-쩡까-][명] 원가(原價)를
적정하게 계산하여 정한 값. 적정가. ¶생활
필수품의 적정 가격.

적정-하다(寂靜-)[-쩡-][형어] 아주 괴괴하고
고요하다. **참정적**(靜寂).

적제(赤帝)[-쩨][명] 오행설(五行說)에서, 오제
(五帝)의 하나. 불과 여름을 맡은 남쪽 신(神).

적제(嫡弟)[-쩨][명] 서자(庶子)가 자기 아버지
의 정실(正室)에서 난 '아우'를 가리켜 이르
는 말.

적제(滴劑)[-쩨][명] (아주 적은 양으로도 효과
가 있기 때문에) 사용량을 방울 수로 정한 극
성(劇性)의 액체로 된 약.

적조(赤潮)[-쪼][명] 플랑크톤의 이상 증식으로
바닷물이 붉게 보이는 현상. 바닷물이 부패하
기 때문에 어패류가 크게 해를 입음.

적조(積阻)[-쪼][명][하자][되자] (두 사람 사이에)
오랫동안 소식이 막힘. 격조(隔阻). ¶그동안
적조하였습니다. /적조된 지 얼마 만이냐?

적중(的中)[-쭝][명][하자][되자] 목표에 정확히 들
어맞음. 예측이 들어맞음. ¶화살이 과녁에 적
중하다. /예상이 적중되다. 비득중(得中).

적중(適中) '적중하다'의 어근.

적중(積重)[-쭝][명][하자타][되자] 거듭 겹쳐 쌓임,
또는 거듭 쌓임.

적중(讁中)[-쭝][명] 귀양살이하는 동안.

적중-률(的中率)[-쭝뉼][명] (화살이나 총알, 또
는 예측 따위가) 들어맞는 비율.

적중-하다(適中-)[-쭝-][형어] (과부족이 없이)
꼭 알맞다.

적증(的證)[-쯩][명] 적확한 증거. 틀림없는 증거.

적지(赤地)[-찌][명] 흉년이 들어 거둘 농작물이
아주 없게 된 땅.

적지(的知)[-찌][명][하타] 적확하게 앎.

적지(適地)[-찌][명] 무엇을 하는 데 알맞은 곳.
¶목축에는 여기가 적지다.

적지(敵地)[-찌][명] 적의 땅. 적의 세력 아래 들
어가 있는 지역. ¶적지에 들어가다.

적지-적수(適地適樹)[-찌-쑤][명] 알맞은 땅에
알맞은 나무를 심는 일.

적지-적작(適地適作)[-찌-짝][명] 알맞은 땅에
알맞은 작물을 심는 일.

적지-천리(赤地千里)[-찌철-][명] 입춘 뒤의 첫
갑자일(甲子日)에 봄비가 내리면, 그해 봄에는
가뭄으로 논밭이 온통 적지(赤地)가 된다는 말.

적직(適職)[-찍][명] (취미·재능·성격 따위에) 알
맞은 직업. 적업.

적진(敵陣)[-찐][명] 적의 진영. 적군의 진지.
¶홀로 적진에 뛰어들다.

적진-성산(積塵成山)[-찐-][명][하자] ☞적소성대
(積小成大).

적찰(赤札)[-찰][명] 팔기로 약속된 상품이나, 팔다
남아서 싼값으로 팔아 치우려는 상품 따위에 붙
이는 붉은 쪽지, 또는 그런 쪽지가 붙은 물건.

적채(積債)[-채][명] 오랫동안 쌓인 빚.

적처(嫡妻)[-채][명] 장가처. 정배(正配).

적철(炙鐵)[-철][명] 석쇠.

적-철광(赤鐵鑛)[-철-][명] '적철석'의 구용어.

적-철석(赤鐵石)[-썩][명] 육방 정계(六方晶系)
에 딸린 광물. 산화 제2철(Fe_2O_3)이 주성분
임. 조흔색(條痕色)이 적갈색으로 철의 함유량
이 70%에 가까운 제철용의 주요 광석.

적첩(嫡妾)[-처][명] 적실(嫡室)과 첩실(妾室). 곧, 처
(妻)와 첩(妾). 처첩.

적첩(積疊)[-처][명][하자] 첩첩이 쌓임.

적체(赤體)[-체][명] 배란(排卵) 뒤의 난포(卵胞)가 황
체(黃體)가 되는 과정에서 응혈(凝血)이 차츰
빨갛게 보이는 것.

적체(積滯)[-체][명][하자][되자] (잘 통하지 아니하고) 쌓
여서 막힘. ¶실업자의 적체 현상.

적출(摘出)몜하타되자 ①(수술 따위로) 속에 들어 있는 것을 끄집어내거나 몸의 일부를 도려냄. ¶탄환의 파편을 적출하다. /장기(臟器)의 일부를 적출하다. ②(부정이나 결점 따위를) 들추어냄. ¶외환 관리법 위반 사실이 적출되다.

적출(嫡出)몜 정실(正室)의 소생. ↔서출(庶出).

적출(積出)몜하타되자 물건을 실어 냄. 출하.

적출-자(嫡出子)몜 법률상의 혼인 관계에서 출생한 자식. 호주 상속에서 적출자는 서자에 우선함.

적출-항(積出港)몜 화물을 선박(船舶)으로 실어 내는 항구.

적충(赤蟲)몜 ➯장구벌레.

적취(積聚)몜하타되자 ①쌓여서 모임. ②한방에서, 오랜 체증으로 말미암아 배 속에 덩어리가 생기는 병을 이르는 말. 적(積). 적기(積氣). 적병(積病).

적측(敵側)몜 적의 편. 적의 쪽.

적치(敵治)몜 적이 침입하여 다스리는 정치.

적치(積置)몜하타되자 쌓아 둠.

적침(敵侵)몜 적의 침입.

적탄(敵彈)몜 적군이 쏜 탄환. 적환(敵丸).

적토(赤土)몜 ①➯석간주(石間硃). ②붉은 흙.

적토-마(赤兔馬)몜 ①중국 삼국 시대에 위(魏)의 여포(呂布)가 타던 준마의 이름. 뒤에 촉한(蜀漢)의 관우(關羽)가 소유함. ②매우 빠른 말을 이르는 말.

적토-성산(積土成山)몜 ➯적소성대(積小成大).

적통(嫡統)몜 적파(嫡派)의 계통.

적-틀(炙-)몜 제사 때 적(炙)을 담는 장방형의 그릇. 적과기(炙果器). 적기(炙器).

적파(嫡派)몜 적장자의 계통. ↔서파(庶派).

적파(摘播)몜하타 일정한 간격을 두고, 한군데에 몇 알씩 씨앗을 뿌림. 점뿌림(點播).

적판(滴板)몜 실험 기구의 한 가지. 여러 군데를 오목오목하게 만든 사기로 된 판. 적정 분석(滴定分析) 때 여러 가지 시료 용액(試料溶液)을 비교 검사하기 위하여 씀. 점적판(點滴板).

적패(積敗)몜하자되자 [실패나 패배를 거듭한다는 뜻으로] 기운이 빠져 몹시 지침.

적평(適評)몜 적절한 평.

적폐(積弊)[-폐/-페]몜 오랫동안 쌓여 온 폐단. ¶적폐를 뿌리 뽑다.

적-포도주(赤葡萄酒)몜 붉은빛의 포도주. 알코올 농도 12% 정도. 육류 요리를 먹을 때 곁들여 마시며, 조리용으로도 쓰임.

적하(滴下)[저카/저카]하자하자되자 액체가 방울져 떨어짐, 또는 그렇게 방울져 떨어지게 함.

적하(積荷)[저카]몜 ➯적화(積貨).

적하(謫下)[저카]몜하타되자 지난날, 귀양이나 귀양을 가거나 귀양을 보내는 일. ¶간신의 모함으로 산간 오지로 적하되었다.

적하^보:험(積荷保險)[저카-]몜 ➯적화 보험.

적하^증권(積荷證券)[저카-퀀]몜 ➯적색 선화 증권.

적학(積學)몜하자하자 학문의 공(功)을 쌓음.

적함(敵艦)[저캄]몜 적의 군함.

적합(適合)[저캅]몜하형 꼭 알맞음. ¶적합 판정. /적합한 장소. /농사짓기에 적합한 땅.

적-행낭(赤行囊)몜 지난날, 우체국에서, 등기 우편 등의 귀중한 우편물을 담아 나르는 데에 쓰는 붉은 주머니.

적혈(赤血)몜 붉은 피.

적혈(賊穴)[저켤]몜 도둑의 소굴. 적굴(賊窟). 적소(賊巢).

적혈(積血)[저켤]몜 ➯어혈(瘀血).

적-혈구(赤血球)[저켤-]몜 혈구의 한 가지. 주로, 골수(骨髓)에서 생산되며 산소를 운반하는 헤모글로빈이 있음. 혈색소(血色素)인 헤모글로빈 때문에 붉게 보임. 붉은피톨. 찹백혈구.

적형(嫡兄)[저켱]몜 서자(庶子)가, 아버지의 정실(正室)에게서 태어난 '형'을 가리켜 이르는 말.

적호(適好)몜 '적호하다'의 어근.

적호-하다(適好-)[저코-]형어 알맞고 좋다.

적화(赤化)[저콰]몜하자하자되자 ①붉게 됨. ②공산주의에 물들음, 또는 그렇게 되게 함. 공산주의자가 됨. ¶적화 통일. /적화를 노리다.

적화(赤禍)[저콰]몜 공산주의로 말미암아 입는 화(禍), 또는 불행.

적화(積貨)[저콰]몜하타 (차나 선박 따위에) 화물(貨物)을 실음, 또는 그 화물. 적하.

적화^보:험(積貨保險)[저콰-]몜 배에 실은 짐이 운송 도중 분실·훼손될 경우의 손해를 보전하기 위한 해상 보험. 적하 보험.

적화-사상(赤化思想)[저콰-]몜 공산주의에 물든 사상.

적화^운:동(赤化運動)[저콰-]몜 적화(赤化)를 위한 혁명 운동.

적확(的確)몜 '적확하다'의 어근.

적확-하다(的確-)[저콰카-]형어 (벗어남이 없이) 정확하다. 틀림이 없다. **적확-히**뮈.

적환(賊患)[저콴]몜 도둑으로 말미암은 근심.

적환(敵丸)[저콴]몜 ➯적탄(敵彈).

적황(赤黃)[저쾅]몜 붉은빛을 띤 누른빛.

적황(敵況)[저쾅]몜 적의 움직임. 적의 상황. ¶정찰병으로부터 적황을 보고받다.

적회(炙膾)[저회/저훼]몜하타 ➯산적(散炙).

적회(積懷)[저회/저훼]몜 (오랫동안 서로 만나지 못하여) 쌓인 회포. 그리워하는 생각.

적효(適效)[저쿄]몜 알맞은 효과.

적흉(赤凶)[저큥]몜 매우 심한 흉년.

적흑-색(赤黑色)[저큭쌕]몜 붉은빛을 띤 검은빛. 검붉은 빛.

적-히다[저키-]자 ['적다'의 피동] 적음을 당함. ¶일기에 수첩에 적히다.

전:¹몜 (독이나 화로 따위) 물건의 위쪽 가장자리의 약간 넓게 된 부분.

전:²Ⅰ몜 갈퀴 따위와 손으로 한꺼번에 껴안는, 나무나 꼴 따위의 분량. Ⅱ몜 갈퀴 따위와 손으로 한꺼번에 껴안을 정도의, 나무나 꼴 따위의 분량을 세는 단위. ¶갈퀴 나무 열 전.

전(田)몜 밭.

전(前)Ⅰ몜 ①(막연한) 이전. 과거. ¶저분은 전에 뵌 적이 있다. ↔후. ②《일부 명사나 명사형 어미 '-기' 다음에 쓰이어》 무엇을 하기에 앞서. ¶졸업 전에 입대하다. /식사하기 전에 손을 씻어라. ③〔편지 따위에서〕 편지를 받는 어른의 자리 앞. ¶아버님 전 상서(上書). Ⅱ몜 그전의. 이전의. ¶전 국무총리.

전:(奠)몜 장사 지내기 전에 영좌(靈座) 앞에 간단히 주과(酒果)를 차려 놓는 일.

전:(煎)몜 ①재료를 얇팍하게 썰어 밀가루를 묻힌 다음, 번철에 기름을 두르고 지진 음식을 통틀어 이르는 말. 〔파전·고추전 따위.〕¶전을 부치다. ②저냐.

전:(廛)몜 물건을 늘어놓고 파는 가게.

전:(篆)몜 〈전자(篆字)〉의 준말.

전(甎·塼·磚)몜 흙을 구워 방형이나 장방형으로 벽돌처럼 넓적하게 만든, 옛날 건축 자재.

전:(氈)명 짐승의 털로 무늬 없이 두껍게 짠 피륙의 한 가지.

전:(轉)명 〈전구(轉句)〉의 준말. 참기승전결.

전:(戰)의 운동 경기에서, 경기를 치른 횟수를 세는 단위. ¶5전 3선승제. /10전 전패.

전(錢)의 ①화폐의 단위. 〔'환(圜)' 또는 '원'의 100분의 1.〕②지난날, 엽전 열 푼을 이르던 말.

전(全)명 ①앞사람 앞에 쓰이어) 모든 전체. 전부. ¶전 세계. /전 20권 한 질(帙)의 총서.

-전(展)접미 〔일부 명사 뒤에 붙어〕'전람회'의 뜻을 나타냄. ¶시화전. /도예전. /서예전.

-전(殿)접미 〔일부 명사 뒤에 붙어〕'궁전·신당·불각' 등의 뜻을 나타냄. ¶교태전. /근정전. /대웅전.

-전(戰)접미 〔일부 명사 뒤에 붙어〕①'전투' 또는 '전쟁'의 뜻을 나타냄. ¶백병전. /청일전. ②'경기'·'경쟁'의 뜻을 나타냄. ¶청백전. /선수권전.

전가(田家)명 농부의 집. 전사(田舍). 凹농가.

전가(全家)명 온 집안. 거가(擧家). 전호(全戶).

전가(傳家)명하타 ①(윗대에서 아랫대로) 집안 살림이나 재산을 물려줌. ②대대로 그 집안에 전하여 내려옴. ¶전가의 보도(寶刀).

전:가(轉嫁)명하타되자 (자기의 허물이나 책임 따위를) 남에게 덮어씌움. 넘겨씌움. ¶책임을 전가하다.

전가지보(傳家之寶)명 대대로 집안에 전해 내려오는 보물.

전각(全角)명 인쇄에서, 활자나 공목(空木) 따위의 폭의 전체 길이.

전각(前脚)명 앞다리. ↔후각(後脚).

전:각(殿閣)명 ①임금이 거처하던 궁전. ②궁전과 누각.

전:각(篆刻)명하자타 나무나 돌·쇠붙이·옥 따위에 글자를 새김, 또는 그 글자.

전:각-가(篆刻家)[-까] 명 전각을 잘하거나 전문으로 하는 사람.

전간(傳簡)명 사람을 시켜서 편지를 전함.

전:간(癲癇)명 지랄병. 간질(癎疾).

전간(傳簡錢)명 사람을 시켜서 편지를 전할 때 주던 삯.

전갈(全蠍)명 전갈과의 절지동물. 몸길이 3.5~20cm. 가재와 생김새가 비슷함. 몸빛이 누르고 꼬리 끝에 맹독(猛毒)이 있는 독침이 있음. 사막 지대에 흔하며, 햇빛을 꺼려 밤에 나와 작은 벌레를 잡아먹고 삶.

전갈(傳喝)명하타되자 사람을 시켜 안부를 묻거나 말을 전함, 또는 그 안부나 말. ¶급한 전갈을 받고 달려왔소.

전:갈(錢渴)명하자 돈이 잘 융통되지 않음.

전갈-자리(全蠍-)명 황도 십이궁의 하나. 궁수자리의 서쪽에 있는 별자리. 여름에 남쪽 하늘에 보이며, 7월 하순에 자오선을 통과함. 전갈좌. 천갈궁.

전감(前鑑)명 ①지난 일을 거울삼아 비추어 보는 일. ②앞사람이 남긴 본받을 만한 일.

전감-소연(前鑑昭然)[어힐] 거울을 보는 것처럼, 앞으로의 일이 아주 분명함.

전강(前腔)명 국악 형식에서 세 마디로 나눌 때, 처음 가락의 마디. 참중강·후강.

전-강풍(全強風)명 ▷노대바람.

전개(悛改)명하타 ▷개전(改悛).

전:개(展開)명하자타되자 ①(논리나 사건, 이야기의 장면 따위가) 점차 크게 펼쳐짐. ¶이론을 전개하다. /선거전이 본격적으로 전개되다.

②(눈앞에) 넓게 펼쳐짐. ¶신천지(新天地)가 눈앞에 전개되다. ③수학에서, 어떤 수나 식을 급수(級數)의 형태로 고침. ④입체의 표면을 한 평면 위에 펼침. ⑤작곡에서, 제시한 주제를 여러 형태로 변화 발전시킴. ⑥집합 상태의 부대를 전투 대형으로 벌림.

전:개-도(展開圖)명 입체의 표면을 평면 위에 펴 놓은 모양을 나타낸 그림.

전:개-식(展開式)명 수학에서, 단항식의 합으로 만 된 다항식.

전객(佃客)명 남의 땅을 빌려서 농사를 짓는 사람. 소작인(小作人).

전갱이명 전갱잇과의 바닷물고기. 몸길이 40cm 가량. 몸은 방추형이며, 등은 암청색이고 배는 흼. 온대성 물고기로 근해의 깊은 곳에 살다가 4~7월의 산란기가 되면 얕은 곳으로 나옴. 우리나라 연해에 널리 분포함. 매가리².

전:거(典據)명 (말·문장 따위의) 근거로 삼는 문헌상의 출처.

전:거(奠居)명하자 머물러 살 만한 곳을 정함. 전접(奠接).

전:거(轉居)명하자 살던 곳을 떠나 다른 곳으로 옮김. 전주(轉住).

전:-거리명 전으로 쌓아 둔 나무, 또는 한 전씩 묶어서 단을 지은 잎나무.

전건(前件)[-껀]명 ①앞에서 말한 조항. 앞의 사건. ②가언적 판단(假言的判斷)에서, 그 '조건'을 나타내는 부분.

전:건(電鍵)명 (전기·전신 따위의 회로에서) 손가락으로 누르거나 떼면 전기가 흐르거나 끊기게 된 단추 모양의 장치를 통틀어 이르는 말. 〔스위치나 전신용 키 따위.〕참키(key).

전:건(戰巾)명 지난날, 군사들이 쓰던 두건(頭巾)의 한 가지.

전:격(電擊)명 ①강한 전류에 의한 갑작스러운 충격. ②번개처럼 빠르게 들이침, 또는 번개처럼 갑작스러운 공격. ¶전격 작전.

전:격-적(電擊的)[-쩍]관명 (번개가 들이치듯이) 갑자기 민첩하게 행동하거나 결단해 버리는 (것). ¶전격적 발표. /전격적인 결혼.

전:격-전(電擊戰)[-쩐]명 번개처럼 들이치는 싸움. 순식간에 들이쳐서 결판을 내는 싸움.

전결(田結)명 지난날, 논밭에 대하여 물리던 세금.

전결(專決)명하타되자 (결정권자가) 단독 책임으로 결정함, 또는 그 결정. ¶전결 사항. 凹전단(專斷).

전:결(纏結)명하타 얽어 맺음. 매어 묶음.

전경(全景)명 한눈에 바라보이는 전체의 경치 (정경).

전:경(典經)명 ①▷규범(規範). ②경전(經典). 경서(經書). ③조선 시대에, 서책에 관한 일을 맡아보던 경연청(經筵廳)의 정구품 벼슬.

전경(前景)명 ①눈앞에 펼쳐져 보이는 경치. ②(그림·사진 따위에서) 사람이나 물건의 앞에 있는 경치. ②↔배경(背景).

전:경(戰警)명 〈전투 경찰〉의 준말.

전:경-의(轉鏡儀)[-의/-이]명 ▷트랜싯.

전계(專戒)명하타 〔-게/-게〕계법(戒法)을 전함.

전계(電界)[-계/-게]명 ▷전기장.

전:고(典故)명하타 ①전례(典例)와 고사(故事). ②전거가 되는 옛일. ②고실(故實).

전고(前古)명 지나간 옛날. 〔주로, '전고에'의 꼴로 쓰임.〕¶전고에 없던 일.

전고(傳告)명하타되자 전하여 알림.

전고(傳稿)[하자] 뒤에 남길 목적으로 자기의 일대기를 적어 놓음, 또는 그 글.

전:고(詮考)[하타] 의논하여 상고함.

전:고(銓考)[하타] (사람을 전형할 때에) 여러 모로 따져서 고름.

전:고(戰鼓)[명] 전투할 때에 치던 북.

전고-미문(前古未聞)[명] 전에는 들어 보지 못한 일. 처음 듣는 일. 전대미문.

전고-미증유(前古未曾有)[명] 옛날에는 미처 없었던 일. 처음 있는 일. ¶전고미증유의 일대 변란이 일어나다.

전:곡[명] 집터의 경계선.

전곡(田穀)[명] 밭에서 나는 곡식. 〔팥·콩·녹두·수수 따위.〕 밭곡식.

전곡(全曲)[명] 어떤 곡(曲)의 전체. ¶전곡을 연주하다.

전:곡(錢穀)[명] 돈과 곡식. 금곡(金穀). 전량(錢糧). ¶전곡을 풀어 난민에게 나누어 주다.

전:골[명] 쇠고기나 돼지고기를 잘게 썰어 양념을 하고, 어패류·버섯·채소 따위를 섞어서 국물을 조금 부어 끓인 음식.

전골(全骨)[명] <전신골(全身骨)>의 준말.

전:골-틀[명] 전골을 끓이는 데 쓰는 그릇.

전공(全功)[명] ①모든 공로나 공적. ②(결점이 없이) 온전한 공로나 공적.

전공(前功)[명] ①전에 세운 공로나 공적. ②앞 사람의 공로나 공적.

전공(專攻)[명] ①[하타](어느 일정한 부문에 대하여) 전문적으로 연구함. ¶전공 분야. /전공을 바꾸다. /전공을 살리다. ②전공과목.

전:공(電工)[명] ①<전기 공업>의 준말. ②<전기공>의 준말.

전:공(戰功)[명] 전투에서 세운 공로. 군공(軍功). 전훈(戰勳). ¶전공을 세우다.

전공-과목(專攻科目)[명] 전문적으로 이수하는 과목. 전공.

전:공-비(戰功碑)[명] 전투에서 세운 공을 기리어 세우는 비석.

전공-의(專功醫)[명] −의/−이][명] ☞수련의.

전:공-탑(戰功塔)[명] 전투에서 세운 공을 기리어 세우는 탑.

전:-공후(鈿箜篌)[명] 자개로 장식한 공후.

전과(全科)[−꽈][명] ①모든 교과. 모든 학과. ②☞전과서(全科書).

전과(全課)[−꽈][명] ①모든 과. ¶사내 전과에 알리는 일. ②그 과의 전체. ¶전과 회의.

전과(前科)[−꽈][명] 전에 형벌을 받은 사실. ¶전과 5범의 흉악범.

전과(前過)[−꽈][명] 전에 저지른 허물. ¶전과를 뉘우치고 열심히 살아가다.

전과(專科)[−꽈][명] 전문적으로 연구하는 학과.

전:과(煎果)[명] ☞정과(正果).

전:과(戰果)[−꽈][명] ①전투에서 거둔 성과. ¶혁혁한 전과를 세운 장병에게 훈장이 수여되었다. ②운동 경기에서 올린 성과.

전:과(轉科)[−꽈][명][하자] 학과(學科)나 병과(兵科)를 다른 과로 옮김.

전과-서(全科書)[−꽈][명] 전 학과의 참고 사항을 모아 한데 엮은 참고서. 전과.

전과-자(前科者)[−꽈−][명] 전에 형벌을 받은 사실이 있는 사람.

전관(全館)[명] ①모든 관(館). ②그 관의 전체. ¶건물 전관이 소실되다.

전관(前官)[명] 이전에 그 벼슬자리에 있던 관원. 원임(原任). ¶전관 사또.

전관(專管)[명][하타][되자] ①그 일만을 전적으로 책임지고 맡아서 관리함. ②전체가 그 관할에 딸림.

전:관(錢貫)[−꽌][명] 한 관(貫)가량의 엽전.

전관(轉官)[명][하자] 관직 자리를 옮김.

전관^거류지(專管居留地)[명] 외국 영토 안에 자기 나라 행정권이 시행되고 있는 조계(租界). 전관 조계.

전관^수역(專管水域)[명] 연안국이 자기 나라의 연안에서 어업이나 자원의 발굴 등에 대해서 배타적 권리를 갖는 수역. 어업 전관 수역.

전관-예우(前官禮遇)[−녜−][명] 장관급 이상의 관직을 지냈던 사람에게, 퇴관 후에도 재임 당시의 예우를 하는 일.

전관^조계(專管租界)[−계/−게][명] ☞전관 거류지. ↔공동 조계(共同租界).

전:광(電光)[명] ①번갯불. 번개. ②전력으로 일으킨 빛. 〔전등의 불빛 따위.〕 ¶전광 간판.

전광(顚狂)[명] ①한방에서, 실없이 웃는 미친 병. ②간질과 광기.

전:광-게시판(電光揭示板)[명] 많은 전구를 배열하여 그것을 켰다 껐다 함으로써 문자나 그림을 나타내도록 만든 게시판. 〔준〕전광판.

전:광-뉴:스(電光news)[명] 전광게시판에 문자로 나타내는 뉴스.

전:광-석화(電光石火)[−서콰][명] 〔번갯불이나 부싯돌의 불이 번쩍이는 것처럼〕 ①'몹시 짧은 시간'을 비유하여 이르는 말. ②'매우 재빠른 동작'을 비유하여 이르는 말. ¶전광석화처럼 빠른 동작.

전:광-판(電光板)[명] <전광게시판>의 준말.

전괴(全壞)[−괴/−궤][명][하자타] 모두 파괴됨. 전부 파괴함. ᴃ전파(全破).

전교(全校)[명] 한 학교의 전체.

전교(傳教)[명][하타] 임금이 명령을 내리는 일, 또는 그 명령. 하교(下教). ¶전교를 내리다.

전교(傳教)[²][명] ①종교를 널리 전도함. ②불제자(佛弟子)에게 교리를 전함.

전:교(錢驕)[명] 돈 많은 사람의 교만.

전:교(轉交)[명] ①〔다른 사람의 손을 거쳐서 받게 한다는 뜻으로〕 편지의 겉봉에 쓰는 말. ②[하타][되자](서류 따위를) 다른 사람을 거쳐서 교부함.

전:교(轉校)[명][하자] ☞전학(轉學).

전교-생(全校生)[명] 한 학교의 전체 학생.

전교-회(傳教會)[−회/−훼][명] 가톨릭에서, 포교를 목적으로 하는 단체.

전구(全軀)[명] ☞전신(全身).

전구(前驅)[명] ①[기마(騎馬)에서 선도(先導)하는 사람. ②행렬의 맨 앞에 가는 사람.

전:구(電球)[명] 공 모양의 둥근 전등. 전등알. ¶전구를 갈다.

전:구(戰具)[명] ☞병구(兵具).

전:구(轉句)[−꾸][명] 한시(漢詩)의 절구(絕句)의 셋째 구. '기승전결'의 전. 중간에서 시의(詩意)를 일전(一轉)시킴. ᴃ전.

전:구(轉求)[명][하타] 가톨릭에서, 자신이 지은 죄를 사(赦)하여 줄 것을 천주께 직접 빌지 않고, 성모나 성인·천사 들을 통하여 뵘, 또는 그 기도.

전구^증상(前驅症狀)[명] 전염병의 잠복기, 또는 뇌충혈이나 간질병 따위가 일어나기 직전에 나타나는 증세.

전-국(全−)[명] 군물을 타지 않은 간장·술·국 따위의 국물. 진국.

전국(全局)**명** 전체의 국면. 전체의 판국.

전국(全國)**명** 한 나라의 전체. 온 나라. ¶전국 각지.

전:국(戰局)**명** 전쟁이 되어 가는 형편. ¶전국 이 심상치 않다.

전국-구(全國區)[-꾸]**명** 전국을 한 단위로 하 는 선거구(選擧區). 웹지역구.

전:국^시대(戰國時代)[-씨-]**명** 중국 춘추 시 대 이후, 진(晉)나라가 한·위·조(趙)로 삼분(三 分)된 때부터 진(秦)나라가 통일할 때까지의 동란기.

전국-적(全國的)[-쩍]**관명** (규모·범위 따위가) 나라 전체에 관계되는 (것). ¶전국적 규모의 대회. /전국적인 행사.

전군(全軍)**명** 한 나라 군대의 전체. 삼군(三軍). ¶전군에 비상이 걸리다.

전군(前軍)**명** 앞장선 군대. ↔후군(後軍).

전:군(殿軍)**명** 대열의 맨 뒤에 따르는 군대. 후 미의 군대. 후군(後軍).

전권(全卷)**명** ①(여러 권으로 된 책의) 모든 권. ②한 권(卷)의 전부.

전권(全權)[-꿘]**명** ①(단체·국가 등을 대표하 여) 맡겨진 일을 처리할 수 있는 일체의 권한. ¶전권을 위임받다. ②완전한 권리. ¶전권을 장악하다. ③<전권 위원>의 준말.

전:권(典券)**명하자** 문권(文券)을 전당으로 함. 문권을 잡고 잡힘.

전권(專權)[-꿘]**명하자** 권력을 홀로 차지하여 마음대로 부림, 또는 그러한 권력. ¶전권을 휘 두르다. ۞전횡(專橫).

전권^공사(全權公使)[-꿘-]**명** <특명 전권 공 사>의 준말.

전권^대:사(全權大使)[-꿘-]**명** <특명 전권 대 사>의 준말.

전권^위원(全權委員)[-꿘뉘-]**명** 국가로부터 국제 조약의 체결, 국제 회의, 외교 교섭 등에 관한 전권을 위임받아 파견되는 외교 사절. ۞전권.

전권^위임장(全權委任狀)[-꿘뉘-짱]**명** 임시 외교 사절이나 국가를 대표하여 외교 교섭을 벌 이고, 조약을 체결할 수 있는 권한을 국가 원 수(元首)로부터 위임받은 공문서.

전:극(電極)**명** 전지나 발전기 따위의 전원(電 源)에서, 전기가 드나드는 양극(兩極)의 단자 (端子). 〔양극과 음극이 있음.〕

전:극^전:위(電極電位)[-쩌뉘]**명** 전극과 이에 접촉하는 전해질 용액과의 사이에서 생기는 접 촉 전위차(電位差). 단극 전위(單極電位).

전:근(轉筋)**명하자** 쥐가 나서, 근육이 뒤틀 리어 오그라짐. ¶한쪽 발이 전근되다.

전:근(轉勤)**명하자되자** 근무처를 옮김. ¶지방 학교로 전근되다. ۞전출(轉出).

전근대-적(前近代的)**관명** 근대 이전 시대의 특 징을 지니고 있는 (것). ¶전근대적 사고방 식. /전근대적인 방법.

전금(前金)**명** 대차 관계를 셈할 때, 이미 그 이 전에 치른 돈.

전:금-화(齔金花)**명** ▷장구채[2].

전:긍(戰兢)**명** <전전긍긍>의 준말.

전기(全期)**명** ①모든 기간. ②한 기간의 전체.

전기(全機)**명** 한 전대(戰隊)에 편성되어 있는 전 체의 비행기, 또는 어느 특정 기종의 비행기 전 부. ¶이 전대에 딸린 전투기 전기를 발진시키다.

전기(前記)**명하타** 앞에 기록함, 또는 앞의 기록. ¶내용은 전기와 같다. ↔후기(後記).

전기(前期)**명** ①어떤 기간을 두 기(期)로 나누 었을 때 그 앞의 기간. ¶전기 대학. /전기 리 그에서 우승하다. ②현재의 앞의 기간. ¶전 기의 순이익. /전기의 이월금(移越金). ↔후기 (後期).

전기(傳奇)**명** (있을 수 없는) 기이한 일을 내용 으로 한 이야기. 괴이하고 환상적인 색채가 짙 은 이야기.

전기(傳記)**명** 한 개인의 일생의 사적(事跡)을 적은 기록. ¶위인의 전기를 읽다.

전기(傳騎)**명** 전령(傳令) 임무를 맡아보던 기병 (騎兵).

전:기(電氣)**명** ①전자의 이동으로 생기는 에너 지의 한 형태. 〔양전기와 음전기가 있음.〕 ②'저 리거나 무엇에 부딪히거나 할 때 몸에 짜릿하 게 오는 느낌'을 비유하여 이르는 말.

전:기(電機)**명** 전력으로 움직이는 기계.

전:기(戰記)**명** 전쟁의 기록. 전쟁의 모습을 기 록한 책. ¶제1차 세계 대전 전기.

전:기(戰騎)**명** 말을 타고 싸우는 군사. 전쟁에 참가하는 기병.

전:기(戰機)**명** ①전쟁이 일어날 기미. ¶전기가 무르익다. ②전투에서 이길 수 있는 기회. 병 기(兵機). ¶전기를 잃다.

전:기(轉記)**명하타** (어떤 기재 사항을) 한 장부 에서 다른 장부로 옮기어 적음, 또는 옮기어 적은 그 기록.

전:기(轉機)**명** (사물이나 형세가) 어떤 상태에 서 다른 상태로 변하는 계기. 전환하는 기회. ¶인생의 전기를 맞이하다.

전:기-가오리(電氣-)**명** 전기가오릿과의 바닷물 고기. 가오리를 닮았으며, 몸빛은 검붉은 갈색 에 검은 무늬가 군데군데 있음. 가슴지느러미 와 머리 사이에 음·양 한 쌍의 발전 기관(發電 器官)이 있어 전기를 냄.

전:기^감:수율(電氣感受率)**명** 전기장(電氣場) 에 의하여 물질이 분극(分極)을 일으키는 정도 를 나타내는 양.

전:기^감:응(電氣感應)**명** ▷정전 유도.

전:기-계(電氣計)[-게/-개]**명** ▷전위계.

전:기-계:기(電氣計器)[-게-/-게-]**명** 전기에 관한 갖가지 양을 측정하는 계기를 통틀어 이 르는 말. 〔전압계·전류계·적산 전력계 따위.〕

전:기-공(電氣工)**명** (발전, 변전, 전기 장치의 가설 및 수리 따위) 전기 관계의 작업에 종사 하는 직공. ۞전공.

전:기^공업(電氣工業)**명** 전기를 원동력으로 하 는 공업. ۞전공.

전:기^공학(電氣工學)**명** 전기의 성질과 그 응 용을 연구하는 학문.

전:기^기관(電氣器官)**명** (전기뱀장어·전기가오 리 따위의 어류에서 볼 수 있는) 전기를 발생 하는 특별한 기관.

전:기^기관차(電氣機關車)**명** 전동기로 움직이 는 기관차.

전:기^기구(電氣器具)**명** 전기 에너지를 이용하 는 각종 기구를 통틀어 이르는 말. 〔전열기·등 기구(燈器具) 따위.〕

전:기-난로(電氣煖爐)[-날-]**명** 전열을 이용한 난로. 전기스토브.

전:기-냄비(電氣-)**명** 전기를 열원(熱源)으로 쓰는 냄비.

전:기-냉장고(電氣冷藏庫)**명** 전기를 이용하여 내부의 온도를 차게 함으로써 안에 든 물건을 냉각시키는 냉장고.

전:기-다리미(電氣-)圈 전기 저항에 의한 발열 작용을 이용하여 만든 다리미.

전:기^당량(電氣當量)[-냥] 〈전기 화학 당량〉의 준말.

전:기^도:금(電氣鍍金)圈 전기 분해를 이용하여 금속의 표면에 다른 금속의 엷은 막을 입히는 방법. 준전도.

전:기-동(電氣銅)圈 전기 야금으로 얻은 구리. 전해동.

전:기^동:력계(電氣動力計)[-녁계/-녁꼐]圈 발전기를 돌려서 그 고정자(固定子)의 반동력을 계측함으로써 원동기의 동력을 측정하는 계기.

전:기^드릴(電氣drill)圈 소형 전동기를 이용하여 송곳을 돌려서 구멍을 뚫는 휴대용 공구.

전:기-등(電氣燈)圈 전력을 광원(光源)으로 한 등. 준전등.

전:기-량(電氣量)圈 대전체(帶電體)가 가지는 전기의 양. 준전량.

전:기-력(電氣力)圈 대전체(帶電體) 사이에 작용하는 전기의 힘.

전:기력-선(電氣力線)[-썬]圈 전기장(電氣場)에서, 전기장의 접선 방향으로 양전하에서 시작하여 음전하에서 끝나는 가상의 곡선. 그 곡선 위의 모든 점의 접선 방향이 전기장의 방향과 일치함.

전:기-로(電氣爐)圈 전열을 이용한 노(爐). 저항로·아크로·유도로 따위가 있으며, 금속 정제에 널리 쓰임. 준전로.

전:기-료(電氣料)圈 전기를 사용한 데 대한 요금. 전기를 쓴 값으로 얼마나 냈는가를 나타냄.

전:기-메기(電氣-)圈 전기메깃과의 민물고기. 발전 기관을 가졌으며 메기를 닮았음. 몸길이 약 20 cm, 몸빛은 다갈색. 최대 전압 400~450볼트의 고압까지 방전하여 외적으로부터의 보호와 먹이를 잡는 데 씀. 야행성이며, 새끼를 입에 넣어 보호함. 아프리카의 열대 하천에 삶.

전:기^메스(電氣mes)圈 고주파 전류를 이용하여, 조직을 잘라 내는 데 쓰는 작은 칼. 전기 수술도.

전:기-면도기(電氣面刀器)圈 전기의 힘으로 면도날을 움직여 면도할 수 있게 된 기구.

전기^문학(傳奇文學)圈 공상적이고 기이한 사건을 다룬 흥미 본위의 문학.

전기^문학(傳記文學)圈 어느 개인의 한평생의 사적(事跡)을 소재로 한 문학.

전:기-미터(電氣meter)圈 ☞적산 전력계.

전:기-밥솥(電氣-)[-솓]圈 전열을 이용하여 밥을 짓는 밥솥. * 전:기밥솥이[-쏘치]·전:기밥솥을[-쏘틀]·전:기밥솥만[-쏜-]

전:기-밥통(電氣-桶)圈 전열을 이용하여 밥을 따뜻하게 보존하는 밥통.

전:기-방석(電氣方席)圈 전열기를 장치하여 만든 방석.

전:기^부화기(電氣孵化器)圈 자동으로 온도가 조절되는 전열(電熱) 장치를 이용하여 알을 부화시키는 장치.

전:기^분석(電氣分析)圈 전기 적정(滴定), 전기 분해 따위를 이용한 화학 분석.

전:기^분해(電氣分解)圈 화합물을 수용액이나 용융(熔融) 상태에 두고, 전극을 넣어 전류를 통하여서 음극과 양극에 그 성분을 석출(析出)시키는 일. 준전해(電解).

전:기^불꽃(電氣-)[-꼳]圈 ☞스파크. * 전:기불꽃이[-꼬치]·전:기 불꽃만[-꼰-]

전:기^사:업(電氣事業)圈 발전, 전력 공급 및 판매의 세 가지 사업을 통틀어 이르는 말. 특히, 전력 공급 사업만을 가리키는 경우도 있음.

전:기-사인(電氣sign)圈 전구나 네온관 등을 이용하여 나타내는 글자·신호·표지(標識) 따위의 여러 가지 기호.

전:기-삽(電氣-)圈 전기를 동력으로 사용하는 삽. 노천 큰 노천굴(露天掘)이나 토목 공사(土木工事) 등에 쓰임.

전기생^식물(全寄生植物)[-싱-]圈 엽록소가 없어 동화 작용(同化作用)을 못하고, 다른 식물에 기생하여 숙주(宿主)로부터 온전히 양분을 흡수하여 살아가는 식물. 참반기생(半寄生).

전:기-석(電氣石)圈 육방 정계(六方晶系)의 규산염 광물을 통틀어 이르는 말. 철·마그네슘·붕소·알루미늄 따위가 주성분임. 마찰하거나 가열하면 전기가 일어남. 성분 구성에 따라 종류가 많고, 광택·투명성·빛깔이 다양함.

전:기-선(電氣線)圈 ☞전선(電線).

전:기-세탁기(電氣洗濯機)[-끼]圈 전동기의 힘을 이용하여 빨래를 세탁하는 기계.

전:기^소량(電氣素量)圈 전자가 지니는 전기량의 절댓값.

전기^소:설(傳奇小說)圈 공상적이고 기이한 사건을 내용으로 다룬 흥미 본위의 소설.

전기^소:설(傳記小說)圈 어떤 특정 인물의 전기를 소설 형식으로 쓴 작품.

전:기-소제기(電氣掃除機)圈 ☞진공청소기.

전:기-수(傳奇叟)圈 지난날, 고대 소설을 낭독하여 들려주는 일을 업으로 삼던 사람.

전:기^수술도(電氣手術刀)[-또]圈 ☞전기 메스.

전:기-스탠드(電氣stand)圈 책상 따위에 두고 쓰는 조명용 전등. 준스탠드.

전:기-스토:브(電氣stove)圈 ☞전기난로.

전:기^야:금(電氣冶金)圈 전류의 화학 작용이나 열작용을 이용한 야금 방법. 전기 정련.

전:기-어(電氣魚)圈 몸에 전기 기관을 갖추고 있어서, 강한 전기를 발생하는 물고기들을 통틀어 이르는 말.

전:기^에너지(電氣energy)圈 정전기 및 전류의 능력을 표시하는 물리학적인 양.

전:기-온돌(電氣溫突)圈 전열 장치를 한 온돌.

전:기-요(電氣-)圈 요 안에, 석면 따위로 싼 가는 전열선(電熱線)을 넣어 만든 요.

전:기^요법(電氣療法)[-뻡]圈 ☞전기 치료.

전:기-욕(電氣浴)圈 물리 치료의 한 방법. 약한 전류를 흐르게 한 목욕물에 환자의 몸을 담그게 함. 신경통, 혈관 운동 장애 등에 효과가 있음.

전:기^용:량(電氣容量)[-냥]圈 도체(導體)나 축전기의 전위를 단위량만큼 높이는 데 필요한 전기량.

전:기^용접(電氣鎔接)圈 전기 에너지를 열원(熱源)으로 한 용접을 통틀어 이르는 말. 〔아크 용접·저항 용접 따위.〕

전:기-의자(電氣椅子)[-의-/-이-]圈 고압 전류가 통하여 만든 사형 집행용의 의자.

전:기^이:중극(電氣二重極)圈 전기량이 같은 양·음의 두 전하(電荷)가 매우 가까이 있는 현상.

전:기-인두(電氣-)圈 전열을 이용한 인두.

전:기-자(電氣子)圈 ☞아마추어.

전:기^자:석(電氣磁石)圈 ☞전자석(電磁石).

전:기-장(電氣場)圈 대전체(帶電體)의 주위에 전기적인 힘이 미치는 공간. 전계(電界). 전장.

전:기-장판(電氣壯版)圈 전열선을 넣은 장판.

전:기-쟁반(電氣錚盤)圐 정전기 유도를 이용하여 전기를 모으는 실험 기구.

전:기-저:항(電氣抵抗)圐 물체에 전류가 통하기 어려운 정도를 나타낸 수치. 〔단위는 옴(Ω)〕

전:기-전:도(電氣傳導)圐 도체 속의 전하의 이동으로 물체 사이에 전류가 흐르게 되는 현상.

전:기^전도도(電氣傳導度)圐 ⇨전기 전도율. ㉜전도도.

전:기^전도율(電氣傳導率)圐 도체 속을 흐르는 전류의 크기를 나타내는 상수(常數). 전기 전도도. ㉜전도도.

전:기^절연물(電氣絶緣物)圐 전기 전도를 가로막는 물질. 〔도자기·유리·고무 따위.〕 절연물. 절연체.

전:기^점화(電氣點火)圐 내연 기관 따위에서, 전기 방전의 불꽃을 이용하여 가스를 폭발시키는 일.

전:기^정련(電氣精鍊)[-년]圐 ⇨전기 야금.

전:기-종(電氣鐘)圐 ⇨전령(電鈴).

전:기^주조(電氣鑄造)圐 ⇨전주(電鑄).

전:기^진:동(電氣振動)圐 전기 회로에 진동 전류가 발생하는 현상, 또는 이 현상이 회로 주위의 전기장(電氣場)을 진동시켜 전자기파를 발생하는 현상. ㉚전기 진동.

전:기^진:동기(電氣振動器)圐 전기 회로에 진동 전류를 일으키는 장치.

전:기^진:자(電氣振子)圐 정전기의 실험에 쓰이는 흔들이.

전:기^착암기(電氣鑿岩機)圐 전기의 힘으로 암석에 구멍을 뚫는 기계.

전:기^철도(電氣鐵道)[-또]圐 전기를 동력으로 이용하는 철도. ㉜전철.

전:기^치료(電氣治療)圐 전기적 에너지를 이용한 의료 기계로, 신경 계통이나 근육을 자극하는 물리 치료의 한 방법. 전기 요법.

전:기^탐광(電氣探鑛)圐 땅속을 흐르는 전류의 방향·세기 따위를 측정하여 지하의 광상(鑛床)을 찾아내는 물리 탐광의 한 방법.

전:기^통신(電氣通信)圐 유선·무선 또는 그 밖의 전자적 방식으로 모든 종류의 부호·음성·음향·영상을 전송하거나 수신하는 통신.

전:기-파(電氣波)圐 ⇨전파(電波).

전:기^풍(電氣風)圐 어느 첨단(尖端)에서 방전(放電)이 일어날 때, 그 결과로 일어나는 공기의 진동 현상.

전:기-풍:로(電氣風爐)[-노]圐 전열선(電熱線)을 장치한 풍로.

전:기-학(電氣學)圐 ①전기 현상 및 그 이론을 연구하는 학문을 통틀어 이르는 말. ②전기의 물리적 현상을 연구하는 학문.

전:기^해:리(電氣解離)圐 ⇨전리(電離).

전:기^현:상(電氣現象)圐 〔전자·전자 감응·전파 따위〕 전기에 관한 여러 가지 현상을 통틀어 이르는 말.

전:기^화:학(電氣化學)圐 전기적 현상을 일으키는 화학 변화나, 전기적 현상에 의한 화학 변화에 관하여 연구하는 물리 화학의 한 부문. 전지·전기 분해·전리(電離) 등에 관한 이론 및 그 응용을 연구함.

전:기^화:학^당량(電氣化學當量)[-땅냥]圐 전기 분해 때, 1쿨롬의 전기량에 의하여 전해 용액으로부터 석출(析出)되는 원자, 또는 원자단의 그램수. 전기화학 당량.

전:기^회로(電氣回路)[-회-/-훼-]圐 도체에 의하여 만들어진 전류의 통로. ㉜전로·회로.

전:깃-불(電氣-)[-기뿔/-긴뿔]圐 전등에 켜지는 불.

전:깃-줄(電氣-)[-기쭐/-긴쭐]圐 ⇨전선(電線).

전:-나귀圐 다리를 절름거리는 나귀.

전:-나무圐 소나뭇과의 상록 교목. 높은 산에 나는데, 높이는 40 m가량. 잎은 바늘 모양임. 봄에 황록색 꽃이 피고, 가을에 솔방울을 맺음. 나무는 건축·가구·제지용으로 쓰임. 종목(樅木).

전-날(前-)圐 ①(어떤 날의) 바로 앞의 날. ¶ 생일 전날. ②지난날.

전-남편(前男便)圐 그전 남편. 먼저의 남편. 전부(前夫). 전서방.

전납(全納)圐ㅎ자 전부 납부함.

전납(前納)圐ㅎ타되자 ⇨예납(豫納).

전:내(殿內)圐 ①궁전·전각 등의 안. ②신위(神位)를 안치해 놓고 길흉을 점치는 곳, 또는 거기서 점을 치는 사람.

전:-내기(全-)圐 물을 조금도 타지 않은 술.

전:-내기(廛-)圐 가게에 내다 팔려고 날림으로 만든 물건.

전:냥(錢兩)圐 ⇨돈냥.

전년(前年)圐 ①지나간 해. ②지난해. 작년. ¶ 수입이 전년에 비하여 크게 늘었다.

전념(專念)圐ㅎ자 오로지 한 가지 일에만 마음을 씀. ¶ 공부에 전념하다.

전:농(轉農)圐ㅎ자 직업을 농업으로 바꿈.

전능(全能)圐ㅎ형 (어떤 일이든) 못하는 일이 없이 능함.

전:다(煎茶)圐ㅎ자 차를 달임. 팽다(烹茶).

전다라(旃茶羅←candala 범)圐 ⇨전타라(旃陀羅).

전:-다리圐 걸음을 절름거리는 다리, 또는 그런 다리를 가진 사람.

전-다리(前-)[-따-]圐 (사람·물건·지위·처소 따위가 자리를 옮겼을 경우) 그 전의 사람·물건·지위·처소 따위를 이르는 말.

전단(全段)圐 ①모든 단이나 단락. ②한 단이나 단락의 전부. ¶ 전단 광고. /전단 기사(記事).

전단(前端)圐 앞의 끄트머리.

전단(栴檀·旃檀)圐 ⇨단향목(檀香木).

전단(專斷)圐ㅎ타되자 자기 마음대로 결정해서 시행함. ¶ 국정을 전단하다. ㊀전결(專決).

전:단(剪斷)圐ㅎ타 자름. 끊음.

전단(傳單)圐 (선전·광고를 위하여) 사람들에게 돌리거나 눈에 잘 띄는 곳에 붙이거나 하는 종이. ¶ 전단을 뿌리다.

전:단(戰端)圐 전쟁의 실마리. 병단(兵端).

전-달(前-)[-딸]圐 ①지난달. 전월. ¶ 물가가 전달에 비하여 크게 올랐다. ②(어떤 달의) 바로 앞의 달. ¶ 막내가 태어나던 그 전달에 난리가 터졌다.

전달(傳達)圐ㅎ타되자 (상대에게 무엇을) 전하여 이르게 함. ¶ 명령을 전달하다.

전담(全擔)圐ㅎ타되자 어떤 일이나 비용의 전부를 도맡아 하거나 부담함. 전당(全當). ¶ 이번 여행 경비는 제가 전담하지요.

전담(專擔)圐ㅎ타되자 전문적으로 맡거나 혼자서 담당함. 전당(專當). ¶ 수출 업무를 전담하다.

전답(田畓)圐 밭과 논. 논밭. 전토(田土).

전당(全當)圐ㅎ타되자 ⇨전담(全擔).

전당(專當)圐ㅎ타 한 정당의 전체.

전:당(典當)圐ㅎ타되자 물품을 담보로 하여 돈을 꾸어 주거나 꾸어 쓰는 일. ¶ 잡힐 만한 것은 모두 전당되었다.

전당 잡은 촛대(같고 꾸어 온 보릿자루 같다)[속담] '말없이 한구석에 덤덤하니 앉아 있기만 하는 사람'을 비유하여 이르는 말.

전당(專當)몡하타되자 ☞전담(專擔).

전-당(殿堂)몡 ①신불(神佛)을 모시는 집. 전우(殿宇). ②크고 화려한 집. 당우(堂宇). ③(어떤 분야에서) 가장 권위 있는 기관을 이르는 말. ¶배움의 전당. /예술의 전당.

전:당(典當)몡 ☞전당포.

전당^대:회(全黨大會)[-회-퉤]몡 한 정당의 전국 대의원 대회.

전:당-질(典當-)몡하자 물건을 잡히고 돈을 빌리는 일을 얕잡아 이르는 말.

전:당-포(典當鋪)몡 물품, 유가 증권 따위를 담보로 잡고 돈을 꾸어 주는 일을 업으로 삼는 점포. 전당국. ⑥전포.

전:당-표(典當票)몡 전당을 잡았다는 증거로 품명과 액수·날짜 따위를 적어 주는 쪽지.

전:당-품(典當品)몡 전당 잡거나 전당 잡히는 물품.

전대(前代)몡 지난간 시대. 앞 시대. 전세(前世). ↔후대(後代).

전:대(戰隊)몡 ①군함 두 척 이상, 또는 군함 및 구축함·잠수함대로 편성된 부대. ②공군에서, 비행 대대의 상위 부대.〔2, 3개 비행 대대로 편성됨〕

전대(轉貸)몡하타되자 ①(빌리거나 꾼 것을) 다시 남에게 빌려 주거나 꾸어 줌. ②남을 사이에 두고 빌려 주거나 꾸어 줌. ⑫전차(轉借).

전:대(纏帶)몡 무명이나 베 따위의 헝겊으로 만든, 중간을 막고 양 끝을 튼 자루. 돈이나 물건을 넣어, 허리에 차거나 어깨에 걸쳐 둘러멤. 견대(肩帶).

전:대-띠(戰帶-)몡 구식 군복에 띠던 띠.

전대-미문(前代未聞)〔매우 놀라운 일이나 새로운 것을 두고 이르는 말로〕지금까지 들어본 적이 없음. 미증유. 전고미문. ¶전대미문의 사건이 발생하다.

전:-대야몡 전이 있는 놋대야.

전:대-작(轉貸作)몡 소작인이 자기가 소작하던 토지를 다시 딴 사람에게 빌려 주어 소작하게 하는 일.

전대지재(專對之才)〔남의 물음에 지혜롭게 즉시 대답할 수 있는 인재라는 뜻으로〕외국에 사신으로 보낼 만한 인재.

전:-대차(轉貸借)몡 임차인이 임대차 계약에 따라 임대인으로부터 빌려 온 물건을 제삼자인 전차인(轉借人)에게 다시 빌려 주는 일.

전도(全島)몡 한 섬의 전체. 온 섬.

전도(全都)몡 ①서울 전체. ②도시 전체.

전도(全道)몡 한 도의 전체.

전도(全圖)몡 전체를 그린 그림이나 지도. ¶대한민국 전도.

전도(前途)몡 ①앞으로 나아갈 길. 앞길². ②장래. ¶전도가 촉망되는 청년.

전도(前渡)몡하타되자 ☞선급(先給).

전도(前導)몡하타 앞길을 인도함. 선도(先導).

전:도(剪刀)몡 ☞가위.

전:도(奠都)몡하자 도읍(都邑)을 정함.

전도(傳道)몡하타 기독교에서, 기독교의 교리를 세상에 널리 펴서, 비교인(非敎人)으로 하여금 신앙을 가지게 하는 일.

전도(傳導)몡하타되자 열(熱)이나 전기가 물질의 한 부분으로부터 점차 다른 곳으로 옮김, 또는 그 현상.

전:도(電鍍)몡 〈전기 도금(電氣鍍金)〉의 준말.

전:도(顚倒)몡하자타되자 ①엎어지고 넘어짐, 또는 엎어지거나 넘어뜨림. ②(위치나 차례가) 거꾸로 뒤바뀜. ¶주객(主客)이 전도되다.

전:-도가(廛都家)[-또-]몡 같은 장사를 하는 사람들끼리 정해 놓고 모이는 집.

전도-금(前渡金)몡 ☞선급금(先給金).

전도-도(傳導度)몡 ①〈전기 전도도〉의 준말. ②〈열전도도〉의 준말. 전도율.

전도-사(傳道師)몡 개신교에서, 전도의 임무를 맡은 교직자.

전도-서(傳道書)몡 구약 성서 중의 한 편. 세속적인 것들의 무상함을 가르치며, 하나님이 주는 지혜만이 최선임을 깨우친 지혜 문학.

전:도-열(顚倒熱)몡 (정상 체온과는 달리) 아침에는 오르고, 저녁에는 내리는 열.

전도-요원(前途遙遠)몡하형 (목적한 바를 이루기까지의) 앞날이 까마득하게 멂.

전도-유망(前途有望)몡하형 앞날이 잘되어 갈 희망이 있음. ¶전도유망한 젊은이.

전도-율(傳導率)몡 ①〈전기 전도율〉의 준말. ②〈열전도율〉의 준말. 전도도.

전도-전:자(傳導電子)몡 금속이나 반도체 내에서 전위차(電位差)에 따라 이동하면, 전기 전도를 일으키는 자유 전자(自由電子).

전:도^주뢰(剪刀周牢)[-뢰-퉤]몡 ☞가새주리.

전:도-낭패(顚倒狼狽)몡 자빠지고 엎어지며 갈팡질팡하는 모양.

전동(全洞)몡 동네 전체. 온 동네.

전동(傳動)몡하자 기계의 동력을 다른 부분 또는 다른 기계로 전하는 일. ¶전동 장치.

전:동(電動)몡하타 전기의 힘으로 움직임. ¶전동 모터. /전동 기관차.

전:-동(*箭筒)몡 화살을 넣는 통. 전채(箭䪇). ⑧전통(箭筒).

전:동(轉動)몡하자 굴리어 움직임. 구르며 움직임.

전:동(顫動)몡하자 떨거나 떨리어서 움직임.

전:동-기(電動機)몡 전기 에너지를 기계 에너지로 바꾸는 기계. 코일을 감은 전동자에 전류를 통하여 자계(磁界)를 발생함으로써 스스로 회전력을 일으킴.

전:동-력(電動力)[-녁]몡 전기 회로에 전류를 통과시켜 기계를 움직이게 하는 힘. 기전력(起電力). 동전력(動電力).

전:동^발전기(電動發電機)[-쩐-]몡 전동기로써 발전기를 돌리어 어떤 전류를 다른 전류로 변환하는 장치.

전:동-음(顫動音)몡 탄성 있는 발음 기관인 혀·목젖·입술 따위의 진동에 의하여 나는 자음(子音).

전:동-주머니(*箭筒-)몡 활의 부속품을 넣는 주머니.

전:동-차(電動車)몡 전동기를 설비하여 전력으로 달릴 수 있게 만든 전철용 차량. 단독으로도 달리고, 열차를 끌 수도 기관차의 구실도 함.

전두(前頭)몡 ①머리의 앞쪽. 앞머리. ↔후두(後頭). ②내두(來頭). ¶다만 전두의 광명(光明)이요 맥진(驀進)할 뿐이로다.

전:두(纏頭)몡 ①옛날 중국에서, 가무(歌舞)가 끝났을 때 그 가무자에게 상으로 주던 물건. 금전두(錦纏頭). ②회교도(回敎徒)가 흰 천으로 머리를 싸는 일.

전두-골(前頭骨)몡 두개(頭蓋)의 앞부분을 이루는 뼈. 앞머리뼈.

전두-근(前頭筋) 뗑 머리의 앞면에 있는 근육. 눈썹을 올리고, 또는 이마에 가로 주름을 짓는 작용 따위를 함.

전:-두리 뗑 둥근 그릇의 아가리에 둘려 있는 전의 둘레, 또는 둥근 뚜껑 따위의 둘레의 가장자리. 주변(周邊).

전:-드리다(廛-) 째 가게의 물건을 거두어들이고 문을 닫다.

전득(傳得) 뗑하타되재 (재산 따위를) 상속 또는 유증(遺贈)에 의하여 취득함.

전:득(轉得) 뗑하타되재 ①(물건 따위를) 남의 손을 거쳐서 얻음. ②남이 일단 취득한 물건이나 권리를 다시 그 사람으로부터 취득함.

전등(前燈) 뗑 → 전조등(前照燈).

전등(傳燈) 뗑하재 불법(佛法)의 전통을 받아 전하는 일. 〔불법을 '중생의 마음을 밝히는 등불'에 비유하여 이르는 말.〕

전:등(電燈) 뗑 〈전기등(電氣燈)〉의 준말. ¶전등을 켜다(끄다).

전:등-갓(電燈-) [-갓] 뗑 (빛을 반사하도록 하여 조명도를 높이려고) 전등 위에 씌우는 갓. *전:등갓이[-가시]·전:등갓만[-간-]

전:등-불(電燈-) [-뿔] 뗑 전깃불.

전:등-선(電燈線) 뗑 ①가정용 전기를 보내는 배전선. ↔동력선(動力線). ②전등이 달린 전깃줄.

전:등-알(電燈-) 뗑 →전구(電球).

전라(全裸) [절-] 뗑 발가벗은 알몸뚱이.

전:락(轉落) [절-] 뗑하재 ①(물건 따위가) 굴러 떨어짐. 전추(顚墜). ②되도나쁜 상태나 처지에 빠짐. ¶삼류 작가로 전락하다.

전:란(戰亂) [절-] 뗑 전쟁으로 말미암은 난리.

전:람(展覽) [절-] 뗑하타되재 ①펼쳐서 봄. ②(여러 가지 물품을) 한군데 모아 진열하여 놓고 보임. ¶이번 전시회에서는 개인이 소장한 작품들만 모아 전람한다.

전:람(電纜) [절-] 뗑 절연물로 포장한 전선, 또는 전선의 다발. 주로, 땅속이나 물속으로 송전(送電)하거나 배전(配電)할 때 씀.

전:람-회(展覽會) [절-회/절-훼] 뗑 여러 가지 물품, 또는 작품을 진열해 놓고 보이는 모임. ¶미술 전람회./공산품 전람회. 비전시회.

전래(傳來) [절-] 뗑하재 ①(예부터) 전하여 내려옴. ¶전래 동화./전래 민요. ②(외국으로부터) 전하여 들어옴. ¶한자(漢字)의 전래.

전래지물(傳來之物) [절-] 뗑 예전부터 전하여 내려오는 물건.

전래지풍(傳來之風) [절-] 뗑 예전부터 전하여 내려오는 풍습.

전략(前略) [절-] 뗑하타되재 앞부분을 생략함. 魯중략·후략.

전:략(電略) [절-] 뗑 〈전신 약호〉의 준말.

전:략(戰略) [절-] 뗑 ①전쟁·전투의 계략. 군략(軍略). 병략(兵略). ②전쟁 목적의 달성을 위하여, 준비·계획·동원·조직 등에 대한 국가적인 방략(方略). ③(운동 경기나 정치적·경제적 승부에서) 투쟁을 위한 전반적, 또는 세부적인 방책. ¶판매 전략.

전:략-가(戰略家) [절-까] 뗑 전략을 세우는 데 능한 사람.

전:략^공군(戰略空軍) [절-꽁-] 뗑 전략 폭격을 주요 임무로 하는 항공 부대.

전:략^무:기(戰略武器) [절량-] 뗑 전략상의 목적에 쓰이는 병기. 〔대륙 간 탄도 유도탄·전략 폭격기·원자력 잠수함 따위.〕

전:략^물자(戰略物資) [절량-짜] 뗑 전시 경제(戰時經濟)의 유지에 있어서 중요한 식량·석유·철·석탄 따위의 물자.

전:략^산:업(戰略産業) [절-싸녑] 뗑 국가 경제 발전의 기동력(起動力)이 되고, 유사시에 방위 산업으로의 전환이 용이하거나 직접 기여할 수 있는 기간 산업으로서 정책적으로 지원되는 산업. 〔전력 생산·중기계·강철·석유 및 중화학·정밀 전자 등의 공업 따위.〕

전:략^요지(戰略要地) [절량묘-] 뗑 전략상 매우 중요한 지역. 〔국가 행정 중심지·전략 산업 기지·비행장 및 항구·주요 군사 기지 따위.〕

전:략-적(戰略的) [절-쩍] 관뗑 전쟁을 전반적으로 이끌어 가는 책략에 관한 (것). ¶전략적 요충지. /전략적인 가치.

전:략^지도(戰略地圖) [절-찌-] 뗑 병력의 이동·집결 및 보급 따위의, 군사 작전을 위하여 사용되는 지도. 魯중축척도.

전:략^폭격(戰略爆擊) [절-격] 뗑 전략상의 목표물에 타격을 주기 위한 장거리 비행 폭격. 국가 행정 중심지, 국방 산업, 주요 교통망 또는 그 기지나 요새 따위의 파괴 및 민심 교란을 목적으로 하는 폭격 등을 가리킴. 魯전술 폭격.

전:략^핵무기(戰略核武器) [절략캥-] 뗑 전략적으로 적의 영토나 국가 기반이 되는 공업 중심지·전략 핵기지 등을 파괴할 목적으로 사용하는 핵무기. 〔대륙 간 탄도 유도탄(ICBM)·잠수함 발사 유도탄(SLBM)·장거리 전략 폭격기 따위.〕 魯전술핵 핵무기.

전량(全量) [절-] 뗑 전체의 분량(수량). ¶원유를 전량 수입하다.

전:량(電量) [절-] 뗑 〈전기량〉의 준말.

전:량(錢糧) [절-] 뗑 재물과 양식. 전곡.

전:량-계(電量計) [절-계/절-게] 뗑 도선(導線)을 통과한 전하(電荷)의 총량을 재는 계기.

전력(全力) [절-] 뗑 가지고 있는 모든 힘. 있는 힘. 온 힘. 최선(最善). ¶전력 질주. /전력을 다한 투구(投球). 魯총력(總力).

전력(前歷) [절-] 뗑 과거(이전)의 경력. ¶다양한 전력을 가진 인물.

전력(專力) [절-] 뗑하재 오로지 한 가지 일에만 힘을 쏟음. ¶신기술 개발에 전력하다.

전:력(電力) [절-] 뗑 전류가 단위 시간에 하는 일, 또는 단위 시간에 사용되는 전기 에너지의 양. 〔단위는 와트(W), 킬로 와트(kW)〕

전:력(戰力) [절-] 뗑 전쟁·경기 등을 수행할 수 있는 능력. ¶전력 강화(보강).

전:력(戰歷) [절-] 뗑 전투에 참가한 경력.

전:력-계(電力計) [절-계/절-게] 뗑 전등·동력 따위에 사용되는 전력을 측정하는 계기.

전:력^수송(電力輸送) [절-쑤-] 뗑 발전소에서 일으킨 전력을 수요지까지 송전선으로 보내는 일.

전력-투구(全力投球) [절-] 뗑하재 ①야구에서, 투수가 타자를 상대로 온 힘을 기울여 공을 던지는 일. ②(어떤 일에) 온 힘을 다 기울임. ¶당국은 물가 안정을 위해 전력투구하고 있다.

전:력-화(電力化) [절력콰] 뗑하타되재 (시설·장치 따위에) 전력을 이용하거나 이용하게 함.

전련(前聯) [절-] 뗑 →함련(頷聯).

전련(顚連) [절-] 뗑 '전련하다'의 어근.

전:련-하다(顚連-) [절-] 혱예 몹시 가난하여 어찌할 수가 없다.

전렴(專念) [절-] 뗑 '전념(專念)'의 잘못.

전렵(畋獵·田獵)[절-]圀圀 ☞사냥.

전령(典令)[절-]圀 법률이나 명령.

전령(傳令)[절-]圀 ①전하여 보내는 훈령(訓令)이나 고시(告示). ②圀圀명령을 전함, 또는 그 명령을 전하는 사람. 전령(傳令). ③圀圀부대와 부대 사이에 오가는 명령을 전달하는 일, 또는 그 일을 맡아 하는 병사.

전령(電令)[절-]圀圀 전명(電命).

전령(電鈴)[절-]圀 전류를 이용하여 종을 때려 소리를 내게 하는 장치. 초인종·전화기 따위에 씀. 전기종(電氣鐘). 전종(電鐘).

전령-병(傳令兵)[절-]圀 명령 전달의 임무를 띤 병사.

전령-패(傳令牌)[절-]圀 조선 시대에, 좌우 포도대장이 가지고 다니던 긴 네모로 된 패(牌).

전:례(典例)[절-]圀 전거(典據)가 되는 선례.

전:례(典禮)[절-]圀 ①왕실 또는 나라의 의식(儀式). ②일정한 의식.

전례(前例)[절-]圀 이전의 사례. 선례(先例). ¶전례대로 하다. ㉰예.

전:례(篆隸)[절-]圀圀 전자(篆字)와 예자(隸字).

전:로(電路)[절-]圀 〈전기 회로〉의 준말.

전:로(電爐)[절-]圀 〈전기로〉의 준말.

전:로(錢路)[절-]圀 돈이 생기는 길. 돈길.

전롱(全聾)[절-]圀 전혀 듣지 못하는 상태, 또는 그런 귀머거리.

전루(傳漏)[절-]圀圀 조선 시대에, 경점(更點) 군사들이 북을 쳐서 경(更)을 알리던 일.

전:류(電流)[절-]圀 전하(電荷)가 이동하는 현상. 도체 내의 전위가 높은 곳에서 낮은 곳으로 흐르며, 양전기가 흐르는 방향은 그 방향으로 함. ¶고압 전류.

전:류(轉流)[절-]圀圀圀 조류(潮流)가 흐름의 방향을 바꾸는 일. 보통, 하루 네 번 있으며, 평균 시간은 6시간 12분 정도임.

전:류-계(電流計)[절-]圀圀圀 전류의 세기를 재는 계기. 〔단위는 암페어(A)〕 암미터.

전:류^전:환기(電流轉換器)[절-]圀 ☞정류자.

전륜(前輪)[절-]圀 자동차·자전거 따위의 앞바퀴. ¶전륜 구동(驅動). ↔후륜(後輪).

전륜(轉輪)[절-]圀 ①바퀴를 돌림. ②〈전륜왕〉의 준말.

전:륜-성왕(轉輪聖王)[절-]圀 ☞전륜왕.

전:륜-성제(轉輪聖帝)[절-]圀 ☞전륜왕.

전:륜-왕(轉輪王)[절-]圀 불교에서, 정법(正法)으로 온 세상을 다스리는 왕. 몸에 32상(相)을 갖추고 있으며, 전차(戰車)처럼 생긴 윤보(輪寶)를 굴리어 모든 악을 물리친다 함. 전륜성왕. 전륜성제. ㉰전륜.

전:륜-화(轉輪花)[절-]圀 국화과의 일년초. 높이 30~60 cm. 멕시코 원산으로, 초여름부터 가을까지 노랑·빨강·연노랑의 큰 두상화가 줄기 끝에 핌. 특이한 냄새가 나며, 정원에 관상용으로 심음.

전리(田里)[절-]圀 고향 마을. 향리(鄕里).

전:리(電離)[절-]圀圀圀圀 ①중성(中性)의 원자나 분자가 전기를 띤 원자나 원자단으로 되는 일. ②산·염기 및 염류(鹽類)가 물에 녹을 때, 분자의 일부분이 이온으로 분해되는 일. 이온화. 전기 해리.

전:리(戰利)[절-]圀 전쟁에서 얻은 이득.

전:리-도(電離度)[절-]圀 전해질(電解質)의 전리된 분자의 수가 그 물질 전체의 분자수에 대하여 갖는 비율.

전:리^상자(電離箱子)[절-]圀 ☞이온화 상자.

전:리-설(電離說)[절-]圀圀 전류는 이온을 운반하는 역할을 하며, 전류와는 관계없이 전해질 용액은 항상 일정한 전리도(電離度)로 전리하여 있다는 설. 이온설.

전:리^전:류(電離電流)[절-절-]圀 기체를 방사선 따위로 전리시켜 생긴 이온에 전장(電場)을 작용시켜서 일으키는 전류.

전:리-층(電離層)[절-]圀 대기 대류 상층부에 현저히 전리되어 있어 전파를 반사하는 공기의 층. 이 층 때문에 장거리 무선 전신이 가능하게 됨.

전:리-품(戰利品)[절-]圀 ☞노획물.

전:립(戰笠)[절-]圀 조선 시대에, 무관이 쓰던 벙거지.

전:립(氈笠)[절-]圀 ☞군뢰복다기.

전립-샘(前立-)[절-쌤]圀 ☞전립선.

전립-선(前立腺)[절-썬]圀 방광 아래, 남성 생식기의 뒤쪽에 있어 요도를 둘러싸고 있는 밤톨만 한 선(腺). 정자(精子)의 운동을 활발하게 하는 액체를 분비함. 섭호선(攝護腺). 전립샘.

전:마(電碼)圀 전신 부호와 그 글자를 대조해 놓은 표.

전:마(戰馬)圀 ①전쟁에 쓰는 말. ②바둑에서, 서로 싸우고 있는 말.

전마-선(傳馬船)圀 큰 배와 육지, 배와 배 사이를 오가며 짐 따위를 나르는 배.

전:-마찰(轉摩擦)圀 〈회전마찰〉의 준말.

전막(全幕)圀 장막극에서, 한 편의 극을 이루는 막의 전체. 모든 막.

전:만(錢萬)圀 ☞돈만.

전:말(顚末)圀 일의 처음부터 끝까지 진행되어 온 과정. ¶사건의 전말을 진술하다.

전:말-서(顚末書)[-써]圀 일의 경위를 적은 문서. 경위서. 시말서(始末書).

전:망(展望)圀圀圀圀 ①멀리 바라봄, 또는 멀리 바라보이는 풍경. ②(앞날을) 미리 내다봄, 또는 내다보이는 앞날. ¶사업 전망이 밝다(어둡다). /전망이 있다(없다).

전:망(戰亡)圀圀圀圀 ☞전사(戰死).

전:망-대(展望臺)圀 멀리 바라볼 수 있도록 만들어 놓은 높은 대. 망대. 파노라마대.

전:망-성(展望性)[-썽]圀 앞날이 유망한 성질. ¶이 사업은 전망성이 있어 보인다.

전:망-차(展望車)圀 달리는 열차에서 철도 연변의 경치를 전망할 수 있도록 창을 크게 하는 등 특별한 설비를 한 객차.

전:-맞춤(塵-)[-맏-]圀 가게에서 공장에다 직접 맞추어서 날림치보다 좀 공들여 만든 상품.

전매(前賣)圀圀圀 ☞예매(豫賣).

전매(專賣)圀圀圀 ①(어떤 물품을) 독점(獨占)하여 팖, 또는 그 일. ②국가가 특별한 목적으로 특정의 물품을 생산에서부터 판매에 이르기까지 관할하는 일.

전:매(轉賣)圀圀圀圀 산 물건을 다시 다른 사람에게 팔아넘김. ¶아파트 분양권을 전매하다.

전매-권(專賣權)[-꿘]圀 정부나 지방 자치 단체가 특정의 물품을 전매할 수 있는 권리.

전매^수입(專賣收入)圀 정부나 지방 자치 단체가 어떤 물품을 전매하여 얻은 수입.

전:매-질(電媒質)圀 ☞유전체(誘電體).

전매-특허(專賣特許)[-트커]圀 (발명을 보호·장려하기 위하여) 발명품에 대한 판매 독점권을 주는 특별한 허가.

전매-품(專賣品)圀 전매권이 있는 기관에서만 생산·판매할 수 있게 된 물품.

전면(全面)몡 ①모든 면(방면). ¶전면 개각. / 건물 전면을 밝게 칠하다. ②하나의 면 전체. ¶전면 광고.

전면(前面)몡 ①앞쪽 면. 앞면. ¶권력의 전면에 나서다. ↔후면(後面). ②절의 큰방의 정면(正面).

전:면(轉眄)몡 ①[하타] 눈알을 굴려서 봄. ②잠깐 사이.

전:면(纏綿)몡[하자] ①얽히어 달라붙음. ②남녀 사이의 애정이 깊게 얽혀서 헤어질 수 없거나 헤어지려 하지 아니함.

전면^강:화(全面講和)몡 전쟁이 끝날 즈음에 동맹 관계에 있는 여러 나라가 공동으로 교전 상대국과 강화 조약을 맺는 일. ↔단독 강화. 졷다수 강화.

전면-적(全面的)관몡 전면에 걸친 (것). ¶이 계획은 전면적인 재검토가 필요하다.

전면-전(全面戰)몡 〈전면 전쟁〉의 준말.

전면^전:쟁(全面戰爭)몡 모든 전선에 걸쳐 광범위하게 벌어진 전쟁. ⦸전면전. ↔국지 전쟁·제한 전쟁.

전멸(全滅)몡[하자][되자] 완전히 멸망함. 모두 다 죽음. 모두 패(敗)함. ¶전멸을 당하다. /적군이 전멸되다.

전명(傳命)몡[하타] ☞전령(傳令).

전:명(電命)몡 전보로 하는 명령. 전령(電令).

전모(全貌)몡 전체의 모습. 전용(全容). ¶사건(事件)의 전모가 드러나다.

전모(前母)몡 전어머니. ↔후모(後母).

전:모(旃毛)몡 모직물의 올을 이룬 털.

전:모(剪毛)몡[하자] (가축 따위의) 털을 깎음.

전:모(氈帽)몡 지난날, 여자들이 나들이할 때 쓰던 모자의 한 가지.

전:몰(戰歿)몡[되자] 전장에서 적과 싸우다가 죽음. 전사(戰死). ¶전몰 장병.

전:몰-자(戰歿者)[-짜] 몡 ☞전사자.

전묘(田畝)몡 밭이랑.

전무(全無)몡[하형] 전혀 없음. ¶이 섬에는 교육 시설이 전무하다.

전무(專務)몡[하타](어떤 일을) 전적으로, 또는 전문적으로 맡아봄, 또는 그 사람. ⦸〈전무이사(專務理事)〉의 준말.

전-무식(全無識)몡 아주 무식함, 또는 그 사람. 일자무식. 판무식(判無識).

전무-이사(專務理事)몡 사장을 보좌하여, 회사 업무를 주장(主掌)하는 이사. 전무도.

전무-후무(前無後無)몡[하형] 전에도 없었고 앞으로도 있을 수 없음. 공전절후(空前絕後). ¶전무후무한 대상황이다.

전문(全文)몡 글의 전체. ¶기사 전문을 인용하다.

전문(前文)몡 ①한 편의 글에서, 앞부분에 해당하는 글. 오법령 따위에서, 첫째 조항 앞에 적어, 그 법령의 목적이나 기본 원칙을 선언하는 글.

전문(前門)몡 앞쪽으로 난 문. 앞문.

전문(前聞)몡[하타] 이전에 들음, 또는 그 소문.

전문(專門)몡[하타] 어떤 분야에 상당한 지식과 경험을 가지고 오로지 그 분야만 연구하거나 맡음, 또는 그 분야. ¶전문 지식. /이 음식점에서는 냉면을 전문으로 한다.

전문(傳聞)몡[하타] 전하여 들음.

전:문(電文)몡 〈전보문〉의 준말.

전:문(篆文)몡 지난날, 나라에 길흉사(吉凶事)가 있을 때 써 올리던 사륙체(四六體)의 글.

전:문(錢文)몡 돈.

전:문(轉聞)몡[하타] (소문 따위를) 다른 사람을 거쳐서 들음.

전문-가(專門家)몡 어떤 한 가지 일을 전문으로 하거나, 한 가지 분야에 전문적인 지식이나 기술을 가진 사람. ¶경제 전문가.

전문^경영인(專門經營人)몡 기업 경영에 대한 전문적인 지식과 경험을 갖춘 사람.

전문^교:육(專門敎育)몡 특정한 직업인이나 연구자 양성을 위하여 전문적인 지식이나 기술을 가르치는 교육.

전문-대학(專門大學)몡 중견 직업인을 양성하기 위하여 전문적인 이론과 기술을 교수·연구하는 고등 교육 기관. 수업 연한은 2~3년임.

전문-어(專門語)몡 특정 분야의 사회에서 인위적으로 만들어 주로 그 방면에서만 전문적으로 쓰는 용어. 졷학술어.

전문-의(專門醫)[-늬/-무늬] 몡 의술(醫術)의 일정한 분과(分科)만을 전문적으로 맡아보는 의사. ¶내과 전문의.

전문-적(專門的)관몡 전문으로 하거나, 전문에 속한 (것). ¶전문적 기술. /전문적인 지식.

전문-점(專門店)몡 일정한 종류의 상품만을 전문적으로 취급하는 소매점. ¶수입품 전문점.

전문-직(專門職)몡 ①전문적인 지식이나 기술이 요구되는 직업. ②특수 경력직 공무원의 한 갈래. 국가와의 채용 계약에 따라 일정 기간 연구 또는 기술 업무에 종사하는 과학자·기술자 및 특수 분야의 전문가.

전문-학교(專門學校)[-교] 몡 ①'전문대학'의 이전 일컬음. ②일제 강점기에, 중등학교 졸업생에게 전문적인 학술이나 기술 따위를 가르치던 학교.

전문-화(專門化)몡[하자타][되자] 전문적으로 됨. 전문적으로 되게 함.

전:물(奠物)몡 신불(神佛)에게 올리는 물건.

전:물(澱物)몡 가라앉아서 앙금이 된 물질. 침전물.

전:물-상(奠物床)[-쌍] 몡 무당이 굿을 할 때, 전물을 차려 놓은 상.

전미(全美)몡 '전미하다'의 어근.

전:미(展眉)몡[하자] (찡그린 눈썹을 편다는 뜻으로) 근심거리가 없어져 마음을 놓음.

전미개오(轉迷開悟)몡 불교에서, 어지러운 번뇌에서 벗어나 열반의 깨달음에 이름.

전미련-하다(全-)형 아주 미련하다.

전미-하다(全美-)형 흠이 없이 온전히 아름답다. ¶전미한 보석. 졷완미(完美).

전민(田民)몡 ☞농민(農民).

전:민(煎悶)몡[하타] 속을 태우며 몹시 민망히 여김.

전박(前膊)몡 ☞하박(下膊).

전박-골(前膊骨)[-꼴] 몡 ☞하박골(下膊骨).

전반(全般)몡 통틀어 모두. 여러 가지 것의 전부. ¶학습 전반에 걸친 검토.

전반(前半)몡 (전체를 둘로 나누었을 때) 앞부분이 되는 절반. ↔후반(後半).

전:반(←剪板)몡 (종이 따위를 도련할 때) 칼길을 바로 할 수 있도록 대는 좁고 긴 나뭇조각.

전반-기(前半期)몡 (전체를 둘로 나눈) 앞의 기간. ↔후반기.

전반-부(前半部)몡 (전체를 둘로 나눈) 전반의 부분. ↔후반부.

전-반사(全反射)몡[하자][되자] 굴절률이 큰 매질(媒質)에서 작은 매질로 입사(入射)하던 광선이 나아가지 못하고 완전히 반사되는 현상.

전반사^프리즘 (全反射prism)團 전반사를 이용하여 광선의 방향을 바꿀 수 있게 만든 프리즘. 단면이 직각 이등변 삼각형임. 직각 프리즘.

전-반생 (前半生)團 한평생의, 거의 절반에서 그 이전에 해당하는 삶. ↔후반생.

전-반신 (前半身)團 몸의 앞쪽 반.

전반-적 (全般的)團 전반에 걸친 (것). ¶전반적 흐름. /올해 응모작은 전반적으로 수준이 높다.

전반-전 (前半戰)團 (전반과 후반으로 나누어 하는 경기에서) 전반에 하는 경기. ↔후반전.

전발 (傳鉢)團翮 <전의발(傳衣鉢)>의 준말.

전방 (前方)團 ①앞쪽. ②적을 바로 마주하고 있는 지역, 또는 그쪽. ↔후방.

전방 (專房)團翮 ①방을 독차지함. ②(첩이) 사랑을 독차지함.

전방 (傳方)團 지식이나 기술 따위를 전수(傳授)하는 방법.

전방 (傳榜)團翮 과거에 급제한 사람이나, 관원의 초사(初仕), 또는 수령의 임명이 있을 때, 그 성명·관직을 적어 방군(榜軍)을 시켜서 본인에게 알리던 일.

전:방 (廛房)[-빵]團 물건을 파는 곳. 가게. 전포(廛鋪).

전:방석 (氈方席)團 전(氈)으로 만든 방석.

전방지총 (專房之寵)團 여러 처첩(妻妾) 가운데서, 어느 한 첩에게 특별히 쏟는 총애.

전배 (前輩)團 <전향(前向)>.

전배 (前胚)團 ①수정란의 분할부터 진짜 배(胚)가 생길 때까지의 배(胚). ②식물에서, 생기기 시작할 무렵의 배(胚). 〔난할(卵割)에서 진배(眞胚)가 생기기까지의 배이다.〕

전배 (前配)團 (죽거나 이별한) 전 아내. 원배(元配). 초배(初配). ↔후배(後配).

전배 (前陪)團 지난날, 벼슬아치가 행차할 때나 상관을 배견(拜見)할 때, 앞에서 인도하던 관아의 하인.

전배 (前輩)團 ①→선배(先輩). ②☞연장자(年長者). ↔후배(後輩).

전:배 (展拜)團翮 (궁궐·종묘·문묘·능처 따위에) 참배함. 전알(展謁).

전:배 (餞杯)團翮 이별의 정을 나누며 술을 마심, 또는 그 술이나 술잔. 전음(餞飮).

전:백 (錢百)[-백]團 지난번.

전번 (前番)[-뻔]團 지난번.

전:범 (典範)團 본보기가 될 만한 모범. ¶전범을 이루다. /전범이 되다.

전:범 (戰犯)團 <전쟁 범죄>·<전쟁 범죄자>의 준말.

전:범-자 (戰犯者)團 <전쟁 범죄자>의 준말.

전법 (傳法)團翮 (후계자에게) 교법(敎法)을 전함.

전:법 (戰法)[-뻡]團 (전쟁·전투·운동 경기 등에서) 싸우는 방법.

전:법륜 (轉法輪)[-법뉸]團 석가가 사(私)를 깨뜨리고 성도(成道)한 뒤에 사제(四諦)·팔정도(八正道) 따위를 설법한 일.

전벽 (全壁)團 창이나 문이 전혀 없는 벽.

전벽 (塼壁)團 벽돌로 쌓은 벽.

전:벽 (錢癖)團 돈을 탐욕스럽게 모으거나, 지나치게 아끼는 성벽.

전:변 (轉變)團翮재 (사물이나 형세가) 바뀌어 변함. ¶전변 무쌍한 세계 정세.

전:별 (餞別)團翮 떠나는 이를 위하여, 잔치를 베풀어 작별함.

전:별-금 (餞別金)團 전별의 뜻으로 주는 돈.

전:별-연 (餞別宴)團 전별의 뜻으로 베푸는 연회.

전:별-주 (餞別酒)[-쭈]團 전별의 뜻으로 마시는 술.

전:별-회 (餞別會)[-회/-헤]團 전별의 뜻으로 베푸는 모임.

전병 (前兵)團 대열의 선두에서 행군하는 경계(警戒) 부대.

전병 (煎餠)團 ☞부꾸미.

전:병-코 (煎餠-)團 '몹시 넓적하게 생긴 코'를 조롱하여 이르는 말.

전:보 (電報)團翮 전신(電信)으로 단시간에 보내는 통신. ¶전보를 띄우다. /전보를 치다.

전:보 (塡補)團翮재 부족한 것을 메워서 채움. 보전.

전:보 (戰報)團 경기나 전쟁 따위의 경과나 결과를 알리는 보도.

전:보 (轉報)團翮 (소식 등을) 인편으로 알림.

전:보 (轉補)團翮재 동일한 직급 안에서, 다른 자리로 임용됨.

전:보-료 (電報料)團 전보를 치는 값으로 내는 요금. 전신료.

전:보-문 (電報文)團 전보의 내용이 되는 짤막한 글. ㉽전문.

전:보-발신지 (電報發信紙)[-씬-]團 (전보를 치려고 맡길 때) 전보문을 적어 내도록 마련된 용지. 전보용지(電報用紙).

전:보-용지 (電報用紙)團 ☞전보발신지.

전:보^탁송 (電報託送)[-쏭]團 전화 가입자가 전화를 이용하여 전보를 치는 일. 탁송 전보.

전:보-환 (電報換)團 ☞전신환(電信換).

전복 (全鰒)團 전복과의 조개. 껍데기는 타원형으로 크기는 10~20cm인데, 나선형으로 줄이 가고, 등에 구멍이 줄지어 있음. 겉은 암갈색이고, 속은 매끈하며 진주 빛의 광택이 남. 암초에 붙어삶. 살은 식용하고, 껍데기는 한약재나 자개의 재료로 쓰임. ㉽석결명(石決明)¹.

전:복 (戰服)團 조선 말기에 무관들이 입던 군복의 한 가지. 동달이 위에 걸쳐 입었음. 쾌자.

전:복 (顚覆)團翮재재 뒤집혀 엎어짐, 또는 뒤집어엎음. /국가 전복. /열차가 전복되다.

전복-죽 (全鰒粥)[-쭉]團 전복과 쌀로 쑨 죽. 전복을 썰어서 참기름으로 볶다가 쌀을 넣어 다시 볶은 다음 물을 붓고 쑴.

전복-탕 (全鰒湯)團 생전복으로 끓인 맑은장국.

전:-봇대 (電報-)[-보때/-볻때]團 ①전선(電線)·통신 등을 늘여 매기 위하여 세운 기둥. 전선주(電線柱). 전신주(電信柱). 전주(電柱). ②'키가 큰 사람'을 농으로 이르는 말.

전:봇-줄 (電報-)[-보쭐/-볻쭐]團 '전선(電線)'을 흔히 이르는 말.

전봉 (前鋒)團 →선봉(先鋒).

전:봉 (轉蓬)團 〔가을에 뿌리째 뽑히어 여기저기 굴러다니는 쑥이라는 뜻으로〕 '고향을 떠나 이리저리 떠돌아다니는 일이나, 그런 사람'을 비유하여 이르는 말.

전부 (田夫)團 →농부(農夫).

전부 (田婦)團 농가의 부녀. 농부(農婦).

전부 (全部)Ⅰ團 모두 다. 모조리. 온통. ¶재산 전부를 장학금으로 내놓다.
Ⅱ甲 어느 한 부분이 아니라 전체가 다. ¶전부 내다 버려야 되겠다.

전부 (佃夫)團 ☞전호(佃戶).

전부 (前夫)團 전남편. 전서방.

전부 (前婦)團 ☞전처(前妻).

전부 (前部)團 앞부분. ↔후부(後部).

전:부(戰斧)명 도끼같이 생긴, 지난날의 병장기 (兵仗器).

전부지공(田夫之功)명 '힘들이지 않고 이득을 보는 것'을 이르는 말. 참어부지리.

전부^판결(全部判決)명 하나의 소송에 여러 개의 청구가 있는 경우, 전부에 대해 행하여지는 종국 판결. ↔일부 판결.

전:분(澱粉)명 식물의 씨·열매·뿌리·줄기 등에 들어 있는 탄수화물. 녹말.

전:분-당(澱粉糖)명 전분을 산(酸)으로 가수 분해 하여 얻는, 포도당을 함유하는 제품.

전:분당화-소(澱粉糖化素)명 ⇨전분 효소.

전분육등-법(田分六等法)[-뉵똥뻡]명 조선 시대에, 전국의 토지를 비옥도에 따라 여섯 등급으로 나누어 세금을 달리 내도록 하던 제도. 참연분구등법.

전:분-종자(澱粉種子)명 전분을 영양으로 많이 저장한 종자. 주로, 곡식류가 이에 속함.

전:분-질(澱粉質)명 전분을 많이 함유한 물질.

전:분^효소(澱粉酵素)명 전분을 당(糖)으로 변화시킬 때 촉매 작용을 하는 효소.〔디아스타아제 따위.〕전분당화소.

전불(全拂)하타되자 모두 다 지급함.

전불(前佛)명 현세불(現世佛) 이전에 성도(成道)하여 입멸(入滅)한 부처.

전불고견(全不顧見)명하타 전혀 돌보아 주지 아니함.

전비(全備)하타 (있어야 할 것을) 완전히 갖춤, 또는 완전한 장비. 완비(完備).

전비(前妣)명 ⇨선비(先妣).

전비(前非)명 이전에 저지른 잘못. 과거의 허물.

전:비(戰備)명 전쟁의 준비, 또는 그 장비.

전:비(戰費)명 전쟁에 드는 비용.

전비^중:량(全備重量)[-냥]명 규정 탑재물(搭載物)을 모두 실었을 때의 항공기의 전체 무게.

전사(田舍)명 ①전가(田家). ②지난날, 경복궁·창덕궁 안에 논을 만들어 임금에게 팔도(八道)의 농사짓는 모습을 보이던 곳.

전사(前史)명 ①한 시대의 역사의 성인(成因)을 설명하기 위하여 쓰이어지는, 그 이전의 역사. ②역사 이전. ⇨선사(先史).

전사(前事)명 이미 지나간 일. ¶전사를 놓고 지금 다시 왈가왈부할 필요가 없다.

전사(專使)명 ⇨특사(特使).

전사(傳寫)명하타되자 서로 전하며 베끼어 씀.

전:사(電寫)명 〈전송 사진〉의 준말.

전:사(戰士)명 ①전투하는 군사. ②작업 현장에서 땀 흘려 일하는 사람. ¶산업 전사.

전:사(戰史)명 전쟁의 사적을 기록한 역사.

전:사(戰死)명하다 전쟁터에서 싸우다가 죽음. 전망(戰亡). 전몰(戰歿).

전:사(戰事)명 전쟁에 관한 일.

전:사(轉寫)명하다되자 ①글씨·글·그림 따위를 옮겨 베끼거나 촬영하거나 복사함. ②전사지(轉寫紙)에 그린 잉크 화상(畫像)을 평판 판재면(版材面)에 옮기는 일.

전:사-과녁(←戰射貫革)명 내기할 때 쓰는 과녁.

전-사:돈(前-)[-싸-]명 〈전남편〉의 속된 말.

전사물론(前事勿論)명 이미 지나간 일은 다시 논하지 아니함.

전사-옹(田舍翁)명 고루한 시골 늙은이.

전:사-자(戰死者)명 전사(戰死)한 사람. 전몰자.

전:사-지(轉寫紙)명 ①전사 석판에 쓰이는 얇은 가공지(加工紙). ②도기(陶器)나 양철에 인쇄할 때에 쓰이는 인쇄 화지(畫紙).

전삭(前朔)명 지난달.

전산(全山)명 ①모든 산. ②한 산의 전체.

전산(前山)명 앞산.

전:산(電算)명 ①〈전자계산기〉의 준말. ¶성적을 전산으로 처리하다. ②⇨컴퓨터.

전:산-기(電算機)명 〈전자계산기〉의 준말.

전:산-망(電算網)명 컴퓨터로 연결되는 통신 조직망.

전:산^사식기(電算寫植機)[-끼]명 컴퓨터의 제어에 따라, 사진 식자를 고속으로 자동 처리하는 기계.

전:산-화(電算化)하자타되자 (대량의 정보를) 컴퓨터로 고속·자동으로 처리함, 또는 그러한 시설을 갖춤.

전:상(戰狀)명 ⇨전황(戰況).

전:상(戰傷)명하자 전쟁터에서 상처를 입음, 또는 그 상처.

전:상-병(戰傷兵)명 전쟁에서 부상당한 군인.

전상-의(田相衣)[-의/-이]명〔밭두둑이나 고랑 같은 줄이 진 옷이라 하여〕'가사(袈裟)'를 달리 이르는 말.

전:상-자(戰傷者)명 전쟁에서 다친 사람.

전색(栓塞)명 혈관이 혈액 중의 불순물로 말미암아 막힘. ¶동맥(動脈) 전색.

전:색(塡塞)명하자타되자 ①메어서 막힘. ¶전색한 배수구를 뚫다. ②메우고 막음.

전-색맹(全色盲)[-쌩]명 전혀 빛깔을 느끼지 못하고 명암(明暗)만 구별하는 색맹. 참부분 색맹.

전:색-제(展色劑)[-쩨]명 페인트의 액체를 고루 펴는 데 사용하는 물질. 보통, 아마인유를 많이 씀.

전생(生生)명 온 생애. 일생. 평생.

전생(前生)명 이 세상에 태어나기 전의 세상. 전세(前世).

전:생(轉生)명하자 다른 것으로 다시 태어남.

전생-연분(前生緣分)[-년-]명 전생에서 맺은 연분. ⑧전연(前緣).

전서(田鼠)명 ⇨두더지.

전서(全書)명 ①어떤 한 사람의 저작물 전부를 모아 한 질(帙)로 만든 책. ②어떤 종류나 부문의 것을 전부 모아서 체계적으로 만든 책. ¶의학 전서를 간행하다.

전서(前書)명 ⇨전신(前信).

전서(傳書)명하자 편지를 전함.

전:서(塡書)명하타되자 빠진 글자를 채워서 씀.

전:서(篆書)명 ①⇨전자(篆字). ②전자체(篆字體)로 쓴 글씨.

전:서(戰書)명 개전(開戰)한다는 통지서.

전서(前署)명 ⇨배서(背書).

전서-구(傳書鳩)명 통신에 이용하기 위하여 훈련시킨 비둘기.

전-서방(前書房)명 전남편. 전부(前夫).

전석(全石)ㅣ명〔곡식 따위의〕마되 수효가 완전히 차는 온 섬. ㅣㅣ의 ⇨대곡(大斛).

전석(磚石)명 ⇨벽돌.

전:석(轉石)명 암반에서 떨어져 굴러 내려온 돌, 또는 흐르는 물에 떠 내려온 돌.

전선(前線)명 철도의 모든 선로(線路).

전선(前線)명 ①적군 또는 적지와 가장 가깝게 배치된 보병 부대들을 가로로 이어 형성한 선(線). 최전방(前方). ②⇨전선(戰線). ③기온이 서로 다른 기단(氣團)의 경계면이 지표와 만나는 선. ¶한랭 전선. ④직접 뛰어든 일정한 활동 분야. ¶판매 전선. /생활 전선.

전:선(電線)**명** 전류가 통하도록 만든 도체(導體)의 금속선. 전기선. 전깃줄. 전선줄. 전신선. 전신줄.

전:선(銓選)**명하타되자** (쓸 사람을) 전형(銓衡)하여 골라 뽑음.

전:선(戰船)**명** '해전(海戰)에 쓰는 배'를 통틀어 이르는 말. 병선(兵船).

전:선(戰線)**명** ①육상 교전(交戰) 지역에서, 교전 상태의 보병 전투 단위가 형성한 선, 또는 그런 지역. 전선(前線). 전장(戰場). 제일선. ¶동부 전선. /전선이 없는 혼전 상태. ②격심한 경쟁의 국면이 전개되는 현장. ¶치열한 무역 전선.

전:선(轉旋)**명하자타** 굴러서 빙빙 돌아감. 굴려서 빙빙 돌림.

전선-대(電線-)**명** '전봇대'의 잘못.

전:선-주(電線柱)**명** ⇨전봇대.

전:선-줄(電線-)[-쭐]**명** ⇨전선(電線).

전설(前說)**명** ①예전 사람이 남겨 놓은 말. ②전에 내놓은 논설. ③⇨언전(前言).

전설(傳說)**명** ①설화의 한 가지. 구체적인 배경과 특정의 증거물이 제시되는 영웅적 인물의 기행담(奇行談)이나 자연물의 유래 따위가 주된 내용임. ②전해 주는 말. 전언(傳言).

전설^모:음(前舌母音)**명** 단모음의 한 갈래. 혀의 앞쪽에서 발음되는 모음. 〔ㅣ·ㅔ·ㅐ·ㅟ 따위.〕 **참**중설 모음·후설 모음.

전:설-사(典設司)[-싸]**명** 조선 시대에, 장막(帳幕)을 치는 일을 맡아보던 관아.

전:설-음(顚舌音)**명** ⇨설전음(舌顚音).

전설-적(傳說的)[-쩍]**명관** 전설에 있거나, 전설로 전할 정도인 (것). ¶전설적 인물. /전설적인 사건.

전설-화(傳說化)**명하자타되자** 전설적인 것이 됨. 전설적인 것이 되게 함.

전성(全盛)**명하형** 한창 성함.

전:성(展性)**명** 두드려가나 압착하면 얇게 퍼지는 금속의 성질. 금·은·동 등에 이런 성질이 뚜렷함. 가전성(可展性).

전:성(轉成)**명** ①말의 성격 상태 따위가 바뀌어 다른 것이 됨. ②《품사 전성》의 준말.

전:성(顫聲)**명** 떨리어 나오는 소리.

전:성^감:탄사(轉成感歎詞)**명** 본디 감탄사가 아니었던 것이, 어형 그대로 또는 어형의 일부가 바뀌어서 감탄사로 된 단어. 〔만세·참·옳지·여보·어디·아니 따위.〕

전성-관(傳聲管)**명** (항공기·기선·열차 따위의 소음이 심한 곳에서) 관(管)의 한끝에서 한 말소리가 다른 한끝에서 들리도록 한 장치.

전:성^관형사(轉成冠形詞)**명** 본디 관형사가 아니었던 것이, 그 어형의 일부가 바뀌어서 관형사로 된 단어. 〔적극적·민주적·한·두·모든·헌·어떤 따위.〕

전성-기(全盛期)**명** 한창 왕성한 시기. ¶전성기를 누리다.

전:성^대:명사(轉成代名詞)**명** 본디 명사이던 단어가 대명사로 쓰이는 단어. 〔본인·소인 따위.〕

전:성^동:사(轉成動詞)**명** 본디 동사가 아니었던 것이, 그 어형 일부가 바뀌어서 동사로 된 단어. 〔명사 '공부'에서 '공부하다'로, 형용사 '높다'에서 '높이다'로, 부사 '출렁'에서 '출렁이다'로 되는 따위.〕

전:성^명사(轉成名詞)**명** 본디 명사가 아니었던 것이, 그 어형 그대로 또는 형태가 바뀌어

명사로 된 단어. 〔동사 '웃다'에서 '웃음'으로, 형용사 '높다'에서 '높이'로, 부사 '다'로 그대로 명사로 되는 따위.〕

전:성^부:사(轉成副詞)**명** 본디 부사가 아니었던 것이, 그 어형 그대로 또는 어형의 일부 바뀌어서 부사로 된 단어. 〔명사 '자연'에 접미사 '-히'가 붙어서 '자연히'로, 동사 '넘다'에서 '너무'로, 형용사 '멀다'에서 '멀리'로, 감탄사 '허허'가 그 어형 그대로 부사로 되는 따위.〕

전성-시대(全盛時代)**명** (형세·세력 따위가) 한창 왕성한 시대.

전:성-어(轉成語)**명** ①어떤 말에 접사가 붙거나 형태가 바뀌어서 그 기능이나 의미가 다른 품사로 바뀐 말. 〔전성 명사·전성 동사·전성 부사 따위.〕 ②외국어가 아주 국어화한 말. 〔남포·담배 따위.〕

전:성^어:미(轉成語尾)**명** 활용어의 어말 어미의 한 갈래. 용언의 성격을 임시로 바꾸어 다른 품사처럼 쓰이게 하는 어말 어미. 관형사형 어미[-ㄹ(을)·-는·-ㄴ(은) 따위], 명사형 어미[-ㅁ(음)·-기 따위]의 구별이 있음. **참**연결 어미·종결 어미.

전:성^조:사(轉成助詞)**명** 본디 조사가 아니었던 것이, 그 어형의 일부가 바뀌어서 조사로 된 단어. 〔명사 '밖'에서 '밖에'로, 동사 '붙다'에서 '부터'로 되는 따위.〕

전:성-형(轉成形)**명** 용언의 활용형의 한 가지. 용언이 문장의 서술어 구실을 하면서, 한편으로는 다른 품사처럼 그 자격을 바꾼 꼴로 된 것. 명사형[먹음·먹기 따위], 관형사형[먹은·먹는·먹을 따위]의 구별이 있음. **참**전성 어미.

전:성^형용사(轉成形容詞)**명** 본디 형용사가 아니었던 것이, 그 어형의 일부가 바뀌어서 형용사로 된 단어. 〔명사 '멋'에서 '멋있다'로, 동사 '놀라다'에서 '놀랍다'로, 부사 '반들반들'에서 '반들반들하다'로, 관형사 '새'에서 '새롭다'로 되는 따위.〕

전세(田稅)**명** 논밭의 조세.

전세(前世)**명** ①현세(現世)에 태어나기 이전에 살던 세상. 과거세(過去世). 숙세(宿世). 전생(前生). ②전대(前代). ↔후세. **참**내세·현세.

전세(專貰)**명** 약정한 기간 동안 그 사람에게만 빌려 주는 일. 대절(貸切). ¶전세 버스.

전세(傳世)**명하자타되자** 대대로 물려서 전함.

전세(傳貰)**명** 부동산 소유자에게 일정 금액을 맡기고, 그 부동산을 빌려 쓰는 일. 부동산을 돌려주면 맡긴 돈을 되찾게 됨. ¶전세 들다. /집을 전세 놓다.

전:세(戰勢)**명** 싸움의 형세. ¶전세를 뒤엎다. /전세가 아군에게 유리하다.

전세-가(傳貰價)[-까]**명** 전세를 얻을 때 그 대가로 내는 돈의 액수. 전셋값.

전세-권(傳貰權)[-꿘]**명** 전세금을 지급하고 타인의 부동산을 점유하여 사용·수익(收益)하는 것을 내용으로 하는 물권(物權).

전세-금(傳貰金)**명** 전세를 얻을 사람이 전세를 놓을 사람에게 맡기는 돈. 전셋돈.

전-세기(前世紀)**명** ①지나간 세기. ②지금 세기의 바로 앞의 세기.

전세-방(傳貰房)[-빵]**명** 전세로 빌려 주거나 빌리는 방.

전:세(前歲月)**명** 지나간 세월.

전셋-값(傳貰-)[-쎕값/-쎝깝]**명** ⇨전세가(傳貰價). *전셋값이[-쎕값씨/-쎝깝씨]·전셋값만[-쎕깜-/-쎝깝-]

전셋-돈(傳貰-) [-세똔/-섿똔] 명 ☞전세금.
전셋-집(傳貰-) [-세찝/-섿찝] 명 전세로 빌려 주거나 빌리는 집.
전소(全燒) 명하자 되자 모조리 불탐. 참반소(半燒).
전속(全速) 명 〈전속력〉의 준말.
전속(全屬) 명하자 되자 (한곳에) 모두 속함.
전속(專屬) 명하자 되자 ①오로지 어느 한곳에만 딸림. ¶전속 가수. /그 방송국에 전속하다. ②(권리나 의무가) 특정한 사람이나 기관에만 딸림. ¶이 산의 관리권은 저 사찰에 전속되어 있다.
전:속(轉屬) 명하자 되자 ①원적(原籍)을 다른 데로 옮김. ②소속을 바꿈.
전속^관할(專屬管轄) [-콴-] 명 민사 소송을 특정 법원의 재판권에만 따르게 하고, 당사자가 변경할 수 없도록 된 관할.
전-속력(全速力) [-송녁] 명 낼 수 있는 힘을 다 낸 속력. 준전속.
전속-물(專屬物) [-송-] 명 어느 한곳에만 전적으로 딸려 있는 물건.
전속^부:관(專屬副官) [-뿌-] 명 장관급 군인에게 딸려 개인 참모의 구실을 하는 장교. 준부관(副官).
전:속^전:류(電束電流) [-쩔-] 명 변위 전류.
전손(全損) 명하자 ①전부를 손실함. ②해상 보험의 목적물인 선체나 적화(積貨)가 완전히 형체를 손상하거나 모조리 아무 소용도 없게 됨, 또는 그 일. ↔분손(分損).
전송(傳送) 명하타 되자 전하여 보냄.
전송(傳誦) 명하타 되자 대대로 전하여 외움. 외워서 전함. ¶참요(讖謠)를 전송하다.
전:송(電送) 명하자 되자 (사진 따위를) 전류나 전파를 이용하여 먼 곳으로 보냄. ¶팩시밀리로 입사 지원서를 전송하다.
전:송(餞送) 명하타 전별하여 보냄.
전:송(轉送) 명하타 되자 (소식·물건 따위를) ①사람을 시켜 보냄. ②보내온 것을 또 다른 곳으로 보냄. ¶우편물을 전송하다.
전:송^사진(電送寫眞) 명 전송된 사진. 준전사.
전수(田叟) 명 농촌의 늙은이.
전수(全數) 명 전체의 수효. ¶전수 동의(同意)에 의한 결의. 참반수(半數).
전수(專修) 명하타 (특정한 어떤 전문 기술·지식 따위를) 전문적으로 닦음. ¶양재(洋裁) 전수 학원. /자동차 정비 기술을 전수하다.
전수(傳受) 명하타 (법도·기술·비방 따위를) 전하여 받음. ¶다도(茶道)를 전수하다.
전수(傳授) 명하타 되자 (법도·기술·비방 따위를) 전하여 줌. ¶기술을 후대에 전수하다.
전:수(轉銹) 명하자 되자 기와나 검은빛의 토기(土器)를 불에 더 그슬려 검은 광채가 나게 함, 또는 그 일.
전수-가결(全數可決) 명하타 모두가 찬성하여 가결함. 만장일치의 가결. 참다수결.
전수-금(前受金) 명 ☞선수금(先受金).
전수^조사(全數調査) 명 통계에서, 통계 집단에 딸린 모든 요소를 관찰하는 조사. ↔표본 조사.
전:숙(轉宿) 명하자 숙소나 하숙을 다른 데로 옮김.
전술(前述) 명하자타 되자 말이나 글 따위에서, 앞에서 이미 논술함, 또는 그 논술. ¶이미 전술한 바와 같다. ↔후술(後述).
전:술(戰術) 명 ①작전의 수행 방법이나 기술. ¶유격 전술. ②전투에서, 부대의 운용 기술이

나 부대 상호 간의 기동성 있는 배치. 참작전. ③정치적 운동이나 투쟁의 방법. ¶득표(得票) 전술. ④운동 경기에서, 이기기 위한 기술적 수단. ¶비장의 전술을 구사하다.
전:술-가(戰術家) 명 전술에 능한 사람.
전:술^공군(戰術空軍) 명 (전략적 차원이 아닌) 교전 중의 지상 또는 해상 부대의 작전을 지원하기 위한 항공전을 주임무로 하는 공군 부대. 참전략 공군.
전:술-적(戰術的) [-쩍] 관명 전술에 관한 (것). ¶전술적 무기. /전술적인 면.
전:술^폭격(戰術爆擊) [-격] 명 작전에 직접 참가하여 우군(友軍)의 엄호(掩護)를 위해서 하는 폭격. 참전략 폭격.
전:술-학(戰術學) 명 전술에 관한 군사학.
전:술^핵무기(戰術核武器) [-행-] 명 한정된 국지전에서 쓰이는, 비교적 폭발 위력이 작은 킬로톤 급의 핵무기. [대공 미사일·지대공 미사일·핵 지뢰 따위.] 참전략 핵무기·전역 핵무기.
전습(前習) 명 이전의 버릇.
전습(傳習) 명하타 되자 (기술·지식 따위를) 전수(傳受)하여 익힘.
전습(傳襲) 명하타 되자 전하여 내려오는 그대로 답습함.
전승(全勝) 명하자 (경기나 전쟁 따위에서) 한 번도 지지 않고 모조리 이김. ¶전승 가도를 달리다. ↔전패(全敗).
전승(傳承) 명하타 (문화·풍속·제도 따위를) 대대로 전하여 이어 감. ¶민간 전승. /탈춤을 전승하다.
전승(戰勝) 명하자 싸워 이김. 승전(勝戰). 전첩(戰捷). ↔전패(戰敗).
전:승(轉乘) 명하타 (말·차·배 따위를) 바꾸어 탐.
전승-국(戰勝國) 명 전쟁에서 이긴 나라.
전승^문학(傳承文學) 명 ☞구비 문학(口碑文學).
전시(全市) 명 온 시중(市中). 시(市)의 전체.
전:시(展示) 명하타 ①(물품 따위를) 늘어놓아 보임. ¶전시 기간. /도서 전시. ②(접혀 있거나 말려 있는 편지·글·그림 따위를) 펴서 봄, 또는 펴 보임.
전:시(展翅) 명하타 (표본을 만들기 위하여) 곤충의 촉각·날개·다리 따위를 폄.
전:시(殿試) 명 조선 시대에, 복시(覆試)에서 선발된 사람에게 임금이 친히 보이던 과거.
전:시(戰時) 명 전쟁을 하고 있는 때. ↔평시(平時).
전:시^경제(戰時經濟) 명 소비 절약, 생산 증가를 꾀하는 전시의 계획적인 통제 경제.
전:시^공법(戰時公法) [-뻡] 명 ☞전시 국제 공법(戰時國際公法).
전:시^공채(戰時公債) 명 전시에 국가가 군사비의 지출을 위해 모집하는 공채.
전시-과(田柴科) [-꽈] 명 고려 시대에, 현직 벼슬아치나 공신 등에게 그 품위(品位)에 따라 토지와 임야를 나누어 주던 제도.
전:시^국제^공법(戰時國際公法) [-쩨-뻡] 명 전시에 있는 국제간의 법률 관계 규준을 규정한 것을 통틀어 이르는 말. 전시 공법. 전시 국제법.
전:시^국제법(戰時國際法) [-쩨뻡] 명 ☞전시 국제 공법. ↔평시 국제법.
전:시^금:제:품(戰時禁制品) 명 전시 국제법에서, 적국으로 수송되어서는 안 될, 수출 금지 또는 수출 제한 물품. 주로, 적국의 교전 능력을 도울 수 있는 물품.

전:시^복구(戰時復仇)[-꾸]圖 한 교전국이 전시 법규에 위반되는 행위를 하였을 경우, 다른 교전국이 거기에 대응하여 전시 법규에 위반되는 행위를 하는 일. 이 경우에는 위법이 되지 아니함.

전:시^봉쇄(戰時封鎖)圖 전시에 해군력으로 적의 항구나 연안(沿岸)의 교통을 차단하는 일.

전:시^비:상권(戰時非常權)[-꿘]圖 교전국이 점령 지역의 재산을 강제적으로 사용·처분할 수 있는 권리. 국제관례상 예외로 인정된 권한임.

전:시-세(戰時稅)[-쎄]圖 전시에 전쟁 경비의 조달을 위하여 매기는 특별세.

전:시^징발(戰時徵發)圖 전시에 민간으로부터 군대에 필요한 물적 자원을 징발하는 일.

전:시^체제(戰時體制)圖 전시에 맞도록 편성한 국내의 체제.

전:시-판(展翅板)圖 전시(展翅)하는 데 쓰는, 곤충 표본 제작 용구.

전:시^편제(戰時編制)圖 전쟁이 일어났을 때 공격과 방어를 효과적으로 수행할 수 있도록 마련한 부대 편제. ↔평시 편제.

전:시-품(展示品)圖 전시하는 물품.

전:시-회(展示會)[-회/-훼]圖 전시품을 진열해 놓고 일반에게 보이는 모임. ¶공산품(工産品) 전시회. 囲전람회.

전:시^효:과(展示效果)圖 ①(주위의 높은 소비 수준에 영향을 받아) 소득 수준에 비하여 소비 수준이 높아지는 현상. ②정치적 업적을 과시하기 위하여 실질성보다 상징적 효과를 노린 정책적 사업 따위. ③실질보다 외양의 시각적 매력을 높이는 효과.

전식(傳食)圓困 ☞전찬(傳餐).

전:식(電飾)圓困 전등 조명을 이용한 장식.

전신(全身)圖 몸 전체. 온몸. 만신. 전구(全軀). 전체. 혼신. ¶전신에 땀이 배다. /전신을 비단 옷으로 휘감다.

전신(前身)圖 ①전세(前世)의 몸. ②(어떤 단체나 물체 따위의) 바뀌기 이전의 본체. ¶교육 대학의 전신은 사범학교였다. ↔후신(後身).

전신(前信)圖 이전에 보낸 편지. 전서(前書).

전신(傳信)圓困 소식이나 편지를 전함.

전:신(電信)圖 전류나 전파를 이용한 통신.

전:신(轉身)圓困 ①다른 자리로 몸을 옮김. ¶연예인이 정치가로 전신하다. ②주의(主義)나 사상(思想), 생활 방침 따위를 바꿈.

전신-골(全身骨)圖 (염소·노루·소 따위의) 짐승의 살을 발라내고 난 온몸의 뼈. ¶염소의 전신골을 통째로 고다. 囲전골(全骨).

전:신-기(電信機)圖 전류나 전파를 이용하여 통신하는 기계.

전:신^동맹(電信同盟)圖 국제간의 전신 교환을 약정한 동맹.

전:신-료(電信料)[-뇨]圖 ①전보료. ②전신을 이용한 각종 통신의 사용 요금을 통틀어 이르는 말. 전보·텔레타이프·전송·팩시밀리 따위를 이용한 요금.

전신^마취(全身痲醉)圖 외과에서, 큰 수술을 하기 위하여 온몸을 마취하는 일. 囝국부 마취.

전신-만신(全身滿身)圖 '온몸'을 강조하여 이르는 말. ¶전신만신이 흙투성이다.

전:신-망(電信網)圖 전신 시설이 서로 유기적으로 연락되도록 분포된 체계.

전:신^부:호(電信符號)圖 전신에서, 점이나 선으로 자모(字母)를 나타낸 부호.

전신^불수(全身不隨)[-쑤]圖 (중풍 등으로) 온몸을 자유롭게 움직이지 못하는 일. 囲반신불수.

전신-상(全身像)圖 몸 전체를 조각이나 그림 따위로 나타낸, 사람의 형상.

전:신-선(電信線)圖 ☞전선(電線).

전:신^약호(電信略號)[-냐코]圖 전보를 발신할 때, 그 특수한 취급을 지정하기 위하여 전보용지에 기입하는 약호. 囲전략(電略).

전신^운:동(全身運動)圖 ☞온몸 운동.

전:신-주(電信柱)圖 ☞전봇대. 囝전주(電柱).

전:신-줄(電信-)[-쭐]圖 ☞전선(電線).

전:신-환(電信換)圖 지급 송금이 필요한 발송인의 청구에 의하여, 그 발행국이 전신으로 지불국에 통지하면, 지불국에서 현금 또는 전신환 증서를 수취인에게 보내 주는 환(換). 전보환(電報換).

전실(典實)圖 '전실하다'의 어근.

전실(前室)圖 다른 사람의 '전취(前娶)'를 높이어 이르는 말. ¶전실 소생. /전실 자식.

전실-하다(典實-)園园 도리에 맞고 성실하다.

전심(全心)圖 온 마음.

전심(前審)圖 이전에 있었던 심리(審理).

전심(專心)圖困 마음을 오로지 한 일에만 모아서 씀. ¶지금은 농사일에만 전심할 때다.

전심-전력(全心全力)[-절-]圖 온 마음과 온 힘. ¶전심전력을 다하다.

전심-전력(專心專力)[-절-]圖困 마음과 힘을 오로지 한 일에 모아 씀. ¶자식 교육에 전심전력하다.

전심-치지(專心致志)圖困 다른 생각은 하지 않고 오로지 한 일에만 마음을 써서 뜻한 바를 이룸.

전아(全我)圖 자아(自我)의 전체.

전아(典雅)圖 '전아하다'의 어근.

전:아(剪芽)圓困 (초목의 고른 성장을 위하여) 싹을 잘라 줌.

전:아-하다(典雅-)園园 바르고 아담하여 품위가 있다.

전:악(典樂)圖 조선 시대에, 장악원(掌樂院)에 딸렸던 정육품의 잡직(雜職).

전악(前惡)圖 ①이전에 저지른 죄악. ②전세(前世)의 죄업(罪業).

전안(前案)圖 이전의 안건.

전:안(奠雁)圓困 구식 결혼식에서, 신랑이 신부 집에 기러기를 가지고 가서 상 위에 놓고 절하는 예.

전:안-상(奠雁床)[-쌍]圖 전안을 행할 때에 기러기를 올려놓는 상.

전:안-청(奠雁廳)圖 전안을 행하기 위하여 베풀어 놓은 자리. 초례청(醮禮廳).

전:알(展謁)圓困 ☞전배(展拜).

전:압(電壓)圖 전기장(電氣場)이나 도체 내에 있는 두 점 사이의 전위(電位)의 차. 단위는 볼트(volt). 〔약호는 V〕 전위차(電位差). 囲전위.

전:압-계(電壓計)[-계/-께]圖 전압을 재는 계기. 볼트미터.

전-압력(全壓力)[저남녁]圖 서로 접해 있는 면적 전체에 작용하는 압력의 합계.

전:압-선(電壓線)[-썬]圖 배전 간선(配電幹線)에서 발전소나 배전소로 끌어 온 가는 전선. 〔이 끝을 전압계에 연결하여 전압을 측정함.〕

전:압^조정기(電壓調整器)[-쪼-]圖 전원과 부하(負荷) 사이에 설치하여, 일정한 전압을 유지하거나 전압을 필요로 하는 크기로 바꾸는 장치.

전액(全額)[명] 액수의 전체. ¶ 수업료 전액을 면제하다. 비총액.

전:액(篆額)[명] 비석의 위쪽에 전자(篆字)로 쓴 제자(題字).

전야(田野)[명] 논밭과 들.

전야(前夜)[명] ①전날 밤. 지난밤. ¶ 성탄절 전야. ②(어떤 시기나 단계의) 바로 그 앞의 시기나 단계. 폭풍 전야의 고요.

전야-제(前夜祭)[명] 어떤 행사의 전날 밤에 벌이는 축제.

전약(前約)[명] 이전에 맺은 약속. 선약(先約).

전:약(煎藥)[명] ①동짓날에 먹던 음식의 한 가지. 쇠가죽을 고아 만듦. ②[하타]한약을 달이는 일, 또는 달여 놓은 약.

전어(佃漁)[명] 사냥질과 고기잡이.

전어(傳語)[명][하자타] ☞전언(傳言).

전:어(箭魚)[명] ☞준치.

전:어(錢魚)[명] 청어과의 바닷물고기. 몸길이 20~30 cm. 몸은 옆이 납작하고, 등은 누른빛을 띤 푸른색이며 배는 흼. 등지느러미 뒤 끝에 유난히 긴 가시가 있고, 옆구리에 검고 큰 반점이 하나 있음. 근해성 물고기로 봄부터 여름까지 우리나라 삼면의 바다에 몰려옴. 잔가시가 많음.

전-어머니(前-)[명] 후취(後娶)의 자녀가 그 아버지의 전처(前妻)를 일컫는 말. 전모(前母).

전:어-사리(錢魚-)[명] 전어의 새끼.

전언(前言)[명] 먼저 한 말. 이전에 한 말. 전설(前說).

전언(傳言)[명][하자타] 말을 전함, 또는 그 말. 전설(傳說). 대어(傳語). 비탁언(託言).

전언-판(傳言板)[명] 다방이나 역의 대합실 따위에서, 만날 사람을 만나지 못했을 때 그 사람에게 전할 말을 적어 두거나, 메모한 쪽지를 달거나 꽂아 둘 수 있게 한 판.

전업(前業)[명] ①전세(前世)에 지은 선악의 업(業). ②이전의 사업이나 직업.

전업(專業)[명][하자] 전문으로 하는 직업이나 사업. ¶ 전업 주부.

전:업(電業)[명] 전기(電氣)에 관계되는 사업. 〔발전·송전·배전 따위.〕

전:업(轉業)[명][하자] 직업을 바꿈.

전역(全域)[명] 전체의 지역. ¶ 수도권 전역이 단전되다.

전역(全譯)[명][하타] 원문을 전부 번역함, 또는 그 번역. 参초역(抄譯).

전:역(戰役)[명] 전쟁. 난리.

전:역(戰域)[명] 전투하는 지역.

전:역(轉役)[명][하자] 현재까지 복무하던 역종(役種)에서 다른 역종으로 편입됨. 〔현역에서 예비역으로 편입되는 따위.〕

전:역-식(轉役式)[-씩][명] 전역할 때 행하는 의식.

전:역 핵무기(戰域核武器)[저녀캥-][명] 전략 핵무기를 제외한 사정 거리 6400 km 이하의 중·단거리 공격용 핵무기. 〔1970년대 중반 이후의 개념으로, 종래의 중거리 탄도 미사일(IRBM)·준중거리 탄도 미사일(MRBM)·전술 핵무기로 불리던 것을 통틀어 이르는 말임.〕 参전략 핵무기·전술 핵무기.

전연(全緣)[명] (감나무의 잎처럼) 잎의 가장자리에 톱니가 없고 매끈하게 생긴 것. 参거치연(鋸齒緣).

전연(前緣)[명] ①<전생연분>의 준말. ②비행기 주익(主翼)의 전단부(前端部).

전:연(展延)[명][하자타] 얇게 펴거나 얇게 펴짐.

전연(全然)[부] 전혀. 아주. 도무지. 조금도. ¶ 부정(不正)이라고는 전연 모르는 사람.

전열(全裂)[명][하자] ①전부 갈라짐. ②잎·꽃잎·꽃받침 따위가 그 밑 부분까지 깊게 째진 것.

전열(前列)[-녈][명] 앞에 있는 줄. 앞선 대열. ↔후열(後列).

전:열(電熱)[명] 전류가 흐를 때 전기 저항에 의해서 생기는 열. ¶ 전열 기구.

전:열(戰列)[명] 전쟁에 참가하는 부대의 대열. ¶ 전열을 갖추다. /전열을 정비하다.

전:열-기(電熱器)[명] 전열을 이용하게 만든 기구. 〔전기난로·전기다리미 따위.〕

전:열-선(電熱線)[-썬][명] 전류를 통하여 전열을 발생시키는 도선(導線).

전염(傳染)[명][되자] ①남에게서 병독이 옮음. ¶ 눈병에 전염되다. ②(나쁜 성질이나 습관 따위가) 옮음. ¶ 좌익 사상에 전염되다.

전염-병(傳染病)[-뼝][명] 전염성을 가진 병. 〔콜레라·장티푸스 따위.〕 ㉾염병.

전염-성(傳染性)[-썽][명] (병독 따위가) 전염하는 성질.

전엽-육(全葉肉)[저념뉵][명] 누에에게 썰지 않은 통째의 뽕잎을 주어 치는 일.

전엽-체(前葉體)[명] 양치식물의 배우체의 한 가지. 포자가 발아하여 형성됨. 원엽체. 편평체.

전-오대(前五代)[명] 중국에서 동진(東晉) 이후 당(唐)까지의 다섯 왕조. 곧, 송(宋)·제(齊)·양(梁)·진(陳)·수(隋).

전:옥(典獄)[명] ①이전에, '교도소장'을 이르던 말. ②대한 제국 때, '교도소'를 이르던 말.

전와(塼瓦)[명] 벽돌과 기와.

전:와(戰渦)[명] 전쟁의 소용돌이.

전:와(轉訛)[명] 어떤 말의 뜻이 잘못 전하여 굳어짐. 〔옥바라지고 으러댄다는 뜻의 '공갈'이 '거짓말'의 뜻으로 쓰이는 따위.〕

전:와-어(轉訛語)[명] 전와된 말.

전완(前腕)[명] 아래팔(下膊).

전완(傳玩)[명][하타] 대대로 전해 내려가며 애완(愛玩)함.

전완-골(前腕骨)[명] ☞하박골(下膊骨).

전완-근(前腕筋)[명] ☞하박근(下膊筋).

전왕(前王)[명] ①전대(前代)의 임금. ②지금 임금의 앞 임금.

전:-요(氈-)[-뇨][명] 전(氈)으로 만든 요.

전:요(纏繞)[명][하자타] 덩굴 따위가 다른 나무에 친친 얽히어 감김. 전착(纏着).

전:요-경(纏繞莖)[명] 스스로 서지 못하고 다른 물건을 얽어 감아 오르면서 벋어 나가는 덩굴진 줄기. 〔나팔꽃의 덩굴 따위.〕

전용(全用)[명] 온통 다 씀. 온전히 씀.

전용(全容)[명] 전체의 모습, 또는 내용. 전모(全貌). ¶ 전용이 드러나다.

전용(專用)[명][하타] ①혼자서만 씀. ¶ 대통령 전용 비행기. ②오로지 어떤 한 가지만을 씀. ¶ 한글 전용. ③국한된 사람이나 부문에 한하여만 씀. ¶ 축구 전용 구장. ↔공용.

전:용(轉用)[명][하타][되자] (쓰기로 되어 있는 곳에 쓰지 않고) 다른 곳에 돌려서 씀. ¶ 예산의 전용. /농지를 택지로 전용하다.

전용-권(專用權)[-꿘][명] 특정한 사람만이 어떤 특정한 물건이나 장소를 쓰고, 다른 사람은 쓰지 못하게 할 수 있는 권리.

전용-기(專用機)[명] 특정한 사람의 전용 비행기. ¶ 대통령 전용기.

전:의-감(典醫監)[-/-] 圓 조선 시대에, 왕실의 의약을 맡아보던 관아. 대한 제국 때, 이를 '전의원(典醫院)'으로 고쳐 개편함.

전-의방(傳衣鉢) 圓 ⓛ 도(道)나 학문·기술 등을 제자에게 전함. (당나라의 대통 때 달마로부터 제6조 혜능까지 가사와 바리때가 대를 이어 전해져 온 데서). ⓒ준꼭. ⇒추의(後衣).

전-의식(前意識) 圓 〔정신〕 정신 분석학에서, 의식이나 기억에 나타낼 수 있으나, 현재는 의식되고 있는 상태에 있지 아니하는 것. [대개.]

전-이(轉移) 圓 ①자리를 옮김. ②물질의 상태로 변화하는 일. ③병의 기운이 번져서 다른 부위까지 나아감. ④없어지고 딴 것이 됨.

전인(全人) 圓 ①지(知)·정(情)·의(意)가 조화를 이룬 완전한 인격자.

전인(前人) 圓 이전 사람. 예전 사람. ↔후인.
전인(前因) 圓 전생(前生)의 인연.
전인(專人) 圓 어떤 일로 특별히 보내는 사람, 또는 그 사람.

전인-교:육(全人敎育) 圓 지식이나 기능 교육에 치우치지 아니하고 조화롭게 발달시키는 것을 목적으로 하는 교육.

전-인구(全人口) 圓 인구 전체.

전일-미:답(前人未踏) 圓 ①이제까지 아무도 밟지 못함. ②이제까지 아무도 손을 대지 못함.

전일(前日) 圓 ①전날. ②어떤 날의 하루 앞의 날.
전일(全一) 圓 완전하게 하나임.
전일(專一) 圓 마음과 힘을 한곳에만 쏟음.

전일-제(全日制)[-쩨] 圓 온종일 실시하는 제도.
전일-호전(轉日回天) 圓 (해를 돌리고 하늘을 돌린다는 뜻으로) 임금의 마음을 돌이키게 함.

전임(前任) 圓 ①이전에 그 임무를 맡았던 일. ②이전의 그 임무를 맡았던 사람. ↔후임.
전임(專任) 圓 그 일만을 전문으로 맡음, 또는 그 사람. ↔겸임.
전임(轉任) 圓 다른 관직이나 임무로 옮김. 전임(轉任).

전임-강:사(專任講師) 圓 정식으로 임명되어 전임으로 가르치는 강사.

전임-자(前任者) 圓 전임(前任)의 일을 하던 사람.

전:자(前者) 圓 ①지난번임. 저번. ②둘을 들어 말할 때 내가 한쪽을 가리키는가? ②둘을 들어 앞의 것을 가리키는 말. ⇒후자(後者).

전자(電子) 圓 〔물〕 '전자하다'의 어근. ⇒추의(後衣).

전-자(電子) 圓 〔물〕 물질을 이루는 기본적 입자의 한 가지. 음전하를 가지고, 질량이 매우 작으며 원자의 안전히 나타나는 전자.

전:자(電磁) 圓 전기와 자기(磁氣)와의 상호 작용.
전:자(電子) 圓 한자 서체의 한 가지. [대전(大篆)·소전(小篆) 등이 있음.] ⇒전서(篆書).

전:자-감응(電磁感應) 圓 〔전〕→전자기 유도.
전:자-계(電磁系) 圓 〔전〕→전자기.
전:자-계산기(電子計算機) 圓 →컴퓨터.

전:자-공학(電子工學) 圓 〔전〕전자의 운동이나 이온의 현상이나 그 기능을 연구하는 학문.

전:자-기(電磁氣) 圓 〔전〕전기와 자기.
전:자-기(電子氣) 圓 〔전〕전류에 의하여 생기는 자기.

전:자-기기(電氣機) 圓 〔전〕전기가 자기를 띠고, 자기가 전기를 일으키는 현상.

전:자-두:뇌(電子頭腦) 圓 〔전〕전자 계산기.

전:자-력(電磁力) 圓 〔전〕전자의 성질 및 물질의 작용. 〔현대에는 소립자론(素粒子論)으로 설명함.〕

전자리-상어(魚)명 전자리상엇과의 바닷물고기. 상어와 가오리의 중간형으로 몸길이 2m가량. 몸은 넓적하고 가슴지느러미가 커서 좌우로 갈라졌음. 비교적 얕은 바다의 밑바닥에 살며 새끼를 낳음. 저자상어.

전:자^망:원경(電子望遠鏡)명 전자 빔과 전자 렌즈에 의하여 상(像)을 맺게 한 망원경.

전:자^방:출(電子放出)명 고체 속의 전자가 외부로부터 에너지를 받아 강한 전장(電場)의 작용으로 말미암아 고체 밖으로 빠져나오는 현상. 모든 전자관에 응용됨.

전:자-볼트(電子volt)명 ①전위차 1볼트의 두 점 사이를 움직인 한 개의 전자가 얻을 수 있는 운동 에너지의 단위.〔기호는 eV〕

전:자^브레이크(電子brake)명 전자석(電磁石)을 이용한 브레이크.〔전자 레일 브레이크와 전자 드럼 브레이크 따위가 있음.〕

전:자^빔(電子beam)명 전자총에서 나오는 선(線) 모양으로 집속(集束)된 전자의 흐름. 엑스선관이나 전자 현미경 등에 이용됨. 전자선.

전:자^사서함(電子私書函)명 통신 서비스의 한 가지. 이용자가 자신에게 주어진 컴퓨터 내의 우편함에 편지·메모·보고서 따위의 전갈이나 정보 내용을 담아 놓으면 상대편은 언제든지 이를 찾아볼 수 있음.

전:자^사전(電子辭典)명 주로 수첩만 한 전자 기기에 내용을 담은 전자 매체형 사전을 이르는 가상 화폐.

전:자^사진(電子寫眞)명 셀렌(Selen)이나 산화아연 따위의 반도체가, 광선을 받을 때 전기 저항이 작아지는 성질을 이용한 사진법. 도면·서류 따위의 복사에 쓰임.

전:자^상거래(電子商去來)명 컴퓨터 통신망을 이용하여 상품을 사고파는 일.

전:자-석(電磁石)명 연철심(軟鐵心)의 둘레에 절연된 코일을 감은 것. 여기서 전류를 통하면 연철이 자기 유도에 의하여 자석이 됨. 전기 자석.

전:자-선(電子線)명 ☞전자 빔.

전:자-설(電子說)명 전자기에 관한 이론.

전:자-수첩(電子手帖)명 수치 연산 외에 전화 번호·주소·스케줄·메모 따위의 정보를 입·출력할 수 있는 수첩 크기의 휴대용 컴퓨터.

전:자-시계(電子時計) [-계/-게]명 전자 장치와 수정 발진자(水晶發振子) 및 액정(液晶)에 의한 숫자 표시 장치로 이루어진 시계.

전:자^오르간(電子organ)명 전자를 이용하여 음정이 나는 음을 발생하도록 설계한 건반 악기의 한 가지. 참해먼드 오르간.

전:자^우편(電子郵便)명 ①문서를 고속 팩시밀리로 전송하여 수신자에게 배달하는 우편 방식. ②☞이메일.

전:자^유도(電磁誘導)명 ☞전자기 유도.

전:자-음(電子音)명 전자적인 발진에 의하여 나는 소리. 경보기의 발진음이나 전자 악기음 따위를 이름. 테크노사운드.

전:자^음악(電子音樂)명 여러 가지 전자 회로에 의한 발진음(發振音)을 소재로 하여 만들어지는 음악. 보통은 한 개의 녹음 테이프에 정리하여 녹음된 것을 스피커로 재생함.

전:자^잔(電子jar)명 전열로 보온하는 밥통. 참보온밥통.

전:자-장(電磁場)명 ☞전자기 마당.

전:자^장치(電子裝置)명 전자관·트랜지스터·반도체 등을 응용하여 여러 가지 장치를 통틀어 이르는 말.

전자-참(田字窓) [-짜-]명 창살을 '十'자 모양으로 만들어 '田'자 모양으로 짠 창(窓).

전:자-책(電子冊)명 ①종래의 종이 책에 상대하여〕 컴퓨터·PDA 따위의 화면에 떠올려 읽을 수 있게 만든 전자 매체형 책을 이르는 말.

전:자-총(電子銃)명 브라운관·촬상관(撮像管) 등의 전자관(電子管)에서, 고속의 전자 빔을 방출하는 장치.

전:자-파(電子波)명 입자(粒子)로서가 아니고, 물질파(物質波)로서 전자를 이르는 말.

전:자-파(電磁波)명 ☞전자기파(電磁氣波).

전자-하다(專恣-)형여 제 마음대로 하여 방자(放恣)하다.

전:자^현:미경(電子顯微鏡)명 전자 빔과 전자 렌즈를 사용하여 시료(試料)를 확대해서 관찰하는 현미경.

전자^화:폐(電子貨幣) [-폐/-페]명 실제의 물리적인 화폐는 아니나 네트워크상에서 사용하는 가상 화폐.

전작(田作)명 ①밭농사. ②밭곡식.

전작(全作)명 모든 작품.

전작(前作)명 ①(지금의 작품이 아닌) 먼젓번의 작품. ②☞그루. ↔후작(後作).

전작(前酌)명 (지금의 술자리가 아닌 데서) 바로 전에 술을 마신 일, 또는 마신 그 술. 전배(前杯). ¶전작이 있어 술이 당기지 않네.

전작^장편소:설(全作長篇小說) [-짱-]명 (여러 차례 나누어 발표하지 않고) 전편을 한꺼번에 써낸 장편 소설.

전작-지(田作地) [-찌] 명 밭농사를 짓는 땅.

전잡(田畓)명 밭농사와 누에치기.

전장(田莊)명 (소유하고 있는) 논과 밭. 장토(莊土).

전장(全長)명 전체의 길이. ¶전장 300m의 터널.

전장(全張)명 종이 따위의 온 장. ¶창호지 전장을 바르다.

전:장(典章)명 ①(한 나라의) 제도와 문물. ②법칙. 규칙. 장전(章典).

전장(典掌)명하타 일을 맡아서 주장(主掌)함.

전장(前章)명 앞의 장(章).

전장(前場)명 증권 시장, 증권 시장에서의 오전의 거래. ¶전장의 시세. ↔후장.

전장(前裝)명하타 탄약을 총구로 장전함. 참후장(後裝).

전장(前檣)명 뱃머리 쪽에 있는 돛대.

전장(傳掌)명하타되자 (전임자가 후임자에게) 맡아보던 일이나 물건을 인계함.

전:장(電場)명 ☞전기장(電氣場).

전:장(戰場)명 싸움터. 전선(戰線).

전장-총(前裝銃)명 탄약을 총구로 재는 구식 소총.

전장-포(前裝砲)명 탄약을 포구(砲口)로 재는 화포.

전재(全載)명하타되자 (연재하지 않고) 전체의 글을 한꺼번에 다 게재함.

전:재(剪裁)명하타 (옷감을) 마름질함.

전:재(戰災)명 전쟁으로 말미암아 입은 재해.

전:재(錢財)명 (재물로서의) 돈.

전재(轉載)명하타되자 (한곳에 발표했던 글을) 다시 다른 곳에 옮기어 실음. ¶무단(無斷) 전재를 금함.

전:재-고아(戰災孤兒)명 전쟁고아.

전:재-민(戰災民)명 전쟁으로 말미암아 재난을 당한 사람.

전:쟁(戰爭)명 ①하자국가 또는 교전 단체 사

이에 서로 무력을 써서 하는 싸움. 금혁(金革). 전화(戰火). ¶전쟁 포로. /전면 전쟁. /전쟁을 일으키다. ②'극심한 경쟁이나 혼잡한 상태'를 비유하여 이르는 말. ¶교통 전쟁. /입시 전쟁.

전:쟁-고아(戰爭孤兒)圈 전쟁으로 말미암아 부모를 잃은 고아. 전재고아(戰災孤兒).

전:쟁-놀이(戰爭-)圈하자 ☞병정놀이.

전:쟁^문학(戰爭文學)圈 전쟁을 소재로 한 회곡·소설·시 따위의 문학.

전:쟁^범:죄(戰爭犯罪)[-죄/-줴]圈 ①국제 조약에 정해진 전투 법규를 어긴 행위. ②침략 전쟁이나, 국제법에 위반하는 전쟁을 하거나, 또는 그렇게 하기 위한 공동의 계획·모의에 참가하는 죄. 준전범.

전:쟁^범:죄자(戰爭犯罪者)[-죄/-줴-]圈 전쟁 범죄를 범한 사람. 준전범·전범자.

전:쟁-터(戰爭-)圈 싸움터. 전장. 진중(陣中).

전:-저당(轉抵當)圈 저당권자가 저당권을 자기의 채무 담보로 하는 일.

전적(田籍)圈 ☞양안(量案).

전적(全的)[-쩍]관圈 모든 것이 그러한 (것). 전부에 미치는 (것). ¶전적 인간의 해방. /전적으로 우리 책임이다.

전:적(典籍)¹圈 ☞책(册).

전:적(典籍)²圈 조선 시대에, 성균관(成均館)에서 학생을 가르치던 정육품 벼슬.

전적(前績)圈 이전의 공적(功績).

전적(戰迹·戰跡)圈 전쟁의 자취.

전:적(戰績)圈 대전(對戰)하여 얻은 실적. ¶4승 1패의 전적으로 우승하다.

전:적(轉籍)圈하자 (호적·학적·병적 따위의) 적(籍)을 다른 데로 옮김.

전:적-비(戰跡碑)[-삐]圈 격전의 자취가 있는 곳에 그 사실을 기념하기 위하여 세운 비.

전:적-지(戰跡地)[-찌]圈 전쟁의 자취가 남아 있는 곳. ¶6·25 전쟁 때의 대표적 전적지인 철의 삼각 지대.

전:전(戰前)圈 전쟁이 일어나기 이전. ↔전후.

전:전(輾轉)圈하자 누운 채 몸을 이리저리 뒤척임.

전:전(轉傳)圈하타 이리저리 거쳐서 전해짐.

전:전(轉戰)圈하자 이리저리 자리를 옮겨 가면서 싸움.

전:전(轉轉)圈하자타 여기저기로 떠돌아다니거나 옮겨 다님. ¶셋방을 전전하다.

전전(前前)Ⅰ圈 이전의 이전. 저지난. ¶전전주일.
Ⅱ圈 오래전. ¶전전의 일이라 아무것도 기억나지 않는다.

전:전-걸식(轉轉乞食)[-씩]圈하자 정처 없이 여기저기로 떠돌아다니며 빌어먹음.

전:전긍긍(戰戰兢兢)圈하자 매우 두려워하며 조심함. 〔'시경(詩經)'의 '소아(小雅)'·'소민편(小旻篇)'에서 유래함.〕준전긍.

전전-날(前前-)圈 ①(어떤 날의) 이틀 전. ¶우리가 만나던 전전날 밤. ②그저께.

전전-년(前前年)圈 ①(어떤 일이 있던) 2년 전. ②그러께.

전전-달(前前-)[-딸]圈 ①(어떤 일이 있던) 두 달 전. ②지지난달. 전전월.

전:전-반측(輾轉反側)圈하자 ☞전전불매.

전전-번(前前番)[-뻔]圈 지지난번.

전:전불매(輾轉不寐)圈 누운 채 이리 뒤척 저리 뒤척 하며 잠을 이루지 못함. 전전반측.

전전-월(前前月)圈 전전달.

전:전-율률(戰慄慄)[-늘-]圈하자 ☞전율(戰慄).

전:전-파(戰前派)圈 ☞아방게르. ↔전후파.

전:절(剪截)圈하타 가위로 베어 버림.

전점(專占)圈하타 자기 혼자서 점유함.

전:접(奧接)圈하자 ☞전거(奧居).

전정(前定)圈 전생(前生)에 이미 정하여진 것.

전정(前庭)圈 ①앞뜰. ②속귀의 일부로, 달팽이관과 반고리관 사이에 있는 빈 곳. 평형 감각을 맡음.

전정(前情)圈 옛정. 구정(舊情).

전정(前程)圈 ☞앞길2.
전정이 구만 리 같다[속] 나이가 아직 젊어서 희망을 걸 만한 장래가 있다는 말.

전:정(剪定)圈하타 가지치기.

전:정(殿庭)圈 궁전의 뜰.

전:정-가위(剪定-)圈 전정할 때 쓰는 가위. 전지가위.

전제(田制)圈 논밭에 관한 제도.

전제(前提)圈되자 ①하타 무슨 일이 이루어지기 위하여 선행(先行)되는 것. ¶결혼을 전제로 교제하다. ②〔논증에서〕 그것으로부터 출발하여 결론을 얻을 수 있는 명제.〔삼단 논법에서는 대전제와 소전제가 있음.〕

전제(專制)圈하타 ①(어떤 일을) 혼자의 생각대로 결정하고 처리함. ②국가의 모든 권력을 개인이 쥐고, 개인 의사에 따라 정치를 함. 참공화(共和).

전:제(剪除)圈하타되자 (불필요한 것을) 잘라서 없애 버림.

전제(筌蹄)圈 〔고기를 잡는 통발과 토끼를 잡는 올가미라는 뜻으로〕 목적을 위한 방편을 이르는 말. ¶장자(莊子)는, 언어란 뜻을 얻어 내는 전제라고 했다.

전제-국(專制國)圈 전제 정치를 하는 나라.

전제^군주(專制君主)圈 전제 정치를 하는 나라의 군주.

전제-적(前提的)관圈 어떤 일의 전제가 되는 (것). ¶노력은 성공의 전제적 조건이다.

전제-적(專制的)관圈 (어떤 일을) 혼자의 생각대로 결정하고 처리하는 (것). ¶전제적 지도자.

전제^정체(專制政體)圈 전제 정치의 체제. 참공화 정체(共和政體).

전제^정치(專制政治)圈 국가의 주권이 한 개인이나 특정 계급에 좌우되어, 그들만의 의사대로 정치가 행해지는 일. ↔민주 정치. 참공화 정치(共和政治).

전제-주의(專制主義)[-의/-이]圈 지배자의 전단(專斷)에 의한 정치를 합리화하려는 주의. ↔민주주의.

전조(田租)圈 논밭에 대한 조세.

전조(前兆)圈 미리 나타나 보이는 조짐. 징조. ¶전조 증세를 보이다.

전조(前條)圈 앞의 조항 또는 조문.

전조(前朝)圈 (어떤 왕조의) 바로 전대(前代)의 왕조. 숙국(勝國).

전:조(電槽)圈 ①축전지(蓄電池)의 그릇. ②전해조(電解槽).

전:조(電照)圈하타 ☞회람(回覽).

전:조(轉漕)圈하타 ☞조운(漕運).

전:조(轉調)圈하타 ☞조바꿈. 변조.

전조-등(前照燈)圈 (진행 방향을 밝게 하기 위해, 자동차 따위의 앞에 달아서) 앞쪽으로 멀리 내비추는 등. 전등(前燈). 헤드라이트.

전족(前足)圈 앞발.

전족(專足)[하자] ☞전인(專人).

전:족(塡足)[명][하자] 모자라는 것을 보충함. 채움.

전:족(纏足)[명] 지난날 중국에서, 여자의 발을 작게 만들기 위해 어릴 때부터 천으로 발을 옥죄어 자라지 못하게 하던 풍속, 또는 그렇게 만든 발.

전존(傳存)[명][하자] 전하여져 현존함.

전종(前蹤)[명] 옛사람의 발자취. 기왕(旣往)의 사적(事蹟).

전종(專從)[명][하자] 오로지 한 가지 일에만 종사함.

전:종(電鐘)[명] ☞전령(電鈴).

전:좌(殿座)[명][하자] 친정(親政) 때나 조하(朝賀) 때, 임금이 옥좌에 나와 앉음, 또는 그 자리.

전:죄(前罪)[-쬐/-쮀][명] 이전에 지은 죄.

전주(田主)[명] 논밭의 임자.

전:주(典主)[명] 전당(典當)을 잡은 사람.

전주(前主)[명] ①전의 군주(君主). ②전의 주인. 선주(先主).

전주(前奏)[명] 악곡(樂曲)의 주요부 앞의 도입 부분. [노래가 시작되기 전의 기악(器樂) 연주 부분음.] 서주(序奏).

전주(前週)[-쭈][명] 지난주. 지난 주일.

전:주(專主)[명][하자] 혼자서 일을 주관함.

전:주(電柱)[명] <전신주>의 준말.

전:주(電鑄)[명] 전기 분해에 의한 전기 도금의 방법을 이용하여 원형(原型)을 복제(複製)하는 주조법(鑄造法). 전기 주조.

전:주(銓注)[명][하자] 인물을 전형(銓衡)하여 적재 적소에 배정함.

전:주(箋註)[명] 본문의 뜻을 설명한 주석(註釋). 본문의 주해(註解). =箋注

전:주(錢主)[명] ①밑천을 대어 주는 사람. ②빚을 준 사람.

전:주(轉住)[명][하자] ☞전거(轉居).

전:주(轉注)[명] 한자의 육서(六書)의 하나. 어떤 한자의 원래의 뜻을 비슷한 뜻으로 전용(轉用)하는 방법. [주로, 자음(字音)을 바꾸어 쓰는데, '惡(악)'을 '미워하다'의 뜻으로 전용하여 '오'로 하는 따위.]

전주-곡(前奏曲)[명] ①서양 고전 음악에서, 악곡의 첫머리에 놓아 도입적인 역할을 하는 곡을 통틀어 이르던 프렐류드. ②서양 근대 음악에서, 짧은 음형 내지 모티프에 근거를 두고 화성적으로 계속 조바꿈을 사용한 피아노 위주의 소품을 이르는 말. ③의식이나 극 따위에서, 시작을 알리기 위해 연주되는 짧은 곡을 이르는 말. ④'어떤 일이 본격화되거나 겉으로 드러나기 전의 조짐이나 암시가 되는 일'을 비유하여 이르는 말. ¶진주만 공격은 태평양 전쟁의 전주곡이었다.

전주르다[전주르니·전줄러][자르] (동작을 진행하는 가운데) 다음 동작에 힘을 더하기 위하여 한 번 쉬다.

전:죽(箭竹)[명] ☞화살대.

전중(奠重)[명] '전중하다'의 어근.

전중(傳重)[명][하타] 선조의 제사를 후손에게 전하여 잇게 함.

전중-이[명] <징역꾼>의 속된 말.

전:중-파(戰中派)[명] 제2차 세계 대전 때 청년 시절을 보낸 세대. 魯전전파·전후파.

전중-하다(奠重-)[형여] 언행이 법도에 맞고 정중하다. 전중-히[부].

전:지[명] ①어린아이에게 약을 먹일 때, 입을 벌리게 하기 위해 물리던, 끝이 갈라진 막대기.

¶전지 물리다. ②<전짓다리>의 준말. ③<전짓대>의 준말.

전지(田地)[명] 논밭.

전지(全知)[명] 신(神)의 속성으로서, 모든 것을 앎.

전지(全紙)[명] ①(자르지 아니한) 온 장의 종이. [제지 공장에서 만들어 낸 크기 그대로의 종이로, 편 신문지의 배의 크기임.] ②신문 따위의 한 면 전체.

전:지(全智)[명] 모든 것에 통달(通達)한 지혜. 완전한 지혜.

전지(前志)[명] ①전에 품었던 뜻. ②이전의 기록(記錄), 또는 서적.

전지(前肢)[명] 앞쪽의 두 다리. 앞다리.

전:지(剪枝)[명][하자] 가지치기.

전지(傳旨)[명][하타] 상벌에 관한 임금의 뜻을 담당 관아나 관리에게 전하는 일.

전지(傳持)[명][하자] 불교에서, 법을 받아 전하여 유지함.

전:지(電池)[명] ①화학적인 반응에 의하여 전류를 일으키는 장치. ②'회중전등'을 흔히 이르는 말.

전:지(戰地)[명] 싸움터.

전:지(轉地)[명][하자] (환경이 크게 다른 곳으로) 거처나 근거지를 바꾸어 옮김. ¶전지 요양. / 전지 훈련.

전:지(顚躓)[명][하자] ☞전질(顚躓).

전:지-가위(剪枝-)[명] 전정가위. 나무가위.

전:지^용:량(電池容量)[-냥][명] 전지가 방전할 때에 낼 수 있는 전기량.

전지-자손(傳之子孫)[명] 자손에게 물려줌.

전지-적(全知的)[관][명] 모든 것을 다 아는 (것). ¶전지적 작가 시점(視點).

전지-전능(全知全能)[명][하자] 모든 것을 다 알고, 모든 것에 능함. ¶전지전능하신 하느님.

전지-전지(傳之傳之)[부] 전하고 전하여. ¶이것은 조상 때부터 전지전지 물려 온 것이다.

전직(前職)[명] 이전에 가졌던 직업(직함). 전함(前銜). ¶전직 교사. ↔현직(現職).

전:직(轉職)[명][하자] 직무나 직업을 바꾸어 옮김. ⑪이직(移職)·천직(遷職).

전진(前陣)[명] (여러 진 가운데서) 맨 앞쪽에 친 진. ↔후진(後陣).

전진(前進)[명][하자] 앞으로 나아감. ¶중단 없는 전진. ↔후진(後進)·후퇴(後退).

전진(前震)[명] 대지진(大地震)에 앞서 일어나는 작은 지진.

전:진(戰陣)[명] ①싸움터. ②전투를 하기 위하여 친 진(陣).

전:진(戰塵)[명] ①(전투로 말미암은) 싸움터의 먼지나 티끌. ②싸움터의 소란. 병진(兵塵). 연진(煙塵). 풍진(風塵).

전:진(轉進)[명][하자] 진로(進路)를 바꾸어 나아감. 있던 곳을 떠나 다른 쪽으로 나아감.

전질(全帙)[명] 한 질(帙)로 된 책의 온 질(帙). ¶전질 30권의 백과사전. /전질을 갖추다. 魯낙질(落帙).

전:질(典質)[명][하타] 물건을 전당 잡힘.

전:질(顚躓)[명][하자] 무엇에 걸리거나 헛디디어 나 하여 굴러 넘어짐. 전지(顚躓).

전질(癲疾)[명] 지랄병. 전간(癲癇).

전집(全集)[명] ①한 사람의 모든 저작물을 한데 모아서 한 질로 출판한 책. ②같은 시대, 또는 같은 종류의 저작물을 한데 모아서 한 질로 출판한 책.

전:집(典執)명하타 (물건을) 전당을 잡히거나 또는 전당을 잡음.

전집(前集)명 전에 가리어 모은 시집이나 문집. ↔후집(後集).

전집(專執)명하타 (어떤 일을) 오로지 주장(主掌)하여 잡음.

전짓-다리[-지따一-진따一]명 삼이나 모시를 삼을 때 양쪽에 세워 쓰는 제구. 나무 받침 위에 끝이 두 갈래진 기둥을 세워 놓은 것. 준전지.

전짓-대[-지때一진때]명 위 끝을 두 갈래지게 한 긴 장대. 흔히, 감을 딸 때 씀. 준전지.

전-짬(全一)명 다른 군것이 섞이지 않은 순수하고 진한 것.

전차(前次)명 지난번.

전차(前借)명하타 (받을 약속으로 되어 있는 돈을) 미리 앞당기어 받아 씀. ¶월급 중에서 10만 원을 미리 전차하여 쓰다.

전:차(塡差)명하타되자 비어 있는 벼슬자리를 보충하여 채움.

전:차(電車)명 전동기(電動機)를 장치하고, 공중에 가설한 전선으로부터 전력을 공급받아 궤도 위를 달리는 차량.

전:차(戰車)명 ①전투에 쓰이는 차. 병거(兵車). ②장갑(裝甲)한 차체에 무한궤도를 갖추고, 포와 기관총 따위로 무장한 공격 병기. ②탱크(tank).

전:차(轉借)명하타 남이 빌려 온 것을 다시 빌려 씀. 🔒전대(轉貸).

전차-금(前借金)명 (급료 따위를) 받을 기일 전에 미리 당기어 받은 돈.

전차-후옹(前遮後擁)명하타 많은 사람이 앞뒤를 옹위하여 따름.

전:착(電着)명하자 전기 분해로 전해질(電解質) 용액에서 석출(析出)된 이온이 음극의 물체 표면에 들러붙는 일.

전:착(顚錯)명하타되자 앞뒤를 바꾸어 어긋나 뜨림.

전:착(纏着)명하자 감기어 붙음. 전요(纏繞).

전:착-제(展着劑)[一쩨]명 살포한 농약이 작물에 고르게 퍼져서 붙게 하기 위하여 섞어 쓰는 보조제.

전찬(傳餐)명하자 아침저녁으로 끼니를 날라 줌. 전식(傳食).

전참(前站)명 다음에 머무를 곳.

전:창(箭窓)명 ☞살창.

전채(前菜)명 ☞오르되브르.

전채(前債)명 전에 진 빚.

전:채(箭筒)명 ☞전동(箭筒).

전:채(戰債)명 ①전비(戰費)를 마련하려고 발행하는 국채(國債). ②전쟁으로 말미암아 생긴 국가의 채무.

전처(前妻)명 재혼하기 전의 아내. 전부(前婦). 전처(前妻). ¶전처와의 사이에 아들 하나를 두었다. ↔후처(後妻).

전처-소생(前妻所生)명 전처가 낳은 자식. 전취소생.

전천(專擅)명하타 ☞전행(專行).

전:천(錢千)명 ☞돈천.

전천^사진기(全天寫眞機)명 어안(魚眼) 렌즈나 구면경(球面鏡)을 써서, 온 하늘의 구름을 단번에 찍는 사진기.

전-천후(全天候)명 어떠한 기상 조건에서도 제 기능을 다할 수 있음. 《주로, 관형사적으로 쓰임.》 ¶전천후 운동장. /전천후 폭격기.

전천후-기(全天候機)명 밤중이나 시계(視界)가 흐린 때에도 활동할 수 있도록 레이더를 갖춘 항공기.

전천후^농업(全天候農業)명 (수리 시설이 잘 되어 있어서) 가뭄이나 홍수 등의 기상 조건 아래에서도 지장을 받지 않는 농업.

전철(前哲)명 옛날의 철인(哲人). 선철(先哲).

전철(前轍)명 ①앞서 지나간 수레바퀴의 자국이라는 뜻으로 ②앞사람의 실패의 경험. 복철(覆轍). 전철을 밟다관용 이전 사람의 잘못이나 실패를 되풀이하다.

전:철(前鐵)명 ☞번철(燔鐵).

전:철(電鐵)명 〈전기 철도〉의 준말.

전:철-기(轉轍機)명 철도에서, 차량을 다른 선로로 옮기기 위하여 철로가 갈리는 곳에 장치한 고동. 🔒포인트.

전:철-수(轉轍手)[一쑤]명 전철기를 조작하는 철도 종업원.

전:철-역(電鐵驛)[一력]명 전기 철도 노선의 역.

전첨-후고(前瞻後顧)명하자 〔앞을 쳐다보고 뒤를 돌아본다는 뜻으로〕 어떤 일을 당하여 용기(勇氣)를 내어 결단하지 못하고 두리번거리기만 함. 첨전고후.

전:첩(戰捷)명하자 ☞전승(戰勝).

전청(全淸)명 훈민정음 초성(初聲) 체계 중의 'ㄱ·ㄷ·ㅂ·ㅅ·ㅈ·ㆆ' 등에 공통되는 음적 특질. 곧, 현대 음성학의 무성 자음을 말함.

전:청(轉請)명하타 다른 사람을 사이에 넣어서 간접으로 청함. 전탁(轉託).

전체(全體)명 (사물이나 현상의) 전부. 🔒총체(總體). ↔부분.

전체(傳遞)명하타되자 차례로 전하여 보냄.

전:체(轉遞)명하타되자 여러 사람의 손을 거쳐 전하여 보냄, 또는 그런 인편. 전편(轉便).

전체^국가(全體國家)[一까]명 ☞전체주의 국가.

전체-성(全體性)[一썽]명 (사물을 하나의 전체로써 파악하여 고찰할 때) 그 전체가 가지는 특성.

전체-송장(傳遞一)명 ①(고을에서 고을로 차례차례 넘기어) 제 고향으로 보내 주는 객사(客死)한 송장. ②'억지로 남에게 떠맡긴 귀찮은 일'을 비유하여 이르는 말.

전체-수(全體需)명 ①통째로 삶거나 구워서 낸 음식. ②꿩·닭·물고기 따위를 통째로 양념하여 구운 적(炙).

전체-적(全體的)관 전체에 관계되는 (것). ¶전체적 구조. /전체적인 조화. ↔부분적.

전체-주의(全體主義)[一의/一이]명 개인의 모든 활동은 국가나 민족 전체의 존립·발전을 위하여 바쳐져야 한다는 이념 아래, 국민의 자유(自由)를 억압·통제하는 사상 및 체제. 〔나치즘·파시즘 따위.〕 ↔개인주의.

전체주의^국가(全體主義國家)[一의/一이一까]명 전체주의를 통치 원리로 하는 국가. 흔히, 일국 일당제(一國一黨制)를 취하는데, 나치스가 지배하던 독일과 파시스트가 지배하던 이탈리아가 대표적임. 전체 국가.

전체^집합(全體集合)[一지팝]명 부분 집합에 대하여 한 집합의 원소 전체로 된 집합을 이르는 말.

전초(全草)명 (잎·줄기·뿌리를 가진) 풀의 온 포기.

전초(前哨)명 (적진 가까이에) 군대가 주둔할 때, 경계 임무를 띠고 그 전방에 배치되는 작은 부대, 또는 그런 초소.

전초-전(前哨戰)圀 ①전초에서 하는 전투. ②본격적인 전투가 시작되기 전에 하는 소규모의 전투.

전(箭鏃)圀 화살촉.

전촌(全村)圀 온 마을. 마을 전체.

전총(專寵)圀—하다困 각별한 사랑을 혼자서 받음.

전-추(顚墜)圀—하다困—되다困 굴러 떨어짐. 전락(轉落).

전-추라(翦秋羅)圀 너도개미자릿과의 다년초. 산과 들에 절로 나는데, 높이는 60~90 cm. 여름과 가을에 붉은빛의 다섯잎꽃이 줄기 위에 핌. 관상용으로도 가꿈.

전축(電蓄)圀 레코드에 녹음한 진동을 바늘에 받아 진동 전류로 바꾸고, 이것을 증폭하여 확성기를 통해 원음(原音)을 재생하는 축음기. ¶전축을 켜다. /전축을 틀다.

전-춘(餞春)圀—하다困 봄을 마지막으로 보냄.

전-춘-날(餞春-)圀 [봄을 보내는 마지막 날이라는 뜻으로] '음력 삼월 그믐날'을 이르는 말.

전-춘-놀이(餞春-)圀 봄을 보내는 뜻으로, 음력 삼월 그믐께 노는 놀이.

전-춘-시(餞春詩)圀 가는 봄에 대한 감상을 읊은 시(詩).

전-출(轉出)圀—하다困—되다困 ①딴 곳으로 이주하여 감. ¶전출 신고. ↔전입(轉入). ②딴 곳으로 전직하여 감. ②비전근(轉勤).

전-출'증명서(轉出證明書) 딴 곳으로 이주하였음을 증명하는 문서.

전-충(塡充)圀—하다困—되다困 빈 곳을 채워서 메움.

전-충-성(塡充性) [-썽]圀 물질이 공간을 메워 채우는 성질.

전처(前妻)圀 ☞전처(前妻). ↔후처(後妻).

전-취(戰取)圀—하다困—되다困 (목적한 바를) 싸워서 차지하거나 얻음.

전처-소생(前妻所生)圀 ☞전처소생.

전치(全治)圀—하다困 (상처나 질병 따위를) 완전히 고침. ¶전치 4주의 부상. 비완치(完治).

전치(前齒)圀 앞니.

전-치(轉置)圀 딴 곳으로 옮겨 놓음.

전치-사(前置詞)圀 인도·유럽 어 문법에서, 품사의 한 가지. 명사나 대명사 앞에 놓여 다른 품사와의 문법적 관계를 나타내는 말. 〔영어의 at·in·to·from 따위.〕

전-칙(典則)圀 ☞법칙(法則).

전칭(全稱)圀 논리학에서, 주사(主辭)의 전 범위에 걸쳐 긍정 또는 부정하는 말. ('모든 사람은 남자나 여자로 태어난다.'에서 '모든' 따위.) 함특칭(特稱).

전칭^긍:정^명:제(全稱肯定命題)圀 전칭 긍정 명제로 나타낸 것. ↔전칭 부정 명제.

전칭^긍:정^판단(全稱肯定判斷)圀 주사(主辭)의 모든 범위에 걸쳐서 긍정하는 판단. ↔전칭 부정 판단(全稱否定判斷).

전칭^명:제(全稱命題)圀 전칭 판단을 명제로 나타낸 것.

전칭^부:정^명:제(全稱否定命題)圀 전칭 부정 명제로 나타낸 것. ↔전칭 긍정 명제.

전칭^부:정^판단(全稱否定判斷)圀 주사(主辭)의 모든 범위에 걸쳐서 부정하는 판단. ↔전칭 긍정 판단(全稱肯定判斷).

전칭^판단(全稱判斷)圀 주사(主辭)의 모든 범위에 걸쳐서 긍정 또는 부정하는 판단.

전쾌(全快)圀—하다困—되다困 병이나 상처가 다 나음. 비완쾌(完快).

전타라(旃陀羅←caṇḍāla 범)圀 인도의, 사성(四姓)을 제외한 최하층 계급의 종족. 수렵·도살

따위를 업으로 하는 천민임. 전다라(旃荼羅).

전타-음(前打音)圀 ☞앞꾸밈음.

전탁(全託)圀—하다困 (어떤 일을) 모두 남에게 맡겨 부탁함.

전탁(全濁)圀 훈민정음 초성(初聲) 체계 중의 'ㄲ·ㄸ·ㅃ·ㅆ·ㅉ·ㆅ' 등에 공통되는 음적 특질. 곧, 된소리를 말함.

전탁(專託)圀—하다困 오로지 남에게만 부탁함.

전:탁(轉託)圀—하다困 ☞전청(轉請).

전탑(塼塔)圀 흙벽돌로 쌓은 탑.

전택(田宅)圀 논밭과 집.

전토(田土)圀 논밭. 전답(田畓).

전토(全土)圀 국토의 전체. 온 나라 안.

전통(全通)圀—하다困—되다困 (가설하던 전선이나 부설하던 철로 따위가) 죄다 통하게 됨.

전통(全統)Ⅰ圀 온통.
Ⅱ퓟 온통. ¶들녘이 전통 황금빛이다.

전통(傳統)圀 어떤 집단이나 공동체에서, 지난날로부터 이어 내려오는 사상·관습·행동 따위의 양식(樣式), 또는 그것의 핵심을 이루는 정신. 〔역사적 생명력을 가진 것으로서 현재의 생활에 의미와 효용이 있는 문화유산을 이르기도 함.〕 ¶전통 문화. /전통을 세우다.

전:통(箋筒)圀 전문(箋文)을 넣어 두는 봉투.

전:통(箭筒)圀 〔전동〕의 본딧말.

전통-미(傳統美)圀 전통적으로 전해 내려오는 것에서 느끼는 아름다움. ¶한옥(韓屋)의 전통미.

전통-적(傳統的)圀 전통에 관한 (것). ¶전통적 가치관. /전통적인 관습.

전통-주의(傳統主義) [-의/-이]圀 전통을 존중하여 굳게 지키려고 하는 보수적인 생각.

전:투(戰鬪)圀—하다困 전쟁에서 이기기 위해 병기를 써서 직접 맞붙어 싸움, 또는 그런 무력 행동. ¶백마 고지 전투의 영웅. /치열한 전투가 벌어지다.

전:투-경:찰(戰鬪警察)圀 대간첩(對間諜) 작전이나 경비 임무 등을 수행하는 경찰. ②전경(戰警).

전:투-기(戰鬪旗)圀 군함에서 전투 개시의 신호로 올리는 기(旗).

전:투-기(戰鬪機)圀 적기(敵機)와 공중전(空中戰)을 하고, 또 아군의 폭격기·수송기 등을 호위하며 지상 전투를 도와주는, 비교적 작고 빠른 비행기.

전:투^대형(戰鬪隊形)圀 전투를 하기 위한 부대, 또는 함대(艦隊)의 배열.

전:투-력(戰鬪力)圀 전투를 해낼 수 있는 힘. 전투를 할 수 있는 병력.

전:투^명:령(戰鬪命令) [-녕]圀 야전에서의 작전과 행동에 관한 명령. 〔지령(指令)·훈령(訓令)·행정 명령·부대 예규 등에 딸림.〕

전:투-모(戰鬪帽)圀 군인이 훈련이나 전쟁 때 쓰는, 천으로 만든 모자.

전:투^병과(戰鬪兵科) [-꽈]圀 육군에서, 실제 전투에 투입되는 병과로, 보병·포병·기갑·공병·통신 등의 병과를 통틀어 이르는 말.

전:투-복(戰鬪服)圀 군인이 훈련이나 전쟁 때에 입는 옷.

전:투^부대(戰鬪部隊)圀 실제 전투에 참가하여 적과 싸우는 부대.

전:투-선(戰鬪線)圀 전시에 전투 부대가 차지한 최전선의 지점을 가상으로 연결한 선.

전:투-원(戰鬪員)圀 무기를 가지고 직접 전투에 참가하는 병사. 교전 법규에 따라 적의 공격 대상이 됨.

전:투^폭격기(戰鬪爆擊機)[-격끼]명 공중전과 폭격을 아울러 할 수 있게 만든 비행기. ⊛전투 폭기(戰爆機).

전:투-함(戰鬪艦)명 군함 가운데서, 전투에 직접 사용할 목적으로 만든 배를 통틀어 이르는 말. [전함·구축함·순양함 따위.] ⊛전함(戰艦).

전:투^행위(戰鬪行爲)명 전투의 한 방법으로, 적군의 저항을 불가능하게 함을 목적으로 하는 행위.

전:투^휴대량(戰鬪携帶量)명 전투에 참가할 때에 개인 또는 차량으로 운반되는, 재보급이 가능할 때까지의 전투 작전 수행에 필요한 장비 및 보급품.

전파(全破)명하자타되자 전부 파괴됨. 전부 파괴됨. ㉣가옥이 전파되다. ㉭전괴(全壞).

전:파(電波)명 전자기파(電磁氣波) 중에서 적외선 이상의 파장을 갖는 것. 주로, 무선 통신에 쓰이며, 장파·중파·단파·초단파 등이 있음. 전기파(電氣波).

전파(傳播)명하타되자 ①전하여 널리 퍼뜨림. 전포(傳布). 파전. ㉣복음을 전파하다. ②파동이 매질(媒質) 속을 퍼져 감. ㉣음향의 전파.

전:파-계(電波計)[-계/-게]명 무선 주파 발진기(發振器)의 출력, 또는 도달한 전파의 파장이나 주파수를 재는 장치.

전:파^망원경(電波望遠鏡)명 천체로부터 복사(輻射)되는 전파를 관측하기 위한 장치.

전:파^병기(電波兵器)명 전파를 이용한 군용 기기(器機)를 통틀어 이르는 말. [통신 병기·암시 망원경·레이더 따위.]

전파-설(傳播說)명 문화의 기원(起源)이나 전달에 관한 연구에서, 다른 요소보다 역사적 접촉에 따른 전파의 역할을 특히 강조하는 이론.

전파^수신기(全波受信機)명 장파로부터 단파에 이르는 모든 방송을 들을 수 있는 수신기.

전:파^탐지기(電波探知機)명 ☞레이더.

전:파^항법(電波航法)[-뻡]명 레이더 따위를 이용하여 배의 위치를 알아내는 항법.

전편(全-)명 남김없이 전부. 온통. ㉣하나도 못 쓰고 전판 다 버렸다.

전패(全敗)명하자 (경기나 전쟁 따위에서) 싸움마다 다 짐. 완전히 패함. ↔전승(全勝).

전:패(殿牌)명 지방의 객사(客舍)에 '殿' 자를 새겨서 세워 둔, 임금을 상징하던 나무 패. 공무(公務)로 그 지방에 간 벼슬아치나 그 고을의 원이 배례하였음.

전:패(戰敗)명하자 ☞패전(敗戰). ↔전승(戰勝).

전:패(顚沛)명하자 엎어지고 자빠짐.

전:패위공(轉敗爲功)명하자 실패가 바뀌어 오히려 공이 됨.

전편(全篇)명 책·시문(詩文)·영화 따위의 한 편 전체. ㉣전편에 넘쳐흐르는 시정(詩情).

전편(前篇)명 (두세 편으로 나뉜 책이나 작품의) 앞의 편. ↔후편(後篇).

전편(專便)명 (어떤 일을) 특별히 부탁하여 보내는 인편(人便).

전:편(轉便)명 ☞전체(轉遞).

전폐(全閉)[-폐/-페]명하타 모두 닫음. 아주 닫아 버림.

전폐(全廢)[-폐/-페]명하타되자 아주 그만두거나 없애 버림. 모두 폐지함. ㉣식음(食飮)을 전폐하다.

전폐(前弊)[-폐/-페]명 전부터 내려오는 폐단.

전:폐(奠幣)[-폐/-페]명하자 지난날, 나라의 대제(大祭)에 폐백(幣帛)을 올리던 일.

전:폐(殿陛)[-폐/-페]명 전각(殿閣)의 섬돌.

전:폐(錢幣)[-폐/-페]명 ☞돈.

전:폐(錢弊)[-폐/-페]명 지난날, 화폐 제도가 확립되지 않은 데서 생기던 여러 가지 폐단.

전포(田圃)명 남새밭.

전:포(典舖)명 〈전당포(典當舖)〉의 준말.

전포(傳布)명하타 ☞전파(傳播).

전:포(鷹舖)명 ☞전방(廛房).

전:포(戰袍)명 지난날, 장수(將帥)가 군복으로 입던 긴 웃옷.

전폭(全幅)명 ①한 폭의 전부. 온 너비. ②일정한 범위의 전체. ㉣전폭 지지하다. /상대편의 요구를 전폭 수용하다.

전폭(前幅)명 앞폭.

전:폭-기(戰爆機)[-끼]명 〈전투 폭격기(戰鬪爆擊機)〉의 준말.

전폭-적(全幅的)[-쩍]관명 있는 대로 전부인 (것). ㉣전폭적 지원. /전폭적인 지지를 얻다.

전표(傳票)명 은행이나 회사 등의 관계자 사이에서, 금전 출납이나 거래 내용 따위를 간단히 적어 그 책임 소재를 밝히는 종이 쪽지. ㉣입금 전표. /전표를 떼다.

전:표(錢票)명 흔히 공사장 등에서, 일용(日備) 근로자들에게 현금 대신 지급하는 쪽지. 가지고 오는 사람에게 적혀 있는 액수대로 돈을 주도록 되어 있음.

전:풍(殿風)명 ☞어루러기.

전:하(殿下)명 ①왕이나 왕비 등 왕족을 높이어 일컫는 말. ②가톨릭에서, '추기경(樞機卿)'을 높이어 일컫는 말. ⑧각하(閣下)·성하(聖下).

전:하(電荷)명 물체가 띠고 있는 전기, 또는 그 전기의 양(量). 하전(荷電).

전:하(轉荷)명하타 ①짐을 다른 데로 옮김. ②책임이나 죄과(罪過) 따위를 남에게 떠넘김.

전-하다(傳-)[Ⅰ]자타 후대나 당대에 이어지거나 남겨지다. ㉣그 마을에는 슬픈 이야기 하나가 전해 오고 있다.
[Ⅱ]타타 ①(소식을) 알리다. ㉣안부를 전하다. ②(물건을) 이곳에서 저곳으로 옮기다. ㉣선물을 전하다. ③(물려서 내려 주다. ㉣가업(家業)을 후대에 전하다.

전:학(轉學)명하자 (다니던 학교에서) 다른 학교로 학적을 옮겨 가서 배움. 전교(轉校).

전할(全割)명 알 전체가 세로로 분할되는 난할(卵割). [개구리나 성게의 알 같은 것.]

전할-란(全割卵)명 전할을 하는 알.

전함(前衒)명 ☞전직(前職).

전:함(戰艦)명 ①전쟁에 쓰이는 함선을 통틀어 이르는 말. 군함(軍艦). 병선(兵船). ②〈전투함〉의 준말.

전:함지명 전이 달린 함지박.

전항(前項)명 ①앞에 적혀 있는 사항 또는 항목. ②수학에서, 둘 이상의 항(項) 가운데 앞의 항. ↔후항(後項).

전항-동물(前肛動物)명 동물 분류의 한 문(門) 무척추동물의 한 가지로, 입 둘레에 여러 개의 촉수(觸手)가 발달하였고 항문이 몸 앞쪽의 일부분에 있음. 촉수동물.

전-해(前-)명 ①지난해. ②어떤 해의 바로 그 앞의 해.

전:해(電解)명하자타되자 〈전기 분해〉의 준말.

전:해^공업(電解工業)명 전기 분해를 이용한 전기 화학 공업의 한 가지. [수소·산소·가성 소다 등의 제조, 알루미늄·마그네슘 등의 제련(製鍊), 전기 도금 따위가 이에 딸림.]

전:해-동(電解銅)똉 ☞전기동(電氣銅).

전:해-물(電解物)똉 ☞전해질(電解質).

전:해-액(電解液)똉 전기 분해를 할 때, 전해조(電解槽) 안에 넣어 이온 전류로 전류를 흘려보내는 매체(媒體)가 되는 용액.

전:해-조(電解槽)똉 전기 분해를 할 때에 전극과 전해액을 넣는 통. 전조(電槽).

전:해-질(電解質)똉 물이나 기타 용매(溶媒)에 용해되어 전기 전도를 일으키는 물질.〔산·알칼리·염류 따위.〕전해물.

전행(專行)똉[하타] 제 마음대로 결단하여 실행함. 전천(專擅). 천행(擅行).

전:향(轉向)똉[자][되자] ①이제까지의 사상·신념·주의·주장 따위를 다른 것으로 바꿈. ¶전향 작가. /공산주의에서 전향하다. ↔미전향. ②방향을 바꿈.

전:향^문학(轉向文學)똉 사상의 전향 현상을 소재로 한 문학.

전혀(全-)뮈《부정하는 말과 함께 쓰이어》도무지. 아주. 온전히. ¶전혀 들은 바 없다. /전혀 모르겠다.

전혀(專)뮈 오로지. ¶이 일은 전혀 네 소관이다. /내가 유명하게 된 것은 전혀 아내의 힘이었다.

전현(前賢)똉 예전의 현인(賢人).

전:혈(戰血)똉 전쟁으로 흘린 피. ¶전혈로 산천을 물들이다.

전혐(前嫌)똉 이전에 받던 혐의.

전형(全形)똉 ①전체의 모습. ②모든 것이 온전하게 갖추어진 형체.

전형(典刑)똉 예로부터 전하여 내려오는 법전.

전:형(典型)똉 같은 종류의 사물 가운데서, 그것의 본질적이고 일반적인 특성을 가장 많이 지닌, 본보기로 삼을 만한 사물. ¶단편 소설의 전형.

전:형(銓衡)똉[하타] (사람을) 여러모로 시험하여 골라 뽑음. 선고(選考). ¶서류 전형.

전:형(箭形)똉 잎 모양의 한 가지. 화살처럼 끝이 뾰족하고, 잎몸과 잎자루가 붙은 부분은 날카롭게 갈라져 있음.

전:형(轉形)똉[하타] 형식이나 형태를 바꿈.

전:형-적(典型的)[관]똉 전형이 될 만한 (것). ¶한국의 전형적인 건축 양식. /전형적인 한국인.

전호(全戶)똉 온 집안. 전가(全家).

전호(佃戶)똉 소작하는 농가. 전부(佃夫).

전호(前胡)똉 ①산형과의 다년초. 줄기 높이는 1m가량. 여름에 흰 다섯잎꽃이 줄기 끝에 피고, 타원형의 열매는 검푸른색으로 익음. 산간 습지에 나는데, 어린잎은 식용하며 뿌리는 약용함. ②한방에서, '바디나물의 뿌리'를 약재로 이르는 말. 두통·해소·담 등에 쓰임.

전호(前號)똉 신문이나 잡지 따위에서, 앞의 번호. 또는, 앞의 호수(號數).

전:호(電弧)똉 ☞아크 방전.

전:화(電火)똉 번갯불.

전:화(電化)똉[하타][되자] 열·빛·동력 따위에 전력을 써서 얻도록 함. ¶농어촌 전화 사업.

전:화(電話)똉 ①[하자]전화기로 말을 주고받는 일. ¶전화를 걸다. ②〈전화기〉의 준말. ¶전화가 고장이다.

전:화(戰火)똉 ①전쟁으로 말미암아 일어나는 화재. 병화(兵火). ②☞전쟁(戰爭).

전:화(戰禍)똉 전쟁으로 말미암아 입는 재앙. 병화(兵禍).

전:화(錢貨)똉 ☞돈.

전:화(轉化)똉[하자타][되자] 바뀌어 달리 됨. 바꾸어 달리 함.

전:화^교환(電話交換)똉 전화 사용자의 전화선을 통화하고자 하는 상대편의 전화선에 이어 주는 일. ☎교환.

전:화^교환기(電話交換機)똉 전화 교환에 쓰이는 기계. ☎교환기.

전:화^교환원(電話交換員)똉 전화 교환을 업으로 하는 사람. ☎교환원.

전:화-국(電話局)똉 전화를 가설하거나, 전화 가입자의 전화 회선을 집중시켜 교환과 중계에 관한 일을 맡아보는 곳.

전:화-기(電話機)똉 말소리를 전파나 전류로 바꾸어 다른 곳으로 보내고, 다른 곳에서 온 전파나 전류를 다시 말소리로 바꾸어 통화를 하게 하는 장치. ☎전화.

전:화-당(轉化糖)똉 설탕을 산(酸) 또는 전화 효소(轉化酵素)로 가수 분해 하여서 얻은, 포도당과 과당의 등량(等量) 혼합물. 과자나 식품에 쓰임.

전:화^도:수제(電話度數制)[-쑤-]똉 전화 가입자로부터 전화 사용의 기본 요금 이외에, 그 사용 도수에 따라 요금을 받는 제도.

전:화-료(電話料)똉 전화를 사용한 데 대한 요금. 전화세.

전:화-번호(電話番號)똉 가입된 전화마다 매겨져 있는 일정한 번호. 전화 가입자의 번호.

전:화-벨(電話bell)똉 전화가 걸려 올 때 소리가 나도록 전화기에 내장한 장치.

전:화-선(電話線)똉 유선 전화기에 전류를 보내는 전선(電線).

전:화-세(電話稅)[-쎄]똉 ☞전화료.

전:화위복(轉禍爲福)똉 화(禍)가 바뀌어 오히려 복(福)이 됨.

전:화-통(電話筒)똉 〈전화기〉의 속된 말.

전:화-학(錢貨學)똉 고대로부터의 돈을 모아 그 연혁(沿革)·유별(類別)·계통 등을 고증(考證)하는 학문.

전:화^회선(電話回線)[-회-/-훼-]똉 전화의 신호를 보내기 위해 설치해 놓은 전화선.

전:환(轉換)똉[하자타][되자] 이제까지의 방침이나 경향·상태 등이 다른 것으로 바뀜, 또는 그렇게 바꿈. ¶기분 전환. /허가제를 신고제로 전환하다.

전:환-기(轉換期)똉 전환하는 시기(時期). 변하여 바뀌는 때.

전:환-기(轉換器)똉 전기 회로나 자기(磁氣) 회로 따위의 개폐(開閉)나 전환을 하는 기구, 또는 장치. 스위치.

전:환^무:대(轉換舞臺)똉 연극에서, 뼈대가 되는 고정된 장치는 그대로 두고, 장면에 따른 배경이나 소도구 등을 그때그때마다 바꾸는 무대.

전:환^사채(轉換社債)똉 소유자의 희망에 따라, 주식(株式)으로 바꿀 수 있는 조건 아래 발행되는 사채.

전:환-점(轉換點)[-쩜]똉 전환하는 계기. 바뀌거나 바꾸는 고비. ¶역사의 전환점. /전환점을 마련하다.

전:환^주식(轉換株式)똉 다른 종류의 주식으로 전환할 수 있는 권리가 인정된 주식.〔우선주(優先株)를 보통주(普通株)로 전환하는 따위.〕

전:황(戰況)똉 전쟁(戰爭)의 상황. 싸움의 형편. 전상(戰狀). ¶전황이 호전되다.

전:황(錢荒)똉 돈이 잘 돌지 않아서 매우 귀해지는 일.

전회(前回)[-회/-훼]**명** 먼젓번. 전번. 앞 회. ¶전회의 패배를 설욕하다.

전:회(轉回)[-회/-훼]**명하자타** ①회전. ②☞자리바꿈.

전횡(專橫)[-횡]**명하자** 권세를 틀어쥐고 제 마음대로 휘두름. ¶외척(外戚)들의 전횡. 卽전권(專權).

전후(前後)**명** ①앞뒤. ¶전후를 살피다. /전후를 둘러보다. ②(시각이나 일의) 먼저와 나중. ¶전후 사정을 밝히다. ③(시간·나이·수량 따위를 나타내는 말과 어울려서)'안팎'·'쯤'의 뜻을 나타내는 말. ¶20세 전후의 청년들. ④**하자**(두 가지 이상의 일이) 거의 사이를 두지 않고 이어짐. ¶그의 출국에 전후하여 입국하다. ⑤**하타**(어떤 일이나 일정한 때를) 중심으로 함. ¶그 사건을 전후하여 심경의 변화를 일으키다. /19세기를 전후하여 일어난 문예 사조.

전:후(戰後)**명** 전쟁이 끝난 뒤. ¶전후 복구 사업. ↔전전(戰前).

전후-곡절(前後曲折)[-쩔]**명** (어떤 일의 처음부터 끝까지의 자세한 사연. 전후사연.

전-후방(前後方)**명** 전방(前方)과 후방(後方)을 아울러 이르는 말.

전후-사(前後事)**명** 앞일과 뒷일을 아울러 이르는 말.

전후-사연(前後事緣)**명** ☞전후곡절(前後曲折).

전후좌우(前後左右)**명** 앞쪽과 뒤쪽과 왼쪽과 오른쪽, 곧 사방(四方).

전:후-파(戰後派)**명** ☞아프레게르. ↔전전파.

전:훈(電訓)**명** 전보(電報)로 내리는 훈령.

전:훈(戰勳)**명** ☞전공(戰功).

전휴(全休)**명하타** 온 하루를 내쳐 쉼.

전-휴부(全休符)**명** ☞온쉼표.

전흉(前胸)**명** 곤충의 앞가슴.

전흉배-판(前胸背板)**명** 곤충의, 앞가슴의 뒤쪽이 되는 등 부분.

전:흔(戰痕)**명** 전쟁의 흔적.

절[1]**명** 중이 불상(佛像)이나 사리탑을 모셔 놓고 불도를 닦으며 교법을 펴는 집. 불가(佛家). 불사(佛寺). 불찰(佛刹). 사원(寺院). 사찰(寺刹). 卽산문(山門).

절에 가면 종노릇 하고 싶다[속담] 줏대나 지조가 없이 남이 하는 일을 보면 덮어놓고 따르려고 한다는 말.

절에 가서 젓국 달라 한다[속담] ①있을 수 없는 데 가서 당치 않게 찾음을 이르는 말. ②엉뚱한 짓을 한다는 말.

절에 간 색시[속담] '남이 시키는 대로만 따라 하는 사람'을 비유하여 이르는 말.

절[2]**명하자** 남에게 몸을 굽혀 공경하는 뜻을 나타냄, 또는 그 뜻을 나타내는 예(禮). 공경하는 정도나 경우, 또는 대상에 따라 예를 나타내는 방법이 다름.

절(節)**명** ①주어와 서술어를 갖춘 하나의 온전한 문장이 더 큰 문장의 한 성분 구실을 하는 것을 이름. ['철수가 일등을 했음이 밝혀졌다.'에서의 '철수가 일등을 했음이' 따위.] 卽관형절·명사절·부사절. ②글의 내용을 여러 단락으로 나눌 경우의 한 단락. ③제목 아래 여러 덩어리로 이루어진 가사의 각 덩어리. ¶가사의 절마다 후렴구가 딸려 있다. ④예산 편성에서 맨 아래 구분의 명목. 목(目)의 다음. ⑤[의존 명사적 용법] ㉠글의 단락을 세는 단위. ¶제1장은 3절로 이루어졌다. ㉡같은 곡조의

가사 덩어리를 세는 단위. ¶애국가를 4절까지 부르다.

절가(折價)[-까]**명하타되자** ①값을 결정함, 또는 결정한 값. 결가(決價). ②어떤 물건 대신 다른 물건을 받을 때, 그 값을 견주어 받을 물건의 수량을 정함. ③(물건의) 값을 깎음. 가절.

절가(絕佳)'절가하다'의 어근.

절가(絕家)[-까]**명하타** 혈통이 끊어져 상속자가 없게 됨, 또는 그런 집.

절가-하다(絕佳-)**형여** ①더없이 훌륭하고 좋다. ¶절가한 산천경개. ②(주로 여자의 얼굴이) 빼어나게 아름답다. ¶절가한 미인.

절각(折角)**명하자되자** ①뿔이 부러짐. ②두건(頭巾)을 접음.

절각(折脚)**명하자되자** 다리가 부러짐.

절각(截脚)**명하자** 다리를 자름.

절-간(-間)[-깐]**명** 〈절[1]의 속된 말. ¶절간같이 조용하다.

절감(切感)**명하타** 절실히 느낌. 깊이 느낌. ¶건강의 중요성을 절감하다. 卽통감(痛感).

절감(節減)**명하타** 아껴서 줄임. ¶예산 절감. /제품의 원가를 절감하다.

절개(切開)**명하타** (치료를 위해 칼·가위 따위로 몸의 일부를) 째어서 엶. ¶절개 수술.

절개(節槪/節介)**명** 옳은 일을 지키어 뜻을 굽히지 않는 굳건한 마음이나 태도. ¶절개를 지키다.

절거덕[부]**하자타** ①차진 물체가 들러붙는 소리, 또는 그 모양. ②쇠붙이 따위가 가볍게 맞부딪칠 때 나는 소리, 또는 그 모양. ¶자물쇠를 절거덕하고 열다. 작잘가닥. 쎄절꺼덕·절커덕·철커덕. ㉠절커덕·철거덕·철커덕. **절거덕-절거덕**[부]**하자타**

절거덕-거리다[-꺼-]**자타** 자꾸 절거덕절거덕하다. 절거덕대다. 작잘가닥거리다.

절거덕-대다[-때-]**자타** 절거덕거리다.

절거덩[부]**하자타** 쇠붙이 따위가 부딪칠 때에 좀 묵직하게 울리어 나는 소리. ¶절거덩하고 철문이 닫히다. 작잘가당. 쎄절꺼덩·절껑·철꺼덩. ㉠절커덩·철거덩·철커덩. **절거덩-절거덩**[부]**하자타**

절거덩-거리다[자타] 자꾸 절거덩절거덩하다. 절거덩대다. 작잘가당거리다.

절거덩-대다[-때-]**자타** 절거덩거리다.

절격[부]**하자타** 쇠붙이 따위가 맞부딪치거나 걸릴 때 나는 소리. 작잘각. 쎄절꺽·절껙·쩔꺽. ㉠절컥·철격·철컥. **절격-절격**[부]**하자타**

절격-거리다[-꺼-]**자타** 자꾸 절격절격하다. 절격대다. 작잘각거리다.

절격-대다[-때-]**자타** 절격거리다.

절검(節儉)**명하타** 절약하고 검소하게 함.

절경(絕景)**명** 더할 나위 없이 아름다운 경치. 썩 좋은 경치. 卽가경(佳景)·승경(勝景).

절경(絕境)**명** 멀리 떨어져 있는 땅. 절역(絕域).

절계(節季)[-계/-게]**명** ①계절의 끝. ②'선달'을 달리 이르는 말.

절고(絕高)'절고하다'의 어근.

절고(節鼓)**명** 국악기의 한 가지. 붉은 칠을 한 나무 궤 위에 구멍을 뚫고 북의 한 모를 끼우는 타악기. 주악의 시작과 마침에 쓰임.

절고-하다(絕高-)**형여** 더없이 높다. 썩 높다.

절곡(絕穀)**명하자** ☞단식(斷食).

절골(折骨)**명하자되자** 뼈가 부러짐. 골절.

절골지통(折骨之痛)[-찌-]〔뼈가 부러지는 아픔이라는 뜻으로〕매우 견디기 어려운 고통을 이르는 말.

절괘(節卦)**명** 육십사괘의 하나. 감괘(坎卦)와 태괘(兌卦)를 위아래로 놓은 괘. 물 가운데 못이 있음을 상징함.

절교(絶巧·切巧)'절교하다'의 어근.

절교(絶交)**명하자타** 서로 교제를 끊음. 단교(斷交). 조면(阻面).

절교-하다(絶巧-·切巧-)**형여** 더할 수 없이 교묘하다.

절구 명 곡식을 찧거나 빻는 데 쓰는 기구. 통나무나 돌을 우묵하게 파서 만듦. 도구(搗臼).

절구(絶句)**명** 기(起)·승(承)·전(轉)·결(結)의 네 구(句)로 된 한시의 한 가지. 한 구의 자수(字數)에 따라 오언(五言) 절구와 칠언(七言) 절구로 나뉨.

절구-구(-臼)**명** 한자 부수의 한 가지. '與'·'舊' 등에서의 '臼'의 이름.

절구-질 명하자 ①곡식을 절구에 넣고 찧거나 빻는 일. ②씨름에서, 상대편을 들었다 놓았다 하여 넘어뜨리는 들재간의 한 가지.

절구-통(-桶)**명** ①절구를 절굿공이에 대하여 이르는 말. ②'뚱뚱한 여자'를 비유하여 이르는 말.

절국-대 [-때]**명** 현삼과의 반기생(半寄生) 일년초. 산이나 들의 양지바른 곳에 절로 나는데, 줄기는 60 cm가량이고 여름철에 노란 꽃이 줄기와 가지 끝에 핌. 뿌리는 약으로 쓰임.

절굿-공이 [-구꽁-/-굳꽁-]**명** 절구에 곡식(穀食)을 넣고 찧거나 빻는 데 쓰는, 나무나 쇠로 만든 공이.

절굿-대 [-구때-/-굳때]**명** 국화과의 다년초. 산이나 들에 절로 나는데, 줄기는 1 m가량이고 깃털 모양의 겹잎이 어긋맞게 남. 7~9월에 짙은 자줏빛의 두상화(頭狀花)가 피며, 뿌리는 한방에서 약재로 쓰임.

절규(絶叫)**명하자타** 힘을 다하여 부르짖음. ¶처절한 절규. /김 병장은 전우의 시신 앞에서 절규했다.

절그럭 부하자타 쇠붙이 따위가 가볍게 부딪힐 때 나는 소리, 또는 그 모양. **앤**잘그락. **엔**쩔그럭. **절그럭-절그럭 부하자타**

절그럭-거리다 [-꺼-]**자타** 자꾸 절그럭절그럭하다. 절그럭대다. **앤**잘그락거리다.

절그럭-대다 [-때-]**자타** 절그럭거리다.

절그렁 부하자타 좀 큰 쇠붙이 따위가 떨어지거나 서로 부딪칠 때 울리어 나는 소리. ¶열쇠뭉치를 책상 위에 절그렁 놓아두다. **앤**잘그랑. **엔**쩔그렁. **켄**철그렁. **절그렁-절그렁 부하자타**

절그렁-거리다 자타 자꾸 절그렁절그렁하다. 절그렁대다. **앤**잘그랑거리다.

절그렁-대다 자타 절그렁거리다.

절근(切近)'절근하다'의 어근.

절근-하다(切近-)**형여** 아주 가깝다.

절금(切禁)**명하타되자 ☞**엄금(嚴禁).

절급(切急)'절급하다'의 어근.

절급-하다(切急-)[-그파-]**형여** 몹시 급하다.

절기(絶忌)**명하타** 몹시 꺼림. 아주 싫어함.

절기(絶技)**명** 아주 뛰어난 기예(技藝).

절기(絶奇)'절기하다'의 어근.

절기(節氣)**명** ①이십사절기. 시령(時令). 절후(節候). ②이십사절기 중에서 양력으로 매달 상순에 드는 입춘·경칩·청명 따위. **참**중기(中氣).

절기-하다(絶奇-)**형여** ①매우 신기하다. ②**☞**절묘(絶妙)하다.

절긴(切緊)'절긴하다'의 어근.

절긴-하다(切緊-)**형여 ☞**긴절(緊切)하다.

절꺼덕 부하자타 〈절거덕〉의 센말. **앤**잘까닥. **엔**쩔꺼덕. **켄**철꺼덕.

절꺼덩 부하자타 〈절거덩〉의 센말. **앤**잘까당. **엔**쩔꺼덩. **켄**철꺼덩.

절꺽 부하자타 〈절걱〉의 센말. **앤**잘깍. **엔**쩔꺽. **켄**철꺽.

절:다[저니·절어]**자** ①(푸성귀·생선 따위에) 소금기가 배어들어 숨이 죽다. ¶배추가 알맞게 절었다. ②(땀·때·버릇 따위가) 흠뻑 배어들다. ¶땀에 전 적삼. ③(사람이) 술이나 독한 기운에 의하여 몸이 심한 영향을 받은 상태가 되다. ¶형은 늘 술에 절어 산다.

절:다[저니·절어]**타** (한쪽 다리가 짧거나 아파서) 기우뚱거리며 걷다. ¶다리를 절다.

절단(切斷·截斷)**명하타되자** 끊어 냄. 잘라 냄. ¶쇠붙이를 절단하다.

절단(絶斷)[-딴]**명하타되자 ☞**단절(斷絶).

절단-기(切斷機)[-딴-]**명** 물건을 절단하는 데 쓰이는 기계.

절단-면(切斷面)[-딴-]**명** 절단한 자리의 표면. 단면(斷面).

절담(絶談)[-땀]**명** 썩 잘된 말.

절대(絶大)'절대하다'의 어근.

절대(絶代)[-때]**명** ①아득히 먼 옛 세대. ②썩 빼어나서 당대에 견줄 만한 것이 없음. ②**비**절세(絶世).

절대(絶對)[-때] **IΙ명** ①(주로 일부 명사 앞에 쓰이어) 대립되거나 비교될 것이 없는 상태, 또는 구속이나 제약을 받지 않고 그 자체로서 존재하는 것. ¶절대 자유. /절대 권력. ↔상대(相對). ②〈절대자(絶對者)〉의 준말. **IIΙ부** 〈절대로〉의 준말. ¶허튼 짓은 절대 안 하는 사람이다.

절대^가격(絶對價格)[-때가-]**명** 물건의 가치를 화폐액으로 나타낸 값. ↔상대 가격.

절대^개:념(絶對概念)[-때-]**명** 그 자체만으로 뜻이 명백한 독립적인 개념. 〔한국·공자·구름 따위.〕↔상대 개념.

절대^군주제(絶對君主制)[-때-]**명** 절대주의에 의하여 군주가 통치하는 정치 제도.

절대-권(絶對權)[-때꿘]**명** ①절대적인 권리 또는 권력. ②일반인을 대상으로 하는 사권(私權)의 한 가지. 모든 사람에게 어떤 행위를 금지 또는 요구하는 권리. 〔물권(物權)·인격권(人格權) 따위.〕↔상대권(相對權).

절대-농지(絶對農地)[-때-]**명** (농토의 감소를 막기 위하여) 딴 목적으로 전용(轉用)하는 것이 금지되어 있는 농지.

절대-다수(絶對多數)[-때-]**명** 전체 중에서 차지하는 비율이 압도적으로 많은 수. 〔흔히, 과반수를 넘는 수를 이름.〕¶절대다수의 지지를 받다.

절대^단위(絶對單位)[-때-]**명** 기본 단위의 크기가 때·곳 또는 특수한 물질의 성질 따위에 관계없이 일정한 단위. 〔길이의 cm, 질량의 g, 시간의 s 따위.〕

절대^등:급(絶對等級)[-때-]**명** 별의 밝기를 나타내는 기준이 되는 등급. 〔별을 10파섹, 곧 32.59광년의 거리에서 본 밝기의 등급을 이름.〕↔실시 등급(實視等級).

절대-량(絶對量)[-때-]**명** ①꼭 필요한 양. ¶식량의 절대량을 확보하다. ②(더하거나 덜거나 하지 않은) 본디의 양. ¶생산된 절대량.

절대-로(絶對-)[-때-]**부** 도무지. 조금도. ¶절대로 하지 마라. **준**절대.

절대^습도(絶對濕度)[-때-]圏 1 m³의 공기 속에 들어 있는 수증기의 양을 g 단위로 나타낸 것.

절대^안정(絶對安靜)[-때-]圏 중병을 앓거나 중상을 입은 환자를 누운 자세로 쉬게 하고, 외부인과의 접촉을 끊게 하는 일.

절대^영도(絶對零度)[-때-]圏 절대 온도의 기준 온도. [열역학상(熱力學上)으로 생각할 수 있는 최저 온도인 섭씨 영하 273.16도.]

절대^오:차(絶對誤差)[-때-]圏 (계산하거나 측정하여 얻은) 참값과 근삿값 사이에 생기는 차. [오차의 절댓값이라고도 함.]

절대^온도(絶對溫度)[-때-]圏 섭씨 영하 273.16도를 기점으로 보통의 섭씨 온도계와 같은 눈금으로 잰 온도. [기호는 K]

절대^음감(絶對音感)[-때-]圏 어떤 음의 높이를 다른 음과 비교하지 않고 식별하는 능력. ↔상대 음감.

절대^음악(絶對音樂)[-때-]圏 음의 예술성만을 순수하게 나타내기 위하여 작곡한 음악. ↔표제 음악(標題音樂).

절대^의:무(絶對義務)[-때-]圏 권리가 뒤따르지 않는 의무. [납세의 의무·병역의 의무 따위.] ↔상대 의무(相對義務).

절대^임야(絶對林野)[-때-]圏 산지를 영구히 보호할 것을 행정적으로 지정한 임야. [경사가 15° 이상이고, 30% 이상 나무가 들어서 있는 임야.]

절대-자(絶對者)[-때-]圏 아무것에도 제약받음이 없고 의존하지도 않으면서 만물의 근원을 이루는 존재. [하느님과 같은 존재.] 준절대(絶對).

절대-적(絶對的)[-때-]관圏 ①아무런 조건이나 제약이 붙지 않는 (것). ¶ 절대적 신뢰. /절대적인 충성. ②다른 것과 비교하거나 동등한 것으로써 병립(竝立)할 수 없는 (것). ¶ 절대적 우위. /절대적인 진리. ↔상대적(相對的).

절대적 빈곤(絶對的貧困)[-때-삔-] 인간의 생존에 필요한 최소한의 물자조차 부족한 극도의 빈곤.

절대적 진리(絶對的眞理)[-때-찔-] 모든 현상 및 경험을 초월하여 영구히 변하지 않는 진리.

절대-절명(絶對絶命)[-때-] '절체절명(絶體絶命)'

절대-주의(絶對主義)[-때-의/-때-이]圏 ①진리나 가치 따위의 객관적 존재를 인정하고 그 절대성을 주장하는 주의. ↔상대주의. ②군주(君主)가 절대적인 권력을 잡고 국민을 지배·통치하는 정치 형태.

절대-치(絶對値)[-때-]圏 ☞절댓값.

절대^평:가(絶對評價)[-때-까]圏 학습자의 학업 성취도를 절대적인 기준에 따라 평가하는 일. ↔상대 평가.

절대-하다(絶大-)[-때-]혱여 더할 나위 없이 크다.

절댓-값(絶對-)[-때갑/-땐갑]圏 어떤 수에서 플러스 또는 마이너스 부호를 떼어 버린 값. [a의 절대값은 |a|로 나타냄.] 절대치. *절댓값이[-때갑씨/-땐갑씨]·절댓값만[-때감-/-땐감-]

절덕(節德)[-떡]圏 가톨릭에서 이르는, 사추덕(四樞德)의 하나. 욕심과 쾌락을 절제하는 덕.

절도(絶島)[-또]圏 〈절해고도(絶海孤島)〉의 준말.

절도(絶倒)[-또]圏하자 〈포복절도(抱腹絶倒)〉의 준말.

절도(節度)[-또]圏 말이나 행동 따위의 적당한 정도. 또는, 말이나 행동 따위가 규칙적이고 질서가 있는 것. ¶ 절도 있는 생활.

절도(竊盜)[-또]圏하타 남의 재물을 몰래 훔침, 또는 그런 사람.

절도-범(竊盜犯)[-또-]圏 ①=절도죄. ②절도죄를 범한 사람.

절도사(節度使)[-또-]圏 ①〈병마절도사〉의 준말. ②〈수군절도사〉의 준말.

절도-죄(竊盜罪)[-또죄/-또쩨]圏 남의 재물을 몰래 훔침으로써 성립되는 죄. 절도범.

절두(截頭)[-뚜]圏 머리 부분을 자름.

절두-체(截頭體)[-뚜-]圏 어떤 물체를 그 밑면과 나란한 평면으로 잘랐을 때, 그 밑면과 자른 면 사이의 부분.

절등(絶等)圏 '절등하다'의 어근.

절등-하다(絶等-)[-]혱여 ☞절륜하다.

절따[-따]圏 〈절따말〉의 준말.

절따-마(-馬)圏 절따말.

절따-말圏 털빛이 붉은 말. 적다마(赤多馬). 절따마.

절뚝-거리다[-꺼-]자타 자꾸 절뚝절뚝하다. 절뚝대다. 좍잘뚝거리다. 쎈쩔뚝거리다.

절뚝-대다[-꺼-]자타 절뚝거리다.

절뚝발-이[-빠리]圏 절뚝거리며 걷는 사람. 건각(蹇脚). 좍뚝발이. 쎈쩔뚝발이. 참절름발이.

절뚝-절뚝[-꾹-]圏學圓學타 걸을 때 뒤뚝뒤뚝 다리를 저는 모양. 좍잘뚝잘뚝. 쎈쩔뚝쩔뚝.

절락(絶落)圏하자 끊어져서 떨어짐.

절략(節略)圏하타 ☞절약(節約).

절량(絶糧)圏되자 양식이 떨어짐.

절량-농가(絶糧農家)圏 (재해나 흉작 따위로) 양식이 떨어진 농가.

절렁圏學타 엷은 쇠붙이나 방울 따위가 함께 흔들리어 나는 소리. 좍잘랑. 쎈쩔렁. 刃철렁.
절렁-절렁圏學타.

절렁-거리다자타 자꾸 절렁절렁하다. 절렁대다. 좍잘랑거리다.

절렁-대다자타 절렁거리다.

절레-절레學타 고개를 자꾸 가로 내젓는 모양. 준절1. 좍잘래잘래. 쎈쩔레쩔레.

절련(絶戀)圏하자 연애 관계를 끊음.

절로[學〈저절로〉의 준말. ¶ 절로 자란 풀.

절로[學 '저리로'가 줄어서 된 말. ¶ 절로 가거라.

절록(節錄)圏하타되자 알맞게 줄이어 적음.

절록-거리다[-꺼-]타 자꾸 절록절록하다. 절록대다. 좍잘록거리다. 쎈쩔록거리다.

절록-대다[-꺼-]타 절록거리다.

절록-절록[-꾹-]圏學圓학타 걸을 때 다리를 심하게 저는 모양. 좍잘록잘록1. 쎈쩔록쩔록.

절류(折柳)圏하자 '떠나는 이를 배웅함'을 이르는 말. [중국 한(漢)나라 때, 떠나는 이에게 버들가지를 꺾어 주며 석별의 정을 나누었다는 고사에서 유래함.]

절륜(絶倫)圏 '절륜하다'의 어근.

절륜-하다(絶倫-)圏여 매우 뛰어나다. 절등(等)하다.

절름-거리다타 자꾸 절름절름하다. 절름대다. 좍잘름거리다2. 쎈쩔름거리다.

절름-대다타 절름거리다.

절름발-이[-빠리]圏 다리를 절름거리는 사람. 건각(脚). 좍잘름발이. 쎈쩔름발이. 좍절뚝발이.

절름발이-왕(-尤)圏 한자 부수의 한 가지. '尤'·'就' 등에서의 '尤'의 이름.

절름-절름뮈타 걸을 때 다리를 가볍게 저는 모양. ⑳잘름잘름². 쎄쩔름쩔름.

절리(節理)뎽 ①갈라진 틈. ②암석(岩石)에서 볼 수 있는 좀 규칙적인 틈새.

절마(切磨)뎽하타 〈절차탁마(切磋琢磨)〉의 준말.

절망(切望)뎽하타 간절히 희망함. 절실한 소망.

절망(絕望)뎽하자타 모든 희망이 끊어짐. 희망을 다 버림. ¶절망의 구렁텅이에 빠지다. /절망을 딛고 일어서다. ↔희망.

절망-감(絕望感)뎽 모든 희망이나 기대가 끊어진 느낌. ¶절망감에 사로잡히다.

절망고(絕望顧) '절망고하다'의 어근.

절망고-하다(絕望顧−)혱예 (일이 너무 바빠서) 미처 다른 일을 돌볼 겨를이 없다.

절망-적(絕望的)괜뎽 모든 희망이나 기대가 끊어지다시피 된 (것). ¶절망적 소식. /절망적인 목소리. ↔희망적(希望的).

절맥(切脈)뎽하타 한방에서, 맥(脈)을 짚어서 진찰하는 일.

절맥(絕脈)뎽하자타 ①맥박이 끊어짐. 죽음. ②산(山)의 혈맥(穴脈)이 끊어짐.

절-메주뎽 조선 시대에, 훈조계(燻造契)에서 검은콩으로 쑤었던 메주.

절멸(絕滅)뎽하자타 완전히 멸(滅)하여 없앰. 싹 없어짐. ¶절멸된 품종.

절명(絕命)뎽하자되자 목숨이 끊어짐. 죽음.

절목(節目)뎽 ☞조목(條目).

절묘(絕妙) '절묘하다'의 어근.

절묘-하다(絕妙−)혱예 썩 교묘하다. 묘절(妙絕)하다. 절기(絕奇)하다. ¶절묘한 작전.

절무(絕無) '절무하다'의 어근.

절무-하다(絕無−)혱예 전혀 없다. 개무(皆無)하다.

절문(切問)뎽하타 간절히 물음.

절문(節文)뎽 예절에 관한 규정.

절물(節物)뎽 철 따라 나는 물건.

절미(折米)뎽 도막 쌀. 싸라기.

절미(節米)뎽하타 쌀을 아낌. ¶절미 운동.

절미(絕美) '절미(絕美)하다'의 어근.

절미(絕微) '절미(絕微)하다'의 어근.

절미-하다(絕美−)혱예 더할 나위 없이 아름답다.

절미-하다(絕微−)혱예 더할 나위 없이 미묘하다.

절박(切迫) '절박하다'의 어근.

절박(節拍)뎽하타 ①아악(雅樂)의 곡조에서, 한 곡마다 박자를 쳐서 음조의 마디를 지음. ②끝을 막음.

절박-하다(切迫−)[−바카−]혱예 (일이나 사정이) 다급하여 여유가 없다. ¶절박한 사태.

절박-흥정(切迫−)[−흥−]뎽 빡빡하여 융통성이 없는 흥정.

절반(折半)뎽 ①하타 하나를 반으로 가름, 또는 그렇게 가른 반. 반절. 일반(一半). ¶종이를 절반으로 접다. ②유도에서, 판정의 한 가지. 메치기의 효과가 한 판에 가깝다고 인정되거나 누르기가 선언된 후, 25~29초 동안 누르고 있을 때 얻게 됨.

절버덕뮈하자타 옅은 물이나 진창을 거칠게 밟거나 치거나 할 때 나는 소리. ⑳잘바닥. ㈎철버덕. **절버덕-절버덕**뮈하자타

절버덕-거리다[−꺼−]자타 자꾸 절버덕절버덕하다. 절버덕대다. ⑳잘바닥거리다.

절버덕-대다[−때−]자타 절버덕거리다.

절버덩뮈하자타 돌멩이 같은 묵직한 물체가 옅은 물에 떨어져 울리어 나는 소리. ⑳잘바당. ㈎철버덩. **절버덩-절버덩**뮈하자타

절버덩-거리다자타 자꾸 절버덩절버덩하다. 절버덩대다. ⑳잘바당거리다.

절버덩-대다자타 절버덩거리다.

절벅뮈하자타 옅은 물이나 진창 따위를 밟거나 치거나 할 때 나는 소리. ⑳잘박. ㈎철벅. **절벅-절벅**뮈하자타

절벅-거리다[−꺼−]자타 자꾸 절벅절벅하다. 절벅대다. ⑳잘박거리다.

절벅-대다[−때−]자타 절벅거리다.

절벙뮈하자타 묵직한 물체가 깊은 물에 떨어질 때 나는 소리. ⑳잘방. ㈎철벙. **절벙-절벙**뮈하자타

절벙-거리다자타 자꾸 절벙절벙하다. 절벙대다. ⑳잘방거리다.

절벽(絕壁)뎽 ①바위 같은 것들이 깎아 세운 것처럼 솟았거나 내리박힌 험한 벼랑. ②'아주 귀가 먹었거나 사리에 어두운 사람'을 비유하여 이르는 말. 절벽강산. ¶사람이 아주 절벽이야.

절벽-강산(絕壁江山)[−깡−]뎽 ☞절벽(絕壁).

절변(切餅)뎽 ☞절편.

절병-통(節瓶桶)뎽 궁전이나 정자 따위를 지을 때, 지붕마루의 가운데에 세우는 탑 모양의 기와로 된 장식.

절봉(絕峯)뎽 썩 험한 산봉우리.

절부(切膚)뎽하자 살에 와 닿듯 몹시 사무침.

절부(節婦)뎽 절개가 굳은 부인.

절분(切忿) '절분하다'의 어근.

절분-하다(切忿−)혱예 몹시 원통하고 분하다. ¶그 경주에서 진 것이 두고두고 절분하다. **절분-히**튀

절사(折死)뎽하자 일찍 죽음. 젊은 나이에 죽음. 요사(夭死).

절사(絕嗣)뎽하자 대를 이을 후손이 끊어짐. 절손(絕孫). ⑳무후(無後).

절사(節士)[−싸]뎽 절개가 굳은 선비.

절사(節死)[−싸]뎽 절개를 지키어 죽음.

절사(節祀)[−싸]뎽 철이나 명절을 따라 지내는 제사(祭祀).

절사-하다(絕嗣−)[−싸−]쟈혱예 후사가 없다.

절삭(切削)[−싹]뎽하타되자 (쇠붙이 따위를) 자르거나 깎음. ¶절삭 공구(工具).

절상(切上)[−쌍]뎽 ①하타되자 화폐의 대외(對外) 가치를 높임. ¶원화 절상. ↔절하(切下). ②'올림'의 구용어.

절새(絕塞)[−쌔]뎽 아주 먼, 국경 가까이의 땅.

절색(絕色)[−쌕]뎽 (다시없을 정도의) 빼어난 미색(美色). ¶천하의 절색.

절서(節序)[−써]뎽 절기의 차례.

절선(切線)[−썬]뎽 ☞접선(接線).

절선(折線)[−썬]뎽 '꺾은선'의 구용어.

절선^그래프(折線graph)[−썬−]뎽 '꺾은선 그래프'의 구용어.

절세(絕世)[−쎄]뎽 ①하자 세상과 인연을 끊음. ②하타 세상에 비길 것이 없을 만큼 썩 빼어남. ¶절세의 영웅. 비절대(絕代).

절세(節稅)[−쎄]뎽하자 적법(適法)하게 세금 부담을 줄이는 일.

절세-가인(絕世佳人)[−쎄−]뎽 이 세상에서는 비길 사람이 없을 만큼 빼어나게 아름다운 여자. 절세미인(絕世美人).

절세-미인(絕世美人)[−쎄−]뎽 ☞절세가인.

절소(絕笑)[−쏘]뎽하자 자지러지게 웃음, 또는 그런 웃음.

절속(絕俗)¹[−쏙]뎽하자 속세(俗世)와의 인연을 아주 끊음.

절속(絕俗)² '절속하다'의 어근.

절속-하다(絕俗-)[-쏘카-]**혱에** 여느 사람보다 빼어나다.

절손(絕孫)[-쏜]**명하자** 대를 이을 자손이 끊어 짐. 절사(絕嗣). **참**무후(無後).

절수(折收)[-쑤]**명하자** (거두는 돈 따위를) 여러 차례로 나누어서 거둠.

절수(絕秀)[-쑤] '절수하다'의 어근.

절수(節水)[-쑤]**명하자** 물을 아껴 씀.

절수-기(節水器)[-쑤-]**명** 물을 아껴 쓰기 위하여 설치하는 기구나 장치.

절수-하다(絕秀-)[-쑤-]**혱에** 썩 빼어나다.

절승(絕勝)[-씅]**명하형** 경치가 빼어나게 아름다움, 또는 그 경치.

절식(絕食)[-씩]**명하자** ▷단식(斷食).

절식(絕息)[-씩]**명하자** 숨이 끊어짐. 죽음.

절식(節食)¹[-씩]**명하자** (건강이나 미용을 위하여, 또는 식량 절약을 위하여) 음식의 양을 줄여서 먹음.

절식(節食)²[-씩]**명** 민속 행사로, 달마다의 명절에 별미로 먹는 음식. 〔설날의 떡국, 대보름의 오곡밥, 삼짇날의 참꽃전, 추석의 송편 따위.〕 **참**시식(時食).

절식-복약(節食服藥)[-씩뽀갹]**명하자** 음식의 양을 줄여 먹으면서 약을 먹음.

절식^요법(絕食療法)[-씽뇨뻡]**명** ▷단식 요법(斷食療法).

절신(絕信)[-씬]**명하자** 소식이나 편지를 끊음, 또는 끊어진 소식이나 편지.

절실(切實) '절실하다'의 어근.

절실-하다(切實-)[-씰-]**혱에** ①실제에 꼭 들어맞다. ¶절실한 표현. ②썩 절박하거나 긴요하다. ¶절실한 요구. **절실-히**(무).

절심(絕心)[-씸]**명하자타되자** (폭약에 연결된) 도화선이 타 들어가다가 끊어짐, 또는 도화선을 끊음.

절써덕(무)**하자타** 액체의 면이 넓적한 물체와 부딪칠 때 크게 울리어 나는 소리, 또는 그 모양. **참**잘싸닥. **②**철써덕. **절써덕-절써덕**(무)**하자타**

절써덕-거리다[-쩌-]**타** 자꾸 절써덕절써덕하다. 절써덕대다. **참**잘싸닥거리다.

절써덕-대다[-때-]**자타** 절써덕거리다.

절썩(무)**하자타** ①액체의 면이 넓적한 물체와 부딪칠 때 차지게 나는 소리. ②차진 물건이 물체에 척 들러붙는 소리, 또는 그 모양. **참**잘싹. **②**철썩. **절썩-절썩**(무)**하자타**

절썩-거리다[-꺼-]**자타** 자꾸 절썩절썩하다. 절썩대다. **참**잘싹거리다.

절썩-대다[-때-]**자타** 절썩거리다.

절쑥-거리다[-꺼-]**타** 자꾸 절쑥절쑥하다. 절쑥대다. **참**잘쏙거리다. **솅**쩔쑥거리다.

절쑥-대다[-때-]**타** 절쑥거리다.

절쑥-절쑥(무)**무하자타** 한쪽 다리가 탈이 나거나 하여, 걸을 때 조금 심하게 저는 모양. **참**잘쏙잘쏙. **솅**쩔쑥쩔쑥.

절애(絕崖)[-]**명** ▷단애(斷崖).

절약(節約)**명하되자** 아끼어 씀. 아낌. 검약(儉約). 절략(節略). ¶물자 절약. /에너지를 절약하다.

절억(節抑)**명하타** 억지로 참고 절제함.

절언(切言)**명** 간절한 말.

절엄(切嚴·截嚴) '절엄하다'의 어근.

절엄-하다(切嚴--截嚴-)**혱** ▷지엄하다.

절역(絕域)**명** 멀리 떨어져 있는 지역, 또는 먼 나라. 절경(絕境). **참**절지(絕地).

절연(絕緣)**명하자** ①인연이나 관계를 끊음. ②**하타** 도체(導體) 사이에 전기(電氣)나 열(熱)이 통하지 못하게 함.

절연(截然) '절연하다'의 어근.

절연(節煙)**명하자** 담배 피우는 양을 줄임.

절연^도료(絕緣塗料)**명** 절연성 피막을 형성하는 도료.

절연-물(絕緣物)**명** ▷절연 재료.

절연-선(絕緣線)**명** 절연 재료를 입혀서 전류가 새지 않도록 한 전선. 피복선(被覆線).

절연-성(絕緣性)[-씽]**명** 전기(電氣)가 통하지 않는 성질.

절연-유(絕緣油)[-뉴]**명** (전기 기계나 기구에서) 절연 재료로 쓰는 기름. 주로, 광물성 기름임.

절연-장(絕緣狀)[-짱]**명** 인연을 끊자는 내용을 적은 편지.

절연^재료(絕緣材料)**명** 전기나 열의 도체(導體) 사이를 절연하는 데 쓰는 재료. 절연물.

절연-지(絕緣紙)**명** 전기 절연물로 쓰는 종이.

절연-체(絕緣體)**명** 전기나 열이 잘 통하지 않는 물체. 전기 절연물. 부도체(不導體).

절연-하다(截然-)**혱에** 맺고 끊음이 칼로 자른 듯이 분명하다. 절연-히(무).

절염(絕艶)**명하형** 비길 데 없을 만큼 예쁨.

절영(絕影)**명하자** 〔그림자조차 끊어진다는 뜻으로〕 전연 나타나지 않음을 이르는 말.

절요(切要·絕要) '절요하다'의 어근.

절요(折腰)**명하자** 〔허리를 꺾어 절한다는 뜻으로〕 남에게 굴종함을 이르는 말.

절요-하다(切要-·絕要-)**혱에** 매우 긴요하다.

절욕(節慾)**명하자** ①색욕(色慾)을 절제함. ②욕심을 억제함.

절용(節用)**명하타** 아끼어 씀.

절원(切願)**명하타** 열렬히 바람. 간절한 소원. 열원(熱願). ¶조국 통일을 절원하다.

절원(絕遠) '절원하다'의 어근.

절원-하다(絕遠-)**혱에** ▷격원(隔遠)하다.

절육(切肉)**명** 얄팍얄팍하게 썰어 양념장에 재어서 익힌 고기.

절음(말이나 소의) 다리를 저는 병.

절음(絕飲)**명하자** 술을 끊음.

절음(節飲)**명하자** (흔히 건강을 위하여) 술을 알맞게 줄여서 마심. 절주(節酒).

절음^법칙(絕音法則)**명** 합성어나 단어 사이에서 앞의 받침이 모음을 만날 때, 받침이 모음 위에 연음되지 않고, 끊어져서 대표음으로 발음되는 음운 법칙. 〔옷 안→오단, 넋 없이→너겁씨, 꽃 아래→꼬다래 따위.〕 **참**연음 법칙(連音法則).

절의(絕義)[저릐/저리]**명하자** ▷의절(義絕).

절의(節義)[저릐/저리]**명** 사람으로서 마땅히 해야 할 바른 도리를 끝내 지키는 굳은 뜻. 의리를 지키어 한번 품은 뜻을 바꾸지 않는 일. ¶절의를 지키다.

절이(絕異) '절이하다'의 어근.

절-이다(絕異-)**혱에** 썩 뛰어나게 다르다.

절인(絕人)**명하형** 남보다 아주 뛰어남, 또는 그런 사람.

절-이다①〔'절다'의 사동〕 소금을 써서 절게 하다. ¶배추를 절이다. ②(채소나 양념류를) 식초에 넣어 숨을 죽이다. ¶오이를 식초에 절이다. ③(과일 따위를) 설탕이나 꿀에 재어 당분이 배어들게 하다. ¶유자를 썰어 설탕에 절이다.

절인지력(絕人之力)[명] 남보다 뛰어난 힘.
절인지용(絕人之勇)[명] 남보다 뛰어난 용맹.
절일(節日)[명] ①한 철의 명일. ②임금의 생신.
절임[명] 채소나 과일 따위를 절인 음식.
절장보단(絕長補短·截長補短)[명-짱-][명][하자]
〔긴 것을 잘라 짧은 것에 보탠다는 뜻으로〕장
점으로 부족한 점이나 나쁜 점을 보충함.
절재(絕才)[-째][명] 썩 뛰어난 재주.
절적(絕跡·絕迹)[-쩍][명][하자] (발걸음을 끊고)
서로 오고 가지 않음. 절족(絕足).
절전(節電)[-쩐][명][하자] 전기를 아껴 씀.
절절[부] ①물 따위가 끓는 모양. ¶가마솥의 물
이 절절 끓고 있다. ②뜨거운 열기로 몹시 달
아 있는 모양. ¶방이 절절 끓는다. ③[하자]〈절
레절레〉의 준말. 센잘잘[1]. 센쩔쩔[1].
절절[2][부] 주책없이 이리저리 바쁘게 싸다니는 모
양. 큰질질[3]. 잘잘[3]. 센쩔쩔[2].
절절(切切)[명] '절절하다'의 어근.
절절-거리다[자] 주책없이 이리저리 바쁘게 싸다
니다. 절절대다. 큰질질거리다. 잘잘거리다.
절절-대다[자] 절절거리다.
절절-매다[자]〈쩔쩔매다〉의 여린말.
절절-하다(切切-)[명][어] 몹시 간절하다. ¶절절
한 염원. 절절-히[부].
절점(切點)[-쩜][명] ①☞요점. ②☞접점(接點).
절접(切接)[-쩝][명] 가지접의 한 방법. 접가지의
아래 부분을 쐐기 모양으로 빗깎은 다음, 접본
(椄本)의 부름켜가 드러나도록 깎은 자리에 맞
대어 접붙이는 법.
절정(切釘)[-쩡][명] 대가리를 잘라 없앤 쇠못.
절정(絕頂)[-쩡][명] ①산의 맨 꼭대기. ②사물
의 진행이나 상태 따위가 최고에 이른 때, 또
는 그러한 경지. 정점(頂點). ¶인기 절정의 드
라마. /행복의 절정. ③예술 작품에서, 사건의
발전이 가장 긴장된 단계. ☞③최고조·클라이
맥스.
절정-기(絕頂期)[-쩡-][명] 절정에 달한 시기.
¶절정기의 기량을 뽐내다.
절제(切除)[-쩨][명][하타][되자] 잘라 냄. ¶맹장
절제 수술을 받다.
절제(節制)[-쩨][명][하타][되자] ①알맞게 조절함.
¶술을 절제하다. ②(방종에 흐르지 않도록) 감
성적 욕구를 이성으로써 제어하는 일. ¶감정
의 절제.
절제-사(節制使)[-쩨-][명] ①조선 초기에, 의흥
친군위(義興親軍衛)에 딸렸던 군직(軍職)의 한
가지. ②조선 시대에, 절도사 밑에 딸렸던 거
진(巨鎭)의 정삼품 벼슬.〔정식 명칭은 병마절
제사로, 부윤(府尹)이 겸하였음.〕
절제-술(切除術)[-쩨-][명] 장기(臟器)나 조직의
일부를 잘라 내는 수술.
절조(絕調)[-쪼][명] 썩 뛰어난 곡조.
절조(節操)[-쪼][명] 절개와 지조. 조(操).
절족(絕足)[-쪽][명] ☞절적(絕跡).
절종(絕種)[-쫑][명][하자][하타] (생물의) 씨가 끊
어져 아주 없어짐. 비멸종(滅種).
절주(節奏)[-쭈][명] ☞리듬(rhythm).
절주(節酒)[-쭈][명][하자] ☞절음(節飮).
절주-배(節酒杯)[-쭈-][명] ☞계영배(戒盈杯).
절중(節中)[-쭝][명] '절중하다'의 어근.
절중-하다(節中-)[-쭝-][명][어] 일의 이치나 형
편에 꼭 알맞다.
절지(折枝)[-찌][명] [하자] 나뭇가지를 꺾음.
②동양화에서, 한두 개의 가지만을 그린 꽃가
지나 나뭇가지.

절지(絕地)[-찌][명] (나라의 중심부에서) 멀리
떨어진 곳. 참절역(絕域).
절지-동물(節肢動物)[-찌-][명] 동물 분류의 한
문(門). 몸이 작고 여러 개의 환절(環節)로 이
루어져 있음. 대개 머리·가슴·배의 세 부분으
로 나뉘며, 겉껍질이 단단함.〔갑각류·곤충류
따위가 이에 딸림.〕
절직(切直)[명] '절직하다'의 어근.
절직-하다(切直-)[-찌카-][형][어] 매우 정직하다.
절질-상(折跌傷)[-쩔쌍][명] 다리가 부러지거나
접질리어 다치는 일, 또는 그 상처.
절차(切磋)[명][하타] ①(옥이나 돌을) 깎고 닦음.
②☞절차탁마(切磋琢磨).
절차(節次)[명] 일을 치르는 데 밟아야 하는 차례
와 방법. ¶회의 절차.
절차-법(節次法)[-뻡][명] 실체법의 운용 절차
를 규정하는 법.〔민사 소송법·형사 소송법·
행정 소송법·부동산 등기법 따위.〕형식법. 참실
체법.
절차-탁마(切磋琢磨)[-당-][명][하타]〔옥·돌 따
위를 갈고 닦아 빛을 낸다는 뜻으로〕학문이
나 덕행 등을 배우고 닦음'을 이르는 말. '시
경'의 '위풍(衛風)'·'기욱편(淇澳篇)'과 '논
어'의 '학이편(學而篇)'에서 유래함. 절차(切
磋). 준절마(切磨).
절찬(絕讚)[명][하타] 더할 나위 없는 칭찬. ¶비평
가들의 절찬을 받다.
절찬-리(絕讚裡)[-니][명] 절찬을 받는 가운데.
¶공연이 절찬리에 막을 내리다.
절책(切責)[명][하타] ☞심책(深責).
절처봉생(絕處逢生)[명] 몹시 쪼들리던 판에 살
길이 생김.
절척(切戚)[명] 동성동본이 아닌 가까운 친척.
절척(折尺)[명] ☞접자.
절척(絕尺)[명][하타] (피륙을) 몇 자씩으로 끊음.
절청(竊聽)[명][하타] 몰래 엿들음.
절체-절명(絕體絕命)[명]〔몸도 목숨도 다 되었
다는 뜻으로〕궁지(窮地)에 몰려 살아날 길이
없게 된 막다른 처지를 이르는 말. ¶절체절명
의 위기.
절초(切草)[명] 살담배.
절초(折草)[명][하타] (거름이나 땔감으로 쓰기 위
하여) 풀이나 잎나무를 벰.
절축(裁軸)[명] 윈활의 초점을 지나는 축.
절충(折衷)[명][하타][되자] 둘 이상의 서로 다른 견
해 따위에서, 한쪽에 치우치지 않고 양쪽의 좋
은 점을 골라 뽑아 알맞게 조화시키는 일. ¶양
쪽의 의견을 절충하다.
절충(折衝)[명][하타][되자]〔쳐들어오는 적의 창끝
을 꺾는다는 뜻으로〕'국제간의 외교적 담판
또는 흥정'을 이르는 말.
절충-설(折衷說)[명] 대립되는 둘 이상의 학설을
취사(取捨)하여 절충한 학설.
절충-주의(折衷主義)[-의/-이][명] ①여러 가지
사상이나 학설에서 적당하다고 생각되는 부분
만을 골라서 결합하려는 경향. ②둘 이상의 대
립되는 법 학설(法學說)에서 좋은 점만을 가려
서 절충하는 주의.
절취(切取·截取)[명][하타] (물체를) 잘라 냄.
절취(竊取)[명][하타] 남의 물건을 훔치어 가짐. 투
취(偸取). ¶버스 승객의 지갑을 절취하다.
절-치[명] (본디 절에서 만들어 신었던 것으로)
거칠게 삼은 미투리.

절치(切齒)**명**[하자] (분하여) 이를 갊.

절치-부심(切齒腐心)**명**[하자] (몹시 분하여) 이를 갈며 속을 썩임.

절치-액완(切齒扼腕)**명** (몹시 분하여) 이를 갈고 팔을 걷어붙이며 벼름.

절친(切親) '절친하다'의 어근.

절친-하다(切親-)**형여** 썩 친근하다. ¶절친한 친구. 절친-히**부**.

절커덕[부][하자타] ①단단하고 찰기 있는 물체가 매우 세게 맞부딪칠 때 나는 소리. 또는 그 모양. ②자물쇠 따위가 잠기거나 열리는 소리. ¶철문이 절커덕하고 잠겼다. **잘**잘카닥. **쎈**쎌커덕. **게**철커덕. **예**절거덕. **절커덕-절커덕**[부][하자타].

절커덕-거리다[-꺼-]**자타** 자꾸 절커덕절커덕하다. 절커덕대다. **잘**잘카닥거리다.

절커덕-대다[-때-]**자타** 절커덕거리다.

절커덩[부][하자타] 쇠붙이 따위가 세게 맞부딪칠 때 요란하게 울리어 나는 소리. **잘**잘카덩. **쎈**쎌커덩. **게**철커덩. **예**절거덩. **절커덩-절커덩**[부][하자타].

절커덩-대다[자타] 절커덩거리다.

절컥[부][하자타] ①단단하고 찰기 있는 물체가 세게 들러붙는 소리. 또는 그 모양. ②자물쇠 따위가 잠기거나 열리는 소리. **잘**잘칵. **쎈**쎌컥. **게**철컥. **예**절걱. **절컥-절컥**[부][하자타].

절컥-거리다[-꺼-]**자타** 자꾸 절컥절컥하다. 절컥대다. **잘**잘칵거리다.

절컥-대다[-때-]**자타** 절컥거리다.

절-터[명] 절이 있던 터. 절을 세울 터. 사기(寺基). 사지(寺址).

절토(切土)**명**[하자] 평지나 법면(法面)을 만들기 위하여 흙을 깎아 내는 일.

절통(切痛)**명**[하형] 몹시 원통함. ¶하루 아침에 전 재산을 날리다니 절통할 노릇이다. 절통-히**부**.

절특(絶特) '절특하다'의 어근.

절특-하다(絶特-)[-트카-]**형여** 아주 별다르다.

절판(絶版)**명**[하자][되자] ①출판된 책이 떨어짐. ②계속 간행하지 못함.

절편[명] 떡살로 눌러 둥글거나 모나게 만든 흰떡. 절병(切餠).

절편(切片)**명** (해석 기하에서) 직선이 가로축이나 세로축과 만나는 점의 높이나 거리.

절편-판(-板)**명** 절편에 무늬를 박아 내는 나무편. 떡살.

절품(切品)**명**[하자][되자] 물건이 다 팔리어 없음. 품절(品切).

절품(絶品)**명** 품질(品質)이 뛰어나게 좋은 물건. 일품(逸品).

절피[명] 활시위의 오늬를 먹이는 곳에 감은 실, 또는 실로 감은 것.

절필(絶筆)①**명**[하자] 붓을 놓고 글 또는 글씨 쓰기를 그만둠. ¶절필을 선언하다. ②(죽기 전에 쓴) 마지막 글 또는 글씨나 그림.

절핍(切逼) '절핍하다'의 어근.

절핍-하다(切逼-)[-피파-] **형여** ①(시기나 기일 따위의) 정해진 날짜가 바싹 닥쳐서 몹시 다급하다. ¶원고 마감 때가 절핍하여 밤을 낮 삼아 집필하다. ②몹시 궁핍하다.

절핍(絶乏)**명**[하자][되자] 죄다 없어져 더 이상 생기지 않음. 핍절(乏絶). ¶식량의 절핍.

절하(切下)**명**[하타][되자] 화폐의 대외 가치(對外價値)를 낮춤. ¶달러화의 평가(平價) 절하. ↔절상(切上).

절-하다(切-)**자여** 끊어지다. ¶경술년 8월 29일, 500년 사직이 이날에 절하거니….

절-하다(絶-)**형여** 매우 뛰어나다. ¶고금(古今)에 절할 효부(孝婦).

절학(絶學)**명** ①(가치가 없어졌거나 미처 이어받지 못하여) 계통이 끊어진 학문. ②(이미 초월하여) 학문이나 지식이 필요 없게 된 상태. ¶절학의 경지.

절한(絶汗)**명** 죽음이 닥쳐와 이마에 나는 식은땀.

절한(節限)**명**[하타] 한도를 조절함. 알맞은 정도에서 제한함.

절해(絶海)**명** 뭍에서 멀리 떨어진 바다.

절해-고도(絶海孤島)**명** 뭍에서 멀리 떨어진 외딴섬. **잘**절도(絶島).

절행(節行)**명** 절개를 지키는 일. 절개가 굳은 행실.

절험(絶險) '절험하다'의 어근.

절험-하다(絶險-)**형여** 몹시 험하다.

절현(絶絃)**명**[하자] '지기(知己)와의 사별(死別)'을 비유하여 이르는 말. [중국 춘추 시대에, 거문고의 명수 백아(伯牙)가, 자기 거문고의 가락을 알아주는 벗 종자기(鐘子期)가 죽은 후에는 거문고의 줄을 끊고 다시는 타지 않았다는 고사에서 유래함.] 백아절현(伯牙絶絃).

절협(絶峽)**명** 깊고 험한 두메.

절호(絶好)**명**[하형] (무엇을 하기에) 더없이 좋음. 아주 딱 좋음. ¶절호의 기회.

절화(折花)**명**[하자] 꽃을 가지째 꺾음, 또는 그렇게 꺾은 꽃.

절화(絶火)**명**[하자] [아궁이의 불이 끊어진다는 뜻으로] '몹시 가난하여 밥을 짓지 못함'을 이르는 말.

절효(節孝)**명** ①절조(節操)와 효성. ②[하자]남편과 사별한 부인이 재가(再嫁)하지 않고 시부모를 잘 모시는 일.

절효-정문(節孝旌門)**명** 충신·효자·열녀 등을 기리어 세운 정문.

절후(絶後)**명**[하형] (비길 만한 것이) 이후로 다시 없음. ¶공전의 명작.

절후(節候)**명** ☞절기(節氣).

젊:다[점따]**형** ①혈기가 한창 왕성한 나이에 있다. ¶젊고 건강한 남자. ②겉으로 보기에 나이가 제 나이보다 적은 듯하다. ¶할머니는 환갑이 지났지만 40대처럼 젊어 보인다. ↔늙다. * 젊어·젊(으)고[점꼬]

젊은 과부 한숨 쉬듯[속담] 시름이 가득하여 한숨을 많이 쉴 때 이르는 말.

젊으신-네[명] '젊은이'를 높이어 일컫는 말. ¶젊으신네가 아는 것도 참 많군요.

젊은-것[-껃]**명** '젊은이'를 낮추어 일컫는 말. ¶젊은것들이 버릇이 없다. * 젊은것이[-거시]·젊은것만[-건-]

젊은-이[명] 젊고 혈기가 한창 왕성한 사람. [단순히 자기보다 젊은 사람을 친근하게 이르는 말로도 쓰임.] ¶젊은이 못지않은 패기. ↔늙은이.

젊은이 망령은 몽둥이로 고친다[속담] 젊은 사람의 망령됨은 철이 덜 든 까닭이니 매로써 정신을 차리게 해야 한다는 말.

점(占)**명** 팔괘(八卦)·육효(六爻)·오행(五行) 따위의 특정한 방법을 써서 사람의 길흉화복(凶禍福)을 판단하는 일.

점:(店)**명** 지난날, 토기나 철기(鐵器) 따위를 만들던 곳.

점:(漸)圓 〈점괘(漸卦)〉의 준말.

점:(點)Ⅰ圓 ①작고 둥글게 찍힌 표나 자리. ¶이름 위에 점을 찍다. ②글자(특히 한자)를 쓸 때 한 번 찍는 작은 획. ¶한 점 한 획 정성을 들여 쓰다. ③'온점'을 흔히 이르는 말. ㉠문장의 끝남을 보이거나 구절을 나누기 위하여 찍는 표시. ㉡준말임을 나타내는 표시. [U.S.A. 따위.] ④살갗에 찌푸러하거나 불그레하게 박힌 표난 부분. ⑤짐승의 털이나 피륙 따위의 표면에 다른 빛깔로 박힌 작은 얼룩. 반점(斑點). ⑥《관형사형 다음에 쓰이어》 꼬집어 가리키는 어느 부분이나 요소. ¶배울 점./좋은 점. ⑦기하학의 기본 개념의 한 가지로, 길이·넓이·두께는 없고 위치만 있는 것. ⑧음표나 쉼표의 오른쪽에 덧붙여 찍어서 그 표의 반만큼의 길이를 더함을 나타내는 표. ⑧참점음표.

Ⅱ圓 ①성적 따위를 나타내는 단위. ¶70점. ②시간을 나타내는 말. ¶벽시계가 아홉 점을 치다. ③옷이나 그릇 따위, 또는 여러 종류가 섞인 물품의 가짓수를 셀 때 쓰는 말. ¶의류 열 점을 기증하다. /서양화 석 점. ④떨어지는 물방울 따위를 세는 단위. ¶한 점 두 점 눈물이 떨어지다. ⑤살코기 따위의 작은 조각들을 셀 때 쓰는 말. ¶쇠고기 몇 점을 집어 먹다. ⑥바둑에서, 바둑판의 눈이나 바둑돌의 수효를 세는 말. ¶넉 점 바둑.

-점(店)젭미《일부 명사 뒤에 붙어》'가게'나 '상점'을 뜻함. ¶가구점. /백화점. /양복점. /음식점.

점:가(漸加)圓困자타 점점 더해짐. 점점 더함. ↔점감(漸減).

점:감(漸減)圓困자타 점점 줄어듦. 점점 줄임. ↔점가(漸加).

점:강-법(漸降法)[-뻡]圓 수사법의 한 가지. 힘찬 표현으로부터 점점 약한 표현으로 서술하여, 나타내려는 뜻을 강조하는 표현법. ↔점층법.

점거(占居)圓困타 (어느 곳을) 차지하여 삶.

점거(占據)圓困되자 ①(일정한 곳을) 차지하여 자리를 잡음. ¶점거 농성. /공장이 일시적으로 채권자들에게 점거되었다. ②☞점령(占領).

점검(點檢)圓困타 낱낱이 검사함, 또는 그 검사. 검점(檢點). ¶가스 안전(安全) 점검.

점결-성(粘結性)[-썽]圓 석탄이 탈 때, 녹아서 생긴 유동성 물질이 스스로 뭉쳐져 덩어리가 되는 성질.

점결-탄(粘結炭)圓 점결성이 있는 석탄.

점경(點景)圓困타 풍경화에 사람이나 짐승 등을 그려 넣어서 정취를 더하는 일.

점계(點計)[-계/-게]圓困타 (수량 따위를) 일일이 살펴서 헤아림.

점:고(漸高)圓困자타 점점 높아짐. 더 높아감. ¶여론이 점고하다.

점고(點考)圓困타 일일이 점을 찍어 가며 사람의 수효를 헤아림. 점호(點呼).

점고(를) 맞다판용 점고에 빠지지 않고 그 일을 치르다.

점괘(占卦)[-꽤]圓 길흉을 점쳤을 때 나온 괘. ¶점괘가 썩 좋다. ⓟ괘.

점:괘(漸卦)圓 육십사괘의 하나. 손괘(巽卦)와 간괘(艮卦)를 위아래로 놓은 괘. 산 위에 나무가 있음을 상징함. ⓟ점괘.

점괘-효(占卦爻)[-꽤-]圓 한자 부수의 한 가지. '爽'·'爾' 등에서의 '爻'의 이름.

점괴(苫塊)[-괴/-궤]圓 〔거적자리와 흙덩이의 베개라는 뜻으로〕'상제(喪制)가 앉는 자리'를 비유하여 이르는 말.

점괴-여천(苫塊餘喘)[-괴-/-궤-]圓 〔어버이를 따라 죽지 못하고 살아 있어, 거적자리를 깔고 흙덩이 베개를 베는 목숨이라는 뜻으로〕 어버이의 상(喪)을 막 벗은 사람이 죄스럽고 경황없음을 남에게 대하여 이르는 말.

점:교(漸敎)圓 불교의 교리를 닦는 첫 단계로, 간단한 가르침으로부터 차츰 깊은 가르침으로 나아가는 교법(敎法), 또는 차차 닦아 나아가서 마침내 불과(佛果)를 얻는 법문.

점귀-부(點鬼簿)圓 죽은 사람의 이름을 적는 장부. 과거장(過去帳).

점균(粘菌)圓 균류의 한 가지. 분화(分化)가 매우 낮아 포자로 번식하며 세포막과 엽록소가 없는 끈적끈적한 덩어리임.

점-그래프(點graph)圓 통계 도표의 한 가지. 점의 개수로 양의 다소를 나타내고, 점의 밀집 정도로 양의 변동을 나타내는 도표. 점도표.

점:근(漸近)圓困자타 점점 가까워짐.

점:급(漸及)圓困자타 (일정한 시기나 장소에) 점점 이르러 미침.

점-내기(點-)圓困자타 바둑에서, 이기고 짐에 따라 점을 정해 접어주는 내기.

점다(點茶)圓困자타 차 달이는 방법의 한 가지. 마른 찻잎을 다기(茶器)에 넣고 끓는 물을 부어서 우려내는 일.

점-다랑어(點-魚)圓 고등엇과의 바닷물고기. 가다랑어와 비슷하며, 몸길이는 1m가량. 등쪽에 검푸른 띠가 있으며, 가슴지느러미 밑에 1~7개의 검은 점이 있음.

점단(占斷)圓困타 점을 쳐서 판단함.

점-대(占-)[-때]圓 점을 치는 데 쓰는, 점패가 적혀 있는 대오리. 첨자(籤子).

점-대칭(點對稱)圓 대칭의 한 가지. 두 도형 사이의 한 점을 중심으로 한 도형을 180도 회전하였을 때 다른 도형과 완전히 겹치는 대칭. 참선대칭·면대칭.

점도(粘度)圓 유동체(流動體)가 고체의 면에 들러붙는 정도. 점성도.

점도-계(粘度計)[-계/-게]圓 점도를 재는 계기(計器).

점-도미(點-)圓 ☞달고기. ⓟ점돔.

점-도표(點圖表)圓 ☞점그래프.

점-돈(占-)[-똔]圓 점(占)을 치는 도구로 쓰이는 돈.

점-돔(點-)圓 〈점도미〉의 준말.

점두(店頭)圓困자 가게 앞, 또는 가게의 앞쪽.

점두(點頭)圓困자 동의(同意)의 뜻이나 옳다는 뜻으로 고개를 약간 끄덕임.

점:두거:래(店頭去來)圓 거래소를 통하지 않고 장외(場外)에서 이루어지는 주식이나 채권의 거래. 장외 거래(場外去來). 점두 매매.

점:두매:매(店頭賣買)圓 ☞점두 거래.

점-동이(點-)圓 ☞점박이. ②점이 박힌 개.

점득(占得)圓困타 자기 것으로 차지함.

점:등(漸騰)圓困자 (시세 따위가) 점점 오름. ↔점락(漸落).

점등(點燈)圓困자타 ①등의 심지에 불을 당김. ②전깃불을 켬. ↔소등(消燈).

점등-관(點燈管)圓 형광등의 음극을 예열(豫熱)하여 불이 켜지게 하는 방전관(放電管).

점:락(漸落)圓困자 (시세 따위가) 점점 떨어짐. ↔점등(漸騰).

점력(粘力) [-녁][명] 질기고 차진 힘. 끈끈한 기운.

점령(占領) [-녕][명][하타][되자] ①일정한 땅이나 대상을 차지하여 자기 것으로 함. 점거(占據). ②다른 나라의 영토를 무력으로 빼앗아 자기 나라의 지배 아래 둠. ¶적의 수도를 점령하다.

점:막(店幕)[명] 음식을 팔고 나그네를 재우는 것을 업으로 하는 집.

점막(粘膜)[명] 소화관·기도(氣道) 따위의 안쪽을 싸고 있는 끈끈하고 부드러운 막을 통틀어 이르는 말. 점액막.

점막-암(粘膜癌)[명] 점막에 생기는 암종(癌腫). 흔히, 식도·후두 및 생식 기관의 내벽 따위의 점액으로 덮인 조직에 생김.

점:멸(漸滅)[명] 점점 멸망(滅亡)하여 감. 차차 없어져 감.

점멸(點滅)[명][하자타][되자] 등불을 켰다 껐다 함, 또는 등불이 켜졌다 꺼졌다 꺼졌다 함.

점멸-기(點滅器)[명] 「광고탑 따위에 쓰이는」 전등을 켰다 껐다 하는 기구.

점멸-등(點滅燈) [-뜽][명] 「자동차 따위에 쓰이는」 신호용의 한 가지. 일정한 시간 간격을 두고 켜졌다 꺼졌다 하는 등. 깜박등.

점명(點名)[명][하타] 명부에 따라 차례로 점을 찍어 가며 이름을 부름.

점모(粘毛)[명] 식물의 어린잎이나 꽃받침 따위에 있는, 점액을 분비하는 털.

점묘(點描)[명][하타] ①붓으로 점을 찍음으로써 그림을 그림, 또는 그러한 그림이나 화법(畫法). ②사물 전체를 그리지 않고 어느 부분만을 따로 떼어서 그림.

점묘-주의(點描主義) [-의/-이][명] 18세기 프랑스에서 일어난 회화의 한 경향. 물감을 팔레트 위에 섞지 않고 각각의 물감을 그대로 붓에 써서 점묘의 화법으로 그림을 그림. 신인상주의.

점묘-파(點描派)[명] 점묘주의를 따르는 화가들의 한 파. 신인상파(新印象派).

점문(占文)[명] 점괘(占卦)에 나타난 길흉화복의 내용을 적은 글.

점미(粘米)[명] 찹쌀.

점-박이(點-)[명] ①얼굴이나 몸에 큰 점이 있는 사람이나 짐승을 이르는 말. 점둥이. ②(점이 박힐 정도로) 남에게 손가락질을 받는 사람을 이르는 말.

점:방(店房) [-빵][명] 가게. 상점(商店).

점법(點法) [-뻡][명] 점엽(點葉).

점병(甹)[하자타] 큰 물체가 물에 떨어져 잠길 때 나는 소리, 또는 그 모양. ⑩잠방. ㉠첨벙. 점병-점병[甹][하자타].

점병-거리다[자타] 자꾸 점병점병하다. 점병대다. ⑩잠방거리다.

점병-대다[자타] 점병거리다.

점병(粘餅)[명] 찹쌀가루·찰수숫가루·밀가루 따위를 개어 번철에 지진 떡.

점보(粘報)[명][하타] 증거 서류를 덧붙여 보고함.

점보(jumbo)[명] 〔거대하다는 뜻을 지닌 말로〕 ①(여러 개의 착암기를 장치한) 대형의 갱도 굴진 장비의 한 가지. ②자동 확대 인화기, 또는 그것으로 만든 사진. ¶점보 사이즈. ③⇨점보제트기.

점보-제트기(jumbo jet機)[명] 승객 400명 이상이 탑승할 수 있는 초대형 제트 여객기. 점보(jumbo).

점보트론(Jumbotron)[명] 도로 따위에서 광고를 내보내는 대형 광고차.

점복(占卜)¹[명][하자] ①점을 쳐서 길흉화복을 미리 알아보는 일. ②점술과 복술을 아울러 이르는 말. 복점(卜占).

점-복(占卜)²[명] 한자 부수의 한 가지. '卜'·'卣'·'卦' 등에서의 '卜'의 이름.

점-불정(點佛睛) [-쩡][명][하자] 불상을 만들거나 그릴 때, 마지막으로 그 눈을 박거나 찍는 일. 점안(點眼). ⑧점정(點睛).

점-뿌림(點-)[명][하타] (논밭에) 한 개나 여러 개의 씨앗을 한 곳 한 곳씩 일정한 사이를 두고 뿌리는 일, 또는 그런 파종법. 점파(點播).

점사(占辭)[명] 점괘(占卦)의 뜻을 풀이하여 나타낸 말.

점사(點射)[명][하타] 기관총·소총 사격법의 한 가지. 목표를 향하여 몇 발씩 끊어서 쏨.

점상(點床) [-쌍][명] 접치는 제구를 얹어 놓는 상.

점상(點狀)[명] 점처럼 생긴 모양. 점으로 이루어진 모양.

점서(占書)[명] 점술에 관한 것을 적은 책.

점서(占筮)[명] ⇨패서(卦筮).

점석(苫席)[명] 〔상게가 깔고 않는〕 거적자리.

점선(點線)[명] 줄지어 찍은 점으로써 이루어진 선. ¶점선을 긋다.

점성(占星)[명] 별의 모양·밝기·자리 등을 보아서 나라나 개인의 길흉화복을 점치는 일.

점성(粘性)[명] ①차지고 끈끈한 성질. 잘기. ②(기름 따위의) 유체가 운동할 때 일어나는 내부 마찰.

점성-가(占星家)[명] ⇨성학가(星學家).

점성-도(粘性度)[명] ⇨점도.

점성-술(占星術)[명] 별의 모양이나 밝기 또는 자리 등을 보아서 나라의 안위(安危)와 백성의 길흉 및 천변지이(天變地異) 따위를 점치는 술법.

점수(點授)[명][하타] 물을 방울지게 떨어뜨림.

점수(點授)[명][하타] 점지.

점수(點數) [-쑤][명] ①성적을 나타내는 숫자. ¶좋은 점수를 얻다. ②물건의 가짓수.

점술(占術)[명] 점을 치는 술법.

점:시(戰視)[명][하타] ⇨규시(窺視).

점:-시력(點視力)[명] 미세한 점의 있고 없음을 가려낼 수 있는 눈의 능력. ⑧선시력(線視力).

점:신-세(漸新世)[명] ⇨올리고세.

점:심(點心)[명] ①낮에 먹는 끼니. 중반(中飯). 중식(中食). ②선종(禪宗)에서, 배고플 때에 조금 먹는 음식을 이르는 말. ③무당이 떡과 과일 따위를 차려 놓고, 삼신(三神)에게 갖난아이의 젖이나 명복(命福)을 비는 일.

점:심-나절(點心-)[명] 점심때를 앞뒤로 한 반나절.

점:심-때(點心-)[명] 점심 끼니때.

점:심-시간(點心時間) [-씨-][명] 점심을 먹기로 정하여 둔 시간. 보통 정오에서 오후 한 시 사이임.

점:심-참(點心-)[명] 점심을 먹는 시간. 점심을 먹는 동안.

점안(點眼)[명][하자] ①눈에 안약을 떨어뜨리어 넣음. 점약(點藥). ②불상을 그리고 나서, 잡귀를 막기 위하여 주문을 외며 불상의 눈에 점을 찍음. 점불정(點佛睛). ⑧점정(點睛).

점안-수(點眼水)[명] 〔눈병 따위를 치료하기 위하여〕 눈에 한 방울씩 떨어뜨리게 되어 있는 안약.

점액(粘液)[명] ①끈끈한 성질을 가진 액체. ②물체 안의 점액선 따위에서 분비되는 끈끈한 액체.

점액-막 (粘液膜) [저맹-] 圐 ⇨점막.

점액-선 (粘液腺) [-썬] 圐 동식물체의 점막에서 점액을 분비하는 외분비샘.

점액^수종 (粘液水腫) [-쑤-] 圐 갑상선의 기능 감퇴로 말미암아 생기는 질병. 몸의 곳곳이 흥기처럼 부어오르고 사고력이나 운동력이 몹시 둔화됨.

점액-질 (粘液質) [-쩔] 圐 ①끈끈한 액체로 된 물질. ②기질(氣質)의 유형의 한 가지. 감정이 차갑고 활발하지 못하나 침착하고 의지가 강하며 끈기 있는 기질임.

점약 (點藥) 圐-하타 눈에 약물을 넣음, 또는 그 약. 점안(點眼).

점-양태 (點-) [-냥-] 圐 양탯과의 바닷물고기. 몸길이 20 cm가량으로, 머리에 톱니 모양의 가시가 있으며 작고 검은 점이 흩어져 있음. 몸빛은 등 쪽이 엷은 갈색이고 뚜렷하지 않은 검은 따가 등 옆쪽에 있음.

점-양토 (粘壤土) [-냥-] 圐 양토에 점토가 섞인 토질.

점역 (點譯) 圐-하타 말이나 보통의 글자를 점자(點字)로 고침.

점:염 (漸染) 圐-하자 차차 번져서 물듦. 점점 전염됨.

점염 (點染) 圐-하자-되자 (빛깔이나 성격·기질 따위가) 조금씩 젖어 물듦.

점엽 (點葉) 圐 동양화에서, 나뭇잎을 그릴 때 윤곽선을 사용하지 않고 붓으로 점묘(點描)하는 수법. 점법(點法).

점:오 (漸悟) 圐-하타 불교에서, 수행(修行) 과정에 따라 점점 깊이 깨닫는 일.

점용 (占用) 圐-하타 차지하여 씀.

점:원 (店員) 圐 상점에 고용되어 물건을 팔거나 그 밖의 일을 맡아서 하는 사람.

점유 (占有) 圐-하타-되자 자기 소유로 함. 차지함. ¶국유지를 부당하게 점유하다.

점:유 (漸癒) 圐-하자 병이 차차 낫게 됨.

점유-권 (占有權) [-꿘] 圐 물권(物權)의 한 가지. 점유 사실을 법률 요건으로 하여 발생하는 물권.

점유-물 (占有物) 圐 점유하고 있는 물건.

점윤 (霑潤·沾潤) 圐-하자 ①비나 이슬에 젖어서 불음. ②땀이나 물기가 배어 번짐.

점-음표 (點音標) 圐 음표의 오른쪽에 찍어서 그 본디 길이의 반만큼의 길이를 더함을 표시하는 검은 점. 부점음표(附點音標).

점:이 (漸移) 圐-하자 차차 옮아감.

점:이-성 (漸移性) [-썽] 圐 차차 옮아가는 성질.

점:이^지대 (漸移地帶) 圐 서로 다른 지리적 특성을 가진 두 지역 사이에 위치하여 중간적인 현상을 나타내는 지대.

점:입-가경 (漸入佳境) [-까-] 圐 갈수록 더욱 좋거나 재미있는 경지(地境)로 들어감, 또는 그 모양. ¶사건은 그야말로 점입가경이다.

점자 (點字) [-짜] 圐 점으로 이루어진 맹인용의 글자. 두꺼운 종이 위에 도드라진 점들을 일정한 방식으로 나타내어, 손가락으로 만져 읽을 수 있도록 하였음. 부점음표(附點音標).

점:잔 (말이나 행동이) 경솔하지 않고 묵중한 태도. 점잖은 태도. ¶점잔을 부리다. /점잔을 빼다. /점잔을 피우다.

점:잖다 [-잔타] 혱 ①언행이나 몸가짐이 묵중하고 의젓하다. ¶점잖게 말하다. ②품격이 속되지 않고 고상하다. ¶점잖은 취미. ③됨됨이와 품위 있고 의젓하다. ㉥잠잖다. ①점잖-이閉

¶점잖이 좀 앉아 있어라. * 점:잖아[-자나]·점:잖소[-잔쏘]

점잖은 개가 부뚜막에 오른다[오줌 싼다]〔속담〕 '겉으로는 점잖은 체하는 사람이 옳지 못한 짓을 함'을 비유하여 이르는 말.

점재 (點在) 圐-하자 여기저기 점점이 흩어져 있음. ¶많은 섬이 점재하는 다도해.

점-쟁이 (占-) 圐 남의 신수(身數)를 점쳐 주는 일을 업으로 삼는 사람. 매복자(賣卜者). 복사(卜師). 복자(卜者). 주역선생.

점적 (點滴) 圐 ①낱낱의 물방울. ②(처마 따위의 높은 곳에서) 하나씩 떨어지는 물방울. ③-하타 ¶점적(滴定).

점적-판 (點滴板) 圐 ⇨점판(滴板).

점전 (苫前) 圐 〔거적자리 앞이란 뜻으로〕 초상(初喪)을 치르기 전의 상제에게 편지를 낼 때, 상제의 이름 뒤에 쓰는 말.

점점 (點點) 圐 ①낱낱의 점. ¶점점의 무늬가 놓인 옷. ②-하자 (점을 찍은 듯이) 여기저기 하나씩 흩어져 있는 모양. ¶해가 저물자 가로등이 점점으로 밝아 왔다. 점점-이閉

점:점 (漸漸) 閉 조금씩 더하거나 덜하여지는 모양. 점차(漸次). 차차. 초초(稍稍). ¶날씨가 점점 추워진다. /병이 점점 악화되다.

점점-홍 (點點紅) 圐 ①점점이 붉은 모양. ②여기저기 울긋불긋하게 꽃이 핀 모양.

점정 (點睛) 圐-하자 사람이나 짐승을 그릴 때 마지막에 눈동자를 그려 넣음. 점안(點眼). ②〈화룡점정(畫龍點睛)〉의 준말. ㉥점물점정(點佛睛).

점조 (占兆) 圐 점괘(占卦)에 나타난 좋고 나쁜 조짐.

점조 (粘稠) '점조하다'의 어근.

점조-제 (粘稠劑) 圐 액체에 점력(粘力)을 주기 위하여 쓰는 물질.

점-조직 (點組織) 圐 철저한 비밀 유지를 위해, 지령이나 명령을 수행하고 전달하는 구성원의 계통이 드러나지 않도록 만들어진 조직.

점조-하다 (粘稠-) 혱여 찰기가 있고 밀도(密度)가 높다.

점-주 (點丶) 圐 한자 부수의 한 가지. '丹'·'丸' 등에서의 '丶'의 이름.

점:주 (店主) 圐 가게의 주인.

점-줄 (點-) 圐 ⇨쯤 점줄표.

점:증 (漸增) 圐-하자-되자 점점 많아짐. 점점 불어남.

**점:지 圐-하타 ①신불(神佛)이 사람에게 자식이 생기게 하여 주는 일. 점수(點授). ¶삼신(三神)이 점지하신 아들. ②'무엇이 생기는 것을 미리 지시하여 줌'을 비유하여 이르는 말. ¶하늘이 점지하여 준 배필.

**점:직-스럽다 [-쓰-따] [~스러우니·~스러워] 혱비 보기에 좀 미안하고 부끄러운 느낌이 있다. ¶칭찬을 받으니 좀 점직스럽다. 점직스레閉

점:직-하다 [-지카-] 혱여 좀 미안하고 부끄러운 느낌이 있다. ㉥점하다.

점:진 (漸進) 圐-하자 (차례를 따라) 차차 나아감. 조금씩 나아감. ↔급진(急進).

점:진-적 (漸進的) 팬圐 점차로 조금씩 나아가는 (것). ¶점진적 발전. /점진적으로 개선해 나가다. ↔급진적.

점:진-주의 (漸進主義) [-의/-이] 圐 (급진적인 방법을 쓰지 않고) 순서를 밟아 서서히 이루어 나아가려는 주의. ↔급진주의.

점질 (粘質) 圐 끈끈하고 차진 성질, 또는 그러한 물질(物質).

점-찍다(點-)[-따]目 여럿 가운데서 하나를 마음속으로 정하다. ¶장래의 며느릿감으로 점찍어 둔 처녀.

점차(呫次) [Ⅰ]圀 거상 중에 있는 아랫사람을 이르는 말.
[Ⅱ]때 주로 편지 글에서, 거상 중에 있는 아랫사람이 자기를 낮추어 이르는 말.

점차(點差)圀 점수의 차이. 득점의 차. ¶큰 점차로 이기다.

점:차(漸次)閉 점점. 차차. ¶어수선하던 교실 분위기가 점차 가라앉다.

점착(粘着)圀하자되자 끈기 있게 착 달라붙음.

점착-제(粘着劑) [-째]圀 물질을 점착시키는 데 쓰이는 물질. [풀·고무풀 따위.]

점철(點綴)圀하자되자 여기저기 흩어진 것들이 서로 이어짐, 또는 그것들을 이음. ¶도전과 좌절로 점철된 생애.

점체(粘體)圀 고체와 액체의 중간적인 성질을 띤 끈끈한 물질. [꿀·엿 따위.]

점:층-법(漸層法) [-뻡]圀 수사법상 강조법의 한 가지. 같거나 비슷한 어구(語句)를 겹치어 써서 문장의 뜻이 점점 강조되고, 커지고, 높아지게 하여 독자의 감흥을 고조시키거나 절정에로 이끄는 표현 방법. ('날자, 날자, 날자꾸나, 한 번만 날자꾸나' 하는 따위.) ↔점감법(漸降法).

점-치다(占-)자타 ①길흉을 짐작하기 위하여 점괘를 내어 보다. 정하다. ②앞일을 내다보아 미리 판단하다. ¶우승을 점치다.

점탈(占奪)圀 남의 것을 빼앗아 차지함.

점태(點苔)圀 동양화에서, 바위나 나뭇가지 따위에 낀 이끼를 나타내기 위하여 찍는 점.

점토(粘土)圀 (석영·장석 따위의) 암석이 풍화하여 지름 0.01 mm 이하로 분해된 흙. 물에 이기면 점성을 띠어 기와·도자기·벽돌 따위의 원료로 쓰임. 찰흙.

점토-기(粘土器)圀 점토로 만든 질그릇.

점토-암(粘土岩)圀 퇴적암의 한 가지. 점토가 쌓여 굳어진 것으로서, 점판암·이판암 등이 이에 딸림.

점토-질(粘土質)圀 점토가 많이 섞여 있는 암석이나 지층의 성질.

점:퇴(漸退)[-퇴/-퉤]圀하자 ①차차 뒤로 물러남. ②점점 쇠퇴하여 감.

점파(點播)圀하자 파종법의 한 가지. 씨앗을 일정한 간격을 두고 한 곳에 하나나 두서너 개씩을 심음. 점뿌림.

점파-기(點播機)圀 점파(點播)에 쓰이는 농기구의 한 가지.

점:판(店-)圀 금·은·동 따위의 광구(鑛區)를 이루 이르는 말.

점판-암(粘板岩)圀 퇴적암의 한 가지. 점토가 굳어져서 된 것으로 검은 빛깔이며, 얇게 잘 갈라짐. 돌비석·벼룻돌·슬레이트 따위를 만드는 데 쓰임.

점퍼(jumper)圀 품이 넉넉하고 활동적인 웃옷. 꾸밈새에 따라 놀이용으로, 또는 운동복이나 작업복 따위로 이용됨. 잠바.

점퍼-스커:트(jumper+skirt)圀 소매 없는 웃옷과 스커트가 한데 붙은 옷.

점편(占便)圀하자 쉬운 방법을 골라서 택함.

점:포(店鋪)圀 ①가게를 벌인 집. 가겟집. ¶점포를 차리다. ②(은행이나 금융 기관 따위에서) 고객을 상대로 하는 지점·출장소 따위를 이르는 말. ¶지방 점포.

점폭-약(點爆藥) [-풍냑]圀 폭약(爆藥)을 터뜨리는 데 쓰이는 약제.

점풍(占風)圀 점술(占術)과 지술(地術).

점풍-기(占風旗)圀 바람의 방향을 알기 위하여 돛대 머리에 단 기.

점프(jump)圀하자 ①뜀질. 도약(跳躍). ②스키에서의 도약 경기. ③영화에서, 필름 편집의 잘못 따위로 장면의 이어짐이 어긋남, 또는 그런.

점프^볼(jump ball)圀 농구에서, 심판이 양편의 두 선수 사이에 공을 던져 올려 경기를 시작하거나 계속하게 하는 일.

점:-하다(占-)¹자타 ①점을 보다. ②↔점치다.

점-하다(占-)²타여 자리를 차지하다. ¶국토의 대부분을 점하고 있는 산지(山地).

점호(點呼)圀하자 ①일일이 이름을 불러서 인원의 이상 유무를 알아봄. ②병영 생활의 일과의 한 가지. 기상(起床) 후나 취침 전에 인원 파악, 건강 상태, 병기 점검 따위를 조사하는 일. ¶각개 점호.

점화(點火)圀하자타되자 ①불을 붙임, 또는 불을 켬. 착화(着火). ¶용광로에 점화하다. /성화를 점화하다. ②내연 기관에서, 압축된 가스를 터뜨리기 위하여 가스체(gas體)에 가열 물체나 전기 불꽃을 접촉시키는 일.

점화-구(點火口)圀 (가스등 따위의) 불을 켜는 부리의 구멍.

점화미소(拈華微笑)圀 '염화미소(拈華微笑)'의 잘못.

점화-약(點火藥)圀 화약에 연소를 일으키기 위하여 쓰이는 약제.

점화^장치(點火裝置)圀 ①총포의 장약(裝藥)의 발화나 수뢰 따위의 폭약을 터뜨리는 장치. ②내연 기관에서, 압축된 가스를 터뜨리기 위하여 전기 불꽃을 일으키는 장치. 발화 장치.

점화-전(點火栓)圀 ↔점화 플러그.

점화^플러그(點火plug)圀 내연 기관에서, 압축된 혼합 기체에 불을 붙이기 위하여, 고압 전류를 �이서 불꽃 방전을 일으키는 점화용 부품. 발화전(發火栓). 점화전. 플러그.

점획(點畫) [-획/-훽]圀 (글자를 이루는) 점(點)과 획(畫).

점후(占候)圀 구름의 모양·빛·움직임 따위를 보고 길흉을 점치는 일.

접의 (마늘·파일 따위를 셀 때) 100개를 한 단위로 이르는 말. ¶마늘 한 접. /오이 두 접.

접(接)圀 ①글방 학생이나 과거에 응시하는 유생(儒生)들이 모여 이룬 동아리. 거접(居接). ②보부상의 무리. ③동학(東學)의 교구(敎區). ③포(包)³.

접(椄)圀하자 ☞접목(椄木). ¶접을 붙이다.

접-가지(椄-)[-까-]圀하자타 나무를 접붙일 때, 접본(椄本)에 나뭇가지를 붙임, 또는 그 붙이는 나뭇가지. 접수(椄穗). 접순(椄筍).

접각(接角)圀 평면 상의 두 개의 각이 꼭짓점과 한 변을 공유할 때, 그 한쪽의 각을 다른 쪽 각에 대하여 이르는 말.

접객(接客) [-깩]圀하자 손님을 대접함. 접빈(接賓).

접객-부(接客婦) [-깩뿌]圀 ☞접대부(接待婦).

접객-업(接客業) [-깨겁]圀 (다방·음식점·목욕탕·여관 따위와 같이) 일정한 요금을 받고 손님을 접대하는 영업.

접거(接居) [-꺼]圀하자 한동안 임시로 머물러 삶.

접견(接見) [-견]몡하타 ①(신분이 높은 사람이) 공식적으로 손님을 만나 봄. ¶대통령이 외국 사절(使節)을 접견하다. ②구속된 피의자나 수형자(受刑者)가 변호사 등 외부 사람을 만나는 일.

접견-실(接見室) [-견-]몡 ①공식적으로 손님을 만나 보는 방. ②구속된 피의자나 수형자(受刑者)가 변호사 등 외부 사람을 만나는 방.

접경(接境) [-경]몡하자되자 (두 지역의) 경계가 서로 맞닿음, 또는 그 맞닿은 경계. 교계(交界). 연경(連境). 접계(接界).

접계(接界) [-계/-꼐]몡하자되자 ☞접경(接境).

접골(接骨) [-꼴]몡하타되자 서로 어긋나거나 부러진 뼈를 이어 맞춤. 정골(整骨).

접골-사(接骨師) [-꼴-]몡 (외과 수술에 의하지 않고) 주로 부목(副木)·안마·깁스 따위의 방법으로 골절·탈구 등을 치료하는 사람.

접구(接口) [-꾸]몡하타 음식을 겨우 입에 대는 시늉만 함. 근구(近口).

접근(接近) [-끈]몡하자되자 가까이 함. 바짝 다가붙음. 근접(近接).

접-낫[점낟]몡 (날이 동그랗게 휘어진) 자그마한 낫. *접낫이[점나시]·접낫만[점난-]

접-눈(椄-) [-눈]몡 접붙이기 위하여 접가지에 함께 붙여서 도려낸 눈. 접아(椄芽).

접다[-따]타 ①(천이나 종이 따위의 너비가 있는 물건을) 꺾어서 겹치게 하다, 또는 그렇게 하여 어떤 모양을 만들다. ¶종이를 접다. /비행기를 접다. ②(펴진 것을) 본디의 모양이 되게 하다. ¶우산을 접다. /날개를 접다. ③(의견이나 주장 따위를) 미루어 두다. ¶그 생각은 일단 접어 두자. ④<접어주다>의 준말.

접대(接待) [-때]몡하타 ①☞대접(待接). ②손님을 맞이하여 시중을 듦. ¶접대를 받다.

접대(接對) [-때]몡하타 (찾아온 이를) 맞이하여 대면함.

접대(椄臺) [-때]몡 ☞접본(椄本).

접대-등절(接待等節) [-때-]몡 손님을 접대하는 여러 가지 예절.

접대-부(接待婦) [-때-]몡 술집 따위에서 손님을 접대하는 일을 직업으로 하는 여자. 접객부(接客婦).

접대-비(接待費) [-때-]몡 손님을 접대하는 데 드는 비용.

접-대패(椄-) [-때-]몡 대패의 한 가지. 나뭇결을 곱게 깎기 위하여 날 위에 덧날을 끼운 대패.

접도(椄刀) [-또]몡 (나무를 접붙일 때에) 접본을 쩨거나 접눈을 도려내는 데 쓰는 칼.

접도(摺刀) [-또]몡 ☞접칼.

접도^구역(接道區域) [-또-]몡 도로의 보호, 미관의 보존, 위험 방지 및 앞으로의 도로 확장용 공간 확보를 위하여 법으로 지정한 구역.

접동-새몡 '두견이'의 방언.

접두-사(接頭辭) [-뚜-]몡 어근(語根) 앞에 붙어서 그 뜻을 제한하는 접사. ('덧버선'·'개나리' 따위에서 '덧-'·'개-'와 같은 것.) 머리가지. 앞가지2. 접두어. ↔접미사.

접두-어(接頭語) [-뚜-]몡 ☞접두사.

접등(摺燈) [-뜽]몡 초나 등잔 따위를 넣게 되어 있는 등. 주로 종이로 만들어져 접었다 폈다 할 수 있도록 되어 있음.

접:때 [I]몡 지난 지 며칠 되지 않은 그때. 지난때. 지난번. 향시(向時). ¶접때는 어디 갔었니?

[II]부 지난 지 며칠 되지 않은 그때에. ¶그 친구는 접때 만나 보았다.

접린(接隣) [점닌]몡하자 서로 이웃하여 가까이 닿음, 또는 그러한 이웃.

접맥(接脈) [점-]몡하자타 맥락(脈絡)이 닿음. 맥을 이음.

접목(接目) [점-]몡하자 (잠을 자려고) 눈을 감음.

접목(椄木·接木) [점-]몡하타 ①나무를 접붙임. 또는 그 나무. 접붙이기. 접(椄). ②'둘 이상의 다른 현상 따위를 알맞게 조화시킴'을 비유하여 이르는 말. ¶국악에 대중가요를 접목하다. 활실생(實生).

접문(接吻) [점-]몡하자 입맞춤.

접문(接問) [점-]몡하타 대면하여 물어봄.

접물(接物) [점-]몡하자 물건에 접함.

접미-사(接尾辭) [점-]몡 어근(語根) 뒤에 붙어서 그 뜻을 돕거나 품사를 바꾸는 접사. ('말하기'·'선생님' 따위에서 '-기'·'님'과 같은 것.) 끝가지. 뒷가지2. 발가지. 접미어. ↔접두사.

접미-어(接尾語) [점-]몡 ☞접미사.

접-바둑(椄-) [-빠-]몡 바둑에서, 하수(下手)가 미리 화점(花點)에 두 점 이상을 놓고 두는 바둑.

접변(接變) [-뻔]몡하자 어떤 음(音)이 이웃해 있는 다른 음의 영향으로 다르게 발음되는 현상.

접본(椄本) [-뽄]몡 접붙일 때 바탕이 되는 나무. 대목(臺木). 접대(椄臺).

접-붙이기(椄-) [-뿌치-]몡하타 나무의 품종 개량이나 번식을 위해 접가지를 접본(椄本)의 부름켜에 맞닿게 붙이는 일. 접(椄). 접목(接木).

접-붙이다(椄-) [-뿌치-]타 (나무의 가지나 눈을 잘라서) 다른 나무의 줄기나 가지에 옮겨 붙이다.

접빈(接賓) [-삔]몡하자 ☞접객(接客).

접빈-실(接賓室) [-삔-]몡 ☞접객실(接客室).

접사(接邪) [-싸]몡 (요사스럽고 못된 귀신이 붙었다는 뜻으로) 시름시름 앓는 병에 걸림을 이르는 말.

접사(接寫) [-싸]몡하타 렌즈를 피사체 가까이에 대고 찍음.

접사(接辭) [-싸]몡 단어의 어근(語根) 앞이나 뒤에 붙어 그 뜻을 더하거나 품사를 바꿈으로써 새로운 단어를 만드는 형태소(形態素). 어근에 붙는 자리에 따라 접두사와 접미사로 구별됨. 씨가지.

접사리[-싸-]몡 모내기할 때 쓰는 비옷의 한 가지. 띠나 밀짚 따위를 섞어서 만드는데, 머리에 덮어써서 무릎 가까이까지 이르게 만듦.

접석(接席) [-썩]몡하자 자리를 가까이 붙이어 앉음.

접선(接線) [-썬]몡 ①곡선이나 곡면의 한 점에 닿는 직선. 절선(切線). 촉선(觸線). 합할선(割線). ②하자 줄을 대어 만남. ¶그쪽 사람들과 접선이 되었다.

접선(摺扇) [-썬]몡 ☞쥘부채.

접속(接續) [-쏙]몡하타되자 (서로 맞닿게) 이음.

접속-곡(接續曲) [-쏙꼭]몡 여러 악곡의 일부씩을 접속하여 한 곡으로 엮은 곡. 메들리.

접속-범(接續犯) [-쏙뻠]몡 시간적·공간적으로 거의 같은 기회에 여러 가지의 비슷한 범죄를 저지르는 일, 또는 그 범인.

접속^부:사(接續副詞) [-쏙뿌-]몡 부사의 한 갈래. 문장과 문장 성분과 성분, 문장과 문장을 이으면서 뒤의 말을 꾸미는 말. (가령, '지구는 돈다. 그러나 아무도 그것을 믿지 않았다.'에서 '그러나'와 같은 것.)

접속-사(接續辭) [-쏙싸] 몡 ☞접속어.

접속^수역(接續水域) [-쏙쑤-] 몡 영해(領海) 가까이에 이어지는 일정한 범위의 공해(公海) 수역. 인접 수역.

접속-어(接續語) [-쏘거] 몡 문장에서, 성분과 성분 또는 문장과 문장을 이어 주는 말. 접속사(接續辭).

접속^조:사(接續助詞) [-쏙쪼-] 몡 단어와 단어, 문장과 문장을 같은 자격으로 잇는 조사. ['와·과·하고' 따위.] 이음토씨.

접솔(接率) [-쏠] 몡 지난날, 과거를 보는 사람과 그에 딸린 여러 사람을 이르던 말.

접수(接收) [-쑤] 몡하타되자 ①돈이나 물건 따위를 받음. ②권력 기관이, 필요에 따라 국민의 소유물을 일방적으로 거두어들임, 또는 그 일. ¶ 정령군이 방송국을 접수하다.

접수(接受) [-쑤] 몡하타되자 ①공문서 따위의 서류나, 구두로 신청한 사실들을 처리하거나 하여 받아들임. ¶ 서류 접수 마감. ②돈이나 물건 따위를 받음. ¶ 부의금 접수.

접수(接穗) [-쑤] 몡하타 ☞접가지.

접수-국(接受國) [-쑤-] 몡 다른 나라의 외교 사절을 받아들이는 쪽의 나라.

접수-증(接受證) [-쑤쯩] 몡 접수한 사실을 증명하는 문서.

접수-처(接受處) [-쑤-] 몡 접수 사무를 맡아보는 곳.

접순(接筍) [-쑨] 몡하타 ☞접가지.

접순(接脣) [-쑨] 몡하타 ☞근구(近口).

접슬(接膝) [-쓸] 몡하자 (바싹 가까이하여) 무릎을 맞대고 앉음.

접시 [-씨] 몡 운두가 낮고 짝 바라진 납작한 그릇. 과일이나 반찬 따위를 담는 데 쓰임.

접시 밥도 담을 탓이다(속당) 무슨 일이나 머리를 써서 솜씨 있게 하기 나름이라는 뜻.

접시-꽃 [-씨꼳] 몡 아욱과의 다년초. 중국 원산의 관상용 식물로, 높이 2.5 m가량. 잎은 넓은 심장 모양이며 가장자리가 5~7개로 갈라짐. 6월경에 잎겨드랑이마다 접시 모양의 빨강·하양·자줏빛의 꽃이 핌. 규화(葵花). 촉규(蜀葵).
• 접시꽃이 [-씨꼬치]·접시꽃만 [-씨꼰-]

접시-돌리기 [-씨-] 몡 접시를 손가락이나 막대 따위의 끝에 올려놓고 돌리는 곡예.

접시-받침 [-씨-] 몡 두공·장여·첨차·한대·화반 따위를 괴는 데 쓰는 네모진 나무. 소로(小櫨). 소루(小累).

접시-천칭(天秤) [-씨-] 몡 (약품의 조제 따위에 쓰이는) 접시가 위쪽에 붙은 천칭.

접신(接神) [-씬] 몡하자 신이 사람의 몸에 내리어 서로 영(靈)이 통하는 일.

접심(接心) [-씸] 몡하자 마음이 바깥 세계의 사물에 대하여 느낌, 또는 그 일.

접아(接芽) [-아] 몡하타 ☞접눈.

접안(接岸) 몡하자 배를 안벽(岸壁)이나 뭍에 댐. ¶ 접안 시설.

접안-경(接眼鏡) 몡 ☞접안렌즈. ↔대물경.

접안-렌즈(接眼lens) 몡 (망원경·쌍안경·현미경 따위에서) 눈에 가까이 닿는 쪽의 렌즈. 대안렌즈. 접안경(接眼鏡). ↔대물렌즈.

접어(接語) 몡하자 말을 서로 주고받음.

접어(鰈魚) 몡 ☞가자미.

접어-놓다 [-노타] 타 젖혀 놓고 관심을 두지 아니하다. ¶ 과거는 접어놓고 앞으로 더 잘하자.

접어-들다 [~드니·~들어] 자 ①어느 시기나 나이에 이르다. ¶ 장마철로 접어들다. /갱년기에

접어들다. ②어느 지점을 넘거나 들어서다. ¶ 지름길로 접어들다. ③잡아들이다.

접어-주다 타 ①자기보다 못하거나 흠이 있는 사람을 너그러이 생각하여 주다. ¶ 나이 어린 사람이 한 잘못이니 자네가 접어주어야지. ②바둑·장기 등에서, 수가 낮은 사람에게 좋은 조건을 붙여 주다. ¶ 두 점 접어주고 두는 바둑. 준접다.

접역(鰈域) 몡 〔모양이 가자미와 비슷하다는 데서〕 한때 우리나라를 이르던 말.

접영(蝶泳) 몡 수영법의 한 가지. 두 팔을 뒤에서 앞으로 크게 휘둘러 물을 끌어당기고, 두 다리로 동시에 물을 차며 나아감.

접-요 [점뇨] 몡 짐승의 털을 두어서 병풍처럼 접었다 폈다 할 수 있도록 만든 요. 〔먼 길을 갈 때 씀.〕

접요-사(接腰辭) 몡 다른 말의 중간에 끼어, 그 뜻을 바꾸거나 어조를 고르는 구실을 하는 접사. 〔현재 학교 문법에서는 접요사가 인정되지 않음.〕 삽요사(挿腰辭).

접-의자(摺椅子) [저븨-/저비-] 몡 접을 수 있도록 만든 의자.

접이(接耳) 몡하자 남의 귀에 입을 대고 소곤거림. 귀엣말을 함.

접-자(-짜) 몡 접었다 폈다 할 수 있게 만든 자. 절척(折尺).

접잠(蝶簪) [-짬] 몡 ☞나비잠.

접장(接長) [-짱] 몡 ①조선 시대에, 접(接)의 우두머리를 일컫던 말. ②보부상의 우두머리.

접장(接狀) [-짱] 몡하자 서류를 접수함.

접적(接敵) [-쩍] 몡하자 ①적과 맞부딪침. ②적진에 가까이 다가감.

접전(接戰) [-쩐] 몡 ①서로 힘이 비슷하여 좀처럼 승부가 나지 않는 싸움. ¶ 접전이 예상되다. /팽팽한 접전을 벌이다. ②하자 적에게 가까이 다가가 싸움.

접점(接點) [-쩜] 몡 수학에서, 곡선 또는 곡면에 접선이나 접평면이 닿는 점. 절점(切點).

접제(接濟) [-쩨] 몡하타 ①살림살이에 필요한 물건을 차림. ②살아갈 길을 세움.

접족(接足) [-쪽] 몡하자 (어떤 자리에 들어가기 위해) 발을 들여놓음. 디디고 들어감.

접종(接種) [-쫑] 몡하타되타자 병의 예방·치료·진단 또는 실험 등을 위하여 병원균이나 독소 따위를 사람 또는 동물의 몸 안에 집어넣는 일. ¶ 예방 접종.

접종(接踵) [-쫑] 몡하자 〔앞사람의 발꿈치에 뒷사람의 발끝이 닿는다는 뜻으로〕 ①남의 뒤에 바짝 붙어서 따름. ②잇달아 일어남. ¶ 접종하는 교통사고. 종접(踵接).

접지(接地) [-찌] 몡하타 감전(感電)을 피하기 위하여 전기 기기를 전선으로 이어 땅에 연결하는 일, 또는 그 장치. 어스.

접지(接枝) [-찌] 몡하타 접본(接本)에 나뭇가지를 접붙이는 일, 또는 그 접붙이는 나뭇가지.

접지(摺紙) [-찌] 몡하타 ①종이를 접음, 또는 접은 종이. ②책을 꾸밀 때, 인쇄된 종이를 페이지의 차례대로 접는 일.

접지-기(摺紙機) [-찌-] 몡 접지하는 기계.

접지-선(接地線) [-찌-] 몡 접지를 할 때 전기기기와 땅을 연결하는 전선. 어스선.

접-질리다 [-찔-] 자타 (팔다리의) 관절이 심한 충격으로 지나치게 접혀서 삔 지경에 이르다. ¶ 발목이 접질리다.

접착(接着) 몡하자되자 착 달라붙음.

접착-제(接着劑) [-쩨]명 두 물체를 접착하는 데 쓰이는 물질. [풀·아교·천연고무·본드 따위.]

접책(摺册)명 ①종이를 앞뒤로 가지런하게 여러 겹 접어 책처럼 꾸민 것. ②장첩(粧帖)으로 꾸민 책.

접철(摺綴)명하타 접어서 한데 맴.

접첩-접첩부하타 여러 번 접어서 포갠 모양.

접첩(摺疊)명 접을 수 있도록 만든 서화첩.

접촉(接觸)명하자타되자 ①다가가서 닿음. 서로 닿음. ¶접촉 사고. /피부 접촉에 의한 전염. ②다른 사람과 교섭을 가짐. ¶그는 예술인과의 접촉이 잦다.

접촉-감:염(接觸感染) [-까몀]명 ☞접촉 전염.

접촉-광:물(接觸鑛物) [-꽝-]명 암석이 접촉 변성 작용을 받았을 때, 본디 암석 중의 광물이 재결정(再結晶)하여 생긴 새로운 광물. [홍주석·흑운모 따위.]

접촉-렌즈(接觸lens)명 ☞콘택트렌즈.

접촉^반:응(接觸反應) [-빠능]명 촉매와 반응 물질과의 균일하지 않은 상(相)의 계면(界面)에서 진행하는 촉매 반응. 보통, 고체 촉매에 의한 불균일 촉매 반응을 이름.

접촉-법(接觸法) [-뻡]명 고체 촉매의 표면에서 기체나 액체가 반응하는 경우와 같이, 균일하지 않은 상(相)의 계면(界面)에서 일어나는 촉매 반응을 사용하는 방법.

접촉^성:성암(接觸變成岩) [-뻡-]명 땅속 깊은 곳에서 올라온 마그마의 높은 열과 접촉하여 구조·성분·조직 따위가 변한 암석.

접촉^변:성작용(接觸變成作用) [-뻡-]명 마그마가 주변의 바위에 접촉하여 그것을 접촉 변성암으로 변화시키는 작용.

접촉^운:동(接觸運動)명 (채송화 따위에서 수꽃술을 건드리면 건드린 쪽으로 수꽃술들이 몰리는 것처럼) 외부의 접촉으로 말미암아 일어나는 식물의 운동.

접촉^작용(接觸作用) [-짜굥]명 접촉 반응에 있어서 촉매가 반응을 촉진 또는 방해하는 작용.

접촉^저:항(接觸抵抗) [-쩌-]명 두 도체(導體)의 접촉면에 생기는 전기 저항.

접촉^전:기(接觸電氣) [-쩐-]명 종류가 다른 금속 또는 절연물(絶緣物)을 접촉시키고서 떼어 낼 때 생기는 전기.

접촉^전염(接觸傳染) [-쩌념]명 피부나 점막에, 병원균이 있는 배설물·분비물·소지품 따위가 닿아서 생기는 전염. 접촉 감염.

접촉-제(接觸劑) [-쩨]명 ①접촉 반응을 일으키는 촉매. ②해충의 몸에 닿으면 신경을 마비시키거나 기문(氣門)을 폐쇄시켜 살충 효과를 나타내는 살충제의 한 가지. [DDT·니코틴 따위.]

접치이¹자 <접치이다>의 준말. ¶포장지가 잘 접친다.

접-치다²타 '접다'의 힘줌말. ¶종이를 접치다.

접치-이다자 『'접치다²'의 피동』 접침을 당하다. 준접치이다.

접침(摺枕)명 ①짐승의 털을 두툼하게 두고, 드문드문 누빈 여러 조각을 포개어 만든 베개. ②다리를 접었다 폈다 하도록 만든 목침.

접-침상(摺寢牀)명 접었다 폈다 할 수 있게 만든 침상.

접침-접침(摺寢)부하타 되는대로 이리저리 접힌 모양. ¶이불을 접침접침 개다.

접-칼명 접었다 폈다 할 수 있게 만든 칼. 접도(摺刀).

접-톱명 날을 자루 속으로 접어 넣을 수 있게 만든 톱.

접-평면(接平面)명 곡면(曲面) 위의 한 점에 접하는 평면.

접피-술(接皮術)명 상처나 흉터에 피부를 이식(移植)하는 외과 수술.

접-하다(接-)[저파-] Ⅰ자타 ①이어서 닿다. ¶내 고향은 바다와 접해 있다. ②어떤 일에 부닥치다. ¶어려운 일에 접하더라도 포기하지 마라. ③어떤 사람과 가까이하다. ¶이웃과 접할 기회를 자주 만들어라.
Ⅱ타 ①소식 따위를 듣게 되다. ¶기쁜 소식을 접하다. ②귀신이 지피다.

접합(接合)[저팝]명 ①하자타되자 서로 이어 붙이거나 서로 닿아서 맞붙음. ¶접합 수술. ②유성 생식에서, 암수 구별이 없는 동형(同形)의 생식 세포가 서로 달라붙는 현상.

접합-부(接合符)[저팝뿌]명 ☞붙임표.

접합-자(接合子)[저팝짜]명 두 개의 배우자(配偶子)가 접합하여 생긴 세포.

접합^재료(接合材料)[저팝째-]명 조선(造船)·건축 등에서 접합에 쓰이는 재료. [리벳·볼트·못·나사못·땜납·아교·풀 따위.]

접형-골(蝶形骨)[저평-]명 척추동물의 두개(頭蓋)에 연골성(軟骨性)으로 발생하여, 눈 부근에서 두개의 밑 중앙에까지 자리 잡은, 보통 여섯 개로 된 나비 모양의 뼈.

접형^화관(蝶形花冠)[저평-]명 좌우 상칭(左右相稱)이며 나비와 비슷한 모양의 꽃부리.

접-히다[저피-]자 『'접다'의 피동』 접음을 당하다. ¶책장이 접히다.

젓[젇]명 멸치·새우·조기 따위 생선의 살·알·창자 등을 소금에 짜게 절이거나 양념하여 삭힌 것. [멸치젓·새우젓 따위.] *젓이[저시]·젓만[전-]

젓-가락[저까-/젇까-]명 나무나 쇠붙이 따위로 가늘고 길게 만들어 음식이나 그 밖의 물건을 집는 데 쓰는 한 벌의 막대기. 저. ¶젓가락 한 벌. 준젓갈².

젓가락으로 김칫국을 집어 먹을 놈속담 어리석고 분별 없이 어이없는 짓을 하는 사람에게 하는 말.

젓가락-나물[저까랑-/젇까랑-]명 미나리아재빗과의 이년초. 햇볕이 잘 드는 풀밭에서 자라는데, 줄기는 60cm가량이고 온몸에 거친 털이 나 있음. 여름에 노란 꽃이 핌.

젓가락-질[저까-쩔/젇까-쩔]명하자 젓가락으로 음식을 집어 먹거나 물건 따위를 집는 일.

젓-갈¹[젇깔]명 젓으로 담근 음식.

젓갈 가게에 중속담 서로 상관도 없는 사람이 나타남을 이르는 말.

젓-갈²[저깔/젇깔]명 <젓가락>의 준말.

젓갈-붙이[젇깔부치]명 젓갈 종류에 딸린 음식.

젓-갖[젇깓]명 매의 두 발을 따로따로 잡아매는 가느다란 가죽 끈. *젓갖이[젇까지]·젓갖만[젇깐-]

젓개-질[젇깨-]명하타 액체나 가루 따위를 식히거나 섞기 위하여 휘젓는 짓.

젓-국[젇꾹]명 젓갈이 삭아서 우러나온 국물.

젓국-수란(-水卵)[젇꾹쑤-]명 젓국을 탈 물에 쇠고기나 파 따위를 썰어 넣고 끓이다가, 달걀을 깨뜨려 넣어 반쯤 익힌 반찬.

젓국-지[젇꾹찌]명 조기 젓국으로 간을 맞추어 담근 김치.

젓나모명 <옛> 전나무. ¶젓나모: 檜松(譯解下41).

젓:다[젇따][저으니·저어]**[타ㅅ]** ①액체의 온도나 농도를 고르게 하려고 막대기 따위로 휘둘러 섞다. ¶주걱으로 죽을 젓다. ②배를 움직이려고 노를 두르다. ¶배를 저어 가다. ③부정(否定)의 뜻을 나타내려고 손이나 머리를 가볍게 이리저리 흔들다. ¶고개를 젓다. ④신체의 일부를 일정한 방향으로 계속해서 움직이다. ¶팔을 힘차게 저으며 걷다. ⑤(짐승이) 꼬리를 흔들다.

-젓다[접미] (옛)-롭다. -스럽다. ¶마시 훌氣젓더니(月釋1:43).

젓-대[저때/젇때]**[명]** '저(笛)'를 달리 이르는 말.
젓-조기[젇쪼-]**[명]** (잡아 올 때부터 미리 제쳐 놓은) 젓을 담그기에 딱 알맞은 조기.
정:¹[명] 돌에 구멍을 뚫거나 쪼아서 다듬는 데 쓰는, 쇠로 만든 연장.
정:²[부] 정말로. 참으로. ¶정 가겠다면 내일 아침에 가거라.
정(丁)[명] ①십간(十干)의 넷째. ②(십간의 차례로 등급이나 차례를 매길 때) '넷째'를 뜻하는 말. ③〈정방(丁方)〉의 준말. ④〈정시(丁時)〉의 준말. ⑤(짐승이) 꼬리를 흔들다.
정(井)[명] ①〈정성(井星)〉의 준말. ②〈정괘(井卦)〉의 준말.
정:(正)[명] ①옳고 바름. 옳고 바른 일. ↔사(邪). ②변증법의 세 단계의 하나. 정립(定立). ↔반(反). (☞정반합(正反合)).
정(疔)[명] 한방에서, 화농균이 침입하여 뼈마디에 생기는 부스럼을 이르는 말. 불에 덴 것처럼 부풀고 고름이 들며 몹시 아픔. 정저(疔疽). 정종(疔腫).
정:(定)[명] 불교에서 이르는, 마음을 한곳에 머물게 하여 흐트러뜨리지 않는 안정된 상태. 선정(禪定).
정(情)[명] ①무엇을 보거나 듣거나 하여 느끼게 되는 마음의 움직임. 감정(感情). ②사귐이 깊어 감에 따라 더해 가는 친근한 마음. ¶낳은 정보다 기른 정이 더 깊다. ③남을 염려하여 헤아리는 마음. ¶연민의 정을 느끼다. ④(남이라고 하기엔 정이 깊어 관계가 가까운) 남과 남 사이의 애정. ¶부부간의 정. ⑤심리학에서, 마음을 이루는 두 요소 가운데의 한 가지. 곧, 이지적인 요소에 대하여 감동적인 요소를 이름.

정 각각 흉 각각[속담] 정이 쏠리더라도 흉은 남아 있고, 흉이 있어도 정이 막히지는 않는다는 말.
정에서 노염이 난다[속담] 〔정이 깊이 들면 좋아하는 마음이 크기 때문에 노염이 잘 난다는 뜻으로〕정다운 사이일수록 예의를 지켜야 한다는 말.
정을 쏟다[관용] 정성을 다해 사랑하다. 애정을 기울이다.
정을 통하다[관용] 부부가 아닌 남녀가 관계를 가지다.

정(旌)[명] 깃대 끝에 늘어뜨린 장목을 새의 깃으로 꾸민 기(旗).
정(鉦)[명] ☞징¹.
정:(鼎)[명] 〈정괘(鼎卦)〉의 준말.
정(精)[명] ①〈정기(精氣)〉의 준말. ②〈정령(精靈)〉의 준말. ③〈정수(精髓)〉의 준말. ④〈정액(精液)〉의 준말.
정(町)[의] ①거리의 단위. 60칸, 곧 360자. 약 109.1 m. ②지적(地積)의 단위. 10단(段), 곧 3000평. 약 0.99 ha.
정(桯·挺)[의] ('자루'의 뜻으로) 총·노(櫓)·호미·삽·먹 따위를 세는 단위. ¶소총 3정.

정:(正)[수]관] 간(澗)의 1만 배, 재(載)의 1만분의 1이 되는 수(의). 곧, 10⁴⁰.
정-(正)[접두] (일부 명사 앞에 붙어) ①'올바름'·'바름'의 뜻을 나타냄. ¶정삼각형. ②'부(副)'·'준(準)'에 대하여, 주장의 위치임을 뜻함. ¶정교사. /정회원. ③'종(從)'에 대하여, 한 자리 높은 품계임을 뜻함. ¶정일품. /정이품.
-정(亭)[접미] (일부 명사 뒤에 붙어) '정자(亭子)'의 뜻을 나타냄. ¶노인정. /세검정. /팔각정(八角亭).
-정(艇)[접미] (일부 명사 뒤에 붙어) '규모가 작은 배'의 뜻을 나타냄. ¶경비정. /어뢰정.
-정(整)[접미] 돈의 액수 뒤에 쓰이는 말. ¶삼만원정.
-정(錠)[접미] (일부 명사 뒤에 붙어) '알약'의 뜻을 나타냄. ¶당의정. /발포정.
정가¹(正價)[명][하타] 지난 허물이나 잘못을 초들어 흉봄.
정가²(精嘉)[명] 미나릿과의 일년초. 높이 1 m가량. 줄기와 잎에서 독특한 냄새가 나고 여름에 연분홍의 꽃이 핌. 한방에서 온 그루를 말리어 약재로 씀. 형개(荊芥).
정:가(正假)[명] [-까] 에누리 없는 값.
정:가(定價)[명] [-까] ①(상품의) 정한 값. ¶정판매. ②[하타]값을 매김.
정:가(政街)[명] 정치인을 중심으로 형성된 사회.
정:-가교(正駕轎)[명] 임금이 타고 있는 가교.
[참]공가교(空駕轎).
정:-가극(正歌劇)[명] ☞그랜드 오페라.
정:각(正角)[명] ☞양각(陽角).
정:각(正刻)[명] (틀림없는) 바로 그 시각. ¶12시 정각에 출발하다.
정:각(正覺)[명] (진리를 터득한) 부처의 깨달음. 가장 올바른 깨달음.
정:각(定刻)[명] 정해진 시각. ¶비행기는 정각에 도착했다.
정각(亭閣)[명] ☞정자(亭子).
정각(頂角)[명] '꼭지각'의 구용어.
정:-각기둥(正角-)[-끼-] 밑면이 정다각형이고, 꼭 같은 직사각형의 옆면들과 직교(直交)하는 각기둥.
정:-각뿔(正角-)[명] 밑면이 정다각형이고, 꼭짓점에서 밑면으로 내린 수선(垂線)이 밑면의 중심을 지나는 각뿔.
정:-각주(正角柱)[명] [-쭈] '정각기둥'의 구용어.
정:-각추(正角錐)[명] '정각뿔'의 구용어.
정간(井間)[명] ('井' 자처럼) 가로세로의 평행선을 여러 개 그은 바둑판 모양의 칸살. 사란(絲欄). ¶정간을 친 공책.
정:간(正諫)[명][하타] (윗사람에게) 바른말로 충고함.
정간(停刊)[명][하타][되자] 신문·잡지 따위 정기 간행물의 간행을 감독관청의 명령으로 한때 중지함. ¶정간 처분을 당하다.
정간(楨幹)[명] 〔담을 쌓을 때 양쪽에 세우는 나무라는 뜻으로〕사물을 지탱하는 중요한 것.
정간-보(井間譜)[명] 정간(井間)을 쳐서 소리의 길이를 나타낸 옛 악보. 조선 세종 때 창안되었음. [참]향악보(鄕樂譜).
정간-자(釘竿子)[명] 물레의 가락.
정간-지(井間紙)[명] (글씨를 쓸 때 간격을 고르게 하기 위하여 종이 밑에 받치는) 정간(井間)을 친 종이.

정갈-스럽다[-따][~스러우니·~스러워]〖형ㅂ〗 보기에 정갈한 데가 있다. **정갈스레**〖부〗 ¶정갈 스레 차린 음식.

정갈-하다〖형여〗 (모양이나 옷 따위가) 깨끗하다. ¶정갈한 옷차림. /음식을 정갈하게 차리다. 정 갈-히〖부〗.

정감(情感)〖하타〗 정조와 감흥을 불러일으키는 느낌. ¶정감 넘치는 노래. /정감을 자아내다.

정갑(精甲)〖명〗☞정병(精兵).

정강(政綱)〖명〗(정부나 정당이 내세우는) 정치상 의 중요 방침. 정치의 강령(綱領).

정강(精鋼)〖명〗 정련(精鍊)한 강철.

정강-다리〖명〗 '정강이'의 잘못.

정강-마루〖명〗 정강이뼈 거죽에 마루가 진 곳.

정강-말〖명〗[정강이 힘으로 걷는 말이라는 뜻으로] 아무것도 타지 않고 자기 발로 걸어감을 곁말로 이르는 말. 적각마(赤脚馬).

정강이〖명〗 아랫다리 앞쪽의, 뼈가 있는 부분.

정강이-뼈〖명〗 하퇴골(下腿骨)의 하나. 종아리의 안쪽에 있는 긴 뼈. 경골(脛骨).

정:개(定改)〖명〗 가톨릭에서, 고해(告解)의 다섯 가지 요건 가운데의 한 가지를 이르는 말. 다시는 죄를 짓지 않기로 결심하는 일.

정:객(正客)〖명〗 주된 손님. 정빈(正賓).

정객(政客)〖명〗 정치를 일삼아 하는 사람. 정계에서 활동하는 사람.

정거(停車)〖명하타〗 가던 차가 멎음, 또는 가던 차를 멎게 함. 정차(停車).

정거(停擧)〖명하타〗 조선 시대에, 부정행위를 한 유생(儒生)에게 얼마 동안 과거를 보지 못하게 하던 벌.

정거(靜居)〖명하자〗 세상일에서 떠나 조용하고 한가로이 지냄.

정거-장(停車場)〖명〗 열차가 멈추어서 승객이나 화물을 싣고 내릴 수 있도록 정하여진 곳. 〖참〗역 (驛)·정류장.

정걸(挺傑)〖명〗 남달리 썩 잘남, 또는 그런 사람.

정:격(正格)[-껵]〖명〗 올바른 격식. 정당한 규격. ↔변격(變格).

정:격(定格)[-껵]〖명〗 발전기·변압기·전동기·진공관 따위의 전기 기기에 대하여 제조자가 규정한 사용 상태. ¶정격 전압. /정격 전류. /정격 출력.

정:견(正見)〖명〗 팔정도의 하나. 바른 도리를 깨달음.

정:견(定見)〖명〗 일정한 견식(見識)이나 주견(主見). ¶정견이 없는 사람.

정견(政見)〖명〗 정치상의 의견. 정치에 관한 식견. ¶정견 발표.

정결(貞潔)〖명하〗 정조가 곧고 행실이 깨끗함. ¶정결한 부인. **정결-히**〖부〗.

정결(淨潔)〖명하〗〖수〗 맑고 깨끗함. 〖참〗건정(乾淨). **정결-히**〖부〗. **정결스레**〖부〗.

정결(精潔) '정결하다'의 어근.

정결-스럽다(精潔-)[-따][~스러우니·~스러워]〖형ㅂ〗 깨끗하고 조촐한 느낌이 있다. **정결스레**〖부〗.

정결-하다(精潔-)〖형여〗 깨끗하고 조촐하다. 정결-히〖부〗. ¶몸을 정결하게 하다.

정-겹다(情-)[-따][~겨우니·~겨워]〖형ㅂ〗 정이 넘치는 듯하다. 아주 다정하다. ¶모자간의 모습이 정겹다.

정:경(正逕)〖명〗 올바른 길. 정도(正道).

정:경(正經)〖명〗 ①행하여야 할 바른 도리. ②기독교에서, 구약과 신약을 아울러 이르는 말.

가톨릭에서는 신약과 구약 외에 '외경(外經)'까지 합쳐서 이름.

정경(政經)〖명〗 정치와 경제. ¶정경 유착.

정경(情景)〖명〗 마음에 감흥을 불러일으킬 만한 경치나 장면. ¶비참한 정경. /그 감격스럽던 정경이 아직도 눈에 선하다.

정:경-대원(正經大原)〖명〗 옳고 바른 길과 큰 원칙.

정경-부인(貞敬夫人)〖명〗 조선 시대, 외명부의 한 품계. 정일품·종일품 문무관의 아내의 칭호.

정:계(正系)[-계/-게]〖명〗☞정통(正統).

정:계(定界)[-계/-게]〖명하타〗 일정한 경계나 한계를 정함, 또는 그 경계나 한계.

정계(政界)[-계/-게]〖명〗〈정치계(政治界)〉의 준말. ¶정계에 투신하다.

정계(淨界)[-계/-게]〖명〗①[깨끗한 곳이라는 뜻으로] 신불(神佛)을 모시는 곳을 이르는 말. ②☞정토(淨土).

정계(晶系)[-계/-게]〖명〗〈결정계(結晶系)〉의 준말.

정계(精系)[-계/-게]〖명〗 고환(睾丸)에서 복벽(腹壁)으로 이어져 있는 새끼손가락만 한 크기의 줄. 편평한 원기둥 모양으로, 수정관·임파선·신경·동맥·정맥 따위가 들어 있음.

정:계-비(定界碑)[-계/-게-]〖명〗 조선 숙종 38(1712)년에, 청나라와 국경을 정하기 위하여 백두산에 세운 비.

정:계-함(定繫港)[-계/-게-]〖명〗 선박을 매어 두거나 머물게 하는 일정한 항구.

정고(艇庫)〖명〗 보트를 넣어 두는 창고.

정:곡(正鵠)〖명〗①과녁의 한가운데가 되는 점. ¶화살이 정곡에 꽂히다. ②'목표 또는 핵심이 되는 것'을 비유하여 이르는 말. ¶정곡을 찌르다.

정곡(情曲)〖명〗 간절하고 곡진한 정. 심곡(心曲).

정:골(整骨)〖명하타〗〖되자〗 ☞접골(接骨).

정:공(正攻)〖명〗①정면(正面)으로 하는 공격. ②(계략 따위를 쓰지 않고) 정정당당히 하는 공격.

정공(精工)〖명하타〗 정교하게 세공함, 또는 정교한 세공(細工).

정:공-법(正攻法)[-뻡]〖명〗①정면(正面)으로 공격하는 방법. ②(계략 따위를 쓰지 않고) 정정당당히 공격하는 방법.

정:공-식물(挺空植物)[-씽-]〖명〗☞지상 식물.

정:과(正果)〖명〗 여러 가지 과일이나 새앙·연근·인삼 따위를 꿀이나 설탕물에 조리어 만든 음식. 전과(煎果).

정:과(正科)〖명〗 학교에서 학생이 필수적으로 배워야 할 정규의 과목.

정:과정(鄭瓜亭)〖명〗 고려 의종 때 정서(鄭敍)가 지은 고려 가요. 유배지인 동래(東萊)에서 임금을 그리는 절절한 심정을 읊은 내용. 일명 '정과정곡'. ('악학궤범'에 실려 전함.)

정:관(正官)〖명〗 어떤 부서에서 가장 높은 관리.

정:관(呈官)〖명하타〗 관청에 소장(訴狀)이나 청원서(請願書)를 내어 하소연함.

정:관(定款)〖명〗 회사나 공익 법인 등의 목적·조직·업무 집행 따위에 관한 규정, 또는 그것을 적은 문서.

정관(精管)〖명〗☞수정관(輸精管).

정관(靜觀)〖명하타〗①(사물의 변화 따위를) 조용히 지켜봄. ¶사태의 추이를 정관하다. ②대상의 안에 있는 본질적인 것을 마음의 눈으로 관찰함.

정:-관사(定冠詞)[명] 서구어에서 관사의 한 가지. 명사 앞에 붙어 강한 지시나 한정의 뜻을 나타냄. ↔부정 관사.

정관^수술(精管手術)[명] 정관을 실로 묶거나 절단하여 정충의 사출을 막는, 남성의 피임 수술.

정광(精鑛)[명] 선광(選鑛) 작업에 의하여 필요 없는 불순 성분이 제거되고 유용한 성분이 많아져 순도가 높아진 광물.

정괘(井卦)[명] 육십사괘의 하나. 감괘(坎卦)와 손괘(巽卦)를 위아래로 놓은 괘. 나무 위에 물이 있음을 상징함. 준정(井).

정:괘(鼎卦)[명] 육십사괘의 하나. 이괘(離卦)와 손괘(巽卦)를 위아래로 놓은 괘. 나무 위에 불이 있음을 상징함. 준정(鼎).

정교(正校)[명] 대한 제국 때의 무관 계급의 한 가지. 하사관급으로 특무정교의 아래, 부교(副校)의 위.

정:교(正敎)[명] ①바른 종교. ↔사교. ②ㄖ그리스 정교.

정교(政敎)[명] ①정치와 종교. ②정치와 교육.

정교(情交)[명][하다] ①친밀하게 사귐, 또는 그런 교제. ②남녀 간의 육체관계.

정교(精巧) '정교하다'의 어근.

정교-롭다(精巧-)[-따][~로우니·~로워][형ㅂ] 정교한 데가 있다. **정교로이**[부].

정:-교사(正敎師)[명] 국가에서 인정하는 정식 교사의 자격을 가진 교사.

정교-점(正交點)[-쩜][명] ㄖ승교점(昇交點).

정교-하다(精巧-)[형여] (기계나 세공물 따위가) 아주 세세한 부분까지 정밀하게 잘 되어 있다. ¶정교한 솜씨. **정교-히**[부].

정:-교회(正敎會)[-회/-훼][명] ㄖ그리스 정교.

정구(井臼)[명] 〈정구지역(井臼之役)〉의 준말.

정구(庭球)[명][하다] 경기장 바닥에 네트를 가로질러 치고 그 양쪽에서 라켓으로 공을 주고받아 승패를 겨루는 경기. 연식 정구와 경식 정구가 있음.

정구(停柩)[명][하다] 행상(行喪) 때 상여가 길에 머무는 일.

정구(精究)[명][하다] 꼼꼼하고 자세하게 연구함.

정구지역(井臼之役)[명] 〔우물물을 긷는 일과 절구질하는 일이라는 뜻으로〕 '살림살이의 수고로움'을 이르는 말. 준정구.

정구-청(停柩廳)[명] 인산(因山) 때에, 행상(行喪)하는 도중에 상여를 머물러 쉬게 하려고 임시로 베풀어 놓은 곳.

정:-구품(正九品)[명] 고려·조선 시대의 문무관 품계의 열일곱째 등급.

정국(政局)[명] 정치의 국면(局面). 정치계의 형편. ¶정국의 안정을 꾀하다.

정국(庭鞫·庭鞠)[명][하다] (왕명에 따라) 의금부 또는 사헌부에서 죄인을 신문하던 일.

정국(靖國)[명][하다] 어지럽던 나라를 평안하게 진정시킴.

정:군(正軍)[명] 조선 시대에, 장정으로 군역(軍役)에 복무하던 사람. 정병(正兵).

정:군(整軍)[명][하다] 군대를 정비하고 군기(軍紀)를 바로잡음.

정:궁(正宮)[명] 임금의 정실(正室), 곧 왕비나 황후를 후궁에 대하여 일컫는 말.

정:권(正權)[명] 정당한 권리. ¶此(차)로써 자손 만대에 고(誥)하야 민족 자존의 정권을 영유(永有)케 하노라.

정권(묘券)[명][하다] 지난날, 과거(科擧)의 답안을 시관(試官)에게 내던 일.

정권(政權)[-꿘][명] 정치를 하는 권력. 나라의 통치 기관을 움직이는 권력. 정병(政柄). ¶정권 교체. /정권을 잡다.

정:궤(正軌)[명] ㄖ정규(正規).

정:규(正規)[명] 바른 규정. 정식의 규정. 정궤(正軌). ¶정규 방송. /정규 과정을 밟다.

정:규(定規)[명] ①정해진 규약이나 규칙. ②제도(製圖)에 쓰이는 제구의 한 가지. 〔삼각 정규 따위.〕

정:규-군(正規軍)[명] 한 나라의 정부에 딸리어 조직된, 정식 훈련 과정을 거친 군대. ↔비정규군.

정:극(正劇)[명] 가면극·인형극·창극·무용극 따위에 대하여 보통의 연극을 이르는 말.

정극(靜劇)[명] 무대 위의 정조(情調)를 중시하고, 적은 동작과 대사로 내면의 갈등을 표현하는 극.

정:근(定根)[명] 불교에서, 오근(五根)의 하나인 '선정(禪定)'을 이르는 말. 일체의 공덕을 만들기 때문에 근(根)이라고 함.

정근(情近) '정근하다'의 어근.

정근(精勤)[명][하다] 쉬거나 게으름을 피우거나 하지 않고 일이나 학업에 힘씀.

정근-하다(情近-)[형여] 정분이 썩 가깝다.

정글(jungle)[명] 열대의 밀림, 또는 그 지대.

정글-짐(jungle gym)[명] 여러 개의 둥근 나무나 철봉 따위를 가로세로로 짜 맞추어 만든 어린이용 운동 시설.

정:금(正金)[명] ①(지폐에 대하여) 정화(正貨). 보통, 금화와 은화를 가리킴. ②ㄖ순금(純金).

정:금(整襟)[명] 옷깃을 여미어 자세(姿勢)를 바로잡음.

정금-나무[명] 철쭉과의 낙엽 활엽 관목. 숲 속에 절로 나며, 높이 2~3m. 초여름에 홍백색의 꽃이 피고, 가을에 장과(漿果)가 까맣게 익음.

정:금-단좌(整襟端坐)[명][하다] 옷매무시를 바로 하고 단정하게 앉음.

정금-미옥(精金美玉)[명] 〔순수한 금과 아름다운 구슬이라는 뜻으로〕 '인품이나 시문이 깔끔하고 아름다움'을 이르는 말.

정기(丁幾)[명] ㄖ팅크.

정:기(正氣)[명] ①천지에 널리 존재한다고 여겨지는, 사물의 근본이 되는 바르고 큰 힘. 천지의 원기. ②바른 의기(意氣). 바른 기풍(氣風). ¶민족 정기를 되살리자.

정:기(定氣)[명] 춘분을 기준으로 황도(黃道)를 24등분하여, 태양이 각 분점(分點)에 도달하는 순간을 이십사절기로 구분하는 방법.

정:기(定期)[명] 시기나 기한 등이 일정하게 정해져 있는 것, 또는 그 시기나 기한. ¶정기 검진. /정기 답사. ↔부정기(不定期).

정기(旌旗)[명] 정(旌)과 기(旗).

정기(精記)[명][하다] 꼼꼼하고 자세하게 적음, 또는 그 기록.

정기(精氣)[명] ①만물에 갖추어져 있는 순수한 기운. ¶백두산의 정기를 받다. ②심신 활동의 근본이 되는 힘. 준정(精).

정기(精機)[명] 〈정밀 기계(精密機械)〉의 준말.

정기(精騎)[명] 썩 날쌘 조 용맹스러운 기병.

정:기^간행물(定期刊行物)[명] 정해진 시기마다 발행되는 책·신문·잡지 따위의 출판물. 준정기물.

정:기^거:래(定期去來)[명] 거래소에서, 주고받는 날짜를 정해 두고 매매 계약을 하는 거래 방법. 그 기일 안에 환매(還買) 및 전매(轉賣)

의 방법에 의하여 매매 거래를 상쇄할 수 있게 되어 있음. 정기 매매.

정:기^국회(定期國會) [-구회/-구훼]**명** 국회법에 따라 정기적으로 모이는 국회. 정기회. 통상 의회. ↔임시 의회.

정:기-권(定期券) [-꿘]**명** 〈정기 승차권〉의 준말.

정:기-금(定期金)명 일정한 시기(時期)에 치르거나 받을 돈.

정:기^대:부(定期貸付)명 대부 기한이 일정한 은행의 대부.

정:기^매:매(定期賣買) ▷정기 거래.

정:기-물(定期物)명 ①정기 거래에서 매매의 목적이 되는 물건. ②〈정기 간행물〉의 준말.

정:기-불(定期拂)명 ①일정한 기간 안에, 또는 일정한 기간마다 하는 지급. ②**-하다** 어음 지급인이 일정한 기일, 또는 발행 날짜로부터 일정한 기일이 지난 뒤에 지급하는 일.

정:기^상환(定期償還)명 정해진 기한에 공채(公債)나 사채(私債) 따위를 상환하는 일.

정:기-선(定期船)명 일정한 항로를 정해진 시간에 다니는 배. ↔부정기선(不定期船).

정:기^선:거(定期選擧)명 규정된 임기가 끝날 을 때에 하는 선거.

정:기^소:작(定期小作)명 계약에 의하여 기한을 정해 놓은 소작.

정:기^승차권(定期乘車券) [-꿘]**명** (통근이나 통학 등을 위하여) 일정한 기간에 일정한 구간을 다니는 데 쓰는 기차·전철 따위의 할인 승차권. 패스. **준**정기권.

정:기^연금(定期年金)명 연금을 받을 대상자가 일정한 나이 또는 그 때로부터 일정 기간의 생존을 조건으로 지급하는 연금.

정:기^예:금(定期預金)명 은행이나 우체국 같은 데서, 기한을 정하여 그 안에는 찾지 않겠다는 계약 아래 맡는 예금.

정:기-적(定期的)관명 일정한 시기에 일정한 일을 하는 (것). ¶정기적 집회. /정기적인 신체 검사.

정:기^적금(定期積金) [-끔]**명** 계약자에게 일정한 기한에 일정 금액을 계속 적립하게 하는 은행 예금.

정:기^총:회(定期總會) [-회/-훼]**명** ①정기적으로 여는 총회. ②법인 회사 등이 결산 또는 따위를 목적으로 하여 정기적으로 여는 주주 총회 또는 사원 총회. **준**정총(定總).

정:기-풍(定期風)명 (계절풍이나 해륙풍같이) 일정한 시기에 풍향을 달리하는 바람.

정:기^항:공로(定期航空路) [-노]**명** 항공기가 정기적으로 다니는 항공로. 정기 항로.

정:기^항:로(定期航路) [-노]**명** 배가 정기적으로 다니는 항로. 정기 항공로.

정:기-형(定期刑)명 법원이 자유형(自由刑)의 기간을 확정하여 선고하는 형. ↔부정기형.

정:기-회(定期會) [-회/-훼]**명** ①정기적으로 여는 모임. 통상회(通常會). ②▷정기 국회.

정:기^휴업(定期休業)명 (상점·백화점·회사 등에서) 정기적으로 영업을 쉬는 일. **준**정휴.

정긴(精緊) '정긴하다'의 어근.

정긴-하다(精緊-)형여 정밀하고 긴요하다. 정요(精要)하다. **정긴-히튀**

정-나미(情-)명 어떤 대상에 대한 애착의 정. ¶정나미가 떨어지다.

정난(靖難)명하자 ▷정란(靖亂).

정남(丁男)명 장정(壯丁)인 사내.

정:남(正南)명 〈정남방(正南方)〉의 준말.

정남(貞男)명 동정(童貞)을 잃지 않은 남자. ↔정녀(貞女).

정:-남방(正南方)명 똑바른 남쪽, 또는 그 방향. **준**정남.

정납(呈納)명하다 윗사람에게 물건을 바치는 일. 정상(呈上). 정송(呈送).

정납(停納)명하다 상납(上納)을 그만둠.

정낭(精囊)명 남성 생식기의 한 부분. 수정관에 이어지는, 가늘고 긴 주머니 모양의 한 쌍의 기관. 정액의 일부를 이루는 점액을 분비함.

정내(廷內)명 법정의 안. ¶선고가 내려지자 정내의 분위기가 숙연해졌다. ↔정외(廷外).

정녀(貞女)명 ①동정(童貞)을 잃지 않은 여자. ↔정남(貞男). ②정부(貞婦).

정년(丁年)명 남자의 나이가 만 20세임을 가리키는 말.

정년(丁年)²명 태세(太歲)의 천간(天干)이 '정(丁)'으로 된 해. 〔정축년(丁丑年)·정묘년(丁卯年) 따위.〕

정년(停年)명 일정한 나이에 이르면 퇴직하도록 정해진 바로 그때. ¶정년을 5년 앞둔 나이.

정년-제(停年制)명 일정한 나이에 이르면 퇴직하도록 되어 있는 제도. ¶계급 정년제.

정년-퇴직(停年退職) [-퇴-/-퉤-]**명하자** 정해진 나이가 되어 직장에서 물러남.

정:념(正念)명 ①팔정도의 하나. 사념을 떨쳐 버리고 항상 불도를 생각하는 일. ②불법에에 따라 극락에서 다시 태어남을 믿는 생각. ③일념으로 염불하는 일.

정념(情念)명 온갖 감정에 따라 일어나는 억누르기 어려운 생각. 정사(情思). ¶불꽃처럼 타오르는 사랑의 정념.

정녕(丁寧·叮嚀)튀 틀림없이. 꼭. ¶정녕 떠나려나?/이것이 정녕 네가 옳은 그림이렷다.

정녕-코(丁寧-)튀 '정녕'의 힘줌말.

정농(精農)명 농사에 힘쓰는 농민. 부지런한 농부. ↔타농(惰農).

정:-다각형(正多角形) [-까-]**명** 변의 길이와 각의 크기가 모두 같은 다각형.

정:-다면체(正多面體)명 모든 면이 똑같은 정다각형이고, 모든 입체각이 다 같은 다면체.

정-다시다(精-)자 어떤 일에 욕을 톡톡히 당하여 다시는 안 할 만큼 정신을 차리게 되다. ¶이제 그 일에는 정다셨네.

정단(正旦)명 ▷원단(元旦).

정단(呈單)명 서류를 관아에 내는 일.

정:-단층(正斷層)명 단층의 한 가지. 기울어진 단층면에 따라 상반(上盤)이 하반(下盤)에 대하여 상대적으로 밀려 내려간 것. ↔역단층.

정담(政談)명하자 정치 또는 정치계에 관한 담론(談論).

정담(情談)명 ①다정한 이야기. ¶정담으로 밤을 새우다. ②남녀 간에 애정을 주고받는 이야기. 정화(情話).

정:담(鼎談)명 (솥발처럼) 세 사람이 마주 앉아서 나누는 이야기. 세 사람의 회담.

정답(正答)명 옳은 답. 맞는 답. ¶정답을 맞히다. ↔오답(誤答).

정-답다(情-) [-따] [-다우니·-다워]**형①①**사이가 가깝고 다정이 도탑다. ¶정다운 친구. ②다정하고 따뜻하다. ¶손님을 정답게 맞다. /정다운 고향 산천. **정답-이튀**

정:-당(正堂)명 몸체의 대청. 안방.

정당(正當) '정당하다'의 어근.

정당(政堂)명 옛날의 지방 관아.

정당(政黨)圓 정치상의 이념이나 이상을 함께 하는 사람들이, 정권을 잡아 그 이념이나 이상을 실현하기 위하여 모인 단체. ⓒ당.

정당(精當) '정당(精當)하다'의 어근.

정당(精糖)圓 조당(粗糖)으로부터 순수한 설탕을 정제(精製)하는 일, 또는 그 설탕. ↔조당.

정당^내:각(政黨內閣)圓 의회(議會), 특히 하원에 많은 의석을 가진 정당에 의하여 조직되는 내각. 정당 정치를 전제로 하여 성립됨.

정:당-방위(正當防衛)圓 급박하고 부당한 침해에 대하여, 자기 또는 남의 생명이나 권리를 지키기 위하여 어쩔 수 없이 하게 된 가해 행위. 긴급 방위.

정:당-성(正當性)[-씽]圓 사리에 맞아 옳고 정의로운 성질. ¶논리의 정당성.

정당^정치(政黨政治)圓 두 개 이상의 정당 중 가장 많은 의석을 가진 정당이 내각을 조직해서 하는 정치.

정:당-하다(正當-)혭예 바르고 마땅하다. 이치가 당연하다. ¶정당한 주장. /정당한 요구. ↔부정당하다. **정당-히**튄.

정당-하다(精當-)혭예 매우 자세하고 마땅하다. **정당-히**튄.

정:당^행위(正當行爲)圓 위법성이 없어 죄가 되지 않는 행위. [법령에 의한 행위, 업무로 인한 행위, 사회 상규(常規)에 위배되지 않는 행위 따위.]

정:당-화(正當化)圓하톄톄자 정당하게 되게 함.

정대(正大) '정대하다'의 어근.

정대(艇隊)圓 두 척 이상으로 이루어진 수뢰정(水雷艇) 따위의 대(隊).

정:대-하다(正大-)혭예 바르고 옳아서 사사로움이 없다.

정덕(貞德)圓 (여자의) 정숙한 덕.

정:도(正道)圓 올바른 길. 바른 도리. 정경(正逕). 정로(正路). ¶정도를 걷다. ↔사도(邪道).

정도(征途)圓 ①여행길. ②전쟁이나 경기 따위에 나가는 길. 정로(征路).

정:도(定都)圓 도읍을 새로 정함. 건도(建都). ⛔정정(定鼎).

정:도(定度)圓 저절로 정해져 변하지 않는 도리.

정:도(定賭)圓 풍년과 흉년에 관계없이 해마다 일정하게 정한 도조(賭租). 정조(定賭).

정도(政道)圓 정치의 방침. 시정(施政) 방침.

정도(情到) '정도하다'의 어근.

정도(程度)圓 ①알맞은 한도. ¶음식을 정도껏 먹어라. ②《수량을 나타내는 말 뒤에 쓰이어》그만큼의 분량. ¶걸어서 20분 정도의 거리. ③사물의 양적 또는 질적 분량이나 수준. ¶피해 정도. /어느 정도 예상했던 결과.

정도(程途)圓 ⇨노정(路程).

정:도(精到)혭하톄 매우 정묘한 경지에 다다름.

정도(精度)圓《정밀도(精密度)》의 준말.

정:도-론(定道論)圓 ⇨결정론.

정도-하다(情到-)혭예 애정이 매우 깊다.

정독(精讀)圓하톄 (여러모로 살피어) 자세히 읽음. ¶한 번을 읽더라도 정독을 해야 한다. ⛔세독(細讀). ↔남독(濫讀).

정:-독본(正讀本)[-뽄]圓 학습용 독본 가운데서 주가 되는 것. ↔부독본(副讀本).

정돈(停頓)圓하톄톄자 막히어 나아가지 않음. 나아가던 것이 막히어 한때 멈춤. ¶정돈 상태.

정돈(整頓)圓하톄자 가지런히 바로잡음. ¶정리(整理) 정돈. /주위를 정돈하다.

정:동(正東)圓《정동방(正東方)》의 준말.

정동(征東)圓하자 ①동쪽을 향하여 감. ②동방을 정벌함. ¶정동 정책.

정동(情動)圓 일시적으로 왈칵 치솟는 감정. 타오르는 듯한 애정이나 강렬한 증오 같은 것이 이에 딸린다.

정동(精銅)圓 조동(粗銅)을 정련하여 만든 구리. ⛔조동.

정:-동방(正東方)圓 똑바른 동쪽, 또는 그 방향. ⛔정동방.

정동방-곡(靖東方曲)圓 조선 개국 공신인 정도전(鄭道傳)이 지은 악장. [이성계의 위화도 회군(威化島回軍)을 칭송한 내용으로, '악학궤범'·'악장가사'에 실려 전함.]

정동-적(情動的)관톄 감정이 일시적으로 왈칵 치솟는 (것). ⛔정동적 표현. /정동적인 행동.

정동-주의(情動主義)[-의/-이]圓 어떤 행위를 논리적으로 파악하지 않고 일시적인 감정에 치우쳐 행동으로 옮기는 태도, 또는 그런 태도를 당연하게 여기는 생각.

정-들다(情-)[~드니·~들어]자 (사람·환경·사물 등에 대해) 정이 생겨 친근해지다. ¶정든 친구. /정든 고향. /정든 직장을 떠나다.

정-떨어지다(情-)자 정이 없어지다. 싫은 생각이 들다. ⛔정떨어지는 말.

정란(靖亂)[-난]圓하자 나라의 난리를 평정함. 정난(靖難).

정란-공신(靖亂功臣)[-난-]圓 나라의 난리를 평정하는 데 공적이 큰 신하.

정:랑(正郞)[-낭]圓 ①조선 시대, 육조(六曹)의 정오품 벼슬. ②고려 시대, 육조의 정오품 벼슬.

정랑(情郞)[-낭]圓 ①(여자의) 정든 임. ②(남편은 아니나) 여자가 정을 둔 사내.

정략(政略)[-냑]圓 정치상의 책략.

정략-결혼(政略結婚)[-냑껼-]圓 ⇨정략혼.

정략-적(政略的)[-냑쩍]관톄 정치상의 책략을 목적으로 삼는 (것). ¶정략적 차원. /정략적으로 이루어진 담합.

정략-혼(政略婚)[-냐콘]圓 주혼자(主婚者)가 자기의 이익을 위하여, 당사자의 뜻과는 상관없이 억지로 시키는 혼인. 정략결혼.

정:량(定量)[-냥]圓 일정하게 정해진 분량. ¶정량 급식.

정:량^분석(定量分析)[-냥-]圓 시료(試料)를 이루고 있는 각 성분 물질의 양을 재는 화학 분석의 한 방법.

정려(旌閭)[-녀]圓하톄 충신·효자·열녀 등에 대하여 그들이 살던 고을에 정문(旌門)을 세워 기리던 일.

정려(精勵)[-녀]圓하톄 꼼꼼하고 자세하게 생각함.

정려(精勵)[-녀]圓하자 모든 힘을 다하여 부지런히 일함.

정려(靜慮)[-녀]圓하톄 (마음을 가다듬고) 고요히 생각함.

정:-력(定力)[-녁]圓 불교에서 이르는 오력(五力)의 하나. 선정(禪定)이 지니고 있는, 악을 물리치는 힘을 이르는 말.

정력(精力)[-녁]圓 ①심신(心身)의 활동력. 기운. ¶정력을 쏟다. /정력이 왕성하다. ②남자의 성적(性的) 능력. 신기(腎氣). ¶정력이 세다.

정력-가(精力家)[-녁까]圓 정력이 왕성한 사람.

정력-적(精力的)[-녁쩍]관톄 정력이 좋은 (것). 정력을 들여 하는 (것). ¶정력적 활동. /정력적으로 일하다.

정력-제(精力劑) [-녁쩨][명] 정력(精力)을 돋우어 주는 약.

정:련(正輦) [-년][명] 임금이 거둥할 때 타던 연(輦). ↔부련(副輦).

정련(精練) [-년][명][하타][되자] ①잘 연습함. ②천연 섬유에 들어 있는 잡물을 없애고 표백이나 염색을 완전하게 하기 위한 준비 공정.

정련(精錬) [-년][명][하타][되자] ①잘 단련함. ②광석이나 그 밖의 원료에서 함유 금속을 뽑아내어 정제(精製)하는 일.

정련-소(精錬所) [-년-][명] ☞제련소(製鍊所).

정련-제(精練劑) [-년-][명] 천연 섬유를 정련하는 데 쓰이는 약제. [비누·소다 따위.]

정렬(貞烈) [-녈][명][하형] (여자의) 지조(志操)가 굳고 순결을 지키는 행실이 바름.

정:렬(整列) [-녈][명][하자][되자][자] ①(일정한 간격이나 거리를 두고) 가지런히 벌여 섬, 또는 그렇게 벌여 서게 함. ¶두 줄로 정렬하다. /책상을 정렬하다. ②☞소팅.

정렬-부인(貞烈夫人) [-녈-][명] 조선 시대에, 정렬한 부인에게 내리던 가자(加資).

정:령(正領) [-녕][명] 대한 제국 말기의 무관 계급의 한 가지. 영관(領官)의 맨 위로 참장(參將)의 아래, 부령(副領)의 위임.

정령(政令) [-녕][명] (정치상의) 명령이나 법령.

정령(精靈) [-녕][명] ①죽은 사람의 넋. 정백(精魄). 정혼(精魂). ②원시 종교에서, 산천초목·무생물 따위에 붙어 있다고 믿던 혼령. ☞산천의 정령. ③만물의 근원이 된다고 하는 불가사의한 기운. ④생활력이나 생명력의 근원. ㉜정(精).

정령^숭배(精靈崇拜) [-녕-][명] 사람이나 짐승의 혼령 또는 산천초목 따위의 정령이 생활에 커다란 영향을 끼친다고 믿어, 화를 피하거나 하여 이를 숭배하던 원시 종교의 한 형태.

정:례(正禮) [-녜][명][하자] ☞합례(合禮).

정:례(定例) [-녜][명] 일정하게 정하여 놓은 규례(規例) 또는 사례(事例). ¶정례 회의. /정례에 따라 처리하다.

정례(頂禮) [-녜][명][하자] (가장 공경하는 뜻으로) 이마가 땅에 닿도록 절함, 또는 그 절.

정례(情禮) [-녜][명] 정리(情理)와 예의.

정례-심(頂禮心) [-녜-][명] 이마가 땅에 닿도록 하여 절할 만큼 경건한 마음.

정:로(正路) [-노][명] ☞정도(正道).

정로(征路) [-노][명] ☞정도(征途).

정:론(正論) [-논][명] 바른 언론. 이치에 딱 들어맞는 의견이나 주장. 정론을 펴다.

정론(廷論) [-논][명] 조정(朝廷)의 공론.

정론(政論) [-논][명] (그 시대의) 정치에 관한 언론.

정:론(定論) [-논][명] ①(이미 결론지어진) 일정한 언론. ¶시간이 금이라는 것은 정론이다. ②확정되어 굳어진 학문상의 이론.

정:류(定流) [-뉴][명] ☞정상류(定常流).

정류(停留) [-뉴][명][하자] (닿게 따위가) 머무름. ¶고속도로 휴게소에서 잠시 정류하다.

정류(精溜) [-뉴][명][하타] 어떤 액체를 분류(分溜)하여 잡물을 없애고 정제하는 일.

정:류(整流) [-뉴-][명][하타][되자] ①물이나 공기 같은 유체(流體)의 흐름을 고르게 흐르도록 하는 일. ②전류의 교류를 직류로 바꾸는 일.

정:류(檉柳) [-뉴-][명] ☞능수버들.

정:류-관(整流管) [-뉴-][명] 교류 전류를 직류 전류로 바꾸는 데 쓰이는 전자관(電子管).

정:류-기(精溜器) [-뉴-][명] 특히 높은 순도의 증류물을 얻기 위한 장치.

정:류-기(整流器) [-뉴-][명] 교류 전류를 직류 전류로 바꾸는 장치.

정류-부(停留符) [-뉴-][명] ☞쌍반점(雙半點).

정류-소(停留所) [-뉴-][명] ☞정류장(停留場).

정:류-자(整流子) [-뉴-][명] 발전기나 직류 전동기 따위의 회전자의 부분. 브러시와 접속하여 전류를 정류하는 구실을 함. 전류 전환기.

정류-장(停留場) [-뉴-][명] 버스 따위가 사람이 타고 내리도록 잠시 멈추는 일정한 곳. 정류소. ㉜정거장.

정:률(定律) [-뉼][명] ①정해진 법률이나 법칙. ②어떤 관찰에서 얻어진 사실이 다른 경우에도 인정되어 일반화된 것. ¶질량 불변의 정률.

정:률(定率) [-뉼][명] 일정한 비율.

정:률-세(定率稅) [-뉼쎄][명] 과세 물건, 과세량, 과세 표준 따위를 정하여 부과하는 조세.

정:리(正理) [-니][명] 올바른 도리.

정:리(廷吏) [-니][명] 법정에서의 잡무나 소송 서류의 송달 등을 맡아 하는 법원의 직원.

정:리(定理) [-니][명] 공리(公理)나 정의(定義)를 바탕으로 하여 이미 진리임이 증명된 일반적인 명제. ¶파스칼의 정리. /피타고라스의 정리.

정:리(情理) [-니][명] 인정과 도리. ¶그동안의 정리를 생각해서라도 편지 좀 해라.

정:리(整理) [-니][명][하타] (어수선하거나 쓸데없는 것을 없애거나 하여) 가지런하게 바로잡음. ¶서류 정리.

정:리^공채(整理公債) [-니-][명] 이미 발행한 여러 공채를 정리할 목적으로 새로이 발행하는 공채.

정:리^운:동(整理運動) [-니-][명] 힘든 운동을 하고 난 뒤에 몸을 풀기 위하여 가볍게 하는 운동.

정:리-자(整理字) [-니-][명] 조선 정조 때, '정리의궤(整理儀軌)'를 박아 내기 위하여 생생자(生生字)를 본보기로 하여 만든 구리 활자.

정:리-지(整理地) [-니-][명] 경작지 정리를 해야 할 토지, 또는 경지 정리를 한 땅.

정:립(正立) [-닙][명][하자타] 바로 섬, 또는 바로 세움. ¶올바른 노사 관계 정립.

정:립(定立) [-닙][명] ①증명되어야 할 명제. ②[하타][되자] 판단이나 명제를 세우는 일. ③변증법에서, 논리를 전개하는 데 있어서의 그 전제가 되는 명제. 정반합(正反合)의 '정(正)'에 해당함.

정립(挺立) [-닙][명] ①[하자] 높이 솟음. ②[하형] 뛰어남.

정:립(鼎立) [-닙][명][하자] (솥발 모양으로) 셋이 벌여 섬. ¶삼국(三國)이 정립하다.

정마(征馬) [명] 먼 길을 가는 말.

정마(停馬) [명][하자] 가는 말을 멈추게 함.

정:-말(正-) [Ⅰ][명] 거짓이 아닌 진실한 말. 참말. ¶그 말이 정말인가? ↔거짓말. [Ⅱ][부] 참으로. 참말. ¶정말 떠날 거요? [Ⅲ][감] 어떤 일에 대하여 심각한 느낌을 나타내는 말. ¶정말, 큰일 났구나!

정:망(定望) [명] 어떤 사람을 마음에 두고 벼슬에 추천함.

정망(停望) [명][하타] 죄지은 사람에게 벼슬살이를 그만두게 하던 일.

정맥(精麥) [명] ①깨끗하게 쓿은 보리쌀. ②[하자] 보리를 찧어 대낌.

정맥(靜脈) [명] 순환 계통의 한 가지. 몸의 각 부분에서 피를 모아 심장으로 보내는 혈관. 살갗 겉으로 퍼렇게 드러나 보임. ↔동맥.

정맥(整脈) [명] 박동이 규칙적인 맥박. ↔부정맥.

정맥-노장(靜脈怒張) [-맹-][명] 정맥류(靜脈瘤) 가운데서 주머니 모양으로 늘어난 것.

정:맥-류(靜脈瘤)[-맹뉴]圀 정맥의 일부가 혈행(血行) 장애로 말미암아 불룩하게 뭉쳐진 것.

정맥^산:업(靜脈産業)[-싸냽]圀 폐기물을 처리·재생·재가공하는 산업.

정맥^주:사(靜脈注射)[-쭈-]圀 (포도당이나 피 따위를) 정맥에 넣는 혈관 주사.

정맥-혈(靜脈血)[-매켤]圀 정맥에 의하여 몸의 각 부분에서 심장으로 보내지는 노폐한 피. 산소의 양이 적고 이산화탄소가 많으며, 검붉은 빛을 나타냄.

정:면(正面)圀 ①바로 마주 보이는 쪽. 정방(正方). ¶ 정면에 보이는 건물. ②에두르지 않고 직접 마주 대함. ¶ 정면 대결.

정면(精綿)圀 솜이나 섬유 부스러기를 타서 길이와 폭을 일정하게 만든 면섬유.

정:면^공:격(正面攻擊)圀 ①적을 바로 맞대고 공격하는 일. ②상대편을 바로 맞대고 비난하는 일.

정:면-도(正面圖)圀 ①사물의 정면을 그린 그림. ②설계 도면에서, 사물의 정면을 입화면(立畫面)에 나타낸 투영도.

정:면-충돌(正面衝突)圀하자 ①두 물체가 정면으로 맞부딪침. ¶ 버스와 트럭이 정면충돌하다. ②양편의 의견이나 감정 따위가 맞부딪쳐 다툼. ¶ 여야의 정면충돌로 국회가 파행하다.

정:명(正命)圀 팔정도의 하나. 악업(惡業)을 짓지 않고 불법(佛法)을 따르는 바른 생활.

정:명(正明)圀하 정대하고 공명함. **정명-히**⸋.

정:명(定命)圀 ①태어날 때부터 정해진 운명. ②전세(前世)의 인연에 따라 정해진 목숨.

정명(淨命)圀 불교의 오덕(五德)의 하나. 비구가 걸식을 하며, 다른 생활 방법은 구하지 않고 깨끗한 마음으로 생활하는 일.

정명(旌銘)圀 ⇨명정(銘旌).

정명(精明)'정명하다'의 어근.

정명-하다(精明-)혱 썩 깨끗하고 밝다. **정명-히**⸋.

정:모(正帽)圀 정복에 갖추어 쓰는 정식의 모자. ↔약모·작업모.

정모^세:포(精母細胞)圀 동물의 정자(精子)의 근원이 되는 세포. 두 번의 감수 분열로 네 개의 정세포가 생김.

정목(政目)圀 조선 시대에, 벼슬아치의 임명과 해임을 적은 기록.

정목(貞木)圀 [정절이 있는 나무라는 뜻으로] '상록수(常綠樹)'를 이르는 말.

정묘(丁卯)圀 육십갑자의 넷째.

정묘(精妙)'정묘하다'의 어근.

정묘-하다(精妙-)혱 정교(精巧)하고도 아주 묘하다. ¶ 정묘한 기술. **정묘-히**⸋.

정묘-호란(丁卯胡亂)圀 조선 인조 5(1627.정묘)년에 후금(後金)이 침입해 온 난리. 왕과 조신(朝臣)들은 강화(江華)로 피난하였다가 후금과 평화 조약을 맺어 형제국이 됨.

정무(政務)圀 정치에 관한 사무. 행정 사무.

정무(停務)圀하자 사무를 멈추고 잠시 쉼.

정무-관(政務官)圀 내각 책임제에서, 사무 계통의 정부 직원이 아니고, 장관을 도와 오직 정책에만 관여하며 국회와의 연락 교섭의 일을 하는 별정직의 직원.

정무^장:관(政務長官)圀 원(院)·부(部)·처(處)의 장관이 아닌 국무 위원. 대통령 및 국무 총리가 특별히 지정하는 사무를 수행함.

정무-직(政務職)圀 특수 경력직 공무원의 한 갈래. 선거에 의해 취임하거나 국회의 동의를 얻어 임명되는 공무원.

정무^차관(政務次官)圀 장관을 보좌하여 정책의 기획 수립에 참여하며 정무를 처리하는 별정직의 차관.

정묵(靜默)'정묵하다'의 어근.

정묵-하다(靜默-)[-무카-]혱 말이 없이 조용하다. **정묵-히**⸋.

정:문(正文)圀 (부록이나 주석 따위에 대하여) 책이나 문서의 본문.

정:문(正門)圀 ①건물의 정면에 있는 문. 본문(本門). ↔후문(後門). ②삼문(三門)의 가운데의 문. ↔측문(側門).

정문(旌門)圀 충신·효자·열녀 등을 표창하기 위하여 그의 집 앞이나 마을 앞에 세우던 붉은 문. 작설(綽楔). 홍문(紅門).

정문(頂門)圀 ①정수리. ②⇨숫구멍.

정문-금추(頂門金椎)圀 [정수리를 쇠망치로 두들긴다는 뜻으로] '정신을 바짝 차리도록 깨우침'을 이르는 말.

정문-일침(頂門一鍼)圀 [정수리에 침을 놓는다는 뜻으로] '따끔한 비판이나 타이름'을 이르는 말. 정상일침(頂上一鍼).

정물(靜物)圀 ①멈추어 움직이지 않는 물건. 생명이 없는 물건. ②〈정물화〉의 준말. ③정물화의 소재(素材)가 되는 사물.

정물-화(靜物畫)圀 (꽃이나 과일 또는 기물 따위의) 정물을 소재로 하여 그린 그림. ⳾정물.

정미(丁未)圀 육십갑자의 마흔넷째.

정:미(正味)圀 ①물건의 겉껍질을 뺀 내용물. ②전체의 무게에서 포장이나 그릇 무게 따위를 뺀 내용물만의 무게. ③예비지를 보태지 아니한 정각의 용지.

정미(情味)圀 ①인간다운 따뜻한 정. 〈인정미(人情味)〉의 준말.

정미(精米)圀 ①〈정백미(精白米)〉의 준말. ②하 (기계 따위로) 벼를 찧어 쌀을 만듦.

정미(精美)'정미하다'의 어근.

정미(精微)'정미하다'의 어근.

정미-소(精米所)圀 방앗간.

정:미-시:장(正米市場)圀 쌀을 실제로 거래하는 시장.

정미-하다(精美-)혱 (세공 따위가) 정교하고 아름답다. ¶ 정미한 장식. **정미-히**⸋.

정미-하다(精微-)혱 자세하고 치밀하다. ¶ 정미한 관찰. **정미-히**⸋.

정민(精敏)'정민하다'의 어근.

정민-하다(精敏-)혱 꼼꼼하고 자세하면서도 아주 재빠르다.

정밀(精密)圀하 ①가늘고 촘촘함. ②아주 잘고 자세함. ¶ 정밀 공업. /정밀 검사. **정밀-히**⸋.

정밀(靜謐)圀하 고요하고 편안함. **정밀-히**⸋.

정밀-과학(精密科學)圀 수학·물리학 따위와 같이 정밀한 양적(量的) 관계의 측정에서 얻어지는 인식을 바탕으로 하여 성립하는 과학을 통틀어 이르는 말.

정밀^기계(精密機械)[-계/-게]圀 비교적 복잡한 기구를 가지며, 부품이나 조립에 높은 정도(精密度)를 필요로 하는 기계. ⳾정기(精機).

정밀-도(精密度)[-또]圀 측정 등의 정밀함을 나타내는 정도. ⳾정도(精度).

정박(碇泊·碇泊)圀하자 배가 닻을 내리고 머무름. ¶ 부두에 정박하다. ⒝하묘(下錨).

정박-등(碇泊燈)[-뜽]圀 정박 중인 배가, 밤에 그 위치를 나타내기 위하여 갑판 위에 높이 내거는 등불.

정박-아(精薄兒)圀 〈정신박약아〉의 준말.

정:-반대(正反對)[명][되자] 완전히 반대되는 일. ¶ 정반대 방향. /정반대로 나가다.

정:-반사(正反射)[명][하자] 바르고 반듯한 거울 따위에) 투사된 빛살이 반사 법칙에 따라 일정한 방향으로 되비치는 현상.

정반-왕(淨飯王←Suddhodana 범)[명] 석가모니의 아버지인 '슈도다나'의 한자음 표기.

정:-반응(正反應)[명] 가역 반응(可逆反應)에서, 화학 변화가 본디의 물질로부터 생성 물질의 방향으로 나아가는 반응. ↔역반응.

정:-반합(正反合)[명] 헤겔의 변증법에서, 논리 전개의 세 단계. 정립(定立)·반정립(反定立)·종합(綜合)을 이름.

정:-받이(精-)[명]→바지]하자][되자]☞수정(受精).

정방(丁方)[명] 이십사방위의 하나. 남남서에서 남쪽으로 15도까지의 방위. 오방(午方)과 미방(未方)의 사이. ㉠정(丁). /↔계방(癸方).

정방(正方)[명] ①똑바른 네 개의 각. 사각(四角). ②☞정면(正面).

정방(正房)[명] 몸채.

정방(政房)[명] 고려 무신 집권기에, 최우가 자기 집에 설치하였던 사설 정치 기관. 관리의 인사 행정을 다루었음.

정방(淨房)[명] 뒷간.

정방(精紡)[명] 방적의 마지막 공정으로, 알맞은 굵기의 질기고 탄력 있는 실로 만들기 위하여 실을 잡아당기면서 꼬는 일.

정:방^정계(正方晶系)[-계/-게][명] 결정계(結晶系)의 한 가지. 서로 직각을 이루며 만나는 세 개의 결정축 가운데, 옆으로 뻗은 두 개의 축은 길이가 같고, 아래로 뻗은 한 축은 길이를 달리하는 것.

정:방-형(正方形)[명] ☞정사각형.

정:배(正配)[명] 적처. 적처(嫡妻).

정:배(正褙)[명][하타] 초배를 한 뒤에 정식으로 하는 도배.

정:배(定配)[명][하타][되자] 배소(配所)를 정하여 귀양 보냄. 귀양.

정백(淨白)[명] '정백하다'의 어근.

정백(精白)[명] ☞순백(純白).

정백(精魄)[명] ☞정령(精靈).

정백-미(精白米)[-뱅-][명] 뉘가 조금도 없는, 썩 깨끗하게 쓿은 흰쌀. 아주먹이. ㉠정미(精米).

정백-하다(淨白-)[형여] 깨끗하고 희다.

정벌(征伐)[명][하타][되자] 무력을 써서 적이나 죄 있는 무리를 치는 일. 정토(征討).

정:범(正犯)[명] 두 사람 이상이 저지른 범죄에서 범죄 행위를 실행한 사람. 원범. 주범. ↔종범(從犯).

정:법(正法)[-뻡][명] ①바른 법칙. 옳은 법. ②불교에서, 삼시(三時)의 하나. 석가의 입멸(入滅) 후 오백 년 또는 일천 년 동안. 정법이 이루어지는 시기. 정법시(正法時). ㉠상법(像法)·말법(末法). ③불교의 바른 교법(敎法). 불법(佛法). ④☞정형(正刑).

정:법(政法)[-뻡][명] 정해진 법률.

정법-시(正法時)[-뻡씨][명] ☞정법(正法).

정벽-처(靜僻處)[명] 고요하고 궁벽한 곳.

정변(政變)[명] 불법적 수단으로 정권이나 내각이 돌연 바뀌는 일. 〔혁명·쿠데타 따위.〕

정병(正兵)[명] ①바른 군대. 정군(正軍). ②기계(奇計)를 쓰지 않고 정정당당히 싸우는 군사.

정병(廷兵)[명] 군사 법원에서 재판관이 명(命)하는 사무를 집행하는 헌병 부사관이나 병사. ㉠정리(廷吏).

정병(政柄)[명] ☞정권(政權).

정병(精兵)[명] (추리어 뽑은) 날쌔고 용맹한 군사. 정갑(精甲). 정졸(精卒). ¶ 정병 양성.

정보(情報)[명] ①사물의 내용이나 형편에 관한 소식이나 자료. ¶ 생활 정보. ②군사·국가 안보 등의 분야에서, 어떤 방면의 정황이나 그에 관한 지식을 보고.

정보(町步)[의] (땅의 넓이가) 한 정(町)으로 끝이 나고 우수리가 없을 때의 일컬음. 경(頃). ¶ 300정보의 임야.

정보^검:색(情報檢索)[명] 컴퓨터에서, 데이터베이스에 있는 정보를 찾아내는 일, 또는 그런 방법.

정보^과학(情報科學)[명] 정보의 관리·전송·처리·축적·형태 따위에 관한 이론이나 기술을 연구하는 일.

정보-망(情報網)[명] 정보를 효율적으로 모으기 위하여 여러 곳에 펴 놓은 조직.

정보^부대(情報部隊)[명] 정보 수집을 주임무로 하는 부대.

정보^산:업(情報産業)[명] 컴퓨터 등을 이용하여 정보를 수집·가공·제공하거나, 정보 시스템을 개발하는 산업을 두루 이르는 말.

정보-원(情報員)[명] 정보에 관한 일을 맡아 처리하는 사람. ¶ 비밀 정보원.

정보-원(情報源)[명] 정보가 흘러나오는 근원.

정보-은행(情報銀行)[명] ☞데이터 뱅크.

정보화 사:회(情報化社會)[-회/-훼] 공업화 사회 다음에 오게 된다는 사회. 정보의 생산이나 전달·유통 따위가 중요한 자원이 되어 경제가 발전하고 가치가 창조되는 사회.

정:복(正服)[명] ①의식(儀式) 때에 입는 정식의 옷. ②☞제복(制服).

정복(征服)[명][하타][되자] ①(남의 나라나 이민족 따위의 집단을) 정벌하여 복종시킴. ¶ 정복을 당하다. /정복에 나서다. ②어려운 일을 이겨 내어 뜻한 바를 이룸. ¶ 외국어 정복. ③미지의 현상 따위를 이용할 수 있도록 그 내용이나 법칙을 밝혀냄. ¶ 우주 정복.

정복(淨福)[명] ①썩 조촐한 행복. ②부처의 혜택. 불교를 믿음으로써 얻는 행복.

정:복(整復)[명][하타] 골절·탈구(脫臼) 등을 본디 상태로 바로잡음.

정:본(正本)[명] ①☞원본(原本). ②원본에 따라 작성되어, 원본과 똑같은 효력을 갖는 등본. ↔부본(副本).

정:본(定本)[명] 이본(異本)이 여럿인 고전 가운데서 비교·검토를 통하여 잘못을 바로잡은, 가장 표준이 되는 책.

정봉(停捧)[명][하타] 흉년이나 그 밖의 이유로 세금을 거두는 일을 그만두거나 뒤로 미루는 일.

정봉(精捧)[명][하타] 세곡(稅穀)을 정확하게 받아들이는 일.

정:부(正否)[명] 바름과 바르지 아니함. 옳고 그름. ¶ 정부를 가리다.

정:부(正副)[명] 으뜸과 버금. ¶ 정부 책임자.

정부(征夫)[명] ①멀리 싸움터로 나가는 군사. ②먼 길을 가는 남자.

정부(政府)[명] ①입법부·사법부에 대하여) 국가의 정책을 집행하는 행정부. ②국가의 통치권을 행사하는 입법·사법·행정을 통틀어 이르는 말. ③내각(內閣), 또는 중앙 관청. ④<의정부>의 준말.

정부(貞婦)[명] 정조가 곧은 아내. 정녀(貞女).

정부(情夫)[명] (남편 있는 여자가) 몰래 정을 통하고 있는 남자. 내연 관계에 있는 남자.

정부(情婦)[명] (아내 있는 남자가) 몰래 정을 통하고 있는 여자. 내연 관계에 있는 여자.

정부-군(政府軍)[명] 정부에 소속된 군대. 관군.

정부-미(政府米)[명] 쌀값 조절 및 군수용(軍需用)이나 구호용에 충당하기 위하여 정부가 사들여 보유하고 있는 쌀.

정부^보:유불(政府保有弗)[명] 국고금으로 정부가 보관·관리하고 있는 달러. 정부불.

정부-불(政府弗)[명] ☞정부 보유불.

정부-안(政府案)[명] 정부가 작성하여 국회에 내는 의안. ¶정부안이 원안대로 통과되다.

정부^예:금(政府預金)[명] 중앙은행에 맡겨 둔 정부의 돈.

정부^위원(政府委員)[명] 국회 본회의나 위원회에서 장관의 답변 설명을 보좌하는 정부 기관의 직원.

정:-부의장(正副議長)[-의-/-이-][명] 의장과 부의장.

정-부인(貞夫人)[명] 조선 시대, 외명부(外命婦)의 한 품계. 정이품·종이품 문무관의 아내대의 칭호.

정부^자:금(政府資金)[명] ①자금의 출자 및 융자에 관하여 정부가 그 운용을 규제하는 자금. ②자금의 수불(受拂)이 정부의 창구를 통하여 이루어지는 자금.

정:-부통령(正副統領)[-녕][명] 대통령과 부통령.

정:-북(正北)[명] 〈정북방(正北方)〉의 준말.

정:-북방(正北方)[-빵][명] 꼭 바른 북쪽, 또는 그 방향. 정북.

정분(情分)[명] 사귀어서 정이 도타워진 정도. ¶이웃 간의 정분. /정분이 깊다.

정분-나다(情分-)[자] 서로 사랑하게 되다. ¶이 읏집 총각과 정분나다.

정-붙이다(情-)[-부치-][자] 정을 두다. ¶정붙여 살아온 고향. /정붙일 데 없다.

정:비(正比)[명] 반비(反比)에 대하여, 보통의 비. ↔반비·역비(逆比).

정:비(正妃)[명] 왕의 정실인 왕비를 후궁(後宮)에 대하여 일컫는 말. ↔후궁(後宮).

정비(鼎沸)[명] (솥 안의 물이 끓는 것처럼) 많은 사람의 들끓는 의론(議論).

정:비(整備)[명][하타][되자] ①(뒤섞이거나 흩어진 것을) 가다듬어 바로 갖춤. ¶대열을 정비하다. ②(기계류나 그에 딸린 것들을) 매만져 수리함. ¶정비 공장. /자동차를 정비하다.

정:비-공(整備工)[명] 차량이나 비행기 따위의 이상 유무를 살펴 정비하는 기능공.

정:-비례(正比例)[명][하타][되자] 두 양이 같은 비율로 늘거나 줄거나 하는 일. 비례. ↔반비례·역비례.

정:비-례(定比例)[명] 일정한 비율.

정:비-사(整備士)[명] 비행기·자동차 따위의 엔진이나 부속 기계 등을 정비하는 기술자.

정:빈(正賓)[명] 정객(正客).

정사(丁巳)[명] 육십갑자의 쉰넷째.

정:사(正史)[명] ①정확한 사실을 바탕으로 하여 편찬한 역사. ↔야사(野史). ②기전체(紀傳體)로 쓴 중국 역대의 역사.

정:사(正邪)[명] ①바른 일과 사악한 일. 사정(邪正). ¶정사를 분간하다. ②정기(正氣)와 사기(邪氣).

정:사(正使)[명] 수석(首席)인 사신(使臣). 상사(上使). 주사(主使). ⑧부사(副使).

정:사(正射)[명][하타] ①(활 따위를) 정면에서 쏨. ②수학에서, 수직으로 투영(投影)하는 일.

정:사(正寫)[명][하타] ☞정서(正書).

정사(呈辭)[명] 지난날, 벼슬을 사양하거나 말미를 얻고자 할 때, 그 원서(願書)를 관아(官衙)에 내던 일.

정사(政事)[명] ①정치에 관한 일. 행정에 관한 일. ¶정사를 돌보다. ②벼슬아치의 임면(任免)·출척(黜陟)에 관한 일.

정사(情史)[명] 남녀의 애정에 관한 기록. 연애를 다룬 소설.

정사(情死)[명][하자] 사랑하는 남녀가 사랑을 이루지 못하고 함께 목숨을 끊는 일.

정사(情私)[명] 친족 사이의 사사로운 정.

정사(情事)[명] ①남녀 간의 사랑에 관한 일. ②부부 아닌 남녀 사이의 성교(性交). 치화(痴話).

정사(情思)[명] ①남녀가 서로 사랑하는 마음. ②☞정념(情念).

정사(淨寫)[명][하타][되자] ☞정서(淨書).

정사(精舍)[명] ①학문을 가르치려고 지은 집. ②정신을 수양하는 곳. ③중이 불도(佛道)를 닦는 곳.

정사(精査)[명][하타][되자] (아주 작은 것도 빼놓지 않고) 자세히 조사함.

정사(靜思)[명][하타] 조용히 생각함. ¶정사에 잠기다.

정:-사각형(正四角形)[-가켱][명] 네 각의 크기와 네 변의 길이가 다 같은 사각형. 정방형(正方形). 평방형(平方形).

정:사^도법(正射圖法)[-뻡][명] 투시 도법의 한 가지. 시점(視點)을 무한히 먼 곳에서 지구를 바라본 듯이, 지표를 지도로 나타내는 방법.

정:-사면체(正四面體)[명] 네 면이 정삼각형인 사면체.

정:-사영(正射影)[명] 도형 위의 한 점으로부터 한 직선이나 한 평면 위에 내려 그은 수선의 발.

정:-사원(正社員)[명] 일정한 자격을 갖춘 정식 사원.

정:-사유(正思惟)[명] 팔정도의 하나. 사제(四諦)의 이치를 추구·고찰하고, 지혜를 향상하는 일.

정:사^투영(正射投影)[명] 평면에 대하여 수직인 무한대의 거리로부터의 투영법.

정:-사품(正四品)[명] 고려·조선 시대의 문무관 품계의 일곱째 등급.

정삭(正朔)[명] 정월 초하루.

정삭(精索)[명] 부고환(副睾丸)에서 정낭(精囊)으로 정자(精子)를 이끄는 끈 모양의 통로. 혈관·신경·근(筋) 등으로 이루어져 있음.

정:-산(正酸)[명] 비금속의 산화물이 물과 화합하여 만든 산 가운데 염기도가 가장 높은 산.

정:산(定算)[명] 미리 정한 계산.

정산(精算)[명][하타][되자] 자세하게 계산함, 또는 그 계산. ¶연말에 세금을 정산하다. ↔개산(槪算).

정산-표(精算表)[명] 손익 계산서가 작성될 때까지의 계산 과정을 하나의 표로 나타낸 것.

정:-삼각형(正三角形)[-가켱][명] 세 각의 크기와 세 변의 길이가 모두 같은 삼각형. 등각 삼각형. 등변 삼각형.

정:-삼품(正三品)[명] 고려·조선 시대의 문무관 품계의 다섯째 등급.

정:상(正常)[명] 바른 상태. 이상한 데가 없는 보통의 상태. ¶정상 활동. ↔비정상.

정상(묘上)명하타 ⇨정납(묘納).

정:상(正常)명 일정하여 늘 한결같음.

정상(頂上)명 ①산의 꼭대기. 천정(天頂). ¶백두산 정상을 정복하다. ②그 이상 더 없는 것. 최상(最上). ¶인기 정상의 가수. ③한 나라의 최고 수뇌. ¶정상 회담.

정상(情狀)명 어떤 결과에 이르기까지의 사정. ¶정상을 참작하다.

정상(情想)명 감정과 생각. 정서와 상념.

정상(晶相)명 결정(結晶)의 모양.

정상(精詳) '정상하다'의 어근.

정:상가격(正常價格) [-까-] 명 시장 경쟁을 통하여 안정되는 표준 가격. 일시적이나 우발적으로 형성되는 것이 아닌, 항시성(恒時性)을 지닌 것이 특징임.

정상-급(頂上級) [-끕] 명 지위나 등급에서 맨 위의 급. ¶국내 정상급 가수. /한미 정상급 회담.

정:상-류(定常流) [-뉴] 명 방향·속도·압력 따위가 일정한, 유체(流體)의 흐름. 정류(定流).

정상-배(政商輩)명 정치 권력과 한통속이 되어 사사로운 이익을 꾀하는 무리.

정:상^상태(定常狀態)명 어떤 물리적 체계(體系)를 결정하는 변수가 시간과 더불어 변하지 않는 경우, 그 변수에 관한 체계를 이르는 말.

정:상-아(正常兒)명 심신(心身) 상태에 이상이 없는 아이. ↔이상아(異常兒).

정상-일침(頂上一鍼)명 ⇨정문일침(頂門一鍼).

정상(情狀酌量)명 [-장냥] 재판관이 범죄의 사정을 헤아려서 형벌을 가볍게 하는 일. 정상 참작(情狀參酌).

정:상-적(正常的)명 상태가 정상인 (것). ¶정상적 운행. /정상적인 가정생활.

정:상^전:류(定常電流) [-절-] 명 (직류와 같이) 방향이나 크기가 시간에 따라 변하지 않는 전류. ↔맥류(脈流).

정상^참작(情狀參酌)명 ⇨정상 작량(情狀酌量).

정상-파(定常波)명 몇 개의 파형(波形)이 겹쳐서 부딪치는 결과로, 파형이 매질(媒質)을 통하여 더 나아가지 못하고 일정한 곳에 머물러 진동하는 파동. ↔진행파.

정상-하다(精詳-)형여 정밀하고 자상하다. 정상-히튀.

정:상-화(正常化)명하자타되자 (정상적이 아닌 것이) 정상적으로 됨, 또는 정상적으로 되게 함. ¶국교(國交) 정상화.

정상^회:담(頂上會談) [-회-/-훼-] 명 두 나라 이상의 최고 수뇌끼리 모여 하는 회담.

정:색(正色)¹명 ①(다른 빛깔과 섞이지 않은) 본디의 순수한 빛깔, 곧 백·적·청·황·흑. ↔간색(間色). ②어떤 물체의 본디의 빛깔.

정:색(正色)²명하자 얼굴에 엄정한 빛을 나타냄, 또는 그 표정. ¶정색하고 말하다.

정색(呈色)명 빛깔을 나타냄.

정색(精索)명 '정삭(精索)'의 잘못.

정:색-건판(整色乾板) [-껀-] 명 (보통의 건판보다) 녹색에 감광성을 더한 사진 건판.

정색^반:응(呈色反應) [-빠능] 명 발색(發色)·변색(變色)의 현상이 따르는 화학 변화.

정생(頂生)명 〈꽃 따위가〉 줄기 끝에 남.

정:서(正西)명 〈정서방(正西方)〉의 준말. ¶정서로 향해 있는 집.

정:서(正書)명하자되자 ①글씨를 (흘려 쓰지 않고) 또박또박 바르게 씀, 또는 그렇게 쓴 글씨. ②초 잡았던 글 따위를 정식으로 베껴 씀. 정사(正寫). ¶보고서를 정서하다.

정서(征西)명하자 ①서쪽으로 나아감. ②서쪽을 정벌함.

정서(情緒)명 ①사람의 마음에 일어나는 갖가지 감정, 또는 그런 감정을 유발하는 주위의 분위기나 기분. ¶정서 불안. ②희로애락과 같이 본능적·충동적으로 외부에 표출되는 쉬운 감정. ¶도시 생활에서 황폐해진 정서.

정서(淨書)명하타 (초 잡았던 글 따위를) 읽기 쉽도록 깨끗이 옮겨 씀. 정사(淨寫). 청서(淸書). ¶원고를 정서하다.

정서(精書)명하타 (정신을 들여) 글씨를 정(精)하게 씀.

정:-서방(正西方)명 꼭 바른 서쪽, 또는 그 방향. ㉺정서.

정서-법(正書法) [-뻡] 명 낱말의 바른 표기법. 한 언어의 바른 표기 방법의 체계. 정자법.

정서^장애(情緒障礙)명 외계의 자극에 정서적 반응을 보이지 못함. 일종의 정신 이상 상태.

정서-적(情緒的)관명 정서를 띤 (것). ¶정서적 분위기. /정서적인 안정.

정:석(定石)명 ①바둑에서, 최선(最善)인 것으로 인정되어 온 일정한 수(手). ¶정석대로 두다. ②어떤 일을 처리할 때의, 정해진 일정한 방식. ¶경영의 정석. /정석을 밟다.

정:석(定席)명 어떤 사람이나 늘 앉는 자리. 정해진 좌석.

정석(晶析)명하타 ⇨정출(晶出).

정석(鼎席)명 ①조선 시대에, 영의정·좌의정·우의정의 삼공(三公)의 자리를 이르던 말. ②세 사람이 자리를 같이함.

정:석-가(鄭石歌) [-까-] 명 작자·연대 미상의 고려 가요. 임에 대한 영원한 사랑을 읊은 내용으로 3·3·4조의 자수율임. 모두 여섯 연. [〔악장가사〕와 '시용향악보'에 실려 전함.]

정:선(正善)명 마음이 바르고 착함.

정선(汀線)명 해면과 육지가 맞닿은 선.

정선(定先)명 바둑에서, 한쪽이 수가 낮아 늘 검은 돌을 쥐고 선수(先手)로 두는 일. ↔호선(互先).

정선(停船)명하자타 항행 중인 배가 멈춤, 또는 항행 중인 배를 멈춤. ¶정선을 명하다.

정선(精選)명하자타되자 공을 들여 좋은 것을 골라 뽑음. 정택(精擇). ¶응모 작품을 정선하다. /정선된 시험 문제.

정:-선율(定旋律)명 대위법(對位法)에서, 대위선율을 붙이는 데 바탕이 되는 주선율.

정:설(定說)명 이미 확정된 학설, 또는 일반적으로 옳다고 인정되고 있는 설.

정성(井星)명 이십팔수의 하나. 남쪽의 첫째 별자리. ㉺정(井).

정:성(正聲)명 ①음률에 맞는 바른 성음(聲音). ②음탕하지 않은 음률.

정:성(定性)명 화학 분석으로, 물질의 성분을 밝히어 정하는 일.

정:성(定星)명 ⇨항성(恒星).

정:성(定省)명 〈혼정신성(昏定晨省)〉의 준말.

정성(情性)명 (사람이 본디 가지고 있는) 인정과 성질. 성정(性情).

정성(精誠)명 온갖 성의를 다하려는 참되고 거짓이 없는 마음. ¶정성이 지극하다. /정성 어린 선물.

정:성(鄭聲)명 ①〔중국 정(鄭)나라의 음악이 음탕했던 데서〕'음란하고 야비한 음악'을 이르는 말. ②하자 한방에서, 병적으로 미친 사람처럼 지껄여 잘 알아들을 수 없는 말을 이름.

정성-껏(精誠-) [-껀]閈 정성을 다하여. ¶정성껏 돌보다.

정:성分석(定性分析)图 조사하려는 물질이 어떠한 성분으로 이루어졌는가를 알아내기 위하여 실시하는 화학 분석.

정성-스럽다(精誠-) [-따] [~스러우니·~스러워]혬 보기에 정성 어린 데가 있다. ¶환자를 정성스럽게 돌보다. **정성스레**閈.

정세(情勢)图 일이 되어 가는 사정과 형세. ¶복잡 미묘한 국제 정세.

정세(精細) '정세하다'의 어근.

정-세포(精細胞)图 동물의 정자 형성에서, 정모세포의 두 번의 감수 분열로 말미암아 생긴 네 개의 세포. 각각 정자가 됨. ↦난세포.

정세-하다(精細-)혬 자세하고 빈틈이 없다. 정밀하고 상세하다. ¶정세한 관찰. **정세-히**閈.

정소(呈訴)图하재 소장(訴狀)을 냄. 정장(呈狀).

정:소(定所)图 정해진 처소. 일정한 곳.

정소(精巢)图 수컷의 생식소. 여기서 정자가 만들어짐. 사람이나 포유동물에서는 고환(睾丸)이라고도 함. 정집. ↦난소.

정소-하다(情疏-)혬어 정분(情分)이 버성기다.

정:속(正俗)图 올바른 풍속. ↦이속(異俗).

정:속(定屬)图하재되재 지난날, 죄인을 노비(奴婢)로 삼던 일.

정송(呈送)图하타 ☞정납(呈納).

정송(停訟)图 송사(訟事)를 그만둠.

정송오죽(正松五竹)图 소나무는 정월에, 대나무는 오월에 옮겨 심어야 산다는 말.

정송오죽(淨松汚竹)图 깨끗한 땅에는 소나무를 심고, 지저분한 땅에는 대나무를 심는다는 말.

정쇄(精灑)图 '정쇄하다'의 어근.

정쇄-하다(精灑-)혬어 아주 깨끗하고 맑다.

정수(井水)图 우물물.

정:수(正手)图 바둑·장기 따위에서, 속임수나 홀림수가 아닌 정당한 법수.

정:수(正數)图 '양수(陽數)'의 구용어.

정:수(定數)图 ①일정한 수나 수효, 특히 규칙 따위에서 정해진 일정한 인원 수. ¶임원의 정수. /정수를 채우다. ②불교에서, 태어나기 전부터 정해져 있다는 사람의 운수를 이름. 명수(命數). 상수(常數). ③수학·물리학에서, '상수(常數)'의 구용어.

정수(淨水)图하타 물을 맑게 하는 일, 또는 맑게 한 그 물. ¶정수 장치. /수돗물을 정수하여 마시다.

정수(亭水)图 괴어 있는 물.

정수(艇首)图 (초계정·수뢰정·요트 따위) 작은 배의 이물.

정수(精水)图 ☞정액(精液).

정수(精修)图하타 정세하게 학문을 닦음.

정수(精粹) '정수하다'의 어근.

정수(精髓)图 ①뼛속에 있는 골. ☞정(精). ②사물의 본질을 이룬 가장 뛰어난 부분. 가장 중요한 것. ¶신라(新羅) 문화의 정수.

정수(靜水)图 흐르지 않고 괴어 있는 물.

정수(整修)图하타 고요한 마음으로 학덕을 닦음.

정:수(整數)图 자연수와, 자연수에 대응하는 음수 및 0을 통틀어 이르는 말. 완전수. ↦가수(假數)·분수(分數)[1].

정수-기(淨水器)图 물을 깨끗하게 하는 기구.

정:수-론(整數論)图 정수의 성질을 연구하는 수학의 한 분야.

정수리(頂-)图 머리 위의 숫구멍이 있는 자리. 뇌천(腦天). 신문(囟門). 정문(頂門).

정:수^비:례(定數比例)图 ☞상수 비례.

정수-식물(挺水植物) [-싱-]图 수생 식물(水生植物)의 한 가지. 뿌리는 물속의 땅에 내리고, 잎이나 줄기 따위는 물 위로 벋어 있는 식물. [연꽃·갈대 따위.]

정수-압(靜水壓)图 흐르지 않고 괴어 있는 물 속에 작용하는 압력.

정수-지(淨水池)图 수도 설비에서, 여과지(濾過池)에서 거른 정수를 저장하는 못.

정수-하다(精粹-)혬어 ①(불필요하거나 불순한 것이 섞이지 않아) 깨끗하고 순수하다. ¶자질이 청명하고 정수하다. ②청렴하고 사욕이 없다.

정숙(貞淑)图혬어 여자로서 행실이 얌전하고 마음씨가 고움. ¶정숙한 아내. **정숙-히**閈.

정숙(情熟) '정숙(情熟)하다'의 어근.

정숙(精熟) '정숙(精熟)하다'의 어근.

정숙(靜淑) '정숙(靜淑)하다'의 어근.

정숙(靜肅)图혬어 조용하고 엄숙함. **정숙-히**閈.

정숙(整肅) '정숙(整肅)하다'의 어근.

정숙-하다(情熟-) [-수카-]혬어 정분이 두텁고 친숙하다. **정숙-히**閈.

정숙-하다(精熟-) [-수카-]혬어 어떤 일에 정통하고 능숙하다. **정숙-히**閈.

정숙-하다(靜淑-) [-수카-]혬어 여자의 성품이나 몸가짐이 조용하고 얌전하다. ¶정숙한 걸음걸이. **정숙-히**閈.

정:숙-하다(整肅-) [-수카-]혬어 잘 정돈되고 엄숙하고 흐트러짐이 없다. ¶정숙한 분위기. **정숙-히**閈.

정:순(正巡)图 활쏘기 경기에서, 정식(正式)의 순(巡).

정순(呈旬)图 조선 시대에, 낭관(郞官)이 사임을 빌 때 열흘에 한 번씩 세 차례 잇달아 원서(願書)를 내던 일.

정순(貞順) '정순하다'의 어근.

정순-하다(貞順-)혬어 몸가짐이 정숙하고 마음씨가 온순하다.

정승(政丞)图 조선 시대에, 의정부의 영의정·좌의정·우의정을 일컫던 말. 대신. 의정(議政)[2].

정승 말[개/당나귀] 죽은 데는 (문상을) 가도 정승 죽은 데는 (문상을) 안 간다[속담] 권력을 가진 자 앞에서는 아첨을 하다가도 그가 죽으면 돌아다보지도 않음을 비유하여 이르는 말.

정승 판서 사귀지 말고 제 입이나 잘 닦아라[속담] 윗사람에게 빌붙어 한자리하려 들지 말고 제 앞이나 잘 가리라는 말.

정시(丁時)图 이십사시의 열넷째 시. 하오 12시 30분부터 하오 1시 30분까지의 동안. ☞정(丁).

정:시(正視)图하타 ①똑바로 봄. ¶사물을 정시하다. ②<정시안(正視眼)>의 준말.

정시(呈示)图하타 ①내어 보임. ②어음이나 증권 등의 소유자가 지급을 청구하기 위하여 지급인이나 인수인에게 그것을 제시하여 보임. 제시(提示). ¶어음을 정시하다.

정:시(定時)图 ①정해진 시각. ¶정시 퇴근. /정시에 도착하다. ②일정한 시기. ¶정시 간행.

정시(庭試)图 조선 시대에, 나라에 경사가 있을 때 대궐 안에서 보이던 과거.

정:시-안(正視眼)图 바른 시력의 눈. 평행 광선이 망막 위에 결상(結像)하는 눈. ☞정시.

정시影-庵(丁侍者-庵)图 고려 말기에 석식영암(釋息影庵)이 지은 가전체(假傳體) 작품. 지팡이를 의인화하여, 도(道)를 지킬 것을 강조한 교훈적인 내용. [《동문선(東文選)》에 실려 전함.]

정:시-제(定時制)명 농한기나 야간 따위, 특별한 시간이나 시기에 이루어지는 학습 과정. ▣전일제(全日制).

정시^증권(呈示證券) [-꿘]명 '제시 증권(提示證券)'의 구용어.

정:식(正式)명 규정대로의 바른 방식. 정당한 방식. ¶사원을 정식으로 채용하다. /정식 절차를 밟다. ↔약식(略式).

정:식(定式)명하자 방식이나 격식을 일정하게 정함, 또는 그 방식이나 격식.

정:식(定食)명 ①식당·음식점 등에서, 일정한 식단에 따라 차리는 음식. 식단이나 식품 내용이 일정한 요리. ¶백반 정식. ②일정하게 정해진 차례에 따라 차려 내는 정식(定式) 식사. 〔특히, 양식(洋式)의 만찬(디너)의 경우를 이름.〕

정:식(定植)명 (온상에서 기른 채소의 모종 따위를) 밭의 제자리에 정식으로 옮겨 심는 일. ↔가식(假植).

정식(淨食)명 불교에서, 계율에 어긋나지 않는 음식을 이름. 깨끗한 식사.

정식(整式)명 문자에 대하여, 덧셈·뺄셈·곱셈만의 연산을 사용하여 얻어지는 대수식.

정식(靜息)명하자 조용히 멈춤. 조용히 쉼.

정:식^간:격(正式間隔) [-깐-]명 제식 훈련에서, 원팔을 옆으로 쭉 뻗쳤을 때 가운뎃손가락 끝이 왼쪽 사람의 오른쪽 어깨에 닿을 정도의 간격.

정:식^재판(正式裁判) [-째-]명 형사 소송법상, 약식 명령에 불복한 피고인이나 검찰의 신청에 따라, 통상의 소송 절차에 의하여 이루어지는 재판.

정:신(正信)명 불교에서, 참되고 올바른 믿음을 이르는 말.

정신(貞臣)명 육정(六正)의 하나. 절개가 곧은 신하.

정신(挺身)명하자 어떤 일에 남보다 앞장서서 나아감. 솔선하여 일에 부딪침. ¶교육 사업에 오랫동안 정신하다.

정신(艇身)명 ①보트의 전체 길이. ②〔의존 명사적 용법〕보트 경기에서, 골인 때의 보트와 보트 사이의 거리의 차를 나타내는 단위. ¶1 정신 차이로 우승하다.

정신(精神)명 ①사고나 감정의 작용을 다스리는 인간의 마음. ¶정신 세계. /건전한 정신은 건전한 신체로부터 시작한다. ↔육체. ②물질적인 것을 초월한 영적인 존재. 성령(性靈). ↔물질. ③사물을 느끼고 생각하며 판단하는 능력, 또는 그런 작용. ¶정신이 몽롱하다. /정신을 가다듬다. ④사물의 근본이 되는 의의나 목적. ¶화랑도 정신. /입법 정신. ⑤마음의 자세나 태도. ¶희생 정신. /절약 정신.

정신은 꽁무니에 차고 다닌다속담 정신없이 엉뚱한 짓을 잘하거나, 건망증이 심하여 할 일을 잘 잊어버린다는 말.

정신(을) 차리다관용 ①잃었던 정신을 되찾다. ②(어떤 환경이나 자극·충격 등으로) 분별력이 생기다. ¶크게 혼이 났으니 이제는 정신을 차리겠지.

정신(이) 나가다관용 얼이 빠지다. 정신없는 상태가 되다. ¶정신 나간 사람.

정신(이) 나다관용 사리를 분간할 수 있을 만큼 정신이 생기다. ¶정신이 나게 밖에 나가 바람을 쐬다.

정신(이) 들다관용 ①잃었던 정신이 되돌아오다. ②어떤 자극 따위를 받아 긴장하게 되거나 각성하게 되다. ¶늘그막에 가서야 정신이 들다.

정신(이) 빠지다관용 정신 나가다. 얼이 빠지다. ¶그런 정신 빠진 소리 그만 하여라.

정신(이) 팔리다관용 (딴생각을 할 겨를조차 없을 만큼) 어떤 일에 정신이 쏠리다.

정신^감:응(精神感應)명 ☞텔레파시.

정신^감정(精神鑑定)명 재판에서, 피고에게 책임 능력이 있나 없는가를 판단하기 위하여 전문의가 정신 상태를 감정하는 일.

정신-계(精神界) [-게/-게]명 정신이 작용하는 세계. 정신세계. ↔물질계.

정신-골(精神骨)명 총기 있게 생긴 골격.

정신-골자(精神骨子) [-짜]명 (일의) 가장 중요한 부분.

정신-과(精神科) [-꽈]명 정신 질환을 전문으로 연구하고 치료하는 임상 의학의 한 분야.

정신-과학(精神科學)명 인간의 정신 활동의 소산인 여러 문화 현상, 곧 예술·종교·사회·역사 따위를 이론적으로 밝혀내는 학문을 통틀어 이르는 말. ▣자연 과학.

정신-교:육(精神敎育)명 정신을 훈련하는 교육. 특히, 의지의 단련이나 덕성의 함양 따위를 목적으로 하는 교육.

정신-기(精神-氣) [-끼]명 정신의 기운.

정신-노동(精神勞動)명 주로 두뇌를 써서 하는 노동. ↔근육노동·육체노동.

정신-대(挺身隊)명 ⇨결사대. ②태평양 전쟁때, 일본군을 위해 강제로 종군하던 위안부를 이르는 말.

정신-력(精神力) [-녁]명 정신을 받치고 있는 힘. ¶강한 정신력으로 어려움을 이겨 내다.

정신-론(精神論) [-논]명 물질적인 것보다도 정신적인 것에 더 큰 비중을 두는 생각이나 이론.

정신-맹(精神盲)명 사물을 볼 수도 있고 사고 능력도 있으나, 보이는 것이 무엇인지를 알지 못하는 일종의 정신 장애.

정신-머리(精神-)명 〈정신(精神)〉의 속된 말. ¶정신머리가 없다. /정신머리가 나가다.

정신-문명(精神文明)명 인간의 정신적 활동을 바탕으로 하여 이루어진 문명. ↔물질문명.

정신-문화(精神文化)명 인간의 정신 활동의 소산인 문화를 통틀어 이르는 말. 〔학술·사상·종교·예술 따위.〕 ↔물질문화.

정신-박약(精神薄弱)명 지능 발달이 매우 늦은 일, 또는 그러한 사람.

정신-박약아(精神薄弱兒)명 지능 발달이 지체된 아이. 보통, 지능 지수가 75 이하인 아이를 이름. ▣정박아.

정신-병(精神病) [-뼝]명 정신에 이상이 생겨 정상적인 사회생활을 하지 못하는 병.

정신^병:리학(精神病理學) [-뼝니-]명 정신 이상에 대한 과학적인 연구와 치료를 주로 하는 임상 의학. 정신 의학.

정신^병:원(精神病院) [-뼝-]명 정신병자를 수용하여 치료하는 병원. 뇌병원.

정신병-자(精神病者) [-뼝-]명 정신병에 걸린 사람.

정신병-질(精神病質) [-뼝-]명 태어날 때부터 이상 인격(異常人格)인 상태.

정신^보:건(精神保健)명 ⇨정신 위생.

정신^분석(精神分析)명 꿈이나 공상·연상 따위를 분석하여 인간의 의식 속에 숨어 있는 무의식의 영역을 밝혀내려 하는 일. 정신병의 치료나 사회 현상의 연구 등에 응용됨.

정신^분열증(精神分裂症)[-쯩]**명** 청년기에 많은 정신병의 한 가지. 자기를 둘러싼 외계와의 접촉을 꺼리고, 사고나 감정·행동 따위에 통일성이 없어지는 질환. 조발성 치매. ⑥분열증.

정신-사(精神史)**명** 역사의 흐름을 정신이나 이념의 흐름으로 설명하려고 하는 처지에서 쓰여진 역사.

정신-생활(精神生活)**명** ①사람의 생활 활동 가운데 정신적인 면. ②생활의 의의를 물질적인 것보다도 정신적인 것에 두고 있는 생활. 정신적인 면을 중요시하는 생활.

정신-세계(精神世界)[-계/-게]**명** ⇨정신계.

정신^안정제(精神安靜劑)**명** 정신적인 흥분을 가라앉히는 약제.

정신-없다(精神-)[-시업따]**형** ①(무엇에 놀라거나 경황이 없어) 앞뒤를 생각하거나 사리를 분별할 여유가 없다. ②몹시 바쁘다. ¶감사 준비를 하느라 정신없다. **정신없이-어⑧** ¶ 정신없이 쏘다니다.

정신^연령(精神年齡)[-녈-]**명** 지능의 정도를 나이로 나타낸 것, 곧 지능 검사에 의해서 측정된 정신 수준. 지능 연령. ¶정신 연령이 어리다. /정신 연령이 낮다(높다). ↔생활 연령.

정신^요법(精神療法)[-뇨뺍]**명** (약물을 사용하지 않고) 환자에게 여러 가지 심리적인 영향을 주어 병을 치료하는 방법. 심리 요법. ⑧약물 요법.

정신^위생(精神衛生)**명** 정신적인 건강을 유지하고 그 향상을 꾀하기 위한 실천적 이론과 방법. 정신 보건.

정신^의학(精神醫學)**명** ⇨정신 병리학.

정신^이:상(精神異常·精神異狀)**명** 신경 계통의 장애로, 비정상적인 행동을 하는 병증.

정신^장애자(精神障礙者)**명** 정신 위생법에 의한 의료나 보호를 필요로 하는 사람, 곧 정신병자·정신박약자·정신병질자 등을 통틀어 이르는 말.

정신-적(精神的)[-젹]**관명** 정신에 관한 (것). 정신에 중점을 둔 (것). ¶정신적 부담. /정신적인 지주. ↔물질적·육체적.

정신-주의(精神主義)[-의/-이]**명** 물질보다도 인간의 정신을 더 중시하는 주의. ↔물질주의.

정신^지체아(精神遲滯兒)**명** 정신 능력의 발달이 늦어진 아이. 보통 정신박약아보다 가벼운 정도를 가리킴. 열등아(劣等兒). 저능아.

정신^착란(精神錯亂)[-창난]**명** 증상이 심한 의식 장애. ¶정신 착란으로 빚어진 사고.

정:실(正室)**명** ①첩(妾)에 대하여, 정식 혼인하여 맞은 아내. 큰마누라. 본실(本室). 본처. 적실(嫡室). 정처(正妻). ↔부실(副室). ②⇨몸채.

정실(正實)'정실(正實)하다'의 어근.

정실(貞實)'정실(貞實)하다'의 어근.

정실(淨室)**명** 제사에 참례하는 사람이 몸과 마음을 깨끗이 하고 부정을 멀리하기 위하여 묵는 방.

정실(情實)**명** ①실제의 사정. 있는 대로의 사실. ②사사로운 의리나 인정에 끌리는 일. 또는 그러한 의리나 인정에 끌리어 공정성을 잃는 일. ¶정실 인사(人事). /정실에 끌리어 원칙을 저버리다.

정:실-하다(正實-)**형여** 바르고 참되다. **정실-히⑧**.

정실-하다(貞實-)**형여** 마음이 곧고 성실하다. 정숙하고 믿음성이 있다. **정실-히⑧**.

정:심(正心)**명하자** 바른 마음, 또는 마음을 바르게 가짐.

정:심-공부(正心工夫)**명하타** 마음을 바르게 가다듬어 배워 익히는 데 힘씀.

정:-씨(正-)**명** 논밭의 넓이에 에누리 없이 꼭 맞게 뿌려지는 곡식의 씨. ¶정씨 넣던 말은 먹겠다.

정:아(定芽)**명** 식물에서, 꼭지눈이나 곁눈 따위와 같이 일정한 자리에 나는 싹. 제눈. ↔부정아(不定芽).

정아(頂芽)**명** 꼭지눈.

정:악(正樂)**명** 아악(雅樂)을 포함한, 고상한 정통 국악(國樂). ↔속악(俗樂).

정안-수(井-水)**명** '정화수(井華水)'의 잘못.

정압(定壓)**명** 일정한 압력.

정압(靜壓)**명** 멎어 있는 유체(流體) 속에서 물체가 받는 압력, 또는 유체와 같은 속도로 운동하는 물체가 유체로부터 받는 압력. ↔동압.

정:압^비:열(定壓比熱)[-삐-]**명** 일정한 압력 아래서, 물체 1g의 온도를 1℃ 올리는 데 필요한 열량.

정애(情愛)**명** (육친애·부부애와 같은) 정겨운 사랑. 두터운 사랑.

정:액(定額)**명** 일정한 금액. 정해진 액수.

정액(精液)**명** ①순수한 진액. ②수컷의 생식기에서 생겨난, 정자가 섞여 있는 액체. 신수(腎水). 음액(陰液). 정수(精水). ⑥정(精).

정:액-권(定額券)[-꿘]**명** <정액 승차권(定額乘車券)>의 준말.

정:액-등(定額燈)[-뚱]**명** 사용량에 구애되지 않고 전등(燈)의 수와 촉수에 따라 요금을 내는 전등. ⑧종량등(從量燈).

정:액^보:험(定額保險)[-뽀-]**명** 보험 사고가 일어났을 때에 계약상 정해진 금액의 전액이 지급되는 보험. 〔생명 보험 따위〕. ↔부정액 보험.

정:액-세(定額稅)[-쎄]**명** 소득 따위와는 관계없이 징수하는, 금액이 일정한 조세.

정:액^승차권(定額乘車券)[-꿘]**명** 일정한 금액을 미리 지불하고 그 금액만큼 버스나 전철 따위를 이용할 수 있는 승차권.

정액-은행(精液銀行)**명** 혈통이 좋은 남성의 정액을 냉동으로 보존해 두었다가 인공 수정을 원하는 여성에게 주는 기관.

정야(丁夜)**명** 하루의 밤을 갑·을·병·정·무의 다섯으로 나눈 넷째 시각. 새벽 2시경. 사경(四更).

정야(靜夜)**명** 고요한 밤.

정:약(定約)**명하자** 약속을 정함, 또는 그 약속.

정약(情弱)**명하형** 인정에 약함.

정양(正陽)[-냥]**명** ①한낮. ②음력 정월.

정양(靜養)**명하자** 피로 회복이나 병 치료 따위를 위하여 조용히 쉬거나 요양함. ¶온천에 가서 정양하다.

정양-원(靜養院)**명** 정양을 필요로 하는 사람들을 위해서 세운 시설.

정:어(正語)**명** 팔정도의 하나. 도리에 어긋나는 일체의 말을 삼감.

정어리명 청어과의 바닷물고기. 몸길이 20~25cm. 몸빛은 등이 검푸르고 배와 옆구리는 흼. 우리나라의 동해에서 많이 잡힘.

정:언(正言)**명** 조선 시대에, 사간원(司諫院)의 정육품 벼슬.

정:언(定言)**명하자** 어떤 명제나 주장·판단을 '만약'·'혹은' 따위의 조건을 달지 않고 단정하는 일.

정:언-적(定言的)**관명** 어떤 명제나 주장·판단을 무조건 단정하는 (것). 단언적. ⑧가언적(假言的)·선언적(選言的).

정:언적 명:령(定言的命令)[-정-녕] 칸트가 주장한 도덕률의 형식. 누구나 따라야 할, 무조건적이며 보편타당성을 가지는 도덕적 명령. 무상 명령. 정언적 명령법. 지상 명령. �ⓐ가언적 명령.

정:언적 명:법(定言的命法)[-정-뻡] ☞정언적 명령(定言的命令).

정:언적 명:제(定言的命題)[-정-] 정언적 판단을 명제로서 나타내는 것. ⓐ가언적 명제(假言的命題)·선언적 명제(選言的命題).

정:언적 삼단^논법(定言的三段法)[-쌈-뻡] 추리(推理)의 두 전제가 정언적 판단으로 이루어진 삼단 논법. ⓐ가언적 삼단 논법·선언적 삼단 논법.

정:언적 판단(定言的判斷) 아무런 조건 없이 단정하는 판단.('A는 B이다.', '모든 사람은 죽는다.' 따위.) ⓐ가언적 판단·선언적 판단.

정:업(正業)閔 ①정당한 직업. 견실한 직업. ②팔정도의 하나. 삼업(三業)에 있어서 행실을 바르게 하는 일, 또는 바른 행위.

정:업(定業)閔 ①일정한 직업이나 업무. ②불교에서, 전세(前世)부터 정하여진 업보, 곧 전생에 지은 업에 따라 이승에서 받게 되는 과보.

정업(淨業)〔불교에서〕①청정(淸淨)한 행업(行業). 선업(善業). ②정토왕생의 정업(正業), 곧 염불을 이름.

정업(停業)閔㉠㉠ 하고 있는 영업이나 사업 따위를 쉬거나 그만둠.

정역(停役)閔㉠㉠ 하던 일을 중지하고 쉼.

정-역학(靜力學)[-녀칵]閔 물체에 작용하는 힘의 균형을 연구하는 역학. ↔동역학(動力學).

정연(井然) '정연(井然)하다'의 어근.

정연(亭然) '정연(亭然)하다'의 어근.

정연(整然) '정연(整然)하다'의 어근.

정연-하다(井然-)ⓗ여 구격(具格)이 맞고 조리가 있다. 정연-히뿐.

정연-하다(亭然-)ⓗ여 솟아 있는 모양이 우뚝하다. 정연-히뿐. 정연히 솟아 있는 봉우리.

정:연-하다(整然-)ⓗ여 질서나 구획 따위가 잘 정돈되어 어지럽거나 흐트러지지 않고 가지런하다. ¶질서가 정연하다. /정연하게 늘어서다. 정연-히뿐.

정열(情熱)[-널]閔 불같이 세차게 일어나는 감정. ¶정열을 불태우다.

정열-적(情熱的)[-널쩍]관閔 정열에 불타는(것). ¶정열적 사랑. /정열적으로 노래하다.

정염(井塩)閔 염분이 섞여 있는 지하수를 퍼 올려서 만든 소금.

정염(正塩)閔 다염기산(多塩基酸)의 수소 원자를 모두 금속으로 치환한 소금.

정염(情炎)閔 불같이 타오르는 욕정. 정화(情火). ¶정염에 몸을 사르다.

정예(淨穢)閔 깨끗함과 더러움.

정예(精銳)閔ⓗ㉠ ①재기가 발랄하고 뛰어남. ②여러 사람 가운데서 골라 뽑은, 뛰어난 사람. 특히, 골라 뽑은 날래고 용맹스러운 군사를 이름. ¶소수 정예. /정예 부대.

정:오(正午)閔 낮 열두 시. 상오(晌午). 오정(午正). ¶정오를 알리는 종소리.

정:오(正誤)閔㉠㉠ 잘못된 글자나 문구 따위를 바로잡음.

정:오-표(正誤表)閔 (인쇄물 따위에서) 잘못된 곳을 바로잡아 죽 벌여 적은 일람표.

정:-오품(正五品)閔 고려·조선 시대의 문무관 품계의 아홉째 등급.

정:온(定溫)閔 일정한 온도.

정온(靜穩)閔ⓗ (환경이나 분위기가) 고요하고 평온함. 정온-히뿐.

정:온-기(定溫器)閔 자동적으로 온도를 조절하게 된 장치. 일정한 온도가 되면 불이 나갔다가 온도가 낮아지면 다시 불이 켜지게 됨. 항온기(恒溫器).

정:온-동:물(定溫動物)閔 외계의 온도 변화에 영향을 받지 않고, 체온을 늘 일정하게 따뜻한 상태로 유지하는 동물. 등온 동물. 상온 동물. 온혈 동물. 항온 동물. ⓐ변온 동물.

정완(貞婉) '정완하다'의 어근.

정완-하다(貞婉-)ⓗ여 정숙하고 온순하다.

정외(廷外)[-외/-웨]閔 법정의 밖. ↔정내.

정외(情外)[-외/-웨]閔 ①인정에 벗어나는 일.《주로, '정외의'의 꼴로 쓰임.》¶정외의 냉혹한 처사. ②㉠㉠가까이 지내는 사람을 멀리함.

정외지언(情外之言)[-외-/-웨-]閔 인정에 벗어나는 말.

정요(精要) '정요하다'의 어근.

정요-하다(精要-)ⓗ여 ☞정긴(精緊)하다.

정욕(情欲)閔 ①☞정욕(情慾). ②불교에서 이르는, 사욕(四欲)의 하나. 물건을 탐하고 집착하는 마음.

정욕(情慾)閔 이성(異性)에 대한 성적인 욕망. 색정(色情). 욕정(欲情). 정욕(情欲). ¶정욕을 채우다.

정:용(整容)閔㉠㉠ 자세를 가다듬는 일. 용모를 단정히 하는 일.

정:용-법(整容法)[-뻡]閔 체조하기에 앞서 준비 운동으로 자세를 바르게 하는 법. 두 팔을 벌리고 손바닥을 펴서 앞뒤와 위아래로 원을 그리며, 발뒤축을 들었다 놓았다 하여 자세를 바로잡음.

정:용^비:열(定容比熱)閔 물질의 체적을 일정하게 하는 채, 온도를 1°C 올리는 데 소요되는 열량. 정적 비열(定積比熱).

정용-체(晶溶體)閔 두 가지 이상의 결정물이 섞이어 녹아서 재결정된 물체.

정우(丁憂)閔㉠㉠ 부모상(父母喪)을 당함.

정우(政友)閔 정치상의 의견이 같은 사람.

정:원(正員)閔 어떤 조직체 따위에서, 정식 구성원으로서의 자격을 가지고 있는 사람.

정:원(定員)閔 일정한 규정에 따라 정해진 인원. ¶모집 정원. /정원 미달.

정원(庭園)閔 뜰, 특히 잘 가꾸어 놓은 넓은 뜰. ¶정원을 거닐다.

정원(淨院)閔 (깨끗한 집이라는 뜻으로) '절'을 달리 이르는 말.

정원-사(庭園師)閔 정원을 가꾸는 일을 업으로 하는 사람. 원정(園丁).

정원-수(庭園樹)閔 정원에 심어 가꾸는 나무.

정:원-제(定員制)閔 일정한 규정에 따라 정해진 인원으로 운영하는 제도. ¶졸업 정원제.

정월(丁月)閔 월건(月建)의 천간(天干)이 정(丁)으로 된 달.〔정축(丁丑)·정묘(丁卯) 따위.〕

정월(正月)閔 음력으로 한 해의 첫째 달. 음력 일월(一月). 원월(元月). 일월(一月). ⓐ인월·맹춘·개세.

정:위(正位)閔 바른 자리. 정당한 위치.

정:위(正尉)閔 대한 제국에서, 장교 계급의 하나. 참령(參領)의 아래, 부위(副尉)의 위로 위관급의 맨 윗자리임. 지금의 대위에 해당함.

정:위(正僞)閔 바른 것과 거짓된 것.

정:위(定位)閔㉠㉠ 어떤 사물의 위치를 정함, 또는 그 정해진 위치.

정:위-점(定位點)[-쩜]圓 ☞자릿점.

정유(丁酉)圓 육십갑자의 서른넷째.

정유(情由)圓 ☞사유(事由).

정유(精油)圓 ①어떤 식물에서 채취하여 정제한, 향기를 지닌 휘발성 기름. 〔레몬유·박하유 따위.〕 ②━타 석유를 정제하는 일, 또는 정제한 석유.

정유-재란(丁酉再亂)圓 조선 선조 30(1597.정유)년에 왜군이 임진왜란에 이어 우리나라를 다시 침입한 난리.

정:-육(正肉)圓 쇠고기의 살코기.

정육(精肉)圓 뼈나 굳기름 따위를 발라낸 살코기.

정:-육면체(正六面體)[-늉-]圓 여섯 면이 모두 정사각형인 육면체. 입방체(立方體).

정육-점(精肉店)[-쩜]圓 정육을 파는 가게. 푸주.

정:-육품(正六品)[-뉵-]圓 고려·조선 시대의 문무관 품계의 열한째 등급.

정윤(正閏)圓 ①평년과 윤년. ②정위(正位)와 윤위(閏位).

정은(丁銀)圓 품질이 낮은 은. 칠성은(七成銀).

정은(正銀)圓 ☞순은(純銀).

정:음(正音)¹圓 글자의 바른 음. 제소리¹.

정:음(正音)²圓 〈훈민정음〉의 준말.

정읍-사(井邑詞)[-싸]圓 오늘날 전하는 유일한 백제 가요. 한글로 기록된 가장 오래된 노래. 행상을 나간 남편의 밤길을 염려하는 내용. 〔'악학궤범'에 실려 전함.〕

정:의(正義)[-의/-이]圓 ①사람으로서 지켜야 할 바른 도리. ¶정의를 위해 싸우다. ↔불의(不義). ②법전 따위의 바른 뜻.

정:의(正意)[-의/-이]圓 바른 마음. 바른 뜻.

정의(廷議)[-의/-이]圓 조정의 논의. 조의(朝議).

정의(征衣)[-의/-이]圓 ①☞여장(旅裝). ②지난날, 〔군인이〕 출정(出征)할 때 입던 옷.

정:의(定義)[-의/-이]圓━타되자 어떤 개념의 내용이나 용어의 뜻을 다른 것과 구별할 수 있도록 명확히 한정하는 일, 또는 그 개념이나 뜻. ¶정의를 내리다.

정의(情意)[-의/-이]圓 감정과 의지. 마음. 뜻.

정의(情義)[-의/-이]圓 인정과 의리.

정의(情誼)[-의/-이]圓 사귀어 두터워진 정. ¶정의가 깊다. /그간의 정의로 보아서도 그럴 수는 없다. 𝜁(誼).

정의(精義)[-의/-이]圓 상세한 뜻. 정확한 의의.

정:의-감(正義感)[-의/-이-]圓 정의를 관철하려는 마음. ¶정의감에 불타다.

정:-의관(整衣冠)[-의/-이-]圓━하다 의관을 바로잡아 몸가짐을 단정하게 함.

정:의-롭다(正義-)[-의-따/-이-따][~로우니·~로위]圓ㅂ 정의에 어긋나지 않고 올바르다. ¶정의로운 사회. 정의로이튀.

정의-상통(情意相通)[-의/-이-]圓━하자 마음과 뜻이 서로 통함.

정의-투합(情意投合)[-의/-이-]圓━하자 마음과 뜻이 서로 잘 맞음.

정이(征夷)圓━하자 오랑캐를 정벌함.

정이사지(靜而俟之)圓━하타 가만히 기다림.

정-이월(正二月)圓 정월과 이월.

정:-이품(正二品)圓 고려·조선 때의 문무관 품계의 셋째 등급.

정인(正人)圓 마음씨가 바른 사람.

정인(情人)圓 ①서로 사랑하는 남녀 사이에서 상대편을 이르는 말. ②정을 통하고 있는 사람.

정일(丁日)圓 일진(日辰)의 천간(天干)이 '정(丁)'으로 된 날. 〔정미(丁未)·정사(丁巳)·정유(丁酉)·정축(丁丑) 따위.〕

정:일(定日)圓━하타 어떤 일을 하기 위하여 미리 날짜를 정함, 또는 그 날짜.

정일(精一)圓 '정일하다'의 어근.

정:일-시장(定日市場)圓 날짜를 정하여 놓고 정기적으로 서는 장.

정:일-출급(定日出給-)圓 일정한 날짜를 지급 청산 기일로 하여 기재한 어음.

정:-일품(正一品)圓 고려·조선 시대의 문무관 품계의 첫째 등급.

정일-하다(精一-)圓여 ①마음이 자상하고 한결같다. ②잡된 것이 섞이지 않고 순수하다. 정일히튀.

정:임(正任)圓 ☞실직(實職).

정:임^대:신(正任大臣)圓 실직(實職)에 있는 대신.

정자(丁字)[-짜]圓 〈정자형(丁字形)〉의 준말.

정:자(正字)圓 ①글자체를 바르게 또박또박 쓴 글자. ¶흘려 쓰지 않고 정자로 쓰다. ②속자(俗字)나 반자(半字)가 아닌, 자획이 바른 한자. ↔속자·반자(半字). 𝜁본자(本字).

정자(亭子)圓 놀거나 쉬기 위하여, 주로 경치나 전망이 좋은 곳에 아담하게 지은 집. 사정(舍亭). 정각(亭閣).

정자(晶子)圓 유리질(琉璃質)의 화성암에 들어 있는 아주 미세한 결정 입자.

정자(精子)圓 웅성(雄性)의 생식 세포. 난자(卵子)와 결합하여 새로운 개체를 이루는 바탕이 됨. 정충(精蟲). ↔난자.

정자-각(丁字閣)[-짜-]圓 능원(陵園)의 묘(墓) 앞 아래쪽에, 'ㅜ'자 모양으로 지은 각. 이곳에서 제사를 지냄. 침전(寢殿).

정자-관(程子冠)圓 지난날, 선비들이 집에서 평상시에 쓰던 관. 말총으로, 위는 터지고 세 봉우리가 지게 두 층 또는 세 층으로 짜거나 떠서 만들었음.

정자-나무(亭子-)圓 집 근처나 길가 같은 데에 있는 큰 나무. ¶정자나무 그늘에서 쉬다.

정자-로(丁字路)[-짜-]圓 'ㅜ'자 모양으로 난 길. 삼거리.

정자-모(亭子-)圓 산골 논에 듬성듬성 심은 모.

정:자-법(正字法)[-뻡]圓 ☞정서법(正書法).

정자-보(丁字-)[-짜-]圓 건축에서, 'ㅜ'자 모양으로 짠 보.

정자살^교창(井字-交窓)[-짜-]圓 문살을 '井'자 모양으로 짠 교창.

정자살-문(井字-門)[-짜-]圓 문살을 '井'자 모양으로 짠 세전문(細箭門)의 한 가지.

정자-자(丁字-)[-짜-]圓 ☞티(T)자.

정자^전:법(丁字戰法)[-짜-뻡]圓 해군에서 함대(艦隊)의 대형을 'ㅜ'자 모양으로 벌여 싸우는 진법(陣法).

정자^정:규(丁字定規)[-짜-]圓 ☞티(T)자.

정자-집(丁字-)[-짜-]圓 종마루가 'ㅜ'자 모양으로 된 집.

정자-형(丁字形)[-짜-]圓 'ㅜ'자 꼴로 된 모양. 𝜁정자(丁字).

정자형 약(丁字形葯)[-짜-냑]圓 수술대의 꼭대기에 꽃밥이 'ㅜ'자 모양을 이룬 꽃밥. 〔참나리나 중다리의 꽃밥 따위.〕 ↔각생약(脚生葯).

정작[Ⅰ]圓 진짜. 진짜인 것. ¶싸움은 이제부터가 정작이다. /지금까지는 연습이고 정작은 이제부터이다.

Ⅱ**뮈** 막상. 정말로. 실지로. ¶그는 정작 오라고 하면 오질 않는다. /정작 집을 떠나려고 하니 발걸음이 떨어지지 않는다. /정작 해 보니 광장히 어렵더라.

정:장(正章)**명** 정식 훈장 또는 휘장. ↔약장(略章).

정:장(正裝)**명하자** 정식 복장을 함, 또는 그 복장. ¶정장을 하고 나서다. ↔약장(略裝).

정장(呈狀)**명하자**☞정소(呈訴).

정:-장석(正長石)**명** 칼륨·알루미늄이 들어 있는 단사 정계(單斜晶系)의 규산염 광물. 도자기·비료·유리 따위의 원료로 쓰임.

정:장-제(整腸劑)**명** 장의 기능을 좋게 하는 약.

정재(呈才)**명** 조선 시대에, 대궐 잔치에서 하던 노래와 춤. ¶정재무(舞).

정재(淨財)**명** 전도(傳道)나 사회사업·자선 사업 등을 위하여 기부하는 재물.

정재(淨齋)**명** 〈정재소(淨齋所)〉의 준말.

정재-소(淨齋所)**명** 절에서 밥을 짓는 곳. ㉣정재(淨齋).

정쟁(政爭)**명** 정치상의 싸움. 정전(政戰). ¶정쟁의 불씨가 될 사건.

정쟁(挺爭)**명하타** 앞질러 나가서 싸움. 앞장서서 다툼.

정저(疔疽)**명**☞정(疔).

정저-와(井底蛙)**명** 우물 안 개구리. 정정와(井庭蛙). 정중와(井中蛙). 준우물.

정:적(正嫡)**명** ①☞장가처. ②본처가 낳은 아들. ③☞종가(宗家).

정:적(正籍)**명** 바른 호적(戶籍).

정:적(定積)**명** ①일정한 면적이나 체적. ②곱하여 얻은 일정한 값.

정적(政敵)**명** 정치상으로 적대의 처지에 있는 사람. ¶정적을 제거하다.

정적(情迹)**명** ①(느낌으로 알 수 있는) 어떤 일이나 사정의 자취. ②☞정황(情況).

정적(靜寂)**명하여** 고요하고 쓸쓸함. ¶새벽의 정적을 깨뜨리는 종소리. 정적-히**뮈**.

정:-적(靜的)[-쩍] **관명** 정지하여 움직이지 않는 (것). 조용한 (것). ¶정적인 분위기. ↔동적(動的).

정:적^도법(正積圖法)[-또뻡] **명** 지도 작도법의 한 가지. 각 부분의 넓이가 어디서나 같은 비율이 되게 그리는 방법.

정:-적분(定積分)[-뿐] **명** 일정 구간 안의 적분. ↔부정적분(不定積分).

정:적^비:열(定積比熱)[-삐-] **명**☞정용 비열.

정:적-토(定積土)**명**☞원적토(原積土).

정전(丁田)**명** 신라 때, 15세 이상의 남자에게 나라에서 나누어 주던 토지. 〔성덕왕 21(722)년에 처음으로 시행〕.

정전(丁錢)**명** 〔조선 시대에〕 ①장정이 군역(軍役) 대신 바치던 돈. ②중이 군역을 면제받는 도첩(度牒)을 받을 때, 관아에 군포(軍布) 대신 바치던 돈.

정전(丁田)**명** 조선 시대에, 토지 구분의 한 가지. 양안(量案)에 적혀 있으며, 해마다 농사를 짓던 논밭.

정:전(正殿)**명** 임금이 나와서 조회(朝會)를 하던 궁전.

정전(征戰)**명하자** 출정(出征)하여 싸움.

정전(政戰)**명**☞정쟁(政爭).

정전(挺戰)**명하자** 스스로 앞장서서 싸움.

정전(停電)**명하자퇴자** 송전(送電)이 한때 끊어짐.

정전(停戰)**명하자퇴자** 교전 중이던 두 편(나라)이 합의에 따라, 한때 어떤 지역 또는 전역에 걸쳐 전투 행위를 그치는 일. ¶정전 협정. ㉤휴전(休戰).

정전-감응(靜電感應)**명**☞정전 유도.

정:-전기(正電氣)**명**☞양전기(陽電氣).

정-전기(靜電氣)**명** 마찰한 물체가 띠는 이동하지 않는 전기. 〔수지(樹脂)를 담요에 마찰할 때 생기는 전기 따위.〕↔동전기(動電氣).

정전^렌즈(靜電lens)**명** 전기장(電氣場)을 이용한 전자 렌즈의 한 가지.

정전-법(井田法)[-뻡] **명** 중국의 하·은·주나라 때의 토지 제도. 일리 사방(一里四方)의 땅을 정(井) 자 모양으로 아홉 등분하여 여덟 농가가 나누어 부치게 하고, 가운데의 땅은 공동으로 지어 조세(租稅)로 바치게 하던 제도임.

정전^유도(靜電誘導)[-뉴-] **명** 양(陽) 또는 음(陰)의 전기를 띤 도체를, 전기를 띠지 않은 다른 도체에 접근시키면, 가까운 표면에 반대되는 대전(帶電)이 일어나는 현상. 전기 감응. 정전감응.

정:절(正切)**명** '탄젠트'의 구용어.

정절(貞節)**명** 여자의 곧은 절개. ¶정절을 지키다.

정절(情節)**명** (궂은일을 당한) 가엾은 정상(情狀).

정:점(定點)[-쩜] **명** 정해져 있는 점.

정점(頂點)[-쩜] **명** ①'꼭짓점'의 구용어. ②사물의 맨 꼭대기. ③사물의 수준이나 정도 따위가 최고의 경지에 달한 상태. 절정(絶頂). ¶정점에 다다르다.

정:접(正接)**명** '탄젠트'의 구용어.

정정(井井)**명** '정정(井井)하다'의 어근.

정:정(正定)**명** 팔정도의 하나. 산란한 생각을 버리고, 마음을 안정하는 일.

정정(征頂)**명하타** 산의 정상을 정복함.

정:정(定鼎)**명하타** 새로 나라를 세워 도읍을 정함. ㉤정도(定都).

정정(訂正)**명하타** 잘못을 고쳐 바로잡음.

정:정(訂定)**명하타** 의논하여 잘잘못을 정함.

정정(亭亭)**명** '정정(亭亭)하다'의 어근.

정정(政情)**명** 정치의 형편. 정계(政界)의 움직임. 정치 정세. ¶정정이 소연하다.

정정(貞靜)**명** '정정(貞靜)하다'의 어근.

정정(淨淨)**명** '정정(淨淨)하다'의 어근.

정정(丁丁)**뮈부뎅** 〔'땡땡' 하는 의성어의 한자식 표음으로〕 ①말뚝을 박는 소리, 또는 도끼로 나무를 잇달아 찍는 소리. ②바둑을 잇달아 두는 소리.

정정당당(正正堂堂) '정정당당하다'의 어근.

정:정당당-하다(正正堂堂-)**형여** (태도·처지·수단 따위가) 꿀림이 없이 바르고 떳떳하다.

정정당당-히뮈 정정당당히 맞서다.

정정방방(正正方方) '정정방방하다'의 어근.

정:정방방-하다(正正方方-)**형여** 조리가 발라서 조금도 어지럽지 않다. **정정방방-히뮈**.

정정백백(正正白白) '정정백백하다'의 어근.

정:정백백-하다(正正白白-)[-뻬카-] **형여** 썩 바르고 깨끗하다. **정정백백-히뮈**.

정:-정업(正定業)**명** 〔아미타불의 본원(本願)에서 정하여진 왕생(往生)의 행업으로 선정된 업인(業因)이라는 뜻으로〕 아미타불의 명호인 '나무아미타불'을 외는 일.

정정-와(井庭蛙)**명**☞정저와(井底蛙).

정:-정진(正精進)**명** 팔정도의 하나. 온 마음을 기울여 악이 발생하지 못하게 하며, 선이 발생하게 하는 것.

정정-하다(井井-)[형여] ①조리가 정연하다. 질서가 바르다. ②왕래가 잦다. **정정-히**[부].

정정-하다(亭亭-)[형여] ①(나무나 산 따위가) 우뚝 솟아 있다. ②(늙은 몸이) 건장하다. ¶ 나이 70인데도 아직도 정정하다. **정정-히**[부].

정정-하다(貞靜-)[형여] (여자의) 행실이 곧고, 성질이 조용하다. **정정-히**[부].

정정-하다(淨淨-)[형여] 썩 맑고 깨끗하다. **정정-히**[부].

정제(井祭)[명] 우물에 지내는 제사.

정제(庭除)[명] 섬돌 아래.

정제(情弟)[대] 친근한 벗에게 보내는 편지에서, '자기'를 가리켜 일컫는 말.

정제(精製)[하타][되자] ①정성껏 잘 만듦. ↔조제(粗製). ②조제품(粗製品)을 다시 가공하여 더 좋고 순도 높은 것으로 만듦. ¶원유를 정제하다.

정ː제(整除)[명] '나누어떨어짐'의 구용어.

정ː제(整齊)[명][하타][되자] 바로잡아 가지런히 함. ¶ 의관을 정제하다.

정제(錠劑)[명] 알약.

정제-면(精製綿)[명] ☞탈지면(脫脂綿).

정제-품(精製品)[명] 정제한 물품.

정ː제-화(整齊花)[명] 꽃받침과 꽃잎의 모양이나 크기가 각각 똑같이 생긴 꽃.〔복숭아꽃·벚꽃 따위.〕

정ː제^화관(整齊花冠) 각 꽃잎의 모양과 크기가 똑같고 규칙적인 방사상(放射狀)으로 배열된 꽃부리.〔매화·장다리꽃 따위.〕

정ː조(正租)[명] ①☞벼. ②정규의 조세(租稅).

정ː조(正條)[명] 법에 규정되어 있는 조례(條例).

정ː조(正朝)[명] ☞원단(元旦).

정ː조(正調)[명] 바른 곡조.

정ː조(定照)[명] ☞정도(定睹).

정조(貞操)[명] ①(여자의) 곧고 깨끗한 절개. ②성적(性的) 관계의 순결. ¶ 정조 관념. /정조를 지키다.

정조(情調)[명] ①가락. ②어떤 사물에서 풍기는 독특한 멋이나 분위기. 정취. ¶ 이국(異國) 정조. ③감각에 따라서 일어나는 단순한 감정.〔고운 빛에 대한 미감, 싫은 냄새에 대한 불쾌감 따위.〕③감각적 감정.

정조(情緖)[명] 정서(情緖)가 더 순화 발달된 단계로서, 문화적 가치, 특히 예술이나 종교 등에서 느끼는 지적(知的)이고 고차원적인 감정.

정조-대(貞操帶)[명] 금속으로 띠처럼 만들어 여자의 국부에 자물쇠로 채우던, 정조 보호 기구. 12세기경의 십자군 기사들이 원정하기에 앞서 아내에게 채웠다고 함.

정ː조^문ː안(正朝問安)[명] 손아랫사람이 손윗사람에게, 또는 신하가 임금에게 정월 초하룻날 문안드리던 일.

정ː조-사(正朝使)[명] 조선 시대에, 해마다 정월 초하루의 하례(賀禮)를 위하여 중국으로 보내던 사신. 하정사.

정조-시(停朝市)[명][하자] 지난날, 국상(國喪)이나 대신의 장례 또는 큰 재변이 있을 때, 관아는 공사(公事)를 보지 않고, 시장은 문을 닫고 장사를 쉬던 일.

정ː조-식(正條植)[명][하타] 줄모.

정조^의ː무(貞操義務)[명] 부부가 저마다 정조를 지켜야 할 의무.

정족(晶簇)[명] 암석·광맥 따위의 공동(空洞) 내면에 결정이 빽빽하게 돋아 있는 것.

정ː족(鼎足)[명] ☞솥발.

정ː족-수(定足數)[-쑤][명] 의사(議事)의 의결(議決)에 필요한 구성원의 출석수.

정ː족지세(鼎足之勢)[-찌-][명] 솥발처럼 셋이 맞서 대립한 형세.

정졸(精卒)[명] 정예(精銳)의 병졸. 정병(精兵).

정ː종(正宗)[명] 불교에서, 개조(開祖)의 정통을 이은 종파.

정ː종(正宗)[명] 일본식 '청주(淸酒)'를 흔히 이르는 말.

정ː종(疔腫)[명] ☞정(疔).

정ː종(定鐘)[명] 인정(人定)을 알리는 종.

정좌(丁坐)[명] (집터나 묏자리 따위가) 정방(丁方)을 등진 좌향, 또는 그런 자리.

정ː좌(正坐)[명][하자] 몸가짐을 바르게 하고 앉음. ¶ 불단 앞에 정좌하다. ☞단좌(端坐).

정ː좌(鼎坐)[명][하자] (세 사람이) 솥발 모양으로 벌려 앉음.

정좌(靜坐)[명][하자] 마음을 가라앉히고 몸을 바르게 하여 단정히 앉음.

정좌-계향(丁坐癸向)[-계-/-게-][명] (집터나 묏자리 따위가) 정방(丁方)을 등지고 계방(癸方)을 향한 좌향.

정ː죄(定罪)[-쬐/-줴][명] ①[하타] 죄가 있는 것으로 판정함. ②불교에서 이르는, 전생에 정하여진 죄.

정죄(情罪)[-쬐/-줴][명] 사정과 죄상(罪狀).

정주(汀洲)[명] (강·못·바다 등에서) 물이 얕아 바닥이 드러나 보이는 곳.

정ː주(正株)[명] (거래할 때 실제로 주고받는) 주권(株券)의 현품. ☺공주(空株).

정ː주(鼎廚)[명] 〈정주간(鼎廚間)〉의 준말.

정ː주-간(鼎廚間)[-깐][명] 부엌과 안방 사이에 벽이 없이 부뚜막과 방바닥이 한데 잇닿은 곳. ☺정주.

정ː주-자(定住者)[명] 일정한 곳에 자리 잡고 사는 사람.

정ː-주체(正柱體)[명] '정각기둥'의 구용어.

정주-학(程朱學)[명] 중국 송나라 때의 정호(程顥)·정이(程頤) 형제와 주희(朱熹) 등이 발전시킨 유학. 성리학. 주자학. ☺송학(宋學).

정ː중(正中)[명] 한가운데.

정중(鄭重)[명] '정중하다'의 어근.

정중와(井中蛙)[명] ☞정저와(井底蛙).

정ː중-하다(鄭重-)[형여] 점잖고 엄숙하다. 은근하고 친절하다. ¶ 정중한 태도. **정중-히**[부].

정지(正至)[명] 정월 초하루와 동지(冬至).

정지(停止)[명][하자타][되자] ①(움직이던 것이) 중도에서 멈추거나 그침. ¶ 정지 신호. /뇌의 기능이 정지하다. ②하고 있던 일을 그만둠. ¶ 영업 정지 처분.

정지(淨地)[명] (절 등이 있는) 맑고 깨끗한 곳.

정지(情地)[명] ①마음을 둘(붙일) 곳. 몸 둘 곳. ②(사정이) 딱한 처지.

정지(靜止)[명][하자타][되자] 조용히 멈춤, 또는 멈추어 가만히 있는 상태. ¶ 정지 자세. /정지 화면.

정ː지(整地)[명][하타] (건물을 짓거나 농작물을 심으려고) 땅을 고르게 다듬음. ¶ 정지 작업.

정ː지(整枝)[명][하타] 나무의 가지를 잘라 가지런히 다듬음.

정지-각(靜止角)[명] 평면 위에서 물체를 당길 때, 면의 마찰과 압력의 합력(合力)과 압력의 방향이 이루는 각 가운데서 가장 큰 각.

정ː지^공권(停止公權)[-꿘][명] 일정 기간 공권의 행사를 정지하는, 부가형(附加刑)의 한 가지.

정지^마찰(靜止摩擦)[명] 어떤 면에 놓인 물체를 그 면에 따라 움직일 때, 면으로부터 받는 저항력. ↔운동 마찰.

정지^인구(靜止人口)[명] 늘지도 줄지도 않는 인구. 남녀별 출생률과 사망률이 일정하여 인구 증가율이 0이 되고, 인구 구조가 일정하게 된 것으로 가정하였을 때의 인구임.

정지^조건(停止條件)[─껀][명] 법률 행위의 효력이, 조건이 성취될 때까지 정지하여 있다가 조건이 이루어지면 비로소 발생하는 일.

정지-핵(靜止核)[명] 세포가 분열하지 않고 평상시의 상태로 있을 때의 핵.

정:직(正直)[명][하형] (거짓이나 꾸밈이 없이) 마음이 바르고 곧음. **정직-히**[부].

정:직(正職)[명] ☞실직(實職).

정직(定職)[명] 일정한 직업.

정직(停職)[명][하타] 공무원 징계 처분의 한 가지. 공무원의 신분은 그대로 두되, 일정 기간 직무에 종사하지 못하게 하고 보수의 3분의 2를 감하는 일.

정:-직선(定直線)[─썬][명] (기준을 삼기 위해서) 임의로 주어진 직선, 또는 정해진 직선.

정:진(正眞)¹[명] '석가모니'를 달리 일컫는 말.

정진(正眞)² '정진하다'의 어근.

정진(挺進)[명][자] (여럿 가운데서) 앞질러 나아감.

정진(精進)[명][자] ①정성을 다하여 노력함. ¶자기 맡은 일에 정진하라. ②몸을 깨끗이 하고 마음을 가다듬음. ③불교에서, 오로지 정법(正法)을 믿어 수행에 힘씀을 이르는 말.

정진(靜振)[명] 바닷가의 큰 물굽이나 호수 따위의 표면에 일어나는, 정상파(定常波)에 의한 주기적인 진동 현상.

정진-근(精進根)[명] 불교에서 이르는 오근(五根)의 하나. 잡념을 버리고 굳게 정법(正法)을 믿어 닦는 일.

정:진-하다(正眞─)[형여] 바르고 참되다.

정질(晶質)[명] 결정(結晶)을 이루는 성질, 또는 그러한 물질.

정:집(精─)[─집][명] ☞정소(精巢).

정차(停車)[명][하자타] ☞정거(停車).

정차(艇差)[명] (보트 경주에서) 보트와 보트 사이의 좌우 거리.

정:착(定着)[명][하자][되자] ①다른 물건에 단단히 붙음. ②일정한 곳에 자리 잡아 삶. ¶정착 생활. /피난지에 그대로 정착해 살다. ③사진에서, 필름을 현상한 뒤 감광판의 감광액을 없애는 일.

정:착-물(定着物)[─짱─][명] 토지에 붙어 있어 쉽사리 옮길 수 없는 물건. 〔토지에 딸린 건물, 나무, 토지에 설치한 기계 따위들.〕

정:찬(正餐)[명] 정식 식단에 따라 차린 음식, 또는 그러한 식사. 〔양식의 만찬(디너) 따위들.〕

정:찰(正札)[명] 물건의 정당한 값을 적은 쪽지. ¶정찰 판매.

정:찰(偵察)[명][하타][되자] 똑바로 살핌. 정확하게 관찰함.

정찰(情札)[명] 따뜻한 정이 어린 편지.

정찰(偵察)[명][하타] ①살피어 알아냄. ②몰래 적군의 실정을 살핌. ¶정찰 비행.

정찰(精察)[명][하타][되자] 자세하고 꼼꼼하게 살핌.

정찰-기(偵察機)[명] 적정(敵情)을 정찰하는 임무를 띤 비행기.

정찰-병(偵察兵)[명] 적의 정세나 지형에 관한 정보를 수집하는 임무를 맡은 병사.

정:찰-제(正札制)[─쩨][명] 상품에 붙인 정찰대로 에누리 없이 파는 판매 제도.

정채(精彩)[명] ①아름답고 영롱한 빛깔. ②생기가 넘치는 표정.

정책(政策)[명] (정부나 정치 단체의) 정치에 관한 방침과 그것을 이루기 위한 수단. ¶안보(安保) 정책. /문화 정책.

정책-적(政策的)[─쩍][관][명] 정책에 관한 (것). 정책에 관계되는 (상태). ¶정책적 지원. /정책적인 차원.

정:처(正妻)[명] ☞정실(正室).

정처(定處)[명] 정한 곳. 일정한 곳. ¶정처 없이 떠나다.

정천-수(井泉水)[명] 육십갑자의 갑신(甲申)과 을유(乙酉)에 붙이는 납음. ☞옥상토(屋上土).

정:철(正鐵)[명] ①시우쇠. ②잡것이 섞이지 않은 무쇠동.

정철(精鐵)[명] 잘 정련(精鍊)된 시우쇠.

정첩(偵諜)[명] 적군이나 적국의 실정을 정탐하는 사람. 간첩.

정청(政廳)[명] 정무(政務)를 보는 관청.

정청(靜聽)[명][하타] 조용히 들음.

정:체(正體)[명] ①본디의 참모습. 본체(本體). ¶정체가 탄로 나다. ②본마음. ③바른 모양의 글씨.

정체(政體)[명] ①국가의 조직 형태. 〔군주제·공화제·민주제 따위.〕 ②통치권의 행사 방식에 따른 국가 형태. 입헌 정체와 전제 정체로 나뉨.

정체(停滯)[명][하자][되자] (사물의 흐름이) 더 나아가지 못하고 한곳에 머물러 막힘. ¶도로 사정으로 차들이 정체하다.

정:체-불명(正體不明)[명] 정체가 분명하지 아니함. ¶정체불명의 편지.

정:체-성(正體性)[─썽][명] 본디의 참모습을 깨닫는 성질, 또는 그러한 성질을 가진 독립적인 존재. ¶정체성 확립. /한민족의 참된 정체성.

정체-성(停滯性)[─썽][명] (사물이) 앞으로 더 나아가거나 발전하지 못하고 한곳에 머물러 있는 성질.

정체^전선(停滯前線)[명] 온난 전선이나 한랭 전선의 방향이 동서로 길게 뻗어 진행이 거의 정지된 상태의 기상 전선.

정초(正初)[명] 정월 초순. 그해의 맨 처음. 세초(歲初). ¶정초부터 좋은 일이 생긴다.

정:초(正草)[명][하타] 정서(正書)로 글의 초를 잡음. ②□시지(試紙).

정:초(定草)[명] 결정된 글의 초.

정:초(定礎)[명][하타] 주춧돌을 놓음, 또는 그 돌. 머릿돌.

정초(旌招)[명][하타] 조선 시대에, 학덕이 높은 선비를 과시(科試)를 치르지 않고 유림(儒林)의 천거로 벼슬에 올리던 일.

정:-초점(正焦點)[─쩜][명] 평행 입사 광선이 반사한 뒤에 축 위의 한곳에 모이는 점.

정:-촉매(正觸媒)[─촉─][명] 화학 반응에서, 반응의 속도를 빠르게 하는 촉매. ↔부촉매.

정:총(定總)[명] 〈정기 총회(定期總會)〉의 준말.

정추(精麤)[명] 정밀한 것과 거친 것.

정축(丁丑)[명] 육십갑자의 열넷째.

정축(頂祝)[명] 이마를 땅에 대고 빎.

정출(挺出)[명] ①[하자] 쑥 비어져 나옴. ②[하형] 남보다 뛰어남.

정출(晶出)[명][하타] 액체의 용질(溶質)을 고체의 결정으로 석출해 냄. 정석(晶析).

정충(貞忠)[명][하형] 절개가 곧고 충성스러움.

정충(精忠)圓 정성을 다하는 충성.

정충(精蟲)圓 ⇨정자(精子).

정충-증(怔忡症)[-쯩]圓 한방에서, 까닭 없이 가슴이 울렁거리고 불안해지는 증세를 이르는 말.

정취(情趣)圓 정감을 불러일으키는 흥취. 정조(情調). 정치(情致). ¶정취를 자아내다.

정측(精測)圓하타 정밀하게 측량함.

정:치 알을 배지 않은 뱅어.

정:치(定置)圓하타 일정한 곳에 놓아둠.

정치(政治)圓하타 ①국가 권력을 획득하고 유지하며 행사하기 위하여 벌이는 여러 가지 활동. ¶밀실 정치. /정치 이념. ②통치자나 위정자가 국민을 위하여 시행하는 여러 가지의 일. ¶정치를 잘하려면 국민의 마음을 읽어야 한다.

정치(情致)圓 ⇨정취(情趣).

정치(情癡)圓 색정(色情)에 빠져 이성을 잃어버림.

정치(精緻)'정치하다'의 어근.

정치-결사(政治結社)[-싸]圓 정치적 권력의 획득이나 유지, 또는 정치에 관한 주장·요구 따위의 실현을 목적으로 결성된 집단. 정치 단체.

정치-경:찰(政治警察)圓 국가의 특정한 지배 체제를 강화할 목적으로, 그에 맞서는 언론·사상·정치 운동 따위의 단속과 탄압을 임무로 하는 경찰. 참비밀경찰.

정치-계(政治界)[-계/-게]圓 정치에 관계되는 분야. 정치 사회. 준정계.

정치교:육(政治教育)圓 ①일반인이 갖추어야 할 정치 지식 및 정치 도덕의 향상을 꾀하는 교육. ②특정의 이데올로기나 정책을 지지하거나 반대할 목적으로 하는 교육.

정치-권(政治圈)[-꿘]圓 정치하는 사람들의 영역, 또는 사회.

정치-권력(政治權力)[-꿜-]圓 정치적 기능을 수행하기 위한 조직적인 권력으로서의 공권력.

정치^단체(政治團體)圓 ⇨정치 결사(政治結社).

정치-력(政治力)圓 정치적인 일을 처리하는 솜씨나 능력. ¶정치력을 발휘하다.

정:치-망(定置網)圓 고기 떼가 지나가는 일정한 자리에 쳐 두어 고기가 그물 속에 갇히게 하여 잡는 그물.

정치-면(政治面)圓 ①정치의 분야. 정치적인 처지에서 본 국면. ②신문 따위에서 국내외의 정치에 관한 기사를 싣는 지면. [흔히, 제일 면을 이름.]

정치-범(政治犯)圓 ⇨국사범(國事犯).

정치-법(正置法)[-뻡]圓 문장의 성분을 정상적인 차례로 배열하는 법. ↔도치법.

정치-부(政治部)圓 신문사나 방송국 등에서, 정치에 관한 기사를 다루는 편집 부문. ¶정치부 기자.

정치-사(政治史)圓 정치적 사실(史實) 및 정치 권력의 발전 과정 따위에 관한 역사.

정치-사상(政治思想)圓 정치에 관한 사상.

정치^사회(政治社會)[-회/-훼]圓 ①⇨정치계. ②정치 권력에 의하여 통치되는 사회.

정치^소:설(政治小說)圓 정치적인 사건이나 인물을 다룬 소설. 또는, 정치적인 선전이나 정치사상의 보급을 목적으로 하는 소설.

정치^스트라이크(政治strike)圓 특정 정책이나 시정(施政)에 반대하여 일으키는 스트라이크.

정:치^어업(定置漁業)圓 어구(漁具)를 일정한 곳에 상당한 기간 펴 놓고 하는 어업.

정치-의식(政治意識)[-의-/-이-]圓 일반 정치에 대하여, 또는 특정의 정치 문제에 대하여 사람들이 품고 있는 사고방식이나 관심.

정치^자금(政治資金)圓 정당이나 정치 단체의 운영 및 선거 따위에 필요한 자금.

정치-적(政治的)관圓 ①정치에 관한 (것). 정치성을 띤 (것). ¶정치적 문제. /정치적인 사건. ②사무적이 아니고 통정이나 교섭에 의하는 (것). ¶정치적 방법. /정치적인 타결.

정치적 책임(政治的責任) 정치 행위자의 정치적 언동에 관한 책임.

정치^차:관(政治借款)圓 정치나 그에 관련되는 일에 쓸 목적으로 들여오는 차관.

정치^철학(政治哲學)圓 정치의 본질·이념·가치 및 정치학의 방법론을 연구하는 학문.

정치^투쟁(政治鬪爭)圓 ①정치적 수단에 의한 투쟁. ②정치적 자유 또는 권리를 얻기 위한 투쟁.

정치-하다(精緻-)혬여 정교하고 치밀하다.

정치-학(政治學)圓 정치 현상을 연구 대상으로 하는 사회 과학의 한 분야.

정치^헌:금(政治獻金)圓 (개인·회사·단체 등이) 정당이나 정치가에게 정치 활동에 필요한 자금을 제공하는 일. 그 돈.

정치^혁명(政治革命)[-형-]圓 기성 정치 제도의 근본적인 변혁을 가져오는 혁명.

정:칙(正則)圓 ①바른 규칙이나 법칙. ②규칙이나 법칙에 맞는 일. ↔변칙(變則).

정:칙(定則)圓 일정한 규칙(법칙).

정친(情親)圓하타 정분이 썩 도타움. ¶정친한 사이. 정친-히[부].

정칠-월(正七月)圓 정월의 적설량에 비례하여 칠월의 강우량이 정해진다 하여, 정월과 칠월을 맞세워 이르는 말.

정:-칠품(正七品)圓 고려·조선 시대의 문무관 품계의 열셋째 등급.

정:침(正寢)圓 ①제사를 지내는 몸채의 방. ②사람이 거처하지 않고 주로 일을 보는 곳으로 쓰는 몸채의 방.

정크(junk)圓 중국에서, 연해(沿海)나 하천에서 승객이나 화물을 실어 나르는 데 쓰는 특수한 모양의 작은 배.

정:탈(定奪)圓하타 임금의 재결(裁決).

정탈-목圓 활의, 꼭뒤의 다음에서부터 고자잎 바로 전까지의 부분.

정탐(偵探)圓하타 ⇨탐정.

정탐-꾼(偵探-)圓 정탐하는 사람.

정태(情態)圓 ①아첨하는 사람의 마음씨와 태도. ②사정과 상태.

정태(靜態)圓 ①움직이지 않고 머물러 있는 상태. ②경제에 영향을 주는 사회적 주요 여건에 변화가 없는 상태. ↔동태(動態).

정태-통:계(靜態統計)[-계/-게]圓 모집단의 일정 시점(時點)의 상태를 나타내는 통계. [국세 조사·공업 통계 따위.] ↔동태 통계.

정택(精擇)圓하타 ⇨정선(精選).

정토(征討)圓하타 ⇨정벌(征伐).

정토(淨土)圓 부처가 사는 청정한 곳. 불계(佛界). 정계(淨界). ↔예토(穢土).

정토-교(淨土教)圓 정토문(淨土門)의 교법. 염불을 함으로써 죽은 뒤 정토에 왕생하여 불과(佛果)를 얻는다는 뒤 가르침.

정토^만다라(淨土曼荼羅)圓 ⇨극락 만다라.

정토-문(淨土門)圓 불교의 두 흐름 중의 하나인 타력교(他力教). 부처의 가르침에 따라 불을 하면 정토에 왕생하여 불과(佛果)를 얻는다고 믿는 교파(敎派)를 통틀어 이름.

정토-발원(淨土發願)**명** 죽어서 극락에 왕생하기를 원하여 빔.

정토-변상(淨土變相)**명** 정토의 여러 부처의 모양을 그린 그림.

정토-왕생(淨土往生) ☞극락왕생.

정토-종(淨土宗)**명** 무량수경·아미타경 등을 근본 경전으로 삼는 불교의 한 종파.

정토-회향(淨土回向) [-회-/-훼-]**명** ①자신의 선근과 공덕을 중생에게 베풀어 함께 정토에 왕생하는 일. ②젊어서는 다른 일을 하다가 늙바탕에 염불을 하는 일.

정:통(正統)**명** 바른 계통. ¶정통 궁중 요리. ②정당한 혈통. 정계(正系). ③표적이나 과녁의 한가운데. ¶화살이 과녁을 정통으로 꿰뚫었다. ④요긴하고 바른 목표나 핵심. ¶그의 말은 항상 정통을 찌른다.

정통(精通)**명하자되자** 정확하고 자세히 앎. ¶정통한 소식통.

정:통-론(正統論) [-논]**명** 어떤 학설이나 종교상의 교의(敎義)를 가장 올바르게 이어받은 이론.

정:통-성(正統性) [-썽]**명** 정식으로 계승되어 오는 바른 계통의 자격. ¶정통성이 결여된 군사 정권.

정:통-적(正統的)**관명** 정통에 딸린 (것). ¶정통적 학설. /그는 물리학을 정통적으로 공부한 이론가다.

정:통-파(正統派)**명** 학파나 종파에서, 학설 또는 교의를 가장 바르게 이어받은 파.

정퇴(停退)[-퇴/-퉤]**명하다** 기한을 뒤로 물림.

정파(政派)**명** ①정치상의 파벌. ②정당 안에서 나누어진 갈래 또는 동아리.

정-파리(淨玻璃)**명** 투명하고 맑은 파리.

정판(精版)**명** ☞오프셋 인쇄.

정:판(整版)**명하다** 조판의 잘못된 부분이나 오자(誤字) 등을 교정 지시대로 고치는 일.

정:-팔면체(正八面體)**명** 여덟 개의 각 면이 정삼각형으로 된 입방체.

정:-품(正八品)**명** 고려·조선 시대의 문무관 품계의 열다섯째 등급.

정패(征霸)**명하다** 정복하여 패권을 잡음.

정:평(正平)**명하다** 되질이나 저울질 따위를 꼭 바르게 함.

정:평(正評)**명** 꼭 바른 평론. 정당한 비평.

정:평(定評)**명** 모든 사람이 다 같이 인정하는 평판. ¶정평이 나다. /정평 있는 작품.

정폐(停廢)[-폐/-페]**명하다** 하던 일을 중도에서 그만둠.

정폐(情弊)[-페/-]**명** 정실(情實) 때문에 생기는 폐단.

정:포(正布)**명** 품질이 좋은 베.

정표(情表)**명하다** 정을 표시하기 위하여 물건을 줌, 또는 그 물건.

정:표(旌表)**명하다** 어진 행실을 칭송하고 세상에 드러내어 널리 알림.

정:품(正品)**명** 진짜이거나 온전한 물품.

정품(精品)**명** 정제한 물품.

정:풍(整風)**명하자** 어지러운 기풍(氣風)이나 작풍(作風) 따위를 바로잡음.

정피(丁皮)**명** 한방에서, 정향나무의 껍질을 약재로 이르는 말. [치통약이나 건위제 따위로 쓰임.]

정필(停筆)**명하다** ①(글씨를 쓰다가) 붓을 멈춤. ②(남의 잘된 글을 보고 압도되어) 글쓰기를 그만둠.

정-하다(呈-)**타여** 소장(訴狀)이나 원서(願書) 따위를 내다.

정:-하다(定-)**타여** ①(어떻게 하기로) 마음먹다. 작정하다. ¶마음을 정하다. ②판단하여 마련하거나 잡다. ¶규칙을 정하다. /구역을 정하다.

정-하다(淨-)**형여** 맑고 깨끗하다. ¶옷을 정하게 입다. 정-히**부**.

정-하다(精-)**형여** (거칠지 않고) 썩 곱다. ¶고춧가루를 정하게 빻다. 정-히**부**.

정-하중(靜荷重)**명** 구조물이 받는 하중 가운데 시간적으로 변화하지 않는 하중.

정학(停學)**명하다** (교칙을 어긴 학생에게) 한때 등교를 그만두게 하는 처벌. ¶정학 처분.

정:한(定限)**명** ①일정한 기한(期限). ②일정한 한도나 제한.

정한(情恨)**명** 정과 한.

정한(精悍)**명** '정한(精悍)하다'의 어근.

정한(靜閑)**명** '정한(靜閑)하다'의 어근.

정:-한수(井-水)**명** '구정화수'의 잘못.

정:-한이:자(定限利子)**명** 이율의 최고액을 법률로 한정한 이자.

정한-하다(精悍-)**형여** 날쌔고 용감하다. 정한-히**부**.

정한-하다(靜閑-)**형여** 조용하고 한가롭다. 정한-히**부**.

정:할(正割)**명** '시컨트(secant)'의 구용어.

정:합(整合)**명하자** ①가지런히 들어맞음. ②전지 따위의 기전력을 가변 회로에 넣을 때, 출력이 가장 크게 조절된 경우의 회로와 기전력의 관계. ③두 개 이상의 지층이 나란하게 잇달아 겹쳐지는 퇴적 현상.

정합-국(政合國)[-꾹]**명** 따로따로 독립해 있는 여러 나라가 대외 문제를 함께 처리하기 위하여 결합한, 연합국의 한 형태.

정해(丁亥)**명** 육십갑자의 스물넷째.

정:해(正解)**명하타** 바르게 풀이함, 또는 그 풀이. 바른 해답.

정해(精解)**명하타** 자세하게 풀이함, 또는 그 풀이. ¶국문법 정해.

정핵(精覈)**명하다** 자세하게 조사하여 밝힘.

정:행(正行)**명** ①올바른 행실. ②불교에서, 실천 수행(實踐修行)으로서의 올바른 노력을 이르는 말. ↔잡행(雜行).

정향(丁香)**명** 한방에서, 정향나무의 꽃봉오리를 약재로 이르는 말. 심복통(心腹痛)·구토증 등에 쓰임. 계설향(鷄舌香).

정향-나무(丁香-)**명** ①물푸레나뭇과의 낙엽 교목. 한국 특산으로 높이는 10 m가량. 봄에 자줏빛 또는 흰빛의 꽃이 피고, 열매는 가을에 익음. 산기슭에 절로 나는데 관상용으로 심기도 함. ②협죽도과의 상록 교목. 동남아시아 원산으로 높이는 10 m가량이며, 엷은 자줏빛의 네잎꽃이 가지 끝에 피는데 향기가 좋음. 꽃봉오리·껍질·열매는 약재 및 정향유(丁香油)의 원료로 쓰임.

정향-유(丁香油)[-뉴]**명** 정향나무의 꽃봉오리에서 짜낸 기름. 향료로 쓰임.

정:향^진:화설(定向進化說)**명** 생물은 일정한 방향성을 가지고 진화한다는 학설.

정험(徵驗)**명** 실지로 경험된 경험.

정:험^철학(定驗哲學)**명** 철학은 과학을 규정하는 내재적 원리가 된다고 보는 철학.

정:현(正弦)**명** '사인(sine)'의 구용어.

정:현-파(正弦波)**명** '사인파(sine波)'의 구용어.

정혈(精血)명 신선하고 생생한 피.

정:형(正刑)명 ①죄인을 사형에 처하는 형벌. ②바른 형벌. ②정법(正法).

정:형(定形)명 일정한 형식. 정해진 꼴.

정:형(定型)명 일정한 틀(본). 일정한 유형. ¶시조의 정형.

정형(情形)명 ①어떤 일이 되어 가는 상태. ②딱한 형편. ¶정형이 가긍하다.

정형(晶形)명 ☞결정형(結晶形).

정:형(整形)명하타 모양을 가지런히 함. 형체를 바로잡음.

정:형^수술(整形手術)명 뼈·관절·근육 등의 선천적 또는 후천적 장애를 바로잡는 외과 수술. ⑧성형 수술.

정:형-시(定型詩)명 자수(字數)·구수(句數)·음의 성질에 따른 위치 등이 일정하게 정해진 시. 〔한시(漢詩)·시조·가사 따위.〕 ⑬자유시.

정:형-외과(整形外科)[-꽈/-꿰꽈]명 외과의 한 분과. 주로 근육·골격 따위 운동 기관의 기능 장애나 형상의 변화 등에 관한 예방·치료를 전문으로 함.

정혜(淨慧)[-혜/-헤]명 불교에서 이르는, 맑고 깨끗한 지혜. 밝은 지혜.

정호(情好)명 서로 정의(情誼)가 좋은 사이.

정:혼(定婚)명하자 혼인하기로 약정함. 약혼(約婚). ⑪정혼한 사이.

정혼(精魂)명 ☞정령(精靈).

정:화(正貨)명 지폐·은행권 등에 대하여, 명목(名目) 가치와 소재(素材) 가치가 일치하는 '본위 화폐'를 이르는 말.

정화(政化)명하타 되자 정치로 백성을 가르쳐 이끎.

정화(淨火)명 신성한 불.

정화(淨化)명하타 되자 ①더럽거나 불순한 것을 없애고 깨끗하게 함. ¶사회 정화. /축산 폐수를 정화하다. ②☞카타르시스.

정화(情火)명 ☞정염(情炎).

정화(情話)명 ☞정담(情談).

정화(精華-菁華)명 ①(다른 것이 섞이지 않은) 깨끗하고 순수한 부분. ②정수(精髓)가 될 만한 뛰어난 부분. ¶민족 문화의 정화.

정화-수(井華水)명 이른 새벽에 길은 우물물. 정성을 들이거나 약을 달이는 데 씀.

정화-조(淨化槽)명 오물 처리 시설이 되어 있지 않은 지역에서, 수세식 변소의 분뇨를 정화하여 하수도로 흘러가게 하기 위해 땅속에 설비한 시설.

정:화^준:비(正貨準備)명 중앙은행이 발행한 은행권을 정화로 바꿀 수 있도록 금은화나 지금(地金)을 준비해 두는 일. ↔보증 준비.

정:확(正確)명하형 바르고 확실함. ¶정확을 기하다. /정확한 시간. 정확-히閉.

정:확(鼎鑊)명 ①발이 있는 솥과 발이 없는 솥. ②중국 전국 시대에, 죄인을 삶아 죽이던 큰 솥.

정확(精確)명하형 자세하고 확실함. ¶정확한 분석. 정확-히閉.

정:확-성(正確性)[-썽]명 정확한 성질. 정확한 정도. ¶정확성이 부족하다.

정:-활차(定滑車·靜滑車)명 '고정 도르래'의 구용어. ↔동활차(動滑車).

정황(政況)명 정계(政界)의 형편.

정황(情況)명 ①일의 사정과 상황. 정적(情迹). ¶정황을 판단하다. ②인정상 딱한 처지에 있는 상황.

정회(停會)[-회/-훼]명하자 되자 ①회의를 한때 정지함. ②국회의 개회 중, 한때 그 활동을 멈춤. ¶정회를 선포하다.

정회(情懷)[-회/-훼]명 마음속에 품고 있는 정, 또는 그런 생각. ¶쌓인 정회를 풀다.

정훈(政訓)명 군대에서, 군인의 교양 및 보도 선전 등을 맡아보는 일. ¶정훈 교육.

정훈(庭訓)명 가정의 교훈. 〔'논어'의 '계씨편(季氏篇)'에 나오는 말로, 공자가 아들 이(鯉)가 뜰을 달려갈 때 불러 세우고 시(詩)와 예(禮)를 배워야 한다고 가르친 데서 유래함.〕

정:휴(定休)명 〈정기 휴업〉의 준말.

정:휴-일(定休日)명 정기 휴업을 하는 날.

정:-히(正-)閉 ①틀림없이 바로. ¶정히 영수함. ②꼭. 정말로. ¶정히 그렇다면 지금 거라.

젖[젇]명 ①사람이나 포유동물에게서 분비되는, 새끼의 먹이가 되는 뿌연 빛의 액체. 유즙(乳汁). ②☞유방(乳房). ③식물의 줄기나 잎에서 나오는 흰빛의 끈끈한 액체. ¶젖이[저지]·젖만[전-]

젖 떨어진 강아지 같다(속담) 몹시 보챈다는 말.

젖 먹던 힘이 다 든다(속담) 몹시 힘이 든다는 말.

젖을 떼다(관용) (아이나 짐승의 새끼에게) 젖을 빨지 못하게 하여 젖으로 기르기를 그치다.

젖(이) 떨어지다(관용) 젖먹이가 자라서 젖을 먹지 않게 되다.

젖-가슴[젇까-]명 젖 언저리의 가슴.

젖-감질(-疳疾)[젇깜-]명 젖이 모자라서 생기는 젖먹이의 병.

젖-꼭지[젇-찌]명 ①젖 한가운데로 도도록하게 내민 가뭇한 꼭지. 유두(乳頭). ②젖먹이에게 젖병에 담긴 우유나 미음 따위를 빨아 먹게 하려고 만든 젖꼭.

젖-꽃판[젇꼳-]명 젖꼭지 둘레의 가무스름하고 동그란 자리. 유륜(乳輪).

젖-내[젇-]명 젖의 냄새. 유취(乳臭).

젖내(가) 나다(관용) ①나이가 어리다는 말. ②하는 짓이나 말이 어리다는 말.

젖-니[젇-]명 유치기 난 뒤 아직 갈지 않은 이. 배냇니. 유치(乳齒). ↔간니.

젖다1[젇따]자 ①액체가 배어들어 축축하게 되다. ¶옷이 비에 젖다. ②어떤 마음의 상태에 깊이 잠기다. ¶향수에 젖다. ③몸에 배어 버릇이 되다. ¶인습에 젖다. ④되풀이되어 귀에 익다. ¶귀에 젖은 목소리. * 젖어·젖는[전-]

젖다2[젇따]자 뒤쪽으로 기울어지다. ⑳젖혀지다. * 젖어·젖는[전-]

젖-당(-糖)[젇땅]명 포유동물의 젖 속에 들어 있는 이당류(二糖類)의 하나. 락토오스. 유당.

젖-동냥[젇똥-]명하자 젖먹이를 기르려고 남의 집으로 젖을 얻으러 다니는 일.

젖-동생(-同生)[젇똥-]명 '자기의 유모가 낳은 아들이나 딸'을 동생으로 여겨 이르는 말.

젖-떼기[젇-]명 젖을 뗄 때가 된 아이나 짐승 새끼.

젖-뜨리다[젇-]타 힘을 주어 뒤로 젖게 하다. 젖트리다. ¶의자를 젖뜨리다. ⑳젖트리다.

젖-마(-媽)[전-]명 임금의 젖어머니.

젖-이(전-)명 젖을 먹는 어린아이. 영아(嬰兒). 유아(乳兒).

젖-멍울[전-]명 (젖이 잘 분비되지 않아) 젖에 생기는 멍울. 유종(乳腫). ¶젖멍울이 서다.

젖-몸살[전-]명하자 젖에 탈이 나서 몸살이 듦.

젖-무덤[전-]명 성숙한 여자의 젖꽃판 언저리로 살이 불룩하게 두드러진 부분.

젖-미수[전-]圀 멥쌀가루를 구덩이 속에 넣고 풀로 덮은 후 쇠똥으로 막아 두었다가, 비가 온 뒤에 쌀가루가 뜨고 변하여 반대기가 되고 축축하게 진이 난 것을 즙을 내어, 다른 쌀가루와 반죽하여 쪄서 볕에 말린 가루. 몸에 보가 된다고 함.

젖-미시圀 '젖미수'의 잘못.

젖-배[전뻬]圀 젖먹이의 배.
  젖배(를) 곯다[관용] 젖먹이가 젖을 배불리 먹지 못하다.

젖버듬-하다[전뻠-]졩圀 ①뒤로 자빠질 듯이 비스듬하다. ②탐탁하게 여기지 않는 듯하다. 젱젖바듬하다. **젖버듬-히**圀.

젖-병(-瓶)[전뼝]圀 ①지난날, 산모가 젖이 넉넉하지 못하여 삼신(三神)에게 젖을 빌 때, 샘물을 담아 놓던 목이 긴 흰 사기병. ②젖먹이에게 모유 대신으로 먹일 우유나 미음 따위를 담는, 젖꼭지가 달린 병.

젖-부들기[전뿌-]圀 짐승의 젖통이의 살.

젖-비린내[전삐-]圀 ①젖에서 나는 비린내. ②유치한 느낌.
  젖비린내가 나다[관용] 말이나 행동이 몹시 치기가 어리고 아직 애티가 나다. 비린내가 나다.

젖-빌다[전삘-][~비니·~빌어]囚 젖이 잘 나오지 않는 산모가 약수터나 삼신(三神) 앞에서 젖병에 물을 담아 놓고 젖이 잘 나오기를 빌다.

젖-빛[전삗]圀 젖 같은 뿌연 빛깔. 우윳빛. 유백색(乳白色). *젖빛이[전삐치]·젖빛만[전삔-]

젖빛^유리(-琉璃)[전삗뉴-]圀 광택이 없고 투명하지 않은 뿌연 빛깔의 유리.

젖-산(-酸)[전싼]圀 발효된 젖 속에 생기는 산(酸). 젖당이나 포도당을 젖산균으로 발효시켜 만듦. 유산(乳酸).

젖산-균(-酸菌)[전싼-]圀 당류(糖類)를 분해하여 젖산으로 만드는 세균을 통틀어 이르는 말. 유산균(乳酸菌).

젖산^발효(-酸醱酵)[전싼-]圀 당류(糖類)를 분해하여 젖산이 생겨나게 하는 발효. 요구르트 등 낙농품의 제조나 청주 제조 등에 이용됨. 유산 발효(乳酸醱酵).

젖산^음료(-酸飮料)[전싼늠뇨]圀 우유나 탈지유에 젖산균을 넣어서 젖산 발효를 시켜 만든, 독특한 풍미와 새콤한 맛이 나는 음료. 유산음료.

젖-샘[전쌤]圀 포유동물의 유방(乳房) 속에 있는, 젖을 분비하는 선(腺). 특히, 암컷에 발달하여 임신을 하면 활동을 시작해서 분만하면 젖을 분비함. 젖줄.

젖-소[전쏘]圀 젖을 짜려고 기르는 소. 유우(乳牛).

젖-송이[전쏭-]圀 젖 안에 멍울멍울 엉긴 부분.

젖-양(-羊)[전냥]圀 젖을 짜려고 기르는 양.

젖-어머니[저더-]圀 (남의 아이에게) 어머니 대신 젖을 먹여 키우는 여자. 유모(乳母). 囮젖어멈·젖어미.

젖-어멈[저더-]圀 '젖어머니'의 낮춤말.

젖-어미[저더-]圀 '젖어머니'의 낮춤말.

젖을-개[-깨]圀 길쌈할 때, 베실이 마르면 물을 적셔다가 축이는, 끝에 헝겊을 단 나무토막.

젖-줄[전쭐]圀 ①⇒젖샘. ②'생명을 이어 가는 데 꼭 필요한 것 또는 중요한 통로'를 비유하여 이르는 말. ¶민족의 젖줄인 한강.

젖-털[전-]圀 남자의 젖꽃판 둘레에 난 털.

젖-통[전-]圀 젖통이.

젖-통이[전-]圀 '젖무덤'을 낮잡아 이르는 말. 젖통.

젖-트리다[전-]囚 젖뜨리다. 젱잦트리다.

젖혀-지다[저처-]囚 ①물건의 밑쪽이 겉으로 드러나다. ②안쪽이 겉으로 드러나게 열리다. ③뒤로 기울어지다. ¶고개가 뒤로 젖혀지다. 젱잦혀지다.

젖-히다[저치-]囤 ①('젖다²'의 사동) (물체의 윗부분을) 뒤로 젖게 하다. ¶상체를 젖히다. ②물건의 안쪽이 겉으로 드러나게 하다. ¶윗도리를 뒤로 젖히며 앉다. ③물건의 밑쪽이 위로 올라오게 뒤집다. ¶이불을 젖히다. ④바둑에서, 자기의 돌에서 대각선 방향으로 상대편의 돌에 붙여 두다. ¶젖히면 끊어라. 젱잦히다².

젙다囤〔옛〕두려워하다. ¶二隊玄甲올 보습고 저허니(龍歌59章)./눈과 서린가 저코(杜初6:41).

제¹ Ⅰ四《'조사 '가' 앞에서만 쓰이는》①'나'의 낮춤말인 '저'의 다른 꼴. ¶제가 다녀오지요. ②남을 가리켜 이르는 '저'의 다른 꼴. ¶제가 될 잘했다고 떠들어.
  Ⅱ㈜ ①('나의'의 낮춤말인) '저의'가 줄어든 말. ¶제 아닙니다. ②('자기의'의 낮춤말인) '저의'가 줄어든 말. ¶제 욕심만 차리다.
  제가 기른 개에게 발꿈치 물린다[속담] 은혜를 베풀어 준 사람에게서 도리어 해를 입게 됨을 이르는 말.
  제 꾀에 (제가) 넘어간다[속담] 남을 속이려다 자기가 속는다는 말.
  제 논에 물 대기[속담] 자기에게만 유익하도록 일을 함을 이름.
  제 도끼에 제 발등 찍힌다[속담] 자기가 한 일이 도리어 자기에게 해가 되는 경우를 이르는 말.
  제 버릇 개 줄까[속담] 나쁜 버릇은 고치기 어렵다는 말.
  제 코가 석 자[속담] 코가 쑥 빠져나올 정도로 몹시 어려운 처지에 있음을 이르는 말.
  제 눈에 안경[관용] 보잘것없는 것도 마음에 들면 좋아 보인다는 말.
  제 세상〔세상을/세상이나〕 만난 듯[관용] 자기 마음대로 행동하는 모양을 이르는 말.

제²㈜ '저기에'가 줄어든 말. ¶봄 처녀 제 오시네.

제³㈜ '적에'가 줄어든 말. ¶날이 밝을 제 오너라.

제:(弟)떼 '아우'의 뜻으로, 평교간의 편지에서 자기를 낮추어 일컫는 말.

제(除)圀하囮 〈제법(除法)〉·〈제산(除算)〉의 준말. ↔승(乘).

제:(祭)圀 〈제사(祭祀)〉의 준말.

제(題)圀 ①〈제목〉의 준말. ②〈제사(題詞)〉의 준말.

제(劑)의 탕약 스무 첩, 또는 그만한 분량으로 지은 환약. ¶보약 한 제.

제(諸)囲 《일부 한자어 앞에 쓰이어》'모든'·'여러'의 뜻을 나타냄. ¶제 단체. /제 문제. /제 비용.

제-(第)쩝두 《숫자 앞에 쓰이어》차례의 몇 째임을 나타냄. ¶제일 장. /제7차 회담.

-제(制)쩝미 《일부 명사 뒤에 붙어》'제도(制度)'의 뜻을 나타냄. ¶내각제. /대통령제. /양당제.

-제(祭)쩝미 《일부 명사 뒤에 붙어》'의식·제전·축전' 등의 뜻을 나타냄. ¶예술제. /위령제. /추모제.

-**제**(製)[접미] ①생산지 이름 뒤에 붙어, 그곳에서 만든 제품임을 나타냄. ¶한국제. /미국제. ②일부 명사 뒤에 붙어, 그것을 재료로 하여 만든 물품임을 나타냄. ¶목제. /강철제.

-**제**(劑)[접미] 일부 명사 뒤에 붙어, 그런 데에 쓰는 약품임을 나타냄. ¶소화제./진통제.

제가(齊家)[명][하자] 집안을 잘 다스려 바로잡음.

제가(諸家)[명] ①문중(門中)의 여러 집안. ⑤제택(諸宅). ②여러 대가(大家). ¶제가의 학설을 집대성하다. ③<제자백가(諸子百家)>의 준말.

제-가끔[부] ☞제각기.

제각(除角)[명][하다] (소나 염소의 성질을 온순하게 하려고) 뿔을 없앰.

제각(除却)[명][하다][되자] ☞제거(除去).

제:각(祭閣)[명] 제청(祭廳)으로 쓰려고 지은 집.

제-각(題刻)[명][하다] 문자나 물건의 모양을 새김.

제-각각(-各各)[-깍] Ⅰ[명] 사람이나 물건이 모두 각각. ¶성격이 제각각인 사람들. Ⅱ[부] 여럿이 다 따로따로. ¶제각각 흩어지다.

제-각기(-各其)[-끼] Ⅰ[명] 저마다 각기. 각자(各自). ¶제각기의 의견을 발표하다. Ⅱ[부] 여럿이 다 저마다. 제가끔. ¶하는 일이 제각기 다르다.

제갈-동지(-同知)[명] '나잇살이나 먹고 터수도 넉넉하며, 언행이 건방지고 지체가 낮은 사람'을 농으로 이르는 말.

제감(除減)[명][하다][되자] 수효를 덜어 내어 줄임.

제-값[-깝] [명] 물건의 가치에 맞는 가격. ¶제값을 받다. *제값이[-깝씨]·제값만[-감-]

제:강(製鋼)[명][하다] 시우쇠를 불려서 강철을 만듦, 또는 그런 강철.

제거(除去)[명][하다][되자] 없애 버림. 제각(除却). ¶불순물을 제거하다.

제겨-내다[타] ①돈치기할 때, 정해 놓은 돈을 영락없이 맞혀 내다. ②나뭇가지 같은 것을 베어 내다.

제겨-디디다[타] 발끝이나 발꿈치만 땅에 닿게 디디다. ¶한 발 제겨디딜 틈조차 없다.

제겨-잇다[-읻따][-이으니·-이어][어시] 두 끈의 끝을 서로 어긋매껴 대고 한 끝씩 꼬부리어 옭매어 잇다.

제-격(-格)[명] 그 가진 바의 정도에 알맞은 격식. 신분에 알맞은 격식. ¶보리밥에는 풋고추 된장이 제격이다.

제계(梯階)[명] ☞사다리꼴.

제:고(制誥)[명] 임금이 내리던 사령(辭令).

제고(提高)[명][하다][되자] 쳐들어 높임. 정도를 높임. ¶기술 수준의 제고. /생산성을 제고하다.

제고(諸苦)[명] 갖가지의 괴로움. 많은 괴로움.

제-고물[명] 반자를 들이지 않고 서까래에 치받이를 붙여 만든 천장.

제-고장[명] 본고장. ⑥제곳.

제곡(嗁哭)[명][하다] 큰 소리로 욺.

제곱[명] ①[하다] 같은 수를 두 번 곱함, 또는 그렇게 하여 얻은 수. ②길이의 단위 위에 붙어서 면적의 단위를 나타내는 말. ③길이의 단위 위에 붙어서 그 길이를 한 변으로 하는 정사각형의 넓이를 나타내는 말. 자승(自乘).

제곱-근(-根)[-끈][명] 어떤 수의 제곱이 다른 수와 같을 때, 그 다른 수에 대한 어떤 수를 이르는 말. 〔3은 9의 제곱근인 것 따위.〕 자승근.

제곱근-표(-根表)[-끈-][명] 수학에서, 각 정수 n에 대하여 제곱근 $\sqrt{n}$을 표로 만든 것.

제곱근-풀이(-根-)[-끈-][명] 제곱근을 풀어 그 답을 얻음, 또는 그 셈. 개평근. 개평방.

제곱-멱(-冪)[-곰-][명] 제곱의 멱수(冪數). 〔3의 제곱은 3^2과 같이 적는 따위.〕 자승멱.

제곱-비(-比)[-삐][명] 서로 같은 두 개의 비(比)의 복비(複比). 〔$a^2 : b^2$은 $a : b$의 제곱비임.〕 자승비.

제곱^비:례(-比例)[-삐-][명] 어떤 양이 다른 양의 제곱에 비례되는 관계. 곧, A의 수가 n배로 늘어 감에 따라 B의 수가 n^2배로 늘어 가는 일.

제곱-수(-數)[-쑤][명] 어떤 수를 제곱하여 이루어진 수. 〔4는 2, 9는 3의 제곱수임.〕 자승수.

제:공(祭供)[명] 제사(祭祀)에 이바지함, 또는 그런 물건.

제공(提供)[명][하다][되자] 갖다 줌. 내놓음. 보내어 이바지함. ¶숙식 제공. /자료를 제공하다.

제공(諸公)[대] 여러분.

제:공-권(制空權)[-꿘][명] (공군의 힘으로) 일정 지역의 공중을 지배하는 권력. ¶제공권의 장악 유무가 현대전의 승패를 좌우한다.

제:곳(<제고장>의 준말. *제곳이[-고지]·제곳만[-곤-]

제:과(製菓)[명][하자] 과자나 빵을 만듦.

제:과-점(製菓店)[명] 과자나 빵을 만들어 파는 가게.

제:관(祭官)[명] ①제사를 맡아보는 관원. 향관(享官). ②제사에 참례하는 사람.

제:관(祭冠)[명] 제향 때 제관(祭官)이 머리에 쓰는 관(冠).

제:관(第館)[명] ☞저택(邸宅).

제:관(製罐)[명][하다] 양철통이나 보일러를 만드는 일.

제:구(制球)[명] 야구에서, 투수가 공을 던지려고 마음먹은 곳으로 던질 수 있는 일. 컨트롤.

제:구(祭具)[명] 제사에 쓰는 여러 가지 기구.

제:구(製具)[명] 물건을 만드는 데 쓰는 연장.

제구(諸具)[명] 여러 가지의 기구. ¶바느질 제구.

제:구-력(制球力)[명] 야구에서, 투수가 투구를 조절하는 능력. ¶제구력이 좋은 투수.

제구멍-박이[명] 김맬 때, 흙덩이를 떠서 그 자리에 도로 덮는 일.

제-구실[명][하자] 제가 마땅히 해야 할 일. ¶제구실을 못하다. ②어린아이들이 으레 치러야 할 홍역이나 역질(疫疾).

제:구^예:술(第九藝術)[명] '발성 영화'를 달리 이르는 말.

제-국(-국)[명] 다른 물이나 잡것을 섞지 않고 본디의 재료만으로 조리한 국. ②'거짓이나 잡것이 섞이지 않은, 본디 생긴 그대로의 것'을 비유하여 이르는 말.

제:국(帝國)[명] 황제(皇帝)가 다스리는 나라. ¶대한(大韓) 제국. ⑨왕국(王國).

제국(諸國)[명] 여러 나라. 제방(諸邦).

제:국-주의(帝國主義)[-주의/-주이][명] 군사적·경제적으로 남의 나라나 후진 민족을 정복하여 자기 나라의 영토와 권력을 넓히려는 주의.

제군(諸君)[대] '여러분'·'그대들'의 뜻으로, 평교나 손아랫사람에게 쓰는 말. 제자(諸子). ¶친애하는 학생 제군.

제:궁(帝弓)[명] '무지개'를 달리 이르는 말. 천궁(天弓).

제:권(帝權)[-꿘][명] 제왕의 권한.

제:궐(帝闕)[명] ☞황궁(皇宮).

제궤의혈(堤潰蟻穴)[-의/-이-][명] 〔개미구멍으로 말미암아 큰 둑이 무너진다는 뜻으로〕 소홀히 한 작은 일이 큰 화를 불러옴을 이르는 말.

제:규(制規)명 정해 놓은 규칙.

제균(齊均) '제균하다'의 어근.

제균-하다(齊均-)형여 잘 가다듬어 한결같이 가지런하다.

제금(提琴)명 ①중국 명나라·청나라 때의 현악기의 한 가지. 야자나무 열매의 속을 파서 울림통을 만들고, 한옆에 대를 세우고 두 줄을 매어 말총을 맨 활로 켜서 소리를 냄. ②⇨바이올린.

제금(提金)명 ⇨자바라.

제금-가(提琴家)명 ⇨바이올리니스트.

제급(除給)명하타 (돈이나 물건 따위의 일부를) 덜고 줌.

제급(題給)명하타 제사(題辭)를 매기어 내줌.

제기¹명 어린이들의 장난감의 한 가지. 엽전이나 그와 비슷한 것을 좋이나 헝겊으로 싸서 만드는데, 땅에 떨어뜨리지 않고 발로 많이 차는 쪽이 이김.

제:기[감] 〈제기랄〉의 준말.

제:기(祭器)명 제사 때 쓰는 그릇. 예기(禮器).

제기(提起)명하타되자 ①의논에 붙이기 위하여 의견을 내어 놓음. ¶반론을 제기하다. ②드러내어 문제를 일으킴. ¶소송을 제기하다.

제:기(製器)명하자 기구나 그릇을 만듦.

제기다¹자 〈알제기다〉의 준말. ¶있던 자리에서 살짝 빠져 달아나다.

제기다²자 소장(訴狀)이나 원서(願書)에 제사(題辭)를 쓰다.

제기다³타 ①팔꿈치나 발꿈치로 지르다. ②자귀 따위 연장으로 가볍게 톡톡 깎다. ③물이나 국물 따위를 조금씩 부어 떨어뜨리다. ④돈치기에서, 돈이 よ 붙었을 때, 그 가운데서 맞히라고 지정한 돈을 목대를 던져 꼭 맞히다.

제:기랄[감] 마뜩찮거나 실망한 때 불평스럽게 내뱉는 소리. ¶제기랄, 또 틀렸잖아. ㉜제기².

제:기-접시(祭器-)[-씨]명 제사 때 쓰는, 굽이 썩 높은 접시.

제기-차기명하자 제기를 차며 노는 놀이.

제-긴명 윷놀이에서, 모 한 사리를 하면 잡을 수 있는 거리.

제깃-물[-긴-]명 간장을 담근 뒤 뜨기 전에 장이 줄어드는 대로 채우는 소금물.

제-까짓[-진]관 겨우 저따위 정도의. ¶제까짓게 덤비면 얼마나 덤비겠어.

제-깟[-깐]관 〈제까짓〉의 준말. ¶제깟 녀석이 버티면 얼마나 버티겠어?

제꺽¹[부] ①하자타 단단한 물체가 맞부딪칠 때 나는 소리. ¶제격라이 문이 닫히다. ②하자시계 따위의 톱니바퀴가 돌아가는 소리. ㉜재꺽¹. ㉞쩨꺽¹. 제꺽-제꺽¹[부].

제꺽²[부] 무슨 일을 재빠르고 시원스럽게 해내는 모양. ¶말 떨어지기가 무섭게 제꺽 일어나다. ㉜재꺽². ㉞쩨꺽². 제꺽-제꺽²[부].

제꺽-거리다[-꺼-]【Ⅰ】자타 단단한 물체가 잇달아 맞부딪치면서 제꺽제꺽 소리를 내다. 제꺽대다. ㉜재꺽거리다.
【Ⅱ】자 시계 따위의 톱니바퀴가 돌아가면서 잇달아 제꺽제꺽 소리를 내다. 제꺽대다. ㉜재꺽거리다.

제꺽-대다[-때-]【Ⅰ】자타 제꺽거리다.
【Ⅱ】자 제꺽거리다.

제꽃-가루받이[-꼳까-바지]명하자 ⇨자가 수분(自家受粉). ↔딴꽃 가루받이.

제꽃-정받이(-精-)[-꼳쩡바지]명하자 ⇨자가수정(自家受精). ↔딴꽃 정받이.

제-날¹명 〈제날짜〉의 준말. ¶제날을 넘기지 마라.

제-날²명 짚신이나 미투리 같은 것에, 삼는 재료와 같은 재료로 댄 날.

제-날짜명 미리 정해 두었던 날, 또는 기한이 꽉 찬 날. ¶제날짜를 넘기다. /제날짜에 꼭 갚아라. ㉜제날.

제낭(臍囊)명 알에서 막 깬 물고기 새끼의 배 속에 있는 주머니. 스스로 먹이를 구할 때까지 그 안에 들어 있는 난황을 흡수하면서 자람.

제내-지(堤內地)명 둑 안에 있어, 둑의 보호를 받는 땅.

제네바-조약(Geneva條約)① 뒤낭(Dunant)이 제창하여 스위스 정부의 주선으로 1864년 제네바에서 맺은 조약. 16개국이 참가하여 전쟁에서의 전상자 대우에 관한 문제 등을 협약한 내용. 이에 따라 세계 적십자사가 창설됨. ②1929년 제네바에서 조약된 적십자 조약. 포로에 대한 보호와 인도적 대우, 포로에 관한 정보 제공 등 포로 수용국의 의무 및 포로의 권리 등을 협약한 내용.

제-눈명 ⇨정아(定芽).

제:다(製茶)명하자 차를 만듦.

제:단(祭壇)명 ①제사를 지내는 단. ②가톨릭에서, 미사를 드리는 단을 이르는 말.

제-달(除-)명 미리 정해 두었던 날, 또는 기한(期限)이 꽉 찬 달. ¶제달에 공사가 마무리되었다.

제:답(祭畓)명 수확물을 제사 비용에 쓰려고 마련한 논.

제:당(祭堂)명 제사를 지내려고 마련한 집.

제:당(製糖)명하자 설탕을 만듦.

제:당-업(製糖業)명 설탕류를 만드는 일을 전문으로 하는 직업.

제대(除隊)명하자타 현역 군인이 규정된 연한이 차거나 그 밖의 일로 복무 해제되어 예비역에 편입되는 일. ¶만기(滿期) 제대. ↔입대.

제대(梯隊)명 군대·군함·비행기 따위를 사다리꼴로 편성한 대.

제:대(祭臺)명 '제단(祭壇)'의 구용어.

제대(臍帶)명 탯줄.

제-대로[부] ①제 격식(규격)대로. ¶제대로 만든 물건. ②마음먹은 대로. ¶화가 나서도 제대로 못 한다. ③마땅한 정도로. 채⁹. ¶비가 제대로 오지 않아 농사가 걱정이다. ④본래 상태 그대로. ¶네가 고장 냈으니 네가 제대로 고쳐 놓아라.

제대로-근(-筋)명 척추동물에서, 의지와는 상관없이 운동하는 근육.〔심장근이나 평활근(平滑筋) 따위.〕불수의근(不隨意筋). ↔마대로근.

제대-혈(臍帶血)명 태반이나 탯줄에 들어 있는 피. 백혈병이나 각종 소아암 따위의 치료에 쓰임.

제:덕(帝德)명 제왕의 성덕(聖德).

제:도(制度)명 ①정해진 법규. 마련된 법도. 나라의 법칙. ②국가나 사회 구조의 체계 및 형태. ¶가족 제도. /의회 제도.

제:도(帝都)명 제국(帝國)의 수도. 황성(皇城).

제:도(帝道)명 제왕으로서 지켜야 할 도리.

제:도(製陶)명하자 질그릇을 만듦.

제:도(製圖)명하자 (기계·건축물·공작물 등의) 도면이나 도안을 그려 만듦.

제도(諸島)명 ①많은 섬. 여러 섬. ②지리학에서, 어떤 해역(海域)에 흩어져 있는 많은 섬을 통틀어 이르는 말. 군도(群島).

제도(諸道)명 ①행정 구획의 모든 도(道). ②모든 길.

제:도(濟度)명하타 불교에서, 중생을 고해(苦海)에서 건지어 극락으로 이끌어 주는 일을 이르는 말.

제:도-공(製圖工)圀 제도하는 일을 전문으로 하는 기술자.

제:도-권(制度圈)[-꿘]圀 국가나 사회의 제도를 벗어나지 않는 영역이나 범위.

제:도-기(製圖器)圀 제도하는 데 쓰는 기구. [가막부리·디바이더·컴퍼스 따위.]

제:도-문화(制度文化)圀 법률·관습·제도 따위와 같이, 인간의 행동면이나 사회 생활을 구체적으로 규정하고 있는 문화.

제:도^이:생(濟度利生)圀 중생(衆生)을 제도하여 이롭게 함.

제:도-적(制度的)관 방식이나 기준 따위를 법률이나 제도로 규정하는 (것). ¶제도적인 장치를 마련하다.

제:도-중:생(濟度衆生)圀 ☞중생 제도.

제:도-판(製圖板)圀 제도할 때, 그림 그릴 종이 밑에 받치는 널빤지.

제:도-화(制度化)[하자타][되자] 제도로 됨, 또는 제도가 되게 함.

제:독(制毒)圀[하자] 해독을 미리 막음.

제독(을) 주다관 기운을 꺾어 감히 딴마음을 품지 못하게 하다.

제독(除毒)圀[하자] 독을 없애 버림.

제독(祭犢)[-똑]圀 제사에 쓰는 송아지.

제독(提督)圀①해군의 장관(將官). 합대의 사령관. ②조선 선조 때, 교육을 감독·장려하는 일을 맡아보던 벼슬아치.

제독-검(提督劍)[-껌]圀 십팔기 또는 무예의 십사반의 하나. 보졸(步卒)이 요도(腰刀)로 하는 검술.

제:동(制動)圀[하자][되자] (기계 따위의) 운동을 멈추게 함. 속력을 떨어뜨림. ¶제동 장치.

제동을 걸다관 일의 진행이나 사물의 활동을 방해하거나 못하게 하다.

제:동-기(制動機)圀 ☞브레이크(brake).

제:동-맥(臍動脈)圀 탯줄을 통하여 태아와 태반을 잇는 핏줄.

제등(提燈)圀①손잡이가 달려 있어 들고 다닐 수 있게 된 등. ②등불을 들고 부처의 탄생을 축하하는 일. ¶제등 행렬.

제등-명법(諸等命法)[-뻡]圀 단명수(單名數)를 제등수(諸等數)로 바꾸는 셈법. [90분을 1시간 30분으로 하는 따위.] ↔제등통법(諸等通法).

제등-수(諸等數)[-쑤]圀 여러 가지 단위의 명칭으로 나타내는 명수. [1시간 30분 15초 같은 것.] 복명수(複名數).

제등-통법(諸等通法)[-뻡]圀 제등수(諸等數)를 단명수(單名數)로 바꾸는 셈법. [1시간 30분을 90분으로 하는 따위.] ↔제등명법(諸等命法).

제-때圀①무슨 일이 있는 그때. 정해 놓은 그 시각. ¶식사는 제때에 해라. ②알맞은 때. ¶제때에 이발을 안 해서 머리가 덥수룩하다.

제라늄(geranium)圀 양아욱.

제:랑(弟郞)圀 ☞제부(弟夫).

제:련(製鍊)圀[하자][되자] 광석이나 원료를 용광로에 녹여서 함유 금속을 뽑아내어 정제함.

제:련-소(製鍊所)圀 광석 등에서 함유 금속을 뽑아내어 정제하는 곳. 정련소.

제:령(制令)圀①제도와 법령. ②일제 강점기에, 조선 총독이 내리던 명령.

제:례(制禮)圀[하자] 예법을 만들어 정함.

제례(除例)圀[하자] 식례(式例)를 생략함.

제례(除禮)圀[하자] 〔흔히 한문 투의 편지 첫머리에〕 '갖추어야 할 예의를 갖추지 못함'의 뜻으로 쓰는 말. ¶제례하옵고. ㉑제번(除煩).

제:례(祭禮)圀 제사의 예법이나 예절.

제례(諸禮)圀 모든 예의범절.

제:례-악(祭禮樂)圀 향부악(鄕部樂)의 한 가지. 문묘·종묘의 춘추 사대제(四大祭) 및 나라의 제향(祭享)에 씀. 제악(祭樂).

제로(zero)圀①영(零). ②영점(零點). ③전혀 없음. 아무것도 남지 않음. ¶학력은 높아도 인격은 제로다.

제로^게임(zero game)圀 한 점도 얻지 못하고 진 시합. 영패(零敗) 경기. 전패(全敗) 경기.

제로섬(zero-sum)圀〔스포츠 등에서 승자의 득점과 패자의 실점의 합계가 제로가 되는 경우를 이르는 말로〕 사회 전체의 이익이 일정하여 한쪽이 득을 보면 다른 한쪽이 반드시 피해를 보게 되는 상태.

제록스(Xerox)圀 전자 복사기, 또는 그것으로 복사한 것. 〔본디는 전자 사진 장치의 상표명임.〕

제론(提論)圀[하자] ☞제의(提議).

제리(諸吏)圀 모든 아전.

제:마(製麻)圀 삼을 다루어 삼실을 만듦, 또는 삼실로 삼베를 짬.

제:마(濟馬)圀 제주도(濟州道)에서 나는 말.

제막(除幕)圀[하자] 막을 걷어 냄.

제막-식(除幕式)[-씩]圀 동상이나 기념비 등을 다 만들고, 공개하기에 앞서 갖는 축하 의식. 보통, 준비 과정을 쌓아 두가 연고(緣故) 있는 사람이 걸어 냄. ¶윤동주 시비(詩碑) 제막식.

제-만사(除萬事)圀[하자] ☞제백사(除百事).

제:망매-가(祭亡妹歌)圀 신라 경덕왕 때, 월명사(月明師)가 지은 10구체의 향가. 그의 죽은 누이를 위하여 재(齋)를 올릴 때 지은 것으로, '삼국유사'에 실려 전함.

제:매(弟妹)圀 남동생과 여동생.

제-멋[-먿]圀 자기 나름으로 느끼고 생각하는 멋. ¶제멋에 산다. *제멋이[-머시]·제멋만[-먼-]

제멋-대로[-먿--]뮈 제 마음대로. 제 하고 싶은 대로. ¶제멋대로 처리하다.

제:면(製綿)圀 목화를 다루어 솜을 만듦.

제:면(製麵)圀[하자] 밀가루로 국수를 만듦.

제:면-기(製麵機)圀 국수틀.

제:명(-命)圀 타고난 목숨. ¶제명을 다하지 못하다.

제:명(帝命)圀 제왕의 명령.

제명(除名)圀[하자][되자]①명부에서 결격자 등의 이름을 빼어 버림. 할명(割名). ②어떤 단체에서 구성원의 자격을 그의 의사에 반하여 박탈하는 일. ¶제명 처분.

제명(題名)圀①(책이나 시문 따위의) 표제의 이름. ②[하자] 명승지에 자기의 이름을 기록함.

제명(題銘)圀 책머리에 쓰는 제사(題詞)와 기물(器物)에 새기는 명(銘).

제:모(制帽)圀 학교·관청·회사 등에서, 규정에 따라 정한 모자.

제모(諸母)圀 제부(諸父)의 아내.

제목(題目)圀①☞글제. ②책이나 문학 작품 등에서 그것을 대표하거나 내용을 보이기 위하여 붙이는 이름. ¶소설 제목. ㉑제(題).

제:문(祭文)圀 제사 때, 죽은 사람을 조상하여 읽는 글.

제-물圀①음식을 익힐 때, 처음에 맞추어 부었던 물. ②제 몸에서 우러난 물. ③딴 것을 섞거나 덧붙이지 않은, 순수하게 제대로 된 물건.

제:물(祭物)圓 ①제사에 쓰는 음식. 제수(祭需).
②'희생물'을 비유하여 이르는 말.

제물-국수 [-쑤]圓 삶은 제물에 끓여 먹는 국수.

제물-낚시 [-낙씨]圓 깃털로 모기 또는 파리 모
양으로 만든 낚싯바늘.

제물-땜圓하타 ①깨진 쇠붙이 그릇에 덧조각
을 대지 않고 같은 쇠붙이를 녹여 붙이는 땜.
②뚫린 물건에 같은 종류의 물건을 대어 깁
는 일. ③어떤 일을 그 자체 안에서 마무리를
짓는 일.

제물-로閉 제 스스로. 저절로. ¶제물로 가라
앉다.

제물-묵圓 물에 불린 녹두를 맷돌에 갈아서 자
루에 담아 짜낸 물로 쑨 묵. 참녹말묵.

제물-물부리 [-뿌-]圓 지련련의 한끝에 제물로
붙여 만든 물부리.

제물-에閉 그 자체가 스스로 하는 김에. ¶제물
에 지치다.

제물-장 (-橄)圓 붙박이로 설비되어 있어 옮길
수 없는 장.

제민 (齊民)圓 일반 백성. 서민(庶民).

제:민 (濟民)圓하타 (도탄에 빠진) 백성을 구제함.

제밑-동생 (-同生) [-믿똥-]圓 자기와 성별이
같은, 바로 밑의 동생.

제-바닥圓 ①물건 자체의 본바닥. ②본디 살고
있는 고장. ¶제바닥 사람.

제-바람圓 제 스스로의 동작으로 말미암아 생긴
영향. 《주로, '제바람에'의 꼴로 쓰임.》 ¶제바
람에 놀라 달아나다.

제:박 (制縛)圓하타 제재(制裁)를 가하여 자유를
속박함.

제반 (除飯)圓하자 민간에서, 곡신(穀神)에게 감
사의 뜻을 나타내기 위하여 끼니마다 밥을 조
금씩 떠내는 일.

제반 (諸般)圓 (어떤 것과 관련된) 여러 가지.
모든 것. 각반(各般). 만반(萬般). 백반(百般).
¶제반 문제. /제반 여건.

제반-사 (諸般事)圓 여러 가지 일. 모든 일. ¶제
반사가 엉망이다. 준제사.

제:발閉 간절히 바라건대. ¶제발 돌아와 다오.
제발 덕분(에)관용 '제발'을 더 간곡히 이르
는 말. ¶제발 덕분에 일이 성사되도록 해 주십
시오.

제발 (題跋)圓 제사(題辭)와 발문(跋文).

제방 (堤防)圓 ⇨둑².

제방 (諸邦)圓 ⇨제국(諸國).

제배 (儕輩)圓 ⇨동배(同輩).

제배부채圓 흰빛의 조금 굵은 팥.

제-백사 (除百事) [-싸]圓하타 (한 가지 일에
온 힘을 기울이기 위하여) 다른 일은 다 제쳐
놓음. 제만사(除萬事). 파제만사(破除萬事).

제번 (除番)圓하자 번차례를 벗어나 그만둠.

제번 (除煩)圓하자 [한문 투의 간단한 편지 첫머
리에] 번거로운 인사말을 덜고 바로 할 말을
적는다는 뜻으로 쓰는 말. ¶제번하옵고 드릴
말씀은…. 비제례(除禮).

제벌 (除伐)圓하타 수풀을 가꾸려고 쓸데없는 나
무나 곁가지를 베어 버림.

제법閉 어지간한 정도로. 보통의 수준에 가깝게.
¶날씨가 제법 춥다. /제법 잘하는구나. /노래
솜씨가 제법이다. /네가 이제는 집안일을 거두
어 줄 줄 아니 제법이로군나.

제법 (除法) [-뻡]圓 나눗셈법. 준제(除). ↔승법
(乘法).

제:법 (製法) [-뻡]圓 〈제조법〉의 준말.

제법 (諸法)圓 ①모든 법. ②불교에서, 우주 사이
에 있는 유형·무형의 온갖 사물을 이르는 말.
만법(萬法). 제유(諸有).   참유상무상(有象無象).

제법^실상 (諸法實相) [-씰쌍]圓 불교에서, 우주
사이의 모든 사물이 그대로 진실한 자태로 있
는 일을 이르는 말.

제벽 (題壁)圓하타 시문(詩文)을 지어 벽에 씀.

제:병 (祭屛)圓 제사 때 치는 병풍.

제병연명 (除病延命) [-년-]圓하타 병(病)을 물
리치고 목숨을 이어 감.

제보 (提報)圓하자타 정보를 제공함. ¶목격자의
제보로 수사가 활기를 띠기 시작했다.

제:복 (制服)圓 학교·관청·회사 등에서, 규정에
따라 정한 옷. 정복(正服).

제복 (除服)圓하자 상기(喪期)가 지나서 상복을
벗음. 탈복.

제:복 (祭服)圓 ①제향(祭享) 때 입는 옷. ②'최
복(衰服)'의 잘못.

제복-살 [-쌀]圓 쇠갈비에 붙은 고기.

제:본 (製本)圓하타되자 ⇨제책(製册).

제:부 (弟夫)圓 아우의 남편. 제랑. ↔형부.

제부 (諸父)圓 아버지와 같은 항렬(行列)의 당내
친(堂內親).

제:분 (製粉)圓하자 (밀 따위의 곡식으로) 가루
를 만듦, 또는 그 일. ¶제분 공장.

제-붙이 [-부치]圓 〈제살붙이〉의 준말.

제비¹圓 미리 정해 놓은 글자나 기호를 종이나
나무쪽 따위에 적어 놓고, 그 가운데 하나
하나를 골라잡게 하여 승부·차례 또는 경품
탈 사람 등을 가리는 방법, 또는 그때 쓰이
는 종이나 나무쪽 따위의 물건. ¶제비를 뽑다.
    참추첨.

제:비²圓 제빗과의 철새. 3~4월에 날아와 해
충을 잡아먹고 인가의 처마 끝에 집을 짓고
살다가 9월경에 날아감. 등은 윤기 나는 검은
빛이며, 배는 흼. 날개와 꽁지가 길며, 시속
250 km 정도로 날 수 있음.

제비는 작아도 강남(을) 간다속담 비록 모양
은 작아도 제 할 일은 다 한다는 말.

제:비-갈매기圓 갈매깃과의 바닷새. 날개 길이
27 cm가량. 부리는 가늘고 꽁지는 날카롭게 갈
라졌음. 몸빛은 암수 같은 빛깔로, 머리와 목
뒤는 검고, 가슴과 허리 등은 푸른 잿빛임. 가
을에 와서 이듬해 봄에 날아가는 철새임.

제:비-꽃 [-꼳]圓 제비꽃과의 다년초. 들에 절로
나는데, 높이는 10 cm가량. 잎은 뿌리에서 무
더기로 나며 자루가 긺. 4~5월에 잎 사이에
서 꽃줄기가 나와 자줏빛 다섯잎꽃이 핌. 오랑
캐꽃. * 제:비꽃이 [-꼬치]·제:비꽃만 [-꼰-]

제:비-꿀圓 단향과의 다년초. 우리나라 각지의
산과 들에 절로 나는데, 다른 풀의 뿌리에 붙
어 반기생(半寄生)함. 여름에 잎겨드랑이의 작
은 가지에 열은 녹색의 꽃이 피고 둥글둥글한
열매가 달림. 한방에서 온 포기를 '하고초(夏
枯草)'라고 하여 약재로 씀.

제:비-나비圓 호랑나빗과의 나비. 편 날개 길이
는 8~14 cm. 몸빛은 검고 앞쪽에 금빛 녹색의
비늘무늬가 있으며, 뒷날개 바깥쪽에 수컷은
푸른빛, 암컷은 붉은빛의 반달무늬가 줄지어
있음. 봄·여름 두 차례에 걸쳐 나타남.

제:비-난 (-蘭)圓 난초과의 다년초. 산지의 숲
속에 나는데, 줄기 높이는 20~50 cm. 뿌리는
일부가 마늘쪽처럼 굵어짐. 줄기에 커다랗고
길둥근 잎이 두 잎 달리며, 여름에 흰 꽃이 핌.

제:비-도요圓 ⇨제비물떼새.

제:비-물떼새똉 제비물떼샛과의 새. 몸길이 23 cm가량. 꼬리와 부리는 제비와 비슷함. 해안·하구·갯벌 등에 떼 지어 날아다니며 곤충을 잡아먹음. 봄에 우리나라에 와서 여름을 지냄. 제비도요.

제:비-부리똉 좁고 긴 물건의 오라기 한 끝의 좌우 귀를 접어 제비의 부리처럼 가운데만 뾰족하게 만든 모양.

제:비-붓꽃[-붇-]똉 붓꽃과의 다년초. 습지에 절로 나는데, 관상용으로 못가에 심기도 함. 줄기는 70 cm가량. 잎은 긴 칼 모양이며 늦봄에 짙은 자줏빛이나 흰빛 꽃이 줄기 끝에 핌. 지리산·시베리아·일본 등지에서 자람. * 제:비붓꽃이[-붇꼬치]·제:비붓꽃만[-붇꼰-]

제비-뽑기[-끼]똉하자 제비를 뽑아 승패나 차례 따위를 가리는 일. ¶제비뽑기하여 차례를 정하다.

제:비-쑥똉 국화과의 다년초. 산과 들에 나며 줄기 높이는 30~90 cm. 여름에 줄기 끝에서 노란색의 두상화(頭狀花)가 핌. 어린잎은 먹을 수 있는데, 한방에서는 '청호(靑蒿)'라 하여 약재로 씀.

제:비-옥잠(-玉簪)[-짬]똉 은방울꽃과의 다년초. 깊은 산의 응달에서 나며, 높이는 25~50 cm이고 잎은 달걀 모양임. 여름에 잎 사이에서 꽃줄기가 돋아 그 끝에 흰빛의 여섯잎꽃이 핌. 금강산·묘향산·백두산 등지에서 자람.

제:비-족(-族)똉 특별한 직업 없이 연상(年上)의 유한부인(有閑夫人)에게 붙어사는 젊은 남자'를 속되게 이르는 말.

제:비-초리[-꼬-] 뒤통수나 앞이마의 한가운데에 아래로 뾰족하게 내민 머리털.

제:비-추리똉 ①소의 안심에 붙은 고기의 한 가지. ②'제비초리'의 잘못.

제:비-턱똉 밑이 두툼하고 너부죽하게 생긴 턱, 또는 그런 턱을 가진 사람을 조롱조로 이르는 말.

제:빈(濟貧)똉하자 가난한 사람을 구제함.

제:빙(製氷)똉하자 물을 얼리어 얼음을 만듦.

제:빙-기(製氷機)똉 얼음을 만드는 기계.

제:빵(製-)똉하자 빵을 만듦. ¶제빵 기술자.

제:사(娣姒)똉 손아래 동서와 손위 동서.

제:사(祭司)똉 유대교에서, 신전의 의식·전례를 맡아보는 사람을 이르는 말. ☞사제(司祭). ③주문(呪文) 따위로 영험을 얻게 하는 사람.

제:사(祭祀)똉하자타 신령이나 죽은 사람의 넋에게 음식을 차려 놓고 정성을 나타냄, 또는 그런 의식. 향사. ¶제사를 지내다. ㉰제(祭). ㉰제향(祭享).
  제사 덕에 이밥이라[속담] 무슨 일을 빙자하여 이익을 얻는다는 말.

제:사(製絲)똉하자 고치나 솜 따위로 실을 만드는 일. ¶제사 공장.

제사(諸事)똉 <제반사(諸般事)>의 준말.

제사(題詞)똉 ①책의 첫머리에 그 책에 관련되는 내용을 시문으로 적은 글. ②화폭(畫幅) 따위의 위에 적은 글. ☞제(題).

제사(題辭)똉 백성이 낸 소장(訴狀)이나 원서(願書)에 적는 관부의 판결이나 지령(指令). 제지(題旨).

제:사-계급(第四階級)[-께-/-게-]똉 ①노동자 계급. 프롤레타리아. ②언론직에 종사하는 사람, 특히 신문 기자를 이름.

제:사-기(第四紀)똉 지질 시대의 한 구분. 신생대 후반에서부터 현대까지의 시대. 홍적세와 충적세로 나뉨.

제:사기-계(第四紀系)[-계/-게]똉 ☞제사기층.

제:사기-층(第四紀層)[-층]똉 제사기에 생긴 지층, 곧 홍적층과 충적층. 제사기계.

제:사-날로옛 제 생각으로, 남의 시킴을 받지 않고 제 스스로. ¶제사날로 만들었지만 제법 쓸 만하다.

제:사-상(祭祀床)[-쌍]똉 ☞제상(祭床).

제:사-성병(第四性病)[-뺑]똉 ☞서혜 림프육아종.

제:사-위(第四胃)똉 ☞주름위.

제:사의 불(第四-)[-의/-에-] (핵분열에 의한 원자력보다 더 강력한) 핵융합에 의한 에너지를 이르는 말. ☎제삼의 불.

제:사-장(祭司長)똉 ①유대교 교직(敎職)의 한 가지. 예루살렘 성전의 의식·전례 등을 맡아보는 사람. ②제례나 주문에 밝아 영험을 얻게 하는 사람.

제:사^종-우편물(第四種郵便物)똉 통상 우편물 분류의 한 갈래. 책·사진·인쇄물·상품 견본·업무용 서류·박물학상의 표본 따위의 우편물.

제:사차^산-업(第四次産業)똉 (제삼차 산업을 가른 것 가운데 한 가지로) 정보·의료·교육·서비스 따위 지식 집약형 산업을 이름.

제산(除算)똉하자 나누기. 나눗셈. 나눗셈법. ㉰제(除).

제:산(製産)똉하자 물건을 만들어 냄.

제:산-제(制酸劑)똉 위산 과다증에, 위산의 분비를 억제하거나 위액 중의 산을 중화하여 자극을 누그러뜨리는 약제.

제:살(制煞)똉하자 살풀이를 하여 재액(災厄)을 미리 막는 일.

제살-붙이[-부치]똉 자기와 같은 혈통을 받은 가까운 겨레붙이. ㉰제붙이.

제:-살이똉하자 남에게 기대지 않고 제힘으로 살아감, 또는 그러한 살림.
  제살이(를) 가다[관용] 시부모 등 어른이 없는 집으로 시집가다.

제:삼-계급(第三階級)[-계-/-게-]똉 ①봉건 사회의, 자본가를 중심으로 한 상공업자·농민·소상인 등의 평민을 통틀어 이르는 말. ㉰제일 계급·제이 계급. ②☞중산 계급(中産階級).

제:삼-국(第三國)똉 당사국이 아닌 다른 나라. ¶망명자를 제삼국으로 보내다.

제:삼^권리자(第三權利者)[-궐-]똉 채권 관계의 권리자에 대하여 채권을 가지는 권리자, 곧 채권자의 채권자.

제:삼-기(第三紀)똉 지질 시대의 한 구분. 신생대 전반의 시대. 포유류와 쌍떡잎식물이 번성하였고, 세계적으로 조산 운동이 활발하였으며, 알프스·히말라야 등의 산맥이 형성되었다.

제:삼기-계(第三紀系)[-계/-게]똉 ☞제삼기층.

제:삼기-층(第三紀層)똉 제삼기에 생긴 지층. 석유·석탄·석회 따위가 많이 묻혀 있음. 제삼기계.

제:삼-당(第三黨)똉 의석(議席) 수에서 세 번째를 차지한 정당. 2대 정당의 세력이 비슷할 때, 그 사이에서 캐스팅 보트를 쥐고 있는 정당.

제:삼^세계(第三世界)[-계/-게]똉 강대국인 미국·서구·일본 등의 선진 공업국을 제외한 아시아·아프리카·라틴 아메리카의 개발도상국을 통틀어 이르는 말.

제:삼^세력(第三勢力)똉 ①대립하는 두 세력의 밖에 있는 세력. ②국제 정치에서, 동서 체제(東西體制) 어느 쪽에도 가담하지 않고 중립을 내세우는 나라들.

제:삼-심(第三審)圈 소송에서, 제삼 차로 받는 심판, 또는 그 심판 기관. 보통, 상고심(上告審)과 재항고심(再抗告審)이 이에 해당함.

제삼의 물결(第三-) [-사미-결/-사메-결] 미래의 고도로 발달한 과학 기술에 힘입은 대변혁을 이름. 〔미국의 문명 비평가 토플러가 쓴 책 이름에서 온 말임.〕

제삼의 불(第三-) [-사미-/-사메-] 핵분열 반응에 의한 원자력. 원시인의 불을 제일의 불, 전기를 제이의 불이라고 하는 데 대한 이름. ⓐ제사의 불.

제:삼^의학(第三醫學)圈 (치료 의학·예방 의학 등에 대하여) 전쟁·산업 재해 따위로 말미암은 신체 장애자를 육체적·정신적·경제적으로 재기시켜 사회에 복귀시키려는 의학.

제:삼-인칭(第三人稱)圈 말하는 이와 듣는 이가 아닌 다른 사람을 가리키는 대명사. 〔그 이·저분 따위.〕 삼인칭. 셋째가리킴.

제:삼-자(第三者)圈 당사자(當事者)가 아닌 사람. 삼자(三者). ¶제삼자는 상관하지 마시오. /제삼자가 개입할 일이 아니다.

제:삼^제:국(第三帝國)圈 나치스가 다스리던 때(1933~1945년)의 독일을 달리 이르던 말.

제:삼^종^우편물(第三種郵便物)圈 통상 우편물 분류의 한 갈래. 당국의 인가를 받은 정기간행물의 우편물.

제:삼^종^전염병(第三種傳染病) [-뼝]圈 법정 전염병의 한 가지. 〔결핵·나병·성병 따위.〕

제:삼차^산:업(第三次産業)圈 판매·운수·통신·금융·보험 따위의 각종 서비스 산업. 제일차·제이차 산업 이외의 모든 산업. 삼차 산업.

제:삼^차^산:업^혁명(第三次産業革命) [-사녀평-]圈 증기와 전력에 이어, 원자력의 원동력을 평화적인 목적에 이용함으로써 일어날 산업의 획기적인 전환.

제:삼^채:무자(第三債務者)圈 채권 관계의 채무자에 대하여 채무를 지는 제삼자, 곧 채무자의 채무자.

제:삿-날(祭祀-) [-싼-]圈 제사를 지내는 날. 기일(忌日). 제일(祭日). ⓐ젯날.

제:삿-밥(祭祀-) [-사빱/-삳빱]圈 ①제상에 차려 놓은 밥. ②제사를 지낸 뒤에 먹는 밥. 메1. ⓐ젯밥.

제상(除喪)圈ⓗ자 상기(喪期)를 마치거나, 복상(服喪)을 도중에서 그만두어 상을 벗음.

제:상(祭床) [-쌍]圈 제사 때 제물을 벌여 놓는 상. 제사상.

제상(梯狀)圈 '사다리꼴'의 구용어.

제:생(濟生)圈ⓗ자 ①생명을 구제함. ②중생을 구제함.

제서(題書)圈 ☞제자(題字).

제서(臍緒)圈 탯줄.

제:석(帝釋)圈 〈제석천(帝釋天)〉의 준말. 〈제석신(帝釋神)〉의 준말.

제석(除夕)圈 섣달 그믐날 밤. 세제(歲除). 제야(除夜).

제:석(祭席)圈 제사 때에 까는 돗자리.

제:석-거리(帝釋-) [-꺼-]圈 제석풀이할 때 무당이 부르는 노래 이름.

제:석-굿(帝釋-) [-굳]圈 ☞제석풀이. * 제:석굿이 [-꾸시] 제:석굿만 [-꾼-]

제:석-신(帝釋神) [-씬]圈 무당이 섬기는 신의 하나. 가신제(家神祭)의 대상임. ⓐ제석(帝釋).

제:석-천(帝釋天)圈 도리천(忉利天)의 임금. 범왕(梵王)과 더불어 불법을 지키는 신. ⓐ제석.

제:석-풀이(帝釋-)圈ⓗ자 무당이 제석신을 섬기어 하는 굿. 제석굿.

제설(除雪)圈ⓗ자 쌓인 눈을 치움. 소설(掃雪). ¶제설 작업.

제설(諸説)圈 ①여러 사람이 주장하는 말이나 학설. ②온갖 풍문(소문). ¶제설이 분분하다.

제설-기(除雪機)圈 (트랙터에 장착하여) 도로 등에 쌓인 눈을 치워 없애는 기계.

제설-차(除雪車)圈 쌓인 눈을 치우는 차량.

제:성(帝城)圈 ☞황성(皇城).

제:세(濟世)圈 세상을 구제함.

제:세-경륜(濟世經綸) [-뉸]圈 세상을 구제할 만한 역량과 포부.

제:세-안민(濟世安民)圈 세상을 구제하여 백성을 편안하게 함.

제:세-재(濟世才)圈 〈제세지재(濟世之才)〉의 준말.

제:세-주(濟世主)圈 세상을 구제하는 거룩한 사람.

제:세지재(濟世之才)圈 세상을 구제할 만한 뛰어난 재주, 또는 그런 재주를 가진 사람. ⓐ제세재.

제소(提訴)圈ⓗ타ⓗ자 소송을 일으킴. ¶제소를 취하하였다.

제-소리圈 ①글자의 바른 음. 정음(正音)1. ②발음체 각각의 고유한 소리. ¶피아노가 제소리를 내고 있다.

제-소리²圈ⓗ자 본마음에서 나오는 말. ¶이제야 제소리를 하는구나.

제:수(弟嫂)圈 ☞계수(季嫂).

제수(除授)圈ⓗ타ⓗ자 추천을 받지 않고 임금이 바로 벼슬을 줌.

제:수(除數) [-쑤]圈 나눗셈에서, 어떤 수를 나누는 또 그 수. 〔6÷2=3에서 2 따위.〕 나눗수. 법수(法數). ↔승수(乘數)·피제수.

제:수(祭需)圈 ①제사에 쓰는 여러 가지 재료. ②☞제물(祭物).

제:수-답(祭需畓)圈 ☞제위답(祭位畓).

제:수-씨(弟嫂氏)圈 ☞계수씨.

제:수-전(祭需錢)圈 제사에 쓰이는 물건들을 장만하는 데 드는 돈.

제:술(製述)圈ⓗ타 시나 글을 지음.

제스처(gesture)圈 ①(말의 표현이나 전달 효과를 높이기 위해서 하는) 몸짓·손짓·표정 따위. ②(제 본마음은 아니면서도) 남 보란 듯이 하는 말이나 짓. 성실성이 없는 형식뿐인 태도. ¶헤어질 때 눈물까지 보였지만 그것은 제스처였다.

제습(除濕)圈ⓗ자 습기를 없앰.

제:승(制勝)圈 ①ⓗ타 승리함. ②세자(世子)가 섭정(攝政)할 때 군무(軍務)의 문서에 찍던 나무 도장.

제:승(濟勝)圈ⓗ자 명승지를 두루 돌아다님.

제시(提示)圈ⓗ타ⓗ자 ①글이나 말로 어떤 내용·문제·의사·방향 따위를 드러내어 보임. ¶의견 제시. /해결책을 제시하지 못하다. ②검사나 검열 따위를 위하여서 물품을 내어 보임. ¶신분증 제시를 요구하다. /영장을 제시하다. ③어음·수표 따위의 증권을 가진 이가 지급 청구를 위하여 지급인 또는 인수인에게 그 증권을 내보이는 일. 정시(呈示).

제:시(題詩)圈ⓗ자 시를 지음. ②정해진 제목에 따라 시를 지음, 또는 그 시.

제:-시간(-時間)圈 정해 놓은 시간. 정한 시간. ¶목적지에 제시간에 닿다.

제시^증권(提示證券)[-꿘][명] 증권상의 권리를 내세우기 위해서는 증권을 가진 이가 의무 이행자에게 그 증권을 내보여야 하는 유가 증권.

제:식(制式)[명] ①정해진 양식. ②군대의 대열 훈련에서 규정된 모든 격식과 방식.

제:식-복(祭式服)[-뽁][명] 관혼상제(冠婚喪祭) 또는 공식적인 의식에 입는 옷.

제:식^훈:련(制式訓練)[-시쿨-][명] 군인의 기본 정신 함양과 절도 있는 단체 생활을 목적으로 하는 훈련의 한 가지. 행진이나 정지 때에 대오·대열을 맞추거나 경례 동작 따위를 익힘.

제신-기(除燼器)[명] 굴뚝 끝에 달아 그을음이 흩어지는 것을 막는, 쇠망으로 만든 장치.

제:실(帝室)[명] ☞황실(皇室).

제:씨(弟氏)[명] ☞계씨(季氏).

제씨(諸氏)[명] '여러분'의 뜻으로 쓰는 말. 《여러 사람의 이름이나 직명(職名)을 열거한 뒤에 씀.》 ¶법조인 제씨.

제-아무리[부] 남의 능력이나 됨됨이 따위를 얕잡아 보는 뜻으로 이르는 말. ¶제아무리 설쳐도 그 일은 못할걸.

제:악(祭樂)[명] ☞제례악(祭禮樂).

제악(諸惡)[명] 모든 악. 온갖 악한 행동.

제안(提案)[명][하자타][되자] 의안(議案)을 냄, 또는 그 의안. ¶건설적인 제안.

제안-권(提案權)[-꿘][명] 국회에 법률안이나 예산안을 낼 수 있는 권리.

제안-자(提案者)[명] 제안한 사람. 제안한 기관.

제:압(制壓)[명][하타][되자] (세력이나 기세를) 제어하여 억누름. ¶실력으로 상대를 제압하다.

제:애(際涯)[명] 끝닿는 곳.

제액(題額)[명][하자] 액자(額子)에 그림을 그리거나 글씨를 씀.

제야(除夜)[명] ☞제석(除夕). ¶제야의 종소리.

제:약(制約)[명] ①사물의 성립에 필요한 조건 또는 규정. ¶단체 생활에는 여러 가지 제약이 있기 마련이다. ②[하타][되자]어떤 조건을 붙여 제한함. ¶행동을 제약하다.

제:약(製藥)[명][하자] 약을 만듦, 또는 만들어진 약. ¶제약 회사에 취직하다.

제:약-성(制約性)[-썽][명] 제약하는 성질이나 특성.

제:약적 판단(制約的判斷)[-쩍-] 논리학에서, 가언적 판단(假言的判斷)과 선언적 판단(選言的判斷)을 통틀어 이르는 말.

제:어(制御)[명][하타][되자] ①억눌러 따르게 함. ②기계·설비 따위가 알맞게 움직이도록 조절함. ¶자동 제어 장치.

제:어-봉(制御棒)[명] 원자로에 넣었다 뺐다 하여 핵분열에 의한 연쇄 반응을 조절하는 막대기.

제언(提言)[명][하자타] 생각이나 의견을 냄, 또는 낸 생각이나 의견. ¶전문가의 제언.

제언(堤堰)[명] 물을 가두어 두기 위하여 하천이나 골짜기 따위에 쌓은 둑. 언제(堰堤).

제언(諸彦)[명] ☞제현(諸賢). ¶독자(讀者) 제언.

제언(題言)[명] 책·화폭·비석 따위의 위에 쓴 글. 제사(題詞).

제언-사(堤堰司)[명] 조선 시대에, 각 도의 수리 시설 및 제언에 관한 일을 맡아보던 관아.

제:업(帝業)[명] ①제왕이 나라를 다스리는 사업. ②제왕이 이루어 놓은 업적.

제여곰[부] (옛) 제각기. ¶반도 제여곰 논호며 집도 제여곰 짓더니(月釋1:45).

제:역(除役)[명] ①병역(兵役)의 전부 또는 일부를 면제함. ②☞면역(免役).

제:염(製鹽)[명][하자] 소금을 만듦.

제염(臍炎)[명] 탯줄을 자른 뒤 사흘쯤 되어서 배꼽과 그 둘레가 곪는 갓난아이의 병.

제영(題詠)[명][하타] ①시를 지어 읊음. ②정해진 제목에 따라 시를 지음, 또는 그 시가.

제:오^열(第五列)〈오열(五列)〉의 본딧말.

제:오^종^우편물(第五種郵便物)[명] 통상 우편물 분류의 한 갈래. 농산물의 씨앗 및 누에의 씨를 싼 우편물.

제:오차^산:업(第五次産業)[명] (제삼차 산업을 가른 것 가운데의 한 가지로) 취미·오락·패션 따위의 산업.

제-왈(-曰)[부] 자기랍시고 큰소리치는 모양을 얕잡아 이르는 말. ¶제왈, 막걸리 두 말쯤은 문제없단다.

제:왕(帝王)[명] 황제(皇帝)와 국왕(國王)을 통틀어 이르는 말.

제왕(諸王)[명] 여러 임금.

제:왕^신권설(帝王神權說)[-꿘-] ☞왕권신수설(王權神授說)☞신권설.

제:왕-운기(帝王韻紀)[명] 고려 고종 때, 이승휴(李承休)가 지은 역사책. 중국과 우리나라의 역사를 칠언시(七言詩)로 기술하였음. 상하 2권.

제:왕^절개^수술(帝王切開手術)[명] 산도(産道)를 통해 해산하기 어려울 때, 배와 자궁을 갈라 태아를 꺼내는 수술.

제:왕^주권설(帝王主權說)[-꿘-] 국가의 주권이 제왕에게 있으며 제왕이 곧 국가라고 보는 학설.

제외(除外)[-외/-웨][명][하타][되자] 어떤 범위 밖에 두어 한데 셈 치지 아니함. 따로 빼어 냄. ¶이자는 제외하고 원금만 다오.

제외-례(除外例)[-외/-웨-][명] 예외 규정.

제요(提要)[명][하자] 요령만을 추려 냄. ¶심리학 제요.

제:욕(制慾)[명][하자] 욕심을 억누름.

제:욕-주의(制慾主義)[-쭈의/-쭈이][명] ☞금욕주의.

제우(悌友)[명] 형제간 또는 어른과 아이 사이의 정의가 두터움. 우애가 깊음.

제:우(際遇)[명][하자] ☞제회(際會).

제우(諸友)[명] 여러 벗.

제:우-교(濟愚敎)[명] ☞천도교(天道敎).

제우스(Zeus 그)[명] 그리스 신화에 나오는 가장 높은 신. 주피터.

제-움직씨[명] ☞자동사. ↔남움직씨.

제웅[명] ①짚으로 만든 사람의 형상. 민속에서, 음력 정월 열나흗날 저녁의 액막이나, 무당이 앓는 사람을 위하여 산영장을 지내는 데 씀. 초우인(草偶人). ②'분수를 모르는 사람'을 조롱조로 이르는 말.

제웅(除雄)[명][하자] 식물의 자가 수정을 막기 위하여 꽃봉오리 때 꽃밥을 없애는 일.

제웅-직성(-直星)[-썽][명] 민속에서, 나이에 따른 사람의 운수를 맡아본다는 아홉 직성의 하나. 남자는 열 살, 여자는 열한 살에 처음 들며 9년에 한 번씩 돌아온다고 함. 나후직성.

제웅-치기[명][하자] 음력 정월 열나흗날 밤에 집집마다 돌아다니며 제웅에 입힌 옷과 그 속에 넣어 둔 돈푼을 얻으려고 제웅을 거두는 일.

제원(諸元)[명] 기계류의 치수나 무게 따위의 성능과 특성을 나타낸 수적(數的) 지표.

제원(諸員)[명] 여러 인원.

제:월(除月)圀 '섣달'을 달리 이르는 말. 魯절계.
제:월(霽月)圀 (비가) 갠 날의 밝은 달.
제:월-광풍(霽月光風)▷광풍제월.
제:위(帝位)圀 제왕의 자리. 성조(聖祚). ¶제위
	를 물려주다.
제:위(帝威)圀 (감히 범할 수 없는) 제왕의 권위.
제:위(祭位)圀 제사를 받는 신위(神位).
제위(諸位)圀 여러분. ¶독자 제위께 감사의 말
	씀을 드립니다.
제:위-답(祭位畓)圀 거둔 곡식을 제사 비용으
	로 쓰는 논. 제수답(祭需畓).
제:위-보(濟危寶)圀 고려 시대에, 돈·곡식 따위
	를 모아 두었다가 백성에게 꾸어 주고 그 이
	자를 받아 빈민을 구제하던 기관.
제:위-전(祭位田)圀 거둔 곡식을 제사 비용으
	로 쓰는 밭.
제:유(製油)圀한타 ①동식물체로부터 기름을
	짜서 만듦. ②원유를 가공·정제하여 경유 등의
	유제품을 만듦.
제유(諸有)圀 ①▷제법(諸法). ②▷중생(衆生).
제유(諸儒)圀 여러 선비. 모든 유생(儒生).
제유-법(提喩法)[-뻡]圀 수사법상 비유법의 한
	가지. 사물의 한 부분으로 전체를, 또는 한 말
	로 그와 관련되는 모든 것을 나타내는 표현 방
	법. ['빵'이 식량을, '감투'가 벼슬을 나타내
	는 따위.] 魯대유법·환유법.
제육(-肉)圀 돼지고기. ▷저육(豬肉).
제:육-감(第六感)[-깜]圀 오관(五官)으로는 느
	낄 수 없다고 생각되는 감각. 사물의 신비한
	점이나 깊은 본질을 직각적으로 포착하는 마음
	의 기능 따위. 魯육감(六感).
제육-구이(-肉-)[-꾸-]圀 돼지고기를 얇게
	저며서 양념하여 구운 음식.
제육-무침(-肉-)[-음-]圀 비계 없는 돼지고기
	를 삶아 내어 잘게 썰어 양념을 넣고 무친 음식.
제육-볶음(-肉-)[-뽂음]圀 돼지고기를 고추장
	과 간장 양념으로 고루 주물러 두다가 붉은 고
	추, 파 등을 넣어 다시 볶은 음식.
제:육^의:식(第六意識)圀 불교에서, 감각의 결
	과를 종합하여 이지(理智)·감정·의욕 따위를
	발동시키는 마음의 작용을 이르는 말.
제육-편육(-肉片肉)圀 삶은 돼지고기를 눌러
	식혀 두가 썬 음식.
제:윤(帝胤)圀 임금의 혈통.
제읍(啼泣)圀하자 소리를 높이어 욺.
제읍(諸邑)圀 여러 고을.
제:의(祭衣)[-의/-이]圀 가톨릭에서, 신부가
	미사 때 입는 옷.
제의(提議)[-의/-이]圀하자타 되자 의논이나
	의안을 냄, 또는 그 의논이나 의안. 제론(提
	論). ¶협상을 제의하다.
제의(題意)[-의/-이]圀 제목의 뜻.
제:이^계급(第二階級)[-계-/-게-]圀 봉건 사
	회의 둘째 계급인 귀족·승려의 계급. 魯제일
	계급·제삼 계급.
제:이^국민역(第二國民役)[-궁-녁]圀 병역의
	한 가지. 징병 검사 결과 현역으로 복무할 수
	는 없으나 전시에 군사 지원 업무는 감당할 수
	있다고 판정된 병역, 또는 그에 해당하는 사람.
제:이^금융권(第二金融圈)[-금늉꿘/-그뮹꿘]
	圀 은행 이외의 금융 기관, 곧 보험 회사·신탁 회
	사·증권 회사·단자 회사 따위를 통틀어 이르는 말.
제:이^성:질(第二性質)圀 [로크의 인식론에서,
	물건의 성질을 둘로 나눈 것 가운데의 하나로]
	물건의 빛깔·냄새·맛·소리 따위와 같이 감각

기관에 대한 물건의 작용에 따라 생기는 주관
	적인 성질. 魯제일 성질.
제:이^성:징(第二性徵)圀 ▷제이차 성징.
제:이-심(第二審)圀 소송에서, 제일심의 재판에
	불복 신청이 있을 때 하는 제이차 심리. 재심
	(再審). 魯이심(二審).
제:이^예:비금(第二豫備金)圀 예비비의 한 가
	지. 예산 항목에 들어 있지 않은, 뜻밖의 사건
	에 충당하는 비용.
제:이^위(第二胃)圀 ▷벌집위.
제:이-의(第二義)[-의/-이]圀 근본이 되는 첫
	째 의의가 아닌 둘째의 의의.
제:이의적 생활(第二義的生活)[-의-쌩/-이
	-쌩]圀 철학에서, '인습에 얽매여 자각이 없는
	생활'을 이르는 말.
제:이-인산암모늄(第二燐酸ammonium)圀 인
	산과 암모늄의 염(鹽). 비료 등으로 쓰임.
제:이^인칭(第二人稱)圀 인칭 대명사의 한 구
	분. 말을 듣는 이를 가리키는 대명사. [너·자네·
	그대·당신 따위.] 이인칭.
제:이^종^우편물(第二種郵便物)圀 통상 우편
	물 분류의 한 갈래. 엽서와 같은 우편물.
제:이^종^전염병(第二種傳染病)[-뼝]圀 법정
	전염병의 한 가지. [백일해·홍역·발진열·성홍
	열·과상풍·일본 뇌염·유행성 출혈열 따위.]
제:이차^산:업(第二次産業)圀 건설업·광업·제
	조업 등, 원자재를 가공·정제하는 산업. 원시
	산업을 뺀 모든 생산적인 산업. 이차 산업.
제:이차^성:징(第二次性徵)圀 동물의 수컷과
	암컷의 특징을 짓는 성질 가운데서, 생식기 이
	외에 따로 갖추어 구별할 수 있는 특징. 성호르몬이
	분비됨에 따라 나타남. 제이 성징. 魯성징.
제:이^차^세:계^대:전(第二次世界大戰)[-계
	-/-게-]圀 1939년 9월 1일부터 1945년 8월
	15일까지 연합국과 독일·일본·이탈리아를 중심
	으로 한 추축국 사이에 벌어진 세계 대전.
제인(諸人)圀 모든 사람. 많은 사람.
제일(除日)圀 섣달그믐.
제:일(祭日)圀 ▷제삿날.
제:일(第一) 【I】圀 여럿 중 첫째가는 것. ¶제일
	의 목표. 준젤.
	【II】图 가장. ¶제일 빨리 달리는 사람. 준젤.
제:일(齊一)圀하재 고르게 함. 제일-히图.
제:일-가다(第一--)재 으뜸가다. 첫째가다. ¶백
	두산은 우리나라에서 제일가는 명산이다.
제:일-강산(第一江山)圀 경치(景致) 좋기로 으
	뜸갈 만한 곳.
제:일^계급(第一階級)[-계-/-게-]圀 봉건 사
	회의 첫째 계급인 왕과 제후의 계급. 魯제이
	계급·제삼 계급.
제:일^국민역(第一國民役)[-궁-녁]圀 병역의
	한 가지. 18세부터 30세까지의 병역 의무자로
	서 현역·예비역·보충역·제이 국민역이 아닌 병
	역, 또는 그에 해당하는 사람.
제:일-류(第一流)圀 가장 높은 등급, 또는 가장
	높은 등급의 사람.
제:일-보(第一步)圀 첫걸음.
제:일-선(第一線)[-썬]圀 ①맨 첫째 번 선. 맨
	앞의 선. ②▷최전선(最前線). 전선(前線). 전
	선(戰線). ¶제일선에서 지휘하다. ③그 분야에
	서 실질적으로 활발한 활동이 벌어지는 곳.
	¶판매부의 제일선에서 활약하다. 준일선.
제:일^성:질(第一性質)圀 [로크의 인식론에서,
	물건의 성질을 둘로 나눈 것 가운데의 하나로]
	물건의 연장(延長)·모양·운동·정지 따위와 같

이, 물건 그 자체에 항상 들어 있는 객관적인 성질. (참)제иер 성질.

이, 물건 그 자체에 항상 들어 있는 객관적인 성질. (참)제일 성질.

제ː일-심(第一審)[-씸]명 소송에서, 제일 차로 받는 심판. 간이 법원이나 지방 법원 등에서 하는 심리 재판. 시심(始審). 초심(初審). ⑪일심.

제ː일^원리(第一原理)[-릴-]명 철학에서, 현상의 이면에 있는 초인식적 근본 원리를 이름.

제ː일-의(第一義)[-릐/-이리]명 ①근본이 되는 의의. 가장 소중하고 근본적인 것. ②불교에서, 더할 수 없이 깊고 묘한 진리를 이름. ⑪일의자.

제ː일^의ː무(第一義務)명 법률에 의하여 그 위배를 허락하지 않는 의무. 〔납세 의무·부채 변상 의무 따위.〕

제ː일의적 생활(第一義的生活)[-릐-쎙-/-이리-쎙-]개성을 존중하여 본디의 사명에 충실한 생활.

제ː일인-자(第一人者)명 어느 사회나 분야에서 견줄 이가 없을 만큼 뛰어난, 으뜸가는 사람. ¶사계(斯界)의 제일인자. ⑪일인자.

제ː일^인칭(第一人稱)명 인칭 대명사의 한 가지. 말하는 이를 가리키는 대명사. 〔나·저·우리 따위.〕일인칭.

제ː일^종^우편물(第一種郵便物)[-쫑-]명 통상 우편물 분류의 한 갈래. 보통 봉함 편지의 우편물.

제ː일^종^전염병(第一種傳染病)[-쫑-뼝]명 법정 전염병의 한 가지. 〔콜레라·페스트·장티푸스·파라티푸스·디프테리아·세균성 이질 따위.〕

제ː일-주의(第一主義)[-의/-이]명 무슨 일에나 제일이 되고자 하는 주의.

제ː일^주제(第一主題)명 소나타 형식의 악장 첫머리에 제시되는 주제. 악상(樂想)의 중심.

제ː일차^산ː업(第一次產業)명 농업·임업·수산업·목축업 따위로, 직접 자연을 상대하여 원재료를 생산·채취하는 산업. 일차 산업. ⑪원시 산업.

제ː일^차^성ː징(第一次性徵)명 동물의 수컷과 암컷의 특징을 짓는 성질 가운데서, 생식선(生殖腺)이나 생식기 등에 나타나는 형태상의 차이. ⑪성징.

제ː일^차^세ː계ː대ː전(第一次世界大戰)[-계--/-게-]명 1914년 7월 28일부터 1918년 11월 11일까지 영국·프랑스·러시아 등의 연합국과 독일·오스트리아·이탈리아의 삼국 동맹 사이에 벌어진 세계 대전. 연합국의 승리로 베르사유 조약에 의하여 강화됨.

제ː자(弟子)명 스승의 가르침을 받거나 받은 사람. 문도(門徒). ¶제자로 삼다.

제자(梯子)명 사닥다리.

제ː자(祭資)명 제사에 드는 비용.

제자(諸子)Ⅰ명 ①아들 또는 아들과 항렬이 같은 사람을 통틀어 이르는 말. ②중국 춘추 전국 시대에 일가(一家)의 학설을 이룬 여러 사람, 또는 그들의 저서와 학설. Ⅱ대 ⑪제군(諸君).

제자(題字)명 책의 머리나 족자·비석 따위에 쓴 글자. 제서(題書).

제자루-칼명 자루를 따로 박지 않고 제물로 손잡이까지 되게 만든 칼.

제-자리명 본디 있던 자리. 마땅히 있어야 할 자리. ¶제자리에 갖다 놓아라. /제자리를 떠나지 마시오.

제자리-걸음명 ①앞으로 나아가지 않고 제자리에서 걷는 일, 또는 그 걸음. ②일의 진행이나 상태가 나아가거나 나아지지 않고 제자리에 그대로 머물러 있음, 또는 그런 상태. 답보(踏步). ¶경제 성장이 제자리걸음을 한다.

제자리-높이뛰기명 도움닫기 없이 제자리에서 가로대를 뛰어넘는 경기.

제자리-멀리뛰기명 도움닫기 없이 발구름판 위에 두 발을 놓고 서서 멀리 뛰는 경기.

제자리-표(-標)명 악보에서, ♯로 높였거나 ♭으로 낮춘 음을 본디의 음으로 되돌아가게 하는 표. ♮로 나타냄. 본위 기호(本位記號).

제자-백가(諸子百家)[-까]명 중국 춘추 전국 시대의 여러 학파를 통틀어 이르는 말. ⑪제가(諸家).

제ː작(製作)명하다타 (재료를 써서) 물건이나 예술 작품 등을 만듦. ¶도구 제작./영화 제작.

제ː작-비(製作費)[-삐]명 제작하는 데 드는 비용.

제ː작-진(製作陣)[-찐]명 연극·영화·방송 프로그램 등을 만드는 일에 관여하는, 연기자 이외의 모든 사람.

제ː작-품(製作品)명 제작한 물품(작품).

제잠(鯷岑)명 지난날, 중국에서 우리나라를 이르던 말.

제-잡담(除雜談)[-땀]명하자 이러니저러니 여러 말할 것 없이 바로 함. ¶어제 폭력배가 들이닥쳐 제잡담하고 사무실의 기물을 부수었다.

제ː장(祭場)명 제사를 지내는 곳.

제장(諸將)명 ①여러 장수. ②민속에서, '싸움터에 나갔다가 죽은 남자의 혼령'을 이르는 말.

제ː재(制裁)명하타 ①(어떤 태도나 행위에 대한 대응으로) 불이익이나 벌을 줌, 또는 그 일. ¶법적인 제재를 가하다. ②도덕이나 관습, 또는 집단의 규율을 어긴 사람에게 주는 심리적·물리적 압력.

제ː재(製材)명하타 베어 낸 나무를 켜서 각목·널빤지 따위를 만듦.

제재(題材)명 예술 작품이나 학술 연구 따위에서 주제의 재료가 되는 것.

제ː재-소(製材所)명 베어 낸 나무로 각목·널빤지 따위의 재목을 만드는 곳.

제적(除籍)명하타 호적·학적·당적(黨籍) 따위에서 이름을 빼어 버림. 삭적(削籍).

제적-부(除籍簿)[-뿌]명 ①제적된 호적을 호적부에서 떼어 따로 매는 장부. ②일정한 조직체에서 제적된 사람의 이름을 따로 적어 두는 명부.

제전(除田)명 조세를 면제받던 토지. 〔사전(寺田) 따위.〕

제전(梯田)명 (비탈에 층층으로 일구어 놓은) 사다리꼴로 된 논밭.

제ː전(祭田)명 ①조상의 제사(祭祀)를 모시는 데 드는 비용을 마련하기 위해 장만한 토지. ②왕실의 의례(儀禮)나 제례(祭禮)에 드는 비용을 마련하던 토지.

제ː전(祭典)명 ①제사를 지내는 의식. ②성대하게 열리는 예술·문화·체육 등에 관한 사회적 행사. ¶민속 예술 제전.

제ː전(祭奠)명 의식을 갖춘 제사와 갖추지 않은 제사를 통틀어 이르는 말.

제ː전-악(祭典樂)명 제전에서 연주하는 음악.

제ː절(制節)명하타 (옷감 따위를) 잘 마름질하여 쓰기에 알맞게 함.

제절(除節)명 <계절(階節)>의 변한말.

제ː절(祭節)명 제사를 지내는 절차.

제절(諸節)명 ①남을 높이어 그 집안 사람들의 지내는 형편을 이르는 말. ¶댁내 제절이 평안하신지요. ②남의 집안의 웃사람을 높이어 그의 지내는 형편을 이르는 말. ¶자당(慈堂) 제절이 안녕하신지요. ③모든 절차.

제:정(制定)명하다되다 (제도나 규정 따위를) 만들어 정함. ¶법을 제정.

제:정(帝政)명 ①황제가 다스리는 정치, 또는 그런 정체(政體). ¶제정 러시아. ②제국주의의 정치.

제:정(祭政)명 제사와 정치. ¶제정 분리.

제정(提呈)명하타 드림. 바침. ¶신임장을 제정하다.

제:정-법(制定法)[-뻡]명 문서로 나타낸 법률. 〔부령(部令)·조례(條例) 따위.〕

제-정신(-精神)명 자기 본래의 똑바른 정신. 본정신. ¶제정신이 아니다.

제:정-일치(祭政一致)명 제사와 정치가 일치한다는 사상, 또는 그러한 정치 형태.

제제(提題)명 논증에 의하여 그 진위(眞僞)를 확정해야 할 명제.

제:제(製劑)명하타 (치료 목적에 따라) 약품을 맞추어 섞거나 일정한 형태로 만듦, 또는 그 제품. ¶생약(生藥) 제제.

제제(濟濟) '제제하다'의 어근.

제:제-다사(濟濟多士)명 ➡다사제제(多士濟濟).

제:제창창(濟濟蹌蹌)명하형 몸가짐이 위엄이 있고 질서가 정연함.

제:제-하다(濟濟-)형여 ①많다. 왕성하다. ②엄숙하고 신중하다.

제조(提調)명 조선 시대에, 종일품이나 이품의 품계를 가진 사람이, 각 사(司)나 청(廳)의 책임자가 아니면서 그 일을 맡아보던 벼슬.

제:조(製造)명하타되다 ①만듦. 지음. ②원료를 가공하여 제품을 만듦.

제:조^계:정(製造計定)[-게-/-게-]명 제조 원가를 모아서 셈한 계정.

제:조-법(製造法)[-뻡]명 (물품을) 만드는 방법. 준제법(製法).

제-조사(除朝辭)명하타 왕조 때, 지방 관원의 부임을 재촉하기 위하여 숙배(肅拜)를 면해 주던 일.

제:조-업(製造業)명 원료를 가공하여 물품을 만드는 영업.

제:조-원(製造元)명 특정 제품을 만들어 내는 본고장, 또는 그 공장이나 회사.

제:조^원가(製造原價)[-까]명 어떤 제품을 만들 때 드는 재물(財物)과 용역(用役)을 화폐 가치로 계산한 합계액.

제족(諸族)명 한집안의 여러 겨레붙이.

제종(諸宗)명 한 겨레붙이의 본종(本宗)과 지파(支派).

제종(臍腫)명 한방에서, 어린아이의 배꼽에 생기는 부스럼을 이르는 말. 제창(臍瘡).

제:좌(帝座)명 ①황제가 앉는 자리. 옥좌. ②중국에서, 천제의 자리라고 정해 놓은 별자리.

제좌(諸座)명 ①여러 계좌(計座). ②부기에서, 분개(分介)할 때에 한 거래의 대차(貸借) 어느 한쪽의 계정 과목이 둘 이상에 걸쳐 있을 때. 〔차변의 상품에 대하여 대변은 현금과 당좌 예금이 되는 것 따위.〕

제:주(帝主)명 신으로 모시는 제왕의 신주.

제:주(祭主)명 제사를 주장하는 사람. 주장이 되는 상제.

제:주(祭酒)명 제사에 쓰는 술.

제주(題主)명하자 신주(神主)에 글자를 씀.

제:주-자제(濟州子弟)명 조선 시대에, 하급 무관에 쓰려고 해마다 제주도에서 뽑아 올리던 사람.

제:주-잔(祭酒盞)[-짠]명 제주를 담는 잔.

제주-전(題主奠)명 장사 지낸 뒤 산소에서 혼령을 신주에 옮기기 위하여 지내는 제사.

제:중(濟衆)명하자 모든 사람을 구제함.

제:지(制止)명하타 말려서 못하게 함. ¶출입을 제지하다. 빈금지(禁止).

제:지(製紙)명하자 종이를 만듦. ¶제지 공장.

제지(蹄脂)명 국지.

제지(題旨)명 ➡제사(題辭).

제:-지내다(祭-)자 제물을 차려 신위(神位)에 바치다.

제직-회(諸職會)[-지쾨/-지퀘]명 개신교에서, 교회의 직책을 맡은 사람들이 교회 업무를 의논하는 모임.

제진(除塵)명하타 공기 중에 떠도는 먼지를 걷어 없애는 일.

제진(梯陣)명 군대·군함·비행기 따위를 사다리꼴로 편성한 진형(陣形).

제진(齊進)명하자 여럿이 한목에 나아감.

제-집명 자기의 집. ¶제집 떠나면 고생이다.

제-짝명 한 벌을 이루는 그 짝. ¶제짝을 잃다.

제:차(第次)명 차례.

제:찬(制撰)명하타 임금의 말씀이나 명령의 내용을 신하가 대신 지음. 대찬(代撰).

제:찬(祭粲)명 ➡젯메.

제창뷔 애쓰지 않고 저절로. 저절로 알맞게. ¶일손이 아쉽더니 제창 잘되었다.

제창(提唱)명하자타 (어떤 일을) 내세워 주장함. ¶자유의 수호를 제창하다.

제창(齊唱)명하타 여럿이 한목에 소리를 내어 부름. ¶애국가 제창. 참독창·중창·합창.

제창(臍瘡)명 ➡제종(臍腫).

제채(薺菜)명 냉이.

제:책(製册)명하타 종이나 인쇄물 따위를 실이나 철사로 매고 겉장을 붙여 책으로 만듦. 제본(製本). 참장책(粧冊).

제척(除斥)명하타되다 ①물리쳐 없앰. ②재판권 행사의 공정을 꾀하고 재판에 대한 국민의 신뢰를 지키기 위하여, 법관이 특정 사건의 피해자거나 또는 피해자나 피고인의 가족·친척 관계일 때는 그 직무의 집행에서 제외되는 일.

제:천(祭天)명하자 하늘에 제사 지냄.

제천(諸天)명 모든 하늘. 곧 불교에서 이르는, 마음을 수양하는 경계를 따라 나눈 여덟 하늘.

제:천(霽天)명 맑게 갠 하늘.

제:천^의:식(祭天儀式)명 하늘을 숭배하고 제사 지내는 원시 종교 의식.

제-철명 ①마땅한 때. ¶제철에 맞는 옷. ②알맞은 시기. ¶물고기는 제철에 잡아야 제 맛이 난다. 당제. 준철1.

제:철(製鐵)명하자 철광석을 녹여 무쇠를 뽑음. ¶제철 공업.

제철(蹄鐵)명 ➡편자.

제:철-소(製鐵所)[-쏘]명 철광석을 녹여 무쇠를 뽑는 곳. 보통 제선(製銑)·제강·압연의 세 개 공정을 갖춘 선강(銑鋼) 일관 공장과 독립 제강 공장을 이름.

제:청(祭廳)명 ①장사 지낼 때, 무덤 옆에 제사 지낼 수 있도록 베푼 곳. ②제사를 지내는 대청.

제청 (提請)圓빠자타 안건을 제안하여 결정해 줄 것을 요청하는 일, 또는 그렇게 함. ¶총리 임명 동의안을 제청하다.

제초 (除草)圓빠자 잡초를 뽑아 없앰. 김매기.

제초-기 (除草器)圓 잡초를 뽑아 없애는 기구.

제초-약 (除草藥)圓☞제초제.

제초-제 (除草劑)圓 농작물은 해치지 않고 잡초만을 없애는 약제. 살초제. 제초약.

제:축-문 (祭祝文)[-쭝-]圓 제사 때 신명(神明)에게 고하는 글.

제출 (除出)圓하타되자 덜어 냄.

제출 (提出)圓하타 (의견이나 안건·문안 따위를) 내어 놓음. ¶보고서 제출. /계획서를 제출하다.

제:출 (製出)圓하타 만들어 냄.

제출물-로圓 남의 시킴을 받지 않고 제 생각대로. 남의 힘을 빌리지 않고 제힘으로.

제출물-에圓 제 생각대로 하는 바람에. ¶제출물에 그렇게 되었으니 누구를 탓하겠나.

제충 (除蟲)圓하자 해로운 벌레를 없애 버림. 구충(驅蟲).

제충-국 (除蟲菊)圓 국화과의 다년초. 줄기 높이 30~60 cm. 늦봄에 하양 또는 빨강의 두상화(頭狀花)가 피는데, 곤충에 대하여 독성이 강한 피레트린이 함유되어 있음.

제충국-분 (除蟲菊粉)[-뿐]圓 제충국의 꽃을 말리어 만든 가루. 구충제·살충제로 쓰임.

제취 (除臭)圓하자 냄새를 없앰.

제치다타 ①거치적거리지 않게 따로 처리하다. ¶차를 빼려고 굄돌을 제치다. ②일정한 기준 아래까지 빼다. ¶나만 제쳐 두고 저희끼리 놀러가다니. ③어떤 일을 뒤에 하려고 미루다. ¶하던 숙제를 제쳐 두다. ④경쟁 상대보다 우위에 서다. ¶선두를 제치고 나서다. ⑤'젖히다'의 잘못.

제:칠-천국 (第七天國)圓 위안(慰安)의 나라. 향락(享樂)의 거리.

제키다자 조금 다쳐서 살갗이 벗겨지다.

제키다타 '젖히다'의 잘못.

제:탄 (製炭)圓하자 ①탄을 만듦. ②숯을 구워 만듦.

제태 (除汰)圓하타되자 조선 시대에, 칠반천역(七般賤役)에 종사하던 사람의 구실을 그만두게 하던 일.

제:태 (祭馱)圓 제수(祭需)를 실은 짐바리.

제:택 (第宅)圓 살림집과 정자 따위를 통틀어 이르는 말.

제택 (諸宅)圓 <제가(諸家)>의 높임말.

제:-터 (祭-)圓 제사를 지내려고 마련한 터.

제:-턱圓 변함이 없이 제가 지녔던 그대로의 정도나 분량.

제:토-제 (制吐劑)圓 구토를 멈추게 하는 약.

제:통 (帝統)圓 제왕의 계통.

제:-퇴선 (祭退膳)[-퇴/-뛔-]圓 제사를 지내고 제상(祭床)에서 물린 음식. 㽉퇴선.

제트 (jet)圓 증기나 액체 따위가 좁은 구멍에서 잇달아 뿜어 나오는 상태.

제트-기 (Z旗)圓 만국 선박 신호에 따라 정해진, 로마자 신호기의 한 가지. 두 줄의 대각선으로 사분하며, 황·청·적·흑의 네 색깔로 물들임.

제트-기 (jet機)圓 제트 엔진을 추진 장치로 하는 비행기. 분사 추진식 비행기.

제트^기관 (jet機關)圓 ☞제트 엔진.

제트^기류 (jet氣流)圓 대류권의 상부나 성층권에서 수평축에 따라 동쪽으로 흐르는 공기의

세찬 흐름. 최대 풍속이 초속 100 m에 이르는 일도 있음.

제트^엔진 (jet engine)圓 기관 안에서 연소시킨 고온의 가스를 노즐에서 뿜어내어 그 반동으로 추진력을 얻는 열기관. 제트 기관.

제트^연료 (jet燃料)[-열-]圓 가스 터빈 기관을 갖춘 제트기에 쓰는 연료. 인화점 52℃의 특급 등유를 씀.

제-판圓 거리낌 없이 제멋대로 하는 판. ¶제판처럼 떠들다.

제:판 (製版)圓하타되자 ①인쇄판(印刷版)을 만듦. ②☞조판(組版).

제판 (題判)圓 지난날, 관부(官府)에서 백성이 올린 소장(訴狀)에 쓰던 판결.

제:팔^예:술 (第八藝術)[-례-]〔여러 가지 예술 가운데서 여덟 번째로 생겼다는 뜻에서〕 '영화', 특히 '무성 영화'를 이르는 말. 㽉제구 예술.

제:패 (制霸)圓하타 ①패권을 잡음. ②운동·바둑 따위의 경기에서 우승함. ¶탁구 경기에서 세계를 제패하다.

제평 (齊平) '제평하다'의 어근.

제평-하다 (齊平-)혱영 가지런하고 고르다.

제폐 (除弊)[-페/-페]圓하자 폐단이 될 만한 일을 없앰.

제폭 (除暴)圓하자 폭력을 없앰.

제표 (除標)圓 ☞나눗셈표.

제풀-로圓 저 혼자 저절로. 제 스스로. ¶제풀로 배우고 익히다.

제풀-에圓 저절로 되는 바람에. ¶한참 울더니 제풀에 잠이 들었다.

제:품 (製品)圓하타 재료를 써서 물건을 만듦, 또는 만든 그 물건. ¶유리 제품.

제품 (題品)圓 어떤 사물의 가치나 우열 따위를 평하는 일. 품제(品題).

제하 (除下)圓하타 아랫사람에게 물건을 나누어 줌.

제하 (除荷)圓하타 좌난당한 배를 가볍게 하기 위하여 싣고 있는 짐을 바다에 버림, 또는 버리는 그 짐. 투하(投荷).

제하 (題下)圓 제목 아래. ¶'봄'이라는 제하에 글을 쓰다.

제하 (臍下)圓 배꼽 밑.

제:-하다 (際-)자타여 당하다. 즈음하다. 《주로, '제하여'의 꼴로 쓰임.》 ¶한글날에 제하여 …. /체육 대회 개최를 제하여….

제:-하다 (制-)타여 한약을 짓기 위하여 건재를 썰고 갈고 빻고 하다.

제-하다 (除-)타여 ①(일정한 수에서 어떤 수를) 덜어내다. ¶책값을 제하고 나니 쓸 돈이 없다. ②나누다. ③빼거나 없애다.

제학 (提學)圓 ①고려 시대에, 대제학 아래의 정삼품 벼슬. ②조선 시대에, 예문관(藝文館)·홍문관(弘文館)의 종이품, 또는 규장각의 종일품이나 종이품 벼슬.

제:한 (制限)圓하타되자 ①한계나 범위를 정함, 또는 정해진 한계나 범위. ¶연령 제한. ②일정한 한계나 범위를 넘지 못하게 함. ¶속도 제한.

제:한 (際限)圓 죽 이어진 것의 끝이 되는 부분.

제:한^공간 (制限空間)圓 국가 보안을 위하여 정해 놓은 육지나 수역(水域)의 상공에서, 항공기의 비행이 금지 또는 제한되는 공간.

제:한^선:거 (制限選擧)圓 선거 자격에 재산·납세·교육·신앙 따위의 일정한 제한을 두는 제도. ↔보통 선거.

제:한-적(制限的)관명 일정한 한계나 범위를 정하거나 그것을 넘지 못하게 하는 (것). ¶제 한적 허용. /제한적으로 시행하다.

제:한^전:쟁(制限戰爭)명 전쟁의 목적이나 수단·지역 따위를 일정 범위에 제한한 전쟁. 한정 전쟁. ↔전면 전쟁(全面戰爭).

제:한-제(制汗劑)명 ☞지한제(止汗劑).

제함(擠陷)명하타 나쁜 마음으로 남을 못된 데로 밀어 넣어 해침.

제항(梯航)명하자타〔사다리로 산에 오르고 배로 바다를 건넌다는 뜻으로〕'먼 길을 여행함'을 이르는 말.

제해(除害)명하자 해로운 사물을 없앰.

제:해-권(制海權)[-꿘]명 바다를 지배하는 권력. 곧, 전시(戰時)나 평시(平時)를 가리지 않고 군사·통상·항해 따위 국가 이익 안보에 관한 권리를 확보하는 실력. 해상권. ¶제해권을 장악하다.

제행(諸行)〔불교에서〕①온갖 수행. ②인연(因緣)으로 말미암아 일어나는 온갖 현상.

제행-무상(諸行無常)명 불교에서, '우주 만물은 항상 돌고 변하여 잠시도 한 모양으로 머무르지 않음'을 이르는 말.

제:향(帝鄕)명 ①☞황성(皇城). ②제왕이 태어난 곳. ③하느님이 있다는 곳.

제:향(祭享)명 ①나라에서 올리는 제사. ②〈제사(祭祀)〉의 높임말.

제:헌(制憲)명하자 헌법을 제정함. ¶제헌 국회.

제:헌-절(制憲節)명 우리나라의 헌법이 공포된 것을 기념하는 국경일. [7월 17일.]

제:혁(製革)명하자 〈생가죽을 다루어 제품으로 서의〉가죽을 만듦.

제현(諸賢)명 여러 어진 사람, 곧 점잖은 여러 분. 제언(諸彦). ¶강호(江湖) 제현.

제:형(弟兄)명 아우와 형.

제형(梯形)명 '사다리꼴'의 구용어.

제형(諸兄)I명 집안의 여러 형.
Ⅱ대 동료 사이에 '여러분'을 높이어 일컫는 말.

제형(蹄形)명 말굽 모양.

제형^자:석(蹄形磁石)명 ☞말굽자석.

제:호(帝號)명 제왕의 칭호.

제:호(除號)명 ☞나눗셈표.

제호(醍醐)명 우유에 갈분(葛粉)을 타서 미음같이 쑨 죽.

제호(題號)명 책자 따위의 제목. ¶잡지의 제호를 붙이다.

제호(鵜鶘)명 ☞사다새.

제호-탕(醍醐湯)명 오매육(烏梅肉)·사인(砂仁)·백단향(白檀香)·초과(草果) 등에 물을 붓고 달여 즙을 낸 후 그 즙에 꿀을 넣고 다시 달여서 찬물에 타서 먹는 청량음료.

제:홍(祭紅)명 도자기에 칠하는 유약의 한 가지. 산뜻한 다홍빛임.

제:화(製靴)명하타 구두를 만듦. ¶제화 공장.

제:화(濟化)명하타 가르치고 이끌어 잘하게 함.

제씨(際會)[-회/-훼]명하자타 ①우연히 만남. ②임금과 신하 사이에 뜻이 잘 맞음. ②제우(際遇).

제후(諸侯)명 봉건 시대에, 군주로부터 받은 영토와 그 영내에 사는 백성을 다스리던 사람. 공후(公侯). 군후(君侯). 열후(列侯).

제후-국(諸侯國)명 제후가 다스리는 나라.

제휴(提携)명하자 〈공동의 목적을 위하여〉서로 도움, 또는 공동으로 일을 함. ¶기술 제휴를 맺다.

젠:힘명 자기의 힘. ¶대학 등록금을 제힘으로 마련하다.

젠더(Gender)명 사회적 의미로서의 성(性). 1995년 5월 베이징 제4차 여성 대회에서, 생물학적 의미의 성(Sex) 대신 새로 쓰기로 결정한 용어로서, 남녀 간의 대등한 관계를 내포하고 있음.

젠:장캡 마땅찮아서 혼자 내뱉듯이 하는 말. ¶젠장, 비가 또 오네.

젠:장-맞을관명〔'제기, 난장(亂杖)을 맞을 것'이라는 뜻으로〕마땅찮아서 혼자 내뱉듯이 하는 말. ¶젠장맞을 녀석. /젠장맞을, 또 허탕이구나. 참젠장칠.

젠:장-칠관명〔'제기, 난장(亂杖)을 칠 것'이라는 뜻으로〕마땅찮아서 혼자 내뱉듯이 하는 말. ¶이런 젠장칠 놈 또 말썽이군. /젠장칠, 하는 일마다 모두 이 모양이군. 참젠장맞을.

젠체-하다자 제가 제일인 체한다. 잘난 체하다. ¶꼴사납게 아무 때나 젠체한다.

젤: I명〈제일〉의 준말.
Ⅱ부〈제일〉의 준말. ¶이것이 젤 낫다.

젤라틴(gelatin)명 단순 단백(蛋白)의 한 가지. 동물의 가죽·뼈·뿔 따위를 오랫동안 석회액에 담갔다가 물을 붓고 끓이거나 산(酸)을 넣어 만듦. 지혈제·식용·공업용 따위로 쓰임.

젤라틴^페이퍼(gelatin paper)명 무대 따위의 조명에 쓰는 종이. 젤라틴을 정제(精製)하여 알맞은 색소를 넣어 만듦.

젤리(jelly)명 ①어육류나 과실의 교질분(膠質分)을 뽑아낸 맑은 즙, 또는 그 즙을 젤라틴으로 굳힌 것. ②과실즙에 설탕을 넣고 끓인 뒤 식혀서 만든 과자.

젬병명 '형편없는 것'을 속되게 이르는 말. ¶재주가 젬병이다.

젯:-날(祭-)[젠-]명〈제삿날〉의 준말.

젯:-메(祭-)[젠-]명 제사(祭祀)에 쓰려고 짓는 밥. 제반.

젯:메-쌀(祭-)[젠-]명 젯메를 지을 쌀.

젯:-밥(祭-)[제빱/젠빱]명〈제삿밥〉의 준말.

쟁겅꾸 엷은 쇠붙이 따위가 부딪히거나 부러질 때 가볍게 울리어 나는 소리. 참쟁강. 껸쨍겅. 쟁겅-쟁겅꾸하자타.

쟁겅-거리다자타 자꾸 쟁겅쟁겅하다. 쟁겅대다. ☞쟁강거리다.

쟁겅-대다자타 쟁겅거리다.

쟁그렁꾸 엷은 쇠붙이 따위가 맞부딪치거나 떨어질 때에 울리어 나는 소리. 참쟁그랑. 껸쨍그렁. 쟁그렁-쟁그렁꾸하자타.

쟁그렁-거리다자타 자꾸 쟁그렁쟁그렁하다. 쟁그렁대다. ☞쟁그랑거리다.

쟁그렁-대다자타 쟁그렁거리다.

져명〈옛〉젓가락. ¶져 협:졔(訓蒙中11).

-져어미〈옛〉-고자. -려. -으려. ¶正月ㅅ 나릿 므른 아으 어져 녹져 논논다(樂範.動動).

져고마치〈옛〉조금. ¶져고맛 들글도 셔디 아니홈씨니(法華3:76). 참죠고마.

져근덛명〈옛〉잠깐. 잠시 동안. ¶져근덛 경:頃(類合下37).

져근덧명〈옛〉잠깐. 잠시 동안. ¶져근덧 가디마오(鄭澈.關東別曲).

져기꾸〈옛〉적이. 좀. ¶世尊하 願호돈 져기 사겨 니르쇼셔(月釋18:23).

져김명〈옛〉제금. ¶져김:鈸(才物5).

져므니명〈옛〉젊은이. ¶얼운과 져므니 츠례 이시며(小解1:9).

져물다탄 〈옛〉 저물다. ¶날이 져므러 숫막에 들려하니(五倫3:32). ㉫점글다.

져비명 〈옛〉 제비. ¶져비:燕(訓解).

져재명 〈옛〉 저자. 시장. ¶東海ㅅ ㄱ싀 져재 곤하니(龍歌6章).

져주다탄 〈옛〉 신문(訊問)하다. 힐문(詰問)하다. ¶王이 므슴 호려 져주시느니잇고(釋譜11:28).

적적튄 〈옛〉 작작. 조그만큼. 조금씩. ¶슬픈 된 를미 적적 느느다(杜初16:51).

젼추명 〈옛〉 까닭. ¶故는 젼치라(訓諺). /이런 젼추로(訓諺).

젓명 〈옛〉 마음껏. 마구. 함부로. ¶ㅁ슨몰 젼근 펴(楞解10:62).

젓튄 〈옛〉 마음대로. 함부로. ¶바볼 젼굿 써먹디 말며(內訓1:3).

졈명 〈옛〉 좀. ¶내 논 다 미여든 네 논 졈 미여 주마(古時調).

졈글다탄 〈옛〉 저물다. ¶내 가논디 졈그롤셰라(樂詞.井邑詞). ㉫져물다.

졈다혱 〈옛〉 어리다. 젊다. ¶나흐나 졈어 잇고 님하난 날 괴시니(鄭澈.思美人曲).

졉다탄 〈옛〉 접어주다. 용서하다. ¶恁는 내 모맷 모딜 노 져버 볼씨라(楞解3:82).

젓어미명 〈옛〉 젖어미. ¶젓어미 모:姆(訓蒙上33).

젓바디다탄 〈옛〉 자빠지다. ¶沛는 젓바딜씨오(楞解5:32).

졓명 〈옛〉 젖. ¶酥〕 저졧녀(楞解7:17).

조¹명 볏과의 일년초. 밭에 심는 식용 작물의 한 가지. 줄기 높이 1~1.5 m. 잎은 좁고 길며 톱니가 있음. 가을에 큰 이삭이 나와 잔꽃이 모여 피고, 이삭에 달린 노란 열매는 자잘함. 오곡의 하나임.

조²관 '저4'를 얕잡아, 또는 귀엽게 이르는 말. ¶조 어린것이 먹으면 얼마나 먹겠소?

조(租)명 왕조 때, 전세(田稅)를 나라에 바치던 공부(貢賦)의 한 가지.

조(組)명 지난날, 강경과의 성적을 매기던 네 등급 가운데 셋째 등급. ㉫통(通)·약(略)·불(不).

조(組)〔Ⅰ〕명 일정한 목적을 위하여 조직한 소규모의 집단. ¶조를 짜다.
〔Ⅱ〕의 기계류나 물류 따위가 두 개 이상을 갖추어 한 벌을 이룰 때, 그 한 벌을 세는 단위. ¶사진기 한 조.

조:(詔)명 〈조서(詔書)〉의 준말.

조(調)〔Ⅰ〕명 ①〈곡조(曲調)〉의 준말. ②높고 깨끗한 품격(品格)을 지니려는 태도. ¶조가 대단하다. ③왕조 때, 특산물을 나라에 바치던 공부(貢賦)의 한 가지.
〔Ⅱ〕의 ①시가(詩歌)나 노래에서, 자수(字數)나 가락의 특징을 나타내는 단위. ¶삼사 조. /사사 조. /칠오 조. ②말투. 태도. 투(套). 《주로, '-는 조로'의 꼴로 쓰임.》 ¶깔보는 조로 말하다. /이미 결판났다는 조로 말하다.

조(操)명 ▷절조(節操).

조(를) 빼다관용 짐짓 몸가짐을 조촐하게 하다.

조(條)명 ①줄거리. 항목. 제이 조. ②'명목', '조건'을 뜻함. 《주로, '조로'의 꼴로 쓰임.》 ¶수고비 조로 준 돈.

조(兆)㊖명 억(億)의 1만 배, 경(京)의 만분의 일이 되는 수(의). 곧, 10¹².

-조(祖)㊀ 《'대(代)' 뒤에 붙어》 '조상'의 뜻을 나타냄. ¶6대조.

조-(助)㊀ 《직위나 직무를 나타내는 말 앞에 붙어》 '보조적인', '버금가는'의 뜻을 나타냄. ¶조감독. /조교수. /조연출.

-조(朝)㊁ 왕이나 나라 이름 뒤에 붙어, 그 왕조임을 나타냄. ¶태종조. /고려조. /조선조.

조:가(弔歌)명 죽음을 슬퍼하는 노래. 애가(哀歌).

조가(朝家)명 ▷조정(朝廷).

조가리명 조개의 껍데기. 패각.

조각명 ①넓적하거나 얇은 물건에서 떼어 낸 작은 부분, 또는 따로 떨어진 물건. ¶유리 조각. /헝겊 조각으로 만든 인형. ②〔의존 명사적 용법〕 떼어 내거나 떨어져 나온 부분을 세는 단위. ¶케이크 두 조각.

조각(組閣)명하자퇴자 내각(內閣)을 조직함.

조각(彫刻·雕刻)명하타퇴자 조형 미술의 한 가지. 나무·돌·흙·쇠붙이 따위에, 그림·글씨·사람·짐승 등을 새기거나 빚는 일, 또는 그렇게 새기거나 빚는 것.

조각-가(彫刻家)[-까]명 (예술로서의) 조각을 전문으로 하는 사람.

조각-구름[-꾸-]명 조각조각 찢어 놓은 듯이 떠 있는 구름. 단운(斷雲). 편운(片雲).

조각-기(彫刻機)[-끼]명 회전 공구를 써서 문자나 도안 따위를 새기는 기계.

조각-나다[-강-]탄 ①깨지거나 떨어져 조각이 생기다. ¶거울이 조각나다. ②뜻이 맞지 않아 서로 갈라지다. ¶모임이 조각나다.

조각-내다[-강-]타 깨거나 갈라서 여러 조각을 만들다. ¶거울을 조각내다.

조각-달[-딸]명 음력 초닷새 무렵과 스무닷새 무렵에 뜨는, 반달보다 더 이지러진 달. 편월(片月).

조각-도(彫刻刀)[-또]명 조각하는 데 쓰는 칼. 새김칼.

조각-배[-빼]명 작은 배. 편주(片舟).

조각-보(-褓)[-뽀]명 헝겊 조각을 여럿 대어서 만든 보자기.

조각-사(彫刻師)[-싸]명 조각을 직업으로 하거나 썩 잘하는 사람. 각수(刻手).

조각^**석판**(彫刻石版)[-썩-]명 석판에 질산 고무를 바르고, 마른 뒤 본그림을 놓고 테두리를 새긴 선에 아마인유를 배어 들게 한 제판.

조각^**요판**(彫刻凹版)[-강뇨-]명 조각도나 조각기로 새기고 화학적으로 부식(腐蝕)시켜 만든 판. 지도·유가 증권 따위의 인쇄에 쓰임.

조각자-나무(皂角刺-)[-짜-]명 콩과의 낙엽 활엽 교목. 산기슭이나 개울가에 나는데, 키는 15~18 m이고 가시가 많으며 여름에 연두색의 꽃이 핌. 열매·가시는 약재, 재목은 가구재로 씀.

조각-장이(彫刻-)[-짱-]명 '조각사(彫刻師)'를 낮추어 이르는 말.

조각-조각[-쪼-]〔Ⅰ〕명 여러 조각. ¶조각조각에 날이 서다.
〔Ⅱ〕튄 여러 조각으로 갈라지거나 깨진 모양. ¶조각조각 깨어지다.

조각-편(-片)명 한자 부수의 한 가지. '版'·'牌' 등에서의 '片'의 이름.

조각-품(彫刻品)명 조각한 물품.

조간(ㄱ姦)명하자 여자를 후려내어 간음함.

조:간(釣竿)명 낚싯대.

조간(朝刊)명 〈조간신문〉의 준말. ↔석간(夕刊).

조간(遭艱)명하자 ▷당고(當故).

조간-신문(朝刊新聞)명 일간 신문 가운데서 아침에 펴내는 신문. 조간지. ㉤조간. ↔석간신문.

조간-지(朝刊紙)명 ▷조간신문. ↔석간지.

조갈(燥渴)명하혱 목이 마름. ¶조갈이 나다.

조갈-소(藻褐素)[-쏘]图 엽록소와 함께 갈조식물에 들어 있는 갈색의 색소.

조갈-증(燥渴症)[-쯩]图 한방에서, 목이 몹시 마르는 증세를 이르는 말.

조감(鳥瞰)图타 높은 곳에서 아래를 비스듬히 내려다봄. 하감(下瞰).

조:감(照鑑)图하타 ①비추어 봄. 맞대어 봄. ②신불(神佛)이 밝게 보살핌.

조감(藻鑑)图 사람의 겉만 보고도 그 됨됨이나 인품을 알아보는 식견.

조감-도(鳥瞰圖)图 위에서 굽어본 모양으로 그린 그림. 부감도(俯瞰圖).

조갑(爪甲)图 손톱과 발톱.

조강(條鋼)图 강재(鋼材)의 한 분류로서, 궤철(軌鐵)·봉강(棒鋼)·형강(形鋼)을 통틀어 이르는 말.

조강(粗鋼)图 압연·단조(鍛造) 따위의 가공이 되지 않은, 제강로(製鋼爐)에서 나온 그대로의 강철.

조강(朝講)图하자 ①이른 아침에 강관(講官)이 임금에게 진강(進講)하던 일. ②아침에 불도(佛徒)들이 모여 앉아 불경을 강론하는 일.

조강(燥強)图하형 땅바닥에 물기가 없어 보송보송함.

조강(糟糠)图 ①지게미와 쌀겨. ②(가난한 사람이 먹는) 보잘것없는 음식.

조강지처(糟糠之妻)图 [지게미와 쌀겨로 끼니를 이을 때의 아내라는 뜻으로] '가난할 때 고생을 함께하며 살아온 본처(本妻)'를 이르는 말. '후한서(後漢書)'의 '송홍전(宋弘傳)'에 나오는 말임.

조개图 판새류(瓣鰓類)에 딸린 연체동물을 통틀어 이르는 말. 민물과 바닷물에 살며 석회질 성분으로 된 단단한 조가비로 몸을 싸고 있는데, 속살은 먹을 수 있음.

조개-관자(貫子)图 (혓꼭지 모양으로 생기어) 조갯살이 조가비에 붙어 있게 하는 단단한 근육. 패주(貝柱). 폐각근.

조개-구름图 ▷권적운(卷積雲).

조개-껍데기[-떼-]图 조갯살을 겉에서 싸고 있는 단단한 물질. 조개껍질.

조개-껍질[-찔]图 조개껍데기.

조개-더미图 고대인이 조개를 까먹고 버린 조가비가 무덤처럼 쌓여 있는 것. 조개무지. 패총(貝塚).

조개모변(朝改暮變)图하 ▷조변석개.

조개-무지图 ▷조개더미.

조개-밥图 조갯살을 넣고 간장을 쳐서 지은 입쌀밥.

조개-볼图 조가비처럼 가운데가 도드라진 볼.

조개-새우图 갑각류 조개새웃과의 물벼룩의 한 가지. 몸길이 1~1.5 cm. 몸은 두 개의 조가비로 싸여 있고 24쌍의 다리가 있음. 여름에 못이나 무논 같은 곳에서 삶.

조개-젓[-쩟]图 조갯살로 담근 젓. * 조개젓이[-저시]·조개젓만[-젇-]

조개-치레图 조개치렛과의 게. 사람 얼굴 비슷한 등딱지는 길이와 폭이 각각 2 cm가량이고 진흙빛을 띤 경우가 많음. 이마에는 두 개의 둔한 돌기가 있고, 조가비 따위를 등에 업고 진흙 속에 숨는 습성이 있음.

조개-탄(-炭)图 조가비 모양으로 만든 연탄.

조개-탕(-湯)图 모시조개를 맹물에 삶아서 국물째 먹는 음식. 조갯국.

조개-패(-貝)图 한자 부수의 한 가지. '財'·'貞' 등에서의 '貝'의 이름.

조개-풀图 볏과의 일년초. 높이 20~50 cm이고, 들이나 논둑에 절로 나는데, 9월에 줄기 끝에서 녹자색 꽃이 핌. 줄기와 잎은 황색 염료로 쓰임.

조:객(弔客)图 조상(弔喪)하는 사람. 조문객(弔問客). 조상객(弔喪客).

조:객-록(弔客錄)[-녹]图 조객의 성명을 적는 책. ¶조객록에 이름을 쓰다.

조갯-국[-개꾹/-갣꾹]图 ▷조개탕.

조갯-살[-개쌀/-갣쌀]图 조개의 살, 또는 그것을 말린 것.

조갯속-게[-개쏙께/-갣쏙께]图 ①속살이. ②'몸이 연약하고 기력이 없는 사람'을 비유하여 이르는 말.

조-거(-것)<조것>의 준말. ¶조거 주세요. 图저거.

조거(漕渠)图 (짐을 싣거나 부리기 위하여) 배를 들여 댈 수 있게 깊이 파서 만든 개울. 조구(漕溝).

조건(條件)[-껀]图 ①어떤 사물이 성립되거나 발생하는 데 갖추어야 하는 요소. ¶계약 조건. ②어떤 일을 자기 뜻에 맞도록 하기 위하여 내어 놓는 요구나 견해. ¶조건을 붙이다. ③법률행위의 효력의 발생 또는 소멸을, 앞으로 일어날 불확실한 사실의 성사 여부에 매이게 하는 일.

조건^반:사(條件反射)[-껀-]图 동물이 환경에 적응하기 위하여 후천적으로 얻게 되는 반사. 곧, 반사와 관계없는 어떤 자극을 동시에 되풀이해 줌으로써 그 자극만으로도 반사가 일어나는 현상. ↔무조건 반사.

조건-부(條件附)[-껀-]图 어떤 일에 일정한 조건이 붙음. ¶조건부로 타협하다.

조건^자:극(條件刺戟)[-껀-]图 조건 반사를 일으키게 하는 자극.

조:걸(助桀)图하자 ▷조걸위학.

조:걸위학(助桀爲虐)图하자 [중국 고대 하나라의 폭군 걸(桀)을 부추겨 포학하게 한다는 뜻으로] 악한 사람을 부추겨 악한 짓을 더 하게 함. 조걸위학.

조-것[-걷]때 ①'저것'을 얕잡아, 또는 귀엽게 이르는 말. ¶너는 조것이 무엇으로 보이니? ②'조 사람'을 얕잡아 이르는 말. ¶조것이 무얼 한다고! ③(반어적 표현으로) '조 아이'를 귀엽게 이르는 말. ¶조것이 벌써 다 컸네. 图조거. ②③图저것. * 조것이[-거시]·조것만[-건-]

조것图(옛) 조짜. ¶조것:僞物(訓蒙下21).

조:격(阻隔)图하자되자 막혀서 통하지 못함.

조:경(造景)图하타 경관(景觀)을 아름답게 꾸미는 일. ¶조경이 잘된 정원.

조경(調經)图하 월경(月經)을 고르게 함.

조경(潮境)图 ①서로 다른 성질의 해류가 맞닿은 경계. ②냇물과 바닷물의 경계.

조:계(早計)[-계/-게]图 지레 세운 계획.

조계(租界)[-계/-게]图 19세기 후반에 중국의 개항 도시에 있던 외국인 거주지. 외국의 행정권·경찰권이 행사되었음. 참공동 조계.

조계-종(曹溪宗)[-계-/-게-]图 ①고려 시대에, 신라의 구산 선문(九山禪門)을 합친 종파. [천태종(天台宗)에 대하여 이르는 말.] ②태고(太古) 국사를 종조(宗祖)로 하는 우리나라 불교의 한 종파.

조고(祖考)图 죽은 할아버지. 왕고(王考).

조고(祖姑)图 조부모의 자매.

조고(凋枯)图하형(풀 따위가) 시들어 마름.

조:고(照考)囝困타 대조하여 생각함.

조고(潮高)囝 조석(潮汐)에 따라 일어나는 수위의 상승량.

조고(遭故)囝하자 ⇨당고(當故).

조고(操觚)囝하자 〔붓을 잡아 글을 쓴다는 뜻으로〕'문필에 종사함'을 이르는 말.

조고-계(操觚界)[-계/-게]囝 문필가들의 사회. 〔주로, 신문이나 잡지 기자들의 사회를 이름.〕

조:고여생(早孤餘生)囝 어려서 어버이를 여의고 자란 사람.

조:곡(弔哭)囝하자 조문 가서 애도의 뜻으로 욺, 또는 그 울음.

조곡(組曲)囝 ⇨모음곡. ¶무반주 첼로 조곡.

조곡(朝哭)囝하자 상제가 소상(小祥)까지 이른 아침마다 궤연 앞에서 하는 곡.

조곤-조곤[-軍하타 성질이나 태도가 좀 은근하고 끈덕진 모양. ¶조곤조곤 따지다. /조곤조곤 설명하다. /조곤조곤한 말투. 조곤조곤-히囝.

조:골-세포(造骨細胞)囝 골질(骨質)을 분비하여 뼈를 만드는 세포.

조공(彫工)囝 조각을 업으로 하는 사람.

조공(朝貢)囝하자 왕조 때, 속국이 종주국에게 때마다 예물을 바치던 일.

조:공(照空)囝하자 하늘을 비춤.

조:공-등(照空燈)囝 ⇨탐조등(探照燈).

조:과(早課)囝 가톨릭에서, '아침 기도'를 이전에 이르던 말.

조과(造菓·造果)囝 실과(實果)에 대하여 유밀과(油蜜菓)·과자 따위를 이르는 말.

조곽(早藿)囝 철보다 일찍 따서 말린 미역.

조관(條款)囝 벌여 놓은 조목.

조관(朝官)囝 ⇨조신(朝臣).

조관(朝冠)囝 벼슬아치가 조복할 때에 쓰던 관.

조:관(弔管)囝하자되자 맡아서 보관함. 보살핌.

조광(粗鑛)囝 캐낸 그대로의 광석.

조광(躁狂)囝하자 미쳐 날뜀.

조광-권(租鑛權)[-꿘]囝 남의 광구에서 광물을 캐내어 차지할 수 있는 권리.

조:교(弔橋)囝 강이나 좁은 해협의 양쪽에 굵은 줄이나 쇠사슬 등을 건너질러 놓고, 거기에 의지하여 매달아 놓은 다리. 현수교(懸垂橋).

조:교(助敎)囝 ①대학에서, 교수의 지시를 받아 연구와 사무를 도와주는 직위, 또는 그 사람. ②군에서, 교관을 도와 교재 관리·시범 훈련·피교육자 인솔 따위를 맡아 하는 사병.

조:교(照校)囝하타 대조하여 검토함.

조교(調敎)囝하타 승마를 훈련함.

조:-교수(助敎授)囝 대학교수 직제의 한 가지. 부교수의 아래.

조구(釣鉤)囝 낚시.

조구(漕溝)囝 ⇨조거(漕渠).

조:구-등(釣鉤藤)囝 꼭두서닛과의 목질 만초. 잎의 아귀마다 낚시 비슷한 두 개의 가시가 있어 다른 물건에 붙어 감기며, 여름에 깔때기 모양의 작은 꽃이 핌. 가시는 응달에 말리어 약재로 씀. 준조등(釣藤).

조:구조:운=동(造構造運動)囝 산지의 주요 구조를 이루는 큰 규모의 지각 변형 작용.

조국(祖國)囝 ①조상 때부터 살아온 나라. 자기가 태어난 나라. 부모국(父母國). ②민족이나 국토의 일부가 딴 나라에 합쳐졌을 때에 그 본디의 나라. ③⇨모국(母國).

조:국(肇國)囝하자되자 ⇨건국(建國).

조국-애(祖國愛)囝 조국에 대한 사랑.

조군(-軍)囝 '교군(轎軍)'의 잘못.

조군(漕軍)囝 ⇨조졸(漕卒).

조:궁-장(造弓匠)囝 활을 만드는 일을 업으로 삼는 사람.

조:궁-장이(造弓-)囝 '조궁장'을 얕잡아 이르는 말. 궁장이. 궁인(弓人).

조:귀(早歸)囝하자 일찍 돌아가거나 돌아옴.

조규(條規)囝 조문(條文)으로 정해 놓은 규정.

조균(朝菌)囝 〔아침에 생겼다가 저녁에 스러지는 버섯이란 뜻으로〕'덧없는 짧은 목숨'을 비유하여 이르는 말.

조그마-하다[형(형)여 조금 작거나 적다. 그리 크거나 많지 않다. ¶조그마한 탑. /손이 조그마하다. 준조그맣다.

조그만[판 '조그마한'이 줄어든 말. ¶조그만 돌.

조그만큼[囝 아주 작거나 적게.

조그맣다[-마타][조그마니·조그매]형(형) 〈조그마하다〉의 준말. ¶키가 조그맣다. /조그맣게 보이다.

조근(朝槿)囝 '무궁화'를 달리 이르는 말.

조근(朝觀)囝하자 ⇨조현(朝見).

조금 Ⅰ囝 ①적은 정도나 분량. ¶용돈이 조금밖에 안 남았다. ②짧은 동안. ¶그는 성격이 급해 조금도 못 기다린다. /조금 뒤에 휴게실에서 보자. 쎈쪼끔·쪼끔. Ⅱ囝 ①정도나 분량이 적게. ¶조금 모자라다. ②시간적으로 짧게. ¶조금 있다가 만납시다. 준조금². 쎈쪼끔·쪼끔.

조금(潮-)囝 조수(潮水)가 가장 낮은 때인 '음력 매달 초여드레와 스무사흘'을 이르는 말. ↔한사리.

조금(彫金)囝 끌을 써서 금속에 그림·글씨·무늬 따위를 새김.

조:금(造金)囝 인공으로 만든 금.

조금-씩[囝 많지 않게 여러 번 잇대어서. 조금조금. ¶병세가 조금씩 회복되고 있다.

조금-조금[囝 ①여럿이 다 조그마하게. ②조금씩. ¶술을 조금조금 마시다. 쎈쪼끔쪼끔.

조금-치(潮-)囝 조수(潮水)가 가장 낮은 때에 날씨가 궂어짐, 또는 그런 일.

조급(早急)囝 '조급(早急)하다'의 어근.

조급(躁急)囝 '조급(躁急)하다'의 어근.

조급-성(躁急性)[-씽]囝 조급히 구는 성질.

조급-증(躁急症)[-쯩]囝 조급해하는 버릇이나 마음. ¶조급증을 내다.

조:급-하다(早急-)[-그파-]형(형)여 (서둘러야 할 만큼) 몹시 급하다. 이르고 급하다. 조급-히囝 ¶조급히 해결해야 할 문제.

조급-하다(躁急-)[-그파-]형(형)여 (성격이) 참을성이 없이 매우 급하다. 급조하다. 조급-히囝 ¶조급히 서두르다.

조기¹囝 참조기·수조기·보구치 따위를 두루 이르는 말. 석수어(石首魚).

조-기²때 조 곳. ¶조기가 나가는 문이다. /짐은 조기에 두세요. 큰저기.

조:기(弔旗)囝 ①반기(半旗). ¶조기를 게양하다. ②조의(弔意)를 나타내기 위하여 검은 선(線)으로 일정한 표시를 한 기. 흔히, 행상(行喪)에 들고 감.

조:기(早起)囝하자 아침에 일찍 일어남. 숙기(夙起). ¶조기 청소. /조기 산책. /조기 축구회.

조:기(早期)囝 이른 시기. 이른 때. ¶조기 교육. /암의 조기 발견.

조기(彫技)囝 조각하는 기술.

조:기(造機)囝 기관(機關)이나 기계(機械) 따위를 만드는 일.

조:기(釣磯)몡 낚시터.

조:기-장(造器匠)몡 옹기나 사기그릇 따위의 형태만을 만드는 사람.

조기-젓[-젇]몡 조기로 담근 젓. *조기젓이[-저시]·조기젓만[-전-].

조깅(jogging)몡하자 몸을 풀거나 건강을 위하여 천천히 달리는 일. 속도는 뛰면서 말을 나눌 수 있을 정도로, 100 m에 55초가 표준임.

조-까지로囝 겨우 조만한 정도로. ¶조까지로 젠체하고 뽐내다니. 준저까지로.

조-까짓[-짇]관 겨우 조만한 정도의. ¶조까짓 거야 문제없다. 준조깟. 준저까짓.

조-깜부기囝 깜부기가 된 조의 이삭.

조-깟[-깓]관 〈조까짓〉의 준말. 준저깟.

조곰 Ⅰ몡 〈조금〉의 센말.
  Ⅱ囝 〈조금〉의 센말.

조곰-조곰囝 〈조금조금〉의 센말.

조끼(←チョッキ 일)몡 저고리나 적삼·와이셔츠 위에 덧입는, 소매가 없고 주머니가 달린 옷. 동의(胴衣)

조끼(←ジョッキ.jug 일)몡 손잡이가 달린 맥주 컵.

조끼-적삼(←チョッキ-.jacket一 일)[-쌈]몡 모양은 조끼와 비슷하나 소매가 달린 등거리.

조난(遭難)몡하자 항해나 등산 등에서) 재난을 만남. ¶조난 사고. /조난된 선박.

조난-선(遭難船)몡 조난당한 배.

조난^신:호(遭難信號)몡 항해 중 조난한 선박 등이 위급을 알리고 구조를 받기 위해 발신하는 신호. ¶조난 신호를 보내다.

조난-자(遭難者)몡 조난당한 사람.

조난^통신(遭難通信)몡 항해 중이던 자기의 선박이 조난하거나 조난한 다른 선박이 통신 불능일 때 구조를 청하는 통신.

조-냥囝 ①조라한 모양으로. ¶조냥 내버려 두시오. ②조대로 줄곧. ¶토라져서 조냥 돌아앉아 있다. 큰저냥.

조널이囝 〈옛〉 감히. 함부로. ¶브라와도 조널이 굵디 말며(內訓 1:50).

조-년대 '저년'을 얕잡아, 또는 귀엽게 이르는 말.

조:-년(早年)몡 젊은 때. 젊은 나이.

조-놈대 '저놈'을 얕잡아, 또는 귀엽게 이르는 말.

조:-닐囝 〈조닐로〉의 준말.

조:닐-로囝 남에게 사정사정할 때 제발 빈다는 뜻으로 쓰는 말. 준조닐.

조:다타 (매통이나 맷돌 따위의 울퉁불퉁한 것을) 정으로 쪼아 고르게 하다.

조-다지囝 조러하게까지. 조러하도록. ¶조다지 귀여울까. 큰저다지.

조:단(早旦)몡 □조조(早朝).

조단(操短)몡 〈조업 단축操業短縮〉의 준말.

조:달(早達)몡 ①하자되자 젊은 나이로 높은 지위에 오름. ②젊은 나이에 비해 올됨.

조달(調達)몡 ①하타되자 필요한 자금이나 물자 따위를 대어 줌. ¶식량 조달. /자금을 조달하다. ②하자되자 고르게 어울려 서로 통함.

조달-청(調達廳)몡 기획 재정부에 딸린 중앙 행정 기관의 하나. 정부 물자의 구매·공급·관리 및 정부 주요 시설의 공사 계약 등에 관한 사무를 맡아봄.

조:당(阻攔)몡하타되자 (나아가거나 다가오는 것을) 막아서 가림.

조당(粗糖)몡 정제하지 않은 설탕. 막설탕. ↔정당(精糖).

조당(朝堂)몡 □조정(朝廷).

조-당수몡 좁쌀로 묽게 쑨 당수.

조-당죽(-粥)몡 '조당수'의 잘못.

조:-대몡 대나무나 진흙 따위로 담배통을 만든 담뱃대.

조대(措大)몡 청렴결백한 선비.

조대(粗大)몡 '조대하다'의 어근.

조대(釣臺)몡 낚시터.

조대(調帶)몡 □피대(皮帶).

조-대로囝 조것과 같이. 조 모양으로. ¶조대로 따라 해라. 큰저대로.

조대-하다(粗大-)혱여 거칠고 크다.

조:도(弔悼)몡하타 상주(喪主)를 위로하고 고인(故人)을 애석하게 여겨 슬퍼함.

조:도(早到)몡하자 일찍 다다름.

조:도(早稻)몡 올벼.

조도(鳥道)몡 나는 새도 넘기 어려울 만큼 험한 산속의 좁은 길.

조:도(照度)몡 일정한 면(面)이 일정한 시간에 받는 빛의 양. 비침도. 조명도(照明度). ¶조도를 높이다.

조도(調度)몡 ①하타(사물을) 정도에 알맞게 처리함. ②정도에 알맞게 살아가는 꾀.

조:도-계(照度計)[-계/-게]몡 조도를 재는 계기. 조명계(照明計).

조독(爪毒)몡 한방에서, 손톱으로 긁힌 자리에 균이 들어가 생긴 염증을 이르는 말.
  조독(을) 들이다관용 조독이 들게 하다.
  조독(이) 들다관용 ①손톱으로 긁힌 자리에 균이 들어가 곪다. ②(어떤 물건을) 자꾸 주물러서 손톱의 독이 오르게 되다.

조:-동(早冬)몡 이른 겨울. ↔만동(晚冬).

조:동(早動)몡하자 (남보다) 일찍이 움직임. 이른 시간에 활동함.

조동(粗銅)몡 구리의 원광을 녹여 만든, 중간 생성물을 반사로나 전로(轉爐)에 옮겨 산화·정련한 것. 99.1% 이상의 구리를 포함함.

조동(躁動)몡하자 아주 방정맞게 행동함. 경거 망동.

조동모서(朝東暮西)몡 〔아침에는 동쪽, 저녁에는 서쪽이라는 뜻으로〕 '일정한 터전이 없이 이리저리 옮아 다님'을 이르는 말.

조:-동사(助動詞)몡 □보조 동사.

조동아리몡 '입'을 속되게 이르는 말. 준조동이. 큰주둥아리.

조동율서(棗東栗西)[-뉼써]몡 제물을 차릴 때, 대추는 동쪽에 밤은 서쪽에 놓는다는 말.

조동이몡 〈조동아리〉의 준말. 큰주둥이.
  조동이(가) 싸다관용 '입이 싸다'를 속되게 이르는 말.

조두(俎豆)몡 제사 때, 음식을 담는 제기(祭器)의 한 가지.

조득모실(朝得暮失)[-등-]몡하타 〔아침에 얻어 저녁에 잃는다는 뜻으로〕'얻은 지 얼마 되지 않아서 곧 잃어버림'을 이르는 말.

조:-등(釣藤)몡 〈조구등(釣鉤藤)〉의 준말.

조:-등(照謄)몡 글을 베낄 때, 하나하나 맞대어 보면서 베껴 씀.

조라몡 〈조라술〉의 준말.

조라(鳥羅)몡 새를 잡는 그물.

조라기몡 삼 껍질의 부스러진 오라기.

조라-떨다[~떠니·~떨어]자 일을 망치게 방정을 떨다.

조라-술몡 산신제(山神祭)나 용왕제(龍王祭) 등을 지낼 때 쓰는 술. 빚어서 제단 옆에 묻었다가 씀. 준조라.

조락(凋落)**명**[하자][되자] ①(초목의 잎 따위가) 시들어 떨어짐. ¶가을은 조락의 계절이다. ②(세력 따위가) 차차 쇠하여 보잘것없이 됨. 조령(凋零).

조락-노[-랑-]**명** 조라기로 꼬아 만든 노.

조락-신[-씬]**명** 조라기로 삼은 신.

조란(鳥卵)**명** 새의 알.

조란(棗卵)**명** 세실과(細實果)의 한 가지. 찐 대추를 곱게 다진 뒤 체로 걸러서 꿀에 반죽하고, 찐 밤을 으깨 꿀로 버무려 만든 소를 넣고, 대추 모양으로 빚어 그 거죽에 잣가루를 묻힌 음식.

조:람(照覽)**명**[하타] ①똑똑히 살펴봄. ②신불(神佛)이 굽어 살핌.

조람-소(藻藍素)**명** 남조식물의 엽록체에 들어 있는 청람색의 색소 단백(蛋白).

조랑(潮浪)**명** 조수(潮水)의 물결.

조랑-마차(-馬車)**명** 조랑말이 끄는 마차.

조랑-말[명] 몸집이 작은 종자의 말. 왜마(矮馬).

조랑-망아지[명] 조랑말의 새끼.

조랑-조랑[부]**하타** ①작은 열매 따위가 많이 매달려 있는 모양. ¶조랑조랑 열려 있는 포도송이. ②한 사람에게 아이들이 많이 딸려 있는 모양. ¶아이들이 조랑조랑 매달린 신세. ⑫주렁주렁.

조래[준] ①'조러하여'가 줄어든 말. ¶조래 놓으니 남에게 미움을 사지. ②'조리하여'가 줄어든 말. (흔히, '가지고'·'가지고도'를 뒤따르게 하여 쓰임.) ¶조래 가지고 합격을 바라다니. ⑫저래.

조래도[준] ①'조러하여도'가 줄어든 말. ¶비록 몸집은 조래도 힘은 세다. ②'조리하여도'가 줄어든 말. ¶말은 조래도 믿을 수가 없다. ⑫저래도.

조래서[준] ①'조러하여서'가 줄어든 말. ¶매일 먹는 게 조래서 어디 살로 가겠나. ②'조리하여서'가 줄어든 말. ¶조래서 내가 갤 못 믿겠다는 거다. ⑫저래서.

조략(粗略)'조략하다'의 어근.

조략-하다(粗略-)[-랴카-]**형[여]** ①아주 간략하여 보잘것없다. ¶내용이 조략하다. ②함부로 여기어 허투루 하다. ¶접대가 조략하다.

조:량(照諒·照亮)**명**[하타] (사정이나 형편 따위를) 살펴서 환히 앎.

조리다[자] '조리하다'가 줄어서 된 말. 조렇게 말하거나 행동하거나 생각하다. ¶조러다가 다 치겠다. ⑫저러다.

조러루-하다[형][여] 대개 조런 것과 같다. ¶조러루한 물건이 필요하다. ⑫저러루하다.

조러조러-하다[형][여] ①'조러하고 조러하다'가 줄어서 된 말로) 모두가 다 조러하다. ¶아이들이 다 조러조러하다. ②조러루하여 별다른 것이 없다. ¶조러조러한 물건밖에 없다. ⑫저러저러하다.

조러-하다[형][여] 상태·모양·성질 따위가 조와 같다. ¶조러한 일쯤이야 누워서 떡 먹기지. ⑫조렇다. ⑫저러하다.

조런[I][관] 상태·모양·성질 따위가 조러한. ¶조런 놈이 나라를 망친다. ⑫저런[1].
[II][감] '조리한'이 줄어든 말. ¶너도 조런 적이 있느냐? ⑫저런[1].

조런²[감] 뜻밖의 일을 보거나 듣거나 하여 놀랐을 때 하는 말. ¶조런, 조splendid 어째. ⑫저런².

조렇다[-러타][조러나·조래]**형[여]** <조러하다>의 준말. ¶하는 일이 모두 조렇다. ⑫저렇다.

조:력(助力)**명**[하자타] 힘을 써 도와줌, 또는 그 도와주는 힘. 도움. ¶남의 조력 없이 혼자 해내다.

조력(潮力)**명** 조수(潮水)의 힘.

조력ᵛ발전(潮力發電)[-빨쩐]**명** 조수(潮水) 간만(干滿)의 차를 이용하는 수력 발전의 한 방식.

조련(調練·調鍊)**명**[하타] 병사를 훈련함, 또는 그 훈련. ¶조련 방법. /조련을 시키다.

조:련(操鍊·操練)**명**[하타] ①⇒교련(敎鍊). ②못되게 굴어 남을 몹시 괴롭힘.

조련-사(調鍊師)**명** 동물에게 곡예 따위의 재주를 훈련시키는 사람.

조:련-장(操鍊場)**명** 군사 훈련을 하는 마당.

조:련-질(操鍊-)**명**[하타] 못되게 굴어 남을 괴롭힘, 또는 그런 짓.

조령(祖靈)**명** 선조의 신령(神靈).

조령(凋零)**명**[하자][되자] ⇒조락(凋落).

조령(條令)**명** ⇒조례(條例).

조령(朝令)**명** 조정(朝廷)의 명령.

조령모개(朝令暮改)**명** (아침에 영을 내리고 저녁에 다시 고친다는 뜻으로) '법령이나 명령이 자주 뒤바뀜'을 이르는 말. '사기(史記)'의 '평준서(平準書)'에 나오는 말임.

조:례(弔禮)**명** 조상(弔喪)의 뜻으로 하는 인사.

조례(皁隷)**명** 지난날, 관아에서 부리던 하인.

조례(條例)**명** ①조목조목 적어 놓은 규칙. ②지방 자치 단체가 법규의 범위 안에서 제정하는 규정. 지방 자치 단체의 자주법(自主法)임. ③회사나 조합의 정관. 조령(條令).

조례(朝禮)**명**[하자] 주로 학교에서, 담임선생과 학생들이 수업하기 전에 모여서 나누는 아침 인사. 조회(朝會). ↔종례(終禮).

조:례(照例)**명**[하타] (일을 처리할 때) 전례(前例)를 참고함.

조:로(早老)**명**[하자] (나이에 비하여) 빨리 늙음. 겉늙음.

조로(朝露)**명** ①아침 이슬. ②(아침 햇빛에 스러지는 이슬이라는 뜻으로) '인생의 덧없음'을 비유하여 이르는 말.

조로아스터-교(Zoroaster敎)**명** 기원전 6세기 무렵, 조로아스터가 처음 베푼 페르시아의 고대 종교. '아베스타'를 경전으로 하며 선악 이원론(善惡二元論)을 가르침. ⑬배화교.

조로-인생(朝露人生)**명** ⇒초로인생.

조록[부]**하자** 가는 물줄기 따위가 좁고 짧은 데를 빨리 흐르다 그치는 소리, 또는 그 모양. ⑫주록. ⑭쪼록.

조록-싸리[명] 콩과의 낙엽 활엽 관목. 여름에 나비 모양의 꽃이 피고, 열매는 가을에 익음. 산기슭이나 등성이에 나는데, 우리나라 특산임. 잎은 사료, 나무껍질은 섬유용으로 쓰임.

조록-조록[-쪼-]**부**[하자] ①비가 자꾸 내리는 소리, 또는 그 모양. ¶조록조록 내리는 봄비. ②가는 물줄기 따위가 좁은 구멍이나 면을 짧게 흐르다 그치고 흐르다 그치고 하는 소리, 또는 그 모양. ⑫주룩주룩. ⑭쪼록쪼록.

조롱[명]**하타** 어린아이들이 액막이로 주머니 끈이나 옷끈에 차고 다니는 노리개. 나무로 밤톨 크기의 호리병처럼 만듦. ⑬서캐조롱.

조롱(鳥籠)**명** 새장.

조롱(嘲弄)**명**[하타] 깔보거나 비웃으며 놀림. ¶조롱을 당하다. /양반을 조롱하는 내용의 소설.

조롱-나무[명] 조롱나뭇과의 상록 활엽 교목. 높이 7m가량. 봄에 연분홍 꽃이 피고, 열매는 가을에 익음. 산기슭에 나는데, 관상용으로도 기름. 재목이 단단하여 건축재·가구재 따위로 쓰임.

조롱-동자(-童子)閉 조롱박 모양으로 꾸민 동자기둥.

조롱-목閉 ①조롱박처럼 생긴 물건의 잘록한 부분. ②조롱박 모양으로 된 길목.

조롱-박閉 ①⇨호리병박. ②호리병박으로 만든 바가지.

조롱박-벌[-뻘]閉 구멍벌과의 벌. 암컷의 몸길이는 3 cm가량. 몸빛은 검고 잿빛의 짧은 털이 있음. 땅속에 집을 짓고 여칫과의 곤충을 잡아 유충의 먹이로 함.

조롱-벌閉 ⇨애호리병벌.

조롱-복(-福)閉 짧게 타고난 복력(福力).

조롱이閉 수릿과의 새. 날개 길이가 수컷은 16 cm, 암컷은 20 cm가량이며 몸빛은 황갈색. 텃새로 보통 단독 생활을 하며 곤충 따위를 잡아먹음. 암컷은 사냥매로 기름.

조롱-조롱튄하튄 ①작은 열매나 물방울 따위가 많이 매달려 있는 모양. ¶ 포도알마다 이슬방울이 조롱조롱 맺히다. ②작은 아이들이 많이 달려 있는 모양. ¶ 아이들이 조롱조롱 달려서 나들이도 어렵다. 큰주렁주렁.

조:-루(弔樓)閉 지난날, 군진(軍陣)에서 임시로 설치하던 누(樓).

조:-루(早漏)閉 성교할 때 사정(射精)이 병적으로 빠른 느낌. 또는 그런 병. 조루.

조:루-증(早漏症)[-쯩] ⇨조루(早漏).

조류(鳥類)閉 척추동물의 한 강(綱). 파충류에서 진화한 것으로 앞다리는 날개로, 입은 각질의 부리로 변화됨. 온몸이 깃털로 덮인 온혈(溫血)·난생(卵生)임. 새무리.

조류(潮流)閉 ①밀물과 썰물로 말미암아 일어나는 바닷물의 흐름. ②시대 흐름의 경향이나 동향. ¶ 시대의 조류에 민감하다.

조류(藻類)閉 은화식물(隱花植物)에 딸린 수초(水草)를 통틀어 이르는 말. 대부분 물속이나 습지에 나며 엽록소로 동화 작용을 함. 식용·의약·비료 등으로 많이 씀.

조류^독감(鳥類毒感)[-깜]閉 ⇨조류 인플루엔자.

조류^인플루엔자(鳥類influenza)閉 야생 조류나 닭·오리 등에 감염되는 급성 바이러스성 전염병. 병원균에 따라 증상이 다양한데, 주로 폐사율이 증가하고 산란율이 감소함. 고병원성(高病原性)의 경우 사람에게 감염되기도 함. 에이아이(AI). 조류독감.

조:-륙^운:-동(造陸運動)閉 지반이 융기하거나 침강하여 넓은 육지를 만드는 따위의 지각 변동. 閉조산 운동(造山運動).

조르개閉 ①물건(物件)을 졸라매는 데 쓰는 줄. ②'조리개'의 잘못.

조르기閉 유도의 굳히기의 한 가지. 상대편의 목을 맨손이나 다리 또는 유도복의 깃 등을 이용하여 조르는 기술.

조르다[조르니·졸라]町 ①(동이거나 감은 것을) 단단히 죄다. ¶ 허리띠를 조르다. ②무엇을 차지고 끈덕지게 요구하다. ¶ 함께 가자고 자꾸 조르다.

조르르튄 ⑦가는 물줄기 따위가 좁은 구멍이나 면을 잇달아 흐르는 소리. 또는 그 모양. ¶ 샘물이 조르르 흐르다. ⓛ작은 물건이 비스듬한 곳을 가볍게 미끄러져 내리는 모양. ⓒ종종걸음으로 뒤따르는 모양. ¶ 병아리가 어미 닭을 조르르 따라가다. ②작은 크기가 고만고만한 것들이 족 벌여 있는 모양. ¶ 현관 앞에 신발들이 조르르 놓여 있다. 큰주르르. 쎈쪼르르.

조르륵튄하튄 ⑦가는 물줄기 따위가 빠르게 잠깐 흐르다가 멎는 소리. 또는 그 모양. ②작은 물건이 비탈진 데를 빠르게 미끄러지다가 멎는 모양. 큰주르륵. 쎈쪼르륵. 큰하튄.

조르륵-거리다[-꺼-]자 자꾸 조르륵조르륵하다. 조르륵대다. 큰주르륵거리다.

조르륵-대다[-때-]자 ⇨조르륵거리다.

조:름閉 물고기의 아가미 안에 있는, 숨을 쉬는 기관. 반원형으로 검붉으며 빗살처럼 생겼음. 새소엽(鰓小葉).

조름-나물閉 조름나물과의 다년초. 연못이나 늪에 나는데, 7~8월에 뿌리 사이에서 높이 30~50 cm의 꽃줄기가 나와, 흰빛 또는 엷은 자줏빛 꽃이 핌. 온 포기를 건위제(健胃劑)로 씀.

조리¹튄하튄되자 상태·모양·성질 따위가 조러한 모양. 《'조리도'의 꼴로도 쓰임.》 ¶ 조리도 예쁠까! /조리도 앙증맞다니! 큰저리¹.

조리²튄 조 곳으로. 조쪽으로. 《'조리로'의 꼴로도 쓰임.》 ¶ 조리 가거라. /책상은 조리로 옮기시오. 큰저리².

조:-리(笊籬)閉 쌀을 이는 데 쓰는 기구. 가는 대오리·싸리·철사 따위로 걸어서 조그만 삼태기 모양으로 만듦.

조리에 옻칠한다[옥땀] ①쓸데없는 일에 괜히 재물을 써 없앰을 이르는 말. ②격에 맞지 않게 꾸며서 도리어 흉하다는 말.

조리(條理)閉 (어떤 일이나 말·글 등에서) 앞뒤가 들어맞고 체계가 서는 갈피. ¶ 말을 조리 있게 하다.

조리(調理)閉하튄 ①(음식·거처·동작 등을 알맞게 하여) 몸을 보살피고 병을 다스림. 조섭(調攝). 조양(調養). 조치(調治). ¶ 산후(産後) 조리. /몸이 다 나을 때까지 조리를 한다. ②되자 여러 가지 재료를 잘 맞추어 음식을 만듦. ¶ 시장에서 조리에 필요한 재료를 샀다.

조리-개閉 사진기 따위의 렌즈로 들어가는 빛의 양을 조절하는 장치.

조리다町 어육이나 채소 따위를 양념하여 국이 스며들도록 바특하게 끓이다. 또는 과일이나 채소 따위를, 설탕·꿀 등을 넣고 당분이 스며들도록 끓이다. ¶ 생선을 조리다. /감자를 조리다.

조리-대(調理臺)閉 음식을 조리하는 대.

조리-돌리다町 죄지은 사람을 벌로 끌고 다니며 망신을 시키다.

조리복소니[-쏘-]閉 본디 큰 물건이 깎이거나 저미어서 볼품없이 된 것을 이르는 말.

조리-사(調理士)閉 단체 급식소나 음식점 등에서 음식을 조리하는 일을 직업으로 하는 사람. 식품 위생법에 의하여 그 자격이 주어짐.

조:리-자지(笊籬-)閉 오줌을 자주 누는 자지.

조:리-질(笊籬-)閉하튄 조리로 쌀 따위를 이는 일.

조리차閉하튄 알뜰하게 아껴 쓰는 일.

조리-치기閉 아주 연한 살코기를 가늘게 썰어 양념을 넣고 바짝 볶다가 다시, 썬 파나 깨소금·후춧가루 따위를 뿌려 익힌 반찬.

조리-치다町 졸릴 때 잠깐 줄고 깨다.

조림閉 조려 만든 음식을 통틀어 이르는 말.

조:-림(造林)閉하튄되자 나무를 심거나 씨를 뿌려 숲을 만듦. ¶ 조림 사업.

조:-림(稠林)閉 나무가 빽빽한 삼림.

조:-림(照臨)閉하튄 ①(해나 달이) 위에서 내리비침. ②(신이나 부처가 이 세상을) 굽어봄.

조:림-학(造林學)閉 삼림의 조성·개선·육성 등에 관한 기술을 연구하는 임업학(林業學)의 한 분야.

조립(組立)명하타되자 (여러 부품을 하나의 구조물로) 짜 맞춤, 또는 그 짜 맞춘 것. ¶자동차 조립 공장.

조립^건:축(組立建築) [-껀-]명 주택의 뼈대가 되는 일정한 규격의 자재를 대량으로 생산하여 이를 현장에서 짜 맞추는 건축 방식.

조립-식(組立式) [-씩]명 조립의 방법으로 꾸미는 방식. ¶조립식 주택.

조:릿-대 [-리때/-릳때]명 볏과의 다년초. 산지의 숲 속 등에 나는데, 키는 1~2m. 땅위줄기는 수 년간 마르지 않음. 잎은 댓잎보다 비교적 크고 넓으며, 한방에서 열기를 다스리는 데 쓰임.

조릿-조릿 [-릳쪼릳]부하형 겁이 나거나 걱정이 되어 자꾸 마음을 죄는 모양.

조마(調馬)명하자 ①말을 길들임. ②말을 징발함.

조:마-경(照魔鏡)명 ☞조요경(照妖鏡).

조마-사(調馬師)명 말을 길들이는 사람.

조마-조마부하형 (닥쳐올 일에 대하여) 불안하거나 초조한 느낌이 드는 모양. 소마소마. ¶조마조마해서 더는 못 보겠다.

조막명 주먹보다 작은 물건의 덩이를 형용하는 말. ¶조막만 한 감자.

조막-손 [-쏜]명 손가락이 없거나 오그라져 펴지 못하게 된 손.

조막손-이 [-쏘니]명 조막손을 가진 사람.

조막손이 달걀 도둑질한다(속담) 자기의 능력 이상의 일을 하려고 할 때 이르는 말.

조:만(早晩)명 (시간적으로) 이름과 늦음.

조:만-간(早晩間)부 (이르든지 늦든지 간에) 앞으로 얼마 안 가서. 머지않아. ¶조만간 연락이 올 거다.

조만조만-하다형여 ①조만한 정도로 여럿이 다 비슷비슷하다. ¶조만조만한 아이들이 놀고 있다. ②(사실이나 내용이) 조렇고 조렇다. ¶사정이 조만조만해서 그리되었다. 저만저만하다.

조-만큼 [Ⅰ]명 조만한 정도. 저만큼.
  [Ⅱ]부 조만한 정도로. 저만큼.

조만-하다형여 ①(정도나 수준이) 조 정도만 하다. ¶조만한 물건은 쉽게 들 수 있다. ②정도가 비슷하다. ¶몸집은 조만하다. 저만하다.

조맘-때명 꼭 조만큼 된 때. ¶길들이기는 조맘때가 딱 알맞다. 저맘때.

조:망(眺望)명하타 (먼 곳을) 널리 바라봄, 또는 바라다보이는 경치. 관망(觀望). ¶조망이 좋다. /경포대의 아름다운 조망.

조망(鳥網)명 새그물.

조망(罩網)명 ☞반두.

조:망-권(眺望權) [-꿘]명 먼 곳을 바라볼 수 있는 권리.

조매(嘲罵)명하타 업신여겨 비웃으며 꾸짖음.

조매-화(鳥媒花)명 새에 의해 꽃가루가 매개(媒介)되는 꽃. 〔동박새에 의한 동백꽃 따위.〕 충매화·풍매화.

조:면(阻面)명하자 ①절교(絶交). ②오래도록 서로 만나 보지 못함.

조면(繰綿)명 거친 면(面).

조면(繰綿)명하타 목화의 씨를 앗아 틀어 솜을 만듦, 또는 그렇게 만든 솜.

조면-기(繰綿機)명 목화의 씨를 빼고 솜을 타는 기계.

조면-암(粗面岩)명 마그마가 지표에 뿜어 나와 이루어진 화산암의 한 가지. 주로, 알칼리 장석(長石)으로 되어 있음.

조:명(助命)명하타 목숨을 구해 줌.

조:명(釣名)명하자 거짓을 꾸며 명예를 구함.

조:명(朝命)명 조정(朝廷)의 명령.

조:명(詔命)명 ☞조서(詔書).

조:명(照明)명하타되자 ①빛으로 비추어 밝게 함. ¶실내 조명. ②무대 효과나 촬영 효과를 높이기 위해 광선을 사용하여 비침, 또는 그 광선. ¶조명 장치. ③일정한 관점으로 대상을 비추어 살펴봄. ¶우리나라 근대사를 새로운 시각으로 조명하다.

조명(嘲名)명 ①남들이 빈정거리는 뜻으로 지목하여 부르는 이름. ②개인에 대한 좋지 아니한 소문. ¶조명이 나다. /조명을 내다.

조:명-계(照明計) [-계/-게]명 ☞조도계(照度計).

조:명-도(照明度)명 ☞조도(照度).

조:명-등(照明燈)명 조명하는 데 쓰는 촉수 높은 등.

조명시리(朝名市利)〔명예는 조정에서, 이익은 저자에서 다루라는 뜻으로〕무슨 일이든 격에 맞는 곳에서 하라는 말.

조:명-탄(照明彈)명 공중에서 터지면서 강한 빛을 내게 만들어진 탄환.

조모(祖母)명 할머니.

조모(粗毛)명 동물의 몸에 난 털 가운데 거칠고 뻣뻣하며 곧은 털.

조모(朝暮)명 아침과 저녁. 아침때와 저녁때. 조석(朝夕).

조목(條目)명 정해 놓은 법률이나 규정 따위의, 낱낱의 조항이나 항목. 절목(節目). 조항(條項). 항목(項目). ¶조목대로 적용한다.

조목(棗木)명 ☞대추나무.

조목-조목(條目條目) [-쪼-]명 각각의 조목. ¶조목조목 따지다.

조몰락-거리다 [-꺼-]타 자꾸 조몰락조몰락하다. 조몰락대다. ¶아이는 찰흙을 조몰락거리더니 예쁜 강아지를 만들어 냈다. 주물럭거리다.

조몰락-대다 [-때-]타 조몰락거리다.

조몰락-조몰락 [-쪼-]부 작은 손놀림으로 연한 물건을 자꾸 만지작만지작하는 모양. ¶발가락을 조몰락조몰락 만지다. 주물럭주물럭.

조묘(祖廟)명 선조의 묘.

조묘(粗描)명하타 (그림 따위의) 줄거리만 대충 묘사함, 또는 그렇게 묘사한 것.

조무(朝霧)명 아침에 끼는 안개.

조무래기명 ①자질구레한 물건. ②'어린아이'를 흘하게 이르는 말.

조-묵명 좁쌀 가루로 쑨 묵.

조:문(弔文)명 죽은 사람의 생전의 공덕을 기리고 명복을 비는 글.

조:문(弔問)명하타 (남의 죽음에 대하여) 슬퍼하는 뜻을 드러내며 상주(喪主)를 위문함. ¶조문을 가다.

조문(條文)명 (규정이나 법률 따위를) 조목조목 벌여 적은 글.

조:문(照門)명 ☞가늠구멍.

조:문-객(弔問客)명 조문 온 사람. 조객.

조문-경(粗紋鏡)명 ☞거친무늬 거울.

조문석사(朝聞夕死) [-싸]〔아침에 진리를 들어 깨치면 저녁에 죽어도 한이 없다는 뜻으로〕짧은 인생이라도 값있게 살아야 한다는 말. 〔도(道)를 알아야 함을 강조한 공자의 말로, '논어'의 '이인편(里仁篇)'에 나옴.〕

조물(彫物)명 조각한 물건.

조물(造物)명 조물주가 만든 물건.

조물-사(彫物師) [-싸]명 물건을 조각하는 사람. 물건의 조각을 업으로 하는 사람.

조:물-주(造物主)[-쭈]**명** 우주 만물을 만들고 다스린다는 신. 조화(造化). 조화신(造化神). 조화옹(造化翁). 조화주(造化主).

조:미(助味)**명하타되자** 음식의 맛을 좋게 함.

조미(造米·糙米)**명하타** 벼를 매통으로 갈아 현미로 만듦. 매갈이. ②☞조미쌀.

조미(調味)**명하타되자** 음식의 맛을 알맞게 맞춤.

조미-료(調味料)**명** 음식의 맛을 내는 데 쓰는 재료. 양념. ¶ 조미료를 넣다. /조미료를 치다.

조:미-상(造米商)**명** 매갈이를 업으로 하는 사람, 또는 그 영업.

조민(兆民)**명** 모든 백성. 많은 백성.

조민(躁悶) '조민하다'의 어근.

조민-하다(躁悶-)**형여** 마음이 조급하여 가슴이 답답하다. 조민-히**부**.

조밀(稠密) '조밀하다'의 어근.

조밀-하다(稠密-)**형여** (들어선 것이) 촘촘하고 빽빽하다. ¶ 인구가 조밀하다. 조밀-히**부**.

조:-밀화(造蜜花)**명** 인공으로 만든 밀화.

조-바꿈(調-)**명하타** 악곡에서, 변화를 주거나 내용을 보다 풍부하게 하기 위하여 진행하는 도중에 다른 조로 바꾸는 일. 전조(轉調).

조바심[**명하자**] ①조의 이삭을 떨어서 좁쌀을 만드는 일. ②(거가 질겨서 잘 떨어지지 않는 조를 두드려 떨 때에 잘 알갱이가 흩어지지 않도록 무척이나 애를 쓰며 가슴 졸인다는 데서) 조마조마하여 마음을 졸임, 또는 그렇게 졸이는 마음. ¶ 조바심이 나서 견딜 수가 없다.

조바심-치다[**자**] 몹시 조바심하다.

조바위[**명**] 여자가 쓰는 방한모의 하나. 아얌과 비슷하나 제물 볼끼가 커서 귀를 가림.

조박(糟粕)**명** ①재강. ②(학문·서화·음악 등에서) '옛사람이 다 밝혀내어 전혀 새로움이 없는 것'을 비유하여 이르는 말.

조:반(早飯)**명** 아침 끼니를 들기 전에 간단하게 먹는 음식.

조반(朝飯)**명** 아침밥.

조:반-기(早飯器)[-끼]**명** 놋쇠로 만든 식기의 한 가지. 반병두리처럼 생기고 뚜껑이 있음.

조반-병(條斑病)**명** 식물의 잎이나 잎자루에 세로로 황색 또는 갈색의 긴 병반(病斑)이 생기는 병.

조반-상(朝飯床)[-쌍]**명** 아침밥을 차린 상.

조반-석죽(朝飯夕粥)[-쭉]**명하자** 〔아침에는 밥, 저녁에는 죽을 먹는다는 뜻으로〕'몹시 가난한 살림'을 이르는 말.

조반-하다(朝飯-)**자여** ①아침밥을 짓다. ②아침밥을 먹다.

조:발(早發)**명하자** ①이른 아침에 길을 떠남. 조행(早行). ②(어떤 꽃이) 다른 꽃보다 일찍 핌. ③(기차나 기선 등이) 정한 시간보다 일찍 떠남.

조발(調髮)**명하자** ①머리를 땋음. ②머리를 깎아 다듬음.

조발석지(早發夕至)[-찌]**명하자** 아침에 길을 떠나 저녁에 이름.

조:발성^치매(早發性痴呆)[-썽-]**명** ☞정신 분열증(精神分裂症).

조-밥[**명**] 좁쌀로만 짓거나 입쌀에 좁쌀을 많이 섞어 지은 밥. 속반(粟飯).

조밥에도 큰 덩이 작은 덩이가 있다[속담] 어디에나 크고 작은 것의 구별이 있다는 말.

조방(粗放) '조방하다'의 어근.

조방(朝房)**명** 지난날, 조정의 벼슬아치들이 조회(朝會)를 기다리며 머물러 쉬던 방.

조방적 농업(粗放的農業)[-쩍-]**명** 일정한 면적의 땅에 자본과 노동력을 적게 들이고 자연력이나 자연물에 기대어 짓는 농업. ↔집약적 농업.

조방-하다(粗放-)**형여** 모양이 꼼꼼하지 않다. 모양이 세밀한 데까지 주의가 미치지 못하다.

조:백(早白)**명하자** (늙지도 않은) 마흔 살 안팎에 머리털이 셈.

조백(皂白)**명** ①잘잘못. ②검은 것과 흰 것. 흑백(黑白).

조뱅-이[**명**] 국화과의 이년초. 줄기 높이 30∼50cm. 여름에 홍자색 꽃이 가지 끝에 하나씩 핌. 들에 절로 나기도 하고 정원에 심기도 함. 줄기와 뿌리는 약재로 쓰고, 어린 잎은 식용함.

조:법(助法)[-뻡]**명** '절차법(節次法)'의 구용어.

조:변(早變)**명하자** 일찍 변함. 빨리 바뀜.

조변(糶辨)**명하자** ①조사하여 처치함. ②군량(軍糧)을 현지에서 조달함.

조변석개(朝變夕改)[-깨]**명하자** 〔아침저녁으로 뜯어고친다는 뜻으로〕'계획이나 결정 따위를 자주 고치는 것'을 이르는 말. 조개모변(朝改暮變). 조석변개.

조:병(造兵)**명하자** 병기(兵器)를 제조함.

조병(操兵)**명하자** 군사를 조련(操練)함.

조:병-창(造兵廠)**명** ☞병기창(兵器廠).

조보(朝報)**명** ☞기별(奇別).

조복(粗服)**명** 거칠고 값싼 옷.

조복(朝服)**명** 지난날, 관원이 조하(朝賀) 때 입던 예복. 붉은 비단으로 지었음.

조:복(照覆)**명하타** 조회(照會)에 답(答)함, 또는 그 회답.

조복(調伏)**명하자** 〔불교에서〕①몸과 마음을 고르게 하여 온갖 악행을 제어함. ②부처의 힘으로 원수나 악마 따위를 굴복시킴. ②항복(降伏).

조복(調服)**명하타** 어떤 약에 다른 약을 타서 먹음.

조:봉(弔棒)**명** 장대의 한쪽 끝을 천장에 매달아 놓고, 손으로 더위잡아 오르내리는 운동 기구.

조봉(遭逢)**명하자** ☞조우(遭遇).

조:부(弔賻)**명** 조문(弔問)과 부의(賻儀)를 아울러 이르는 말.

조:부(祖父)**명** 할아버지.

조:부(釣父)**명** 낚시질하는 노인. 조수(釣叟).

조부(調府)**명** 신라 때, 공부(貢賦)에 관한 일을 맡아보던 관아.

조:-부모(祖父母)**명** 할아버지와 할머니. 왕부모.

조분(鳥糞)**명** 새똥.

조분-석(鳥糞石)**명** 물새의 똥이 바닷가의 바위에 쌓여 변질된 돌. 구아노(guano).

조:불(造佛)**명하자** 불상(佛像)을 만듦.

조불려석(朝不慮夕)**명** 〔형세가 급하고 딱하여 아침에 저녁 일을 헤아리지 못한다는 뜻으로〕'당장을 걱정할 뿐, 앞일을 헤아릴 겨를이 없음'을 이르는 말.

조불식석불식(朝不食夕不食)[-씩썩뿔씩]**명하자** 〔아침도 굶고 저녁도 굶는다는 뜻으로〕몹시 가난하여 끼니를 늘 거르는 것을 이르는 말.

조붓-하다[-붇-]**형여** 조금 좁은 듯하다. ¶ 조붓한 오솔길. /방이 좀 조붓하지만 그런대로 지낼 만하다. 조붓-이**부**.

조비(祖妣)**명** 죽은 할머니.

조-빼다(操-)**자** 난잡하게 굴지 않고 짐짓 조촐한 체하다.

조뻣[-뺃]**뿐**하자타① (물건의 끝이) 차차 가늘어지거나 뾰족해지게 솟은 모양. ②놀라거나 으쓱하거나 하여 머리카락이 조뻣하게 일어서는 듯한 느낌. ③섣뜻 나서지 못하고 부끄럽거나 어색하여 머뭇거리는 모양. ❷주뻣. ❸쪼뻣. 뻣-쪼뻣하다.

조뻣-거리다[-뺃꺼-]**자타** 자꾸 조뻣조뻣하다. 조뻣대다. ❷주뻣거리다.

조뻣-대다[-뺃 때-]**자타** 조뻣거리다.

조뻣-하다[-뻐타-]**형예** (물건의 끝이) 차차 가늘어지면서 뾰족하게 솟아나와 있다. ❷주뻣하다. ❸쪼뻣. 조뻣-이**뿐**.

조뿔[-]**옛** 좁쌀. ¶ 누른 조뿔(救簡2:59).

조:사(弔詞·弔辭)**명** 남의 상사(喪事)에 조의(弔意)를 나타내는 글이나 말.

조:사(早死)**명**하자 ☞요절(夭折).

조:사(助事)**명** 우리나라 초기의 장로교에서, 목사와 선교사를 돕던 교직(敎職), 또는 그 사람.

조:사(助詞)**명** 문장에서, 자립 형태소나 조사·어미 등의 뒤에 붙어서 그 말과 다른 말과의 문법적 관계를 나타내거나 뜻을 더하여 주는 단어. 〔격 조사·접속 조사·보조사의 구별이 있음.〕토씨. 관계사. 관계어.

조:사(助辭)**명** 〈어조사(語助辭)〉의 준말.

조사(祖師)**명**①어떤 학파를 처음 세운 사람. ②불교에서, '한 종파를 세우고 그 종지(宗旨)를 열어 주장한 사람'을 높이어 이르는 말.

조사(曹司)**명**①관직·계급·재능 같은 것의 째마리가 되는 사람을 일컫는 말. ②조선 시대에, 정삼품 문신으로 임명한 오위장(五衛將) 두 사람을 이르던 말.

조사(措辭)**명**하자 시가(詩歌) 따위를 지을 때 문자를 선택하거나 배열하는 일, 또는 그런 용법.

조:사(釣師)**명** 낚시꾼.

조:사(釣絲)**명** 낚싯줄.

조사(朝士)**명** ☞조신(朝臣).

조사(朝仕)**명** 지난날, 벼슬아치가 아침마다 상사를 뵙던 일.

조사(朝使)**명** 조정(朝廷)의 사신.

조:사(照査)**명**하타 대조하여 조사함.

조:사(照射)**명**하자타**되자** 햇빛 따위가 내리쬠, 또는 햇빛이나 방사선 따위를 쬠.

조사(調査)**명**하타**되자** (어떤 사실이나 사물의 내용을) 뚜렷하게 알기 위하여 자세히 살펴보거나 찾아봄. ¶ 인구 조사. /조사 자료. /실태 조사.

조사(繰絲)**명**하자**되자** 고치나 목화 등에서 실을 켜냄, 또는 그런 작업.

조사-단(調査團)**명** 어떤 사건이나 사항 따위를 조사하기 위하여 여러 사람으로 구성된 단체. ¶ 조사단을 파견하다.

조사-당(祖師堂)**명** 각 종(宗)의 절에서, 조사(祖師)의 영정이나 화상을 모신 집.

조-사료(粗飼料)**명** 양분이 적고 섬유가 많은 사료. 거친 먹이.

조사-원(調査員)**명** 어떤 사실을 자세히 살펴 그 내용을 연구하기 위하여 두는 사람, 또는 그 직(職).

조:산(早產)**명**하타 (아기를) 달이 차기 전에 지레 낳음. ↔만산(晚產).

조:산(助產)**명**하타 해산(解產)을 도움.

조산(祖山)**명** 풍수설에서, 혈(穴)에서 가장 멀리 있는 용(龍)의 봉우리를 이르는 말.

조:산(造山)**명**하자 (뜰이나 공원 등에) 인공으로 산을 쌓아 만듦, 또는 그 산.

조:산-대(造山帶)**명** 조산 운동이 일어났던 지대. 습곡·단층 등을 이루어 띠 모양으로 길게 이어져 있음.

조:산-사(助產師)**명** 아이를 낳을 때, 아이를 받고 산모를 도와주는 일을 업(業)으로 하는 여자.

조:산-아(早產兒)**명** (모체의 질병이나 태아의 이상 따위로 말미암아) 달을 다 채우지 못하고 태어난 아이. 특히, 29∼38주에 낳은 아이를 이름. 조생아(早生兒). ↔성숙아(成熟兒).

조:산^운:동(造山運動)**명** 지구 상의 어떤 지역에 큰 규모의 습곡이나 단층이 생겨 산맥을 이루는 지각 변동.

조:-산호(造珊瑚)**명** 인공으로 만든 산호.

조:삼(造蔘)**명**하자 수삼(水蔘)을 말리거나 쪄서 백삼이나 홍삼을 만듦.

조삼모사(朝三暮四)**명**①'눈앞에 보이는 차이만 알고 결과가 같은 것을 모르는 것'을 비유하여 이르는 말. ②'간사한 꾀로 남을 속이고 농락하는 것'을 비유하여 이르는 말.〔'장자(莊子)'에 나오는 우화로, 송(宋)나라의 저공(狙公)이 자신이 기르는 원숭이에게 상수리를 주되 아침에 세 개 저녁에 네 개씩을 주겠다고 하니 원숭이들이 성을 내므로, 말을 바꾸어 아침에 네 개 저녁에 세 개를 준다고 하니 좋아했다는 데에서 유래함.〕

조삽(燥澁) '조삽하다'의 어근.

조삽-하다(燥澁-)[-사파-]**형예** 말라서 파슬파슬하다.

조:상(弔喪)**명**하타 남의 죽음에 대하여 애도의 뜻을 표함. 문상(問喪).

조상(爪傷)**명** 손톱이나 발톱에 긁혀서 생긴 생채기.

조:상(早霜)**명** 철보다 이르게 내리는 서리.

조상(祖上)**명**①같은 혈통(血統)으로 된, 할아버지 이상의 대대의 어른. 선인(先人). 조선(祖先). ¶ 조상을 섬기다. ❷선조(先祖). ②자기 세대 이전의 모든 세대. ¶ 조상의 얼.

조상(凋傷)**명**하자 식물의 잎이 시들어 상함.

조상(彫像)**명**하자 돌이나 나무·금속 따위에 형체를 조각함, 또는 조각한 그 상(像). ¶ 대리석으로 된 조상.

조:상-객(弔喪客)**명** ☞조객(弔客).

조상-굿(祖上-)[-굳]**명** 조상을 위하는 뜻으로, 무당을 시켜서 하는 굿. •조상굿이[-꾸시]·조상굿만[-꾼-]

조:상-기(造像記)**명** 동상이나 목상·석상 따위를 만든 인연이나 내력을 적은 글.

조상-대감(祖上大監)**명** ☞조상신(祖上神).

조:상-부모(早喪父母)**명**하자 ☞조실부모.

조상-상(祖上床)[-쌍]**명** 민속에서, 굿할 때 조상에게 올리는 제물을 차려 놓는 상.

조상^숭배(祖上崇拜)**명** 사령 숭배(死靈崇拜)의 한 가지. 가족이나 씨족, 또는 민족의 조상을 높이 받들어 제사 지내는 풍속이나 신앙. 조선숭배(祖先崇拜).

조상-신(祖上神)**명** 가신제(家神祭)의 대상이 하나. 사대조(四代祖) 이상이 되는 조상의 신으로 자손을 보호한다고 함. 조상대감(祖上大監).

조상-육(俎上肉)[-뉵]**명** '도마에 오른 고기라는 뜻으로) '어찌할 수 없게 된 막다른 지경'을 비유하여 이르는 말. 궤상육.

조:상^청배(祖上請陪)**명** 민속에서, 무당이 굿을 할 때 굿하는 집의 조상이나 그 친척 가운데 죽은 이의 영혼을 청해 오는 일. 무당은 그 영혼이 시킨다는 말을 받아 옮김.

조상-치레(祖上-)명하자 ①조상을 자랑하고 위함. ②조상에 대한 치다꺼리.

조새명 굴조개를 따는 데 쓰는 쇠로 된 기구.

조색(皁色)명 곱지 않은 검은 빛깔.

조색(調色)명하자 그림물감이나 인쇄 잉크 따위를 배합하여 필요한 색을 만듦.

조색-족두리(皁色-)[-쪽뚜-]명 족두리의 한 가지. 겉을 흰 헝겊으로 바르고 검은빛을 칠한 족두리. 복인(服人)이 씀.

조색-판(調色板)명 ⇨팔레트.

조생모몰(朝生暮沒)명하자 아침에 나타났다가 저녁에 사라짐, 또는 나왔다가 곧 스러짐.

조생모사(朝生暮死)명하자 〔아침에 나서 저녁에 죽는다는 뜻으로〕 '수명이 지극히 짧음'을 이르는 말.

조:생-아(早生兒)명 ⇨조산아(早產兒).

조:생-종(早生種)명 같은 농작물 가운데서 특별히 일찍 자라고 여무는 품종. 준조종(早種). ↔만생종(晩生種).

조-서(弔書)명 조문(弔問)의 뜻을 적은 글월.

조서(兆庶)명 ⇨만민(萬民).

조:서(早逝)명 요절(夭折).

조-서(詔書)명 임금의 선지(宣旨)를 일반에게 널리 알릴 목적으로 적은 문서. 조명(詔命). 조칙(詔勅). 준조(詔).

조서(調書)명 조사한 사실을 적은 문서. ¶조서를 꾸미다.

조석(朝夕)명 ①아침과 저녁. 조모(朝暮). ¶날씨가 조석으로는 제법 서늘해졌다. ②<조석반(朝夕飯)>의 준말.

조석(潮汐)명 <조석수(潮汐水)>의 준말.

조석-곡(朝夕哭)[-꼭]명 소상(小祥) 전에 조석으로 궤연(几筵) 앞에서 하는 곡.

조석-공양(朝夕供養)[-꽁-]명 아침저녁으로 웃어른께 공양함, 또는 그 공양.

조-석반(朝夕飯)[-빤]명 아침밥과 저녁밥. 준조석(朝夕).

조석-변개(朝夕變改)[-뺀-]명하자 ⇨조변석개(朝變夕改).

조석-상식(朝夕上食)[-쌍-]명 아침 상식과 저녁 상식. 조석으로 올리는 상식.

조-석수(潮汐水)[-쑤]명 ①밀물과 썰물. 참수(潮水). ②조수와 석수. 준조석.

조석^예불(朝夕禮佛)[-녜-]명 불교에서, 아침저녁으로 부처에게 절하는 일.

조-석전(朝夕奠)[-쩐]명 조전과 석전.

조선(祖先)명 ⇨조상(祖上).

조선(鳥仙)명 〔새의 신선이란 뜻으로〕 '학(鶴)'을 달리 이르는 말.

조:선(造船)명하자 배를 건조함.

조선(釣船)명 낚싯배.

조선(朝鮮)명 ①상고(上古) 때부터 써 오던 우리나라의 나라 이름. 〔단군 조선·위만 조선·근세 조선 따위.〕 ②이성계(李成桂)가 고려(高麗)를 멸하고 세운 나라. 압록강·두만강 이남의 반도를 영토로 하고 한양에 도읍하여 500여 년을 다스리다 일제(日帝)의 침략으로 멸망함. 〔1392~1910〕

조선(漕船)명 물건을 실어 나르는 배.

조선-교(祖先敎)명 조상의 사령(死靈) 숭배를 교지(敎旨)의 중심으로 하는 종교.

조선^기와(朝鮮-)명 재래식 기와의 한 가지. 암키와·수키와의 깊고 기왓골이 깊은 특징임.

조선-낫(朝鮮-)[-낟]명 〔날이 얇은 왜낫에 대하여 이르는 말로〕 날이 두껍고 슴베와 그 윗부분이 비교적 긴 재래식의 낫. * 조선낫이[-나시]·조선낫만[-난-]

조:선-대(造船臺)명 선체를 조립하여 선박을 건조하는 대.

조선-말(朝鮮-)명 ⇨조선어(朝鮮語).

조선-무(朝鮮-)명 〔왜무에 대하여〕 뿌리의 아랫부분이 굵은 재래종 무. 주로, 김장용으로 씀.

조선 문단(朝鮮文壇)1924년 9월에 방인근(方仁根)·이광수(李光洙) 등이 창간한 민족주의적 경향의 순문예지. 추천제를 두어 많은 신인을 배출했으며, 통권 26호까지 발행.

조선-문전(朝鮮文典)명 1895년경 유길준(兪吉濬)이 지은 국어 문법서. 총론·언어론·문장론의 세 부분으로 되어 있으며, 우리나라 사람이 저술한 최초의 문법서임. 참대한문전.

조:선-소(造船所)명 배의 건조나 개조·수선 등을 하는 곳. 선창(船廠).

조선^숭배(祖先崇拜)명 ⇨조상 숭배.

조선 시단(朝鮮詩壇) 1928년에 황석우(黃錫禹)에 의해 창간된 시 전문지. 통권 6호까지 발행됨.

조선-어(朝鮮語)명 일제 강점기에, '우리말'을 이르던 말. 조선말.

조선어^연구회(朝鮮語硏究會)[-회/-훼]명 1921년 12월 3일 휘문 의숙(徽文義塾)에서 조직된, 국어의 연구·계몽·선전을 목적으로 한 학술 단체. 최두선(崔斗善)·장지영(張志暎)·권덕규(權悳奎)·이병기(李秉岐)·이규방(李奎昉)·김윤경(金允經) 등이 창립 회원임. 1927년에 동인지 '한글'을 창간하고, 1931년에 이름을 '조선어 학회'로 고쳤다가 광복 후 다시 '한글 학회'로 고침.

조선어^학회(朝鮮語學會)[-하회/-하훼]명 '조선어 연구회'를 고친 이름.

조선어^학회^사:건(朝鮮語學會事件)[-하회-껀/-하훼-껀]명 1942년 10월에, 국어 말살을 꾀하던 일제(日帝)가 조선어 학회 회원들을 민족주의자로 몰아서 검거·투옥한 사건. 1945년에 광복과 함께 풀려남.

조선왕조-실록(朝鮮王朝實錄)명 조선 태조 때부터 철종 때까지 25대 472년 동안의 역사를 편년체로 쓴 책. 국보 제151호.

조선-종이(朝鮮-)명 ⇨한지(韓紙).

조선-집(朝鮮-)[-찝]명 ⇨한옥(韓屋).

조선^총:독부(朝鮮總督府)[-뿌]명 일제가 1910년부터 1945년까지 우리나라를 강점하여 통치하기 위하여 서울에 두었던 최고 행정 관청.

조선-통보(朝鮮通寶)명 조선 세종 5(1423)년에 쇠로 주조한 엽전.

조:설(早雪)명 제철보다 이르게 내리는 눈.

조섭(調攝)명하자 ⇨조리(調理). ¶산후(產後)에 조섭을 잘하는 것이 중요하다.

조:성(早成)명하자 ①조숙(早熟). ②일을 빨리 완수함.

조:성(助成)명하타 (사업이나 연구 따위를) 도와서 이루게 함. ¶연구 조성 기금.

조성(組成)명하타 (두 가지 이상의 요소나 성분으로) 짜 맞추어 이룸. ¶질소와 수소로 조성된 물질. 참성분비(成分比).

조성(鳥聲)명 새소리.

조:성(造成)명하타되자 ①(사람이 이용할 수 있도록) 품을 들여 만들어 냄. ¶관광단지 조성. ②녹지 조성. 분위기 따위를) 만들어 냄. ¶면학 분위기를 조성하다.

조:성(照星)명 ⇨가늠쇠.

조성(調聲)〔명〕〔하자〕 소리를 낼 때 그 높낮이와 장단을 고름.

조성^모:음(調聲母音) ☞조음소(調音素).

조성^사회(組成社會)[-회/-훼]〔명〕 (정당이나 교회·클럽 따위와 같이) 일정한 목적을 이루기 위하여 인위적으로 조직된 사회 집단.

조:성-품(助成品)〔명〕 (생산물의 원료가 아니면서) 생산물을 만드는 데 도움이 되는 물품. 〔비료·약품 따위.〕

조:세(早世)〔명〕〔하자〕 ☞요절(夭折).

조:세(助勢)〔명〕〔하자〕 힘을 보탬. 도움.

조세(租稅)〔명〕 국가나 지방 자치 단체가 필요한 경비를 마련하기 위하여 국민으로부터 강제로 거두어들이는 돈. 공세(貢稅). 공조. 조세(稅).

조:세(肇歲)〔명〕 '연초(年初)' 또는 '음력 정월'을 달리 이르는 말.

조세(潮勢)〔명〕 조수의 기세.

조세-범(租稅犯)〔명〕 조세법에 위반되는 범죄, 또는 그러한 범죄를 저지른 사람.

조세-법(租稅法)[-뻡]〔명〕 ☞세법.

조세^법률주의(租稅法律主義)[-뉼-의/-뉼-이]〔명〕 조세의 부과 및 징수는 반드시 국회에서 제정하는 법률에 따라야 한다는 주의.

조세^부:담률(租稅負擔率)[-눌]〔명〕 국민 총생산이나 국민 소득에 대한 조세 총액의 비율.

조세-안(租稅案)〔명〕 조선 시대에, 결세(結稅)를 적던 장부(帳簿).

조:세^전:가(租稅轉嫁)〔명〕 조세의 부담이 시장의 유통 과정에서 이루어지는 가격 관계를 통하여 다른 사람에게로 옮아지는 일.

조세^주체(租稅主體)〔명〕 조세의 의무를 지닌 자연인이나 법인.

조세^체납처:분(租稅滯納處分)〔명〕 ☞체납 처분.

조세^특면(租稅特免)[-뜽-]〔명〕 특별히 가정된 특정한 경우에 한하여, 특정인에게 납세 의무를 면제하는 행정 처분.

조세^협정(租稅協定)[-쩡]〔명〕 같은 과세 물건에 대한 이중 과세(二重課稅)를 피하고 탈세를 방지하기 위하여 체결하는 국제 협정.

조소(彫塑)〔명〕 ①조각과 소상(塑像). ②조각의 원형이 되는 소상을 만듦, 또는 그 소상.

조소(嘲笑)〔명〕〔하타〕 비웃음. ¶조소를 당하다. /조소를 퍼붓다.

조속(早速)〔명〕 '조속하다'의 어근.

조속(粗俗)〔명〕 천박하고 촌스러운 풍속.

조속(操束)〔명〕〔타〕 잡아서 단단히 단속함. 단단히 잡도리함.

조속-기(調速機)[-끼]〔명〕 부하(負荷)의 변화에 대응해서, 원동기의 회전 속도를 일정한 범위로 조정하려 위하여 쓰이는 장치.

조속-조속[-쏘-]〔부〕 기운 없이 꼬박꼬박 조는 모양. ¶불쌍한 나의 모친…, 언덕 밑에 조속조속 조을면서 자진하여 죽거드면…(烈女春香守節歌).

조:속-하다(早速-)[-쏘카-]〔형여〕 이르고도 빠르다. 조속-히〔부〕 조속히 해결해야 할 문제.

조손(祖孫)〔명〕 할아버지와 손자.

조손-간(祖孫間)〔명〕 할아버지와 손자 사이.

조:쇠(早衰)[-쇠/-쉐]〔명〕〔하자〕 (나이에 비하여) 일찍 쇠약해짐.

조:수(助手)〔명〕 주된 작업을 하는 사람에 딸려, 그 일을 보조해 주는 사람. ¶운전 조수.

조수(鳥獸)〔명〕 새와 짐승. 금수(禽獸).

조:수(釣叟)〔명〕 ☞조부(釣父).

조:수(照數)〔명〕〔하타〕 수를 맞추어 봄.

조수(漕手)〔명〕 조정 경기 등에서, 노를 젓는 사람.

조수(潮水)〔명〕 ①바닷물, 또는 해와 달의 인력에 의해서 주기적으로 들어왔다 나갔다 하는 바닷물. ②아침에 밀려들었다가 나가는 바닷물. 해조(海潮). ②←석수(汐水). ⑧조석수(潮汐水).

조수(操守)〔명〕 정조나 지조 따위를 지킴.

조수불급(措手不及)〔명〕〔하형〕 일이 매우 급하여 미처 손을 쓸 겨를이 없음.

조-수입(粗收入)〔명〕 든 경비를 빼지 않은 수입. 〔조수입으로부터 경비를 뺀 것이 소득임.〕

조-수족(措手足)〔명〕〔하자〕 〔손발을 겨우 놀린다는 뜻으로〕 제힘으로 겨우 생활을 꾸려 나감.

조:숙(早熟)〔명〕〔하자〕〔되자〕 ①(곡식이나 과일 따위가) 일찍 익음. ↔만숙(晚熟). ②〔하형〕나이에 비하여 정신적·육체적으로 발달이 빠름. 조숙(早成). ¶ 어린애가 너무 조숙하다. ②⑧숙성하다.

조:숙-재:배(早熟栽培)[-제一]〔명〕 채소의 재배 방식의 한 가지. 씨를 온상에 뿌려서 늦서리의 위험이 없어진 시기에 본밭에 옮겨 심어 보통 재배보다 일찍 수확하는 방식.

조술(祖述)〔명〕〔하타〕 선인(先人)의 설(說)을 본받아 그 뜻을 펴서 서술함.

조습(調習)〔명〕〔하타〕〔되자〕 정숙하게 배워 익힘.

조습(燥濕)〔명〕 바싹 마름과 축축히 젖음, 또는 마른 것과 젖은 것.

조:승(弔繩)〔명〕 한쪽 끝만을 잡아매어 드리워 놓고, 손으로 더위잡아 오르내리는 운동을 하는 줄.

조:승(釣繩)〔명〕 물건을 거는 데 쓰는 작은 갈고리를 단 줄.

조:시(弔詩)〔명〕 죽은 이에 대한 애도의 뜻을 나타낸 시.

조시(朝市)〔명〕 ①조정(朝廷)과 시정(市井). ②아침에 서는 시장(市場).

조:시(肇始)〔명〕〔하자타〕〔되자〕 무엇이 비롯되거나 비롯함, 또는 그 시초.

조:식(早食)〔명〕 ①여느 때보다 아침밥을 일찍 먹음. ②아침밥.

조식(粗食)〔명〕〔하자〕 검소한 음식을 먹음, 또는 그러한 음식. ¶조의(粗衣)조식. ⑧악식(惡食).

조식(朝食)〔명〕 아침밥.

조신(祖神)〔명〕 신으로 모시는 선조.

조신(朝臣)〔명〕 조정에서 벼슬살이를 하는 모든 신하. 조관(朝官). 조사(朝士).

조신(操身)〔명〕 ①〔하자〕몸가짐을 조심함. ¶과년한 처녀가 매사에 조신할 줄 알아야지. ②〔하형〕〔-스럽〕몸가짐이 얌전함. ¶그 댁의 큰따님은 매우 조신하다. /조신한 아가씨.

조신(竈神)〔명〕 ☞조왕(竈王).

조:실-부모(早失父母)〔명〕〔하자〕 어려서 부모를 여읨. 조상부모(早喪父母).

조심(彫心)〔명〕〔하타〕 마음에 깊이 새김. 마음에 새겨질 만큼 몹시 고심함.

조:심(操心)〔명〕〔하자타〕〔되자〕 (잘못이나 실수 따위가 없도록) 마음을 씀. ¶산불 조심. /몸가짐을 조심하다. 조심-히〔부〕

조심-누:골(彫心鏤骨)〔명〕〔하자〕 〔마음에 새겨지고 뼈에 사무친다는 뜻으로〕 '몹시 고심함'을 비유하여 이르는 말.

조:심-성(操心性)[-썽]〔명〕 미리 조심하는 성질이나 태도. ¶조심성 없는 행동.

조:심성-스럽다(操心性-)[-썽-따][~스러우니·~스러워]〔형비〕 조심성이 있어 보이다. ¶조심성스러운 행동. 조심성스레〔부〕 ¶조심성스레 말문을 열다.

조:심-스럽다(操心-)[-따][~스러우니·~스러워]鬪回 매우 조심하는 태도가 있다. ¶매사에 조심스럽게 행동하다. 操心스레甼 ¶조심스레 방문을 열다.

조:심-조심(操心操心)鬪하자타 썩 조심스럽게 행동하는 모양. ¶낭떠러지를 조심조심 기어 올라가다. 操心조심-히甼.

조:쌀-스럽다[-따][~스러우니·~스러워]鬪回 보기에 조쌀한 데가 있다. 조쌀스레甼.

조:쌀-하다鬪여 늙은이의 얼굴이 깨끗하고 조촐하다. ¶나이는 먹었지만 얼굴이 조쌀하다.

조今로이甼〈옛〉종요롭게. ¶겨스레 錦나브레 조으로볼 조今로이 너기노라(杜初23:11).

조今ᄅ빙甼〈옛〉종요롭게. ¶조今ᄅ빙 뿌미 몯ᄒ리라(牧牛11).

조今롭다鬪回〈옛〉종요롭다. ¶節은 조今롭디 아니ᄒ 말란 더러 쓸씨라(釋譜序4).

조솔鬪〈옛〉종요로움. 핵심. ¶覺心 조히올 조今리라(楞解2:95).

조아(爪牙)鬪 ①'짐승의 발톱과 어금니, 또는 악인의 책략이나 마수(魔手)'를 비유하여 이르는 말. ¶악인의 조아에 걸리다. ②주인의 손발이 되어 일하는 부하. ¶조아의 신(臣).

조아리다타 (황송하여) 이마가 바닥에 닿을 정도로 머리를 자꾸 숙이다. ¶머리를 조아리며 빌다.

조아-팔다[~파니·~팔아]타 (크거나 많은 물건을) 한목에 팔지 않고 헐어서 조금씩 팔다.

조악(粗惡) '조악하다'의 어근.

조악-하다(粗惡-)[-아카-]鬪여 (제품 따위의 질이) 거칠고 나쁘다. ¶조악한 상품.

조안(粗安)鬪하여 〔편지 따위에서 자기의 안부를 나타내는 말로〕별 탈이 없음. 별고 없이 편안함.

조암^광:물(造岩鑛物)鬪 암석을 구성하는 광물. 〔석영·장석·운모·각섬석·감람석 따위.〕

조앙(早秧)鬪하자타 볏모를 일찍 냄, 또는 일찍 낸 볏모. 조이(早移).

조:애(助哀)鬪하자 (남이 슬퍼 할 때) 곁에서 함께 서러워함.

조애(阻隘) '조애하다'의 어근.

조:애(阻礙)鬪하타되자 (무슨 일이나 행동을) 하지 못하게 막음. 방해함. ¶의사 진행을 조애하다. /문명의 발달을 조애하다.

조애(朝靄)鬪 아침에 끼는 아지랑이.

조:애-하다(阻隘-)鬪여 길이 험하고 좁다.

조야(粗野) '조야하다'의 어근.

조야(朝野)鬪 ①조정과 재야. ¶조야에서 들끓는 여론. ②정부와 민간.

조야-하다(粗野-)鬪여 (말이나 행동 따위가) 거칠고 천하다. ¶태도가 조야하다.

조약(條約)鬪 (국제상의 권리나 의무에 관한) 문서에 의한 국가 간의 합의. ¶수교 통상 조약. /조약을 맺다.

조약(調藥)鬪하타 ☞조제(調劑).

조약-국(條約國)[-꾹]鬪 서로 수교 통상 조약을 맺고 있는 나라.

조약-돌[-똘]鬪 잘고 동글동글한 돌. 석력.

조약-밭[-빧]鬪 조약돌이 많이 빨이나 그러한 땅. *조약밭이[-빠치]·조약밭을[-빠틀]·조약밭만[-빤-]

조:양(早穰)鬪 올벼.

조:양(助陽)鬪하자 양기(陽氣)를 돋움.

조양(朝陽)鬪 ①아침 해. 아침 볕. ②새벽에 동하는 남자의 양기(陽氣).

조양(調養)鬪하타되자 ☞조리(調理).

조:어(助語)鬪 ☞어조사(語助辭).

조어(祖語)鬪 같은 계통에 속하는 여러 언어의 근원이 되는 언어. 〔스페인 어(語)·프랑스어(語)·이탈리아 어(語)에 대한 라틴 어(語) 따위.〕

조어(鳥語)鬪 ①새가 지저귀는 소리. ②(무슨 말인지 알아들을 수 없다 하여) '미개인들의 지껄이는 소리'를 이르는 말.

조:어(措語)鬪하자 글자로 말뜻을 엉구어서 만듦.

조:어(釣魚)鬪하자 물고기를 낚음.

조:어(造語)鬪하타 ①말을 새로 만듦, 또는 이미 있는 말을 엉구어서 새로운 뜻을 지닌 말을 만듦. ②꾸며 낸 말. 날조된 말.

조어(藻魚)鬪 해조(海藻)가 많은 곳에서 사는 어류(魚類).

조:어-법(造語法)[-뻡]鬪 실질 형태소에 형식 형태소가 붙거나 실질 형태소끼리 결합하거나 하여 새로운 단어를 만들어 내는 방법.

조:언(助言)鬪하자타 곁에서 말을 거들거나 일깨워 줌, 또는 그 말. 도움말. ¶조언을 받다. /조언을 구하다. /조언과 격려를 아끼지 않다. /인사 문제에 대해 사장에게 조언하다.

조:언(造言)鬪 (터무니없는 사실을) 꾸미어 하는 말. 지어낸 말.

조업(祖業)鬪 조상 때부터 내려오는 가업.

조:업(肇業)鬪하자 어떤 사업을 처음으로 시작함.

조:업(操業)鬪하자 (공장 같은 데서) 기계 따위를 움직여 일을 함. ¶조업을 재개하다.

조:업-단:축(操業短縮)[-딴-]鬪 생산 과잉에서 오는 가격의 하락이나 이윤의 감소를 막기 위하여, 생산 설비의 가동 시간 따위를 줄이어 생산을 제한하는 일. ❀조단(操短).

조:업-도(操業度)[-또]鬪 (기업의 설비나 인적 능력·자재 등) 생산 능력에 대한 이용의 정도.

조여-들다[-드너·-드ㄹ]자 ☞조여들다.

조:역(助役)鬪 ①주임자(主任者)를 보좌하는 역, 또는 그 사람. ②철도청에서, 역장(驛長)을 보좌하는 직, 또는 그 사람. ③〈조역꾼〉의 준말.

조:역-꾼(助役-)鬪 일을 도와서 거들어 주는 사람. ❀조역.

조역-문(兆域門)[-영-]鬪 능(陵)의 경내(境內)에 세운 문.

조:연(助演)鬪하자 연극이나 영화 따위에서, 주연(主役)을 도와서 연기함, 또는 그 사람. ¶조연 배우. /조연을 맡다.

조:-연출(助演出)鬪 연출가를 보조하거나 대리하는 사람.

조열(朝列)鬪 ①조정(朝廷)에서의 백관의 차례를 이르던 말. ②조정에 참렬(參列)하던 일. 조신(朝臣)의 반열(班列)에 끼던 일.

조열(潮熱)鬪 날마다 일정한 시간이 되면 일어나는 신열(身熱).

조열(燥熱) '조열하다'의 어근.

조열-하다(燥熱-)鬪여 마음이 몹시 답답하고 몸에 열이 나서 덥다. 조열-히甼.

조:영(造營)鬪하타 궁궐이나 절 등 큰 건물을 세움, 또는 그 건물. ¶대웅전을 조영하다.

조:영(照影)鬪 ①빛이 비치는 그림자. ②그림이나 사진 촬영에 의한 초상(肖像).

조:영-제(造影劑)鬪 내장의 엑스선 사진 촬영에 쓰이는 약품. 엑스선 사진을 뚜렷이 나타내어 진단을 쉽게 함. 〔황산바륨 따위.〕

조:예(造詣)몡 (학문이나 예술·기술 등) 어떤 분야에 대한 깊은 지식이나 이해. ¶골동품에 대한 조예가 깊다.

조오롬몡 (옛) 졸음. ¶조오롬 계워홀작시면(睡瘡 66). 鄧조오롬.

조-옮김(調-)[-옴-][-옴-]몡하타 악곡 전체의 형태를 바꾸지 않고 그대로 다른 조로 옮겨서 연주하거나 악보로 적거나 함. 가령, 다장조를 한 음 높여서 라장조로 옮기는 따위. 이조(移調).

조왕(竈王)몡 민간에서, 부엌을 맡아보는 신을 이르는 말. 부엌의 모든 길흉을 관장한다고 함. 조신(竈神). 조왕신.

조왕-굿(竈王-)[-굳][-굳]몡 민간에서, 부엌 귀신을 위하여 하는 굿. *조왕굿이[-구시]·조왕굿만[-군-]

조왕-단(竈王壇)몡 절에서 조왕을 모셔 두는 단. 절의 부엌 뒷벽에 만듦.

조왕모귀(朝往暮歸)몡하자 아침에 갔다가 저녁에 돌아옴.

조왕-신(竈王神)몡 ☞조왕(竈王).

조:요(照耀)몡하형 밝게 비치어 빛남. 조요-히閈 휘황한 등불이 거리를 조요히 비춘다.

조:요-경(照妖鏡)몡 귀신의 본성까지도 비추어 본다는 신통한 거울. 조마경(照魔鏡).

조요ᄅ외형 (옛) 종요로운. ¶사라쇼매 조요ᄅ외욘 노ᄅ 버서나롸(杜重11:2).

조욕(潮浴)몡하자 ☞해수욕.

조-용-하다(←從容-)[형어 (1)아무 소리도 나지 아니하고 잠잠하다. ¶죽은 듯 조용하다. (2)(언행이나 성격 따위가) 수선스럽지 아니하고 차분하고 얌전하다. ¶조용한 목소리로 이야기하다. /조용한 성품. (3)(주위 환경이) 들끓거나 소란스럽지 아니하고 잠잠하고 평온하다. ¶조용한 시골 생활. (4)(무슨 일이나 말썽이 없이) 평온하고 한가하다. ¶그가 와서부터는 조용한 날이 없다. (5)공공연하지 않고 은밀하다. ¶이번 일은 조용하게 처리하시오. 조용-히閈 ¶조용히 앉아서 책을 읽다.

조우(遭遇)몡하자 우연히 만나거나 맞닥뜨림. 조봉(遭逢). ¶적병과 조우하다.

조우-전(遭遇戰)몡 적대 관계에 있는 양편 부대가 서로 우연히 만나서 벌이는 전투.

조운(漕運)몡하타 배로 물건을 실어 나르는 일. 전조(轉漕). 地참운(站運).

조운-배(漕運-)[-빼]몡 물건을 실어 나르는 배. 조운선.

조운-선(漕運船)몡 ☞조운배.

조운-창(漕運倉)몡 ☞조창.

조울-병(躁鬱病)[-뼝]몡 감정 장애를 주로 하는 내인성(內因性) 정신병의 한 가지. 상쾌하고 흥분된 상태와 우울하고 불안한 상태가 주기적으로 번갈아 나타남.

조:웅-전(趙雄傳)몡 지은이와 지은 때를 알 수 없고 국문으로 된, 조선 시대의 대표적 군담 소설.

조:원(造園)몡 정원·공원·유원지 따위를 만듦.

조:위(弔慰)몡하자 죽은 이를 조상(弔喪)하고 유족을 위문함.

조위(凋萎)몡하자 풀이나 나무 따위가 물기가 모자라서 시듦.

조:위(造位)몡 신라 때, 17관등의 열일곱째 등급. 조위전.

조위(潮位)몡 밀물이나 썰물 따위로 변화하는 해면의 높이.

조위(調胃)몡하자 위병(胃病)을 조절하여 고침.

조:위-금(弔慰金)몡 조위의 뜻으로 내는 돈.

조육(鳥肉)몡 새고기.

조육(棗栗)몡 대추와 밤.

조:율(照律)몡하자 ☞의율(擬律).

조율(調律)몡하타 (1)악기의 음을 일정한 기준음에 맞추어 고름. 조음(調音). 튜닝. ¶바이올린을 조율하다. (2)'알맞거나 마땅하도록 조절함'을 비유하여 이르는 말. ¶의견을 조율하다.

조율-미음(棗栗米飲)몡 대추·밤·찹쌀 따위를 함께 푹 고아서 만든 미음.

조율-사(調律師)[-싸]몡 악기의 조율을 업으로 하는 사람. ¶피아노 조율사.

조율이시(棗栗梨柿)몡 제사에 쓰는 대추·밤·배·감을 아울러 이르는 말.

조으다형 (옛) 쪼다. 새기다. ¶조을 명:銘(石千23).

조:은(造銀)몡 인공으로 만든 은.

조은(朝恩)몡 조정(朝廷)으로부터 입은 은혜. 임금의 은혜.

조:음(助淫)몡하자 음욕(淫慾)을 도움.

조음(潮音)몡 바다 멀리서 밀려오는 소리. 파도치는 소리. 해조음(海潮音).

조음(調音)몡하타되자 (1)성대(聲帶)보다 위의 음성 기관이 어떤 음성을 내기 위하여 필요한 위치를 취하고 일정한 운동을 함. 분절(分節). (2)☞조율(調律).

조음(噪音)몡 ☞소음(騷音)·악음(樂音).

조음-기관(調音器官)몡 언어음을 만들어 내는 발음 기관을 통틀어 이르는 말. 〔입술·이·잇몸·혀·입천장·인두(咽頭) 따위.〕

조음-소(調音素)몡 자음끼리의 충돌을 회피하기 위하여 어간과 어미, 체언과 조사 사이에 삽입하는 모음. 〔'먹으니'의 '으', '찾아서'의 '아', '산으로'의 '으' 따위.〕고름소리. 매개 모음. 조성 모음.

조:응(照應)몡하자되자 (사물이나 문장 따위에서) 두 부분이 서로 대응함. ¶발단과 대단원이 잘 조응된 작품.

조응(調膺)몡 눈이, 어둡거나 밝은 곳에서 차차 적응하게 되는 기능.

조:의(弔意)[-의/-이]몡 남의 죽음을 슬퍼하는 마음. ¶삼가 조의를 표합니다.

조의(粗衣)[-의/-이]몡 허름한 옷. 검소한 옷.

조의(朝衣)[-의/-이]몡 ☞공복(公服).

조의(朝儀)[-의/-이]몡 조정의 의식.

조의(朝議)[-의/-이]몡 조정(朝廷)의 의논. 정의(廷議).

조:의-금(弔意金)[-의-/-이-]몡 남의 죽음을 슬퍼하는 뜻으로 내는 돈.

조의-조식(粗衣粗食)[-의-/-이-]몡하자 허름한 옷과 변변찮은 음식, 또는 그런 옷을 입고 그런 음식을 먹음.

조:이(早移)몡하타 ☞조앙(早秧).

조:이(釣餌)몡 낚싯밥.

조이(雕螭)몡 금·은·동 따위의 금속 제품에 어떤 무늬를 새기는 일.

조이-개몡 장구 부속품의 하나. 가죽으로 갈마 기처럼 만들어 장구의 좌우 마구리에 얼기설기 얽은 줄의 두 가닥을 끼워서 한쪽으로 밀면 줄이 팽팽해지고, 다른 한쪽으로 밀면 줄이 늘어지게 되어 장구의 소리를 조절함. 축수(縮綬).

조이다타 ☞죄다.

조익(鳥翼)몡 새의 날개.

조:인(操人)몡 기술이 뛰어난 비행기의 조종사나 스키의 점프 선수 등을 결말 투로 이르는 말.

조:인(釣人)몡 낚시꾼.

조인(稠人)**명** 많은 사람. 뭇사람.

조인(調印)**명**[하자] 조약이나 계약 따위의 문서에 양쪽 대표자가 동의하여 서명 날인함. ¶통상 조약에 조인하다.

조인-광좌(稠人廣座)**명** 많은 사람이 빽빽하게 모인, 넓은 자리. ❀조좌.

조인-식(調印式)**명** 조약이나 계약 따위의 문서에 양쪽 대표자가 동의하여 서명 날인하는 의식.

조인트(joint)**명** ①기계나 기재(機材) 따위의 이음매, 또는 그 부품. ②합동. 연합.

조인트(를) 까다[관용] '구둣발로 정강이뼈를 걸어차다'를 속되게 이르는 말.

조인트^리사이틀(joint recital)**명** 두 사람 이상의 독주자나 독창자가 공동으로 개최하는 연주회나 독창회.

조일(朝日)**명** 아침 해.

조임-줄[-쭐]**명** 장구의 양쪽 마구리를 마주 걸어 죄어 맨, 무명을 꼬아 만든 줄. 축승(縮繩).

조자리**명** 지저분한 작은 물건이 어지럽게 매달려 있거나 한데 묶여 있는 것. ❀주저리.

조자리**명** 대문의 윗장부.

조자인(Sosein 독)**명** 철학에서, 이러이러하다고 하는 본질적·가능적 존재. ↔다자인.

조:작(造作)**명**[하자][되자] (좋지 못한 목적 아래) 무슨 일을 지어내거나 하여 냄. ¶사건을 조작하다. /조작된 연극.

조:작(操作)**명**[하타][되자] ①기계나 장치 따위를 다루어 움직이게 함. ¶조작이 간편한 제품. /기계를 조작하다. ②사물을 자기에게 유리하도록 공작하여 조종함. ¶주가(株價)를 조작하다.

조작-거리다[-꺼-]**자** 자꾸 조작조작하다. 조작대다.

조:작-극(造作劇)[-끅]**명** (좋지 못한 목적 아래) 무슨 일을 실제로 일어난 것처럼 지어내거나 꾸며 내는 것. ¶조작극을 꾸미다. /조작극을 벌이다.

조작-대다[-때-]**자** 조작거리다.

조작-조작[-쪼-]**부**[하자] ①걸음발타는 어린아이가 귀엽게 아장아장 걷는 모양. ¶어린아이가 이쪽으로 조작조작 걸어왔다. ②책없이 아는 체하며 떠드는 모양. ❀주적주적.

조잔(凋殘) '조잔하다'의 어근.

조잔-거리다[타] 자꾸 조잔조잔하다. 조잔대다. ❀주전거리다.

조잔-대다[타] 조잔거리다.

조잔-부리다[하자] 때 없이 군음식을 점잖지 않게 자꾸 먹는 짓. ❀주전부리.

조잔-조잔[부][하타] 때 없이 군음식을 점잖지 않게 자꾸 먹는 모양. ❀주전주전.

조잔-하다(凋殘-)**형여** 말라서 시들거나 지치거나 쇠잔하다.

조잘-거리다 **[I]자** 참새 따위가 쉴 새 없이 자꾸 지저귀다. 조잘대다. ❀종달새가 나뭇가지에 날아와 계속 조잘거린다. ❀주절거리다.

[II]자타 낮은 목소리로 수다스럽게 계속 종알거리다. 조잘대다. ¶아이들이 시험 문제에 대하여 조잘거리고 있었다. ❀주절거리다.

조잘-대다[자타] 조잘거리다.

조잘-조잘[부] 낮은 목소리로 좀 수다스럽게 종알거리는 모양. ¶조잘조잘 지껄이다. ❀주절주절[1]. ②[하자] 참새 따위가 쉴 새 없이 자꾸 지저귀는 소리, 또는 그 모양.

조잘-조잘[부] 끄나풀 같은 것이 어지럽게 달린 모양. ❀주절주절[2].

조잡[명] 〈주접〉의 속된 말.

조잡(粗雜) '조잡(粗雜)하다'의 어근.

조잡(稠雜) '조잡(稠雜)하다'의 어근.

조잡-스럽다(粗雜-)[-쓰-따][~스러워·~스러워][형ㅂ] ①(주로 음식에 대하여) 다랍고 얌치없게 욕심을 부리는 태도가 있다. ❀주접스럽다. ②(말·행동·솜씨 따위가) 거칠고 엉성하여 품위가 없는 데가 있다. ¶조잡스러운 글. /조잡스럽게 만든 장난감. 조잡스레[부].

조잡-하다(粗雜-)[-자파-][형여] (말·행동·솜씨 따위가) 거칠고 엉성하다. ¶계획이 조잡하다. /조잡한 제품.

조잡-하다(稠雜-)[-자파-][형여] 빽빽하고 복잡하다.

조:장(弔狀)**명** 조상(弔喪)하는 편지.

조:장(助長)**명**[하타] (흔히 의도적으로 어떠한 경향이 더 심하여지도록) 도와서 북돋움. ¶소비를 조장하다.

조장(組長)**명** 조(組)로 편성한 조직체의 통솔자(책임자).

조장(條章)**명** ①조목조목 갈라서 쓴 문장. ②조목조목 갈라서 쓴 문장의 큰 구분과 작은 구분. 조(條)와 장(章).

조장(鳥葬)**명** 시체를 들에 내다 놓고, 새들이 파먹게 하는 장사(葬事). 〔티베트 인이나 배화교도(拜火敎徒)에게서 이 풍습이 있음.〕

조장(彫墻)**명** ☞화초담.

조:재(造材)**명**[하타] 벌채한 나무를 필요한 길이로 잘라서 재목으로 만듦.

조적(鳥跡·鳥迹)**명** ①새의 발자국. ②글자, 특히 한자를 달리 이르는 말.〔창힐(蒼頡)이 새의 발자국을 보고 글자를 만들었다는 중국의 고사에서 유래함.〕

조:전(弔電)**명** 조상(弔喪)의 뜻으로 보내는 전보. ¶조전을 치다.

조전(祖奠)**명** 발인(發靷)하기에 앞서 영결(永訣)을 고하는 제사.

조전(祖餞)**명**[하타] 먼 길을 떠나는 사람을 전송함.

조:전(造錢)**명** 불교에서, 저승에 가서 빚을 갚는 데 쓰게 한다고 관(棺)에 넣어 주는, 종이로 만든 가짜 돈을 이름. 지전(紙錢).

조전(朝典)**명** 조정의 제도와 의식.

조전(朝奠)**명** 장사에 앞서, 이른 아침마다 영전(靈前)에 지내는 제사.

조:전-원수(助戰元帥)**명** 고려 말기, 임시 무관직의 한 가지. 도원수·상원수·원수·부원수 등을 돕던 원수.

조절(調節)**명**[하타][되자] 사물의 상태를 알맞게 조정하거나 균형이 잘 잡혀 어울리도록 함. ¶온도 조절. /습도를 조절하다.

조절-란(調節卵)**명** 동물의 알에서, 발생 초기에는 각 부분의 운명이 결정되지 않고 발생 과정에서 각각의 조건 아래 조절이 이루어져 완전한 동물이 되는 알. 〔성게나 영원(蠑蚖) 따위의 알.〕

조점(兆占)**명**[하자] 점을 침, 또는 그 점패.

조정(措定)**명**[하타][되자] 〔철학에서〕①어떤 존재를 긍정하고 그 내용을 규정함. ②어떤 명제를 자명한 것 또는 이미의 가정(假定)으로 하여, 추리에 의하지 않고 직접 긍정하여 주장함, 또는 추리의 전제로서 아직 증명되지 않은 명제.

조:정(釣艇)**명** 낚싯배.

조정(朝廷)**명** 임금이 나라의 정치를 집행하던 곳. 왕정. 조가(朝家). 조당(朝堂).

조정엔 막여작(莫如爵)이요, 향당엔 막여치(莫如齒)라[속] 조정에서는 벼슬의 등급을 중히 여기고, 고장에서는 나이의 차례를 중히 여긴다는 말.

조정(漕艇)명하자 ①보트를 저음. ②보트를 저어서 그 속도로 승부를 겨루는 경기의 한 가지.

조정(調定)명하타 조사하여 확정함.

조정(調停)명하타 ①노동 쟁의 조정법에서, 쟁의가 알선으로 해결되지 않았을 때 노동 위원회에서 선출한 조정 위원이 노사(勞使) 쌍방의 의견을 듣고 조정안을 작성·제시하여 쟁의가 해결되도록 노력하는 일. ②민사상 또는 가정 내의 분쟁을 해결하기 위하여 법원 등의 제삼자가 당사자 사이에 들어서 화해시킴.

조정(調整)명하타 고르지 못한 것이나 과부족(過不足)이 있는 것 따위를 알맞게 조절하여 정상 상태가 되게 함. ¶선거구를 조정하다.

조정-법(調停法)[-뻡]명 각종 분쟁을 조정하기 위하여 만든 법률을 통틀어 이르는 말.

조정-지(調整池)명 수력 발전소에서, 발전해야 할 양이 많을 때 쓰기 위하여 적게 발전할 때의 남는 물을 모아 두는 저수지.

조:제(弔祭)명하타 죽은 사람의 영혼을 위로하기 위하여 제사함.

조:제(助劑)명 ⇨보제(補劑).

조제(粗製)명하타 물건을 조잡하게 만드는 일, 또는 그렇게 만든 물건. 조조(粗造). ↔정제(精製).

조제(調製)명하타되자 주문에 따라 물건을 만듦. 취향에 따라 만듦. ¶특별히 조제한 양복.

조제(調劑)명하타되자 여러 가지 약제를 조합하여 약을 만듦. 조약(調藥). ¶감기약을 조제하다.

조제-남조(粗製濫造)명하타 조제품(粗製品)을 마구 만듦.

조제-사(調劑師)명 '약사(藥師)'의 잘못.

조제-실(調劑室)명 병원이나 약국 등에서 약사가 약을 조제하는 방.

조제-약(調劑藥)명 (약사가) 조제한 약.

조제-품(粗製品)명 조제한 물품.

조:젯(Georgette)명 여름철 여자 옷에 많이 쓰는, 얇고 톡톡한 견 또는 면직물. [본디는 상표명임.]

조:조(早朝)명 이른 아침. 조단(早旦). 조천(早天).

조조(粗造)명하타 ⇨조제(粗製).

조:조(肇造)명하타 처음으로 만듦.

조조(躁躁)'조조하다'의 어근.

조조-이(條條-)튀 조목조목이.

조조-하다(躁躁-)형여 성질이 조급하다. ¶시간에 쫓겨 마음이 몹시 조조하다. 조조-히튀.

조:조-할인(早朝割引)명하타 극장 등에서, 오전에 입장 요금을 할인하는 일.

조족지혈(鳥足之血)[-쩌-]명 [새발의 피라는 뜻으로] '아주 적은 분량'을 비유하여 이르는 말.

조:졸(早卒)명하자 ⇨요절(夭折).

조졸(漕卒)명 고려·조선 시대에, 배로 물건을 실어 나르는 일을 하는 사람을 이르던 말. 수부(水夫). 조군(漕軍).

조:종(弔鐘)명 ①죽은 이를 애도하는 뜻으로 치는 종. ②'어떤 일의 종말을 알리는 징조'를 비유하여 이르는 말. ¶식민주의의 조종이 울리다.

조:종(早種)명 〈조생종(早生種)〉의 준말.

조종(祖宗)명 〔임금의 시조와 중흥의 조(祖)라는 뜻에서 온 말로〕당대 이전의 역대 임금을 통틀어 이르는 말.

조종(朝宗)명 ①옛날 중국에서, 봄과 여름에 제후가 천자를 뵙던 일. ②'강물이 바다로 흘러들어감'을 비유하여 이르는 말.

조종(操縱)명하타되자 ①(비행기·선박·자동차 따위의 기계를) 마음대로 다루어 부림. ¶비행기를 자유자재로 조종하다. ②사람을 자기의 뜻대로 부림. ¶그들을 배후에서 조종하다.

조종-간(操縱杆)명 비행기나 토목 기계 따위를 조종하는데 쓰이는 막대기 모양의 장치.

조종-기업(祖宗基業)명 조상 때부터 대대로 이어 온 왕업(王業). 조종세업(祖宗世業).

조종-사(操縱士)명 항공기를 조종하는 사람.

조종-석(操縱席)명 조종사가 앉는 자리.

조종-세업(祖宗世業)명 ⇨조종기업.

조좌(朝座)명 임금이 정사(政事)를 듣고 신하의 알현을 받는 자리, 또는 벼슬아치들이 조정에 모일 때의 정해진 자리.

조좌(稠座)명 〈조인광좌(稠人廣座)〉의 준말.

조:주(助走)명 ⇨도움닫기.

조:주(助奏)명 독창이나 독주의 음악적 효과를 높이기 위하여 반주 이외에 어떤 선율을 협주하는 일. 오블리가토.

조주(粗酒)명 ⇨박주(薄酒).

조:주(造主)명 신주(神主)를 만듦.

조:주(造酒)명하타 술을 빚음.

조:주(造珠)명 인공으로 만든 구슬.

조주(朝酒)명 아침에 마시는 술. 묘주(卯酒).

조:준(照準)명하타되자 탄환이 목표에 명중하도록 총이나 포 따위를 겨냥함. ¶조준 사격. / 목표물을 조준하다.

조:준-기(照準器)명 총신이나 포신을 움직여 목표를 겨냥하기 위한 장치. 〔가늠쇠 따위.〕

조:준^망:원경(照準望遠鏡)명 총포 따위에 딸리어 조준하는 데 쓰이는 망원경.

조:준-선(照準線)명 조준의 표준이 되는 선으로, 사수의 눈에서 가늠구멍의 한가운데와 가늠쇠 위를 지나 조준점에 이르는 직선.

조증(燥症)[-쯩]명 한방에서, 마음이 답답하여 편치 않은 증세.

조증(躁症)[-쯩]명 조급하게 구는 성질이나 버릇. ¶조증이 나다.

조지(朝紙)명 ⇨기별(奇別).

조지다타 ①짜임새가 느슨하지 않게 단단히 맞추다. ②단단히 잡도리하다. ¶나들이를 삼가도록 조지다. ③호되게 때리다. ¶더 이상 반항하지 못하게 조지다. ④(신세 따위를) 망치다. ¶신세를 조지다.

조:지-서(造紙署)명 조선 시대에, 종이 뜨는 일을 맡아보던 관아.

조직(組織)명하타되자 ①(목표를 달성하기 위하여) 일정한 지위와 역할을 지닌 사람이나 물건이 모여서 질서 있는 하나의 집합체를 이룸 또는 그 집합체. ¶판매 조직. /산악회를 조직하다. ②날실과 씨실을 걸어 천을 짜는 일, 또는 그 짜임새. ¶옷감의 조직이 성기다. ③생물체를 구성하는 단위의 하나로, 같은 모양이나 기능을 지닌 세포의 모임. ¶신경 조직. /조직 검사.

조직-계(組織系)[-꼐/-꼐]명 식물에서, 서로 유기적 관계에 있는 여러 조직의 모임.

조직^근로자(組織勤勞者)[-끌-]명 노동조합에 가입한 근로자.

조직-력(組織力) [-쩡녁]명 ①짜서 이루는 능력. ②조직으로 뭉쳐진 힘. ¶조직력을 강화한다.

조직-망(組織網) [-쭹-]명 (그물처럼) 널리 치밀하게 퍼져 있는 조직체의 체계적인 갈래. ¶조직망을 확장하다.

조직^배:양(組織培養) [-빼-]명 생물체의 조직의 한 조각을 떼내어 적당한 조건에서 배양·증식시키는 일.

조직-법(組織法) [-뻡]명 인간 행위의 바탕이나 수단이 되는 조직에 관하여 정한 법.

조직-적(組織的) [-쩍]관명 (어떤 목적을 위하여) 전체가 일정한 규범과 질서를 가지고 유기적으로 짜여 있는 (것). ¶조직적 탐색. /조직적인 활동.

조직-책(組織責) 명 (정치적 분야 등에서의) 조직의 책임자.

조직-체(組織體) 명 조직적으로 구성된 체계(體制)나 단체(團體).

조직-학(組織學) [-지칵]명 생물 조직의 구성·발생·분화·기능 따위를 연구하는 생물학의 한 분과(分科).

조진(凋盡) 하자 시들어 다함. 말라 없어짐.

조집의 사방 여섯 자 부피로 쌓은 장작 더미를 세는 말. ¶장작 한 조집. 흴평(坪).

조짐(兆朕) 명 어떤 일이 일어날 징조. ¶물가가 오를 조짐이 보인다.

조짐-머리 명 여자의 머리털을 소라딱지 모양으로 틀어 만든 머리.

조-짚[-짚] 명 조나 피 따위의 낟알을 떨어낸 짚. * 조짚이[-지피]·조짚만[-짐-]

조:짜(造-) 명 진짜처럼 만든 '가짜 물건'을 속되게 이르는 말.

조-쪽대 말하는 이에게 비교적 먼 곳이나 방향을 나타내는 말. ¶조쪽에다 두어라.

조-쯤 Ⅰ명 조만한 정도. ¶아마, 조쯤이면 충분할거야. 흰저쯤.
Ⅱ부 조만한 정도로. 흰저쯤.

조쯧붗니타 (옛) 좇아오니. 좇사오니. [〔좇다'에 어미 '조붗니'가 붙은 말.] ¶國王이 조쯧붗니 (月釋21:189).

조차조 체언에 붙어, 위의 사실이 있는데 그 위에 또 더함을 뜻하는 보조사. 도. 마저. 까지. ¶아버지 이름은커녕 제 이름조차 못 쓴다. /심도 굵었는데 저녁조차 굶게 되었다.

조차(租借) 명하타되자 특별한 합의에 따라 어떤 나라가 다른 나라의 영토의 일부를 일정 기간 빌리어 자국의 통치 아래에 두는 일.

조:차(造次) 명 〈조차간(造次間)〉의 준말.

조:차(潮差) 명 밀물 때와 썰물 때와의 수위(水位)의 차. ¶조차가 크다.

조:차(操車) 명하자 차량을 다룸. 특히, 열차나 전동차 따위의 차량 편성과 운전 순서 등을 조정하는 일을 이름.

조:차-간(造次間) 명 ①아주 짧은 시간. 잠시 동안. ②아주 급작스러운 사이. ②창졸간(倉平間). 흰조차(造次).

조:차-장(操車場) 명 철도에서, 객차나 화차를 연결하거나 분리하거나 하며 조절하는 곳.

조차-지(租借地) 명 조차하는 땅.

조찬(粗餐) 명 ①검소하게 차린 식사. ②(남에게 식사를 대접할 때에 쓰는 겸사의 말로) 변변치 못한 식사.

조찬(朝餐) 명 아침 식사. 특히, 어떤 목적을 가진 모임 따위에서의 아침 식사. ¶조찬 기도회. ↔만찬.

조찬-회(朝餐會) [-회/-훼]명 손님을 초청하여 아침 식사를 겸하여 베푸는 모임.

조:찰(照察) 명하타 진상을 똑똑히 꿰뚫어 봄. 잘 헤아려 알아차림.

조:참(遲參) 명하자 이르게 참석함. ↔지참(遲參).

조참(朝參) 명하자 한 달에 네 번씩 백관이 정전에 나와 임금에게 문안을 드리고 정사를 아뢰던 일.

조창(漕倉) 명 고려·조선 시대에, 조운(漕運)할 곡식을 쌓아 두던 곳집. 조운창(漕運倉).

조처(措處) 명하타자 어떤 문제나 사태를 해결하기 위하여 필요한 대책을 강구함, 또는 그 대책. 조치(措置). ¶법에 따라 단호하게 조처하다.

조:천(早天) 명 ①이른 아침. 조조(早朝). ②동틀 무렵의 하늘.

조철(條鐵) 명 가늘고 긴 철재(鐵材). 막대 모양으로 된 철재.

조철(銚鐵) 명 ☞들쇠.

조첩(稠疊) 명 ①하자 연해 거듭됨. ②하형 겹겹이 겹쳐 있음.

조:청(造淸) 명 묽게 곤 엿. 물엿.

조체모개(朝遞暮改) 명하형 〔아침에 바꾸고 저녁에 간다는 뜻으로) '관원의 경질이 매우 잦음'을 이르는 말.

조:촉(弔燭) 명 장례식 따위에서 켜는 초.

조촐-하다(형)여 ①아담하고 깨끗하다. ¶조촐한 살림. /조촐하게 차린 음식상. ②성품이나 행실 따위가 깔끔하고 얌전하다. ¶조촐한 성품. /조촐하고 똑똑한 여인. ③외모가 말쑥하고 아담하다. ¶조촐한 얼굴. ③호젓하고 단출하다. ¶조촐한 모임. 흰조하다. **조촐-히**부 ¶아버지의 회갑 잔치는 조촐히 치르기로 했다.

조촘-거리다자타 자꾸 조촘조촘하다. 조촘대다. ¶선뜻 들어서지 못하고 조촘거리다. 흰주춤거리다.

조촘-대다자타 조촘거리다.

조촘-병(-病) [-뼝]명 무슨 일을 조촘거리며 벼르기만 하고 시원스럽게 해내지 못하는 버릇. 흰주춤병.

조촘-조촘 명하타자 ①선뜻 나아가지 못하고 망설이며 조금씩 움직이는 모양. ¶조촘조촘 옆으로 다가가다. ②무슨 일을 얼른 맘잡이 못하고 망설이며 자꾸 머뭇거리는 모양. ¶조촘조촘 어렵게 말문을 열다. 흰주춤주춤.

조:총(弔銃) 명 저명인사나 지사, 군인 등의 장례식·위령제·추념식 따위에서, 죽은 이를 추모하고 애도의 뜻을 나타내기 위하여 쏘는 예총(禮銃). ¶추모의 조총을 쏘다.

조총(鳥銃) 명 ①새총. ②'화승총(火繩銃)'을 달리 이르는 말.

조추부 얼마 뒤에. 나중에. ¶조추 알리겠다.

조:추(早秋) 명 이른 가을.

조:추(肇秋) 명 ①초가을. ②'음력 칠월'을 달리 이르는 말. 흰난월(蘭月).

조:춘(早春) 명 이른 봄. 초춘(初春).

조:춘(肇春) 명 ①초봄. ②'음력 정월'을 달리 이르는 말.

조:출(早出) 명하자 ①아침 일찍이 나감. ②정한 시각보다 일찍 나감.

조:출(繰出) 명하타 고치를 삶아 실을 켜냄.

조출모귀(朝出暮歸) 명 〔아침에 나갔다가 저녁에 돌아온다는 뜻으로) ①'집에 있을 동안이 얼마 되지 않음'을 이르는 말. ②'사물이 쉴 새 없이 늘 바뀌어 감'을 비유하여 이르는 말.

조충(條蟲·絛蟲)명 촌충류의 편형동물. 척추동물의 창자에 기생하는 기생충. 몸길이는 1 cm부터 10 m나 되는 것도 있음. 몸은 여러 마디로 되어 있으며 체벽으로부터 영양을 빨아 먹음. [갈고리촌충·민촌충·넓은마디촌충 따위.]

조충-서(鳥蟲書)명 왕망(王莽)의 한자 글씨체의 한 가지. 새와 벌레의 모양을 본뜬 글씨체로, 흔히 기치(旗幟)나 부신(符信)에 씀.

조충-소기(彫蟲小技)〔벌레를 새기는 보잘것없는 솜씨라는 뜻으로〕서투른 솜씨로 남의 글에서 토막 글귀들을 따다가 뜯어 맞추는 짓을 이르는 말.

조충-전각(彫蟲篆刻)명 글을 지을 때 지나치게 글귀의 수식에만 치우치는 일.

조취(臊臭)명 누린내.

조취모산(朝聚暮散)명하자 〔아침에 모였다가 저녁에 흩어진다는 뜻으로〕'이합집산(離合集散)이 덧없음'을 이르는 말.

조치명 ①바특하게 끓인 찌개나 찜. ¶생선 조치. ②조칫보에 담은 반찬. ③'조칫보'의 준말.

조치(措置)명하자 타 ☞조처(措處). ¶긴급 조치. /조치를 강구하다.

조치(調治)명하타 ☞조리(調理).

조치-개명 음식에 마땅히 딸려 있어야 할 물건. [밥에 대한 반찬 따위.]

조치다자 〔옛〕쫓기다. ¶돌호로 텨든 조치여 ㄷ 머리 우히(釋譜 19:31).

조:칙(詔勅)명 ☞조서(詔書).

조:침(釣針)명 낚시.

조짐(釣朕)명 바닥잠.

조:침-문(弔針文)명 조선 순조 때, 유씨(兪氏) 부인이 지은 수필. 부러뜨린 바늘에 대한 작자의 슬픈 심회를 제문(祭文) 형식으로 쓴 내용. 일명 '제침문(祭針文)'.

조침-젓[-젇]명 여러 가지 물고기를 섞어 담근 젓. *조침젓이[-저시]·조침젓만[-전-]

조칫-보[-치뽀/-칟뽀]명 조치를 담을 때 쓰는 그릇. 김치 보시기보다 조금 크고 운두가 낮음. ③조보.

조카명 ①형제자매의 아들. 유자(猶子)·종자(從子). 질아(姪兒)·질자(姪子). ②형제자매의 아들과 딸.

조카-딸명 형제자매의 딸. 유녀(猶女). 여질(女姪). 질녀(姪女).

조카-며느리명 조카의 아내. 질부(姪婦).

조카-사위명 조카딸의 남편. 질서(姪壻).

조카-자식(-子息)명 ①조카와 조카딸을 두루 이르는 말. ②조카와 조카딸을 낮추어 이르는 말.

조:커(joker)명 트럼프의 으뜸 패, 또는 다른 패 대신으로 쓸 수 있는 패.

조:크(joke)명 농담. 우스갯소리. 익살.

조:타(操舵)명하타 배가 나아가게 키를 조종함.

조:타-기(操舵機)명 배의 키를 조종하는 장치. 타기(舵機).

조:타-수(操舵手)명 ☞키잡이.

조:타-실(操舵室)명 선박에서, 조타기나 통신설비 따위가 장치되어 있는 방.

조탁(彫琢)명하타 ①보석 따위를 새기거나 쪼음. ②'시문(詩文) 따위의 자구(字句)를 아름답게 다듬음'을 비유하여 이르는 말.

조탁-성(鳥啄聲)[-썽]명 〔새가 쪼아 먹는 소리라는 뜻으로〕'근거 없이 지껄이는 소리, 또는 헛소문'을 이르는 말.

조탄(粗炭)명 아주 거칠고 질이 나쁜 석탄.

조탕(潮湯)명 ①바닷물을 데운 목욕물, 또는 그 물을 쓰는 목욕탕. ②염분이 있는 온천.

조:태(釣太)명 주낙으로 잡은 명태.

조:퇴(早退)[-퇴/-퉤]명하자 직장이나 학교 같은 데서, 끝나는 시간이 되기 전에 일찍 돌아감. ¶몸이 아파 학교에서 조퇴하다.

조퇴(潮退)[-퇴/-퉤]명하자 조수가 밀려 나감.

조파(條播)명하타 ☞줄뿌림.

조:파(照破)명하타 부처가 지혜의 빛으로 범부(凡夫)의 어두운 마음을 비추어 깨닫게 하는 일.

조판(組版)명하자 되자 활판 인쇄에서, 원고에 따라 문선(文選)한 활자로 인쇄판을 짬, 또는 그 판. 제판(製版). 판짜기.

조판(調辦)명하타 조사하여 처리함.

조판(彫版·雕版)명 글자나 그림을 판목(版木)에 새김, 또는 그 판목.

조팝-나무[-팝-]명 장미과의 낙엽 관목. 산이나 들에 나는데, 관상용으로 심기도 함. 줄기 높이는 1.5∼2 m. 잎은 길둥글며 고약한 냄새가 나고, 봄에 흰 꽃이 핌. 어린잎은 식용하고, 뿌리와 줄기는 한방에서 약재로 씀.

조:패(造牌)명하타 ☞작패(作牌).

조:폐(造幣)[-폐/-페]명하자 화폐를 만듦.

조:폐-권(造幣權)[-폐권/-페권]명 법률로 정한 바에 따라 화폐의 제조 및 발행을 장악하는 권능. 〔정부가 독점하는 것이 상례임.〕

조:폐^평가(造幣評價)[-폐-까/-페-까]명 법제상 함유되어야 할 순금량이나 순은량을 기초로 한, 두 나라 사이의 화폐 단위의 교환 비율.

조:포(弔砲)명 장례식 같은 데서, 죽은 이를 추모하고 애도의 뜻을 나타내기 위하여 쏘는 예포(禮砲). ㊀조총(弔銃).

조포(租包)명 벼를 담는 멱서리.

조포(粗布)명 거칠게 짠, 질이 좋지 않은 베.

조포(粗暴)명 '조포하다'의 어근.

조:포(造布)명 함경북도에서 나는 베의 한 가지. 올이 밝고 두꺼우며 가늘고 좁음.

조:포-체(造胞體)명 세대 교번을 하는 식물에서, 포자(胞子)를 만들어 생식을 하는 세대의 식물체.

조포-하다(粗暴-)형여 성질이나 행동 따위가 거칠고 난폭하다. ¶조포한 언행. 조포-히튀.

조폭(粗暴)명 '조직 폭력배'를 줄여 이르는 말.

조표(調標)명 악곡의 조를 나타내는 기호. 〔음자리표 다음에 표시하는 샤프(#)나 플랫(♭) 따위.〕 조호(調號).

조품(粗品)명 ①만듦새가 변변하지 못한 물품. ②〔남에게 선물 따위를 보낼 때에 쓰는 겸사의 말로〕변변하지 못한 물품.

조풍(條風)명 팔풍의 하나. 동북풍(東北風).

조풍(潮風)명 바닷바람.

조피-나무명 초피나무의 열매.

조피-나무명 ☞초피나무.

조피-볼락명 양볼락과의 바닷물고기. 몸길이는 30 cm가량이며 겉모양은 볼락과 비슷함. 우리 나라와 일본 연안의 얕은 바다에서 삶.

조필(粗筆)명 ①☞졸필(拙筆). ②남에 대하여 자기의 필적을 낮추어 이르는 말.

조핏-가루[-피까-/-핏까-]명 조피의 씨를 빻고 만든 가루. 향신료로 쓰임.

조:하(早夏)명 이른 여름.

조하(朝賀)명하자 정월 초하룻날 같은 때에, 신하가 입궐하여 임금에게 하례하던 일.

조하(朝霞)圓 아침노을.

조-하(肇夏)圓 ①초여름. ②'음력 사월'을 달리 이르는 말. ②하반(夏半).

조-하다圈 〈조옳하다〉의 준말.

조-하다[燥-]圈 (촉촉하거나 부드러운 맛이 없이) 깔깔하게 마르다.

조-하다[躁-]圈 성미가 느긋하지 못하고 몹시 급하다.

조하-주(糟下酒)圓 ①●송이술. ②●용수뒤.

조학(嘲謔)圓하타 비웃으며 놀림.

조학(燥涸)圓하자 (논밭이나 하천·호수 따위가) 바짝 말라붙음.

조합(組合)圓 ①민법상, 두 사람 이상이 출자하여 공동 사업을 하기로 한 계약에 따라 이루어진 단체.〔소비 조합 따위.〕②특별법상, 어떤 공동 목적을 수행하기 위하여 일정한 자격을 가진 사람들이 조직한 사단 법인의 한 형태.〔공제 조합·협동조합 따위.〕③하타 되자 수학에서, 여러 개 가운데에서 정한 몇 개를 한 쌍으로 하여 뽑아 모음, 또는 그 짝. 콤비네이션. ④하타 되자 여럿을 모아 한 조가 되게 함.

조:합(照合)圓하타 되자 (맞나 틀리나, 또는 같은 것인가 다른 것인가를) 맞추어 봄. 대조함.

조합(調合)圓하타 되자 두 가지 이상의 것을 한데 섞음. 특히, 약제나 물감 따위를 일정한 분량대로 두루 배합함.

조합^계:약(組合契約)[-계-/-계-]圓 조합의 구성원이 출자하여 공동 사업을 경영하기로 약속함으로써 이루어지는 계약.

조합^기업(組合企業)[-끼-]圓 공동 기업의 한 가지. 소규모의 생산자와 근로자가 서로 도와서 저마다의 경제적 이익을 꾀하는 기업.〔농업 협동조합·수산업 협동조합 따위.〕

조합-비(組合費)[-삐]圓 ①조합을 운영하는 데 드는 비용. ②조합원이 내는 회비.

조합-원(組合員)圓 조합에 가입한 사람.

조합-주의(組合主義)[-쭈의/-쭈이]圓 노동조합 운동을 정치에서 분리하여 노동 조건의 개선 등 경제 투쟁에만 한정시키려는 주의.

조항(祖行)圓 할아버지뻘이 되는 항렬. 대부항.

조항(條項)圓 ☞조목(條目). ¶ 법률 조항.

조해(潮害)圓 간석지(干潟地) 따위에 조수가 들어서 입는 피해.

조해(潮解)圓하자 되자 고체가 대기(大氣) 중의 습기를 빨아들여 액체가 됨.

조해-성(潮解性)[-썽]圓 조해하는 성질.

조:행(早行)圓하자 아침 일찍 길을 떠남. 조발(早發).

조행(操行)圓 보통 때의 행실. 품행(品行).

조향^장치(操向裝置)圓 자동차의 진행 방향을 바꾸기 위하여 앞바퀴의 회전축 방향을 조절하는 장치.

조헌(朝憲)圓 조정의 법규. 나라의 법.

조험(阻險)'조험하다'의 어근.

조:험-하다(阻險-)圈 길이 막히고 험난하다. 조험-히뛰.

조현(朝見)圓하자 신하가 입궐하여 임금을 뵙던 일. 조근(朝覲).

조현-례(朝見禮)[-녜]圓 새로 간택된 비(妃)나 빈(嬪)이 가례(嘉禮)를 지낸 뒤에 비로소 부왕(父王)과 모비(母妃)를 뵙던 예식.

조:혈(造血)圓하자 (몸 안에서) 피를 만들어 냄. ¶ 조혈 작용.

조:혈-기(造血器)圓 동물체에서, 혈액의 혈구를 만들어 내는 기관. 조혈 기관.

조:혈^기관(造血器官)圓 ☞조혈기.

조:혈-제(造血劑)[-쩨]圓 혈액 중의 헤모글로빈과 적혈구의 수를 증가시키는 약제. 빈혈의 치료 약제. 보혈제.

조:혈^조직(造血組織)圓 동물체에서, 혈액 중의 혈구, 특히 적혈구를 만드는 조직.

조협(皂莢)圓 쥐엄나무 열매의 껍질. 성질이 온하며 맛은 시고 짭짤한데 독이 조금 있음. 한방에서, 중풍이나 편두통 따위의 약재로 쓰임.

조협-자(皂莢子)[-짜]圓 쥐엄나무 열매의 씨. 한방에서, 장(腸)을 유화(柔和)시키며 풍열(風熱)을 다스리는 약재로 쓰임.

조협-자(皂莢刺)[-짜]圓 쥐엄나무의 가시. 성질이 온하며 한방의 외과(外科)에 많이 쓰임.

조:형(造形)圓하자 되자 어떤 형상이나 형태를 만듦.

조:형(造型)圓하타 되자 기계 공학에서, 주형(鑄型)을 만듦.

조:형-물(造形物)圓 (조각이나 건축 따위) 조형 예술 작품.

조:형-미(造形美)圓 어떤 모습을 입체감 있게 예술적으로 나타내는 아름다움.

조:형^미:술(造形美術)圓 ☞조형 예술.

조:형-성(造形性)[-씽]圓 조형 예술 작품이 지니고 있는 특성. ¶ 조형성을 잘 나타낸 작품.

조:형^예:술(造形藝術)[-네-]圓 그림이나 조각·건축 등과 같이, 물질적 재료를 가지고 유형적인 미를 나타내어 시각에 호소하는 예술을 통틀어 이르는 말. 공간 예술. 조형 미술.

조:호(助護)圓하타 되자 도와서 보살핌.

조호(潮湖)圓 조수가 물러간 뒤에도 물이 빠지지 못하고 남아, 호수 모양을 이룬 곳.

조호(調護)圓 조표(調標).

조호(調護)圓하타 되자 ①매만져서 잘 보호함. ②몸을 잘 조섭함.

조:혼(早婚)圓하자 일반적인 결혼 적령기보다 일찍 결혼함, 또는 그 혼인. ¶ 조혼하여 열여섯 살에 큰아들을 낳았다. ↔만혼(晩婚).

조-혼(助婚)圓 혼인 때, 신부 집이 가난한 경우 신랑 집에서 돈을 보태어 줌.

조-혼-전(助婚錢)圓 혼인 때 신부 집이 가난한 경우, 신랑 집에서 신부 집에 혼인 비용으로 보태어 주는 돈.

조홀(粗忽)'조홀하다'의 어근.

조홀-하다(粗忽-)圈 언행 따위가 거칠고 차분하지 못하다. 경솔하여 조심성이 없다. 조홀-히뛰.

조홑圓하자)〔'좋다'의 명사형〕조홑함. 깨끗함. ¶ 法界 조호홀 어드리니(圓覺序57).

조:홍(早紅)圓 감의 한 가지. 다른 감보다 일찍 익고 빛깔이 매우 붉음. 조홍시.

조홍(朝虹)圓 아침에 서쪽에 서는 무지개.〔큰비가 올 징조라고 함.〕

조홍(潮紅)圓 수줍거나 부끄러워서 얼굴이 붉어지는 일.

조:-홍시(早紅柿)圓 ☞조홍(早紅).

조홍시-가(早紅柿歌)圓 조선 선조 때 박인로(朴仁老)가 지은, 효(孝)를 주제로 한 4수의 시조.

조:화(弔花)圓 조상(弔喪)하는 뜻으로 바치는 꽃.

조화(彫花)圓하자 도자기에 꽃무늬를 새김, 또는 그 꽃무늬.

조:화(造化)圓 ①천지자연의 이치. ¶ 조화의 묘(妙). ②천지 만물을 창조하고 주재(主宰)하는 일, 또는 그 신. 조물주. ③사람의 힘으로는 어

떻게 된 것인지 알 수 없을 만큼 야릇하거나 신통한 일. ¶조화를 부리다. /무슨 조화인지 영문을 모르겠다.

조:**화**(造花)圄 종이나 헝겊 따위로 만든 꽃. 가화(假花). ↔생화(生花).

조화(調和)圄하자타되자 대립이나 어긋남이 없이 서로 잘 어울림. 균형이 잘 잡힘. 어울림. 해화(諧和). ¶주위와 조화를 이룬 건조물.

조화(遭禍)圄하자 화를 당함. 화를 입음.

조화-급수(調和級數)[-쑤]圄 각 항(項)의 역수(逆數)가 등차급수를 이루는 급수.

조화-롭다(調和-)[-따][~로우니·~로워]혱ㅂ 잘 어울려 어긋나거나 모순됨이 없다. ¶음색이 조화롭다. /조화로운 빛깔. 조화로이튄.

조화-미(調和美)圄 잘 조화된 아름다움. ¶조화미를 잘 살린 작품.

조화-성(調和性)[-썽]圄 조화를 이루는 성질.

조화-수열(調和數列)圄 각 항(項)의 역수(逆數)가 등차수열을 이루는 수열.

조:화-신(造化神)圄 ☞조물주(造物主).

조:화신-공(造化神功)圄 조화신의 공력.

조:화-옹(造化翁)圄 ☞조물주(造物主).

조:화-주(造化主)圄 ☞조물주(造物主).

조화°중항(調和中項)圄 세 개의 수가 조화수열을 이룰 때, 그 가운데의 항.

조화°해:석(調和解析)圄 일반적으로 어떤 함수를 삼각 함수의 급수로 분해하는 일.

조:환°운:동(弔環運動)圄 남자 체조 경기 종목의 한 가지. 땅에서 2.5 m 되는 높이의 대에 50 cm의 간격으로 로프에 매단 2개의 링을 잡고 링이 흔들리지 않게 조절하면서 물구나무서기·매달리기·버티기 따위의 동작을 하는 운동. 링 운동.

조:홧-속(造化-)[-화쏙/-활쏙]圄 어떻게 된 것인지 알 수 없는, 야릇하거나 신통한 일의 속내.

조:황(釣況)圄 낚시질이 잘되고 안되는 상황.

조회(朝會)[-회/-훼]圄하자 ①☞조례(朝禮). ②왕조 때, 백관(百官)이 정현(正殿) 앞에 모여 임금에게 조현(朝見)하던 일.

조:회(照會)[-회/-훼]圄하타되자 자세한 사정이나 명확하지 못한 점을 알아냄. 물어서 확인함. ¶신원 조회. /성적을 조회해 보다.

조:효(早曉)圄 이른 새벽.

조효(粗肴)圄〔남에게 술을 대접할 때에 쓰는 겸사의 말로〕변변하지 못한 안주.

조효(嘲哮)圄하자 짐승이 사납게 울부짖음. 포효(咆哮).

조후(兆候)圄 어떤 일이 일어날 징후. 조짐. ¶조후를 보이다. /조후가 나타나다.

조후(潮候)圄 밀물과 썰물로 드나드는 시각.

조후-차(潮候差)圄 달이 자오선을 지난 다음부터 만조가 될 때까지의 평균 시간.

조훈(祖訓)圄 조상의 훈계.

조:휼(弔恤)圄하타 남의 죽음에 조의를 표하며 함께 슬퍼함.

조흔(爪痕)圄 손톱자국.

조흔(條痕)圄 ①칼처럼 난 자국. ②애벌 구운 자기를 광물로 문질렀을 때 나는, 줄 모양의 자국. 자국에 나타나는 빛이 광물에 따라 특유하므로 광물의 감정에 쓰임.

조흔-색(條痕色)圄 조흔에 나타나는 광물의 빛깔. 광물에 따라 독특한 빛을 냄.

조:흥(助興)圄하자 흥취를 돋움.

조희(嘲戲)[-히]圄하타되자 빈정거리며 희롱함.

조희(調戲)[-히]圄하타되자 희롱하여 놀림. 파롱.

조히튄 (옛) 깨끗이. ¶ 늦주싀 감프러며 힌 더 블근 더 조히 分明하시매(月釋2:41).

족튄 ①가는 줄이나 선을 곧게 내리긋는 모양. ¶빈칸에 선을 족 내리긋다. ②무엇이 한 줄로 고르게 가지런히 늘어선 모양. ¶줄이 족 이어지다. /차례대로 족 늘어서다. ③얇은 종이나 천 따위를 거침없이 내리 찢는 모양. ¶색종이를 족 찢다. ④글이나 말 따위를 거침없이 내리읽거나 외거나 말하는 모양. ¶책을 족 읽어 내려가다. /끝까지 족 말해 버리다. ⑤좁은 범위를 한눈에 훑어보는 모양. ¶방 안을 족 훑어보다. ⑥적은 양의 물이나 술 따위를 단숨에 들이마시는 모양. ¶물 한 컵을 족 들이마시다. /소주 한 잔을 족 들이켜다. 큰죽². 셈쪽7.

족(足)¹圄 '소나 돼지 따위의 무릎 아랫부분'을 식용으로 이르는 말. ¶족 한 짝.

족(足)²圄칼켈레². ¶고무신 한 족.

-족(族)젭미 〔일부 명사 뒤에 붙어〕①한 조상에서 갈라져 나온 같은 혈통의 겨레임을 뜻함. ¶몽고족. /여진족. /게르만 족. ②같은 종류의 행동을 하는 무리임을 뜻함. ¶장발족. /히피족. /나체족.

족가(足枷)[-까]圄 ☞차꼬.

족건(足巾)[-껀]圄 '버선'의 궁중말.

족-관절(足關節)[-꽌-]圄 발에 있는 모든 관절을 통틀어 이르는 말.

족구(足球)[-꾸]圄 ①배구와 비슷한 규칙 아래, 발로 공을 차서 네트를 넘겨 승부를 겨루는 경기. ②☞발야구.

족근-골(足根骨)[-끈-]圄 발목뼈.

족-내혼(族內婚)[종-]圄 혈연 집단에서, 그 집단의 성원 상호 간에만 통혼이 인정되는 혼인. 내혼(內婚). ↔족외혼(族外婚).

족당(族黨)[-땅]圄 ☞족속(族屬).

족대[-때]圄 어구(漁具)의 한 가지. 작은 반두와 비슷하나 가운데 불이 처지게 되어 있음.

족대(足臺)[-때]圄 궤나 장·상자 따위를 놓을 때, 그 밑에 건너 대는 날.

족대기다[-때-]타 ①남을 못 견디게 마구 볶아치다. ¶일을 빨리 끝내라고 족대기다. ②마구 우겨 대거나 욱대기다. ¶계속 자기가 옳다고 족대기다.

족-대부(族大父)[-때-]圄 할아버지뻘이 되는 동성(同姓)의 먼 일가붙이.

족두리[-뚜-]圄 여자가 예복을 갖출 때 머리에 쓰는 관(冠)의 한 가지. 보통 검은 비단으로 만들고 구슬로 꾸몄음.

족두리-풀[-뚜-]圄 쥐방울덩굴과의 다년초. 산지의 그늘진 곳에 나는데, 뿌리줄기는 마디가 있고 살이 많음. 잎은 원줄기 끝에 두 잎씩 나며, 봄에 홍자색 꽃이 핌. 뿌리줄기는 한방에서 '세신(細辛)'이라 하여 약재로 씀.

족두리-하님[-뚜-]圄 지난날, 혼행(婚行)에 신부를 따라가던 여자 하인. 당의를 입히고 족두리를 씌워 향꽂이를 들게 했음.

족류(族類)[종뉴]圄 일가붙이.

족멸(族滅)[종-]圄하타 일족(一族)을 멸망시킴. 족을 몰살함.

족반거상(足反居上)[-빤--]圄하자 〔발이 위에 있다는 뜻으로〕'사물이 거꾸로 됨'을 이르는 말.

족-발(足-)[-빨]圄 잡아서 각을 뜬 돼지의 족 또는 그것을 조린 음식.

족벌(族閥)[-뻘]圀 큰 세력을 가진 문벌의 일족. ¶족벌 기업. /족벌 정치.

족보(族譜)[-뽀]圀 한 가문의 대대의 혈통 관계를 기록한 책. 계보(系譜). 가보(家譜). 가승(家乘). 보첩(譜牒). 씨보(氏譜). ¶족보에 오르다.

족부(足部)[-뿌]圀 발 부분. 주로, 발에서 발목까지의 부분을 이름.

족부(族父)[-뿌]圀 ☞족장(族長).

족부-권(族父權)[-뿌꿘]圀 족장이 가진, 그 족속에 대한 지배권.

족부족-간(足不足間)[-뿌-깐]圀 자라든지 모자라든지 관계없음. 《주로, '족부족간에'의 꼴로 쓰임.》 ¶족부족간에 셈이나 해 보자.

족사(足絲)[-싸]圀 쌍각류(雙殼類) 따위가 바위 같은 데에 붙기 위하여 체내에서 분비하는 실 모양의 분비물.

족산(族山)[-싼]圀 일가(一家)의 뫼를 한데 쓴 산. ㉑선산(先山).

족생(簇生)[-쌩]圀[하재] 초목(草木)이 떨기를 지어 더부룩하게 남.

족속(族屬)[-쏙]圀 ①같은 종족에 속하는 사람들. ②자주 변경을 어지럽히던 여진(女眞)의 족속. ②〔흔히 얕잡아 이르는 뜻으로 쓰이어〕같은 패거리에 속하는 사람들. ¶염치없는 족속들 같으니. 족당(族黨).

족손(族孫)[-쏜]圀 유복친(有服親)이 아닌, 동성(同姓)의 손자뻘이 되는 사람.

족쇄(足鎖)[-쐐]圀 지난날, 죄인의 발목에 채우던 쇠사슬. ㉑차꼬.

족숙(族叔)[-쑥]圀 유복친(有服親)이 아닌, 동성(同姓)의 아저씨뻘이 되는 사람.

족-외혼(族外婚)[조괴-/조궤-]圀 혈연 집단과, 그 집단의 성원 상호 간의 혼인을 금하고, 다른 집단 사람과의 통혼만을 인정하는 혼인. 외혼(外婚). ↔족내혼(族內婚).

족인(族人)[-찐]圀 같은 문중이면서 유복친(有服親)이 아닌 일가붙이.

족자(簇子)[-짜]圀 ①글씨나 그림 따위를 표구하여 벽에 걸게 만든 축(軸). 떼었을 때는 보통 말아서 보관함. ②지난날, 나라 잔치 때에 쓰던 의장(儀仗)의 한 가지.

족자-걸이(簇子-)[-짜-]圀 족자를 걸거나 떼는 데 쓰는 기구. 긴 막대기 끝에 두 갈래로 된 쇠붙이가 달렸음.

족자리[-짜-]圀 옹기 따위의 양옆에 달린 손잡이.

족장(足掌)[-짱]圀 발바닥.
 족장(을) 치다[판용] 동상례(東床禮)를 받기 위하여 장난삼아 신랑을 거꾸로 매달고 발바닥을 때리다.

족장(族丈)[-짱]圀 유복친(有服親)은 아니나 위 항렬이 되는 문중의 어른.

족장(族長)[-짱]圀 일족의 우두머리. 족부(族父).

족-아찌(族-)[-]圀 '족종편'의 잘못.

족적(足跡·足迹)[-쩍]圀 ①발자국. ②걸어오거나 지내 온 자취. ¶현대사에 큰 족적을 남긴 인물. 발자취.

족제(族弟)[-쩨]圀 유복친(有服親)이 아닌, 동성(同姓)의 아우뻘이 되는 남자.

족제(族制)[-쩨]圀 〔가족이나 씨족 따위와 같이〕혈연으로 결합한 집단의 제도.

족제비[-쩨-]圀 족제빗과의 짐승. 평지나 야산·물가·인가 근처에 사는데, 몸길이는 16~32cm로 암컷이 수컷보다 조금 작음. 털빛은

갈색. 쥐나 곤충을 잡아먹으며 토끼나 닭 따위를 해치기도 함.

족제비는 꼬리 보고 잡는다[속담] 무슨 일이나 다 목적이 있고 노리는 바가 있기 때문에 한다는 말.

족제비도 낯짝이 있다[속담] 아무 염치도 체면도 없는 사람을 나무라는 말.

족제비-싸리[-]圀 콩과의 낙엽 관목. 북미 원산으로 높이는 3m가량. 잎은 깃모양 겹잎으로 서로 맞게 나고, 5~6월에 자줏빛 도는 하늘색 꽃이 이삭 모양으로 핌.

족제비-열레[-쩨-]圀 실을 다루는 데 쓰는, 통이 좁고 길쭉하게 생긴 얼레.

족족[-쪽]의 ①〔동사 어미 '-는' 뒤에 쓰이어〕'하는 때마다'의 뜻을 나타냄. ¶생기는 족족 써 버린다. /보는 족족 잡아라. ②〔의존 명사 '데' 뒤에 쓰이어〕'하나하나마다'의 뜻을 나타냄. ¶가는 데 족족 환영을 받다.

족족(足足)[-쪽]圀 '족족(足足)하다'의 어근.

족족-유여(足足有餘)[-쪼규-]圀[하여] 넉넉하여 남음이 있음. ¶족족유여한 살림살이.

족카(足足-)[-쪼카-]형어 썩 넉넉하다.
 족족-히튀.

족족-하다(簇簇-)[-쪼카-]형어 ①초목 따위가 자라거나 들어선 모양이 빽빽하다. ②덩굴 따위가 늘어진 모양이 주렁주렁하다. 족족-히튀.

족주(族誅)[-쭈]圀[하재] 〔한 사람이 지은 죄로〕일족 또는 삼족을 죽임.

족지(足指)[-찌]圀 발가락.

족질(族姪)[-찔]圀 유복친(有服親)이 아닌, 동성(同姓)의 조카뻘이 되는 남자.

족집게[-찝께]圀 ①주로 잔털이나 가시 따위를 뽑는 데 쓰는, 쇠로 만든 자그마한 집게. ¶어머니의 흰머리를 족집게로 뽑아 드렸다. ②일의 속내나 비밀을 귀신같이 잘 알아맞히는 능력을 가진 사람. ¶족집게 도사. /족집게 과외.

족집게^장:님(-)[-찝께-]圀 길흉을 점칠 때 남의 지낸 일을 귀신같이 꼭꼭 집어내듯 잘 알아맞히는 장님을 일컫는 말.

족징(族徵)[-찡]圀[하타] 조선 시대에, 지방 이속(吏屬)들이 공금이나 관곡(官穀)을 사사로이 썼거나, 군정(軍丁)이 도망하거나 사망하여 군포세(軍布稅)가 모자랄 경우, 그 일족에게 이를 대신 내게 하던 일.

족채(足債)[-]圀①심부름 따위로, 먼 곳에 사람을 보낼 때에 주는 품삯. ②☞차사예채(差使例債).

족척(族戚)[-]圀 일가와 친척.

족첨(足尖)[-]圀 발부리.

족출(簇出)[-]圀[하재][되재] 떼 지어서 잇달아 생기거나 나옴. ¶새로운 유행어가 족출하다.

족치다[-]① ①혼쭐이 나게 사정없이 치거나 두들겨 패다. ¶몽둥이로 사정없이 족치다. ②견딜 수 없을 정도로 몹시 족대기다. ¶모든 죄상을 자백하도록 족치다. ③하던 일이나 신세 따위를 망치다. ¶신세를 족치다. /오늘 장사는 족쳐 버렸다. ④큰 것을 깨뜨려 작게 만들거나 짓찧어서 쭈그러뜨리다. ¶북어를 족쳐 술안주로 하다. /마구 족쳐 부수다.

족친(族親)[-]圀 유복친(有服親)이 아닌, 같은 성을 가진 일가붙이.

족탈불급(足脫不及)圀 〔맨발로 뛰어도 미치지 못한다는 뜻으로〕'능력이나 재질·역량 따위에 뚜렷한 차이가 있음'을 이르는 말.

족탕(足湯)圏 소의 족과 사태를 넣고 끓인 국.

족통(足痛)圏 발의 아픔. 발이 아픈 증세.

족편(足-)圏 소의 족·가죽·꼬리 따위를 푹 고 아 고명을 뿌리고 식혀서 묵처럼 엉기게 만든 음식.

족하[足下][조카]圏 비슷한 연배 사이에서, 상 대편을 높이어 일컫는 말. 〔주로 편지 글에서, 상대편의 이름 밑에 씀.〕

족-하다(足-)[조카-]웽冏 수량이나 능력 따위 가 부족함이 없이 충분하다. ¶ 하나로 족하 다. /그만한 실력이면 족하다. **족-히**튀 ¶ 그만 한 일이라면 족히 해낼 수 있다. /그라면 족히 합격할 수 있을 것이다.

족형(族兄)[조켱]圏 유복친(有服親)이 아닌, 동 성(同姓)의 형뻘이 되는 남자.

족흔(足痕)[조큰]圏 주로 수성암 따위에, 화석 으로 남아 있는 동물의 발자국.

존가(尊家)圏 남을 높이어 그의 '집'을 이르 는 말.

존객(尊客)圏 존귀한 손님.

존견(尊見)圏 ⇨존의(尊意).

존경(尊敬)圏하타 남의 훌륭한 행위나 인격 따 위를 높여 공경함. ¶ 제자들로부터 존경을 받 다. /스승을 존경하다.

존경-어(尊敬語)圏 듣는 사람이나 제삼자에게 경의를 표하기 위하여 쓰는 말. 경어(敬語).

존공(尊公)圏 ①윗사람의 아버지를 높이어 일 컫는 말. 존대인(尊大人). ②남을 높이어 일컫는 말.

존귀(尊貴)圏하영 지위나 신분 따위가 높고 귀 함. ¶ 존귀하신 분.

존념(尊念)圏하타 늘 잊지 않고 생각하는 일, 또는 그 생각.

존당(尊堂)圏 상대편을 높이어 그의 '어머니'를 일컫는 말.

존대(尊大)圏 '존대하다'의 어근.

존대(尊待)圏 ①하타 받들어 대접하거나 대함. ¶ 뭇사람의 존대를 받다. /시부모를 존대하다. ②하자타 존경하는 말투로 대함. ⇨하대(下待). **존대하고 뺨 맞지 않는다**〔족〕 남에게 공손하면 욕이 돌아오지 않는다는 말.

존대-어(尊待語)圏 존대하는 뜻을 나타내는 말. 높임말. ¶ 깍듯이 존대어를 쓰다.

존대-인(尊大人)圏 ⇨존공(尊公).

존대-하다(尊大-)웽冏 벼슬이나 학식·인격 따 위가 높고도 크다.

존댓-말(尊待-)[-댄-]圏 ⇨높임말.

존데(Sonde 독)圏 ①식도나 위장·요도 따위에 넣어 내부 상태를 조사하는 철사 모양의 기구. ②고층 기상 관측용 기구(氣球).

존득-거리다[-끄-]冏 자꾸 존득존득한 느낌이 나다. 존득대다. ¶ 존득거리며 반죽을 하다. 웽준득거리다. 쎈쫀득거리다.

존득-대다[-때-]冏 ⇨존득거리다.

존득-존득[-뜩-]튀하영 (음식물 따위가) 차지 고 졸깃졸깃한 느낌. ¶ 존득존득한 찰떡. /존득 존득하게 반죽하다. 웽준득준득. 쎈쫀득쫀득.

존:-라인(zone line)圏 아이스하키에서, 링크를 세 구역으로 나누는 두 개의 선.

존람(尊覽)[졸-]圏하타 상대편을 높이어, '그 가 봄'을 이르는 말.

존령(尊靈)[졸-]圏 '혼령'을 높이어 이르는 말.

존로(尊老)[졸-]圏 '노인'을 높이어 이르는 말.

존류(存留)[졸-]圏하자타 남아서 머무름, 또는 남아서 머무르게 함.

존립(存立)[졸-]圏하자 ①국가나 단체·제도·학 설 따위가 망하거나 없어지지 않고 존재함. ¶ 국가 존립에 관한 문제. /그 서당은 백 년이 지난 지금까지도 존립하고 있다. ②생 존하여 자립함. ¶ 환경 오염이 생물체의 존립 을 위협하고 있다.

존망(存亡)圏 존속과 멸망. 삶과 죽음. 존멸(存 滅). 존몰(存沒).

존망지추(存亡之秋)圏 존속하느냐 멸망하느냐 의 절박한 때. 사느냐 죽느냐의 고빗사위. ¶ 국 가가 존망지추에 놓이다.

존멸(存滅)圏하자 존속과 멸망. 존망(存亡).

존명(存命)圏하자 ⇨생존(生存).

존명(尊名)圏 ①존귀한 이름. ②남을 높이어 그 의 '이름'을 이르는 말. 존함(尊銜).

존명(尊命)圏 상관이나 윗사람을 높이어 그의 '명령'을 이르는 말.

존모(尊慕)圏하타 존경하여 그리워함.

존몰(存沒)圏 ⇨존망(存亡).

존문(存問)圏 지난날, 고을의 원이 형편을 살피기 위하여 관아(官衙)의 백성을 찾아보 던 일.

존문(尊門)圏 ①남을 높이어 그의 '집'을 이르는 말. ②'남의 가문(家門)'을 높이어 이르는 말.

존문(尊問)圏하타 윗사람을 높이어 그의 '물 음'을 이르는 말.

존문-장(存問狀)[-짱]圏 존문(存問)하는 뜻을 알리는 편지.

존본취리(存本取利)圏하자 지난날의 돈놀이 방 식의 한 가지. 돈이나 곡식 따위를 꾸어 주고, 해마다 본전은 그대로 남겨 둔 채 이자만 받음.

존봉(尊奉)圏하타 존경하여 받듦.

존부(存否)圏 존재함과 존재하지 않음.

존비(尊卑)圏 (지위·신분 따위의) 높음과 낮음.

존비-귀천(尊卑貴賤)圏 (지위나 신분 따위의) 높고 낮음과 귀하고 천함.

존상(尊像)圏 존귀한 상(像).

존서(尊書)圏 ⇨존한(尊翰).

존성(尊姓)圏 상대편을 높이어 그의 '성(姓)'을 이르는 말.

존성-대명(尊姓大名)圏 '지위가 높은 사람의 성명'을 높이어 이르는 말.

존속(存續)圏하자되자 계속 존재함. 그대로 있 음. ¶ 존속 기간.

존속(尊屬)圏 부모와 그 항렬 이상의 친족. 직 계 존속과 방계 존속으로 나뉨. ↔비속(卑屬).

존속^살해(尊屬殺害)[-쌀-]圏 자기 또는 배우 자의 직계 존속을 살해함으로써 성립하는 범죄.

존속-친(尊屬親)圏 부모나 조부모, 또는 백숙부 모(伯叔父母) 등, 자기의 앞 세대에 딸린 친족.

존숭(尊崇)圏하타 높이어 숭배함.

존시(尊侍)圏 존장(尊長)과 시생(侍生). 나이 많은 웃어른과 나이 적은 아랫사람.

존시-간(尊侍間)圏 나이 많은 이와 적은 이의 사이. 보통, 20세 정도의 차가 있을 때 씀.

존심(存心)圏하자 마음에 새겨 두고 잊지 않음. 처심(處心). 택심(宅心).

존안(存案)圏 처리하지 않고 보존하여 두는 문건 (文件)이나 안건.

존안(尊顔)圏 '남의 얼굴'이나 '남'을 높이어 이르는 말. 대안(臺顔).

존앙(尊仰)圏 높이 받들어 우러러봄.

존양지의(存羊之義)[-의/-이]圏 실속이 없는 구례(舊禮)나 허례(虛禮)를 짐짓 버리지 않고 그냥 두는 일.

존엄(尊嚴)[명][하형] ①높고 엄숙함. ②(지위나 인품 따위가) 높아서 범할 수 없음. 존엄-히[부].

존엄-성(尊嚴性)[-씽][명] 존엄한 성질. ¶ 인간의 존엄성. /법(法)의 존엄성.

존영(尊詠)[명] 남을 높이어 그의 '시가(詩歌)'를 이르는 말.

존영(尊榮) '존영하다'의 어근.

존영(尊影)[명] 남을 높이어 그의 '사진이나 화상'을 이르는 말. 존조(尊照).

존영-하다(尊榮-)[형여] 지위가 높고 영화롭다.

존옹(尊翁)[명] '노인'을 높이어 이르는 말.

존위(尊位)[명] ①지난날, 한 고장의 어른이 되는 사람을 일컫던 말. ②높은 자리, 곧 임금의 자리.

존의(尊意)[조늬/조니][명] 남을 높이어 그의 '의견'을 이르는 말. 존견(尊見).

존이불론(存而不論)[명][하타] 그대로 버려 두고 이러니저러니 더 따지지 않음.

존자(尊者)[명] '학문과 덕행이 뛰어난 부처의 제자'를 높이어 이르는 말.

존장(尊長)[명] (존대해야 할) '나이가 많은 어른'을 일컫는 말.

존재(存在)[명] ①[하자] 실제로 있음, 또는 있는 그것. ¶ 지구 상에 존재하는 온갖 생물. ②[하자] 철학에서, 의식으로부터 독립하여 외계에 객관적으로 실재함, 또는 그 일. ③어떤 작용을 갖는 능력을 지닌 인간. ¶ 위대한 존재. ④일정한 범주 안에서 두드러지게 보이는 처지, 또는 그 대상. ¶ 그는 회사에서 없어서는 안 될 독보적인 존재다.

존재-론(存在論)[명] 존재 또는 존재의 가장 근본적이고 보편적인 규정을 밝히는 철학의 한 분야. 본체론. 실체론.

존재^명:제(存在命題)[명] 존재 판단을 말로 나타내는 명제.

존재^판단(存在判斷)[명] 주사(主辭)와 빈사(賓辭)의 결합이 아니라 승인(承認)과 부정으로만 인식되는 판단. ['값이 있다.'에서, '값'과 '있다'의 단순한 결합이 아니라, '있고 없음'의 판단이라는 논리 따위.]

존저(尊邸)[명] 남을 높이어 그의 '집'을 이르는 말.

존전(尊前)[명] ①임금이나 높은 벼슬아치의 앞. ②존경하는 사람의 앞.

존:절(←撙節)[명][하타] 씀씀이를 아낌. 본준절(撙節). 존절-히[부].

존조(尊照)[명] ☞존영(尊影).

존:조리[부] 잘 타이르는 뜻으로 조리 있고 친절하게. ¶ 하나하나 존조리 설명하다.

존존-하다[형여] 피륙의 발이 곱고 고르다. ¶ 베를 존존하게 짜다. 엔쫀쫀하다. 존존-히[부].

존중(尊重)[명] ①[하타][되자] 소중하게 여김, 또는 소중하게 여겨 받듦. 숭중(崇重). ¶ 인명(人命)을 존중하다. /여론을 존중하다. ②[하형] 높고 귀함. ②존중-히[부].

존집(尊執)[명] (아버지의 벗이 될 만한 나이 정도의) '어른'을 높이어 이르는 말.

존찰(尊札)[명] ☞존한(尊翰).

존체(尊體)[명] 상대편을 높이어 그의 '몸'을 이르는 말. 보체(寶體).

존총(尊寵)[명] 높은 사람에게서 받는 총애.

존치(存置)[명][하타][되자] (제도나 설비 따위를) 없애지 않고 그대로 둠.

존칭(尊稱)[명][하타] 존경하여 높이어 부름, 또는 그 일컬음. 비경칭. ↔비칭(卑稱).

존칭-어(尊稱語)[명] ☞높임말.

존택(尊宅)[명] 남을 높이어 그의 '집'을 이르는 말.

존폐(存廢)[-폐/-폐][명] 남겨 두는 일과 없애는 일. ¶ 회사가 존폐의 기로에 서다.

존필(尊筆)[명] 상대편을 높이어 그의 '필적'을 이르는 말.

존한(尊翰)[명] 상대편을 높이어 그의 '편지'를 이르는 말. 존서(尊書). 존찰(尊札). 존함(尊函).

존함(尊函)[명] ☞존한(尊翰).

존함(尊銜·尊啣)[명] 남을 높이어 그의 '이름'을 이르는 말. 존명(尊名). ¶ 존함을 여쭈다.

존항(尊行)[명] 아저씨뻘 이상의 항렬. ↔비항(卑行).

존현(尊賢)[명] ①[하자] 어질고 착한 사람을 존경함. ②[하형] 지체가 높고 학덕이 많고 어짊, 또는 그런 사람.

존현(尊顯) '존현하다'의 어근.

존현-하다(尊顯-)[형여] 지체가 높고 이름이 드높다.

존형(尊兄)[명] 같은 또래의 친구 사이에서 상대편을 높이어 이르는 말.

존호(尊號)[명] 왕이나 왕비의 덕을 높이 기리는 뜻으로 올리던 칭호. ¶ 존호를 추상하다.

존후(尊候)[명] [편지 글 등에서] 상대편을 높이어 그의 '건강 상태'를 이르는 말.

졸(卒)[1][명] 장기에서 '卒·兵'으로 나타낸 장기짝의 하나. 한 편에 다섯 개씩 딸림. 상대나 앞으로 한 칸씩만 움직일 수 있으며, 뒤로 물러날 수는 없음. 졸때기.

졸(卒)[2][명] '죽음'을 완곡하게 이르는 말. 몰(沒).

졸(Sol 독)[명] 콜로이드가 액체 속에서 흩어져 유동성을 갖는 상태. 콜로이드 용액. ↔젤(Gel).

졸가(拙家)[명] 남 앞에서 '자기 집'을 겸손하게 이르는 말.

졸가리[명] ①잎이 다 진 나뭇가지. ②쓸데없이 덧붙은 것을 다 떼어 낸 사물의 고갱이. [출줄거리.

졸개(卒-)[명] 남에게 딸리어 잔심부름이나 하는 사람을 얕잡아 이르는 말.

졸경(卒更)[명] ①[하자] 지난날, 야경(夜警)을 하기 위하여 순라를 돌던 일. ②밤새껏 괴로움을 당하여 잠을 이루지 못함을 이르는 말.

졸경을 치르다[치다][관용] ①인정(人定)을 친 뒤에 밤길을 다니다 졸경군에게 잡혀 벌을 받다. ②한동안 남에게 모진 괴로움을 당하다.

졸경-군(卒更軍)[명] 지난날, 졸경을 돌던 군사. 순라군(巡邏軍).

졸계(拙計)[-계/-게][명] ☞졸책(拙策).

졸고(拙稿)[명] 남 앞에서 '자기의 원고'를 겸손하게 이르는 말.

졸곡(卒哭)[명] 삼우제(三虞祭) 뒤에 지내는 제사. 사람이 죽은 지 석 달 만에 오는 첫 정일(丁日)이나 해일(亥日)에 지냄.

졸공(拙工)[명] 솜씨가 서툰 장색(匠色).

졸-규모(拙規模)[명] 졸때기.

졸깃-졸깃[-긴쫄긴][부][하형] (씹히는 맛이) 매우 졸깃한 모양. 엔줄깃줄깃·질깃질깃. 엔쫄깃쫄깃. [참잘깃잘깃.

졸깃-하다[-긴타][형여] 조금 질긴 듯하다. 엔줄깃하다·질깃하다. 엔쫄깃하다. [참잘깃하다.

졸난-변통(猝難變通)[-란-][명] 일이 뜻밖에 일어나 처리할 길이 없음.

졸년(卒年)[-련][명] ☞몰년(沒年).

졸-년월일(卒年月日)[-려눠릴][명] 죽은 해와 달과 날. ↔생년월일(生年月日).

졸눌(拙訥) '졸눌하다'의 어근.

졸눌-하다(拙訥−)[−]〔형〕 재주가 무디고 말이 어눌하다. **졸눌−히**〔부〕.

졸:다¹[조니·졸아]〔자〕 ①(물기 따위의) 분량이나 부피가 적어지다. ¶찌개가 졸아서 짜기만 하다. ②위협적인 대상 앞에서 '겁을 먹거나 기를 펴지 못하는 것'을 속되게 이르는 말. ¶상사의 질책에 모두가 다 졸았다.

졸:다²[조니·졸아]〔자〕 잠을 자지 않으려고 해도 자꾸 잠드는 상태로 들어가다. ¶꾸벅꾸벅 조는 집에 자는 며느리 온다〔속담〕 게으른 집에는 게으른 사람만 온다는 말.

졸도(卒徒)[−또]〔명〕 ①부하 군사. ②변변치 못한 부하.

졸도(卒倒)[−또]〔명〕〔하자〕 (심한 충격이나 피로, 또는 어질증이나 일사병 따위로) 갑자기 의식을 잃고 쓰러지는 일.

졸-들다[∼드니·∼들어]〔자〕 발육이 잘 되지 않고 주접이 들다.

졸딱-졸딱[−똑]〔부〕 ①〔하자〕(규모나 분량이) 변변치 못하게 잘거나 적은 모양. ②무슨 일을 한꺼번에 하지 못하고 조금씩 여러 차례에 걸쳐 하는 모양.

졸-때기〔명〕 ①보잘것없이 규모가 작은 일. ②지위가 변변치 못한 사람. ③☞졸(卒)¹. ①②졸규모(−規模).

졸라-매다〔타〕 느슨하지 않도록 단단하게 동여매다. ¶허리띠를 졸라매다.

졸라이슴(zolaïsme 프)〔명〕 자연주의 문학의 주된 경향을 가리키는 것으로, 프랑스의 작가 에밀 졸라의 과학적이고 실험적인 창작 방법을 이르는 말.

졸랑-거리다〔자〕 자꾸 졸랑졸랑하다. 졸랑대다. ¶작은아들이 졸랑거리며 따라나섰다. 〔세〕쫄랑거리다. 〔거〕촐랑거리다.

졸랑-대다〔자〕 졸랑거리다.

졸랑-이다〔자〕 가벼운 몸놀림으로 따라오다. 〔세〕쫄랑이다.

졸랑-졸랑〔부〕〔하자〕 가벼운 몸놀림으로 계속 따라오는 모양. ¶강아지가 놀이터까지 졸랑졸랑 따라왔다. 〔세〕쫄랑쫄랑.

졸래-졸래〔부〕〔하자〕 경망스럽게 까불거리며 행동하는 모양. ¶강아지가 뒤를 졸래졸래 따라오다. 〔큰〕줄레줄레. 〔세〕쫄래쫄래.

졸렬(拙劣) '졸렬하다'의 어근.

졸렬-하다(拙劣−)〔형여〕 서투르고 보잘것없다. 정도가 낮고 나쁘다. ¶졸렬한 방법. **졸렬−히**〔부〕.

졸로(拙老)〔대〕〔하찮은 늙은이라는 뜻으로〕 늙은 이가 자기를 겸손하게 일컫는 말.

졸론(拙論)〔명〕 ①보잘것없고 서투른 언론. ②'자기의 언론'을 낮추어 이르는 말.

졸루(拙陋) '졸루하다'의 어근.

졸루-하다(拙陋−)〔형여〕 못나고 다랍다. 보잘것없고 다랍다.

졸르다〔타〕 '조르다'의 잘못.

졸리다¹〔자타〕〔'조르다'의 피동〕조름을 당하다. 시달림을 당하다. ¶목이 졸리다.

졸:리다²〔자〕 졸음이 오다. 자고 싶은 느낌이 들다. ¶밤을 새웠더니 졸린다.

졸립다〔형〕 '졸리다²'의 잘못.

졸막-졸막[−쫄−]〔부〕〔하자〕 크고 작은 여러 개의 물건이 고르지 않게 여기저기 벌여 있는 모양. 〔큰〕줄먹줄먹.

졸망(拙妄) '졸망하다'의 어근.

졸망-졸망〔부〕〔하자〕 ①거죽이 울퉁불퉁한 모양. ②고만고만하게 자잘한 것들이 사랑스럽게 모여 있는 모양. ¶조무래기들이 졸망졸망 모여 있다. 〔큰〕줄망줄망.

졸망-하다(拙妄−)〔형여〕 보잘것없고 실없다. 좀스럽고 방정맞다. **졸망−히**〔부〕.

졸모(拙謀)〔명〕 졸렬한 꾀.

졸문(拙文)〔명〕 ①보잘것없고 서투른 글. 잘못 지은 글. ②남에게 '자기의 글'을 겸손하게 이르는 말.

졸-밥〔명〕 사냥매에게 꿩고기를 조금 주어 꿩 잡을 생각이 나도록 하는 미끼.

졸병(卒兵)〔명〕 지위가 낮은 병사.

졸보(拙甫)〔명〕'재주가 없고 졸망한 사람'을 얕잡아 이르는 말.

졸-보기〔명〕☞근시(近視). 〔참〕멀리보기.

졸-복(−鰒)〔명〕 참복과의 바닷물고기. 몸길이 35cm가량. 몸은 짧고 뭉뚝하며 겉면은 거칠거칠함. 몸빛은 황갈색이고 배는 흼. 알집과 간에는 맹독이 있음.

졸부(猝富)〔명〕☞벼락부자.

졸부(拙夫)〔대〕〔주로 편지 글 등에서〕 남편이 아내에게 '자기'를 낮추어 이르는 말.

졸부귀(猝富貴)〔명〕 갑자기 얻은 부귀.

졸부귀-불상(猝富貴不祥)[−쌍]〔명〕 갑자기 얻은 부귀는 오히려 상서롭지 못함.

졸사(猝死)〔명〕〔하자〕 갑자기 죽음.

졸사-간(猝乍間)[−싸−]〔명〕 갑작스러운 짧은 동안. 《주로, '졸사간에'의 꼴로 쓰임.》 ¶졸사간에 일어난 일이라 정신이 없다.

졸서(卒逝)[−써]〔명〕〔하자〕 죽음. 세상을 떠남.

졸성(拙誠)[−썽]〔명〕 ①변변치 못한 정성. 하찮은 정성. ②'자기의 정성'을 겸손하게 이르는 말.

졸세(卒歲)[−쎄]〔명〕〔하자〕 한 해를 마침.

졸속(拙速)[−쏙]〔명〕〔하자〕〔서투르고 빠르다는 뜻으로〕'지나치게 서둘러 함으로써 그 결과나 성과가 바람직하지 못함'을 이르는 말. ¶졸속 행정. /졸속을 피하다.

졸-수단(拙手段)[−쑤−]〔명〕 서투른 수단. 변변치 못한 수단.

졸승(卒乘)[−씅]〔명〕 걷는 군사와 말을 탄 군사. 보병과 기병.

졸아-들다[∼드니·∼들어]〔자〕 졸아서 부피가 작게 되거나 양이 적게 되다. ¶탕약이 졸아들다.

졸아-붙다[−붇따]〔자〕 바싹 졸아들어서 물기가 거의 없게 되다.

졸업(卒業)〔명〕〔하자〕 ①학교에서, 정해진 교과 과정을 모두 마침. ↔입학. ②어떤 일이나 기술 따위에 통달함. ¶그 일은 졸업한 지 오래다.

졸업-기(卒業期)[−끼]〔명〕 졸업할 무렵, 또는 그 마지막 학기.

졸업^논문(卒業論文)[−엄−]〔명〕 졸업 예정자가 전공한 부문에 관하여 제출하는 논문.

졸업-반(卒業班)[−빤]〔명〕 졸업을 앞둔 학년.

졸업-생(卒業生)[−쌩]〔명〕 ①졸업한 사람. ②정해진 교과 과정을 모두 마친 사람.

졸업-식(卒業式)[−씩]〔명〕 학교에서, 소정의 과정을 마친 사람에게 졸업장을 주는 의식.

졸업-장(卒業狀)[−짱]〔명〕 졸업을 증명하는 뜻으로 졸업생에게 주는 증서. ¶졸업장을 타다.

졸연(猝然·卒然)〔명〕 갑작스럽게.

졸연-하다(猝然−·卒然−)〔형여〕 ①(아무 소문도 없이) 갑작스럽다. ¶너무 졸연한 일이라 뭐가 뭔지 모르겠다. ②《주로 '졸연치'의 꼴로 '않다'·'못하다' 따위의 부정하는 말과 함께 쓰이

어》 쉽게 할 수 있다. ¶이번 일은 결코 졸연
치 않을 것이다. 졸연-히閉.

졸오(卒伍)團 병졸들의 대오(隊伍).

졸우(拙愚) ‘졸우하다’의 어근.

졸우-하다(拙愚-)囹 못나고 어리석다.

졸:음團 (자려고 하지 않는데) 잠이 오거나 자고
싶은 느낌. ¶졸음이 쏟아지다. /졸음을 쫓다.

졸음[꼰] ① 잘 짓지 못한 시. ②‘자기의
시’를 겸손하게 이르는 말.

졸:음-증(-症)[-쯩]團 병적으로 졸음이 오는
증세(症勢).

졸의(拙意)[조릐/조리]團 ‘자기의 생각이나
뜻’을 겸손하게 이르는 말.

졸-이다囤 ①[‘졸다’의 사동] 졸아들게 하다.
¶국물을 바특하게 졸이다. ②몹시 조마조마하
여 애를 쓰다. ¶마음을 졸이다.

졸임團 ‘조림’의 잘못.

졸자(拙者)[-짜]團 ① 團 보잘것없는 사람.
② 때 ‘자기’를 겸손하게 일컫는 말.

졸작(拙作)[-짝]團 ①보잘것없는 작품. ↔걸작.
②‘자기의 작품’을 겸손하게 이르는 말. ⍢졸
저(拙著).

졸:-잡다[-따]囤 대중 삼은 것보다 줄여서 셈
하다. ⍤줄잡다.

졸-장부(拙丈夫)[-짱-]團 ①도량이 좁고 겁이
많은 사내. ②활달하지 못하고 옹졸한 사내.
↔대장부(大丈夫).

졸저(拙著)[-쩌]團 ①보잘것없는 저서. ②‘자기
의 저서’를 겸손하게 이르는 말. ⍢졸작(拙作).

졸전(拙戰)[-쩐]團 보잘것없거나 서투른 전투,
또는 시합. ¶졸전을 벌이다. /졸전을 치르다.

졸졸閉 ①적은 물이 가는 물줄기를 이루어 끊임
없이 흐르는 소리, 또는 그 모양. ¶시냇물이
졸졸 흐르다. ②가는 줄 따위가 계속 바닥에
끌리는 모양. ③무엇에 담긴 물건을 잇달아 조
금씩 흘리는 모양. ④(어린아이나 작은 짐승
이) 줄곧 뒤를 따라다니는 모양. ¶강아지 기
우뚱거리며 졸졸 따라온다. ⑤글을 거침없이
읽어 나가거나 외거나 하는 모양. 말을 거침없
이 계속하는 모양. ¶여러 편의 시를 졸졸 외
우다. ⍤줄줄. ⍟쫄쫄.

졸졸-거리다囡 가는 물줄기 따위가 잇달아 졸
졸 소리를 내며 흐르다. 졸졸대다. ⍤줄줄거리
다. ⍟쫄쫄거리다.

졸졸-대다囡 졸졸거리다.

졸졸-요당(猝猝了當)[-료-]團 매우 짧은 동안
에 끝마침.

졸중(卒中)[-쭝]團 ☞졸중풍(卒中風).

졸-중풍(卒中風)[-쭝-]團 뇌혈관의
장애로 갑자기 의식을 잃고 까무라치는 병을
이르는 말. 졸중(卒中). 뇌졸중(腦卒中).

졸지(猝地)[-찌]團 갑작스러운 판국. 느닷없이
벌어진 판국. 《주로, ‘졸지에’의 꼴로 쓰임.》
¶둑이 무너지는 바람에 온 마을이 졸지에 물
바다가 되었다.

졸지-풍파(猝地風波)[-찌-]團 ①갑작스럽게
일어나는 풍파. ②뜻밖에 생기는 어려움.

졸직(拙直)團 ‘졸직하다’의 어근.

졸직-하다(拙直-)[-찌카-]囹囮 (성질이) 고지
식하여 융통성이 없다. 졸직-이閉.

졸-참나무團 참나뭇과의 낙엽 활엽 교목. 산 중
턱이나 기슭에 자라며, 높이는 20 m가량. 꽃은
5월에 피고 열매는 가을에 익음. 땔감 및 기구
재로 쓰는데, 열매는 먹고 나무껍질은 물감용
으로도 씀.

졸책(拙策)團 보잘것없고 서투른 꾀. 졸계(拙計).

졸처(拙妻)團 ① 남 앞에서 ‘자기의 아내’를 겸
손하여 이르는 말.
② 때 [편지 글 등에서] 아내가 남편에게 ‘자
기’를 낮추어 일컫는 말.

졸편(卒篇)團 시문의 전편을 다 짓거나 외
거나 함. 종편(終篇).

졸품(拙品)團 보잘것없는 작품이나 물품.

졸필(拙筆)團 ①잘 쓰지 못한 글씨. 서투른 글
씨. ②글씨나 글을 잘 쓰지 못하는 사람. ③남
앞에서 ‘자기의 글씨’를 겸손하게 이르는 말.
졸묵(粗筆).

졸-하다(卒-)囮 사람이 죽다. ¶조부는 병술
년에 나시어 갑오년에 졸하셨다.

졸-하다(拙-)囹 ①재주가 없다. ②솜씨가 서
투르다. ③활달하지 못하고 고리삭다.

졸한(猝寒)團 갑자기 몰아닥치는 추위.

졸형(拙荊)團 [편지 글 등에서] 자기의 아내를
이르는 말.

좀[1]團 ① 〈나무좀〉·〈수시렁좀〉의 준말. ②‘겉으
로 크게 드러나지 않고 어떤 사물에 조금씩
해를 끼치는 사람이나 물건’을 비유하여 이르
는 말.
좀이 쑤시다관용 무엇이 하고 싶어 안절부절못
하다. 가만히 참고 기다리지 못하다.

좀[2]閉 ① 〈조금〉의 준말. ¶이게 좀 낫다. ②어떤
일에 대하여 요구나 동의를 구할 때 흔히 쓰는
말. ¶그것 좀 주시겠습니까?

좀[3]閉 (의문문이나 반어적 문장에 쓰이어) 그
얼마나. 오죽. ¶아직 아침도 못 먹었다니 배
가 좀 고플까?

좀-것[-껃]團 ‘성질이 좀스러운 사람이나 좀스
럽게 생긴 물건’을 얕잡아 이르는 말. ＊좀것
이[-꺼시]·좀것만[-껀-]

좀-꾀[-꾀/-꿰]團 좀스러운 꾀.

좀-날개바퀴團 바큇과의 곤충. 몸길이는 2 cm
가량이며 몸빛은 밤색. 흙순은 누른빛으로
크고 촉각이 몸길이보다 긺. 위생상 해충(害
蟲)임.

좀-녕團 ‘됨됨이가 좀스러운 사람’을 얕잡아 이르
는 말.

좀-노릇[-른]團 좀스러운 일. ＊좀노릇이[-르
시]·좀노릇만[-른-]

좀-놈團 ‘좀스러운 사내’를 욕으로 이르는 말.

좀-도둑[-또-]團 자질구레한 물건을 훔치는 도
둑. 서적(鼠賊). 소도(小盜). 소적(小賊). 초적
(草賊). 서절구투(鼠竊狗偸).

좀도둑-질[-또-찔]團하짜 자질구레한 물건을
훔치는 짓.

좀-되다[-뙤-/-뛔-]囹 사람의 됨됨이나 하는
짓이 너무 잗다.

좀-말團 좀스럽게 하는 말.

좀-매미團 좀매밋과의 곤충. 몸길이 1 cm가량.
몸과 날개가 모두 누런 갈색임. 멸구와 비슷하
며 버드나무의 해충임.

좀-먹다[-따] Ⅰ囡 좀이 슬다. ¶좀먹은 헌책.
Ⅱ囤 어떤 사물에 겉으로 크게 드러나지 않
게 조금씩 해를 입히다. ¶나라를 좀먹는 부정
부패.

좀-복숭아[-쏭-]團 열매가 잔 복숭아.

좀상좀상-하다囮 여럿이 다 좀스럽다.

좀-생원(-生員)團 성품이 좁고 하는 짓이 아주
잗단 사내. 옹졸한 사람.

좀-생이團 ①‘묘성(昴星)’의 딴 이름. ②좀스러
운 사람, 또는 자질구레한 물건을 이르는 말.

좀생이-보기[-생-][명] 음력 이월 초엿샛날 묘성의 빛깔과 그것과의 거리를 보아서 그해 농사의 형편을 미리 판단함.

좀-스럽다[-따][~스러우니·~스러워][형]B ①도량이 좁고 성질이 잘다. ¶하는 짓이 다 좀스럽다. ②사물의 규모가 보잘것없이 작다. 좀스레하다.

좀-약(-藥)[-냑][명] 좀이 생기지 않게 하기 위하여 쓰는 약. [나프탈렌 따위.]

좀-지네[명] 좀지넷과의 절지동물. 습윤한 곳에 사는데, 몸길이 5mm가량. 몸빛은 회고, 온몸에 잔털이 배게 나 있음.

좀:-처럼[부] 《주로 부정적인 의미의 단어와 함께 쓰이어》 여간하여서는. 쉽사리. 좀체. ¶이런 기회는 좀처럼 없다.

좀:-체[부] 좀처럼.

좀체-로[부] '좀처럼'의 잘못.

좀:-쳇-것[-첸껃/-첻껀][명] 여간한 물건. 웬만한 것. ¶눈이 높아 좀쳇것은 거들떠보지도 않는다. * 좀:쳇것이[-체꺼시/-첻꺼시]·좀:쳇것만[-첻껀-/-첸껀-]

좀-파리[명] 좀파릿과의 곤충. 암컷의 몸길이는 1 cm가량이고 수컷은 그보다 조금 작음. 몸빛은 갈색이며 가슴과 등에 회색을 띤 세 개의 세로띠가 있고, 날개에는 몇 개의 반점이 흩어져 있음.

좀파리-매[명] 좀파리맷과의 곤충. 몸길이는 1 cm가량이며, 몸빛은 검은색인데 수컷은 흰색, 암컷은 황화색 가루로 덮였음. 가는 몸에 극모(棘毛)와 털이 있음.

좀-팽이[명] ①'몸피가 작고 좀스러운 사람'을 낮추어 이르는 말. ②자질구레하여 보잘것없는 물건.

좀-해[부] '좀처럼'의 잘못.

좀-해선[부] '좀처럼'의 잘못.

좁다[-따][형] ①(공간이나 면적이) 넓지 않다. ¶좁은 방. ②폭이 짧다. ¶길이 좁다. ③(옷이 몸에) 빠듯하다. ¶옷이 좁다. ④(틈이나 구멍이) 가늘고 작다. ¶좁은 대롱. ⑤(규모나 범위가) 작다. ¶좁은 의미. /시야(視野)가 좁다. ⑥(도량이나 소견이) 너그럽지 못하고 잘다. ¶마음이 좁다. ↔넓다.

좁-다랗다[-따라타][~다라니·~다래][형]ㅎ 비나 공간이 썩 좁다. ¶좁다란 오솔길. ↔널따랗다.

좁디-좁다[-띠-따][형] 몹시 좁다. ¶좁디좁은 방에서 다섯 명이 함께 산다.

좁-쌀[명] ①조의 열매인 쌀. 소미(小米). ②'몹시 잘고 쩨쩨한 사람이나 사물'을 비유하여 이르는 말.

　　좁쌀 한 섬 두고 흉년 들기를 기다린다[속담] 변변하지 못한 것을 가지고 큰 효과를 노린다는 말.

좁쌀-과녁[좁쌀처럼 작은 것을 던져도 잘 맞는다는 뜻으로] '얼굴이 넓적한 사람'을 농조로 이르는 말.

좁쌀-눈[-룬][명] '아주 작은 눈, 또는 그런 눈을 가진 사람'을 농조로 이르는 말.

좁쌀-메뚜기[명] 좁쌀메뚜깃과의 곤충. 축축한 곳에 사는데, 몸길이는 5 mm가량이며, 몸빛은 검고 광택이 남. 채소에 해를 끼침.

좁쌀-미음(-米飮)[명] 좁쌀로 쑨 미음. 속미음.

좁쌀-뱅이[명] ①'몸피가 매우 작은 사람'을 홀하게 이르는 말. ②'소견이 좁고 언행이 자잘한 사람'을 홀하게 이르는 말.

좁쌀-여우[-려-][명] '됨됨이가 좀스럽고 요망스러운 변덕을 잘 부리는 아이'를 이르는 말.

좁쌀-영감(-令監)[-령-][명] '좀스럽고 잔말이 많은 늙은이'를 조롱조로 이르는 말.

좁쌀-친구(-親舊)[명] 어린 조무래기 친구.

좁쌀풀-떡[명] 차좁쌀 가루를 되직하게 반죽해서 만든 새알심을 끓는 물에 삶아 내어 고물이나 삶은 청대콩을 묻힌 떡.

좁은 간:격(-間隔)[명] 제식 훈련에서, 왼손 바닥을 왼쪽 허리띠에 대고 팔꿈치를 몸과 나란히 하여 옆 사람의 팔에 닿을 정도의 간격.

좁-히다¹[조피-타][1 '좁다'의 사동] 좁게 만들다. ¶거리를 좁히다. /포위망을 좁히다. ↔넓히다.

　　좁혀 지내다[관용] 남에게 얽매이거나 눌리어 기를 펴지 못하고 지내다.

좁-히다²[-타][옛] '족대기다'의 잘못.

좃나비다[옛] 늘 좇아 다니다. ¶도라 보실 니믈 적곰 좃나뇌다(樂範.動動).

좃다[조-사·조-술][타]ㅅ[옛] 조아리다. ¶머리롤 좃 솝닝니(龍歌95章). /니마 조솔 계:稽(訓蒙下26).

종¹[명] 마늘의 화경(花莖)이나 파 따위의 줄기 끝에 달리는 망울.

종²[명] 〈종작〉의 준말.

종³[명] ①지난날, 남의 집에 얽매여서 대대로 천한 일을 하던 사람. 노비. 예복(隷僕). ②'남의 생각이나 명령에 따라 움직이는 사람'을 비유하여 이르는 말.

　　종이 종을 부리면 식칼로 형문(刑問)을 친다[속담] 남에게 눌려 지내던 사람이 자기 밑에 사람을 두게 되면 아랫사람에게 더 모질게 군다는 말.

종:(腫)[명] 〈종기〉의 준말.

　　종(을) 달다[관용] 종기(腫氣) 옆에 또 종기가 잇대어 나다.

종(種)[명] ①종자. 씨. ②생물 분류의 기초 단위. 형태적으로 다른 것과 불연속의 관계를 가지면서 상호 정상적인 유성 생식을 할 수 있는 개체군. [비슷한 종이 모여 속(屬)을 이룸.] 종류(種類). ③〈종개념(種槪念)〉의 준말. 종. ④[의존 명사적 용법] 종류를 세는 단위. ¶서너 종의 꽃으로 화단을 꾸미다.

종(鍾)[명] 옛날에 쓰던 술잔의 한 가지.

종(縱)[명] ☞세로. ↔횡(橫).

종(鐘)[명] ①(시간을 알리거나 신호를 보내기 위하여) 치거나 흔들어서 소리를 내게 하는 쇠붙이로 만든 물건. ②놋쇠로 만든 아악기의 한 가지.

-종(種)[접미] 《일부 명사 뒤에 붙어》 '종류나 갈래 또는 품종'의 뜻을 나타냄. ¶개량종. /재래종. /레그혼종.

종가(宗家)[명] 한 문중에서 맏이로만 이어 온 큰집. 정적(正嫡). 종갓집. 큰집.

종가(終價)[-까][명] 거래소의 입회(立會)에서, 그날의 가장 나중에 형성된 가격.

종-가래[명] (한 손으로도 쓸 수 있도록 되어진) 작은 가래.

종가-세(從價稅)[-까쎄][명] 과세 물건의 값에 따라 매기는 조세. ↔종량세(從量稅).

종가임:금법(從價賃金法)[-까-뻡][명] ☞슬라이딩 시스템.

종각(鐘閣)[명] 커다란 종을 매달아 두기 위하여 지은 누각.

종간(終刊)[명][하자타] 마지막으로 간행함. 간행을 끝냄, 또는 끝낸 그것. ↔창간(創刊).

종갓-집(宗家-) [-가찝/-갇찝]뗑 ⇨종가(宗家). ¶종갓집 종손.

종강(終講)뗑하자타 한 학기의 강의가 끝나거나 강의를 끝마침, 또는 그 강의. ↔개강(開講).

종개뗑 종갯과의 민물고기. 자갈이나 모래가 깔린 하천 상류에 사는데, 몸길이 20 cm가량. 몸빛은 누른 갈색으로 미꾸라지와 비슷함.

종-개념(種概念)뗑 공통의 특징을 가지는 집합적인 개념에 포함되어 있는 개별적인 개념. ⓟ종(種). 倉유개념(類概念).

종격(縱擊)뗑하타 ①군대를 풀어서 침. ②제 마음대로 마구 침.

종견(種犬)뗑 품종 개량이나 번식을 위해서 기르는 좋은 품종의 수캐.

종견(種繭)뗑 ⇨씨고치. 倉사견(絲繭).

종결(終決)뗑하자 결정을 내림.

종결(終結)뗑 ①하타 되자 일을 끝맺음, 또는 끝을 냄. 결료(結了). ¶ 수사 종결. /냉전 시대가 종결되었다. ②논리학의 'A는 B이다.' 꼴의 명제에서, 가설 A의 추론(推論)의 결과인 B를 A에 대하여 이르는 말.

종결^어:미(終結語尾)뗑 활용어의 어말 어미의 한 갈래. 한 문장을 끝맺게 되게 하는 어말 어미. [평서형·감탄형·의문형·명령형·청유형의 구별이 있음.] 倉연결 어미.

종결-짓다(終結-) [-짇따] [~지으니·~지어]타자 일을 끝마치다. ¶ 수사를 종결짓다.

종결-형(終結形) 용언의 활용어가 문장의 서술어가 되어 그 문장을 끝맺는 형식. 倉종결 어미.

종경(終境)뗑 땅의 경계가 끝나는 곳.

종경(鐘磬)뗑 종과 경쇠.

종경-도(從卿圖)뗑하자 ⇨승경도(陸卿圖).

종경-론(從輕論) [-논]뗑하타 두 가지의 죄가 한꺼번에 드러났을 때 가벼운 죄를 따라 처벌하는 일. ↔종중론(從重論).

종계(宗契)뗑 [-계/-게]뗑 조상의 제사를 받들 목적으로 모으는 계.

종:계(種鷄) [-계/-게]뗑 ⇨씨닭.

종고(宗高)뗑 땅바닥에서부터 지붕마루 끝까지의 높이.

종고(鐘鼓)뗑 종과 북.

종:-고모(從姑母)뗑 아버지의 사촌 누이. 倉당고모(堂姑母).

종:고모-부(從姑母夫)뗑 종고모의 남편. 倉당고모부.

종곡(終曲)뗑 ①소나타, 또는 소나타 계열의 교향곡이나 사중주곡 따위의 마지막 악장. ②가극의 한 막(幕)을 맺는 곡.

종곡(種穀)뗑 ⇨씨곡.

종곡(種麴)뗑 ⇨누룩.

종곡(縱谷)뗑 산맥 사이에 끼어 산맥과 나란히 있는 골짜기.

종과득과(種瓜得瓜) [-꽈] [오이를 심으면 오이가 난다는 뜻으로] '원인이 있으면 반드시 그에 따르는 결과가 생김'을 비유하여 이르는 말. 倻종두득두. 倉인과응보(因果應報).

종관(縱貫)뗑하타 되자 세로로 꿰뚫음. ¶ 종관 철도. ↔횡관(橫貫).

종관(縱觀)뗑하타 되자 ⇨종람(縱覽).

종교(宗敎)뗑 신이나 절대자를 인정하여 일정한 양식 아래 그것을 믿고, 숭배하고, 받듦으로써 마음의 평안과 행복을 얻고자 하는 정신 문화의 한 체계. ⓟ교(敎).

종교-가(宗敎家)뗑 어떤 종교를 믿고, 그것의 전도나 포교에 힘쓰는 사람.

종교^개:혁(宗敎改革)뗑 16세기에, 로마 가톨릭교회의 폐해를 비판하고, 이의 개혁을 주장하여 프로테스탄트 교회를 세운 기독교의 개혁 운동.

종교-극(宗敎劇)뗑 종교 의식의 한 갈래로서 종교 행사와 함께 하는 연극, 또는 종교적 내용을 다룬 연극.

종교^문학(宗敎文學)뗑 종교적 내용을 다룬 문학을 통틀어 이르는 말.

종교^민족학(宗敎民族學) [-조칵]뗑 종교학의 한 분야. 주로 민족학이나 인류학의 자료와 방법 따위를 써서 미개 민족의 종교 현상을 연구하는 학문.

종교-불(宗敎弗)뗑 종교 사업을 위하여 외국에 있는 종교 단체에서 보내온 달러.

종교-사(宗敎史)뗑 종교의 생성과 전개 등에 관한 역사.

종교^사회학(宗敎社會學) [-회/-훼-]뗑 종교와 여러 사회 제도와의 상호 관계, 또는 종교 집단의 여러 문제를 사회학적 관점에서 연구하는 학문.

종교-성(宗敎性) [-썽]뗑 ①인간이 가지는 종교적인 성질이나 감정. ②종교가 가지는 독특한 성질.

종교-심(宗敎心)뗑 종교를 믿는 마음. 신불이나 초월자에게 순종하고 신앙함으로써 생기는 경건한 마음.

종교^심리학(宗敎心理學) [-니-]뗑 종교를 믿음으로써 나타나는 개인이나 집단 따위의 심리적 현상을 연구하는 학문.

종교^예:술(宗敎藝術)뗑 종교적 믿음으로 창작되거나 종교적 사실을 제재로 다룬 예술.

종교^음악(宗敎音樂)뗑 ①종교 의식이나 포교상의 필요에 따라 발달한 음악. ②종교적 내용을 다룬 연주회용 음악.

종교-인(宗敎人)뗑 종교를 가진 사람.

종교^재판(宗敎裁判)뗑 12~16세기에, 로마 가톨릭교회를 옹호하기 위하여 설치했던 종교상의 재판. 이단자를 적발하여 처형하였음.

종교-적(宗敎的)뗑 종교에 딸리거나 관계가 있는 (것).

종교^전:쟁(宗敎戰爭)뗑 종교상의 충돌로 말미암은 전쟁.

종교^철학(宗敎哲學)뗑 철학의 한 분야. 종교의 본질·가치·진리 따위를 철학적 처지와 방법으로 연구하는 학문.

종교-학(宗敎學)뗑 여러 종교 현상을 비교 연구하여 종교의 본질·가치·의의 따위를 밝히는 학문.

종교^학교(宗敎學校) [-꾜]뗑 ①종교를 널리 전할 사람을 길러 내는 학교. ②종교 단체(宗敎團體)에서 경영하는 학교.

종교-화(宗敎畫)뗑 종교적 사실이나 인물, 또는 전설 따위를 제재로 한 그림. 성화(聖畫).

종구라기뗑 ①조그마한 바가지. ②[의존 명사적 용법] 물이나 술 따위의 액체를 종구라기에 담아 그 분량을 세는 단위. ¶막걸리 한 종구라기.

종-구품(從九品)뗑 고려·조선 시대의 문무관 품계의 열여덟째 등급.

종국(終局)뗑 끝판. 마지막 판. ¶ 바둑이 종국에 이르다. /일이 잘되다가 종국에 가서 실패하고 말았다.

종국^재판(終局裁判) [-째-]뗑 당해 사건에 관하여, 당해 법원에서 그 소송 절차의 일부 또는 전부를 종결시키는 재판.

종국-적(終局的) [-쩍] **관명** 마지막인 (것). 끝판인 (것). ¶종국적 해결. /종국적인 심판.

종국^판결(終局判決) **명** 민사 소송법상 한 법원에서 사건의 전부 또는 일부를 완결하는 판결.

종군(從軍) **명하자** ①부대를 따라 싸움터에 감. ¶기자로 종군하다. ②싸우러 싸움터에 나감. ¶종군을 지원하다.

종군-기(從軍記) **명** 종군하여 보고 느낀 것을 적은 기록.

종군^기자(從軍記者) **명** 종군하여 전황(戰況)을 보도하는 신문·방송·잡지의 기자.

종군^기장(從軍紀章) **명** 전쟁이나 사변 따위에 종군한 군인이나 군속에게 주는 기장.

종군^작가(從軍作家) [-까] **명** 종군하여 체험하거나 목격한 전투 따위를 작품으로 창작하는 작가.

종굴-박 **명** 조그마한 표주박.

종권(從權) **명하자** 그때그때의 사정에 따라 알맞게 변통함.

종귀일철(終歸一轍) **명** 마침내는 서로 다 같아짐.

종규(宗規) **명** ①같은 겨레끼리 정한 종중(宗中)에 관계되는 규약. ②종교 단체의 내규(內規). 종법(宗法).

종극(終極) **명** 일의 맨 끝장.

종근(種根) **명** 번식시키기 위하여 씨앗으로 삼는 뿌리.

종금(從今) **명** 이제(지금)부터. 종차(從此).

종금-이후(從今以後) **명** 지금으로부터 그 뒤.

종기(終期) **명** ①(일이나 기한이) 끝나는 시기. ②법률 행위의 효력이 소멸하게 되는 기한.

종:기(腫氣) **명** 살갗의 한 부분이 곪아 고름이 잡히는 병. 부스럼. 종물(腫物). ¶종기가 나다. ⓧ종(腫).

종기(鍾氣) **명하자** 정기(精氣)가 한데 뭉침, 또는 한데 뭉친 정기.

종:-날 **명** 지난날, 일 년 농사를 시작하기 전에 하인들을 격려하던, 음력 이월 초하룻날을 이르는 말. 이날 농사 준비를 하기 위하여 집 안의 먼지를 떨고, 송편을 빚어 하인들에게 나이 수대로 나누어 주었음.

종:-남매(從男妹) **명** 사촌 오누이.

종내(終乃) **부** ①끝끝내. 종시(終是). ②종내 같은 말만 되풀이하다. ③마지막으로. 드디어. 마침내. ¶종내 입을 열고 말았다.

종:-내기(種-) **명** 《같거나 다름을 나타내는 말과 함께 쓰이어》 '종류·종자·품종'을 이르는 말. 종락(種落).

종:-년 **명** 지난날, '여자 종'을 천대하여 이르던 말.

종년(終年) **명하자** ⇨종세(終歲).

종년-열세(終年閱歲) [-녈쎄] **명하자** 해가 묵도록 오랜 시일이 걸림.

종:-놈 **명** 지난날, '남자 종'을 천대하여 이르던 말.

종-다래끼 **명** 조그마한 다래끼.

종다리 **명** 종다릿과의 새. 참새보다 조금 크며, 몸빛은 붉은 갈색 바탕에 검은 갈색의 무늬가 있음. 뒷발가락의 발톱이 몹시 길며 머리에는 둥근 관모(冠毛)가 있음. 봄철에 하늘 높이 날아올라 고운 소리로 울며, 길들이기가 쉬워 집에서도 기름. 우리나라 곳곳에서 번식하는 텃새임. 고천자(告天子). 종다새. 운작(雲雀).

종다리-집기 [-끼] **명** 씨름에서 연장걸이의 한 가지. 상대편의 다리를 비꼬아 걸지 않고 다리 관절에다 거는 기술.

종-다수(從多數) **명하자** 많은 사람이 지지하는 의견을 좋음.

종다수-결(從多數決) **명하자** 〈종다수취결〉의 준말.

종다수-취결(從多數取決) **명하자** 많은 사람이 지지하는 의견을 좇아 결정함. ⓧ종다수결.

종단(宗團) **명** 같은 종교 안에서, 한 종파를 이루는 단체.

종단(終端) **명** 맨 끝. 마지막.

종단(縱斷) **명하타되자** ①세로로 끊음, 또는 길이로 자름. ②남북의 방향으로 건너가거나 건너옴. ¶국토 종단. ↔횡단(橫斷).

종단-면(縱斷面) **명** 물체를 세로로 잘라서 생긴 면. ↔횡단면.

종단-주의(縱斷主義) [-의/-이] **명** 한 공장의 자본주와 노동자가 공동으로 조합을 조직하려는 주의. ↔횡단주의.

종달-거리다(자타) 자꾸 종달종달하다. 종달대다. ⓑ중덜거리다. ⓙ쫑달거리다.

종달-대다(자타) 종달거리다.

종달-새 [-쌔] **명** ⇨종다리.

종달-종달 **부하자되** 못마땅하다는 말투로 자꾸 종알거리는 소리, 또는 그 모양. ⓑ중덜중덜. ⓙ쫑달쫑달.

종답(宗畓) **명** 종중(宗中) 소유의 논. 종중논. 종중답(宗中畓). ☞종전(宗田).

종당(終當) **명** 일의 마지막. 《주로, '종당에'의 꼴로 쓰임.》 ¶종당에 처리야 할 일이라면 미리 준비라도 해 두자.

종-대 [-때] **명** 파·마늘·달래 따위의 한가운데서 나오는 줄기.

종대(縱帶) **명** 세로띠.

종대(縱隊) **명** 세로로 줄을 지어 나란히 선 대형. ¶3열 종대. ↔횡대(橫隊).

종-댕기 **명** 도투락댕기에 다는 가느다란 끈.

종덕(種德) **명하자** 은덕이 될 일을 함.

종-덩굴(鐘-) **명** 미나리아재빗과의 낙엽 활엽 만목. 산 중턱 이상의 숲 속에 나는데, 줄기와 잎꼭지가 다른 물체에 감김. 7~8월에 잎겨드랑이에서 자줏빛 꽃이 피며, 관상용으로도 가꿈.

종도(宗徒) **명** ①⇨교도(敎徒). ②⇨사도(使徒).

종돈(種豚) **명** ⇨씨돼지.

종동(鐘銅) **명** 종을 만드는 데 쓰는 청동의 한 가지. 종청동(鐘靑銅).

종두(種痘) **명** (천연두 면역을 위하여) 사람 몸에 우두(牛痘)를 접종하는 일. 우두(牛痘).

종두(鐘頭) **명** 절에서, 의식(儀式)이나 결제(結制)가 있을 때 심부름하는 일, 또는 그 일을 맡아 하는 사람.

종두득두(種豆得豆) [-뚜] **명** 〈콩을 심으면 콩이 난다는 뜻으로〉 원인에 따라 결과가 생김을 이르는 말. ⓑ종과득과. ⓐ인과응보.

종두지미(從頭至尾) **명**⇨자초지종(自初至終).

종:락(種落) [-낙] **명** ⇨종내기.

종란(種卵) [-난] **명** ⇨씨알.

종람(縱覽) [-남] **명하자** (어떤 시설이나 전시품 따위를) 마음대로 구경함. 종관(縱觀).

종람-소(縱覽所) [-남-] **명** 신문·잡지 또는 명부(名簿)나 물품 목록을 비치해 놓고 누구든지 마음대로 열람하게 하는 곳.

종래(從來) [-내] **명** 《지난 어느 때를 기준하여》 지금까지 내려오는 동안. ¶종래의 방식대로 하다. **Ⅱ부** 지금까지 내려온 그대로. 이제까지. ¶그런 일은 종래 없었다.

종량(宗樑)[-냥]圀 ①두 겹으로 얹는 보에서 마룻대가 되는 보. ②마룻대의 밑까지 높이 쌓아 올린 보.

종량(從良)[-냥]圀[하자] 지난날, 종이나 천민의 신분을 면하고 양민(良民)의 적에 오르던 일.

종량-등(從量燈)[-냥-]圀 계량기를 달아 전력을 쓰는 만큼 값을 치르게 된 전등. ⑳정액등.

종량-세(從量稅)[-냥쎄]圀 과세 물건의 수량이나 무게 따위를 표준으로 하여 세율을 정하는 조세. ↔종가세(從價稅).

종량-제(從量制)[-냥-]圀 (무엇을) 사용하거나 버리는 양에 따라 일정한 값을 치르는 제도. ¶쓰레기 종량제.

종려(棕櫚)圀 ☞종려나무.

종려-나무(棕櫚-)[-녀-]圀 야자과의 상록 교목. 일본 원산으로 높이는 10 m에 이름. 줄기 끝에 긴 잎자루가 많이 나와 손바닥 모양으로 깊게 갈라진 잎이 핌. 초여름에 담황색의 잔꽃이 한곳에 많이 피고, 둥근 열매는 늦가을에 까맣게 익음. 관상용으로 재배함. 종려.

종려-모(棕櫚毛)[-녀-]圀 종려나무의 껍질이나 잎꼭지에 붙어 있는 갈색의 털. 비나 새끼 따위를 만드는 데 쓰임.

종려-비(棕櫚-)[-녀-]圀 종려모로 만든 비.

종려-선(棕櫚扇)[-녀-]圀 종려나무의 잎으로 만든 부채.

종려-유(棕櫚油)[-녀-]圀 종려나무의 열매에서 짜낸 기름. 비누 따위 유지(油脂) 공업의 원료가 되며, 먹기도 함.

종려-피(棕櫚皮)[-녀-]圀 한방에서, '종려나무의 껍질'을 약재로 이르는 말. 〔지혈하는 데 씀.〕

종렬(縱列)[-녈]圀[하자] 세로로 줄을 지음, 또는 그 줄. ↔횡렬(橫列).

종렬(縱裂)[-녈]圀[하자][되자] ①세로로 째어짐. ②식물의 꽃밥이 세로로 터져 꽃가루가 날림.

종례(終禮)[-녜]圀[하자] 주로 학교에서, 그날의 일과를 마치고 담임선생과 학생이 한곳에 모여 나누는 인사. ↔조례(朝禮).

종로(鍾路·鐘路)[-노]圀 서울의 종각이 있는 네거리.

　종로에서 뺨 맞고 한강에서〔한강에 가서〕**눈 흘긴다**[관] 욕을 당한 데서는 감히 말을 못하고 엉뚱한 데 가서 화풀이한다는 말.

종로-결장(鍾路決杖)[-노-짱]圀 지난날, 종로와 같이 사람이 많이 모이는 곳에서 탐관오리의 볼기를 치던 일.

종로-제기(鍾路-)[-노-]圀 두 사람이 마주 서서 서로 받아 차는 제기. 〔지난날, 종로 상인들이 추위를 덜려고 전방 앞에서 하던 놀이.〕

종론(宗論)[-논]圀 ①둘 이상의 서로 다른 종교가 서로 낫고 못함을 들어 다투는 언론. 법론(法論). ②종중(宗中)의 여론.

종료(終了)[-뇨]圀[하자][되자] 일을 마침. 끝냄. ¶경기가 종료되다.

종루(鐘漏)[-누]圀 때를 알리는 종과 물시계, 또는 그 설비[가] 있는 궁궐 안.

종루(鐘樓)[-누]圀 종을 달아 두는 누각.

종:류(種類)[-뉴]圀 어떤 기준에 따라 나눈 갈래. 종류. ¶같은 종류. /종류가 다양하다. ⑳유(類).

종:류-별(種類別)[-뉴-]圀 종류에 따라 각각 다른 구별. ¶종류별로 보관하다.

종률-세(從率稅)[-뉼쎄]圀 일정한 세율에 따라 매기는 조세. 과세의 목적물에 대하여 일정한 세율을 물리는 관세 따위의 간접세.

종리(綜理)[-니]圀[하자][되자] 빈틈없이 조리 있게 처리함.

종마(種馬)圀 ☞씨말.

종-마루(宗-)圀 건물의 지붕 한가운데에 있는 주된 마루.

종막(終幕)圀 ①(여러 막으로 된 연극에서) 마지막의 막. ②'일의 끝판이나 사건의 최후'를 비유하여 이르는 말. 막을 고하다.

종말(終末)圀 (계속되어 온 일이나 현상의) 끝판. 맨 끝. ¶사랑의 종말. ⑭최후.

종말-관(終末觀)圀 ☞종말론(終末論).

종말-론(終末論)圀 유대교나 기독교에서, 세계와 인류의 종말을 믿고, 그리스도의 재림(再臨), 최후의 심판, 인류의 부활 등을 내세우는 설. 종말관(終末觀).

종말^처:리장(終末處理場)圀 도시에서, 하수(下水)를 최종적으로 모아 정화(淨化) 처리하는 하수 처리 시설.

종:매(從妹)圀 친사촌 누이동생.

종명(鐘銘)圀 종에 새긴 글, 또는 글자.

종명-누진(鐘鳴漏盡)圀〔종이 울고 누수(漏水)도 다 되어 밤이 이미 지났다는 뜻으로〕'벼슬아치의 늙바탕'을 비유하여 이르는 말.

종명-정식(鐘鳴鼎食)圀〔지난날 종을 울려 집안 사람을 모아서, 솥을 벌여 놓고 밥을 먹었다는 데서〕'부귀한 집'을 비유하여 이르는 말. ⑳종정.

종-모돈(種牡豚)圀 ☞씨수퇘지.

종-모우(種牡牛)圀 ☞씨황소.

종-목(種目)圀 종류의 명목. 종류의 항목. ¶경기 종목.

종목(種牧)圀 식물을 심어 가꾸는 일과 짐승을 기르는 일.

종목(樅木)圀 ☞전나무.

종:목-별(種目別)[-뼬]圀 종목에 따라 각각 다른 구별. ¶종목별로 나누다.

종묘(宗廟)圀 조선 시대에, 역대 임금과 왕비의 위패를 모시던 왕실의 사당. 대묘(大廟). 태묘(太廟). ⑳묘(廟).

종묘(種苗)圀 식물의 씨나 싹을 심어 묘목을 가꿈, 또는 그 묘목.

종묘-사직(宗廟社稷)圀 왕조 때, 왕실과 나라를 아울러 이르던 말.

종묘-상(種苗商)圀 농작물의 씨앗이나 묘목을 파는 가게, 또는 그 장사를 하는 사람.

종묘-장(種苗場)圀 묘목을 기르는 곳.

종묘^제:례악(宗廟祭禮樂)圀 종묘 제향 때에 연주하는 음악. ⑳묘악.

종무(宗務)圀 종교상의 사무. 종단이나 종파에 관한 사무.

종무(終務)圀[하자] 관공서나 회사 등에서, 그해의 업무를 마치는 일. ↔시무(始務).

종무-소(宗務所)圀 절의 사무를 보는 곳.

종무소식(終無消息)圀 끝끝내 아무런 소식이 없음. ¶한번 떠나더니 종무소식이다.

종무-식(終務式)圀 관공서나 회사 등에서, 그해의 업무를 마치며 행하는 의식. ↔시무식(始務式).

종문(宗門)圀 ①종가의 문중. ②☞종파(宗派).

종물(從物)圀 어떤 물건의 사용을 계속적으로 돕기 위하여 그에 딸린 물건. 〔칼에 대한 칼집 따위.〕 ↔주물(主物).

종:물(腫物)圀 ☞종기(腫氣).

종반(宗班)圀 임금의 본종(本宗)이 되는 겨레붙이. 종성(宗姓).

종반(終盤)명 ①운동 경기나 장기 따위의 승부가 끝나 갈 무렵. ¶경기 종반에 접수 차이가 벌어지다. ②어떤 일의 끝판에 가까운 단계. ¶90년대도 이제 종반에 접어들었다.

종반(縱斑)명 세로로 죽 이루어진 아롱무늬.

종발(鍾鉢)명 중발보다 작고 종지보다 좀 나부죽하게 생긴 그릇.

종-배(終-)[-빼]명 짐승이 마지막으로 새끼를 치거나 까는 일, 또는 그 새끼. ↔첫배.

종배(終杯·終盃)명 ①(술잔을 돌릴 때의) 맨 나중 잔. 납배(納杯). ②술자리의 마지막 잔. ②필배(畢杯).

종:백(從伯)명 남에게 '자기의 사촌 맏형'을 이르는 말. 종백씨(從伯氏)

종:백-씨(從伯氏)명 ⇨종백(從伯).

종-벌레(鐘-)명 원생동물의 한 가지. 여름에 웅덩이나 더러운 물 속의 물풀 따위에 붙어삶. 몸은 신축성이 강하고, 앞쪽에 있는 물결털로 물결을 일으켜 먹이를 구함. 분체(分體)나 포자 생식으로 증식함.

종범(從犯)명 다른 사람의 범죄를 도와준 죄, 또는 그 사람. ↔정범(正犯)

종법(宗法)[-뻡]명 ⇨종규(宗規).

종법(從法)[-뻡]명 '절차법'의 구용어.

종:별(種別)명하다 되자 종류에 따라 나눔, 또는 그 구별. 유별(類別).

종복(從僕)명 사내종.

종부(火防)명 '화방(火防)'의 잘못.

종부(宗婦)명 종가(宗家)의 맏며느리.

종부(終傅)명 '병자 성사'의 구용어.

종부-돋움(-)[-]명하다 물건을 차곡차곡 쌓아 올림. ②하자 발돋음.

종부^성:사(終傅聖事)명 '병자 성사(病者聖事)'의 구용어.

종-부직(從夫職)명하다 왕조 때, 남편의 품계에 따라 아내에게 작위를 내리던 일.

종비(從婢)명 여자 종.

종비(種肥)명 농작물의 발아나 생장을 돕기 위하여 씨앗 둘레에 주는 거름.

종비-나무(樅榧-)명 소나뭇과의 상록 침엽 교목. 깊은 산이나 고원 지대에서 자라는데, 높이는 25m 정도임. 암수한그루로 5월에 단성화가 피고 열매는 솔방울 모양으로 10월에 익음. 재목이나 펄프재로 씀.

종사(宗社)명 종묘와 사직.

종사(宗師)명 ①[불교에서] ㉠수행자의 모범이 되는, 학덕이 뛰어난 중. ㉡각 종파의 조사(祖師). ②대종교에서, 성도(成道)한 사람을 일컫는 말. ③(특히 예술이나 기능 방면에서) 한 계통의 으뜸이 되고 개척자가 되는 사람.

종사(宗嗣)명 종가 계통의 후손.

종사(從死)명하다 죽은 사람을 따라서 죽음.

종사(從祀)명하다 되자 ⇨배향(配享).

종사(從事)명하다 되자 ①(어떤 일을) 일삼아서 함. ¶생업에 종사하다. ②(어떤 사람을) 좇아 섬김. ¶일부(一夫)종사.

종사(綜絲)명 잉아.

종사(螽斯)명 ①'메뚜기·베짱이·여치'를 두루 이르는 말. ②(여치가 한 번에 99개의 알을 깐다는 데서) '부부가 화합하고 자손이 번창함'을 비유하여 이르는 말.

종-사품(從四品)명 고려·조선 시대의 문무관 품계의 여덟째 등급.

종삭(終朔)명 한 해의 마지막 달인 '섣달'을 달리 이르는 말.

종산(宗山)명 ①〈종중산(宗中山)〉의 준말. ②〈종주산(宗主山)〉의 준말.

종:-살이(하자) 지난날, 남의 집에서 종노릇을 하던 일.

종삼(種蔘)명 씨로 쓰는 삼.

종삼-포(種蔘圃)명 종삼을 심는 밭.

종-삼품(從三品)명 고려·조선 시대의 문무관 품계의 여섯째 등급.

종상(終喪)명하다 ⇨해상(解喪).

종:상(種桑)명하자 뽕나무를 심음.

종상(綜詳)명 '종상하다'의 어근.

종상-하다(綜詳-)형에 치밀하고 상세하다.

종상-화(鐘狀花)명 종상 화관으로 된 꽃.

종상^화관(鐘狀花冠)명 합판 화관(合瓣花冠)의 한 가지. 꽃 모양이 종처럼 생긴 화관.

종상^화:산(鐘狀火山)명 산꼭대기가 종 모양으로 형성되고 산성암(酸性岩)의 마그마로 된 화산. 톨로이데.

종생(終生)명 목숨이 다할 때까지의 동안.

종생^면:역(終生免疫)명 한 번 앓은 병원체에 대하여 평생토록 면역이 되는 일.

종서(縱書)명하타 세로쓰기. ↔횡서(橫書).

종선(從船)명 큰 배에 딸린 작은 배.

종선(縱線)명 세로금. 세로줄. ↔횡선(橫線).

종성(宗姓)명 ①⇨종반(宗班). ②왕실의 성.

종성(終聲)명 받침. 종자음(終子音).

종성(鐘聲)명 종소리.

종성^규칙(終聲規則)명 받침 규칙.

종세(終歲)명하자 한 해를 다 보냄. 종년(終年).

종소(終宵)명 ⇨종야(終夜).

종-소리(鐘-)[-쏘-]명 종을 칠 때 울리어 나는 소리. 종성(鐘聲).

종-소원(從所願)명하다 소원을 들어줌.

종속(從俗)명하자 〈종시속(從時俗)〉의 준말.

종속(從屬)명하다 되자 (주가 되는 것에) 딸리어 붙음. ¶경제적 종속. /주속 이론.

종속-국(從屬國)[-꾹]명 법적으로는 독립국이지만, 외교와 내정의 기본 방향은 종주국의 종주권에 구속되어 있는 나라. 예속국(隸屬國). ↔종주국(宗主國).

종속-물(從屬物)[-쏭-]명 어떤 것에 딸리어 붙어 있는 물건.

종속-범(從屬犯)[-뻠]명 정범(正犯)에 종속하여 성립하는 '교사범과 종범'을 이르는 말.

종속^변:수(從屬變數)[-뼌-]명 수학에서, 독립 변수의 변화에 따라 변하는 어떤 변수를 이르는 말. ↔독립 변수(獨立變數).

종속^사:건(從屬事件)[-싸껀]명 수학에서, 사건 A가 일어나고 일어나지 않음에 따라서 B의 일어날 확률이 다를 때 B를 A에 대하여 이르는 말. 종속 사상. ↔독립 사건.

종속^사:상(從屬事象)[-싸-]명 ⇨종속 사건.

종속^성분(從屬成分)[-썽-]명 ⇨부속 성분.

종속-적(從屬的)[-쩍]관명 종속 관계에 있는 (것). ¶종속적인 신분. /종속적인 지위.

종속적 연결^어:미(從屬的連結語尾)[-쩡년-]명 연결 어미의 한 가지. 앞의 문장을 뒤의 문장에 종속적으로 이어 주는 어말 어미. '봄이 오면 꽃이 핀다.'에서의 '-면' 따위. ②연결 어미.

종속-절(從屬節)[-쩔]명 두 절이 한 문장을 이룰 때, 주절인 주절(主節)에 대하여 조건이나 원인·전제를 나타내거나 하여 그것을 꾸며 주는 앞 절을 이르는 말. ('서리가 내리면 단풍이 든다.'에서 '서리가 내리면' 따위.) 딸림마디. ↔주절(主節).

종속^회:사(從屬會社)[-쇠-/-쒜-]圓 자
본 참가나 계약·정관 등에 따라 어떤 회사의
지배 아래에 있는 회사. 참자회사(子會社).

종속-히(從速-)[-소키]倒 되도록 빠르게.

종손(宗孫)圓 종가의 맏손자, 또는 종가의 대를
이을 자손. ↔지손(支孫).

종:손(從孫)圓 ①형이나 아우의 손자. ②남편의
형이나 아우의 손자.

종:-손녀(從孫女)圓 ①형이나 아우의 손녀. ②남
편의 형이나 아우의 손녀.

종:-손부(從孫婦)圓 종손의 아내.

종:-손서(從孫壻)圓 종손녀의 남편.

종:-수(從嫂)圓 사촌 형이나 사촌 아우의 아내.

종수(種樹)圓하타 ①곡식의 씨앗과 나무를 심
고 가꿈. ②식목(植木).

종:-수-씨(從嫂氏)圓 사촌 형이나 사촌 아우의
아내를 친근히 일컫는 말.

종수일별(終須一別)圓 '그곳에서 헤어지나 좀
더 가서 헤어지나 헤어지기는 마찬가지'라는
뜻의 말. ¶종수일별이니 그만 들어가거라.

종:숙(從叔)圓 아버지의 사촌 형제. 참당숙.

종:-숙모(從叔母)[-숭-]圓 종숙의 아내. 참당
숙모(堂叔母).

종시(終始)圓 ☞시종(始終).

종시(終是)倒 나중까지 끝내. 종내(終乃). ¶속
마음은 종시 알 수가 없었다.

종-시가(從時價)[-까] 圓 물건을 사거나 팔
때에 시세에 따름. 종시세(從時勢).

종-시세(從時勢)圓하타 ☞종시가(從時價).

종-시속(從時俗)圓 세상의 풍속에 따름. 시
속(時俗)을 좇음. 준종속.

종시-여일(終始如一)圓하형 ☞시종여일.

종시-일관(終始一貫)圓 ☞종일관.

종식(終熄)圓하자되자 (한때 매우 성하던 것이)
가라앉음. 끝남. ¶전쟁 종식.

종신(宗臣)圓 ①왕조 때, 나라에 큰 공을 세운
신하. ②왕족으로 벼슬살이를 하던 사람.

종신(終身)圓하자 ①한평생을 마침. ②살아 있
는 동안. 평생. 일생. ③☞임종(臨終).

종:신(從臣)圓 임금을 늘 따라다니는 신하.

종신-계(終身計)[-계/-게]圓 한평생을 지낼
계획. 종신지계(終身之計).

종신-관(終身官)圓 유죄 선고나 징계 처분으로
물러나게 하거나 스스로 물러나지 않는 한 평
생토록 면관(免官)되지 않는 관리. 참종신직
(終身職).

종신^보:험(終身保險)圓 보험 기간을 정하지
않고 계약하여, 피보험자가 죽었을 때 보험자
가 일정한 금액을 보험금 수취인에게 치르는
생명 보험.

종신^연금(終身年金)[-년-]圓 권리자가 죽을
때까지 해마다 일정한 금액을 받을 수 있는
연금.

종신-자식(終身子息)圓 부모가 운명할 때 임종
(臨終)한 자식.

종신지계(終身之計)[-계/-게]圓 ☞종신계.

종신지질(終身之疾)圓 평생 고칠 수 없는 병.

종신-직(終身職)圓 처벌을 받아서 물러나거나
스스로 사직하지 않는 한 평생토록 일할 수 있
는 직위. 참종신관(終身官).

종신^징역(終身懲役)圓 '무기 징역(無期懲役)'
의 구용어.

종신-토록(終身-)倒 평생토록. ¶종신토록 고
향을 지키다가 세상을 떠났다.

종신-형(終身刑)圓 ☞무기형(無期刑).

종신-회원(終身會員)[-회-/-훼-]圓 스스로
물러나지 않는 한 평생토록 회원 자격을 갖는
회원.

종실(宗室)圓 ☞종친(宗親).

종심(從心)圓 '일흔 살'을 달리 이르는 말.
['논어'의 '위정편(爲政篇)'에 나오는 말로,
공자가 70세가 되어 '종심소욕(從心所欲)이나
불유구(不踰矩)'고 한 데서 유래함.]

종심(終審)圓 ①마지막 심리(審理). ②심급(審
級) 제도에서 최종 법원의 심리.

종심소욕(從心所欲)圓 맘 내키는 대로 함.
['논어'의 '위정편'에 나오는 말임.]

종씨(宗氏)圓 (같은 성으로) 촌수를 못 따질 정
도의 먼 일가 사이에, 서로 상대를 부르거나
일컬을 때 하는 말.

종:씨(從氏)圓 ①남 앞에서 자기의 '사촌 형'을
높이어 일컫는 말. ②남을 높이어 그의 '사촌
형제'를 일컫는 말.

종:아리圓 무릎과 발목 사이의 뒤쪽 근육 부분.
종아리(를) 맞다(관용) 벌로 종아리에 매를 맞다.
종아리(를) 치다(관용) 벌로 종아리를 때리다.

종:아리-뼈圓 종아리의 바깥쪽에 있는 가늘고
긴 뼈. 비골(腓骨).

종:아리-채圓 종아리를 때릴 때 쓰는 회초리.

종알-거리다재타 자꾸 종알종알하다. 종알대다.
준중얼거리다. 센쫑알거리다.

종알-대다재타 ☞종알거리다.

종알-종알倒 ①혼잣말로 자꾸 불평하는
소리, 또는 그 모양. ②(여자나 어린아이가) 자
꾸 재잘이는 소리, 또는 그 모양. 큰중얼중얼.
센쫑알쫑알.

종애(鍾愛)圓하타 사랑(정)을 한곳으로 모음.
몹시 사랑함. 종정(鍾情).

종야(終夜)Ⅰ圓 하룻밤 동안. 종소(終宵).
Ⅱ倒 밤새도록. ¶종야 뒤척이며 잠을 이루지
못하다.

종약(種藥)圓하자 약재로 쓸 식물을 심음.

종:양(腫瘍)圓 세포가 병적으로 불어나 생리적
으로 쓸모없는 덩어리를 이루는 병증. 양성과
악성이 있음. 육종(肉腫).

종어(宗魚·鱨魚)圓 동자갯과의 민물고기. 강 하
류의 흐린 물에 사는데, 몸길이는 20~40 cm.
몸빛은 등 쪽이 황갈색, 배 쪽은 담색임. 턱
불거진 주둥이는 아래턱이 위턱보다 짧음. 담
수어 가운데 가장 맛있는 물고기라는 뜻에서
이 이름이 붙었다고 함. 육계어이름.

종어(種魚)圓 키워서 번식시킬 때 종자로 삼는
물고기.

종언(終焉)圓하자 ①일생이 끝남. 죽음. ¶파란
만장한 삶도 종언을 고하였다. ②하던 일이 끝
장남.

종업(從業)圓하자 어떠한 일에 종사함.

종업(終業)圓하자타 ①일을 끝마침. ②학교에서
한 학기나 한 학년 따위 일정한 기간의 학업을
다 끝냄. ↔시업(始業).

종업-식(終業式)[-씩]圓 학교에서 한 학기나
한 학년 따위 일정한 기간의 학업을 다 끝내며
하는 의식.

종업-원(從業員)圓 어떤 일에 종사하는 사람.

종-없다[-업따]형 <종작없다>의 준말. **종없-
이**倒.

종연(終演)圓하자타 연극 따위의 상연이
끝남, 또는 상연을 끝냄.

종영(終映)圓하자타되자 영화 따위의 상영이
끝남, 또는 상영을 끝냄. ¶종영 시간.

종예(種藝)몡하타 온갖 식물을 심어 가꾸는 일.

종오소호(從吾所好)몡하자 자기가 좋아하는 대로 좇아야 함.

종-오품(從五品)몡 고려·조선 시대의 문무관 품계의 열째 등급.

종요-롭다[-따][~로우니·~로워]혱ㅂ (없어서는 안 될 만큼) 요긴하다. ¶이번 기술 제휴는 우리 회사를 키우는 데 종요로운 일이다. **종요로이**甼

종용(從容) '종용하다'의 어근.

종용(慫慂)몡하타 달래어 권함. 꾀어서 하게 함. ¶화해를 종용하다.

종용-하다(從容-)[-¹]혱여 성격이나 태도가 차분하고 침착하다. **종용-히**甼

종용-하다(從容-)혱여 '조용하다'의 잘못.

종우(種牛)몡 ☞씨소.

종유(從遊)몡하자 학덕이 높은 사람과 어울려서 사귐.

종유-굴(鍾乳-)몡 ☞종유동(鍾乳洞).

종유-동(鍾乳洞)몡 석회암이 퍼져 있는 지역에 용식(溶蝕) 작용으로 생긴 동굴. 석회동(石灰洞). 종유굴.

종유-석(鍾乳石)몡 ☞돌고드름.

종-육품(從六品)[-뉴-]몡 고려·조선 시대의 문무관 품계(品階)의 열두째 등급.

종의(宗義)[-의/-이]몡 종문(宗門)의 가르침.

종의(宗誼)[-의/-이]몡 일가붙이 사이의 친한 정의(情誼).

종:의(腫瞖)[-의/-이]몡 지난날, 부스럼을 잘 고치는 한의사(漢醫師)를 이르던 말.

종이몡 주로 식물성 섬유로 얇고 판판하게 만든 물건. 서화·인쇄·포장 및 내장재(內裝材) 등에 쓰임.

종이도 네 귀를 들어야 바르다(속) 무슨 일이든 의견을 모으고 힘을 합해야 일하기가 쉽다는 말.

종이 한 장(의) 차이(관용) 사물의 간격이나 틈이 아주 작거나, 수량이나 정도의 차이가 적다는 말.

종이(宗彝)몡 ①종묘의 제향에 쓰는 술 그릇. ②구장복(九章服)에 수놓은 범의 그림.

종이-돈몡 ☞지폐.

종이-배몡 종이를 접어서 만든 장난감 배.

종이부시(終而復始)몡하타 (어떤 일을) 마치고 나서 다시 잇달아 계속함.

종이-비행기(-飛行機)몡 종이를 접어서 만든 장난감 비행기.

종이-쪽몡 종이의 작은 조각. 종잇조각.

종이-창(-窓)몡 종이를 바른 창.

종이-컵(-cup)몡 종이로 만든 일회용 컵.

종이-이품(從二品)몡 고려·조선 시대의 문무관 품계의 넷째 등급.

종이-풍선(-風船)몡 종이로 만든 공에 공기를 불어 넣은 장난감의 한 가지.

종이-학(-鶴)몡 종이를 접어서 학 모양으로 만든 것.

종이-호랑이(-虎狼-)몡 '겉보기에는 힘이 대단할 것 같으나 실속은 아주 약한 것'을 비유하여 이르는 말. ¶주전 선수 두 명이 부상이니 그 팀은 이제 종이호랑이나 마찬가지이다.

종인(宗人)몡 한 일가붙이 중에서 촌수가 먼 사람.

종인(從因)몡 간접적인 원인.

종일(終日)몡 아침부터 저녁까지의 사이. 하루의 낮 동안.

종일(縱逸)몡하타 버릇없이 제멋대로 함.

종일지역(終日之役)[-찌-]몡 아침부터 저녁까지 들인 수고.

종일-토록(終日-)甼 아침부터 저녁까지 내내. ¶종일토록 쏘다니다.

종-일품(從一品)몡 고려·조선 시대의 문무관 품계의 둘째 등급.

종잇-장(-張)[-이짱/-일짱]몡 종이의 낱장.

종잇-조각[-이쪼-/-일쪼-]몡 종이쪽.

종자(宗子)몡 종가(宗家)의 맏아들.

종:자(從子)몡 조카.

종:자(從姉)몡 손위의 사촌 누이.

종자(從者)몡 따라다니며 시중드는 사람. 데리고 다니는 사람. 종졸(從卒).

종자(種子)몡 ☞씨¹.

종자(種子)몡 <종지>의 본딧말.

종자(縱恣)몡하자 제멋대로 함.

종:-자매(從姉妹)몡 사촌 사이인 자매.

종자-문(種子紋)몡 '수복(壽福)' 자(字) 무늬. 주로, 종지에 새기는 무늬임.

종자-식물(種子植物)[-씽-]몡 꽃이 피어 암술의 밑씨가 수술의 꽃가루를 받아 종자를 맺어 번식하는 식물. 〔겉씨식물과 속씨식물로 나뉨.〕 꽃식물. 현화식물(顯花植物). ↔포자식물(胞子植物).

종-자음(終子音)몡 받침이 되는 자음. 종성(終聲).

종작몡 겉가량으로 헤아리는 짐작. ¶무슨 마음으로 그랬는지 종작을 못 잡겠다. 준종².

종작-없다[-자겁따]혱 (일의 사정이나 형편 따위를 헤아리는) 요량이 없다. 일정한 주견이 없다. 준종없다. **종작없이**甼 ¶종작없이 지껄이는 소리(말).

종잘-거리다재 자꾸 종잘종잘하다. 종잘대다. 준중절거리다. 셴쫑잘거리다.

종잘-대다재 종잘거리다.

종잘-종잘甼 수다스럽게 종알거리는 모양. 준중절중절. 셴쫑잘쫑잘.

종-잡다[-따]타 겉가량으로 헤아려 잡다. 대중잡아 알다. 《주로, '-을 수 없다'·'-기 어렵다'의 꼴로 쓰임.》 ¶도무지 종잡을 수가 없다.

종장(宗匠)몡 ①경서(經書)에 아주 밝고 글을 잘 짓는 사람. ②장인(匠人)의 우두머리.

종장(終章)몡 ①풍류나 노래 따위의 마지막 장. ②시조의 맨 끝의 장. ↔중장·초장.

종장(終場)몡 지난날, 이틀 이상 보는 과거에서 마지막 날의 과시(科試) 마당을 이르던 말.

종장(從葬)몡하타 지난날, 장사 지낼 때 허수아비를 시신(屍身)과 함께 묻던 일.

종적(蹤跡·蹤迹)몡 ①어떤 일이 일어난 뒤에 드러난 모양이나 흔적. ②발자취, 또는 행방. ¶종적을 감추다. /종적을 모르다.

종-적(縱的)[-쩍]관명 사물의 아래위, 곧 종으로 관계되는 (것). ↔횡적(橫的).

종전(宗田)몡 종중(宗中) 소유의 밭. 종중밭. 종중전(宗中田). ☞종답(宗畓).

종전(宗典)몡 불교에서, 한 종파의 경전(經典)을 이르는 말.

종전(從前)몡 이전. 그전. 이제까지. 지금보다 이전. ¶이런 일이 종전에는 없었다.

종전(終戰)몡하자돼자 전쟁이 끝남. 전쟁을 끝냄. ↔개전(開戰). 준휴전(休戰).

종전(縱轉)몡하자 앞뒤로 돎. 세로로 구름.

종점(終點) [-쩜]圀 ①(열차나 버스 따위의 노선에서) 맨 끝이 되는 곳. ¶버스 종점. /전차를 종점까지 타고 가다. ②(일정한 기간의) 마지막이 되는 때. ¶인생(人生)의 종점. ↔기점(起點).

종접(踵接)圀困団 ☞접종(接踵).

종정(宗正)圀 ①한 문중(門中)의 가장 높은 어른. ②우리나라 불교의 최고 통할자(統轄者), 또는 각 종단의 통할자.

종정(鍾情)圀困団 ☞종애(鍾愛).

종정(鐘鼎)圀 ①중국의 옛 동기(銅器)인, 종과 솥. ②<종명정식(鐘鳴鼎食)>의 준말.

종정-도(鐘鼎圖)圀 종과 솥 따위 옛 그릇붙이를 그린 그림.

종정-문(鐘鼎文)圀 종이나 솥 따위 옛 그릇붙이에 새겨져 있는 글자.

종제(終制)圀困団 ☞해상(解喪).

종:제(從弟)圀 사촌 아우.

종:-제수(從弟嫂)圀 종제의 아내.

종조(宗祖)圀 한 종파(宗派)를 처음 세운 사람. 교조(敎祖).

종:조(從祖)圀 <종조부(從祖父)>의 준말.

종조(縱組)圀 ☞세로짜기.

종:-조모(從祖母)圀 종조부의 아내.

종:-조부(從祖父)圀 할아버지의 형이나 아우. ⓒ종조(從祖).

종족(宗族)圀 성과 본이 같은 겨레붙이.

종족(種族)圀 ①같은 종류에 딸린 생물 전체. ¶종족 번식. /종족의 분화. ②조상이 같고 언어·풍속·습관 따위가 같은 사회 집단.

종족^보:존^본능(種族保存本能) [-뽀-]圀 종족을 지켜 대를 이어 가려는 생물의 본능.

종족-적(種族的) [-쩍]圀団 ①어떤 종족에게만 있는 (것). ②온 종족에 관계되거나 온 종족을 두루 포함하는 (것).

종졸(從卒)圀 ①☞종자(從者). ②특정인이나 특정 부서에 딸린 병졸.

종:종(種種) [I]圀 (모양이나 성질이 서로 다른 물건의) 가지가지. 여러 가지.
[II]틘 가끔. 때때로. ¶친구가 종종 찾아온다.

종종-거리다¹(자) 발을 재게 떼며 바삐 걷다. 종종대다. 셴쫑쫑거리다. 큰총총거리다.

종종-거리다²(자) 못마땅하여 닷는마는 태도로 종알거리다. 종종대다². 큰중중거리다. 셴쫑쫑거리다².

종종-걸음圀 발을 재게 떼며 바삐 걷는 걸음. ㉮총총걸음.

종종걸음(을) 치다(관용) 종종걸음으로 걷다.

종종-대다¹(자) ☞종종거리다¹.

종종-대다²(자) ☞종종거리다².

종종-머리圀 바둑머리가 조금 지난 뒤에, 한쪽에세 층씩 세 줄로 땋고 그 끝을 모아 댕기를 드린 여자 아이의 머리.

종종-모圀 몹시 배게 심은 볏모.

종:종색색(種種色色) [-쌕]圀 가지각색.

종종-이튄 줄임표로.

종:종-하다(種種-)困困 어떠한 일이 가끔 있다.

종-좌표(縱座標)圀 ☞세로 좌표.

종죄(從罪) [-쮀]圀 종법(從犯)에게 과하는 죄.

종주(宗主)圀 ①본가(本家)의 적장자. ②종묘(宗廟)의 위패. ③고대 중국에서, 봉건 제후들 가운데 패권을 잡은 맹주(盟主).

종주(縱走)圀困団 ①산맥 따위가 세로로, 또는 남북으로 길게 이어짐. ¶우리나라를 종주하는

태백산맥. ②등산에서, 능선으로 이어진 많은 산봉우리를 따라 등정함. ¶지리산을 종주하다.

종주(縱酒)圀困団 몸을 가누지 못할 정도로 술을 흠뻑 마심.

종주-국(宗主國)圀 ①(종속국에 대하여) 종주권을 가진 나라. ↔종속국(從屬國). ②어떤 문화적 현상이나 기술 따위의 처음 시작한 나라. ¶우리나라는 태권도의 종주국이다.

종주-권(宗主權) [-꿘]圀 어떤 나라가 다른 나라의 내정이나 외교를 관장하는 특수한 권리. ¶청국은 조선에 대하여 종주권을 주장했다.

종:-주먹圀 《주로 '대다'·'들이대다' 따위와 함께 쓰이어》 상대편을 위협하는 뜻으로 쥐어 보이는 주먹. ¶종주먹을 들이대며 올러대다.

종주-산(宗主山)圀 풍수설에서, '주산(主山) 위에 있는 주산'을 이르는 말. ☞종산.

종중(宗中)圀 한 겨레붙이의 문중(門中). ¶김해 김씨 종중.

종중(從重)圀 <종중론(從重論)>의 준말.

종중(從衆)圀困団 여러 사람의 말이나 행동에 따름. ¶큰일은 중의(衆議)를 모아 종중하는 게 순리(順理)지.

종중-논(宗中-)圀 ☞종답(宗畓).

종중-답(宗中畓)圀 ☞종답(宗畓).

종중-론(從重論) [-논]圀困団 조선 시대에, 두 가지 이상의 죄가 한꺼번에 드러났을 때, 가장 무거운 죄에 따라 처벌하던 일. ⓒ종중. ↔종경론(從輕論).

종중-밭(宗中-) [-받]圀 ☞종전(宗田). *종중밭이[-바치]·종중밭을[-바틀]·종중밭만[-반-]

종중-산(宗中山)圀 ①종중의 조상의 무덤이 있는 산. ②종중 소유의 산. ⓒ종산.

종:-씨(從氏)圀 남에게 대하여 자기나 상대편의 '사촌 둘째 형'을 일컫는 말.

종중-전(宗中田)圀 ☞종전(宗田).

종중-전답(宗中田畓)圀 종중 소유의 논밭.

종중-추고(從重推考)圀 조선 시대에, 벼슬아치의 죄과를 엄히 따지어 살피던 일.

종:-증손(從曾孫)圀 ①형제의 증손자. ②남편의 형제의 증손자.

종:-증손녀(從曾孫女)圀 ①형제(兄弟)의 증손녀. ②남편의 형제의 증손녀.

종:-증손부(從曾孫婦)圀 종증손자의 아내.

종:-증조(從曾祖)圀 ☞종증조부(從曾祖父).

종:-증조모(從曾祖母)圀 종증조부의 아내.

종:-증조부(從曾祖父)圀 증조부의 형이나 아우. 종증조.

종지(宗支)圀 종파(宗派)와 지파(支派).

종지(宗旨)圀 ①한 종교나 종파(宗派)의 중심되는 가르침. ②'가장 옳은 것으로 믿고 받드는 주의나 주장 따위'를 비유하여 이르는 말. ¶개인주의를 종지로 하다. ③근본이 되는 중요한 뜻.

종지(終止)圀 ①困困団 끝남, 또는 끝. ②음악에서, 악곡이 끝나는 느낌을 주는 부분, 또는 그러한 형태. 그 부분의 화음의 차이에 따라서, 완전 종지, 불완전 종지, 반종지(半終止) 등의 구별이 있음.

종지(踵至)圀困団 곧장 남의 뒤를 따라옴.

종지(←鍾子)圀 간장이나 고추장 따위를 담아 상에 놓는 작은 그릇. ¶밥상 위에는 꽁보리밥과 간장 종지만 달랑 놓여 있었다. ⓒ종자(鍾子).

종-지기(鍾-)圀 종을 치거나 지키는 사람.

종지^기호(終止記號)圀 ☞마침표.

종지-부(終止符)**명** ⌐마침표.

종지부(를) **찍다**관용 일의 결말을 짓다. 일을 끝내다. ¶강화 조약 체결로 두 나라의 전쟁도 종지부를 찍었다.

종지-뼈[-찌]**명** 슬개골(膝蓋骨).

종진(縱陣)**명** 군함 따위가 세로로 일직선이 되도록 늘어선 진형(陣形).

종-진동(縱振動)**명** 긴 물체나 선(線) 모양의 물체가 그 길이의 방향으로 진동하는 탄성 진동.

종:-질명하자 종노릇을 하는 일.

종:-질(從姪)**명** 종형제의 아들. 참당질(堂姪). ②남편의 종형제의 아들.

종:-질녀(從姪女)[-려]**명** ①종형제의 딸. 참당질녀(堂姪女). ②남편의 종형제의 딸.

종:-질부(從姪婦)**명** 종질의 아내. 참당질부.

종:-질서(從姪壻)[-써]**명** 종질녀의 남편. 참당질서.

종짓-굽¹[-지꿉/-진꿉]**명** 쟁기의 한마루 아래 끝에 턱 모양으로 내민 부분.

종짓-굽²[-지꿉/-진꿉]**명** 종지뼈가 있는 언저리.

종짓굽아 날 살려라관용 있는 힘을 다해서 빨리 도망침을 이름. 걸음아 날 살려라.

종짓굽이 떨어지다관용 젖먹이가 처음으로 걷게 되다.

종차(種差)**명** 동위 개념(同位槪念) 중의 한 개념이 가지는 특유한 성질로, 다른 동위 개념과 구별되는 표준이 되는 특징. 〔같은 포유류에 딸린 인간을 개·고양이 따위와 비교할 때, 인간의 특성은 '이성적(理性的)'이라는 따위.〕

종차(從此)**부** ⌐종금(從今).

종차(從次)**부** 이 다음에. 이 뒤에.

종착(終着)**명**하자 마지막으로 닿음.

종착-역(終着驛)[-창녁]**명** 기차나 전차 따위가 마지막으로 닿는 역. ☞시발역(始發驛).

종착-점(終着點)[-쩜]**명** 마지막으로 닿는 지점. ☞시발점.

종착-지(終着地)[-찌]**명** 마지막으로 닿는 곳.

종:창(腫脹)**명**하자 염증이나 종양 따위로 몸의 어떤 부분이 부어오르는 일.

종:처(腫處)**명** 부스럼이 난 자리.

종척(宗戚)**명** 임금의 친족과 외척.

종천지통(終天之痛)**명** 세상에서 더할 수 없는 큰 슬픔.

종:-첩(-妾)**명** 종으로 부리던 여자를 올려 앉혀서 된 첩.

종-청동(鐘靑銅)**명** ⌐종동(鐘銅).

종체(宗體)**명** 불교에서, 교의의 핵심이 되는 근본 정신.

종축(種畜)**명** ⌐씨짐승.

종축(縱軸)**명** ⌐세로축.

종축=목장(種畜牧場)[-충-짱]**명** 가축의 개량을 위하여, 종자가 좋은 씨짐승을 기르는 목장. 종축장(種畜場).

종축-장(種畜場)[-짱]**명** ⌐종축 목장.

종친(宗親)**명** ①임금의 친족(親族). 종실(宗室). ②동성동본으로 유복친(有服親) 안에 들지 않는 일가붙이.

종친-부(宗親府)**명** 조선 시대에, 왕실의 족친(族親)의 일을 맡아보던 관아. 역대 왕의 계보와 초상화를 보관하고, 왕과 왕비의 의복을 관리하며, 종반(宗班)을 통령(統領)하였음.

종친-회(宗親會)[-회/-훼]**명** 일가붙이끼리 모이는 모꼬지, 또는 그 일을 맡아 하는 모임.

종-칠품(從七品)**명** 고려·조선 시대의 문무관 품계의 열넷째 등급.

종-콩명 주로 메주를 쑤는 데 쓰는, 알이 자잘한 흰콩.

종탑(鐘塔)**명** 주로 교회나 성당 건물에서, 종을 매달아 두기 위해 높이 쌓은 탑.

종토(種토)**명** ⌐씨토끼.

종통(宗統)**명** 종가의 계통.

종-파(種-)**명** 씨를 받을 파.

종파(宗派)**명** ①지파(支派)에 대한 종가의 계통. ②불교에서, 저마다 내세우는 교리를 좇아 세운 갈래를 이르는 말. 종문(宗門). ③⌐교파.

종파(種播)**명**하타 ⌐파종.

종파(縱波)**명** ①배의 진행 방향과 같은 방향으로 이는 파도. ②물리학에서, 파동의 진행 방향과 매질(媒質)의 진동 방향이 일치하여 있는 파동. 〔음파(音波) 따위.〕 소밀파. ↔횡파. ☞소밀파(疎密波).

종-팔품(從八品)**명** 고려·조선 시대의 문무관 품계의 열여섯째 등급.

종패(種貝)**명** ⌐씨조개.

종편(終篇)**명** ①여러 편으로 된 책의 마지막 편. ②하타 ⌐졸편(卒篇).

종풍(宗風)**명** 불교에서, 종문(宗門)의 풍습.

종피(種皮)**명** ⌐씨껍질.

종하-생(宗下生)**명** 성(姓)과 본(本)이 같은 일가붙이 사이에서, 나이가 적고 벼슬이 낮은 사람이 나이가 많고 벼슬이 높은 사람에게 자기를 낮추어 이르는 말.

종학(從學)**명**하타 (남의 학문 따위를) 좇아서 배움.

종합(綜合)**명**하타되자 관련되는 여러 가지 것을 모아 하나의 통일된 것이 되게 함. ¶각종 정보를 종합하다. ↔분석(分析).

종합^개발(綜合開發)[-깨-]**명** 토지나 자원의 부문별 개발 계획을 국가적 처지에서 하나의 계획으로 모아, 유기적인 연락 아래 종합적으로 추진하는 개발.

종합^고등학교(綜合高等學校)[-꼬-교]**명** 인문 과정과 실업 과정을 둔 고등학교.

종합^과세(綜合課稅)[-꽈-]**명** 납세자의 각종 소득을 종합하여 과세하는 방법.

종합^대:학(綜合大學)[-때-]**명** 셋 이상의 단과 대학(單科大學)과 대학원으로 이루어진 대학.

종합^링크제(綜合link制)**명** 링크제의 한 가지. 제삼국에 상품을 수출하여 대외 채권을 얻은 사람에 한하여, 수출용 원자재 및 일정한 물자의 수입을 허용하는 제도. ↔개별 링크제.

종합^병:원(綜合病院)[-뼝-]**명** 여러 가지의 진료 과목을 설치하고, 그 진료 과목에 관한 의료 인력 및 장비를 갖춘 병원.

종합^비타민제(綜合vitamin劑)**명** 다섯 가지 이상의 비타민을 혼합한 것으로, 지용성의 A·D를 포함하여 만든 약제.

종합^비:평(綜合批評)[-삐-]**명** 문예 작품의 요소 하나하나를 비평의 대상으로 삼지 않고, 전체적인 가치를 논하는 비평. ↔분석 비평.

종합^상사(綜合商社)[-쌍-]**명** 많은 종류의 상품을 다루어 외국 무역 및 국내 유통을 대규모로 영위하며 금융, 정보, 자원 개발, 해외 투자 등의 기능을 갖는 큰 규모의 상사.

종합^소:득세(綜合所得稅)[-쏘-쎄]**명** 납세자가 취득한 각종 소득을 종합하여 매기는 소득세.

종합^예:술(綜合藝術)[-함녜-]**명** 건축·무용·문학·음악·회화 등, 분야가 다른 여러 예술의 요소가 한데 합쳐서 이루어지는 예술. 〔연극이나 영화 따위.〕

종합^잡지(綜合雜誌)[-잡찌]圓 내용을 어느 특정 분야에 한정하지 않고, 정치·경제·사회·과학·문예·연예 등 문화 활동 전반에 걸친 평론이나 문학 작품 따위를 두루 싣는 잡지.

종합-적(綜合的)[-쩍]冠圓 종합한 (것). 종합하는 태도인 (것). ¶종합적인 연구. /종합적인 판단.

종합^정보^통신망(綜合情報通信網)[-쩡-]圓 모든 통신 회선과 컴퓨터를 결합하여 종합적인 정보 제공을 하도록 한 통신 체제.

종합^판단(綜合判斷)圓 칸트의 철학에서, 술어(述語)가 주어에 포함되어 있지 않은 새로운 속성이나 사물을 나타내어 인식을 확장시키는 판단을 이르는 말. 〔예를 들면, '물체는 무게를 갖는다.'와 같은 것으로, '무게를 갖는다'란 술어가 '물체'라는 주어에 본질적으로 포함되지 않는데도 주어와 결합되어 있다고 하는 것과 같은 것.〕

종합^학습(綜合學習)[-하파씁]圓 교과를 따로 따로 나누지 않고 종합적으로 학습하는 일.

종항(終航)圓 ①배나 항공기의, 그날의 마지막 운항. ②[하자][되자]배나 항공기가, 정해진 항해나 항공을 끝냄.

종-항(從行間)圓 사촌 형제 사이.

종-해안(縱海岸)圓 산맥의 주축과 나란히 뻗은 해안. ↔횡해안(橫海岸).

종-핵(種核)圓 종자(種子)의 종피(種皮) 이외의 부분. 배(胚)와 배젖을 가리킴.

종핵(綜核·綜覈)圓[하타] 자세하고 꼼꼼하게 속속들이 밝힘.

종행(縱行)圓 세로로 된 글줄.

종헌(終獻)圓[하타] 제사 지낼 때, 삼헌(三獻)의 하나. 세 번째 잔, 곧 마지막 잔을 올림, 또는 그 일. 魯초헌(初獻)·아헌(亞獻).

종헌-관(終獻官)圓 조선 시대에, 종묘 제향 때에 종헌을 맡던 임시 벼슬. 魯초헌관(初獻官)·아헌관(亞獻官).

종:형(從兄)圓 사촌 형.

종형(鐘形)圓 종과 같이 생긴 모양.

종:수(從兄嫂)圓 사촌 형의 아내.

종:-형제(從兄弟)圓 사촌인 형과 아우. 당형제(堂兄弟).

종환(從宦)圓[하자] 벼슬길에 나아감, 또는 벼슬살이를 함.

종:환(腫患)圓 남을 높이어 그가 앓는 '종기'를 이르는 말.

종회(宗會)[-회/-훼]圓 종중의 일을 의논하기 위한, 일가붙이끼리의 모임.

종횡(縱橫)[-횡/-휑]圓 ①가로세로. ②자유자재. 행동이 거침없음. 《주로, '종횡으로'의 꼴로 쓰임.》 ¶종횡으로 활약하다.

종횡-가(縱橫家)[-횡-/-휑-]圓 ①중국 전국 시대에, 독자적인 정책을 가지고 제후 사이를 유세(遊說)하며 다니던 사람. 〔합종설(合從說)의 소진(蘇秦)과 연횡설(連橫說)의 장의(張儀) 등.〕 ②대립하는 두 사람(편) 사이에서 잔꾀를 부리는 사람.

종횡-무애(縱橫無礙)[-횡-/-휑-]圓 행동에 아무런 거치적거림이 없이 자유자재임. ¶창공을 종횡무애로 날아다니다.

종횡-무진(縱橫無盡)[-횡-/-휑-]圓 행동이 마음 내키는 대로 자유자재임. ¶종횡무진으로 활약하다. /야생마처럼 종횡무진으로 날뛰다.

종효(終孝)圓[하자] 아버지나 어머니가 운명할 때, 곁에 있으면서 정성을 다함.

종후(從厚)圓[하타] 어떤 일을 박하게 하지 않고 후한 쪽을 좇아 함.

좆[존]圓 어른의 자지. *좆이[조지]·좆만[존-]

좆-같다[존깓따]冠 ①'어떤 일이 몹시 언짢게 된 상태'를 상스럽게 이르는 말. ②'사물을 얕잡아 보고 이르거나, 생김새가 못생겼음'을 상스럽게 이르는 말. 좆같-이圖.

좆-심[존씸]圓 '남자의 음경의 발기력'을 상스럽게 이르는 말.

좇다[졷따]타 ①남의 뒤를 따르다. ¶시장에 가시는 어머니의 뒤를 좇아 나서다. ②남의 말이나 뜻을 따라 그대로 하다. ¶스승의 교훈을 좇다. ③대세(大勢)를 따르다. ¶여론을 좇다. ④목표·이상·행복 따위를 추구하다. ¶명예를 좇는 청년. *좇아·좇는[존-]

좇다〔옛〕①좇다. 따르다. ¶뉘 아니 좇줍고져 흐리(龍歌78章). ②좇다. ¶衆賊이 좇거늘(龍歌36章).

좇아-가다타 남이 하는 대로 따라가다.

좇아-오다타 남이 내가 하는 대로 따라오다.

좋:다[조타][조타]冠 ①(마음이) 흐뭇하여 즐겁다. ¶기분이 좋다. ②(보기에) 아름답다. ¶경치가 좋다. ③훌륭하다. ¶기분이 좋다. ④바르고 착하다. ¶좋은 친구. ⑤슬기롭고 뛰어나다. ¶기억력이 좋다. ⑥(잘 사귀어) 정답다. 친하다. ¶금실이 좋다. /좋은 사이. ⑦효험이 있다. ¶이 약은 감기에 좋다. ⑧알맞다. 적당하다. ¶기회가 좋다. /좋은 맞수. ⑨(다른 것보다) 낫다. ¶이 책이 더 좋다. ⑩이롭다. ¶되도록이면 빨리 시작하는 것이 좋다. ⑪상관없다. 괜찮다. ¶나는 아무래도 좋다. ⑫마음에 들다. 마땅하다. ¶본인이 좋다는 데야 하는 수 없지. ⑬경사스럽다. 기쁘다. ¶이와 같이 좋은 날 아니 놓고 어쩌리오. ⑭(말씨나 태도 따위가) 순하고 부드럽다. ¶좋은 말로 타이르다. ⑮넉넉하고 푸지다. ¶상서롭다. ¶상서롭다. 길하다. ¶좋은 날을 받다. ⑰밝고 환하다. ¶분위기가 참 좋다. /얼굴이 좋아 보인다. ⑱(날씨 따위가) 맑다. ¶날씨가 썩 좋다. ⑲보기에 나쁘거나 싫은 것을 두고 빈정거릴 때 하는 말. ¶꼴 좋다. ⑳(명사형 어미 '-기' 뒤에 쓰이어) 쉽다. 어렵지 않다. ¶활자가 굵어서 보기 좋다. *좋:아[조-]·좋:소[조쏘]

좋은 일에는 남이요, 궂은일에는 일가다[족] 좋은 일이 있을 때는 모른 체하다가 궂은일을 당하면 친척을 찾아 다닌다는 말.

좋:다[조타]젭 ①마음이 흐뭇하여 즐거움을 느낄 때 하는 말. 좋구나. ¶참, 좋기도 좋다! ②결심을 하거나 분하게 여기는 느낌을 나타내는 말. 좋아. ¶좋다, 이번엔 반드시 이기고 말겠다. /좋다, 두고 보자. ③판소리 따위에서, 고수(鼓手)가 창(唱)하는 사람의 흥을 돋우기 위하여 하는 추임새의 한 가지.

좋다〔옛〕깨끗하다. 조촐하다. ¶몸거든 조티 마나 조커든 몱디 마나(鄭澈.關東別曲).

좋:아[조-]젭 ☞좋다2.

좋:아-지내다[조-]젭자 남녀가 정분이 나서 친하게 지내다. ¶갑순이와 갑돌이가 좋아지낸다는 소문이 돌았다.

좋:아-하다[조-]타어 ①좋은 느낌을 가지다. ¶나는 꽃을 좋아한다. ②즐겨 하거나 즐겨 먹다. ¶김치를 좋아하다. ③(남에게) 사랑을 끼다. ¶갑돌이는 을순이를 좋아한다. ④귀엽게 여기다.

좋:-이[조-]튀 ①좋게. ¶좋이 말할 때 들어라. ②꽤. 넉넉히. 무던히. ¶재산을 좋이 모으다. /입장객이 3만은 좋이 되겠다.

좌:(左)명 왼쪽. 왼편. ¶좌로 가다. ↔우(右).

좌:(坐)명 풍수설에서, 묏자리나 집터 따위의 등진 방위. ↔향(向).

좌:(座)¹명 앉을자리. ¶좌가 기울다.

좌:(座)²명 불상을 세는 단위. ¶불상 두 좌.

좌:각(坐脚)명 (오금이 붙거나 힘이 없거나 뼈 드러져서) 마음대로 쓰지 못하는 다리.

좌:고(坐客)명 앉은뱅이.

좌:객(坐客)명 자리에 앉은 손.

좌:견(左牽)명 ☞긴경마.

좌:견천리(坐見千里)[-철-]명 〔앉아서 천 리를 본다는 뜻으로〕 멀리 앞을 내다보거나 먼 곳에서 일어난 일 따위를 잘 헤아림을 이르는 말.

좌:경(左傾)명 (정치사상 등이) 좌익(左翼)의 경향을 띰. ¶좌경 사상. /좌경 세력. ↔우경(右傾).

좌:경(坐更)명 조선 시대에, 궁중의 보루각(報漏閣)에서 밤에 징과 북을 쳐서 경점(更點)을 알리던 일.

좌:경-화(左傾化)명하자타되자 좌익적인 사상으로 기울어지게 됨, 또는 그렇게 되게 함. ↔우경화.

좌:계(左契)[-게/-게]명 둘로 나눈 부신(符信)의 왼쪽 짝. ↔우계(右契).

좌:고(左顧)명하타 왼쪽을 돌아봄.

좌:고(坐高)명 앉은키.

좌:고(坐賈)명 ①앉은장사. ②조선 시대에, 육주비전같이 관유(官有)의 건물을 빌려서 하던 장사.

좌:고(坐鼓)명 북의 한 가지. 나무로 된 나지막한 틀에 매달고, 앉아서 나무 채로 침.

좌:고-우면(左顧右眄)명하자 ☞좌우고면.

좌:골(坐骨)명 골반을 이루는 좌우 한 쌍의 뼈. 궁둥이뼈의 아래쪽을 차지하여 앉으면 바닥에 닿음.

좌:골^신경(坐骨神經)명 다리의 운동과 지각을 맡은, 인체에서 가장 길고 굵은 신경. 허리 부분에서 허벅다리 뒤쪽 한가운데까지 이름.

좌:골^신경통(坐骨神經痛)명 좌골 신경에 이상·감기·중독·류머티즘·요추 카리에스 따위의 원인으로 일어나는 통증. 신경통 가운데서 가장 흔함.

좌:구(坐具)명 ①앉을 때 까는 방석. ②불교에서, 비구(比丘)가 앉거나 누울 때 까는 방석.

좌:국(坐局)명 산이나 집터 따위의, 어느 방위를 등지고 앉은 자리.

좌:군(左軍)명 〈좌익군(左翼軍)〉의 준말.

좌:굴(左屈)명하타 (몸소 방문해야 할 것을) 방문하지 않고 상대편이 찾아오게 함.

좌:궁(左弓)명 왼손으로 시위를 당기어 쏘는 활. ↔우궁(右弓).

좌:궁-깃(左弓-)[-깃]명 새의 오른쪽 날개 깃으로 꾸민 화살의 깃. ↔우궁깃. *좌:궁깃이[-기시]·좌:궁깃만[-긴-]

좌:규(左揆)명 지난날, '좌의정(左議政)'을 달리 이르던 말. 활우규(右揆).

좌:기(左記)명 세로쓰기로 적은 문서 따위에서, 본문의 왼쪽, 곧 뒤에 적는 내용을 이르는 말. ¶제출 서류는 좌기와 같다. ↔우기(右記).

좌:기(坐起)명하자 지난날, 관아의 우두머리가 출근하여 사무를 보던 일.

좌:기(挫氣)명하자타 기세(氣勢)가 꺾임, 또는 기세를 꺾음.

좌:단(左袒)명하자 〔왼쪽 소매를 벗는다는 뜻으로〕 '남을 편들어 동의함'을 이르는 말. 〔'사기'의 '여후본기(呂后本紀)에 나오는 말로, 여후가 반란을 꾀할 때 주발(周勃)이 '여후를 따를 자는 우단하고 왕실을 따를 자는 좌단하라'고 한 데서 유래함.〕 찬성.

좌:담(座談)명 몇 사람이 자리에 앉아서 형식에 얽매이지 않고 자유롭게 이야기를 주고받는 일, 또는 그런 담화. ¶지구의 생존을 위협하는 환경 문제에 대해 좌담을 나누다.

좌:담-회(座談會)[-회/-훼]명 〔어떤 문제를 중심으로〕 좌담을 하는 모임. ¶자연보호에 대한 좌담회.

좌:당(左黨)명 '좌익 정당'을 줄이어 이르는 말. ↔우당(右黨). 활좌익.

좌:도(左道)명 ①옳지 않은 방법이나 행위. 〔고대 중국에서, 오른쪽을 옳다고 높이고 왼쪽을 옳지 않은 것이라고 한 데서 유래함.〕 ②조선 시대에, 경기도·충청도·전라도·경상도·황해도의 각 도를 둘로 나누어 그 한쪽을 이르던 말. 경기도의 남부 지역과 충청도·전라도·경상도·황해도의 동쪽 지역을 이름. ②↔우도(右道).

좌:돈(挫頓)명하자타 ☞좌절(挫折).

좌:두(坐豆)명 (마소의 먹이로 쓰는) 여물과 콩을 섞은 것.

좌:랑(佐郎)명 ①고려 시대, 육부(六部)의 정육품 벼슬. ②조선 시대, 육조(六曹)의 정육품 벼슬.

좌르르튀 ①큰 물줄기가 세차게 잇달아 쏟아지는 소리, 또는 그 모양. ②흩어지거나 퍼지기 쉬운 작은 물건 여러 개가 한꺼번에 쏟아지는 소리, 또는 그 모양. 센좌르르.

좌:립(坐立)명 앉음과 섬.

좌:마(坐馬)명 ①벼슬아치가 타던 관마(官馬). ②군사가 행군할 때 몰고 가던 대장의 부마(副馬).

좌:면-지(座面紙)명 제상(祭床)에 까는 기름종이.

좌:목(座目)명 자리의 차례를 적은 목록.

좌:방(左方)명 왼쪽 방(方). ↔우방(右方).

좌:번(左番)명 번(番)을 좌우 둘로 나누었을 때의 왼쪽 번.

좌:법(坐法)명 부처 또는 중들의 앉는 법식. 〔결가부좌(結跏趺坐)·반가부좌(半跏趺坐) 따위.〕

좌:변(左邊)명 ①왼편짝. ②왼쪽 가장자리. ③등식이나 부등식에서, 등호 또는 부등호의 왼쪽에 있는 수식(數式). ④조선 시대에, '좌포도청'을 달리 이르던 말. ↔우변(右邊).

좌:-변기(坐便器)명 걸터앉아 대소변을 보게 된 수세식 변기. 양변기.

좌:-병영(左兵營)명 조선 시대에, 울산에 두었던 경상 좌병영을 흔히 이르던 말.

좌:보-성(左輔星)명 구성(九星) 가운데 여덟째 별.

좌:부-변(左阜邊)명 ☞언덕부.

좌:불안석(坐不安席)명 (불안하거나 걱정스러워) 한군데에 오래 앉아 있지 못함을 이름. ¶아들 걱정으로 좌불안석일세.

좌:사우고(左思右考)명 이리저리 생각하여 곰곰이 헤아려 봄. 좌사우량(左思右量). 좌우사량(左右思量).

좌:사우량(左思右量)명하타 ☞좌사우고.

좌:산(坐產)〔명〕〔하타〕 (늘어뜨린 줄 따위를 붙잡고) 엉거주춤하여 아이를 낳음.

좌:상(左相)〔명〕'좌의정(左議政)'을 달리 이르는 말. ㉾우상(右相).

좌:상(坐商)〔명〕☞앉은장사.

좌:상(坐像)〔명〕앉아 있는 모습을 나타낸 그림이나 조각.

좌:상(座上)〔명〕①☞좌중(座中). ②한자리에 모인 여러 사람 가운데서 가장 어른이 되는 사람.

좌:상(挫傷)〔명〕〔하자〕 ①기운이 꺾이고 마음이 상함. ②(얻어맞거나 부딪거나 하여) 피부 표면에는 손상을 받지 않고, 피하 조직이나 근육에 상처를 입는 일. ②좌창(挫創).

좌:상-육(剉桑育)[-늌][명] 누에가 자람에 따라 뽕잎을 알맞은 크기로 썰어서 주는 사육법.

좌:서(左書)〔명〕①例서(隷書). ②왼손으로 글씨를 씀, 또는 그 글씨.

좌:석(座席)〔명〕①(어떤 장소나 탈것 따위에서) 앉을 수 있게 의자를 마련한 자리. ↔입석(立席). ②여러 사람이 모인 자리. ¶좌석을 정돈하다. ③깔고 앉는 여러 종류의 자리를 통틀어 이르는 말.

좌:석-권(座席券)[-꿘][명] 좌석 번호가 적혀 있는 입장권이나 차표.

좌:석미난(座席未煖)[-성-][명] 〔앉는 자리가 따뜻해질 겨를이 없다는 뜻으로〕'이사를 자주 다니거나 일이 몹시 바쁜 형편'임을 이르는 말.

좌:선(左旋)〔명〕〔하자타〕 왼쪽으로 돎, 또는 왼쪽으로 돌림. ↔우선(右旋).

좌:선(坐禪)〔명〕〔하자〕 불교에서, 가부좌(跏趺坐)를 하고 조용히 앉아서 선정(禪定)으로 들어감, 또는 그렇게 하는 수행. ㉾선(禪).

좌:선-룡(左旋龍)[-뇽][명] 풍수설에서, 주산(主山)에서 왼쪽으로 돌아 내려온 산줄기.

좌:섬(挫閃)〔명〕한방에서, 얻어맞거나 부딪혀서 뼈마디가 물러앉는 바람에 둘레의 막(膜)이 상하여 붓고 아픈 병을 이르는 말. ㉾염좌(捻挫).

좌:섬＾요통(挫閃腰痛)[-뇨-][명] 한방에서, 접질려 일어나는 허리앓이를 이르는 말.

좌:수(左手)〔명〕왼손. ↔우수(右手).

좌:수(坐收)〔명〕〔하타〕 (노력도 하지 않고) 가만히 앉아서 이익을 거둠.

좌:수(坐睡)〔명〕〔하자〕 앉아서 졺.

좌:수(座首)〔명〕조선 시대에, 향청(鄕廳)의 우두머리를 이르던 말. 아관(亞官). ㉾향소(鄕所).

좌:-수사(左水使)〔명〕조선 시대, 좌수영(左水營)의 수사. ㉾우수사.

좌:수어인지공(坐收漁人之功)〔명〕'남이 다투는 틈을 타서 제삼자가 힘들이지 않고 공(功)을 거둠'을 이르는 말. 〔'전국책(戰國策)'의 '연책(燕策)'에 나오는 말로, 도요새와 조개가 다투는 사이에, 지나가던 어부가 힘들이지 않고 도요새와 조개를 다 거두어 갔다는 고사에서 유래함.〕 ㉾어부지리(漁父之利).

좌:-수영(左水營)〔명〕조선 시대, 수군의 군영(軍營). 동래(東萊)에 경상 좌수영, 여수(麗水)에 전라 좌수영이 있었음. ㉾우수영.

좌:수우봉(左授右捧)〔명〕〔왼손으로 주고 오른손으로 받는다는 뜻으로〕당장 그 자리에서 주고받음.

좌:수우응(左酬右應)〔명〕〔하타〕 (술잔 따위를) 이쪽저쪽으로 부산하게 주고받음.

좌:-승지(左承旨)〔명〕①고려 시대에, 왕명의 출납(出納)을 맡아보던 밀직사(密直司)의 정삼품

벼슬. ②조선 시대에, 왕명의 출납을 맡아보던 승정원(承政院)의 정삼품 벼슬.

좌:시(坐市)〔명〕가게를 벌이고 붙박이로 앉아 물건을 파는 곳.

좌:시(坐視)〔명〕〔하타〕 (어떤 일이 일어났는데도) 참견하지 않고 잠자코 보고만 있음. ¶도발을 해 오면 좌시하지 않겠다.

좌시다〔타〕〔옛〕자시다. 잡수시다. ¶夫人이 좌시고(月釋2:25).

좌:시-터(坐市-)〔명〕좌시를 낼 만한 터, 또는 좌시를 낸 터.

좌:식(坐食)〔명〕〔하자〕 일을 하지 않고 놀고먹음. 와식(臥食).

좌:식-산공(坐食山空)[-싼-][명] 아무리 산더미같이 많은 재산도 벌지 않고 놀고먹기만 하면 끝내는 다 없어진다는 말.

좌:-심방(左心房)〔명〕심장 안의 왼쪽 윗부분. 폐정맥에서 오는 피를 좌심실로 보내는 곳.

좌:-심실(左心室)〔명〕심장 안의 왼쪽 아랫부분. 좌심방에서 오는 피를 깨끗이 하여 대동맥으로 보내는 곳.

좌:안(左岸)〔명〕(바다나 강의 하류를 향하여) 왼쪽의 기슭. ↔우안(右岸).

좌:액(左腋)〔명〕왼쪽 겨드랑이.

좌:약(坐藥)〔명〕항문이나 요도·질 등에 끼워 넣는 고형의 외용약. 체온이나 분비물에 녹으면서 약효가 나타남.

좌:업(坐業)〔명〕①앉아서 하는 일. ②앉아 일하는 직업.

좌:연-사(左撚絲)〔명〕왼쪽으로 꼰 실. ↔우연사.

좌:열(左列)〔명〕왼쪽의 대열. ↔우열(右列).

좌:와(坐臥)〔명〕〔앉음과 누움이라는 뜻으로〕기거(起居). 일상생활.

좌:와-기거(坐臥起居)〔명〕①'좌와'와 '기거'를 아울러 이르는 말. ②보통 살아가는 일. 일상생활.

좌:완(左腕)〔명〕왼팔. ¶좌완 투수. ↔우완(右腕).

좌:욕(坐浴)〔명〕〔하자〕 허리부터 그 아래만을 목욕하는 일.

좌:욕(坐褥)〔명〕☞방석(方席).

좌:우(左右)〔명〕①왼쪽과 오른쪽. ¶좌우 날개. ②곁, 또는 옆. ¶좌우를 살피다. ③'존장(尊丈)'을 높이어 일컫는 말. 〔편지의 겉봉 뒤에 '어르신네'라는 뜻으로 씀.〕 ④〔하타〕〔되자〕〈좌지우지〉의 준말. ¶생사를 좌우하다. ⑤〈좌우익〉의 준말. ⑥곁에 가까이 거느리고 있는 사람.

좌:우(座右)〔명〕〔좌석의 오른쪽이라는 뜻으로〕몸 가까운 곳. 곁. 신변(身邊). ¶책을 늘 좌우에 두고 틈나는 대로 읽다.

좌:우-간(左右間)〔명〕이렇든저렇든 간에. 어쨌든 간에. ¶좌우간 해 놓고 보자. ②〔양단간(兩端間)〕¶좌우간 대답이나 해라. 좌우지간.

좌:우-고면(左右顧眄)〔명〕〔하자〕 〔이쪽저쪽을 돌아본다는 뜻으로〕'앞뒤를 재고 망설임'을 이르는 말. 참고우면.

좌:우-기거(左右起居)〔명〕일상생활의 온갖 동정.

좌:우-두동(左右-)〔명〕윷놀이에서, 말 두 개가 따로따로 두 동씩 된 것.

좌:우-명(座右銘)〔명〕늘 가까이 적어 두고, 일상의 경계로 삼는 말이나 글. ¶아버지의 좌우명은 '성실'이었다.

좌:우＾보:처(左右補處)〔명〕부처를 모시는 좌우의 두 보살, 곧 협사(脇士)를 이르는 말.

좌:우-사량(左右思量)〔명〕〔하타〕 ☞좌사우고(左思右考).

좌:우^상칭(左右相稱)**명** 좌우가 대칭으로 된 형태나 조직을 갖춘 생물의 모습을 이르는 말.

좌:우익(左右翼)**명** ①군진(軍陣)의 좌우에 벌여 있는 군대. ②좌익과 우익, 또는 그 사상이나 단체. ⓟ좌우.

좌:우지(左右之)**명하타되자** 〈좌지우지〉의 준말.

좌:우지간(左右之間)**부** ☞좌우간.

좌:우-청촉(左右請囑)**명하타** 갖은 수단을 다하여 청탁함.

좌:우-충돌(左右衝突)**명하자** ☞좌충우돌.

좌:우편(左右便)**명** 왼쪽과 오른쪽의 두 편.

좌:우-협공(左右挾攻)[-꽁]**명하타** (적을) 좌우 양쪽에서 죄어 들어가며 침.

좌:원우응(左援右應)**명하타** 이쪽저쪽 양쪽을 모두 응원함.

좌:윤(左尹)**명** ①고려 시대, 삼사(三司)의 종삼품 벼슬. ②조선 시대, 한성부(漢城府)의 종이품 벼슬.

좌:-의정(左議政)[-의-/-이-]**명** 조선 시대, 의정부(議政府)의 정일품 벼슬. 우의정의 위, 영의정의 아래임. ⓗ좌규(左揆)·좌상(左相)·좌정승(左政丞).

좌:이대사(坐而待死)**명하자** 〔앉아서 죽기만을 기다린다는 뜻으로〕'아무 대책도 없이 운수에 맡김'을 이르는 말.

좌:익(左翼)**명** ①왼쪽 날개. ②〈좌익군(左翼軍)〉의 준말. ③사회주의적이나 공산주의적인 과격한 혁신 사상 또는 그러한 사상에 물들어 있는 사람. ④축구에서, 공격수 중의 맨 왼쪽 선수. 레프트 윙. ⑤야구에서, 외야(外野)의 왼쪽. ⑥〈좌익수〉의 준말. ↔우익(右翼).

좌:익-군(左翼軍)[-꾼]**명** 중군(中軍)의 왼쪽에 진을 친 군대. ⓟ좌군(左軍)·좌익(左翼). ↔우익군(右翼軍).

좌:익^소:아병(左翼小兒病)[-쏘-뼝]**명** 공산주의 운동에서, 극단론적·교조주의적 극좌(極左)의 모험주의를 레닌이 비난하여 쓴 말.

좌:익-수(左翼手)[-쑤]**명** 야구에서, 외야의 왼쪽을 맡아 지키는 선수. ⓟ좌익.

좌:임(左衽)**명** '미개한 상태'를 이르는 말. 〔중국 북쪽의 미개한 민족이 옷을 왼섶 위로 여미는 풍속에서 유래함.〕

좌:작진퇴(坐作進退)[-찐퇴/-찐퉤]**명하자** ①군대의 훈련에서, 앉고·서고·나아가고·물러섬을 이르는 말. ②군대가 지휘관의 명령 아래 진법대로 질서 정연하게 움직임.

좌:장(坐杖)**명** 늙은이가 앉아서 몸을 기대는 '정(丁)'자 모양의 짧은 지팡이.

좌:장(坐贓)**명** 벼슬아치가 까닭 없이 백성에게서 재물을 거두어들이는 일.

좌:장(座長)**명** 여럿이 모인 자리에서 으뜸이 되는 어른. 석장(席長).

좌:재(坐齋)**명하자** 제사 전날부터 부정한 일을 삼가고 재계(齋戒)함.

좌:전(左前)**명** 야구에서, 좌익수의 앞. ¶결승 좌전 안타.

좌:전(座前)**명** ☞좌하(座下).

좌:절(挫折)**명하자되자** ①(뜻이나 기운 따위가) 꺾임. ¶좌절을 맛봄. ②(어떤 계획이나 일이) 헛되이 끝남. 좌돈(挫頓). ¶효종의 북벌 계획이 좌절된 것은 참으로 애석한 일이었다.

좌:정(坐定)**명하자** '앉음'을 높이어 이르는 말.

좌:정관천(坐井觀天)**명** 〔우물 속에 앉아 하늘을 본다는 뜻으로〕'견문(見聞)이 썩 좁음'을 이르는 말. ⓗ우물 안 개구리.

좌:-정승(左政丞)**명** '좌의정(左議政)'을 달리 이르는 말. ⓗ우정승(右政丞).

좌:족(左族)**명** ☞서족(庶族). ↔우족(右族).

좌:종(坐鐘)**명** 책상 따위에 앉혀 놓게 만든 자명종(自鳴鐘).

좌:죄(坐罪)[-최/-�줴]**명하자** 죄를 받음.

좌:주(座主)**명** ①☞은문(恩門). ②선가(禪家)에서, 불경이나 논(論)을 강설하는 중.

좌:상(座上)**명** 여러 사람이 모여 있는 자리. 좌상(座上). ¶좌중에서 웃음이 터져 나왔다.

좌:-중간(左中間)**명** 야구에서, 좌익수와 중견수 사이. ¶좌중간에 안타!

좌:지(坐地·坐地)**명** ①(어떤 계급보다) 높은 지위. ②자리 잡고 사는 곳.

좌:지불천(坐之不遷)**명하자** 어떤 자리에 눌러 앉아 다른 데로 옮기지 않음.

좌:지우지(左之右之)**명하타되자** 제 마음대로 다루거나 휘두름. 쥐락펴락함. ⓟ좌우지(左右)·좌우지(左右之).

좌:차(座次)**명** 앉는 자리의 차례.

좌:차우란(左遮右攔)**명하타** 온 힘을 기울여 이리저리 막아 냄.

좌:-찬성(左贊成)**명** 조선 시대, 의정부(議政府)의 종일품 벼슬.

좌:-참찬(左參贊)**명** 조선 시대, 의정부(議政府)의 정이품 벼슬.

좌:창(坐唱)**명하타** 앉은소리.

좌:상(挫傷)**명하자** ☞좌상(挫傷).

좌:처(坐處)**명** ①여장을 풀거나 가게를 벌일 자리. ¶좌처를 정하다. ②집이 있는 그 자리. 집이 들어선 자리.

좌:천(左遷)**명하자되자** (어떤 사람을) 지금보다 낮은 지위나 직위(職位)로 옮김. 또는 중앙에서 지방으로 옮김. 한직으로 좌천되다. /부장에서 과장으로 좌천되다. ↔영전(榮轉).

좌:철(座鐵)**명** ☞와셔(washer).

좌:청룡(左靑龍)[-룡]**명** 풍수설에서, 동쪽을 상징하고 있는 '청룡'이 주산(主山)의 왼쪽에 있다는 뜻으로 이르는 말. ↔우백호(右白虎).

좌:청우촉(左請右囑)**명하자** ☞좌우청촉.

좌:초(坐礁)**명하자되자** ①(배가) 암초에 걸림. ②어려운 처지에 빠짐. 주저앉음.

좌:-초롱(坐-籠)**명** 사면에 종이를 바르거나 유리를 끼워서, 네모반듯하고 운두가 높은 등.

좌:충우돌(左衝右突)**명하자** ①닥치는 대로 마구 치고받고 함. 좌우충돌. ②분별없이 아무에게나 또는 아무 일에나 함부로 맞닥뜨림.

좌:측(左側)**명** 왼쪽. ↔우측(右側).

좌:측-통행(左側通行)**명하자** 도로 따위를 다닐 때, 사람은 길의 왼쪽으로 다님, 또는 그렇게 다니게 되어 있는 규칙.

좌:파(左派)**명** ①어떤 단체나 정당에서, 급진적인 사상을 가진 사람들의 파, 또는 그런 사람. ②좌익의 당파. ↔우파.

좌:판(坐板)**명** ①땅에 깔아 놓고 앉는 널빤지. ②꽤 큰 물건을 팔기 위하여 늘어놓은 널조각. ¶좌판을 벌여 놓고 장사하다.

좌:편(左便)**명** 왼쪽. 왼편. ↔우편(右便).

좌:평(佐平)**명** 백제 때, 십육품 관계(官階)의 첫째 등급.

좌:-포도청(左捕盜廳)**명** 조선 시대, 포도청의 좌측. ↔우포도청. ⓗ좌변(左邊).

좌:포우혜(左脯右醢)[-혜/-혜]**명** 제상을 차릴 때, '왼쪽에 포(脯), 오른쪽에 식혜를 차림'을 이름.

좌:표(座標)[명] 직선·평면·공간에서의 점의 위치를, 기준이 되는 점 또는 직선과의 거리나 각도 등에 의하여 나타낸 수치.

좌:표^기하학(座標幾何學)[명] ☞해석 기하학.

좌:표-축(座標軸)[명] 좌표를 결정할 때의 기준이 되는 직선.

좌:하(座下)[명] 〔'앉은 자리의 아래'라는 뜻으로〕편지에서 상대편을 높이어 그의 이름 아래에 쓰는 말. 좌전(座前).

좌:해(左海)[명] 〔지난날 중국에서, 발해의 왼쪽에 있다는 뜻으로〕'우리나라'를 달리 이르던 말.

좌:향(坐向)[명] 묏자리나 집터 따위의 등진 방향과 바라보는 방향. 〔가령, 자좌오향(子坐午向)은 자(子) 곧 북쪽을 등지고, 오(午) 곧 남쪽을 바라본다는 뜻으로, 결국 남향(南向)과 같은 말.〕

좌:향-좌(左向左)[Ⅰ]명 바로 서 있는 상태에서 몸을 왼쪽으로 90도 돌아서는 동작. [Ⅱ]감 '좌향좌' 하라는 구령.

좌:험(左驗)[명] 사건 현장에서 그 일을 직접 본 사람, 또는 그 사람의 증인.

좌:현(左舷)[명] (배의 뒤쪽에서 뱃머리 쪽으로 보아) 왼쪽의 뱃전. ↔우현(右舷).

좌:협(左狹)[명] '좌협무(左挾舞)의 준말.

좌:-협무(左挾舞)[-혐-]명 춤출 때, 주연자(主演者)의 왼쪽에서 추는 사람. 爰좌협(左挾). ↔우협무.

좌:-회전(左廻轉)[-회-/-훼-]명하자타 (차 따위가) 왼쪽으로 돎. ¶좌회전 신호. ↔우회전.

좌:흥(座興)[명] ¶좌중(座中)의 흥취. ②연석(宴席) 따위에서, 흥을 돋우기 위해서 하는 간단한 노래나 놀이.

좍부 ①넓게 흩어지거나 퍼지는 모양. ¶소문이 좍 퍼지다. ②눈물 따위가 줄기줄기 흐르는 모양. ¶감격에 겨워 눈물이 좍 흐르다. 쎈쫙.

좍-좍[-좍]부하자 ①굵은 빗방울이나 물줄기가 세차게 쏟아지는 모양. ¶폭우가 좍좍 쏟아지다. ②거침없이 글을 읽거나 외우는 모양. ¶원서(原書)를 좍좍 읽어 내려가다. ③여러 갈래로 자꾸 흩어지거나 퍼지는 모양. 쎈쫙좍.

좔-좔부하자 썩 많은 액체가 세차게 흐르는 소리, 또는 그 모양. ¶수돗물이 좔좔 흘러나오다. 쎈쫠좔.

좔좔-거리다자 자꾸 좔좔하다. 좔좔대다.

좔좔-대다자 좔좔거리다.

책:기명 나물을 데치거나 가루를 반죽하여 조그마하고 둥글넓적하게 만든 조각.

책:-들다[~드니·~들어]자 〈죄어들다〉의 준말.

책주(←祭酒)[명] ①고려 시대, 국자감(國子監)의 종삼품 벼슬. ②조선 시대, 성균관(成均館)의 정삼품 벼슬. 학덕이 높은 사람을 시켰는데, 주로 석전(釋奠)의 제례를 맡았음.

책:-치다타 〈죄어치다〉의 준말.

챙:이명 물고기를 잡는 그물의 한 가지. 원뿔 모양으로 생겼는데, 위쪽에 긴 벼리가 있고 아래쪽에 납 또는 쇠로 된 추가 달렸음. 타망(打網). 투망.

챙:이-질명하자 챙이를 물속에 던져 물고기를 잡는 일. 투망질.

죄:[죄/줴]부 〈죄다②〉의 준말.

죄:(罪)[죄/줴]명 ①도덕이나 종교·법률 등에 어긋나는 행위. 죄범(罪犯). ¶죄를 짓다. ②벌을 받을 수 있는 빌미. ¶그것도 죄가 되나? ③'좋지 않은 결과에 대한 원인'을 비유하여 이르는 말. ¶맏아들로 태어난 죄로 빚만 물려받았다.

죄는 지은 데로 가고 덕은 닦은 데로 간다속담 죄지은 사람은 벌을 받고, 덕을 닦은 사람은 복을 받게 된다는 말.

죄:고(罪辜)[죄-/줴-]명 ☞죄과(罪過).

죄:과(罪科)[죄-/줴-]명 ①죄. 죄악. ②하타 지은 죄에 대하여 과(科)해지는 처벌. ¶도박에 대한 죄과로 벌금형에 처하다.

죄:과(罪過)[죄-/줴-]명 죄가 될 만한 허물. 죄고(罪辜). ¶죄과를 시인하다.

죄:구(罪垢)[죄-/줴-]명 불교에서, '죄악이 몸을 더럽힘'을 이르는 말.

죄:근(罪根)[죄-/줴-]명 ①죄를 짓게 된 원인. ②불교에서, '무명 번뇌(無明煩惱)인 죄의 뿌리'를 이르는 말.

죄:다¹[죄-/줴-]타 [Ⅰ]타 ①(느슨하거나 헐거운 것을) 바싹 잡아 켕기게 하다. ¶나사를 죄다. / 멜빵을 죄다. ②(벌어지거나 넓어진) 사이를 좁히다. ¶자리를 죄어 앉다. ③마음을 졸여 가며 간절히 바라고 기다리다. ¶가슴을 죄며 발표를 기다리다. ④쪼아서 깎아 내다. 조이다.

죄:-다²[죄-/줴-]부 모조리 다. 빠짐없이 온통 다. ¶죄다 털어놓다. 爰죄.

죄:려(罪戾)[죄-/줴-]명 죄를 저질러 사리에 맞지 아니하여 거슬림.

죄:례(罪例)[죄-/줴-]명 지난날, 죄의 성립 및 그것의 경중을 정하던 표준.

죄:루(罪累)[죄-/줴-]명 ①죄에 연좌(連坐)되는 일. ②죄를 여러 번 범하는 일.

죄:만-스럽다(罪萬-)[죄-따/줴-따] [~스러우니·~스러워]형비 매우 죄송하다. ¶죄만스러워서 고개도 못 들겠다. **죄만스레**부.

죄:만-하다(罪萬-)[죄-/줴-]형여 〈죄송만만하다〉의 준말.

죄:명(罪名)[죄-/줴-]명 (범죄 유형에 붙여지는) 죄의 이름. 〔절도죄·살인죄·독직죄·위증죄 따위.〕

죄:목(罪目)[죄-/줴-]명 범죄의 종류.

죄민(罪悶) '죄민하다'의 어근.

죄:민-스럽다(罪悶-)[죄-따/줴-따] [~스러우니·~스러워]형비 죄송하고 민망하다. **죄민스레**부.

죄:민-하다(罪悶-)[죄-/줴-]형여 죄스럽고 민망하다.

죄:-밑(罪-)[죄믿/줴믿]명 ①잘못이나 지은 죄로 말미암은 속마음의 불안. ¶성적이 떨어진 죄밑으로 얼굴을 들지 못한다. ②범죄의 진상. *죄:밑이[죄미치/줴미치]·죄:밑을[죄미틀/줴미틀]·죄:밑만[죄민-/줴민-]

죄:-받다(罪-)[죄-따/줴-따]자 지은 죄에 대한 벌을 받다. ¶죄받을 짓을 하다. ↔죄주다.

죄:벌(罪罰)[죄-/줴-]명 죄에 지우는 형벌. 죄책(罪責).

죄:범(罪犯)[죄-/줴-]명 ☞죄(罪).

죄:보(罪報)[죄-/줴-]명 불교에서, 죄업(罪業)에 따른 과보(果報)를 이르는 말.

죄:상(罪狀)[죄-/줴-]명 죄를 저지른 실제의 사정. 구체적인 죄의 내용. ¶죄상을 밝히다. / 죄상이 드러나다.

죄송(罪悚) '죄송하다'의 어근.

죄송만만(罪悚萬萬) '죄송만만하다'의 어근.

죄:송만만-하다(罪悚萬萬-)[죄-/줴-]형여 더없이 죄송하다. ¶죄송만만한 일.

죄:송-스럽다(罪悚-)[죄-따/줴-따] [~스러우니·~스러워]형비 죄스럽고 황송한 느낌이 있다. **죄송스레**부.

죄:송-하다(罪悚-)[죄-/줴-][형여] 죄스럽고 황송하다. **죄송-히**[뷔].

죄:수(罪囚)[죄-/줴-][명] 죄를 저지르고 옥에 갇힌 사람. 수인(囚人).

죄:-스럽다(罪-)[죄-따/줴-따][~스러우니·~스러워][형ㅂ] 죄를 지은 듯한 느낌이 들 만큼 미안하다. ¶자식 된 도리를 다하지 못해 늘 죄스럽다. **죄스레**[뷔].

죄:악(罪惡)[죄-/줴-][명] ①죄가 될 만한 나쁜 짓. ¶죄악을 범하다. ②도덕이나 종교의 가르침을 어기거나 계율 따위를 거스르는 일.
죄악은 전생 것이 더 무섭다[속담] 전생에 지은 죄를 이승에서 몇 배 더 심하게 받는다는 말.

죄:악-감(罪惡感)[죄-깜/줴-깜][명] 자기가 한 일이나 행위의 죄악이라고 여겨, 그것에 얽매여 있는 감정. 죄장감(罪障感).

죄:악-상(罪惡相)[죄-쌍/줴-쌍][명] 죄악의 진상. ¶일제(日帝)의 죄악상이 드러나다.

죄:악-성(罪惡性)[죄-썽/줴-썽][명] 죄악의 성질. 죄악의 경향.

죄:악-시(罪惡視)[죄-씨/줴-씨][하타][되자] 죄악으로 여김. 죄악으로 봄. ¶조선 시대에는 남녀 간의 연애를 죄악시했다.

죄:안(罪案)[죄-/줴-][명] 범죄 사실을 적은 기록.

죄암-죄암[죄-/줴-줴-] Ⅰ[명] 젖먹이가 두 손을 쥐었다 폈다 하는 동작. ㉰쥠쥠. ㉰쥐엄쥐엄.
Ⅱ[감] 젖먹이에게 죄암질을 시킬 때 하는 말. ㉰쥠쥠. ㉰쥐엄쥐엄.

죄암-질[죄-/줴-][명] 젖먹이가 두 손을 쥐었다 폈다 하며 재롱을 부리는 일. ㉰쥐엄질.

죄어-들다[죄어-/줴여-][~드니·~들어][자타] ①('조이어 들다'가 줄어서 된 말로) 바싹 죄어서 안으로 오그라들다. ②긴장 같은 것의 정도가 고조되다. ¶가슴이 죄어들어 숨이 막혔다. 조여들다. ㉰쫴들다.

죄어-치다[죄어-/줴여-][타] ①바싹 죄어서 몰아치다. ②몹시 조르거나 몰아대다. ㉰쫴치다.

죄:얼(罪孽)[죄-/줴-][명] 죄악에 대한 재앙.

죄:업(罪業)[죄-/줴-][명] ①[불교에서] ('말·동작·생각의 삼업(三業)으로 지은 죄'를 이르는 말. ②'죄의 과보(果報)'를 이르는 말. 업죄.

죄:업^망:상(罪業妄想)[죄엄-/줴엄-][명] 미소망상(微小妄想)의 한 가지. 스스로를 죄 많은 사람이라고 생각하는 것.

죄:역(罪逆)[죄-/줴-][명] 떳떳한 도리를 거스르는 큰 죄악.

죄:옥(罪獄)[죄-/줴-][명] ㄪ옥사(獄事).

죄:원(罪源)[죄-/줴-][명] 죄의 근원.

죄:-의식(罪意識)[죄의-/줴이-][명] 저지른 죄에 대하여 잘못을 느끼고 깨닫는 것. ¶죄의식에 사로잡히다.

죄:-이다[죄-/줴-][자] ('죄다'의 피동] 죔을 당하다. ¶나사가 꼭 죄이다. /가슴이 죄이다.

죄:-인(罪人)[죄-/줴-][명] ①죄를 지은 사람. ¶죄인의 말을 어찌 믿을 수 있겠나. ②유죄(有罪)의 확정 판결을 받은 사람. ③어버이의 상중(喪中)에 있는 사람이 스스로를 일컫는 말.

죄:-인(罪因)[죄-/줴-][명] 죄를 지은 동기나 까닭.

죄임-성(-性)[죄-씽/줴-씽][명] 몹시 바라고 기다려서 바싹 다그쳐지는 마음.

죄:장(罪障)[죄-/줴-][명] [불교에서] 죄업(罪業)으로 말미암아 불과(佛果)를 얻는 데 생기는 장애를 이르는 말.

죄:장-감(罪障感)[죄-/줴-][명] ㄪ죄악감.

죄:적(罪跡·罪迹)[죄-/줴-][명] 죄를 저지른 증거가 되는 자취.

죄:적(罪籍)[죄-/줴-][명] 지난날, 죄인의 죄상 등이 기록되어 있는 도류안(徒流案) 등의 명부를 이르던 말.

죄:제(罪弟)[죄-/줴-][명] 부모의 상중(喪中)에 있는 사람이 벗에게 보내는 편지에서 자기를 낮추어 일컫는 말.

죄:종(罪宗)[죄-/줴-][명] 가톨릭에서, '모든 죄악의 근원'을 이르는 말. 칠죄종(七罪宗).

죄:죄[죄죄/줴줴][감] 〈죄죄반반〉의 준말.

죄:죄-반반[죄죄-/줴줴-][감] 무엇을 먹는 개에게 죄다 핥아 먹으라는 뜻으로 하는 말. ㉰죄죄.

죄:-주다(罪-)[죄-/줴-][자] 죄를 지은 사람에게 벌을 주다. ↔죄받다.

죄:중벌경(罪重罰輕)[죄-/줴-][명][하형] 죄는 크고 무거운데 형벌은 가벼움.

죄:중우범(罪中又犯)[죄-/줴-][명][하자] 형기(刑期)가 끝나기 전에 또 죄를 짓는 일.

죄:증(罪證)[죄-/줴-][명] 범죄의 증거.

죄:질(罪質)[죄-/줴-][명] 범죄의 기본적인 성질. ¶죄질이 나쁘다.

죄:-짓다(罪-)[죄짇따/줴짇따][~지으니·~지어][자ㅅ] 죄가 될 만한 짓을 하다.
죄짓는 놈 옆에 있다가 벼락 맞는다[속담] 나쁜 사람과 사귀어 자기도 누명을 쓴다는 말.

죄:책(罪責)[죄-/줴-][명] ①죄를 지은 데 대한 책임. ②ㄪ죄벌(罪罰).

죄:책-감(罪責感)[죄-깜/줴-깜][명] 죄를 지은 데 대한 책임을 느끼는 마음.

죄:첩(罪蟄)[죄-/줴-][명][하자] 〔죄를 지어 숨어 지낸다는 뜻으로〕 부모의 상중(喪中)에 있음을 이르는 말.

죄:형(罪刑)[죄-/줴-][명] 범죄와 형벌.

죄:형^법정주의(罪刑法定主義)[죄-쩡-의/줴-쩡-이][명] 어떤 행위가 범죄인가 아닌가, 또는 그 범죄에 어떤 형벌을 주느냐 하는 것은 미리 정해진 법률에 따라서만 할 수 있다는 주의.

죄:화(罪禍)[죄-/줴-][명] 죄를 지어 받는 재앙.

죔:-쇠[죔쇠/줴쉐][명] 나무오리 따위를 죄어 붙이는 데 쓰는, 쇠로 만든 연장.

죔:-죔[죔죔/줴줴] Ⅰ[명] 〈죄암죄암〉의 준말.
Ⅱ[감] 〈죄암죄암〉의 준말.

죔:-틀[죔-/줴-][명] 무엇을 사이에 끼워 넣고 죄는 틀을 통틀어 이르는 말.

죗:-값(罪-)[죄깝/줴깝][명] 죄의 대가(代價). 지은 죄에 대하여 받는 벌. • 죗:값이[죄깝씨/줴깝씨]·죗:값만[죄깜-/줴깜-]

조고마다 [옛] 조금. ¶조고맛 드틀도 업게 ᄒᆞ야 妙ᄒᆞ야 들리라(月釋2:62). ㉰졈고마.

조고맛간[관] [옛] 작은. 조그마한. ¶죠고맛간 삿기 광대 네 마리라 호리라(樂詞.雙花店).

조롱(옛) 조롱박. ¶죠롱 호:瓠(訓蒙上8).

죠히(옛) 종이. ¶죠히:紙(訓解).

족접개(옛) 족집게. ¶족접개 넙:鑷(訓蒙中14). /그 족집개 가져다가(翻朴上44).

죡(옛) 종의. ¶족마늘:野蒜(譯語下12).

쥬(옛) 종(僕). ¶아히 죵이 잣 앉 져제로셔 오니(杜初10:15).

주(主)[명] ①주장, 또는 근본이 되는 것. ¶다음 글에서 주가 되는 문장을 찾아라. ②기독교에서, 만백성의 주인이라는 뜻으로, 여호와 또는 예수를 일컫는 말.

Ⅱ관 '주요한', '일차적인'의 뜻을 나타내는 말. ¶ 주 고객. /주 임무.

주(朱)명 ①누른빛이 섞인 붉은빛. ②수은과 황을 가성 칼리 및 가성 소다와 함께 가열하여서 만든 붉은빛의 고급 안료(顔料). 주홍(朱紅).

주(州)명 ①신라 때, 지방 행정 구역의 한 가지. ②(미국이나 오스트레일리아 등) 연방(聯邦)을 이룬 나라의 행정 구역. ¶ 아칸소 주.

주(周)¹명 둘레.

주(周)²명 고대 중국의, 은(殷)나라 다음에 일어난 왕조.

주(呪)명 〈주문(呪文)〉의 준말.

주(冑)명 고운 비단으로 꾸며 만든 투구. 〔나라 잔치 때에 썼음.〕

주(洲)명 흘러내린 흙이나 모래가 쌓여 물 위로 드러난 땅.

주(洲)명 지구 상의 대륙을 크게 가른 이름. ¶ 아시아 주. /지구는 여섯 개의 주로 나뉜다.

주(株)명 주. 〈주식(株式)〉의 준말. ②〈주권(株券)〉의 준말.

주(週)명 ①일요일부터 토요일까지의 7일 동안. ②의 이레 동안을 세는 단위. ¶ 두 주 동안의 해외여행.

주(註·注)명 ①어려운 말이나 글귀 따위의 이해를 돕기 위하여 써넣는 글. ②〈주석(註釋)〉·〈주해(註解)〉의 준말.
주를 달다관용 글을 쉽게 풀이하다. 문장에 주석을 달다.

주(籌)명 산가지를 놓아 셈을 치는 것.

주(株)의 ①주권이나 주식의 수를 세는 말. ②나무의 수를 세는 말. ¶ 감나무 한 주.

주-(駐)접두 흔히 나라 이름 앞에 쓰이어, '그곳에 머물러 있음'을 뜻함. ¶ 주미(駐美). /주한(駐韓). /주일(駐日).

-주(主)접미 일부 명사 뒤에 붙어, 그것의 주체 또는 소유임을 뜻함. ¶ 경영주. /조물주. /사업주. /소유주.

-주(酒)접미 《일부 명사 뒤에 붙어》 '술'임을 뜻함. ¶ 포도주. /인삼주. /매실주.

주가(主家)명 주인의 집.

주가(住家)명 ☞주택(住宅).

주가(株價)[-까]명 주식(株式)의 값. ¶ 주가가 오르다.

주가(酒家)명 술집.

주가(酒價)[-까]명 술값.

주가^지수(株價指數)[-까-]명 주가의 변동을 나타내는 지수.

주각(柱脚)명 기둥뿌리.

주각(註脚)명 ☞각주(脚註).

주간(主幹)명 하다타 어떤 일을 주장하여 맡아 처리함, 또는 그 사람. ¶ 논설 주간. ②원줄기.

주간(晝間)명 낮 동안. ¶ 주간 근무. ↔야간(夜間).

주간(週刊)명 하다타 한 주일마다 한 번씩 펴냄, 또는 그 간행물.

주간(週間)Ⅰ명 ①한 주일 동안. 월요일부터 일요일까지. ¶ 주간 일기 예보. ②어떤 일이나 행사를 하기 위하여 정한 7일 동안. ¶ 불조심 강조 주간.
Ⅱ의 한 주일 동안을 세는 단위. ¶ 2주간에 걸친 고적 답사.

주간^신문(週刊新聞)명 한 주일에 한 번씩 펴내는 신문. 주간지(週刊紙).

주간^잡지(週刊雜誌)[-찌-]명 한 주일에 한 번씩 펴내는 잡지. ◈주간지(週刊誌).

주간-지(週刊紙)명 ☞주간 신문(週刊新聞).

주간-지(週刊誌)명 〈주간 잡지〉의 준말.

주갈(酒渴)명 한방에서, '술 중독으로 늘 목이 마른 병'을 이르는 말.

주-감이 해금(奚琴)의 줄 끝을 감아 매는 부분.

주:강(鑄鋼)명 평로(平爐)나 전기로 따위로 정련(精練)하여 거푸집에 넣어 주조한 뒤, 열처리로 재질(材質)을 개량한 강철.

주-개념(主概念)명 ☞주사(主辭). ↔빈개념.

주개물(廚芥物)명 부엌에서 나오는 여러 가지 음식물의 찌꺼기.

주객(主客)명 ①주인과 손. ②주되는 사물과 그에 딸린 사물. 주체와 객체. 주관과 객관.

주객(酒客)명 ①술꾼. ②술 마신 사람.

주객-일체(主客一體)명 나와 나 이외의 대상이 하나가 됨.

주객-일치(主客一致)명하자 주체와 객체, 또는 주관과 객관이 하나가 됨.

주객-전도(主客顚倒)[-전-]명하자 〔주인과 손의 위치가 서로 뒤바뀐다는 뜻으로〕 사물의 경중이나 완급, 또는 중요성에 비춘 앞뒤의 차례가 서로 뒤바뀜. 객반위주(客反爲主).

주객지세(主客之勢)[-찌-] 종속적인 위치에 있는 사람이 주도적인 위치에 있는 사람을 당해 낼 수 없는 형세.

주객지의(主客之誼)[-찌의/-찌이]명 주인과 손 사이의 정의(情誼).

주거(舟車)명 배와 수레.

주-거(住居)명하자 어떤 곳에 자리 잡고 삶, 또는 그 집. 거주. ¶ 주거 환경.

주-거(做去)명하자 실행하여 감.

주거래^은행(主去來銀行)명 어떤 기업의 거래 은행 가운데 가장 많은 돈을 융자해 주고 인적·정보적으로도 밀접한 관련이 있는 은행.

주:거-비(住居費)명 가계 지출 가운데, 주거에 소요되는 경비. 〔집세·수도 요금·화재 보험료 따위.〕

주:거의 자유(住居-自由)[-의-/-에-] 법률에 따르지 않고는 어떤 사람이라도 주거에 대하여 침입이나 수색 또는 압수를 당하지 않을 권리.

주:거-지(住居地)명 사람이 살고 있거나 살았던 곳. ◈거주지.

주:거-지(住居址)명 ①주거가 있던 터. ②원시나 고대의 인류가 집단으로 생활하던 주거의 자취. 동굴이나 패총 따위에서 발견됨.

주:거^침입(住居侵入)명 사람이 거주하고 있는 집이나 방 따위에 주거자의 허락 없이 함부로 들어가는 일.

주:거^침입죄(住居侵入罪)[-쬐/-�줴]명 남의 주거나 저택·건조물·선박 따위에 침입하거나, 퇴거의 요구를 받고도 물러가지 않음으로써 성립하는 죄.

주걱명 ①〈밥주걱〉의 준말. ②〈구둣주걱〉의 준말.

주걱-뼈명 마소의 어깻죽지의 뼈.

주걱-상(-相)[-쌍]명 넓적하고 우묵하여 주걱처럼 생긴 얼굴.

주걱-턱명 길고 끝이 밖으로 굽어서 주걱처럼 생긴 턱.

주검명 죽은 몸뚱이. 송장. 시체. 사체(死體). 사해(死骸).

주검시-밀(-屍-)[-밀]명 ☞주검시엄. ＊주검시밀이[-미치]·주검시밀을[-미틀]·주검시밀만[-민-]

주검시-엄(-屍广)圈 한자 부수의 한 가지. '局'·'展' 등에서의 '尸'의 이름. 주검시밑.

주:겁(住劫)圈 불교의 사겁(四劫)의 하나. 세계가 성립되어 안주(安住)하는 동안'을 가리키는 말.

주격(主格)[-격]圈 문장에서, 체언이 주어 구실을 하게 하는 조사의 성격. 임자자리.

주격^조:사(主格助詞)[-격쪼-]圈 문장에서, 체언 뒤에 붙어서 그 체언이 문장의 주어가 되게 하는 조사. 〔'이·가·께서' 따위.〕 임자자리토씨.

주견(主見)圈 ①주된 의견. ②자주적인 의견.

주경(州境)圈 주(州)의 경계.

주경(遒勁)圈하자 글씨나 그림 따위의 필력이 힘차고 굳셈.

주경-야독(晝耕夜讀)[-냐-]圈하자 '낮에는 일하고 밤에는 공부한다는 뜻으로〕 '바쁜 틈을 타서 어렵게 공부함'을 이르는 말.

주계(酒戒)[-계/-게]圈 술 마실 때 삼가고 지켜야 할 일.

주고(酒庫)圈 술을 넣어 두는 곳간.

주고-받다[-따][태 ①서로 주기도 하고 받기도 하다. ¶선물을 주고받다. ②서로 번갈아 가며 하다. ¶서로 이야기를 주고받다.

주고-야비(晝高夜卑)圈 화투나 골패 따위에서, 선(先)을 정할 때 저마다 패를 떼어 낮에는 끗수가 높은 사람이, 밤에는 끗수가 낮은 사람이 선을 하는 일.

주곡(主穀)圈 주식(主食)의 재료가 되는 곡물.

주곡-식(主穀式)[-씩]圈 주곡의 생산을 목적으로 하는 영농 방식. 곡물식(穀物式).

주공(主公)圈 ①임금. ②'주인공(主人)'을 높이어 이르는 말.〈주인공(主人公)의 준말.

주:공(奏功)圈하자 공들인 보람이 나타남.

주:공(做工)圈하자 공부나 일을 힘써 함.

주:공(做恭)圈하자 몸가짐을 공손히 함.

주:공(鑄工)圈 쇠붙이를 주조하는 일에 종사하는 사람.

주-공격(主攻擊)圈하태 주력 부대를 투입하여 적의 주력을 공격함.

주과(酒果)圈 〔술과 과실이라는 뜻으로〕 매우 간소하게 차린 제물(祭物).

주과포(酒果脯)圈 〔술과 과실과 포라는 뜻으로〕 간소하게 차린 제물.

주과포혜(酒果脯醯)[-혜/-헤]圈 〔술과 과실과 포와 식혜라는 뜻으로〕 간소하게 차린 제물.

주관(主管)圈하태되자 책임지고 맡아봄. 주장하여 관리함. ¶주관 단체. /이 계획은 자네가 주관하게.

주관(主觀)圈 ①여러 현상을 의식하며 사물을 생각하는 마음의 움직임. ②자기만의 생각, 또는 자기만의 치우친 생각. ¶주관이 뚜렷하다. ↔객관(客觀).

주관^가치설(主觀價値說)圈 재화의 가치를 재화의 효용이나 욕망 충족의 정도에 대한 주관적인 평가에 두는 가치 학설. ↔객관 가치설.

주관-무인(主觀無人)圈하형 〔어떠한 일을〕 주관하는 사람이 없음.

주관-성(主觀性)[-씽]圈 주관적임, 또는 그러한 성질. ↔객관성.

주관-식(主觀式)圈〈주관식 고사법〉의 준말. ↔객관식.

주관식 고:사법(主觀式考査法)[-꼬-뻡]圈 주어진 항목에서 해당을 골라내는 것이 아니라, 서술로 답하는 시험 방법. ⓒ주관식. ↔객관식 고사법.

주관-적(主觀的)[-쩍]圈관형 주관을 바탕으로 한 (것). ¶주관적 견해. /주관적인 평가. ↔객관적.

주관적 가치(主觀的價値)[-까-]〔생산에 따른 비용과 노동량 따위는 상관없이〕 효용이나 욕망의 정도에 따라 주관적으로 평가되는 재화의 가치. ↔객관적 가치.

주관적 관념론(主觀的觀念論)[-꽌-논]객관적 사물이란, 의식 내용을 떠나서는 있을 수 없으며, 인간의 인식 작용만이 모든 존재를 있을 수 있게 한다는 이론. ↔객관적 관념론.

주관적 비:평(主觀的批評)[-삐-]예술 작품의 비평에 있어, 그 기준을 주관에 두는 비평. 〔인상 비평·감상 비평 따위.〕 ↔객관적 비평.

주-관절(肘關節)圈 팔꿈치의 관절.

주관-주의(主觀主義)[-의/-이]圈 ①주관을 떠난 객관적 진리나 가치를 일절 인정하지 않는 처지. ②인식이나 실천의 근거를 주관에 두어 지적(知的)·미적(美的)·도덕적 가치의 주관성을 내세우는 주의. ↔객관주의.

주광(酒狂)圈 ①술에 몹시 취하여 미친 듯이 부리는 주정, 또는 그 사람. 주란(酒亂). 주망(酒妄). ②술을 광적으로 즐기는 사람.

주광(晝光)圈 태양 광선에 의한 낮 동안의 빛. 백색광(白色光).

주광-등(晝光燈)圈 주광색을 내는 전등.

주광-색(晝光色)圈 ①태양 광선과 비슷한, 인공 광선의 빛깔. ②〈천연주광색〉의 준말.

주:광-성(走光性)[-썽]圈 빛의 자극에 따라 일어나는 주성(走性). 추광성(趨光性).

주:괴(鑄塊)圈 [-꾀-]圈 주형(鑄型)에 부어 여러 가지 모양으로 만든 금속이나 합금의 덩이.

주교(主敎)圈 ①주장으로 삼는 종교. ②가톨릭에서, 교구를 관할하는 교직, 또는 그 직에 있는 사람을 이르는 말.

주교(舟橋)圈 ⇨배다리. 선교(船橋).

주교-관(主敎冠)圈 가톨릭에서, 주교가 쓰는 관(冠)을 이르는 말.

주교^미사(主敎missa)圈 가톨릭에서, 주교와 일정한 고위 성직자가 드리는 미사를 이르는 말.

주구(主構)圈 ①주되는 귀틀. ②다리의 구조에서 가장 중요한 귀틀.

주:구(走狗)圈 ①사냥할 때 부리는 개. 응견(鷹犬). ②'남의 앞잡이 노릇을 하는 사람'을 비유하여 이르는 말. 개3. ¶침략자의 주구.

주:구(誅求)圈하태 관청에서 백성의 재물을 강제로 마구 빼앗아 감. ¶가렴(苛斂)주구.

주국(酒國)圈 취중(醉中)에 느끼는 딴 세상 같은 황홀경.

주군(主君)圈 임금.

주군(舟軍)圈 ⇨수군(水軍).

주:군(駐軍)圈 ⇨주병(駐兵).

주굴위다[자 (옛) 쭈그러지다. ¶充實은 주굴위다 아니 흘세라(月釋2:41).

주궁패궐(珠宮貝闕)圈 〔구슬과 조개로 꾸민 궁궐이란 뜻으로〕 호화찬란하게 꾸민 궁궐.

주궁휼빈(賙窮恤貧)圈하태 가난한 사람을 구하여 도와줌.

주권(主權)[-�]圈 ①주되는 권리. ②국가의 의사를 최종적으로 결정하는 최고·독립·절대의 권력. ⓗ통치권. ③한 국가가 가지는 독립적 자주권.

주권(株券)[-�꿘]圈 출자한 사람에게 발행하는 유가 증권. 주표(株票). ⓒ주(株).

주권-국(主權國)[-꿘-]圈 ①다른 나라의 간섭을 받지 않고 주권을 행사하는 독립국. ②어떤 사건에 대하여 통치권, 특히 재판권을 갖는 국가.

주권^배:당(株券配當) [-꿘-] 명 ☞주식 배당(株式配當).

주권-자(主權者) [-꿘-] 명 국가의 주권을 가진 사람.〔군주국에서는 군주, 공화국에서는 국민 또는 그 대표 기관인 의회를 말함.〕

주권^재민(主權在民) [-꿘-] 명 국가의 주권이 국민에게 있음. 인민 주권(人民主權).

주궤(主饋)명 안살림에서 음식에 관한 일을 말아보는 여자.

주극-성(週極星·周極星) [-썽] 명 극(極)의 둘레를 도는 별. 남극 또는 북극의 하늘에 있어 어디서 보아도 지평선 아래로 떨어지지 않는 별.

주극-풍(周極風)명 ☞극풍(極風).

주근(主根)명 ①원뿌리. ②☞주근.

주근(主筋)명 철근 콘크리트 건축의 기둥이나 대들보 따위의 길이 방향으로 끼워 넣는 철근.

주근(柱根)명 ☞주근.

주근-깨명 (주로) 얼굴의 군데군데에 무리 지어 생기는 다갈색 또는 암갈색의 작은 점. 작반(雀斑). 작란반(雀卵斑).

주근-주근[무][형] (성질이나 태도가) 은근하고 끈덕진 모양.

주글-주글[옛] 쭈글이. ¶ 주글 피:皺(訓蒙下6).

주:금(走禽)명 주금류에 딸린 새를 통틀어 이르는 말.〔타조 따위〕.

주금(株金)명 주식에 대하여 출자하는 돈.

주금(酒禁)명하자 함부로 술을 빚거나 팔지 못하도록 금함.

주금에 누룩 장사[속담] '소견이 없고 사리에 어두워 소용없는 짓을 하는 사람'을 비유하여 이르는 말.

주:금(鑄金)명 주물·주조·금공(金工) 기법의 한 가지. 거푸집에 쇠붙이를 녹여 넣어 기물을 만드는 방법.

주:금-류(走禽類) [-뉴] 명 조류의 한 무리. 날개가 퇴화하여 날지 못하고, 땅 위에서 살기 알맞게 튼튼한 다리를 갖고 있음.

주급(週給)명 한 주일마다 치러 주는 급료.

주기(主氣)명 주되는 정기(精氣).

주기(朱記)명하자 (중요한 부분에) 붉은 글씨로 드러나게 기록하거나 표시함. 촬주서(朱書).

주기(走技)명 러닝·릴레이·허들 따위의 경주를 통틀어 이르는 말.

주:기(注記·註記)명 ①사물을 기록하는 일. ②불전(佛典)을 쉽게 풀이한 책.

주기(酒氣)명 술기운.

주기(酒旗)명 지난날, 술집임을 알리려고 술집 문 앞에 세우던 기.

주기(酒器)명 술 마시는 데 쓰는 온갖 그릇.

주기(週期)명 ①회전하는 물체가 한 번 돌아서 본래 위치로 오기까지의 기간. ¶ 자전 주기. ②어떤 현상이 일정한 시간마다 똑같은 변화를 되풀이할 때, 그 일정한 시간을 이르는 말. ¶ 봄 가뭄이 삼 년을 주기로 반복되다.

주기(周忌·週忌)명 죽은 뒤, 해마다 돌아오는 그 죽은 날의 횟수를 나타내는 말. ¶ 고인(故人)의 10주기를 맞이하다.

주기^결산(週期決算) [-싼] 명 일정한 회계 기간의 수입과 지출에 대하여 기말에 하는 결산.

주기^곡선(週期曲線) [-썬] 명 일정한 주기마다 같은 모양을 이루는 곡선.

주-기도문(主祈禱文)명 예수가 제자들에게 직접 가르쳐 준 모범 기도문. 기도문.

주기-성(走氣性) [-썽] 명 산소의 자극에 따라 일어나는 주성(走性). 추기성(趨氣性).

주기-성(週期性) [-썽] 명 주기적으로 진행하거나 나타나는 성질.

주기억^장치(主記憶裝置) [-짱-] 명 컴퓨터의 중앙 처리 장치가 직접 명령을 꺼내거나 데이터를 넣고 쓰는 기억 장치. 롬(ROM)·램(RAM) 따위의 반도체 집적 회로 메모리를 이르는 말.

주기^운:동(週期運動)명 일정한 시간이 똑같은 상태로 되풀이되는 운동. 주기적 운동.

주기-율(週期律)명〈원소 주기율〉의 준말.

주기율-표(週期律表)명 원소를 주기율에 따라 벌여 놓은 표. 가로의 배열은 주기, 세로의 배열은 족(族)을 나타냄.

주기-적(週期的)관명 같은 성질의 현상이 일정한 시간이나 간격을 두고 되풀이하여 나타나거나 진행하는 (것). ¶ 주기적 운행. /주기적인 반복.

주기적 운:동(週期的運動)명〈주기 운동〉.

주꾸미명 문어과의 연체동물. 몸길이는 약 20 cm. 모양은 낙지와 비슷하나 몸이 더 짧고 둥긂.

주낙명 물고기를 잡는 제구의 한 가지. 얼레에 감은 낚싯줄에 여러 개의 낚시를 달아 물속에 넣어 두고 물살에 따라 감았다 풀었다 하여 물고기를 낚음.

주낙-배[-빼] 명 주낙을 갖춘 고깃배.

주년(周年·週年)의 한 해를 단위로 하여 돌아오는 그날을 세는 단위. 돌1. ¶ 개교 사십 주년.

주:-놓다(籌-) [-노타] 자 산가지를 놓아서 셈을 함.

주:눅명 ①(윗사람이나 여러 사람의 앞에서) 기가 죽어 움츠러드는 일. ②《주로 '좋다'와 함께 쓰이어》기죽지 않고 언죽번죽하는 태도나 성질. ¶ 사람들이 모두 욕했지만 그는 주눅이 좋게 얼렁뚱땅 넘겼다.

주눅(이) 들다[잡히다] [관용] 기를 펴가 못하고 움츠러듦.

주뉴(朱鈕)명 옥으로 만든 붉은 단추.

주니명《주로 '나다'·'내다'와 함께 쓰이어》몹시 지루하여 느끼는 싫증.

주니(朱泥)명 석질(石質)의 잿물로 안을 발라 만든 적갈색의 도기(陶器).

주니어(junior)명 '청소년'·'중급자'로 순화.

주다[타] ①(어떤 것을) 갖거나 누리거나, 또는 하도록 남에게 건네다. ¶ 희망을 주다. /일거리를 주다. 높드리다. ②이익이나 손해를 보게 하다. ¶ 이익을 주다. /피해를 주다. ③(어떤 대상에 힘이나 압력을) 미치게 하다. ¶ 손에 힘을 주다. ④마음이나 정신을 기울이거나 드러내 보이다. ¶ 정을 주다. ⑤눈길을 일정한 쪽으로 보내다. ¶ 시선을 주다. ⑥감았던 줄이나 실 따위를 더 풀려 가게 하다. ¶ 닻을 주다. /연줄을 주다. ⑦주사나 침 따위를 놓다. ¶ 손등에 침을 주다. ⑧못 따위를 박다. ¶ 못을 주다.

주러 와도 미운 놈 있고 받으러 와도 고운 놈 있다[속담] 사람을 좋아하는 감정이란 이치로 따져서는 알 수 없다는 뜻.

주거니 받거니[관용] 말이나 물건 따위를 서로 주고받는 모양.

주다[조동]《주로 보조적 연결 어미 '-아'나 '-어' 뒤에 쓰이어》남을 위하여 어떤 행동을 함을 나타냄. ¶ 물건을 팔아 주다. /책을 읽어 주다. 높드리다7.

주단(朱丹)몡 곱고 붉은 빛깔, 또는 그 칠.

주단(柱單)몡 〈사주단자(四柱單子)〉의 준말.

주단(綢緞)몡 명주와 비단 등을 통틀어 이르는 말.

주단(紬緞)몡 품질이 썩 좋은 비단.

주단야장(晝短夜長)[-냐-]몡 동지(冬至) 무렵에, '낮은 짧고 밤은 긺'을 이르는 말. ↔주야단(晝長夜短).

주:달(奏達)몡하타 되자 임금에게 아룀. 주문(奏聞). 주어(奏御). 주품(奏稟).

주담(酒痰)몡 한방에서, 술 중독으로 오줌이 막히고 열이 나는 따위의 증세가 일어나는 황달을 이르는 말.

주담(酒痰)몡 한방에서, 술을 마신 다음 날 입맛이 없고 가래가 끓어 구토가 나는 병을 이르는 말.

주담(酒談)몡하자 술김에 객쩍은 말을 지껄임, 또는 그 말.

주당몡 민속에서, '뒷간을 지키는 귀신'을 이르는 말.

주당(酒堂)몡 민속에서, '혼인 때 꺼리는 귀신'을 이르는 말.

주당(을) 맞다관용 주당으로 말미암아 빌미를 입다.

주당(酒黨)몡 술을 즐기고 아주 잘 마시는 무리. 주도(酒徒). ¶주일에는 주당들이 모여 시끄럽게 떠들고 있었다.

주당-물림(周堂-)몡 민속에서, 주당을 물리친다고 하여 추녀 안에 있는 사람을 추녀 밖으로 잠시 내보내는 일.

주대몡 줄과 대, 곧 낚싯줄과 낚싯대.

주대(主隊)몡 주력 부대, 또는 주력 함대.

주:대(奏對)몡하자 임금에게 답하여 아룀.

주덕(主德)몡 어떤 특정한 문화의 바탕을 이루는 가장 근본적인 덕. [기독교에서의 믿음·사랑·소망 따위.] 원덕(元德).

주덕(酒德)몡 ①술의 공덕. ②술 취한 뒤에도 주정하지 않고 몸과 마음을 바르게 가지는 버릇.

주도(主都)몡 ①주요한 도시. ②위성 도시의 중심이 되는 도시.

주도(主導)몡하타 주장(主張)이 되어 이끌거나 지도함. ¶총무부에서 이번 행사를 주도했다.

주도(州都)몡 (미국 등 일부 국가에서) 주(州)의 정청(政廳)이 있는 도시.

주도(周到)몡하형 주의(注意)가 두루 미쳐서 빈틈이 없음.

주도(洲島)몡 ☞주서(洲嶼).

주도(酒徒)몡 ☞주당(酒黨).

주도(酒道)몡 술자리에서 지켜야 할 도리.

주도-권(主導權)몡 [-꿘] 주장이 되어 어떤 일을 이끌거나 지도하는 권리. ¶주도권을 잡다.

주도-력(主導力)몡 주장이 되어 남을 이끌어 나가는 힘.

주도면밀(周到綿密)몡 '주도면밀하다'의 어근.

주도면밀-하다(周到綿密-)몡여 주의가 두루 미쳐 자세하고 빈틈이 없다. ¶김 과장은 매사에 주도면밀하다. 주도면밀-히튀.

주도-적(主導的)관몡 주장(主張)이 되어 이끌거나 지도하는 (것). ¶주도적인 역할.

주독(主櫝)몡 신주(神主)를 모시어 두는 나무궤. ⓒ독.

주독(走讀)몡하타 건성으로 빨리 읽어 나감.

주독(酒毒)몡 술 중독으로 얼굴에 붉은 반점이 생기는 증세. 술독. ¶주독이 오르다.

주독-코(酒毒-)몡 주독이 올라 생기는 비사증(鼻齄症), 또는 그 병에 걸린 코.

주동(主動)몡 ①하타 어떤 일에 주장이 되어 행동함. ¶파업을 주동하다. ②〈주동자〉의 준말.

주-동사(主動詞)몡 문장의 주어인 주체가 스스로 행동하는 동작을 나타내는 동사. [‘얼음이 녹는다.’·‘영호가 동화책을 읽었다.’에서의 ‘녹는다·읽었다’ 따위.] ↔사동사(使動詞).

주동-자(主動者)몡 어떤 일에 주장이 되어 행동하는 사람. ⓒ주동.

주동-적(主動的)관몡 주동의 역할을 하거나 주동하는 자리에 있는 (것). ¶주동적인 역할.

주-되다(主-)[-되-/-뒈-]자 기본이나 주장이 되다. 중심이 되다. 《주로, ‘주된’·‘주되는’의 꼴로 쓰임.》 ¶성공의 주된 원인.

주두(柱枓·柱頭)몡 ☞대접받침.

주두(柱頭)몡 ☞암술머리.

주:둔(駐屯)몡하자 군대가 어떤 곳에 머무름. ¶장기 주둔. /주둔 병력을 철수시키다.

주:둔-군(駐屯軍)몡 어떤 지역에 일시적으로 머물러 있는 군대.

주:둔-지(駐屯地)몡 (요새 따위와 같이) 군대가 머물러 있는 곳.

주둥아리몡 ①〈입〉의 속된 말. ②〈부리〉의 속된 말. ⓒ주둥이. ⓐ조둥아리.

주둥이몡 〈주둥아리〉의 준말. ⓐ조둥이.

주둥치몡 주둥칫과의 바닷물고기. 몸은 납작하여 나뭇잎 모양이며 길이는 7 cm가량. 몸빛은 푸른빛을 띤 은백색이고 머리에는 비늘이 없음. 바닷가의 큰 물굽이 안에 사는데 때로는 하천으로 올라오기도 함.

주등(酒燈)몡 지난날, 술집임을 알리려고 선술집 문간에 달아 두던 지등롱(紙燈籠).

주라(朱喇·朱螺)몡 붉은 칠을 한 소라 껍데기로 만든 대각(大角).

주라-통(朱螺筒)몡 소의 목구멍에서부터 밥통에 이르는 길.

주락(珠絡)몡 〈주락상모(珠絡象毛)〉의 준말.

주락-상모(珠絡象毛)[-쌍-]몡 지난날, 어승마(御乘馬)와 사복시·규장각 등의 벼슬아치가 타던 말에 붉은 줄과 붉은 털로 꾸민 치레. ⓒ주락.

주란(朱欄)몡 붉은 칠을 한 난간.

주란(酒亂)몡 (습관적으로) 술에 취하여 미쳐 날뛰는 일. 주광(酒狂).

주란-사(-紗)몡 주란사실로 짠 피륙의 한 가지.

주란사-실(-紗-)몡 무명실의 거죽에 솜털같이 일어난 섬유를 가스 불에 태워서 윤을 낸 실. 가스실.

주란-화각(朱欄畫閣)몡 단청을 곱게 하여 꾸민 누각. 주루화각(朱樓畫閣).

주람(周覽)몡하타 곳곳을 두루 돌아다니며 자세히 살펴봄.

주랍(朱蠟)몡 지난날, 편지 따위의 겉봉을 붙이는 데 쓰던 붉은 밀랍.

주랑(柱廊)몡 여러 개의 기둥만 나란히 서 있고 벽이 없는 복도.

주량(柱梁)몡 ①기둥과 대들보. ②‘한 집안이나 나라의 중요한 인재’를 비유하여 이르는 말.

주량(酒量)몡 (마시고 견딜 수 있을 정도의) 술의 분량. 주호(酒戶). ¶주량이 세다.

주럽몡 피로하여 몸이 느른한 증세.

주렁-주렁튀하형 ①열매 따위가 많이 매달려 있는 모양. ¶감이 주렁주렁 열린 가지. 町드레드레¹. ②한 사람에게 여러 사람이 딸려 있는 모양. ¶자식이 주렁주렁 달려 있어 개가(改嫁)도 어렵다. ⓐ조랑조랑·조롱조롱.

주레-동(周)圓 갱도가 땅속으로 비스듬히 들어간 곳에 세우는 동발.

주레-장圓 너무 높아서 위험한 갱도 천장에 따로 방받과 살장을 대고 그 위에 버력을 채워서 만든 천장.

주려(周廬)圓 지난날, 궁궐을 지키던 군사가 번들어서 자던 곳.

주력(主力)圓 주장되는 힘. 중심이 되는 세력. ¶주력 기업. /주력 제품.

주력(走力)圓 달리는 힘.

주력(周歷)圓(하자) 두루 돌아다님.

주:력(注力)圓(하자) 힘을 들임.

주:력(呪力)圓 주술의 힘. 곧, 미개 사회에서 주술 및 원시 종교의 기초를 이루는 초자연적이고 비인격적인 힘의 관념.

주력(酒力)圓 ①술김에 나는 힘. ②사람을 취하게 하는 술의 힘.

주력-부대(主力部隊)[-뿌-]圓 주력을 이루는 부대.

주력-함(主力艦)[-려캄]圓 군함 가운데서 공격력과 방어력이 가장 뛰어난 배.

주력-함대(主力艦隊)[-려캄-]圓 한 나라의 해군이나 연합 함대 가운데 주력함을 근간으로 하고 중심이 되는 함대.

주련(柱聯)圓 기둥이나 바람벽 따위에 장식으로써 붙이는 글씨. 영련(楹聯).

주련(株連)圓(하자)(되자) 한 사람이 지은 죄에 여러 사람이 함께 걸림.

주:련(駐輦)圓(하자) 임금의 거동 때, 길에서 잠시 연을 머무르게 함.

주련-경(柱聯鏡)圓 기둥에 거는 좁고 긴 거울.

주련-판(柱聯板)圓 주련에 쓰이는 널빤지.

주렴(珠簾)圓 구슬을 꿰어 만든 발. 구슬발.

주령(主令)圓〔주인 영감이란 뜻으로〕손이 '정삼품 이상의 주인'을 높이어 일컫던 말.

주령(主嶺)圓 (잇달아 있는 고개 가운데서) 가장 높은 고개.

주령(酒令)圓 여럿이 술을 마실 때, 마시는 방식을 정하는 약속.

주령-배(酒令杯)圓 예전에 쓰던 술잔의 한 가지. 속에 오뚝이 같은 인형이 있어 술이 차면 떠올라 뚜껑의 구멍 밖으로 머리를 내미는데, 이 인형이 향한 쪽에 있는 사람이 술을 마시게 됨.

주레(主禮)圓(하타) 예식을 주장하여 진행함, 또는 그 일을 맡아보는 사람. ¶주례를 보다.

주례(를) 서다[관용] 주례를 맡아서 하다.

주례(周禮)圓 중국 경서(經書)의 하나. 주나라의 관제를 분류하여 설명한 내용으로, 중국의 국가 제도를 적은 최고(最古)의 책.

주례(週例)圓 주마다 하는 정례(定例). ¶주례 보고.

주례-사(主禮辭)圓 주례하는 사람이 예식에서 하는 축사.

주-로(主-)圓 주장삼아서. 주되게. ¶여가에는 주로 바둑을 둔다.

주로(朱鷺)圓 □따오기.

주로(走路)圓 육상 경기에서 경주자가 달리는 일정한 길.

주록(週錄)圓 한 주일의 기록.

주론(主論)圓(하자타) 주장하여 논함, 또는 그런 논의.

주-뢰(周牢)[-뢰/-뤠]圓〈주리〉의 본딧말.

주룡(主龍)圓 풍수설에서, '주산(主山)의 줄기'를 이르는 말.

주루(走壘)圓(하자) 야구에서, 주자(走者)가 어느 누(壘)에서 다음 누로 달리는 일.

주루(酒樓)圓 설비를 잘 갖추어 놓고 술 따위를 파는 집.

주루-화각(朱樓畫閣)圓 □주란화각(朱欄畫閣).

주룩(하자) 굵은 물줄기 따위가 좁고 짧은 곳을 빨리 흐르다가 그치는 소리, 또는 그 모양. (잔)조록. (센)쭈룩.

주룩-주룩[-쭈-]圓(하자) ①비가 죽죽 내리는 소리, 또는 그 모양. ¶주룩주룩 장대같이 쏟아지는 비. ②굵은 물줄기 따위가 좁은 구멍이나 면을 짧게 흐르다 그치고 흐르다 그치고 하는 소리, 또는 그 모양. (잔)조록조록. (센)쭈룩주룩.

주류(主流)圓 ①(강의) 원줄기가 되는 큰 흐름. 간류(幹流). ②(사상 따위의 여러 갈래에서) 으뜸가는 갈래. ③어떤 조직이나 단체에서 영향력이 가장 큰 세력. ¶주류와 비주류의 반목이 심하다. ↔비주류.

주류(酒類)圓 술의 종류에 드는 것을 통틀어 이르는 말.

주:류(駐留)圓(하자) (군대 따위가) 어떤 곳에 한때 머무름.

주:류-성(走流性)[-썽]圓 물의 흐름에 따라 일어나는 주성(走性). 추류성(趨流性).

주류-업(酒類業)圓 주류를 양조(釀造)하거나 거래하는 영업.

주류-품(酒類品)圓 술 종류에 딸리는 물품을 통틀어 이르는 말.

주:륙(誅戮)圓(하타)(되자) 죄를 물어 죽임. 법으로 다스려 죽임.

주륜(主輪)圓 수레 같은 것에서 주가 되는 구실을 하는 바퀴.

주르르圓 ①(하자)물줄기 따위가 구멍이나 면을 잇달아 흐르는 소리, 또는 그 모양. ¶닭똥 같은 눈물을 주르르 흘리다. ②미끄런 물건이 비탈진 곳을 거침없이 미끄러져 내리는 모양. ③(하자)잰 걸음으로 따르는 모양. ④(하형)크기가 고만고만한 것이 죽 벌여 있는 모양. ¶용기가 주르르 놓여 있다. (잔)조르르. (센)쭈르르.

주르륵圓(하자) ①물줄기 따위가 빠르게 잠깐 흐르다가 멎는 소리, 또는 그 모양. ②어떤 물건이 비탈진 데를 빠르게 미끄러지다가 멎는 모양. (잔)조르륵. (센)쭈르륵. **주르륵-주르륵**圓(하자).

주르륵-거리다[-꺼-]巫 자꾸 주르륵주르륵하다. 주르륵대다. (잔)조르륵거리다.

주르륵-대다[-때-]巫 ⇨주르륵거리다.

주름圓 ①살갗이 느즈러져서 생긴 잔금. ¶이마에 주름이 가다. ②옷의 폭 따위를 줄이 지게 접은 금. ¶바지에 주름을 잡다. ③(종이나 형겊의) 구김살. ¶주름이 가다.

주름-살[-쌀]圓 주름이 잡힌 금. ¶눈가에 주름살이 지다.

주름-상자(-箱子)圓 ①사진기에서, 주름이 진 가죽이나 천 따위로 둘레를 막은 어둠상자. 신축이 자유로워서 렌즈와 건판(乾板) 사이를 마음대로 조절함. ②손풍금의 몸통을 이루는, 신축이 자유롭게 된 벽.

주름-위(-胃)圓 반추위(反芻胃)의 넷째 위. 많은 주름으로 되어 있으며, 셋째 위에서 오는 것을 화학적으로 소화함. 제사 위. 추위(皺胃).

주름-잡다[-따]匿 집단이나 단체 등의 중심인 물이 되어 그 조직을 마음대로 움직이다. ¶한때 정계(政界)를 주름잡던 사람.

주름-치마圓 허리춤에서 세로로 주름을 많이 잡은 치마.

주릅圀 흥정을 붙여 주고 구전을 받는 일을 업으로 하는 사람.

주릅-들다[-뜰-][~드니·~들어]웬 가운데에 들어 매매 따위를 거간하여 주다.

주리(←周牢)圀 지난날, 죄인을 심문할 때 두 다리를 한데 묶고 그 사이에 두 개의 주릿대를 끼워 비틀던 형벌. 본주뢰.
주리(를) 틀다관용 주리로 벌을 주다.

주:리(腠理)圀 살갗에 생긴 자디잔 결.

주:리다 Ⅰ타 먹을 만큼 먹지 못해 배를 곯다. ¶ 주린 배를 움켜쥐다.
Ⅱ자 가지고 싶거나 하고 싶은 것을 가지거나 하지 못하여 모자람을 느끼다. ¶ 애정에 주린 고아.
주린 고양이가 쥐를 만났다족담 놓칠 수 없는 좋은 기회가 닥쳤다는 말.

주립(州立)圀 주의 예산으로 세워 관리·운영함. ¶ 주립 대학.

주립(朱笠)圀 지난날, 융복(戎服)을 입을 때 쓰던 붉은 칠을 한 갓.

주릿-대[-리매/-릳때]圀 ①주리를 트는 데 쓰는 두 개의 붉은 막대기. ②'행실이 몹시 불량한 사람'을 비유하여 이르는 말.
주릿대(를) 안기다관용 모진 벌을 주다.

주릿-방망이[-리빵-/-릳빵-]圀 '주릿대'를 속되게 이르는 말.

주마(走馬)圀퇀자 말을 타고 달림, 또는 달리는 그 말.
주마(를) 놓다관용 말을 몰아 빨리 가다.

주마가편(走馬加鞭)圀퇀자〔달리는 말에 채찍질한다는 뜻으로〕'열심히 하는 사람을 더 부추기거나 몰아침'을 비유하여 이르는 말.

주마간산(走馬看山)圀퇀자〔달리는 말 위에서 산천을 구경한다는 뜻으로〕'이것저것을 천천히 살펴볼 겨를이 없이 바삐 서둘러 대강대강 보고 지나침'을 이르는 말.

주마-등(走馬燈)圀 ①안팎 두 겹으로 된 틀의 안쪽에 갖가지 그림을 붙여서, 그 틀이 돌아감에 따라 안에 켜 놓은 등화(燈火)로 말미암아, 그림이 종이나 천을 바른 바깥쪽에 비치게 만든 등(燈). ②'사물이 덧없이 빨리 변하여 돌아감'을 비유하여 이르는 말. ¶ 주마등 같은 인생. /어렸을 적 추억이 그의 머릿속을 주마등같이 스쳐 갔다.

주마-창(走馬瘡)圀 한방에서, 몸의 구석구석으로 돌아가며 나는 종기를 이르는 말.

주막(酒幕)圀 시골의 길목에서 술이나 밥 따위를 팔고 나그네를 치는 집. 주막집.

주막-거리(酒幕-)[-꺼-]圀 주막이 있는 길거리.

주막-방(酒幕房)[-빵]圀 ☞봉놋방.

주막-쟁이(酒幕-)[-쨍-]圀 '주막을 차려 벌이하는 사람'을 홀하게 이르는 말.

주막-집(酒幕-)[-찝]圀 ☞주막(酒幕).

주말(週末)圀 한 주일의 끝. 〔주로, 토요일부터 일요일까지를 이름.〕❀주초(週初).

주망(酒妄)圀 ☞주광(酒狂). ¶ 취중에 주망 나면 나를 올려 칠 것이니…(烈女春香守節歌).

주망(蛛網)圀 거미집. 거미줄.

주매(主媒)圀 누룩.

주맥(主脈)圀 ①(여러 줄기 가운데서) 으뜸이 되는 줄기. ②잎 한가운데에 있는 가장 큰 잎맥. 중륵(中肋脈).

주맹(晝盲)圀 밝은 데서의 시력(視力)이 좀 어두운 데서의 시력보다 더 나쁜 눈, 또는 그런 눈을 가진 사람.

주머니圀 ①돈이나 필요한 물품을 넣기 위해 헝겊이나 가죽 따위로 만들어 끈을 꿰어 허리에 차거나 들게 된 물건. ②염낭·호주머니·조끼주머니 등을 통틀어 이르는 말.
주머니에 들어간 송곳이라족담 선하고 악한 일은 숨겨지지 않고 자연히 드러난다는 말.
주머니(를) 털다관용 ①가지고 있는 돈을 다 내놓다. ②강도질하다.

주머니-떨이하자 (한자리에 모인 여러 사람이) 주머닛돈을 다 털어서 술이나 과실 따위를 사 먹는 놀이.

주머니-밑천[-믿-]圀 주머니에 늘 넣어 두고 좀처럼 쓰지 않는 얼마 안 되는 돈. ¶ 주머니 밑천까지 다 털어서 산 책.

주머니-쥐圀 주머니쥣과의 짐승. 삼림에 살며 몸길이는 30~50 cm, 꼬리는 40 cm가량인데 나뭇가지 따위를 감고 매달림. 육아낭(育兒囊)이 발달되어 있고, 봄에 8~18마리의 새끼를 낳음. 밤에 활동하는데 잡식성이며 북미 특산임.

주머니-칼圀 접어서 주머니에 넣고 다닐 수 있게 만든 작은 칼. 낭도(囊刀).

주머니-돈[-니똔/-릳똔]圀 주머니 안에 든 돈.
주머닛돈이 쌈짓돈(이라)족담 그 돈이 그 돈으로 결국은 마찬가지라는 말.

주먹 Ⅰ圀 ①다섯 손가락을 다 오그려 모아 쥔 손. ¶ 주먹을 불끈 쥐다. 춘줌¹. ②'물리적인 힘이나 폭력, 폭력배'를 비유하여 이르는 말. ¶ 주먹 세계. /주먹을 쓰다.
Ⅱ의 한 손에 쥘 만한 분량을 세는 단위. ¶ 사탕 한 주먹. 춘줌¹.
주먹 맞은 감투(라)족담 아주 쭈그러져서 다시는 어찌 할 도리가 없이 된 상황을 두고 이르는 말.
주먹은 가깝고 법은 멀다족담 분한 일이 있을 때, 법에 호소하는 것은 나중 문제요, 당장에 주먹부터 먼저 들이치게 되는 경우를 이르는 말.
주먹이 운다(울다)족담 분한 일이 있어 치거나 때리고 싶지만 참는다는 말.
주먹을 불끈 쥐다관용 주먹을 꼭 쥐며 어떤 일에 대한 결의를 나타낸다.
주먹이 오고 가다관용 싸움이 벌어져 서로 주먹질을 하다.

주먹-구구(-九九)[-꾸-]圀 ①손가락을 하나하나 꼽으면서 하는 셈. ②대충 짐작으로 하는 셈.

주먹구구-식(-九九式)[-꾸-]圀 대충 짐작으로 하는 방식. ¶ 주먹구구식 행정.

주먹-다짐[-따-]圀하자 ①주먹으로 마구 때리는 짓. ¶ 주먹다짐을 벌이다. ②주먹심으로 윽박지르는 짓.

주먹^도끼[-또-]圀 주먹만 한 크기로, 한쪽은 손으로 쥘 수 있고 한쪽은 날카롭게 된 돌모. 구석기 시대의 유물임. 악부(握斧).

주먹-동발[-똥-]圀 가장 작은 동발.

주먹-떼[-떼]圀 무덤에 떼를 입힐 때, 여기저기 드문드문 심는 뗏장.

주먹-밥[-빱]圀 ①주먹만 하게 뭉친 밥덩이 ¶ 주먹밥 한 덩이로 끼니를 때우다. ②(수저를 쓰지 않고) 손으로 집어 먹는 밥.

주먹-뺨圀 주먹으로 호되게 때리는 뺨.

주먹-상투[-쌍-]圀 머리를 숱지 않고 틀어서 주먹처럼 크고 모양이 없는 상투.

주먹-심[-씸]圀 ①주먹으로 때리거나 쥐는 힘. ②남을 억누르는 힘. 완력(腕力).

주먹-장[-짱]圓 봇목에 들어가는 도리 끝이 물러나지 않게, 도리 대강이를 안쪽은 좁고 끝은 좀 넓게 에어 깎은 부분.

주먹-질[-찔]圓(하)자타 주먹을 휘두르며 을러대거나 때리는 짓.

주먹총-질(-銃-)圓(하)자 상대편에게 주먹을 내지르는 짓.

주먹-치기(하)자 ①상대편이 내민 주먹을 자기 주먹으로 때리는, 아이들 장난의 한 가지. 헛치면 맞는 편이 됨. ②일을 계획 없이 되는대로 해치우는 짓.

주먹-코圓 '볼품없이 뭉툭하게 생긴 큰 코, 또는 그러한 코를 가진 사람'을 조롱조로 이르는 말.

주면(柱面)圓 '기둥면'의 구용어.

주:면(奏免)圓(하)타 임금에게 아뢰어 벼슬을 뗌.

주:멸(誅滅)圓(하)타(되)자 (죄인을) 죽여 없앰.

주명(主命)圓 ①☞왕명(王命). 칙명(勅命). ②주인의 분부. ③가톨릭에서, '천주(天主)의 명령'을 이르는 말.

주:명(註明)圓(하)타(되)자 주(註)를 달아 본문의 뜻을 밝힘.

주:명-곡(奏鳴曲)☞소나타(sonata).

주모(主母)圓 ①집안 살림을 주장(主掌)하여 다스리는 부인. ②지난날, 한국 가톨릭에서 '성모 마리아'를 일컫던 말.

주모(主謀)圓(하)타 (모략이나 음모 따위를) 주장하여 꾸밈.

주모(酒母)圓 ①술밑. ②술청에서 술을 파는 여자. ②주부(酒婦).

주모(珠母)圓 진주조갯과의 조개. 높이와 길이는 25 cm가량. 겉은 검고 속은 담홍색의 광택이 남. 깊이 50 m가량의 바다 밑에 사는데, 껍데기 안쪽에 진주가 들어 있어 양식에 좋음.

주모-자(主謀者)圓 (모략이나 음모 따위를) 주장(主掌)하여 꾸미는 사람.

주목(朱木)圓 주목과의 상록 교목. 높은 산에서 자라는데, 높이는 22 m가량. 껍질은 적갈색임. 자웅 이가로 꽃은 봄에 잎겨드랑이에서 피고, 열매는 가을에 익음. 정원수로 심기도 하며, 재목은 건축재·가구재·조각 재료 등으로 쓰임.

주:목(注目)Ⅰ圓(하)타(되)자 ①눈길을 한곳에 모아서 봄. ②(어떤 대상이나 일에 대해) 특별히 관심을 가지고 자세히 살핌. ¶일의 귀추를 주목하다.
Ⅱ[감] 주목하라는 구령.

주:목적(主目的)圓[-쩍]圓 주되는 목적.

주몽(晝夢)圓 낮에 공상에 잠겨 꿈을 꾸는 것처럼 하는 상태.

주무(主務)圓 ①(하)타((주로 일부 명사 앞에 쓰이어)) 사무를 주장(主掌)하여 맡아봄. ¶주무 부서. ②(주무자(主務者)>의 준말.

주무(綢繆)圓(하)타 미리미리 꼼꼼하게 챙겨 갖춤. ¶현재를 주무하기에 급한 오인은 숙석(宿昔)의 징변(懲辯)을 가(暇)치 못하노나라.

주무^관청(主務官廳)圓 어떤 행정 업무를 주장하여 맡아보는 관청.

주무르다[주무르니·주물러]타(러) ①(어떤 물건이나 몸의 한 부분을) 손으로 자꾸 쥐었다 놓았다 하며 만지다. ¶어깨를 주무르다. ②(다른 사람이나 일 따위를) 제 마음대로 다루거나 놀리다. ¶경계계를 주무르다. /아랫사람을 손안에 넣고 맘껏 주무르다.

주:무-부(主務部)圓 어떤 사무를 주장하여 맡아보는 부(部).

무시다타 〈자다〉의 높임말.

주무-자(主務者)圓 어떤 사무를 주장하여 맡아보는 사람. ②주무(主務).

주무:장:관(主務長官)圓 어떤 행정 업무를 주장하는 장관. ¶국회에서 주무 장관의 출석을 요청하다.

주묵(朱墨)圓 붉은 빛깔의 먹.

주문(主文)圓 ①<판결 주문(判決主文)>의 준말. ②조선 시대에, '대제학(大提學)'을 달리 이르던 말. ③지난날, 시관(試官)의 우두머리인 '상시(上試)'를 달리 이르던 말.

주문(朱門)圓 ①붉은 칠을 한 문. ②지위가 높은 벼슬아치의 집.

주:문(注文)圓(하)타(되)자 (물건을 만들거나 파는 사람에게) 품종·수량·모양·크기 등을 일러 주고, 그 상품의 생산이나 수송·서비스의 제공을 요구하는 일. ¶일용품을 전화로 주문하다.

주:문(呪文)圓 ①음양가(陰陽家)나 술가(術家) 등이 술법을 부릴 때 외는 글귀. ¶주문을 걸다. /주문을 외다. ②천도교에서, 심령을 닦고 한울님에게 빌 때 외는 글귀. 진언(眞言). ②주(呪).

주:문(奏聞)圓(하)타(되)자 ☞주달(奏達).

주:문(注文)圓 어떤 문장이나 글귀에 주(註)를 붙여 쉽게 풀이한 글.

주:문-배수(注文拜受)圓 삼가 주문을 받음.

주:문^생산(注文生産)圓 소비자의 주문에 따라서 생산하는 일.

주:문-자(注文者)圓 ①주문한 사람. 맞춘 사람. ②도급인(都給人)에게 일의 완성을 청구할 권리와 함께 보수 지급의 의무를 가진 도급 계약의 당사자.

주:문-품(注文品)圓 주문하여 맞춘 물품, 또는 주문을 받은 물품. ↔기성품(旣成品).

주물(主物)圓 종물(從物)이 딸려 있어 직접적인 효용을 가지는 주된 물건. [가구에 대한 집, 시곗줄에 대한 시계 따위.] ↔종물(從物).

주:물(呪物)圓 원시 종교에서, 주력(呪力)이나 영검이 있어 이를 가지고 다니면 비호(庇護)를 받는다고 믿어 신성시하는 물건.

주:물(鑄物)圓 쇠붙이를 녹여서 일정한 거푸집에 부어 만든 물건.

주:물^공장(鑄物工場)圓 주물을 만드는 공장. 무쇠 공장.

주물럭-거리다[-꺼-]타 자꾸 주물럭주물럭하다. 주물럭대다. ②조물락거리다.

주물럭-대다[-때-]타 ☞주물럭거리다.

주물럭-주물럭[-쭈-](부)(하) 좀 큰 손놀림으로 물건을 자꾸 주무르는 모양. ②조몰락조몰락.

주물-상(晝物床)[-쌍]圓 귀한 손님을 대접할 때 간단히 차려 먼저 내오는 다담상(茶啖床).

주:물^숭배(呪物崇拜)圓 주물을 숭배의 대상으로 삼는 신앙. ②물신 숭배.

주:민(住民)圓 <거주민(居住民)>의 준말.

주:민^등록(住民登錄)[-녹]圓 주민의 거주 관계 및 인구 동태를 파악하기 위하여 읍·면·동의 주민을 해당 지역의 주민 등록표에 등록하게 하는 일.

주:민^등록증(住民登錄證)[-녹쯩]圓 주민 등록법에 따라, 일정한 거주지에 사는 주민임을 나타내는 증명서. [만 17세 이상인 자에게 발급됨.]

주:민-세(住民稅)[-쎄]圓 지방세의 한 가지. 그 고장에 살며 독립된 생계를 유지하는 개인과 사업소 등을 둔 법인 또는 그들의 소득에 대하여 매김.

주밀 (周密) '주밀하다'의 어근.

주밀-하다 (周密-)[형여] (일을 주선하거나 계획을 세우는 데) 빈틈이 없이 매우 찬찬하다. ¶빈틈 없이 짜여진 주밀한 계획. 웹심밀(深密)하다.
주밀-히뭐.

주박 (酒粕)[명] 지게미.

주반 (柱半)[명] 기둥 한가운데에 내리그은 먹줄.

주반 (酒飯)[명] ①술과 밥. 주식(酒食). ②술밥.

주반 (酒盤)[명] 술상으로 쓰는 소반이나 예반.

주발 (周鉢)[명] 놋쇠로 만든 밥그릇. 아래보다 위가 좀 벌어지고 뚜껑이 있음.

주발-대접 (周鉢-)[명] 주발과 대접.

주방 (酒榜)[명] 술집 앞에 내어 거는 방(榜).

주방 (廚房)[명] ①(음식점 등에서) 음식을 만들거나 차리는 방. ¶요즘 그녀는 중국집 주방에서 일을 거들고 있다. ②〈소주방(燒廚房)〉의 준말.

주방-장 (廚房長)[명] (음식점 등의) 주방의 우두머리.

주배 (酒杯)[명] 술잔.

주-배 (做坏)[명] 도자기의 몸을 만드는 일.

주버기 (명] 많이 모인 더께. 덕지덕지 붙어 있는 더께.

주번 (主番)[명][하자] 공무로 관할 지역을 돌아보며 살핌, 또는 그 사람.

주번 (週番)[명] 한 주일마다 차례로 바꾸어서 하는 근무, 또는 그 근무를 하는 사람.

주번-병 (週番兵)[명] 지난날, 군대에서 주번 근무를 하던 병사.

주번^사:관 (週番士官)[명] 지난날, 군대에서 주번 사령을 도와 주번 근무병들을 지휘·감독하며 주번 임무를 수행하던 장교.

주번^사령 (週番司令)[명] 지난날, 군대에서 주번 근무를 지휘 책임하던 책임 장교.

주벌 (主伐)[명][하타] 다 자라서 쓸 수 있게 된 나무를 벰.

주:벌 (誅伐)[명][하타][되자] (죄인을) 꾸짖어 침. 베어 죽임.

주:벌 (誅罰)[명][하타][되자] (죄인을) 꾸짖어 벌을 줌. 죄를 물어 벌함.

주범 (主犯)[명] ☞정범(正犯). ¶사건의 주범을 수배하다.

주범 (主帆)[명] 돛단배의 가장 큰 돛대에 다는 큰 돛.

주법 (主法)[명] '실체법(實體法)'을 달리 이르는 말. ↔조법(助法).

주법 (走法)[-뻡][명] (육상 경기의 경주나 도약 따위에서) 달리는 방법.

주:법 (呪法)[-뻡][명] ①주문을 읽거나 외우는 법식. ②☞주술(呪術).

주:법 (奏法)[-뻡][명]〈연주법(演奏法)〉의 준말.

주벽 (主壁)[명] ①방문에서 마주 보이는 쪽의 벽. ②여러 사람이 양쪽으로 벌여 앉은 한가운데의 자리, 또는 거기에 앉은 사람. ③사당에 모신 여러 위패(位牌) 가운데서 으뜸 되는 위패.

주벽 (酒癖)[명] ①술을 몹시 즐겨 마시는 버릇. ②술 취한 뒤에 드러나는 버릇. ¶주벽이 심하다. 주성(酒性).

주:변 [명][하타] 일을 주선하거나 변통함, 또는 그런 재주. ¶주변이 좋아 사업을 잘 꾸려 나간다.

주변 (周邊)[명] ①둘레의 언저리. ¶학교 주변. / 책상 주변을 샅샅이 뒤지다. ②전두리.

주:변-머리 [명]〈주변〉의 속된 말.

주:변-성 (-性)[-썽][명] 두름성.

주변^세:포 (周邊細胞)[명] ☞공변 세포.

주변-인 (周邊人)[명] 심리학에서, 둘 이상의 서로 다른 사회나 집단에 딸려 양쪽의 영향을 받으면서 어느 쪽에도 완전히 소속되지 못하고 있는 사람을 이름.

주변^장치 (周邊裝置)[명] 컴퓨터에서, 중앙 처리 장치를 제외한 여러 장치를 통틀어 이르는 말.[입력 장치·출력 장치·보조 기억 장치 따위.]

주병 (酒餠)[명] 술과 떡.

주:병 (駐兵)[명][하자] 어떤 곳에 군대를 머물게 함, 또는 머무는 그 군대. 주군(駐軍).

주:병-권 (駐兵權)[-꿘][명] 다른 나라 영토 안에 군대를 머물게 하여 자국민의 생명과 재산 따위를 보호·경비할 수 있는 권리.

주보 (酒甫)[명] (안 마시고는 못 견딜 만큼) 술에 젖은 사람.

주보 (酒保)[명] '부대(部隊) 안의 매점'을 이전에 이르던 말.

주보 (週報)[명] ①한 주일에 한 번씩 발행하는 신문이나 잡지. ②한 주일에 한 번씩 작성하여 올리는 보고. 웹연보·일보.

주복 (主僕)[명] 주인과 종. 상전과 하인.

주복 (珠服)[명] 구슬과 옥으로 아름답게 꾸민 옷.

주복-야행 (晝伏夜行)[-봉냐-][명][하자] 낮에는 숨어서 지내다가 밤에 길을 감.

주:본 (奏本)[명] 임금에게 아뢰던 글월.

주봉 (主峯)[명] ①어떤 산줄기에서 가장 높은 봉우리. 최고봉. ②〈주인봉(主人峯)〉의 준말.

주부 (主部)[명] ①주되는 부분. ②문장에서 주어와 그 수식어로 된 부분.〔'부지런한 학생은 열심히 공부한다.'에서 '부지런한 학생'이 주부임.〕임자조각. 주어부(主語部). ↔술부(述部).

주부 (主婦)[명] 한 가정의 살림을 맡아 꾸려 가는 안주인. 가정주부.

주부 (主簿)[명] ①조선 시대에, 내의원·사복시·한성부 등 여러 관아에 딸렸던 종육품의 낭관(郎官) 벼슬. ②'한약방을 차리고 있는 사람'을 이르는 말.

주:부 (注賦)[명][하타][되자] 부어 넣어 줌.

주부 (酒婦)[명] ☞주모(酒母).

주부-코 [명] 비사증(鼻齄症)으로 말미암아 붉은 점이 생기고 부어오른 코.

주불 (主佛)[명] ①〈주세불(主世佛)〉의 준말. 본존(本尊). ②염주의 아래위에 꿴, 다른 염주 알보다 갑절이나 큰 구슬.

주붕 (酒朋)[명] 술친구. 술벗.

주비 [명] 기장의 한 가지. 3월에 심는데, 열매는 누르고 껍질은 잿빛이며 줄기는 검숭함.

주비 (周痺)[명] 한방에서, 때때로 팔이나 다리의 마비가 일어나는 병을 이르는 말.

주:비 (籌備)[명][하타] (어떤 일을 하려고) 미리 마련하여 갖춤. ¶창당 주비 위원회. 주판(籌辦).

주비물 [옛] 무리. 반열. ¶道士이 주비물 道家라 ᄒᆞᄂᆞ니라(月釋2:50).

주:비-전 (注比廛)[명] 조선 시대에, 서울에 있던 백각전(百各廛) 가운데서 으뜸가던 시전(市廛).

주빈 (主賓)[명] (여러 손 가운데서) 주되는 손.

주뼛 [-뼏][부][하자타] ①(물건의 끝이) 차차 가늘어지면서 뾰죽하게 솟은 모양. ②몹시 놀라거나 하여 머리카락이 꼿꼿이 일어서는 듯한 모양. ¶머리카락이 주뼛 서다. ③부끄럽거나 겁나서 선뜻 나서지 못하고 머뭇거리는 모양. ㉾조뼛. 쎄-주뼛. 쎄-주뼛[부][하자타].

주뼛-거리다 [-뼏꺼-][자타] 자꾸 주뼛주뼛하다. 주뼛대다. ㉾조뼛거리다.

주뼛-대다[-뼏때-]**자타** 주뼛거리다.

주뼛-하다[-뻗타-]**형여** (물건 같이) 차차 가늘어지면서 끝으로 뾰족하게 솟아나와 있다. **참**조뼛하다. **솀**쭈뼛하다.

주사(主使)**명** ①**하타** 주장하여 사람을 부림. ②☞정사(正使).

주사(主祀)**명하자** ☞봉사(奉祀).

주사(主事)**명** ①사무를 책임지고 맡아보는 사람. ②(남자의 성(姓) 뒤에 쓰이어) 상대편을 점잖게 높이어 이르는 말. ¶김 주사. ③일반직 6급 공무원의 직급(職級). 사무관의 아래, 주사보의 위.

주사(主辭)**명** 논리학에서, 판단의 대상이 되는 주된 개념을 이름. 〔'사람은 동물이다.'에서 '사람' 따위.〕 주개념(主槪念). 주어(主語). 주체(主體). ↔빈사(賓辭).

주사(朱砂・硃砂)**명** 새빨간 빛이 나는 육방 정계(六方晶系)의 광물. 수은과 황의 화합물로, 정제하여 물감이나 한약의 원료로 쓰임. 단사(丹砂). 단주(丹朱). 진사(辰砂).

주사(舟師)**명** ☞수군(水軍).

주사(走使)**명** ☞급사(急使).

주사(走査)**명하타** 화면을 화소(畫素)로 낱낱이 나누는 일, 또는 나뉜 화소를 차례로 맞추어 화면을 구성하는 일. 보통, 선상(線狀)으로 이루어지는데, 텔레비전이나 팩시밀리 등에 널리 쓰임.

주:사(注射)**명하타** 약물을 주사기에 넣어 생물체의 조직이나 혈관 안으로 들여보내는 일. ¶마취 주사. /주사를 맞다.

주:사(呪辭)**명** 술가(術家)가 술법을 부릴 때 외우는 말.

주:사(奏事)**명하자** 공적인 일을 임금에게 아룀.

주사(酒邪)**명** 술에 취하여서 하는 못된 버릇. ¶주사가 심하다.

주사(酒肆)**명** 술집.

주사(紬絲)**명** 명주실.

주:사(做事)**명하자** 일을 함. 사업을 경영함.

주사(蛛絲)**명** 거미줄.

주:사-기(注射器)**명** 주사할 때 쓰는 기구. 체내에 꽂는 바늘과 약물을 담는 유리관 및 압력을 주는 피스톤으로 되어 있음.

주사니(紬-)**명** '명주붙이'의 잘못.

주사니-것(紬-)[-걷]**명** 비단・명주 따위로 지은 옷. *주사니것이[-거시]・주사니것만[-건-]

주:사-량(注射量)**명** 주사하는 약물의 양.

주:사-방식(走査方式)**명** 텔레비전에서, 주사의 방향과 속도를 결정하는 방식.

주사-보(主事補)**명** 일반직 7급 공무원의 직급(職級). 주사의 아래, 서기의 위.

주사-석(朱砂石)**명** 누런 바탕에 새빨간 점이 박힌 돌. 중국 원산으로 도장 재료로 쓰임.

주사-선(走査線)**명** 텔레비전이나 팩시밀리 따위에서, 화상(畫像)을 이루고 있는 많은 점을 일정한 차례로 이은 낱낱의 선.

주:사-액(注射液)**명** 주사하는 데 쓰이는 약물. 주사약.

주:사야몽(晝思夜夢)**명하타** 〔낮에도 생각하고 밤에도 꿈에 본다는 뜻으로〕 밤낮으로 생각함. 주사야탁.

주:사야탁(晝思夜度)**명하타** ☞주사야몽.

주:사-약(注射藥)**명** ☞주사액(注射液).

주:사위 명 옥돌이나 짐승의 뼈, 또는 단단한 나무 따위로 만든 장난감의 한 가지. 조그마한 정육면체로 각면에 하나에서 여섯까지의 점을

새겼는데, 이를 손으로 던져 위쪽에 드러난 점의 수로 승부를 겨룸. 투자(骰子).

주사위는 던져졌다[곾] 일은 이미 시작되었다. 일이 이미 이르렀으니 결행(決行)하는 길밖에 없다. 〔고대 로마의 카이사르(Caesar)가 자신의 정적(政敵)인 폼페이우스를 치기 위하여 로마로 향할 때, 루비콘 강을 건너면서 하였다는 말에서 유래함.

주사위-뼈 명 (주사위 하나를 만들 만한) 자디잔 뼈. 투자골(骰子骨).

주사-청루(酒肆靑樓)[-누]**명** 술집・기생집, 또는 매음할 때를 통틀어 이르는 말.

주:사-침(注射針)**명** 주사기 끝에 물리는 바늘. 대롱 모양으로 된 가는 구멍을 통하여 약물을 몸속에 넣음. 주삿바늘.

주산(主山)**명** 풍수설(風水說)에서, 집터・묏자리・도읍(都邑) 터 등의 뒤쪽에 위치하고, 거기서 좌청룡(左靑龍)・우백호(右白虎)가 갈려 나온, 주가 되는 산.

주산(珠算・籌算)**명** '수판셈'의 구용어.

주산-단지(主産團地)**명** 어떤 산물이 집중적으로 많이 나는 지역. ¶사과 주산단지.

주-산물(主産物)**명** 어떤 고장의 산물 가운데서 주되는 생산물.

주-산지(主産地)**명** 어떤 산물이 주로 생산되는 지역.

주살 명 오늬에 줄을 매어 쏘는 화살.

주:살(誅殺)**명하타**[되자] 죄인을 죽임. ¶너 같은 역적은 주살을 면치 못할 것이다.

주살-나다[-라-]**형** '빨질나다'의 속된 말.

주살-익(-弋)**명** 한자 부수의 한 가지. '式'・'弑' 등에서의 '弋'의 이름.

주살-질 명하타 주살로 쏘는 짓.

주-삼포(柱三包)**명** 첫가지 세 겹을 기둥머리 위에 짜는 일, 또는 그렇게 지은 포살미 집.

주:삿-바늘(注射-)[-사빠-/-사빠-]**명** ☞주사침.

주상(主上)**명** 임금.

주상(主喪)**명** 상가(喪家)에서 제전(祭奠)을 주장하여 맡아보는 사람.

주상(柱狀)**명** 기둥 모양.

주:상(奏上)**명하타** ☞상주(上奏).

주상(酒商)**명** 술장사, 또는 술장수.

주상(酒傷)**명** 술로 말미암아 생긴 위의 탈.

주:상(籌商)**명하타** 헤아려서 꾀함.

주상^변(柱上變壓器)[-끼]**명** 전주(電柱) 위에 설치한 변압기. 변전소에서 보낸 높은 전압을 공장용이나 가정용의 낮은 전압으로 바꾸는 구실을 함.

주상^복합^건:물(住商複合建物)[-보캅껀-]**명** 주택과 상점이 함께 들어가 있는 건물.

주색(主色)**명** 빨강・노랑・파랑・초록의 네 가지 빛깔을 이르는 말.

주색(朱色)**명** 누렁이 조금 섞인 붉은 빛깔.

주색(酒色)**명** ①술과 여자. 주음(酒淫). ¶주색에 빠지다. /주색을 멀리하다. ②얼굴에 나타난 술기운. ¶얼굴에 발갛게 주색이 돈다.

주색-잡기(酒色雜技)[-짭끼]**명** 술과 여자와 여러 가지 노름. ¶주색잡기에 빠져서 패가망신하다.

주서(朱書)**명하타** 붉은 먹이나 물감으로 글씨를 씀, 또는 그렇게 쓴 붉은 글씨. 단서(丹書).

주서(周書)**명** ①상서(尙書), 곧 서경(書經) 중에서 '태서(泰誓)로부터 진서(秦誓)까지의 32편'을 이르는 말. ②중국 당나라 태종의 명

(命)으로 영호덕분(令狐德棻)이 지은 북주(北周)의 역사책. 모두 50권임.

주서(洲嶼)**명** 강 어귀에 흙과 모래가 쌓여 삼각주처럼 된 섬. 주도(洲島).

주:서 (juicer)**명** 과일이나 푸성귀 따위를 갈아서 즙을 짜는 기구.

주석(主席)**명** ①주장되는 자리. ②회의나 연회 등을 주재하는 사람. ③(중국 등 일부 국가에서의) 국가(정부)나 정당의 최고 지위, 또는 그 지위에 있는 사람.

주석(朱錫)**명** 은백색의 광택이 나는 금속 원소의 한 가지. 주요 광석은 석석(錫石)으로 전성(展性)과 연성(延性)이 크고 녹슬지 않음. 공기 속에서 잘 변하지 않아 도금 및 여러 합금에 이용되며 납지로도 쓰임. 석(錫). [Sn/50/118.69]

주석(柱石)**명** ①기둥과 주춧돌. ②(어떤 분야에서) '가장 중요한 구실을 하는 사람'을 비유하여 이르는 말. 영동(楹棟).

주석(酒石)**명** 포도주를 만들 때, 발효가 진척되어 알코올이 증가함에 따라 밑으로 가라앉는 물질. 주석산(酒石酸) 및 그 화합물의 원료가 됨.

주석(酒席)**명** 술자리. ¶주석을 베풀다.

주:석(註釋·注釋)**명·하타·되자** (낱말이나 문장의 뜻을) 알기 쉽게 풀이함, 또는 그 글. 주해(註解). ¶주석을 달다. ㉣주(註).

주석-땜(朱錫-)**명·자타** 놋쇠나 주석을 녹여서 땜을 함, 또는 그 땜질.

주석-산(酒石酸) [-싼]**명** 과실 속에 들어 있는 주상 결정(柱狀結晶)의 이염기성 유기산. 무색 투명하며 시원한 신맛이 있어 청량음료·약제·물감 등의 제조에 쓰임.

주석산-칼륨(酒石酸Kalium) [-싼-]**명** 물에 녹고 신맛이 나는 무색의 결정체. 물감 및 약용으로 쓰임. 주석영(酒石英).

주석-쇠(朱錫-) [-쐬/-쒜]**명** 목조 건물의 나무와 나무를 잇는 곳이나 장식용으로 쓰는 놋쇠.

주석-영(酒石英)**명** ⇒주석산칼륨.

주석지신(柱石之臣) [-찌-]**명** 나라에 없어서는 안 될 가장 중요한 신하. 사직지신(社稷之臣).

주석혼-식(朱錫婚式) [-서콘-]**명** ⇒석혼식.

주선(周旋)**명·하타·되자** ①(일이 잘되도록) 여러 모로 두루 힘씀. ¶일자리를 주선해 주다. ②제삼국이 외부에서 분쟁 당사국의 화해를 도와주는 일.

주선(酒仙)**명** ①세속의 일을 초월하여 술을 즐기는 사람. ②⇒주호(酒豪).

주선-료(周旋料) [-뇨]**명** 어떤 일을 주선해 주고 그 대가로 받는 요금.

주선-성(周旋性) [-썽]**명** 주선을 잘하는 성질이나 재간.

주설(酒泄)**명** 술을 지나치게 마신 탓으로 위장 기능이 약화되어 나는 설사병.

주섬-주섬**부·하타** 여기저기 널린 물건을 하나씩 주워 거두는 모양. ¶옷가지를 주섬주섬 챙기다. /밤송이들을 주섬주섬 주워 담았다.

주성(主星)**명** 연성(連星) 가운데서 가장 밝은 별. ↔반성(伴星).

주-성(走性)**명** 외부로부터의 자극에 따라 일어나는 생물의 무의식적인 행동. 자극의 종류에 따라 주광성(走光性)·주기성(走氣性)·주류성(走流性)·주열성(走熱性)·주전성(走電性)·주지성(走地性) 등으로 나뉨. 자극원 쪽으로 이동할 때를 양이라 하고, 반대일 때를 음이라고 함. 추성(趨性).

주성(周星)**명** [별이 하늘을 한 바퀴 도는 동안이라는 뜻으로] '열두 해 동안'을 이르는 말.

주성(酒性)**명** ⇒주벽(酒癖).

주-성분(主成分)**명** ①어떤 물질을 이루고 있는 성분 가운데서 주되는 것. ↔부성분(副成分). ②문장을 이루는 데 없어서는 안 될 주된 성분. 〔주어·서술어·목적어·보어 따위.〕②으뜸조각. ⓑ부속 성분·독립 성분.

주세(酒洗)**명·하타·되자** 한방에서 약재(藥材)를 술에 씻는 일.

주세(酒稅)**명** 주류(酒類)에 매기는 소비세. 〔세율은 주류·도수(度數) 등에 따라 다름.〕

주세-불(主世佛)**명** 법당에 모신 부처 가운데서 으뜸가는 부처. ㉣주불(主佛).

주:소(住所)**명** ①〈거주소(居住所)〉의 준말. ¶소를 옮기다. /주소를 옮기다. ②법률에서, 실질적인 생활의 근거가 되는 곳을 이름.

주:소(奏疏)**명·하타** ⇒상소(上疏).

주소(晝宵)**명** 밤낮.

주:소(註疏·注疏)**명·하타** 경서(經書) 등 고전의 원문 따위를 자세히 풀이함, 또는 그 풀이. ¶금강경을 주소하다.

주:소-록(住所錄)**명** (친구나 거래처 등의) 주소를 적어 두는 장부.

주:소지-법(住所地法) [-뻡]**명** 당사자의 주소가 있는 곳의 법. 국제 사법상(私法上) 하나의 준거법(準據法)으로 인정되고 있음.

주속(酒贖)**명** 술을 빚거나 팔지 못하게 된 법령을 어긴 사람에게 물리던 벌금.

주속(紬屬)**명** 명주붙이.

주손(胄孫)**명** 맏손자.

주:송(呪誦)**명·하자** ⇒송주(誦呪).

주수(走獸)**명** 길짐승.

주수(株守)**명·하타** 주변머리 없이 어리석게 지키기만 함.

주수(酒嗽)**명** 한방에서, 술을 너무 마신 탓으로 술의 열기가 위 속에 남아 기침과 가래가 몹시 나는 병을 이르는 말.

주수^상반(酒水相半)**명** 한약을 달일 때 술과 물을 똑같은 분량으로 섞는 일.

주:수-세례(注水洗禮)**명** 개신교에서, 물로 머리 위를 적시며 하는 세례.

주순(朱脣)**명** ⇒단순(丹脣).

주순(酒巡)**명·하자** ⇒순배(巡杯).

주순-호치(朱脣皓齒)**명** ⇒단순호치(丹脣皓齒).

주:술(呪術)**명** 초자연적 존재나 신비적인 힘을 빌려 길흉을 점치고 화복을 비는 일, 또는 그런 술법. 주법(呪法).

주:술-사(呪術師) [-싸]**명** 주술로 재앙을 물리치거나 내리게 하는 신묘한 힘을 가졌다는 사람.

주:스(juice)**명** 과실이나 채소 등에서 짜낸 즙 또는 그것으로 가공한 음료. ¶딸기 주스.

주승(主僧)**명** 한 절의 주지로 있는 중.

주시(走時)**명** ①파동이 어떤 거리에까지 퍼지는 데 걸리는 시간. ②지진파가 진원(震源)에서 어떤 곳까지 도달하는 데 걸리는 시간.

주:시(注視)**명·하타·되자** ①눈여겨봄. 쏘아봄. ②(어떤 대상을) 온 정신을 기울여 살핌. ¶사태의 추이를 주시하다. ㉤응시(凝視).

주:시-점(注視點) [-쩜]**명** ⇒시점(視點).

주시행육(走尸行肉) 〔달리는 송장 또는 걸어다니는 고깃덩어리라는 뜻으로〕 '몸은 살아 있으되 아무 보람 없이 사는 사람'을 경멸하여 이르는 말.

주식(主食)명 〈주식물〉의 준말. ↔부식(副食).

주식(株式)명 ①주식회사의 자본을 이루는 단위. ¶주식에 투자하다. ㉱주(株). ②☞주주권(株主權). ③☞주권(株券).

주식(酒食)명 술과 밥. 주반(酒飯).

주식(晝食)명 점심밥.

주식^거:래(株式去來)[-꺼-]명 주식 시세를 이용하여 현물(現物) 없이 주식을 매매하는 일.

주식^금융(株式金融)[-끔늉/-끄뮹]명 ①기업체의 신설이나 확장 등에 필요한 자금을 주식의 발행·인수·매입 등의 수단을 통하여 공급하는 일. ②〈주식 담보 금융〉의 준말.

주:식-기(鑄植機)[-끼]명 활자의 문선과 주조·식자를 겸하는 기계. 〔모노타이프·라이노타이프·인터타이프 따위.〕

주식^담보^금융(株式擔保金融)[-땀-금늉/-땀-그뮹]명 주식을 담보로 하여 이루어지는 자금의 대차(貸借). ㉱주식 금융.

주-식물(主食物)[-싱-]명 평소의 끼니에서 주되는 음식. ¶쌀을 주식물로 하는 식생활. ㉱주식. ↔부식물(副食物).

주식^배:당(株式配當)[-빼-]명 주식회사에서 이익 배당의 일부 또는 전부를 현금으로 하지 않고 새로 발행하는 주식으로 하는 일. 주권 배당.

주식-비(主食費)[-삐]명 주식물을 사는 데 드는 비용. ↔부식비(副食費).

주식^시:장(株式市場)[-씨-]명 주식의 매매가 이루어지는 시장.

주식^양:도(株式讓渡)[-썅-]명 법률 행위에 따라 주주권(株主權)을 넘겨주는 일.

주식^자본(株式資本)[-짜-]명 주식으로 출자한 자본.

주-식점(酒食店)[-쩜]명 지난날, 술과 밥을 팔던 집. 보통, 길거리에서 장사하고 나그네는 치지 않음.

주식^중매(株式仲買)[-쭝-]명 주식 거래소에서 주식의 매매나 거래를 중매하는 일.

주식^합자^회:사(株式合資會社)[-시캅짜회-/-시캅짜훼-]명 주주(株主)와 무한 책임 사원으로 조직되는 회사.

주식-회사(株式會社)[-시쾨-/-시쿼-]명 주식의 발행을 통해 자금을 조달하며, 주주는 소유 주식에 따르는 권리와 의무를 가질 뿐, 회사의 채권자에 대해서는 책임을 지지 않는 회사.

주신(主神)명 〈제단에 모신〉 여러 신 가운데 주체가 되는 신.

주신(柱身)명 〈주두와 주추를 뺀〉 기둥의 몸.

주신(酒神)명 술의 신, 곧 그리스 신화의 디오니소스와 로마 신화의 바커스를 이르는 말.

주실(酒失)명하자 술에 취하여 저지른 실수.

주심(主心)명 줏대가 되는 마음. 굳게 먹은 일정한 마음.

주심(主審)명 ①주장이 되는 심사원이나 심판관. ②운동 경기에서, 여러 명의 심판 가운데 주장이 되어 경기를 진행시키고 심판하는 사람. ㉱⑧부심(副審).

주심(柱心)명 기둥의 중심.

주심(珠心)명 종자식물의 밑씨에서 주체를 이루는 부분.

주아(主我)명 남의 이해에는 아랑곳없이 자기의 이해만을 따지는 욕심.

주아(主芽)명 여러 싹 가운데서, 자라서 줄기가 되어 꽃을 피우거나 열매를 맺게 되는 싹.

주아(珠芽)명 탈바꿈한 곁눈의 한 가지. 양분을 저장하고 있어 살이 많은데, 모체에서 땅에 떨어져 무성적(無性的)으로 새 식물이 됨. 참나리와 마 따위의 잎겨드랑이에 생김. 살눈.

주아-주의(主我主義)[-의/-이]명 ☞이기주의.

주악명 떡을 괼 때 웃기로 쓰는 음식의 한 가지. 찹쌀가루에 대추를 이겨 끓는 물에 반죽하고, 설탕에 버무린 깨소 따위를 넣어 송편처럼 빚어서, 기름에 지져 꿀에 재운 떡.

주:악(奏樂)명하자되자 음악을 연주함, 또는 그 음악. ¶주악에 맞춰 행진하다.

주안(主眼)명 주되는 목표. 중요한 점.

주:안(奏案)명 상주(上奏)하는 글의 초안.

주안(酒案)명 〈주안상〉의 준말.

주안-상(酒案床)[-쌍]명 술상. ㉱주안.

주안-점(主眼點)[-쩜]명 주안을 두어 특별히 보는 점. ¶제품의 품질을 높이는 데 주안점을 두다.

주암-옹두리뼈 주먹처럼 생긴 소의 옹두리뼈.

주:앙(注秧)명하자 〈봄에〉 볍씨를 모판에 뿌림, 또는 그 일.

주액(肘腋)명 ①팔꿈치와 겨드랑이. ②'사물이 자기 몸 가까이 있음'을 비유하여 이르는 말.

주야(晝夜)명 밤낮. ¶주야로 공부하다.

주야-겸행(晝夜兼行)명하타 밤낮을 가리지 않고 계속해서 함. ¶작업을 주야겸행해서 끝내다.

주야-골몰(晝夜汩沒)명하자 밤낮을 가리지 않고 열중함.

주야불망(晝夜不忘)명하타 밤낮을 잊지 않음. ¶늘 잊지 않음.

주야불식(晝夜不息)[-씩]명하자 밤낮을 쉬지 않음.

주야-장단(晝夜長短)명 밤과 낮의 길고 짧음.

주야-장천(晝夜長川)부 밤낮을 쉬지 않고 잇달아서. 언제나. 늘. ¶주야장천 그리느니 임의 얼굴뿐이로다. ㉱장천(長川).

주야-품(晝夜風)명 밤과 낮에 따라 방향을 달리하여 부는 바람.

주약(主藥)명 처방이나 제제(製劑)에서 주성분이 되는 약.

주:약(呪藥)명 미개인 사이에서, 초자연적인 주력(呪力)이 있어 질병 따위를 고칠 수 있다고 믿는 물질.

주어(主語)명 ①문장의 주체가 되는 말. 체언이나 용언의 명사형·명사구·명사절 따위에 주격 조사 '이·가(때로는 보조사)'가 붙어서 이루어짐. 〔'하늘이 높다.', '바라보기가 민망스럽다.', '남북이 통일되기가 이리도 어려운가!' 등에서, '하늘이', '바라보기가', '남북이 통일되기가' 따위.〕 임자말. ↔서술어. ②☞주사(主辭).

주:어(主御)명하타되자 ☞주달(奏達).

주어-부(主語部)명 문장에서, 주어와 그것에 딸린 말들로 된 부분. 〔'저 하얀 건물이 우리 집이다.', '키가 제일 큰 철수가 우리 농구 팀의 주장이다.'에서 '저 하얀 건물이', '키가 제일 큰 철수가' 따위.〕 주부(主部). ↔서술부.

주어-절(主語節)명 문장에서 주어의 구실을 하는 명사절(名詞節). 임자마디. ㉱명사절.

주어-지다타 (일어나 문제를 짜거나 푸는 데 필요한 요소나 조건 따위가) 갖추어지거나 제시되다. ¶힌트가 주어지다. /주어진 시간 내에 문제를 푸시오.

주억부 고개를 앞뒤로 천천히 끄덕이는 모양. 주억-주억부하다.

주억-거리다[-꺼-]타 자꾸 주억주억하다. 주억대다. ¶박 군은 알았다는 듯이 고개를 두어 번 주억거렸다.

주억-대다[-때-]타 ☞주억거리다.

주업(主業)冏 주장이 되는 업무나 직업. ㊞본업(本業).

주:업(做業)冏하자 직업에 종사함.

주어미(酒--)冏 지게미. ¶ 糟粕은 술 주어미라(圓覺序68). /숈 주어미(救簡6:65).

주역(主役)冏 ①주되는 구실, 또는 주되는 구실을 하는 사람. ②통일의 주역. ②연극이나 영화 따위의 주되는 역할, 또는 주되는 역할을 맡아 하는 배우. ②↔단역(端役).

주역(周易)冏 삼경(三經)의 하나. 음양(陰陽)의 원리로 천지 만물의 변화하는 현상을 설명하고 해석한 유교의 경전. 〔중국 주나라 때 대성(大成)되어 '주역'이라고 함.〕역(易). 역경(易經). ㊞삼경(三經).

주:역(註譯)冏하타퇴자 주를 달면서 번역함, 또는 그 번역.

주역-선생(周易先生)[-썬-]冏 ①주역의 팔괘(八卦)를 풀어 길흉화복을 판단하여 주는 사람. ②점쟁이.

주역-언해(周易諺解)冏 조선 선조(宣祖) 때, 주역을 우리말로 번역한 책.

주연(主演)冏하자〔연극이나 영화 등에서〕 주인공으로 출연함. ⟨주연 배우⟩의 준말.

주연(朱硯)冏 주묵(朱墨)을 갈 때 쓰는 작은 벼루.

주연(周延)冏 형식 논리학에서, 어떤 개념의 판단이 그 개념의 외연(外延) 전체에 미칠 때, 그 개념을 이르는 말.〔곧, '모든 아버지는 남자이다.'에서 '아버지'와 '남자'는 주연 관계에 있음.〕

주연(周緣)冏 둘레의 가.

주연(酒宴)冏 술잔치. ¶ 주연을 베풀다.

주연(酒筵)冏 술자리.

주연^배우(主演俳優)冏〔연극이나 영화 등에서〕 주인공 역을 맡아 연기하는 배우. ㊞주연.

주열-성(走熱性)[-썽]冏 생물이 주위의 온도차에 따라 반응하는 성질. 추열성(趨熱性). 추온성(趨溫性). ㊞주성(走性).

주엽-나무冏 '쥐엄나무'의 잘못.

주영(珠纓)冏 구슬을 꿰어 만든 갓끈.

주옥(珠玉)冏 구슬과 옥.

주옥-같다(珠玉--)[-깓따]囟 주옥처럼 매우 아름답거나 귀하다. ¶ 주옥같은 시. 주옥같-이冏.

주옥-편(珠玉篇)冏〔많은 작품 가운데〕 가장 뛰어난 작품. 주옥편만 모은 선집(選集).

주요(主要)冏하자 주되고 중요함. ¶ 주요 인물. /주요한 시설.

주요-동(主要動)冏 지진에서, 초기의 미동(微動) 다음에 오는 비교적 진폭이 큰 진동.

주요-부(主要簿)冏⟨주요 장부⟩의 준말.

주요^삼화음(主要三和音)冏 삼화음.

주요-색(主要色)冏 주요 빛깔. 흔히, 빨강·노랑·파랑·초록의 네 가지 빛깔을 말함.

주요-성(主要性)[-썽]冏 주요한 성질이나 특성.

주요-시(主要視)冏하타퇴자 주요하게 여김.

주-요인(主要因)冏 여러 요인 가운데 가장 주된 것.

주요^장부(主要帳簿)冏 부기의 모든 계정을 포함하는 장부. 분개장(分介帳)과 원장(元帳)이 있음. ㊞주요부(主要簿).

주우(酒友)冏 술벗. 술친구.

주운(舟運)冏 배로 화물 따위를 나르는 일.

주워-대:다타 〔조리 없이〕 이 말 저 말 끌어다 대다. ¶ 질문과는 상관없는 말을 주워대다.

주워-듣다[-따][~들으니·~들어]타ㄷ ①귓결

에 한 마디씩 얻어듣다. ¶ 주워들은 소문. ②제대로 배우지 않고 건성으로 들어 알다.

주워-섬기다타 〔들거나 본 것을 옮기려고〕 말을 되는대로 죽 늘어놓다. ¶ 시시콜콜한 일까지 주워섬기며 수다를 떨다.

주:원(呪願)冏 법회 때, 중이 법어(法語)를 외며 시주(施主)나 죽은 사람의 복을 비는 일.

주-원료(主原料)[-월-]冏 주되는 원료.

주-원인(主原因)冏 ➡주인(主因).

주위(主位)冏 주되는 지위. 으뜸가는 자리.

주위(周圍)冏 ①둘레. 사방(四方). 사위(四圍). 울녘. ¶ 집 주위에 꽃을 심다. ②어떤 사람이나 사물을 둘러싸고 있는 환경. ¶ 그 사람의 됨됨이는 주위 사람들을 보면 알 수 있다. ③수학에서, 원의 바깥 둘레.

주위상책(走爲上策)冏〔삼십육계 중 최고라는 뜻으로〕 해를 입지 않으려면 달아나는 것이 제일 좋은 수라는 말.

주위-선(周圍線)冏 바깥 둘레의 선.

주위-염(周圍炎)冏 어떤 주되는 기관의 둘레에 생기는 염증.

주유(舟遊)冏하자 뱃놀이. 선유(船遊).

주유(周遊)冏하타 〔여러 곳을〕 두루 다니며 구경함. 주행(周行).

주유(侏儒)冏 ①난쟁이. ②따라지. ③지난날, 궁중에 있던 배우.

주:유(注油)冏하자퇴자 〔기계의 마찰 부분이나 자동차 따위에〕 기름을 치거나 넣음.

주:유-소(注油所)冏 시가(市街)나 도로의 요소요소에 특별한 장치를 설비하여 자동차에 기름을 넣어 주는 곳. 급유소(給油所).

주유-천하(周遊天下)冏하자 천하를 두루 다니며 구경함.

주육(酒肉)冏 술과 고기. 술과 안주.

주은(主恩)冏 ①기독교에서, '주의 은혜'를 이르는 말. ②군은(君恩). ③주인의 은혜.

주음(主音)冏 ➡으뜸음.

주음(酒淫)冏 ➡주색(酒色).

주:음-부호(注音符號)冏 중국에서 한자(漢字)의 발음을 나타내기 위하여 쓰이는 부호. 자음 21개, 모음 16개로 됨.

주의(主意)[-의/-이]冏 ①주되는 요지. 주지(主旨). ②천주(天主)의 뜻. ③감정이나 지성(보다) 의지를 중시하는 일.

주의(主義)[-의/-이]冏 〔사상이나 학설, 또는 사물의 처리 방법 따위에서〕 굳게 지켜 변하지 않는 일정한 이론이나 태도, 또는 방침이나 주장. ¶ 주의 주장이 강하다.

주의(周衣)[-의/-이]冏 두루마기.

주:의(注意)[-의/-이]冏하자 ①마음에 새겨 조심함. ¶ 주의 사항. ②경고나 충고의 뜻으로 일깨워 줌, 또는 그러한 말이나 짓. ¶ 따끔하게 주의를 주다. ③어떤 대상에 마음을 돌리거나 관심을 집중하여 기울임. ¶ 주의가 산만하다. /주의를 환기하다. ④심리학에서, 외부 환경이나 개체 내부의 여러 자극 가운데서 특정한 것을 분명하게 인정하거나, 그것에만 반응하는 마음의 선택적이고 집중적인 작용이나 상태.

주의(柱衣)[-의/-이]冏 기둥머리를 꾸미기 위하여 그린 단청.

주의(酒蟻)[-의/-이]冏 술구더기.

주의(紬衣)[-의/-이]冏 명주옷.

주:의-력(注意力)[-의/-이-]冏 한 가지 일에 마음을 집중하여 나가는 힘. ¶ 주의력이 떨어지다.

주:의-보(注意報) [-의-/-이-]圀 (기상대 등에서) 기상으로 말미암아 피해가 예상될 때 내는 예보. ¶대설(大雪) 주의보. ㉛기상 주의보.

주의-설(主意說) [-의-/-이-]圀 ⇨주의주의.

주의-자(主義者) [-의-/-이-]圀 어떤 주의를 굳게 믿어 그것을 내세워 주장하는 사람.

주의-주의(主意主義) [-의-의-/-이-이-]圀 ①일반적으로, 감정이나 지성보다도 의지를 앞세우는 사고방식. ②철학에서, 의지를 존재의 본질이라고 보는 처지. ③심리학에서, 의지를 심적 생활의 근본 기능으로 보는 처지. ④윤리학에서, 의지가 양심이나 이성을 초월하여 모든 윤리적 과제의 중심이라고 하는 주의. ⑤신학에서, 의지를 모든 종교 활동의 근원으로 보고 축복은 의지의 활동이라고 하는 주의. 주의설(主意說).

주의계야(晝而繼夜) [-계-/-게-]圀㉑짜 밤낮으로 쉬지 않고 일함.

주익(主翼)圀 비행기 동체의 중앙부에서 좌우로 뻗은 날개. 비행기를 뜨게 하고 공중에서 기체를 지탱하는 중요 부분임.

주인(主人)圀 ①한 집안이나 단체 등을 꾸려 나가는 주되는 사람. ¶나라의 주인이 될 어린이들. ②물건의 임자. ③손을 맞이하는 사람. ↔객. ④고용 관계에서의 고용주. ⑤'남편'을 달리 일컫는 말. ㉛권.

주인 모를[모르는]공사 없다[옥답] 주장하는 사람이 알지 못하는 일은 되지 않는다는 말.

주인 보탤 나그네 없다[옥답] 나그네는 아무래도 주인에게 손해를 끼치게 된다는 말.

주인(主因)圀 가장 근본(根本)이 되는 원인. 주원인. ↔부인(副因).

주인-공(主人公)圀 ①사건, 또는 소설·연극·영화 따위의 중심인물. ②어떤 일에서 중심이 되거나 주도적인 역할을 하는 사람. ¶화제의 주인공. /역사의 주인공. ㉛주공(主公).

주인-댁(主人宅) [-땍]圀 ①〈주인집〉의 높임말. ②안주인.

주인-봉(主人峯)圀 풍수설에서, '묏자리·집터·도읍터 따위의 가까운 곳에 있는 가장 높은 산봉우리'를 이르는 말. 주봉(主峯).

주인-옹(主人翁)圀 '늙은 주인(主人)'을 점잖게 일컫는 말.

주인-장(主人丈)圀 '주인(主人)'을 높이어 일컫는 말. ㉛귀인장.

주인-집(主人-) [-찝]圀 주인(主人)이 사는 집. ㉛주인댁.

주일(主一)圀㉑짜 마음을 한곳에 모음. 정신을 집중함.

주일(主日)圀 기독교에서, 일요일을 이르는 말. 〔예수가 부활한 날이 일요일이었다는 데서 유래함.〕성일(聖日).

주일(週日)Ⅰ圀 월요일부터 일요일까지의 이레 동안. ¶지난 주일의 수요일에 만났다.
Ⅱ의 날수의 '이레'를 한 단위로 나타내는 말. ¶한 주일 내내 비가 내렸다. /3주일 동안 치료하다.

주일^학교(主日學校) [-꾜]圀 '교회 학교'의 구용어.

주임(主任)圀 ①어떤 임무를 주로 담당하여 관리함, 또는 그 사람. ②어떤 임무를 맡은 여러 사람 가운데서 주장이 되는 사람. ¶교무(敎務) 주임.

주:임-관(奏任官)圀 갑오개혁 이후에 제정된 관계(官階)의 한 가지. 여러 대신이 추천하여

임금이 임명하였음. 일본식 관계(官階)를 본뜬 것임.

주임^교:수(主任敎授)圀 주로 대학에서, 어떤 전문 학과나 학부의 주임이 되는 교수.

주:입(注入)圀㉑타㉑짜 ①액체를 물체 안에 흘려 넣음. ¶혈관에 주사액을 주입하다. ②지식을 기계적으로 기억하거나 하여 가르침. 〔'계발(啓發)'에 대하여 이르는 말.〕③어떤 사상 따위를 남의 의식(意識)에 새겨지도록 가르침. ¶사회주의 사상 주입.

주:입(鑄入)圀㉑타 ①녹인 쇳물을 거푸집에 부어 넣음. ②조각물에, 조형법의 한 가지. 석고로 된 판에 맨 흙을 이겨서 박는 것.

주:입^교:육(注入敎育) [-꾜-]圀 능력 계발이나 이해보다는 지식의 주입에 중점을 두는 교육. ↔개발 교육·계발 교육.

주:입-식(注入式) [-씩]圀 ①(무엇을) 주입하는 방식. ②주입 교육에 따라 베푸는 교육 방식.

주:입-주의(注入主義) [-주의/-주이]圀 아동 교육에서, 주입 교육에 치중하려는 경향, 또는 그런 교육상의 주의. ↔개발주의.

주자(舟子)圀 뱃사공.

주:자(走者)圀 ①달리는 사람. ¶대표 주자./선두 주자./400 m 릴레이의 마지막 주자. ②야구에서, 아웃 되지 않고 누(壘)에 나가 있는 사람. ¶3루 주자.

주:자(奏者)圀 〈연주자(演奏者)〉의 준말.

주자(酒榨)圀 ⇨술주자.

주:자(鑄字)圀 쇠붙이를 녹여 부어 활자를 만듦, 또는 그렇게 만든 활자.

주자-석(朱子石)圀 석회암 가운데 황화 제이수은이 들어 있어 주홍빛 무늬를 띤 돌. 도장을 새기는 재료나 장식용으로 쓰임. 계혈석(鷄血石).

주:자-소(鑄字所)圀 조선(朝鮮) 시대에, 활자를 만들던 직소(職所).

주:자-쇠(鑄字-) [-쇠/-쉐]圀 ⇨활자금(活字金).

주-자재(主資材)圀 직접 제품의 원료가 되어 제품화되는 자재.

주자-학(朱子學)圀 중국 송나라 때의 주희(朱熹)가 대성한 유학. 이기(理氣)와 심성(心性)에 근거하여 실천 도덕과 인격 및 학문의 성취를 역설함. 성리학(性理學). 송학(宋學). 정주학(程朱學).

주작(朱雀)圀 ①사신(四神)의 하나. 남방을 지킨다는 신. 붉은 봉황을 형상화하여 무덤이나 관(棺)의 앞(남쪽)에 그렸음. ②이십팔수 중에서 남쪽에 있는, 정(井)·귀(鬼)·유(柳)·성(星)·장(張)·익(翼)·진(軫)의 일곱 별을 통틀어 이르는 말.

주:작(做作)圀㉑타㉑짜 없는 사실을 꾸며 만듦. 주출(做出).

주:작-부언(做作浮言) [-뿌-]圀㉑짜 터무니없는 말을 지어냄.

주잠(酒箴)圀 절주(節酒)를 깨우치는 말.

주잠(珠簪)圀 구슬로 꾸민 비녀.

주장(主張)圀㉑타 ①㉑짜자기의 학설(學說)이나 의견 따위를 굳게 내세움, 또는 그 학설이나 의견. ¶남녀 평등을 주장하다. ②㉑짜⇨주재(主宰). ③민사 소송에서, 당사자가 자기에게 유리한 법률 효과나 사실을 진술함, 또는 그 행위.

주장(主將)圀 ①한 군대의 으뜸가는 장수. ②운동 경기에서, 한 팀을 대표하는 선수. ¶대표 팀 주장.

주장(主掌)명하타 책임지고 맡아서 함.

주장(朱杖)명 붉은 칠을 한 몽둥이. 주릿대 따위, 신장(訊杖)이나 무기로 썼음. 주장대.

주장(拄杖)명 몸을 기대는 지팡이.

주장(主張)명하타 실없이 떠벌림. 허튼소리로 지껄임.

주:장(注腸)명 (약물이나 자양액 따위를) 항문을 통하여 직장(直腸) 안에 넣는 일.

주장(酒場)명 술도가. 술 파는 곳.

주장(譸張)명하타되자 터무니없는 거짓말로 남을 속임.

주:장(鑄匠)명 ①놋갓장이. ②조선 시대에, 주자소에서 주자(鑄字)를 붓던 공장(工匠).

주장-낙토(走獐落兎)명 [노루를 쫓다가 생각지도 않은 토끼가 걸렸다는 뜻으로] '뜻밖의 이익을 얻음'을 이르는 말.

주장-대(朱杖-)명 ☞주장(朱杖).

주장-야단(晝長夜短)[-냐-]명 하지(夏至) 무렵에, '낮은 길고 밤은 짧음'을 이르는 말. ↔주단야장(晝短夜長).

주장-질(朱杖-)명하자 ①주장으로 매질함. 또는 그 매질. ②몹시 나무라거나 때림, 또는 그 짓.

주재(主材)명 ①☞주재료(主材料). ②신주(神主)를 만드는 데 쓰이는 재목.

주재(主宰)명하타되자 책임지고 맡아서 처리함, 또는 그 사람. 주장(主張). ¶국무총리 주재의 실업 대책 회의가 열리다.

주:재(奏裁)명하타되자 임금에게 상주(上奏)하여 재가(裁可)를 받음.

주:재(駐在)명하자 ①일정한 곳에 머물러 있음. ②직무상 파견된 곳에 머물러 있음. ¶파리에 주재하며 취재 활동을 하다.

주:재-국(駐在國)명 (대사나 공사 등 외교관이) 주재하고 있는 나라.

주-재료(主材料)명 주되는 재료. 주재.

주:재-소(駐在所)명 ①파견되어 머물러 있는 곳. ②일제 강점기에, 순사(巡査) 등이 맡은 구역 안에 머물러 근무를 하던 곳.

주:재-원(駐在員)명 (어떤 곳에 파견되어) 머물러 있는 사람.

주저(主著)명 주되는 저서.

주:저(呪詛)명하타 ☞주주(呪呪).

주저(躊躇)명하자되자 머뭇거리거나 나아가지 못하고 망설임. 자저(趑趄).

주저-롭다[-따][~로우니·~로워]형ㅂ 넉넉하지 못하여 매우 아쉽다. 주저로이부

주저리명 (작은 물건이) 많이 매달렸거나 묶이어 있는 것을 이르는 말. ¶포도 주저리. /배추 주저리. 쫄조자리.

주저리-주저리명부 ①(작은 물건이) 어지럽게 많이 매달리거나 벌여 있는 모양. ¶탐스러운 보석처럼 주저리주저리 열린 포도송이. ②너저분하게 이것저것 끊임없이 이야기하는 모양. ¶평소 말이 없던 그가 술이 들어가니 주저리주저리 중얼거리기 시작했다.

주저-앉다[-안따]자 ①섰던 자리에서 힘없이 바닥에 앉다. ¶방바닥에 털썩 주저앉다. ②(쌓이거나 서 있던) 물건의 밑이 뭉그러지거나 움푹하게 빠져 허물어지다. ¶장마에 축대가 폭싹 주저앉았다. ③(하기 싫거나 힘에 겨워) 하던 일을 그만두다. ¶아무리 힘겹다 해도 예가지 와서 주저앉을 수는 없지. ④일정한 곳에 그대로 자리 잡고 살다. ¶친구는 요양하러 시골로 갔다가 아예 그곳에 주저앉았다.

주저앉-히다[-안치-]타 ['주저앉다'의 사동] 주저앉게 하다.

주저-주저(躊躇躊躇)부하자타 머뭇머뭇하고 망설망설하는 모양.

주저-탕(-湯)명 쇠족을 잘게 썰어 끓인 국물에 밀가루를 풀고, 무 얇게 썰어 넣어 죽처럼 끓인 국. [흔히, 제사에 씀.]

주적(酒積)명 한방에서 이르는 적병(積病)의 한 가지. 주체(酒滯)가 원인이 되어 생기며, 가슴이 뭉클하고 얼굴이 검누렇게 됨.

주:적(籌摘)명하타 대강 어림하여 치는 셈.

주적-거리다[-꺼-]자 자꾸 주적주적하다. 주적대다. 쫄조작거리다.

주적-대다[-때-]자 주적거리다.

주적-주적[-쩍-]부하자 ①걸음발타는 어린아이가 제멋대로 걷는 모양. ②아는 체하며 마구 떠드는 모양. 쫄조작조작.

주전(主戰)명하자 ①전쟁하기를 주장함. ↔주화(主和). ②주력이 되어 싸움. ¶주전 선수.

주전(周全)명 '주전하다'의 어근.

주:전(鑄錢)명하자 쇠를 녹여 돈을 만듦, 또는 그 돈. 주화(鑄貨).

주전-거리다타 자꾸 주전주전하다. 주전대다. 쫄조잔거리다.

주전-대다타 주전거리다.

주전-론(主戰論)[-논]명 싸우기를 주장하는 의견이나 이론. ↔주화론.

주-전립(朱氈笠)[-절-]명 ☞군뢰복다기.

주전-부리명하자 군음식을 때없이 자꾸 먹는 짓. 군것질. ¶주전부리를 많이 해 입맛이 없다. 쫄조잔부리.

주:전-성(走電性)[-썽]명 생물이 전류(電流)의 자극에 따라 반응하는 성질. 추전성(趨電性). 쫄주성(走性).

주전자(酒煎子)명 술이나 물 따위를 데우거나, 그것을 담아 잔에 따르게 된 그릇을 통틀어 이르는 말.

주전-주전[-쩐-]부하자 군음식을 때없이 자꾸 먹는 모양. 쫄조잔조잔.

주전-하다(周全-)형여 빈틈없이 두루 온전하다.

주절(主節)명 두 절이 한 문장을 이룰 때, 앞절인 종속절에 대하여 주가 되는 뒤의 절을 이르는 말. [가령, '소나기가 오니 마음이 후련하다.'에서 '마음이 후련하다' 따위.] 으뜸마디. ↔종속절.

주절-거리다자타 자꾸 주절주절하다. 주절대다. 쫄조절거리다.

주절-대다자타 주절거리다.

주절-주절[1]부하자타 낮은 목소리로 중얼거리는 모양. 쫄조잘조잘.

주절-주절[2]부하형 ①과실 따위가 많이 매달렸거나 어우러져 있는 모양. ¶가지가 휘도록 주렁주렁 달린 사과. ②끄나풀 따위가 너절너절 매달린 모양. ②쫄조잘조잘[2].

주점(主點)[-쩜]명 주요한 군데. 요점(要點).

주점(朱點)명 붉은 먹이나 잉크로 찍은 점.

주점(酒店)명 술집.

주점^사기(朱點沙器)명 석록(石綠)으로 점을 찍어 만든 사기. 석록에 산화동의 함량이 많아 사기의 표면에 붉은 빛깔로 나타남.

주접명 사람이나 생물이 탈이 생기거나 하여 제대로 잘 자라지 못함. 쫄조잡.

주접(이) 들다관용 ①잔병이 많아 잘 자라지 못하고 비리비리 시들다. ②살림살이가 쪼들리다. ③몸차림이 추해지다.

주접-떨다[~떠러·~떨어]짜 (추하고 염치없게) 상식 밖의 말이나 행동을 하다.

주접-스럽다[-쓰-따] [~스러우니·~스러워] 형비 ①(주로 음식에 대하여) 더럽고 염치없이 욕심을 부리는 태도가 있다. ②생김새가 불품이 없거나 허술하다. 주접조스레甲.

주정 (主情)명 (이성이나 지성보다) 감정이나 정서를 주로 함. ↔주지(主知).

주정 (舟艇)명 몸체가 작은 배. ¶상륙용 주정.

주:정 (酒酊)명하자 술에 취하여 정신없이 마구 하는 난잡한 말이나 짓. 술주정. ¶주정을 부리다.

주정 (酒精)명 알코올의 한 가지. 술의 주성분으로서 주로 녹말로 만드는 무색투명한 액체. 방향(芳香)과 쓴맛이 있으며, 흥분·마취시키는 작용을 함. 알코올. 에탄올. 에틸알코올.

주정-계 (酒精計) [-게/-게]명 알코올 수용액 속의 알코올을 함유량을 재는 비중계.

주정-꾼 (酒酊-)명 주정을 잘 부리는 사람.

주정^발효 (酒精醱酵)명 ⇨알코올 발효.

주정-배기 (酒酊-)명 <주정쟁이>의 속된 말.

주정-뱅이 (酒酊-)명 <주정쟁이>의 속된 말.

주정-분 (酒精分)명 알코올의 성분.

주정-설 (主情說)명 ⇨주지설.

주정-음료 (酒精飮料) [-뇨]명 알코올 성분이 들어 있는 음료.

주정-쟁이 (酒酊-)명 술에 취하면 주정하는 버릇이 있는 사람.

주정-주의 (主情主義) [-의/-이]명 정신생활에서 이성이나 지성보다 감정이나 정서를 주로 하는 처지. 문학이나 기타 예술에서 낭만주의가 이 경향을 대표함. 주정설(主情說).

주정-질 (酒酊-)명 주정을 부리는 짓.

주:-정차 (駐停車)명 주차와 정차를 아울러 이르는 말. ¶주정차 금지 구역.

주제명 ①<주제꼴>의 준말. ②변변치 못한 처지. 《주로, '주제에'의 꼴로 쓰임.》 ¶뭐, 네 주제에 남을 돕겠다고?

주제 (主祭)명하타 제사를 주장하여 지냄, 또는 그 사람.

주제 (主劑)명 조제할 때 주가 되는 약.

주제 (主題)명 ①(연설이나 토론 따위의) 주요한 제목, 또는 중심이 되는 문제. ¶토론의 주제. /세미나 주제와 관련이 없는 발언. ↔부제(副題). ②예술 작품이 작가가 그리려고 하는 중심 제재나 사상, 또는 악상(樂想). ¶소설의 주제. /심각한 주제를 해학적으로 표현하다.

주제 (酒劑)명 약재를 술에 녹여 만든 약.

주제-가 (主題歌)명 영화나 연극 등에서 부르는, 주제와 관계가 깊은 노래, 또는 주제를 나타내는 노래. 영화 주제가.

주제-꼴명 변변치 못한 몰골. 㑳주제.

주제-넘다[-따]형 말이나 하는 짓이 제 분수에 넘게 건방지다. ¶주제넘는 행동을 하다.

주제^소:설 (主題小說)명 기분이나 정조(情調)보다 어떤 일관된 사상이나 주의를 주된 내용으로 하여 쓰여진 소설. 테마 소설.

주제^음악 (主題音樂)명 ⇨테마 뮤직.

주조 (主調)명 어떤 악곡에서 중심이 되는 가락. 주조음(主調音).

주조 (主潮)명 (한 시대나 사회의) 중심적인 사상이나 문화의 흐름, 또는 경향.

주조 (酒造)명하타되자 술을 빚어 만듦.

주조 (酒槽)명 ⇨술주자.

주조 (酒糟)명 ⇨재강.

주:조 (鑄造)명하타되자 녹인 쇠붙이를 거푸집에 부어 필요한 물건을 만듦. ¶동전을 주조하다.

주:조-기 (鑄造機)명 활자를 주조하는 기계.

주조-음 (主調音)명 ⇨주조(主調).

주조-장 (酒造場)명 ⇨술도가.

주졸 (走卒)명 여기저기 바쁘게 돌아다니며 남의 심부름이나 하는 사람.

주종 (主宗)명 여러 가지 가운데 주가 되는 것. ¶주종 농산물. /남자들은 모이기만 하면 군대 이야기가 화제의 주종을 이룬다.

주종 (主從)명 ①주인과 종자(從者). ¶주종 관계. ②주되는 사물과 그에 딸린 사물.

주:종 (鑄鐘)명하타 종을 주조(鑄造)함.

주주 (株主)명 주식회사에 출자한 사람. 주식을 가지고 직·간접으로 회사 경영에 참여하는 개인 또는 법인.

주주객반 (主酒客飯) [-빤]명 주인은 손에게 술을 권하고, 손은 주인에게 밥을 권하며 다정히 먹고 마심을 이름.

주주-권 (株主權) [-꿘]명 주주가 회사에 대하여 갖는 권리와 의무. 주권(株式).

주주^총:회 (株主總會) [-회/-훼]명 주식회사의 주주로 구성되어, 회사의 중요 사항을 심의하고 결정하는 최고 의결 기관.

주줄-이甲 죽 늘어선 모양.

주중-적국 (舟中敵國) [-꾹]명 [한배를 탄 자기 편 속에도 적이 있다는 뜻으로] '군주가 덕을 닦지 아니하면 자기 편일지라도 모두 적이 될 수 있음'을 이르는 말.

주즙 (舟楫)명 ['배와 삿대'라는 뜻으로] 배와 이에 딸린 모든 것을 통틀어 이르는 말.

주증 (主症)명 어떤 병의 주된 증세.

주지 (主旨)명 ①주(主)되는 뜻. 근본(根本)이 되는 취지. 주의(主意). ②가톨릭에서, 천주(天主)의 성지(聖旨).

주지 (主知)명 감성보다 지성을 주로 하는 것. ↔주정(主情).

주지 (主枝)명 ⇨원가지.

주:지 (住持)명 [안주하여 법을 보존한다는 뜻으로] 한 절을 책임지고 맡아보는 중. 㑳방장(方丈).

주지 (周知)명하타되자 (여러 사람이) 두루 앎. 널리 앎. ¶주지의 사실.

주지 (周紙)명 두루마리.

주:지 (注旨)명 승지(承旨)가 임금 앞에서 왕명을 받아쓰던 종이.

주-지사 (州知事)명 (미국 등 일부 국가에서) 주(州)의 행정 사무를 총괄하는 자치 단체장.

주지-설 (主知說)명 ⇨주지주의. ↔주정설.

주:지-성 (走地性) [-썽]명 생물이 중력에 따라 반응하는 성질. 추지성(趨地性). 㑳주성(走性).

주지-시 (主知詩)명 (감정보다는) 지성을 중시하는 예술 의식이나 시작(詩作) 태도로 쓰어진 시.

주지-육림 (酒池肉林) [-늄]명 [술은 못을 이루고 고기는 숲을 이룬다는 뜻으로] '호사스러운 술잔치'를 이르는 말. [중국 은나라 주왕의 고사에서 유래함.]

주지-주의 (主知主義) [-의/-이]명 ①일반적으로 감정이나 정서보다 이성이나 지성을 중시하는 사고방식. ②철학에서, 인식이나 존재의 근본, 또는 도덕적인 의지 따위는 이성이나 지성에 기초한다는 처지. 주지설(主知說). ③문학에서, 감정이나 정서보다 이지(理知)를 중시하는 경향.

주진(主震)圓 소규모의 지진이 있기 전이나 있은 뒤에, 같은 지역에서 일어나는 큰 지진. 참전진(前震).

주징(酒癥)圓 한방에서, '만성화된 알코올 중독증'을 이르는 말.

주:차(駐車)圓하타되자 자동차를 세워 둠. ¶ 주차 금지 구역.

주:차(駐箚)圓하자 (관리가) 공무로 다른 나라에 머무름. 찰주(札駐).

주:차-대:사(駐箚大使)圓 임지에 나가 그 나라에 머물러 있는 대사.

주:차-장(駐車場)圓 자동차를 세워 두도록 마련한 곳. ¶ 임시 주차장. /유료 주차장.

주착(主着)圓 '주책'의 잘못.

주찬(酒饌)圓 ☞주효(酒肴).

주찬(晝餐)圓 ☞오찬(午餐).

주:찬(誅竄)圓하타 형벌로 죽이는 일과 귀양 보내는 일.

주찰(周察)圓하타 빠짐없이 두루 살핌.

주창(主唱)圓하타되자 앞장서서 부르짖음. 주장이 되어 이끎.

주채(酒債)圓 술값으로 진 빚. 술빚.

주책(←主着)圓 ①일정한 생각이나 줏대. ②일정한 생각이나 줏대가 없이 되는대로 하는 짓. ¶ 주책을 부리다. /주책을 떨다.

주:책(誅責)圓하타 (허물 따위를) 엄하게 꾸짖고 나무람.

주:책(籌策·籌策)圓하타 이리저리 따진 끝에 생각한 꾀.

주책-망나니(←主着-)[-쳉-]圓 '주책없는 사람'을 욕으로 이르는 말.

주책-바가지(←主着-)[-빠-]圓 '주책없는 사람'을 조롱하여 이르는 말.

주책-없다(←主着-)[-채껍따]圓 자꾸 이랬다저랬다 하여 도무지 요량이 없다. 주책없-이튀 ¶ 주책없이 굴다.

주척(主尺)圓 '어미자'의 구용어.

주척(周尺)圓 한 자가 곱자로 6치 6푼이 되는 자. 주로, 도로나 토지의 측정에 쓰임.

주천(朱天)圓 구천(九天)의 하나. 남서쪽 하늘.

주천(周天)圓하자 천체가 궤도를 한 바퀴 도는 일.

주:천(奏薦)圓하타되자 (벼슬아치를) 임금에게 천거함.

주:철(鑄鐵)圓 무쇠.

주:철-관(鑄鐵管)圓 무쇠로 만든 관. 수도나 가스 따위의 도관(導管)으로 쓰임.

주:청(奏請)圓하타 임금에게 아뢰어 청함. 계청(啓請).

주:청-사(奏請使)圓 조선 시대에, 동지사(冬至使) 등의 정기적인 사신 이외에 중국에 청할 일이 있어 보내던 사신.

주체圓하타 《주로 '못하다'·'없다'와 함께 쓰이어》 짐스럽고 귀찮은 일을 겪어 내거나 처리함, 또는 그러한 물건(일). ¶ 혼자서는 주체할 수 없었다. /주체하지 못할 일.

주체(가) 어지럽다관용 짐스럽고 귀찮아 정신이 어수선하다.

주체(를) 못 하다관용 짐스럽고 귀찮아 감당을 못하다. ¶ 할 일이 너무 많아 주체를 못 하겠다.

주체(主體)圓 ①사물의 주되는 부분이나 중심이 되는 것, 또는 사물의 작용이나 어떤 행위의 주가 되는 것. ¶ 역사의 주체. ②객관에 대한 주관으로서의 자아, 곧 객체에 대하여 행

위나 작용을 끼치는 것. ↔객체(客體). ③☞주사(主辭).

주체(酒滯)圓 술을 마셔서 생기는 체증.

주체-궂다[-굳따]圓 몹시 주체스럽다.

주체^높임법(主體-法)[-뻡]圓 높임법의 한 갈래. 문장의 주체가 되는 대상을 높이는 법. 직접 높임과 간접 높임이 있음. 직접 높임은 용언의 어간에 높임의 선어말 어미 '-시-'가 붙으며, 주체에는 존칭사 '-님'이나 '계서'·'께옵서' 등이 붙어 용언과 어울림. 간접 높임은 높일 대상의 몸 부분, 지닌 물건, 주체와 관련된 사물의 말 등에 '-시-'를 붙여 높임. ('어머니, 선생님께서 오십니다.', '그분은 아직도 귀가 밝으십니다.' 따위). 참상대 높임법.

주체-성(主體性)[-썽]圓 자기의 의지나 판단에 바탕을 둔 태도나 성질. ¶ 주체성을 확립하다.

주체-스럽다[-따][~스러우니·~스러워]圓비 처리하기가 어렵거나 힘들어 짐스럽고 귀찮다. 주체스레튀

주체-적(主體的)관圓 주체에 관한 (것). 주체의 성질을 가지는 (것).

주쳇-덩어리[-체덩-/-첻덩-]圓 '주체하기가 몹시 어려운 사물이나 사람'을 속되게 이르는 말.

주초(主礎)圓 '주추'의 잘못.

주초(酒炒)圓 한방에서, 약재를 술에 담갔다가 건져 내어 볶는 일을 이르는 말.

주초(酒草)圓 술과 담배.

주초(週初)圓 한 주일의 첫머리. 참주말.

주:촉(嗾囑)圓하타되자 남을 꾀어 부추겨서 시킴.

주촉-성(走觸性)[-썽]圓 정자(精子)나 원생동물 등에서, 다른 물체와의 접촉이 자극이 되어 일어나는 주성(走性).

주:최(主催)[-최/-췌]圓하타되자 (어떤 행사나 회합 따위를) 주장하여 엶.

주:최-자(主催者)[-최-/-췌-]圓 주최하는 개인이나 단체.

주추(←柱礎)圓 기둥 밑에 괴는 물건.

주축(主軸)圓 ①(몇 개의 축을 가진 도형이나 물체에서) 주되는 축. ②원동기에서 직접 동력을 전하는 축. ③전체 가운데서 중심이 되어 영향을 미치는 존재나 세력. ¶ 팀의 주축 선수 두 명이 부상으로 결장하였다.

주축-일반(走逐一般)圓 〔달아나는 것이나 뒤쫓아가는 것이나 다 같은 것이라는 뜻으로〕 '다같이 그른 짓을 한 바에는 나무라는 사람이나 나무람을 받는 사람이나 옳지 않기는 마찬가지'라는 말.

주:춘-증(注春症)[-쯩]圓 한방에서, 봄을 몹시 타는 병증을 이르는 말.

주:출(做出)圓하타되자 ☞주작(做作).

주:출(鑄出)圓하타 주형(鑄型)에 넣어서 만들어 냄.

주춤튀 약간 놀라거나 망설이는 몸짓으로, 하던 동작을 갑자기 멈추거나 몸을 움츠리는 모양. ¶ 할아버지의 호통에 주춤했다.

주춤-거리다자타 자꾸 주춤주춤하다. 주춤대다. 참조촘거리다.

주춤-대다자타 주춤거리다.

주춤-병(-病)[-뼝]圓 무슨 일을 주춤거리며 머뭇거리고 잘 해내지 못하는 버릇. 참조촘병.

주춤-주춤튀자타 ①선뜻 나아가지 못하고 망설이며 조금씩 움직이는 모양. ¶ 주춤주춤 앞으로 걸어 나가다. ②무슨 일을 할까 말까 망설이며 자꾸 머뭇거리는 모양. ¶ 잠시 주춤주춤하다가 돈을 꺼내 놓다. 참조촘조촘.

주춧-돌(←柱礎-)[-추똘/-춛똘]명 주추로 괸 돌. 모퉁잇돌. 초석(礎石). ¶주춧돌을 놓다.

주충(酒蟲)명 〔술 벌레라는 뜻으로〕 '술에 미쳐 다시miss 된 사람'을 조롱하여 이르는 말.

주치(主治)명하타 (한 사람의 의사가) 주로 맡아서 치료함.

주치(酒痔)명 한방에서, 술을 지나치게 마셔서 생기는 치질을 이르는 말. 항문이 부어오르고 피가 나옴.

주치-의(主治醫)[-의/-이]명 (어떤 사람의 건강 상태나 병을) 주로 맡아서 상담에 응하거나 치료를 해 주는 의사.

주침(酒浸)명하타되자 한방에서, 약재를 술에 담가 두는 일.

주침(晝寢)명 낮잠.

주침-야소(晝寢夜梳)[-냐-]명하자 낮에 자는 일과 밤에 머리를 빗는 일. 〔건강에 해롭다고 함.〕

주:크박스(jukebox)명 자동 전축. 동전을 넣고 원하는 곡의 단추를 누르면 자동적으로 그 음악이 나오게 된 장치.

주탕(酒湯)명 술국.

주:택(住宅)명 사람이 들어 살 수 있게 지은 집. 거택(居宅). 주가(住家). ¶무허가 주택. / 주택을 마련하다.

주:택-가(住宅街)[-까]명 주택이 많이 들어서 있는 지역, 또는 그 길거리.

주:택-난(住宅難)[-땐-]명 주택이 모자라서 겪는 어려움. ¶대도시의 주택난.

주:택^단지(住宅團地)[-딴-]명 (일반 주택이나 아파트 따위) 주택을 집단으로 건설한 지역.

주:택-지(住宅地)[-찌]명 ①주택이 많이 들어서 있는 지역. ②(위치·환경 등의 조건이) 주택을 짓기에 알맞은 땅.

주토(朱土)명 ①붉은 흙. ②석간주(石間硃).

주툣-빛(朱土-)[-토삗/-톧삗]명 (주토의 빛깔과 같이) 붉은 빛깔. *주툣빛이[-토삐치/-톧삐치]·주툣빛만[-토삔/-톧삗-].

주:트(jute)명 황마(黃麻)의 줄기에서 얻는 섬유. 포장용의 천이나 마대, 또는 캔버스 따위의 원료로 쓰임.

주-특기(主特技)[-끼]명 ①주된 특기. ¶그의 특기는 뒤집기가 주특기다. ②군대의 기본 교육 과정을 마친 군인이 각자의 교육·경력·소양 따위를 바탕으로 한 전문 교육을 받음으로써 얻게 되는 특기.

주파(走破)명하타 정해진(예정된) 거리를 끝까지 달림. ¶전 구간을 두 시간에 주파하다.

주파(周波)명 같은 모양의 파동이 주기적으로 되풀이될 때의 그 파동의 한 차례.

주파(酒婆)명 술을 파는 노파.

주파-수(周波數)명 1초 동안에 되풀이되는 주파의 횟수.〔단위는 사이클(cycle) 또는 헤르츠(hertz).〕¶주파수를 맞추다. 全진동수.

주파수^변:조(周波數變調)명 전파에 의하여 음성이나 영상의 신호를 보내는 방식의 한 가지. 신호에 따라 반송파(搬送波)의 주파수를 변화시키는 방식으로, 진폭 변조(振幅變調)에 비하여 잡음이 적음. 에프엠(FM). ↔진폭 변조.

주:판(籌板·珠板)명 ⇨수판(數板).
　주판(을) 놓다관용 ⇨수판(을) 놓다.

주:판(籌辦)명하타되자 (사정이나 형편 따위를) 주선하여 처리함.

주판지세(走坂之勢)명〔가파른 산비탈을 내리 달리는 형세라는 뜻으로〕'사람의 힘으로는 어

찌할 도리가 없어 되어 가는 대로 맡겨 둘 수 밖에 없는 형세'를 비유하여 이르는 말.

주:-판질(籌板-)명하자 ⇨수판질.

주편(主便)명하타 저에게 편리한 대로 주장함.

주평(週評)명 어떤 분야의, 한 주간에 있었던 일에 대한 총괄적인 비평.

주포(主砲)명 군함이나 전차에 장치한 대포 가운데 구경(口徑)이 가장 큰 대포. ↔부포(副砲).

주표(晝標)명 주간의 항로 표지.〔부표 따위.〕

주:품(奏稟)명하타되자 ⇨주달(奏達).

주피터(Jupiter)명 로마 신화의 주신(主神).〔그리스 신화의 제우스에 해당함.〕

주필(主筆)명 ①신문사나 잡지사 등의 기자 가운데서 수석인 사람. 논설이나 사설 따위의 중요한 기사를 씀. ②지난날, 과장(科場)에서 수석(首席)이던 시관(試官).

주필(朱筆)명 붉은 먹을 묻혀 쓰는 붓, 또는 그것으로 쓴 글씨.

주:필(走筆)명하타 글씨를 흘려서 빨리 씀, 또는 그 글씨.

주:필(駐蹕)명하자 임금이 거둥길에 잠시 머무르거나 묵어서 묵는 일.

주:하(奏下)명하타되자 상주(上奏)한 일에 대하여 재가(裁可)를 내림.

주학(晝學)명하자 낮에 공부함. 옐야학(夜學).

주:한(駐韓)명 공무를 띠고 한국에 주재함. ¶주한 미군. /주한 외교 사절단.

주합(酒盒)명 ①쇠붙이로 만든 술 그릇. 뚜껑을 술잔 대신 씀. ②술 그릇과 술안주를 담아서 들고 다니게 된 찬합.

주항(舟航)명하자 배로 물을 건넘.

주항(周航)명하자 여러 곳을 두루 거치며 항해함. ¶동남아 일대를 주항하다.

주항(酒缸)명 술을 담는 항아리.

주-해(註解·注解)명하타되자 본문의 뜻을 알기 쉽게 풀이함, 또는 그 풀이. 주석. ¶이 책에는 상세한 주해가 달려 있다. 全주(註).

주행(舟行)명하자 배를 타고 감.

주행(走行)명하자 (자동차 따위) 주로 동력으로 움직이는 탈것이 달려감. ¶주행 속도.

주행(周行)명하자 ⇨주유(周遊).

주행(晝行)명하자 (동물이) 낮에 활동(活動)함. ↔야행(夜行).

주행^거:리(走行距離)명 차량 따위가 움직여 간 거리, 또는 일정한 속력으로 갈 수 있는 전체 거리.

주행-성(晝行性)[-썽]명 동물이 밤에는 숨어 있다가, 낮에 먹이를 찾아 활동하는 성질. ↔야행성(夜行性).

주행 차로(走行車路) (고속도로 따위 큰길에서) 추월 차로에 대하여, 평상으로 달리는 차로.

주향(走向)명 기울어진 지층면이 수평면과 만나서 이루는 직선의 방향. 층향(層向).

주향(酒香)명 술에서 나는 좋은 냄새.

주:혈-사상충(住血絲狀蟲)명 기생충의 한 가지. 암컷은 길이 10 cm가량의 실 모양이며, 수컷은 그 절반가량임. 사람의 림프관에 기생하는데, 유충은 밤에 림프관으로부터 말초 혈관으로 옮아가 모기에 빨려서 퍼짐. 감염되면 상피병(象皮病)을 일으킴. 사상충.

주:혈-흡충(住血吸蟲)명 주혈흡충과의 기생충. 몸은 가늘고 긴 끈 모양인데, 암컷이 수컷보다 약간 크며 몸길이 12∼25 mm임. 암컷은 수컷의 몸 옆으로 길게 난 홈 모양의 관 속에 안겨

있음. 사람이나 가축의 혈관 속, 특히 문맥(門脈) 속에 기생하여 병해를 끼침. 권패류(卷貝類)가 중간 숙주임.

주형(主刑)**명** ①다른 형벌에 덧붙이지 않고 독립하여 지을 수 있는 형벌. (사형·징역·금고·벌금·구류·과료 따위.) ↔부가형(附加刑). ②[대한 제국 때의] 형법 대전(刑法大全)에 규정된 사형·유형·금옥·역형·태형 따위.

주형(舟形)**명** 배처럼 생긴 모양.

주:형(鑄型)**명** ①거푸집. ②활자의 몸을 만드는 틀.

주호(酒戶)**명** ☞주량(酒量).

주호(酒壺)**명** 술병.

주호(酒豪)**명** 술을 잘 마시는 사람. 주량이 센 사람. 주선(酒仙).

주혼(主婚)**명하자** 혼사를 주관함, 또는 그 사람.

주홍(朱紅)**명** 붉은빛과 누른빛의 중간으로 붉은 쪽에 가까운 빛깔. 주홍빛. 주홍색. ②황과 수은으로 만든 붉은빛의 안료. 주(朱).

주홍-빛(朱紅-)[-삗]**명** ☞주홍(朱紅). 주홍색. *주홍빛이[-삐치]·주홍빛만[-삔-]

주홍-색(朱紅色)**명** ☞주홍. 주홍빛.

주화(主和)**명하자** 화의(和議) 또는 평화를 주장함. ↔주전(主戰).

주:화(鑄貨)**명하자** 쇠붙이를 녹여 화폐를 만듦, 또는 그 화폐. 주전(鑄錢).

주-화기(主火器)**명** 전투 부대의 주가 되는 화기. 〔소총 중대에서의 소총 따위.〕

주화-론(主和論)**명** 화의(和議)를 주장하는 의견이나 이론. ↔주전론(主戰論).

주화-성(走化性)[-썽]**명** 화학 물질의 농도의 차가 자극이 되어 일어나는 생물의 주성. 추화성(趨化性). **참**주성(走性).

주황(朱黃)**명** 빨강과 노랑의 중간색. 자황색(赭黃色). 주황빛. 주황색.

주황-빛(朱黃-)[-삗]**명** ☞주황(朱黃). 주황색. 등색색. *주황빛이[-삐치]·주황빛만[-삔-]

주황-색(朱黃色)**명** ☞주황. 주황빛.

주회(周回)[-회/-훼]**명** ①(지면 등의) 둘레. ②**하타** 에워쌈. 빙 돎.

주:획(籌畫)[-획/-훼]**명하타** 계획함, 또는 그 계획.

주:효(奏效)**명하자** 효력(效力)이 나타남. 보람이 있음. ¶속공 작전이 주효하다.

주효(酒肴)**명** 술과 안주. 주찬(酒饌).

주후(酒後)**명** 술에 취한 뒤. 취후(醉後).

주훈(主訓)**명** 가톨릭에서, 천주(天主)의 가르침을 이르는 말.

주훈(週訓)**명** 학교 같은 곳에서, 그 주간에 특히 강조하려고 내세운, 표어 형식으로 된 교훈. 생활 교육에 관한 내용이 많음.

주휴(週休)**명** 한 주간에 한 번 또는 두 번, 쉬기로 되어 있는 날. ¶주휴 2일제(二日制).

주흔(酒痕)**명** ①술에 취한 티. ②술이 묻은 자국.

주흥(酒興)**명** ①술 마신 뒤의 흥겨운 기분. ¶주흥을 돋우다. ②술자리를 즐겁게 하는 멋거리.

죽¹명 ①옷이나 그릇 따위의 열 벌을 한 단위로 이르는 말. ②[의존 명사적 용법] 옷이나 그릇 따위의 열 벌을 묶어 세는 단위. ¶버선 한 죽./접시 두 죽.

죽이 맞다(관용) 서로 뜻이 통하다. 마음이 맞다.

죽²甼 ①줄이나 선을 곧게 내리긋는 모양. ¶빗금을 죽 내리긋다. ②무엇이 한 줄로 잇달아 이어지거나 가지런하게 늘어선 모양. ¶길이

뻗어 있다./사람이 죽 늘어서다. ③종이나 천 따위를 단숨에 내리 찢는 모양. ¶헝겊을 죽 찢어 버리다. ④글이나 말 따위를 거침없이 내리읽거나 말하는 모양. ¶편지를 죽 읽어 내려가다./죽 이야기하다. ⑤주위를 한눈에 훑어보는 모양. ¶장내를 죽 훑어보다. ⑥물이나 술을 단숨에 들이마시는 모양. ¶단숨에 죽 들이켜다. ⑦같은 상태로 계속되는 모양. ¶한 시간 동안 죽 기다렸다. ⑧곧게 펴거나 벌리는 모양. ¶허리를 죽 펴다. **쫙**쭉. **쌘**쭉.

죽-죽**甼**.

죽(粥)**명** 곡식을 푹 끓여 훌훌하게 만든 음식.

죽 쑤어 개 바라지한다(속담) 애써 해 놓은 일이 남에게만 이로운 결과가 되었다는 말.

죽이 끓는지 밥이 끓는지 모른다(속담) 무엇이 어떻게 되는지 도무지 모른다는 말.

죽 끓듯 하다(관용) ①변덕이 심하다. ②(마음속이 부글부글 끓듯) 화가 몹시 나다.

죽도 밥도 안 되다(관용) 되다 말아서 아무짝에도 쓸모없다는 말.

죽 떠먹은 자리(관용) 많은 것 가운데서는 조금 떠내도 흔적이 안 난다는 말.

죽을 쑤다(관용) 어떤 일을 망치거나 실패하다.

죽이 되든 밥이 되든(관용) 일의 결과가 어떻게 되든. ¶죽이 되든 밥이 되든 나는 그 일에 상관치 않겠다.

죽-각(-角)[-깍]**명** 네 모서리에 둥근 부분이 남아 있는 건축용 각재(角材).

죽간(竹竿)[-깐]**명** 대나무 장대.

죽간(竹簡)[-깐]**명** 고대 중국에서, 글자를 적던 대나무 조각, 또는 대나무 조각을 엮어서 만든 책.

죽-갓(-갓)[-깐]**명** ①한 죽의 갓. ②막 만들어 여러 죽씩 헐값으로 내다 파는 갓. *죽갓이[-까시]·죽갓만[-깐-]

죽견(竹筧)[-껸]**명** 대로 만든 홈통.

죽계-별곡(竹溪別曲)[-꼐-/-꼐-]**명** 고려 충숙왕 때 안축(安軸)이 지은 5장으로 된 경기체가. 고향인 풍기(豊基) 땅 죽계(竹溪)의 경치를 읊은 내용.

죽근(竹根)[-끈]**명** 대의 뿌리.

죽기(竹器)[-끼]**명** 대그릇.

죽-나무[중-]**명** 〈참죽나무〉의 준말.

죽는-소리[중-]**명** 엄살 부림, 또는 엄살 부리는 말. ¶사업이 잘 안 된다고 죽는소리만 한다.

죽는-시늉[중-]**명하자** (대단찮은 고통으로) 엄살을 피움, 또는 그러한 몸짓. ¶주사를 맞기도 전에 죽는시늉부터 한다.

죽다[-따]**자** ①목숨이 끊어지다. 숨지다. 사망(死亡)하다. 몰(歿)하다. ¶오래 앓다가 죽다. ⓗ돌아가다. ②동식물이 생명을 잃다. ¶옮겨 심은 나무가 죽어 버렸다. ③기계, 또는 움직이던 물체가 멈추다. ¶시계가 죽다. /팽이가 죽다. ④불이 꺼지다. ¶화롯불이 죽다. ⑤야구나 술래잡기 따위의 선수, 또는 바둑이나 장기 따위의 말이 상대편에게 잡히다. ⑥빳빳한 기운이 사그라들다. ¶옷의 풀기가 죽다. ⑦생기나 활기가 꺾이다. ¶기가 죽다. /풀이 죽다. ⑧(빛깔·은·식초 따위의) 화학적 변화로 빛이나 맛을 잃다. ⑨(옷 따위의) 빛깔이 산뜻하지 않고 우중충해지다. ¶죽은 빛깔. ⑩있는 힘을 다하다. 《주로, '죽도록'·'죽어라(하고)'·'죽자고'의 꼴로 쓰임.》 ¶죽어라 도망가다. /죽도록 일하다. ↔살다.

죽어 석 잔 술이 살아 한 잔 술만 못하다〔속담〕 죽은 뒤에 아무리 정성을 들여도 살아 있을 때 조금 생각한 것만 못하다는 말.

죽은 나무에 꽃이 핀다〔속담〕 보잘것없던 집안에 영화로운 일이 생김을 이르는 말.

죽은 자식 나이 세기〔속담〕 이미 그릇된 일을 자꾸 생각해 보아야 소용없다는 말.

죽은 정승이 산 개만 못하다〔속담〕 ①한번 죽으면 권력도 금력도 소용없다는 말. ②아무리 어렵게 살더라도 죽는 것보다 낫다는 말.

죽고 못 살다〔관용〕 (한쪽이 죽고서는 못 살 정도로) 서로 몹시 좋아하거나 아끼다.

죽기보다 싫다〔관용〕 아주 싫다.

죽었다 깨어도〔깨더라도/깨도〕〔관용〕 《부정하는 말과 함께 쓰이어》 아무리 애를 써도 도저히. ¶ 너는 죽었다 깨도 나를 이길 수 없어.

죽은 목숨〔관용〕 ①살길이 막힌 목숨. ②억눌려 지내거나 사는 보람이 없는 사람을 비유하여 이르는 말.

죽을 고생을 하다〔관용〕 아주 심한 고생을 하다.

죽을 둥 살 둥〔관용〕 있는 힘을 다하여 마구 덤비는 모양.

죽을 똥을 싸다〔관용〕 '어떤 일에 몹시 힘을 들이다'를 낮추어 이르는 말. ¶ 밀린 업무를 하느라고 밤새 죽을 똥을 쌌다.

죽자 사자〔살자〕〔관용〕 몸을 돌보지 않고 있는 힘을 다하여 덤비다.

죽다²〔―따〕〔자〕 으레 두드러져야 할 자리가 꺼져서 뭉툭한 상태가 되다. ¶ 모서리가 죽다. /콧날이 죽다.

죽다³〔―따〕〔조형〕 《일부 형용사의 '-아(-어-여)' 활용형 뒤에 쓰이어》 그 감정이 한껏 치밀어 있거나, 어떤 상태의 정도가 심함을 이르는 말. 《'죽겠다'·'죽는다'·'죽지' 등 한정된 활용 형태로만 쓰이며, 앞에 오는 본용언 또한 '분하여'·'서러워'·'좋아'·'우스워' 등 한정된 말만이 옴.》 ¶ 억울해 죽겠다. /우스워 죽겠지. /힘들어 죽겠네. /인형이는 실랑인 보면 좋아 죽는다.

죽-담〔―땀〕〔명〕 막돌을 흙과 섞어서 쌓은 담.

죽대〔―때〕〔명〕 백합과의 다년초. 산과 들에 나는데, 줄기는 30~60㎝. 녹색을 띤 하얀 꽃이 5월경에 잎겨드랑이에서 하나씩 핌. 뿌리는 한방에서 약으로 쓰고 어린잎과 줄기는 먹을 수 있음.

죽더기〔―떼―〕〔명〕 '죽데기'의 잘못.

죽데기〔―떼―〕〔명〕 통나무의 겉쪽을 쪼개 낸 널쪽. 주로, 땔나무로 쓰임.

죽도(竹刀)〔―또〕〔명〕 ①대로 만든 칼. 대칼. ②검도 연습에 쓰는 제구의 한 가지. 길고 두꺼운 네 개의 대쪽을 동여서 만들었음.

죽도-화(―花)〔―또―〕〔명〕 죽도화나무의 꽃.

죽도화-나무(―花―)〔―또―〕〔명〕 장미과의 낙엽 활엽 관목. 높이는 2m가량으로, 봄에 황금색의 다섯잎꽃이 가지 끝에 하나씩 피며 열매는 없음. 절이나 마을 부근에 관상용으로 심음.

죽두목설(竹頭木屑)〔―뚜―썰〕〔명〕 〔대나무 조각과 나무 부스러기라는 뜻으로〕 '쓸모가 적은 물건'을 비유하여 이르는 말.

죽-떡(粥―)〔―〕〔명〕 찹쌀가루에 청둥호박을 썰어 넣고 찐 시루팥떡의 하나.

죽렴(竹簾)〔중님〕〔명〕 대발.

죽롱(竹籠)〔중농〕〔명〕 대오리로 엮어 만든 농.

죽리(竹籬)〔중니〕〔명〕 대울타리.

죽림(竹林)〔중님〕〔명〕 대숲.

죽림^산수(竹林山水)〔중님―〕〔명〕 대숲을 주로 하여 그린 산수화.

죽림-칠현(竹林七賢)〔중님―〕〔명〕 중국 진(晉)나라 초기에 유교의 형식주의를 무시하고, 노장(老莊)의 허무주의를 숭상하여 죽림에 묻혀 청담(淸談)을 일삼았던 일곱 선비. 곧, 유영(劉伶)·완적(阮籍)·혜강(嵇康)·산도(山濤)·상수(向秀)·완함(阮咸)·왕융(王戎).

죽립(竹笠)〔중님〕〔명〕 조선 시대에, 중이나 부녀자들이 쓰던, 가는 대오리로 만든 갓.

죽마(竹馬)〔중―〕〔명〕 대말.

죽마고우(竹馬故友)〔중―〕〔명〕 〔대말을 타고 함께 놀던 친구란 뜻으로〕 '어릴 때부터 같이 놀며 자란 오랜 벗'을 이름. 죽마구우. 윤竹馬故知交.

죽마구우(竹馬舊友)〔중―〕〔명〕 ⇨죽마고우.

죽마구의(竹馬舊誼)〔중―의/중―이〕〔명〕 어릴 때부터 같이 놀며 자란 벗 사이의 정의.

죽-머리〔중―〕〔명〕 활을 잡은 쪽의 어깨.

죽-물(粥―)〔중―〕〔명〕 ①멀겋게 쑨 죽. ②죽의 국물.

죽물(竹物)〔중―〕〔명〕 대그릇. 대나무 제품.

죽-바디〔―빠―〕〔명〕 소의 다리 안쪽에 붙은 고기. 달기살.

죽밥-간(粥―間)〔―빱깐〕〔부〕 ⇨죽식간(粥食間)에.

죽-방울〔―빵―〕〔명〕 ①나무토막으로 장구 비슷하게 만들어 가는 노끈에 걸고 공중으로 치 뛰었다 받았다 하는 장난감. ②끈목을 치는 데 쓰는 제구. 나무나 흙으로 장구처럼 만들어 실가닥 끝에 달아 이리저리 돌림.

죽방울(을) 받다〔관용〕 ①남을 요리조리 놀려 먹다. ②아이를 들어 올렸다 내렸다 하며 정신 못 차리게 놀리다.

죽백(竹帛)〔―빽〕〔명〕 〔중국 고대에 종이가 발명되기 전에 대쪽이나 명주에 글을 적던 데서〕 '책', 특히 '사서(史書)'를 이르는 말. ¶ 이름을 죽백에 남기다.

죽백지공(竹帛之功)〔―빽찌―〕〔명〕 역사에 기록되어 전해질 만한 공적.

죽-부인(竹夫人)〔―뿌―〕〔명〕 대오리로 만든, 길고 둥근 제구. 더위를 식히기 위하여 여름밤에 끼고 잠.

죽부인-전(竹夫人傳)〔―뿌―〕〔명〕 고려 공민왕 때의 문인 이곡(李穀)이 지은 가전체(假傳體) 작품. 대나무를 의인화하여 절개 있는 여자를 말한 내용. 〔'동문선(東文選)'에 실려 전함.〕

죽비(竹扉)〔―삐〕〔명〕 대를 엮어 만든 사립문.

죽비(竹篦)〔―삐〕〔명〕 ①대빗. ②긴 대쪽을 합하여 만든 불구(佛具). 이것으로 손바닥 위를 쳐서 소리를 내어 불사(佛事)의 시작과 끝을 알리는 데 씀.

죽사(竹絲)〔―싸〕〔명〕 실처럼 가늘게 쪼갠 대오리. 갓이나 패랭이 따위를 만드는 데 쓰임.

죽사리(獄―)〔―싸―〕〔명〕 《옛》죽살이. ¶ 죽사릿 受苦롤 아니ᄒ거 시니(月釋1:12).

죽-사립(竹絲笠)〔―싸―〕〔명〕 겉죽을 명주실로 엮고 그 위에 옻칠을 한 갓. 〔귀인이나 양반이 썼음.〕

죽-사발(粥沙鉢)〔―싸―〕〔명〕 ①죽을 담은 사발. ②'매우 얻어맞거나 심하게 욕을 들은 상태'를 속되게 이르는 말. ¶ 죽사발이 되다.

죽-살〔―〕〔명〕 《옛》'죽살이'의 잘못.

죽살다〔―〕〔자〕 《옛》죽고 살다. ¶ 그의 이제 죽살 싸해 가ᄂ니(杜初8:67).

죽살-이〔―싸리〕〔명〕 죽음과 삶. 죽고 사는 일을 다루는 고생(苦生). ¶ 죽살이가 심하다.

죽살이-치다〔―싸리―〕〔자〕 (어떤 일에) 죽을힘을 다해 애쓰다.

죽상(-相)[-쌍]圏〈죽을상〉의 준말.

죽-상자(竹箱子)[-쌍-]圏 대오리로 결어 만든 상자.

죽석(竹石)[-썩]圏 돌 난간의 기둥 사이에, 동자석을 받쳐서 가로 건너지른 돌.

죽석(竹席)[-썩]圏 대자리.

죽-세공(竹細工)[-쎄-]圏 대를 재료로 하는 세공, 또는 그 제품.

죽소(竹梳)[-쏘]圏 대빗.

죽순(竹筍)[-쑨]圏 대의 땅속줄기에서 돋아나는 어리고 연한 싹. 비늘 모양의 껍질에 싸여 밖으로 돋아 나옴. 주로, 요리 재료로 쓰임. 대순.

죽순-대(竹筍-)[-쑨-]圏 볏과의 상록 아교목(亞喬木). 높이 12m가량. 꽃은 7~10월에 한 추 화서로 피고 열매는 11월에 익음. 커다란 죽순은 먹을 수 있음. 맹종죽(孟宗竹).

죽순-밥(竹筍-)[-쑨-]圏 삶은 죽순을 잘게 썰어 넣은 밥.

죽순-방석(竹筍方席)[-쑨-]圏 ☞죽피방석.

죽-술(粥-)[1][-쑬]圏 고두밥 대신 죽을 쑤어 누룩과 섞어서 술밑을 만들어 빚은 술. 맛은 조금 덜하나 빨리 익음.

죽-술(粥-)[2][-쑬]〔몇 숟가락의 죽이라는 뜻으로〕'얼마 안 되는 죽'을 이르는 말. ¶죽술이나마 굶지는 않는.

죽술-연명(粥-延命)[-쑬련-]圏－쑬련-]圏[허자] 죽술로 끼니를 때우며 겨우 목숨을 이어 감.

죽식간-에(粥食間-)[-씩까네-]團 ①죽이든지 밥이든지 아무것이나. ②죽이 되든지 밥이 되든지, 일이 어떻게 되든지 간에. 죽밥간.

죽-신(-신)圏 ①한 죽의 미투리나 짚신. ②아무렇게나 대량으로 만들어 여러 죽씩 헐값으로 내다 파는 가죽신.

죽실(竹實)[-씰]圏 한방에서, 대나무 열매의 씨를 약재로 이르는 말. 강장제로 쓰임.

죽실-반(竹實飯)[-씰-]圏 대나무 열매를 까서 멥쌀과 섞어 지은 밥.

죽어-나다[짜] 일 따위가 매우 힘들고 고달프다. ¶치솟는 물가에 죽어나는 건 서민들이다.

죽어-지내다[짜] ①남에게 눌려 기를 못 펴고 지내다. ¶'찍' 소리도 못하고 죽어지내다. ②녀무 가난하여 심한 고생을 하며 살아가다.

죽어-지만(-遲晩)圏 (지은 죄를 자복할 때) '죽기가 늦었음'을 한탄하여 이르는 말. ¶지은 죄 죽어지만이로소이다.

죽여(竹茹)圏 한방에서, 청대의 얇은 속껍질을 약재로 이르는 말. 열로 일어나는 기침이나 담 따위에 쓰임.

죽여-주다 [I][짜] '몹시 만족스럽거나 흡족하다'를 속되게 이르는 말. 국물 맛이 죽여준다.
[II][타] '몹시 고통을 당하여 못 견디게 하다'를 속되게 이르는 말. ¶사람을 죽여주게 괴롭히는군.

죽염(竹塩)圏 한쪽이 막힌 대나무 통 속에 천일염을 다져 넣고 황토로 봉한 후, 높은 열에서 아홉 번 거듭 구워 내어 얻은 가루. 피를 맑게 하는 약재로, 간염 등에 효험이 있다고 함.

죽엽(竹葉)圏 대나무의 잎. 해열제로 쓰임.

죽엽-주(竹葉酒)[-쭈]圏 댓잎 삶은 물에 담근 술. 풍증이나 열병 치료에 쓰임.

죽엽-죽(竹葉粥)[-쭉]圏 댓잎과 석고를 물에 달여서 그 물에 쌀 멥쌀을 넣고 끓인 죽. 지갈(止渴)이나 해열제로 쓰임.

죽영(竹纓)圏 대갓끈.

죽원(竹院)圏 둘레에 대를 많이 심은 집.

죽원(竹園)圏 대나무 동산.

죽을-병(-病)[-뼝]圏 살아날 가망이 없을 만큼 깊은 병. ¶죽을병에 걸리다.

죽을사-변(-死邊)圏 한자 부수의 한 가지. '死'・'殀' 등에서의 '歹(歺)'의 이름.

죽을-상(-相)[-쌍]圏 거의 죽게 된 얼굴, 또는 그러한 표정. ¶새해 첫날부터 왜 그렇게 죽을상을 하고 있니? ☞죽상.

죽을-죄(-罪)[-쬐/-쮀]圏 죽어 마땅한 큰 죄. ¶죽을죄를 짓다.

죽을-힘圏 죽기를 각오하고 쓰는 힘. 사력(死力). ¶죽을힘을 다하여 덤비다.

죽음圏 죽는 일. 절명(絕命). 명목(瞑目). ¶죽음을 각오하고 싸우다. 逝世(逝世). ↔삶.

죽-이다[1][타] 〔'죽다'의 사동〕①목숨을 빼앗다. ¶산짐승을 쏘아 죽이다. ②(기계, 또는 움직이는 물체를) 멈추게 하다. ③(불을) 꺼지게 하다. ¶연탄불을 죽이다. ④(운동 경기, 편을 갈라 다투는 놀이), 장기, 바둑 따위에서 상대편의 선수나 말을) 잡다. ⑤(기세나 속력 따위를) 꺾거나 줄게 하다. ¶기를 죽이다. /속력을 죽이다. ⑥(옷 따위의 풀기를) 없애다. ⑦(화학적 변화로 노쇠・은 따위의 빛이나 식초 따위의 맛을) 잃게 하다.

죽-이다[2][타] ①소리를 낮추거나 멈추다. ¶발소리를 죽이며 걷다. ②제 치수나 수량에서 조금씩 모자라게 하다. ¶되를 죽이다. ③〔'죽다[2]'의 사동〕(두드러진 자리나 불거진 모서리를) 깎아 내다. ¶모서리를 죽이다.

죽인(竹印)圏 대의 뿌리로 만든 도장.

죽장(竹杖)[-짱]圏 대지팡이.

죽-장구(竹-)[-짱-]圏 굵은 대통의 속마디를 뚫어서 만든 악기. 세워 놓고 막대기로 쳐서 소리 냄.

죽-장기(-將棋)[-짱-]圏 서투른 장기.

죽장-망혜(竹杖芒鞋)[-짱-혜/-짱-헤]圏〔대지팡이와 짚신이라는 뜻으로〕'먼 길을 떠날 때의 아주 간편한 차림'을 이르는 말.

죽-장창(竹長槍)[-짱-]圏〔조선 시대에〕①무예를 익힐 때 쓰던, 대로 만든 긴 창. ②십팔기, 또는 무예 이십사반의 하나. 보졸(步卒)이 죽장창으로 익히던 무예. ③죽창.

죽저(竹-)[-쩌]圏 대로 만든 젓가락.

죽전(竹田)[-쩐]圏 대밭.

죽절(竹節)[-쩔]圏 대의 마디.

죽절-끈(竹節-)[-쩔깐-]圏 금패(錦貝)・대모(玳瑁) 따위로 만든 가늘고 짧은 대롱과, 같은 재료로 된 구슬을 번갈아 꿰어서 만든 갓끈.

죽절-과(竹節果)[-쩔-]圏 대의 마디 모양으로 만든 과줄.

죽절-비녀(竹節-)[-쩔-]圏 대로 만든 값싼 비녀.

죽-젓개(粥-)[-쩓깨]圏 ☞죽젓광이.

죽-젓광이(粥-)[-쩓꽝-]圏 (죽을 쑬 때) 죽이 고르게 끓도록 휘젓는 나무 방망이. 죽젓개.

죽정(竹亭)[-쩡]圏 ①대로 지은 자그마한 정자. ②뜰에 대를 심어 놓은 정자.

죽정(竹釘)[-쩡]圏 대못.

죽지[-찌]圏 ①팔과 어깨가 이어진 관절 부분. ②새의 날개가 몸에 붙은 부분.

죽지(를) 떼다[관용] ①활을 쏠 때, 화살을 쏘고 어깨를 내리다. ②하인들이 주인의 힘을 믿고 거들먹거리다.

죽지(竹紙) [-찌]圓 지난날, 중국에서 만든 얇은 종이의 한 가지. 어린 대의 섬유(纖維)를 원료로 하여 만들었음.

죽지-뼈圓 □어깨뼈.

죽지-사(竹枝詞) [-찌-]圓 조선 시대, 12가사 중의 하나. 작자·연대 미상. 중국 악부(樂府)의 '죽지사'에 준하여, 우리나라의 경치·인정·풍속을 읊은 내용.

죽창(竹窓)圓 대로 살을 댄 창문.

죽창(竹槍)圓 ①대로 만든 창. ②<죽장창(竹長槍)>의 준말.

죽책(竹册)圓 조선 시대에, 세자빈(世子嬪)의 책봉문(册封文)을 새긴 간책(簡策). 평평하게 깎은 여러 개의 대쪽을 한데 꿰매어 썼음.

죽책(竹柵)圓 대로 둘러막을 울타리.

죽책(竹策)圓 대로 만든 채찍.

죽척(竹尺)圓 대자.

죽첨(竹籤)圓 칼로 반반하게 깎은 댓조각.

죽청-지(竹青紙)圓 썩 얇으나 단단하고 질긴 종이의 한 가지.

죽총(竹叢)圓 작은 대숲.

죽-치圓 날림으로 만들어 여러 죽씩 내다 파는 물건. 〔죽갓이나 죽신 따위.〕

죽-치기圓 〔물건을〕 낱개로 팔지 않고 여러 죽씩 한꺼번에 넘기는 일.

죽-치다巫 활동하지 않고 한곳에 오랫동안 붙박이다. 《주로, '죽치고'의 꼴로 쓰임.》 ¶하는 일 없이 매일 집에서 죽치고 있다.

죽침(竹枕)圓 대로 만든 베개.

죽침(竹針)圓 대바늘.

죽침(竹鍼)圓 대로 만든 침. 주로, 종기 따위를 따는 데 쓰임.

죽통(竹筒)圓 굵은 대로 만든 긴 통. 술·간장·기름 따위를 담아 둠.

죽파(竹杷)圓 흙을 고르는 데 쓰는 농기구의 한 가지. 넓적한 나무토막에 댓조각으로 이를 만들어서 박고 긴 자루를 박아 만듦.

죽패(竹牌)圓 지난날, (적의) 화살을 막기 위하여 대를 묶어 만든 방패.

죽피(竹皮)圓 죽순을 싸고 있는 껍질. 음식을 싸기도 하고 짚신·방석을 만들기도 함.

죽피-방석(竹皮方席)圓 죽피로 짚을 싸서 결은 방석. 죽순방석(竹筍方席).

준:(準)圓[하타] □교정(校正). ¶준을 보다.

준(尊·樽·罇)圓 ①제사 때 술을 담는, 긴 항아리 모양의 구리 그릇. ②질그릇으로 된 옛날 술잔.

준(準-)圓 《일부 명사 앞에 붙어》 어떤 본보기에 비길 만한 구실이나 자격을 가짐을 뜻함. ¶준교사. /준급행. /준결승.

준:-가(準價) [-까]圓 제 값어치에 꽉 찬 값. [하재]가격에 준함. 가격대로 함.

준:-강도(準强盜)圓 도둑이 재물의 탈환에 항거하거나 체포를 면하거나 죄의 흔적을 인멸할 목적으로 폭행 또는 협박을 가하는 범죄.

준:-거(峻拒)圓[하타][되자] 준열(峻烈)히 거절함. 딱 잘라 물리침.

준:거(準據)圓[하자타][되자] 어떤 일을 기준이나 근거로 하여 거기에 따름. ¶사실(史實)에 준거하다.

준:거(遵據)圓[하자타][되자] (전례나 명령 따위에) 의거(依據)함.

준:거-법(準據法) [-뻡]圓 국제 사법(國際私法)에 의하여 어떤 법률 관계에 적용되도록 지정되어 있는 법.

준:걸(俊傑)圓[하형] 재주와 슬기가 매우 뛰어남, 또는 그런 사람. 준사(俊士). 준언(俊彦). 준예(俊乂).

준:-결승(準決勝)圓[-쏭]圓 □준결승전.

준:결승-전(準決勝戰)圓[-쏭-]圓 운동 경기 등에서, 결승전 바로 전에 치러 결승에 나아갈 자격을 결정하는 경기. 준결승.

준:골(俊骨)圓 준수하게 생긴 골격, 또는 그러한 골격을 가진 사람.

준:공(竣工)圓[하자] 공사를 마침. 낙성(落成). 완공(完工). 준역(竣役). ↔기공(起工)·착공.

준:공=검:사(竣工檢査)圓 공사를 마친 후에 설계에 따라 만들었는지를 검사하는 일.

준:공-식(竣工式)圓 준공을 알리고 축하하는 의식. ¶새로 지은 도서관 준공식에 참석하다.

준:-교사(準敎師)圓 정교사에 준하는 자격을 인정받은 교사.

준:-규(準規)圓 □준칙(準則).

준:-금치산(準禁治産)圓 '한정 치산(限定治産)'의 구용어.

준급(峻急) '준급하다'의 어근.

준:-급(準急)圓 〈준급행열차〉의 준말.

준:급-하다(峻急-) [-그파-]圓에 높고 험하며 몹시 가파르다. 준급-히學.

준:-급행(準急行) [-그뺑]圓 〈준급행열차〉의 준말.

준:-급행=열차(準急行列車) [-그뺑녈-]圓 급행 열차에 준하는 열차. 보통 급행보다 정차역이 적고 소요 시간이 짧음. ⑥준급·준급행.

준:기소=절차(準起訴節次)圓 고소나 고발이 있었음에도 검사가 불기소 처분을 하였을 때, 고소인이나 고발인이 그 처분에 불복(不服)하여 법원의 심판을 요구하는 절차.

준:납(準納)圓[하타][되자] (돈이나 물건 등을) 일정한 기준에 따라 바침.

준:-농림지(準農林地) [-님-]圓 농지나 산림으로 되어 있으나, 전용 허가를 거치면 다른 용도로 사용할 수 있는 땅.

준:-대:로(遵大路)圓[하형] ①(길을 오갈 때) 큰길을 좇아 감. ②(어떤 일을 할 때) 정당한 절차와 방법에 따라서 함.

준:-돈圓 돈치기할 때 맞히도록 지정한 돈.

준동(準同) '준동하다'의 어근.

준:-동(蠢動)圓[하자] 〔벌레 따위가 꿈적거린다는 뜻으로〕 하찮은 무리 또는 불순한 세력 따위가 소란을 피움. ¶게릴라가 준동하다.

준:-동-하다(準同-)圓어 어떤 표준과 같다.

준:-두(準頭)圓 코의 끝.

준득-거리다 [-껴-]巫 자꾸 준득준득한 느낌이 나다. 준득대다. ㈜존득거리다. ㈜쭌득거리다.

준득-대다 [-때-]巫 준득거리다.

준득-준득 [-쭌-]圓學에 (음식물 따위가) 차지고 질깃질깃한 느낌. ㈜존득존득. ㈜쭌득쭌득.

준:-령(峻嶺)圓[줄-]圓 높고 험한 고개. ¶소백산 준령.

준:-례(準例)圓[줄-]圓 ①본보기가 될 만한 전례(前例). ②[하재]전례로 삼음.

준:-로(峻路)圓[줄-]圓 험한 길.

준:-론(峻論)圓[줄-]圓 의젓하면서도 격렬한 언론. ¶고담(高談)준론.

준:-마(駿馬)圓 썩 잘 달리는 좋은 말. 준족(駿足). 철제(鐵蹄). ㉑준총.

준:-말圓 〔둘 이상의 음절로 된 말이 줄어 간단하게 된 말. 〔'조금'이 '좀', '매스커뮤니케이션'이 '매스컴'으로 되는 따위.〕 ②약칭.

준:매(俊邁)〖명〗〖하형〗 재주가 썩 뛰어남, 또는 그런 사람.

준:맹(準盲)〖명〗 안경을 쓰고도 시력이 0.3에 이르지 못할 정도의 시력 장애.

준:명(峻命)〖명〗 ①준엄한 명령. ②〖왕명(王命).

준:-문서(準文書)〖명〗 문서처럼 의사를 나타낸 것은 아니나, 사실을 증명할 증거가 되는 물건. [경계표(境界標)·도면·사진 따위.]

준:물(俊物)〖명〗 뛰어난 인물.

준민(俊敏)〖명〗 '준민하다'의 어근.

준:민-고택(浚民膏澤)〖명〗〖하자〗 재물 따위를 마구 착취하여 백성을 괴롭힘.

준-민하다(俊敏-)〖형여〗 슬기롭고 날쌔다.

준:발(俊拔)〖명〗〖하자〗 준수하고 빼어남.

준:범(遵範)〖명〗〖하자〗 사회 규범을 잘 지킴.

준법(峻法)〖명〗 엄격한 법률.

준:법(遵法)〖명〗〖하자〗 법령을 지킴. 법을 따름.

준:법-정신(遵法精神)[-뻡쩡-]〖명〗 법을 올바로 지키는 정신.

준:법^투쟁(遵法鬪爭)[-뻡-]〖명〗 법규를 규정대로 지키면서 사용자에게 손해를 주는 노동 쟁의 방법. [단체 휴가, 정시 퇴근, 안전 운전을 핑계로 한 지나친 서행 운전 따위가 있음.]

준:별(峻別)〖명〗〖하타〗 몹시 엄하게 구별함, 또는 엄중한 구별.

준:-보다(準-)〖타〗 준을 보다. 교정보다.

준:봉(峻峰)〖명〗 높고 험한 산봉우리.

준:봉(遵奉)〖명〗〖하자〗 관례(慣例)나 명령 따위를 좇아서 받듦.

준:비(準備)〖명〗〖하타〗 (필요한 것을) 미리 마련하여 갖춤. ¶월동 준비. /식사를 준비하다. 〖비〗주비(籌備).

준:비^교^육(準備敎育)〖명〗 상급 학교로 진학할 준비를 위한 교육.

준:비-금(準備金)〖명〗 ①어떤 목적에 충당하기 위해, 또는 장래의 필요에 대비하기 위해 준비하는 돈. ②기업이 장래의 필요에 대비하여 적립해 두는 이익금의 일부.

준:비^서면(準備書面)〖명〗 민사 소송에서, 당사자가 구두 변론에서 진술하려는 내용을 미리 적어서 법원에 내는 서면.

준:비-성(準備性)[-썽]〖명〗 준비를 제대로 잘하는 성질이나 태도. ¶철저한 준비성. /준비성이 있다.

준:비^운^동(準備運動)〖명〗 본격적인 운동이나 경기를 하기 전에, 몸을 풀기 위하여 하는 가벼운 운동. 준비 체조.

준:비^체조(準備體操)〖명〗 ☞준비 운동.

준:사(俊士)〖명〗 ☞준걸(俊傑).

준:사(竣事)〖명〗〖하자〗 어떤 일을 끝마침.

준:-사관(准士官)〖명〗 ☞준위(准尉).

준:산(峻山)〖명〗 높고 험한 산.

준상(樽床)[-쌍]〖명〗 제사 때, 술 그릇을 올려놓는 상.

준석(樽石)〖명〗 무덤 앞에 있는, 술 그릇을 올려놓는 돌.

준:설(浚渫)〖명〗〖하타〗 하천이나 해안의 바닥에 쌓인 흙이나 암석 따위를 쳐내어 바닥을 깊게 하는 일. ¶한강 준설 공사.

준:설-기(浚渫機)〖명〗 하천이나 해안의 바닥에 쌓인 흙이나 암석 따위를 쳐내는 기계.

준:설-선(浚渫船)[-썬]〖명〗 하천이나 해안의 바닥에 쌓인 흙이나 암석 따위를 쳐내기 위한 기계를 갖춘 배.

준:성(準星)〖명〗 아주 먼 곳에 있어 언뜻 보기에 별처럼 보이나, 매우 강력한 전파와 에너지를 내뿜는 항성(恒星) 모양의 천체. [태양의 1조 배에 이르는 밝기를 가졌다고 함.]

준수(俊秀)〖명〗 '준수하다'의 어근.

준:수(準數)〖명〗〖하자〗 ☞의수(依數).

준:수(遵守)〖명〗〖하타〗〖되자〗 (규칙이나 명령 따위를) 그대로 좇아서 지킴. ¶안전 수칙 준수. /법을 준수하다.

준:수-하다(俊秀-)〖형여〗 ①재주와 슬기가 남달리 뛰어나다. ②풍채가 썩 빼어나다.

준순(逡巡)〖명〗〖하자〗 ①(나아가지 못하고) 뒤로 문치적거림. ②(어떤 일을) 딱 잘라 하지 못하고 우물쭈물함.

준:순(逡巡)〖주〗〖관〗 모호(模糊)의 10분의 1, 수유(須臾)의 10배가 되는 수(의). 곧, 10^{-14}.

준:승(準繩)〖명〗 [수준기와 먹줄이라는 뜻으로] 일정한 기준.

준:시(遵施)〖명〗〖하타〗〖되자〗 그대로 좇아서 시행함.

준시(蹲柿)〖명〗 껍질을 깎아 꼬챙이에 꿰지 않고 납작하게 말린 감. 곶감.

준:신(準信)〖명〗〖하타〗〖되자〗 준거하여 믿음.

준:언(俊彦)〖명〗 ☞준걸(俊傑).

준엄(峻嚴)〖명〗 '준엄하다'의 어근.

준:엄-하다(峻嚴-)〖형여〗 매우 엄하다. ¶역사의 준엄한 심판을 받다. 준엄-히〖부〗

준:역(竣役)〖명〗〖하자〗 ☞준공(竣工).

준연(蠢然)〖명〗 '준연하다'의 어근.

준:연-하다(蠢然-)〖형여〗 꿈지럭거리는 모양이 굼뜨다. 준연-히〖부〗

준열(峻烈)〖명〗 '준열하다'의 어근.

준:열-하다(峻烈-)〖형여〗 매우 엄하고 격렬하다. ¶준열한 비판. 준열-히〖부〗 ¶준열히 꾸짖다.

준:영(俊英)〖명〗 뛰어나고 빼어남, 또는 그런 사람. 영준.

준:예(俊乂)〖명〗 ☞준걸(俊傑).

준:-예산(準豫算)[-네-]〖명〗 국가의 예산안이 회계 연도 개시 30일 전까지 국회에서 의결되지 못한 경우, 정부가 예산안이 의결될 때까지 전년도에 준하여 집행하는 잠정 예산.

준:용(準用)〖명〗〖하타〗〖되자〗 (규정 따위를) 준거하여 적용함.

준:용(遵用)〖명〗〖하타〗 그대로 좇아서 씀.

준:우(峻宇)〖명〗 크고 높다랗게 지은 집.

준우(蠢愚)〖명〗 '준우하다'의 어근.

준:-우승(準優勝)〖명〗〖하자〗 운동 경기에서, 우승에 다음가는 성적.

준:우-하다(蠢愚-)〖형여〗 굼뜨고 어리석다.

준:위(准尉)〖명〗 국군의 계급의 하나. 소위의 아래, 원사(元士)의 위. 준사관(准士官).

준:일(俊逸)〖명〗〖하형〗 재능이 썩 뛰어남, 또는 그런 사람.

준:장(准將)〖명〗 국군의 장관(將官) 계급의 하나. 소장의 아래, 대령의 위.

준:장(準張)[-짱]〖명〗 ☞교정지(校正紙).

준:재(俊才)〖명〗 아주 뛰어난 재주, 또는 그런 재주를 가진 사람.

준:적(準的)〖명〗〖하자〗 활쏘기에서, 표적을 겨냥함.

준절(峻截)〖명〗 '준절하다'의 어근.

준:절(撙節)〖명〗 〈존절(撙節)〉의 본디말.

준:절-하다(峻截-)〖형여〗 ①산이 깎아지른 듯하다. ②매우 위엄 있고 정중하다. 준절-히〖부〗 ¶준절히 꾸짖다.

준:-점유(準占有)〖명〗 진정한 권리자는 아니지만 권리자의 조건을 갖추어 재산권을 사실상

사하는 일. 〔예금 통장과 도장을 가진 사람을 예금 채권의 준점유자로 보는 따위.〕

준:정(浚井)명 우물을 깨끗이 쳐냄.

준조(樽俎)명 ①제향 때 술을 담는 술통(樽)과 고기를 담는 그릇(俎). ②온갖 예절을 갖춘 공식 잔치.

준:-조세(準租稅)명 조세는 아니지만 조세와 같은 성격을 띠는 공과금이나 기부금.

준:족(駿足)명 ①☞준마(駿馬). ②걸음이 빠르고 잘 달림, 또는 그런 사람.

준좌(蹲坐)명 ①하자 주저앉음. ②하타 〔어떤 일을 하다가〕 도중에 그만둠.

준:-준결승(準準決勝)[-쏭]명 ☞준준결승전.

준:-준결승-전(準準決勝戰)[-쏭--]명 준준결승전에 진출할 자격을 겨루는 경기. 준준결승.

준중(樽中)명 술독 안. ¶준중이 뷔엿거든 낟드려 알여 여라(丁克仁.賞春曲).

준:지(準紙)명 ☞교정지(校正紙).

준:책(峻責)명하타 준엄히 꾸짖음.

준:척(準尺)명 낚시에서, 낚은 물고기의 길이가 한 자에 가까움, 또는 그 물고기.

준:천(濬川)명하자 개천 바닥을 파서 쳐냄.

준초(峻峭) '준초하다'의 어근.

준:초-하다(峻峭-)형여 산(山)이 높고 깎아지른 듯하다.

준:총(駿驄)명 걸음이 몹시 빠른 말. 비준마.

준축(蹲縮)명하자 땅이 꺼져서 오므러짐.

준:치명 준칫과의 바닷물고기. 몸길이 50 cm가량. 몸은 옆으로 납작하여 밴댕이와 비슷하나 그보다 더 큼. 등은 어두운 청색, 배는 은백색임. 6〜7월경에 큰 강의 하류나 하구 부근에 알을 낳음. 우리나라 연해와 동중국해·인도양 등에 분포함. 전어(節魚).

준:칙(準則)명 준거할 기준이 되는 규칙. 격률(格率). 준규(準規). ¶ 가정의례 준칙.

준:칙-주의(準則主義)[-주의/-주이]명 법률에 정하여진 일정한 조건만 갖추면 관청의 허가 없이 법인을 설립할 수 있게 하는 주의.

준:-평원(準平原)명 오랫동안 계속된 침식으로 산이 깎이어 지역 전체가 낮고 평평하게 된 평지. 침식 윤회(侵蝕輪廻)의 노년기 지형임. 파상 평원(波狀平原).

준:-하다(準-)자여 어떤 본보기에 비추어 그대로 좇다. ¶ 기타는 이에 준함.

준:-하다(峻-)형여 ①(맛이) 진하거나 독하다. ②(산세가) 가파르다.

준:-하제(峻下劑)명 적은 양으로 강한 작용을 일으키는 식물성 하제.

준:행(準行)명하타되자 (어떤 본보기를) 준거하여 따라 함.

준:행(遵行)명하타되자 (관례나 명령 따위를) 좇아서 함. ¶ 명령에 준행하여 일을 처리하다.

준:허(準許)명하타 준허(依施).

준험(峻險) '준험하다'의 어근.

준:험-하다(峻險-)형여 (산이나 고개 따위가) 높고 험하다.

준:-혈족(準血族)[-쪽]명 ☞법정 혈족.

준:형(峻刑)명 매우 호된 형벌.

준:호(俊豪)명하형 도량이 크고 호협함, 또는 그런 사람.

준혹(峻酷) '준혹하다'의 어근.

준:-혹하다(峻酷-)[-호카-]형여 (인정이 없이) 몹시 혹독하다. 준혹-히부.

줄1명 ①무엇을 동이거나 양쪽에 건너질러 매거나 하는 데 쓰는 긴 물건을 통틀어 이르는 말.

¶ 나뭇가지에 줄을 매다. ②가로나 세로로 그은 선. ¶ 연필로 줄을 긋다. ③벌여 선 행렬. ¶ 키 큰 차례로 줄을 서다. ④사회생활에서의 사람 사이의 관계. ¶ 줄이 닿다. 줄을 놓다. ⑤〔의존 명사적 용법〕 사람이나 물건의 늘어선 열을 세는 말. ¶ 두 줄로 쌓다. ⑥〔의존 명사적 용법〕 가로나 세로로 퇴인 글을 세는 단위. ¶ 위에서 두 번째 줄부터 읽어 보아라.

줄(을) 대다관용 ①끊이지 않고 죽 잇대다. ②중간에 사람을 놓아 모르는 사람과 친분을 맺다.

줄(을) 타다관용 ①줄 위를 걸어다니며 재주를 부리다. 줄타기하다. ¶ 광대가 줄을 타다. ②공중에 내려 드리운 밧줄을 타고 건너가거나 오르내리다. ③힘이 될 만한 사람과 관계를 맺어 그 힘을 이용하다.

줄(이) 풀리다관용 (파 내려감에 따라) 광맥이 점점 나아지다.

줄:2명 쇠붙이 따위를 쓸거나 깎는 연장.

줄:3명 볏과의 다년초. 연못이나 냇가에 절로 나는데, 높이는 1〜2 m. 잎은 무더기로 나고 8〜9월에 꽃이 핌. 줄기는 돗자리를 만드는 데 쓰임.

줄4의 ①푸성귀 따위를 엮어서 묶은 두름을 세는 말. ¶ 마뱃잎 한 줄. ②《일정한 수준이나 정도를 나타내는 명사 뒤에 쓰이어》 그 정도나 범위. ¶ 내 나이 이미 40줄에 들었다. /그의 인품은 장관 줄에 오르고도 남는다.

줄5의 《용언의 어미 '-ㄴ'이나 '-ㄹ' 뒤에 쓰이어》 어떤 방법이나 셈속 등의 뜻을 나타내는 말. ¶ 그런 줄 몰랐다. /올 줄 알았다. /거짓말할 줄은 모른다.

줄명 〔옛〕 것. ¶ 초록 조븐 줄이 긔 더욱 내 분이라(古時調).

줄:(joule)의 에너지와 일의 엠케이에스(MKS) 단위. 1뉴턴의 힘으로 물체를 1미터 움직이는 동안에 하는 일을 1줄이라고 함. 〔기호는 J〕

줄-접두 《일부 명사 앞에 붙어》 '계속 이어진'의 뜻을 나타냄. ¶ 줄담배. /줄초상.

줄-가리명 벼를 말리기 위하여, 이삭을 위로 하여 서로 맞대고 줄지어 세우는 가리.

줄가리(를) 치다관용 줄가리를 지어 벼를 말리다.

줄거리명 ①잎이 다 떨어진 가지. ②사물의 기본 골자. ¶ 소설의 줄거리. ③잎자루·잎줄기·잎맥을 통틀어 이르는 말. ①②☞줄기.

줄-걷기[-끼]명 줄타기에서, 광대가 줄 위를 걸어가는 재주.

줄곧부 끊어지거나 그치지 않고 잇달아. 내처. ¶ 사흘째 줄곧 내리는 비.

줄-글명 글 토막끼리 짝을 맞추거나, 글자 수를 맞추거나, 행을 바꾸거나 하지 않고 죽 잇달아 내리 적은 글. 장문(長文). ↔귀글.

줄기명 ①식물의 뼈대가 되는 가는 부분. ¶ 고구마 줄기. ②〔산이나 물 따위의〕 길게 뻗어 나가는 갈래. ¶ 산맥의 줄기. /강물의 줄기. ③〔소나기의〕 한 차례. ¶ 한 줄기 퍼부었으면 좋겠다. ④〔의존 명사적 용법〕 잇대어 뻗어 나가는 것을 세는 단위. ¶ 여러 줄기로 나뉘는 산맥. / 두 줄기 눈물.

줄기-줄기부 여러 줄기로. 줄기마다.

줄:-기직명 줄의 잎으로 거칠게 짠 기직. 주로, 염습(殮襲)할 때 씀.

줄기-차다형 억세고 힘찬 기세가 꾸준하다. ¶ 줄기차게 퍼붓는 비.

줄기-채소(-菜蔬)명 ☞경채(莖菜).

줄깃-줄깃[-긷쭐긷]**부형** (씹히는 맛이) 차지 고도 검질긴 모양. **작**졸깃졸깃. **센**쭐깃쭐깃.

줄깃-하다[-기타-]**형여** (씹히는 맛이) 차지고 도 검질기다. **작**졸깃하다. **센**쭐깃하다.

줄-꾼명 ①가래질할 때 줄을 잡아당기는 사람. **참**장부꾼. ②줄모를 심을 때 못줄을 대 주는 사람. 줄잡이.

줄:-나다[-라-]**자** (어떤 생산물이) 표준 수량 보다 덜 나다. ¶쌀이 예년보다 줄났다.

줄-남생이[-람-]**명** 양지바른 물가에 죽 늘어앉 은 남생이들.

줄-넘기[-럼끼]**명** ①두 손에 줄 따위를 잡고 발 아래에서 머리 위로 돌려 넘기면서 뛰는 운동. ②**하자**두 사람이 긴 줄의 양 끝을 쥐고 휘 두르면 나머지 사람들이 그 줄을 뛰어넘는 아이들의 놀이.

줄-눈[-룬]**명** 벽돌을 쌓거나 타일을 붙일 때 생기는 이음매. **참**사춤.

줄:다[주니·줄어]**자** 부피나 수효 또는 규모 따위가 본디보다 작아지거나 적어지다. ¶속력 이 줄다. /영어 실력이 줄다. /체중이 줄다. /손 님이 눈에 띄게 줄었다. ↔늘다.

줄-다리기명하자 여러 사람이 편을 갈라, 굵은 밧줄을 자기편 쪽으로 마주 잡아당겨 승부를 가리는 놀이.

줄-달다[~다니·~달아] **Ⅰ자** 끊이지 않고 줄지어 잇다. ¶비가 사흘 동안 줄달아 내리다. **Ⅱ타** 끊어지지 않게 줄지어 잇대다. ¶담배를 줄달아 피우다.

줄-달음명 〈줄달음질〉의 준말.

줄달음-질명하자 단숨에 내처 달리는 달음박질. ¶줄달음질을 놓다. **준**줄달음.

줄달음-치다자 단숨에 내처 달리다.

줄-담배명 ①새기 따위로 길게 엮어 놓은 잎담 배. ②잇따라 계속 피우는 담배.

줄-도망[-逃亡]**명** (여럿이) 줄지어 달아남.

줄-드리다자 ①줄을 늘어뜨리다. ②여러 가닥을 모아 줄을 꼬다.

줄-때명 (땀이 밴 옷 따위에) 줄줄이 긴 때.

줄-띠기[-띠-]**명** 대지(垈地)에 줄을 띄워 건물 의 배치 따위를 알기 쉽게 나타내는 일.

줄-띄우다[-띠-]**자** 줄을 늘여서 다림이나 높낮 이, 또는 방향 따위를 살피다.

줄-띠명 〈목줄띠〉의 준말.

줄레-줄레부 경망스럽게 거불거리며 행동하는 모양. ¶눈치 없이 줄레줄레 따라오다. **작**졸 래졸래. **센**쭐레쭐레.

줄룩-줄룩[-쭉]**부형** 기다란 물건이 드문드문 우묵하게 패어 들어간 모양. **센**쭐룩쭐룩.

줄-마노[-瑪瑙]**명** 접접으로 여러 빛깔의 줄이 진 마노.

줄먹-줄먹[-쭐-]**부형** 크고 작은 여러 개의 물건이 고르지 않게 여기저기 마구 벌여 있는 모양. **센**쭐먹쭐먹.

줄멍-줄멍부형 그만그만하게 굵직한 것들이 한데 어울려 있는 모양. **작**졸망졸망.

줄-모명 못줄을 대고 반듯하게 심은 모. 정조식. ↔허튼모.

줄-목명 ①줄다리기에서, 두 줄을 잇는 부분. ②일에 관계되는 긴한 목.

줄-무늬[-니]**명** 줄로 된 무늬. 선문(線紋).

줄-무더기명 ①빛깔이 다른 여러 물건이 모여 서 된 한 벌. ②토막으로 된 여러 가지 실을 이어 만든 연줄.

줄무더기-형제(-兄弟)**명** 이복형제.

줄-무지명 기생이나 장난꾼의 행상(行喪). 친구 끼리 상여를 메고 풍악을 치고 춤추며 멋거리 있게 놀면서 나감.

줄밑-걷다[-믿껃따]**타** 어떤 일의 단서나 말의 출처를 더듬어 찾다.

줄-바둑명 돌을 한 줄로 죽 늘어놓으며 두는 서투른 바둑.

줄-밥[1]명 갓 잡은 매를 길들일 때 줄 한 끝에 매어 주는 밥.

줄밥에 매로구나(속담) '재물을 탐하다가 남에게 이용됨'을 비유하여 이르는 말.

줄:-밥[2][-빱]**명** 줄질할 때 줄에 쓸리어 떨어지 는 부스러기.

줄:-방석(-方席)**명** 줄로 엮어 만든 방석.

줄-버들명 줄지어 심거나 늘어선 버드나무.

줄-버력명 광맥과 나란하게 뻗어 마치 광맥처럼 된 암석.

줄-변자(-邊子)**명** 남자용 마른신의 전에 가늘 게 두른 천, 또는 그렇게 꾸민 마른신.

줄-불명 화약·염초·참숯 가루 따위를 섞어 종이 에 싸서 줄에다 죽 달아 놓은 불놀이 제구. 한 쪽 끝에 불을 붙이면 불이 잇달아 번지게 됨.

줄-뿌림명하 논밭에 골을 타서 씨앗을 줄이 지게 뿌리는 일. 조파(條播).

줄-사다리명 〈줄사다리〉의 준말.

줄-사다리[-따-]**명** 두 가닥의 못줄 따위에 세장을 가로질러 만든 사다리. 가닥마다 머 리 끝에 쇠갈고리를 달았음. **준**줄사다리.

줄어-들다[~드니·~들어]**자** (크거나 많던 것 이 줄어서) 점점 작아지거나 적어지다. ¶수입 이 줄어들다. ↔늘어나다.

줄어-지다자 점점 줄어들다.

줄:-^열(joule熱)**명** 전기가 도체 안에 흐를 때, 전기의 저항으로 그 도체 안에 생기는 열.

줄-이다타 ['줄다'의 사동) 줄어들게 하다. ¶종 업원 수를 줄이다. /옷을 줄이다.

줄인-자명 ☞축척(縮尺).

줄임-표(-標)**명** ①말을 줄일 때 쓰이는 부호 '……'의 이름. 말없음표. 말줄임표. 무언표. 생략표(省略標). 종종이. ②악보를 적을 때, 중 복됨을 피하여 간단히 적는 여러 가지 표.

줄-자명 말 수 있는 가늘고 얇은 천이나 쇠 따 위에 눈금을 새겨 만든 띠 모양의 긴 자. 권척 (卷尺).

줄:-잡다[-따]**자** 실제로 대중 삼은 것보다 줄 여서 헤아려 보다. (주로, '줄잡아'의 꼴로 쓰 임.) ¶줄잡아 백 섬은 된다. **센**쭐잡다.

줄-잡이명 ☞줄꾼.

줄:-장(苗長)[-짱]**명하자** ①(나무나 풀이) 눈터 서 자람. ②(짐승이) 커서 살찜.

줄-정간(-井間)**명** 정간지(井間紙)의 세로줄만 을 맞추어 내리그은 줄.

줄줄부 ①많은 물이 굵은 물줄기를 이루며 끊임 없이 흐르는 소리, 또는 그 모양. ¶땀이 줄줄 흘러내리다. ②굵은 줄 따위가 계속 바닥에 끌 리는 모양. ¶밧줄을 줄줄 끌고 간다. ③무엇 에 담긴 물건을 잇달아 흘리는 모양. ¶자루에 담긴 쌀을 줄줄 흘리며 간다. ④남의 뒤를 줄 곧 따라다니는 모양. ¶아이들이 꽝대덤을 줄 줄 따라다닌다. ⑤글을 거침없이 읽어 나가거 나 외거나 하는 모양. 말을 거침없이 계속하는 모양. ¶어려운 한문책을 줄줄 읽다. ⑤**비**드르 르. **작**졸졸. **센**쭐쭐.

줄줄-거리다자 많은 물이 줄줄 소리를 내며 흐 르다. 줄줄대다. **작**졸졸거리다. **센**쭐쭐거리다.

줄줄-대다〔자〕줄줄거리다.
줄줄-이〔부〕①줄마다 모두. ¶줄줄이 읽어 가다. ②여러 줄로. ¶줄줄이 늘어서다.
줄-지다〔자〕①물건 위에 금이나 줄이 생기다. ②오라지다.
줄:〔명〕줄로 쇠붙이를 깎거나 쓰는 일.
줄-짓다[-짇따][~지으니·~지어]〔자ㅅ〕줄을 이루다.《주로, '줄지어'의 꼴로 쓰임.》¶줄지어 서서 기다리다.
줄-차(-車)〔명〕장기에서, 한 줄에 둘이 놓인 차.
줄-초상(-初喪)〔명〕☞연상(連喪). ¶줄초상이 나다.
줄-타기〔하자〕공중에 친 줄 위를 걷거나 건너 다니며 재주를 부림, 또는 그런 곡예. 승회(繩戲).
줄-통〔명〕모암(母岩)과 구별되는 광맥 전체의 부분.
줄통-뽑다[-따]〔자〕객기를 부리거나 싸울 때, 기세가 등등하여 앞 웃깃을 헤치다.
줄:-판(-板)〔명〕철필로 등사 원지를 긁을 때 밑에 받치는 철판. 강판(鋼板). 철필판.
줄-팔매〔명〕끈을 둘로 접어 두 끝을 손에 쥐고, 고에 돌멩이를 끼워 휘두르다가 줄 한 끝을 놓으면서 돌멩이만 멀리 던지는 팔매.
줄팔매-질〔하자〕줄팔매를 던지는 짓.
줄-팽팽이〔명〕(늘거나 줄지 않고) 늘 켕겨 있는 상태(狀態).
줄-포(-包)〔명〕장기에서, 한 줄에 둘이 놓인 포, 또는 한 줄에 포가 둘이 놓인 형세.
줄-폭탄(-爆彈)〔명〕줄지어 떨어지는 폭탄.
줄-표(-標)〔명〕말한 내용을 부연하거나 보충할 때, 또는 앞의 말을 정정하거나 변명할 때 쓰는 이음표 '-'의 이름. 대시. 말바꿈표. 환언표(換言標).
줄-풍류(-風流)[-뉴]〔명〕거문고·가야금 따위의 현악기를 중심으로 구성하여 연주하는 풍류. 〔상〕대풍류.
줄-행랑(-行廊)[-낭]〔명〕①대문 좌우에 죽 벌여 있는 행랑. 장랑(長廊). ②〈도망(逃亡)〉의 속된 말.
줄행랑(을) 놓다[부르다]〔관용〕낌새를 채고 피하여 달아나다. 줄행랑치다.
줄행랑-치다(-行廊-)[-낭-]〔자〕①쫓겨 달아나다. ②(낌새를 알아채고) 그 자리를 피해 달아나다.
줄흙〔명〕광석과 맥석이 섞여서 된 광맥의 변천치 못한 부분.
줌:〔Ⅰ〕〔명〕①〈주먹〉의 준말. ②〈줌통〉의 준말. 〔Ⅱ〕〔의〕〈주먹〉의 준말. ¶한 줌의 흙.
줌:〔의〕지난날, 조세를 셈하기 위한 토지 면적의 단위. 열 줌을 한 뭇, 열 뭇을 한 짐, 열 짐을 한 총, 열 총을 한 목이라고 하였음. 파(把).
줌:-뒤〔명〕활을 쏠 때, 줌통을 쥔 주먹의 겉쪽. ↔줌앞.
줌:렌즈(zoom lens)〔명〕카메라에 장치한 채 연속적으로 초점 거리를 변화시킬 수 있는 렌즈. 움직일 때에도 초점의 위치나 조리개값이 변하지 않으며, 영화나 텔레비전 등의 촬영에 쓰임.
줌:-머리〔명〕활의 줌통의 위쪽 부분.
줌:-몸〔명〕활의 줌통의 전체.
줌:-벌다[~버니·~벌어]〔여〕①한 줌으로 쥐기에는 너무 벅차다. ②세력권 안에 넣고 거느리기에는 벅차다.
줌:-손[-쏜]〔명〕활의 줌통을 쥔 손.

줌:-앞[주맘]〔명〕활을 쏠 때, 줌통을 쥔 주먹의 안쪽. ↔줌뒤. *줌:앞이[주마피]·줌:앞만[주맘-]
줌:-앞뒤[주맘쭘-]〔명〕〔쏜 화살이 좌우로 빗나간다는 뜻으로〕예측에 어긋나 맞지 아니함.
줌:-통〔명〕활 한가운데의, 손으로 쥐는 부분. 활줌통. 〔준〕줌1.
줌:-피(-皮)〔명〕활의 줌통을 싼 물건.
줍:다[-따]〔주우니·주워〕〔타ㅂ〕①떨어지거나 흩어져 있는 것을 집다. ¶이삭을 줍다. ②버려진 아이를 키우거나 데려오다. ¶주워 온 아이. ③《주로 '주워'의 꼴로 다른 동사와 함께 쓰이어》이것저것 되는대로 가져오거나 취하다. ¶주워 들은 지식. /이것저것 잔뜩 주워 먹었더니 밥맛이 없다.
줏구리다〈옛〉쭈그리다. ¶줏구릴 거:踞(訓蒙下27).
줏다(주서·주스니)〔타ㅅ〕〈옛〉줍다. ¶金바늘 줏도다(金三4:18). /쎄롤 주서(釋譜11:38).
줏대[주때]〔명〕수레바퀴 끝의 휘갑쇠.
줏-대(主-)[주때/준때]〔명〕마음의 중심이 되는 생각이나 태도. 대3. 중심(中心). ¶줏대가 있다.
줏대^신경(主-神經)[주때-/준때-]〔명〕☞신경중추.
줏대-잡이(主-)[주때-/준때-]〔명〕중심(中心)이 되는 사람.
중:〔명〕절에서 살면서 불법을 닦고 실천하며 포교에 힘쓰는 사람. 본디는 삼보(三寶)의 하나로 그러한 단체를 이르던 말임. 법신(法身). 불(佛者). 사문(沙門). 승(僧). 승가(僧伽). 승려. 승려사·스님.
중 도망은 절에(나)가 찾지〔속담〕행방이 감감하여 찾기 어려울 때에 쓰는 말.
중의 상투〔속담〕얻기가 매우 어려운 것을 이르는 말.
중이 고기 맛을 알면 절에 빈대가 안 남는다〔속담〕무슨 좋은 일에 한번 혹하면 정신을 못 차리고 마구 덤벼든는 말.
중(이) 절 보기 싫으면 떠나야지〔속담〕어떤 곳이나 자리가 싫으면 싫은 그 사람이 떠나야 한다는 말.
중이 제 머리를 못 깎는다〔속담〕아무리 긴한 일이라도 남의 손을 빌려야만 이루어지는 일을 가리키는 말.
중(中)〔Ⅰ〕〔명〕①(규모나 등급 따위를 '대·중·소' 또는 '상·중·하'로 나눌 때) 가운데 규모나 등급. ¶성적이 학급에서 중이다. 〔Ⅱ〕〔의〕(어떤 일이 진행되고 있는) 동안. 그 사이. ①그의 중에는 들어오지 마시오. ②가운데. 속. ¶내가 찾는 물건이 이 중에 있다. ③어떤 시간의 한계를 넘지 않는 동안.《주로, '중으로'의 꼴로 쓰임.》¶오늘 중으로 연락이 오겠지.
중-(重)〔접두〕《일부 명사 앞에 붙어》'크고 무거운', '심한', '중대한'의 뜻을 나타냄. ¶중노동. /중공업. /중장비. /중환자.
중:-가(重價)[-까]〔명〕중값.
중-각(重刻)〔명〕〔하다〕〔타자〕☞중간(重刊).
중간(中間)〔명〕①두 사물이나 현상의 사이. ¶양쪽의 중간에 들어 일을 성사시키다. ②사물이 아직 끝나지 않은 때나 상황. ¶중간 평가. ③한 가운데. 중앙. 반중간(半中間). ¶교실 중간에 선풍기를 달다.
중:-간(重刊)〔명〕〔하다〕〔타자〕이미 펴낸 책을 거듭 박아 냄. 중각(重刻).

중간^계급(中間階級)[-계-/-게-]명 어떤 사회의 지배 계급과 피지배 계급 사이, 또는 자본가 계급과 노동자 계급의 중간에 위치하는 사회적 계층.〔공무원·상인, 기타 관리직 봉급 생활자 따위.〕중간층. ㉠중산 계급.

중간-고사(中間考査)명 한 학기의 중간 무렵에 실시하는 학력 고사.

중간-노선(中間路線)명 (주의·주장 등에서) 극단이 아닌 중간에 위치하는 경우나 처지. ¶중간노선을 취하다.

중간-따기(中間-)명 자기 차례나 몫이 아닌데도 앞질러 차지하는 일. ㉠새치기.

중간-발표(中間發表)명 최종 결과가 나오기 전에 그때그때의 상황을 발표하는 일.

중:간-본(重刊本)명 중간한 책.

중간^상인(中間商人)명 생산자와 도매상의 중간, 또는 도매상과 소매상의 중간에서 상품 매매업을 하는 상인.

중간^생산물(中間生産物)명 생산물 가운데서 다른 생산물의 생산 과정에 원재료로 소비되는 것. ㉠생산재(生産財).

중간^세:포(中間細胞)명 ☞간세포(間細胞).

중간^소:설(中間小說)명 순문학의 예술성을 유지하면서 대중 문학의 오락성을 곁들인 중간 형태의 소설.

중간^숙주(中間宿主)[-쭈]명 기생충이 최종 숙주에 붙기 전에 한때 기생하여 발육·변태의 일부를 거치게 되는 숙주.

중간-자(中間子)명 소립자(素粒子) 가운데서 전자(電子)보다 무겁고 양자(陽子)보다 가벼운 입자. 메소트론. 중간.

중간^잡종(中間雜種)[-쫑]명 어버이 형질의 중간을 나타내는 잡종.〔빨간 꽃과 흰 꽃의 잡종으로 분홍 꽃이 되는 따위.〕

중간-층(中間層)명 ①지구의 시마층(sima層)과 중심층 사이에 있는 층. ②☞중간 계급(中間階級).

중간-치(中間-)명 크기나 품질 따위가 다른 여럿 가운데서 중간이 되는 물건. 중치.

중-갈이(中-)명하 철을 가리지 않고 그때그때 씨를 뿌려 가꾸어 먹는 푸성귀. ¶중갈이 김치. ㉠얼갈이.

중-갑판(中甲板)명 함선의 갑판 중에서 가장 크고 으뜸가는 갑판.

중:-값(重-)[-깝]명 비싼 값. 중가(重價). ·중:값이[-깝씨]·중:값만[-깜-]

중강(中腔)명 국악 형식에서 세 마디로 나눌 때, 중간 가락의 마디. ㉠전강(前腔)·후강(後腔).

중:개(仲介)명하 제삼자의 처지로, 둘 이상의 당사자 사이에 들어 어떤 일을 주선함. ¶중개상인. /부동산 중개 수수료.

중-개념(中概念)명 삼단 논법의 대전제와 소전제에 공통으로 포함되어 대개념과 소개념을 매개하여 결론을 성립시키는 개념. 매개념(媒概念). 중명사(中名辭). ㉠삼단 논법.

중:개^무:역(仲介貿易)[-계-/-게-]명 제삼국의 무역업자가 거래의 주체가 되어, 물자를 외국에서 외국으로 이동하는 무역 형태. ㉠중계 무역(中繼貿易).

중:개-업(仲介業)명 상행위의 대리, 또는 상품 매매의 중개를 전문으로 하는 직업.

중:개-인(仲介人)명 상품 매매를 중간에서 중개하는 사람.

중:-거리(中鋸-)명 길이가 큰 톱과 작은 톱의 중간쯤 되는 톱.

중:-거리(中距離)명 ①짧지도 길지도 않은 중간 정도의 거리. ¶중거리 슛. ②〈중거리 달리기〉의 준말.

중:거리^경:주(中距離競走)명 중거리 달리기.

중거리^달리기(中距離-)명 트랙 경기의 한 가지. 남자 800m·1500m 달리기와 여자 400m·800m 달리기가 여기 통틀어 이르는 말. 중거리 경주. ㉠중거리. ㉦장거리 달리기.

중:-건(重建)명하타명자 (절이나 궁궐 따위의 건물을) 손질하여서 고쳐 세움.

중견(中堅)명 ①어떤 단체나 사회에서 중심이 되어 활동하거나 중요한 구실을 하는 사람. ¶중견 간부. ②주장(主將)의 직접 지휘 아래에 돌정예(精銳)로 편성한 중군(中軍). ③야구에서, 2루의 뒤쪽, 곧 외야의 중앙부.

중견-수(中堅手)명 야구에서, 외야의 중앙부를 맡아 지키는 선수.

중견^작가(中堅作家)[-까]명 작품의 질과 양, 또는 문단 경력에 있어 중견이 되는 작가.

중:-견책(重譴責)명하타명자 잘못을 매우 호되게 꾸짖는 일.

중경(中京)명 고려 시대의 사경(四京)의 하나. 서울이던 '개성(開城)'을 달리 이르던 말.

중경(中耕)명하 사이갈이.

중:-경상(重輕傷)명 중상과 경상.

중계(中系)[-계/-게]명 중깃.

중계(中階)[-계/-게]명 집을 지을 때 기초가 되도록 한 층을 높게 쌓아 올린 단.

중계(中繼)[-계/-게]명하타명자 ①중간에서 이어 줌. ②〈중계방송(中繼放送)〉의 준말. ¶위성 중계.

중계^무:역(中繼貿易)[-계-/-게-]명 외국에서 수입한 물자를 그대로, 또는 약간 가공하여 재수출하는 형태의 무역. 통과 무역. ㉠중개 무역.

중계-방송(中繼放送)[-계-/-게-]명하 어떤 방송국의 프로그램을 다른 방송국에서 중계하는 일, 또는 방송국의 스튜디오 이외의 곳에서 내는 방송. ㉦중계.

중계-소(中繼所)[-계-/-게-]명 중계하는 곳.

중계-항(中繼港)[-계-/-게-]명 중계 무역을 하는 항구.

중고(中古)명 ①역사상의 시대 구분의 한 가지. 상고(上古)와 근고(近古) 사이의 고대(古代). ②〈중고품(中古品)〉의 준말.

중:-고(重苦)명 참기 힘든 고통.

중:-고기(重-)명 잉엇과의 민물고기. 몸길이 10~16cm. 몸이 가늘고 길어 대구와 비슷하나 옆으로 납작함. 몸빛은 등이 녹갈색이고 배는 은백색임. 우리나라 서해와 남해로 흐르는 하천에 분포하고 중국에도 분포함.

중고-제(中高制)명 판소리 유파의 한 가지. 서편제와 동편제의 중간적 성격을 띠는 창법(唱法)으로, 첫소리를 평평하게 시작하여 중간을 높였다가 끝을 다시 낮추어 끊는 것이 특색임. 경기·충청 지역에서 전승되어 옴. ㉠동편제·서편제.

중고-차(中古車)명 이미 사용하여 새것이 아닌 차.

중고-품(中古品)명 (꽤 오래 써서) 좀 낡은 물건. ㉦중고.

중곤(中棍)명 조선 시대에, 죄인의 볼기를 치던 곤장의 한 가지. 대곤보다 작고 소곤보다 조금 큰 곤장. ㉠대곤.

중:곤(重棍)몡 조선 시대에, 죽을죄를 지은 죄인의 볼기를 치던 곤장의 한 가지. 치도곤보다 작고 대곤보다 조금 큰 곤장. 魯치도곤(治盜棍).

중공(中空)몡 ①☞중천(中天). ②속이 빔.

중:-공업(重工業)몡 제철·기계·조선·차량 따위와 같이 용적에 비하여 무게가 큰 물건을 만드는 공업. ↔경공업(輕工業).

중공^인견사(中空人絹絲)몡 섬유의 속이 비게 만든 특수한 인조 견사. 광택이 부드럽고 보온성이 큼. 마카로니 인견사.

중:과(重科)몡 ①(죄에 비하여) 무거운 형벌. ②☞중죄(重罪).

중:과(重過)몡 〈중과실(重過失)〉의 준말.

중:과(重課)몡하타되자 부담이 많이 가게 매김. ¶ 세금이 중과되다.

중:과(衆寡)몡 수효의 많음과 적음.

중:과부적(衆寡不敵)몡하자 적은 수효로 많은 수효를 맞겨루지 못함. 과부적중.

중:-과실(重過失)몡 법률에서, '관리 책임을 진 사람이 주의나 의무를 게을리 했다고 크게 비난받을 만한 상태나 행위'를 이르는 말. 준중과. ↔경과실(輕過失).

중-과피(中果皮)몡 열매의 내과피와 외과피 사이에 있는 속껍질. 복숭아 따위의 겉껍질을 벗긴 다음의 먹을 수 있는 육질(肉質). 魯내과피·외과피.

중관(中官)몡 ☞내시(內侍).

중관(中觀)몡 제법실상과 중도의 이치를 바르게 규명하는 일.

중-괄식(中括式)몡 글의 중간 부분에 중심 내용이 오는 산문 구성 방식. 魯두괄식·미괄식·양괄식.

중-괄호(中括弧)몡 문장 부호 중 묶음표의 한 가지인 '{ }'의 이름. 여러 단위를 동등하게 묶어서 보일 때에 쓰임. 활뿔묶음.

중-괴탄(中塊炭)[-괴-/-꿰-]몡 덩이가 자질구레한 석탄.

중교-점(中交點)[-쩜]몡 ☞강교점(降交點).

중:구(重九)몡 ☞중양(重陽).

중:구(衆口)몡 뭇입.

중:-구난방(衆口難防)[뭇사람의 말을 막기가 어렵다는 뜻으로] '뭇사람의 여러 가지 의견(意見)을 하나하나 받아넘기기 어려움'을 이르는 말. ¶중구난방으로 떠들어 대다.

중구미몡 활을 잡은 팔의 팔꿈치.

중:구-삭금(衆口鑠金)[-꿈]몡 [뭇사람의 입에 오르면 쇠도 녹는다는 뜻으로] '여러 사람의 말은 큰 힘이 있음'을 이르는 말.

중국-어(中國語)몡 중국인이 쓰는 말.

중:-국적(重國籍)[-쩍]몡 한 사람이 두 나라 이상의 국적을 가지는 일.

중국-전(中-殿)[-쩐]몡 〈중궁전(中宮殿)〉의 변한말.

중국-집(中國-)[-찝]몡 중화요리를 파는 식당.

중군(中軍)몡 ①지난날, 전군의 한가운데에 있던 부대. 대개, 장수가 직접 통솔함. ②조선 시대에, 각 군영의 대장이나 절도사·방어사·통제사 등에 버금가던 장군.

중궁-전(中宮殿)몡 〈중궁전(中宮殿)〉의 준말.

중궁-전(中宮殿)[-쩐]몡 ①왕비가 거처하던 궁전. ②〈왕비(王妃)〉의 높임말. ②곤전(坤殿). 준중전·중궁. 魯중국전(中國殿).

중권(中卷)몡 (상·중·하 세 권으로 된 책의) 가운데 권.

중:-권(重圈)[-꿘]몡 밀도가 큰 물질로 이루어져 지구 질량의 대부분을 차지하고 있는 지구의 중심부. 지심(地心). 지핵(地核).

중-귀틀(中-)몡 동(棟)귀틀 사이를 막아 낀 귀틀.

중-근동(中近東)몡 중동과 근동 지역. 곧, 리비아에서 아프가니스탄까지의 북아프리카와 서아시아를 포함한 지역.

중금(中笒)몡 저(笛)의 한 가지. 대금보다 약간 작음. 魯중금(中笒).

중:-금속(重金屬)몡 비중이 4 이상인 금속 원소를 통틀어 이르는 말. [금·은·동·납·수은·아연·카드뮴·코발트 따위.] ↔경금속.

중:금-주의(重金主義)[-의/-이]몡 화폐나 금의 증가만이 국부(國富)의 유일한 방법이라고 하였던 경제학상의 주의.

중:금-학파(重金學派)몡 중금주의를 내세웠던 경제학의 한 파.

중급(中級)몡 중간치의 등급. ¶중급 과정. /중급 제품.

중기(中氣)몡 ①사람의 속 기운. ②이십사절기 가운데 양력으로 매달 중순 이후에 드는 절기. [우수·춘분·곡우 따위.] ③☞기색(氣塞). ④☞중풍(中風).

중기(中期)몡 (일정한 기간의) 중간인 시기. ¶구석기 중기. /조선 중기.

중:기(重器)몡 ①귀중한 기구. ②중요한 인물.

중:기(重機)몡 ①〈중기관총(重機關銃)〉의 준말. ②중공업에 쓰는 기계. ③건설 공사 따위에 쓰이는 일정한 규모 이상의 기계.

중:-기관총(重機關銃)몡 비교적 무겁고 구경(口徑)이 큰 기관총을 통틀어 이르는 말. 준중기. ↔경기관총.

중기-중기튀 크기가 비슷한 물건들이 여기저기 모여 있는 모양.

중-길(中-)[-낄]몡 같은 종류의 여럿 가운데서 품질이 중간쯤 되는 등급. 중길(中秩).

중-깃(中-)[-낃]몡 벽 사이에 욋가지를 대고 엮기 위하여 듬성듬성 세우는 가는 기둥. 중계(中楔). *중깃이[-기시]·중깃만[-긴-]

중-나리몡 백합과의 다년초. 산지에 나는데, 줄기 높이는 1m가량. 여름에 황적색의 꽃이 줄기와 가지 끝에 핌. 넓은 달걀 모양인 비늘줄기와 어린잎은 식용함.

중난(重難)「중난하다」의 어근.

중:-난하다(重難-)혱여 ①중대하고도 어렵다. 난중하다. ②매우 소중하다. 중난-히튀.

중-남미(中南美)몡 ☞라틴 아메리카.

중:-녀(衆女)몡 뭇 여자.

중년(中年)몡 마흔 살 안팎의 나이. ¶중년 남자.

중:-노동(重勞動)몡 육체적으로 몹시 힘이 드는 고된 노동. 중노역. ↔경노동(輕勞動).

중:-노릇[-릇]몡하자 중 행세를 함. 또는 그 행세. *중:노릇이[-르시]·중:노릇만[-른-]

중노미몡 음식점이나 여관 같은 데서 허드렛일을 하는 남자.

중:-노역(重勞役)몡 ☞중노동(重勞動).

중-노인(中老人)몡 중늙은이.

중농(中農)몡 중간 정도의 농토를 가지고 비교적 여유 있는 생활을 하는 농가나 농민. 魯대농(大農)·소농(小農).

중:농-주의(重農主義)[-의/-이]몡 18세기 중엽에 프랑스 경제학자들이 중상(重商)주의에 대항하여 국부(國富)의 바탕은 농업에 있다고 주장한 경제 사상. 상농주의(尙農主義).

중:농-학파(重農學派)명 중농주의(重農主義)를 내세우는 학파.

중뇌(中腦)[-뇌-뇌]명 뇌의 일부로, 대뇌 아래에 좁게 자리한 부분. 대뇌와 다른 부분을 연락하며 안구(眼球) 운동, 동공(瞳孔) 조절, 체위 반사 등을 맡아보는 신경 중추가 있음. ⇒가운데골.

중-늙은이(中-)명 초로(初老)는 지났으나 아주 늙지는 않은 사람. 중노인. 중로.

중다(衆多)명 '중다하다'의 어근.

중다리명 올벼의 한 가지. 한식(寒食) 뒤에 바로 씨를 뿌리며 누른빛의 까라기가 있음.

중-다버지명 길게 자라서 더펄더펄한 머리, 또는 그런 머리를 가진 아이.

중:다-하다(衆多-)형여 수효가 많다.

중단(中段)명 ①한 편(篇)의 글에서 가운데 단락. ②한가운데의 층.

중단(中單)명 남자의 상복(喪服) 속에 받쳐 입는 소매가 넓은 두루마기.

중단(中斷)명하다재타 중도에서 끊어짐, 또는 중도에서 끊음. 중절(中絶). ¶중단 없는 전진. /공사를 중단하다.

중-단전(中丹田)명 도가(道家)에서, 삼단전(三丹田)의 하나인 심장을 이르는 말.

중-단파(中短波)명 파장(波長) 50~200 m의 전파. 해상 업무 따위의 먼 거리에 쓰임.

중-닭(中-)[-딱]명 중간 정도 크기의 닭. ·중닭이[-딸기]·중닭만[-땅-].

중답(中畓)명 땅과 물의 형편이 중길쯤 되는 논. ⇒상답·하답.

중-답주(中畓主)[-쭈]명 지주의 땅을 빌려서 다시 남에게 빌려 주고 중도조(中賭租)를 받아 먹는 사람. 중도주(中賭主).

중당(中堂)명 ①중국 당나라 때, 재상이 정무(政務)를 보던 곳. ②지난날, '재상(宰相)'을 달리 일컫던 말. ③천태종(天台宗)의 본존을 안치하는 본당.

중대(中隊)명 ①(육군과 해병대의) 부대 편제의 한 단위. 보통, 4개 소대로 편성되며 대위(大尉)가 지휘함. ②지난날, 행군할 때 다섯 오(伍)로 편성된 25명의 군사를 이르던 말.

중:대(重大)형여 가볍게 여길 수 없을 만큼 아주 중요함. ¶중대 발표. /중대한 책임. 중대-히투.

중:-대가리명 '중처럼 빡빡 깎은 머리, 또는 그렇게 깎은 사람'을 속되게 이르는 말.

중-대님(中-)[-때-]명 무릎의 바로 밑에 매는 대님.

중-대문(中大門)[-때-]명 '중문(中門)'을 흔히 이르는 말.

중-대방(中帶枋)명 판벽(板壁) 한가운데에 댄 멋방.

중:대-사(重大事)명 크고 중요한 일.

중:대-시(重大視)명하다타 (어떤 사물을) 중대하게 여김, 또는 중대하게 봄. ⇒중시.

중대-장(中隊長)명 군대에서, 중대를 지휘 통솔하는 지휘관. [보통, 대위(大尉)로써 임명함.]

중덕(中德)명 조선 시대에, 승과(僧科)에 합격하여 2년 이상 선(禪)이나 교(敎)를 닦은 사람에게 주던 승려의 법계(法階).

중덜-거리다재 자꾸 중덜중덜하다. 중덜대다. ⑳종달거리다. ⑳쭝덜거리다.

중덜-대다재 ➝중덜거리다.

중덜-중덜투하다 못마땅하다는 말투로 중얼중얼하는 모양. ⑳종달종달. ⑳쭝덜쭝덜.

중도〈중도위〉의 준말.

중도(中途)명 ①일이 되어 가는 동안. 하던 일의 중간. 도중(途中). ¶중도 탈락. /학업을 중도에 그만두다. ②⇨중로(中路).

중도(中道)명 ①어느 쪽으로도 치우치지 않는 일. ¶중도 노선. /중도를 걷다. ②⇨중로(中路). ③불교에서 이르는, 유(有)나 공(空)의 어느 한쪽에 치우치지 않는 진실한 도리, 또는 고락의 양편을 떠난 중도적 행법.

중:-도(重盜)명하다타 ➝더블 스틸(double steal).

중:-도(衆徒)명 한 절에 있는, 주지(住持) 이외의 다른 중들을 이르는 말.

중도-개로(中途改路)명하다자 일을 진행하는 중간에 방침을 바꿈.

중도-금(中渡金)명 부동산 따위의 거래에서, 계약금과 잔금 사이에 내입금(內入金)으로 치르는 돈.

중-도리(中-)명 서까래를 받치기 위하여 동자기둥 중간에 가로 얹는 도리.

중도위명 장판으로 돌아다니며 과실이나 나무 따위를 거간하는 사람. 장쾌(駔儈). ⑥중도.

중도이폐(中途而廢)[-폐/-폐]명하다타 일을 하다가 중도에서 그만둠. 반도이폐(半途而廢).

중-도조(中賭租)[-또-]명 중답주가 소작인에게 원래의 도조 외에 얼마간을 더 받아서 차지하는 도조.

중-도주(中賭主)[-또-]명 ➝중답주(中畓主).

중독(中毒)명하다자 ①생체가 음식이나 약물의 독성에 의하여 기능 장애를 일으키는 일. ¶연탄가스 중독. ②술·마약 따위를 계속적으로 지나치게 먹거나 하여, 그것 없이는 견디지 못하는 병적인 상태가 되는 일. ¶마약 중독.

중독-량(中毒量)[-냥]명 어떤 약물이 중독 현상을 일으키게 되는 가장 적은 분량.

중독-성(中毒性)[-썽]명 중독을 일으키는 성질. ¶마약은 중독성이 강하다.

중독^약시(中毒弱視)[-동냑씨]명 중독으로 말미암아 시력이 약해지는 일.

중독-자(中毒者)[-짜]명 마약이나 알코올 따위에 중독되어 신체에 기능 장애를 일으킨 사람.

중독-진(中毒疹)[-찐]명 중독으로 말미암아 몸 안팎에 생기는 발진.

중동(中-)명 사물의 중간이 되는 부분. 가운데 토막. ¶중동이 꺾어지다.

중동(中東)명 (유럽을 기준으로 한) 극동과 근동의 중간 지역. 곧, 지중해 연안의 서남아시아 및 이집트를 포함한 지역.

중:동(仲冬)명 ①한겨울. ②'동짓달'의 다른 이름. ⑪계동(季冬)·맹동(孟冬).

중동-끈(中-)명 여자의 치마 위에 눌러 띠는 좁고 긴 끈. 진일을 할 때 치마가 거치적거리지 않게 하려고 띰.

중동-무이(中-)명하다재타 (하던 일이나 말을) 끝마치지 못하고 중간에서 흐지부지 그만둠.

중동-바지(中-)명 위는 홑으로 아래는 겹으로 지은 여자의 바지.

중동-치레(中-)명하다자 주머니·허리띠·쌈지 따위로 허리 부분을 치장하는 일.

중동-풀다(中-)[~푸니·~풀어]재 중동치레를 잘하다.

중두(中頭)명 과거 때 짓는 시문의 한 종류인 책문(策問)의 문체. 중간에서 논지(論旨)를 한 번 바꾸어 다른 말로 서술하는 방식임.

중두리(中-)명 독보다 조금 작고 배가 볼록한 오지그릇.

중:-동-밥(重-)圀 ①팥을 달인 물에 입쌀을 안 쳐 지은 밥. ②찬밥에 물을 조금 치고 다시 물 린 밥.

중등(中等)圀《일부 명사 앞에 쓰이어》가운데 등급. 상등과 하등, 초등과 고등의 사이. ¶중 등 영어 회화.

중등^교육(中等敎育)圀 초등 교육을 받은 사 람에게 베푸는 중등 정도의 교육, 곧 중학교 및 고등학교에서 실시하는 교육.

중등-맞다(中等-)[-따따]재 조선 시대에, 벼슬 아치가 도목정사(都目政事)에 중등의 성적을 맞다. 〔이 등급을 맞으면 벼슬자리를 내놓아야 함.〕싼하등(下等)맞다.

중등-학교(中等學校)[-교]圀 초등 교육을 마친 사람에게 중등 교육(中等敎育)을 베푸는 학교. 곧, 중학교와 고등학교.

중-띠(中-)圀 두 층으로 된 나무 그릇의 층 사 이에 가로 꾸미는 나무오리.

중랑-장(中郞將)[-낭-]圀 고려 시대, 무관의 정오품 벼슬. 장군의 아래, 낭장(郞將)의 위.

중:-래(重來)[-내]圀재 ①한번 지낸 벼슬을 거듭 맡게 됨. ②갔다가 다시 옴.

중략(中略)[-냑]圀재되재 (말이나 글의) 중 간을 줄임. 싼전략(前略)·후략(後略).

중량(中涼)[-냥]圀 세량(細凉)보다 좀 굵게 만 든 갓양태. 싼세량.

중:량(重量)[-냥]圀 ①무게. ②무거운 무게. ↔경량(輕量). ③지구 상의 물체에 작용하는 중력(重力)의 크기.

중:-량-감(重量感)[-냥-]圀 사물의 무게에서 오는 묵직한 느낌. ¶중량감을 느끼다. /주인공 의 중량감이 떨어진다.

중량-급(中量級)[-냥-]圀 체급에 따라 하는 운동 경기에서, 중량급(重量級)보다 가볍고 경 량급(輕量級)보다 무거운 체급.

중:량-급(重量級)[-냥급]圀 체급에 따라 하는 운동 경기에서, 무거운 체급. 주로, 헤비급을 이름. 싼경량급(輕量級)·중량급(中量級).

중:량^분석(重量分析)[-냥-]圀 정량(定量) 분 석의 한 가지. 어떤 물질을 구성하고 있는 여 러 성분 가운데 하나의 성분을 분리하여 중량 으로서 그 성분의 양을 구하는 분석법.

중:량-톤(重量ton)[-냥-]의 배에 실을 수 있는 짐의 최대 중량.

중:량-품(重量品)[-냥-]圀 ①무게가 무거운 물품. ②화물 수송에서, 부피에 비하여 무게가 무거워서, 그 무게에 따라 운임이 계산되는 물 품. ↔경량품(輕量品).

중:-려(衆慮)[-녀]圀 많은 사람의 염려.

중력(中力)[-녁]圀 ☞중립.

중력(中曆)[-녁]圀 겉장을 잘 꾸미지 않은 책 력. 책장을 접어서 풀로만 붙임.

중:력(重力)[-녁]圀 지표(地表) 부근의 물체를 지구의 중심 방향으로 끌어당기는 힘.

중:력(衆力)[-녁]圀 뭇사람의 힘.

중:력^가속도(重力加速度)[-녁까-또]圀 물체 가 중력만 받아 운동할 때 중력의 작용으로 말미암아 생기 는 가속도.

중:력^단위계(重力單位系)[-녁따뉘계/-녁따뉘 게]圀 기본 단위로 길이·시간·중량을 채택하 여, 다른 여러 단위를 이로부터 이끌어 내는 단위계.

중:력^댐(重力dam)[-녁-]圀 콘크리트로 된 둑 자체의 무게로 물의 수압(水壓)을 견디어 낼 수 있게 만든 댐.

중력-분(中力粉)[-녁뿐]圀 글루텐의 함량에 따 라 나눈 밀가루 종류의 하나. 강력분보다 찰기가 덜한 밀가루로, 주로 국수를 만드는 데 알맞음. 싼강력분·박력분.

중:력-수(重力水)[-녁쑤]圀 중력에 따라 차차 땅속 깊이 스며들어 가는 지하수의 한 가지. 싼모관수(毛管水)·흡착수(吸着水).

중:력-파(重力波)[-녁-]圀 ①액체 표면에 생 기는 물결 가운데 중력의 작용에 따라 일어나 는 파동. ②(아인슈타인의 일반 상대성 이론의 결과로 알려진) 만유인력의 파동.

중령(中領)[-녕]圀 국군의 영관(領官) 계급의 하나. 소령의 위, 대령의 아래.

중로(中老)[-노]圀 중늙은이.

중로(中路)[-노]圀 ①오가는 길의 중간. 《주로, '중로에'·'중로에서'의 꼴로 쓰임.》중도(中 道). 중도(中途). ②중인(中人)의 계급.

중로-배(中路輩)[-노-]圀 '중인(中人) 계급의 사람'을 낮추어 이르는 말.

중:-록(重祿)[-녹]圀 많고도 후한 녹봉(祿俸).

중:-론(衆論)[-논]圀 여러 사람의 의논. 중의(衆 議). 중론이 일치하다.

중:-론불일(衆論不一)[-논-]圀하젱 여러 사람 의 의론이 한결같지 않음.

중롱(中籠)[-농]圀 너무 크지도 작지도 않은 중간 정도의 장롱.

중류(中流)[-뉴]圀 ①강이나 내의 중간 부분. ②기류(氣流)의 중간쯤. ③높지도 낮지도 않은 중간 정도의 계층. 중층(中層). ¶중류 가정.

중류^계급(中流階級)[-뉴계-/-뉴게-]圀 생활 이나 문화 수준 등이 중류급 되는 계급.

중류^사회(中流社會)[-뉴-회/-뉴-훼]圀 중류 계급으로 이루어진 사회.

중류-층(中流層)[-뉴-]圀 중류 생활을 하고 있는 사회 계층.

중륵-맥(中肋脈)[-능-]圀 잎의 한가운데에 있 는 굵은 잎맥. 주맥(主脈).

중:-리(重利)[-니]圀 ①큰 이익. ②☞복리(複利).

중:-리-법(重利法)[-니뻡]圀 ☞복리법(複利法).

중림(中林)[-님]圀 교목(喬木)과 관목(灌木)이 뒤섞여 이루어진 숲.

중립(中立)[-닙]圀 ①하젱어느 쪽에도 치우치 지 않고 중간에 섬. ¶중립 노선. /중립을 지키 다. ②전쟁에 참가하지 않은 국가가 교전국 쌍 방에 대하여 가지는 국제법상의 지위.

중립-국(中立國)[-닙꾹]圀 중립주의를 외교 방 침으로 하는 나라. 〔국외(局外) 중립국과 영세 (永世) 중립국을 아울러 이름.〕

중립^내각(中立內閣)[-닙-]圀 ☞거국 내각.

중립-좌(中立座)[-닙좌]圀 물체의 위치가 변해 도 중심(重心)의 높이는 변하지 않고 변한 위 치 그대로 언제나 정지되는 일. 〔구형(球形)이 나 원뿔체 따위.〕

중립-주의(中立主義)[-닙쭈이/-닙쭈이]圀 전 시나 평시를 막론하고 대립하는 어느 쪽에도 가 담하거나 간섭하지 않는 정책을 지키려는 외교상의 처지.

중립^지대(中立地帶)[-닙찌-]圀 평시에 요새 의 건조나 군대의 주둔이 금지된 지역, 또는 전 시에 교전국 군대의 중간에 지정하여 서로 병 력을 투입하지 않기로 협정한 지대. 비무장 지대.

중-마냥(中-)圀 중모보다는 늦고 늦모보다는 이르게 심는 모. 중만앙이(中晩秧).

중-마름(中-)圀 지난날, 마름에게 도조(賭租)를 주기로 얼마의 땅을 전차(轉借)하여, 소 작인에게 혹독한 소작료를 받아먹던 마름.

중:만(衆巒)몡 많은 산봉우리.
중-만양(中晚秧)몡 중마냥.
중:망(重望)몡 썩 두터운 명망.
중:망(衆望)몡 많은 사람으로부터 받고 있는 신
망. ¶중망에 보답하다.
중:망소귀(衆望所歸)몡 많은 사람의 기대가 한
사람에게 쏠림.
중매(仲媒)몡하타 남녀 사이에 들어 혼인을 어
울리게 함, 또는 그 일이나 사람. 매자(媒子).
매작(媒妁). 중신.
중매는 잘하면 술이 석 잔이고 못하면 뺨이 세
대라[속담] 중매는 억지로나 함부로 권할 것이
아니라는 말.
중매(를) 들다[관용] 중매하기 위하여 남자와 여
자 사이에 들어 주선하다.
중매(를) 서다[관용] 중매하기 위하여 남자와 여
자 사이에 나서서 주선하다. 중신(을) 서다.
중매(仲買)몡하타 물품이나 권리 등의 사고파는
일을 맺어주고 영리를 얻는 일.
중매-결혼(仲媒結婚)몡 중매를 통하여 이루어
진 결혼. 참연애결혼.
중매-상(仲買商)몡 중매(仲買)를 업으로 하는
상인. 중개인.
중매-인(仲買人)몡 혼인을 중매하는 사람.
중매-인(仲買人)몡 ①전매(轉賣)를 하고 거간도
하는 상인. 중상(中商). ②거간꾼.
중매-쟁이(仲媒-)몡 '중매인(仲媒人)'을 낮잡
아 이르는 말.
중:맹(重盟)몡하타 거듭 맹세함, 또는 그러한
맹세.
중:명(重名)몡 ①세상에 널리 떨친 명성.
②하자 명예를 소중히 여김.
중-명사(中名辭)몡 '중개념(中概念)'을 언어로
나타냈을 때 이르는 말. 매명사(媒名辭).
중-모(中-)몡 모내기 철에 이르지도 늦지도 않
게 낸 모.
중모리-장단몡 판소리 및 산조 장단의 한 가지.
진양조장단보다 조금 빠르고 중중모리장단보다
조금 느린 장단.
중-모음(中母音)몡 단모음(單母音)의 한 갈래.
입을 중간 정도로 벌려서 발음하는 모음.〔ㅔ·
ㅚ·ㅓ·ㅗ 따위.〕
중:-모음(重母音)몡 ⇨이중 모음(二重母音).
중목(中木)몡 중길쯤 되는 무명.
중:-목(衆目)몡 뭇사람의 눈. ¶중목이 두려워서
라도 그 짓은 못하겠다.
중목-방매(中目放賣)몡하타 남의 물건
을 훔쳐다 팖.
중:목소시(衆目所視)[-쏘-]몡 뭇사람이 다 같
이 보고 있는 터. 중인소시(衆人所視).
중:-무기(重武器)몡 혼자 들거나 메어 나를 수
없는 무겁고 큰 무기.
중무소주(中無所主)몡하타 마음에 일정한 줏대
가 없음.
중:-무장(重武裝)몡하자 중무기로 무장함, 또
는 그런 무장.
중문(中門)몡 대문 안에 또 세운 문. 중문(重
門). 대문간(大門間).
중:-문(重文)몡 둘 이상의 절(節)이 대등하게 이
어진 문장.〔'범은 가죽을 남기고, 사람은 이
름을 남긴다.' 따위.〕 거듭월. 대등문(對等文).
참단문.
중:-문(重門)몡 ⇨중문(中門).
중-물(中-)몡 말물과 끝물의 중간에 나오는 푸
성귀나 해산물 따위.

중미(中米)몡 깨끗하게 쓿지 못한, 품질이 중길
쯤 되는 쌀. 참상미(上米)·하미(下米).
중미(中美)몡 ⇨중앙아메리카.
중:민(衆民)몡 뭇 백성.
중-바닥(中-)[-빠-]몡 '중촌(中村)'을 낮추어
이르는 말.
중-바람(中-)몡 〈바람〉의 본딧말.
중반(中飯)몡 점심.
중반(中盤)몡 ①바둑이나 장기 또는 운동 경기
등에서, 초반이 끝나고 점점 본격적인 대전(對
戰)으로 들어가는 국면. ¶경기가 중반에 접어
들다. ②어떤 사물의 진행이 중간쯤 되는 단계.
중반-전(中盤戰)몡 바둑·장기·운동 경기 등에
서, 초반을 지나 한창 치열해진 싸움.
중발(中鉢)몡 놋쇠로 만든 자그마한 밥그릇.
중방(中枋)몡 ①〈중인방(中引枋)〉의 준말. ②틈
양과 탕개줄 사이에 양쪽 마구리를 버티어 지
른 기둥 막대기.
중방(中房)몡 지난날, 지방 수령(守令)을 따라
다니며 시중을 들던 사람.
중방-구멍(中枋-)[-꾸-]몡 중인방을 끼게 한
구멍.
중방-목(中枋木)몡 중인방으로 쓰는 재목.
중방-벽(中枋壁)[-빽]몡 중인방 위쪽의 벽.
중-배(中-)[-빼]몡 ①길쭉한 물건의 불룩하게
나온 가운데 부분. 중복(中腹). ②짐승의 맏배
다음에 낳은 새끼.
중-배끼몡 유밀과의 한 가지. 밀가루를 꿀 또는
조청과 기름으로 반죽하여 긴 네모꼴로 썰어
기름에 지져 만듦.
중-배엽(中胚葉)몡 난분할(卵分割)에 의하여 내
배엽(內胚葉)과 외배엽(外胚葉) 사이에 생기는
세포층. 나중에, 여기서 골격·근육·내장 기관
등이 형성됨.
중-백의(中白衣)[-배긔/-배기]몡 가톨릭에서,
무릎까지 내려오는 짧은 흰 옷. 성직자가 성사
를 집행할 때 입음.
중:벌(重罰)몡 중한 형벌. 무거운 징벌. ¶중벌
로 다스리다. /중벌을 내리다. ↔경벌(輕罰).
중:-범(重犯)몡 ①크고 중한 범죄. ②하자죄를
거듭 저지름, 또는 그 사람.
중:-변(重邊)[-뼌]몡 비싼 이자.
중병(中病)[-뼝]몡 일의 중도에서 뜻밖에 생기
는 사고나 탈. ¶중병이 나다.
중:-병(重病)[-뼝]몡 (목숨이 위태로울 만큼) 크게 앓
는 병. 중대에 빠진 병. 대병(大病). 중환(重
患). ¶중병을 앓다. /중병을 얻다. /중병에 걸
리다.
중-병아리(中-)[-뼝-]몡 크지도 작지도 않은
중치쯤 되는 병아리.
중:-병지여(重病之餘)몡 중병을 앓고 난 뒤.
중보(中保)몡 ①둘 사이에 들어 일을 주선
하는 사람. ②개신교에서, 사람과 하나님 사이
에서의 예수의 역할. 곧, 그리스도가 인간의
죄를 대신해서 피를 흘리고 죽음으로 하나님과
의 관계를 회복시키고 유지하도록 한 일.
중:보(重寶)몡 아주 귀중한 보배.
중보-자(中保者)몡 개신교에서, 중보의 역할을
하는 사람, 곧 그리스도를 이르는 말.
중복(中伏)몡 삼복(三伏)의 두 번째 복날. 초복
(初伏) 다음으로, 하지(夏至) 뒤의 넷째 경일
(庚日). 참초복(初伏)·말복(末伏).
중복(中腹)몡 ①중배. ②산의 중턱.
중:복(重卜)몡하타 지난날, '의정(議政) 벼슬에
중임(重任)됨'을 이르던 말.

중:복(重服)閱 상례 복제에서, 대공친(大功親)이 입는 상복. ↔경복(輕服).

중:복(重複)閱[허타][되자] 거듭함. 겹침. ¶일의 중복을 피하다.

중복-허리(中伏-) [-보커-]閱 중복 무렵, 곧 한여름의 가장 더운 때.

중본(中本)閱 (같은 종류 가운데서) 대본과 소본의 중간이 되는 본새.

중-봉(中峯)閱 ①가운데 봉우리. ②봉우리의 중턱.

중부(中孚)閱〈중부괘(中孚卦)〉의 준말.

중부(中部)閱 ①어떤 지역의 가운데 부분. ¶중부 지방. ②조선 시대에, 서울 안을 다섯으로 나눈 구역의 하나, 또는 그를 맡아 다스리던 관아.

중:부(仲父)閱 아버지의 형제 가운데, 백부(伯父) 이외의 아버지의 형을 이르는 말.

중부-괘(中孚卦)閱 육십사괘의 하나. 손괘(巽卦)와 태괘(兌卦)를 위아래로 놓은 괘. 못 위에 바람이 있음을 상징함. ㉰중부(中孚).

중부중(中不中)閱 맞힘과 못 맞힘. 들어맞음과 들어맞지 않음.

중분(中分)閱 ①[허타][되자]가운데를 갈라 반으로 나눔. ②중년(中年), 또는 중년의 분복(分福)이나 운수. ㉰말분(末分)·초분(初分).

중비(中批)閱[허타] 조선 시대에, 전형을 거치지 않고 임금의 특지로 벼슬아치를 임명하던 일.

중:빈(衆賓)閱 많은 손.

중뿔-나다(中-) [-라-]閱 《주로 '중뿔나게'의 꼴로 쓰이어》 ①아무 관계가 없는 사람이 당치 않은 일에 참견하여 주제넘다. ¶남의 일에 중뿔나게 무슨 간섭인가? ②하는 일이나 모양이 엉뚱하고 유별나다. ¶모두 좋다는데 혼자서 중뿔나게 싫다는 까닭이 뭐냐?

중사(中士)閱 국군의 부사관 계급의 하나. 하사의 위, 상사의 아래.

중사(中使)閱 궁중에서 왕명(王命)을 전하던 내시(內侍).

중사(中祀)閱 고려·조선 시대에, 나라에서 지내던 제향의 한 등급. 대사(大祀)보다 의식이 간단한데, 선농단(先農壇) 제사나 춘추 중월의 역대 시조에 대한 제사 등이 이에 딸렸음.

중:사(重事)閱 중대한 일. 큰일.

중:삭(仲朔)閱 그 계절의 가운데 달, 곧 음력 이월·오월·팔월·십일월 등을 이르는 말. 중월(仲月).

중:삭(重削)閱[허타] 〔불교에서〕 ①다시 깎이. ②처음 머리를 깎아 준 스님과 인연을 끊고 다른 스님에게 귀의하는 일.

중산^계급(中産階級) [-계-/-게-]閱 《재산을 가진 정도가》 유산 계급과 무산 계급의 중간에 놓이는 사회층. 제삼 계급. 중산층. ㉰중간 계급.

중산-모(中山帽)閱〈중산모자〉의 준말.

중산-모자(中山帽子)閱 예장 때 남자가 쓰는, 꼭대기가 둥글고 높은 서양 모자. ㉰중산모.

중산-층(中産層)閱 ㉱중산 계급.

중:살(重殺)閱 ㉱더블 플레이.

중:삼(重三)閱 삼짇날.

중상(中商)閱 물건을 사서 되넘겨 팔기도 하고 거간도 하는 상인. 중매인(仲買人).

중:상(中傷)閱[허타] 터무니없는 말로 남을 헐뜯어 명예를 손상시킴.

중:상(中殤)閱[하자] 삼상(三殤)의 하나. 12세부터 15세 사이에 죽음, 또는 그 사람. ㉱상상·하상.

중:상(仲商)閱 ㉱중추(仲秋).

중:상(重喪)閱[하자] 탈상(脫喪)하기 전에 친상(親喪)을 거듭 당함.

중:상(重傷)閱[하자] 몹시 다침, 또는 몹시 다친 상처. ¶교통사고로 중상을 입다. ↔경상(輕傷).

중:상(重賞)閱[하자] 상을 후하게 줌, 또는 그렇게 후한 상.

중상-모략(中傷謀略)閱 중상과 모략을 아울러 이르는 말. ¶중상모략을 일삼다. /여야가 상호 비방과 중상모략으로 시간을 보내고 있다.

중:상-주의(重商主義) [-의/-이]閱 한 나라의 부(富)는 그 나라 안에 있는 화폐나 금은의 많고 적음에 따른다고 하여, 대내적으로는 상공업을 중요시하고 대외적으로는 자기나라의 보호 아래 국산품의 수출을 장려하여 국부(國富)의 증대를 꾀하려는 주의.

중:상-학파(重商學派)閱 중상주의를 내세우는 경제학파.

중-새끼(中-) [-쌔-]閱 거의 어미만큼 자란 새끼.

중:생(重生)閱[하자] 개신교에서, '영적(靈的)으로 새사람이 됨'을 이르는 말. 거듭남.

중:생(衆生)閱 ①많은 사람. ②불교에서, 부처의 구제 대상이 되는 이 세상의 모든 생물을 통틀어 이르는 말. 불자(佛子). 제유(諸有).

중:생-계(衆生界)[-계/-게]閱 불교에서 이르는, 중생이 사는 세계. 미계(迷界). 인간 세계.

중생-대(中生代)閱 지질 시대의 한 구분. 고생대의 다음, 신생대의 앞 시대. 동물은 공룡 따위와 같이 거대한 파충류가 번성하였고 조류와 포유류 등이 나타났으며, 식물은 활엽수·소철·양치류 따위가 번식하였음.

중생대-층(中生代層)閱 중생대(中生代)에 생긴 지층. 역암·사암·혈암·석회암·점판암 따위로 이루어진.

중:생^식물(中生植物) [-씽-]閱 수생(水生) 식물과 건생(乾生) 식물의 중간적인 식물. 수분이 넘치나 모자람이 없는 산야에서 나는 가장 대표적인 식물임.

중:생-은(衆生恩)閱 불교에서 이르는 사은(四恩)의 하나. 일체 중생으로부터 받는 은혜.

중:생^제:도(衆生濟度)閱 부처가 중생을 구제하여 열반(佛果)을 얻게 하는 일. 제도 중생.

중:생-탁(衆生濁)閱 불교에서 이르는 오탁(五濁)의 하나. 중생이 죄악이 많아서 의리를 알지 못하는 일.

중서(中庶)閱 중인(中人)과 서얼(庶孼)을 아울러 이르는 말.

중서(中暑)閱 한방에서, 더위를 먹어서 생기는 병을 이르는 말. 머리가 아프고, 열이 오르고, 맥박이 약해지며 까무라치기도 함.

중:서(衆庶)閱 뭇사람.

중서-문하성(中書門下省)閱 고려 시대에, 국가의 행정을 총괄하던 관아.

중:석(重石)閱 ㉱텅스텐(tungsten).

중석기^시대(中石器時代) [-끼-]閱 구석기 시대와 신석기 시대의 중간 시대. 사람들은 수렵·어로·채취 등의 경제 활동으로 비교적 정착 생활을 했으며, 세석기(細石器)를 만들어 썼음.

중선(中線)閱 삼각형의 한 꼭짓점과 그 대변(對邊)의 중점을 이은 선분.

중:선(重船)閱 큰 고기잡이배.

중:선(重選)閱[허타][되자] 거듭 뽑음.

중-선거구(中選擧區)閱 대선거구와 소선거구의 중간에 해당하는 선거구. 대개, 도 단위로 2~5명의 의원을 뽑음.

중ː설(重說)圀ー하타 거듭해서 말함, 또는 그 말. 중언(重言).

중ː설(衆說)圀 많은 사람의 의견.

중설^모ː음(中舌母音)圀 단모음의 한 갈래. 혀의 중간과 입천장의 중간 부분에서 조음되는 모음.〔'ㅡ·ㅓ·ㅏ'가 이에 딸림.〕®전설 모음·후설 모음.

중성(中性)¹圀 ①대립되는 두 성질의 어느 쪽도 아닌 중간의 성질. ②산성과 염기성의 중간에 있다고 생각되는 물질의 성질. ③남성의 특성이나 여성의 특성이 뚜렷하지 못한 성질, 또는 그러한 사람. ④ー간성(間性).

중성(中性)²圀 인도·유럽 어족이나 셈 어족의 문법에서, 단어를 성(性)에 따라 구별한 종류의 한 가지.〔중성 명사·중성 대명사 따위.〕

중성(中星)圀 이십팔수 가운데 해가 질 때쯤을 하늘 정남쪽에 보이는 별.

중성(中聲)圀 ー가운뎃소리.

중ː성(重星)圀 육안으로는 하나로 보이나 망원경으로 보면 두 개 이상으로 갈라져 보이는 별. 다중성(多重星).®연성(連星).

중ː성(衆星)圀 뭇별.

중성^모ː음(中性母音)圀 한글의 모음 가운데 'ㅣ' 모음을 이르는 말. 모음조화에서 양성·음성 어느 모음과도 잘 어울림.

중성-미자(中性微子)圀 중성자가 양성자와 전자로 붕괴될 때에 생기는 소립자(素粒子). 전하를 가지고 있지 않고 질량이 극히 작음. 뉴트리노.

중성^반ː응(中性反應)圀 산성도 염기성도 나타내지 않는 반응.

중성^비ː료(中性肥料)圀 ①화학적으로 중성인 비료. 물에 녹였을 때 수용액이 중성을 나타냄.〔황산암모늄·칠레 초석 따위.〕②생리적으로 중성인 비료. 흙 속에서 중성 반응을 나타냄.〔질산암모니아·인산암모니아·과인산석회 따위.〕

중성^세ː제(中性洗劑)圀 합성 세제의 한 가지. 주로, 고급 알코올이나 알킬벤젠을 원료로 하여 만듦. 물에 녹아서 중성을 나타내기 때문에 섬유를 상하게 하지 않고 센물이나 산(酸)에서도 때를 씻어 내는 성질이 있음.

중성-자(中性子)圀 원자핵을 구성하는 소립자의 한 가지. 양자와 거의 같은 질량을 가지며 전하(電荷)는 없고 물질 속을 뚫고 나가는 성질이 강함. 뉴트론.

중성자-탄(中性子彈)圀 핵분열이나 핵융합 때 원자의 핵에서 방출되는 중성자와 감마(γ)선을 이용하여 만든 원자 폭탄. 시설물에는 거의 피해를 주지 않으나 인명을 대량으로 살상함.

중성-토양(中性土壤)圀 토양 반응이 산성도 알칼리성도 아닌 토양.

중성-화(中性化)圀ー하자타 되자 (남성이나 여성의 특성을 잃어버려) 중성적(中性的)으로 됨, 또는 그리 되게 함.

중성-화(中性花)圀 (한 꽃 안에) 수술과 암술이 모두 퇴화하여 없는 꽃.〔메꽃이나 수국 따위.〕

중세(中世)圀 역사의 시대 구분의 한 가지. 고대(古代)와 근대의 중간 시대. 국사에서는 고려 시대가 이에 해당함. 중세기.

중ː세(重稅)圀 부담이 큰 조세(租稅). ¶중세를 부과하다.

중세^국어(中世國語)圀 (국어의 역사에서) 고려 건국 이후부터 16세기 말까지의 국어. 훈민정음 창제로 15세기 중엽부터 문헌이 풍부해졌음.®고대 국어·근대 국어.

중세-기(中世紀)圀 ー중세(中世).

중세-사(中世史)圀 중세기의 역사.

중세^철학(中世哲學)圀 5세기 말에서 15~16세기의 서양 철학. 교부(教父) 철학과 스콜라 철학이 대표적임.

중-소(中一)〔-쏘〕圀 크기가 중치쯤 되는 소.

중소(中小)圀《일부 명사 앞에 쓰이어》규모나 수준 따위가 중간 정도인 것과 그 이하인 것. ¶중소 국가. /중소 상인.

중소(中宵)圀 한밤중. 중야(中夜).

중소(中霄)圀ー중천(中天).

중ː소-공지(衆所共知)圀 뭇사람이 다 아는 바.

중소-기업(中小企業)圀 자본금이나 종업원 수 또는 그 밖의 시설 등이 중소 규모인 기업.

중소기업-청(中小企業廳)圀 지식 경제부에 딸린 중앙 행정 기관의 하나. 중소기업에 대한 재정·금융·세제 지원, 기술 개발 지원 등에 관한 사무를 맡아봄.

중-소형(中小型)圀 중형과 소형을 아울러 이르는 말. ¶중소형 아파트. /중소형 승용차.

중ː속환-이(←俗還一)〔-쏘콰니〕圀 중 생활을 그만두고 다시 속인(俗人)이 된 사람.®속환이.

중ː손(衆孫)圀 맏손자 이외의 여러 손자.

중ː-손녀(衆孫女)圀 맏손녀 이외의 여러 손녀.

중-송아지(中一)〔-쏭一〕圀 거의 다 큰 송아지.

중-솥(中一)〔-쏟〕圀 크기가 중치인 솥. * 중솥이〔-소치〕·중솥을〔-소틀〕·중솥만〔-손一〕

중쇄(重刷)圀ー중쇄(增刷).

중쇠(中一)¹〔-쇠/-쉐〕圀〈맷돌중쇠〉의 준말.

중쇠(中一)²〔-쇠/-쉐〕圀 걸립패(乞粒牌)에서, 상쇠 다음으로 놀이를 이끄는 사람.

중쇠-받이(中一)〔-쇠바지/-쉐바지〕圀 맷돌 수쇠를 받는 맷돌 암쇠.

중수(中水)圀 세수나 목욕 등에 쓰인, 비교적 깨끗한 물을 간단한 정수 처리 후 다시 사용하는 물. 수세식 화장실·냉각수·세차·도로 청소 따위로 쓰임.®상수(上水)·하수(下水).

중수(中壽)圀 장수한 것을 상·중·하로 나눌 때 중간에 해당하는 나이. 곧, 80세 또는 100세를 이름.®상수(上壽)·하수(下壽).

중수(中數)〔-쑤〕圀 ①ー평균수(平均數). ②ー비례 중항(比例中項).

중ː수(重水)圀 중수소와 산소로 된, 보통의 물보다 분자량이 큰 물. 원자로의 감속재(減速材) 및 수소 폭탄 등의 원료로 쓰임.

중ː수(重囚)圀 큰 죄를 지은 죄수. 죄가 무거운 죄수.↔경수(輕囚).

중ː수(重修)圀ー하타 되자 낡고 헌 것을 다시 손대어 고침. ¶누각을 중수하다.

중ː수(重數)〔-쑤〕圀 무게의 단위로 헤아려 나타낸 수효.

중ː수-로(重水爐)圀 중수(重水)를 감속재와 냉각재로 사용하는 원자로.®경수로.

중ː-수소(重水素)圀 수소의 동위 원소로서 질량수가 2 및 3인 수소.〔일반적으로 질량수가 2인 동위체 ²H를 이름.〕

중ː-수필(重隨筆)圀 흔히, 공적(公的)인 문제를 논리적·객관적으로 서술하는, 논설에 가까운 비개성적(非個性的)인 수필.®경수필(輕隨筆).

중순(中旬)圀 그달의 11일부터 20일까지의 열흘 동안. 중완(中浣). 중한(中澣).®상순(上旬)·하순(下旬).

중:시(重視)**명**[하타][되자] ①〈중대시(重大視)〉의 준말. ②〈중요시〉의 준말. ↔경시(輕視).

중:시(重試)**명** 고려·조선 시대에, 이미 과거에 급제한 사람에게 거듭 보이던 시험. 이 시험에 합격하면 성적에 따라 관직의 품계를 특진시켜 당상관까지 올려 주었음.

중-시조(中始祖)**명** 쇠퇴한 가문을 다시 일으켜 세운 조상.

중-시조(中時調)**명** ⇨엇시조(旕時調).

중:-시하(重侍下)**명** 부모와 조부모를 다 모시는 처지.

중식(中食)**명** 점심.

중신(中-)**명**[하타] ⇨중매(仲媒).

중신(을) 서다[관용] ⇨중매(를) 서다.

중:신(重臣)**명** ①지난날, '정이품 이상의 벼슬아치'를 이르던 말. ②중요한 직무를 맡고 있는 신하(臣下).

중:신(重新)**명**[하타] 거듭 새롭게 함.

중:신(衆臣)**명** 여러 신하.

중신-세(中新世)**명** ⇨마이오세.

중신-아비(中-)**명** 혼인을 중매하는 남자를 낮잡아 이르는 말.

중신-어미(中-)**명** 혼인을 중매하는 여자를 낮잡아 이르는 말.

중신-종(中神宗)**명** 불교의 한 종파. 조선 세종 때, 시흥종(始興宗)·자은종(慈恩宗)·화엄종(華嚴宗)과 함께 교종(敎宗)에 통합되었음.

중실(中室)**명** 나비 따위의 날개 밑동 부분의 굵은 맥(脈)으로 둘러 막힌 부분.

중심(中心)**명** ①한가운데. 한복판. **1** 몸의 중심. /시내의 중심을 흐르는 강. ②가장 중요한 역할을 하는 곳, 또는 그러한 위치에 있는 것. **1** 문화의 중심. ③둣대. **1** 둣대. 장다. /중심이 있는 사람. ④원(圓)이나 구(球)에서 가장자리의 각 점으로부터 같은 거리에 있는 점.

중:심(重心)**명** ⇨무게중심. **1** 몸의 중심을 잡다. /중심을 잃고 쓰러지다.

중:심(衆心)**명** 뭇사람의 마음.

중심-가(中心街)**명** 시내의 중심이 되는 거리.

중심-각(中心角)**명** 원에서, 두 개의 반지름이 만드는 각.

중심^기압(中心氣壓)**명** 고기압이나 저기압의 중심부의 기압의 값. [단위는 헥토파스칼.] 중심 시도(中心示度).

중심^도법(中心圖法)[-뻡]**명** 지도 투영법의 한 가지. 시점(視點)을 지구 중심에 두었을 때의 투시 도법.

중심-력(中心力)[-녁]**명** 질점(質點)에 작용하는 힘의 방향이 늘 한 정점(定點)을 향하거나 늘 그 반대가 되거나 할 때의 힘.

중심-부(中心部)**명** 중심이 되는 부분. **1** 시내의 중심부에 자리 잡고 있는 빌딩.

중심-선(中心線)**명** 원의 중심을 지나는 직선, 또는 주어진 두 원이나 구(球)의 중심을 잇는 선분.

중:심성성(衆心成城)**명** 뭇사람의 마음이 모이면 성(城)처럼 단단해진다는 말.

중심^시:도(中心示度)**명** ⇨중심 기압.

중심-식(中心蝕)**명** 달의 중심이 태양의 중심 방향에 있을 때의 일식(日蝕).

중심^운:동(中心運動)**명** 한 정점으로 향하는 힘만이 작용하는 경우의 물체의 평면 운동.

중심-인물(中心人物)**명** 어떤 사건의 중심이 되는 인물, 또는 어떤 단체나 사회에서 핵심적인 역할을 하는 인물.

중심-주(中心柱)**명** 고등 식물의 조직계의 한 가지. 내피에 싸인 기본 조직과 관다발로 이루어져 있는데, 수분과 양분의 통로가 됨.

중심-지(中心地)**명** 어떤 일이나 활동의 중심이 되는 곳. **1** 교육의 중심지.

중심-체(中心體)**명** 동물 및 균류·조류·이끼류와 같은 하등 식물의 세포질 안에서 핵 가까이 있는 작은 기관.

중쑬쑬-하다(中-)**형여** 크지도 작지도 않고 쑬쑬하다.

중:씨(仲氏)**명** ①남의 '둘째 형'을 높이어 이르는 말. ②⇨중형(仲兄).

중썰-하다(中-)**형여** 중년(中年)이 넘어 보이다. **1** 중썰한 신사.

중:압(重壓)**명**[하타] 무겁게 내리누름, 또는 그런 압력. ②견디기 힘들게 강요하거나 강제하는 힘.

중:압-감(重壓感)[-깜]**명** 강요되거나 강제되는 것에 대한 부담감. **1** 중압감에 시달리다.

중앙(中央)**명** ①사방의 한가운데. 중간(中間). **1** 시내의 중앙에 있는 공원. ②(어떤 사물의) 중심이 되는 중요한 곳. **1** 중앙 관청. ③(지방에 대하여) 수도(首都)를 이르는 말. **1** 지방에서 중앙으로 진출하다. ③↔지방(地方).

중앙-값(中央-)[-값]**명** ⇨메디안. 중앙치. *중앙값이[-갑씨] 중앙값만[-감-]

중앙^관제(中央官制)**명** 중앙 관청의 설치·명칭·조직·기능 따위에 관한 제도.

중앙^금고(中央金庫)**명** ⇨국고(國庫).

중앙-난방(中央煖房)**명** 중심이 되는 한곳에서 건물 각 부분으로 증기나 더운물을 보내는 방식의 난방. 집중난방.

중앙-당(中央黨)**명** 정당의 중앙 조직. ↔지구당.

중앙^분리대(中央分離帶)[-불-]**명** 고속도로 따위 큰길에서, 차도의 상행선·하행선을 구별·분리하기 위하여 도로 한복판에 시설한 띠 모양의 구조물.

중앙-선(中央線)**명** ①한가운데를 지나는 선. ②↔하프 라인. ③큰길에서, 좌측·우측의 중간에 그어, 차선(車線)을 구분하는 선.

중앙-아메리카(中央America)**명** 아메리카 대륙의 중앙부 지역. 중미(中美).

중앙-은행(中央銀行)**명** 한 나라의 통화 제도 및 은행 제도의 중심이 되는 은행. 은행권을 발행하고 통화의 공급 및 금융의 조정 따위를 주요 업무로 함.

중앙^정부(中央政府)**명** (지방 자치제가 실시되고 있는 행정 제도에서) 전국을 통괄하는 행정 기관.

중앙^집권(中央集權)[-꿘]**명** 정치상의 권력이 중앙 정부에 집중되어 있는 일. ↔지방분권.

중앙^처:리^장치(中央處理裝置)**명** 컴퓨터에서, 두뇌(頭腦)에 해당하는 작용을 하는 부분. 기억 장치·제어 장치·연산 장치 따위로 이루어짐. 시피유(CPU).

중앙-치(中央値)**명** ⇨메디안. 중앙값.

중앙^표준시(中央標準時)**명** (그리니치 표준시를 기준으로 하여) 한 나라 또는 한 지방에서 표준으로 삼는 시간.

중앙^화:구구(中央火口丘)**명** 화산의 분화구 안에 새로이 작은 분화구가 일어나 생긴 작은 화산.

중:애(重愛)**명**[하타] 소중히 여겨 사랑함.

중:-액(重液)**명** 고체의 비중을 재거나 혼합물의 각 성분을 분리하는 데 쓰이는, 비중이 큰 액체. [사염화탄소 따위.]

중야(中夜)명 한밤중. 중소(中宵).

중:양(仲陽)명 '음력 이월'을 달리 이르는 말. 중춘(仲春).

중:양(重陽)명 ①'음력 구월 구일'을 명절로 이르는 말. 구일(九日). 중구(重九). ②'음력 구월'을 달리 이르는 말. ⓒ현월(玄月).

중:-양자(重陽子)명 중수소의 원자핵. 양자 한 개와 중성자 한 개로 이루어짐.

중:양-절(重陽節)명 옛 명절(名節)의 한 가지. 음력 구월 구일.

중:언(重言)명하타 ☞중설(重說).

중:언-부언(重言復言)명하자타 이미 한 말을 자꾸 되풀이함.

중얼-거리다자타 자꾸 중얼중얼하다. 중얼대다. ¶김 과장은 기분이 상했는지 돌아서며 뭐라고 중얼거렸다. ⓐ종알거리다. ⓔ쫑얼거리다.

중얼-대다자타 중얼거리다.

중얼-중얼부하타 ①(못마땅하여) 남이 알아듣기 어려울 정도의 혼잣말로 자꾸 불평하는 모양, 또는 그 소리. ②진중한 데가 없이 지껄이는 모양, 또는 그 소리. ⓐ종알종알. ⓔ쫑얼쫑얼.

중:역(重役)명 ①회사 따위에서 중요한 소임을 맡은 임원. 〔이사나 감사 따위.〕②책임이 무거운 역할.

중:역(重疫)명 썩 위중한 병.

중:역(重譯)명하타되자 한 번 번역한 글을 원문으로 삼아 다시 다른 나라 말로 번역하는 일. 〔영어로 된 '삼국지(三國志)'를 다시 우리말로 옮기는 일.〕번역(反譯).

중연(中椽)명 별로 굵지 않은 서까래.

중:연(重緣)명 이미 혼인 관계를 맺은 집안 사이에 거듭 혼인이 이루어지는 일.

중엽(中葉)명 (시대나 세기 따위의) 중간(中間) 무렵. ¶조선 시대 중엽. /20세기 중엽. ⓐ초엽(初葉)·말엽(末葉).

중-영산(中靈山) [-녕-]명 영산회상(靈山會相)의 둘째 곡조. 다섯 장(章)으로 되어 있으며 상영산보다 빠르고 잔영산보다 느림. ⓐ상영산·잔영산.

중:-오절(重午節)명 ☞단오절(端午節).

중완(中浣)명 중순(中旬).

중완(中脘)명 한방에서, 침을 놓는 혈의 한 가지. 위(胃)가 있는 자리.

중외(中外) [-외/-웨]명 ①안과 밖. ②국내와 국외. ③조정과 민간. ④서울과 시골.

중외-비(中外比) [-외/-/-웨-]명 ☞황금비(黃金比).

중요(中夭)명하자 ①중년에 죽음. ②뜻밖의 재난을 당함, 또는 그 재난.

중:요(重要)명하다 소중하고 종요로움. ¶중요 사항. /중요 문서. /이 자료는 사업상 매우 중요하다. **중요-히**부.

중:요-성(重要性) [-썽]명 사물의 중요한 요소나 성질. ¶교육의 중요성에 대하여 논하다.

중:요-시(重要視)명하타되자 중요하게 보거나 여김. ¶학벌보다 능력이 중요시되는 사회. ⓒ중시(重視).

중용(中庸)명 ①어느 쪽으로나 치우침이 없이 온당한 일, 또는 지나치거나 모자람이 없이 알맞은 일. ¶중용의 도(道)를 지키다. ②재능 따위가 보통인 것.

중용(中庸)²명 사서(四書)의 하나. 중용의 덕과 도를 인간 행위의 최고 기준으로 삼은 유교(儒敎)의 경전.

중:용(重用)명하타되자 중요한 자리에 임명하여 부림. 소중히 씀. 대용(大用). ¶지방 출신자를 중용하다.

중:우(衆愚)명 많은 어리석은 사람들.

중:우^정치(衆愚政治)명 〔어리석은 사람들의 정치, 또는 민중을 어리석게 만드는 정치라는 뜻으로〕'민주 정치'를 비꼬아 이르는 말.

중원(中元)명 삼원(三元)의 하나. 음력 칠월 보름날. 백중날. ⓐ상원(上元)·하원(下元).

중원(中原)명 ①넓은 들의 가운데. ②중국 문화의 발원지인 황허(黃河) 강 중류의 남북 양안(兩岸)의 지역. ③(변경에 대하여) 천하의 중앙을 이르는 말. ④(정권 따위를) 다투고 겨루는 곳.

중:원(衆怨)명 뭇사람의 원망.

중원-축록(中原逐鹿) [-축녹]명 ①군웅(群雄)이 제왕의 자리를 차지하려고 다투는 일. ②뭇사람이 지위나 정권을 차지하려고 다투는 일.

중:월(仲月)명 ☞중삭(仲朔).

중위(中位)명 중간 정도의 자리나 순위.

중위(中尉)명 국군의 위관(尉官) 계급의 하나. 소위의 위, 대위의 아래.

중:위(重位)명 중요한 직위. 책임이 무거운 자리. 중직(重職).

중:위(重圍)명하타되자 여러 겹으로 에워쌈.

중-위도(中緯度)명 저위도(低緯度)와 고위도(高緯度)의 중간 지대.

중위-수(中位數) [-쑤]명 ☞메디안(median).

중유(中有)명 불교에서 이르는 사유(四有)의 하나. 사람이 죽어서 다음 생을 받을 때까지의 중간 존재. 중음(中陰).

중유(中油)명 콜타르를 분류(分溜)할 때 170~230℃에서 얻어지는 기름. 나프탈렌의 제조(製造) 원료가 됨.

중-유(重油)명 원유에서 휘발유·경유·등유 따위를 뽑아내고 걸쭉하게 남은 찌꺼기 기름. 파라핀 제조나 공업 연료 따위로 쓰임.

중유^기관(重油機關)명 ☞디젤 기관.

중:은(重恩)명 크고 두터운 은혜.

중음(中音)명 ①높지도 낮지도 않은 목소리. ②음악에서, 여성의 소프라노 다음의 높은 음.

중음(中陰)명 ☞중유(中有).

중:의(中衣) [-의/-이]명 ☞고의.

중:의(衆意) [-의/-이]명 뭇사람의 의견. ¶중의에 따르다.

중:의(衆議) [-의/-이]명 ☞중론(衆論).

중:의(中意) '중의하다'의 어근.

중:의-하다(中意-) [-의/-이-]형여 ☞적의(適意)하다.

중이(中耳)명 귀의 한 부분. 외이(外耳)와 내이(內耳)의 중간쯤으로 고막이 있는 부분임. 가운데귀.

중이-염(中耳炎)명 병원균의 감염으로 중이에 생기는 염증.

중-이층(中二層)명 ①이층과 일층의 중간에 있는 층. ②보통의 이층보다는 조금 낮고 단층보다는 조금 높게 지은 이층.

중인(中人)명 조선 시대에, 양반과 상인의 중간 계급이 이르던 말. 주로, 의관(醫官)·역관(譯官)·향리(鄕吏) 따위의 세습적인 기술직이나 사무직에 종사하던 사람이 이에 딸렸음.

중:인(重因)명 중요한 원인.

중:인(衆人)명 뭇사람.

중-인방(中引枋)명 벽 한가운데에 가로지르는 인방. ⓒ중방(中枋). ⓐ상인방·하인방.

중:인-소시(衆人所視)圈 ☞중목소시(衆目所視).

중:인-환시(衆人環視)圈하타 뭇사람이 에워싸고 봄.

중일-연(中日宴)圈 조선 시대에, 과거에 급제한 사람이 처음 벼슬자리에 오를 때 선배 벼슬아치들을 대접하던 잔치.

중:임(重任)圈 ①하타되자 먼저 일하던 자리에 거듭 임용함. ②중대한 임무. 무거운 소임. ¶ 중임을 맡다. ⑩대임(大任).

중:-입자(重粒子)[-짜]圈 핵자(核子) 및 그보다 질량이 무거운 소립자를 통틀어 이르는 말.

중-자(衆子)圈 맏아들 이외의 모든 아들. 서자(庶子).

중:-자부(衆子婦)圈 맏며느리 이외의 여러 며느리.

중:-자음(重子音)圈 ☞복자음(複子音).

중작(中斫)圈 굵지도 잘지도 않은 중간 정도의 장작.

중장(中章)圈 ①문장이나 시구(詩句)를 셋으로 나누었을 때의 가운데 장. ②시조(時調)의 가운데 장. ③풍류나 노래의 가운데 장. ⑧초장·종장.

중장(中將)圈 국군의 장관(將官) 계급의 하나. 소장의 위, 대장의 아래.

중장(中場)圈 사흘에 걸쳐 보던 과거의 둘째 날의 시험장.

중장(中腸)圈 무척추동물의 가운데 창자. 주로, 식물(食物)을 빨아들임.

중:-장(重杖)圈 몹시 치는 장형(杖刑).

중:-비(重裝備)圈 토목(土木)이나 건설 공사 등에 쓰이는 무겁고 큰 기계나 차 따위를 통틀어 이르는 말.

중재(仲裁)圈하타 ①서로 다투는 사이에 들어 화해를 붙임. ¶ 중재를 맡다. /중재에 나서다. ②제삼자나 제삼국이 분쟁을 일으킨 당사자나 당사국 사이에 들어 화해를 붙임. ③노동 쟁의 조정법에서, 노사(勞使) 쌍방의 신청이나 행정 관청의 요구 등이 있을 때 노동 위원회에서 중재(仲裁裁定)을 내려 분쟁을 해결하는 일.

중재^계:약(仲裁契約)[-계-/-게-]圈 ①분쟁 당사자가 그 분쟁을 제삼자의 중재에 따라 해결하기로 약정하는 계약. ②국제 분쟁을 국제 재판에 부칠 것을 약속하는 국가 간의 합의.

중재-인(仲裁人)圈 중재하는 사람.

중재^재정(仲裁裁定)圈 노동 쟁의 조정법에 따라 노동 위원회가 노동 쟁의를 해결하기 위해 재결(裁決)하는 일.

중재^재판(仲裁裁判)圈 국제 분쟁이 있을 때, 분쟁 당사국 쌍방이 선정하거나 조직한 재판관에 의해 행하여지는 재판.

중:-적(衆敵)圈 많은 적.

중전(中前)圈 야구에서, 중견수의 앞. ¶ 중전 안타.

중전(中殿)圈 〈중궁전(中宮殿)〉의 준말.

중-전(重箭)圈 무거운 화살.

중:-전기(重電機)圈 무게가 무거운 전기 기구를 통틀어 이르는 말. 주로, 발전기·전동기·변압기 따위를 이르며, 넓게는 발전용 보일러와 터빈도 포함함. ↔경전기(輕電機).

중전-마마(中殿媽媽)圈 '중전'을 높이어 마마를 덧붙인 말.

중:-전차(中戰車)圈 크기와 무게가 중간 정도인 전투용의 전차.

중:-전차(重戰車)圈 무게가 무겁고, 구경이 큰 화포를 장비한 대형의 전차.

중절(中絕)圈하타되자 중도에서 끊기나 그만둠. 〔흔히, 임신 중절의 뜻으로 씀.〕⑧단. ¶ 중절 수술.

중절거리다재 자꾸 중절중절하다. 중절대다. ⑳종잘거리다. ⑪쭝절거리다.

중절-대다재 중절거리다.

중절-모(中折帽)圈 〈중절모자(中折帽子)〉의 준말.

중절-모자(中折帽子)圈 꼭대기의 가운데가 접히고 챙이 둥글게 달린 신사용의 모자. ⑥중절모.

중절-중절甼 수다스럽게 중얼거리는 모양. ⑳종잘종잘. ⑪쭝절쭝절.

중점(中點)[-쩜]圈 ①가운뎃점. ②선분이나 유한 곡선 따위를 이등분하는 점.

중:점(重點)[-쩜]圈 ①가장 중요한 점. 중요하게 여겨야 할 점. ¶ 독해력에 중점을 두고 영어 공부를 하다. ②지렛대를 써서 물체를 움직이려고 할 때, 그 물체의 무게가 걸리는 점.

중:점-적(重點的)[-쩜-]관圈 중요한 것에 힘을 기울이거나 집중을 하는 (것). ¶ 중점적 과제. /중소기업을 중점적으로 지원하다.

중정(中丁)圈 음력 중순에 드는 정일(丁日). 보통, 담제(禫祭)나 연제(練祭) 따위는 이날을 가리어 지냄.

중정(中正)圈圈하형 어느 쪽에도 치우침이 없이 곧고 바름, 또는 지나치거나 모자람이 없이 알맞음. ¶ 중정을 유지하다.

중정(中庭)圈 ①마당의 한가운데. ②집 안의 안채와 바깥채 사이에 있는 뜰.

중정(中情)圈 가슴속에 깊이 품은 감정이나 생각. ¶ 중정을 헤아리다.

중:-정(重訂)圈하타 (책 따위의) 내용을 거듭해서 고침.

중:-정(衆情)圈 뭇사람의 감정. 대중의 의견.

중:-정석(重晶石)圈 중금속의 광상에서 맥석으로 산출되는 황산바륨의 광석. 가루로 정제하여 백색 안료·도료 원료·제지(製紙)·인조 상아 따위의 첨가제로 씀.

중:-정-울불(衆情鬱怫)圈하자 뭇사람의 감정이 터져서 들끓음.

중제(中諦)圈 불교에서 이르는 삼제(三諦)의 하나. 일체의 제법이 불공(不空)·불유(不有)의 중정 절대(中正絕對)라는 진리.

중:제(重劑)圈 한방에서, '진정시키는 성질을 가진 약제'를 이르는 말. 흔히, 금석지제(金石之劑)를 이름.

중:-조(重祚)圈圈하자 ☞재조(再祚).

중:-조(重曹)圈 ☞탄산수소나트륨.

중졸(中卒)圈 '중학교 졸업'을 줄여 이르는 말.

중종-보(中宗-)[-뽀]圈 대들보 위에 이중으로 놓은 보.

중:죄(重罪)[-쬐/-�줴]圈 무거운 죄. 큰 죄. 대죄(大罪). 중과. ⑧경죄(輕罪).

중:-주(重奏)圈하타 합주의 한 형식. 각 악기가 각각 다른 성부를 맡아 동시에 연주함, 또는 그 연주. ⑧독주·합주.

중준(中蹲)圈 장준(長蹲)보다 작고 고추감보다 큰 뾰주리감.

중:-중(衆中)圈 뭇사람 가운데.

중중-거리다재 못마땅하여 탓하는 태도로 중얼거리다. 중중대다. ⑳종종거리다2. ⑪쭝쭝거리다.

중중-대다재 중중거리다.

중중모리-장단圈 판소리 및 산조(散調) 장단의 한 가지. 중모리장단보다 조금 빠르고 자진모리장단보다 느린 장단.

중:**중첩첩**(重重疊疊)**부**·**형** 겹겹이 겹쳐 있는 모양.

중:**증**(重症)[-쯩]**명** 몹시 위중한 병세. ¶ 중증 환자. ↔경증(輕症).

중:**증**(衆證)**명** 뭇사람의 증거. 많은 증인.

중지(中止)**명**·**하다**·**되자** 일을 중도에서 그만둠. 중도에서 멈춤. ¶ 사격 중지. /공사를 중지하다.

중지(中指)**명** 가운뎃손가락. 장지(長指).

중지(中智)**명** 보통의 슬기.

중:**지**(中地)**명** 매우 중요한 곳.

중:**지**(衆志)**명** 뭇사람의 뜻이나 생각.

중:**지**(衆智)**명** 뭇사람의 지혜. ¶ 중지를 모으다.

중지-부(中止符)**명** '쌍점(雙點)'의 잘못.

중지상(中之上)**명** 중길 중의 상등(上等). **참**중지중·중지하.

중지중(中之中)**명** 중길 중의 중등(中等). **참**중지상·중지하.

중지하(中之下)**명** 중길 중의 하등(下等). **참**중지상·중지중.

중:**직**(重職)**명** 중요한 직위. 책임이 무거운 자리. 중위(重位).

중진(重震)**명** 진도(震度) 4의 지진. 집이 심하게 흔들리고 세워 둔 병이 넘어지며, 그릇 안의 물이 넘칠 정도의 지진.

중:**진**(重鎭)**명** ①지난날, 병권(兵權)을 쥐고 요충지를 지키던 사람. ②어떤 분야에서 중요한 자리에 있거나 지도적 영향력을 가진 사람. ¶ 문단(文壇)의 중진.

중진-걸음**명** 우리나라의 민속 무용의 기본 동작인 걸음새의 한 가지. 두 박자에 한 걸음 앞으로 걷거나 뒤로 걷는 걸음새.

중진-국(中進國)**명** 경제 개발이 선진국과 개발 도상국의 중간 정도의 수준에 있는 나라.

중:**-노릇**[자] '중노릇'을 얕잡아 이르는 말.

중질(中秩)[-찔]**명** ⇨중길.

중질(中質)**명** 좋지도 않고 나쁘지도 않은 중등 정도의 질.

중질-유(中質油)**명** 비중 측정 단위가 33~31도인 원유.

중:-질유(重質油)**명** 비중 측정 단위가 30도 이하인 원유.

중:**징**(重徵)**명**·**하자** 조세를 지나치게 거둠.

중:**-징계**(重懲戒)[-계/-게]**명** 조직이나 단체에서 부정을 저지르거나 부당한 행위를 한 사람에게 내리는 무거운 처벌. 파면이나 강등 따위. ¶ 중징계를 내리다. →경징계.

중차대(重且大)'중차대하다'의 어근.

중:**차대-하다**(重且大-)**형** 〔'중대함'을 강조하여 이르는 말로〕 무겁고도 크다. 매우 중요하다. ¶ 중차대한 때에 그런 큰 실수를 하다니.

중-참(中-)**명** 일을 하다가 중간에 잠깐 쉬는 참. 보통, 간단한 음식이나 술을 먹음. **참**새참.

중-창(中-)**명** 가죽신 따위의 창을 튼튼하게 하려고 겉창 안에 한 겹 더 붙여 댄 가죽.

중:**창**(重創·重刱)**명**·**하타**·**되자** 〔낡은 건물을〕 헐기도 하고 고치기도 하여 새롭게 이룩함.

중:**창**(重唱)**명** 각 성부(聲部)를 한 사람이 하나씩 맡아 동시에 노래함, 또는 그 노래. **참**독창·제창·합창.

중-채(中-)**명** 안채와 사랑채 사이에 있는 가운데 집채.

중:**책**(重責)**명** ①중대한 책임. ¶ 중책을 맡다. **비**대임(大任). ②**하다** 엄중하게 책망함.

중천(中天)**명** 하늘의 한복판. 반천. 중공(中空). 중소(中霄). 하늘. ¶ 해가 중천에 떴다.

중:**-천금**(重千金)〔무게가 천금과 같다는 뜻으로〕 가치가 매우 귀함. ¶ 장부 일언(丈夫一言) 중천금.

중-천세계(中千世界)[-계/-게]**명** 불교에서 이르는 상상의 세계. 소천세계의 천 배가 되는 세계를 이르는 말. **참**소천세계.

중:**첩**(重疊)**명**·**하자**·**되자** 거듭 겹쳐지거나 겹침. ¶ 갑자기 어지럽고 물체들이 중첩되어 보인다.

중:**청**(重聽)**명** 한방에서, 귀가 어두워 잘 듣지 못하는 증세.

중-초(中-)**명** 크기가 크지도 작지도 않은 중간 정도의 초.

중초(中草)**명** 품질이 중킷쯤 되는 담배.

중초(中焦)**명** 한방에서 이르는 삼초(三焦)의 하나. 염통과 배꼽의 중간에 위치하여 음식의 소화 작용을 맡음.

중초-열(中焦熱)**명** 한방에서, 중초에 열이 나서 변비가 생기고 식욕이 떨어지는 병.

중촌(中村)**명** 지난날, 중인(中人)들이 살던 서울 성(城) 안의 구역을 이르던 말.

중추(中樞)**명** ①사물의 중심이 되는 중요한 부분이나 자리. 심수(心髓). ¶ 중추 기관. /사회의 중추를 이루다. ②한가운데. ③〈신경 중추〉의 준말.

중추(仲秋)¹**명** 한가위.

중추(仲秋)²**명** ①가을이 한창인 때. ②'음력 팔월'의 딴 이름. 중상(仲商). **참**계추(季秋)·맹추(孟秋).

중추-부(中樞府)**명** 조선 시대에, 중추원(中樞院)을 고쳐 부르던 이름.

중추^신경(中樞神經)**명** ⇨신경 중추.

중추^신경계(中樞神經系)[-계/-게]**명** 동물의 신경계에서 신경 섬유와 신경 세포가 모여 뚜렷한 중심부를 이루고 있는 부분.

중추-원(中樞院)**명** ①고려·조선 시대에, 왕명의 출납(出納)·궁중의 숙위(宿衞)·군기(軍機) 등을 맡아보던 관아. ②대한 제국 때, 의정부(議政府)에 딸렸던 내각 자문 기관. ③일제 강점기의 조선 총독부의 자문 기관.

중추-월(仲秋月)**명** 중추의 맑고 밝은 달.

중추-적(中樞的)**관**·**명** 중심이 되는 중요한 부분이나 자리가 되는 (것). ¶ 중추적 역할. /중추적인 위치.

중추-절(仲秋節)**명** 한가위.

중축(中軸)**명** ①물건의 한가운데를 가로지르는 축. ②사물의 가장 중심이 되는 곳, 또는 그러한 사람. ¶ 중축이 되는 인물.

중축척-도(中縮尺圖)[-또]**명** 1:10,000에서 1:100,000 미만의 축척을 가진 지도. 군사적으로는 연대 이상의 상급 부대에서 전술적 기동 작전 등에 사용함.

중춘(仲春)**명** ①봄이 한창인 때. ②'음력 이월'의 딴 이름. 중양(仲陽). **참**계춘(季春)·맹춘(孟春).

중:**출**(重出)**명**·**하자** ⇨첩출(疊出).

중층(中層)**명** ①(여러 층 가운데) 중간에 있는 층. ②⇨중류(中流).

중층-운(中層雲)**명** 높이에 따른 구름 분류의 한 가지. 중위도 지방의 경우 대개 2~7 km 사이에 나타나는 구름으로, 고적운·고층운·난층운을 이름. **참**상층운(上層雲)·하층운(下層雲).

중-치(中-)**명** 크기나 품질 따위가 중간쯤 되는 물건. 중간치.

중:**치**(重治)**명**·**하타** ⇨엄치(嚴治).

중치막**명** 지난날, 벼슬하지 아니한 선비가 입던 웃옷의 한 가지. 소매가 넓고 길며, 앞은 두

자락, 뒤는 한 자락이고, 옆구리에는 무가 없이 터졌음.

중치막-짜리[명] '중치막을 입은 사람'을 홀하게 이르던 말.

중침(中針)[명] 그다지 굵지도 가늘지도 않은 중치의 바늘.

중칭(中秤)[명] 일곱 근부터 서른 근까지를 다는 중간치의 저울.

중칭^대:명사(中稱代名詞)[명] 그리 멀지 않은 곳에 있는 사람이나 사물을 가리키는 대명사. 〔그·그이·그분·그것 따위.〕

중:크롬산-나트륨(重Chrom酸Natrium)[명] 크롬과 나트륨의 화합물로, 조해성(潮解性)이 있는 적황색의 결정. 산화제·시약·매염제 따위에 쓰임.

중:크롬산-칼륨(重Chrom酸Kalium)[명] 크롬과 칼륨의 화합물로, 물에 잘 녹는 주황색의 결정. 산화제·매염제·폭발물 등의 제조와 도금·염료·인쇄 따위에 쓰임.

중-키(中-)[명] 크지도 않고 작지도 않은 보통 크기의 키.

중:-타:르(重tar)[명] 목재를 건류(乾溜)할 때 흘러나오는 액체. 목초산을 만들 때 그 밑에 낌.

중탁(重濁)[명] '중탁하다'의 어근.

중:탁-하다(重濁-)[-타카-][형여] (탕약이나 국물 있는 음식 같은 것이) 걸쭉하고 뻑뻑하다.

중:탄산-나트륨(重炭酸Natrium)[명] ☞탄산수소나트륨.

중:탄산-소:다(重炭酸soda)[명] ☞탄산수소나트륨.

중탕(中湯)[명] 물의 온도가 상탕과 하탕의 중간쯤 되는 온천의 탕. [참]상탕·하탕.

중:탕(重湯)[명하타] 끓는 물 속에 음식 담은 그릇을 넣어, 그 음식을 익히거나 데움.

중:태(重態)[명] 병이 위중한 상태. ¶중태에 빠지다.

중-턱(中-)[명] (산이나 고개, 또는 입체로 된 물건의) 허리쯤 되는 곳. ¶산의 중턱. /고개 중턱.

중턱^대:문(中-大門)[-때-][명] 솟을대문의 문짝을 지붕의 마룻보와 나란히 단 대문.

중토(中土)[명] 농사짓기에 썩 좋지도 않고 나쁘지도 않은 땅.

중:토(重土)[명] ①☞산화바륨(酸化barium). ②너무 차져서 농사짓기에 알맞지 않은 흙.

중:토-수(重土水)[명] 산화바륨을 물에 녹인 액체. 알칼리의 표준 용액이나 탄산가스의 흡수제로 쓰임.

중-톱(中-)[명] 크기가 대톱과 소톱의 중간쯤 되는 톱.

중통(中桶)[명] ①크지도 않고 작지도 않은 중간쯤 되는 통. ②소금을 중간쯤 담은 섬.

중통(中筒)[명] 크지도 않고 작지도 않은 중간쯤 되는 대통.

중:통(重痛)[명하자] 몹시 앓음. 몹시 아픔.

중퇴(中退)[-퇴/-퉤][명하타] (학업 따위를) 끝내지 못하고 중도에서 그만둠. ¶그녀는 가정 형편이 어려워져 대학을 중퇴하였다.

중파(中波)[명] 주파수 300~3000 kHz, 파장 100~1000 m의 전파. 라디오 방송 따위에 씀. [참]단파·장파.

중:파(重破)[명하자타][되자] 다시 고쳐 쓸 수 있을 정도로 깨지거나 깨뜨림.

중판(中版)[명] 종이나 사진 따위의 크기가 중간 쯤 되는 판.

중:판(重版)[명하타][되자] (한번 낸 책을) 거듭 펴냄, 또는 그 책. 재판(再版). [참]초판.

중:판(重瓣)[명] 수술이 꽃잎으로 변하여, 여러 겹으로 된 꽃잎. 겹꽃잎. ↔단판(單瓣).

중:판-본(重版本)[명] 중판한 책.

중:판-위(重瓣胃)[명] ☞겹주름위.

중:판-화(重瓣花)[명] ☞겹꽃. ↔단판화.

중편(中篇)[명] ①셋으로 나눈 책(册)이나 글의 가운데 편. [참]상편·하편. ②〈중편 소설〉의 준말. [참]단편·장편.

중편^소:설(中篇小說)[명] 단편 소설보다 길며, 장편 소설보다 짧은, 소설의 한 형태. [준]중편. [참]단편 소설·장편 소설.

중:편(重窆)[명하타] ☞권폄(權窆).

중:평(衆評)[명] 뭇사람의 비평. ¶중평이 매우 좋다.

중포(中布)[명] 보통보다 좀 큰 과녁.

중포(中包)[명] 장기에서, 궁밭의 좌우 가운데 줄에 앉힌 포.

중포(中砲)[명] 경포(輕砲)와 중포(重砲)의 중간쯤 되는 포. 흔히, 구경이 105 mm에서 155 mm까지의 포를 이름.

중포(中脯)[명] 나라의 제향(祭享) 때 쓰던 어육(魚肉)의 포.

중:포(重砲)[명] 구경(口徑)이 큰 대포. 구경 8인치 이상으로 사정 거리가 길고 포탄의 위력이 큼. ↔경포(輕砲).

중:-포화(重砲火)[명] ①중포의 화력. ②몹시 심한 포화.

중폭(中幅)[명] 크기가 중치쯤 되는 피륙의 나비, 또는 옷의 폭(幅).

중-폭격기(中爆擊機)[-격끼][명] 기체가 경폭격기보다 크며 행동반경이 1000~2500마일인 폭격기. 주로, 전략 폭격에 사용됨.

중:-폭격기(重爆擊機)[-격끼][명] 기체가 매우 크고 행동반경이 2500마일 이상인 폭격기. 주로, 전략 폭격에 사용됨.

중표-형제(中表兄弟)[명] 내외종(內外從) 간인 형제.

중품(中品)[명] ①품질이 중질인 물건. 중간치. 중치. ②극락정토의 아홉 계층 중에서 중간 자리의 셋을 이르는 말. [참]상품·하품.

중풍(中風)[명] 한방에서, 전신이나 반신, 또는 팔다리 따위 몸의 일부가 마비되는 병을 이르는 말. [일반적으로 뇌일혈로 말미암아 생김.] 중기(中氣). 중풍증(中風症). 풍독(風毒).

중풍-증(中風症)[-쯩][명] ①☞중풍(中風). ②중풍으로 말미암아 생기는 여러 가지 증세.

중풍-질(中風質)[명] 중풍에 걸리기 쉬운 체질, 또는 혈압이 매우 높은 사람.

중하(中蝦)[명] 보리새웃과의 절지동물. 몸길이 20 cm가량으로 중간 크기의 새우. 몸은 옆으로 납작하고 군데군데 가늘고 짧은 털이 빽빽함. 몸빛은 어두운 빛이 나는 녹색인데 온몸에 희읍스름한 작은 점무늬가 많음.

중하(仲夏)[명] ①한여름. ②'음력 오월'의 딴 이름. 중계하(季夏)·맹하(孟夏).

중:하(重荷)[명] (책임져야 할) 무거운 짐.

중:-하다(重-)[형여] ①(죄나 병세 따위가) 크거나 대단하다. ¶중한 죄. /중한 병. ②소중하다. ¶중한 물건. ③(책임이나 임무 따위가) 무겁다. ①③↔경하다. 중-히[부] ¶친구 간의 의리를 중히 여기다.

중-하순(中下旬)[명] ①중순과 하순. ②하순의 중간 무렵.

중학(中學)명 ①<중학교>의 준말. ②조선 시대에, 서울 중부에 둔 사학(四學)의 하나. ⑥중학.

중-학교(中學校)[-꾜]명 초등학교 교육을 마친 학생에게 중등 보통 교육을 베푸는 학교. ⑥중학.

중학-생(中學生)[-쌩]명 중학교에 재학하는 학생.

중한(中寒)명 한방에서, 추위로 팔다리가 뺏뺏해지거나 심장이 쑤시고 아프거나 인사불성에 빠지는 병을 이르는 말. 중한증.

중한(中澣)명 ☞중순(中旬).

중한-증(中寒症)[-쯩]명 ☞중한(中寒).

중함(中鹹)명 ☞<금>의 본딧말.

중:합(重合)명하타되자 ①포개어 합침. ②같은 화합물의 분자 두 개 이상이 결합하여 분자량이 큰 다른 화합물이 되는 일.

중:합^가솔린(重合gasoline)명 에틸렌계(系) 탄화수소를 중합하여 만드는 합성 가솔린. 석유 화학 공업의 원료로 쓰임.

중:합-도(重合度)[-또]명 중합체를 구성하고 있는 단량체의 수.

중:합-지옥(衆合地獄)[-찌-]명 불교에서 이르는 팔열(八熱) 지옥의 하나. 살생·투도(偸盜)·사음(邪淫)의 죄를 지은 자가 가게 된다는 지옥으로, 쇠로 된 큰 구유 속에서 눌러 짬을 당한다고 함.

중:합-체(重合體)명 분자가 중합하여 생기는 화합물. (염화 비닐 따위.) 폴리머. 하단량체.

중항(中項)명 수열이나 급수에서, 서로 이웃하는 세 항의 가운데 항. 〔…, a, b, c, …에서 b를 a와 c의 중항이라 함.〕

중핵(中核)명 사물의 중심. 중요한 부분. ¶ 모임에서 중핵을 이루다.

중행(中行)명 중용(中庸)을 지키는 바른 행실.

중-허리(中-)명 풍류 곡조의 한 가지. 평시조로 시작하여 중간 부분의 곡조를 잠간 변조(變調)시켜 높은 소리로 부르는 형식임.

중:-혀(重-)명 한방에서, 혓줄기 옆에 청백색의 물집이 이는 종기를 이름. 설종(舌腫).

중형(中型)명 크지도 작지도 않은 중간쯤 되는 형. 중치의 형. ¶ 중형 항공기.

중:형(仲兄)명 자기의 둘째 형. 중씨(仲氏). 차형(次兄).

중:형(重刑)명 크고 무거운 형벌. ¶ 중형에 처하다.

중형^자동차(中型自動車)명 자동차 관리법에서 크기에 따라 분류한 자동차 종류의 하나. 승용차는 배기량 1500cc 이상 2000cc 미만, 승합차는 승차 정원 16인승 이상 35인승 이하, 화물 자동차는 적재량 1톤 초과 5톤 미만의 것을 이름. ⑥중형차. ☞대형 자동차·소형 자동차.

중형-차(中型車)명 <중형 자동차>의 준말.

중:-혼(重婚)명하자 배우자가 있는 사람이 이중으로 혼인함, 또는 그러한 혼인.

중화(中火)명하자 길을 가다가 중도에서 점심을 먹음, 또는 그 점심.

중화(中和)¹명 (성격이나 감정이) 치우침이 없이 올바른 상태.

중화(中和)²명하타되자 ①서로 다른 성질의 물질이 융합하여 각각의 성질을 잃거나 그 중간의 성질을 띰. ②당량(當量)의 산과 염기가 반응하여 물과 소금이 생김. ③양전기와 음전기가 하나가 되어 전하(電荷)를 잃음.

중화(中華)명 〔중(中)은 중앙, 화(華)는 문화라는 뜻에서〕 지난날, 한민족(漢民族)이 주변의 민족에 대하여 자기네 민족을 자랑삼아 이르던 말. ②중국(中國).

중:-화기(重火器)명 보병의 화기 가운데서 비교적 화력이 센 화기. 〔중기관총·무반동총·박격포 따위.〕 ↔경화기(輕火器).

중:-화상(重火傷)명 심하게 입은 화상.

중화-열(中和熱)명 산과 염기가 각각 1g당량(當量)씩 중화할 때 나는 열량.

중화-요리(中華料理)명 중국 고유의 요리. 〔베이징 요리·광둥 요리·쓰촨 요리 등으로 나뉨.〕

중화지기(中和之氣)명 덕성이 발라서 남거나 모자람이 없는 화평한 기상(氣像).

중-화ː공업(重化學工業)[-꽁-]명 '중공업'과 '화학 공업'을 아울러 이르는 말.

중환(中丸)명하자 탄환에 맞음.

중:환(重患)명하자 위중한 질환. 중병(重病). 대병(大病). ↔경환(輕患).

중:-환자(重患者)명 중병에 걸린 사람. ↔경환자.

중환-치사(中丸致死)명 탄알에 맞아 죽음.

중:회(衆會)[-회/-훼]명 뭇사람의 모임.

중후(重厚)어기 '중후하다'의 어근.

중:후-하다(重厚-)형여 ①몸가짐이 정중하고 견실하다. ¶ 중후한 인품. ②작품이나 분위기가 엄숙하고 무게가 있다. ¶ 중후한 작품.

중흥(中興)명하자타 (집안이나 나라 따위의) 쇠하던 것이 중간에서 다시 일어남, 또는 다시 일어나게 함. ¶ 민족 중흥의 새로운 전기를 맞다.

중흥지주(中興之主)명 쇠퇴하던 나라를 중흥시킨 임금.

중-힘(中-)명 (활의 세기에서) 실중힘보다는 무르고 연상(軟上)보다는 센 등급의 각궁. 중력.

줴:-뜯다[-따]타 <쥐어뜯다>의 준말.

줴:-바르다[~바르니·~발라]타르 <쥐어바르다>의 준말.

줴:-박다[-따]타 <쥐어박다>의 준말. ¶ 머리를 줴박다.

줴:-살다[~사니·~살아]자 <쥐어살다>의 준말.

줴:-지내다자 <쥐여지내다>의 준말.

줴:-지르다[~지르니·~질러]타르 <쥐어지르다>의 준말. ¶ 가슴을 줴지르다.

줴:-흔들다[~흔드니·~흔들어]타 <쥐어흔들다>의 준말.

쥐¹명 몸의 어느 한 부분이 경련을 일으켜 갑자기 오그라들거나 굳어서 기능을 한때 잃는 현상. ¶ 다리에 쥐가 나다.

쥐²명 쥐 아목(亞目)에 딸린 짐승을 통틀어 이르는 말. 털빛은 보통 잿빛이며 꼬리는 가늘고 긺. 이빨이 계속 자라나서 주위의 나무나 딱딱한 물건을 갉아 댐. 인체에 페스트균을 가진 벼룩을 퍼뜨림. 〔비단털쥐과·대나무쥐과·날쥐과 따위.〕

쥐 소금 나르듯[녹이듯]족담 조금씩 조금씩 줄어서 없어진다는 말.

쥐도 새도 모르게관용 아무도 모르게 감쪽같이. ¶ 쥐도 새도 모르게 잡아들이다.

쥐 숨듯관용 ①남에게 눌리어 기를 펴지 못하고 숨어 버리는 모양. ②교묘하게 자취를 살짝 감추는 모양.

쥐 잡듯이관용 꼼짝달싹 못하게 하고 샅샅이 뒤져 모조리 잡아내는 모양. ¶ 쥐 잡듯이 모조리 잡아내다.

쥐 죽은 듯이관용 매우 조용한 상태를 비유적으로 이르는 말.

쥐-가오리멍 매가오릿과의 바닷물고기. 몸길이 250 cm, 몸무게 500 kg 이상. 매가오리와 비슷한데 몸의 폭이 크다. 머리에는 귀처럼 생긴 머리지느러미가 양쪽으로 나와 있고 톱니를 가진 꼬리는 아주 긺. 태생어(胎生魚)로 난해성(暖海性)임.

쥐-구멍멍 ①쥐가 드나드는 구멍. ②'몸을 숨길 만한 최소한의 자리'를 비유하여 이르는 말. ¶어젯밤 일로 창피하여 쥐구멍이라도 있으면 들어가고 싶은 심정이다.

쥐구멍에도 볕 들 날 있다속담 몹시 고생하는 사람도 좋은 때를 만나 운(運)이 트일 날이 있다는 말.

쥐구멍에 홍살문 세우겠다속담 가당찮은 일을 주책없이 한다는 말.

쥐구멍(을) 찾다관용 몹시 부끄럽거나 떳떳하지 못하여 몸을 숨기려고 애쓴다.

쥐-꼬리멍 '분량이 매우 적은 것'을 비유하여 이르는 말. ¶쥐꼬리만한 월급.

쥐꼬리-톱멍 쥐꼬리처럼 생긴 가늘고 얇은 톱. 나무를 곱게 켜는 데 씀.

쥐-날멍 ☞자일(子日).

쥐-노래미멍 쥐노래밋과의 바닷물고기. 몸길이 30 cm가량. 몸빛은 갖가지이나 대체로 흑갈색이 많음. 몸 양쪽에 다섯 쌍의 옆줄이 있음. 우리나라와 일본 홋카이도 이남의 연안에 분포함. 석반어(石斑魚).

쥐눈이-콩멍 콩과의 다년생 만초(蔓草). 줄기와 잎은 갈색이며, 여름에 노란 꽃이 핌. 콩나물용으로 재배함. 서목태(鼠目太).

쥐:다타 ①손가락을 오그려 모아 주먹을 짓다. ¶주먹을 불끈 쥐다. ②주먹 안에 움켜잡다. ¶손목을 쥐다. ③(마음대로 할 수 있도록) 손아귀에 넣다. 차지하다. ¶정권을 쥐다. ④(재물이나 증거 따위를) 얻다. 가지다. ¶한밑천 쥐다.

쥐고 펼 줄을 모른다속담 ①돈을 모으기만 하고 쓸 줄을 모른다는 말. ②옹졸하여 풀어서 생각할 줄을 모른다는 말.

쥐면 꺼질까 불면 날까속담 매우 소중하게 여긴다는 뜻.

쥐고 흔들다관용 ☞쥐었다 폈다 하다.

쥐었다 폈다 하다관용 ①무슨 일을 자기 마음대로 휘두르며 다루다. ②어떤 사람을 자기 마음대로 부리다. 쥐고 흔들다.

쥐-다래나무멍 다래나뭇과의 낙엽 활엽 만목(蔓木). 덩굴의 길이는 5 m에 이름. 깊은 산의 음지에서 자람. 잎은 달걀 모양 또는 타원형이며 잎자루가 긺. 암수딴그루이며, 5월에 희고 향기 있는 작은 다섯잎꽃이 잎겨드랑이에서 핌. 9~10월에 길이 2~2.5 cm의 긴 타원형의 열매가 황색으로 익으며, 먹을 수 있음.

쥐:대기멍 솜씨가 서투른 장인(匠人).

쥐-덫[-덛]멍 쥐를 잡는 데 쓰는 덫. ¶쥐덫을 놓다. *쥐덫이[-더치]·쥐덫만[-던-]

쥐-독멍 머리의 숫구멍 자리.

쥐똥-나무멍 물푸레나뭇과의 낙엽 활엽 관목. 산이나 들에 나는데 높이는 2 m가량. 잎은 길둥글며 마주남. 초여름에 흰 꽃이 피고, 열매는 가을에 쥐똥처럼 까맣게 익음. 우리나라·일본·대만 등지에 분포함. 백랍나무.

쥐-띠멍 ☞자생(子生).

쥐라-계(Jura系)[-게/-게]멍 쥐라기에 만들어진 지층. 유럽 중앙부에서 잉글랜드 남부에 걸쳐 발달하여 있음.

쥐라-기(Jura紀)멍 지질 시대의 중생대(中生代)를 이루는 세 기(紀) 중의 둘째 기. 약 1억 8000만 년 전에서 1억 3500만 년 전까지의 4500만 년간의 시기. 양치류·파충류·공룡 따위가 번성하였음.

쥐:락-펴락[하타] 자기 손아귀에 넣고 마음대로 휘두르는 모양. ¶단체의 모든 일을 혼자 쥐락펴락한다.

쥐머리멍 갈랑에 붙은 쇠고기. 주로, 편육을 만드는 데 씀.

쥐-며느리멍 쥐며느릿과의 절지동물. 몸길이 1 cm가량으로 길쭉하고 넓적한 모양임. 평지의 낙엽이나 돌 밑, 집 주위의 쓰레기 더미 등 습한 곳에 무리 지어 삶. 서고(鼠姑).

쥐-목(-目)멍 포유류의 한 목(目). 대체로 몸이 작은데, 송곳니가 없고 앞니가 발달해 물건을 잘 갉아 대며 꼬리가 긺. 초식성이며 번식력이 강함. 대개 산이나 초원·냇가에서 삶. 〔다람쥐·쥐 따위.〕

쥐-방울멍 쥐방울덩굴과의 다년생 만초. 산이나 들에 나는데 길이는 1~5m. 잎은 심장 모양이며 잎자루가 길고 어긋맞게 남. 여름에 녹자색의 꽃이 핌.

쥐방울만-하다형어 《주로 사람에게 쓰이어》'작고 앙증스럽다'를 속되게 이르는 말. ¶쥐방울만한 게 못하는 소리가 없다.

쥐-벼룩멍 가시벼룩과의 곤충. 쥐·고양이·사람 등에 기생하며 흑사병을 옮김.

쥐-볶이멍 민속에서, 음력 정월의 첫 쥐날에 쥐를 볶아 죽인다는 뜻으로 행하는 일.

쥐-부스럼멍 머리 위에 툭툭 불거지는 부스럼의 한 가지.

쥐-불멍 농가에서, 음력 정월의 첫 쥐날에 쥐를 쫓는다는 뜻으로 논둑이나 밭둑의 마른풀에 놓는 불.

쥐불-놀이[-로리]멍하자 ☞쥐불놓이.

쥐불-놓이[-로-]멍하자 쥐불을 놓는 일. 쥐불놀이.

쥐-빚다[-빋따]타 (술 따위를) 손으로 주물러서 빚다.

쥐-뿔멍 하찮고 보잘것없음.

쥐뿔도 모르다관용 아무것도 모르다. ¶쥐뿔도 모르면서 참견이다.

쥐뿔도 없다관용 가진 것이라고는 아무것도 없다. ¶쥐뿔도 없는 주제에 큰소리친다.

쥐뿔-같다[-갇따]형 아무것도 보잘것이 없다. 아주 변변치 못하다. 쥐뿔갈-이부.

쥐-살멍 소의 앞다리에 붙은 고기.

쥐-새끼멍 '몹시 능갈맞고 잔일에 약게 구는 사람'을 욕으로 이르는 말.

쥐-색(-色)멍 푸르스름한 담흑색. 쥣빛.

쥐-서(-鼠)멍 한자 부수의 한 가지. '鼢'·'鼪' 등에서의 '鼠'의 이름.

쥐손이-풀멍 쥐손이풀과의 다년초. 산이나 들에 절로 나는데, 줄기 높이는 30~80 cm. 잎은 잎자루가 길고 손바닥 모양으로 깊이 갈라짐. 여름에 분홍색 꽃이 핌.

쥐악-상추[-쌍-]멍 잎이 덜 자란 상추.

쥐알-봉수멍 '잔꾀가 많고 약은 사람'을 조롱하여 이르는 말.

쥐-약(-藥)멍 쥐를 잡는 데 쓰는 약. 살서제(殺鼠劑).

쥐어-뜯다[-어-따/-여-따]타 ①단단히 쥐고 뜯어내다. ¶풀잎을 쥐어뜯다. ②뜯다시피 함부로 쥐집거나 잡아당기다. ¶머리를 쥐어뜯다.

③몹시 괴롭거나 답답하여 가슴 따위를 뜯다시피 갈기다. ㉾줴뜯다.

쥐어-바르다[-어-/-여-][~바르니·~발라]目 손으로 함부로 펴 바르거나 비비다. ¶그 아이는 콧물을 온 얼굴에 쥐어바르고 있다.

쥐어-박다[-어-따/-여-따]目 주먹으로 지르듯이 때리다. ¶머리를 한 대 쥐어박다. ㉾줴박다.

쥐어-뿌리다[-어-/-여-]目 ①아무 데나 홀리거나 뿌리다. ②(비유적으로) 일 따위를 되는 대로 팽개치다.

쥐어-지르다[-어-/-여-][~지르니·~질러]目 주먹으로 냅다 지르다. ㉾줴지르다.

쥐어-짜다[-어-/-여-]目 ①꼭 쥐고서 비틀거나 눌러 물기 따위를 짜내다. ¶행주를 쥐어짜다. ②떼를 쓰며 조르다. ¶돈을 더 내놓으라고 쥐어짜다. ③이리저리 따져서 골똘히 생각하다. ¶머리를 쥐어짜다. ④눈물을 질금질금 흘리다. ¶동생은 아무 변명도 하지 못하고 눈물만 쥐어짜고 있다. ⑤억지로 받아 내다. ¶고혈을 쥐어짜다.

쥐어-치다[-어-/-여-]目 쓸데없는 말을 함부로 자꾸 지껄이다.

쥐어-틀다[-어-/-여-][~트니·~틀어]目 단단히 잡고 비틀다. ¶도둑의 손목을 쥐어틀었다.

쥐어-흔들다[-어-/-여-][~흔드니·~흔들어]目 ①손으로 쥐고서 흔들다. ②손아귀에 넣고 마음대로 휘두르다. ¶남편을 쥐어흔들다. ㉾줴흔들다.

쥐엄-나무똉 콩과의 낙엽 활엽 교목. 산골짜기나 냇가에 흔히 나는데, 높이는 20 m가량. 6월경에 연둣빛 꽃이 피고, 10월경에 꼬투리가 익음. 한방에서, 열매의 껍데기는 '조협', 그 씨는 '조협자'라 하여 가시와 함께 약재로 쓰임.

쥐엄-떡똉 팥소를 넣고 송편 모양으로 빚은 인절미에 콩가루를 묻힌 떡.

쥐엄-발이똉 발끝이 오그라져서 디디어도 잘 펴지지 않는 발, 또는 그러한 사람.

쥐엄-쥐엄[Ⅰ]똉 젖먹이가 두 손을 쥐었다 폈다 하는 동작. ㉾죄암죄암. [Ⅱ]곱 젖먹이에게 쥐엄질을 시킬 때 하는 말. ㉾죄암죄암.

쥐엄-질하자 ①젖먹이가 두 손을 쥐었다 폈다 하며 재롱을 부리는 일. ㉾죄암죄암. ②'훔치개질'의 변말.

쥐어미똉 〈옛〉 지게미. ¶쥐어미 조:糟. 쥐어미 박:粕(訓蒙中22).

쥐어-살다[~사니·~살아]자 다른 사람에게 억눌려 기를 펴지 못하고 살다. ¶그는 아내에게 쥐여산다.

쥐어-지내다자 남에게 눌리어 기를 펴지 못하고 지내다. ¶남편에게 쥐여지내다. ㉾줴지내다.

쥐-이다[자〕['쥐다'의 피동] 쥠을 당하다.
쥐-이다[자〕['쥐다'의 사동] 쥐게 하다. ¶어머니는 우는 아이에게 사탕을 쥐여 주었다.

쥐-정신(-精神)똉 무슨 일을 금방 잘 잊는 정신, 또는 그러한 사람.

쥐-젖[-젇]똉 사람의 살가죽에 젖꼭지 모양으로 갸름하게 생기는 작은 사마귀. *쥐젖이[-저지]·쥐젖만[-전-]

쥐치똉 쥐칫과의 바닷물고기. 몸길이 30 cm가량. 몸은 마름모꼴에 가깝고 옆으로 납작함. 몸빛은 회청색 또는 연한 분홍색이며 옆구리에 암갈색 반점이 많음. 등지느러미가 가시처럼 눈 위에 솟아 있음. 서남해 등지에 분포함.

쥐코-밥상(-床)[-쌍]똉 (밥 한 그릇과 반찬 두 가지로) 간단하게 차린 밥상.

쥐코-조리똉 '도량이 좁은 사람'을 조롱하여 이르는 말.

쥐통똉 ⇨콜레라.

쥐-포(-脯)똉 쥐치를 말려서 납작하게 누른 어포(魚脯).

쥐-포수(-捕手)똉 '적은 것을 얻으려고 애쓰는 사람'을 이르는 말.

쥐포육-장수(-脯肉-)[-짱-]똉 '부끄러운 줄을 모르고 아주 다랍게 좀팽이짓을 하는 사람'을 조롱하여 이르는 말.

쥐-해똉 ⇨자년(子年).

쥔:[똉 〈주인(主人)〉의 준말.

쥔:-**장**(-丈)똉 〈주인장(主人丈)〉의 준말.

쥘-**대**[-때]똉 누비질할 때 쓰는 가늘고 짤막한 둥근 막대.

쥘-**부채**[-뿌-]똉 접었다 폈다 하게 된 부채. 접선(摺扇).

쥘-**손**[-쏜]똉 어떤 물건을 들 때 손으로 쥐도록 되어진 부분.

쥘:-**쌈지**똉 옷소매나 호주머니에 넣게 된 담배쌈지. ¶할아버지께서 쥘쌈지를 꺼내 담배 한 대를 말아 피우셨다.

쥣-**빛**[쥐삗/쥔삗]똉 ⇨쥐색. *쥣빛이[쥐삐치/쥔삐치]·쥣빛만[쥐삗-/쥔삗-]

쥬련똉 〈옛〉 여자가 허리에 차는 수건. ¶쥬련:帨(訓解).

쥬리울똉 〈옛〉 후릿고삐. 말고삐. ¶쥬리울:繮繩(四解下40).

쥬리울 덕똉 〈옛〉 후릿고삐. 말고삐. ¶쥬리울 덕:靮(訓蒙下27).

쥬복고똉 〈옛〉 여드름. ¶쥬복 포:皰(訓蒙上30).

쥬복고똉 〈옛〉 주부코. ¶쥬복고 차:齇(訓蒙上30).

쥬복코똉 〈옛〉 주부코. ¶쥬복코:槽鼻子(譯語上30). ㉾쥬복고.

죽¹똉 〈옛〉 주걱. ¶죽:飯橾(訓解).

죽²똉 〈옛〉 죽. ¶죽 죽:粥(訓蒙上20).

중싥똉 〈옛〉 짐승. ¶뒤헤는 모딘 중싥(龍歌30章). ㉾즘싥·즘승.

즈런-즈런[하-]톙 살림살이가 넉넉한 모양.

즈르다[을러]目 지르다. 가깝게 질러가다. ¶胡히 즈르고 빠혀나(南明下38).

즈름똉 〈옛〉 주릅. 거간(居間). ¶즈름 회:儈(訓蒙中3). /즈름이 날오되(老解下9).

즈름싥똉 〈옛〉 지름길. ¶즈름싥:抄路(訓蒙上6).

즈�싥똉 〈옛〉 지름길. ¶經은 즈륉싥히니(月釋2:66).

즈믄똉 〈옛〉 천(千). ¶二리 즈믄 ᄀᆞᆯ매 비취요미 ᄀᆞᆮ ᄒᆞ니라(月釋1:1).

즈봉(←jupon 프)똉 〈옛〉 '양복바지'의 잘못.

즈슴똉 〈옛〉 즈음. 사이. ¶孟季ᄉ 즈ᄉ메 겨실ᄊᆡ(永嘉下46).

즈싀믹똉 〈옛〉 찌꺼기. ¶즈싀 재:滓(訓蒙下11). ㉾즈의.

즈음똉 일이 어찌 될 어름이나 그러한 무렵. ¶떠날 즈음에 그런 일이 생길 줄 누가 알았나. ㉾즘.

즈음똉 〈옛〉 사이. ¶德重ᄒᆞ신 江山 즈ᄋᆞ매 萬福을 누리쇼셔(鄭道傳.新都歌). ㉾즈슴.

즈음-하다[자]타여 어떤 때를 당하거나 맞다. 《주로, 때를 나타내는 말 뒤에 '즈음한'·'즈음하여'의 꼴로 쓰임.》 ¶비상 시국에 즈음하여.

즈취다[자] 〈옛〉 지치다. 설사하다. ¶즈칠 샤:瀉(訓蒙中32). /즈칠 리:痢(訓蒙下34).

즈크(doek 네)**명** 실이나 무명실로 두껍게 짠 직물(織物). 보통 평직(平織)인데, 신·천막·캔버스 따위에 쓰임.

즉(即)**부** 다름이 아니라 곧. 바로. 다시 말해서. ¶절망이 즉 죽음에 이르는 병이다.

즉각(即刻)[-깍]**부** 당장에 곧. 당각(當刻). ¶명령을 즉각 이행하다.

즉각-적(即刻的)[-깍쩍]**관명** 당장에 곧 하는 (것). ¶즉각적인 조치.

즉결(即決)[-껼]**명하타되자** 그 자리에서 결정하거나 해결함. 직결(直決).

즉결^심판(即決審判)[-껼-]**명** 가벼운 범죄 사건에 대하여 정식 형사 소송 절차를 밟지 아니하고 경찰서장의 청구를 받아들여 순회 판사가 하는 약식 재판. ㉠즉심(即審).

즉금(即今)[-끔]**명** ①이제. ②이제 곧. 지금 당장에.

즉낙(即諾)[증-]**명하타** 그 자리에서 곧 승낙함.

즉납(即納)[증-]**명하타** (돈이나 물건을) 그 자리에서 곧 냄.

즉단(即斷)[-딴]**명하타** 즉시 단정함.

즉답(即答)[-땁]**명하자** 그 자리에서 곧 대답함, 또는 그런 대답. 직답. ¶즉답을 피하다.

즉매(即賣)[증-]**명하타되자** 전시회 등에서, 물건을 그 자리에서 파는 일.

즉멸(即滅)[증-]**명하자** 당장 멸망함.

즉물-적(即物的)[증-쩍]**관명** ①대상을 있는 그대로 포착하는 (것). ②물질적인 것을 으뜸으로 하여 생각하는 (것).

즉발(即發)[-빨]**명하자** ①곧 출발함. ②즉시 폭발함. ¶일촉(一觸)즉발.

즉발^중성자(即發中性子)[-빨-]**명** 핵분열 순간에 방출되는 고속의 중성자.

즉변(即便)[-뺀]**부** ☞직변.

즉사(即死)[-싸]**명하자** 그 자리에서 곧 죽음. 즉음. 직사(直死).

즉살(即殺)[-쌀]**명하타되자** 그 자리에서 죽임.

즉석(即席)[-썩]**명** ①(일이 진행되는) 바로 그 자리. 앉은자리. 좌석(即席). 직석(直席). ②그 자리에서 곧 무슨 일을 하거나 무엇을 만드는 일. ¶즉석 떡볶이. /즉석 복권.

즉석-식품(即席食品)[-썩씩-]**명** 저장이나 휴대가 편리하고 손쉽게 조리해 먹을 수 있도록 만들어진 가공 식품. 인스턴트 식품.

즉석-연설(即席演說)[-썽년-]**명하자** 미리 준비하지 않고 즉석에서 연설함, 또는 그런 연설.

즉석-요리(即席料理)[-썽뇨-]**명하타** 음식을 그 자리에서 바로 만듦, 또는 그 음식.

즉성(即成)[-썽]**명하자타되자** 그 자리에서 곧 이루어지거나 이룸.

즉세(即世)[-쎄]**명하자** 세상을 떠남. 사람의 죽음.

즉속(即速)[-쏙]**부** 곧. 어서. 빨리. 즉시로.

즉송(即送)[-쏭]**명하타** 즉시 보냄.

즉시(即時)[-씨] **Ⅰ명** 바로 그때. ¶그 즉시에는 제정신이 아니었다.
Ⅱ부 곧. 바로. 당장에. ¶즉시 떠나다.

즉시-급(即時給)[-씨-]**명** 지급 청구가 있을 때 현금으로 치러 주는 일.

즉시-범(即時犯)[-씨-]**명** 범죄가 기수(旣遂)의 상태에 이르는 즉시 범죄가 완성되고 종료(終了)되는 것. 〔절도죄·방화죄·살인죄 등 형법상의 많은 범죄가 여기에 딸린다.〕

즉시-즉시(即時即時)[-씨-씨]**부** 그때그때마다 즉시. ¶모르는 문제가 있으면 즉시즉시 물어라.

즉시^항:고(即時抗告)[-씨-]**명** 소송법상 일정한 불변(不變) 기간 내에 제기해야 하는 항고.

즉신-성불(即身成佛)[-씬-]**명** 불교에서, 현재의 몸이 그대로 곧 부처가 되는 일.

즉심(即審)[-씸]**명** <즉결 심판>의 준말. ¶즉심에 회부하다.

즉심시불(即心是佛)[-씸-]**명** 불교에서, 사람의 본성은 불성(佛性)을 지니고 있는 것이므로, 중생의 마음이 곧 부처라는 뜻.

즉야(即夜)[-]**명** 그날 밤. 당야(當夜).

즉위(即位)[-]**명하자** 임금의 자리에 오름. 등극. 어극(御極). 즉조(即祚). ↔퇴위(退位).

즉응(即應)[-]**명하자** (그때그때의 경우나 따라) 곧 따름. 그대로 곧 적응함. ¶정세의 변화에 즉응하여 적절한 조처를 취하다.

즉일(即日)[-]**명** (일이 생긴) 바로 그날. 당일.

즉일^방:방(即日放榜)[-]**명** 지난날, 과거를 보인 바로 그날에 급제자(及第者)를 발표하여 홍패(紅牌)나 백패(白牌)를 내려 주던 일.

즉일^시:행(即日施行)[-]**명** 법령 따위를 공포한 그날부터 시행함.

즉자(即自)[-짜]**명** 철학에서 이르는, 다른 것과 관계를 갖지 않고 그 자체로서 존재하고 있는 것, 또는 그런 존재. 논리 전개의 가장 낮은 단계로, 대립이 미발전(未發展)인 채 잠재해 있는 것. ↔대자(對自).

즉자히[-] (옛) 즉시. ¶즉자히 神通力으로 樓우희 노라올아(釋6:2).

즉재(即)**부** (옛) 즉시. 곧. ¶즉재 宿命을 아르샤(月釋21:7). ㉠즉자히.

즉전(即前)[-쩐]**명** ☞직전(直前).

즉전(即傳)[-쩐]**명하타되자** 곧 전하여 보냄.

즉제(即)**부** (옛) 즉시. 곧. ¶니러 즉제 가쟈(老解上22). ㉠즉자히.

즉제(即製)[-쩨]**명하타되자** 당장 그 자리에서 만듦.

즉제(即題)[-쩨]**명** 그 자리에서 곧 짓도록 내놓은 시나 글의 제목.

즉조(即祚)[-쪼]**명하자** ☞즉위(即位).

즉좌(即座)[-쫘]**명** ☞즉석(即席).

즉-출급(即出給)**명하타되자** (돈이나 물건을) 지체하지 않고 바로 지급함.

즉-치다(即-)**타** 서슴지 않고 냅다 치다. 대번에 치다.

즉행(即行)[즈캥]**명** ①**하자** 곧 감. ②**하타** 곧 실행함.

즉효(即效)[즈쿄]**명** 즉시 나타나는 효험. ¶그 약(藥)을 먹고 즉효를 보았다.

즉후(即後)[즈쿠]**명** ☞직후(直後).

즉흥(即興)[즈쿵]**명** 즉석에서 일어나는 흥취.

즉흥-곡(即興曲)[즈쿵-]**명** 즉흥적인 악상을 소품 형식으로 지은 악곡.

즉흥-극(即興劇)[즈쿵-]**명** (아무런 준비 없이) 그 자리의 흥에 따라 연출하는 극.

즉흥-시(即興詩)[즈쿵-]**명** 그 자리에서의 느낌을 그대로 읊은 시.

즉흥-적(即興的)[즈쿵-]**관명** ①그때그때의 느낌을 곧바로 표현하는 (것). ¶즉흥적 작품. ②(깊이 생각하지 않고) 생각나는 대로 무슨 일을 하는 (것). ¶즉흥적 발상. 즉흥적인 사업 계획.

즌퍼리 (옛) 진펄. ¶즌퍼리 져: 沮(訓蒙下5).

즌븗다다旧 (옛) 깃밟다. ¶즌블을 채: 跐(訓蒙下27).

즐겁다(-따)[-따][즐거우니-즐거워]**형口** (어떤 일이나 상황·활동 등이) 만족스럽고 흐뭇하고 기쁘다. ¶즐겁게 노래를 부르다. **즐거-이**부.

즐기다[타] ①무엇을 좋아하여 거기에 마음을 쏟다. ¶바둑을 즐기다. /등산을 즐기다. ②행복스러운 마음을 가져 즐거워하다. ¶인생을 즐기다.

즐다[혱]〈옛〉질다. ¶부터 가시논 싸히 즐어늘(月釋1:16).

즐린(櫛鱗)[명] 한쪽 가장자리가 빗살같이 된 물고기의 비늘.

즐문-토기(櫛文土器)[명] □빗살무늬 토기.

즐비(櫛比)[어] '즐비하다'의 어근.

즐비-하다(櫛比-)[혱예] 빗살처럼 가지런하고 빽빽이 늘어서 있다. ¶거리 양쪽에는 가게들이 즐비하다.

즐어[명]〈옛〉['즈르다'의 활용형] 지레. 일찍. ¶몬아드리 즐어 업스니(月釋序14).

즐치(櫛齒)[명] □빗살.

즐판(櫛板)[명] □빗판.

즐풍-목우(櫛風沐雨)[명] 〔바람으로 머리 빗고, 비로 목욕한다는 뜻으로〕'긴 세월을 객지로 떠돌며 갖은 고생을 다 함'을 비유하여 이르는 말.

즘[명]〈즈음〉의 준말.

즘게[명]〈옛〉큰 나무. 수목(樹木). ¶즘겟 가재 연즈니(龍歌7章). /樹는 즘게라(月釋2:30).

즘숭[명]〈옛〉짐승. ¶즘숭 슈:獸(石千19).

즘싱[명]〈옛〉짐승. ¶즘싱 슈:獸(訓蒙下3).

즙(汁)[명] (과실 따위의) 물체에서 배어 나오거나 짜낸 액체. 액즙(液汁). ¶즙:汁(柳).
　즙(이) 나다[관용] (무르익은 과실에서 즙이 나오듯) 일 솜씨가 아주 원숙해지다.

즙-내기(汁-)[즘-][명][하자타] 과실·채소 따위를 짜서 즙이 나오게 함.

즙-물(汁-)[즘-][명] 도자기에 바르는 잿물. 즙유(汁釉).

즙액(汁液)[명] □즙.

즙유(汁釉)[명] □즙물.

즙장(汁醬)[-짱][명] □집장.

즙재(汁滓)[-째][명] 즙을 짜내고 난 찌끼.

즙청(汁淸)[명][하타] 과줄이나 주악 따위에 꿀을 바르고 계핏가루를 뿌려 재워 두는 일.

즙포(緝捕)[명][하타]〈집포〉의 본딧말.

즛[즈싀·즈슬][명]〈옛〉모습. 짓. ¶그 즈싀 一萬 가지라(月釋21:24).

즛다〈옛〉짖다. ¶나라해 즛논 가히 하도다(杜初9:22). ⚑즛다.

즛의[명] 찌꺼기. ¶과ㅣ 즛의왜 宛然히 서르 ᄆ궷도다(杜初16:64). ⚑즛의.

즛의[명] 찌꺼기. ¶줏의 흐린 거시 ᄒᆞ마 다 ᄋᆞ면(法華4:19). ⚑즛의·즈싀.

증[명] 도자기 굽 밑에 붙은 모래알이나 진흙 덩이.

증(症)[명] '화증(火症)' 또는 '싫증'이나 '짜증'의 뜻을 나타냄. (주로, '증 나다': 증 내다'의 꼴로 쓰임.) ¶남편은 아내의 타박에 증 난 말투로 대꾸했다.

증(證)[명]〈증명서〉의 준말. ¶증을 떼어 오너라.

증(贈)[명] '드립니다'의 뜻으로, 흔히 선물을 싼 겉봉 따위에 쓰는 말.

-증(症)[접미] 〔한자어로 된 일부 명사 또는 어근 뒤에 붙어〕'증세(症勢)'의 뜻을 나타냄. ¶가려움증. /궁금증. /빈혈증. /합병증.

-증(證)[접미] 〔한자어로 된 일부 명사 뒤에 붙어〕'증명서'의 뜻을 나타냄. ¶신분증. /출입증. /주민 등록증. /학생증.

증가(增加)[명][하자타][되자] 수나 양이 많아짐, 또는 많아지게 함. ¶인구 증가. /차량 통행이 증가하다. ↔감소.

증가(增價)[-까][명][하자타] 값이 오름, 또는 값을 올림.

증간(增刊)[명][하타][되자] 잡지 등의 정기 간행물에서, 정해진 시기 외에 임시로 간행하는 일, 또는 그 간행물.

증감(增減)[명][하자타][되자] 늚과 줆. 늘림과 줄임. ¶인구의 증감.

증감(增感)[명] 사진 감광 재료의 감광도가 높아짐, 또는 감광도를 높임.

증강(增強)[명][하자타] (인원이나 설비·능력 따위를) 더 늘려 강화함. ¶병력을 증강하다.

증개(增改)[명][하타][되자] (문장 따위를) 보태거나 고치거나 함.

증-개축(增改築)[명] 증축과 개축을 아울러 이르는 말.

증거(證據)[명] ①어떤 사실을 증명할 수 있는 근거. ②법원이 법을 적용하는 대상이 되는 사실의 유무를 확정하는 재료. ¶증거를 보전하다.

증거-금(證據金)[명] 계약의 이행을 확실히 하기 위하여 당사자의 한쪽이 상대편에게 담보로 건네주는 돈.

증거^능력(證據能力)[-녁][명] 소송 절차에서, 증거가 증명의 자료로 쓰이기 위하여 필요한 자격. 형사 소송법에서는 자백이나 전문 증거(傳聞證據) 등에 대하여 일정한 제한이 있으나, 민사 소송법에서는 원칙적으로 제한이 없음.

증거-력(證據力)[명] 증거가 가지는 신빙성의 정도.

증거-물(證據物)[명] 어떤 사실의 증거가 되는 물품. 증거품.

증거^방법(證據方法)[명] 법관이 사실의 존부(存否)를 판단하기 위하여 조사할 수 있는 사람 또는 물건, 곧 재판의 기초가 될 사실의 인정 자료로 소용되는 것. 인적 증거와 물적 증거가 있음.

증거^보:전(證據保全)[명] 민사 소송에서, 증거 조사 때까지 기다리다가는 그 증거 방법의 사용이 불가능해지거나 어렵게 될 경우, 본안(本案)의 절차와는 별도로 미리 증거 조사를 하는 절차. 〔형사 소송에도 같은 절차가 있음.〕

증거^원인(證據原因)[명] 법관의 심증(心證)을 확신으로 믿을 수 있는 증인의 증언이나 진정(眞正)한 문서의 내용 등이 이에 해당함.

증거-인(證據人)[명] □증인(證人).

증거^인멸죄(證據湮滅罪)[-쬐/-�줴][명] 다른 사람의 형사 사건이나 징계 사건에 관한 증거를 인멸·은닉·위조·변조함으로써, 이러한 사건에 관한 증인을 은닉·도피시킴으로써 성립하는 범죄.

증거^재판주의(證據裁判主義)[-의/-이][명] 범죄 사실의 인정은 증거에 따라야 한다는 주의. 특히, 적법(適法)한 증거 조사의 절차를 거친, 증거 능력이 있는 증거에 따라 재판해야 한다는 주의.

증거^조사(證據調査)[명] 법원이 증인의 신문(訊問), 감정인(鑑定人) 의견의 청취, 문서의 열람, 검증물(檢證物)의 검사 따위를 하는 절차.

증거^증권(證據證券)[-꿘][명] 재산법상의 권리와 의무가 기재되어 일정한 법률관계의 증명에 쓰이는 증서. 〔차용 증서·매매 계약서·영수증 따위가 이에 딸림.〕

증거-품(證據品)[명] □증거물.

증거^항:변(證據抗辯)〔명〕 민사 소송에서, 당사자의 한쪽이 상대편의 증거에 대하여 하는 이의(異議)의 진술.

증결(增結)〔명〕〔되자〕 일정하게 편성된 열차에 차량을 임시로 늘려서 연결하는 일.

증과(證果)〔명〕 불교에서, 수행(修行)하여 얻는 깨달음의 결과를 이르는 말.

증광(增廣)〔명〕 ⇨증광시(增廣試).

증광-시(增廣試)〔명〕 조선 시대에, 나라에 경사가 있을 때, 기념으로 보이던 과거. 증광.

증군(增軍)〔명〕〔하타〕 군사력을 더 증가시킴. ↔감군(減軍).

증권(證券)[-꿘]〔명〕 ①재산에 관한 권리나 의무를 나타내는 문서. 유가 증권(有價證券)과 증거 증권(證據證券)이 있음. ②주식·공채·사채 등의 유가 증권.

증권^거:래소(證券去來所)[-꿘-]〔명〕 증권의 매매를 위하여 열리는 상설 시장.

증권-사(證券社)[-꿘-]〔명〕〈증권 회사〉의 준말.

증권^시:장(證券市場)[-꿘-]〔명〕 증권을 사고파는 시장. 크게 발행 시장과 유통 시장으로 나누는데, 좁은 뜻으로는 증권 거래소를 말함. ❀증시(證市).

증권-업(證券業)[-꿘넙]〔명〕 유가 증권의 매매·인수(引受)·매출(賣出)·모집 또는 매출의 주선 등을 하는 영업.

증권^저:축(證券貯蓄)[-꿘-]〔명〕 증권 회사 등에 매월 일정한 금액을 맡겨 유가 증권을 사들이는 데에 쓰는 저축.

증권^투자(證券投資)[-꿘-]〔명〕 이익을 얻을 목적으로 주식(株式)이나 공사채(公社債) 등의 유가 증권을 사는 일.

증권^회:사(證券會社)[-꿘회-/-꿘훼-]〔명〕 증권업을 하는 주식회사. ❀증권사.

증급(增給)〔명〕〔하타〕〔되자〕 급여를 올려 줌. ¶이번 임금 협상에서는 10%를 증급한다.

증기(蒸氣)〔명〕 ①액체나 고체가 증발 또는 승화하여 생긴 기체. ②〈수증기〉의 준말.

증기^기관(蒸氣機關)〔명〕 수증기의 압력을 이용하여 피스톤의 왕복 운동을 일으켜 동력을 얻는 열기관. 기기(汽機).

증기^기관차(蒸氣機關車)〔명〕 증기 기관을 동력으로 해서 달리는 기관차.

증기^소독법(蒸氣消毒法)[-뻡]〔명〕 끓이기 어려운 물품이나 기구 따위를) 섭씨 100도 이상의 증기로 쪄서 살균하는 소독 방법.

증기-압(蒸氣壓)〔명〕 증기가 고체 또는 액체와 평형 상태에 있을 때의 포화 증기압.

증기-탕(蒸氣湯)〔명〕 터키 등 이슬람 세계에서 전래된 목욕탕으로, 밀폐된 방에 열기를 가득 채워 땀을 내고 나서 목욕을 함.

증기^터:빈(蒸氣turbine)〔명〕 보일러에서 만들어진 고온·고압의 증기를 빠른 속도로 날개차에 내뿜어 축을 회전시켜 동력을 얻는 원동기.

증념(憎念)〔명〕〔하타〕 미워함, 또는 그런 마음.

증답(贈答)〔명〕〔하타〕 선물을 서로 주고받는 일.

증대(增大)〔명〕〔하자타〕〔되자〕 (수량이나 정도 따위가) 늘어서 커짐, 또는 늘려서 크게 함. ¶소득 증대(增大).

증-대고모(曾大姑母)〔명〕 증조부의 누이.

증-대부(曾大父)〔명〕 촌수가 먼, 증조 항렬의 남자.

증량(增量)[-냥]〔명〕〔하자타〕 수량이나 중량이 늚, 또는 수량이나 중량을 늘림. ↔감량(減量).

증력(增力)[-녁]〔명〕〔하자타〕 힘이 늘어남, 또는 힘을 늘림.

증례(證例)[-녜]〔명〕 증거가 되는 예(例).

증뢰(贈賂)[-뇌/-눼]〔명〕〔하자〕 뇌물을 줌. 증회(贈賄). ↔수뢰(收賂).

증류(蒸溜)[-뉴]〔명〕〔하타〕〔되자〕 액체를 가열하여 증기로 만들고, 그것을 식혀서 다시 액체로 만드는 일. 액체 속의 성분을 분리하거나 정제(精製)하는 데 쓰이는 방법임.

증류-수(蒸溜水)[-뉴-]〔명〕 천연수를 증류하여 정제한, 거의 순수한 물. 정밀 공업이나 화학 실험, 의약품 따위에 쓰임.

증류-주(蒸溜酒)[-뉴-]〔명〕 발효시켜 만든 술을 다시 증류하여 알코올 함유의 비율을 높인 술. 〔소주·위스키·브랜디 따위.〕

증립(證立)[-닙]〔명〕〔하타〕〔되자〕 이유나 근거를 찾아 내세움.

증면(增面)〔명〕〔하타〕〔되자〕 (신문이나 잡지 따위의) 발행 면수를 늘림.

증명(證明)〔명〕〔하타〕〔되자〕 ①어떤 사항이나 판단 따위가 참인지 아닌지를 밝히는 일. ¶이 학교 학생임을 증명함. ②수학이나 논리학에서, 어떤 명제의 진위(眞僞)를 근본 원리로부터 이끌어 내는 일. ③재판(裁判)의 기초가 되는 사실을 확인하는 일. 표증.

증명-사진(證明寫眞)〔명〕 증명서 따위에 붙이는, 규격이 작은 얼굴 사진.

증명-서(證明書)〔명〕 어떤 사실을 증명하는 문서(文書). ¶신분 증명서. ❀증(證).

증모(增募)〔명〕〔하타〕 (정원보다) 더 늘려 뽑음. ¶신입 사원 증모.

증문(證文)〔명〕〔하타〕 ⇨증서(證書).

증미(拯米)〔명〕 물에서 건져 낸 젖은 쌀.

증민(蒸民·烝民)〔명〕 모든 백성. 만민(萬民).

증발(蒸發)〔명〕〔하타〕〔되자〕 ①액체 상태의 물질이 기체 상태로 변하는 일. ❀승화. ②'사람이나 물건이 갑자기 사라져 행방불명이 됨'을 속되게 이르는 말.

증발(增發)〔명〕〔하타〕〔되자〕 ①버스·전차·열차·항공기 따위의 운행 횟수를 늘림. ¶추석 귀성객을 위하여 열차를 증발하다. ②화폐 따위의 발행을 늘림.

증발-계(蒸發計)[-계/-게]〔명〕 물의 증발량을 재는 기상 관측 기구. 대야 모양의 그릇에 넣은 물의 줄어든는 분량에 의하여 재는 경우가 많음.

증발-량(蒸發量)〔명〕 일정한 시간 동안에 증발하는 분량.

증발-열(蒸發熱)[-렬]〔명〕 ⇨기화열.

증발-접시(蒸發-)[-씨]〔명〕 시험체(試驗體)가 액체에 녹아 있을 때, 액체를 증발시키고 고체의 시험체를 얻는 데 쓰는 접시 모양의 그릇. 〔유리나 자기(瓷器) 따위의 것이 많음.〕

증배(增配)〔명〕〔하타〕〔되자〕 배당(配當)이나 배급(配給) 따위를 늘림. ↔감배(減配).

증별(贈別)〔명〕 (떠나는 사람에게) 정표(情表)로 시(詩) 따위를 지어 주고 보냄.

증병(蒸餅)〔명〕 ⇨증편.

증병(增兵)〔명〕〔하타〕 군사의 수효를 늘림.

증병(甑餅)〔명〕 ⇨시루떡.

증보(增補)〔명〕〔하타〕〔되자〕 (책이나 글의 내용을) 더 보태고 다듬어서 채움. ¶개정 증보.

증본(證本)〔명〕 증거가 되는 책.

증봉(增俸)〔명〕〔하타〕〔되자〕 봉급을 늘림, 또는 늘려 받는 봉급. ↔감봉(減俸).

증봉(增捧)〔명〕〔하타〕 액수를 늘려 거둠.

증비(增備)〔명〕〔하타〕 설비를 늘림.

증빙(證憑)[명][하타][되자] 증거로 삼음, 또는 증거로 삼는 근거.

증빙^서류(證憑書類)[명] 증거가 되는 서류. 문빙(文憑). ¶법정에 증빙 서류를 제출하다.

증삭(增削)[명][하타][되자] ☞증산(增刪).

증산(蒸散)[명][하자][되자] ①증발하여 흩어짐. ②식물체 안의 물이 기공(氣孔)을 통하여 수증기가 되어 밖으로 배출되는 현상.

증산(增刪)[명][하타][되자] 시문(詩文) 같은 것을 다듬기 위하여 더 보태거나 깎아 냄. 증삭(增削). 첨삭(添削).

증산(增産)[명][하자타][되자] (계획이나 기준보다) 생산량이 늚, 또는 늘림. ¶퇴비 증산. ↔감산.

증산-교(甑山教)[명] 증산(甑山) 강일순(姜一淳)을 교조로 하는 '흠치교(吽哆教)'와 '태을교(太乙教)'를 아울러 이르는 말.

증산^작용(蒸散作用)[명] 식물체 안의 수분이 수증기가 되어 밖으로 배출되는 현상. 김내기. 발산 작용(發散作用).

증상(症狀)[명] ☞증세(症勢).

증상-맞다(憎狀−)[−맏따][형] 모양이나 몸가짐이 징그러울 만큼 보기에 얄궂다.

증상-스럽다(憎狀−)[−따][−스러우니·−스러워][형] 보기에 증상맞다. 증상스레[부]

증서(證書)[명] 어떤 사실을 증명하는 문서. 증거가 되는 서류. 명문(明文). 증문(證文).

증서^대:부(證書貸付)[명] 은행 등의 대주(貸主)가 차주(借主)에게 차용 증서를 내게 하여 이루어지는 대부.

증설(增設)[명][하타] (시설이나 설비 등을) 늘려 설치함. ¶공장을 증설하다.

증세(症勢)[명] 병이나 상처 때문에 나타나는 현상이나 상태. 증상(症狀). 증정(症情). 증후(症候). ¶증세가 호전되다.

증세(增稅)[명][하자] 세금(稅金)의 액수를 늘림. ↔감세(減稅).

증속(增速)[명][하자타] 속도가 빨라짐. 속도를 늘림. ↔감속(減速).

증손(曾孫)[명] 아들의 손자. 손자의 아들. 증손자.

증손(增損)[명][하타][되자] ☞증감(增減).

증-손녀(曾孫女)[명] 아들의 손녀.

증-손부(曾孫婦)[명] 증손의 아내.

증-손서(曾孫壻)[명] 증손녀의 남편.

증-손자(曾孫子)[명] ☞증손.

증쇄(增刷)[명][하타] (일정한 부수를 인쇄한 다음에) 다시 추가하여 인쇄함. 중쇄(重刷).

증수(增水)[명][하자] 물이 불어서 늚, 또는 그 물. ↔감수(減水).

증수(增收)[명][하자타][되자] (계획·기준보다) 수입이나 수확이 늚, 또는 늘려서 거둠. ↔감수(減收).

증수(增修)[명][하타][되자] ①(책 따위를) 더 늘려서 다듬거나 고침. ②(건물 따위를) 더 늘려서 짓거나 고침.

증-수회(贈收賄)[−회−훼][명][하자] 뇌물을 주고받음.

증습(蒸濕) '증습하다'의 어근.

증습-하다(蒸濕−)[−스파−][형여] 찌는 듯이 무덥고 눅눅하다. ¶증습한 기후.

증시(證市)〈증권 시장(證券市場)〉의 준말.

증시(贈諡)[명] 임금이 시호(諡號)를 내림.

증식(增殖)[명][하자타][되자] ①붙어서 더 늚, 또는 불려서 더 늘림. ②생물, 생식. ②세포나 조직이나 세포 따위의 수가 생식이나 분열에 따라 늘어남. ③원자로(原子爐)에서 중성자의

흡수에 따라, 소비되는 핵연료의 원자수보다 생성되는 핵연료의 원자수가 많아지는 일.

증식-로(增殖爐)[−싱노][명] 노(爐) 안에서 소비되는 핵연료가 연쇄 반응에 의하여 처음 소비된 것 이상으로 증가하는 원자로.

증애(憎愛)[명] ☞애증(愛憎).

증액(增額)[명][하타][되자] 액수를 늘림, 또는 그 액수. ↔감액(減額).

증언(證言)[명][하자타] ①말로 어떤 사실을 증명함, 또는 그 말. ②증인으로서 사실을 말함, 또는 그 말. ¶무죄를 증언하다.

증언-대(證言臺)[명] 증언하는 사람이 증언하도록 시설해 놓은 자리.

증여(贈與)[명][하타][되자] ①남에게 금품을 줌. 기증(寄贈). 증유(贈遺). ②자기 재산을 무상으로 상대편에게 줄 의사를 나타내고, 상대편이 이를 받아들이는 일, 또는 그 계약.

증여-세(贈與稅)[−쎄][명] 증여받은 재산을 대상으로 하여 매기는 조세.

증열(蒸熱)[명][하타] 증기로 열을 가하여 쩌 냄. ②뜨거워짐.

증염(蒸炎)[명] 무더위.

증오(憎惡)[명][하타] 몹시 미워함. ¶증오의 눈길.

증오(證悟)[명] 불도를 닦아 진리를 깨달음.

증오-심(憎惡心)[명] 몹시 미워하는 마음. ¶증오심이 불타다.

증왕(曾往)[명] 일찍이 지나간 때. 재전(在前). 증전(曾前).

증운(增韻)[명] 운서(韻書)의 운통(韻統)에 더 보태어 넣은 운자(韻字).

증울(蒸鬱) '증울하다'의 어근.

증울-하다(蒸鬱−)[형여] 찌는 듯한 더위로 가슴이 몹시 답답하다.

증원(憎怨)[명][하타] 미워하고 원망함.

증원(增員)[명][하타][되자] 사람을 늘림. ¶공무원을 증원하다. ↔감원(減員).

증원(增援)[명][하타][되자] 인원을 늘려서 도움. ¶증원 부대를 파견하다.

증유(贈遺)[명][하타] ☞증여(贈與).

증-음정(增音程)[명] 완전 음정이나 장음정(長音程)을 반음 넓힌 음정. 증1도에서 증7도까지 있음.

증익(增益)[명][하자][되자] (수익 따위가) 더 늚, 또는 더 늘림.

증인(證人)[명] ①어떤 사실을 증명하는 사람. 증거인. ②보증인. ¶증인을 세우고 돈을 빌려 쓰다. ③어떤 사건에 대하여, 법정에서 증언을 하는 사람. ¶피고 측 증인을 소환하다. /증인에 대한 신문.

증인(證印)[명] 증명하기 위하여 찍는 도장.

증인-석(證人席)[명] 법정에서, 증인이 앉아 증언을 하도록 마련된 자리.

증인^신:문(證人訊問)[명] 법정에서, 증인의 증언을 듣는 증거 조사의 절차를 이름.

증자(增資)[명][하타][되자] 자본금을 늘림, 또는 그 자본. ↔감자(減資).

증장(增長)[명][하자타] ①늘고 더함. ②(좋지 못한 성질이나 경향 따위가) 점점 심하여짐.

증장천-왕(增長天王)[명] 자타(自他)의 덕행을 증장시킨다는 데서 이르는 사천왕(四天王)의 하나. 수미산 제4층에 살며 남방을 지킨다고 함.

증적(證跡·證迹)[명] 증거가 되는 자취. 사실이나 진실임을 증명하는 흔적.

증전(曾前)[명] ☞증왕(曾往).

증정(症情)[명] ☞증세(症勢).

증정(增訂)[명][하타][되자] 책 따위의 잘못된 데를 고치고 모자라는 것을 보탬.

증정(贈呈)[명][하타][되자] 남에게 선물이나 기념품 따위를 드림. ¶ 화환 증정. /기념품을 증정하다.

증조(曾祖)[명] ①조부(祖父)의 부모, 곧 '삼대 (三代) 위의 조상'을 가리키는 말. ②<증조부 (曾祖父)>의 준말.

증-조고(曾祖考)[명] 세상을 떠난 증조부.

증-조모(曾祖母)[명] 증조할머니.

증-조부(曾祖父)[명] 증조할아버지. ㉲증조.

증-조비(曾祖妣)[명] 세상을 떠난 증조모.

증조-할머니(曾祖-)[명] 할아버지의 어머니. 아버지의 할머니. 증조모.

증조-할아버지(曾祖-)[명] 할아버지의 아버지. 아버지의 할아버지. 증조부.

증좌(證左)[명] 어떤 사실을 증명하는 데 바탕이 되는 증거. 증참(證參).

증주(增株)[명] 증자(增資)를 위하여 주식회사가 모집한 주식.

증주(增註·增注)[명][하타][되자] 이전의 주석(註釋) 에 새로운 주석을 보탬, 또는 그 주석.

증증(蒸蒸) '증증하다'의 어근.

증증-하다(蒸蒸-)[형여] ①김 따위가 무럭무럭 피어오르는 모양이 자욱하다. ②(효성 따위가) 극진하다.

증지(證紙)[명] 일정한 사항을 증명하기 위하여 행정 기관 같은 데서 발행하는 종잇조각. [주세(酒稅) 증지·납세필 증지 따위].

증진(增進)[명][하타][되자] (기운이나 세력 따위가) 점점 더하여 가거나 나아감. ¶ 사회 복지의 증진. /체력을 증진하다. /식욕이 증진되다. ↔감퇴(減退).

증징(增徵)[명][하타][되자] 조세(租稅) 따위를 전보다 더 늘려서 징수함.

증차(增車)[명][하타][되자] 운행하는 차량 대수를 더 늘림. ¶ 출퇴근 때에는 증차를 한다.

증참(證參)[명] ☞증좌(證左).

증축(增築)[명][하타][되자] 지금 있는 건물에 덧붙여 더 늘려서 지음. ¶ 사옥을 증축하다.

증탄(增炭)[명][하자] 석탄의 생산량을 늘림, 또는 그 늘린 석탄의 양.

증투-막(增透膜)[명] 투명한 물질 표면에 붙여서 반사광을 줄이고 투과력을 늘리는 얇은 막. 보통 사진 렌즈에 붙임.

증파(增派)[명][하타][되자] 이미 나가 있는 곳에, 인원을 더 늘려서 파견함. ¶ 구조대를 증파하다.

증편(蒸-)[명] 막걸리를 조금 탄 뜨거운 물로 멥쌀가루를 걸쭉하게 반죽하여 부풀린 다음, 증편틀에 붓고 위에 고명을 얹어 찐 떡. 증병(蒸餅).

증편(增便)[명][하타][되자] 열차나 배·항공기·버스 따위의 정기편의 횟수를 늘림. ¶ 증편 운행. ↔감편(減便).

증편-틀(蒸-)[명] 증편을 찌는 기구. 운두가 낮은 쳇바퀴 따위에 대오리를 너스레를 놓아 김이 올라오게 만듦.

증폭(增幅)[명][하자타][되자] ①사물의 범위가 넓어짐, 또는 그렇게 함. ¶ 갈등의 증폭. ②빛이나 음향·전기 신호 따위의 진폭을 늘림. ¶ 증폭 마이크.

증폭-기(增幅器)[-끼][명] 진공관이나 트랜지스터 따위를 이용하여 증폭 작용을 하게 하는 장치. 앰플리파이어.

증폭-작용(增幅作用)[-짜굥][명] ①진동의 진폭을 늘리는 작용. ②진동 전파의 전류나 전압의 진폭을 늘리는 작용.

증표(證票)[명] 증거로 주는 표. 증거가 될 만한 표. ¶ 사랑의 증표.

증-하다(憎-)[형어] (모양이 너무 크거나 이상하여) 보기에 징그럽다.

증험(證驗)[명][하타] ①시험해 본 효험. ¶ 신약의 증험이 뛰어나다. ②실지로 사실을 경험함, 또는 증거로 삼을 만한 경험. ¶ 전쟁의 참사를 증험하다.

증회(贈賄)[-회/-훼][명][하자] ☞증뢰(贈賂). ↔수회(收賄).

증회-죄(贈賄罪)[-회죄/-훼쮀][명] 공무원에게 뇌물을 줌으로써 성립되는 죄.

증후(症候)[명] ☞증세(症勢). ¶ 장티푸스의 증후.

증후-군(症候群)[명] 몇 가지 증세가 늘 함께 인정되나, 그 원인이 분명하지 않거나 단일하지 않을 때에 병명(病名)에 따라 붙이는 명칭. 신드롬.

줒다(옛) 짖다. ¶ 즈즐 페:吠(訓蒙下8).

칭긩이(옛) 징경이. ¶ 징경이 져:鴡(訓蒙上16).

지¹[명] '김치'의 방언.

지²[명] '요강'의 궁중말.

지³[의] (받침 'ㄴ' 뒤에 쓰이어) 어떤 동작이 있었던 '그때로부터'의 뜻을 나타내는 말. ¶ 그곳을 떠난 지 10년이 지났다. /그가 죽은 지 이미 오래다.

지⁴[조] 모음으로 끝난 체언에 붙는 서술격 조사. ①서로 다른 두 가지 사실을 견주되, 앞에 나온 사실을 시인하는 뜻을 나타내는 연결형 서술격 조사. ¶ 수박이 채소지 과일이냐. ②㉠어떤 사실을 약간의 느낌을 담아 베풀어 말하는 뜻을 나타내는 종결형 서술격 조사. ¶ 겨울밤에 먹는 동치미 맛은 참 별미지. ㉡묻는 뜻을 나타내는 종결형 서술격 조사. ¶ 아까 전화한 사람이 누구지? ㉲이지.

지(漊)[명] 관악기에 딸린 저의 한 가지. 오래 묵은 대통의 다섯 구멍을 뚫어서 만듦.

지(識)[명] 글을 쓰고 나서 아무개가 '적음'의 뜻을 나타내는 말. ¶ 저자(著者) 지.

-지(地)[접미] ((일부 명사 뒤에 붙어)) ①그러한 '곳'임을 나타냄. ¶ 본적지 /소재지 /목적지. ②그 옷의 '감'임을 나타냄. ¶ 양복지. /코트지.

-지(紙)[접미] ((일부 명사 뒤에 붙어)) ①'종이'의 뜻을 나타냄. ¶ 원고지. /포장지. /창호지. /편지지. ②'신문'의 뜻을 나타냄. ¶ 일간지. /주간지.

-지(誌)[접미] ((일부 명사 뒤에 붙어)) ①'정기 간행물'임을 나타냄. ¶ 기관지. /월간지. ②그러한 내용의 '기록물'임을 나타냄. ¶ 박물지. /향토지.

-지[어미] ①용언 어간 뒤에 붙는 연결 어미. ㉠((주로 '아니하다'·'못하다'·'말다' 등과 어울려)) 앞의 내용을 부정하는 뜻을 나타냄. ¶ 좋지 않다. /먹지 못하다. ㉡서로 다른 두 가지 사실을 견주되, 앞말을 시인하는 뜻을 나타냄. 《시제의 '-았(었)-'·'-겠-' 뒤에서도 쓰임.》 ¶ 바람만 불지 비는 안 온다. /그만하면 됐지 뭘 더 바라나. ②용언 어간에 붙는 하게체의 종결 어미. ㉠앞의 내용을 강조하는 뜻을 나타냄. 《시제의 '-았(었)-'·'-겠-' 뒤에서도 쓰임.》 ¶ 하늘을 보아야 별을 따지. /보면 알겠지. ㉡그렇게 하기를 권하거나 시키는 뜻을 나타냄. ¶ 이제 일어나지. /자네도 같이 먹지. ㉲-지요. ㉢묻는 뜻을 나타냄. ¶ 언제 가지? /밖은 춥지?

지가(地價)[-까][명] 땅값. 토지의 매매 가격. ¶ 지가의 변동. /지가가 오르다.

지가(知家·止街)圀 지난날, 높은 벼슬아치가 지나가는 길을 침범한 사람을 붙잡아서 얼마 동안 길가의 집에 맡겨 두던 일.

지가(紙價)[-까]圀 종이의 값.

지가-서(地家書)圀 지술(地術)에 관한 책.

지:^가스(G gas)圀 무색·무미·무취의 액상(液狀) 독가스. 몸에 한 방울만 떨어져도 즉사하게 되는 맹독을 지님.

지각(地角)圀 〔땅의 한 모퉁이라는 뜻으로〕 땅의 맨 끝.

지각(地殼)圀 지구의 표층(表層)을 이루고 있는 단단한 부분. 지반(地盤).

지각(知覺)圀하타되자 ㉠느끼어 앎. 깨달음. ㉡감각 기관을 통하여 외부의 사물을 인식함. 또는 그 작용에 의해서 머릿속에 떠오른 것. ¶지각이 마비되다. ㉢사물의 이치를 분별하는 능력. 철2. ¶지각이 들다. /지각이 부족하다. **지각이 나자 망령**(속담) 〔지각이 나자마자 망령이 들었다는 뜻으로〕 이제 겨우 철이 들었나 보다 하던 터에, 다시 엉뚱한 짓을 하였을 때에 이르는 말.

지각(枳殼)圀 한방에서, 탱자를 썰어 말린 것을 약재로 이르는 말. 기각(枳殼).

지각(遲刻)圀하다 정해진 시각보다 늦음. 지참(遲參). ¶회사에 지각하다.

지각^마비(知覺痲痹)[-강-]圀 신경 계통이나 정신 작용 따위의 장애로 지각이 마비되는 일.

지각-망나니(知覺-)[-강-]圀 '철이 덜 든 사람'을 조롱조로 이르는 말.

지각-머리(知覺-)[-강-]圀 〈지각(知覺)〉의 속된 말. ¶사람이 지각머리가 있어야지.

지각^변:동(地殼變動)[-뺀-]圀 지구 내부의 원인에 의해 지각(地殼)에 일어나는 여러 가지 운동. 〔지층의 습곡·단층, 토지의 융기·침강 따위.〕 지각 운동.

지각^신경(知覺神經)[-씬-]圀 ㄈ감각 신경.

지각-없다(知覺-)[-가껍따]圀 하는 짓이 어리고 철이 없다. 분별력이 없다. ¶지각없는 행동. **지각없-이**圀

지각^운:동(地殼運動)圀 ㄈ지각 변동.

지간(枝幹)圀 ①가지와 줄기. ②ㄈ지간(肢幹).

지간(肢幹)圀 팔다리와 몸. ㄈ지간(枝幹).

지갈(止渴)圀하다되자 갈증이 멎음, 또는 갈증을 멎게 함.

지갑(紙匣)圀 ①종이로 만든 작은 상자. ②가죽이나 헝겊 따위로 자그마하게 만든 주머니와 같은 물건. 돈이나 증명서 등을 넣어 가지고 다니는 데 씀.

지강(至剛)'지강하다'의 어근.

지강-하다(至剛-)圀여 사람됨이 지극히 강직하여 사악(邪惡)에 굴하지 않다.

지개(志槪)圀 ㄈ지기(志氣).

지객(知客)圀 절에서 오고 가는 손님을 안내하는 일, 또는 그 일을 맡은 중.

지검(地檢)圀 〈지방 검찰청〉의 준말.

지검(智劍)圀 〈지혜검(智慧劍)〉의 준말.

지게¹圀 ①짐을 지기 위해 나무로 만든 운반 기구의 한 가지. ¶지게를 지다. ②〔의존 명사적 용법〕짐을 지기 위해 나무로 만든 운반 기구에 실어 그 분량을 세는 단위. ¶장작 한 지게. 준 말 두 지게.

지게²圀 〈지게문〉의 준말.

지게-고리圀 지게에 짐을 얹고 잡아매는 줄.

지게-꾼圀 지게로 짐을 져 나르는 일을 업으로 삼는 사람.

지게-문(-門)圀 마루나 부엌 같은 데서 방으로 드나드는 외짝문. 준지게².

지게미圀 ①술을 거르고 난 찌끼. 술지게미. 주박(酒粕). ②눈가에 끼는 눈곱.

지게-차(-車)圀 차의 앞부분의 포크처럼 생긴 장치를 위로 움직여 짐을 쌓거나 내리거나 나르는 차. 포크리프트.

지게-호(-戶)圀 한자 부수의 한 가지. '所'·'扁' 등에서의 '戶'로 이름.

지겟-가지[-게까/-겓까]圀 지게의 몸통에서 뒤쪽으로 뻗어 나간 두 개의 가지. 그 위에 짐을 얹을 수 있음.

지겟-다리[-게따/-겓따]圀 지게의 다리.

지겟-등태[-게뚱/-겓뚱]圀 지게에 붙인 등태.

지겟-작대기[-게짝때/-겓짝때]圀 지게를 버티어 세울 때에 쓰는 작대기.

지격(至隔)'지격하다'의 어근.

지격(志格)圀 고상한 뜻과 인격.

지격-하다(至隔-)[-겨카-]圀여 정한 날짜가 바짝 닥쳐 가깝다. ¶혼일(婚日)이 지격하다.

지견(知見)〔옛〕지식과 견식. 식견(識見).

지견(智見)圀 지혜와 식견(識見).

지결(至潔)'지결하다'의 어근.

지결-하다(至潔-)圀여 더없이 맑고 깨끗하다.

지겹다[-따][지겨우니·지겨워]圀ㅂ 진저리가 날 정도로 지루하고 싫다. ¶이젠 그 소리만 들어도 지겹다. /지겹게도 내리는 비.

지경(地莖)圀 〈지하경(地下莖)〉의 준말.

지경(地境)Ⅰ圀 땅과 땅의 경계. 지계(地界). ¶지경을 넓히다. Ⅱ의 〔주로 관형사나 어미 '-은(는)'·'-을' 뒤에 쓰이어〕어떤 처지나 형편. ¶기가 막혀 말도 못할 지경이다. /죽을 지경에 이르다.

지경(枝莖)圀 식물의 가지와 줄기.

지경-풍(至輕風)圀 ㄈ실바람.

지계(地契)圀 대한 제국 때, 논밭 등의 소유권을 증명하던 문서.

지계(地界)[-계/-게]圀 ①ㄈ지경(地境). ②삼계(三界)의 하나.

지계(地階)[-계/-게]圀 ①고층 건물에서 지하에 있는 층. 참지하실·지하층. ②고층 건물에서 의 첫째 층.

지계(持戒)[-계/-게]圀하다 불교에서, 계행(戒行)을 굳게 지키는 일.

지고(조됨)〔옛〕{'지다'의 활용형} -었으면. ¶高堂素壁에 거러 두고 보고 지고. /어허 내 사랑 삼고 지고(古時調).

지고(至高)圀하圀 〔더없이 높다는 뜻으로〕더없이 뛰어남, 또는 더없이 훌륭함. ¶지고한 조화미. /지고하신 존재. /지고한 가치.

지고(地高)圀 땅의 높이.

지고-선(至高善)圀 ㄈ최고선(最高善).

지고-지순(至高至順)圀하圀 더없이 높고 순수함. ¶지고지순한 사랑.

지곡(止哭)圀하자 하던 곡(哭)을 그침.

지골(肢骨)圀 팔다리의 뼈.

지골(指骨)圀 손가락뼈.

지골(趾骨)圀 발가락뼈.

지골-피(地骨皮)圀 한방에서, '구기자나무의 뿌리껍질'을 약재로 이르는 말. 해열제 따위로 쓰임.

지공(至公)圀하圀 〈지공무사〉의 준말.

지공(至恭)'지공하다'의 어근.

지공(遲攻)圀하타 농구나 축구 따위에서, 공격 속도를 늦춤. ¶지공 작전으로 나오다. ↔속공.

지공무사(至公無私)**명**─**하형** 더없이 공평(公平)하고 사사로움이 없음. ¶지공무사한 처사. **준**지공(至公).

지공-지평(至公至平)**명**─**하형** 더없이 공평함.

지공-하다(至恭─)**형여** 더없이 공손하다.

지과(指窠)**명**─**하타** 벼슬하려는 사람이 빈 벼슬 자리 중에서 희망하는 자리를 고르던 일.

지곽(地廓)**명** 〔땅의 둘레라는 뜻으로〕 눈의 위 아래 시울을 비유하여 이르는 말.

지관(支管·枝管)**명** 수도관이나 가스관 따위의, 본관에서 갈라져 나온 관.

지관(止觀)**명** ①천태종에서, 잡념을 버리고 마음을 하나의 대상에 집중시켜 바른 지혜로 대상을 비추어 보는 일. ②'천태종'을 달리 이르는 말.

지관(地官)**명** 풍수설에 따라 집터나 묏자리 따위를 가려 잡는 사람. 지사(地師). 풍수(風水).

지광-인희(地廣人稀)[─히] **관용** 땅은 넓고 사람은 드물. 인희지광. 토광인희(土廣人稀).

지괴(地塊)[─괴/─꿰] **명** ①땅덩어리. 흙덩어리. ②지각(地殼) 가운데, 주위가 단층(斷層)을 이루고 있는 지역.

지괴(志怪)[─괴/─꿰] **명** 귀신이나 짐승 따위에 관한 내용의 이야기를 적은 것. **참**지괴 소설.

지괴^산맥(地塊山脈)[─괴/─꿰─] **명** 지괴 운동에 의하여 생겨난, 주위가 단층을 이루고 있는 산맥.

지괴^산지(地塊山地)[─괴/─꿰─] **명** 주위가 단층을 이루고 있는 산지.

지괴^소:설(志怪小說)[─괴/─꿰─] **명** 귀신·선술(仙術)·괴담·이문(異聞) 등의 내용으로 이루어진 소설. 중국 육조(六朝) 시대에 가장 성하였는데, 뒷날 당대(唐代)의 전기(傳奇)를 거쳐 소설로 그 맥이 이어짐.

지괴^운:동(地塊運動)[─괴/─꿰─] **명** 지각 운동의 한 가지. 지괴가 단층면(斷層面)을 따라 밀려 움직이는 현상.

지교(至交)**명** 매우 두터운 교분.

지교(至巧)'지교(至巧)하다'의 어근.

지교(智巧)'지교(智巧)하다'의 어근.

지교-하다(至巧─)**형여** 더없이 정교하다. ¶지교한 솜씨.

지교-하다(智巧─)**형여** 슬기롭고 교묘하다.

지구(地球)**명** 인류가 살고 있는 천체. 태양계에 딸린 행성의 하나로 지각·맨틀·핵의 세 부분으로 이루어졌으며, 지표는 대기층으로 싸여 있음. 자전(自轉)하면서 태양의 세 번째 궤도를 공전함.

지구(地區)**명** ①어떤 일정한 구역. 일정하게 구획되어진 구역. ¶동부 지구. ②일정한 목적에 의하여 특별히 지정된 지역. ¶택지 개발 지구.

지구(地溝)**명** 거의 평행을 이룬 단층 사이에, 지반이 꺼져서 생긴 낮고 기름한 골짜기.

지구(知舊)**명** 오래전부터 사귀어 온 친한 벗. 오랜 친구.

지구(持久)**명**─**하타** 어떤 상태를 오래 버티어 견딤. 오래도록 버티어 견딤. ¶지구력(持久力).

지구^과학(地球科學)**명** 지구와 이를 형성하는 물질 및 지구가 속하고 있는 우주를 연구하는 학문을 통틀어 이르는 말. **준**지학(地學).

지구-광(地球光)**명** 음력 초하루 전후에 지구에서 반사된 태양빛이 달의 어두운 면을 희미하게 비치는 현상.

지구-당(地區黨)**명** 중앙당에 대하여, 각 지구에 설치된 당의 지역 조직. ¶지구당을 결성하다.

지구-대(地溝帶)**명** 일대가 지구(地溝)로 이루어진 띠 모양의 낮은 땅.

지구-력(持久力)**명** 오래 버티어 내는 힘. 오래 끄는 힘. ¶지구력이 강한 선수. /지구력을 기르다.

지구-본(地球本)**명** ☞지구의(地球儀)

지구^위성(地球衛星)**명** 항상 지구의 둘레를 도는, 지구에 딸려 있는 별(천체).

지구-의(地球儀)[─의/─이]**명** 지구를 본떠 만든 작은 모형. 지구본.

지구^자:기(地球磁氣)**명** 지구가 가지고 있는 자기, 또는 그로 말미암아 생기는 자장(磁場). 지구의 자침이 거의 남북을 가리키는 원인이 됨. 지자기(地磁氣).

지구-전(持久戰)**명** ①군에서, 적을 지치게 하거나 우군의 구원병이 도착하기를 기다리기 위하여 빨리 결판을 내지 않고 오래 끌고 가는 싸움. ¶싸움은 지구전으로 들어갔다. ②'오래도록 상대편의 동향을 살펴 가며 기다리는 일'을 비유하여 이르는 말. 장기전(長期戰).

지구지계(持久之計)[─계/─게]**명** 싸움 따위에서, 얼른 결판을 내지 않고 오래 끌고 가려는 계략.

지구-촌(地球村)**명** 〔교통·통신의 발달로 모든 나라가 서로 깊은 관계를 맺고 살아가게 된 데서〕 지구를 하나의 마을로 비유하여 이르는 말.

지구형 행성(地球型行星)태양계의 행성 가운데, 반지름과 질량이 작고 밀도가 높은 행성. 수성·금성·지구·화성을 이름.

지국(支局)**명** 본사나 본국의 관리하에 각 지방에 설치되어 그 지역의 업무를 맡아보는 곳. ¶신문사 지국.

지국천-왕(持國天王)**명** 사천왕(四天王)의 하나. 불법(佛法)의 수호신으로 수미산 제4층에 살며 동방을 지킨다고 함.

지국총(옛)배를 저을 때 내는 소리. 노 젓는 소리. 닻 감는 소리. 한자를 빌려 '至匊忽'으로 적기도 함. ¶밤중만 지국총 소래에 잇긋는 듯ᄒ여라(古時調).

지국총지국총^어사와(옛) '지국총지국총'은 잇따라 노를 젓고 닻을 감는 소리, '어사와'는 흥을 돋우는 소리로서 '어부사시사'의 후렴구. 한자를 빌려 '至匊忽至匊忽於思臥'로 적기도 함.

지궁(至窮)'지궁하다'의 어근.

지궁차궁(至窮且窮)'지궁차궁하다'의 어근.

지궁차궁-하다(至窮且窮─)**형여** 그 이상은 더할 수 없이 곤궁하다.

지궁-하다(至窮─)**형여** 더할 수 없이 곤궁하다. 지궁-히**부**

지-권연(紙卷煙)**명** 〈지궐련〉의 본딧말.

지-궐련(←紙卷煙)**명** 담배의 잎을 잘게 썰어 얇은 종이로 만 담배. **본**지권연. **참**엽궐련.

지귀(至貴)'지귀하다'의 어근.

지귀-하다(至貴─)**형여** 더없이 귀하다.

지그(jig)**명** 기계 공작에서, 부품의 가공 위치를 정하고 절삭 공구를 정확히 대는 데 쓰이는 도구. 같은 물건을 여러 개 가공할 때 사용함.

지그럭-거리다[─꺼─]**자** 자꾸 지그럭지그럭하다. 지그럭대다. ¶고부간에 사이가 너무 좋아 집안에 지그럭거리는 소리가 없다. **큰**자그락거리다. **센**찌그럭거리다.

지그럭-대다[─때─]**자** 지그럭거리다.

지그럭-지그럭[-찌-]튀하자 ①하찮은 일로 옥신각신하는 모양. 웬자그락자그락. ②남이 듣기 싫도록 자꾸 불평을 늘어놓는 모양. 센찌그럭찌그럭.

지그르르튀하자 거의 잦아진 물이나 기름 따위가 버쩍 끓어오르거나 졸아드는 소리, 또는 그 모양. ¶찌개가 지그르르 끓다. 작자그르르. 센찌그르르.

지그시튀 ①(무엇을 누르거나 밀거나 할 때) 힘을 스르르 은근히 들이는 모양. ¶손가락으로 지그시 누르다. /눈을 지그시 감다. ②참을성 있게 견디는 모양. ¶울분을 지그시 참다. 작자그시.

지그재그(zigzag)명 직선이 번갈아 좌우로 꺾인 모양, 또는 그러한 상태. 갈지자형. ¶지그재그로 난 길.

지극(至極)'지극하다'의 어근.

지극-스럽다(至極-)[-쓰-따][~스러워니·~스러워]형 보기에 더할 수 없이 지극한 데가 있다. ¶지극스럽게 간호하다.

지극-하다(至極-)[-그카-]형에 어떠한 정도나 상태 따위가 극도에 이르러 더할 나위 없다. ¶효성이 지극하다. /지극한 대접을 받다.

지극-히튀 ¶지극히 사랑하다. /지극히 유감스러운 일.

지근(支根)명 원뿌리에서 갈라져 나간 잔뿌리. 받침뿌리.

지근(至近)'지근하다'의 어근.

지근-거리다자타 자꾸 지근지근하다. 지근대다. 작자근거리다. 센찌근거리다. 거치근거리다.

지근-대다자타 지근거리다.

지근덕-거리다[-꺼-]자타 자꾸 지근덕지근덕하다. 지근덕대다. 작자근덕거리다. 거치근덕거리다.

지근덕-대다[-때-]자타 지근덕거리다.

지근덕-지근덕[-떡-]튀하자타 몹시 끈덕지게 지근대는 모양. 작자근덕자근덕. 센찌근덕찌근덕. 거치근덕치근덕.

지근-지근튀하자타 ①(남을) 은근히 못 견디게 괴롭히거나 조르는 모양. 거치근치근. ②머리가 조금 쑤시듯 아픈 모양. ③가볍게 지긋지긋 누르거나 씹거나 하는 모양. ¶나무뿌리를 지근지근 씹다. 작자근자근. 센찌근찌근.

지근지지(至近之地)명 아주 가까운 곳. 지근지처(至近之處).

지근-지처(至近之處)명 ☞지근지지(至近之地).

지근-하다(至近-)형에 (거리나 정의 등이) 아주 가깝다. ¶지근한 거리. 지근-이튀.

지글-거리다자 자꾸 지글거리다. 지글대다. 작자글거리다. 센찌글거리다.

지글-대다자 지글거리다.

지글-지글튀하자 ①끓고 있는 액체가 걸쭉하게 잦아들 때 나는 소리, 또는 그 모양. ¶찌개 국물이 지글지글 잦아들다. ②몸에 열이 몹시 나는 상태를 빗대어 나타내는 말. ¶고열로 몸이 지글지글 끓고 있다. ③걱정스럽거나 하여 마음을 몹시 졸이는 모양. ¶속이 지글지글 타다. 작자글자글. 센찌글찌글.

지금(只今)[Ⅰ]명 ①(과거와 미래의 경계가 되는) 바로 이 시간. 현재. 시방. ¶바로 지금. /지금은 정각 두 시다. /지금은 필요가 없다. ②(옛날에 대하여) 현재를 포함한 오늘날. ¶지금의 젊은 세대. /지금은 시골도 살기가 좋다. [Ⅱ]튀 이제 막. 이제 곧. ¶지금 거리에서 보고 온 길이다. /지금 바로 알리겠다.

지금(地金)명 ①제품으로 만들거나 세공(細工)하지 않은 황금. ②도금한 바탕의 금속.

지금(至今)튀〈지우금(至于今)〉의 준말.

지금-거리다자 자꾸 지금지금하다. 지금대다. ¶입 안에서 모래가 자꾸 지금거린다. 작자금거리다. 센찌끔거리다.

지금-껏(只今-)[-껃]튀 바로 지금에 이르기까지. 여태까지. 여태껏. ¶지금껏 뭘 하다 오느냐?/이러한 음식은 지금껏 먹어 본 적이 없다.

지금-대다자 지금거리다.

지금-지금튀하자 음식에 섞인 모래 같은 것이 자꾸 씹히는 모양. ¶모래가 지금지금 씹히다. 작자금자금. 센지금지끔.

지급(支給)명하타되자 어떤 특정한 조건을 갖춘 사람에게, 돈이나 물품 따위를 내줌. ¶상여금(賞與金)을 지급하다.

지급(至急)명 매우 급함. ¶지급 전보. /지급으로 부치다. 지급하다형. 지급-히튀.

지급-거:절(支給拒絶)[-꺼-]명 지급 제시 기간 안에, 어음·수표의 소지인이 인수인·지급인 또는 지급 담당자에 대하여 지급 제시를 하고 지급을 청구했는데도, 어음 금액·수표 금액 등의 전부 또는 일부의 지급이 거절된 경우를 이르는 말.

지급^명:령(支給命令)[-급-녕]명 금전이나 그밖의 대체물 또는 유가 증권 따위의 일정한 수량의 지급을 목적으로 하는 청구에서, 채권자에게 정당한 이유가 있다고 인정했을 경우 변론을 거치지 않고 채무자에게 그 지급을 명하는 재판.

지급^보증(支給保證)[-뽀-]명 수표의 지급인이, 스스로 그 금액의 지급을 보증하는 일. 준지보.

지급^불능(支給不能)[-뿔릉]명 채무자가 돈을 가지고 있지 않거나 가까운 장래에 조달할 가망이 없는 상태. 전형적인 파산 원인임.

지급-액(支給額)명 지급한 돈의 액수.

지급^어음(支給-)명 부기상, 자기 쪽에서 치러야 할 의무가 있는 어음. ↔받을어음.

지급^유예(支給猶豫)[-급-뉴-]명 전쟁이나 경제 공황 등으로 한 나라 전체나 어느 특정 지역에 경제적 긴급 사태가 발생한 경우에, 국가 권력의 발동에 의하여 일정 기간 금전 채무의 이행을 연장시키는 일. 모라토리엄.

지급^정지(支給停止)[-쩡-]명 채무자가 채무변상(辨償)을 할 수 없다는 사실을 스스로 표시하는 일.

지급^준:비금(支給準備金)[-준-]명 일반 은행이 예금 지급을 위하여, 예금의 일정 비율을 중앙은행에 예탁함으로써 준비해 두는 자금. 은행 준비금.

지급^준:비율(支給準備率)[-준-]명 예금액에 대한 지급 준비금의 일정한 비율.

지급^증권(支給證券)[-쯩꿘]명 금전의 지급 수단으로 쓰이는 유가 증권. [수표 따위.]

지긋-지긋[-근끋-]튀하자 ①지그시 자꾸 누르는 모양. ¶허리가 쑤셔서 지긋지긋 눌렀더니 아주 시원하다. ②괴로움을 가까스로 참으면서 견디어 내는 모양. 작자긋자긋.

지긋-지긋[-근끋-]튀하형 ①진저리가 나도록 몹시 싫고 괴로운 모양. ¶그 일이라면 이제 지긋지긋하다. ②진저리가 나도록 몹시 검질기고 끈덕진 모양. ¶돈을 내놓으라고 지긋지긋하게 조르다. ③보기에 소름이 끼치도록 하는 짓이 몹시 잔인한 모양. ①③작자긋자긋. 지긋긋-이튀.

지긋-하다[-그타-]園鈿 ①나이가 비교적 많고 듬직하다. ¶나이가 지긋한 사람. ②참을성 있게 끈기다. ¶좀 지긋하게 앉아 있어라. **지긋-이**튀.

지기(地祇)圀 ①☞지신(地神). ②지낼날, 제사 지내는 의식에서 '사직(社稷)'을 이르던 말.

지기(地氣)圀 ①대지의 정기(精氣). 토기(土氣). ②땅의 눅눅한 기운. 음(陰)의 기운.

지기(至氣)圀 천도교에서, 우주의 근본적 실재인 한울님의 원기(元氣)를 이르는 말.

지기(志氣)圀 어떤 일을 이루려고 하는, 뜻과 기개. 지개(志槪).

지기(知己)圀〈지기지우(知己之友)〉의 준말.

지기(知機)圀邼퉨 미리 낌새를 알아차림.

지기(紙器)圀 종이로 만든 용기.〔종이컵·종이접시·마분지 상자 따위.〕

-지기¹⁞접끝〕①'되·말·섬' 따위에 붙어, 그만한 양의 곡식을 심을 수 있는 논밭의 넓이를 나타냄. ¶석 섬지기. /두 섬지기. ②《일부 명사 뒤에 붙어》'논'이라는 뜻을 나타냄. ¶천둥지기.

-지기²⁞접끝〕일부 명사 뒤에 붙어, 그것을 '지키는 사람'이라는 뜻을 나타냄. ¶산지기. /문지기. /등대지기.

지기-상합(志氣相合)圀邼퉨 두 사람 사이의 뜻과 기개가 서로 잘 맞음.

지기지우(知己之友)圀 자기를 잘 알아주는 친구. 자기를 잘 이해해 주는 참다운 친구. 지음(知音). 준지기(知己).

지긴지요(至緊至要)圀鈿 더할 수 없이 긴요함. ¶지긴지요한 일.

지꺼분-하다圀鈿 ①주위가 어수선하고 지저분하다. ¶아무리 쓸고 치워도 골목이 늘 지꺼분하다. ②눈이 맑지 못하고 흐릿하다.

지껄-거리다死 자꾸 지껄지껄하다. 지껄대다. 쟁재깔거리다.

지껄-대다死 지껄거리다.

지껄-이다死 ①좀 큰 소리로 떠들썩하게 이야기하다. ②'말하다'를 낮추어 이르는 말. ¶저마다 의견을 한마디씩 지껄이다. 쟁재깔이다.

지껄-지껄튀퉨 좀 큰 소리로 떠들썩하게 자꾸 이야기하는 모양, 또는 그 소리. 쟁재깔재깔.

지껄-하다 Ⅰ死鈿 좀 큰 소리로 떠들썩하게 이야기하다.
Ⅱ鈿 여러 사람이 지껄이는 소리로 시끄럽다. ¶청중들로 장내가 지껄하다.

지끈튀 크고 단단한 물건이 갑자기 부러지거나 깨지는 소리, 또는 그 모양. ¶나뭇가지가 지끈 부러지다. 쟁자끈. **지끈-지끈**튀퉨.

지끈-거리다¹死 여러 개의 크고 단단한 물건이 한꺼번에 잇달아 부러지거나 깨지다. 지끈대다¹. 쟁자끈거리다¹.

지끈-거리다²死 자꾸 지끈지끈하다. 지끈대다². ¶온몸이 지끈거리고 오한이 난다. 쟁자끈거리다².

지끈-대다¹死 ☞지끈거리다¹.

지끈-대다²死 ☞지끈거리다².

지끈둥튀 '지끈'의 힘줌말. 쟁자끈둥.

지끈-지끈튀퉨 머리나 몸이 몹시 쑤시듯이 아픈 모양. ¶머리가 지끈지끈 아파서 잠을 못 이루다. 쟁자끈자끈.

지끔-거리다死〈지금거리다〉의 센말. 지끔대다. 쟁자끔거리다.

지끔-대다死 지끔거리다.

지끔-지끔튀死〈지금지금〉의 센말. ¶밥이 설고 게다가 지끔지끔하여 먹을 수 없다. 쟁자끔자끔.

지나(支那)圀〔'진(秦)'이 와전된 것으로〕'중국(中國)'을 달리 이르는 말.

지나-가다 Ⅰ死 ①어떤 일을 위한 때가 넘어가 버리거나 끝나다. ¶기한이 지나가다. ②시간이 흘러가다. ¶수많은 세월이 지나가다. /꿈처럼 지나간 세월. ③(어떤 일이나 현상이) 발생하거나 나타났다가 사라지다. ¶태풍이 지나간 자리. ④말 따위를 별 의미 없이 하다.《주로, '지나가는'의 꼴로 쓰임.》¶지나가는 말투로 묻다.
Ⅱ死퉨 ①어떤 곳을 거쳐서 가다. ¶도청 앞을 지나가다. /버스가 마을 앞을 지나간다. /지나가던 길에 잠시 들르다. ②어떤 곳에 들르거나 머무르지 않고 바로 가다. ¶집을 코앞에 두고 그냥 지나가다. /차가 멎지 않고 지나가다. ③어떤 생각이 머릿속에 떠올랐다가 사라지다. ¶그에 대한 생각이 퍼뜩 머릿속을 지나갔다.

지나다¹ Ⅰ死 ①일정한 시간이 흘러 과거가 되다. ¶겨울이 지나다. /눈 깜짝할 사이에 한 주일이 지나다. /지난 일을 후회하다. ②어떤 일을 위한 때가 넘어가거나 끝나다. ¶제철이 지나다. /마감 날짜가 이미 지났다. ③어떤 일을 주의하지 않고 무심히 넘겨 보내다. ¶예사로이 지나다. /무심히 보고 지나 버릴 수 없는 일.
Ⅱ퉨 어떤 곳에 거쳐서 가거나 오거나 하다. ¶학교 앞을 지나서 둘째 골목일세.

지나 아니하다(못하다)顝퉨 바로 그것밖에 달리 되지 아니하다. ¶그가 한 말은 변명에 지나지 아니한다.

지나-다니다死퉨 지나서 가거나 오거나 하다. ¶늘 지나다니는 길.

지나-새나튀〔해가 지나 날이 새나의 뜻으로〕밤낮없이. 언제나. 늘. ¶지나새나 고향 생각뿐이다.

지나-오다퉨 ①어떤 곳을 거쳐서 오다. ¶시청 앞 광장을 지나오다. ②어떤 곳에 들르거나 머무르지 않고 바로 오다. ¶바빠서 찾아보지 못하고 그냥 지나오다. ③무슨 일을 겪어 오다. ¶지나온 발자취.

지나-치다 Ⅰ死퉨 ①어떤 곳을 지나서 가거나 오거나 하다. ¶거리를 지나치며 자주 만나는 사람. ②어떤 일이나 사태 따위를 그냥 넘겨 버리다. ¶주의를 하지 않고 무심히 지나쳐 버리다.
Ⅱ鈿 기준이나 한도를 훨씬 넘어 정도가 심하다. ¶욕심이 지나치다. /지나친 말은 삼가는 것이 좋다.

지난(至難)'지난하다'의 어근.

지난(持難)圀鈿퉨 일을 얼른얼른 처리하지 않고 어물어물 미루기만 함.

지난-가을圀 바로 전에 지나간 가을. 객추. 거추. 작추.

지난-겨울圀 바로 전에 지나간 겨울. 객동. 거동. 작동.

지난-날圀 ①이미 지나간 날. 과거. 거거. ¶지난날의 아름다운 추억. ②지나온 생활. ¶지난날을 캐묻다.

지난-달圀 이달의 바로 전달. 객월(客月). 거월(去月). ¶지난달에 결혼했다.

지난-밤圀 오늘 아침 날이 새기 전까지의 밤. 간밤. 거야(去夜). 전야(前夜).

지난-번(一番)圀 요전의 그때. 먼젓번. 전번. 접때. 거반(去般). ¶지난번에 부탁한 거 잊지 마.

지난-봄圆 바로 전에 지나간 봄. 객춘. 거춘. 작춘(昨春).

지난-여름[-녀-]圆 바로 전에 지나간 여름. 객하. 거하. 작하.

지난-적圆 '지난번'의 잘못.

지난적-끝남[-끈-]圆 ☞과거 완료.

지난적-나아가기[-정-]圆 ☞과거 진행.

지난-주(-週)圆 이 주의 바로 앞의 주. 거주(去週). 작주(昨週). 전주(前週).

지난-하다(至難-)[혐]어 더할 수 없이 어렵다. 심난(甚難)하다. ¶지난한 작업.

지난-해圆 올해의 바로 앞의 해. 객년(客年). 거년(去年). 작년(昨年). 전년(前年).

지날-결[-껼]圆 지나는 길. 지나가는 순간. 과차(過次). ¶지날결에 잠시 들르다. /지날결에 슬쩍 보다.

지남(指南)圆 ①〔한〕 남쪽을 가리킴. ②〔한타〕 사람을 지도하여 가르침.

지남-석(指南石)圆 ☞자석(磁石).

지남-음(-音)圆 화음에 딸린 화성음에서 다음의 화성음을 향해 온음계적 혹은 반음계적으로 순차 진행을 할 때의 화음 밖의 음. 주로, 여린박에 나타남. 경과음(經過音).

지남-차(指南車)圆 ①고대 중국에서 쓰던 수레의 한 가지. 방향을 가리키는 데 쓰인 수레로, 수레 위의 목상(木像)의 손가락이 항시 남쪽을 가리켰음. ②'어떤 일을 하는 데 본보기가 되는 것'을 비유하여 이르는 말.

지남-철(指南鐵)圆 ①☞자석. ②☞지남침.

지남-침(指南針)圆 ☞자침(磁針).

지낭(智囊)圆 〔지혜 주머니란 뜻으로〕 '지혜가 많은 사람'을 이르는 말.

지:내다〔Ⅰ〕困 ①살아가다. 생활하다. ¶부족함이 없이 넉넉하게 지내다. /그동안 어떻게 지내셨습니까? ②서로 사귀어 살아오다. ¶모두들 정답게 지내다. ③어떤 경우를 적절히 처러 넘기다. ¶대수롭지 않은 일은 다 웃고 지낸다. 〔Ⅱ〕타 ①(혼인이나 제사 따위) 큰일을 치르다. ¶장례를 지내다. ②과거에 어떤 일이나 직책을 맡아 일하다. ¶장관을 지내다. ③일정한 시간이나 기간을 보내다. ¶여관에서 이틀을 지냈다. /고향에서 휴가를 지내다.

지:내-듣다[-따][~들으니·~들어]타困 살펴듣지 않고 예사로 흘려듣다. 넘겨듣다. ¶귓결에 지내듣다.

지-내력(地耐力)圆 토지가 어떤 구조물의 압력에 견디어 내는 힘.

지:내-보다〔Ⅰ〕困 어떤 일을 실제로 겪어 보다. ¶그와 지내보니 어떻던가? 〔Ⅱ〕타 ①어떤 일을 눈여겨보지 않고 예사로 흘려 보다. ¶관심 밖의 일이라서 무심히 지내보다. ②서로 사귀어 겪어 보다. ¶앞으로 지내보면 자연히 속을 알게 될 것이다.

지네圆 지넷과의 절지동물을 통틀어 이르는 말. 몸길이는 1~14 cm, 몸빛은 검붉빛. 여러 개의 마디로 된 몸통에는 각 마디마다 한 쌍의 다리가 있고, 맨 앞 마디에 달린 다리 끝에는 독선(毒腺)이 있음. 수풀의 낙엽이나 흙 속, 썩은 나무나 나무껍질 아래에 삶. 오공(蜈蚣). 토충(土蟲).

지네-철(-鐵)圆 재목의 이음매에 건너 치는, 지네 모양의 쇳조각. 오공철(蜈蚣鐵).

지-노(紙-)圆 종이로 꼰 노끈. 연지(撚紙). 지승(紙繩).

지노귀(-鬼)圆 〈지노귀새남〉의 준말.

지노귀-새남(-鬼-)圆 죽은 사람의 넋이 극락으로 가도록 베푸는 굿. 시왕가름. 씻김굿. ⓒ지노귀·새남.

지느러미圆 어류나 물에 사는 포유류의 운동 기관. 등·배·가슴·꼬리 등에 있는 납작한 막(膜) 모양의 기관으로, 이것을 놀려서 움직이거나 몸의 균형을 유지함.

지능(知能)圆 머리의 기능. 지식을 쌓거나 사물을 바르게 판단하거나 하는 지적인 능력. ¶지능이 높다. /지능이 발달하다.

지능^검:사(知能檢查)圆 개인의 선천적인 지능 수준이나 지능적 발달 정도를 판단하는 검사.

지능-권(知能權)[-꿘]圆 ☞지적 소유권.

지능-범(知能犯)圆 지능적인 수단을 이용하여 범하는 죄, 또는 그런 범인. [사기·위조·횡령 따위.]

지능^연령(知能年齡)[-열-]圆 정신 연령.

지능-적(知能的)판 ①지능의 작용에 의한 (것). ②지능을 써서 계획적으로 하는 (것). ¶지능적인 수법.

지능^지수(知能指數)圆 지능 검사의 결과로 얻은 정신 연령을 생활 연령으로 나눈 다음 100을 곱한 수. 지능의 발달 정도를 나타내는 데 쓰임. ⓐ감성 지수.

지니다타 ①(물건을) 몸에 간직하여 가지다. ¶많은 돈을 지니다. /부적을 몸에 지니고 다니다. ②(어떤 상태나 현상을) 몸에 갖추어 가지다. ¶덕을 지니다. /뛰어난 기술을 지니다. ③(본디의 모양을) 그대로 간직하다. ¶원형을 지닌 문화재. ④기억하여 잊지 아니하다. ¶남모를 사연을 지니다.

지닐-성(-性)[-썽]圆 (얻어서 알거나 가진 것을) 오래 지니는 성질.

지닐-재주(←-才操)[-째-]圆 (보거나 들은 것을) 잊지 않고 오래 지니는 재주. ⓐ월재주·지닐총.

지닐-총(-聰)圆 (보거나 들은 것을) 잊지 않고 오래 지니는 총기. ⓐ월총·지닐재주.

지다¹困 ①(꽃이나 잎 따위가) 시들어서 떨어지다. ¶낙엽이 지다. ②(해나 달이) 서쪽으로 넘어가다. 별이 스러지다. ¶해가 지다. /별들이 지다. ↔뜨다. ③배었던 아이나 새끼가 태내에서 죽다. ¶아이가 지다. ④(어떤 상태나 현상이) 이루어지거나 나타나다. ¶그늘이 지다. /얼룩이 지다. /장마가 지다. ⑤어떤 특징이 두드러지게 드러나다. ¶모가 지다. ⑥(좋지 못한 관계가) 되다. ¶척이 지다. /원수가 지다. ⑦(묻거나 붙거나 밴 것이) 닦이거나 씻기어 없어지다. ¶때가 지다. /얼룩이 지다.

지다²困 젖이 불어 저절로 나오다. ¶애가 하도 보채서 젖이 질 새가 없다.

지다³困 ①(경기·내기·싸움·소송 등에서) 상대편을 이기지 못하고 꺾이다. 패(敗)하다. ¶시합(試合)에 지다. /재판에 지다. ↔이기다¹. ②(어쩔 수 없는 형편이 되어) 양보하다. ¶좋아, 그렇다면 내가 진 걸로 하지.

지다⁴타 ①〈등지다〉의 준말. ¶기둥을 지고 서다. ②(물건을) 등에 얹다. ¶지게를 지다. /짐을 지다. ③빚을 얻거나 은혜 따위를 입다. ¶빚을 지다. /신세를 지다. ④(어떤 의무나 책임을) 맡다. ¶책임을 지고 물러나다.

지다⁵조동 용언 어미 '-아(어)' 뒤에 쓰이어, 사물의 상태나 동작이 그렇게 되어 가거나, 그러한 가능성이 있음을 나타냄. 《본용언과 어울리어 관용어로서 붙여 씀.》 ¶나누어지다. /올려지다. /가늘어지다. /미워지다.

지다[⁶](조형) 《보조적 연결 어미 '-고' 뒤에서, 주로 '지라'·'지고'의 꼴로 쓰이어》 '싫다' 와 같이, 그렇게 되기를 간절히 바라는 뜻을 나타내는 말. ¶가고 지고. /보고 지고. /살고 지라.

지다[⁷][지고·지라·지이다](조형) (옛)-었으면 싶다. ¶내 스랑 삼고 지고(古時調). /그딋 가서 두외아 지라(月釋111).

-지다(절미) 일부 명사 뒤에 붙어, 그렇게 되어 있는 상태임을 나타내는 뜻의 형용사를 만듦. ¶값지다. /기름지다. /멋지다. /건방지다. /흩지다.

지:다[위](하타) ①남에게 등을 대어 기대거나 떼를 씀, 또는 그런 짓. ②제 허물을 남에게 덮어씌움, 또는 그런 짓.

지단(地段)(명) 넓은 땅을 몇 단으로 나누어 가른 때의 구역.

지단(肢端)(명) 손발의 맨 끝.

지단(← 鷄蛋 중)(명) ☞알반대기.

지단비:대증(脂端肥大症)[-쯩](명) 뇌하수체의 기능 이상으로 손발이나 아래턱·코 등이 비정상적으로 커지는 병.

지당(地堂)(명) 가톨릭에서, 인류의 시조가 타락하기 전에 살았다는 만복소(萬福所)를 이르는 말. 복지(福地).

지당(池塘)(명) 못의 둑.

지당(至當) '지당하다'의 어근.

지당-하다(至當-)(형여) 이치에 꼭 맞다. 더없이 마땅하다. ¶지당하신 분부. **지당-히**(부).

지대(명) 종이 행장을 넣고 다니는 자루.

지대(支待)(명)(하타) 지난날, 공사(公事)로 시골로 나가는 높은 벼슬아치의 먹을 것과 쓸 물건을 그 시골의 관아에서 이바지하던 일.

지대(支隊)(명) 본대(本隊)의 지휘 아래에 있으나, 본대에서 갈라져 나가 독립적인 행동을 하는 작은 부대.

지대(至大) '지대하다'의 어근.

지대(地代)(명) 남의 토지를 빌린 사람이 빌려 준 사람에게 무는 세(貰).

지대(地帶)(명) ①(자연적 또는 인위적으로) 한정된 일정한 구역. ¶평야 지대. /중립 지대. /공업 지대. /완충 지대. ②자연 조건이 띠 모양을 이룬 지역. ¶고산(高山) 지대.

지대(址臺)(명) 건물의 밑바닥과 둘레를 돌로 쌓은 부분.

지-대공(地對空)(명) 땅에서 공중을 향함. ¶지대공 유도탄. ↔공대지(空對地).

지대공^미사일(地對空missile)(명) 지상 또는 함상(艦上)에서, 적(敵)의 비행 물체를 공격하는 미사일. ↔공대지 미사일.

지대기(명) 행각승(行脚僧)의 웃 따위.

지대-방(-房)(명) 절의 큰방 머리에 있는 작은방. 이부자리·옷·행탁 따위를 둠.

지대-석(址臺石)(명) ☞지댓돌.

지-대지(地對地)(명) 땅에서 땅을 향함.

지대지^미사일(地對地missile)(명) 지상 또는 함상(艦上)에서, 지상에 있는 적을 공격하는 미사일.

지대-하다(至大-)(형여) 더없이 크다. ¶지대한 공로. ↔지소(至小)하다.

지댓-돌(址臺-)[-대똘/-댄똘] 지대를 쌓은 돌. 지대석(址臺石).

지-더리다(형) (성품이나 행실이) 몹시 야비하고 더럽다.

지덕(至德)(명) 더없이 큰 덕. 썩 높은 덕.

지덕(地德)(명) ①운이 트이고 복이 오게 하는 집터의 기운. ¶지덕을 입다. ②'땅이 지난 덕, 또는 땅의 혜택'을 이르는 말. ¶올 농사의 수확은 지덕이 절반일세.

지덕(이) **사납다**(관용) 땅이 걸어 다니기에 험하다.

지덕(知德)(명) 지식과 덕성(德性). ¶지덕을 겸비한 인재.

지덕(智德)(명) ①불교에서 이르는 삼덕(三德)의 하나. 평등한 지혜로 일체를 비추는 석가여래의 덕. ②가톨릭에서 이르는 사추덕(四樞德)의 하나. 어떤 행위가 옳고 그른지 올바르게 판단하는 덕.

지덕체(智德體)(명) '지육(智育)·덕육(德育)·체육(體育)'을 아울러 이르는 말.

지도(地道)(명) ☞갱도(坑道).

지도(地圖)(명) 지구 표면의 일부나 전부를 일정한 축척(縮尺)에 따라 평면 위에 나타낸 그림. 여러 가지 일정한 기호·문자·색 따위를 써서 바다·산천·육지 등을 나타냄. ¶작전 지도. /지도를 보고 목적지를 찾아가다.

지도(指導)(명)(하타)(되자) ①어떤 목적이나 방향에 따라 가르치어 이끎. 가르침. ¶학생 지도. /지도 편달을 바랍니다. ②〈학습 지도〉의 준말.

지도-급(指導級)[-끕](명) 지도를 할 만한 수준이나 계급. ¶사회 지도급 인사(人士).

지도-력(指導力)(명) 남을 가르쳐 이끌 수 있는 능력. ¶지도력을 발휘하다.

지도리(명) '돌쩌귀'나 '문장부' 따위를 통틀어 이르는 말.

지도-부(指導部)(명) 〔어떤 조직이나 단체 따위를〕 이끌어 가는 부서, 또는 그 구성원. ¶당의 지도부. /지도부를 개편하다.

지도-자(指導者)(명) 남을 가르쳐 이끌어 가는 사람.

지도-층(指導層)(명) 지도하는 자리에 있는 계층.

지도^투영법(地圖投影法)[-뻡](명) 지구 표면의 각 지점의 위치를 지도로써 평면 위에 펼치어 그리는 방법. 〔원통 도법·원추 도법·투사 도법 등으로 크게 나눔.〕

지도^표지(指導標識)(명) 도로 표지의 한 가지. 차량의 속도 제한과 해제, 무게와 높이의 제한, 일방통행과 굴절 방향 따위를 나타냄. (참)지시 표지(指示標識).

지-독(紙-)(명) 종이를 삶아 짓찧어서 만든 독.

지독(至毒) '지독하다'의 어근.

지독-스럽다(至毒-)[-쓰-따][~스러우니·~스러워](형)(ㅂ) 더할 나위 없이 독한 데가 있다. 매우 심하거나 모질 데가 있다. ¶지독스러운 냄새. /오늘은 날씨가 지독스럽게 춥다. **지독스레**(부).

지독지애(舐犢之愛)[-찌-] ☞지독지정(舐犢之情).

지독지정(舐犢之情)[-찌-] 〔어미 소가 송아지를 핥아 주며 귀여워한다는 뜻에서〕'어버이가 자식을 사랑하는 지극한 정'을 비유하여 이르는 말. 지독지애(舐犢之愛).

지독-하다(至毒-)[-도카-](형여) 더할 나위 없이 독하다. 매우 심하거나 모질다. ¶지독한 감기. /지독하게 퍼붓는 비. **지독-히**(부) ¶지독히 춥다. /감기가 지독히 걸렸다.

지-돌이(명) 험한 산길에서, 바위 따위에 등을 대고 가까스로 돌아가게 된 곳. ↔안돌이.

지동(地動)(명) ①☞지진(地震). (변)지동. ②지구가 돌아 움직이는 일, 곧 '지구의 자전과 공전'을 이르는 말.

지동-설(地動說)**명** 태양은 우주의 중심에 정지해 있고, 지구는 그 둘레를 자전하면서 공전하고 있다는 학설. **활**천동설(天動說).

지동-의(地動儀)[-의/-이]**명** 지난날, 중국에서 쓰던 지구의(地球儀).

지동지서(之東之西)**명** 〔동쪽으로도 가고 서쪽으로도 간다는 뜻으로〕'줏대 없이 갈팡질팡함'을 이르는 말.

지동지서(指東指西)**명하자** 〔동쪽을 가리키기도 하고 서쪽을 가리키기도 한다는 뜻으로〕'근본에는 손을 못 대고 엉뚱한 것을 가지고 이러쿵저러쿵함'을 이르는 말.

지두(池頭)**명** 못가.

지두(枝頭)**명** 나뭇가지의 끝.

지두(指頭)**명** 손가락의 끝.

지두-문(指頭紋)**명** 도자기에 잿물을 바른 뒤 손가락 끝으로 아무렇게나 그린 무늬.

지두-서(指頭書)**명** 손가락 끝으로 쓴 글씨.

지두-화(指頭畫)**명** 손가락 끝으로 그린 그림.

지둔(至鈍)'지둔(至鈍)하다'의 어근.

지둔(遲鈍)'지둔(遲鈍)하다'의 어근.

지둔-하다(至鈍-)**형여** 더없이 무디고 멍청하다.

지둔-하다(遲鈍-)**형여** 굼뜨고 미련하다.

지동(地-)〈'지동(地動)'의 변한말.

   지둥 치듯[관용] 지진이 일어난 것처럼 요란스럽게 들리는 포성이나 세게 부는 바람 소리 따위를 강조할 때 쓰는 말.

지드럭-거리다[-꺼-]**자타** 자꾸 지드럭지드럭하다. 지드럭대다. **작**자드락거리다. **센**찌드럭거리다.

지드럭-대다[-때-]**자타** 지드럭거리다.

지드럭-지드럭[-찌-]**부하자타** 남이 귀찮아하도록 끈질기게 지분거리는 모양. **작**자드락자드락. **센**찌드럭찌드럭.

지득(知得)**명하타** 알게 됨.

지등(紙燈)**명** 종이로 겉을 바른 등.

지-등롱(紙燈籠)[-농]**명** 기름에 결은 종이로 집을 만든 등롱. **준**지롱(紙籠).

지·디·피(GDP)**명** 국내 총생산. [Gross Domestic Product]

지딱-거리다[-꺼-]**자** 자꾸 지딱지딱하다. 지딱대다.

지딱-대다[-때-]**타** 지딱거리다.

지딱-이다[타] 마구 들부수어 못 쓰게 만들다.

지딱-지딱[-찌-]**부하타** ①서둘러서 되는대로 설거지하는 모양. ②함부로 자꾸 들부수어 못 쓰게 만드는 모양.

지라[명] ☞비장(脾臟).

지라(조樂)〔옛〕('지다7'의 활용형〕-였으면 좋겠다. ¶다솟 줄기를 사아 지라(月釋1:10).

지락(至樂)**명** 더없이 큰 즐거움.

지란(芝蘭)**명** ①지초(芝草)와 난초(蘭草)를 아울러 이르는 말.〔둘 다 향초(香草)임.〕②'높고 맑은 재질'을 이르는 말.

지란지교(芝蘭之交)**명** 〔지초(芝草)와 난초 같은 향기로운 사귐이라는 뜻으로〕'벗 사이의 맑고도 높은 사귐'을 이르는 말.

지랄 ①**하자**'함부로 법석을 떨거나 분별없이 막 하는 짓'을 욕으로 이르는 말. ¶지랄을 떨다. ②**명**〈俗〉지랄병의 준말.

지랄-버릇[-를]**명** 말짱하다가 갑자기 변덕스럽게 구는 버릇. * 지랄버릇이[-르시]·지랄버릇만[-른-].

지랄-병(-病)[-뼝]**명** 갑자기 몸을 뒤틀거나 까무라치는 따위의 증상을 일으키는 질환. 간

증(癎症). 간질. 전간(癲癇). **준**지랄. **참**간기(癎氣).

지랄-쟁이[명] ①'지랄병에 걸린 사람'을 흘하게 이르는 말. ②지랄버릇이 있는 사람. ③'하는 짓이나 말 따위가 온전하지 못한 사람'을 욕으로 이르는 말.

지랭(至冷)'지랭하다'의 어근.

지랭-하다(至冷-)**형여** 몹시 차다. 매우 춥다.

지략(智略)**명** 슬기로운 계략. ¶지략이 뛰어난 장수. **비**지모(智謀).

지략(誌略)**명** 간단히 적은 기록.

지러-지다[자] 잘 자라지 못하고 시들시들하여 쇠해지다.

지런-지런[부하영] ①물 따위가 그릇에 그득하게 차올라 넘칠락 말락 하는 모양. ②물체의 한끝이 다른 물체에 가볍게 스치거나 닿을락 말락 하는 모양. **작**자란자란. **카**치런치런.

지:렁이[명] 빈모강에 딸린 환형동물을 통틀어 이르는 말. 몸은 여러 개의 체절로 이루어진 원통형으로, 길이는 보통 10 cm가량. 몸빛은 암적갈색. 부식토를 먹어 그 속의 식물질을 양분으로 섭취함. 낚시 미끼와 한방의 약재로 쓰임. 지룡. 지룡자. 토룡(土龍).

   지렁이도 밟으면〔다치면/디디면〕**꿈틀한다**[속담] 아무리 보잘것없고 약한 사람이라도 너무 업신여김을 당하면 반항한다.

지:렁이-고무(←-gomme)**명** 지렁이 모양으로 마디 금이 있게 만든 가는 고무판.

지:렁이-나무[명] 개옻나무.

지레[명] 무거운 물건을 쳐들어 움직이는 데 쓰는 막대기. 지렛대.

지레[부] 무슨 일이 채 되기 전이나 어떤 기회·시기가 이르기 전에 미리. ¶지레 겁을 먹고 도망치다.

   지레 채다[관용] 지레짐작으로 알아채다.

지레-김치[명] 김장을 담그기 전에 미리 얼마 동안 담가 먹는 김치.

지레-뜸[명]**하타** 뜸 들기 전에 밥을 품, 또는 그 밥.

지레-목[명] 산줄기가 끊어진 곳.

지레-질[명]**하타** 지레로 물건을 움직여 옮기는 일.

지레-짐작(←-斟酌)**명하자타** 미리 넘겨짚어 어림으로 헤아림.

   지레짐작 매꾸러기[속담] 깊이 생각하지 않고 짐작이 가는 대로 무슨 일을 하다가는 낭패를 보기가 일쑤라는 말.

지렛-대[-레때/-렌때]**명** ☞지레1.

지렛-목[-렌-]**명** 지레를 괸 고정된 점(點). 지점(支點).

지려(智慮)**명** 슬기로운 생각. 깊이 생각하는 능력.

지력(地力)**명** (식물을 자라게 하는) 땅의 힘. 토력(土力). ¶지력을 높이다.

지력(地歷)**명** '지리(地理)'와 '역사(歷史)'를 아울러 이르는 말.

지력(知力)**명** 지식의 힘.

지력(智力)**명** 슬기의 힘. 사물을 헤아리는 능력.

지력-선(指力線)[-썬]**명** 자장(磁場) 또는 전장(電場)의 모양, 곧 자기 작용이나 전기 작용의 방향 및 세기를 나타내는 곡선군(曲線群). 자력선(磁力線).

지력-체감(地力遞減)**명** 거름을 주지 않고 해마다 같은 땅에 곡물을 재배할 때, 그 땅의 양분이 점점 작물로 흡수되어 지력이 약해지는 일.

지령(地靈)**명** 토지의 정령(精靈).

지령 (指令)명〔하자타〕①원서(願書)나 품의(稟議) 따위에 대하여, 관청에서 내리는 통지나 명령. ②단체 따위의 상부에서 하부나 구성원에게 내리는 활동 방침에 관한 지시 명령. ¶지령이 떨어지다. /지령을 받다.

지령 (紙齡)명 신문의 나이. 곧, 신문을 낸 호수(號數). ¶지령 1만 호를 돌파하다.

지령 (誌齡)명 잡지의 나이. 곧, 잡지를 낸 호수(號數). ¶지령 100호 기념호.

지례 (地禮)명 땅에 제사 지내는 예(禮).

지로 (支路)명 큰길에서 갈라져 나간 작은 길.

지로 (指路)명〔하타〕길을 가리켜 이끎.

지로 (giro)명 돈을 보내는 사람이 받는 사람이나 단체 등의 은행 예금 계좌에 입금시키는 결제 방법. ¶은행 지로 창구.

지로-꾼 (指路-)명 길잡이. 지로승(指路僧).

지로-승 (指路僧)명 ①산속에서 길을 가리켜 인도해 주는 중. ②지로꾼.

지록위마 (指鹿爲馬)명 ①'윗사람을 농락하여 권세를 마음대로 휘두르는 짓'을 이르는 말. 〔옛날 중국 진(秦)나라 때 조고(趙高)라는 간신이 있어, 황제 호해(胡亥)에게 사슴을 바치며 말이라고 강변했다는 고사에서 유래함.〕②모순된 것을 우겨서 다른 사람을 속이려는 짓.

지론 (至論)명 지극히 당연한 언론.

지론 (持論)명 늘 주장하는 의견이나 이론(理論). 지설(持說). ¶지론을 펴다.

지롱 (紙籠)명 〈지등롱(紙燈籠)〉의 준말.

지뢰 (地雷)명〔-뢰/-뤠〕명 땅속에 묻어, 사람이나 전차 등이 밟거나 그 위를 지나면 터지도록 장치한 폭약. ¶지뢰가 터지다.

지뢰 (地籟)명〔-뢰/-뤠〕땅이 울리는 갖가지의 소리. 쵤천뢰(天籟).

지뢰-밭 (地雷-)명〔-뢰받/-뤠받〕여러 개의 지뢰를 묻어 놓은 지역. *지뢰밭이[-뢰바치/-뤠바치]·지뢰밭을[-뢰바틀/-뤠바틀]·지뢰밭만[-뢰반-/-뤠반-]

지료 (地料)명 민법(民法)에서 '지대(地代)'를 이르는 말.

지료 (紙料)명 종이를 만드는 원료. 〔펄프나 닥나무 따위.〕

지룡 (地龍)명 ☞지렁이.

지룡-자 (地龍子)명 ☞지렁이.

지루 (←支離)명 '지루하다'의 어근.

지루 (地壘)명 양쪽 지반이 내려앉아 높게 남은 땅.

지루^산맥 (地壘山脈)명 단층 운동으로 생긴 좁고 긴 산맥.

지루-하다 (←支離-)형여 같은 상태가 너무 오래 계속되어 넌더리가 나고 따분하다. ¶지루한 영화. /나는 기다리는 것이 지루하여 옆에 있는 잡지를 뒤적거리기 시작했다.

지류 (支流)명 ①원줄기로 흘러 들어가는 물줄기. 원줄기에서 갈라져 나간 물줄기. ↔본류(本流). 쵤여류(餘流). ②↔분파(分派).

지류 (紙類)명 종이 종류. 종이 등속.

지류 (遲留)명〔하타〕오래 머무름.

지르다¹〔지르니·질러〕타ㄹ ①팔다리나 막대기 따위를 내뻗치어 대상물을 치거나 그 안에 꽂아 넣다. ¶주먹으로 상대편의 옆구리를 질렀다. ②양쪽 사이 또는 위와 아래 사이에 막대나 줄을 건너 막거나 내리꽂다. ¶빗장을 지르다. /비녀를 지르다. ③공 따위를 똑바로 나가게 힘껏 걸어차다. ④지름길로 가깝게 가다. ¶사잇길로 해서 길을 질러 가다. ⑤불이나 분

한 마음을 일어나게 하다. ¶불을 지르다. /분을 지르다. ⑥냄새가 갑자기 후각을 자극하다. ¶향기가 코를 지르다. 쎄찌르다. ⑦〔잘 가꾸려고〕결순 따위를 자르다. ¶순을 지르다. ⑧힘찬 기운을 꺾다. ¶예기(銳氣)를 지르다. ⑨내기에서, 돈이나 물건을 걸다. ¶만 원을 지르다 또는 〔술이나 약 따위에 다른 약을 타다. ¶술에 약을 지르다. ⑪말이나 행동을 미리 잘라서 막다. ⑫짙은 빛으로 옅은 빛의 옆을 칠하여 옅은 빛이 더 두드러지게 하다.

지르다²〔지르니·질러〕타ㄹ 목청을 높이어 소리를 크게 내다. ¶고함을 지르다.

지르-되다[-뙤/-뛔-]자 제때를 지나 더디게 자라거나 익다. 늦되다.

지르르무〔하위〕①물기·윤기·기름기 따위가 번드럽게 흐르는 모양. ¶개기름이 지르르 흐르는 얼굴. ②뼈마디 등에 저린 느낌이 일어나는 모양. ¶무릎이 지르르하다. 쎈짜르르.

지르박 (←jitterbug)명 스윙(swing)에 맞추어 추는 사교춤의 한 가지. 4분의 4박자의 템포가 빠른 경쾌한 춤.

지르-밟다[-밥따]타 위에서 내리눌러 밟다.

지르-신다[-따]타 신이나 버선 따위를 뒤축이 눌려 밟히게 신다.

지르-잡다[-따]타 옷 따위의 한 부분만이 더러워졌을 때, 그 부분만을 걷어쥐고 빨다.

지르코늄 (zirconium)명 은백색의 단단한 금속 원소의 한 가지. 지르콘광(鑛)에서 산출되며, 원자력 공업의 중요 재료임.〔Zr/40/91.22〕

지르콘 (zircon)명 정방 정계의 광물. 다이아몬드 광택이 나는 무색·황색·황갈색 따위의 투명 또는 반투명체로 지르코늄의 가장 중요한 원료가 되는 광물임. 사광(沙鑛)에서 채취함.

지르퉁-하다형여 잔뜩 성이 나서 말없이 있다.
지르퉁-히무.

지름명 원이나 구(球) 따위의 중심을 지나 둘레의 두 점을 직선으로 이은 선분(線分).

지름-길[-낄]명 ①가깝게 질러서 가는 길. 거리가 가까운 길. ②빨리 하는 방법. 첩경(捷徑). ¶발전의 지름길.

지름-시조 (-時調)명 시조 창법(唱法)의 한 가지. 초장 첫머리를 높여서 부르고, 중장과 종장은 평시조 곡조로 부름.

지릅뜨-기명 눈을 지릅뜨는 버릇이 있는 사람, 또는 그런 눈.

지릅-뜨다[~뜨니·~떠]타 고개를 숙이고 눈을 치올려서 뜨다.

지리 (地利)명 ①땅의 생긴 모양에서 얻는 편리함이나 이로움.〔지세(地勢)가 험하거나 성터가 단단한 것 따위.〕②땅의 산물로부터 얻는 이익.〔산림·경작·목축 따위.〕③땅에서 얻는 이익.〔지대(地代) 따위.〕

지리 (地理)명 ①어떤 곳의 지형이나 길 따위의 형편. ¶지리에 밝다. ②지구 상의 수륙·기후·생물·인구·도시·교통·산업·정치 따위의 상태. ③〈지리학〉의 준말. ④〈풍수지리〉의 준말.

지리-구 (地理區)명 지리적 특색에 따라 나눈 지역 구분. 지리적 특색의 실제적인 구분은 매우 어려워 대개는 관용(慣用)에 따른 것을 쓰고 있음.〔영남·영동 따위.〕

지리다타 똥이나 오줌을 참지 못하여 조금 싸다.

지린 것은 똥 아닌가측답 어떤 일을 조금 했다고 해서 하지 않았다고 발을 뺄 수는 없다는 말.

지리다²〔형〕 오줌 냄새와 같다, 또는 그런 맛이 있다. ¶지린 냄새. /무 맛이 왜 이리 지리냐.

지리-멸렬(支離滅裂)〔명〕〔하자〕〔되자〕 갈가리 흩어지고 찢기어 갈피를 잡을수 없이 됨.

지리-산(←智異山)〔명〕 백제 때, 구례(求禮)에 사는 한 여인의 굳건한 지조를 읊은 가요. 〔가사는 전하지 아니하고, '고려사'의 '악지'에 그 설화 내용만이 실려 전함.〕

지리산-가(←智異山歌)〔명〕 '지리산'을 달리 이르는 말.

지리-적(地理的)〔관〕〔명〕 지리에 관한 (것). 지리상의 문제에 관계되는 (것). ¶지리적 환경. /지리적으로 가까운 지방.

지리^초석(智利硝石)〔명〕 ⇨칠레 초석.

지리-하다(支離-)〔형〕 '지루하다'의 잘못.

지리-학(地理學)〔명〕 지구 상의 여러 현상을 인간과 자연의 상호 작용을 통하여 지역적으로 연구하는 학문. ⇨지리.

지린-내〔명〕 오줌 냄새와 같은 냄새.

지마(芝麻·脂麻)〔명〕 ⇨호마(胡麻).

지마는〔조〕 모음으로 끝난 체언에 붙어, 앞의 사실을 인정하되 그것이 뒤의 사실과는 상관이 없음을 나타내는 연결형 서술격 조사. ¶부자지마는 너무 인색하다. ⑥지만. ㉰이지마는.

-지마는〔어미〕 용언 어간 또는 높임의 '-시-'나 시제의 '-았(었)-'·'-겠-' 등에 붙어, 앞말을 인정하되 뒷말이 그에 매이지 아니함을 나타내는, 종속적 연결 어미. ¶배운 것 없지마는 사람의 도리는 안다. /아아, 임은 갔지마는 나는 임을 보내지 아니하였습니다. ⑥-지만.

지마-죽(芝麻粥)〔명〕 참깨죽.

지만〔조〕〈이지마는〉·〈지마는〉의 준말. ¶어린아이지만 생각은 퍽 깊다.

-지만〔어미〕〈-지마는〉의 준말. ¶얼굴은 밉지만 마음은 곱다.

지만(遲慢)'지만하다'의 어근.

지만-하다(遲慢-)〔형여〕 ⇨지완(遲緩)하다.

지망(志望)〔명〕〔하자〕 뜻하여 바람, 또는 그 뜻. ¶정치가를 지망하다. ㉰지원(志願).

지망-년(至亡年)〔명〕 운수가 몹시 나빠서 아주 결딴나는 해.

지망-생(志望生)〔명〕 어떤 일에 뜻을 두고 그 일을 배우려고 하는 사람. ¶작가 지망생.

지망-지망〔부〕〔하〕 ①(성질이나 언행이) 조심성이 없고 가볍게 나부대는 모양. ②어리석고 둔하여 무슨 일에나 소홀한 모양. **지망지망-히**〔부〕

지매〔명〕〔하자〕 그림의 여백에 엷은 연두·노랑·보랏빛을 칠하는 일, 또는 그런 칠. ¶붉은 작약도에 연둣빛 지매.

지-매(紙-)〔명〕 소렴(小殮) 때, 시체에 옷을 입히고 그 위를 매는, 길게 접은 종이. 참매3.

지매(地莓)〔명〕 ⇨뱀딸기.

지맥(支脈)〔명〕 ①(산맥 따위의) 원줄기에서 갈라져 나간 줄기. ②주맥(主脈)에서 좌우로 뻗어 나간 잎맥. ↔본맥(本脈).

지맥(地脈)〔명〕 ①지층이 죽 이어진 맥락. 토맥(土脈). ②풍수설에서, 정기가 순환한다는 땅속의 줄을 이르는 말. 맥(脈). ¶지맥을 끊다.

지맥(遲脈)〔명〕 보통 사람보다 느리게 뛰는 맥. 서맥(徐脈). ↔속맥(速脈).

지머리〔부〕 ①차분하고 꾸준히. ¶공부는 지머리해야 한다. ②차분하고 탐탁스레.

지면(地面)〔명〕 땅의 표면. 땅바닥.

지면(知面)〔명〕〔하자〕 ①처음 만나서 서로 앎. ②척 보아서 알 만한 얼굴, 또는 그런 사이.

지면(紙面)〔명〕 ①종이의 겉면. ②글이나 기사가 실린 종이의 면. 지상(紙上). ¶지면을 통해 알게 된 사이.

지면(誌面)〔명〕 잡지의 내용이 실린 종이의 면. 지상(誌上). ¶지면을 늘리다.

지멸-있다[-며믿따]〔형〕 꾸준하고 성실하다. 직심스럽고 참을성이 있다.

지명(地名)〔명〕 땅의 이름. 지방·지역 등의 이름.

지명(地鳴)〔명〕 땅울림.

지명(知名)〔명〕〔하〕 이름이 세상에 널리 알려져 있음. ¶지명한 학자.

지명(知命)〔명〕〔하자〕 ①천명(天命)을 앎. ②('논어(論語)' 위정편(爲政篇)의 '오십이지천명(五十而知天命)'에서 나온 말로〕 나이 '쉰 살'을 뜻하는 말. 지천명(知天命).

지명(指名)〔명〕〔하타〕〔되자〕 (여러 사람 가운데서 누구의) 이름을 지정하여 가리킴. ¶후계자를 지명하다.

지명(指命)〔명〕〔하자타〕 지정하여 명령함.

지명^경:쟁^계:약(指名競爭契約)[-계-/-게-]〔명〕 계약의 상대가 될 사람을 미리 몇몇 정해 놓고, 그 가운데서 가장 좋은 조건을 내거는 사람과 계약을 맺는 방법.

지명-도(知名度)〔명〕 세상에 이름이 알려진 정도. ¶지명도가 높다(낮다).

지명^수배(指名手配)〔명〕 범죄인을 지명하여 수색하는 일. ¶지명 수배가 내려진 인물.

지명-인사(知名人士)〔명〕 이름이 세상에 널리 알려진 사람.

지명^입찰(指名入札)〔명〕 지명한 사람에게만 입찰을 허가함, 또는 그 입찰.

지명-전(指名戰)〔명〕 선거 등에서, 정당의 지명을 얻기 위한 경쟁.

지명^타:자(指名打者)〔명〕 야구에서, 투수를 대신하는 타자. 수비에는 나서지 않고 타격만 함.

지명^투표(指名投票)〔명〕 (대통령·부통령·국무총리 등의 선거에서) 우선 후보자를 결정하게 하여 하는 투표.

지모(地貌)〔명〕 땅 표면의 고저·기복·사면(斜面) 따위의 상태.

지모(知母)〔명〕 백합과의 다년초. 산이나 들에 절로 나는데, 높이 1m가량. 굵은 뿌리줄기가 가로 벋고 가늘고 긴 잎은 무더기로 나며, 초여름에 담자색 꽃이 이삭 모양으로 핌. 뿌리줄기는 한방에서 해소·담·갈증 따위에 약재로 쓰임.

지모(智謀)〔명〕 슬기로운 꾀(계책). ¶지모가 남다른 데가 있다. ㉰지략(智略).

지-모끼〔명〕 재목의 면과 나란한 금을 긋고 짜개기도 하고 파 내기도 하는 연장. 쐐기나 나사로 넓이를 좁힐 수 있게 되었음.

지모-웅략(智謀雄略)[-냑]〔명〕 슬기로운 계책과 웅대한 계략.

지목(地目)〔명〕 토지의 주된 사용 목적이나 성질 등에 따라 토지의 종류를 표시하는 명칭. 〔전(田)·답(沓)·과수원·임야·묘지·잡종지 따위〕

지목(指目)〔명〕〔하타〕〔되자〕 (여러 사람이나 사물 가운데서 일정한 것에 대하여) 어떠하다고 가리키어 정함. 그를 범인으로 지목하다.

지목^변:경(地目變更)[-뼌-]〔명〕 토지의 종류 명칭을 바꾸는 일.

지묘(至妙)'지묘하다'의 어근.

지묘-하다(至妙-)〔형여〕 더없이 묘하다. 극묘(極妙)하다.

지묵(紙墨)〔명〕 종이와 먹.

지문(至文)『명』 가장 빼어난 글. 아주 뛰어난 글.

지문(地文)¹『명』 ①산천·구릉(丘陵)·지택(池澤) 따위 대지의 온갖 상태. ②<지문학>의 준말.

지문(地文)²『명』 ①희곡 따위에서, 해설·대사 이외의 글, 곧 등장인물의 동작·표정·말투 등을 지시한 글. 지시문(指示文). ②주어진 내용의 글. ¶ 다음 지문을 읽고 물음에 답하시오.

지문(指紋)『명』 손가락 끝마디의 안쪽에 이루어진 살갗의 무늬, 또는 그것이 어떤 물건에 남긴 흔적. 사람마다 그 모양이 다르며 평생 변하지 않음. ¶ 지문 채취.

지문(誌文)『명』 죽은 사람의 이름, 태어나고 죽은 날, 살아서 한 일, 무덤이 있는 곳과 좌향 따위를 적은 글.

지문-법(指紋法)[-뻡]『명』 지문의 특성으로 사람을 식별하는 방법. 주로, 범인 식별에 이용됨.

지문-학(地文學)『명』 ➾자연 지리학(自然地理學). ㈜지문(地文).

지물(地物)『명』 ①천연으로나 인공으로 이루어진, 땅 위에 존재하는 모든 물체. 〔집·도로·나무·하천 따위.〕②적의 포화나 시야로부터 몸을 숨길 수 있는 물체.

지물(紙物)『명』 '종이붙이'를 통틀어 이르는 말. 지속(紙屬).

지물-상(紙物商)[-쌍]『명』 종이붙이를 전문으로 취급하는 상점이나 상인.

지물-포(紙物鋪)『명』 종이붙이를 파는 가게. 지전(紙廛).

지미(地味)『명』 ➾토리(土理).

지미(至美) '지미(至美)하다'의 어근.

지미(至微) '지미(至微)하다'의 어근.

지미-하다(至美-)『형여』 더할 나위 없이 아름답다. ¶ 자연은 오묘한 신비와 지미한 경관을 감추고 있다.

지미-하다(至微-)『형여』 더없이 가늘고 작다.

지밀(至密)『명』 ①〔지극히 은밀하고 비밀스럽다는 뜻으로〕 왕과 왕비가 늘 거처하던 곳. ②각 궁방(宮房)의 침실.

지밀-나인(←至密內人)[-라-]『명』 궁중 지밀에서 왕과 왕비를 늘 모시며 시중들던 궁녀.

지밀-하다(至密-)『형여』 아주 은밀하거나 비밀스럽다.

지반(池畔)『명』 못가. 지변(池邊).

지반(地盤)『명』 ①땅의 표면. 지각(地殼). ②구조물 따위를 설치하는 데 기초가 되는 땅. ¶ 지반을 다지다. ③〔어떤 일을 하기 위한〕근거나 기초가 될 만한 바탕. ¶ 선거의 지반을 닦다.

지-반자(紙-)『명』 반자틀을 치고 종이를 바른 반자.

지발(遲發)『하자 되자』 ①〔규정 시간보다〕늦게 출발함. ②〔보통보다〕늦게 발생함.

지발^중성자(遲發中性子)『명』 원자핵 분열 후 수초 내지 수 분 뒤에 생기는 중성자. 원자로의 연쇄 반응 제어에 알맞음.

지방 일각 대문의 심방 끝에 세우는 나무.

지방(地方)『명』 ①어느 한 방면의 땅. ¶ 온대 지방. /중부 지방. ②서울 이외의 수도(首都)나 대도시 이외의 고장. ¶ 지방 도시. /지방에 있는 학교. ↔중앙.

지방(地枋)『명』 ➾하인방(下引枋).

지방(脂肪)『명』 유지가 상온(常溫)에서 고체를 이룬 것. 동물이나 식물에 포함되어 있는데 물에 녹지 않고 휘발하지 않으며 불에 타는 성질이 있음. 생물체의 중요한 에너지 공급원임. 굳기름. 기름.

지방(紙榜)『명』 종이로 만든 신주(神主).

지방-간(脂肪肝)『명』 간에 중성 지방이 비정상적으로 축적된 상태, 또는 그 간. 〔알코올성 지방간, 과영양성 지방간, 당뇨병성 지방간 따위가 있음.〕

지방^검:찰청(地方檢察廳)『명』 각 지방의 지방 법원에 대응하여 설치된 하급 검찰청. ㈜지검(地檢).

지방^공공^단체(地方公共團體)『명』 국가 통치권 밑에서, 국가 영토의 일부를 단위 구역으로 하여 그 구역 안의 주민을 법률이 정한 범위에서 지배할 수 있는 권한을 가진 단체. 지방 자치 단체.

지방^공무원(地方公務員)『명』 지방 공공 단체의 공무에 종사하는 사람. ㈜국가 공무원.

지방-관(地方官)『명』 ①지난날, 각 주(州)·부(府)·군(郡)·현(縣)의 으뜸 벼슬을 이르던 말. 〔감사·목사·부사·현감 등.〕 태수(太守). ②지방의 행정 사무를 맡아보는 고급 공무원.

지방-도(地方道)『명』 도지사의 관할 아래에 있는 도로. ↔국도(國道).

지방-민(地方民)『명』 지방에 사는 국민. 시골 주민.

지방^법원(地方法院)『명』 법원 조직법에 따라 설치되어 민사 및 형사 소송을 처리하는 제1심의 법원. ㈜지법(地法).

지방-병(地方病)[-뼝]『명』 ➾풍토병(風土病).

지방^분권(地方分權)[-꿘]『명』 통치의 권능을 중앙 정부에 집중시키지 않고 지방 공공 단체의 자치권을 어느 정도 인정하는 일. ↔중앙 집권.

지방^분권주의(地方分權主義)[-꿘-의/-꿘-이]『명』 권력을 지방으로 분산시키는 주의. ㈜분권주의.

지방-비(地方費)『명』 지방 공공 단체의 경비.

지방-산(脂肪酸)『명』 지방을 가수 분해 할 때 생기는 사슬 모양의 일염기산. 〔의산(蟻酸)이나 초산(醋酸) 따위.〕

지방-색(地方色)『명』 어떤 지방의 자연·인정·풍속 등에서 풍기는 고유한 특색. 향토색(鄕土色). ¶ 지방색이 강하다. /지방색을 살린 작품.

지방-선(脂肪腺)『명』 살갗 아래에 있는, 지방을 분비하는 샘(腺). 지선(脂腺). 피지선(皮脂腺).

지방^선:거(地方選擧)『명』 지방 자치법에 따라 지방 의회 의원 및 지방 자치 단체장을 선출하는 선거.

지방-성(地方性)[-썽]『명』 그 지방에만 있거나, 그 지방 사람에게만 공통으로 나타나는 특유의 성질.

지방-세(地方稅)[-쎄]『명』 지방 공공 단체가 재정상의 필요에 따라 그 지방의 주민에게 물리는 조세. ↔국세(國稅).

지방^세:포(脂肪細胞)『명』 지방 조직(脂肪組織)을 이루는 세포.

지방-시(地方時)『명』 어떤 지방에서, 그 지방의 특정 지점을 지나는 자오선(子午線)을 기준으로 하여 정한 시간.

지방-열(地方熱)『명』 자기 지방을 특히 아끼고 사랑하는 열성.

지방-유(脂肪油)[-뉴]『명』 유지가 상온(常溫)에서 액체로 된 것. 〔콩기름·고래기름·아마인유 따위.〕 지유(脂油).

지방^은행(地方銀行)『명』 '시중 은행'에 대하여, 서울 이외의 일정한 지역을 영업 대상의 범위로 한정한 일반 은행. ㈜시중 은행.

지방^의회(地方議會)[-의/-훼]『명』 지방 공공 단체의 의회. 예산, 조례(條例)의 제정이나 개폐 등에 관한 사항을 의결하는 기관. 〔도의회·시의회 따위.〕

지방^자치^단체(地方自治團體)명 ▷지방 공공 단체(地方公共團體). ㉾지자체.

지방^자치^제:도(地方自治制度)명 일정한 지역에서 지역 주민의 의사를 기초로 하여, 그 지역 지방 공공 단체가 자주적으로 행정을 펴는 제도. 자치제. 자치 제도. ㉾지자제.

지방^장:관(地方長官)명 지방 관청의 장(長). 특별시장·광역시장·도지사 등을 이름.

지방^조직(脂肪組織)명 결합 조직의 한 가지. 많은 수의 지방 세포가 모여서 이루어진 조직.

지방-종(脂肪腫)명 지방 세포로 이루어진 양성(良性) 종양의 한 가지. 피부 밑이나 근육 사이 등에 많이 생김.

지방-종자(脂肪種子)명 저장 물질로서 많은 양의 지방이 들어 있는 종자. 〔콩·깨·아주까리 따위.〕

지방-질(脂肪質)명 ①지방 성분으로 된 물질. ②지방이 너무 많은 체질.

지방-채(地方債)명 지방 자치 단체가 재정상의 필요에 따라 발행하는 공채(公債).

지방-청(地方廳)명 지방의 행정 관청.

지방-층(脂肪層)명 동물의 살갗 밑에 있는, 지방으로 된 층.

지방-판(地方版)명 중앙에서 내는 신문으로, 어떤 지방의 독자를 위하여 그 지방에 관한 기사를 따로 실은 지면, 또는 그런 신문.

지방-풍(地方風)명 지형이나 기온 따위의 영향으로 어떤 지방에서만 일어나는 바람.

지방^행정(地方行政)명 ①지방 자치 단체에서 하는 행정. ②국가의 지방 행정 기관에서 하는 행정.

지방-형(地方型)명 같은 종류의 생물인데도 산지(産地)에 따라 각각 조금씩 다른 특징을 갖추고 있는 것.

지배(支配)명하다타되자 ①거느려 부림. 다스림. 통치함. ¶지배를 당하다. ②외부 요인이 사람의 생각이나 행동에 적극적으로 영향을 미침. ¶환경의 지배를 받다. ③아랫사람을 다잡아 일을 처리함. ↔피지배.

지배(紙背)명 ①종이의 뒤쪽. ②문장의 속내에 포함된 뜻. ¶안광(眼光)이 지배를 철(徹)하다.

지배(遲配)명하다 배급·배달·지급 따위가 늦음.

지배^계급(支配階級)[-계-/-게-]명 사회 수단을 전유(專有)하여 정치·경제·사회적으로 어떤 국가나 사회를 지배하는 계급.

지배-권(支配權)[-꿘]명 권리의 객체를 직접 지배하여 다른 사람의 개입을 필요로 하지 않고 그 이익을 받아 누릴 수 있는 권리. 〔물권이나 무체 재산권(無體財産權) 따위가 이에 딸림.〕

지배-인(支配人)명 주인을 대신하여 영업에 관한 일체의 지시 및 감독을 할 수 있는 대리권을 가진 사람.

지배-자(支配者)명 거느려 부리거나 다스리는 사람.

지배-층(支配層)명 지배 계급에 속하는 계층.

지벅-거리다[-꺼-]자 자꾸 지벅지벅하다. 지벅대다. ㉓지뻑거리다·찌벅거리다.

지벅-대다[-때-]자 지벅거리다.

지벅-지벅[-찌-]부하다 (길이 험하거나, 어두워서 잘 보이지 않거나, 또는 발에 힘이 없어서) 발씨가 서투르게 휘청거리며 걷는 모양. ㉓지뻑지뻑·찌벅찌벅.

지번(支煩)'지번하다'의 어근.

지번(地番)명 땅의 일정한 구획을 나타내어 매겨 놓은 번호.

지번-하다(支煩-)형여 지루하고 번거롭다.

지벌(-罰)명 민속에서, '신불(神佛)에게 거슬리는 일을 저질러 당하는 벌'을 이르는 말.

지벌(을) 입다관용 신불에게 지벌을 당하다.

지법(地閥)명 지반과 문벌.

지범-거리다타 자꾸 지범지범하다. 지범대다.

지범-대다타 지범거리다.

지범-지범부하다 (음식물 따위를) 채신없이 자꾸 이것저것 집어 거두거나 먹는 모양.

지법(地法)명 〈지방 법원〉의 준말.

지베렐린(gibberellin)명 식물 호르몬의 하나. 고등 식물의 생장과 발아를 촉진하며, 농작물의 증수(增收)나 품질 개량에 이용함.

지벽(地僻)'지벽하다'의 어근.

지벽(紙壁)명 종이로 만든 벽.

지벽-하다(地僻-)[-벽카-]형여 (마을 따위의) 위치가 궁벽(窮僻)하다.

지변(支辨)명하다타 빚을 갚기 위하여 돈이나 물건 따위를 내어 줌.

지변(池邊)명 못가. 지반(池畔).

지변(地變)명 ①땅의 변동. ②지각의 운동. ③▷지이(地異).

지병(持病)명 오랫동안 잘 낫지 않는 병. 고질(痼疾). 예증(例症). ¶지병을 앓다.

지보(支保)명하다타되자 ①하여오랫동안 지탱하여 간직함. ②〈지급 보증〉의 준말.

지보(地步)명 자기의 지위. 처지. ¶스스로의 지보를 다지다.

지보(至寶)명 더없이 귀한 보배.

지보-공(支保工)명 굴이나 땅을 깊이 팔 때, 둘레의 흙이 무너지지 않게 하기 위하여 임시로 나무 따위를 짜서 버티는 공사.

지본(紙本)명 서화에 쓰려고 마련한 종이, 또는 종이에 쓰거나 그린 서화. ㉺견본(絹本).

지봉-유설(芝峯類說)[-뉴-]명 조선 선조 때의 학자 지봉 이수광이 지은 책. 천문·지리·시령(時令)·금충(禽蟲)·관직 따위 25개 부문 3,435항목을 고전에서 인용하여 풀이한 내용으로, 우리나라 최초의 백과사전적인 저술임. 20권 10책.

지부(支部)명 본부의 관리 아래에 있으면서, 본부에서 갈라져 나가 그 지역의 업무를 맡아보는 곳.

지부럭-거리다[-꺼-]자타 자꾸 지부럭지부럭하다. 지부럭대다. ㉓자부락거리다.

지부럭-대다[-때-]자타 지부럭거리다.

지부럭-지부럭[-찌-]부하다자타 실없는 말이나 행동으로 남을 자꾸 귀찮게 하는 모양. ㉓자부락자부락.

지부-자(地膚子)명 한방에서, '댑싸리의 씨'를 약재로 이르는 말. 오줌을 순하게 하는 데 쓰임.

지분(支分)명하다타 잘게 나눔.

지분(知分)명하다자 자기의 본분(本分)을 앎. 제분수를 앎.

지분(持分)명 공유 재산(共有財産)이나 권리 따위에서, 공유자 각각이 가지는 몫, 또는 행사하는 비율. ¶회사 지분의 51%를 보유하다.

지분(脂粉)명 연지와 백분. 분지(粉脂).

지분(을) 다스리다관용 (여자가) 화장을 하다.

지분-거리다자타 자꾸 지분지분하다. 지분대다. ㉓자분거리다.

지분-권(持分權)[-꿘]명 공유물(共有物)에 대하여 공유자 각자가 가지는 권리.

지분-대다자타 지분거리다.

지분-지분부 ①짓궂은 행동이나 말로 남을 자꾸 성가시게 하는 모양. ②하다자 음식에 섞인 흙모래 따위가 자꾸 씹히는 모양. ㉓자분자분[.]

지분혜탄(芝焚蕙歎) [-헤-/-헤-]圐 〔지초(芝草)가 불에 타면 혜초(蕙草)가 한탄한다는 뜻으로〕'같은 무리가 입은 화(禍)를 가슴 아프게 여김'을 이르는 말.

지불(支拂)圐타퇴자 돈을 내어 줌, 또는 값을 치름. ¶지불 능력. /배상금을 지불하다.

지붕圐 ①(비·눈·바람·추위·햇빛 따위를 막기 위하여) 집 꼭대기 부분에 씌우는 덮개. 옥개. ¶기와 지붕. ②모든 물건의 위를 덮는 물건.

지붕-마루圐 ☞용마루.

지붕^물매圐 지붕의 경사진 면(面), 또는 그 경사의 정도.

지빗圐〔옛〕집에 있는. ¶지빗 眷屬이 호 사르미나(月釋21:136). ଷ있.

지빈(至貧)圐하형 몹시 가난함.

지빈-무의(至貧無依) [-의/-이]圐하형 몹시 가난하면서 의지할 곳조차 없음.

지빠귀圐 ①지빠귀과에 딸린 새를 통틀어 이르는 말. ②〈개똥지빠귀〉의 준말. 백설조(百舌鳥). 티티새.

지뻑-거리다[-꺼-]재〈지벅거리다〉의 센말. 지뻑대다. ଷ찌뻑거리다.

지뻑-대다[-때-]재 지뻑거리다.

지뻑-지뻑[-찌-]퇴하자〈지벅지벅〉의 센말. ଷ찌뻑찌뻑.

지사(支社)圐 본사의 관리 아래에 있으면서, 본사에서 갈라져 나가 일정 지역의 업무를 맡아보는 사업체. ↔본사(本社).

지사(地史)圐 지구의 생성·발달·변천에 관한 역사.

지사(地師)圐 ☞지관(地官).

지사(志士)圐 크고 높은 뜻을 가진 사람. 국가·민족·사회를 위하여 자기 몸을 바쳐 일하려는 포부를 가진 사람. ¶우국 지사.

지사(知事)圐〈도지사(道知事)〉의 준말.

지사(指使)圐하타 시키어 부림.

지사(指事)圐 ①하자 사물을 가리켜 보임. ②한자의 육서(六書)의 하나. 수량이나 위치 따위의 추상적인 개념을 상징적으로 형상화한 자형(字形). 〔一·二·上·下 따위.〕

지사불굴(至死不屈)圐하자 죽기로써 대항하여 굽히지 아니함.

지사위한(至死爲限)圐하자 죽기로써 자기의 견을 주장하고 나아감.

지사-제(止瀉劑)圐 설사를 그치게 하는 약. 설사약.

지상(地上) [-쌍]圐 ①땅의 위. 지면. 지표. ¶지상 10층의 빌딩. ②이 세상. 현세(現世).

지상(地床)圐 지면보다 얕은 묘상(苗床). 보온(保溫)에 편리함.

지상(地相)圐 ①집터 따위를 잡을 때 땅의 형세를 살펴 길흉(吉凶)을 감정하는 일. ②땅의 모양. 지형(地形).

지상(地象)圐 지진·화산·산사태 등 땅 위나 땅 속에서 일어나는 여러 현상. ↔천상(天象).

지상(至上)圐 더없이 높은 위. 최상(最上). ¶지상 목표. /지상 과제. /지상 사명.

지상(至想)圐 더없이 뛰어난 생각.

지상(志尚)圐하형 마음이나 뜻이 고상함.

지상(紙上) [-쌍]圐 ☞지면(紙面). ¶지상 토론.

지상(誌上) [-쌍]圐 ☞지면(誌面).

지상-경(地上莖)圐 ☞땅위줄기. ↔지하경.

지상-공문(紙上空文)圐 실행하지 않거나 할 수 없는 헛된 조문(條文). 공문(空文).

지상-군(地上軍)圐 지상에서 전투하는 군대. 주로, 육군을 말함.

지상-권(地上權) [-꿘]圐 물권(物權)의 한 가지. 남의 땅에서 공작물(工作物)이나 수목 따위를 소유하기 위하여 그 땅을 사용하는 권리.

지상^낙원(地上樂園)圐 ☞지상 천국.

지상^마:력(地上馬力)圐 항공 발동기가 땅 위에서 낼 수 있는 마력.

지상^명:령(至上命令) [-녕]圐 ①절대로 복종해야 할 명령. ②☞정언적 명령(定言的命令).

지상-선(地上仙)圐〈지상신선〉의 준말.

지상-식물(地上植物) [-씽-]圐 지면으로부터 30 cm 이상의 높이에 눈이 나는 식물. 정공식물(挺空植物).

지상-신(至上神)圐 영원 무한의 신령(神靈), 또는 여러 신 가운데 가장 높은 존재. 〔그리스 신화의 제우스, 기독교의 여호와 등.〕 최고신.

지상-신선(地上神仙)圐 ①이 세상에 산다고 하는 신선. ②'팔자가 썩 좋은 사람'을 비유하여 이르는 말. ③천도교에서, 천도를 믿어 법열을 얻으면 정신적으로 차생(此生) 극락을 얻고 영적으로 장생을 얻게 되는 일을 땅 위의 신선이라고 하여 이르는 말. ⓒ지상선(地上仙).

지상-자(至上者)圐 원시인들의 신앙에서 전승되어 온, 만물의 창조주인 영적 존재.

지상-전(地上戰)圐 육지에서 하는 전투. 육전(陸戰). ଷ공중전·해전.

지상^천국(地上天國)圐 ①이 세상에서 이룩되는, 다시없이 자유롭고 행복한 사회. ②천도교 등에서, 극락세계를 천상에서 구하지 않고 사람이 사는 이 땅 위에 세워야 한다는 영육 쌍전(靈肉雙全)의 이상적 세계를 이르는 말. 지상 낙원.

지상-파(地上波)圐 지표를 따라 퍼지는 전파.

지상파^방:송(地上波放送)圐 일반 사람들이 쉽게 시청하거나 청취할 수 있도록 전파를 대기 중에 쏘아 내보내는 방송. 공중파 방송.

지상^표지(地上標識)圐 비행하면서 비행 지점을 쉽게 알아볼 수 있도록 그 항공로를 따라 땅 위에 설치한 여러 가지 표지.

지새圐〔옛〕기와. ¶지새 녜다: 盖瓦(譯補13). ⓒ디새.

지-새다[1]재 (달이 거의) 밤이 새다.

지-새다[2]타 '지새우다'의 잘못.

지-새우다타 (『밤』 따위와 함께 쓰이어) 고스란히 밤을 새우다. ¶몇 날 며칠 밤을 뜬눈으로 지새우다.

지서(支庶)圐 '지자(支子)'와 '서자(庶子)'를 아울러 이르는 말.

지서(支署)圐 본서의 관리 아래에 있으면서, 본서에서 갈라져 나가 그 지역의 업무를 맡아보는 곳. ⓑ분서(分署).

지석(支石)圐 ①☞굄돌. ②☞받침돌.

지석(砥石)圐 숫돌.

지석(誌石)圐 지문(誌文)을 적어 무덤 앞에 묻는 돌이나 도판(陶板).

지석-묘(支石墓) [-썽-]圐 ☞고인돌.

지-석판(紙石板)圐 마분지에 금강사(金剛沙)·부석분(浮石粉)·수탄(獸炭) 따위로 반죽한 것을 발라서 만든 석판의 대용품.

지선(支線)圐 ①(철로·수로·통신 선로 따위의) 본선이나 간선에서 갈라져 나간 선. ↔본선(本線)·간선(幹線). ②전주(電柱) 따위가 넘어가지 않도록 비스듬히 버티어 둔 줄.

지선(至善)圐 ①하형 더없이 착함. ¶지고(至高) 지선. ②〈지어지선(止於至善)〉의 준말.

지선(脂腺)圐 ☞지방선(脂肪腺).

지설(持說)**명** ⇨지론(持論).

지성(至性)**명** 더없이 착한 성질.

지성(至聖)**명** 지덕(智德)을 아울러 갖추어 더없이 뛰어난 성인.

지성(至誠)**명·스명** ①지극한 정성. ¶지성이면 감천(感天)이라. ②**허형**더없이 성실함. **지성스 레명**.

지성(知性)**명** ①사물을 알고 생각하고 판단하는 능력. ¶지성을 갖추다. ②감정과 의지에 대하여, 모든 지적 작용에 관한 능력을 이르는 말.

지성-껏(至誠-)[-껏]**튀** 지성을 다하여. 온갖 정성을 다 기울여. ¶부모님을 지성껏 모시다.

지성-소(至聖所)**명** 구약 시대에, 신전이나 막 안의 하나님이 임재해 있는 가장 신성한 곳. 결약(結約)의 궤(櫃)가 안치되어 있음.

지성-인(知性人)**명** ①지성을 갖춘 사람. ②⇨호 모 사피엔스.

지성-적(知性的)**관명** 지성과 관련되거나 지성을 지닌 (것). ¶지성적인 행동.

지세(地貰)**명** 땅을 빌려 쓴 값으로 내는 세.

지세(地稅)**명** 땅에 대한 조세.

지세(地勢)**명** (깊고 얕고 넓고 좁고 울퉁불퉁한) 땅의 생긴 모양이나 형세. 지위(地位). 지형(地形). ¶지세가 험하다.

지세(至細)'지세하다'의 어근.

지세-하다(至細-)**형여** 더없이 잘고 가늘다. 지세-히**튀**.

지소(支所)**명** 본소의 관리 아래에 있으면서, 본소에서 갈라져 나가 그 지역의 업무를 맡아보는 곳.

지소(池沼)**명** 못과 늪. 소택(沼澤).

지소(至少)'지소하다'의 어근.

지소(指笑)**명·하타** 손가락질하며 비웃음.

지소(紙所)**명** ①종이를 만드는 재래식 공장. ②지난날, 천민인 지장(紙匠)이 집단으로 살며 나라에 공물로 바칠 종이를 만들던 곳.

지소-사(指小辭)**명** 어떤 말에 덧붙어 그 말이 나타내는 뜻이 작거나, 어리거나, 귀여움을 나타내게 하는 접사. [송아지·망아지에서의 '-아 지', 조랑이·가장이에서의 '-앙이' 따위.]

지소-하다(至小-)**형여** 더없이 작다. ↔지대하다.

지속(持續)**명·하타되자** 어떤 상태가 오래 계속 됨, 또는 어떤 상태를 오래 계속함. ¶약효가 지속되다.

지속(紙屬)**명** ⇨지물(紙物).

지속(遲速)**명** 더딤과 빠름.

지속-성(持續性)[-썽]**명** 어떤 상태가 오래 계속되는 성질.

지속-음(持續音)**명** 같은 상태를 오래 낼 수 있는 비음(鼻音)이나 마찰음 따위의 소리. ⓐ속음(續音).

지속-적(持續的)[-쩍]**관명** 어떤 상태가 오래 계속되는 (것). ¶지속적 성장. /지속적인 발전.

지속-침(遲速針)**명** 시계의 더디고 빠름을 바로 잡는 바늘. 교정침(校正針).

지손(支孫)**명** 지파(支派)의 자손. ↔종손(宗孫).

지송(祗送)**명·하타** 백관(百官)이 임금의 거가(車駕)를 공경하여 보냄. ↔지영(祗迎).

지쇠(地衰)[-쇠/-쉐]**명·하타** 지덕(地德)이 다하고 쇠함.

지수(止水)**명** 흐르지 않고 괴어 있는 물. ¶명경(明鏡)지수.

지수(地水)**명** 땅속의 물. 지하수.

지수(指數)**명** ①어떤 수나 문자의 오른쪽 위에 덧붙여 그 거듭제곱을 나타내는 숫자나 문자. 먹지수(冪指數). ②물가나 임금 따위의 변동을 알기 쉽게 나타내기 위하여 일정한 때를 100으로 기준하여 비교하는 숫자.

지수(祗受)**명·하타** 임금이 내리는 물건을 공경하여 받음.

지수^방정식(指數方程式)**명** 어떤 항의 지수에 미지수가 들어 있는 방정식. [$a^x=b$ 따위.]

지수^법칙(指數法則)**명** 같은 수나 문자의 거듭 제곱의 곱셈과 나눗셈을 지수의 덧셈과 뺄셈으로 계산할 수 있는 법칙.

지숙(止宿)**명·하자** 어떤 곳에서 머물러 잠. 묵음. 헐박(歇泊). 헐숙(歇宿).

지순(至純)'지순하다'의 어근.

지순(至順)**형명** 더없이 순함. 매우 고분고분함. 지순-히**튀**.

지순-하다(至純-)**형여** 더없이 순결하다. ¶지순한 사랑. 지순-히**튀**.

지술(地術)**명** 풍수설에 따라 지리를 살펴서 묏 자리나 집터 따위의 좋고 나쁨을 점치는 술법.

지스러기(紙-)**명** 고르고 남은 부스러기나 찌꺼기. 마름질하거나 에어 내고 난 나머지.

지승(紙繩)**명** ⇨지노.

지시(指示)**명·하타되자** ①가리켜 보임. ¶목표 지시. ②(무엇을 하라고) 일러서 시킴. ¶지시 사항을 이행하다. ③증권상의 기재에 따라 어떤 사람을 권리자로 지정하는 일.

지시^가격(指示價格)[-까-]**명** 원료나 제품의 공급자가 제품업자나 판매업자에게 지시하는 제품의 판매 가격.

지시^관형사(指示冠形詞)**명** 관형사의 한 갈래. 말하는 이가 주관적으로 사물의 성질이나 상태 등을 가리키는 말. [‘그 운동은 마침내 국민들의 호응을 받게 되었다.’에서의 ‘그’ 따위.]

지시^대:명사(指示代名詞)**명** 대명사의 한 갈래. 사람 이외의 사물이나 처소를 가리키는 데 쓰이는 대명사. [이것·그것·여기·저기 따위.] 사물 대명사. ⓐ인칭 대명사.

지시-문(指示文)**명** ⇨지문(地文)².

지시^부:사(指示副詞)**명** 성분 부사의 한 갈래. 처소나 시간 및 문장 안에서의 사실 등을 가리키어 한정하는 부사. [‘이리 와서 자세히 말해 다오.’에서의 ‘이리’ 따위.]

지시-약(指示藥)**명** 용량 분석에서, 반응 종결점의 판정이나 수소 이온 농도의 판정 따위에 쓰이는 시약(試藥)을 통틀어 이르는 말.

지:시(GCM)**명** 최대 공약수. [greatest common measure]

지시적 요법(指示的療法)-[-정뇨뻡]**명** 치료자가 올바르다고 믿는 방향으로 피치료자를 이끌어 가는 치료자 중심의 심리 요법.

지시^증권(指示證券)[-꿘]**명** 증권상에 지정하여 놓은 특정인, 또는 그 사람이 지정한 제3자를 권리자로 하는 유가 증권. [수표, 어음, 선화 증권 따위.]

지시^채:권(指示債券)[-꿘]**명** 증권상에 지정하여 놓은 특정인, 또는 그 사람이 지정한 제3자를 권리자로 하는 채권.

지시^표지(指示標識)**명** 교통 안전 표지의 한 가지. 횡단보도·주차장·정지선·공사 중·방향 지시 따위를 나타내어 보이는 도로 표지. ⓐ지도 표지.

지시^형용사(指示形容詞)**명** 사물의 성질·모양·상태 등을 가리키는 단어. [‘내 생각에도 역시 그렇다’에서의 ‘그렇다’ 따위.]

지식(止息)**명·하자되자** ①머물러 쉼. ②(하던 일이나 앓던 병 따위가) 잠시 그침.

지식(知識)**명** ①사물에 관한 명료한 인식과 그 것에 대한 판단. ¶지식을 쌓다. ②(배우거나 연구하여) 알고 있는 내용, 또는 범위. ③철학에서, '인식으로 얻어져 객관적으로 확증된 성과'를 이르는 말.

지식(智識)**명** ①안다는 의식(意識)의 작용. ②☞선지식(善知識).

지식^계급(知識階級) [-께-/-께-] ☞인텔리겐치아.

지식^공학(知識工學) [-꽁-] **명** 인간의 지적 기능을 공학적으로 연구하고, 그 기능을 컴퓨터 따위의 인공 지능이 대신할 수 있도록 응용하는 학문.

지식^분자(知識分子) [-뿐-] **명** 지식층에 속하는 사람.

지식^산:업(知識産業) [-싼업] **명** 지식의 개발·처리·제공과 관련된 모든 산업. 〔신문·방송·출판·영화 등의 산업 따위.〕

지식^수준(知識水準) [-쑤-] **명** (배우거나 연구하여) 알고 있는 내용의 정도.

지식-인(知識人) **명** 지식 계급에 속하는 사람.

지식-층(知識層) **명** 지식인(知識人)들로 이루어진 사회 계층.

지신(地神) **명** 땅을 맡아 다스린다는 신령(神靈). 지기(地祇).

지신에 붙이고 성주에 붙인다〔속담〕 가득이나 적은 것을 이리저리 벼르고 뜯기고 나면 남는 것이 없다는 말.

지신(至神) **명** '지신하다'의 어근.

지신(智臣) **명** 육정(六正)의 하나. 슬기로운 신하를 이름.

지신-밟기(地神-) [-밟끼] **명** 영남 각 지방에서 음력 정월 보름께에 벌이는 민속놀이의 한 가지. 마을 사람들이 농악대를 앞세우고 집집을 돌며 지신을 위로하여 연중 무사하기를 빌며, 집주인은 음식이나 곡식·돈 등으로 이들을 대접함. 마당밟이. (철)매귀(埋鬼).

지-신심(至信心) **명** 지극한 신심.

지신-하다(至神-) **형여** 더없이 신통하다.

지실명 재앙이나 해가 미치는 일. ¶금년 벼농사는 지실이 많아 소출이 줄었다. /아기가 크느라고 그런지 지실이 자주 든다.

지실(地室) **명** ☞광중(壙中).

지실(知悉) **명하타** (모든 형편이나 사정을) 자세히 앎. 죄다 앎.

지실(枳實) **명** 한방에서, '어린 탱자를 썰어 말린 것'을 약재로 이르는 말. 성질은 좀 찬데 변통에 효능이 있음.

지심(至心) **명** 더없이 성실한 마음.

지심(地心) **명** 지구의 중심. 중권(重圈).

지심(知心) **명하자** 마음이 서로 통하여 잘 앎.

지심^천정(地心天頂) **명** 관측점과 지구의 중심을 잇는 직선이 천구(天球)와 교차하는 점. (준)천정(天頂).

지싯-거리다 [-싣꺼-] **자** 자꾸 지싯지싯하다. 지싯대다.

지싯-대다 [-싣때-] **자** 지싯거리다.

지싯-지싯 [-싣짇싣] **부하자** 남이 싫어하건 말건 자꾸 짓궂게 구는 모양.

지슬명〔옛〕〔'짓다(作)'의 활용형.〕 지을. ¶製는 글 지슬 씨라(訓諺).

지아비명 ①웃어른 앞에서 '자기 남편'을 낮추어 일컫는 말. ②'아내 있는 남자'를 예스럽게 일컫는 말. ③지난날, 여자 하인의 남편을 일컫던 말.

지:아이(GI) **명** 미국에서, 특별한 일에 쓰려고 불러 모은 병사. 또는 일반적으로 병사를 속되게 이르는 말. [Government Issue]

지악(至惡) '지악하다'의 어근.

지악-스럽다(至惡-) [-쓰-따] [-스러우니·-스러워] **형비** 지악한 데가 있다. ¶지악스럽게 굴다.

지악-하다(至惡-) [-아카-] **형여** ①더없이 모질고 악하다. ②(어떤 일을) 하는 것이 악착스럽다.

지압(地壓) **명** 땅속의 물체가 상호 간 또는 그에 닿는 다른 물체에 미치는 압력.

지압(指壓) **명하타** 건강 증진이나 병을 다스리기 위해서 손바닥이나 손가락으로 환부를 누르거나 주무르거나 하는 일. ②☞지압 요법.

지압-법(指壓法) [-뻡] **명** 혈관을 손가락으로 세게 누르는 구급 지혈법.

지압^요법(指壓療法) [-암뇨뻡] **명** 건강의 이상이나 병을 지압으로 다스리는 방법. 지압.

지애(至愛) **명** 지극한 사랑.

지약(持藥) **명** 늘 몸에 지니고 다니며 늘 먹는 약.

지양(止揚) **명하타되자** ①더 높은 단계로 오르기 위하여 어떠한 것을 하지 아니함. ¶권위주의적인 의사 결정 방식을 지양하다. ②어떤 사물에 관한 모순이나 대립을 부정하면서 도리어 한층 더 높은 단계에서 이것을 긍정하여 살려 가는 일. 〔변증법의 중요 개념임.〕 양기(揚棄).

지어-내다 [-어-/-여-] **타** ①일부러 만들거나 꾸며 내다. ¶거짓말을 지어내다. /지어낸 이야기. ②거짓으로 감정이나 표정을 꾸며서 내다.

지어-농조(池魚籠鳥) 〔못 속의 고기와 새장 속의 새라는 뜻으로〕 '자유롭지 못함'을 비유하여 이르는 말.

지어-땜명 '짓고땡'의 잘못.

지어-먹다 [-어-따/-여-따] **타** 마음을 다잡아 가지다.

지어먹은 마음이 사흘을 못 간다〔속담〕 '한때의 어떠한 충격으로 일어난 마음은 오래가지 못함'을 이르는 말. (철)작심삼일.

지어미명 ①웃어른 앞에서 '자기의 아내'를 낮추어 일컫는 말. ②'남편이 있는 여자'를 예스럽게 일컫는 말.

지어-붓다 [-어붇따/-여붇따] [~부으니·~부어] **타자** 쇠를 녹이어 붓다.

지어지선(止於至善) **명** 지극히 선한 경지에 이르러 움직이지 않음. 〔'대학(大學)'에서 말한 삼강령(三綱領)의 하나.〕 (준)지선(至善).

지어지앙(池魚之殃) **명** 〔못의 물로 불을 끄니 물이 줄어서 고기가 죽는다는 뜻으로〕 '엉뚱한 사람이 재앙을 입음'을 비유하여 이르는 말.

지어지처(止於止處) **명하자** ①일정하게 머무르는 곳이 없고 정처 없이 어디든지 이르는 곳에서 머물러 잠. ②일이나 행동을 마땅히 그쳐야 할 데서 알맞게 그침.

지언(至言) **명** 지극히 마땅한 말.

지언(知言) **명** 사리가 통하는 말. 도리에 맞는 말.

지엄(至嚴) '지엄하다'의 어근.

지엄-하다(至嚴-) **형여** 지극히 엄하다. 엄절(嚴切)하다. 절엄(切嚴)하다. ¶지엄하신 분부를 거역하다니…. **지엄-히부.**

지업(紙業) **명** 종이붙이를 만들거나 취급하는 영업.

지에명〈지에밥〉의 준말.

지에-밥명 찹쌀이나 멥쌀 따위를 물에 불려서 시루에 찐 밥. 인절미를 만들거나 술밑으로 씀. 준지에.

지:엔피(GNP) **명** 국민 총생산. [gross national product]

지:엠티:(GMT)명 그리니치 표준시(標準時). [Greenwich mean time]

지여다타(옛) 기대다. 의지하다. ¶ 모몰 서르 지여며(楞解7:54). 窓지이다·지혀다.

지역(地役)명 ①자기 땅의 편익(便益)을 위하여 남의 땅을 사용하는 일. ②<지역권>의 준말.

지역(地域)명 일정한 땅의 구역이나 땅의 경계, 또는 그 안의 땅.

지역-감정(地域感情)[-깜-]명 일정한 지역에 살고 있는 사람들 또는 그 지역 출신의 사람들에게 가지는 좋지 않은 생각이나 편견.

지역^개발(地域開發)[-깨-]명 국민의 생산 활동 및 생활 활동의 향상을 도모하기 위하여, 특정의 지역 사회를 대상으로 하는 종합적인 개발.

지역-구(地域區)[-꾸]명 시·군·구 따위의 일정한 지역을 한 단위로 하여 설정한 선거구(選擧區). 窓전국구(全國區).

지역-권(地役權)[-�]명 용익 물권(用益物權)의 한 가지. 자기 땅의 이용 가치를 늘리기 위하여 다른 사람의 땅을 설정 계약에 따라 지배·이용하는 권리. 珍지역.

지역-난방(地域煖房)[-영-]명 중앙난방 기관에서 일정한 지역 내의 건물들에 온수 따위를 보내는 방식의 난방.

지역^대표제(地域代表制)[-때-]명 선거구를 지역별로 정하고, 그 안에서 대표자를 뽑아 의회에 보내는 제도. ↔직능 대표제(職能代表制).

지역^방어(地域防禦)[-빵-]명 농구나 축구 따위에서, 수비하는 편의 각 선수가 일정한 지역을 맡아 나누어 수비하는 일. 窓대인 방어.

지역^사회(地域社會)[-싸회/-싸훼]명 한 지역의 일정한 범위 안에서 지연(地緣)에 따라 저절로 이루어진 생활 공동체.

지역-상(地域相)[-쌍]명 일정 지역의 자연 지리적인 요소를 통틀어서 본 모양.

지역^수당(地域手當)[-쑤-]명 일하는 지역에 따라 생기는 생활비의 차이 등을 근거로 하여 지급되는 수당.

지-역청(地瀝靑)명 ⇨아스팔트.

지연(地緣)명 태어나거나 살고 있는 지역을 근거로 하는 사회적인 연고 관계. 窓학연·혈연.

지연(紙鳶)명 ⇨연(鳶).

지연(遲延)명하타되자 (어떤 일이 예정보다) 오래 걸려 늦추어짐, 또는 오래 끎. ¶ 열차가 지연되다. /회의를 지연시키다.

지연^이:자(遲延利子)[-니-]명 ⇨연체 이자.

지연-작전(遲延作戰)[-쩐]명 일을 지연시켜 자기편에 이롭게 하려는 작전.

지열(止熱)명하타 병으로 말미암아 생긴 열의 내림, 또는 내리게 함.

지열(地熱)명 ①땅속에 본디부터 있는 열. 〔일정한 깊이까지, 평균 33 m 단위로 내려갈수록 1℃씩 높아짐.〕②햇볕을 받아 땅 표면에서 나는 열.

지열(至熱)명 '지열(至熱)하다'의 어근.

지열(枝劣)명 '지열(枝劣)하다'의 어근.

지열^발전(地熱發電)[-쩐]명 땅속에서 뿜어 나오는 증기의 열에너지를 이용하는 발전.

지열-하다(至熱-)형여 (음식이나 약 따위가) 몹시 뜨겁다.

지열-하다(枝劣-)형여 〔가지가 줄기보다 못하다는 뜻으로〕 '조상보다 자손이 못하다'를 비유하여 이르는 말.

지엽(枝葉)명 ①가지와 잎. ¶ 지엽이 무성하다. ②본체에서 갈라져 나간 중요하지 않은 부분. ¶ 지엽 말절(末節).

지엽-적(枝葉的)[-쩍]관명 본체에서 갈라져 나간 중요하지 않은 (것). ¶ 지엽적인 문제.

지영(祗迎)명하타 백관(百官)이 임금의 환궁(還宮)을 공경하여 맞음. 窓지송(祗送).

지오(枝梧·支梧)명하타 ①서로 어긋남. ②맞서 겨우 버티어 감.

지오코:소(giocoso 이)명 악보의 나타냄말. '익살스럽고 즐겁게'의 뜻.

지옥(地獄)명 ①불교에서, 이승에서 악업을 지은 사람이 죽어서 간다고 하는, 온갖 고통으로 가득 찬 세계. 나락(那落). ↔극락(極樂). ②기독교에서, 큰 죄를 지은 사람의 혼이 신의 구원을 받지 못하고 악마와 함께 영원히 벌을 받는다는 곳. ↔천국·천당. ③'못 견딜 만큼 괴롭고 참담한 형편이나 환경'을 비유하여 이르는 말. ¶ 교통 지옥. /입시 지옥.

지옥-계(地獄界)[-꼐/-께]명 불교에서 이르는 십계(十界)의 하나. 지옥의 세계.

지옥-도(地獄道)[-또]명 불교에서 이르는 삼악도(三惡道)의 하나. 죄를 지은 중생이 죽어서 간다는 지옥의 세계.

지온(地溫)명 땅 표면 또는 땅속의 온도.

지완(遲緩)명 '지완하다'의 어근.

지완-하다(遲緩-)형여 더디고 느즈러지다. 지만(遲慢)하다.

지-요(地-)명 관(棺) 안에 까는 요.

-지요어미 <-지>의 높임말. ¶ 들어오시지요. /같이 가시지요. /함께 드시지요.

지요(至要)명 '지요하다'의 어근.

지요-하다(至要-)형여 지극히 중요하다. 지요-히부.

지용(智勇)명 슬기와 용기. ¶ 지용을 겸비하다.

지용-성(脂溶性)[-썽]명 (어떤 물질이) 기름에 용해되는 성질.

지용성^비타민(脂溶性vitamin)[-썽-]명 지방에 들어 있는 비타민으로, 비타민 A·D·E·F·K·U가 이에 딸림.

지우(至愚)명 '지우하다'의 어근.

지우(知友)명 서로 마음이 통하는 친한 벗.

지우(知遇)명하타 자기의 인격이나 학식을 남이 알고 아주 후하게 대우함, 또는 그 대우. ¶ 지우를 입다.

지우(智愚)명 슬기로움과 어리석음.

지우-개명 ①쓴 글씨나 그림을 지우는 데 쓰는 물건. 窓칠판 지우개. ②고무지우개.

지-우금(至于今)부 예로부터 지금에 이르기까지. 이제까지. 窓지금(至今).

지우다¹타 ①(있던 것을) 없애다. ¶ 글씨를 지우다. /화장을 지우다. ②(생각·느낌·표정 등을) 사라지게 하다. ¶ 웃음을 지우다. ③일부를 덜다. ¶ 밥을 지우고 말아 먹다. /물을 조금 지우고 마시다.

지-우다²타 액체(液體)를 조금 떨어지게 하다. ¶ 눈물을 지우다.

지-우다³타 활시위를 벗기다.

지-우다⁴타 〔'지다¹'의 사동〕 태아를 배 속에서 죽게 하다.

지-우다⁵타 〔'지다³'의 사동〕 지게 하다. ¶ 상대를 1:0으로 지우고 우승하다.

지-우다⁶타 ①〔'지다⁴'의 사동〕 지게 하다. ¶ 짐을 지우다. /짐을 지우다. ②팔을 뒤로 틀어서 묶다. ¶ 오라를 지우다.

지-우산(紙雨傘)명 대오리로 만든 살에 기름 먹인 종이를 바른 우산.

지우이신(至愚而神)〔지극히 어리석은 사람에게도 신령한 마음이 있을 수 있다는 뜻에서〕 '백성의 마음'을 비유하여 이르는 말.

지우지감(知遇之感)명 자기의 인격(人格)이나 학식(學識)을 알아주고 후히 대우해 주는 데 대한 고마운 마음.

지우-하다(至愚-)형여 지극히 어리석다.

지운(地運)명 땅의 운수(運數).

지원(支院)명 지방 법원이나 가정 법원 등에 따로 분설(分設)된 하부 기관. 圖분원(分院).

지원(支援)명하타回回 뒷받침하거나 편들어서 도움. 원조함. ¶지원 대책. /중소 기업에 운영 자금을 지원하다.

지원(至冤)명하형 〈지원극통(至冤極痛)〉의 준말.

지원(至願)명하타 지극히 바람. 또는 그러한 소원(所願).

지원(志願)명하타 뜻하여 바람. 바라서 원함. ¶지원 입대. /국어 국문학과를 지원하다. 圓지망(志望).

지원-극통(至冤極痛)명하형 더없이 억울하고 원통함. 圖지원(至冤).

지원-서(志願書)명 학교나 기관 등에 지원할 때 내는 서류. ¶입사 지원서를 제출하다.

지월(至月)명 '동짓달'을 달리 이르는 말. 창월(暢月).

지위명 〈목수(木手)〉의 높임말.

지위명 질병이나 재앙으로 화를 입는 고비.
　지위(가) 지다관용 ①병으로 몸이 쇠약해지다. ②씀씀이가 지나쳐 살림이 기울어지다.

지위(地位)명 ①있는 자리. 위치. 처지. ②사회적 신분에 따라 개인이 차지하는 자리나 계급. ¶지위가 높은 사람. ③⇨세(勢).

지위(知委)명하타 (말이나 글로) 명령(命令)을 내려서 알림.
　지위(를) 주다관용 명령을 내려 그대로 따라 하게 하다.

지유(地油)명 '석유(石油)'를 달리 이르는 말.

지유(脂油)명 ⇨지방유(脂肪油).

지-유삼(紙油衫)명 기름을 먹인 종이로 만든 비옷.

지육(枝肉)명 소나 돼지 따위를 잡아 머리·내장·족을 잘라 내고 아직 각을 뜨지 않은 고기. 圖정육(精肉).

지육(脂肉)명 기름기와 살코기.

지육(智育)명 교육의 세 분야 중의 하나. 지능의 계발과 지식의 함양을 목적으로 하는 교육. 圖덕육(德育)·체육(體育).

지은(至恩)명 지극한 은혜.

지은(地銀)명 90% 정도의 순분(純分)이 들어 있는 은. 圖천은(天銀).

지은(知恩)명하형 ①은혜를 앎. ②불교에서, 삼보(三寶)의 은덕을 아는 일.

지은-보은(知恩報恩)명하자 남의 은혜를 알고 그 은혜를 갚음.

지은-이명 ⇨저작자(著作者).

지음(知音)명 ①하자 ㉠음악의 곡조를 잘 앎. ㉡새나 짐승의 소리를 가려 들을음. ②마음이 서로 통하는 친한 벗. 〔'열자(列子)'의 '탕문편(湯問篇)'에 나오는 말로, 중국 춘추 전국 시대에 거문고의 명수인 백아(伯牙)의 거문고 소리를 잘 알아듣는 사람은 오직 그 친구 종자기(鍾子期)뿐이었다는 고사에서 유래함.〕⇨지기지우(知己之友).

지음-객(知音客)명 음악의 곡조를 잘 알아듣는 사람. 풍류를 아는 사람.

지음-증(支飮症)[-쯩]명 한방에서, 해소와 호흡 곤란으로 모로 눕기가 어려운 병증을 이르는 말.

지읒[-읃]명 한글 자모(字母)의 자음 'ㅈ'의 이름. *지읒이[-으시]·지읒도[-은-]

지의(地衣)¹[-의/-이]명 지의류(地衣類)에 딸린 식물을 통틀어 이르는 말. 석화(石花).

지의(地衣)²[-의/-이]명 〈제사 같은 때에 쓰려고〉 헝겊으로 가를 두르고 여럿을 이어 붙여서 만든 큰 돗자리.

지의(旨義)[-의/-이]명 깊고도 주장이 되는 뜻.

지의(紙衣)[-의/-이]명 ①솜 대신 종이를 두어서 만든 겨울 옷. 지난날, 북방에서 수자리 살던 군사가 입었음. ②불교에서, 영혼의 천도(薦度)를 위하여 재(齋)를 지낼 때, 관욕(灌浴)하려고 종이로 만든 영가(靈駕)의 옷.

지의-류(地衣類)[-의-/-이-]명 포자식물의 한 종류. 엽록소가 없는 균류(菌類)와 엽록소가 있는 조류(藻類)의 공생체로 나무껍질이나 바위에 붙어서 삶.

지이(地異)명 땅 위에서 일어나는 여러 가지 이변. 〔지진·홍수·해일 따위.〕⇨지변(地變).

지이다조형 〔용언 어미 '-아'·'-어' 뒤에 쓰이어〕 무엇이 어떻게 되기를 바라는 뜻을 나타냄. ¶소망이 이루어 지이다.

지이다타 〈옛〉 기대다. 의지하다. ¶님금 金華省애 지이니라(杜初24:41). 圖지여다·지혀다.

지이부지(知而不知)명하타 알면서도 모르는 체함.

지인(至人)명 덕이 썩 높은 사람.

지인(知人)명 ①아는 사람. ¶지인의 소개로 이 회사에 들어오게 되었다. ②하자 사람의 됨됨이를 알아봄.

지인용(智仁勇)명 '슬기와 인자와 용기'를 아울러 이르는 말. ¶지인용을 겸비하다.

지인지감(知人之鑑)명 사람을 잘 알아봄. 또는 그러한 능력.

지인-지자(至仁至慈)명하형 더없이 인자함. 더없이 어짊.

지일(至日)명 동지(冬至) 또는 하지(夏至).

지일가기(指日可期)명 훗날에 일이 이루어질 것을 꼭 믿음.

지자(至子)명 맏아들 외의 아들.

지자(至慈)명 '지자하다'의 어근.

지자(知者)명 아는 것이 많고 사물의 이치에 밝은 사람.

지자(智者)명 슬기로운 사람. 지혜가 많은 사람.

지-자기(地磁氣)명 ⇨지구 자기(地球磁氣).

지자기[赤]도(地磁氣赤道)명 지구의 중심을 지나면서 지자기의 자오선과 직각을 이루는 평면.

지자-요수(智者樂水)명 〔슬기로운 사람을 물을 좋아한다는 뜻으로〕 '슬기로운 사람은 흐르는 물처럼 사리(事理)에 막힘이 없음'을 이르는 말. '논어(論語)'의 '옹야편(雍也篇)'에 나오는 말임. 圖인자요산(仁者樂山).

지자-제(地自制)명 〈지방 자치 제도〉의 준말.

지자체(地自體)명 〈지방 자치 단체〉의 준말.

지자-하다(至慈-)형여 더없이 자비롭다.

지잠(地蠶)명 ⇨굼벵이.

지장(支障)명 일을 하는 데 거치적거리는 장애. ¶지장을 초래하다. /지하철 공사가 교통에 큰 지장을 주고 있다.

지장

지장(地漿)명 한방에서, 석 자쯤 판 황토 속에서 나오는 물을 휘저어 가라앉힌 맑은 물을 이르는 말. 해독제로 쓰임. 황토수(黃土水).

지장(地藏)명 〈지장보살(地藏菩薩)〉의 준말.

지장(指章)명 손도장.

지장(指掌)명하자 〔손바닥을 손가락으로 가리킨다는 뜻으로〕'아주 손쉬움', '썩 뚜렷함'을 이르는 말.

지장(紙匠)명 종이를 만드는 공장(工匠).

지장(紙帳)명 종이로 만든 방장(房帳).

지장(紙欌)명 겉을 종이로 바른 장(欌).

지장(智將)명 지략이 뛰어난 장수.

지장-보살(地藏菩薩)명 석가의 부탁으로, 석가가 입멸(入滅)한 뒤부터 미륵불이 출세할 때까지 부처 없는 세계에 머물면서 육도(六道)의 중생을 제도(濟度)한다는 보살. 유명교주(幽冥敎主).

지재(持齋)명하자 불교에서, 오후에는 식사하지 않는다는 계법을 지키는 일을 이르는 말.

지재지삼(至再至三)문 두 번 세 번, 곧 여러 차례. ¶ 지재지삼 다짐을 두다.

지저(地底)명 땅속. 땅의 밑바닥.

지저-거리다자 자꾸 지저지저하다. 지저대다. ㈜재자거리다.

지저귀명하자 남의 일을 방해함, 또는 그런 짓.

지저귀다자 ①(새, 특히 작은 새가) 자꾸 소리내어 울다. ¶참새가 지저귀다. /제비들 지저귀는 소리에 봄은 성큼 다가오고…. ②조리 없는 말로 자꾸 지껄이다.

지저-깨비명 나무를 깎거나 다듬을 때 생기는 잔 조각. 목찰(木札).

지저-대다자 지저거리다.

지저분-하다형예 ①거칠고 깨끗하지 못하다. ¶ 지저분한 옷차림. ②〔하는 짓이나 말이〕추잡하고 더럽다. ¶ 행실이 지저분하다. /너는 무슨 쓸데없는 말을 그렇게 지저분하게 늘어놓니. 지저분-히문.

지저-지저문하자 끊임없이 지저귀는 소리, 또는 그 모양. ㈜재자재자.

지적(地積)명 땅의 넓이. 땅의 평수.

지적(地籍)명 땅에 관한 여러 가지 사항을 적어 놓은 기록.

지적(指摘)명하타되자 ①(어떤 사물을) 꼭 집어서 가리킴. ¶ 선생님의 지적을 받은 학생. ②(허물 따위를) 들추어 가려냄. ¶ 지적 사항을 시정하다.

지-적(知的)[-쩍]관명 지식이 있는, 또는 지식에 관한 (것). ¶ 지적 수준. /지적인 분위기.

지적²대장(地籍臺帳)[-때-]명 ☞토지 대장(土地臺帳).

지적-도(地籍圖)[-또]명 토지(土地)의 소재·지번·지목·경계 따위를 밝히기 위하여 국가에서 만든 토지의 평면도.

지적 소:유권(知所有權)[-쩍쏘-꿘] 독창적인 기술이나 지식 등 지적 재산의 소유권을 인정하여, 남이 함부로 사용하지 못하게 할 수 있는 권리. 지적 창작에 관한 권리로서 특허권·의장권 등의 공업 소유권과 저작권이 있고, 영업 표지에 관한 권리로는 상표권·상호권 등의 산업 재산권이 있음. 지능권. 지적 재산권.

지적 재산권(知的財産權)[-쩍째-꿘] ☞지적 소유권.

지적-지적¹[-찌-]문하형 액체가 점점 잦아들어 매우 적은 모양. ㈜자작자작².

지적-지적²[-찌-]문하형 물기가 있어서 좀 축축한 모양.

지적 직관(知的直觀)[-쩍꽌] 철학에서, 사물의 본질을 직접적으로 파악하는 '정신적·초감성적인 작용'을 이르는 말.

지적 판단(知的判斷)[-쩍-] 논리적으로 진위(眞僞)를 밝혀서 내리는 판단.

지전(紙錢)명 ①☞조전(造錢). ②무당이 비손할 때 쓰는, 긴 종이 오리를 둥글둥글하게 잇대어 동전 모양으로 만든 물건. ③☞지폐(紙幣).

지전(紙廛)명 ①종이 가게. 지물포. ②조선 시대에, 종이를 팔던 육주비전의 하나.

지-전류(地電流)[-절-]명 ①지표(地表) 가까이에 흐르는 미약한 전류. ②지구를 회로(回路)의 일부로 하는 전신기 따위에서, 전선 속으로 흘러 통신에 장애를 끼치는 전류.

지:전지(G電池)명 삼극(三極) 진공관의 격자(格子)에 전압을 주는 전지.

지절(至切)명 '지절하다'의 어근.

지절(志節)명 굳은 의지와 절개.

지절(枝節)명 ①가지와 마디. ②'곡절이 많은 사단(事端)'을 비유하여 이르는 말.
　지절(이) 나다관용 곡절이 많은 사단(事端)이 벌어지다.

지절(肢節)명 팔다리의 마디뼈.

지절-거리다자 자꾸 지절지절하다. 지절대다. ㈜자잘거리다.

지절-대다자 지절거리다.

지절-지절문하자 ①(여러 사람이) 낮은 음성으로 자꾸 지껄이는 소리, 또는 그 모양. ②(참새 따위가) 지저귀는 소리. ㈜자잘자잘.

지절-통(肢節痛)명 (감기나 몸살 따위로) 팔다리의 뼈마디가 쑤시는 증세.

지절-하다(至切-)형예 더없이 간절하다. 꼭 필요하다. 지절-히문.

지점(支店)명 ①본점에서 갈라져 나온 가게. ②본점에 딸리어 그 지휘 명령을 받으면서 일정한 지역의 업무를 맡아보는 영업소. ↔본점(本店).

지점(支點)명 ①☞지렛목. ↔역점(力點). ②구조물을 받치고 있는 부분. ②받침점.

지점(至點)명 '하지점'과 '동지점'을 아울러 이르는 말.

지점(地點)명 땅 위의 일정한 점. 일정한 지역 안에서의 어디라고 지정한 곳. ¶ 결승 지점.

지점(指點)명하타 (어느 한 곳을) 손가락으로 가리켜 보임.

지점(趾點)명 수선(垂線)·사선(斜線)의 밑점.

지접(止接)명하자 한때 몸을 의지하여 삶. ㈜거접(居接).

지정(至正) '지정(至正)하다'의 어근.

지정(至情)명 ①썩 가까운 정분. ②썩 가까운 겨레붙이. ③더없이 지극한 충정(衷情).

지정(至精) '지정(至精)하다'의 어근.

지정(地釘)명 집터 따위를 다질 때 주추 대신 땅속에 박는 통나무나 콘크리트 기둥.

지정(知情)명하타 남의 정상(情狀)을 앎.

지정(指定)명하타되자 ①(무엇을 어떻게 하라고) 가리켜 정함. ¶ 시험 날짜를 지정하다. ②(여럿 가운데서 하나만을) 가려내어 정함. ¶ 지정 좌석. ③개인이나 단체가 어떤 것에 특정한 자격을 줌. ¶ 국보로 지정되다.

지정가:주:문(指定價注文)[-까-]명 유가 증권의 매매를 증권업자에게 위탁할 때, 최고 판매 가격과 최저 매입 가격을 지정하는 주문 방법. ↔역지정가 주문.

지정-거리다자 자꾸 지정지정하다. 지정대다.

지정-다지다(地釘-)재 지정을 박아 터를 다지다. ⑥지정닫다.

지정-닫다(地釘-) [-닫따]재 〈지정다지다〉의 준말.

지정-대다재 지정거리다.

지정-머리명 좋지 못한 짓거리.

지정불고(知情不告)명하자 남의 죄상(罪狀)을 알고도 고발하지 아니함.

지정-사(指定詞)명 '이다'·'아니다'를 한 품사로 볼 때의 품사명. 잡음씨.

지정-석(指定席)명 (번호 따위가 붙어) 정하여진 좌석.

지정의(知情意) [-의/-이]명 인간의 정신 활동의 근본 기능인 '지성(知性)·감정(感情)·의지(意志)'를 아울러 이르는 말.

지정지미(至精至微)명하형 더없이 정밀(精密)하고 자세함.

지정지밀(至精至密)명하형 더없이 정밀함.

지정-지정무하자 곧장 가지 않고 자꾸 지체하는 모양.

지정-하다(至正-)형어 더없이 바르다.

지정-하다(至精-)형어 ①더없이 깨끗하다. ②극히 정밀하다. 지정-히무.

지정-학(地政學)명 지리 조건과 정치 현상과의 관계를 연구하는 학문.

지제(地祭)명 지신(地神)에게 지내는 제사.

지제(紙製)명 종이로 만듦, 또는 그 물건.

지조(地租)명 토지의 수익(收益)에 대하여 매기는 조세.

지조(志操)명 곧은 뜻과 절조(節操). ¶지조를 지키다. /지조 높은 선비.

지조(知照)명하타 알려 주기 위하여 조회함.

지조(指爪)명 손톱.

지족(知足)명하자 분수를 지켜 족한 줄을 앎.

지족불욕(知足不辱) [-뿌룍]명 분수를 지켜 족한 줄을 알면 욕되지 않음.

지존(至尊)¹명 ①'임금'을 높이어 이르는 말. ②'어떤 분야의 최고'를 비유하여 이르는 말.

지존(至尊)²명 '지존하다'의 어근.

지존-하다(至尊-)형어 더없이 존귀하다.

지종(地種)명하타 (화초 따위를 화분에 심지 않고) 땅에 심음.

지종(地種)²명 주로 소유자에 따라 가른 토지의 종목. 〔국유지·사유지 따위.〕

지죄(知罪)명 [-죄/-줴]명하자 자기가 지은 죄를 앎.

지주(支柱)명 ①버팀대. 받침대. ②'의지할 대상'을 비유하여 이르는 말. ¶집안의 지주를 잃다. /정신적 지주로 삼다.

지주(地主)명 ①땅의 임자. 토주(土主). ②자기 땅을 남에게 빌려 주고 지대(地代)를 받는 사람. ③그 땅에 사는 사람.

지주(指嗾)명하타 달래고 꾀어서 부림. ⑪사주(使嗾).

지주(蜘蛛)명 ☞거미.

지주^계급(地主階級) [-계-/-게-]명 지주들로 이루어지는 사회적 계층.

지주-근(支柱根)명 땅위줄기에서 나온 부정근(不定根)의 한 가지. 땅속으로 뻗어 들어가 원줄기를 버팀. 주근(主根). 주근(柱根).

지주-망(蜘蛛網)명 거미줄.

지주^회:사(持株會社) [-회-/-훼-]명 다른 회사의 주식을 많이 소유하여 그 회사의 사업 활동을 지배하는 회사. 통제 회사. 투자 회사(投資會社).

지중(地中)명 ①땅속. ②⬚광내(壙內).

지중(至重)명 '지중하다'의 어근.

지중(持重)명하자 (몸가짐을) 진중히 함.

지중-선(地中線)명 ☞지하선(地下線).

지중^식물(地中植物) [-싱-]명 땅속줄기나 덩이뿌리와 같이 땅속에서 겨울을 나는 눈을 가진 식물. 〔고구마나 토란 따위.〕 지하 식물.

지중-하다(至重-)형어 더없이 귀중하다. ¶지중한 도자기. 지중-히무.

지중해성^기후(地中海性氣候) [-썽-]명 ⬚온대 하게 건조 기후.

지즈로무 (옛)인(因)하여. 드디어. ¶머무러 브터슈메 지즈로 버믈 시름호야(杜初7:10).

지즐앉다타 (옛)지질러 앉다. 깔고 앉다. ¶시름 오매 프를 지즐안자셔 훤히 놀애 블로니(杜初6:1).

지즐우다타 (옛)지즈르다. ¶지즐울 압:壓(訓蒙下11).

지즐타타 (옛)지질러 타다. 눌러 타다. ¶발로 박차 언치 노하 지즐타고(古時調).

지즑명 기직. 왕골자리. ¶지즑 인:茵. 지즑 천:薦(訓蒙中11).

지지젖먹이에게 '더럽다'고 일러주는 말. ¶그건 지지니까 만지지 마.

지지(支持)명하타 ①버티거나 괴다. ②(어떤 개인이나 단체 따위의 의견·주의·정책 따위에) 찬동하여 원조함, 또는 그 원조. ¶지지 세력. /지지를 호소하다.

지지(地支)명 육십갑자의 아래 단위를 이루는 요소. 십이지(十二支). ⑧천간(天干).

지지(地誌)명 어떤 지역의 지리적 현상을 조사하고 연구하여 그 특색을 적은 책.

지지(知止)명하자 자기 분수에 지나치지 않게 그칠 줄을 앎.

지지(枝指)명 '기지(枝指)'의 잘못.

지지(遲遲)명 '지지하다'의 어근.

지지괴다자 (옛)지저귀다. ¶弓王 大闕 터희 烏鵲이 지지괴나(鄭澈.關東別曲).

지-지난명 지난번의 바로 그 전. ¶지지난 주말.

지지난-달명 지난달의 전달. 거거월(去去月). 전전달. 전전월.

지지난-밤명 그저께의 밤.

지지난-번(-番)명 지난번의 바로 전번. 거거번(去去番). 전전번.

지지난-해명 그러께.

지지다타 ①국물을 조금 붓고 끓여 익히다. ¶생선을 지지다. ②지짐질로 익히다. ¶빈대떡을 지지다. ③불에 달군 물건을 다른 물체에 대어 뜨겁게 하거나 타게 하다. ¶인두로 지져 무늬를 내다. ④열을 내는 것에 몸을 대어 찜질을 하다. ¶뜨거운 방바닥에 몸을 지지다.

지지고 볶다관용 ①사람을 들볶아서 몹시 부대끼게 하다. ②법석을 떨다. ③머리털을 곱슬곱슬하게 만들다.

지지랑-물명 비가 온 뒤 지붕이 썩은 초가집 처마에서 떨어지는 검붉은 낙수(落水).

지지러-뜨리다타 지지러지게 하다. 지지러트리다. ⑧자지러뜨리다.

지지러-지다자 ①몹시 놀라서 몸이 움츠러지다. ②생물이 자라는 도중에 병이 생겨 제대로 잘 자라지 못하다. ⑧자지러지다.

지지러-트리다타 지지러뜨리다. ⑧자지러트리다.

지지르다 [지지르니·지질러]타불 ①(의견이나 기세를) 꺾어 누르다. ②무거운 물건으로 내리누르다.

지지름-돌[-똘]명 물건을 지지르는 돌.
지지리부 《주로 부정적인 뜻을 나타내는 말과 함께 쓰이어》 몹시 심하게. 지긋지긋하게. ¶ 지지리 못생기다. /지지리 고생하다. ⟪자지리.
지지-배배부 제비의 우는 소리.
지지부진(遲遲不進)명하자 몹시 더디어서 잘 나아가지 않음. 축 사신축 공사가 지지부진하다.
지지^조직(支持組織)명 동식물체의 내부에서 기계적으로 몸을 지탱하여 보호하는 조직.〔동물체에서는 척삭 조직·연골 조직·골조직 따위가 있고, 식물체에서는 통도 조직·동화 조직· 저장 조직 따위가 있음.〕
지지-하다형여 ①(무슨 일이) 질질 끌기만 하고 보잘것없다. ②시시하고 지질하다.
지지-하다(遲遲-)형여 몹시 더디다.
지직-하다[-지카-]형여 (반죽이) 되직하지 아니하고 좀 진 듯하다.
지진(地震)명 지각(地殼) 내부의 급격한 변화로 말미암아 지면이 일정 기간 동안 진동하는 현상. 지동(地動). ¶ 지진이 일어나다.
지진(指診)명 손가락으로 만져 진찰하는 일.
지진-계(地震計)[-계/-게]명 지면의 진동을 탐지하여 기록하는 장치. 검진기(檢震器).
지진^단:층(地震斷層)명 대규모의 지진으로 말미암아 생긴 단층.
지진-대(地震帶)명 지진이 잘 일어나거나 일어나기 쉬운 띠 모양의 지역.
지진-동(地震動)명 지진파가 지표(地表)에 이르렀을 때의 진동.
지진-아(遲進兒)명 정신 발육이 떨어져 사회 적응이 어려운 어린이. ⟪정신박약아.
지진-제(地鎭祭)명 토목 공사를 할 때, 그 공사의 안전을 비는 땅신(地神)에게 지내는 제사.
지진-파(地震波)명 지진으로 말미암아 진원(震源)이나 진앙에서부터 사방으로 퍼지는 파동.
지진^일(地震海溢)명 해저(海底)에서, 지진 같은 급격한 지각 변동이 생겨서 일어나는 해일. 파고(波高)가 급격히 높아짐. 쓰나미.
지질(地質)명 지각을 이루고 있는 암석이나 지층의 성질 및 상태.
지질(脂質)명 지방과 밀랍(蜜蠟) 및 이와 비슷한 물질을 통틀어서 이르는 말.
지질(紙質)명 종이의 품질.
지질-도(地質圖)[-또]명 어떤 지역의 표면에 드러난 암석의 분포나 지질 구조를 색채·모양· 기호 등으로 나타낸 지도.
지질리다『'지지르다'의 피동』 지지름을 당하다. ¶ 바윗돌에 지질리다.
지질-맞다[-맏따]형 (하는 짓이나 말 따위가) 몹시 지질하다.
지질-버력명 질이 가장 낮은 버력.
지질^시대(地質時代)명 지구 표면에 지각이 생긴 이후부터 오늘날까지의 시대.
지질-영력(地質營力)[-령녁-]명 ⟫영력(營力).
지질^조사(地質調査)명 어떤 지역의 암석의 분포나 지층의 상태 따위 지질의 구조를 조사하는 일.
지질-지질부하형 ①물기가 많아서 좀 진 듯한 모양. ②휜칠하지 못하고 몹시 지질한 모양.
지질-컹이명 ①무엇에 지질려 기를 못 펴는 사람. ②무엇에 눌려 제대로 모양을 갖추지 못한 물건.
지질편편-하다형여 ①높낮이가 없이 편편하다. ②질척절척하고 편편하다.
지질-하다형여 ①보잘것없고 변변하지 못하다. ②싫증이 날 만큼 지루하다. **지질-히**부.

지질-학(地質學)명 지각(地殼)의 성립·구조·변동·연력 등 지질(地質)에 관한 여러 가지 사항을 연구하는 학문.
지짐-거리다자 계속 지짐지짐하다. 지짐대다. ¶ 궂은비가 지짐거리는 늦가을 오후.
지짐-대다자 지짐거리다.
지짐-이명 ①국물을 적게 붓고 짭짤하게 끓인 음식. ②부침개.
지짐-지짐부하자 조금씩 오는 비가 자꾸 내렸다 그쳤다 하는 모양.
지짐-질명하자 (저냐·전병·누름적 따위를) 기름을 친 번철에 놓고 지져서 익히는 일. 부침개질. 부침질.
지징무처(指徵無處)명하형 (세금을 낼 사람이나 빚을 진 사람이 죽거나 달아나거나 하여) 돈을 받을 길이 없음.
지차(之次)명 ①버금. 다음. ②맏이 이외의 자식들.
지참(持參)명하타 (돈이나 물건을) 가지고 참석함. ¶ 도시락을 지참하다.
지참(遲參)명하자 (정한 시각보다) 늦게 참석함. 지각(遲刻). ↔조참(早參).
지참-금(持參金)명 ①당장에 가지고 있는 돈. ②신부가 시집갈 때 친정에서 가지고 가는 돈.
지창(紙窓)명 종이로 바른 창문.
지채(芝菜)명 지채과의 다년초. 바닷물이 닿는 곳에 나며 높이는 30 cm가량. 가늘고 긴 잎이 뿌리에서 무더기로 남. 여름에 녹자색 꽃이 피는데 연한 잎은 나물로 먹음.
지척(咫尺)명 썩 가까운 거리. ¶ 지척도 분간 못하다. /지척에 살다.
 지척이 천 리라속담 썩 가까운 곳에 살면서 오래 만나지 못하여 멀리 떨어져 사는 것과 같다는 뜻.
지척(指斥)명하타 (웃어른의 언행을) 들추어내어서 낮춤.
지척-거리다[-꺼-]자타 자꾸 지척지척하다. 지척대다. ¶ 지척거리면서도 십 리나 걸어왔다.
지척-대다[-때-]자타 지척거리다.
지척불변(咫尺不辨)[-뿔-]⟨몹시 어둡거나, 눈·비·안개 따위가 심하거나 하여〉한 치 앞을 분별할 수 없음.
지척지지(咫尺之地)[-찌-]명 썩 가까운 곳.
지척-지척[-찌-]부하자타 지친 걸음으로 힘없이 걷는 모양.
지천(至賤)명하형 ①(신분 따위가) 더없이 천함. ②매우 흔함. (주로, '지천으로'의 꼴로 쓰임.)¶ 봄이면 진달래가 온 산에 지천으로 핀다.
지천명(知天命)명 ⟫지명(知命).
지천위서(指天爲誓)명하자 하늘에 맹세함.
지첨(指尖)명 손가락의 끝.
지청(支廳)명 본청의 관할 아래에 있으면서 본청에서 갈라져 나와 일정한 지역의 업무를 맡아보는 관청.
지청구명 ①⟫꾸지람. ②하타아무 까닭 없이 남을 탓하고 원망함.
지체명 대대로 이어 내려오는 사회적 신분이나 지위. 세벌(世閥). ¶ 지체가 높은 집안.
지체(肢體)명 팔다리와 몸. ¶ 지체 부자유자.
지체(遲滯)명하자타 되자 ①때를 좇추거나 질질 끎. ¶ 지체 없이 보고하다. ②정당한 이유 없이 의무 이행을 늦추는 일.
지초(芝草)명 ①⟫지치. ②⟫영지(靈芝).

지초(紙草)[명] 종이와 담배. 〔'장사에 쓸, 종이나 담배를 살 돈'이라는 뜻으로, 흔히 부의(賻儀)를 낼 때 겉봉에 쓰는 말.〕

지촉(紙燭)[명] 종이와 초. 〔'장사에 쓸, 종이와 초를 살 돈'이라는 뜻으로, 흔히 부의(賻儀)를 낼 때 겉봉에 쓰는 말.〕

지촉-대전(紙燭代錢)[—때—][명] 종이나 초 대신 부의(賻儀)로 보내는 돈.

지총(紙銃)[명] 딱총.

지축(地軸)[명] ①지구 자전의 회전축, 곧 남극과 북극을 잇는 축. ②대지의 중심. ¶지축을 뒤흔드는 굉음.

지출(支出)[명][하타][되자] ①어떤 목적을 위하여 돈이나 물건을 치러 줌. ¶지출을 줄이다. ②국가나 지방 자치 단체가 직무 수행을 위하여 치르는 경비. ↔수입(收入).

지출-관(支出官)[명] 예산 정액(定額)의 사용을 결정하고 국고금의 지출을 명령하는 권한을 가진 관리. 지출 명령권.

지출^명:령관(支出命令官)[—녕—][명] ☞지출관.

지출^예:산(支出豫算)[—례—][명] 국가나 공공 단체가 한 회계 연도에 지출할 총경비의 예산.

지충(至忠) '지충하다'의 어근.

지충-하다(至忠—)[형여] 더없이 충성스럽다.

지취(旨趣)[명] ①어떤 일에 대한 깊은 맛, 또는 오묘한 뜻. ②☞취지(趣旨).

지취(地嘴)[명] 곶.

지취(志趣)[명] ☞의취(意趣).

지층(地層)[명] 자갈·모래·진흙·생물체 따위가 물 밑이나 지표에 퇴적하여 이룬 층.

지치[명] 지칫과의 다년초. 산이나 들의 풀밭에 절로 나는데, 뿌리는 자줏빛이며 굵음. 높이는 30∼35 cm. 우리나라 각지와 일본 및 중국 동북부에 분포하며, 초여름에 흰 꽃이 핌. 한방에서 뿌리를 '자근(紫根)'이라 하여 화상·동상·습진 등의 약재로 씀. 자지(紫芝). 자초(紫草). 지초(芝草).

지치(至治)[명] 세상이 매우 잘 다스려짐. 또는, 매우 잘 다스리는 정치.

지치(智齒)[명] 사랑니.

지:치다1[자] ①힘을 몹시 쓰거나 괴로움이나 병 따위에 시달리어 기운이 빠지다. ¶훈련에 지쳐서 쓰러지다. ②(결과가 만족스럽지 않아) 더 이상 그 상태를 지속하고 싶지 아니하다. ¶기다리다 지쳤는지 싸움이가 돌아갔다.

지:치다2[자] (소나 말 따위가 기운이 빠져) 묽은 똥을 싸다.

지:치다3[타] 얼음 위를 미끄러져 달리다. ¶썰매를 지치다.

지:치다4[타] 문을 잠그지 않고 닫아만 두다.

지척(指飭)[명][하타] 더없이 친밀. ②(아주 가까운 친족이란 뜻으로) '부자간' 또는 '형제간'을 이르는 말. 지친.

지:친-것[—걷][의] ((어떤 직업이나 직업에 준하는 낱말 뒤에 쓰이어)) '그 일을 오래 하다가 물러난 사람'을 얕잡아 이르는 말. 퇴물. ¶선생 지친것. /기생 지친것. ＊지:친것이[—거시] ·지:친것만[—건—].

지침(指針)[명] ①(指示) 장치에 붙어 있는 바늘. 〔시곗바늘이나 계량기의 바늘 따위.〕 ②생활이나 행동의 방법·방향 따위를 가리키는 길잡이. ¶행동 지침.

지침-서(指針書)[명] 지침이 될 만한 내용이 담긴 글이나 책.

지칫-거리다[—칟거—][자타] 자꾸 지칫지칫하다. 지칫대다. [준]자칫거리다.

지칫-대다[—칟때—][자타] 지칫거리다.

지칫-지칫[—칟칟—][부] ①홀쩍 떠나지 못하고 머뭇거리는 모양. ②[하타] 서투른 걸음으로 느릿느릿 걷는 모양.

지칭(指稱)[명][하타] 가리켜 일컬음.

지칭개[명] 국화과의 이년초. 높이 60∼80 cm로 가지가 갈라지며 5∼7월에 홍자색의 두화(頭花)가 가지 끝에 핌. 우리나라와 동북아시아의 산과 들에 널리 분포하며, 어린순은 나물로 먹음.

지칭-어(指稱語)[명] 어떤 대상을 가리켜 일컫는 말. 지시어(指示語).

지켜-보다[타] 관심이나 주의를 기울여 살펴보다. ¶감독은 선수들이 연습하는 것을 말없이 지켜보았다. /약속대로 하는지 앞으로 지켜보겠다.

지키다[타] ①(물건 따위를) 잃지 않도록 살피다. ¶집을 지키다. ②보살펴 보호하다. ¶환자 곁을 밤새 지키다. ③(어떤 상태를) 그대로 유지하다. ¶침묵을 지키다. ④눈여겨 감시하다. ¶길목을 지키다. ⑤(정조나 지조 따위를) 굳게 지니다. ¶절개를 지키다. ⑥(법이나 약속·예의 따위를) 어기지 않고 그대로 하다. ¶질서를 지키다.

지키는 사람 열이 도둑 하나를 못 당한다[속담] 아무리 힘써 감시해도 남몰래 벌어지는 일은 막아 내기 어렵다는 말.

지킴[명] 민속에서, '한 집안이나 어떤 장소를 지키고 있다는 영물(靈物)'을 이르는 말.

지-타구(—唾具)[명] '요강'과 '타구'를 아울러 이르던 궁중말.

지탄(枝炭)[명] 나뭇가지로 구운 숯.

지탄(指彈)[명][하타] (잘못을) 꼬집어 나무람. 지목하여 비방함. ¶지탄을 받을 행위.

지태(遲怠) '지태하다'의 어근.

지태-하다(遲怠—)[형여] 굼뜨고 게으르다.

지탱(支撐)[명][하타][되자] 오래 버티거나 배겨 냄. ¶사방(四方) 네 개의 기둥이 가옥의 무게를 지탱하고 있다.

지탱할-지(支撐—支)[명] 한자 부수의 한 가지. '支'·'穀' 등에서의 '支'의 이름.

지토-선(地土船)[명] 그 지방 토민(土民)들이 소유하는 배.

지통(止痛)[명][자][되자] 아픔이 그침.

지통(至痛)[명][하타] ☞극통(極痛).

지통(紙筩)[명] 한지(韓紙)를 뜰 때, 그 감을 물에 풀어 담는 큰 나무통.

지:티:-관(GT管)[명] 유리로 엄지손가락만 하게 만든 소형의 진공관. [GT:glass tube]

지파(支派)[명] 종파(宗派)에서 갈라져 나온 파. 지손(支孫)의 파.

지판(地板)[명] ①관(棺)의 밑널. ②전류 회로에서, 접지할 때 땅속에 묻는 금속판.

지팡-막대[—때][명] 지팡이 삼아 짚는 막대기.

지팡이[명] 걸음을 도우려고 짚는 막대기.

지퍼(zipper)[명] 서로 이가 맞도록 엇물리는 금속 따위의 조각을 헝겊 테이프에서 이빨처럼 양쪽으로 나란히 두 줄로 박아 쇠고리를 당겨 여닫게 만든 물건. 파스너. ¶지퍼를 내리다. /지퍼를 열다.

지편(紙片)[명] 종잇조각.

지평(地平)[명] ①대지의 평면. ②〈지평선(地平線)〉의 준말. ③'사물의 전망이나 가능성' 따위를 비유하여 이르는 말. ¶전통 문화의 새 지평을 열다.

지평(地坪)똉 땅의 평수.

지평^거:리(地平距離)똉 지구 표면의 어떤 높이에서 내다볼 수 있는 가장 먼 거리.

지평-면(地平面)똉 지구 위의 어떤 지점에서 연직선(鉛直線)에 수직인 평면.

지평^부:각(地平俯角)똉 실지로 보이는 지평선과 천문학적인 지평선이 이루는 각.

지평-선(地平線)똉 ①땅의 끝과 하늘이 맞닿아 보이는 경계선. ②관측 지점 위에서 지구에 닿는 평면이 천구(天球)와 교차하여 이루어지는 선. ☞지평(地平).

지평^시:차(地平視差)똉 천체(天體)에서 지구의 반경을 보는 각. 해나 달의 거리를 측정하는 데 이용함.

지폐(紙幣)[-페/-폐]똉 종이에 돈의 값과 내용을 박아 만든 화폐. 종이돈. 지전(紙錢). 지화(紙貨).

지폐^본위(紙幣本位)[-페-/-페-]똉 지폐를 화폐의 본위로 삼는 일. ¶지폐 본위 제도.

지포-나무똉 철쭉과의 낙엽 활엽 관목. 잎은 긴 달걀꼴로 뒷면이 희고 톱니가 날카로움. 초여름에 꽃이 피고 가을에 둥근 장과(漿果)가 익음. 계룡산(鷄龍山)과 완도(莞島) 등지에 분포하며, 과실은 먹을 수 있음.

지폭(紙幅)똉 종이의 너비.

지표(地表)똉 지구의 표면. 땅의 겉면. 지상. 지표면. ¶마그마가 지표를 뚫고 솟아오르다.

지표(指標)똉 ①방향을 가리켜 보이는 표지, 또는 사물의 가늠이 되는 표지. ¶교육의 지표를 제시하다. ②어떤 수의 상용로그 값의 정수(整數) 부분.

지표(紙票)똉 종이로 만든 딱지. 카드.

지표-면(地表面)똉 ☞지표(地表).

지표-수(地表水)똉 지구의 표면에 있는 물.〔하천이나 호소(湖沼) 등의 물.〕↔지하수(地下水).

지표^식물(地表植物)[-씽-]똉 식물체의 겨울눈이 지표 위 지상 30 cm 사이에 있는 식물.

지표^식물(指標植物)[-씽-]똉 토질의 영양 상태, 산성도, 습도, 기후 등 식물 성장에 필요한 환경 조건을 판단하는 데 도움이 되는 식물 또는 식물의 군락.

지푸라기똉 짚의 오라기나 부스러기. 초개(草芥). ¶물에 빠지면 지푸라기라도 잡는다. /지푸라기라도 잡고 싶은 심정이다.

지풍-초(知風草)똉 ☞나도겨풀.

지:프(jeep)똉 사륜 구동(驅動)의 소형 자동차. 사막, 거친 땅, 높은 비탈길 따위에서도 달릴 수 있음.〔본디는 미국에서 군용으로 개발된 차의 상표명임.〕

지피(地被)똉 땅의 겉면을 덮고 있는 잡초나 선태류(蘚苔類).

지피다¹🅓 사람에게 신의 영(靈)이 내려 모든 것을 알게 되다. ¶신이 지핀 처녀.

지피다²🅣 (아궁이나 화덕 따위에 땔나무를 넣고) 불을 붙여 타게 하다. ¶군불을 지피다. /난로에 불을 지피다.

지피-물(地被物)똉 땅을 덮고 있는 온갖 물건.

지피지기(知彼知己)똉[하자] 적의 형편과 나의 힘을 자세히 앎.〔'손자'의 '모공편(謀攻篇)'에 나오는 말임.〕 ¶지피지기면 백전불태(百戰不殆)이니라.

지필(紙筆)똉 종이와 붓.

지필(遲筆)똉 ☞둔필(鈍筆).

지필묵(紙筆墨)똉 '종이'와 '붓'과 '먹'을 아울러 이르는 말.

지필연묵(紙筆硯墨)[-련-]똉 '종이·붓·벼루·먹'의 네 가지를 아울러 이르는 말. 문방사우(文房四友).

지하(地下)똉 ①지속. ¶고층 빌딩의 지하 이층. ②(사회 운동이나 정치 운동 따위의) '비합법적인 면(영역)'을 비유하여 이르는 말. ¶지하 단체. ③'저승'을 비유하여 이르는 말.

지하^결실(地下結實)[-씰]똉 땅 위에서 핀 꽃이 수정(受精) 후에 땅속으로 들어가 열매를 맺는 일. ¶땅콩 따위.

지하-경(地下莖)똉 ☞땅속줄기. ↔지상경(地上莖). ☞지경(地莖).

지하^경제(地下經濟)똉 세무 관서에서 그 실태를 포착할 수 없는 경제 활동의 분야.〔사채 시장에서의 돈의 움직임이나 암거래 따위.〕

지하-공작(地下工作)똉 (어떤 목적을 위하여) 비합법적으로, 숨어서 하는 계획적인 활동. ¶공산당의 지하공작.

지하-근(地下根)똉 ☞땅속뿌리.

지하-도(地下道)똉 땅 밑으로 낸 길.

지하:드(jihād 아)똉 '성전(聖戰)'이라는 뜻으로, 이슬람교의 신앙을 전파하거나 방어하기 위하여 벌이는 이교도와의 투쟁을 이르는 말.

지하^문학(地下文學)똉 정치적 탄압 때문에 공연하게 활동하지 못하고, 숨어서 하는 문학 활동, 또는 그 문학.

지하-보도(地下步道)똉 걸어서 길을 건널 수 있게 지하로 낸 길.

지하-상가(地下商街)똉 (대도시의) 지하도 공간이나 지하철역 따위에 만들어진 상점 거리.

지하-선(地下線)똉 ①땅속에 묻은 전선. 지중선(地中線). ②지하철의 선로(線路).

지하-수(地下水)똉 땅속의 토사나 암석 따위의 사이를 채우고 있는 물. 음료수·관개(灌漑)·공업용수 따위에 쓰임. 지수(地水). ↔지표수.

지하^식물(地下植物)[-씽-]똉 ☞지중 식물.

지하-신문(地下新聞)똉 정부의 승인 없이 비합법적으로 숨어서 내는 신문.

지하-실(地下室)똉 ①(건물에서) 지면보다 낮은 곳에 만들어 놓은 방. ⑪지계(地階). ②땅광.

지하^운:동(地下運動)똉 비합법적으로 숨어서 하는 사회 운동이나 정치 운동. 잠행 운동(潛行運動). 지하 활동.

지하-자원(地下資源)똉 땅속에 묻혀 있는 광물 따위로, 채굴하여 인간 생활에 유용하게 쓸 수 있는 것.〔석탄·석유·철광 따위.〕

지하^조직(地下組織)똉 비합법적인 정치 활동을 하는 비밀 조직.

지하-철(地下鐵)똉 〈지하 철도〉의 준말.

지하-철도(地下鐵道)[-또]똉 (노선의 전부 또는 대부분을) 땅속에 굴을 파서 부설한 철도. ☞지하철.

지하철-역(地下鐵驛)[-력]똉 지하 철도 노선의 역.

지하-층(地下層)똉 건물에서, 지면보다 낮은 곳에 있는 층. ⑪지계(地階).

지하^케이블(地下cable)똉 땅속에 묻어 놓은 송전선(送電線) 따위의 케이블.

지하^활동(地下活動)[-똥]똉 ☞지하 운동.

지학(地學)똉 〈지구 과학(地球科學)〉의 준말.

지학(志學)똉 ①[하자] 학문에 뜻을 둠. ②나이 '열다섯 살'을 뜻하는 말.〔논어(論語) 위정편(爲政篇)의 '오십유오이지우학(吾十有五而志于學)'에서 유래함.〕

지한(至恨)똉 더없이 큰 원한.

지한 (脂汗)圏 지방분이 많이 섞인 땀.

지한-제 (止汗劑)圏 땀이 많이 나지 않도록 하는 약제. 〔아트로핀·장뇌산 따위.〕제한제(制汗劑).

지함 (地陷)圏하자 땅이 움푹하게 가라앉음.

지함 (紙函)圏 판지(板紙) 따위로 만든 상자. 상품 따위를 담는 데 씀.

지해 (支解·肢解)圏 ①옛날 중국에 있었던 악형(惡刑)의 한 가지. 팔다리를 떼어 내는 형벌. ②하타 해체의 형벌을 가함.

지핵 (地核)圏 ☞중권(重圈).

지행 (至行)圏 더없이 착한 행실.

지행 (至幸)圏 '지행하다'의 어근.

지행 (志行)圏 지조(志操)와 행실.

지행 (知行)圏 아는 것과 실행하는 것. ¶지행일치.

지행-하다 (至幸-)혱어 더없이 다행하다. 만행(萬幸)하다.

지행합일-설 (知行合一說)圏 중국 명나라 때의 왕양명(王陽明)의 학설. 주자(朱子)의 선지후행설(先知後行說)에 대하여 참지식은 반드시 실행이 따라야 한다는 설. ↔선지후행설. 圀양명학.

지향 (志向)圏하자 ①생각이나 마음이 어떤 목적을 향함. ¶출세 지향. /행복을 지향하다. ②윤리학에서, 동기(動機)인 목적의 관념에 대하여, 그것을 실현하는 데 필요한 수단 및 예상되는 결과의 관념을 이름.

지향 (指向)圏하타 일정한 목표를 정하여 나아감. 또는 나아가는 그 방향. ¶정상을 지향하다.

지-향사 (地向斜)圏 대륙의 가장자리 부분에 있는 얕은 바다 지역의 지층이 퇴적의 진행과 함께 차차 침강하여 두꺼운 지층을 이루고 있는 부분.

지향-성 (志向性)[-썽]圏 의식(意識)은 늘 어떤 것에 쏠리고 있다는, 의식의 본질적인 성질. 현상학(現象學)의 중요한 개념임.

지향-성 (指向性)[-썽]圏 ①어떤 일정한 방향으로만 나아가는 성질. ②빛·전파·음파 등이 공중으로 나갈 경우, 방향에 따라 그 세기가 변하는 성질. 또는, 장치에 들어갈 경우 그 방향에 따라 감도(感度)가 바뀌는 성질. 파장이 짧을수록 뚜렷하게 나타남.

지향성^안테나 (指向性antenna)[-썽-]圏 전파의 송수신(送受信)에서, 어떤 일정한 방향에 대해서 특히 감도(感度)가 좋은 안테나. 〔파라볼라 안테나 따위.〕

지헐 (至歇)圏 '지헐하다'의 어근.

지헐-하다 (至歇-)혱어 (값이) 더할 수 없이 싸다.

지혀다타 〔옛〕기대다. 의지하다. ¶松根을 지혀시니(鄭澈.關東別曲). 圀지여다.

지현 (至賢)圏 '지현하다'의 어근.

지현-하다 (至賢-)혱어 더없이 현명하다.

지혈 (止血)圏하자하타 피가 흘러나오다 멎음, 또는 흘러나오는 피를 멎게 함.

지혈-면 (止血綿)圏 흘러나오는 피를 멎게 하는 데 쓰이는 솜. 탈지면에 약품을 바르고 눌러서 말림.

지혈-법 (止血法)[-뻡]圏 창상(創傷) 따위의 출혈을 멎게 하는 방법. 응급 조처로 하는 지압법·압박법 등의 일시적 지혈법과 수술에 따른 영구적 지혈법이 있음.

지혈-제 (止血劑)[-제]圏 출혈을 그치게 할 목적으로 쓰는 약제. 〔아드레날린·젤라틴·칼슘·식염수 따위.〕

지협 (地峽)圏 두 육지를 잇는 다리 모양의 좁고 잘록한 땅. ¶파나마 지협. /수에즈 지협.

지형 (紙型)圏 활판 인쇄의 연판(鉛版)을 만들기 위한 본. 특수한 판지를 녹여서 식자판(植字版)의 판면(版面)에 대고 눌러 본을 뜬 것. 여기에 납을 녹여 부어 연판을 만듦.

지형 (地形)圏 땅의 생긴 모양. 지표의 형태. 지세(地勢).

지형-도 (地形圖)圏 지표면의 형태, 수계(水系)나 토지의 이용, 취락 및 도로의 배치 따위를 자세하고 정확하게 나타낸 지도.

지형^윤회 (地形輪廻)[-뉸회/-뉸훼]圏 ☞침식윤회(浸蝕輪廻).

지형^측량 (地形測量)[-층냥]圏 지형도를 만들기 위하여 지표의 각 지점의 위치 및 높낮이 따위를 재는 일.

지형-학 (地形學)圏 지형과 그 생성사(生成史)를 연구하는 과학.

지혜 (知慧·智慧)[-혜/-헤]圏 ①사물의 도리나 선악 따위를 잘 분별하는 마음의 작용. 슬기. ¶삶의 지혜. /지혜를 모으다. ②불교에서, 미혹(迷惑)을 끊고 부처의 진정한 깨달음을 얻는 힘을 이르는 말.

지혜-검 (智慧劍)[-혜-/-헤-]圏 불교에서, 번뇌(煩惱)를 맑은 지혜의 힘을 칼에 비유하여 이르는 말. 圀지검(智劍).

지혜-롭다 (智慧-)[-혜-따/-헤-따][~로우니·~로워]혱비 지혜가 많다. 슬기롭다. ¶지혜로운 판결. /지혜로운 어머니. **지혜로이**튀.

지혜^문학 (智慧文學)[-혜-/-헤-]圏 기독교에서, 구약 성서 중의 '잠언'·'전도서'·'욥기' 및 '시편'의 일부를 두루 이르는 말.

지혜-화 (智慧火)[-혜-/-헤-]圏 불교에서, 지혜가 번뇌를 태워 없앰을 불에 비유하여 이르는 말.

지호 (指呼)圏하타 손짓하여 부름.

지호-간 (指呼間)圏〈지호지간〉의 준말.

지호지간 (指呼之間)圏 손짓으로 부를 만한 가까운 거리. 圀지호간.

지혼-식 (紙婚式)圏 결혼 기념식의 한 가지. 서양 풍속으로, 결혼 1주년을 맞아 부부가 종이로 된 선물을 주고받으며 기념함. 圀목혼식.

지화 (指話)圏 ☞수화(手話).

지화 (紙貨)圏 ☞지폐(紙幣).

지화-법 (指話法)[-뻡]圏 ☞수화법(手話法).

지화자団 Ⅰ나라가 태평하고 국민이 평안한 시대에 부르는 노래, 또는 그 노랫소리. Ⅱ캅 ①노래하거나 춤을 출 때 흥을 돋우기 위하여 곡조에 맞추어 곁들이는 말. ②윷놀이에서 모를 내었거나 활쏘기에서 과녁을 맞혔을 때 잘한다는 뜻으로 하는 말.

지환 (指環)圏 가락지.

지황 (地皇)圏 중국 고대의 전설상의 임금. 천황씨(天皇氏)를 계승한 임금.

지황 (地黃)圏 현삼과(玄蔘科)의 다년초. 중국 원산이며, 우리나라에서는 오랜 옛날부터 약초로서 재배되어 왔음. 줄기 높이 30cm가량이고, 전체에 짧은 털이 있으며, 뿌리는 굵고 가로로 뻗음. 초여름에 잎 사이에서 벋은 꽃줄기 끝에 홍자색의 꽃이 핌. 뿌리는 한방에서 보혈강장제(補血強壯劑) 따위로 쓰임.

지회 (遲徊)[-회/-훼]圏하자 ①☞배회(徘徊). ②맺고 끊지를 못하고 머뭇거림.

지효 (至孝)圏 더할 나위 없는 효성.

지효 (知曉)圏하타 환히 알아서 깨달음.

지효(遲效)[명] 더디게 나타나는 효험(效驗). ↔속효(速效).

지효-성(遲效性)[-썽][명] 효력이 더디게 나타나는 성질.

지효성^비:료(遲效性肥料)[-썽-][명] 골분(骨粉)·두엄·깻묵 따위와 같이 효력이 더디게 나타나는 비료.

지후(至厚) '지후하다'의 어근.

지후-하다(至厚)[형여] ①두께가 매우 두껍다. ②(인정 따위가) 더할 나위 없이 두텁다.

지휘(指揮)[명][하타] ①(전체 행동의 통일을 위하여) 명령하여 사람들을 움직임. ¶부대를 지휘하다. ②(합창·합주·관현악 등의 연주 효과를 높이기 위하여) 전체를 지시하고 통일하는 몸짓이나 손짓. ¶교향악단을 지휘하다.

지휘-관(指揮官)[명] 군대에서, 중대나 포대 규모 이상의 단위 부대를 지휘하는 장교를 이르는 말.

지휘-권(指揮權)[-꿘][명] 하부 기관을 지휘할 수 있는 권리.

지휘-대(指揮臺)[명] 연주회 따위에서, 지휘자가 올라서서 지휘할 수 있게 마련한 대.

지휘-도(指揮刀)[명] 군대에서, 훈련이나 연습 때 지휘를 위하여 군도(軍刀) 대신에 사용하는 큰 칼.

지휘-명령(指揮命令)[-녕][명] 상급 관청이 하급 관청에 대하여 내리는 직무에 관한 명령.

지휘-봉(指揮棒)[명] 지휘관이나 지휘자가 손에 가지는 짧고 가는 막대기.

지휘-자(指揮者)[명] ①지휘하는 사람. ②음악에서, 합창이나 합주를 지휘하는 사람.

지흉(至凶) '지흉하다'의 어근.

지흉-하다(至凶-)[형여] ▷극흉(極凶)하다.

직¹[명] ①학질 따위의 병이 발작하는 차례. ②[의존 명사적 용법] 학질 따위의 병이 발작하는 차례를 나타내는 단위. ¶학질을 세 직째 앓다.

직²[부] 사람이나 새 따위가 물똥이나 오줌을 한 차례 내깔기는 소리, 또는 그 모양. 웬찍¹. 직·직².

직³[부] ①글자의 획이나 선 같은 것을 한 번 긋는 소리, 또는 그 모양. ②종이나 헝겊 따위를 단번에 찢는 소리, 또는 그 모양. 흰작. 웬찍². 직·직³[부][사탕부].

직(職) 〈관직〉·〈직무〉·〈직업〉·〈직위〉·〈직책〉의 준말.

직각(直角)[-깍][명] 서로 수직인 두 직선이 이루는 각. 90도의 각.

직각(直覺)[-깍][명][하타] 추리나 경험·사고(思考) 따위에 의하지 않고, 보거나 듣는 즉시 그것이 무엇인지를 앎. 직관(直觀). ¶그의 표정을 보았을 때, 일이 실패로 끝났음을 직각할 수 있었다.

직-각기둥(直角-)[-깍끼-][명] 옆모서리가 밑면에 수직인 각기둥. ↔빗각기둥.

직각^삼각형(直角三角形)[-깍쌈가켱][명] 한 각이 직각인 삼각형. 준직삼각형.

직각-설(直覺說)[-깍썰][명] ▷직관주의(直觀主義).

직각-적(直覺的)[-깍쩍][관명] 한눈에 곧 알아차리는 (것). 사물에 대하여 직접 깨닫는 (것). ¶직각적 반응. /그의 속셈을 직각적으로 감지하였다.

직-각주(直角柱)[-깍쭈][명] '직각기둥'의 구용어.

직각-주의(直覺主義)[-깍쭈의/-깍쭈이][명] ▷직관주의.

직각^프리즘(直角prism)[-깍-][명] ▷전반사 프리즘.

직간(直諫)[-깐][명][하타] (윗사람이나 권력자 등에 대하여) 거리낌없이 그의 잘못을 지적하여 충고하는 일. ¶임금에게 직간하다.

직감(直感)[-깜][명][하:자타][되자] 사물의 진상(眞相)을 순간적으로 감지(感知)함. ¶위험을 직감하다.

직감-적(直感的)[-깜-][관명] 사물의 진상(眞相)을 순간적으로 감지하는 (것). ¶직감적 판단. /직감적으로 알아차리다.

직-거래(直去來)[-꺼-][명][하타][되자] 중개인을 거치지 않고, 살 사람과 팔 사람이 직접 거래함. ¶농산물을 직거래함으로써 농민의 순이익이 높아졌다.

직격-탄(直擊彈)[-껵-][명] ①(직사하여) 목표물에 명중하거나 큰 타격을 입힌 포탄이나 폭탄. ②(직접적으로) '치명적인 피해를 주거나 타격을 가하는 것'을 비유하여 이르는 말. ¶직격탄을 날리다.

직결(直決)[-껼][명][하타][되자] ▷즉결(卽決).

직결(直結)[-껼][명][하자][되자] 직접 연결하거나 연관됨. ¶생활에 직결되는 문제.

직경(直徑)[-껑][명] 지름.

직계(直系)[-꼐/-께][명] ①친족 사이의 핏줄이 할아버지·아버지·아들·손자 등으로 곧게 이어지는 계통. ¶직계 자손. 참방계(傍系). ②사제(師弟) 따위의 관계에서, 그 계통을 직접 이어받는 일, 또는 그 사람. ¶율곡(栗谷)의 직계 제자.

직계(直啓)[-꼐/-께][명][하타][되자] 직접 아룀.

직계(職階)[-꼐/-께][명] 직무상의 계급.

직계^가족(直系家族)[-꼐-/-께-][명] 직계에 딸리는 가족. [부모와 자녀 등.]

직계^비:속(直系卑屬)[-꼐-/-께-][명] 자기로부터 아래로 이어 내려가는 혈족. [자녀·손자·증손 등.] ↔직계 존속(直系尊屬).

직계^인척(直系姻戚)[-꼐-/-께-][명] 배우자의 직계 혈족, 또는 직계 혈족의 배우자.

직계-제(職階制)[-꼐-/-께-][명] 직계(職階)에 따라 정한 인사 관리 제도. 직무의 내용에 따른 직종(職種)과 업무의 난이(難易)에 따른 직급(職級)을 바탕으로 하여, 인사·급여 등의 사무를 조직적·합리적으로 하려는 제도.

직계^존속(直系尊屬)[-꼐-/-께-][명] 조상으로부터 자기에 이르기까지 직계로 이어 내려온 혈족. [부모·조부모·증조부모 등.] ↔직계 비속(直系卑屬).

직계-천(直系親)[-꼐-/-께-][명] 직계 혈족과 직계 인척인 관계, 또는 그런 관계에 있는 사람.

직계^친족(直系親族)[-꼐-/-께-][명] 팔촌 이내의 직계 혈족과 사촌 이내의 직계 인척.

직계^혈족(直系血族)[-꼐-/-께-][명] '직계 존속'과 '직계 비속'을 통틀어 이르는 말.

직고(直告)[-꼬][명][하자타] 사실대로 알림.

직공(職工)[-꽁][명] ①자기 기술로 물건 만드는 일을 업으로 하는 사람. ②공장에서 일하는 근로자. 공원(工員). ¶인쇄소 직공.

직공(織工)[-꽁][명] 직물(織物)을 짜는 직공(職工). 직장(織匠).

직관(直觀)[-꽌][명][하타] 판단·추리·경험 따위의 간접 수단에 따르지 않고 대상을 직접 파악하는 일, 또는 그 작용. 직각(直覺).

직관(職官)[-꽌][명] 직위와 관등(官等).

직관^교:수(直觀敎授)[-꽌-]圐 학생의 직관을 중시하는 수업 형태. 추상적인 언어에 의한 교수에 대하여 그림·사진·모형·실물 등 구체적인 사물을 감각을 통해서 교수하는 방법. 실물 교수(實物敎授).

직관-력(直觀力)[-꽌녁]圐 추리나 판단 따위의 사고(思考) 작용을 거치지 않고, 감각적 또는 직접적으로 사물을 파악할 수 있는 능력.

직관-상(直觀像)[-꽌-]圐 전에 본 사물이 나중에 실제로 보고 있는 것처럼 또렷이 머리에 떠오를 때의 상.〔10~13세쯤의 어린이에게 많이 나타나는 현상.〕

직관-설(直觀說)[-꽌-]圐 ☞직관주의.

직관-적(直觀的)[-꽌-]圐圐 추리나 판단 따위의 사고(思考) 작용을 거치지 않고, 감각적 또는 직접적으로 사물을 파악하는 (것). ¶직관적 판단. /직관적인 인식.

직관-주의(直觀主義)[-꽌-의/-꽌-이]圐 ①철학에서, 진리나 실재(實在)는 사고(思考)에 의하지 않고 지적(知的) 직관에 의해서만 파악할 수 있다는 설. ②윤리학에서, 선악(善惡)의 구별은 직관적으로 파악할 수 있다는 설. 직각설(直覺說). 직각주의. 관설설(直觀說).

직교(直交)[-꾜]ᡰ하자ᥳ되자 ①두 직선 또는 두 평면이 직각을 이루며 만나는 일. ②교점(交點)에서의 두 선이 직각을 이룰 때의 두 곡선의 교차.

직구(直球)[-꾸]圐 야구에서, 투수가 공을 던질 때 변화를 주지 않고 똑바로 던지는 공. 스트레이트.

직군(職群)[-꾼]圐 비슷한 직렬(職列)을 한데 뭉뚱그린 구분. 〔경찰직·소방직·교정직(矯正職) 등을 공안직(公安職)으로 묶는 따위.〕

직권(職權)[-꿘]圐 (공무원 등이) 그 직무를 수행(遂行)하기 위하여 가지고 있는 권한(權限). 직무상의 권한. ¶위원장의 직권으로 회의를 소집하다.

직권^남:용(職權濫用)[-꿘-]圐 (공무원이) 그 범위를 넘어서 직권을 행사하거나, 직권을 악용하거나 하는 일.

직권^명:령(職權命令)[-꿘-녕]圐 법률(法律)에 의하여 부여된 명령 제정권에 따라 행정 기관이 제정하는 명령.

직권-주의(職權主義)[-꿘-의/-꿘-이]圐 ①형사 소송법상 법원(法院)에 권한을 집중시키는 주의. ②민사 소송법상 소송에 관하여 법원이 주체적으로 행동할 수 있는 권능을 가지는 주의.

직권^진:행주의(職權進行主義)[-꿘-의/-꿘-이]圐 법원이 소송 절차의 진행을 당사자의 신청에 의하지 않고 법원의 직권으로 하는 주의.

직권^처:분(職權處分)[-꿘-]圐 직권의 범위 안에서 마음대로 처분함, 또는 그러한 처분.

직근(直根)[-끈]圐 ☞곧은뿌리.

직금(織金)[-끔]圐 비단 바탕에 금실로 봉황이나 꽃 등의 무늬를 화려하게 짜 넣은 직물. 스란치마의 아랫자락 따위에 쓰임.

직급(職級)[-끕]圐 직무와 책임에 따라 분류한, 직무의 등급. ¶직급이 오르다.

직급(職給)[-끕]圐 직무에 대한 급료.

직기(織機)[-끼]圐 피륙을 짜는 기계.

직-날[징-]圐 학질의 증세가 발작하는 날.

직납(直納)[징-]圐ᡰ하타 (돈이나 물건 따위를) 직접 바치는 일.

직녀(織女)[징-]圐 ①☞직부(織婦). ②<직녀성(織女星)>의 준말.

직녀-성(織女星)[징-]圐 거문고자리의 가장 밝은 별인 '베가성(Vega星)'의 딴 이름. 칠석날 밤에 은하수 건너에 있는 견우성(牽牛星)과 만난다는 전설의 별임. 천녀(天女). ㉝직녀(織女). ㉝천녀손(天女孫).

직능(職能)[징-]圐 ①직무를 수행하는 능력. ②직업에 따라 다른 고유한 기능. ③사회를 구성하는 분야별 단위로서의 직업 집단.

직능^국가(職能國家)[징-까]圐 자본주의의 발달에 따라 국가의 행정 기능이 확대되어 국민에 대한 봉사에 중점을 두게 된 국가.

직능^대:표제(職能代表制)[징-]圐 직능별 단체에서 대표를 뽑아 의회에 보내는 대의 제도. ↔지역 대표제.

직단-면(直斷面)[-딴-]圐 ☞수직 단면.

직달(直達)[-딸]ᡰ하타 (남의 손을 거치지 않고) 직접 전달함.

직-담판(直談判)[-땀-]圐ᡰ하타 (남에게 부탁하지 않고) 직접 당사자와 담판함.

직답(直答)[-땁]圐ᡰ하자 ①그 자리에서 바로 대답함, 또는 그런 대답. 즉답(卽答). ¶직답을 피하다. ②(다른 사람을 거치지 않고) 직접 대답함.

직도(直道)[-또]圐 ①곧은길. 직로(直路). ②사람이 가야 할 바른 길.

직력(職歷)[징녁]圐 이제까지 겪어 온 직업에 관한 경력.

직렬(直列)[징녈]圐 전기 회로에서, 전지(電池)나 저항기 따위를 차례차례 한 줄로 연결하는 일. ¶병렬 회로. ↔병렬(竝列).

직렬(職列)[징녈]圐 비슷한 직무의 종류를 책임과 곤란성의 정도에 따라 분류한 구분.〔공무원의 경우, 행정·기계·토목 따위.〕

직령(直領)[징녕]圐 조선 시대에, 무관이 입던 겉옷의 한 가지. 깃이 곧게 되어 있음.

직로(直路)[징노]圐 ☞직도(直道).

직류(直流)[징뉴]圐 ①곧게 흐르는 줄기. ②☞직류 전류. ↔교류(交流).

직류^발전기(直流發電機)[징뉴-전-]圐 직류 전류를 발생하는 발전기.

직류^전:동기(直流電動機)[징뉴-]圐 직류 전류로 움직이는 전동기.

직류^전:류(直流電流)[징뉴절-]圐 회로 안을 늘 일정한 방향과 크기로 흐르는 전류. 전지 따위에서 발생하는 전류. 직류(直流). ↔교류 전류.

직립(直立)[징닙]圐ᡰ하자 ①(사람이나 물건 등이) 똑바로 섬. 꼿꼿이 섬. ②ᡰ하자(산 등이) 높이 솟음. ③☞수직(垂直).

직립-경(直立莖)[징닙경]圐 곧은줄기.

직립-면(直立面)[징닙-]圐 입화면.

직립^보:행(直立步行)[징닙뽀-]圐 윗몸을 꼿꼿이 세우고 두 다리로 걷는 걸음.

직립^원인(直立猿人)[징닙붜닌]圐 ☞자바 원인.

직-말사(直末寺)[징-싸]圐 본사(本寺)의 관할 아래에 있는 말사(末寺).

직매(直賣)[징-]圐ᡰ하타ᥳ되자 상품의 생산자가 중간 상인을 거치지 않고 소비자에게 상품을 직접 파는 일. ¶직매 코너.

직매-장(直賣場)[징-]圐 (중간 상인을 거치지 않고) 생산자에게서 직접 물건을 사다가 파는 곳. 또는, 생산자가 소비자에게 직접 파는 곳.

직맥(直脈)[징-]圐 나란히맥의 한 가지. 잎의 줄기가 세로로 나란히 된 잎맥.〔댓잎이나 보리 잎 따위.〕

직면(直面)[징-][하자타] 어떠한 사태에 직접 부닥침. ¶ 어려움에 직면하다.

직명(職名)[징-][명] 직무나 직업의 이름.

직무(職務)[징-][명] (직업으로서) 맡아서 하는 일. ¶ 직무 수행. /직무를 대행하다. ⊕직(職).

직무^대:리(職務代理)[징-][명] 어떤 기관의 직무를 대신 맡아서 하는 일, 또는 그 사람.

직무^명:령(職務命令)[징-녕][명] 상관이 부하 공무원에 대하여 직무(職務)를 지휘하기 위하여 내리는 명령.

직무^범:죄(職務犯罪)[징-죄/-줴][명] 공무원이 그 직권을 남용함으로써 저지르게 되는 범죄. 〔직권 남용죄(職權濫用罪)·수뢰죄(收賂罪) 따위.〕

직무^유기죄(職務遺棄罪)[징-죄/-줴][명] 공무원이 정당한 이유 없이 직무 수행을 거부하거나 게을리 함으로써 성립하는 범죄.

직무^질문(職務質問)[징-][명] ⇨불심 검문.

직물(織物)[징-][명] '온갖 피륙' 및 그와 비슷한 물건 '섬유로 짠 물건'을 통틀어 이르는 말.

직박구리[-빡꾸-][명] 직박구릿과의 새. 몸길이 20cm가량. 몸빛은 갈색으로 온몸에 회갈색 반점이 있음. 봄에는 산에, 가을부터는 민가나 들에서 삶. 중부 이남 지역에 분포하는 텃새임.

직방(直放)[-빵][명] 결과나 효과가 금방 나타나는 일. ¶ 배탈에는 이 약이 직방이지.

직방-체(直方體)[-빵-][명] ⇨직육면체.

직배(直配)[-빼][하타][되자] 물품의 생산자가 소비자에게 직접 물품을 배급하거나 배달하는 일. ¶ 외국 직배 영화.

직복(職服)[-뽁][명] 직무에 따라 독특하게 입는 제복.

직-복근(直腹筋)[-뽁끈][명] 앞쪽 복벽(腹壁) 양쪽에 세로로 길게 뻗은 큰 근육.

직봉(職俸)[-뽕][명] ①직분에 따르는 봉록(俸祿). ②직무와 봉급.

직부(織婦)[-뿌][명] 피륙을 짜는 여자. 베를 짜는 여자. 직녀(織女).

직분(職分)[-뿐][명] ①직무상의 본분. ②(자기가) 마땅히 해야 할 본분.

직불-카:드(直拂card)[-뿔-][명] 현금 인출 서비스를 이용하거나 대금을 결제한 즉시 돈이 예금 계좌에서 자동적으로 인출되도록 연계되어 있는 카드.

직사(直死)[-싸][명][하자] ⇨즉사(卽死).

직사(直射)[-싸][명][되자] ①(빛살이) 곧게 바로 비침. ②[하타]바로 대고 내쏨. ③[하타]탄도(彈道)를 낮추고 직선에 가깝게 탄알을 쏘는 일.

직사(直寫)[-싸][명][하타] 있는 그대로 베끼거나 그려 냄.

직사(職司)[-싸][명] 직무로서 관장하는 사무.

직사(職事)[-싸][명] 직무에 관계되는 일.

직-사각(直四角)[-싸-][명] 네 각이 모두 직각(直角)으로 된 사각.

직-사각형(直四角形)[-싸-][명] 내각(內角)이 모두 직각인 사각형. 주로, 정사각형이 아닌 것을 이름. 장방형(長方形).

직사-광선(直射光線)[-싸-][명] 곧게 바로 비치는 광선.

직사^도법(直射圖法)[-싸-뻡][명] 지도 작성에 쓰이는 도법의 한 가지. 시점(視點)을 무한대의 거리에 두고, 지구의 중심을 지나는 평면에 지구의 한쪽을 투영(投影)하는 방법. 반구(半球) 전체를 그리는 데 알맞음.

직사-포(直射砲)[-싸-][명] 목표물을 직접 조준하여 탄도(彈道)를 낮추고 직선에 가깝게 쏘는 대포. ⊛곡사포(曲射砲).

직삼(直蔘)[-쌈][명] 구부려 접지 않고 곧게 말린 백삼. ⊛곡삼(曲蔘).

직-삼각형(直三角形)[-쌈가켱][명] 〈직각 삼각형〉의 준말.

직상(直上)[-쌍][명] ①바로 그 위. ②[하자]곧게 오름. ¶ 공중으로 직상하는 회오리바람.

직서(直敍)[-써][명][하타] 말을 꾸미거나 감상(感想) 따위를 섞지 않고, 있는 그대로 서술함.

직석(直席)[-썩][명] ⇨즉석(卽席).

직선(直線)[-썬][명] ①곧은 선. ¶ 직선 도로. ↔곡선. ②두 점 사이를 가장 짧은 거리로 이은 채 양쪽으로 곧게 사뭇 연장한 선. ⊕곧은금.

직선(直選)[-썬][명] 〈직접 선거〉의 준말. ↔간선(間選).

직선-거리(直線距離)[-썬-][명] 두 점을 잇는 직선의 거리. 기하학상의 최단 거리임.

직선-미(直線美)[-썬-][명] 그림·조각·건축 따위에서, 직선이 나타내는 소박하고 힘찬 아름다움.

직선-적(直線的)[-썬-][관명] ①직선인 (것). ②꾸미거나 숨기거나 하지 않고 솔직한 (것). ¶ 직선적 성격. /직선적으로 말하다.

직선-제(直選制)[-썬-][명] 〈직접 선거 제도〉의 준말. ¶ 대통령 직선제. ↔간선제(間選制).

직선-형(直線形)[-썬-][명] 셋 이상의 직선으로 에워싸인 평면 도형. 〔삼각형·사각형 따위.〕

직설(直說)[-썰][명][하타] (에두르지 아니하고) 곧이곧대로 말함, 또는 그러한 말.

직설-법(直說法)[-썰뻡][명] 영문법 등에서 동사의 법(法)의 한 가지. 부정·긍정·의문의 구별 없이 사실을 사실 그대로 말하며, 말하는 이의 주관을 곁들이지 않는 형식.

직설-적(直說的)[-썰-][관명] (에두르지 아니하고) 곧이곧대로 말하는 (것). ¶ 직설적 표현. /직설적으로 비판하다.

직-섬석(直閃石)[-썸-][명] 각섬석(角閃石)의 한 가지. 성분은 철·마그네슘·규소 등이며, 빛깔은 대개 녹색이나 갈색을 띠며 윤이 남. 변성암(變成岩)에 박혀 있음.

직성(直星)[-썽][명] ①음양도(陰陽道)에서, 사람의 나이에 따라 그의 운명을 맡아본다는 아홉 별을 이르는 말. 〔제웅직성이나 목직성 따위.〕 ②타고난 성질이나 성미.

직성(이) 풀리다[관용] 소원이나 욕망 따위가 뜻대로 이루어져 마음이 흐뭇해지다. ¶ 너는 무엇이든지 그렇게 끝을 보아야 직성이 풀리니?

직세(直稅)[-쎄][명] 〈직접세〉의 준말.

직소(直所)[-쏘][명] 번(番)을 드는 곳. 숙직하는 곳.

직소(直訴)[-쏘][명][하타] 일정한 절차를 밟지 않고 윗사람이나 상급 관청에 직접 호소함.

직소(職所)[-쏘][명] 직무를 맡아보는 곳.

직속(直屬)[-쏙][명][하자][되자] 직접 딸림.

직속-부대(直屬部隊)[-쏙뿌-][명] 사령부나 고위 부대에 직접 딸리어 그 지휘를 받는 독립 부대. 직할 부대.

직속-상관(直屬上官)[-쏙쌍-][명] 자기가 직접 딸리어 있는 부서 또는 부대의 상관.

직손(直孫)[-쏜][명] 직계(直系)의 자손.

직송(直送)[-쏭][명][하타][되자] 곧바로 보냄. 직접 부침. ¶ 농산물을 생산지에서 소비자에게 직송하다.

직수(直守)[-쑤]圈하타 맡아서 지킴.
직수(職守)[-쑤]圈하자타 직무(職務)를 제대로 수행함.
직수굿-하다[-쑤굳타-]圈어 꺾기가 꺾여 대들지 않고 다소곳하다. 기를 못 펴고 하려는 대로 할 상태에 있다. **직수굿-이**튀.
직-수입(直輸入)[-쑤-]圈하타되자 다른 나라의 상품을 중개상의 손을 거치지 않고 직접 수입함.
직-수출(直輸出)[-쑤-]圈하타되자 상품의 생산자가 중개상의 손을 거치지 않고 직접 수출함.
직시(直視)[-씨]圈하타 ①똑바로 쏘아봄. ¶전방(前方)을 직시하다. ②사물의 진실한 모습을 바로 봄. ¶현실을 직시해야만 한다. ③병이 깊어 눈알을 굴리지 못하고 앞만 봄.
직신(直臣)[-씬]圈 육정(六正)의 하나. 강직한 신하.
직신(稷神)[-씬]圈 '곡식을 맡아 보살핀다는 신령'을 이르는 말.
직신-거리다[-씬-]자타 자꾸 직신직신하다. 직신대다. 郞작신거리다.
직신-대다[-씬-]자타 직신거리다.
직신-직신[-씬-씬]튀 ①검질기게 남을 몹시 귀찮게 하는 모양. ②지그시 힘을 주어 자꾸 누르는 모양. 郞작신작신.
직실(直實) '직실하다'의
직실-하다(直實-)[-씰-]圈여 정직하고 착실하다. **직실-히**튀.
직심(直心)[-씸]圈 ①곧은 마음. ②한결같은 마음. ③불교에서, 진여(眞如)를 바로 헤아려 생각하는 마음을 이름.
직심-스럽다(直心-)[-씸-따][~스러우니·~스러워]圈비 보기에 한결같이 곧은 마음이다. **직심스레**튀.
직언(直言)圈하자 (옳고 그름에 대하여) 자기 생각을 거리낌 없이 그대로 말함. ¶직언을 서슴지 않다.
직업(職業)圈 생계를 위하여 일상적으로 하는 일. ¶직업 소개. 郞업(業)·직(職).
직업^교:육(職業敎育)[-꾜-]圈 일정한 직업에 종사하는 데 필요한 지식과 기능을 가르치는 교육.
직업^군인(職業軍人)[-꾸닌]圈 병역 의무로서가 아니라 직업으로서 군무에 복무하는 사람.
직업^단체(職業團體)[-딴-]圈 직업의 종별(種別)에 따라 조직된 단체. 〔의사회·변호사회 따위.〕
직업-병(職業病)[-뼝]圈 그 직업의 특수한 환경이나 작업 상태가 원인이 되어 일어나는 병. 〔탄광부의 규폐(硅肺)나 인쇄공의 연독(鉛毒) 따위.〕
직업^보:도(職業輔導)[-뽀-]圈 ①전직하려는 사람이나 취업하려는 사람에게, 직업상 필요한 기능을 익히게 하는 일. ②취업한 사람에게 직업상 필요한 보호 지도를 하는 일.
직업^선:수(職業選手)[-썬-]圈 운동 경기에서 선수로 활동하는 것을 직업으로 삼는 선수.
직업소개소(職業紹介所)[-쏘-]圈 직업 소개를 영업으로 하는 업소.
직업-여성(職業女性)[지검녀-]圈 ①일정한 직업에 종사하는 여성. ②주로, '유흥업에 종사하는 여성'을 이르는 말.
직업-윤리(職業倫理)[지검뉼-]圈 특정한 직업에 종사하는 사람들이 지켜야 하는 행동 규범.

직업-의식(職業意識)[지거븨-/지거비-]圈 자기 직업에 대한 생각이나 자각, 또는 그 직업에 종사하는 사람의 특유한 의식이나 감각. ¶직업 의식이 강하다.
직업-인(職業人)圈 어떤 직업에 종사하는 사람.
직업-적(職業的)[-쩍]관圈 직업에 관계되는 (것). 직업으로 삼는 (것). ¶직업적 태도. /직업적인 웃음.
직업^적성^검:사(職業適性檢査)[-쩍썽-]圈 개인이 어떤 직에 알맞은 소질이나 능력을 지니고 있는지를 조사하는 검사.
직업^전:선(職業戰線)[-쩐-]圈 '격심한 경쟁이 벌어지고 있는 직업 사회'를 전쟁터에 비유하여 이르는 말. ¶어린 나이에 직업 전선에 뛰어들다.
직업^지도(職業指導)[-찌-]圈 개성에 알맞은 직업이나 진로를 고르도록 지도하기 위한 여러 가지 활동.
직업-학교(職業學校)[지거팍꾜]圈 직업인의 양성을 목적으로 직업에 관한 특수한 지식과 기술 등을 가르치는 학교.
직역(直譯)圈하타되자 다른 나라의 글을 그 자구나 어법에 따라 충실하게 번역함. ¶이 문장은 직역만 해서는 안 된다. 땜축어역. ↔의역.
직역(職域)圈 어떠한 직업이나 직무의 영역, 또는 그 범위.
직영(直營)圈하타 (특정한 기관 따위에서) 직접 경영함. ¶직영 공장. /직영 매점. /본사에서 직영하다.
직오(織烏)圈 '태양'을 달리 이르는 말.
직왕(直往)圈자 서슴없이 곧장 감.
직왕-매진(直往邁進)圈하자 망설이거나 겁내지 않고 곧장 힘차게 나아감.
직원(職員)圈 직장에서 일정한 직무를 맡아보는 사람. ¶편집 직원.
직-원기둥(直圓-)圈 축과 밑면이 수직인 원기둥, 또는 직사각형이 그 한 변을 중심으로 하여 한 바퀴 돌 때 생기는 입체.
직-원뿔(直圓-)圈 축과 밑면이 수직인 원뿔, 또는 직각 삼각형이 그 직각의 변을 중심으로 하여 한 바퀴 돌 때 생기는 입체.
직원^조합(職員組合)圈 직원의 권익을 위하여, 직원에 의해 만들어진 조합.
직-원주(直圓柱)圈 '직원기둥'의 구용어.
직-원추(直圓錐)圈 '직원뿔'의 구용어.
직위(職位)圈 직무상의 지위. ¶직위가 높다. /직위를 해제하다. 郞직(職).
직유(直喩)圈 〈직유법(直喩法)〉의 준말.
직유-법(直喩法)[-뻡]圈 수사법상 비유법의 한 가지. 원관념과 보조 관념을 직접 드러내어 빗대는 표현 방법. 보조 관념에 '처럼'·'같이'·'듯이'·'양' 등의 말을 붙여서 나타냄. 〔'내 누님같이 생긴 꽃이여' 하는 따위.〕 郞직유(直喩).
직-육면체(直六面體)[징늉-]圈 여섯 개의 직사각형으로 둘러싸이고 마주보는 세 쌍의 면이 나란한 육면체. 장방체(長方體). 직방체(直方體).
직인(職人)圈 손재주로 물건을 만드는 것을 업으로 하는 사람.
직인(職印)圈 직무상 사용하는 도장. 공무원이나 회사원 등의 직위 명칭에 '인(印)' 자를 붙임. ¶직인을 찍다.
직일(直日)圈 당직(當直)하는 날.
직임(職任)圈 직무상 맡은 책임.

직장(直腸)[-짱]圆 장의 끝 부분. 위는 'S' 자 모양의 결장(結腸)에 이어지고, 아래는 항문을 통해 밖으로 열리는 곧은 부분. 곧은창자.

직장(織匠)[-짱]圆 피륙을 짜는 공장(工匠). 직공(織工).

직장(職長)[-짱]圆 작업 현장에서 노동자를 직접 지휘 감독하는 직위, 또는 그 사람.

직장(職掌)[-짱]圆 담당하고 있는 역할이나 직무. 갈라서 나누어 맡은 직무.

직장(職場)[-짱]圆 공장·관청·회사 따위, 그 사람이 근무하며 맡은 일을 하는 일터. ¶ 직장 생활. /직장을 그만두다.

직장-암(直腸癌)[-짱-]圆 직장(直腸)에 생기는 암.

직장-인(職場人)[-짱-]圆 직장에 적을 두고 일하는 사람.

직장^폐:쇄(職場閉鎖)[-짱폐-/-짱폐]圆 노동 쟁의가 발생하였을 때, 노조의 파업 따위에 맞서 사용자가 일정 기간 공장이나 사업장의 문을 닫는 일.

직재(直裁)[-째]圆하타 ①직접 결재함. ②지체 없이 곧 재결(裁決)함.

직전(直田)[-쩐]圆 길고 네모반듯하게 생긴 밭.

직전(直前)[-쩐]圆 바로 앞. 일이 생기기 바로 전. 즉전(卽前).《주로, '직전에'의 꼴로 쓰임.》¶ 버스에 오르기 직전에 멀미 약을 먹었다. ↔직후(直後).

직전(直錢)[-쩐]圆 맞돈.

직전(職田)[-쩐]圆 조선 시대에, 벼슬아치에게 벼슬하는 동안 나누어 주던 땅.

직전-법(職田法)[-쩐뻡]圆 조선 세조 12(1466) 년에, 현직 관리들에게 토지를 지급하기 위하여 제정한 제도.

직절(直截)[-쩔]圆①하타직각적으로 분별하여 앎. ②하형거추장스럽지 아니하고 간략함.

직절(直節)[-쩔]圆 곧은 절개.

직절-구(直截口)[-쩔-]圆 ☞수직 단면.

직절-면(直截面)[-쩔-]圆 ☞수직 단면.

직접(直接)[-쩝]I圆 중간에 제삼자나 매개물 따위를 두지 않고 바로 접촉되는 관계. ¶ 직접 거래. ↔간접(間接).
II튀 중간에 매개 따위가 없이 바로. ¶ 직접 듣다.

직접^경험(直接經驗)[-쩝껑-]圆 직접 일을 하거나 사물에 접촉하여 얻는 경험. ↔간접 경험.

직접^국세(直接國稅)[-쩝꾹쎄]圆 국가가 징수하는 직접세.〔국세·법인세·상속세·소득세·등록세 따위.〕㉪직접세. ↔간접 국세.

직접^기관(直接機關)[-쩝끼-]圆 헌법으로 직접 지위와 권한이 부여된 국가 기관.〔대통령·정부·국회·법원 따위.〕↔간접 기관.

직접^높임말(直接-)[-쩜-]圆 높임말의 한 갈래. 말하는 이가 말을 듣는 이를 높이어 이를 때, 그 인물을 직접 높이는 특수한 단어.〔'아버님·선생님·계시다·주무시다' 따위.〕㉪간접 높임말.

직접^민주제(直接民主制)[-쩜-]圆 국가 의사의 결정과 집행에 국민이 직접 참가하는 제도. ↔간접 민주제.

직접^발생(直接發生)[-쩝빨쌩]圆 알에서 깬 유체(幼體)가 대체로 어미와 같은 모양을 하고 있으며, 성체(成體)가 될 때까지 뚜렷한 변태(變態)가 없는 발생 형태. ↔간접 발생.

직접^발행(直接發行)[-쩝빨-]圆 주식이나 사채(社債) 따위 유가 증권을 발행함에 있어, 발행자 자신의 모집 절차를 취하는 방식. ↔간접 발행.

직접^보:상(直接補償)[-쩝뽀-]圆 손해에 대한 직접적인 보상. ↔간접 보상.

직접^분열(直接分裂)[-쩝뿐녈]圆 ☞무사 분열(無絲分裂).

직접-비(直接費)[-쩝삐]圆 제조 또는 판매를 위하여 직접 소비되는 것으로 인식되는 원가.〔제조 직접비와 판매 직접비가 있음.〕↔간접비.

직접^비:료(直接肥料)[-쩝삐-]圆 식물에 직접 흡수되어 양분이 되는 비료. 인분이나 황산암모늄 따위로, 질소·인산·칼륨 성분이 들어 있음. ↔간접 비료.

직접^사:인(直接死因)[-쩝싸-]圆 생명의 유지를 직접적으로 불가능하게 하는 원인.〔녀나 심장의 기능 정지 또는 질식 따위.〕↔간접 사인.

직접^선:거(直接選擧)[-쩝썬-]圆 선거인이 직접 피선거인을 뽑는 일. ㉪직선(直選). ↔간접 선거.

직접^선:거^제도(直接選擧制度)[-쩝썬-]圆 직접 선거의 방식으로 피선거인을 뽑는 제도. ㉪직선제. ↔간접 선거 제도.

직접-세(直接稅)[-쩝쎄]圆 납세 의무자와 실제의 조세 부담자가 일치하여 조세 부담이 전가되지 않는 조세.〔국세와 직접 지방세가 있음.〕㉪직세(直稅). ↔간접세.

직접^심리주의(直接審理主義)[-쩝씸리-의/-쩝씸리-이]圆 변론의 청취 및 증거 조사를 수소 법원(受訴法院)이 직접 행하는 주의. ↔간접 심리주의.

직접 인용(直接引用)[-쩌삐뇽]圆 문장에서 남의 글이나 말을 그대로 인용하는 일. 인용된 글이나 말 앞뒤에 따옴표가 들어가고, '라고' 또는 '하고' 따위가 붙음.〔'어떤 청년이 "근처에 혹시 우체국이 있습니까?"라고 물었다.' 따위.〕㉮간접 인용.

직접-적(直接的)[-쩝쩍]관명 중간에 매개를 두지 않고 바로 연결하거나 그렇게 되는 (것). ¶ 직접적 피해. /직접적인 접촉은 없었다. ↔간접적.

직접^점유(直接占有)[-쩝쩌뮤]圆 ☞자기 점유(自己占有). ↔간접 점유.

직접^정:범(直接正犯)[-쩝쩡-]圆 본인 자신의 의사 결정에 따라 본인이 실행하는 범죄, 또는 그 범인. ↔간접 정범.

직접^조:명(直接照明)[-쩝쪼-]圆 광원(光源)에서 직접 빛을 비추는 조명 방법. ↔간접 조명.

직접^지방세(直接地方稅)[-쩝찌-쎄]圆 지방 자치 단체가 징수하는 직접세.〔주민세·취득세·자동차세·공동 시설세·농지세·도시 계획세 따위.〕

직접^추리(直接推理)[-쩝-]圆 하나의 명제에서 직접 다른 명제를 추리하는 일.

직접^침략(直接侵略)[-쩝-냑]圆 무력으로 직접 남의 영토를 침략하는 일. ↔간접 침략.

직접^화법(直接話法)[-쩌콰뻡]圆 언어 표현에서, 남의 말을 옮길 경우 그 사람의 말을 그대로 옮겨하는 화법. ㉪직접 화법.

직접^효:용(直接效用)[-쩌쿄-]圆 사람의 욕망을 직접 충족시키는 재화(財貨)의 효용. ↔간접 효용.

직정(直情)[-쩡]圆 거짓이나 꾸밈이 없는, 있는 그대로의 감정.

직정-경행(直情徑行) [-쩡-]圓[하자] 꾸밈이 없이 내키는 대로 행동함. 경정직행(徑情直行).

직제(職制) [-쩨]圓 ①직무나 직위에 관한 제도. ②☞관제(官制).

직-제자(直弟子) [-쩨-]圓 직접 가르침을 받는 제자.

직-제학(直提學) [-쩨-]圓 ①고려 시대에, 예문관(藝文館)·보문각(寶文閣) 등의 정사품 벼슬. ②조선 시대에, 집현전의 종삼품, 예문관(藝文館)과 홍문관(弘文館)의 정삼품, 규장각의 종이품이나 정삼품 당상관(堂上官)의 벼슬.

직조(織造) [-쪼]圓[하타] 기계로 피륙 따위를 짜는 일.

직종(職種) [-쫑]圓 직업이나 직무의 종류. ¶전문 직종.

직주(直走) [-쭈]圓[하자] 곧장 달려감.

직주(直奏) [-쭈]圓[하타] 직접 임금에게 아룀.

직-주로(直走路) [-쭈-]圓 직선으로 된 육상 경주로.

직-주체(直柱體) [-쭈-]圓 '직각기둥'의 구용어.

직증(直證) [-쯩]圓 추리에 의하지 않고 판단의 진리성을 직관적으로 인지하는 일. 명증(明證).

직지-심경(直指心經) [-찌-]圓 ☞직지심체요절.

직지심체-요절(直指心體要節) [-찌-]圓 고려 우왕 3(1377)년에 간행된 불경. 현존하는 세계 최고(最古)의 금속 활자 인쇄본임. 직지심경.

직지-인심(直指人心) [-찌-]圓 불교에서, 교리를 궁구(窮究)하거나 계행(戒行)을 닦지 않고 직접 사람의 마음을 지도하여 불과(佛果)를 얻게 하는 일을 이르는 말.

직-직[-찍]圖[하타] ①신발 따위를 함부로 끌며 걷는 소리, 또는 그 모양. ②글씨의 획을 잇달아 함부로 긋거나 종이 따위를 마구 찢는 소리, 또는 그 모양. ¶신문지를 직직 찢어발기다. 웹찍찍². 엔찍직¹.

직직-거리다[-찍꺼-]目 자꾸 직직 소리를 내다. 직직대다. 웹찍찍거리다.

직직-대다[-찍때-]目 직직거리다.

직진(直進) [-찐]圓[하자] 똑바로 나아감. 머뭇거림이 없이 곧장 나아감.

직차(職次)圓 직책의 차례.

직책(職責)圓 직무(職務)상의 책임. ¶직책 수당을 받다. /중요한 직책을 맡다. 圖직(職).

직척(直斥)圓[하타] 당사자를 마주한 자리에서 꾸짖어 물리침.

직척(直戚)圓 내종(內從)과 외종(外從) 자손 사이의 척분(戚分).

직첩(職牒)圓 지난날, 조정에서 벼슬아치에게 내리던 임명 사령서.

직초(直招)圓[하타] 지은 죄를 사실대로 바로 말함. 곧은불림.

직출(直出)圓[하자] 곧게 나아감.

직토(直吐)圓[하자타] (실정을) 바른대로 말함.

직통(直通)圓[하자] ①(두 지점 사이에) 막힘이 없이 바로 통함. ¶직통 전화. ②(열차나 버스 따위가) 다른 곳에 들르지 않고 곧장 감. ¶직통 버스. ③(어떤 사실이나 행동 또는 약 따위의) 효과나 보람이 이내 나타남. ④스치거나 비껴가지 않고 곧바로 직접. 《주로, '직통으로'의 꼴로 쓰임.》 ¶날아오는 돌멩이에 직통으로 맞다.

직파(直派)圓 직계(直系)로 이어 내려온 갈래.

직파(直播)圓[하타] ☞곧뿌림.

직판(直販)圓[하타][되자] 유통 기구를 거치지 않고 생산자가 소비자에게 직접 팖.

직판-장(直販場)圓 유통 기구를 거치지 않고 생산자가 소비자에게 직접 파는 곳. ¶농산물 직판장.

직품(職品)圓 지난날, 벼슬의 품계. 작품(爵品). 圖품(品).

직필(直筆)圓 ①[하타](무엇에 얽매이지 않고) 어떤 사실을 있는 그대로 적음, 또는 그렇게 적은 글. ②붓을 꼿꼿이 잡고 글씨를 쓰는 필법.

직핍(直逼)圓[하자] 바싹 다가옴. 바짝 닥침.

직하(直下) [-카]圓 ①바로 그 아래. 곧장 그 밑. ②[하자]곧바로 내려감. ¶급전(急轉)한 방에서, '이질의 중증(重症)'을 이르는 말.

직-하다(直-) [지카-]圓여 ①도리가 바르다. ②(성질이나 언행 따위가) 두름성이 없이 외곬으로 곧다. 고지식하다.

직-하다[지카-]图자 동사나 '있다·없다'의 명사형 어미 '-ㅁ' 뒤에 쓰이어, '할 것 같다, 할 만하다, 해도 좋다' 따위의 뜻을 나타냄. ¶웬만하면 믿음 직한데 속지 않는다. /백 년은 족히 될 직한 고목. 图-ㅁ직하다·음직하다.

-직하다[지카-][접미] 일부 형용사 어간에 붙어, '그러한 상태·성질에 가까움'을 뜻함. ¶굵직하다. /묵직하다. /되직하다.

질할(直轄) [지칼]圓[하타] ①직접 맡아서 다스림. ②주무(主務) 관청이 직접 관할함. ¶직할 공사.

질할¹부대(直轄部隊) [지칼-]圓 ☞직속 부대.

질할-시(直轄市) [지칼-]圓 '광역시'의 이전 일컬음.

질할¹학교(直轄學校) [지칼-쿄]圓 주무 관청(主務官廳)이 직접 관할하는 학교.

직함(職銜) [지캄]圓 ①벼슬의 이름. 관함(官銜). ②직책이나 직무의 이름.

직항(直航) [지캉]圓[하자] 비행기나 배가 항행 중에 다른 곳에 들르지 않고 목적지로 바로 감. ¶직항 노선.

직항-로(直航路) [지캉노]圓 비행기나 배가 항행 중에 다른 곳에 들르지 않고 목적지로 바로 갈 수 있는 길.

직해(直解) [지캐]圓[하타] 문구(文句)대로 풀이함.

직행(直行) [지캥]圓[하자] ①도중에 머물거나 다른 곳에 들르지 않고 곧장 감. ¶직행 버스. /직행 열차. /직행 항로. ②마음대로 꾸밈 없이 해냄. ③올바른 행동.

직-활강(直滑降) [지칼-]圓[하자] 스키에서, 비탈진 곳을 똑바로 미끄러져 내림.

직후(直後) [지쿠]圓 바로 그 뒤. 즉후(卽後). ¶해방 직후에 사망하다. ↔직전.

진(辰)圓 ①십이지의 다섯째. ②〈진방(辰方)〉의 준말. ③〈진시(辰時)〉의 준말.

진:(津)圓 ①풀이나 나무의 껍질 따위에서 분비되는 점액. ¶소나무의 진. ②담배에서 나와 담뱃대에 끼는 점액. ¶담배의 진. ③김이나 연기 또는 눅눅한 기운이 서려서 생기는 끈끈한 물.

  진(이) 빠지다[떨어지다][관용] 실망을 하거나 기운이 빠져 무엇을 할 의욕이 없어지다.

진(疹)圓 보거나 만지거나 하여 알 수 있는 피부병. 색택(色澤)과 융기(隆起)의 상태에 따라 반진(斑疹)·구진(丘疹)·수포진(水疱疹) 따위가 있음.

진(陣)圓 (전투를 하거나 야영을 할 때) 군사가 머물러 둔(屯)을 치는 곳. 진영(陣營).

  진(을) 치다[관용] ①진(陣)을 벌이다. ②어떤 장소를 차지하다.

진:(晉)圓 〈진괘(晉卦)〉의 준말.

진:(參)명 <진성(參星)>의 준말.
진:(膜·瞋)명 <진에(瞋恚)>의 준말.
진:(震)명 ①<진괘(震卦)>의 준말. ②진방(震方)>의 준말.
진:(鎭)명 ①지난날, 한 지역을 지키는 군대, 또는 그 군대의 우두머리를 이르던 말. ②<진영(鎭營)>의 준말.
진(gin)명 증류주의 한 가지. 옥수수·보리·밀을 원료로 하고 노간주나무 열매로 향미를 낸 양주.
진:(jean)명 올이 가늘고 질긴 능직(綾織) 무명, 또는 그것으로 만든 옷.
진(塵)수관 10분의 1, 애(埃)의 10배가 되는 수(의). 곧, 10⁻⁹.
진-(津)접두 《일부 음식이나 색깔을 나타내는 명사 앞에 붙어》'빛깔이 썩 짙음'을 뜻함. ¶진보라. /진분홍. /진국.
진-(眞)접두 《일부 명사 앞에 붙어》진임인. /진면목.
-진(陣)접미 《일부 명사 뒤에 붙어》'무리'·'집단'의 뜻을 나타냄. ¶취재진. /경영진.
진가(眞假)명 진짜와 가짜. 참과 거짓. ¶진가를 가리다.
진가(眞價)[-까]명 참된 값어치. 참 가치. ¶진가를 발휘하다. /전통 예술의 진가를 보여 주다.
진-간장(-醬)명 오래 묵어서 진하게 된 간장. 농장(濃醬). ㉠진장.
진-갈이(-하타)비가 올 때 잡아 놓은 물이 아직 괴어 있을 동안에 논밭을 가는 일. ↔마른갈이. ㉠물갈이¹.
진:감(震撼)명-하자타 울려서 흔들림. 울리게 흔듦.
진:갑(進甲)명 환갑의 이듬해, 또는 그해의 생일. ¶환갑 진갑 다 지난 노인.
진:강(進講)명-하타 임금 앞에서 글을 강론함.
진개(塵芥)명 먼지와 쓰레기.
진개-장(塵芥場)명 쓰레기를 버리는 곳.
진객(珍客)명 귀한 손님.
진:거(進去)명-하자 앞으로 나아감.
진겁(塵劫)명 과거와 미래의 티끌처럼 많은 시간. 무한한 시간.
진:격(進擊)명-하자타 앞으로 나아가 적을 침. 진공(進攻). ¶진격 나팔. /진격 명령. /적진을 향하여 진격하다. ↔퇴수(退守).
진:견(進見)명 '진현(進見)'의 잘못.
진결(陳結)명 지난날, 묵은 논밭에서 거두던 결세(結稅).
진경(珍景)명 보기 드문 경치나 구경거리.
진경(眞景)명 ①☞실경(實景). ②실제의 경치를 그대로 그린 그림. ¶진경 산수화(山水畫).
진경(眞境)명 ①본바탕을 가장 잘 나타낸 참다운 지경. ¶가을산의 진경은 단풍에 있다. ②실제 그대로의 경계.
진:경(進境)명 일로 발전하여 나아간 경지. ¶애쓴 보람이 있어 놀라운 진경에 이르렀다.
진경(塵境)명 ☞티끌세상.
진:경(鎭痙)명-하자 경련을 가라앉힘.
진:계(陳啓)[-계/-게]명-하타 임금에게 사리(事理)를 가려 아룀.
진계(塵界)[-계/-게]명 ☞티끌세상. 진세(塵世).
진고(晉鼓)명 아악기의 한 가지. 틀에 받쳐 놓고 치는 가장 큰 북.
진고(陳告)명-하타 사실을 털어놓고 알림. 죽 이야기하여 알림.
진곡(陳穀)명 묵은 곡식. 구곡(舊穀).

진골(眞骨)명 신라 때, 골품(骨品)의 한 가지. 부모 양계(兩系) 중 어느 한쪽이 왕족인 혈통, 또는 그 사람. ㉠성골(聖骨).
진공(眞空)명 ①공기 따위의 물질이 전혀 없는 공간. 실제로는 보통 수은주 10⁻³ mm 이하의 저압 상태의 공간을 말함. ②'작용이나 활동 따위가 멈추어 텅 빈 상태'를 비유하여 이르는 말. ¶진공 상태. ③불교에서, 열반 또는 일체의 색상(色相)을 초월한 상태를 이르는 말.
진:공(陳供)명-하타 죄를 지은 사람이 그 죄상을 사실대로 말함.
진:공(進攻)명-하자타 ☞진격(進擊).
진:공(進供)명-하타 ☞공상(供上).
진:공(進貢)명-하타 공물(貢物)을 가져다 바침.
진:공(震恐)명-하자 무서워서 떪.
진공-계(眞空計)[-계/-게]명 용기 안의 희박한 기체의 압력을 재어서 진공의 정도를 알아내는 장치. ㉠저압계(低壓計).
진공-관(眞空管)명 유리나 금속 따위의 용기 안을 진공으로 하여 전극(電極)을 넣고 막은 관. 검파(檢波)·증폭·발전 또는 유선이나 무선 통신 따위에 쓰임.
진공관^정:류기(眞空管整流器)[-뉴-]명 진공관을 써서 교류 전류를 직류 전류로 바꾸는 장치.
진공관^증폭기(眞空管增幅器)[-끼]명 진공관을 써서 전압·전력·전류를 증폭하는 장치.
진공^방:전(眞空放電)명 희박한 기체 속에 있는 두 개의 전극(電極) 사이에 일정한 전압을 가할 때 일어나는 방전.
진공^상태(眞空狀態)명 ①진공인 상태. ②아무 것도 없는 상태. 있어야 할 것이 없이 텅 비어 있는 상태.
진공^증류(眞空蒸溜)[-뉴-]명 대기압(大氣壓) 이하의 낮은 압력에서 하는 증류. 감압 증류. ↔상압 증류(常壓蒸溜).
진공-청소기(眞空淸掃器)명 저압부(低壓部)의 흡수력을 이용하여 먼지 따위를 빨아들이게 된 청소 기구. 전기소제기.
진공^펌프(眞空pump)명 용기 안의 기체를 뽑아내는 데 쓰는 펌프.
진과(珍果)명 귀한 과실.
진과(珍菓)명 (구하기 힘든) 귀한 과자.
진과(眞果)명 ☞참열매.
진-과자(-菓子)명 물기가 좀 있어 무른한 과자. 생과자. ↔마른과자.
진:괘(晉卦)명 육십사괘의 하나. 이괘(離卦)와 곤괘(坤卦)를 위아래로 놓은 괘. 광명이 지상에 나옴을 상징함. ㉠진(晉).
진:괘(震卦)명 ①팔괘의 하나. 상형은 '☳'로 우레를 상징. ②육십사괘의 하나. 진괘 '☳'를 위아래로 겹쳐 놓은 괘. 우레가 거듭됨을 상징함. ㉠진(震).
진괴(珍怪)명 '진괴하다'의 어근.
진괴-하다(珍怪-)[-괴-/-꿰-]형여 희귀하고 괴이하다.
진교(眞敎)명 가톨릭에서, '자기의 종교(宗敎)'를 이르는 말.
진구(珍句)명 ①드물게 보는 귀한 문구. ②진묘한 문구. 기이한 구(句).
진구(陳久)명 '진구하다'의 어근.
진:구(進口)명-하자 배가 항구로 들어가거나 들어옴.
진:구(賑救)명-하타 ☞진휼(賑恤).
진구(塵垢)명 먼지와 때.

진-구덕圀 자질구레하고 지저분한 뒷바라지 일.

진-구렁圀 질퍽거리는 진흙의 구렁.

진구리圀 허구리의 잘록하게 들어간 부분.

진구-하다(陳久-)圈 묵어서 오래되다.

진-국(津-)圀 뼈나 고기를 푹 고아서 진하게 된 국물.

진-국(眞-)圀 ①거짓이 없이 참되고 훌륭함, 또는 그러한 사람. ②☞진국.

진국(震國)圀 고구려의 유장(遺將) 대조영(大祚榮)이 세운 나라. 발해(渤海)의 처음 이름.

진:군(進軍)圀圈 군대가 전진함. 진병(進兵). ↔퇴군(退軍).

진:군-나팔(進軍喇叭)圀 진군하라는 신호로 부는 나팔.

진군-죽(眞君粥)圀 쌀에 씨를 뺀 살구를 넣고 쑨 흰죽.

진:권(進勸)圀圈 소개하여 추천함.

진귀(珍貴)圀 '진귀하다'의 어근.

진귀-하다(珍貴-)圈 보배롭고 귀중하다. ¶진 귀한 선물.

진균-류(眞菌類)[-뉴]圀 ☞진균 식물.

진균^식물(眞菌植物)[-싱-]圀 격막이 있는 균사로 이루어진 단세포성 또는 다세포성 균사체. 엽록소가 없으며 기생 생활을 함.〔누룩곰팡이·버섯·깜부기 따위.〕진균류.

진:급(進級)圀圈퇴困 등급(等級)·계급·학년 따위가 올라감. ¶진급 심사. /진급이 빠르다.

진기(珍技)圀 매우 보기 드문 기술. 묘한 재주.

진기(珍奇) '진기하다'의 어근.

진기(珍器)圀 보기 드문 그릇.

진:-기(津-끼)[-끼]圀 ①진액의 끈끈한 기운. ②우러나오는 속 기운. 든든한 기운.

진:기(振氣)圀圈 기운을 떨쳐 냄.

진기(振起)圀圈자困 ☞진작(振作).

진기-하다(珍奇-)圈 썩 드물고 기이하다. ¶진기한 풍경.

진-날圀 (땅이 질척거리게) 비나 눈이 오는 날. ↔마른날.

진날 개 사귄 이 같다[속담] ①'귀찮고 더러운 일을 당함'을 비유하여 이르는 말. ②'달갑지 않은 사람이 자꾸 따라다님'을 이르는 말.

진날 나막신 찾듯[속담] '평소에는 돌아보지도 않다가 아쉬운 일이 생기면 찾는 경우'를 비유하여 이르는 말.

진:납(進納)圀圈 ①나아가 바침. ②받들어 모심.

진년(辰年)圀 태세(太歲)의 지지(地支)가 진(辰)으로 된 해.〔무진년·임진년 따위.〕용진.

진:념(軫念)圀圈 ①임금이 마음을 써서 걱정함. ②윗사람이 아랫사람의 사정(事情)을 걱정하여 헤아려 줌.

진념(塵念)圀 속세의 명리(名利)를 생각하는 마음.

진노(瞋怒·嗔怒)圀圈 성을 내어 노여워함. ¶진노를 풀다.

진:노(震怒)圀困 (존엄하게 여기는 대상이) 몹시 노함. ¶상감의 진노를 사다.

진-눈[1]圀 (눈병을 앓거나 하여) 눈 가장자리가 짓무른 눈.

진-눈[2]圀 '진눈깨비'의 방언.

진눈깨비圀 비가 섞여 오는 눈. ↔마른눈.

진-늑골(眞肋骨)[-꼴]圀 좌우 열두 쌍의 갈비뼈 가운데 위쪽의 명치뼈에 붙은 일곱 쌍의 늑골을 이르는 말. ↔가늑골(假肋骨).

진:단(診斷)圀圈퇴困 ①의사가 환자를 진찰하여 병의 상태를 판단함. ¶건강 진단을 받다.

진:단(震檀)圀 '우리나라'를 예스럽게 이르는 말.〔'震'은 중국의 동쪽, '檀'은 단군을 뜻함.〕

진:단-서(診斷書)圀 의사가 환자를 진단한 결과를 적은 증명서. ¶진단서를 떼다.

진:달(進達)圀圈퇴困 ①말이나 편지를 받아서 올림. ②(중간 관청에서) 관하(管下)의 공문 서류 따위를 상급 관청으로 올려 보냄.

진달래圀 ①철쭉과의 낙엽 활엽 관목. 산이나 들에 나는데, 높이는 2~3 m. 잎은 길둥글며 어긋맞게 나고, 봄에 잎보다 먼저 연분홍 꽃이 깔때기 모양으로 핌. 산척촉. 參두견(杜鵑). ②진달래의 꽃. ②參참꽃.

진담(珍談)圀 신기하고 이상한 이야기. 아주 색다른 이야기.

진담(眞談)圀 참된 말. 진실한 이야기. 참말. ↔농담(弄談).

진담-누설(陳談陋說)圀 진부한 소리와 구저분한 말. 쓸데없이 길게 늘어놓는 말.

진답(珍答)圀 듣기 어려운 색다른 대답(對答). 엉뚱한 대답.

진답(陳畓)圀 오래 묵어 거칠어진 논.

진대圀《주로 '붙다'·'붙이다'와 함께 쓰이어》남에게 기대어 떼를 쓰듯 괴롭히는 짓. ¶한 달 동안이나 친구에게 진대 붙어 지내다.

진:대(賑貸)圀圈 고구려 때, 빈민 구제책으로 관곡을 꾸어 주던 일. 진대법. 參의창(義倉)·환곡(還穀).

진:대-법(賑貸法)[-뻡]圀 ☞진대(賑貸).

진도(津渡)圀 나루.

진:도(進度)圀 일이 진행되는 속도, 또는 그 정도. ¶수업 진도. /진도를 맞추다.

진:도(軫悼)圀圈 임금이 몹시 애도함.

진:도(震度)圀 지진이 일어났을 때 지면의 진동의 세기. 몸에 느껴지는 감도나 건물이 받는 영향 따위의 정도에 따라 8등급으로 나눔.

진돗-개(珍島-)[-도깨/-돋깨]圀 개의 품종의 하나. 진도 특산. 몸빛은 황갈색 또는 백색. 귀는 쫑긋하며 꼬리는 왼쪽으로 감기고 네 다리는 튼튼함. 감각이 극히 예민하고 용맹스러워 사냥용·경비용·애완용으로 두루 기름.〔천연기념물 제53호.〕

진동圀 (저고리의) 어깨선에서부터 겨드랑이까지의 폭. ¶진동이 넓다.

진:동(振動)圀圈 ①(같은 모양으로 반복하여) 흔들려 움직임. ¶이 화물차는 진동이 너무 심하다. ②하나의 물리적인 양(量), 곧 물체의 위치, 전류의 세기, 기체의 밀도 따위가 일정한 시간마다 되풀이하여 변화함, 또는 그와 같은 현상. ③냄새 따위가 아주 심하게 나는 상태. ¶생선 비린내가 진동하다.

진:동(震動)圀圈자困퇴困 (큰 물체가) 몹시 울려서 흔들리거나 떨림. ¶진동이 심하다. /우렛소리가 천지를 진동하다.

진:동-수(振動數)[-쑤]圀 1초 동안의 진동의 횟수.〔단위는 헤르츠(Hz)임.〕

진:동-음(振動音)圀 유음(流音)의 한 가지. 혀끝을 윗잇몸에 닿게 하고 그 안에 공기가 세게 통하게 할 때 혀끝이 진동하여 나는 소리.〔'ㄹ'이 종성이나 자음 위에서 발음될 때 나는 소리.〕설전음(舌顫音).

진:동^전:류(振動電流)[-절-]圀 진동 회로에 의하여 생기는, 주파수가 큰 교류 전류.

진:동-판(振動板)圀 전신 장치의 송화기에 딸린, 음파를 진동시키는 부분, 또는 수화기에서 보내 온 전파를 음파로 재생하는 얇은 철판.

진동-한동[튀][하자] 급하거나 바빠서 몹시 허둥거리는 모양. 겨를 없이 지내는 모양. ¶요즘은 진동한동 지내느라고 날 가는 줄도 모른다. ⑫⑪진동한동.

진동-항아리(-缸-)[명] 〔민속에서〕①무당이 제 집에 모셔 놓은 신위의 한 가지. ②집안의 평안을 위하여, 정한 곳에 모셔 두고 돈과 쌀을 담아 두는 항아리.

진:동^회로(振動回路)[-회-/-훼-][명] 자기 감응 계수와 용량(容量)을 가진 회로.

진두(津頭)[명] 나루.

진두(陣頭)[명] 진열(陣列)의 선두. 일의 맨 앞.

진두-지휘(陣頭指揮)[명][하타] 직접 진두에 나서서 지휘함.

진동-한동[튀][하자] 급하거나 바빠서 몹시 허둥거리는 모양. 겨를 없이 지내는 모양. ⑫진동한동.

진뒤[명] 〔옛〕진드기. ¶진뒤 비: 蝐(訓蒙上23).

진드근-하다[형][어] 매우 진득하다. ⑧잔드근하다.
   진드근-히[튀].

진드기[명] ①진드깃과의 곤충을 통틀어 이르는 말. ②진드깃과의 곤충. 몸길이는 암컷이 7 mm, 수컷이 2.5 mm가량. 몸은 주머니 모양. 개·말·소 따위에 기생하여 피를 빨。 우슬(牛蝨).

진득-거리다[-꺼-][자] 자꾸 진득진득하다. 진득대다. ⑧잔득거리다. ⑩찐득거리다.

진득-대다[-때-][자] 진득거리다.

진득-진득[-뜩-][튀] ①[하자]검질기게 쩍쩍 들러붙는 모양. ②[하자]끊으려고 해도 검질겨서 잘 끊어지지 않는 모양. ③[하형]성질이나 행동이 매우 검질기게 끈기가 있는 모양. ⑧잔득잔득. ⑩찐득찐득.

진득-하다[-드카-][형][어] ①몸가짐이 의젓하고 참을성이 있다. ¶하루 종일 진득하게 앉아 있다. ②눅진하고 차지다. ¶진득한 반죽. ⑧잔득하다. ⑩찐득하다. ③제 자리에서 진득이 기다려라.

진디〈진딧물〉의 준말.

진디-등에[명] 진디등엣과의 곤충을 통틀어 이르는 말. 모기와 비슷하나 훨씬 작음. 몸은 길동 근꼴. 주로 나무 그늘에서 사는데, 떼를 지어 동물이나 사람에 붙어 피를 빨아 먹음. 부진자(浮塵子).

진딧[튀]〔옛〕참. 진짜. ¶眞金은 진딧 金이라(月釋7:29).

진딧-물[-딘-][명] 진딧물과의 곤충을 통틀어 이르는 말. 몸길이 2~4 mm이며 몸빛은 여러 가지임. 농작물의 해충으로, 식물의 줄기·새싹·잎에 모여서 진을 빨아 먹음. 〔복숭아흑진딧물·목화진딧물 따위.〕 ⑫진딧물.

진딧물-내리다[-딘-래-][자] 부셩귀 따위에 진딧물이 잔뜩 끼어 살다.

진돌위[명]〔옛〕진달래. ¶진돌위:山躑躅(訓蒙上7).

진:-땀(津-)[명] ①몹시 애를 쓸 때 흐르는 땀. ②몹시 괴로워할 때 나는 땀. ¶진땀이 나다.
   진땀(을) 빼다[뺌다/흘리다][관용] 어려운 일이나 난처한 일을 당해서 몹시 애를 쓰거나 긴장하다.

진-똥[명] 물기가 많은 묽은 똥. ↔된똥.

진:-략(進略)[질-][명][하타] 쳐들어가서 영토 따위를 빼앗음.

진:-려(振旅)[질-][명][하자] 군사를 거두어 돌아옴.

진:-력(進力)[질-][명] 불교에서 이르는 오력(五力)의 하나. 악(惡)을 쫓고 선(善)을 닦는 일.

진:-력(盡力)[질-][명][하자] 있는 힘을 다함. 사력(死力). ¶입시 공부에 진력하다.

진:력-나다(盡力-)[질령-][자] 힘이 다 빠지고 싫증이 나다. ¶자취 생활에 진력나다.

진:력-내다(盡力-)[질령-][자] (어떤 일에) 싫증을 내다.

진:로(進路)[질-][명] ①앞으로 나아가는 길, 또는 나아갈 길. 태풍의 진로. ↔퇴로(退路). ②장래의 삶의 방식이나 방향. ¶진로 선택.

진:로^지도(進路指導)[질-][명] 졸업 후에 사회에 나아가거나 상급 학교에 진학하는 문제 등에 대한 지도. 〔진학을 위한 학습 지도 및 취직 알선·적성 지도·직업 훈련 등.〕

진:료(診療)[질-][명][하타] 진찰하고 치료함. ¶농어촌 진료 사업.

진:료-소(診療所)[질-][명] 진료 시설을 갖춘 곳. 일반적으로 보건소를 이름.

진루(陣壘)[질-][명] 진(陣)을 친 곳.

진:루(進壘)[질-][명][하자] 야구에서, 주자(走者)가 다음 베이스로 나감.

진루(塵累)[질-][명] ☞속루(俗累).

진리(眞理)[질-][명] ①참된 도리. 바른 이치. ¶진리를 깨닫다. ②어떤 명제가 사실과 일치하거나 논리의 법칙에 맞는 것. ③언제나, 또는 누구에게나 타당하다고 인정되는 인식의 내용. 진리.

진말(辰末)[명] 십이시의 진시(辰時)의 끝. 상오 9시에 가까운 무렵.

진:말(眞末)[명] 밀가루.

진:망(陣亡)[명][하자][되자] ☞진몰(陣歿).

진:망-궂다[-굳따-][형] 경망스럽고 버릇이 없다.

진:맥(診脈)[명][하자] 손목의 맥을 짚어 보아 진찰함. 검맥(檢脈). 맥진. 안맥(按脈).

진-면모(眞面貌)[명] 본디부터 지니고 있는 그대로의 모습. ¶진면모를 숨기다.

진-면목(眞面目)[명] 본디부터 지니고 있는 그대로의 상태나 참모습. ¶진면목을 발휘하다.

진멸(殄滅)[명][하타][되자] 무찔러 죄다 없앰.

진:멸(盡滅)[명][하자][되자] 죄다 멸망함, 또는 죄다 멸망시킴.

진명(盡命)[명][하자] 목숨을 바침. 목숨을 다함.

진명지주(眞命之主)[명] 하늘의 뜻을 받아 어지러운 세상을 평정·통일할 어진 임금.

진:목(眞木)[명] '참나무'를 재목으로 이르는 말.

진:몰(陣歿·陣沒)[명][하자][되자] 싸움터에서 전사하거나 병사(病死)함. 진망(陣亡).

진묘(珍妙)[명] '진묘하다'의 어근.

진묘-하다(珍妙-)[형][어] ①신기하고 절묘하다. ②유별나게 기묘하다.

진무(塵務)[명] ☞진사(塵事).

진무(塵霧)[명] 먼지와 안개. 짙은 연무(煙霧).

진:무(鎭撫)[명][하타][되자] 난리를 일으킨 백성들을 안정시키고 어루만져 달램.

진-무르다[자] '짓무르다'의 잘못.

진:무-사(鎭撫使)[명] 조선 시대에, 강화(江華) 유수가 겸임하던 진무영(鎭撫營)의 으뜸 벼슬.

진:무-영(鎭撫營)[명] 조선 시대에, 강화도에서 해방(海防) 사무를 맡았던 군영.

진묵(眞墨)[명] 참먹.

진문(珍問)[명] 색다른 질문. 엉뚱한 물음.

진문(珍聞)[명] 희한한 소문. 이상한 이야기.

진문(眞文)[명] 부처나 보살이 설법한 문구.

진문(陣門)[명] 진(陣)으로 드나드는 문.

진-문장(眞文章)[명] 참다운 문장.

진:-물(津-)[명] 부스럼이나 상처 따위에서 흐르는 물.

진물(珍物)[명] 썩 진귀한 물건. 진품(珍品).

진물(眞物)똉 진짜. 가짜가 아닌 물건. 진품.

진물-진물(児)(형) 눈가나 살가죽이 짓무른 모양. ⑱잔물잔물.

진미(珍味)똉 음식의 썩 좋은 맛, 또는 그런 음식물. 가미(佳味). ¶진미를 맛보다.

진미(眞味)똉 ①(음식의) 참맛. 제 맛. ¶향토음식의 진미. ②그것이 지니고 있는 참된 맛.

진미(陳米)똉 묵은쌀. ⑳신미(新米).

진-반찬(一飯饌)똉 바싹 마르지도 아니하고 국물도 없는, 좀 진 듯한 반찬. [저냐나 지짐이 따위.] ↔마른반찬.

진-발똉 진 땅을 밟아 더러워진 발.

진:발(振拔)똉(하타) (가난한 사람을) 도와줌.

진:발(進發)똉(하자) 있던 자리를 떠나서 나아감. 싸움터 따위를 향하여 나아감.

진발(鬢髮)똉 빛깔이 검고 윤이 나며 숱이 많은, 아름다운 머리털.

진-밥똉 질게 지은 밥. ↔된밥.

진방(辰方)똉 이십사방위의 하나. 동남쪽에서 남쪽으로 15도까지의 방위. 을방(乙方)과 손방(巽方)의 사이. ⑤진(辰). ↔술방(戌方).

진:방(震方)똉 팔방(八方)의 하나. 정동(正東)을 중심으로 한 45도 범위 이내의 방위. ⑤진(震). ↔태방(兑方).

진:배(進拜)똉(하자) (윗사람에게) 나아가서 절하고 뵘.

진:배(進排)똉(하타) (나라나 윗사람에게) 물품(物品)을 바침.

진배-없다[-업따](형) 못할 것이 없다. 다를 것이 없다. ¶진품과 진배없는 모조품. / 이 사람아, 자네 말만 들어도 받은 거나 진배없네. 진배없-이(児).

진-버짐똉 피부병의 한 가지. 흔히 얼굴에 벌레가 기어간 자국 모양으로 생기는데, 긁거나 터뜨리면 진물이 흐르는 버짐. 습선(濕癬). ↔마른버짐.

진범(眞犯)똉 〈진범인(眞犯人)〉의 준말.

진:-범(秦芃)똉 한방에서, '쥐꼬리망초의 뿌리'를 약재로 이르는 말. 습증(濕症)·황달·지절통(肢節痛) 따위에 쓰임.

진-범인(眞犯人)똉 실제로 죄를 저지른 바로 그 사람. ⑤진범(眞犯).

진법(眞法)똉 불교에서, 진여(眞如)의 정법(正法)을 이르는 말.

진법(陣法)[-뺍]똉 군사를 부리어 진(陣)을 치는 법. [학익진·어린진·장사진 따위.]

진:-변(陳辯)똉(하타) 까닭을 말하여 변명함.

진:-군(進軍)똉(하자) 군사를 전진하게 함. 진군(進軍).

진보(珍寶)똉 아주 귀중한 보물.

진:보(進步)똉(하자)(되자) 사물의 내용이나 정도가 차츰차츰 나아지거나 나아가는 일. ¶과학기술의 진보. ↔향상(向上). ↔퇴보.

진-보라(津-)똉 짙은 보랏빛.

진:보-적(進步的)(관)똉 ①진보하는 (것). ②진보주의의 처지에 서 있는 (것). ¶진보적 사상. / 진보적인 인물. ↔→보수적(保守的).

진:보-주의(進步主義)[-의/-이]똉 사회적 모순을 변혁하고자 꾀하는 전진적(前進的)인 사상. ↔보수주의(保守主義).

진복(眞福)똉 가톨릭에서, '진실한 행복'을 이르는 말. ¶구원으로 얻는 평화만이 진복이다.

진:복(進伏)똉(하자) 편전(便殿)에서 임금을 모실 때 탑전(榻前)에 엎드림.

진:복(震服)똉(하자) 무서워 떨면서 복종함.

진복-팔단(眞福八端)[-판]똉 가톨릭에서, 그리스도의 산상수훈(山上垂訓) 가운데에 있는 여덟 가지 행복을 이르는 말.

진본(珍本)똉 ☞진서(珍書).

진본(眞本)똉 옛 책이나 글씨·그림 등에서, 저자나 화가가 직접 썼거나 그린 것, 또는 처음박아 낸 것. ¶그동안 공개되지 않던 진본이 일반에 공개되었다. ↔가본·안본(贋本)·위본(僞本).

진:-봉(進封)똉(하타)(되자) ①물건을 싸서 진상함. ②세자(世子)·세손(世孫)·후(后)·비(妃)·빈(嬪)의 봉작을 더함.

진부(眞否)똉 참됨과 참되지 못함. 진위(眞僞).

진부(陳腐)똉 '진부하다'의 어근.

진-부정(不淨)똉 사람이 죽어서 생긴다고 하는 부정.

 진부정(을) 치다(관용) 초상집에서 무당이 굿을 할 때 첫거리로 부정을 없애는 일.

진부정-가심(不淨一)똉(하자) 초상집에서 부정을 없애기 위하여 무당을 불러들여 굿을 하는 일.

진:부-하다(陳腐-)(형여) 케케묵고 낡다. ¶진부한 이론. ↔참신(斬新)하다.

진북(眞北)똉(하자) 지구 북극의 방향. ⑱도북(圖北)·자북(磁北).

진-분수(眞分數)[-쑤]똉 분자가 분모보다 작은 분수. ↔가분수(假分數).

진-분홍(津粉紅)똉 짙은 분홍빛.

진사똉 '애꾸눈이'를 조롱하여 이르는 말.

진사(辰砂)똉 육방 정계(六方晶系)에 딸린 진홍색의 광석. 수은과 황의 화합물로 수은의 원료 및 적색 채료(彩料)와 약재에 쓰임. 단사(丹砂). 단주(丹朱). 주사(朱砂).

진사(珍事)똉 〈진사건(珍事件)〉의 준말.

진사(眞絲)똉 명주실.

진:-사(陳謝)똉(하자타) 까닭을 밝히며 사과(謝過)의 말을 함.

진:사(進士)똉 조선 시대에, 소과(小科)와 진사과(進士科)에 급제한 사람을 일컫던 말.

진사(塵事)똉 속세의 어지러운 일. 세상의 잡일. 진무(塵務).

진:사(震死)똉(하자)(되자) 벼락을 맞아 죽음.

진-사건(珍事件)[-껀]똉 보기 드문 사건. 이상야릇한 사건. ⑤진사(珍事).

진사-립(眞絲笠)똉 명주실로 등사(縢絲)를 놓아 만든 갓.

진사-치(辰巳-)똉 ①일진에 진(辰)이나 사(巳)가 든 날은 흔히 날씨가 궂다고 하여 이날에 내리는 비나 눈을 이르는 말. ②(하자)진일(辰日)이나 사일(巳日)에 비나 눈이 내림.

진:산(晉山)똉 중이 새로 한 절의 주지가 되는 일.

진:산(鎭山)똉 지난날, 도읍이나 성시(城市) 등의 뒤쪽에 있는 큰 산을 이르던 말. 그곳을 진호(鎭護)하는 주산으로 삼아 제사를 지냈음.

진:산-식(晉山式)똉 진산 때 올리는 의식(儀式).

진상(眞相)똉 사물이나 현상의 참된 모습이나 내용. ¶사건의 진상을 규명하다.

진:상(進上)똉(하타) (지방의 토산물 따위를) 임금이나 높은 벼슬아치에게 바침. ⑱공상(供上).

 진상 가는 꿀 병(봉놀짐) 얽듯(속담) '물건을 매우 단단히 동여맴'을 이르는 말.

 진상 가는 송아지 배때기를 찼다(속담) '쓸데없는 짓을 하여 봉변을 당함'을 비유하여 이르는 말.

진:상-치(進上-)圀 '허름한 물건'을 속되게 이르는 말.

진생(辰生)圀 진년(辰年)에 태어난 사람. 〔무진생·경진생 따위.〕 용띠.

진서(珍書)圀 아주 귀한 책. 보배로운 책. 진본(珍本). 진적(珍籍).

진서(眞書)圀 ①지난날, 언문에 대하여 '한자 또는 한문'을 이르던 말. ②'해서(楷書)'를 속되게 이르는 말.

진:서(振舒)圀하타 (기상이나 명성 따위를) 떨쳐서 폄.

진선(津船)圀 나룻배.

진선미(眞善美)圀 인간이 이상(理想)으로 삼는 '참다움·착함·아름다움'을 아울러 이르는 말.

진:선진:미(盡善盡美)圀하형 더할 수 없이 착하고 아름다움.

진:설(珍說)圀 이상야릇하고 재미있는 이야기.

진:설(陳設)圀하되자 ①◯배설(排設). ②잔치나 제사 때, 법식에 따라서 상 위에 음식을 벌여 차림.

진섬(殄殲)圀하자타 모두 망함. 또는 무찔러 싹 없애 버림.

진성(辰星)圀 ◯수성(水星).

진성(眞性)圀 ①본디 그대로의 성질. 타고난 성질. ②순진한 성질. ③◯진여(眞如). ④의사성(擬似性)이나 유사성(類似性)이 아닌, 참된 증세의 병. ¶진성 뇌염. ◀→가성(假性).

진:성(眞誠)圀 참된 정성.

진:성(軫星)圀 이십팔수의 하나. 남쪽의 일곱째 별자리. ㉣진(軫).

진:성(鎭星·塡星)圀 ◯토성(土星).

진:성(盡誠)圀하자 정성을 다함.

진-성대(眞聲帶)圀 '목청'을 가성대(假聲帶)에 상대하여 이르는 말.

진세(陣勢)圀 ①군진(軍陣)의 세력. ②진(陣)을 친 형세(形勢).

진세(塵世)圀 ◯티끌세상. 속세. 진계(塵界).

진소(眞梳)圀 참빗.

진:소(陳疏)圀하타 ◯상소(上疏).

진-소위(眞所謂)图 그야말로. 참말로.

진속(眞俗)圀 〔불교에서〕 ①참된 것과 속된 것. ②출세간(出世間)과 세간(世間). ③진제(眞諦)·평등의 이치와 속제(俗諦) 차별의 이치. ④부처의 가르침과 세속의 가르침. ⑤중과 속인.

진속(塵俗)圀 티끌 많은 속세.

진:솔(眞率)圀 ①지어서 한 번도 빨지 않은 새 옷. ②〈진솔옷〉의 준말.

진솔(眞率)图 '진솔하다'의 어근.

진:솔-옷[-솔론]圀 봄과 가을에 다듬어 지어 입는 모시옷. ㉤진솔. •진:솔놓이[-소로시]·진:솔옷만[-소론-]

진:솔-집[-찝]圀 '새로 지은 옷을 첫물에 못 쓰게 만드는 사람'을 조롱하여 이르는 말.

진솔-하다(眞率-)혬 진실하고 솔직하다. ¶진솔한 대화를 나누다. /그녀는 늘 사람을 진솔하게 대한다. 진솔-히图 ¶서민의 삶을 진솔히 담은 소설.

진수(珍秀)图 '진수하다'의 어근.

진수(珍羞)圀 보기 드물게 잘 차린 음식. 맛이 썩 좋은 음식. 진찬(珍饌).

진수(眞數)圀 ①어떤 물건들의 올바른 개수. ②로그 함수에서, 어떤 수의 로그 수에 대하여 그 어떤 수를 이르는 말. ②역대수(逆對數).

진수(眞髓)圀 (사물·현상의) 가장 중요하고 본질적인 부분. ¶민족 문화의 진수.

진:수(進水)圀하타되자 새로 만든 배를 처음으로 물에 띄움. ¶거북선을 진수하다.

진:수(鎭守)圀하타 군사상 아주 긴요한 곳에 군대를 주둔시켜 든든히 지킴.

진:수(鎭戍)圀하타 변경을 지킴.

진:수-대(進水臺)圀 새로 만든 배를 조선대(造船臺)에서 미끄러뜨려 물에 띄우는 장치.

진수-성찬(珍羞盛饌)圀 푸짐하게 잘 차린 맛이 좋은 음식.

진:수-식(進水式)圀 새로 만든 배를 처음으로 물에 띄울 때 하는 의식.

진수-하다(珍秀-)혬 진귀하고도 빼어나다.

진:숙(振肅)圀하타 ①두렵고 무서워 떨며 조심함. ②쇠한 것을 북돋우고 느즈러진 것을 바짝 단속함.

진술(眞術)圀 참된 술법.

진:술(陳述)圀하타되자 ①자세히 벌여 말함, 또는 그 말. ¶의견을 진술하다. ②소송 당사자나 관계인이 법원에 대하여 사건에 관한 사실이나 법률상의 의견을 말함, 또는 그 내용. 공술(供述).

진:술-서(陳述書)[-써]圀 진술을 적은 서류.

진승(眞僧)圀 안으로는 마음을 닦고 겉으로는 계행(戒行)을 잘 지키는 참된 중.

진시(辰時)圀 ①십이시의 다섯째 시. 상오 7시부터 상오 9시까지의 동안. ②이십사시의 아홉째 시. 상오 7시 30분부터 상오 8시 30분까지의 동안. ㉣진(辰).

진시(眞是)图 참으로. 진실로. 진정으로.

진:시(趁時)图하자 '진작'의 잘못.

진:식(進食)圀하자 병을 치른 뒤, 입맛이 당겨 식욕이 점점 더해짐.

진-신(-神)圀 지난날, 진 땅에서 신던 신. 기름에 결은 가죽으로 만듦. 유혜(油鞋). 이혜(泥鞋). ↔마른신.

진신(眞身)圀 ①부처의 보신(報身) 또는 법신(法身). ②부처에 버금가는 성인. 보살.

진-신(搢紳·縉紳)圀 ①'벼슬아치'를 통틀어 이르는 말. ②지위가 높고 행동이 점잖은 사람. ¶진신의 체통.

진-신-장보(搢紳章甫)圀 '모든 벼슬아치와 유생(儒生)'을 이르는 말.

진실(眞實)圀하형 거짓이 없이 바르고 참됨. 참. ¶진실한 사람. 진실-히图.

진실-감(眞實感)圀 참된 맛을 주는 느낌.

진실-로(眞實-)图 참으로. 정말로. 거짓 없이. ¶삶이란 진실로 아름다운 것.

진실-무위(眞實無僞)圀하형 조금도 거짓이 없이 참됨.

진실-성(眞實性)[-썽]圀 참된 성질이나 품성. ¶진실성이 결여된 발언.

진실-승(眞實僧)圀 계율을 꼭 지키는 참된 중.

진:심(眞心)圀 참된 마음. 참마음. ¶진심으로 환영합니다.

진심(塵心)圀 속세의 일에 더럽혀진 마음. 명리(名利)를 탐내는 마음.

진:심(盡心)圀하자 ①마음을 다 씀. 정성을 다 기울임. ②정성을 다하여 본연의 고유한 덕성을 드러냄.

진심(瞋心)圀 왈칵 성내는 마음.

진:심-갈력(盡心竭力)圀하자 마음과 힘을 다함. ㉣진심력(盡心力).

진:심-력(盡心力)[-녁]圀하자 〈진심갈력〉의 준말.

진안(眞贗)圀 진짜와 가짜. 진위(眞僞).

진안막변(眞贗莫辨)[-뺀]**圀** 진짜와 가짜를 분별할 수 없음.

진-안주(-按酒)圀 찌개·찜·전골류와 같이 물기가 있게 만든 안주. ↔마른안주.

진:어(進御)圀하타 높은 사람에게 나아가 뵘.

진:압(鎭壓)圀하타 되자 (다른 사람의 행동을 강제로) 억눌러서 가라앉힘. ¶시위를 무력으로 진압하다.

진:앙(震央)圀 지진이 일어난 진원(震源)의 바로 위에 해당하는 지표의 지점.

진애(塵埃)圀 ①티끌. 먼지. ②'세상의 속된 것'을 비유하여 이르는 말.

진애^감:염(塵埃感染)圀 공기 속에 떠 있는 먼지에 묻은 병원체를 들이마시거나 그것이 살갗에 묻어서 생기는 감염. 결핵·두창(痘瘡)·탄저(炭疽)·성홍열 등이 이 방법으로 전염됨.

진액(津液)圀 생물체 안에서 생겨나는 액체. 〔수액이나 체액 따위〕.

진양조-장단(-調-)[-쪼-]圀 판소리 및 산조(散調)장단의 한 가지. 24박 1장단의 가장 느린 속도로, 6박자 넷으로 또는 12박자 둘로 나눌 수도 있음.

진:어(進御)圀 ①하타 '임금이 입고 먹는 일'을 높이어 이르던 말. ②임금의 거동.

진언(眞言)圀 ①부처의 깨달음이나 서원(誓願)을 나타내는 말. ②☞주문(呪文).

진언(眞諺)圀 진서(眞書)와 언문(諺文).

진언(陳言)圀 ①진부한 말. 케케묵은 말. ②하자일정한 사실에 대하여 말을 함.

진:언(進言)圀하자타 윗사람에게 자기의 의견을 말함, 또는 그런 말.

진언(嗔言)圀 성내어 꾸짖는 말.

진언-종(眞言宗)圀 대승 불교의 한 파. 밀교(密敎)라고도 함.

진에(瞋恚)圀 ①노여움. 분노. ②불교에서 이르는, 삼독(三毒)의 하나. 자기 뜻에 어긋남에 대하여 성내는 일. ㉣진(瞋).

진여(眞如)圀 〔진실함이 언제나 같다는 뜻으로〕 대승 불교의 이상 개념의 한 가지. 우주 만유의 실체로서, 현실적이며 평등 무차별한 절대의 진리. 진성(眞性). ㉣실성(實性).

진:역(辰域)圀 〔동쪽에 있는 나라라는 뜻으로〕 '우리나라'를 달리 이르는 말.

진:역(震域)²圀 지진이 일어났을 때, 일정한 진도(震度)를 가지는 지역. 〔강진(強震) 진역·유감(有感) 진역 따위〕.

진:연(進宴)圀 나라에 경사가 있을 때 궁중에서 베풀던 잔치.

진연(塵煙)圀 연기처럼 일어나는 티끌.

진연(塵緣)圀 〔티끌 세상의 인연이란 뜻으로〕이 세상의 번거로운 인연을 이르는 말.

진:열(陳列)圀하타 되자 (여러 사람에게 보이려고) 물건을 죽 벌여 놓음. 나열(羅列). ¶상품을 진열해 놓다.

진:열-대(陳列臺)[-때]圀 여러 사람이 볼 수 있게 상품 따위를 죽 벌여 놓는 대.

진:열-장(陳列欌)[-짱]圀 상점 등에서, 여러 사람이 볼 수 있게 상품 따위를 벌여 놓는 장.

진:열-창(陳列窓)圀 상품의 견본 따위를 죽 벌여 놓고 지나가는 사람들이 볼 수 있게 만든 유리창. 쇼윈도. 상품진열창.

진영(眞影)圀 얼굴을 주로 나타낸 그림, 또는 사진. ¶위패 대신에 진영을 모시다.

진영(陣營)圀 ①군사가 진을 치고 있는 일정한 구역. 진(陣). 군영(軍營). ②서로 대립하는 각각의 세력. ¶자유 진영.

진:영(鎭營)圀 조선 초기부터 수영(水營)이나 병영(兵營) 밑에 두었던 군대의 직소(職所). 토포영(討捕營). ㉣진(鎭).

진:영-장(鎭營將)圀 조선 시대에, 각 진영의 으뜸 장수. ㉣영장(營將).

진:예(進詣)圀하자 궁중에 나아가 임금을 뵘.

진예(塵穢)圀 먼지와 더러움. 진오(塵汚).

진오(陣伍)圀 군대의 대오(隊伍).

진오(塵汚)圀 ☞진예(塵穢).

진옥(眞玉)圀 참 옥(玉). 진짜 구슬.

진-옴(-)圀 옴에 급성 습진이 함께 나는 피부병. 습개(濕疥). ↔마른옴.

진완(珍玩)圀 ①아주 귀하고 보기 좋은 노리개. ②하타진기하게 여겨서 가지고 놂.

진-외가(陳外家)[지놰-/지눼-]圀 아버지의 외가(外家).

진-외조모(陳外祖母)[지놰-/지눼-]圀 아버지의 외조모.

진-외조부(陳外祖父)[지놰-/지눼-]圀 아버지의 외조부.

진용(眞勇)圀 참된 용기.

진용(陣容)圀 ①진세(陣勢)의 형편이나 상태. ¶적의 공격에 대비하여 진용을 가다듬다. ②어떤 단체의 구성원들의 짜임새. ¶편집 진용.

진운(陣雲)圀 ①진을 친 모양의 구름. ②싸움터에 뜬 구름.

진:운(進運)圀 나아갈 기운(機運). 향상할 운수.

진:운(盡運)圀하자 운이 다함.

진원(眞元)圀 몸의 원기.

진:원(震源)圀 땅속에서 지진이 처음 일어난 곳. 지진의 기점. 진원지(震源地).

진:원-지(震源地)圀 ①☞진원(震源). ②'사건이나 현상이 일어난 근원이 되는 곳'을 비유하여 이르는 말. ¶소문의 진원지.

진월(辰月)〔월건(月建)에 십이지의 진(辰)이 드는 달로〕 '음력 삼월'의 딴 이름. ㉣계춘(季春).

진위(眞僞)圀 참과 거짓. 진부(眞否). 진안(眞贗). ¶진위를 밝히다.

진위-법(眞僞法)[-뻡]圀 간단한 지식의 유무(有無)나 정부(正否)를 객관적으로 확인하기 위하여 두 가지의 선택할 갈래를 주어 그 진위를 판단케 하는 방법.

진유(眞油)圀 참기름.

진유(眞儒)圀 유학(儒學)에 조예가 깊은 선비.

진육(珍肉)圀 궂은고기. 죽은 짐승의 고기.

진:율(震慄·振慄)圀하자 두려워서 몸을 떪.

진의(眞意)[지늬/지니]圀 참뜻. 거짓이 없는 본마음. ¶그의 진의가 무엇인지를 모르겠다.

진의(眞義)[지늬/지니]圀 참된 의의. 참된 의미.

진이(珍異)圀하형 유별나게 이상함.

진인(津人)圀 나루의 뱃사공. 나루치.

진인(眞人)圀 참된 도(道)를 깨달은 사람. 진리를 체득한 사람.

진인(眞因)圀 참된 원인.

진-일[-닐]圀하자 ①물을 써서 하는 집안일. 〔밥 짓고 빨래하는 일 따위〕. ↔마른일. ②궂은일.

진일(辰日)圀 일진(日辰)의 지지(地支)가 진(辰)으로 된 날. 〔무진일(戊辰日)·임진일(壬辰日) 따위〕. 용날.

진:일(盡日)圀 〈진종일(盡終日)〉의 준말.

진:-일보(進一步)몡하짜 〔한 걸음 더 나아간다는 뜻으로〕 한 단계 더 발전해 나아감을 이르는 말. ¶기술 수준이 진일보하다.

진:일지력(盡日之力)[-찌-]몡 하루 종일 맡은 일에 부지런히 쓰는 힘.

진임(眞荏)몡 ⇨참깨.

진:입(進入)몡하짜 내쳐 들어감. 향하여 들어감. ¶선진국으로 진입하다.

진:입-로(進入路)[지빔노]몡 (어떤 곳으로) 들어가는 도로. ¶고속도로 진입로.

진-잎[-닙]몡 날것이나 절인 푸성귀의 잎. •진잎[-니피]·진잎만[-닙-]

진잎-죽(-粥)[-닙쭉]몡 진잎을 넣고 쑨 죽.
진잎죽 먹고 잣죽 트림 한다[속] 실상은 보잘것없으면서 아주 훌륭한 체하는 경우를 비유하여 이르는 말.

진자(侲子)몡 ⇨아이 초라니.

진:자(振子)몡 한 정점(定點)이나 정축(定軸)의 둘레를 일정한 주기로 진동하는 물체. 〔단진자·복진자 따위가 있음.〕 흔들이.

진자(榛子)몡 ⇨개암나무.

진-자리[-짜-]몡 ①아이를 갓 낳은 그 자리. ②아이들이 오줌이나 똥을 싸서 축축하게 된 자리. ↔마른자리. ③사람이 갓 죽은 자리. ④바로 그 자리. 당장. ¶진자리에서 해치우다.

진:작(-勺)몡 ①바로 그때에. ②(원망이나 뉘우침 따위 부정적인 의미로) 좀 더 일찍이. 진즉(趁卽). ¶진작 가 볼걸.

진작(眞勺)몡 고려 시대에, 속가(俗歌)의 가장 빠른 곡조를 이르던 말.

진:작(振作)몡하짜타 떨쳐 일으킴. 떨쳐 일어남. 북돋움. 진기(振起). ¶사기(士氣) 진작. / 민족정신을 진작하다.

진:작(進爵)몡하짜 ①진연(進宴) 때 임금에게 술잔을 올리던 일. ②⇨헌작(獻爵). ③무당이 굿을 할 때 술잔을 올리는 일.

진장(珍藏)몡하타 보배롭게 여겨 깊이 간직함.

진:장(振張)몡하타 기세를 떨쳐 일을 일으킴. 일을 번성하게 함.

진장(陳藏)몡 김장.

진장(陳醬)몡 ①절메주로 담가 빛이 까맣게 된 간장. ②〈간장〉의 준말.

진재(陳材)몡 한방에서, 묵어서 오래된 한약재를 이르는 말.

진:재(震災)몡 지진으로 인한 재앙.

진저(ginger)몡 생강, 또는 그것을 말린 가루.

진저리몡 ①오줌을 누고 난 뒤나 찬 것이 갑자기 살갗에 닿을 때 자기도 모르게 몸이 떨리는 짓. ¶진저리를 치다. ②몹시 귀찮거나 지긋지긋하여 으스스 몸을 떠는 짓. ¶진저리를 내다. /이제는 그 사람 얘기만 들어도 진저리가 난다.

진저-에일(ginger ale)몡 생강에 주석영산(酒石英酸)·자당액(蔗糖液)·효모·물 따위를 섞어 만든 청량음료. 사이다 비슷함.

진적(珍籍)몡 ⇨진서(珍書).

진적(眞的)몡 '진적하다'의 어근.

진적(眞迹·眞蹟)몡 ①실제의 유적. ②⇨친필.

진적(陳迹)몡 지난날의 자취.

진적-하다(眞的-)[-저카-]톙 사실 그대로이다. 틀림이 없다. **진적-히**뿐.

진:전(振顫)몡 머리·몸·손 등에 무의식적으로 일어나는 근육의 불규칙한 운동. 알코올 중독·신경 쇠약·히스테리 따위가 원인이 됨.

진전(陳田)몡 묵은 밭.

진:전(進展)몡하짜되짜 진행되어 나아감. ¶사옥 신축 공사가 진전이 없다. /남북 평화 협상이 급속도로 진전되다.

진절-머리(←〈진저리〉의 속된 말. ¶진절머리를 내다. /진절머리를 치다.

진:점(鎭占)몡하타되짜 (일정 지역을) 진압하여 차지함.

진정(辰正)몡 십이시의 진시(辰時)의 한가운데. 〔상오 8시.〕

진:정(眞情)몡 ①거짓이 없는 참된 정이나 애틋한 마음. ¶진정을 다 바치다. ②진실한 사정. 실정(實情). ¶진정을 털어놓다.

진:정(眞情)몡 실정을 털어놓고 말함.

진:정(進呈)몡하타 (물건을) 자진하여 드림.

진:정(鎭定)몡하타 (반대 세력이나 기세 따위를) 억눌러서 평정함.

진:정(鎭靜)몡하타되짜 ①(흥분이나 아픔 따위를) 가라앉힘. ②(시끄럽고 요란한 것을) 가라앉힘. ¶사태가 진정되다.

진정(眞正)뿐 참으로. 바로. 정말. ¶진정 감사합니다.

진:정-서(陳情書)몡 관청이나 윗사람에게 내려고 사정을 밝혀 적은 서면. ¶진정서를 내다.

진:정-제(鎭靜劑)몡 신경 작용을 진정시키는 데 쓰이는 약제.

진정-하다(眞正-)톙 거짓이 없이 참되다. (주로, '진정한'의 꼴로 쓰임.) ¶어려울 때 돕는 친구가 진정한 친구다.

진제(眞諦)몡 [불교에서] ①평등하고 차별이 없는 최고·깨달음의 참된 진리. ②최상의 진리. 구극(究極)의 진리. ↔속제(俗諦).

진:졸(鎭卒)몡 지난날, 각 진영(鎭營)에 딸려 있던 병졸.

진종(珍種)몡 희귀한 품종.

진:-종일(盡終日)몡 온종일. 하루 종일. ¶정리만 하는 데에도 진종일이 걸리다. /진종일 비가 내리다. ⊜진일(盡日).

진좌(辰坐)몡 (집터나 묏자리 따위가) 진방(辰方)을 등진 좌향, 또는 그런 자리.

진:좌(鎭座)몡하짜 ①신령이 그 자리에 임함. ②자리를 잡아 앉음.

진좌-술향(辰坐戌向)몡 (집터나 묏자리 따위가) 진방(辰方)을 등지고 술방(戌方)을 향한 좌향.

진주(眞珠·珍珠)몡 조개류, 특히 판새류 조개의 체내에서 형성되는 구슬 모양의 분비물 덩어리. 주로, 탄산칼슘으로 이루어지는데, 약간의 유기물이 함유되며 반투명한 은 빛깔의 광택이 남. 방주(蚌珠). 빈주(蠙珠).

진주(陳奏)몡하타 윗사람에게 사정을 밝혀 아룀.

진:-주(進走)몡하짜 앞으로 뛰어 나아감.

진:-주(進駐)몡하짜 (남의 나라 영토에) 진군(進軍)하여 머무름.

진주-선(眞珠扇)몡 전통 혼례 때 신부의 얼굴을 가리는 데 쓰는, 진주로 꾸민 둥근 부채.

진주-암(眞珠岩)몡 화산암의 한 가지. 석영 조면암이 유리 모양으로 된 것으로, 빛깔은 담회색·암녹색·적갈색 등이며 진주 비슷한 광택이 남.

진주-조개(眞珠-)몡 진주조갯과의 조개. 껍데기의 길이와 높이는 7~10cm, 빛깔은 암자녹색. 은모 모양의 비늘이 겹쳐서 쌓였고 안쪽은 진주광택이 남. 깊이 5~20m의 잔잔한 바다 밑의 바위에 사는데, 몸 안에서 진주를 만듦. 양식 진주의 모패(母貝)로 사용되며, 껍데기는 세공(細工)에 쓰임.

진주혼-식(眞珠婚式)명 결혼 기념식의 한 가지. 서양 풍속으로, 결혼 30주년을 맞아 부부가 진주로 된 선물을 주고받으며 기념함. 상아혼식(象牙婚式)이라고도 함. ⚌산호혼식(珊瑚婚式).

진-주홍(津朱紅)명 짙은 주홍빛.

진죽-벼력(-粥-)[-뼈-]명 모암(母岩)이 풍화되어 생긴 사토(沙土)가 물과 뒤섞여 곤죽처럼 된 벼력.

진중(珍重)'진중(珍重)하다'의 어근.

진중(陣中)명 군대나 부대의 안. ¶엄격한 진중의 규율.

진중(鎭重)'진중(鎭重)하다'의 어근.

진중-하다(珍重-)[Ⅰ]타여 (무엇을) 아주 소중히 여기다. 보중(保重)하다. ¶옥체를 진중하소서.
[Ⅱ]형여 ☞귀중(貴重)하다. 진중-히틧 ¶진중히 보관하다.

진:중-하다(鎭重-)형여 점잖고 무게가 있다. 드레지다. ¶진중한 사람. 진중-히틧.

진:즉(趁卽)틧 진작.

진:지명 어른을 높이어 그의 '밥'을 이르는 말. ¶진지 잡수세요.

진지(眞知)명 참된 지식.

진지(眞智)명 불교에서 이르는 삼지(三智)의 하나. 진리를 깨달은 지혜.

진지(眞摯)'진지(眞摯)하다'의 어근.

진지(陣地)명 전투 부대의 공격이나 방어를 위한 준비로 구축해 놓은 지역. ¶진지를 사수하다.

진지러-뜨리다타 몹시 지지러뜨리다. 진지러트리다. ⚌잔지러뜨리다.

진지러-지다재 몹시 지지러지다. ⚌잔지러지다.

진지러-트리다타 진지러뜨리다. ⚌잔지러트리다.

진지적견(眞知的見)[-견]명 확실히 아는 견문.

진지-전(陣地戰)명 튼튼한 진지를 구축해 놓고 하는 전투.

진지-하다(眞摯-)형여 (말이나 태도가) 참답고 착실하다. ¶진지한 토의.

진진(津津)'진진하다'의 어근.

진진-구채(陳陳舊債)명 아주 오래된 빚.

진진-하다(津津-)형여 ①솟아나듯 푸집하거나 매우 재미스럽다. ¶재미가 진진한 구경거리. ②입에 착 달라붙을 만큼 맛이 좋다.

진:질(晉秩)명하자 벼슬아치의 품계(品階)가 오름.

진:집명 ①물건의 가느다랗게 벌어진 틈. ②너무 긁어서 살갗이 벗어진 상처.

진집(珍什)명 아주 보기 드문 집물(什物).

진:짓-상(-床)[-지쌍/-짇쌍]명 진짓상을 차린 상. ¶진짓상을 올리다.

진짜(眞-)[Ⅰ]명 거짓이 아닌 참된 것. 위조하지 않은 참된 물건. 진품(眞品). ¶진짜 진주. /누구의 말이 진짜인지 알 수가 없다. ↔가짜.
[Ⅱ]틧 꾸밈이나 거짓이 없이 참으로. ¶영화가 진짜 재미있다.

진짬(眞-)명 잡것이 섞이지 않은 순수한 것.

진찬(珍饌)명 ☞진수(珍羞).

진:찬(進饌)명 연연(進宴)보다 규모가 작고 의식이 간단한 궁중의 잔치.

진-찬합(-饌盒)명 진반찬이나 술안주 따위를 담는 찬합. ↔마른찬합.

진:찰(晉察)명 조선 말기에, 13도 23부의 행정 구역 실시로 새로 생긴 '경상남도 관찰사'를 달리 이르던 말. 〔처소가 진주에 있었던 데서 유래함.〕

진:찰(診察)명하타 의사가 여러 수단을 써서 병의 유무나 증세 따위를 살피는 일. 진후(診候). ¶진찰을 받다.

진:찰-권(診察券)[-꿘]명 환자가 그 병원에서 진찰을 받을 수 있음을 증명하는 표.

진:참(進參)명하자 (제사나 잔치 따위에) 나아가 참례함.

진:창명 땅이 질어서 곤죽이 된 곳. 이녕(泥濘).

진창-길[-낄]명 땅이 곤죽처럼 질퍽한 길.

진채(珍菜)명 아주 귀하고 맛이 좋은 채소.

진채(眞彩)명 단청(丹靑)에 쓰는, 썩 짙고 불투명한 채색, 또는 그것으로 그린 그림.

진채-식(陳菜食)명 정월 대보름날에 먹는 나물. 호박고지·가지고지·무시래기·버섯·고사리 등을 물에 불린 뒤 삶아 무쳐 먹음.

진책(嗔責)명하타 성을 내어 꾸짖음.

진:척(進陟)명하자 ①일이 진행되어 나아감. ¶유적 발굴 작업이 빠른 진척을 보이다. ②벼슬이 올라감.

진:천(振天)명하자 ①소리가 하늘까지 떨쳐 울림. ②'무명(武名)을 천하에 떨침'을 비유하여 이르는 말.

진:천(震天)명하자 ①소리가 하늘을 뒤흔들듯이 울림. ②'기세(氣勢)를 크게 떨침'을 비유하여 이르는 말.

진:천-동지(震天動地)명하자 ①천지를 뒤흔듦. ②'위엄이 천하에 떨침'을 비유하여 이르는 말.

진:천-뢰(震天雷)[-철뢰/-철뤠]명 ☞비격진천뢰.

진:첩(震疊)명하자 (존귀한 사람이) 몹시 성을 내어 그치지 아니함.

진:청(陳請)명하타 사정을 말하며 간청함.

진:체(晉體)명 중국 진(晉)나라 때의 명필 왕희지(王羲之)의 글씨체.

진초(辰初)명 십이시의 진시(辰時)의 처음. 〔상오 7시가 막 지난 무렵.〕

진초(陳草)명 해묵은 담배.

진:출(進出)명하자 ①앞으로 나아감. ②(활동 무대나 세력 등을 넓히려고) 어떤 방면으로 나섬. ¶정계 진출. /해외로 진출하다.

진:충(盡忠)명하자 충성을 다함.

진:충-보국(盡忠報國)명하자 충성을 다하여 나라의 은혜를 갚음. 갈충보국(竭忠報國).

진:췌(盡瘁·盡痒)명하자 지쳐서 쓰러질 때까지 마음과 힘을 다함. ¶직무에 진췌하다.

진:취(進取)명하타 (관습에 사로잡힘이 없이) 스스로 나아가서 새로운 일을 함. 적극적으로 나서서 일을 이룸. ¶진취의 기상이 믿음직스럽다. ↔퇴영(退嬰).

진:취(進就)명하자 차차 진보하여 감.

진:취(盡醉)명하자 ☞만취(滿醉).

진:취-력(進取力)명 적극적으로 나서서 일을 이룩하는 힘이나 능력. ¶그는 진취력이 강하다.

진:취-성(進取性)[-썽]명 적극적으로 나서서 일을 이룩하는 성질. ¶그는 진취성이 강해서 어떤 일이나 잘해 낼 것이다.

진:취-성(進就性)[-썽]명 일을 차차 이루어 나갈 만한 요소나 성질.

진:취-적(進取的)관명 진취(進取)의 기상이 있는 (것). ¶진취적 사고. /진취적인 기상.

진-타작(-打作)명하자 ☞물타작.

진탁(眞-)명하자 ☞친탁.

진:탕(震盪·振盪)명하자 몹시 흔들려 울림.

진:탕(-宕)틧 썩 만족스럽고 흐뭇하게. 싫증이 날 만큼 넉넉하게. ¶술을 진탕 마시다.

진탕-만탕(-宕-宕)[부] 더없이 만족스럽고 흐뭇하게. 양에 다 차도록 흠씬. ¶술을 진탕만탕 퍼마시다.

진-태양(眞太陽)[명] 가상(假想)의 평균 태양(平均太陽)에 대하여 '실제의 태양'을 이르는 말. ↔평균 태양.

진태양-시(眞太陽時)[명] 진태양의 시각(時角)에 따라 정한 시각(時刻)이나 시법(時法).

진태양-일(眞太陽日)[명] 진태양이 자오선을 지날 때로부터 다시 그것을 지날 때까지의 시간.

진토(塵土)[명] 먼지와 흙.

진통(陣痛)[명] ①[하자]해산(解産)할 때 주기적으로 되풀이되는 복통을 겪음, 또는 그 복통. 산통(産痛). ②사물이 이루어질 무렵에 겪는 '어려움'을 비유하여 이르는 말. ¶민주화의 진통.

진:통(鎭痛)[명] 아픔을 가라앉혀 멎게 함.

진:통-제(鎭痛劑)[명] 중추 신경에 작용하여 아픔을 멎게 하는 약제. [모르핀·안티피린·판토폰 따위.]

진:퇴(進退)[-퇴/-퉤][명] ①[하자]나아감과 물러섬. ②현직 직무나 직위 등에 머무를 것인가 떠날 것인가에 관한 자기의 처지. 거취(去就). ¶진퇴를 분명히 하다.

진:퇴-양난(進退兩難)[-퇴/-퉤-][명] '이러기도 어렵고 저러기도 어려운 매우 난처한 처지에 놓여 있음'을 이르는 말. 진퇴유곡. ¶진퇴양난에 처하다.

진:퇴-유곡(進退維谷)[-퇴/-퉤-][명] '나아갈 수도 물러설 수도 없이 궁지에 몰려 있음'을 이르는 말. 진퇴양난. ¶진퇴유곡에 빠지다.

진투(陳套)[명] 시대에 뒤떨어진 낡은 투.

진:티[명] (어떤) 일의 실마리가 된 원인. 일이 잘못될 빌미.

진-펄[명] 진창으로 된 넓은 들.

진-편포(-片脯)[명] 쇠고기를 곱게 다져 기름과 간장 혹은 소금으로 간을 맞춘 다음, 말리지 않고 날것으로 먹거나 구워 먹는 편포.

진폐(塵肺)[-폐/-폐][명] 먼지가 폐로 들어가 호흡 기능에 장애를 일으키는 병. 진폐증.

진폐-증(塵肺症)[-폐증/-폐쯩][명] ☞진폐.

진:폭(振幅)[명] 진동(振動)하는 물체의 정지 위치로부터 진동의 좌우 극점(極點)에 이르기까지의 변위(變位)의 최댓값. 길이 또는 각도로 나타냄.

진:폭(震幅)[명] 지진계에 나타나는 진동의 폭.

진:폭〻변:조(振幅變調)[-빡-][명] 반송파(搬送波)의 진폭을 신호파의 진폭에 따라 변화시키는 변조 방식. 라디오 방송이나 장거리 전화 회선 등에 쓰임. ↔주파수 변조.

진-풀[명] 홑옷을 빨아서 마르기 전에 먹이는 풀.

진품(珍品)[명] 보배로운 물품. ¶천하의 진품.

진품(眞品)[명] 진짜 물건. ¶진품과 구별하기 힘들 정도로 잘 만든 모조품.

진풍(陣風)[명] 갑자기 불다가 이내 그치는 센 바람. 흔히, 눈이나 비가 오기 전에 붊.

진풍(塵風)[명] 먼지가 섞인 바람.

진-풍경(珍風景)[명] 보기 드문 구경거리. ¶진풍경이 벌어지다.

진:피[명] 검질긴 성미로 끈질기게 달라붙는 짓, 또는 그런 사람.

진피(眞皮)[명] 안팎 두 겹으로 된 살가죽의 안쪽. 사람의 경우 탄력 섬유가 풍부한 결체(結締) 조직으로 되어 있음.

진피(陳皮)[명] 오래 묵은 귤껍질. 맛은 쓰고 매우며, 건위(健胃)·발한(發汗) 등에 쓰임.

진:피-아들[명] 지지리 못난 사람.

진-피즈(gin fizz)[명] 칵테일의 한 가지. 진에 설탕이나 얼음·레몬 따위를 넣고, 탄산수를 부어 만든 음료수.

진필(眞筆)[명] ☞친필(親筆).

진:하(進賀)[명][하자] 나라에 경사가 있을 때 백관(百官)이 임금에게 나아가 축하하던 일.

진:-하다(盡-)[자여] 다하여 없어지다. 끝이 나다. ¶기운이 진하다.

진-하다(津-)[형여] ①액체가 묽지 않고 되직하다. ¶진하게 끓인 고깃국. ②빛깔이나 화장 따위가 짙다. ¶진한 회색. /화장이 진하다. ③감정의 정도가 보통보다 더 깊다. ¶진한 감동을 느끼다. ②→연하다.

진:-하련(震下連)[명] 팔괘 중, 진괘(震卦)는 아래의 막대만 이어졌다는 뜻으로 '☳'의 모양을 이르는 말. ↔손하절(巽下絶).

진:학(進學)[명][하자] ①학문의 길에 나아가 배움. ②(더 배우기 위해) 상급 학교에 감. ¶대학교에 진학하다.

진-학질모기(眞瘧疾-)[-찔-][명] 모깃과의 한 가지. 몸길이 5.5 mm가량. 몸과 촉각은 암갈색. 습지에서 생겨나는데, 밤에 활동하면서 사람의 피를 빨아 학질을 옮김.

진한(辰韓)[명] 삼한(三韓)의 하나. 한반도의 동쪽에 위치한 10여의 군장(君長) 국가로 이루어졌다. 뒤에 신라에 병합됨.

진합-태산(塵合泰山)[명] '작은(적은) 것도 많이 모이면 큰 것이 됨'을 비유하여 이르는 말. 티끌 모아 태산.

진:항(進航)[명][하자] 배가 항해하여 나아감.

진:해(震駭·振駭)[명][하자] 벌벌 떨며 놀람. 놀라 새파랗게 질림.

진:해(鎭咳)[명][하자][되자] 기침을 멎게 함.

진:해-제(鎭咳劑)[명] 기침을 내는 신경 중추에 작용하여 기침을 멎게 하는 약제. [모르핀·인산 코데인 따위.]

진:행(進行)[명][되자] ①앞으로 나아감. ②[하자]일을 치러 감. ¶예식을 진행하다.

진:행-계(進行係)[-계/-게][명] 회의나 행사 따위의 진행을 담당하는 역할, 또는 그 사람.

진:행-상(進行相)[명] 동작상(動作相)의 한 가지. 동작의 진행을 나타냄. ['-고 있다'·'-고 있었다'·'-고 있겠다' 등으로 표현됨.]

진:행-성(進行性)[-썽][명] (병이) 정지 상태에 있지 않고 악화되어 가는 성질. ¶진행성 결핵.

진:행주[명] 물을 적셔 쓰는 행주. ↔마른행주.

진:행-파(進行波)[명] 공간 안을 일정한 방향으로 진행하는 파동. 매질(媒質)에 따라 진행 속도가 결정됨. ↔정상파.

진:행-형(進行形)[명] 영문법에서, 동사의 정형(定形)에 '-ing'를 붙인 형태. 그 동사의 동작 개념이 진행 중인 상태를 나타냄.

진:향(進向)[명] 향하여 나아감.

진-허리[명] 잔허리의 굽어드는 부분.

진:헌(進獻)[명][하타] 임금에게 예물을 바침.

진:현(進見)[명][하자] 임금에게 나아가 뵘.

진형(陣形)[명] 진지의 형태. 전투의 대형.

진:호(鎭護)[명][하타] 난리를 진압하거나, 난리가 나지 못하게 지킴.

진:혼(鎭魂)[명][하자] 망혼(亡魂)을 진정시킴.

진:혼-곡(鎭魂曲)[명] ①죽은 이의 넋을 달래기 위한 음악. ②가톨릭에서, 위령 미사 때 드리는 음악. 레퀴엠. 위령곡(慰靈曲).

진:혼-제(鎭魂祭)[명] ☞위령제(慰靈祭).

진홍(眞紅)**명** ☞진홍색.

진-홍두깨명 다듬이를 눅눅하게 하여 홍두깨에 올리는 일. ↔마른홍두깨.

진홍-빛(眞紅-)[-삗]**명** ☞진홍색. *진홍빛이 [-삐치]·진홍빛만[-삔-]

진홍-색(眞紅色)**명** 짙은 붉은빛. 진홍. 진홍빛. 다홍색.

진화(珍貨)**명** 보기 드문 물품. 색다른 물품.

진:화(進化)**명**하자[되자] ①생물이 조금씩 변화하여 보다 복잡하고 우수한 종류의 것으로 발전하는 일. ②사물이 보다 좋고 보다 고도(高度)의 것으로 발전하는 일. ↔퇴화(退化).

진:화(鎭火)**명**하타[되자] ①일어난 불을 끔. ②말썽·소동 따위를 해결함. ¶소요 진화에 나서다.

진:화-론(進化論)**명** 모든 생물은 원시적인 종류의 생물로부터 진화해 왔다는 다윈의 학설. 다위니즘(Darwinism).

진:화-설(進化說)**명** ☞진화주의.

진:화-주의(進化主義)[-의/-이]**명** 사물의 변화 발전을 진화론에 따라 설명하는 이론. 진화설.

진황(眞況)**명** 참된 상황.

진황-지(陳荒地)**명** 돌보지 않고 버려 두어 거칠어진 땅.

진효(珍肴)**명** 흔하지 않은, 맛있는 안주.

진:휼(賑恤)**명**하타 지난날, 관(官)에서 흉년에 곤궁한 백성을 구원하여 도와주던 일. 진구(賑救).

진-흙[-흑]**명** ①빛깔이 붉고 차진 흙. ②질퍽질퍽하게 된 흙. 이토(泥土). *진흙이[-흘기]·진흙만[-흥-]

진흙-탕[-흑-]**명** 곤죽처럼 질퍽질퍽하게 된 흙(곳). ¶진흙탕에 빠지다.

진:흥(振興)**명**하자타 (학술이나 산업 따위가) 떨쳐 일어남, 또는 떨쳐 일으킴. ¶전통 문화의 진흥. /산업을 진흥하다.

진흥왕^순수비(眞興王巡狩碑)**명** 신라 24대 진흥왕이 나라 안을 순행하여 영토의 경계를 정하고 그 내력을 새겨 세운 비석. 북한산·창녕·황초령·마운령의 네 곳에 있음.

진:흥-책(振興策)**명** 진흥시키기 위한 방책. ¶수출 진흥책.

진희(珍稀)'진희하다'의 어근.

진희-하다(珍稀-)[-히-]**형여** 진기하고 드물다.

질(帙)**명** 질그릇을 만드는 원료인 흙. **참**질흙.

질(帙)**[Ⅰ]명** 여러 권으로 된 책의 한 벌. ¶문학 전집을 질로 사다.
[Ⅱ]의 여러 권으로 된 책의 한 벌을 세는 단위. ¶백과사전 두 질. **원질**4.

질(秩)**명** 관직이나 녹봉 따위의 등급.

질(質)**명** ①사물의 근본이 되는 성질. ¶양(量)보다는 질이 우선이다. ②됨됨이의 바탕. ¶질이 좋은 사람.

질(膣)**명** 포유류 암컷의 생식기의 한 부분. 사람의 경우, 위쪽은 자궁에 이어지고 아래쪽은 외음부(外陰部)에 맞닿는, 관(管) 모양의 부분.

-질준 '-지를'이 줄어든 말. ¶잠시도 놀질 않

-질접미 《일부 명사 뒤에 붙어》 ①'그 도구를 가지고 하는 일'의 뜻을 나타냄. ¶삽질. /걸레질. ②'일정한 직업이나 노릇을 나타냄. ¶선생질. /바느질. /목수질. ③'옳지 않은' 일을 나타냄. ¶강도질. /서방질. ④'신체를 이용한 어떤 행위를 나타냄. ¶곁눈질. /손가락질.

질감(質感)**명** 재질(材質)에 따라 달리 느껴지는 독특한 느낌. 마티에르. ¶부드러운 질감의 벽지. /나무의 질감을 살린 조각.

질겁-하다[-거파-]**자여** 뜻밖의 일을 당하여 숨이 막히듯 깜짝 놀라다. ¶뱀을 보자 질겁하여 도망치다. **참**질겁하다.

질-것[-건]**명** 질흙으로 구워 만든 물건을 통틀어 이르는 말. *질것이[-거시]·질것만[-건-]

질겅-거리다타 자꾸 질겅질겅하다. 질겅대다. **참**잘강거리다.

질겅-대다타 질겅거리다.

질겅-이다타 질긴 물건을 거칠게 씹다.

질겅-질겅무하다 질긴 물건을 거칠게 잇달아 씹는 모양. **참**잘강잘강.

질경이명 질경잇과의 다년초. 들이나 길가에 흔히 나는데, 잎은 달걀 모양으로 뿌리에서 무더기로 남. 여름에 흰 꽃이 이삭 모양으로 핌. 잎은 나물로 먹고, 씨는 한방에서 '차전자(車前子)'라 하여 약재로 쓰임.

질고(疾苦)**명** ☞병고(病苦).

질고(疾故)**명** ☞병고(病故).

질고(秩高)'질고(秩高)하다'의 어근.

질고(質古)'질고(質古)하다'의 어근.

질고-하다(秩高-)**형여** 관직이나 녹봉(祿俸) 따위가 높다.

질고-하다(質古-)**형여** 질박하고 예스럽다.

질곡(桎梏)**명**[차꼬와 수갑이라는 뜻으로] 자유를 가질 수 없게 몹시 속박하는 일. ¶질곡의 세월. /질곡에서 벗어나 자유를 찾다.

질권(質權)[-꿘]**명** 담보 물권(擔保物權)의 한 가지. 목적물을 맡아 두었다가 갚지 않을 때 그 목적물로 우선 변제(優先辨濟)를 받을 수 있는 권리.

질권^설정자(質權設定者)[-꿘-쩡-]**명** 질권을 설정하기 위하여 질물(質物)을 질권자에게 제공하는 사람.

질-그릇[-른]**명** 질흙으로 빚어서 잿물을 입히지 않고 구운 그릇. 겉면이 윤기가 없음. **참**옹기. *질그릇이[-르시]·질그릇만[-른-]

질근-질근[-끈-끈] ①하타 질긴 것을 가볍게 자꾸 씹는 모양. ¶그는 손톱을 질근질근 씹는 버릇이 있다. **참**잘근잘근. ②새끼나 노끈 따위를 느릿느릿하게 꼬는 모양. ¶뒤채에서는 한창 질근질근 새끼를 꼬고 있다.

질금무하자타 액체(液體)가 조금 새어 흐르거나 쏟아지다가 그치는 모양. **참**잘금. **센**찔끔1. 질금-질금무하자타.

질금-거리다자타 자꾸 질금질금하다. 질금대다. **참**잘금거리다.

질금-대다자타 질금거리다.

질급(窒急)**명**하자 갑자기 몹시 놀라거나 겁이 나서 숨이 막힘.

질긋-질긋[-귿-귿]무 ①끈질기게 참고 견디는 모양. ②잇달아 누르거나 당기는 모양.

질기(窒氣)**명**하자 ☞색(窒塞).

질기다형 ①쉽게 닳거나 끊어지거나 부서지지 않고 견디는 힘이 있다. ¶고기가 질기다. ②목숨이 끊어지지 않고 끈덕지게 붙어 있다. ¶목숨이 질기다. ③끈덕지다. ¶질기게 쫓아다니다.

질기-둥이명 ①바탕이 질깃질깃한 물건. ②성질이 검질긴 사람.

질-기와명 잿물을 입혀 구운 기와. 도와(陶瓦).

질깃-질깃[-긷낃]무무어 (씹히는 맛이) 매우 질깃한 모양. **참**잘깃잘깃·졸깃졸깃. **센**찔깃찔깃.

질깃-하다[-기타-]〖형〗 ①조금 질긴 듯하다. 〈잘〉잘깃하다·졸깃하다. ②성미가 꽤 끈덕지다. 〈센〉찔깃하다.

질끈[부] 바싹 동이거나 단단히 졸라매는 모양. ¶허리띠를 질끈 동여매다. 〈잘〉잘끈.

질-나발(←―喇叭)[-라-]〖명〗 질흙으로 구워 만든 나발.

질녀(姪女)[-려]〖명〗 ☞조카딸.

질다[지니·질어]〖형〗 ①(밥이나 반죽 따위가) 물기가 많다. ↔되다. ②땅이 질퍽질퍽하다. ¶땅이 질어서 발이 푹푹 빠진다.

질대(迭代)[-때]〖명〗〖하타〗 〈되자〉☞체대(替代).

질-돌〖명〗 ☞장석(長石).

질-동이〖명〗 질흙으로 구워 만든 동이.

질둔(質鈍)[-] '질둔하다'의 어근.

질둔-하다(質鈍-)[-뚠-]〖형어〗 ①투미하고 둔탁하다. ②몸이 뚱뚱하여 동작이 굼뜨다.

질-뚝배기[-빼-]〖명〗 질흙으로 구워 만든 뚝배기.

질-뚝질뚝[-찔-]〖부〗〖하〗 군데군데가 질뚝한 모양. 〈잘〉잘똑잘똑2. 〈센〉찔뚝찔뚝.

질뚝-하다[-뚜카-]〖형어〗 길쭉한 물건의 한 부분이 깊이 패어 움푹하다. 〈잘〉잘똑하다. 〈센〉찔뚝하다. **질뚝-이**〖부〗 ¶질뚝이 생긴 절굿공이.

질량(質量)〖명〗 물체가 갖는 물질의 양. 물체의 관성(慣性) 및 무게의 본질이 되는 것.

질량-수(質量數)[-쑤]〖명〗 원자핵을 이루는 핵자(核子)의 수, 곧 양성자와 중성자를 합한 수.

질량^스펙트럼(質量spectrum)〖명〗 각종 이온을 그 질량과 전하(電荷)의 비(比)에 따라 분류하여 늘어놓은 것.

질러-가다〖자〗 지름길로 가다. ¶골목으로 질러가다. ↔질러오다.

질러-먹다[-따]〖타〗 (음식을) 덜 익은 채 미리 먹다.

질러-오다〖자타〗 지름길로 오다. ↔질러가다.

질레(gilet 프)〖명〗 여자의 양장에서 블라우스를 받쳐 입은 것처럼 보이도록 웃옷 밑에 장식용으로 입는, 소매가 없이 된 옷.

질려(蒺藜)〖명〗 ☞남가새.

질력-나다〖자〗 '진력나다'의 잘못.

질뢰(疾雷)[-뢰/-뤠]〖명〗 몹시 심하게 울리는 우레.

질료(質料)〖명〗 형식 또는 형태를 갖춤으로써 비로소 일정한 것으로 되는 소재(素材). 〔건축물의 경우 구조는 형태, 재목은 질료에 해당함.〕 ¶질료는 형식을 규정한다.

질룩-질룩[-찔-]〖부〗〖하〗 군데군데가 질룩한 모양. 〈잘〉잘룩잘룩. 〈센〉찔룩찔룩.

질룩-하다[-루카-]〖형어〗 ①긴 물체의 한 부분이 홀쭉하다. ¶유난히 큰 키에 질룩한 허리. ②길게 두드룩한 것의 한 부분이 움푹 꺼져 있다. ¶큰물로 둑의 일부가 질룩하게 패었다. 〈잘〉잘룩하다. 〈센〉찔룩하다. **질룩-이**〖부〗.

질름-거리다〖자〗 자꾸 질름질름하다. 질름대다. 〈잘〉잘름거리다. 〈센〉찔름거리다.

질름-대다〖자타〗 질름거리다.

질름-질름[-]〖부〗 ①〖하〗그득 찬 액체가 흔들려서 그릇 밖으로 질금질금 넘치는 모양. ②〖하타〗동안이 뜨게 여러 차례에 걸쳐서 조금씩 주는 모양. 〈잘〉잘름잘름. 〈센〉찔름찔름.

질리다[자] ①진력나서 귀찮은 느낌이 들다. ¶술 먹는 것도 이제는 질렸다. ②갑작스럽게 놀라거나 두려워 몹시 위눌리다. 어이가 없거나 기가 막혀서 찟기가 가시거나 핏발이 서다. ¶기가 질리다./새파랗게 질리다. ③(채색이나 염색

을 할 때) 짙은 빛깔이 한데 몰려 퍼지지 못하다. ④값이 얼마쯤 치이다.

질리다²(-)〖자〗 〖'지르다¹'의 피동〗 내지르거나 걸어 참을 당하다.

질매(叱罵)〖명〗〖하타〗 몹시 꾸짖어 나무람.

질문(質問)〖명〗〖하타〗 모르는 것이나 알고 싶은 것 따위를 물음. ¶질문 사항. /질문을 받다. 〈준〉문(問).

질문지-법(質問紙法)[-뻽]〖명〗 연구나 조사 따위의 일정한 목적을 위하여 미리 만들어 놓은 질문지를 여러 사람에게 나누어 주고, 그 회답을 집계하고 분석하는 방법.

질물(質物)〖명〗 질권(質權)의 목적으로 되어 있는 물품. 채무의 담보로 제공된 물품.

질박(質樸·質朴)[-] '질박하다'의 어근.

질박-하다(質樸-·質朴-)[-바카-]〖형어〗 꾸밈이 없이 수수하다. 실박(實樸)하다. ¶질박한 모양의 조선 백자.

질-방구리〖명〗 질흙으로 구워 만든 방구리.

질벅-거리다[-꺼-]〖자〗 자꾸 질벅질벅하다. 질벅대다.

질벅-대다[-때-]〖자〗 질벅거리다.

질벅-질벅[-찔-]〖부〗〖하〗 물기 많은 흙이나 반죽 따위가 끈기 있게 잘 이겨지는 모양.

질벅질벅-하다[-질버카-]〖형어〗 물기 많은 흙이나 반죽 따위가 매우 부드럽게 질다.

질번질번-하다[-]〖형어〗 물자나 돈이 여유가 있고 살림살이가 넉넉하다. **질번질번-히**〖부〗.

질변(質辨)〖명〗〖하타〗 마주 앉아서 변명을 함.

질-병(-瓶)〖명〗 질흙으로 만든 병. **질병에도 감홍로**〔속담〕 겉모양은 보잘것없으나 속은 좋고 아름다운 것도 있다는 말.

질병(疾病)〖명〗 몸과 마음의 온갖 기능 장애로 말미암아 생긴 병. 건강하지 않은 상태. 질환(疾患). ¶질병에 걸리다. /질병을 앓다.

질보(疾步)〖명〗 몹시 빠른 걸음.

질부(姪婦)〖명〗 ☞조카며느리.

질비(秩卑)[-] '질비하다'의 어근.

질비-하다(秩卑-)[-]〖형어〗 관직이나 녹봉(祿俸) 따위가 낮다.

질빵〖명〗 짐을 지는 데 쓰는 줄. 〈참〉멜빵.

질사(窒死)[-싸]〖명〗〖하자〗 숨이 막혀 죽음. 질식사(窒息死).

질산(窒酸)[-싼]〖명〗 강산(強酸)의 한 가지. 흡습성이 강하고 연기를 내며 냄새가 심한 무색의 액체. 물과 임의로 혼합하는 강한 산화제로, 각종 화합물 및 폭탄·질산염·셀룰로이드 제조 따위에 쓰임. 〔분자식은 HNO_3〕 초산(硝酸).

질산-균(窒酸菌)[-싼-]〖명〗 토양 속의 아질산을 산화시켜 질산염을 생성하는 과정에서 화학적으로 얻어지는 에너지로 탄소 동화를 하는 세균.

질산-나트륨(窒酸Natrium)[-싼-]〖명〗 나트륨의 질산염. 칠레 초석을 물에 녹여 재결정시키거나 질산에 나트륨을 가하여 만드는 무색 결정. 비료나 초석의 제조 원료, 의약품 따위에 사용됨. 질산소다.

질산-섬유소(窒酸纖維素)[-싼-]〖명〗 ☞니트로셀룰로오스.

질산-소다(窒酸soda)[-싼-]〖명〗 ☞질산나트륨.

질산-암모늄(窒酸ammonium)[-싼-]〖명〗 질산을 암모니아로 중화하여 얻는 무색무취의 백색 결정. 비료·폭약·냉각제 따위로 사용됨. 초산암모늄.

질산-염(窒酸塩)[-싼념]〖명〗 금속, 또는 그 산화물이나 탄산염 따위를 질산에 녹여 만든 화합

물을 통틀어 이르는 말. 산화제나 비료·화약 따위에 사용됨. 초산염.

질산-은(窒酸銀)[−싸−]圏 질산에 은을 녹여 얻는 무색무취의 투명한 판상(板狀) 결정. 은도금·부식제·분석용 시약 따위로 쓰이며, 치사량 10 g의 극약임. 초산은.

질산-칼륨(窒酸Kalium)[−싼−]圏 칼륨의 질산염. 무색의 유리 광택이 있는 투명 또는 반투명의 결정체. 화약·성냥·유리·비료 따위의 원료로 사용됨. 노르웨이 초석. 은초(銀硝). 초석(硝石).

질산-칼슘(窒酸calcium)[−싼−]圏 칼슘의 질산염. 무색의 단사 정계(單斜晶系)로 흡습성(吸濕性)이 강한 결정. 질산염의 제조나 속효성 비료로 사용됨.

질-삿반(−盤)[−삳빤]圏 지게에 얹어 놓고 물건을 담아 지는 삿반.

질색(窒塞)[−쌕]圏하자 ①몹시 놀라거나 싫어서 기막힐 지경에 이름. ¶추운 것은 딱 질색이다. ②숨이 통하지 못하여 기운이 막힘. ②질기(窒氣).

질서(姪壻)[−써]圏 ☞조카사위.

질서(秩序)[−써]圏 사물 또는 사회가 올바른 상태를 유지하기 위해서 지켜야 할 일정한 차례나 규칙. ¶질서를 바로잡다.

질서-벌(秩序罰)[−써−]圏 ☞행정벌(行政罰).

질소(窒素)[−쏘]圏 비금속 원소의 한 가지. 공기 부피의 5분의 4를 차지하는 무색·무미·무취의 기체. 다른 원소와 어울려 초석·질산 따위를 만들어 내며, 생물계의 동식물체를 이루는 단백질에 없어서는 안 될 중요 성분임. 질소 화합물의 제조 및 야금(冶金) 따위에 이용됨. [N/7/14.0067]

질소-하다(質素−)[−쏘−]형며 '질소하다'의 어근.

질소^고정(窒素固定)[−쏘−]圏 공기 속의 질소를 화합물로 만드는 일.

질소^공업(窒素工業)[−쏘−]圏 공기 속의 질소를 화합물로 고정시키는 공업.

질소^동화^작용(窒素同化作用)[−쏘−]圏 식물이 공기 속의 유리(遊離) 질소, 또는 땅속의 물속의 무기 질소 화합물을 얻어 각종 유기 질소 화합물로 만드는 작용.

질소^비:료(窒素肥料)[−쏘−]圏 질소가 많이 들어 있거나 질소만 들어 있는 비료. [질산암·요소·깻묵 따위.]

질소족^원소(窒素族元素)[−쏘−]圏 질소·비소·안티몬·인·비스무트의 다섯 원소를 통틀어 이르는 말.

질소^폭탄(窒素爆彈)[−쏘−]圏 핵폭탄의 한 가지. 수소 폭탄을 질소로 싼 폭탄.

질소-하다(質素−)[−쏘−]형며 꾸밈이 없이 소박하다.

질-솥[−솓]圏 질흙으로 구워서 만든 솥. 토정(土鼎). *질솥이[−소치]·질솥을[−소틀]·질솥만[−손−]

질시(疾視)[−씨]圏하타 밉게 봄.

질시(嫉視)[−씨]圏하타 시기하여 봄. 시새워서 봄. 투시(妬視).

질식(窒息)[−씩]圏하자하되자 숨이 막힘, 또는 그로 말미암아 생기는 장애나 상태. ¶유독 가스에 질식되다.

질식-사(窒息死)[−씩싸]圏하자 질식으로 죽음. 질사(窒死).

질식성^가스(窒息性gas)[−씩썽−]圏 호흡을 어렵게 하는 '독가스'를 통틀어 이르는 말.

질실(質實)[−씰] '질실하다'의 어근.

질실-하다(質實−)[−씰−]형며 질박(質朴)하고 성실하다. 질실-히튀.

질쑥-질쑥[−쑥−]튀하형 여러 군데가 질쑥한 모양. 蔔잘쑥잘쑥.

질쑥-하다[−쑤카−]형며 긴 물체의 한 부분이 가늘게 지룩하다. 蔔잘쑥하다. 쎈찔쑥하다. 질쑥−이튀.

질아(姪兒)圏 ☞조카.

질언(疾言)圏하자 ①빠른 말투로 말함, 또는 빠른 말. ②빠른 말투로 거칠게 말함.

질언(質言)圏 ①하타 꾸밈이 없이 말함, 또는 그런 말. 질박(質朴)한 말. ②☞언질(言質).

질역(疾疫)圏 유행하는 병. 유행병.

질염(膣炎)[−렴]圏 질에 생기는 염증.

질오(嫉惡)圏하타 시새워 몹시 미워함.

질욕(叱辱)圏 꾸짖으며 욕함.

질우(疾雨)圏 세차게 내리는 비.

질원(嫉怨)圏하타 미워하고 원망함.

질의(質疑)[지리/지리]圏 의심나는 점을 물어서 밝힘. ¶질의에 응답하다.

질의(質議)[지리/지리]圏하타 사리의 옳고 그름을 따지며 의논함.

질의-응답(質疑應答)[지리−/지리−]圏 한편에서 의심나는 점을 질문하면 다른 한편에서 이에 대하여 답하는 일.

질자(姪子)[−짜]圏 ☞조카.

질-장구(−缶)圏 '부(缶)를 속되게 이르는 말.

질-적(質的)[−쩍]관圏 내용이나 본질에 관계되는 (것). ¶상품의 질적 향상을 꾀하다. ↔양적(量的).

질점(質點)[−쩜]圏 역학적으로, 크기가 없고 질량(質量)만 있다고 가상(假想)하는 점. 물체의 질량이 모두 집결하였다고 간주하는 점인데, 물체의 운동을 설명할 때 쓰이는 개념임.

질점-계(質點系)[−쩜계−/−쩜게]圏 몇 개의 질점으로 이루어지는 역학적 체계.

질정(叱正)[−쩡]圏하타 꾸짖어 바로잡음.

질정(質正)[−쩡]圏하타하되 옳고 그름을 묻거나 따지거나 하여 밝힘.

질정(質定)[−쩡]圏하타하되 갈피를 잡고 헤아려 작정함. ¶아직 마음을 질정하지 못한 터라 선뜻 나서기가 두렵습니다.

질족(疾足)[−쪽]圏 빠른 걸음. ↔완보(緩步).

질주(疾走)[−쭈]圏하자타 빨리 달림. ¶고속도로로 수많은 차가 질주하고 있다.

질증(疾憎)[−쯩]圏하타 몹시 미워함.

질직(質直) '질직하다'의 어근.

질직-하다(質直−)[−찌카−]형며 질박(質朴)하고 정직하다. 질직-히튀.

질질[1]튀 액체 따위가 그치지 않고 흐르는 소리, 또는 그 모양. ¶침을 질질 흘리다. 蔔잘잘·잴잴. 쎈찔찔[1].

질질[2]튀 ①윤기가 번드르르하게 흐르는 모양. ②바닥에 닿아 흉하게 끌리는 모양. ¶치맛자락을 질질 끌다. ③가진 물건을 허술하게도 빠뜨리거나 흘리는 모양. ¶쌀을 질질 흘리다. ④한번 정한 기한을 자꾸 미루는 모양. ¶약속한 날을 어기고 질질 끌다. ①②③ 蔔잘잘[2].

질질[3]튀 주책없이 이리저리 바쁘게 싸다니는 모양. ¶해야 할 일을 뒤로 두고 질질 쏘다니기만 한다. 蔔잘잘[3]·절절[2]. 쎈찔찔[2].

질질-거리다[자] 주책없이 이리저리 자꾸 싸다니다. 질질대다. 蔔잘잘거리다·절절거리다.

질질-대다[자] 질질거리다.

질-차관(−茶罐)圏 질흙으로 구워 만든 차관.

질책(叱責)**명**[하타] 꾸짖어 나무람. ¶질책을 당하다.

질책(帙册)**명** 여러 권으로 된 한 벌의 책. **변**길책.

질책(質責)**명**[하타] ①잘못을 따져 꾸짖음. ②잘못을 끝까지 따져서 밝힘.

질척-거리다[-꺼-]**자** 자꾸 질척질척하다. 질척대다. **환**잘착거리다.

질척-대다[-때-]**자** 질척거리다.

질척-이다[-차-]**자** 진흙이나 반죽 따위가 물기가 많아 차지고 진 느낌이 들다.

질척-질척[-쩔-]**부**[하자] 질척한 진흙땅을 자꾸 밟을 때 매우 차지게 나는 소리. **환**잘착잘착.

질척질척-하다[-쩔처카-]**형여** 여러 군데가 고루 질척하다. **환**잘착잘착하다.

질척-하다[-처카-]**형여** 진흙 따위가 차지게 질다. **환**잘착하다.

질축(嫉逐)**명**[하타] 샘내어 내쫓음. 시새워 물리침.

질커덕-거리다[-꺼-]**자** 진흙이나 묽은 반죽 같은 것이 물기가 많아 진 느낌이 자꾸 들다. 질커덕대다. **준**질컥거리다.

질커덕-대다[-때-]**자** 질커덕거리다.

질커덕-질커덕[-쩔-]**부**[하형] 진흙이나 묽은 반죽 같은 것이 매우 진 모양. **준**질컥질컥.

질커덕-하다[-더카-]**형여** 진흙이나 묽은 반죽 같은 것이 물기가 많아서 몹시 질다. **준**질컥하다. **환**잘카닥하다.

질컥-거리다[-꺼-]**자** 〈질커덕거리다〉의 준말.

질컥-대다[-때-]**자** 질컥거리다.

질컥-질컥[-쩔-]**부**[하형] 〈질커덕질커덕〉의 준말.

질컥-하다[-커카-]**형여** 〈질커덕하다〉의 준말. **환**잘칵하다.

질크러-지다**자** 질쑥하게 쑥 들어가다. **환**잘크라지다.

질타(叱咤)**명**[하타] 성을 내어 큰 소리로 꾸짖음. ¶여론의 질타를 받다.

질탕(跌宕·佚蕩)**명**[하다여] 한껏 흐드러져 방탕에 가깝도록 흥겨움, 또는 그렇게 노는 짓. ¶질탕하게 마시고 놀다. 질탕-히**부**.

질-탕관(一湯罐)**명** 질흙으로 구워 만든 탕관.

질-통(一桶)**명** ①물통. ②광석·벼락·흙·모래 따위를 져 낼 때 쓰는 통. 삼태기나 나무통 따위에 멜빵을 달아서 씀.

질통(疾痛)**명** 병으로 말미암은 아픔.

질통-꾼(一桶一)**명** 질통으로 광석이나 흙·모래 따위를 져 나르는 일꾼.

질투(嫉妬·嫉妒)**명**[하타] ①강샘. ¶질투가 나다. ②(저보다 나은 사람을) 시기하여 미워함.

질투-심(嫉妬心)**명** ☞투심.

질퍼덕[-퍼-]**부**[하자타] 진흙의 바닥을 밟을 때 나는 소리. **준**질퍽. **환**잘파닥. 질퍼덕-질퍼덕**부**[하자타].

질퍼덕-거리다[-꺼-]**자타** 자꾸 질퍼덕질퍼덕하다. 질퍼덕대다. **준**질퍽거리다. **환**잘파닥거리다.

질퍼덕-대다[-때-]**자타** 질퍼덕거리다.

질퍼덕질퍼덕-하다[-쩔-더카-]**형여** 매우 질퍼덕하다. **준**질퍽질퍽하다. **환**잘파닥잘파닥하다.

질퍼덕-하다[-더카-]**형여** 바닥이 몹시 무르게 질다. **준**질퍽하다. **환**잘파닥하다.

질퍽[-부]**부**[하자타] 〈질퍼덕〉의 준말. **환**잘파닥. 질퍽-[부]**부**[하자타].

질퍽-거리다[-꺼-]**자타** 〈질퍼덕거리다〉의 준말. 질퍽대다. **환**잘파닥거리다.

질퍽-대다[-때-]**자타** 질퍽거리다.

질퍼덕질퍼덕-하다[-퍼카-]**형여** 〈질퍼덕질퍼덕하다〉의 준말. **환**잘퍽잘퍽하다.

질퍽-하다[-퍼카-]**형여** 〈질퍼덕하다〉의 준말. **환**잘퍽하다. 질퍽-히**부**.

질펀-하다**형여** ①넓게 열린 땅이 평평하다. ②주저앉아 하는 일 없이 늘어져 있다. ¶질펀하게 앉아 있다. ③물건 따위가 즐비하게 널려 있다. ④질거나 젖어 있다. ¶눈이 녹아 땅이 질펀하다. 질펀-히**부**.

질품(質稟)**명**[하타] (자기가 할 일에 대하여) 상관에게 여쭈어 봄.

질풍(疾風)**명** ①몹시 빠르고 세게 부는 바람. ②☞흔들바람.

질풍-경초(疾風勁草)[〔질풍에도 꺾이지 않는 억센 풀이라는 뜻으로〕 '아무리 어려운 일을 당해도 뜻이 흔들리지 않는 사람'을 비유하여 이르는 말.

질풍-노도(疾風怒濤)**명** 몹시 빠르게 부는 바람과 무섭게 소용돌이치는 물결. ¶적군이 질풍노도처럼 밀려닥치다.

질-풍류(一風流)[-뉴]**명** '질흙으로 구워 만든 악기'를 통틀어 이르는 말.

질풍-신뢰(疾風迅雷)[-실뢰/-실뤠]**명** 〔빠르고 세찬 바람과 무섭게 울리는 천둥이라는 뜻으로〕 '몹시 빠르고 세찬 기세'를 비유하여 이르는 말. ¶질풍신뢰와 같은 기세로 적진을 공략하였다.

질-화로(一火爐)**명** 질흙으로 구워 만든 화로.

질화-물(窒化物)**명** 질소와 다른 원소와의 화합물.

질환(疾患)**명** ☞질병(疾病). ¶신경성 질환.

질-흙[-흑]**명** 찰흙의 한 가지. 질그릇의 원료로 쓰임. **함**질. * 질흙이[-흥기]·질흙만[-흥-]

짇다[짇따][**형**] (지게·수레·김과 따위에) 짐을 겨다 그려서 없다. * 짊어·짊고[짐꼬]·짊는[짐-]

짊어-지다타다 ①짐 따위를 뭉뚱그려서 지다. ¶보따리를 짊어지다. ②빛을 지다. ③(책임이나 부담 따위를) 맡아 지다. ¶조국의 운명을 두 어깨에 짊어지다. 걸머지다.

짊어지-우다타다 〔'짊어지다'의 사동〕 짊어지게 하다. ¶동생에게 쌀 한 말을 짊어지우다. /장남에게 가족의 생계를 짊어지우다.

짐[1]**명** ①다른 곳으로 옮기거나 꾸려 놓은 물건. 하물. ②맡겨진 부담이나 책임. ¶장남이라 짐이 무겁겠소. ③수고롭고 귀찮은 일이나 물건. ¶여행할 때 이런 물건은 짐만 된다. ④《의존 명사적 용법》 한 번에 져 나를 한 분량을 세는 단위. ¶나무 한 짐.

짐을 벗다**관용** 고통·슬픔·걱정·책임 따위에서 벗어나다.

짐을 싸다**관용** ①다니던 회사를 그만두다. ②다른 곳으로 이사하다.

짐을 풀다**관용** 거처를 정하고 생활을 시작하다.

짐[2]**의** 지난날, 조세(租稅)를 셈하기 위한 토지 면적의 단위. 한 짐은 열 뭇, 곧 백 줌. 부(負).

짐:(朕)**대** 임금이 '나'라는 뜻으로 '자기'를 일컫던 말. ¶짐이 곧 국가다. **참**과인(寡人).

짐-꾼[명] 짐을 나르는 사람.

짐-대[-때][명] 불교에서, 당(幢)을 달아 세우는 대를 이르는 말. 돌이나 쇠로 만듦. 당간(幢竿).

짐-바[-빠][명] 짐을 묶거나 동이는 데에 쓰는 줄.

짐-바리[-빠-][명] 마소로 실어 나르는 짐.

짐-받이[-바지][명] 자전거 따위의 뒤에 짐을 신는, 시렁 같은 물건.

짐-방[-빵][명] 곡식을 도매로 파는 큰 싸전 따위에서 곡식 짐의 운반을 업으로 삼는 사람.

짐-배[-빼][명] 짐을 실어 나르는 배. 하선(荷船). 화물선(貨物船).

짐병-지다[명] 신이 나서 멋들어지고 푸지다.

짐-삯[-싹][명] 짐을 나른 값으로 치르는 품삯. 운임(運貨). *짐삯이[-싹씨]·짐삯만[-쌍-]

짐-새(鴆-)[명] 중국 남방에서 산다는 독조(毒鳥). 뱀을 잡아먹기 때문에 온몸에 강한 독기가 있어, 사람이 이 새의 깃이 잠긴 술을 마시면 즉사한다고 함.

짐-수레[명] 짐을 싣는 수레.

짐-스럽다[-따][~스러우니·~스러워][형]비] 책임이 느껴져 마음이 편치 않다. **짐스레**[부]

짐승[명] ①날짐승과 길짐승을 두루 이르는 말. ②몸에 털이 나고 네 발을 가진 동물. ③바다 속에 사는 동물 가운데서 어류가 아닌 포유동물.〔고래나 물개 따위.〕 ④'잔인하거나 야만적인 사람'을 비유하여 이르는 말.

짐승발자국-유(-内)['육(?)-부수'의 한 가지. '禹'·'禽' 등에서의 '内'의 이름.

짐작(斟酌)[명][하자타][되자] (까닭이나 형편 따위를) 어림잡아 헤아림. 겉가량으로 생각함. 침량(斟量). ¶대강 짐작은 간다.

짐즛[옛] 짐짓. 일부러. ¶짐즛 업게 ᄒᆞ시니(龍歌64章).

짐짐-하다[형여] ①음식이 아무 맛도 없이 찝찔하기만 하다. ②마음에 조금 꺼림하다. ¶기분이 짐짐하다.

짐짓[-진][부] 마음은 그렇지 않으나 일부러 그렇게. 고의로. ¶짐짓 못 본 체하다.

짐츳[옛] 짐짓. 일부러. ¶짐츳 이 글월을 세워 쓰게 ᄒᆞ엿ᄂᆞ니(朴解上54). ⓑ짐츳.

짐-짝[명] 묶어 놓은 짐의 덩이. ¶사람을 짐짝처럼 싣고 달리는 시골 버스.

짐-칸[명] 짐을 넣어 두거나 싣는 칸.

집[명] ①사람이 살기 위하여 지은 건물. 가족이 생활하는 터전. ②동물이 보금자리를 친 곳. ¶까치가 미루나무에 집을 짓다. ③가정(家庭). ¶한 지붕 밑에 세 집이 산다. ④칼·벼루·안경 따위를 끼거나 담아 두는 제구. ¶안경을 집에 넣다. ⑤바둑에서, 돌로 에워싸여 상대편이 들어올 수 없거나, 두고 나서 자기 차지가 된 바둑판의 빈 자리. ⑥〔의존 명사적 용법〕 ㉠가구(家口)의 수를 세는 단위. ¶이 주택에는 열 집이 산다. ㉡바둑에서, 완전히 자기 차지가 된 바둑판의 빈 자리를 세는 단위. ¶두 집 이기다. ⑧호(戶)[가]. **집도 절도 없다**[속담] 몸을 붙이거나 기댈 데가 아무 데도 없다는 말.
집(을) 나다[관용] 집에서 멀리 떠나다.
집(이) 나다[관용] ①팔고 살 집이 생기다. ②바둑에서, 집이 생기다.

집²[명] 자기의 '아내'나 '남편'을 점잖게 이르는 말.《주로, '집에서'의 꼴로 쓰임.》¶집에서 좋다고 하면 함께 가지요.

집(輯)[의] 시가·문장 따위를 엮은 책이나 음악 앨범 따위를 낼 때 그 발행 차례를 나타내는 단위. ¶이번에 동인지 제2집을 발간하였다.

-집¹(-媤)[접미] 《일부 명사 뒤에 붙어》①자기 집안에서 출가한 손아래 여자를, 그 남편의 성 뒤에 붙여 그 집 사람임을 나타냄. ¶김집. /이집. ②남의 소실(小室)이나 기생첩을 말할 때, 그 사람이 전에 머물러 있던 지명 뒤에 붙여 쓰는 말. ¶평양집. /진주집.

-집²[접미] 《일부 명사 뒤에 붙어》①크기나 부피의 뜻. ¶몸집. /살집. ②그것이 생긴 자리나 그 흔적. ¶물집. /흠집.

-집(集)[접미] 《일부 명사 뒤에 붙어》시가·문장·그림 따위를 모은 책임을 나타냄. ¶논문집. /단편집. /시집. /수필집.

집가게-거미[-까-][명] 가게거미과의 거미. 몸길이 10~14 mm. 몸빛은 회백색이며 검푸른색의 줄무늬가 있음. 주로, 집의 구석진 곳에 깔때기 모양의 집을 짓고 삶.

집-가시다[-까-][자]〔초상집에서 발인한 뒤에 집 안을 깨끗하게 한다는 뜻으로〕무당을 불러 악귀를 물리치는 굿을 하다.

집가심[-까-][명][하자] 집가시는 일.

집-가축[-까-][명][하자] 집을 매만져서 잘 거두는 일.

집-값[-깝][명] 집을 팔고 사는 값. *집값이[-깝씨]·집값만[-깜-]

집강-소(執綱所)[-깡-][명] 조선 말기에, 동학 농민군이 전라도 지방에 설치한 자치적 개혁 기구.

집-갯지렁이[-깨찌-/-깬찌-][명] 갯지렁잇과의 한 가지. 몸길이가 40 cm가량이며 몸빛은 갈색임. 바닷가 모래땅에서 해조·모래알·조가비·나뭇잎 따위로 집을 짓고 삶. 낚시 미끼로 쓰임.

집-게[-께][명] 물건을 집는 데 쓰는, 끝이 두 가닥으로 갈라진 연장.

집게-발[-께-][명] 게나 가재 따위의 끝이 집게처럼 생긴 큰 발.

집게-벌레[-께-][명] ①집게벌레과의 곤충류를 통틀어 이르는 말. ②집게벌레과의 곤충. 몸길이 22~24 mm. 몸은 대체로 길고 편평하며 배 끝에 집게 모양의 기관을 가졌음. 들에서는 벌레를 잡아먹는 익충(益蟲)이지만 양잠하는 곳에서는 누에를 잡아먹는 해충임.

집게-뼘[-께-][명] 엄지손가락과 집게손가락을 벌린 길이. ⓑ집뼘.

집게-손가락[-께-까-][명] 엄지손가락 다음의 손가락. 검지. 두지(頭指). 식지. 인지(人指).

집결(集結)[-껼][명][하자][되자] 한곳으로 모임, 또는 모음. ¶집결 장소. /사병들이 연병장에 집결하다.

집계(集計)[-꼐/-께][명][하타][되자] 모아서 합계함, 또는 그 합계. ¶투표용지를 집계하다.

집고[-꼬][부] 어떤 일을 미루어 생각할 때, 꼭 그러하리라는 뜻을 나타내는 말. ¶이번에는 집고 이길 것이다.

집광(集光)[-꽝][명][하자] (렌즈나 반사경으로) 빛을 한곳으로 모음.

집광-경(集光鏡)[-꽝-][명] 평행 광선을 한 점으로 모으거나, 각 방면으로 방사(放射)한 빛을 한곳으로 모으는 오목 거울.

집광-기(集光器)[-꽝-][명] 광학 기계에서, 빛을 한곳으로 모으는 장치. 현미경이나 영사기 등에 쓰이는데, 렌즈를 쓰는 것을 집광 렌즈, 반사경을 쓰는 것을 집광경이라 함.

집광^렌즈(集光lens)[-꽝-][명] 빛을 한곳으로 모으기 위한 렌즈.

집-괭이[-꽹-][명] 집에서 기르는 고양이.

집괴(集塊)[-꾀/-꿰][명] 덩어리. 뭉치.

집구(集句)[-꾸]**명**[하자] 옛사람이 지은 글귀를 모아 새로이 한 구의 시를 만듦, 또는 그렇게 해서 만든 시(詩).

집-구석[-꾸-]**명** ①〈집〉의 속된 말. ¶집구석에만 들어박혀 있다. ②〈가정〉의 속된 말.

집권(執權)[-꿘]**명**[하자] 정권을 잡음. 권세를 가짐. ¶집권 말기.

집권(集權)[-꿘]**명**[하자] 권력을 한군데로 모음. ¶비민주적 중앙 집권. ↔분권(分權).

집권-당(執權黨)[-꿘-]**명** 정권을 잡은 정당이나 무리. ⓟ여당(與黨).

집권-자(執權者)[-꿘-]**명** 정권을 잡은 사람. 권세를 가진 사람.

집금(集金)[-끔]**명**[하자][되자] 회비·대금·요금 등을 모으는 일, 또는 모은 그 돈. 수금(收金).

집금-원(集金員)[-끄뭔]**명** (돌아다니며) 집금하는 일을 업무로 삼는 사람. 수금원.

집기(什器)[-끼]**명** ☞집물.

집기(集記)[-끼]**명** 지난날, 논밭의 자호(字號)·결수(結數)·두락(斗落)·작인(作人) 따위를 적어 두던 장부. ⓟ양안(量案).

집기-병(集氣瓶)[-끼-]**명** 화학 실험용 기구의 한 가지. 기체를 모으는, 유리로 된 병.

집념(執念)[-념]**명** ①마음에 깊이 새겨 뗄 수 없는 생각. ¶집념의 사나이. /집념이 강하다. ②[하자] 한 가지 일에만 달라붙어 정신을 쏟음. ¶연구에 집념하다.

집-누에[짐-]**명** 집에서 치는 누에. 가잠(家蠶).

집다[-따]**타** ①손으로 물건을 잡다. ¶연필을 집다. ②집게 따위로 무엇을 끼워서 잡다. ¶젓가락으로 김치를 집어서 먹다. ③떨어진 것을 줍다. ¶바닥에 떨어진 동전을 집다. ④지적하다. ¶핵심만 집어서 물어라.

집단(集團)[-딴]**명** 많은 사람이나 동물, 또는 물건이 모여서 무리를 이룬 상태. ¶집단의 이익을 위해 궐기하라. ⓑ단체.

집단^검:진(集團檢診)[-딴-]**명** 많은 사람에게 한꺼번에 실시하는 건강 진단. 주로, 학교·회사·공장 등에서 질병의 조기 발견을 목표로 함.

집단^농장(集團農場)[-딴-]**명** 여러 사람이 농지의 소유권을 공유하여 함께 경영하는 농장.

집단^방위(集團防衛)[-딴-]**명** 여러 나라가 힘을 합쳐 방위 조직을 만들어 서로의 안전을 보장하는 일. 〔나토(NATO) 따위.〕

집단-본능(集團本能)[-딴-]**명** 고립을 싫어하고 집단생활을 하려고 하는 본능.

집단-생활(集團生活)[-딴-]**명** 공통되는 의식이나 목표를 가지고 여럿이 집단을 이루어 일정 기간 함께 지내는 생활.

집-단속(-團束)[-딴-]**명** 집 안에 있는 것을 잘 간수하기 위하여 보살피는 것.

집단^심리학(集團心理學)[-딴-니-]**명** 집단 심리를 연구하는 학문. 집단이 갖는 정신, 곧 사회의식이 인간의 행동을 어떻게 변화시키는가를 연구함.

집단^안전^보:장(集團安全保障)[-따난-]**명** 국가의 안전을 스스로의 군비 확장이나 다른 나라와의 군사 동맹에 의하지 않고, 여러 나라가 협력하여 특정 국가의 무력 행사를 막을 체제를 만듦으로써 보장하려는 것. 국제 연합은 이런 생각에 바탕을 두고 있음.

집단-어(集團語)[-따너]**명** ①국가가 없거나 국가를 잃은 민족의 언어. ②국가를 배경으로 하는 국어에 대하여, 일정한 지방이나 사회에서 쓰이는 언어.

집단^요법(集團療法)[-딴뇨뻡]**명** 심리적 부적응 상태에 있는 사람들을 집단 안에 수용하여, 집단 활동을 하게 함으로써 치료를 하는 정신 요법.

집단^지도(集團指導)[-딴-]**명** ①여럿이 협동하여 학습을 하는 상태 아래서 이루어지는 지도. ②정당 등에서, 중요한 방침 따위를 간부의 집단적 합의로 결정해 나가는 방식.

집단^표상(集團表象)[-딴-]**명** ☞집합 표상. ↔개인 표상.

집단-행동(集團行動)[-딴-]**명** 한 집단이 같은 의식과 목표를 가지고 행하는 행동.

집단-혼(集團婚)[-딴-]**명** ☞군혼(群婚).

집단^히스테리(集團Hysterie)[-딴-]**명** 자극적인 또는 같은 것으로 인하여 생긴 불안이나 공상, 또는 현실에서 벗어나고 싶다는 무의식적 욕구 따위가 바탕이 되어 히스테리 증상이 집단 내에 번지는 현상.

집달-관(執達官)[-딸-]**명** '집행관'의 이전 일컬음.

집달-리(執達吏)[-딸-]**명** '집달관'의 이전 일컬음.

집-대성(集大成)[-때-]**명**[하자][되자] (낱낱으로 된) 여럿을 모아 하나의 정리된 것으로 완성함, 또는 그 완성된 것. ¶현대 문학의 집대성. /향가를 집대성하다.

집도(執刀)[-또]**명**[하자] ①칼을 잡음. ②수술이나 해부 따위를 하기 위하여 메스를 잡음.

집-돼지[-뙈-]**명** (멧돼지에 대하여) '집에서 기르는 돼지'를 이르는 말.

집-뒤짐[-뒤-]**명**[하자] 사람이나 잃어버린 물건 따위를 찾기 위하여 남의 집을 뒤짐.

집-들이[-뜨리]**명**[하자] ①새로운 집으로 이사하여 듦. ②이사한 뒤, 집 구경과 인사를 겸해서 이웃과 친구들을 초대하여 대접하는 일. ¶친구들을 불러 집들이하다.

집례(執禮)[짐녜]**명**[하자] ①지난날, 제향 때 홀기(笏記)를 읽는 일을 맡아보던 임시 벼슬. ②[하타] 예를 집행함.

집록(輯錄·集錄)[짐녹]**명**[하자][되자] (여러 책에서) 모아 기록함, 또는 그 기록.

집류(執留)[짐뉴]**명**[하자] 공금을 사사로이 사람의 재산을 압류함.

집-모기[짐-]**명** 모깃과의 곤충. 집 안에서 흔히 볼 수 있는데, 주혈 사상충의 중간 숙주로서 밤에 피를 빨며 뇌염 따위 질병을 전염시킴.

집무(執務)[짐-]**명**[하자] 사무를 봄. ¶집무 시간.

집무-실(執務室)[짐-]**명** 주로 높은 지위에 있는 사람이 사무를 보는 방. ¶대통령 집무실.

집무-편람(執務便覽)[짐-펄-]**명** 일을 보는 데 필요한 여러 가지 규정이나 지식 따위를, 보고 쉽게 알 수 있도록 모아서 간단히 정리한 책.

집-문서(-文書)[짐-]**명** 집의 소유권을 증명하는 문서. 가권(家券). ⓟ가계(家契).

집물(什物)[짐-]**명** 살림살이에 쓰이는 온갖 기구. 가구(家具). 집기.

집-박쥐[-빡쮜]**명** 애기박쥣과의 짐승. 인가 부근에 살며 날개 길이는 3.4cm가량. 몸빛은 환경에 따라 바뀌나 대체로 암갈색임. 나비나 나방 따위를 잡아먹음.

집배(執杯)[-빼]**명**[하자] 술잔을 듦. 술을 마심.

집배(集配)[-빼]**명**[하자] 우편물이나 화물 따위를 한군데로 모으거나 배달함.

집배-원(集配員)[-빼-]**명** 〈우편집배원(郵便配員)〉의 준말.

집백(執白) [-빽] 몡 바둑에서, 백(白)을 잡고 둠. ¶ 집백으로 다섯 집 이기다. ↔집흑(執黑).

집법(執法) [-뻡] 몡하자 법령을 굳게 지킴.

집복(執卜) [-뽁] 몡하자 지난날, 벼슬아치가 농사 작황(作況)을 답사하여 구실을 매기던 일.

집복(集福) [-뽁] 몡하자 복덕을 불러 모음.

집부(集部) [-뿌] 몡 중국 고전을 경(經)·사(史)·자(子)·집(集)의 사부로 분류한 것 중에서 '집'에 딸린 부류. 모든 시집과 문집이 이에 딸림.

집비둘기 [-] (옛)집비둘기. ¶ 집비둘기 합:鴿(訓蒙上16).

집-비둘기 [-삐-] 몡 집에서 기르는 비둘기. 백합(白鴿). ↔들비둘기.

집-뺌 몡 〈집게뺌〉의 준말.

집사(執事)¹ [-싸] 몡 ①주인집에 고용되어 그 집 일을 맡아보는 사람. ②개신교에서, 봉사 직분의 하나, 또는 그 직에 있는 사람. 유사(有司). ③높은 사람에게 보내는 편지 겉봉의 대호(宅號) 뒤에 '시하인(侍下人)'의 뜻으로 쓰는 말. ④절에서, 여러 잡무를 처리하는 직분. 선종의 지사에 해당함.

집사(執事)² [-싸] Ⅰ명 '귀인(貴人)'을 높이어 이르는 말.
　Ⅱ閒 '노형(老兄)은 지나고 존장(尊長)은 채 못 되는 사람'을 높이어 부르는 말.

집사-관(執事官) [-싸-] 몡 지난날, 나라의 모든 의식을 진행하던 관원.

집-사람 [-싸-] 몡 남에게 대하여, 자기 '아내'를 겸손하게 이르는 말.

집사-부(執事部) [-싸-] 몡 신라 때, 국가의 기밀(機密)과 서정(庶政)을 맡아보던 최고의 행정 기관. 흥덕왕 4(829)년에 집사성으로 고쳤음.

집사-성(執事省) [-싸-] 몡 신라 때, 국가의 기밀(機密)과 서정(庶政)을 맡아보던 최고의 행정 기관. 흥덕왕 4(829)년에 집사부를 고친 이름임.

집사-자(執事者) [-싸-] 몡 어떤 일을 실제로 주관하여 처리하는 사람.

집산(集散) [-싼] 몡하자타 모여듦과 흩어짐. 모임과 흩어짐.

집산-주의(集産主義) [-싼-의/-싼-이] 몡 토지·공장·광산·철도 따위 중요한 생산 수단을 국유화하여, 정부의 관리 아래 두고 집중 통제하는 주의.

집산-지(集散地) [-싼-] 몡 생산품이 여러 곳에서 모여들었다가 다시 다른 곳으로 흩어져 나가는 곳. ¶ 사과의 집산지.

집상(執喪) [-쌍] 몡하자 부모의 거상(居喪) 때, 예절에 따라 상제 노릇을 함.

집성(集成) [-썽] 몡하타되자 (종류가 같은) 많은 것을 모아서 하나의 정리된 것으로 만듦. ¶ 한국 민요를 집성한 책.

집성-촌(集姓村) [-썽-] 몡 성(姓)이 같은 사람끼리 모여 사는 촌락.

집-세(-貰) [-쎄] 몡 남의 집을 빌린 삯으로 내는 돈. 가임. 가세(家貰). ¶ 집세를 물다.

집소-성대(集小成大) [-쏘-] 몡하자 작은 것들을 모아서 큰 것을 이룸.

집속(執束) [-쏙] 몡하자 타작하기 전에, 곡식의 묶음 수를 세어서 적음.

집수(執手) [-쑤] 몡하자 (상대편의) 손을 잡음.

집시(Gypsy) 몡 ①코카서스 인종에 딸린 유랑 민족. 유럽 각지에서 방랑 생활을 함. 대부분 쾌활한 성격으로 음악에 뛰어난 재능을 지니고 있음. ②'방랑 생활을 하는 일, 또는 그런 사람'을 비유하여 이르는 말. ②❸보헤미안.

집심(執心) [-씸] 몡하자 단단하게 한쪽으로 먹은 마음.

집-안 몡 가족이나 가까운 일가. ¶ 집안 어른.
　집안 귀신이 사람 잡아간다[속담] 가까운 사람으로부터 해를 입었을 때 하는 말.
　집안이 망하려면 맏며느리가 수염이 난다[속담] 일이 안 되려니까 별별 탈이 다 생긴다는 말.
　집안이 망하면 집터 잡은 사람만 탓한다[속담] 잘못된 일은 남의 탓으로만 돌린다는 말.

집안-닦달 [-딱딸] 몡하자 집 안을 깨끗이 치워 내는 일. ¶ 말끔하게 집안닦달하다.

집안-사람 [-싸-] 몡 ①한가족, 또는 가까운 일가. ¶ 집안사람끼리 어울리다. ②남 앞에서, '자기 아내'를 이르는 말.

집안-싸움 몡 ①한가족, 또는 가까운 일가끼리 하는 싸움. ②같은 편끼리 하는 싸움. 내분.

집안-일 [-닐] 몡하자 ①집 안에서 하는 일. ¶ 집안일에 무관심한 남편. ②가까운 일가 사이의 일. ¶ 종손은 크고 작은 집안일을 주관하다.

집-알이 몡하자 남의 이사 간 집을 구경할 겸 인사로 찾아보는 일.

집약(集約) 몡하타되자 (많은 것을) 한데 모아 요약함. ¶ 그의 작품은 이 한 편에 집약되어 있다. / 분산된 의견을 하나로 집약하다.

집약^경영(集約經營) [-경-] 몡 많은 자본과 노동력을 집중 투입하여 효율적으로 하는 경영.

집약-적(集約的) [-쩍] 관명 많은 것을 한데 모아서 요약하는 (것), 또는 그런 성질을 띤 (것). ¶ 집약적 영농 방식. /각계(各界)에서 제출한 의견들을 집약하여 집약적으로 설명하다.

집약적 농업(集約的農業) [-쩡-] 일정한 경작 면적에서 보다 많은 작물을 생산하기 위하여, 많은 자본과 노동력을 투입하는 농업 경영 방법. ↔조방적 농업(粗放的農業).

집어-내다 Ⅰ타 집어서 밖으로 내놓다. ¶ 화로에서 구운 고구마를 집어내다.
　Ⅱ자타 지적하여 밝혀 내다. ¶ 춤사위에 잘못이 많다고 집어내다. /논문에서 문제점을 집어내다.

집어-넣다 [-너타] 타 어떤 공간이나 단체 따위에 들어가게 하다. ¶ 감방에 집어넣다.

집어-던지다 타 일이나 행동을 그만두다. ¶ 대학 교수직을 집어던지고 저술에만 힘쓰다.

집어-등(集魚燈) 몡 밤에 불빛을 보고 모여드는 어족(魚族)을 잡기 위하여 켜는 등불.

집어-먹다 [-따] 타 ①남의 것을 가로채어 차지하다. ¶ 남에게 전할 돈을 집어먹다. ②겁·두려움 따위를 가지게 되다. ¶ 겁을 집어먹다.

집어-삼키다 타 ①입 안에 집어넣고 삼키다. ¶ 단숨에 집어삼키다. ②남의 것을 가로채어 가지다. ¶ 남의 재산을 집어삼키다.

집어-세다 [-] 타 ①주책없이 마구 먹다. ②여지없이 마구 닦달하다. 호되게 집어세다. ③남의 것을 마음대로 가지다. ¶ 남의 물건을 제멋대로 집어세다.

집어-쓰다 [~쓰니·~써] 타 돈 따위를 닥치는 대로 쓰다. ¶ 그는 사업을 한답시고 부모의 유산을 다 집어쓰다.

집어-치우다 타 하던 일이나 하려던 일을 그만두다. ¶ 하던 공부를 집어치우다. /학자가 되겠다는 생각을 집어치우다.

집어-타다 〈잡아타다〉의 속된 말. ¶ 택시를 집어타다.

집역(執役) 몡하자 백성이 공역(公役)을 치름.

집영(集英) 몡하자 (뛰어난) 인재를 모음, 또는 모인 인재.

집-오리[명] 집에서 기르는 오릿과의 새. 물오리보다 크고 날개는 약함. 고기나 알 따위를 취하기 위하여 기름. 가압(家鴨).

집요(執拗)'집요하다'의 어근.

집요(輯要)[명][하타] 요점만을 모음.

집요-하다(執拗-)[형여] 고집이 세고 끈질김. ¶집요한 생각. /집요하게 물고 늘어지다.

집음-기(集音機)[명] 녹음이나 방송을 할 때, 넓은 공간에 퍼진 소리를 모아서 똑똑하고 크게 하는 장치.

집의(執意)[지븨/지비][명][하자] 자기 의견을 고집함.

집의(執義)[지븨/지비][명][하자] 정의를 굳게 지킴.

집-임자[짐님-][명] 그 집을 소유한 사람. 집주인.

집-장(-醬)[-짱][명] 메주를 띄워 말린 뒤 곱게 빻아서 고춧가루와 함께 찰밥에 버무린 다음, 가지·무·풋고추 따위를 소금에 절여 넣고 띄운, 고추장 비슷한 음식. 즙장.

집장-사령(執杖使令)[-짱-][명] 지난날, 장형(杖刑)을 집행하던 사령.

집재(輯載)[-째][명][하타] (글을) 편집하여 실음.

집적(集積)[-쩍][명][하타] 모여서 쌓임. 모아 쌓음. ¶집적된 병폐. /자본과 기술이 집적되어 있는 제품을 생산해 내다.

집적-거리다[-쩍거-][자타] 자꾸 집적집적하다. 집적대다. ¶공연히 귀찮게 집적거리다.

집적-대다[-쩍때-][자타] 집적거리다. ¶이 일 저 일에 집적대다.

집적-집적[-쩍찝쩍][부][하자타] ①아무 일에나 함부로 손을 대어 하다 말다 하는 모양. ¶할 줄도 모르면서 공연히 집적집적해 보다. ②남의 일에 끼어들어 함부로 참견하는 모양. ③남을 공연히 건드려 성가시게 하는 모양. ¶괜히 남을 집적집적해서 화나게 만들다.

집적^회로(集積回路)[-쩌쾨/-쩌퀘-][명] 많은 회로 소자(回路素子)나 내부 배선을 특수한 방법으로 결합한 초소형의 전자 회로. 아이시(IC).

집전(執典)[-쩐][명][하타] (의식이나 전례 따위를) 맡아서 집행함.

집정(執政)[-쩡][명] ①[하자] 나라의 정무를 맡아봄, 또는 그 관직이나 사람. ②프랑스 제1공화정 시대의 최고 통치자.

집정-관(執政官)[-쩡-][명] ①나라의 정무를 맡아보는 관원. ②로마 공화정 시대의 최고 정무관.

집제(集諦)[-쩨][명] 불교에서 이르는 사제(四諦)의 하나. 고(苦)의 원인은 끝없는 애집(愛執)이라는 진리.

집조(執租)[-쪼][명] ☞잡을도조.

집조(執照)[-쪼][명] 지난날, 외국인이 여행할 때 편의를 위하여 내주던 증명서.

집주(集注)[-쭈][명][자타] (마음이나 힘 따위를) 한군데로 모으거나 한 가지 일에 쏟음.

집주(集註·集注)[-쭈][명] (어떤 책에 대한) 여러 사람의 주석을 한데 모음, 또는 그런 책. ¶논어(論語) 집주.

집-주릅[-쭈-][명] 집 흥정 붙이는 일을 업으로 삼는 사람. 가쾌(家儈).

집-주인(-主人)[-쭈-][명] ①한 집안의 주장이 되는 사람. 호주(戶主). ②☞집임자.

집준(集樽)[-쭌][명] 지난날, 제향 때 술 그릇을 맡아보던 제관.

집중(執中)[-쭝][명][하자] 어느 쪽에도 치우치지 않은 채 중간을 취하고 지킴. 치우침이 없고 온당한 도리를 취함.

집중(集中)[-쭝][명][하자타][되자] 한군데로 모이거나 한군데로 모음. ¶정신을 집중하여 강의를 듣다. /시선(視線)이 집중되다.

집중-난방(集中煖房)[-쭝-][명] ☞중앙난방.

집중-력(集中力)[-쭝녁][명] 어떤 사물에 대하여, 정신을 집중시키는 힘이나 집중시킬 수 있는 힘. ¶집중력이 모자라다.

집중^사격(集中射擊)[-쭝-][명] 하나의 목표물이나 특정한 지역에 모든 화력을 집중하여 사격하는 일.

집중^신경계(集中神經系)[-쭝-계/-쭝-게][명] 동물체에서, 신경 세포의 분포가 신경 중추와 말초 신경으로 분화된 신경계. ↔산만 신경계.

집중-적(集中的)[-쭝-][명][관] 어느 한군데로 모이거나 모은 (것). ¶집중적 공격. /영어 과목만을 집중적으로 공부하다.

집중^호우(集中豪雨)[-쭝-][명] (짧은 시간에) 어느 한 지역에 집중적으로 내리는 큰비.

집-쥐[-쮜][명] (들쥐에 대하여) '인가(人家)에 사는 쥐'를 이르는 말.

집증(執症·執證)[-쯩][명][하자] 한방에서, 병의 증세를 진찰하여 알아냄.

집지(執贄·執質)[-찌][명][하자] 제자가 스승을 처음으로 대할 때, 예폐(禮幣)를 가지고 가서 경의를 나타내는 일.

집지싀(옛)집짓기. ¶집지싀룰 처엄ᄒᆞ니(月釋1:44).

집진(集塵)[-찐][명][하자] 먼지나 쓰레기 따위를 한군데로 모음.

집-짐승[-찜-][명] ☞가축(家畜).

집-집[-찝][명] 각 집. 모든 집. 가가(家家). ¶집집마다 신문을 돌리다. /집집을 둘러보다.

집집-이[-찌비][부] 집집마다.

집착(執捉)[명][하타] 죄인을 붙잡음.

집착(執着)[명][하자][되자] 어떤 일에만 마음이 쏠려 잊지 못하고 매달림. ¶집착을 버리지 못하다. /금에 너무 집착하다.

집찰(集札)[명][하타] 차표나 입장권 따위를 출구에서 거두어 모음. 비집표.

집-채[명] 한 채 한 채의 집, 또는 집의 전체. ¶집채 같은 파도.

집철(輯綴·集綴)[명][하타] (책 따위를) 모아서 엮음.

집촌(集村)[명] 많은 집이 밀집되어 있는 마을. ↔산촌(散村).

집총(執銃)[명][하자] 총을 듦. ¶집총 훈련.

집-치레[명][하자] 집을 보기 좋게 잘 꾸밈. 집치장. ¶집치레를 잘하고 살다.

집-치장(-治粧)[명][하자] 집치레.

집-칸(-間)[명] 집을 이루고 있는 칸살. 또는, 집의 하나하나의 칸. ¶집칸을 늘리다. ②얼마 안 되는 작은 칸수의 집. 또는, 한두 칸의 칸살로 된 변변치 못한 집. ¶집칸을 장만하다.

집탈(執頉)[명][하타] 남의 잘못을 들추어서 트집을 잡음.

집-터[명] ①집이 앉은 자리, 또는 집이 있던 자리. ②집을 지을 땅. 택지(宅地).

집-터서리[명] 집의 바깥 언저리.

집-토기(-土器)[명] 삼국 시대나 통일 신라 시대에 집이나 곳집 모양으로 빚어서 구워 만든 토기. 가형토기(家刑土器).

집-토끼[명] 집에서 기르는 토끼. 야생 토끼를 가축으로 길들인 변종임. 가토(家兎).

집-파리[명] 집파릿과의 곤충. 몸길이 8mm가량. 몸빛은 광택이 나는 흑색이며 날개는 투명함. 각종 전염병을 옮김.

집포(緝捕)[명][하타] 죄인을 잡음. 본즙포.

집표(集票)[명][하자] 표를 거두어 모으는 일. ⑪집찰(集札).

집필(執筆)[명] ①[하다] (붓을 잡는다는 뜻으로) 글이나 글씨를 씀. ¶집필 원고. /자서전을 집필하다. ②땅이나 집 따위의 문권(文券)을 쓴 사람.

집픽다[자] (옛) 지피다. ¶祥雲이 집픽논 동(鄭澈. 關東別曲).

집하(集荷)[지파][명][하다] (농산물이나 수산물 따위) 하물이 각지에서 한군데로 모임, 또는 그런 하물을 한군데로 모음. ¶농산물이 집하하는 장소.

집합(集合)[지팝][명] ①[하자][되자] 한군데로 모임, 또는 한군데로 모음. ¶학교로 집합하다. ②수학에서, 범위가 확정된 것의 모임을 이름. ¶자연수의 집합.

집합(緝合)[지팝][명][하다] 주워 모아서 합함.

집합^개:념(集合概念)[지팝개-][명] 같은 종류의 많은 개체로 이루어진 그 전체를 가리키는 개념. 〔조합·군대·학급·팀 따위.〕 ↔개별 개념.

집합-과(集合果)[지팝꽈][명] 두 개 이상의 심피(心皮)에서 생긴 과실이 모여서 한 개의 과실처럼 보이는 것. 〔오디·무화과 따위.〕

집합-론(集合論)[지팝논][명] 집합의 성질을 연구하는 수학의 한 분과.

집합^명사(集合名詞)[지팝-][명] 같은 종류의 사물이 모인 전체를 나타내는 명사. 〔가족·군대·학급 따위.〕 모임이름씨.

집합-체(集合體)[지팝-][명] 많은 것이 모여서 이룬 덩어리. ↔개체(個體).

집합^표상(集合表象)[지팝-][명] 개인 표상의 융합으로 이루어지는 집단의 의식. 집단 표상. ↔개인 표상.

집해(集解)[지패][명] 여러 가지 해석을 모은 책.

집행(執行)[지팽][명][하다][되자] ①(정해진 일을) 실제로 시행함. ②법률·명령·재판·처분 따위의 내용을 실행함. ¶형(刑)을 집행함. /법률을 집행하다. ③〈강제 집행〉의 준말.

집행-관(執行官)[지팽-][명] 지방 법원 같은 데에 배치되어, 재판 결과의 집행과 서류의 송달 및 기타 법령에 따른 사무 따위를 맡아보는 공무원.

집행-권(執行權)[지팽꿘][명] 법률을 집행하는 국가 통치권의 권능(權能). 〔넓은 의미로는 행정권과 같은 뜻으로 쓰임.〕

집행^기관(執行機關)[지팽-][명] ①법인에서 결정된 의사를 실행으로 옮기는 기관. ↔의결 기관. ②공법상, 행정 기관의 명을 받아 실력으로 강제 집행을 하는 기관. 〔소방관·집행관·세무 공무원 따위.〕 ③민사 소송법상, 채권자의 신청에 따라 강제 집행을 실시하는 국가 기관.

집행-력(執行力)[지팽녁][명] 판결에 따라서 강제 집행을 할 수 있는 효력.

집행^명:령(執行命令)[지팽-녕][명] 법률을 집행하는 데 필요한 규정을 정한 명령. 〔대통령령이나 부령(部令) 따위.〕

집행-벌(執行罰)[지팽-][명] 행정상 집행의 한 방법으로 부작위 의무나 작위 의무의 이행을 강제할 목적으로 과하는 벌. 강제벌.

집행-부(執行部)[지팽-][명] 정당이나 조합 따위의 단체에서, 의결 기관의 결의 사항을 집행하는 부서.

집행^유예(執行猶豫)[지팽뉴-][명] 유죄 판결을 받은 사람에 대하여, 정상을 참작하여 일정 기간 형의 집행을 유예하고, 그 기간을 무사히 지내면 형의 언도는 효력을 상실하는 것으로

하여 실형을 과하지 않는 제도. ¶집행 유예로 판결되어 옥살이를 면한다.

집행^처:분(執行處分)[지팽-][명] 강제 집행 중에 행하여지는 개별적인 행정 행위. 강제 처분.

집현-전(集賢殿)[지편-][명] 조선 전기에, 궁중에 두었던 학문 연구 기관. 경연(經筵)과 서연(書筵)을 함께 맡아보면서 학문을 연구하였음.

집형(執刑)[지평][명][하다] 형(刑)을 집행함.

집홀(執笏)[지폴][명][하다] 의식 때, 홀(笏)을 들고 가슴 앞에 댐.

집화(集貨)[지콰][명][하다] 화물(貨物)이나 상품이 모임. 화물이나 상품을 모음, 또는 그 화물이나 상품.

집회(集會)[지회/지훼][명][하다] (공동 목적을 위하여) 많은 사람이 일정한 때에 일정한 자리에 모임, 또는 그 모임. 회합(會合). ¶군중 집회. /집회의 자유. /인권 수호를 위한 집회.

집흑(執黑)[지흑][명][하다] 바둑에서, 흑(黑)을 잡고 둠, 곧 먼저 둠. ¶집흑으로 두 집을 이기다. ↔집백(執白).

집-히다[지피-][자] 〖'집다'의 피동〗 집음을 당하다. ¶손에 물컹한 것이 집혔다.

짓:[진][명] ①흔히, 버릇처럼 하는 어떤 동작이나 행동. ¶짓을 부리다. ②몸이나 몸의 일부를 놀려 움직이는 동작, 또는 좋지 못한 행위나 행동. ¶얼굴을 만지는 짓. /지나친 짓. /못된 짓만 골라서 하다. /힘든 어른들 앞에서 이게 무슨 짓인가? *짓:이[지시]·짓:만[진-]

짓(을) 내다[관용] ①어떤 버릇 따위를 행동으로 드러내다. ②흥겨워서 마음껏 멋을 내다.

짓(이) 나다[관용] ①어떤 버릇 따위가 행동으로 드러나다. ②흥겨워서 하는 짓에 절로 멋이 나다. ¶콧노래에 짓이 나서 어깨춤을 덩실덩실 추다.

짓[명] (옛) 깃(羽). ¶짓 우:羽(訓蒙下3). ❀깃.

짓-[진][접두] (일부 용언 앞에 붙어)) '함부로·흠씬·마구' 따위의 뜻을 나타냄. ¶짓밟다. /짓누르다. /짓이기다.

짓-개다[진깨-][타] 짓이기다시피 마구 개다. ¶밀가루 반죽을 짓개다.

짓:-거리[진꺼-][명][하다] ①흥겨워서 멋으로 하는 짓. ②〈짓〉의 속된 말. ¶저 하는 짓거리를 보게.

짓:-고-땡[진꼬-][명] ①화투 따위에서, 다섯 장의 패 중 석 장으로 열이나 스물을 만들어 짓고 나머지 두 장의 끗수로 겨루는 노름. ②'하는 일이 뜻대로 잘되어 감'을 속되게 이르는 말.

짓-궂기다[진꾿끼-][자] 상사(喪事) 따위의 불행한 일을 거듭 당하다.

짓:-궂다[진꾿따][형] 일부러 남을 귀찮게 하여 곰살갑지 않다. 성미가 심술궂은 데가 있다. ¶짓궂은 장난. /짓궂게 굴다. **짓궂-이**[부].

짓글히다[자] (옛) 지껄이다. ¶짓글힐 홍:閧(訓蒙下15).

짓-까불다[진-][~까부니·~까불어][자] 함부로 까불다. ¶버릇없이 짓까불다.

짓-널다[진-][~너니·~널어][타] 함부로 흩어서 널다.

짓-누르다[진-][~누르니·~눌러][타][르] ①마구 누르다. 함부로 누르다. ¶위에서 가슴을 짓누르는데 당할 수가 있어야지. ②심리적으로 심하게 억압하다.

짓눌리다[진-][자] 〖'짓누르다'의 피동〗 짓누름을 당하다. ¶가난에 짓눌리다. /공포에 짓눌려 말이 나오지 않는다.

짓:-다[짇따] [지으니·지어] 囲꼬 '지우다²'의 예스러운 말.

짓:-다²[짇따] [지으니·지어] 囲꼬 ①재료를 들여 서 만들다. ¶밥을 짓다. ②낱말을 나열하여 글을 만들다. ¶글을 짓다. /시를 짓다. /노래를 짓다. ③표정이나 자세 따위를 드러내다. ¶미소를 짓다. /난처한 얼굴빛을 짓다. ④눈물을 흘리거나 한숨을 쉬다. ¶눈물을 짓다. /한숨을 지으며 하소연하다. ⑤농사를 하다. ¶쌀농사를 짓다. ⑥나쁜 짓을 저지르다. ¶죄를 짓다. ⑦메나 줄 따위를 이루다. ¶줄 을 짓다. /무리를 지어 다니다. ⑧꾸며서 만들다. ¶말을 지어 하다. ⑨어떤 일을 마무르거나 결과를 내다. ¶결론을 짓다. /매듭을 짓다. ⑩이름을 만들어 붙이다. ¶이름을 짓다.

짓-두들기다[짇뚜-] 囲 마구 두들기다.

짓:-둥이[짇뚱이] 몡 '몸을 놀리는 모양새'를 속되게 이르는 말.

짓-마다[진-따] 囲 ①짓이기다시피 잘게 부스러트리다. ②흠씬 두들기다.

짓-먹다[진-따] 囲 지나치게 많이 먹다.

짓-무르다[진-] [~무르니·~물러] 재르 ①살이 상하여 문드러지다. ②채소나 과일 따위가 너무 썩거나 무르거나 하여 물크러지다. ③눈자위가 상하여서 핏발이 서고 눈물에 젖다.

짓-무찌르다[진-] [~무찌르니·~무찔러] 囲르 짓이기다시피 마구 무찌르다.

짓-물다재 '짓무르다'의 잘못.

짓-뭉개다[진-] 囲 마구 뭉개다. ¶꽃밭을 짓뭉개다.

짓-밟다[짇빱따] 囲 ①짓이기다시피 마구 밟다. ¶잔디를 짓밟다. ②함부로 마구 억누르거나 유린하다. ¶남의 자유를 짓밟다.

짓밟-히다[짇빨피-]재 [『짓밟다'의 피동] 짓밟음을 당하다. ¶발길에 짓밟히다. /강대국에게 짓밟힌 약소 민족.

짓-소리[짇쏘-] 몡 절에서 재(齋)를 올릴 때, 불법·게송(偈頌)을 길고 굴곡이 많게 읊는 소리.

짓:-시늉[짇씨-] 뎽하재 움직이는 모양을 흉내 내는 일. 의태(擬態). 鄭소리시늉.

짓-씹다[짇-따] 囲 ①짓이기다시피 아주 잘게 씹다. ②고기를 질겅질겅 씹다. ③분을 언짢은 감정을 참고 견디다. ¶분노를 짓씹다.

짓-옷[지돋] 몡 ⇨짓옷. *짓옷이[지도시]·짓옷만[지돈-]

짓-이기다[진니-] 囲 함부로 마구 이기다. ¶흙을 짓이겨서 벽을 바르다.

짓-적다휑 '겸연쩍다'의 잘못.

짓:-쩍다[진-따]휑 부끄럽고 열없어 쑥스럽다. ¶그런 말을 하기가 짓쩍다. /짓쩍은 웃음.

짓-찧다[짇씨타] 囲 아주 세게 찧다. 마구 찧다. ¶무를 짓찧어 즙을 내다. /이마를 벽에 짓찧다.

짓-쳐들어오다[짇처-] 재囲 세게 몰아쳐 들어오다. ¶적군이 짓쳐들어오다. /신라와 당나라 연합군이 백제를 짓쳐들어오다.

짓-치다[진-] 囲 함부로 마구 들이치다.

징¹몡 놋쇠로 전이 없는 대야같이 만든 국악기의 한 가지. 끈을 꿰어 달아 매거나 들고 채로 쳐서 소리를 냄. 대금(大金)². 동라(銅鑼). 정(鉦). ¶징을 치다.

징²몡 신의 가죽 창 밑에 박는 쇠로 된 못. 鄭대갈.

징거-매다囲 옷이 해어지지 않게 딴 천을 대고 대충대충 꿰매다. ¶바늘로 징거매다.

징거미-새우몡 징거미새웃과의 새우. 몸길이 6～10 cm. 몸빛은 푸른빛을 띤 갈색임. 주로, 민물이 천천히 흐르는 진흙 바닥에서 삶.

징건-하다휑여 먹은 것이 잘 삭지 않아 속이 그들먹하고 개운치 않다. 더부룩하다. ¶과식을 했더니 배 속이 징건하다.

징-걸이몡 신창에 징이나 못 따위를 박을 때, 신을 얹어 씌워 받쳐 놓고 두드리는 쇠로 만든 받침대.

징검-다리몡 ①개울 같은 데에 돌덩이나 흙더미 따위를 드문드문 놓아 그것을 디디고 건널 수 있게 만든 다리. ②'중간에서 양쪽의 관계를 연결하는 매개체'를 비유하여 이르는 말. ¶징검다리 역할을 하다.

징검-돌[-똘]몡 ①징검다리로 놓은 돌. ¶흐르는 시냇물에 예쁘게 놓인 징검돌. ②땅바닥에 띄엄띄엄 깔아 놓아 디디고 다니게 한 돌.

징검-징검囲 ①드문드문 징거매는 모양. 鄭쨍검쨍검. ②발을 멀찍멀찍 떼어 놓으며 걷는 모양. ¶징검징검 골을 골라 디디며 정원을 가로질러 가다.

징경이몡 ⇨물수리.

징계(懲戒) [-계/-게] 몡하囲 허물을 뉘우치도록 주의를 주고 나무람, 또는 부정이나 부당한 행위를 되풀이하지 못하도록 제재를 가함. ¶징계를 내리다. /징계를 받다.

징계^사:범(懲戒事犯) [-계/-게] 몡 징계를 받아야 할 범행, 또는 그러한 범인.

징계^처:분(懲戒處分) [-계/-게] 몡 국가 및 지방 공무원의 의무 위반에 대하여, 징계로서 과하는 행정 처분. 〔일반적으로 면직·정직·감봉·견책 따위가 있음.〕

징고이즘(jingoism) 몡 호전적이고 편협한 애국주의.

징구(徵求) 몡하囲 돈이나 곡식 따위를 내놓으라고 요구함. 책징(責徵).

징그다 囲 ①(옷의 해어지기 쉬운 부분에) 다른 천을 대고 듬성듬성 꿰매다. ¶웃옷 팔꿈치를 한 겹 더 징그다. ②(큰 옷을 줄이려고) 군데군데를 접어 넣고 호다. ¶치맛단을 징그다.

징그럽다[-따] [징그러우니·징그러워]휑囮 ①(벌지거나 보기에) 소름이 끼칠 정도로 끔찍하거나 흉하다. ¶보기만 해도 징그럽다. /징그러운 뱀. 鄭정그랍다. ②하는 행동이 유들유들하여 역겹다. ¶징그럽게 왜 그러냐? 징그러이囲.

징글-맞다[-맏따]휑 몹시 징글징글하다. ¶곁에서 징글맞게 굴다.

징글-징글[-] 휑하 몹시 징그러운 모양. 생각만 하여도 징그러울 만큼 흉한 모양. ¶말만 들어도 징글징글하다. 鄭쨍글쨍글.

징납(徵納) 몡하囲 지난날, 고을 원이 세금 따위를 거두어 나라에 바치던 일.

징니-연(澄泥硯) 몡 수비(水飛)하여 곱게 된 흙으로 구워서 만든 벼루.

징두리몡 집채 안팎 둘레의 밑동, 곧 바닥에서 벽의 3분의 1 높이까지의 부분.

징모(徵募) 몡하囲 (장정이나 군인들을) 불러 모음. 징집. ¶지원병을 징모하다.

징발(徵發) 몡하囲 ①남의 물건을 강제적으로 거두어들임, 특히 군이 민간으로부터 군수 물자나 토지·시설 따위를 거두어들임. ¶토지를 징발하다. ②어떤 일을 시키기 위하여 강제적으로 사람을 불러냄, 특히 군인으로 쓰기 위하여 강제적으로 불러냄. ¶만주 사변 때에 징발되어 이제야 고국에 돌아왔다.

징벌(懲罰)몡하타 앞날을 경계하는 뜻으로 벌을 줌, 또는 부정이나 부당한 행위에 대하여 응징하는 뜻으로 주는 벌. ¶징벌을 내리다.

징벽(徵辟)몡하타 초야(草野)에 있는 사람을 불러서 벼슬을 시킴.

징변(徵辨)몡하자 죄(罪)를 징계하고, 잘못을 따져 밝힘.

징병(徵兵)몡하자 국가가 법률에 따라 일정한 나이에 이른 국민을 징집하여 일정 기간 강제적으로 병역에 복무시킴.

징병^검:사(徵兵檢査)몡 징병 적령에 이른 국민을 불러 모아 병무 자격의 유무를 신체 및 신상에 걸쳐 검사하는 일.

징병^기피죄(徵兵忌避罪) [-쬐/-쒜]몡 징집의 병역의 의무를 벗어날 목적으로 도망·잠닉·신체 훼손, 그 밖에 거짓된 행위를 함으로써 성립되는 죄.

징병^적령(徵兵適齡) [-정녕]몡 병역법에 따라 징병 검사를 받아야 할 나이.

징병-제(徵兵制)몡 ⇨징병 제도.

징병^제:도(徵兵制度)몡 일정 연령에 달한 국민에게 병역 임무를 지우고 강제적으로 장정을 모집하여 군에 편입시키는 제도. 징병제.

징봉(徵捧)몡하타되자 ⇨징수(徵收).

징빙(徵聘)몡하타되자 예를 갖춰 초대함. 초빙.

징빙(徵憑)몡 ①증명하는 재료. 징증(徵證). ②범죄 등에 관한 사실을 간접적으로 증명하는 자료가 되는 사실. ¶징빙 서류.

징상(徵狀)몡 징후와 상태.

징서(徵瑞)몡 상서로운 조짐.

징세(徵稅)몡하타 세금을 거두어들임.

징-수(-手)몡 지난날, 군중(軍中)에서 징을 치던 군사.

징수(澄水)몡 맑은 물.

징수(徵收)몡하타되자 (법규의 규약 등에 따라) 세금이나 수수료 따위를 거두어들임. 징봉(徵捧). ¶세금 징수. /회비를 징수하다.

징습(懲習)몡하타 못된 버릇을 징계함.

징악(懲惡)몡 악을 징계함. 옳지 못한 마음이나 행실 따위를 징계함. ¶권선(勸善)징악.

징얼-거리다자 자꾸 징얼징얼하다. 징얼대다. ¶아이가 몹시 징얼거리며 보채다. 껭쩽얼거리다. 관칭얼거리다.

징얼-대다자 징얼거리다.

징얼-징얼[부]하자 ①(못마땅한 일로) 두고두고 불평하는 말을 늘어놓는 모양, 또는 그 소리. ②(어린애가 몸이 불편하거나 못마땅하거나 하여) 자꾸 보채는 모양. 껭쩽얼쩽얼. 관칭얼칭얼.

징역(懲役)몡 자유형(自由刑)의 한 가지. 기결수(既決囚)를 교도소 안에 구치하여 일정 기간 노역을 치르게 하는 일. [무기와 유기가 있음.] ¶징역 2년을 구형하다.

징역-꾼(懲役-)몡 징역살이하는 죄수. 징정.

징역-살이(懲役-) [-싸리]몡하자 징역의 형을 받고 감옥살이를 하는 일.

징역-장(懲役場) [-짱]몡 죄인을 구금하여 두고 일정한 노역에 종사시키는 곳.

징용(徵用)몡하타되자 전시 등에, 국가가 그 권력으로 국민을 강제적으로 불러내어 일정한 업무에 종사시킴.

징용-권(徵用權) [-꿘]몡 국제법에서, 교전국(交戰國)이 군대·병기·식량 따위를 운송할 목적으로 자기 나라의 항만 안에 있는 중립 선박을 압수하여 운임을 미리 치르고 선박과 선원을 강제로 사용하는 권리.

징일-여백(懲一勵百) [-려-]몡하자 한 사람을 징계함으로써 여러 사람을 격려함.

징입(徵入)몡하타 사람을 불러들임.

징-장구(-長-)몡 징과 장구.

징-재비몡 두래패 같은 데서 징을 치는 사람.

징정(懲丁)몡 징역살이를 하는 사람. 징역꾼.

징조(徵兆)몡 어떤 일이 일어나려고 하는 조짐. 어떤 일이 생겨날 것을 예상하게 하는 조짐. 전조(前兆). ¶불길한 징조가 보이다.

징증(徵證)몡 ⇨징빙(徵憑).

징지(懲止)몡하타 징계하여 그치게 함.

징집(徵集)몡하타되자 ①(국가나 기관이) 강제적으로 물건을 거두어 모음. ②국가가 병역의 무자를 현역병(現役兵)으로서 강제적으로 소집함. 징모(徵募). ¶징집 대상자.

징집^면:제(徵集免除) [-짐-]몡 징병 검사 결과, 실역(實役)에 적합하지 않거나 그 밖의 사정으로 징집이 면제되는 일.

징집^연도(徵集年度) [-짐년-]몡 징병 적령(適齡)에 달한 연도.

징집-영장(徵集令狀) [-짐녕짱]몡 국가가 법률에 따라 징집 적령자를 징집하는 통지서.

징징-거리다 (마음에 못마땅하여) 자꾸 짜증을 부리며 징얼거리다. 징징대다. ¶징징거리지만 말고 말을 해 보아라. 껭쩽쩽거리다.

징징-대다자 징징거리다.

징철(澄澈) '징철하다'의 어근.

징철-하다(澄澈-)혱예 (속이 들여다보이도록) 아주 맑다. 맑디맑다.

징청(澄淸) '징청하다'의 어근.

징청-하다(澄淸-)혱예 (물 같은 것이) 아주 맑다. 맑고 깨끗하다. 청징(淸澄)하다.

징출(徵出)몡하타 지난날, 금전상의 의무를 이행하지 않았을 때, 그 겨레붙이나 관계자에게 물어내게 하던 일.

징치(懲治)몡하타 (사람을) 징계하여 다스림. 제재를 가하여 선도함.

징크스(jinx)몡 ①불길한 일. 재수 없는 일. ¶징크스를 깨다. ②(흔히 경기 따위에서) 으레 그렇게 되리라고 일반적으로 믿고 있는 악운. ¶징크스를 가지다.

징크-판(zinc版)몡 ⇨아연판(亞鉛版).

징표(徵表)몡 어떤 사물을 다른 사물과 구별하여 그것이 무엇인가를 나타내 보이는 지표가 되는 것. 어떤 사물을 특징지우는 성질. 속성(屬性)·양식(樣式)·성격·빈사(賓辭)·기호 따위의 뜻으로도 쓰임.

징험(徵驗)몡하타 어떤 징조나 징후를 겪어 봄.

징회(徵會) [-회/-훼]몡하타 불러서 모음.

징후(徵候)몡 어떤 일이 일어날 조짐. 겉으로 드러나는 낌새. ¶간염의 징후. /발작의 징후. /불길한 징후가 보이다.

짖다[짇따] [Ⅰ]자 ①개가 크게 소리를 내다. ②까마까치가 시끄럽게 지저귀다. * 짖어·짖는[진-]
[Ⅱ]타타 '지껄이다'를 욕으로 이르는 말. * 짖어·짖는[진-]

짖는 개는 물지 않는다[속] 겉으로 떠드는 사람은 도리어 실속이 없다.

짖는 개는 여위고 먹는 개는 살찐다[속] 사람도 늘 징징거리고 울상을 하고 지내거나 불평이 많아야 앞날에 살이 내리고 이로울 게 없다는 말.

짗몡 〈옛〉깃[羽]. ¶다복다복하야 프른 지치 빗나고(杜初7:37). 관짓.

질다¹[질따]짜 (재물 따위가) 넉넉하게 남다.
* 질어·질는[진-]

질다²[질따]휑 ①(빛깔이나 냄새 따위가) 진하
다. ¶어둠이 질게 깔린 밤. /질은 향기. ②(안
개나 연기 따위가) 자욱하다. ¶질은 안개로
운전하기가 힘들다. ③(액체의 농도가) 높다.
¶질은 황산. ④(빛깔이나 나무·눈썹 따위가) 빽
빽하다. ¶신록이 질어 가다. /질은 눈썹. ⑤(가
능성 따위가) 많다. ¶패색이 질다. ①~③→옅
다. * 질어·질고[진꼬]

질은-천량[-철-]명 조상 대대로 전해 내려오는
많은 재물.

질-푸르다[질-][~푸르니·~푸르러]휑 빛깔
이 질게 푸르다. ¶질푸른 바다.

짚[집]명 ①벼·밀·조·보리 따위의 이삭을 떨어
낸 줄기. ②<볏짚>의 준말. ¶짚으로 새끼를 꼬
다. * 짚이[지페]·짚만[짐-]

짚-가리[집까-]명 짚뭇을 쌓은 더미.

짚-나라미[집-]명 새끼 같은 데서 떨어지는 너
저분한 지푸라기.

짚다[집따]타 ①지팡이나 손을 바닥에 대고 버
티어 몸을 기대다. ¶일장검(一長劍) 짚고 서
서. ②손을 대고 가볍게 누르다. ¶맥(脈)을 짚
다. ③지목하거나 지적하다. ¶누구라고 딱 짚
어 말할 수는 없다. ④요량해서 짐작하다. ¶범
인을 잘못 짚다. * 짚어·짚고[집-]

짚고 넘어가다관용 뚜렷이 밝혀 둘 일은 밝히
고 넘어가다. 따질 일은 따지고 넘어가다. ¶이
번 인사 비리만큼은 반드시 짚고 넘어가야 한다.

짚-단[집딴]명 짚뭇.

짚-대[집때]명 짚의 줄기.

짚-둥우리[집뚱-]명 볏짚으로 만든 둥우리.

짚둥우리(를) 타다관용 지난날, 탐학(貪虐)한
고을 원이 백성에게 짚둥우리에 실려 지경 밖
으로 쫓겨나다.

짚둥우리(를) 태우다관용 지난날, 백성들이 탐
학(貪虐)한 고을 원을 짚둥우리에 태워 지경
밖으로 쫓아내다.

짚-뭇[집문]명 볏짚의 묶음. 짚단. * 짚뭇이[집
무시]·짚뭇만[짐문-]

짚-방석(-方席)[집빵-]명 짚으로 엮어 만든 방석.

짚-북더기명 '짚북데기'의 잘못.

짚-북데기[집뿍-]명 얼크러진 볏짚의 북데기.

짚-북세기명 '짚북데기'의 잘못.

짚-불[집뿔]명 짚을 태운 불.

짚불 꺼지듯 하다속담 ①잡았던 권세, 누렸던
호강이 아주 갑자기 몰락된다는 뜻. ②아주 곱
게 조용히 운명함을 이름.

짚불도 쬐다 나면 섭섭하다속담 하찮아서 쓸모
가 없을 듯한 물건도 없어지면 서운하다는 말.

짚불에 무쇠가 녹는다속담 약한 것이라도 큰일
을 해낼 수 있다는 말.

짚-세기명 '짚신'의 잘못.

짚-수세미[집쑤-]명 짚으로 만든 수세미.

짚-신[집씬]명 볏짚으로 삼은 신. 가는 새끼를
꼬아 날을 삼고, 총과 돌기총으로 울을 삼아서
만듦. 초혜(草鞋). ¶짚신 한 죽. /짚신을 삼다.

짚신도 제날이 좋다속담 자기와 같은 정도의
사람끼리 짝을 맺음이 좋다는 말.

짚신도 제짝이 있다속담 보잘것없는 사람도 배
필은 있다는 말.

짚신을 거꾸로 끌다속담 반가운 사람을 맞으려
고 허둥지둥 정신없이 뛰어나가다.

짚신을 뒤집어 신다속담 '몹시 인색함'을 비
유하여 이르는 말.

짚신-감발[집씬-]명하자 짚신을 신고 감발을 함.

짚신-골[집씬꼴]명 짚신을 삼은 뒤 모양을 다듬
기 위하여 쓰는 여러 가지의 나무 골.

짚신-나물[집씬-]명 장미과의 다년초. 들이나
길가에 흔히 나는데, 줄기는 1m가량. 잎은 깃
모양의 겹잎이며, 여름에 노란 꽃이 핌. 어린
잎은 먹을 수 있고, 뿌리는 한방에서 '아자(牙
子)'라 하여 약재로 쓰임. 낭아초.

짚신-벌레[집씬-]명 짚신벌레과의 원생동물.
몸길이 0.3mm가량. 몸은 길둥근꼴인데 무색
(無色), 또는 암갈색임. 온몸에 무수한 잔털이
있어 이것으로 헤엄침. 못·도랑·늪·논 같은 곳
에 흔히 사는 대표적인 동물성 플랑크톤임.

짚신-장이[집씬-]명 짚신을 만드는 일을 업으
로 하는 사람.

짚신장이 헌 신 신는다속담 무엇이나 마땅히
있어야 할 곳에 그 물건이 없다는 말.

짚신-짝[집씬-]명 ①짚신의 낱짝. ②'짚신'을
홀하게 이르는 말.

짚신-할아범[집씬-]명 짚신을 삼는 남자 늙
은이.

짚신-할아비[집씬-]명 '견우성(牽牛星)'을 속
되게 이르는 말.

짚-여물[짐녀-]명 ①볏짚으로 된 마소의 여물.
②초벽을 할 진흙을 이길 때 넣는 짤막짤막하
게 썬 짚의 도막.

짚이다짜 마음에 요량되어 짐작이 가다. 《주로,
'짚이는'의 꼴로 쓰임.》 ¶한 군데 짚이는 데
가 있다.

짚-자리[집짜-]명 ①짚으로 엮어 만든 자리.
¶바닥에 짚자리를 깔고 누웠다. ②짚을 깔아
놓아 앉도록 만든 자리.

짚-재[집째]명 볏짚이 타고 남은 재. 잿물을 받
거나 비료로 씀.

짚-주저리[집쭈-]명 ①볏짚으로 우산처럼 만들
어 그릇 따위를 덮는 데 쓰는 물건. ②터주나
업의항 등을 가리어 덮는 볏짚으로 만든 물건.

짛다짜 [옛] 이름을 짓다. ¶엇데 法뮗이라 일홈
지흐뇨(月釋序5).

ㅈ가대 [옛] 자기. 당신. ¶ㅈ걋긔 黃袍ㅣ 니피ᅀᆞ᠍᠍ᇦ
니(龍歌25章).

ㅈ녹ㅈ녹[옛] 자늑자늑히. 조용히. ¶ㅈ녹ㅈ
녹기 거러 모든 디 니거늘(釋譜6:30).

ㅈ녹ㅈ녹ㅎ다휑 [옛] 자늑자늑하다. 조용하다.
¶큼의 모양은 ㅈ녹ㅈ녹ㅎ니(小學3:11).

ㅈ디[옛] 자줏빛. ¶거믄 너와 ㅈ디 브리 도외
ᄂᆞ니라(楞解5:57).

ㅈ라다짜 [옛] 자라다. ¶子孫이 ㅈ라거다(杜初
25:17).

ㅈ로甲 [옛] 자주. ¶부톄 ㅈ로 니ᄅᆞ샤도 從ᄒᆞ습
디 아니ᄒᆞ더니(釋譜6:10).

ㅈᄅ[졸ᄋ이·졸ᄋᆞᆷ]명 [옛] 자루. ¶쇠마치 ㅈᄅ 들
굼기 업스면 뿔디 업스니(金三2:12).

ㅈ모甲 [옛] 자못. ¶모미 尊ᄒᆞ고 道理 ㅈ모 놉고
(杜初3:56).

ㅈ모다¹[종가]짜타 [옛] 잠기다. 잠그다². ¶믈프
리 사오로되로 나거사 ㅈ모니이다(龍歌67章).

ㅈ모다²[종가] [옛] 잠그다². ¶''믈 다 ㅈ모고
(釋譜6:2).

ㅈ모드르다타 [옛] 담그다. ¶ㅈ모디를 잠:醮(訓
蒙下23).

ㅈ몯甲 [옛] 자못. ¶盜賊이 ㅈ몯 滅티 아니ᄒᆞᆺ야
도다(杜初1:17).

-ㅈ바어미 [옛] -자와. ¶부텨를 맞ㅈ바 저ᅀᆞᆸ고
(月釋1:13). /얻ㅈ바 ᄀ초ᅀᆞᄫᅡ(龍歌27章).

-즛보-【선미】〈옛〉-자오-. ¶ 내 듣즛보니(阿彌2). / 어느 듣즛보리잇고(釋譜6:11).

-즛븡-【선미】〈옛〉-자오-. ¶ 夫妻願으로 고졸 받즛 븡시니(月釋1:3).

-즛븡니【어미】〈옛〉-자오니. ¶ 禮士溫言ᄒᆞ샤 人心 이 굳즛븡니(龍歌66章).

즛숭【명】〈옛〉자위(核). ¶ 즛숭 잇ᄂᆞᆫ 果實(月釋 23:94). /눈즛숭 청: 睛(訓蒙上25).

즛애【명】〈옛〉무자위. ¶ 믈 기를 즛애 잇ᄂᆞ냐 업스 냐(老解上28).

즛역【명】〈옛〉조약돌. ¶ 草木과 디샛 즛역 ᄀᆞᆯ다ᄒᆞ 시니(圓覺上二之二24). 㘴지벽.

즛오롬【명】〈옛〉졸음. ¶ 즛오로올 브리게 ᄒᆞ시고(月釋10:97). 㘴조으롬.

즛올다【재】〈옛〉졸다. ¶ 더욱 시드러 즛오다가 울 어 설버(月釋21:91).

즛올아비【부】〈옛〉친하게. ¶ 나라해 도라오샤도 즛올아비 아니ᄒᆞ샤(月釋6:4).

즛올아이【부】〈옛〉친하게. ¶ 즛올아이 아논 사ᄅᆞ미 ᄂᆞ촐 보미 드므도다(杜初10:46).

즛의【명】〈옛〉자위. 복판. 중심. ¶ 흰즛의:蛋淸(同 文下35). 㘴즛숭.

즛자시니【자】〈옛〉찾아 있으니. 〔'즛자'에 '이시니'(잇으니)의 축약형 '시니'가 붙음.〕 ¶ 섯돌며 쑴ᄂᆞᆫ 소리 十里에 즛자시니(鄭澈.關東別曲).

즛조【명】〈옛〉자주. ¶ 星辰이 즛조 모다 뽀리놋다(杜初10:10).

즛치옴【명】〈옛〉재채기. ¶ 즛치옴 분:噴. /즛치옴 톄:嚏(訓蒙上29).

즛치옴【명】〈옛〉재채기. ¶ 쏘 즛치옴 ᄒᆞ더니(老解 下4).

즌자리【명】〈옛〉잠자리. ¶ 數 업슨 즌자리ᄂᆞᆫ ᄆᆞ즈 기 오르ᄂᆞ리거늘(杜初7:1).

졸픠【명】〈옛〉창포(菖蒲). ¶ 프른 모더는 치위에 난ᄂᆞ 졸픠로다(杜重2:19).

좀【옛】잠. ¶ 좀 잘 자시거늘(南明上25).

좀졸다【재】〈옛〉잠기다2. ¶ 즘졸 졈: 潛(訓蒙下3).

좀다【재】〈옛〉잠기다2. ¶ 沈흘ᅌᅮ 프레 즘ᄂᆞᆫ 좀이라 (月釋2:29). /나거사 즌므니어다(龍歌64章).

좀좀ᄒᆞ다【형】〈옛〉잠잠하다. ¶ 菩薩이 便安히 좀 좀ᄒᆞ야 잇거든(釋譜13:21).

-좁-【선미】〈옛〉-잠-. ¶ 부텻 功德을 듣좁고(釋譜 6:40). /三賊이 亲좁거늘(龍歌36章). 㘴-솝-.

좃다【타재】〈옛〉찾다. ¶ 즈술 방:紡(訓蒙下19).

좃다【자】〈옛〉찾다. ¶ 섯돌며 쑴ᄂᆞᆫ 소리 十里에 즈자시니(鄭澈.關東別曲).

좃다2【자】〈옛〉잦다[頻]. ¶ 病이 즈즈며 苦惱ㅣ 즈 자(楞解7:4).

지【명】〈옛〉재[灰]. ¶ 道士이 經은 다 ᄉᆞ라 지 ᄃᆞ 외오(月釋2:75).

지벽【명】〈옛〉자갈. 깨진 조각. ¶ 흔 디샛 지벽을 가져(楞解5:72).

지역【명】〈옛〉자갈. 깨진 조각. ¶ 盜賊이 金寶 ᄇ 리고 디샛 지역을 메며(六祖上46). 㘴지벽.

진나비【명】〈옛〉원숭이. ¶ ᄒᆞ믈며 무덤우히 진나비 프람 불졔 뉘우ᄎᆞᆫᄃᆞᆯ 엇디리(鄭澈.將進酒辭). 㘴납.

짜【쌍지은】【자모】쌍지읓. 'ㅈ'의 된소리. 숨길을 닫고 혓바닥을 입쳔장에 단단히 붙였다가 입김 을 밀면서 터뜨릴 때 나는 소리. * 짜이[쌍지 으시]·짜만[쌍지은-]

짜개1【명】〈옛〉(콩·팥 따위의) 둘로 쪼갠 것의 한쪽.

짜개2【명】잉어 낚시에서, 들깻묵을 실로 묶어 사용하는 미끼.

짜개-김치【명】오이를 알맞게 썰어 소를 박지 않 고 담은 김치.

짜개다【타】나무 따위 단단한 물체를 연장으로 베 거나 찍어서 둘 이상으로 갈라지게 하다. ¶ 널 빤지를 짜개다. /박을 짜개다. /장작을 도끼로 짜개다. 㘴쪼개다.

짜개-반(-半)【명】하나를 둘로 나눈 것의 그 반. 곧, 하나의 4분의 1.

짜개-버선【명】엄지발가락과 나머지 발가락들이 따로 끼이게 된 버선.

짜개-지다【자】(단단한 물체가) 벌어져서 둘로 갈라지다.

짜개-황밤(-黃-)【명】밤톨이 말라서 여러 쪽으 로 짜개진 밤.

짜그라-뜨리다【타】눌러서 몹시 짜그라지게 하 다. 짜그라트리다. ¶ 빈 깡통을 짜그라뜨리다. 㘴찌그러뜨리다.

짜그라-지다【자】① 눌려서 오그라지다. ② 몹시 말라서 쪼글쪼글하게 주름이 잡히고 작아지다. 㘴찌그러지다.

짜그라-트리다【타】짜그라뜨리다. 㘴찌그러트리다.

짜그락-거리다【-꺼-】【자】〈자그락거리다〉의 센 말. 짜그락대다. 㘴찌그럭거리다.

짜그락-대다【-때-】【자】짜그락거리다.

짜그락-짜그락【부】【하자】〈자그락자그락〉의 센말. 㘴찌그럭찌그럭.

짜그르르【부】【하자】〈자그르르〉의 센말. 㘴찌그르르.

짜그리다【타】① 눌러서 짜그라지게 하다. ② 신 뒤 축을 짜그리다. ② (근육의 일부나 눈살 등을) 짜긋하게 찌푸리다. 㘴찌그리다.

짜근-거리다【자타】〈자근거리다〉의 센말. 짜근대 다. 㘴찌근거리다. 㘳차근거리다.

짜근-대다【자타】짜근거리다.

짜근덕-거리다【-꺼-】【자】〈자그덕거리다〉의 센말. 짜근덕대다. 㘴찌근덕거리다. 㘳차근덕 거리다.

짜근덕-대다【-때-】【자타】짜근덕거리다.

짜근덕-짜근덕【부】【하자타】〈자근덕자근덕〉의 센 말. 㘴찌근덕찌근덕. 㘳차근덕차근덕.

짜근-짜근【부】【하자타】〈자근자근〉의 센말. 㘴찌근 찌근.

짜글-거리다【자】〈자글거리다〉의 센말. 짜글대다. 㘴찌글거리다.

짜글-대다【자】짜글거리다.

짜글-짜글【부】【하자】〈자글자글1〉의 센말. 㘴찌글 찌글.

짜금-거리다【자】자꾸 짜금짜금하다. 짜금대다. 㘴찌금거리다.

짜금-대다【타】짜금거리다.

짜금-짜금【부】【하자】입맛을 짝짝 다시며 맛있게 먹는 소리, 또는 그 모양. 㘴찌끔찌끔.

짜긋【-귿】【부】① (남에게 눈치 채게 하려고) 눈을 한 번 약간 짜그리는 모양. ② (어떤 뜻을 알아채게 하려고) 남의 옷자락 따위를 살짝 한 번 잡아당기는 모양. 짜긋-짜긋【부】【하자】.

짜긋-거리다【-귿꺼-】【타】자꾸 짜긋짜긋하다. 짜긋대다. 㘴찌긋거리다.

짜긋-대다【-귿때-】【타】짜긋거리다.

짜긋-하다【-귿-】【형여】(눈을) 좀 짜그린 듯하 다. 짜긋하다. 짜긋-이【부】.

짜깁-기【-끼】【명】옷깁는 일. ¶ 양복을 짜깁 기하기 위하여 세탁소에 맡기다.

짜-깁다【-따】【~기우니·~기워】【타ㅂ】모직물의 찢어진 데를, 그와 같은 감의 올로 본디대로 짜서 표나지 않게 깁다.

짜-내다[타] ①짜서 나오게 하다. ¶콩기름을 짜내다. ②(머리를) 굴려서 어떤 생각이 나오게 하다. ¶새 방안을 짜내다. /좋은 생각을 짜내다. ③(어떤 상태를) 억지로 만들어 내다. ¶시간을 짜내서라도 네 결혼식에 참석하겠다. ④(재물이나 세금 따위를) 억지로 내게 하다. ¶국민들에게 세금을 짜내다.

짜다¹ [I][자] 내통하다. ¶저희끼리 서로 짜고 나를 속이다.
[II][타] ①사개를 맞추어 기구를 만들다. ¶농을 짜다. ②씨와 날을 얽어 피륙 따위를 만들다. 직조(織造)하다. ¶가마니를 짜다. /베를 짜다. ③(한 동아리나 단체·모임 따위를) 조직하다. ¶편을 짜다. /편집진을 짜다. ④계획하다. 구상하다. ¶계획을 짜다. /안(案)을 짜다. ⑤비틀거나 눌러서 물·물기 따위를 내다. ¶참기름을 짜다. /빨래의 물기를 짜다. ⑥없는 궁리·생각·시간 따위를 억지로 내다. ¶아이디어를 짜다. /계획을 짜다. ⑦작척하다. ¶백성의 고혈을 짜다. ⑧'(눈물을) 흘리다'··'울다'를 속되게 이르는 말. ¶눈물을 질질 짜다. ⑨머리털을 한데 묶어 상투를 만들다. ¶상투를 짜다.

짜다² [형] ①소금 맛과 같다. 소금 맛이 지나치다. ¶맛이 너무 짜다. /막내는 음식을 짜게 먹는다. ↔싱겁다. ②후하지 않고 박하다. 인색하다. ¶사람이 좀 짜다. /점수가 짜다.
짜지 않은 놈 짜게 먹고 맵지 않은 놈 맵게 먹는다[속] 야무지지 못한 이가 짜게 먹고 싱거운 이가 맵게 먹는다 하여 아이들이 너무 짜고 맵게 먹는 것을 말리는 말.

짜드라-오다[자] 많은 수량이 한꺼번에 쏟아져 오다.
짜드라-웃다[-욷따][자] 여럿이 한꺼번에 야단스럽게 웃다.
짜드락-거리다[-꺼-][자타] 〈자드락거리다〉의 센말. 짜드락거리다. 큰찌드럭거리다.
짜드락-나다[-랑-][자] 〈자드락나다〉의 센말.
짜드락-대다[-때-][자타] 짜드락거리다.
짜드락-짜드락[-][자타] 〈자드락자드락〉의 센말. 큰찌드럭찌드럭.
짜득-짜득[부][하][형] (차진 물건이) 좀처럼 베어지거나 떨어지지 않을 만큼 검질긴 모양. 큰찌득찌득.
짜들다[짜드니·짜들어][자] ①(물건이) 낡거나 오래되거나 때 따위에 겨르나 하여 다랍게 되다. ②(사람이) 온갖 고생스러운 일을 겪으며 지치다. ¶병고에 짜들다. 큰찌들다.
짜뜰름-거리다[타] 자꾸 짜뜰름짜뜰름하다. 짤끔거리다. 짜뜰름대다. 큰찌뜰름거리다.
짜뜰름-대다[타] 짜뜰름거리다.
짜뜰름-짜뜰름[부][하][여] 한목에 다 주지 않고 여러 차례에 걸쳐 조금씩 나누어 주거나 주다 말다 하는 모양. 큰찌뜰름찌뜰름.
짜랑[부][하][자][타] 〈자랑〉의 센말. 큰쩌렁. 참차랑.
짜랑짜랑-하다[형][여] 목소리가 세고 야무져 울림이 크다. ¶덩치는 작지만 목소리가 짜랑짜랑하다. 큰쩌렁쩌렁하다.
짜르랑[부][하][자][타] 〈자르랑〉의 센말. 큰찌르렁. 참차르랑.
짜르르[부][하][자][타] 〈자르르〉의 센말. 큰찌르르.
짜르륵[부][하][자][타] 가는 대롱 따위로 액체를 간신히 빨아올릴 때에 나는 소리. 큰찌르륵. 짜르륵-짜르륵[부][하][자][타].
짜르륵-거리다[-꺼-][자][타] 자꾸 짜르륵짜르륵하다. 짜르륵대다. 큰찌르륵거리다.

짜르륵-대다[-때-][자][타] 짜르륵거리다.
짜른-댕[명] ⇨곰방대.
짜른-작[명] '짧은작'의 잘못.
짜름-하다[형][여] 좀 짧은 듯하다. 짜름-히[부].
-짜리[접미] (양이나 수를 나타내는 명사 뒤에 붙어) ①얼마의 값에 해당하는 물건, 또는 화폐임을 나타냄. ¶만 원짜리 지폐. ②얼마의 분량으로 된 물건임을 나타냄. ¶열 권짜리 전집물. ③나이 뒤에 붙어, '그 나이의 사람임'을 낮추어 이르는 말. ¶네 살짜리 꼬마.
-짜리[접미] (의관(衣冠)을 나타내는 명사 뒤에 붙어) '그러한 차림을 한 사람'이란 뜻으로 홀하게 이르는 말. ¶중치막짜리. /창의짜리.
짜릿-짜릿[-릴-릴][부][하][여] 〈자릿자릿〉의 센말. ¶짜릿짜릿한 쾌감. 큰찌릿찌릿·찌릿찌릿릿.
짜릿-하다[-리타-][형][여] 〈자릿하다〉의 센말. 큰찌릿하다·찌릿하다.
짜발랑이[명] 짜그라져서 못 쓰게 된 물건.
짜부라-뜨리다[타] 힘주어 짜부라지게 하다. 짜부라트리다. 큰찌부러뜨리다.
짜부라-지다[자] ①물체가 오목하게 짜그라지다. ¶충돌한 두 차가 모두 짜부라지다. /축구공이 짜부라지다. ②(세력 따위가) 아주 망하다시피 되다. ¶가세(家勢)가 짜부라지고 말았다. /아주 생기가 없어지다. ¶몹시 앓더니 하룻밤 사이에 짜부라지고 말았다. 큰찌부러지다.
짜부라-트리다[타] 짜부라뜨리다. ¶빈 깡통을 짜부라트리다. 큰찌부러트리다.
짜-이다[자] ①('짜다'의 피동) 짬을 당하다. ¶문짝이 짜이다. /예산이 짜이다. ②규모가 어울리거나 규격에 맞다. ¶잘 짜인 구성. 준째다³.
짜임[명] 조직. 구성. ¶글의 짜임.
짜임-새[명] ①(가구나 피륙 따위의) 짜이어 있는 모양새. ¶짜임새가 고운 옷감. /짜임새 있게 만든 가구를 고르다. ②(글의) 벌임이나 얽개. ¶짜임새가 좋은 글. 준쨈새.
짜장[부] 참. 과연. 틀림없이 정말로. ¶짜장, 그렇긴 하군.
짜장-면(-炸醬麵 중)[명] ⇨자장면.
짜증[명] 마음에 맞지 않아 역정을 내는 짓, 또는 그러한 성미. ¶짜증을 부리다. /짜증을 내다. /계속되는 장마에 짜증이 난다. 큰찌증.
짜증-스럽다[-따][-스러우니·-스러워][형][여] 짜증이 나는 데가 있다. 짜증스레[부].
짜-하다[여] (소문 따위가 퍼져) 왁자하다. ¶그 마을에 신동이 났다는 소문이 짜하다.
짝¹[명] ①둘이 서로 어울려 한 벌이나 한 쌍을 이루는 것, 또는 그중의 하나. ¶짝을 잃다. /짝을 짓다. /김 양의 짝이 될 청년. ②[의존 명사적 용법] 한 벌이나 쌍을 이루는 물건의 각각을 세는 단위. ¶양말 한 짝. ③대구(對句)를 이루는 서로의 글귀. ¶짝을 맞추어 지은 표어. ④비할 데 없이 대단함을 나타내는 말. (주로, '-기 짝이 없다'의 꼴로 쓰임.) ¶죄송하기 짝이 없다.
짝 잃은 기러기[속] 홀아비 홀어미의 외로움을 이름.
짝(을) 맞추다[관용] '혼인을 시켜 부부가 되게 함'을 이르는 말.
짝이 기울다[지다][관용] 양쪽의 형편이 서로 어울리지 않고 어느 한쪽이 다른 쪽보다 뒤떨어지다.
짝²[명] ①(소나 돼지의) 여러 대로 이루어진 한 갈비 전체를 하나로 하여 세는 단위. ¶갈비 한 짝. ②(과실을 담은) 상자나 짐짝의 덩어리를 단위로 세는 단위. ¶사과 두 짝. ③마소의 한 바리 짐의 한쪽 편의 짐.

짝³의 《주로 '아무'·'무슨'·'그' 따위의 말 뒤에 쓰이어》'곳·꼴'의 뜻을 나타냄. ¶이게 무슨 짝인가. /아무 짝에도 못 쓰겠다. ②'쪽⁶'의 잘못.

짝⁴부 ①단단한 물체가 짜개지거나 틈이 벌어지는 모양, 또는 그 소리. ¶사과를 두 쪽으로 가르다. /논바닥이 짝 갈라져 있다. /나무토막이 짝 하고 쪼개지다. ②입맛을 맞있게 다시는 소리. ③단단한 물체의 바닥에 끈기 있게 달라붙는 모양, 또는 그 소리. ¶끈끈이가 짝 달라붙다. 큰쩍². 짝-짝⁴동.

짝⁵부 〈작〉의 센말. 큰쩍².

짝-접두 《쌍을 이루는 일부 명사 앞에 붙어》'짝짝이'의 뜻을 나타냄. ¶짝눈. /짝귀. /짝버선. /짝신.

-짝접미 《일부 명사 뒤에 붙어》얕잡아 이르는 뜻을 나타냄. ¶낯짝. /볼기짝.

짝-갈이[-까리]명하타 논을 갈 때, 처음 갈이와 두벌 갈이가 서로 다른 갈이. 〔처음에 물갈이, 나중에 마른갈이를 하거나, 그 반대로 하는 것 따위.〕

짝-귀[-뀌]명 '짝짝이로 생긴 귀, 또는 그러한 귀를 가진 사람'을 농조로 이르는 말.

짝-꿍명 단짝인 짝을 재미있게 이르는 말. ¶어제 길에서 우연히 초등학교 때 짝꿍을 만났다.

짝-눈[짱-]명 짝짝이로 생긴 눈. 자웅눈.

짝눈-이[짱-]명 '짝눈을 가진 사람'을 농조로 이르는 말.

짝-돈[-똔]명 백 냥쯤 되는 돈. 짐작으로 한 짝이 될 만한 엽전.

짝-버선[-뻐-]명 제짝이 아닌 짝짝이 버선.

짝-사랑[-싸-]명하타 이성(異性) 사이에서, 어느 한편에서만 혼자 하는 사랑. 척애(隻愛). ¶짝사랑으로 가슴앓이를 하다. /그가 그녀를 남몰래 짝사랑한 지도 벌써 일 년이 넘었다.

짝사랑에 외기러기[속담] 혼자서만 사랑하여서는 아무 소용이 없다는 말.

짝-사위[-싸-]명 윷놀이에서, 걸을 칠 자리에서 도를, 개를 칠 자리에서 걸을 치는 일.

짝-수[-쑤]〔-쑤〕명 2로 나누어 나머지가 0이 되는 자연수.〔2·4·6·8 따위.〕↔홀수.

짝-신[-씬]명 짝짝이로 된 신.

짝자그르[-짜-]부하형 ①(소문 따위가) 널리 퍼져서 떠들썩한 모양. ¶소문이 짝자그르 나다. ②여럿이 모여 되바라지고 떠들썩하게 웃거나 떠드는 소리, 또는 그 모양. ¶여름밤의 개구리 울음소리는 멀리까지 짝자그르 들린다.

짝자래-나무[-짜-]명 물푸레나뭇과의 낙엽 관목. 우리나라 특산 수종. 높이 5m가량. 잎은 14cm가량의 달걀 모양인데 마주남. 6~7월에 1cm 정도의 자줏빛 종 모양의 꽃이 새 가지 끝에 조롱조롱 가득 매달려 핌. 대추 모양의 삭과가 9~10월에 익음. 강원도 이북 지역의 산지 구릉에 절로 자라는데, 관상용으로도 가꿈.

짝진-각[-角][-찐-]명 ☞대응각.

짝진-변[-邊][-찐-]명 ☞대응변.

짝진-점[-點][-찐-]명 ☞대응점.

짝-짓기[-찓끼]명하자 동물의 암수가 교미를 하기 위하여 한 짝을 이루는 일.

짝짜꿍명하자 ①(젖먹이가) 손뼉을 치며 재롱을 부리는 일. ¶엄마 앞에서 짝짜꿍하다. /아빠 앞에서 짝짜꿍. ②말이나 행동에서 서로 짝이 잘 맞는 일. ¶두 사람은 짝짜꿍이 잘 맞는다.

짝짜꿍-이명하자 ①남몰래 짜고 꾸미는 일(계획). ¶무슨 짝짜꿍이를 놓는 거냐? ②의견이 맞지 않아 옥신각신 다투는 일.

짝짜꿍이(가) 벌어지다관용 ①여러 사람이 시끄럽게 떠들다. ②서로 다투어 왁자지껄하여지다.

짝짜꿍-짝짜꿍Ⅰ감 젖먹이가 두 손바닥을 마주 치는 동작.
Ⅱ감 젖먹이에게 짝짜꿍을 시킬 때 하는 소리.

짝-짝¹부하타 〈작작〉의 센말. 큰쩍쩍1.

짝-짝²부하타 자꾸 손뼉을 치는 소리.

짝짝-거리다¹[-꺼-]타 입맛을 잇따라 맛있게 다시다. 짝짝대다.

짝짝-거리다²[-꺼-]타 ①신을 잇따라 짝짝 끌다. ②가는 줄이나 글씨의 획을 잇따라 세게 긋거나 종이 따위를 연해 찢다. 짝짝대다².

짝짝-대다¹[-때-]타 ☞짝짝거리다1.

짝짝-대다²[-때-]타 ☞짝짝거리다2.

짝짝-이명 짝이 다른 것끼리 이루어진 한 벌. ¶신발을 짝짝이로 신었다.

짝-패[-牌]명 한 짝을 이룬 패. 단짝.

짝-필[-疋]명 한자 부수의 한 가지. '疑'·'疎' 등에서의 '疋·疋'의 이름.

짝-하다[짜카-]자타예 ①어떤 사람과 한편이 되다, 또는 어떤 사람을 자기 짝이 되게 하다. ¶우리 둘이 짝하면 최강 팀이 될 것이다.

짝-힘[짜킴]명 물리학에서, 한 물체에 작용하는, 크기가 같고 방향이 반대인 두 평행한 힘을 이르는 말. 우력(偶力).

짠-돌이명 '구두쇠처럼 매우 인색한 사람'을 비유하여 이르는 말.

짠득-거리다[-꺼-]자 〈잔득거리다〉의 센말. 짠득대다. 큰찐득거리다.

짠득-대다[-때-]자 ☞짠득거리다.

짠득-짠득부하자 〈잔득잔득〉의 센말. 큰찐득찐득.

짠땅-로(-鹵)[-노]명 ☞소금밭로.

짠-맛[-맏]명 소금의 맛과 같은 맛. 함미(鹹味). *짠맛이[-마시]·짠맛만[-만-]

짠-물명 ①바닷물. ↔민물. ②짠맛이 나는 물. ②↔단물.

짠물-고기[-꼬-]명 바닷물고기. 함수어(鹹水魚). 해어(海魚). ↔민물고기.

짠-지명 무나 오이 따위를 소금에 짜게 절여서 담근 김치.

짠지-패[-牌]명 지난날, 대여섯 또는 예닐곱 사람이 떼를 지어서 소고를 두드리고 춤을 추며, 노래를 부르고 질탕하게 뛰노는 것을 업으로 삼던 패거리.

짠:-하다형예 지난 일이 뉘우쳐져 못내 마음이 언짢고 아프다. 큰찐하다.

짤가닥부하자타 〈잘가닥〉의 센말. 큰쩔거덕. 센짤까닥.

짤가당부하자타 〈잘가당〉의 센말. 큰쩔거덩. 센짤까당.

짤각부하자타 〈잘각〉의 센말. 큰쩔걱. 센짤깍.

짤그락부하자타 〈잘그락〉의 센말. 큰쩔그럭. 참찰그락.

짤그랑부하자타 〈잘그랑〉의 센말. 큰쩔그렁. 참찰그랑.

짤깃-짤깃[-긷-긷]명하형 〈잘깃잘깃〉의 센말. 큰찔깃찔깃. 참쫄깃쫄깃.

짤깃-하다[-긷타-]형예 〈잘깃하다〉의 센말. 큰찔깃하다. 참쫄깃하다.

짤까닥부하자타 ①차진 물체가 세차게 달라붙는 소리, 또는 그 모양. ②쇠붙이 따위가 세차

게 부딪칠 때 나는 소리, 또는 그 모양. (큰)절
꺼덩. (예)잘가닥·잘가닥·짤가닥. (쎈)찰카닥. **짤까
닥-짤까당**(부)(하자타)

짤까당(부)(하자타) 큰 쇠붙이 따위가 부딪칠 때 세
차게 울리어 나는 소리, 또는 그 모양. (큰)절꺼
덩. (예)잘가당·짤까당·짤가당. (쎈)찰카당. **짤까
당-짤까당**(부)(하자타)

짤깍(부)(하자타) 큰 쇠붙이 따위가 맞부딪치거나
걸릴 때 세차게 울리어 나는 소리, 또는 그 모
양. (큰)절꺽. (예)잘각·잘각·짤각. (쎈)찰각. **짤깍-
짤깍**(부)(하자타)

짤깍-눈[-깡-] (명) 항상 눈가가 짓무른 눈.
짤깍눈-이[-깡-] (명) '눈이 노상 짓무른 사
람'을 농조로 이르는 말.

짤끔(부)(하자타) 〈잘금〉의 센말. (큰)찔끔1.
짤끔-거리다(자타) ①액체가 조금씩 흘렀다 그쳤
다 하다. (큰)찔끔거리다. ②짜뜰거리다. 짤
끔대다.

짤끔-대다(자타) 짤끔거리다.
짤끔-짤끔(부)(하타) 적은 분량의 물건을 여러 번
에 걸쳐 조금씩 주는 모양. (큰)찔끔찔끔.

짤-따랗다[-따라타] 〈-따라니·-따래〉(형)(길이
가) 깡똥하거나 매우 짧다. ¶짤따란 막대기.
짤똑-거리다[-꺼-] (타) 〈잘똑거리다〉의 센말. 짤
똑대다. (큰)절뚝거리다.

짤똑-대다[-때-] (타) 짤똑거리다.
짤똑-짤똑1(부)(하타) 〈잘똑잘똑1〉의 센말. (큰)절뚝
절뚝.

짤똑-짤똑2(부)(하형) 〈잘똑잘똑2〉의 센말. (큰)절뚝
절뚝.

짤똑-하다[-또카-] (형어) 〈잘똑하다〉의 센말.
(큰)찔뚝하다.

짤라-뱅이(명) '짤막하게 생긴 물건'을 속되게
이르는 말.

짤람(부)(하자타) 〈잘랑〉의 센말. (큰)찔렁. (쎈)찰랑.
짤래-짤래(부)(하타) 〈잘래잘래〉의 센말. (준)짤짤1.
(큰)절레절레.

짤록-거리다[-꺼-] (타) 〈잘록거리다〉의 센말. 짤
록대다. (큰)찔룩거리다.

짤록-대다[-때-] (타) 짤록거리다.
짤록-짤록1(부)(하타) 〈잘록잘록1〉의 센말. (큰)찔룩
절룩.

짤록-짤록2(부)(하형) 〈잘록잘록2〉의 센말. (큰)찔룩
절룩.

짤록-하다[-로카-] (형어) 〈잘록하다〉의 센말.
(큰)찔룩하다.

짤름-거리다1(자타) 〈잘름거리다1〉의 센말. 짤름
대다1. (큰)찔름거리다.

짤름-거리다2(타) 〈잘름거리다2〉의 센말. 짤름대
다2. (큰)찔름거리다.

짤름-대다1(자타) ☞짤름거리다1.
짤름-대다2(타) ☞짤름거리다2.
짤름발-이(명) 〈잘름발이〉의 센말. (큰)찔름발이.
짤름-짤름1(부)(하자타) 〈잘름잘름1〉의 센말. ¶동
이의 물이 짤름짤름 넘치다. (큰)찔름찔름.

짤름-짤름2(부)(하형) 〈잘름잘름2〉의 센말. (큰)찔름
절름.

짤막-짤막(부)(하형) 여러 개가 다 짤막한 모양.
짤막-하다[-마카-] (형어) (길이가) 조금 짧다.
¶치마 길이가 짤막하다.

짤쏙-거리다[-꺼-] (타) 〈잘쏙거리다〉의 센말. 짤
쏙대다. (큰)찔쑥거리다.

짤쏙-대다[-때-] (타) 짤쏙거리다.
짤쏙-짤쏙1(부)(하타) 〈잘쏙잘쏙1〉의 센말. (큰)찔쑥
절쑥.

짤쏙-짤쏙2(부)(하형) 〈잘쏙잘쏙2〉의 센말. (큰)찔쑥
절쑥.

짤쏙-하다[-쏘카-] (형어) 〈잘쏙하다〉의 센말.
¶허리가 짤쏙하게 생긴 병. (큰)찔쑥하다.

짤짤1(명) 〈짤래짤래〉의 준말. ¶말도 꺼내기 전
에 고개부터 짤짤 흔들더라. (큰)절절1.

짤짤2(부)(하자타) 〈잘짤1·3〉의 센말. (큰)절쩔2·찔찔1·2. (자)
쩔쩔.

짤짤-이(명) '이리저리 채신없이 바빠 쏘다니는
사람'을 농조로 이르는 말.

짤카닥(부)(하자타) 〈잘카닥〉의 센말. (준)짤칵. (큰)찔
커덕.

짤카당(부)(하자타) 〈잘카당〉의 센말. (큰)찔커덩.
짤칵(부)(하자타) 〈짤카닥〉의 준말. (큰)찔컥.
짧다[짤따] (형) ①(공간·길이·높이 따위에서) 한
끝에서 다른 끝까지의 사이가 가깝다. ¶짧은
끈. /짧은 거리. /짧은 다리. ②(동안이나 시간
이) 길지 않다. ¶아주 짧은 순간에 일어난
일. /휴식 시간이 너무 짧다. /인생은 짧고 예
술은 길다. ③말이나 글 따위의 길이가 얼마
안 되다. ¶짧은 연설. ④소리·한숨 따위가 아
주 잠깐 지속되거나 간단하다. ¶짧게 한숨을
내쉬다. ⑤(학식·생각 따위가) 모자라다. 부족
하다. ¶일이 짧다. /짧은 지식. ⑥(밑천·자본
따위가) 적거나 모자라다. ¶밑천이 짧다. ⑦가
리는 음식이 많다. ¶입이 짧다. ①~④→길다.
*짧아/짧고/짧까]

짧아-지다(자) 짧게 되다. ¶추분이 지나고 나서
낮의 길이가 눈에 띄게 짧아졌다. ↔길어지다.

짧은-반지름(-半-) (명) 짧은지름의 절반 되는
선분(線分). 단반경(短半徑). ↔긴반지름. (참)짧
은지름.

짧은-소리(명) ☞단음(短音). ↔긴소리.
짧은-작(명) 길이가 짧은 화살. 왜전(矮箭). ↔
긴작.

짧은-지름(명) 타원의 중심을 지나서 둘레에 닿는
가장 짧은 선분(線分). 타원의 두 초점을 잇는
선분을 수직 이등분하는 선분임. 단축(短軸).
↔긴지름.

짬1(명) ①(두 물체가) 서로 맞붙은 틈. ¶책상 서
랍의 짬. ②(어떤 일의) 겨를. ¶짬을 내다. /짬
이 나다. /너무 바빠서 잠시의 짬도 없다.
③(종이 따위를 도련칠 때) 칼이나 붓 끝으로
찍은 작은 표적.

짬2(명) 〈짬질〉의 준말.
짬-밥[-빱] (명) ①'군대에서 먹는 밥'을 속되게
이르는 말. ②군대에서, 복무 기간의 길고 짧
음을 속되게 이르는 말.

짬뽕(ちゃんぽん 일)(명) ①(하자)서로 다른 것을
뒤섞거나 종류가 다른 술을 섞어 마심, 또는
그 일. ¶친구는 소주고 막걸리고 가리지 않고
짬뽕해서 마시고 있었다. ②중국 국수의 한 가
지. 국수에 여러 가지 해산물과 채소를 섞어서
볶아, 돼지 뼈나 쇠뼈·닭 뼈를 삶아 낸 국물을
부어 만듦.

짬-질(명)(하타) 꽉 짜서 물기를 빼는 일. ¶젖은
속내의를 짬질해서 그냥 입다. (준)짬2.

짬짜미(명)(하자) 남몰래 자기들끼리 짜고 하는
속. 밀약(密約).

짬짬-이(부) 짬이 날 때마다. 틈이 나는 대로 그
때그때. 틈틈이. ¶시간이 나는 대로 짬짬이 책
을 읽는 습관을 기르다.

짭조름-하다[-쪼-] (형어) 짭짤한 맛이 있다. ¶간
간하고 짭조름한 미역.

짭질찮다(형) '잡짤찮다'의 잘못.

짭짤찮다[-찬타]휑 점잖지 못하고 추하다. ＊짭짤찮아[-차나]·짭짤찮소[-찬쏘]

짭짤-하다[휑어] ①감칠맛 있게 조금 짜다. ¶짭짤하게 끓인 된장국은 입맛을 돋운다. 囹쩝쩔하다. ②(물건이) 실속 있고 값지다. ¶가게가 이래도 짭짤한 물건이 많다. ③(일이 뜻대로 잘되어) 잇속이 있다. ¶사업이 짭짤하게 잘된다더군. 짭짤-히튀.

짭짭(못마땅하거나 감칠맛이 있어서) 입맛을 다시는 소리. 囹쩝쩝.

짭짭-거리다[-꺼-]困 자꾸 짭짭하다. 짭짭대다. ¶아이들은 과자를 짭짭거리면서 맛있게 먹었다. 囹쩝쩝거리다.

짭짭-대다[-때-]困 짭짭거리다.

짭짭-하다[-짜파-]휑어 (입맛이 당기어) 무엇을 먹고 싶은 느낌이 있다.

짯짯-하다[짣짜타-]휑어 ①성미가 깔깔하고 딱딱하다. ②나뭇결이나 피륙의 바탕 따위가 깔깔하고 단단하다. ③빛깔이 맑고 깨끗하다. 囹쩟쩟하다. 짯짯-이튀 ¶짯짯이 조사하다.

짱困 얼음장이나 굳은 물건 따위가 갑자기 갈라질 때 나는 소리. ¶뜨거운 냄비를 식탁 위에 놓는 순간 식탁 유리가 짱하고 깨어졌다. 囹쩡.

짱구명 이마나 뒤통수가 툭 튀어나온 머리, 또는 그런 사람.

짱당-그리다困 (못마땅하여) 얼굴을 찡그리다. 囹쩡등그리다.

짱뚱-어(-魚)명 망둑엇과의 바닷물고기. 몸길이 15~18cm. 머리가 넓고 폭이 넓고, 눈이 툭 불거졌으며, 청람색 몸에 흰 반점이 여기저기 있음. 황해 및 남해의 개펄에 서식하는 반염수성(半塩水性) 물고기로 가슴지느러미로 뛰듯이 기기도 함.

짱아명 '잠자리'의 어린이 말.

짱알-거리다困 자꾸 짱알짱알하다. 짱알대다. 囹쩡얼거리다. 困창알거리다.

짱알-대다困 짱알거리다.

짱알-짱알튀휑困 (못마땅한 일로) 강짜를 부리듯이 자꾸 불평의 말을 늘어놓는 모양, 또는 그 소리. 困창알창알.

짱짱-하다휑어 (생김새와 동작이) 옹골차고 굳세며 날래다. ¶할아버지는 젊은 사람 못지않게 짱짱한 체력을 갖고 계신다.

-째[절미] ①(날수와 관련 있는 일부 명사 뒤에 붙어》 '계속된 그동안'을 나타냄. ¶일주일째. /보름째. /나흘째. ②(일부 명사 뒤에 붙어》 '그대로'·'전부'의 뜻을 나타냄. ¶통째. /병째. /그릇째. ③(일부 관형사나 수사 뒤에 붙어》 '차례'·'등급'·'그 수효만큼'의 뜻을 나타냄. ¶첫째. /네 개째.

째깍[1]튀[하]困困 '재깍'의 센말. 囹쩨꺽1.

째깍[2]튀 '재깍2'의 센말. 囹쩨꺽2.

째다[1]困 (옷이나 신발 따위가 몸이나 발보다 작아서) 바짝 죄게 되다. ¶신이 째서 발이 부르트다. /작년에 입었던 옷이 째다.

째:다[2]困 ①일손이 모자라서 일에 쫓기다. ¶일손이 째다. ②(돈이나 물건 따위가 모자라서) 공급이 달리다. ¶돈이 째다.

째:다[3]困 '짜이다'의 준말.

째:다[4]困 (얇은 물건이나 살갗 따위를) 베어서 가르거나 찢다. ¶살을 째는 아픔. /피륙을 째다.

째:다[5]困 윷놀이에서, 말을 놓다.

째:려-보다困 '못마땅하여 무서운 눈초리로 흘겨보다'를 속되게 이르는 말.

째:리다困 '못마땅하여 무서운 눈초리로 흘기다'를 속되게 이르는 말.

째:마리명 ①(여러 사람 가운데서) 가장 처지는 사람. ②(골라내거나 쓰고 남은) 가장 못한 찌꺼기.

째-못[-몯]명 (박힌 나무못이 빠지지 않게 하기 위하여) 촉끝을 째고 박는 쐐기. ＊째못이[-모시]·째못만[-몬-]

째:-보명 ①'언청이'를 얕잡아 이르는 말. ②'잔망스러운 사람'을 조롱조로 이르는 말.

째어-지다困 ①터져서 갈라지다. 쪼개져 벌어지다. 찢어지다. ¶입이 귀밑까지 째어지다. ②(주로 '째어지게'의 꼴로 쓰이어》 '정도가 아주 심함'을 비유하여 이르는 말. ¶째어지게 가난한 집. 준째지다.

째:-지다困 '째어지다'의 준말.

째푸리다[I]困 날씨가 몹시 흐리다. ¶째푸린 하늘. 囹찌푸리다.
[II]困 (불쾌하거나 고통스럽거나 하여) 얼굴을 찡그리다. ¶이맛살을 째푸리다. 囹찌푸리다.

쩍-소리[-쏘-]명 《뒤에 '없다'·'못하다'·'말다' 따위의 부정·금지를 나타내는 말과 함께 쓰이어》 '아무 소리'·'꼼짝'·'반항'의 뜻으로 쓰이는 말. ¶고양이 앞의 쥐처럼 쩍소리 못한다. /저 사람에게는 쩍소리도 못하면서 나한테만 큰소리야. 囹찍소리. 困잭소리.

쩍-쩍튀[하]困 참새 따위가 우는 소리. 囹찍찍2.

쩍쩍-거리다[-꺼-]困 참새 따위가 자꾸 우는 소리를 내다. 쩍쩍대다. 囹찍찍거리다.

쩍쩍-대다[-때-]困 쩍쩍거리다.

쩍-발[-빨]명 윷판의 맨 처음부터 둘레를 따라 열다섯째 자리. 〔앞밭과 대각선으로 마주 보는 모둥이 자리임.〕 ＊쩍밭이[-빠치]·쩍밭을[-빠틀]·쩍밭만[-빤-]

쩔쩔튀 '절절2'의 센말. 囹짤짤2·찔찔1.

쩸:-빛[-삗]명 ①진채(眞彩) 그림에서, 묽거나 엷은 빛깔에서 더 칠하는 짙은 빛깔. ②두 빛깔을 조화시키려고 더 칠하는 빛깔. ＊쩸:빛이[-삐치]·쩸:빛만[-삔-]

쩸:-새명 '짜임새'의 준말.

쨍[1]튀[하]困 쇠붙이 따위가 세게 맞부딪치거나 갈라져 터질 때에 되바라지게 울리는 소리. 쨍-쨍[하]困.

쨍[2]튀[하]困 (충격으로 귀가 먹먹할 때) 귓속에서 울리듯이 나는 소리. 쨍-쨍[하]困.

쨍[3]튀휑 햇볕이 매우 따갑게 내리쬐는 모양. ¶햇볕이 쨍하게 내리쬐다. 쨍-쨍튀[하]휑.

쨍강튀[하]困困 '쟁강'의 센말. 囹찡겅.

쨍그랑튀[하]困困 '쟁그랑'의 센말. 囹찡그렁.

쨍그리다困 이마나 눈살을 일그러뜨려 주름지게 하다. ¶얼굴을 쨍그리다. 囹찡그리다.

쨍쨍-거리다困 (마음에 못마땅하여) 자꾸 짜증을 부리며 쨍쨍대다. 쨍쨍대다. 囹찡찡거리다.

쨍쨍-대다困 쨍쨍거리다.

쩌개다困 (나무 따위 단단한 물체를) 연장으로 베거나 찍어서 둘 이상으로 쩍 갈라지게 하다. ¶통나무를 세로로 쩌개다. 困짜개다.

쩌금-거리다困 자꾸 쩌금쩌금하다. 쩌금대다. 困짜금거리다.

쩌금-대다困 쩌금거리다.

쩌금-쩌금튀困 입맛을 쩍쩍 다시며 맛있게 먹는 소리, 또는 그 모양. 困짜금짜금.

쩌렁튀[하]困困 '저렁'의 센말. 困짜랑. 困처렁.

쩌렁쩌렁-하다휑어 목소리가 세고 여무져 울림이 몹시 크다. 困짜랑짜랑하다.

쩌르렁[♣][하자타] 〈저르렁〉의 센말. [작]짜르랑. [참]처르렁.

쩌릿-쩌릿[-릳-릳][♣][하형] 〈저릿저릿〉의 센말. ¶신경통으로 무릎이 쩌릿쩌릿하다. [작]짜릿짜릿.

쩌릿-하다[-리타-][형][어] 〈저릿하다〉의 센말. ¶가슴을 쩌릿하게 하는 광경. [작]짜릿하다.

쩌쩌[1][♣] 자꾸 혀를 차는 소리.

쩌쩌[2][감] 소를 왼쪽으로 몰 때 하는 소리.

쩍[1][명] 여섯 장 중 같은 자 셋이 두 벌 되는 것으로 다투는, 투전 노름의 한 가지.

쩍[2][♣] ①단단한 물체가 크게 짜개지거나 틈이 벌어지는 모양, 또는 그 소리. ¶장작이 쩍 하고 쪼개지다. /벽이 쩍 갈라지다. ②입맛을 맛있게 다시는 소리. ③단단한 물체의 바닥에 끈기 있게 달라붙는 모양, 또는 그 소리. ¶엿이 방바닥에 쩍 달라붙는다. [작]짝[4]. [쎈]쩎[♣].

-쩍다[-따][접미] 일부 명사 뒤에 붙어, 그러한 느낌이 있다는 뜻의 형용사를 만드는 말. ¶겸연쩍다. /수상쩍다.

쩍말-없다[쩡마럽따][형] 더 말할 나위 없이 썩 잘되다. **쩍말없-이**[♣].

쩍쩌기[명] 골패·투전 따위의 노름의 한 가지.

쩍쩍-거리다[-꺼-][타] 자꾸 입맛을 크게 다시다. 쩍쩍대다.

쩍쩍-대다[-때-][타] 쩍쩍거리다.

쩔거덕[♣][하자타] 〈절거덕〉의 센말. [작]짤가닥. [쎈]쩔꺼덕·쩔커덕.

쩔거덩[♣][하자타] 〈절거덩〉의 센말. [작]짤가당. [쎈]쩔꺼덩·쩔커덩.

쩔걱[♣][하자타] 〈절걱〉의 센말. [작]짤각. [쎈]쩔꺽·쩔칵.

쩔그럭[♣][하자타] 〈절그럭〉의 센말. [작]짤그락.

쩔그렁[♣][하자타] 〈절그렁〉의 센말. [작]짤그랑. [참]쩔그렁.

쩔거덕[♣][하자타] ①차진 물체가 세차게 들러붙는 소리, 또는 그 모양. ②쇠붙이 따위가 세차게 맞부딪칠 때 나는 소리, 또는 그 모양. [작]짤까닥. [어]절거덕·절꺼덕·쩔거덕. [참]철커덕. **쩔꺼덕-쩔꺼덕**[♣][하자타].

쩔거덩[♣][하자타] 쇠붙이 따위가 세차게 맞부딪칠 때 묵직하게 울리어 나는 소리, 또는 그 모양. [작]짤까당. [어]절거덩·절꺼덩·쩔거덩. [참]철커덩. **쩔꺼덩-쩔꺼덩**[♣][하자타].

쩔꺽[♣][하자타] 쇠붙이 따위가 세차게 맞부딪치거나 걸릴 때 나는 소리, 또는 그 모양. ¶자물쇠를 쩔꺽 채우다. [작]짤깍. [어]절칙·절격·쩔걱. [참]철칵. **쩔꺽-쩔꺽**[♣][하자타].

쩔뚝-거리다[-꺼-][타] 〈절뚝거리다〉의 센말. 쩔뚝대다. [작]짤뚝거리다.

쩔뚝-대다[-때-][타] 쩔뚝거리다.

쩔뚝발-이[-빠리][명] 〈절뚝발이〉의 센말.

쩔뚝-쩔뚝[♣][하타] 〈절뚝절뚝〉의 센말. [작]짤똑짤똑[1].

쩔렁[♣][하자타] 〈절렁〉의 센말. [작]짤랑. [참]쩔렁.

쩔레-쩔레[♣][하타] 〈절레절레〉의 센말. [준]쩔쩔[1]. [작]짤래짤래.

쩔룩-거리다[-꺼-][타] 〈절룩거리다〉의 센말. 쩔룩대다. [작]짤룩거리다.

쩔룩-대다[-때-][타] 쩔룩거리다.

쩔룩-쩔룩[♣][하타] 〈절룩절룩〉의 센말. [작]짤룩짤룩.

쩔름-거리다[타] 〈절름거리다〉의 센말. 쩔름대다. [작]짤름거리다[2].

쩔름-대다[타] 쩔름거리다.

쩔름발-이[명] 〈절름발이〉의 센말. [작]짤름발이.

쩔룸-쩔룸[♣][하타] 〈절름절름〉의 센말. [작]짤름짤름[2].

쩔쑥-거리다[-꺼-][타] 〈절쑥거리다〉의 센말. 쩔쑥대다. [작]짤쑥짤쑥[1].

쩔쑥-대다[-때-][타] 쩔쑥거리다.

쩔쑥-쩔쑥[♣][하타] 〈절쑥절쑥〉의 센말. [작]짤쑥짤쑥[1].

쩔쩔[1][♣][하타] 〈쩔레쩔레〉의 준말. [작]짤짤[1]. [어]절절[1].

쩔쩔[2][♣] 〈절절[1·2]〉의 센말. [큰]쩔찔[1·2]. [작]짤짤[2].

쩔쩔-매다[자] ①(다급한 일이나 해내기 어려운 일에 부닥쳐서) 어찌할 바를 모르고 갈팡질팡하다. ¶밀린 업무를 처리하느라 혼자서 쩔쩔매고 있더라. ②위엄이나 두려움 따위를 느껴 기를 펴지 못하거나 몸을 바를 모르고 송구스러워하다. ¶고참 앞에서 쩔쩔매다. [어]절절매다.

쩔커덕[♣][하자타] 〈절커덕〉의 센말. [작]짤카닥. [어]쩔거덕.

쩔커덩[♣][하자타] 〈절커덩〉의 센말. [작]짤카당. [어]쩔거덩.

쩔컥[♣][하자타] 〈절컥〉의 센말. [작]짤칵. [어]쩔걱.

쩝쩝[♣][하자타] ①(어떤 대상이나 일이 못마땅해서) 씁쓸하게 입맛을 다시는 소리, 또는 그 모양. ¶일이 뜻하던 대로 되지 않아 입만 쩝쩝 다시다. ②음식의 맛을 보거나 감칠맛이 있을 때 크게 입맛을 다시는 소리. ¶그는 보글보글 끓고 있는 매운탕을 보며 쩝쩝 입맛을 다셨다. ③음식을 마구 먹을 때 나는 소리. ¶밥 먹을 때마다 그의 쩝쩝 소리가 너무 귀에 거슬린다. [작]짭짭.

쩝쩝-거리다[-꺼-][타] 자꾸 쩝쩝하다. 쩝쩝대다. [작]짭짭거리다.

쩝쩝-대다[-때-][타] 쩝쩝거리다.

쩟[젇][♣] (마음에 못마땅하여) 혀를 차는 소리. **쩟-쩟**[♣].

쩟쩟-하다[쩓쩌타-][형][어] ①성질이 껄껄하고 뚝뚝하다. ¶나에게는 쩟쩟하기만 한 사람이 다른 사람들에게는 믿어지지 않을 정도로 상냥하다. ②나뭇결이나 피륙의 바탕 따위가 결곱하고 거세다. ③빛깔이 맑고 깨끗하다. [작]짯짯하다. **쩟쩟-이**[♣].

쩡[1][♣][하타] 세도를 대단하게 휘두르는 모양.

쩡[2][♣][하타] ①용수철이나 팽팽한 줄 따위를 세게 퉁길 때 나는 소리. ②얼음 따위의 굳은 물질이 갈라져 울리는 소리.

쩡쩡-거리다[자] 자꾸 쩡쩡하다. 쩡쩡대다.

쩡쩡-대다[자] 쩡쩡거리다.

쩨꺽[1][♣][하타] 〈제꺽[1]〉의 센말. [작]째깍[1].

쩨꺽[2][♣] 〈제격[2]〉의 센말. [작]째깍[2].

쩨쩨-하다[형][어] ①(너무 적거나 하찮아서) 시시하고 신통찮다. ②잘고 인색하다. ¶쩨쩨하게 굴다.

쩽겅[♣][하자타] 〈젱겅〉의 센말. [작]쨍강.

쩽그렁[♣][하자타] 〈젱그렁〉의 센말. [작]쨍그랑.

쩌-내다[쩌-][타] 간격이 촘촘하게 자란 나뭇가지나 풀숲을 베어 내다. ¶감나무 가지를 쩌내다.

쪼가리[명] 작은 조각. ¶헝겊 쪼가리.

쪼개다[타] ①하나로 된 물건을 둘 이상으로 나누다. 조각이 나게 부수거나 가르다. ¶장작을 쪼개다. ②시간이나 돈 따위를 아껴 쓰다. ¶시간을 쪼개 쓰다. /월급을 쪼개서 저금을 들다.

쪼개-접[-椄][명] 가지접의 한 방법. 접본을 쪼갠 다음, 접가지의 아랫부분을 쐐기 모양으로 빗깎아 끼워 접붙이는 방법. 할접(割椄).

쪽구미명 ⇨동자기둥.

쪼그라-들다[~드니·~들어]짜 ①쪼그라져 작아지다. ②살이 빠져서 주름이 쪼글쪼글 잡히다. ¶그는 어느새 늙고 쪼그라든 몰골이었다. ③일의 범위나 규모가 조금 줄어들다. ¶사업 실패 후 살림이 쪼그라들기 시작하였다. ②주그러들다. ⑦쪼크라들다.

쪼그라-뜨리다타 쪼그라지게 하다. 쪼그라트리다. ¶빈 깡통을 발로 밟아 쪼그라뜨렸다. ②주그러뜨리다. ⑦쪼크라뜨리다.

쪼그라-지다짜 ①물체가 눌리거나 우그러져서 부피가 작아지다. ¶공기가 빠져 풍선이 쪼그라졌다. ②살가죽이 쪼글쪼글해지다. ¶살이 빠지더니 얼굴만 쪼그라졌다. ②주그러지다.

쪼그라-트리다타 쪼그라뜨리다. ②주그러트리다. ⑦쪼크라트리다.

쪼그랑-박명 덜 쇠어 쪼그라진 박.

쪼그랑-할멈명 '얼굴이 쪼그라진 늙은 여자'를 조롱조로 이르는 말.

쪼그리다타 ①누르거나 욱여서 부피를 작게 하다. ②팔다리를 오그려 몸을 작게 움츠리다. ¶다리를 쪼그리고 앉다. ②주그리다. ⑦쪼크리다.

쪼글-쪼글부형 물체가 쪼그라져서 잔주름이 고르지 않게 많이 잡힌 모양. ¶쪼글쪼글한 할머니 얼굴. ②주글주글.

쪼끔Ⅰ명 〈조금〉의 센말. ¶생활비가 쪼끔밖에 안 남았다.
Ⅱ부 〈조금〉의 센말. ¶밥을 쪼끔 먹다.

쪼다명 '덜떨어져서 제구실을 못하는 사람'을 낮추보아 이르는 말. ¶이런 쪼다 같은 녀석을 보았나.

쪼:다타 ①뾰족한 끝으로 찍다. ¶부리로 모이를 쪼다. ②정으로 돌을 쪼다.

쪼들리다짜 ①(가난이나 돈 따위에) 부대껴 몹시 어렵게 지내다. ¶가난에 쪼들리며 여태까지 쪼들리며 지낸다. ②남에게 몰리어 시달림을 받다. ¶빚쟁이에게 쪼들리다.

쪼록부자 〈조록〉의 센말.

쪼록-쪼록부자 〈조록조록〉의 센말. ②주룩주룩.

쪼르르부자 부형 〈조르르〉의 센말. ②주르르.

쪼르륵부자 부형 ①〈조르륵〉의 센말. ②주르륵. ②몹시 배가 고플 때 배 속에서 나는 소리.

쪼뼛[-뼏]부자 부형자타 〈조뼛〉의 센말. ②주뼛.

쪼뼛-하다[-뼏타-]형여 〈조뼛하다〉의 센말. ②주뼛하다.

쪼이다¹ Ⅰ짜 ⇨쬐다.
Ⅱ타 ⇨쬐다.

쪼-이다²짜타 〔『쪼다'의 피동〕쫌을 당하다.

쪼크라-들다[~드니·~들어]짜 ①쪼크라져 작아지다. ②살이 빠져서 주름이 쪼글쪼글 잡히다. ③일의 범위나 규모가 조금 줄어들다. ②주크러들다. ⑩쪼그라들다.

쪼크라-뜨리다타 세게 누르거나 욱여서 몹시 쪼크라지게 하다. 쪼크라트리다. ②주크러뜨리다. ⑩쪼그라뜨리다.

쪼크라-트리다타 쪼크라뜨리다. ②주크러트리다. ⑩쪼그라트리다.

쪼크리다타 ①세게 누르거나 욱여서 부피를 작게 만들다. ¶깡통을 쪼크리다. ②팔다리를 오그려 몸을 작게 움츠리다. ¶몸을 쪼크리고 앉다. ⑩쪼그리다.

쪽¹명 시집간 여자가 뒤통수에 땋아 틀어 올려서 비녀를 꽂은 머리털. 낭자. ¶쪽을 찌다.

쪽²명 여뀟과의 일년초. 중국 원산으로 줄기는 50~60 cm. 잎은 길둥글거나 달걀 모양이며, 8~9월에 붉은 꽃이 이삭 모양으로 핌. 잎은 남빛을 물들이는 물감의 원료로 쓰임. 남(藍).

쪽³명 ①책이나 장부 따위의 한 면. 화가 들어 있다. ②〔의존 명사적 용법〕 책이나 장부 따위의 면을 세는 단위. ¶이 책은 모두 300쪽이다.

쪽⁴ Ⅰ명 어떤 물건을 쪼갰을 때의 한 부분. ¶쪽을 내다.
Ⅱ의 쪼개진 물건의 부분을 세는 단위. ¶콩한 쪽도 나누어 먹다.

쪽⁵명 《주로 '못 쓰다'와 함께 쓰이어》 '기(氣)'나 '맥'을 뜻하는 말.
쪽을 못 쓰다관용 ①어떤 일이나 사람에게 기가 눌리어 꼼짝 못하다. ¶쪽 같은 사람 앞에 나서면 쪽을 못 쓴다. ②무엇에 혹하거나 반하여 맥을 못 쓰다. ¶만화라면 쪽을 못 쓴다.

쪽⁶의 ①(나아가거나 가리키거나 향해 있는) 방향. ¶바라보는 쪽. /해가 지는 쪽. /바람이 부는 쪽으로 고개를 돌리다. ②(여러 사람이 몇개의 편으로 나뉘었을 때이) 편. ¶지는 쪽에서 한턱낸다. ③여러 개로 갈린 것 중의 한 부분 (부분). ¶그 책에 대해서도 주의를 기울여야지.

쪽⁷부 〈쪽〉의 센말. ⑥쪽.

쪽-접두 《일부 명사 앞에 붙어》'조그마한'·'조각으로 되어 있는'의 뜻을 나타냄. ¶쪽김치. /쪽대문. /쪽지게.

쪽-가위[-까-]명 실 따위를 자르는 데 쓰는, 족집게 모양의 작은 가위.

쪽-걸상(-床)[-껄쌍]명 널쪽으로 만든 조그마한 걸상. 흔히, 등받이가 없음.

쪽-김치[-낌-]명 조각조각 썰어서 담근 김치.

쪽-꼭지[-쩨]명 연 머리의 꼭지를 빛깔이 다른 종이로 반반씩 붙인 연.

쪽-다리[-따-]명 기다란 널조각 하나로 좁다랗게 걸쳐 놓은 다리.

쪽-대문(-大門)[-때-]명 바깥채나 사랑채에서 안으로 들어가는, 한 쪽으로 된 작은 대문.

쪽-댕기[-땡-]명 부인네가 쪽을 찔 때 드리는 댕기. 보통, 빨간색이며, 나이 많은 사람은 자줏빛, 과부는 검정, 상중인 여자는 흰 댕기를 맴.

쪽-마루[쫑-]명 한두 조각의 널로써 좁게 짠 툇마루.

쪽매[쫑-]명 얇은 나무쪽을 모아서 여러 가지 모양으로 만든 물건. 목기 등을 꾸미는 데 씀.

쪽매-붙임[쫑-부침]명[하] 여러 조각으로 된 쪽매를 바탕이 되는 널에 붙임, 또는 그 일.

쪽매-질[쫑-]명 ①하짜 쪽매를 만드는 일. ②하타 잔 조각의 나무를 모아 나무 그릇을 만드는 일.

쪽-모이[쫑-]명[하타] 여러 조각을 모아서 더 큰 조각을 만드는 일, 또는 그 물건.

쪽-문(-門)[쫑-]명 사람이 드나들 수 있도록, 대문짝 가운데나 한쪽에 작게 따로 낸 문.

쪽-박[-빡]명 작은 바가지.
쪽박 쓰고 벼락을 피해(避하랴)속담 어림도 없는 방법으로 눈앞에 닥친 위험을 피하려 한다는 말.
쪽박(을) 차다관용 살림이 결딴나서 거지 신세가 되다. 바가지(를) 차다. ¶그렇게 게을러서는 이다음에 쪽박 차기 십상이다.

쪽-반달(-半-)[-빤]명[하] 두 가지 빛깔의 종이로 반달 모양의 꼭지를 붙인 연.

쪽-발이[-빠리]몡 ①한쪽 발만 달린 물건. ②발통이 두 조각으로 된 물건. ③지난날, '일본 사람'을 욕으로 이르던 말.

쪽-밤몡 '쌍동밤'의 잘못.

쪽-방(-房)[-빵]몡 ①건물의 어느 한쪽에 조그마하게 만든 방. ②주로 극빈자들이 거주하는 허름하고 비좁은 방.

쪽-배[-빼]몡 통나무를 쪼개어 속을 파서 만든 작은 배.

쪽-봉투(-封套)[-뽕-]몡 한 겹으로 된 봉투.

쪽-빛[-삗]몡 ☞남색(藍色). *쪽빛이[-삐치]·쪽빛만[-삔-].

쪽-소로(-小檽)[-쏘-]몡 장여의 바깥쪽에만 붙이는 접시받침.

쪽-수(-數)[-쑤]몡 (책장 따위의) 쪽의 수. 면수.

쪽-술[-쑬]몡 쪽박 모양으로 생긴 숟가락.

쪽-술²[-쑬]몡 쟁기의 술이 비스듬하게 내려가다가 휘어져 곧게 뻗은 부분.

쪽-자(-字)[-짜]몡 서로 다른 둘 이상의 활자에서 필요한 부분만을 따서 한 글자로 만들어 쓰는 활자. ↔통자.

쪽잘-거리다[-짤-]타 자꾸 쪽잘쪽잘하다. 쪽잘대다. ¶반찬을 쪽잘거리지 말고 많이 집어서 맛있게 먹어라.

쪽잘-대다[-짤-]타 쪽잘거리다.

쪽잘-쪽잘[-짤-짤]튀하타 음식을 시원스럽게 먹지 못하고 자꾸 께지럭거리는 모양. ¶음식을 쪽잘쪽잘 먹으면 오던 복도 달아난단다.

쪽-지(-紙)[-찌]몡 ①작은 종잇조각. ②작은 종잇조각에 적은 편지나 메모. ¶쪽지를 써 놓고 자리를 뜨다.

쪽-지게[-찌-]몡 젓갈 장수나 등짐장수들이 쓰는, 다리가 짧고 자그마한 지게.

쪽쪽-이[-찌-]튀 여러 쪽으로. ¶쪽쪽이 금이 가다. / 마늘을 쪽쪽이 쪼개다.

쪽-창(-窓)몡 좁고 기름하게 한 짝만 짜서 단 창. 척창(隻窓).

쪽-파몡 파의 한 가지. 높이는 30 cm가량. 잎은 좁고 꽃은 거의 피지 않음. 특이한 향기와 맛이 있어 음식의 맛을 더하는 데 쓰임.

쪽-팔리다자 '낯이 깎이다'를 속되게 이르는 말. ¶쪽팔리게도 많은 사람들 앞에서 넘어졌다.

쫀득-거리다[-끄-]자 〈존득거리다〉의 센말. 쫀득대다. ②쭌득거리다.

쫀득-대다[-때-]자 쫀득거리다.

쫀득-쫀득[튀하]〈존득존득〉의 센말. ¶젤리가 쫀득쫀득하다. ②쭌득쭌득.

쫀존-하다[형여]①〈존존하다〉의 센말. ②속이 좁고, 인색하며 치사하다. ¶쫀존한 사람.

쫄깃-쫄깃[-긴-긴]튀하여 〈졸깃졸깃〉의 센말. ¶가래떡이 쫄깃쫄깃해서 맛있다. ②쭐깃쭐깃·찔깃찔깃. 센짤깃짤깃.

쫄깃-하다[-기타-]형여 〈졸깃하다〉의 센말. ¶호박엿이 쫄깃하다. ②쭐깃하다·찔깃하다.

쫄딱튀 더할 나위 없이 모두. 남김없이 통틀어. ¶비를 쫄딱 맞다. 쫄딱 망하다.

쫄랑-거리다자 〈졸랑거리다〉의 센말. 쫄랑대다. 큰쫄랑거리다.

쫄랑-대다자 쫄랑거리다.

쫄랑-이다자 〈졸랑이다〉의 센말.

쫄랑-쫄랑[튀하자] 〈졸랑졸랑〉의 센말.

쫄래-쫄래[튀하자] 〈졸래졸래〉의 센말. 큰쭐레쭐레.

쫄쫄¹튀 〈졸졸〉의 센말. 큰쭐쭐.

쫄쫄²튀 '끼니를 굶어 아무것도 먹지 못한 상태'를 이르는 말. ¶온종일 쫄쫄 굶다.

쫄쫄-거리다자 〈졸졸거리다〉의 센말. 쫄쫄대다. 큰쭐쭐거리다.

쫄쫄-대다자 쫄쫄거리다.

쫄쫄-이¹몡 채신없이 까불기만 하고 소견이 몹시 좁은 사람. 키가 작고 옹졸한 사람.

쫄쫄-이²몡 입으면 늘어나서 몸에 꼭 맞고 벗으면 쪼글쪼글해져 오그라드는 속옷.

쫍치다타 ①기가 꺾여 움츠러들게 만들다. ¶그 일로 나를 자꾸 쫍치면 다음에 내가 무슨 얼굴로 그 사람을 대하니? ②깨뜨려 부수다. ¶창문이 열리지 않는다고 창문을 쫍쳐서는 안 된다.

쫑그리다타 (귀나 입술을) 빳빳하게 치켜세우거나 뾰족이 내밀다. ¶토끼가 커다란 귀를 쫑그리다. 큰쭝그리다.

쫑긋[-귿]튀하 ①짐승이 귀를 한 번 쫑그리는 모양. ②말을 하려고 입술을 한 번 달싹이는 모양. 큰쭝긋. 쫑긋-쫑긋[튀하].

쫑긋-거리다[-귿-]타 자꾸 쫑긋쫑긋하다. 쫑긋대다. 큰쭝긋거리다.

쫑긋-대다[-귿때-]타 쫑긋거리다.

쫑긋-하다[-그타-]형여 (짐승의 귀가) 빳빳하게 서 있다. 쫑긋-이튀.

쫑달-거리다자 〈종달거리다〉의 센말. 쫑달대다. 큰쭝덜거리다.

쫑달-쫑달[튀하자] 〈종달종달〉의 센말. 큰쭝덜쭝덜.

쫑알-거리다[자타] 〈종알거리다〉의 센말. 쫑알대다. 큰쭝얼거리다.

쫑알-대다[자타] 쫑알거리다.

쫑알-쫑알[튀하자타] 〈종알종알〉의 센말. 큰쭝얼쭝얼.

쫑잘-거리다자 〈종잘거리다〉의 센말. 쫑잘대다. 큰쭝절거리다.

쫑잘-대다자 쫑잘거리다.

쫑잘-쫑잘[튀하자] 〈종잘종잘〉의 센말. 큰쭝절쭝절.

쫑쫑-거리다¹자 〈종종거리다¹〉의 센말. 쫑쫑대다.

쫑쫑-거리다²자 〈종종거리다²〉의 센말. 쫑쫑대다. 큰쭝쭝거리다.

쫑쫑-대다¹자 ☞쫑쫑거리다¹.

쫑쫑-대다²자 ☞쫑쫑거리다².

쫓다[쫃따]타 상투나 낭자 따위를 틀어서 죄어 매다. ¶상투를 쫓다. *쫓아·쫓는[쫀-]

쫓겨-나다[쫃껴-]자 내침을 당하여 나오다.

쫓-기다[쫃끼-]자 ①[『쫓다』의 피동] 쫓음을 당하다. ¶쫓기는 사람처럼 급하게 굴다. ②시간적인 여유가 없어 다급하다. ¶시간에 쫓기다.

쫓다[쫃따]타 ①있는 자리에서 떠나도록 억지로 몰아내다. ¶참새 떼를 쫓다. /푸닥거리를 하여 악귀를 쫓다. ②(달아나는 것을) 잡기 위해 급하게 뒤를 따르다. ¶흉악범을 쫓다. /고양이가 쥐를 쫓다. ③(졸음이나 잡음 따위를) 더 생기지 않게 물리치다. ¶졸음을 쫓으려고 찬물로 세수를 하였다. *쫓아·쫓는[쫀-]

쫓아-가다 Ⅰ자 앞선 것을 급히 따라가다. Ⅱ타 뒤에 바짝 붙어 따라가다.

쫓아-내다타 ①쫓아서 밖으로 내보내다. ¶방 안의 강아지를 쫓아내다. ②직장이나 학교 따위를 그만두게 하다. ¶무능한 직원을 회사에서 쫓아내다.

쫓아-다니다(타) ①뒤에 바짝 붙어 따라다니다. ②여기저기를 바삐 뛰어다니다. ¶ 그는 선거철만 되면 유세장을 쫓아다닌다. ③사귀거나 가까이하려는 의도로 접근하다. ¶ 여자 꽁무니를 쫓아다니다.

쫓아-오다 [I](자)(타) ①뒤에서 바짝 붙어 따라오다. ②달음박질하여 급히 따라오다. ¶ 어미 닭을 병아리 떼가 쫓아오다. [II](자) 어떤 대상을 잡거나 만나기 위해 급히 따라오다. ¶ 빚쟁이들이 매일 쫓아와서 돈을 내놓으라 성화다.

좌르르(부)(하자) 〈좌르르〉의 센말.

짝(부) 〈좍〉의 센말.

짝-짝(부)(하자) 〈좍좍〉의 센말.

짤-짤(부)(하자) 〈촬촬〉의 센말.

쬐:다[쬐-/쮀-] [I](자) ①햇볕이 내리비치다. 쪼이다. ¶ 햇볕이 잘 쬐는 양달. [II](타) 햇볕이나 불기운 등을 몸에 받다. 쪼이다. ¶ 불을 쬐다.

쭈그러-들다[~드니·~들어](자) ①쭈그러져 작아지다. ¶ 그릇이 쭈그러들다. ②살이 빠져서 주름이 쭈글쭈글 잡히다. ③일의 범위나 규모가 줄어들다. ¶ 살림이 많이 쭈그러들다. (준)쭈그러들다. (거)쭈크러들다.

쭈그러-뜨리다(타) (힘주어) 쭈그러지게 하다. 쭈그러트리다. (작)쪼그라뜨리다. (거)쭈크러뜨리다.

쭈그러-지다(자) ①물체가 찌그러지거나 우그러져서 부피가 몹시 작아지다. ②살가죽이 쭈글쭈글해지다. (작)쪼그라지다.

쭈그러-트리다 = 쭈그러뜨리다. (작)쪼그라트리다. (거)쭈크러트리다.

쭈그렁-밤 밤톨이 제대로 들지 않아 껍질이 쭈글쭈글한 밤.

쭈그렁-밤송이(명) 밤톨이 제대로 들지 않은 밤송이.

쭈그렁밤송이 삼 년 간다(속담) 몹시 약해 보이는 사람이 얼마 못 살 듯싶으면서도 목숨을 오래 이어 간다는 말.

쭈그렁-이(명) ①쭈그러진 물건. ②'살이 빠져 쭈글쭈글한 노인'을 흘하게 이르는 말. ③제대로 여물지 않은 낟알.

쭈그리다(타) ①누르거나 우겨서 부피를 작게 하다. ②팔다리를 우그려 몸을 작게 움츠리다. ¶ 쭈그려 앉다. (작)쪼그리다. (거)쭈크리다.

쭈굴-쭈굴(부)(하형) 물체가 쭈그러져서 잔주름이 고르지 않게 많이 잡힌 모양. (작)쪼글쪼글.

쭈룩(부)(하자) 〈주룩〉의 센말. (작)쪼록.

쭈룩-쭈룩(부)(하자) 〈주룩주룩〉의 센말. (작)쪼록쪼록.

쭈르르(부)(하자)(하형) 〈주르르〉의 센말. (작)쪼르르.

쭈르륵(부)(하자) 〈주르륵〉의 센말. (작)쪼르륵.

쭈-뼛[~뻗](부)(하자)(하타) 〈주뼛〉의 센말. (작)쪼뼛.

쭈뼛-하다[-뼈타-](형어) 〈주뼛하다〉의 센말. ¶ 쭈뼛쭈뼛하다. (작)쪼뼛하다.

쭈쭈 [I](명) 아기의 사타구니를 손으로 쓸어 주어 아이가 다리를 곧추 뻗는 동작. [II](부) 아기의 사타구니를 손으로 쓸어 주면서 하는 소리.

쭈크러-들다[~드니·~들어](자) ①쭈그러져 작아지다. ②살이 빠져서 주름이 쭈글쭈글 잡히다. ③일의 범위나 규모가 줄어들다. (작)쪼크러들다. (준)쭈크러들다.

쭈크러-뜨리다 세게 누르거나 우겨서 몹시 쭈그러지게 하다. 쭈크러트리다. (작)쪼크러뜨리다. (여)쭈그러뜨리다.

쭈크러-트리다(타) 쭈크러뜨리다. 다. (여)쭈그러트리다.

쭈크리다(타) ①세게 누르거나 우겨서 부피를 작게 하다. (작)쪼크리다. ②팔다리를 우그려 몸을 작게 움츠리다. (작)쪼크리다. (여)쭈그리다.

쭉 〈죽²〉의 센말. ¶ 달력을 쭉 찢다. /줄을 쭉 내리긋다. /냉수를 쭉 들이켜다. (작)쪽7.

쭉-신[-씬](명) 쭈그러지고 해진 헌 신.

쭉정-밤[-쩡-](명) 알맹이가 없이 쭉정이로 된 밤.

쭉정-이[-쩡-](명) 껍질만 있고 알맹이가 들지 않은, 곡식이나 과실의 열매.

쭌득-거리다[-끄-](자) 〈준득거리다〉의 센말. 쭌득대다. (작)쫀득거리다.

쭌득-대다[-때-](자) 쭌득거리다. (작)쫀득대다.

쭌득-쭌득(부)(하형) 〈준득준득〉의 센말. (작)쫀득쫀득.

쭐깃-쭐깃[-긷-긷](부)(하형) 〈줄깃줄깃〉의 센말. (작)쫄깃쫄깃.

쭐깃-하다[-기타-](형어) 〈줄깃하다〉의 센말. (작)쫄깃하다.

쭐레-쭐레(부)(하자) 〈줄레줄레〉의 센말. (작)쫄래쫄래.

쭐룩-쭐룩(부)(하형) 〈줄룩줄룩〉의 센말.

쭐쭐(부) 〈줄줄〉의 센말. (작)쫄쫄¹.

쭐쭐-거리다(자) 〈줄줄거리다〉의 센말. 쭐쭐대다. (작)쫄쫄거리다.

쭐쭐-대다(자) 쭐쭐거리다.

-쭝(←重)(접미) 〈양수사(量數詞) 냥·돈·푼 따위의 뒤에 붙어〉 '무게'임을 뜻함. ¶ 금 한 돈쭝.

쭝그리다(타) (귀나 입술을) 뻣뻣하게 치켜세우거나 뾰루거리 내밀다. (작)쫑그리다.

쭝긋[-귿](부)(하타) ①짐승이 귀를 한 번 쭝그리는 모양. ¶ 사슴이 귀를 쭝긋 세우다. ②말을 하려고 입술을 한 번 들썩이는 모양. (작)쫑긋.

쭝긋-쭝긋(부)(하타).

쭝긋-거리다[-귿꺼-](타) 자꾸 쭝긋쭝긋하다. 쭝긋대다. (작)쫑긋거리다.

쭝긋-대다[-귿때-](타) 쭝긋거리다.

쭝긋-하다[-그타-](형어) (짐승의 귀가) 뻣뻣하게 서 있다. (작)쫑긋하다. 쭝긋-이(부).

쭝덜-거리다(자) 〈중덜거리다〉의 센말. 쭝덜대다. (작)쫑달거리다.

쭝덜-대다(자) 쭝덜거리다.

쭝덜-쭝덜(부)(하자) 〈중덜중덜〉의 센말. (작)쫑달쫑달.

쭝얼-거리다(자)(타) 〈중얼거리다〉의 센말. 쭝얼대다. (작)쫑알거리다.

쭝얼-대다(자)(타) 쭝얼거리다.

쭝얼-쭝얼(부)(하자)(타) 〈중얼중얼〉의 센말. ¶ 혼자 입속말로 쭝얼쭝얼하다. (작)쫑알쫑알.

쭝절-거리다(자)(타) 〈중절거리다〉의 센말. 쭝절대다. (작)쫑잘거리다.

쭝절-대다(자)(타) 쭝절거리다.

쭝절-쭝절(부)(하자)(타) 〈중절중절〉의 센말. (작)쫑잘쫑잘.

쭝쭝-거리다(자) 〈중중거리다〉의 센말. 쭝쭝대다. (작)쫑쫑거리다².

쭝쭝-대다(자) 쭝쭝거리다.

-쯤(접미) 〈일부 명사나 명사구 뒤에 붙어〉 '어떤 정도'를 나타내는 말. ¶ 어디쯤. /오늘쯤. (참)가량.

쯧-쯧[쯛쯛](부) 가엾거나 못마땅하여 가볍게 혀를 차는 소리. ¶ 쯧쯧, 불쌍도 해라. /쯧쯧, 이것도 그림이라고 그렸느냐?

찌¹(명) 특히 기억할 것을 표해 두기 위하여 그대로 글로 써서 붙이는 좁고 기름한 종이쪽.

찌²명 〈낚시찌〉의 준말.

찌³명 '똥'의 젖먹이 말.

찌개¹명 국물을 바특하게 잡아 고기나 두부·채소 따위를 넣고 양념과 간을 맞추어 끓인 반찬.

찌-개²명 옷판의 둘레를 따라 처음부터 열두째 자리, 곧 찌도와 찌걸의 사이.

찌걱튀 느슨한 나무틀이나 엉성하게 묶인 짐짝 같은 것이 쓸릴 때 나는 소리. ¶오래된 나무 의자가 낡은 탓인지 앉기만 하면 소리가 찌걱 난다. 쎄찌꺽. 찌걱-찌걱튀하자타.

찌걱-거리다 [-꺼-]재타 자꾸 찌걱찌걱하다. 찌걱대다.

찌걱-대다 [-때-]재타 찌걱거리다.

찌-걸명 옷판의 둘레를 따라 처음부터 열넷째 자리, 곧 찌개와 찌옷의 사이.

찌그러-뜨리다타 눌러서 몹시 찌그러지게 하다. 찌그러트리다. ¶빈 깡통을 찌그러뜨려 쓰레기통에 버렸다. 쌘짜그라뜨리다.

찌그러-지다재 ①눌려서 모양이 고르지 않게 우그러지다. ¶찌그러진 주전자. /다 찌그러져 가는 오두막집. ②몹시 말라서 쭈글쭈글하게 주름이 잡히고 작아지다. ¶다 찌그러진 얼굴. 쌘짜그라지다.

찌그러-트리다타 찌그러뜨리다. 쌘짜그라트리다.

찌그럭-거리다 [-꺼-]재 〈지그럭거리다〉의 센말. 찌그럭대다. 쌘짜그럭거리다.

찌그럭-대다 [-때-]재 찌그럭거리다.

찌그럭-찌그럭튀 〈지그럭지그럭〉의 센말. 쌘짜그럭짜그럭.

찌그렁-이명 ①남에게 무리하게 떼를 쓰는 짓. ¶찌그렁이를 부리다. ②덜 여물어 찌그러진 열매.

찌그렁이(를) 붙다관용 남에게 무리하게 떼를 쓰다.

찌그르르튀하자 〈지그르르〉의 센말. 쌘짜그르르.

찌그리다타 ①눌러서 찌그러지게 하다. ¶운동화를 찌그려 신다. ②(근육의 일부나 눈살 등을) 찡그리게 찌푸리다. 쌘짜그리다.

찌근-거리다재 〈지근거리다〉의 센말. 찌근대다. 쌘짜근거리다. 쎈치근거리다.

찌근-대다재타 찌근거리다.

찌근덕-거리다 [-꺼-]재 〈지근덕거리다〉의 센말. 찌근덕대다. 쌘짜근덕거리다. 쎈치근덕거리다.

찌근덕-대다 [-때-]재타 찌근덕거리다.

찌근덕-찌근덕튀하자타 〈지근덕지근덕〉의 센말. 쌘짜근덕짜근덕. 쎈치근덕치근덕.

찌근-찌근튀하자타 〈지근지근〉의 센말. 쌘짜근짜근. 쎈치근치근.

찌글-거리다재 〈지글거리다〉의 센말. 찌글대다. 쌘짜글거리다.

찌글-대다재 찌글거리다.

찌글-찌글튀하재 〈지글지글〉의 센말. 쌘짜글짜글.

찌긋 [-귿]튀하 ①(남에게 눈치를 채게 하려고) 눈을 한 번 약간 찌그리는 모양. ¶조용히 하라고 눈을 한 번 찌긋해 보였지만 소용이 없었다. ②(어떤 뜻을 알아채게 하려고) 남의 옷자락 따위를 슬쩍 한 번 잡아당기는 모양. ¶나는 그런 이야기는 하지 말라고 그의 옷을 찌긋 잡아당겼다. 쌘짜긋. 찌긋-찌긋튀하자.

찌긋-거리다 [-귿꺼-]타 자꾸 찌긋찌긋하다. 찌긋대다. 쌘짜긋거리다.

찌긋-대다 [-귿때-]타 찌긋거리다.

찌긋-하다 [-그타-]형여 (눈을) 약간 찌그린 듯하다. ¶찌긋한 눈. 쌘짜긋하다. 찌긋-이튀.

찌꺼기명 ①액체가 다 빠진 뒤에 바닥에 남은 물질. ¶국물 찌꺼기. ②좋은 것이나 쓸 만한 것을 골라낸 다음의 나머지 쓸모없는 것들. ¶음식물 찌꺼기. 준찌끼.

찌꺽튀 〈찌걱〉의 센말.

찌끼명 〈찌꺼기〉의 준말.

찌다¹자 《주로 살을 주어로 하여》 살이 올라서 뚱뚱해지다. ¶많이 먹는다고 살이 찌는 것은 아니다.

찌:다²자 흙탕물이 논밭에 넘칠 만큼 괴다.

찌다³자 뜨거운 김을 쐬는 것처럼 몹시 더워지다. ¶한여름이 되니 밤에 잠을 못 이룰 정도로 푹푹 찌는 날씨가 계속되었다.

찌다⁴타 ①나무 따위가 촘촘하게 난 것을 성기게 되도록 베어 내다. ¶숲에서 나무를 찌다. ②모판에서 모를 모숨모숨 뽑아내다. ¶모를 찌다.

찌다⁵타 뜨거운 김으로 익히거나 데우다. ¶찬밥을 찌다. /떡을 찌다.

찌다⁶타 부녀자가 머리털을 목뒤로 틀어 뭉치어 비녀를 꽂다. ¶쪽을 찌다.

찌-도명 옷판의 둘레를 따라 처음부터 열한째 자리. 뒷밭에서 쎌밭 쪽으로 첫째 자리.

찌드럭-거리다 [-꺼-]재타 〈지드럭거리다〉의 센말. 찌드럭대다. 쌘짜드락거리다.

찌드럭-대다 [-때-]재타 찌드럭거리다.

찌드럭-찌드럭튀하자타 〈지드럭지드럭〉의 센말. 쌘짜드락짜드락.

찌득-찌득튀하 (차진 물건이) 여간해서는 베어지거나 잘라지지 않을 만큼 몹시 검질긴 모양. 쌘짜득짜득.

찌들다 [찌드니·찌들어]재 ①(물건이) 몹시 낡거나 오래되거나 때 따위에 결거나 하여 더럽게 되다. ¶땀에 찌든 옷. ②(사람이) 온갖 고생스러운 일을 겪어 몹시 지치다. ¶생활에 찌든 모습. 찌들리다.

찌뜰름-거리다타 자꾸 찌뜰름찌뜰름하다. 찌뜰름대다. 쌘짜뜰름거리다.

찌뜰름-대다타 찌뜰름거리다.

찌뜰름-찌뜰름튀하 한목에 다 주지 않고 여러 차례에 걸쳐 조금씩 나누어 주거나 주다 말다 하는 모양. 쌘짜뜰름짜뜰름.

찌러기명 성질이 몹시 사나운 황소.

찌르다 [찌르니·찔러] Ⅰ재르 남의 비밀 따위를 일러서 알려 주다. ¶그 사람의 비위 사실을 수사 기관에 찌르다.
Ⅱ타르 ①끝이 뾰족하거나 날카로운 것으로 세게 힘껏 밀다. ¶수지침으로 손바닥을 여기저기 찔러 보다. ②어떤 틈이나 사이를 헤집고 무엇을 집어넣다. ¶두 손을 고의춤에 찌르다. ③어떤 일에 밑천을 들이다. ¶경험도 별로 없는 일에 밑천을 찌르다. ④감정을 날카롭게 건드리다. ¶그의 말 한마디가 나의 정곡을 찔렀다. ⑤〈지르다〉의 준말. ⑥후각을 세게 자극하다. ¶역한 냄새가 코를 찌른다.

찔러도 피 한 방울 안 나겠다속담 ①빈틈이 없이 야무지다. ②몹시 인색하거나 모질다.

찔러 피를 내다관용 공연히 덧들여서 새삼스러운 일을 저지르다.

찌르레기명 찌르레깃과의 새. 날개 길이 13cm 가량. 몸빛은 암회색, 이마와 복부 등에는 흰 털이 듬성듬성 나 있음. 인가 근처의 숲 속이나 들에 집을 짓고 사는데, 해충(害蟲)을 잡아먹는 익조(益鳥)임.

찌르르튀하 〈지르르〉의 센말. 쌘짜르르.

찌르륵튀 ①하자타가는 대롱 따위로 액체를 거칠게 빨아올릴 때에 나는 소리. 쌘짜르륵. ②짜르레기가 우는 소리. 찌르륵-찌르륵튀하자타.

찌르륵-거리다[-꺼-]자타 자꾸 찌르륵찌르륵하다. 찌르륵대다. 쌘짜르륵거리다.

찌르릉-대다[-때-]자타 찌르릉거리다.

찌르릉튀 벨이 울리는 소리. ¶전화벨이 찌르릉 울렸다. 찌르릉-찌르릉튀하자타.

찌르릉-거리다자타 자꾸 찌르릉찌르릉하다. 찌르릉대다.

찌르릉-대다자타 찌르릉거리다.

찌릿-찌릿[-릳-릳]튀하자 자꾸 찌릿한 모양. ¶손가락 끝이 찌릿찌릿하다. 쌘짜릿짜릿.

찌릿-하다[-리타-]형이 ①살이나 뼈마디에 갑자기 세게 저린 느낌이 있다. ¶오래 앉아 있었더니 다리가 찌릿하다. ②(감전된 것처럼) 순간적으로 떨리게 하는 느낌이 있다. ¶그녀와 눈이 마주치자 온몸이 찌릿했다. 쌘짜릿하다.

찌무룩-하다[-루카-]형이 못마땅하게 여기는 빛이 얼굴에 드러나 있다. 찌무룩-이튀.

찌부러-뜨리다타 힘주어 찌부러지게 하다. 찌부러트리다. 쌘짜부라뜨리다.

찌부러-지다자 ①물체가 우묵하게 찌그러지다. ¶지붕이 찌부러지다. ②(세력 따위가) 아주 망하다시피 되다. ¶살림이 찌부러지다. ③아주 생기가 없어지다. ¶앓고 나더니 폭삭 찌부러졌구나. 쌘짜부라지다.

찌부러-트리다타 찌부러뜨리다. 쌘짜부라트리다.

찌빽-거리다[-꺼-]자 〈지벅거리다〉·〈지빽거리다〉의 센말. 찌빽대다.

찌빽-대다[-때-]자 찌빽거리다.

찌빽-찌빽튀하자 〈지벅지벅〉·〈지빽지빽〉의 센말.

찌뿌둥-하다형이 찌뿌듯하다.

찌뿌드드-하다형이 (몸살이나 감기 따위를 앓을 때처럼) 몸이 무겁고 나른하며 아주 거북하다. ¶감기 몸살에 걸리려는지 온몸이 찌뿌드드하다. 준뿌드드하다.

찌뿌듯-하다[-드타-]형이 ①(몸살·감기 따위로) 몸이 조금 무겁고 거북하다. ②표정이나 기분이 밝지 못하고 언짢다. ③비나 눈이 올 것같이 날씨가 잔뜩 흐리다. 찌뿌듯하다.

찌-우다타 〖'찌다¹'의 사동〗 찌게 하다. ¶얼굴의 살을 찌우다.

찌-윷[-윤]명 윷판의 둘레를 따라 처음부터 열넷째 자리. 찌걸과 쳉밭의 사이. *찌윷이[-유치]·찌웆만[-윤-]

찌증명 마음에 꼭 맞지 않아 역정을 내는 짓, 또는 그러한 성미. ¶찌증이 나다. 쌘짜증.

찌-지(-紙)명 무엇을 표하거나 적어서 붙이는 작은 종이 쪽지. 부표(附票).

찌푸리다 ①자 날씨가 몹시 흐리다. ¶잔뜩 찌푸린 하늘. 쌘쩨푸리다.
②타 (불쾌하거나 고통스럽거나 하여) 얼굴을 몹시 찡그리다. ¶눈살을 찌푸리다. 쌘쩨푸리다.

찍¹튀 〈직²〉의 센말. 쌘짝5.

찍²[-따]타 ①가루나 액체 따위를 묻히다. ¶꿀을 찍어 먹다. /삶은 달걀을 소금에 찍어 먹다. ②연지나 곤지 따위를 얼굴에 바르다. ③바닥에 대고 눌러서 자국을 내다. ¶지장을 찍다. ④인쇄물이나 사진 따위를 박다. ¶안내장을 찍다. /신문을 찍다. /영화를 찍다. /사진을 찍다. ⑤일정한 틀 따위로 규격이 같은 물건을 만들어 내다. ¶벽돌을 찍다. ⑥무엇에 점을 칠하거나 무엇을 지목하여 눈여겨 두다.

¶점을 찍다. /그를 신랑감으로 찍다.

찍다²[-따]타 ①(무엇을 베려고) 날이 선 연장을 내리치다. ¶도끼로 나무를 찍다. ②끝이 뾰족한 것으로 내리치거나 찌르다. ¶곡괭이로 언 땅을 찍다. ③(표 같은 것에) 구멍을 뚫다. ¶기차표를 찍다.

찍-소리[-쏘-]명 《뒤에 '없다'·'못하다'·'말다' 따위의 부정·금지를 나타내는 말과 함께 쓰이어》 '아무 소리'·'꼼짝'·'반항'의 뜻으로 쓰이는 말. ¶찍소리도 못하다. 쌘짹소리.

찍어-매다타 실이나 노끈 따위로 대충 꿰매다.

찍-찍¹튀하자 〈직직〉의 센말. 쌘짝짝¹.

찍-찍²튀하자 새나 쥐 따위가 내는 소리. 쌘짹짹.

찍찍-거리다[-꺼-]자 새나 쥐 따위가 자꾸 찍찍 소리를 내다. 찍찍대다. 쌘짹짹거리다.

찍찍-대다[-때-]자 찍찍거리다.

-찍하다[찌카다]접미 《'ㄹ' 또는 'ㄺ'으로 끝나는 형용사 어간에 붙어》'조금' 또는 '꽤 그러함'을 나타냄. ¶멀찍하다. /널찍하다. /얄찍하다.

찍-히다[찌키-]자 〖'찍다¹·²'의 피동〗 찍음을 당하다.

찐덥다[-따] [찐더우니·찐더워]형ㅂ ①마음에 반갑고 흐뭇하다. ¶네가 오는 것을 찐덥지 않게 여길 사람은 아무도 없다. ②마음에 거리낌이 없이 떳떳하다.

찐득-거리다[-꺼-]자 〈진득거리다〉의 센말. 찐득대다. 쌘짠득거리다.

찐득-대다[-때-]자 찐득거리다.

찐득-찐득튀하자 〈진득진득〉의 센말. ¶찐득찐득한 액체. 쌘짠득짠득.

찐-쌀명 덜 여문 벼를 쪄서 말린 뒤에 찧은 쌀.

찐-조명 덜 여문 조를 쪄서 말린 뒤에 찧은 좁쌀.

찐:-하다형이 지난 일이 뉘우쳐져 못내 마음이 언짢고 아프다. 쌘짠하다.

찔깃-찔깃[-긷-긷]튀하자 〈질깃질깃〉의 센말. 쌘짤깃짤깃·쫄깃쫄깃.

찔깃-하다[-기타-]형이 〈질깃하다〉의 센말. 쌘짤깃하다·쫄깃하다.

찔꺽-거리다[-꺼-]자 자꾸 찔꺽찔꺽하다. 찔꺽대다.

찔꺽-눈[-껑-]명 눈가가 늘 진물진물한 눈.

찔꺽눈-이[-껑-]명 찔꺽눈을 가진 사람.

찔꺽-대다[-때-]자 찔꺽거리다.

찔꺽-찔꺽튀하자 진흙이나 풀 따위를 짓이길 때와 같이 몹시 끈진 모양, 또는 그 소리. ¶진흙투성이가 된 골목길을 찔꺽찔꺽 소리를 내며 걸었다.

찔끔¹튀하자타 〈질금〉의 센말. 쌘짤끔.

찔끔²튀하자 갑자기 놀라거나 겁이 나서 몸을 뒤로 움츠리는 모양.

찔끔-거리다자타 액체가 잇따라 조금씩 새어 흐르거나 쏟아지다가 그치다. 찔끔대다. ¶동생은 길거리에서 불쌍한 사람을 보면 눈물을 찔끔거린다. 쌘짤끔거리다.

찔끔-대다자타 찔끔거리다.

찔끔-찔끔튀하자타 물건을 여러 번에 걸쳐 나누어 조금씩 주는 모양. ¶찔끔찔끔 받는 용돈을 차곡차곡 모아서 책상을 장만했다. 쌘짤끔짤끔.

찔뚝-찔뚝튀하자 〈질뚝질뚝〉의 센말. 쌘짤뚝짤뚝².

찔뚝-하다[-뚜카-]형이 〈질뚝하다〉의 센말. 쌘짤뚝하다.

찔러-보다타 어떤 자극을 주어 속내를 알아보다.

찔러-주다[一] ①남에게 암시하거나 귀띔하다. ②남의 환심을 사기 위해 몰래 가져다주다. ¶잘 봐 달라고 돈을 찔러주다.

찔레图 찔레나무.

찔레-꽃[一꼳]图 찔레나무의 꽃. • 찔레꽃이[一꼬치] · 찔레꽃만[一꼰一]

찔레-나무图 장미과의 낙엽 관목. 산이나 들에 흔히 나는데 높이는 2m가량. 가지에 가시가 있음. 봄에 흰빛이나 분홍빛 꽃이 피고, 가을에 둥근 열매가 붉게 익음. 찔레. 들장미.

찔룩-찔룩[하형] 〈질룩질룩〉의 센말. 图짤록짤록.

찔룩-하다[一루카一][형] 〈질룩하다〉의 센말. 图짤룩하다.

찔룸-거리다[자타] 〈질룸거리다〉의 센말. 찔룸대다. 찔룸거리다.

찔룸-대다[자타] 찔룸거리다.

찔룸-찔룸[하자타] 〈질룸질룸〉의 센말. 图짤룸짤룸.

찔리다[Ⅰ][자타] ['찌르다'의 피동] 찌름을 당하다. ¶바늘에 손가락이 찔리다. [Ⅱ]자 양심의 가책을 받다. ¶식구들을 두고 나 혼자 여행을 떠나는 것이 마음에 찔린다.

찔쑥-찔쑥[하형] 〈질쑥질쑥〉의 센말. 图짤쏙짤쏙2.

찔쑥-하다[一쑤카一]형 〈질쑥하다〉의 센말. 图짤쏙하다.

찔찔1图 〈질질〉의 센말. 图짤짤2 · 쩔쩔 · 찔찔2.

찔찔2图 〈질질〉의 센말. 图짤짤2 · 쩔찔2.

찜图 ①고기나 채소에 갖은 양념을 하여 국물이 바특하게 흠씬 삶거나 쪄서 만든 음식. ②〈찜질〉의 준말.

찜 쪄 먹다[관용] 꾀·재주·수단 따위가 다른 것에 견주어 비교가 안 될 만큼 뛰어나다. (주로, '찜 쪄 먹게' · '찜 쪄 먹을'의 꼴로 쓰임.) ¶그는 귀신 찜 쪄 먹게 뛰어난 재주를 가졌다.

찜부럭[하지] (몸이나 마음이 괴로울 때) 걸핏하면 짜증을 내는 짓. ¶찜부럭을 내다. /아이가 선잠을 자다가 잠투정으로 찜부럭을 부린다.

찜-없다[찌멉따]형 ①맞붙은 틈에 흔적이 전혀 없다. ¶널빤지들을 찜없게 이어 붙이다. ②일이 잘 되어 어울림이 생기지 않다. ¶수련회에 가서 할 일을 찜없게 짜 보아라. **찜없-이**图 ¶모든 일이 찜없이 다 잘 끝났다.

찜-질图[하타] ①약물이나 더운물에 적신 헝겊이나 얼음을 넣은 주머니 따위를 아픈 자리에 대어 병을 고치는 일. ②온천 또는 뜨거운 모래나 물 따위에 몸을 담가 땀을 흘려 병을 고치는 일. ③'몹시 매를 때리는 일'을 속되게 이르는 말. ¶몽둥이 찜질. 图찜.

찜찜-하다형 마음에 꺼림칙한 느낌이 있다. ¶일을 하다 말았더니 기분이 왠지 찜찜하다.

찜-통(一桶)图 찜을 할 때 쓰는 조리 기구.

찜통-더위(一桶一)图 찜 찌는 듯한 더위.

찜-하다[타] '어떤 물건이나 사람을 미리 자기의 것이라고 마음속으로 정하다'를 속되게 이르는 말.

찝쩍-거리다[一꺼一][자타] 〈집적거리다〉의 센말. 찝쩍대다.

찝쩍-대다[一때一][자타] 찝쩍거리다.

찝쩍-찝쩍[부][하자타] 〈집적집적〉의 센말.

찝찔-하다형 ①감칠맛이 없이 좀 짜다. ¶국물이 찝찔하다. ②짭짤하다. ②일이 뜻대로 되지 않아 못마땅하다. ¶실수한 것이 찝찔하다. /뒷맛이 찝찔하다.

찝찝-하다[一찌파一]형 (어떤 일이) 꺼림하여 마음에 걸리다.

찡图[하지] 얼음장이나 굳은 물건 따위가 갑자기 갈라질 때 울리는 소리. 图찡.

찡검-찡검图 〈징검징검〉의 센말.

찡그리다[타] 이마나 눈살을 일그러뜨려 주름지게 하다. ¶얼굴을 찡그리다. 图쌩그리다.

찡긋[一귿]图[하타] 눈을 한 번 찡그리는 모양. ¶눈을 찡긋 감았다 뜨다. **찡긋-찡긋**图[하타].

찡긋-거리다[一귿꺼一][타] 자꾸 찡긋찡긋하다. 찡긋대다.

찡긋-대다[一귿때一][타] 찡긋거리다.

찡기다[타] 팽팽하게 켕기지 못하고 구겨져서 쭈글쭈글하게 되다.

찡등-그리다[타] 못마땅하여 얼굴을 몹시 찡그리다. 图짱그리다.

찡얼-거리다[자] 〈징얼거리다〉의 센말. 찡얼대다. 图짱알거리다. 图칭얼거리다.

찡얼-대다[자] 찡얼거리다.

찡얼-찡얼图[하지] 〈징얼징얼〉의 센말. 图칭얼칭얼.

찡찡-거리다[자] 〈징징거리다〉의 센말. 찡찡대다. 图쩽쩽거리다.

찡찡-대다[자] 찡찡거리다.

찡찡-이[명] 〈코찡찡이〉의 준말.

찡찡-하다형 ①마음에 걸리는 일이 있어 겸연쩍다. ②코가 막혀서 답답하다.

찡-하다[형] 눈물이 나올 만큼 강한 감정이나 느낌이 있다. ¶마음에 찡한 감동을 받았다.

찢-기다[찓끼一][자] ['찢다'의 피동] 찢음을 당하다.

찢다[찓따][타] 잡아당겨서 갈라지게 하다. 여러 조각으로 가르다. • 찢어·찢는[찓一]

찢-뜨리다[찓一][타] (종이나 헝겊 따위를) 무심결에 찢어지게 하다. 찢트리다. ¶종이를 계속 찢뜨리면서 이야기하다.

찢어-발기다[타] 갈기갈기 찢다.

찢어-지다[자] 찢겨서 갈라지다. 미다1.

찢-트리다[찓一][타] 찢뜨리다.

찧다[찌타][타] ①(곡식 따위를 쓿거나 빻으려고) 절구에 넣고 공이로 내려치다. ¶방아를 찧다. /떡쌀을 찧다. ②(땅 같은 것을 다지려고) 무거운 물체를 들었다가 내리치다. ③마주 부딪다. ¶얼음판에 미끄러져서 엉덩방아를 찧다. /문설주에 이마를 찧다. • 찧어[찌一] · 찧는[찓一] · 찧소[찌쏘]

찧고 까불다[관용] 되지 않은 소리로 이랬다저랬다 하며 경솔하게 굴다.

ㅊ[치읕]**자모** 치읕. ①한글 자모의 열째. ②자음의 하나. 혀의 가운데 바닥을 입천장에 붙이고 목젖으로 콧길을 막았다가 숨을 불어 내면서 혓바닥을 뗄 때 나는 무성 파찰음. 받침의 경우에는 대표음 'ㄷ'과 같으며, 입천장에서 끝을 떼기 전 않음. ＊치읕[치으시]·치밑[치읃─]

차자(옛) ('ㅊ다'의 활용형) 차게[滿]. 가득하게. ¶世尊이 즉자히 眉間 金色光을 펴쳐 十方無量世界를 차 비취시니(月釋8:5).

차(車)[¹]**명** ①수레 종류의 대부분을 통틀어 이르는 말. 〔자동차·전차·지게차·영구차·유모차 따위.〕¶차를 몰다. /차를 타다. ②자동차나 기차를 흔히 이르는 말. ¶출퇴근 시간에는 차가 붐빈다. ③[의존 명사적 용법] 화물을 차에 실어 그 분량을 세는 단위. ¶모래 세 차.

차(車)[²]**명** 장기에서 '車'자로 나타낸 장기짝의 한 가지. 한편이 둘씩으로 모두 네 개가 있음. 일직선으로만 가되 가로세로 어느 방향이든지 몇 밭이라도 갈 수 있음.
차(車) **치고 포**(包) **친다**[속담] ①'일을 계획적으로 치밀하게 처리함'을 이르는 말. ②'분수에 넘치게 제멋대로 이러저리 휘두름'을 이르는 말.

차(茶)**명** ①〈차나무〉의 준말. ②차나무의 어린 잎을 따서 만든 음료의 재료, 또는 그것을 달인 물. 〔녹차·홍차 따위.〕③식물의 잎이나 줄기·뿌리·열매 따위를 달이거나 우려서 만든 음료. 〔보리차·생강차·인삼차·커피 따위.〕

차(差)**명** ①서로 다른 정도. ¶품질의 차. /견해의 차. ②수학에서, 어떤 큰 수효에서 다른 작은 수효를 뺀 나머지. ¶3과 2의 차는 1이다.

차(次)**명** ①((주로 한자어 수(數) 뒤에 쓰이어)) '번'·'차례'의 뜻을 나타냄. ¶수십 차. ②어떤 일을 하거나 하려는 '기회'나 '계제'를 뜻하는 말. ¶고향에 내려갔던 차에 학교에도 들렀다. 卽참².

차(此)**대** 이. 이것. ¶此(차)로써 세계 만방에 고하야 인류 평등의 대의(大義)를 극명하며….

차-(接頭) ('ㅈ'으로 시작되는 일부 명사 앞에 붙어) '찰기가 있음'을 뜻함. ¶차좁쌀. ↔메-. 卽찰-.

-차(次)(接尾) 일부 명사 뒤에 붙어, '그 일을 목적함'을 나타냄. ¶산업 시찰차 지방에 다녀다. ¶공연차 전국을 순회하다.

차:**가**(借家)**명하자** 세를 주고 빌려서 듦, 또는 그 집. 卽대가(貸家).

차-가다[타] 무엇을 남에게 빼앗거나 움켜 가지고 가다. ¶소매치기가 지갑을 차가다.

차간(車間)**명** '찻간(車間)'의 잘못.

차감(差減)**명하타** 견주어서 덜어 냄, 또는 견주어 보아 줄어든 차이. ¶차감 계정.

차갑다[-따][차가우니·차가워][형ㅂ] ①(살에 닿은 느낌이) 싸늘하게 차다. ¶손이 시리도록 차갑다. ②(마음씨나 태도가) 쌀쌀하게 냉정하다. 매정스럽다. ¶차가운 눈초리.

차:**거**(借居)**명하자** 남의 집을 빌려서 삶.

차견(差遣)**명하타되자** (공적인 일로) 사람을 보냄. 차송(差送). 파견(派遣).

차:**견**(借見)**명하타** (남이 가지고 있는 책이나 그림 따위를) 빌려서 봄. 차람(借覽).

차고(車庫)**명** 자동차·기차·전차 따위의 차량을 넣어 두는 곳.

차고-앉다[-안따][타] (어떤 일을) 맡아서 자리를 차지하고 앉다. ¶사장의 아들이 회사를 차고앉아 운영하다.

차-고음(次高音)**명** '메조소프라노'의 한자어.

차곡-차곡[부] 물건을 가지런하게 자꾸 포개거나 쌓는 모양. ¶소금에 절인 배추를 소쿠리에 차곡차곡 담다. **차곡차곡-히**[부]

차골(次骨)**명** ①(형벌이 가혹하여 그 독이) 뼈에 사무침. ②(원한이) 골수에 사무침.

차관(次官)**명** 행정부에서, 장관을 보좌하고 장관의 직무를 대행할 수 있는 공무원.

차관(茶罐)**명** 찻물을 달이는 그릇. 다관(茶罐).

차:**관**(借款)**명** 국제간에, 일정한 협정에 따라 자금을 빌려 주고 빌려 씀. 〔정부 차관·민간 차관·정치 차관·경제 차관 따위가 있음.〕¶차관 도입. /차관을 제공하다.

차관-보(次官補)**명** 행정부에서, 장관과 차관을 보좌하는 기관, 또는 그 직위에 있는 공무원.

차:**광**(遮光)**명하자되자** 빛을 가리어 막음.

차:**광-기**(遮光器)**명** (야간 전투에서 화기를 발사할 때) 불빛을 가리기 위해 포구(砲口)에 붙이는 장치.

차:**광^재:배**(遮光栽培)**명** 촉성 재배 방법의 한 가지. 단일성(短日性) 식물의 개화기(開花期)를 앞당기기 위하여 햇빛을 받는 시간을 제한하여 재배하는 방법. 국화나 콩·벼 따위의 재배에 쓰임. 차폐 재배(遮蔽栽培).

차군(此君)**명** '대나무'를 사군자(四君子)의 하나라 하여 예스럽게 이르는 말. 〔중국 진(晉)나라의 왕휘지가 대나무를 가리켜 '어찌 하루도 이 임 없이 살 수 있겠는가.'라고 한 데서 유래함.〕

차근-거리다[자타] (남이 싫어할 만큼) 자꾸 끈질기게 조르거나 괴롭히다. 차근대다. ¶장난감을 사 달라고 진종일 차근거리다. 卽치근거리다. 卽짜근거리다.

차근-대다[자타] 차근거리다.

차근덕-거리다[-꺼-][자타] 자꾸 차근덕차근덕하다. 차근덕대다. ¶곁에 눌러앉아 계속 귀찮게 차근덕거리다. 卽치근덕거리다. 卽자근덕거리다.

차근덕-대다[-때-][자타] 차근덕거리다.

차근덕-차근덕[부][하자타] 몹시 끈덕지게 차근거리는 모양. 卽치근덕치근덕. 卽자근덕자근덕. 卽짜근덕자근덕.

차근-차근[부][하형] (말이나 행동이) 조리 있고 자세하며 서두르지 않는 모양. ¶차근차근 따지다. 차근차근-히[부]

차근-하다[형여] (말이나 행동이) 조리 있고 자세하며 찬찬하다. ¶차근하게 일을 처리해 나가다. **차근-히**[부] ¶자초지종을 차근히 설명해 주다.

차금(差金)**명** ☞차액(差額).

차:**금**(借金)**명하자** 돈을 빌림, 또는 그 돈. 빚.

차:**금-래**(差金去來)**명** ☞차금 매매.

차:**금-매:매**(差金賣買)**명** 사고팔 물건의 값이 변동될 것을 내다보고, 그 차액을 이득으로 하기 위하여 하는 매매 방법. 〔차금만 주고받으며 실제 물건은 주고받지 아니함.〕¶차금 거래. 卽현물 매매.

차:급(借給)**명하타되자** (물건을) 빌려서 줌. 차여(借與). ↔대급.

차기(次期)**명** 다음 시기. ¶차기 대통령.

차기(此期)**명** 이 시기. 이 기간.

차기(茶器)**명** ①☞차제구(茶諸具). ②가루로 된 차를 담는 사기그릇.

차기(箚記)**명** 글을 읽고 느낀 바나 요긴한 구절을 적어 놓음, 또는 그 기록이나 책.

차:길(借吉)**명하자** 상제가 길례(吉禮) 때에 임시로 길복(吉服)을 입음.

차깔-하다타여 (문을) 굳게 닫아 걸다. 큰처깔하다.

차꼬명 지난날, 중죄인(重罪人)을 가두어 둘 때 쓰던 형구(刑具)의 한 가지. 두 개의 긴 나무 토막으로 두 발목을 고정시켜 자물쇠로 채우게 되어 있음. 족가(足枷). 桎梏.

차꼬-막이명 [재래식 한옥의] ①기와집 용마루의 양쪽으로 끼우는 수키왓장. ②박공머리에 물리는 네모진 서까래와 기와, 또는 그 기와를 받게 된 부분.

차끈차끈-하다형여 잇따라 차끈한 느낌이 있다.

차끈-하다형여 매우 차가운 느낌이 있다. ¶차끈한 얼음덩이.

차-나무(茶-)**명** 차나뭇과의 상록 관목. 재배 식물의 한 가지. 잎은 끝이 뾰족한 길둥근 모양이고 두껍우며 둔한 톱니가 있음. 가을에 향기 있는 흰 꽃이 핌. 어린잎은 녹차와 홍차를 만드는 데 쓰임. 준차(茶).

차남(次男)**명** 둘째 아들. 차아(次兒). 차자(次子).

차내(車內)**명** (기차나 자동차 따위의) 차의 안. 차중(車中). ¶차내 방송.

차녀(次女)**명** 둘째 딸.

차년(此年)**명** 올해. 금년.

차다¹**자** ①가득하게 있다. ¶저수지에 물이 차다. /쌀독에 쌀이 차다. /하나님의 은총이 온 누리에 가득 차다. /기쁨에 찬 눈으로 우러러보다. ②정한 수요에 이르다. ¶정원이 차다. /계획량이 다 차다. ③일정한 한도에 이르다. ¶냇물이 무릎까지 차다. ④작정한 기한에 이르다. ¶약속한 날수가 차다. /정한 기한이 다 차다. ⑤(이지러졌던 것이) 온전하여지다. ¶달이 차다. ⑥보거나 느끼기에 흐뭇하다. ¶눈에 차다. /마음에 차지 않다.

차면 넘친다(기운다)**관용** 무엇이든 한번 성하면 반드시 쇠하거나 망한다는 말.

차다²**타** ①발로 내지르다. 발로 세게 건드리다. ¶공을 차다. /엉덩이를 차다. ②(발로 제기를) 다루다. ¶제기를 차다. ③(잠자리를) 벗어나다. ¶자리를 차고 일어나다. ④매정하게 관계를 끊다. ¶오랜 동업자를 차 버리다. ⑤날렵하게 채뜨리다. ¶새매가 병아리를 차다. ⑥(혀끝을) 입천장에 닿도록 떼었다 하여 소리를 내다. ¶혀를 끌끌 차다.

차다³**타** ①몸의 어디엔가 끼우거나 걸거나 늘어뜨려 지니다. ¶시계를 차다. /권총을 차다. /술병을 허리에 차다. ②(수갑·차꼬 따위를) 팔목이나 발목에 끼우거나 잠그다. ¶쇠고랑을 차다. ③자기 주변에 거느리다. ¶깡패 두목이 부하들을 차고 나탔다.

차다⁴**형** ①몸에 느끼는 온도가 낮다. ¶날씨가 차다. /개울물이 차다. /방바닥이 차다. ↔덥다·뜨겁다. ②냉정하다. 매정스럽다. ¶마음씨가 차다. ↔따뜻하다.

차닥-거리다[-꺼-]**타** 자꾸 차닥차닥하다. 차닥대다. 큰처덕거리다.

차닥-대다[-때-]**타** ☞차닥거리다.

차닥-차닥부하타 ①물기가 많거나 차지거나 질긴 것을 작은 동작으로 자꾸 두드리는 소리, 또는 그 모양. ¶개울가에서 아낙네들이 빨래를 차닥차닥 두드리는 소리가 들려온다. ②작은 종이 같은 것을 아무렇게나 닥지닥지 붙이는 모양. ¶게시판에 조그만 광고지를 차닥닥 붙여 놓았다. 큰처덕처덕.

차:단(遮斷)**명하타되자** 서로 통하지 못하게 가로막거나 끊음. ¶보급로 차단. /교통을 차단하다.

차:단-기(遮斷機)**명** (철도의 건널목 따위에 설치하여) 잠시 내왕을 못하도록 막는 장치.

차:단-기(遮斷器)**명** 전기 회로를 개폐하는 장치.

차:단^사격(遮斷射擊)**명** 적이 일정한 지역이나 지점을 이용하는 것을 막기 위하여 하는 사격.

차담(茶啖)**명** ☞다담(茶啖).

차담-상(茶啖床)[-쌍] ☞다담상(茶啖床).

차당(次堂)**명** 왕조 때, 각 관아의 당상(堂上) 다음의 벼슬자리.

차대(次對)**명하자** 매달 여섯 차례씩 의정(議政)·대간(臺諫)·옥당(玉堂) 들이 임금을 뵙고 중요한 나랏일을 아뢰던 일.

차대(車臺)**명** (기차 따위의) 차체(車體)를 받치며 바퀴에 연결되어 있는 부분.

차대(差代)**명하타** 갈려간 빈 자리에 후임자를 뽑아서 채움.

차:대(借貸)**명하타** 빌려 오고 빌려 줌, 또는 그 일. 대차.

차도(車道)**명** 주로 차가 다니게 마련한 길. 차로(車路). 찻길. 圖인도(人道)¹·보도(步道).

차도(差度·瘥度)**명** 병이 조금씩 나아 가는 일, 또는 그 정도. ¶할머니의 병환은 좀 차도가 있으신지요?

차:도(遮道)**명하자** ☞차로(遮路).

차도르(chador 힌)**명** 인도·이란·파키스탄 등지의 이슬람교도 여성이 나들이할 때 얼굴을 가리기 위하여 머리에서 어깨로 뒤집어쓰는, 네 모진 천.

차:도-살인(借刀殺人)**명** 〔남의 칼을 빌려 살인한다는 뜻으로〕 '음험한 수단을 부림'을 이르는 말.

차-돌명 ①☞석영(石英). ②'야무진 사람'을 비유하여 이르는 말.

차돌에 바람 들면 석돌보다 못하다속담 야무진 사람이 한번 타락하면 헤픈 사람보다 더 걷잡을 수 없다는 말.

차돌-모래명 차돌 성분의 모래. 규사(硅砂).

차돌-박이명 쇠고기에서, 양지머리뼈의 복판에 붙은 희고 단단하며 기름진 고기.

차돌-조리개명 차돌박이를 고아서 경단처럼 뭉치어 조린 반찬.

차동^기어^장치(差動gear裝置)**명** 〔둘 이상의 기계 부품이 있을 때〕 그들의 운동의 차(差)를 합(合)을 이용하여 한 부분을 움직이게 한 장치. ☞차동 장치.

차동^장치(差動裝置)**명** 〈차동 기어 장치〉의 준말.

차동^톱니바퀴(差動-)[-톱-]**명** 회전수가 다른 두 개의 축에 똑같은 토크(회전축의 둘레를 돌게 하는 힘)가 전달되도록 한 톱니바퀴.

차:득(借得)**명하타** 남의 물건을 빌려서 가짐.

차등(次等)**명** 버금가는 등급.

차등(此等)**대** 이것들. 이들.

차등(差等)圓 ①차이가 나는 등급, 또는 등급의 차이. ¶남녀별로 차등을 두지 말자. ②대비 관계에서 나타나는 차이. ¶쌍둥이 형제도 사람에 따라 능력에 차등이 생긴다. 등차.

차:등(遮燈)圓하자 불빛이 밖으로 새어 나가지 않도록 등을 가림. ¶차등을 한 어두운 병실.

차디-차디다 매우 찬 느낌이 있다. ¶차디찬 겨울 날씨.

차-떼기(車-)圓 어떤 상품을, 화물 자동차 한 차에 얼마로 값을 쳐서 모개로 사들이는 일, 또는 그렇게 하기 위한 흥정. ¶사과를 차떼기로 사다.

차라리튀 (여러 가지 사실을 들어 말할 때) '앞에서 말한 사실보다 뒤에서 말한 사실이 더 나음'을 뜻하는 말. 그럴 바에는 도리어. ¶당일치기로 갔다 올 바엔 차라리 안 가는 게 낫겠다.

차란-차란튀하형 ①그릇에 가득 담긴 액체가 넘칠 듯 말 듯한 모양. ¶물동이에 차란차란하게 물을 긷다. ②물체의 한 끝이 다른 물체에 닿을락 말락 하는 모양. ¶버드나무 가지 끝이 수면에 차란차란 춤을 춘다. 큰치런치런. 예자란자란.

차:람(借覽)圓하타 ⇨차견(借見).

차랑튀하자타 얇고 단단한 쇠붙이끼리 부딪쳐서 나는 맑은 소리. 큰처렁. 예자랑². 참짜랑. **차랑-차랑**튀하자타.

차랑-거리다자타 얇은 쇠붙이 따위가 자꾸 차랑차랑하다. 차랑대다.

차랑-대다자타 차랑거리다.

차랑-차랑¹튀 드리운 물건의 아랫자락이 부드럽게 한들거리는 모양. 큰치렁치렁.

차랑-차랑²튀하형 '차란차란'의 잘못.

차랑-하다형예 조금 길게 드리운 물건이 바닥에 닿을 듯이 부드럽게 늘어져 있다. 큰치렁하다.

차:래(借來)圓하타 빌려 오거나 꾸어 옴.

차량(車輛)圓 ①여러 가지 '차 종류'를 통틀어 이르는 말. ②연결된 열차의 한 칸.

차량^한:계(車輛限界) [-계/-게]圓 궤도의 바른 위치에서 철도 차량의 각 부분이 바깥 공간을 침범하지 않도록 규정한 한계.

차려圓Ⅰ圓 제식 훈련에서 부동자세를 취하라는 구령에 따라 행하는 동작. Ⅱ꿈 '부동자세를 하라'는 구령. ¶차려, 선생님께 경례.

차려-입다[-따]타 격식에 맞게 갖추어 입다. ¶한복을 곱게 차려입다.

차:력(借力)圓하자 (힘을 빌린다는 뜻으로) 약이나 신령의 힘을 빌려서 몸과 기운을 굳세게 함, 또는 그리하여 얻는 괴력(怪力).

차:력-꾼(借力-)圓 약이나 신령의 힘을 빌려 몸과 기운이 굳세어진 사람.

차:력-약(借力藥) [-령냑]圓 차력을 하는 데 쓰이는 약.

차렵圓 ①(옷이나 이불에) 솜을 얇게 두는 일, 또는 그 방식. ②〈차렵이불〉의 준말.

차렵-것[-껃]圓 솜을 얇게 두어 지은 옷. * 차렵것이 〈-꺼시〉·차렵것만[-껀-]

차렵-이불[-려니-]圓 솜을 얇게 두어 만든 이불. 준차렵.

차렵-저고리[-쩌-]圓 솜을 얇게 두어 지은 저고리. 〔초봄이나 초겨울에 입음.〕

차례(次例←第次)圓 ①(둘 이상의 것을) 일정하게 하나씩 벌여 나가는 순서, 또는 그 순서에서 차지하는 위치. 차서(次序). 서차. 순차(順次). 제차(第次). ¶차례가 오다. /차례로 벌여

놓다. ②(책 따위의) 목차. ③순서에 따라 하게 되는 '자기 몫'. 《주로, '차례가 오다'의 꼴로 쓰임.》 ¶그나마도 차례에 오지 않으면 굶는 수밖에 없었다. ④[의존 명사적 용법] 일이 일어나는 횟수를 세는 단위. ¶소나기가 몇 차례 쏟아졌다. /그 책은 세 차례나 읽었다.

차례(茶禮)圓 (음력 초하루·보름이나 명절날, 또는 조상의 생일 등에 지내는) 간단한 낮 제사. 다례(茶禮). 차사(茶祀). ¶차례를 지내다.

차례-건(次例件) [-껀]圓 차례대로 으레 되어 가는 일.

차례-차례(次例次例)튀 차례를 좇아 순서대로 하나씩하나씩. ¶문제는 쉬운 것부터 차례차례 풀어 나가도록 하여라.

차례-탑(茶禮塔)圓 차례 때, 탑처럼 높이 괴어 올린 제물 덩이(祭物).

차례-걸음(次例-) [-레거름/-렌거름]圓 순서대로 일을 진행함, 또는 그 방식.

차로(叉路)圓 두 갈래로 갈라진 길.

차로(車路)圓 ⇨차도(車道).

차:로(遮路)圓하자 (오가지 못하게) 길을 막음, 또는 그 길. 차도(遮道).

차:료(借料)圓 빌려 쓰는 것에 대한 값.

차륜(車輪)圓 수레바퀴.

차르랑튀 얇은 쇠붙이 따위가 맞부딪치거나 떨어질 때 맑게 울리어 나는 소리. 큰처르렁. 예자르랑. 참짜르랑. **차르랑-차르랑**튀하자타.

차르랑-거리다자타 자꾸 차르랑차르랑하다. 다르랑대다. 큰처르렁거리다.

차르랑-대다자타 차르랑거리다.

차리다타 ①(음식 따위를) 장만하여 갖추다. ¶밥상을 차리다. /술상을 차려 내다. ②필요한 것을 갖추어 벌이다. ¶구멍가게를 하나 차리다. /새살림을 차리다. /신랑·신부 음식을 차리다. ③어떤 격식이나 태도를 걸맞게 지니어 드러내다. ¶체통을 차리다. /예절을 차리다. /격식을 차리다. ④욕망을 채우거나 욕심을 채우려 하다. ¶실속을 차리다. /제 욕심만 차리다. ⑤(기운·정신 따위를) 가다듬다. ¶기운을 차리다. /정신을 차리다. /이 사람, 정신 차리게! ⑥(방법·대책 따위를) 세워 취하다. ¶대처할 방도를 차리다. ⑦짐작으로 속내를 알다. ¶눈치를 차리다. 큰채리다.

차:리즘(tsarism)圓 제정 러시아의 차르, 곧 황제에 의한 전제적(專制的) 정치 체제.

차림圓 (옷이나 몸치장을) 차리어 갖추는 일. ¶등산복 차림. /신부 차림.

차림-새圓 차림을 한 모양새. ¶간편한 차림새.

차림-차림圓 차림새의 이모저모. ¶차림차림이 날렵하다. /촌티가 나는 차림차림.

차림-표(-表)圓 ①(음식점 따위에서) 파는 음식 이름과 값을 적은 표. 메뉴. ②(가정이나 병원·구내식당 등에서) 일정한 기간에 먹을 음식의 종류와 순서를 짠 표. 식단. 식단표.

차마튀 (부정이나 의문의 말 앞에 쓰이어) '가엾고 애틋하여 어찌'의 뜻을 나타내는 부사. ¶어찌 차마 손자검을 하랴. /눈 뜨고는 차마 볼 수 없는 광경.

차-멀미(車-)圓하자 차를 탔을 때, 메스껍고 어지러워 구역질이 나는 일, 또는 그 증세.

차:면(遮面)圓하자 ①얼굴을 가림, 또는 그런 물건. ②바깥에서 집 안이 안 보이도록 담장이나 휘장 따위로 가림.

차:면-담(遮面-)圓 (바깥에서 집 안이 보이지 않도록) 앞을 막아 쌓은 담. 가림담.

차:명(借名)圈圈⟨자기의 이름 대신에⟩ 남의
이름을 빌려 씀. ¶차명 계좌.

차모(茶母)圈 조선 시대에, 서울의 각 관아에
딸려, 주로 차를 끓여 대던 관비(官婢).

차:문(借文)圈 남에게 시문(詩文)을 대신
짓게 함, 또는 그 시문.

차:문(借問)圈圈 ①남에게 모르는 것을 물음.
②시험 삼아 한번 물어 봄.

차:문차:답(且問且答)圈圈 한편으로 물으면
서 한편으로 대답함.

차:물(借物)圈 남에게 빌려 쓰는 물건. 차용물.

차-바퀴(車-)圈 차의 바퀴.

차반(옛)圈 음식. 반찬. ¶이베 됴효 차반 먹고
져 ᄒᆞ며(月釋1:32).

차반(←茶飯)圈 ①맛있게 잘 차린 음식. ②예물
로 가져가는 맛있는 음식.

차반(茶盤)圈 찻그릇을 올려놓는 조그만 쟁반.
다반.

차방(茶房)圈 찻집. 다방.

차:벽(遮壁)圈 외부 자계(磁界)나 전계(電界)로
부터 어떤 장치를 고립시키기 위한 금속 격벽
(隔壁) 따위를 이르는 말.

차:변(借邊)圈 복식 부기의 분개장(分介帳)에
서, 계정계좌의 왼쪽을 이르는 말.〔자산의 증
가, 부채·자본의 감소 따위를 적음.〕↔대변
(貸邊).

차별(差別)圈圈圈 차가 있게 구별함. ¶차
별 대우. /부당하게 사람을 차별하다.

차별^관세(差別關稅)圈 어떤 상품이나, 어떤
나라에서 수입되는 상품에 대하여, 일반 세율
과는 다른 세율을 부과하는 관세.

차별-화(差別化)圈圈圈 다른 것과 차이를
두어 구별된 상태가 되게 함. ¶품질의 차별화.

차부(車夫)圈 (소나 말이 끄는) 수레를 부리는
사람. 비마부(馬夫).

차부(車部)圈 자동차의 시발점이나 종점에 마
련된 주차장을 흔히 이르는 말.

차분(差分)圈圈圈 차등을 두어 나눔.

차분-하다圈圈 마음이나 분위기 따위가〕 가라
앉아 조용하다. ¶성격이 차분하다. /차분한 분
위기. 차분-히閉 ¶차분히 앉아서 일하다.

차붓-소(車夫-)〔-부쏘/-붇쏘〕圈 달구지를 끄
는 소.

차비(車費)圈 찻삯. ¶차비를 내다.

차비(差備)圈 ①⟨'재비'의 본딧말.〕②圈圈圈
왕조 때, 특별한 사무를 나누어 맡기기 위하여
임시로 임명하던 일. 囘자비².

차비-관(差備官)圈 왕조 때, 특별한 사무를 맡
기기 위하여 임시로 임명하던 벼슬.

차비-문(差備門)圈 편전(便殿)의 앞문. 囘자비문.

차사(茶祀)圈 ☞차례(茶禮).

차사(差使)圈〔왕조 때〕①중요한 임무를 맡겨
파견하던 임시 벼슬. ②원(員)이 죄인을 잡으
려고 보내던 관원.

차사-예채(差使例債)圈 왕조 때, 차사로 파견된
사람에게 죄인이 뇌물로 주던 돈. 족채(足債).

차-산병(-散餠)圈 찹쌀가루로 만든 산병.

차사(叉絲)圈 서로 엇걸려 있는 모양.

차상(次上)圈 지난날, 시문(詩文)을 끊을 때의
등급의 한 가지. 열두 등급 가운데 열째. 삼하
(三下)와 차중(次中)의 중간급임.

차상(嗟賞)圈圈圈 ☞차칭(嗟稱).

차상차하(差上差下)圈圈 좀 낫기도 하고 좀
못하기도 함.

차생(此生)圈 이승.

차:서(次序)圈 차례.

차석(次席)圈 ①'수석(首席)'에 해당하는 직위
의 다음 직위, 또는 그 사람. ②성적에서, '수
석'에 다음가는 성적, 또는 그 사람. 비차위
(次位). ③파출소나 지서에서, 파출소장이나
지서장을 보필하는 직위, 또는 그 사람.

차석(嗟惜)圈圈圈 애달프고 아깝음. 차석-히閉.

차선(次善)圈 최선(最善)의 다음, 또는 최선에
버금가는 방도. ¶차선을 택하다.

차선(車線)圈 ①포장된 자동차 도로에서 차량의
주행 질서를 위하여 주행 방향으로 그어 놓은
선.〔자동차가 한 대씩만 통과할 수 있는 폭으
로 그었음.〕¶차선 위반 차량을 단속하다. /차
선을 지키자. ②〔의존 명사적 용법〕도로에 그
어진 주행선의 수를 헤아리는 단위. ¶2차선
도로. /8차선 도로.

차선차후(差先差後)圈圈 조금 앞서기도 하고
뒤서기도 함.

차선-책(次善策)圈 차선의 방책.

차:설(且說)閉 (소설 따위에서) 화제를 돌리려
할 때 그 처음머리에서 하는 말. 각설(却說).

차성-중자음(次成重子音)圈 앞뒤의 차례가 정
해져 있어 그 위치를 바꿀 수 없는 복자음(複
子音).〔'ㄳ·ㄵ·ㄺ·ㄻ·ㅄ·ㄼ·ㄽ·ㅀ 따위.〕
덧겹닿소리. 囘혼성복자음.

차세(此世)圈 이 세상. 이승.

차세(此歲)圈 올해. 금년.

차-세대(次世代)圈 이다음 세대. ¶차세대 통신
수단. /차세대 전투기.

차-소위(此所謂)閉 이야말로. 이것이 이른바.
¶고생 끝에 낙을 보게 되었으니, 차소위 고진
감래(苦盡甘來)라.

차손(差損)圈 매매의 결산 때 생기는 차액의 손
실, 또는 그 돈. 차손금. ↔차익(差益).

차손-금(差損金)圈 ☞차손(差損).

차:송(差送)圈圈圈 ☞차견(差遣).

차:송(借送)圈圈圈 (남의 것을) 빌려서 보냄.

차수(叉手)圈圈圈 ①두 손을 어긋매껴 마주
잡음. ②〔팔짱을 낀다는 뜻에서〕관여하지 않음.
비공수(拱手).

차수(次數)圈 ①단항식에서, 문자 인수(因數)의
개수. ②다항식에서, 그 속에 포함되어 있는
단항식의 최고 차수.

차수(差數)圈 차가 생긴 수. 틀리는 수효. ¶기
록된 수치와 현품을 대조하여 그 차수를 보고
하다.

차:수(借手)圈圈圈〔손을 빌린다는 뜻으로〕자
기 일을 남의 손을 빌려 함.

차-숟갈(茶-)圈 '찻숟갈'의 잘못.

차승(叉乘)圈 산가지를 써서 하는 곱셈 방법.

차승(次僧)圈 '차승하다'의 어근.

차승-하다(差勝-)圈圈 이전에 비하여 조금 낫
다. 치승(差勝).

차시(此時)圈 '이때'로 순화.

차:신차:의(且信且疑)〔-의/-이〕圈 ①圈圈 한편
으로는 믿기도 하고 다른 한편으로는 의심하기
도 함. ¶나는 동생의 말을 차신차의로 들었다.
②圈圈 그런 듯하기도 하고 아닌 듯하기도 함.
비반신반의(半信半疑).

차실(茶室)圈 ☞다방(茶房). 다실(茶室).

차아(次兒)圈 둘째 아들. 차남(次男).

차아(嵯峨) '차아하다'의 어근.

차아-인산 (次亞燐酸) 명 산소산 (酸素酸)의 한 가지. 빛깔이 없는 나뭇잎 모양의 결정. 이것의 수용액을 공기 속에 두면 산소를 흡수하여 인산이 됨.

차아-하다 (嵯峨-) 형여 산이 높고 험하다.

차아-황산나트륨 (次亞黃酸Natrium) 명 ☞티오 황산나트륨.

차안 (此岸) 명 〔이 언덕이란 뜻으로〕①이 세상. ②생사 (生死)의 세계. ↔피안 (彼岸).

차압 (差押) 명하타되타 '압류 (押留)'로 순화.

차액 (差額) 명 차가 나는 액수. 덜어 내고 남는 돈. 차금 (差金).

차:액 (借額) 명 빌린 돈의 액수.

차액 (遮額) 명 ☞가리마.

차야 (此夜) 명 이 밤. 오늘 밤. ¶차야에 촛불을 밝히고 주역을 잠심 (潛心)하다가…(許筠.洪吉童傳).

차양 (遮陽) 명 ①(볕을 가리거나 비를 막기 위하여) 처마 끝에 덧대는 조붓한 지붕. ②(학생모나 군모 따위에서) 모자의 앞에 대어 이마를 가리거나 손잡이 구실을 하는 조각. ☞챙.

차-양자 (次養子) 명하타 후손 없이 죽은 맏아들의 양자가 될 만한 사람이 없을 때, 그와 항렬이 같은 남자가 자기 낳은 죽은 맏아들의 양자로 입적하기까지 그 남자를 양자로 삼는 일, 또는 그 남자. 〔지난날, 이는 변칙적인 것으로 인정되었음.〕

차:여 (借與) 명하타되타 빌려 줌. 차급 (借給).

차역 (差役) 명하타 ①노역 (勞役)을 시킴. ②중국 송나라 때의 노역을 일컬음.

차역 (此亦) 〈차역시 (此亦是)〉의 준말.

차-역시 (此亦是) [-씨] 부 〔문어 투의 말〕이것 역시. 이것도 또한. ☞피역시.

차^오르기 명 기계 체조에서, 양발을 가지런히 합쳐 공중을 차면서 상반신을 철봉 위에 올리는 일이나 그 기술.

차-올리다 타 발로 차서 위로 올리다.

차완 (差緩) '차완하다'의 어근.

차완-하다 (差緩-) 형여 (다른 것에 비하여) 조금 느슨하거나 늦다.

차외 (此外) [-외/-웨] 명 〔문어 투의 말〕이 밖. 이 외의 것.

차:용 (借用) 명하타되타 돈이나 물건을 빌려서 씀. 대용 (貸用). ¶친구에게서 돈을 차용하다.

차:용-금 (借用金) 명 빌려 쓴 돈.

차:용-물 (借用物) 명 ①☞차물 (借物). ②사용 대차 (使用貸借) 계약의 목적물로서 차주 (借主)가 사용하여 이익을 얻는 물건.

차:용-어 (借用語) 명 국어로 동화된 외국어. 외래어.

차:용-인 (借用人) 명 돈이나 물건을 빌려 쓴 사람.

차:용-증 (借用證) [-쯩] 명 〈차용 증서〉의 준말. ¶차용증도 없이 돈을 빌려 쓰다.

차:용^증서 (借用證書) 명 금전이나 물건을 빌려 쓰는 증거로 작성하는 문서. ☞차용증.

차운 (次韻) 명하타 한시에서, 남이 지은 시의 운 (韻字)을 따서 시를 지음, 또는 그 방법.

차운-시 (次韻詩) 명 한시에서, 남이 지은 시의 운자를 따서 지은 시.

차원 (次元) 명 ①수학에서, 일반적인 공간의 넓이의 정도를 나타내는 수. 보통, 직선은 1차원, 평면은 2차원, 입체는 3차원이지만, 4차원이나 무한 차원도 생각할 수 있음. ②어떤 일을 하거나 생각하거나 할 때의 처지, 또는 그 정도나 수준. ¶차원 높은 수준. /차원이 다른 문제.

차:월 (且月) 명 '음력 유월'을 달리 이르는 말. 모하 (暮夏).

차:월 (借越) 명하타 '대월 (貸越)'을 예금자 쪽에서 이르는 말.

차월-피월 (此月彼月) 부하타 〔이달이다, 저달이다 하는 식으로〕기일을 자꾸 미루적거림, 또는 그러한 모양. ¶벌써 1년째 차월피월 공사를 미루어 오다. 비차일피일.

차위 (次位) 명 버금가는 순위, 또는 그 사람. 비차석 (次席).

차:위 (借威) 명하타 남의 위력을 빌림.

차유 (-油) 명 밀랍을 섞어 끓인 들기름. 〔장지나 창문에 바른 종이에 칠하여 투명하고 질기게 함.〕

차유 (茶油) 명 차나무의 씨로 짠 기름.

차유-하다 (-油-) 자타 차유를 칠하다.

차:음 (借音) 명 (특히, 중국을 비롯한 한자 문화권에서) 다른 나라 말의 음을 적을 때, 의미에 개의하지 않고 한자의 음을 따서 적는 방법. 〔'워싱턴'을 '華盛頓'으로 적는 따위.〕☞취음 (取音)·차자 (借字).

차음 (遮音) 명 시끄러운 소리를 막음. 방음 (防音). ¶차음 장치.

차:음-자 (借音字) [-짜] 명 〔-짜〕명 차음으로 표기된 글자. 〔英蘭 (잉글랜드)·拿破崙 (나폴레옹) 따위.〕☞차자 (借字).

차이 (差異) 명 서로 차가 짐. 서로 다름. ¶성격 차이. /의견 (意見)의 차이. /큰 차이가 나다.

차이나타운 (Chinatown) 명 중국인의 거리, 곧 화교들이 외국 도시의 일부분을 차지하여 중국식의 시가지를 만든 곳.

차-이다 자 〔'차다²'의 피동〕①(발길로) 참을 당하다. 또 뒷발에 차이다. ②(구애함에 대하여) 거절당하다. ¶애인에게 차이다. ③가로 챔을 당하다. 빼앗기다. ☞채다².

차이-법 (差異法) 명 [-뻡] 논리학에서, 어떤 현상이 일어나는 때와 그렇지 않은 때를 들어, 그 사이의 차이를 조사하여 인과 (因果)를 알아내는 방법.

차이^심리학 (差異心理學) [-니-] 명 심리학의 한 가지. 각 개인의 개성적인 차이를 연구 대상으로 하고, 개성의 유형을 기술하여 그 구조와 특성을 밝히는 심리학. 개성 심리학.

차이-점 (差異點) [-쩜] 명 차이가 나는 점. ↔공통점.

차익 (差益) 명 ①비용을 빼고 남은 이익. ②가격의 개정 따위로 생기는 이익. ↔차손 (差損).

차인 (差人) 명 이 사람.

차인 (差人) 명 〈차인꾼〉의 준말.

차인-꾼 (差人-) 명 ①남의 가게에서 장사 일에 시중을 드는 사람. ②임시 사환으로 쓰는 하인. ☞차인.

차일 (遮日) 명 햇볕을 가리기 위해 치는 포장. 천포 (天布). ¶차일을 치다. 비천막 (天幕).

차일-석 (遮日石) [-석] 명 차일을 칠 때에 고정시키기 위해 줄에 매다는 돌.

차일시-피일시 (此一時彼一時) [-씨-씨] 명 이도 한때요, 저도 한때라는 뜻으로] '이때 한 일과 저때 한 일이 사정이 각각 다름'을 이르는 말. '맹자' '공손추 (公孫丑)'에 나오는 말임.

차일-피일 (此日彼日) 부하타 〔이날이다, 저날이다 하는 식으로〕약속이나 기한 따위를 미적미적 미루는 모양. ¶약속 이행을 차일피일 미루고 있다. 비차월피월.

차임 (車賃) 명 찻삯.

차임(差任)**명**[하타] 왕조 때, 하리(下吏)를 임명하던 일.

차임(chime)**명** ①선율 타악기의 한 가지. 반음계로 조율된 18개의 금속관을 아래로 드리워 매달아 놓고 해머로 쳐서 연주함.〔교회의 종소리를 모방했으므로 벨이라고도 함.〕차임벨. ②시각을 알리거나 호출 신호 등으로 쓰는 종의 한 가지.

차임-벨(chime bell)**명** ➡차임(chime).

차입(差入)**명**[하타] [되자] 유치·구류된 사람에게 바깥 사람이 옷이나 음식·돈 따위를 들여보냄. ¶면회 가는 길에 사식을 차입했다.

차:입(借入)**명**[하타] 돈이나 물건을 빌림. ¶차입이 많아 회사 경영이 악화된다. ↔대출(貸出).

차:입-금(借入金)[-끔] **명** 꾸어 들인 돈.

차자(次子)**명** 둘째 아들. 차남(次男).

차:자(借字)**명** 〔글자의 뜻과는 관계없이〕 한자의 음이나 훈을 빌려 우리말의 음을 나타낸 글자 방식.〔향찰, 이두, 또는 범어의 표기 방식을 보인 글자 따위.〕

차자(箚子)**명** 지난날, 간단한 서식으로 하는 상소문을 이르던 말.

차:작(借作)**명**[하타] ①글을 대신 지음, 또는 그 글. ②남의 손을 빌려 물건을 만듦, 또는 그러한 물건.

차-잔(茶盞)**명** '찻잔'의 잘못.

차장(次長)**명** ①일부 관공서에서 장(長)의 버금가는 직위, 또는 그 사람. ¶차장 검사. ②(회사나 단체에서) 부장(部長) 다음의 직위로서 부장을 보좌하는 직위, 또는 그 사람. ¶경리부 차장.

차장(車掌)**명** 기차나 버스 따위에서, 발차 신호나 승객의 안내 등 차 안의 일을 맡아보는 승무원.

차-저음(次低音)**명** '바리톤'의 한자어.

차전-놀이(車戰-)**명** 음력 정월 대보름에 노는 민속놀이의 한 가지. 영남·영동·경기 지방에 전해 온 민중 놀이로, 안동 차전놀이가 대표적인데, 동서(東西) 두 패로 나뉜 동채를 먼저 땅에 닿게 한 편이 이김. 춘천·가평 지방에서는 외바퀴 수레를 서로 부딪쳐 먼저 떨어지는 편이 이기게 되어 있음.〔중요 무형 문화재 제24호.〕

차-전병(-煎餠)**명** ①찹쌀가루로 만든 전병. ②➡찰부꾸미.

차전-자(車前子)**명** 한방에서, '질경이의 씨'를 약재로 이르는 말.〔이뇨(利尿)·눈병·설사 등의 약재로 쓰임.〕➡차전초.

차:전차:주(且戰且走)**명**[하자] 한편으로 싸우면서, 한편으로 달아남.

차전-초(車前草)**명** 한방에서, '질경이'를 약재로 이르는 말.➡차전자.

차점(次點)[-쩜] **명** (채점하거나 표결한 결과로 나타난) 최고점에 버금가는 점수나 표수.

차첩(←差帖)**명** 조선 시대에, 하급 관원에게 내리던 임명장.➡차첩.

차제(此際)**명** 이즈음. 이 기회. 《주로, '차제에'의 꼴로 쓰임.》 ¶말이 났으니 차제에 분명히 밝혀 두겠다.

차-제구(茶諸具)**명** 차를 달여 마시는 데 쓰이는 여러 가지 기구.〔차관(茶罐)·찻종·찻숟가락 따위.〕 다구(茶具). 차기(茶器).

차-조명 ①조의 한 가지. 다른 조보다 찰기가 있음. 열매는 메조보다 잘고 빛깔은 훨씬 누르면서 약간 파르스름함. 나속. ➡메조. ②〈차좁쌀〉의 준말.

차조기명 꿀풀과의 일년초. 중국 원산의 재배 식물. 들깨와 비슷하나 잎이 자줏빛이고 향기가 있음. 줄기는 네모지고, 높이는 30~100 cm. 여름에 담자색 꽃이 핌. 한방에서, 잎은 '소엽(蘇葉)', 씨는 '소자(蘇子)'라 하여 약재로 씀.

차조기-죽(-粥)**명** 볶은 차조기 씨와 볶은 참깨를 반반씩 섞어 빻은 것에 멥쌀가루를 섞어서 쑨 죽. 소자죽(蘇子粥).

차조-밥명 ①차좁쌀로 지은 밥. ②차좁쌀을 섞어서 지은 밥. 나속반.

차-좁쌀명 차조의 열매를 찧은 좁쌀. 황나(黃糯).

차종(次宗)**명** 대종가(大宗家) 계통에서 갈려 나온 종파.

차종(車種)**명** 자동차나 철도 차량 따위의 종류.

차종(茶鍾)**명** '찻종'의 잘못.

차-종가(次宗家)**명** 대종가(大宗家)에서 갈려 나온 종가.

차-종손(次宗孫)**명** 차종가의 종손.

차주(次週)**명** 다음 주.

차주(車主)**명** 차의 주인.

차:주(借主)**명** (돈이나 물건 등을) 빌려서 쓴 사람. ↔채주(債主).

차중(次中)**명** 지난날, 시문(詩文)을 끊을 때의 등급의 한 가지. 열두 등급 가운데 열한째. 차상과 차하의 중간급임.

차중(車中)**명** 차의 안. 차내(車內).

차-중음(次中音)**명** '테너'의 한자어.

차즘-차즘[부] 급작스럽지 않게 점점 나아가는 모양. ¶성적이 차즘차즘 나아진다. ㉮차츰차츰.

차즙(茶汁)**명** 차나무의 잎을 끓여 낸 즙.

차지[하타] ①소유하거나 점유함, 또는 그 사물이나 공간. ¶그 나머지는 내 것이다. /적산가옥을 차지하다. ②(어떤 비율을) 이루다. ¶여학생이 반 이상을 차지한다. ③(어떤 위치나 영역을) 획득하거나 누리다. ¶수석을 차지하다.

차지(次知)**명** 〔지난날〕 ①왕족이나 높은 벼슬아치의 집 일을 맡아보던 사람. ⑳집사(執事). ②대가를 받고 남을 대신하여 형벌을 받던 사람.

차:-지(借地)**명**[하자] 남의 땅을 빌림, 또는 그 빌린 땅. ↔대지(貸地).

차:지(charge)**명** 차징(charging).

차:지-권(借地權)[-꿘] **명** 〔자기의 건물을 세울 목적으로〕 남의 토지를 빌려 사용하는 지상권(地上權)이나 임차권(賃借權).

차-지다명 ①(매서부서하지 않고) 끈기가 많다. ¶밥이 차지다. ②(성질이나 사람됨이) 깜짝하고 알들하며 빈틈이 없다. ¶저렇게 차진 성격이니 살림은 빈틈없이 하겠네. ↔메지다.

차:지-료(借地料)**명** 빌려 쓴 토지에 대하여 내는 돈.

차직(次職)**명** 버금이 되는 직위.

차질(蹉跌·蹉躓)**명**[발을 헛디더 넘어진다는 뜻으로] 하던 일이 틀어짐. ¶계획에 차질이 생기다.

차-질다[~지니·~질어] **형** 차지게 질다.

차:-집[하]**명** 지난날, 남의 집에서 음식 만드는 따위의 잡일을 맡아 하던 여자.〔보통의 여자 하인보다 격이 높음.〕⑭찬모(饌母).

차:징(charging)**명** ①축구에서, 공을 몰고 가는 상대 선수를 어깨로 부딪치거나 밀어내는 행위. 규칙상 허용되는 신체 접촉의 경기 행위. ②축구 이외의 구기 경기에서, 수비 선수가 상대 선수와 신체를 직접 부딪치는 행위나 동작. 대개, 수비자의 반칙으로 인정됨. 차지(charge).

차차(次次)튀 ①(어떤 상태나 정도가) 계속 조금씩 진행하는 모양. 차츰. 점점. ¶날이 새면서 방 안이 차차 밝아졌다. ②서두르지 않고 천천히. ¶급한 대로 우선 이 돈을 쓰고 차차 갚아라. 차차로.

차차-로(次次-)튀 차차(次次). ¶차차로 풀려 갈 테니 조급해하지 말게.

차차웅(次次雄)명 신라 때, '임금'을 일컫던 칭호. [제2대 남해왕 때에 쓰였음.]

차차차(cha-cha-cha)명 대중 음악의 리듬의 한 가지. 쿠바의 민속춤인 '단손'의 리듬을 대중적으로 변화되게 한 것으로, 1950년대에 세계적으로 유행하였음.

차차-차차(次次次次)튀 '차차'의 힘줌말.

차착(差錯)명 순서가 틀리고 앞뒤가 서로 맞지 않음.

차창(車窓)명 차에 달린 창문.

차처(此處)대 이곳. 여기.

차천-금(釵釧金)명 육십갑자의 경술(庚戌)과 신해(辛亥)에 붙이는 납음(納音). 참상자목(桑柘木).

차첩(差帖)명 <차접>의 본딧말.

차청(次清)명 훈민정음 초성 체계의 'ㅋ·ㅌ·ㅍ·ㅊ·ㅎ' 등에 공통되는 음성적 특질, 곧 현대 음성학의 유기 무성 자음(격음)을 이름.

차:청입실(借廳入室)[-썰]명 [마루를 빌려 살다가 방으로 들어간다는 뜻으로] '남에게 의지하고 있던 사람이 나중에는 주인의 권리까지를 침범함'을 이르는 말. 차청차규.

차:청차:규(借廳借閨)명 차청입실.

차체(車體)명 차량의 몸체로, 승객이나 화물을 싣는 부분.

차축(車軸)명 차바퀴의 굴대.

차출(差出)명하타되자 ①(어떤 일을 시키려고) 사람을 뽑아냄. ¶봉사 대원을 차출하다. /각 부대에서 차출된 병력. ②지난날, 관원(官員)을 임명하기 위하여 사람을 뽑던 일.

차츰튀☞차차(次次).

차츰-차츰튀 급작스럽지 않게 점점 더 나아가는 모양. ¶몸이 차츰차츰 나아간다. ⑩차츰차츰.

차:치(且置)명하타 ①내버려 두고 문제 삼지 않음. (주로, '차치하고'의 꼴로 쓰임.) ¶그 문제는 차치하고라도 이 일은 어떻게 할 것인가. ②<차치물론>의 준말.

차:치-물론(且置勿論)명하타 내버려 두고 문제 삼지 않음. ⑥차치.

차침(嗟欽)명하타 깊이 감동하고 칭찬함. 차상.

차타(蹉跎)명하타 ①미끄러져 넘어짐. ②때를 놓침. ③해 놓은 일 없이 나이만 먹음.

차탁(茶托)명 찻종을 받치는 쟁반.

차탁(茶卓)명 찻그릇을 놓는 작은 응접용 탁자.

차탄(嗟歎)명하타 탄식하고 한탄함. 몹시 한탄함. ¶차탄해 마지아니하다.

차탈피탈(此頉彼頉)명하타 이리저리 핑계를 댐.

차:트(chart)명 ①(지도나 해도 따위의) 도면. ②내용을 알기 쉽게 정리한 일람표.

차편(車便)명 차가 오가는 편, 또는 그 기회. ¶차편을 이용하여 쉽게 왔다.

차편(此便)대 이쪽 편. 이편. ¶차편의 승리로 끝을 맺었다.

차:폐(遮蔽)[-폐/-폐]명하타되자 ①(눈에 띄지 않게) 막고 가림. 특히, 적의 관측이나 사격의 목표가 되지 않게 막고 가림. ②(일정한 공간을) 전기(電氣)나 자기(磁氣)로부터 보호하기 위하여 차단함.

차:폐-물(遮蔽物)[-폐-/-폐-]명 ①막고 가리는 물건. ②적의 관측이나 사격으로부터 몸을 보호하기 위하여 이용하는 바위나 웅덩이·제방 따위의 장애물.

차:폐-재:배(遮蔽栽培)[-폐-/-폐-]명 ☞차광재배.

차표(車票)명 (찻삯을 내고 사는) 차를 탈 수 있는 표. 승차권.

차:필(借筆)명하자 글씨를 남에게 대신 쓰게 함, 또는 그 글씨.

차하(次下)명 지난날, 시문(詩文)을 끊을 때의 등급의 한 가지. 열두 등급 가운데 맨 끝. 차중(次中)보다 아랫길임.

차하(差下)명하타 벼슬을 내림.

차:-하다형여 표준에 비하여 좀 모자라거나 못하다. ¶상품(上品)은 다 골라 가고 차한 것만 남았다.

차하-지다(差下-)자 견주어 보아 한쪽이 다른 쪽보다 못하다.

차한(此限)명 이 한정. 이 한계.

차:함(借衘·借啣)명 지난날, 실제로는 근무하지 않고 벼슬의 이름만 가지던 일, 또는 그런 벼슬. ↔실직(實職)·실함(實啣).

차형(次兄)명 둘째 형. 중형(仲兄).

차호(嗟乎)깸 아, 슬프도다. 차의로다.

차홉다(嗟-)[-따]형ㅂ 차호(嗟乎).

차환(叉鬟)명 지난날, 머리를 얹은 젊은 여자 종을 이르던 말.

차환(借換)명하타 ①새로 빌려서 먼저 빌렸던 것을 갚음. ②새로 증권을 발행한 돈으로 이미 발행한 증권을 상환함.

차회(此回)[-회/-훼]명 이번. 금번.

차회(次回)[-회/-훼]명 다음번. 하회(下回).

차후(此後)명 이다음. 이 뒤. ¶차후(此後) 다시 이런 일이 있으면 안전(眼前)에 용납지 못하리라(許筠.洪吉童傳). /현지에는 차후에 가 보자.

-차히접미 〔옛〕-째〔次〕. ¶둘차힌 명바짓 더고리 구드시며 세차힌 니마히 넘고(月釋2:56).

착[1]튀 ①물체가 단단히 잘 달라붙거나 달라붙어 있는 모양. ¶셔츠가 비에 젖어 몸에 착 달라붙다. ②물체가 서로 바싹 가까이 닿거나 맞닿은 모양. ¶땅바닥에 착 엎드리다. /엄마 품에 착 안기다. ③망설임이 없이 선뜻히. 서슴없이 선뜻. ¶미련 없이 착 돌아서서 가 버리다. ⑳척[2].

착[2]튀 ①몸가짐이나 목소리 등이 태연스럽고 잔잔한 모양. ¶조그만 녀석이 착 버티고 앉아서 노려본다. /착 가라앉은 목소리. ②물체가 휘움하게 휘어 있거나 늘어진 모양. ¶수면에 닿을 듯이 착 늘어진 버들가지. ③맥이 없이 지쳐 있는 모양. ¶몸이 착 까부라져 걸어갈 기운도 없다. ⑳척[3].

착가(着枷)명하자타 지난날, 죄인의 목에 칼을 씌우던 일.

착가-엄수(着枷嚴囚)[-까-]명 지난날, 죄인에게 칼을 씌워 단단히 가두던 일.

착각(錯角)[-깍]명 '엇각'의 구용어.

착각(錯覺)[-깍]명하타되자 ①외계의 사물을 실제와는 다르게 지각하는 느낌. 실제와는 다른데도 실제처럼 깨닫거나 생각함. ¶착각을 일으키다. /착각에 빠지다. /이 마네킹은 사람으로 착각될 만큼 잘 만들어졌다.

착각˘방위(錯覺防衛)[-깍빵-]명 ☞오상 방위(誤想防衛).

착각-범(錯覺犯)[-깍뻠]명 ⇨환각범(幻覺犯).

착각^피:난(錯覺避難)[-깍-]명 ⇨오상 피난(誤想避難).

착간(錯簡)[-깐]명[하다] 차례가 뒤바뀐 책장, 또는 편(篇)이나 장(章).

착거(捉去)[-꺼]명[하다] (사람을) 붙잡아 감.

착건-속대(着巾束帶)[-껀-]명[하다] (건을 쓰고 띠를 두른다는 뜻으로) 왕조 때, `관복을 갖추어 입음'을 이르던 말.

착검(着劍)[-껌]명[하다] ①큰 칼을 참. 패검(佩劍)². ②대검(帶劍)을 소총 끝에 꽂음.

착공(着工)[-꽁]명[하다][되다] 공사를 시작함. ¶착공이 예정대로 진행되다. (비)기공(起工). ↔완공·준공.

착공(鑿孔)[-꽁]명[하다] 구멍을 뚫음. (비)천공(穿孔).

착공(鑿空)[-꽁]명[하다] ①새로이 길을 뚫어 냄. ②(`허공을 뚫다'의 뜻으로) 쓸데없이 헛된 의론만 함.

착과(着果)[-꽈]명[하다] 과일나무에 열매가 열림.

착관(着冠)[-꽌]명[하다] 갓이나 관을 머리에 씀.

착굴(鑿掘)[-꿀]명[하다] 구멍을 뚫거나 굴을 팜.

착근(着根)[-끈]명[하다] 친근하게 굶. 친근하게 착 달라붙음.

착근(着根)[-끈]명[하다][되다] ①(옮겨 심은 식물이) 뿌리를 내림. ②(사는 곳을 딴 데로 옮겨) 제대로 자리 잡게 됨.

착급(着急)[-끕] `착급하다'의 어근.

착급-하다(着急-)[-끕파-]형여 몹시 급하다.

착념(着念)[-념]명[하다] (무엇에) 생각을 둠. ¶오로지 진리 탐구에만 착념하다.

착란(錯亂)[착난]명[하다] (감정이나 사고 따위가) 뒤얽크러져 어지러움. ¶착란 증세를 보이다.

착래(捉來)[창내]명[하다] (사람을) 붙잡아 옴.

착력(着力)[창녁]명[하다] (어떤 일에) 힘을 들임.

착류(錯謬)[창뉴]명[하다] ⇨착오(錯誤).

착륙(着陸)[창뉵]명[하다][되다] (비행기 따위가) 땅 위에 내림. 착지(着地). ↔이륙(離陸).

착모(着帽)[창-]명[하다] 모자를 씀. ↔탈모(脫帽).

착목(着目)[창-]명[하다] ⇨착안(着眼).

착미(着味)[창-]명[하다] 맛을 붙임. 취미를 붙임. ¶서책(書冊)에 착미하다.

착발(着發)[-빨]명[하다] `도착'과 `출발'을 아울러 이름. 발착. ¶여객기의 착발 시간표.

착복(着服)[-뽁]명[하다] ①옷을 입음. 착의(着衣). ↔탈의(脫衣). ②남의 돈이나 물건을 몰래 자기가 차지함. ¶맡아 있던 공금을 착복하다. ②(비)횡령.

착빙(着氷)[-삥]명[하다] (항행하고 있는 항공기나 배 따위에) 얼음이 붙음, 또는 들러붙은 얼음.

착살-맞다[-쌀맏따]형 (하는 짓이) 얄밉도록 착살하다. (준)칙살맞다.

착살-부리다[-쌀-]자 착살맞은 짓을 하다. (준)칙살부리다.

착살-스럽다[-쌀-따][~스러우니·~스러워]형비 보기에 착살한 데가 있다. (준)칙살스럽다. **착살스레**(부).

착살-하다[-쌀-]형여 (하는 짓이) 좀스럽고 다랍다. ¶덩치값이라도 해야지, 그렇게 착살해서야, 원. (준)칙살하다.

착상(着床)[-쌍]명[하다] 수정(受精)한 난자가 자궁 점막에 붙어 모체의 영양을 흡수할 수 있는 상태가 됨.

착상(着想)[-쌍]명[하다][되다] (어떤 일이나 계획 등에 대한) 새로운 생각이나 구상 따위를 잡는 일, 또는 그 생각이나 구상. ¶기발한 착상. (비)착의(着意).

착색(着色)[-쌕]명[하다][되다] (색을 칠하거나 하여) 빛깔이 나게 함, 또는 그 빛깔.

착색-유리(着色琉璃)[-쌩뉴-]명 ⇨색유리.

착색-제(着色劑)[-쌕쩨]명 ①식욕을 돋우기 위하여 첨가하는 식용 색소. ②생물체 조직을 현미경으로 조사할 때, 조직 양상을 쉽게 분변(分辨)하기 위하여 조직 속에 투입하여 물들이는 유기 화합물을 통틀어 이르는 말.

착생(着生)[-쌩]명[하다] (어떤 생물이) 다른 생물에 붙어서 살거나 자람.

착생^식물(着生植物)[-쌩싱-]명 다른 식물이나 바위에 붙어서 사는 식물. 난초과의 식물의 경우는 기근(氣根)으로 대기 가운데의 물기를 빨아들여 삶. [석곡(石斛)·풍란(風蘭) 따위.]

착석(着席)[-썩]명[하다] 자리에 앉음. 착좌(着座). ¶모두 착석하시오.

착선(着船)[-썬]명[하다] 배가 와서 항구나 나루터에 닿음. ↔발선(發船).

착설(着雪)[-썰]명[하다] (전선 따위에) 눈이 붙음.

착소(窄小)[-쏘] `착소하다'의 어근.

착소-하다(窄小-)[-쏘-]형여 협소(狹小)하다.

착송(捉送)[-쏭]명[하다] (사람을) 잡아서 보냄.

착수(捉囚)[-쑤]명[하다] 죄인을 잡아 가둠.

착수(着水)[-쑤]명[하다] ①수면에 닿음. ②(비행정이나 물새 따위가) 수면에 내림.

착수(着手)[-쑤]명[하다][되다] (어떤 일을 하기 위해) 손을 댐. 하수(下手)². ¶기초 공사에 착수하다.

착수-금(着手金)[-쑤-]명 어떤 일을 시작할 때 치러야 할 돈의 일부를 미리 주는 돈. (비)선금.

착수^미:수(着手未遂)[-쑤-]명 범죄의 실행에는 착수하였으나 그 행위를 끝내지 못한 경우.

착시(錯視)[-씨]명[하다] 착각으로 잘못 봄.

착신(着信)[-씬]명[하다][되다] 통신이 닿음, 또는 그 통신. ↔발신(發信). (비)착전(着電). ↔발신(發信).

착실(着實)[-씰] `착실하다'의 어근.

착실-하다(着實-)[-씰-]형여 (일을 처리하는 태도가) 차분하고 실답다. ¶착실한 학생. /살림을 착실하게 꾸려 나가다. **착실-히**(부).

착심(着心)[-씸]명[하다][되다] (어떠한 일에) 마음을 붙임.

착안(着岸)[명][하다] (배가 바다나 강 따위의) 기슭에 닿음.

착안(着眼)[명][하다][되다] (어떤 일을 할 대상으로서) 어느 점에 눈을 돌림, 또는 눈을 돌린 점. 착목(着目). ¶색다른 점에 착안하다.

착안-점(着眼點)[-쩜]명 눈을 돌린(돌릴) 곳. 주의를 기울인(기울일) 점. ¶착안점이 남다르다.

착암(鑿岩)[명][하다] 바위에 구멍을 뚫음.

착암-기(鑿岩機)[명] 바위에 구멍을 뚫는 기계.

착압(着押)[명][하다] 수결(手決)을 둠.

착역(着驛)[명][하다] 역에 도착함, 또는 그 역.

착오(錯誤)[명][하다] ①착각으로 말미암은 잘못. 착류(錯謬). 오착. ¶착오가 생기다. ②사실과 생각하고 있는 바가 일치하지 않는 일.

착용(着用)[명][하다] ①(옷을) 입음. ¶제복을 착용한 소년단원. ②물건을 몸에 붙이거나 닮. ¶완장을 착용하다.

착유(搾乳)[명][하다] (가축의) 젖을 짬.

착유(搾油)[명][하다] 기름을 짬.

착의(着衣)[차긔/차기]**圀ㅡ圀타** 옷을 입음, 또는 입고 있는 옷. 착복(着服). ↔탈의(脫衣).

착의(着意)[차긔/차기]**圀ㅡ圀타ㅡ圀자타** ①주의를 기울임. 마음에 둠. ⑪유의(留意). ②(어떤 일이) 생각에 떠오름. ⑪착상(着想).

착인(鑿印) 전각(篆刻) 에서, 쇠나 구리의 인재(印材)를 정으로 쪼아서 새긴 것.

착임(着任)**圀ㅡ圀타** 새 임지(任地)에 도착함. ⑪도임(到任)·부임(赴任). ↔이임(離任).

착잡ㅡ하다(錯雜ㅡ)'착잡하다'의 어근.

착잡ㅡ하다(錯雜ㅡ)[ㅡ짜파ㅡ]**圀어** 갈피를 잡기 어렵게 뒤섞이어 어수선하다. 잡착하다. ¶착잡한 심정. **착잡ㅡ히圀.**

착전(着電)[ㅡ전]**圀ㅡ圀자** 전신이나 전보가 도착함, 또는 도착한 전신이나 전보. ⑪착신(着信).

착절(錯節)[ㅡ절]**圀** ①얼크러진 나무의 마디. ②'복잡하게 뒤얽힌 문제'를 비유하여 이르는 말.

착정(鑿井)[ㅡ쩡]**圀ㅡ圀자** 우물을 팜.

착제ㅡ어(着題語)[ㅡ제ㅡ]**圀** 이야기의 내용에 알맞은, 조리 있는 말.

착족(着足)[ㅡ쪽]**圀** 발을 붙임.

착종(錯綜)[ㅡ쫑]**圀ㅡ圀자ㅡ圀자** (여러 가지 현상이) 복잡하게 뒤얽힘[뒤섞임].

착좌(着座)[ㅡ좌]**圀** ☞착석(着席).

착좌ㅡ식(着座式)[ㅡ좌ㅡ]**圀** 가톨릭에서, 주교가 교구장에 취임하는 의식을 이르는 말.

착즙(搾汁)[ㅡ쯥]**圀ㅡ圀타** 즙을 짬. 즙을 냄.

착지(着地)[ㅡ찌]**圀ㅡ圀자** ①(비행기 따위가) 땅 위에 내림, 내리는 곳. 착륙(着陸). ②멀리뛰기 경기 따위에서, 뛴 다음에 발이 땅에 닿는 일. ③체조 경기에서, 선수가 체조 동작을 마치고 마루에 내려서는 일. ¶착지 동작이 좋아 높은 점수를 따다.

착지(錯紙)[ㅡ찌]**圀** ①책을 잘못 매어 차례가 바뀐 책장. ②종이 묶음 속에 섞인 찢어진 종이.

착착¹ 물건이 차지게 자꾸 달라붙는 모양. ¶발걸음을 옮길 때마다 진흙이 착착 달라붙는다. ⑧척착1.

착착²圀 가지런히 여러 번 개키거나 접는 모양. ¶옷가지를 착착 개키다.

착착(着着)**圀** ①(행진을 할 때) 발걸음이 잘 맞는 모양. ¶발을 착착 맞추어 행진하다. ②일이 질서 있게 또는 차례대로 잘 처리되어 나가는 모양. ¶일이 착착 진행되다. /맡은 일을 빈틈없이 착착 해내다. /매사가 마음먹은 대로 착 이루어지다. ⑧척착2.

착착ㅡ하다(鑿鑿ㅡ)'착착하다'의 어근.

착착ㅡ하다(鑿鑿ㅡ)[ㅡ차카ㅡ]**圀어** (말이나 글이) 분명하고 조리에 맞다.

착처(着處)**圀** 가서 이르는 곳.

착취(搾取)**圀ㅡ圀타** ①(즙 따위를) 짜냄. ②자본가나 지주가 근로자나 농민에 대하여 노동에 비해 싼 임금을 지급하고 그 이익의 대부분을 차지하는 일.

착탄(着彈)**圀ㅡ圀자** 쏜 탄환이 날아가서 어떤 지점에 이름, 또는 그 탄환.

착탄ᆞ거리(着彈距離)**圀** 쏜 탄환이 날아가서 이르는 거리. 탄착 거리.

착하(着荷)[차카]**圀ㅡ圀자** 화물(荷物)이 도착함, 또는 도착한 화물.

착ㅡ하다[차카ㅡ]**圀어** ①(마음씨나 행동이) 바르고 어질다. 선(善)하다. ¶착한 행동. ②마음씨가 몹시 곱다. **착ㅡ히圀.**

착항(着港)[차캉]**圀ㅡ圀자** 배가 항구에 도착함, 또는 도착한 항구. ↔출항(出港)·발항(發港).

착화(着火)[차콰]**圀ㅡ圀자** ☞점화(點火).

착화ㅡ점(着火點)[차콰쩜]**圀ㅡ圀자** ☞발화점(發火點).

착ㅡ화합물(錯化合物)[차콰물ㅡ]**圀** 착염(錯鹽)을 포함하는 화합물. 착물이 분자이면 착분자, 이온이나 기(基)이면 착이온, 또는 착기(錯基)라 고 하며, 그 염을 착염(錯鹽)이라 함. 배위(配位) 화합물.

찬(撰)**圀** ①책을 저술함. ②시가나 문장의 잘된 것을 고름, 또는 골라내어 책을 엮음.

찬(饌)**圀** 〈반찬〉의 준말.

찬(讚·贊)**圀** ①한문 문체의 한 가지. 남의 훌륭한 행적을 기리는 글. ②남의 글이나 그림을 기리는 글.

찬ㅡ가(讚歌)**圀** 훌륭함을 기리는 뜻을 나타내는 노래. ¶조국 찬가.

찬간(饌間)[ㅡ깐]**圀** ☞반빗간.

찬ㅡ간자圀 털빛이 푸르고, 얼굴과 이마만 흰 말. ⑳흰말·총이말.

찬ㅡ거리(饌ㅡ)[ㅡ꺼ㅡ]**圀** 〈반찬거리〉의 준말.

찬결(贊決)**圀ㅡ圀타** 도와서 결정함.

찬고(饌庫)[ㅡ꾜]**圀** ☞찬광.

찬ㅡ광(饌ㅡ)[ㅡ꽝]**圀** 반찬거리를 넣어 두는 곳간. 찬고(饌庫).

찬ㅡ국圀 ①식힌 맑은장국. ②찬물에 간장과 초를 탄 국. 냉국.

찬ㅡ그릇(饌ㅡ)[ㅡㄲ릇]**圀** 반찬 담는 그릇. *찬ㅡ그릇이[ㅡㄲ르시]·찬ㅡ그릇만[ㅡㄲ른ㅡ]

찬ㅡ기(ㅡ氣)**圀** 찬 기운. 냉기(冷氣).

찬ㅡ기파랑ㅡ가(讚耆婆郞歌)**圀** 신라 경덕왕 때 충담사가 지은 10구체 향가. 화랑인 기파랑을 추모한 내용. '삼국유사'에 실려 전함.

찬ㅡ동(贊同)**圀ㅡ圀자타** 찬성하여 뜻을 같이함. ¶모임의 취지에 모두 찬동하다. ⑪찬성.

찬ㅡ땀圀 '식은땀'의 잘못.

찬란(燦爛·粲爛)'찬란하다'의 어근.

찬ㅡ란하다(燦爛·粲爛)[ㅡ찰ㅡ]**圀어** ①빛이 눈부시게 아름답다. ¶푸른 하늘과 찬란한 태양. ②훌륭하고 빛나다. ¶찬란한 문화유산. **찬ㅡ란히圀.**

찬ㅡ록(撰錄)[ㅡ찰ㅡ]**圀ㅡ圀타** ①글로써 기록함. ②가려 모아 기록함.

찬ㅡ류(竄流)[ㅡ찰ㅡ]**圀** 가톨릭에서, 천당 본향으로 들어가기 전의 '이 현세(現世)의 삶'을 이르는 말.

찬ㅡ립(篡立)[ㅡ찰ㅡ]**圀ㅡ圀자** 신하가 왕위를 빼앗아 스스로 그 자리에 오름. ⑪찬위(篡位).

찬ㅡ마루(饌ㅡ)**圀** 부엌간에 있는, 밥상 등을 차리는 마루.

찬모(饌母)**圀** 남의 집에서 반찬 만드는 일을 맡아 하는 여자. 반빗. ⑪찬집.

찬ㅡ무대圀 ☞한류(寒流). ↔더운무대. ⑧무대.

찬문(撰文)**圀** 글을 지음, 또는 그 글.

찬ㅡ물圀 온도가 낮은 물. 데우거나 끓이지 않은 맹물. 냉수(冷水). ↔더운물.

찬물도 위아래가 있다[속담] 하찮은 것이라도 어른부터 차례로 대접하라는 말.

찬물에 기름 돌듯[속담] 서로 화합하지 않고 따로 도는 사람을 비유하여 이르는 말.

찬물을 끼얹다[관용] 모처럼 잘되어 가는 일에 공연히 해살을 놓다.

찬물(饌物)**圀** 반찬거리. 반찬의 종류. 찬수(饌需). 찬용(饌用).

찬물ㅡ때圀 밀물이 가득 찬 때. 만조. ↔간물때.

찬:미 (讚美)**명**〔하타〕아름다운 덕을 기림. 기리어 칭송함. ¶인생을 찬미하다.

찬:미-가 (讚美歌)**명** ☞찬송가.

찬:-바람 '냉랭하고 싸늘한 기운이나 느낌'을 비유하여 이르는 말.

　찬바람이 일다〔관용〕①분위기가 으스스해지다. ②붙임성이 없이 쌀쌀하다.

찬바람-머리 가을에 써늘한 바람이 불기 시작할 때. ¶찬바람머리에 감기 조심해라.

찬:-반 (贊反)**명** 찬성과 반대. 찬부(贊否). ¶찬반 양론으로 갈리다.

찬:-밥 **명** ①지은 지 오래되어 차게 식은 밥. ↔더운밥. ②먹고 남은 밥. ③'중요하지 않은 인물이나 사물'을 비유하여 이르는 말. ¶찬밥 신세.

　찬밥 더운밥 가리다〔관용〕좋고 나쁜 대우를 가리고 따지다. ¶얻어먹는 처지에 찬밥 더운밥 가리게 됐니?

찬:-방 (饌房)[-빵]**명** 반찬을 만들거나 반찬거리를 두는 방. **비**찬광(茶房).

찬:-부 (贊否)**명** 찬성과 불찬성. 찬반(贊反). ¶찬부를 묻다. /찬부 양론이 맞서다.

찬:-불 (讚佛)**명**〔하자〕부처의 공덕을 찬미함, 또는 그런 일.

찬:불-가 (讚佛歌)**명** 불가(佛歌).

찬:-비 **명** 차가운 비. 냉우(冷雨). 한우(寒雨). ¶초겨울에 내리는 찬비.

찬:-비 (饌婢)**명** ☞반빗아치.

찬:-사 (讚辭)**명** (업적 따위를) 칭찬하는 말이나 글. ¶찬사를 보내다(받다).

찬:-상 (讚賞)**명**〔하타〕훌륭한 점을 기림. 아름답게 여기어 칭찬함. 상찬.

찬:-석 (鑽石)**명** ☞금강석(金剛石). 다이아몬드.

찬:-선 (饌膳)**명** 음식물.

찬:-성 (贊成)**명**〔하자타〕(다른 사람의 의견이나 제안 등을) 좋다고 인정하여 지지함. ¶과반수의 찬성을 얻다. **비**동의·찬동(贊同).

찬:-성 (贊成)**명** 조선 시대에, 의정부의 종일품 벼슬인 좌찬성과 우찬성을 아울러 이르는 말.

찬:성-투표 (贊成投票)**명** 표결 때, 어떤 의견이나 입후보자에 대하여 찬성하는 투표.

찬:성-표 (贊成票)**명** 표결 때, 찬성의 뜻을 적어 낸 표. 가표(可票). **준**찬표. **반**반대표.

찬:-송 (贊頌)**명**〔하타〕찬성하여 칭찬함.

찬:-송 (讚頌)**명**〔하타〕훌륭한 덕을 기림. ¶선대의 왕업을 찬송하다.

찬:송-가 (讚頌歌)**명** 개신교에서, 하나님의 사랑과 은혜를 기리어 부르는 노래. 찬미가. **참**성가(聖歌).

찬:-수 (纂修)**명**〔하타〕〔되자〕문서를 모아 정리하여 책으로 엮음. 찬집(纂集).

찬:-수 (饌需)**명** ①반찬. ②반찬거리. 찬물(饌物). 찬용(饌用). **비**찬품(饌品).

찬-술 **명** 데우지 않은 차가운 술. 냉주.

찬:-술 (撰述)**명**〔하타〕책을 지음, 또는 지은 책. 저술(著述). ¶한국 고대사를 찬술하다.

찬:-술 (纂述)**명**〔하타〕〔되자〕①글을 지음. ②책을 지음.

찬:-스 (chance)**명** 기회. 호기(好機). 운(運). ¶득점할 찬스가 왔다. /찬스를 잡다.

찬:-시 (簒弑)**명** 임금을 죽이고 그 자리를 빼앗음. 찬학(簒虐).

찬:-안 (饌案)**명** 진연(進宴)에서 임금에게 올리던 음식상.

찬:-양 (讚揚)**명**〔하타〕〔되자〕훌륭함을 기리어 드러냄. ¶공덕을 찬양하다.

찬:-양-대 (讚揚隊)**명** 개신교에서, 찬송가를 부르기 위해 남녀 신자들로 조직한 합창대. 성가대(聖歌隊).

찬:-역 (簒逆)**명**〔하자〕왕위를 빼앗으려고 음모를 꾸미는 반역.

찬연 (粲然) '찬연(粲然)하다'의 어근.

찬연 (燦然) '찬연(燦然)하다'의 어근.

찬:-연 (鑽研)**명**〔하타〕☞연찬(硏鑽).

찬:연-스럽다 (燦然-)[-스러워니·-스러워]**형비** 보기에 찬연한 느낌이 있다. ¶찬연스럽게 떠오르는 아침 해. **찬연스레뷔**.

찬:연-하다 (粲然-)**형여** 조촐하고 산뜻하다. ¶찬연한 옷차림. **찬연-히뷔**.

찬:연-하다 (燦然-)**형여** 눈부시게 빛나고 있다. 난연(爛然)하다. ¶찬연한 업적. **찬연-히뷔**.

찬:-용 (饌用)**명** ①반찬거리. 찬물(饌物). 찬수(饌需). ②반찬거리를 마련하는 데 드는 돈.

찬:-위 (簒位)**명**〔하자〕임금의 자리를 빼앗음. 찬탈(簒奪). **비**찬립(簒立).

찬:-유 (鑽釉)**명**〔하타〕도자기를 잿물에 담가 잿물을 올리는 일. 잠유(蘸釉).

찬:-육 (饌肉)**명** 반찬거리로 쓰는 쇠고기.

찬:-의 (贊意)[차늬·차니]**명** 찬성의 뜻. ¶찬의를 표하다. **비**동의(同意).

찬:-익 (贊翼)**명**〔하타〕곁에서 도와줌.

찬:-입 (竄入)**명**〔하자〕①도망쳐 들어감. ②잘못되어 뒤섞여 들어감.

찬:-자 (撰者)**명** ①책이나 글 따위의 지은이. ②작품을 가려 모아 책으로 엮은 이.

찬:-자 (贊者)**명** 지난날, 제향 때 홀기(笏記)를 맡아보던 임시직, 또는 그 일을 맡은 사람.

찬:-장 (饌欌)[-짱]**명** 식기나 음식물을 넣어 두는 가구.

찬:-정 (撰定)**명**〔하타〕〔되자〕시문(詩文)을 지어서 골라 정함.

찬:-조 (贊助)**명**〔하타〕뜻을 같이하여 도움. 찬좌(贊佐). ¶찬조 연설. /찬조 출연.

찬:조-금 (贊助金)**명** 찬조의 뜻으로 내는 돈. ¶경로회에 찬조금을 내다.

찬:-좌 (贊佐)**명** ☞찬조(贊助).

찬즙 (纂輯)**명** '찬집(纂輯)'의 잘못.

찬:-진 (撰進)**명**〔하타〕글을 지어 바침.

찬:-집 (撰集)**명** ①시문 따위를 가려서 엮은 책. ②〔하타〕시문 따위를 가려 모음.

찬:-집 (纂集)**명** 여러 가지 글을 모아 책으로 엮음. 찬수(纂修). 찬집(纂輯).

찬:-집 (纂輯)**명**〔하타〕①편찬(編纂)과 편집(編輯). ②☞찬집(纂集).

찬:-찜질 **명**〔하타〕냉엄법(冷罨法). ↔더운찜질.

찬찬 (燦燦) '찬찬(燦燦)하다'의 어근.

찬:찬-옥식 (粲粲玉食)[-씩]**명** 잘 쓿은 쌀로 지은 하얀 쌀밥.

찬찬-하다 **형여** (성질이) 자상하고 차분하다. ¶찬찬한 사람. **찬찬-히뷔** ¶요모 조모 찬찬히 살펴보다.

찬찬-하다 **형여** (몸놀림이) 조용하면서 느리다. **찬찬-히뷔** ¶찬찬히 걷는 걸음.

찬:찬-하다 (燦燦-)**형여** (햇빛 따위가) 밝게 빛나다. **찬찬-히뷔**.

찬:-철 (鑽鐵)**명** ☞금강사(金剛砂).

찬:-축 (竄逐)**명**〔하타〕〔되자〕죄인을 먼 곳으로 쫓아 보냄.

찬:출(竄黜)圀[하타][되자] 벼슬을 빼앗고 먼 곳으로 쫓아 보냄.

찬:칼(饌-)圀 반찬을 만드는 데 쓰는 작은 칼.

찬:탁(贊託)圀[하자] 신탁 통치를 찬성함. ↔반탁.

찬:탄(讚歎·讚嘆)圀[하자타] 깊이 감동하여 찬양함. ¶찬탄의 말이 이구동성으로 새어 나오다.

찬:탈(篡奪)圀[하타] 임금의 자리나 국가 주권 따위를 빼앗음. 찬위(篡位). ¶왕위 찬탈을 둘러싼 암투극.

찬:평(讚評·贊評)圀[하타] 칭찬하여 평함, 또는 그 비평.

찬:포(饌舖)圀 ①쇠고기 가게. 푸주. ②지난날, 지방의 세도가(勢道家)에 쇠고기를 대던 푸줏간.

찬:표(贊票)圀 〈찬성표〉의 준말. ↔부표(否票).

찬:품(饌品)圀 ⇨찬수(饌需).

찬-피^물(-動物)圀 ⇨냉혈 동물.

찬:-하다(讚-)[타여] 찬양하다.

찬:학(篡虐)圀[하타] 임금을 죽이고 왕위를 빼앗음. 찬시(篡弑).

찬합(饌盒)圀 반찬이나 술안주 따위를 담는 여러 층으로 된 그릇, 또는 그 그릇에 담은 반찬이나 술안주. [참]마른찬합·진찬합.

찬:합-집(饌盒-)[-찝]圀 (규모가 크지는 않으나) 구조가 쓸모 있고 아담하게 지은 살림집.

찰-[접두] ('ㅈ'으로 시작되지 않는 일부 명사 앞에 붙어) ①끈기 있거나 차지다는 뜻을 나타냄. ¶찰떡/찰옥수수. ↔메-. ②((부정적인 뜻을 가진 명사 앞에 붙어)) 아주 심하다는 뜻을 나타냄. ¶찰가난. ③((긍정적인 뜻을 가진 명사 앞에 붙어)) 제대로 되거나 충실하다는 뜻을 나타냄. ¶찰개화./찰교인. ④((먹을 수 있는 동물이나 열매를 나타내는 몇몇 명사 앞에 붙어)) 품질이 좋다는 뜻을 나타냄. ¶찰가자미. /찰복숭아.

찰-가난[접두] 아주 심한 가난.

찰가닥[무][하자타] ①차진 물체가 세게 달라붙는 소리, 또는 그 모양. ¶자석이 철판에 찰가닥 붙다. ②쇠붙이 따위가 맞부딪칠 때 나는 소리, 또는 그 모양. ¶자물쇠가 찰가닥 잠기다. [큰]철거덕. [센]짤가닥. [거]찰카닥. [여]잘가닥. 찰가닥-찰가닥[무][하자타].

찰가닥-거리다[-꺼-][자타] 자꾸 찰가닥찰가닥하다. 찰가닥대다. [큰]철거덕거리다.

찰가닥-대다[-때-][자타] 찰가닥거리다.

찰가당[무][하자타] 작은 쇠붙이 따위가 세게 부딪칠 때 날카롭게 울리어 나는 소리, 또는 그 모양. [큰]철거덩. [센]짤가당. [거]찰카당. [여]잘가당. 찰가당-찰가당[무][하자타].

찰가당-거리다[자타] 자꾸 찰가당찰가당하다. 찰가당대다. [큰]철거덩거리다.

찰가당-대다[자타] 찰가당거리다.

찰각[하자타] 작은 쇠붙이 따위가 세게 맞부딪치거나 걸릴 때 나는 소리, 또는 그 모양. [큰]철걱. [센]짤각. [거]찰칵. [여]잘각. 찰각-찰각[무][하자타].

찰각-거리다[-꺼-][자타] 자꾸 찰각찰각하다. 찰각대다. [큰]철걱거리다.

찰각-대다[-때-][자타] 찰각거리다.

찰간(刹竿)圀 〔덕이 높은 중이 있음을 여러 사람에게 널리 알리기 위하여〕 절 앞에 세우는 깃대와 비슷한 물건.

찰-거머리圀 ①몸이 비교적 작고 빨판이 발달된 거머리. 몸에 붙으면 잘 떨어지지 않음. ②'남에게 악착같이 들러붙어서 괴롭히는 사람'을 비유하여 이르는 말.

찰-것[-걷]圀 차진 곡식으로 만든 음식을 두루 이르는 말. • 찰것이[-거시]·찰것만[-건-]

찰-곡식(-穀食)[-씩]圀 찰기가 있는 곡식. 〔찰벼·차조·찰수수 따위.〕

찰과-상(擦過傷)圀 ⇨찰상(擦傷).

찰-교인(-敎人)圀 '종교를 착실히 믿는 사람'을 비유하여 이르는 말.

찰그랑[무][하자타] 얇은 쇠붙이 따위가 바닥에 떨어지거나 서로 세게 부딪칠 때 울리어 나는 소리, 또는 그 모양. [큰]철그렁. [여]잘그랑. [참]짤그랑. 찰그랑-찰그랑[무][하자타].

찰그랑-거리다[자타] 자꾸 찰그랑찰그랑하다. 찰그랑대다. [큰]철그렁거리다.

찰그랑-대다[자타] 찰그랑거리다.

찰-기(-氣)圀 차진 기운. ¶찰기가 있는 햅쌀밥.

찰-기장圀 찰기가 있는 기장. 나서(糯黍). ↔메기장.

찰까닥[무][하자타] 〈찰가닥〉의 센말. [큰]철꺼덕. [여]잘까닥.

찰까닥[무][하자타] 〈찰가닥〉의 센말. [큰]철꺼덕. [여]잘까닥.

찰깍[무][하자타] 〈찰각〉의 센말. [큰]철꺽. [여]잘깍.

찰-깍쟁이[-쟁-]圀 '몹시 약고 인색한 사람'을 욕으로 이르는 말.

찰나[1](刹那←ksana 범)[-라]圀 매우 짧은 동안. 순간(瞬間). ↔겁(劫).

찰나[2](刹那←ksana 범)[-라][수관] 탄지(彈指)의 10분의 1, 육덕(六德)의 10배가 되는 수(의). 곧, 10^(-18).

찰나-주의(刹那主義)[-라-의/-라-이]圀 과거나 미래를 생각하지 않고 오직 현재의 순간적 쾌락만을 구하는 생활 태도.

찰딱[무][하자타] 차지거나 젖은 물체가 세게 달라붙는 모양, 또는 그 소리. ¶벽에 찰딱 달라붙은 진흙덩이. [큰]철떡. 찰딱-찰딱[하자].

찰딱-거리다[-꺼-][자] 자꾸 찰딱찰딱하다. 찰딱대다.

찰딱-대다[-때-][자] 찰딱거리다.

찰-떡圀 ①참쌀로 만든 떡. ②차진 곡식으로 만든 떡을 두루 이르는 말. ↔메떡.

찰떡-같다[-깓-]廖 서로 떨어질 수 없을 만큼 정이 두텁고 관계가 깊다. ¶저 부부는 금실이 찰떡같-이廖.

찰떡-궁합(-宮合)[-꿍-]圀 ①'아주 잘 맞는 궁합'을 비유하여 이르는 말. ②'서로 마음이 맞아 아주 친하게 지내는 관계'를 속되게 이르는 말.

찰떡-근원(-根源)[-끄변]圀 '잠시도 떨어질 줄 모르는 아주 좋은 금실'을 비유하여 이르는 말.

찰락-거리다[-꺼-][자타] 자꾸 찰락찰락하다. 찰락대다. [큰]철럭거리다.

찰락-대다[-때-][자타] 찰락거리다.

찰락-이다[자타] ①작은 그릇에 담긴 물이나 넓은 곳에 갇힌 물에 물결이 일어 가장자리로 가볍게 부딪치는 소리가 나다. ②작은 쇠붙이 등이 서로 부딪치는 소리가 나다. [큰]철럭이다.

찰락-찰락[무][하자타] ①작은 그릇에 담긴 물이나 넓은 곳에 갇힌 물에 물결이 일어 가장자리로 가볍게 자꾸 부딪치며 나는 소리, 또는 그 모양. ¶강물이 찰락찰락 뱃전에 부딪치다. ②작은 쇠붙이 등이 서로 자꾸 부딪치는 소리, 또는 그 모양. [큰]철럭철럭.

찰람-거리다[자타] 자꾸 찰람찰람하다. 찰람대다. [큰]칠럼거리다.

찰람-대다[자] 찰람거리다.

찰람-찰람〔부〕〔하자〕 그릇에 담긴 물 따위가 일렁일 때마다 자꾸 넘치는 모양. 흰칠럼칠럼.

찰람〔부〕 ①〔하자〕그릇에 가득 담긴 물 따위가 작게 흔들리는 소리, 또는 그 모양. ②〔하자〕작은 쇠붙이끼리 부딪쳐서 울려 나는 소리. ③〔하자〕물체 따위가 물결치는 것처럼 부드럽게 한 번 흔들리는 모양. ¶찰랑 흔들리는 단발머리. 흰철렁. 예잘랑. 쎈짤랑. 찰랑-찰랑〔부〕〔하자〕.

찰랑-거리다〔자타〕 자꾸 찰랑찰랑하다. 찰랑대다. 흰철렁거리다.

찰랑-대다〔자타〕 찰랑거리다.

찰랑-찰랑〔부〕〔하형〕 작은 그릇에 가득 담긴 물 따위가 넘칠 듯 넘칠 듯한 모양. 흰철렁철렁·칠렁칠렁.

찰랑-하다〔여〕 작은 그릇에 담긴 물 따위가 넘칠 듯이 가득하다. ¶물잔에 물을 찰랑하게 따르다. 흰철렁하다·칠렁하다.

찰바닥〔부〕〔하자〕 얕은 물이나 진창을 거세게 밟거나 칠 때 나는 소리. 흰철버덕. 예잘바닥. 찰바닥-찰바닥〔부〕〔하자〕.

찰바닥-거리다〔─꺼─〕〔자타〕 자꾸 찰바닥찰바닥하다. 찰바닥대다. 흰철버덕거리다.

찰바닥-대다〔─때─〕〔자타〕 찰바닥거리다.

찰바당〔부〕〔하자〕 조금 묵직한 물체가 물에 세게 떨어질 때 울리어 나는 소리. 흰철버덩. 예잘바당. 찰바당-찰바당〔부〕〔하자〕.

찰바당-거리다〔자타〕 자꾸 찰바당찰바당하다. 찰바당대다. 흰철버덩거리다.

찰바당-대다〔자타〕 찰바당거리다.

찰박〔부〕〔하자〕 얕은 물이나 진창을 세게 밟거나 칠 때 나는 소리. 흰철벅. 예잘박. 찰박-찰박〔부〕〔하자〕.

찰박-거리다〔─꺼─〕〔자타〕 자꾸 찰박찰박하다. 찰박대다. 흰철벅거리다.

찰박-대다〔─때─〕〔자타〕 찰박거리다.

찰-밥〔명〕 ①찹쌀로 지은 밥. ②찹쌀에 붉은팥이나 밤·대추 또는 검은콩을 두어서 지은 밥. ↔메밥.

찰방〔부〕〔하자〕 작은 물체가 깊은 물에 세게 떨어질 때 나는 소리. ¶자갈이 찰방 냇물에 떨어졌다. 흰철벙. 예잘방. 찰방-찰방〔부〕〔하자〕.

찰방(察訪)〔명〕 조선 시대에, 각 도의 역참(驛站)에 관한 일을 맡아보던 종육품의 벼슬, 또는 그 벼슬아치.

찰방-거리다〔자타〕 자꾸 찰방찰방하다. 찰방대다. 흰철벙거리다.

찰방-대다〔자타〕 찰방거리다.

찰-벼〔명〕 볏과의 일년초. 줄기는 50~100 cm, 잎은 30 cm가량. 열매 껍질은 검은 보랏빛이고 쌀은 찰기가 많음. 나도(糯稻). ↔메벼.

찰-복숭아〔─쑹─〕〔명〕 복숭아의 한 품종. 과실의 살이 씨에 꼭 붙어 있고 껍질에 털이 없음.

찰-부꾸미〔명〕 찹쌀가루로 만든 부꾸미. 차전병.

찰상(擦傷)〔─쌍〕〔명〕 무엇에 쓸리거나 긁혀서 생긴 상처. 찰과상(擦過傷).

찰색(察色)〔─쌕〕〔명〕〔하자〕 ①얼굴빛을 살펴봄. ②한방에서, 환자의 혈색을 보고 진찰하는 일.

찰-쇠〔─쇠/─쒜〕〔명〕 대문짝이 대접쇠에 쓰이고려 닳지 않도록 대접쇠가 닿는 곳에 덧 쇳조각. 패검1. 패철(佩鐵).

찰-수수〔명〕 찰기가 있는 수수의 한 가지.

찰-시루떡〔명〕 찹쌀가루로 찐 시루떡.

찰싸닥〔부〕〔하자〕 액체의 면이 납작한 물체와 세게 부딪칠 때 나는 소리, 또는 그 모양. ¶파도가 뱃전에 찰싸닥 부딪힌다. 흰철써덕. 예잘싸닥. 찰싸닥-찰싸닥〔부〕〔하자〕.

찰싸닥-거리다〔─꺼─〕〔자타〕 자꾸 찰싸닥찰싸닥하다. 찰싸닥대다. 흰철써덕거리다.

찰싸닥-대다〔─때─〕〔자타〕 ①액체의 면이 단단한 물체와 세게 부딪칠 때 차지게 나는 소리, 또는 그 모양. ¶바닷물이 바위를 찰싹 때린다. ②차진 물건을 물체에 던지거나 손바닥 따위로 때릴 때 나는 소리, 또는 그 모양. ¶찹쌀떡이 접시에 찰싹 달라붙다. 흰철썩. 예잘싹. 찰싹-찰싹〔부〕〔하자〕.

찰싹-거리다〔─꺼─〕〔자타〕 자꾸 찰싹찰싹하다. 찰싹대다. 흰철썩거리다.

찰싹-대다〔─때─〕〔자타〕 찰싹거리다.

찰-쌈지〔명〕 허리띠에 차게 만든 주머니 모양의 담배쌈지.

찰제(擦劑)〔─쩨〕〔명〕 ☞도찰제(塗擦劑).

찰제리(刹帝利←Kshatriya 범)〔─쩨─〕〔명〕 ☞크샤트리아.

찰조(察照)〔─쪼〕〔명〕〔하자〕 (문서나 편지 따위를) 자세히 살펴봄.

찰주(札駐)〔─쭈〕〔명〕〔하자〕 ☞주차(駐箚).

찰중(察衆)〔─쭝〕〔명〕〔하자〕 불교에서, 대중을 규찰(糾察)하는 일, 또는 그러한 일을 맡은 사람.

찰지(察知)〔─찌〕〔명〕〔하자〕 살펴서 앎. 양지(諒知).

찰지다〔형〕 '차지다'의 원말.

찰-짜〔명〕 (수더분한 맛이 없고) 성질이 몹시 깐깐한 사람.

찰찰〔부〕 물 따위가 조금씩 넘치는 모양. ¶찰찰 넘치는 술잔. 흰철철.

찰찰(察察)〔하형〕 지나치게 꼼꼼하고 자세함. 찰찰-히〔부〕.

찰찰이 불찰이다〔관용〕 지나치게 살핌은 살피지 않음보다 못하다.

찰카닥〔부〕〔하자〕 ①차진 물체가 매우 세차게 달라붙는 소리, 또는 그 모양. ②쇠붙이 따위가 세차게 맞부딪칠 때 나는 소리, 또는 그 모양. ¶수갑을 찰카닥 채우다. 흰철커덕. 예잘가닥·잘카닥·찰가닥. 쎈짤카닥. 찰카닥-찰카닥〔부〕〔하자〕.

찰카닥-거리다〔─꺼─〕〔자타〕 자꾸 찰카닥찰카닥하다. 찰카닥대다. 흰철커덕거리다.

찰카닥-대다〔─때─〕〔자타〕 찰카닥거리다.

찰카당〔부〕〔하자〕 작은 쇠붙이 따위가 세게 부딪칠 때 날카롭게 울리어 나는 소리. 흰철커덩. 예잘가당·잘카당·찰가당. 쎈짤카당. 찰카당-찰카당〔부〕〔하자〕.

찰카당-거리다〔자타〕 자꾸 찰카당찰카당하다. 찰카당대다. 흰철커덩거리다.

찰카당-대다〔자타〕 찰카당거리다.

찰칵〔부〕〔하자〕 작은 쇠붙이 따위가 세차게 맞부딪치거나 걸릴 때 나는 소리, 또는 그 모양. ¶찰칵 자물쇠 잠그는 소리가 나다. 흰철컥. 예잘각·잘칵·찰각. 쎈짤칵. 찰칵-찰칵〔부〕〔하자〕.

찰칵-거리다〔─꺼─〕〔자타〕 자꾸 찰칵찰칵하다. 찰칵대다. 흰철컥거리다.

찰칵-대다〔─때─〕〔자타〕 찰칵거리다.

찰통〔명〕 '악성 매독'을 속되게 이르는 말.

찰필(擦筆)〔명〕 압지(押紙)나 엷은 가죽을 감아 붓 모양으로 만든 것. 그림을 그리는 데 쓰임.

찰한(札翰)〔명〕 편지.

찰현(擦絃)〔명〕〔하자〕 활로 현을 켬.

찰현-악기(擦絃樂器)〔─끼〕〔명〕 활로 현을 켜서 소리를 내는 현악기. 바이올린·첼로 따위.

찰-흙〔─흑〕〔명〕 차진 기운이 있는 흙. 점토. * 찰흙이〔─흘기〕·찰흙만〔─흥─〕

참[I][명] ①거짓이 아님. 올바름. 진실. ¶참과 거짓. ②바른 답. 정답. 맞음. ¶어느 것이 참인지 고르시오. ↔거짓.
[II][부] 정말로. 진실로. 아주. 과연. ¶경치가 참 좋다.
[III][감] ①잊었던 일이 문득 생각나거나, 비로소 깨달게 되었을 때, '참말로'의 뜻으로 덧붙여 쓰는 말. ¶참, 이거 갖고 가거라. /참, 너 올해 몇 살이지? ②딱하거나 감정을 나타낼 때, '참으로'의 뜻으로 덧붙여 쓰는 말. ¶아이 참, 왜 이러세요!/나 원 참, 기가 막혀서….

참² [명] ①일을 하다가 쉬는 짬. 한자를 빌려 '站'으로 적기도 함. ②일하다가 일정하게 쉬는 짬에 먹는 음식. ¶모내기 참.
[II][의]《(어미 'ㄴ(은)ㆍ던' 뒤에 쓰이어)》'때ㆍ계제'의 뜻을 나타냄. ¶지금 막 가려던 참인데 잘 만났소. ①차(次). ②《(어미 'ㄴ(은)ㆍㄹ(을)' 뒤에 쓰이어)》무엇을 할 '예정'이나 '셈'의 뜻을 나타냄. ¶내일 떠날 참이네.

참:(站)[명] 조선 시대에, 역로(驛路)에 마련되어 있던 숙박 시설. 군사 통신 관리나 공용 출장자들의 숙박 처소로 이용하였음. ⓑ발소(撥所).

참:(斬)[명][하타]〈참수(斬首)〉ㆍ〈참두(斬頭)〉의 준말. ②〈참형(斬刑)〉의 준말.

참(懺)[명][하타]〈참회(懺悔)〉의 준말.

참-[접두] ①《(일부 명사 앞에 붙어)》㉠'진짜'ㆍ'진실'의 뜻을 나타냄. ¶참뜻. /참말. ㉡'품질 따위가 '썩 좋음'의 뜻을 나타냄. ¶참depth. /참숯. ②《(주로 동식물 이름 앞에 붙어)》'개ㆍ돌' 따위에 상대됨을 나타냄. ¶참나리. /참게.

참가(參加)[명][하자] ①(어떤 모임이나 단체에) 관여하여 참석하거나 가입함. ¶올림픽 참가. ②어떤 법률 관계에 제삼자가 가입함, 또는 그 일. ¶소송 참가. ↔불참(不參).

참-가사리[명] 바닷말의 한 가지. 홍조식물로 풀가사리와 비슷함. 높이는 5~15cm에 이르는 원기둥 모양이고 규칙적으로 가지를 벋으며 암자색임. 풀가사리와 함께 풀이나 직물ㆍ공예품의 원료로 쓰이며, 식용함. 세모(細毛).

참가-인(參加人)[명] ①참가한 사람. ②민사 소송법상, 타인 간에 계속(繫屬)된 소송에 참가하는 제삼자. ③어음법상, 참가 인수와 참가 지급을 하는 사람.

참가^인수(參加引受)[명] 환어음이 만기되기 전에 소구(遡求) 원인이 발생하였을 때, 소구권의 행사를 막기 위하여 지급인 이외의 사람이 소구 의무자의 어느 사람을 위해 의무를 부담함.

참-가자미[명] 가자밋과의 바닷물고기. 몸길이 40cm가량. 길둥근 알처럼 옆으로 납작한 몸의 오른쪽 머리 앞 끝에 두 눈이 모여 있음. 눈 있는 쪽의 몸빛은 회갈색, 그 반대쪽은 흰빛임. 우리나라 연해와 일본ㆍ중국ㆍ사할린 연해에 분포함.

참가^지급(參加支給)[명] 환어음과 약속 어음에서, 인수ㆍ지급의 거절 등 만기의 전후를 묻지 않고 소구(遡求) 원인이 발생하였을 때, 소구를 막기 위하여 본래의 지급인 이외의 사람이 소구 의무자 가운데 어떤 사람을 위하여 하는 지급.

참개(慙慨)[명][하타] 몹시 부끄러워서 개탄함.

참-개구리[명] 개구릿과의 양서류. 몸길이 8cm가량. 수컷의 등은 흰 바탕에 검은 무늬, 암컷은 대개 황갈색에 무늬가 없음. 무논에서 살며 4~6월에 알을 낳음. 청와(靑蛙).

참-게[명] 바위겟과의 게. 등딱지의 길이는 5cm, 너비는 6.1cm가량. 강어귀나 그 유역의 민물에서 살며, 이마에 네 개의 이가 있음. 폐디스토마의 중간 숙주임.

참견(參見)[명][하자타] ①(남의 일에) 끼어들어 아는 체하거나 간섭함. 참섭(參涉). ¶쓸데없이 참견하다. ②☞참관(參觀).

참경(慘景)[명] 끔찍하고 비참한 광경이나 정상. ⓑ참상(慘狀).

참고(參考)[명][하타][되자] ①살펴서 생각함. ②살펴서 도움이 될 만한 자료로 삼음, 또는 그러한 자료. ¶참고 문헌. /여러 사람의 의견을 참고하다. ⓑ참조(參照).

참고(慘苦)[명] 참혹한 고통.

참고-삼다(參考-)[-따][I][타] 살펴서 도움이 될 만한 것으로 하다, 또는 그렇게 여기다. ¶시험 공부에 참고삼을 만한 책.
[II][자] 도움이 될 만한 것을 덧붙이다.《(주로, '참고삼아'의 꼴로 쓰임.)》¶이것은 어디까지나 참고삼아 말씀드리는 것입니다.

참고-서(參考書)[명] ①참고로 삼는 책. ②참고가 되는 내용을 모아 엮은 책. ¶학습 참고서.

참고-인(參考人)[명] 범죄 수사의 과정에서, 수사 기관의 취조에 대하여 과거에 실제로 경험하여 안 사실을 진술하는 제삼자. '증인'과는 구별됨. ¶참고인 진술.

참관(參觀)[명][하자타] (어떤 모임이나 행사에) 참가하여 지켜봄. 참견(參見). ¶대회를 참관하다.

참관-기(參觀記)[명] 참관한 일의 내용이나 느낌을 적은 글.

참관-인(參觀人)[명] ①(어떤 모임이나 행사에) 참가하여 지켜보는 사람. ②선거 때, 투표와 개표 상황 따위가 법대로 진행되는지를 지켜보는 사람. 투표 참관인, 개표 참관인 등이 있음.

참괴(慙愧)[-괴/-궤][명] 부끄럽게 여김.

참교(參校)[명] ①조선 시대에, 승문원(承文院)의 종삼품 벼슬. ②대한 제국 때, 무관 계급의 한 가지. 하사관(下士官)의 최하급으로 부교(副校)의 아래임.

참구(參究)[명][하타] ①(무엇을) 참고하며 연구함. ⓑ고구(考究). ②참선(參禪)을 하여 진리를 연구함.

참구(讒口)[명] 참소하는 입. ⓑ참설(讒舌).

참구(讒構)[명][하타] 남을 참소하여 난처한 처지에 얽어 넣으려 꾀함.

참극(慘劇)[명] ①비참한 내용을 줄거리로 한 연극. ②참혹하고 끔찍하게 벌어진 일이나 사건. ↔희극상잔의 참극.

참:급(斬級)[명] ①적의 목을 베던 일. ②지난날, 전쟁에서 사람의 목을 쳐서 엮던 두름.

참-기름[명] 참깨에서 짜낸 기름. 진유(眞油).

참-깨[명] ①참깻과의 일년초 재배 식물. 네모진 줄기의 다 자란 높이는 1m가량. 여름에, 윗부분의 잎겨드랑이에 백색 또는 담홍색에 짙은 자색의 반점이 있는 꽃이 핌. 2~3cm의 짧은 원주형의 열매는 4개의 씨방이 있음. 잎은 갸름하거나 긴 타원형임. 씨는 볶아서 기름을 짜거나 양념으로 씀. 백유마(白油麻). 백지마(白脂麻). 백호마. 진임(眞荏). ②참깨의 씨.

참깨가 기니 짧으니 한다[속담] 변변치 못하기로는 마찬가지이면서 그래도 서로 따지거나 비교하는 못난 사람들의 짓을 탓하는 말.

참깨 들깨 노는데 아주까리 못 놀까[속담] '어중이떠중이가 다 활동하며 참여하는 일에 어찌한 내가 어찌 못 끼겠는가'의 뜻으로 이르는 말.

참깨-죽(-粥)몡 껍질을 벗기어 간 참깨와 무리로 쑨 죽. 깨죽. 지마죽(芝麻粥).

참-꽃[-꼳]몡 〔먹는 꽃이라는 뜻으로〕'진달래꽃'을 이르는 말. *참꽃이[-꼬치]·참꽃만[-꼰-]

참-나리몡 백합과의 다년초. 줄기 높이는 1~2 m. 댓잎처럼 생긴 잎은 어긋나기로 다닥다닥 달리며, 잎겨드랑이에 짙은 갈색 주아(珠芽)가 달렸음. 지름 5~8 cm 되는 비늘줄기가 있으며, 주홍색 바탕에 검은 반점이 흩어져 있는 꽃은 여름에 핌. 6개의 수술과 1개의 암술은 길게 꽃 밖으로 벋었고, 꼬투리로 된 열매를 맺음. 꽃 향내가 좋아 관상용으로 심음. 비늘줄기는 민간에서 진해제·강장제로 먹음. 㕮나리.

참-나무몡 ①〔수리나뭇과에 딸린 나무를 통틀어 이르는 말. 〔상수리나무·떡갈나무·굴참나무 따위.〕②㕮상수리나무.

참나무에 겯낫 걸이[속] 제 능력은 생각지도 않고 엄청나게 큰 세력에 부질없이 덤빔을 비유하여 이르는 말.

참-나물몡 산형과의 다년초. 숲 속에 붙는데, 줄기는 1.5 cm가량임. 잎은 세 쪽씩 붙는 겹잎이며 그 쪽잎은 끝이 뾰족하고 톱니가 있는 달걀 모양임. 여름에 잘고 흰 꽃이 핌. 어린잎은 나물로 먹는다.

참내(參內)몡[한자] ☞예궐(詣闕).

참녕(讒佞)몡[하다] 아첨하여 남을 참소함.

참녜(←參與)[-네-네]몡[하다]〈참여〉의 변한말.

참-느릅나무[-름-]몡 느릅나뭇과의 낙엽 활엽교목. 중부 이남의 냇가에 흔히 나는데, 높이는 5 m가량. 잎은 길둥글며 끝이 좁고 잔 톱니가 있음. 9월경에 황갈색 꽃이 피고, 10월경에 길둥근 열매가 붉게 익음.

참-다[-따]타 ①어려운 고비를 잘 견디어 내다. ①고통을 참다. ②억지로 안 하다. ¶웃음을 참느라고 혼났다. ③(기회를) 기다리다. ¶한 시간만 더 참고 기다려 봅시다.

참는 자에게 복이 있다[속] 억울하고 분한 일이 있어도 꾹 참고 견디는 것이 상책이라는 말.

참을 인(忍) 자 셋이면 살인도 피한다[속] 어떤 어려운 일이 있어도 꾹 참는 것이 가장 좋은 방법이라는 말.

참-다랑어(-魚)몡 고등엇과의 바닷물고기. 몸길이 3 m, 몸무게 380 kg가량으로, 부푼 방추형으로 생겼음. 등빛은 감색(紺色), 배는 흰빛임. 몸 옆구리에 가는 노란 줄이 가로 그어져 있음. 외양성(外洋性) 어류로서, 연안에서 1000마일 해역을 회유함. 우리나라·쿠릴 열도·일본·중국 근해를 거쳐 하와이·남양 군도까지 분포함. 참다랑이.

참-다-못하다[-따모타다]타 더는 참을 수가 없다. (주로, '참다못한'·'참다못해'의 꼴로 쓰임.) ¶슬픔을 참다못해 통곡을 하다.

참참(慘慘·慘愴)몡[하다] ①가슴이 아플 정도로 비참함. ¶참담한 패배. ②참혹하고 암담함. ¶적 치하의 90일은 참으로 참담했다. ③속을 썩이도록 괴로움. ¶고심(苦心)참담하다. ④우울하고 쓸쓸함. **참담-히**[부].

참-답다[-따][-따]형[ㅂ] 거짓이 없고 바르다. (주로, '참다운'·'참답게'의 꼴로 쓰임.) ¶참다운 생활. /참답게 사는 비결.

참:-당나귀[-唐-]몡[-땅-]형 '일하다가 자주 꾀를 피워 속썩이는 당나귀'를 이르는 말.

참-대☞왕대.

참덕(慙德)몡 (특히 임금이) 부덕함을 부끄러워함.

참독(慘毒)'참독하다'의 어근.

참독-하다(慘毒-)[-도카-]형[여] 참혹하기 이를 데 없다. 참학(慘虐)하다. 비참렬(慘烈)하다. **참독-히**[부].

참:-돈[-똔]몡 행상(行喪) 때, 상여꾼이 쉴 때마다 주는 술값.

참-돔몡 도밋과의 바닷물고기. 몸길이 90 cm가량. 감성돔과 비슷하나 몸빛이 일반적으로 적색에 녹색 광택을 띠고, 등 쪽에 청록색의 작은 반점이 퍼져 있음. 우리나라·일본·동남 중국해·하와이 연해에 분포함.

참-되다[-뙤-뛔-](마음이나 행동이) 거짓이 없고 진실되다. 참답다. ¶참된 애국자. /참된 인간. ←거짓되다. **참되-이**[부] 참되게 살아라.

참:-두(斬頭)몡[하다] ☞참수(斬首). 준참(斬).

참-따랗다[-라타]형 (딴생각 없이) 아주 진실되고 올바르다. (주로, '참따랗게'의 꼴로 쓰임.) ¶온종일 참따랗게 바느질만 하다. 준참딸다.

참-딸다[-따따]〈참따랗다〉의 준말.

참-뜻[-뜯]몡 ①거짓 없이 올바르고 참된 뜻. ¶참뜻을 떳떳하게 밝히다. ②(말이나 글에서 겉으로 드러난 뜻이 아닌) 알맹이가 되는 본디의 뜻. 속뜻. ¶그의 말의 참뜻을 헤아리기 어렵다. 진의(眞意). *참뜻이[-뜨시]·참뜻만[-뜬-]

참락(慘落)몡[하다] 물건 값이 끔찍하게 떨어짐. 비폭락(暴落).

참람(僭濫)'참람하다'의 어근.

참:람-하다(僭濫-)[-남-]형[여] 분수에 맞지 않게 지나친 데가 있다. 참월하다. **참람-히**[부].

참량(參量)[-냥]몡[하다] ☞참작(參酌).

참렬(參列)[-녈]몡[하다] ①☞참반(參班). ②대열이나 행렬에 끼임. ¶열병식에 참렬하다.

참렬(慘烈)'참렬하다'의 어근.

참렬-하다(慘烈-)[-녈-]형[여] 대단히 끔찍하다. ¶참렬한 분신자살. 비참독(慘毒)하다·참절(慘絕)하다. **참렬-히**[부].

참령(參領)[-녕]몡 대한 제국 때, 무관(武官) 계급의 하나. 영관(領官)의 맨 아랫자리로, 지금의 소령에 해당함.

참례(參禮)[-녜]몡[하다][한자] 예식에 참여함. ¶혼례식에 참례하다.

참:로(站路)[-노]몡[하다] 역참(驛站)으로 통하는 길. 참길.

참:-륙(斬戮)[-뉵]몡[하다] (칼로) 목을 베어 죽임. 참살(斬殺).

참-마몡 맛과의 덩굴성 다년초. 산야에 흔히 나며 심기도 하는데, 뿌리는 원주형이고 살이 많음. 잎은 끝이 뾰족한 길둥근 모양이며 마주나고, 여름에 흰 꽃이 핌. 뿌리는 먹거나 한방에서 강장제·설사약으로 씀.

참-마음몡 (거짓이 없는) 진실한 마음. 진심(眞心). 진정(眞情). ¶친구를 사귀되 참마음으로 사귀어라. 준참맘.

참-마자몡 잉어과의 민물고기. 몸길이가 10~20 cm가량. 누치와 비슷하나 주둥이가 길고 비늘이 굵음. 몸빛은 흰 바탕에 등 쪽이 암갈색임. 특히 새끼 고기의 눈알이 까만 점이 특색임. 우리나라·중국 동북 지방·일본 등지에 분포함.

참-말 I 몡 사실에 조금도 틀림이 없는 올바른 말. 정말. 진담. ¶참말인지 거짓말인지 잘 모르겠다. /그게 참말이니? ←거짓말. II 부 참말로. 정말로.

참-맘몡〈참마음〉의 준말.

참망 (慘妄) '참망하다'의 어근.

참:망-하다 (慘妄)—형여 참람하고 망령되다. 분수를 모르고 외람되다.

참-매 ①수릿과의 새. 몸길이 48~61 cm. 등면은 회갈색인데, 흰 눈썹선이 있으며, 윗목은 흰색으로 얼룩짐. 토끼나 꿩 따위를 잡아먹는 텃새로, 우리나라에서는 예부터 꿩 사냥에 쓰였음. ②보라매·송골매 따위를 '새매'에 상대하여 이르는 말.

참-매미 매밋과의 곤충. 몸길이 3.6 cm, 날개길이 6 cm가량. 몸빛은 검고 머리와 가슴에 적록색의 구름무늬가 있음. 등 쪽에 회백색의 'X' 자 모양의 돌기가 있음. 7월 들면서 나타나 울기 시작함.

참-먹 품질이 좋은 먹. 진묵(眞墨). ↔개먹.

참모 (參謀) ①하자모의에 참여함, 또는 그 사람. ¶선거 대책 참모. ②군대에서, 각급 고급 지휘관의 지휘권 행사를 보좌하기 위하여 특별히 임명되거나 파견되는 장교. 인사·정보·작전·군수 참모 따위. 徽막료.

참모-부 (參謀部) ①대한 제국 때, 원수부(元帥府)에 딸려 있던 부서. 〔주로, 국방과 용병에 관한 사무를 맡아보았음.〕②군대에서, '참모가 그의 막료와 함께 참모에 관한 사무를 보는 곳'을 두루 이르는 말.

참-모습 (꾸미거나 거짓되거나 과장되지 않은) 생긴 대로의 본디 모습.

참모-장 (參謀長) 사단급 이상의 부대에서, 각 참모의 업무를 통합 조정하고 지휘관을 보좌하는 선임 참모.

참모^장:교 (參謀將校) 참모직에 있는 장교.

참모^총:장 (參謀總長) 육군·해군·공군의 최고 지휘관. 〔국방부 장관의 추천에 따라 국무회의의 심의를 거쳐 대통령이 임명함.〕

참묘 (參墓)명하자 ☞성묘(省墓).

참무 (讒誣)명하타 참소(讒訴)와 무고(誣告).

참문 (慘聞)명 끔찍한 소문.

참문 (讖文)명 미래를 예언하는 글. 미래기.

참:-물명 만조(滿潮) 때의 바닷물.

참-밀명 ☞밀.

참-바명 볏짚이나 삼 따위로, 세 가닥을 지어 굵다랗게 드린 줄. 마소를 매거나 짐을 동이는 데 쓰임. 徽바.

참-바리명 농엇과의 바닷물고기. 몸길이 40 cm가량. 살아 있을 때는 자갈색 바탕에 주홍색의 작은 반점이 있음. 열대성 어류로서 우리나라와 일본, 동남아시아와 인도 연안에 분포함.

참반 (參班)명하자 반열에 참여함. 참렬(參列).

참-반디명 산형과의 다년초. 줄기 높이는 15~100 cm. 여름철에 긴 꽃줄기가 나와 끝이 갈라지고, 7월에 희고 가느다란 꽃이 핌. 산속의 나무 그늘에 나는데, 뿌리는 이뇨제·해열제로 쓰임.

참:-밥 [-빱]명 일을 하다가 참에 먹는 밥.

참방 (參榜)명하자 과거에 급제하여 방목에 이름이 오름. ¶참방하여 가문을 빛내다.

참-배명 먹을 수 있는 보통의 배를 똘배나 문배와 구별하여 이르는 말.

참배 (參拜)명 ①하자신이나 부처에게 절하고 빎. 참예(參詣). ②하자타 무덤이나 기념탑 등의 앞에서 절하고 기림. ¶순국선열 묘지 참배.

참-배나무명 장미과의 낙엽 교목. 과실나무의 한 가지. 어린 가지는 흑갈색이고, 잎은 끝이 뾰족한 넓은 달걀 모양이며 잔 톱니가 있음. 열매는 둥글고 노랗게 익음.

참-벌명 ☞꿀벌.

참:-벌 (斬伐)명하타 ①☞작벌(斫伐). ②죄인을 참형에 처함.

참변 (慘變)명 끔찍한 변고. ¶참변을 당하다. 엔참사(慘事).

참봉 (參奉)명 조선 시대에, 능(陵)이나 원(園) 또는 종친부·돈령부 등에 딸렸던 종구품의 벼슬.

참불가언 (慘不可言)명 너무나 끔찍하여 차마 말할 수 없음.

참불인견 (慘不忍見)명 너무나 끔찍하여 차마 바라볼 수 없음.

참-붕어명 잉엇과의 민물고기. 몸길이 6~9 cm. 몸빛은 암컷이 담황색 바탕에 은빛을 띠고, 수컷은 온몸이 회청색임. 잉어와 비슷한 모양이나, 입은 윗입술을 위로 열어 빠끔거리고 수염이 없음. 잘 흐르는 맑은 개울이나 도랑 같은 곳에 삶.

참-비름명 '비름'을 '쇠비름'에 상대하여 이르는 말.

참-빗 [-빋]명 빗살이 아주 가늘고 촘촘한 대빗. 진소(眞梳). 徽얼레빗. *참빗이 [-비시]·참빗만 [-빈-]

참빗으로 훑듯속담 남김없이 샅샅이 뒤져내는 모양을 비유하여 이르는 말. 徽이 잡듯이.

참-빗살나무 [-빋쌀-]명 노박덩굴과의 낙엽 활엽 소교목. 높이 8 m가량. 꽃은 6월에 피는데, 연한 녹색이고, 열매는 붉게 익으면 터져 빨간색 살이 나타남. 산기슭 아래의 냇가 근처에 자람. 관상용으로 심고 목재는 그릇을 만드는 데 쓰임.

참사 (參祀)명하자 제사에 참례함.

참사 (參事)명 ①하자어떤 일에 참여함. ②일부 금융 기관이나 기업체 등에서의 직위의 한 가지.

참사 (慘史)명하자 비참한 역사.

참사 (慘死)명하자 끔찍하게 죽음.

참사 (慘事)명 끔찍한 사건. ¶불의의 참사를 당하다. 엔참변(慘變).

참사 (慙死)명하자 치욕을 견디기 어려워서 죽으려 하거나, 죽을 지경에 이름.

참사-관 (參事官)명 대사 또는 공사의 지휘 감독을 받아 외교 교섭 및 기타의 임무를 보조하는 관직, 또는 그 직에 있는 외무 공무원. 공사의 아래, 1등 서기관의 위.

참-사랑명 진실한 사랑. 순수한 사랑.

참-살명 포동포동하게 찐 살.

참:살 (斬殺)명하타되자 (칼로 목 따위를) 베어 죽임. 참륙(斬戮).

참살 (慘殺)명하타되자 끔찍하게 죽임.

참상 (參上)명 조선 시대에, 종육품 이상 종삼품 이하의 관직을 이르던 말. 조회에 참석하고 목민관(牧民官)이 될 수 있었음. ↔참하(參下).

참상 (慘狀)명 끔찍한 모양이나 상태. ¶전쟁이 빚은 참상. 엔참경(慘景).

참상 (慘喪)명 젊어서 죽은 이의 상사(喪事). ¶참상을 당한 부모. ↔호상(好喪).

참-새명 참샛과의 새. 인가(人家) 부근과 가을의 논에서 가장 흔하게 볼 수 있는 대표적 텃새의 한 가지. 몸빛은 다갈색, 부리는 검으며 배는 회백색의 작은 새. 몸길이는 14 cm가량이고, 짹찍거리며 욺. 가을에는 곡물에 해를 끼치나 여름에는 해충을 잡아먹는 이로운 새임. 황작(黃雀).

참새가 방앗간〔올조 밭〕을 그저 지나랴속담 ①욕심 많은 사람이 잇속 있는 것을 보고 지나쳐 버리지 못한다는 말. ②자기가 즐기는 것을 보고 그냥 지나칠 수 없다는 말.

참새가 작아도 알만 잘 깐다〔낳는다〕〖속담〗 비록 몸집은 작아도 제 할 일을 감당한다는 말.

참새가 죽어도 쨱 한다〖속담〗 아무리 약한 사람 이라도 괴롭힘을 당하면 반항하게 된다는 말.

참새-구이圄 참새의 털을 뽑고 내장 따위를 제거하고 난 고기를 간을 해서 구운 음식.

참새-목(-目)圄 조류의 한 목(目). 대개, 몸이 작고 날기를 잘하며 보금자리를 잘 지음. 전세계에 5500여 종이 분포하며 까마귓과·꾀꼬릿과·참샛과·제빗과 등 20여 과가 있음.

참색(慙色)圄 부끄러워하는 기색. 괴색(愧色).

참서(參恕)圄 정상을 참작하여 용서함.

참서(讖書)圄 참언(讖言)을 모아 놓은 책.

참-서대圄 참서댓과의 바닷물고기. 혀 모양으로 몸길이는 30 cm가량. 아주 작은 두 눈은 몸의 왼쪽에 몰려 있음. 지느러미는 등·배·꼬리 따위로 전혀 구분되지 않고 머리 뒤에서부터 죽 이어져 등·배·꼬리를 둘러싸듯이 하고 있음. 눈이 있는 쪽의 몸빛은 적갈색, 지느러미는 흑색이며 반대쪽은 온통 흼. 남서부 연해에 분포함.

참석(參席)圄[하자] 어떤 자리나 모임에 참여함. ¶학술 연구 회의에 참석하다. 凹출석(出席). ↔불참.

참선(參禪)圄[하자] 좌선(坐禪)하여 불도(佛道)를 닦는 일. ¶참선을 위해 입산(入山)하다.

참설(讒舌)圄 참소하는 말. 凹참구(讒口).

참설(讖說)圄 ☞참언(讖言).

참섭(參涉)圄[하자타] ☞참견(參見).

참세(懺洗)圄[하자타] 죄를 깨닫고 고쳐서 마음을 깨끗이 함.

참소(讒訴·譖訴)圄[하자][되자] 남을 헐뜯어서 없는 죄를 있는 듯이 꾸며 고해 바치는 일. ¶참소를 일삼는 간신(奸臣)의 무리.

참:-수(-數)圄[-쑤]圄 쉬는 횟수.

참:-수(斬首)圄[하자] 목을 자름. 괵수(馘首). 참두(斬頭). ¶대역 죄인을 참수하라는 임금의 어명이 떨어졌다. 㽞참(斬).

참-수리圄 수릿과의 새. 몸길이가 89~102 cm. 큰 부리를 가지고 있는 매우 큰 수리임. 우리나라에서는 아직 번식처가 확인되지 않고 있는데, 겨울에만 볼 수 있음.

참-숯[-숟]圄 ①참나무로 구운 숯. 㽞백탄(白炭). ②질이 좋은 숯. *참숯이[-수치]·참숯만[-순-]

참:시(斬屍)圄[하자] 〈부관참시(剖棺斬屍)〉의 준말.

참신(參神)圄[하자] 신주(神主)에 참배함.

참신(斬新·嶄新)圄 〈참신하다〉의 어근.

참신-하다(斬新--·嶄新-)圈어 〔면모가 바뀌거나 처음으로 이루어져〕 전혀 새롭다. ¶참신한 기획. /참신한 디자인. ↔진부(陳腐)하다.

참신(讒臣)圄 육사(六邪)의 하나. 참소를 잘하는 신하.

참심-원(參審員)圄 〔참심제에 있어서〕법관과 함께 재판의 합의를 하는 사람. 凹배심원(陪審員).

참심-제(參審制)圄 국민 가운데에서 선거나 추첨으로 뽑힌 참심원이 직업적 법관과 같이 합의체를 구성하여 재판하는 제도. 〔독일과 프랑스에서 채택하고 있는 제도임.〕

참-싸리圄 콩과의 낙엽 활엽 관목. 산이나 들에 나는데 높이는 2 m가량. 싸리와 비슷하나 줄기가 굵음. 잎은 한 잎자루에 세 개의 작은 잎이 달리며, 여름에 홍자색 꽃이 핌. 줄기는 세공재(細工材), 잎은 사료로 쓰임.

참-쑥圄 국화과의 다년초. 우리나라 북부 지방에 나는데, 땅속뿌리는 가로 벋고 줄기 높이는 15~20 cm. 잎은 어긋맞게 나며 뒷면에 흰 솜털이 있음. 어린순은 먹고, 다 자란 것은 한방에서 산후의 약재로 쓰임.

참악(慘愕)圄[하자] 끔찍한 모습에 놀람.

참악(慘惡)圄 〈참악하다〉의 어근.

참악-하다(慘惡-)〔차마카-〕圈어 무자비하고 흉악하다. ¶오랑캐들의 참악함에 아연실색할 뿐이다.

참알(參謁)圄[하자] 〔조선 시대에〕①해마다 유월과 섣달에 벼슬아치의 성적을 상고하여 평정할 때, 각 관아의 벼슬아치들이 자기의 책임 장관을 뵙던 일. ②새로 임명된 당하관이나 출사자(出仕者)가 그 직에 임명된 지 열흘 안에 감독 관아를 돌아다니며 인사하던 일.

참어(讖語)圄 ☞참언(讖言).

참-억새[-쌔]圄 ☞억새.

참언(讖言)圄 앞일에 대하여 길흉을 예언하는 말. 참어(讖語).

참언(讒言)圄[하자] 거짓으로 꾸며서 남을 헐뜯는 말. 참설(讒說).

참여(參與)圄[하자] 참가하여 관계함. 참예(參預). ¶법률 개정 작업에 참여하다. 凹참녜.

참여-론(參與論)圄 문학(예술)의 현실 참여에 대한 의의·가치·방법 등에 대한 논의, 또는 그러한 내용의 글.

참여-시(參與詩)圄 정치 문제나 사회 문제에 관심을 가지고 비판적인 의식으로 정치·사회의 변혁을 촉구하는 내용을 담은 목적시.

참:-역(站役)圄 도자기를 만들 때, 흙으로 된 그릇이 마르기 전에 고루 매만지는 사람.

참연(慘然)圄 〈참연(慘然)하다〉의 어근.

참연(嶄然)圄 〈참연(嶄然)하다〉의 어근.

참연-하다(慘然-)圈어 슬프고 참혹하다. ¶태풍이 휩쓸고 간 마을의 황량하고 참연한 정경. 참연-히甼.

참연-하다(嶄然-)圈어 높이 뛰어나 우뚝하다. 참연-히甼.

참-열매[-녈-]圄 수정(受精) 뒤, 씨〔種子〕의 발육에 따라 씨방 부분이 발달하여 생긴 과실. 진과. 〔매화·야자·복숭아 열매 따위.〕

참예(參預)圄[하자] ☞참여(參與).

참예(參詣)圄[하자] 참배(參拜).

참-오동나무(-梧桐-)圄 현삼과의 낙엽 활엽 교목. 울릉도 원산으로 높이는 15 m가량. 넓은 잎이 마주남. 5~6월에 연한 자줏빛 꽃이 피고 10월경에 둥근 열매가 익음.

참-외[차뙤/차뛔]圄 박과의 일년생 재배 식물. 가시털이 있는 줄기가 땅 위로 덩굴손으로 내벋으며 잎은 심장 모양을 이루고 가에는 잔 톱니가 있음. 6~7월에 노란 꽃이 피고, 열매는 타원형으로 녹·황·백색으로 익으며, 단맛이 있음. 감과(甘瓜).

참외를 버리고 호박을 먹는다〖속담〗①좋은 것을 버리고 나쁜 것을 가진다는 말. ②착한 아내를 버리고 우둔한 첩을 좋아한다는 말.

참요(讖謠)圄 민요의 한 가지. 주로 예언이나 은어(隱語)의 형식으로 나타낸 노래로, 흔히 정치적 변동을 암시함. 〔후백제의 내분을 암시한 '완산요(完山謠)', 이성계의 등극을 암시한 '목자요(木子謠)' 따위.〕

참:운(站運)圄 조선 시대에, 조세로 거둔 쌀·베 따위를 수참(水站)의 배로 실어 나르던 일. 凹조운(漕運).

참월(僭越) '참월하다'의 어근.

참월-하다(僭越−)〔형여〕☞참람(僭濫)하다.

참위(參尉)〔명〕대한 제국 때, 위관(尉官)급 무관의 맨 아래 계급.〔지금의 '소위'에 해당됨.〕�부위(副尉).

참·위(僭位)〔명〕분에 넘치는 왕위(王位)에 앉는 일, 또는 그 자리.

참위(讖緯)〔명〕①음양오행설에 따라 길흉화복을 점치거나 예언함, 또는 그 책. ②도참(圖讖)과 위서(緯書)를 아울러 이르는 말.

참위-설(讖緯說)〔명〕중국 진(秦)나라 때에 비롯되어 후한(後漢) 때에 성행하였던 예언설. 천변지이(天變地異)를 중요한 조짐으로 삼고, 음양오행설로 해석하여 불안한 사회 현상에 대하여 길흉화복을 예언하였음. 참위학.

참위-학(讖緯學)〔명〕☞참위설.

참-으로〔부〕진실로. 정말로. ¶참으로 어진 사람이다. /참으로 놀라운 일이다.

참을-성(−性)〔−썽〕〔명〕잘 참고 견디는 성질. ¶참을성이 부족하다.

참의(參議)〔차믜/차미〕〔명〕①조선 시대에, 육조(六曹)에 딸린 정삼품 벼슬. ②갑오개혁 이후, 의정부에 딸린 각 아문의 한 벼슬.

참-의원(參議院)〔차믜−/차미−〕〔명〕(5·16 군사 정변 이전의 구헌법에서 규정한) 양원제 국회 중의 하나. �상원(上院)·민의원(民議院).

참작(參酌)〔명〕〔되자〕참고하여 알맞게 헤아림. 참량(參量). ¶정상을 참작하다.

참장(參將)〔명〕대한 제국 때, 장관(將官)급 무관 계급의 맨 아래 계급. �부장(副將).

참적(慘迹)〔명〕참혹한 자취.

참전(參戰)〔명〕〔하자〕전쟁에 참가함. ¶참전 용사.

참전-국(參戰國)〔명〕전쟁에 참가한 나라. ¶한국 전쟁 참전국.

참절(慘絶) '참절하다'의 어근.

참절-비절(慘絶悲絶)〔명〕☞비절참절.

참절-하다(慘絶−)〔형여〕끔찍하기가 이를 데 없다. ¶사고 현장의 참절한 광경. �참렬(慘烈)하다.

참정(參政)〔명〕①〔하자〕정치에 참여함. ②〈참정대신〉의 준말.

참정-권(參政權)〔−꿘〕〔명〕국민이 국정에 직접 간접으로 참여하는 권리.〔선거권, 피선거권, 공무원이 되는 권리 따위.〕

참정-대신(參政大臣)〔명〕대한 제국 때, 의정(議政) 대신 다음가던 벼슬. �참정.

참:정절철(斬釘截鐵)〔명〕〔하자〕〔못을 끊고 쇠를 자른다는 뜻으로〕'의연한 태도로, 또는 결단성 있게 일을 처리함'을 비유하여 이르는 말.

참·-젓〔−젇〕〔명〕①일정한 시간에 먹이는 젓. ②(맡아서 기르는) 아니하고 젓만 먹여 주는) 젖어미가 하루에 몇 번 참참이 먹여 주는 젖. *참:젓이〔−쩌지〕·참:젓만〔−전−〕

참조(參照)〔명〕〔하타〕참고로 대조하여 봄. ¶문헌을 참조하다. �참고.

참-조기〔명〕민어과의 바닷물고기. 몸길이 30 cm 가량. 몸 전체가 기름한 유선형으로 옆이 납작함. 꼬리 자루가 가늘고, 몸빛은 회색을 띤 황금빛이며, 머리에 마름모꼴 무늬가 있음. 말려서 굴비를 만듦. 황석어.

참·-죄(斬罪)〔−쬐/−쒜〕〔명〕참형을 당할 죄. 단죄(斷罪).

참·-주(僭主)〔명〕스스로 왕이라고 참칭하는 군주(君主).

참죽〔명〕참죽나무와 참죽순.

참죽-나무〔−중−〕〔명〕멀구슬나뭇과의 낙엽 활엽 교목. 마을에 심으며 높이는 20 m까지 자람. 6월에 종 모양의 흰 꽃이 피는데 향기가 짙음. 9월에 다갈색의 타원형 열매가 익음. 어린싹은 나물로 먹고, 줄기와 뿌리는 수렴제, 목재는 가구재로 쓰임. �죽나무.

참죽-나물〔−중−〕〔명〕참죽순을 데쳐서 소금과 기름에 무친 나물.

참죽-순(−筍)〔−쑨〕〔명〕참죽나무의 어린잎.〔물에 우린 다음, 나물·자반·튀김 따위를 만들어 먹음.

참죽-자반〔−짜−〕〔명〕참죽순을 두서너 개씩 묶어서 소금으로 간을 한 찹쌀풀을 발라 말린 것을 기름에 튀긴 반찬.

참-줄맥〔참 쇳줄이라는 뜻으로〕여러 광맥 가운데서 채산(採算)이 맞을 만한 광맥.

참-중고기〔명〕잉엇과의 민물고기. 몸길이 10∼20 cm. 몸빛은 등 쪽이 암녹색이고 배 쪽은 은백색임. 맑은 하천의 수초 속에 살며 4∼6월 하순에 알을 낳음. 낙동강과 섬진강에 분포함.

참증(參證)〔명〕참고가 될 만한 증거.

참지(參知)〔명〕조선 시대에, 병조의 정삼품 벼슬.

참집(參集)〔명〕〔하자〕많은 사람이 참가하기 위하여 모여듦. ¶광장에 참집한다.

참차(參差)〔명〕〔하여〕'참치(參差)'의 잘못.

참착(參錯) '참착하다'의 어근.

참착-하다(參錯−)〔−차카−〕〔형여〕〔문어 투의 말〕뒤섞이어 엇걸리다. 고르지 못하다.

참찬(參贊)〔명〕조선 시대에, '좌참찬'과 '우참찬'을 아울러 이르던 말.

참찬(參纂)〔명〕〔하타〕참고하여 편찬함.

참:참(일정한 동안을 두고) 이따금 쉬는 시간. ¶참참으로 꽃을 돌이다.

참척〔하여〕한 가지 일에만 정신을 골똘하게 씀. �잠착(潛着).

참척(慘慽)〔명〕자손이 부모나 조부모에 앞서 죽음, 또는 그 일.

참척(을) 보다〔관용〕참척을 당하다.

참척-하다〔−처카−〕〔형여〕한 가지 일에만 정신을 골똘하게 쏟아 다른 생각이 없다. **참척-히**〔부〕.

참천(參天)〔명〕〔하자〕하늘을 찌를 듯 높이 솟아 늘어섬. ¶도심의 참천한 마천루.

참청(參聽)〔명〕〔하타〕참석하여 들음.

참최(斬衰)〔−최/−췌〕〔명〕외간(外艱)을 당하여 삼 년 동안 입는 오복(五服) 중 가장 무거운 상복.〔거친 베로 짓고 아랫단을 꿰매지 않음.〕

참최-친(斬衰親)〔−최/−췌−〕〔명〕상(喪)을 당하면 참최를 입어야 할 가까운 혈족(血族).〔고인(故人)의, 아들과 미혼의 딸, 아내·며느리, 대를 이을 손자·증손자·고손자와 그의 아내, 고인이 장가 맏아들일 경우는 그의 아버지.〕

참취〔명〕국화과의 다년초. 줄기의 높이는 1.5 m이고, 잎은 어긋맞게 남. 산과 들에 나며, 가을에 흰 꽃이 핌. 어린잎은 나물로 먹음. 마제초(馬蹄草). 향소(香蔬).

참측(慘惻)〔명〕〔하여〕몹시 슬퍼함, 또는 그런 모양.

참치〔명〕참다랑어.

참치(參差)〔명〕〔하여〕〈참치부제〉의 준말.

참치-방어(−魴魚)〔명〕전갱잇과의 바닷물고기. 방추형의 몸길이는 30 cm∼1 m임. 몸빛은 등 쪽이 남청색, 배 쪽이 회백색임. 양쪽 옆구리에 머리에서 꼬리 쪽으로 폭넓은 황록색 세로 띠가 길게 뚜렷하며, 배 쪽으로 엷은 노란 띠가 한 줄 있음. 우리나라 남해 등 전 세계 아열대의 대양에 분포함.

참치부제(參差不齊)**명형** 길고 짧거나 들쭉날쭉하여 가지런하지 않음. **준**참치.

참:칭(僭稱)**명하자** 제멋대로 스스로 임금이라 일컬음을 이름, 또는 그 칭호.

참:-파토(斬破土)**명하자** 무덤을 마련하려고 풀을 베고 땅을 파는 일. **준**파토.

참판(參判)**명** 조선 시대에, 육조(六曹)의 종이품 벼슬. 아당(亞堂).

참패(慘敗)**명하자** 참혹한 패배. **비**대패(大敗). ↔쾌승(快勝).

참하(參下)**명** 조선 시대에, 칠품 이하의 벼슬을 통틀어 이르던 말. ↔참상(參上).

참:-하다형 ①(생김새가) 조촐하고 말쑥하다. ¶참한 처녀. ②(성격 따위가) 얌전하다. 찬찬하다. ¶마음씨가 참하다.

참:-하다(斬-)**타여** ①목을 치다. ②참형(斬刑)하다. **원**참(斬).

참학(慘虐)**명** '참학하다'의 어근.

참학-하다(慘虐-) [-하카-] **형여** ➡참독하다.

참한(-限)**명하자** 기한까지 참음.

참한(慙汗)**명** 몹시 부끄러워서 흘리는 땀.

참함(讒陷)**명하자** 남을 헐뜯어 죄에 빠뜨림. **비**모함(謀陷).

참해(慘害)**명** ①끔찍한 손해. ②**하타** 참혹하게 해침. ¶식솔이 다 참해를 입다.

참:형(斬刑)**명하자되자** 지난날, 죄인의 목을 쳐서 죽이던 형벌. 단죄(斷罪).

참형(慘刑)**명** 끔찍한 형벌. **비**악형(惡刑).

참호(塹壕·塹濠)**명** ①지난날, 성 둘레에 파 놓았던 구덩이. ②현대전에서, 적의 공격을 막기 위해 파 놓은 구덩이. ¶참호를 파다. **◁호**(壕). **비**산병호.

참호-전(塹壕戰)**명** 참호를 의지하고 공방전을 벌이는 전투 형태.

참혹(慘酷)**명형** 끔찍하고 비참함. 혹독하고 잔인함. ¶학살의 현장에는 참혹하게 죽은 시체들이 널려 있었다. **참혹-히**

참화(慘火)**명** 끔찍한 화재.

참화(慘禍)**명** 끔찍한 재화(災禍)나 불행. ¶전쟁의 참화를 입다.

참-황새명 '황새'를 '먹황새'에 상대하여 이르는 말.

참회(參會) [-회-/-훼-] **명하자** 모임에 참여함.

참회(慙悔) [-회-/-훼-] **명하타** 부끄럽게 여겨 뉘우침.

참회(懺悔) [-회-/-훼-] **명하타** ①뉘우쳐 마음을 고쳐먹음. ¶참회의 눈물을 흘리다. **준**참(懺). ②불교에서, 과거의 죄악을 깨달아 뉘우침, 또는 죄악을 뉘우쳐 부처에게 고백함. ③개신교에서, 죄를 뉘우쳐 하나님에게 고백함. **비**회개.

참회-록(懺悔錄) [-회-/-훼-] **명** 자기 생활을 뉘우쳐 고백한 기록.

참회-멸죄(懺悔滅罪) [-회-죄/-훼-줴] **명** 불교에서, 참회의 공덕으로써 모든 죄업을 없애는 일을 이름.

참회-문(懺悔文) [-회-/-훼-] **명** ①참회한 내용을 적은 글. ②불교에서, 부처나 보살에게 예불할 때나 참회할 때 읽는 글. 〔특히, 화엄경의 참회게(懺悔偈)를 이름.〕

참회-사(懺悔師) [-회-/-훼-] **명** ➡참회 스님.

참회^스님(懺悔-) [-회-/-훼-] **명** 불교에서, 참회를 받고 선법을 주는 중을 이름. 참회사.

참획(參劃·參畫) [-획-/-훽] **명하자** (어떤 사업이나 정책에의) 계획에 참여함. ¶개발 계획에 참획하다.

참훼(讒毀)**명하타** 거짓으로 꾸며서 남을 헐뜯음.

참흉(慘凶)**명** 참혹한 흉년.

참-흙 [-흑] **명** 모래와 흙이 적절히 섞여 농사에 알맞은 흙. ◦참흙이[-흘기]·참흙만[-흥-]

찹쌀명 찰벼를 찧은 쌀. 점미(粘米). ↔멥쌀.

찹쌀-고추장(-醬)**명** 찹쌀가루나 찹쌀가루를 반대기 지어 삶은 떡으로 담근 고추장.

찹쌀-떡명 찹쌀로 만든 떡.

찹쌀-밥명 찹쌀로 지은 밥. 나미반. 찰밥.

찹찹-하다 [-차파-] **형여** ①(포갠 물건이) 차곡차곡 가지런하게 가라앉아 있다. ¶찹찹하게 넣어 둔 옷가지. ②(마음이) 가라앉아 조용하다. ¶찹찹해진 마음. 찹찹-히

찻-간(車間) [차간/찬간] **명** 사람이 타거나 짐을 싣게 된 차의 구획진 칸.

찻-감(茶-) [차깜/찯깜] **명** 차를 만드는 재료, 또는 차를 만들 만한 재료.

찻-길(車-) [차낄/찯낄] **명** ①자동차 따위가 다니는 길. 차도(車道). ②차도나 기찻길·전찻길 따위를 두루 이르는 말.

찻-물(茶-) [찬-] **명** 차를 달인 물.

찻-방(茶房) [차빵/찯빵] **명** ①지난날, 한옥(韓屋)에서 일상생활에 쓰는 식료품을 넣어 두는, 안방 옆에 딸린 작은 방. **비**찬방(饌房). ②찻집. 다방.

찻-삯(車-) [차싹/찯싹] **명** 기차나 자동차를 타고 내는 돈을 통틀어 이르는 말. 차비. 차임(車賃). ◦찻삯이[차싹씨/찯싹씨]·찻삯만[차쌍-/찯쌍-]

찻-숟가락(茶-) [차쏟까-/찯쏟까-] **명** 차를 마실 때 쓰는 작은 숟가락. **준**찻숟갈.

찻-숟갈(茶-) [차쏟깔/찯쏟깔] **명** 〔찻숟가락〕의 준말.

찻-잎(茶-) [찬닙] **명** 차나무의 잎. ◦찻잎이[찬니피]·찻잎만[찬닙-]

찻-잔(茶盞) [차짠/찯짠] **명** 차를 따라 마시는 잔. 찻종.

찻-장(茶欌) [차짱/찯짱] **명** 찻그릇이나 과일·과자 따위를 넣어 두는 자그마한 장.

찻-종(茶鍾) [차쫑/찯쫑] **명** 차를 따라 마시는 종지. 찻잔. 다종(茶鍾).

찻-집(茶-) [차찝/찯찝] **명** 다방. ➡다방(茶房).

창¹명 ①신의 밑바닥 부분, 또는 거기에 덧대는 가죽 따위. ②〈구두창〉의 준말.

창²명 (피륙 따위로 된 물건이) 해져서 생긴 구멍. ¶구두에 창이 나다.

창(倉)**명** ①곳집. ②지난날, '서울 남대문 시장'을 흔히 이르던 말.

창(窓)**명** 〈창문〉의 준말.

창:(唱)**¹명** 〈영창(詠唱)〉의 준말.

창:(唱)**²명명** 국악에서, 판소리나 잡가 따위를 가락에 맞추어 높은 소리로 노래를 부름, 또는 그 노랫소리. 〔판소리의 경우, '발림'과 '아니리'와 함께 3요소의 하나임.〕

창(槍)**명** ①옛날 무기의 한 가지. 긴 나무 자루 끝에 날이 선 뾰족한 쇠가 달려 있어서 찌르거나 던지게 되어 있음. ②투창 경기에 쓰이는 운동 기구.

창(瘡)**명** 〈창병(瘡病)〉의 준말.

창(艙)**명** 〈선창(船艙)〉의 준말.

-창(廠)**접미** 〔일부 명사 뒤에 붙어〕 공장, 창고, 군부대의 뜻을 나타냄. ¶병기창. /피복창.

창-가(窓-) [-까] **명** ①창문의 가장자리. ②창문에 가까운 곳. 창변(窓邊).

창가(娼家)**명** 창기(娼妓)의 집.

창:가(唱歌)몡 ①개화기에 잠시 유행하였던 문학 장르의 한 가지. 대개 7·5조 등의 정형에, 애국·독립 정신 등을 담아, 서양식 곡을 붙여 노래하던 것. 〔독립가·동심가·세계 일주가 따위.〕 ②'학교에서 배운 신식 노래'를 이전에 이르던 말. ③하자 곡조에 맞추어 노래 부름, 또는 그 노래. ③영가.

창가-병(瘡痂病) [-뼝]몡 굴나무나 차나무에 생기는 '탄저병'을 이르는 말.

창:간(創刊)몡하타되자 (신문·잡지 따위) 정기 간행물의 첫 호를 간행함. ↔종간(終刊).

창-갈이몡하 신창을 새것으로 갈아 대는 일. ¶창갈이한 지 얼마나 되었다고 또 가느냐?

창:건(創建)몡하타되자 (건물 따위를) 처음으로 세움. 처음으로 건설함. ¶경복궁 창건.

창건(蒼健) '창건하다'의 어근.

창:건-주(創建主)몡 절을 창건한 시주(施主).

창건-하다(蒼健-)협여 문체(文體)의 품격이 예스럽고 강건하다.

창검(槍劍)몡 ①창과 검. ②'무기나 무력'을 비유하여 이르는 말. ¶그는 창검 앞에서도 붓을 꺾지 않았다.

창:견(創見)몡 독창적인 의견.

창경(窓鏡)몡 (유리문이 아닌) 창문이나 창문짝에 단 유리. ¶창경으로 들여다보다.

창고(倉庫)몡 ①곳집. ②창고업자가 남의 화물을 보관하기 위하여 사용하는 설비.

창고(蒼古)[1]몡 아주 먼 옛 시대.

창고(蒼古)[2] '창고하다'의 어근.

창-고기(槍-)몡 두색류의 원삭동물. 길이는 5 cm가량. 뱅어 모양인데, 반투명이며 머리·눈·뼈·비늘이 없음. 맑은 바닷물의 모랫바닥에 삶. 등뼈동물의 원형으로 학술상 중요함.

창-고달(槍-)[-꼬-]몡 창의 물미.

창고-업(倉庫業)몡 보관료를 받고 남이 맡긴 화물을 자기의 창고에 보관하는 영업.

창고^증권(倉庫證券)[-꿘]몡 창고업자가 화물을 맡긴 사람의 청구에 따라 발행하는 유가 증권. 창하 증권.

창고-하다(蒼古-)협여 ①낡고 오래되어 예스럽다. ②시대의 흐름에 맞지 아니하게 낡다.

창곡(倉穀)몡 곳집에 쌓아 둔 곡식.

창:곡(唱曲)몡 ①노래를 부르기 위한 곡조. ②하자 곡조에 따라 노래함.

창공(蒼空)몡 푸른 하늘. 창천(蒼天).

창공에 뜬 백구(白鷗)관용 '실속 없고 소용이 없음'을 비유하여 이르는 말.

창-과(槍戈)몡 한자 부수의 한 가지. '戊'·'成' 등에서의 '戈'의 이름.

창광(猖狂)몡하자 미친 듯이 사납게 날뜀.

창구(窓口)몡 ①조그마하게 낸 창. ¶매표 창구 앞에 많은 사람이 늘어서 있다. ②손님을 응대하거나, 문서·물품·금전의 출납 따위를 담당하는 부서. ¶납입금 수납 창구. ③외부와의 절충이나 교섭을 담당하는 곳. ¶상대국과의 대화 창구를 일원화한다.

창구(創口)몡 칼날 같은 것에 벤 상처의 구멍.

창구(瘡口)몡 종기가 터져서 생긴 구멍.

창구(艙口)몡 화물을 들이거나 부리기 위해 선박 화물 창고의 상갑판에 낸 곳. 해치.

창-구멍[-꾸-]몡 대님·버선·겹옷 따위를 지을 때, 안팎을 뒤집어 빼내기 위하여 일부분을 꿰매지 아니한 곳.

창-구멍(窓-) [-꾸-]몡 창을 설치하기 위하여 낸 구멍.

창:군(創軍)몡하자 군대를 창설함. 건군(建軍). ¶창군 50주년 기념식.

창군(槍軍)몡 지난날, 창을 주로 쓰던 군사. 창병(槍兵). 창수(槍手).

창궁(蒼穹)몡 창천(蒼天).

창궐(猖獗)몡하자 (몹쓸 병이나 세력이) 자꾸 일어나서 걷잡을 수 없이 퍼짐. ¶도둑 떼가 창궐하다. /콜레라가 창궐하다.

창:극(唱劇)몡 우리나라 구극(舊劇)의 한 가지. 판소리와 창을 중심으로 극적인 대화로 이루어지는 전통 연극. 국극(國劇). 창조가극(唱調歌劇).

창:극-조(唱劇調) [-쪼]몡 ①'판소리'를 달리 이르는 말. ②창극에서 부르는 노랫소리와 같은 성조(聲調).

창기(娼妓)몡 지난날, 몸을 팔던 천한 기생.

창기(脹氣)몡 ▷창증(脹症).

창기(瘡氣)몡 한방에서, '매독(梅毒) 증세'를 이르는 말.

창-꼬치몡 꼬치고깃과의 바닷물고기. 몸길이 50 cm가량. 몸빛은 등 쪽이 녹갈색이고 배 쪽은 담갈색임. 우리나라를 비롯하여 동남아시아 및 인도양 등에 널리 분포함.

창-꾼(槍-)몡 창으로 사냥하는 사람.

창-나무몡 (배에 달린) 키의 자루.

창난몡 명태의 창자.

창난-젓[-쩓]몡 명태의 창자에 소금과 고춧가루를 버무려 담근 것. *창난젓이[-저시]·창난젓먼[-젇-]

창녀(娼女)몡 몸을 파는 일을 업으로 삼는 여자. 창부(娼婦).

창:단(創團)몡하자타 '단(團)'이라는 이름이 붙는 단체를 새로 만듦.

창:달(暢達)몡 ①하자타 구김살 없이 펴거나 자람. ¶민족 문화의 창달. ②하타 의견이나 주장 따위를 막힘이 없이 표현하고 전달함. 통달(通達). ¶언론(言論)의 창달.

창:당(創黨)몡하자타 정당을 새로 만듦.

창-대(槍-) [-때]몡 창의 자루. ¶창대 같은 수염. /창대를 휘두르다.

창대(昌大) '창대하다'의 어근.

창대-하다(昌大-)협여 세력이 아주 성대하다. ¶네 시작은 비록 작으나 네 나중은 창대하리라. 창대-히무.

창:덕(彰德)몡하타 남의 덕행을 밝혀 드러냄, 또는 그 덕행.

창-던지기(槍-)몡하자 투척 경기의 한 가지. 창을 잡고 도움닫기하여 여섯 번 던지어 그 거리를 겨루는 경기. 투창(投槍).

창:도(唱導)몡하타 되자 ①(주장을 내세워 외치면서) 앞장서 이끎. ②교법을 베풀어 불도(佛道)로 인도함.

창독(瘡毒)몡 종기의 독기.

창락(暢樂) '창락하다'의 어근.

창:락-하다(暢樂-) [-나카-]협여 마음이 온화하고 맑아서 즐겁다.

창랑(滄浪)[-낭]몡 ▷창파(滄波).

창랑자취(滄浪自取) [-낭-]몡 (물이 맑고 흐린 데 맞추어 처신한다는 뜻으로) 좋은 말을 듣거나 나쁜 말을 듣거나 다 제 할 탓이라는 말.

창룡(蒼龍)[-농]몡 ▷청룡(靑龍).

창루(娼樓)[-누]몡 ▷청루(靑樓).

창름(倉廩)[-늠]몡 ▷곳집.

창:립(創立)[-닙]圓하타되자 (학교나 회사, 기관 따위를) 처음으로 세움. ¶회사 창립 기념일. 町창설(創設).

창-막이(艙-)圓 (거룻배나 돛배 따위의 나무배에) 칸막이로 가로막은 나무.

창:만(脹滿)圓하자되자 복강(腹腔)에 물이 괴어 배가 팽창하는 상태, 또는 그러한 증세.

창:만(漲滿)圓하자 ⇨창일(漲溢).

창망(悵惘) '창망(悵惘)하다'의 어근.

창:망(悵望)圓하타 ①시름없이 바라봄. ②한스럽게 바라봄.

창망(滄茫·蒼茫) '창망(滄茫)하다'의 어근.

창-망하다(悵惘-)혬어 ①슬픔과 걱정으로 다른 생각을 할 마음의 여유가 없다. ②슬픔에 잠겨 아무 생각이 없다. 창망-히튄.

창망-하다(滄茫-·蒼茫-)혬어 넓고 멀어서 아득하다. ¶창망한 바다. 창망-히튄.

창맹(蒼氓)圓 ⇨창생(蒼生).

창-머리(窓-)圓 창문 옆. ¶창머리에 있는 화분.

창-면(-麪)圓 넓은 쟁반에 녹말을 묽게 푼 것을 얇게 부어 깔고, 그릇째로 뜨거운 물에 넣어 익힌 다음 국수처럼 채를 썰어, 꿀을 탄 오미자 국물에 넣어 먹는 음식.

창명(滄溟)圓 ⇨창해(滄海).

창:명(彰明)圓하타드러내어 밝힘. ②혬빛이 환하게 밝음. ⇨창명-히튄.

창:-모(槍矛)圓 한자 부수의 한 가지. '矜'·'矟' 등에서의 '矛'의 이름.

창무(暢茂) '창무하다'의 어근.

창:무-하다(暢茂-)혬어 (풀과 나무가) 무성하게 자라서 아주 짙게 우거지다.

창문(窓門)圓 채광이나 통풍을 위하여 벽에 낸 작은 문. 춘창(窓).

창문-짝(窓門-)圓 창문의 문짝.

창-밑(槍-)[-밑] 활의 도고지 밑. *창밑이[-미치]·창밑을[-미틀]·창밑만[-민-]

창-밖(窓-)[-박]圓 창문의 밖. ¶창밖을 내다보다. *창밖이[-바끼]·창밖만[-방-]

창받-이(-바지)圓 ①창을 받은 미투리. 하타 창을 대는 일. ¶구두에 창받이하다.

창방(오량집에 모양을 내기 위하여) 대청 위 장여 밑에 대는 넓적한 도리. 한자를 빌려 '昌枋·昌防'으로 적기도 함.

창:-방(唱榜)圓하자 방목(榜目)에 적힌 과거 급제자의 이름을 부름.

창백(蒼白) '창백하다'의 어근.

창-백출(蒼白朮)圓 창출(蒼朮)과 백출(白朮)을 아울러 이르는 말.

창백-하다(蒼白-)[-배카-]혬어 (얼굴빛이) 해쓱하다. ¶창백한 얼굴. 창백-히튄.

창:법(唱法)[-뻡]圓 ①노래나 소리를 하는 방법. ②시조를 부르는 법식.

창법(槍法)[-뻡]圓 창을 쓰는 방법.

창변(窓邊)圓 창가.

창병(槍兵)圓 ⇨창군(槍軍).

창병(瘡病)[-뼝]圓 한방에서, '매독'을 이르는 말. 담2. 당창(唐瘡). 창질(瘡疾).

창부(倉部)圓①신라 때, 재정에 관한 일을 맡아보던 중앙 관아. ②고려 초기의 향리(鄕吏)의 한 직소(職所).

창:-부(倡夫)圓 ①사내 광대. ②무당굿 열두 거리의 하나.

창부(娼婦)圓 ⇨창녀(娼女).

창:-부'타:령(倡夫-)圓 경기 민요의 한 가지. 무당이 굿거리에 부르던 노래가 대중화한 것임.

창:사(創社)圓하타 회사를 처음으로 세워서 엶, 또는 그 일. ¶창사 20주년 기념.

창:사(唱詞)圓 정재(呈才) 때에 부르던 가사.

창-살(窓-)[-쌀]圓 ①창문짝에 가로세로 댄 문살. ②(비각·종각 등의) 벽이나 사롬 따위에 세로로 내리 지른 나무오리. ¶홍살문의 창살.

창상(創傷)圓 (칼·창·총검 따위) 날이 있는 물건에 다친 상처.

창상(滄桑)圓 〈창해상전(滄海桑田)〉의 준말.

창상-세계(滄桑世界)[-계/-게]圓 변화가 많은 세상.

창상지변(滄桑之變)圓 ⇨상전벽해(桑田碧海).

창생(蒼生)圓 세상의 모든 백성. 창맹(蒼氓).

창:서(暢敍)圓하타 (마음이나 회포를) 따뜻하고 부드럽게 풀어 놓음. ¶만단정회를 창서하다.

창:선(彰善)圓하자 남의 착한 행실을 드러냄. ↔창악(彰惡).

창:선-징악(彰善懲惡)圓 착한 일을 드러내 주고, 악한 일을 징벌함. ꈵ권선징악.

창:설(創設)圓하타되자 처음으로 설치하거나 설립함. 町창립(創立).

창성(昌盛)圓하자 (일이나 세력 따위가) 번성하여 잘되어 감. ¶사업이 날로 창성해 가다.

창:성(創成)圓하자타되자 처음으로 이루거나 이루어짐.

창:세(創世)圓하자 세상을 맨 처음으로 만듦, 또는 세상의 비롯됨. ¶창세 신화.

창:세-기(創世記)圓 구약 성서 중 '모세 오경'의 하나. 세상과 인류의 창조, 죄의 기원, 최초의 하나님 말씀 등이 기록되어 있음.

창속(倉屬)圓 조선 시대에, 군자감(軍資監)이나 광흥창(廣興倉) 등에 딸렸던 아전들.

창송(蒼松)圓 푸른 솔. 청송.

창송-취죽(蒼松翠竹)圓 푸른 소나무와 푸른 대나무.

창:수(唱酬)圓하타 시가나 문장을 지어서 서로 주고받음.

창수(槍手)圓 ⇨창군(槍軍).

창:수(漲水)圓 강물이 불어서 넘치는 물. 町홍수(洪水).

창술(槍術)圓 창을 쓰는 기술.

창:시(創始)圓하타되자 처음 시작하거나 제창함. ¶최제우는 동학을 창시하였다.

창:시-자(創始者)圓 어떤 사상이나 종교·학설 따위를 처음으로 시작하거나 제창한 사람.

창:-씨개명(創氏改名)圓 '일본식 성명 강요'의 구용어.

창씨고씨(倉氏庫氏)圓 '어떤 사물이 오래도록 변함이 없음'을 비유하여 이르는 말. 〔고대 중국에서, 창씨와 고씨가 대대로 곳집을 맡아보았다는 데서 유래함.〕

창:악(彰惡)圓하타 남의 악한 행실을 드러냄. ↔창선(彰善).

창:안(創案)圓하타되자 (전에 없었던 것을) 처음으로 생각하여 냄, 또는 그 고안(考案).

창안(蒼顏)圓 늙어서 창백해진 얼굴, 곧 노인의 얼굴.

창안-백발(蒼顏白髮)[-빨]圓 (노인의) 창백한 얼굴과 센 머리털.

창알-거리다자 자꾸 창알창알하다. 창알대다.

창알-대다자 ⇨창알거리다.

창알-창알튄 (어린아이가 몸이 아프거나 못마땅하여) 자꾸 보채는 소리, 또는 그 모양. ꈵ칭얼칭얼. ꈵ짱알짱알.

창애[명] 짐승을 꾀어서 잡는 덫의 한 가지.
창애에 치인 쥐 눈[속담] '툭 불거져서 보기에 흉한 눈'을 비유하여 이르는 말.
창약(瘡藥)[명] 종기에 바르는 한방약.
창언(昌言)[명] ①이치에 맞는 말. ②도움이 되는 좋은 말. 가언(嘉言).
창언-정론(昌言正論)[-논][명] 적절하고 정대(正大)한 언론.
창:업(創業·刱業)[명][하타] ①나라를 처음으로 세움. 건국. ¶조선 왕조의 창업. ②사업을 처음 일으킴, 또는 그 기초를 닦음. 기업(起業). ¶창업보다는 수성이 더 어렵다.
창:업^이:득(創業利得)[-업니-][명] 주식회사의 설립이나 신주(新株) 발행에 있어, 회사 설립자에게 돌아가는 이익.
창:업주(創業之主)[-찌-][명] 왕조를 처음 세운 임금, 곧 개국 시조.
창역-가(倉役價)[-까][명] 조선 말기에, 세미(稅米)를 창고에 넣는 수고비로 더 얹어 받던 세(稅).
창연(悵然) '창연(悵然)하다'의 어근.
창연(蒼然) '창연(蒼然)하다'의 어근.
창연(蒼鉛)[명] ☞비스무트.
창연-제(蒼鉛劑)[명] 상처를 아물게 하고 썩지 않게 하는, 창연으로 만든 약제. 상처와 점막에 대하여 분비를 제한시키는데, 장(腸) 질환과 매독 따위에 쓰임.
창:-하다(悵然-)[형여](기대가 어긋나서) 섭섭하고 서운하다. **창연-히**[부]
창연-하다(蒼然-)[형여] ①(빛깔이) 썩 푸르다. ¶창연한 바다. ②(날이 저물어) 어둑어둑하다. ¶창연한 저녁 빛. ③(물건이 오래되어) 예스러운 빛이 드러나 있다. ¶고색이 창연한 산사. **창연-히**[부]
창-옷(氅-)[-옫][명] 〈소창옷〉의 준말. * 창옷이[-오시]·창옷만[-온-]
창옷-짜리(氅-)[-옫-][명] '소창옷을 입은 사람'을 흘하게 이르는 말.
창:우(倡優)[명] ☞광대2.
창운(昌運)[명] 앞날이 탁 트인 좋은 운수.
창원(蒼遠) '창원하다'의 어근.
창원-하다(蒼遠-)[형여] 아득하게 멀거나 오래다.
창:월(暢月)[명] '동짓달'을 달리 이르는 말. 지월(至月).
창:의(倡義)[-의/-이][명][하자] 국란(國亂)을 당하여 의병을 일으킴.
창:의(唱衣)[-의/-이][명] 불교에서, 죽은 사람 앞에 그의 옷을 가져다 놓고 생전의 집착심을 떼어 버리는 일.
창:의(創意)[-의/-이][명][하자] 새로운 착상이나 의견을 생각하여 냄, 또는 그 의견.
창:의(氅衣)[-의/-이][명] 지난날, 벼슬아치가 평상시에 입던 옷. 소매가 넓고 뒤 솔기를 텄음. 준말창의.
창:의-력(創意力)[-의/-이-][명] 새로운 착상이나 의견을 생각해 내는 능력.
창:의-사(倡義使)[-의/-이-][명] 조선 시대에, 국란을 당하여 의병을 일으킨 사람에게 임시로 내리던 벼슬.
창:의-성(創意性)[-의썽/-이썽][명] 새로운 착상이나 의견을 생각해 내는 특성.
창:의-적(創意的)[-의/-이-][관][명] 창의성을 띠거나 가진 (것). ¶창의적 사고.
창:의-짜리(氅衣-)[-의/-이-][명] '창의를 입은 사람'을 흘하게 이르는 말.

창:이(創痍·瘡痍)[명] 무기에 다친 상처.
창이(蒼耳)[명] ☞도꼬마리.
창이-자(蒼耳子)[명] 한방에서, '도꼬마리의 열매'를 약재로 이르는 말. 〔피부병·치통에 쓰임.〕
창:일(漲溢)[명][하자] ①물이 불어서 넘침. 창만(漲滿). ②(의기나 의욕이) 왕성하게 일어남.
창자(腸) '소장(小腸)'과 '대장(大腸)'을 아울러 이르는 말. 장관(腸管). 비장(腸).
창자가 끊어지다[관용] 참을 수 없을 만큼 슬프거나 분한 느낌이 일어나다.
창자-샘(腸-)[명] ☞장샘.
창:작(創作)[명][하타][되자] ①(방안·물건 따위를) 처음으로 만들어 냄, 또는 그 방안이나 물건. ②예술 작품을 독창적으로 만들거나 표현하는 일, 또는 그 작품. ¶창작 예술. ↔모작(模作).
창:작-극(創作劇)[-끅][명] 작가가 독창적으로 지어 낸 작품으로 꾸민 연극.
창:작-물(創作物)[-장-][명] ①창작을 한 문예 작품. ②인간의 정신적 노력에 의한 산물을 통틀어 이르는 말. 〔저작물과 발명·실용 신안 및 의장·상표 따위〕.
창:작-집(創作集)[-찝][명] 〔창작한 문예 작품을 모은 문집이라는 뜻으로〕주로 '단편 소설집'을 이르는 말.
창:작-품(創作品)[명] 창작한 예술 작품.
창:저(彰著)[명][하다][되자] (어떤 일을) 밝혀 드러냄.
창전(昌塵)[명] 지난날, 말리지 않은 쇠가죽을 팔던 가게.
창:정(創定)[명][하타][되자] (법이나 제도 따위를) 처음으로 정함. ¶새 시대에 맞는 질서를 창정하다.
창:제(創製·創制)[명][하타][되자] (전에 없던 것을) 처음 만들거나 제정함. ¶훈민정음을 창제하다.
창:조(創造)¹[명][하타][되자] ①어떤 목적으로 문화적·물질적 가치를 이룩함. ¶창조 정신. ↔모방. ②(조물주가 우주를) 처음 만듦. ¶천지 창조.
창:조(創造)²[명] 1919년에 김동인(金東仁)·주요한(朱耀翰) 등에 의해 창간된 최초의 순수 문예 동인지. 사실주의 문학 경향의 시도 등 현대 문학으로의 전환에 크게 이바지함. 통권 9호까지 발행됨.
창:조-가극(唱調歌劇)[명] ☞창극.
창:조-물(創造物)[명] 창조한 것.
창:조적 진:화(創造的進化)[-전-] 우주의 만물은 생명의 충동 때문에 끊임없이 유전(流轉)하면서, 무엇인가를 창조하며 진화(進化)한다는 설. 〔20세기 초, 프랑스의 철학자 베르그송이 발표한 개념.〕
창:졸(倉卒)[명] 미처 어찌할 겨를이 없이 갑작스러움. **창졸-히**[부] ¶창졸히 그 자리를 떠나다.
창:졸-간(倉卒間)[명] 미처 어찌할 수도 없는 사이. 《주로, '창졸간에'의 꼴로 쓰임.》 조차간(造次間). ¶창졸간에 당한 일.
창종(瘡腫)[명] 온갖 부스럼.
창:준(唱準)[명][하타] 원고를 소리 내어 읽어 가면서 교정을 봄, 또는 그렇게 보는 교정(校正). ②조선 말기에, 교서관(校書館)에서 교정을 돕느라고 원고를 읽던 잡직.
창:증(脹症)[-쯩][명] 한방에서, 창만(脹滿)을 일으키는 증세를 이르는 말. 숨이 가빠고, 입맛은 당기나 대소변이 고르지 못하고, 배 속에 물기가 많아서 배가 부어오름. 창기(脹氣). 준말창만.

창질(瘡疾)圀 ☞창병(瘡病).

창-집(倉-)[-찝]圀 지난날, 나라의 곡식을 쌓아 두던 곳집.

창-짝(窓-)圀 창호(窓戶)의 한 짝. 창척(窓隻).

창창(悵悵)'창창(悵悵)하다'의 어근.

창창(蒼蒼)'창창(蒼蒼)하다'의 어근.

창창-소년(蒼蒼少年)圀 앞길이 창창한 젊은이. 장래성이 많은 소년.

창창울울(蒼蒼鬱鬱)'창창울울하다'의 어근.

창창울울-하다(蒼蒼鬱鬱-)혱엮 울울창창하다.

창창-하다(悵悵-)혱엮 갈 길을 잃어 갈팡질팡하고 마음이 아득하다. **창창-히**興.

창창-하다(蒼蒼-)혱엮 ①초목이 무성하거나, 하늘·바다·호수 따위가 파랗다. ¶창창한 가을 하늘. ②앞길이 멀고 멀어서 아득하다. ¶앞길이 창창한 젊은이. ③저문 저녁의 빛이 으슴푸레 어둑하다. ¶창창한 달밤. **창창-히**興.

창척(窓隻)圀 ☞창짝.

창척(愴慽)圀혱엮타 슬픔. 슬퍼함.

창천(蒼天)圀 ①맑게 갠 새파란 하늘. 궁창(穹蒼). 창공. 창궁. ②'사천(四天)'의 하나로 봄철의 하늘. ③'구천(九天)'의 하나로 동북쪽 하늘.

창-초(創初)圀 ①사물이 비롯된 맨 처음. ②☞태초(太初).

창-출(創出)圀혱타재되자 ①처음으로 이루어져 생겨남. ②처음으로 만들거나 지어냄. ¶권력의 창출 과정.

창출(蒼朮)圀 한방에서, '삽주의 덩이 지지 않은 뿌리'를 약재로 이르는 말. 〔소화기를 범한 외감을 푸는 데 쓰임.〕 산정(山精). 猺백출(白朮).

창취(蒼翠)'창취하다'의 어근.

창취-하다(蒼翠-)혱엮 나무가 우거져 싱싱하게 푸르다. ¶신록의 오월, 창취한 유월.

창-칼圀 ①'작은 칼'을 두루 이르는 말. ②'창칼'의 잘못.

창쾌(暢快)'창쾌하다'의 어근.

창쾌-하다(暢快-)혱엮 마음에 거리낌이 없어 시원하다. 아주 유쾌하다.

창-탄(唱彈)圀혱자 노래를 하면서 가야금 따위 악기를 탐.

창탈(搶奪)圀혱타재되자 ☞약탈(掠奪).

창태(蒼苔)圀 푸른 이끼. 청태.

창-턱(窓-)圀 창문의 문지방에 있는 턱.

창-틀(窓-)圀 창문을 달거나 여닫기 위하여 마련한 틀.

창파(滄波)圀 넓은 바다의 맑고 푸른 물결. 창랑(滄浪). ¶만경창파.

창평(昌平)'창평하다'의 어근.

창평-하다(昌平-)혱엮 나라가 창성(昌盛)하고 세상이 태평하다.

창포(菖蒲)圀 ①천남성과의 다년초. 못가나 습한 땅에서 자람. 특이한 향기가 있고 긴 칼 모양의 잎은 뿌리줄기에서 무더기로 나며, 잎맥은 길게 평행을 이룸. 초여름에 황록색의 꽃이 핌. ②한방에서, '창포의 뿌리'만을 특히 이르는 말. 〔건망증·번민증을 다스리는 데 씀.〕

창포-물(菖蒲-)圀 창포의 잎과 뿌리를 우려낸 물. 〔단오에 머리를 감고 몸을 씻음.〕

창피(猖披)圀혱엮하엮스탬 ①체면 깎일 일을 당하여 부끄러움. ¶아랫사람에게 창피를 당하다. ②모양새가 사나움. ¶점잖은 자리에 창피스러운 옷차림. **창피스레**興.

창하²증권(倉荷證券)[-꿘]圀 ☞창고 증권.

창해(滄海)圀 넓고 푸른 바다. 창명(滄溟).

창해-상전(滄海桑田)圀 ☞상전벽해(桑田碧海). ㉛창상.

창해-일속(滄海一粟)[-쏙]圀 〔큰 바다에 던져진 한 알의 좁쌀이란 뜻으로〕 '매우 작음' 또는 '보잘것없는 존재(사람)'를 비유하여 이르는 말. 중국 북송의 문인 소식의 '전적벽부(前赤壁賦)'에 나오는 말임. 대해일적(大海一滴).

창:현(彰顯)圀혱타 두루 알도록 널리 알려 드러냄. 현창. ¶공적을 창현하다.

창호(窓戶)圀 창과 문을 아울러 이르는 말.

창호-지(窓戶紙)圀 한지(韓紙)의 한 가지로, 문에 바르는 종이.

창:혼(唱魂)圀혱자 죽은 사람의 넋을 부름. 〔주로, 무당굿에서 함.〕

창:화(唱和)圀혱자타 ①(시나 노래를) 한쪽에서 부르고 다른 쪽에서 화답함. ¶시조를 창화하다. ②(악기의 곡에 맞추어) 노래로 화답함. ¶거문고에 창화하다.

창황(蒼黃·蒼惶)圀혱엮 어찌할 겨를 없이 매우 급함. ¶너무 창황하여 인사도 못 드리고 떠나왔다. **창황-히**興.

창황-망조(蒼黃罔措)圀혱엮 너무 급하여 어찌할 바를 모름.

창:회(暢懷)[-회/-훼]圀혱자 맺혔던 가슴속을 헤쳐서 시원하게 하여 회포를 풀어 놓음.

찾다[찬따]타 ①(숨었거나 어디 있는지 모르는 것을) 뒤지거나 두루 살펴서 발견해 내다. ¶범인을 찾다. /사전에서 단어를 찾다. ②(모르는 사실·지식 따위를) 알아내거나 밝혀 내다. ¶글의 핵심을 찾다. /동기를 찾다. ③(잃거나 없어진 것을) 도로 챙기게 되거나 가지게 되다. ¶잃었던 책을 찾다. ④(빼앗기거나 빌려 주거나 맡겼던 것을) 도로 얻어 내다. ¶은행에 예금한 돈을 찾다. /빼앗겼던 땅을 다시 찾다. ⑤방문하다. 가서 만나다. ¶금강산을 찾다. /집주인을 찾아 사정을 이야기하다. ⑥요구하다. 청구하다. ¶술을 찾다. • 찾아·찾는[찬-]

찾아-가다 [I]자 남을 만나러 가다. ¶처음 찾아가는 사람이라서…. [II]타 (맡겼거나 빌려 준 것을) 도로 가져가다. ¶물품 보관소에서 짐을 찾아가다.

찾아-내다타 찾아서 드러내다. ¶동굴을 찾아내다. /숨은 범인을 찾아내다.

찾아-다니다자 ①어떤 사람을 만나거나 어떤 곳을 보러 여기저기로 옮겨 움직이다. ¶그는 집집마다 찾아다니며 주민들을 설득했다. ②무엇을 얻기 위하여 여기저기로 옮겨 움직이다. ¶그는 양식을 구하기 위해 아는 사람들을 찾아다녔다.

찾아-들다 [~드니·~들어] [I]자 (어떠한 상태나 감정·현상 따위가) 생겨나거나 나타나다. ¶마을 지고 어둠이 찾아들다. /마음에 평화가 찾아들다. [II]타 어떠한 곳으로 가다. ¶물새들이 찾아든 바닷가. /잠자리에 찾아들다.

찾아보-기圀 ☞색인(索引).

찾아-보다타 ①찾으려고 애쓰다. ②가서 만나 보다. ¶친척들을 추석에 찾아보다. ③확인하여 알아보다. ¶사전을 찾아보다.

찾아-오다 [I]자타 남이 나를 만나러 오다. ¶선생님, 밖에 누가 찾아왔는데요? [II]타 (맡겼거나 받아야 할 것을) 도로 받아 오다. ¶예금을 찾아오다.

찾을-모圀 (소용이 되어서) 남이 찾아 쓸 만한 점. ¶찾을모가 있는 물건을 따로 챙겨 두다.

채[1]명 ①〈채찍〉의 준말. ②☞회초리. ③북·장구 따위의 타악기를 치거나 현악기를 타서 소리를 내게 하는 기구. ¶북채. /장구채. /채를 잡아 북을 다루는 솜씨가 대단하다.

채[2]명 가늘고 길게 생긴 물건의 길이를 가리키는 말. ¶채가 긴 수염.

채[3]명 껍질을 벗긴 싸리나 버드나무 따위의 가는 나무오리. 바구니·광주리 따위를 결어 만드는 데 씀.

채[4]명 ①발구나 달구지 따위의 앞쪽으로 양옆에 길게 댄 나무. ②목도나 가마 따위의 앞뒤로 길게 뻗쳐 메게 된 나무.

채[5]명 물감이 고르게 들지 않아 얼룩얼룩하게 된 빛깔. ¶채가 진 무색옷.

채[6]명 (무·오이 따위) 채소를 가늘고 잘게 썬 것, 또는 그것으로 만든 반찬. **채(를) 치다**관용 가늘고 길게 썰다.

채[7]의 ①집채를 세는 단위. 동(棟). ¶오막살이 한 채. ②가마를 세는 단위. ③이불을 세는 단위. ¶이불 두 채. ④가공하지 않은 인삼 100 근(斤)을 단위로 하여 이르는 말. ¶수삼 한 채를 시장에서 샀다.

채[8]의 '이미 있는 상태 그대로'의 뜻을 나타내는 말. (주로, '-은(-는) 채로'의 꼴로 쓰임.) ¶산 채로 잡다. /눈을 뜬 채로 밤을 새다.

채[9]부 일정한 정도에 아직 이르지 못한 모양. 미처. 제대로. ¶채 익지 않은 사과.

채(菜)명 ①채소나 오이·호박·가지 따위를 양념하여 만든 반찬. ②야채나 산나물로 만든 '나물'을 통틀어 이르는 말.

-채접미 건물에 관한 낱말 뒤에 붙어, 집의 '동(棟)'이나 '덩이'를 뜻함. ¶집채. /안채. /사랑채.

채:결(採決)명하다타 의안(議案) 채택을 위한 결의(決議). ¶이로써 본건(本件)이 의안으로 채결되었습니다.

채:고추(菜-)명 채를 친 고추. ¶실고추.

채:광(採光)명하자되자 햇빛 등을 받아들여 실내를 밝게 함. ¶천창을 내어 채광한 방.

채:광(採鑛)명하자되자 광물을 캐냄.

채:광주리명 채로 결은 광주리.

채:광-창(採光窓)명 햇빛을 받아들이기 위해 낸 창문.

채:구(彩球)명 일식 때 코로나의 아래층에 분홍빛으로 보이는 층. 채층(彩層).

채:구(彩毬)명 ①축구용의 알. ②☞구(毬).

채:굴(採掘)명하타되자 땅을 파서 광물 따위를 파냄. ¶석탄을 채굴하다.

채:굴-권(採掘權)[-꿘]명 (일정한 구역에서) 광물을 캐내어 가질 수 있는 광업권.

채:권(債券)[-꿘]명 국가나 지방 자치 단체, 또는 은행·회사 등이 필요한 자금을 빌릴 경우에 발행하는 공채나 사채 따위의 유가 증권.

채:권(債權)[-꿘]명 재산권의 한 가지. 일정한 당사자 사이에서, 한쪽이 다른 한쪽에게 재산상의 급부(給付)를 요구할 수 있는 권리. ↔채무(債務).

채:권^시:장(債券市場)[-꿘-]명 채권을 발행하고 유통하는 시장을 통틀어 이르는 말. (보통, 채권의 유통 시장을 이름.)

채:권^양:도(債權讓渡)[-꿘-]명 채권의 내용을 변경하지 않고 제삼자에게 이전함을 목적으로 하는 신·구 채권자 사이의 계약.

채:권-자(債權者)[-꿘-]명 채권을 가진 사람, 곧 채무자에게 재산상의 급부(給付)를 청구할 권리가 있는 사람. ↔채무자.

채:권-자^대:위권(債權者代位權)[-꿘-꿘]명 채권자가 자기의 채권을 보전하기 위하여 채무자의 권리를 대신 행사할 수 있는 권리. 간접 소권. 대위 소권(代位訴權).

채:권^증권(債權證券)[-꿘-꿘]명 채권의 존재를 나타내는 유가 증권. (물품 증권과 금전 증권이 있음.)⑧물권 증권.

채:권-질(債權質)[-꿘-]명 권리질(權利質)의 한 가지. 채권을 목적으로 하는 질권.

채:권^침:해(債權侵害)[-꿘-]명 채권의 실현을 방해하는 행위.

채:권^행위(債權行爲)[-꿘-]명 행위자 사이에 채권·채무 관계를 발생시키는 것을 내용으로 하는 법률 행위. (매매·임대차·고용·위임·증여·손해 배상 따위.)

채:귀(債鬼)명 '몹시 조르는 빚쟁이'를 악귀(惡鬼)에 비유하여 이르는 말.

채-그릇[-륻]명 채를 결어서 만든 그릇. *채그릇이[-르시]·채그릇만[-른-]

채-그물명 나무나 철사 따위로 테를 만들고, 자루 모양의 그물을 달아 물을 푸듯이 떠서 물고기를 잡는 제구.

채:근(採根)명 ①하타 식물의 뿌리를 캐냄. ②하타 일의 근원을 캐어 밝힘. ③하자타 (어떤 일을) 따지어 독촉함. ¶그는 인부에게 일을 빨리 할 것을 채근했다. /집에 빨리 가자고 채근하다.

채:금(採金)명하자되자 금을 캠.

채:금(債金)명 빌려 쓴 돈. 채전(債錢).

채:급(債給)명하타 빚으로 꾸어 줌.

채:기(彩旗)명 채색을 한 깃발.

채:기(彩器)명 그림을 그릴 때, 물감을 개는 그릇.

채:-깍두기[-꾸-]명 무를 채 쳐서 깍두기처럼 담근 김치.

채-꾼명 소몰이하는 아이.

채끝[-끋]명 소의 볼기 쪽의 등심살. 등심의 끝부분임. 채반심. ⑧등심머리·방아살. *채끝이[-끄치]·채끝을[-끄틀]·채끝만[-끈-]

채:납(採納)명하타되자 (의견·요구·제의 따위를) 가려서 받아들임.

채널(channel)명 ①텔레비전 방송국에 할당된 전파의 주파수. ¶채널을 돌리다. ②☞튜너. ③'도로'·'경로'의 뜻으로 쓰이는 말. ¶비공식 채널을 통해서 얻은 정보.

채:농(菜農)명 채소를 가꾸는 농사.

채:니-기(採泥器)명 바다나 강 따위의 바닥에서 진흙이나 모래, 또는 침전물을 긁어 내는 장치. (자원 조사, 지질 연구용임.)

채:다[1]타 (물건 값이) 좀 오르다. ¶장마로 말미암아 채소 값이 채다.

채:다[2]자 〈차이다〉의 준말. ¶구둣발에 채다. **챈 발에[발이] 곱챈다**[속담] '어려움에 빠진 사람이 더욱 어렵게 됨'을 이르는 말.

채:다[3]타 〈차리다〉의 준말. ¶눈치를 채다.

채:다[4]타 ①갑자기 힘주어 잡아당기다. ¶낚싯대를 힘껏 채다. ②날쌔게 빼앗아 가다. ¶솔개가 병아리를 채다.

채다[5]타 '채우다'의 잘못.

채:단(采緞)명 혼인 때, 신랑 집에서 신부 집으로 미리 보내는 청색·홍색의 두 가지 비단. 치마·저고릿감으로 씀.

채:단(綵緞)명 '비단'을 통틀어 이르는 말.

채:달(菜疸)명 채독으로 말미암은 황달.

채:담(彩毯)명 여러 가지 빛깔의 털로 무늬를 놓아 짠 담요.

채:도(菜刀)명 ☞채칼.

채:도(彩度)[명] 빛깔의 세 가지 속성의 하나. 빛깔의 선명한 정도. ⑪색상·명도.

채:도(彩陶)[명] 채문(彩紋)을 한 도자기. 〔특히, 중국의 채문 도기를 이름.〕

채-독[명] 채그릇의 한 가지. 싸릿개비 따위로 독처럼 만든 그릇. 〔안팎을 종이로 바름.〕

채-독(菜毒)[명] 한방에서, 채소를 날것으로 먹어서 생기는 중독증을 이르는 말.

채:-동지(蔡同知)[명] '언행이 허무맹랑한 사람'을 조롱하여 이르는 말.

채-둥우리[명] 채그릇의 한 가지. 싸리채나 버들채로 걸어서 만든 둥우리.

채:득(採得)[명][하타] 수탐(搜探)하여 사실을 찾아냄.

채-뜨리다[타] '채다⁴'의 힘줌말. 채트리다.

채:란(採卵)[명][하자] ①가금(家禽)의 알을 거두는 일. ②물고기의 알을 인공적으로 받는 일.

채련(採鍊)[명] 부드럽게 다룬 당나귀 가죽.

채:련(採鍊)[명][하타] 광물(鑛物)을 캐내어 정련하는 일.

채:록(採錄)[명][하타][되자] 채집하여 기록함, 또는 채집한 기록. ¶ 민담을 채록하다.

채:록-자(採錄者)[명] [—짜][명] 채록한 사람.

채-롱(-籠)[명] 껍질을 벗긴 싸릿개비로 함처럼 걸어 만든 채그릇의 한 가지.

채롱-부채(-籠-)[명] 채를 걸어 만든 부채.

채롱-부처(-籠-)[명] 채를 걸어 만든 부처. 농불(籠佛).

채:료(彩料)[명] 그림을 그리는 데 쓰이는 물감. 그림물감.

채:마(菜麻)[명] ☞남새.

채:마-밭(菜麻-)[—받][명] 집에서 가꾸어 먹을 정도의 몇 가지의 남새를 심은 밭. 남새밭. 채소밭. 채마전. 포전(圃田). ＊ 채:마밭이[—바치]·채:마밭을[—바틀]·채:마밭만[—반—]

채:마-전(菜麻田)[명] ☞채마밭.

채:무(債務)[명] 재산상의 처리에 관련하여 일정한 당사자의 요구에 응하여 급부(給付)를 해야 하는 의무. ↔채권.

채:무^명의(債務名義)[—의/—이][명] 법률에 의하여 급부(給付)에 관한 집행력 행사가 주어진 공중 문서. ⑪급부.

채:무^불이행(債務不履行)[—리—][명] 채무자가 채무의 내용대로 실천하지 않는 일. 〔이행 지체·이행 불능·불완전 이행이 있음.〕

채:무^이:행(債務履行)[명] 채무자가 자기의 채무를 실천하는 일.

채:무-자(債務者)[명] 채무를 진 사람, 곧 채권자에게 어떤 급부(給付)의 의무가 있는 사람. ↔채권자.

채:묵(彩墨)[명] ①채색을 뭉쳐 만든 조각. 〔그림을 그릴 때 먹처럼 갈아서 씀.〕 ②채색화와 묵화를 아울러 이르는 말.

채:문(彩紋)[명] ①채색의 무늬. ②물결무늬나 원형 따위를 써서 그린 기하학적 무늬. 증권이나 지폐의 도안에 쓰임.

채:-문^토기(彩紋土器)[명] ①☞칠무늬 토기. ②☞가지무늬 토기.

채:미(採薇)[명][하자] 고비나 고사리를 캠. ¶ 주려 죽을진들 채미도 하난 것가(古時調).

채:밀(採蜜)[명][하타][되자] 꿀벌의 꿀을 땀.

채-반(-盤)[명] ①싸리나무의 채로 넓적하게 울이 없이 결어 만든 채그릇. ②진미(珍味) 음식. 〔흔히, 근친(覲親) 때 가져옴.〕

채반이 용수가 되게 우긴다[속담] '가당치도 않은 제 의견만 고집함'을 이르는 말.

채반-상(-盤相)[명] '둥글넓적한 얼굴, 또는 그런 사람'을 농조로 이르는 말.

채-받이[—바지][명] ①☞채끝. ②소가 늘 채찍을 맞는 신체 부위, 또는 그 살.

채-발[명] 볼이 좁고 길이가 알맞아 맵시 있게 생긴 사람의 발. ⑪마당발.

채:방(採訪)[명][하자] 모르는 곳을 물어 가며 찾음. 채탐(採探).

채:벌(採伐)[명][하타] ☞벌채.

채:벽(採壁)[명] 채석장에서 석재를 뜨고 난 바위의 단면.

채:변[하자] (남이 무엇을 줄 때) 사양하는 일. ¶ 너무 채변하지 말고 어서 받게.

채:변(採便)[명][하자] (검사용으로) 변을 받음, 또는 그 똥.

채:병(彩屏)[명] 채색을 써서 그린 병풍.

채:보(採譜)[명][하타][되자] 곡조를 듣고 그것을 악보로 적음.

채:부(採否)[명] 채용의 여부, 또는 채택의 여부.

채비(←差備)[명][하타] 준비를 갖춤, 또는 그 일. ¶ 겨울 채비. /출근 채비. /떠날 채비를 서두르세요. ⑪본비(本備).

채비 사흘에 용천관(龍川關) 다 지나겠다[속담] 준비만 하다가 정작 할 일을 못함을 비유하여 이르는 말.

채:빙(採氷)[명][하자] 얼음을 떠냄.

채:산(採山)[명][하자] 산나물을 뜯음. ¶ 아츰에 채산호고, 나조히 조수(釣水)호새(丁克仁. 賞春曲).

채:산(採算)[명][하타] 경영상, 수지나 손익을 따지거나 셈함. ¶ 채산이 맞는 사업. 〔준〕채산을 따지거나 챙기는 짓. 타산(打算). ¶ 일마다 채산을 해 보는 깍쟁이.

채:산-성(採算性)[—씽][명] 경영상, 수지나 손익을 따지거나 셈하여 이익이 나는 정도. ¶ 채산성이 좋다. /채산성이 낮다. /채산성이 떨어지다.

채:삼(採蔘)[명][하자] 인삼을 캠.

채:삼-꾼(採蔘-)[명] ①인삼을 캐는 사람. ②☞심마니.

채:상(彩箱)[명] ☞채협(彩篋).

채:색(采色)[명] 풍채(風采)와 안색(顔色)을 아울러 이르는 말.

채:색(彩色)[명] ①여러 가지 고운 빛깔. 단청(丹靑). ②〈채색감〉의 준말. ③[하타][되자]그림이나 장식에 색을 칠함.

채:색(菜色)[명] ①푸성귀의 빛깔. ②부황(浮黃)이 나서 누르스름한 얼굴빛.

채:색-감(彩色-)[—깜][명] 채색에 쓰이는 물감의 재료. ⑩본채화(彩畫).

채:색-화(彩色畫)[—과][명] 채색으로 그린 그림. 채화(彩畫).

채:석(採石)[명][하타][되자] 채석장에서 석재를 떠냄. 부석(浮石)².

채:석-장(採石場)[—짱][명] 석재를 떠내는 곳.

채:선(彩船)[명] 왕조 때, 정재(呈才)의 선유락(船遊樂)에 쓰던 배. 화선(畫船).

채:소(菜蔬)[명] 밭에 가꾸어 먹는 온갖 푸성귀. 남새. 소채.

채:소-밭(菜蔬-)[—받][명] 남새밭. 채마밭. ＊ 채:소밭이[—바치]·채:소밭을[—바틀]·채:소밭만[—반—]

채:송-화(菜松花)[명] 쇠비름과의 일년초. 남아메리카 원산의 관상용 화초. 붉은 빛깔을 띤 줄기는 가지를 많이 치며 가로 퍼짐. 길이는 10~20cm. 솔잎 모양의 잎은 살이 많음. 여름부터 가을에 걸쳐 빨강·노랑·하양 등의 꽃이 핌.

채-수염(-鬚髯)圀 숱은 많지 않으나 길이가 긴 수염.

채:식(菜食)圀(하자) 주로 채소·과일·해초 따위의 식물성 음식만 먹음. 비초식(草食). ↔육식.

채:식-주의(菜食主義)[-쭈의/-쭈이]圀 반찬 따위를 식물성 식품으로 해 먹는 주의.

채:신(『주로 부정하는 말과 함께 쓰이어』)'처신'을 낮추어 이르는 말. ¶채신이 말이 아니군.

채:신-머리(채신)의 속된 말.

채:신머리-사납다[-따][~사나우니·~사나워]圀비(채신사납다)의 속된 말.

채:신-없다[-업따]圀(채신없다)의 속된 말. 채신머리없-이閃.

채:신-사납다[-따][~사나우니·~사나워]圀비(남 앞에서의) 몸가짐이 경망스러워 볼꼴이 사납다.

채:신-없다[-시넙따]圀(남 앞에서의) 몸가짐이 경망스러워 채신이 없다. 채신없-이閃 ¶어른 앞에서 채신없이 굴지 마라.

채:신지우(採薪之憂)[병이 들어서 땔나무를 할 수 없다는 뜻으로] '자기의 병'을 겸손하게 이르는 말. '맹자(孟子)'의 '공손추(公孫丑)'편에 나오는 말임. 부신지우(負薪之憂).

채:약(採藥)圀(하자) 약초나 약재를 캐어 거둠.

채:여(彩轝·彩輿)圀 왕실에 의식이 있을 때, 귀중품을 실어 옮기는 데 쓰던 교자 모양의 기구. 꽃무늬가 그려져 있고, 채가 달려 앞뒤로 메게 되었음.

채:연(彩輦)圀 왕실의 의식 때, 귀중품을 실어 옮기던 꽃무늬를 놓은 가마.

채:용(採用)圀(하타)(되자)①사람을 뽑아 씀. ¶신입 사원을 채용하다. ②무엇을 가려 쓰거나 받아들임. 채택(採擇). ¶새로운 방식을 채용하다.

채우다圀 ①['차다'의 사동] 차게 하다. ¶독에 물을 가득 채우다. ②['차다³'의 사동] 차게 하다. ¶수갑을 채우다. ③(단추·자물쇠 따위를) 끼우거나 잠그다. ¶단추를 채우다. /방문을 채우다. ④(음식물 따위를, 식히거나 상하지 않게) 찬물이나 얼음 속에 담그다. ¶수박을 얼음에 채우다.

채:운(彩雲)圀 여러 가지 고운 빛깔이나 무늬를 띤 구름. 꽃구름.

채:원(菜園)圀 규모가 큰 남새밭. 채포(菜圃).

채:유(採油)圀(하자) 유전에서 기름을 채굴함.

채:유(菜油)圀 채소의 씨로 짜낸 기름. 특히, 배추 씨로 짜낸 기름. 채종유.

채:의(彩衣)[-의/-이]圀 울긋불긋한 빛깔이나 무늬가 있는 옷.

채-이다재 '차이다'의 잘못.

채:자(採字)圀(하자) ☞문선(文選).

채:자-공(採字工)圀 ☞문선공(文選工).

채:장(債帳)圀 빚진 돈의 액수를 적은 장부.

채:전(菜田)圀 ☞남새밭.

채:전(債錢)圀 빚진 돈. 채금(債金).

채:전-에(-前-)閃 (어떻게 되기) 훨씬 이전에. ¶내가 태어나기 채전에 있었던 일.

채:점(採點)[-쩜]圀(하타)①시험 답안의 맞고 틀림을 가려 점수를 매김. ¶답안지를 채점하다. ②점수에 맞추어 성적의 우열을 결정함. ¶등급 채점.

채:종(採種)圀(하타) 씨앗을 골라서 받음. 비취종(取種).

채:종(菜種)圀 푸성귀의 씨앗.

채:종-답(採種畓)圀 씨앗을 받으려고 따로 마련한 논.

채:종-밭(採種-)[-받]圀 씨앗을 받으려고 따로 마련한 밭. 채종전. •채:종밭이[-바치]·채:종밭을[-바틀]·채:종밭만[-반-].

채:종-유(採種油)[-뉴]圀 채유(菜油).

채:종-전(採種田)圀 ☞채종밭.

채:주(債主)圀 빚을 준 사람. ↔차주(借主).

채:질圀(하타) ☞채찍질.

채:집(採集)圀(하타)(되자) 무엇을 캐거나 찾아서 모음.

채찍圀 마소를 모는 데 쓰는 제구. 짧은 막대 끝에 노끈이나 가죽 오리를 닮. 준채리.

채찍-질[-찔]圀(하타) ①채찍으로 때리는 짓. 채질. ②'몹시 재촉하거나 격려하는 일'을 비유하여 이르는 말. ②편달(鞭撻).

채:청-사(採靑使)圀 〔'청(靑)'은 '청녀(靑女)', 곧 시집가지 않은 여자라는 뜻으로〕 조선 연산군 때, 미혼 처녀를 뽑기 위해 지방으로 파견한 벼슬아치. 참채홍준사.

채:초(採草)圀(하자) 가축에게 먹일 풀을 벰.

채:초(採樵)圀(하자) 땔나무를 해 오는 일.

채:초^방:목지(採草放牧地)[-찌]圀 채초와 방목을 위한 토지.

채:취(採取)圀(하타)(되자) ①자연물을 베거나 캐거나 뜯거나 줍거나 따서 거두어들임. ¶양식 조개의 채취 시기. ②(연구나 조사 등을 위하여 표본이나 자료가 될 것을) 찾거나 골라서 거두어 챙김. ¶지문 채취. /표본용 식물 채취.

채:취(彩翠)圀 ①고운 잔맷빛. ②비취옥(翡翠玉)의 고운 빛깔.

채:취-권(採取權)[-꿘]圀 사광(沙鑛)을 캐어 가지거나 암석을 석재로 쪼개어 소유할 수 있는 권리.

채:층(彩層)圀 ☞채구(彩球).

채:-치다¹圀 '채다⁴'의 힘줌말. ¶말고삐를 힘껏 채쳐 달리다.

채:-치다²圀〔'채찍질하다'의 뜻으로〕몹시 재촉하다. ¶경위를 채쳐 묻다.

채:-칼圀 채를 치는 데 쓰는 기구. 채도(菜刀).

채:탄(採炭)圀(하자) 석탄을 캐냄. ¶채탄장(場).

채:탐(採探)圀(하타) ☞채방(採訪).

채:택(採擇)圀(하타)(되자) 골라서 씀. 채용(採用). ¶교재를 채택하다. /안건이 채택되다.

채-트리다圀 채뜨리다.

채팅(chatting)圀 전자 게시판이나 통신망에서, 여러 사용자가 다양한 주제를 가지고 실시간으로 모니터를 통하여 대화를 나누는 일.

채:판(彩板)圀 단청을 할 때, 여러 가지 채색을 고루 섞어 화공들에게 공급하는 판.

채:편(-便)圀 장구의 채로 치는 쪽, 곧 오른쪽. ↔북편.

채:포(採捕)圀(하타) (해산물 등을) 따거나 잡음.

채:포(菜圃)圀 ☞채원(菜園).

채플(chapel)圀 (학교·병원 등의) 부속 예배당, 또는 거기에서 하는 예배.

채:필(彩筆)圀 채색하는 데 쓰는 붓.

채:혈(採血)圀(하자) (병을 진단하거나 수혈을 하기 위하여) 피를 뽑음. 참수혈(輸血).

채:협(彩篋)圀 가늘게 쪼갠 대나무에 채색 무늬를 놓아 만든 상자. 안방용 고리나 상자로서 사용됨. 채상(彩箱).

채:홍(彩虹)圀 무지개.

채:홍준-사(採紅駿使)圀〔'홍(紅)'은 여자, '준(駿)'은 준마(駿馬)의 뜻으로〕조선 연산군 때, 미녀를 뽑고 준마(駿馬)를 구하기 위해 지방으로 파견한 벼슬아치. 참채청사.

채:화(採火)[명][하다][되자] 태양열 따위에서 불을 얻음. [흔히, 볼록 렌즈나 오목 거울을 이용함.] ¶올림픽 성화를 채화하다.

채:화(彩畫)[명]⇒채색화.

채:화(菜花)[명] 채소의 꽃.

채:화(綵華)[명] 비단 헝겊으로 만든 조화(造花).

채:화-기(彩畫器)[명] 채색으로 무늬나 그림을 그려 놓은 사기그릇. 색채 토기.

채:화-석(彩畫席)[명] 채색으로 무늬를 놓아서 짠 돗자리.

책(冊)[명] ①사상·감정·지식 따위를 글이나 그림으로 표현한 종이를 엮은 물건을 통틀어 이르는 말. 도서. 서적. 서전(書典). 서지(書誌). 전적(典籍)¹. 책자. ¶책을 읽다. /책을 쓰다. ②종이를 여러 장 겹쳐 맨 물건. ¶모조지를 책으로 매어 연습장을 만든다. ③『의존 명사적 용법』 (옛 서적의) 책으로 맨 것을 세는 단위. ¶전 102책으로 된 중종실록.

책(柵)[명] ①나무나 대로 만든 우리나 울타리. 울짱. 목책. ②사방용(沙防用)으로, 둑 앞에 말뚝을 박고 대쪽으로 얽어 놓은 장치.

책(責)[하다]⟨책망(責望)의 준말. ②⟨책임⟩의 준말. ③⟨책무⟩의 준말.

책(策)[명]⟨책문(策問)⟩의 준말.

-책(冊)[접미]《일부 명사 뒤에 붙어》 '그 책임자'임을 뜻함. ¶조직책. /선전책.

-책(策)[접미]《일부 명사 뒤에 붙어》 '그것에 대한 방책'을 뜻함. ¶수습책. /해결책.

책-가(冊價)[-까][명] 책값.

책-가방(冊-)[-까][명] 책이나 학용품 따위를 넣어서 들거나 메고 다니는 가방.

책-가위(冊-)[명][하다] 책이 상하지 않게 덧입히는 일, 또는 그 물건. 종이나 헝겊·비닐 따위로 만듦. 가의(加衣). 책가의(冊加衣). 책갑(冊甲). 책싸개. 책의.

책-가의(冊加衣)[-까의/-까이][명]⇒책가위.

책-갈피(冊-)[-깔-][명] 책장과 책장의 사이.

책갑(冊甲)[-깝][명]⇒책가위.

책갑(冊匣)[-깝][명] 책을 넣어 두는 갑이나 집.

책-값(冊-)[-깝][명] ①책을 파는 값. 책가(冊價). ②책을 사는 데 드는 돈. *책값이[-깝씨]·책값만[-깜-].

책-거리(冊-)[-꺼-][명] ①서책 또는 문방 제구를 그린 그림. ②[하다][자]⇒책씻이.

책-걸상(冊-床)[-껄쌍][명] 책상과 걸상을 아울러 이르는 말.

책고(冊庫)[-꼬][명]⇒서고(書庫).

책궁(責躬)[-꿍][명][하다] 자기 자신을 나무람.

책권(冊卷)[-꿘][명] ①서책의 권과 질. ②《주로 '읽다'와 함께 쓰이어》 얼마쯤의 책. ¶책권이나 읽었다고 뽐낸다.

책-궤(冊櫃)[-꿰][명] 책을 넣어 두는 궤짝.

책-글씨(冊-)[-끌-][명] 책으로 매기 위하여 종이에 정하게 쓴 글씨. 책서(冊書).

책-꽂이(冊-)[명] 책을 세워 꽂아 두는 물건.

책동(策動)[-똥][명][하다] ①은밀히 책략을 꾸미거나 행동하는 짓. ¶방해 책동. ②은밀히 남을 부추기어 움직이는 짓.

책-뚜껑(冊-)[명] '책의 앞 표지'를 달리 이르는 말. ¶책뚜껑을 덮다.

책략(策略)[챙냑][명] 일을 처리하는 꾀와 방법. 책모(策謀).

책려(策勵)[챙녀][명][하다] 채찍질하듯 독려함. 책면(策勉). ¶자기를 책려하기에 급한 오인(吾人)은 타(他)의 원우(怨尤)를 가(暇)치 못하노라.

책력(冊曆)[챙녁][명] 천체를 측정하여 해와 달의 움직임과 절기(節氣)를 적어 놓은 책. 역서(曆書). ⑥달력.

책력 보아 가며 밥 먹는다[속담] 〔길일(吉日)을 골라 밥 먹는다는 뜻으로〕 '너무 가난하여 끼니를 자주 거름'을 이르는 말.

책례(冊禮)[챙녜][명][하자] 책씻이.

책롱(冊籠)[챙농][명] 책을 넣어 두는 농짝.

책립(冊立)[챙닙][명][하다][되자] ①⇒책봉(冊封). ②조칙(詔勅)으로 황태자나 황후를 봉하여 세우는 일.

책망(責望)[챙-][명][하다][타] 잘못을 들어 꾸짖음, 또는 그 일. ¶어른에게 책망을 듣다. ⑥책(責).

책면(策勉)[챙-][명][하다][타]⇒책려(策勵).

책명(冊名)[챙-][명] 책의 이름.

책명(冊命)[챙-][명] 왕이 신하에게 내려 명령하는 글발. 책문(冊文).

책모(策謀)[챙-][명]⇒책략(策略).

책무(責務)[챙-][명] 책임과 임무. ¶너의 맡은 바 책무를 소홀히 하지 마라. ⑥책(責).

책문(責問)[챙짜녀][명][하다][타] 나무라듯 따져 물음. 힐문(詰問). ¶담당자에게 사고의 경위를 책문하다.

책문(策文)[챙-][명] ①⇒책문(策問)에 답하는 글. ②⇒책명(冊命).

책문(策問)[챙-][명] 과거 시험 과목의 한 가지. 정치에 관한 계책을 물어서 서술하게 하던 시험. ⑥책(策).

책문-권(責問權)[챙-꿘][명] 민사 소송에서, 당사자가 상대편, 또는 법원의 소송 절차상의 위반 행위에 대하여 이의를 제기하고 그 효력을 다툴 권리.

책-받침(冊-)[-빧-][명] 글씨를 쓸 때, 책장이나 종이 밑에 받치는 물건.

책-받침(←辵-)[-빧-][명] 한자 부수의 한 가지. '갖은책받침(辵)'이 '近'·'迫' 등에서 '辶'로 쓰일 때의 이름.

책방(冊房)[-빵][명] ①⇒서점(書店). ②⇒책실(冊室).

책벌(責罰)[-뻘][명][하다][타] 잘못을 나무라고 벌함.

책-벌레(冊-)[-뻘-][명] '지나치게 책을 좋아하거나 공부에 열중하는 사람'을 빗대어 이르는 말.

책보(冊褓)[-뽀][명] 책을 싸는 보자기.

책보(冊寶)[-뽀][명] 옥책(玉冊)과 금보(金寶)를 아울러 이르는 말.

책봉(冊封)[-뽕][명][하다][되자] 왕세자나 왕세손 및 후(后)·비빈(妃嬪) 등을 봉작함. 책립(冊立).

책봉-사(冊封使)[-뽕-][명] 중국에서, 천자의 조칙(詔勅)을 받들어 제후의 나라에 가서 봉작(封爵)을 전하던 사신.

책비(責備)[-삐][명][하다][타] 남에게 모든 일을 다 잘 해 주도록 요구함.

책사(冊肆)[-싸][명]⇒서점(書店).

책사(策士)[-싸][명] 계책을 세우는 사람, 또는 계책에 능한 사람. 모사(謀士).

책살(磔殺)[-쌀][명][하다][타] 기둥에 묶어 세워서 창으로 찔러 죽임. ⑥책형(磔刑).

책상(冊床)[-쌍][명] 책을 읽거나 글씨를 쓰는 데 쓰는 상. 궤안(几案). 서궤(書几).

책상-다리(冊床-)[-쌍-][명] ①한쪽 다리를 다른 다리 위에 포개고 앉는 자세. ②⟨가부좌⟩의 준말.

책상다리-하다(冊床-)[-쌍-][자여] 책상다리로 앉다.

책상-머리(冊床-) [-쌍-] 圀 책상의 한쪽 가.

책상^못자리(柵床-) [-쌍모짜-/-쌍몯짜-] 圀 직사각형으로 된 못자리.

책상-물림(冊床-) [-쌍-] 圀 글공부만 하다 갓 사회에 나와서 산지식이 없어 '세상 물정에 어두운 사람'을 홀하게 이르는 말. 책상퇴물.

책상-반(冊床盤) [-쌍-] 圀 책상 모양으로 만든 소반.

책상-보(冊床褓) [-쌍뽀] 圀 책상을 덮는 보.

책상-양반(冊床兩班) [-쌍냥-] 圀 지난날, 학문과 덕행으로써 양반이 된 상사람을 이르던 말.

책상^조직(柵狀組織) [-쌍-] 圀 ☞울타리 조직.

책상-퇴물(冊床退物) [-쌍퇴-/-쌍퉤-] 圀 ☞책상물림.

책서(冊書) [-써] 圀 ①☞책글씨. ②**하타** 책을 베껴 씀.

책선(責善) [-썬] 圀**하타** 친구끼리 착한 일을 서로 권함. ¶ 서로 충고하고 책선하다.

책성(責成) [-썽] 圀**하타** ①책임을 지워서 부담시킴. ②남에게 맡긴 일이 잘되도록 다짐을 받음.

책세(冊貰) [-쎄] 圀 지난날, 책을 빌려 보는 값으로 내던 돈.

책-술(冊-) [-쑬] 圀 책의 두께.

책-실(冊-) [-씰] 圀 책을 매는 데 쓰는 실.

책실(冊室) [-씰] 圀 조선 시대에, 고을 원의 비서 구실을 하던 사람. 책방.

책-싸개(冊-) ☞책가위.

책-씻이(冊-) **하타** 지난날, 서당에서, 학동이 책한 권을 떼거나 다 베끼면 훈장과 동료에게 한턱내던 일. 세책례(洗冊禮). 책거리. 책례.

책언(責言) 圀 나무라는 말.

책원(策源) 圀 ①지난날, 전선(戰線)이나 작전 지역에 물자를 공급하던 후방의 기지. ②어떤 일의 계책이 비롯된 곳. ¶ 사태의 책원부터 밝혀야 한다. 책원지(策源地).

책원-지(策源地) 圀 ☞책원(策源).

책응(策應) 圀**하자** 계책에 따라 호응함. ②지난날, 대군을 출동시킨 뒤 병참 부대를 뒤따르게 하거나 우군이 서로 호응하여 작전하던 일.

책의(冊衣) [채괴/채긔] 圀 ①책의 앞뒤를 싸고 있는 겉장. 〔흔히, 책의 표제가 표시되어 있음.〕 표지(表紙). ②☞책가위.

책인(責人) 圀**하자** 남의 잘못을 나무람.

책인즉명(責人則明) [-즉-] 圀 〔남을 나무라는 데는 밝다는 뜻으로〕 자기 잘못은 덮어 두고 남만 나무람을 이르는 말.

책임(責任) 圀 ①맡아서 해야 할 임무나 의무. ¶ 책임 완수. ⓐ책(責). ②법률에서, 행위의 결과에 따른 손실이나 제재를 떠맡는 일. 〔민사 책임과 형사 책임이 있음.〕

책임-감(責任感) 圀 책임을 중히 여기는 마음.

책임^내각(責任內閣) 圀 의회의 신임 여부에 따라 진퇴를 결정하는 내각.

책임^능력(責任能力) [-녁] 圀 법률상의 책임을 질 수 있는 능력. 민법상으로는 구체적 경우에 따라 개별적으로 판단하나, 형법상으로는 만 14세 이상으로 규정함.

책임^보^험(責任保險) 圀 손해 배상 책임을 피보험자(被保險者)가 질 때, 그 손해 보전을 목적으로 하는 보험.

책임^연령(責任年齡) [-녈-] 圀 형법상의 책임 능력을 인정하는 나이(만 14세).

책임-자(責任者) 圀 어떤 일을 책임지고 도맡아 하거나 주장(主掌)하는 사람.

책임^조건(責任條件) [-껀] 圀 형사 책임의 조건 인 '고의'나 '과실'.

책임^준:비금(責任準備金) 圀 〔보험 회사가 예상되는 위험에 대비하여〕 지급 책임을 다하기 위하여 미리 준비해 두는 돈.

책임-지다(責任-) **타** 책임을 안아맡다.

책자(冊子) 圀 ①얇거나 작은 책. ②☞책.

책-잡다(責-) [-짭따] **타** 남의 잘못을 탈 잡아 말하다. ¶ 아무 잘못도 없는 사람을 공연히 책잡지 마라.

책잡-히다(責-) [-짜피-] **자** 〔'책잡다'의 피동〕 책잡음을 당하다. ¶ 책잡힐 짓만 하다.

책장(冊張) [-짱] 圀 책의 낱장. ¶ 책장을 넘기다.

책장(冊欌) [-짱] 圀 책을 넣어 두는 장.

책점(冊店) [-쩜] 圀 ☞서점(書店).

책정(策定) 圀**하타** (정책이나 계획 따위를) 의논하여 결정함. ¶ 예산 책정.

책징(責徵) [-찡] 圀**하타** ☞징구(徵求).

책-치레(冊-) 圀**하자** ①책을 곱게 꾸미는 일. 장정. ②방 안에 책을 많이 갖추어 꾸미는 일.

책-탁자(冊卓子) [-짜] 圀 책을 쌓아 두는 탁자. 사방탁자와 비슷한데, 아래층에는 문갑처럼 두 개의 문짝이 달려 있음.

책판(冊板) 圀 글을 새겨 책을 박아 내는, 나무로 된 판.

책형(磔刑) [채켱] 圀 고대 중국이나 로마 제국의 극형의 한 가지. 기둥에 묶어 세워 놓고 창으로 찔러 죽이던 형벌.

챔피언(champion) 圀 우승자. 선수권 보유자.

챗-국[채꾹/챈꾹] 圀 무나 오이의 채로 만든 국이나 찬국.

챗-날[챈-] 圀 〈기름챗날〉의 준말.

챗-돌[채똘/챋똘] 圀 (지난날, 타작할 때) 개상 위에 얹어 놓고 벼를 태질하던 돌.

챗-열[챈녈] 圀 채찍 따위의 끝에 늘어뜨린 끈. 편수(鞭穗). ⓐ열2.

챙圀 〈차양(遮陽)〉의 준말. ¶ 챙이 긴 작업모.

챙기다 ①(물건의 있고 없음을) 따져 보살피거나 건사하다. ¶ 빠뜨린 것이 없는지 다시 챙겨 보다. ②소용될 물건을 찾아 한데 모으다. ¶ 낚시 도구를 챙기다. ③음식물을 갖추어 차리다. ¶ 반찬을 챙겨 차려 주다.

처(妻) 圀 아내.

처:(處) 圀 ①중앙 행정 기관의 한 가지. 〔법제처·국가 보훈처 따위.〕 ②육군에서의 사단급 이상 사령부의 참모 부서의 이름. 〔군수처 따위.〕 ③(대학이나 그 밖의 조직에서) 일정 사무를 맡아보는 부서의 이름. 〔교무처 따위.

처-(接頭) 《일부 동사 앞에 붙어》 '마구'·'많이'·'천격스럽게' 등의 뜻을 나타냄. ¶ 처먹다. /처박다.

-처(處) **接尾** 《일부 명사 뒤에 붙어》 '그것을 담당하는 곳'임을 나타냄. ¶ 접수처. /구입처.

처가(妻家) 圀 아내의 친정. 처갓집.

처가-댁(妻家宅) [-땍] 圀 남의 '처가'를 대접하여 이르는 말.

처가-살이(妻家-) 圀**하자** 처가를 거처로 하여 생활하는 일. 처갓집살이. 췌거(贅居).

처가살이 십 년이면 아이들도 외탁한다〔속담〕 처가살이를 오래 하면 아이들도 처가의 풍습을 닮게 된다는 말.

처가-속(妻家屬) 圀 처가의 집안 식구.

처갓-집(妻家-) [-가찝/-갇찝] 圀 ☞처가.

처갓집 말뚝에도 절하겠네〔속담〕 '지나친 애처가'를 빈정대어 이르는 말.

처갓집-살이(妻家-) [-가찝싸리/-간찝싸리] 閔
☞처가살이.

처:결(處決)閔하타되자 결정하여 처리하거나
조처함. 결처. ¶상급 부서의 처결을 기다리다.

처-고모(妻姑母) 閔 아내의 고모.

처깔-하다타여 (문) 굳게 닫아 걸다. 좡차깔
하다.

처남(妻男·妻娚) 閔 아내의 남자 형제.

처남-댁(妻男宅) [-땍] 閔 처남의 아내. 아내의
올케.

처-내다 다자 아궁이로, 연기나 불길이 도로 나오다.

처-넣다[-너타] 타 한곳으로 마구 몰거나 집어
서 넣다. ¶자루에 쓰레기를 마구 처넣다.

처:네 閔 ①어린아이를 업을 때 두르는 작은 포
대기. ②덧덮는, 얇고 작은 이불의 한 가지.
③지난날, 시골 여자가 나들이할 때 장옷처럼
머리에 쓰던 물건. ③머리처네.

처:녀(處女) 閔 ①아직 결혼하지 아니한 성년 여
자. 처자(處子). ↔총각. 쬼낭자(娘子). ②아직
이성(異性)과 성교(性交)를 한 적이 없는 여자.
숫처녀. ③일이나 행동을 처음으로 함. 《일부
한자어와 어울려 복합어를 이룸.》 ¶처녀 출
전. /처녀 출판.
처녀가 애를 낳아도 할 말이 있다(속담) 잘못이나
실수에도 변명의 말이 꼭 있게 마련이라는 말.

처:녀-궁(處女宮) 閔 ☞처녀자리.

처:녀-림(處女林) 閔 사람이 들어가거나 나무를
베어 내거나 한 적이 없는 자연 그대로의 숲.
원시림.

처:녀-막(處女膜) 閔 처녀의 질(膣)의 앞부분에
있는 얇은 막.

처:녀-비행(處女飛行) 閔 비행사나 비행기가 처
음으로 하늘을 나는 일.

처:녀-생식(處女生殖) 閔 ☞단위 생식.

처:녀-성(處女性) [-썽] 閔 처녀로서 갖추고 있
는 특성. 특히, 성적(性的)인 순결을 이름.

처:녀-수(處女水) 閔 땅속 깊은 곳에 있는 마그
마에서 나와 바위틈을 따라 땅거죽에 솟아오
른 물.

처:녀-왕(處女王) 閔 교미하기 전의 여왕벌.

처:녀-이끼(處女-) 閔 처녀이끼과의 상록 다년
초. 산지의 그늘진 곳의 바위에 붙어
남. 뿌리줄기는 매우 가늘며 수염뿌리가 있음.
잎은 깃 모양의 겹잎이며 녹갈색을 띰.

처:녀-자리(處女-) 閔 황도 십이궁의 하나. 사
자자리와 천칭자리 사이에 있는 별자리. 봄에
남쪽 하늘에 보이며, 6월 초순 저녁에 자오선
을 통과함. 쌍녀궁(雙女宮). 처녀궁. 처녀좌.

처:녀-작(處女作) 閔 처음 지었거나 처음 발표
한 예술 작품.

처:녀-장가(處女-) 閔 재혼하는 남자가 처녀를
아내로 맞이하는 일.

처:녀-좌(處女座) 閔 ☞처녀자리.

처:녀-지(處女地) 閔 ①사람이 이용하고 있지
않은 자연 그대로의 땅. ②(주로 과학이나 예
술 따위에서) 아직 개척되거나 밝혀지지 않은
채로 있는 분야. ¶처녀지와 같은 한국 고대사.

처:녀-티(處女-) 閔 겉으로 드러나는 처녀다운
기색이나 태도. ¶처녀티가 물씬 풍기다.

처:녀-항해(處女航海) 閔 새로 만든 배나 훈련
을 받은 항해사가 처음으로 하는 항해.

처녑 閔 소나 양 등 반추류에 딸린 동물의 되새김
질하는 데 쓰이는 위의 한 부분. 백엽(百葉). 쬼천엽(千葉).

처녑-집 [-찝] 閔 집의 짜임새가 알뜰하고 쓸모
있게 된 집.

처:단(處斷) 閔하타되자 결단하여 처리함. 또는
그러한 처분. ¶죄인을 법에 따라 처단하다.

처-담다[-따] 타 마구 잔뜩 담다. ¶양동이에
모래를 처담다.

처당(妻黨) 閔 ☞처족(妻族).

처-대다¹타 (무엇을) 계속하여 마구 대 주다.

처-대다²타 (무엇을) 불에 대어 살라 버리다. 처
지르다.

처덕(妻德) 閔 ①아내의 덕행. ②아내로 말미암
아 달리 입는 은덕. ¶처덕이 많은 남자.

처덕-거리다[-꺼-] 타 자꾸 처덕처덕하다. 처덕
대다. 쬼차닥거리다.

처덕-대다[-때-] 타 ☞처덕거리다.

처덕-처덕 튀하타 ①물기가 많거나 차지거나 질
긴 것을 자꾸 두드리는 소리, 또는 그 모양. ¶빨
래를 처덕처덕 두드리다. ②큼직한 것 같은
것을 아무렇게나 덕지덕지 붙이는 모양. ¶흙
벽에 신문지를 처덕처덕 바르다. 쬼차닥차닥.

처-대다[-때-] 타 (불을) 요량 없이 마구 때다.

처-뜨리다 타 처지게 하다.

처란(←鐵丸) 閔 잘게 만든 탄알. 〔엽총 따위
에 재어 씀.〕 철탄. 탄자(彈子). 쬔철환(鐵丸).
②쇠붙이로 된, '잔 탄알같이 생긴 물건'을 통
틀어 이르는 말.

처란-알(←鐵丸-) 閔 처란의 낱개.

처량(凄涼) '처량하다'의 어근.

처량-하다(凄涼-) 휑여 ①(보기에) 거칠고 쓸쓸
하다. ¶처량한 가을바람. ②(마음이나 신세가)
초라하고 구슬프다. ¶처량한 신세. 처량-히튀.

처럼 쬘 (체언에 붙어) '…과 같이' · '…와 같으므
로'를 뜻하는 비교격 조사. ¶아이처럼 좋아하
다. /눈처럼 흰 배꽃.

처렁 튀하자타 얇고 단단한 쇠붙이끼리 세게 부
딪쳐서 나는 소리. 쬼차랑. 쾡저렁. 쫽쩌렁. 처
렁-처렁 튀하자타.

처렁-거리다[-꺼-] 자타 자꾸 처렁처렁하다. 처렁대다.

처렁-대다자타 처렁거리다.

처르렁 튀하자타 얇은 쇠붙이 따위가 세차게 맞
부딪치거나 떨어질 때 울리는 소리. 쬼차르랑.
쾡저르렁. 쫽쩌르렁. 처르렁-처르렁튀하자타.

처르렁-거리다자타 자꾸 처르렁처르렁하다. 처
르렁대다. 쬼차르랑거리다.

처르렁-대다자타 처르렁거리다.

처:리(處理) 閔하타되자 ①(사무나 사건을) 정
리하여 치우거나 마무리를 지음. ¶사건을 처
리하다. ②(어떤 결과를 얻으려고) 화학적·물리
적 작용을 일으킴. ¶폐수 처리 시설.

처마 閔 지붕이 도리 밖으로 내민 부분.

처마-널 閔 난간이나 처마 테두리에 둘려 붙인
판자.

처-마시다타 ①욕심 사납게 마구 많이 마시다.
¶술을 진탕 처마시고 술주정을 해 대다. ②<마
시다>의 속된 말. ¶밥을 처먹든지 술을 처마
시든지 당신 맘대로 하시오.

처맛-기슭[-마기슥/-맏끼슥] 閔 지붕의 가장자
리, 곧 처마 끝의 언저리. ＊처맛기슭이[-마끼
슬기/-맏끼슬기]·처맛기슭만[-마끼승/-맏
끼승-]

처-매다타 (붕대 따위로) 단단히 둘러매다. ¶상
처를 붕대로 처매다.

처-먹다[-따] 타 ①'음식을 함부로 많이 먹다'
를 속되게 이르는 말. ②<먹다>의 속된 말.

처먹-이다타 ['처먹다'의 사동] '마구 많이 먹
게 하다'를 속되게 이르는 말.

처모(妻母) 閔 ☞장모(丈母).

처:무(處務)명하자 사무를 처리함, 또는 처리해야 할 사무. ¶처무 규정.

처-박다[-따][재]①몹시 세게, 또는 함부로 박다. ¶말뚝을 처박다. ②마구 쑤셔 넣거나 넣어 넣다. ¶방구석에 옷을 처박다. ③한곳에서 나가지 못하게 하다. ¶유치장에 처박다. ④일정한 곳에만 있게 하고 다른 데로 나가지 못하게 하다. ¶나를 언제까지 이런 촌구석에 처박아 둘 셈이오?

처박-히다[-바키-][자]『'처박다'의 피동』처박음을 당하다. ¶철지난 옷이 옷장 구석에 처박혀 있다. /논바닥에 거꾸로 처박히다.

처:방(處方)명 ①증세에 따라 약을 짓는 방법. ②〈처방전〉의 준말. ③일을 처리하는 방법. ④'결함이나 잘못을 바로잡기 위한 대책'을 비유하여 이르는 말. ¶청소년 문제에 대한 적절한 처방.

처:방-전(處方箋)명 의사가 환자에게 줄 약의 이름과 분량, 조제 방법 등을 적은 문서. 약전(藥箋). 춘처방.

처-백모(妻伯母)[-뱅-]명 아내의 백모(큰어머니).

처-백부(妻伯父)[-뿌]명 아내의 백부(큰아버지).

처:벌(處罰)명하타되자 책벌이나 형벌에 처함. ¶엄한 처벌. /벌을 처벌하다.

처변(妻邊)명 ☞처족(妻族).

처:변(處變)명하자 ①실정에 따라 융통성 있게 처리함. ②갑작스러운 변을 당하여 잘 수습함.

처복(妻福)명 좋은 아내를 맞이하는 복.

처-부모(妻父母)명 아내의 부모, 곧 장인과 장모.

처:분(處分)명하타 ①처리하여 치움. ¶재산을 처분하다. ②명령을 받거나 내려 일을 처리함. ¶아버님의 처분만 바라겠습니다. ③행정·사법 관청이 특정한 사건에 대하여 법규를 적용하는 행위.〔행정 처분·불기소 처분 따위.〕④이미 있는 권리나 권리의 객체에 변동을 일으키는 것.〔가옥 매각 처분 따위.〕

처:분권-주의(處分權主義)[-꿘-의/-꿘-이]명 ①민사 소송법상, 당사자가 소송의 해결을 꾀하고 소송을 처분할 수 있는 주의.〔소(訴)의 취하, 청구의 포기, 재판상의 화해 따위.〕②형사 소송법상, 소송 관계가 성립한 뒤에도 당사자로 하여금 임의로 소송 상태를 지배하게 하는 주의. ②⇨불변경주의.☞처분주의.

처:분^명:령(處分命令)[-녕]명 국가가 국민이나 공공 기관에 대하여 일정한 행위를 할 것을 명하거나 금지하는 명령.

처:분-주의(處分主義)[-의/-이]명〈처분권주의〉의 준말.

처:사(處士)명 ①세상 밖에 나서지 않고 조용히 묻혀 사는 선비. ②☞거사(居士). ③절에서 임시로 지내는 도사(道士).

처:사(處事)명하자 일을 처리함, 또는 그 처리. ¶부당한 처사. /처사가 고약하다.

처:사-가(處士歌)명 조선 시대의 12가사 중의 하나. 작자·연대 미상. '청구영언'·'남훈태평가'에 실려 전함.

처산(妻山)명 ①아내의 무덤. ②아내의 무덤이 있는 곳. 처장(妻葬).

처-삼촌(妻三寸)명 ☞처숙(妻叔). 처숙부.

처삼촌 뫼에 벌초하듯[속담]'일을 정성 들여 하지 않고 건성건성 함'을 이르는 말.

처상(妻喪)명 아내의 상사(喪事).

처:서(處暑)명 이십사절기의 하나. 입추(立秋)와 백로(白露) 사이로, 8월 23일경. 이 무렵부터 여름 더위가 가시기 시작한다고 함.

처서에 비가 오면 독의 곡식도 준다[속담] 처서날에 비가 오면 흉년이 든다는 뜻.

처성-자옥(妻城子獄)〔아내는 성이요, 자녀는 감옥이란 뜻으로〕'처자를 거느리고 있는 사람은 집안일에 매이어 자유로이 활동할 수 없음'을 이르는 말.

처:세(處世)명하자 남들과 사귀면서 살아가는 일. ¶처세에 능하다. /처세를 잘하다.

처:세-술(處世術)명 처세하는 방법과 수단. ¶김과장은 처세술이 뛰어나 승진도 동기들 중에서 제일 빨랐다.

처:세-훈(處世訓)명 처세하는 데 도움이 되는 교훈.

처:소(處所)명 ①사람이 거처하는 곳. ¶처소를 옮기다. ②곳 또는 자리. 일이 벌어진 곳이나 물건이 있는 자리. 장소(場所).

처숙(妻叔)명 아내의 숙부. 처삼촌. 처숙부.

처-숙모(妻叔母)[-숭-]명 아내의 숙모.

처-숙부(妻叔父)[-뿌]명 아내의 숙부. 처숙. 처삼촌.

처-시하(妻侍下)명 '아내에게 눌려 지내는 사람'을 놀림조로 이르는 말. 공처가. 춘엄처시하·판관사령.

처:신(處身)명 (남 앞에서의) 몸가짐이나 행동. 행신(行身).

처:신-사납다(處身-)[-따][~사나우니·~사나워]형B (남 앞에서의) 몸가짐이 경망스러워 볼꼴이 사납다. '채신사납다'를 점잖게 이르는 말. ¶처신사납게 굴다.

처:신-없다(處身-)[-업따]형 (남 앞에서의) 몸가짐이 경망스러워 위신이 없다. '채신없다'를 점잖게 이르는 말. 처신없-이부.

처-싣다[-따][~실으니·~실어]타디 (점차 따위에) 짐을 마구 얹다.

처실(妻室)명 아내.

처:심(處心)명 춘존심(存心).

**처섬¹(옛) 처음. ¶始는 처서미라(月釋序2).

**처섬²부〔옛〕처음. ¶初發聲은 처섬 펴아나는 소리라(訓蒙). /赤心으로 처섬 보사(龍歌78章).

**처엄¹명〔옛〕처음. ¶처어믜 이 山中에 와(杜重1:25). 춘처섬1.

**처엄²부〔옛〕처음. ¶네 처엄 보던 쁠 ᄉ랑호니(杜重8:6). 춘처섬2.

처:역(妻役)명하타되자 징역에 처함.

처연(凄然)'처연(凄然)하다'의 어근.

처연(悽然)'처연(悽然)하다'의 어근.

처:연-하다(凄然-)형여 기운이 냉랭하고 쓸쓸하다. ¶처연한 가을바람. 처연-히부.

처:연-하다(悽然-)형여 쓸쓸하다. 구슬프다. 처연-히부 ¶처연히 들려오는 피리 소리.

처-외가(妻外家)[-외-/-웨-]명 아내의 외가. 장모의 친정.

처-외편(妻外便)[-외-/-웨-]명 아내의 외가쪽 일가.

처:용-가(處容歌)명 ①신라 헌강왕 때, 처용이 지은 8구체의 향가. 처용이 아내를 범한 역신(疫神)을 물리치기 위해 지은 노래.〔삼국유사〕에 실려 전함.②고려 가요의 하나. 향가인 '처용가'를 고쳐 지은 노래.

처:용-무(處容舞)명 조선 시대에, 나라의 잔치나 나례(儺禮) 뒤에 추던 궁중무의 한 가지. 처용의 탈을 쓰고 처용가를 부르며 잡귀(雜鬼)를 물리치도록 추던 춤. 무형 문화재 제39호. 처용희(處容戲).

처:용-희(處容戲)[-히]명 ☞처용무(處容舞).

처우(凄雨)명 쓸쓸하게 내리는 비.
처:우(處遇)명하타 (사람을 평가해서) 거기에 맞추어 대우함, 또는 그 대우. ¶종업원의 처우를 개선하다.
처음명 맨 첫 번. 맨 앞. ¶처음부터 끝까지. /처음과 나중이 다르다. 준첨.
처:의(處義)[−의/−이]명하자 의리를 지킴.
처자(妻子)명 아내와 자식. 처자식(妻子息).
처:자(處子)명 ☞처녀(處女).
처-자식(妻子息)명 ☞처자(妻子).
처장(妻葬)명 ①아내의 장사. ②☞처산(妻山).
처재(妻財)명 ①아내가 친정에서 가지고 온 재물. ②민속에서 이르는 육친(六親)의 하나. 아내와 재물에 관한 명수(命數)를 맡았다고 함.
처-쟁이다타 (어떤 물건을) 잔뜩 눌러서 많이 쌓다. ¶두엄을 두엄간에 처쟁이다.
처절(凄切)명하형 몹시 처량함. 처절-히부.
처절(悽絶)명하형 더할 나위 없이 애처로움. ¶처절함을 부르짖음. 처절-히부.
처제(妻弟)명 아내의 여동생.
처-조모(妻祖母)명 아내의 친정 할머니. 장조모(丈祖母).
처-조부(妻祖父)명 아내의 친정 할아버지. 장조부(丈祖父).
처-조카(妻−)명 아내의 친정 조카. 처질(妻姪).
처족(妻族)명 아내의 겨레붙이. 처당(妻黨). 처변(妻邊). 처편(妻便).
처:지(處地)명 ①처하여 있는 형편이나 사정. ¶처지가 딱하다. ②서로 사귀어 지내는 관계. ¶서로 농하는 처지. ③지위나 신분.
처:-지다자 ①바닥으로 잠기어 가라앉다. ¶키질하는 대로 처지는 잔돌. ②(위에서 아래로) 축 늘어지다. ¶땅에 닿을 듯이 처진 버들가지. ③맥없이 느른하여 지다. ¶어깨가 축 처진 채 돌아오다. /축 처진 목소리. ④한동아리에서 뒤떨어져 남거나, 다른 것보다 못하다. ¶앞서 달리다가 점점 처지다. /이것은 저것보다 처진다. ⑤장기에서, 궁이 면로로 내려가다.
처-지르다[−지르니·−질러]타 ①아궁이 따위에 나무를 한꺼번에 많이 몰아넣어 불을 때다. ②☞처대다2.
처질(妻姪)명 아내의 친정 조카. 처조카.
처참(悽慘)어근 '처참하다'의 어근.
처:참(處斬)명하타 목을 베어 죽이는 형벌에 처함. ¶대역죄인을 처참하다.
처참-하다(悽慘−)형여 슬프고 참혹하다. ¶대형 교통사고가 빚은 처참한 광경. 처참-히부.
처창(悽愴・悽悵)어근 '처창하다'의 어근.
처창-하다(悽愴−・悽悵−)형여 몹시 구슬프고 애달프다. ¶오늘따라 뻐꾹새 소리가 유난히 처창하다. 처창-히부.
처처(凄凄)'처처(凄凄하다'의 어근.
처처(悽悽)'처처(悽悽하다'의 어근.
처:처(處處)명 곳곳. ¶처처에 살구꽃이 피다.
처처(萋萋)'처처(萋萋하다'의 어근.
처처-하다(凄凄−)형여 음산하게 찬 기운이 있고 쓸쓸하다. 처처-히부.
처처-하다(悽悽−)형여 (마음이) 몹시 구슬프다. ¶비가 내리니 까닭 없이 마음이 처처하다. 처처-히부.
처처-하다(萋萋−)형여 초목이 우거지다. 처처-히부.
처첩(妻妾)명 아내와 첩. 적첩(嫡妾).
처:치(處置)명하타되자 ①일을 처리하거나 물건을 다루어서 치움. ②병원에서, 환자에게 어떤 조처를 하는 일. ¶응급 처치. ③죽여 없앰. ¶적군을 처치하다.
처:판(處辦)명하타 일을 분간하여 처리함.
처편(妻便)명 ☞처족(妻族).
처풍(凄風)명 쓸쓸하게 부는 바람.
처:-하다(處−)자타 ①어떤 처지에 놓이다. ¶곤경에 처하다. /멸종 위기에 처한 동물. ②책벌(責罰)이나 형벌(刑罰)에 부치다. ¶엄벌에 처하다.
처형(妻兄)명 아내의 언니.
처:형(處刑)명하타되자 ①형벌에 처함. 처벌(處罰). ②극형(極刑)에 처함. ¶죄수를 처형하다.
척¹의 ☞체².
척²부 ①물체가 빈틈없이 잘 달라붙거나 붙은 모양. ¶광고지를 광고판에 척 붙이다. ②물체가 서로 가까이 닿거나 맞닿은 모양. ③군대식 경례를 척 올려붙이다. /백사장에 척 엎드려 일광욕을 하다. ③망설임이 없이 선선히. 서슴없이 선뜻. ¶어른스럽게 척 일어서서 당당히 말하였다. ④남을 한번 훑어보는 모양. ¶척 보기에 사람이 성실할 것 같더군. ①∼③③척.
척³부 ①목소리나 몸가짐 등이 태연스럽고 점잖은 모양. ¶한복을 척 차려입고 나서다. /책상다리를 하고 척 앉아 있는 모습. ②물체가 휘움하게 휘어 있거나 늘어진 모양. ¶나뭇가지가 한여름 더위에 척 늘어져 있다. ③맥이 없이 지쳐 있는 모양. ¶힘없이 의자에 척 걸터앉아 있다. 헤척².
척(隻)의 조선 시대에, '소송 사건의 피고'를 이르던 말.
척(戚)명 성(姓)이 다르면서 겨레붙이가 되는 관계. 곧, 고종(姑從)・외종(外從)・이종(姨從) 등의 관계. ¶척이 있다.
척(尺)의 ①길이. ¶육 척 장신(長身).
척(隻)의 배의 수효를 세는 단위. ¶세 척의 어선.
척각(尺角)[−깍]명 굵기가 사방 한 자가 되는 재목.
척감(瘠疳)[−깜]명 한방에서, 등골뼈가 톱날처럼 두드러져 드러나는, 어린이의 감병(疳病)의 한 가지를 이르는 말.
척강(陟降)[−깡]명하자 오르락내리락함, 또는 그 오르내림.
척강(瘠強)[−깡]명 한방에서, 등골뼈가 뻣뻣하고 곧아서 몸을 뒤로 돌리지 못하는 병을 이름.
척거(斥拒)[−꺼]명하타 물리쳐 받아들이지 않음.
척거(擲去)[−꺼]명하타 던져서 내버림.
척결(剔抉)[−결]명하타 ①(뼈와 살을 발라내고 긁어낸다는 뜻으로) 무엇을 깨끗이 후벼 파내거나 도려냄. ②(부정・不正)・모순・결함 등이 있는 현상이나 근원을 송두리째 파헤쳐 깨끗이 없앰. ¶부정행위를 척결하다.
척골(尺骨)[−꼴]명 ☞자뼈.
척골(脊骨)[−꼴]명 ☞등골뼈. 척량(脊梁).
척골(瘠骨)[−꼴]명 〈훼척골립〉의 준말.
척골(蹠骨)[−꼴]명 다섯 개의 작은 뼈로 된 발바닥뼈. 발목뼈와 발가락뼈 사이에 있음. 부전골(跗前骨).
척관-법(尺貫法)[−꽌뻡]명 지난날의 도량형법. 길이는 척, 양은 승(升), 무게는 관 등의 단위로 함. 헤미터법.
척당(戚黨)[−땅]명 ☞척속(戚屬).
척당불기(倜儻不羈)[−땅−]명하자 뜻이 크고 기개가 굳세어, 남에게 매일 데가 없음.
척도(尺度)[−또]명 ①자로 재는 길이의 표준. ②무엇을 평가하거나 판단할 때의 기준. ¶가치의 척도.

척독(尺牘)[-똑]圓 '편지'를 달리 이르는 말. 〔옛날, 길이가 한 자가량인 널빤지에 글을 적은 데서 유래함.〕척소(尺素).

척동(尺童)[-똥]圓 열 살 안팎의 어린아이. 소동(小童).

척락(拓落)[청낙]圓하제 ▷낙척(落拓).

척량(尺量)[청냥]圓하타 물건을 자로 잼.

척량(脊梁)[청냥]圓 ▷등골뼈. 척주(脊柱). 척골(脊骨).

척량-골(脊梁骨)[청냥-]圓 ▷등골뼈.

척력(斥力)[청녁]圓 (같은 종류의 전기나 자기를 지닌 물체 사이에서 작용하는) 두 물체의 서로 밀어내는 힘. ↔인력(引力).

척릉(脊稜)[청능]圓 산등성이.

척리(戚里)[청니]圓 임금의 내척과 외척을 이르는 말.

척말(戚末)[청-]代 성이 다른 친척 사이에서 '자기'를 낮추어 이르는 말. 척하(戚下).

척매(斥賣)[청-]圓하타되자 물건을 헐값으로 마구 팖. 방매(放賣). 투매(投賣).

척박-하다(瘠薄-)[-빠카-]圈에 (땅이) 기름지지 못하고 몹시 메마르다. ¶척박한 땅. /토양이 척박하여 풀이 잘 나지 않는다.

척보(隻步)[-뽀]圓 반걸음.

척분(戚分)[-뿐]圓 친족이 아닌 겨레붙이로서의 관계. 성(姓)이 다른 겨레붙이로서의 관계. 척의(戚誼).

척불(斥佛)[-뿔]圓하제 불교를 배척함. ¶척불 숭유(崇儒) 정책.

척사(斥邪)[-싸]圓하제 ①요사스러운 것을 물리침. ②사교(邪敎)를 물리침.

척사(擲柶)[-싸]圓 윷놀이. ¶척사 대회.

척사-위정(斥邪衛正)[-싸-]圓 〔요사스러운 것을 배척하고, 정의를 지킨다는 뜻으로〕 조선 말기, 기독교와 외세를 배척·탄압하던 시기에 내세운 구호. 위정척사.

척삭(脊索)[-싹]圓 동물의 척추의 기초가 되는, 연골(물렁뼈)로 된 밧줄 모양의 물질.

척삭-동물(脊索動物)[-싹똥-]圓 '척추동물'과 '원삭동물'을 아울러 이르는 말.

척산척수(尺山尺水)[-싼-쑤]圓 ▷척산촌수(尺山寸水).

척산촌수(尺山寸水)[-싼-]圓 높은 데서 멀리 바라볼 때, '조그맣게 보이는 산과 강'을 이르는 말. 척산척수.

척살(刺殺)[-쌀]圓하타되자 칼 따위로 찔러 죽임. 자살(刺殺).

척살(擲殺)[-쌀]圓하타되자 메어쳐서 죽임.

척서(滌暑)[-써]圓하제 (더운 철에) 더운 기운을 씻어 버림.

척설(尺雪)[-썰]圓 ▷잣눈².

척소(尺素)[-쏘]圓 ▷척독(尺牘).

척속(戚屬)[-쏙]圓 친족이 아닌 겨레붙이. 성(姓)이 다른 겨레붙이. 척당(戚黨).

척수(尺數)[-쑤]圓 자로 잰 수치.

척수(隻手)[-쑤]圓 ①한쪽 손. ②'매우 외로움'을 비유하여 이르는 말.

척수(脊髓)[-쑤]圓 등뼈의 관 속에 들어 있는 신경 중추. 뇌와 말초 신경 사이의 자극 전달과 반사 기능을 맡음. 등골¹.

척수-고진(隻手孤陣)[-쑤-]圓 도움을 받을 데가 없는 외로운 군대.

척수-막(脊髓膜)[-쑤-]圓 척수를 싸고 있는 섬유질의 막.

척수^신경(脊髓神經)[-쑤-]圓 척수에서 갈라져 몸통과 팔다리의 곳곳에 퍼져 있는 운동 및 지각 신경.

척수-염(脊髓炎)[-쑤-]圓 척수에 생기는, 경련과 마비가 따르는 염증.

척숙(戚叔)[-쑥]圓 척분이 있는 겨레붙이 가운데에서 아저씨뻘이 되는 사람.

척식(拓殖·拓植)[-씩]圓하제 〔개척과 식민(植民)의 뜻으로〕 미개한 땅을 개척하여 사람이 살거나 살게 함, 또는 그 일. ¶척식 회사.

척신(隻身)[-씬]圓 홀몸.

척신(戚臣)[-씬]圓 임금과 척분이 있는 신하.

척안(隻眼)[-싼]圓 ①애꾸눈이. 외눈박이. ②남다른 식견(識見).

척애(隻愛)[-쌔]圓하제 짝사랑.

척언(斥言)[-썬]圓 남을 배척하는 말.

척연(惕然) '척연(惕然)하다'의 어근.

척연(戚然) '척연(戚然)하다'의 어근.

척연-하다(惕然-)[-썬-]圈에 근심스럽고 두렵다. 척연-히旱.

척연-하다(戚然-)[-썬-]圈에 걱정스럽다. ¶입시를 앞두고 초조해하는 것을 보니 정말 척연하다. 척연-히旱.

척영(隻影)[-썽]圓 ①외로운 그림자. ②'오직 한 사람'을 뜻하는 말.

척의(戚誼)[처긔/처기]圓 ①척속 간의 정의. ¶척의가 도탑다. ②척분(戚分).

척일(隻日)[-씰]圓 ①홀수(기수)인 날. 기일(奇日). ②▷강일(剛日).

척전(擲錢)[-쩐]圓 동전을 던져서 드러나는 앞뒤쪽을 보고 길흉을 점치는 일.

척제(戚弟)[-쩨]圓 아우뻘이 되는 성(姓)이 다른 겨레붙이.

척제(滌除)[-쩨]圓하타 씻어 없앰.

척종(戚從)[-쫑]代 〔주로 편지 글에서〕 나이나 항렬이 낮은 인척에게 '자기'를 이르는 말.

척주(脊柱)[-쭈]圓 ▷등골뼈. 척량(脊梁). 園등심대.

척지(尺地)[-찌]圓 ①아주 가까운 곳. ②(얼마 안 되는) 작은 땅. 척토(尺土). 촌지(寸地).

척지(尺紙)[-찌]圓 ①작은 종이. ②짧게 쓴 편지.

척지(拓地)[-찌]圓 ①땅을 개척함, 또는 개척한 그 땅. 척토(拓土). ②영토의 경계를 넓힘.

척-지다(隻-)[-찌-]자 서로 원한을 품게 되다.

척질(戚姪)[-찔]圓 조카뻘 되는 인척의 겨레붙이.

척-짓다(隻-)[-찓따][~지으니·~지어]자ㅅ 서로 원한을 품을 만한 일을 만들다. ¶이웃끼리 척지을 짓은 하지 마라.

척창(隻窓)[-창]圓 ▷쪽창.

척척¹旱 물건이 차지게 자꾸 들러붙는 모양. ¶벽지를 척척 발라 나가다. 蚕착칙¹. 웹쩍².

척척²旱 ①행진 대열에서 발걸음이 잘 맞는 모양. ¶발을 척척 맞추며 씩씩하게 행진하다. ②일이 조리 있게, 또는 차례대로 잘 처리되어 나가는 모양. ¶맡은 일을 척척 해내다. /일이 순조롭게 척척 진행되다. 蚕착칙²(着着).

척척-박사(-博士)[-빡싸]圓 ①무슨 질문이든지 막힘이 없이 잘 대답해 내는 사람. ②무슨 일이든지 맡기는 대로 잘 해내는 사람.

척척-하다[-처카-]圈에 (젖은 물건이 살에 닿아) 축축하고 찬 느낌이 있다. ¶입은 옷이 척척~하다.

척촉(躑躅)圓 ▷철쭉.

척촉-화(躑躅花)[-초콰]圓 ▷철쭉꽃.

척촌(尺寸)圐 ①자와 치. 촌척. ②(얼마 안 되는) ‘작은 것’을 이르는 말. ¶척촌의 공(功).

척촌지공(尺寸之功)圐 약간의 공.

척추(脊椎)圐 ⤷등골뼈.

척추-골(脊椎骨)圐 ⤷등골뼈. ㉝추골.

척추-동물(脊椎動物)圐 동물계의 한 문(門). 등골뼈를 가진 동물을 통틀어 이르는 말. 등뼈동물. 유척동물.

척추-염(脊椎炎)圐 ⤷척추 카리에스.

척추ㅣ카리에스(脊椎caries)圐 척추의 결핵. 척추 운동의 제한, 농양 등이 나타나며, 치료 뒤에 곱사등이가 됨. 척추염(脊椎炎).

척축(斥逐)圐ᄒᆞ다 몰아냄.

척출(斥黜)圐ᄒᆞ다�弖ᄌᆞ 벼슬을 떼어 내쫓음.

척출(剔出)圐ᄒᆞ다 도려내거나 후벼 냄.

척탄(擲彈)圐ᄒᆞ다 (적에게) 폭탄을 던짐, 또는 그 던지는 폭탄.

척탄-병(擲彈兵)圐 척탄통을 가지고 척탄 발사를 맡은 병사.

척탄-통(擲彈筒)圐 척탄이나 신호탄·조명탄 등을 발사하는 데 쓰는 병기의 한 가지.

척토(尺土)圐 ⤷척지(尺地).

척토(拓土)圐ᄒᆞ다�弖ᄌᆞ ⤷척지(拓地).

척토(瘠土)圐 (몹시) 메마른 땅.

척퇴(斥退)圐 -되/-퇘]圐ᄒᆞ다 물리침.

척푼(←隻分)圐 〔척푼척리의 준말.

척푼-척리(←隻分隻厘)[-청니]圐 몇 푼 안 되는 적은 돈. ㉝척푼.

척하(戚下)[처카]圕 ⤷척말(戚末).

척-하다[처카-]ᄌᆞ 자기를 과장하여 나타내 보이는 태도를 취하다. ¶쥐뿔도 없으면서 척하다.

척-하다[처카-]⤷조동ㅣ어 체하다. ¶못 본 척하다. /잘난 척하다. /아는 척하다.

척행(隻行)[처캥]圐ᄒᆞ다 먼 길을 혼자서 떠남.

척형(戚兄)[처켱]圐 형뻘이 되는 인척(姻戚)의 겨레붙이.

척화(斥和)[처콰]圐ᄒᆞ다 화의(和議)를 배척(排斥)함.

척화-비(斥和碑)[처콰-]圐 조선 고종 8(1871)년에 흥선 대원군이 양이(洋夷)를 배척한다는 뜻을 새기어 서울과 지방 각처에 세운 비석.

척화-파(斥和派)[처콰-]圐 화의(和議)를 반대하는 강경파. 병자호란 때, 청나라와의 화의를 반대했던 삼학사(三學士)의 일파를 일컫던 말.

척후(斥候)[처쿠]圐 ①적의 형편이나 지형 등을 살핌. ②〔척후병의 준말.

척후-병(斥候兵)[처쿠-]圐 척후 임무를 맡은 병사. ㉝척후.

척후-전(斥候戰)[처쿠-]圐 ①두 편의 척후병끼리 맞싸우는 전투. ②서로 척후를 벌이는 활동.

천ː(옷이나 이불·차일 따위의 감이 되는) 피륙. ¶줄무늬 천. /구김이 잘 가는 천. /천 세 필을 끊다.

천(天)圐 ①하늘. ②불교에서 이르는, 육계(六界)의 하나. 천왕과 천인, 또는 그들이 살고 있다는 세계.

천ː(薦)圐ᄒᆞ다�弖ᄌᆞ ⤷추천. 천거.

천(千)㔔㎝ 백(百)의 열 곱절(의).

천 길 물속은 알아도 한 길 사람의 속은 모른다ᄉᆞᆨ땀 사람의 속마음을 알기는 어렵다는 말.

천 냥 빚도 말로 갚는다ᄉᆞᆨ땀 〔비록 큰 잘못이 있다 하더라도 순리로 말을 잘 하면 풀릴 수 있다는 뜻으로〕‘처세하는 데는 언변이 좋아야 함’을 이르는 말.

천 갈래 만 갈래관용 아주 많은 여러 갈래. ¶어미의 마음은 천 갈래 만 갈래 찢어지는 듯하구나.

-천(川)⤷젭미 (지명을 나타내는 일부 명사 뒤에 붙어) ‘내’를 뜻함. ¶청계천. /중랑천.

천ː가(賤價)[-까]圐 아주 싼 값.

천가-시(千家詩)圐 〔천 사람의 시라는 뜻으로〕‘수많은 사람의 시’를 이르는 말.

천간(天干)圐 육십갑자의 윗부분을 이루는 요소. 십간(十干). ⤷⤷ᄎ지지(地支).

천갈-궁(天蠍宮)圐 ⤷전갈자리.

천개(天蓋)圐 ①관(棺)의 뚜껑. 천판(天板). ②대궐의 용상 위나 법당의 불상 위에 만들어 놓은 집 모양의 장식. 닫집.

천ː객(遷客)圐 귀양살이하는 사람. 천인(遷人).

천객-만래(千客萬來)[-깽날-]圐ᄒᆞ다 〔천 명의 손님이 만 번씩 온다는 뜻으로〕‘많은 손이 번갈아 찾아옴’을 이르는 말.

천거(川渠)圐 물의 근원에서 멀지 않은 내.

천ː거(薦擧)圐ᄒᆞ다�弖ᄌᆞ 인재를 어떤 자리에 오르도록 추천함. 거천. 천. ¶적임자를 천거하다.

천겁(千劫)圐 매우 오랜 세월. 영겁.

천ː격(賤格)[-격]圐 ①⤷천골(賤骨). ②낮고 천한 품격. ⤷⤷ᄎ귀격(貴格).

천ː격-스럽다(賤格-)[-격쓰-따][~스러우니·~스러워]혱ㅂ 품격이 낮고 천한 느낌이 있다.

천격스레ᄆᆞ.

천견(淺見)圐 ①얕은 견문. 천문(淺聞). ②박한 소견. ③‘자기의 소견’을 겸손하게 이르는 말. 단견(短見).

천견-박식(淺見薄識)[-씩]圐 얕은 견문과 좁은 지식.

천경-지위(天經地緯)圐 〔하늘이 정하고 땅이 받드는 길이라는 뜻으로〕‘온 세상에 영원히 두루 통하는 법도와 이치’를 이르는 말.

천계(天戒)[-계/-게]圐 하늘이 내리는 경계나 가르침.

천계(天界)[-계/-게]圐 ①삼계(三界)의 하나. 하늘의 세계. ②〈천상계(天上界)〉의 준말.

천계(天啓)[-계/-게]圐 천지신명의 계시.

천고(千古)圐 ①아득한 옛날. ¶천고로부터 전승된 풍속. ②오랜 세월 동안. 《주로, ‘천고에’의 꼴로 쓰임.》 ¶천고에 빛날 공적. ③일찍이 유례가 없음. 《주로, ‘천고의’의 꼴로 쓰임.》 ¶천고의 명작. 천고의 역적.

천고(天鼓)〔하늘의 북이란 뜻으로〕①천둥. ②부처의 설법.

천고마비(天高馬肥)〔하늘이 높고 말이 살찐다는 뜻으로〕‘가을’을 말할 때 수식하는 뜻으로 이르는 말. ¶가을은 천고마비의 계절이다.

천고만난(千苦萬難)圐 ⤷천신만고(千辛萬苦).

천고-불후(千古不朽)圐ᄒᆞ다 영원히 썩지(없어지지) 않음. ¶천고불후의 명작.

천고-절(千古節)圐 영원히 변하지 않을 굳은 절개.

천곡(天穀)圐 대종교에서, 신자들이 끼니마다 먹는 쌀을 이르는 말.

천ː골(賤骨)圐 ①비천하게 될 골상. 천격(賤格). ②비천하게 생긴 사람. ⤷⤷ᄎ귀골(貴骨).

천ː골(薦骨)圐 ⤷엉치등뼈.

천공(天工)圐 ①하늘의 조화(造化)로 이루어진 묘한 재주. 화공(化工). ②하늘이 백성을 다스리는 조화.

천공(天公)圐 하느님. 천제(天帝).

천공(天功)圐 자연의 조화.

천공(天空)圐 한없이 넓은 하늘.

천:공(穿孔)圀]하자타되자] ①구멍을 뚫음. ⑪파
공. ②위벽(胃壁)이나 복막 따위가 상하여 구
멍이 생김, 또는 그 구멍.

천:공(賤工)圀] 지난날, '천한 일을 하는 장인
(匠人)'을 두루 이르던 말.

천:공-기(穿孔機)圀] ①공작물 따위에 구멍을
뚫는 기계. ②컴퓨터의 카드나 테이프 따위에
구멍을 뚫는 장치.

천:공^카:드(穿孔card)圀] ☞펀치 카드.

천:공-판(穿孔板)圀] 극피동물의 등 쪽에 있는
석회질의 작은 기관. 작은 구멍이 있어서 그
곳으로 물을 들이고 내고 함.

천공-해활(天空海闊)圀] 〔하늘과 바다가 한없이
넓다는 뜻으로〕 도량이 크고 넓음을 이르는 말.

천곽(天廓)圀] 눈의 흰자위.

천관(天官)圀] 지난날, 육조(六曹) 가운데 으뜸
이라는 뜻으로, '이조(吏曹)' 또는 '이조 판
서'를 달리 이르던 말.

천관-아문(天官衙門)圀] 지난날, '이조(吏曹)'를
달리 이르던 말.

천광(天光)圀] 맑게 갠 하늘의 빛.

천구(天狗)圀] ①<천구성>의 준말. ②불교에서
이르는, 악귀의 한 가지.

천구(天球)圀] 천문학에서, 지구 상의 관측자를
중심으로 '천공(天空)'을 공 모양으로 여기고
이르는 말.

천:구(賤軀)圀] 〔천한 몸뚱이라는 뜻으로〕 '자기
의 몸'을 낮추어 이르는 말.

천구-성(天狗星)圀] 옛날 중국에서, '유성(流
星)'이나 '혜성'을 이르던 말. ㉫천구.

천구-의(天球儀)[-의/-이]圀] 천구 위에 보이
는 별자리나 황도 따위를 지구본처럼 기록하여
놓은 기구.

천구^좌:표(天球座標)圀] 천구 위에 있는 천체
의 위치를 결정하는 좌표. 천체 좌표.

천국(天國)圀] ①천상에 있다는 이상적인 세계.
②기독교에서, 하나님이 직접 다스린다는 나
라. 천당. ③어떤 제약도 받지 아니하는 자유
롭고 편안한 곳. 또는, 그런 상황. ¶아이들의
천국. ①②하늘 나라. ↔지옥.

천군(天君)圀] ①삼한 때, 소도(蘇塗)라는 지역
을 지배하던 제주(祭主)의 칭호. ②사람의
마음.

천군-만마(千軍萬馬)圀] 〔천 명의 군사와 만 마
리의 군마라는 뜻으로〕 썩 많은 군사와 말을
이르는 말. 천병만마(千兵萬馬).

천궁(川芎)圀] ①산형과의 다년초. 중국 원산의
약용 식물. 줄기 높이는 30~60 cm. 줄기
는 살이 많으며 향기가 있음. 8월경에 흰 꽃이
핌. ②한방에서, '천궁과 궁궁이의 뿌리'를 약
재로 이르는 말. 〔피를 맑게 하는 데나 부인병
등에 쓰임.〕

천궁(天弓)圀] '무지개'를 달리 이르는 말. 제궁
(帝弓).

천권(天權)圀] 북두칠성의 하나. 국자 모양의 뒤
쪽 위의 별. 3등성. 음허형(玉衡).

천:권(擅權)[-꿘]圀]하자] 권력을 제멋대로 부림.

천극(天極)圀] ①지축의 연장선과 천구(天球)가
교차하는 점. 그곳에 북극성이 위치하고 있
음.] ②'북극성'을 달리 이르는 말.

천극(栫棘)圀] ①하자]〔가시 울타리를 친다는 뜻
으로〕 가난한 사람이 죄가 없어 밖에 나가지
못함을 이름. ②☞가극(加棘).

천:극(踐極)圀]하자] ☞천조(踐祚).

천근(天根)圀] 하늘의 맨 끝.

천:근(茜根)圀] 한방에서, '꼭두서니의 뿌리'를
약재로 이르는 말. 〔열로 말미암은 혈증(血症)
에 쓰임.〕

천근(淺近)'천근하다'의 어근.

천근-만근(千斤萬斤)圀]〔무게가 천 근이나 만
근이 된다는 뜻으로〕 '아주 무거움'을 뜻하는
말. ¶며칠 무리했더니 피로가 쌓이어 몸이 천
근만근이다.

천근-역사(千斤力士)[-녁싸-]圀]〔천 근을 드는
역사라는 뜻으로〕 '힘이 매우 센 사람'을 이르는 말.

천:근-하다(淺近-)혱여] (지식이나 생각이) 천
박하고 얕다.

천금(千金)圀]〔엽전 천 냥이라는 뜻으로〕 ①'많
은 돈'을 비유하여 이르는 말. ¶천금을 준다
해도 그 일만은 못한다. ②'매우 귀중한 가
치'를 비유하여 이르는 말. ¶천금같이 귀한
몸. /한 시각이 천금 같다.

천금(天衾)圀] 송장을 관에 넣고 천개(天蓋) 안
으로 덮는 이불.

천금연낙(千金然諾)圀] 천금처럼 귀중한 허락.

천:급(喘急)圀] 한방에서, 심한 천식을 이르는 말.

천기(天氣)圀] ①천문에서 나타나는 징조(徵兆).
건상(乾象). 천후(天候). ②대기의 기상 상태.
일기(日氣).

천기(天機)圀] ①천지조화의 기밀. 하늘의 비밀.
②임금의 밀지(密旨). ③중대한 기밀. ④타고
난 성질이나 기지(機智).

천기(天璣)圀] 북두칠성의 하나. 국자 모양의 서
쪽 아래의 별. ㉫천권(天權).

천:기(賤技)圀] 천한 재주.

천:기(賤妓)圀] 천한 기생.

천기-누설(天機漏泄)圀]하자] 중대한 기밀이 새
어 나가게 함. ¶이놈, 만일 천기누설하여서는
성명(性命)을 보전하지 못하리라(烈女春香守
節歌).

천난-만고(千難萬苦)圀] ☞천신만고(千辛萬苦).

천남성(天南星)圀] ①천남성과의 다년초. 산지의
그늘진 곳에 나는데 줄기 높이는 30~60 cm.
구경(球莖)은 살이 많고 수염뿌리가 남. 5~7
월에 녹색 꽃이 피고, 열매는 옥수수 알처럼
열리며 붉게 익음. ②한방에서, '천남성의 구
경'을 약재로 이르는 말. 〔담이나 풍치를 다스
리는 데 쓰임.〕

천녀(天女)圀] ①☞직녀성. ②불교에서, 천상계
에 산다는 여자. 용모가 아름답고 노래와
춤을 잘 추며 자유로이 날아다닌다고 함. 비천
(飛天). 천인(天人). ③'매우 아름답고 상냥한
여성'을 비유하여 이르는 말.

천:녀(賤女)圀] 신분이 낮은 여자.

천녀-손(天女孫)圀] '직녀성'을 달리 이르는 말.

천년(千年)圀] '어느 세월에'라는 뜻으로 나타내
는 말. 《주로, '어느 천년에'의 꼴로 쓰임.》
¶어느 천년에 그 빚을 다 갚느냐.

천년(天年)圀] ☞천명(天命).

천년-만년(千年萬年)圀]〔천만 년, 또는 천 년과
만 년의 뜻으로〕 '아주 오랜 세월'을 이르는
말. ¶천년만년 살고지고.

천년^왕국(千年王國)圀] 예수가 재림하여 천 년
동안 다스릴 것이라는 이상(理想)의 왕국.

천년-일청(千年一淸)圀]〔황하(黃河)의 흐린 물
이 천 년 만에 한 번 맑다는 뜻으로〕 '좀처럼
있을 수 없는 일을 헛되이 바라거나 기다림'을
비유하여 이르는 말. ㉫백년하청(百年河淸).

천념(千念)圀] 1800개의 구슬을 꿴 긴 염주.

천:노(賤奴)圀] 비천한 종.

천:-녹색(淺綠色)[-쌕]圓 엷은 녹색.
천단(淺短) '천단하다'의 어근.
천:단(擅斷)圓허타 제 생각대로 마구 처단하거나 처리함.
천:단-하다(淺短-)圓 (생각이나 지식이) 얕고 짧다.
천:답(踐踏)圓허타 발로 짓밟음.
천당(天堂)圓 ①천상에 있다는 신의 전당. ②☞천국(天國). ③불교에서 이르는, 극락세계인 정토(淨土). ⑫⑤하늘·하늘나라. ↔지옥.
천대(代代)圓 (천의 대(연대·세대)라는 뜻으로) '영원'을 이르는 말. ¶천대에 빛날 위업.
천:대(遷代)圓하자 대(代)가 바뀜.
천:대(賤待)圓허타 퇴자 ①업신여겨 푸대접함. ¶천대를 받다. ②(물건을) 함부로 다룸. ¶고물차라고 천대하다.
천:대-기(賤-)圓 천대만 받는 사람이나 물건.
천덕(天德)圓 ①하늘의 덕. ②민속에서, 길일(吉日)과 길방(吉方)을 이르는 말.
천:덕-구니(賤-)[-꾸-]圓〈천더기〉의 속된 말.
천:덕-꾸러기(賤-)圓〈천더기〉의 속된 말.
천덕-사은(天德師恩)[-싸-]圓 하늘의 덕과 스승의 은혜.
천:-덕-스럽다(賤-)[-쓰-따][~스러우니·~스러워]圓 보기에 품격이 낮고 야비하다. ¶천덕스럽기 짝이 없다. 천덕스레圓.
천덕-왕도(天德王道)圓 하늘의 덕과 왕자의 도.
천덩-거리다짜 자꾸 천덩천덩하다. 천덩대다.
천덩-대다짜 천덩거리다.
천덩-천덩圓하자 끈적끈적한 액체가 길게 처져 내리다가 뚝뚝 떨어지는 모양.
천도(天桃)圓 선가(仙家)에서, 천상에 있다고 하는 복숭아.
천도(天道)圓 ①천지 자연의 도나 도리. ¶천도를 알아라. ②불교에서, '욕계·색계·무색계'를 통틀어 이르는 말. ③천체가 운행하는 길.
천:도(遷都)圓하자 도읍을 옮김. ¶한양 천도.
천:도(薦度)圓허타 죽은 사람의 넋을 극락으로 인도하는 일.
천도-교(天道敎)圓 수운(水雲) 최제우(崔濟愚)를 교조로 하는 종교. 인내천(人乃天)을 종지로 함. 동학교. 제우교.
천도-무심(天道無心)圓하타 하늘이 무심함.
천:도-재(薦度齋)圓 죽은 사람의 넋을 극락으로 인도하기 위하여 치르는 재.
천동(天動)圓〈천둥〉의 본딧말.
천동(天童)圓 (불교에서) ①호위하는 신. ②천인(天人)이 인간의 형상을 하고 세상에 나타난 동자.
천:동(遷動)圓하자퇴자 자리를 옮김. 천사(遷徙).
천동-대신(天動大神)圓 무속에서 이르는, 두려운 귀신의 한 가지.
천동-설(天動說)圓 모든 천체는 우주의 중심인 지구 둘레를 돈다는 설. [16세기경까지 믿어온 우주설임.] 천동설(地動說).
천동(←天動)圓하자 벼락이나 번개가 칠 때에 하늘이 요란하게 울리는 일, 또는 그때 일어나는 우레. 천고(天鼓). 뇌정.
  천둥에 개 뛰어들듯속담 '놀라서 어쩔 바를 모름'을 이르는 말.
  천둥인지 지동인지 모르겠다속담 '뭐가 뭔지 도무지 분간할 수 없음'을 비유하여 이르는 말.
천둥-벌거숭이(←天動-)圓 '철없이 함부로 덤벙거리는 사람'을 낮추어 이르는 말.
천둥-소리圓 천둥이 칠 때 나는 소리. 뇌성(雷聲). 우렛소리.

천둥-지기(←天動-)圓 ☞천수답(天水畓).
천라-지망(天羅地網)[철-]圓 (하늘과 땅에 쳐진 그물이란 뜻으로) '피할 수 없는 경계망이나 재액'을 이르는 말. ¶그대 재주 비록 출중하다 하나 천라지망을 어찌 벗어나리요.
천락-수(天落水)[철-쑤]圓 (하늘에서 떨어진 물이라는 뜻으로) '빗물'을 이르는 말.
천람(天覽)[철-]圓하타 ☞어람(御覽).
천랑-성(天狼星)[철-]圓 큰개자리의 알파성(星). 하늘에서 가장 밝은 별.
천래(天來)[철-]圓 (하늘로부터 왔다는 뜻으로) 재주가 선천적임을 이르는 말. ¶천래의 대문장. ⓗ천부(天賦).
천:량(←錢糧)[철-]圓 ①살림살이에 드는 돈과 양식. ②재물. 재산. ¶천량을 모으다.
천려(千慮)[철-]圓 여러모로 생각하거나 마음을 쓰는 일, 또는 그 생각이나 마음.
천려(淺慮)[철-]圓 생각이 얕음, 또는 얕은 생각. 단려(短慮).
천려-일득(千慮一得)[철-뜩]圓 (아무리 어리석은 사람일지라도) 많은 생각을 하다 보면 한 가지쯤은 좋은 생각을 얻는다는 말. ↔천려일실.
천려-일실(千慮一失)[철-씰]圓 (아무리 슬기로운 사람일지라도) 많은 생각 가운데는 한 가지쯤은 실책이 있게 마련이라는 말. ↔천려일득.
천렵(川獵)[철-]圓하자 (놀이로) 냇물에서 고기를 잡는 일.
천:-령(薦靈)[철-]圓하타 불교에서, 죽은 이의 영혼을 구제하기 위하여, 재(齋)나 불공을 올리는 일.
천례(天禮)[철-]圓 하늘에 제사 지내는 예.
천로(天路)[철-]圓 가톨릭에서 이르는, 천당으로 가는 길, 곧 선을 행하고 공을 세우는 길.
천록(天祿)[철-]圓 하늘이 주는 복록.
천뢰(天籟)[철뢰/철뇌]圓 ①하늘의 자연스러운 소리. [바람 소리나 빗소리 따위.] 참지뢰. ②자연의 가락에 맞는 뛰어난 시문(詩文).
천루(賤陋) '천루하다'의 어근.
천:-루-하다(賤陋-)[철-]圓 됨됨이가 천박하고 언행이 비루하다.
천륜(天倫)[철-]圓 부자(父子)·형제 사이에 마땅히 지켜야 할 도리. ¶천륜을 어기다.
천:릉(遷陵)[철-]圓하자 능을 다른 곳으로 옮김. 천산릉(遷山陵).
천리(天理)[철-]圓 천지 자연의 이치. 만물에 통하는 자연의 도리.
천:리(踐履)[철-]圓하타 몸소 실천함.
천리-건곤(千里乾坤)[철-]圓 멀고 멀리 뻗쳐 아주 너른 하늘과 땅.
천리-경(千里鏡)[철-]圓 ☞망원경.
천리-구(千里駒)[철-]圓 ①☞천리마(千里馬). ②자손들 가운데서 뛰어나게 잘난 자손을 칭찬하여 이르는 말.
천리-다(千里茶)[철-]圓 지난날, 먼 길을 갈 때 갈증을 달래기 위하여 먹던 약. 백복령·한수오·갈근·오매육·박하·감초 등의 가루를 꿀어 반죽하여 만듦.
천리-동풍(千里同風)[철-]圓 (천 리까지 같은 바람이 분다는 뜻으로) '태평한 세상'을 비유하여 이르는 말.
천리-마(千里馬)[철-]圓 (하루에 천 리를 달릴 수 있는 말이라는 뜻으로) 아주 뛰어난 말을 이름. 천리구(千里駒).
  천리마 꼬리에 쉬파리 따라가듯속담 자기는 하는 일 없이 남에게 기대어 살거나 싸다님을 이르는 말.

천리-만리(千里萬里)[철-말-]圈 '썩 먼 거리'를 이르는 말. ㉽천만리.

천리-비린(千里比隣)[철-]〔천 리나 되는 먼 곳을 이웃에 비긴다는 뜻으로〕'먼 곳을 가깝게 느낌'을 이르는 말.

천리-수(千里水)[철-]圈 ⇨장류수(長流水).

천리-안(千里眼)[철-]圈〔천 리 밖을 보는 눈이란 뜻으로〕①먼 데서 일어난 일을 직감적으로 알아맞히는 능력을 이름. ②사물의 이면을 꿰뚫어 보는 능력을 이름.

천리-포(千里脯)[철-]圈 고기붙이를 술·초·소금에 주물러 하루쯤 두었다가 삶아서 말린 반찬.

천리-행룡(千里行龍)[철-농]圈 ①풍수설에서, 산맥이 높았다 낮았다 하며 힘차게 멀리 뻗은 형세를 이르는 말. ②어떤 일을 직접 말하지 않고, 그 유래를 말하여 차차 그 일에 미침.

천마(天馬)圈 ①하늘을 달린다는 상제(上帝)의 말. ②아라비아에서 나는 좋은 말.

천마(天麻)圈 난초과의 여러해살이풀. 계곡의 숲 속에서 자라며, 줄기 높이는 1m가량. 땅속으로 감자 같은 덩이줄기가 벋음. 엽록소가 없는 잎이 비늘 모양으로 군데군데 붙으며 초여름에 황갈색의 꽃이 핌. 한방에서 약재로 쓰임.

천마(天魔)圈 불교에서 이르는 사마(四魔)의 하나. 욕계(欲界) 제6천에 사는 마왕과 그 동아리. 파순(波旬).

천막(天幕)圈 비바람 따위를 막기 위하여 치는 서양식 장막. 텐트. 圓차일.

천만(千萬)圈《일부 명사 뒤에 쓰이어》'이를 데 없음', '짝이 없음'을 뜻함. ¶위험 천만이다. /유감 천만일세.

천:만(喘滿)[-]한자 숨이 차서 가슴이 몹시 벌떡거림.

천만(千萬) [Ⅰ]수관 만의 천 배가 되는 수(의). ¶남북 칠천만 동포.
　[Ⅱ]囝〔'천만 가지의 경우에도'의 뜻으로〕전혀. 아주. 매우. 어떤 경우에도. ¶천만 모를 소리. /그런 일은 다시 천만 없도록 하게. ㉽천만에.

천만의 말씀[관용] (남이 한 말에 대하여) '공연한 말', '당치도 않은 말'의 뜻으로 힘주어 부정하거나 겸손해하는 말. ¶고맙다니요, 천만의 말입니다.

천만-고(千萬古)圈 (천만 년이나 되는) 퍽 오랜 옛날.

천만-금(千萬金)圈 썩 많은 돈이나 값어치. ¶천만금을 준다 해도 싫다.

천만-년(千萬年)圈〔천 년과 만 년의 뜻으로〕'아주 오랜 세월'을 이르는 말. 천만세(千萬歲). 천추만세.

천만-다행(千萬多幸)圈한 매우 다행함. 만만다행(萬萬多幸). ¶사고를 미연에 방지했으니 그나마도 천만다행이다.

천만-대(千萬代)圈 ⇨천만세(千萬世).

천만-뜻밖(千萬-)[-뜯빢]圈 전혀 생각하지 아니한 상태. 천만몽외. 천만의외. • 천만뜻밖이[-뜯빠끼]·천만뜻밖만[-뜯빵-].

천만-리(千萬里)[-말-]圈 〈천리만리〉의 준말. ¶천만리 머나먼 길을 마다 않고 오다.

천만-몽외(千萬夢外)[-외/-웨]圈 전혀 생각지도 않음. 《주로, '천만몽외로'·'천만몽외에' 등의 꼴로 쓰임.》천만뜻밖.

천만-번(千萬番)圈 아주 많은 번수. ¶천만번 빌고 싶다.

천만부당(千萬不當)圈한형 ⇨천부당만부당.

천만불가(千萬不可)圈한 전혀 경위에 당치 않음. 전연 옳지 않음. 만만불가(萬萬不可). ¶스승을 욕비대니, 천만불가한 일이로세.

천만-사(千萬事)圈 퍽 많은 여러 가지 일. 온갖 일. 만사(萬事).

천만-세(千萬世)圈 썩 멀고 오랜 세대. 천만대.

천만-세(千萬歲)圈 ⇨천만년.

천만-에(千萬-)겜 (남이 한 말에 대하여) '공연한 말', '당치도 않은 말'의 뜻으로 힘주어 부정하는 말. ¶노래 솜씨가 대단하다던데요? 천만에, 나 같은 음치도 다시 없을걸.

천만-의외(千萬意外)[-마녜-/-마니웨-]圈 천만뜻밖.

천만-층(千萬層)圈〈천층만층〉의 준말.

천만-파(千萬波)圈〈천파만파〉의 준말.

천:맘(薦望)圈한 왕조 때, 이조에서 벼슬아치를 천거하여 올리던 일. ㉽맘(望).

천매-암(千枚岩)圈 변성암의 한 가지. 녹색이나 회갈색으로, 나뭇잎처럼 얇은 층이 켜켜이 쌓여 잘 떨어짐.〔주성분은 석영·운모·녹니석(綠泥石) 등임.〕

천맥(阡陌)圈 ①밭 사이의 길. ②산기슭이나 밭두둑.

천맥(泉脈)圈 땅속에 있는 샘 줄기.

천명(天命)圈 ①타고난 수명. 천년(天年). 천수(天數). 천수(天壽). ¶천명이 다하다. ↔비명(非命). ②타고난 운명. ③하늘의 명령. ④천자의 명령. ⑤대명(大命).

천명(天明)圈 동틀 무렵.

천:명(賤名)圈〔'천한 이름'이란 뜻으로〕자기 아들을 겸손하게 이르는 말. ②민속에서, 명이 길고 복을 받으라고 어린아이에게 따로 지어 주는 천한 이름. 〔개똥이·돼지 따위.〕

천:명(擅名)圈한자 이름을 드날림.

천:명(闡明)圈한타 퇴돼 (사실·내막 또는 의사 따위를) 분명하게 드러내거나 나타냄. ¶대통령 입후보 사퇴 사유를 기자 회견에서 천명하였다.

천:목(薦目)圈 벼슬아치를 천거하는 데 필요한 조건.〔문학·재능·효렴(孝廉) 따위.〕

천:묘(遷墓)圈한자 무덤을 다른 곳으로 옮김. 천장(遷葬).

천무음우(天無淫雨)圈〔하늘에서 궂은비가 내리지 않는다는 뜻으로〕'태평한 나라와 시대'를 이르는 말.

천무이일(天無二日)圈〔하늘에 해가 둘이 있을 수 없듯이〕나라에는 임금이 하나뿐임을 비유하여 이르는 말. ¶천무이일이요, 불사이군이라 했거늘 내 어찌 그를 따로 섬기리.

천문(天文)圈 ①천체와 기상(氣象)의 현상. ②〈천문학〉의 준말. ③천체의 운행에 따라 역법(曆法)을 연구하거나, 길흉을 예언하는 일.

천문(天門)圈 ①천제(天帝)의 전각에 있는 문, 또는 하늘로 들어가는 문. ②'대궐 문'을 높이어 이르는 말. ③'콧구멍'이나, '양미간'을 달리 이르는 말.

천:문(淺聞)圈 ⇨천견(淺見).

천문-대(天文臺)圈 천체 현상을 조직적으로 관측하고 연구하는 시설.

천문동(天門冬)圈 백합과의 다년초. 주로 바닷가 근처에 나는데 뿌리줄기는 짧고 수많은 방추형의 뿌리가 사방으로 퍼짐. 줄기는 길이 1~2m로 덩굴성이며, 꽃은 5~6월에 핌. 뿌리는 진해(鎭咳)·이뇨 및 강장제로 쓰며, 어린순은 나물로 먹음.

천문-만호(千門萬戶)**명** ①대궐에 문이 많음을 이르는 말. ②많은 백성의 집.

천문-시(天文時)**명** 태양이 남중하는 정오를 출발점으로 재는 시간.

천문-조(天文潮)**명** 해나 달의 인력에 의하여 일어나는 일반적인 조석(潮汐) 현상. 천체조.

천문^지리학(天文地理學)**명** 수리 지리학.

천문-천정(天文天頂)**명** 관측하는 사람의 눈을 지나는 수직선의 맨 꼭대기 점. 천정. 천정점.

천문-학(天文學)**명** 천체에 관한 온갖 사항을 연구하는 학문. **준**천문.

천문학-적(天文學的)[-쩍]**관명** ①천문학에서 다루는 (것). ②(천문학에서나 다루어지는 숫자와 같이) 엄청난 숫자의 (것). ¶천문학적인 비용.

천문^항:법(天文航法)[-뻡]**명** 천체의 수평선상의 위치를 관측하여 배나 비행기 따위의 위치를 재는 방법. 측천법(測天法).

천:민(賤民)**명** 신분이 천한 사람(백성).

천:박(舛駁)**명하형** 마구 뒤섞여서 순수하지 않음.

천:박(淺薄)**명하형** 지식이나 생각 따위가 얕음. ¶천박한 식견.

천:발(薦拔)**명하자** 인재를 뽑아 추천함.

천방(千方)**명** ☞백방(百方).

천방-백계(千方百計)[-꼐/-께]**명** 온갖 계책이나 꾀.

천방-지방(天方地方)**부** ☞천방지축.

천방-지축(天方地軸)**명** Ⅰ**명** 어리석은 사람이 종작없이 덤벙대는 일. ¶그는 매사에 천방지축이라서 일을 맡길 수 없다. Ⅱ**부** 너무 급해서 정신없이 허둥지둥 날뛰는 모양. 천방지방(天方地方). ¶천방지축 달려오다.

천벌(天伐)**명** 벼락에 맞아서 죽는 일을 이름.

천벌(天罰)**명** 하늘이 주는 벌. 천주(天誅). 천형(天刑). ¶천벌을 받아 마땅하다.

천변(川邊)**명** 냇가.

천변(天邊)**명** 하늘의 가.

천변(天變)**명** (일식이나 월식·폭풍 따위) 하늘에서 일어나는 큰 변고.

천변-만화(千變萬化)**명하자** 변화가 무궁함, 또는 천만 가지 변화.

천변-지이(天變地異)**명** 하늘과 땅, 곧 자연계에서 일어나는 큰 변고.

천변-집(川邊-)[-찝]**명** 개천가에 있는 집, 또는 개천가로 대문이 난 집.

천병(天兵)**명** 고대 중국의 제후국에서, '황제의 군사'를 이르던 말.

천병-만마(千兵萬馬)**명** ☞천군만마.

천:-보(賤-)[-뽀]**명** 비천하고 비루한 본새나 버릇, 또는 그런 본새나 버릇을 가진 사람.

천보(天步)**명** 나라의 운명.

천보-대(千步-)**명** 조선 영조 때, 윤필은(尹弼殷)이 발명한 총. 〔총알이 천 걸음이나 나갔다 함.〕천보총.

천보-총(千步銃)**명** ☞천보대.

천복(天福)**명** 하늘에서 내려 준 복록. ¶천복을 누리다.

천부(天父)**명** 기독교에서, '하나님 아버지'라는 뜻으로, '하나님'을 일컫는 말.

천부(天府)**명** ①천연의 요새지(要塞地). ②〈천부지토(天府之土)〉의 준말.

천부(天賦)**명하형** 〔하늘이 주었다는 뜻으로〕선천적으로 타고남. 〔주로, '천부의'의 꼴로 쓰임.〕¶천부의 능력. /천래(天來).

천:부(賤夫)**명** 신분이 낮은 남자.

천:부(賤婦)**명** 신분이 낮은 여자.

천부-경(天符經)**명** 대종교의 기본 경전. 환웅이 천부인을 가지고 세상에 와서 사람들을 교화할 때, 우주 창조의 이치를 풀이하였다는 경전임.

천부당-만부당(千不當萬不當)**명하형** 〔'천 번 만 번 부당하다'는 뜻으로〕'아주 부당하다'를 이르는 말. 만부당. 만부당천부당. 천만부당. ¶천부당만부당한 말씀. /천부당만부당한 처사. **준**만부당.

천부-설(天賦說)**명** ☞선천설(先天說).

천부-인(天府印)**명** 천자의 위(位)의 표지로서 하늘이 준 세 개의 인(印). 〔'삼국유사' 단군(檀君) 기록에 보임.〕

천부^인권(天賦人權)[-꿘]**명** (하늘이) 선천적으로 평등하게 부여한 권리. 자연권(自然權).

천부^인권설(天賦人權說)[-꿘-]**명** 인간은 나면서부터 자유와 평등을 누릴 천부의 권리가 있다는 학설. 18세기의 계몽 사상가들에 의해 제창되었음.

천부-자연(天賦自然)**명** 사람의 힘으로는 어찌할 수 없는 천부의 것, 곧 사람의 마음.

천부-적(天賦的)**명** 선천적으로 타고난 (것). ¶천부적 재질. /천부적인 소질.

천부지토(天府之土)**명** 〔하늘의 곳간과 같은 땅이란 뜻에서〕'생산물이 풍요한 땅'을 이르는 말. **준**천부.

천분(天分)**명** 타고난 재질이나 분복(分福). ¶천분의 문학성. /천분의 재물.

천분-비(千分比)**명** ☞천분율.

천분-율(千分率)[-뉼]**명** 전체를 1000으로 할 때, 비교되는 양의 비율. 〔기호는 ‰(퍼밀)〕천분비. ¶20원의 50원에 대한 천분율은 400‰이다.

천불(千佛)**명** 1천의 부처. 〔곧 과거·현재·미래의 삼겁(三劫)에 각각 나타난다는 1천의 부처. 특히 현재의 1천 부처.〕

천붕-지괴(天崩地壞)[-괴/-궤]**명** 하늘이 무너지고 땅이 꺼짐.

천붕-지탁(天崩地坼)**명하자** 〔하늘이 무너지고 땅이 갈라진다는 뜻으로〕'대변동·대사변', 또는 '매우 큰 소리'를 이르는 말. 천붕지탑.

천붕-지탑(天崩地塔)**명** ☞천붕지탁.

천붕지통(天崩之痛)**명** 〔하늘이 무너지는 듯한 슬픔이란 뜻으로〕'임금이나 아버지의 상사(喪事)를 당한 슬픔'을 이르는 말.

천:비(賤婢)**명** 신분이 천한 여자 종.

천사(天使)**명** ①'천자의 사신'을 제후국에서 일컫던 말. ②기독교에서, 하나님의 사자(使者)로서 하나님과 인간의 중개 역할을 하는 존재를 이르는 말. ③'마음씨 곱고 어진 사람'을 비유하여 이르는 말. ¶백의(白衣)의 천사. ②③→악마.

천:-사(遷徙)**명하타** ☞천동(遷動).

천사만고(千思萬考)**명하타** 여러 가지로 생각함, 또는 그런 생각. 천사만고로 심란하다.

천사만량(千思萬量)[-말-]**명하타** 여러 가지로 생각하여 헤아림.

천사만려(千思萬慮)[-말-]**명하타** 여러 가지 생각과 걱정. ¶조국을 떠나는 그의 심중에는 천사만려가 꼬리를 물었다.

천사만루(千絲萬縷)[-말-]**명** (피륙을 짜는 데 드는) 수많은 외올실.

천사-문답(天師問答)**명** 천도교에서, 교조인 최제우(崔濟愚)가 한울님과 직접 문답한 사실을 이르는 말.

천-사슬(天-)**명** 속임수를 쓰지 않고 자연대로 내맡기는 일.

천사-옥대(天賜玉帶)[-때]**명** 신라 삼보(三寶)의 하나. 하늘로부터 받은 띠. 성대(聖帶).

천산 (天山)[명] 대종교에서, '백두산(白頭山)'을 달리 이르는 말.

천산 (天産)[명] ①천연으로 남. ②〈천산물〉의 준말.

천:-산갑 (穿山甲)[명] 천산갑과의 동물. 개미핥기와 비슷한데 몸길이 63 cm, 꼬리 길이 35 cm 가량. 온몸이 딱딱한 기와 모양의 암갈색 비늘로 덮였음. 아프리카·남아시아에 분포.

천:-산릉 (遷山陵)[-살-][명][하다] ☞천릉(遷陵).

천산-만락 (千山萬落)[-말-][명] 수없이 많은 산과 마을.

천산-만수 (千山萬水)[명] 수없이 많은 산과 내. ¶천산만수를 넘고 건너 찾아가다.

천산-만학 (千山萬壑)[명] 겹겹이 싸인 산과 골짜기. ¶천산만학에 단풍이 가득하다.

천산-물 (天産物)[명] 천연으로 생긴 물건. 준천산. ㊁천연자원.

천산-지산 (天山地山)[명][하자] ①(이런 말 저런 말로) 핑계를 대는 모양. ¶천산지산하며 구실을 대다. ②(엇갈리고 뒤섞여) 갈피를 잡을 수 없는 모양.

천살 (天煞)[명] 무속에서, '불길한 별'을 이르는 말.

천:살 (擅殺)[명][하타] 함부로 죽임.

천상 (天上)[명] ①하늘의 위. ¶천상의 소리. ②〈천상계(天上界)〉의 준말.

천상 (天常)[명] 하늘이 정한 떳떳한 도리. 오상(五常)의 도.

천상 (天象)[명] ①☞건상(乾象). ②하늘의 현상. 날씨. ↔지상(地象).

천상-계 (天上界)[-계/-게][명] 불교에서 이르는 십계(十界)의 하나. 하늘 위의 세계. 준상계·천계·천상. ↔하계.

천상-만태 (千狀萬態)[명] 온갖 모양이나 상태. 천태만상.

천상-바라기 (天上-)[명] '늘 얼굴을 쳐들고 있는 사람'을 농으로 이르는 말.

천상-수 (天上水)[명] 빗물. 준천수.

천상-천하 (天上天下)[명] 〔하늘 위, 하늘 아래란 뜻으로〕온 세상. 온 우주.

천상천하^유아독존 (天上天下唯我獨尊)[-쫀-][명] '우주 가운데 나보다 존귀한 것은 없다'는 뜻으로 생사 관리에 독립하는 인생의 존귀함을 설파한 석가의 말. 〔석가가 태어났을 때, 일곱 걸음을 걸은 뒤 오른손은 하늘을, 왼손은 땅을 가리키면서 이 말을 했다고 함.〕㊁유아독존(唯我獨尊).

천상-화 (天上火)[명] 육십갑자의 무오(戊午)와 기미(己未)에 붙이는 납음(納音). ㊙석류목.

천색 (天色)[명] 하늘의 빛깔.

천생 (天生) [Ⅰ][명] 하늘로부터 타고남, 또는 그 바탕. ¶천생의 재능.
[Ⅱ][부] ①날 때부터. 애당초. ¶천생 고생을 팔자. ②아주 흡사히. ¶웃는 품이 천생 제 아버지야. ③부득이. ¶형편이 그러하니 천생 집을 팔 수밖에.

천생 버릇은 임을 봐도 못 고친다[속담] 타고난 버릇은 고치기 어렵다는 말.

천생 팔자가 눌은밥이라[속담] 〔고작 좋아한다는 것이 누룽지라는 뜻으로〕가난을 면하지 못한다는 말.

천:생 (賤生) [Ⅰ][명] ☞천출(賤出).
[Ⅱ][대] 주로 남자가 '자기'를 낮추어 일컫는 말.

천생-배필 (天生配匹)[명] 하늘이 맺어 준 배필. 천정배필.

천생-연분 (天生緣分)[-년-][명] 하늘이 미리 마련하여 준 연분. 천생인연. 천정연분.

천생연분에 보리 개떡[속담] 보리 개떡을 먹을망정 부부가 의좋게 삶을 이르는 말.

천생-인연 (天生因緣)[명] ☞천생연분.

천생-재주 (天生-)[명] 하늘로부터 타고난 뛰어난 재주.

천서 (天瑞)[명] 하늘이 내리는 상서로운 징조.

천서-만단 (千緒萬端)[명] 수없이 많은 일의 갈피. ¶천서만단에도 헝클어짐이 없다.

천석 (泉石)[명] ☞수석(水石).

천석-고황 (泉石膏肓)[-꼬-][명] '산수(山水)를 사랑하기 지극하여, 마치 불치의 깊은 병에 걸린 것같이 되었음'을 이르는 말. 연하고질.

천석-꾼 (千石-)[명] 벼 천 섬가량이 수확될 만한 논밭을 가진 부자.

천선 (天仙)[명] 하늘에서 산다고 하는 신선.

천선 (天璇·天璿)[명] 북두칠성의 하나. 국자 모양의 앞쪽 아래의 별. 하괴성(河魁星). ㊁천기.

천:-선 (遷善)[명][하자] 나쁜 성질을 고쳐 착하게 됨.

천선-자 (天仙子)[명] ☞낭탕자(莨菪子).

천선-지전 (天旋地轉)[명] 〔천지가 팽팽 돈다는 뜻으로〕①세상일이 크게 변함. ②정신이 어지러움.

천성 (天性)[명] 선천적으로 타고난 성질. 본성(本性). 자성(資性). 천질(天質). ¶천성이 착한 사람.

천세 (千世)[명] 천 대(代). 아주 먼 옛날, 또는 아주 먼 장래.

천세 (千歲)[명] ①천 년이나 되는 세월이나 나이. 천재(千載). ②〈천추만세(千秋萬歲)〉의 준말.

천세-나다 (千歲-)[자] (어떤 물건이) 사용되는 데가 많아서 퍽 귀하여진다.

천세-력 (千歲曆)[명] 백중력(百中曆)과 만세력(萬歲曆)을 두루 이르는 말.

천세-후 (千歲後)[명] 〈천추만세후〉의 준말.

천:속 (賤俗)[명] ①비천한 풍속(風俗). ②[하형] 천하고 속됨.

천손 (天孫)[명] '직녀성'을 달리 이르는 말.

천:솔 (賤率)[명] ①남에게 '자기 가족'을 겸손하게 이르는 말. ②남 앞에서 '자기의 첩'을 겸손하게 일컫는 말.

천수 (千手)[명] 〈천수관음〉·〈천수경〉의 준말.

천수(를) 치다[관용] 병 없이 오래 살 것을 빌기 위하여 천수경(千手經)을 읽다.

천수 (天水)[명] 〈천상수(天上水)〉의 준말.

천수 (天授)[명][하타] 하늘에서 내려 줌. 천여(天與).

천수 (天壽)[명] ☞천명(天命).

천수 (天數)[명] ①☞천명(天命). ②☞천운(天運).

천수 (泉水)[명] 샘물.

천수-경 (千手經)[명] 불경의 한 가지. 천수관음의 유래와 발원(發願) 및 공덕 등을 말한 진언(眞言). 준천수. ㊙천수다라니.

천수-관음 (千手觀音)[명] 관음보살이 과거세(過去世)에 모든 중생을 구제하기 위해서 천 개의 눈과 손을 얻으려고 빌어서 이룬 몸. 준천수.

천수-국 (千壽菊)[명] 국화과의 일년초. 멕시코 원산의 관상용 식물. 잎은 긴 모양의 겹잎으로 여름에 황색·적황색·담황색 등의 꽃이 핌. 열매는 가늘고 길며 가시 같은 털이 있음.

천수-농경 (天水農耕)[명] 오로지 빗물에만 의존하여 농작물을 재배하는 농사.

천수-다라니 (千手陀羅尼)[명] ①천수경에 있는 다라니. 〔이 주문을 외면 천수관음의 공덕으로 구제를 받는다 함.〕②'천수경'을 달리 이르는 말.

천수-답 (天水畓)[명] 빗물에만 물줄기가 없어서 비가 와야만 모를 내고 기를 수 있는 논. 봉답. 봉천답(奉天畓). 천둥지기.

천수-통(千手桶)명 절에서 중이 밥을 먹은 뒤 바리를 씻은 물을 거두는 동이.

천승지국(千乘之國)명 〔천 대의 병거(兵車)를 거느리는 나라라는 뜻으로〕'큰 제후의 나라'를 이르던 말.

천시(天時)명 ①때에 따라 변하는 자연의 현상. 〔밤과 낮, 더위와 추위 따위.〕②하늘의 도움을 받는 시기.

천:시(賤視)명하타되자 천하게 여김. ¶천시를 받다.

천:식(淺識)명 얕은 지식이나 견식.

천:식(喘息)명 주기적으로 일어나는 호흡 곤란. 기관지에 경련이 일어나는 병으로, 기관지성·심장성·뇌성·요독성 천식으로 구별됨. 폐창(肺脹).

천:식(賤息)명 〔'천한 자식'이란 뜻으로〕남 앞에서 자기의 자식을 낮추어 이르는 말.

천신(天神)명 ①하늘의 신령. ②풍운 뇌우(風雲雷雨)와 산천 성황(山川城隍)을 아울러 이르는 말. 〔중춘(仲春)과 중추(仲秋)에 날을 받아 제향을 지냄.〕③'천사'의 구용어.

천:신(賤臣)때 신하가 임금에게 '자기'를 낮추어 일컫던 말.

천:신(薦新)명하타 ①그해에 새로 난 과일이나 농산물을 신에게 먼저 올리는 일. ②민속에서, 봄과 가을에 신에게 올리는 굿.

천신-만고(千辛萬苦)명하자 〔천 가지 매운 것과 만 가지 쓴 것이라는 뜻으로〕온갖 어려운 고비를 다 겪으며 심하게 고생함을 이르는 말. 천고만난(千苦萬難). 천난만고(千難萬苦). ¶천신만고 끝에 뜻을 이루다.

천신-지기(天神地祇)명 하늘의 신령과 땅의 신령. ☞신기.

천심(千尋)명 매우 깊거나 높음을 이르는 말. 〔'尋'은 길이의 단위로 8척(尺).〕

천심(天心)명 ①하늘의 뜻. 천의(天意). ¶민심은 곧 천심이다. ②(쳐다보이는) 하늘의 한가운데.

천:심(淺深)명 얕음과 깊음.

천아(天鵝)명 ☞고니.

천악(天樂)명 ☞한풍류.

천안(天眼)명 ①임금을 높이어 그의 눈을 이르던 말. ②불교에서 이르는 오안(五眼)의 하나. 미세한 사물까지도 멀리, 널리 볼 수 있고, 중생의 미래와 생사까지도 볼 수 있다는 마음의 눈.

천안(天顔)명 ☞용안(龍顔).

천암만학(千岩萬壑)명 〔수많은 바위와 골짜기란 뜻으로〕'깊은 산속의 경치'를 이르는 말.

천앙(天殃)명 하늘이 벌로 내리는 앙화.

천애(天涯)명 ①하늘의 끝. ②〈천애지각〉의 준말. ③'이승에 부모나 살아 있는 겨레붙이가 없음'을 이르는 말. ¶천애의 고아.

천애-지각(天涯地角)명 〔하늘의 끝이 닿는 땅의 한 귀퉁이란 뜻으로〕아득하게 멀리 떨어져 있는 곳을 이르는 말. ㉲천애.

천야만야(千耶萬耶)부형 〔천 길인가 만 길인가의 뜻으로〕썩 높거나 깊은 모양. ¶천야만야한 벼랑.

천:약(踐約)명하자 약속을 지켜 실천함.

천양(天壤)명 하늘과 땅. 천지(天地).

천:양(闡揚)명하타되자 (생각이나 주장을) 드러내어 밝혀서 널리 퍼뜨림.

천양-무궁(天壤無窮)명형 하늘과 땅처럼 무궁함.

천양지간(天壤之間)명 ☞천지간(天地間).

천양지차(天壤之差)명 ☞천양지판(天壤之判). 운니지차(雲泥之差).

천양지판(天壤之判)명 〔하늘과 땅처럼 큰 차이란 뜻으로〕사물이 서로 엄청나게 다름을 이르는 말. 소양지판(霄壤之判). 천양지차.

천어(川魚)명 냇물에 사는 고기. 민물고기.

천어(天語)명 '임금의 말'을 높이어 이르던 말.

천:언(踐言)명하자 말한 대로 실천함.

천언만어(千言萬語)명 수없이 많이 하는 말. ¶천언만어보다 값진 한마디의 금언.

천:업(賤業)명 천한 직업이나 영업.

천여(天與)명하타 하늘이 줌. 천수(天授). ¶천여의 권세(權勢).

천:역(賤役)명하자 천한 일.

천연(天然)[①명 사람이 손대거나 달리 만들지 아니한, 자연 그대로의 상태. ¶천연의 아름다운 경관. /천연의 보루. ↔인위(人爲). [②부 천연히 비슷하게. ¶웃는 눈매, 보조개까지 천연 제 어머니 모습이야.

천:연(遷延)명하타되자 (일을) 지체하거나 미룸. ¶장마로 공사가 천연되다.

천연-가스(天然gas)명 땅에서 솟아나는 자연적인 가스. 〔메탄 가스·에탄 가스 따위.〕자연 가스.

천연-견사(天然絹絲)명 인조 견사에 상대하여 '명주실'을 이르는 말.

천연-경신(天然更新)명 씨가 저절로 떨어져서 돋아난 어린나무나 그루터기에서 돋아난 싹을 길러서 조림하는 방법.

천연-고무(←天然gomme)명 ☞생고무.

천연^과:실(天然果實)명 물건의 경제적 용도에 따라 직접 거두거나 얻어지는 자연적 산출물. 〔벼·사과·우유·광물 따위.〕↔법정 과실(法定果實).

천연-기념물(天然記念物)명 법률로 보호하고 보존하기로 정한 천연물을 통틀어 이르는 말. 〔귀하거나 학술적 가치가 높은 동식물·광물·지질 따위.〕

천연덕-스럽다(天然-)[-쓰-따][~스러우니·~스러워]형 천연한 태도가 있다. 천연스럽다. ¶어쩌면 저렇게 천연덕스럽고 숫기가 좋을까. 천연덕스레부.

천연-두(天然痘)명 열이 나고 두통이 나며 온몸에 발진(發疹)이 생겨서 자칫하면 얼굴이 얽게 되는 전염병. 두병. 두역(痘疫). 두창(痘瘡). 역신(疫神). 천포창(天疱瘡). 호역(戶疫). ㉲마마.

천연-림(天然林)[-님]명 ☞자연림(自然林).

천연-물(天然物)명 인공을 가하지 않은 자연 그대로의 물건.

천연-미(天然美)명 ☞자연미(自然美).

천연-백색(天然白色)[-쌕]명 ☞천연주광색(天然晝光色).

천연-빙(天然氷)명 저절로 얼어서 된 얼음. ↔식빙(食氷).

천연-색(天然色)명 ①물체가 가지고 있는 자연 그대로의 빛깔. ②자연의 빛을 본딴 빛깔. 원색(原色).

천연색^사진(天然色寫眞)[-싸-]명 실물(實物)과 같거나 그것에 가까운 색채를 나타내는 사진. ↔흑백 사진.

천연색^영화(天然色映畫)[-녕-]명 장면이 천연색 그대로 나타나는 영화. 색채 영화. ↔흑백 영화.

천연색^필름(天然色film)명 ☞컬러 필름.

천연-석(天然石)명 ⫤자연석(自然石).

천연^섬유(天然纖維)명 천연으로 얻을 수 있는 섬유.〔솜·명주실·양털 따위.〕↔인조 섬유.

천연-세월(遷延歲月)명 일을 제때 하지 않고 시일만 끎.

천연-수지(天然樹脂)명 소나무·전나무 따위의 침엽수에서 흘러나오는 진. 도료·의약품 따위에 쓰임. ↔합성수지.

천연^숭배(天然崇拜)명 ⫤자연 숭배.

천연-스럽다(天然-)[-따][~스러우니·~스러워]형ㅂ 보기에 천연한 데가 있다. 천연덕스럽다. ¶아무 일도 없었던 듯이 천연스럽게 대하다. **천연스레**부.

천연-영양(天然營養)[-녕-]명 천연물을 그대로 섭취하는 영양.〔젖먹이에 대한 모유 따위.〕

천연-육(天然育)[-뉵]명하자 누에를 인공이 아닌 자연의 기후에 맡겨 기르는 일.

천연^자:석(天然磁石)명 전자석(電磁石)에 대하여 '자철광 자석'을 이르는 말.

천연-자원(天然資源)명 천연으로 존재하는, 인간 생활에 쓸모 있는 자원.〔토지, 물, 광물, 숲, 수산물 및 관광 자원으로서의 경치 따위.〕비천산물(天産物).

천연^조:림(天然造林)명 천연적으로 자란 어린 나무를 보호·육성하여 산림을 만드는 방법. ↔인공 조림.

천연-주광색(天然晝光色)명 천연의 실제 주광색과 거의 같은 조명 빛깔. 실제 주광색보다 붉은 기운을 띰. 천연백색. 준주광색.

천연-하다(天然-)형여 ①타고난 그대로 조금도 꾸밈이 없다. 보기에 꾸밈새가 없다. ¶옥결 같은 모습에 천연한 몸가짐이 마음에 꼭 들다. ②감쪽같이 시치미를 떼어 아무렇지 않은 듯하다. ¶천연하게 속마음을 드러내지 아니하다. **천연-히**부.

천연^향료(天然香料)[-뇨]명 (장미·오렌지·사향노루 따위) 동식물의 정유(精油)에서 뽑아 만든 향료. ↔합성 향료.

천열(賤劣)어 '천열하다'의 어근.

천:열-하다(賤劣-)형여 됨됨이가 천박하고 용렬하다. **천열-히**부.

천엽(千葉)명 ①여러 겹으로 된 꽃잎. 복엽. ②<처녑>의 본딧말.

천:오(舛誤)명하자타 〔문어 투의 말〕 어그러져 그릇됨.

천오두(川烏頭)명 천학비재로 천오함을 해량하소서.

천-오두(川烏頭)명 한방에서, 중국 쓰촨 성(四川省)에서 나는 '바곳의 덩이뿌리'를 약재로 이르는 말. 준오두.

천옥(天獄)명 사방이 산으로 둘러막힌 험악한 지대.

천:와(舛訛)명하자되자 (말이나 글의) 그릇됨.

천:와(遷訛)명하자 변천하여 본디 모양이나 뜻을 잃음.

천왕(天王)명 ①불교에서, 욕계(欲界)와 색계(色界)에 있다는 하늘의 왕을 통틀어 이르는 말. ②상고(上古) 시대에, 수호신을 이르던 말. ⫤환웅(桓雄).

천왕의 지팡이라속담 〔사천왕의 지팡이라는 뜻으로〕'키가 썩 큰 사람'을 놀림조로 이르는 말.

천왕-문(天王門)명 (절 어귀의) 사천왕(四天王)을 모신 문.

천왕-성(天王星)명 태양계의 일곱째 행성.

천외(天外)[처뇌/처눼]명 〔하늘의 바깥이란 뜻으로〕매우 높고 먼 곳.

천요만악(千妖萬惡)명 온갖 요망하고 간악한 짓.

천우(天牛)명 ⫤하늘소.

천우(天宇)명 하늘의 전체.

천우-신조(天佑神助)명하자 하늘과 신령이 도움, 또는 그런 일. ¶사경(死境)에서 천우신조로 살아나다.

천운(天運)명 ①하늘이 정한 운수. 천수(天數). ¶천운이 다하다. ②(탈이나 해로움에서 벗어날 수 있는) 매우 다행한 운수. ¶천운으로 목숨을 건졌다.

천원(天元)명 ⫤배꼽점.

천원(泉源)명 샘물의 근원.

천원-점(天元點)[-쩜]명 ⫤배꼽점.

천원-지방(天圓地方)명 (옛날 중국 사람들의 우주관으로) '하늘은 둥글고 땅은 모남'을 이르는 말.〔중국 진(秦)나라 때의 '여씨춘추(呂氏春秋)'에 나오는 말임〕.

천위(天位)명 ①천자의 자리. ②하늘이 준 자리, 즉 그 사람에게 가장 알맞은 직위.

천위(天威)명 ①상제(上帝)의 위력. ②천자(天子)의 위광(威光).

천위(天爲)명 하늘이 하는 바, 곧 자연의 작용. ↔인위(人爲).

천:유(擅有)명하자 제멋대로 제 것으로 삼음.

천은(天恩)명 ①하늘의 은혜. ②임금의 은덕. ¶천은을 입다.

천은(天銀)명 품질이 좋은 은, 곧 순분(純分) 100%의 은. 참지은(地銀).

천은-망극(天恩罔極)명하자 임금의 은혜가 더할 나위 없이 두터움.

천읍(天泣)명 〔하늘이 운다는 뜻으로〕구름 한 점 없는 맑은 날에 비나 눈이 내리는 일.

천읍-지애(天泣地哀)[-찌-]명 〔하늘이 울고 땅이 슬퍼한다는 뜻으로〕'온 세상이 다 슬퍼함'을 비유하여 이르는 말.

천의(天衣)[처늬/처니]명 ①천자(天子)의 옷. ②선인(仙人)의 옷. ③불교에서, 천인(天人) 곧 비천(飛天)이 입는 옷.

천의(天意)[처늬/처니]명 ①하늘의 뜻. 하느님의 뜻. ②임금의 뜻. 천심(天心).

천의-무봉(天衣無縫)[처늬-/처니-]명하자 〔천인이 입는 옷은 솔기가 없다는 뜻으로〕①시가나 문장 따위가 '꾸밈이 없이 퍽 자연스러움'을 이르는 말.〔'태평광기'의 곽한(郭翰)이야기에 나오는 말임〕. ②사물이 '완전무결함'을 이르는 말.

천:이(賤易)명하자 천하게 보고 업신여김.

천:이(遷移)명하자되자 ①옮겨 바뀜. ②생태학에서, 생물의 한 떼가 시간의 경과에 따라 변천해 가는 현상. ③양자 역학에서, 어떤 계(系)가 정상 상태에서 다른 정상 상태로 어떤 확률을 가지고 옮기는 일.

천인(千仞)명 〔천 길이란 뜻으로〕'아주 높거나 깊음'을 이르는 말.

천인(天人)명 ①하늘과 사람. ②천의(天意)와 인사(人事), 또는 천리(天理)와 인욕(人慾). ③⫤비천(飛天). 천녀(天女). ④'재주나 용모가 썩 뛰어난 사람'이나 '썩 아름다운 여자'를 이르는 말.

천:인(賤人)명 ①사회적 신분이 아주 낮은 사람. 천한 사람. ②지난날, 사회에서 천한 일을 생업으로 삼아 지내던 사람.〔백정·노비 따위.〕↔귀인(貴人)¹.

천:인(遷人)명 유배객(遷客).

천:인(薦引)명하자 ⫤천진(薦進).

천인-공노(天人共怒)**명**[하자]〔하늘과 사람이 함께 노한다는 뜻〕누구나 분노를 참을 수 없을 만큼 증오스럽거나 도저히 용납될 수 없음을 이르는 말. 신인공노(神人共怒). ¶천인공노할 만행을 저지르다.

천인-국(天人菊)**명** 국화과의 일년초. 북미 원산의 관상용 식물. 온몸에 부드럽고 짧은 털이 있음. 줄기는 아랫부분에서 가지를 많이 치고, 줄기 끝에 노란 꽃이 핌.

천인-단애(千仞斷崖)**명** 천 길이나 될 듯한 높은 낭떠러지.

천일(天日)**명** ①하늘과 해. ②하늘에 떠 있는 해, 또는 그 햇볕. ③천도교에서, '창건 기념일'을 이르는 말.

천일-기도(千日祈禱)**명**[하자] 천 일 동안 기도하고 수행하는 일.

천일-염(天日塩)[-렴]**명** 염전에서, 바닷물을 대어 햇볕과 바람으로 수분을 증발시켜 만든 소금.

천일-조림(天日照臨)**명**[하자]〔하늘과 해가 내려다본다는 뜻으로〕'속일 수 없음'을 비유하여 이르는 말.

천일-주(千日酒)[-쭈]**명** 빚어 넣은 지 천 일 만에 먹는 술.

천일^행자(千日行者)**명** 불교에서, 천 일 동안을 한정하고 도를 닦는 사람.

천일-홍(千日紅)**명** 비름과의 일년초. 열대 아메리카 원산의 관상용 식물로 키는 80 cm. 전체에 거친 털이 있고, 잎은 길둥글며 마주남. 7~8월에 꽃잎이 없는 빨강·분홍·하양 등의 작은 꽃이 핌.

천:임(遷任)**명**[하자][되자] ☞전임(轉任).

천자(千字)**명**〈천자문〉의 준말.

천자(天子)**명**〔천제(天帝)의 아들이란 뜻으로〕천명을 받아 천하를 다스리는 사람, 곧 중국에서 '황제'를 일컫던 말. 만승지군(萬乘之君). 상주(常主). 태상(太上).

천자(天資)**명** 타고난 자질. 천품(天稟).

천:자(穿刺)**명**[하자] 진찰하기 위하여, 몸의 일부에 주사침을 찔러 넣어 체내의 액체를 뽑아냄. ¶척추 천자.

천:자(淺紫)**명** 엷은 보랏빛.

천자(擅恣)**명** '천자하다'의 어근.

천자-뒤풀이(千字-)**명** 타령의 한 가지. 천자문에 있는 각 글자의 뜻을 풀어 노래 조로 운율에 맞추어 꾸민 타령.

천자-만태(千姿萬態)**명** 여러 가지 맵시와 모양, 곧 온갖 자태.

천자-만홍(千紫萬紅)**명**〔여러 가지 울긋불긋한 빛깔이란 뜻으로〕여러 가지 빛깔의 꽃이 만발함을 이르는 말. 만자천홍.

천자-문(千字文)**명** 한문을 처음 배우는 사람을 위한 책. 중국 후량(後梁)의 주흥사(周興嗣)가 기초 한자 1천 자로 4언 고시 250구를 지어 꾸몄음. ☜백수문(白首文).

천자문도 못 읽고 인(印) 위조한다[속담] 어리석고 무식한 주제에 남을 속이려 함을 이르는 말.

천:자-하다(擅恣-)**혬여** 제 마음대로 하여 거리낌이 없다.

천작(天作)**명** 자연히 이루어짐, 또는 그 사물. ¶제주도에 있는 용두암은 천작의 조각품이다. ↔인작(人作).

천작(天爵)**명**〔하늘이 준 작위란 뜻으로〕남에게 존경을 받을 만한 타고난 덕행이나 미덕을 이르는 말. ↔인작(人爵).

천:작(淺酌)**명**[하자] 조용히 가볍게 술을 마심.

천잠-사(天蠶絲)**명** ☞야잠사(野蠶絲).

천잡(舛雜)'천잡하다'의 어근.

천:잡-하다(舛雜-)[-자-]**혬여** 뒤섞여서 고르지 못하여 어수선하여 바르지 못하다.

천장(天障)**명** ①☞보꾹. ②방의 보온과 미관을 위해 보꾹 아래를 널이나 종이로 가린 것, 곧 반자의 겉면.

천:장(遷葬)**명**[하자] ☞천묘(遷墓).

천장-널(天障-)**명** 천장에 대는 널빤지, 곧 반자에 붙이는 널.

천-장부(賤丈夫)**명** 행실이 천박한 남자.

천장지구(天長地久)**명**[하여] ①하늘과 땅은 영원함. ②〔흔히 장수하기를 빌 때 하는 말로〕(하늘과 땅처럼) 오래고 변함이 없음.

천장-지비(天藏地祕)**명**[하자]〔하늘이 감추고 땅이 숨겨 둔다는 뜻으로〕'세상에 묻혀 드러나지 아니함'을 이르는 말. ¶천장지비의 명작이 드디어 세상에 알려졌다.

천장-틀(天障-)**명** 천장널을 끼우는 '井' 자 모양의 틀.

천장-화(天障畫)**명** 천장에 그린 그림.

천재(千載)**명** 오랜 세월. 천세(千歲).

천재(天才)**명** 태어날 때부터 갖춘 뛰어난 재주, 또는 그런 재주를 가진 사람. ¶천재 화가.

천재(天災)**명** 자연현상으로 일어나는 재난.〔지진·홍수 따위.〕 ⑪인재를 입다. ⑪자연재해.

천:재(淺才)**명** ①얕은 재주나 꾀. ②자기의 재능을 겸양하여 이르는 말. ¶천재로 어찌 큰일을 감당하겠습니까?

천재^교:육(天才教育)**명** 천재아가 지닌 재능을 조장하고 발달시키기 위하여 베푸는 특수 교육.

천재-말(天才-)**명** 훈련을 받지 않고도 잘 달리는 말.

천재-일시(千載一時)[-씨]**명**〔천 년 만에 한 번 오는 때라는 뜻으로〕'좀처럼 만나기 어려운 기회'를 이르는 말. 천재일우.

천재-일우(千載一遇)**명**〔천 년에 한 번 만난다는 뜻으로〕'좀처럼 얻기 어려운 좋은 기회'를 이르는 말. 천재일시.

천재-지변(天災地變)**명** 자연현상으로 일어나는 재앙이나 괴변.

천저(天底)**명** 지구 위의 관측점에서 연직선을 아래쪽으로 연장할 때, 천구와 만나는 가상의 점. ↔천정(天頂).

천저-점(天底點)[-쩜]**명** 천문학에서, '천저'를 기하학적인 점으로 여기고 이르는 말. ↔천정점(天頂點).

천적(天敵)**명**〔천연의 적이란 뜻으로〕어떤 생물에 대하여 해로운 적이 되는 생물.〔개구리에 대한 뱀, 쥐에 대한 고양이 따위.〕

천:전(遷轉)**명**[하다] 벼슬자리를 옮김.

천정(天井)**명** '천장(天障)'의 잘못.

천정(天定)**명** 하늘이 미리 정함. ¶천정의 연분.

천정(天庭)**명** ①별 이름. ②천제(天帝)의 궁전. ③관상에서, '양미간과 그 부근의 이마'를 이르는 말. ⑧천중(天中).

천정(天頂)**명** ①맨 꼭대기. 정상(頂上). ②천문학에서, 관측자의 위치에서 연직선을 하늘 위로 연장할 때 천구와 만나게 되는 가상의 점을 이름. 천문천정(天文天頂). ↔천저(天底). ③〈지심 천정(地心天頂)〉의 준말.

천정^거:리(天頂距離)**명** 천정에서 일정한 천체까지의 각거리(角距離).

천정-배필(天定配匹)명 ⇨천생배필.
천정부지(天井不知)명 〔천장을 모른다는 뜻으로〕물건 값 따위가 자꾸 오르기만 함을 이르는 말. 《주로, '천정부지로'의 꼴로 쓰임.》 ¶천정부지로 치솟는 물가.
천정-연분(天定緣分)[-년-]명 ⇨천생연분.
천정-의(天頂儀)[-의/-이]명 관측 지점의 위도를 구하기 위하여, 천정의 남북에 있는 기준 항성의 천정 거리를 재는 데 쓰이는 망원경 장치.
천정-점(天頂點)[-쩜]명 천문학에서, '천정'을 기하학적인 점으로 여기고 이르는 말. 천문점정. ↔천저점(天底點).
천정-천(天井川)명 흙이나 모래의 퇴적으로 강바닥이 둑 좌우의 평지면보다 높아진 강.
천제(天帝)명 ①하늘을 다스리는 신. 하느님. 상제(上帝). 천공(天公). ②불교에서, '제석천'을 달리 이르는 말.
천제(天祭)명 천신에게 지내는 제사.
천제(天際)명 하늘의 가장자리.
천조(天助)명[하다자] 하늘의 도움.
천조(天造)명 〔하늘의 조화란 뜻으로〕'사물이 저절로 잘되어 있음'을 이르는 말.
천조(天朝)명 지난날, 제후의 나라에서 '천자의 조정'을 높이어 이르던 말.
천:조(踐祚·踐阼)명[하다자] 왕위를 이음. 천극(踐極).
천조-경풍(天弔驚風)명 한방에서 이르는, 어린이 경풍의 한 가지. 고개를 젖히고 눈을 멀거니 뜨고 위를 쳐다보는 병증.
천존-고(天尊庫)명 신라 때, 나라의 보물을 간직해 두던 곳집.
천존지비(天尊地卑)〔하늘을 존중하고 땅을 천시한다는 뜻으로〕윗사람은 받들고, 아랫사람은 천하게 여긴다는 말.
천종(天縱)명 〔하늘이 허락하여 무엇이든 마음대로 하게 한다는 뜻으로〕'하늘이 준 덕(德)을 갖춤'을 이르는 말. ¶임금의 천종을 타고나다.
천종-만물(千種萬物)명 온갖 종류의 사물(물건). ¶천종만물을 두루 갖춘 백화점.
천종지성(天縱之聖)명 〔하늘이 낸 거룩한 사람이란 뜻으로〕①'공자의 도덕'을 이르는 말. ②'제왕(帝王)의 성덕'을 이르는 말.
천주(天主)명 ①가톨릭에서, 하느님을 일컫는 말. ②〔불교에서〕①'대자재천(大自在天)'의 딴 이름. ⓒ제천(諸天)의 왕.
천주(天柱)명 ①하늘을 괴고 있다는 기둥. ②'세상을 이끌어 나가는 도의'를 비유하여 이르는 말.
천주(天誅)명 ⇨천벌(天罰).
천:주(薦主)명 남을 천거하여 준 사람.
천주-경(天主經)명 '주(主)의 기도'의 구용어.
천주-교(天主敎)명 ⇨로마 가톨릭교.
천주교-도(天主敎徒)명 가톨릭교의 신자.
천주교-회(天主敎會)[-회/-훼]명 ①가톨릭의 교단(敎團). ②성당을 중심으로 한 건물.
천주-당(天主堂)명 지난날, 가톨릭의 '성당'을 이르던 말.
천주-학(天主學)명 지난날, '가톨릭'을 달리 이르던 말.
천주-활적(天誅猾賊)[-쩍]명 하늘이 교활한 도적을 벌줌.
천중(天中)명 ①(관측자를 중심으로 한) 하늘의 한가운데. ②관상에서, '이마의 위쪽'을 이르는 말. ②참천정(天庭).

천중-가절(天中佳節)명 '천중절'을 좋은 명절이란 뜻으로 이르는 말.
천중^부적(天中符籍)명 ⇨단오 부적.
천중-절(天中節)명 ⇨단오(端午).
천지(天地)명 ①하늘과 땅. 감여(堪輿). 건곤(乾坤). 소양(霄壤). 천양(天壤). ¶온 천지에 눈이 내린다. ②세상. 우주. 상천하지(上天下地). ¶자유 천지. ③'무척 많음'을 뜻하는 말. 《주로, '천지이다'의 꼴로 쓰임.》 ¶먹을 것 천지이다. ②참혼의.
천지가 진동(震動)하다관용 (천지가 울리는 듯) 소리가 매우 크다.
천지-각(天地角)명 (주로 소에서) 두 개가 각각 위아래로 난 뿔.
천지-간(天地間)명 〔하늘과 땅 사이라는 뜻으로〕이 세상. 곧 지구 상. 천양지간(天壤之間). ¶천지간에 이런 일이 있을 수 있다니.
천지-개벽(天地開闢)명[하다자] ①하늘과 땅이 처음으로 생겨남. ②자연계나 사회의 '큰 변동'을 비유하여 이르는 말.
천지만엽(千枝萬葉)명 〔천의 가지와 만의 잎이란 뜻으로〕①무성한 나무의 가지와 잎. ②'일이 복잡하게 얽혀 어수선함'을 비유하여 이르는 말.
천지망아(天之亡我)명 〔하늘이 나를 망하게 한다는 뜻으로〕'아무런 허물이 없는데도 저절로 망함'을 탄식하여 이르는 말.
천지-신명(天地神明)명 ①천지의 여러 신. ②우주를 주관하는 신령.
천지-에(天地-)감 뜻밖의 일이나 억울한 일을 당했을 때, 한탄하는 뜻으로 하는 말. 세상에. ¶천지에, 그런 변이 있나.
천지인(天地人)명 우주(宇宙)를 구성하는 삼원(三元)인 '하늘·땅·사람'을 아울러 이르는 말. 삼재(三才).
천지-판(天地板)명 관(棺)의 뚜껑과 바닥에 대는 널조각.
천직(天職)명 ①마땅히 해야 할 직분. ¶아버지는 평생 교직을 천직으로 여기며 사셨다. ②그 사람의 천성에 알맞은 직업.
천:직(賤職)명 천한 직업.
천:직(遷職)명[하다타] 직업을 옮김. 비전직(轉職).
천진(天眞)명 [하ㅣ스형] 순진하고 참됨. 자연그대로 조금도 꾸밈이 없음. ¶천진한 어린이. ②[불교에서] 불생불멸의 참된 마음을 이르는 말. ①천진스레부.
천:진(薦進)명[하다타] 사람을 천거하여 어떤 자리에 쓰게 함. 천인(薦引).
천진-난만(天眞爛漫)명[하ㅣ형] 말이나 행동이 천진함. 조금도 꾸밈이 없이 아주 순진하고 참됨.
천진-무구(天眞無垢)명[하ㅣ형] 아무 흠이 없이 천진함. ¶천진무구한 아이들의 표정.
천진-전(天眞殿)명 대종교에서, 단군의 영정(影幀)을 모신 사당의 이름.
천진-협사(天眞挾詐)[-싸]명[하자] 어리석은 가운데 거짓이 섞임, 또는 그런 행동을 함.
천질(天疾)명 선천적으로 타고난 병.
천질(天質)명 타고난 성질. 천성(天性).
천:질(賤質)명 남에게 '자기의 자질'을 낮추어 이르는 말. 천품(賤品).
천:-집사(賤執事)[-싸]명 아주 천하고 더러운 일, 또는 그러한 일을 맡아서 하는 것.
천차만별(千差萬別)명[하ㅣ형] (여러 가지 사물에) 차이와 구별이 아주 많음. ¶가게마다 물건 값이 천차만별이다.

천착(舛錯) '천착하다'의 어근.

천:착(穿鑿)**명**·하타 ①구멍을 뚫음. ②(어떤 내용이나 원인 따위를) 파고들어 알려고 하거나 연구함. ¶존재의 의미를 천착하다. ③꼬치꼬치 캐묻거나 억지로 이치에 맞지 않는 말을 함.

천:착-스럽다(舛錯-)[-쓰-따][~스러우니·~스러워]**형**비 천착한 태도가 있다. 천착스레**부**.

천:착-증(穿鑿症)[-쯩]**명** 강박성 신경 증세의 한 가지. 사소한 일이나 해결 불가능한 일에도 의문이 생기어 그것을 천착하여 해결하지 않으면 안심할 수 없는 병증.

천:착-하다(舛錯-)[-차카-]**형여** ①마음이 비꼬이고 난잡하다. ¶속이 좁아 천착한 사람. ②(생김새나 하는 짓이) 상스럽고 더럽다.

천참(天塹)**명** 천연적으로 이루어진 요충지.

천참만륙(千斬萬戮)[-말-]**명** 수없이 동강 내어 끔찍하게 죽임.

천창(天窓)**명** (채광이나 환기를 위하여) 지붕에 낸 창.

천:천-하다**형여** (몸놀림이나 일의 진행 따위가) 느리면서 조용하다. ¶천천한 걸음걸이. 잔찬찬하다². 천천-히**부** ¶천천히 걷다.

천:천히걸음쇠-발(-夊-)[-쇠-/-쉐-]**명** 한자 부수의 한 가지. '夔'·'夏' 등에서의 '夊'의 이름.

천:첩(賤妾) Ⅰ**명** 기생이나 종으로서 남의 첩이 된 여자. Ⅱ**대** 지난날, 부녀자가 '자기'를 낮추어 이르던 말.

천첩-옥산(千疊玉山)[-싼]**명** 수없이 겹처 보이는 아름다운 산들.

천청(天聽)**명** 상제(上帝) 또는 하느님이 들음. ¶천청을 어찌 속이리오.

천청만촉(千請萬囑)**명** 수없이 거듭하여 청을 넣고 부탁함.

천:청색(淺靑色)**명** 연한 청색.

천체(天體)**명** 우주 공간에 떠 있는 온갖 물체를 통틀어 이르는 말. 〔성운(星雲)·항성·행성·위성·혜성 및 우주 먼지 따위.〕

천:체(遷替)**명**·하타 옮겨 바꿈.

천:체-력(天體曆)**명** 천체의 위치나 운동·크기·광도(光度) 따위 여러 현상을 예보하고 있는 역서(曆書). 천체 관측이나 항해(航海)에 사용됨. 천체 일표.

천체^일표(天體日表)**명** ⇨천체력(天體曆).

천체-조(天體潮)**명** ⇨천문조(天文潮).

천체^좌표(天體座標)**명** ⇨천구 좌표.

천초(川椒)**명** ①⇨초피나무. ②한방에서, '초피나무 열매의 껍질'을 약재로 이르는 말. ③파초(芭椒).

천:초(茜草)**명** ⇨꼭두서니.

천:촉(喘促)**명**·하자 숨을 가쁘게 쉬면서 헐떡거림. ②한방에서, 숨이 차서 헐떡이며 힘없이 기침을 연달아 하는 병증을 이름.

천촌만락(千村萬落)[-말-]**명** 수없이 많은 촌락.

천총(天寵)**명** '임금의 총애'를 높이어 이르던 말. ¶천총을 입다.

천추(千秋)**명** 오래고 긴 세월, 또는 먼 장래. ¶천추의 한(恨).

천추(天樞)**명** 북두칠성의 하나. 국자 모양의 앞쪽 위의 별. 2등성. 천선(天璇).

천:추(遷推)**명**·하타·되자 미적미적 끌어 가거나 미룸.

천추-만세(千秋萬歲)**명** ①⇨천만년. ②장수(長壽)를 축수하는 말. ¶천추만세를 빌고 또 빕니다. ②천세.

천추만세-후(千秋萬歲後)**명** '어른이 죽은 뒤'를 높이어 이르는 말. ②천세후.

천추-사(千秋使)**명** 조선 시대에, 명(明)나라 황태자의 생일을 축하하기 위하여 보내던 사신(使臣).

천추-유한(千秋遺恨)**명** 오래도록 길이 잊지 못할 원한(怨恨).

천축(天竺)**명** 지난날 중국에서, '인도(印度)'를 이르던 말.

천축-계(天竺桂)[-계/-게]**명** 코카(coca).

천:출(賤出)**명** 천첩의 소생. 천생(賤生).

천측(天測)**명**·하타 경위도(經緯度)를 알기 위해 천체를 관측함. ¶천측 기계.

천층만층(千層萬層)**명** ①수없이 많이 포개진 켜. ②(사물의) 매우 많은 층등(層等), 또는 층진 모양. ¶상품의 등급도 천층만층이다. ②천만층(千萬層).

천치(天痴)**명** ⇨백치(白痴).

천칙(天則)**명** 우주 대자연의 법칙. ¶사람이 죽고 삶은 천칙에 따름(攝理).

천:칭(賤稱)**명**·하타 천하게 일컬음, 또는 천한 칭호.

천칭-궁(天秤宮)**명** ⇨천칭자리.

천칭-자리(天秤-)**명** 황도 십이궁의 하나. 처녀자리와 전갈자리 사이의 별자리. 별의 광기가 낮아 7월 초순 저녁에 남쪽 하늘에 겨우 보이며, 7월 초순 저녁 8시경에 자오선을 통과함. 저울자리. 천칭궁. 천칭좌.

천칭-좌(天秤座)**명** ⇨천칭자리.

천:탄(淺灘)**명** 여울.

천탈기백(天奪其魄)〔하늘이 넋을 빼앗는다는 뜻으로〕 본성을 잃음. 넋을 잃음.

천태만상(千態萬象)**명** 천차만별의 상태, 곧 모든 사물이 제각기 다른 모습을 하고 있음을 이르는 말. 천상만태.

천태-종(天台宗)**명** 법화경(法華經)을 기본 경전으로 하는 대승 불교의 한 파. 〔고려 시대에 성하였음.〕

천택(川澤)**명** 내와 연못.

천:토(賤土)**명** ⇨천향(賤鄕).

천통(天統)**명** ①천도(天道)의 강기(綱紀). ②천자의 혈통. ¶천통을 잇다.

천-트다[~트니·~터]**자** ①(남의) 추천을 받다. ¶천트지 못해 벼슬길을 놓쳤다. ⓐ천(薦). ②(경험이 없는 일에) 처음으로 손을 대다.

천파만파(千波萬波)**명** ①수없이 많은 물결. ②(어떤 일이) 크게 물의를 일으키거나 갖가지 사태를 잇달아 유발시키는 현상'을 비유하여 이르는 말. ¶무심히 던진 말 한마디가 천파만파의 논란을 불러 왔다. ②천만파.

천판(天板)**명** ①관을 덮는 뚜껑. 천개(天蓋). ②광산에서, '광 구덩이의 천장'을 이름.

천편-일률(千篇一律)〔시문의 격조가 비슷하고 숫자하다는 뜻으로〕 사물이 모두 판에 박은 듯함을 이르는 말. 《흔히, '-적(的)'의 꼴로 쓰임.》 ¶천편일률적인 사고방식.

천평-칭(天平秤)**명** 저울의 한 가지. 가운데에 세운 굿대의 가로장 양 끝에 저울판이 달려 있음. ②천칭.

천폐(天陛)[-폐/-페]**명** 임금이 사는 궁전의 섬돌.

천:포(天布)**명** ⇨차일(遮日).

천포-창(天疱瘡)**명** ⇨천연두(天然痘).

천품(天稟)**명** 선천적으로 타고난 기품. 성품(性稟). 천자(天資).

천:품(賤品)圐 ☞천질(賤質).
천풍(天風)圐 하늘 높이 부는 바람.
천필염지(天必厭之)〔-렴-〕圐하타 하늘이 몹쓸 사람을 미워하여 반드시 벌함.
천하(天下)圐 ①온 세상. 하늘 밑. 보천. 환내 (寰內). ¶천하를 다스리다. ②한 나라, 또는 정권. ¶천하를 얻다. ③〔관형사적 용법〕세상에 드묾, 또는 세상에 다시 없음. ¶천하 명창. **천하를 얻은 듯**판용 매우 기쁘고 흡족함을 이르는 말.
천하(天河)圐 '은하(銀河)'를 달리 이르는 말.
천하(泉下)圐 〔황천(黃泉)의 아래라는 뜻으로〕 '저승'을 이르는 말.
천:-하다(賤-)혱여 ①(지체나 지위 따위가) 매우 낮다. ¶신분이 천하다. ②(생김새나 하는 짓이) 고상하지 않고 더럽거나 상스럽다. ¶행동거지가 천하다. ③(물건 따위가 많아서) 귀하지 않고 너무 흔하다. ¶길거리에서 파는 천하게 빠진 시계. ↔귀(貴)하다. **천-히**뫼
천하-대세(天下大勢)圐 세상이 돌아가는 큰 형세, 곧 국내외의 정세.
천하-만사(天下萬事)圐 세상의 온갖 일. ¶천하만사가 귀찮다. ⓑ천하사.
천하-무적(天下無敵)圐 세상에 대적할 만한 상대가 없음을 이르는 말. ¶천하무적 함대.
천하-사(天下士)圐 ①세상에 이름난 큰 인물. ②세상의 여러 명사(名士).
천하-사(天下事)圐 ①〈천하만사〉의 준말. ②제왕이 되려고 하는 큰일. ¶천하사를 도모하다.
천하-수(天河水)圐 육십갑자의 병오(丙午)와 정미(丁未)에 붙이는 납음(納音). ⓑ대역토.
천하-없어도(天下-)〔-업씨-〕뫼 어떤 경우에 이를지라도. 세상없어도. ¶천하없어도 그 일을 해내고야 말겠다.
천하-에(天下-)캄 〔세상에 그런 일도 있나의 뜻으로〕 뜻밖의 일이 '몹시 심함'을 한탄할 때 쓰는 말. 세상에. ¶천하에, 몹쓸 사람!
천하-일색(天下一色)〔-쌕〕圐 세상에 다시 없을 뛰어난 미인. ¶천하일색 양귀비.
천하-일품(天下一品)圐 세상에 오직 하나밖에 없거나 그 어떤 것과도 견줄 만한 것이 없을 정도로 매우 뛰어남, 또는 그런 물품. ¶어머니의 음식 솜씨는 천하일품이다.
천하-잡년(天下雜-)〔-잠-〕圐 세상에 다시 없을, 못되고 잡스러워 여자를 욕하여 이르는 말.
천하-잡놈(天下雜-)〔-잠-〕圐 세상에 다시 없을, 못되고 잡스러운 사내를 욕하여 이르는 말.
천하-장사(天下壯士)圐 세상에서 보기 드문 매우 힘센 장사.
천하-제일(天下第一)圐 세상에 견줄 만한 것이 없이 최고임.
천하-태평(天下太平)圐 ①온 세상이 태평함. ②(근심 걱정이 없거나 성질이 누긋하여) 세상 근심을 모르고 편안함, 또는 그러한 사람. 만사태평.
천:학(淺學)圐 학식이 부족함, 또는 그런 사람. ⓑ박학(薄學). ↔박학(博學).
천:학-비재(淺學菲才)〔-뻬-〕圐 〔배운 바가 얕고 재주가 변변하지 못하다는 뜻으로〕'자기의 학식'을 겸손하여 이르는 말.
천한(天旱)圐 가물.
천한(天寒)圐 '천한(天寒)하다'의 어근.
천한(天漢)圐 ☞은하(銀河).
천한(賤寒)圐 '천한(賤寒)하다'의 어근.
천:한(賤漢)圐 신분이 천한 사나이.

천한-백옥(天寒白屋)圐 〔추운 날에 허술한 초가라는 뜻으로〕'가난한 생활'을 이르는 말.
천한-하다(天寒-)혱여 날씨가 춥다.
천:한-하다(賤寒-)혱여 지체가 낮고 살림이 가난하다. ¶천한한 집안.
천:해(淺海)圐 얕은 바다. ↔심해(深海).
천:해^어업(淺海漁業)圐 육지에 가까운 얕은 바다에서 하는 어업. 조개·새우·김·파래 따위를 채취하거나 양식함.
천행(天幸)圐 하늘이 준 은혜나 다행. ¶천행으로 구조되다. /그야말로 천행이 아닐 수 없다.
천:행(踐行)圐하타 실지로 행함.
천:행(擅行)圐하타 ☞전행(專行).
천:향(賤鄕)圐 풍속이 비루한 시골. 천토(賤土). ¶천향일망정 내게는 둘도 없는 고향일세.
천향-국색(天香國色)〔-쌕〕圐 ①〔천하제일의 향기와 자색이라는 뜻으로〕'모란꽃'을 이르는 말. ②'절세미인'을 비유하여 이르는 말.
천:허(擅許)圐하타 제 마음대로 허가함.
천험(天險)圐혱타 (땅 모양이) 천연적으로 험함. ¶천험의 요새.
천험지지(天險之地)圐 천연적으로 험하여 요새가 될 만한 땅.
천현지친(天顯之親)圐 (부자·형제간 등) 천륜 (天倫)의 지친(至親).
천협(淺狹)圐 '천협하다'의 어근.
천:협-하다(淺狹-)〔-텨퍼-〕혱여 ①얕고 좁다. ②도량이 작고 옹졸하다.
천형(天刑)圐 ☞천벌(天罰).
천혜(天惠)〔-혜/-헤〕圐 하늘이 베풀어 준 은혜, 곧 자연의 은혜. ¶천혜의 보고(寶庫).
천호-만환(千呼萬喚)圐하타 수없이 여러 번 부름.
천:혼-문(薦魂文)圐 불교에서, 죽은 사람의 영혼이 극락세계로 가도록 축원하는 글.
천:-홍색(淺紅色)圐 ☞담홍색.
천화(天火)圐 저절로 일어난 화재.
천화(天禍)圐 하늘에서 내리는 재화(災禍).
천화(泉華)圐 온천에서 생기는 석회나 규산질 따위의 앙금.
천:화(遷化)圐하타 ①변하여 바뀜. ②(이승의 교화(敎化)가 끝나서 다른 세상에 교화하러 간다는 뜻으로〕'고승(高僧)의 죽음'을 이르는 말. ②귀적(歸寂).
천화-면(天花麵)圐 천화분으로 만든 국수.
천화-분(天花粉)圐 한방에서, '하늘타리의 뿌리로 만든 가루'를 약재로 이르는 말.
천화-판(天花板)圐 ☞소란 반자.
천환(天宦)圐 태어날 때부터의 고자.
천황(天皇)圐 ①옥황상제. ②일본에서, 자국의 '임금'을 일컫는 말.
천:황(淺黃色)圐 ☞담황색.
천황-씨(天皇氏)圐 삼황(三皇)의 으뜸인 중국 고대의 전설적인 임금.
천회(天灰)〔-회/-훼〕圐 광중(壙中)에 관을 넣어 그 가장자리를 메우고 관의 위에 다지는 석회.
천:횡(擅橫)〔-횡/-휑〕圐하타 아무 거리낌 없이 제 마음대로 함.
천후(天候)圐 ①날씨. 일기. ②기후. 천기.
철¹圐 ①(자연현상에 따라) 한 해를 네 시기로 나눈 중의 한 시기. 계절. 시절. ¶철 이른 푸른 버들. ②한 해 가운데서 무엇을 하기에 알맞거나, 많이 하는 때(시기). ¶모내기 철. ③〈제철〉의 준말. ¶철을 만나다. /철 지난 옷.
철 그른 동남풍쇽담 '얼토당토않은 흰소리를 함'을 이르는 말.

철²똉 사리를 가릴 줄 아는 힘. 지각(知覺). ¶철
이 들 나이. /철이 나다.

철(鐵)똉 ①금속 원소의 한 가지. 순수한 것은
은백색의 광택을 띠고, 연성과 전성이 풍부하며
자성(磁性)이 강하므로, 금속 가운데 가장 용도
가 많음. 쇠. [Fe/26/55.847] ②'견고함, 강함,
굳셈'을 비유하여 이르는 말. ¶철의 여인.

-철(綴)젭미 《일부 명사 뒤에 붙어》 '여러 장의
문서나 서류 따위를 한데 꿰매어 놓은 물건
임'을 뜻하는 말. ¶서류철. /신문철.

철가(撤家)똉하재 온 가족을 데리고 다른 곳으
로 옮기려고 살림살이를 뭉뚱그림. 또는 뭉뚱
그려 떠남.

철가-도주(撤家逃走)똉하재 온 가족과 함께 살
림살이를 뭉뚱그려 달아남.

철각(凸角)똉 180°보다 작은 각. ↔요각(凹角).

철각(鐵脚)똉 ①(교량·탑 따위의 밑을 받치는)
쇠로 만든 다리. ②무쇠처럼 튼튼한 다리.

철갑(鐵甲)똉 ①쇠로 만든 갑옷. 철의(鐵衣).
②어떤 물건의 겉에 다른 물질을 흠뻑 칠하여
이룬 겉더께. 칠갑(漆甲).

철갑-둥어(鐵甲-) [-똥-]똉 철갑둥엇과의 바닷
물고기. 몸길이 15 cm가량. 온몸이 광택 있는
황색의 딱딱한 비늘로 덮여 있어 솔방울 같음.
몸은 길둥근데 옆으로 납작함. 아래턱에는 발
광관(發光管)이 있고 발광 박테리아가 기생하
여 밤에 청백색의 센 빛을 냄. 식용함. 한
국·필리핀·남아프리카 연해 등지에 분포함.

철갑-상어(鐵甲-) [-쌍-]똉 철갑상엇과의 바닷
물고기. 몸길이 1.5 m가량. 몸빛은 등이 회청
색, 배는 흼. 몸은 긴 원통형이며 주둥이가 길
고 뾰족하여 칼상어와 비슷함. 우리나라 연해
에 분포함.

철갑-선(鐵甲船) [-썬]똉 쇠로 겉을 싸서 만든
병선(兵船). ¶거북선은 세계 최초의 철갑선이다.

철갑-탄(徹甲彈)똉 적의 장갑(裝甲)이나 견고한
목표물 따위를 뚫거나 파괴하기 위하여 사용하
는 탄환. 파갑탄(破甲彈).

철강(鐵鋼)똉 ①선철과 강철을 아울러 이르는
말. ②강철. ¶철강 공업.

철강-업(鐵鋼業)똉 철광석을 원료로 하여 여러
가지 강재를 생산하는 산업.

철갱(鐵坑)똉 철광석을 파내는 광산의 굴.

철거(撤去)똉하재되재 〔거두어 가지고 가거나
없앤다는 뜻으로〕 건물이나 시설 따위를 걷어
치워 버림. ¶철거 작업. /무허가 건물을 철거
하다.

철거덕튀 ①차진 큰 물체가 세게 들러붙
는 소리, 또는 그 모양. ②쇠붙이 따위가 세게
맞부딪칠 때 나는 소리, 또는 그 모양. ¶쇠
빗장을 철거덕 닫아 걸다. 鬱찰가닥. 솅철그덕.
맞커덕. 녜절거덕. **철거덕-철거덕**튀하재타.

철거덕-거리다 [-꺼-]재타 자꾸 철거덕철거덕
하다. 철거덕대다. 鬱찰가닥거리다.

철거덕-대다 [-때-]재타 철거덕거리다.

철거덩튀하재타 쇠붙이 따위가 세게 부딪칠 때
에 묵직하게 울리어 나는 소리. ¶철문을 철거
덩 닫다. **철거덩-철거덩**튀하재타.

철거덩-거리다재타 자꾸 철거덩철거덩하다. 철
거덩대다. 鬱찰가당거리다.

철거덩-대다재타 철거덩거리다.

철걱튀하재타 쇠붙이 따위가 세게 맞부딪치거나
걸릴 때 나는 소리, 또는 그 모양. 鬱찰각. 솅철
껙. 녜절걱. **철걱-철걱**튀하재타.

철걱-거리다 [-꺼-]자타 자꾸 철걱철걱하다. 철
걱대다. 鬱찰각거리다.

철걱-대다 [-때-]자타 철걱거리다.

철-겹다 [-따] 〔-겨우니·-겨워〕톙미 제철에 뒤
져서 맞지 않다. ¶철겹게 오는 비.

철-경고(鐵硬膏)똉 쇳가루를 섞어 만든 고약.

철골(鐵骨)똉 '몸이 야위어 뼈만 앙상한 모
양'을 이르는 말. ¶병을 앓고 철골이 되다.

철골(徹骨)똉 뼈에 사무침.

철골(鐵骨)똉 ①(교량·철탑·공장·고층 건물 따
위) 큰 건축의 뼈대가 되는 철재(鐵材). ②(쇠
처럼) 굳세게 생긴 골격. ¶철골의 사나이.

철골^구조(鐵骨構造)똉 건축물의 주요 구조를
철강재로 한 구조.

**철골^철근^콘크리:트^구조(鐵骨鐵筋concrete
構造)**똉 철골을 중심으로 하고, 철근을 주위에
위싸서 콘크리트를 박아 단일체로 만든 복합
구조.

철골-태(鐵骨胎)똉 쇳가루가 섞인 유약을 올려
구운 도자기의 몸. 단단하며 거망빛임.

철공(鐵工)똉 쇠를 가지고 제품을 만드는 일,
또는 그 일을 하는 직공.

철공-소(鐵工所)똉 쇠로 갖가지 제품을 만드는
소규모의 공장.

철-공장(鐵工場)똉 쇠로 갖가지 제품을 만드는
공장.

철관(鐵冠)똉 쇠로 살을 댄 관. ¶철관품제는 심
산 맹호 같은지라(烈女春香守節歌).

철관(鐵棺)똉 쇠로 만든 관(棺).

철관(鐵軌)똉 쇠로 만든 관(管).

철광(鐵鑛)똉 ①〈철광석〉의 준말. ②철광석이
나는 광산.

철-광석(鐵鑛石)똉 철을 포함하고 있는 광석.
〔자철석·적철석·갈철석 따위.〕 준철광.

철교(鐵橋)똉 ①〈철도교〉의 준말. ②철골(鐵骨)
구조로 된 교량.

철군(撤軍)똉하재 주둔하던 곳에서 군대를 철수
함. 철병(撤兵).

철궁(鐵弓)똉 쇠로 만든 전투용 활.

철권(鐵拳)똉 〔쇠뭉치 같은 주먹이란 뜻으로〕
'굳센 주먹'을 이르는 말. ¶천하무적의 철권.

철궤(鐵軌)똉 철로의 레일.

철궤(鐵櫃)똉 철판으로 만든 궤.

철-궤연(撤几筵)똉하재 (삼년상을 마친 뒤) 신
주(神主)를 사당에 모시고 빈소를 거두어 치
움. 또는 그 일.

철귀(撤歸)똉하재 ☞철환(撤還).

철그렁튀하재타 좀 쇠붙이 따위가 떨어지
거나 서로 세차게 부딪칠 때 울리어 나는 소
리. 鬱찰그랑. 녜절그렁. 참쩔그렁. **철그렁-철
그렁**튀하재타.

철그렁-거리다재타 자꾸 철그렁철그렁하다. 철
그렁대다. 鬱찰그랑거리다.

철그렁-대다재타 철그렁거리다.

철근(鐵筋)똉 (건물이나 구조물을 지을 때) 콘
크리트 속에 박아 뼈대로 삼는 가는 쇠막대.

철근^콘크리:트(鐵筋concrete)똉 건축물의 구
조재로서, 철근을 뼈대로 삼은 콘크리트.

철금(鐵琴)똉 건반 타악기의 한 가지. 작은 쇳
조각을 음계에 맞게 늘어놓아 두들겨서 소리를
냄. 글로켄슈필.

철기(鐵器)똉 '쇠로 만든 그릇이나 연모'를 두
루 이르는 말. ¶철기 문화.

철기(鐵騎)똉 ①옛날에, 철갑으로 무장하고 말
을 타던 군사. ②용맹한 기병.

철기^시대(鐵器時代)圈 고고학에서, 연모의 재료에 따라 구분한 인류 발전의 한 단계. 석기·청동기 시대의 다음 단계로서 철을 이용하여 여러 가지 연모를 만들어 쓰던 시대.

철-길(鐵)[-낄]圈 레일을 깔아 기차나 전차 등이 다닐 수 있게 땅 위에 길게 깔아 만든 궤도의 길. 철로.

철꺼덕用하지타 〈절거덕〉의 센말. ㉮찰까닥. ㉯절꺼덕.

철꺼덩用하지타 〈절거덩〉의 센말. ㉮찰까당. ㉯절꺼덩.

철꺽用하지타 〈절걱〉의 센말. ㉮찰깍. ㉯절꺽.

철-끈(綴-)圈 문서 따위를 철할 때 쓰는 끈.

철-나다[-라-]진 (아이가 자라면서) 사리를 가릴 줄 아는 힘이 생기다. 철들다. ¶ 나이 열 살이면 철날 나이라네.

철농(撤農)[-롱]圈하자 농사를 걷어치움.

철-다각형(凸多角形)[-가켱]圈 '볼록 다각형'의 구용어.

철단(鐵丹)[-딴]圈 (금속제의 그릇이나 기계 등에) 녹이 슬지 않게 바르는 붉은 도료. 주성분은 산화 제이철. 변병(辨柄).

철대(-때)圈 〈갓철대〉의 준말.

철도(鐵道)[-또]圈 ①철길. 철로. ②열차의 운행을 위한 갖가지 시설과 교통수단을 통틀어 이르는 말. ¶ 철도를 이용한 귀성객.

철도-교(鐵道橋)[-또-]圈 열차가 다니도록 레일을 깔아 놓은 교량. ㉣철교.

철도-망(鐵道網)[-또-]圈 철도가 이리저리 그물처럼 벋어 있는 교통 조직.

철도-청(鐵道廳)[-또-]圈 건설 교통부에 딸리어 철도에 관한 사무를 맡아보던 중앙 행정 기관의 하나.

철도-편(鐵道便)[-또-]圈 철도를 이용하는 교통편. ¶ 짐을 철도편으로 보내라.

철독(鐵毒)[-똑]圈 쇳독.

철두-철미(徹頭徹尾)[-뚜-]用하형 처음부터 끝까지 철저하게. 철상철하. ¶ 철두철미한 사람.

철둑(鐵-)[-뚝]圈 〈철롯둑〉의 준말.

철-들다[~드니·~들어]진 철나다. ¶ 철들 나이.

철-따구니圈 〈철²〉의 속된 말.

철-딱서니[-써-]圈 〈철²〉의 속된 말.

철-딱지[-찌]圈 〈철²〉의 속된 말.

철떡用하자 차지거나 젖은 물체가 세게 들러붙는 모양, 또는 그 소리. ¶ 진흙이 철떡 들러붙어 떨어지지 아니하다. ㉮찰딱. **철떡-철떡**用하자.

철떡-거리다[-꺼-]진 자꾸 철떡철떡하다. 철떡대다.

철떡-대다[-때-]진 철떡거리다.

철럭-거리다[-꺼-]진타 자꾸 철럭철럭하다. 철럭대다. 철럭이다. 철럭거리다.

철럭-대다[-때-]진타 철럭거리다.

철럭-이다진타 철럭거리다. ㉮찰락이다.

철럭-철럭用하자타 ①큰 그릇에 담긴 물이나 넓은 곳에 갇힌 물이 물결이 일어 가장자리에 자꾸 부딪치며 나는 소리, 또는 그 모양. ②큰 쇠붙이들이 서로 자꾸 부딪치는 소리, 또는 그 모양. ㉮찰락찰락.

철렁用 ①하자 (넓고 깊은 곳에) 괸 물이 물결을 이루며 한 번 움직이는 모양, 또는 그 소리. ②하자타 엷은 쇠붙이 따위가 한 번 부딪쳐서 울려 나는 소리. ㉮절렁. ⓑ절렁. ③하자 마음에 크게 충격을 받아 흔들리는 모양. ¶ 가슴이 철렁 내려앉다. ③ⓑ덜렁⁴. ①②㉮찰락. **철렁-철렁**用하자타.

철렁-거리다진타 자꾸 철렁철렁하다. 철렁대다.

철렁-대다진타 철렁거리다.

철렁-철렁用하형 작은 그릇에 가득 담긴 물 따위가 넘칠 듯 넘칠 듯한 모양. ¶ 대접에 철렁철렁하도록 막걸리를 따르다. ㉮찰랑찰랑. ⓑ칠렁칠렁.

철렁-하다형 작은 그릇에 담긴 물 따위가 넘칠 듯이 그득하다. ㉮찰랑하다. ⓑ칠렁하다.

철렴(撤簾)圈하자 (발을 거둔다는 뜻으로) 수렴청정(垂簾聽政)을 거둠.

철로(鐵路)圈 ☞철길. 철도.

철로-바탕(鐵路-)圈 철도의 레일이 깔리는 자리.

철록-어미圈 '담배를 쉬지 않고 계속하여 피우는 사람'을 조롱하여 이르는 말.

철롯-둑(鐵路-)[-로뚝·-롣뚝]圈 철로가 설치되어 있는 높은 둑. ㉣철둑.

철롱(鐵籠)圈 쇠로 만든 농이나 바구니·둥우리 따위를 이르는 말.

철륜(鐵輪)圈 ①쇠로 만든 바퀴. ②'기차'를 달리 이르는 말.

철륜-대감(鐵輪大監)圈 민속에서, 대추나무에 있다는 귀신으로, 매우 영험이 있다고 함.

철리(哲理)圈 ①매우 깊고 오묘한 이치. ②철학상의 이치나 원리.

철릭圈 무관이 입던 공복의 한 가지. 직령(直領)으로서 허리에 주름이 잡히고, 넓은 소매가 달렸음.

철마(鐵馬)圈 (쇠로 된 말이라는 뜻으로) '기차'를 달리 이르는 말.

철망(鐵網)圈 ①쇠사슬 얽어서 만든 그물. ②〈철조망〉의 준말.

철망간-중석(鐵Mangan重石)圈 ☞볼프람철광.

철매圈 ①연기 속에 섞여 나오는 검은 가루. 연매(煙煤). ②구들장 밑이나 굴뚝 안에 끈끈하게 엉겨 붙은 그을음.

철면(凸面)圈 가운데가 볼록해진 면. ↔요면(凹面).

철면(鐵面)圈 ①검붉은 얼굴. ②쇠로 된 탈.

철면-경(凸面鏡)圈 ☞볼록 거울.

철-면피(鐵面皮)圈 (무쇠처럼 두꺼운 낯가죽이라는 뜻으로) '뻔뻔스럽고 염치없는 사람'을 이르는 말. 면장우피(面張牛皮). 후안(厚顏). ㉣파렴치한.

철면피-한(鐵面皮漢)圈 철면피의 사나이. 후안무치의 사나이.

철모(鐵帽)圈 (전투할 때 군인이 쓰는) 강철로 만든 둥근 모자.

철-모르다[~모르니·~몰라]진타 아직 어려서 사리를 분별할 줄 모르다. ¶ 철모르는 어린것을 탓하다.

철목(綴目)圈하자타 여러 가지 조목이나 종목을 벌여 적음, 또는 그렇게 적은 조목이나 종목. ¶ 행사의 순서들을 철목하다.

철문(鐵門)圈 쇠로 만든 문. 쇠문.

철물(鐵物)圈 쇠로 만든 여러 가지 물건. ¶ 철물 가게.

철물-전(鐵物廛)圈 철물로 된 상품을 전문으로 다루는 가게. 철물점.

철물-점(鐵物店)圈 ☞철물전.

철반(鐵盤)圈 쇠로 만든 쟁반.

철-반자(鐵-)圈 철사를 '井'자 모양으로 켱겨 매고 종이를 바른 반자.

철-방향(鐵方響)圈 국악 연주용 악기의 한 가지. 쇠로 만든 방향.

철배(撤排)명하타 (의식이 끝나) 식장에 배설 (排設)했던 물건을 치움.

철버덕부하자타 열은 물이나 진창을 거세게 밟거나 칠 때 나는 소리, 또는 그 모양. ¶진창에 철버덕 넘어지다. 환찰바닥. 예절버덕. **철버덕-철버덕**부하자타.

철버덕-거리다[-꺼-]자타 자꾸 철버덕철버덕하다. 환찰바닥거리다.

철버덕-대다[-때-]자타 철버덕거리다.

철버덩부하자타 묵직한 물체가 물에 세게 떨어질 때 울리어 나는 소리, 또는 그 모양. ¶형은 강물 속으로 철버덩 뛰어들었다. 환찰바당. 예절버덩. **철버덩-철버덩**부하자타.

철버덩-거리다자타 자꾸 철버덩철버덩하다. 철버덩대다. 환찰바당거리다.

철버덩-대다[-때-]자타 철버덩거리다.

철벅부하자타 열은 물이나 진창을 세게 밟거나 칠 때 나는 소리, 또는 그 모양. 환찰박. 예절벅. **철벅-철벅**부하자타.

철벅-거리다[-꺼-]자타 자꾸 철벅철벅하다. 철벅대다. 환찰박거리다.

철벅-대다[-때-]자타 철벅거리다.

철-벌레[명] 한 철에만 나타났다 없어지는 벌레.

철벙부하자타 크고 묵직한 물체가 깊은 물에 세게 떨어질 때 나는 소리, 또는 그 모양. ¶강물에 철벙 뛰어들다. 환찰방. 예절벙. **철벙-철벙**부하자타.

철벙-거리다자타 자꾸 철벙철벙하다. 철벙대다. 환찰방거리다.

철벙-대다자타 철벙거리다.

철벽(鐵壁)명 〔쇠로 만든 벽이라는 뜻으로〕 '아주 튼튼한 장벽이나 방비'를 이르는 말. ¶금성(金城) 철벽./철벽 수비.

철벽-같다(鐵壁-)[-갇따]형 방비가 매우 철저하다. ¶철벽같은 방어. **철벽같-이**부.

철병(撤兵)명하자 주둔지에서 군사를 철수시킴. 철군(撤軍).

철-복(-服)명 제철에 맞는 옷.

철봉(鐵棒)명 ①쇠몽둥이. ②'쇠로 된 막대기 모양의 물건'을 두루 이르는 말. ③체조 용구의 한 가지. 좌우 두 개의 기둥에 쇠막대기를 걸쳐 고정시킴을.

철봉^운·동(鐵棒運動)명 체조 경기의 한 가지. 철봉에 매달려 앞뒤로 흔들거나 도는 동작이 중심이 되어 여러 가지 기술을 연기함.

철-부지(-不知)명 ①철이 없는 아이. ¶철부지 소년. ②철이 없는 어리석은 사람.

철분(鐵分)명 (어떤 물질 속에 들어 있는) 철(鐵)의 성분. ¶철분이 많은 시금치.

철분(鐵粉)명 ①쇠의 가루. ②한방에서, 철화분(鐵華粉)을 정제한 약재. 진경제(鎭痙劑)·강장제로, 그리고 수종·황달 등에 쓰임.

철비(鐵扉)명 쇠로 만든 문짝.

철빈(鐵貧)명형 더할 수 없이 가난함. 적빈(赤貧).

철사(撤祀)[-싸-]명하자 제사를 마침.

철사(鐵砂)[-싸-]명 ☞사철(沙鐵).

철사(鐵絲)[-싸-]명 쇠로 만든 가는 줄. 철선.

철사-유(鐵砂釉)[-싸-]명 철분이 많은 흙을 원료로 하여 만든 잿물.

철삭(鐵索)[-싹]명 여러 가닥의 철사를 꼬아 만든 줄.

철상(鐵床)[-쌍]명하자 음식상이나 제사상 위에 차린 음식을 거두어 치움.

철상(鐵像)[-쌍]명 쇠로 만든, 사람이나 동물 따위의 형상. ¶이순신 장군의 철상.

철상철하(徹上徹下)[-쌍-]부하타 ①위에서 아래까지 꿰뚫듯 훤함. ¶주역(周易)에는 철상철하하여 견줄 이가 없을 정도이다.

철-새[-쌔]명 철을 따라서 살 곳을 바꾸어 사는 새. 기후조. 표조(漂鳥). 후조(候鳥). ↔텃새.

철색(鐵色)[-쌕]명 검푸르고 희읍스레한 빛깔.

철색(鐵索)[-쌕] '철삭'의 잘못.

철석(鐵石)[-썩]명 〔쇠와 돌이라는 뜻으로〕 '굳고 단단함'을 비유하여 이르는 말. ¶철석의 맹세.

철석-간장(鐵石肝腸)[-썩깐-]명 쇠나 돌같이 굳고 단단한 마음. 석장. 철심석장(鐵心石腸). ¶철석간장이라도 녹일 듯한 애처로운 울음 소리.

철석-같다(鐵石-)[-썩갇따]형 (의지나 약속이) 쇠나 돌같이 굳고 단단하다. ¶철석같은 약속. **철석같-이**부 ¶철석같이 믿다.

철-석영(鐵石英)[-써경]명 산화철을 많이 함유하여 붉은빛을 띤 석영.

철선(鐵船)[-썬]명 쇠로 만든 배.

철선(鐵線)[-썬]명 ☞철사(鐵絲).

철설(鐵屑)[-썰]명 ①쇠의 부스러기나 가루. ②☞쇠똥.

철쇄(鐵鎖)[-쐐]명 ①쇠로 만든 자물쇠. ②쇠사슬.

철수(撤收)[-쑤]명하자타되자 ①거두어들이거나 걷어치움. ¶철수를 서두르다. ②진출하였던 곳에서 시설이나 장비를 거두고 물러남. 철퇴. ¶철수 작전.

철수(鐵銹·鐵鏽)[-쑤]명 쇠에 스는 녹. 철의.

철습(掇拾)[-씁]명하타 주워 모음.

철시(撤市)[-씨]명하자 되자 (어떤 사정으로) 시장이나 상가의 문을 닫고 장사를 하지 아니함. 철전(撤廛). ¶명절날이면 대부분의 상가는 철시한다.

철심(鐵心)[-씸]명 ①쇠처럼 단단한 마음. 철장(鐵腸). ②쇠로 속을 박은 물건의 심.

철심-석장(鐵心石腸)[-씸-짱]명 ☞철석간장(鐵石肝腸).

철써기명 여칫과의 곤충. 몸길이 5~7 cm. 몸빛깔은 녹색 또는 누런 갈색. 여치 비슷하나 날개가 더 크고 넓음. 몸보다 긴 실 모양의 촉각이 있으며 뒷다리는 특히 길고 뭉툭함.

철써덕부하자타 ①액체의 면이 넓적한 물체와 세게 부딪칠 때 크게 울리어 나는 소리, 또는 그 모양. 환찰싸닥. 예절써덕. **철써덕-철써덕**부하자타.

철써덕-거리다[-꺼-]자타 자꾸 철써덕철써덕하다. 철써덕대다. 환찰싸닥거리다.

철써덕-대다[-때-]자타 철써덕거리다.

철썩부하자타 ①액체의 면이 넓적한 물체와 세게 부딪칠 때 차지게 나는 소리, 또는 그 모양. ¶파도가 밀려와 철썩 부딪치는 소리. ②차진 물건을 물체에 던지거나 손바닥 따위로 세게 때릴 때 나는 소리, 또는 그 모양. ¶궁둥이를 철썩 때리다. 환찰싹. 예절썩. **철썩-철썩**부하자타.

철썩-거리다[-꺼-]자타 자꾸 철썩철썩하다. 철썩대다. 환찰싹거리다.

철썩-대다[-때-]자타 철썩거리다.

철안(鐵案)명 좀처럼 변경할 수 없는 단안, 또는 확고한 의견. ¶철안을 내리다.

철인(鐵人)명 쇠처럼 강한 사람.

철인(鐵印)명 쇠로 만든 도장.

철인(鐵靭印)명 쇠로 만든 압인. 준인인.

철액(鐵液)명 한방에서, 대장간에서 나는 쇠똥을 물에 오래 담가서 우린 물을 약재로 이르는 말.

철액-수(鐵液水) [-쑤] ☞철장(鐵漿).
철야(徹夜)**명**[하자] 자지 않고 밤을 새움. 밤새움. 망야(罔夜). 통소(通宵). ¶철야 작업.
철-어렁이(鐵-)**명** 철사를 엮어 만든 삼태기. 광석이나 버럭 따위를 담아 붓는 데 쓰임.
철-없다[처럽따]**형** 사리를 분별할 만한 지각이 없다. ¶철없는 아이. **철없-이**[튼] 철없이 굴지 마라.
철엽(鐵葉)**명** 대문짝에 붙여 박는 장식의 한 가지. 쇠로 물고기 비늘 모양으로 만듦.
철오(徹悟)**명**[하타] 사물의 깊은 이치를 꿰뚫어 깨달음.
철옥(鐵獄)**명** 견고한 감옥. 규율이 엄한 감옥.
철옹-산성(鐵甕山城)**명** 〈철옹성(鐵甕城)〉의 본딧말. **준**옹성.
철옹-성(鐵甕城)**명** 〔무쇠로 만든 독처럼 튼튼히 쌓은 산성이라는 뜻으로〕'매우 튼튼히 둘러싼 것이나 그러한 상태'를 비유하여 이르는 말. ¶철옹성 같은 경비 태세. **본**철옹산성.
철완(鐵腕)**명** (무쇠처럼) 억세고 야무진 팔. ¶철완의 투수.
철요(凸凹)**명**[하형] ☞요철(凹凸).
철-운모(鐵雲母)**명** (여섯 모진 판이나 비늘 조각 모양의) 철분을 많이 함유하고 있는 검은빛의 운모.
철음(綴音)**명** 자음과 모음이 어울려서 이루어진 음절의 음.
철의(鐵衣) [처릐/처리]**명** ①☞철갑(鐵甲). ②☞철수(鐵繡).
철의 장막(鐵-帳幕) [처릐-/처레-] 지난날, 공산권의 '정치적 비밀주의'·'폐쇄성'을 비유하여 이르던 말.
철인(哲人)**명** 사리에 밝고 인격이 뛰어난 사람. ¶철인 소크라테스. **비**철학자.
철인(鐵人)**명** 몸이나 힘이 쇠처럼 강한 사람.
철인(鐵印)**명** ①〈철압인〉의 준말. ②철인을 누르다. ②인쇄에서, 강철이나 놋쇠로 만들어 두꺼운 양장 표지에 금자(金字)를 찍는 데 쓰는 무늬 조각판.
철-자(鐵-)**명** 쇠붙이로 만든 자. 철척(鐵尺).
철자(綴字) [-짜]**명**[하자] 말의 소리를 소리글자로써 맞추어 나타냄, 또는 그렇게 짜 맞춘 글자. 〔'ㅊ+ㅓ+ㄹ→철' 따위.〕
철자-법(綴字法) [-짜뻡]**명** ☞맞춤법.
철장(鐵杖)**명** 쇠로 만든 지팡이.
철장(鐵場) [-짱]**명** 철점(鐵店)에서 쇠를 불리는 곳.
철장(鐵腸) [-짱]**명** ☞철심(鐵心).
철장(鐵漿) [-짱]**명** 한방에서, '무쇠를 물에 우려낸 물'을 약재로 이르는 말. 〔수렴제로 쓰임.〕 철액수(鐵液水).
철재(鐵材) [-째]**명** 공업이나 건축에 쓰이는 쇠붙이 재료.
철저(徹底) [-쩌]**명**[하형] (어떤 일을) 속속들이 꿰뚫어 미치어 빈틈이나 부족함이 없이 밑바닥까지 투철함. ¶철저한 연구 태도. **철저-히**[튼].
철적(轍迹) [-쩍]**명** 〔수레바퀴의 자국이라는 뜻으로〕 사물의 '지나간 흔적'을 비유하여 이르는 말.
철적(鐵笛) [-쩍]**명** ①☞태평소. ②쇠붙이로 만든 저.
철진(鐵塵) [-찐]**명**[하자] ☞철시(撤市).
철전(鐵箭) [-쩐]**명** '쇠로 만든 화살'을 통틀어 이르는 말. 〔육량전·아량전·장전 따위.〕
철전(鐵錢) [-쩐]**명** 쇠를 녹여 만든 돈.

철점(鐵店) [-쩜]**명** 지난날, 광석을 캐어서 쇠를 불리던 곳.
철정(鐵釘) [-쩡]**명** 쇠못.
철제(鐵製) [-쩨]**명** 쇠붙이를 재료로 하여 만듦, 또는 그 물건. ¶철제 상자.
철제(鐵劑) [-쩨]**명** 철 결핍성 빈혈에 쓰이는, 철분을 주성분으로 한 약제. 〔강장·보혈제로 쓰이는 유산철·황산철 따위.〕
철제(鐵蹄) [-쩨]**명** ①'말편자'를 이르는 말. ②'힘차고, 잘 걷는 말'을 이르는 말. ②준마(駿馬).
철조(凸彫) [-쪼]**명** ☞돋을새김. ↔요조(凹彫).
철조(輟朝) [-쪼]**명**[하자] 임금이 조회를 폐함. 폐조.
철조(鐵條) [-쪼]**명** 굵은 철사.
철조(鐵彫) [-쪼]**명**[하자] 쇠붙이에 조각함, 또는 조각한 것.
철조-망(鐵條網) [-쪼-]**명** 가시철로 된 철조를 늘여 얼기설기 쳐 놓은 울타리. 여러 모양이 있으며, 전류를 흐르게 한 것도 있다. ¶철조망을 치다. **준**철망.
철주(掣肘) [-쭈]**명**[하타] 남에게 간섭하여 '마음대로 하지 못하게 말림'을 비유하여 이르는 말. 〔'여씨춘추'의 '구비편'에 나오는 말로, 공자의 제자 복자천(宓子賤)에 얽힌 고사에서 유래함.〕
철주(鐵舟) [-쭈]**명** 쇠로 만든 작은 배.
철주(鐵朱) [-쭈]**명** ☞대자석(代赭石).
철주(鐵柱) [-쭈]**명** 쇠로 만든 기둥이나 말뚝.
철-주자(鐵鑄字) [-쭈-]**명** 쇠를 부어 만든 주자.
철-중석(鐵重石)**명** 철과 텅스텐이 주성분인 광석의 하나.
철중-쟁쟁(鐵中錚錚) [-쭝-]**명**[하형] '같은 또래 중에서 뛰어남'을 이르는 말.
철-질(鐵-)**명**[하자] 번철에다 부침개를 부치는 일.
철쭉(명) 철쭉과의 낙엽 활엽 관목. 산지에 흔히 나는데, 관상용으로 심기도 함. 잎은 어긋맞게 나지만 가지 끝에서는 많이 모여나고 5월경에 진달래꽃 비슷한 분홍과 연분홍 꽃이 핌. 개꽃. 척촉꽃. 산객(山客). 척촉(躑躅).
철쭉-꽃 [-꼳]**명** 철쭉의 꽃. 척촉화. * 철쭉꽃이 [-꼬치]·철쭉꽃만 [-꼰-]
철쭉-나무 [-무]**명** ☞철쭉.
철창(鐵窓)**명** ①쇠로 창살을 만든 창문. ②'감옥(교도소)'을 비유하여 이르는 말.
　철창 같은 감옥[관용] '감옥이나 다름없이 꼼짝할 수 없게 통제와 감시를 받는 곳'을 비유하여 이르는 말.
철창-신세(鐵窓身世)**명** 감옥에 갇히는 신세. ¶철창신세를 지다.
철책(鐵柵)**명** 쇠살로 만든 우리나 울타리.
철척(鐵尺)**명** 쇠로 만든 자. 철자.
철천(徹天)**명** 〔하늘에 사무친다는 뜻으로〕 두고 두고 잊을 수 없도록 뼈에 사무침을 이르는 말. 〔주로, '철천의'의 꼴로 쓰임.〕 ¶철천의 원한.
철천(鐵泉)**명** 탄산철·황산철을 함유하는 온천. 다갈색을 띠며, 류머티즘·부인병에 좋음.
철천 지원(徹天之冤)**명** 하늘에 사무치는 원한. 철천지한(徹天之恨). ¶철천지원을 가슴에 품고 복수의 날을 기다리다.
철천지원수(徹天之怨讐)**명** 원한이 하늘에 사무칠 만큼 크나큰 원수.
철천지한(徹天之恨)**명** ☞철천지원.
철철[튼] 물 따위가 많이 넘치는 모양. ¶장마로 철철 넘치는 도랑물. **작**찰찰.
철철-이[튼] (한 해의) 철마다. ¶철철이 입는 옷.

철-청총이(鐵靑驄-)圀 푸른빛의 털에 흰 털이 조금 섞인 말.

철-체(鐵-)圀 철사로 쳇불을 메운 체.

철-총이(鐵驄-)圀 몸에 검푸른 무늬가 있는 말.

철추(鐵椎)圀 ☞철퇴(鐵槌).

철칙(鐵則)圀 변경하거나 어길 수 없는 규칙. ¶금욕(禁慾)의 철칙을 깨다.

철커덕튀[하자타]①차진 물체가 매우 세차게 들러붙는 소리, 또는 그 모양. ②쇠붙이 따위가 세차게 부딪질 때 나는 소리, 또는 그 모양. ¶셔터를 철커덕 내리다. 짝찰카닥. 예절거덕·절커덕·철거덕. 쩜쩔꺼덕. 철커덕-철커덕튀[하자타].

철커덕-거리다[-꺼-]자타 자꾸 철커덕철커덕 하다. 철커덕대다. 짝찰카닥거리다.

철커덕-대다[-때-]자타 철커덕거리다.

철커덩튀[하자타] 쇠붙이 따위가 세게 부딪칠 때 거칠게 울리어 나는 소리, 또는 그 모양. 짝찰카당. 예절거덩·절커덩·철거덩. 쩜쩔꺼덩. 철커덩-철커덩튀[하자타].

철커덩-거리다[-꺼-]자타 자꾸 철커덩철커덩하다. 철커덩대다. 짝찰카당거리다.

철커덩-대다자타 철커덩거리다.

철컥튀[하자타] 쇠붙이 따위가 세차게 맞부딪치거나 걸릴 때 나는 소리, 또는 그 모양. ¶대문이 철컥 닫히다. 짝찰칵. 예절컥·절컥·철컥. 쩜쩔컥. 철컥-철컥튀[하자타].

철컥-거리다[-꺼-]자타 자꾸 철컥철컥하다. 철컥대다. 짝찰칵거리다.

철컥-대다[-때-]자타 철컥거리다.

철탄(鐵彈)圀 ☞처란.

철탑(鐵塔)圀①철근이나 철골을 써서 만든 탑. ②(송전선 따위의) 전선(電線)을 지탱하기 위해 세운 쇠기둥.

철태(鐵胎)圀 철사유를 입혀 구운 검붉은 도자기의 몸.

철태-궁(鐵胎弓)圀 지난날에 쓰던 활의 한 가지. 각궁(角弓)과 비슷하나 몸을 쇠로 만들었음.

철통(鐵通)圀 담뱃대의 마디를 뚫는 데 쓰는 쇠꼬챙이.

철통(鐵桶)圀 쇠로 만든 통. 쇠통.

철통-같다(鐵桶-)[-간따]혱 조금도 빈틈이 없이 튼튼하다. ¶철통같은 수비. /감시가 철통같다. 철통같-이튀.

철퇴(撤退)[-퇴/-퉤]圀하자 (자리 잡은 데서) 거두어 물러감. 철수(撤收). ¶점령지에서 철퇴하다.

철퇴(鐵槌)[-퇴/-퉤]圀①쇠몽둥이. ②옛날 병장기의 한 가지. 끝이 둥그렇고 울퉁불퉁한, 길이가 1.8 m쯤 되는 쇠몽둥이. 철추(鐵椎).
철퇴를 가하다(내리다)관용 호되게 처벌하거나 큰 타격을 주다. ¶마약 사범들에게 철퇴를 가하다.

철파(撤罷)圀하타되자 ☞철폐(撤廢).

철판(凸版)圀 ☞볼록판.

철판(鐵板)圀 쇠를 얄팍하게 늘여 만든 판.
철판을 깔다관용 체면이나 염치를 돌보지 아니하다. ¶얼굴에 철판을 깔다.

철편(鐵片)圀 쇠붙이의 조각.

철편(鐵鞭)圀①옛날 병장기의 한 가지. 쇠로 된 채찍. ②〈고들개철편〉의 준말.

철폐(撤廢)[-폐/-페]圀하타되자 폐지함. 철파(撤罷). ¶남녀 차별 제도의 철폐.

철폐(鐵肺)[-폐/-페]圀①철분이 들어가 쌓인 폐. 호흡기 질환 증상이 있고, 철공에게 흔함. ②진행성 소아마비로 호흡근이 마비된 환자에게 쓰이는 인공호흡 기계.

철필(鐵筆)圀①쇠붓. ②(등사판에 쓰이는) 끝이 뾰족한 쇠붓. ③도장을 새기는 새김칼.

철필-대(鐵筆-)[-때]圀 철필의 자루 부분, 곧 철필촉을 꽂아 쓰게 된 자루. 펜대.

철필-촉(鐵筆鏃)圀 철필대에 꽂아 쓰는 쇠촉. 펜촉.

철필-판(鐵筆板)圀 ☞줄판.

철필-화(鐵筆畫)圀 철필로 그린 그림.

철-하다(綴-)타예 (문서나 신문 따위의) 여러 장으로 된 물건을 한데 모아 꿰매다. ¶신문을 철하다.

철학(哲學)圀①인간과 세계에 관한 근본 원리를 연구하는 학문. ②'세계관이나 인생관'을 비유하여 이르는 말. ¶누구나 살아가는 철학이 있게 마련이다.

철학-가(哲學家)[-까]圀①철학에 조예가 깊은 사람. ②☞철학자.

철학-과(哲學科)[-꽈]圀 대학에서, 철학을 연구하는 학과.

철학-사(哲學史)[-싸]圀 철학 사상의 연원과 변천·추이·발전의 모습을 체계적으로 쓴 역사.

철학-자(哲學者)[-짜]圀 철학을 전문으로 연구하는 사람. 철학가. 비철인(哲人).

철한(鐵限)圀 변경하거나 어길 수 없는 기한이나 한정.

철한(鐵漢)圀 강직하고 굽힘이 없는 사나이.

철혈(鐵血)〔쇠와 피, 곧 무기와 군대라는 뜻으로〕《일부 명사 앞에 쓰이어》'군비(軍備)'와 '병력(兵力)'을 아울러 이르는 말.

철혈^재상(鐵血宰相)圀 군사력을 배경으로 정책을 강력하게 밀고 나가는 재상. 〔흔히, 프러시아의 '비스마르크'를 가리킴〕

철혈^정략(鐵血政略)[-냑]圀 군사력을 강화함으로써 국권을 신장시키려는 정략.

철형(凸形)圀 가운데가 도드록한 모양.

철화(鐵火)圀①빨갛게 단 쇠. ②☞총화(銃火). ③'칼과 총'을 달리 이르는 말.

철화-분(鐵華粉)圀 한방에서, '강철을 소금물에 담가서 생긴 녹'을 약재로 이르는 말. 〔강장제나 치질약으로 쓰임.〕

철-확(鐵-)圀 쇠로 만든 절구. 고추·깨 따위를 찧는 데 쓰임.

철환(撤還)圀하자 거두어 가지고 돌아감. 철귀(撤歸).

철환(鐵丸)圀〈처란〉의 본딧말.

철환-제(鐵丸劑)圀 철제(鐵劑)로 만든 환약. 허약 체질에 쓰임.

철환-천하(轍環天下)圀하자 〔수레를 타고 천하를 돌아다닌다는 뜻으로〕'세계 각지를 여행함'을 이르는 말. 공자(孔子)가 여러 나라를 두루 다니며 교화하던 일에서 유래함.

철회(撤回)[-회/-훼]圀하타되자 일단 낸 것이나 보낸 것을 도로 거두어들임. ¶파업 철회. /자신의 주장을 철회하다.

철획(鐵畫)圀 썩 힘차게 쓴 글씨의 획.

첨:(添)〈처음〉의 준말. ¶첨부터 서두르다.

첨가(添加)圀하타되자 (이미 있는 데에) 덧붙이거나 보탬. 가첨. ¶음식물에 각종 조미료를 첨가해서 맛을 내다.

첨가-물(添加物)圀 식품 따위를 만들 때 보태어 넣는 것.

첨가-어(添加語)명 ☞교착어(膠着語).

첨가-형(添加形)명 용언의 연결 어미의 한 갈래. 서술되고 있는 사실이 그것으로 끝나지 아니하고 또 다른 사실이 더 이어짐을 나타냄. 〔'·(-으)ㄹ뿐더러'·'·(-으)ㄴ데다가' 따위.〕

첨감(添減)명하타 더 보태거나 덜어 냄.

첨감(添感)명하자 감기가 더쳐.

첨계(檐階)[-계/-게]명 댓돌.

첨계-석(檐階石)[-계-/-게-]명 ☞첨계돌.

첨곗-돌(檐階-)[-계똘/-겟똘]명 댓돌을 이루고 있는 낱낱의 돌. 첨계석.

첨기(添記)명하타 덧붙여 적음. 〔흔히, 문서나 편지의 내용 끝에 씀.〕추신(追伸).

첨:녕(諂佞)명하다 〔문어 투의 말〕 매우 아첨함.

첨단(尖端)명 ①물건의 뾰족한 끝. ②〔시대의 흐름·유행 따위의〕맨 앞장. ¶첨단 과학. /유행의 첨단을 걷다.

첨단(檐端)명 처마의 끝.

첨단^대:증(尖端巨大症)[-쯩]명 뼈끝이나 손가락 끝, 아래턱·코·입술 따위가 크게 되는 병.

첨단^방:전(尖端放電)명 도체의 뾰족한 끝에 전자가 다른 부분보다 많이 모여 일어나는 방전 현상. 〔피뢰침에서 일어나는 현상 따위.〕

첨-대(籤-)[-때]명 ①〔책장 사이나 포갠 물건의 사이에〕표를 하기 위해 끼우는 얇은 댓조각. ②'점대'의 잘못.

첨례(瞻禮)[-녜]명 가톨릭에서, 축일(祝日)에 미사를 올림, 또는 그 예식.

첨리-하다(尖利-)[-니-]형[여] ☞첨예하다.

첨망(瞻望)명하타 아득히 바라보거나 높은 데를 바라봄. ¶고향 하늘을 아득히 첨망하다.

첨모-직(添毛織)명 날실이나 씨실 어느 한쪽을 털이나 고리 모양으로 짜서, 직물의 한 면 또는 양면이 털 모양으로 보이거나 고리로 되어 있는 직물, 또는 그러한 직조 방식. 〔비로드나 타월 따위.〕파일(pile).

첨미(尖尾)명 뾰족한 물건의 맨 끝이나 꽁지.

첨:미(諂媚)명하다 아첨하여 아양을 떪.

첨밀(甜蜜)명 ①단 꿀. 꿀같이 단 것. ②달콤한 말. ☞감언(甘言).

첨배(添杯)명하타 따라 놓은 술잔에 술을 더 따름. 첨잔(添盞).

첨배(瞻拜)명하자타 선현(先賢)의 묘소나 사당에 우러러 절함. ¶현충사를 첨배하다.

첨벙튀하자[부] 갑자기 물속에 잠길 때 나는 소리, 또는 그 모양. ¶물속에 더위서 냇물에 첨벙 뛰어들었다. ☺점벙. 첨벙-첨벙튀하자[부]

첨벙-거리다자타 자꾸 첨벙첨벙하다. 첨벙대다.

¶목욕탕에서 첨벙거리는 꼬마들.

첨벙-대다자타 첨벙거리다.

첨병(尖兵)명 〔적 가까이 행군할 때〕행군 본대의 앞에서의 적의 움직임을 살피고 경계하는 소부대, 또는 그 부대의 군사.

첨병(添病)명하자 앓고 있는 병에 또 다른 병이 겹침. 첨증(添症).

첨보(添補)명하타되자 더하여 보충함.

첨봉(尖峯)명 매우 뾰족한 산봉우리.

첨부(添附)명하타되자 〔주로 문서나 안건 따위에〕더 보태거나 덧붙임. ¶제출 서류에 주민등록 등본 한 통을 첨부하다.

첨사(僉使)명 〈첨절제사〉의 준말.

첨사(籤辭)명 민속에서, 점대에 새겨진 길흉에 관한 점사(占辭).

첨삭(添削)명하타되자 〔시문이나 답안 따위에〕보충하거나 삭제하여 고침. 증산(增刪). ¶한 자도 첨삭하지 않은 초고.

첨산(添算)명하타되자 더 보태어 계산함.

첨서(添書)명하타되자 ①〔원본에〕글을 더 써넣음. ②〔편지 따위에서〕다른 사연을 보태어 씀.

첨서^낙점(添書落點)[-쩜]명 왕조 때, 벼슬아치의 임명에서 삼망(三望)에 든 사람이 모두 합당하지 않을 때, 그 밖의 사람을 더 써넣어 점을 찍어 결정하던 일.

첨선(忝先)〔문어 투의 말〕조상이 물려준 업을 지키지 못하고 더럽힘.

첨설(添設)명하타 더하여 베풂.

첨:소(諂笑)명하자 아첨하여 웃는 일, 또는 그 웃음.

첨수(尖袖)명 예전에 여자가 입던 옷의 통이 좁은 소매. ↔광수(廣袖).

첨습(沾濕)명하자 물기에 젖음.

첨시(瞻視)명하타 이리저리 둘러봄.

첨앙(瞻仰)명하타 우러러봄. 우러러 사모함.

첨예(尖銳)'첨예하다'의 어근.

첨예-하다(尖銳-)형[여] ①끝이 뾰족하고 서슬이 날카롭다. 첨리(尖利)하다. ¶첨예한 칼끝. ②(상황이나 사태 따위가) 날카롭고 격하다. ¶이해관계가 첨예하게 대립되다. ③(사상이나 행동이) 급진적이고 과격함. ¶첨예한 사상 경향.

첨예-화(尖銳化)명하자되자 (어떤 사태나 행동 따위가) 날카로워지거나 급진적으로 됨. ¶첨예화되고 있는 국제 정세.

첨원(尖圓)명하다 끝이 뾰족하면서 둥긂.

첨위(僉位)대 〔문어 투의 말〕여러분. 제위(諸位). ☺첨존(僉尊).

첨:유(諂諛)명하자 아첨하여 알랑거림. ¶첨유를 일삼는 간신배.

첨의(僉意)[처미/처믜]명 여러 사람의 의견.

첨의(僉議)[처믜/처믜]명 여러 사람의 의논.

첨입(添入)명하타되자 더 보태어 넣음.

첨자(添字)[-짜]명 ①컴퓨터에서, 배열된 각각의 원소에 정해진 배열 이름, 또는 어떤 수의 진수(進數)를 나타낼 때 오른쪽 아래 덧붙여 쓴 숫자. 〔'A₁, A₂, A₃···'등에서의 '1, 2, 3···'이나, '(1011)₂, (4321)₅···'등에서의 '2, 5···' 따위.〕②소리의 차이나 변수를 나타내기 위하여 덧붙이는 소문자. 'xⁱ···xʰ'에 쓰인 i, h 따위.

첨자(籤子)명 ①☞점대. ②장도가 칼집에서 쉽게 빠지지 못하게 하는 젓가락 모양의 쇠.

첨작(添酌)명하타되자 제사 때, 종헌(終獻)으로 올린 술잔에 제주(祭主)가 잔이 넘치게 다시 술을 따르는 일.

첨잔(添盞)명하타 ☞첨배(添杯).

첨장(添狀)명 ☞첨한(添翰).

첨전-고후(瞻前顧後)명 ☞전첨후고.

첨-절제사(僉節制使)[-쩨-]명 조선 시대에, 절도사(節度使)의 지휘 아래 있던 종삼품의 군직. ☺첨사.

첨족(尖足)명 〔관절에 탈이 생겨〕발뒤꿈치가 땅에 닿지 않는 병적인 발.

첨존(僉尊)명 〔첨위(僉位)〕의 높임말.

첨좌(僉座)명 〔주로 편지 글에 쓰이어〕'여러분 앞'을 뜻하는 말.

첨죄(添罪)[-죄/-줴]명하자 (죄 있는 자가) 거듭하여 죄를 저지름.

첨증(添症)명하자 ☞첨병(添病).

첨증(添增)圀하자태 더하여 늘림, 또는 더 늚.
첨지(僉知)圀 ①〈첨지중추부사〉의 준말. ②((성(姓) 뒤에 붙어)) '나이 많은 이'를 낮추어 가볍게 부르던 말. ¶김 첨지.
첨지(籤紙)[-찌]圀 (책 같은 데에) 무엇을 표하느라고 붙이는 쪽지.
첨-지중추부사(僉知中樞府事)圀 조선 시대에, 중추부의 정삼품 당상관의 관직. 정원은 8명인데 그 중 3명은 한직(閑職)이었음. ⓒ첨지(僉知).
첨차(檐遮)圀 삼포 이상의 집에 있는 꾸밈새. 초제공·이제공 따위의 가운데에 어긋나게 맞추어 짬.
첨찬(添竄)圀하타 시문(詩文)을 자꾸 첨삭하여 고침.
첨채(甜菜)圀 ☞사탕무.
첨채-당(甜菜糖)圀 사탕무로 만든 설탕.
첨첨(添添)團 조금씩 잇달아 더하거나 겹치는 모양. ¶솔가리를 첨첨 그러모아 쌓다.
첨치(添齒)圀 나이를 한 살 더 먹음.
첨탑(尖塔)圀 지붕 꼭대기가 뾰족한 탑, 또는 그런 탑이 있는 높은 건물. ¶성당의 첨탑.
첨통(籤筒)圀 첨사가 적힌 첨대를 담는 통.
첨하(檐下)圀 처마의 아래.
첨한(添翰)圀 (무엇을 보낼 때) 첨부하는 편지. 첨장(添狀).
첨형(尖形)圀 끝이 뾰족하게 생긴 모양.
첩(妾)圀 본처 외에, 혼인을 하지 않고 데리고 사는 여자. 작은마누라. 별방(別房). 소실. 측실(側室).
　Ⅱ때 지난날, 결혼한 여자가 남자에게 '자기'를 낮추어 일컫던 말.
첩(貼)의 한방에서, 약의 봉지 수를 세는 말. ¶사 물탕 한 첩.
-첩(帖)쩝미 ((일부 명사 뒤에 붙어)) 사진이나 그림 따위를 붙이거나 모아서 맨 책임을 나타냄. ¶사진첩. /서화첩.
첩경(捷徑)[-껑]　Ⅰ圀 ①지름길. 첩로(捷路). ¶성공에 이르는 첩경. ②어떤 일을 함에 있어서 흔히 그렇게 되기가 쉬움을 이르는 말. ¶그렇게 독단적으로 처리하다가는 욕먹기가 첩경이다.
　Ⅱ團 흔히 그렇게 되기가 쉽게. 아마 틀림없이. ¶첩경 그렇게 될 것 같다.
첩-데기(妾-)圀 '첩'의 방언.
첩로(捷路)圀 지름길. 첩경.
첩리(捷利)[-니]圀하여 열세고 민첩함.
첩-며느리(妾-)[첨-]圀 아들의 첩.
첩모(睫毛)[첨-]圀 속눈썹.
첩보(捷報)[-뽀]圀하자 싸움에 이겼다는 보고나 소식.
첩보(牒報)[-뽀]圀하자타 조선 시대에, 서면으로 상관에게 보고하던 일, 또는 그 보고.
첩보(諜報)[-뽀]圀하타 적의 형편을 정탐하여 알려 줌, 또는 그 보고. ¶첩보 수집. /첩보 활동.
첩보-망(諜報網)[-뽀-]圀 첩보 활동을 위한 조직 체계.
첩부(貼付)[-뿌]圀하타 착 달라붙게 함. ¶광고판에 첩부한 광고지.
첩-살이(妾-)[-싸리]圀하자 남의 첩이 되어 사는 생활. ¶첩살이로 눈물이 하루도 마를 날이 없다.
첩서(捷書)[-써]圀 왕조 때, 싸움에 이겼음을 보고하던 글.
첩서(疊書)[-써]圀하타 글을 쓸 때, 잘못하여 같은 글자나 글귀를 거듭 쓰는 일.

첩섭(呫囁)[-썹]圀하타 귀에 입을 대고 속삭임.
첩속(捷速)'첩속하다'의 어근.
첩속-하다(捷速-)[-쏘카-]혱여 민첩하고 빠르다.
첩-수로(捷水路)[-쑤-]圀 내나 강의 물줄기를 바로잡기 위해 굽은 곳을 곧게 뚫은 물길.
첩실(妾室)[-씰]圀 ①'첩'을 점잖게 이르는 말. ②지난날, 여자가 윗사람에게 '자기 방'을 이르던 말.
첩약(貼藥)[-냑]圀 여러 가지 약제를 섞어 지어서 약봉지로 싼 약.
첩어(疊語)圀 같은 소리나 비슷한 소리를 가진 단어가 겹쳐서 이루어진 합성어. 사람사람·집집·구불구불·울긋불긋 따위 복합 합성어와 의성·의태 부사로 이루어짐.
첩운(疊雲)圀 첩첩이 쌓인 구름.
첩운(疊韻)圀 ①한시에서, 같은 운자(韻字)를 거듭 쓰는 일, 또는 그렇게 쓴 운자. ②(한자의 숙어 구성에서) 같은 운의 두 글자를 겹쳐 쓰는 일, 또는 그렇게 쓴 운자. 〔동몽(童蒙)·요조(窈窕) 따위.〕
첩음-법(疊音法)[-뻡]圀 (시나 노래에서) 같은 구절을 두 번씩 거듭 읊는 형식.
첩자(妾子)[-짜]圀 첩의 자식. 서자(庶子).
첩자(諜者)[-짜]圀 ☞간첩. 간자(間者)².
첩장(帖裝)[-짱]圀 책의 장정(裝幀)의 한 가지. 길게 이은 종이를 옆으로 적당한 폭으로 접고, 그 앞과 뒤에 따로 표지를 붙인, 오늘날의 법첩(法帖)과 같은 모양의 장정.
첩-장가(妾-)[-짱-]圀 예를 갖추어 첩을 맞아들이는 일.
첩-장모(妾丈母)[-짱-]圀 첩의 친정어머니.
첩-장인(妾丈人)[-짱-]圀 첩의 친정아버지.
첩종(疊鐘)[-종]圀 조선 시대에, 열무(閲武)할 때 군대를 모으기 위해 대궐 안에서 치던 큰 종.
첩지(-지)[-찌]圀 조선 시대에, 부녀자가 예장할 때 머리 위에 꾸미던 장식품.
첩지(帖紙)[-찌]圀 ☞체지(帖紙).
첩지(牒紙)[-찌]圀 대한 제국 때, 최하급의 관인인 판임관에게 내리던 임명장. ¶첩지를 내리다.
첩지-머리[-찌-]圀 ①첩지를 쓴 머리. ②지난날, 여자 아이의 귀밑머리를 땋은 아래 가닥으로 귀를 덮어서 빗던 머리.
첩첩(疊疊)圀 ①여러 겹으로 겹쳐 있음. ¶첩첩으로 쌓여 있는 포목점의 필목들. ②(걱정이나 시름이) 쌓이고 쌓여 깊음. **첩첩-이**團.
첩첩(喋喋)團혱 말을 수다스럽도록 거침없이 썩 잘하는 모양.
첩첩-산중(疊疊山中)[-싼-]圀 산이 첩첩이 둘러싸인 깊은 산속.
첩첩-수심(疊疊愁心)[-쑤-]圀 깊이 겹겹으로 쌓인 근심.
첩첩-이구(喋喋利口)[-처비-]圀 거침없이 말을 잘하는 입.
첩출(妾出)圀 첩의 소생. 서출(庶出).
첩출(疊出)圀하자 같은 사물이 거듭 나오거나 생김. 중출(重出). ¶우환이 첩출하다.
첩-치가(妾置家)圀하자 첩을 얻어 딴살림을 벌이는 일. 준치가.
첩화(貼花)[처퐈]圀 (도자기를 구울 때) 같은 감으로 여러 가지 모양을 만들어 덧붙인 무늬.
첫[천]관 처음의. ¶첫 공연. /첫 시도.
첫-가물[천까-]圀 가물철이 시작되는 첫머리.
첫-가을[천까-]圀 초가을.

첫-개[첟깨][명] 윷놀이에서, 그 판에서 처음 나온 개.

첫-걸[첟껄][명] 윷놀이에서, 그 판에서 처음 나온 걸.

첫-걸음[첟꺼름][명] ①맨 처음 내딛는 발걸음. 제일보. ¶천 리 길도 첫걸음부터. ②어떤 일의 첫 시작이나 단계. 초보(初步). ¶성공의 첫걸음. ③낯선 길을 처음으로 가는 걸음. ¶서울은 첫걸음이어서 방향을 종잡을 수가 없다.

첫-겨울[첟껴-][명] 초겨울.

첫-고등[첟꼬-][명] 맨 처음의 기회.

첫-국[첟꾹][명] 빚어 담근 술이 익었을 때, 박아 놓은 용수에서 첫 번으로 떠내는 맑은 술.

첫-국밥[첟꾹빱][명] 해산을 한 뒤 산모가 처음으로 먹는 미역국과 흰밥.

첫-기제(-忌祭)[첟끼-][명] (삼년상을 마친 뒤에) 처음으로 지내는 기제. 첫제사. 초기(初忌).

첫-길[첟낄][명] ①처음으로 가 보는 길. 초행(初行). ②시집이나 장가들러 가는 길.

첫-나들이[천-][하자] ①갓난아이가 처음으로 바깥에 나다니는 일. ②시집온 새색시가 처음으로 바깥에 나가는 일.

첫나들이(를) 하다[속담] '얼굴이 검정 따위로 더러워진 사람'을 조롱할 때 이르는 말. [지난날, 갓난아이가 첫나들이 할 때 잡귀를 물리치는 뜻으로 코끝에 숯칠을 한 풍속에서 유래함.]

첫-날[천-][명] 어떤 일이 시작되는 첫째 날. 초일. ¶대회 첫날부터 기록이 쏟아졌다.

첫-날-밤[천-빰][명] 혼인 날, 신랑 신부가 처음으로 함께 자는 밤. 초야(初夜). 혼야(婚夜).

첫-낯[첟낟][명] 처음으로 대하는 얼굴. *첫낯이[천나치]·첫낯만[천난-]

첫-눈¹[천-][명] 사물을 처음 대하여 보았을 때의 느낌이나 인상. 《주로, '첫눈에'의 꼴로 쓰임.》 ¶첫눈에 반하다.

첫눈에 들다[관용] 처음 보는 즉시 마음에 들다.

첫-눈²[천-][명] 그해 겨울에 처음 오는 눈. 초설(初雪).

첫-닭[첟딱][명] 새벽에 맨 처음 우는 닭. *첫닭이[첟딸기]·첫닭만[첟당-]

첫대[첟때][부] 첫째로. ¶남에게 큰소리를 치려면 첫대 자기 앞부터 가려 놓고 해야 한다.

첫-대목[첟때-][명] 시작되는 처음의 부분이나 대목. ¶소설의 첫대목.

첫대-바기[첟때-][명] 맞닥뜨린 맨 처음. ¶새벽 첫대바기부터 야단들이다.

첫-더위[첟떠-][명] 그해에 처음으로 닥친 더위. ↔첫추위.

첫-도[첟또][명] 윷놀이에서, 그 판에서 처음 나온 도.

첫도가 세간 밑천이다[속담] 첫도 친 것을 섭섭히 여기지 말라고 위로하는 말.

첫도-왕(-王)[첟또-][명] 윷놀이에서, 첫도를 치면 왕이 되어 이긴다는 말.

첫도-유복(-有福)[첟또-][명] 윷놀이에서, 첫도를 치면 복이 있어 이긴다는 말.

첫-돌[첟똘][명] 첫 번째의 돌. 태어나서 처음 맞이는 생일. ⓪돌¹.

첫-딱지[첟-찌][명] ('떼다'·'열다'의 목적어로 쓰이어) 첫 시작을 이르는 말. ¶장사꾼으로서의 첫딱지를 떼다.

첫-딸[천-][명] 초산으로 낳은 딸.

첫딸은 세간(살림) 밑천이다[속담] '첫딸은 집안의 모든 일에 도움이 된다'는 뜻.

첫-마디[천-][명] 맨 처음에 하는 한마디 말.

첫-말[천-][명] 첫마디로 내는 말.

첫-맛[천맏][명] ①음식을 먹을 때 첫입에 느끼는 맛. ¶첫맛은 달지만 갈수록 쓰다. ②어떤 일을 처음 시작할 때나 어떤 상황에 처음 처했을 때 느끼는 기분.

첫-머리[천-][명] (어떤 사물이) 처음 시작되는 머리나 맨 앞부분. 선두(先頭). ¶행렬의 첫머리. /이야기의 첫머리. ↔끝머리.

첫-모[천-][명] 윷놀이에서, 그 판에서 맨 처음 나온 모. ¶첫모를 치다.

첫모 방정에 새 까먹는다[속담] [윷판에서 맨 처음 모가 나오면 실속이 없다는 뜻으로] ①'상대편의 첫모쯤은 별것이 아니다.'고 농조(弄調)로 이르는 말. ②일이 처음에 너무 잘되면 끝이 좋지 않다는 뜻.

첫-물¹[천-][명] 그해에 처음으로 나는 홍수.

첫-물²[천-][명] ①옷을 새로 지어 입고 빨 때까지의 동안. ②'맏물'의 잘못.

첫물-가다[천-][자] 첫물지다.

첫물-지다[천-][자] 그해 들어 첫 홍수가 나다. 첫물가다.

첫-밗[첟빡][명] 맨 처음 벌어진 일이나 국면(局面). ¶첫밗부터 요절내다. /첫밗부터 일이 꼬이다. *첫밗이[첟빡시]·첫밗만[첟빵-]

첫-발[첟빨][명] ①처음으로 내디디는 발(발걸음). ②어떤 일이나 사업의 시작을 이르는 말. ¶무슨 일이든지 첫발을 잘 디디는 것이 중요하다. 첫발자국.

첫발을 내디디다[관용] 새로이 무엇을 시작하다. 처음으로 어떤 범위 안에 들어서다. ¶사회에 첫발을 내디디다.

첫-발자국[첟빨짜-][명] 첫발.

첫-밥[첟빱][명] 누에에게 처음으로 뽕잎을 썰어서 주는 먹이.

첫-배[첟빼][명] ①ⓒ맏배. ②그해에 처음으로 새끼를 치는 일, 또는 그 새끼. ↔종배.

첫-봄[첟뽐][명] 초봄. 이른 봄.

첫-사랑[첟싸-][명] 처음으로 느끼거나 맺은 사랑. ¶첫사랑을 소중하게 간직하다.

첫-사리[첟싸-][명] 초사리.

첫-새벽[첟쌔-][명] 새벽의 첫머리, 곧 이른 새벽. 꼭두새벽.

첫-서리[첟써-][명] 그해의 가을에 처음으로 내린 서리. ¶첫서리 내릴 무렵에야 김장을 하다.

첫-선[첟썬][명] 처음 세상에 내놓음.

첫-소리[첟쏘-][명] 한 음절에서 맨 처음에 나는 자음. ('첫'의 'ㅊ' 소리 따위.) 초성(初聲). 초발성(初發聲).

첫-손[첟쏜][명] (첫째 손가락의 뜻으로, '꼽다' 따위의 일부 동사와 어울려 쓰이어) 첫째(으뜸). 제일. 첫손가락. ¶첫손 꼽는 부자.

첫-손가락[첟쏜까-][명] ①'엄지손가락'을 첫째 손가락이라는 뜻으로 쓰는 말. ②첫손.

첫-솜씨[첟쏨-][명] (어떤 일을) 처음으로 착수하는 것, 또는 그 솜씨. 초수(初手). ¶첫솜씨로서는 아주 훌륭했다.

첫-수(-手)[첟쑤][명] 장기나 바둑에서, 맨 처음에 두는 수.

첫-술[첟쑬][명] 맨 처음에 떠먹는 밥술. ↔막술.

첫술에 배 부르랴[속담] 무슨 일이든지 처음부터 단번에 만족할 수는 없다는 말.

첫-아기[처다-][명] 초산으로 낳은 아기.

첫아기에 단산(斷産)[속담] '처음이자 마지막이 됨'을 이르는 말.

첫-아들[처다-]명 초산으로 낳은 아들.
첫-아이[처다-]명 초산으로 낳은 아이. ㉰첫애.
첫-애[처대]명 〈첫아이〉의 준말.
첫-얼음[처더름]명 그해 처음으로 언 얼음.
첫-여름[천녀-]명 초여름.
첫-울음[처두름]명 갓난아이가 나서 처음으로 우는 울음.
첫-윷[천눝]명 윷놀이에서, 그 판에서 처음 나온 윷. *첫윷이[천뉴치]·첫윷만[천눈-]
첫-이레[천니-]명 아기가 태어난 날부터 이레째 되는 날. 초칠일(初七日). ㉰한이레.
첫-인사(-人事)[처딘-]명 ①처음 교제를 트는 인사. 초인사. ②어떤 자리에 끼어 자기를 알리는 인사. ③(의식·행사·발표회 따위에서) 주최자가 참석자에게 맨 첫 순서로 하는 인사. ¶회장의 첫인사가 있겠습니다.
첫-인상(-印象)[처딘-]명 (사람이나 사물에 대한) 첫눈에 느끼는 인상. 제일 인상. ¶첫인상이 좋다. /첫인상이 합격 여부를 좌우한다.
첫-입[천닙]명 음식을 첫술로 먹거나 첫 번으로 베어 물어 먹는 일.
첫-자리[천짜-]명 첫째가는 자리나 등급.
첫-잠[천짬]명 ①(누운 지 얼마 안 되어) 처음으로 곤하게 든 잠. ②누에가 뽕을 먹기 시작하여 처음으로 자는 잠.
첫-정(-情)[천쩡]명 처음으로 느끼거나 든 정, 또는 그 상대자. ¶첫정을 못 잊다.
첫-젖[천쩓]명 ㉰초유(初乳).
첫-제사(-祭祀)[천째-]명 ㉰첫기제.
첫-째[천-]①ㄱ주관 처음의 차례(의). ¶첫째, 둘째, 셋째, 그리고 끝. /시리즈물의 첫째 권. Ⅱ명 ①무엇보다 앞서는 것. 《주로, '첫째로'의 꼴로 쓰임.》 ¶수험생이 첫째로 고려할 일은 건강 대책이다. ②맏이. ¶이 아이가 우리 집 첫째입니다.
첫째-가다[천-]자 (솜씨·재주 따위가) 여럿 중에서 가장 낫다. 으뜸가다. ¶첫째가는 요리사.
첫-차(-車)[천-]명 (그날에) 맨 처음 떠나거나 들어오는 차. ↔막차.
첫-추위[천-]명 그해에 처음으로 닥친 추위. ↔첫더위.
첫-출발(-出發)[천-]명 어떤 일의 맨 처음 시작. ¶첫출발이 좋다. /직장 생활의 첫출발.
첫-출사(-出仕)[천-싸]명하자 처음으로 벼슬길에 나섬.
첫-코[천-]명 뜨개질에서, 처음으로 빼낸 코.
첫-판[천-]명 어떤 일이 벌어지는 첫머리의 판. ¶첫판에 승리를 거두다.
첫-해[처태]명 (어떤 일이 시작되는) 첫 번째의 해. 처음 해. ¶살림 나던 첫해.
첫해 권농(勸農)속 처음으로 하는 일은 서툴게 마련'이란 뜻. 〔시골 사람이 갑자기 권농(勸農)이 되어 사무 처리가 서툴렀다는 고사에서 유래함.〕
첫-행보(-行步)[처탱-]명 ①처음으로 길을 다녀오는 일. ②행상으로, 첫 번에 하는 장사. ¶오늘 그 동네가 첫행보일세.
첫-혼인(-婚姻)[처토닌]명하자 (재혼에 대하여) 처음 하는 혼인. 초혼. ¶첫혼인에 실패하다.
청(靑)명 ①목청. ¶높은 청. /청이 좋다. ②(어떤 물건에서) 얇은 막으로 된 부분.
청(靑)명 〈청색〉의 준말.
청(淸)명 중국 최후의 왕조 이름. 만주족인 누르하치가 17세기 초에 명(明)을 멸하고 세운 나라. 청국(淸國).

청(晴)명 〈청천(晴天)〉의 준말.
청(請)명하자타 〈청속〉·〈청탁〉의 준말.
청(을) 넣다〔들다〕관용 직접 또는 간접으로 사람을 넣어 특별히 부탁을 하다.
청(廳)명 ①〈대청〉의 준말. ②('철도청'·'병무청'과 같이) '청(廳)'으로 끝나는 관청을 줄여 이르는 말. ¶청에서 감사가 나오다.
-청(廳)접미 《일부 명사 뒤에 붙어》'관청'·'청사'를 뜻함. ¶포도청. /국세청. /구청.
청가(請暇)명하자 말미를 청함. 청유(請由).
청각(靑角)명 〈청각채〉의 준말.
청각(聽覺)명 오감(五感)의 하나. 귀가 공기나 물을 통해 받은 음향의 자극을 뇌에 전달하여 일으키는 감각. 청감(聽感).
청각^교:육(聽覺敎育)[-꾜-]명 (책이나 추상적 이론에 의하지 않고) 직접 귀로 들을 수 있는 음악이나 방송 따위를 이용하는 교육.
청각-기(聽覺器)[-끼]명 소리를 느끼는 감각 기관. 청관(聽官). 청기. ㉰청각.
청각-채(靑角菜)명 청각과의 바닷말. 얕은 바다 속 바위에 붙어살며, 몸은 녹더댓 번 가량이라서 사슴의 뿔과 비슷함. 김장 때 고명으로 쓰임. ㉰청각.
청간(淸澗)명 ㉰청계(淸溪).
청간(請簡)명 ①ㄱ청편지. ②ㄱ청첩장.
청감(聽感)명 ㄱ청각(聽覺).
청강(淸江)명 맑게 흐르는 강. ¶청강에 떠 있는 낚싯배.
청강(聽講)명하타 강의를 들음.
청강사자현부-전(淸江使者玄夫傳)명 고려 고종 때의 문인 이규보(李奎報)가 지은 가전체(假傳體) 작품. 거북을 의인화하여, 어진 사람의 행적을 기린 내용. 〔'동문선(東文選)'에 실려 전함.〕
청강-생(聽講生)명 ①청강하는 사람. ②지난날 대학에서, 정규 학생은 아니나, 청강만을 허락받은 학생.
청강-석(靑剛石)명 단단하고 푸른 옥돌. 〔본 바탕보다 짙푸른 무늬가 나뭇결처럼 있음.〕
청강-수(靑剛水)명 '염산'을 흔히 이르는 말.
청-개구리(靑-)명 ①청개구릿과의 동물. 몸길이 2.5∼4 cm. 등빛은 환경에 따라 잘 바뀌나 대체로 녹색 또는 회백색에 검은 무늬가 흩어져 있음. 풀이나 나무 위에 잘 달라붙어 있고, 비가 오려고 할 때 수컷이 심하게 욺. 청와(靑蛙). ②'모든 일에 엇나가는 짓을 하는 사람'을 비유하는 말.
청개구리^타:령(靑-)명 경기 민요의 한 가지. 흔히, 자진방아 타령에 뒤이어 부름.
청객(請客)명하자 손님을 청함, 또는 청한 손님. 청빈(請賓).
청거(請去)명하타 (사람을) 청하여 함께 감.
청검(淸儉)명 '청검하다'의 어근.
청검-하다(淸儉-)형여 청렴하고 검소하다. ¶검박한 생활을 하다.
청견(請見)명하자 만나 보기를 청함.
청결(淸潔)명하형 (지저분한 것을 없애어) 맑고 깨끗함. ¶청결한 복장. /방 안을 청결하게 하다. ¶-할결. 청결-히閉.
청경우독(晴耕雨讀)명하자 〔맑은 날은 논밭을 갈고, 비오는 날은 책을 읽는다는 뜻으로〕'부지런히 일하며, 여가를 헛되이 보내지 않고 공부함'을 이르는 말.
청계(-계/-게)명 민속에서, 사람에게 씌워서 몹시 앓게 한다는 잡귀의 한 가지.

청계(淸溪)[-계/-게]명 맑은 시내. 청간(淸澗).
청계-수(淸溪水)[-계/-게-]명 맑은 시냇물.
청고(淸高)명 '청고하다'의 어근.
청-고초(靑苦椒)명 풋고추.
청고-하다(淸高-)형여 사람됨이 맑고 고상하다. ¶청고한 인격.
청곡(淸曲)명 청아한 노래 곡조.
청골(聽骨)명 중이(中耳) 안에 있는 작은 뼈. 고막의 진동을 내이(內耳)에 전달하는데, 등자뼈·망치뼈·모루뼈로 되어 있음. 청소골.
청공(靑空)명 푸른 하늘.
청공(晴空)명 맑게 갠 하늘. 청천(晴天).
청-공간(聽空間)명 청각에 의하여 지각할 수 있는 영역.
청과(靑果)명 ①신선한 과실과 채소를 통틀어 이르는 말. ¶청과 시장. ②☞감람(橄欖).
청과-물(靑果物)명 청과류를 하나의 상품으로 칠 때 이르는 말. ¶청과물 시장.
청관(淸官)명 조선 시대에, 문명(文名)과 청망(淸望)이 있는 청백리란 뜻으로, '홍문관의 벼슬아치'를 이르던 말.
청관(聽官)명 ☞청각기(聽覺器).
청광(淸狂)명 마음이 깨끗하여 청아한 맛이 있으면서도 하는 짓이 상식에 벗어남, 또는 그런 사람.
청-교도(淸敎徒)명 기독교에서, 16세기 후반에 영국에서 일어난 신교의 종단(宗團), 또는 그 교도. ㈜퓨리터니즘.
청구(靑丘·靑邱)명 지난날, 중국에서 '우리나라'를 달리 이르던 말.
청구(請求)명하타 (무엇을 공식적으로) 내놓거나 주기를 요구함. ¶물품을 청구하다.
청구-권(請求權)[-꿘]명 남에게 대하여 일정한 행위를 요구할 수 있는 권리. 〔기초가 되는 권리로서는 채권·손해 배상권 따위가 있음.〕
청-구멍(請-)[-꾸-]명 청탁을 할 만한 자리나 길. ¶청구멍을 뚫다.
청구-서(請求書)명 (무엇을 공식적으로) 청구하는 내용이 적힌 문서나 쪽지. ¶대금 청구서.
청구-영언(靑丘永言)명 조선 영조 4(1728)년에 김천택(金天澤)이 엮은 시조집. 현존하는 시조집 중 가장 오래된 것으로, '해동가요'·'가곡원류'와 함께 3대 가집으로 일컬어지고 있음. 고려 말기부터 편찬 당시까지의 시조 998수와 가사 17수를 곡조별로 분류 정리한 것.
청국(淸國)명 ☞청(淸).
청국-장(淸麴醬)[-짱]명 푹 삶은 콩을 띄워서 만든 된장의 한 가지. 주로 찌개를 끓여 먹음.
청군(靑軍)명 운동 경기 따위에서, 여러 편으로 갈라 겨룰 때, 푸른 빛깔의 상징물을 사용하는 쪽의 편. 〔흔히, 두 편으로 가를 때는 청·백으로 나눔.〕 ☞백군.
청규(淸閨)명 부녀가 거처하는 깨끗하고 조촐한 방.
청규(廳規)명 관청의 내규(內規).
청귤(靑橘)명 익지 않은 푸른 귤.
청금(靑衿)명 '유생'을 달리 이르던 말. 〔시경(詩經)'의 '청청자금(靑靑子衿)'에서 온 말.〕
청기(靑氣)명 푸른 기운.
청기(靑旗)명 푸른 빛깔의 기.
청기(請期)명 육례(六禮)의 하나. 혼인할 때, 납폐한 뒤에 신랑 집에서 택일(擇日)을 하여 그 가부(可否)를 묻는 글을 신부의 집으로 보내는 일. ㈜육례.
청기(聽器)명 ☞청각기(聽覺器).

청-기와(靑-)명 푸른 빛깔의 단단한 기와. 청와.
청기와 장수[속담] 기술 같은 것을 자기만 알고 남에게 알리지 않아 그 이익을 독차지하려는 사람을 이르는 말.
청-꼭지(靑-)[-찌]명 푸른 빛깔의 둥근 종이를 머리에 붙인 연.
청-꾼(請-)명 남의 청을 받아 대신 청질을 하는 사람.
청납(淸納)명하타 조세를 남김없이 바침.
청납(聽納)명하타 (의견이나 권고 따위를) 잘 들어서 받아들임. ¶원컨대, 소인의 소청을 청납하소서.
청-낭자(靑娘子)명 '잠자리²'를 달리 이르는 말.
청-널(廳-)명 '마루청'을 달리 이르는 말. 당판(堂板). 청판(廳板).
청녀(靑女)명 ①'서리¹'의 딴 이름. ②민속에서, '서리를 맡은 여신'을 이르는 말.
청녀(淸女)명 청나라 여자, 곧 중국 여자.
청년(靑年)명 젊은 사람. 〔흔히, 젊은 남자를 가리킴.〕 젊은이.
청년-기(靑年期)명 인간 발달 단계의 한 시기. 청년에 해당하는 시기. 청춘기(靑春期).
청년-단(靑年團)명 (수양이나 사회 공헌을 목적으로) 청년들로 조직된 단체.
청년-회(靑年會)[-회/-훼]명 (수양이나 사회 공헌을 위하여 조직된) 청년들의 모임.
청-노새(靑-)명 푸른빛을 띤 노새.
청-녹두(靑綠豆)[-뚜]명 꼬투리는 검고 열매는 푸른 팥의 한 가지.
청단(靑短)명 화투 놀이에서, 모란·국화·단풍의 푸른 띠 석 장을 갖추어 이룬 단. ㈜초단·홍단.
청단(聽斷)명하타 송사(訟事)를 듣고 판단함.
청담(淸淡)명 '청담하다'의 어근.
청담(淸談)명 ①속되지 않은, 청아한 이야기. ②'남의 이야기'를 높이어 이르는 말.
청담(晴曇)명 날씨의 맑음과 흐림.
청담-하다(淸淡-)형여 ①(빛깔이나 맛이) 맑고 깨끗하며 엷다. ¶청담한 산수 그림. /청담한 녹차. ②(마음이) 깨끗하고 담박하다. ¶선골풍의 청담한 인품. **청담-히**무.
청답(靑踏)명하자 ☞답청(踏靑).
청-대(靑-)명 대의 한 가지. 마디가 참대보다 짧고 줄기에 하얀 가루가 있음.
청-대(靑-)명 베어 낸 뒤에 마르지 않아서 아직 푸른빛이 있는 대. 청죽(靑竹).
청대(靑黛)명 ①한방에서, '쪽'을 가공하여 만든 약재를 이르는 말. 〔경간(驚癎)에 쓰임.〕 ②쪽으로 만든 푸른 먹.
청대(請待)명하타 손님을 청하여 대접함. 영빈.
청대(請對)명하타 신하가 급한 일이 있을 때, 임금께 뵙기를 청함, 또는 그 일.
청대-콩(靑-)명 채 익지 않아 물기가 있는 콩. 청태(靑太).
청덕(淸德)명 청렴하고 고결한 덕행.
청도(靑陶)명 ☞청자(靑瓷).
청도(淸道)명하자 〔길을 맑게 한다는 뜻으로〕임금이 거둥할 때, 미리 길을 치우는 일.
청-돔(靑-)명 도밋과의 바닷물고기. 몸길이 40cm가량. 몸은 길둥글고 빛깔은 회청색인데 옆면에 회색을 띠는 황색 반점이 있음. 우리나라 연해에도 분포함.
청동(靑桐)명 '벽오동'을 달리 이르는 말.
청동(靑銅)명 구리와 주석의 합금. 주조나 압연 등의 재료로 쓰임. 갈동(褐銅).

청동-기(靑銅器)圈 청동으로 만든 기구를 두루 이르는 말.

청동기^시대(靑銅器時代)圈 고고학에서, 연모의 재료에 따라 구분한 인류 발전의 한 시대. 석기와 철기 시대의 중간 단계로, 청동을 이용하여 여러 가지 연모를 만들어 쓰던 시대.

청동-화(靑銅貨)圈 청동으로 만든 돈.

청동-화로(靑銅火爐)圈 청동으로 만든 화로. 전이 넓고, 발이 셋 달렸음.

청동-오리圈 오릿과의 새. 몸길이 58 cm가량. 수컷의 머리와 목은 광택 있는 녹색, 가슴은 진한 자갈색, 꽁지깃은 백색, 부리는 황색으로 아름다우나, 암컷은 갈색 얼룩 빛깔로 수수함. 남쪽에서 월동하며 'V'자 모양으로 무리를 지어 낢. 우리나라에서는 흔한 겨울새임. 물오리.

청동-호박圈 늙어서 겉이 단단하고 속의 씨가 잘 여문 호박.

청득(請得)圈하다 (어떤 일을) 청탁(請託)하여 허락을 얻음.

청등(靑燈)圈 푸른빛을 내는 등불이나 전등.

청-등롱(靑燈籠)[-롱]圈〈청사등롱〉의 준말.

청등-홍가(靑燈紅街)圈 ①'화류계(花柳界)'를 달리 이르는 말. ②술집과 유곽이 늘어서서 흥청거리는 거리. ②홍등가.

청-딱따구리(靑-)圈 딱따구릿과의 새. 몸길이 25 cm가량. 몸빛은 등이 녹색, 배는 회색임. 꽁지에 'V'자 모양의 무늬가 있음. 숲 속에서 홀로 살며, 파도 모양을 그리면서 낢. 삼림의 해충을 잡아먹는 익조이며, 우리나라에서는 흔한 텃새임. 산탁목(山啄木).

청람(靑嵐)[-남]圈 푸른 산의 이내.

청람(靑藍)[-남]圈 쪽의 잎에 들어 있는 천연색소. 물과 알칼리에 녹아들지 않는 푸른 가루로, 남색 물감으로 쓰임. 인디고.

청람(晴嵐)[-남]圈 화창한 날에 아른거리는 아지랑이.

청랑(晴朗)'청랑하다'의 어근.

청랑-하다(晴朗-)[-낭-]휑어 날씨가 맑고 화창하다. ¶청랑하여 멀리까지 잘 보인다.

청래(請來)[-내]圈하다 (손님을) 청하여 맞아 옴.

청량(淸亮) '청량(淸亮)하다'의 어근.

청량(淸涼) '청량(淸涼)하다'의 어근.

청량-미(靑粱米)[-냥-]圈 ⇨생동쌀.

청량-사육(淸涼飼育)[-냥-]圈 잠실(蠶室)에 불을 때지 않고 자연의 온도로 누에를 기르는 일.

청량-음료(淸涼飮料)[-냥-뇨]圈 (탄산가스가 들어 있어서) 맛이 산뜻하면서 시원한 음료수. [사이다·콜라 따위.]

청량-제(淸涼劑)[-냥-]圈 ①먹으면 기분이 상쾌해지는 약제. ¶청량제라도 마시고 기분을 풀어라. ②(답답한 마음이나 세상사를) '시원히 풀어 주는 구실을 함'을 비유하여 이르는 말. ¶그 가륵한 미담은 이 혼탁한 사회에 청량제 구실을 한다.

청량-하다(淸亮-)[-냥-]휑어 (소리가) 맑고 깨끗하다. ¶옥을 굴리는 듯한 청량한 목소리. **청량-히**튀.

청량-하다(淸涼-)[-냥-]휑어 맑고 서늘하다. ¶청량한 가을바람. **청량-히**튀.

청려(淸麗) '청려하다'의 어근.

청려-장(靑藜杖)[-녀-]圈 명아줏대로 만든 지팡이.

청려-하다(淸麗-)[-녀-]휑어 청아하고 수려하다. ¶그린 듯 앉아 있는 청려한 미인.

청력(聽力)[-녁]圈 귀로 소리를 듣는 능력.

청력-계(聽力計)[-녁꼐/-녁께]圈 사람의 청력을 재는 장치. 오디오미터.

청련(淸漣)'청련하다'의 어근.

청련-하다(淸漣-)[-년-]휑어 물이 맑고 잔잔하다. ¶청련한 호수의 물결.

청렬(淸洌) '청렬하다'의 어근.

청렬-하다(淸洌-)[-녈-]휑어 ①(물이) 맑고 차다. ¶청렬한 계곡의 물. ②(물맛이) 시원하고 산뜻하다. ¶청렬하고 향기로운 배쿠주.

청렴(淸廉)[-념]휑하 마음이 고결하고 재물 욕심이 없음. ¶청렴한 사람. 참청백.

청렴-결백(淸廉潔白)[-념-]휑하 마음이 맑고 깨끗하며 재물 욕심이 없음. ¶청렴결백한 선비.

청령(蜻蛉)[-녕]圈 ⇨잠자리².

청령(聽令)[-녕]圈하자 명령을 주의 깊게 들음.

청록(靑鹿)[-녹]圈 사슴과의 짐승. 어깨의 높이는 1.2 m, 뿔의 길이는 1 m 가량. 몸은 여름에는 푸른빛을 띤 회색이고 겨울에는 회갈색이며, 꽁무니에 누른 백색의 둥근 무늬가 있음. 뿔은 녹용이라 하여 한약재로 쓰며, 우리나라 특산종으로 백두산 조녀의 숲 속에 분포함.

청록(靑綠)[-녹]圈 녹색과 파랑의 중간색. 갈매. 청록색.

청록^산수(靑綠山水)[-녹싼-]圈 동양화에서, 삼청(三靑)과 석록(石綠)의 빛깔만으로 그린 산수. ②금녹산수.

청록-색(靑綠色)[-녹쌕]圈 ⇨청록.

청록-파(靑鹿派)[-녹-]圈 1946년에 공동 시집 '청록집'을 낸 조지훈·박목월·박두진의 세 시인을 이르는 말.

청룡(靑龍)[-농]圈 ①푸른빛을 띤 용. ②민속에서, 동쪽 방위의 목(木) 기운을 맡은 태세신(太歲神)을 상징한 짐승을 이르는 말. [용의 형상을 하고, 예로부터 무덤과 관 속의 왼쪽에 그렸음.] ②백호·주작·현무. ③풍수설에서, '주산(主山)에서 뻗어 나간 왼쪽 산줄기'를 이르는 말. 좌청룡(左靑龍). ②백호·우백호. ④이십팔수 가운데 동쪽에 있는, 각(角)·항(亢)·저(氐)·방(房)·심(心)·미(尾)·기(箕)의 일곱 별을 통틀어 이르는 말.

청룡-날(靑龍-)[-농-]圈 풍수설에서, 산의 '청룡 줄기'를 이르는 말.

청룡-도(靑龍刀)[-농-]圈〈청룡 언월도〉의 준말.

청룡^언월도(靑龍偃月刀)[-농-또]圈 옛날 중국 무기의 한 가지인, 청룡이 그려진 언월도. 칼날이 초승달 모양이고, 칼등의 중간에 딴 갈래가 있음. ②청룡도·언월도.

청루(靑樓)[-누]圈 창기(娼妓)의 집. 기루(妓樓). 창루(娼樓).

청류(淸流)[-뉴]圈 ①'맑게 흐르는 물. ②'절의(節義)를 지키는 사람'을 비유하여 이르는 말.

청리(靑梨)[-니]圈 ⇨청술레.

청리(淸吏)[-니]圈 청렴한 관리. ↔오리(汚吏).

청마(靑馬)圈 장기나 쌍륙에서 쓰는, 푸른빛을 칠한 말. ↔홍마(紅馬).

청망(淸望)圈 청렴하다는 명망. 청명(淸名).

청매(靑梅)圈 (채 익지 않은) 푸른 매실.

청매(請賣)圈하다 물건을 받아다 팖.

청맹(靑盲)圈〈청맹과니〉의 준말.

청맹-과니(靑盲-)圈 ①녹내장(綠內障)으로 겉보기에는 멀쩡하면서도 앞을 못 보는 눈, 또는 그런 사람. 당달봉사. ②'사리에 어두워 일을 뜨고도 사물을 제대로 분간하지 못하는 사람'을 비유하여 이르는 말. ②청맹.

청-머루(靑一)圀 푸른 빛깔의 머루.
청명(淸名)圀 청렴결백하다는 명망. 청망(淸望).
청명(淸明)圀 이십사절기의 하나. 춘분(春分)과 곡우(穀雨) 사이로 양력 4월 5, 6일경. 이 무렵에 맑고 밝은 봄날씨가 시작된다고 함.
청명(淸明)² ‘청명하다’의 어근.
청명-절(淸明節)圀 (이십사절기의 하나인) ‘청명’을 달리 이르는 말.
청명-주(淸明酒)圀 청명이 든 때에 담근 술.
청명-하다(淸明一)혱여 날씨가 맑고 깨끗하다. ¶청명한 가을 날씨.
청모-죽(靑麰粥)圀 쪄서 말린 풋보리를 물에 담갔다가 찧어 멥쌀가루를 섞어 쑨 죽.
청문(請文)圀 불교에서, 불보살을 청하거나, 죽은 사람의 영혼을 부르는 글. 청사(請詞).
청문(聽聞)圀혱하타 ①퍼져 돌아다니는 소문. ②설교나 연설 따위를 들음. ③남의 이목(耳目).
청문-회(聽聞會)[一회/一훼]圀 행정 및 입법기관이 법안의 심의, 행정 처분, 소청의 재결 등을 위해 필요한 증언을 수집하는 절차의 한 가지. 준사법적인 절차인데, 비공개로 진행되는 청문회와 공개로 진행되는 청문회로 구분됨.
청미(靑米)圀 ☞청치.
청미(淸美)圀 ‘청미하다’의 어근.
청미-하다(淸美一)혱여 맑고 아름답다. ¶풍경 소리가 청미하다.
청밀(淸蜜)圀 꿀.
청-바지(靑一)圀 청색의 바지. 〔특히, 청색 진 바지를 이름.〕
청반(靑礬)圀 ☞녹반(綠礬).
청-반달(靑半一)圀 머리에 반달 모양의 푸른 종이를 붙여 만든 연의 한 가지.
청백(淸白)圀 청렴결백함. ¶청백한 선비. /청백한 관리. 圀청렴. **청백-히**閈.
청백-리(淸白吏)[一뱅니]圀 ①청백한 관리. ②조선 시대에, 각 관아에서 천거하여 뽑힌 청렴한 관리를 이르던 말. 〔의정부·육조 및 경조의 이품 이상의 당상관과, 사헌부·사간원의 우두머리가 천거하여 의정부에서 뽑았음.〕
청백리 똥구멍은 송곳 부리 같다쓈 청백한 까닭으로 재물을 모으지 못하고 지극히 가난하다는 뜻.
청백-미(淸白米)[一뱅一]圀 희고 깨끗하게 쓿은 쌀.
청백-색(靑白色)[一쌕]圀 푸른빛이 도는 흰 빛깔.
청백-자(靑白瓷)[一짜]圀 청자와 백자의 중간이 되는 자기. 몸은 백자, 잿빛은 청자로 되어 있음. 준사법적 백청(白靑瓷). 백태 청기(白胎靑器).
청벽(靑璧)圀 푸른빛의 벽돌.
청병(請兵)圀혱하타 원병(援兵)을 청하거나 출병하기를 요청함.
청보(靑褓)圀 푸른 빛깔의 보자기.
청보에 개똥쓈 ‘겉보기에는 그럴싸하나 속내는 매우 흉함’을 이르는 말.
청복(淸福)圀 (정신적으로) 청한(淸閑)한 복. ¶늙어서 청복을 누리다.
청부(請負)圀혱하타 ☞도급(都給).
청부(廳夫)圀 관청에 딸린 인부.
청부^계:약(請負契約)[一계一/一게一]圀 ☞도급 계약(都給契約).
청부-금(請負金)圀 ☞도급금(都給金).
청-부루(靑一)圀 푸른 털과 흰 털이 섞인 말.
청부-업(請負業)圀 ☞도급업(都給業).
청부-인(請負人)圀 ☞도급인(都給人).
청비(廳費)圀 관청에서 쓰는 비용.
청빈(淸貧)圀혱하타 성정이 청렴하여 살림이 구차

함. ¶청빈한 선비. /청빈한 생활. **청빈-히**閈.
청빈(請賓)圀혱하타 (잔치 따위에) 손님을 청함. 청객.
청사(靑史)圀 《주로 ‘청사에’의 꼴로 쓰이어》 ‘역사’·‘기록’을 뜻하는 말. 〔옛날 푸른빛과 기름을 뺀 대껍질에 사실(史實)을 적은 데서 유래함.〕 ¶청사에 길이 남을 이름.
청사(靑絲)圀 ☞청실.
청사(請詞)圀 ☞청문(請文).
청사(聽事)圀 ☞마루.
청사(廳舍)圀 ‘관청의 건물’을 두루 이르는 말. ¶정부 종합 청사.
청사-등롱(靑紗燈籠)[一농]圀 조선 시대에, 궁중에서 또는 정승 벼슬아치들의 밤 나들이 때 쓰던 푸른 사(紗)로 꾸민 등롱. 궁중의 것은 붉은 천으로 동을 달아 드리웠음. 청사초롱. 준청등롱·청사롱(靑紗籠).
청사-롱(靑紗籠)圀 〈청사등롱〉의 준말.
청-사진(靑寫眞)圀 ①(청사 사진)의 준말. ②미래에 대한 희망적인 계획이나 구상을 상징하여 이르는 말. ¶2000년대의 청사진.
청사-초롱(靑紗一籠)圀 ☞청사등롱.
청산(靑山)圀 ①(초목이 우거진) 푸른 산. 벽산(碧山). ¶청산에 살어리랏다. /나비야 청산 가자. ②(절의 큰방 아랫목 벽에 써 붙여어) ‘주인의 자리’임을 나타내는 문자.
청산(靑酸)圀 ☞시안화수소.
청산(淸算)圀혱하타되자 ①서로 채권·채무 관계를 셈하여 깨끗이 해결함. ¶빚 청산. ②회사나 조합 등이 해산한 경우에 그 재산을 정리·처분하는 일. ③과거의 부정적인 요소를 깨끗이 정리함. ¶소매치기 생활을 청산하고 새 삶을 시작하다.
청산-가리(靑酸加里)圀 ☞시안화칼륨.
청산^거:래(淸算去來)圀 매매를 약정하고 나서, 얼마 동안이 지난 후에 물건과 대금을 주고받는 거래 제도. 〔기한 전에 전매(轉賣)하거나 하여 대금의 차액도 주고받을 수 있음.〕
청산^계:정(淸算計定)[一계一/一게一]圀 ①상거래를 할 때마다 현금을 주고받지 않고, 일정 기간의 거래를 모아 그 대차(貸借)를 청산하는 방법. ②청산 협정이 맺어진 나라의 중앙은행에 설치되어 있는 상대국 중앙은행 명의의 특별 계정.
청산-별곡(靑山別曲)圀 지은이와 지은 때를 알 수 없는 고려 가요. 현실 도피의 비애를 노래한 것으로, 모두 8연으로 되어 있음. ‘악장가사(樂章歌詞)’에 전문(全文)이, ‘시용향악보(時用鄕樂譜)’에 그 일부가 실려 전함.
청산-염(靑酸鹽)[一념]圀 시안화수소산의 염.
청산-유수(靑山流水)[一뉴一]圀 ‘말을 거침없이 잘하는 모양이나 그렇게 하는 말’을 비유하여 이르는 말. ¶그의 웅변은 청산유수다.
청산-인(淸算人)圀 해산한 법인의 청산 사무를 집행하는 사람.
청삼(靑衫)[지난날]圀 ①나라 제향 때 입던 옷옷. ②조복(朝服) 안에 받쳐 입던 옷. ③전악(典樂)이 입던 공복(公服).
청-삽사리(靑一)[一싸一]圀 빛깔이 검고 긴 털이 곱슬곱슬한 개.
청상(靑裳)圀 ①푸른 치마. ②푸른 치마를 입은 여자, 특히 기생을 이름.
청상(靑孀)圀 〈청상과부〉의 준말. ¶전염병으로 남편을 잃고 스물둘의 젊은 나이에 청상이 되었다.
청상(淸爽)圀 ‘청상하다’의 어근.

청상(淸霜)**명** 맑고 깨끗한 서리. ¶청상이 엷게 치니 절벽이 금바(錦巖)로다(古時調).

청상-과부(靑孀寡婦)**명** 남편을 여읜 젊은 과부. 청상과수. ¶청상과부로 수절하다. ㉣상부·청상.

청상-과수(靑孀寡守)**명** ☞청상과부.

청상-배(廳上拜)**명** 대청 위에 올라가 하는 절. [하정배(下庭拜)에 상대하여 쓰는 말.]

청상-하다(淸爽-)**형여** 맑고 시원하다. ¶가을을 알리는 청상한 풀벌레 소리.

청색(靑色)**명** 푸른빛. ㉣청(靑).

청색(淸色)**명** 유채색 가운데서 명도와 채도가 높은 색.

청색-병(靑色病)[-뼝]**명** 선천성 심장 질환 가운데 얼굴이나 그 밖의 곳이 파랗게 보이는 중증(重症)의 병을 통틀어 이르는 말. 청색증.

청색^사진(靑色寫眞)[-싸-]**명** 설계도 따위를 복사하는 데 쓰이는 사진의 한 가지. 푸른 바탕에 도면의 선이나 글자가 희게 나타남. ㉣청사진.

청색-증(靑色症)[-쯩]**명** ☞청색병.

청서(靑書)**명** 영국 의회의 보고서. 블루 북.

청서(靑鼠)**명** 다람쥣과의 동물. 몸빛은 잿빛 갈색이며 네 다리와 귀의 긴 털은 검은색임. 과실·나뭇잎 따위를 먹고 가을에는 땅속에 먹이를 저장함. 청설모.

청서(淸書)**명하타되자** ☞정서(淨書).

청석(靑石)**명** '푸른 빛깔의 돌'을 두루 이르는 말.

청설(淸雪)**명하타** 깨끗이 분풀이하거나 치욕을 씻음.

청설-모(←靑鼠毛)**명** ①☞청서(靑鼠). ②날다람쥐의 털. 붓을 매는 데 쓰임.

청소(靑素)**명** ☞시안(cyaan).

청소(淸宵)**명** ☞청야(淸夜).

청소(淸掃)**명하타되자** 깨끗이 쓸고 닦음, 또는 더러운 것을 없애어 깨끗이 함. ¶청소 도구.

청-소골(聽小骨)**명** ☞청골(聽骨).

청-소년(靑少年)**명** ①청년과 소년. ②소년기에서 청년기로 접어드는 미성년의 젊은이. 흔히, 10대 후반의 젊은이를 일컬음. ㉤사춘기.

청소-부(淸掃夫)**명** (건물이나 도로 등을) 청소하는 일에 종사하는 남자.

청소-부(淸掃婦)**명** (건물이나 도로 등을) 청소하는 일에 종사하는 여자.

청소-차(淸掃車)**명** 쓰레기나 분뇨 따위를 치워 가는 차.

청-솔가지(靑-)[-까-]**명** (베어 놓은) 푸른 잎이 아직 마르지 않은 솔가지.

청송(靑松)**명** 푸른 솔. 창송(蒼松). 취송(翠松).

청송(請誦)**명** 민속에서, '판수가 경을 읽으러 가는 데 딸려 가는 판수'를 이르는 말.

청송(聽訟)**명하자** (사실을 심리하기 위해) 송사를 들음.

청수(淸水)**명** ①맑고 깨끗한 물. ↔탁수(濁水). ②천도교에서, 모든 의식에 쓰는 맑은 물.

청수(淸秀)'청수하다'의 어근.

청수-하다(淸秀-)**형여** ①(얼굴 모양이) 깨끗하고 빼어나다. ¶청수하게 생긴 젊은이. ②속되지 않고 뛰어나다. ¶청수한 자질.

청순(淸純)**명하여** 깨끗하고 순수함. ¶청순한 사랑. /청순한 마음씨.

청-술레(靑-)**명** 일찍 익는 배의 한 품종. 껍질이 푸르고 물기가 많음. 청리(靑梨).

청승명 궁상스럽고 처량하여 보기에 언짢은 태도나 행동. ¶청승을 떨다.

청승-궂다[-굳따]**형** 청승스러워서 하는 짓이 격에 맞지 않고 언짢아 보인다. ¶돈이 많으면

서도 청승궂게 사는 구두쇠 영감.

청승-꾸러기명 '몹시 청승스럽게 구는 사람'을 낮추어 이르는 말.

청승-맞다[-맏따]**형** ①얄밉게 청승궂다. ¶청 승맞게 사는 젊은 아낙. ②매우 애틋하다. ¶청 승맞게 우는 어린아이.

청승-살(팔자 사나운 늙은이의) '청승스럽게 찐 살'을 빗대어 이르는 말.

청승-스럽다[-따][~스러우니·~스러워]**형ㅂ** 청승맞은 태도가 있다. 청승스레**부**.

청시(淸諡)**명** 지난날, 청렴결백하고 마음이 곧은 사람에게 내리던 시호(諡號).

청시(聽視)**명하타** 듣고 봄. 시청.

청신(淸晨)**명** 맑은 첫새벽.

청신(淸新)'청신하다'의 어근.

청-신경(聽神經)**명** 청각과 평형 감각을 뇌에 전하는 감각 신경.

청신-남(淸信男)**명** ☞우바새(優婆塞).

청신-녀(淸信女)**명** ☞우바니(優婆尼).

청-신사(淸信士)**명** ☞우바새(優婆塞).

청신-하다(淸新-)**형여** ①맑고 새롭다. ¶청신한 기풍을 펼쳐 일으키다. ②깨끗하고 산뜻하다. ¶청신한 공기.

청-신호(靑信號)**명** ①교통 신호의 한 가지. 교차로 따위에 푸른 등이나 기를 달아 '통행해도 좋음'을 나타내는 신호. ②'앞일이 잘될 것 같은 조짐'을 비유하여 이르는 말. ¶순조로운 출발은 목표 달성의 청신호다. ↔적신호.

청-실(靑-)**명** 푸른 빛깔의 실. 청사(靑絲). ㉤홍실.

청실-홍실(靑-紅-)**명** 납폐할 때 쓰는 남빛과 붉은빛의 명주 실테. 청·홍의 두 끝을 각기 따로 접고 그 허리에 색을 엇바꾸어서 낌.

청심(淸心)**명** ①마음을 깨끗이 함, 또는 깨끗이 한 마음. ¶잡념을 씻은 청심. ②한방에서, '심경(心經)의 열을 풀어 버림'을 이르는 말.

청심-강:화(淸心降火)**명** 한방에서, '심경(心經)의 열을 풀어서 화기(火氣)를 내리게 함'을 이르는 말.

청심-과욕(淸心寡慾)**명하자** 마음을 깨끗이 하고 욕심을 적게 함.

청심-제(淸心劑)**명** 심경(心經)의 열을 내리게 하는 한방의 약제.

청심-환(淸心丸)**명** 심경(心經)의 열을 푸는 데 쓰는 환약(丸藥).

청아(靑蛾)**명** ①푸르고 아름다운 눈썹. ②'미인'을 비유하여 이르는 말.

청아(淸雅)'청아하다'의 어근.

청아-하다(淸雅-)**형여** (속된 티가 없이) 맑고 아담하다. ¶청아한 피리 소리. /청아한 풍취.

청안(靑眼)**명** '반가운 마음으로 대하는 눈'을 이르는 말. ↔백안(白眼).

청안-시(靑眼視)**명하타** (남을) 반가운 마음으로 대하여 봄. ↔백안시(白眼視).

청알(請謁)**명하타** 뵙기를 청함.

청야(淸夜)**명** 맑게 갠 밤. 청소(淸宵).

청야(聽野)**명** 귀에 소리가 들리는 범위. ㉤시야(視野).

청약(請約)**명하타** (유가 증권의 공모나 매출에 응모하여) 인수 계약을 신청하는 일. ¶청약 예금. /아파트 청약. /국민주를 청약하다.

청약-립(靑篛笠)[-양닙]**명** 푸른 갈대로 만든 갓.

청약불문(聽若不聞)[-뿔-]**명하타** 듣고도 못 들은 체함. 청이불문.

청양(靑陽)**명** 한방에서, '참깨의 잎'을 약재로 이르는 말. [강장제로 쓰임.]

청양(清陽)**명** 〔기운이 맑고 볕이 따뜻하다는 뜻으로〕 '봄'을 달리 이르는 말.

청어(青魚)**명** 청어과의 바닷물고기. 몸길이 35 cm가량. 몸빛은 푸른빛을 띤 담흑색이고 배는 은백색. 정어리와 비슷하나 옆구리에 검은 점이 없음. 가을에서 봄에 걸쳐 잡히며 생선은 '비웃', 말린 것은 '관목'이라 함.

청어(鯖魚)**명** ☞고등어.

청연(青鉛)**명** 구리와 아연이 섞인 황산염의 광물.

청염(青塩)**명** 염소와 암모니아의 화합물.

청염(清塩)**명** ☞호렴(胡塩).

청영(清影)**명** 〔맑은 그림자라는 뜻으로〕 '소나무·대 따위의 그림자'를 운치 있게 이르는 말.

청옥(青玉)**명** ①푸른빛이 나는 돌의 한 가지. 옥처럼 투명하지는 않으나 유리 광택이 있고 단단하여 그릇을 만드는 데 쓰임. ②☞사파이어.

청올치[**명**] 칡덩굴의 속껍질, 또는 그 속껍질로 꼰 줄.

청와(青瓦)**명** ☞청기와.

청와(青蛙)**명** ①☞청개구리. ②☞참개구리.

청요(請邀)**명하** 남을 청하여 맞음. 연청(延請). **활**청래(請來).

청-요리(清料理)[-뇨-]**명** 〔청나라의 요리란 뜻〕 '중화요리'를 달리 이르는 말.

청우(晴雨)**명** 날이 갬과 비가 내림. 우청. ¶청우를 가리지 않고 출발하겠습니다.

청우-계(晴雨計)[-게/-게]**명** 기압계(氣壓計). 풍우계(風雨計). 바로미터.

청우-법(請雨法)[-뻡]**명** 밀교(密教)에서, 가뭄이 심할 때 비가 오기를 비는 일.

청운(青雲)**명** ①푸른빛을 띤 구름. ②'높은 명예나 벼슬'을 비유하여 이르는 말. ¶청운에 뜻을 두고 공부하다.
　청운의 꿈[관용] 입신출세하려는 희망.
　청운의 뜻[관용] 입신출세하려는 의지. ¶청운의 뜻을 품고 상경(上京)하다.

청운-객(青雲客)**명** ①청운의 뜻을 품은 사람. ②높은 벼슬에 오른 사람.

청운지사(青雲之士)**명** ①학덕이 높은 어진 사람. ②높은 벼슬에 오른 사람.

청원(請援)**명하** 도와주기를 청함.

청원(請願)**명하** ①바라는 바를 말하고 이루어지게 해 달라고 청함. ¶청원을 받아들이다. ②(국가 기관이나 지방 자치 단체에 대하여) 국민이 문서로써 희망 사항을 진술함. ¶구청에 청원하다.

청원^경:찰(請願警察)**명** 어떤 시설이나 기관의 장이 그 비용을 부담하고 경찰의 배치를 청원하는 제도, 또는 그 경찰.

청원-권(請願權)[-꿘]**명** 청구권적 기본권의 한 가지. 국민이 국가 기관에 대하여 법령의 제정·개정·폐지, 또는 비위 공무원의 징계 요구나 기타 공공 기관의 권한에 딸린 사항을 문서로써 청원할 수 있는 권리.

청원-서(請願書)**명** 청원하는 내용을 적은 문서. ¶청원서를 제출하다.

청유(清遊)**명하** 속되지 않고 풍치 있게 놂, 또는 그런 놀이. ¶속진(俗塵)을 떠나 명산에서 청유하는 나그네.

청유(請由)**명하** ☞청가(請暇).

청유-문(請誘文)**명** 서술어에 따른 문장 갈래의 한 가지. 말하는 이가 말을 듣는 이에게 함께 행동할 것을 청하는 내용의 문장. 용언의 청유형 종결 어미로 끝맺는 형식임. ('빨리 가자.', '나도 한마디 하자.' 따위.)

청유-법(請誘法)[-뺍]**명** 문장에서 종결 어미에 나타나는 서법의 하나. 청유형 종결 어미를 써서, 말하는 이가 말을 듣는 이에게 함께 행동할 것을 청하는 뜻을 나타내는 표현 방법. ('-자, 우리도 얼른 가세.' 하는 따위.)

청유-형(請誘形)**명** 용언의 종결 어미의 한 갈래. 말하는 이가 말을 듣는 이에게 행동을 같이하자고 권하는 형식. ('-자·-세·-아·-어·-지·-ㅂ시다·-시지요' 따위.)

청음(清音)**명** ①맑은 목소리. ②안울림소리. ↔탁음(濁音).

청음(清陰)**명** 〔시원한 그늘이라는 뜻으로〕 '소나무나 대나무 따위의 그늘'을 운치 있게 이르는 말.

청음(晴陰)**명** ☞음청(陰晴).

청음-기(聽音器)**명** 〔항공기·잠수함 따위에서 내는〕 음향을 들어 그 위치나 방향 등을 탐지(探知)하는 기계를 통틀어 이르는 말. 〔공중 및 수중용 청음기가 있음.〕

청의(青衣)[-의/-이]**명** ①푸른 빛깔의 옷. ②지난날, 천한 사람이 푸른 옷을 입은 데서, '천한 사람'을 가리키던 말.

청의(清議)[-의/-이]**명** 고결한 언론.

청의(請議)[-의/-이]**명하** 여러 사람의 의견으로 의결하기를 요청함.

청이불문(聽而不聞)**명하** ☞청약불문.

청인(清人)**명** 청나라 사람, 곧 중국인.

청일(清逸)**어기** '청일하다'의 어근.

청-일점(青一點)[-쩜]**명** 많은 여자 속에 '하나뿐인 남자'를 이르는 말. ↔홍일점.

청일-하다(清逸-)**형여** 맑고도 속되지 않다. ¶청일한 기품.

청자(青瓷·青磁)**명** '철분을 함유한 청록색 유약을 입힌 자기'를 두루 이르는 말. 청자기. 청도(青陶).

청자(聽者)**명** (이야기 따위를) 듣는 사람. ↔화자(話者).

청자-와(青瓷瓦)**명** 고려 시대에 만든 청기와의 한 가지. 청자와 같은 흙으로 만들었음.

청작(青雀)**명** ☞고지새.

청작(清酌)**명** ①깨끗한 술. ②'제사에 쓰는 술'을 이르는 말.

청잠(聽箴)**명** 사물잠(四勿箴)의 하나. '예(禮)가 아니면 듣지 말라'는 말. **활**사물(四勿).

청장(清帳)**명하** 지난날, 조세나 빚 따위를 다 치러 셈을 밝히던 일.

청장(清醬)**명** 진하지 않은 간장.

청장(請狀)[-짱]**명** ①〈청첩장〉의 준말. ②불교에서, 신도에게 오라고 청하는 글.

청장(廳長)**명** (조달청·국세청 등과 같이) '청(廳)'으로 된, 중앙 행정 기관의 기관장.

청-장년(青壮年)**명** '청년'과 '장년'을 아울러 이르는 말.

청재(清齋)**명하** 몸을 깨끗이 재계(齋戒)함.

청전(青田)**명** 벼가 푸릇푸릇한 논.

청전(青氈)**명** 푸른 빛깔의 전.

청전(請錢)**명** 어떤 일을 부탁할 때 뇌물로 쓰는 돈.

청-전교(請傳敎)**명하** 왕명을 받듦.

청전-구물(青氈舊物)**명** 대대로 전하여 오는 오래된 물건(세간).

청절(清節)**명** 깨끗한 절개나 절조.

청절(清絕)**어기** '청절하다'의 어근.

청절-하다(清絕-)**형여** 더할 수 없이 깨끗하거나 맑다. ¶청절한 피리 소리.

청정 (淸淨)[명]①[하] 맑고 깨끗함. ¶청정 해역. /청정한 마음. /시냇물이 청정하다. ②[하][타]깨끗하고 맑게 함. ③[하][어]불교에서, 죄가 없이 깨끗함을 이름. **청정-히**[부].

청정 (淸淨)[수관] 허공(虛空)의 10분의 1이 되는 수(의). 곧 10^{-21}.

청정-무구 (淸淨無垢)[명][하][어] 맑고 깨끗하고 때 묻지 않음. ¶청정무구한 어린아이의 웃음.

청정-무사 (蜻蜓武砂)[명] ⇨잠자리무사.

청정-미 (靑精米)[명] ⇨생동찰.

청정-수 (淸淨水)[명] 다기(茶器)에 담아 불전(佛前)에 올리는 물.

청정^수역 (淸淨水域)[명] 연안의 수자원을 오염으로부터 보호하기 위해 설정한 오염 제한 구역. 수자원 보전 지역. 블루 벨트.

청정-심 (淸淨心)[명] 망념을 버린 깨끗한 마음.

청정-에너지 (淸淨energy)[명] 오염 물질이 거의 발생하지 않는, 맑고 깨끗한 에너지. [전력(電力)·태양열·수력·조력(潮力)·액화 천연가스·수소 에너지 따위.]

청정^재:배 (淸淨栽培)[명] 주식용(主食用) 채소 재배에 있어, 사람의 분뇨나 퇴비를 사용하지 않는 재배법. [화학 비료 사용법과 수경(水耕)·사경(沙耕) 등의 방법.]

청정^채:소 (淸淨菜蔬)[명] (날로 먹을 수 있도록) 인분이나 퇴비를 사용하지 않고 재배한 채소.

청제 (靑帝)[명] 민속에서, '봄을 맡은 동쪽의 신'을 이르는 말. 동군(東君). 청황(靑皇).

청조 (靑鳥)[명]①⇨고지새. ②푸른 빛깔의 새. 파랑새. ③반가운 사자(使者), 또는 편지를 뜻하는 말.

청조 (淸朝)[명]①중국 청나라의 조정, 또는 그 왕조(1616〜1912년). ②〈청조 활자〉·〈청조체〉의 준말.

청조 (淸操)[명] 깨끗한 정조나 지조.

청조 (請助)[명][하][타] 도와주기를 청함.

청조-체 (淸朝體)[명] 활자체의 한 가지. 중국 청나라 때의 서체로, 명조체보다 쓰기가 쉽고 붓으로 쓰기에 알맞은 해서체. 준청조. [참]명조체·송조체.

청조^활자 (淸朝活字)[-짜][명] 청조체의 활자. [흔히, 명함이나 초청장을 박을 때 많이 사용함.] 준청조.

청족 (淸族)[명] 여러 대에 걸쳐 절의(節義)를 숭상하여 온 집안.

청종 (聽從)[명][하][타] (이르는 대로) 잘 듣고 따름. ¶부모의 말씀을 청종하다.

청좌 (請坐)[명][하][타]①혼인 때, 신부 편에서 신랑에게 사람을 보내어 초례청으로 나와 행례(行禮)하기를 청하던 일. ②조선 시대에, 이속(吏屬)을 보내어 으뜸 벼슬아치의 출석을 청하던 일.

청죄 (請罪)[-쬐/-쮀][명][하][자] 죄 주기를 스스로 청함, 또는 자기의 죄를 자수함.

청주 (淸酒)[명]①⇨맑은술. ②농익은 탁주에 용수를 박아 떠낸 윗국. ③일본식 양조법으로 빚은 맑은술. [참]정종(正宗)².

청죽 (靑竹)[명]①푸른 대. 취죽(翠竹). ②베어서 아직 마르지 않은 대. 청대.

청중 (聽衆)[명] 강연이나 설교 등을 들으려고 모인 사람.

청중-석 (聽衆席)[명] 청중이 앉는 자리, 또는 청중이 앉아 있는 자리나 그쪽.

청-지기 (廳-)[명] 지난날, 양반집의 수청방에 있으면서 여러 가지 잡일을 맡아보던 사람. 수청(守廳).

청직 (淸直) '청직하다'의 어근.

청직-하다 (淸直)[-지카-][형][어] 품행이 청렴하고 곧다. ¶청직한 선비.

청진 (聽診)[명][하][타] (의사가) 환자의 몸 안에서 들리는 소리를 듣고 병증을 진단하는 일.

청진-기 (聽診器)[명] 환자를 청진할 때 사용하는 의료 기구의 한 가지.

청-질 (請-)[명][하][타] (정당한 길을 밟지 않고) 세력 있는 사람에게 청(請)을 넣어, 그 힘을 빌리는 짓.

청징 (淸澄) '청징하다'의 어근.

청징-하다 (淸澄)[형][어] 맑고 깨끗하다. 징청하다. ¶청징한 날씨.

청-쫍다 (請-)[-따][〜쪼우니·〜쪼워][타][ㅂ]①(극히 높은 사람에게) 청을 드리다. ②(극히 높은 사람을) 청하거나 초대하다.

청찰 (請札)[명]①⇨청첩장. ②청하는 편지. ②청편지.

청-참외 (靑-)[-차뫼/-차뭬][명] 빛깔이 푸른 참외.

청채 (靑菜)[명]①통배추의 푸르고 연한 잎을 데쳐서 간장·초·겨자를 쳐서 무친 나물. ②풋나물.

청채 (淸債)[명][하][자] 빚을 다 갚음.

청처짐-하다[형][어] 아래로 처지거나 좀 느슨하다. ¶윗도리의 어깨가 좀 청처짐하다. /동작이 죄어치지 못하고 청처짐하다.

청천 (靑天)[명] 푸른 하늘. 청공(靑空).

청천에 구름 모이듯[속담] '여기저기에서 한곳으로 많이 모여 옴'을 이르는 말.

청천 하늘에 날벼락[속담] 느닷없이 당하는 모질고 큰 화.

청천 (淸泉)[명] 맑고 깨끗한 샘.

청천 (晴天)[명]①맑게 갠 하늘. 청공(晴空). 청허(晴虛). ②맑은 날씨. 준청. ↔담천(曇天).

청천-백일 (靑天白日)[명]①환하게 밝은 대낮. ②'밝은 세상'을 뜻함. [흔히, '청천백일하에'로 쓰임.] ③'죄의 혐의가 풀림'을 뜻함. ¶비로소 청천백일을 보다.

청천백일은 소경이라도 밝게 안다[속담] 분명한 사실은 누구라도 알 수 있다는 말.

청천-벽력 (靑天霹靂)[-병녁][명][병력] [맑게 갠 하늘에서 치는 벼락이란 뜻으로] '뜻밖의 큰 변'을 비유하여 이르는 말. ¶청천벽력 같은 소식. /청천벽력도 유분수지. 멀쩡하던 내 딸이 죽다니!

청철 (靑鐵)[명] 놋쇠에서 비슷하나 품질이 좀 낮은 쇠. [주로, 땜하는 데 씀.]

청철-땜 (靑鐵-)[명][하][타] (깨진 놋그릇 따위를) 청철로 땜하는 일.

청첩 (請牒)[명]〈청첩장〉의 준말.

청첩-인 (請牒人)[명] 청첩장을 보내는 사람.

청첩-장 (請牒狀)[-짱][명] 남을 청하는 글발. 청간(請簡). 청찰(請札). 준청장·청첩.

청청 (靑靑) '청청(靑靑)하다'의 어근.

청청 (淸淸) '청청(淸淸)하다'의 어근.

청청백백 (淸淸白白) '청청백백하다'의 어근.

청청백백-하다 (淸淸白白)[-빼카-][형][어] 매우 청백하다. ¶억울하게 누명을 쓴 청청백백한 선비.

청청-하다 (靑靑)[형][어] 싱싱하게 푸르다. ¶청청한 솔잎. **청청-히**[부].

청청-하다 (淸淸)[형][어] (소리가) 맑고도 깨끗하다. ¶옥구슬처럼 청청한 목소리. **청청-히**[부].

청초 (靑草)[명]①푸른 풀. ¶청초 우거진 골에 자난다 누렸난다(古時調). ②풋담배.

청초 (淸楚) '청초하다'의 어근.

청초-절 (靑草節)명 목장에서, 사료로 쓰기에 좋은 푸른 풀이 자라는 시기를 이르는 말. 음력 오월에서 구월까지의 다섯 달 동안을 이름. ↔황초절.

청초-제 (淸楚體)명 말쑥하고 온화하며 겸허하여 아취(雅趣)가 나는 글씨체.

청초-하다 (淸楚-)[형어] 말쑥하고 조촐하다. ¶청초하고 고아(高雅)한 자태. 청초-히[부].

청촉 (請囑)명[하자타] 청을 들어주기를 부탁함. ¶청촉이 들어오다. 청촉을 받다. /연구비 지원을 청촉하다. 비청탁. 준청(請).

청총 (靑蔥)명 ☞청파.

청총-마 (靑驄馬)명 ☞총이말.

청추 (淸秋)명 ①하늘이 맑고 시원한 가을. ②'음력 팔월'을 달리 이르는 말. ②칠계월(桂月).

청춘 (靑春)명 〔만물이 푸른 봄이라는 뜻으로〕 '스무 살 안팎의 젊은 나이'를 비유하여 이르는 말. ¶청춘 남녀.

청춘-가 (靑春歌)명 청춘을 노래한 경기 민요의 한 가지.

청춘-기 (靑春期)명 소년기와 장년기의 사이, 곧 십대 후반에서 이십 대까지의 시기. 청년기.

청출어람 (靑出於藍)명 〔쪽에서 뽑아낸 푸른 물감이 쪽보다 더 푸르다는 뜻으로〕 '제자나 후진이 스승이나 선배보다 더 뛰어남'을 이르는 말. ②출람(出藍).

청취 (聽取)명[하타] (방송이나 진술 따위를) 자세히 들음. ¶라디오 청취.

청취-료 (聽取料)명 지난날, 라디오 방송을 듣고 내던 돈.

청취-서 (聽取書)명 '조서(調書)'의 구용어.

청취-율 (聽取率)명 라디오 방송을 청취하는 비율. 여러 방송국의 방송 청취율을 비교해 보는 경우와, 한 방송국의 여러 방송 프로의 청취율을 비교하는 경우 등이 있음. ¶청취율이 높다.

청-치 (靑-)명 ①현미에 섞인, 푸른빛의 덜 익은 쌀. 청미(靑米). ②털빛이 푸르고 얼룩얼룩한 소.

청-치마 (靑-)명 연의 한 가지. 위로 반은 희고 아래로 반은 푸른 연.

청칠 (靑漆)명 빛깔이 푸른 칠.

청탁 (淸濁)명 ①맑음과 흐림. ②'청음'과 '탁음'을 아울러 이르는 말. ③사리의 '옳음과 그름', '착함과 악함'을 비유하여 이르는 말. 그 행위에 대한 청탁을 가리다. ④'청주'와 '탁주'를 아울러 이르는 말. ¶주객은 청탁을 가리지 않는다.

청탁 (請託)명[하자타] (무엇을 해 달라고) 청하며 부탁함, 또는 그 부탁. ¶청탁 편지. /수필 원고를 써 달라는 청탁을 받다. 비청촉. 준청(請).

청탑-파 (靑鞜派)명 〔푸른 양말을 신은 무리라는 뜻으로〕 18세기 영국에서 참정권을 주장하던 진보적 여성들을 이르던 말.

청태 (靑太)명 ①청대콩. ②푸르대콩.

청태 (靑苔)명 ①푸른 이끼. 녹태(綠苔). 창태(蒼苔). ②녹조식물 파랫과의 해조(海藻). 물결이 잔잔한 바닷가에서 나는데, 김과 비슷하나 더 푸른빛을 띰. 갈파래. ③☞김3.

청태-장 (靑太醬)명 청대콩으로 쑨 메주로 담근 간장.

청-파 (靑-)명 가을에 난 것을 겨우내 덮어 두었다가 이른 봄에 캔 파. 청총(靑蔥).

청파 (聽罷)명 듣기를 다 마침, 또는 그런 때. 《주로, '청파에'의 꼴로 쓰임.》¶공(公)이 청파에 비록 길동이 측은하나…(洪吉童傳).

청판 (廳板)명 ☞청널.

청판-돌 (廳板-)명 돌다리 바닥에 깐 넓은 돌.

청-편지 (請便紙)명 청을 넣는 편지. 청간(請簡). 청찰(請札).

청평 (淸平)'청평하다'의 어근.

청평-세계 (淸平世界)[-계/-게]명 맑고 평화로운 세계, 곧 화평한 사회.

청평-하다 (淸平-)[형어] ①(세상이) 고요하고 평화롭게 다스려져 태평하다. ¶청평한 해내(海內). ②청렴하고 공평하다. ¶청평한 인사.

청포 (靑布)명 빛깔이 푸른 베.

청포 (靑袍)명 조선 시대에, 사품에서 육품까지의 벼슬아치가 입던 '푸른 도포'.

청-포도 (靑葡萄)명 다 익어도 빛깔이 푸른 포도 종류를 통틀어 이르는 말.

청포-탕 (靑泡湯)명 반듯하게 썬 녹말묵을, 다져서 달걀을 씌운 쇠고기나 닭고기와 함께 끓인 장국.

청풍 (淸風)명 맑은 바람.

청풍-명월 (淸風明月)명 ①('맑은 바람과 밝은 달'이라는 뜻으로) '결백하고 온건한 성격'을 평하여 이르는 말. ②('풍자와 해학으로 세상사를 비판함'을 비유하여 이르는 말. ¶술자리에서 청풍명월하는 사람.

청피 (靑皮)명 푸른 귤의 껍질.

청하 (廳下)명 마루의 아래.

청-하다 (請-)[타어] ①무엇을 달라거나, 해 줄 것을 부탁하다. ¶냉수를 청하다. /악수를 청하다. ②남을 불러 모시다. ¶잔치에 손님을 청하다. ③(잠이 들도록) 애쓰다. ¶잠을 청하다.

청하지 않은 잔치에 묻지 않은 대답[속담] 상관없는 일에 끼어들거나, 아무 말에나 아는 체하고 나서는 사람을 두고 이르는 말.

청학 (靑鶴)명 날개가 여덟이고, 다리가 하나며, 얼굴이 사람같이 생겼다는 상상의 길조(吉鳥). 이 새가 울면 천하가 태평해진다고 함.

청학 (淸學)명 지난날, '청나라의 학문'이나 '만주어에 관한 학문'을 이르던 말.

청한 (淸閑·淸閒)'청한하다'의 어근.

청-하다 (淸閑−·淸閒−)[형어] 청아하고 한가하다. ¶청한한 산중 살림. /청한한 생각.

청향 (淸香)명 맑은 향기. ¶청향은 잔에 지고 낙홍(落紅)은 옷새 진다(丁克仁.賞春曲).

청허 (淸虛)'청허하다'의 어근.

청허 (晴虛)명 ☞청천(晴天).

청허 (聽許)명[하타] 사정을 듣고 허락함.

청허-하다 (淸虛-)[형어] 마음이 맑아서 잡생각이 없이 깨끗하다. ¶청허한 심성.

청혈 (淸血)명 맑은 피. 산 피.

청혈-제 (淸血劑)[-쩨]명 피를 맑게 하는 약제.

청혼 (請婚)명[하자타] 혼인하기를 청함. 구혼(求婚). ¶청혼이 들어오다. /청혼을 받다.

청혼 (請魂)명[하자] 불교에서, 죽은 이의 넋을 청하는 일. 거량.

청홍 (靑紅)명 〈청홍색〉의 준말.

청-홍마 (靑紅馬)명 쌍륙이나 장기 따위에서, 푸른 말과 붉은 말.

청-홍사 (靑紅絲)명 청실홍실.

청-홍색 (靑紅色)명 푸른색과 붉은색. ②청홍.

청화 (靑化)명[하타] ①복대기를 삭히는 일. ②시안(cyaan)과 화합함.

청화 (靑華·靑花)명 중국에서 나던, 푸른 물감의 한 가지. 연분홍 물감을 섞으면 선명한 녹색이 되므로 풀잎이나 같은 것을 그리는 데 썼음.

청화 (晴和)'청화하다'의 어근.

청화-가리(靑華加里)[명] ⇨시안화칼륨.

청화^공장(靑化工場)[명] 광산에서, '복대깃 간'을 달리 이르는 말.

청화-금(靑化金)[명] 광산에서, '복대기금'을 달리 이르는 말.

청화^백자(靑華白瓷)[-짜] ⇨청화 자기.

청화-법(靑化法)[-뻡][명] 금·은을 제련하는 방법의 한 가지. 시안화칼륨의 용액에 광석을 용해하여 금·은을 뽑아냄. 청화 제련법.

청화-액(靑化液)[명] 금·은 제련에 쓰이는 시안화칼륨의 용액.

청화-은(靑化銀)[명] ⇨시안화은.

청화^자기(靑華瓷器)[명] 흰 바탕에 청화로 그림을 그린 자기. 청화 백자. 백자 청화.

청화^제:련법(靑化製鍊法)[-뻡][명] ⇨청화법.

청화-하다(晴和-)[형여] 하늘이 개고 날씨가 화창하다.

청화-홍(靑化汞)[명] ⇨시안화수은.

청환(淸宦)[명] 조선 시대에, 학식이나 문벌(門閥)이 높은 사람에게 시키던 규장각·홍문관·선전 관청 등의 벼슬.

청황(靑皇)[명] ⇨청제(靑帝).

청황^색맹(靑黃色盲)[-쌩-][명] 청색과 황색에 대한 감각이 나빠서 회색으로 느끼며, 물체를 서 자주색까지를 한 빛깔로 보는 후천적 색맹.

청훈(請訓)[명][하자] (외국에 주재한 대사·공사·사절 등이) 정부에 훈령(訓令)을 청함, 또는 그 일.

청휘(淸暉·淸輝)[명] 맑은 날의 햇빛.

청흥(淸興)[명] 깨끗하고 풍류적인 흥과 운치.

체[명] 가루를 곱게 치거나 액체를 받는 데 쓰는 기구. ¶체로 가루를 치다.

체[2][의] 《(어미 '-ㄴ'·'-은(는)' 뒤에 쓰이어) '그럴듯하게 꾸미는 거짓 태도'를 뜻하는 말. 척1. ¶잘난 체 마시오. /아는 체.

체[3][감] 못마땅하여 아니꼽거나, 원통하고 탄식할 때 내는 소리. 쳇. 히5. ¶체, 제가 뭔데. /체, 모두가 헛수고군.

체(滯)[명]①〈체증〉의 준말. ¶오랜 체로 먹기만 하면 속이 답답하다. ②[하자]먹은 것이 잘 삭지 않고 위 속에 답답하게 처져 있음. ¶급히 먹은 음식이 체한다.

체(體)[명]①〈서체(書體)〉의 준말. ¶일정한 격식이나 모양새. ¶체가 곱다. ③글이나 그림 따위의 표현 방식·격식. ¶체를 따르다. /체가 어울린다.

체 보고 옷 짓고 꼴 보고 이름 짓는다[속담] 모든 것은 제각기 격에 맞아야 한다는 말.

체(體)[명]2[명] 추상 대수학에서, 0으로 나누는 나눗셈을 제외한 사칙 연산(四則演算)을 자유로이 할 수 있는 원소의 집합.

-체(體)[접미] 《일부 명사 뒤에 붙어》①입체임을 뜻함. ¶사면체. /정육면체. ②'몸'의 뜻을 더함. ¶건강체. /허약체. ③그러한 조직·체재·기관임을 뜻함. ¶기업체. /조직체. ④그러한 문체임을 뜻함. ¶서간체. /만연체. /화려체. ⑤'글씨' 따위의 일정한 방식이나 격식. ¶명조체. /고딕체.

체가(遞加)[명][하자][되자] 등수를 따라 차례로 더하여 감. ↔체감.

체간(體幹)[명] 척추동물에서, 몸의 중추를 이루는 부분. 두부·경부·흉부·복부·미부로 나뉨.

체감(遞減)[명][하자][되자] 등수를 따라 차례로 덜어 감. ↔체가·체증(遞增).

체감(體感)[명][하자] 몸에 어떤 감각을 느낌.

체감^온도(體感溫度)[명] 사람의 몸으로 느껴지는 외계의 온도. 온도·습도·풍속·일사량이나 복장·기분 따위에 영향을 받음. 감각 온도. ¶바람이 심하게 불어 체감 온도가 낮다.

체감-증(體感症)[-쯩][명] 체감의 이상을 주요 징후로 하는 정신병. 발이 비틀린다든지 심장이 거꾸로 되었다는 등 환각과 망상에 사로잡힘.

체강(體腔)[명] 동물의 몸 속의 빈 곳.〔흉강·복강 따위.〕

체격(體格)[명]①몸의 골격. ②(근육·골격·영양 상태로 나타나는) 몸의 겉 생김새. ¶우람한 체격. /체격이 좋다.

체결(締結)[명][하타][되자]〔얽어서 맨다는 뜻으로〕 계약이나 조약을 맺음. ¶조약 체결. /군사 동맹을 체결하다.

체경(滯京)[명][하자] 서울에 머무름. ¶일이 마무리될 때까지 체경하겠다.

체경(體鏡)[명] 온몸을 비출 수 있는 큰 거울. 몸거울.

체계(逮繫)[-계/-게][명][하타] 체포하여 옥(獄)에 가둠.

체계(遞計)[-계/-게][명]〈장체계〉의 준말.

체계(體系)[-계/-게][명]①낱낱이 다른 것을 계통을 세워 통일한 전체. ¶체계를 세우다. /연락 체계. /체계적인 조직망. ②일정한 원리에 따라 조직한 지식의 통일된 전체. ¶체계를 세우는 이론.

체계-돈(遞計-)[-계돈/-게돈][명] 장체계(場遞計)로 쓰는 돈.

체곗돈 내서 장가들여 놓으니 동네 머슴 좋은 일 시킨다[속담] 애써 한 일이 결국엔 남에게만 좋은 일이 되었다는 뜻.

체곗-집(遞計-)[-계찝/-게찝][명] 돈놀이를 하는 집.

체고(體高)[명] ⇨키1.

체공(滯空)[명][하자][되자](비행기 따위가) 공중에서 머물러 있음. ¶체공 기록. /체공 시간.

체공^비행(滯空飛行)[명](항공기의 성능을 시험하기 위하여) 항공기가 착륙하지 않은 상태로 장시간 비행하는 일.

체-관(-管)[명] 속씨식물의 체관부를 이루는 주요 조직. 관상(管狀)의 세포가 원기둥 모양으로 세로로 연결되어 있음. 세포가 서로 이어지는 경계마다 작은 구멍이 체와 같은 모양을 이루고 있음. 사관(篩管). 替체관부.

체관(諦觀)[명][하타]①(정신 들여서) 샅샅이 살펴봄. 체시(諦視). ②단념함.

체관-부(-管部)[명] 체관과 인피 섬유 따위로 관다발을 이룬 속씨식물의 조직체. 사부(篩部). 인피(靭皮). 인피부.

체구(體軀)[명] 몸뚱이. 몸집. ¶당당한 체구.

체국(體局)[명] 풍수설에서, '형국(形局)'을 달리 이르는 말.

체급(體級)[명] 권투나 레슬링 따위에서, 경기자의 몸무게에 따라 매긴 등급.〔웰터급·헤비급 따위.〕

체기[명] 활을 쏠 때 허리에 차는 기구.

체기(滯氣)[명] 한방에서, '체증의 기미'를 이르는 말, 곧 가벼운 체수(滯祟).

체기(遞騎)[명] 지난날, 먼 곳에 명령·보고 등을 전달하던 기병.

체기(體技)[명] ⇨투기(鬪技).

체납(滯納)[명][하타][되자](세금이나 공과금 등을) 정한 기한에 내지 않음. ¶체납한 액수.

체납^처:분 (滯納處分)〔명〕 체납자에 대하여 그 재산을 압류하고 공매에 부쳐 체납된 세금 등을 강제로 징수하는 행정 처분. 조세 체납 처분.

체내 (體內)〔명〕 몸의 안. ¶체내 기생충. ↔체외.

체내^수정 (體內受精)〔명〕 모체 (母體) 안에서 이루어지는 수정. 흔히, 교미에 의해서 이루어짐. ↔체외 수정.

체념 (諦念)〔명〕〔하타〕 (곤경 따위에서 벗어날 길이 없어) 희망을 버리고 아주 단념함. ¶체념 상태. /체념에 빠지다.

체념 (體念)〔명〕〔하타〕 깊이깊이 생각함.

체능 (體能)〔명〕 (어떤 일을 감당할 만한) 신체의 능력.

체능^검:사 (體能檢査)〔명〕 정상적인 활동에 필요한 육체의 기초적 능력과 기능적 장애를 확인하는 검사.

체당 (替當)〔명〕〔하타〕 ①남의 일을 대신 맡아서 함. ②법률에서, 뒤에 돌려받기로 하고 금전이나 재물을 대신 지급하는 일.

체대 (替代)〔명〕〔하자타〕〔되자〕 ☞교체 (交替).

체대 (替代·遞代)〔명〕〔하타〕〔되자〕 서로 번갈아 대신함. 교대 (交代). 질대 (迭代).

체대 (體大)〔명〕〔하협〕 몸이 큼. ¶체대한 씨름 선수.

체대-식 (遞代式)〔명〕 체대전 (遞代田)의 조직에 의하여 경영하는 원시적 농업 방식의 한 가지.

체대-전 (遞代田)〔명〕 조림 (造林)과 밭농사를 번갈아 하는 밭.

체도 (剃刀)〔명〕 ①머리털을 깎는 칼. ②☞면도칼.

체도 (體度)〔명〕 ☞체후 (體候).

체도 (體道)〔명〕〔하자〕 ①몸소 도를 실천함, 또는 몸에 익힘. ②도의를 본받음.

체두 (剃頭)〔명〕〔하자〕 머리카락을 바싹 깎음.

체득 (體得)〔명〕〔하타〕〔되자〕 ①체험하여 진리를 터득함. ¶불교의 교리를 체득하다. ②몸소 경험하여 알아냄. ¶컴퓨터 다루는 법을 체득하다. ③〈뜻을〉 본떠 이어받음.

체량 (體量)〔명〕 ☞체중 (體重)1.

체량 (體諒)〔명〕〔하타〕 (그 사람의) 처지를 이해하고 헤아림. ¶아무쪼록 굽어 체량하소서.

체력 (體力)〔명〕 몸의 힘이나 작업 능력. ¶강인한 체력. /체력은 국력.

체력-장 (體力章)〔-짱〕〔명〕 중·고등학교에서, 학생들의 종목별 기초 체력을 향상하고자 종합적인 체력 검사를 하는 일.

체련 (體鍊)〔명〕〔하타〕 신체를 단련함.

체례 (體禮)〔명〕 벼슬아치 사이에 지키는 예절.

체로 (替勞)〔명〕〔하타〕 남을 대신하여 수고함.

체루 (涕淚)〔명〕 슬퍼 울어서 흘리는 눈물.

체류 (滯留)〔명〕〔하자〕 (딴 곳에 가서) 오래 머물러 있음. 두류 (逗留). 체재 (滯在). ¶장기 체류. /해외 체류 기간. ⋓재류.

체리 (滯痢)〔명〕 한방에서, '체증으로 생기는 이질'을 이르는 말.

체리 (cherry)〔명〕 ☞버찌.

체맹 (締盟)〔명〕〔하자〕 동맹을 맺음. 결맹 (結盟).

체맹-국 (締盟國)〔명〕 국제 조약을 체결한 나라.

체-머리〔명〕 병적으로 저절로 흔들리는 머리.

체머리(를) 흔들다〔관용〕 어떤 일에 머리가 흔들리도록 싫증이 나다.

체메 (體-)〔명〕 체면을 모르는 사람.

체면 (體面)〔명〕 남을 대하기에 번듯한 면목. 남볼성. 낯. 면 (面). 면목. 체모 (體貌). ¶체면이 서다. /체면이 깎이다.

체면에 몰리다〔관용〕 체면 때문에 변변하지 못한 사람에게 딱한 꼴을 당하다.

체면(이) 사납다〔관용〕 체면이 서지 않아 부끄럽고 분하다.

체면-치레 (體面-)〔명〕〔하자〕 체면이 서도록 꾸미는 일. ¶체면치레로 하는 말.

체모 (體毛)〔명〕 (머리털 외의) 사람 몸에 난 털.

체모 (體貌)〔명〕 ☞체면.

체목 (體木)〔명〕 ①가지와 뿌리를 베어 낸 등걸. ②집 짓는 데 중요한 기둥과 도리 같은 재목을 이르는 말.

체문 (帖文)〔명〕 왕조 시대, 고을 수령이 향교 유생에게 유시 (諭示)하던 서면.

체물 (滯物)〔명〕 체한 음식물.

체발 (剃髮)〔명〕 머리털을 바짝 깎음. 낙발 (落髮). 삭발 (削髮). 축발 (祝髮). ↔축발 (蓄髮).

체백 (體魄)〔명〕 죽은 지 오래된 송장, 또는 땅속에 묻은 송장.

체번 (替番)〔명〕〔하자〕 순번이나 당번의 차례를 갈마듦. 교번 (交番). 체직 (替直).

체벌 (體罰)〔명〕〔하타〕 신체에 직접 고통을 주는 벌. ⋓체형 (體刑).

체법 (體法)〔명〕 글씨의 체와 붓을 놀리는 법, 곧 서체와 필법.

체벽 (體壁)〔명〕 체강의 안쪽 벽.

체병 (滯病)〔-뼝〕〔명〕 ☞체증 (滯症).

체부 (遞夫)〔명〕 〈체전부 (遞傳夫)〉의 준말.

체불 (滯拂)〔명〕〔하자〕〔되자〕 마땅히 지급해야 할 것을 지급하지 못하고 미룸. ¶임금을 체불하다.

체비-지 (替費地)〔명〕 구획 정리 지역에서, 정리 사업을 정부나 지방 자치 단체에 환수되는 잉여 토지. 환지 계획에서 유보된 땅으로, 필요 경비로 충당됨.

체사 (涕泗)〔명〕 울면서 흘리는 눈물이나 콧물.

체색 (體色)〔명〕 (동물의) 몸에 나타나는 빛깔.

체설 (滯泄)〔명〕 식체 (食滯)로 일어나는 설사.

체세 (體勢)〔명〕 몸을 움직이거나 거두는 자세.

체-세포 (體細胞)〔명〕 생식 세포를 제외한, 생물체를 이루고 있는 모든 세포.

체소 (體小)〔명〕 '체소하다'의 어근.

체소 (體素)〔명〕 점유 (占有)나 주소 (住所) 따위에 관한 법률 사실을 구성하는 외형적이고 구체적인 요소. 곧, 거주의 사실이나 소유의 사실 따위를 이름. ↔심소 (心素).

체소-하다 (體小-)〔형어〕 몸이 작다.

체송 (替送)〔명〕〔하타〕 ☞대송 (代送).

체송 (遞送)〔명〕〔하타〕〔되자〕 ☞체전 (遞傳).

체송-비 (遞送費)〔명〕 우편물이나 화물 따위의 송료 (送料).

체수 (體-)〔명〕 몸의 크기. ¶체수에 맞지 않는 옷을 입어 불편하다.

체수 보아 옷 짓는다〔속담〕 무엇이든 그 격에 맞도록 일을 계획하고 처리한다는 뜻.

체수 (滯水)〔명〕 괴어 있는 물.

체수 (滯囚)〔명〕 죄가 결정되지 않아 오래 갇혀 있는 사람, 또는 그렇게 가두는 일.

체수 (滯祟)〔명〕 한방에서, '먹은 음식이 잘 삭지 않아 생기는 병의 빌미'를 이르는 말.

체-수면 (滯睡眠)〔명〕 잠이 깊이 든 상태. ↔뇌수면 (腦睡眠).

체수-본 (遞修本)〔명〕 여러 시대를 걸쳐서 여러 번 보수 (補修)하여 낸 책.

체-순환 (體循環)〔명〕 ☞대순환.

체스 (chess)〔명〕 두 사람이 반 (盤) 위의 말을 한 수씩 번갈아 움직여 상대편의 왕을 먼저 잡는 것으로 승부를 가리는 놀이. 서양장기.

체스보:드 (chessboard)〔명〕 체스를 하는 판.

체습(體習)**명**하타 남의 행동을 본떠 배움.

체시(諦視)**명**하타 체관(諦觀).

체식(體式)**명** 일정한 형태와 방식.

체신(遞信)**명** 차례로 여러 곳에 편지 따위를 전하는 일.

체액(體液)**명** 체내(體內)에서 유동(流動)할 수 있는 액체를 통틀어 이르는 말. 〔혈액·림프액·뇌척수액 따위.〕

체약(締約)**명**하타되자 조약·계약 따위를 맺음.

체약-국(締約國)[-꾹]**명** 서로 문서로 조약을 맺은 나라.

체양(體樣)**명** (생물의) 몸의 생김새. 체용(體容). 체형(體形).

체어-리프트(chair lift)**명** 로프웨이의 한 가지. 로프에 의자가 여러 개 매달려 있는 것으로, 흔히 스키장 같은 데서 볼 수 있음.

체언(體言)**명** 조사의 도움을 받아 문장에서 주체의 구실을 하는 단어. 쓰임에 따라 주체·서술·수식의 구실을 함. 명사·대명사·수사가 이에 딸림. 임자씨.

체언-절(體言節)**명** 문장에서 체언 구실을 하는 절.

체옥(滯獄)**명**하자 옥에 오랫동안 갇힘.

체온(體溫)**명** 생물체가 가지고 있는 온도. 흔히, 동물의 몸 온도를 이름. ¶체온이 높다.

체온-계(體溫計)[-계/-게]**명** 체온을 재는 데 쓰이는 온도계. 검온기(檢溫器).

체외(體外)[-외/-웨]**명** 몸의 밖. ↔체내(體內).

체외^수정(體外受精)[-외/-웨]**명** 모체 밖에서 이루어지는 수정. 수생(水生) 동물에 흔히 있음. ↔체내 수정.

체요(體要)**명** 사물의 중요한 부분.

체용(體用)**명** 사물의 본체와 그 작용.

체용(體容)**명** 체양(體樣).

체우(滯雨)**명**하자 비 때문에 어쩔 수 없이 그대로 머묾.

체위(體位)**명** ①체격이나 건강의 정도, 또는 그 수준. ¶청소년의 체위가 향상되다. ②몸의 자세. ¶체위를 바로잡다.

체위^반:사(體位反射)**명** 정지 상태에서, 자세를 바르게 유지하려는 동물의 반사 작용. 체위 반사는 평형 감각으로 유지된다.

체육(體育)**명** ①건강한 몸과 온전한 운동 능력을 기르는 일, 또는 그것을 목적으로 하는 교육. ②학교 교육에서, 운동 경기의 이론이나 실기를 가르치며, 체력의 향상을 꾀하는 학과. 잘덕육(德育)·지육(智育).

체육-관(體育館)[-꽌]**명** 실내에서 운동 경기나 체육 활동을 할 수 있도록 여러 시설을 갖춘 건물.

체육-복(體育服)[-뽁]**명** 운동을 할 때 입는 옷. 운동복.

체육-부(體育部)[-뿌]**명** 학교나 기관·단체 등에서 체육 활동을 위해서 또는 체육에 관련된 일을 하기 위해서 조직된 부서.

체육-상(體育賞)[-쌍]**명** 운동 경기를 뛰어나게 잘하거나, 체육에 공로가 있다 하여 주는 상.

체육-회(體育會)[-유죄/-유훼]**명** ①'운동회'를 달리 이르는 말. ②체육의 발전과 향상을 위하여 조직된 단체, 또는 그 모임.

체육^훈:장(體育勳章)[-유쿤-]**명** 체육 발전에 공을 세워 국민 체위 향상과 국가 발전에 이바지한 공적이 뚜렷한 사람에게 수여하는 훈장. 〔청룡장·맹호장·거상장·백마장·기린장의 다섯 등급이 있음.〕

체읍(涕泣)**명**하자 눈물을 흘리며 슬피 욺.

체이-증(滯頤症)[-쯩]**명** 어린아이가 침을 많이 흘리는 병.

체인(體認)**명**하타 몸소 겪어 마음으로 깊이 인정함. 충분히 납득함.

체인(chain)**Ⅰ명** ①쇠사슬. ②자전거의 '양냥이줄'을 흔히 이르는 말. ③'같은 계열의 상점·극장' 또는 '그 계열이나 홍행망(興行網)'임을 이르는 말. ¶체인 사업. /체인 본부. **Ⅱ명**의 야드파운드법에 의한 길이의 단위. 1 체인은 1 링크의 100 배로, 약 20.1168 m에 해당함. (기호는 ch)

체인^블록(chain block)**명** (도르래나 톱니바퀴 따위를 이용하여) 무거운 물건을 달아 올리거나 잡아당기는 데 쓰이는 기구.

체인-점(chain店)**명** 연쇄점.

체인지업(change-up)**명** 야구에서, 투수가 타자의 타이밍을 교란하기 위해 투구의 속도나 방법 등을 여러 가지로 변화시키는 일. 체인지오브 페이스.

체인지오:버(changeover)**명**하타 환(煥)의 매매 계약이 만기가 되었을 때, 실제의 인도를 하지 않고 다시 선물(先物)의 매매 계약으로 변경하는 일.

체인지 오브 페이스(change of pace) 체인지업.

체임(遞任)**명**하타되자 벼슬을 갈아 냄. 체직(遞職).

체임(滯賃)**명** 노임(勞賃) 따위를 지급하지 않고 뒤로 미룸, 또는 뒤로 미룬 그 노임. ¶체임 액수가 날로 불어나다.

체장(體長)**명** 동물 따위의 몸의 길이. 몸길이.

체재(滯在)**명**하자 체류(滯留).

체재(體裁)**명** ①사물을 겉에서 본 본새나 됨됨이. ¶책의 체재. ②시문(詩文)의 형식. 체제.

체-쟁이(滯-)**명** 지난날, 체를 내리게 하는 일을 업으로 하는 사람을 일컫던 말. 〔칡대 따위로 목구멍을 쑤셔 내리거나 손으로 배를 문질러 내리게 하였음.〕

체적(滯積)**명** 식적(食積).

체적(體積)**명** 부피.

체적^팽창(體積膨脹)**명** 물체의 부피가 온도의 변화에 따라 늘어나는 현상. 부피 팽창. 체팽창.

체적 팽창^계:수(體積膨脹係數)[-계-/-게-]**명** 온도가 섭씨 1도 올라갔을 때의 물체의 늘어난 부피와 본디 부피와의 비율. 부피 팽창 계수. 체팽창 계수. 부피 팽창률. 체팽창률.

체전(遞傳)**명**하타되자 (소식이나 편지 따위를) 차례로 여러 곳을 거쳐서 전해 보냄. 체송(遞送).

체전(體典)**명** 전국 체육 대회.

체전-부(遞傳夫)**명** 우편집배원. ㈜체부.

체절(體節)**Ⅰ명** 체후(體候).

체절(體節)**Ⅱ명** 환형동물 등의 몸뚱이를 이루고 있는 낱낱의 마디.

체제(體制)**명** ①체재(體裁). ②생물체를 이루는 각 부분이 통일적으로 전체를 이루는 관계의 양상(樣相). ③사회적인 제도와 조직의 양식. ¶정치 체제. /공산주의 체제. /반체제 운동.

체조(體操)**명**하자 ①신체의 이상적 발달을 꾀하고 신체의 결함을 교정 또는 보충시켜 주기 위해서 행하는 조직화된 운동. ¶미용 체조. /체조로 하루 일과를 시작하다. ②〈체조 경기〉의 준말.

체조^경:기(體操競技)**명** 맨손 또는 기구를 이용하여 도약·회전·지지 따위 기량을 겨루는 경기. ㈜체조.

체중(體重)¹ 명 몸무게. 체량(體量). ¶체중 조절.

체중(體重)² '체중하다'의 어간.

체중-하다(體重一)형 지위가 높고 점잖다.

체증(滯症)명①체하여 소화가 잘 안 되는 증세. 체병(滯病). 춘체(滯). ②〔교통 따위의〕'소통이 막힘'을 비유하여 이르는 말. ¶교통 체증.

체감(遞減)명하자되자 (수량이) 차례로 더해 감. ↔체감(遞減).

체지(帖紙)명①관아에서 이속과 노비를 고용하던 서면, 곧 사령(辭令). 첩지. ②지난날, 돈을 받은 표, 곧 영수증.

체지(體肢)명①〔사람의〕몸통과 팔다리. ②척추동물의 체간(體幹)에서 뻗어 나온 두 쌍의 가지 부분. 곧, 전지(前肢)와 후지(後肢), 또는 상지(上肢)와 하지(下肢).

체-지방(體脂肪)명 분해되지 않고 몸 안에 그대로 쌓인 지방.

체직(替直)명하자 ➡체번(替番).

체직(遞職)명하자되자 ➡체임(遞任).

체진(滯陣)명하자①진중에 머무름. ②한곳에 진을 치고 오래도록 머무름.

체-질명하자 체로 가루 따위를 치는 일.

체질(體質)명①몸의 생긴 바탕. 몸바탕. ¶허약 체질. ②단체나 조직의 성질. ¶당의 체질을 개선하다.

체차(遞差)명하타되자 왕조 때, 관리(官吏)를 다른 사람으로 바꿈.

체천(遞遷)명하타 봉사손(奉祀孫)의 대가 끊긴 신주를 최장방(最長房)의 집으로 옮기는 일. 〔최장방이 죽었을 때는 또 그 다음의 최장방에게로 옮기고, 모두 대가 끊긴 뒤에는 매안(埋安)하는 것이 보통임.〕

체첩(體帖)명 글씨의 본보기가 될 만한 서첩.

체청(諦聽)명하타 주의하여 똑똑히 들음.

체취(體臭)명①몸에서 나는 냄새. 살내. ②개인이나 작품에서 풍겨 나오는 특유의 느낌. ¶작가의 체취가 물씬 풍기는 소설.

체크(check)명①물표(物票). ②바둑판 모양의 옷감 무늬, 또는 그 옷감. ③감색의 체크 치마. ③하타되자검사하거나 대조함, 또는 그 표적으로 찍는 표(∨). ¶출입자를 하나하나 체크하다.

체크^리스트(check list)명 대조표(對照表).

체크아웃(check-out)명 호텔 등의 프런트에서 숙박료를 치르고 그곳을 떠나는 일. ↔체크인.

체크인(check-in)명①호텔 등의 프런트에서 숙박 절차를 밟는 일. ↔체크아웃. ②공항의 접수 창구에서 항공기의 탑승 절차를 밟는 일.

체통(體統)명〔지체나 신분에 알맞은 체면이란 뜻으로〕'점잖은 체면'을 이르는 말. ¶체통을 지키다. /체통 없이 굴다. /체통을 잃다.

체-팽창(體膨脹)명 ➡체적 팽창.

체팽창^계:수(體膨脹係數)[-계-/-게-]명 ➡체적 팽창 계수.

체팽창-률(體膨脹率)[-뉼]명 ➡체적 팽창 계수.

체포(逮捕)명하타되자①죄인을 쫓아가서 잡음. ②형법에서, 검사나 사법 경찰관 등이 법관이 발부하는 영장에 의하여 피의자를 구속하여 연행하는 강제 수단.

체포^감금죄(逮捕監禁罪)[-죄/-�줴]명 남을 불법으로 체포하거나 감금함으로써 성립되는 죄.

체표(體表)명 몸의 표면.

체표^면:적(體表面積)명 몸의 겉넓이.

체하(帖下)명하타 조선 시대에, 관아에서 일꾼이나 상인들에게 금품을 줄 때에, 서면으로 내주던 일.

체-하다조동여 《어미 '-ㄴ·-은(는)' 아래 쓰이어》 앞말이 뜻하는 것처럼 그럴듯하게 거짓으로 꾸미는 태도가 있다. 양하다. 척하다². ¶잘난 체하다. /못 본 체하다.

체해(體解)명하타 왕조 때의 형벌의 한 가지. 죽인 뒤에 팔다리를 찢던 극형.

체향(滯鄕)명하자 고향에 머무름.

체험(體驗)명①하타몸소 경험함, 또는 그 경험. ¶체험 수기(手記). /돈을 주고도 못 살 귀중한 체험을 하다. ②심리학에서, 특정한 인격이 직접 경험한 일체의 심적 과정을 이르는 말.

체험-담(體驗談)명 자기가 몸소 경험한 것에 대한 이야기. ¶오지 탐험의 체험담.

체현(涕泫)명하자 눈물이 줄줄 흐름.

체현(體現)명하타되자 (정신적인 것을) 구체적으로 실현함. ¶구국 정신을 체현한 충무공.

체형(體刑)명①하타 (태형 따위와 같이) 직접 사람의 몸에 형벌을 가함. 비체벌(體罰). ②〔징역·금고와 같이〕신체의 자유를 속박하는 형벌. ↔벌금형·재산형. 참자유형.

체형(體形)명 ➡체양(體樣).

체형(體型)명 체격을 겉모양의 특징으로 분류하는 형. 〔비만형(肥滿型)·세장형(細長型) 따위.〕

체화(滯貨)명하자되자①(수송이 잘못되어) 밀려 쌓여 있음, 또는 그런 물건. ②〔상품이 팔리지 않아〕창고 따위에 쌓여 있음, 또는 그런 화물.

체화(體化)명하자타되자①몸으로 변하거나 변하여 몸의 일부가 되게 함. ②〔가치·지식 따위를〕완전히 몸에 익히거나 배게 하여 자기 것으로 만듦.

체-화석(體化石)명 동물체의 전부나 일부를 지니고 있는 화석.

체환(替換)명하타되자 대신하여 갈아서 바꿈. 차환(差換). 대체(代替).

체후(體候)명〔주로 편지 글에서〕상대편의 안부를 물을 때, 그를 높이어 그의 '기거(起居)'를 이르는 말. 체도(體度). 체절(體節)1.

첼레스타(celesta 이)명 겉모양이 소형의 피아노와 같은 건반 악기. 피아노처럼 건반마다 해머를 연결하여 강철판을 치도록 되어 있는데, 맑고 가벼운 음색을 냄.

첼로(cello 이)명 현악기의 한 가지. 줄이 네 개이며 활로 문질러서 소리를 냄. 음역이 넓고 음색이 풍부함. 독주·관현악 등에 널리 쓰임. 비올론첼로.

첼리스트(cellist)명 첼로 연주자.

쳇[첸]캄 ➡체³. ¶쳇, 좀 배웠다고 잘난 척하는 꼴이라네.

쳇-다리[체따-/첸따-]명 〔물건을 거를 때〕체를 올려놓게 된 기구.

쳇-바퀴[체빠-/첸빠-]명 얇은 널빤지를 둥글게 오려서 쳇불을 메우게 된 테, 곧 체의 몸 부분.

쳇-발[체빨/첸빨]명 ➡체불.

쳇-불[체뿔/첸뿔]명 쳇바퀴에 팽팽하게 매워 액체나 가루 따위를 거르는 그물. 말총·명주실·철사 등으로 짬.

쳇불-관(-冠)[체뿔-/첸뿔-]명 선비가 쓰던 관의 한 가지. 말총으로 쳇불처럼 거칠게 얽어 짠 조각으로 만들었음.

쳇-줄[체쭐/첸쭐]명 '습자(習字)의 본보기가 되는 한 줄의 글씨'를 이르는 말. 〔습자 지 등의 왼쪽 가에 스승이나 선배가 써 줌.〕

쳐명 〔옛〕수결(手決). ¶스승이 우희 쳐 두느니라(翻老上4). /쳐 셔:署(訓蒙中7).

쳐-내다[쳐-]目 (더러운 것들을) 쓸어 모아서 한곳으로 옮기다. ¶ 거름을 쳐내다.

쳐:다-보다[쳐-]目 얼굴을 들고 올려다보다. ¶ 우두커니 서서 먼 하늘을 쳐다보다. 囹치어다보다.

쳐:-들다[쳐-][~드니·~들어]目 ①위로 들어 올리다. ¶ 고개를 쳐들다. ②흔들다. ¶ 약점만 쳐들고 꼬집다.

쳐:-들리다[쳐-]面 (『쳐들다'의 피동】 쳐들을 당하다. ¶ 높이 쳐들린 지붕 위로 햇빛이 비치다.

쳐-들어가다[쳐-]面目 무찔러 들어가다.

쳐-들어오다[쳐-]面目 무찔러 들어오다.

쳐로조 〈옛〉처럼. ¶ 우리님 수랑 굿처 갈제 뎌 모시쳐로 니으리라(古時調). ㉻텨로·톄로.

쳐-부수다[쳐-]目 ①(적을) 무찔러 부수다. ¶ 적군을 쳐부수다. ②(물건 따위를) 세차게 쳐서 부수다. ¶ 망치로 조각상을 쳐부수다.

쳐-올리다[쳐-]目 위로 세게 들어 올리다.

쳐-주다[쳐-]目 ①셈을 맞추어 주다. ¶ 값을 50원으로 쳐주다. ②인정하여 주다. ¶ 이긴 걸로 쳐주다.

천圀 〈옛〉돈. 재물. ¶ 내 천을 앗기디 아니호며(永嘉下139).

천량〈옛〉천량. 재물. ¶ 반드기 천량과 옷 바볼 만히 어드리라(佛頂中8).

쳠圀 〈옛〉버선. ¶ 보드라온 털로 미론 청 신어쇼디(老解下47).

초圀 불을 밝히는 데 쓰는 물건. 밀·백랍·쇠기름 따위를 끓여서 둥근 막대기 모양으로 굳혀 만드는데, 가운데에 실 따위로 심지를 박음.

초(炒)圀(하다 〈초록(抄錄)〉의 준말.

초(炒)圀(하다目 불에 볶음, 또는 볶는 일. 〔주로, 한방에서 약재에 대하여 이름.〕

초(秒)圀 ①1분을 60등분한 시간. ②매우 짧은 시간. ¶ 초를 다투는 절박한 상황.

초(草)¹圀 ①(시문 따위의) 대강 얽이, 곧 초고나 초안. 또는 잡다. 圀(하다〈기초(起草)〉의 준말. ¶ 건의안의 초를 잡다. 〔법안을 초하다〕

초(草)²圀 ①풀. 초본(草本)². ②〈건초(乾草)〉·〈갈초〉의 준말.

초(草)³圀 〈초서(草書)〉의 준말.

초(哨)圀 옛날 군대 편제의 한 가지. 〔1초는 약 100명이었음.〕

초(楚)圀 장기에서, '楚'자로 나타낸 장(將)의 한 짝. 〔주로, 푸른 빛깔로 나타냄.〕↔한(漢)¹. ㉻장(將).

초(綃)圀 '생사(生絲)로 짠 얇은 비단'을 통틀어 이르는 말.

초(醋)圀 조미료의 한 가지. 3~6%의 초산을 함유한, 시고 약간 단 맛이 있는 액체. 식초.
초(를) 치다관용 미리 무슨 말을 하여 상대편의 기가 누그러지게 하다.

초(初)의 《일부 명사 뒤에 쓰이어》 '처음'의 뜻을 나타냄. ¶ 사건 발생 초부터. ↔말(末).

초(秒)의 ①시간 단위의 한 가지. 1분의 60분의 1. ②각도나 경위도(經緯度)의 단위의 한 가지. 1분의 60분의 1.

초-(超)圀(頭《일부 명사 앞에 붙어》'정도가 대단한'·'일정 범위를 벗어난'·'초월한' 등의 뜻을 나타냄. ¶ 초당파. /초만원. /초음속. /초현실.

초가(草家)圀 볏짚·밀짚 따위로 이엉을 엮어 지붕을 인 집. 초가집. 초려(草廬). 초옥(草屋).

초가(樵歌)圀 나무꾼이 부르는 노래.

초-가량(初假量)圀(하다 처음으로 그 대강만을 얼추 셈하여 잡음, 또는 그 가량. ¶ 얼마나 되는지 초가량해 보다.

초가-삼간(草家三間)圀 〔'세 칸으로 된 초가'라는 뜻으로〕 '썩 작은 초가'를 이르는 말. 삼간초가.

초가삼간 다 타도 빈대 죽는 것만 시원하다 [속담] 비록 큰 손해를 보더라도 미운 놈만 없어진다면 속시원하다는 뜻. 초당 삼간이 다 타도 빈대 죽는 것만 시원하다.

초-가을(初-)圀 가을철이 시작되는 첫 무렵. 첫가을. 맹추(孟秋). 초추(初秋).

초가-지붕(草家-)圀 짚이나 억새·갈대 따위를 엮어서 이은 지붕. ¶ 초가지붕에 열린 박.

초가-집(草家-)圀 초가(草家).

초각(初刻)圀 〔'맨 처음의 각(刻)'이란 뜻으로〕 한 시간의 처음 시각. 〔1각은 15분간임.〕

초각(梢角)圀(하다目 ㉻돌을새김.

초각(峭刻)²'초각하다'의 어근.

초각-본(初刻本)圀 [-뽄]圀 ①㉻초간본(初刊本). ②초간본 중 특히 목판(木板)으로 박아 낸 책. 원각본(原刻本).

초각-하다(峭刻-)[-까라-]圀에 성질이 까다로워서 너그러운 데가 없다.

초간(初刊)圀 중간(重刊)에 대하여, 맨 처음으로 하는 간행. 원간(原刊).

초간(超間)'초간(超間)하다'의 어근.

초간(稍間)'초간(稍間)하다'의 어근.

초간-본(初刊本)圀 맨 처음, 또는 첫 번째로 간행한 책. 원각본(原刻本). 원간본(原刊本). 초각본.

초-간장(醋-醬)圀 초를 친 간장.

초간-택(初揀擇)圀 맨 첫 번의 간택.

초간-하다(超間-)圀에 사이가 뚝 뜨다. ¶ 한집에 있어도 처소(處所)가 초간하여 매양 연연하더니(許均.洪吉童傳). 초간-히甼.

초간-하다(稍間-)圀에 ①시간적으로 조금 사이가 뜨다. ②거리가 좀 멀다. ¶ 말사(末寺)까지는 초간한 거리였다. 초간-히甼.

초갑(草匣)圀 ①담배쌈지. ②궐련갑.

초강초강-하다圀에 (얼굴 생김이) 갸름하고 살지지 아니하다. 초강초강한 젊은이 아냐.

초개(草芥)圀 지푸라기, 곧 '하찮은 것'을 비유하여 이르는 말. ¶ 목숨을 초개같이 여기다.

초거(招去)圀(하다 불러서 데려감.

초-거성(超巨星)圀 반지름이 태양의 수백 배에 이르는, 진화 후기 단계의 커다란 항성. 〔북극성 따위.〕

초건(草件)圀 [-껀]圀 시문(詩文)의 초고를 잡은 원고. 초본(草本).

초-겨울(初-)圀 겨울철이 시작되는 첫 무렵. 첫겨울. 맹동(孟冬). 초동(初冬).

초견(初見)圀(하다目 처음으로 봄.

초경(初更)圀 하루의 밤을 다섯으로 나눈 첫째 시각. 하오 일곱 시부터 아홉 시까지의 사이. 갑야(甲夜).

초경(初耕)圀(하다目 ㉻애벌갈이.

초경(初經)圀 첫 월경. 초조(初潮).

초경(草徑)圀 풀이 우거진 좁은 길.

초경(樵逕·樵徑)圀 나무하러 다니는 길. 나뭇길. 초로(樵路).

초-경합금(超硬合金)圀 [-끔]圀 탄화텅스텐에 코발트·니켈 따위의 금속 가루를 섞어 만든 소결(燒結) 합금. 높은 열에서 강도가 매우 높아, 주철·철강 제품의 절단 공구를 만드는 재료로 쓰임.

초계(哨戒)圀 [-계/-게]圀(하다目 적의 습격에 대비하여 엄중히 감시하고 경계함. ¶ 초계 임무

초계-정(哨戒艇)[-계-/-게-]圏 초계용의 작은 배. 초정(哨艇).

초고(草稿)圏 시문(詩文)의 초벌 원고.

초고(礎稿)圏 퇴고(推敲)의 바탕이 된 원고.

초고리圏 작은 매.

초-고속도(超高速度)[-또]圏 고속도보다 더 빠른 속도. ¶ 초고속도 촬영기.

초-고압(超高壓)圏 (지하 200 km 깊이의 압력 상태와 같은) 4만~5만 기압 정도의 매우 높은 압력.

초-고온(超高溫)圏 (원자핵 융합 반응이 일어날 때와 같은) 고온 이상의 높은 온도.

초-고추장(醋-醬)圏 초를 쳐서 갠 고추장.

초-고층(超高層)圏 ①'매우 높은 층수의 건물'을 이르는 말. ¶ 초고층 아파트. ②구름이 생기는 대류권의 밖. 〔적도 부근 약 18 km, 극지 부근 약 8~450 km를 말함.〕

초고-하다(超高-)[혭] 뛰어나게 고상하다. ¶ 초고하고 견개(狷介)한 매화.

초공(梢工)圏 뱃사공.

초과(草果)圏 생강과의 다년생 초본. 중국 남부에 자생함. 신맛이 나는 열매는 크기가 가지만 하고 두꺼운 껍질은 검으며, 씨는 굵음.

초과(超過)圏刨目圉 일정한 수나 한도를 넘음. ¶ 예산을 초과하다. / 목표를 초과 달성하다.

초교(初校)圏 인쇄물의 첫 교정, 또는 그 교정지. 초준(初準).

초교(草轎)圏 ▷삿갓가마.

초교-탕(-湯)圏 여름 음식의 한 가지. 삶은 닭고기를 뜯어 넣은 깻국에다가 전복·해삼과 오이·표고 등을 넣고 실백을 띄워 만듦. 보통 여기에 밀국수를 말아 먹음.

초구(超裘)圏 담비로 만든 갖옷.

초군(超群)圏刨 뭇 사람 가운데에서 뛰어남. ¶ 초군한 인재.

초군(樵軍)圏 나무꾼.

초군-초군[冊혭] (하는 짓이) 아주 꼼꼼하고 느릿느릿한 모양. ¶ 보기에 답답하리만큼 초군초군한 동작.

초균형^예:산(超均衡豫算)[-녜-]圏 세입이 세출을 초과하여 흑자가 나는 예산.

초극(超克)圏刨目圉 어려움을 이겨 냄. ¶ 초극 정신. / 초극 의지.

초근(草根)圏 풀의 뿌리.

초근-거리다[刣] '차근거리다'의 잘못.

초근-대다[刣] '차근대다'의 잘못.

초근-목피(草根木皮)圏 〔풀 뿌리와 나무껍질이란 뜻으로〕①곡식이 없어 산나물 따위로 만든 '험한 음식'을 이르는 말. ¶ 흉년이 들어 초근목피로 연명(延命)을 하다. ②한약의 재료가 되는 물건을 이르는 말.

초근-초근[冊혭] 귀찮도록 검질기게 달라붙어서 조르는 모양. ¶ 옛날이야기를 해 달라고 초근초근 조르는 어린이. ֍추근추근.

초금(草琴)圏 풀잎으로 만든 피리. 초적(草笛).

초-금령(草金鈴)[-녕]圏 ▷견우자(牽牛子).

초급(初級)圏 (초·중·고로 나누었을 때) 가장 낮은 등급이나 단계. ¶ 초급 과정. / 초급 영어. ֍중급·고급.

초급(初給)圏 ▷초봉(初俸).

초급(樵汲)圏 땔나무하는 일과 물 긷는 일.

초급(峭急)圏 '초급하다'의 어근.

초급-하다(峭急-)[-그파-]혭 성미가 날카롭고 몹시 급하다. ¶ 성미가 초급한 위인. **초급-히**冊.

초기(抄記)圏刨目圉 ▷초록(抄錄).

초기(初忌)圏 ①사람이 죽은 지 1년이 되는 날. ②▷첫기제.

초기(初期)圏 맨 처음으로 비롯되는 시기, 또는 그동안. 초년(初年). ¶ 그의 초기 작품들은 별로 빛을 보지 못했다. / 병은 초기에 다스려야 한다. ֍말기·중기.

초기(哨氣)[-끼]圏 〈촉기〉의 본딧말.

초기(礎器)圏 도자기를 구울 때, 그 그릇을 올려 받치는 굽 높은 기구.

초-기일(初期日)圏 맨 처음 번의 기한 날째.

초길(初吉)圏 음력으로 매달 '초하루'를 달리 이르는 말.

초-김치(醋-)圏 초를 쳐서 담근 얼갈이김치나 풋김치.

초김치가 되다[판용] 풀이 죽다.

초꼬지圏 말린 작은 전복.

초-나물(醋-)圏 봄에 먹는 나물의 한 가지. 숙주·미나리·물쑥 따위를 살짝 데쳐 양념을 하고 초를 쳐서 무친 나물.

초-나흗날(初-)[-흔-]圏 그달의 넷째 날. 곧, 4일 날. 초사일. ֍나흗날·나흘·초나흘.

초-나흘(初-)圏 〈초나흗날〉의 준말. ֍나흘.

초-남태(初男胎)圏 ①처음에 낳은 사내아이의 태. ②'아주 어리석은 사람'을 조롱하여 이르는 말. ¶ 초남태 같은 사람.

초년(初年)圏 ①일생의 초기. 중년이 되기 전까지의 시기. ②(여러 해 걸리는 어떤 과정의) 첫째 또는 처음의 시기.

초년-고생(初年苦生)[-꼬-]圏 어리거나 젊어서 하는 고생.

초년고생은 사서라도 한다[속] 젊어서 고생을 하면 늙어서 낙이 올 것이니 참고 달게 여겨야 한다는 말.

초년-병(初年兵)圏 입대한 지 얼마 아니 된 사병. ֍신병(新兵).

초년-생(初年生)圏 (무엇을) 시작한 지 얼마 안 된 사람. ¶ 사회 초년생. / 창업 초년생.

초념(初念)圏 처음에 먹은 마음이나 생각.

초노(樵奴)圏 땔나무를 마련하는 종.

초-눈圏 초파리의 애벌레.

초-능력(超能力)[-녁]圏 현대의 과학적 지식으로는 설명하기 어려운, 기묘한 현상을 나타내는 능력을 뜻하는 말.

초-다짐(初-)圏刨目圉 (정식으로 식사하기 전에) 우선 시장기를 면하려고 간단히 먹는 일. 초요기(初療飢).

초단(初段)圏 〔첫째 계단이란 뜻으로〕유도나 바둑 따위의 기술이나 수(手)에 대한 등급의 한 가지. 곧, 단의 처음.

초단(草短)圏 화투 놀이에서, 홍싸리·흑싸리·난초의 붉은 띠 석 장을 갖추어 이룬 단. ֍청단·홍단.

초단(礎段)圏 건축에서, 건조물의 무게를 지반이 골고루 받게 하기 위해 벽이나 기둥 따위의 아래쪽을 특별히 넓게 한 부분.

초-단파(超短波)圏 파장이 아주 짧은 전자파. 파장 1~10 m, 주파수 30~300MHz로서 텔레비전 방송이나 전파 탐지기 따위에 쓰임.

초단파^방:송(超短波放送)圏 초단파를 이용하는 텔레비전 및 에프엠 라디오 방송.

초달(楚撻)圏刨目圉 ▷달초(撻楚).

초-닷새(初-)[-닫쌔]圏 〈초닷샛날〉의 준말. ֍닷새.

초-닷샛날(初-)[-닫쌘-]圏 그달의 다섯째 날. 곧, 5일 날. ֍초닷새·닷샛날·닷새.

초당(草堂)囘 (원채에서 따로 떨어진 곳에) 짚이나 억새로 지붕을 이은 조그마한 집채.
초당 삼간이 다 타도 빈대 죽는 것만 시원하다 [속]☞초가삼간이 다 타도 빈대 죽는 것만 시원하다. 參초가삼간.
초당(超黨)囘〈초당파〉의 준말.
초-당파(超黨派)囘 일당 일파(一黨一派)의 이해타산을 초월하여 관계자 전원이 일치하여 주어진 일에 임하는 일. ¶초당파 거국 내각. 준초당.
초대(初-)囘 '그 일에 경험이 없이 처음으로 나선 사람'을 이르는 말. ¶그는 초대라서 견습공이나 다름없다.
초대(初代)囘《주로 직위를 나타내는 명사 앞에 쓰이어》 어떤 계통의 첫 번째 사람, 또는 그 사람의 시대. ¶초대 대통령. /초대 회장.
초대(初對)囘 ①'처음 부닥쳐 일이 서투름'을 이르는 말. ②하타〈초대면〉의 준말.
초대(招待)囘하타 ①남을 청하여 대접함. 청(請). ¶손을 초대하다. /초대를 받다. ②임금의 명으로 불러서 오게 함.
초대^교ː회(代敎會)[-회-훼]囘 예수의 사후(死後) 100년간에 걸쳐 주로 소아시아 지방에 세워진 교회를 통틀어 이르는 말.
초대-권(招待券)[-꿘]囘 (공연장과 같은 특정한 곳에) 오도록 초대하는 표.
초-대면(初對面)囘하타 처음으로 마주 대함. ¶초대면 인사. 준초대면.
초대-연(招待宴)囘 남을 초대하여 베푸는 잔치. ¶경축 초대연.
초대^외ː교(招待外交)[-외-/-웨-]囘 외국의 요인(要人)을 초대하여 국내를 살펴보게 함으로써 깊은 이해와 협조를 꾀하는 외교. 초청 외교.
초대-장(招待狀)[-짱]囘 초대하고자 한다는 뜻을 적어 보내는 편지. ¶시사회 초대장.
초대-전(招待展)囘 (흔히, 미술·공예 계통의) 유명한 작가를 초대하는 형식으로 그들의 작품들을 모아 베푸는 전시회. ¶재외 사진 작가 초대전. /원로 도예가 초대전.
초-대형(超大型)囘 극히 대형의 것. 아주 큰 것. ¶초대형 선박.
초도(初度)囘 ①첫 번. ②〈초도일(初度日)〉의 준말.
초-도서(初圖書)囘 쇠붙이나 돌 따위에 새기는 글자의 초본(初本).
초도-순시(初度巡視)囘하타 (어떤 기관의 책임자나 감독관 등이) 부임하여서 처음으로 자기의 관할 지역이나 기관을 돌아보는 일. 준초순. 參초도.
초도^습의(初度習儀)[-스븨-/-스비]囘 왕조 때, 나라의 의식(儀式)을 위한 몇 차례의 예행 연습 중 첫 번째로 하는 연습을 이르던 말.
초도-식(初渡式)囘 ☞시도식(始渡式).
초도-일(初度日)囘 '환갑날'을 예스럽게 이르는 말. 준초도.
초동(初冬)囘 초겨울. 〔음력 시월경.〕
초동(初動)囘 ①최초의 동작이나 행동. ¶초동 수사(搜査). ②진원(震源)에서 최초에 도착한 지진파에 의한 땅의 흔들림.
초동(樵童)囘 땔나무를 하는 아이.
초동-급부(樵童汲婦)[-뿌]囘〔나무하는 아이와 물 긷는 여인이라는 뜻으로〕 평범하게 살아가는 '일반 백성'을 이르는 말. ¶산골 마을의 초동급부라 할지라도 글은 깨쳐야 합니다.

초동-목수(樵童牧豎)[-쑤]囘〔나무하는 아이와 소 먹이는 총각이라는 뜻으로〕 '배우지 못한 천한 사람'을 이르는 말. ☞초동목.
초동^수사(初動搜査)囘 (범죄 사건이 일어났을 때) 최초로 하는, 현장을 중심으로 한 수사 활동.
초두(初頭)囘 ①일이나 일정한 기간의 첫머리. ¶신년(新年) 초두. 유애초.
초두(梢頭)囘 나무의 잔가지 끝.
초두(鐎斗)囘 다리가 셋 달리고 자루가 있는 쟁개비.
초두-난액(焦頭爛額)囘하자〔불에 머리를 태우고 이마를 그슬려 가며 불을 끄다는 뜻으로〕 '몹시 속 태우며 애씀'을 이르는 말.
초두-머리(草頭-)囘 한자 부수의 한 가지. '풀초(艸)'가 '花'·'草' 등에서 '艹(艸)'로 쓰일 때의 이름.
초-들다[~드니·~들어]타 (특히) 어떤 사물만을 남에 올려 말하다. 처들다. ¶하필 그 자리에서 그 일을 초들 게 뭐람.
초등(初等)囘 (차례로 올라가는 데 있어) 맨 처음의 등급.
초등^교ː육(初等敎育)囘 가장 낮은 단계의 교육, 곧 초보적인 보통 교육을 내용으로 하는 초등학교 교육.
초등-학교(初等學校)[-꾜]囘 공부할 나이에 이른 아동에게 생활에 필요한 기초 지식을 가르치는 교육 기관. 현재 의무 교육으로 규정되어 있으며 수업 연한은 6년.
초등-학생(初等學生)[-쌩]囘 초등학교에 다니는 학생.
초라니囘 하회 별신굿 탈놀이 따위에 나오는, 언행이 가볍고 방정맞은 인물. 양반의 하인으로 대개 여복(女服)을 하고 나옴. 소매(小梅).
초라니 대상 물리듯 [속] 언제나 치러야 할 일을 자꾸 미루는 모양을 비꼬아 이르는 말.
초라-떼다巫 격에 맞지 않는 짓이나 차림새로 말미암아 창피를 당하다. ¶후배들 앞에서 초라떼지 말고 점잖게 굴어라.
초라-하다혱예 ①(옷차림이나 겉모양이) 허술하여 보잘것없고 궁상스럽다. ¶행색이 초라한 선비. /초라한 밥상. ②보잘것없고 변변하지 못하다. ¶나이만 먹은 자신이 한없이 초라하게 느껴졌다. 큰추레하다. 초라-히閉.
초래(招來)囘하타 어떤 결과를 가져옴. 재래(齋來). ¶불행을 초래하다.
초략(抄掠)囘하타 노략질로 빼앗음.
초략(抄略)²囘 (글의 내용을) 간추리고 생략함. 參발췌(拔萃).
초략(草略) '초략하다'의 어근.
초략-하다(草略-)[-랴카-]혱여 매우 거칠고 간략하다.
초량(初涼)囘 ①초가을의 서늘한 기운. ②첫가을.
초려(草廬)囘 ①☞초가(草家). ②삼고(三顧) 려. ②'자기의 집'을 낮추어 이르는 말.
초려(焦慮)囘하타 ☞초사(焦思).
초련囘 일찍 여무는 곡식이나 풋바심으로 추수 때까지 대어 먹는 일.
초련(初鍊)囘하타 ①재목으로 쓸 나무를 대강 다듬는 일. 껍질을 벗기고 옹이를 쳐서 대강로 대강 밀다. ②어떤 일을 초벌로 대강 매만짐.
초련(初戀)囘 첫사랑.
초련-질囘하타 재목으로 쓸 나무의 겉면을 대패로 대강 미는 일.
초례(醮禮)囘하자 전통 결혼 예식. ¶초례를 치르다.

초례-청(醮禮廳)〔명〕 초례를 치르는 대청이나 장소. 전안청(奠雁廳).

초로(初老)〔명〕 ☞초로기(初老期). ¶초로의 신사.

초로(草露)〔명〕〔풀에 맺힌 이슬이란 뜻으로〕 '사물의 덧없음'을 이르는 말. ¶초로 인생.

초로(草路)=같다〔관용〕 덧없다. 허무하다.

초로(樵路)〔명〕 나무하러 다니는 작은 길. 나뭇길. 초경(樵逕).

초로-기(初老期)〔명〕 노년기의 초기.〔늙기 시작하는 45~50세의 시기.〕 초로.

초로-인생(草露人生)〔명〕〔풀에 맺힌 이슬처럼〕 덧없는 인생. 조로인생(朝露人生).

초록(抄錄)〔명〕〔하다〕〔되다〕 필요한 대목만을 가려 뽑아 적음, 또는 그 기록. 초기(抄記). ❀초(抄).

초록(草綠)〔명〕 푸른 빛깔과 누른 빛깔의 중간색. 초록빛. 초록색.

　초록은 동색(同色)〔속담〕〔풀빛과 녹색은 같다〕는 뜻에서〕 ①이름은 달라도 성질이나 내용은 같다는 뜻. ②어울려 같이 지내는 것들은 모두 같은 성격의 무리라는 뜻.

초록-빛(草綠-)[-삗]〔명〕 초록. * 초록빛이[-삐치]·초록빛만[-삔-].

초록-색(草綠色)[-쌕]〔명〕 초록.

초롱〔명〕①석유나 물 따위를 담는 양철통. ②〔의존 명사적 용법〕 석유나 물 따위를 초롱에 담아 그 분량을 세는 단위. ¶석유 두 초롱.

초롱(-籠)〔명〕 '등롱(燈籠)'을 달리 이르는 말. ¶초롱 같은 눈.

초롱-꽃(-籠-)[-꼳]〔명〕 초롱꽃과의 다년초. 산지의 풀밭에 나는데, 줄기 높이는 40~100cm. 뿌리에서 나온 잎은 잎자루가 길고 심장 모양이며, 줄기에 난 잎은 달걀 모양으로 톱니가 있음. 여름에 종 모양의 꽃이 핌. * 초롱꽃이[-꼬치]·초롱꽃만[-꼰-].

초롱-불(-籠-)[-뿔]〔명〕 초롱에 켜 놓은 불.

초롱초롱-하다〔형여〕 맑고 영롱하게 빛나다. ¶초롱초롱한 눈동자. **초롱초롱-히**〔부〕.

초륜(超倫) '초륜하다'의 어근.

초륜-하다(超倫-)〔형여〕 ☞초범(超凡)하다.

초름-하다〔형여〕①넉넉하지 아니하고 좀 모자라다. ②〔어떤 표준보다〕 조금 모자라다. **초름-히**〔부〕.

초리(初-)〔옛〕꼬리. 『銀맛돈 무지게 玉맛돈 龍의 초리(鄭澈.關東別曲).

초리(草履)〔명〕짚신.

초림(初臨)〔명〕 기독교에서, '하나님의 아들 예수가 사람의 몸으로 이 세상에 태어났던 일'을 앞으로 있을 재림(再臨)에 대하여 이르는 말. ❀재림.

초림(椒林)〔명〕☞서얼(庶孽).

초립(草笠)〔명〕 지난날, 관례(冠禮)한 어린 남자나 별감·서리·광대 등이 썼던, 매우 가는 풀줄기로 결은 누른 갓.

초립-동이(草笠-)[-똥-]〔명〕 '초립을 쓴 나이 어린 남자'를 이르는 말. ¶초립동이 신랑.

초막(草幕)〔명〕①풀이나 짚으로 지붕을 이은 조그만 막집. ¶어디 깊은 산속에 초막이라도 짓고 살자. ②절 가까이 있는, 중의 집.

초-막이(初-)〔명〕 재래식 건축에서, 서까래에 걸친 평고대.

초-만원(超滿員)〔명〕 정원(定員)을 훨씬 초과한 인원이나 상태. ¶초만원을 이룬 버스.

초맛-살[-맏-]〔명〕 쇠고기의 대접에 붙는 살코기.

초망(草莽)〔명〕①풀의 떨기, 또는 풀숲. ②'초야(草野)'를 달리 이르는 말. ③〔하〕촌스럽고 뒤떨어져서 세상일에 어두움.

초망지신(草莽之臣)〔명〕 벼슬을 하지 않고 초야에 묻혀 사는 사람.

초망착호(草網着虎)[-차코]〔명〕〔썩은 새끼로 범을 잡으려 한다는 뜻으로〕 '엉터리없는 짓을 꾀함'을 비유하여 이르는 말.

초매(草昧)〔명〕①천지개벽하던 처음, 곧 '거칠고 어두운 세상'을 이름. ②'사물이 정돈되어 있지 않은 상태'를 비유하여 이르는 말.

초매(超邁) '초매하다'의 어근.

초매-하다(超邁-)〔형여〕 (보통보다) 훨씬 뛰어나다.

초면(初面)〔명〕 처음으로 대하는 얼굴이나 처지. ¶초면 인사. ↔구면(舊面).

초면(炒麵)〔명〕 기름에 볶은 밀국수.

초면(草綿)〔명〕 ☞목화(木花).

초면-강산(初面江山)〔명〕 처음으로 보는 타향.

초면-부지(初面不知)〔명〕 처음으로 대하는 얼굴이라 아는 바가 없음. ¶초면부지의 손님.

초멸(剿滅)〔명〕〔하다〕〔되다〕 (도적 떼를) 무찔러 없앰. ¶산적을 초멸하다.

초모(招募)〔명〕〔하다〕〔되다〕〔불러서 모은다는 뜻으로〕 의병이나 지원병 등을 모집함. 소모(召募).

초모(草茅)〔명〕☞잔디.

초모필(貂毛筆)〔명〕 담비의 털로 맨 붓.

초목(草木)〔명〕①풀과 나무. ¶초목이 무성한 산야. ②'식물'을 달리 이르는 말.

초목(樵牧)〔명〕①〈초동목수(樵童牧豎)〉의 준말. ②땔나무를 하고 짐승을 치는 일.

초목-구후(草木俱朽)[-꾸-]〔명〕〔하자〕☞초목동부(草木同腐).

초목-군생(草木群生)[-꾼-]〔명〕 식물을 비롯해, 살아 있는 모든 것들. ¶춘삼월 호시절(好時節)에 초목군생들이 제마다 즐기는데(龍主簿傳).

초목-동부(草木同腐)[-똥-]〔명〕〔하자〕〔초목과 함께 썩어 없어진다는 뜻으로〕 해야 할 일을 못 하거나 이름을 남기지 못하고 죽음을 이름. 초목구후.

초목-회(草木灰)[-뫼]〔명〕〔-뫄〕 초목을 태운 재. 칼리와 인산이 많아 거름으로 쓰임.

초무(招撫)〔명〕〔하다〕 가까이 불러다가 어루만져서 위로함.

초-무침(醋-)〔명〕 (나물 따위를) 초로 무치는 일, 또는 초에 무친 음식.

초문(初聞)〔명〕 처음으로 들음, 또는 처음 들은 말이나 소문. ↔구문(舊聞).

초-문자(草文字)[-짜]〔명〕 초체(草體)의 문자. 초자.

초-물(初-)〔명〕 염전 등에서, '처음으로 모래를 걸러 낸 물'을 이르는 말.〔졸이면 소금이 됨.〕

초물-전(草物廛)〔명〕 지난날, 풀줄기나 대·나무 따위로 만든 잡살뱅이를 팔던 가게. 돗자리·초방석·광주리·나막신·빨랫방망이 따위를 팔았음.

초미(初味)〔명〕 첫입에 느끼는 맛. 첫맛.

　초미에 가오리탕〔속담〕 '애초부터 못마땅하거나 부족한 사물'에 대하여 이르는 말.

초미(焦眉)〔명〕〔눈썹에 불이 붙었다는 뜻으로〕 '매우 위급함'을 비유하여 이르는 말. 《주로, '초미의'의 꼴로 쓰임.》 ¶초미의 문제. /초미의 급선무.

초-미립자(超微粒子)[-짜]〔명〕 (금속·세라믹·플라스틱 따위의) 입자의 지름이 1백만분의 1mm에서 1만분의 1mm 정도로 매우 작은 것. 단위 무게당의 표면적이 크고 녹는점이 낮으며, 자성(磁性)이 매우 큰 특성이 있음.

초민(焦悶)〔명〕〔하자〕①몹시 민망하게 여김. ②속이 타도록 몹시 고민함, 또는 그런 일.

초반(初盤)⃝ (바둑이나 운동 경기 따위에서) 승부의 첫 판국, 또는 첫 단계. ¶초반에 결판을 내다. ⃝중반·종반.

초반(礎盤)⃝ 주춧돌.

초반-전(初盤戰)⃝ 시작한 지 얼마 안 된 무렵의 싸움. ⃝중반전.

초발-성(初發聲)[-씽]⃝ 첫소리.

초발-심(初發心)[-씸]⃝ 〔불교에서〕①처음으로 불도를 깨닫고자 발원하는 마음, 또는 그 사람. ②'수행은 하되 아직 진리를 깨닫지 못한 사람'을 일컫는 말.

초-밥(醋-)⃝ 일본의 대표적인 요리의 한 가지. 식초나 설탕·소금 따위로 조미한 밥에 생선을 얇게 저민 것이나 달걀·채소·김 따위를 섞거나 얹거나 말거나 하는 요리. 〔생선초밥·유부초밥·김초밥 따위.〕

초방(初枋)⃝ 건축에서, 기둥을 세우고 처음으로 끼우는 중방.

초-방목(草榜目)⃝ 초서로 흘려 쓴 방목.

초-방석(草方席)⃝ 풀로 결어 만든 방석.

초배(初配)⃝ ⇨전배(前配).

초배(初褙)⃝⃝ 초벽로 하는 도배. 〔정배하기 전에 허름한 종이로 바름.〕¶신문지로 초배하다. ⃝정배(正褙).

초배(超拜)⃝⃝⃝ 정해진 등급을 건너뛰어서 벼슬을 시킴.

초배-지(初褙紙)⃝ 초배하는 데 쓰이는 종이.

초백-주(椒柏酒)[-쭈]⃝ 후추 일곱 개와 동쪽으로 향한 측백나무의 잎 일곱 개를 넣고 우린 술. 〔제석(除夕)에 담가서 정초(正初)에 마시면 괴질(怪疾)을 물리친다고 함.〕

초-벌(初-)⃝ ⇨애벌. ¶초벌 다짐.

초벌-구이(初-)⃝ ⇨설구이.

초범(初犯)⃝ 처음으로 저지른 범죄, 또는 그 범인. ⃝재범(再犯).

초범(超凡)'초범하다'의 어근.

초범-하다(超凡-)⃝⃝ 범상한 것보다 훨씬 뛰어나다. 초륜(超倫)하다.

초벽(初壁)⃝⃝ (벽 따위에 흙이나 종이를) 애벌로 바르는 일, 또는 그런 벽.

초벽(峭壁)⃝ 몹시 가파른 낭떠러지.

초병(哨兵)⃝ 파수를 보거나 경계 구역을 순초하는 병사. 보초.

초병(醋瓶)[-뼝]⃝ 초를 담는 병.

초병-마개(醋瓶-)[-뼝-]⃝ 〔초병을 막는 마개라는 뜻으로〕'몹시 시큰둥한 체하는 사람'을 비유하여 이르는 말.

초보(初步)⃝ ①보행의 첫 걸음. ②(학문이나 기술 따위의) 가장 낮고 쉬운 정도의 단계. 첫 걸음. ¶초보 운전.

초복(初伏)⃝ 삼복(三伏)의 첫 번째 복날. 하지(夏至) 뒤의 셋째 경일(庚日). ⃝말복·중복.

초본(抄本)⃝ 원본에서 일부 내용만을 뽑아서 베낀 문서.

초본(草本)¹⃝ ⇨초건(草件).

초본(草本)²⃝ 땅 위의 줄기가 나무와 같은 목질(木質)로 되지 못한 풀 종류의 식물을 통틀어 이르는 말. 초(草)². ↔목본(木本).

초본-대(草本帶)⃝ 식물의 수직 분포대의 한 가지. 산꼭대기 부근으로 관목대의 바로 위.

초-봄(初-)⃝ 봄철이 시작되는 첫 무렵. 첫봄. 맹춘(孟春). 초춘(初春).

초봉(初俸)⃝ 첫 봉급. 초급(初給).

초부(樵夫)⃝ 나무꾼.

초부(樵婦)⃝ 나무하는 아낙네.

초분(初分)⃝ 초년의 분복(分福)이나 운수. ⃝말분·중분.

초비(草肥)⃝ 녹비(綠肥).

초-비상(超非常)⃝ (어떤 상태나 일 따위가) '매우 긴박함'을 뜻하는 말. ¶초비상 사태.

초빈(招賓)⃝ 빈객을 부름.

초빈(草殯)⃝⃝ (어떤 사정으로 장례를 속히 치르지 못하게 되어, 시체를 방 안에 오래 둘 수가 없을 때) 임시로 한데나 의지간에 관을 놓고 이엉 따위로 덮어 두는 일, 또는 덮어 둔 그것.

초빙(初氷)⃝ 첫얼음.

초빙(招聘)⃝⃝⃝ 예를 갖추어 남을 모셔 들임. 연빙(延聘). 징빙(微聘). ¶초빙 연사. / 강사를 초빙하다. ⃝초청(招請).

초빙^교:수(招聘敎授)⃝ 초빙하여 온 교수. 객원 교수(客員敎授).

초-빛(初-)[-빋]⃝ 〔단청에서, 초벌로 바르는 불그레한 색색. • 초빛이[-비치]·초빛만[-빈-]

초사(初仕)⃝⃝ 지난날, '처음으로 벼슬길에 오름'을 이르던 말. 초입사(初入仕).

초사(招辭)⃝ ⇨공사(供辭).

초사(哨舍)⃝ 초병(哨兵)의 막사.

초사(焦思)⃝⃝ 애를 태우며 하는 생각. 초려(焦慮). ¶노심초사.

초-사리(初-)⃝ 그해에 '처음으로 잡혀 시장에 들어오는 첫 조기'를 이르는 말. 첫사리.

초-사일(初四日)⃝ 초나흘날.

초-사흗날(初-)[-흔-]⃝ 그달의 셋째 날. 곧, 3일 날. 초삼일. ⃝초사흘날·초사흘·사흘.

초-사흘(初-)⃝ 〈초사흗날〉의 준말. ⃝사흘.

초사흘 달은 잰 며느리가 [며느리라야] 본다 〔관용〕〔웬만큼 재빠른 사람이 아니면 초저녁에 나왔다가 금세 지는 초승달을 볼 수 없다는 뜻으로〕 미세(微細)한 사물의 변화는 혜민(慧敏)한 사람만 살필 수 있다는 말.

초산(初産)⃝⃝⃝ 처음으로 아이를 낳음. 첫 해산. ⃝경산.

초산(硝酸)⃝ ⇨질산(窒酸).

초산(醋酸)⃝ ⇨아세트산.

초산^견사(醋酸絹絲)⃝ ⇨아세테이트 인견.

초산-균(醋酸菌)⃝ ⇨아세트산균.

초산-납(醋酸-)⃝ ⇨아세트산납. 연당(鉛糖). 초산연(醋酸鉛).

초산-동(醋酸銅)⃝ ⇨아세트산구리.

초산^발효(醋酸醱酵)⃝ ⇨아세트산 발효.

초산-부(初産婦)⃝ 아이를 처음 낳은 여자. ⃝경산부(經産婦).

초산^비닐(醋酸vinyl)⃝ ⇨아세트산 비닐.

초산-석회(醋酸石灰)[-서쾨/-서궤]⃝ '아세트산칼슘'을 흔히 이르는 말.

초산^섬유소(醋酸纖維素)⃝ ⇨아세틸셀룰로오스.

초산-암모늄(硝酸ammonium)⃝ ⇨질산암모늄.

초산-에스테르(醋酸ester)⃝ ⇨아세트산에스테르.

초산-연(醋酸鉛)⃝ ⇨아세트산납.

초산-염(硝酸塩)[-념]⃝ ⇨질산염.

초산-은(硝酸-)⃝ ⇨질산은.

초산-칼슘(醋酸calcium)⃝ ⇨아세트산칼슘.

초-삼일(初三日)⃝ 초사흗날.

초상(初喪)⃝ ①사람이 죽어서 장사 지내기까지의 일. ¶간소하게 초상을 치르다. ②사람이 죽은 일. ¶초상이 나다. ⃝소상(小祥)·대상(大祥).

초상(肖像)圏 (그림이나 사진 따위에 나타난) 어떤 사람의 얼굴이나 모습.

초상(初霜)圏 첫서리.

초상(草床)圏 아쟁(牙箏)을 받쳐 놓는, 나무로 만든 물건.

초상(鞘狀)圏 칼집처럼 생긴 형상.

초상-계(初喪契)[-계/-게]圏 계원 가운데서 초상을 당한 경우 돈이나 곡식을 태워 주는 계. 상포계(喪布契).

초상-권(肖像權)[-꿘]圏 초상에 대하여, 초상의 본인이 가지는 권리. 인격권으로서의 초상권과 재산권으로서의 초상권을 이름.

초상-나다(初喪-)困 상사(喪事)가 생기다.

초상난 데 춤추기[속담] '때와 장소를 분별하지 못하고 경망하게 행동함'을 빗대어 이르는 말.

초상-록(初喪錄)[-녹]圏 초상을 치른 여러 가지 내용을 적어 둔 기록. 초종록(初終錄).

초상-제(初喪祭)圏 초상 중에 있는 상제.

초상-집(初喪-)[-찝]圏 초상이 난 집. 상가.

초상집 개 같다[속담] '의지할 데가 없이 굶주리며 이리저리 헤매어 다님'을 비유하여 이르는 말.

초상-화(肖像畫)圏 사람의 얼굴이나 모습을 그린 그림.

초색(草色)圏 ①풀의 빛깔. ②곡식을 먹지 못하고 '풀만을 먹어서 누렇게 뜬 얼굴빛'을 이르는 말.

초생(初生)圏 갓 생겨나거나 태어남.

초생-달(初生-)圏 '초승달'의 잘못.

초생-아(初生兒)圏 배꼽이 미처 떨어지지 않은 갓난아이.

초생-지(草生地)圏 물가의 풀이 난 땅.

초서(招壻)圏 ①困困 사위를 얻음. ②데릴사위.

초서(草書)圏 한자의 여섯 서체(書體)의 하나. 전자(篆字)와 예서(隸書)를 간략하게 한 서체로, 흔히 행서(行書)를 풀어서 점과 획을 줄여 흘려 쓴 글씨. 흘림1. 준 ☞초(草)3.

초석(草席)圏 짚자리.

초석(硝石)圏 질산칼륨. 은초.

초석(楚石)圏 ☞암초(暗礁).

초석(礎石)圏 ①주춧돌. 머릿돌. 모퉁잇돌. ②'사물의 기초'를 비유하여 이르는 말. ¶ 나라의 초석이 되다. /의회 민주주의의 초석을 쌓다.

초선(初選)圏困困 처음으로 뽑음, 또는 처음으로 뽑힘. ¶ 초선 의원.

초선(哨船)圏 초계의 임무를 띤 작은 배.

초설(初雪)圏 (그해 겨울에) 처음으로 내리는 눈. 첫눈2. ¶ 올해는 초설이 늦은 편이다.

초성(初聲)圏 ☞첫소리.

초성(草聖)圏 초서를 잘 쓰기로 이름난 사람.

초세(超世)圏困困 ①세속적인 것에 초연함. 초속(超俗). 凹초탈. ②한세상에서 뛰어남.

초소(哨所)圏 보초가 서 있는 곳이나 경계하는 이가 근무하는 시설. ¶ 방범 초소.

초속(初速)圏 ☞초속도의 준말.

초속(秒速)圏 1초 동안에 나아가는 속도. ¶ 초속 15 m의 바람. 凹시속(時速).

초속(超俗)圏困困 ☞초세(超世). 凹초탈(超脫).

초-속도(初速度)[-또]圏 (물체가 운동할 때의) 최초의 속도. 준초속.

초속도^윤전기(超速度輪轉機)[-또-]圏 일반 고속 윤전기보다 훨씬 빠른 속도로 인쇄하는 윤전기. 시간당 30만 장 이상 박아 냄.

초쇄-본(初刷本)圏 ☞초인본(初印本).

초수(初手)圏 첫솜씨.

초순(初旬)圏 ☞상순(上旬).

초순(初巡)圏 ①활을 쏠 때의 첫 번째 순. ②〈초도순시〉의 준말.

초순(焦脣)圏困困 〔입술을 태운다는 뜻으로〕 '몹시 애태움'을 비유하여 이르는 말.

초-스피·드(超speed)圏 매우 빠른 속력.

초습(剿襲)圏困困 ①(남의 것을) 슬그머니 제 것으로 함. ②☞표절.

초승(←初生)圏 음력 매월 초의 며칠 동안. ¶ 시월 초승께. 참그믐.

초승(稍勝)圏 '초승하다'의 어근.

초승-달(←初生-)[-딸]圏 초승에 돋는, 눈썹처럼 가는 조각달. 신월(新月). 초월(初月). 현월(弦月). 凹아미월.

초승달은 잰 며느리가 본다[속담] 초사흘 달은 잰 며느리가 본다. 참초사흘.

초승-하다(稍勝-)〔-엉〕困 (수준이나 역량 따위가) 조금 낫다.

초시(初試)圏 ①조선 시대에, 복시(覆試)에 응할 자가 식년(式年)의 전해에 경향(京鄕)에서 치르던 과거, 또는 그 과거에 급제한 사람. 凹향시. ②'한문을 좀 아는 유식한 양반'을 높여 이르던 말.

초식(草食)圏困困 푸성귀나 풀만 먹음, 또는 푸성귀뿐인 음식. 凹채식(菜食). ↔육식.

초식^동물(草食動物)[-똥-]圏 풀을 주식으로 하는 동물을 통틀어 이르는 말. 〔소·말·기린·사슴 따위.〕

초식-장(草食場)[-짱]圏 지난날, 시장 안에 '푸성귀 장수들이 벌여 있는 곳'을 이르던 말.

초-신성(超新星)圏 보통 신성의 1만 배 이상의 빛을 내는, 특별히 큰 신성.

초실(初室)圏 ①'새 재목으로 갓 지은 집'을 이르는 말. ②☞초취(初娶).

초실(稍實)圏 '초실하다'의 어근.

초실-하다(稍實-)〔-영〕困 ①(살림이) 약간 넉넉하다. ②(열매가) 약간 여물다.

초심(初心)圏 ①처음에 먹은 마음. ¶ 초심으로 돌아가다. ②처음 배우는 사람. ②초심자. 凹초학(初學).

초심(初審)圏 ①(소송 사건에서) 첫 번의 심리. 제일심(第一審). ②困困 애벌로 심의함, 또는 그런 일. 凹재심(再審).

초심(焦心)圏困困困 마음을 졸여 태움, 또는 초조한 마음.

초심-고려(焦心苦慮)圏困困 마음을 태우며 괴롭게 염려함. 凹노심초사.

초심-자(初心者)圏 ①처음 배우는 사람. 초심. ②어떤 일에 아직 익숙하지 아니한 사람. 凹초학자.

초싹-거리다1[-꺼-]타 ①무엇을 가볍게 잇달아 추스르거나 추켜올리다. ②남을 들쑤셔서 자꾸 부추기다. 초싹대다. 凹추썩거리다.

초싹-거리다2困困 '촐싹거리다'의 잘못.

초싹-대다1[-때-]타 초싹거리다.

초싹-대다2困困 '촐싹대다'의 잘못.

초싹-이다타 ①무엇을 가볍게 추스르거나 추켜올리다. ②남을 들쑤셔서 부추기다. 凹추썩이다.

초싹-초싹囝困 ①경망스레 까불며 돌아다니는 모양. 凹남을 들쑤셔서 자꾸 부추기는 모양. 을싹촐싹. 凹추썩추썩.

초아(草芽)圏 풀의 싹.

초-아흐레(初-)圏 〈초아흐렛날〉의 준말. 준아흐레.

초-아흐렛날(初-)[-렌-]圏 그달의 아흐째 날. 곧, 9일 날. 준초아흐레·아흐레·아흐렛날.

초안(草案)**圈하타** ①초를 잡음, 또는 그 글발. ¶초안을 잡다. ②기초(起草)한 안건을 잡음. ¶법률 초안.

초암(草庵)**圈** 풀로 지붕을 인 암자.

초야(初夜)**圈** ①첫날밤. ¶신혼 초야. ②초저녁. 초경(初更) 무렵.

초야(草野)**圈** 궁벽한 시골. ¶초야에 묻혀 사는 선비.

초약(草約)**圈** 화투 놀이에서, 난초 넉 장을 갖추어 이룬 약.

초재(草材)**圈** ☞초재(草材).

초-약장(炒藥欌)[-짱]**圈** 약장의 한 가지. 법제(法製)한 약재만을 넣어 두는 장.

초어(梢魚·鮹魚)**圈** ☞낙지.

초어(樵漁)**圈** 나무하는 일과 고기잡이하는 일.

초-여드레(初-)**圈** 〈초여드렛날〉의 준말. ㉣여드레.

초-여드렛날(初-)[-렌-]**圈** 그달의 여덟째 날. 곧, 8일 날. ㉣초여드레·여드렛날·여드레날.

초-여름(初-)**圈** 여름철이 시작되는 첫 무렵. 첫여름. 맹하(孟夏). 초하(初夏).

초역(抄譯)**圈하타되자** 원문 중에서 필요한 부분만을 뽑아서 번역함, 또는 그런 번역. ¶논어(論語)의 초역. ㉠완역(完譯)·전역(全譯).

초연(初演)**圈하타** (음악·연극 따위의) 첫 번째 상연.

초연(炒研)**圈하타** 약재를 불에 볶아서 약연(藥碾)에 넣고 가는 일.

초연(招宴)**圈하타** 연회에 초대함, 또는 초대받은 연회.

초연(悄然) '초연(悄然)하다'의 어근.

초연(硝煙)**圈** 화약의 연기. ¶초연이 자욱하다.

초연(超然) '초연(超然)하다'의 어근.

초연-내각(超然內閣)**圈** 거국 내각.

초연-주의(超然主義)[-의/-이]**圈** 어떤 일에 직접 관계하지 아니하고, 자기 생각이나 처지에서 독자적으로 하는 주의.

초연-탄우(硝煙彈雨)**圈** 〔초연이 자욱하고 탄환이 빗발치듯 한다는 뜻으로〕 '격렬한 사격'을 이르는 말. 초연탄우 속을 뚫고 나가다.

초연-하다(悄然-)**圈어** (의기가 떨어져) 초라하고 쓸쓸하다. 초연-히**甲**.

초연-하다(超然-)**圈어** ①(속세나 명리(名利) 따위에) 관계하려는 태도가 없다. ¶시끄러운 시국에 초연하다. ②(보통 수준보다) 아주 뛰어나다. ¶초연한 덕성(德性). 초연-히**甲**.

초열(焦熱)**圈** ①타는 듯한 더위. ②〈초열지옥〉의 준말.

초열-지옥(焦熱地獄)**圈** 불교에서 이르는, 팔열 지옥의 하나. 살생·투도(偸盜)·음행(淫行)·음주(飮酒)·망어(妄語)의 죄를 지은 자가 가게 된다는 지옥으로, 불에 달군 철판 위에 눕혀 놓고 벌겋게 단 쇠몽둥이나 쇠꼬챙이로 치거나 지지는 고통을 받는다고 함. ㉣초열.

초-열흘(初-)**圈** 〈초열흘날〉의 준말.

초-열흘날(初-)[-랄-]**圈** 그달의 열째 날. 곧, 10일 날. ㉣초열흘·열흘·열흘날.

초엽(初葉)**圈** (한 시대를 셋으로 갈랐을 때) 맨 처음의 기간. ¶고려 초엽. ㉠중엽·말엽.

초엽(草葉)**圈** 풀잎.

초엽(蕉葉·草葉)**圈** 기둥이나 벽에 단여(短欄)나 선반을 달 때, 받침으로 박는 길쭉한 삼각형의 널조각. 〔흔히, 운각(雲刻)을 베풂.〕

초-엿새(初-)[-엳-]**圈** 〈초엿샛날〉의 준말. ㉣엿새.

초-엿샛날(初-)[-엳샏-]**圈** 그달의 여섯째 날. 곧, 6일 날. ㉣초엿새·엿새·엿샛날.

초오(草烏)**圈** 〈초오두〉의 준말.

초-오두(草烏頭)**圈** 한방에서, 중국 쓰촨 성(四川省) 이외의 지방에서 나는 '바꽃의 뿌리'를 약재로 이르는 말. ㉣오두·초오.

초옥(招獄)**圈하자** 죄상을 밝히려고 옥사(獄事)를 문초함.

초옥(草屋)**圈** 갈대나 짚 따위로 지붕을 이은 집. 초가(草家).

초-요기(初療飢)**圈하자** 끼니 밥을 먹기 전에 우선 간단하게 먹는 요기. 초다짐. ¶우선 초요기나 하러 가세.

초요-기(招搖旗)**圈** 조선 시대의 군기의 한 가지. 싸움터에서 대장이 부하 장수를 모으거나 지휘하고 호령할 때 쓰던 기.

초우(初虞)**圈** 장사 지낸 뒤 처음으로 지내는 제사. 혼령을 위하는 제사로, 장사 당일에 지냄. ㉣재우·삼우.

초우라늄^원소(超uranium元素)**圈** 우라늄보다 원자 번호가 큰 인공 방사성 원소. 플루토늄·아메리슘·퀴륨 따위. 초우란 원소.

초우란^원소(超Uran元素)**圈** ☞초우라늄 원소.

초-우인(草偶人)**圈** ☞제웅.

초웅-피(貂熊皮)**圈** ☞잘.

초원(草垣)**圈** 풀로 엮어 만든 담.

초원(草原)**圈** 풀이 난 들판. ¶끝없이 펼쳐진 초원. **비**풀밭.

초원(稍遠) '초원하다'의 어근.

초원-하다(稍遠-)**圈어** (거리가) 약간 멀다.

초월(初月)**圈** 초승달.

초월(超越)**圈하타** ①어떤 한계나 표준을 뛰어 넘음. 초일(超逸). ¶상상을 초월하다. /시공을 초월하다. ②(능력이나 지혜 따위가) 초인간적으로 탁월함. ③세상의 명리(名利)에서 초탈(超脫)함. ④'인간으로서는 절대 경험할 수 없는 영역'을 이르는 말. ¶초월 개념. ㉣④초절(超絶).

초월(楚越)**圈** 〔초나라와 월나라를 뜻으로〕 ①서로 원수처럼 여기는 사이. ②'서로 떨어져 상관이 없는 사이'를 이르는 말.

초월-론(超越論)**圈** 선험적 관념론에 영향을 받은 초월주의자의 이론.

초월론-적(超越論的)**관**圈 ☞선험적(先驗的).

초월-수(超越數)[-쑤]**圈** 대수적(代數的) 무리수가 아닌 무리수. 원주율(圓周率)이나 자연 로그의 밑 따위.

초월-주의(超越主義)[-의/-이]**圈** 19세기, 미국에서 일어난 관념론의 철학 운동. 현실 세계의 유한성(有限性)을 부정하고 그 배후(背後)에 감각으로는 파악할 수 없는 초월 세계가 존재한다고 믿고, 현실 세계의 무한성을 찬미하며 사회 개조 운동을 전개했음. 초절주의(超絶主義). ㉣선험주의(先驗主義).

초월^함:수(超越函數)[-쑤]**圈** 대수(代數) 함수 이외의 실함수(實函數). 지수 함수·로그 함수·삼각 함수·역삼각 함수 따위. ㉣대수 함수.

초위(招慰)**圈하타** ①불러서 위로함. ㉣초무(招撫). ②달래어 귀순시킴.

초유(初有)**圈** 처음으로 있음. 《주로, '초유의'의 꼴로 쓰임.》 ¶초유의 사건.

초유(初乳)**圈** 해산 후에 분비되는, 물같이 맑간 모유. 단백질·칼슘·나트륨이 풍부함. 첫젖.

초유(招誘)**圈하타** 불러서 권유함.

초유(招諭)**圈하타** 불러서 타이름.

초유-사(招諭使)[명] 왕조 때, 난리가 나면 백성을 초유하는 일을 맡았던 임시 벼슬.

초은(樵隱)[명] 산속 깊이 숨어 사는 은사(隱士).

초-음속(超音速)[명] 소리의 전파 속도를 능가하는 속도. ¶ 초음속 항공기.

초음속-기(超音速機)[-끼][명] '초음속 항공기'를 줄이어 이르는 말. 〔최고의 속력을 냈을 때, 초음속으로 날 수 있는 항공기임.〕

초-음파(超音波)[명] 진동수가 너무 많아서 사람의 귀로 들을 수 없는 음파. 대개, 진동수 2만 헤르츠 이상임.

초음파검:사(超音波檢査)[명] 초음파를 신체의 어떤 부위에 쏘아서 그 반사상(反射像)을 브라운관에 비추어 조직의 이상 유무를 조사하는 검사. 태아의 진단 따위에 쓰임.

초-이레(初-)[명] 〈초이렛날〉의 준말. ㊤이레.

초-이렛날(初-)[-렏-][명] 그달의 일곱째 날. 곧, 7일 날. ㊤초이레·이레·이렛날.

초-이튿날(初-)[-튼-][명] 그달의 둘째 날. 곧, 2일 날. ㊤초이틀·이틀·이튿날.

초-이틀(初-)[명] 〈초이튿날〉의 준말. ㊤이틀.

초인(招引)[명][하타] ①사건의 관계인을 부름. ②죄인이 남을 끌어들임.

초인(超人)[명] ①보통 인간의 능력을 초월한 사람. ②'인간의 한계를 극복한 이상적인 인간'을 이르는 말. 〔니체의 초인설에 따른 견해임.〕 초인간.

초-인간(超人間)[명] ➡초인(超人).

초인간-적(超人間的)[관]명] ➡초인적.

초-인격(超人格)[-껵][명] 인간성을 초월한 절대자의 성격. ¶ 초인격적.

초인-본(初印本)[명] 조판하여 찍어 낸 것 중 처음의 것. 초쇄본. ¶ 이 책은 중간(重刊) 때의 초인본이다. ↔후인본.

초-인사(初人事)[명] 처음으로 교제를 트는 인사. 첫인사.

초인-적(超人的)[관]명] 보통 사람보다는 훨씬 뛰어난 (것). 초인간적. ¶ 초인적 힘. /초인적인 의지.

초인-종(招人鐘)[명] 사람을 부르는 데 쓰이는 작은 종이나 전령(電鈴). ¶ 초인종을 누르다.

초인-주의(超人主義)[-의/-이][명] '인간은 신(神)을 대신하여 모든 가치의 창조자로서 풍부하고 강력한 생(生)을 실현해야 한다'는 니체의 철학 사상.

초일(初日)[명] ①첫날. ②갓 떠오르는 해.

초일(超逸)[명][하자타] ➡초월(超越).

초-읽기(秒-)[-일끼][명] ①바둑에서, 제한 시간이 지나고 나서, 정해진 시각까지의 시간의 흐름을 초(秒) 단위로 세어 가는 일. ¶ 마지막 초읽기에 들어갔다. ②'어떤 일이 시간적으로 매우 절박한 상태임'을 뜻하는 말.

초임(初任)[명][하자] 어떤 직책에 처음으로 임명되거나 취임함. ¶ 초임지(地). /초임 발령.

초임(初賃)[명] ➡초임급.

초임-급(初任給)[명] 초임(初任)으로 받는 급료. 초임(初賃).

초입(初入)[명] ①[하자]처음 들어감. ②〔골목 따위의〕들어가는 어귀. 들어가는 일이나 시기가 시작되는 첫머리. ¶ 아직 가을 초입이라 단풍이 붉지 않다.

초-입경(初入京)[-경][명][하자] 시골 사람이 처음으로 서울에 옴.

초-입사(初入仕)[-싸][명][하자] ➡초사(初仕).

초자(草字)[명] 초체(草體)의 글자. 초문자.

초자(硝子)[명] ➡유리(琉璃).

초자(樵子)[명] 나무꾼.

초자-막(硝子膜)[명] ➡유리막(琉璃膜).

초-자아(超自我)[명] 정신 분석학에서, 이드(id)·자아(自我)와 함께 정신을 구성하는 한 요소. 본능이나 자아를 도덕·양심 등으로 억제하는 높은 정신 현상. 슈퍼에고(superego)

초-자연(超自然)[명] 자연의 법칙을 초월한 신비적인 존재나 힘.

초자연-적(超自然的)[관]명] 자연을 초월한 신비한 존재나 힘에 의한 (것). ¶ 초자연적 현상. /초자연적인 힘.

초자-체(硝子體)[명] ➡유리체.

초잠식지(稍蠶食之)[-찌][명][하타] 조금씩 침노하여 먹어 들어감. ㊤잠식.

초장(初章)[명] 삼장(三章)으로 짜인 시가(詩歌) 따위의, 첫째 장. ¶ 시조는 초장·중장·종장으로 되어 있다. ㊤초장·중장.

초장(初場)[명] ①과거에서, 첫날의 시험장. ②장이 서기 시작한 무렵. ¶ 초장과 파장(罷場). ③일의 첫머리 판. 초저녁. ¶ 초장부터 일이 꼬이기 시작하다.

초장(炒醬)[명] ➡볶은장.

초장(醋醬)[명] 초를 타고 양념을 한 간장.

초재(草材)[명] ①'우리나라의 약재'를 당재(唐材)에 상대하여 이르는 말. 초약(草藥). ②금석지재(金石之材)에 상대하여 '풀 종류로 된 약재'를 이르는 말. ㊤당재.

초재(礎材)[명] 건물의 기초가 되는 재료.

초재진용(楚材晉用)[명] 〔초나라의 인재를 진나라에서 등용한다는 뜻으로〕'자기 나라의 인재를 알아주지 않해 다른 나라에서 이용함'을 이르는 말.

초-저녁(初-)[명] ①이른 저녁. 갑야(甲夜). ②➡초장(初場). ¶ 초저녁부터 싹이 노랗다.

초저녁 구들이 따뜻해야 새벽 구들이 따뜻하다[속담] 먼저 된 일이 잘되어야 나중 일도 잘 이루어진다는 말.

초저녁-잠(初-)[-짬][명] 초저녁에 일찍 드는 잠.

초목(草木)[명] 풀밭이나무. 초급(草莽).

초적(草賊)[명] ①좀도둑. ②남의 곡식 단을 훔치는 도둑.

초적(樵笛)[명] 나무꾼이 부는 피리.

초-전기(焦電氣)[명] 전기석 같은 결정체의 일부를 가열할 때 그 물체의 양 끝에 나타나는 전기.

초-전도(超電導)[명] 금속이나 합금을 냉각할 때, 매우 낮은 온도에서 전기 저항이 사라져 전류가 장애 없이 흐르는 현상.

초절(峭絕)[명] '초절하다'의 어근.

초절(超絕)[명][하자타] ➡초월(超越).

초-절임(醋-)[명] 식초에 채소 따위 식품을 담가 미생물의 생육을 억제시키는 방법.

초절-주의(超絕主義)[-의/-이][명] ➡초월주의.

초절-하다(峭絕-)[형](여) 산이 깎아지른 듯이 높다.

초점(焦點)[-쩜][명] ①반사경이나 렌즈에 평행으로 들어와 반사·굴절할 광선이 모이는 점. ¶ 사진기의 초점을 맞추다. ②타원·쌍곡선·포물선을 만드는 기본이 되는 점. ③사람들의 관심이나 시선이 집중되는 사물의 중심이나 문제점. ¶ 관심의 초점. /논의의 초점.

초점^거:리(焦點距離)[-쩜-][명] 렌즈나 구면경 따위의 중심에서 초점까지의 거리.

초-젓국(醋-)[-젇꾹][명] 새우젓국에 초를 치고 고춧가루를 뿌려 만든 젓국.

초정(哨艇)[명] ➡초계정 哨戒艇).

초정(草亭)[명] 풀·갈대 따위로 지붕을 인 정자.

초제(招提)[명] 임금이 사액(賜額)한 절.

초제(醮祭)[명] 성신(星辰)에게 지내는 제사.

초-제공(初提栱)명 주삼포(柱三包) 집에는 기둥 위에 초방(初枋)과 교차하여 짜고, 삼포 이상 의 집에는 기둥머리 위에 장화반(長花盤)과 교차하여 짜는 물건.

초조(初潮)명 처음으로 월경이 나옴, 또는 그 월경. 초경(初經).

초조(焦燥)하다형 불안하거나 애태우며 마음을 졸임. ¶초조한 마음. **초조-히**閇 ¶수술 결과 를 초조히 기다리다.

초-조반(初朝飯)명 '조반(早飯)'의 궁중말.

초종(初終)명 〈초종장사(初終葬事)〉의 준말.

초종-록(初終錄)[-녹]명 ☞초상록(初喪錄).

초종-범절(初終凡節)명 초상(初喪)에 관한 모 든 의식 절차.

초종-장사(初終葬事)명 '초상난 때부터 졸곡 (卒哭)까지'를 이르는 말. ⓐ초종.

초-주검(初-)명 두들겨 맞거나 피곤하여 거의 죽게 된 상태. ¶초주검이 되다.

초준(初準)명 ☞초교(初校).

초중종(初中終)명 ①'초장·중장·종장'을 아울 러 이르는 말. ¶시조는 초중종 삼장의 정형 시가다. ②'초성·중성·종성'을 아울러 이르는 말. ¶한글은 초중종 삼성(三聲)이 어울 려 음절을 만든다.

초지(初志)명 처음에 품은 뜻이나 의지. ¶초지 를 관철하다.

초지(草地)명 ①방목하기 좋은 넓은 풀밭. ②목 초를 가꾸어 놓은 땅.

초지(草紙)명 초 잡는 데 쓰는 종이.

초-지니(初-)명 두 살 된 매나 새매. 초진(初 陳). ⓐ삼지니.

초-지대(草地帶)명 (여름에 비가 적은 온대 지 방에서) 키가 낮은 풀이 우거진 지대.

초지-일관(初志一貫)명하지 처음에 세운 뜻을 이루려고 끝까지 밀고 나감.

초직(峭直)명 '초직하다'의 어근.

초직-하다(峭直-)[-지카-]형여 성격이 엄하고 곧다.

초진(初陳)명 ☞초지니.

초진(初診)명하지 처음으로 진찰함, 또는 그 진찰.

초-진자(秒振子)명 한 번 갔다 오는 주기가 2 초인 진자.

초질-근(草質根)명 무나 보리의 뿌리와 같이 목 질(木質)이 조금 들어 있어서 몸이 연한 뿌리.

초집(抄集·抄輯)명하타 ①필요한 부분 만 뽑아 베껴 모음, 또는 그 글. ②필요한 내 용을 간략하게 간추려 엮음, 또는 그 책.

초집(草集)명 불러서 모음.

초집(草集)명 시문 따위의 초고를 모아 엮은 책.

초짜(初-)명 (무엇을) 처음 배우거나 시작하거 나 하는 단계에 있어 능숙하지 못한 사람을 얕 잡아 이르는 말. ¶초짜 가수.

초창(招悵)명 '초창(招悵)하다'의 어근.

초창(悄愴)명 '초창(悄愴)하다'의 어근.

초창(草創)명하타 (어떤 사업을) 처음 시작함, 또는 그 시초. ¶사업을 초창할 즈음.

초창-기(草創期)명 (어떤 사업을 일으켜) 처음 시작하는 시기. ¶건국 초창기.

초창-하다(招悵-)형여 마음에 섭섭하다.

초창-하다(悄愴-)형여 근심스럽고 슬프다. ¶초 창한 마음. **초창-히**閇.

초책(抄册)명 초집(抄册)한 책.

초책(草册)명 초벌로 거칠게 기록한 책. 초고를 엮어 놓은 책.

초책(誚責)명하타 꾸짖어 나무람.

초천(超遷)명하자 지난날, '벼슬의 등급을 건너 뛰어 올라감'을 이르던 말.

초청(招請)명하타되자 (남을) 청하여 부름. ¶손 님을 초청하다. 비초빙(招聘). ⓐ청(請).

초청^외:교(招請外交)[-외-/-웨-]명 ☞초대 외교.

초체(草體)명 ①흘림의 글씨체. 초서체. ②수묵 화 기법의 삼체(三體)의 하나. 대상을 단순화 하여 묘사함. ⓐ해체(楷體)·행체(行體).

초초(悄悄)명 '초초(悄悄)하다'의 어근.

초초(草草)명 '초초(草草)하다'의 어근.

초초(醋炒)명하타 한방에서, 약재의 성질과 맛 을 연화(軟化)시키기 위해 약재를 초에 담갔다 가 불에 볶는 일.

초초(稍稍)閇 점점.

초초-하다(悄悄-)형여 근심으로 시름겹다. **초 초-히**閇.

초초-하다(草草-)형여 ①매우 간략하다. ¶초 초한 편지 글. ②서둘러서 거칠다. **초초-히**閇.

초추(初秋)명 ①초가을. ②'음력 칠월'을 달리 이르는 말. 신추(新秋).

초춘(初春)명 초봄. 조춘(早春).

초출(初出)명하타 처음으로 나옴.

초출(抄出)명하타 가려서 뽑아냄.

초출(超出)명 '초출하다'의 어근.

초-출사(初出仕)[-싸]명하자 ①벼슬을 한 뒤에 처음으로 출사하는 일. ②'일을 처음 손댐'을 비유하여 이르는 말.

초출-하다(超出-)형여 매우 뛰어나다.

초충(草蟲)명 ①'풀에서 사는 벌레'를 두루 이 르는 말. ②풀과 벌레를 그린 동양화.

초췌(憔悴·顦顇) '초췌하다'의 어근.

초췌-하다(憔悴·顦顇-)형여 (고생하거나 병 으로) 파리하고 쇠약하다. ¶초췌한 얼굴·/몰 골이 초췌하다. **초췌-히**閇.

초취(初娶)명하자 ①처음 장가감. ②첫 번 혼인 으로 맞아들인 아내. 초실(初室). ⓐ재취.

초치(招致)명하타 불러서 오도록 함. 소치(召致).

초친-놈(醋-)명 초를 쳐서 싱싱한 기운이 없듯 이 '난봉꾼나 피워서 사람될 가망이 없는 사 람'을 비유하여 이르는 말.

초칠-일(初七日)명 ①초이렛날. ②첫이레.

초침(秒針)명 초를 가리키는 시곗바늘.

초콜릿(chocolate)명 코코아 가루를 주된 재료 로 하여 만든 서양 과자의 한 가지.

초:크(chalk)명 ①양복을 재단·재봉할 때, 표를 하는 분필. ②당구에서, 큐 끝에 문질러서 미 끄럼을 방지하는 분말.

초탈(超脫)명하자타 (세속이나 어떤 한계 따위 를) 뛰어넘어 벗어남. ¶세속을 초탈하다. 비초 세(超世)·초속(超俗).

초토(草土)명 [거적자리와 흙베개란 뜻으로] '거상(居喪) 중임'을 이르는 말.

초토(焦土)명 ①불에 타서 까맣게 그을린 흙이 나 땅. ¶산불로 온 산이 초토가 되었다. ②불 타 없어진 자리나 터는 재.

초토(剿討)명하타 도둑의 무리를 토벌함.

초토^작전(焦土作戰)[-쩐]명 ☞초토 전술.

초토^전:술(焦土戰術)명 점령 지역에서 물러날 때, 적이 이용하려다 못하게 주요 시설이나 농작 물 등 온갖 물자를 불살라 버리는 전술. 초토 작전.

초토-화(焦土化)명하자타되자 초토로 변하거나 초토로 만듦. ¶적의 공격으로 도시가 초토화 되었다.

초-특급(超特急) [-끕]명 ①〈초특급 열차〉의 준말. ②특급보다 더 빠름, 또는 그런 속도.

초특급(超特急) [-끕]명 특급보다 더 높은 등급. ¶초특급 호텔.

초특급^열차(超特急列車) [-끕녈-]명 특급 열차보다 더 빠르고 고급화된 열차. ⓒ초특급.

초-파리명 초파릿과의 곤충. 몸길이 4mm가량. 몸빛은 흑색 또는 황색으로 파리보다 작음. 발효된 음식물에 잘 모여듦. 돌연변이 개체가 많아 유전학 연구의 실험 재료로 이용됨.

초-파일(←初八日)명 ☞석가 탄신일.

초판(初-)명 처음의 시기나 국면(局面). 첫판. ¶기마전은 초판부터 열이 올랐다.

초판(初版)명 어떤 서적의 간본 중에 최초로 인쇄하여 발행한 판. 원판(原版). ⓐ재판·중판.

초평(草平)명 초가집의 평고대(平高臺). 〔너비가 한 치가량 되는 네모진 나무오리임.〕

초평(草坪)명 풀이 무성한 넓은 벌판.

초표(礁標)명 〔뱃길의 안전을 위해〕 암초가 있는 곳임을 나타내는 표지.

초피(貂皮)명 ☞돈피(獤皮).

초피-나무명 운향과의 낙엽 관목. 우리나라 중부 이남에 나는데 높이는 3m가량. 잎자루 밑에 가시가 한 쌍씩 있음. 늦봄에 황록색 꽃이 피고, 열매는 가을에 붉게 익음. 어린잎은 먹을 수 있고, 열매는 향미료 또는 한방의 약재로 쓰임. 조피나무. 천초(川椒).

초필(抄筆)명 잔글씨를 쓰는 가느다란 붓.

초하(初夏)명 초여름.

초-하다(抄-)타여 ①글씨를 베껴 기록하다. ②초록하다.

초-하다(炒-)타여 불에 볶다.

초-하루(初-)명 〈초하룻날〉의 준말. ⓒ하루.

초-하룻날(初-) [-룬-]명 그달의 첫째 날. 곧, 1일 날. ⓒ초하루·하루·하룻날.

초학(初學)명하자 ①처음으로 배움. ⑪초심(初心). ②미숙한 학문.

초학-자(初學者) [-짜]명 ①(학문을) 처음으로 배우기 시작한 사람. ⑪초심자(初心者). ②학문이 얕은 사람.

초한(初寒)명 첫추위.

초합(哨哈)명 살을 찌르는 듯한 강추위.

초합(草盒)명 담배를 넣는 서랍.

초-합금(超合金) [-끔]명 700℃ 이상의 고온에서도 그 형태가 변하지 않는 내열성이 강한 합금. 철·니켈·코발트 등이 주성분으로, 항공기 엔진이나 가스 터빈 등에 쓰임.

초항(初項)명 ①첫 조항이나 항목. ②수열(數列)이나 급수(級數)의 맨 첫째 항.

초항(招降)명하타 적을 타일러서 항복하도록 함.

초해(稍解)명하타 겨우 얼마쯤 앎.

초해-문자(稍解文字) [-짜]명하자 글자를 겨우 볼 정도로 판무식을 면함.

초행(初行)명하자 〔어떤 곳에〕 처음으로 감, 또는 그 길. 첫길.

초행-길(初行-) [-낄]명 처음으로 가는 길. ¶초행길이라 한참 찾았습니다.

초행-노숙(草行露宿)명 산이나 들에서 자며 여행함.

초헌(初獻)명하타 제사 지낼 때, 처음 잔을 올리는 일, 또는 그 잔. ⓐ아헌(亞獻)·종헌(終獻).

초헌(軺軒)명 조선 시대에, 종이품(從二品) 이상의 벼슬아치가 타던 외바퀴 수레.

초헌에 채찍질[속담] 격에 맞지 않아 우습다는 뜻으로 이르는 말.

초헌-관(初獻官)명 조선 시대에, 종묘 제향 때에 초헌을 맡던 임시 벼슬. ⓐ아헌관·종헌관.

초현(初弦)명 ☞상현(上弦).

초-현대적(超現代的)명 현대보다 한 걸음 더 진보적인 (것). ¶초현대적 사고방식. /저 도시는 초현대적으로 건설되었다.

초-현실적(超現實的) [-쩍]명 현실을 넘어서는 (것). 초현실주의의 속성을 띤 (것).

초-현실주의(超現實主義) [-의/-이]명 현실을 초월한 세계를 탐구하고 표현함을 목적으로 하는 주의. 1920년대 다다이즘에 이어 프랑스의 시단과 화단에서 일어난 새로운 예술 경향임. 쉬르레알리슴.

초-현실파(超現實派)명 서양화 화파(畫派)의 하나. 현실이 아닌 몽환(夢幻)의 세계를 상상으로 표현하는 화파.

초혜(草鞋) [-혜/-혜]명 ☞짚신.

초혼(初魂)명 ①'창간호'를 달리 이르는 말. 제1호. ②〈초호 활자〉의 준말.

초호^활자(初號活字) [-짜]명 호수(號數) 활자 중 가장 큰 활자. 42포인트 또는 60급의 활자와 비슷한 크기로, 2호 활자의 2배임. ⓒ초호.

초혼(初昏)명 해가 지고 어두워지기 시작할 무렵. 어스름이 내릴 때.

초혼(初婚)명하자 ①첫혼인. ↔재혼(再婚). ②☞개혼(開婚).

초혼(招魂)명하타 ①혼을 불러들임. ②발상(發喪)하기 전에 죽은 이의 혼을 부르는 일. 죽은 이가 생시에 입던 저고리를 왼손에 들고 오른손은 허리에 대고 지붕이나 마당에서 북쪽을 향하여 '아무 동네 아무개 복(復)' 하고 세 번 부름.

초혼-제(招魂祭)명 전사하거나 순직한 사람의 혼령을 위로하는 제사.

초화(招禍)명하자 화를 불러들임.

초화(草花)명 ①풀에 핀 꽃, 또는 풀 종류의 꽃. ②☞화초.

초환(招還)명하타 불러서 돌아오게 함.

초황(炒黃)명하타 한약재를 볶아서 누렇게 만듦, 또는 그 약재.

초회(初回) [-회/-훼]명 첫 번. 첫 회. ¶초회 공연(公演).

초휴(初虧)명 일식이나 월식 때, 해와 달이 이지러지기 시작하는 일.

초흑(炒黑)명하타 한약재를 볶아서 꺼멓게 만듦, 또는 그 약재.

촉부 작은 물체가 아래로 늘어지거나 처진 모양. ⓐ축3.

촉(鏃)명 '긴 물건의 끝에 박힌 뾰족한 물건'을 통틀어 이르는 말. ¶만년필의 촉.

촉(燭)의 〈촉광〉의 준말. ¶30촉짜리 전구.

촉가(燭架)명 ☞촛대.

촉각(觸角) [-깍]명 (거미 이외의) 절지동물의 머리에 있는 감각 기관. 냄새를 맡고, 온도나 아픔 따위를 느끼며, 먹이를 찾거나 적을 막는 데도 씀. 더듬이2.

촉각을 곤두세우다[관용] 무엇에 정신을 집중시켜 즉각 대응할 태세를 갖추다.

촉각(觸覺) [-깍]명 오감(五感)의 하나. 온도나 아픔 따위를 분간하는 피부의 감각. 촉감(觸感). ¶손가락이 예민하다.

촉각-기(觸覺器) [-깍끼]명 촉각을 느끼는 감각 기관. 〔동물의 피부·촉모(觸毛), 곤충의 더듬이 따위).

촉각-선(觸角腺) [-깍썬]명 갑각류의 제이 촉각의 기부(基部)에 있는 배설기의 한 가지.

촉감(觸感)[-깜][명][하타][되자] 무엇에 닿는 느낌. 감촉. ¶부드러운 촉감. /촉감이 좋다. ②촉각. ③[하타][되자] 한방에서, '촉상(觸傷)'을 달리 이르는 말.

촉경(觸境)[-껑][명] 육경(六境)의 하나. '몸으로 느낄 수 있는 대상'을 이르는 말.

촉고(數罟)[-꼬][명] 눈을 촘촘하게 떠서 만든 그물.

촉관(觸官)[-꽌][명] 동물의 촉각을 맡은 기관. 〔사람의 피부나 곤충의 더듬이 따위.〕

촉광(燭光)[-꽝] [I][명] 촛불의 빛. 촉력. [II][의] 빛의 세기를 나타내는 단위. 촉력. ㊀촉 (燭). ㉿광도·조도.

촉구(促求)[-꾸][명][하타] (무엇을 하기를) 재촉하여 요구함. ¶각성을 촉구하다.

촉규(蜀葵)[-뀨][명] ㉿접시꽃.

촉금(觸禁)[-끔][명][하자] 금하는 일에 저촉됨.

촉급(促急)[-끕][명][하여] 촉박하여 몹시 급함. ¶촉급한 사태. ㉾촉박. **촉급-히**[부]

촉기[-끼][명] 생기 있고 재기(才氣) 있는 기상 (氣象). ¶촉기가 빠르다. ㉿초기(峭氣).

촉-꽂이(鏃-)[명] 구멍에 꽂게 된 뾰족한 장부.

촉-끝(鏃-)[-끝][명] 활의 먼오금의 다음 부분. *촉끝[-끄치]·촉끝을[-끄틀]·촉끝ман[-끈-]

촉노(觸怒)[-] [명][하자] 웃어른의 심사를 거슬려 노엽게 함.

촉농(燭膿)[-][명] ㉿촛농.

촉대(燭臺)[-때][명] ㉿촛대.

촉-더데(鏃-)[-때-][명] 화살촉의 마디. 〔촉의 아래쪽의 끝과 화살 속에 박히는 위쪽 부분 사이에 두두룩하게 된 부분.〕

촉-돌이(鏃-)[-또리][명] 살촉을 뽑았다 박았다 하는 데 쓰는 기구.

촉랭(燭冷)[-냉][명][하자] 찬 기운이 몸에 닿음.

촉력(燭力)[-녁] [I][명] ㉿촉광. [II][의] ㉿촉광.

촉루(燭淚)[-누][명] 〔초의 눈물이란 뜻으로〕 '촛농'을 이르는 말.

촉루(觸髏)[-누][명] ㉿해골(骸骨).

촉륜(觸輪)[-뉸][명] ㉿트롤리(trolley).

촉망(囑望·屬望)[-][명][하자타][되자] 잘되기를 바라고 기대함, 또는 그런 대상. ¶장래가 촉망 되는 청년.

촉매(觸媒)[-][명] 화학 반응에서, 자신은 결과적으로 아무런 반응이 일어나지 않으나 다른 물질의 반응을 촉진하거나 지연시키거나 하는 물질, 또는 그렇게 하는 역할. ¶촉매 작용.

촉모(觸毛)[-][명] ①(고양이나 쥐의 수염 같은) 대부분의 포유동물이 가지고 있는 감각모 (感覺毛). 신경이 분포하여 촉각을 느끼는 구실을 함. ②대부분의 절지동물의 촉각을 맡은 감각모.

촉목(囑目)[-][명][하자] 눈여겨봄. 주목하여 봄.

촉목-상심(觸目傷心)[-][명][하자] 눈에 띄는 것마다 마음을 아프게 함.

촉박(促迫)[-빡][명][하여] 어떤 기한이나 시간이 바짝 다가와서 급함. ¶촉박한 날짜. ㉾촉급.

촉발(觸發)[-빨][명][하자타][되자] ①어떤 일을 당하여 감정이나 충동 따위가 일어남. ¶강압적인 태도에 반감이 촉발하다. ②무엇에 닿아 폭발함, 또는 폭발시킴. ¶기뢰가 촉발하다.

촉비(觸鼻)[-삐][명][하자] 냄새가 코를 자극함.

촉-빠르다[~빠르니·~빨라][형] 촉기가 빠르다.

촉산(促産)[-싼][명][하타][되자] 한방에서, 날짜가 차기 전의 해산(解産)을 이르는 말.

촉상(觸傷)[-쌍][명][하자] 한방에서, 추운 기운이 몸에 닿아 병이 생김을 이르는 말. 촉감(觸感).

촉-새[-쌔][명] 되샛과의 새. 몸길이 14cm가량. 등은 갈색을 띤 녹색, 배는 황색, 부리는 길고 누런색임. 야산의 숲에서 곤충과 잡초의 씨를 먹고 삶.

촉새-부리[-쌔-][명] '끝이 뾰족한 물건'을 비유하여 이르는 말.

촉서(蜀黍)[-써][명] ㉿수수.

촉선(觸線)[-썬][명] ㉿접선(接線).

촉성(促成)[-썽][명][하타][되자] 재촉하여 빨리 이루어지게 함.

촉성^재^배(促成栽培)[-썽--][명] 원예 작물의 재배 방식의 한 가지. 씨를 뿌리는 시기부터 수확기까지 보온된 시설에서 가꾸어 자연 상태로 자라는 것보다 빨리 자라게 하는 방식. ㉿조숙재배.

촉수(促壽)[-쑤][명][하자] 죽기를 재촉하다시피 하여 수명이 짧아짐.

촉수(燭數)[-쑤][명] (전등의) 촉광의 정도를 나타내는 수. ¶촉수가 높은 전구.

촉수(觸手)[-쑤][명] ①(무척추동물의 입 언저리에 있는) 촉각을 맡고 먹이를 잡는 역할을 하는 기관. ②[하타] (사물에) 손을 댐. ¶촉수 엄금.

촉수를 뻗치다[관용] 대상물을 향하여 야심을 품고 위협적인 행동을 하다.

촉수(觸鬚)[-쑤][명] ①하등 동물의 촉각을 맡은 수염 같은 기관. 털이 변한 것으로, 거미는 발처럼 생겨 생식(生殖)의 구실을 하기도 함. ②(잉어·메기·미꾸라지 따위의 일부 어류의 입 언저리에 있어) 촉각이나 화학적 자극을 느끼는 작용을 하는 수염. ③(털이 많은 환형동물의 입 마디에 있는) 길쭉한 돌기물.

촉수-동물(觸手動物)[-쑤--][명] ㉿전방동물.

촉슬(促膝)[-쓸][명][하자] 무릎을 마주 대고 앉음.

촉심(燭心)[-씸][명] 초의 심지. ㉾심(心).

촉언(囑言)[-][명][하자] ①청을 들어주기를 부탁하는 말. ②뒷일을 부탁하여 두는 말.

촉의(囑意)[-초긔/-초기][명][하자] (어떤 사물에) 마음을 둠. 희망을 검.

촉진(促進)[-찐][명][하타][되자] 재촉하여 빨리 진행하도록 함. ¶증산 촉진 대회. /수출 촉진 정책.

촉진(觸診)[-찐][명][하타] 한방에서, 환자의 몸을 만지거나 눌러 보고 그 반응으로 병증을 헤아리는 진찰법.

촉처(觸處)[-쳐][명] '가서 부닥치는 곳'의 뜻.

촉처-봉패(觸處逢敗)[명][하자] 가는 곳마다 낭패를 당함.

촉촉-하다[-초카-][형여] 물기가 있어서 조금 젖은 듯하다. ¶채 마르지 않은 촉촉한 옷가지. ㉾축축하다. **촉촉-이**[부]

촉탁(囑託)[-][명] ①(공공 기관이나 단체에서) 임시로 어떤 일을 맡아보는 직원. ②[하타][되자] 어떤 일을 부탁하거나 맡김, 또는 그 맡은 사람. ¶전문가에게 촉탁하다.

촉하(燭下)[-초카][명] 촛불 밑.

촉한(觸寒)[-초칸][명][하자] 추운 기운이 몸에 닿음.

촉혼(蜀魂)[-초콘][명] '소쩍새'를 이르는 말. 〔촉 (蜀)나라 망제(望帝)의 죽은 넋이 소쩍새가 되었다는 전설에서 유래함.〕

촉화(燭火)[-초콰][명] 촛불.

촉휘(觸諱)[-초퀴][명][하자타] 공경해야 할 웃어른이나 조상의 이름을 함부로 부름.

촌:(村)圀 도시에서 떨어져 있는 작은 고장. ¶ 대전에 비하면 우리 동네는 촌이지. /도시에 산다고 으스댈 것 없고, 촌에 산다고 기죽을 것 없다. ⓟ촌락.

촌:(寸)의 ①☞치3. ②친척의 멀고 가까운 관계를 나타내는 말. ¶ 그와는 몇 촌인가?

촌:가(寸暇)圀 ☞촌극(寸隙).

촌:가(村家)圀 시골 마을에 있는 집. 시골집.

촌:각(寸刻)圀 썩 짧은 시간. 촌음(寸陰). 일촌광음. ¶ 촌각을 다투다. ⓗ촌시(寸時).

촌:간(村間)圀 ①시골 마을 집들의 사이. ②마을과 마을의 사이, 곧 시골 사회. ¶ 촌간의 후한 인심.

촌:거(村居)圀ⓗⓐ 시골에서 삶.

촌:공(寸功)圀 아주 작은 공로. ¶ 촌공을 내세울 바 못 되오나….

촌:-구석(村-)[-꾸-]圀 '벽촌(僻村)' 또는 '촌(村)'을 얕잡아 이르는 말. ¶ 촌구석에 파묻혀 지내다.

촌:극(寸隙)圀 얼마 안 되는 아주 짧은 겨를. 촌가(寸暇). ¶ 촌극을 다투는 긴급한 상황.

촌:극(寸劇)圀 ①아주 짧은 극. 토막극. ②'잠시 동안의 우스꽝스러운 일이나 사건'을 이르는 말. ¶ 촌극이 벌어지다.

촌:-길(村-)[-낄]圀 시골 마을로 통하는 작은 길. 시골 길.

촌:내(寸內)圀 십 촌 이내의 겨레붙이. ↔촌외.

촌:-놈(村-)圀 〈촌사람〉의 속된 말. ¶ 촌놈이 출세했다고 뒤에서 수군거리다.

촌:단(寸斷)圀ⓗⓐ됴 짤막짤막하게 여러 도막으로 끊어짐, 또는 끊음.

촌:-닭(村-)[-딱]圀 '촌스럽고 어릿어릿하는 사람'을 놀림조로 이르는 말. *촌:닭이[-딸-기]·촌:닭만[-땅-]

촌닭 관청에 간 것 같다ⓢ ' 경험이 없는 일을 당하여 어리둥절해하는 사람'을 비유하여 이르는 말.

촌:동(村童)圀 시골에 사는 사내아이.

촌:-뜨기(村-)圀 시골뜨기.

촌:락(村落)[촌-]圀 시골의 취락. 마을1. 부락(部落). ↔도시(都市).

촌:락'공'동체(村落共同體)[촌-꽁-]圀 토지 공유제에 기준한 자급자족의 공동체.

촌:려(村閭)[촌-]圀 시골 마을.

촌:로(村老)[촌-]圀 시골의 늙은이. 또는, 시골에 사는 늙은이. 촌옹(村翁).

촌:록(寸祿)[촌-]圀 아주 적은 녹봉.

촌:리(村里)[촌-]圀 ☞마을1.

촌:맹(村氓)圀 시골에 사는 백성. 촌맹이. 촌민(村民). 촌백성. 향맹(鄕氓). 향민(鄕民).

촌:맹-이(村氓-)圀 ☞촌맹(村氓).

촌:목(寸-)圀 소목(小木) 연장의 한 가지. 장부를 만들거나 나무에 구멍을 팔 때 금을 긋는 연장. 치수에 따라 바늘이 박혀 있음.

촌:민(村民)圀 ☞촌맹(村氓).

촌:-백성(村百姓)[-썽]圀 시골에서 사는 백성. 촌맹(村氓).

촌:백-충(寸白蟲)圀 '조충'의 구용어.

촌:벽(寸碧)圀 [푸른빛 조각이라는 뜻으로] 구름 사이로 보이는 푸른 하늘.

촌:보(寸步)圀 몇 발자국의 걸음. ¶ 지칠 대로 지쳐서 촌보도 옮길 수가 없다.

촌:부(村夫)圀 시골에 사는 남자.

촌:부(村婦)圀 시골에 사는 부녀.

촌:-부자(村夫子)圀 ☞촌학구(村學究).

촌:-사람(村-)[-싸-]圀 ①시골 사람. ②촌티나는 어수룩한 사람. ¶ 촌사람 때를 벗다.

촌:-색시(村-)[-쌕씨]圀 ①시골에 사는 색시. ②촌티가 나는 색시.

촌:-샌님(村-)[-쌘-]〔벼슬을 못한 채 시골에서 늙어 가는 선비를 일컫던 말로〕'촌스럽고 변통이 없는 늙은이'를 비유하여 이르는 말. 촌생원.

촌:-생원(村生員)圀 ☞촌샌님.

촌:성(寸誠)圀 조그만 성의. 촌충(寸衷). ¶ 촌성이나마 삼가 거두어 주소서.

촌:속(村俗)圀 시골의 풍속.

촌:수(寸數)[-쑤]圀 친족 간의 멀고 가까운 관계를 나타내는 수. ¶ 촌수가 가깝다.

촌:-스럽다(村-)[-쓰-따][~스러우니·~스러워]휑ⓗ〔태도나 취향이〕시골 사람같이 세련되지 못하다. ¶ 잘 차려입었지만 어딘가 촌스러운 데가 있다. **촌스레**ⓟ.

촌:시(寸時)圀 짧은 시간. 잠시. 촌음·촌각.

촌:시(村市)圀 시골의 시장.

촌:심(寸心)圀 속으로 품은 작은 마음. 촌지(寸志). 촌충(寸衷).

촌:야(村野)圀 시골의 마을과 들.

촌:양(寸壤)圀 얼마 안 되는 땅. 촌토(寸土).

촌:열(寸裂)圀ⓗⓐ됴 갈가리 찢거나 찢어짐.

촌:옹(村翁)圀 시골에 사는 노인. 촌로(村老).

촌:외(寸外)[-뇌/-눼]圀 촌수를 따지지 않는 먼 일가. ↔촌내(寸內).

촌:유(村儒)圀 시골에 사는 선비.

촌:음(寸陰)圀 매우 짧은 시간. 촌각(寸刻). ¶ 촌음을 아끼다. ⓗ촌시(寸時).

촌:인(村人)圀 촌사람.

촌:장(寸長)圀 ①대수롭지 않은 기능. ②(언행이나 성품의) 작은 장점.

촌:장(村庄)圀 살림집 외에 시골에 따로 장만해 두는 집.

촌:장(村長)圀 지난날, 마을 일을 두루 맡아보던 마을의 어른.

촌:장(村庄)圀 시골에 있는 별장.

촌:저(寸楮)圀 ①썩 짧은 편지. ②'자기의 편지'를 겸손하게 이르는 말. 촌지(寸紙).

촌:전(寸田)圀 ①작은 전지(田地). ②두 눈썹 사이. 미간(眉間).

촌:전척토(寸田尺土)圀 얼마 안 되는 논밭.

촌:주(村酒)圀 시골 민가에서 담근 술. 토주(土酒). ⓗ촌탁(村濁).

촌:중(村中)圀 ①마을 안, 또는 마을 가운데. ②온 마을. ¶ 촌중이 잔치 분위기에 들뜨다.

촌:지(寸地)圀 ☞척지(尺地).

촌:지(寸志)圀 ①[얼마 되지 않는 적은 선물이란 뜻으로] '자기의 선물'을 겸손하게 이르는 말. ②☞촌심(寸心). ③정성을 드러내기 위하여 주는 돈. 주로, 선생이나 기자에게 주는 돈을 이름. ⓟ박지(薄志).

촌:지(寸紙)圀 ☞촌저(寸楮).

촌:진척퇴(寸進尺退)[-퇴/-눼]圀ⓗⓐ ①조금 나아가고 많이 물러남. ②'얻는 것은 적고 잃는 것이 많음'을 비유하여 이르는 말.

촌:척(寸尺)圀 ①☞척촌. ②얼마 되지 않는 것.

촌:철(寸鐵)圀 ①'작고 날카로운 쇠붙이나 무기'를 이르는 말. ②'경계하는 말이나 글귀'를 비유하여 이르는 말.

촌:철-살인(寸鐵殺人)〔촌철로도 사람을 죽인다는 뜻으로〕'짧은 경구(警句)로 사람의 마음을 찔러 감동시킴'을 이르는 말.

촌:초(寸秒)[명] 매우 짧은 시간. ¶100미터 달리기는 촌초를 다투는 경기이다.

촌:촌-걸식(村村乞食)[-씩][명][하자] 마을마다 다니며 밥을 빌어먹음.

촌:촌-이(寸寸-)[부] 마디마디. 갈기갈기.

촌:촌-이(村村-)[부] 마을마다.

촌:충(寸衷)[명] ①촌성(寸誠). ②☞촌심(寸心).

촌:충(寸蟲)[명] '조충'의 구용어.

촌:탁(忖度)[명][하타] 남의 마음을 미루어서 헤아림. 요탁(料度).

촌:탁(村濁)[명] 시골에서 만든 막걸리. ㈂촌주.

촌:토(寸土)[명] 얼마 안 되는 땅. 척지(尺地). 촌양(寸壤).

촌:-티(村-)[명] 촌스러운 태도나 기색. 시골티. ¶촌티를 못 벗은 젊은이. /촌티가 나다.

촌:평(寸評)[명][하자타] 아주 짧게 비평함, 또는 그런 비평.

촌:-학구(村學究)[-꾸][명] 지난날, '시골의 훈장'을 이르던 말. 촌부자(村夫子). ²'학식이 좁고 고루한 사람'을 빗대어 이르는 말.

촌:항(村巷)[명] 시골의 궁벽한 길거리.

촐랑-거리다[자] 자꾸 촐랑촐랑하다. 촐랑대다. ㈂촐렁거리다. ㈐졸랑거리다. ㈑쫄랑거리다.

촐랑-대다[자] 촐랑거리다.

촐랑-이[명] '채신없이 촐랑거리는 사람'을 놓으로 이르는 말. ㈂새줄랑이.

촐랑이 수염 같다[관용] 매우 수선스럽게 까불고 수다스럽게 행동함을 이르는 말.

촐랑-이다[자] ①물 따위가 잔물결을 이루며 자꾸 흔들리다. ㈂촐렁이다. ②경망스럽게 채신없이 자꾸 행동하다.

촐랑-촐랑[부][하자] ①물 따위가 잔물결을 이루며 자꾸 흔들리는 소리, 또는 그 모양. ㈂촐렁출렁. ②경망스레 채신없이 행동하는 모양.

촐싹-거리다[-꺼-][자타] 자꾸 촐싹촐싹하다. 촐싹거리다. 촐싹대다.

촐싹-대다[-때-][자타] 촐싹거리다.

촐싹-촐싹[부] ①[하자] 주책없이 수선을 떨며 돌아다니는 모양. ¶어디를 그렇게 촐싹촐싹 쏘다니느냐? ②[하타] 남의 마음을 들쑤셔서 달뜨이게 하는 모양. 초쑤초쑤. ¶우리 영희를 촐싹촐싹 쬔 찐 녀석이 바로 너구나? ㈂촐쑥촐쑥.

촐촐-하다[형][자] 물 따위가 조금씩 넘치는 모양. ㈂출출-. 촐촐하다. ㈂출출하다. ¶배 속이 촐촐하다. ㈐출출하다-히[부].

촘촘-하다[형][어] (틈이나 구멍이) 사이가 썩 배다. ¶촘촘한 그물눈. 촘촘-히[부].

촙(chop)[명] ①테니스·탁구에서, 공을 깎아 치는 일. ②프로 레슬링에서, 상대를 베듯이 세게 갈겨 치는 일.

촛-가지[초까-/촏까-][명] 한옥에서, '초제공(初提供)·이제공에 쑥쑥 내민 쇠서'를 이르는 말. 포(包)².

촛-국(醋-)[초꾹/촏꾹][명] '몹시 신 음식 맛'을 이르는 말. ¶촛국 같은 김치.

촛-농(-膿)[초-][명] 초가 탈 때, 흘러내려 엉긴 것. 촉농(燭膿). 촉루(燭淚).

촛-대(-臺)[초때/촏때][명] 초를 꽂아 놓는 기구. 촉가(燭架). 촉대(燭臺).

촛-밑[초밑/촏밑][명] 지에밥에 누룩가루를 섞어서 삭힌, 식초의 밑바탕이 되는 것. *촛밑이[촌미치]·촛밑을[촌미틀]·촛밑만[촌민-]

촛-불[초뿔/촏뿔][명] 초에 켠 불.

촛불-놀이[초뿔로리/촏뿔로리][명] 밤에 음식과 기악을 갖추고 사랑방에서 노는 일.

총¹[명] 말의 갈기와 꼬리의 긴 털. 말총. ¶총으로 짠 체.

총²[명] (짚신이나 미투리 따위의) 앞쪽의 두 편짝으로 둘러 박은 낱낱의 신울.

총(銃)[명] 화약의 힘으로 발사하는 비교적 작은 총포(銃砲)를 통틀어 이르는 말. 〔주로, 개인용의 권총·소총·엽총 따위.〕 총포.

총(寵)[명][하타] 〈총애〉의 준말. ¶상감의 총을 한 몸에 입다.

총(總)¹[명] 〈조선〉 시대에, 토지의 구실을 매기던 단위의 한 가지. 〔열 짐이 한 총, 열 총이 한 목임.〕

총(總)²[관] '모두'·'전부'를 합하여(한)'의 뜻을 나타내는 말. ¶총 20권의 사상 전집.

총(總)[접두] 일부 한자어 앞에 붙어, '온통'·'통틀어'의 뜻을 나타냄. ¶총공격. /총선거. /총생산량. /총예산.

총가(銃架)[명] 총을 기대 놓는 받침.

총-각(總角)[명] ①[상투를 틀지 않은 남자란 뜻으로] '결혼하지 않은 성년 남자'를 이르는 말. ¶더벅머리 총각. ↔처녀.

총-각-김치(總角-)[-낌-][명] 총각무로 담근 김치의 한 가지.

총-각-무(總角-)[-깡-][명] 무청이 달린 채로 김치를 담그는, 뿌리 밑동이 윗부분보다 굵은 잔무.

총각-미역(總角-)[명] '꼭지미역'의 잘못.

총-감기[명] 〈총앵기〉의 본딧말.

총-감독(總監督)[명][하타] 총괄적으로 감독함, 또는 그런 일이나 그런 일을 하는 사람.

총-감투[명] 말총으로 짜서 만든 감투.

총강(總綱)[명][하타] 총괄하는 전체의 대강(大綱). ¶헌법의 총강.

총-개머리(銃-)[명] '개머리'를 분명히 이르는 말.

총-갱기[명] 짚신이나 미투리 총의 고가 움직이지 않도록 돌아가며 감은 끄나풀. ㈂총감기. ↔뒷갱기.

총-걸다(銃-)[~거니·~걸어][자] 총을 삼각가(三角架)의 모양으로 걸어 세우다.

총검(銃劍)[명] ①총과 검. 총칼. ②☞대검(帶劍). ③대검을 꽂은 소총. 총창(銃槍). ④'무기'·'무력'을 비유하여 이르는 말. 총칼. ¶총검을 앞세워 침략하다.

총검-술(銃劍術)[명] 백병전에서, 총검으로 적을 치거나 막거나 하는 기술.

총격(銃擊)[명][하타] 총기(銃器)로 사격함. ¶총격을 가하다.

총격-전(銃擊戰)[-쩐][명] 서로 총으로 사격하는 싸움. ¶총격전을 벌이다. /총격전이 벌어지다.

총-걸다(銃-)[자] '총걸다'의 잘못.

총-결(總結)[명][하타][되자] 어떤 일을 총괄하여 매듭을 지음.

총-결산(總決算)[-싼][명][하타] ①모든 수입과 지출에 대해 결산을 함, 또는 그 결산. ②행사 따위의 일의 끝매듭을 짓는 일.

총경(總警)[명] 경찰 공무원 계급의 하나. 경무관의 아래, 경정의 위.

총-계(總計)[-계/-게][명][하타][되자] 소계(小計)를 모두 합하여 계산함, 또는 전체의 합계. ㈐계. ㈂총화(總和)·합계. ↔소계. ㈑누계(累計).

총-계정(總計定)[-계-/-게-][명] 총체적인 계정. 전체 계정. ¶총계정 원장(元帳).

총-공격(總攻擊)[명][하자타] 전군(全軍) 또는 전원이 총동원하여 전면적으로 적을 공격함, 또는 그 공격. ¶드디어 총공격 명령이 떨어졌다.

총:관(摠管)圓 ①신라 때, 각 고을의 군대를 통솔하던 벼슬. 뒤에 도독(都督)으로 고침. 군주(軍主). ②조선 시대, 오위 도총부(五衛都摠府)의 도총관과 부총관. ③대한 제국 때, 경위원(警衛院)·숭녕부(承寧府) 등의 우두머리 벼슬.

총:관(總管)圓하타 여러 가지 업무와 인원을 들어 관리함. ¶ 작업 일정의 총괄 부서.

총:관(總觀)圓하타 전체를 대충 살펴봄.

총:괄(總括)圓하타 ①개별적인 것을 하나로 묶거나 종합함. 총람(總攬). ¶각자의 의견을 총괄하다. ②논리학에서, 여러 개의 개념을 모아 묶어서 외연(外延)이 큰 하나의 개념으로 포괄함.

총:괄-적(總括的)[-쩍]관명 여러 개의 개별적인 것을 크게 하나로 묶은 (것). ¶ 총괄적 평가. / 각자의 의견을 총괄적으로 정리하다.

총:광(寵光)圓 은총이나 총애를 받는 영광. ¶ 총광을 입다.

총구(銃口)圓ㄷ➡총부리.

총:국(總局)圓 어떤 구역 내의 지국(支局)들을 통할하여 본사와 연락을 하는 조직체.

총극(悤劇)'총극하다'의 어근.

총극-하다(悤劇-)[-그카-]형여 ㄷ➡총망하다.

총급(悤急)'총급하다'의 어근.

총급-하다(悤急-)[-끕-]형여 매우 급하다. ¶ 갈 길이 총급해졌다. 총급-히튀.

총기(銃器)圓 소총이나 권총 따위 무기를 통틀어 이르는 말. ¶ 총기를 소지한 군인.

총기(聰氣)圓 총명한 기질. 지닐총. ¶ 눈에 총기가 있는 소년.

총:기(總記)圓 전체에 관련되는 것을 정리하는 기술(記述).

총기(叢記)圓하타 여러 가지를 모아서 기록함, 또는 그런 서적.

총냥이圓 얼굴이 빼빼 말라서 여우나 이리처럼 '눈이 툭 불거지고 입이 뾰족한 사람'을 비유하여 이르는 말.

총달(聰達)'총달하다'의 어근.

총달-하다(聰達-)형여 슬기롭고 명달(明達)하다.

총-담(-毯)[-땀]圓 말털로 두껍게 짜서 만든 담요.

총-대(銃-)[-때]圓 소총 따위의 몸통, 곧 총열을 장치한 긴 막대기의 나무. 총상(銃床).
총대(를) 메다[속담] (위험 부담이 따르는 일에) 앞장을 서다.

총대(銃隊)圓 총으로 무장한 군사들로 조직·편성된 군대.

총:대(總代)圓 전체를 대표하는 사람.

총-대우圓 말총이나 쇠꼬리의 털로 짜서 옻칠을 한 검정 갓.

총:-대장(總大將)圓 전군을 지휘하는 우두머리 장수. 총수(總帥).

총:독(總督)圓 (식민지·자치령 따위에서) 정치·군사 등 모든 통치권을 감독하고 관할하는 관직, 또는 그 관직에 있는 사람.

총:독-부(總督府)[-뿌]圓 총독이 정무(政務)를 보는 관청.

총:-동맹^파:업(總同盟罷業)圓 (통일된 지도나 지령 아래의 복식(服飾)을 총람할 수 있는 전시회. ②어떤 사물에 관한 것을 종합적으로 살펴볼 수 있도록 엮은 책. ¶ 문화재 총람.

총:-동원(總動員)圓하타 사람·물자 따위의 모든 역량을 동원함. ¶ 시민을 총동원하다.

총:람(總覽)[-남]圓 ①하타되자 전체를 두루 살펴봄. ¶ 조선 시대의 복식(服飾)을 총람할 수 있는 전시회. ②어떤 사물에 관한 것을 종합적으로 살펴볼 수 있도록 엮은 책. ¶ 문화재 총람.

총:람(總攬)[-남]圓하타 ①(권력 따위를) 한 손에 잡고 다스림. 총집(總執). ②모든 사무를 통할하여 관할함. 총괄. 총할(總轄).

총:량(總量)[-냥]圓 모든 양(量). 전체 분량.

총:력(總力)[-녁]圓 (어떤 단체나 집단 따위가 가지는) 모든 힘. 전체의 힘. ¶ 경제난 타개를 위해 총력을 기울이다. 총전력(全力).

총:력-전(總力戰)[-녁쩐]圓 전체의 모든 힘을 기울여서 하는 전쟁, 또는 그런 경쟁.

총렵(銃獵)[-녑]圓하타 ㄷ➡총사냥.

총:령(總領)[-녕]圓하타 모든 것을 죄다 거느림.

총:록(總錄)[-녹]圓 전체를 모아서 적은 기록.

총:론(總論)[-논]圓 ①전체를 총괄하는 이론이란 뜻으로) 논문이나 저서의 첫머리에 그 대강을 적은 글. ↔각론(各論). ②어떤 분야에 대한 일반 이론을 전반적으로 서술한 저작. ¶ 형법 총론. 참개론.

총론(叢論)[-논]圓 모아 놓은 여러 논문이나 논설, 또는 그것을 모은 책. 참논총(論叢).

총:류(總類)[-뉴]圓 ①도서의 십진 분류에 의한 분류 항목의 하나. 특정한 성격을 갖지 않고 여러 학문 분야에 두루 걸친 도서의 종류. [사전·도감·연감·총서 따위.]

총:리(總理)[-니]圓 ①〈국무총리〉의 준말. ②하타 전체를 모두 관리함.

총:리-대신(總理大臣)[-니-]圓 ①조선 정조 때, 화성(華城)의 축성(築城)을 총관(摠管)하던 대신. ②조선 말기, 통리기무아문의 장관직. ③대한 제국 때, 영의정을 고친 이름.

총림(叢林)圓 ①잡목이 우거진 숲. ②강원(講院)·선원(禪院)·율원(律院)의 3개 교육 기관을 모두 갖춘 사찰.

총망(悤忙)'총망하다'의 어근.

총:-망라(總網羅)[-나]圓하타되자 빠뜨림이 없이 전체를 골고루 망라함. ¶ 현대 소설을 총망라한 모음목.

총망-하다(悤忙-)형여 매우 급하고 바쁘다. 총극(悤劇)하다. 총망-히튀.

총명(聰明)圓 ①보고 들은 것에 대한 기억력이 좋음. ②영리하고 재주가 있음.
총명이 둔필(鈍筆)만 못하다[속담] 무엇이든 틀림없이 하려면 낱낱이 적어 두어야 한다는 말.

총:-명(總名)圓 전체를 몰아서 부르는 이름. ⑪통칭.

총:명(寵命)圓 임금이 총애하여 내리는 명령.

총명-기(聰明記)[지난날〕 ①'비망록(備忘錄)'을 이르던 말. ②남에게 물건을 보낼 때 적던 발기.

총명-예지(聰明叡智)[-녜-]圓형 〔총명하고 지혜롭다는 뜻으로〕 '임금의 슬기'를 칭송하여 이르던 말. ⓟ총예.

총명-호학(聰明好學)圓형자 재질이 총명하고 학문을 좋아함.

총:목(總目)圓 서적 전체의 목록.

총묘(塚墓)圓 무덤.

총:무(總務)圓 ①(어떤 기관이나 단체에서) 전체적인 일반적인 사무, 또는 그 사무를 맡은 사람. ②〈원내(院內) 총무〉의 준말.

총민(聰敏)'총민하다'의 어근.

총민-하다(聰敏-)형여 총명하고 민첩하다. ⑪명민(明敏)하다.

총-받이[-바지]圓 짚신이나 미투리의, 총을 박은 데까지의 앞바닥.

총-받이(銃-)[-바지]圓 ①소총이나 기관총을 받쳐 놓고 쏠 수 있도록 된 받침. 총상(銃床). ②ㄷ➡총알받이.

총백(蔥白)圓 한방에서, '파의 밑동'을 약재(藥材)로 이르는 말. [성질이 온하며 상한(傷寒)에 쓰임.]

총:보(總譜)圓 ①합창·합주 따위에서, 각 성부(聲部)의 악보를 한눈으로 볼 수 있게 하나로 종합한 악보. [주로, 지휘자용임.] ②바둑에서, 한 판의 승부를 첫 수부터 끝 수까지 한눈에 알 수 있도록 표시한 기보(棋譜).

총:본부(總本部)圓 전체를 통합하는 본부.

총:본사(總本司)圓 대종교에서, 모든 기관을 총람하는 최고 기관.

총:본산(總本山)圓 ①일제 강점기에, 우리나라 전국 31개 본·말사(本末寺)를 총괄하던 최고 종정(宗政) 기관. [지금의 조계사에 두었음.] ②'사물의 근원' 또는 '통할하는 곳'을 비유하여 이르는 말. ¶예술의 총본산.

총:본영(總本營)圓 여러 기관을 거느려 사무를 총람하는 곳.

총-부리(銃-)[-뿌-]圓 총열의 주둥이 부분. 총구(銃口). ¶총부리를 겨누다.

총:사(家祀)圓 종묘(宗廟)나 가묘(家廟)에서 지내는 제사.

총사(叢祠)圓 잡신(雜神)을 모신 사당.

총-사냥(銃-)圓[하자] 총으로 하는 사냥. 총렵.

총:-사령관(總司令官)圓 전군(全軍)을 통할하고 지휘하는 최고 사령관.

총:-사령부(總司令部)圓 총사령관과 그의 참모로써 이루어진 기관.

총:-사직(總辭職)圓[하자] 구성원 전원이 한꺼번에 사직함, 또는 그러한 사직. ¶외환 사태에 책임을 지고 내각이 총사직을 했다.

총살(銃殺)圓 ①[하자] [되자] 총으로 쏘아 죽임. ②〈총살형〉의 준말.

총살-형(銃殺刑)圓 총으로 쏘아 죽이는 형벌. ¶총살형에 처하다. /총살형이 집행되다. 준총살·총형.

총상(銃床)圓 ①☞총대. ②총을 받치고 사격할 수 있도록 쌓아 놓은 것. ③총받이.

총상(銃傷)圓 총에 맞아 다친 상처, 또는 그 부상. ¶총상을 입다.

총:상(總狀)圓〈총상 화서〉의 준말.

총:상=꽃차례(總狀-次例)[-꼳-]圓☞총상 화서.

총:상-화(總狀花)圓 총상 화서로 핀 꽃.

총:상=화서(總狀花序)圓 무한 화서(無限花序)의 한 가지. 긴 꽃대에 꽃자루가 있는 여러 개의 꽃이 어긋나게 붙어서, 밑에서부터 피기 시작하여 끝까지 미치어 피는 화서. [싸리나무·투구꽃·꼬리풀·냉초 등의 꽃 따위.] 총상 꽃차례. 준총상.

총생(叢生)圓[하자] 풀이나 나무 따위가 더부룩하게 무더기로 남.

총서(叢書)圓 ①같은 제목이나 형식·체재로 통일하여 편집·간행한 여러 권의 서적. ¶국학 총서. /경영학 총서. ②갖가지의 책을 한데 모아 놓은 서적.

총:선(總選)圓〈총선거〉의 준말.

총:-선거(總選擧)圓[하자] 국회의원 전체를 한꺼번에 뽑는 선거. 준총선.

총:설(總說)圓 전체의 요지를 요약하여 논술하는 일, 또는 그 글.

총설(叢說)圓 모아 놓은 여러 학설이나 논설.

총성(銃聲)圓 총소리. ¶총성이 울리다.

총:-소득(總所得)圓 소요 경비를 공제하지 않은, 소득의 총액. 총수입.

총-소리(銃-)[-쏘-]圓 총을 쏠 때 화약이 터지면서 나는 소리. 총성.

총수(銃手)圓 총을 쏘는 사람. 좋사수(射手)·소총수.

총:수(總帥)圓 ①전군(全軍)을 지휘하는 사람. 대대장. ②〈대기업 따위〉 '큰 조직이나 집단의 우두머리'를 비유하여 이르는 말.

총:수(總數)圓 전체의 수효.

총:-수량(總數量)圓 전체의 수량이나 분량.

총:-수입(總收入)圓 전체의 수입. 총소득(總所得). ↔총지출(總支出).

총신(銃身)圓 ☞총열.

총신(寵臣)圓 총애를 받는 신하. 행신(幸臣).

총:아(寵兒)圓 [총애받는 아이란 뜻으로] ①인기가 좋은 사람. ¶영화계의 총아. ②시운(時運)을 타고 출세한 사람. ¶세기(世紀)의 총아.

총안(銃眼)圓 몸을 숨긴 채로 총을 내쏠 수 있도록 둥어 놓은 구멍.

총-알(銃-)圓 '처란'·'탄알' 따위를 통틀어 이르는 말. 총탄. 총환. 탄환.

총알-받이(銃-)[-바지]圓 교전(交戰) 지역에서, 제일선에 나선 병사나 부대를 속되게 이르는 말. 총받이. ¶어린 소년들을 총알받이로 내세우다.

총:애(寵愛)圓 ①[하자] 남달리 귀여워하고 사랑함. 굄. ¶윗사람의 총애를 한몸에 받다. ②총총(寵). ②가톨릭에서, '천주(天主)의 사랑'을 이르는 말.

총:액(總額)圓 모두를 합한 액수. ¶소득 총액의 10%를 과세(課稅)하다. 비전액(全額).

총약(銃藥)圓[-냑] 총에 재어서 발사하는 화약.

총:-역량(總力量)圓 어떤 일을 해낼 수 있는 모든 힘. ¶총역량을 동원하다.

총-열(銃-)[-녈]圓 탄환이 발사될 때 통과하는, 소화기(小火器)의 원통 모양으로 된 강철 부분. [약실에서 총구까지의 부분.] 총신(銃身). 준열².

총:-영사(總領事)[-녕-]圓 국교가 있는 나라에 머물면서 자국민을 보호 감독하고 통상 등에 관한 일을 맡아보는 최상급의 영사.

총예(聰叡)圓〈총명예지〉의 준말.

총:-예산(總豫算)[-네-]圓 한 회계 연도의 모든 세출과 세입을 포함하는 전체 예산.

총오(聰悟)圓 이해가 빠르고 총명함.

총요(悤擾)圓 '총요하다'의 어근.

총요-하다(悤擾-)혱 바쁘고 부산하다.

총:욕(寵辱)圓 총애(寵愛)와 모욕을 아울러 이르는 말.

총:우(寵遇)圓[하자] 총애하여 대우함. ¶총우하는 신하.

총:원(總員)圓 전체의 인원. ¶총원의 6할밖에 참석하지 않았다.

총:원(總願)圓 불교에서, 모든 불보살에 공통으로 있는 네 가지 서원. [중생을 제도함, 번뇌를 끊음, 가르침을 배움, 불도를 깨달음 등.] ↔별원(別願).

총:유(總有)圓 하나의 물건을 여럿이 공동으로 소유하는 공동 소유의 한 형태. 재산의 관리·처분의 권능은 공동체(共同體)에 속하고, 그 사용·수익 권능은 각 구성원에 속하는 소유 형태를 이름.

총-유탄(銃榴彈)[-뉴-]圓 유탄의 한 가지. 수류탄보다 멀리 날아가도록 소총으로 내쏘게 되어 있음.

총:융-청(摠戎廳)圓 조선 인조 때 설치한, 경기 지역의 군무를 맡아보던 군영. 좋오군영.

총:의(總意)圓[-의/-이]圓 전체의 공통된 의사. ¶회원들의 총의로 회장에 추대하다.

총이-말(驄-)圏 흰 바탕에 푸른 빛깔이 섞인 말. 청총마(青驄馬). 參흰말·찬간자.

총이-자(聰耳酒)圏귀밝이술.

총:-일(總-)圏 ①전체 중에 으뜸가는 것. ②둘 뭉쳐 하나가 됨.

총:자(冢子)圏 '태자·세자' 또는 '적장자(嫡長子)'를 일컫던 말.

총-잡이(銃-)圏 서부 활극 따위에서, '권총을 잘 쏘는 사람'을 이르는 말.

총:장(總長)圏 ①특수 업무를 통괄하는 으뜸 관직. ¶검찰 총장. ②종합 대학의 책임자. ¶대학 총장.

총:재(總裁)圏〔사무를 총괄하여 재결한다는 뜻으로〕 당파나 단체 따위의 최고 직위에 있는 사람을 일컫는 말. ¶한국은행 총재. /적십자사 총재.

총적(葱笛)圏 ☞파피리.

총:-적량(總積量)〔-정냥〕圏 (배·자동차·기차 따위의) 짐을 실을 수 있는 용적의 총합.

총:점(總點)〔-쩜〕圏 전체의 점수, 또는 득점의 총수.

총좌(銃座)圏 (사격할 때) 총을 얹어 놓는 대.

총주(塚主)圏 무덤의 임자.

총죽(叢竹)圏 무더기로 난 참대.

총죽지교(葱竹之交)〔-찌-〕圏〔파피리를 불며 죽마(竹馬)를 타고 함께 놀던 사이란 뜻으로〕 어렸을 때부터 같이 놀며 자란 교문. 伲죽마고우(竹馬故友).

총준(聰俊)圏어형 총명하고 준수함, 또는 그런 사람. ¶총준한 자제.

총중(叢中)圏〔떨기 가운데란 뜻으로〕많은 사람 가운데. ¶총중에서 뛰어나다. /만록(萬綠) 총중 홍일점(紅一點).

총중고골(塚中枯骨)圏〔무덤 속의 마른 뼈란 뜻으로〕'핏기 없이 몹시 여윈 사람'을 이르는 말.

총:지(總持)圏〔불교에서, 진언(眞言)을 외워 모든 법을 가진다는 뜻으로〕'다라니'를 번역한 말.

총:-지출(總支出)圏 전체의 지출. 지출의 총액. ↔총수입.

총:-지휘(總指揮)圏하타 전체를 총괄하여 지휘함, 또는 그 지휘.

총-질(銃-)圏하자 총을 쏘는 짓. ¶겨레끼리 총질하는 비극은 없어야 한다.

총:-집(銃-)〔-찝〕圏 총을 넣어 두고 보관하기 위한 주머니나 곽.

총:집(總執)圏하타 ☞총람(總攬).

총:집(總集)圏 중국에서, 몇 사람의 시문(詩文)을 모은 시문집. 〔문선(文選)·문원(文苑) 따위.〕↔별집(別集).

총집(叢集)圏하자 떼를 지어 모임.

총:찰(總察)圏하타 총괄하여 살피거나 보살핌. ¶집안의 대소사를 총찰하시는 어른.

총창(銃槍)圏 끝에 칼을 꽂은 총(銃). 총검(銃劍). ¶총창을 휘두르며 백병전을 벌이다.

총-채圏 말총 따위로 만든 먼지떨이.

총채-질圏하자 총채로 먼지를 떨어내는 일.

총:책(總責)圏 〈총책임자〉의 준말.

총:-책임자(總責任者)圏 총괄적인 책임을 지는 사람. 參총책.

총천연색(總天然色)圏 '천연색'의 힘줌말.

총:첩(寵妾)圏 총애를 받는 첩.

총:체(總體)圏 (어떤 사물의) 모든 것. ¶총체를 파악하다. 伲전체.

총:체-적(總體的)판형 관련된 모든 분야를 유기적으로 통합한 (것). ¶총체적 파악. /총체적인 관리.

총총[1]어형 촘촘히 뜬 별의 빛 따위가 맑고 또렷한 모양. ¶총총한 별빛. **총총-히**팀.

총총[2]팀 (매우 바빠서) 발을 자주 떼며 구르듯이 걷는 모양. 伲충충.

총총(悤悤)팀 -어형 몹시 급하고 바쁜 모양. ¶총총 사라지다. ②〔흔히 편지 글의 말미(末尾)에 쓰이어〕'급히 마무리함', '급히 썼음'의 뜻을 나타냄. ¶이만 총총. **총총-히**팀

¶길에서 잠깐 만나 총총히 헤어진 후로는 소식을 모른다.

총총(蔥蔥)'총총(蔥蔥)하다'의 어근.

총총(叢叢)'총총(叢叢)하다'의 어근.

총총-거리다자 (매우 바빠서) 발을 자주 떼며 구르듯이 걷다. 총총대다. 伲충충거리다. ⑩종종거리다.

총총-걸음圏 총총거리며 걷는 걸음. ¶총총걸음을 치다. ⑩종종걸음.

총총 난필(悤悤亂筆) 바삐 써서 거칠게 된 글씨. 〔흔히, 편지 끝에 써서 자신의 글씨를 겸손하게 이르는 말.〕¶총총 난필을 용서하십시오.

총총-대다자 총총거리다.

총총-들이(蔥蔥-)팀 (들어선 모양이) 촘촘하고 매우 배게. ¶총총들이 우거진 소나무 숲.

총총-하다(叢叢-)어형 나무 따위가 배게 들어서서 무성하다. **총총-히**팀.

총총-하다(叢叢-)어형 들어선 모양이 빽빽하다. **총총-히**팀.

총:-출동(總出動)〔-똥〕圏하자 전 인원이 모두 출동함, 또는 그 출동.

총:칙(總則)圏 전체를 통괄하는 규칙. ↔각칙(各則).

총:칭(總稱)圏하타 통틀어 일컬음, 또는 그 명칭. 伲총명(總名).

총-칼(銃-)圏 ☞총검.

총탄(銃彈)圏 총알. 총환.

총통(銃筒)圏 조선 시대에, 화기를 통틀어 이르던 말. 〔화전·화통·화포 따위.〕

총:통(總統)圏 ①하타 총괄하여 다스림. ②대만 국민 정부의 최고 관직. ③지난날, 나치스 등 독재 정부의 최고 관직.

총-통화(總通貨)圏 현금 통화에 은행의 총예금을 합한 것.

총:-파업(總罷業)圏하자 ☞총동맹 파업.

총:판(總販)圏하타 〈총판매〉의 준말.

총:-판매(總販賣)圏하타 어떤 상품을 도거리로 도맡아 팖. 參총판.

총:평(總評)圏 총체적인 평가나 평정(評定). ¶심사 위원장의 총평을 듣겠습니다.

총포(銃砲)圏 ①☞총. ②총의 종류와 포(砲)의 종류를 통틀어 이르는 말. 포총.

총:-합(總合)圏하타 전부를 합함, 또는 합한 전부.

총:-행(寵幸)圏하타 특별히 총애함, 또는 그런 총애. ¶총행을 입다.

총형(銃刑)圏 〈총살형〉의 준말.

총혜(聰慧)〔-혜/-헤〕圏어형 총명하고 슬기로움.

총화(銃火)圏 총을 쏠 때 총구에서 번쩍이는 불빛. 철화(鐵火).

총:화(總和)圏 ①전체를 합한 것. 伲총계. ②전체의 화합. ¶국민의 총화.

총화(叢話)圏 (갖가지 이야깃거리나 설화 따위를) 모은 것, 또는 그 책.

총환(銃丸)圓 총알. 총단(銃彈).

총:회(總會)圓 [-회/-훼]圓 ①(그 기관이나 단체의) 전원의 모임. ¶학급 총회. /총회를 열다. ②사단 법인에서, 구성원 전원으로 조직되고 사단 법인의 의사를 결정하는 기관. ¶주주(株主) 총회. ↔부회(部會).

총:회-꾼(總會-)圓 적은 수의 주식을 가지고 주주 총회에 참석하여, 특정인을 위해 의사 진행을 방해하거나 협력해 주고 그 들로부터 금품을 받는 일을 일삼는 사람.

총:획(總畫)圓 [-획/-훽]圓 한자(漢字) 낱자의 전체 획수.

총:희(寵姬)圓 [-히]圓 총애를 받는 여자.

총-히(總-)튄 모두. 온통 합하여.

촬상-관(撮像管)圓 [-쌍-]圓 피사체의 광학상을 전기 신호로 바꾸는 특수 전자관(電子管). 방송용·공업용의 텔레비전 카메라나 엑스선 진단용으로 이용됨.

촬영(撮影)圓하다되자 어떤 형상을 사진이나 영화로 찍음. ¶영화 촬영.

촬영-기(撮影機)圓 (사진·영화·텔레비전·비디오 따위를) 촬영하는 기계를 통틀어 이르는 말.

촬영ㆍ대본(撮影臺本)圓 ☞콘티뉴이티.

촬영-소(撮影所)圓 세트 따위 설비를 갖추어, 영화를 촬영하고 제작하는 곳.

촬토(撮土)圓 한 줌의 흙.

최[최]圓 베틀의 최화 끝에 박는, 끝이 뾰족하게 생긴 쇠 촉.

최-(最) [최]圖튄 《일부 명사 앞에 붙어》 '가장'·'제일'의 뜻을 나타냄. ¶최고령. /최고급. /최신식. /최연소.

최:강(最強) [최-/췌-]圓 가장 강함. ¶최강의 팀.

최:고(最古) [최-/췌-]圓 가장 오래됨. ¶최고의 문헌. ↔최신(最新).

최:고(最高) [최-/췌-]圓 ①가장 높음. ↔최저(最低). ②가장 나음. ¶네가 최고.

최고(催告) [최-/췌-]圓하다 법률상 일정한 결과를 일으키기 위하여 상대편의 행위 또는 불행위를 재촉하는 일. ¶공시 최고.

최:고-가(最高價) [최-까/췌-까]圓 가장 비싼 값. ¶최고가로 그림을 사들이다. ↔최저가.

최:고-권(最高權) [최-꿘/췌-꿘]圓 가장 높은 권리. [주권·통치권 따위.]

최:-고급(最高級) [최-/췌-]圓 가장 높은 등급, 또는 으뜸가는 고급. ¶최고급 시계.

최:-고도(最高度) [최-/췌-]圓 가장 높은 도수나 정도. ¶최고도의 기술.

최:-고봉(最高峰) [최-/췌-]圓 ①가장 높은 봉우리. 주봉(主峰). ②어떤 방면에서 '가장 뛰어남'을 비유하여 이르는 말.

최:-고선(最高善) [최-/췌-]圓 윤리학에서, 인간 행위의 가장 높은 도덕적 이상을 이르는 말. 지고선(至高善).

최:-고신(最高神) [최-/췌-]圓 여러 신 가운데에서 가장 높은 신. 지상신(至上神). ¶제우스 신은 그리스 신화에 등장하는 신들 중에서 최고신이다.

최:고ㆍ온도계(最高溫度計) [최-계/췌-게]圓 일정 시간 내의 가장 높은 온도를 재는 온도계.

최:-고점(最高點) [최-쩜/췌-쩜]圓 ①가장 높은 점수. ②가장 높은 지점.

최:-고조(最高潮) [최-/췌-]圓 (분위기나 감정 따위가) 가장 높은 정도에 이른 상태. 절정(絕頂). ¶관객의 긴장 상태가 최고조에 이르다.

최:고-품(最高品) [최-/췌-]圓 ☞극상품.

최:고ㆍ학부(最高學府) [최-뿌/췌-뿌]圓 〔가장 정도가 높은 학교란 뜻으로〕 '대학'이나 '대학원'을 이르는 말.

최:고-형(最高刑) [최-/췌-]圓 가장 중한 형벌. ¶법정 최고형을 선고하다.

최구(最久) '최구하다'의 어근.

최구-하다(最久-) [최-/췌-]휑휑여 가장 오래다.

최귀(最貴) '최귀하다'의 어근.

최귀-하다(最貴-) [최-/췌-]휑여 가장 귀하다.

최:근(最近) [최-/췌-]圓 ①얼마 안 되는 지나간 날. 요즘. ¶최근에 일어난 일. /최근의 국제 정세. ②(거리 따위가) 가장 가까움. ¶최근 거리.

최:-근세(最近世) [최-/췌-]圓 역사상의 시대 구분의 한 가지. 근세와 현대의 중간 시대.

최:-급무(最急務) [최금-/췌금-]圓 가장 급한 일. ¶당장 먹고사는 일이 최급무다.

최:긴(最緊) [최-/췌-]圓휑휑 가장 요긴함.

최:다(最多) [최-/췌-]圓휑휑 《일부 명사 앞에 쓰이어》 가장 많음. ¶최다 득점. ↔최소(最少).

최:단(最短) [최-/췌-]圓휑휑 《일부 명사 앞에 쓰이어》 가장 짧음. ¶최단 거리. ↔최장(最長).

최:대(最大) [최-/췌-]圓휑휑 (수·양·정도 따위가) 가장 큼. ¶최대 속도. /최대 분량. ↔최소(最小). 최대-히튄.

최:대ㆍ공약수(最大公約數) [최-쑤/췌-쑤]圓 공약수 가운데 가장 큰 수. 지시엠(GCM).

최:대ㆍ사:거리(最大射距離) [최-/췌-]圓 특정한 화기를 발사했을 때, 그 화기의 탄환이 미칠 수 있는 최대 사정. 최대 사정(最大射程).

최:대ㆍ사정(最大射程) [최-/췌-]圓 ☞최대 사거리.

최:대ㆍ압력(最大壓力) [최-암녁/췌-암녁]圓 ①어떤 사물이 일정한 조건 아래 나타낼 수 있는 가장 큰 압력. ②물리학에서, 포화 증기압.

최:대-치(最大-) [최-/췌-]圓 ①가장 큰 값. ¶최대치는 얼마인가? ②☞최댓값. ↔최소치.

최:대-한(最大限) [최-/췌-]圓 《최대한도》의 준말. ¶최대한의 능력을 발휘하다. ↔최소한.

최:대-한도(最大限度) [최-/췌-]圓 그 이상 더 늘릴 수 없는 가장 큰 한도. ¶최대한도의 보상. ↔최소한도. 준최대한.

최:댓-값(最大-) [최-/췌-]圓 연속 함수에서, 일정한 구간의 정의 구역에 속한 모든 실수에 대응하는 치역의 가장 큰 실수. 최대치. ↔최솟값. *최:댓값이[최대갑씨/췌댇갑씨]·최:댓값만[최대감-/췌댇감-]

최:량(最良) [최-/췌-]圓휑휑 가장 좋음.

최루(催淚) [최-/췌-]圓휑하다 눈물이 나오게 함.

최루ㆍ가스(催淚gas) [최-/췌-]圓 눈물샘을 자극하여 눈물이 나오게 하는 독가스의 한 가지.

최루-탄(催淚彈) [최-/췌-]圓 최루 가스를 넣은 탄환.

최마(衰麻) [최-/췌-]圓 삼베로 지은 최복, 또는 최복을 지을 삼베.

최:만(最晚) [최-/췌-]圓휑휑 《일부 명사 앞에 쓰이어》 가장 늦음.

최:말(最末) [최-/췌-]圓 맨 끝. 최미(最尾).

최면(催眠) [최-/췌-]圓 ①잠이 오게 함. ②최면술에 의해 인위적으로 그리되게 한, 일종의 수면과 같은 상태.

최면-술(催眠術) [최-/췌-]圓 최면 상태로 이끄는 술법.

최면ㆍ요법(催眠療法) [최-뇨뻡/췌-뇨뻡]圓 최면으로 환자의 병을 다스리는 일종의 정신 요법.

최면-제(催眠劑) [최-/췌-]**명** 중추 신경에 작용하여 잠이 오게 하는 약제. 수면제.

최:미(最尾) [최-/췌-]**명** ☞최말(最末).

최복(衰服) [최-/췌-]**명** 참최(斬衰)나 재최(齊衰)의 상복.

최:빈-수(最頻數) [최-쑤/췌-쑤]**명** ☞모드(mode)¹.

최산(催産) [최-/췌-]**명** **허자** (약물 따위에서) 임부(姙婦)의 해산을 쉽고 빠르게 함, 또는 그 일.

최산-제(催産劑) [최-/췌-]**명** 최산하는 데 쓰는 약제.

최:상(最上) [최-/췌-]**명** ①맨 위. 정상(頂上). 지상(至上). ②가장 우수함. ¶최상의 컨디션. /최상의 방책. ③<최상급>의 준말. ↔최하.

최:-상급(最上級) [최-/췌-]**명** ①가장 위의 계급, 또는 가장 위의 등급. 극상등(極上等). ¶최상급의 요리로 대접받다. **준**최상. ↔최하급. ②서구 문법에서 형용사의 세 단계 어형 변화의 하나. 가장 센 정도를 나타냄. ②☞비교급.

최:-상선(最上善) [최-/췌-]**명** 철학에서, '의무감 때문에 도덕이나 법에 따르려는 마음가짐'을 이르는 말.

최:-상지(最上地) [최-/췌-]**명** ①가장 상등(上等)의 땅. ②불교에서 이르는, 가장 높은 지위.

최:-상층(最上層) [최-/췌-]**명** ①(여러 층으로 된 건물에서) 맨 위층. ¶이 아파트의 최상층은 15층이다. ②맨 위에 속하는 사회적 계층. ↔최하층.

최:-상품(最上品) [최-/췌-]**명** 가장 좋은 물품. 상상품(上上品). ↔최하품.

최:선(最先) [최-/췌-]**명** <최선등>의 준말.

최:선(最善) [최-/췌-]**명** ①가장 좋거나 훌륭함, 또는 그런 것. ¶최선의 길. /정직만이 이 시대가 요구하는 최선이다. ↔최악. ②☞전력(全力). ¶최선을 다하다.

최:-선두(最先頭) [최-/췌-]**명** 맨 선두.

최:-선등(最先等) [최-/췌-]**명** **허자** 남보다 맨 먼저임. ¶그는 언제나 최선등이다. **준**최선.

최:-선봉(最先鋒) [최-/췌-]**명** 맨 앞의 자리, 또는 그 자리에 선 사람. ¶최선봉에 서다.

최:선-책(最善策) [최-/췌-]**명** 최선의 방책. 더할 나위 없는 대책.

최:성(最盛) [최-/췌-]**명** 가장 성함. 가장 한창임. ¶불교 문화 최성의 시기.

최:성-기(最盛期) [최-/췌-]**명** (어떤 사물이) 가장 성한 시기. 한창때. ¶최성기에 접어들다.

최:소(最小) [최-/췌-]**명** **하형** (수나 정도 따위가) 가장 작음. ¶최소 단위. ↔최대.

최:소(最少) [최-/췌-]**명** **하형** ①(양 따위가) 가장 적음. ¶최소의 인원을 차출하다. ↔최다(最多). ②가장 젊음.

최:소^공배수(最小公倍數) [최-/췌-]**명** 공배수 중 가장 작은 정수(整數). 엘시엠(LCM).

최:소^공분모(最小公分母) [최-/췌-]**명** 수학에서, 공분모 중 가장 작은 분모.

최:소-치(最少值) [최-/췌-]**명** ①가장 작은 값. ②최소대치. ↔최대치.

최:소-한(最小限) [최-/췌-]**명** <최소한도>의 준말. ¶최소한의 협조를 바란다. /거기까지 가는 데는 최소한 나흘은 걸릴 것이다. ↔최대한.

최:소-한도(最小限度) [최-/췌-]**명** 그 이상 더 줄일 수 없는 가장 작은 한도. ¶피해를 최소한도로 줄이다. /최소한도의 보상. ↔최대한도. **준**최소한.

최:솟-값(最少-) [최소깝/췌솓깝]**명** 연속 함수에서, 일정한 구간의 정의 구역에 속한 모든 실수에 대응하는 치역의 가장 작은 실수. 최소치. ↔최댓값. * 최댓값. ▷ 최솟값이 [최소깝씨/췌솓깝씨]·최:솟값만 [최소깜-/췌솓깜-]

최:승(最勝) [최-/췌-]**하형** (일부 명사 앞에 쓰이어) 가장 나음. 가장 뛰어남.

최:신(最新) [최-/췌-]**명** 가장 새로움. ¶최신의 유행. /최신 기술. /최신 자료. ↔최고(最古).

최:신-식(最新式) [최-/췌-]**명** 가장 새로운 방식이나 형식, 또는 그러한 방식이나 형식의 것. ¶최신식 인쇄기를 설치하다.

최:신-형(最新型) [최-/췌-]**명** 가장 새로운 모양, 또는 가장 새로운 모양의 것. ¶최신형 자동차.

최:심(最甚) [최-/췌-]**하형** (일부 명사 앞에 쓰이어) 가장 심함. 아주 심함.

최:심(最深) [최-/췌-]**하형** (일부 명사 앞에 쓰이어) 가장 깊음.

최:악(最惡) [최-/췌-]**명** (조건이나 상태 따위가) 가장 나쁨. ¶최악의 상태에 대비하다. ↔최선(最善).

최:-우선(最優先) [최-/췌-]**명** (어떤 일이나 대상을) 다른 것에 비하여 가장 먼저 다루거나 문제 삼는 일. ¶최우선 과제. /장애인 복지 향상에 최우선을 두는 정책.

최:-우수(最優秀) [최-/췌-]**명** **하형** 가장 뛰어남. 가장 우수함. ¶최우수 선수.

최유-제(催乳劑) [최-/췌-]**명** 젖이 잘 나오게 하는 약제.

최음-제(催淫劑) [최-/췌-]**명** 성욕(性慾)을 촉진시키는 약제를 통틀어 이르는 말.

최:장(最長) [최-/췌-]**명** **하형** 가장 긺. ↔최단.

최:-장방(最長房) [최-/췌-]**명** 4대 이내의 자손들 중 항렬이 가장 높은 사람.

최:저(最低) [최-/췌-]**명** 가장 낮음. ¶최저 생활. /최저 온도. 최저 기온. ↔최고(最高).

최:저-가(最低價) [최-까/췌-까]**명** 가장 싼 값. ¶냉장고를 최저가로 사들이다. ↔최고가.

최:저^생계비(最低生計費) [최-/췌-/-께-]**명** 임금 산출의 기초로서 이론적으로 계산해 낸 생활에 필요한 최소 비용.

최:저^생활비(最低生活費) [최-/췌-]**명** 사람이 일상생활을 해 나가는 데 필요한 최저한도의 비용.

최:저^생활선(最低生活線) [최-썬/췌-썬]**명** 최저 생활을 유지할 수 있는 한계선.

최:저^온도계(最低溫度計) [최-계/췌-게]**명** 일정 시간 내의 가장 낮은 온도를 재는 데 쓰이는 온도계.

최:저^임:금제(最低賃金制) [최-/췌-]**명** (임금이 낮은 근로자를 보호하기 위하여) 국가가 임금의 최저액을 법으로 정하여 근로자의 생활을 보장하는 제도.

최:저-한도(最低限度) [최-/췌-]**명** 가장 낮은 한도. ¶최저한도의 생활비.

최:적(最適) [최-/췌-]**명** **하형** 가장 알맞음. ¶최적 조건. /최적의 인물. /최적의 수준.

최:적^밀도(最適密度) [최정-또/췌정-또]**명** 생물이 살아가는 데 가장 적당한 밀도.

최:-전방(最前方) [최-/췌-]**명** 적과 가장 가까운 전방. ¶최전방 부대. **비**최전선.

최:-전선(最前線) [최-/췌-]**명** 적과 맞서고 있는 맨 앞의 전선(戰線). 제일선. ¶최전선에 배치되다. **비**최전방.

최:종(最終)[최-/췌-]图 맨 나중. 마지막. ¶최종 검사. /최종 수단. 凹최후. ↔최초(最初).

최:종^생산물(最終生産物)[최-/췌-]图 (국민 소득 계산의 대상으로서) 경제 순환 과정에서, 생산재로 다시 쓰이거나 다음 연도로 이월되지 않고 국내 시장에서 소비되는 생산물. 생활 필수품·정부의 소비재·수출품 따위. 참중간 생산물.

최:종-재(最終財)[최-/췌-]图 재화의 생산 단계의 최후에 얻어지는 완성품.

최:종-적(最終的)[최-/췌-]图판 맨 나중에 하는 (것). ¶최종적 결론. /최종적인 수단.

최:중(最重)[최-/췌-]图하 《일부 명사 앞에 쓰이어》 가장 중요함.

최:-첨단(最尖端)[최-/췌-]图 (유행이나 시대 사조·기술 수준 따위의) 맨 앞. 가장 선진적인 것. ¶최첨단 과학 기술. /유행의 최첨단을 걷다.

최청(催青)[최-/췌-]图하자 누에알의 충실한 발육과 부화(孵化)를 위하여, 온도나 습도 따위를 알맞게 조절하는 일.

최:초(最初)[최-/췌-]图 맨 처음. ¶최초에 있었던 일. /최초의 대륙 횡단. ↔최종·최후.

최촉(催促)[최-/췌-]图하타 ☞재촉.

최촉-장(催促狀)[최-짱/췌-짱]图 재촉하는 서장(書狀).

최친(最親) '최친하다'의 어근.

최:친-하다(最親-)[최-/췌-]형여 가장 친하여 가깝다.

최-판관(崔判官)[최-/췌-]图 죽은 사람의 생전의 선악을 판단한다는 저승의 벼슬아치.

최:하(最下)[최-/췌-]图 맨 아래. 가장 아래. ¶최하 점수를 받다. ↔최상.

최:-하급(最下級)[최-/췌-]图 가장 아래의 등급이나 계급, 또는 가장 못한 등급. ↔최상급.

최:-하층(最下層)[최-/췌-]图 ①맨 아래층. ②맨 아래에 속하는 사회적 계층. ↔최상층.

최:-하품(最下品)[최-/췌-]图 품질이 가장 낮은 물품. ↔최상품.

최:혜-국(最惠國)[최혜-/췌헤-]图 통상·항해 조약을 체결한 나라 중 가장 유리한 취급을 받는 나라.

최:혜국^대우(最惠國待遇)[최혜-때-/췌헤-때-]图 통상·항해 조약을 체결한 나라가 다른 나라에 부여하고 있는 가장 유리한 대우를 상대국에도 부여하는 일.

최:혜국^조관(最惠國條款)[최혜-쪼-/췌헤-쪼-]图 ☞최혜국 조항.

최:혜국^조항(最惠國條項)[최혜-쪼-/췌헤-쪼-]图 통상·항해 조약에서, 상대국에 최혜국 대우를 하겠다는 약속을 규정한 조항. 최혜국 조관.

최:호(最好)[최-/췌-]图 ①하형가장 좋아함. ②하형가장 좋음.

최활[최-/췌-]图 베를 짤 때, 그 폭이 좁아지지 않게 버티는 가는 나무오리. 활처럼 등이 휘고 두 끝에 최를 박았음. 쳇발.

최:후(最後)[최-/췌-]图 끝. 맨 마지막. ¶최후 수단. /최후의 순간까지 싸우다. 凹최종·종말. ↔최초. ②목숨이 다할 때. 임종(臨終). ¶장렬한 최후를 맞다.

최:후^진:술(最後陳述)[최-/췌-]图 형사 소송법상 인정된 권리에 따라, 증거 조사 및 검사의 법률 적용에 관한 의견을 들은 다음 피고인이나 그 변호인이 마지막으로 하는 진술.

최:후-통첩(最後通牒)[최-/췌-]图 ①외교 교섭에서, 자국(自國)의 마지막 요구를 상대국에 알리고 그것이 인정되지 않을 경우에는 자유 행동이나 실력 행사를 하겠다는 뜻을 밝힌 외교 문서. ②'교섭 중인 상대편에게 밝힌 마지막 요구나 통고'를 비유하여 이르는 말. ¶최후통첩을 보내다.

쵸: [옛] 초. ¶쵸애 블혀 멀짜기셔 뽀랴(救簡 6:80).

추(錘)[옛] ①〈저울추〉의 준말. ②〈시계추〉의 준말. ③〈저울추처럼〉 '끈에 달려 늘어뜨려서 흔들리게 된 물건'을 통틀어 이르는 말.

추(醜)图 더럽거나 보기 흉함. ¶미(美)와 추를 구별하다. ↔미(美). 凹선(善).

-추[접미] 일부 동사나 형용사의 어근에 붙어서 사동사를 만드는 접미사. ¶갖추다. /맞추다.

추가(追加)图하타 나중에 더하여 보탬. ¶추가 모집. /별도 항목을 추가하다.

추가^경정^예:산(追加更正豫算)[-녜-]图 예산 작성 후에 생긴 사유로 해서 기정 예산 경비에 부족이 생겼을 경우, 이에 추가하여 작성된 예산. 凖추경 예산.

추가-점(追加點)[-쩜]图 (운동 경기 따위에서) 추가하여 올리는 점수. ¶추가점을 올리다.

추가^판결(追加判決)[-쩔]图 민사 소송에서, 법원이 당사자의 신청에 따라 재판에 빠진 것을 보충하기 위하여 하는 판결. 보충 판결.

추간^연:골(椎間軟骨)[-년-]图 ☞추간판.

추간^원판(椎間圓板)图 ☞추간판.

추간-판(椎間板)图 척추골 사이에 있는 연골을 중심으로 된 섬유성의 원판(圓板). 척추 사이의 완충기 역할을 함. 추간 연골. 추간 원판.

추간판^헤르니아(椎間板hernia)图 추간판의 일부가 뒤로 튕겨져서 척수 신경을 압박하는 병. 참디스크.

추거(推去)图하타되자 찾아서 가져감.

추거(推擧)图하타 ①☞추천(推薦). ¶그를 심사 위원으로 추거하다. ②☞추상(推上).

추격(追擊)图하타되자 (도망하는 적을) 뒤쫓아 가면서 공격함. ¶적기를 추격하다.

추격(追擊)을 붙이다[관용] 이간시켜 서로 싸우게 하다.

추격(椎擊)图하타 들이닥치면서 침. 세게 내리침.

추경(秋耕)图하타 가을갈이.

추경(秋景)图 가을의 경치. ¶내장산의 추경.

추경^예:산(追更豫算)[-녜-]图 〈추가 경정 예산〉의 준말.

추경-치다(秋耕-)타 가을에 논갈이를 하다.

추계(秋季)[-계/-게]图 가을철. 추기. 추절.

추계(追啓)[-계/-게]图하자 ☞추신(追伸).

추계(推計)[-계/-게]图하타 추정하여 계산함.

추계-학(推計學)[-계-/-게-]图 어떤 모집단(母集團)에서 표본을 가려 뽑아, 그 표본의 성질에서 모집단의 성질을 추정하는 수학적 방법을 연구하는 학문.

추고(追考)图하타 뒤에 가서 다시 한 번 생각함. 지난 일을 돌이켜 생각함.

추고(追告)图하타 〔주로 편지나 보고하는 글 따위에서〕 '덧붙여 알립니다'의 뜻으로, 덧붙이는 글 앞에 적는 말.

추고(推考)图하타 ①(어떤 일을 근거로 하여) 다른 일을 미루어 생각함. ②지난날, 벼슬아치의 허물을 추문(推問)하여 고찰하던 일.

추고(推故)图하타 거짓으로 핑계함. 다른 일을 핑계 삼아 거절함.

추고(推敲)图하타 '퇴고(推敲)'의 잘못.

추곡(秋穀)圀 가을에 거두는 곡식. ¶추곡 수매(收買). ☞하곡(夏穀).

추곡-가(秋穀價)[-까]圀 (정부나 농업 협동조합 등의 공공 기관에서) 곡물 가격을 조정하기 위해 추곡을 사들일 때의 공시(公示) 가격.

추골(椎骨)圀 〈척추골(脊椎骨)〉의 준말.

추골(槌骨)圀 ☞망치뼈.

추공(秋空)圀 가을 하늘. 추천(秋天).

추광(秋光)圀 ☞추색(秋色).

추광-성(趨光性)[-썽]圀 ☞주광성(走光性).

추괴(醜怪)'추괴하다'의 어근.

추괴-하다(醜怪-)圀괴/-/-궤-)형여 용모가 추하고 괴이하다.

추교(醜交)圀 남녀 간의 추잡한 교제.

추구(追求)圀하타 목적한 바를 이루고자, 끝까지 좇아 구함. ¶이상을 추구하다.

추구(追究)圀하타 확실하지 않은 것을 밝히려고 끝까지 캐어 들어감. ¶본질의 추구.

추구(追咎)圀하타 일이 지난 뒤에 그 잘못을 나무람.

추구(推究)圀하타 (사물의) 이치를 미루어 생각하여 밝혀 냄. ¶사물의 도리를 추구하다.

추국(秋菊)圀 가을 국화.

추국(推鞠·推鞫)圀하타 조선 시대에, 의금부에서 중죄인을 잡아다가 국문(鞫問)하던 일.

추궁(追窮)圀하자타되자 (잘못이나 책임 따위를) 끝까지 캐어 따짐. ¶책임을 추궁하다.

추근-거리다째 조금 성가실 정도로 은근히 자꾸 귀찮게 굴다. 치근거리다. 추근대다.

추근-대다째 추근거리다.

추근-추근뮈형 (성질이나 하는 짓 따위가) 검질기고 끈덕진 모양. ¶추근추근 따지고 들다. 郈초근초근. **추근추근-히**뮈.

추근추근-하다형여 매우 축축하다. ¶옷이 비에 젖어 추근추근하다. 추근추근-히뮈.

추금(秋錦)圀 ☞과꽃.

추급(追及)圀하타 (앞서 가는 사람을) 뒤좇아 따라붙음.

추급(追給)圀하타 (급여 따위를) 추가로 더 지급함.

추급(推及)圀하타 미루어 생각하여 미침.

추급(推給)圀하타 찾아서 내어 줌. 추심(推尋)하여 줌.

추기〈추깃물〉의 준말.

추기(秋氣)圀 가을 기운.

추기(秋期)圀 가을철. 추계(秋季). 추절(秋節).

추기(追記)圀하타 본문(本文)에 추가하여 적어 넣음, 또는 그 기록.

추기(樞機)圀①사물의 가장 중요한 부분. ②정치적으로 가장 중요한 일.

추기-경(樞機卿)圀 가톨릭 교회의 고위 성직자. 교황의 최고 고문으로, 교황을 선거하고 보좌함.

추기다타 (가만히 있는 사람을) 꾀어서 무엇을 하도록 끌어낸다. 부추기다. ¶달콤한 말로 추기다.

추기-성(趨氣性)[-썽]圀 ☞주기성(走氣性).

추길(諏吉)圀하타 길일(吉日)을 택함.

추깃-물[-긴-]圀 송장이 썩어서 흐르는 물. 시수(屍水). 시즙(屍汁). 郈추기.

추남(醜男)圀 보기 흉하게 생긴 남자. 못생긴 남자. 추부(醜夫). ↔미남(美男).

추납(追納)圀하타 모자라는 것을 나중에 더 냄.

추납(追納)圀하타 찾아서 바침. 추심하여 바침.

추녀圀 한식 기와집에서, 처마 네 귀의 기둥 위에 끝이 위로 들린 서까래, 또는 그 부분의 처마.

추녀 물은 항상 제자리에 떨어진다属團 〔추녀 물이 항상 제자리에 떨어지듯이〕모든 일은 결국 법칙대로 되어 간다는 말.

추녀(醜女)圀 얼굴이 흉하게 생긴 여자. 못생긴 여자. 추부(醜婦). ↔미녀(美女).

추녀-마루圀 한식 기와집에서, 팔작지붕의 당마루에서 추녀에 이르는 용마루. 활개장마루.

추녀-허리圀 한식 기와집에서, 번쩍 들린 추녀의 위로 휘어진 부분.

추념(追念)圀하타 ①옛일을 생각함. ②죽은 이를 생각함. 郈추도(追悼).

추다¹타 (남을) 위로 칭찬하다. ¶앞에서는 추어 놓고 뒤에서는 비웃는다.

추다²타 ①(물건 따위를) 찾아내려고 뒤지다. 들추다. ¶방 사람을 모조리 추었으나 허탕이다. ②한쪽을 채어 올리다. 추스르다. ¶어깨를 으쓱 추다. ③'추리다'의 잘못.

추다³타 춤 동작을 나타내다. ¶춤을 추다.

추단(推斷)圀하타되자 ①(어떤 일을 근거로 하여) 다른 일을 미루어 판단함, 또는 그 판단. ②죄상을 심문하여 처단함.

추담(推談)圀 핑계로 하는 말.

추담(醜談)圀 추잡하고 음란한 말. 추설(醜說). 郈음담패설.

추대(推貸)圀하타 ☞취대(取貸).

추대(推戴)圀하타되자 윗사람으로 떠받듦. ¶총재로 추대하다.

추도(追悼)圀하타 죽은 이를 생각하며 슬퍼함. ¶추도 모임. 郈추념(追念).

추돌(追突)圀하자타 (기차나 자동차 따위가 다른 기차나 자동차 따위를) 뒤에서 달려와 들이받음. ¶삼중 추돌.

추등(秋等)圀〔지난날〕①사물의 등급을 춘(春)·추(秋)의 둘로 나눈 것의 둘째 등급, 또는 춘·하·추·동의 넷으로 나눈 것의 셋째 등급. ②봄과 가을에 나누어 내게 된 세금에서, '가을에 내는 세금'을 이르던 말.

추라치圀 크고 굵은 송사리.

추락(墜落)圀하자되자 ①높은 곳에서 떨어짐. ¶추락 사고. /비행기가 추락하다. ②위신이나 신망 따위가 떨어짐. ¶추락된 위신. ③할아버지와 아버지의 공덕에 미치지 못하는 자손.

추락-사(墜落死)[-싸]圀하자 (높은 곳에서) 떨어져 죽음.

추랭(秋冷)圀 가을의 찬 기운.

추량(秋涼)圀 가을철의 서늘하고 맑은 기운.

추량(推量)圀하타 ☞추측(推測).

추레-하다형여 ①(옷차림이나 겉모양이) 허술하여 보잘것없고 궁상스럽다. ¶옷차림이 추레해 보이다. ②생생한 기운이 없다. 郈초라하다.

추력(推力)圀 (물체를 그 운동 방향으로) 미는 힘. 밀고 나아가는 힘.

추렴(∞出斂)圀하타 (모임이나 놀이 등의 비용으로) 여러 사람이 돈이나 물건 따위를 얼마씩 나누어 냄. ¶추렴을 거두다.

추렴-새(∞出斂-)圀 추렴하는 일, 또는 그 돈이나 물건.

추로(秋露)圀 가을 이슬.

추로(鄒魯)圀〔공자는 노(魯)나라 사람이고 맹자는 추(鄒)나라 사람이라는 데서〕'공자와 맹자'를 가리켜 이르는 말.

추로-수(秋露水)圀 한방에서, 가을 이슬을 받은 물을 약재로 이르는 말.

추로지향(鄒魯之鄕)圀〔공자와 맹자의 고향이란 뜻으로〕'예절이 바르고 학문이 왕성한 고장'을 이르는 말.

추로-학(鄒魯學)**명** 〔공자와 맹자의 학문이란 뜻으로〕'유학(儒學)'을 달리 이르는 말.

추록(追錄)**명-하타-되자** 뒤에 추가하여 기록함, 또는 그 기록.

추론(追論)**명-하타** 추구하여 논의함.

추론(推論)**명-하타** ①☞추리. ②이치를 좇아 어떤 일을 미루어 생각하고 논급(論及)함, 또는 그 논급. ¶사건의 경위를 추론하다.

추루-하다(醜陋─)**형여** '추루하다'의 어근.

추루-하다(醜陋─)**형여** ①용모가 추하고 천하다. ¶몰골이 추루하다. ②마음씨나 하는 짓 따위가 추하고 비루하다. ¶추루한 근성을 드러내다.

추류-성(趨流性)[-썽]**명** ☞주류성(走流性).

추리(楸梨)**명** 양지머리의 배꼽 아래에 붙은 쇠고기.

추리(抽利)**명-하타** 이익을 계산함, 또는 그 일.

추리(推理)**명-하타-되자** ①밝혀진 사실을 근거로 하여 아직 밝혀지지 않은 일을 미루어 헤아림. ¶사건을 추리하다. ②몇 가지 전제에서 결론을 끌어냄. 추론(推論).

추리닝(←training)**명** '운동복'·'연습복'으로 순화.

추리다[타] ①(섞여 있는 많은 물건 가운데에서) 여럿을 가려내거나 뽑아내다. ¶새끼를 꼬려고 짚을 추리다. ②내용 가운데서 필요한 것만 따다. ¶요점을 추리다. **비**간추리다.

추리^소:설(推理小說)**명** 범죄 수사를 주된 제재로 삼아 추리에 의한 사건 해결 과정에 흥미의 초점을 맞춘 소설.

추림(秋霖)**명** 가을철의 장마.

추마(雕馬)**명** 흰 바탕에 검은색, 짙은 갈색, 짙은 색 따위의 털이 섞여 난 말.

추맥(秋麥)**명** 가을보리.

추면(皺面)**명** 주름잡힌 얼굴.

추면(鷦面)**명** '뺨면'의 구용어.

추명(醜名)**명** 추잡한 행실로 더럽혀진 이름.

추모(追慕)**명-하타** 죽은 이를 생각하고 그리워함. 죽은 이를 사모함. ¶추모 행렬. /추모의 정(情). /민주 열사를 추모하는 행사.

추모(醜貌)**명** 보기 흉한 용모.

추-모란(秋牡丹)**명** ☞과꽃.

추문(推問)**명-하타** 엄하게 캐물음, 특히 죄상을 문초함. ¶추문 공세.

추문(皺紋)**명** 주름살 같은 무늬.

추문(醜聞)**명** 좋지 못한 소문. 지저분하고 잠스러운 소문. ¶추문이 퍼지다. **비**추성(醜聲).

추물(醜物)**명** 〔못생기고 더러운 물건이란 뜻으로〕'행실이 잡스럽고 지저분한 사람'을 얕잡아 이르는 말.

추미(追尾)**명-하타** 뒤를 따라감. 뒤를 쫓아감. **비**추적.

추밀(樞密)**명** 중대한 기밀, 특히 정치상의 비밀을 요하는 중대한 기밀.

추밀다[자타] 〔옛〕치밀다. ¶하놀의 추미러 므스 일을 ᄉ로리라(鄭澈.關東別曲).

추밀-원(樞密院)**명** 고려 시대에, 왕명의 출납과 군기(軍機) 등의 일을 맡아보던 관아.

추방(追放)**명-하타-되자** ①(해가 되는 것을) 그 사회로부터 쫓아냄. ¶국외 추방. /악서를 추방하다. /핵무기는 이 지구상에서 영원히 추방되어야 한다. ②부적격자를 그 직장이나 직위에서 쫓아내거나 몰아냄. ¶공직에서 추방하다.

추백(追白)**명** ☞추신(追伸).

추병(追兵)**명** 적군을 추격하는 군사.

추보(追步)**명-하타** 지난날, 천체의 운행을 관측하는 일을 이르던 말.

추복(追服)**명-하타** 상고를 당하였을 때, 사정이 있어 상복을 입지 못한 사람이 나중에 상복을 입고 복상(服喪)함, 또는 그 일.

추복-위(追復位)**명** 〈추복위〉의 준말.

추-복위(追復位)**명** 왕조 때, 빼앗은 위호(位號)를 그 사람이 죽은 뒤 회복시켜 주던 일. ☞추복(追復).

추본(推本)**명-하자** 근본을 캐어 연구함.

추봉(秋捧)**명-하타** 지난날, 가을에 결세(結稅)와 잡세를 징수하던 일.

추봉(推捧)**명-하타** 지난날, 돈이나 곡식을 징수하던 일.

추부(醜夫)**명** ☞추남(醜男).

추부(醜婦)**명** ☞추녀(醜女).

추부(趨附)**명-하타** (남을) 붙좇아 따름.

추부-의뢰(趨附依賴)[-의뢰/-이뤠]**명-하타** (세력 있는 사람을) 붙좇아 의지하여 지냄.

추분(秋分)**명** 이십사절기의 하나. 백로(白露)와 한로(寒露) 사이로, 9월 23일경. 일년 중 낮과 밤의 길이가 꼭 같음.

추분-점(秋分點)[-쩜]**명** 황도와 적도와의 두 교점 가운데서, 태양이 북쪽에서 남쪽으로 향하여 적도를 지나가는 점. 태양이 이 점을 지날 때가 추분임. **图**춘분점.

추비(追肥)**명** '웃거름'으로 순화.

추사(秋思)**명** 가을철에 느끼게 되는 갖가지 쓸쓸한 생각.

추사(醜事)**명** 추하고 보기 흉한 일. 더러운 일.

추사-체(秋史體)**명** 조선 말기의 명필인 추사 김정희(金正喜)의 글씨체.

추삭(追削)**명-하타-되자** 왕조 때, 죽은 뒤에 그 사람의 생전의 벼슬을 삭탈하던 일.

추산(秋山)**명** 가을철의 산.

추산(推算)**명-하타-되자** (수나 비용 따위를) 어림잡아 셈함, 또는 그 셈. ¶약 1개 중대로 추산되는 병력.

추산-서(推算書)**명** 추산한 것을 적은 서류.

추-삼삭(秋三朔)**명** 〔가을의 석 달이란 뜻으로〕'음력 칠월·팔월·구월'을 아울러 이르는 말.

추상(抽象)**명-하타** 개별적인 사물이나 구체적인 개념으로부터 공통적인 요소를 뽑아 일반적인 개념으로 파악함, 또는 그렇게 하는 정신 작용. ↔구상(具象)·구체(具體).

추상(秋霜)**명** 가을의 찬 서리.

추상(追想)**명-하타-되자** 지나간 일을 생각하고 그리워함. 추억. 회상(回想).

추상(追償)**명-하타** 지정된 기일에 일부를 갚고, 나머지를 나중에 갚음.

추상(推上)**명** 본디 역도 경기 종목의 한 가지. 바벨을 어깨까지 올린 다음 반동을 이용하지 않고 천천히 머리 위로 들어 올림. 〔1973년부터 경기 종목에서 제외됨.〕추거(推擧). **图**용상(聳上)·인상(引上).

추상(推想)**명-하타-되자** 앞으로 올 일 등을 미루어 생각함, 또는 그 생각.

추상(醜相)**명** 추한 상(相). 추한 모습.

추상-같다(秋霜─)[-갇따]**형** (호령 따위가) 위엄이 있고 서슬이 퍼렇다. **추상같-이**[부].

추상^개:념(抽象槪念)**명** ☞추상적 개념.

추상-론(抽象論)[-논]**명** 현실이나 실제에 근거하지 않아, 구체성이 없는 논의. 내용이 불분명하고 흐리멍덩한 생각.

추상^명사(抽象名詞)**명** 보통 명사의 한 갈래. 추상적 개념을 나타내는 명사. 〔곧 기쁨·슬픔·정의·평화 따위.〕↔구체 명사·물질 명사.

추상-미(抽象美)[명] 추상적으로 유별(類別)하여, 그 종류에 따라 공통되는 특유한 미.

추상-미:술(抽象美術)[명] ⇨추상 예술.

추상-성(抽象性)[명] 실제로나 구체적으로 경험할 수 없는 성질, 또는 그런 경향. ↔구상성.

추상-열일(秋霜烈日)[-녀릴][명] 〔가을의 찬 서리와 여름의 뜨거운 태양이란 뜻으로〕'형벌이나 권위 따위가 몹시 엄함'을 비유하여 이르는 말.

추상^예:술(抽象藝術)[-네-][명] 1910년경부터 일어난 미술 사조의 한 가지. 구체적인 대상의 재현에 의하지 아니하고, 추상적인 순수한 선이나 빛깔·면 따위로 작품을 구성하려고 한 미술. 추상 미술. ⇨구상 예술.

추상-적(抽象的)[관명] ①직접 지각하거나 경험할 수 없는 (것). ¶추상적 이론. /추상적인 방안. ②(말이나 생각 따위가) 현실과 동떨어져 막연한 (것). ¶추상적 언급. /추상적인 표현. ↔구체적.

추상적 개:념(抽象的槪念)[-깨-][명] ①사물의 성질이나 상태·관계 따위를 나타내는 개념. ②전체와의 관계에서 떼어 내어 파악한 사물이나 성질의 개념. ③직접 지각하거나 경험하거나 할 수 없는 사물의 개념. 추상 개념. ↔구체적 개념.

추상-존호(追上尊號)[명] 선왕(先王)이나 선비(先妣)의 존호를 추후에 지어 올리던 일.

추상-화(抽象畫)[명] 사물을 사실대로 재현하지 않고, 순수한 점이나 선·면·빛깔 따위에 의한 표현을 지향한 회화. ⇨구상화.

추상^화:산(錐狀火山)[명] 화산 형태의 한 가지. 특정한 화구에서 나온 용암이나 화산 분출물이 퇴적하여 된 원추형의 화산.

추색(秋色)[명] 가을빛 또는 가을 경치. 추광(秋光). ¶추색이 짙다. /추색이 완연하다. 준춘색.

추서(追敍)[명][하타] 죽은 뒤에 관작을 내리거나 품계를 높여 줌.

추서다[자] (병 따위로 쇠약해진) 몸이 회복되다. ¶웬만큼 추서면 일을 시작하겠다.

추석(秋夕)[명] 한가위.

추석(甃石)[명] 돌을 거의 정육면체에 가깝게 깎아 다듬은 벽돌. 〔우물 벽이나 바닥, 대궐이나 절 따위의 복도나 뜰의 바닥에 깔았음.〕

추선(秋扇)[명] 〈추풍선〉의 준말.

추선(追善)[명][하타] ①죽은 이의 명복을 빌기 위하여 착한 일을 함. ②죽은 이의 명복을 빌고 기일(忌日) 같은 때에 불사(佛事)를 함.

추선(推選)[명][하자] 추천에 의하여 선발함. 추천하여 지위에 앉힘.

추설(追設)[명][하타] 경사가 지나간 다음에 그 잔치를 베풂.

추설(醜說)[명] ⇨추담(醜談).

추성(箒星)[명] '혜성'의 딴 이름.

추성(秋聲)[명] 가을을 느끼게 하는 소리. 〔가을철의 바람 소리나 벌레 소리 따위.〕

추성(趨性)[명] ⇨주성(走性).

추성(醜聲)[명] (남녀 사이의) 추잡한 소문. 비추문.

추세(抽稅)[명][하자] 세액(稅額)을 산출함.

추세(趨勢)[명] ①(그때의) 대세의 흐름이나 경향. 대세가 향하는 바나 그 형편. ¶세계적인 추세. /땅값이 하락 추세를 보이다. ②[하자]어떤 세력을 붙좇아 따름. 권세에 아부함.

추소(秋宵)[명] 가을밤. 추야(秋夜).

추소(追訴)[명][하타] 본소송에 추가하여 소를 제기함, 또는 그 소.

추소(追溯)[명][하타] 사물의 근본으로 거슬러 올라가 살핌.

추속(醜俗)[명] 난잡하고 더러운 풍속. 추풍(醜風). 비누풍(陋風).

추송(追送)[명][하타] ①(물건 따위를) 뒤에 보냄, 또는 뒤쫓아서 보냄. ②떠나는 사람을 배웅함.

추송(追頌)[명][하타] 죽은 뒤에 그의 공적이나 선행을 칭송함.

추쇄(推刷)[명][하타] ①빚을 죄다 받아들임. ②지난날, 부역이나 병역을 기피한 사람이나 도망친 노비 등을 모조리 찾아내어 본고장으로 돌려보내던 일.

추수(秋水)[명] ①가을철의 맑은 물. ②'시퍼렇게 날이 선 칼'을 비유하여 이르는 말. ③'신색(神色)이 맑고 깨끗함'을 비유하여 이르는 말. ④'겨울'을 비유하여 이르는 말. ⑤'맑은 눈매'를 비유하여 이르는 말.

추수(秋收)[명][하타][되자] 가을에 익은 곡식을 거두어들임. 가을걷이. 추확(秋穫). ¶벼를 추수하다.

추수(追水)[명] 모내기를 끝내고 논에 대는 물.

추수(追隨)[명][하자] 남을 붙좇아 따름. 남이 한 뒤를 따름. 추축(追逐).

추수(推數)[명][하자] 앞으로 닥쳐올 운수를 미리 헤아려 셈.

추수^감:사절(追收感謝節)[명] 기독교에서, 신자들이 1년에 한 번씩 추수한 뒤에 하나님께 감사하는 예배를 드리는 날. 우리나라는 교파에 따라 11월의 둘째 또는 셋째 주일(主日)에 지냄. 감사일. 준감사절.

추수^식물(抽水植物)[-싱-][명] 뿌리나 줄기의 밑 부분이 물 밑에 있는 수생 식물.

추수-주의(追隨主義)[-의/-이][명] 아무런 비판도 없이 맹목적으로 남이 하는 대로 따르는 주의.

추숙(追熟)[명][하타] (수확기에 과실 따위가 너무 익어서 버리게 되는 것을 막기 위하여) 제때보다 일찍 거두어들여 뒤에 익히는 일.

추숭(追崇)[명][하타] 왕위에 오르지 못하고 죽은 이에게 왕의 칭호를 올림. 추존(追尊).

추스르다[추스르니·추슬러][타르] ①물건을 가볍게 들썩이며 흔들다. ¶조리를 추슬러서 쌀을 일다. ②물건을 위로 추켜 올리다. ¶바지춤을 추슬러 입다. ③몸을 가누어 움직이다. ¶제 몸 하나 제대로 추스르지 못할 만큼 쇠약해지다. ④일을 잘 수습하여 처리하다. ¶김 과장이 이번 사태를 추슬러 잘 마무리하시오.

추습(醜習)[명] 더럽고 지저분한 버릇.

추시(追諡)[명] 죽은 뒤에 시호(諡號)를 추증(追贈)함.

추시(趨時)[명][하자] 시속(時俗)을 따름.

추신(抽身)[명][하자] (어떤 자리에서) 몸을 빼어 떠남. 바쁜 중에 몸을 좀 빼어 떠남. ¶다망 중에 몸을 추신하여 한유(閑遊)하다.

추신(追伸·追申)[명][하타] 주로 편지 글에서, 사연을 다 쓰고 덧붙이는 말을 쓸 때 '추가하여 말한다'는 뜻으로 덧붙이는 글의 머리에 쓰는 말. 재계(再啓). 추계(追啓). 추백(追白). 첨기(添記).

추심(推尋)[명][하타] ①챙겨서 찾아 가지거나 받아 냄. ¶묵은 빚을 추심하다. ②은행이 소지인의 의뢰를 받아 수표나 어음을 지급인에게 제시하여 지급하게 함, 또는 그 일.

추심^어음(推尋-)[명] 채권을 추심하기 위하여 발행하는 어음, 곧 은행이 다른 은행이나 거래자로부터 추심의 의뢰를 받은 어음.

추썩-거리다[-꺼-][타] 자꾸 추썩추썩하다. 추썩대다. 작초싹거리다.

추썩-대다[-때-]**目** 추썩거리다.
추썩-이다目 ①무엇을 좀 큰 동작으로 한 번 추스르거나 추켜올리다. ②남을 들쑤셔서 부추기다. 魯초싹이다.
추썩-추썩튀하目 ①좀 큰 동작으로 경망스레 까불며 돌아다니는 모양. ②남을 들쑤셔서 자꾸 부추기는 모양. 魯초싹초싹.
추악(醜惡) '추악(醜惡)하다'의 어근.
추악(麤惡) '추악(麤惡)하다'의 어근.
추악-하다(醜惡-)[-아카-]**휑에** (마음씨·용모·행실 따위가) 보기 흉하고 추하다. ¶추악한 얼굴. /추악한 권력 다툼을 벌이다. **추악-히**튀.
추악-하다(麤惡-)[-아카-]**휑에** 품질이 거칠고 나쁘다.
추앙(推仰)**명**하目 높이 받들어 우러름. ¶국부(國父)로서 추앙하다.
추야(秋夜)**명** 가을밤. 추소(秋宵).
추야-장(秋夜長)**명** 기나긴 가을밤.
추양(秋陽)**명** 가을볕.
추양(推讓)**명**하目 남을 추천하고 자기는 사양함.
추어(鰍魚)**명** ☞미꾸라지.
추어-내다目〈들추어내다〉의 준말.
추어-올리다目 ①위로 끌어 올리다. ¶바지를 추어올리다. ②정도 이상으로 칭찬하여 주다. 추어주다. ¶머리가 좋다고 추어올리다.
추어-주다目 정도 이상으로 칭찬하여 주다. 추어올리다. ¶풀이 죽어 있는 그를 추어주어 용기를 북돋우다.
추어-탕(鰍魚湯)**명** 미꾸라지를 넣고 여러 가지 국거리 양념과 함께 끓인 국. 魯추탕.
추억(追憶)**명**하자타**되자** 지나간 일을 돌이켜 생각함, 또는 그 생각. 추상(追想). ¶옛 추억에 잠기다. 뮈추회(追懷).
추언(醜言)**명** 추한 말.
추업(醜業)**명** 추잡하고 천한 생업.〔매음(賣淫) 따위.〕
추열(推閱)**명**하目 범인을 심문함.
추열-성(趨熱性)[-썽]**명** ☞주열성(走熱性).
추예(醜穢) '추예하다'의 어근.
추예-하다(醜穢-)**휑에** 추접스럽고 더럽다.
추옥(醜屋)**명** 작고 누추한 집.
추온-성(趨溫性)[-썽]**명** ☞주열성(走熱性).
추완(追完)**명**하目 필요한 요건을 갖추지 못하여 효력을 발생하지 못한 법률상의 행위가 뒤에 그것을 보충함으로써 유효하게 되는 일. 魯보완.
추요(樞要) '추요하다'의 어근.
추요-하다(樞要-)**휑에** (어떤 조직 같은 데서) 가장 중요하다.
추욕(醜辱)**명** 더럽고 잡된 욕설.
추우(秋雨)**명** 가을비.
추운(秋雲)**명** 가을 하늘의 구름.
추위-하다자여 추위를 느끼다. 추위를 타다. ¶두툼한 옷을 입고도 추위하다. ↔더위하다.
추원(追遠)**명**하目 ①옛일을 그리워함. ②조상의 덕을 추모함. 조상의 제사에 정성을 다함.
추원-보본(追遠報本)**명**하자 조상의 덕을 추모하여 제사를 지내며, 자기의 태어난 근본을 잊지 않고 은혜를 갚음.
추월(追越)**명**하目 뒤따라가서 앞지름. ¶추월 금지 구역. /앞차를 추월하다.
추월(陬月)**명** '음력 정월'을 달리 이르는 말.
추위(秋-)**명** 추운 기운. 한기(寒氣). ¶한겨울의 추위. /추위가 풀리기 시작하다. ↔더위.
추위(推委·推諉)**명**하目 자기의 책임을 남에게 미룸.

추위(皺胃)**명** ☞주름위.
추의(秋意)[-의/-이]**명** 가을다운 기분. 가을의 정취.
추이(推移)**명**하자 시간이 흐름에 따라, 일이나 형편이 변하여 가는 일. 이행(移行). ¶시대적 추이. /사태의 추이를 살피다.
추이(追而)**명** 〔주로 편지 글에서〕 사연을 다 쓰고 덧붙이는 말을 쓸 때, '더 보태어 말하건대'의 뜻으로 그 글머리에 쓰는 말.
추인(追認)**명**하目 ①과거로 소급하여 그 사실을 인정함. ¶총리 임명을 추인받다. ②법률 행위의 결함을 뒤에 가서 보완하여 완전한 것으로 함.
추일(秋日)**명** 가을날. ¶추일 서정.
추일사가지(推一事可知)[-싸-]**명** 한 가지 일로 미루어 다른 모든 일을 알 수 있음을 이르는 말. 추차가지(推此可知).
추임-새명 판소리에서, 창의 사이사이에 고수(鼓手)가 흥을 돋우기 위하여 넣는 소리.〔'얼씨구'·'좋지'·'으이' 따위.〕
추자(楸子)**명** '호두'의 방언.
추자(簉子)**명** ☞용수.
추잠(秋蠶)**명** 가을에 치는 누에. 가을누에. 魯춘잠(春蠶)·하잠(夏蠶).
추잡(醜雜) '추잡(醜雜)하다'의 어근.
추잡(麤雜) '추잡(麤雜)하다'의 어근.
추잡-스럽다(醜雜-)[-쓰-따][~스러우니·~스러워]**휑비** (말이나 행실 따위에) 추잡한 데가 있다. ¶추잡스러운 짓. **추잡스레**튀.
추잡-스럽다(麤雜-)[-쓰-따][~스러우니·~스러워]**휑비** (품위가 없이) 거칠고 막된 데가 있다. **추잡스레**튀.
추잡-하다(醜雜-)[-자파-]**휑에** (말이나 행실 따위가) 지저분하고 잡스럽다. ¶추잡한 행실. /추잡한 장면. **추잡-히**튀.
추잡-하다(麤雜-)[-자파-]**휑에** (품위가 없이) 거칠고 막되다.
추장(酋長)**명** 원시 사회의 부족이나 부락의 우두머리.
추장(推獎)**명**하目 (어떤 사람이나 물건 따위의) 뛰어난 점을 말하고 추천함. ¶추장할 만한 인물.
추재(秋材)**명** 늦여름부터 늦가을까지 형성되는 목질 부분. 춘재(春材)보다 재질이 치밀함. 魯춘재(春材).
추저분-하다(醜-)**휑에** 더럽고 지저분하다. 추접하다. ¶추저분한 얼굴. /추저분한 짓. **추저분-히**튀.
추적(追跡)**명**하目 ①도망하는 자의 뒤를 밟아 쫓음. ¶범인을 추적하다. 뮈추미(追尾). ②지금까지 있었던 일이나 사건 따위의 자취를 더듬음. ¶추적 조사.
추적-추적튀하자 비나 진눈깨비가 을씨년스럽고 척척하게 내리는 모양. ¶가랑비가 추적추적 내리다.
추전-성(趨電性)[-썽]**명** ☞주전성(走電性).
추절(秋節)**명** 가을철. 추계. 추기.
추접-스럽다(醜-)[-쓰-따][~스러우니·~스러워]**휑비** 추저분한 태도가 있다. ¶생각하는 것이 추접스럽다. **추접스레**튀.
추접지근-하다(醜-)[-찌-][형에 깨끗하지 못하고 너더분한 듯하다. **추접지근-히**튀.
추접-하다(醜-)[-저파-][형에 추저분하다.
추-젓(秋-)[-젇]**명** 음력 7월에 담근 새우젓.
  * 추젓이[-저시]·추젓만[-전-]

추정(推定)명 ①하자타 되자 미루어 헤아려서 판정함. ¶이 공사는 약 한 달은 걸릴 것으로 추정된다. ②하타 법률에서, 어떤 사실에 대하여 반대 증거가 없을 때 그것이 정당하다고 가정(假定)하는 일.

추존(追尊)명하타 추숭(追崇).

추존(追尊)명하타 높이어 우러르며 공경함.

추졸-하다(醜拙-)형여 다랍고 째째하다. ¶추졸한 짓.

추종(追從)명 ①하타 남의 뒤를 따라 좇음. ¶타(他)의 추종을 불허(不許)하다. ②하자타 남에게 빌붙어 따름. ¶추종 세력.

추종(鎚鐘)명 추가 달린 쾌종(掛鐘).

추종(騶從)명 높은 벼슬아치나 상전을 뒤따라 다니는 하인.

추주(趨走)명하자 윗사람 앞을 지나갈 때 공경하는 뜻으로 허리를 굽히고 빨리 걸음.

추중(推重)명하타 추앙하여 중히 여김. ¶제자로부터 추중되는 스승.

추증(追贈)명하타 ①종이품 이상 벼슬아치의 죽은 아버지·조부·증조부에게 관위(官位)를 내리던 일. 이증(貤贈). ②공이 많은 벼슬아치가 죽은 뒤에 나라에서 그의 관위를 높여 주던 일.

추지(推知)명하타 미루어 헤아려서 알아냄. ¶사건의 내용을 추지하다.

추지다형 물기가 배어서 몹시 눅눅하다. ¶추진 걸레를 볕에 널다.

추지-성(趨地性)[-썽]명 다주지성(走地性).

추진(推進)명하타 되자 ①앞으로 밀고 감. ¶추진 장치. ②일이 잘 되도록 힘씀. ¶신규 사업을 적극적으로 추진하다.

추진-기(推進機)명 다프로펠러.

추진-력(推進力)[-녁]명 추진하는 힘. ¶추진력이 강한 프로펠러.

추징(追徵)명하타 되자 ①(세금 등을) 나중에 추가로 물리어 거둠. ②형법에서, 몰수하여야 할 물건을 몰수할 수 없게 되었을 때, 그 몰수할 수 없는 부분의 가액(價額)을 물리어 거두는 일.

추차-가지(推此可知)명 이 일로 미루어서 다른 일을 알 수 있음. 추일사가지(推一事可知).

추착(推捉)명하타 죄인을 수색하여 붙잡아 옴.

추찰(推察)명하타 미루어 헤아리거나 살핌. ¶여러 가지 일을 추찰하여 해결책을 강구하다.

추천(秋天)명 가을 하늘. 추공(秋空).

추천(追薦)명하타 불교에서, 죽은 사람의 명복을 비는 일.

추천(推薦)명하타 되자 ①좋거나 알맞다고 생각되는 물건을 남에게 권함. ¶선생님이 추천하신 사전. ②알맞은 사람을 천거함. 추거(推擧). 천. ¶위원으로 추천하다.

추천(鞦韆)명 다그네[1].

추천-서(推薦書)명 추천의 말을 적은 서류. 추천장. ¶학교장 추천서.

추천-장(推薦狀)[-짱]명 다추천서(推薦書).

추천-절(鞦韆節)명〔그네 뛰는 명절이란 뜻으로〕'단오절(端午節)'을 달리 이르는 말.

추첨(抽籤)명하타 제비를 뽑음. ¶아파트 입주자를 추첨으로 결정하다.

추청(秋晴)명 맑게 갠 가을 날씨.

추체(錐體)명 물체의 주요 부분. 원기둥 모양이며, 상하 양면은 연골과 맞닿아 있음.

추체(錐體)명 '뿔체'의 구용어.

추-체험(追體驗)명하타 다른 사람의 체험을 마치 스스로가 체험한 듯이 느끼는 일.〔흔히, 문학 작품의 주인공이나 수기(手記)를 쓴 사람의 체험을 자기의 체험인 듯 느끼는 따위.〕

추초(秋草)명 가을철의 풀. 시드는 풀.

추초(箠楚)명 죄인의 볼기를 치던 형구(刑具)의 한 가지.

추축(追逐)명 되자 ①하타 다추수(追隨). ②하자 서로 경쟁함. 각축(角逐).

추축(樞軸)명 ①운동이나 활동의 중심 부분. ②권력이나 정치의 중심.

추축-국(樞軸國)[-꾹]명 제2차 세계 대전 때, 일본·독일·이탈리아의 세 동맹국이 스스로를 이르던 말. ↔연합국.

추출(抽出)명하타 되자 ①빼내거나 뽑아냄. ②화학에서, 용매를 써서 고체나 액체로부터 어떤 물질을 뽑아냄. ③통계학에서, 모집단으로부터 표본을 뽑아내는 일. ¶표본을 무작위로 추출하다.

추측(推測)명하자타 되자 미루어 헤아림. 추량(推量). ¶그의 추측은 어긋나지 않았다.

추칭(追稱)명하타되자 죽은 뒤에 공덕을 칭송함.

추켜-들다[~드니·~들어]타 치올려 들다. ¶방망이를 추켜들어 개를 쫓다.

추켜-세우다타 ①추켜올려서 세우다. ②'치켜세우다'의 잘못.

추켜-올리다타 위로 솟구어 올리다. ¶바짓자락을 추켜올리다.

추켜-잡다[-따]타 치올려서 잡다. ¶멱살을 추켜잡다.

추키다타 ①위로 가뜬하게 올리다. ¶허리춤을 추키다. ②(값을) 썩 올려 매기다. ③부추기다. ¶잘한 일이라고 추켜 주다.

추탁(推託)명하타 ①다른 일을 핑계 삼아 거절함. ②일을 맡도록 추천함.

추탕(鰍湯)명〈추어탕〉의 준말.

추태(醜態)명 추저분하고 창피스러운 태도나 짓거리. ¶추태를 부리다.

추택(推擇)명하타 되자 여러 사람 가운데서 빼어나고 알맞은 사람을 쓰기 위하여 가려 뽑음.

추토(追討)명하타 뒤쫓아 가서 무찌름.

추파(秋波)명 ①가을철의 잔잔하고 맑은 물결. ②은근한 정을 나타내는 여자의 아름다운 눈짓. ③이성의 관심을 끌기 위하여 은근하게 보내는 눈길. ¶추파를 던지다.

추파(秋播)명 가을에 씨를 뿌리는 일. ¶추파 작물. 참춘파(春播).

추판(楸板)명 가래나무로 켠 널빤지.

추포(追捕)명하타 뒤쫓아 가서 잡음.

추포(麤布)명 발이 굵고 거칠게 짠 베.

추포-탕(-湯)명 깻국이나 콩국에 곰거리와 절인 오이를 썰어 넣고 고명을 친 국.〔삼복 중에 먹음.〕

추풍(秋風)명 가을바람.

추풍(醜風)명 다추속(醜俗).

추풍-낙엽(秋風落葉)명 ①가을바람에 떨어지는 잎. ②'세력이나 형세가 갑자기 기울거나 시듦'을 비유하여 이르는 말.

추풍-선(秋風扇)명〔가을철에 부치는 부채란 뜻으로〕'철이 지나 쓸모없게 된 물건'이나 '이성의 사랑을 잃은 사람'을 비유하여 이르는 말. 준추선(秋扇).

추피(楸皮)명 한방에서, '가래나무의 껍질'을 약재로 이르는 말.〔흔히, 구충제로 쓰임.〕

추하(楸下)명 조상의 무덤이 있는 곳.

추하(墜下)몡하자 높은 데에서 떨어져 내림.

추-하다(醜-)혱여 ①(외모가) 못생기거나 흉하다. ¶ 추한 옷차림. ②(언행이) 치사하고 흉하다. ¶ 추한 행동.

추한(追恨)몡하타 일이 지나간 뒤 뉘우치며 한탄함.

추한(醜漢)몡 ①'추남'을 달리 이르는 말. ②추잡한 짓을 서슴없이 하는 사내.

추행(追行)몡하타 뒤를 쫓아감.

추행(楸行)몡하자 조상의 산소에 성묘하러 감.

추행(醜行)몡 도의에 벗어나 추잡하게 행동함. 음란한 짓. 난행(亂行). ¶ 추행을 당하다.

추향(楸鄕)몡 ⇨구묘지향(丘墓之鄕).

추향(趨向)몡 ①대세(大勢)를 따름. ②대세가 나아가는 방향.

추향-대제(秋享大祭)몡 초가을에 지내는 종묘와 사직의 큰 제사. 憨춘향대제(春享大祭).

추혀들다 옛 추켜들다. ¶ 兩腋을 추혀드니(鄭澈.關東別曲).

추형(追刑)몡 추방하는 형벌.

추호(秋毫)몡 [가을철에 가늘어진 짐승의 털이란 뜻으로] '조금'·'매우 적음'을 뜻하는 말. 《주로, '의·도·라도' 따위와 어울려 부정의 뜻을 나타내는 문장에 쓰임.》 ¶ 그럴 생각은 추호도 없다. /내 말에는 추호의 거짓도 없습니다.

추호불범(秋毫不犯)몡하타 (몹시 청렴하여) 남의 것을 조금도 범하지 않음.

추화(秋花)몡 가을꽃.

추화(錐畫)몡 도자기의 몸에 송곳으로 파서 새긴 무늬.

추화-성(趨化性)[-씽] ⇨주화성(走化性).

추확(秋穫)몡하타 가을철에 수확을 하는 일. 추수(秋收).

추환(追喚)몡하타 보낸 뒤에 다시 불러옴.

추환(追還)몡하타 다음에 돌려보냄.

추회(追悔)[-회/-훼]몡하타되자 지나간 잘못을 뉘우침.

추회(追懷)[-회/-훼]몡하타되자 지나간 일을 생각하여 그리워함. 삔추억(追憶).

추회-막급(追悔莫及)[-회-끕/-훼-끕]몡 지난 일을 뉘우쳐도 소용이 없음. 후회막급.

추후(追後)몡 일이 지나간 얼마 뒤. 이다음. ¶ 합격자 명단은 추후에 발표함. 憨후.

추후-하다(追後-)자여 일이 지나간 뒤 얼마간의 시간이 되다. 《주로, '추후하여'의 꼴로 쓰임.》 ¶ 자세한 내용은 추후하여 발표하겠습니다.

추흥(秋興)몡 가을의 흥취. ¶ 추흥에 겨워 시를 읊다.

축¹읜 《명사, 일부 관형사, 어미 '-은'·'-는'·'-던' 뒤에 쓰이어》 ①같은 무리나 또래로 구분된 '사람들의 동아리'를 속되게 이르는 말. ¶ 젊은 축에 끼다. ②어떤 특성으로 구분되는 부류. ¶ 타조는 날짐승 축에 든다.

축²웬 말린 오징어 스무 마리를 한 단위로 세는 말. 급(級). ¶ 오징어 두 축.

축³웬 물체가 길게 아래로 늘어지거나 처진 모양. ¶ 축 늘어진 전선(電線). 憨축.

축(丑)몡 ①십이지(十二支)의 둘째. ②〈축방(丑方)〉의 준말. ③〈축시(丑時)〉의 준말.

축(祝)몡 국악기의 하나. 나무로 된 네모진 타악기로, 한가운데에 방망이를 넣어 좌우 양편을 침. 문묘와 종묘의 제례에 쓰임.

축(祝)몡 ①〈축문(祝文)〉의 준말. ②〈축제문(祝祭文)〉의 준말.

축(逐)몡 바둑에서, 상대편의 돌을 계속 단수로 몰아 잡을 수 있게 된 모양, 또는 그 수. ¶ 축에 걸리다. /축으로 몰다.

축(軸)몡 ①굴대. ¶ 바퀴의 축. ②⇨심대. ③팽이의 축. ③종이 따위를 감아 둘 때 한가운데에 넣는 막대, 또는 족자의 막대. ④수학에서, '대칭 도형이나 좌표의 기준이 되는 선'을 이름. ¶ x축과 y축.

축(縮)몡 ①〈흠축(欠縮)〉의 준말. ②근심이나 병으로 몸이 야윔. ¶ 몸살로 며칠을 앓더니 얼굴에 축이 갔다.

축(軸)의 ①책력 스무 권을 한 단위로 세는 말. ②종이를 세는 단위의 한 가지. 한지(韓紙)는 열 권, 두루마리는 하나임. ③지난날, 과거(科擧)의 답안지(글장)를 열 장씩 묶은 것을 한 단위로 세던 말.

축가(祝歌)[-까]몡 축하하는 뜻으로 부르는 노래. ¶ 결혼 축가.

축-가다(縮-)[-까-]자 축나다.

축감(縮減)[-깜]몡되자 ①하자 축이 나서 줄어듦. ②하타 ⇨감축.

축객(祝客)[-깩]몡 축하하는 손. 하객(賀客).

축객(逐客)[-깩]몡 ①하자 손을 쫓음. ¶ 문전(門前) 축객하다. ②축신(逐臣).

축거(軸距)[-꺼]몡 자동차의 앞 차축(車軸)과 뒤 차축 사이의 거리.

축견(畜犬)[-껸]몡 가축으로 기르는 개.

축경(竺經)[-꼉]몡 [천축(天竺)의 경(經)이란 뜻으로] '불경(佛經)'을 달리 이르는 말.

축관(祝官)[-꽌]몡 ①제사 때 축문을 읽는 사람. ②왕조 때, 종묘·사직 및 문묘의 제사 때 축문을 읽던 임시 벼슬.

축구(蹴球)[-꾸]몡 [구기(球技)의 한 가지. 두 편이 정해진 시간 안에 발 또는 머리를 이용하여 공을 상대편의 골 속에 넣음으로써 승부를 겨루는 경기. ②축구나 럭비풋볼, 미식축구를 통틀어 이르는 말. 풋볼.

축국(蹴鞠·蹴毱)[-꾹]몡 [지난날] ①장정들이 발로 차서, 꿩의 깃이 꽂힌 공. ②공을 땅에 떨어뜨리지 않고 차던 놀이의 한 가지.

축귀(逐鬼)[-뀌]몡하자 잡귀를 쫓음.

축기(蓄氣)[-끼]몡 호흡할 때 최대한도로 내쉴 수 있는 공기의 양. [보통 1000~1500 cc]

축기(縮氣)[-끼]몡하자 무섭거나 두려워서 기운이 움츠러짐. 저기(沮氣).

축-나다(縮-)[충-]자 ①일정한 양이나 수에서 모자람이 생기다. 축가다. ¶ 살림이 축나다. /쌀독의 쌀이 축나다. ②⇨축지다. ¶ 앓고 나더니 몸이 많이 축났구나.

축-내다(縮-)[충-]타 ①일정한 수나 양에서 모자람이 생기게 하다. ¶ 하는 일도 없이 돈을 축내다. ②몸이 약해져서 살이 빠지다. ¶ 밤을 새워 공부하느라 몸을 축내다.

축년(丑年)[충-]몡 태세(太歲)의 지지(地支)가 축(丑)으로 된 해. [을축년(乙丑年)·정축년(丁丑年) 따위.] 소해.

축년(逐年)[충-]몡 매년(每年).

축농-증(蓄膿症)[충-쯩]몡 ①(녹막강·부비강·관절 따위) 체강(體腔) 안에 고름이 괴는 병을 두루 이르는 말. ②(일반적으로) 부비강에 고름이 괴는 '부비강염'을 흔히 이름. 코가 막히고 두통이 나며, 건망증이 생기고 때로는 악취가 나는 냄새를 흐르기도 함.

축다[-따]자 (물기가 번져) 축축하여지다.

축답(築畓)[-땁]몡 ⇨둑².

축대(築臺)[-때][명] 높이 쌓아 올린 대나 터.

축도(祝禱)[-또][명] 〈축복 기도〉의 준말.

축도(縮圖)[-또][명] ①본디(그림이나 대상의) 본디 모양을 줄여서 그림, 또는 그 그림이나 도면. 줄인그림. 축소도. ②'어떤 사물의 양상을 단적으로 나타낸 것'을 비유하여 이르는 말. ¶인생의 축도.

축도-기(縮圖器)[-또-][명] 도면 등을 줄여 그리는 데 쓰이는 기구.

축동(築垌)[-똥][명] 물을 막기 위하여 둑을 크게 쌓음, 또는 그 둑.

축동(縮瞳)[-똥][명] (밝은 빛을 받을 때) 눈동자가 작아지는 현상. ↔산동(散瞳).

축두(軸頭)[-뚜][명] 시축(詩軸)이나 횡축(橫軸) 따위의 첫머리에 쓰는 시·글씨·그림을 두루 이르는 말.

축두(縮頭)[-뚜][명][하다] ☞축수(縮首).

축력(畜力)[충녁][명] 가축의 노동력.

축로(軸艫)[충노][명] 배의 이물과 고물.

축록(逐鹿)[충녹][명] 〔'사기'의 '회음후전(淮陰侯傳)'에 나오는 말로, 사냥꾼이 사슴을 쫓음에 빗대어〕(사람들이) 제위(帝位) 또는 정권이나 지위 등을 얻으려고 서로 다투는 일을 이르는 말. 함각축(角逐).

축류(畜類)[충뉴][명] 가축의 종류.

축말(丑末)[충-][명] 십이시의 축시(丑時)의 끝. 〔상오 3시에 가까운 무렵.〕

축망(祝望)[충-][명][하다] 소망대로 되기를 빌고 바람.

축모(縮毛)[충-][명] ①지지어 오그라든 머리털. ②면양(緬羊)의 털.

축목(畜牧)[충-][명][하다] 가축을 들에서 기름.

축문(祝文)[충-][명] 제사 때, 신명(神明)에게 읽어 고(告)하는 글. 축제문(祝祭文). 준축(祝).

축문-판(祝文板)[충-][명] 축문을 얹어 놓는 널빤지. 준축판(祝板).

축미(縮米)[충-][명] (일정한 수량에서) 축이 난 쌀의 분량.

축-받이(軸-)[-빠지][명] 회전 운동이나 왕복 운동을 하는 축을 받치어, 그 운동과 하중을 감당하는 부품.

축발(祝髮)[-빨][명][하다] ☞체발(剃髮).

축발(蓄髮)[-빨][명][하다] 바싹 깎았던 머리털을 다시 기름. ↔체발(剃髮).

축방(丑方)[-빵][명] 이십사방위의 하나. 북북동에서 동쪽으로 15도까지의 방위. 계방(癸方)과 간방(艮方)의 사이. 준축(丑). ↔미방(未方).

축배(祝杯)[-빼][명] 축하하는 뜻으로 마시는 술, 또는 그 술잔. ¶축배를 들다.

축복(祝福)[-뽁][명] ①[하다](남을 위하여) 행복하기를 빎, 또는 비는 일. ¶앞날의 행복(大成)을 축복하다. ②(남의 복된 일을) 기뻐하여 축하함. ¶백년가약을 축복하다. /축복받은 생일. ③복. 행복. ¶축복을 누리다. 함기복(祈福).

축복^기도(祝福祈禱)[-뽁끼-][명] 개신교에서, 예배를 마칠 때 목사가 하나님의 은혜가 신도에게 내리기를 비는 기도. 준축도.

축본(縮本)[-뽄][명] (책이나 그림·글씨 따위의) 원형을 줄여서 만든 본새, 또는 그런 책.

축사(畜舍)[-싸][명] 가축을 기르는 건물.

축사(祝辭)[-싸][명][하다] 축하하는 뜻을 나타내는 말을 하거나 글을 씀, 또는 그 말이나 글. 하사(賀詞).

축사(逐邪)[-싸][명][하다] 사악(邪惡)한 귀신이나 기운을 물리침.

축사(縮寫)[-싸][명][하다] ①원형보다 작게 줄여 베낌. ②사진을 줄여서 다시 찍음.

축사-밀(縮砂蔤)[-싸-][명] 생강과의 다년초. 높이 1m가량. 잎이 가늘고, 꽃은 봄·여름에 이삭 모양으로 피며, 쭈글쭈글한 열매 속에 들어 있는 수십 개의 씨는 '사인(砂仁)'이라고 하여 한방에서 약재로 씀.

축삭(逐朔)[-싹][Ⅰ][명] 한 달도 거르지 않음. 축월(逐月). [Ⅱ][부] 한 달도 거르지 않고 달마다.

축삭^돌기(軸索突起)[-싹똘-][명] 신경 세포의 두 가지 돌기 가운데, 흥분을 원심적(遠心的)으로 전달하는 구실을 하는 것. 함일(一)신경 섬유.

축산(畜産)[-싼][명] 가축을 기르고 쳐서 생활에 유용한 물질을 생산하는 일.

축산-물(畜産物)[-싼-][명] 가축을 기르고 번식시켜서 얻는 생산물.

축산-업(畜産業)[-싸넙][명] 가축을 기르고, 그 생산물을 가공하는 산업.

축산-학(畜産學)[-싼-][명] 축산에 대한 이론과 실제를 연구하는 학문.

축생(丑生)[-쌩][명] 태세(太歲)의 지지(地支)가 축(丑)으로 된 해에 태어난 사람을 두루 이르는 말. 〔정축생·기축생 따위.〕 소띠.

축생(畜生)[-쌩][명] ①온갖 가축. ②불가에서, 온갖 짐승이나 그런 짐승 같은 중생을 비유하여 이르는 말.

축생-계(畜生界)[-쌩계/-쌩게][명] 불교에서 이르는 십계(十界)의 하나. 악업의 응보에 따라 이끌려 온 동물의 세계.

축생-고(畜生苦)[-쌩-][명] 불교에서 이르는 오고(五苦)의 하나. 축생도에 태어나서 받는 고통.

축생-도(畜生道)[-쌩-][명] 불교에서 이르는 삼악도(三惡道)의 하나. 죄업으로 죽은 뒤 짐승이 되어 괴로움을 받는다는 축생의 세계, 또는 그런 세계에 태어날 원인이 될 행위.

축성(祝聖)[-썽][명][하다][되다] 가톨릭의 준성사(準聖事)의 한 가지. 성직자가 성례(聖禮)에 쓰이는 물건과 건물 등을 정해진 의식을 통하여 성스럽게 하는 일.

축성(築城)[-썽][명] ①[하다][되다]성을 쌓음. ②군사상 방어 목적으로 요지(要地)에 설치하는 구조물을 통틀어 이르는 말.

축성-식(祝聖式)[-썽-][명] 예식과 기도를 통하여 사람이나 물건을 축성하는 교회의 의식.

축소(縮小)[-쏘][명][하다][되다] 줄여서 작게 함. ¶군비 축소. ↔확대·확장.

축소^균형(縮小均衡)[-쏘-][명] 경제의 규모를 줄여서 수지(收支)의 균형을 잡는 일.

축소-도(縮小圖)[-쏘-][명] 일정한 비율로 줄여서 그린 그림. 줄인 그림. 축도.

축소-비(縮小比)[-쏘-][명] 닮은꼴의 두 도형에서, 작은 쪽의 큰 쪽에 대한 닮음비. 〔비례식으로 나타냄.〕 ↔확대비(擴大比).

축소-율(縮小率)[-쏘-][명] 축소비를 비율로 나타낸 것. 〔분수·소수 또는 % 따위로 나타냄.〕

축소^재:생산(縮小再生産)[-쏘-][명] 먼저보다 작은 규모로 같은 물품을 재생산하는 일. 함단순 재생산·확대 재생산.

축소-판(縮小版)[-쏘-][명] ①축쇄판. ②'무엇을 축소한 것과 같은 사물'을 비유하여 이르는 말.

축소^해:석(縮小解釋)[-쏘-][명] 법규의 문자나 문장을 엄격히 제약하고 법문(法文)의 일상적 의미를 넘지 않도록 좁혀서 해석하는 방법. ↔확대 해석.

축송(逐送)[─쏭][명][하타] 쫓아 보냄.

축쇄(縮刷)[─쇄][명][하타] 인쇄에서, 글이나 그림 따위의 원형을 줄여서 박는 일. 책의 판형을 줄여서 박는 일.

축쇄-판(縮刷版)[─쇄─][명] 축쇄한 판본이나 출판물. 축소판. ⓒ축판.

축수(祝手)[─쑤][명][하자타] 두 손을 모아 빎.

축수(祝壽)[─쑤][명][하타] 장수하기를 빎. ¶축수를 드리다.

축수(縮首)[─쑤][명][하타] (두렵고 겁이 나서) 고개를 움츠림. 축두(縮頭).

축수(縮綬)[─쑤][명] ▷조이개.

축승(祝勝)[─쑹][명][하자] 승리를 축하함, 또는 그 축하. 축첩(祝捷).

축승(縮繩)[─쑹][명] ▷조임줄.

축시(丑時)[─씨][명] ①십이시의 둘째 시. 상오 1시부터 3시까지의 동안. ②이십사시의 셋째 시. 상오 1시 30분부터 2시 30분까지의 동안. ⓒ축(丑).

축시(祝詩)[─씨][명] 축하의 뜻을 담은 시. ¶축시 낭독.

축신(逐臣)[─씬][명] 내몰려 귀양 간 신하. 축객.

축야(逐夜)Ⅰ[명] 하룻밤도 거르지 않음.
Ⅱ[부] 하룻밤도 거르지 않고 밤마다. ¶머리를 맞대고 축야 숙의하다.

축약(縮約)[명][하타][되자] ①줄여서 간략하게 함. ②두 형태소가 이어질 때 앞뒤 형태소의 두 음소나 음절이 하나의 음소나 음절로 되는 음운 현상. 〔좋고→조코, 되어→돼 따위.〕

축양(畜養)[명][하타] 가축을 기름.

축어-역(逐語譯)[명] 외국어로 된 원문을 낱말이나 구절 그대로 충실히 번역함, 또는 그런 번역. 축자역(逐字譯). ▷직역(直譯).

축연(祝宴)[명] 〈축하연〉의 준말.

축연(祝筵)[명] 축하하는 자리.

축우(畜牛)[명] 집에서 기르는 소.

축원(祝願)[명][하타] 신이나 부처에게 자기의 소원이 이루어지게 해 주기를 빎. ②〈축원문〉의 준말.

축원-경(縮遠鏡)[명] ▷망원경.

축원-문(祝願文)[명] 불교에서, 부처에게 축원하는 뜻을 적은 글. ⓒ축원.

축원-방(祝願旁)[명] 불교에서, 축원문을 한데 모아 만든 책을 이름.

축월(丑月)[명] 〔월건(月建)에 십이지의 축(丑)이 드는 달로〕'섣달'의 딴 이름. ⓐ계동(季冬).

축월(祝月)[명] 불교에서, '음력 정월·오월·구월'을 달리 이르는 말.

축월(逐月)[명] ▷축삭(逐朔).

축융(祝融)[명] ①불을 맡은 신. ②여름을 맡은 신. ③남쪽 바다를 맡은 신.

축음-기(蓄音機)[명] 음파를 기록한 음반을 회전시켜 음성을 재생하는 장치.

축의(祝意)[축긔/축이][명] 축하하는 뜻. 하의.

축의(祝儀)[축긔/축이][명] 축하하는 의례나 의식.

축의-금(祝儀金)[축긔─/축이─][명] 축하하는 뜻으로 내는 돈.

축이다[타] (물을 뿌리거나 먹여서) 축축하게 하다. ¶목을 축이다. /빨래를 축이다.

축일(丑日)[명] 일진(日辰)의 지지(地支)가 축(丑)으로 된 날. 〔을축일·정축일·기축일 따위.〕 소날.

축일(祝日)[명] ①(경사를) 축하하는 날. ②가톨릭에서, 하느님과 구세주·성인에게 특별한 공경을 드리기 위해 교회에서 정한 날. ③불교에서, 기도하는 날.

축일(逐一)Ⅰ[명] 하나하나 쫓음. ¶일의 내용을 축일로 구명하다.
Ⅱ[부] 하나씩 하나씩 차례대로.

축일(逐日)Ⅰ[명] 하루하루를 쫓음.
Ⅱ[부] 하루도 거르지 않고 날마다. ¶축일 회동하여 가가호호(家家戶戶) 방문하다.

축일-상종(逐日相從)[명][하자] 날마다 서로 사귐. 날마다 서로 친하게 지냄.

축일-학(逐日瘧)[명] ▷며느리고금.

축자-역(逐字譯)[─짜─][명] ▷축어역.

축장(蓄藏)[─짱][명][하타][되자] 모아서 갈무리해 둠. 거두어 둠.

축장(築墻)[─짱][명][하자] 담을 쌓음.

축재(蓄財)[─째][명][하자] 재물을 모음, 또는 모은 재산. ¶부정(不正) 축재.

축적(蓄積)[─쩍][명][하타][되자] ①많이 모이어 쌓임. ¶피로가 축적되다. ②많이 모아서 쌓음. ¶경험의 축적. /에너지를 축적하다.

축전(祝典)[─쩐][명] 축하하는 의식이나 식전.

축전(祝電)[─쩐][명] 축하의 뜻을 나타낸 전보.

축전(蓄電)[─쩐][명][하자][되자] 전기를 모아 둠.

축전(蓄錢)[─쩐][명] 금전을 저축함, 또는 그 돈.

축전(縮錢)[─쩐][명] 일정한 액수에서 축이 난 돈.

축전-기(蓄電器)[─쩐─][명] 전기의 도체에 많은 양의 전기를 모아 두는 장치. 〔라이덴병이나 바리콘 따위.〕 콘덴서.

축전-지(蓄電池)[─쩐─][명] 전기 에너지를 화학 에너지로 바꾸어서 모아 두고, 필요할 때 전기 에너지로 쓰는 장치. 〔납축전지가 대표적인 것임.〕 가역 전지. 이차 전지. 배터리.

축절(祝節)[─쩔][명] 〔기독교의 성탄절·부활절과 같이〕 즐거운 일을 기념하여 축하하는 날.

축정(丑正)[─쩡][명] 십이시의 축시(丑時)의 한가운데. 상오 2시.

축정(築庭)[─쩡][명][하자] 정원을 꾸밈.

축제(祝祭)[─쩨][명] ①축하하여 제사를 지냄. ②경축하여 벌이는 큰 잔치나 행사를 이르는 말. ¶마을이 온통 축제 분위기다.

축제(築堤)[─쩨][명] 둑을 쌓음, 또는 그 일.

축-제문(祝祭文)[─쩨─][명] ①축문과 제문. ②▷축문(祝文). ⓒ축문(祝).

축-제일(祝祭日)[─쩨─][명] ①축일과 제일. ②축일과 제일이 겹친 날. ③축제를 벌이는 날.

축조(逐條)[─쪼][명][부] 한 조목씩 차례대로 좇음.

축조(築造)[─쪼][명][하타][되자] 제방이나 담을 쌓아 만듦. ¶제방을 축조하다.

축조-발명(逐條發明)[─쪼─][명][하타] 죄가 없음을 낱낱이 변명함.

축조-본(縮照本)[─쪼─][명] (비석의 글 따위를) 사진으로 찍어서 원형보다 작게 제판한 것.

축좌(丑坐)[─쫘][명] (집터나 묏자리 따위가) 축방(丑方)을 등진 좌향, 또는 그런 자리.

축좌-미향(丑坐未向)[─쫘─][명] (집터나 묏자리 따위가) 축방(丑方)을 등지고 미방(未方)을 향한 좌향.

축주(祝酒)[─쭈][명] 〈축하주〉의 준말.

축주(縮酒)[─쭈][명][하자] 제사 때, 처음으로 신위에 올리는 잔의 술을 모사(茅沙)에 조금 따르는 일. 또는 그 술.

축지(縮地)[─찌][명][하자] 도술(道術)로 지맥(地脈)을 축소하여 먼 거리를 가깝게 하는 일.

축-지다(縮─)[─찌─][재] ①사람의 가치가 떨어지다. ②(병 따위로) 몸이 약해지거나 살이 빠지다. 축나다. ¶병으로 몸이 축지다.

축지-법(縮地法)[-찌뻡]몡 축지를 하는 술법. ¶축지법을 쓰다.

축차(逐次)[Ⅰ]몡 차례를 따라서 함. ¶축차로 간행하다. [Ⅱ]♣ 차례차례로. ¶축차 해설하다.

축차-적(逐次的)팬몡 차례대로 좇아 하는 (것). ¶축차적 설명. /축차적으로 시행하다.

축척(縮尺)몡 ①지도나 설계도 따위를 실물보다 축소하여 그릴 때, 그 축소하는 비. 줄인자. ↔현척(現尺). ②피륙 따위가 정한 자수에서 줄어듦.

축천(祝天)몡하자 하늘을 향하여 빎.

축첩(祝捷)몡하자 ⇨축승(祝勝).

축첩(蓄妾)몡하자 첩을 둠.

축초(丑初)몡 십이시의 축시(丑時)의 처음. 〔상오 1시가 막 지난 무렵.〕

축-축♣ 크거나 길쭉한 물건 여럿이 늘어지거나 처진 모양. ¶축추 늘어진 버들가지.

축축-하다[-추카-]톙 물기가 있어 조금 젖은 듯하다. ¶이슬에 젖어 옷이 축축하다. ⑳촉촉하다. **축축-이**♣ 땀으로 등이 축축이 젖었다.

축출(逐出)몡하자되자 쫓아냄. 몰아냄.

축태(縮胎)몡하자 한방에서, '해산날에 약을 먹어서 태반이 작아지게 하여 순산하게 함'을 이르는 말.

축토(築土)몡하자 (집터나 둑 따위를 만들려고) 흙을 쌓아 올림.

축판(祝板)몡 〈축문판(祝文板)〉의 준말.

축판(築板)몡 ⇨담틀.

축판(縮版)몡 〈축쇄판〉의 준말.

축포(祝砲)몡 행사 따위로 축하의 뜻으로 쏘는 총이나 대포의 공포(空砲).

축하(祝賀)[추카]몡하자 기쁘고 즐겁다는 뜻으로 인사함, 또는 그 인사. ¶축하 인사.

축-하다(縮-)[추카-]톙 ①생생한 기운이 없다. ¶앓고 나더니 몹시 축해졌다. ②(생선 따위가) 금소 상하여 신선하지 않다. ¶축한 오징어.

축하-연(祝賀宴)[추카-]몡 축하하기 위하여 베푸는 연회(잔치). ¶결혼식 축하연. ⑳축하연.

축하-주(祝賀酒)[추카-]몡 축하하기 위하여 보내거나 마시는 술. ⑳축주.

축합(縮合)[추캅]몡하자 두 가지 이상의 물질이 공유 결합에 의하여 이루어지는 화합(化合).

축항(逐項)[추캉]몡하자 항목을 차례로 좇음.

축항(築港)[추캉]몡하자 항구(港口)를 구축함, 또는 그 항구.

축호(逐戶)[추코]몡 한 집도 거르지 않음. ¶축호 방문.

축혼(祝婚)[추콘]몡 결혼을 축하하는 일.

축화(祝花)[추콰]몡 축하의 뜻을 나타내는 꽃.

축회(築灰)[추회/추훼]몡하자 장사 지낼 때, 관(棺)을 묻기 전에 광(壙)의 주위를 석회로 다지는 일.

춘경(春耕)몡하타 봄갈이.

춘경(春景)몡 봄철의 경치.

춘계(春季)[-계/-게]몡 봄철. 춘기(春期). 춘절(春節). ¶춘계 소풍.

춘곤(春困)몡 봄철에 느끼는 노곤한 기운.

춘광(春光)몡 ①봄볕. 춘양(春陽). ②봄의 경치.

춘교(春郊)몡 봄 경치가 좋은 들이나 교외.

춘궁(春宮)몡 ①'세자궁(世子宮)'이나 '태자궁(太子宮)'을 달리 이르던 말. ②'왕세자(王世子)'나 '황태자(皇太子)'를 달리 이르던 말.

춘궁(春窮)몡 [보릿고개] '식량 사정이 어려움'을 이르던 말. ②〈춘궁기〉의 준말.

춘궁-기(春窮期)몡 봄철의, 농민이 몹시 살기 어려운 때. 보릿고개. 궁절(窮節). ¶한 끼 얻어먹기도 힘든 춘궁기에 어디를 가느냐? ②춘궁.

춘기(春氣)몡 봄날의 화창한 기운.

춘기(春期)몡 봄철. 춘계(春季). 춘절(春節).

춘기(春機)몡 ①이성(異性)이 그리워지는 마음. 남녀 간의 정욕. 춘심. 춘정. ②춘의(春意).

춘기^발동기(春機發動期)[-똥-]몡 이성(異性)이 그리워지기 시작하는 시기. 사춘기.

춘난(春暖)몡 봄철의 따뜻한 기운.

춘당(椿堂·椿棠)몡 ⇨춘부장(椿府丈).

춘등(春等)몡 [지난말] ①사물의 등급을 춘(春)·추(秋)의 둘로 나눈 것의 첫째 등급, 또는 춘·하·추·동의 넷으로 나눈 것의 첫째 등급. ②봄과 가을에 나누어 내게 되어 있던 세금에서 '봄에 내는 세금'을 이르던 말. ⑳추등(秋等).

춘란(春蘭)몡 난초의 한 가지인 '보춘화(報春花)'의 다른 이름. 잎이 가늘고 길며, 봄에 푸른 빛깔을 띤 흰 꽃이 핌.

춘뢰(春雷)[출뢰/출뤠]몡 봄날의 우레.

춘림(春霖)[출-]몡 봄의 장마.

춘만(春滿)몡 '춘만하다'의 어근.

춘만-하다(春滿-)톙 ①봄기운이 가득하다. ②매우 평화스럽다.

춘매(春梅)몡 봄에 꽃이 피는 매화나무.

춘맥(春麥)몡 봄보리.

춘면(春眠)몡 봄날의 노곤한 졸음.

춘면-곡(春眠曲)몡 조선 시대의 십이 가사(十二歌詞)의 하나. 작가·연대 미상. 〔'청구영언'·'고금가곡'에 실려 전함.〕

춘몽(春夢)몡 [봄날에 낮잠을 자며 꾸는 꿈이란 뜻으로] '헛된 꿈, 덧없는 인생'을 비유하여 이르는 말. 꿈꿈. ¶일장(一場)춘몽.

춘복(春服)몡 봄철에 입는 옷. 춘의(春衣).

춘부(椿府·椿府)몡 ⇨춘부장의 준말.

춘부-대인(椿府大人)몡 ⇨춘부장.

춘부-장(椿府丈)몡 '남의 아버지'를 높이어 일컫는 말. 영존(令尊). 춘당(椿堂). 춘부대인. 춘정(椿庭). ⑳춘부·춘장.

춘분(春分)몡 이십사절기의 하나. 경칩(驚蟄)과 청명(淸明) 사이로, 3월 21일경. 일 년 중 낮과 밤의 길이가 꼭 같다고 함.

춘분-점(春分點)[-쩜]몡 황도와 적도와의 두 교점 가운데에서 태양이 남쪽에서 북쪽으로 향하여 적도를 지나가는 점. 태양이 이 점을 지날 때가 춘분임. ⑳추분점.

춘사(春思)몡 ①봄을 느끼는 싱숭생숭한 마음. ②'색정(色情)'을 달리 이르는 말.

춘사(椿事)몡 뜻밖에 일어나는 불행한 일.

춘산(春山)몡 봄철의 산.

춘삼(春衫)몡 봄에 입는 홑옷.

춘-삼삭(春三朔)몡 [봄의 석 달이란 뜻으로] '음력 정월·이월·삼월'을 아울러 이르는 말.

춘-삼월(春三月)몡 [봄 경치가 가장 좋은] '음력 삼월'을 달리 이르는 말. ¶춘삼월 호시절.

춘색(春色)몡 봄빛. 봄기운, 또는 봄의 경치. 춘광(春光). ⑳추색(秋色).

춘설(春雪)몡 봄에 내리는 눈. 봄눈.

춘소(春宵)몡 봄밤. 춘야(春夜).

춘소(春蔬)몡 봄 채소.

춘수(春水)몡 봄철에 흐르는 물.

춘수(春愁)몡 봄철에 공연히 일어나는 뒤숭숭한 마음.

춘수-모운(春樹暮雲)몡 [봄철의 나무와 저물 무렵의 구름이란 뜻으로] '멀리 있는 벗을 그리워함'을 비유하여 이르는 말.

춘신(春信)圈 ①봄소식. ②'이른 봄에 꽃이 피고 새가 울기 시작함'을 이르는 말.

춘심(春心)圈 ①봄철에 느끼는 심회. ¶일지(一枝) 춘심. 춘기(春機).

춘앵-무(春鶯舞)圈 ☞춘앵전.

춘앵-전(春鶯囀)圈 조선 순조 때의 궁중 무용의 한 가지. 한 사람의 무희가 화문석을 깔고 그 위에서 음악에 맞추어 추는 춤.〔효명 세자가 꾀꼬리 소리에 도취되어, 그것을 무용화한 것임.〕춘앵무.

춘야(春夜)圈 봄밤. 춘소(春宵).

춘약(春藥)圈 성욕이 일어나게 하는 약. 倗미약(媚藥).

춘양(春陽)圈 봄볕. 춘광(春光).

춘우(春雨)圈 봄비.

춘우-수(春雨水)圈 정월에 처음 내린 빗물.

춘운(春雲)圈 봄 하늘의 구름.

춘월(春月)圈 봄밤에 돋는 달.

춘유(春遊)圈哂 봄철의 정취를 즐기며 놂, 또는 그 놀이.

춘음(春陰)圈 (안개나 이내 따위로) 흐린 봄 날씨. ↔춘청(春晴).

춘의(春衣)〔추늬/추니〕圈 봄옷. 춘복(春服).

춘의(春意)〔추늬/추니〕圈 이른 봄에 '만물이 피어나려 하는 기운'을 이르는 말. 춘기(春機).

춘의-도(春意圖)〔추늬-/추니-〕圈 ☞춘화도.

춘일(春日)圈 봄날.

춘잠(春蠶)圈 봄에 치는 누에. 倗추잠·하잠.

춘장(椿丈·春丈)〔춘부장〕의 준말.

춘재(春材)圈 봄철에서 여름철까지 자라서 이루어진 목질(木質) 부분.〔춘재보다 재질이 거침.〕倗추재(秋材).

춘절(春節)圈 봄철. 춘계. 춘기.

춘정(春情)圈 ①봄의 정취. ②남녀 간의 정욕. ¶춘정이 발동하다. 춘기(春機).

춘정(椿庭·春庭)〔춘부장丈〕.

춘-첩자(春帖子)〔-짜〕圈 입춘 날에 대궐 안에 써 붙이던 주련(柱聯).

춘청(春晴)圈 맑게 갠 봄 날씨. ↔춘음(春陰).

춘초(春初)圈 봄의 초기.

춘초(春草)圈 ①봄철에 새로 돋는 부드러운 풀. ②'백미꽃'을 달리 이르는 말.

춘추(春秋)¹圈 ①봄과 가을. ②〈나이〉의 높임말. 연세. ¶올해 춘추가 어떻게 되십니까? ③'해〔年〕'를 뜻으로 이르는 말. ¶여러 춘추 동안 오지(奧地)를 탐험하다.

춘추(春秋)²圈 ①오경(五經)의 하나. 중국의 노나라 사관(史官)이 편년체로 기록한 노나라 역사를 공자가 비판 수정한 책.〈춘추 시대〉의 준말.

춘추-관(春秋館)圈 고려·조선 시대에, 시정(時政)의 기록을 맡아보던 관아.

춘추-복(春秋服)圈 봄·가을에 입는 옷.

춘추-삼전(春秋三傳)圈 사서(史書) '춘추(春秋)'를 강술한 세 가지 주석서. '좌씨전(左氏傳)·곡량전(穀梁傳)·공양전(公羊傳)'을 이름.

춘추^시대(春秋時代)圈 중국 주나라의 후반기인 약 300년간(기원전 8~5세기)을 이르는 말.〔주나라는 명맥(命脈)만 유지한 반면 강성해진 제후(諸侯)가 독립하여 서로 싸우던 시대.〕倗춘추(春秋)².

춘추^전:국^시대(春秋戰國時代)〔-씨-〕圈 중국의 춘추 시대와 전국 시대를 아울러 이르는 말.

춘추-정성(春秋鼎盛)圈 임금의 나이가 바야흐로 한창 젊음.

춘추-필법(春秋筆法)〔-뻡〕圈 공자의 역사 비판이 나타나 있는 '춘추'와 같이) 대의명분을 밝혀 세우는 사필(史筆)의 논법.

춘치-자명(春雉自鳴)圈哂〔봄철에 꿩이 스스로 운다는 뜻으로〕'시키거나 요구하지 않아도 때가 되면 제 스스로 함'을 이르는 말.

춘태(春太)圈 봄에 잡은 명태.

춘파(春播)圈哂 봄에 씨를 뿌림, 또는 그 일. 倗춘파(秋播).

춘풍(春風)圈 봄바람.

춘풍-추우(春風秋雨)圈〔봄바람과 가을비라는 뜻으로〕'지나간 세월'을 이르는 말.

춘풍-화기(春風和氣)圈 봄날의 화창한 기운.

춘하(春霞)圈 봄철의 아지랑이.

춘하추동(春夏秋冬)圈 '봄·여름·가을·겨울'의 네 철을 아울러 이르는 말.

춘한(春旱)圈 봄철의 가물.

춘한(春恨)圈 봄날의 경치에 끌려 일어나는 정한(情恨).

춘한(春寒)圈 봄의 추위.

춘한-노건(春寒老健)圈〔봄추위와 늙은이의 건강이란 뜻으로〕'사물이 오래가지 못함'을 이르는 말.

춘향-가(春香歌)圈 판소리 열두 마당의 하나. '춘향전'을 판소리로 엮은 것.

춘향-대제(春享大祭)圈 초봄에 지내는, 종묘와 사직의 큰 제사. 倗춘향대제(秋享大祭).

춘향-전(春香傳)圈 작자·연대 미상의 조선 시대의 고대 소설. 이몽룡(李夢龍)과 춘향의 연애와 정을 중심으로 하여 춘향의 정절을 기리고 계급 타파의 서민 의식을 고양한 내용. 열녀춘향수절가(烈女春香守節歌).

춘화(春花)圈 봄철에 피는 꽃.

춘화(春華)圈 봄 경치의 빛나고 아름다운 모양이나 볼품.

춘화(春畫)圈〈춘화도〉의 준말.

춘화-도(春畫圖)圈 남녀 간의 성희 장면을 나타낸 그림이나 사진. 춘의도(春意圖). 비희도(祕戲圖).

춘화^처:리(春化處理)圈 식물이 자라는 데 거쳐야 할 환경 조건을 인위적으로 만들어 줌으로써 정상적인 꽃눈의 형성이나 개화의 촉진을 꾀하는 일.

춘화-추월(春花秋月)圈〔봄꽃과 가을 달이란 뜻으로〕'자연계의 아름다움'을 이르는 말.

춘훤(椿萱·春萱)圈〔춘당(椿堂)과 훤당(萱堂)의 뜻으로〕'남의 부모'를 높여 이르는 말.

춘흥(春興)圈 봄철에 일어나는 흥치(興致). ¶나그네도 춘흥에 겨워 시를 읊다.

출가(出家)圈哂〔집을 나간다는 뜻으로〕①불교에서, 세속의 집을 떠나 불문(佛門)에 듦. 사신(捨身). ②가톨릭에서, 세간을 떠나 수도원으로 들어감. ↔재가(在家)·재속(在俗).

출가(出嫁)圈哂 처녀가 시집을 감. ¶출가한 딸.

출가(出稼)圈哂 얼마 동안 객지로 품을 팔러 나감.

출가-계(出家戒)〔-계/-게〕圈 불교에서 이르는 삼계(三戒)의 하나. 출가한 중이 지켜야 하는 계. 倗도속공수계·재가계.

출가-구계(出家具戒)〔-계/-게〕圈 불교에서, 중이 되어 계행(戒行)의 공덕을 두루 갖춤.

출가-득도(出家得度)〔-또〕圈 불교에서, 출가하여 도를 받고 중이 됨, 곧 승적에 오름.

출가-외인(出嫁外人)〔-외-/-웨-〕圈 출가한 딸은 남이나 마찬가지라는 말.

출가-위승(出家爲僧)圏하자 세속(世俗)의 집을 떠나 중이 됨.

출각(出脚)圏하자 벼슬자리에서 물러났다가 다시 벼슬길에 나아감.

출간(出刊)圏하타되자 ☞출판(出版).

출감(出監)圏하자되자 ☞출옥(出獄).

출강(出講)圏하자 강의에 나아감. ¶대학에 출강하다.

출강(出疆)圏하자 (사신이 되어) 나라를 떠남.

출거(出去)圏하자 (딴 데로) 나가거나 떠나감.

출격(出擊)圏하자타 (주로 항공기가) 적을 공격하러 나감, 또는 나가서 공격함. ¶출격 명령.

출결(出缺)圏 출석과 결석, 또는 출근과 결근을 아울러 이르는 말.

출경(出京)圏하자 ①시골로 가기 위해 서울을 떠남. →입경(入京). ②☞상경(上京).

출경(出境)圏하자 그곳의 지경(地境)을 넘어감.

출경-하다(관용 악정을 한 관원이 백성에게 쫓겨 다른 지방으로 내쫓김을 당하다.

출계(出系)[-계/-게]圏하자 양자로 들어가서 그 집의 대를 이음.

출고(出庫)圏하타되자 ①물품을 창고에서 꺼내거나 내어 줌. →입고(入庫). ②생산자가 생산품을 시장에 냄. ¶출고 가격.

출고-량(出庫量)圏 ①창고에서 물품을 꺼낸 양. ②생산 공장에서 제품을 시장 따위에 내놓은 양.

출관(出棺)圏하자 안장하기 위하여 관을 집 밖으로 내감. 출구(出柩).

출교(黜教)圏하타되자 기독교에서, 잘못을 저지른 교인을 교적에서 삭제하여 내쫓음.

출구(出口)圏 ①나가는 어귀. ¶비상 출구. →입구. ②하타지난날, 상품을 항구 밖으로 내가던 일.

출구(出柩)圏하자 ①☞출관(出棺). ②이장(移葬)할 때, 무덤에서 관을 꺼냄.

출국(出國)圏하자 (다른 나라로 가기 위하여) 국경 밖으로 나감. ¶출국 금지. /출국 신고. / 출국 수속. →입국(入國).

출국^사증(出國査證)[-싸쯩]圏 국가에서, 국경 밖으로 나가는 것을 인정하는 증명서.

출군(出群)圏 '출군하다'의 어근.

출군-하다(出群-)형여 ☞출중(出衆)하다. ¶그는 모든 면에서 출군하다.

출궁(出宮)圏하자 임금이 대궐 밖으로 나감.

출근(出勤)圏하자 일터로 근무하러 나가거나 나옴. ¶출근 시간. /아침 일찍 출근하다. →결근·퇴근.

출근-길(出勤-)[-낄]圏 출근하는 길, 또는 도중. →퇴근길.

출근-부(出勤簿)圏 출근 상황을 적는 장부.

출금(出金)圏하타 돈을 내어 쓰거나 내어 줌, 또는 그 돈. ¶출금 장부. /출금 업무. →입금.

출급(出給)圏하타되자 (물건을) 내어 줌.

출납(出納)[-랍]圏하타 금전이나 물품을 내어 주거나 받아들임, 특히 금전을 내어 주거나 받아들임.

출납^검:사(出納檢査)[-랍껌-]圏 회계 검사 기관, 특히 감사원이 하는 회계 검사.

출납-부(出納簿)[-랍뿌]圏 출납을 기록하는 장부.

출당(黜黨)[-땅]圏하타되자 정당 같은 데서 자격을 박탈하고 내쫓음.

출동(出動)[-똥]圏하자되자 (부대 따위가) 활동하기 위하여 목적지로 떠남. ¶출동 명령. /현장으로 출동하다.

출두(出痘)[-뚜]圏하자 두창(痘瘡)의 반점이 내돋음.

출두(出頭)[-뚜]圏하자 ①(관청 같은 곳에) 몸소 나감. ¶법정 출두 명령. ②<출또>의 본딧말.

출또(←出道)圏하자 ☞어사출또.

출도(出道)圏하자 <청출어람(靑出於藍)>의 준말.

출렁-거리다자 자꾸 출렁출렁하다. 출렁대다. ¶바닷물이 출렁거리다. ☞촐랑거리다.

출렁-대:다자 ☞출렁거리다.

출렁-이다자 물 따위가 큰 물결을 이루며 흔들리다. ☞촐랑이다.

출렁-출렁분 물 따위가 큰 물결을 이루며 자꾸 흔들리는 소리, 또는 그 모양. ☞촐랑촐랑.

출력(出力)圏 ①하타일정한 입력이 기계적으로 처리되어 정보로서 나타나는 일, 또는 그 정보. →입력. ②원동기나 송신기 따위가 1초 동안에 내는 유효 에너지. ¶출력 30만 kW의 발전소. ③하타돈을 내어 사업을 돕는 일.

출력^장치(出力裝置)[-짱-]圏 컴퓨터의 중앙 처리 장치로부터 결과를 뽑아내는 장치. ↔입력 장치.

출렴(出斂)圏하타 <추렴(出斂)>의 본딧말.

출렵(出獵)圏하자 사냥하러 나감.

출령(出令)圏하자 명령을 내림.

출로(出路)圏하자 빠져나가거나 탈출할 길. ¶출로가 막히다.

출루(出壘)圏하자 야구에서, 안타나 사구(四球) 등으로 타자가 일루에 진출함. ¶포볼로 출루하다.

출류(出類)圏하형 같은 무리 가운데서 특별히 뛰어남.

출류-발췌(出類拔萃)圏하형 평범한 부류 가운데에서 두드러지게 뛰어남. ☞출췌.

출마(出馬)圏하자 ①말을 타고 나감. ②(선거 따위에) 입후보자로 나섬. ¶총선거에 무소속으로 출마하다.

출마-표(出馬標)圏하자 지난날, 격구를 할 때 경기자가 말을 타고 출발하던 곳.

출막(出幕)圏하자 전염병에 걸린 사람을 따로 격리하기 위하여 다른 곳으로 떠나 있도록 옮김.

출말(出末)圏하자 일이 끝남. 출초(出梢).

출말-나다(出末-)[-라-]자 일이 끝나다.

출면(('못하다'와 함께 쓰이어) (너무 쇠약해지거나 앓고 난 끝이거나 하여) 몸을 가눌 기운이 없음.

출모(出母·黜母)圏 아버지로부터 내침을 받아 집을 떠난 어머니.

출몰(出沒)圏하자 (괴상한 것이) 나타났다 숨었다 함. ¶출몰이 무쌍하다.

출몰-귀관(出沒鬼關)圏하자 [저승 문을 드나든다는 뜻으로] ①죽었다 살았다 함. ②죽을 지경을 당함.

출몰-무쌍(出沒無雙)圏하형 나타났다 사라졌다 하는 것이 비길 데 없이 심함.

출무성-하다형여 ①위아래가 굵지도 가늘지도 않고 비스름하다. ②(물건의 대가리들이) 가지런하다. ¶출무성하게 담긴 성냥개비.

출문(出文)圏 장부상으로 지급이 된 돈.

출문(出門)圏하자 ①문밖으로 나감. ②집을 떠남.

출물(出物)圏 ①어떤 일에 필요한 돈이나 물건을 내는 일, 또는 그 재물. ¶회원의 출물로 꾸민 아담한 휴게실. ②강제로 당한 물적 손해.

출물-꾼(出物-)圏 회비나 잡비 따위를 혼자서 부담하는 사람.

출반(出班)圏하자 <출반주>의 준말.

출반-주(出班奏)(명)(하자) ①여러 신하 가운데서 혼자 임금에게 나아가 아뢰던 일. ②여럿이 모인 자리에서 맨 먼저 말을 꺼냄. ⦿출반.

출발(出發)(명)(하자)(되자) ①길을 떠남. ¶ 출발 신호. /마을을 출발하다. ⑪발정(發程). ↔도착. ②일을 시작함, 또는 일의 시작. ¶ 사회인으로서의 새 출발.

출발-점(出發點)[-쩜](명) ①출발하는 곳. ②어떤 일을 시작하는 기점(基點).

출번(出番)(명) ①(교대하는 일직이나 당직 따위) 당번이 되어 나가는 차례. ②(하자)당직 따위의 근무를 마치고 나옴.

출범(出帆)(명)(하자) ①(돛을 달고) 배가 항구를 떠나감. 개범(開帆). ⑪출항(出港). ↔귀범. ②'조직이나 단체를 이루어 일을 시작함'을 비유하여 이르는 말. ¶ 새 정부의 출범.

출병(出兵)(명)(하자) 군사를 싸움터로 내보냄. 출사(出師). ¶ 출병 명령을 받다.

출분(出奔)(명)(하자) 도망쳐서 행방을 감춤.

출비(出費)(명)(하자) 비용을 냄, 또는 그 비용.

출빈(出殯)(명)(하자) 장례를 지내기 전에 시신을 집 밖의 빈소에 옮겨 모심.

출사(出仕)[-싸](명)(하자) 벼슬하여 관아에 나감.

출사(出使)[-싸](명)(하자) 〔조선 시대에〕 ①벼슬 아치가 지방 출장을 하거나 ②포교(捕校)가 도둑 잡으라는 명령을 받고 멀리 출장을 가던 일.

출사(出師)[-싸](명)(하자) ☞출병(出兵).

출사(出寫)[-싸](명)(하자) 사진사가 사진관 밖으로 출장하여 사진을 찍음, 또는 그 일.

출사-표(出師表)[-싸-](명) ①출병에 임하여 그 뜻을 임금에게 올리던 글. ②중국 삼국 시대에, 촉나라 제갈량이 출진에 앞서 임금에게 바친 상주문(上奏文).

출사표를 던지다(관용) 큰 경기나 경쟁에 앞서 비장한 각오를 가지고 도전하다, 또는 그런 각오를 세상에 알리다. ¶ 대표 팀 감독은 월드컵 우승을 목표로 출사표를 던졌다.

출산(出山)[-싼](명)(하자) 산이나 절에서 나옴. ↔입산.

출산(出産)[-싼](명)(하타)(되자) 아기를 낳음. 생산.

출산^휴가(出産休暇)[-싼-](명) 근로 여성이 출산을 할 때 주어지는 법정 휴가. 분만 휴가.

출상(出喪)[-쌍](명) 상가(喪家)에서 상여가 떠나감.

출상(出象)[-쌍](명) 음성이나 수성에 가렸던 태양이 다시 나타나는 일.

출생(出生)[-쌩](명)(하자)(되자) 태아가 모체에서 태어남. ¶ 서울 출생.

출생-률(出生率)[-쌩뉼](명) 일정 기간에 태어난 사람의 수가 전체 인구에 대하여 차지하는 비율. 〔보통 인구 1000명에 대한 1년간의 출생아 수의 비율로 나타냄.〕

출생^신고(出生申告)[-쌩-](명) 출생한 사실을 관청에 알리는 일.

출생-증명서(出生證明書)[-쌩-](명) 사람의 출생을 증명하는 문서.

출생-지(出生地)[-쌩-](명) 출생한 땅.

출생지-주의(出生地主義)[-쌩-의/-쌩-이](명) ☞생지주의.

출석(出席)[-썩](명)(하자) 수업이나 회합·집회 따위에 나감. ⑪참석(參席). ↔결석.

출석^명:령(出席命令)[-썽-녕](명) 〔형사 소송법에서〕 ①법원이 필요할 때, 피고인에 대하여 지정 장소에 출석을 명하는 일. ②검사나 사법 경찰관이 수사상 참고인의 출석을 요구하는 일.

출석-부(出席簿)[-썩뿌](명) 출석 상황을 적는 장부.

출선(出船)[-썬](명)(하자) 배가 항구를 떠남.

출성(出城)[-썽](명)(하자) 성 밖으로 나감. ↔입성.

출세(出世)[-쎄](명)(하자) ①사회적으로 높이 되거나 유명해짐. ¶ 출세가 빠르다. ⑪입신. ②숨어 살던 사람이 세상에 나옴. ③〔불교에서〕 ⑦번뇌를 떠나 불도로 들어감. ⓛ부처나 보살이 중생을 제도하기 위하여 사바세계로 옴.

출세(出稅)[-쎄](명)(하자) 세금을 냄.

출-세간(出世間)[-쎄-](명)〔불교에서〕 ①속세와 관계를 끊는 일. ②속세의 생사 번뇌에서 해탈하여 깨달음의 세계에 이르는 일.

출세간-도(出世間道)[-쎄-](명) 불교에서, 속계를 떠난 보리(菩提)의 세계를 이름.

출세-욕(出世慾)[-쎄-](명) 출세하려는 욕망. ¶ 출세욕에 불타다. /출세욕에 사로잡히다.

출세-작(出世作)[-쎄-](명) 예술적으로 인정받거나 명성을 얻게 한 작품.

출셋-길(出世-)[-쎄낄/-쎈낄](명) 사회적으로 높은 지위에 오르거나 유명하게 되는 방면. ¶ 출셋길이 열리다.

출소(出所)[-쏘](명)(하자)(되자) ☞출옥(出獄).

출소(出訴)[-쏘](명)(하자) 소송을 제기함.

출송(出送)[-쏭](명)(하타)(되자) 밖으로 내보냄.

출수(出穗)[-쑤](명)(하자) 이삭이 팸. 발수(發穗).

출시(出市)[-씨](명)(하자) 상품을 시장에 내보임, 또는 상품이 시장에 나옴. ¶ 신제품이 출시되다.

출신(出身)[-씬](명) ①출생 당시의 가정이나 지역적 신분 관계. ¶ 황해도 출신. ②(학교나 직업 따위의) 사회적 신분 관계. ¶ 학사 출신. /군인 출신. ③(문·무科)나 잡과(雜科)에 급제하고 아직 벼슬길에 오르지 못한 사람을 이르던 말. 〔특히, 무과 합격자를 이름.〕

출-썩거리다[-꺼-](자타) 자꾸 출썩출썩하다. ⑭출싹거리다.

출썩-대다[-때-](자타) 출썩거리다.

출썩-출썩[-썩-](부) ①주책없이 수선을 떨며 돌아다니는 모양. ②남의 마음을 들쑤셔서 들먹이게 하는 모양. ⑭출싹출싹.

출아(出芽)(명) ①싹이 터 나옴, 또는 그 싹. ②무성 생식의 한 가지.

출아-법(出芽法)[-뻡](명) 무성 생식의 한 가지. 모체 위에 생긴 작은 싹이나 돌기가 점점 커져서 모체에서 떨어져 새로운 개체를 이루는 생식법. 〔효모균이나 원생동물·해면동물 따위에서 흔히 볼 수 있음.〕 발아법. 아생법. 아생 생식. ⑬영양 생식.

출-애굽(←出埃及)(명) 이스라엘 민족이 모세의 인도, 노예 생활을 하던 이집트에서 떠나온 일.

출애굽-기(←出埃及記)[-끼](명) 구약 성서 중 '모세 오경'의 하나. 모세가 이스라엘 민족을 이집트의 박해로부터 약속의 땅 가나안으로 인도해 가는 내용이 기록되어 있음.

출어(出御)(명)(하자) 임금이 내전(內殿)에서 외전(外殿)으로 나오거나 대궐 밖으로 나옴.

출어(出漁)(명)(하자) 바다로 고기를 잡으러 나감. ¶ 출어 일수.

출연(出捐)(명)(하자) 금품을 내어 원조함.

출연(出演)(명)(하자) 무대나 영화·방송 따위에 나와 연기함. ¶ 방송극에 출연하다.

출연^재:산(出捐財産)(명) ①출연 행위로 제공된 재산. ②민법에서, 재단 법인의 설립을 목적으로 제공된 재산. 기부 재산.

출영(出迎)**명**[하타] 마중 나감. 또는, 나가서 맞음. ¶출영 행렬.

출옥(出獄)**명**[하자][되자] 형기가 끝나거나 무죄가 되어 감옥을 나옴. 출감. 출소. ↔입옥(入獄).

출원(出願)**명**[하타][되자] 원서나 신청서를 제출함. ¶특허 출원 중인 신상품.

출유(出遊)**명**[하자] 다른 곳에 나가서 놂.

출입(出入)**명** ①[하자타]드나듦. ¶극장 출입. /출입이 잦다. ②[하자]나들이. ¶어머니는 출입하시고 집에 안 계십니다.

출입-구(出入口)[-꾸] **명** 드나드는 어귀나 문.

출입국^관리(出入國管理)[-꽝-][명] 국내외인의 출국과 입국에 관하여 관리하는 일.

출자(出資)[-짜]**명**[하타][되자] (어떤 사업을 위하여) 자금을 냄, 또는 그 자금. 투자(投資). ¶벤처 기업에 거액을 출자하다.

출장(出張)[-짱]**명**[하자] 용무로 어떤 곳에 가거나 임시로 파견됨. ¶출장 명령.

출장(出場)[-짱]**명** ①어떤 곳에 나감. ②운동 경기에 나감. ¶자동차 경주에 출장하다.

출장-소(出張所)[-짱-]**명** 공공 기관이나 회사 등에서 일정 지역의 업무를 처리하기 위하여 따로 차린 작은 규모의 사무소.

출장입상(出將入相)[-짱-]**명**[하자] 〔나가서는 장수요, 들어와서는 재상이란 뜻으로〕 '문무 겸전하여 장상의 벼슬을 두루 지냄'을 이르는 말.

출전(出典)[-쩐]**명** (고사·성어나 인용문 따위의) 출처가 되는 책. ¶출전을 밝히다.

출전(出戰)[-쩐]**명**[하자] ①운동 경기에 나감. ¶출전 선수. /대회에 출전하다. ②싸우러 나감. 나가서 싸움. ¶출전 태세를 갖추다.

출전-피(出箭皮)[-쩐-]**명** 활동 한가운데의 측면에 화살이 닿는 자리에 붙이는 가죽 조각.

출정(出廷)[-쩡]**명**[하자] 법정에 나감. ¶증인으로 출정하다. ↔퇴정(退廷).

출정(出征)[-쩡]**명** ①(군에 들어가) 싸움터로 나감. ¶출정 군인. ②[하타]군사를 보내어 정벌함.

출정(出定)[-쩡]**명**[하자] 중이 선정(禪定)을 마치고 나옴. ↔입정(入定).

출제(出題)[-쩨]**명**[하타][되자] ①시가(詩歌)의 제목을 냄. ②시험 문제를 냄. ¶중간고사 문제를 출제하다.

출주(出主)[-쭈]**명**[하자] 제사 때, 신주(神主)를 사당에서 모셔 냄.

출주(出走)[-쭈]**명**[하자] 있던 곳을 떠나 달아남. 도주함.

출주(出駐)[-쭈]**명**[하자] 군대가 일정한 곳에 나가 주둔함.

출주-축(出主祝)[-쭈-]**명** 출주할 때 읽는 축문.

출중(出衆) '출중하다'의 어근.

출중-나다(出衆-)[-쭝-]**형** 출중하여 유별나다. ¶출중난 생각을 가지다.

출중-하다(出衆-)[-쭝-]**형여** 뭇사람 가운데에서 뛰어나다. 출군(出群)하다. ¶재능이 출중한 인물. **출중-히****부**.

출진(出陣)[-찐]**명**[하자] 싸움터를 향해 나감.

출진(出塵)[-찐]**명**[하자] 번뇌의 진구(塵垢)를 벗어남. 중이 됨.

출차(出差)**명** 달이 태양의 영향으로 궤도 운행의 속도가 주기적으로 달라지는 일.

출창(出窓)**명** (양옥에 흔히 있는) 벽보다 쑥 내민 창.

출채(出債)**명**[하자] 빚을 냄.

출처(出妻·黜妻)**명** ①헤어진 아내. ②[하자]아내를 내쫓음.

출처(出處)**명** ①사물이 나온 근거. ¶출처를 캐다. /출처를 밝히다. ②'세상에 나서는 일과 집 안에 들어앉는 일'을 아울러 이르는 말. ¶출처를 분명히 하다.

출척(黜陟)**명**[하타] 못된 사람을 내쫓고 착한 사람을 올려 씀.

출천지효(出天之孝)**명** 〔하늘이 낸 효자란 뜻으로〕'지극한 효성'을 이르는 말.

출초(出草)**명**[하자] ①재래식 건축에서, 화반이나 촛가지에 망새 같은 것을 그리는 일. ②☞기초(起草).

출초(出梢)**명**[하자] ☞출말(出末).

출초(出超)**명**[하자] 〈수출 초과〉의 준말. ↔입초.

출출-넘치다[-찔-]**자** 물 따위가 많이 넘치는 모양. ¶탱크의 물이 출출 넘쳐흐르다. **잘**솔솔.

출출-하다[형여] 시장기가 조금 있다. ¶출출하던 김에 밥을 먹으니, 밥맛이 꿀맛 같다. **잘**솔솔하다. **출출-히**[부].

출췌(出萃)**명**[하철] 〈출류발췌〉의 준말.

출타(出他)**명**[하자] ☞외출(外出).

출토(出土)**명**[하자타][되자] 땅속에 묻힌 것이 저절로 나오거나 파서 나옴. ¶구석기 시대 유물이 출토되다.

출토-품(出土品)**명** 고분(古墳) 따위에서 출토된 유물.

출통(出筒)**명**[하자] 산통계(算筒契)를 흔들어 계알을 뽑아냄.

출-퇴근(出退勤)[-퇴-/-뛔-]**명**[하자] 출근과 퇴근을 아울러 이르는 말.

출판(出判)**명**[하자] 재산을 탕진하여 끝장남.

출판(出版)**명**[하타][되자] 저작물을 책으로 꾸며 세상에 내놓음. 출간(出刊). 간행(刊行). ¶언론과 출판의 자유. /교지(校誌)를 출판하다.

출판-권(出版權)[-꿘]**명** 〔저작권법에서〕①저작자가 자기의 저작물을 발행할 수 있는 권리. ②출판자가 저작권자로부터 설정을 받아 저작물을 일정 기간 복제하여 발행할 수 있는 권리. 〔설정 출판권임.〕판권.

출판-사(出版社)**명** 출판을 업으로 하는 회사.

출포(出捕)**명**[하타] 지난날, 죄인을 자기의 관할 구역 밖에까지 나가서 잡던 일.

출포(出浦)**명**[하타] (배편으로 실어 나르려고) 곡식 따위를 포구로 실어 냄.

출품(出品)**명**[하자타][되자] (전람회나 전시회 같은 곳에) 물건이나 작품을 내놓음, 또는 그 물품. ¶새로 그린 작품을 전시회에 출품하다.

출하(出荷)**명**[하타][되자] ①하물(荷物)을 실어 냄. ②생산품을 시장으로 실어 냄. 적출(積出). ¶출하 가격. /사과를 농수산물 도매 시장에 출하하다. ↔입하(入荷).

출학(黜學)**명**[하자][되자] (교칙을 어긴 학생을) 학교에서 내쫓음. 방교(放校). 퇴학.

출한(出汗)**명**[하자] 땀이 남.

출항(出航)**명**[하자] 선박이나 항공기가 출발함. ¶태풍으로 항공기가 출항하지 못했다.

출항(出港)**명**[하타] 배가 항구에서 떠남. 발항(發港). ¶우리 배는 제주도를 향해 출항했다. **비**출범(出帆). ↔입항·착항.

출행(出行)**명**[하자] 먼 길을 떠남. ¶출행 날을 잡다.

출향(出鄕)**명**[하자] 고향을 떠남.

출현(出現)**명**[하자][되자] ①(없던 것이나 숨겨져 있던 것이) 나타남. ¶적기(敵機) 출현. /새로

운 무기가 출현하다. ②(천체 따위가) 가려졌다
가 다시 드러남.

출혈(出血)[-혈][명][하자][되자] ①피가 혈관 밖으로 나
옴. 피흘리가 멎지 않는다. ②(금전이나 인명
의) '손해·희생' 따위를 비유하여 이르는 말.
¶출혈 판매. /출혈을 감수하다.

출혈^보:상^링크제(出血補償link制)[명] 수출입
링크제의 한 가지. 손해가 따르는 상품의 수출
자에 대하여 손해를 메우게 하려고 특수 물자
의 수입권을 주는 제도.

출화(出火)[명][하자] 불이 남.

출화(出貨)[명][하타] 화물을 실어 냄.

출회(出廻)[-회/-훼][명][하자] 물건이 시장에 나
와 돎.

출회(黜會)[-회/-훼][명][하타][되자] 모임이나 단
체에서 내쫓음.

춤¹[명] (가락에 맞추거나 절로 흥겨워서) 팔다리
나 몸을 율동적으로 움직여 어떤 감정을 나타
내는 동작. 무용(舞踊).

춤²[명] 물건의 운두나 높이. ¶춤이 높은 항아
리. /춤이 낮은 맷돌.

춤³[명] 〈허리춤〉의 준말.

춤⁴[I][명] (여러 오리로 된 긴 물건을) 한 손으로
쥘 만한 분량. ¶춤이 크다.
[II][의] (여러 오리로 된 긴 물건을) 한 손으로
쥐어 세는 단위. ¶모 한 춤. /짚 세 춤.

춤[명] 〈옛〉침. ¶내 衰老ᄒᆞ야 늘믈와 춤괘 煩多호
라(杜初8:6).

춤-곡(-曲)[명] 춤을 위하여 작곡된 악곡을 통틀
어 이르는 말. 무곡(舞曲). 무도곡(舞蹈曲).

춤-사위[명] 민속 무용에서, 춤 동작의 기본이 되
는 낱낱의 일정한 움직임.

춤-추다[자] ①춤의 동작을 하다. 무용하다. ¶노
래 부르고 춤추다. ②기뻐 날뛰다. ¶승리의 소
식에 좋아라고 춤추다. ③남의 말에 따라 줏대
없이 앞에 나서서 날뛰다. ¶남의 장단에 춤추다.

춤츠다[자] 〈옛〉춤추다. ¶春風ㅅ 그테 춤츠놋다
(金三4:8). /우스며 춤처서(杜初15:53).

춤-판[명] 춤을 추는 판. ¶춤판이 벌어지다.

춥다[-따][추우니·추워][형][ㅂ] ①날씨가 차다.
¶으스스 춥다. /추운 겨울 날씨. ②찬 기운이
느껴지다. ¶갑자기 오싹 추위 오는데, 감기 기
운인가? ↔덥다.

춥기는 삼청 냉돌(三廳冷突)**이라**[속담] 〔지난날
대궐 안의 금군 삼청에서는 불을 잘 때지 아니
하여 항상 매우 추웠다는 데서〕 방이 매우 차
고 춥다는 말.

충[명] 〈충항아리〉의 준말.

충(衝)[명] 천문학에서, 행성이 돌다가 지구에 대
하여 태양과 정반대의 위치에 오는 시각이나
상태를 이르는 말.

충(蟲)[명] ①벌레. ②〈회충〉의 준말.

충간(忠肝)[명] 충성스러운 마음.

충간(忠諫)[명][하자타] 충성으로 간함, 또는 그 말.

충간(衷懇)[명][하타] 진정으로 간청함.

충간-의담(忠肝義膽)[-가늬-/-가니-][명] 충성
스러운 마음과 의로운 담기.

충격(衝激)[명][하자] 서로 세차게 부딪침.

충격(衝擊)[명] ①갑자기 부딪쳤을 때의 심한 타
격. ¶충돌에 의한 강한 충격. ②심한 마음의
동요. 심한 자극. ¶사업 실패로 큰 충격을 받
다. ③물리학에서, 물체에 대하여 급격히 가해
지는 힘.

충격-량(衝擊量)[-녕][명] 물리학에서, 힘의 크
기와 그 힘이 작용한 시간과의 곱을 이르는 말.

충격-력(衝擊力)[-녕][명] 물리학에서, 타격을
받거나 충돌을 했을 때 물체 간에 생기는 접촉
력을 이르는 말.

충격^요법(衝擊療法)[-경뇨뻡][명] 인체에 적당
한 자극을 주어서 병을 치료하는 방법. 〔정신
병의 전기 요법 따위.〕 쇼크 요법.

충격-적(衝擊的)[-쩍][관명] 정신적으로 충격을
받거나 느낄 만한 (것). ¶충격적 사태. /충격적
인 뉴스.

충격-파(衝擊波)[명] 물리학에서, 유체(流體)에
급격한 압력이 가해졌을 때, 음속 이상의 속도
로 전달되는 유체의 강력한 압력 변화를 이르
는 말.

충견(忠犬)[명] ①주인에게 충직한 개. ②'상전에
게 충성된 앞잡이 노릇을 하는 사람'을 비유하
여 이르는 말.

충경(忠敬)[명][하타] 충성스럽게 받들어 섬김.

충고(忠告)[명][하자타] (남의 허물이나 결점 따위
를) 고치도록 타이름, 또는 그 말. 충언(忠言).
¶선생님의 충고에 따르다. /과음을 삼가도록
충고하다.

충곡(衷曲)[명] 간절하고 애틋한 마음. 심곡(心曲).

충과(忠果)[명] '감람(橄欖)'을 달리 이르는 말.

충군(忠君)[명] 임금에게 충성을 다함.

충군-애국(忠君愛國)[명] 임금에게 충성하고 나
라를 사랑함. ⓒ충애.

충근(忠勤)[명] '충근하다'의 어근.

충근-하다(忠勤-)[형여] 충성스럽고 근실하다.

충년(沖年)[명] 열 살 안팎의 어린 나이.

충노(忠奴)[명] 충직한 종. 의복(義僕).

충담(忠膽)[명] 임금이나 윗사람을 섬기는 참된
마음.

충당(充當)[명][하타][되자] (모자라는 것을) 알맞게
채워서 메움. ¶번 돈을 학비에 충당하다.

충당-금(充當金)[명] 특정의 손비(損費)를 준비하
기 위해 설정하는 계정.

충돌(衝突)[명][하자] ①서로 맞부딪침. ¶기차
와 자동차가 충돌하다. ②(의견이나 이해관계의
대립으로) 서로 맞서서 싸움. ¶의견 충돌.

충동(衝動)[명] ①[하타] 마음을 들쑤셔서 흔들어
놓음. ¶그를 충동하여 앞장서게 하다. ②심리
학에서, 뚜렷한 목적이나 의사 없이 본능적·반
사적으로 어떤 일을 하려고 하는 마음의 작용
을 이르는 말. ¶충동을 억제하다.

충동-거리다(衝動-)[타] 자꾸 충동질을 하다. 충
동대다.

충동-구매(衝動購買)[명] 구매할 의사나 필요가
없었으나, 물건을 구경하거나 광고를 보다가
충동을 받아 하는 구매.

충동-대다(衝動-)[타] 충동거리다.

충동-이다(衝動-)[타] ①충동질하다. 그렇게 하
도록 자극을 주다. ②꼬드기다. 유혹하다. ¶그
아이를 충동인 것은 바로 너였지?

충동-질(衝動-)[명][하타] 마음을 들쑤셔서 흔들어
놓는 짓. ¶남의 충동질에 빠지다.

충량(忠良)[명] '충량하다'의 어근.

충량-하다(忠良-)[-냥-][형여] 충성스럽고 선량
하다.

충렬(忠烈)[명] '충렬하다'의 어근.

충렬-사(忠烈祠)[-녈싸][명] 충신이나 열사의 혼
백을 모신 사당.

충렬-하다(忠烈-)[-녈-][형여] 충성스럽고 절의
가 높다.

충령(忠靈)[-녕][명] 충의(忠義)를 위하여 목숨
을 바친 영령.

충류(蟲類)[-뉴]圓 벌레의 종류.

충만(充滿)圓되재하圓 (어떤 한정된 곳에) 가득하게 참. ¶가정에 행복이 충만하기를 빕니다. **충만-히**囝.

충매-화(蟲媒花)圓 곤충의 매개로 다른 꽃의 꽃가루를 받아서 생식 작용을 하는 꽃. 〔백합·벚꽃·장미 따위.〕❸풍매화·수매화.

충맥(衝脈)圓 한방에서 이르는 기경팔맥(奇經八脈)의 하나.

충모(忠謀)圓 충성스러운 꾀.

충모(衝冒)圓하태 어려움을 무릅쓰고 달려듦.

충목지장(衝目之杖)[-찌-]圓〔눈을 찌르는 막대기란 뜻으로〕 '남을 해치려 하는 악한 마음'을 이르는 말.

충복(充腹)圓하재 (음식을 가리지 않고) 고픈 배를 채움.

충복(忠僕)圓 ①상전을 정성껏 섬기는 사내종. 충노(忠奴). ②'어떤 사람을 충직하게 받들어 모시는 사람'을 비유하여 이르는 말. ¶박 부장은 사장이 죽으라고 하면 죽는 시늉을 할 만큼 충복이다.

충-복통(蟲腹痛)圓 ⇨거위배.

충분(充分) '충분하다'의 어근.

충분(忠憤)圓 임금에 대한 충의로 말미암아 생기는 분한 마음.

충분(充奮)圓하재 충의를 위하여 떨쳐 일어남.

충분-조건(充分條件)[-껀]圓 〔ᄀ〕'p라면 q이다'라는 가언(假言) 명제에서 p가 참이고 q도 참일 때, q에 대한 p를 이르는 말. 〔'김 군이 사람이라면, 김 군은 동물이다.'에서 '김 군은 사람이다.'가 '김 군은 동물이다.'의 충분조건임.〕❸필요충분조건·필요조건.

충분-하다(充分-)圓 (분량이나 요구 조건이) 모자람이 없이 차거나 넉넉하다. ¶충분한 식량. /충분한 시간. **충분-히**囝 ¶시안을 충분히 검토하였다.

충비(充備)圓하태 ⇨풍비(豊備).

충비(忠婢)圓 상전을 정성껏 섬기는 계집종.

충-빠지다재 화살이 떨며 나가다.

충사(忠邪)圓 충직함과 간사함.

충색(充塞)圓하재태 가득 차서 막힘, 또는 가득 채워서 막음.

충서(忠恕)圓 스스로 정성을 다하며 남의 사정을 헤아릴 줄 앎. 〔'논어(論語)'의 '이인편(里仁篇)'에 나오는 말임.〕

충서(蟲書)圓 한자의 팔체서(八體書)의 하나. 중국 진(秦)나라 때 벌레 모양을 본뜬 글씨체.

충성(忠誠)圓하재 ①참마음에서 우러나는 정성. ②나라 또는 임금에게 바치는 곧고 지극한 마음. ¶효도는 백행의 근원이요, 충성은 삼강의 으뜸이라. 충성(誠忠).

충성-스럽다(忠誠-)[-따][~스러우니·~스러워]圓 충성을 다하는 마음과 태도로 가득 차 있다. ¶충성스러운 신하. **충성스레**囝.

충수(充數)圓하태되재 정해 놓은 수효를 채움.

충수(蟲垂)圓 맹장의 아래 끝에 붙어 있는 굽은 소돌기(小突起). 작은 구멍으로 맹장과 연락함. 충양돌기(蟲樣突起).

충수-꾼(充數-)圓 수효를 채우는 구실밖에 못하는 '쓸모없는 사람'을 이르는 말.

충수-염(蟲垂炎)圓 충수에 일어나는 염증. 흔히, '맹장염'이라고 이름. 충양돌기염.

충순(忠純) '충순(忠純)하다'의 어근.

충순(忠順) '충순(忠順)하다'의 어근.

충순-하다(忠純-)圓 마음이 충성스럽고 참되다. ¶충순한 신하. **충순-히**囝.

충순-하다(忠順-)圓 충직하고 양순하다. ¶사람됨이 충순하다. **충순-히**囝.

충신(忠臣)圓 충성을 다하는 신하. 충성스러운 신하. ↔역신(逆臣).

충신(忠信)圓 ①충성과 신의. ②성심을 다함에 거짓이 없는 일.

충실(充實)圓하圓 ①(내용 따위가) 잘 갖추어지고 알참. ¶충실을 기하다. /내용이 충실한 참고서. ②(아이들의) 몸이 실하고 튼튼함. ¶신체 충실 지수. /어린아이가 충실하게 자라다. **충실-히**囝 ¶회의 내용을 충실히 기록하다.

충실(忠實)圓하圓 충직하고 성실함. ¶충실하게 임무를 수행하다. **충실-히**囝.

충실(蟲室)圓 촉수동물의 개체를 보호하는 집 모양의 기관.

충심(忠心)圓 충성스러운 마음. 단심(丹心). ❸충정(忠情).

충심(衷心)圓 속에서 우러나온 참된 마음. 《주로, '충심으로'의 꼴로 쓰임.》 ¶충심으로 성공을 빕니다. ❸충정(衷情).

충애(忠愛)圓 ①충성과 사랑. ②하재〈충군애국의 준말. ③하태 정성을 다하여 사랑함.

충액(充額)圓하태 정한 액수를 채움. ¶모자라는 액수를 충액하다.

충양-돌기(蟲樣突起)圓 ⇨충수(蟲垂).

충양돌기-염(蟲樣突起炎)圓 ⇨충수염.

충어(蟲魚)圓 벌레와 물고기.

충언(忠言)圓하재태 ①충직한 말. ¶어진 신하의 충언. ②바르게 타이르는 말. 충고(忠告). ¶친구의 충언을 귀담아듣다.

충언-역이(忠言逆耳)[-녀기]圓 〔충고의 말은 귀에 거슬린다는 뜻으로〕 바르게 타이르는 말일수록 듣기 싫어함을 이름. '사기'의 '회남왕전(淮南王傳)'에 나오는 말임.

충역(忠逆)圓 충의와 반역.

충연(衝然) '충연하다'의 어근.

충연-하다(衝然-)圓 (높이 솟은 모양이) 찌를 듯하다. **충연-히**囝.

충영(蟲癭)圓 초목의 잎이나 가지 따위에 곤충이 기생하여 혹처럼 된 것. 〔북나무에 진딧물이 기생하여 생긴 오배자 따위.〕 벌레혹.

충욕(充慾)圓하재 욕심을 채움.

충용(充用)圓하태되재 보충하여 씀.

충용(忠勇)圓 충성과 용맹.

충용-하다(忠勇-)圓 충성스럽고 용맹하다.

충원(充員)圓하태 모자란 인원을 채움.

충원^소집(充員召集)圓 병역법의 의한 병역 대상자 소집의 한 가지. 전시나 사변 등에 부대를 편성하기 위하여 재향 군인을 군에 소집하는 일. ❸소집.

충의(忠義)[-의/-이]圓 (임금과 나라에 대한) 충성과 절의.

충이(充耳)圓하재 염습할 때, 시신의 귀에 솜을 메움, 또는 그 일.

충이다태 (섬이나 자루 따위에 무엇을 담을 때보다 많이 담기게 하기 위하여) 좌우로 흔들거나 아래위로 들었다 놓았다 하다. ¶볏섬을 충이다.

충일(充溢)圓하재되재 가득 차서 넘침. ¶샘솟는 용기와 충일한 정열.

충장(忠壯) '충장(忠壯)하다'의 어근.

충장-하다(充壯-)圓 기세가 충만하고 씩씩하다.

충적(充積)圓하태되재 가득하게 쌓음.

충적(沖積)**명하자 되자** 흙이나 모래가 흐르는 물에 실려 와 쌓임.

충적(蟲積)**명** 한방에서, 음식이 위 속에서 잘 삭지 않아 마치 회충(蛔蟲)이 뭉친 것같이 느껴지는 병을 이르는 말.

충적^광ː상(沖積鑛床)[-쾅-]**명** 바스러진 광석 가운데 유용한 광물이 충적으로 말미암아 강이나 호수·바다의 모래 속에 쌓이어 이루어진 광상.

충적-기(沖積期)[-끼]**명** ☞충적세.

충적-물(沖積物)[-쩡-]**명** 흐르는 물에 실려 내려와 쌓인 진흙·모래·조약돌 따위의 퇴적물.

충적-세(沖積世)[-쎄]**명** 지질 시대의 시대 구분의 한 가지. 신생대의 제4기를 둘로 나눌 때의 그 후반기. 빙하 시대의 후기로서, 신석기 시대 이후 현대까지를 이름. 충적기(沖積期).

충적-층(沖積層)**명** 충적세에 이루어진 지층. 지질학상 가장 새로운 지층으로 바닥가나 강가의 흙·모래·자갈 따위가 가라앉아서 이루어진 것임.

충적-토(沖積土)**명** 흙이나 모래가, 흐르는 물에 실려 내려와 쌓인 충적층의 흙. **참**풍적토(風積土).

충적^평야(沖積平野)**명** 흐르는 물에 흙·모래·자갈 따위가 실려 내려와 쌓여서 이루어진 평야. **참**퇴적 평야(堆積平野).

충전(充電)**명되자** ①[-한]축전기나 축전지 따위에 전기 에너지를 축적함. ¶다 쓴 건전지를 충전하다. ↔방전(放電). ②[-하자]'휴식을 하면서 활력을 되찾거나 실력을 기르는 일'을 비유하여 이르는 말.

충전(充塡)**명하타 되자** 빈 곳이나 공간 따위를 채움, 또는 채워서 메움. ¶가스 충전.

충전^가ː상(充塡假像)**명** 광물이 있던 공간에 다른 광물이 충전되어 생긴 가상(假像).

충전^광ː상(充塡鑛床)**명** 암석 속의 빈 곳을 채워서 이루어진 광상.

충전-기(充電器)**명** 축전지의 충전에 쓰는 장치.

충전-물(充塡物)**명** 채워 메우는 데 쓰이는 물질.

충전^전ː류(充電電流)[-절-]**명** ①축전지에 충전할 때 외부 전원으로부터 들어가는 전류. ②축전기에 직류 전압을 걸어서 같은 전압이 될 때까지 흐르는 전류.

충절(忠節)**명** 충성스러운 절개. ¶충절을 기리다.

충정(忠貞)**명** '충정하다'의 어근.

충정(忠情)**명** 충성스러운 정. ¶나라 사랑하는 충정. **비**충심(忠心).

충정(衷情)**명** 속에서 우러나오는 참된 정. ¶충정어린 충고를 하다. **비**충심(衷心).

충정-하다(忠貞-)**형여** 충성스럽고 지조가 곧다.

충족(充足)**명** ①[-하타 되자]넉넉하게 채움. ¶요구 조건을 충족하다. ②[-하형]넉넉하여 모자람이 없음. ¶충족한 생활. ☞충족-히**부**.

충족-률(充足律)[-뉼]**명** ☞충족 이유율.

충족^이ː유율(充足理由律)**명** 사유 법칙의 한 가지. 모든 사물의 존재 또는 진리에는 그것이 존재하거나 진리여야 할 충분한 이유가 있어야 한다는 원리. 〔라이프니츠가 제창함.〕충족률. 이유율.

충지(忠志)**명** 충성스러운 뜻.

충직(忠直)**명하형** 충성스럽고 정직함. ¶충직한 신하. 충직-히**부**.

충천(衝天)**명하자** ①높이 솟아 하늘을 찌름. 탱천(撑天). ②기세 따위가 북받쳐 오름. ¶분기(憤氣)가 충천하다.

충충[부] 땅을 구르듯이 걸음을 급하게 걷는 모양. **작**총총².

충충-거리다[자] 땅을 구르듯이 걸음을 급하게 걷다. **작**총총거리다.

충충-대다[자] 충충거리다.

충충-하다[형여] (물이나 빛깔이) 흐리고 추하다. ¶웅덩이의 충충한 물. 충충-히**부**.

충치(蟲齒)**명** 이의 단단한 조직이 미생물에 침식되어 상한 이. 벌레 먹어 상한 이. 삭은니. 우치(齲齒).

충택(充澤)'충택하다'의 어근.

충택-하다(充澤-)[-타카-]**형여** 몸집이 크고 살결이 윤기가 있다.

충-항아리(-缸-)[-ㅇ-]**명** 긴 타원형으로 만든 큰 사기병. �™으로, 청류을 그려 넣음. **준**충.

충해(蟲害)**명** 해충으로 입은 농작물의 피해.

충혈(充血)**명되자** 혈액 순환의 장애로 몸의 어느 한 부위에 피가 지나치게 많아짐, 또는 그러한 상태. ¶잠을 자지 못하여 눈이 충혈되다.

충혼(忠魂)**명** ①충의를 위하여 죽은 사람의 넋. ②〈충혼의백〉의 준말.

충혼-비(忠魂碑)**명** 충혼을 기리는 기념비.

충혼-의백(忠魂義魄)[-호늬/-호니-]**명** 충의(忠義)의 정신. **준**충혼.

충혼-탑(忠魂塔)**명** 충의를 위하여 죽은 사람의 넋을 기리기 위하여 세운 탑.

충화(衝火)**명하자** 고의로 불을 지름.

충회(衷懷)[-회/-훼]**명** 마음속에서 우러나는 회포.

충효(忠孝)**명** '충성'과 '효도'를 아울러 이르는 말. ¶충효 사상.

충효열(忠孝烈)**명** '충신'과 '효자'와 '열녀'를 아울러 이르는 말.

충후(忠厚)'충후하다'의 어근.

충후-하다(忠厚-)**형여** 충직하고 순후하다. ¶충후한 인품과 순수한 골격.

충훈(忠勳)**명** 충의를 다하여 세운 훈공.

췌(萃)**명** 〈췌괘〉의 준말.

췌객(贅客)**명** '사위'를 그의 처가에 대한 관계로 이르는 말.

췌거(贅居)**명하자** ☞처가살이.

췌관(膵管)**명** ☞이자관.

췌괘(萃卦)**명** 육십사괘의 하나. 태괘(兌卦)와 곤괘(坤卦)가 겹쳐진 것. 못이 땅 위에 있음을 상징함. **준**췌(萃).

췌담(贅談)**명하자** ☞췌언(贅言).

췌론(贅論)**명** 쓸데없는 너저분한 이론.

췌사(贅辭)**명** 쓸데없는 군더더기 말. 췌언.

췌서(贅壻)**명** 예전에, 중국에서 신부의 친정에 재물(財物)을 주는 대신에 노역(勞役)을 하던 데릴사위.

췌암(膵癌)**명** 췌장에 생기는 악성 종양. 노인에게 많으며, 췌장의 오른쪽에 잘 생김. 췌장암.

췌액(膵液)**명** ☞이자액.

췌언(贅言)**명하자** 쓸데없는 군더더기 말. 췌담. 췌사.

췌육(贅肉)**명** 군살.

췌장(膵臟)**명** 위(胃) 아래에 있는 가늘고 긴 삼각주 모양의 장기. 탄수화물·단백질·지방 따위를 소화시키는 효소를 냄. 이자(胰子).

췌장-암(膵臟癌)**명** ☞췌암.

췌장-염(膵臟炎)[-념]**명** 췌장에 생기는 염증. 〔급성과 만성으로 나뉨.〕**명**췌장으로 나뉨.

취(곰취·단풍취·참취 따위) '취'가 붙는 산나물을 통틀어 이르는 말.

취:(嘴)명 생황(笙簧) 따위의 악기를 불 때에 쓰는, 대나무로 된 부리.

취:가(娶嫁)명자 ➞가취(嫁娶).

취:객(醉客)명 술에 취한 사람. 취인(醉人).

취:거(取去)명하타 가지고 떠남.

취:결(就結)명 운송 중인 화물을 담보로 하여 은행으로부터 금융을 받으려고, 어음을 발행하여 은행에서 할인하여 받는 일. 짐을 부치는 사람이, 그 은행을 수취인으로 하고 짐을 받는 사람을 지급인으로 하는 어음을 발행함.

취:골(聚骨)명하자 한 가족의 무덤을 한군데의 산에 장사 지내는 일.

취:관(吹管)명 ①취관 분석에 쓰이는, 쇠붙이로 만든 대롱. ②가스 용접 따위에서, 가스를 뿜어내어 높은 온도의 불꽃을 만드는 데 쓰이는 대롱.

취:관^분석(吹管分析)명 광물의 성분을 간단히 검출하는 정성(定性) 분석의 한 가지. 숯 속에 광물의 시료(試料)를 넣어 취관으로 산화염이나 환원염을 뿜어 그 변화로 화학적 성분을 추정함.

취:광(醉狂)명 술에 취해 광기를 부림, 또는 그런 사람.

취:구(吹口)명 피리·취관(吹管) 따위의 입김을 불어 넣는 구멍.

취:국(翠菊)명 ➞과꽃.

취:군(聚軍)명하자 군졸(軍卒)이나 인부(人夫)들을 불러 모음.

취:급(取扱)명하타되자 ①물건을 다룸. ¶화약을 취급하다. ②사무나 사건 따위를 다루어 처리함. ¶강력 사건을 취급하다. ③사람을 어떤 품으로 대함. ¶바보 취급. /어린애 취급하다.

취:기(臭氣)명 (가스에서 나는 불쾌한 냄새 따위)좋지 않은 냄새.

취:기(醉氣)명 술에 취해 얼큰해진 기운. ¶취기가 돌다.

취-나물명 삶은 참취에 쇠고기를 다져 넣고 양념하여 볶은 나물.

취:담(醉談)명하자 취중에 이야기함, 또는 그 이야기. 취언(醉言).

취:대(取貸)명하타 돈을 꾸어 쓰기도 하고 꾸어 주기도 함. 추대(推貸).

취:대(翠黛)명 ①눈썹을 그리는 데 쓰는 푸른 먹. ②'멀리 아지랑이가 어른거리는 푸른 산의 빛'을 비유하여 이르는 말.

취:득(取得)명하타 자기의 것으로 함. 손안에 넣어 가짐. ¶장물을 취득하다.

취:득-세(取得稅)[-쎄]명 부동산이나 차량·중기(重機)·입목(立木)·선박·광업권·어업권 따위를 취득한 자에게 물리는 지방세.

취:락(聚落)명 인가가 모여 있는 곳, 또는 인간이 집단으로 생활을 이어 가는 곳. 〔크게는 촌락과 도시로 나뉨.〕

취:람(翠嵐)명 먼 산에 끼어 푸르스름하게 보이는 이내.

취:랑(吹浪)명자 (물고기가 물 위에 떠서) 숨을 쉬느라고 입을 벌렸다 오므렸다 함.

취:량(驟凉)명 가을철에 갑자기 일어나는 서늘한 기운.

취:렴(翠簾)명 푸른 대오리로 엮어 만든 발.

취:로(取露)명하타 (액체를 증발시켜) 김이 서려 맺힌 이슬을 받음.

취:로(就勞)명자 ①노동을 함. ②일에 착수하거나 종사함. ¶취로 인원.

취:로^사:업(就勞事業)명 실업자나 영세민의 생계를 돕기 위하여 정부에서 실시하는 여러 가지 공공사업.

취:리(取利)명하자 (돈이나 곡식 따위를) 꾸어 주고 그 변리를 받음, 또는 그 일.

취:립(聚立)명자 여러 사람이 한데 모여 섬.

취:매(醉罵)명하타 술에 취하여 남을 욕하고 꾸짖음.

취:면(就眠)명자 ①잠을 자기 시작함. ②잠을 잠. ⒝취침.

취:면(醉眠)명자 술에 취하여 잠.

취:면-운:동(就眠運動)명 식물이 빛의 자극이나 온도의 변화에 따라 일으키는 운동. 〔강낭콩이나 땅콩 따위의 잎이 낮에는 피고 밤에는 오므라드는 일 따위.〕 수면 운동.

취:명(吹鳴)명하타 (사이렌 등을) 불어 울림.

취:목(取木)명 ➞휘묻이.

취:몽(醉夢)명 취중에 꾸는 꿈.

취:무(醉舞)명자 술에 취해서 춤을 춤, 또는 그 춤.

취:묵(醉墨)명 취중에 쓴 글씨.

취:미(翠微)명 ①산꼭대기에 조금 못 미치는 곳. ②산에 아렴풋이 끼어 있는 이내. ③엷은 남색.

취:미(趣味)명 ①마음에 느껴 일어나는 멋이나 정취. ¶탈춤에 취미를 느끼다. ②아름다움이나 멋을 이해하고 감상하는 능력. ¶미술에 대한 고상한 취미. ③(전문이나 본업은 아니나) 재미로 좋아하는 일(것). ¶다양한 취미 생활.

취:바리명 산대놀음에 쓰는 탈의 한 가지. 노총각 역(役)이 쓰는 것으로, 얼굴은 붉고 검은 눈썹에 눈은 구멍이 뚫렸으며 입이 큼.

취:반(炊飯)명하자 밥을 지음.

취:백(就白)명 ➞취복백(就伏白).

취:병(翠屛)명 꽃나무의 가지를 틀어서 문이나 병풍처럼 만든 물건.

취병(을) 틀다[관용] 취병을 만들다.

취:보(醉步)명 술에 취하여 비틀거리는 걸음걸이.

취:-복백(就伏白)[-빽]〔웃어른께 보내는 한문투의 편지 글에서〕안부를 물은 다음 '나아가 엎드려 아뢰는 말씀'이라는 뜻으로, 여쭙고자 하는 말 앞에 쓰는 말. 취백(就白).

취:사(炊事)명 음식을 만드는 일. ¶취사 당번.

취:사(取捨)명하타 쓸 것은 쓰고 버릴 것은 버림. ¶안건의 취사를 위원회에 일임하다.

취:사-도:구(炊事道具)명 음식을 만드는 데에 쓰는 기구를 통틀어 이르는 말.

취:사-선:택(取捨選擇)명하타 쓸 것과 버릴 것을 가림.

취:산(聚散)명자 한데 모임과 따로 흩어짐. 모였다 흩어짐.

취:산^꽃차례(聚繖-次例)[-꼳-]명 ➞취산 화서(聚繖花序).

취:산^화서(聚繖花序)명 유한 화서의 한 가지. 산방 화서와 거의 같으나, 갈라져서 각 꽃대마다 꼭대기나 한가운데의 꽃으로부터 피기 시작함. 〔수국이나 미나리아재비 따위.〕 취산 꽃차례.

취:색(取色)명하타 (낡은 세간 따위를) 닦고 매만져서 윤을 냄.

취:색(翠色)명 남색과 파랑의 중간색.

취:생-몽:사(醉生夢死)[취몽 속에서 살고 죽는다는 뜻으로〕'아무 뜻 없이 한세상을 흐리멍덩히 보냄'을 이르는 말.

취:선(醉仙)명〔술에 취한 신선이라는 뜻으로〕'술에 취하여 세상사에 구애됨이 없는 사람'을 멋스럽게 이르는 말.

취:소(取消)圀 ①하타 되자 (적거나 말한 것을) 지우거나 물러서 없앰. ¶약속을 취소하다. ②법률에서, 하자(瑕疵)가 있는 의사 표시나 법률 행위의 효력을 소급하여 소멸시키는 일.

취:소(取笑)圀하자 남의 웃음거리가 됨.

취:소(臭素)圀 ⇨브롬.

취:소(就巢)圀하자 새의 암컷이 알을 까기 위해 보금자리에 들어 알을 품는 일.

취:소-수(臭素水)圀 ⇨브롬수.

취:소-지(臭素紙)圀 ⇨브롬지.

취:송(翠松)圀 푸른 소나무. 청송(靑松).

취:수(取水)圀하자 (강이나 저수지에서) 물을 끌어 들임. ¶취수 사업.

취:수-탑(取水塔)圀 (강이나 저수지에서) 물을 끌어 들이기 위한 관(管)이나 수문의 설비가 되어 있는 탑 모양의 구조물.

취:식(取食)圀하타 ①밥을 먹음. ¶취식 시간. ②남의 밥을 염치없이 먹음, 또는 그 일.

취:식(取息)圀하자 변리(邊利)를 늘려 받음.

취:식지계(取食之計)[-찌게/-찌게]圀 겨우 밥이나 얻어먹고 살아가려는 꾀.

취:안(醉眼)圀 술에 취해 개개풀어진 눈.

취:안(醉顔)圀 술에 취한 얼굴.

취:약(脆弱)圀하형 무르고 약함. ¶취약 과목. /안보 취약 지대. /산업 기반이 취약하다.

취:약-성(脆弱性)[-썽]圀 ①무르고 약한 성질. ②군사 용어로, 보복 전략 무기 따위가 적의 제일격(第一擊)으로 파괴되기 쉬운 상태를 이름. 〔지상에 노출된 항공 기지나 미사일 기지 따위.〕

취:약-점(脆弱點)[-쩜]圀 무르고 약한 점. ¶취약점이 드러나다. /취약점을 보완하다.

취:언(醉言)圀하자 ⇨취담(醉談).

취:업(就業)圀하자 ①직장에 나아가 일함, 또는 일을 보기 시작함. ¶취업 전선에 뛰어들다. ②⇨취직(就職).

취:역(就役)圀하자 역무(役務)에 종사함.

취:연(炊煙)圀 밥 짓는 연기.

취:연(翠煙)圀 ①푸른 연기. ②멀리 보이는 푸른 숲에 낀 안개.

취옥(翠玉)圀 ⇨에메랄드.

취:옹(醉翁)圀 술에 취한 남자 노인.

취:와(醉臥)圀하자 술에 취하여 누워 있음.

취:와(鷲瓦)圀 ⇨망새.

취:용-취대(取用取貸)圀하타 금품을 서로 융통하여 씀.

취:우(翠雨)圀 푸른 나뭇잎에 듣는 빗방울.

취:우(驟雨)圀 소나기.

취:음(取音)圀하타 (한자어가 아닌 단어를) 말뜻과는 관계없이 음만 비슷한 한자로 적는 일. 〔'생각'을 '生覺'으로 적는 따위.〕

취:음(翠陰)圀 녹음(綠陰).

취:음(醉吟)圀하자 술에 취하여 시가를 읊음.

취:의(趣意)[-의/-이]圀 ⇨취지(趣旨).

취:인(取人)圀 인재를 골라 씀.

취:인(醉人)圀 ⇨취객(醉客).

취:임(就任)圀하자 맡은 자리에 처음으로 일하러 나아감. ¶대통령 취임. /사장으로 취임하다. ↔이임(離任).

취:입(取入)圀하타 ①공기를 불어 넣음. ②음반이나 녹음테이프 따위에 소리나 목소리를 녹음함. ¶신곡을 취입하다.

취:자-거(取子車)圀 ⇨물레।.

취:재(取才)圀하타 재주를 시험하여 뽑아 씀. 〔특히, 조선 시대의 하급 관리 등용 제도.〕

취:재(取材)圀하타 되자 (기사 따위의) 재료나 제재(題材)를 찾아서 얻음, 또는 그 일. ¶취재 활동. /농촌의 실상을 취재하다.

취:재-원(取材源)圀 취재한 기사의 출처.

취:적(就籍)圀하자 ①호적에 빠진 사람이 신고하여 호적에 오름. ②토지 대장에 빠진 토지가 토지 대장에 오름.

취:정회신(聚精會神)[-회/-/-훼-]圀하자 정신을 가다듬어 한군데에 모음.

취:조(取調)圀하타 되자 범죄 사실을 알아내기 위하여 속속들이 조사함, 또는 그 일. ¶취조를 받다.

취:종(取種)圀하타 생물의 씨를 받음. 비채종.

취:주(吹奏)圀하타 (피리나 나팔 따위의 관악기를) 입으로 불어 연주함.

취:주-악(吹奏樂)圀 취주 악기를 주체로 하고 타악기를 곁들인 합주 음악.

취:주^악기(吹奏樂器)[-끼]圀 ⇨관악기.

취:주^악대(吹奏樂隊)[-때]圀 ⇨관악대.

취:죽(翠竹)圀 푸른 대나무. 청죽(靑竹).

취:중(醉中)圀 술에 취하여 있는 동안. ¶취중에 저지른 실수이니 용서해 주십시오. ↔생중(生中).

취중에 진담이 나온다속담 술에 취하여 함부로 하는 말 속에 본심이나 진심이 포함되어 있음을 이르는 말.

취:중-에도튀 그 가운데서도 특히. (주로, '취중에'・'취중에도'의 꼴로 쓰임.) ¶취중에 특별한 하자(瑕疵)가 있는 것은 반드시 제외할 사(事).

취:지(趣旨)圀 ①(어떤 일의) 근본 목적이나 의도. ¶계획의 취지를 말하다. ②(이야기나 문장의) 근본 뜻. 취의(趣意). 지취.

취:직(就職)圀하자 되자 직업을 얻음. 취업(就業). ¶취직 시험.

취:직-난(就職難)[-징-]圀 일자리는 적고 일자리를 구하는 사람은 많아서 생기는 어려움.

취:집(聚集)圀하타 한데 모아들임.

취:착(就捉)圀하자 죄를 짓고 잡힘.

취:처(娶妻)圀하자 아내를 얻음. 장가를 듦.

취:체(取締)圀하타 되자 규칙・법령・명령 따위를 지키도록 통제함.

취:체-역(取締役)圀 (주식회사의) '이사(理事)'의 구용어.

취:침(就寢)圀하자 잠자리에 듦. ¶취침 시간. 비취면(就眠). ↔기상(起寢).

취:타(吹打)圀하자 지난날 군대에서, 나발・나각・대각 등을 불고 북과 바라를 치던 일, 또는 그 군악.

취:타-수(吹打手)圀 지난날, 군대에서 취타를 맡았던 군사.

취:태(醉態)圀 술에 취한 모양이나 태도.

취:택(取擇)圀하타 많은 중에서 골라 뽑음. ¶가장 좋은 방법을 취택한다.

취:토(取土)圀하자 장사 지낼 때, 광중(壙中)의 네 귀에 길방(吉方)에서 떠 온 흙을 놓는 일, 또는 그 흙.

취:토(聚土)圀하자 (흙일을 할 때) 흩어진 흙을 거두어 모음.

취:파(取播)圀하타 씨앗을 받아 곧 파종함.

취:패(臭敗)圀하자 되자 냄새가 나도록 썩음.

취:필(取筆)圀하타 ①잘 쓴 글씨를 뽑음. ②글씨를 잘 쓰는 사람을 뽑음.

취:하(取下)圀하타 되자 신청하거나 제출하였던 것을 도로 거두어들임. ¶소송을 취하하다.

취:-하다(醉-)**자여** ①술이나 약 기운 따위가 온몸에 돌아 정신이 흐릿해지다. ¶술에 취하다. ②무엇에 황홀해지다. 도취되다. ¶꽃에 취하다. /신비로운 춤사위에 취하다.

취:-하다(取-)**타여** ①버리지 않고 가지거나 골라잡다. ¶여럿 중에서 하나를 취하다. ②어떤 태도를 가지거나 행동을 하다. ¶방어 태세를 취하다. ③어떤 대책을 쓰다. ¶응급조치를 취하다. ④돈 같은 것을 꾸어 오다. ¶돈을 취해 오다.

취:-하다(娶-)**타여** (아내를) 맞아들이다.

취:학(就學)**하자** 학교에 입학하여 공부함.

취:학-률(就學率)[-늘]**명** 학령(學齡) 아동 총수에 대한 취학 아동 수의 비율.

취:학^아동(就學兒童)**명** 초등학교에 취학하는 아동.

취:학^연령(就學年齡)[-녕녈-]**명** ☞학령.

취:한(取汗)**하자** (한방에서, 병을 다스리기 위하여) 땀을 내는 일. 발한(發汗).

취:한(醉漢)**명** '술에 잔뜩 취한 사내'를 낮추어 이르는 말.

취:한-제(取汗劑)**명** 한방에서, 땀을 내게 하는 약제를 이르는 말. 발한제(發汗劑).

취:합(聚合)**명** ①**하타** 모아서 하나로 합침. ②분자나 원자가 모여 갖가지 물질을 나타내는 일. ③여러 가지 결정성 물질이 결합하여 덩어리를 이루는 일.

취:항(就航)**하자타** (배나 비행기가) 항로에 오름, 또는 다님. ¶선박 취항.

취:향(趣向)**명** 하고 싶은 마음이 쏠리는 방향. ¶고객의 취향을 고려하여 상품을 진열하다.

취:향(醉鄕)**명** 취중에 느끼는 즐거운 경지.

취:허(吹噓)**명** 남의 잘한 일을 허풍을 쳐서 칭찬하며서 천거함.

취:화-물(臭化物)**명** ☞브롬화물.

취:화-은(臭化銀)**명** ☞브롬화은.

취:화지본(取禍之本)**명** 재앙을 가져오는 근본.

취:화-칼륨(臭化Kalium)**명** ☞브롬화칼륨.

취:후(醉後)**명** 술에 취한 뒤. 주후(酒後).

취:흥(醉興)**명** 술에 취해 일어나는 흥취. ¶취흥이 도도하다.

츄마(옛)치마. ¶츄마 샹: 裳(訓蒙中22).

츠기너기다(옛)섭섭히 여기다. 원망스럽게 생각하다. ¶믈러가 갈맷눈 雨師룰 츠기너기고(杜初10:25).

츠다¹타〈옛〉(춤을) 추다. ¶춤을 츠며(月釋21:190).

츠다²타〈옛〉치다. 치우다. ¶똥을 츠더니(月釋13:21).

측(側)**의** (대립되어 있는 사물의) 어느 한쪽. ¶여당(與黨) 측. /젊은 측. /우리 측의 의견.

측각-기(測角器)[-깍-]**명** '각도계'로 순화.

측간(廁間)[-깐]**명** 뒷간. 변소.

측거-기(測距機)[-꺼-]**명** ☞측원기(測遠機).

측거-의(測距儀)[-꺼-]**명** -꺼의/-꺼이**명** ☞측원기.

측경-기(測徑器)[-껑-]**명** ☞캘리퍼스.

측광(測光)[-꽝]**명하타** 빛의 강도를 잼.

측귀(廁鬼)[-뀌]**명** 뒷간에 있다는 귀신.

측근(側近)[-끈]**명** ①곁의 가까운 곳. ¶왕을 측근에서 모시다. ②〈측근자〉의 준말. ¶박 부장은 사장의 측근이다.

측근(側根)[-끈]**명** ☞곁뿌리.

측근-자(側近者)[-끈-]**명** ①어떤 사람의 곁에서 모시는 사람. ②어떤 사람과 가까운 관계에 있는 사람. ⊕측근.

측달(惻怛)[-딸]**명하타** 가엾게 여기어 슬퍼함.

측도(測度)[-또]**명** ①**하타** 도수·길이·양 따위를 잼. ②어떤 단위로 어떤 양을 잰 수치. ③길이·넓이·부피 등의 개념을 일반의 집합으로까지 확장한 개념.

측량(測量)[층냥]**명하타되자** ①생각하여 헤아림. ¶그의 속마음을 측량할 길이 없다. ②기기(器機)를 써서, 물건의 높이·크기·위치·거리·방향 따위를 잼. ③땅 위의 어떤 위치·각도·거리·방향 따위를 재어 그림으로 나타냄, 또는 그 작업. ¶토지 측량 작업. ②③⑪측정(測定).

측량-기(測量器)[층냥-]**명** 측량에 쓰이는 기계.

측량^기술자(測量技術者)[층냥-짜]**명** 측량법에 따라 면허를 받은, 측량에 관한 전문 기사. 측량사.

측량-대(測量-)[층냥때]**명** 토지를 측량할 때 쓰는 긴 막대기.

측량-도(測量圖)[층냥-]**명** 측량하여 만든 지도.

측량-사(測量士)[층냥-]**명** ☞측량 기술자.

측량-선(測量船)[층냥-]**명** 해도를 만들기 위해 해양이나 항만 따위의 수심·조류·해저·해안선의 지형 따위를 측량하는 배.

측량-술(測量術)[층냥-]**명** 측량하는 기술.

측릉(側稜)[층능]**명** '옆모서리'의 구용어.

측면(側面)[-]**명** ①옆면. ②정면이 아닌 방면. ¶적을 측면에서 공격하다. ③사물이나 현상의 한쪽 면, 또는 한 부분. ¶긍정적 측면. /실용적인 측면.

측면-관(側面觀)[층-]**명** 측면으로 하는 관찰.

측면-도(側面圖)[층-]**명** (구조물이나 기계의 설계도를 그릴 때) 측면에서 바라본 상태를 평면적으로 나타낸 그림.

측면^묘:사(側面描寫)[층-]**명** 사물을 측면으로 묘사하는 문학 표현 양식.

측목(側目)[층-]**명하타** ①곁눈질을 함. ②무서워서 바로 보지 못함.

측문(仄聞)[층-]**명하타** 풍문(風聞)으로 언뜻 얻어들음. ¶내가 측문한 바로는 사실이 아닌 것 같더라.

측문(側門)[층-]**명** 옆문. ↔정문(正門).

측문(側聞)[층-]**명하타** 옆에서 얻어들음.

측미-계(測微計)[층-계/층-게]**명** ☞마이크로미터.

측방(側方)[-빵]**명** 옆쪽.

측방^침:식(側方浸蝕)[-빵-]**명** 하천이 골짜기의 벽을 깎아 그 바닥을 넓히는 작용.

측백(側柏)[-빽]**명** ☞측백나무.

측백-나무(側柏-)[-뺑-]**명** 측백나뭇과의 상록 침엽 교목. 중국 원산의 관상 식물. 가지가 많으며, 작은 비늘 모양으로 다닥다닥 붙음. 꽃은 4월경에 피고, 가을에 달걀 모양의 열매가 익음. 잎과 열매는 한방에서 약재로 쓰임. 측백.

측백-엽(側柏葉)[-뺑겹]**명** 한방에서, '측백나무 잎'을 약재로 이르는 말. 보혈제나 지혈제·수렴제로 씀.

측백-자(側柏子)[-뺑짜]**명** ☞백자인(柏子仁).

측벽(側壁)[-뼉]**명** 측면에 있는 벽.

측보-기(測步器)[-뽀-]**명** ☞보수계(步數計).

측사(側射)[-싸]**명하타** 측면에서 사격함.

측사-의(測斜器)[-싸-]**명** ☞클리노미터.

측산(測算)[-싼]**명하타되자** 헤아려서 셈함.

측서(廁鼠)[-써]**명** [뒷간의 쥐라는 뜻으로] '지위를 얻지 못한 사람'을 조롱하여 이르는 말.

측선(側線)[-썬]**명** ①철도 선로에서, 본선(本線) 이외의 선로. ②옆줄. ③☞터치라인.

측성(仄聲)[-썽]**명** 한자의 사성(四聲) 가운데 상성·거성·입성을 아울러 이르는 말. ⚫평성(平聲).

측쇄(測鎖)[-쐐]**명** 거리를 재는 데 쓰는, 자처럼 생긴 쇠사슬.

측수(測水)[-쑤]**명하타** 물의 깊이를 잼.

측시(側視)[-씨]**명하타** 옆으로 봄. 모로 봄.

측신(廁神)[-씬]**명** 뒷간을 지킨다는 귀신.

측실(側室)[-씰]**명** ⮕첩(妾).

측실(廁室)[-씰]**명** 뒷간.

측심(測深)[-씸]**명하타** 깊이를 잼.

측심-연(測深鉛)[-씨면]**명** ⮕측연(測鉛).

측심-의(測深儀)[-씨미/-씨믜]**명** 강이나 바다의 깊이를 재는 기계.

측아(側芽)[메]**명** ⮕곁눈2.

측압-기(測壓器)[-끼]**명** 그릇 안의 유체의 압력을 재는 기계를 통틀어 이르는 말.

측언(側言)**명** 치우친 말. 공평하지 못한 말.

측연(測鉛)**명** 물의 깊이를 재는 데 쓰이는, 굵은 줄 끝에 매단 납덩이. 측심연(測深鉛).

측연(惻然) '측연하다'의 어근.

측연-하다(惻然-)**형여** 보기에 딱하고 가엾다. 측은하다. ¶측연한 생각. **측연-히부**

측와(側臥)**명하자** ①모로 누움. ②곁에 누움.

측우-기(測雨器)**명** 조선 세종 23(1441)년에, 전국에 설치되었던 세계 최초의 우량계(雨量計).

측운(仄韻)**명** 한자(漢字)의 사성(四聲) 가운데 상성·거성·입성의 운. ⚫평운(平韻).

측운-기(測雲器)**명** 구름의 속도나 방향을 재는 기구.

측원-기(測遠機)**명** 먼 물체까지의 거리를 재는 데 쓰이는 광학 기계의 한 가지. 측거기(測距器). 측거의(測距儀).

측은(惻隱)**명하형** (형편이) 딱하고 가엾음. ¶측은의 정. **측은-히부**

측은지심(惻隱之心)**명** 사단(四端)의 하나. 불쌍히 여기는 마음.

측이(側耳)**명하자** (자세히 듣기 위하여) 귀를 기울임.

측일(仄日)**명** ⮕사양(斜陽).

측자(仄字)[-짜]**명** 한자의 측운에 딸린 글자. 〔시나 부(賦)를 지을 때, 염(簾)을 보는 데 씀.〕 ⚫평자(平字).

측점(測點)[-쩜]**명** 측량하는 데 기준이 되는 점을 통틀어 이르는 말. 〔삼각점·수준점·다각점 따위.〕 기준점.

측정(測定)[-쩡]**명하타되자** ①헤아려서 정함. ②(어떤 단위를 기준으로 하여) 어떤 양(量)의 크기를 기계나 장치로 잼. ¶수질 측정. ⑪측량(測量).

측정-기(測程器)[-쩡-]**명** 배의 속력이나 항해 거리를 재는 기계.

측지(測地)[-찌]**명하타** 토지를 측량함. 양지(量地). 탁지(度地).

측지-선(測地線)[-찌-]**명** 수학에서, 곡면 위의 임의의 두 점을 잇는 최단 거리의 곡선.

측지-학(測地學)[-찌-]**명** 지구 물리학의 한 분야. 지구의 면적·형태·중력장 등을 측정하는 데 필요한 여러 사항을 연구하는 학문.

측차(測車)**명** (사람을 태우거나 짐을 싣기 위하여) 자전거나 오토바이 옆에 단 수레.

측천(測天)**명하자** 천체를 관측함.

측천-법(測天法)[-뻡]**명** ⮕천문 항법.

측청(廁廳)**명** 크게 꾸민 뒷간.

측출(側出)**명** ⮕서출(庶出).

측판(測板)**명** 측량기에 딸린 널조각. 조준의(照

準儀)를 올려놓거나 도면을 붙이는 데 쓰임. 평판(平板).

측편(側偏)**명하형** (물고기나 곤충 따위의 몸이) 옆으로 납작한 모양.

측행(仄行·側行)[-쌍]**명하자** 비뚜로 걸음. 모로 걸음.

측-화면(側畫面)[-쫘-]**명** 정투영(正投影)에서 평화면·입화면과 직각을 이루며 만나는 화면.

측-화산(側火山)[-쫘-]**명** 기생 화산.

측후(測候)[-쭈]**명하타** 기상(氣象)을 관측함.

측후-소(測候所)[-쭈-]**명** '기상대'의 이전 일컬음.

측ㅎ다형 〔옛〕 측은하다. 섭섭하다. ¶舍利弗이 측ㅎ고지 잇거늘(釋譜6:36).

츩명 〔옛〕 칡. ¶츩 갈:葛(類合上8. 訓蒙上9).

츱츱-하다[-츠파-]**형여** (하는 짓이) 다랍고 염치가 없다. ¶돈에 너무 츱츱하여 볼꼴 사납다.

츳듣다자타 〔옛〕물방울이 똑똑 떨어지다. ¶그 피룰 츳듣며(楞解8:93). /츳드르니마다 다이 經을 브터 나ᄂᆞ니라(金三2:49).

층(層)**명** ①〈층등(層等)〉의 준말. ②〈계층(階層)〉의 준말. ③사물의 커나 격차. ¶두꺼운 공기의 층 /석탄의 층. ④여러 겹으로 높이 지은 집에서 같은 높이를 이루고 있는 부분. ¶맨 위의 층이 10층이다. ⑤[의존 명사적 용법] 여러 겹으로 포개져 있는 것의 켜를 세는 말. ¶건물 둘째 층에 회사가 있다.

-층(層)**접미** ①(일부 명사 뒤에 붙어) '어떤 능력이나 수준이 비슷한 무리'의 뜻을 나타냄. ¶고객층. /노년층. /지식층. ②(퇴적물을 나타내는 일부 명사 뒤에 붙어) '지층'의 뜻을 나타냄. ¶퇴적층. /석탄층. ③(일부 명사 뒤에 붙어) 여러 겹으로 쌓인 상태, 또는 그중 한 겹의 뜻을 나타냄. ¶오존층. /대기층.

층격(層隔)**명하타되자** 겹겹이 가리어 막힘.

층계(層階)[-게/-게]**명** 층층으로 된 데를 오르내릴 수 있도록 여러 턱으로 만들어 놓은 설비. 계단. ¶층계에서 발을 헛디뎌 넘어지다.

층계-참(層階站)[-게-/-게-]**명** 긴 층계의 중간쯤에 있는 조금 넓은 공간. 계단참.

층-구름(層-)**명** ⮕층운(層雲).

층-권운(層卷雲)[-꿔눈]**명** ⮕고층운(高層雲).

층-나다(層-)**자** 층등이 생기다. 층지다.

층-널(層-)**명** 목기(木器)의 서랍 밑에 대는 널조각.

층대(層臺)**명** 〈층층대〉의 준말.

층-돌(層-)[-똘]**명** 〈층샛돌〉의 준말.

층뒤-판(層-板)**명** 널판으로 된 층계에서, 층디딤판의 뒤를 막아 낀 널판.

층등(層等)**명** 서로 같지 않은 등급. ⮕층(層).

층디딤-판(層-板)**명** 널판으로 짜 맞춘 층계에서, 오르내릴 때 디디는 널.

층란(層欄)[-난]**명** 여러 층으로 된 난간.

층루(層樓)[-누]**명** 두 층 이상으로 높게 지은 누각(樓閣).

층류(層流)[-뉴]**명** 층을 이루어 흐르는 각기 다른 유체(流體)가 서로 섞이지 않고 흐르는 일, 또는 그 흐름. ↔난류(亂流).

층리(層理)[-니]**명** 퇴적암(堆積岩)을 이루는 퇴적물의 겹쳐진 상태.

층만(層巒)**명** 여러 층이 진 멧부리.

층면(層面)**명** ①겹겹이 쌓인 물건의 겉. ②지층의 서로 포개진 면.

층상(層狀)**명** 층지거나 겹쳐진 모양.

층상^화:산(層狀火山)**명** ⮕성층 화산.

충-새(層-)명 ①황금의 품질, 또는 함유 성분. ②황금을 층샛돌에 문질러서 그 색수(色數)를 헤아리는 데 표준을 삼는 기구.

층샛-돌(層-) [-새돌/-샌돌]명 충새와 황금을 나란히 문질러서 황금의 색을 분별하는 데 쓰이는 검은 돌. 충석(層石). ⓒ충돌.

충생-첩출(層生疊出)[하자] 일이 겹쳐 자꾸 생겨남.

층석(層石)명 ⇨충샛돌.

층수(層數)[-쑤]명 층의 수효.

층쌘-구름(層-)명 ⇨충적운(層積雲).

층암(層岩)명 층을 이룬 바위.

층암-절벽(層岩絕壁)명 높고 험한 바위가 겹겹이 쌓인 낭떠러지.

층애(層崖)명 바위가 겹겹이 쌓인 언덕.

층애^지형(層崖地形)명 굳은 지층은 대칭이 아닌 구릉이 되어 남고, 무른 지층은 낮게 되어 나란히 발달한 지형.

층옥(層屋)명 ⇨충집.

층운(層雲)명 하층운(下層雲)의 한 가지. 안개처럼 땅에 가장 가까이 퍼져 떠 있는 구름. 산간 지역에 비가 내릴 때 흔히 나타남. 층구름. ㉿안개구름.

층적-운(層積雲)명 하층운(下層雲)의 한 가지. 어두운 회색의 커다란 구름 덩어리. 흔히, 언덕 모양을 이루며 구름 사이로 푸른 하늘이 간간이 보이는데 비가 내릴 적에도 나타남. 층쌘구름. ㉿층쌘구름.

층절(層節)명 일의 여러 가지 곡절. ¶ 층절이 많았던 지난날이 새삼 생각나.

층제(層梯)명 여러 층으로 된 사닥다리.

층중(層重)명[하자] ⇨충첩(層疊).

층-지다(層-)자 층이 생기다. 층나다. ¶ 층진 머리. /형제간인데도 살림이 너무 층진다.

층-집(層-) [-찝]명 여러 층으로 지은 집. 층옥.

층첩(層疊)명[하자] 여러 층으로 포개거나 포개짐. 층중(層重).

층층(層層)명 ①거듭된 여러 층. ②낱낱의 층.

층층-나무(層層-)명 층층나뭇과의 낙엽 교목. 산지의 계곡에 흔히 나는데 높이는 20 m가량. 잎은 넓은 달걀 모양에 끝이 뾰족하며 어긋맞게 남. 늦봄에 흰 꽃이 피고, 둥근 열매는 가을에 자흑색으로 익음.

층층-다리(層層-)명 높은 곳에 층층이 딛고 오르내릴 수 있도록 만든 시설. 층층대.

층층-대(層層臺)명 층층다리.

층층-시하(層層侍下)명 ①부모와 조부모를 다 모시고 있는 처지. ¶ 층층시하의 고된 시집살이. ②'받들어야 할 윗사람이 층층으로 있는 형편'을 비유하여 이르는 말.

층층-이(層層-)부 ①층마다. ¶ 층층이 화분이 놓여 있다. ②여러 층으로 겹겹이. ¶ 층층이 개켜 놓은 이부자리.

층하(層下)명[하자] (다른 사람보다) 낮잡아 홀대함, 또는 그런 차별. ¶ 층하를 두다.

층향(層向)명 ⇨주향(走向).

최다(最-)[옛] 치우치다. ¶ 語默에 최다 아니호몰(永嘉上52).

최돌다타[옛] 치우쳐 돌다. 비켜서 돌다. ¶ 스나희 녜는 길흘 계집이 최도다시니(古時調).

최돈 다지다[옛] 치우치다. ¶ 최도물 벽:僻(類合下54). /최도물 편:偏(類合下60).

칙칙호다타[옛] 빼앗하다. ¶ 니피 칙칙하니 우는 미야미 하도다(杜初22:4). ㉿칙칙ᄒ다.

치[1]명 '상투'의 궁중말.

치[2]명 '신발'의 궁중말.

치[3]명 길이의 단위. 한 자(尺)의 10분의 1. [약 3.33 cm에 해당함.] 촌(寸). ¶ 두 자 세 치. / 한 치 두 푼.

치[4]명 ①<이>의 속된 말. ¶ 그 치. /젊은 치. ②어느 곳이나 어느 때의 것임을 나타냄. ¶ 울릉도 치 오징어. /어제 치 신문. /3월 치 봉급. ③'몫'이나 '질'·'양'의 뜻을 나타냄. ¶ 석 달 치 이자. /두 사람 치 불고기.

치[5]갑 ①(절구질·달구질·도끼질 따위의) 힘든 동작을 되풀이할 때 내는 소리. ㉿체[3].

치[5][옛] 치[3]. ¶ 치 타:舵(訓蒙中25).

치(値)명 재거나 구하여 얻은 수. 값.

치(齒)명 ⇨이[2].

치(가) 떨리다관용 몹시 분하거나 지긋지긋하여 이가 떨리다.

치(를) 떨다관용 ①아주 인색하여 내놓기를 꺼리다. ②몹시 분하거나 지긋지긋하여 이를 떨다.

치(徵)명 동양 음악의 오음(五音) 음계의 넷째 음. ㉿궁상각치우.

치-[접두] (일부 동사 앞에 붙어) '위로'의 뜻을 나타냄. ¶ 치닫다. /치솟다.

-치[접미] 《일부 동사 어간 뒤에 붙어》 힘줌을 나타냄. ¶ 놓치다. /돋치다. /넘치다. /밀치다.

-치[접미] 《일부 명사 또는 명사형 뒤에 붙어》 '물건'의 뜻을 더함. ¶ 중간치. /날림치.

-치(値)[접미] 《일부 명사 뒤에 붙어》'값'의 뜻을 더함. ¶ 기대치. /평균치. /최저치.

치가(治家)명[하자] 집안일을 보살피어 다스림. 치산(治産).

치:가(致家)명[하자] 가업(家業)을 이룸.

치:가(置家)명[하자] <첩치가(妾置家)>의 준말.

치감(齒疳)명 한방에서, 치주염과 치은염을 통틀어 이르는 말.

치-감다[-따]타 위로 치켜서 감다.

치감고 내리감다관용 [위아래 옷을 비단으로 입어서 온몸을 감다시피 한다는 뜻으로] '부녀자의 지나친 옷치장이나 사치함'을 비유하여 이르는 말.

치강(齒腔)명 이 속에 있는 빈 구멍 부분. 치근의 끝에 구멍이 뚫리고 속에 치수(齒髓)가 차 있음.

치건(侈件)[-껀]명 사치스러운 물건.

치경(齒莖)명 잇몸. 치은(齒齦).

치고[조] 《명사에 붙어》 ①'예외 없이 모두'의 뜻을 나타내는 보조사. 《대개, 부정의 말이 뒤따름.》 ¶ 한국인치고 김치를 모르는 이는 없을 것이오. ②'예외적으로'의 뜻을 나타내는 보조사. ¶ 외국인치고 우리말을 잘하는 편이다.

치고-는[조] ('치고'의 힘줌말로) 예외적으로. ¶ 농구 선수치고는 키가 작다.

치고-받다[-따]자 서로 말로 다투거나, 주먹이나 발 등으로 때리고 맞고 하다. ¶ 두 사내아이가 놀이터에서 치고받고 싸운다.

치고-서[조] ('치고'의 힘줌말로) 예외 없이 모두. ¶ 요새 사람치고서 그 유행가를 모르는 사람은 없을 것이다.

치골(恥骨)명 궁둥이뼈의 앞쪽 아래 부위에 있는 뼈. 불두덩뼈.

치골(痴骨)명 (남이 비웃는 것도 모르고) '망령된 말을 하는, 요량 없고 어리석은 사람'을 낮잡아 이르는 말.

치골(齒骨)명 ⇨치조골(齒槽骨).

치과(齒科)[-꽈]명 이를 전문으로 치료하고 연구하는 의학의 한 분과.

치과-의(齒科醫)[-꽈의/-꽈이]명 이를 전문적으로 치료하고 연구하는 의사.

치관(治棺)**명·하자** 관을 짬.
치관(齒冠)**명** 이의 법랑질 부분. 〔잇몸 밖으로 드러난 이의 부분.〕⇒치근(齒根).
치교(緻巧)‘치교하다’의 어근.
치교-하다(緻巧-)**형여** 치밀하고 교묘하다. ¶치교한 솜씨.
치국(治國)**명·하자** 나라를 다스림. 이국(理國).
치국-안민(治國安民)**명·하자** 나라를 다스리고 백성을 편안하게 함.
치국-평천하(治國平天下)**명·하자** 나라를 잘 다스리고 온 세상을 편안하게 함.
치근(齒根)**명** ⇒이촉. **참**치관(齒冠).
치근-거리다[-따]**자타** 자꾸 치근거리다. 치근대다. **준**치근거리다. **여**지근거리다. **참**찌근거리다.
치근-대다[-때]**자타** 치근거리다.
치근덕-거리다[-꺼-]**자타** 자꾸 치근덕거리다 하다. 치근덕대다. **준**치근덕거리다. **여**지근덕거리다. **참**찌근덕찌근덕.
치근덕-대다[-때-]**자타** 치근덕거리다.
치근덕-치근덕[-꺼-]**부·하자타** 몹시 끈덕지게 치근거리는 모양. **준**치근덕차근덕. **여**지근덕지근덕. **참**찌근덕찌근덕.
치근-치근[-꺼-]**부·하자타** (남이 싫어할 만큼) 끈질기게 조르거나 괴롭히는 모양. ¶치근치근 조르다. **여**지근지근. **참**찌근찌근.
치근치근-하다[-꺼-]**형여** 끈기 있게 맞닿거나 다가서 불쾌한 느낌이 드는 듯하다. ¶치근치근하게 달라붙는 사람. **치근치근-히부**.
치-굿다[-귿따][~그으니·~그어]**타ㅅ** 위쪽으로 향하여 올려 긋다. ↔내리긋다.
치기(稚氣)**명** (어린애 같은) 유치하고 철없는 감정이나 기분. ¶치기 어린 행동.
치기-배(-輩)**명** (날치기나 들치기 따위) 날쌘 좀도둑의 패거리를 두루 이르는 말.
치-꽂다[-꼳따]**타** 아래에서 위로 향하여 꽂다.
치뉵(齒衄)**명** 한방에서, ‘잇몸에서 피가 나는 병’을 이르는 말.
치다¹자 ①비·눈·번개·물결·바람 따위가 세차게 뿌리거나 움직이다. ¶파도가 치다. /벼락이 치다. /눈보라가 치다. ②된서리가 몹시 많이 내리다.
치다²자 ‘치이다²’의 잘못.
치다³자타 ((‘-(는)다고’·‘-라고’·‘-다손’·‘-라손’ 등의 어미나 조사 ‘(으)로’와 함께 어울려)) 인정하다, 또는 가정하다. ¶네가 이긴 것으로 치자. /그 사람은 무엇보다도 명예를 최고로 치며 산다. /아무리 화가 났다손 치더라도 싸움을 하다니….
치다⁴타 ①연장이나 주먹 따위로 때리거나 두드리거나 하다. ¶주먹으로 치다. ②때리거나 두드려서 소리를 내다. ¶피아노를 치다. /종을 치다. ③흙 반죽이나 진흙 따위를 두드려 짓이기다. ¶떡을 치다. ④공을 두드려 하는 운동을 하다. ¶탁구(당구)를 치다. ⑤두드려서 박다. ¶벽에 못을 치다. ⑥전신·전보를 보내다. ¶전보를 치다. ⑦적(상대편)을 공격하다. ¶적군을 치다. ⑧욕하다. 비난하다. 논박(論駁)하다. ⑨날카로운 논리로 상대편을 치다. ⑨끊다. 자르다. 베다. ¶가지를 치다. /죄인의 목을 치다. ⑩칼날을 뉘어, 거죽을 얇게 저미어 깎다. ¶날을을 치다. /배코를 치다. ⑪가늘고(잘고) 길게 썰다. 채를 만들다. ¶무채를 치다. ⑫동작을 하다. 크게 몸짓을 하다. ¶활개를 치다. /장난을 치다. /헤엄을 치다. /도망을 치다. /진저리를 치다. ⑬딱지·화투·투전 따위로 놀이를 하다. ¶화투를 치다. /딱지를 치다. ⑭쇠붙이를 달구어 두드려서 연장을 만들다. ¶대장장이가 연장을 치다. ⑮(차나 수레 따위가 사람이나 동물 따위를) 강한 힘으로 부딪고 지나가다. ¶승용차가 사람을 치고 달아났다.
치다⁵타 ①(어떤 표를 내기 위하여) 찍다. 쓰다. ¶동그라미를 치다. ②선이나 그림을 그리다. ¶밑줄을 치다. /묘화를 치다. ③줄을 가로로 늘이거나 매다. ¶금줄을 치다.
치다⁶타 ①(여러 가닥을 하나로 꼬아) 끈 따위를 엮다. ¶주머니 끈을 치다. ②가마니·멍석리 따위를 짜서 만들다. ¶가마니를 치다. /돗자리를 치다. ③신갱기·대님 따위를 감아 매다. 휘갑을 마무르다. ¶감발을 치다. /휘갑을 치다.
치다⁷타 ①뿌리거나 끼얹거나 붓다. ¶간장을 치다. /소독약을 치다. ②체에 담아 흔들어, 가루나 액체를 받아 내다. ¶체로 가루를 치다. ③술을 잔에 따르다. ¶한 잔 가득 쳐서 올리다.
치다⁸타 ①값을 매기다. 셈하다. ¶하나에 만 원씩 값을 치다. ②어림으로 셈하다. 셈에 넣다. ¶대강 쳐서 만 원은 되겠소. /이것도 함께 쳐서 셈하시오. ③점새(占卦)를 보다. ¶점을 치다.
치다⁹타 ①치르다. 겪다. 해내다. ¶시험을 치다. ②소리를 크게 내다. ¶소리를 치다. ③헛기세를 뿔내다. ¶공갈을 치다. /허풍을 치다.
치다¹⁰타 ①발 같은 것을 위에서 아래로 늘어뜨리다. ¶발을 치다. ②고기를 잡으려고, 그물 같은 것을 쳐 놓다. ¶그물을 치다. ③병풍·가리개·장막·밧줄 따위로 둘레를 둘러막다. ¶거미줄을 치다. /울타리를 치다. /인줄을 치다.
치다¹¹타 ①더러운 것을 그러내다. 청소하다. ¶변소를 치다. /외양간을 치다. ②도랑이나 홈의 바닥을 긁어 파내다. ¶도랑을 치다.
치다¹²타 ①동물이 새끼를 낳아 퍼뜨리다. ¶제비가 새끼를 치다. ②가축 따위를 기르다. ¶돼지를 치다. ③나무가 자라 가지를 번다. ④(꿀벌이) 꿀을 빚다. ¶벌이 꿀을 치다. ⑤(영업을 목적으로) 남을 머물러 묵게 하다. ¶하숙생을 치다. /손님을 치다.
치다¹³조동 ‘치우다¹’의 잘못.
치다꺼리[명·하다] ①일을 치러 냄, 또는 그 일. ¶손님 치다꺼리. ②남을 도와서 바라지를 함, 또는 그 일. ¶남의 치다꺼리만 맡아 하다.
치-닫다[-따][~달으니·~달아]**자ㄷ** ①위로 향해 달리거나 달려 올라가다. ¶이 길로 곧곧 치달아 올라가면 정상이 나온다. ②힘차고 빠르게 나아가다. ¶결승점을 향해 치닫다. ③(생각이나 감정 따위가) 치밀어 오르다. ¶분노가 머리 끝까지 치닫다.
치담(治痰)**명·하자** 한방에서, 담으로 생긴 병을 다스리는 일.
치대다¹타 (빨래나 반죽 따위를) 자꾸 눌러 문지르다. ¶송편 반죽을 치대다.
치-대다²타 밑에서 위쪽으로 올려 가며 대다.
치덕(齒德)**명** ‘나이와 덕행’을 아울러 이르는 말. ¶치덕이 있는 분을 윗자리에 모시다.
치도(治道)**명·하자** ①도로를 새로 내거나 관리함. ②다스리는 도리.
치도하여 놓으니까 거지가 먼저 지나간다(속담) ‘정성껏 애써 해 놓은 일을 달갑지 않은 사람이 먼저 즐거서 속상함’을 이르는 말.
치도(馳到)**명·하자** 달음질하여 당도함.
치도-곤(治盜棍)**명** ①조선 시대에, 도범(盜犯)의 볼기를 치던 곤장의 한 가지. 곤장 가운데 가장 큰 것으로, 길이는 5자 7치. **참**소곤. ②몹시 혼남, 또는 호된 매. ¶치도곤을 당하다.

치도곤을 안기다[먹이다][관용] 호된 벌을 주다. 매를 호되게 때리다.

치독(治毒)[명][하자] ①독기를 다스려 없앰. ②중독이 된 것을 치료함.

치:독(置毒)[명][하자] 독약을 음식에 넣음.

치둔(痴鈍) '치둔하다'의 어근.

치둔-하다(痴鈍-)[형여] 어리석고 둔하다.

치떠-보다[타] '칩떠보다'의 잘못.

치-뜨다[~뜨니·~떠][타] (눈을) 위로 뜨다. ↔내리뜨다.

치-뜨리다[타] 위쪽으로 던져 올리다. 치치다.

치뜰다[치뜨니·치뜰어][형] 하는 짓이나 성질이 나쁘고 더럽다. ¶ 행실이 치뜰고 고약하다.

치란(治亂)[명] ①'치세'와 '난세'를 아울러 이르는 말. ②[하자] 혼란에 빠진 세상을 다스림.

치람(侈濫) '치람하다'의 어근.

치람-하다(侈濫-)[형여] 지나치게 사치하여 분수에 넘치다.

치량[명] 〈칠량(七樑)〉의 변한말.

치량-보[-뽀][명] 〈칠량보〉의 변한말.

치량-집[-찝][명] 〈칠량집〉의 변한말.

치량-쪼구미[명] 〈칠량쪼구미〉의 변한말.

치런-치런[부][하여] ①그릇에 그득 담긴 액체가 전에서 넘칠 듯 말 듯 한 모양. ②물체의 한끝이 다른 물체에 닿을락 말락 하는 모양. ¶ 땅에 치런치런 드리운 치맛자락. @차란차란. @지런지런.

치렁-치렁[부][하자] 길게 드리워진 것의 아랫자락이 부드럽게 흔들거리는 모양. ¶ 치렁치렁한 머리채. /치렁치렁한 치마. @차랑차랑¹.

치렁-하다[형여] 기다랗게 드리워진 것이 바닥에 닿을 듯이 부드럽게 늘어져 있다. @차랑하다.

치레[명][하자] ①잘 손질하여 모양을 냄. ¶ 치레할 것 없이 있는 그대로 보려라. ②(어떤 일을) 실속보다도 더 낫게 꾸며 보임. ¶ 치레로 하는 인사.

-치레[접미] 《일부 명사 뒤에 붙어》 ①'모양을 내는 겉'을 뜻함. ¶ 겉치레. /옷치레. ②'실속보다 낫게 꾸밈, 또는 그러한 일'을 뜻함. ¶ 말치레. /겉치레. ③'치르거나 겪어 냄'을 뜻함. ¶ 병치레. /손님치레.

치련(治鍊)[명][하자] (쇠나 돌·나무 따위를) 다듬고 불림.

치렵(馳獵)[명][하자] 말을 달리면서 사냥함.

치롱(痴聾)[명] 몹시 어리석고 귀먹은 사람.

치롱-주(治聾酒)[명] ⇨귀밝이술.

치료(治療)[명][하타][되자] 병이나 상처를 다스려서 낫게 함. ¶ 부상자를 치료하다.

치료=감호(治療監護)[명] 사회 보호법 시행의 한 가지. 심신 장애로 말미암은 형사 책임 무능력자나 한정 책임 능력자가 죄를 범하여 재범의 위험이 있다고 인정되는 경우, 법이 정한 시설에 수용·보호하며 치료하는 보안 처분. 법적 조처. @감호.

치루(痔漏·痔瘻)[명] 한방에서 이르는 치질의 한 가지. 항문 주위에 작은 구멍이 생겨 고름이나 동물이 흐르는 병. 누치(漏痔).

치루다[타] '치르다'의 잘못.

치룽[명] 싸리로 채롱 비슷하게 결어 만든 그릇의 한 가지. 뚜껑이 없음.

치룽-구니[명] '어리석어서 쓸모가 적은 사람'을 조롱하여 이르는 말.

치룽-장수[명] 물건을 치룽에 넣어 가지고 팔러 다니는 장수.

치륜(齒輪)[명] 톱니바퀴.

치르다[치르니·치러][타] ①주어야 할 돈이나 값을 내주다. ¶ 품삯을 치르다. ②(큰일이나 중요한 일을) 겪어 내거나 끝내다. ¶ 초상을 치르

다. /시험을 잘 치르다. ③(끼니를 나타내는 말과 어울려서) 먹다. ¶ 조반을 치르다.

치리[명] 잉엇과의 민물고기. 몸길이 15~25 cm로 길고 한쪽으로 납작하게 생겼음. 몸빛은 은백색이며, 등 쪽은 푸른빛을 띤 갈색임. 한강이나 금강, 또는 그 부근의 호수에 삶.

치립(峙立)[명][하자] 우뚝하게 높이 솟음.

치마[명] ①여자의 아랫도리에 입는 겉옷. ②왕조 때, 조복(朝服)이나 제복(祭服)의 아래에 덧두르던 옷. 《이때에, 위쪽 절반은 흰 종이로, 아래쪽 절반은 색종이로 만든 것의 아래쪽을 가리키는 말.

치마(馳馬)[명][하자] 말을 타고 달림.

치마-끈[명] 치마의 말기에 달아 가슴에 둘러매는 끈.

치마-널[명] 난간(欄干) 밑 테두리에 돌려 붙인 판목(板木).

치마-머리[명] (지난날, 머리털이 적은 사람이 상투를 짤 때) 본머리에 덧둘러서 감던 딴머리. @밑머리.

치마-분(齒磨粉)[명] 이를 닦을 때 칫솔에 묻혀 쓰는 가루 치약. @치분.

치마-상투[명] 치마머리를 넣어서 짠 상투.

치마-양반(-兩班)[명] 지체 낮은 집에서 지체 높은 집과 혼인함으로써 행세를 하게 된 양반.

치마-연(-鳶)[명] 연의 한 가지. 위쪽날의 윗부분은 흰색, 아랫부분은 다른 색을 칠한 연.

치마-폭(-幅)[명] 피륙을 잇대어 만든 치마의 폭.
치마폭이 스물네 폭이다[속담] '아무 상관도 없는 남의 일에 지나치게 참견함'을 비꼬아서 하는 말.
치마폭이 넓다[관용] '남의 일에 쓸데없이 간섭하고 참견함'을 비꼬아 이르는 말.

치마-허리[명] 여자 한복에서, 치마 맨 위쪽에 다른 천으로 빙 둘러서 댄 부분. 치맛말기.

치맛-단[-따](명] '마깥/-말깥'[명] 치맛자락 끝의 가장자리를 안으로 접어 붙이거나 감친 부분. ¶ 치맛단을 늘이다.

치맛-말기[-만-][명] ⇨치마허리.

치맛-바람[-마빠-/-말빠-][명] ①[치맛자락이 움직이는 서슬이란 뜻으로] '여인의 설치는 서슬'을 이르는 말. ¶ 학부형들의 치마바람이 세다. ②'새색시'를 농조로 이르는 말.

치맛-자락[-마짜-/-말짜-][명] 치마폭의 늘어진 부분.

치매(痴呆)[명][하여] 정상적인 정신 상태를 잃어버린 상태.

치-매기다[타] (번호나 번지 따위를) 아래에서 위로 차례를 따라 매기다. ↔내리매기다.

치매-증(痴呆症)[-쯩][명] 한방에서, '치매한 증세'를 이르는 말.

치-먹다[-따][자] ①(순서나 번호가) 아래로부터 위로 치올라 가면서 정해지다. ¶ 번지가 치먹다. ②시골 물건이 서울에서 팔리다. ¶ 짚신은 치먹고 나막신은 내리먹는다. ↔내리먹다.

치먹-이다[타] 『'치먹다'의 사동』 시골 물건을 서울에서 팔다.

치먹-히다[-머키-][자] 『'치먹다'의 피동』 치먹음을 당하다. ¶ 서울에서 치먹히는 금삼(錦蔘).

치면-하다[형여] 그릇 속에 물건이 거의 다 차 있다.

치명(治命)[명] (죽을 무렵에) 맑은 정신으로 하는 유언. ↔난명(亂命).

치:명(致命)[명][하자] ①죽을 지경에 이름. ②가톨릭에서, '순교(殉敎)'를 이전에 이르던 말.

치:명-상(致命傷)[명] ①목숨이 위험할 정도로 입은 상처. ¶ 치명상을 입다. ②회복할 수 없을 정도의 결정적인 타격이나 상태. ¶ 그 폭로 기사는 그의 명예에 치명상이 되었다.

치:명-적(致命的)〔관〕〔명〕치명상으로 될 만한 (것). ¶치명적 병. /치명적인 타격.

치:명-타(致命打)〔명〕〔생사나 흥망에 관계될 만큼〕치명적인 타격. ¶치명타를 입다.

치목(治木)〔명〕〔하자〕목재를 다듬음.

치목(稚木)〔명〕어린나무.

치목(齒木)〔명〕절에서, 이를 닦을 때 쓰는 버드나무로 만든 물건.

치문(緇門)〔명〕①모든 학자의 명구(銘句)와 권선문(勸善文)을 모은 불경의 이름. ②검은 옷을 입은 종문(宗門).

치미(侈靡)〔명〕〔하자〕너무 지나치게 치레함.

치미(鴟尾)〔명〕☞망새.

치민(治民)〔명〕〔하자〕백성을 다스림.

치밀(緻密)〔명〕'치밀하다'의 어근.

치-밀다〔~미니·~밀어〕〔자〕①위로 힘차게 솟아오르다. ¶뜨거운 열기가 치밀다. ②불길이나 연기가 세차게 솟구치다. 치받다. ¶밤하늘에 치밀어 오르는 화염. ③〔어떤 감정이〕세게 일어나다. ¶욕심이 치밀다. /울화가 치밀다. ④〔체증으로 욕지기 따위가〕위로 밀려 오르다. ¶구역질이 치밀다.
〔Ⅱ〕〔자타〕위로 힘차게 밀어 올리다. ¶무거운 짐을 두 팔로 치밀어 올리다. ↔내리밀다.

치밀-하다(緻密-)〔형〕〔여〕①〔성격이나 계획 따위가〕세밀하고 꼼꼼하다. ¶치밀한 계획. 비면밀(綿密)하다. ②〔피륙 같은 것이〕곱고 촘촘하다. ¶올이 가늘고 치밀한 천. 치밀-히〔부〕.

치-받다¹〔-따〕〔자〕욕심·분노 따위의 감정이 세차게 북받쳐 오르다. ¶화가 치받다.

치-받다²〔-따〕〔타〕①위로 떠받아 오르다. ¶새싹이 겉흙을 치받으며 돋아나다. ②위를 향하여 받다. ¶송아지가 머리를 치받으며 젖을 빨다. /하늘을 치받듯이 높이 솟은 봉우리. ③세차게 받다. ¶차가 벽을 치받고서야 멈추어 섰다. ①②↔내리받다.

치-받다³〔-따〕〔타〕썩 올려서 받다. ¶우산을 높이 치받고 종종걸음으로 사라지다.

치받-이〔-바지〕〔명〕①비탈진 언덕의, 오르게 된 방향. ↔내리받이. ②〔하자〕건축에서, 천장·산자 따위의 안쪽으로 흙을 바름, 또는 그 일. 앙토(仰土).

치받-치다¹〔-따〕①〔밀어 올리듯〕힘껏 솟아오르다. ¶열기가 훅훅 치받치는 아스팔트 길. ②〔감정이〕문득 세차게 치밀다. 북받치다. ¶설움이 치받치다. /부아가 치받치다. ③세게 떠받아 오르다. ¶숨이 턱까지 치받치다.

치받-치다²〔-따〕①위로 치받아 힘껏 버티다. ¶기둥을 치받친 주추. ②위로 힘껏 치받아 올리다. ¶쌀가마니를 치받쳐 들다. ③밀어붙이듯이 위로 치받아 오르다. ¶목구멍을 치받치는 기침.

치발부장(齒髮不長)〔명〕〔배냇니는 다 갈지 못하고 머리는 다박머리란 뜻으로〕'아직 나이가 어림'을 이르는 말.

치-벋다〔-따〕〔자〕위쪽으로 향하여 벋다. ¶줄기는 하늘로 치벋고, 뿌리는 땅속으로 내리벋는다. ↔내리벋다.

치병(治兵)〔명〕〔하자〕군대를 훈련함.

치병(治病)〔명〕〔하자〕〔되자〕병을 다스림.

치보(馳報)〔명〕〔하자〕급히 달려가서 알림.

치본(治本)〔명〕〔하자〕병의 근원을 없앰, 또는 근본적인 치료.

치부(恥部)〔명〕①〔남에게 알리고 싶지 않은〕부끄러운 부분. ¶민족성의 치부를 백일하에 드러내다. ②☞음부(陰部).

치부(致富)〔명〕〔하자〕재물을 모아 부자가 됨. ¶부동산으로 치부한 졸부.

치부(置簿)〔명〕①〔하타〕〔되자〕금전이나 물품의 출납을 적어 넣음, 또는 그 장부. ②〔하자타〕〔되자〕〔마음속에〕잊지 않고 새겨 두거나 그렇다고 여김. ¶그는 사람들이 정신 나간 사람으로 치부할 만큼 괴팍하다.

치:부-꾼(致富-)〔명〕〔부자가 될 만한 사람이란 뜻으로〕매우 근검하고 알뜰한 사람.

치:부-책(置簿冊)〔명〕금품을 출납한 내용을 적는 책.

치분(齒粉)〔명〕〈치마분(齒磨粉)〉의 준말.

치-불다〔~부니·~불어〕〔자〕바람이 아래에서 위를 향하여 약간 세게 불다.

치-붙다〔-붇따〕〔자〕위로 치켜 올라가 붙다. ¶너무 치붙은 광대뼈. ↔내리붙다.

치빙(馳騁)〔명〕〔하자〕①말을 타고 돌아다님. ②부산하게 돌아다님.

치버〔형〕〔옛〕〔'칩다'의 활용형〕추워. ¶치버 므리 어렛다가(月釋9:23).

치봄〔명〕〔옛〕〔'칩다'의 명사형〕추움〔寒〕. ¶치봄과 더붐과 브룸과 비와(月釋7:53).

치-빼다〔-따〕'냅다 달아나다'를 속되게 이르는 말.

치사(치사)〔명〕'치사하다'의 어근.

치:사(致仕)〔명〕〔하자〕나이가 많아 벼슬을 사양하고 물러남.

치:사(致死)〔명〕〔하자타〕죽음에 이르게 함. 치폐(致斃). ¶업무상 과실 치사.

치:사(致詞·致辭)〔명〕①경사가 있을 때, 왕에게 올리던 경축의 글. 치어(致語). ②경사가 있을 때, 악인(樂人)이 풍류에 맞추어 올리던 찬양의 말. ③〔하타〕다른 사람을 칭찬함, 또는 그런 말.

치:사(致謝)〔명〕〔하자〕고맙다는 뜻을 나타냄.

치-사랑〔명〕〔하자〕손윗사람에 대한 사랑. ¶치사랑이 내리사랑을 못 당한다. ↔내리사랑.

치:사-량(致死量)〔명〕생체를 죽음에 이르게 할 정도로 많은 약물의 양.

치:사-스럽다(恥事-)〔-따〕〔~스러우니·~스러워〕〔형〕치사한 데가 있다. 치사스레〔부〕.

치:사-율(致死率)〔명〕어떤 병에 걸린 환자에 대한 그 병으로 죽는 환자의 비율. 백분율로 나타냄.

치:사-죄(致死罪)〔명〕〔-죄/-쮀〕어떤 행위의 결과로 사람을 죽게 함으로써 성립하는 범죄.

치사찬란(恥事燦爛)〔명〕'치사찬란하다'의 어근.

치사찬란-하다(恥事燦爛)〔-찰-〕〔형여〕쩨쩨하고 남부끄럽기 그지없다.

치:사-하다(恥事-)〔형여〕①격에 떨어져 남부끄럽다. ¶치사한 말. ②〔하는 짓이나 말이〕얄밉도록 아니꼽거나 잘고도 더럽다. ¶돈 몇 푼 가지고 너무 치사하게 굴지 마라.

치산(治山)〔명〕〔하자〕①산소를 매만져서 다듬음. ②산을 가꾸고 보호함.

치산(治産)〔명〕〔하자〕①집안 살림살이를 잘 다스림. 치가(治家). ②재산을 관리하고 처리함.

치산-치수(治山治水)〔명〕〔하자〕산과 내를 잘 관리하고 돌봐 홍수나 가뭄 따위의 재해를 입지 않도록 예방함.

치-살리다〔타〕지나치게 추어 주다.

치상(治喪)〔명〕〔하자〕초상을 치름.

치생(治生)〔명〕〔하자〕살아갈 방도를 차림.

치서(齒序)〔명〕나이의 차례. 치차(齒次).

치석(治石)〔명〕돌을 반들반들하게 다듬음.

치석(齒石)〔명〕이에 누렇게 엉기어 붙은 단단한 물질. 음식에 섞였거나 침에서 분비된 석회분이 붙어서 굳어진 것임. 이똥.

치:선(置先)명하자 ①바둑에서, 흑을 잡고 먼저 두는 일. ②〈치중선수(置中先手)〉의 준말.

치성(致誠)명 ①있는 정성을 다함. ¶ 병든 어머니를 치성으로 간호하다. ②신이나 부처에게 정성을 드림. ¶ 치성을 드리다. /치성을 올리다.

치성(熾盛)명하자 (불길처럼) 몹시 성함.

치세(治世)명 ①(잘 다스려서) 태평한 세상. ↔난세(亂世). ②(주로 어떤 임금이) 다스리는 때나 세상. ¶ 선조 대왕의 치세에 일어난 임진 왜란. ③하자 세상을 다스림.

치소(嗤笑)명하타 빈정거리며 웃음. ¶ 남에게 치소를 당하다.

치소(痴笑)명 바보 같은 웃음.

치손(稚孫)명 어린 손자.

치-솟다[-솓-]자 ①위로 힘차게 솟다. ¶ 치솟는 연기. ②(감정이나 생각 따위가) 세차게 북받쳐 오르다. ¶ 울분이 치솟다.

치송(治送)명하타 행장을 차려 보냄.

치송(稚松)명 잔솔.

치수(-數)명 (길이를 잴 때의) 몇 자 몇 치의 셈. ¶ 양복의 치수.

치수 맞춰 옷 마른다[짓는다]속담 무엇이든 격에 맞게 해야 한다는 말.

치수(를) 내다관용 길이의 치수를 정하다.

치수(를) 대다관용 치수를 재어놓다.

치수(治水)명하자 (홍수나 가뭄의 피해를 막기 위해) 수리 시설을 하여 물길을 바로잡음.

치수(齒髓)명 치강(齒腔) 속을 채우고 있는 연한 조직. 혈관과 신경이 퍼져 있어 감각이 예민함. 이골[1].

치수(錙銖)명 썩 가벼운 무게. 〔치는 여덟 냥 (兩), 수는 기장 알 100개의 무게를 이름.〕

치수-금(-數-)명 치수를 재어 그은 금.

치수-염(齒髓炎)명 치수에 생기는 염증. 몹시 쑤시고 아픈데, 화농성과 비화농성으로 나뉨.

치술(治術)명 나라를 다스리는 술책. 정치하는 기술.

치술령-곡(鵄述嶺曲)명 우리나라의 고대 가요. 왕자 미사흔(未斯欣)을 구하러 외국에 간 박제상을 그의 아내가 치술령에 올라가 기다리며 지었다는, 망부석의 슬픈 사연을 읊은 노래. 〔가사는 전하지 아니하고, 그 설화 내용만이 '증보문헌비고'에 실려 전함.〕 ⸺망부석.

치-쉬다타 숨을 크게 들이마시다. ↔내리쉬다.

치습(治濕)명하타 한방에서, 병의 근원인 습기를 다스림을 이르는 말.

치승명 '치승하다'의 어근.

치승-하다(差勝-)형여 (다른 것에 견주어) 조금 낫다. ¶ 약효가 치승하다.

치:신(置身)① ((주로 부정하는 말과 함께 쓰이어)) (남 앞에서의) '몸가짐이나 행동'을 얕잡아 이르는 말. ¶ 치신이 말이 아니다. ②남을 대하는 태도에 나타나는 체면. ¶ 제발 치신을 좀 세우시오.

치:신(置身)명하자 (어디에) 몸을 둠. ¶ 황송해서 치신할 바를 모르다.

치:신-머리명 〈치신〉의 속된 말.

치:신머리-사납다[-따]〔~사나우니·~사나워〕형ㅂ 〈치신사납다〉의 속된 말.

치:신-없다[-업따]형 〈치신없다〉의 속된 말. 치신머리없-이[부].

치신무지(置身無地) '치신무지하다'의 어근.

치:신무지-하다(置身無地-)형여 (두렵거나 부끄러워서) 몸둘 바를 모르다. 몸을 곳이 없다.

치:신-사납다[-따]〔~사나우니·~사나워〕형ㅂ (남 앞에서의) 몸가짐이 경망스러워 볼꼴이 사

납다. 〔'처신사납다'를 얕잡아 이르는 말.〕

치:신-없다[-업따]형 (남 앞에서의) 몸가짐이 경망스러워 위신이 없다. 〔'처신없다'를 얕잡아 이르는 말.〕 치신없-이[부] ¶ 치신없이 행동하다.

치심(侈心)명 사치를 좋아하는 성미.

치심(稚心)명 ①어릴 적의 마음. ②어린아이 같은 마음.

치심-상존(稚心尙存) 어릴 적의 마음이 아직까지 남아 있음.

치-쏘다타 (활·총 따위를) 아래에서 위로 보고 쏘다. ↔내리쏘다.

치-쏠다[~쏘니·~쏠어]타 아래에서 위로 향해 쏠다.

치아(稚兒)명 ⸺치자(稚子).

치아(齒牙)명 사람의 '이'를 높이어 이르는 말. ¶ 영감님, 치아가 아주 좋습니다.

치아-탑(齒牙塔)명 불교에서, 도학(道學)이 높은 중의 이를 넣고 쌓은 탑을 이르는 말.

치아-통(齒牙筒)명 지난날, 이쑤시개와 귀이개를 넣어서 차던 작은 통.

치안(治安)명하타 ①나라를 잘 다스려 편안하게 함. ②국가와 사회의 안녕 질서를 보전하고 지켜 감. ¶ 치안 유지.

치안-감(治安監)명 경찰 공무원 계급의 하나. 치안정감의 아래, 경무관의 위임.

치안^경:찰(治安警察)명 ⸺보안 경찰.

치안^본부(治安本部)명 '경찰청'의 이전 기관.

치안^재판(治安裁判)명 '즉결 재판'을 흔히 이르는 말.

치안-정감(治安正監)명 경찰 공무원 계급의 하나. 치안총감의 아래, 치안감의 위임.

치안-총감(治安總監)명 경찰 공무원 계급의 하나. 치안정감의 위로서, 경찰 공무원의 최고 계급.

치약(齒藥)명 이를 닦는 데 쓰이는 약품.

치:어(致語)명 ⸺치사(致詞).

치어(稚魚)명 알에서 깬 지 얼마 안 되는 물고기. 새끼 고기. ↔성어(成魚).

치어-걸:(cheer+girl)명 운동 경기장에서 흥겨운 음악에 맞추어 춤을 추면서 관중의 흥을 돋우는 여자 응원단원.

치어다-보다[-어-/-여-]타 〈쳐다보다〉의 본딧말.

치어-리:더(cheer leader)명 운동 경기장에서 흥겨운 음악에 맞추어 춤을 추면서 관중의 흥을 돋우는 응원단원.

치언(痴言)명 바보 같은 말. 어리석은 말.

치역(値域)명 어느 함수에서, 독립 변수가 변역 내의 모든 값을 취할 때에, 함수가 취할 수 있는 모든 값의 집합.

치열(治熱)명 병의 열기(熱氣)를 다스림, 또는 그 일. ¶ 이열(以熱)치열.

치열(齒列)명 ⸺잇바디.

치열(熾烈)명하여 세력이 불길같이 맹렬함. ¶ 치열한 생존 경쟁. 치열-히[부].

치-오르다[~오르니·~올라]〔Ⅰ〕자르 아래에서 위로 향하여 오르다. ¶ 불길이 치오르다. 〔Ⅱ〕타르 경사진 길이나 산 따위를 오르거나 북쪽 지방으로 올라가다. ¶ 험한 산길을 단숨에 치올라 갔다.

치올리다타 〔'치오르다'의 사동〕 위로 밀어 올리다. ¶ 안경을 치올리다.

치옹(齒癰)명 ⸺치조 농루.

치와와(chihuahua)명 개의 한 품종. 멕시코 원산. 몸빛은 흑색·갈색 등 여러 가지며 털이 짧아 매끈매끈함. 귀가 크고 쫑긋하며, 눈은 크고 볼록 튀어나왔음. 애완용으로 기름.

치외^법권(治外法權)[-외-꿘/-웨-꿘]**명** 국제 법에서, 외국에 있으면서 그 나라의 법을 적용을 받지 않고 자기 나라의 주권을 행사할 수 있는 권리. 국가 원수, 외교 사절, 군함이나 공적인 군대 등에 인정되는 특권임.

치욕(恥辱)**명** 수치와 모욕. ¶한 나라의 왕으로서 그런 치욕을 당하다니. ⑨욕.

치우(癡愚)**명** 정신박약의 한 유형. 지능 지수가 20 또는 25~50임.

치우다[태] ①(물건을 다른 곳으로) 옮기어 간수하거나 버리다. ¶의자를 치우다. ②청소하여 정돈하거나 자리를 비우다. ¶방을 치우다. /건넌방을 치우고 세를 놓았다. ③하던 일을 그만두거나 대충 끝내다. ¶하던 바느질을 치우고 바삐 다녀오다. ④〈시집보내다〉의 속된 말. ¶딸을 치우다.

치우다²[조동] (동사의 '-아(어)' 활용형 뒤에 쓰이어) 그 행동(동작)의 종결(완료)을 뜻함. ¶밥한 그릇을 뚝딱 먹어 치우다. /해 치우다.

치우치다[자] 균형을 잃고 한쪽으로 쏠리다. ¶감정에 치우치다.

치우-하다(癡愚-)[형여] 못생기고 어리석다.

치위(옛) 추위. ¶더위 가고 치위 오매(南明上59).

치:위(致慰)[하타] 상중(喪中)이나 복중(服中)에 있는 사람을 위로함.

치유(治癒)**명[하타][되자]** 치료하여 병을 낫게 함.

치은(齒齦)**명** 잇몸. 치경(齒莖).

치은¹궤:양(齒齦潰瘍)**명** 잇몸이 허는 병.

치은²농양(齒齦膿瘍)**명** 잇몸이 헐어서 고름이 생기는 병.

치은-염(齒齦炎)[-념]**명** 잇몸에 생기는 염증.

치은-종(齒齦腫)**명** 잇몸에 생기는 종양.

치음(齒音)**명** 혀끝과 이 사이에서 조절되어 나오는 소리인 자음(子音). 〔훈민정음에서 'ㅅ·ㅆ·ㅈ·ㅊ'을 가리킴.〕 잇소리.

치읓[-읃]**명** 한글의 자음 글자 'ㅊ'의 이름. *치읓이[-으시]·치읓을[-읃-]

치:의(致意)[-의/-이]**명[하자]** 자기의 뜻을 남에게 알림.

치:의(致疑)[-의/-이]**명[하자타]** 의심을 함.

치의(緇衣)[-의/-이]**명** ①중이 입는, 빛깔이 검은 옷. ②중(僧).

치이다¹[자] ①피륙의 올이 이리저리 쏠리다. ②(옷이나 이불에 둔) 솜이 한쪽으로 말려서 뭉치다.

치-이다²[자] ①무거운 물체나 수레 밑에 눌리거나 깔리다. ¶사람이 자동차에 치이다. ②덫 따위에 걸리다. ¶덫에 치인 여우. ③다른 힘에 억눌리거나 이야침을 당하다. ¶잡무에 치여서 창작 활동을 하기 어렵다.

치-이다³[『치다⁸의 피동』 값이 얼마씩 먹히다. 돈이 얼마씩 들다. ¶한 개당 천 원씩 치이다.

치-이다⁴[태] ①['치다¹¹의 사동] 더러운 것을 그러게 하다. 파서(떠서) 바닥을 긁어내게 하다. ¶쓰레기 더미를 치이다. ②['치우다'의 사동] 치우게 하다.

치-이다⁵[태] 『치다⁴의 사동』 쇠붙이가 연장을 만들게 하다. ¶대장장이에게 낫을 치이다.

치인(治人)**명** 치자(治者).

치인(痴人)**명** 어리석고 못난 사람. 치자(痴者). 치한(痴漢).

치인-설몽(痴人說夢)**명** 〔치인이 꿈 이야기를 한다는 뜻으로〕'종작없이 허황한 말을 지껄임'을 이르는 말.

치자(治者)**명** ①한 나라를 다스리는 사람. 치인(治人). ②권력을 지닌 사람.

치:자(梔子)**명** 한방에서, '치자나무의 열매'를 약재로 이르는 말. 성질이 차며, 이뇨·눈병·황달 따위의 해열제로 쓰임.

치자(稚子)**명** ①여남은 살의 어린이. 치아(稚兒). ②어린 아들.

치자(痴者)**명** 치인(痴人).

치:자-나무(梔子-)**명** 꼭두서닛과의 상록 관목. 우리나라 남부 지방에서 재배하는데, 높이는 2m가량. 잎은 길둥글며 마주나고, 여름에 향기 좋은 흰 꽃이 핌. 열매는 가을에 황홍색으로 익는데, 염료로 쓰거나 한방에서 '치자'라 하여 약재로 씀.

치자-다소(痴者多笑)〔어리석고 못난 사람은 잘 웃는다는 뜻으로〕'실없이 잘 웃는 사람'을 놀림조로 이르는 말.

치:자-색(梔子色)**명** 치자로 물들인 빛깔. 짙은 누른빛에 약간 붉은빛을 띰.

치-잡다[-따]**태** 치켜 잡다.

치장(治粧)**명[하타][되자]** 매만져서 잘 꾸미거나 모양을 냄. ¶얼굴을 치장하다. /새롭게 치장한 집.

치장 차리다가 신주(神主) 개 물려 보낸다[속담] 무슨 일을 잘하려고 늑장을 부리다가 뜻밖의 낭패를 본다는 뜻.

치장(治裝)**명[하자]** 행장을 차림. 치행(治行).

치:재(致齋)**명[하자]** 제관(祭官)이 된 사람이 제사 전 사흘 동안 재계함, 또는 그 일.

치적(治績)**명** (나라나 고을을) 잘 다스린 공적.

치:전(致奠)**명[하자]** 사람이 죽었을 때, 겨레붙이나 친구들이 슬픈 뜻을 표하는 제식(祭式).

치정(治定)**명[하타]** 나라를 다스려 안정시킴.

치정(痴情)**명** 이성을 잃은 남녀 간의 애정. ¶치정에 얽힌 살인 사건.

치:제(致祭)**명[하자]** 임금이 제물과 제문을 내려 죽은 공신(功臣)을 제사 지냄, 또는 그 일.

치조(齒槽)**명** 치근(齒根)이 박혀 있는 상하 턱뼈의 구멍. 잇집.

치조-골(齒槽骨)**명** 치조의 벽을 이루는 부위의 뼈. 〔턱뼈의 일부분.〕 치골.

치조골-염(齒槽骨炎)[-렴]**명** (충치를 내버려 두었을 때) 치근을 싸고 있는 턱뼈 부분에 생기는 염증.

치조²농루(齒槽膿漏)[-누]**명** 이가 흔들리고 잇몸의 가장자리가 검붉어지며 치조에서 고름이 나는 병. 치농.

치조²농양(齒槽膿瘍)**명** 세균이 들어가 치조에 고름이 생기는 염증.

치조-염(齒槽炎)**명** 치조에 생기는 염증.

치조-음(齒槽音)**명** ☞잇몸소리.

치졸(稚拙)**명[하여]** 유치하고 졸렬함.

치죄(治罪)[-죄/-줴]**명[하타]** 죄를 다스림.

치주(馳走)**명[하자]** 달려감.

치:주(置酒)**명[하자]** 술자리를 베풂.

치주-염(齒周炎)**명** 이틀의 막이나 잇몸·잇집 따위에 생기는 염증을 통틀어 이르는 말. 〔치은염·치근막염·치조골염·치조 농루 따위가 이에 딸림.〕

치:중(置中)**명[하자]** 〔바둑에서, 가운데에 둔다는 뜻으로〕①어복점에 두는 일. ②상대의 말이 에워싼 곳에 두 집이 못 나도록 급소에 놓아 파호(破戶)하는 일.

치:중(置重)**명[하자][되자]** 무엇에 중점을 둠. ¶주요 과목에 치중하여 공부하다.

치중(輜重)**명** ①말에 실은 짐. ②군대의 여러 가지 군수품.

치:중-선수(置中先手)圓[하자] 바둑에서, 치중할 때에는 반드시 선수해야 함을 이르는 말. ❀치선.

치:중-수(置中手)[-쑤]圓 바둑에서, 치중점에 놓는 수. 치중한 수.

치:중-점(置中點)[-쩜]圓 바둑에서, 사활(死活)이 결정될 급소의 한 점. 치중해야 할 중요한 자리.

치즈(cheese)圓 동물의 젖에 들어 있는 단백질을 응고·발효시킨 식품.

치지(差池) '치지하다'의 어근.

치:지(致知)圓[하자] (사물의 도리를) 깨달아서 알게 됨. ¶격물(格物)치지.

치:지도외(置之度外)[-외/-웨]圓[하] 내버려 두고 문제로 삼지 않음. 도외시하여 내버려 둠.

치지-하다(差池-)圓 들쭉날쭉해서 고르지 않다. 가지런하지 않다.

치진(馳進)圓[하자] ①어른 앞으로 빨리 달려감. ②지난날, 고을 원이 감영(監營)으로 급히 달려가던 일.

치질(痔疾)圓 항문의 안팎에 생기는 병을 통틀어 이르는 말.

치질圓〔옛〕자수(刺繡). ¶슈질 치지렛 녕녕 잘 ᄒ고〔翻朴上45〕.

치차(齒次)圓 ⇨치서(齒序). ¶치차에 따라 자리를 정하다.

치차(齒車)圓 톱니바퀴.

치:총(置塚)圓 치표(置標)로 만든 무덤.

치-치다[타] ①(획을) 위로 올려 삐치다. ②치뜨리다.

치커리(chicory)圓 국화과의 다년생초. 높이는 60~100cm이며, 여름에 청색을 띤 자주색, 연한 붉은색, 흰색 따위의 두상화(頭狀花)가 핌. 연하고 흰 싹은 샐러드로, 뿌리는 커피의 혼합물로 씀. 지중해 연안 지방이 원산지임.

치커-들다[~드니·~들어]타 위로 올려 들다. ¶깃발을 치켜들다. /손을 번쩍 치켜들다.

치커-뜨다[~뜨니·~떠]타 눈을 아래에서 위로 올려 뜨다. ¶눈을 치켜뜨고 덤비다.

치커-세우다타 ①옷깃이나 눈썹 따위를 위쪽으로 올리다. ¶눈초리를 치켜세우다. ②정도 이상으로 칭찬하여 세우다. ¶별것도 아닌 일을 가지고 입에 침이 마르게 치켜세운다.

치키다타 위로 끌어올리다. ¶흘러내린 바지를 치키다. ↔내리키다.

치킨(chicken)圓 〈프라이드치킨〉의 준말.

치킨-라이스(chicken+rice)圓 밥에 닭고기와 채소 등을 넣고 볶아 만든 서양 요리의 한 가지.

치:타(cheetah)圓 고양잇과의 포유동물. 몸길이 1.5m, 꼬리 길이 1m가량. 몸빛은 황색 또는 갈색 바탕에 검은빛의 둥근무늬가 빽빽함. 몸이 가늘고 길며 다리도 깊. 포유류 중 가장 빠른 속도로 달림. 아프리카, 인도의 사막 지대에 분포함.

치탈(褫奪)圓[하타] 벗겨서 빼앗음.

치탈-도첩(褫奪度牒)圓 중이 삼보(三寶)에 대하여 불경죄를 지었을 때 그의 도첩을 빼앗는 일.

치태(痴態)圓 바보 같은 모양새나 꼬락서니. ¶치태를 부리다.

치태(齒苔)圓 이에 끼는 젤라틴 모양의 퇴적(堆積). 세균·침·점액물 따위로 이루어짐. 플라크.

치토(埴土)圓 토양 분류에 따른 흙의 한 가지. 60% 안팎의 찰흙과 40% 안팎의 모래로 된 흙. 〔농사에는 알맞지 않음.〕

치통(齒痛)圓 이의 아픔. 이가 아픈 증세. ¶치통이 심해서 진통제를 먹었다.

치패(稚貝)圓 새끼 조개.

치:패(致敗)圓[하자] 살림이 아주 결딴이 남. ¶치패를 보다.

치평(治平) '치평하다'의 어근.

치평-하다(治平-)圓 세상이 잘 다스려져 평안하다. ❀태평(太平).

치:폐(致弊)圓[-폐/-페]圓[하자타] ⇨치사(致死).

치포(治圃)圓[하자] 채전을 가꿈.

치포-관(緇布冠)圓 지난날, 유생(儒生)이 평상시에 쓰던 검은 관.

치표(治表)圓 한방에서, 병의 겉으로 나타난 증세만을 그때그때 다스리는 것을 이르는 말.

치:표(置標)圓[하자] 무덤을 둔다는 뜻으로] 묏자리를 미리 잡아 표적을 묻어서 무덤처럼 만들어 두는 일.

치품(侈品)圓 사치스러운 풍습.

치품(治風)圓[하자] 한방에서, 풍기(風氣)를 다스리는 일.

치품-주(治風酒)圓 한방에서, 풍을 다스리는 술을 이름. 〔찹쌀지에와 꿀과 물을 끓여서 식힌 것에 누룩을 버무려서 담금.〕

치하(治下)圓 ①지배하거나 통치하는 아래. ¶일제(日帝) 치하. ②통치권·관할하는 구역.

치:하(致賀)圓[하타] 칭찬하거나 축하하는 뜻을 나타냄. 〔윗사람이 아랫사람에게, 또는 평교간에 쓰는 말.〕 ¶우수 선수를 치하하다.

치한(痴漢)圓 ①⇨치인(痴人). ②여자를 희롱하는 사내. ②색한(色漢).

치핵(痔核)圓 한방에서, 직장(直腸)의 정맥이 늘어져서 항문 둘레에 혹같이 된 종기의 한 가지를 이르는 말.

치행(治行)圓[하자] ⇨치장(治裝).

치행(痴行)圓 아주 못난 짓.

치혈(治血)圓[하자] 한방에서, 피가 잘못되어 생긴 병을 다스리는 일.

치혈(痔血)圓 한방에서, '치질로 나오는 피'를 이르는 말.

치화(治化)圓[하타] 어진 정치로 백성을 교화함.

치화(痴話)圓 ①치정을 내용으로 하는 이야기. ②정사(情事).

치:환(置換)圓[하타] ①(되자) 바꿔 놓음. ②수학에서, n개의 숫자를 다른 순열로 바꾸어 펼치는 일. ③화학에서, 화합물의 어떤 원자나 원자단을 다른 원자나 원자단으로 바꾸어 놓는 일.

치효(鴟梟)圓 ①⇨올빼미. ②'간악하고 흉포한 사람'을 비유하여 이르는 말.

치-홅다[-홀따]타 위로 향하여 홅다. ↔내리홅다.

치희(稚戲)[-히]圓 ①아이들의 놀이. ②유치한 짓.

치뼈다〔옛〕치키다. ¶드리예 떠딜 므룰 너즈시 치뼈시니(龍歌87章).

칙교(勅敎)[-꾜]圓[하자] ⇨칙유(勅諭).

칙단(勅斷)[-딴]圓[하자] ⇨칙재(勅裁).

칙령(勅令)[칭녕]圓 ⇨칙명(勅命).

칙명(勅命)[칭-]圓 임금의 명령. 대명(大命). 주명(主命). 칙령(勅令). 칙지(勅旨).

칙사(勅使)[-싸]圓 칙명을 받은 사신.

　칙사 대접(待接)[관용] (칙사에게 베푸는 것처럼) 극진하고 융숭한 대접.

칙살-맞다[-쌀맏따]圓 얄밉도록 칙살하다. ¶먹는 것 가지고 칙살맞게 굴지 마라. ❀칙살맞다.

칙살-부리다[-쌀-]자 칙살맞은 짓을 하다. ❀착살부리다.

칙살-스럽다[-쌀-따][~스러우니·~스러워]圓 보기에 칙살한 데가 있다. ❀착살스럽다.

　칙살스레튀.

칙살-하다[-쌀-]**형여** (하는 짓이나 말이) 아니꼽게 잘고도 더럽다. **화**착살하다.

칙서(勅書)[-써]**명** (어떤 사람에게) 임금이 훈계하거나 알릴 일을 적은 글.

칙선(勅選)[-썬]**명하타퇴자** 칙명으로 뽑음.

칙액(勅額)**명** 임금이 손수 쓴 편액(扁額).

칙어(勅語)**명하타** 칙유(勅諭).

칙유(勅諭)**명하타** 임금이 임금 타이른 말, 또는 그것을 널리 공포하는 일. 칙교(勅敎). 칙어(勅語).

칙임(勅任)**명** ①**하타** 칙명으로 벼슬을 시킴, 또는 그 벼슬. ②〈칙임관〉의 준말.

칙임-관(勅任官)**명** 대한 제국 때, 대신의 청으로 임금이 임명하던 벼슬. ⑤칙임.

칙재(勅裁)[-째]**명하타** 임금의 옳고 그름을 가림. 칙단(勅斷).

칙지(勅旨)[-찌]**명** ☞칙명(勅命).

칙칙-폭폭무 증기 기관차가 연기를 뿜으며 달리는 소리.

칙칙-하다[-치카-]**형여** ①(빛깔이) 짙기만 하고 산뜻하지 않다. ¶칙칙한 빛깔. ②(숲이나 머리털 따위가) 배어서 짙다.

칙필(勅筆)**명** 임금의 친필(親筆).

칙행(勅行)[치캥]**명** 칙사의 행차.

칙허(勅許)[치커]**명하타** 임금이 허락함, 또는 그런 허락.

친-(親)**접두** ①〈겨레붙이를 나타내는 말 앞에 붙어〉'직계' 또는 '가까운 친족임'을 뜻함. ¶친할머니. /친부모. /친동생. /친조카. ②〈일부 명사 앞에 붙어〉'친근함'을 뜻함. ¶친여 세력. /친일파.

친가(親家)**명** ①☞실가(實家). ②중이 '자기의 부모가 있는 집'을 이르는 말.

친감(親監)**명하타** 임금이 친히 감시함.

친감(親鑑)**명하타** 임금이 친히 봄.

친견(親見)**명하타** 친히 봄. 비친람(親覽).

친고(親告)**명하타** ①몸소 고함. ②피해자가 직접 하는 고소.

친고(親故)**명** ①친척과 고구(故舊)를 아울러 이르는 말. ②☞친구(親舊).

친고-죄(親告罪)[-쬐/-꿰]**명** 피해자 및 그 밖의 법률이 정한 사람의 고소나 청구가 있어야 검사가 공소를 제기할 수 있는 범죄.〔강간죄·명예 훼손죄 따위.〕

친-공신(親功臣)**명** (조상으로부터 물려받은 것이 아니라) 자기 자신의 공(功)으로 녹훈(錄勳)된 공신.

친교(親交)**명** 친밀한 교분. ¶친교를 맺다.

친교(親敎)**명** 부모의 가르침.

친구(親口)**명하자** 가톨릭에서, 거룩한 대상에게 경의를 나타내기 위하여, 또는 평화와 사랑을 나누기 위하여 입맞추는 일.

친구(親舊)**명** ①친하게 사귀는 벗. 붕우. 친우. 친고(親故). ②(비슷한 또래나 별로 달갑지 않은) 상대편을 무간하게 또는 낮추어 이르는 말. ¶저 사람 참 재미있는 친구로군!

친구는 옛 친구가 좋고, 옷은 새 옷이 좋다속담 물건은 새것이 좋지만 친구는 오래 사귄 친구일수록 정의가 두텁다는 말.

친국(親鞫·親鞠)**명하타** 임금이 중죄인을 친히 국문함, 또는 그 일.

친군-영(親軍營)**명** 조선 고종 때, 서양식 군제(軍制)를 본떠서 서울과 지방에 두었던 여러 군영을 통할하던 관청.

친권(親眷)**명** 퍽 가까운 권속(眷屬).

친권(親權)[-꿘]**명** 부모가 미성년인 자식에 대하여 가지는 신분·재산상의 여러 권리와 의무를 통틀어 이르는 말.

친권-자(親權者)[-꿘-]**명** 친권 행사가 인정된 사람, 또는 친권을 행사하는 사람.

친근(親近)**명** '친근하다'의 어근.

친근-감(親近感)**명** 친근한 느낌. ¶오늘 처음 만난 사람인데도 친근감이 든다.

친근-하다(親近-)**형여** 사귀어 지내는 사이가 매우 가깝다. ¶이웃과 친근하게 지내다. **친근-히**무.

친기(親忌)**명** 부모의 제사.

친-남매(親男妹)**명** 한 부모에게서 난 남매.

친-누이(親-)**명** 한 부모에게서 난 누이.

친-딸(親-)**명** 자기가 낳은 딸.

친람(親覽)[칠-]**명하타** ①왕이나 귀인이 친히 봄. ②몸소 관람함. ②비친견(親見).

친림(親臨)[칠-]**명하자** (임금이) 친히 나옴.

친막(親幕)**명** 지난날, '장수에게 직접 딸린 막료'를 이르던 말.

친막-친(親莫親)** '친막친하다'의 어근.

친막친-하다(親莫親-)**형여** 더할 수 없이 친하다.

친명(親命)**명** 부모의 명령.

친모(親母)**명** 친어머니. 실모(實母).

친목(親睦)**명하형** 서로 친하여 화목함.

친목-계(親睦契)[-계/-꼐]**명** 친목을 도모하기 위한 계.

친목-회(親睦會)[-뫼/-뭬]**명** 친목을 도모하기 위한 모임. 간친회.

친문(親聞)**명하타** 몸소 들음.

친밀(親密)**명하형** 지내는 사이가 아주 친하고 가까움. ¶회사 동료들과 친밀하게 지내다. **친밀-히**무.

친밀-감(親密感)**명** 친밀한 느낌.

친밀-도(親密度)[-또]**명** 친밀한 정도.

친병(親兵)**명** 임금이 친히 거느리는 군사.

친봉(親捧)**명하타** 몸소 거두어들임.

친부(親父)**명** 친아버지. 실부(實父).

친-부모(親父母)**명** 친아버지와 친어머니. 실부모(實父母).

친분(親分)**명** 친밀한 정분. 계분(契分). ¶친분이 있다. /친분이 두텁다. 비친의(親誼).

친불친(親不親)**명** 친함과 친하지 않음.

친사-간(親查間)**명** 친사돈끼리의 사이.

친-사돈(親査頓)**명** 남편의 부모와 아내의 부모와의 사이(관계)를 서로 이르는 말. 참곁사돈.

친-사촌(親四寸)**명** 친삼촌의 아들딸. 참외사촌.

친산(親山)**명** 부모의 산소.

친-삼촌(親三寸)**명** 친아버지의 형제. 참외삼촌.

친상(親喪)**명** 부모의 상사. 대우(大憂). 외간상.

친생-자(親生子)**명** 민법에서, 부모와 혈연관계가 있는 자(子)를 이르는 말.

친서(親書)**명** ①몸소 글씨를 씀. ②몸소 써 보낸 편지. 친찰(親札).

친서(親署)**명하자** (왕이나 귀인이) 몸소 서명함, 또는 그 서명.

친선(親善)**명하형** 친밀하고 사이가 좋음. ¶친선 경기. /친선을 도모하다.

친소(親疏)**명** 친함과 버성김. ¶친소를 가리다.

친소-간(親疏間)**명하타** 친하든지 친하지 않든지 상관없이.《주로, '친소간에'의 꼴로 쓰임.》 ¶친소간에 셈은 분명히 해야 한다.

친속(親屬)**명** 친족(親族).

친-손녀(親孫女)**명** 직계의 손녀.

친-손자(親孫子)**명** 직계의 손자.

친솔(親率)명 ①한 집안의 권솔. ②하타 몸소 인솔함.

친수-성(親水性)[-썽]명 물에 대한 친화력(親和力)이 있는 성질. ↔소수성(疏水性).

친수^콜로이드(親水colloid)명 용액인 물과 콜로이드 입자와의 친화력이 강한 콜로이드. ↔소수 콜로이드.

친숙(親熟)명하형 친밀하고 흉허물이 없음. ¶친숙한 사이. **친숙-히**뷔.

친시(親試)명하타 지난날, 과거에서 임금이 친히 시험을 보이던 일.

친신(親臣)명 임금을 아주 가까이 모시는 신하. 근신(近臣).

친신(親信)명하타 가깝게 여기어 믿음.

친심(親審)명하타 몸소 심사함.

친-아들(親-)명 자기가 낳은 아들. 친자.

친-아버지(親-)명 자기를 낳은 아버지. 생부(生父). 친부(親父).

친-아우(親-)명 한 부모에게서 난 아우. 친제.

친압(親狎) '친압하다'의 어근.

친압-하다(親狎-)[치나파-]형여 흉허물이 없이 너무 지나치게 친하다.

친애(親愛)명하타 친근하게 사랑함. ¶친애하는 국민 여러분.

친-어머니(親-)명 자기를 낳은 어머니. 생모(生母). 친모(親母). 생어머니.

친-언니(親-)명 한 부모에게서 난 언니.

친연(親緣)명 친척의 인연.

친영(親迎)명 ①하타 친히 나아가 맞음. ②신랑이 신부를 맞아 데려오는 육례(六禮)의 마지막 예식.

친왕(親王)명 황제의 아들이나 형제의 칭호.

친왕(親往)명 몸소 감.

친우(親友)명 친한 벗. 친구.

친위(親衛)명 임금이나 국가 원수에 대한 경호.

친위-대(親衛隊)[-때]명 ①임금이나 국가 원수 등의 신변을 경호하는 군대. ②대한 제국 때, 서울의 수비를 맡은 군대.

친의(親誼)[치늬/치니]명 썩 가까운 정의. 비친분.

친일-파(親日派)명 일본과 친하게 지내는 무리.

친임-관(親任官)명 대한 제국 때, 임금이 직접 임명하던 벼슬.

친자(親子)명 ①친아들. ②친자식. ③법률상의 자식. 혈연관계에 의한 친생자와, 법률상 친생자에 준하는 법정 친자(法定親子)가 있음.

친자(親炙)명하타 스승에게 가까이하여 친히 가르침을 받음. ¶친자를 받다.

친자 소송(親子訴訟) 친자 되는 이나 자식 되는 이가 법률상 친자 관계임을 주장하여 내는 민사 소송.

친-자식(親子息)명 자기가 낳은 자식. 친자.

친잠(親蠶)명하자 (양잠을 장려하기 위하여) 왕후가 친히 누에를 침.

친재(親裁)명하타 임금이 친히 재결함.

친전(親展)명 ①하타 (편지 따위를) 손수 펴 봄. ②받는 이가 손수 펴 보기를 바란다는 뜻에서, 편지의 겉봉에 쓰는 말.

친전(親傳)명하타 몸소 전하여 줌.

친절(親切)명하형스형 (남을 대하는 태도가) 정성스럽고 정다움, 또는 그러한 태도. ¶외국인에게 친절을 베풀다. **친절-히**뷔. **친절스레**뷔.

친정(親征)명하타 임금이 친히 나가 정벌함.

친정(親政)명하자 임금이 친히 정사를 봄.

친정(親庭)명 시집간 여자의 본집. 본가(本家). ☞친정댁.

친정 일가 같다[속담] 남이지만 흉허물이 없이 가깝게 지낸다는 말.

친정-댁(親庭宅)[-땍]명 〈친정〉의 높임말. 본가댁.

친정-살이(親庭-)명하자 친정에 몸을 부치고 삶, 또는 그러한 생활.

친제(親弟)명 친아우.

친제(親祭)명하자 임금이 친히 제사를 지냄. 친향(親享).

친족(親族)명 ①촌수가 가까운 겨레붙이. 친속(親屬). ②법률에서, 배우자·혈족·인척 등을 통틀어 이르는 말. 〔배우자, 8촌 이내의 부계 혈족, 4촌 이내의 모계 혈족, 남편의 8촌 이내의 부계 혈족, 남편의 4촌 이내의 모계 혈족, 처의 부모 등을 이름.〕

친족^결혼(親族結婚)[-껼-]명 친족끼리의 결혼.

친족-권(親族權)[-꿘]명 친족상의 신분 관계에 따라 발생하는 사권(私權)의 한 가지. 〔친권(親權)과 후견(後見)에 관한 권리 따위.〕

친족-법(親族法)[-뻡]명 부부, 부모와 자녀, 후견(後見), 친족회, 그 밖의 일반 친족 관계를 규정한 사법.

친족-회(親族會)[-조푀/-조췌]명 특정한 사람이나 집안의 중요 사항을 의결하는 친족적 합의 기관. 본인·호주·후견인·친족·검사·이해관계인 따위의 청구에 따라 법원이 소집함.

친지(親知)명 친근하게 서로 잘 알고 지내는 사람.

친진(親盡)명하자 ☞대진(代盡).

친집(親執)명하타 (남에게 시키지 않고) 몸소 행함.

친찬(親撰)명하타 임금이 친히 시문(詩文)을 지음, 또는 그 시문.

친찰(親札)명 ☞친서(親書).

친척(親戚)명 ①친족과 외척. ②성이 다른 가까운 척분(戚分). 〔고종·이종 따위.〕

친친(실이나 노끈 따위로) 단단하게 여러 번 감거나 동여매는 모양. 칭칭. ¶다친 다리를 붕대로 친친 감다. ㈜찬찬.

친친(親親)명하자 (가까이 지내야 할 사람과) 아주 친함. ¶이웃 간에 친친하다.

친친-하다형여 축축하고도 끈끈하여 불쾌한 느낌이 있다. ¶속옷에 땀이 친친하여 배었다.

친-탁(親-)명 (생김새·성질 따위가) 아버지 쪽을 닮음. 진탁. ↔외탁.

친피(親避)명 지난날 과거를 보일 때, 응시자와 시험관이 근친(近親)이 되는 것을 피하던 일, 또는 그 제도.

친필(親筆)명 손수 쓴 글씨. 육필(肉筆). 진적(眞迹). 진필(眞筆). ¶친필 편지. /친필 사인.

친-하다(親-)형여 매우 가깝게 사귀어 정이 두텁다. ¶친한 친구.

친-할머니(親-)명 아버지의 친어머니.

친-할아버지(親-)명 아버지의 친아버지.

친행(親行)명하자 ☞친행을 몸소 함. 궁행(躬行).

친향(親享)명하자 ☞친제(親祭).

친형(親兄)명 한 부모에게서 난 형. 실형(實兄).

친-형제(親兄弟)명 한 부모에게서 난 형제.

친화(親和)명하자되자 ①서로 친하여 화합함. ②화학에서, 종류가 다른 물질이 화합하는 일.

친화-력(親和力)명 ①남과 친하게 잘 어울리는 힘. ②화학에서 원소가 결합할 때, 특히 어떤 원소와 선택적으로 결합하는 경향이나 힘을 이르는 말.

친환(親患)명 부모의 병환.

친후(親厚) '친후하다'의 어근.

친후-하다(親厚-)**혬어** 서로 친하여 정의가 두 텁다.

친-히(親-)**뮈** 몸소. 손수. ¶선생님께서 친히 쓰신 답장 편지.

칠(漆)**혱타** ①〈옻칠〉의 준말. ②〈칠감이나 물감 따위를〉겉에 발라 빛깔이나 광택을 냄, 또는 그 일. ¶페인트로 벽을 칠하다./니스를 칠한 장판지. ③칠감 이외의 물질을 묻히거나 바르는 일. ¶온몸에 비누를 칠하다.

칠(七)**뎀** 일곱.
Ⅱ**꽌** 《일부 단위를 나타내는 명사 앞에 쓰이어》①그 수량이 일곱임을 나타내는 말. ¶칠 개월./칠 할. ②그 순서가 일곱 번째임을 나타내는 말. ¶교과서 칠 장을 펴라.

칠각-형(七角形)[-까경]**뎀** 일곱 개의 직선으로 둘러싸인 평면 도형.

칠-감(漆-)[-깜]**뎀** 물건의 겉에 발라 보기 좋게 꾸미거나 썩지 않게 하는 데 쓰는 물질. [니스·페인트 따위.]

칠갑(漆甲)**혱타** ▷철갑(鐵甲). 한자를 빌려 '漆甲'으로 적기도 함.

칠거지악(七去之惡)**뎀** 〈지난날, 유교적 관념에서 이르던〉아내를 버릴 수 있는 이유가 되는 일곱 가지 경우. '시부모에게 불순한 경우, 자식을 낳지 못하는 경우, 음탕한 경우, 질투하는 경우, 나쁜 병이 있는 경우, 말이 많은 경우, 도둑질한 경우'를 이름. **쵬**삼불거(三不去).

칠경(七經)**뎀** 일곱 가지의 경서. 곧, 시경(詩經)·서경(書經)·예기(禮記)·악기(樂記)·역경(易經)·논어(論語)·춘추(春秋). **쵬**오경·사서삼경.

칠공(漆工)**뎀** 칠장이.

칠교-도(七巧圖)**뎀** 장난감의 한 가지. 정사각형의 평면을 몇 가지 도형으로 된 일곱 조각을 여러 가지 형상을 꾸며 보게 되어 있음. 칠교판.

칠교-판(七巧板)**뎀** ▷칠교도.

칠궁(七窮)**뎀** 〈지난날 농촌에서, 묵은 곡식은 이미 떨어지고 햇곡식은 아직 나지 않은 때인〉'음력 칠월의 궁핍'을 이르던 말. **쵬**칠월(乞月).

칠규(七竅)**뎀** 〈사람의 얼굴에 있는〉눈·귀·코·입의 일곱 구멍을 이르는 말.

칠-그릇(漆-)[-른]**뎀** ▷칠기(漆器). *칠그릇이[-르시]·칠그릇만[-른-].

칠기(七氣)**뎀** 사람의 일곱 가지 심기(心氣). 곧, 기쁨[喜]·노여움[怒]·슬픔[悲]·은혜[恩]·사랑[愛]·놀람[驚]·두려움[恐].

칠기(漆器)**뎀** ①〈칠목기〉의 준말. ②옻칠과 같이 검은 잿물을 입힌 도자기. 칠그릇.

칠난(七難)[-란]**뎀** 불교에서 이르는, 일곱 가지의 재난. 곧, 수(水)·화(火)·나찰(羅刹)·왕(王)·귀(鬼)·가쇄(枷鎖)·원적(怨賊).

칠난-팔고(七難八苦)[-란-]**뎀** '칠난'과 '팔고', 곧 온갖 고난.

칠년-대한(七年大旱)[-련-]**뎀** 7년 동안이나 계속되는 큰 가뭄. 〔'구년지수(九年之水)'와 짝을 이루어 쓰이는 말로, 중국 은나라 탕왕 때에 있었던 큰 가뭄에서 유래함.〕

칠당(七堂)[-땅]**뎀** 절에 있는 온갖 전당과 당을 아울러 이르는 말.

칠대(七大)[-때]**뎀** 불교에서 이르는, 만유 생성의 일곱 요소. 곧, 지대(地大)·수대(水大)·화대(火大)·풍대(風大)·공대(空大)·견대(見大)·식대(識大).

칠-대양(七大洋)[-때-]**뎀** 일곱 군데의 큰 바다. 곧, 북태평양·남태평양·북대서양·남대서양·인도양·남극해·북극해.

칠독(漆毒)[-똑]**뎀** 옻의 독기.

칠떡-거리다[-꺼-]**쟈** 자꾸 칠떡칠떡하다. 칠떡대다. ¶바짓자락을 칠떡거리며 다니다.

칠떡-대다[-때-]**쟈** 칠떡거리다.

칠떡-칠떡[-떡-]**뮈혱** 〈물건이 너무 늘어져서〉바닥에 닿았다 들렸다 하며 끌리는 모양. ¶치마를 칠떡칠떡 끌며 걸어 나오다.

칠-뜨기(七-)[〈칠성둥이〉의 속된 말.

칠-띠(七-)**뎀** 화투에서, 청단이나 홍단이 섞인 '다섯 끗짜리 일곱 장'을 이르는 말.

칠락팔락(七落八落)**뎀** ▷칠령팔락(七零八落).

칠량(七樑)**뎀** 크고 너른 집을 지을 때, 지붕 상연의 경사를 더 급하게 하기 위해 오량보다 도리를 두 개 늘인 지붕틀의 꾸밈새. **뻰**치량.

칠량-각(七樑閣)**뎀** ▷칠량집.

칠량-보(七樑-)**뎀** 칠량집의 한가운데 줄의 들보. **뻰**치량보.

칠량-집(七樑-)[-찝]**뎀** 칠량으로 지은 집. 칠량각. **뻰**치량집.

칠량-쪼구미(七樑-)**뎀** 칠량보를 받치고 있는 동자기둥. **뻰**치량쪼구미.

칠럼-거리다[쟈] 자꾸 칠럼칠럼하다. 칠럼대다.
쟈칼람거리다.

칠럼-대다[쟈] 칠럼거리다.

칠럼-칠럼[뮈혱타] 큰 그릇에 담긴 물 따위가 일렁일 때마다 자꾸 넘쳐흐르는 모양. **쟈**칼람칼람.

칠렁-칠렁[뮈혱타] 큰 그릇에 담긴 물 따위가 넘칠 듯 넘칠 듯 한 모양. **쟈**칼랑칼랑·철렁철렁.

칠렁-하다[혱어] 큰 그릇에 담긴 물 따위가 넘칠 듯이 그득하다. **쟈**칼랑하다·철렁하다.

칠레^**초석**(Chile硝石)**뎀** 〈칠레에서 생산되는〉질산나트륨으로 된 광석. 무색투명한 알 모양의 결정체. 물에 잘 녹으며 조해성이 있음. 질소 비료나 화약의 원료로 쓰임. 소다 초석. 지리 초석. 질산소다.

칠령팔락(七零八落)**뎀** ①〈혱어〉뿔뿔이 흩어져 갈피를 잡을 수 없음. ②〈쟈〉계속 실패하거나 잇달은 불운으로〉아주 영락(零落)함. 칠락팔락.

칠률(七律)**뎀** 〈칠언 율시〉의 준말.

칠립(漆笠)**뎀** 옻칠을 한 갓.

칠망(七望)**뎀** 음력 열이렛날에 이루어지는 만월(滿月).

칠면-조(七面鳥)**뎀** ①칠면조과의 새. 북아메리카와 멕시코 원산. 날개 길이 50cm가량. 머리와 목은 털이 없어 붉은 살이 드러나 있는데 파란색으로 바뀌기도 함. 수컷은 발정기가 되면 꽁지를 부채 모양으로 폄. ②'변덕스러운 사람'을 비유하여 이르는 말.

칠목(漆木)**뎀** 옻나무.

칠-목기(漆木器)[-끼]**뎀** 옻칠을 한 나무 그릇. **쥰**칠기.

칠보^토기(漆-土器)[-니-]**뎀** 겉면에 기하학적인 무늬를 채색한 고대(古代) 토기의 한 가지. 채문 토기.

칠물(漆物)**뎀** 옻칠을 한 기물(器物)을 통틀어 이르는 말.

칠-박(漆-)**뎀** 옻칠을 한 함지박.

칠반-천역(七般賤役)**뎀** 조선 시대에, 관아에 매였던 일곱 가지 천한 구실. 곧, 조례(皂隷)·나장(羅將)·일수(日守)·조군(漕軍)·수군(水軍)·봉군(烽軍)·역졸(驛卒).

칠보(七寶)**뎀** ①불교에서 이르는 일곱 가지 보배. ㉠'무량수경(無量壽經)'의 금·은·유리·파리(玻璃)·마노(瑪瑙)·거거(硨磲)·산호. ㉡'법화경(法華經)'의 금·은·마노·유리·거거·진주·매괴(玫瑰). ㉢전륜성왕(轉輪聖王)이 가지고 있다는, 윤보(輪寶)·상보(象寶)·마보(馬寶)·여의주보(如意珠寶)·여보(女寶)·장보(將寶)·주장신보(主藏臣寶). ②금은이나 구리의 바탕에 유리질의 유약을 발라 구워서 여러 가지 무늬를 나타낸 세공(細工).

칠보-단장(七寶丹粧)[명][하자] 여러 가지 패물로 몸을 꾸밈.

칠보-재(七步才)[명] '썩 뛰어난 글재주'를 이르는 말.〔중국 위나라 때 조식(曹植)이 일곱 걸음을 걷는 동안에 시를 지었다는 고사에서 유래함.〕

칠보-족두리(七寶-)[-뚜-][명] 새색시가 쓰는 족두리. 금박을 박고, 여러 가지 패물로 꽃 모양을 만들어 꾸밈.

칠복(七福)[명] 칠난(七難)을 벗어난 행복.

칠분-도(七分搗)[명] 현미를 찧어 겉껍질의 7할만 벗겨 내는 일.

칠분도-미(七分搗米)[명] 칠분도로 찧은 쌀. 백미보다 비타민 B의 함량이 많음.

칠불(七佛)[명] 석가모니불 이전의 여섯 부처와 석가모니불을 아울러 이르는 말. 곧, 비바시불(毗婆尸佛)·시기불(尸棄佛)·비사부불(毗舍浮佛)·구류손불(拘留孫佛)·구나함모니불(俱那含牟尼佛)·가섭불(迦葉佛)·석가모니불(釋迦牟尼佛).

칠-붓(漆-)[-붇][명] 칠을 할 때 쓰는 붓. *칠붓이[-부시]·칠붓만[-분-]

칠삭-둥이(七朔-)[-싹-][명] ①밴 지 일곱 달만에 태어난 아이. ②'아주 어리석은 사람'을 조롱조로 이르는 말.

칠색(七色)[-쌕][명] 일곱 가지의 빛깔. 곧, 빨강·파랑·노랑·보라·초록·남·주황.
칠색 팔색을 하다[관용] 얼굴빛이 변할 만큼 매우 질색을 함.

칠색(漆色)[-쌕][명] 발라 놓은 옻칠의 광택.

칠생(七生)[-쌩][명] 불교에서, 이승에 일곱 번 다시 태어나는 일. 이승에 다시 태어날 수 있는 가장 많은 번수.

칠서(七書)[-써][명] ①사서삼경(四書三經)을 아울러 이르는 말. ②고대 중국의 일곱 병서(兵書). 곧, 손자(孫子)·오자(吳子)·사마법(司馬法)·울료자(尉繚子)·육도(六韜)·삼략(三略)·이위공문대(李衞公問對).

칠서(漆書)[-써][명] (종이가 없던 옛날에) 대쪽에 글자를 새기고 그 위에 옻칠을 한 글자.

칠석(七夕)[-썩][명] ①'음력 칠월 초이렛날의 밤'을 명일로 이르는 말.〔이날 밤에 견우와 직녀가 1년 만에 오작교에서 만난다는 전설이 있음.〕②<칠석날>의 준말.

칠석-날(七夕-)[-썽-][명] 음력 칠월 초이렛날. ㉰칠석.

칠석-물(七夕-)[-썽-][명] 칠석날 내리는 비.
칠석물(이) 지다[관용] 칠석날에 비가 와서 큰물이 지다.

칠선(漆扇)[-썬][명] 종이에 옻칠을 한 부채.

칠성(七成)[-썽][명] 황금의 품질을 10등분할 때의 넷째 등급. ㉠팔성.

칠성(七星)[-썽][명] ①<북두칠성>의 준말. ②<칠원성군>의 준말. ③<칠성판>의 준말.

칠성-각(七星閣)[-썽-][명] 칠원성군을 모신 집. ㉰칠성전.

칠성-님(七星-)[-썽-][명] '칠원성군'을 높여 이르는 말.

칠성-단(七星壇)[-썽-][명] 칠원성군을 모시는 제단.

칠성-당(七星堂)[-썽-][명] 칠원성군을 주신(主神)으로 모신 사당.

칠-성사(七聖事)[-썽-][명] 가톨릭에서 이르는, 예수가 정한 일곱 가지 성사. 곧, 성세(聖洗)·견진(堅振)·고백(告白)·성체(聖體)·병자(病者)·신품(神品)·혼인(婚姻).

칠성-상어(七星-)[-썽-][명] 신락상엇과의 바닷물고기. 몸길이 2.5 m가량. 몸은 길고 가로로 납작하며 머리가 넓음. 몸빛은 청색을 띤 회색으로 갈색 반점이 흩어져 있고 배는 흼. 우리나라의 황해와 남해, 인도양·지중해 등지에 분포함.

칠성-은(七成銀)[-썽-][명] ☞정은(丁銀).

칠성-장어(七星長魚)[-썽-][명] 칠성장어과의 물고기. 몸길이 63 cm가량으로 뱀장어와 비슷함. 몸빛은 등이 갈색을 띤 담청색이고 배는 흼. 아가미 구멍이 몸의 양옆에 7개씩 있음. 우리나라의 동남해로 흐르는 각 하천과 일본 등지에 분포함.

칠성-전(七星殿)[-썽-][명] ☞칠성각(七星閣).

칠성-판(七星板)[-썽-][명] 관(棺) 속의 시체 밑에 까는 널빤지. 북두칠성을 본떠서 일곱 구멍을 뚫음. ㉰칠성.

칠-소반(漆小盤)[-쏘-][명] 옻칠을 한 소반.

칠순(七旬)[-쑨][명] ①일흔 날. ②일흔 살. 칠질(七耋). ¶ 칠순 잔치.

칠실(漆室)[-씰][명] 매우 어두운 방.

칠실지우(漆室之憂)[-씰찌-][명] 제 분수에 맞지 않는 근심.〔옛날 중국 노나라의 천한 여자가 캄캄한 방에서 나랏일을 근심했다는 고사에서 유래함.〕

칠십(七十)[-씹][Ⅰ[쥔] 일흔.
Ⅱ[관]《일부 단위를 나타내는 명사 앞에 쓰이어》①그 수량이 일흔임을 나타내는 말. ¶ 칠십 명. /칠십 세. ②그 순서가 일흔 번째임을 나타내는 말. ¶ 칠십 동.

칠십이-후(七十二候)[-씨비-][명] 음력에서, 1년을 72기후로 나눈 것.〔닷새가 1후임.〕

칠야(漆夜)[명] 아주 캄캄한 밤. 흑야(黑夜).

칠언(七言)[명] 한 구(句)가 일곱 자로 된 한시(漢詩), 또는 그 형식. 칠언시(七言詩).

칠언-고:시(七言古詩)[명] 한시의 한 갈래. 한 구가 칠언으로 된 고시. 구수(句數)에 제한이 없음.

칠언^배율(七言排律)[명] 한시(漢詩)의 한 갈래. 칠언으로 된 배율.

칠언-시(七言詩)[명] 한 구가 일곱 자씩으로 된 한시(漢詩). 칠언(七言).

칠언^율시(七言律詩)[-뉼씨][명] 율시의 한 가지. 칠언 팔구로 된 한시. ㉰칠률.

칠언^절구(七言絶句)[명] 칠언 사구로 된 한시(漢詩). ㉰칠절.

칠엽-수(七葉樹)[-쑤][명] 칠엽수과의 낙엽 교목. 일본 원산의 관상 식물로 높이는 30 m가량. 나무껍질은 회갈색. 6월경에 흰 바탕에 분홍 반점이 있는 꽃이 핌. 열매는 둥글고, 익으면 세 쪽으로 갈라짐. 씨는 적갈색이며, 녹말로

칠오-조(七五調)[-쪼][명] 음수율의 한 가지. 일곱 자와 다섯 자를 섞바꾸어 음조를 맞추는 율조.

칠-요일(七曜日)[명] 일주일을 일곱으로 나눈 일을 이르는 말. 곧, 일(日)·월(月)·화(火)·수(水)·목(木)·금(金)·토(土)의 일곱 요일. 칠치(七値). ㉰칠요.

칠원-성군(七元星君)[명] 불교에서, 북두(北斗)의 일곱 성군을 이르는 말. 곧, 탐랑(貪狼)·거문(巨文)·녹존(祿存)·문곡(文曲)·염정(廉貞)·무곡(武曲)·파군(破軍). ㉰칠성. ㉠칠성님.

칠월(七月)명 한 해의 일곱째 달. 참신월·맹추·난월.

칠월 더부살이가 주인 마누라 속곳 걱정한다속담 아무 관계 없는 일에 주제넘게 걱정한다는 말.

칠월 장마는 꾸어서 해도 한다속담 칠월에는 으레 장마가 있게 마련이라는 말.

칠음(七音)명 ①동양의 악률(樂律) 체계에서, 기본을 이루는 일곱 음. 곧, 궁(宮)·상(商)·각(角)·치(徵)·우(羽)·변궁(變宮)·변치(變徵). ②음운학에서, 아음(牙音)·설음(舌音)·순음(脣音)·치음(齒音)·후음(喉音)·반설음(半舌音)·반치음(半齒音)의 일곱 가지 소리.

칠-일(漆-)[-릴]명하자 옻칠을 하는 일.

칠일(七日)명 ①이레. ②이렛날.

칠일-장(七日葬)[-짱]명 초상난 지 이레 만에 지내는 장사.

칠일-주(七日酒)[-쭈]명 담근 뒤 이레 만에 마시는 술.

칠장(漆欌)명 ①옻칠을 한 옷장. ②갓방에서, 옻칠을 한 물건을 넣어 굳히는 장.

칠-장이(漆-)명 칠일을 업으로 하는 사람. 칠공.

칠재(七齋)[-째]명 〈칠칠재〉의 준말.

칠적(七赤)[-쩍]명 음양설에서 이르는 구성(九星)의 하나, 곧 금성(金星)을 이름.

칠전(漆田)[-쩐]명 옻나무를 심은 밭.

칠전팔기(七顚八起)[-쩐-]명하자 〔일곱 번 넘어지고 여덟 번 일어난다는 뜻으로〕'여러 번의 실패에도 굽히지 않고 분투함'을 이르는 말.

칠전팔도(七顚八倒)[-쩐-또]명하자 〔일곱 번 넘어지고 여덟 번 거꾸러진다는 뜻으로〕'어려운 고비를 많이 겪음'을 이르는 말.

칠절(七絶)[-쩔]명 〈칠언 절구〉의 준말.

칠정(七井)[-쩡]명 상여를, 한쪽에 일곱 사람씩 모두 열네 명이 메도록 꾸미는 방식.

칠정(七情)[-쩡]명 ①사람의 일곱 가지 감정. ㉠희(喜)·노(怒)·애(哀)·낙(樂)·애(愛)·오(惡)·욕(欲). ㉡희·노·우(憂)·사(思)·비(悲)·경(驚)·공(恐). ②불교에서 이르는, 희·노·우·구(懼)·애·증(憎)·욕의 일곱 감정.

칠정-겹줄(七井-)[-쩡-쭐]명 칠정에 세로줄 하나씩을 더한 상여의 줄. 〔한 칸에 두 사람씩 모두 스물여덟 명이 메게 된 것.〕

칠정-력(七政曆)[-쩡녁]명 조선 세종 때 반포한 책력의 한 가지.

칠-조각(漆彫刻)명 옻칠을 두껍게 바른 위에서 하는 조각.

칠-조약(七條約)[-쪼-]명 ☞한일 신협약.

칠종(七宗)[-쫑]명 한국 불교의 일곱 종파. 곧, 조계종·천태종·총남종·화엄종·자은종·중신종·시흥종. 〔고려 말기에서 조선 초기까지의 종파로서, 세종 때 앞의 세 종은 선종으로, 뒤의 네 종은 교종으로 통합됨.〕

칠종성-법(七終聲法)[-쫑-뻡]명 17세기부터, 받침(종성)에는 'ㄱ·ㄴ·ㄹ·ㅁ·ㅂ·ㅅ·ㅇ'의 일곱 자만을 쓴 표기법. 〔그 이전까지는 'ㄱ·ㄴ·ㄷ·ㄹ·ㅁ·ㅂ·ㅅ·ㅇ'의 8종성을 썼는데, 'ㄷ'을 'ㅅ'으로 통일하여 적었기 때문에 7종성이 됨.〕

칠종칠금(七縱七擒)[-쫑-]명 '무슨 일을 제 마음대로 함'을 이르는 말. 〔옛날 촉한(蜀漢)의 제갈량(諸葛亮)이 맹획(孟獲)을 일곱 번 사로잡았다가 일곱 번 놓아준 고사에서 유래함.〕

칠-죄종(七罪宗)[-죄-/-쮀-]명 가톨릭에서, 본죄의 本罪)의 모든 근원을 이르는 말. 곧, 교오(驕傲)·간린(慳吝)·미색(迷色)·분노·탐도(貪饕)·질투·해태(懈怠). 죄종.

칠중(七衆)[-쭝]명 불교에서, 불제자의 일곱 종별을 이르는 말. 곧, 비구·비구니·식차마나(式叉摩那)·사미·사미니·우바새·우바이.

칠-중주(七重奏)[-쭝-]명 음악에서, 일곱 사람이 각기 다른 악기로 연주하는 실내악 중주. 흔히, 현악과 관악으로 합주함.

칠즙(漆汁)명 액체 그대로인 옻.

칠지(漆紙)[-찌]명 옻칠을 한 종이.

칠지-단장(漆紙丹粧)[-찌-]명 활의 양낭고자 밑에 칠을 바른 종이로 가로 꾸민 단장.

칠진-만보(七珍萬寶)[-찐-]명 모든 진귀한 보물.

칠질(七-)[-찔]명 칠순(七旬).

칠창(漆瘡)명 한방에서, 옻이 올라 생긴 피부병을 이르는 말.

칠첩-반상(七-飯床)[-빤-]명 반찬 수에 따른 상 차리기의 한 가지. 밥·탕·김치·간장(초간장·초고추장)·조치(찌개 1, 찜 1)는 기본이고, 거기에 숙채·생채·구이·조림·전·마른찬·회의 일곱 반찬을 갖추어 차리는 상차림. 참고 칠첩반상·구첩반상.

칠첩-반상기(七-飯床器)[-빤-]명 칠첩반상을 차리는 데 필요한 반상기. 곧, 밥그릇·국그릇·김치보시기·간장 종지·찌개 그릇 등 기본 그릇 외에, 반찬 접시 일곱 개를 더한 것.

칠촌(七寸)명 ①일곱 치. ②아버지의 재종형제 또는 재종형제의 아들, 곧 재종숙이나 재종질과의 촌수.

칠치(七値)[-찌]명 ☞칠요일.

칠칠(七七)명 ①일곱이레. 칠칠일(七七日). ②'칠월 칠석'을 달리 이르는 말. ¶ 칠칠에 견우와 직녀가 오작교에서 만난다는 전설.

칠칠-맞다[-맏따]형 《주로 '못하다'·'않다'와 함께 쓰이어》①'성질이나 일 처리가 반듯하고 야무지다'를 속되게 이르는 말. ¶ 칠칠맞지 못한 솜씨. ②'주접이 들지 않고 깨끗하다'를 속되게 이르는 말. ¶ 하고 다니는 꼴이 칠칠맞지 못하다.

칠칠-일(七七日)명 ①☞칠칠. ②사십구일재.

칠칠-재(七七齋)[-째]명 ☞사십구일재. 준칠재.

칠칠-하다형여 ①푸성귀나 머리털 따위가 잘 자라서 알차고 길다. ¶ 칠칠하게 자란 배추. ②성질이나 일 처리가 반듯하고 야무지다. ¶ 솜씨가 칠칠하다. ③주접이 들지 않고 깨끗하다. ¶ 칠칠치 못한 사람. **칠칠-히**부.

칠판(漆板)명 〔분필로 글씨를 쓰게 된〕흑색이나 진녹색의 판. 흑판.

칠팔(七八)관 단위를 나타내는 일부 명사 앞에 쓰이어, 그 수량이 일곱이나 여덟임을 나타내는 말. ¶ 칠팔 명. /칠팔 세가량 되는 여자 아이.

칠팔-월(七八月)명 칠월과 팔월.

칠팔월 수숫잎속담 마음이 약하여 번복하기를 잘하는 사람을 이르는 말.

칠포(漆布)명 ①칠을 한 베. ②관 위에 붙이는 헝겊. 옻칠을 하여 관을 싸고, 그 위에 옻을 덧며로.

칠품(七品)명 가톨릭에서, 성사를 집행할 수 있는 성직에 오르기 위하여 서품되어야 할 일곱 가지 품(品)을 이르는 말. 곧, 수문품(守門品)·강경품(講經品)·구마품(驅魔品)·시종품(侍從品)·차부제품(次副祭品)·부제품(副祭品)·사제품(司祭品).

칠피(漆皮)명 에나멜을 바른 가죽. ¶ 칠피 구두.

칠함(漆函)명 옻칠을 한 함.

칠현-금(七絃琴)명 '금(琴)'의 딴 이름. 일곱 줄로 된 악기라는 데서 이르는 이름.

칠-호병(漆胡甁)명 병 모양으로 된 서양식 칠기. 술을 담는 데 씀.

칠화(漆畫)명 옻칠로 그린 그림.

칠흑(漆黑)명 칠처럼 검고 광택이 있음, 또는 그런 빛깔. ¶ 칠흑의 머리. /칠흑 같은 어둠.

칡[칙]명 콩과의 낙엽 활엽 만초. 산이나 들에 흔히 나는데, 잎은 세 잎씩 붙은 겹잎이며 어긋맞게 남. 8월경에 홍자색 꽃이 핌. 뿌리는 한방에서 갈근(葛根)이라 하여 약재로 씀. 덩굴의 속껍질은 청을치라 하여 갈포의 원료가 되며 잎은 사료로 쓰임. * 칡이[칙이] · 칡만[칭―]

칡-넝쿨[칙―]명 ☞칡덩굴.

칡-덤불[칙떰―]명 칡덩굴에 다른 풀이나 가시 나무 따위가 엉클어져 우거진 덤불.

칡-덩굴[칙떵―]명 칡의 벋은 덩굴. 칡넝쿨.

칡-범[칙뻠]명 몸에 칡덩굴 같은 줄무늬가 있는 범.

칡-소[칙쏘]명 온몸에 칡덩굴 같은 무늬가 있는 황소.

침명 입 안에 괴는 끈끈한 액체. 침샘에서 분비되는 소화액의 한 가지임. 구액(口液). 타액. ¶ 침을 튀기다.

  침 먹은 지네속담 ①'할 말을 못하고 있는 사람'을 비유하여 이르는 말. ②'기운을 못 쓰고 기가 죽은 사람'을 비유하여 이르는 말.

  침 발린 말속담 듣기 좋게 꾸며서 하는 말.

  침 뱉은 우물 다시 먹는다속담 다시는 안 볼 듯이 하여도 곧 아쉬워 찾게 됨을 이르는 말.

  침(을) 뱉다관용 아주 치사스럽게 생각하거나 더럽게 여기어 멸시하다.

  침(을) 삼키다(흘리다)관용 ①몹시 먹고 싶어 하다. ②몹시 탐내다.

  침이 마르다관용 어떤 사물이나 사람에 대하여 거듭해서 말하다. ¶ 자식 자랑에 침이 마르다.

침(針)명 ①바늘. ②시곗바늘. ③☞가시.

침(鍼)[명] 한방에서, 사람이나 마소 등의 혈(穴)을 찔러 병을 다스리는 데 쓰는 바늘. ¶ 침을 놓다.

침-감(沈―)명 소금물에 담가 떫은맛을 우린 감. 침시(沈枾).

침강(沈降)명하다자 ①가라앉아 내림. ②지각의 일부가 상대적으로 아래쪽으로 움직이거나 내려앉음.

침강^해:안(沈降海岸)명 지각 변동으로 해면보다 땅의 높이가 낮아져 생긴 해안. 리아스식 해안이 대표적임. 침수 해안.

침:격(侵擊)명하타 침범하여 공격함.

침:경(侵耕)명하자 국유지나 남의 땅을 불법으로 개간하거나 경작함.

침:경(侵境)명하자 국경을 침범함.

침:골(枕骨)명 두개(頭蓋)의 뒤쪽 하부(下部)를 이루는 뼈.

침:골(砧骨)명 ☞모루뼈.

침:공(侵攻)명하자타 (남의 나라를) 침범하여 쳐들어감. ¶ 적의 침공에 대비하다.

침:공(針工)명 ①바느질, 또는 그 기술. ②바느질삯.

침:공(針孔)명 ①바늘귀. ②바늘이 드나드는 구멍.

침공(鍼孔)명 침을 맞은 구멍.

침:구(侵寇)명하타 침범하여 노략질함.

침:구(寢具)명 잠자는 데 쓰는 기구. 이부자리나 베개 따위. 금침(衾枕).

침구(鍼灸)명 한방에서, '침'과 '뜸'을 아울러 이르는 말.

침구-술(鍼灸術)명 침과 뜸으로 병을 다스리는 한방 의술.

침:낭(寢囊)명 솜·깃털 따위를 넣어 자루 모양으로 만든 야영용 침구. 슬리핑백.

침:노(侵擄)명하타 ①(남의 나라를) 불법적으로 쳐들어감. ②개개어서 먹어 듦.

침-놓다(鍼―)[―노타]자 ①경혈(經穴)에 침을 찌르다. 침주다. ②따끔한 말을 하여 상대편에게 자극을 주다.

침니(chimney)명 등산에서, 굴뚝처럼 세로로 깊이 갈라진 암벽의 틈을 이르는 말.

침:닉(沈溺)명하자되자 ①☞침몰. ②주색이나 노름 따위에 빠짐.

침:담(寢啖)명 〈침식(寢食)〉의 높임말.

침-담그다(沈―)[~담그니·~담가]타 (떫은맛을 빼려고) 감을 소금물에 담그다.

침:대(寢臺)명 서양식의 침상. ㉑침상(寢牀).

침독(鍼毒)[―똑]명 침을 잘못 맞아 생기는 독기.

침:두(枕頭)명 베갯머리.

침:략(侵掠)[―냑]명하타 ①쳐들어가 노략질함. ②☞침략(侵略).

침:략(侵略)[―냑]명하타 남의 나라를 침범하여 영토를 빼앗음. 침략(侵掠).

침:략-주:의(侵略主義)[―냑주의/―냑주이]명 남의 나라를 침략하여 제 나라의 영토를 넓히는 것을 주요 정책으로 삼는 주의.

침량(斟量)[―냥]명하타되자 짐작.

침:례(浸禮)[―녜]명 개신교의 일부 교파에서, '세례'를 달리 이르는 말. 〔침례교를 비롯한 일부 교파에서 온몸을 물에 담가 세례 의식을 치르는 데서 이르는 말.〕㉑세례.

침:례-교(浸禮敎)[―녜―]명 개신교의 한 교파. 유아 세례를 인정하지 않고 자각적 신앙 고백에 기초한 침례를 중요시함. 침례교회.

침:례교-회(浸禮敎會)[―녜―회/―녜―훼]명 ☞침례교.

침:로(針路)[―노]명 〔나침반의 바늘이 가리키는 길이란 뜻으로〕배나 비행기가 나아가는 길.

침:륜(沈淪)[―뉸]명하자되자 ①☞침몰. ②재산이나 권세 따위가 없어져 보잘것없이 됨.

침맥(沈脈)명 한방에서, 손끝으로 눌러 보아야만 뛰는 것을 알 수 있는 맥을 이르는 말. ↔부맥(浮脈).

침:면(沈眠)명하자 피곤하여 깊이 잠듦.

침:면(沈湎·沈酗)명하자 (정신적 고민으로) 술에 빠져서 헤어나지 못함.

침:모(針母)명 (남의 집에 딸리어) 바느질품을 파는 여자. ㉑든침모·난침모.

침:목(枕木)명 ①길고 큰 물건 밑을 괴는 나무 토막. ②선로 밑에 까는 목재나 콘크리트 재(材).

침몰(沈沒)명하자되자 물에 빠져 가라앉음. 침륜(沈淪). 침닉(沈溺). ¶ 유람선이 거센 파도에 침몰되었다.

침몰-선(沈沒船)[―썬]명 물속에 가라앉은 배.

침묵(沈默)명하자 아무 말 없이 잠잠히 있음. ¶ 침묵이 흐르다. /침묵을 지키다. /침묵을 깨뜨리다.

침묵-시위(沈默示威)[―씨―]명 침묵으로 자신의 의사를 강하게 표시하는 방법. ¶ 침묵시위를 벌이다.

침반(針盤)명 〈나침반〉의 준말.

침:방(針房)명 궁중에서 바느질하던 곳.

침:방(寢房)명 침실.

침:벌(侵伐)명하타 (남의 나라를) 침략하여 침.

침범(侵犯)**명**하타 (남의 권리나 영토 따위를) 침노하여 범함. ¶관할 구역 침범. /영공을 침범하다.

침-변(枕邊)**명** 베갯머리.

침:병(枕屏)**명** 머릿병풍.

침복(沈伏)**명**하자 〔밑으로 내려앉아 엎드린다는 뜻으로〕 뜻을 이루지 못하고 조용히 묻혀 지냄을 이르는 말.

침봉(針峰)**명** 꽃꽂이에서, 쇠로 된 받침에 바늘이 촘촘히 박힌 도구. 꽃줄기나 꽃가지를 꽂아 고정함.

침:불안(寢不安)**명**하자 ☞침불안석(寢不安席).

침:불안석(寢不安席)**명**하자 근심 걱정으로 편히 자지 못함. 침불안(寢不安).

침:불안-식불감(寢不安食不甘)[-빨-]**명** 〔잠자리도 편하지 않고 음식도 달지 않다는 뜻으로〕 자나깨나 걱정이라는 말.

침:불안-식불안(寢不安食不安)[-빠란]**명** 〔잠자리도 편하지 않고, 음식 먹는 것도 편하지 않다는 뜻으로〕 자나깨나 걱정이라는 말. ㉰침식불안.

침사(沈思)**명**하타 (깊이 궁구하느라고) 정신을 모아 조용히 생각함.

침:사(鍼砂)**명** 한방에서, 침을 만드는 쇠를 갈 때에 나오는 고운 쇳가루를 이르는 말. 독(毒)을 없애어 보약제로 씀.

침사-지(沈沙池·沈砂池)**명** 사방 공사를 할 때, 물길로 흘러내리는 모래와 흙을 가라앉히기 위하여 요소에 만들어 놓은 못.

침:삭(侵削)**명**하타 침노하여 개먹어 들어감.

침:상(枕上)**명** ①베개 위. ②자거나 누워 있을 때.

침:상(針狀)**명** 바늘처럼 가늘고 뾰족한 모양.

침:상(寢牀)**명** 누워 잘 수 있게 만든 평상. 와상(臥牀). ¶침상에 눕다. /침상에 올라가다. ㉥침대.

침상-엽(針狀葉)**명** ☞바늘잎.

침-샘(唾-)**명** 침을 만들어 내는 샘. 타액선.

침:석(枕席)**명** ①베개와 자리. ②자는 자리.

침:석(砧石)**명** 다듬잇돌.

침:석(寢席)**명** ①잠자리. ②잠자리에 까는 돗자리.

침:선(針線)**명** ①바늘과 실. ②바느질. ¶신부의 침선 솜씨가 곱기도 하지.

침:성(砧聲)**명** 다듬이질하는 소리.

침:소(寢所)**명** 사람이 자는 곳. ¶침소에 들다.

침:소봉대(針小棒大)**명**하타 〔바늘만 한 것을 몽둥이 만 하다고 한다는 뜻으로〕 심하게 과장하여 말함'을 비유하여 이르는 말.

침:손(侵損)**명**하타 ☞침해(侵害).

침수(沈水)**명**하자되자 물속에 잠김.

침:수(浸水)**명**하자되자 물에 젖거나 잠김. ¶침수 가옥. /홍수로 논밭이 침수되다.

침:수(寢睡)**명**하자 〈수면(睡眠)〉의 높임말.

침수^식물(沈水植物)[-씽-]**명** 몸 전체가 물속에 잠겨 있는 수생 식물의 한 가지. 〔붕어마름·통발 따위.〕

침:수-지(浸水地)**명** 홍수나 해일 등으로 한동안 물에 잠긴 땅.

침수^해:안(沈水海岸)**명** ☞침강 해안.

침술(鍼術)**명** 침으로 병을 다스리는 의술.

침:습(浸濕)**명**하자 물이 스며들어 젖음.

침시(沈柿)**명** ☞침감.

침:식(侵蝕)**명**하타되자 외부의 영향으로 세력이나 범위 따위가 차츰 줄어듦. ¶일본 자본에 침식된 민족 자본.

침:식(浸蝕)**명**하타되자 빗물이나 냇물·바람·빙하 따위가 땅이나 암석 같은 것을 조금씩 개먹어 들어감, 또는 그와 같은 작용. ¶침식 지형. /침식 작용.

침:식(寢食)**명**하자 잠자는 일과 먹는 일. 숙식(宿食). ¶침식을 잊다. ㉰침담(寢啖).

침:식(寢息)**명**하자되자 떠들썩하던 일이 가라앉아 그침. ¶사납던 풍파가 어느덧 침식하다.

침:식-곡(浸蝕谷)**명** 침식 작용에 따라 생긴 골짜기. ↔구조곡(構造谷).

침:식^분지(浸蝕盆地)[-뿐-]**명** 단단한 암석 사이에 있는 약한 암석층이 침식되어 이루어진 분지.

침:식불안(寢食不安)[-뿌란]**명** 〈침불안식불안(寢不安食不安)〉의 준말.

침:식-산(浸蝕山)[-싼]**명** 주위의 지반이 침식 작용으로 낮아졌을 때, 침식되지 않고 남아 상대적으로 높아진 산.

침:식^윤회(浸蝕輪廻)[-싱눈회/-싱눈훼]**명** 평원이나 그에 가까웠던 원지형(原地形)이 침식 작용으로 계곡과 산지를 발달시켰다가 다시 침식 작용으로 마침내 다시 준평원(準平原)에 이르게 되는 지형 변화의 과정. 지형 윤회(地形輪廻).

침:식^평야(浸蝕平野)**명** 오랜 세월 동안의 침식 작용으로 높은 곳이 거의 평평하게 된 평야.

침:실(寢室)**명** 잠을 잘 수 있게 마련된 방. 침방(寢房). 동방(洞房). 와방(臥房).

침심(沈深)**명** '침심하다'의 어근.

침심-하다(沈深-)**형여** 생각이 깊다. 어떤 생각에 골똘하다.

침:염(浸染)**명**하자 ①차차 같은 빛깔로 물듦, 또는 그 일. ②점점 감화(感化)됨.

침엽(針葉)**명** 식물에서, 바늘 모양으로 가늘고 같이 뾰족한 잎을 이르는 말. 침상엽.

침엽-수(針葉樹)[-쑤]**명** 잎이 바늘같이 생긴 나무를 통틀어 이르는 말. 〔소나무·잣나무 따위.〕 ↔활엽수.

침:완(枕腕)**명** 붓글씨를 쓸 때, 왼손을 오른팔 밑에 받치고 쓰는 일.

침:-요(寢-)[-뇨]**명** 잠잘 때 까는 요.

침:용(侵擾)**명**하타 침노하여 소요를 일으킴.

침용(沈勇)**명** '침용하다'의 어근.

침용-하다(沈勇-)**형여** 침착하고 용기 있다.

침우(沈憂)**명**하자 마음에 쌓여 있는 깊은 근심.

침울(沈鬱)**명** '침울하다'의 어근.

침울-하다(沈鬱-)**형여** ①(마음이) 근심 걱정으로 맑지 못하고 우울하다. ¶침울한 표정. ②(날씨나 분위기가) 어둡고 답답하다. ¶침울한 분위기. 침울-히**부**

침:월(侵越)**명**하자 경계를 넘어 침입함.

침:윤(浸潤)**명**하자타되자 ①(물기가) 차차 젖어듦. ¶천장에 빗물이 침윤하다. ②(사상이나 병균 따위가) 차차 번져 나감. ¶폐에 침윤한 결핵균.

침음(沈吟)**명**하자타 ①근심에 잠겨 신음함, 또는 그런 소리. ②깊이 생각함. 생각에 잠김.

침:음(浸淫)**명**하자 ①(어떤 사상이나 풍속 따위에) 점점 젖어 들어감. ②홍수에 잠겨 황폐해짐. ¶비가 지루하게 내림.

침:음-창(浸淫瘡)**명** 한방에서, 급성 피부염이나 급성 습진을 이르는 말.

침:의(寢衣)[치미/치의]**명** 자리옷. 잠옷.

침:의(鍼醫)[치미/치의]**명** 침술로 병을 다스리는 의원.

침:입(侵入)〔명〕〔하자타〕 (남의 나라나 집 따위에) 침범하여 들어오거나 들어감. ¶불법 침입./세 균의 침입을 막다./도둑이 빈집에 침입해 귀중 품을 훔쳐 갔다.

침입(闖入)〔명〕 '틈입(闖入)'의 잘못.

침:자(針子)〔명〕 바늘. ¶미망인(未亡人) 모씨(某 氏)는 두어 자(字) 글로써 침자(針子)에게 고 (告)하노니(兪氏夫人.弔針文).

침작(斟酌)〔명〕 〈짐작〉의 본딧말.

침잠(沈潛)〔명〕〔하자〕①마음을 가라앉혀 깊이 생 각함. ②겉으로 드러나지 않게 물속 깊숙이 가 라앉거나 숨음. ③분위기 따위가 가라앉아 무 거움.

침장(沈藏)〔명〕 김장.

침재(沈滓)〔명〕〔하자〕〔되자〕 ⇨침전(沈澱).

침:재(針才)〔명〕 바느질하는 재주나 솜씨.

침-쟁이(鍼-)〔명〕①'침의(鍼醫)'를 홀하게 이르 는 말. ②아편 중독자.

침:저(砧杵)〔명〕 ⇨다듬잇방망이.

침적(沈積)〔명〕〔하자〕〔되자〕 (흙이나 모래 따위가) 물 밑에 가라앉아 쌓임.

침적-암(沈積岩)〔명〕 ⇨수성암(水成岩).

침전(沈澱)〔명〕〔하자〕〔되자〕①액체 속에 섞인 작은 고체가 밑바닥에 가라앉음, 또는 그 앙금. ②용 액 속에서 일어난 화학 반응으로 말미암아 용 액 안에 불용성의 물질이 생김, 또는 그 생성 물. 침재(沈滓).

침:전(寢殿)〔명〕①⇨정자각(丁字閣). ②임금의 침방(寢房)이 있는 집.

침전-광(沈澱鑛物)〔명〕 천연수 속에 용해되어 있는 물질이 가라앉아 생긴 광물을 통틀어 이 르는 말. 〔방해석·형석·석고 따위.〕

침전-물(沈澱物)〔명〕 가라앉은 물건. 앙금. 전물.

침전-암(沈澱岩)〔명〕 ⇨수성암.

침전-제(沈澱劑)〔명〕 액체 속에 섞여 있는 불순 물을 침전시키는 데 쓰이는 약품.

침전-지(沈澱池)〔명〕 물속에 섞인 흙과 모래를 가라앉혀 물을 맑게 하기 위하여 만든 못. 침 징지(沈澄池).

침-점(占-)〔명〕 방향 따위를 정할 때 하는 점의 한 가지. 침을 손바닥에 뱉어 놓고 손가락으로 쳐서 많이 튀어 나가는 쪽을 잡음.

침:점(侵占)〔명〕〔하타〕 침탈하여 점령함.

침정(沈靜)〔명〕〔하자〕〔되자〕 마음이 가라앉아 차분함. ¶집 안의 침정을 깨뜨리는 구둣발 소리가 요 란하게 들려왔다. **침정-히**〔부〕

침정-하다(沈正-)〔형〕 (사람 됨됨이가) 침착하 고 바르다. **침정-히**〔부〕

침:제(浸劑)〔명〕 잘게 썬 약물(藥物)에, 끓인 물 을 붓고 저어서 약용 성분을 우려낸 약제.

침:종(浸種)〔명〕〔하자〕 (싹이 빨리 트게 하려고) 씨 앗을 물에 담가 불림, 또는 그 일.

침-주다(針-)〔자〕 침놓다.

침중(沈重)〔명〕 '침중하다'의 어근.

침중-하다(沈重-)〔형〕①(성질이) 침착하고 무 게가 있다. ¶침중한 성품. ②(병세가) 매우 중 하고 깊다. ¶노환이 점점 침중해지다.

침:지(浸漬·沈漬)〔명〕〔하타〕 물속에 담가 적심.

침:-질(針-)〔명〕〔하자〕 병을 다스리기 위하여 침을 놓는 일.

침징-지(沈澄池)〔명〕 ⇨침전지.

침착(沈着)〔명〕〔하타〕 행동이 들뜨지 않고 찬찬함. ¶침착한 태도. **침착-히**〔부〕

침착-성(沈着性)〔-썽〕〔명〕 침착한 성질.

침:책(侵責)〔명〕〔하타〕 (간접적으로 관계된 사람에 게) 책임을 캐어 따짐, 또는 그 일.

침:척(針尺)〔명〕 ⇨바느질자.

침청(沈青)〔명〕 ⇨영청(影青).

침체(沈滯)〔명〕〔하자〕①오래도록 벼슬이 오르 지 않음. ②(일이) 나아가지 못하고 그 자리에 머묾. ¶경기 침체.

침체-성(沈滯性)〔-썽〕〔명〕 일이 침체해 있는 경 향이나 성질.

침출-수(浸出水)〔-쑤〕〔명〕 우묵하게 팼거나 낮은 지대에 메워 둔 쓰레기가 썩으면서 생기는 더 러운 물. ¶침출수로 인한 악취가 심하다.

침취(沈醉)〔명〕〔하자〕〔되자〕 술에 흠뻑 취함.

침-칠(-漆)〔명〕〔하자〕〔하타〕 침을 적시거나 바름, 또는 그 일.

침침(沈沈) '침침(沈沈)하다'의 어근.

침:침(浸沈)〔명〕〔하자〕 스며 들어감.

침침(駸駸) '침침(駸駸)하다'의 어근.

침침-하다(沈沈-)〔형〕①(빛·시력이 약하여) 어둡거나 흐리다. ¶날씨가 침침하다. ②눈이 어두워 잘 보이지 않고 흐릿하다. ¶눈이 침침 하다. **침침-히**〔부〕

침침-하다(駸駸-)〔형〕 속력이 매우 빠르다. **침 침-히**〔부〕

침:탈(侵奪)〔명〕〔하타〕 침범하여 빼앗음.

침통(沈痛)〔명〕〔하형〕 (근심이나 슬픔이 깊어) 마음 이 몹시 괴로움. ¶침통한 표정. **침통-히**〔부〕

침통(鍼筒)〔명〕 침을 넣어 두는 작은 통.

침:투(浸透)〔명〕〔하자〕〔되자〕①(액체가) 속으로 스 며 젖어듦. ②세균이나 병균 따위가 몸속에 들 어옴. ③(어떤 현상이나 사상 따위가) 깊이 스 며들어 퍼짐. ④어떤 곳에 몰래 숨어 들어감. ¶간첩 침투.

침투-압(浸透壓)〔명〕 ⇨삼투압.

침파(鍼破)〔명〕 한방에서, 침으로 종기를 째 는 일.

침팬지:(chimpanzee)〔명〕 유인원과의 동물. 키는 1.5 m가량. 온몸에 흑갈색 털이 났음. 귀는 크 고 코는 작으며 꼬리는 없음. 사람 다음으로 뇌가 발달되어 있고 서서 걸음. 열대 지방의 삼림에서 나무 열매를 먹고 삶.

침:포(侵暴)〔명〕〔하타〕 ⇨침학(侵虐).

침:핍(侵逼)〔명〕〔하타〕 침범하여 핍박함.

침하(沈下)〔명〕〔하자〕 가라앉음. 내려앉음. ¶지반 (地盤)이 침하하다.

침:학(侵虐)〔명〕〔하타〕 침범하여 포학스럽게 행동 함. 침포(侵暴).

침:해(侵害)〔명〕〔하타〕 침범하여 해를 끼침. 침손. ¶인권 침해.

침향(沈香)〔명〕①팥꽃나무과의 상록 교목. 높이 20 m나 되는 열대 지방 원산의 큰 나무. 재목 은 향료로 쓰임. ②침향나무에서 채취한 천연 향료. 침향나무를 땅속에 묻어 썩혀서 만듦.

침혹(沈惑)〔명〕〔하자〕〔되자〕 (어떤 일이나 물건을) 몹 시 좋아하여 정신을 잃을 정도로 빠짐.

침후(沈厚) '침후하다'의 어근.

침후-하다(沈厚-)〔형〕 (행동거지가) 침착하고 무게가 있다.

침-흘리개〔명〕 '침을 늘 흘리는 버릇이 있는 아 이'를 이르는 말.

칩(chip)〔명〕①전자 공학에서, '집적 회로를 붙인 반도체의 작은 조각'을 이르는 말. ②잘게 썰어서 기름에 튀긴 요리. ③목재를 가늘고 길 게 자른 펄프의 원료. ④룰렛이나 포커 따위의 노름판에서 돈 대신에 쓰는 물건.

칩거(蟄居) [-꺼]圓팅자 ①벌레 따위가 땅속에 죽치고 있음. 동면을 함. ②나가지 않고 거처에 틀어박혀 있음. ¶칩거 생활을 하다. 칩복(蟄伏).

칩다 [치버·치보니]톙비 〈옛〉춥다. ¶칩거든 곧 칩다 니르고(金三2:39). /치버 브러 어렛다가(月釋9:23).

칩떠-보다팅 눈을 치뜨고 노려보다. ¶칩떠보며 고함을 치다. /그 남자는 상기된 얼굴로 나를 칩떠봤다. ↔내립떠보다.

칩떠-오르다 [~ 오르니·~ 올라]자 아래에서 위로 힘있게 오르다.

칩떠-치다팅 아래에서 위로 힘있게 치다.

칩뜨다 [칩뜨니·칩떠]자 (몸을) 힘있게 솟구어 높이 떠오르다.

칩룡(蟄龍) [칩뇽]圓 [숨어 있는 용이란 뜻으로] 아직 때를 얻지 못하여 '숨어 있는 영웅'을 비유하여 이르는 말. 비복룡(伏龍).

칩복(蟄伏) [-뽁]圓팅자 ⇨칩거(蟄居).

칩수(蟄獸) [-쑤]圓 겨울철에 칩복하고 있는 짐승. ⇨칩충.

칩충(蟄蟲)圓 겨울철에 칩복하고 있는 벌레. ⇨칩수.

칫-솔(齒-) [치쏠/칟쏠]圓 이를 닦는 데 쓰는 솔.

칫솔-질(齒-) [치쏠/칟쏠]圓팅자 칫솔로 이를 닦는 일. ¶양치질.

칭(秤)의 '무게 백 근'을 이르는 말.

칭경(稱慶)圓팅자 경사를 치름.

칭념(稱念)圓팅자 잘 유념해 달라고 부탁함.

칭당(稱當) '칭당하다'의 어근.

칭당-하다(稱當-)톙 꼭 알맞다.

칭대(稱貸)圓팅자 돈이나 물건을 꾸어 줌.

칭덕(稱德)圓팅자 덕을 칭송하거나 기림.

칭도(稱道)圓팅자 칭찬하여 말함.

칭량(秤量·稱量) [-냥]圓팅자 ①저울로 닮. ②사정이나 형편을 헤아림.

칭량^화폐(稱量貨幣) [-냥-폐/-냥-폐]圓 무게를 달아서 그 교환 가치를 산출하여 사용하는 화폐. ↔계수 화폐.

칭명(稱名)圓팅자 이름을 속여서 댐.

칭병(稱病)圓팅자 병이 있다고 핑계함. 칭질. ¶칭병하고 입궐하지 않아 화를 면했다.

칭사(稱辭)圓팅자 칭찬하는 말.

칭상(稱觴)圓팅자 ¶헌수(獻壽).

칭선(稱善)圓팅자 착함을 칭찬함.

칭송(稱頌)圓팅자되자 공덕을 칭찬하여 기림, 또는 그러한 말. ¶칭송이 자자하다.

칭수(稱首)圓팅자 [그 이름을 첫째로 일컫는다는 뜻으로] 그 동아리 안에서 '가장 뛰어난 사람'을 이르는 말. ¶화단(畫壇)의 칭수.

칭술(稱述)圓팅자 ①의견을 진술함. ②칭찬하여 말함.

칭얼-거리다자 자꾸 칭얼칭얼하다. 칭얼대다. ¶딸아이가 배가 고프다고 칭얼거린다. 작창얼거리다. 여징얼거리다.

칭얼-대다자 칭얼거리다. ¶아이가 칭얼대는 소리에 잠을 깼다.

칭얼-칭얼튀팅자 (어린아이가 몸이 아프거나 못마땅하거나 졸려서) 자꾸 보채는 모양. ¶아기가 배가 고픈지 칭얼칭얼 운다. 작창알창알. 여징얼징얼. 작찡얼찡얼.

칭원(稱冤)圓팅자 원통함을 들어 말함. ¶칭원을 받다. 비호원.

칭자-장(秤子匠)圓 조선 시대에, 저울을 만들던 공장(工匠).

칭정(稱情)圓팅자 뜻에 맞음.

칭질(稱疾)圓팅자 ⇨칭병(稱病).

칭찬(稱讚)圓팅자 잘 한다고 추어주거나 좋은 점을 들어 기림. ¶칭찬을 듣다. /칭찬을 받다. /칭찬이 자자하다.

칭추(秤錘)圓 ⇨저울추.

칭칭튀 ⇨친친. ¶다친 발목에 붕대를 칭칭 감다.

칭탁(稱託)圓팅자 핑계를 댐. ¶병을 칭탁하다.

칭탄(稱歎)圓팅자 칭찬하고 감탄함.

칭탈(稱頉)圓팅자 무엇 때문이라고 핑계함.

칭통이圓 '큰 빚'을 통틀어 이르는 말.

칭판(秤板)圓 ⇨저울판.

칭-하다(稱)■타자 일컫다. 부르다. ¶태조 왕건은 국호를 고려라고 칭하였다.

칭호(稱號)圓 (명예나 지위 따위를 나타내는) 사회적으로 일컫는 이름.

초다1타 〈옛〉차다1. 가득차다. ¶닉웨 초디 몯 ᄒ야(月印180章). /출 만:滿(石千17).

초다2타 〈옛〉차다2. 발로 내지르다. ¶출 뎨:蹴(訓蒙下8).

초다3타 〈옛〉차다3. 띠다. ¶弓劍 출숌고(龍歌55章).

초다4톙 〈옛〉차다4. 온도가 낮다. ¶춘 ᄇ룸 불어늘(月印102章). /출 한:寒(訓蒙上1).

초례톙 〈옛〉차례. ¶얼운과 져므니 초례 이시며(小解1:9).

초리다타 〈옛〉차리다. 정신 차리다. ¶신끠 몬 초리거든(救簡6:39).

초마튀 〈옛〉차마. ¶罪苦ㅅ 이른 초마 몯 니르리로다(月釋21:56).

초발圓 〈옛〉찹쌀. ¶초발 나:糯(訓蒙上12).

초조발圓 〈옛〉차좁쌀.

초초니튀 〈옛〉찬찬히. ¶이 관원이 ᄀ장 초초니 사랑ᄒ며 계리 크다(翻朴上24).

초초ᄒ다톙 〈옛〉찬찬하다. 자상하다. ¶네 너무 초초ᄒ다(翻朴上33).

출튀 〈옛〉차라리. ¶출 아니 이심만 못ᄒ여 ᄒ노라(仁宜王后 諺簡). 참출하리·출히.

출벼圓 〈옛〉찰벼. ¶출벼:黏稻(物名3:1).

출셕圓 〈옛〉찰떡. ¶胡餠은 출셕이오(金三3:51).

출하리튀 〈옛〉차라리. ¶출하리 싀여디여 落月이나 되야 이셔(鄭澈.續美人曲).

출히튀 〈옛〉차라리. ¶惡道애 떠러디리니 출히 說法 마오(釋譜13:58). 참출·출하리.

출히다타 〈옛〉차리다. ¶茶禮ᄂ 明日 ᄒ오니 미리 출혀 겨시다가(新語1:27).

춣圓 〈옛〉근원(根源). ¶므른 數百 출해서 모도 흐르놋다(杜初6:49).

춤圓 〈옛〉참. ¶춤 진:眞(類合下18).

춤기름圓 〈옛〉참기름. ¶춤기름:香油(訓蒙中21).

춤다타 〈옛〉참다. ¶출 돔 잉:忍(類合下11).

춤외圓 〈옛〉참외. ¶춤외:甜瓜(老解下34).

춫다타 〈옛〉찾다. ¶三日浦룰 춫자가니(鄭澈.關東別曲).

치오다타 〈옛〉채우다. ¶三年을 치오시니 無道애 갓더시니(月印8:79).

췩圓 〈옛〉책. ¶췩 췩:冊(訓蒙上34).

췩췩ᄒ다톙 〈옛〉빽빽하다. 다붓다붓하다. ¶ᄀ죽고 조코 췩췩ᄒ시며(月釋2:41). 참칙칙ᄒ다.

ㅋ

ㅋ[키읔]**자모** 키읔. ①한글 자모의 열한째. ②자음의 하나. 목젖으로 콧길을 막고, 혀뿌리를 높여 연구개 뒤쪽에 붙여 입길을 막았다가 떼면서 거세게 내는 안울림소리. 'ㄱ'의 거센소리이며, 받침의 경우에는 혀뿌리를 연구개 뒤쪽에 붙인 채 떼지 않음. ＊ㅋ이[이으기]·ㅋ만

카: **[Ⅰ]위** 곤히 잠잘 때 내쉬는 숨소리. **큰**커.
[Ⅱ]감 맛이나 냄새가 맵거나 독할 때 내는 소리. **큰**커.

카나리아(canaria)**명** 되새과의 새. 카나리아 섬 원산의 자그마한 애완용 새. 털빛은 노란 빛깔의 것이 흔하며 다양한 품종이 있음. 수컷은 울음소리가 아름다움.

카나마이신(kanamycin)**명** 항생 물질의 한 가지. 결핵·폐렴·화농성 질환 등에 쓰임.

카나페(canapé 프)**명** 서양 요리의 한 가지. 얇게 썬 빵이나 크래커 위에 채소·고기·생선·달걀 따위를 보기 좋게 얹어서 내는 전채(前菜).

카:네이션(carnation)**명** 석죽과의 다년초. 남부 유럽과 서아시아 원산의 관상용 화초. 줄기 높이는 60~90 cm. 잎은 좁고 길며 백록색임. 여름에 향기 있는 빨강·노랑·하양의 겹꽃이 핌.

카:노타이트(carnotite)**명** 단사 정계에 딸린 광물. 우라늄의 원광으로 사암(沙岩)에 섞여 있는데 빛깔이 레몬 빛깔과 비슷함.

카논(canon)**명** ①기독교에서, '신앙이나 행위에 관한 규칙', 또는 '성서'를 이르는 말. ②서양 음악에서, 둘 이상의 성부(聲部)가 같은 선율을 일정한 간격을 두고 충실하게 모방하면서 좇아가는 형식. ③미술에서의, 인체의 각 부분의 치수의 비례 기준.

카농-포(canon砲)**명** ☞캐넌포.

카누(canoe)**명** ①짐승의 가죽이나 통나무로 만든 작은 배. 이물과 고물이 뾰족하고 김. ②〈카누 경기〉의 준말.

카누:**경:기**(canoe競技)**명** 수상 경기의 한 가지. 일정한 물길을 경기용 카누를 타고 빨리 저어 가기를 겨루는 경기. **준**카누.

카:니발(carnival)**명** 사육제(謝肉祭).

카:-덤퍼(car dumper)**명** 트럭이나 화차에 실은 짐을 기울여 부리는 장치.

카덴차(cadenza 이)**명** 서양 음악에서, 악곡이 끝나기 직전에 독주자의 기교를 과시하기 위해 삽입한 화려하고 장식적인 부분.

카:드(card)**명** ①특히 카드놀이에 쓰는 딱지. ②남에게 알리거나 보내기 위해 일정한 크기로 잘라 글자나 그림을 박은 종이. 〔엽서·연하장 따위.〕③어떤 내용을 증명하거나 쓰는 표. 〔신용 카드·비자 카드 따위.〕④어떤 사항을 적어 자료로 쓰는 종이. 〔도서 목록 카드·신상 기록 카드 따위.〕⑤어려운 처지에서 벗어나거나 판세를 바꾸기 위한, 새롭거나 결정적인 방법. ¶비장의 카드. /회심의 카드. ⑥컴퓨터 정보 매체로 사용하는 일정한 규격의 종이. 〔천공 카드 따위.〕

카드뮴(cadmium)**명** 푸른빛을 띤 은백색의 부드러운 금속 원소. 아연 원광에 섞이어 산출되는데, 연성(延性)과 전성(展性)이 커서 도금이나 합금 재료 등에 쓰임. 〔Cd/48/112.41〕

카드뮴^옐로:(cadmium yellow)**명** 황화카드뮴을 주성분으로 하는 황색 안료. 그림물감·도자기·고무 따위의 착색제로 쓰임.

카:드^섹션(card section)**명** 여러 사람이 갖가지 빛깔의 카드를 일정한 방식으로 나열하여 글자나 형상·장면 따위를 나타내 보이는 일.

카:드-시스템(card system)**명** 자료(정보) 등을 카드에 기록하여 정리하는 방법.

카:디건(cardigan)**명** 칼라 없이 앞자락을 터 단추로 여미게 만든, 털실로 짠 스웨터. ¶카디건을 걸친 차림.

카라반(caravane 프)**명** 대상(隊商).

카라비:너(Karabiner 독)**명** 등산 용구의 한 가지. 암벽을 오를 때, 바위틈에 박은 쇠못(하켄)과 자일을 연결하는 강철 고리.

카랑-카랑위 ①목소리가 높고 맑은 모양. ¶대쪽 같은 성미에 카랑카랑하게 야무진 음성.

카레(←curry)**명** ①인도 요리에 쓰이는 향신료의 한 가지. 강황·후추·생강·마늘 등을 섞어 만든 노란 가루로, 자극성이 매우 강함. ②〈카레라이스〉의 준말.

카레-라이스(←curried rice)**명** 인도 요리의 한 가지. 고기·채소 따위를 볶다가 물에 푼 카레를 섞어서 바특하게 끓여 쌀밥에 끼얹어 먹음. **준**카레.

카로틴(carotin)**명** 당근·호박·달걀노른자 따위에 들어 있는 적황색의 결정. 동물의 체내에서 비타민 에이(A)로 바뀜.

카:르(Kar 독)**명** 빙하의 침식으로 생긴 'U' 자 모양의 골짜기. 권곡(圈谷).

카르노^사이클(Carnot cycle)**명** 단열 변화와 등온 변화에서 성립되는 이상적인 열기관의 순환 과정. 카르노 순환.

카르노^순환(Carnot循環)**명** ☞카르노 사이클.

카르보닐-기(carbonyl基)**명** 유기 화합물의 원자단의 한 가지. 탄소나 산소에 대해 불포화 결합하는 성질이 있어서 여러 가지 시약에 대하여 반응성이 풍부함.

카르스트(Karst 독)**명** 석회암 대지가 빗물이나 지하수의 침식을 받아 이루어진 특수한 지형. 사발 모양의 구덩이, 종유동 등이 있음.

카르텔(Kartell 독)**명** 같은 분야의 기업들이 경쟁의 제한 또는 완화를 목적으로 각각 그 경제적 독립성을 유지하면서 상품의 생산량·가격 등에 대한 여러 가지 협약을 맺는 일. 기업 연합. **참**트러스트.

카르토그람(cartogramme 프)**명** 여러 지역의 통계 자료를 지도에 나타내어, 그 분포상을 한 눈에 바라볼 수 있도록 꾸민 지도.

카:르-호(Kar湖)**명** 카르에 형성된 호수. 〔알프스 지방에 많음.〕권곡호(圈谷湖).

카리스마(charisma)**명** ①예언이나 기적을 나타낼 수 있는 초능력. ②많은 사람을 휘어잡는 능력이나 자질. ¶카리스마 기질.

카리스마-적(charisma的)**관명** 대중을 심복시켜 따르게 하는 뛰어난 능력이나 자질이 있는 (것).

카리에스(caries 라)**명** (결핵균 등으로 말미암아) 뼈나 관절이 만성의 염증으로 썩어서 파괴되는 질환. 골저(骨疽).

카리용(carillon 프)⑲ 타악기의 한 가지. 음계에 따라 각각 크기와 모양을 달리 한 여러 개의 종을 쳐서 연주함.

카메라(camera)⑲ ①사진기. ②촬영기.

카메라맨(cameraman)⑲ ①사진사. ②(신문사나 잡지사 등의) 사진 기자. ③(보도 기관 등의) 촬영 기사.

카메라^앵글(camera angle)⑲ 영화나 텔레비전·사진에서의, 피사체에 대한 카메라의 위치나 렌즈의 각도. 사각(寫角).

카메라^워:크(camera work)⑲ (영화나 텔레비전 등에서의) 촬영 기술. 촬영 조작.

카메오(cameo 라)⑲ ①마노·조가비 따위에, 무늬를 돋을새김으로 새겨 만든 장신구. ②저명 인사나 인기 배우가 예기치 않은 순간에 극중에 등장하여, 아주 짧은 동안만 하는 연기나 역할.

카멜레온(chameleon)⑲ 카멜레온과에 딸린 파충류를 통틀어 이르는 말. 몸길이는 30~60 cm, 네 다리는 길고, 꼬리 길이는 몸길이의 절반가량에 이름. 주변의 빛깔에 따라 몸빛을 바꿀 수 있으며, 양 눈을 따로따로 움직일 수 있음. 긴 혀를 재빨리 움직여서 곤충을 잡아먹음.

카무플라주(camouflage 프)⑲⑲(하타) 남의 눈을 속이는 일. 본디 모습이나 속마음을 알아차리지 못하게 거짓 꾸미는 일.

카:민(carmine)⑲ 연지벌레의 암컷에서 뽑아 정제한 붉은 빛깔의 색소. 식용·화장품·그림물감·분석 시약 등에 쓰임. 양홍(洋紅).

카밀레(kamille 네)⑲ 국화과의 일년초 또는 이년초. 줄기 높이는 30~60 cm. 밑동에서 가지가 많이 갈라짐. 여름에 가장자리는 희고 가운데가 누런 꽃이 핌. 한방에서 꽃을 말려 발한제나 강장제로 씀.

카바(cover)⑲ '커버'의 잘못.

카바레(cabaret 프)⑲ 무대나 무도장을 갖춘 서양식의 술집. 악단이 연주하는 음악이나 쇼를 즐기면서 술을 마실 수 있음.

카:바이드(carbide)⑲ ①탄화물(炭化物). ②'탄화칼슘'을 달리 이르는 말.

카바티나(cavatina 이)⑲ ①오페라나 오라토리오에서 불리는 단순한 선율의 독창곡. ②속도가 느린 짧은 기악곡.

카:보나이트(carbonite)⑲ 화성암 주변부의 열이나 지열 등에 의하여 이루어진 석탄.

카:보이(carboy)⑲ (극약이나 염산 따위의) 부식성(腐蝕性) 액체를 운반하는 데 쓰이는, 상자나 채롱에 든 큰 유리병.

카:본(carbon)⑲ ['숯'이라는 뜻에서] 전등 속의 발광체로 쓰이는 탄소봉 또는 탄소선.

카:본^블랙(carbon black)⑲ 검은색의 매우 잔탄소 가루. 천연가스나 타르를 불완전 연소시켰을 때 생긴 그을음으로 만듦. 인쇄용 잉크 원료나 흑색 안료로 쓰임.

카:본-지(carbon紙)⑲ 탄산지(炭酸紙).

카:뷰레터(carburetor)⑲ 기화기(氣化器).

카비네-판(cabinet判)⑲ 사진 감광 재료의 크기의 한 가지. 인화지의 경우 가로 119 mm, 세로 164 mm.

카:빈-총(carbine銃)⑲ 미국 육군에서 개발한 자동 소총의 한 가지. 보병용 총보다 작고 가벼우며 사정거리가 짧음.

카세인(casein)⑲ 동물의 젖의 주성분인 단백질. 모든 필수 아미노산이 들어 있어 영양가가 높으며, 영양제·주사제·접착제·인조 섬유·수성 페인트 등의 원료로 쓰임. 건락소(乾酪素).

카세인^각질물(casein角質物) [-찔-]⑲ 카세인과 포름알데히드를 섞어 만든 플라스틱. 단추, 양산의 손잡이, 산호나 진주의 모조품 따위를 만드는 데 쓰임.

카세트(cassette)⑲ ①(녹음할 수 있는, 또는 녹음된) 자기(磁氣) 테이프를 감아 담은 작은 갑. ②〈카세트테이프〉의 준말. ③〈카세트테이프리코더〉의 준말.

카세트-테이프(cassette tape)⑲ 카세트에 감아 놓은 녹음용 자기 테이프, 또는 녹음된 자기 테이프. ㉾카세트.

카세트테이프-리코:더(cassette tape recorder)⑲ 카세트테이프로 녹음을 하거나 녹음된 것을 재생하는 장치. ㉾카세트.

카:-센터(car+center)⑲ 자동차를 수리하거나 정비하는 업소.

카:-스테레오(car+stereo)⑲ 자동차 안에 달아 놓은 입체 음향 재생 장치.

카스텔라(castella 포)⑲ 거품을 낸 달걀에 밀가루·설탕 따위를 버무리어 구운 양과자.

카:스트(caste)⑲ 인도 특유의 세습적인 신분 제도. 바라문[브라만]·찰제리[크샤트리아]·폐사[바이샤]·수다라[수드라]의 네 계급으로 나뉘어 혼인·직업·관습 등이 엄격히 제한되었음. 사성(四姓). 사종성.

카시오페이아-자리(Cassiopeia-)⑲ 가을에 북쪽 하늘에 보이는 별자리의 하나. 다섯 개의 별이 'W'자 모양을 이루며, 북극성을 중심으로 북두칠성과 대칭적 위치에 있음. ㉾닻별.

카약(kayak)⑲ ①에스키모가 사용하는, 바다표범 따위의 가죽을 입힌 작은 배. ②수상 경기의 한 가지. 일정한 물길을 경기용 카약을 타고 빨리서 가기를 겨루는 경기.

카오스(chaos 그)⑲ 〔그리스 철학에서 이르는〕 우주 발생 이전의 원초적인 상태. 혼돈(混沌). ↔코스모스².

카올린(kaolin)⑲ 고령토(高嶺土).

카우보이(cowboy)⑲ 〔주로, 미국 서부의 평원이나 목장에서〕 말을 타고 가축의 사육·수송에 종사하는 남자.

카운슬러(counselor)⑲ 상담 활동을 전문으로 하는 사람. 상담원.

카운슬링(counseling)⑲ 상담(相談). 상담 활동. 〔직장이나 학교 등에서, 생활이나 학업·직업·처지 등에 관한 문제로 고민하는 사람을 만나서 이야기를 듣고 도움이 될 만한 말을 해 주는 일.〕

카운터(counter)⑲ ①식당이나 상점에서 값을 계산하는 대. ¶ 계산은 카운터에서 하시기 바랍니다. ②상점 등에서, 계산하는 일을 맡아보는 사람. ¶ 그녀는 슈퍼마켓에서 카운터로 일한다.

카운터블로(counterblow)⑲ 권투에서, 상대편의 공격을 피하는 동시에 맞받아치는 일, 또는 그 주먹. 카운터펀치.

카운터^샤:프트(countershaft)⑲ 주축으로부터 받은 동력을 기계로 전달하는 중간의 축.

카운터펀치(counterpunch)⑲ ☞카운터블로.

카운터포인트(counterpoint)⑲ 대위법.

카운트(count)⑲⑲(하타) ①(되자)운동 경기에서, 득점을 계산하는 일. ②권투에서, 주심이 선수가 녹다운된 동안의 초를 세는 일.

카운트다운(countdown)⑲ ①(우주선이나 로켓을 쏘아 올리기 직전부터 발사 순간까지의) 시각을 거꾸로 헤아리는 초읽기. ②마지막 점검.

카운트아웃(count-out)**명** 권투에서, 선수가 녹다운된 다음 주심이 십 초를 셀 때까지 일어나지 못하여 지게 되는 일.

카이모그래프(kymograph)**명** 생물의 호흡 운동이나 근육 운동, 심장의 박동 등을 기록하는 실험 장치.

카이저-수염(Kaiser鬚鬚)**명** 양 끝을 위로 치켜 올린 콧수염. 〔독일 황제였던 카이저의 수염 모양에서 붙여진 말.〕

카인(Cain 라)**명** 구약 성서 '창세기'에 나오는 아담과 이브가 낳은 맏아들의 이름. 〔여호와가 동생 아벨의 제물은 받고, 자기 제물은 거절함을 분히 여겨 동생을 죽이었으므로 내쫓김.〕

카지노(casino 이)**명** 음악·댄스·쇼 등 여러 가지 오락 시설을 갖춘 실내 도박장.

카카오(cacao 스)**명** ①카카오나무의 열매. 오이와 비슷한 길둥근 모양이며 길이는 10 cm가량인데 속에 40~60개의 씨가 들어 있음. 씨는 코코아나 초콜릿 따위를 만드는 데 쓰임. ②〈카카오나무〉의 준말.

카카오-나무(cacao-)**명** 벽오동과의 상록 교목. 중남미 원산의 재배 식물로 높이는 5 m가량. 길둥근 잎은 어긋맞게 남. 열매는 카카오라 하는데 살을 띠우며 등황색이나 적갈색으로 익음. ⊛카카오.

카:키-색(khaki色)**명** 누른빛에 담갈색이 섞인 빛깔. 마른풀과 비슷한 빛깔로 군복 따위에 많이 쓰임. ¶요즈음 젊은이들 사이에 카키색 옷이 유행이다.

카타르(catarrh)**명** (조직의 손상을 일으키지 않는) 점막의 삼출성(滲出性) 염증. 카타르성염.

카타르성-염(catarrh性炎) [-녕] ➡카타르.

카타르시스(catharsis 그)**명** ①비극(悲劇)을 봄으로써 마음속에 쌓인 우울함·불안감 따위가 해소되고 마음이 정화되는 일. ②정신 분석에서, 마음속에 억압된 감정의 응어리를 행동이나 말을 통하여 발산함으로써 정신의 균형이나 안정을 회복하는 일.

카타스트로프(catastrophe 프)**명** ①비극적인 결말. 파국(破局). ②연극에서, 최고조에서의 극적 긴장을 지나, 비극을 결말로 이끄는 결정적 사건.

카타콤:(←catacomb)**명** 초기 기독교 시대의 비밀 지하 묘지. 로마 황제의 박해를 피하여 죽은 사람을 그곳에 매장하고 예배를 보기도 하였는데, 소아시아·북아프리카·남부 이탈리아 등지에 널리 있지만 로마 교외의 것이 대표적임.

카탈로그(catalog)**명** 작은 책자로 된, 상품 목록이나 영업 안내.

카턴(carton)**명** ①판지(板紙). ②밑그림. ③(은행이나 상점 등에서) 돈을 담아 고객에게 건네주는 데 쓰이는 접시.

카테고리(Kategorie 독)**명** 범주(範疇).

카톨릭(Catholic)**명** '가톨릭'의 잘못.

카톨릭-교(Catholic敎)**명** '가톨릭교'의 잘못.

카투사(KATUSA)**명** 한국에 주둔하는 미국 육군에 배속된 한국 군인. 〔Korean Augmentation Troops to United States Army〕

카툰(cartoon)**명** (주로, 정치적·사회적 문제를 다루는 한 컷짜리) 시사 풍자 만화.

카페(café 프)**명** 커피나 술, 또는 가벼운 음식 따위를 파는 음식점.

카:페리(car ferry)**명** 승객과 함께 화물이나 자동차 등을 실어 가까운 거리를 오가는 연락선.

카페오레(café au lait 프)**명** 진한 커피와 따뜻한 우유를 비슷한 양으로 섞어 만든 차.

카페인(caffeine)**명** 커피나 차 따위에 들어 있는 알칼로이드의 한 가지. 흥분제·이뇨제 등으로 쓰임. 다소(茶素). 다정(茶精).

카페테리아(cafeteria 스)**명** 고객이 스스로 좋아하는 음식을 날라다 차려 먹는 서양식의 간이식당.

카:펫(carpet)**명** 양탄자.

카:-폰(car phone)**명** 자동차에 설치한 이동 통신용 전화.

카:-풀(car pool)**명** 목적지가 동일하거나 같은 방향인 운전자들이 한 대의 승용차에 동승하여 통행하는 일.

카프(KAPF)**명** 1925~1935년에 있었던 조선 프롤레타리아 예술가 동맹. 〔에스페란토의 'Korea Artista Proleta Federatio'에서 온 말.〕

카프리치오(capriccio 이)**명** 광상곡.

카프리치오소(capriccioso 이)**명** 악보의 나타냄말. '기분이 들뜨게·환상적으로'의 뜻.

카피(copy)**명** ①**-하다타**(문서 따위의) 복사(複寫). ②(미술품 따위의) 복제(複製). ③광고의 문안.

카피라이터(copywriter)**명** 광고 문안의 문안(文案)을 쓰는 사람.

칵¶ 목구멍에 무엇이 걸렸을 때 뱉어 내려고 목구멍에 힘을 주어 내는 소리. 칵-칵**부자**

칵칵-거리다 [-꺼-]**자** 자꾸 칵칵 소리를 내다. 칵칵대다.

칵칵-대다 [-때-]**자** 칵칵거리다.

칵테일(cocktail)**명** 몇 가지 종류의 양주를 알맞게 섞은 술. (탄산수나 과즙 등을 타기도 함.)

칵테일-파:티(cocktail party)**명** 간단한 안주와 음식을 차려 놓고, 서서 칵테일 등을 마시면서 환담하는 서양식 잔치.

칸(←間)**명** ①건축물 등에서, 일정한 규격으로 나누어 둘러막은 하나하나의 공간. 칸살. ②일정하게 사이를 띄워 놓은 빈자리. ¶비어 있는 칸에 글자를 적어 넣다. ③〔의존 명사적 용법〕건물의 칸살을 세는 단위. ¶방 한 칸.

칸(Khan)**명** ①중세에, 몽고·터키·타타르·위구르 종족의 원수(元首)의 칭호. 한(汗). ②지난날, 페르시아·아프가니스탄 등의 고관의 칭호.

칸나(canna)**명** 칸나과의 다년초. 관상용 꽃의 한 가지. 높이는 80~150 cm, 줄기는 넓적하고 잎은 파초와 비슷함. 여름과 가을에 빨강·노랑 등의 꽃이 피는데, 수술이 잎 모양으로 크고 붉은빛을 띰.

칸델라(candela)**의** 광도(光度)의 단위. 1.0067 칸델라가 1촉임. 〔기호는 cd〕

칸디다-증(candida症)**명** 진균류인 칸디다가 정도 이상으로 번식하여 일어나는 병을 통틀어 이르는 말. 여성의 질(膣)에 일어나는 경우가 많으며, 외음부가 가려운 증상을 나타냄. 모닐리아증.

-칸마론어미〈옛〉-하건마는. ¶내 외로운 무덤을 가 울오져 스랑칸마른(杜初24:17).

칸-막이**명****-하다타** (방 따위의 공간을) 가로질러 사이를 막음, 또는 그 막은 물건. ¶방 하나를 칸막이하여 두 방처럼 쓰다.

칸-살**명** ①건축물에서, 일정한 규격으로 나누어 둘러막은 하나하나의 공간. 칸. ②사이를 띄운 거리.

칸살-잡기 [-끼]**명** 건축물의 칸살을 일정하게 정하는 일.

칸-수(-數) [-쑤]**명** 집의 칸살의 수효.

칸초네 (canzone 이)뗑 이탈리아의 대중적인 가곡.

칸초네타 (canzonetta 이)뗑 〔'작은 칸초네'라는 뜻으로〕 소가곡(小歌曲)이나 기악곡을 이르는 말.

칸칸-이() 각각의 칸살마다.

칸타빌레 (cantabile 이)뗑 악보의 나타냄말. '노래하듯이'의 뜻.

칸타타 (cantata 이)뗑 하나의 줄거리를 가진 내용을 몇 개의 악장으로 나누어 구성한 큰 규모의 성악곡. 교성곡(交聲曲).

칼[1] 물건을 베거나 깎거나 써는 데 쓰이는 날이 선 연장. ¶칼은 버리기 나름이다.
　칼로 물 베기[관용] '(두 사람이) 곧잘 다투다가도 조금만 지나면 다시 풀리어 사이좋게 됨'을 이르는 말. 〔흔히, 부부 사이의 다툼을 두고 이름.〕
　칼(을) 맞다[관용] (상대편으로부터) 칼로 습격을 당하다.
　칼(을) 먹이다[관용] 투전짝을 골고루 섞기 위해 반쯤을 갈라 부챗살같이 펴서 그 펴든 각각의 짝을 사이에 서로 끼어들게 밀어 넣다.
　칼(을) 품다[관용] 살의를 품다.

칼[2] 지난날, 중죄인에게 씌우던 형틀의 한 가지. 한 발가량의 두꺼운 널빤지의 한끝에 구멍을 내어 죄인의 목을 끼워 비녀장을 지르게 되어 있음.
　칼을 쓰다[관용] (죄인이) 칼의 구멍에 목을 넣다.

칼-가래질뗑하짜 가래를 모로 세워 흙을 깎아 내는 일.

칼-갈이뗑 ①칼을 갈아 날을 세우는 일. ②칼을 가는 일을 업으로 하는 사람.

칼-감[-깜]뗑 '성질이 사납고 독살스러운 사람'을 얕잡아 이르는 말.

칼-국수[-쑤]뗑 반죽을 얇게 민 밀가루를 밀방망이로 얇게 민 다음, 칼로 가늘게 썰어서 만든 국수. ⑪국수.

칼-금[-끔]뗑 칼날이 스치어 생긴, 가는 금.

칼-깃[-긷]뗑 새의 날개를 이루고 있는 빳빳하고 긴 깃. *칼깃이[-기시]·칼깃만[-긴-]

칼-끝[-끋]뗑 칼날의 맨 끝. *칼끝이[-끄치]·칼끝을[-끄틀]·칼끝만[-끈-]

칼-나물[-라-]뗑 절에서, '생선'의 변말.

칼-날[-랄]뗑 칼의 얇고 날카로운 부분으로, 물건을 베는 쪽. 도인(刀刃). ↔칼등.
　칼날 위에 서다[관용] 매우 위태로운 처지에 놓였음을 이르는 말.

칼데라 (caldera 스)뗑 화산의 중심부에 생긴, 분화구 모양으로 크게 움푹 팬 곳.

칼데라 호 (caldera湖) 칼데라 안에 물이 괴어서 된 호수.

칼-도 (-刀)뗑 한자 부수의 한 가지. '分'·'初'·'刑' 등에서의 '刀'와 'リ'의 이름. 〔특히, 'リ'를 '선칼도방'이라 함.〕

칼-등[-뜽]뗑 (날이 하나인 칼의) 칼날 반대쪽의 두꺼운 부분. ↔칼날.

칼라 (collar)뗑 양복의 저고리나 와이셔츠·블라우스의 깃, 또는 깃의 안쪽에 덧대는 깃.

칼락()하짜 (앓는 사람이) 힘겹게 내는 작은 기침 소리. ⑪컬럭. **칼락-칼락**()하짜 ⑪컬럭컬럭.

칼락-거리다[-꺼-]짜 자꾸 칼락 소리를 내다. 칼락대다. ⑪컬럭거리다.

칼락-대다[-때-]짜 칼락거리다.

칼란도 (calando 이)뗑 악보의 나타냄말. '점점 느리고 약하게'의 뜻.

칼럼 (column)뗑 신문·잡지 등에서, 시사·사회·풍속 등을 짧게 평하는 기사, 또는 그 난(欄).

칼럼니스트 (columnist)뗑 신문·잡지 등의 칼럼을 쓰는 사람.

칼로리 (calorie) ①의 ①물리학에서의 열량의 단위. 물 1g의 온도를 1℃ 높이는 데 필요한 열량. 〔기호는 cal〕 ②'킬로칼로리'를 줄여서 이르는 말. 〔기호는 Cal 또는 kcal〕 Ⅱ뗑 식품을 소화했을 때 체내에서 생기는 열량(에너지). ¶칼로리가 높은 음식.

칼로리미:터 (calorimeter)뗑 열량계(熱量計).

칼로멜^전:극 (Kalomel電極)뗑 ⇨감홍 전극.

칼륨 (Kalium 독)뗑 은백색의 부드러운 금속 원소의 한 가지. 천연으로는 규산염으로, 또는 바닷물이나 암염 안에 칼리염으로 들어 있으며, 인공적으로는 염화칼륨을 융해하여 만듦. 물과 작용하여 수소를 발생시키며 공기 속에서는 쉽게 산화하여 석유에 넣어 보관함. 원자로의 냉각재로 사용되는 합금과 고온 온도계 따위를 만드는 데 쓰임. 포타슘. 칼리. 〔K/19/39.0983〕

칼륨-명반 (Kalium明礬)뗑 복염(複鹽)의 한 가지. 무색투명한 팔면체의 결정. 황산알루미늄 용액에 황산칼륨을 섞어 가열한 것을 냉각시켜 만듦. 무두질 약품 또는 매염제 등으로 쓰임.

칼륨-비:료 (Kalium肥料)뗑 칼륨이 많이 들어 있는 비료. 천연으로는 염화칼륨·황산칼륨 등의 화학 비료와 초목의 재나 두엄·녹비 등이 있음. 칼리 비료.

칼륨-염 (Kalium塩)뗑 여러 가지 산기(酸基)와 칼륨의 화합물로서의 염을 통틀어 이르는 말. 비료로 쓰임. 〔탄산칼륨·질산칼륨 따위.〕

칼륨^유리 (Kalium琉璃) 탄산칼륨을 원료로 하여 만든 유리. 화학 실험 기구나 장식용으로 쓰임.

칼리 (kali 라)뗑 ①⇨칼륨. ②칼륨염류를 통틀어 이르는 말. 가리(加里).

칼리^비누 (kali-)뗑 수산화칼륨으로 만든 특수 비누의 한 가지. 약용·화장용·가정용·공업용 등으로 쓰임.

칼리^비:료 (kali肥料)뗑 ⇨칼륨 비료.

칼리포르늄 (californium)뗑 인공 방사성 원소의 한 가지. 천연으로는 존재하지 않고, 퀴륨이나 우라늄에 알파 입자를 충격시키는 방법 등으로 만듦. 〔Cf/98/251〕

칼리프 (caliph) 예언자의 후계자. 〔정치 권력과 종교상의 권력을 아울러 가진 이슬람 세계의 지배자에 대한 칭호.〕

칼립소 (Calypso)뗑 서인도 제도의 트리니다드 섬에서 비롯된, 4분의2 박자의 민속악(民俗樂), 또는 경쾌한 그 리듬.

칼막이-끌뗑 날이 창과 같이 뾰죽하고 쇠테를 자루의 목에 메운 끌.

칼모틴 (Calmotin)뗑 진정·최면제의 한 가지. 〔상품명〕

칼-바람뗑 ①몹시 차고 매서운 바람. ②'아주 혹독한 박해'를 비유하여 이르는 말.

칼뱅-교 (Calvin敎)뗑 칼뱅주의를 받드는 기독교의 한 교파.

칼뱅-주의 (Calvin主義) [-의/-이]뗑 프랑스의 신학자 칼뱅의 종교 개혁 운동에 바탕을 둔 기독교 교의. 엄격한 성서주의, 신의 절대적인 권위, 예정설, 깨끗한 신앙생활 등을 그 내용으로 함.

칼-부림뗑하짜 칼을 함부로 내저어 남을 해치려는 짓. ¶칼부림이 나다.

칼-상어뗑 철갑상엇과에 딸린 바닷물고기. 겉모양은 철갑상어와 비슷한데 몸길이는 1m가량. 입과 꼬리는 길고 뾰죽함. 서남해에 분포함.

칼-새[명] 칼샛과의 새. 제비와 비슷한 새로, 날개 길이 18cm가량. 네 발가락이 모두 앞쪽을 향한 것이 특징이며, 날개가 길고 뾰족하며 칼 모양임. 해안이나 높은 산에 삶. 명매기.

칼슘(calcium)[명] 알칼리 토금속 원소의 한 가지. 은백색의 연한 금속. 석회석·백악(白堊)·인회석(燐灰石) 등의 성분으로 들어 있으며, 동물의 뼈 조직 속에도 있음. 〔Ca/20/40.078〕

칼슘-비누(calcium-)[명] 석회 염류와 보통 비누의 화합으로 생기는, 백색 불용성의 가루나 결정. 안료(顔料)의 침전 방지제, 방수제 등으로 쓰임.

칼-싸움[명][하자] 칼을 가지고 하는 싸움. ⓐ칼쌈.

칼-싹두기[-뚜-][명] 메밀가루를 익반죽하여 밀방망이로 밀어 큼직큼직하게 썰어 쇠고기장국에 넣어 끓인 음식. 도면(刀麵).

칼-쌈[명][하자] 〈칼싸움〉의 준말.

칼-자[-짜][명] 왕조 때, 지방 관아에서 음식 만드는 일을 맡아 하던 하인.

칼-자국[-짜-][명] 칼에 질리거나 베이거나 하여 생긴 자국.

칼-자루[-짜-][명] 칼에 달린 손잡이. 검파(劍把). **칼자루(를) 잡다**[쥐다][관용] 상대편보다 유리한 입장에 있다. 결정권이 있다.

칼-잠[명] 좁은 곳에서 여럿이 잘 때, 바로 눕지 못하고 몸의 옆 부분을 바닥에 댄 채로 불편하게 자는 잠.

칼-잡이[명] ①지난날, 소나 돼지 따위를 잡는 일을 업으로 하는 사람을 얕잡아 이르는 말. ⓐ백장. ②칼을 잘 쓰는 사람을 얕잡아 이르는 말.

칼-장단[-짱-][명] 도마질을 할 때 율동적으로 내는 칼질 소리.

칼-제비[명] '칼싹두기'나 '칼국수'를 수제비에 상대하여 이르는 말.

칼-질[명] ①[하자타]칼로 물건을 베거나 깎거나 써는 일. ②[하자타]'글이나 영화 따위를 편집하거나 다듬을 때 일부 내용을 삭제하는 일'을 비유하여 이르는 말. ③'칼부림'의 잘못.

칼-집¹[-찝][명] 칼날을 보호하기 위하여 칼의 몸을 꽂아 두는 물건.

칼-집²[-찝][명] (생선 따위) 요리 재료에 칼로 베어서 만든 진집. ¶도미에 칼집을 내어 굽다.

칼-첨자(-籤子)[명] 장도(粧刀) 집에 끼우는, 쇠붙이로 된 젓가락 비슷한 물건. 〔칼날이 쉬 빠지지 않게 누르는 구실을 함.〕

칼-춤[명] ①칼을 들고 추는 민속춤. 검무(劍舞). ②지난날, 정재(呈才) 때 추던 춤의 한 가지. 기녀 넷이 검기(劍器)를 양손에 하나씩 들고 춤. ②검기무.

칼치[명] '갈치'의 방언.

칼-침(-鍼)[명] 남의 칼에 질리거나, 칼로 남을 찌르는 짓. ¶칼침을 놓다. /칼침을 맞다.

칼칼-하다[형여] ①목이 말라서 시원한 물이나 음료수 등을 마시고 싶은 생각이 간절하다. ¶목이 칼칼해서 냉수를 벌컥벌컥 들이켰다. ②목소리가 조금 쉰 듯하면서 거친 느낌이 있다. ③맵거나 텁텁하게 자극하는 맛이 있다. ¶칼칼한 막걸리 한 사발. /매운탕이 제법 칼칼하다. ⓔ컬컬하다.

칼-코등이[명] 칼자루의 슴베를 박은 쪽의, 목에 감은 쇠테. 검비(劍鼻). 검환(劍環). ⓐ코등이.

칼크(calc)[명] ①석회. ②'클로르칼크'를 흔히 이르는 말.

칼-판(-板)[명] 칼로 물건을 썰거나 할 때에, 받침으로 놓는 널조각.

캄브리아-기(Cambria紀)[명] 지질 시대의 고생대(古生代) 중 맨 처음의 시대. 〔약 5억 7000만 년 전에서 5억 년 전.〕

캄캄-절벽(-絕壁)[명] (어떤 사물에 대해서) '아무것도 모르고 있음'을 비유하여 이르는 말.

캄캄-하다[형여] ①(새까만 느낌이 들도록) 매우 어둡다. 깜깜하다. ②앞일에 희망이 없거나 막막하다. ¶해결 방안이 캄캄하다. ③도무지 아는 것이 없다. ¶세상 물정에 캄캄하다. ④어떤 일의 되어 가는 형편을 헤아릴 길이 없다. ¶소식이 캄캄하다.

캄파(←kampaniya 러)[명] 정치·노동 운동 따위를 돕기 위하여 널리 대중으로부터 모금하는 일, 또는 그 돈.

캄파니아(Kampania 러)[명] ☞캠페인.

캄풀라주(←camouflage 프)[명] '카무플라주'의 잘못.

캉[부][하자] 몸집이 작은 개가 짖는 소리. ⓔ컹컹.

캉캉(cancan 프)[명] 긴 주름치마를 입고 다리를 높이 들어 올리면서 추는, 박자가 빠른 프랑스 춤.

캉캉-거리다[자] 자꾸 캉캉 소리를 내어 짖다. 캉캉대다. ⓔ컹컹거리다.

캉캉-대다[자] 캉캉거리다.

캐:-내다[타] ①(땅속 등에) 묻힌 것을 파서 꺼내다. ¶밭에서 감자를 캐내다. ②(알고자 하는 일을) 따져 알아내다. ¶비밀을 캐내다.

캐넌(cannon)[명] 당구에서, 한 번 친 공이 다른 두 공과 잇달아 맞는 일.

캐넌-포(cannon砲)[명] 구경(口徑)에 비하여 포신(砲身)이 매우 긴 포. 원거리 사격에 쓰임. 카농포.

캐:다[타] ①(땅속 등에) 묻힌 것을 파내다. ¶광석을 캐다. ②감추어 드러나지 아니한 사실을 밝히려고 따지다. ¶비밀을 캐다.

캐드(CAD)[명] 컴퓨터 보조 설계. 곧, 컴퓨터를 이용하여 설계하는 디자인 시스템. [computer-aided design]

캐드캠(CAD·CAM)[명] 컴퓨터를 이용하여 제품을 설계하여 제조하는 것. [CAD:computer-aided design, CAM:computer-aided manufacturing]

캐디(caddie)[명] 골프장에서, 경기자를 따라다니며 클럽을 나르거나 공을 줍거나 하는 일을 직업으로 삼는 사람.

캐러멜(caramel)[명] 서양식 사탕 과자의 한 가지. 설탕·우유 따위를 섞어 고아서 만듦.

캐럴(carol)[명] 성탄을 축하하는 민요풍의 가곡.

캐럿(carat)[의] ①보석의 무게를 나타내는 단위. 1캐럿은 200mg. 〔기호는 car, ct〕 ②합금 속에 들어 있는 순금의 비율을 나타내는 단위. 순금은 24캐럿임. 〔기호는 K, Kt〕

캐리어(career)[명] '커리어'의 잘못.

캐리커처(caricature)[명] ①인물의 표정을 소재로 한 회화(戲畫). ②만화(漫畫).

캐릭터(character)[명] ①소설이나 연극 따위에 등장하는 인물. 또는, 작품 내용에 의하여 독특한 개성과 이미지가 부여된 존재. ②소설·만화·극 따위에 등장하는 독특한 인물이나 동물의 모습을 디자인에 도입한 것. 장난감이나 문구·아동용 의류 따위에 많이 씀.

캐:-묻다[-따][~물으니·~물어][타디] 어떤 일을 밝히려고, 자꾸 다짐하여 묻다. 자세히 파고들어 묻다. ¶약속을 어긴 이유를 캐묻다. ⓑ캐어묻다.

캐미솔: (camisole)圀 여성용의 윗속옷의 한 가지. 보통 가슴 선이 수평으로 재단되고, 길이는 엉덩이를 가릴 정도이며 어깨는 끈으로 걸치게 되어 있음.

캐비닛 (cabinet)圀 ①응접실이나 식당·침실 등에 두는, 자그마한 장. ②사무용 서류나 물품을 넣어 두는 철제 장.

캐소:드 (cathode)圀 음전극(陰電極).

캐슈: (cashew)圀 옻나뭇과의 상록 교목. 남아메리카 원산으로, 주로 열대 지방에서 재배됨. 높이는 10 m가량 자라며, 작고 흰 꽃이 진 다음 꽃줄기가 사과처럼 굵어지고 그 끝에 캐슈너트라는 열매가 열림. 열매는 먹을 수 있고, 줄기에서 나오는 수지(樹脂)는 도료나 고무로 쓰임.

캐슈-너트 (cashew nut)圀 캐슈의 열매.

캐스터 (caster)圀 텔레비전에서, 보도 프로그램의 진행을 맡은 사람. ¶ 기상 캐스터.

캐스터네츠 (castanets)圀 타악기의 한 가지. 나무나 상아 또는 플라스틱으로 만든 두 짝의 조가비 모양의 악기. 손에 끼워 두 짝을 맞부딪쳐 소리를 냄. 스페인 춤에서 많이 쓰임.

캐스트 (cast)圀 '배역'으로 순화.

캐스팅 (casting)圀 ①활자를 주조하는 기계. ②圏圉圂圂배역을 정하는 일.

캐스팅^보:트 (casting vote)圀 ①의안의 채택 여부를 두고 가부가 동수일 때, 의장이 가지는 의결권. ②의회 등에서, 세력이 강한 두 파가 맞섰을 때, 제3의 소수파의 움직임에 따라 결정이 좌우될 처지일 때 제3의 소수파가 가진 의결권을 이름. 결정투표.

캐시미어 (cashmere)圀 인도의 북부 카슈미르 지방에서 나는 양털을 써서 평직이나 능직으로 짠 천. 보온성이 좋아 담요나 외툿감 따위로 쓰임.

캐시밀론 (Cashmilon)圀 촉감이 부드럽고 가벼우며, 보온이 잘되는 합성 섬유의 한 가지. 〔일본 상표명에서 유래함.〕

캐시토미:터 (cathetometer)圀 두 점 사이의 높이의 차이를 재는 장치.

캐어-묻다 [-따] [~물으니·~물어]囼囸 《캐문다》의 본딧말.

캐주얼 (casual)圀圉 옷차림이 간편함, 또는 그렇게 차려입은 옷.

캐주얼-슈:즈 (casual shoes)圀 신기에 편한, 간편한 구두.

캐주얼-웨어 (casual wear)圀 간편한 평상복.

캐처 (catcher)圀 〔야구에서의〕 포수(捕手). ↔피처(pitcher).

캐처스^라인 (catcher's line)圀 야구에서, 포수의 자리를 나타내는 네 개의 선.

캐치-볼 (catch+ball)圀 야구에서 공을 던지고 받고 하는 일.

캐치-프레이즈 (catch-phrase)圀 간결한 표현으로 사람들의 주의를 끄는 인상적인 광고 문구.

캐터펄트 (catapult)圀 ①군함의 갑판 등에서, 압축 공기나 화약 등의 힘으로 비행기를 쏘아 내보내는 장치. 비행기 사출기(飛行機射出機). 사출기. ②성(城)을 공격할 때 쓰던, 고대 그리스·로마 시대의 투석기(投石機).

캐터필러 (caterpillar)圀 무한궤도.

캐터필러^트랙터 (caterpillar tractor)圀 무한궤도를 장치한 트랙터.

캑圃 목구멍에 걸린 것을 뱉어 내려고 목구멍에 힘을 주어 내는 소리. 캑-캑圃圉圂.

캑-거리다 [-꺼-]囷 자꾸 캑캑 소리를 내다. 캑캑대다.

캑-대다 [-때-]囷 캑캑거리다.

캔 (can)圀 (양철 따위로 만든) 통 모양으로 된 작은 용기.

캔디 (candy)圀 서양식 사탕 과자. 당과(糖菓).

캔버스 (canvas)圀 유화(油畫)를 그릴 때 쓰는 천. 무명·삼베 따위의 천에 카세인이나 아교를 바르고 그 위에 아마유와 아연화 따위를 덧칠하여 만듦. 화포(畫布).

캔터 (canter)圀 승마술에서, 갤럽(gallop)과 트롯(trot)의 중간 속도로 달리는 말의 달음박질.

캘리코 (calico)圀 올이 촘촘한, 흰 무명베. 옷이나 시트 따위를 만드는 데 쓰임.

캘리퍼스 (callipers)圀 기계 부품의 지름이나 두께 따위를 재는 기구. 용수철로 연결된 구붓한 두 다리를 벌려서 양 끝을 대상물에 댄 다음 그 간격을 자로 잼. 측경기(測徑器).

캘린더 (calendar)圀 ①달력. ②'일력(日曆)'이나 '월력'을 두루 이르는 말.

캠 (cam)圀 특수한 모양으로 된 공작 기계에서, 회전 운동을 왕복 운동 등으로 바꾸는 기계의 부분(장치).

캠 (CAM)圀 컴퓨터 보조 생산. 곧, 컴퓨터를 이용하여 물품 제조 과정의 자동화를 꾀하는 일. [computer-aided manufacturing]

캠-코더 (camcorder)圀 녹화 재생 기능을 갖춘 비디오 카메라. 〔'camera'와 'recorder'의 합성어〕

캠퍼 (camphor)圀 의약품으로 쓰이는, 정제한 장뇌(樟腦).

캠퍼스 (campus)圀 ①대학교의 교정(校庭), 또는 구내(構內). 교내.

캠퍼^주:사 (camphor注射)圀 캠퍼액의 주사. 심장 쇠약·가사(假死)·호흡 곤란 등에 응급 처치로 쓰임.

캠페인 (campaign)圀 어떤 문제에 대하여 대중을 상대로 조직적·지속적으로 펼치는 운동. 캠페인.

캠프 (camp)圀 ①산이나 들에 지은 임시 막사(幕舍), 또는 거기서 지내는 생활. 야영(野營)하는 일. ②군대가 야영하는 곳. 주둔지의 막사.

캠프-장 (camp場)圀 많은 사람이 야영(野營)할 수 있도록 설비해 놓은 곳.

캠프-촌 (camp村)圀 캠프장을 마을에 비유하여 이르는 말.

캠프파이어 (campfire)圀 야영지에서, 밤에 야영하는 사람이 모여 피우는 화톳불.

캠핑 (camping)圀圉圂 캠프에서 지내는 생활. 야영.

캠핑-카: (camping car)圀 장기간의 여행을 하면서 조리와 숙박이 가능하도록 만든 자동차. 미국에서 개발된 것으로 캠프용이나 임시 노동자의 숙소용으로 씀.

캡 (cap)圀 ①둘레에 전이 없고 차양이 달린 모자. ②연필이나 만년필 따위의 뚜껑. ③(전등 따위에 씌우는) 갓.

캡-램프 (cap lamp)圀 (광산 등에서) 헬멧에 달아 앞을 비추는 작은 전등.

캡션 (caption)圀 ①책에서의 장(章)·절(節)·항(項) 등의 제목. 표제(標題). ②책 속의 그림이나 사진 등에 달아 놓은 설명의 글.

캡슐 (capsule)圀 ①교갑(膠匣). ②인공위성에서, 사람이 들어가 지내는 선실(船室)이나 기재 등을 실은 칸을 둘러싼 겉 부분.

캡스턴(capstan)**몡** 돛이나 무거운 짐 따위를 끌어 올리거나 당기는 장치. 원통처럼 생긴 것의 구멍에 지렛대를 끼워 줄을 감게 되어 있음.

캡틴^볼(captain ball)**몡** 공으로 하는 놀이의 한 가지. 여러 사람이 두 편으로 나뉘어 일정한 위치에 있는 자기편 주장에게 공을 던지어 공을 많이 받기를 겨루는 놀이.

캥[**문**] 여우의 울음소리. ☞**캉**. **캥-캥**[**문**][**하자**].

캥거루(kangaroo)**몡** 캥거루과의 포유류를 통틀어 이르는 말. 초식성 동물로 종류와 크기가 다양한데, 큰 것의 몸길이는 2m가량. 몸빛은 담회색이며, 앞다리는 짧고 뒷다리가 길어 잘 뜀. 새끼를 낳으면 암컷의 배에 있는 육아낭에 넣어 젖을 먹여 기름.

캥캥-거리다[**자**] 자꾸 캥캥 소리를 내다. 캥캥대다.

캥캥-대다[**자**] 캥캥거리다.

캬라멜(caramel)**몡** '캐러멜'의 잘못.

캭[**문**] 목구멍에 걸린 것을 뱉으려고 목구멍에 힘을 주어 내는 소리. 캭-캭[**문**][**하자**].

캭캭-거리다[**-끼-**][**자**] 자꾸 캭캭 소리를 내다. 캭캭대다.

캭캭-대다[**-때-**][**자**] 캭캭거리다.

캉[**문**] 여우가 우는 소리. ☞**캥**. **캉-캉**[**문**][**하자**].

캉캉-거리다[**자**] 자꾸 캉캉 소리를 내다. 캉캉대다.

캉캉-대다[**자**] 캉캉거리다.

캉캉-하다[**휑여**] 얼굴이 몹시 여위어 파리하다.

커:[Ⅰ][**문**] 아주 곤하게 잠잘 때 내쉬는 소리. ☞**카**.
[Ⅱ]**감** 맛이나 냄새가 몹시 맵거나 독할 때 내는 소리.

커녕[**조**] 《체언이나 용언의 '-기 명사형' 뒤에 붙어》 '그것은 고사하고 도리어'의 뜻을 나타내는 보조사. 《흔히, '…도'와 함께 부정하는 말이 뒤따르며, 특히 힘주어 말할 때에는 조사 '은(는)'을 앞세움.》 ¶ 짐승커녕 새도 못 잡겠다. / 반기기(는)커녕 눈인사도 않는다. / 우승(은)커녕 3위 입상도 어렵겠다. ☞**은커녕**·**는커녕**.

커니와[**조**] '커녕'보다 좀 예스러운 말. 《주로, 조사 '은'이나 '는'을 앞세워 쓰임.》 ¶ 우승은 커니와 예선에 들지도 못했다.

커닝(cunning)**몡하타** (시험 중에 수험자의) 부정행위, 또는 부정행위를 하다. ¶ 커닝을 하다가 선생님께 들켰다.

커:-다랗다[**-라타**][**~다라나·~다래**][**휑ㅎ**] 매우 크다. 커다랗 큰. ☞**작다랗다**.

커:-닿다[**-다타**][**~다니·~대**][**휑ㅎ**] 〈커다랗다〉의 준말.

커리어(career)**몡** (숙련되고 능란함을 필요로 하는 기술이나 기능 따위의) 경력.

커리큘럼(curriculum)**몡** 교육 과정.

커뮤:니케이션(communication)**몡** 사람끼리 말이나 글자·음성·몸짓 등으로 사상·감정을 전달하는 일.

커뮤:니티(community)**몡** ①지역 사회(地域社會). ②공동체.

커미셔너(commissioner)**몡** 프로 야구나 프로 권투 등에서, 품위와 질서 유지 등을 위하여 전권을 위탁받은 최고 책임자.

커미션(commission)**몡** (상거래에서 중개인이 받게 되는) 구문(口文). 구전(口錢). 수수료. ¶ 커미션을 받다. / 커미션을 요구하다.

커밍-아웃(coming out)**몡** 자신이 동성애자라는 사실을 세상에 공개적으로 밝히는 일.

커버(cover)**몡하타** ①무엇을 가리거나 덮거나 싸는 물건. ¶ 의자 커버. ②권투 따위의 운동 경기에서, 상대 선수의 공격을 막는 일. ③두루 미치는 것. ¶ 전국을 커버하는 통신망.

커버^글라스(cover glass)**몡** 덮개 유리.

커버링(covering)**몡** 권투에서, 상대편의 공격에 대해 손이나 팔로써 자기의 얼굴이나 배를 가리어 막는 기술. ¶ 커버링이 뛰어난 선수.

커버-스토:리(cover story)**몡** (잡지 따위의) 표지 그림이나 사진과 관련된 기사.

커:브(curve)**몡** ①선·길·궤도 등의 굽은 부분. ②야구에서, 투수가 타자에게 던진 공이 타자의 몸 가까이에서 굽어 날아오는 일.

커:서(cursor)**몡** 컴퓨터의 표시 화면에, 입력 위치를 나타내는 특수 기호.

-커시니[**어미**] 〈옛〉-하시니. ¶ 王事롤 爲커시니 行陣올 조차샤(龍歌112章).

커시놀[**조**] 〈옛〉하시거늘. ¶ 네 가사ㅎ리라 커시놀(龍歌94章).

-커시눌[**어미**] 〈옛〉-하시거늘. ¶ 京都애 도즈기 드러 님그미 避커시눌(龍歌33章).

-커신마론[**어미**] 〈옛〉-하시건마는. ¶ 님그미 賢커신마론 太子롤 몰어드실씨(龍歌84章).

커:-지다[**자**] 크게 되다. ¶ 공사 규모가 커지다. / 일이 커지다.

커터(cutter)**몡** 물건을 자르거나 깎거나 하는 데 쓰이는 도구.

커텐(curtain)**몡** '커튼'의 잘못.

커트(cut)**몡하타** ①(전체 중에서 일부를) 자르는 일. 깎아 내는 일. ②머리카락을 자르는 일, 또는 그 머리 모양. ③테니스·탁구 등에서, 공을 비스듬히 아래로 깎듯이 침, 또는 그러한 기법.

커트-라인(cut+line)**몡** 합격권의 최저선.

커:튼(curtain)**몡** 문이나 창 등에 치는 휘장.

커:튼-콜(curtain call)**몡** 연극이나 음악회 등에서, 공연이 끝나고 막이 내린 뒤 관객이 박수를 치거나 환성을 보내어 하여 출연자를 무대 앞으로 다시 불러내는 일.

커틀릿(cutlet)**몡** 서양 요리의 한 가지. 얇게 썬 쇠고기나 돼지고기 따위에 밀가루·달걀·빵가루를 묻혀 기름에 튀긴 음식.

커프스(cuffs)**몡** 소매의 손목 부분. 소맷부리.

커프스-단추(cuffs-)**몡** 와이셔츠의 소맷부리를 여미는 장식용 단추.

커플(couple)**몡** ①한 쌍. ②남녀의 한 쌍. 〔특히, 부부나 연인 사이를 일컬음.〕

커:피(coffee)**몡** ①커피나무 열매의 씨를 볶아 갈아서 만든 가루. 독특한 향기가 나며, 카페인이 들어 있음. ②〈커피차〉의 준말. ¶ 커피를 타다.

커:피-나무(coffee-)**몡** 꼭두서닛과의 상록 교목. 아프리카 원산의 열대 작물로 키는 6~8 m. 꽃은 희고, 홍자색의 열매에 두 개의 씨가 들어 있는데 그 씨가 커피의 원료로 쓰임.

커:피-숍(coffee shop)**몡** 주로 여러 종류의 커피를 파는 가게.

커:피-차(coffee茶)**몡** 커피와 설탕·우유·크림 따위를 끓는 물에 타서 만든 차. ☞**커피**.

커:피-콩(coffee-)**몡** 커피나무의 열매의 씨. 커피의 원료임.

커:피포트(coffeepot)**몡** 커피를 끓이는 데 쓰이는 주전자.

-컨대[**어미**] '-하건대'가 줄어서 된 말. ¶ 요컨대.

컨디션(condition)**몡** ①건강이나 정신 등의 상태. ¶ 컨디션이 좋다. ②물건 따위의 조건이나 상태. ¶ 그라운드 컨디션.

컨버:터블(convertible)**몡** 덮개 부분을 접었다 폈다 할 수 있는 자동차.

컨버ː트 (convert)圀 ①럭비에서, 트라이한 다음에 골킥을 했을 때, 공이 크로스바를 넘고 골포스트 사이를 지남으로써 득점이 되는 일. ②야구에서, 수비 위치를 바꾸는 일.

컨베이어 (conveyor)圀 (제품 공장 등에서) 재료나 제품 등을 자동적·연속적으로 운반하는 기계 장치. 반송대(搬送帶).

컨베이어^시스템 (conveyor system)圀 공장 안에서의 모든 공정을 컨베이어로 연결하여, 재료나 부품을 잇달아 돌려보내 분담된 공정대로 생산해 내는 방식.

컨설턴트 (consultant)圀 기업의 창설·경영·관리 등에 대해서 조언·진단·상담하는 전문가.

컨설팅 (consulting)圀 전문 지식을 가진 사람이 상담·자문에 응하는 일.

컨셉 (concept)圀 '콘셉트'의 잘못.

컨셉트 (concept)圀 '콘셉트'의 잘못.

컨소시엄 (consortium)圀 ①은행이나 기업이 참가하여 형성하는 국제 차관단 또는 융자단. 대규모 개발 사업의 추진이나 대량의 자금 수요에 대응하기 위해 구성함. ②주로 대규모 사업을 추진하거나 할 때, 여러 업체가 공동으로 참여하는 방식, 또는 그 연합체.

컨테이너 (container)圀 화물을 능률적·경제적으로 실어 나르기 위하여 일정한 규격으로 만든 상자 모양의 큰 용기.

컨트롤 (control)圀㉯㉰ ①통제하고 조절하는 일. ②제구(制球).

컨트리^음악 (country音樂)圀 미국 농촌에서 살던 백인들의 대중음악. 동부의 민요에서 발생하였음.

컨트리-클럽 (country club)圀 도시의 교외에 골프나 테니스 등 스포츠를 즐길 수 있는 설비를 갖춘 오락 휴양 시설.

컬 (curl)圀㉯㉰ 머리털을 곱슬곱슬하게 함, 또는 그런 머리털.

컬러 (color)圀 ①색. 색채. 빛깔. ②개성이나 분위기나. 또는, 특유한 느낌이나 맛. ¶팀 컬러.

컬러리스트 (colorist)圀 화가로서, 색채 효과를 중히 여기는 사람, 또는 그러한 일파.

컬러^사진 (color寫眞)圀 천연색 사진.

컬러-텔레비전 (color television)圀 화면의 영상이 천연색으로 나타나는 텔레비전.

컬러^필름 (color film)圀 자연 그대로의 빛깔을 나타내는 사진 필름. 천연색 필름.

컬럭 (부)(㉯㉰ (앓는 사람이) 힘겹게 내는 기침 소리. ㉱칼락. **컬럭-컬럭(부)(㉯㉰**

컬럭-거리다[-꺼-]㉰ 자꾸 컬럭 소리를 내다. 컬럭대다. ¶기침을 컬럭거리다. ㉱칼칵거리다.

컬럭-대다[-때-]㉰ 컬럭거리다.

컬렉션 (collection)圀 ①미술품이나 골동품·우표 자기가 좋아하는 물건을 취미 삼아 모으는 일, 또는 그 수집품. ②관련된 작품·상품 따위를 모아 전시하는 일, 또는 그 발표회. ¶현대 미술 컬렉션.

컬컬-하다(형)㉯ ①목이 몹시 말라 시원한 물이나 음료수 따위를 마시고 싶은 생각이 간절하다. ②목소리가 쉰 듯하면서 거친 느낌이 있다. ③맵거나 텁텁하게 자극하는 맛이 있다. ¶컬컬한 막걸리. /김치찌개가 제법 컬컬하다. ㉱칼칼하다.

컴백 (comeback)圀㉰㉱ (본디의 신분이나 지위로) 되돌아옴. 복귀(復歸).

컴컴-하다(형)㉯ ①(시꺼먼 느낌이 들도록) 매우 어둡다. ¶방 안이 컴컴하다. ㉱캄캄하다. ②속

이 의뭉스럽고 욕심이 많다. ¶너의 그 컴컴한 속을 내가 모를 줄 알고!

컴파일러 (compiler)圀 고급 언어로 작성된 원시 프로그램을, 기계어로 된 목적 프로그램으로 번역하는 언어 처리 프로그램.

컴퍼스 (compass)圀 ①원을 그리는 데 쓰이는 제도 기구. ②방위를 알아보는 데 쓰이는 계기. 나침반. ③(걸음을 걸을 때) 두 다리를 벌린 폭. ③보폭(步幅).

컴퓨ː터 (computer)圀 전자 회로를 이용하여 고속·자동으로 계산이나 자료를 처리하는 기계. 수치 계산, 자동 제어, 사무 관리, 데이터 처리, 언어·화상(畵像)의 정보 처리 등 광범위하게 이용됨. 전자계산기.

컴퓨ː터^그래픽스 (computer graphics)圀 컴퓨터를 이용한 화상(畵像) 처리.

컴퓨ː터^단ː층^촬영 (computer斷層撮影)圀 시티 스캐너를 이용한 컴퓨터 단층 촬영법. 엑스선이나 초음파를 여러 각도에서 인체에 투영하고, 이를 컴퓨터로 재구성한 화상(畵像)으로 단층상(斷層像)을 그림. 인체 내부의 미세한 구조를 알 수 있어 질병의 진단법으로 널리 이용됨. 시티 촬영.

컴퓨ː터^바이러스 (computer virus)圀 통신 회선 등을 통해 컴퓨터에 침입하여 소프트웨어나 기억 데이터를 파괴하는 프로그램. 컴퓨터에 잠복해 있다가 여건이 갖추어지면 다른 프로그램으로 감염됨.

컴프레서 (compressor)圀 압축기(壓縮機).

컴프리 (comfrey)圀 지칫과의 다년초. 유럽 원산의 재배 식물로 줄기 높이는 60∼90 cm. 잎은 달걀 모양이며, 밑 부분에는 잎자루가 있으나 윗부분에는 없음. 초여름에 홍자색 또는 황백색 꽃이 핌.

컵 (cup)圀 ①사기나 유리 따위로 만든 원통형의 그릇. ②상배(賞盃).

컷 (cut)[Ⅰ]圀 ①(출판물에서) 작은 삽화나 사진. ②(영화에서) 필요에 따라 필름을 잘라 내는 일, 또는 그 필름. ③(영화에서) 한 번의 연속 촬영으로 찍은 장면을 이르는 말. [Ⅱ]₢ 영화 촬영에서, 촬영을 멈추거나 멈추라고 지시하는 말.

컷백 (cut back)圀 화면 구성 기교의 한 가지. 둘 이상의 다른 장면을 연속적으로 엇바꾸어 같은 시간에 여러 곳에서 일어나는 일을 보여 주는 기법.

컷오프 (cutoff)圀 방송 중인 음악이나 이야기를 갑자기 중단함. 시청자의 관심을 집중시키고 변화에 대한 기대감을 높이기 위한 기교로 사용함.

컷워ː크 (cutwork)圀 서양 자수 기법의 한 가지. 천에 그려 놓은 도안의 윤곽을 따라 수를 놓은 다음, 그 주위를 알맞게 잘라 내어 무늬를 만듦.

컷인 (cut-in)圀 영화나 텔레비전에서, 긴 장면 사이에 다른 짧막한 장면을 끼워 넣는 방법.

컹컹(부)(㉯㉰ 몸집이 큰 개가 짖는 소리. ㉱캉캉.

컹컹-거리다㉰ 자꾸 컹컹 소리를 내어 짖다. 컹컹대다. ㉱캉캉거리다.

컹컹-대다㉰ 컹컹거리다.

-케₢ '-하게'가 줄어든 말. 〔순탄케(순탄하게)·태평케(태평하게) 따위〕

케라틴 (keratin)圀 손톱·발톱·머리털 및 뿔 따위의 성분이 되는 경단백질(硬蛋白質). 각소(角素).

케미컬-슈:즈 (chemical shoes)圀 합성 피혁으로 만든 신.

케이블 (cable)圀 ①섬유나 철사를 꼬아 만든 굵은 밧줄. ②닻줄로 쓰이는 쇠사슬. ③전기 절연물로 싼 여러 개의 전선을 단을 지어 다시 겉을 포장한 것. ④〈케이블카〉의 준말.

케이블-카: (cable car)圀 공중에 부설한 레일에 차량을 매달아 사람이나 짐을 나르는 장치. 강삭 철도. 준케이블.

케이블^티:브이 (cable TV)圀 공동 수상 안테나를 설치하고 동축(同軸) 케이블로 각 가정에 연결하는 유선 텔레비전. 시에이티브이.

케이스 (case)¹圀 상자. 갑(匣). ¶화장품 케이스.

케이스 (case)²圀 경우. 사례. ¶시범 케이스.

케이슨 (caisson)圀 잠함(潛函).

케이슨-병 (caisson病)圀 잠수병(潛水病).

케이에스 (KS)圀 '한국 산업 규격'의 약호. [Korean Industrial Standards]

케이에스^마:크 (KS mark)圀 한국 표준 협회가 산업 표준 규격으로 인정된 제품에 표시하게 하는 ⓚ'의 표.

케이오: (KO)하자 ☞녹아웃.

케이오:^승 (KO勝)圀 권투에서, 상대편을 녹아웃시켜 이김, 또는 그 승리.

케이-오:-시: (KOC)圀 한국 올림픽 위원회. [Korean Olympic Committee]

케이지 (cage)圀 ①새장처럼 생긴 닭장. 좁은 장소에 많은 닭을 먹여, 산란 효과만 높이게 고안된 것임. ②엘리베이터의, 사람이나 짐을 싣는 칸.

케이크 (cake)圀 ①서양식 과자를 통틀어 이르는 말. ②우유·밀가루·달걀 따위를 섞어서 구운 빵. ¶생일 케이크.

케이폭 (kapok)圀 열대 지방에서 나는 케이폭수 열매의 껍질 안쪽에 난 솜털. 비중이 낮고 물에 젖지 않으며 보온성이 있고 부력(浮力)이 커서, 구명대나 구명 방석, 전기 절연체나 방음 장치의 주요 재료로 쓰이며 침낭 따위에 넣기도 함. 판야.

케이폭-수 (kapok樹)圀 판야과의 낙엽 교목. 열대 지방의 재배 작물로, 높이는 17~30 m. 가지는 가로 퍼지고 날카로운 가시가 있음. 길둥근 열매가 열리는데, 열매 껍질의 솜털은 구명대 따위를 만드는 데 쓰이고 씨로는 기름을 짬.

케이프 (cape)圀 소매가 없이 어깨·등·팔만 가리게 만든 외투.

케일 (kale)圀 양배추의 원종(原種).

케첩 (ketchup)圀 소스의 한 가지. 토마토·양송이·호두 따위를 갈아서 거른 다음, 설탕·소금·식초·향신료를 섞어 졸여서 만듦.

케케-묵다 [-따]혬 ①(일이나 물건이) 매우 오래되어서 낡다. ¶케케묵은 기계. ②(생각이나 습관 따위가) 새로운 데가 없이 낡다. ¶케케묵은 사고방식.

케플러^망:원경 (Kepler望遠鏡)圀 대물렌즈나 접안렌즈가 모두 볼록 렌즈로 되어 있는 천체 망원경.

켄트-지 (Kent紙)圀 새하얗고 치밀한 제도용 용지.

켈로이드 (keloid)圀 피부의 결합 조직이 병적으로 불어 단단하게 돋아 오르면서 불그스름하게 되는 양성 종양.

켈트^인 (Kelt人)圀 유럽 인종의 하나. 스위스·스코틀랜드·아일랜드 등지에 사는 인종으로, 키가 크고 머리털은 금발 또는 밤색임. 골(Gaul)인·브리튼(Britain)인 등의 족속도 이에 딸림.

켈프 (kelp)圀 다시마 따위 갈조류를 쪄서 태운 재. 요오드의 원료로 쓰임.

켕기다 Ⅰ쟤 ①팽팽하게 되다. ¶줄이 팽팽하게 켕기다. ②자기가 저지른 일에 대하여 슬그머니 걱정이 나거나 거리끼는 것이 있다. ¶우선 둘러대기는 했어도 속으로는 사뭇 켕긴다. Ⅱ태 맞잡아 당기어 팽팽하게 하다. ¶줄을 팽팽하게 켕기다.

켜 Ⅰ圀 ①포개어 놓은 물건의 하나하나의 층. ¶시루떡의 켜를 두껍게 안치다. ②《의존 명사적 용법》 포개어 놓은 물건의 하나하나의 층을 세는 단위. ¶세 켜로 쌓다. Ⅱ의 노름하는 횟수를 세는 단위. ¶화투 한 켜.

켜-내다태 누에고치에서 실을 뽑아내다.

켜다¹태 ①(등잔이나 양초 따위에) 불을 붙여 밝게 하다. ¶어두운 방에 등불을 켜다. ②(성냥 따위로) 불을 일으키다. ¶라이터를 켜다. ③(전등이나 라디오 따위의) 스위치를 돌려 전기를 흐르게 하다. ¶라디오를 켜다. ↔끄다.

켜다²태 ①(톱으로 나무를) 베거나 자르다. ¶나무를 켜다. ②활로 현악기의 현을 문질러서 소리를 내다. ¶바이올린을 켜다. ③누에고치에서 실을 뽑다. ¶고치를 켜다. ④엿을 다루어서 희게 만들다. ¶엿을 켜서 가래엿을 뽑다.

켜다³태 ①물이나 술 따위를 단숨에 들이마시다. ¶술집에서 소주를 세 잔이나 켰다. ②갈증이 나서 물을 자꾸 마시다.

켜다⁴태 기지개를 하다. ¶이부자리에서 힘차게 기지개를 켜다.

켜다⁵태 ①(동물의 수컷이 암컷을 부르는 소리를 내다. ②(동물을 부르려고) 사람이 동물 소리를 내다. ¶우레를 켜다.

켜다⁶옛 끌다. ¶여러 모시비 살 나그내 켜오라(老解下53). 쨤혀내다.

켜-이다쟤 『켜다'의 피동』 켜고 싶어지다. ¶저녁을 짜게 먹었더니 물이 자꾸 켜인다. 준키다.

켜켜-이뮈 여러 켜마다. ¶켜켜이 팥고물을 넣어 떡을 안치다.

컬레이圀 수학에서, 두 개의 점이나 선 또는 수가 서로 특수한 관계에 있어, 서로 전화하여도 그 성질에 변화가 없을 때의 그 둘의 관계를 이르는 말. 공액.

컬레이²圀 (신이나 버선·양말 따위의) 두 짝을 한 벌로 하여 세는 단위. 족(足)². ¶양말 두 컬레.

컬레-각 (一角)圀 꼭짓점과 두 변을 공통으로 가지면서 마주 보아 그 합이 360°가 되는 두 각에서 한 각을 다른 한 각에 상대하여 이르는 말. 공액각.

컬레^초점 (-焦點) [-쩜]圀 빛을 구면경에 반사하거나 렌즈에 통과하게 할 때, 광원(光源)과 상(像)과의 대응 관계를 이루는 두 점. 공액렌점.

컬렛-점 (-點) [-쩜/-렏쩜]圀 ①한 원뿔곡선에서 두 점이 각각 다른 점의 극선 위에 있을 때, 그 한 점을 다른 점에 상대하여 이르는 말. 공액 초점. ②〈컬레 초점〉의 준말.

컷-속 [켣쏙/켣쏙]圀 일의 갈피. ¶그 일의 컷속은 도무지 알 수가 없다.

계계-묵다혬 '케케묵다'의 잘못.

코¹圀 ①척추동물의 오관(五官)의 하나. 호흡기로 통하는 기도(氣道)가 몸 밖으로 열려 있는 부분. 숨을 쉬고 냄새를 맡는 구실을 하며, 발성(發聲)에도 관계됨. ②코의 점막에서 분비되는 진득진득한 액체. 콧물. ¶ 누런 코를 훌쩍거리다. ③고무신이나 버선 등의 앞쪽 끝에 오똑하게 내민 부분. ¶ 버선의 코. /고무신의 코.

코에서 단내가 난다[속담] '일에 시달려 몸과 마음이 몹시 고달픔'을 이르는 말.

코가 납작해지다[관용] 무안을 당하거나 하여 위신이 크게 떨어져 기가 꺾이다.

코가 높다[관용] (남 앞에서 뽐낼 만한 일이 있어서) 젠체하는 기세가 있다.

코가 땅에 닿다[관용] (존경의 뜻을 나타내는 몸짓으로) 머리를 깊이 숙이다.

코가 비뚤어지게[비뚤어지도록][관용] 잔뜩 취할 정도로 술을 많이 마시는 모양을 이르는 말.

코(가) 빠지다[관용] 근심에 싸여 기가 죽고 맥이 빠지다.

코(가) 세다[관용] 남의 말을 잘 받아들이려 하지 않고 자기 생각대로만 하려는 고집이 있다.

코가 솟다[관용] 남에게 자랑할 일이 있어 우쭐해지다.

코가 우뚝하다[관용] 잘난 체하며 거만하게 굴다.

코를 떼다[관용] 무안을 당하거나 핀잔을 맞다.

코를 맞대다[관용] (한자리에서) 서로 가까이 하다. ¶ 코를 맞대고 의논하다.

코를 박듯[관용] '머리를 깊이 숙임'을 이르는 말.

코를 싸쥐다[관용] 심한 핀잔을 받아 무안하여 얼굴을 제대로 못 들다.

코 먹은 소리[관용] 코가 메어서 나거나, 또는 짐짓 코가 멘 듯이 부자연스레 내는 소리.

코 묻은 돈[관용] 코흘리개들이 가진, 얼마 안 되는 돈.

코에 걸다[관용] 무엇을 자랑삼아 내세우다.

코 큰 소리[관용] 잘난 체하는 소리. ¶ 공부 좀 잘한다고 코 큰 소리 하지 마라.

코²[명] 그물이나 뜨개질한 물건에서 지어진 하나하나의 매듭. ¶ 그물의 터진 코를 깁다.

코³[명] '쾌'의 방언.

코조[명] 〔옛〕인고. 〔명사의 말음 'ㅎ'과 의문의 조사 '고'의 결합.〕 ¶ 오놄 나조ᄒ 또 엇던 나조코(杜詩19:42). /어듸라 더디던 돌코(樂詞.青山別曲).

-코[접미] 일부 한자어의 어근이나 명사 뒤에 붙어, 그 말을 부사로 만듦. ¶ 기어코. /결단코. /단연코. /맹세코. /한사코.

코-감기(-感氣)[명] 코의 점막이 감기 바이러스의 침범을 받아 코가 메고 콧물이 나오는 감기.

코-걸이[명] 코에 다는 장식품.

코-끝[-끋][명] 콧등의 끝. ¶ 코끝에 맺힌 땀방울. · 코끝이[-끄치] · 코끝을[-끄틀] · 코끝만[-끈-]

코끝도 볼 수 없다[관용] 도무지 나타나지 아니하여 전혀 볼 수 없다. 코빼기도 볼 수 없다.

코끼리[명] 코끼릿과의 포유동물. 육지에 사는 동물 가운데서 가장 큰 동물로서 어깨 높이 3.5 m가량이고 몸무게는 5~7 t에 이름. 피부는 회흑색으로 매우 두꺼우며 원통형의 코가 길게 늘어져 있음. 상아(象牙)는 윗잇몸에서 돋아난 앞니인데 일생 동안 자람. 초식 동물로 삼림이나 초원에서 무리를 지어 살아감.

코-납작이[-짜기][명] ①'코가 납작한 사람'을 조롱조로 이르는 말. ②'핀잔이나 무안을 당해 기가 꺾인 사람'을 비유하여 이르는 말.

코냑(←cognac 프)[명] (프랑스의 코냐크 지방의 특산으로) 백포도주를 원료로 하여 증류(蒸溜) 정제(精製)한 고급 브랜디. 알코올 성분 40% 안팎.

코:너(corner)[명] ①구석. 모퉁이. ②육상 경기장 등의 경주로의 굽이진 부분. ③백화점 등에서 특별한 상품을 팔기 위해 마련한 상품 판매장. ¶ 스포츠 용품 코너. ④'쉽게 벗어나기 어려운 곤란한 처지나 상태'를 비유하여 이르는 말. ¶ 자금난으로 코너에 몰리다.

코:너링(cornering)[명] 스케이트 경기나 자동차 경주 등에서, 코너를 도는 일. 또는 그 기술.

코:너^아웃(corner out)[명] 축구에서, 자기편이 찬 공 또는 자기편의 몸에 닿은 공이 자기편 골라인 뒤로 나간 경우. 〔상대편에게 코너킥이 허용됨.〕

코:너-킥(corner kick)[명] 축구에서, 공이 수비 선수의 몸에 닿은 다음 골라인 밖으로 나갔을 경우에 상대편이 공을 코너에 놓고 차는 킥.

코:너^플래그(corner flag)[명] 축구나 럭비·하키 등의 경기장 네 귀퉁이에 세우는 깃발.

코:넷(cornet)[명] 금관 악기의 한 가지. 트럼펫과 비슷하나 관이 트럼펫보다 짧고, 경쾌하게 다룰 수 있는 특징이 있음.

코:다(coda 이)[명] 악곡(樂曲)의 끝 부분. 곡의 마무리를 효과적으로 처리하기 위한 부분.

코-담배[명] 담배의 향기만을 맡고 즐기게 만든 가루담배.

코-대답(-對答)[명][하자] 마음에 만족스럽지 않거나 대수롭지 않게 여기어 말 대신 콧소리로 '응'하는 대답. 콧소리로 건성으로 하는 대답.

코데인(codeine)[명] 아편 속에 들어 있는 알칼로이드의 한 가지. 진통제·진해제 등으로 쓰임.

코:도반(cordovan)[명] 말 궁둥이의 가죽. 치밀하고 탄력성이 있어 구두나 혁대 제조용으로 쓰임.

코:드(chord)[명] ①현악기의 현(絃). ②화음(和音). ③기타 따위의 연주에서, 손가락으로 짚는 화음.

코:드(code)[명] ①전신 부호. ②컴퓨터 등에 기억시키기 위한 부호, 또는 그 부호 체계.

코:드(cord)[명] 전등이나 작은 전기 기구에 쓰이는 전선.

코딩이[명] 〈칼modo등이〉의 준말.

코:디(←coordination)[명][하타] 〈코디네이션〉의 준말.

코:디네이션(coordination)[명] 의상·장신구 따위가 잘 조화될 수 있도록 꾸미는 일. 준코디.

코:디네이터(coordinator)[명] 〔'조정자'의 뜻으로〕 의상·장신구 따위가 잘 조화될 수 있도록 조언하고 조정하는 사람을 흔히 이르는 말.

코-딱지[-찌][명] ①콧구멍에 코의 점액과 먼지가 섞이어 말라붙은 딱지. ②'아주 작고 보잘것없는 것'을 비유하여 이르는 말. ¶ 코딱지만 한 방에서 다섯 식구나 산다.

코-뚜레[명] 〈쇠코뚜레〉의 준말.

코란(Koran)[명] 이슬람교의 경전(經典). 마호메트가 알라신에게서 받은 계시를 전한 기록으로, 마호메트가 죽은 뒤에 이루어진 것임. 모두 114장 6342 구절로 되어 있음.

코랑-코랑[부][하여] 자루·봉지 따위가 물건으로 가득 차지 않고 조금 비어 있는 모양. 큰쿠렁쿠렁.

코:러스(chorus)[명] ①합창(合唱). ②합창곡. ③합창단.

코로나(corona)[명] ①태양의 채층 바깥쪽에 있는, 높이 수백만 km에 이르는 가스층. 개기 일식 때 눈으로 볼 수 있음. 백광. ②광환(光環). 광관(光冠).

코르덴(←corded velveteen)圈 무명실로 골이 지게 짠 첨모직(添毛織)으로 짠 직물.

코르셋(corset)圈 ①여성용 속옷의 한 가지. 가슴 부분에서 허리 부분에 걸쳐 졸라매 몸매를 아름답게 만들기 위하여 입음. ②의료 기구의 한 가지. 정형외과에서 척추나 골반 따위를 고정시키는 데 쓰임.

코:르위·붕겐(Chorübungen 독)圈 음악 학교의 합창 교수를 위한 교본(教本).

코르크(cork)圈 코르크나무의 겉껍질의 안쪽에 있는 조직. 여러 켜로 이루어져 있는데, 액체나 공기가 통하지 않으며 탄력이 있음. 가공하여 보온·흡음(吸音)·밀폐 장치 등에 쓰임. 목전(木栓).

코르크-나무(cork–)圈 참나뭇과의 상록 교목. 높이 20 m가량. 수령이 100~500년에 이르는 나무로, 껍질에 두꺼운 해면질의 코르크층이 있음. 코르크층은 수령이 20년 정도에 이르면 벗기어 쓸 수 있으며, 벗긴 자리에는 다시 껍질이 생겨남.

코리다圈 깨끗하지 못한 발 따위에서 톡 쏘듯이 풍기는 고린 냄새와 같다.

코린-내圈 코린 냄새.

코린트-식(Corinth式)圈 고대 그리스의 건축·공예의 한 양식. 도리아·이오니아 두 양식에 이어 발전한, 화려하고 섬세한 양식임. 건축의 경우, 기둥머리를 아칸서스의 잎 무늬로 꾸미는 것이 특색임. ☞도리스식·이오니아식.

코-맹녕이圈 '코맹맹이'의 잘못.

코-맹맹이圈 '코가 막히어 부자연스러운 소리를 내는 사람'을 조롱조로 이르는 말.

코머(comma)圈 '콤마'의 잘못.

코-머거리圈 '코가 막히는 증세가 있는 사람'을 얕잡아 이르는 말.

코-머리圈 지난날, 지방 관아에 딸린 '기생의 우두머리'를 이르던 말. 현수(絃首).

코멘-소리圈 코가 막힌 사람이 하는 소리.

코뮈니케(communiqué 프)圈 (국제회의나 국가 간의 회담의 경과에 대한) 외교상의 정부의 공식 성명서.

코미디(comedy)圈 희극(喜劇). 희극적인 장면. ↔트래지디(tragedy).

코미디언(comedian)圈 희극 배우.

코믹(comic)圈彫 희극적(喜劇的). 익살스러움. ¶코믹 연기.

코믹^오페라(comic opera)圈 희가극.

코-밀[–믿]圈 〔코의 아랫부분이라는 뜻으로〕 '매우 가까운 곳이나 시기'를 비유하여 이르는 말. 코앞. ¶코밑에서 벌어진 일을 모르다니. * 코밑[–미치]·코밑을[–미틀]·코밑만[–민–]

코밑-수염(–鬚髯)[–믿쑤–]圈 콧수염.

코-바늘圈 뜨개바늘의 한 가지. 한쪽 또는 양쪽 끝에 미늘 모양의 갈고리가 달려 있는 것으로 그 굵기와 크기가 여러 가지임.

코발트(cobalt)圈 금속 원소의 한 가지. 철과 비슷한 광택이 나며, 자성이 강하고 잘 부식하지 않음. 도금에 쓰이며, 화합물은 유리나 도자기의 청색 안료 따위에 쓴. 〔O/27/58.9332〕

코발트-색(cobalt色)圈 하늘빛과 같은 맑은 남빛. 엷은 군청색.

코발트^유리(cobalt琉璃)圈 산화코발트로 착색한 청색 유리. 사진 필터나 고온 작업용의 보안경 등으로 이용됨.

코발트^폭탄(cobalt爆彈)圈 원자 무기(原子武器)의 한 가지. 수소 폭탄의 겉을 코발트로 싸서 강한 방사능을 발산하게 하는 폭탄.

코-방아圈 엎어지거나 하여 코를 바닥에 부딪치는 일. ¶코방아를 찧다.

코-배기圈 '코가 유난히 큰 사람'을 농조로 이르는 말.

코-보圈 '코주부'의 잘못.

코-볼(COBOL)圈 컴퓨터의 프로그램용 언어의 한 가지. 영어의 회화 언어를 사용한 고급 언어로, 주로 일반 사무 처리에 알맞음. 〔Common Business Oriented Language〕

코브라(cobra)圈 코브라과의 뱀을 통틀어 이르는 말. 위협할 때 몸의 앞부분을 세워 목 부분을 국자 모양으로 만드는 유(類)의 뱀으로, 가장 큰 종류의 몸길이는 5.5 m에 이르며 매우 센 독을 가지고 있음. 인도·대만 등지에 분포함.

코-비(–鼻)圈 한자 부수의 한 가지. '軒'·'舭' 등에서의 '鼻'의 이름.

코-빼기圈 〈코쭝배기〉의 준말. **코빼기도 볼 수 없다**(관용) ☞코끝도 볼 수 없다. ¶결혼 준비로 바빠서 코빼기도 볼 수 없다.

코-뼈圈 코를 이룬 뼈. 비골(鼻骨).

코뿔-소[–쏘]圈 ☞무소.

코사인(cosine)圈 삼각비의 하나. 직각 삼각형의 한 예각을 낀 변의 빗변에 대한 비를 그 각에 대하여 이르는 말. 〔약호는 cos〕

코-쇠[–쇠/–쉐]圈 산기슭의 끝에 있는 사금층.

코-숭이圈 ①산줄기의 끝. ②물체의 뾰족하게 내민 끝 부분. ¶ 버선 코숭이.

코:스(course)圈 ①진로. 방향. 방침. ②과정. ¶정규 코스. ③순서. ¶양식(洋食)의 정식 코스. ④(경주·경영·경주 따위에서) 선수가 나아가는 길. 경주로. ⑤여러 개의 지점을 연결하여 순서대로 따라가게 정한 길. ¶여행 코스. ⑥(교통 기관의) 노선. ¶비행 코스.

코스닥(KOSDAQ)圈 우리나라의 장외 주식 거래 시장. 컴퓨터와 통신망을 이용하여 주식을 매매하며, 증권 거래소 시장에 비하여 등록이 쉽기 때문에 주로 벤처 기업이나 중소기업이 중심이 됨. 〔Korea Securities Dealers Automated Quotation〕

코:스^라인(course line)圈 수영장에서, 경영자(競泳者)의 진로를 구분하기 위하여 바닥과 벽에 그어 놓은 선.

코:스^로:프(course+rope)圈 수영장에서, 경영자(競泳者)의 진로를 구분하기 위하여 수면에 친 밧줄.

코스모스(cosmos)¹圈 국화과의 일년초. 멕시코 원산으로 줄기는 가지를 많이 치고, 높이는 1~2 m. 잎은 마주나고 깃 모양으로 갈라져 있으며, 꽃은 6~10월에 하양·분홍·진분홍 등 여러 빛깔로 핌. 관상용으로 심음.

코스모스(cosmos 그)²圈 ①우주(宇宙). ②질서와 조화를 지닌 세계. ↔카오스.

코스튬(costume)圈 ①옷을 입은 인물화. ②어느 민족·시대·지방·계층 등의 독특한 옷차림. ③무대 의상.

코스트^인플레이션(cost inflation)圈 근로자의 임금이나 원자재 가격 등의 상승으로 인하여 일어나는 물가 상승.

코:시컨트(cosecant)圈 삼각비의 하나. 직각 삼각형에서 한 예각의 대변에 대한 빗변의 비를 그 각에 대하여 이르는 말. 사인의 역수임. 〔약호는 cosec〕

코-안경(–眼鏡)圈 안경다리가 없이 콧대에 걸쳐 쓰는 안경.

코알라 (koala)몡 쿠스쿠스과의 동물. 몸길이 60~80 cm. 머리는 곰과 비슷한 모양이며 암컷의 배에는 새끼를 넣어 기르는 육아낭이 있음. 오스트레일리아 특산으로 유칼리 나무 위에서 지내며 그 잎만 먹고 삶.

코-앞 [─압]몡 ①'매우 가까운 곳'을 비유하여 이르는 말. 코밑. ¶코앞에 두고 어디서 찾고 있니? ②'어떤 일을 해내야 할 시간이 바싹 다가왔음'을 비유하여 이르는 말. ¶대학 입시가 코앞에 닥쳤다. *코앞이[─아피]·코앞만[─암─]

코요테 (coyote)몡 갯과의 동물. 이리와 비슷하나 좀 작고 귀가 크며 주둥이가 깊. 몸빛은 황갈색 또는 회갈색임. 알래스카·중앙아메리카 등지의 초원 지대에 분포함.

코-웃음몡 (비웃는 뜻으로) 콧소리로 '흥' 하며 가볍게 웃는 웃음. 비소(鼻笑).
코웃음(을) **치다**[관용] ①코웃음을 웃다. ②남을 하찮게 여기며 비웃다.

코일 (coil)몡 구리나 알루미늄 따위를 절연성 재료로 싸서 나사 모양으로 여러 번 감은 도선(導線). 라디오의 전기 회로 따위에 쓰임. 권선(捲線).

코-쟁이몡 〔코가 크다고 하여〕'서구(西歐) 사람'을 속되게 이르는 말.

코-주부몡 '코가 큰 사람'을 농조로 이르는 말.

코즈모폴리터니즘 (cosmopolitanism)몡 세계주의(世界主義).

코즈모폴리턴 (cosmopolitan)몡 세계주의자.

코-쭝배기몡 〈코〉의 낮춤말. 춘코빼기.

코-찡찡이몡 코가 막히어 버릇처럼 '찡찡'하는 사람을 조롱조로 이르는 말. 춘찡찡이.

코-청몡 두 콧구멍 사이를 막은 얇은 막.

코:치 (coach)몡하타 운동의 기술 등을 지도하는 일, 또는 그 사람. ¶수영 코치.

코-침몡 콧구멍에 심지 모양의 물건을 집어넣어 그것으로 코를 간질이는 짓.
코침(을) **주다**[관용] ①콧구멍에 심지 따위를 넣어 자극하다. ②남을 화나게 만들다.

코:칭-스태프 (coaching staff)몡 감독을 비롯한 코치의 진용(陣容).

코카 (coca)몡 코카과의 상록 관목. 높이는 2 m 가량. 잎은 길둥근 모양에 끝이 뾰족함. 초여름에 황록색 꽃이 피며, 꽃이 진 다음 붉은 열매를 맺음. 페루·볼리비아 원산으로, 잎에서 코카인을 얻음. 천축계(天竺桂).

코카인 (cocaine)몡 코카 또는 같은 속(屬)의 식물의 잎에 들어 있는 알칼로이드의 한 가지. 무색무취의 결정으로 독성이 강함. 국소 마취제로 쓰임.

코-카타르 (─catarrh)몡 코의 점막에 생기는 염증. 비염(鼻炎). 비카타르.

코코넛 (coconut)몡 야자나무의 열매.

코코아 (cocoa)몡 ①카카오의 씨를 볶아 껍질을 벗겨 내고, 지방분을 제거하여 가루로 만든 것. 음료나 제과용으로 이용됨. ②코코아를 끓는 물에 탄 음료.

코:크스 (cokes)몡 점결성탄(粘結性炭) 따위를 고온에서 건류한 다공질(多孔質)의 고체 연료. 제철용·주물용·도시가스 및 화학 공업용 연료로 쓰임. 골탄(骨炭). 해탄(骸炭).

코키유 (coquille 프)몡 서양 요리의 한 가지. 새우·게·생선·채소 따위를 소스로 맛을 내어 조가비 모양의 접시에 담아 구운 음식.

코탄젠트 (cotangent)몡 삼각비의 하나. 직각 삼각형에서 한 예각의 대변에 대한 밑변의 비를

그 각에 대하여 이르는 말. 탄젠트의 역수임. 〔약호는 cot〕

코터 (cotter)몡 가로쐐기. 〔기계의 축과 축을 잇는 것으로 축의 길이 방향에 대하여 직각으로 끼우는 장치.〕

코-털몡 콧구멍 속에 난 털. 비모(鼻毛).

코:트 (coat)몡 ①외투. ②양복의 겉옷.

코:트 (court)몡 (테니스·농구·배구 따위의) 경기장.

코트라 (KOTRA)몡 대한 무역 진흥 공사. 〔Korea Trade Promotion Corporation〕

코튼 (cotton)몡 ①면화. 목면(木棉). ②면포. 무명. ③면사.

코튼-지 (cotton紙)몡 인쇄용 양지(洋紙)의 한 가지. 목면 섬유로 만들어서 두껍고 부드러움.

코:팅 (coating)몡하타되타 물체의 겉면을 수지(樹脂) 따위의 얇은 막으로 씌우는 일.

코:펄 (copal)몡 천연수지의 한 가지. 주로 열대 지방의 수목에서 뽑아낸 나무의 진으로, 인쇄 잉크나 니스 따위의 원료로 쓰임.

코펠 (←Kocher 독)몡 등산 등을 할 때 쓰는, 휴대용 냄비·공기 따위 그릇.

코-푸렁이몡 ①풀어 놓은 코나 묽은 풀처럼 흐늘흐늘한 것. ②'나약하고 줏대 없이 흐리멍덩한 사람'을 조롱조로 이르는 말.

코프라 (copra)몡 야자나무 열매의 배젖을 말린 것. 비누·양초·마가린 따위의 원료로 쓰임.

코-피몡 코에서 나오는 피.

코:-하다자 '자다(잠자다)'의 어린이 말.

코-허리몡 콧등의 잘룩한 부분. 눈굿잔등이.
코허리가 시다[관용] 슬프거나 감격스러운 경우를 당하였을 때, 금방 눈물이 흐를 듯한 느낌을 이르는 말.

코-흘리개몡 ①'콧물을 늘 흘리는 아이'를 농조로 이르는 말. ②'어린아이'를 달리 이르는 말.

콕뭐 날카롭고 단단한 물건으로 야무지게 찌르거나 찍거나 박는 모양. ¶새가 나무를 날카로운 부리로 콕 �다. /살갗을 바늘로 콕 찌르다.
춘쿡. **콕-**뭐하다.

콕 (cock)몡 유동체(流動體)의 통로를 막거나 흐름을 막거나 하는 마개의 한 가지.

콘 (con 이)몡 악보에서, 빠르기말이나 나타냄말에 덧붙여 쓰이는 말. '…를 가지고'의 뜻. 〔콘 에스프레시보(con espressivo:표정을 가지고) 따위.〕

콘: (cone)몡 ①확성기의 진동판으로 쓰이는, 원뿔 모양의 두꺼운 종이. ②아이스크림을 담는 데 쓰이는, 원뿔 모양의 속이 빈 과자.

-콘[접미] (옛)-하거든. -하니. ¶莊子도 오히려 그러콘 을 몸며(永嘉下122).

콘덴서 (condenser)몡 ①축전기. ②증기의 응축기(凝縮機). ③집광기(集光器).

콘도 (condo)몡 〈콘도미니엄〉의 준말.

콘도르 (condor 스)몡 매목(目) 콘도르과의 큰 새. 편 날개 길이는 3 m가량. 몸과 다리는 흑색이며, 날개에는 흰 무늬가 있고, 머리와 목에는 털이 없음. 보통, 죽은 짐승의 고기를 먹음. 안데스 산맥 등지에 분포함.

콘도미니엄 (condominium)몡 객실 단위로 분양하는 형식의 공동 주택. 분양받은 사람이 자기가 이용하지 않는 동안은 그 관리 회사에 관리·운영을 맡김. 춘콘도.

콘돔 (condom)몡 얇은 고무 따위로 만든 남성용 피임 및 성병 예방 용구.

콘:드-비:프 (corned beef)명 얼간한 쇠고기를 쪄서 통조림으로 만든 것. 콘비프.

콘^브리오 (con brio 이)명 악보에서, 빠르기말 이나 나타냄말에 덧붙여 쓰는 말. '생기 있게' 의 뜻. 〔알레그로 콘 브리오(allegro con brio: 빠르고 생기 있게) 따위.〕

콘:-비:프 (corn beef)명 ☞콘드비프.

콘사이스 (concise)명 〔'간결'·'간명'의 뜻으로〕 휴대용 '소사전'을 흔히 이르는 말.

콘서:트 (concert)명 연주회. 음악회.

콘서:트-마스터 (concertmaster)명 관현악단의 제일 바이올린의 수석 연주자. 단원의 대표로서 악단 전체의 지도적 역할을 함.

콘서:트-홀: (concert hall)명 연주회장. 음악당.

콘센트 (←concentic plug)명 전기 배선과 코드 접속에 쓰이는 기구. 플러그를 끼워 전기가 통하게 함.

콘셉트 (concept)명 광고나 디자인 등에서, 그 속에 담아내고자 하는 핵심 내용 또는 기본적인 생각.

콘솔: (console)명 ①라디오나 텔레비전 수상기 등의 겉 상자. ②〔항공 관제탑이나 공장의 자동화 통제실, 기관의 종합 상황실 따위에서, 갖가지 컴퓨터 조작 단추와 계기를 모아 배열한〕제어 탁자.

콘:스타:치 (cornstarch)명 옥수수에 들어 있는 녹말.

콘체르토 (concerto 이)명 협주곡(協奏曲).

콘체른 (Konzern 독)명 기업 제휴. 〔카르텔·트러스트 등의 발전을 전제로 하여, 보다 높은 차원의 기업 결합 형태.〕재벌(財閥).

콘크리:트 (concrete)명 건축 용재의 한 가지. 모래와 자갈을 섞은 시멘트를 물로 반죽한 것, 또는 그것을 굳힌 것.

콘크리:트-^믹서 (concrete mixer)명 시멘트·모래·자갈 따위에 물을 부어 충분히 섞는 기계. ㉿트럭믹서.

콘크리:트-^포장 (concrete鋪裝)명 콘크리트로 도로의 겉면을 굳힌 포장.

콘클라베 (Conclave 라)명 가톨릭에서, 교황을 선출하는 전 세계 추기경들의 모임 또는 회의. 교황이 사망하면 16~19일 사이에 교황청의 시스티나 성당에 모여 새 교황을 뽑음.

콘택트-렌즈 (contact lens)명 눈의 각막의 겉면에 붙여 안경과 같은 구실을 하게 하는 작은 렌즈. 투명한 수지로 만듦. 렌즈. 접촉렌즈.

콘테스트 (contest)명 ①경쟁. 경연(競演). ②선발 대회. ¶미인 콘테스트.

콘텐츠 (contents)명 인터넷이나 컴퓨터 통신 등을 통하여 제공되는 각종 정보, 또는 그 내용물.

콘트라베이스 (contrabass)명 현악기의 한 가지. 줄이 네 개이며 활로 문질러서 소리를 냄. 현악기 중에서 가장 음이 낮으며 음색은 중후하고 웅대함. 더블 베이스. ㉿베이스(bass).

콘트라스트 (contrast)명 대조. 대비(對比). 배합.

콘트라파고토 (contrafagotto 이)명 목관 악기의 한 가지. 모양은 파곳 가운데서 가장 큰데, 가장 낮은 음역을 맡음. 더블 바순.

콘트라-프로펠러 (contra-propeller)명 하나의 축을 공통으로 하면서 서로 반대 방향으로 도는 한 쌍의 프로펠러.

콘트랄토 (contralto 이)명 ①←알토(alto). ②대형 비올라.

콘티 (←continuity)명 〈콘티뉴이티〉의 준말.

콘티뉴이티 (continuity)명 영화나 텔레비전 등에서의 촬영이나 연출의 대본. 〔각본을 바탕으로 하여 화면 구성, 인물의 동작, 카메라의 위치 등 연출상의 지정을 적은 내용.〕촬영 대본. ㉿콘티.

콘:-플레이크 (cornflakes)명 옥수수를 기계로 볶아 납작하게 눌러서 만든 가공 식품. 우유를 부어 아침 식사나 간식·야식 등으로 먹음.

콜: (call)명 ①전화에서 상대편을 불러내는 일. ②〈콜머니〉의 준말. ③〈콜론〉의 준말.

콜:-걸: (call girl)명 〔전화 호출에 응하여〕매춘 행위를 하는 여자.

콜:^금리 (call金利) [-니]명 단자 시장에서 거래되는 단기 자금의 금리. 콜 레이트.

콜:드^게임 (called game)명 야구에서, 경기가 5회 이상 진행된 뒤, 해가 지거나 비가 내릴 때, 또는 아마추어 야구에서 약정된 점수 차 이상으로 어느 한쪽이 앞서고 있을 때, 그때까지의 득점으로 승패를 가리는 경기.

콜:드-크림: (cold cream)명 기초 화장품의 한 가지. 동·식물성 지방유에 향료 등을 넣어 만든 것으로 얼굴을 닦거나 마사지하는 데에 쓰임.

콜라 (cola)명 ①벽오동과의 상록 교목. 서부 아프리카 원산의 재배 식물로, 높이는 6~9 m. 잎은 길둥글게 꽃은 황색임. 열매는 15 cm가량의 길둥근 모양으로 속에 4~10개의 씨가 들어 있음. 씨에는 카페인과 콜라닌이 들어 있어 콜라 음료의 원료로 쓰임. ②콜라의 열매를 원료로 한 청량음료를 통틀어 이르는 말.

콜라겐 (collagen)명 동물의 뼈·연골·건(腱)·피부·비늘 등을 구성하는 경단백질의 한 가지. 섬유 모양의 고체로서 끓이면 젤라틴이 됨.

콜라:주 (collage 프)명 화면(畫面)에 종이·철사·나뭇잎 따위를 붙이는 근대 미술 기법의 한 가지.

콜랑 부 하자 ①작은 병이나 그릇에 액체가 찰락 말락 하게 들어 있어 좀 세차게 흔들릴 때 나는 소리. ②하형 평평한 것이 완전히 달라붙지 않고 좀 들떠서 부풀거나 부풀어 있는 모양. ㈜쿨렁. ㈜꼴랑. **콜랑-콜랑** 부 하자 하형.

콜랑-거리다 자 ①작은 병이나 그릇에 찰락 말락 하게 들어 있는 액체가 좀 세차게 흔들려서 자꾸 콜랑 소리를 내다. ②평평한 것이 완전히 달라붙지 않고 좀 들떠서 달싹달싹하다. 콜랑대다. ㈜쿨렁거리다.

콜랑-대다 자 콜랑거리다.

콜레라 (cholera)명 법정 전염병의 한 가지. 콜레라균으로 말미암아 일어나는 소화기 계통의 급성 전염병. 열이 몹시 나며, 구토와 설사가 심함. 쥐통. 호역(虎疫).

콜레라-균 (cholera菌)명 콜레라의 병원균.

콜레스테롤 (cholesterol)명 고등 동물 세포의 주요 성분으로, 뇌·신경 조직·장기(臟器)·혈액 따위에 들어 있는 스테로이드의 한가지. 혈액 속에 이것의 양이 지나치게 늘면 동맥 경화증을 일으킴. 콜레스테린.

콜레스테린 (Cholesterin 독)명 ☞콜레스테롤.

콜:^레이트 (call rate)명 ☞콜 금리(call金利).

콜로니 (colony)명 ①일정한 목적 아래 모인 생활 공동체. ②〈생물의〉군서(群棲). 군체(群體). 군락(群落).

콜로세움 (Colosseum 라)명 고대 로마 시대의 유물로, 로마에 있는 노천 원형 극장.

콜로이드 (colloid)명 기체·액체·고체 가운데 흩어진 상태로 있는 미립자, 또는 그 미립자가 흩어져 있는 상태. 교질(膠質).

콜로이드^용액 (colloid溶液)명 ☞졸(sol).

콜로이드^화ː학 (colloid化學)명 콜로이드 상태에 있는 물질의 물리적·화학적 성질을 연구하는 물리 화학의 한 분야. 교질 화학(膠質化學).

콜로타이프 (collotype)명 평판 인쇄의 한 가지. 젤라틴을 바른 유리판을 판면으로 쓰는 제판 인쇄로서, 원화(原畫)의 정밀한 인쇄가 특징임.

콜록부하타 오랜 기침병으로 쇠약해진 사람이 입을 오므리고 힘겹게 내는 기침 소리. ☞콜룩. **콜록-콜록**부하타

콜록-거리다[-거-]타 자꾸 콜록 소리를 내다. 콜록대다. ☞쿨룩거리다.

콜록-대다[-때-]타 콜록거리다.

콜록-쟁이[-쟁-]명 '오랜 기침병으로 자꾸 콜록거리는 사람'을 홀하게 이르는 말.

콜ː-론ː(call loan)명 '콜 자금'을 대출자 편에서 이르는 말. ☞콜물.

콜론 (colon)명 쌍점(雙點).

콜롬보 (colombo)명 방기과의 다년생 만초. 동아프리카 원산의 재배 식물로, 잎은 손바닥 모양으로 갈라지고 꽃은 작으며 담녹색임. 뿌리는 설사약의 원료로 쓰임.

콜리 (collie)명 영국 원산의 개의 한 품종. 몸높이는 60 cm가량. 얼굴이 길고, 주둥이는 뾰족하며 귀는 서 있음. 옛날에는 목양견(牧羊犬)으로 많이 이용되었음.

콜ː-머니 (call money)명 '콜 자금'을 차입자 편에서 이르는 말. ☞콜론. ⓟ단자(短資).

콜ː-^사인 (call sign)명 (방송국이나 무선국의) 전파 호출 부호. 〔알파벳으로 나타내는데, HLKA(한국 방송 공사의 제일 라디오) 등.〕 호출 부호.

콜ː-^시ː장 (call市場)명 단자 시장(短資市場).

콜ː-^자금 (call資金)명 단자 회사를 매개로 하여 금융 기관 상호 간에 거래의 필요에 따라 회수(또는 반환)되는 거액의 단기 자금.

콜콜¹부하자 액체가 좁은 구멍으로 잇달아 세차게 쏟아지는 소리. ☞쿨쿨¹.

콜콜²부하자 곤하게 자면서 숨을 쉬거나 코를 고는 소리, 또는 그 모양. ☞쿨쿨².

콜콜-거리다¹자 액체가 좁은 구멍으로 잇달아 세차게 쏟아지며 콜콜 소리를 내다. 콜콜대다¹. ☞쿨쿨거리다¹.

콜콜-거리다²자 곤하게 자면서 콜콜 소리를 내다. 콜콜대다². ☞쿨쿨거리다².

콜콜-대다¹자 ☞콜콜거리다¹.

콜콜-대다²자 ☞콜콜거리다².

콜ː-타르 (coal-tar)명 석탄을 높은 온도에서 건류할 때 생기는 기름 모양의 검은 액체. 부식을 막는 도료로 쓰이며, 염료·의약품·폭약 등 유기 화학 공업의 원료가 됨. ⓟ타마유.

콜ː-택시 (call taxi)명 전화로 호출하여 이용하는 택시.

콜호ː스 (kolkhoz 러)명 소련의 농업 생산 협동체로서의 집단 농장.

콜히친 (Colchicine)명 알칼로이드의 한 가지. 담황색의 바늘 모양의 결정인데, 백합과의 콜키쿰의 씨와 땅속줄기에서 뽑아냄. 통풍(痛風)의 특효약이며 식물의 품종 개량 등에 쓰임.

-콤접미 (옛)-씩. ¶모맷 光明이 各各 열자콤 ᄒ시며(月釋2:59).

콤마 (comma)명 문장 부호의 한 가지. 가로쓰기 글에서 쉼표로 쓰는 반점(,)을 이름.

콤바인 (combine)명 다 자란 벼·보리 따위를 베는 일과 탈곡하는 일을 동시에 하는 농업 기계.

콤비 (←combination)명 ①무슨 일을 하는 데 있어서의 단짝. ②위아래가 다른 천으로 된 양복 한 벌, 또는 그 웃옷.

콤비나ː트 (kombinat 러)명 서로 관련이 있는 몇 개의 기업을 결합하여 하나의 공업 지대를 이루어 생산 능률을 높이는 합리적인 기업 결합.

콤비네이션 (combination)명 수학에서, 조합(組合).

콤팩트 (compact)명 분·분첩·입술연지 따위를 넣는, 거울이 달린 휴대용 화장 도구.

콤팩트-디스크 (compact disk)명 레이저 광선의 특성을 이용하여 원음에 가까운 음을 재생하는 소형 금속 음반. 시디(CD).

콤플렉스 (complex)명 ①억압된 의식 아래 잠재해 있는 관념. ②열등감.

콧-구멍[코꾸-/콛꾸-]명 ①코에 뚫린 두 구멍. 비공(鼻孔). ¶콧구멍을 후비다. ②'공간 따위가 아주 좁은 것'을 비유하여 이르는 말. ¶콧구멍만 한 방이라 지내기가 불편하겠구나.

콧-기름[코끼-/콛끼-]명 콧등에서 나오는 기름기.

콧-김[코낌/콛낌]명 ①콧구멍에서 나오는 더운 김. ②'누군가에게 끼치는 영향력'을 비유하여 이르는 말.
　콧김이 세다관용 남에게 끼치는 영향력이 크다. ¶우리 팀에서는 그가 콧김이 센 편이다.

콧-날[콘-]명 콧마루의 날을 이룬 부분. ¶콧날이 날카롭다. /콧날이 서다.

콧-노래[콘-]명 (입은 벌리지 않고) 코로 소리를 내어 가락만으로 부르는 노래. ¶그는 무엇이 그리 즐거운지 연방 콧노래를 부른다.

콧-대[코때/콛때]명 ①콧등의 우뚝한 줄기. ②'우쭐하고 거만한 태도'를 비유하여 이르는 말. ¶콧대를 갈아뭉개다.
　콧대(가) 높다관용 '코가 높다'의 힘줌말.
　콧대(가) 세다관용 '코가 세다'의 힘줌말.
　콧대를 꺾다관용 잘난 체하는 상대편의 기를 죽이다.
　콧대를 세우다관용 우쭐해서 거만하게 굴다.

콧-등[코뜽/콛뜽]명 코의 등성이. ¶콧등이 시큰하다.

콧-마루[콘-]명 콧등의 마루 부분. 비량(鼻梁).

콧-물[콘-]명 코 안의 점막에서 분비되는 맑은 액체. 코. ¶콧물이 줄줄 흐른다.

콧-바람[코빠-/콛빠-]명 코로 내보내는 바람 기운, 또는 그 소리.

콧-방귀[코빵-/콛빵-]명 코로 '흥' 하고 불어 내는 소리.
　콧방귀를 뀌다관용 남의 말을 같잖게 여기어 들은 체 만 체하며 말대꾸를 아니하다. ¶처음엔 콧방귀를 뀌더니 이젠 귀가 솔깃한가 보지?

콧-방울[코빵-/콛빵-]명 코끝 양쪽으로 방울처럼 내민 부분. ¶콧방울이 크고 두둑해야 복이 있다고 한다.

콧벽-쟁이 (-壁-)[코뺙쩽-/콛뺙쩽-]명 '콧구멍이 보기에도 답답할 만큼 매우 좁은 사람'을 조롱하여 이르는 말.

콧-병 (-病)[코뼝/콛뼝]명 코에 생기는 병을 두루 이르는 말.

콧-부리[코뿌-/콛뿌-]명 콧날 위에 약간 두드러진 부분. ¶콧부리에 안경을 걸치다.

콧-살[코쌀/콛쌀]명 코를 찡그릴 때 생기는 주름.

콧-소리[코쏘-/콛쏘-]명 ①콧구멍으로 내는 소리. ②코가 멘 상태로 내는 소리. ③☞비음(鼻音).

콧-속[코쏙/콛쏙]圓 콧구멍의 안. 비강(鼻腔).

콧-수염 (-鬚髥)[코쑤-/콛쑤-]圓 코 아래에 난 수염. 코밑수염.

콧-숨[코쑴/콛쑴]圓 코로 쉬는 숨. 비식(鼻息).

콧-잔등[코짠-/콛짠-]圓〈콧잔등이〉의 준말. ¶콧잔등에 땀방울이 송송 맺히다.

콧-잔등이[코짠-/콛짠-]圓〈코허리〉의 낮춤말. ㉰콧잔등.

콩[1]圓 ①콩과의 한해살이풀. 중국 원산으로 세계 각지에서 재배하며 키는 60~100 cm. 여름에 희거나 불그레한 나비 모양의 꽃이 피고, 가는 털이 있는 꼬투리를 맺음. 씨는 단백질과 지방이 많아 장·두부·기름 따위의 재료로 쓰임. ②콩의 열매(씨). 대두(大豆).

콩 심은 데 콩 나고 팥 심은 데 팥 난다[속담] 모든 일은 원인에 따라 결과가 생긴다는 말.

콩으로 메주를 쑨다 하여도 곧이듣지 않는다[속담] ①남의 말을 그대로 믿지 않음을 이르는 말. ②거짓말을 잘하는 사람의 말은 다 거짓말 같아서 믿기가 어렵다는 말.

콩 볶듯[관용] '총소리가 몹시 요란한 모양'을 비유하여 이르는 말. 콩 튀듯.

콩을 심다[관용]〔콩을 심을 때, 한 발로 절룩거리며 흙을 다지는 데서〕'한쪽 다리를 절룩거리며 걷는 것'을 비유하여 이르는 말.

콩 튀듯[관용] ①'몹시 화가 나서 펄펄 뛰는 모양'을 비유하여 이르는 말. ②☞콩 볶듯.

콩 튀듯 팥 튀듯[관용] '콩 튀듯'의 힘줌말.

콩[2]團 단단한 바닥에 작고 무거운 물건이 떨어지거나 부딪쳐 울리는 소리. ㉰쿵. 團**-콩콩**團

콩가 (conga 스)圓 ①쿠바에서 발달한 타악기의 한 가지. 굵다란 나무줄기를 통 모양으로 도려내어 한쪽에 가죽을 붙여 만든 북. 손이나 막대기로 두드려 소리를 냄. ②쿠바에서, 카니발 때 행진하면서 추는 춤, 또는 그 춤곡.

콩-가루[-까-]圓 콩을 빻아서 만든 가루.

콩가루(가) 되다[관용] '어떤 물건이 산산조각으로 부서진 상태'를 비유하여 이르는 말.

콩가루 집안[관용] '가족들이 모두 제멋대로 행동하거나, 분란이 일어나 엉망진창인 집안'을 비유하여 이르는 말.

콩-강정圓 ①볶은 콩을 조청으로 버무려 만든 강정. ②콩가루를 묻힌 강정.

콩고^레드(Congo red)圓 붉은색 계통의 직접 염료. 무명을 선홍색으로 물들이는 데 쓰이며 지시약으로도 쓰임.

콩-고물[-꼬-]圓 콩가루로 만든 고물.

콩-국[-꾹]圓 흰콩을 살짝 삶아서 맷돌 따위에 곱게 갈아 체로 받아 낸 물.〔여름철에 국수 같은 것을 말아 먹음.〕

콩-국수[-쑤]圓 콩국에 밀국수를 말아 소금으로 간을 한 여름철 음식.

콩-기[-끼]圓 ①말이 콩을 많이 먹어서 세차게 된 기운. ②'사람이 재빠르고 세참'을 비유하여 이르는 말.

콩-기름圓 콩에서 짜낸 기름. 대두유. 두유.

콩-깍지[-끼]圓 콩을 떨어낸 껍데기.

콩-깻묵[-깬-]圓 콩에서 기름을 짜고 남은 찌꺼기. 거름이나 사료로 쓰임. 대두박. 두박.

콩-꼬투리圓 콩알이 들어 있는 꼬투리.

콩-나물圓 콩을 시루 따위에 담아 물을 주어 싹을 튼 뿌리가 내리게 한 것, 또는 그것을 삶아 무친 나물.

콩나물-밥圓 콩나물을 솥 바닥에 깔고 쌀을 안쳐 지은 밥.

콩나물-시루圓 ①콩나물을 키우는 둥근 질그릇. ②'사람이 몹시 많아서 빽빽함'을 비유하여 이르는 말. ¶콩나물시루 같은 만원 버스.

콩나물-죽(-粥)圓 콩나물 맑은장국에 불린 쌀을 넣어 쑨 죽.

콩-노굿[-굳]圓 콩의 꽃. * 콩노굿이[-구시]· 콩노굿만[-군-]

콩-다식(-茶食)圓 다식의 한 가지. 콩가루를 꿀이나 조청으로 버무려 다식판에 박아 냄.

콩닥團 좀 무거운 물건이 규칙적으로 떨어져 울리는 소리, 또는 그 모양. ㉰쿵더쿵. 團**콩다쿵**-團**-하자타**

콩다쿵-거리다[자타] 자꾸 콩다쿵콩다쿵하다. 콩다쿵대다. ㉰쿵더쿵거리다.

콩다쿵-대다[자타] 콩다쿵거리다.

콩닥團 ①좀 무거운 물건 또는 방앗공이 따위가 떨어져서 울리는 소리. ㉰쿵닥. ②**-하자** 심리적인 충격을 받거나 긴장하거나 하여 가슴이 세차게 뛰는 모양. 콩닥-콩닥團**-하자타**

콩닥-거리다[-꺼-]자타 자꾸 콩닥콩닥하다. 콩닥대다. ㉰쿵덕거리다.

콩닥닥[-딱]團 작은 북 따위를 장단을 맞추어 치는 소리. ㉰쿵덕덕. 콩닥닥-콩닥닥團**-하자타**

콩닥닥-거리다[-딱꺼-]자타 자꾸 콩닥닥콩닥닥하다. 콩닥닥대다. ㉰쿵덕덕거리다.

콩닥닥-대다[-딱때-]자타 콩닥닥거리다.

콩닥-대다[-때-]자타 콩닥거리다.

콩-대[-때]圓 콩을 떨어낸 대.

콩-대우圓 콩을 심은 대우.

콩-댐團**-하자** 물에 불린 콩을 갈아 자루에 넣어서 장판을 문지르는 일.

콩-두(-豆)圓 한자 부수의 한 가지. '豈'·'豊' 등에서의 '豆'의 이름.

콩-떡圓 쌀가루에 콩을 섞어 찐 떡.

콩-멍석圓 ①콩을 널어놓은 멍석. ②'몹시 매를 맞거나 물것에 물려 살가죽이 부르터 두툴두툴한 것'을 비유하여 이르는 말. ¶콩멍석 같다.

콩-몽동이圓 둥글게 비비어서 길쭉하게 만든 콩엿을 이르는 말.

콩-무리圓〈콩버무리〉의 준말.

콩-밥圓 ①쌀에 콩을 두어 지은 밥. ②〔지난날, 죄수에게 콩으로 지은 밥을 먹인 데서〕'죄수의 끼니 밥'을 흔히 이르는 말. ¶콩밥 먹다.

콩밥(을) 먹다[관용] '감옥살이하다'를 속되게 이르는 말.

콩-밭[-받]圓 콩을 심은 밭. * 콩밭이[-바치]· 콩밭을[-바틀]· 콩밭만[-반-]

콩밭에 가서 두부 찾는다[속담] 지나치게 성급하게 행동함을 이르는 말.

콩-배나무圓 장미과의 낙엽 활엽 관목. 높이는 3 m가량. 잎은 둥글거나 달걀 모양이며 끝이 뾰족하고 잔톱니가 있음. 봄에 흰 꽃이 피며, 열매는 가을에 익음. 똘배나무.

콩-버무리圓 멥쌀가루에 콩을 섞어 찐 떡. ㉰콩무리.

콩-볶은이圓 볶은 콩.

콩-비지圓 (콩을 갈아) 두부를 빼지 아니한 채 만든 비지.

콩-설기圓 쌀가루에 콩을 불려서 섞고 켜를 지어 시루에 찐 떡.

콩-소圓 콩이나 콩가루로 만든 소.

콩소메(consommé 프)圓 (주로 닭고기와 쇠고기를 삶은) 맑은 고깃국물로 된 수프.

콩-알圓 ①콩의 낱알. ②'매우 작음'을 비유하여 이르는 말. ¶간이 콩알만 해지다.

콩-엿[-녇]圈 볶은 콩을 섞어 만든 엿. *콩엿
이[-녀시]·콩엿만[-년-]

콩-잎[-닙]圈 콩의 잎. *콩잎이[-니피]·콩잎
만[-님-]

콩잎-장[-醬][-닙짱]圈 콩잎으로 장아찌를 박
아 담근 장.

콩-자반圈 콩을 간장에 끓여서 설탕을 넣고 바
싹 조린 반찬. 칩콩장.

콩-장[-醬]圈 볶은 콩을 장에 넣고 참기름·깨
소금·고춧가루·파 다진 것을 넣어서 버무린 반
찬. 칩콩자반.

콩-죽[-粥]圈 불린 콩을 찧거나 갈아서 쌀과
함께 끓인 죽.

콩-짜개圈 두 쪽으로 갈라진 콩의 한 쪽.

콩-찰떡圈 찹쌀가루를 검은콩으로 켜를 지어
찐 떡.

콩켸-팥켸[-케팥케/-케팥케]圈 '뒤섞이어 뒤
죽박죽으로 된 사물'을 이르는 말.

콩콩甲-대다圈 자꾸 콩콩 소리가 나다, 또는
그런 소리를 내다. 콩콩대다. ¶아이들이 복도
를 콩콩거리며 뛰어다닌다. 칩쿵쿵거리다.

콩콩-대다甲 콩콩거리다.

콩쿠르(concours 프)圈 (음악·미술·영화 등을
장려하기 위하여 여는 경연회(競演會).

콩쿨(←concours)圈 '콩쿠르'의 잘못.

콩-탕(-湯)圈 고운 날콩 가루를 찬물에 풀어서
솥에 붓고 순두부처럼 엉길 때까지 끓이다가
진잎을 잘게 썰어 넣고 다시 끓여 양념한 국.

콩테(conté 프)圈 사생·데생용 크레용의 한 가지.

콩트(conte 프)圈①인생의 한 단면을 짧고 재
치 있게 표현한 단편 소설. 장편 소설(掌篇小
說). ②유머·풍자·기지가 넘치는 촌극을 흔히
이르는 말.

콩팥-칠팔[-팥-]甲-하자 종잡을 수 없는 말로 이러쿵
저러쿵 지껄이는 모양. ¶콩팥칠팥 늘어놓다.

콩-팥1[-팥]圈 콩과 팥. *콩팥이[-파치]·콩팥
을[-파틀]·콩팥만[-판-]

콩팥2[-팥]圈 ☞신장(腎臟). *콩팥이[-파
치]·콩팥을[-파틀]·콩팥만[-판-]

콩-풀圈 종이나 헝겊 따위를 풀칠하여 붙일 때
에, 공기가 들어가서 콩알처럼 사이가 뜬 자
리. 거푸집.

과조〈옛〉과. 와. [명사의 말음 'ㅎ'과 조사
'과'의 결합.] ¶天人은 하놀콰 사롬괘라(月
釋1:17).

-과뎌[어미]〈옛〉-하고자. ¶호가지로 證과뎌 호실
씩(法華3:189).

과르르甲-하자 많은 양의 액체가 좁은 구멍으로
급하고 세차게 쏟아지는 소리, 또는 그 모양.
칩콰르르.

과르릉甲-하자 천둥이 치거나 폭약 따위가 터지
면서 요란하게 울리어 나는 소리. 칩콰르릉. 콰
르릉-과르릉甲-하자.

과르릉-거리다圈 자꾸 콰르릉콰르릉하다. 콰르
릉대다.

과르릉-대다圈 콰르릉거리다.

콰이어(choir)圈 교회의 성가대, 또는 성가대
자리.

콱甲 ①힘껏 박거나 찌르거나 부딪치는 모양.
¶문에 이마를 콱 부딪치다. ②갑자기 숨이 막
히는 모양. ¶더위로 숨이 콱 막히다. ③(구멍
따위가) 단단히 막히는 모양. 콱-콱甲-하자.

콸콸甲 많은 양의 액체가 작은 구멍으로 잇달아
쏟아져 흐르는 소리, 또는 그 모양. 큰퀄퀄.
칩팔팔.

콸콸-거리다圈 자꾸 콸콸 소리를 내며 흐르다.
콸콸대다. 큰퀄퀄거리다.

콸콸-대다圈 콸콸거리다.

쾅甲①무겁고 단단한 물건이 단단한 바닥에 떨
어지거나 부딪혔을 때 크게 울리어 나는 소리.
¶대문을 쾅 하고 닫다. ②폭약 따위가 터지면
서 세차게 울리어 나는 소리. ¶포탄이 쾅 하
고 터지다. 큰쾽. 칩쾅². 쾅-쾅甲.

쾅쾅-거리다圈타 자꾸 쾅쾅 소리가 나다, 또는
그런 소리를 내다. 쾅쾅대다. 큰쾽쾽거리다.

쾅쾅-대다圈타 쾅쾅거리다.

쾌의①북어 스무 마리를 한 단위로 세는 말.
¶북어 두 쾌. ②지난날, 엽전 열 꾸러미, 곧
열 냥을 한 단위로 세던 말. 관(貫).

쾌조〈옛〉과가. [ㅎ말음 명사에 붙음.] ¶갓과
솔괘(月釋2:40).

쾌(夬)圈〈쾌쾌(夬卦)〉의 준말.

쾌(快)圈〈쾌감(快感)〉의 준말.

쾌감(快感)圈 (정신적·육체적으로) 상쾌하고 좋
은 느낌. 준쾌(快).

쾌거(快擧)圈 가슴이 후련할 만큼 장한 일(행
위). 통쾌한 행동. ¶올림픽 마라톤을 제패한
황 선수의 쾌거에 갈채를 보냈다.

쾌과(快果)圈 [시원한 과실이란 뜻으로] '배³'를
달리 이르는 말.

쾌괘(夬卦)圈 육십사괘의 하나. 태괘(兌卦)와
건괘(乾卦)를 위아래로 놓은 괘. 못이 하늘 위
에 있음을 상징함. 준쾌(夬).

쾌기(快氣)圈①유쾌하고 상쾌한 기분. ②하자
☞쾌차(快差).

쾌남(快男)圈〈쾌남아(快男兒)〉의 준말.

쾌-남아(快男兒)圈 기상이 시원스럽고 쾌활한
사나이. 쾌남자(快男子). 준쾌남(快男).

쾌-남자(快男子)圈 ☞쾌남아(快男兒).

쾌담(快談)圈-하타 유쾌하게 하는 이야기. 시원
스럽고 즐겁게 하는 이야기.

쾌도(快刀)圈 잘 드는 칼.

쾌도-난마(快刀亂麻)圈 [잘 드는 칼로 마구 헝
클어진 삼 가닥을 자른다는 뜻으로] '어지럽게
뒤얽힌 사물이나 말썽거리를 단번에 시원스럽
게 처리함'을 비유하여 이르는 말.

쾌락(快樂)圈-하자 ①기분이 좋고 즐거움. ②욕
망을 만족시키는 즐거움. ¶육체의 쾌락만을
추구하는 타락한 생활.

쾌락(快諾)圈-하타 선선히 승낙함, 또는 그러한
승낙.

쾌락-설(快樂說)[-썰]圈 인생의 목표는 쾌락을
추구하는 데 있으며, 도덕은 그것을 실현하기
위한 수단이라는 설. 쾌락주의.

쾌락-주의(快樂主義)[-주의/-주이]圈 ☞쾌락
설(快樂說). ↔금욕주의.

쾌로(快路)圈 가는 곳마다 즐거운 일이 생기는
유쾌한 여행길.

쾌론(快論)圈-하타 거리낌 없이 시원스레 하는
논의나 이야기.

쾌마(快馬)圈 시원스럽게 잘 달리는 말.

쾌면(快眠)圈-하자 기분이 좋게 잘 잠, 또는 그
렇게 자는 잠.

쾌몽(快夢)圈 기분이 상쾌한 꿈.

쾌문(快聞)圈 유쾌하고 시원스러운 내용의 소문.

쾌미(快味)圈 상쾌한 맛. 기분이 좋은 느낌.

쾌미(快美)圈-하형 (마음이) 시원스럽게 아름
다움.

쾌변(快辯)圈 거침없이 시원스럽게 하는 말, 또
는 그러한 변론.

쾌보(快報)**명** (뜻밖에 듣게 되는) 매우 기쁘고 유쾌한 소식.

쾌복(快復)**명하자되자** 건강이 완전히 회복됨. **비**쾌차.

쾌분(快奔)**명하자** 재빨리 달아남.

쾌사(快事)**명** 매우 유쾌한 일. 매우 기쁜 일. ¶근래에 드문 쾌사.

쾌삭-강(快削鋼)[-깡]**명** 황·망간·납 따위를 섞어 가공하기 좋게 만든 특수한 강재(鋼材).

쾌상(-箱)**명** 문방구를 넣어 두는 작은 가구의 한 가지. 네모반듯한 모양에 위 뚜껑은 좌우 두 짝이고 서랍이 하나임.

쾌설(快雪)**명하타** (욕되고 부끄러운 일을) 시원스럽게 씻어 버림. **비**설욕(雪辱).

쾌소(快笑)**명** 시원스럽고 유쾌하게 웃음, 또는 그런 웃음.

쾌속(快速)**명하형** (자동차나 선박 등의) 속도가 매우 빠름.

쾌속-선(快速船)[-썬]**명** 속도가 매우 빠른 배.

쾌속-정(快速艇)[-쩡]**명** 속도가 매우 빠른 소형의 배. **준**쾌정.

쾌승(快勝)**명하자** 통쾌하게 이김, 또는 그런 승리. ↔참패.

쾌식(快食)**명하타** 즐겁고 맛있게 음식을 먹음.

쾌심(快心)**명하형** (뜻대로 되어) 마음에 만족스러움.

쾌심-사(快心事)**명** 마음에 만족스러운 일.

쾌심-작(快心作)**명** 자기의 마음에 썩 들게 지은 작품. 회심작(會心作). ¶등단 십 년 만에 쾌심작을 내놓고 득의만면하다.

쾌연(快然) '쾌연하다'의 어근.

쾌연-하다(快然-)**형여** 마음이 상쾌하다. 쾌연-히**부**.

쾌우(快雨)**명** (더운 여름에) 시원스레 내리는 비. 세차게 내리는 비.

쾌유(快遊)**명하자** 유쾌하게 노닒.

쾌유(快癒)**명하자되자** 병이 개운하게 다 나음. 쾌차(快差). ¶속히 쾌유하시길 빕니다.

쾌음(快飮)**명하자** 술을 유쾌하게 마심.

쾌의(快意)[-의/-이]**명** 시원스럽고 유쾌한 기분. 통쾌한 마음.

쾌인(快人)**명** 시원시원한 사람.

쾌인-쾌사(快人快事)**명** 시원시원한 사람의 시원스러운 행동.

쾌자(快子)**명** 조선 시대에, 벼슬아치가 입던 관복 또는 군복의 한 가지. 조끼 모양이며 뒷솔기가 단에서 허리께까지 틔었고 길이가 두루마기처럼 긺. 답호(褡護). 전복(戰服).

쾌작(快作)**명** 시원스러운 작품. 훌륭한 작품.

쾌재(快哉)**명** 통쾌한 일, 또는 '통쾌하다'고 하는 말. ¶쾌재로다. /쾌재를 부르다.

쾌저(快著)**명** 썩 잘 지은 저서. 훌륭한 작품. 쾌작.

쾌적(快適) '쾌적하다'의 어근.

쾌적-하다(快適-)[-쩌카-]**형여** 몸과 마음에 알맞아 기분이 썩 좋다. ¶쾌적한 날씨. /시원한 바람이 이마에 쾌적하게 닿아 온다.

쾌전(快戰)**명** 통쾌하게 승리한 싸움.

쾌정(快艇)**명** '쾌속정'의 준말.

쾌조(快調)**명** ①상태가 매우 좋음. ②마음먹은 일이 잘되어 감.

쾌주(快走)**명하타** 시원스럽게 빨리 달림.

쾌차(快差)**명하자되자** (병이) 개운하게 다 나음. 쾌기(快氣). 쾌유(快癒). **비**쾌복(快復).

쾌척(快擲)**명하타** (금품을 마땅히 쓸 자리에) 시원스럽게 내어 놓음. ¶수재 의연금으로 1억 원을 쾌척하다.

쾌첩(快捷) '쾌첩하다'의 어근.

쾌첩-하다(快捷-)[-처파-]**형여** 동작이 매우 민첩하다.

쾌청(快晴) '쾌청하다'의 어근.

쾌청-하다(快晴-)**형여** 하늘이 활짝 개어 맑다. **참**호청(好晴).

쾌쾌(快快) '쾌쾌하다'의 어근.

쾌쾌-하다(快快-)**형여** (성격이나 행동이) 씩씩하고 시원스럽다. 쾌쾌-히**부**.

쾌투(快投)**명** 야구에서, 투수가 타자를 제압하면서 공을 잘 던지는 일.

쾌-하다(快-)**형여** ①상쾌하고 기분이 좋다. 마음이 유쾌하다. ②병이 나아 몸이 가뿐하다. ③하는 짓이 시원스럽다. ④빠르다. 쾌-히**부**. ¶쾌히 승낙하다.

쾌한(快漢)**명** 씩씩하고 시원시원한 사나이.

쾌활(快活) '쾌활(快活)하다'의 어근.

쾌활(快闊) '쾌활(快闊)하다'의 어근.

쾌활-하다(快活-)**형여** (성격이) 명랑하고 활발하다. 쾌활-히**부**.

쾌활-하다(快闊-)**형여** (마음이) 시원하게 탁 트이어 넓다. 쾌활-히**부**.

쾟-돈[쾓똔/쾓똔]**명** ☞관돈.

쾨쾨-하다[쾨쾨-/쾨퀘-]**형여** 냄새가 비위에 거슬릴 정도로 고리다. ¶쾨쾨한 곰팡이 냄새. **큰**퀴퀴하다.

쿠데타(coup d'État 프)**명** (지배 계급 내의 비주류파 등이) 무력 등 비합법적인 수단으로 정권을 빼앗으려 하는 기습적인 정치 행동.

쿠렁-쿠렁[부][하형] 자루나 봉지 따위가 물건으로 그득 차지 않고 많이 비어 있는 모양. **참**코랑코랑.

쿠리다[형] ①썩은 달걀 등에서 톡 쏘듯 풍기는 구린 냄새와 같다. ②말이나 하는 짓이 몹시 인색하다.

쿠린-내[명] 쿠린 냄새.

쿠미스(kumys 러)**명** (몽골·시베리아 등지에서) 말이나 낙타의 젖으로 만든 발효유의 한 가지. 조금 신맛이 있고, 알코올 성분이 2.3%임.

쿠션(cushion)**명** ①단단한 물체끼리 직접 닿지 않도록 그 사이에 두는 탄력성이 있는 물건. ②솜이나 스펀지 등을 넣어 폭신하게 만든 등받침. ③당구대 안쪽 가장자리의 공이 부딪치는 면.

쿠키(cookie)**명** 밀가루를 주재료로 하여 구운, 비스킷 비슷한 양과자.

쿠:폰(coupon)**명** [한 장씩 떼어서 쓸 수 있게 만든] ①회수권(回數券). ②경품권. ③상품 구입권.

쿡[부] 날카롭고 단단한 물건으로 여무지게 찌르거나 찍거나 박는 모양. **쿡콕**. **쿡-쿡**[부][하타].

쿨렁[부][하자] ①큰 병이나 그릇에 액체가 찰칵 말락 하게 들어 있어 세차게 흔들릴 때 나는 소리. ②[하형]평평한 것이 완전히 달라붙지 않고 들떠서 부풀거나 부풀어 있는 모양. **참**콜랑. **쿨렁-쿨렁**[부][하자][하형].

쿨렁-거리다[자] ①큰 병이나 그릇에 찰칵 말락 하게 들어 있는 액체가 세차게 흔들려 자꾸 쿨렁 소리를 내다. ②평평한 것이 완전히 달라붙지 않고 들떠서 들썩들썩하다. 쿨렁대다. **참**콜랑거리다.

쿨렁-대다[자] 쿨렁거리다.

쿨렁-이다困 ①큰 병이나 그릇에 든 액체가 세차게 흔들리는 소리가 나다. ②평평한 것이 완전히 달라붙지 않고 부풀어 들먹이다.

쿨롬(coulomb)圓 전기량의 실용 단위. 1암페어의 전류가 1초 동안 운반하는 전기량. 〔기호는 C〕

쿨룩(學하)目 오랜 기침병으로 쇠약해진 사람이 입을 우므리고 가슴이 울릴 만큼 힘겹게 내는 기침 소리. 屈콜록. 쿨룩-쿨룩(學하다)

쿨룩-거리다[-꺼-]目 자꾸 쿨룩 소리를 내다. 쿨룩대다. 屈콜록거리다.

쿨룩-대다[-때-]目 쿨룩거리다.

쿨:리(coolie)圓 (중국이나 인도의) 하층 육체 노동자. 막일꾼.

쿨쿨[1](學하)目 액체가 큰 구멍으로 잇달아 세차게 쏟아지는 소리. 屈콜콜[1].

쿨쿨[2](學하)目 자면서 크게 숨을 쉬거나 코를 고는 소리, 또는 그 모양. 屈콜콜[2].

쿨쿨-거리다[1]目 액체가 큰 구멍으로 잇달아 세차게 쏟아지며 쿨쿨 소리를 내다. 쿨쿨대다[1]. 屈콜콜거리다[1].

쿨쿨-거리다[2]困 곤하게 자면서 쿨쿨 소리를 내다. 쿨쿨대다[2]. 屈콜콜거리다[2].

쿨쿨-대다[1]困 ☞쿨쿨거리다[1].

쿨쿨-대다[2]困 ☞쿨쿨거리다[2].

쿵目 ①단단한 바닥에 크고 무거운 물건이 떨어지거나 부딪쳐 울리는 소리. 屈콩[2]. ②북이나 대포 따위의 소리가 크게 울리는 소리. 屈꿍.

쿵더쿵目 ①무거운 물건이 규칙적으로 떨어져 울리는 소리. 屈콩다콩. ②춤을 출 때 북을 좀 느리게 장단에 맞추어 치는 소리. 쿵더쿵-쿵더쿵(學하자타)

쿵더쿵-거리다困目 자꾸 쿵더쿵쿵더쿵하다. 쿵더쿵대다. 屈콩다콩거리다.

쿵더쿵-대다困目 쿵더쿵거리다.

쿵덕目(學하자타) 꽤 무거운 물건 또는 방앗공이 따위가 떨어져서 크게 울리는 소리. 屈콩닥. 쿵덕-쿵덕(學하자타)

쿵덕-거리다[-꺼-]困目 자꾸 쿵덕쿵덕하다. 쿵덕대다. 屈콩닥거리다.

쿵덕-대다[-때-]困目 쿵덕거리다.

쿵덕덕[-떡]目 큰 북 따위를 장단에 맞추어 치는 소리. 屈콩닥닥. 쿵덕덕-쿵덕덕(學하자타)

쿵덕덕-거리다[-떡꺼-]困目 자꾸 쿵덕덕쿵덕덕하다. 쿵덕덕대다. 屈콩닥닥거리다.

쿵덕덕-대다[-떡때-]困目 쿵덕덕거리다.

쿵쾅目 ①북소리나 폭발물 따위가 크고 작게 요란히 울리는 소리. ②마룻바닥 따위를 여럿이 구를 때 매우 요란하게 나는 소리. 屈꿍꽝. 쿵쾅-쿵쾅(學하자타)

쿵쾅-거리다困目 자꾸 쿵쾅쿵쾅하다. 쿵쾅대다. 屈꿍꽝거리다.

쿵쾅-대다困目 쿵쾅거리다.

쿵쿵-거리다困目 자꾸 쿵쿵 소리가 나다, 또는 그런 소리를 내다. 쿵쿵대다. 屈꿍꿍거리다.

쿵쿵-대다困目 쿵쿵거리다.

쿵푸(功夫 중)圓 '쿵후'의 잘못.

쿵후(功夫 중)圓 중국 특유의 권법(拳法).

쿼:크(quark)圓 양성자, 중성자와 같은 소립자를 구성하고 있다고 생각되는 기본적인 입자. 3분의 1이나 3분의 2의 전하를 갖는다고 하나 그 자체는 아직 발견되지 않았음.

쿼:터(quarter)圓 농구 등에서, 한 경기의 시간을 네 등분 하였을 때 그 한 부분을 세는 단위.

쿼터(quota)圓 일정한 배당량이나 한도량을 정해 주는 것.

쿼:터백(quarterback)圓 미식축구에서, 전위(前衛)와 하프백 사이의 자리, 또는 그 자리를 지키는 선수.

쿼:트(quart)圓 야드파운드법에서, 양(量)의 단위. 1갤런의 4분의 1 또는 2파인트.

퀀셋(Quonset)圓 길쭉한 반원형의 간이 건물. 〔상품명에서 유래함.〕

퀄퀄目(學하자) 많은 양의 액체가 큰 구멍으로 잇달아 세차게 쏟아져 나오는 소리, 또는 그 모양. 屈괄꽐. 屈퀄꿜.

퀄퀄-거리다困 자꾸 퀄퀄 소리를 내다. 퀄퀄대다. 屈괄꽐거리다.

퀄퀄-대다困 퀄퀄거리다.

퀑目 ①두껍고 단단한 물건이 바닥에 떨어지거나 부딪쳤을 때, 크게 울리어 나는 소리. ②폭약 따위가 터지면서 크게 울리어 나는 소리. 屈꽝. 퀑-퀑目.

퀑퀑-거리다困目 자꾸 퀑퀑 소리가 나다, 또는 그런 소리를 내다. 퀑퀑대다. 屈꽝꽝거리다.

퀑퀑-대다困目 퀑퀑거리다.

퀘이커-파(Quaker派)圓 17세기경 영국에서 일어난 개신교의 한 교파.

퀭-하다(웹어) 눈이 움푹 들어가고 정기가 없이 크다. ¶ 퀭한 눈.

퀴놀린(quinoline)圓 콜타르에 들어 있는 특유한 냄새가 나는 액체. 염료의 합성 원료나 방부제 등으로 쓰임.

퀴닌(quinine)圓 ☞키니네.

퀴륨(curium)圓 초우라늄 원소의 한 가지. 은백색의 금속으로, 플루토늄에서 처음으로 만들어짐. 〔Cm/96/247〕

퀴리(curie 프)圓 방사성 물질의 양을 나타내는 단위. 1초에 3.7×10^{10}개의 원자 붕괴를 하는 물질의 양을 1퀴리라 함. 〔기호는 Ci〕

퀴즈(quiz)圓 어떤 질문에 대한 답을 알아맞히는 놀이, 또는 그 질문.

퀴퀴-하다(웹어) 냄새가 비위에 거슬릴 정도로 구리다. 屈쾨쾨하다.

퀵:서:비스(quick+service)圓 오토바이 등을 이용하여, 짐이나 서류 따위를 지정된 곳에 빠르게 전달하는 서비스.

퀸틀(quintal)圓 (주로 곡물을 다는) 무게의 한 단위. 미국에서는 100파운드, 영국에서는 112파운드, 미터법으로는 100 kg을 1퀸틀이라 함.

퀼로트(culotte 프)圓 ①짧은 바지처럼 생긴 스커트. ②승마 때에 입는 반바지.

퀼팅(quilting)圓 서양 수예 기법의 한 가지. 천과 천 사이에 솜 같은 것을 두어 누비질로 무늬를 도드라지게 한 것. 이불·쿠션 등에 쓰임.

큐:(cue)圓 ①당구에서, 공을 치는 막대기. 당구봉(撞球棒). 당봉. ②라디오나 텔레비전 따위에서, 대사나 동작·음악 따위의 시작을 알리는 신호.

큐:^가치(Q價値)圓 핵반응 과정에서 방출 또는 흡수된 에너지.

큐레이터(curator)圓 주로 박물관이나 미술관 등에서, 전문적인 지식을 갖추고 자료의 수집·연구·보존·전시 및 작품의 설명이나 안내 등에 관한 일을 맡아보는 사람.

큐:-볼(cue ball)圓 당구에서, 자기의 공을 이르는 말.

큐:비즘(cubism)圓 입체파. 입체주의.

큐티쿨라(cuticula)圓 ①동물의 상피 세포나 식물의 표피 세포면을 덮는 굳은 막. 세포가 분비한 키틴질 등으로 이루어짐. ②각피(角皮).

큐:틴 (cutin)圈 식물의 큐티쿨라를 이루는 물질. 식물의 표피 세포의 세포막 바깥쪽에 층을 이루고 있음.

큐:피드 (Cupid)圈 로마 신화에 나오는 사랑의 신. 비너스의 아들로, 가슴에 맞으면 사랑의 열병을 앓게 된다는 화살과 활을 가지고 있음. 아모르. 쌈에로스!.

크-기圈 (부피나 넓이·양 따위의) 큰 정도.

크나-크다 [~크나·~커]圈 대단히 크다. ¶ 크나 큰 은혜를 입다.

크낙-새 [-새]圈 딱다구릿과의 새. 몸길이 46 cm가량. 몸빛은 흑색인데 아랫배와 허리는 백색이고 수컷의 머리 꼭대기는 진홍색임. 우는 소리가 크고 주둥이로 나무를 쪼는 소리가 요란함. 우리나라 특산종으로 천연기념물 제 197호로 지정되어 있음. 골락새.

크높-액(Knop液)圈 식물 배양액의 한 가지. 증류수에 아세트산칼슘·황산마그네슘·염화칼슘 등 여러 가지 성분을 섞어 만듦.

크다¹[크니·커]짜 자라다. 커지다. ¶ 한 해 사이에 제법 큰 듯하다.

크다²[크니·커]圈 ①(부피·길이·넓이·키 따위가) 보통 정도를 넘다. ¶ 큰 방. /몸집이 크다. /키가 꽤 크다. ②수(數) 또는 수량이 많다. ¶ 9는 8보다 크다. ③(소리 따위가) 세다. ¶ 큰 소리로 떠들다. ④(옷·신·모자 따위의 치수가) 알맞은 치수 이상으로 되어 있다. ¶ 옷이 너무 크다. ⑤(규모·범위·도량·정도 따위가) 대단하다. ¶ 통이 크다. /시설의 규모가 매우 크다. ⑥(금액이나 수치의) 단위가 높다. ¶ 돈의 액수가 크다. ⑦(책임이나 일 따위가) 무겁고 중요하다. ¶ 책임이 크다. ⑧(죄나 허물 따위가) 무겁고 심하다. ¶ 잘못이 크다. ⑨(한 달의 날수가) 양력은 31일, 음력은 30일로 되어 있다. ↔작다.

큰 고기는 깊은 물속에 있다谷目 훌륭한 인물은 잘 드러나지 않는다는 말.

큰 방죽도 개미구멍으로 무너진다谷目 사소한 일이라고 얕보다가는 큰 화를 입게 된다는 말.

크-다랗다頌 '커다랗다'의 잘못.

크디-크다[~크니·~커]圈 몹시 크다. 매우 크다. 크고도 크다. ↔작디작다.

크라우칭^스타:트 (crouching start)圈 단거리 경주의 출발에서, 양손을 어깨 너비로 벌려 땅을 짚고 몸을 구부린 자세에서 달려 나가는 출발법. 쌈스탠딩 스타트.

크라운 (crown)圈 ('왕관'의 뜻으로) 치과에서, 이를 덮는 금속관(金屬冠)을 이르는 말.

크라운^기어 (crown gear)圈 직각으로 동력을 전달할 때에 쓰는 톱니바퀴.

크라운^유리 (crown琉璃)圈 ☞소다 유리.

크라프트-지 (kraft紙)圈 표백되지 않은 크라프트 펄프를 주원료로 하여 만든 갈색의 포장용 종이.

크래커 (cracker)圈 얇고 딱딱하게 구운 짭짤한 비스킷.

크래킹 (cracking)圈 등유·중유·경유를 높은 온도와 압력에서 분해하여 비점(沸點)이 낮은 휘발유 따위를 만드는 석유 분해법. 분해 증류법.

크랭크 (crank)圈 ①왕복 운동을 회전 운동으로 바꾸거나, 그 반대의 일을 하는 장치. ②영화 촬영기의 핸들, 또는 그것을 돌려 영화를 촬영하는 일.

크랭크샤프트 (crankshaft)圈 ☞크랭크축.

크랭크^업 (crank up)圈邑尾 영화의 촬영을 끝냄. 촬영 완료.

크랭크^인 (crank in)圈邑尾되尾 영화의 촬영을 시작함. 촬영 개시.

크랭크-축 (crank軸)圈 크랭크와 이어져 있는 회전축. 크랭크샤프트.

크러셔 (crusher)圈 쇄석기. 분쇄기(粉碎機).

크러스트 (crust)圈 태양열·기온·바람의 작용 등으로 만들어진, 쌓인 눈의 딱딱한 겉면.

크러치 (crutch)圈 보트의 노를 거는 두 갈래로 갈라진 쇠붙이.

크렁-크렁圈尾 ①액체가 그릇에 넘칠 듯이 가득 차 있는 모양. ②눈에 눈물이 그득 괸 모양. ¶ 눈가에 눈물이 크렁크렁 맺히다. ③(국 따위가) 건더기가 적고 국물이 많은 모양. ④(물 따위를 많이 마셔서) 배 속이 매우 더부룩한 모양. 엄그렁그렁².

크레디트^카:드 (credit card)圈 ☞신용 카드.

크레바스 (crevasse)圈 눈에 묻힌 계곡이나 빙하(氷河)의 갈라진 틈.

크레셴도 (crescendo 이)圈 악보에서, 셈여림을 나타내는 말. '점점 세게'의 뜻. [줄여서 'cresc.'로 쓰고, 나타냄표는 '＜'임.] ↔데크레셴도.

크레오소:트 (creosote)圈 너도밤나무의 목타르를 증류하여 만든 무색 또는 담황색의 액체. 진통제나 방부제·살균제 따위로 쓰임.

크레용 (crayon 프)圈 안료에 파라핀이나 목랍(木蠟)을 섞어서 만든, 막대 모양의 채색 재료.

크레인 (crane)圈 ①기중기(起重機). ②영화 따위의 이동 촬영에 쓰이는 기구.

크레졸 (cresol)圈 석탄 타르나 목타르에서 석탄산과 함께 발생되는 물질. 소독약·방부제로 쓰임.

크레졸^비눗물 (cresol~)[-눈-]圈 크레졸에 칼리 비누를 섞어 만든 황갈색의 액체. 묽게 하여 소독액이나 살균액으로 씀.

크레졸-수 (cresol水)圈 크레졸 비눗물 3%와 물 97%를 섞은 소독용 액체.

크레파스 (Craypas←crayon+pastel)圈 크레용과 파스텔의 특색을 따서 만든, 막대기 모양의 채색 재료. [일본 상표명에서 유래함.]

크로노그래프 (chronograph)圈 ①매우 짧은 시간을 정밀하게 재거나 기록하는 장치. ②휴대용 시계에 스톱워치를 장치한 것.

크로노스 (Cronos)圈 그리스 신화에 나오는 계절과 농경의 신. 제우스의 아버지.

크로마뇽-인 (Cro-Magnon人)圈 후기 구석기 시대의 화석 인류. 두개골의 특징으로 보아 유럽인의 조상일 것으로 추정됨.

크로매틱 (chromatic)圈 반음적(半音的). 반음계적.

크로스 (cross)圈 〈크로스레이트〉의 준말.

크로스레이트 (cross-rate)圈 '두 나라 사이의 환시세를 제삼국에서 보고 이르는 말. 閻크로스.

크로스바: (crossbar)圈 ①축구 따위에서, 골포스트 위를 가로지른 막대. 골바(goal bar). ②높이뛰기에서의 뛰어넘는 가로대.

크로스-스티치 (cross-stitch)圈 십자수(十字繡).

크로스-컨트리 (cross-country)圈 근대 오종 경기의 하나. 넓은 벌판이나 황무지를 낀 4000 m의 코스를 달리는 경기. 단교 경주(斷郊競走).

크로스^킥 (cross kick)圈 럭비 따위에서, 공을 옆으로 비스듬히 차는 일.

크로스헤드 (crosshead)圈 왕복 기관에서, 피스톤 막대와 커넥팅 로드(connecting rod)를 잇는 장치. 피스톤 막대의 운동을 실린더의 중심선에 일치시키는 구실을 함.

크로켓

크로켓 (croquette 프)圓 서양식 요리의 한 가지. 고기를 다져 기름에 볶은 것을, 쪄서 으깬 감자와 섞어 둥글게 빚어 달걀·빵가루를 묻혀서 기름에 튀긴 음식.

크로키 (croquis 프)圓 미술에서, 초안(草案)·스케치·밑그림, 또는 빨리 그린 그림 따위를 뜻하는 말.

크롤: (crawl)圓 수영법의 한 가지. 몸을 편 채 물속에 엎드려 발장구를 치고 양팔을 엇바꾸어 물을 끌어당기며 헤엄쳐 나아감. 자유형. 크롤스트로크.

크롤:^스트로:크 (crawl stroke)圓 ☞크롤.

크롬 (Chrom 독)圓 은백색의 광택이 나는, 단단하면서도 잘 부서지는 금속 원소. 자성이 강하고, 공기와 물속에서 녹이 슬지 않아 도금이나 합금으로 널리 쓰임. [Cr/24/51.996]

크롬-강 (Chrom鋼)圓 강철에 크롬을 더하여 내열성이나 강도 따위를 높이고 녹슬지 않게 한 합금강.

크롬망간-강 (Chrom Mangan鋼)圓 니켈크롬강의 대용품. 니켈크롬강보다 충격에 강하여, 차량의 용수철 따위에 쓰임.

크롬^명반 (Chrom明礬)圓 황산칼륨과 황산 제이크롬과의 복염(複鹽). 암자색의 정팔면체 결정으로, 매염(媒染劑)이나 현상액 따위로 쓰이며, 가죽의 무두질에도 쓰임.

크롬산-납 (Chrom酸-)圓 중크롬산칼륨 용액에 질산납을 작용시켜 만드는 황색의 결정. 황색 안료·염료·페인트 등을 만드는 데 쓰임. 크롬산연. 황연.

크롬산-연 (Chrom酸鉛) [-년]圓 ☞크롬산납.

크롬^옐로: (Chrom yellow)圓 크롬산납을 주성분으로 하는 황색 염료.

크롬철-광 (Chrom鐵鑛)圓 '크롬철석'의 구용어.

크롬철-석 (Chrom鐵石) [-썩]圓 크롬의 광석. 흑갈색이며 녹색을 띤 금속광택이 남. 불에 잘 견디는 벽돌이나 시멘트의 원료로 쓰임.

크루:즈^미사일 (cruise missile)圓 순항 미사일.

크루:프 (croup)圓 후두 점막에 섬유소성(纖維素性) 위막(僞膜)이 생겨 목소리가 쉬고 호흡 곤란을 일으키는 급성 염증.

크루:프성^폐:렴 (←croup性肺炎) [-폐-/-페-]圓 주로 폐렴 쌍구균(雙球菌)으로 말미암아 일어나는 폐렴. 오한·구토·경련으로 시작되며 고열·홍통·호흡 곤란·기침이 따름.

크리슈나 (Kṛṣṇa)圓 고대 인도의 최고 신(神).

크리스마스 (Christmas)圓 예수의 탄생을 기념하는 날(12월 25일). 강탄제. 성탄절(聖誕節).

크리스마스-실: (Christmas seal)圓 결핵 퇴치 기금을 모으기 위하여 크리스마스 전후에 발행되는 증표.

크리스마스-이:브 (Christmas Eve)圓 크리스마스 전날 밤(12월 24일 밤). 성야(聖夜).

크리스마스-카:드 (Christmas card)圓 크리스마스를 축하하는 뜻을 적어 친한 사람끼리 주고받는 카드.

크리스마스-캐럴 (Christmas carol)圓 크리스마스를 축복하는 찬송가.

크리스마스-트리: (Christmas tree)圓 크리스마스 때 장식으로 세우는 나무. 소나무·잣나무 등 상록수에 전구·종·촛불·별 등을 달아 아름답게 꾸며서 세움. 성탄목(聖誕木).

크리스천 (Christian)圓 기독교 신자.

크리스털 (crystal)圓 ①수정(水晶). ②크리스털 유리.

크리스털^검:파기 (crystal檢波器)圓 광석(鑛石) 검파기.

크리스털^글라스 (crystal glass)圓 크리스털 유리.

크리스털^유리 (crystal琉璃)圓 납유리의 한 가지. 투명도가 좋고 아름다운 광택을 지니고 있으며, 두드리면 쇳소리가 남. 고급 식기나 공예품에 쓰임. 수정 유리. 크리스털. 크리스털 글라스.

크리스트-교 (Christ敎)圓 기독교.

크리켓 (cricket)圓 영국의 국기(國技). 열한 사람으로 이루어진 두 편이 공격과 수비를 번갈아 하면서 득점을 겨루는 경기. 투수가 던진 나무 공을 타자가 방망이로 쳐서 위켓을 쓰러뜨리면 득점하게 됨.

크림: (cream)圓 ①우유에서 뽑아낸 노르무레한 지방질. 버터·아이스크림의 원료나 요리 등에 쓰임. 유지(乳脂). ②여성의 기초화장에 쓰이는 화장품.

크림:-소:다 (cream soda)圓 아이스크림소다.

크림:-수:프 (cream soup)圓 크림을 넣어 걸쭉하게 만든 수프.

크립톤 (krypton)圓 희가스(稀gas) 원소의 한 가지. 공기 중에 약간 존재하며, 냄새와 빛깔이 없는 기체. [Kr/36/83.80]

크샤트리아 (kshatriya 범)圓 고대 인도의 카스트의 둘째 계급. 왕족·무사 계급을 이름. 찰제리(刹帝利). ☞브라만·바이샤·수드라.

크세논 (Xenon 독)圓 희가스(稀gas) 원소의 한 가지. 공기 중에 매우 적은 양이 있는, 냄새와 빛깔이 없는 기체. 딴 원소와 화합하지 않음. [Xe/54/131.29]

큰- 〔接頭〕《친족 관계를 나타내는 명사 앞에 붙어》'맏이'의 뜻을 나타냄. ¶큰아버지. /큰이모. ↔작은-.

큰-가래圓 가래 중에서 큰 것. 세 사람이나 네 사람이 두 줄을 당기어 흙을 파내는 데에 씀.

큰개-자리圓 겨울철에 남쪽 하늘에 보이는 별자리의 하나. 오리온자리의 동쪽에 있으며 주성(主星)은 시리우스(천랑성)임.

큰-계집 [-계-/-게-]圓 지난날, 첩(妾)에 상대하여 '본처(本妻)'를 속되게 이르던 말.

큰-골圓 대뇌(大腦).

큰-곰圓 곰과의 동물. 몸길이 2~2.8 m, 몸무게 250~750 kg. 흑갈색과 큰데 몸빛은 갈색 또는 흑갈색이며 성질이 사나움. 북아메리카·아시아·유럽 등지의 깊은 숲에서 단독 생활을 하며 삶.

큰곰-자리圓 북두칠성을 포함하는 큰 별자리. 북두칠성은 이 별자리의 꼬리와 허리에 해당함. 대웅좌(大熊座).

큰-굿 [-굳]圓 크게 벌인 굿. * 큰굿이 [-구시]·큰굿만 [-군-].

큰-기침圓〔하〕 인기척을 내거나, 위세를 부리거나, 속에 마음을 가다듬느라고 좀 크게 하는 기침. ↔잔기침.

큰-길圓 넓은 길. 대로(大路).

큰길-가 [-까]圓 큰길의 양쪽 옆.

큰-꾸리圓 쇠고기 꾸리의 한 가지. 앞다리 바깥쪽에 붙은 살덩이. ↔작은꾸리.

큰-놈圓 남 앞에서, '자기의 큰아들'을 겸손하게 이르는 말.

큰-누나圓 '큰누이'의 어린이 말.

큰-누이圓 맏누이.

큰-눈圓 많이 내리는 눈. 대설(大雪). ¶밤새 큰눈이 내렸다.

큰-단나(-檀那)명 절에 보시(布施)를 많이 한 큰 시주(施主). 대단나(大檀那).

큰-달명 한 달의 날수가 많은 달. 양력으로는 31일(1·3·5·7·8·10·12월), 음력으로는 30일이 되는 달. ↔작은달.

큰-대(-大)명 한자 부수의 한 가지. '天'·'夫' 등에서의 '大'의 이름.

큰-댁(-宅)명 〈큰집〉의 높임말.

큰-독명 높이가 대여섯 자쯤 되는 큰 오지독.

큰-돈명 액수가 많은 돈. 거금(巨金).

큰-동서(-同壻)명 남편의 형의 아내.

큰-따님명 남을 높이어, 그의 '큰딸'을 이르는 말.

큰-따옴표(-標)명 따옴표의 한 가지. 글 가운데서 남의 말을 인용하거나 직접 대화를 표시할 때, 단어나 글 앞뒤에 쓰이는 부호 " "의 이름. 게발표표. 게발톱점.

큰-딸명 '맨 위의 딸'을 작은딸에 상대하여 이르는 말. 맏딸. 장녀.

큰-마누라명 작은마누라에 상대하여, '본마누라'를 이르는 말. 정실(正室).

큰-마음명 크게 마음먹거나 또는 크게 쓰는 마음씨. ⓒ큰맘.

큰-만두(-饅頭)명 만두의 한 가지. 잘게 빚은 여러 개의 만두를 큰 껍질로 싸서 사발덩이만하게 빚어 만듦. 지난날, 중국에서 온 사신을 대접할 때 썼음. 왕만두.

큰-말명 어감이 큰 말. 음성 모음끼리 어우러진 말로서, 나타내는 느낌과 듣는 느낌이 큼. 〔'찰랑찰랑'에 대한 '철렁철렁', '자글자글'에 대한 '지글지글', '가득하다'에 대한 '그득하다' 따위.〕

큰-맘명 〈큰마음〉의 준말.

큰-매부(-妹夫)명 큰누이의 남편.

큰-머리명 지난날, 궁중의 의식 때에 대례복에 맞추어 차린 부녀의 머리 모양. 어여머리 위에 떠구지를 얹고 비녀와 매개댕기로 고정시켰음. 왕비나 공주·옹주, 당상관의 부인, 지밀상궁만이 이 머리 모양으로 꾸몄음.

큰머리-하다자여 의식 때에 여자의 어여머리 위에 가발을 얹어 장식하다.

큰-며느리명 맏며느리.

큰-문(-門)명 지난날, 대궐이나 관아의 삼문(三門) 중의 가운데 문을 이르던 말.

큰문(을) 잡다관용 (지위가 높거나 존귀한 사람이 드나들 때에) 큰문을 열다.

큰-물명 비가 많이 와서 내나 강에 크게 불은 물. 홍수.

큰물이 가다관용 큰물이 농토를 온통 휩쓸고 지나가다.

큰물(이) 지다관용 큰물이 흐르다. 홍수가 나다.

큰돐명〈옛〉대변. ¶큰돐:大便(譯語上36).

큰-바늘명〔'시침'에 비하여 길이가 길다는 데서〕'분침'을 달리 이르는 말.

큰-바람명 풍력 계급의 여덟째 바람. 초속은 17.2~20.7 m. 나무의 잔가지가 꺾이고 걷기가 힘들며, 해상에는 풍랑이 높아지고 물보라가 남.

큰-방(-房)명 집안의 가장 어른 되는 부인이 거처하는 방.

큰-북명 ①목제의 양면에 가죽을 씌우고 북채로 치는 타악기. 땅에 놓거나 달아 두고 침. 대고(大鼓). ②ㄷ베이스 드럼.

큰-불명 ①크게 일어난 불. 규모가 큰 화재. 대화(大火). ②지난날, 큰 짐승을 잡으려고 쏘는 총알을 이르던 말.

큰-비명 여러 날을 계속하여 많이 내리는 비. 대우(大雨).

큰-비녀명 큰머리를 얹거나 낭자할 때에 꽂는, 크고 긴 비녀.

큰-사람명 위대하고 이름난 사람. 큰일을 하거나 할 수 있는 사람.

큰-사랑(-舍廊)명 웃어른이 거처하는 사랑. ⓒ작은사랑.

큰-사위¹명 작은사위에 상대하여 '맏사위'를 이르는 말.

큰-사위²명 윷놀이에서, 모나 윷처럼 단번에 얻는 많은 끗수를 이름. ⓒ사위3.

큰-소매명 한복 바지의 왼쪽 마루폭에 대는, 큰 폭. ⓐ작은사폭.

큰-산소(-山所)명 한 산에 여러 무덤이 있는 경우, 그중에서 가장 어른 되는 이의 무덤을 이르는 말.

큰-살림명 규모를 크게 차리고 잘사는 집의 살림살이.

큰-상(-床)명 잔치 때에 음식을 많이 차려서 주인공을 대접하는 상.

큰상(을) 받다관용 잔치 때 특별히 크게 차린 음식상을 받다.

큰상-물림(-床-)명 혼인 잔치 때, 큰상을 받았다가 물린 뒤에 상을 받았던 사람의 본집으로 그 음식을 싸서 보내는 일. 또는 그러한 음식. 퇴물림. 퇴상(退床). ⓒ상물림.

큰-선비명 학식과 덕행이 뛰어난 선비.

큰-센바람명 풍력 계급의 아홉째 바람. 초속 20.8~24.4 m. 굴뚝 뚜껑과 슬레이트가 날아가는 등 약간의 건물 피해가 일어나며, 해상에서는 풍랑이 높아지고 물보라가 소용돌이침. 대강풍.

큰-소리하자 ①(목청을 돋우어 가며) 야단치는 소리. ②(일의 성패는 헤아리지도 않고) 뱃심 좋게 장담하는 말. 고언(高言). 호언(豪言). ③무엇을 혼자만 아는 것처럼 사실 이상으로 과장하여 하는 말. ④남 앞에서 당당하게 하는 말.

큰소리-치다자 ①(목청을 돋우어 가며) 야단치다. ②의젓하게 장담하다. 크게 뽐내다. ③남 앞에서 당당하게 말하다.

큰-소매명 (도포 따위의 소매처럼) 볼이 축 처지게 만든 넓은 소매.

큰-손¹명 ①증권 시장에서, '시세에 큰 영향을 미칠 정도로 많은 거래를 하는 사람이나 기관'을 비유하여 이르는 말. ②지하 경제 사회에서의 규모가 큰 사채꾼.

큰-손²명 후하게 대접해야 할 귀한 손. 빈객(賓客). 상객(上客). ⓐ큰손님.

큰-손녀(-孫女)명 작은손녀에 상대하여 '맏손녀'를 이르는 말.

큰-손님명 ①〈큰손²〉의 높임말. ②많은 손님.

큰-손자(-孫子)명 작은손자에 상대하여 '맏손자'를 이르는 말.

큰-솔나리[-라-]명 백합과의 다년초. 줄기는 60 cm가량이고, 비늘줄기는 길둥근 모양임. 잎은 좁고 길며 다다다닥 달리고, 초여름에 짙은 홍색 바탕에 자줏빛 반점이 있는 꽃이 핌. 비늘줄기는 먹을 수 있음.

큰-솥[-솓]명 재래식 가옥에서, 부뚜막에 걸어 놓고 쓰는 솥 중에서 가장 큰 솥. * 큰솥이[-소치]·큰솥을[-소틀]·큰솥만[-손-]

큰-수파련(-水波蓮)명 전통적인 혼례의 잔칫상에 쓰이는 상화(床花)의 한 가지. 장식 종이로 만든 연꽃으로, 세 층으로 만듦.

큰-스님명 '덕이 높은 중'을 높이어 이르는 말.

큰-아가씨명 ①올케가 아직 시집가지 않은 '손아래 큰시누이'를 이르는 말. ②지난날, 시집간 맏딸이나 맏며느리를 하인들이 이르던 말. ③큰아씨.

큰-아기명 ①다 자란 계집아이. 처녀. ②맏딸이나 맏며느리를 정답게 이르는 말.

큰-아들명 작은아들에 상대하여 '맏아들'을 이르는 말.

큰-아버지명 ①아버지의 맏형. 백부(伯父). ②아버지의 형. 여럿이 있을 때에는 첫째 큰아버지, 둘째 큰아버지, 셋째 큰아버지 등으로 구별함.

큰-아씨명 큰아가씨.

큰-아이명 큰아들이나 큰딸을 다정하게 이르는 말. 맏자식. ❷큰애.

큰-악절(-樂節)[-쩔]명 음악에서, 두 개의 작은악절이 합쳐진 악절. 보통 여덟 마디나 열두 마디로 이루어짐. 대악절(大樂節). ❷작은악절.

큰-애〈큰아이〉의 준말.

큰-어머니명 ①아버지 맏형의 아내. 백모(伯母). ②아버지 형의 아내. 여럿이 있을 때에는 첫째 큰어머니, 둘째 큰어머니, 셋째 큰어머니 등으로 구별함. ③서자가 '아버지의 본처'를 이르는 말. ❸적모(嫡母).

큰-어미명 윗사람이 아랫사람의 '큰어머니'를 낮잡아 이르는 말.

큰-언니명 가장 손위 되는 언니.

큰-오빠명 가장 손위 되는 오빠.

큰-옷[-녿]명 예식 때에 입는 웃옷. *큰옷이[크노시]·큰옷만[크논-]

큰-이명 ①남의 형제 가운데 맏이 되는 사람을 이르는 말. ②남의 '본부인'을 그의 첩에 상대하여 이르는 말.

큰-일¹명 다루는 데 힘이 많이 들고 범위가 넓은 일, 또는 중대한 일. ↔잔일.
큰일(이) 나다관용 감당하기 어려운 일이나 큰 탈이 생기다.

큰-일²[-닐]명 예식이나 잔치 등을 치르는 일. 대사(大事). ¶큰일을 치르다.

큰입구-몸(-口-)[-닙꾸-]명 한자 부수의 한 가지. '囚'·'固' 등에서의 '囗'의 이름. 에운담. 엔담.

큰-자귀명 두 손으로 들고 서서 재목을 깎는 연장. 모양은 자귀와 같으나, 규모가 크고 긴 자루가 달림.

큰-절¹하자 (초례 때나 시부모를 뵐 때 등) 여자가 가장 존경하는 예를 갖출 때 하는 절. 두 손을 이마에 접어 대고 앉아서 허리를 굽혀 함.

큰-절²명 불교에서, 딸린 절에 상대하여 '주장되는 절'을 이르는 말.

큰-제사(-祭祀)명 고조·고조모의 제사를 그 아랫대의 제사에 상대하여 이르는 말.

큰-조카딸명 큰형의 맏아가씨. 장질(長姪).

큰-집명 ①아우나 그 자손이 '맏형이나 그 자손의 집'을 이르는 말. ②분가하여 나온 집에서, 원집을 이르는 말. 종가. ③작은마누라나 그 자손이 큰마누라나 그 자손의 집을 이르는 말. ④죄수들의 은어로, '교도소'를 이르는 말. ①~③큰대. ↔작은집.
큰집 드나들듯관용 (자기 큰집이라도 드나들듯이) 매우 익숙하게 드나드는 모양.

큰-창자명 대장(大腸). ↔작은창자.

큰-처남(-妻男)명 처가에서 맏이인 처남.

큰-춤명 옷을 잘 차려입고 제대로 추는 춤.
큰춤(을) 보다관용 자기를 위하여 큰춤을 베풀어 주는 의식의 영광을 입다.

큰-치마명 밑동을 덮어 땅에 끌리도록 길게 만든, 혼례 때 입는 치마.

큰-칼명 지난날, 중죄인의 목에 씌우던 길이 135cm가량의 형틀. ❷작은칼·칼².

큰코-다치다자 크게 봉변을 당하다.

큰키-나무명 ☞교목(喬木).

큰-톱명 두 사람이 마주 잡고 당기어 켜는 큰 내릴톱. 대톱.

큰톱-장이[-짱-]명 지난날, 큰톱으로 큰 재목을 켜 내는 일을 업으로 삼던 사람.

큰-판명 크게 벌어진 판.

큰-할머니명 큰할아버지의 아내.

큰-할아버지명 아버지의 큰아버지.

큰-형(-兄)명 작은형에 상대하여 '맏형'을 이르는 말. 장형(長兄).

큰-형수(-兄嫂)명 큰형의 아내. 맏형수.

큰-활명 조선 시대의 활의 한 가지. 각궁(角弓)과 비슷하며 쇠로 만든 큰 화살인 정량대를 메어 쏘는 활.

클라:드니^도형(Chladni圖形)명 유리 또는 금속판 위에 뿌려진 모래나 가루가 판의 진동으로 말미암아 이루는 도형.

클라리넷(clarinet)명 목관 악기의 한 가지. 세로로 잡고서 부는데, 높은 음은 맑고 낮은 음은 깊이가 있음. 관현악이나 취주악에 많이 쓰임.

클라리온(clarion)명 금관 악기의 한 가지. 길쭉한 나팔의 일종으로 명쾌하게 울려 퍼지는 음색을 지님.

클라비코:드(clavichord)명 건반 악기의 한 가지. 피아노의 전신으로 16세기 초에 만들어졌는데, 건반을 두드리면 금속편(金屬片)이 현을 쳐서 소리를 냄.

클라이맥스(climax)명 최고조(最高潮). 절정(絶頂). ¶클라이맥스에 이르다.

클라이밍(climbing)명 〈록클라이밍〉의 준말.

클라이스트론(klystron)명 극초단파의 발진이나 증폭 등에 쓰이는 진공관의 한 가지.

클라이언트(client)명 네트워크로 연결된 서버에 주된 작업이나 정보를 요청하고 그 결과를 제공받는 컴퓨터 시스템.

클래식(classic)명 고전 음악.

클랙슨(klaxon)명 자동차나 오토바이의 경적(警笛).〔제조 회사의 이름에서 온 말임.〕¶클랙슨을 울리다.

클램프(clamp)명 ①공작물을 공작 기계의 탁자 위에 고정시키는 장치. ②바이스의 한 가지. 끝손질 때에 작은 공작물을 고정시키는 데 쓰임.

클러치(clutch)명 ①일직선 상에 있는 두 축 사이의 동력을 자유로이 접속하거나 차단하는 장치. 연축기(連軸器). ②☞클러치 페달.

클러치^페달(clutch pedal)명 자동차에서 클러치의 작동을 멈추게 하는 발판. 클러치.

클럽(club)명 ①친목·취미·오락 등 공통된 목적으로 모인 모임, 또는 그것을 위한 곳. ②골프공을 치는 막대기. 골프채. ③트럼프에서, 클로버 잎이 그려져 있는 카드.

클레이^사격(clay射擊)명 사격 경기의 한 가지. 클레이 피전을 공중에 던져 산탄(散彈)으로 쏘아 맞히는 경기.

클레이^피전(clay pigeon)명 클레이 사격에서 쓰이는, 석회와 피치를 섞어 만든 원반 모양의 표적.

클레임(claim)명 무역이나 상거래 등에서, 계약을 위반했을 때 손해 배상을 청구하거나 이의를 제기하는 일.

클렌징-크림:(cleansing cream)圓 세안용 크림.

클로:람페니콜:(chloramphenicol)圓 항생 물질의 한 가지. 토양에서 발견된 방선균을 배양하여 만듦. 흰빛의 바늘 모양의 결정인데, 장티푸스·파라티푸스·세균 감염증 따위의 특효약으로 쓰임.

클로렐라(chlorella)圓 민물에서 사는 단세포 녹조류. 광합성 작용이 활발하고 번식력이 매우 강하며 단백질이나 비타민이 풍부함.

클로로포름(chloroform)圓 메탄(CH₄)의 수소 네 개 중 세 개를 염소로 치환하여 만든 화합물. 무색의 휘발성 액체로 특유한 냄새가 남. 주로, 유기 화합물의 용제(溶劑)로 쓰임.

클로로프렌(chloroprene)圓 아세틸렌에 염화수소를 섞어 만든 무색의 휘발성 액체. 중합하기 쉬워 여러 가지 중합체를 만듦. 합성 고무의 원료로 쓰임.

클로로필(chlorophyll)圓 엽록소(葉綠素).

클로:르칼크(Chlorkalk 독)圓 표백분(漂白粉). ⑩칼크.

클로:버(clover)圓 토끼풀.

클로:스(cloth)圓 제본에서, 책의 장정에 쓰이는 헝겊.

클로:즈업(close-up)圓ⓗⓣⓓ ①영화나 사진에서, 피사체의 주요 부분을 특히 크게 찍거나 하여 두드러지게 강조하는 일. 대사(大寫). ¶배경보다 인물을 클로즈업해서 찍은 사진. ②(어떤 사실을) 일반의 주의를 끌도록 문제로 삼아서 크게 다루는 일.

클리노미터(clinometer)圓 지층의 경사를 재는 기구. 경사계(傾斜計). 경사의(傾斜儀). 측사기.

클리닉(clinic)圓 '진료소'·'진료실'로 순화. ¶비만 클리닉. /불임 클리닉.

클리:닝(cleaning)圓ⓗⓣ 세탁소에서 하는 세탁. 드라이클리닝.

클리:크(cleek)圓 공을 때리는 면이 쇠로 되어 있는 긴 골프채. 공을 멀리 보낼 때 씀.

클리토리스(clitoris)圓 음핵(陰核).

클릭(click)圓ⓗⓣ 컴퓨터에서, 마우스의 단추를 누름, 또는 그런 행위.

클린:업(cleanup)圓ⓗⓣ 야구에서, 타자가 강타를 쳐서 주자를 모두 본루에 생환(득점)하게 하는 일.

클린:업^트리오(cleanup trio)圓 야구에서, 3·4·5번의 강타자(強打者).

클린치(clinch)圓ⓗⓐ 권투에서, 상대편의 공격을 막기 위하여 상대편을 껴안는 일.

클린:^히트(clean hit)圓 야구에서, 야수(野手) 사이를 뚫는 보기 좋은 안타. 깨끗한 안타.

클립(clip)圓 ①(종이나 서류 따위를) 집어서 끼워 두도록 만들어진 사무용품을 두루 이르는 말. ②(만년필의 뚜껑 따위에 달려) 양복 주머니에 끼우는 쇠. ③머리털을 곱슬곱슬하게 만들어 주며 머리털에 감는 기구.

클립보:드(clipboard)圓 ①하나의 파일에서 다른 파일로 옮길 자료를 저장하기 위한 주기억 장치의 부분. ②윈도 방식의 사용자 인터페이스에서, 한 윈도에 있는 자료를 복사하여 다른 윈도로 옮길 때에 그 내용을 임시로 기억하는 윈도.

큼지막-하다[-마카-]ⓗⓨ 꽤 큼지막하다. ¶큼지막한 돌. **큼지막-이**ⓤ.

큼직-큼직[-찍-]ⓗ ⓨ 여럿이 다 큼직한 모양.

큼직-하다[-지카-]ⓗⓨ 꽤 크다. ¶거실이 큼직하다. **큼직-이**ⓤ.

킁킁ⓤⓗ 병이나 버릇으로 숨을 콧구멍으로 내쉬는 소리.

킁킁-거리다ⓣ 자꾸 킁킁하다. 킁킁대다.

킁킁-대다ⓣ 킁킁거리다.

킁킁-이圓 '킁킁하는 소리를 섞어서 말을 하는 사람'을 조롱조로 이르는 말.

킈[옛] ①크기. ¶모샛 蓮花 ㅣ 킈 수믈떠 존호더(阿彌8). ②키. ¶長者 ㅣ 킈 셕 자히러니(釋譜6:44).

키¹圓 ①(사람이나 다리가 있는 동물의) 선 몸의 높이. 신장. 체고(體高). ②물건이나 식물의 높이. **키 크고 싱겁지 않은 사람 없다**(속담) 키가 큰 사람은 행동이 야무지지 못하고 싱겁다는 말.

키²圓 곡식 따위를 까부르는 기구.

키³圓 배의 방향을 조정하는 장치. 타(舵).

키:(key)圓 ①열쇠. ②어떤 문제나 사건을 해결할 수 있는 중요한 실마리. ③피아노나 풍금 따위의 건(鍵). ④글쇠. ⑤전화나 전신에서, 한 회선을 다른 회선과 잇거나 다시 제자리로 돌리는 장치. ⑥⑩전건(電鍵).

키ⓤ 크게. ¶大集은 킈 키 모돌 씨니(釋譜6:46)

키-꺽다리[一따一]圓 키다리. ⑧꺽다리.

키-꼴圓 '키가 큰 체격'을 속되게 이르는 말. ¶키꼴치고는 몸놀림이 날렵하다.

키-내림圓ⓗ 곡식에 섞인 티끌·쭉정이·검부러기 따위를 바람에 날려 보내려고, 곡식을 키에 담아 높이 들고 천천히 흔들며 기울여 쏟는 일.

키-노드라마(kino+drama)圓 연극과 영화를 결합시킨 연쇄극(連鎖劇).

키니네(kinine 네)圓 킨카나무의 껍질에서 뽑아낸 알칼로이드의 한 가지. 흰빛의 바늘 모양의 결정으로 쓴맛이 있음. 해열제·진통제·강장제 따위로 쓰며, 말라리아의 특효약임. 퀴닌.

키니크-학파(Cynique學派)圓 안티스테네스가 창시한 그리스 철학의 한 파. 무욕(無慾)과 정신의 독립을 이상으로 함. 견유학파(犬儒學派).

키:다¹[옛] '켜이다'의 준말. ¶짠 것을 먹었더니 물이 자꾸 킨다.

키다²[옛] '키우다'의 잘못.

키-다리圓 '키 큰 사람'을 흘하게 이르는 말. ↔난쟁이·작다리.

키득ⓤ 참지 못하여 새어 나오는 웃음소리. 키득-키득ⓤⓗⓐ.

키득-거리다[-끄-]ⓐ 자꾸 키득키득하다. 키득대다. ¶키득거리며 웃다.

키득-대다[-때-]ⓐ 키득거리다.

키들-거리다ⓐ 자꾸 키들키들하다. 키들대다.

키들-대다ⓐ 키들거리다.

키들-키들ⓤⓗ 억누르지 못하여 입속으로 자꾸 웃는 소리.

키마이라(Chimaera)圓 그리스 신화에 나오는, 불을 토하는 괴수(怪獸). 머리는 사자, 몸통은 양, 꼬리는 용 또는 뱀 모양임.

키:보:드(keyboard)圓 ①건반. ②호텔 같은 데서, 객실의 열쇠를 걸어 두는 자리. ③글자판.

키부츠(kibbutz)圓 이스라엘의 공동 집단 농장.

키-순(-順)圓 키에 따른 차례. 어깨차례. ¶키순으로 줄을 서라.

키스(kiss)圓ⓗⓐ ①서로 입을 맞추는 일. 입맞춤. 접문(接吻). ②(사랑하거나 존경한다는 뜻으로) 뺨이나 손등에 입을 맞추는 일.

키^스테이션(key station)圓 몇몇 방송국에 프로그램을 내보내는 중심이 되는 방송국.

키우다ⓣ 〖'크다'의 사동〗 크게 하다. ¶송아지를 키우다. /꿈을 키우다.

키:^워:드 (key word)**명** ①문제 해결이나 글의 뜻풀이에 열쇠가 되는 말. ②암호를 푸는 데 실마리가 되는 말.

키위 (kiwi)**명** ①키위과의 새. 몸길이 84 cm가량의 원시적인 새. 날개와 꼬리가 없고 몸이 둥글며 털 같은 깃털이 온몸에 나 있음. 눈은 작고 부리가 깊. 뉴질랜드의 삼림에서 삶.

키위 (kiwi)²**명** 과일의 한 가지. 중국 원산이며 뉴질랜드에서 개량된 덩굴 식물의 열매. 거죽에 잔털이 나 있음.

키읔 [-윽]**명** 한글 자모의 자음 'ㅋ'의 이름.
*키읔이 [-으기]·키읔만 [-응-]

키-잡이 **명** 배의 키를 다루는 일을 맡은 사람. 조타수(操舵手). 타수(舵手).

키-장다리 **명** '키다리'의 잘못.

키-질 **명하** 키로 곡식 따위를 까부르는 일.

키킹 (kicking)**명** 축구에서, 일부러 상대편을 차려고 하거나 차는 일. 반칙으로 상대편에게 프리 킥을 주게 됨.

키틴 (chitin)**명** 갑각소(甲殼素).

키틴-질 (chitin質)**명** 곤충류나 갑각류의 외골격(外骨格)을 이루고 있는 물질.

키:퍼 (keeper)**명** 〈골키퍼〉의 준말.

키:-펀치 (keypunch)**명** 컴퓨터의 천공기.

키:-포인트 (key+point)**명** 주안점. 사물의 요점.

키:핑 (keeping)**명** 럭비에서, 게임의 상황에 따라 공을 스크럼에 머물러 두는 일.

키:-홀더 (key holder)**명** 열쇠고리.

킥 **부** 웃음을 참으려다가 참지 못하고 한 번 웃는 소리, 또는 그 모양. ¶언니는 웃음을 참지 못하고 킥 하고 웃는다. **킥-킥**[부]하].

킥 (kick)**명**하] 축구에서, 발로 공을 차는 일.

킥-보드 (kickboard)**명** 길고 좁은 발판에 두 개의 작은 바퀴와 'T' 자형의 손잡이가 달려 있는 탈것. 두 손으로 손잡이를 잡고, 한쪽 발은 발판 위에 올리고 다른 쪽 발로 땅을 차며 앞으로 나아감.

킥복싱 (kickboxing)**명** 발로 차기도 하고, 팔꿈치나 무릎을 쓰기도 하는 태국 특유의 격투기.

킥아웃 (kickout)**명**하] 미식축구에서, 경기를 다시 시작할 때 25야드 선에서 상대편 골을 향하여 공을 차는 일.

킥^앤드^러시 (kick and rush)**명** 럭비·축구의 공격법의 한 가지. 상대편 배후에 공을 세게 차서 띄우고 동시에 여럿이 돌진하는 일.

킥오프 (kickoff)**명**하자] 축구 따위에서, 전후반 경기가 시작될 때나 어느 한 팀의 득점이 있은 뒤에 경기를 다시 시작할 때 공을 중앙선의 한 가운데에 놓고 차는 일.

킥킥-거리다 [-끼-]자] 자꾸 킥킥 소리를 내다. 킥킥대다.

킥킥-대다 [-때-]자] 킥킥거리다.

킥^턴: (kick turn)**명** 스키에서, 한쪽 발을 들어 올리면서 방향을 바꾸는 일.

킨키나-나무 (quinquina-)**명** ☞기나나무.

킬 (kill)**명**하] ①테니스에서, 상대편이 받아넘길 수 없도록 공을 세게 내리치는 일. ②배구에서, 공을 상대편의 코트에 세게 내리치는 일.

킬러 (killer)**명** ①배구에서, 스파이크를 하는 사람. ②투구에서, 특정한 팀에 대하여 승률이 높은 투수.

킬로 (kilo)**의** '킬로미터·킬로그램' 등을 줄이어 이르는 말.

킬로그램 (kilogram)**의** 미터법에 따른 질량의 기본 단위. 1그램의 1000배. 〔기호는 kg〕

킬로그램미:터 (kilogrammeter)**의** 일의 단위. 질량 1 kg의 물체를 높이 1 m로 들어 올리는 데 필요한 일의 분량. 〔기호는 kg·m〕

킬로그램-원기 (kilogram原器)**명** 미터 조약에 따라서, 질량의 단위인 킬로그램의 기준으로 만들어 놓은 1 kg의 분동(分銅).

킬로그램칼로리 (kilogramcalorie)**의** 열량의 단위의 한 가지. 1칼로리의 1000배. 킬로칼로리. 〔기호는 kcal〕

킬로리터 (kiloliter)**의** 미터법에 따른 용량이나 유체(流體)의 분량을 재는 단위의 한 가지. 주로 액체나 기체·알곡 따위를 헤아리는 데 쓰임. 1리터의 1000배. 〔기호는 kl〕

킬로미:터 (kilometer)**의** 미터법의 길이 단위의 한 가지. 1미터의 1000배. 〔기호는 km〕

킬로바이트 (kilobyte)**의** 컴퓨터에서, 데이터의 양을 나타내는 단위의 한 가지. 1바이트의 약 1000배. 곧, 1024바이트. 〔기호는 KB〕

킬로볼트 (kilovolt)**의** 전위차(電位差)의 단위의 한 가지. 1볼트의 1000배. 〔기호는 kV〕

킬로사이클 (kilocycle)**의** 주파수의 단위의 한 가지. 1사이클의 1000배. 〔기호는 kc〕

킬로암페어 (kiloampere)**의** 전류의 단위의 한 가지. 1암페어의 1000배. 〔기호는 kA〕

킬로암페어-시 (kiloampere時)**의** 전기량의 단위의 한 가지. 1킬로암페어시는 1 kA의 전류가 한 시간 흘렀을 때의 전기량. 〔기호는 kAh〕

킬로와트 (kilowatt)**의** 전력의 단위의 한 가지. 1와트의 1000배. 〔기호는 kW〕

킬로와트-시 (kilowatt時)**의** 일률과 전력량의 실용 단위. 1와트시의 1000배. 〔기호는 kWh〕

킬로-전:자볼트 (kilo電子volt)**의** 에너지의 단위의 한 가지. 1전자볼트의 1000배. 〔기호는 keV〕

킬로칼로리 (kilocalorie)**의** ☞킬로그램칼로리.

킬로퀴리 (kilocurie)**의** 방사능 단위의 한 가지. 1퀴리의 1000배. 〔기호는 kCi〕

킬로톤 (kiloton)**의** ①질량의 단위의 한 가지. 1톤의 1000배. 〔기호는 kt〕②에너지의 단위. 원자 폭탄이나 수소 폭탄 따위의 티엔티(T.N.T.) 1000톤에 해당하는 폭파력.

킬킬 **부** 억지로 참으려다가 참지 못하고 웃는 소리. **쎈**낄낄.

킬킬-거리다 자] 자꾸 킬킬 소리를 내다. 킬킬대다. ¶교실 뒤쪽에 있던 아이들이 밖을 내다보며 킬킬거리고 있었다.

킬킬-대다 자] 킬킬거리다.

킷-값 [키깝/킨깝]**명** 손아랫사람에게나 홀대할 만한 사이에, '자란 키만큼 철이 든 행동'을 홀하게 이르는 말. 《흔히, 뒤에 '하다(못하다)'가 딸리어 쓰임.》 ¶킷값도 못한다. *킷값이 [키깝씨]·킷값만 [키깜-]

킹-사이즈 (king-size)**명** 물건의 치수가 표준보다 큰 것. 특대(特大).

킹-킹 **부**하] 어린아이가 울음 섞인 소리로 자꾸 조르거나 보채는 소리.

킹킹-거리다 자] 자꾸 킹킹 소리를 내다. 킹킹대다.

킹킹-대다 자] 킹킹거리다.

ㅋ 니와 조] 〔옛〕 커녕. ¶각시님 돌이여 ㅋ 니와 준비나 되쇼셔(鄭澈.續美人曲).

키다 [타] 〔옛〕 캐다. ¶킬 처:採(類合下46).

ㅌ [티은]**[자모]** 티읕. ①한글 자모의 열두째. ②자음의 하나. 목젖으로 콧길을 막고 혀끝을 윗잇몸에 대어 숨을 불어 내면서 혀끝을 거세게 터뜨릴 때 나는 안울림소리. 'ㄷ'의 거센소리임. 받침의 경우에는 혀끝을 떼지 않아 'ㄷ'과 같게 됨. * ㅌ이[티으시]·ㅌ을[티으슬]·ㅌ만[티은─]

타(他)**[명]** 다른 (사람). 딴 (것). ¶타 지역.·이 학생은 타의 모범이 되므로 이 상장을 수여합니다.

타(舵)**[명]** ⇨키3.

타(打)**[의]** ①'다스'의 한자 표기. ¶연필 다섯타./양말 한 타. ②골프에서, 타수(打數)의 단위. ¶한 타 차로 우승하다.

-타(他)[준] '-하다가'가 줄어든 말. 〔분전타가(분전하다가), 고전타가(고전하다가) 따위.〕

타가(他家)**[명]** 남의 집. 다른 집. ↔자가(自家).

타가=수분(他家受粉)**[명]** 꽃가루가 다른 꽃의 암술머리에 붙는 일. 딴꽃 가루받이. 타화 수분(他花受粉). ↔자가 수분(自家受粉).

타가=수정(他家受精)**[명]** ①식물에서, 다른 그루에 있는 암술과 수술 사이에 수정이 일어나는 일. 딴꽃 정받이. ②동물에서, 다른 개체 간에 수정이 일어나는 일. ↔자가 수정.

타:각-부(打角夫)**[-뿌]** **[명]** 조선 시대에, 중국에 보내는 사신 일행의 모든 행장(行裝)을 챙기고 간수하던 사람.

타:개(打開)**[명][하타][되자]** (어떤 일이나 형편이) 얽히거나 막히어 있는 것을 헤치거나 뚫어 냄. ¶난국을 타개하는 지도력.

타:개-책(打開策)**[명]** 타개할 만한 방책. ¶타개책을 강구하다.

타:거(拖去)**[명][하타]** ⇨타과(拖過).

타겟(target)**[명]** '타깃(target)'의 잘못.

타:격(打擊)**[명][하타]** ①세게 때려 침. ¶그 권투 선수는 상대편의 안면에 강한 타격을 가했다. ②손해·손실을 봄. ¶이번 홍수로 말미암아 농가의 타격이 크다. ③(어떤 영향 따위로) 기세나 의기가 꺾이는 일. ¶시험에 떨어져서 심적 타격을 입다. ④야구에서, 투수가 던지는 공을 타자가 배트로 치는 일. 배팅. 타봉. ¶타격이 날카롭다.

타:격-률(打擊率)**[-뉼]** **[명]** ⇨타율(打率).

타:격-수(打擊手)**[-쑤]** **[명]** ⇨타수(打數).

타:격-순(打擊順)**[-쑨]** **[명]** ⇨타순(打順).

타견(他見)**[명]** 남의 의견이나 견해.

타:결(妥結)**[명][하타][되자]** 대립하던 여러 편이 타협하여 좋도록 일을 마무름, 또는 그 일. ¶타결을 보다. /임금 협상이 타결되다.

타:경(打驚)**[명]** 〔쳐서 놀라게 한다는 뜻으로〕 정신이 번쩍 들도록 일깨움.

타계(他系)**[-계/-게]** **[명]** 다른 계통.

타계(他界)**[-계/-게]** **[명]** ①다른 세계. 저승. ②**[하자]**어른이나 귀인(貴人)의 죽음. ¶선생이 타계하신 지 꼭 백 년이 되었다. ③불교의 십

계(十界) 가운데, 인간계 이외의 세계를 이르는 말. 〔천상계(天上界)·지옥계·아귀계 따위.〕

타계-관(他界觀)**[-계-/-게-]** **[명]** 인격적 영혼이나 정령(精靈), 또는 신과 같은 존재가 다른 세계에 살고 있다고 보는 관념.

타:고(打鼓)**[명][하자]** 북을 두드림(침).

타고-나다[타] (복이나 재주·마음 따위를) 본디부터 지니고 태어나다. ¶먹을 복을 타고나다.

타-고을(他-)**[명]** (제 고장이 아닌) 다른 고을. 타관(他郡). 타군(他郡).

타-고장(他-)**[명]** 다른 고장. 타곳.

타:곡(打穀)**[명][하타]** ⇨탈곡(脫穀).

타-곳(他-)**[-곧]** [-곧] ⇨타고장. * 타곳이[-고시]·타곳만[-곤-]

타:과(拖過)**[명][하타]** (기한 따위를) 이 핑계 저 핑계로 끌어 넘김. 타거(拖去).

타관(他官)**[명]** ⇨타향. 타고을.

타관을 타다(타관에서) 쉽게 적응이 안 되어 기를 펴지 못하거나 설움을 느끼다.

타교(他校)**[명]** 다른 학교. 남의 학교. ↔본교.

타:구(打球)**[명][하자]** 야구 등에서, 배트로 공을 치는 일, 또는 그 공.

타:구(打毬)**[명]** 지난날의 공치기 운동의 한 가지. 두 패로 갈라서 각각 말을 타고 내달아 구장(毬場)의 한복판에 놓인 홍(紅)·백(白)의 두 공 가운데 자기편의 공을 구장(毬杖)으로 떠서 자기편 구문(毬門)에 집어 넘기는 것으로 승부를 겨루던 운동. 격구.

타:구(唾具·唾口)**[명]** 가래나 침을 뱉도록 마련한 그릇. 타담호(唾痰壺). 타호(唾壺).

타:구(橢球)**[명]** 타원형으로 생긴 공.

타국(他國)**[명]** (제 나라가 아닌) 다른 나라. 외국. 외방(外邦). 이경(異境). 이방(異邦). **(B)**수방(殊邦).

타국-인(他國人)**[명]** 남의 나라 사람. 외국인.

타군(他郡)**[명]** 다른 군. 타군(他郡).

타기(舵機)**[명]** ①배의 키. ②⇨조타기(操舵機).

타:기(唾棄)**[명][하타][되자]** (업신여기거나 더럽게 생각하여) 침을 뱉듯이 버리고 돌아보지 않음. ¶타기를 당하다.

타:기(惰氣)**[명]** 게으른 마음이나 기분. 게으름. ¶타기가 느껴지다.

타:기-술중(墮其術中)**[-쭝]** **[명][하자]** 남의 간악한 꾀에 빠지다.

타:깃(target)**[명]** ①(사격·궁도 등의) 과녁. 표적. ②(어떤 일이나 공격·비난 등의) 대상이나 목표. ③물리학에서, 전자류나 이온류 따위를 쬐는 전극을 이름. ④컴퓨터에서, 장치를 보조·수정하거나 위하여 사용되는 지표(指標) 카드나 테스트용 인자(印字) 기록을 이름.

타끈-스럽다[-따] [~스러워·~스러워] **[형][ㅂ]** 타끈한 태도가 있다. ¶그 타끈스러운 친구가 의연금이라니 웬일이지? **타끈스레[부]**

타끈-하다[형] 아니꼽게 인색하고 욕심이 많다. **타끈-히[부]**

타날빈(Tannalbin 독)**[명]** 지사제(止瀉劑)의 한 가지. 단백(蛋白)과 타닌산을 결합시킨 황색의 가루약.

타념(他念)**[명]** (어떤 생각과) 다른 생각.

타:농(惰農)**[명]** 게으른 농부. ↔정농(精農).

타닌(tannin)**[명]** ⇨타닌산.

타닌-산(tannin酸)**[명]** 나무껍질이나 가지·뿌리·열매 같은 데 들어 있는 떫은 성분을 뽑아내어 얻는 물질. 잉크나 염료 따위의 원료가 되며, 가죽의 무두질 따위에 쓰임. 타닌.

ㅌ

타닌산-키니네(tannin酸kinine)圀 맛이 쓰고 떫은 황백색의 가루약. 해열제나 머릿기름 따위를 만드는 데 쓰임.

타다[1]团 ①불이 붙어 벌겋게 되거나 불길이 오르다. ¶장작이 타다. /초가 타다. ②몹시 눈다. ¶장판이 타다. ③살갗이 햇볕에 그을다. ¶일광욕으로 온몸이 고루 탔다. ④물기가 없어 바싹 마르다. ¶입술이 타다. /가뭄으로 논바닥이 타다. ⑤몹시 애가 쓰이거나 걱정이 되어 조바심이 나고 답답하다. ¶속이 타다.

타는 불에 부채질한다(속담) 화가 나 있는 사람에게 더욱 부아를 돋우는 말이나 행동을 할 때, 또는 남의 재난에 돕기는커녕 오히려 해코지할 때 이르는 말.

타다² [1]团 (탈것에 몸을) 싣다. ¶비행기에 타다. /버스를 타고 통학하다. [Ⅱ]团 ①(발붙이기 어려운 곳을) 오르거나 지나가다. ¶나무를 타다. ②(산등성이를) 밟아 지나가거나 오르내리다. ¶주말마다 산을 타다. ③(썰매나 스케이트로) 미끄러져 달리다. ¶썰매를 타다. ④(그네나 올라앉아 놀게 된 놀이 시설 따위에) 올라, 앞뒤로 흔들거나 돌거나 오르내리며 놀다. ¶그네를 타다. /시소를 타다. ⑤(바람·연기·소리 따위에) 실리어 퍼지다. ¶바람을 타고 들려오는 피리 소리.

타다³ [1]团 먼지나 때 따위가 쉽게 달라붙는 성질을 가지다. ¶때가 타다. /이 옷은 때를 잘 탄다. [Ⅱ]团 ①(어떤 기운이나 자극 따위의 영향을) 별나게 잘 받거나 느끼다. ¶옻을 타다. /부끄러움을 타다. ②(시절이나 기후·부정 따위의) 독특한 기운이나 영향을 받아 상태가 나빠지거나 해를 받다. ¶봄을 타다. /더위(추위)를 타다. /부정을 타다.

타다⁴团 (많은 양의 액체에다 적은 양의 액체나 가루 따위를) 섞다. ¶커피에 설탕을 타다.

타다⁵团 ①(예산·재산·용돈·배급·봉급 또는 상이나 상금 따위로, 어떤 몫으로 정하여 주는 돈이나 물건을) 받다. ¶상여금을 타다. /어머니한테서 용돈을 타다. ②타고나다. ¶복을 탄 사람.

타다⁶团 ①(어떤 조건이나 때·틈 따위를) 잘 살피어 얻거나 이용하다. ¶야음(夜陰)을 타서 기습하다. /틈을 타서 찾아가다. ②(운명적으로 알맞은 때를) 만나다. ¶시운(時運)을 탄 영웅.

타다⁷团 ①줄이나 탈 길이 지게 양쪽으로 갈라 붙이다. ¶가르마를 타다. /고랑을 타다. ②두 쪽이 나도록 쪼개거나 가르다. ¶박을 타다. ③(콩이나 팥 따위를 맷돌에 갈아) 잘게 부스러뜨리거나 쪼개다. ¶맷돌에 팥을 타다.

타다⁸团 ①(가야금·거문고 따위의 줄을) 튀기어 소리를 내다. 켜다². ¶가야금을 타다. ②(솜 따위를) 활줄로 튀기어 퍼지게 하다. ¶솜을 타다.

타닥-거리다[-꺼-]团 자꾸 타닥타닥하다. 타닥대다. ¶마른 솔가리가 타닥거리며 세차게 타다. 웹터덕거리다.

타닥-대다[-때-]团 타닥거리다.

타닥-타닥團 ①좀 지치거나 나른하여 힘없이 발을 떼어 놓는 모양, 또는 그 소리. ¶타닥타닥 고갯길을 오르다. ②团 가볍게 두드리는 모양, 또는 그 소리. ¶옷의 먼지를 타닥타닥 털어 내다. /온종일 컴퓨터 자판만 타닥타닥 두드리다. 웹터덕터덕.

타달-거리다团 자꾸 타달타달하다. 타달대다. ¶신발 뒤축이 떨어져 타달거린다. 웹터덜거리다.

타달-대다团 타달거리다. ¶타달대는 신발을 끌며 마을로 들어섰다.

타달-타달團 ①团 좀 지친 몸을 이끌고 날쌍거리며 걷는 모양, 또는 그 소리. ②团 빈 수레 따위가 울퉁불퉁한 길 위를 지나가는 모양, 또는 그 소리. ③团团깨어진 질그릇 따위를 끌어당기거나 두드릴 때 잇달아 가볍게 나는 소리. 웹터덜터덜.

타:-담-호(唾痰壺)圀 ☞타구(唾具).

타당(妥當) '타당하다'의 어근.

타:-당-성(妥當性)[-썽]圀 ①타당한 성질. 타당성을 검토하다. ②철학에서, 인식상 합당한 판단의 가치.

타:-당-하다(妥當-)囝囿 사리에 마땅하고 온당하다.

타도(他道)圀 (당사자가 살고 있지 않거나 관계가 없는 행정 구역상의) 다른 도. 딴 도. ¶타도에서 전입한 주민.

타:-도(打倒)圀困困困 (어떤 대상이나 세력을) ①때리어 거꾸러뜨림. ②쳐서 부수어 버림. ¶독재 정권을 타도하다.

타도-타관(他道他官)圀 다른 도와 다른 고을.

타동(他洞)圀 딴 동네.

타동(他動)圀 '타동사'의 준말. ↔자동.

타동^면:역(他動免疫)圀 다른 생물체 속에서 만들어진 기성(旣成)의 항체를 제 몸에 받아들여 얻는 면역 형태. 수동 면역. ↔자동 면역(自動免疫).

타-동사(他動詞)圀 동사의 한 갈래. 그 자체만으로는 움직임을 나타낼 수 없고, 움직임의 대상인 목적어가 있어야 뜻을 이루는 단어. ['눈물을 흘리다.', '달빛이 얼굴을 비추다.'에서 '흘리다', '비추다' 따위.] 남움직씨. 圀타동. ↔자동사.

타드랑圀困困 쇠붙이나 사기로 된 목직한 그릇 따위가 바닥에 떨어질 때 울리어 나는 소리. 웹터드렁. 타드랑-타드랑團困困.

타드랑-거리다团 자꾸 타드랑타드랑하다. 타드랑대다. 웹터드렁거리다.

타드랑-대다团 타드랑거리다.

타:-락(駝酪·酡酪)圀 우유.

타:-락(墮落)圀困困 ①올바른 길에서 벗어나 잘못된 길로 빠짐. ②기독교에서, 죄를 범하여 불신의 생활에 빠짐을 이름. ③불교에서, 수도자가 속심(俗心)으로 떨어짐을 이름.

타:락-병(駝酪餠)[-뼝]圀 떡의 한 가지. 우유·꿀·밀가루 등을 반죽하여 얇고 둥글납작한 조각을 만들고, 떡살로 무늬를 찍어 화로 위에 얹어 익힌 떡.

타락-줄[-쭐]圀 사람의 머리털로 꼬아 만든 줄. 몹시 질기고 오래 견딤. 圀터락줄.

타란텔라(tarantella 이)圀 3박자나 6박자 계통의 빠른 이탈리아 춤곡, 또는 그 곡에 맞추어 추는 춤.

타랑團困困 깨어진 쇠 그릇 따위가 무엇에 가볍게 부딪칠 때 울리어 나는 소리. 웹터렁. 타랑-타랑團困困.

타랑-거리다团 자꾸 타랑타랑하다. 타랑대다. ¶가방 속의 도시락을 타랑거리면서 아이가 뛰어 들어왔다. 웹터렁거리다.

타랑-대다团 타랑거리다.

타래圀 ①실이나 끈 따위를 사려 놓은 뭉치. ②(의존 명사적 용법) 실이나 끈 따위를 사려 놓은 뭉치를 세는 단위. ¶실 여섯 타래를 열 토리로 나누어 감다. 비테²。

타래-과 (-菓·-果)명 유밀과의 한 가지. 밀가루를 반죽하여 얇게 밀어 긴 네모꼴로 썬 다음, 가운데에 세로로 칼집을 내고 한 끝을 넣어 뒤집어서 끓는 기름에 띄워 지진 다음 꿀이나 조청을 바르고 잣가루를 얹음.

타래-난초 (-蘭草)명 난초과의 다년초. 줄기 높이 10~40 cm가량. 잎은 좁고 길며 옅은 녹색임. 뿌리는 방추형으로 3~4개이며, 6~8월에 줄기 끝에 수상 화서로 분홍색 꽃이 핌. 우리 나라와 일본에 분포함.

타래-박명 물을 푸는 기구의 한 가지. 나무나 대로 긴 자루를 만들고 그 한쪽 끝에 큰 바가지를 달아 맴. 비두레박.

타래-버선명 (돌 전후의 어린아이가 신는) 양볼에 수를 놓고 코에 색실로 예쁜 술을 단 누비버선.

타래-송곳 [-곧]명 ①용수철 모양으로 생긴 송곳. 병의 마개뽑이로 쓰임. ②중심 기둥이 배배 틀리고 끝이 날카로운 송곳. 둥근 구멍을 뚫는 데 쓰임. * 타래송곳이 [-고시]·타래송곳만 [-곧-]

타래-쇠 [-쇠/-쉐]명 (작은 문고리 따위를 벗겨지지 않게 꿰어 거는) 태엽같이 둥글게 서린 가는 쇠고리.

타래-실명 타래로 된 실 뭉치.

타래-엿 [-엳]명 타래처럼 꼬아 놓은 엿. * 타래엿이 [-여시]·타래엿만 [-연-]

타래-타래부형 (노끈이나 실 따위가) 여러 타래로 뱅뱅 틀어진 모양. ¶타래타래 사려 놓은 털실. 쎈트레트레.

타려 (他慮)명 다른 염려.

타력 (他力)명 ①다른 힘. 남의 힘. ¶타력에 의존하다. ↔자력(自力). ②불교에서, 자기의 힘이 아닌 부처나 보살의 힘, 특히 아미타불의 본원(本願)의 힘을 이르는 말.

타:력 (打力)명 야구에서, 타자가 투수의 공을 때리는 힘이나 능력. ¶타력을 보강하다. /타력이 우세하다.

타:력 (惰力)명 ①타성의 힘. ②습관의 힘. ③물리학에서, 관성(慣性)을 일으키는 힘.

타력-교 (他力教) [-꾜]명 불교에서, 아미타불의 타력에 의하여 극락왕생을 구하는 교문(教門)을 이르는 말. 〔정토교 따위.〕타력종. 참자력교(自力教).

타력-종 (他力宗) [-쫑]명 ☞타력교. 참자력종(自力宗).

타:령 (打令)명 ①조선 시대 음악 곡조의 한 가지, 또는 그 곡조로 된 악곡. ②광대의 판소리나 잡가를 통틀어 이르는 말. ③하자 (어떤 사물이나 욕구에 관하여) 자꾸 이야기하거나 뇌까리는 일. ¶옷 타령. /모이기만 하면 먹는 타령이다. 〔한자를 빌려 '打令'으로 적기도 함.〕

타령 (他領)명 남의 영토. 다른 영역.

타:루 (墮淚)명형하자되자 ☞낙루(落淚).

타류 (他流)명 ①다른 방식. ②(무예나 예술 따위에서) 다른 유파(流派).

타륜 (舵輪)명 배의 키를 조종하는 손잡이가 달린 바퀴 모양의 장치.

타르 (tar)명 목재나 석탄 따위를 건류(乾溜)하여 얻는 갈색 내지 흑색의 짙은 점액. 목(木)타르·콜타르 등이 있으며, 콜타르는 주로 도로 포장에 쓰임.

타르^머캐덤^도로 (tar macadam道路)명 잘게 부순 돌을 깔고 그 위에 타르를 뿌리거나 흘린 다음 롤러로 굳게 다진 포장도로.

타르타로스 (Tartaros)명 〔그리스 신화에 나오는 신의 이름에서〕 땅 밑에 있다는 암흑계, 또는 지옥을 이르는 말.

타르^페이스트 (tar paste)명 타르의 환원성(還元性)을 이용하여 만든 고약. 옴·버짐·습진 따위의 피부병에 효력이 있음.

타마-유 (-油)명 '콜타르'를 달리 이르는 말.

타:말-성 (唾沫星)명 (갯물에 잔 물거품이 있어) 구슬이 부스러진 것과 같은 무늬가 있는 자기(瓷器).

타:망 (打網)명 ☞쟁이.

타:매 (唾罵)명하자 〔침을 뱉으며 꾸짖는다는 뜻으로〕 아주 더럽게 여기며 욕함.

타:맥 (打麥)명하자 보리타작.

타:면 (打綿)명하자 ☞탄면(彈綿).

타:면 (唾面)명하자 (언행이 더럽다고) 얼굴에 침을 뱉고 모욕을 줌.

타:면 (惰眠)명하자 ①게으름을 피움. ②게으름을 피우며 잠만 잠.

타:면-기 (打綿機)명 솜틀.

타:목 (-목)명 쉬고 째지고 탁한 목소리. ¶타목으로 애타게 외쳐 대는 후보자들의 연설.

타문 (他門)명 남의 집안이나 문중.

타문 (他聞)명하자 남이 들음. 남의 귀에 들어감.

타-물권 (他物權) [-꿘]명 남의 물건 위에 성립하는 물권. 〔지상권·지역권·질권(質權) 따위.〕

타-민족 (他民族)명 다른 민족.

타:박명하자 (잘못이나 결함 따위를) 나무라거나 탓함. ¶타박을 받다. /타박을 주다. /하는 일마다 타박이다.

타:박 (打撲)명하타 (사람이나 동물 따위를) 패거나 때림.

타박-거리다 [-꺼-]자 자꾸 타박타박하다. 타박대다. 쎈터벅거리다.

타박-대다 [-때-]자 타박거리다.

타:박-상 (打撲傷) [-쌍]명 둔기나 주먹 따위로 맞거나 충돌·추락 등으로 부딪쳐서 난 상처. ¶머리에 심한 타박상을 입다.

타박-타박부형자 지친 다리로 힘없는 발걸음을 천천히 떼어 놓는 모양. ¶소년은 지친 걸음으로 타박타박 걸어갔다. 쎈터벅터벅.

타박타박-하다 [-바카-]형여 (가루음식 따위가) 진기나 물기가 없어 씹기에 좀 빡빡하다. ¶찐 감자가 타박타박하다. 쎈터벅터벅하다.

타:방 (他方)명 ①〈타방면〉의 준말. ②〈타지방〉의 준말. ¶타방 사람.

타:방면 (他方面)명 다른 방면. 준타방(他方).

타:배 (駝背)명 ①낙타의 등. ②☞곱사등이.

타:백 (拖白)명하자 ☞예백(曳白).

타:법 (打法) [-뻡]명 일정한 도구나 손을 사용하여 다른 물체를 치는 방법.

타:보 (打報)명하타 ☞타전(打電).

타:봉 (打棒)명 야구에서, 배트로 공을 치는 일, 또는 그 배트. 타격.

타분-하다형여 음식의 냄새나 맛이 신선하지 못하다. ¶찌개 맛이 좀 타분하다. 쎈터분하다.

타불라^라사 (tabula rasa 라)명 〔'백지(白紙)'란 뜻으로〕 '일체의 경험이 없는 인간 본래의 정신 상태'를 일컬음. 〔라이프니츠가 존 로크의 경험론을 비판하면서 사용한 말.〕

타블로이드 (tabloid)명 〈타블로이드판〉의 준말.

타블로이드-판 (tabloid版)명 (신문·잡지 따위의 규격에서) 보통 신문지의 2분의 1 크기의 판. 준타블로이드.

타빈 (惰貧)'타빈하다'의 어근.

타:빈-하다(惰貧-)〔형여〕게을러서 가난하다.
타사(他事)〔명〕다른 일. 또는, 남의 일.
타사(他社)〔명〕다른 회사. 또는, 남의 회사. 📍자사(自社).
타산(他山)〔명〕다른 산. 또는, 남의 산.
타:산(打算)〔명하타〕이해관계를 따져 셈쳐 봄, 또는 그 셈속. ¶ 수지 타산을 맞추다.
타:산-적(打算的)〔관명〕이해관계를 따져 셈쳐 보는 (것). ¶ 타산적 성격. /그는 지나치게 타산적이다.
타산지석(他山之石)〔다른 산의 돌이라도 자기의 옥(玉)을 가는 데 도움이 된다는 뜻으로〕다른 사람의 하찮은 언행도 자기의 지덕(智德)을 닦는 데 도움이 된다는 말. '시경(詩經)'의 '소아(小雅)'에 나오는 말임.
타살(他殺)〔명하타〕〔되자〕남이 죽임, 또는 그 죽음. ↔자살.
타:살(打殺)〔명하타〕〔되자〕(주로 사람을) 때려서 죽임. 구살(毆殺). 박살(撲殺).
타:상(妥商)〔명하타〕☞타의(妥議).
타상하설(他尙何說)〔다른 것은 말하여 무엇하랴의 뜻으로〕한 가지 일을 보면 다른 일은 보지 않아도 헤아릴 수 있다는 말.
타색(他色)〔명〕①다른 빛. 다른 색. ②조선 시대에, 사색당파 중 '자파(自派) 이외의 다른 색목'을 이르던 말.
타생(他生)〔명〕〔불교에서〕①자체의 원인이 아니라 다른 원인으로 생기어 남. ②금생(今生)이 아닌 전세와 후세의 삶.
타:석(打席)〔명〕〔야구에서〕①타자가 투수의 공을 치기 위하여 서는 장소. ②<타석수(打席數)>의 준말.
타:석(唾石)〔명〕침샘 또는 그 타액관 속에 생긴 결석(結石). 침의 움직임을 방해하며 침샘에 염증을 일으키기도 함.
타:-석기(打石器)〔-끼〕〔명〕〈타제 석기〉의 준말. 📍마석기(磨石器).
타:석-수(打席數)〔-쑤〕〔명〕야구에서, 타자가 타석에 선 횟수. 📍타석(打席).
타:선(打線)〔명〕야구에서, 타력의 면에서 본 타자의 진용. ¶ 막강한 타선.
타:선(唾腺)〔명〕〈타액선〉의 준말.
타성(他姓)〔명〕다른 성씨. 이성(異姓).
타성(惰性)〔명〕①(어떤 동작이나 경험으로) 굳어진 버릇. ¶ 타성에 젖다. ②📍관성(慣性).
타성-바지(他姓-)〔명〕자기와 성이 다른 사람. 📍각성바지.
타성-적(惰性的)〔관명〕타성처럼 되는 (것). ¶ 타성적 태도. /타성적이고 무비판적인 세계관.
타세(他世)〔명〕불교에서 이르는 '내세(來世)'.
타:쇄(打碎)〔명하타〕때려서 부수거나 깨뜨림.
타:수(打手)〔명〕☞타자(打者).
타:수(打數)〔명〕①야구에서, 실제로 타자로 나선 횟수에서 사구(四球)·사구(死球)·희생타 및 타격 방해 등에 의한 출루(出壘)의 횟수를 뺀 수. 타격수. ②골프에서, 공을 정해진 홀에 넣기까지의 골프채로 친 수.
타수(舵手)〔명〕선박에서, 키 잡는 일을 맡아보는 선원. 키잡이.
타:수(唾手)〔명하타〕〔손에 침을 뱉는다는 뜻으로〕'힘을 내어 일을 시작함'을 비유하여 이르는 말. ¶ 타수 분발하다.
타:수-가득(唾手可得)〔명〕쉽사리 일이 이루어질 것을 기약할 수 있음. ¶ 그 일만 해결되면 나머지는 타수가득이지.

타:순(打順)〔명〕야구에서, 타격하는 타자의 순서. 타격순. ¶ 타순을 정하다.
타시(他時)〔명〕다른 때.
타심(他心)〔명〕(정하거나 약속한 대로 하지 않으려는) 음험한 마음. 딴마음. ¶ 타심을 품다.
타아(他我)〔명〕개인 의식의 통일체로서의 자아(自我)에 대하여, 사람마다 가지고 있는 타인의 아(我). ↔자아(自我).
타:-악기(打樂器)〔-끼〕〔명〕(음은 없고, 주로 장단이나 리듬을 맞추거나 즐기기 위해) 손이나 채로 두드리거나 서로 부딪쳐서 소리 내는 악기를 통틀어 이르는 말.〔북·징·탬버린 따위〕.
타안(安安)'타안하다'의 어근.
타:안-하다(安安-)〔형여〕평안하다. 안온하다.
타애(他愛)〔명〕①남을 사랑함. 애타. ②자기를 희생하여 남의 이익과 행복을 꾀하는 일. ②이타(利他).
타애-주의(他愛主義)〔-의/-이〕〔명〕☞애타주의.
타:액(唾液)〔명〕침.
타:액-선(唾液腺)〔-썬〕〔명〕☞침샘. 📍타선.
타:약(惰弱)〔명하타〕나약.
타어(鮀魚)〔명〕☞모래무지.
타언(他言)〔명하타〕①(쓸데없는) 딴소리. ②남에게 말함.
타-오르다(~오르니·~올라)〔자로〕①불이 붙어 타기 시작하다. ¶ 불길이 타오르다. ②마음이 달아오르다. ¶ 타오르는 정염(情炎).
타:옥(墮獄)〔명하타〕불교에서, 금생(今生)의 악업으로 말미암아 죽어서 지옥으로 떨어짐.
타용(他用)〔명하타〕다른 용도에 씀.
타울-거리다〔자〕자꾸 타울타울하다. 타울대다. 📍터울거리다.
타울-대다〔자〕타울거리다.
타울-타울〔부하자〕목적한 바를 이루려고 바득바득 애를 쓰는 모양. ¶ 그토록 타울타울하더니 기어코 해냈구나. 📍터울터울.
타워(tower)〔명〕탑처럼 높게 세운 건축물.
타:원(楕圓)〔명〕①길쭉하게 둥근 원. ②수학에서, 평면 위의 두 정점으로부터의 거리의 합이 일정한 점을 이루는 자취.
타:원-구(楕圓球)〔명〕그 중심을 지나는 평면에 의하여 잘린 평면이 타원이 되는 입체. 타원체면.
타:원-면(楕圓面)〔명〕타원체를 이루는 곡면(曲面). 타원체면.
타:원^운-동(楕圓運動)〔명〕(천체 따위가) 타원형의 궤도를 따라 움직이는 운동.
타:원-율(楕圓率)〔-뉼〕〔명〕타원의 이심률(離心率). 📍타율(楕率).
타:원-체(楕圓體)〔명〕타원면으로 둘러싸인 입체.
타:원체-면(楕圓體面)〔명〕☞타원면.
타:원-형(楕圓形)〔명〕타원으로 된 도형. 길둥근 모양.
타월(towel)〔명〕①피륙 바닥에 무늬·줄 따위를 넣어 보풀보풀하게 짠 수건. ②수건. 📍털수건.
타월을 던지다〔관용〕권투에서 선수가 경기를 계속하기 힘들 때 그 선수의 매니저가 티케이오를 신청하다.
타율(他律)〔명〕①다른 규율. ②(자기의 의지가 아닌) 남의 명령이나 구속에 따라 행동하는 일. ②↔자율.
타:율(打率)〔명〕야구에서, 타수에 대한 안타수의 비율. 타격률. ¶ 3할 2푼의 타율.
타:율(楕率)〔명〕〈타원율(楕圓率)〉의 준말.
타율-적(他律的)〔-쩍〕〔관명〕남의 명령이나 구속에 따라 행동하는 (것). ¶ 타율적인 회원 가입.

타의(他意) [-의/-이]圓 ①다른 생각. 딴마음. 별의(別意). ¶타의는 없다. ②다른 사람의 뜻. ¶타의에 의해서 물러나다. ↔~자의(自意).

타:의(妥議) [-의/-이]圓[하다][되자] 서로 타협적으로 의논함. 타상(妥商).

타이(tie)圓 ①〈넥타이〉의 준말. ②운동 경기에서, '동점·동률'을 이르는 말. ¶5:5로 타이를 이루다. ③붙임줄.

타이가(taiga 러)圓 (북부 유럽, 시베리아 중부, 캐나다 등지의 아한대 지역에 분포하는) 침엽수로 이루어진 삼림 지대.

타이곤(tigon)圓 호랑이의 수컷과 사자의 암컷과의 교배 잡종. 호랑이와 비슷한 무늬가 있고, 수컷은 사자와 같은 갈기가 있음. ('tiger'와 'lion'을 합쳐서 줄인 말.) 魯라이거(liger).

타이-기록(tie記錄)圓 운동 경기에서, 이제까지의 기록과 동등한 기록. ¶올림픽 타이기록. 魯타이스코어.

타이드^론:(tied loan)圓 차관(借款)을 주는 쪽에서 미리 그 용도를 지정하고 그 운용을 감독하는 형태의 융자.

타-이르다[~이르니·~일러]타르 ①깨달도록 사리를 밝혀 말해 주다. ¶잘 달래고 타일러서 오해를 풀고 화해를 하도록 하여라. ②잘하도록 가르치다. ¶좀 더 성실하게 살 수 있도록 그를 타이르다.

타이머(timer)圓 ①(운동 경기에서) 시간을 재는 사람, 또는 그런 기계. ②☞타임 스위치.

타이밍(timing)圓 효과적인 결과를 얻기 위하여 하는 시간적인 선택. ¶타이밍을 맞추다. /타이밍이 잘 맞아야 홈런이 된다.

타이^브레이크(tie break)圓 테니스에서, 듀스가 이어져 경기가 너무 길어지는 것을 막기 위해, 게임 스코어가 6대 6(또는 8대 8) 동점이 될 때 먼저 7점(또는 9점)을 따 내는 쪽이 승자가 되는 규칙.

타이-스코어(tie score)圓 운동 경기에서, 득점이 같은 일. 동점. 魯타이기록.

타이어(tire)圓 ①(자전거나 자동차·비행기 따위의) 차바퀴 바깥 둘레에 끼우는 고무로 만든 테. 충격을 덜기 위해 공기를 넣음. ②철도 차량의 바퀴에 끼우는 강철로 만든 테.

타이츠(tights)圓 허리 부분에서 다리까지 착 달라붙는 스타킹 모양의 긴 바지. 서커스·발레·체조 등을 할 때 입으며, 웃옷과 이어진 것도 있음.

타이탄(Titan)圓 그리스 신화에 나오는 거인족.

타이트-스커:트(tight skirt)圓 스커트의 한 가지. 주름이 없고 몸의 모양에 맞추어 꼭 끼이게 만든 스커트.

타이트-하다(tight-)형어 ①몸에 꼭 끼어 딱 맞다. ¶바지가 너무 타이트하다. ②여유가 없이 지나치게 빠듯하다. ¶타이트한 일정.

타이틀(title)圓 ①'제목'·'표제'로 순화. ②직함. ③선수권. ④영화나 텔레비전 드라마 따위에서, 제목이나 스태프를 소개하는 자막.

타이틀^매치(title match)圓 스포츠의 개인 경기에서, 선수권을 걸고 벌이는 경기. 타이틀전. ¶미들급 타이틀 매치. ↔논타이틀 매치.

타이틀^뮤직(title music)圓 (영화나 텔레비전에서) 타이틀백과 함께 나오는 음악.

타이틀-백(title+back)圓 (영화나 텔레비전에서) 제목·배역·스태프 등 자막의 배경이 되는 화면.

타이틀-전(title戰)圓 타이틀 매치.

타이포그래피(typography)圓 ①활판으로 하는 인쇄술. ②편집 디자인에서, 활자의 글씨체나 글자 배치 따위를 구성하고 표현하는 일.

타이프(type)圓 ①활자(活字). ②〈타이프라이터〉의 준말.

타이프라이터(typewriter)圓 타자기. 魯타이프.

타이피스트(typist)圓 타자수(打字手).

타이핑(typing)圓[하타] 타자기나 문서 작성 도구로 글자를 침. ¶기사를 타이핑하다.

타익^신:탁(他益信託) [-신─]圓 위탁자 자신이 수익자(受益者)가 아니고 제삼자를 수익자로 설정한 신탁. ↔자익 신탁.

타인(他人)圓 다른 사람. 남. ¶타인의 명의(名義)로 된 재산.

타:인(打印)圓[하다][타] ☞답인(踏印).

타인-소시(他人所視)圓 남이 보고 있어서 숨길 수 없음.

타인^자본(他人資本)圓 기업이 출자자(出資者) 이외의 제삼자로부터 끌어들인 자본. (차입금·사채(社債) 따위.) ↔자기 자본.

타일(他日)圓 다른 날. 이일(異日).

타일(tile)圓 벽이나 바닥 따위에 붙이는, 점토(粘土)를 구워 만든 작고 얇은 판.

타임(time)圓 〔'시간'이라는 뜻에서〕 ①(운동 경기의) 소요 시간. ②야구 경기 따위에서, 심판원에 의하여 경기 도중 일시 경기를 중단하는 일. ③〈타임아웃〉의 준말. ¶타임을 걸다. /작전 타임을 요구하다. ④〈타임업〉의 준말. ⑤음악에서, 박자나 속도·음표의 장단.

타임-리코:더(time recorder)圓 시간기록계. 기시기(記時器).

타임-머신:(time machine)圓 과거와 미래로 시간 여행을 하게 한다는 공상적 기계. 〔영국의 소설가 웰스(H.G.Wells)가 지은 동명(同名)의 공상 과학 소설에서 온 이름임.〕

타임-스위치(time switch)圓 (라디오·텔레비전 따위의 전기 기구에서) 원하는 시각에 스위치가 자동적으로 켜졌다 꺼졌다 하게 된 장치. 타이머.

타임-스탬프(time stamp)圓 문서나 전표 따위에 자동으로 시간을 찍는 기록 장치. 출퇴근 카드 또는 공정 관리나 문서·물품의 발송과 접수 및 텔레타이프의 송신 시간 기록 등에 쓰임.

타임아웃(time-out)圓 농구 등과 같이 경기 시간이 제한되어 있는 경기에서, 경기 도중 선수의 교체·휴식·협의를 위하여 심판 또는 경기 중인 한편이 요구하는, 경기 시간 외의 짧은 시간. 魯타임(time).

타임업(←time's up)圓 운동 경기의 규정 경기 시간이 끝남. 魯타임(time).

타임-캡슐(time capsule)圓 한 시대의 인간 존재의 증거를 남기고자 하기 위하여, 그 시대의 갖가지 기록과 산물(産物)을 넣어 땅속에 묻는 용기(容器).

타입(type)圓 ①틀(型). 양식. 유형. ②전형(典型). 대표적인 것. ¶학자 타입.

타:자(打字)圓[하다][자][되자] 타자기·컴퓨터 따위의 글쇠를 눌러 글자를 찍음, 또는 그 일.

타:자(打者)圓 야구에서, 상대편 투수의 공을 치는 공격진의 선수. 타수.

타:자-기(打字機)圓 자모(字母)와 부호·숫자 따위의 활자가 달린 글쇠를 눌러서 종이 위에 글자를 찍는 기계. 타이프라이터. 魯인자기(印字機).

타:자-수(打字手)團 타자하는 일을 직업으로 하는 사람. 타이피스트.

타:작(打作)團 ①國田 곡식의 이삭을 떨어서 그 알을 거두는 일. 마당질. 바심².　②지주와 소작인이, 거둔 곡식을 어떤 비율로 나누어 가지는 소작 제도(小作制度).

타:작-꾼(打作─)團 타작하는 일꾼.

타:작-마당(打作─) [─장─]團 타작하는 마당.

타:전(打電)團國田國困 무전이나 전보를 침. 타보(打報). ¶ 현지 상황을 본사에 타전하다. ↔입전(入電).

타:점(打點)¹團 ①國田困 (붓이나 펜 따위로) 점을 찍음. ②國田 마음속으로 지정함.

타:점(打點)² [─점]團 야구에서, 타자가 안타 등으로 자기편에 득점하게 한 점수. ¶ 타점을 올리다.

타:정(妥定)團國田 온당한 작정, 또는 온당하게 작정함.

타:제(打製)團國田 두드려 쳐서 만듦, 또는 그렇게 만든 물건.

타:제^석기(打製石器) [─끼]團 ☞뗀석기. 愈타석기.

타:조(駝鳥)團 타조과의 새. 키는 2~2.5 m, 몸무게 136 kg가량으로 현생(現生) 조류 가운데 가장 큼. 머리는 작고 눈이 크며, 다리와 목이 길고 발가락은 두 개임. 날개는 퇴화하여 날지 못하지만, 시속 90 km로 달릴 수 있음. 수컷은 흑색, 암컷은 회갈색임. 사막이나 황무지에 살며, 모래 구덩이를 낳아 뜨거운 모래의 온도로 부화함.

타:조-법(打租法) [─뻡]團 조선 시대에, 지주와 소작인이 수확량을 일정 비율로 나누던 소작 제도. 주로 반씩 나누었음.

타:졸(惰卒)團 게으른 병졸.

타종(他宗)團 불교에서, 다른 종파나 종지(宗旨)를 이르는 말.

타종(他種)團 다른 종류.

타:종(打鐘)團國田 종을 침.

타:종-신호(打鐘信號)團 종을 쳐서 하는 신호.

타:죄(墮罪) [─죄/─줴]團國困 죄에 빠짐. 죄인이 됨.

타주^점유(他主占有)團 소유할 의사 없이 특정한 관계에서 물건을 점유하는 일. 〔지상권자(地上權者)·저당권자·대차인·운송인 등의 점유 따위.〕↔자주 점유.

타지(他地)團 ①☞타향. ②〈타지방〉의 준말. ¶ 타지에서 온 사람.

타지(他紙)團 다른 신문.

타지(他誌)團 ①다른 잡지. ②다른 사기(史記).

타지다困 (옷 따위의 꿰맨 자리가) 갈라지다. ¶ 옷의 솔기가 타지다.

타-지방(他地方)團 다른 지방. 딴 곳. ¶ 타지방 사람. 愈타방(他方)·타지(他地).

타:진(打診)團國田 ①타진기나 손가락 끝으로 가슴·등·관절 등을 두드려서, 그 소리로 진찰함. ②(남의 의사를 알기 위하여) 미리 떠봄. ¶ 그의 심중을 타진하다.

타:진(打盡)團國田國困 모조리 잡음. ¶ 범죄 조직을 모조리 타진하다.

타:진-기(打診器)團 타진하는 데 쓰는 의료 기구. 〔타진판·타진추 따위.〕

타:진-추(打診槌)團 타진하는 데 쓰는, 쇠붙이로 된 작은 마치. 끝에 경질(硬質)의 고무로 만들었음.

타:진-판(打診板)團 타진하는 데 쓰는, 쇠붙이나 상아(象牙)로 만든 작고 납작한 판.

타:짜團 〈타짜꾼〉의 준말.

타:짜-꾼團 노름판에서 속임수를 잘 부리는 사람. 愈타짜.

타책(他策)團 다른 계책이나 수단.

타처(他處)團 다른 곳. 딴 곳.

타:척(打擲)團國田 후려침.

타천(他薦)團國田 (자기를) 남이 천거(薦擧)함. ↔자천(自薦).

타:첩(妥帖·妥貼)團國田國困 별 탈 없이 일을 순조롭게 끝냄.

타:출(打出)團國田 (철판을 모형에 대고) 두드려서 모형과 같은 물형(物形)이 나타나도록 함, 또는 그렇게 만드는 일.

타태(惰怠)團 '타태하다'의 어근.

타:태(墮胎)團國田 ☞낙태. 유산(流産).

타:태-하다(惰怠─)國困 게으르고 느리다.

타토(他土)團 ①다른 토지. 딴 흙. ②불교에서, 이 세상 이외의 다른 땅이나 다른 세상을 이르는 말.

타:파(打破)團國田國困 (비합리적인 규율이나 관습 따위를) 깨뜨려 버림. ¶ 미신 타파. / 악습을 타파하다.

타:판(妥辦)團國田 사리에 맞게 판별하여 밝힘, 또는 그 판별.

타:포-기(打布機)團 (무명이나 삼베 따위의) 옷감의 바탕을 부드럽게 하고 눈을 고르게 하여 광택을 내는, 끝손질에 쓰이는 직물(織物) 기계.

타:합(打合)團國田國困 ☞타협(妥協).

타향(他鄉)團 (자기 고향이 아닌) 다른 고장. 객향(客鄉). 타관. 타지. ⑪객지.

타향-살이(他鄉─)團 타향에서 사는 일. ¶ 타향살이 몇 해인지 손꼽아 헤어 본다.

타:혈(唾血)團國困 ①피를 뱉음, 또는 침에 섞여 나오는 피. ☞토혈.

타:협(妥協)團國困國困 두 편이 서로 좋도록 절충하여 협의함, 또는 그 협의. 타합. ¶ 타협이 이루어지다. ☞타결을 보다.

타:협-안(妥協案)團 (서로 다른 이해관계나 견해의 차이를 조정하여) 타협이 이루어지도록 생각해 낸 방안.

타:협-적(妥協的) [─쩍]冠團 타협하려는 태도가 있는 (것). ¶ 타협적 태도. / 타협적인 자세를 취하다.

타:협-점(妥協點) [─쩜]團 (서로 다른 이해관계나 견해의 차이를 조정하여) 타협할 수 있는 점. ¶ 타협점을 찾다.

타:협^정치(妥協政治) [─정─]團 (정당의 뒷받침이 없거나 힘이 약한) 행정부가 유력한 어느 정당과 조건부로 타협하여 행하는 정치.

타:호(唾壺)團 ☞타구(唾具).

타:홍-증(唾紅症) [─쯩]團 침에 피가 섞여 나오는 병증.

타화(他化)團國田 불교에서, 남을 교화하여 지도하는 일.

타화^수분(他花受粉)團 ☞타가 수분(他家受粉). ↔자화 수분(自花受粉).

타화^수정(他花受精)團 ☞타가 수정. ↔자화 수정(自花受精).

타화-자재천(他化自在天)團 욕계 육천(欲界六天) 가운데 여섯째 하늘. 맨 위의 하늘로서, 이곳에 태어난 이는 남의 즐거움을 자기의 즐거움으로 바꿀 수 있다고 함. 또, 이 하늘에 마왕이 산다고도 함.

타:훼(打毀)團國田 때려 부숨.

탁¹튀 앞이 시원스럽게 트인 모양. ¶ 탁 트인 벌판. / 시야(視野)가 탁 트이다.

탁²[튀] ①무엇이 갑자기 끊어지거나 터지거나 하는 모양, 또는 그 소리. ¶ 밧줄이 탁 끊어지다. /풍선이 탁 터지다. ②무엇을 세게 치거나 무엇이 세게 부딪치거나 하는 모양, 또는 그 소리. ¶ 어깨를 탁 치다. ③〔마음이나 분위기 따위의〕죄던 것이 갑자기 풀리거나 느슨해지는 모양. ¶ 맥이 탁 풀리다. ④쥐거나 잡고 있던 것을 갑자기 놓는 모양. ¶ 잡아당기고 있던 고무줄을 탁 놓다. ⑤갑자기 세게 쓰러지거나 넘어지는 모양. ¶ 마룻바닥에 탁 넘어지다. ⑥입에 있던 것을 입 밖으로 세게 뱉는 모양. ¶ 길바닥에 가래를 탁 뱉다. 쿤턱5.

탁갑(坼甲)[−갑][명][허자] 〔싹이 트느라〕 씨의 껍질이 터짐.

탁강(濁江)[−깡][명] 물이 맑지 아니한 강.

탁객(濁客)[−객][명] ☞탁보(濁甫).

탁견(卓見)[−견][명] 뛰어난 의견이나 견해. 고견(高見). 탁식(卓識). ¶ 그는 경제 문제에 대해 탁견을 가지고 있다.

탁견[명][옛] 태껸. ¶ 씨름 탁견 遊山노기(古時調).

탁고(託孤)[−꼬][명][허자타] 〔믿을 만한 사람에게〕 고아(孤兒)의 장래를 부탁함.

탁고(託故)[−꼬][명][하타] 〔어떤 일을〕 내세워 핑계함.

탁구(卓球)[−꾸][명] 구기의 한 가지. 탁구대의 가운데에 가로로 세운 네트를 사이에 두고 경기자가 마주 서서 셀룰로이드로 만든 공을 라켓으로 받아 치며 득점을 겨루는 경기. 핑퐁.

탁구-대(卓球臺)[−꾸−][명] 탁구 경기에 쓰이는 직사각형의 탁자.

탁근-스럽다[형ㅂ] '타끈스럽다'의 잘못.

탁기(琢器)[−끼][명] 틀에 박아 낸 뒤 다시 쪼아 다듬은 그릇.

탁덕양력(度德量力)[−뗭냥녁][명][하타] 자신의 덕망과 능력을 헤아려 살핌.

탁-동[−동][명] 광맥(鑛脈)에서 직각으로 장벽을 향할 때 그 모양(母岩)을 이르는 말.

탁락(卓犖)'탁락하다'의 어근.

탁락-하다(卓犖−)[−][형어] ☞탁월하다. ¶ 탁락한 민족 심리(心理)를 무시하다.

탁란(濁亂)'탁란하다'의 어근.

탁란-하다(濁亂−)[탕난−][형어] 〔정치나 사회가〕 흐리고 어지럽다. 탁란-히[부].

탁랑(濁浪)[탕낭][명] 흐린 물결.

탁렬[탕녈][명][하자되자] 터져 갈라짐.

탁론(卓論)[탕논][명] 탁월한 이론(理論)이나 논지(論旨).

탁류(濁流)[탕뉴][명] 〔흘러가는〕 흐린 물줄기.

탁립(卓立)[탕닙][명] ①[하자] 〔여럿 가운데서〕 우뚝하게 섬. ②특별히 빼어난 것.

탁마(琢磨)[탕−][명][하자] ①옥석(玉石)을 쪼고 갊. ②'학문이나 덕행을 갈고 닦음'을 비유하여 이르는 말. ¶ 성공은 부단한 탁마의 결과이다.

탁맥(託脈)[탕−][명] ☞튀기.

탁명(坼名)[탕−][명][하타] 지난날, 과거에 급제한 사람의 봉미(封彌)를 임금 앞에서 뜯던 일.

탁목(啄木)[탕−][명] 〈탁목조(啄木鳥)〉의 준말.

탁목-조(啄木鳥)[탕−쪼][명] ☞딱따구리. 쥰탁목(啄木).

탁반(託盤)[−빤][명] ☞잔대(盞臺).

탁발(托鉢)[−빨][명][하자] ①중이 경문을 외면서 집집마다 다니며 보시를 받는 일. ②절에서, 식사 때 중들이 바리때를 들고 식당으로 가는 일.

탁발(卓拔)'탁발하다'의 어근.

탁발(擢拔)[−빨][명][하타되자] ☞발탁(拔擢).

탁발-승(托鉢僧)[−빨−][명] 동냥하러 다니는 중. 쥴운수승(雲水僧).

탁발-하다(卓拔−)[−빨−][형어] ☞탁월하다.

탁방(坼榜)[−빵][명][하타] ①지난날, 과거(科擧)에 급제한 사람의 성명을 내걸던 일. ②일의 결말을 냄. ¶ 탁방을 짓다.

탁방-나다(坼榜−)[−빵−][자] ①과거에 급제한 사람의 명단이 내걸리다. ②일의 결말이 나다. 방나다. ¶ 좌우간에 오늘 저녁에는 탁방날 것이다.

탁보(濁甫)[−뽀][명] ①'성격이 흐리터분한 사람'이나 '분수를 전혀 모르는 사람'을 농조로 이르는 말. ②'막걸리를 몹시 좋아하는 사람'을 농조로 이르는 말. ②탁객(濁客)·탁춘추(濁春秋).

탁본(拓本)[−뽄][명][하타] ☞탑본(搨本). ¶ 탁본을 뜨다.

탁봉(坼封)[−뽕][명][하타] 편지 따위의 봉한 것을 뜯음. 개봉. 개탁(開坼).

탁사(託辭)[−싸][명] 핑계로 꾸며 대는 말.

탁상(卓上)[−쌍][명] 책상이나 식탁 따위 탁자의 위. ¶ 탁상에 화분을 놓다.

탁상(擢賞)[−쌍][명][하타] 많은 사람 가운데서 뛰어난 사람을 뽑아내어 칭찬함.

탁상-공론(卓上空論)[−쌍−][명] 실현성이 없는 헛된 이론이나 논의. 궤상공론. ¶ 현실을 외면한 탁상공론. /토의가 탁상공론으로 끝나다.

탁상-시계(卓上時計)[−쌍−계/−쌍−게][명] 책상 따위의 위에 올려놓고 보는 시계.

탁상-연설(卓上演說)[−쌍년−][명] 연회석상 따위에서, 식사하는 도중에 각자의 자리에서 자유롭게 하는 간단한 연설.

탁상-일기(卓上日記)[−쌍−][명] 책상 위에 놓아 두고 그날그날의 일을 간단히 기록하는 일기.

탁색(濁色)[−쌕][명] 순색(純色)에 회색을 섞은 색으로 명도와 채도가 낮은 색. 파색(破色).

탁생(托生)[−쌩][명] ①남에게 의지하여 몸을 붙이고 살아감. ②불교에서, '영혼이 다른 것의 몸에 깃들어 이 세상에 다시 태어나는 일'을 이르는 말.

탁선(託宣)[−썬][명] 신이 사람에게 내리거나 꿈에 나타나서 그 뜻을 알리는 일, 또는 그 계시. 선탁(宣託). 신탁(神託).

탁설(卓說)[−썰][명] 뛰어난 의견. 탁월한 논설.

탁성(濁聲)[−썽][명] 흐리거나 쉰 목소리.

탁세(濁世)[−쎄][명] ①어지러운 세상. 도덕이나 사회 질서 따위가 문란한 세상. ②불교에서, 이 세상을 이르는 말. ②사바.

탁송(託送)[−쏭][명][하타] 운송업자 등에게 위탁하여 물건을 보냄. ¶ 수하물을 탁송하다.

탁송^전보(託送電報)[−쏭−][명] 전화 가입자가 전화를 이용하여 치는 전보. 전보 탁송.

탁수(濁水)[−쑤][명] 흐린 물. ↔청수.

탁수(擢秀)[−쑤][명][하타] 많은 사람 가운데서 인품이 특히 뛰어남, 또는 그 사람.

탁식(卓識)[−씩][명] ☞탁견(卓見).

탁신(託身)[−씬][명] 남에게 몸을 의탁함.

탁아-소(託兒所)[−][명] 부모가 일하러 나간 사이에, 그 어린아이들을 맡아 돌보는 사회적 시설. (幼兒魚)

탁어(拓魚)[명] ☞자가사리.

탁언(託言)[명] ①핑계 대는 말. 구실. ②남에게 부탁하여 전하는 말. ②ㄫ전언(傳言).

탁연(卓然)'탁연하다'의 어근.

탁연-하다(卓然−)[−][형어] 유달리 눈에 뜨이다. 특히 뛰어나다. ¶ 탁연한 자질. 탁연-히[부].

탁엽(托葉)〖명〗 '턱잎'으로 순화.
탁예(濁穢) '탁예하다'의 어근.
탁예-하다(濁穢)〖형여〗 흐리고 더럽다.
탁오(濁汚)〖명〗☞오탁(汚濁).
탁용(擢用)〖명〗〖하자〗〖되자〗 많은 사람 가운데서 뽑아 씀.
탁원(逴遠) '탁원하다'의 어근.
탁원-하다(逴遠-)〖형여〗 아득히 멀다.
탁월(卓越) '탁월하다'의 어근.
탁월-성(卓越性)〖명성〗 남보다 훨씬 뛰어난 성질.
탁월-풍(卓越風)〖명〗☞항풍(恒風).
탁월-하다(卓越-)〖형여〗 남보다 훨씬 뛰어나다. 탁락(卓犖)하다. 탁발(卓拔)하다. 탁출(卓出)하다. ¶탁월한 재능의 소유자. ←졸음.
탁음(濁音)〖명〗 울림소리. 흐린소리. ↔맑음.
탁의(託意)[타긔/타기]〖명자〗 자기의 뜻을 바로 말하지 아니하고 다른 것에 비기어 상징적으로 나타냄.
탁의(濁意)[타긔/타기]〖명〗 더러운 마음. 깨끗하지 못한 뜻.
탁이(卓異) '탁이하다'의 어근.
탁이-하다(卓異-)〖형여〗 남보다 뛰어나게 다르다. 걸출하여 이채롭다. ¶탁이한 재능.
탁자(卓子)[-짜]〖명〗❶서랍이 없이 책상 모양으로 만든, 물건을 올려놓게 된 세간을 통틀어 이르는 말.[식탁·원탁 따위.] ❷부처 앞에 붙박이로 만들어 두고 제물이나 다기(茶器) 따위를 올려놓는 상.
탁자(託子)[-짜]〖명하자〗 자식을 남에게 맡김.
탁자-장(卓子欌)[-짜-]〖명〗 위아래 층은 터지고, 가운데 층만 사면을 막아 문짝을 단 찬장.
탁잣-밥(卓子-)[-짜빱/-짣빱]〖명〗 부처 앞의 탁자에 차려 놓은 밥.
탁잣-손(卓子-)[-짜쏜/-짣쏜]〖명〗 탁자나 선반을 걸쳐 올려놓게 만든 까치발.
탁재(卓才)[-째]〖명〗 뛰어난 재주, 또는 뛰어난 재주를 지닌 사람.
탁절(卓絕) '탁절하다'의 어근.
탁절-하다(卓絕-)[-쩔-]〖형여〗 남보다 훨씬 뛰어나다. 탁월하다. ¶탁절한 재목을 헤아리지 못하거나 내치시다니.
탁족(濯足)[-쪽]〖명〗❶〖하자〗[발을 씻는다는 뜻으로] 세속을 벗어남. 세족(洗足). ❷〈탁족회〉의 준말.
탁족-회(濯足會)[-쪼킈/-쪼훼]〖명〗 지난날, 여름철에 산수가 좋은 곳을 찾아다니며 발을 씻고 노닐던 모임. ☞탁족.
탁주(濁酒)[-쭈]〖명〗 막걸리.
탁지(度支)[-찌]〖명〗〈탁지부(度支部)〉의 준말.
탁지(度地)[-찌]〖명하자〗 토지를 측량함. 측지(測地).
탁지-대신(度支大臣)[-찌-]〖명〗 대한 제국 때, 탁지부의 으뜸 벼슬, 또는 그 사람.
탁지-부(度支部)[-찌-]〖명〗 대한 제국 때, '탁지아문(度支衙門)'을 고쳐 이르던 이름. 정부의 재무를 총할(總轄)하였음. ㉣탁지.
탁지-아문(度支衙門)[-찌-]〖명〗 조선 말기에, 호조(戶曹)를 없애고 대신 두었던 관아. 뒤에 '탁지부'로 고침.
탁지-우(濯枝雨)[-찌-]〖명〗 매년 음력 유월경에 오는 큰비.
탁-춘추(濁春秋)〖명〗☞탁보(濁甫).
탁출(卓出) '탁출하다'의 어근.
탁출-하다(卓出-)〖형여〗☞탁월(卓越)하다.

탁-탁〖부〗①일을 결단성 있게 잘 처리하는 모양. ¶맡은 일을 탁탁 해치우다. ②숨이 자꾸 막히는 모양. ¶숨이 탁탁 막힌다. ③무엇이 잇달아 쓰러지는 모양. ④후려치는 낫 끝에 잡목이 탁탁 드러눕는다. ④침이나 가래를 잇달아 뱉는 모양. ¶가래침을 탁탁 내뱉다. ⑤〖하자타〗무엇을 잇달아 치거나 무엇이 잇달아 부딪치는 모양, 또는 그 소리. ¶돗자리를 탁탁 떨다. ⑥〖하자타〗무엇이 잇달아 튀거나 터지는 모양, 또는 그 소리. ¶아이들이 장난감 폭약을 탁탁 터뜨리며 논다. ①~⑤큰턱턱.
탁탁-거리다[-꺼-]〖자타〗 자꾸 탁탁 소리가 나다, 또는 그런 소리를 내다. 탁탁대다. 큰턱턱거리다.
탁탁-대다[-때-]〖자타〗 탁탁거리다.
탁탁-하다[-타카-]〖형여〗①피륙 따위의 바탕이 촘촘하고 두껍다. ¶색상이 좋고 바닥이 탁탁한 양복지. /광목을 탁탁하게 짜다. 큰특특하다. ②살림 따위가 넉넉하고 윤택하다. 알차고 오붓하다. ¶겉보기와는 다르게 살림이 탁탁하다. ③실속 있고 오붓하다.
탁필(卓筆)〖명〗 뛰어난 필적이나 문장(文章).
탁-하다(濁-)[타카-]〖형여〗①액체나 공기 따위가 맑지 못하고 흐리다. ¶방 안 공기가 탁하다. ②얼굴이 훤히 트이지 못하고 어둡다. ③마음이 흐리터분하고 바르지 못하다. ¶마음이 탁하니까 흐리다. ④목소리가 굵고 거칠다. ¶탁한 음성.
탁행(卓行)[타캥]〖명〗 뛰어나게 훌륭한 행실.
탁행(逴行)[타캥]〖명하자〗 아주 먼 곳에 감. 원행(遠行).
탁-향로(卓香爐)[타캉노]〖명〗 장식으로 책상 같은 데에 놓는 향로.
탁효(卓效)[타쿄]〖명〗 뛰어난 효험. ¶탁효가 있는 약.
탄(炭)〖명〗①〈석탄〉의 준말. ¶탄을 캐다. ②〈연탄〉의 준말. ¶탄을 갈다.
탄-가(炭價)[-까]〖명〗 탄값.
탄-가루(炭-)[-까-]〖명〗 석탄이나 연탄의 가루.
탄-갈(殫竭)〖명하자〗 마음이나 힘을 남김없이 다 쏟음. 탄진(殫盡). ¶기력을 탄갈하다.
탄갈-심력(殫竭心力)[-녁]〖명하자〗 있는 정성과 힘을 다함.
탄-값(炭-)[-깝]〖명〗 석탄이나 연탄의 값. 탄가(炭價). ¶탄값을 올리다. *탄:값이[-깝씨]·탄:값만[-깜-].
탄-강(誕降)〖명하자〗〔하늘에서 세상에 내린다는 뜻으로〕 제왕이나 성인이 탄생함. 강탄.
탄-갱(炭坑)〖명〗 석탄을 파내는 굴. 석탄갱.
탄-결(炭-)[-껼]〖명〗 탄층을 이루는 석탄의 결.
탄-계(炭契)[-꼐]〖명〗 지난날, 숯을 공물로 바치던 계를 이르던 말.
탄-고(炭庫)〖명〗 석탄 등을 저장하여 두는 창고.
탄-곡(歎哭·嘆哭)〖명하자〗 탄식하여 욺.
탄-광(炭鑛)〖명〗 석탄을 캐내는 광산. 석탄광. 탄산(炭山).
탄광-촌(炭鑛村)〖명〗 탄광에서 일하는 노동자들이 모여 사는 마을.
탄-금(彈琴)〖명하자〗 거문고나 가야금을 탐.
탄-내〖명〗 무엇이 탈 때 나는 냄새. ¶주방에서 매캐한 탄내가 난다.
탄:-내(炭-)〖명〗 숯이나 연탄 따위가 탈 때에 나는 독한 냄새. ¶탄내를 맡다.
탄:-대(彈帶)〖명〗☞탄띠.
탄:-도(坦途·坦道)〖명〗 평탄한 길.

탄:도(彈道)몡 발사된 탄환이 공중을 날아가 목적물에 이르기까지의 길, 또는 그것이 그리는 곡선. ¶ 탄도를 그리며 날아가는 포탄.

탄:도^미사일(彈道missile)몡 로켓 엔진으로 추진되어 대포의 탄도 곡선과 비슷한 탄도를 그리며 나는 미사일. 탄도탄. 탄도 유도탄. ¶ 대륙간 탄도 미사일.

탄:도^유도탄(彈道誘導彈)몡 ⇨탄도 미사일.

탄:도-탄(彈道彈)몡 ⇨탄도 미사일.

탄:도-학(彈道學)몡 탄도와 그에 관련된 물리적·화학적 이론에 대하여 연구하는 학문.

탄:두(彈頭)몡 포탄 앞쪽 끝의 폭약을 장착한 부분.

탄:-띠(彈-)몡 ①탄알을 끼워서 간편하게 두르고 다닐 수 있게 만든 띠. 탄대. ②기관총의 탄알을 길게 달아 끼운 띠.

탄:력(彈力)[탈-]몡 ①탄성체가 외부로부터 가해진 힘에 저항하여 본디의 상태로 돌아가려고 하는 힘. 팽팽하게 버티는 힘. ¶ 탄력이 강한 타이어. /그녀의 피부는 곱고 탄력이 있다. ②'반응이 빠르고 힘이 넘치는 것'을 비유하여 이르는 말. ¶ 상황 변화에 탄력 있게 대처하다.

탄:력^섬유(彈力纖維)[탈-써뮤]몡 척추동물의 피부나 기관(氣管)·혈관 등에 들어 있는, 탄력이 풍부한 섬유질의 물질.

탄:력-성(彈力性)[탈-썽]몡 ①물체의, 탄력이 있는 성질. ②고지식하지 않고 상황에 따라 변화 있게 대처할 수 있는 융통성. 변통성. ¶ 탄력성 있는 유연한 태도.

탄:력-적(彈力的)[탈-쩍]관몡 ①물체의, 탄력이 있는 (것). ②고지식하지 않고 상황에 따라 변화 있게 대처하는 (것). ¶ 탄력적인 태도.

탄:력^조직(彈力組織)[탈-쪼-]몡 생물체의 결체 조직(結締組織) 가운데, 특히 탄력 섬유가 많은 조직.

탄:로(坦路)[탈-]몡 〈탄탄대로〉의 준말.

탄:로(綻露)[탈-]몡하타되자 비밀 따위가 드러남, 또는 비밀 따위를 드러냄. ¶ 사기 행위가 탄로 나다. /비밀이 탄로되다.

탄:막(彈幕)몡 (어떤 지점에) '탄알이 막을 치듯이 잇달아 많이 날아오는 상태'를 이르는 말. ¶ 탄막을 치다. /탄막을 누비며 내닫다.

탄:말(炭末)몡 숯의 부스러기 가루.

탄망하다(誕妄-)'탄망하다'의 어근.

탄:망-하다(誕妄-)형여 언행 따위가 거짓되고 망령되다.

탄:맥(炭脈)몡 석탄의 광맥.

탄:면(彈綿)몡하자 솜을 탐. 타면(打綿).

탄:명-스럽다[-따][~스러우니·~스러워]형ㅂ 똑똑하지 못하고 흐리멍덩하다. **탄명스레**뷔.

탄:미(歎美·嘆美)몡하타 감탄하여 크게 칭찬함.

탄:박(彈駁)몡하타되자 죄상을 들어 논하고 책망하거나 규탄함.

탄:백(坦白)몡하타 사실대로 솔직히 말함.

탄:복(歎服·嘆服)몡하자타되자 깊이 감탄하여 따르거나 따름. ¶ 해박한 지식에 탄복하다.

탄:-불(炭-)[-뿔]몡 탄으로 피우는 불, 또는 탄이 탈 때에 이는 불. 탄화. ¶ 탄불을 갈다.

탄:사(彈射)몡하타 총탄을 발사함.

탄:사(歎辭)몡 ①매우 감탄하여 하는 말. ②탄식하여 하는 말.

탄:산(炭山)몡 ⇨탄광.

탄:산(炭酸)몡 이산화탄소가 물에 녹아서 생기는 약한 산. 청량음료에 쓰임.

탄:산-가스(炭酸gas)몡 ⇨이산화탄소.

탄:산가스^중독(炭酸gas中毒)몡 이산화탄소를 마심으로써 일어나는 중독.

탄:산-공(炭酸孔)몡 자연적으로 이산화탄소를 뿜어내는 분기공(噴氣孔). 흔히, 화산 지대 같은 데서 볼 수 있음.

탄:산-나트륨(炭酸Natrium)몡 나트륨의 탄산염. 하얀 분말로 물에 잘 녹으며, 수용액은 알칼리성을 나타냄. 비누나 유리 따위의 원료로 이외에 의약품으로도 쓰임. 소다. 탄산소다.

탄:산^동화작용(炭酸同化作用)몡 ⇨탄소 동화 작용.

탄:산-마그네슘(炭酸magnesium)몡 마그네슘의 탄산염. 마그네슘을 녹인 물에 탄산나트륨를 넣어서 만드는, 부서지기 쉬운 무색의 결정. 내화물의 원료나 이산화탄소의 발생 원료 등으로 쓰임.

탄:산^무수물(炭酸無水物)몡 ⇨이산화탄소.

탄:산-석회(炭酸石灰)[-쾨/-쿼]몡 ⇨탄산칼슘.

탄:산-소:다(炭酸soda)몡 ⇨탄산나트륨.

탄:산-수(炭酸水)몡 이산화탄소의 수용액. 청량음료나 의약품 따위에 쓰임. 소다수.

탄:산수소-나트륨(炭酸水素Natrium)몡 무색의 단사 정계의 결정 물질. 물에 잘 풀리지 않으나 저어서 녹인 다음 끓이면 이산화탄소가 발생함. 청량음료나 소화기(消火器)·의약품 등에 쓰임. 중조(重曹). 중탄산나트륨. 중탄산소다.

탄:산-암모늄(炭酸ammonium)몡 탄산암모늄과 황산암모늄의 혼합물을 가열하여 얻는 무색의 결정. 분석용 시약이나 의약품·염료 따위를 만드는 데 쓰임.

탄:산-염(炭酸鹽)[-념]몡 탄산의 수소 원자가 금속 원자로 치환되어 생긴 화합물. 〔탄산칼슘·탄산아연·탄산마그네슘 따위.〕

탄:산-음료(炭酸飮料)[-뇨]몡 이산화탄소를 물에 녹여 만든, 맛이 산뜻하면서 시원한 음료.

탄산-증(呑酸症)[-쯩]몡 한방에서, 위에 열이 생겨 신트림이 나고 소화가 잘 되지 않는 증세를 이르는 말.

탄:산-지(炭酸紙)몡 얇은 종이에 기름이나 안료 따위의 혼합물을 먹인 복사용 용지. 먹지. 복사지. 탄소지. 카본지.

탄:산-천(炭酸泉)몡 이산화탄소를 함유한 물이 솟아나는 광천.

탄:산-칼륨(炭酸Kalium)몡 칼륨의 탄산염. 백색의 분말로 물에 잘 녹으며 수용액은 알칼리성임. 비누나 경질 유리·의약품 따위의 원료로 쓰임. 탄산칼리.

탄:산-칼리(炭酸Kali)몡 ⇨탄산칼륨.

탄:산-칼슘(炭酸calcium)몡 칼슘의 탄산염. 대리석이나 석회석·조개껍데기 따위의 주성분으로, 물에 잘 녹지 않는 무색의 결정체. 안료·치약 등의 원료로 쓰임. 탄산석회.

탄:상(炭床)몡 ⇨석탄층.

탄:상(歎傷)몡하자 (억울한 일이나 뉘우침 따위로) 마음이 몹시 상함. 몹시 가슴 아파함.

탄:상(歎賞·嘆賞)몡하타 ①탄복하여 크게 칭찬함. 탄칭(歎稱). ②크게 감탄함.

탄:생(誕生)몡되자 ①하자타 사람이 태어남. 특히, 귀한 사람이 '태어남'을 높이어 이르는 말. ¶ 부처께서 탄생하신 날. ②새로 '어떤 기관이나 조직·제도 따위가 새로 생겨남'을 비유하여 이르는 말. 생탄. ¶ 새로운 당의 탄생.

탄:생-석(誕生石)몡 그달에 태어난 사람이 행복의 상징으로 삼는, 열두 달과 관련 있는 보

석. 〔1월의 석류석, 4월의 다이아몬드, 5월의 에메랄드, 9월의 사파이어 따위.〕

탄:생-일(誕生日)몡 탄생한 날. 탄신. ㉦탄일.

탄:성(彈性)몡 외부로부터 힘을 받아 모양이 달라진 물체가, 그 힘이 없어지면 다시 본디의 모양으로 되돌아가려 하는 성질.

탄:성(歎聲·嘆聲)몡 탄식하는 소리. ②감탄하는 소리. ¶탄성을 지르다.

탄:성(殫誠)몡하자 정성을 다하는 일.

탄:성(灘聲)몡 여울물이 흐르는 소리.

탄:성^고무(←彈性gomme)몡 생고무에 황산을 넣어 탄성을 보강한 고무. 라텍스.

탄:성-률(彈性率)[−뉼]몡 탄성 한도 안에서 물체에 힘을 주어 변형시켰을 때, 그 응력(應力)의 변형에 대한 비(比).

탄:성^진:동(彈性振動)몡 탄성체의 탄력 때문에 생기는 진동.

탄:성-체(彈性體)몡 탄성을 지닌 물체.

탄:성-파(彈性波)몡 탄성체 내부로 퍼져 나가는 진동파. 〔음파나 지진파 따위.〕

탄:성^한:계(彈性限界)[−계/−게]몡 어떤 물체가 탄성을 잃지 않는 힘의 한계. 이 한계를 넘으면 그 물체는 변형된 대로 남음.

탄:소(炭素)몡 비금속 원소의 한 가지. 빛깔과 냄새가 없음. 독자적으로는 금강석·석탄·아연 따위로 존재하며, 화합물에서는 이산화탄소·탄산염·탄수화물 등으로 자연계에 널리 존재함. 산화물의 환원 및 금속의 정련 따위에 쓰임. 〔C/6/12.011〕

탄:소(歎訴·嘆訴)몡하타 한탄하며 호소함.

탄:소-강(炭素鋼)몡 탄소 함유량이 2% 이하인 강철. 탄소 함유량에 따라 그 성질이 다름.

탄:소^동화^작용(炭素同化作用)몡 녹색 식물이나 어떤 세균류가 이산화탄소와 물로 탄수화물을 만드는 작용. 탄산 동화 작용. ㉦동화 작용.

탄:소-립(炭素粒)몡 탄소의 가루.

탄:소^막대(炭素−)[−때]몡 ☞탄소봉.

탄:소-묵(炭素墨)몡 탄소 가루로 만든 먹.

탄:소-봉(炭素棒)몡 숯이나 흑연 따위의 탄소로 굳혀 만든 막대. 아크등(燈)따위에 사용함. 탄소 막대.

탄:소-선(炭素線)몡 순수한 무명실이나 대나무의 껍질을 밀폐된 용기 속에 넣고 태워서 만든 가느다란 선. 〔지난날, 전구 속의 필라멘트로 쓰였음.〕

탄:소^섬유(炭素纖維)몡 유기질 섬유를 태워서 만든, 주로 탄소로 이루어진 섬유.

탄:소^전:구(炭素電球)몡 탄소를 필라멘트로 사용한 전구.

탄:소-지(炭素紙)몡 ☞탄산지.

탄:소-판(炭素板)몡 탄소 가루를 압착하여 만든 널조각.

탄:소^피:뢰기(炭素避雷器)[−뢰/−뤠−]몡 전신이나 전화기 따위에 쓰이는 피뢰침의 한 가지. 두 개의 탄소판 사이에 얇은 운모판(雲母板)을 끼워 만듦.

탄솔(坦率)'탄솔하다'의 어근.

탄:-솔하다(坦率−)혱 성품이 너그럽고 대범하다.

탄:수-차(炭水車)몡 증기 기관차의 뒤쪽에 연결돼, 석탄과 물을 싣는 차량.

탄:수화-물(炭水化物)몡 탄소·수소·산소의 삼 원소로 이루어진 화합물. 주로 식물체 안에서 만들어지며, 동물의 주요한 영양소의 하나임. 함수 탄소(含水炭素).

탄:식(歎息·嘆息)몡하자타 한탄하며 한숨을 쉼, 또는 그 한숨. ¶탄식을 자아내다. /하늘을 우러러 탄식하다.

탄:신(誕辰)몡 임금이나 성인이 태어난 날. 탄생일. ¶세종 대왕의 탄신을 기념하다.

탄:-알(彈−)몡 탄환의 끝에 박힌 뾰족한 쇳덩이. 또는, 유산탄(榴散彈) 등의 안에 잰 작은 알. 탄알. ¶탄알 천여 발. /소총에 탄알을 장전하다.

탄:압(彈壓)몡하타되자 어떤 행위나 사회적 활동을 권력이나 무력 따위로 억눌러 꼼짝 못하게 함. ¶인권 탄압/언론을 탄압하다.

탄:약(彈藥)몡 탄알과, 탄알을 쏘는 데 쓰이는 화약을 아울러 이르는 말. ¶탄약 상자.

탄:약-고(彈藥庫)[−꼬]몡 탄약이나 폭발물 따위를 저장하여 두는 창고.

탄:약-통(彈藥筒)몡 포에 쓰는 탄알이나 장약·점화약 따위를 끊어서 넣은 통.

탄:언(誕言)몡 허황하여 믿음성이 없는 말.

탄연(坦然)'탄연하다'의 어근.

탄:-연하다(坦然−)혱 마음이 안정되어 아무 걱정 없이 평온하다.

탄:우(彈雨)몡 빗발처럼 쏟아지는 탄알.

탄:우지기(呑牛之氣)몡 소를 삼킬 만한 장대한 기상(氣像).

탄:원(歎願·嘆願)몡하자타 사정을 말하고 도와주기를 간절히 바람. ¶탄원을 올리다. 田애원(哀願).

탄:원-서(歎願書)몡 탄원하는 글이나 문서. ¶탄원서를 제출하다.

탄:-일(誕日)몡 〈탄생일(誕生日)〉의 준말.

탄:자(彈子)몡 ①☞처란. ②☞탄환.

탄:장(彈章)몡 어떤 사람을 탄핵하는 글.

탄:-재(炭−)[−째]몡 탄이 타고 남은 재.

탄:저(炭疽)몡 ☞탄저병.

탄:저-균(炭疽菌)몡 탄저의 병원체. 간균(杆菌)의 일종으로, 주로 초식을 하는 가축에 감염되어 탄저병을 일으킴.

탄:저-병(炭疽病)[−뼝]몡 ①자낭균(子囊菌)의 기생으로 발생하는 식물의 병해. 잎이나 줄기·과일 따위에 암갈색의 반점이 생기며 그 부위로부터 말라가기 쉬워 시작함. ②초식을 하는 가축에 많은 전염병의 한 가지. 탄저균에 의해서 발생하며, 기도나 피부를 통하여 사람에게 감염되기도 함. 탄저(炭疽).

탄:저-옹(炭疽癰)몡 탄저병에 걸린 가축의 피부에 생기는 큰 종기.

탄:전(炭田)몡 석탄이 많이 매장되어 있는 지역. 매전(煤田).

탄젠트(tangent)몡 삼각비(三角比)의 하나. 직각 삼각형에서 한 예각을 낀 밑변에 대한, 그 각의 대변의 비를 그 각에 대하여 이르는 말. 〔약호는 tan.〕

탄:좌(炭坐)몡 석탄의 합리적인 생산을 위하여, 어떤 일정 지역 내에 있는 여러 광구(鑛區)를 한데 묶은 것, 또는 그 구역.

탄:주(炭柱)몡 탄갱에서, 지면이나 천장이 가라앉거나 무너져 내리는 것을 막기 위하여 채굴하지 않고 남겨 둔 기둥 모양의 석탄층.

탄:주(彈奏)몡하타 ①가야금이나 바이올린 따위의 현악기를 탐. ②남의 죄상을 밝혀 상소(上訴)함.

탄:주^악기(彈奏樂器)[−끼]몡 현악기.

탄지(彈指)몡 담뱃대에 덜 타고 남아 있는 담배.

탄:-지(彈指)¹몡하자 손가락으로 튕김.

탄:지(彈指)² **수판** 순식(瞬息)의 10분의 1, 찰나의 10배가 되는 수(의). 곧, 10⁻¹⁷.

탄:지지간(彈指之間) **명** 〔손가락으로 튕길 사이라는 뜻으로〕'아주 짧은 동안' 또는 '세월이 아주 빠름'을 이르는 말.

탄:진(炭塵) **명** 탄갱이나 저탄장 같은 데서, 공기 속에 떠다니는 아주 작은 석탄 가루.

탄:진(彈盡) **명하타** 탄갈(彈竭).

탄:질(炭質) **명** 숯이나 석탄·무연탄 따위의 품질. ¶좋은 탄질의 석탄.

탄:차(炭車) **명** 탄을 실어 나르는 차.

탄ː착ˆ거ː리(彈着距離)[-꺼-] **명** ①탄알의 발사 지점에서 도달한 지점까지의 거리. ②발사한 탄알이 도달할 수 있는 최대 거리.

탄ː착-점(彈着點)[-쩜] **명** 발사한 탄알이 날아가 떨어지는 지점.

탄:창(彈倉) **명** 자동 소총이나 자동 권총 따위의 연발총에서, 보충용의 탄알을 재어 두는 통.

탄:층(炭層) **명** 땅속의 석탄층.

탄:칭(歎稱) **명하타** 탄상(歎賞).

탄탄(坦坦) '탄탄(坦坦)하다'의 어근.

탄:탄(癱瘓) **명** 한방에서, 졸중(卒中)이나 중풍(中風) 따위로 몸의 일부에 마비가 생기는 병증을 이르는 말.

탄:탄-대:로(坦坦大路) **명** ①높낮이가 없이 넓고 평평하게 죽 뻗친 큰길. ②'앞이 훤히 트이어 순탄하게 앞으로 나아갈 수 있는 상황'을 비유하여 이르는 말. **준**탄로(坦路).

탄탄-하다(坦坦-) **형여** ①생김새나 물품의 만듦새가 단단하고 실하다. ¶신발이 탄탄하게 만들어졌다. ②몸이 다부지고 건강하다. ¶강철같이 탄탄한 몸. ③구조나 기반 따위가 잘 짜여 있어 허술하지 않다. ¶수비력이 탄탄하다. /재무 구조가 탄탄한 회사. **준**튼튼하다. **탄탄-히부** ¶기초를 탄탄히 다지다.

탄:탄-하다(坦坦-) **형여** 땅이나 도로 따위가 험하거나 가파른 데 없이 평평하고 넓다. **탄탄-히부**.

탄탈(Tantal 독) **명** 금속 원소의 한 가지. 백금과 비슷한 빛이 나며 잘 늘어나는 성질이 있음. 화학 공업용의 내산재(耐酸材)로, 또는 의료 기구나 진공관의 재료로 쓰임. 탄탈룸. 〔Ta/73/180.9479〕

탄탈룸(tantalum 라) **명** ☞탄탈.

탄:토(呑吐) **명하타** 삼키거나 뱉음.

탄:통(歎痛·嘆痛) **명하타** ☞통탄(痛歎).

탄:평(坦平) '탄평하다'의 어근.

탄:평-하다(坦平-) **형여** ①땅이 넓고 편평하다. ②근심이 없이 마음이 편하다. **참**평탄(平坦).

탄:폐(炭肺)[-폐/-폐] **명** 진폐(塵肺)의 한 가지. 탄소 가루를 많이 마심으로써 발생하는 만성 호흡기 질환. 탄광에서 일하는 사람에게 많음.

탄:피(彈皮) **명** 탄환이나 포탄의 껍데기.

탄:-하다(坦-) **타여** ①남의 일에 참견하다. ②남의 말을 트집잡아 따지고 나서다.

탄:핵(彈劾) **명** ①**하타** 죄상을 들추어 논란하여 꾸짖음. ②**하타** 공직에 있는 사람의 부정이나 비행 따위를 조사하여 그 책임을 추궁함, 또는 그 절차. ¶대통령을 탄핵하다. ③조선 시대에, 사헌부나 사간원 관원들이 시정(時政)의 잘못이나 사회악이나 비행 따위를 들어 논박하던 일. ③**참**대론(臺論).

탄:핵-권(彈劾權)[-꿘] **명** ☞탄핵 소추권(彈劾訴追權).

탄:핵ˆ소추권(彈劾訴追權)[-쏘-꿘] **명** 특정 공무원의 위법이나 비행 따위를 탄핵 소추할 수 있는 국회의 권리. 탄핵권.

탄:핵-주의(彈劾主義)[-주의/-주이] **명** 형사 소송법상, 검찰관이나 피해자 등 법원 이외의 제삼자가 제소를 함으로써 소송을 개시하는 주의. ↔규문주의(糾問主義).

탄:혈(彈穴) **명** 포탄이나 폭탄 따위의 폭발로 생긴 구덩이.

탄:화(炭火) **명** ①숯불. ②탄불.

탄:화(炭化) **명하타되자** 유기물이 열분해 또는 다른 화학적 변화로 말미암아 탄소로 되는 일. 〔목재의 목탄화, 석탄의 코크스화 따위.〕

탄:화(彈火) **명** 발사한 탄환에서 일어나는 불.

탄:화(彈花) **명** 활로 탄 솜.

탄:화-규소(炭化硅素) **명** 탄소와 규소의 화합물. 보통은 검푸르나 순도가 높은 것은 무색투명함. 경도(硬度)가 높아 연마재·내화재로 널리 쓰임.

탄:화-도(炭化度) **명** 석탄에서 수분과 회분(灰分)을 뺀 나머지 성분 가운데 탄소가 차지하는 비율을 중량 백분율로 나타낸 것.

탄:화-모(炭化毛) **명** 양털과 면으로 짠 직물의 넝마 따위에서 탄화법에 의하여 회수한 재생모.

탄:화-물(炭化物) **명** 탄소와 알칼리 금속·알칼리 토류 금속·할로겐 따위 양성 원소와의 화합물. 카바이드.

탄:화-법(炭化法)[-뻡] **명** 방모사의 제조 공정에서, 원료인 양털에 섞여 있는 식물성 섬유를 제거하는 법.

탄:화-석회(炭化石灰)[-서쾨/-서퀘] **명** ☞탄화칼슘.

탄:화-수소(炭化水素) **명** 유기 화합물의 모체를 이루는 탄소와 수소의 화합물. 탄소와 수소만으로 이루어진 화합물.

탄:화-양모(炭化羊毛) **명** 탄화법으로 식물성 섬유 따위의 불순물을 없앤 양모.

탄:화-철(炭化鐵) **명** 탄소와 철의 화합물.

탄:화-칼슘(炭化calcium) **명** 탄화칼슘과 탄소를 전기로에 넣고 가열하여 만든 회색의 고체. 물과 작용하면 아세틸렌 가스를 발생함. 탄화석회. ③카바이드.

탄:환(彈丸) **명** 총포에 재어서 쏘면 폭발하여 그 힘으로 탄알이 튀어 나가게 된 물건. 〔총탄이나 포탄 따위.〕 ⑧탄알. 탄자(彈子).

탄:환지지(彈丸之地) **명** (적에게 포위되어 공격의 대상이 되는) 매우 좁은 땅이나 지역.

탄:회(彈灰)[-회/-훼] **명** 거리낌이 없는 마음.

탄:흔(彈痕) **명** 탄환을 맞은 자국. ¶벌집 같은 탄흔이 당시의 격전을 대변해 준다.

탈:(-) **명** ①종이나 나무·흙 따위로, 여러 가지 얼굴 모양을 본떠 만든 물건. 마스크. ¶귀신의 탈. ②'속뜻을 감추고 겉으로 진실인 것처럼 꾸미는 의뭉스러운 얼굴, 또는 그런 태도나 모습'을 비유하여 이르는 말. 가면.

탈(을) 벗다 관용 거짓 꾸몄던 것을 벗고 본래의 정체를 드러내다.

탈(을) 쓰다 관용 ①거짓에 찬 행동을 하다. ¶사람의 탈을 쓴 악마. ②생김새나 하는 짓이 썩 닮다. ¶제 아비의 탈을 쓴 아이.

탈:(頉) **명** ①뜻밖에 일어난 궂은 일. 사고. ¶아무런 탈 없이 일을 마치다. **비**변고. ②몸에 생긴 병. ¶몸에 탈이 나서 일을 못하다. ③핑계나 트집. ¶탈을 잡고 나서다. ④결함이나 허물. ¶형은 다 좋은데 너무 고지식해서 탈이야.

탈-(脫)〔접두〕《일부 명사 앞에 붙어》'벗어남'·'없앰'을 뜻함. ¶탈불황. /탈공해. /탈냉전.

탈각(脫却)명하타 ①(그릇된 생각이나 좋지 못한 상태에서) 벗어남. ¶경제적 위기에서 탈각하다. ②(무엇을) 벗어 버림. 비탈거(脫去).

탈각(脫殼)명하자 ①짐승이나 벌레 따위가 껍질을 벗음. ②날알 따위가 꼬투리나 껍질에서 나옴.

탈감(脫監)명하자 ☞탈옥.

탈거(脫去)명하타 ①벗어남. 비탈각(脫却). ②달아남. 탈출.

탈건(脫巾)명하자 두건(頭巾)을 벗음.

탈겁(脫劫)명하타 깜찍고 침침한 기운이 없어짐. 겁기가 없어짐.

탈-것[-껏] 사람이 타고 다니는 물건을 통틀어 이르는 말.〔말이나 가마·배·자동차·비행기 따위.〕 *탈것이[-꺼시]·탈것만[-껀-]

탈고(脫稿)명하타되자 원고의 집필을 마침. ¶예정대로 월말에 탈고하다.

탈-고신(奪告身)명하타 지난날, 죄를 지은 벼슬아치의 직첩(職帖)을 빼앗아 들이던 일.

탈곡(脫穀)명하타 ①곡식의 날알을 이삭에서 떨어냄. 타곡(打穀). ②곡식의 날알에서 겉겨를 벗겨 냄. ¶콤바인으로 벼를 탈곡하다.

탈곡-기(脫穀機)[-끼]명 탈곡하는 데 쓰는 농기구.

탈골(脫骨)명하자되자 ☞탈구(脫臼).

탈공(脫空)명하타 (자기에 대한) 뜬소문이나 억울한 죄명에서 벗어남.

탈-공해(脫公害)명 공해에서 벗어나는 일.

탈관(脫冠)명하자 머리에 쓴 관이나 갓을 벗음.

탈교(脫敎)명하자 종교를 버리는 일. 신앙을 버리고 떠나는 일.

탈구(脫句)[-꾸]명 시문에서, 빠진 글귀.

탈구(脫臼)명하자되자 뼈마디가 어긋남. 뻼. 탈골(脫骨). ¶고관절 탈구.

탈-급(頉給)명하타 특별히 사정을 보아서 탈면(頉免)을 허락하여 줌.

탈기(奪氣)명하자 ①놀라거나 겁에 질려 기운이 빠짐. ②몹시 지쳐 맥이 빠짐. ☞탈진(脫盡).

탈-놀음[-로름]명하자 꼭두각시놀음이나 산대놀음 따위와 같이, 탈을 쓰고 하는 연극. 가면극. 탈놀이.

탈-놀이[-로리]명하자 ☞탈놀음.

탈당(脫黨)[-땅]명하자 소속하고 있던 정당에서 탈퇴함. ↔입당(入黨).

탈락(脫落)명하자되자 ①어떤 데에 끼지 못하고 떨어져 나가거나 빠짐. ¶예선에서 탈락하다. /후보자 명단에서 탈락되다. ②둘 이상의 음절이 이어질 때, 한쪽의 모음이나 자음 또는 음절이 없어지는 일.〔'쓰+어라'가 '써라'로, '울+는'이 '우는'으로 되는 따위.〕

탈락-거리다[-꺼-]자 자꾸 탈락탈락하다. 탈락대다. ¶교복 단추가 곧 떨어질 듯이 매달려 탈락거렸다. 큰털럭거리다.

탈락-대다[-때-]자 탈락거리다.

탈락-탈락[-땅-]부 짧게 매달리거나 드리워진 물건이 자꾸 흔들리면서 무엇에 닿을 때마다 가볍게 나는 소리. 큰털럭털럭.

탈래-탈래부 힘없이 간들거리며 걷거나 행동하는 모양. ¶어린 오누이가 오솔길을 탈래탈래 걸어간다. 큰털레털레. 여달래달래.

탈략(奪掠)명하타 (폭력 따위로 남의 것을) 함부로 빼앗음. 약탈(掠奪).

탈력(脫力)명 몸의 힘이 빠짐.

탈로(脫路)명 빠져나가거나 도망하는 길. ¶탈로가 막히다.

탈루(脫漏)명하자 〔밖으로 새어 나간다는 뜻으로〕 있어야 할 것이 빠짐. 누락됨. 누탈. ¶세금 탈루. /명단에서 탈루된 이름. 비누루(漏漏).

탈류(脫硫)명하자 회유 금속(稀有金屬) 원소의 한 가지. 납과 비슷한 무른 청백색의 금속으로 독이 있음. 인공 보석을 만드는 데 많이 쓰임.〔Tl/81/204.37〕

탈륨(Thallium)명 희유 금속(稀有金屬) 원소의 한 가지. 납과 비슷한 무른 청백색의 금속으로 독이 있음. 인공 보석을 만드는 데 많이 쓰임.〔Tl/81/204.37〕

탈리(脫離)명하자되자 ①(무엇에서) 벗어남. 떨어져 나감. 이탈. ②번뇌를 떨쳐 버리고 참된 깨달음에로 나아감.

탈립-기(脫粒機)[-끼]명 옥수수의 날알을 그 속대로부터 떨어내는 기계.

탈립-성(脫粒性)[-썽]명 이삭에서 벼의 날알이 떨어지는 성질.

탈망(脫網)명하자 ①☞탈망건(脫網巾). ②그물에서 빠져나감.

탈-망건(脫網巾)명하자 머리에 쓴 망건을 벗음. 탈망(脫網).

탈:-면(頉免)명하타 특별한 사정이나 사고가 생겨 책임을 면제받음.

탈모(脫毛)명하자 털이 빠짐. 또는 그 털.

탈모(脫帽)명하자 모자를 벗음. ↔착모(着帽).

탈모-제(脫毛劑)명 필요 없는 털을 없애기 위하여 바르는 약.

탈모-증(脫毛症)[-쯩]명 주로, 머리카락이 빠지는 병증. 참독두병(禿頭病).

탈무:드(Talmud)히명〔'교훈'·'교의(敎義)'의 뜻으로〕유대 인 율법학자들이 사회의 모든 사상(事象)에 대하여 구전한 것을 해설하여 집대성한 책.

탈:-바가지명 ①바가지로 만든 탈. ¶탈바가지를 쓰다. ②〈탈〉의 속된 말. ③〈철모〉의 속된 말.

탈-바꿈(脫-)명하자 ①알에서부터 부화한 동물이 성체(成體)가 될 때까지 여러 가지 형태로 변하는 일. 변태. ②모양이나 태도 따위가 달라지는 것. ¶재개발 사업으로 판자촌이 아파트 단지로 탈바꿈하였다.

탈바닥부하타 ①납작한 물건으로 얕은 물을 가볍게 칠 때 나는 소리. ②아무렇게나 탈싹 주저앉는 모양, 또는 그 소리. ¶아들 녀석이 눈치도 없이 어른들 앞에 탈바닥 주저앉았다. 큰털버덕. 탈바닥-탈바닥부하타.

탈바닥-거리다[-꺼-]자타 자꾸 탈바닥탈바닥하다. 탈바닥대다. ¶아이들이 개울에서 손바닥으로 물을 탈바닥거리며 놀고 있다. 큰털버덕거리다.

탈바닥-대다[-때-]자타 탈바닥거리다.

탈바당부하타 납작한 물건으로 얕은 물을 가볍게 칠 때 나는 소리. 큰털벙. 탈박-탈박부하타.

탈박-거리다[-꺼-]자타 자꾸 탈박탈박하다. 큰털벅거리다.

탈박-대다[-때-]자타 탈박거리다.

탈박-이다자타 납작한 물건으로 얕은 물을 가볍게 치는 소리가 나다, 또는 그런 소리를 내다. 큰털벅이다.

탈발(脫髮)명하타 머리털이 빠짐.

탈방부하타 작은 물건이 얕은 물에 떨어질 때 나는 소리. 큰털벙. 탈방-탈방부하타.

탈방-거리다자타 자꾸 탈방탈방하다. 탈방대다. ¶꼬마들이 헤엄치느라고 다리를 야단스레 탈방거리며 물장구를 친다. 큰털벙거리다.

탈방-대다자타 탈방거리다.

탈방-이다〔타태〕 작은 물건이 얕은 물에 떨어져 울리는 소리가 나다, 또는 그런 소리를 내다. ⑩텅벙이다.

탈법(脫法)〔-뻡〕〔명〕〔하자타〕 법의 규정을 교묘히 피함. 교묘하게 법망을 벗어남. ¶탈법 행위.

탈:보(頉報)〔명〕〔하자타〕 상사에게 특별한 사정이 있음을 말하여 탈면(頉免)을 청함.

탈복(脫服)〔명〕〔하자타〕 ☞제복(除服).

탈산(脫酸)〔-싼〕〔명〕〔하자타〕 ①금속의 제련에서, 금속 속에 들어 있는 과잉 산소를 제거하는 일. ②유지(油脂)의 정제에서, 원유 속에 들어 있는 유리 지방산을 제거하는 일.

탈삽(脫澁)〔-쌉〕〔명〕〔하자타〕 감의 떫은맛이 빠짐, 또는 떫은맛을 뺌.

탈상(脫喪)〔-쌍〕〔명〕〔하자타〕 ☞해상(解喪).

탈색(脫色)〔-쌕〕〔명〕〔하자타〕〔되자〕 ①섬유나 액체 따위에 들어 있는 물색을 뺌. ¶청바지를 탈색해서 입다. ↔염색. ②빛이 바램.

탈색(奪色)〔-쌕〕〔명〕〔빛을 빼앗는다는 뜻으로〕 같은 것 가운데서 특히 뛰어나 다른 것들을 압도함을 이르는 말.

탈색-제(脫色劑)〔-쌕쩨〕〔명〕 물들인 물감 따위를 빼는 데 쓰는 약제.〔수산화나트륨·표백분·수탄 따위.〕

탈선(脫船)〔-썬〕〔명〕〔하자〕 선원이나 선장의 허가 없이 배에서 이탈함.

탈선(脫線)〔-썬〕〔명〕〔하자〕〔되자〕 ①기차나 전차 따위의 바퀴가 궤도를 벗어남. ¶탈선 사고. ②'이야기 따위가 본 줄거리에서 벗어남'을 비유하여 이르는 말. ¶말을 할 때는 핵심에서 탈선하지 않도록 각별히 유의해야 한다. ③'언행이 상규(常規)를 벗어나거나 나쁜 방향으로 빗나감'을 비유하여 이르는 말. ¶연말(年末) 청소년 탈선 방지 대책을 세우다.

탈선-행위(脫線行爲)〔-썬-〕〔명〕 ①상규(常規)를 벗어난 행위. ¶청소년의 탈선행위. ②본디의 목적에서 벗어난 행위.

탈세(脫稅)〔-쎄〕〔명〕〔하자타〕 납세 의무자가 부정한 방법으로 납세액의 일부 또는 전부를 납세하지 않는 일. ¶탈세 혐의를 받다.

탈세-자(脫稅者)〔-쎄-〕〔명〕 내야 할 납세액의 전부 또는 일부를 내지 않은 사람.

탈속(脫俗)〔-쏙〕〔명〕〔하자타〕〔되자〕 ①속태(俗態)를 벗음. ¶고고한 탈속의 기품. ②속세의 번뇌에서 벗어남. ¶출가 탈속하여 부처에 귀의하다. 탈진(脫塵).

탈쇄(脫灑) '탈쇄하다'의 어근.

탈쇄-하다(脫灑-)〔-쐐-〕〔형여〕 속기(俗氣)를 벗어나서 깨끗하다.

탈수(脫水)〔-쑤〕〔명〕〔하자타〕〔되자〕 ①어떤 물질 속에 들어 있는 수분을 제거함. ②화합물 중의 수소와 산소를 화학 반응에 의해 수분의 형태로 제거함.

탈수-기(脫水機)〔-쑤-〕〔명〕 세탁이나 염직(染織)·제약(製藥) 등에서 수분을 제거하는 데 쓰는 기계. ¶탈수기가 부착된 세탁기.

탈수-제(脫水劑)〔-쑤-〕〔명〕 물질 속의 수분을 없애거나 화합물을 분해하여 그 속의 산소와 수소를 제거하는 작용을 하는 약제.〔황산·금속 나트륨·염화아연 따위.〕

탈수-증(脫水症)〔-쑤쯩〕〔명〕 땀을 몹시 흘리거나 소변을 자주 보아 체내의 수분 부족으로 일어나는 증세. 심한 갈증과 정신 장애·경련 등이 일어남. 탈수 증상.

탈수^증:상(脫水症狀)〔-쑤-〕〔명〕 ☞탈수증.

탈습(脫習)〔-씁〕〔명〕〔하자〕 ☞탈투(脫套).

탈신(脫身)〔-씬〕〔명〕〔하자〕 ①위험에서 벗어남. ②(관계하던 일에서) 몸을 뺌. ¶서클 활동에서 탈신하다.

탈신-도주(脫身逃走)〔-씬-〕〔명〕〔하자〕 (관계하던 일에서) 몸을 빼쳐 달아남. ¶공금을 횡령하고 탈신도주하다. 탈주.

탈싹〔부〕〔하자〕 ①사람이 갑자기 주저앉는 소리, 또는 그 모양. ¶땅바닥에 탈싹 주저앉다. ②작고 도톰한 물건이 갑자기 바닥에 내려앉는 소리, 또는 그 모양. ¶선반이 탈싹 내려앉다. ⑩털썩.
탈싹-탈싹〔부〕〔하자〕

탈싹-거리다〔-꺼-〕〔자〕 자꾸 탈싹탈싹하다. 탈싹대다. ⑩털썩거리다.

탈싹-대다〔-때-〕〔자〕 탈싹거리다.

탈양-증(脫陽症)〔-쭝〕〔명〕 한방에서, 원기가 쇠약하여 사지가 차고 땀이 많이 나서 실신하게 되는 병증을 이르는 말.

탈어(脫語)〔명〕(글이나 말 따위에서) 빠진 말.

탈염(脫塩)〔명〕〔하자타〕〔되자〕 ①절인 고기 따위에서 소금기를 빼내는 일. ②바닷물에서 여러 가지 염류를 제거하여 담수로 만드는 일. ③원유(原油)를 탈수할 때 원유에 함유된 염분(塩分)을 함께 없애는 일.

탈영(脫營)〔명〕〔하자타〕 군인이 병영을 빠져나와 달아남.

탈영-병(脫營兵)〔명〕 탈영한 병사.

탈오(脫誤)〔명〕 빠진 글자 틀린 글자. 탈자(脫字)와 오자(誤字). 오탈(誤脫).

탈옥(脫獄)〔명〕〔하자타〕 죄수가 교도소를 빠져나와 도망함. 탈감(脫監).

탈옥-수(脫獄囚)〔-쑤〕〔명〕 교도소에서 빠져나와 도망한 죄수.

탈위(脫危)〔명〕〔하자〕 ①위험한 지경에서 벗어남. ②위독한 고비를 벗어남.

탈음(脫陰)〔명〕 한방에서, '자궁탈(子宮脫)'을 이르는 말.

탈의(脫衣)〔타릐/타리〕〔명〕〔하자타〕 옷을 벗음. ↔착의·착복.

탈의-실(脫衣室)〔타릐/타리〕〔명〕 옷을 벗거나 갈아입도록 마련한 방.

탈의-장(脫衣場)〔타릐-/타리-〕〔명〕 (해수욕장이나 운동장 따위에) 옷을 벗거나 갈아입도록 설치해 놓은 곳.

탈의-파(奪衣婆·脫衣婆)〔타릐-/타리-〕〔명〕 중국의 위경(僞經) '시왕경(十王經)'에 나오는 늙은 귀녀(鬼女). 삼도(三途) 냇가에 있는 의령수(衣領樹) 밑에 앉았다가 강을 건너오는 사자(死者)의 옷을 벗겨 현의옹(懸衣翁)과 함께 생전의 죄를 묻는다고 함.

탈자(脫字)〔-짜〕〔명〕(글이나 인쇄물 따위에서) 빠뜨린 글자, 또는 빠져 없어진 글자. 낙자(落字).

탈장(脫腸)〔-짱〕〔명〕〔하자〕〔되자〕 복벽(腹壁)의 찢어진 틈을 통하여, 소장이나 대장 또는 다른 내장이 복막(腹膜)에 싸인 채 복강(腹腔) 밖으로 나옴, 또는 그러한 병증. 헤르니아(hernia).

탈장-대(脫腸帶)〔-짱-〕〔명〕 탈장된 부분을 제자리에 넣고 외부에서 압력을 가하여 탈장을 일정 기간 막아서 자연 치유를 촉진시키는 띠 모양의 의료 기구.

탈저(脫疽)〔-쩌〕〔명〕〈탈저정〉의 준말.

탈저-정(脫疽疔)〔-쩌-〕〔명〕 한방에서, 신체 조직의 한 부분이 사멸하여 영양 공급이나 혈액 순환이 두절되기 때문에 그 부분이 썩어 문드러지는 병을 이르는 말. ⑳탈저.

탈적(脫籍)[-쩍]<u>명</u><u>하자</u><u>되자</u> 학적이나 병적·당적 따위의 적(籍)에서 빠지거나 빼냄.

탈적(奪嫡)[-쩍]<u>명</u><u>하자</u> 세력 있는 지손(支孫)이 미약한 종손(宗孫)을 누르고 종손 행세를 하는 일. 탈종(奪宗).

탈정(奪情)[-쩡]<u>명</u><u>하자</u> ①[복(服)을 입는 효심을 빼앗는다는 뜻으로] 왕조 때, 부모의 상중에 출사(出仕)를 명하던 일. ②남의 정을 빼앗음.

탈정-종공(奪情從公)[-쩡-]<u>명</u><u>하자</u> ☞기복출사(起復出仕).

탈종(奪宗)[-쫑]<u>명</u><u>하자</u> ☞탈적(奪嫡).

탈죄(脫罪)[-쬐/-�줴]<u>명</u><u>하자</u> 죄에서 벗어남.

탈주(脫走)[-쭈]<u>명</u><u>하자</u> 〈탈신도주〉의 준말. ¶탈주를 감행하다.

탈지(脫脂)[-찌]<u>명</u><u>하자</u><u>되자</u> 기름기를 빼어 냄. ¶탈지 식품.

탈지(奪志)[-찌]<u>명</u><u>하타</u> 정절을 지키는 과부를 개가(改嫁)시킴.

탈지-면(脫脂綿)[-찌-]<u>명</u> (지방분과 불순물을 뺀) 소독한 솜. 외과적 치료에 쓰임. 소독면. 약솜. 정제면.

탈지-분유(脫脂粉乳)[-찌-]<u>명</u> 탈지유를 건조하여 만든 가루 우유.

탈지^요법(脫脂療法)[-찌-뻡]<u>명</u> 지방 과다증(脂肪過多症) 환자의 몸에서 지방을 빼기 위하여 행하는 치료법. [갑상선 제제(甲狀腺製劑)의 복용, 식이 요법 따위.]

탈지-유(脫脂乳)[-찌-]<u>명</u> 지방분(크림)을 뺀 우유. 주로, 유산 음료 및 탈지 연유와 분유를 만드는 데 쓰임. ↔전유(全乳).

탈진(脫盡)[-찐]<u>명</u><u>하자</u><u>되자</u> 기운이 다 빠져 없어짐. 탈기(奪氣). ¶탈진 상태. /탈진으로 쓰러지다.

탈진(脫塵)[-찐]<u>명</u><u>하자</u> ☞탈속(脫俗).

탈질^작용(脫窒作用)[-찔-]<u>명</u> 혐기성균(嫌氣性菌) 따위의 미생물의 작용으로 황산염이 유리질소 또는 아산화질소가 되는 현상.

탈채(脫債)<u>명</u><u>하자</u> 빚을 다 갚아 빚에서 벗어남.

탈:처(頉處)<u>명</u> 탈이 난 곳. 탈이 난 원인.

탈출(脫出)<u>명</u><u>하자타</u> (일정한 환경이나 구속에서) 빠져나감. 탈거(脫去). ¶포로 수용소를 탈출하다.

탈출^속도(脫出速度)[-또]<u>명</u> 로켓이나 인공위성이 지구 등 천체의 인력에서 벗어나서 우주 공간으로 날아가는 데 필요한 한계 속도.

탈:춤(頉-)<u>명</u> 탈을 쓰고 추는 춤. 우리나라 고유의 것으로는 봉산 탈춤·양주 별산대놀이·오광대 따위가 전함. 가면무. 가장무도.

탈취(脫臭)<u>명</u><u>하자</u> 냄새를 뺌.

탈취(奪取)<u>명</u><u>하타</u><u>되자</u> (남의 것을) 억지로 빼앗아 가짐. ¶총기를 탈취. /금품을 탈취하다.

탈취-제(脫臭劑)<u>명</u> 냄새를 빼는 데 쓰는 약제. 염화칼슘·포르말린 따위와 같이 자체 방산(自體放散)을 이용한 약제와 활성탄(活性炭) 따위와 같이 흡착 작용을 이용한 약제가 있음.

탈타리<u>명</u> 〈빈탈타리〉의 준말. <u>큰</u>털터리.

탈탈<u>부</u> ①<u>하자</u>타잇달아 가볍게 떨리듯이 울리는 탁한 소리. ¶탈탈 소리를 내며 달리는 고물 자동차. ②<u>하자</u>지쳐서 나른한 발걸음을 옮겨 놓는 모양. ¶한낮의 시골 길을 황소처럼 걸어가고 있다. ③물건에 앉은 먼지 따위를 재게 자꾸 터는 모양, 또는 그 소리. ¶옷에 묻은 흙먼지를 탈탈 털어 내다. ④아무것도 남지 않도록 몽땅 털어 내는 모양. ¶주머니를 탈탈 털다. <u>큰</u>털털.

탈탈-거리다<u>자</u><u>타</u> 자꾸 탈탈 소리가 나다, 또는 그런 소리를 내다. 탈탈대다. <u>큰</u>털털거리다.

탈탈-대다<u>자</u><u>타</u> 탈탈거리다.

탈탈-이<u>명</u> '몹시 낡아서 구르는 대로 탈탈거리는 자동차나 수레' 따위를 이르는 말. <u>큰</u>털털이.

탈태(脫胎)<u>명</u> 질이 매우 얇아서 마치 잿물만 가지고 만든 것처럼 보이는 투명한 자기(瓷器)의 몸. [반탈태(半脫胎)와 진탈태(眞脫胎)가 있음.]

탈태(脫態)<u>명</u><u>하자</u> 형식이나 형태를 바꿈.

탈태(脫態)<u>명</u> 〈환골탈태〉의 준말.

탈토(脫兔)[우리를 빠져 달아나는 토끼라는 뜻으로] '동작이 매우 재빠름'을 비유하여 이르는 말.

탈토지세(脫兔之勢)<u>명</u> [우리를 빠져 달아나는 토끼의 기세라는 뜻으로] '매우 재빠른 기세'를 비유하여 이르는 말.

탈퇴(脫退)[-퇴/-퉤]<u>명</u><u>하자타</u> (정당이나 단체 따위에서) 관계를 끊고 물러 나옴. ¶회원 탈퇴. ↔가입.

탈투(脫套)<u>명</u><u>하자</u> 구투(舊套)에서 벗어남. 탈습.

탈:품(頉稟)<u>명</u><u>하타</u> (벼슬아치가) 자기 말미같아 맡은 직책을 다하기 어려움을 상사(上司)에게 아뢰는 일.

탈피(脫皮)<u>명</u><u>되자</u> ①<u>하자</u>(파충류·곤충류 따위가) 성장함에 따라 낡은 허물을 벗는 일. ②<u>하자</u>'낡은 사고방식에서 벗어나 새로워짐'을 비유하여 이르는 말. ¶구습에서 탈피하다. /봉건적인 사고방식을 탈피하다.

탈:-하다(頉-)<u>자여</u> 탈이 있어 일자리나 갈 곳에 나가지 못하는 까닭을 말함.

탈함(脫艦)<u>명</u><u>하자</u> (함상에서 근무하는 병사가) 아무 까닭 없이 군함을 이탈함.

탈함-병(脫艦兵)<u>명</u> 탈함한 병사.

탈항(脫肛)<u>명</u><u>하자</u> 치질의 한 가지. 직장이나 항문의 일부 또는 대부분이 항문 밖으로 빠져서 처지는 상태. 장치(腸痔).

탈항-증(脫肛症)[-쯩]<u>명</u> 탈항이 되는 병증.

탈혈(脫血)<u>명</u><u>하자</u> ☞실혈(失血).

탈화(脫化)<u>명</u><u>하자</u><u>되자</u> ①(곤충 따위가) 허물을 벗고 모양을 바꿈. ¶누에가 나방으로 탈화하다. ②구풍(舊風)의 특성을 살리면서 새로운 형식으로 바꿈.

탈화(脫靴)<u>명</u><u>하자</u> 신을 벗음.

탈환(奪還)<u>명</u><u>하타</u><u>되자</u> (빼앗겼던 것을) 도로 빼앗아 찾음. 탈회(奪回). ¶고지를 탈환하다. /수도 서울을 탈환한 날은 달도 밝은 추석날이었다.

탈황(脫黃)<u>명</u><u>하자</u> (석유나 천연가스 또는 금속 제련 따위의 생산 공정에서) 황(黃) 성분을 제거하는 일.

탈회(脫會)[-회/-훼]<u>명</u><u>하자타</u> 어떤 모임에서 관계를 끊고 물러남. 퇴회. ↔입회.

탈회(奪回)[-회/-훼]<u>명</u><u>하타</u><u>되자</u> ☞탈환(奪還).

탐(貪)<u>명</u> 〈탐욕〉의 준말. ¶탐이 많다. /남의 재산에 탐을 내다.

탐관(貪官)<u>명</u> (백성의 재물을) 탐(貪)하는 벼슬아치. <u>비</u>탐리(貪吏).

탐관-오리(貪官汚吏)<u>명</u> 탐관과 오리. 탐욕이 많고 행실이 깨끗하지 못한 벼슬아치.

탐광(探鑛)<u>명</u><u>하자</u> 광상이나 탄전·유전 등을 개발하기 위하여 광산을 찾음, 또는 그 작업.

탐구(探求)<u>명</u><u>하타</u><u>되자</u> (소용되는 것을) 더듬어 찾아 구함. ¶물자의 탐구.

탐구(探究)[명][하타][되자] (진리나 법칙 따위를) 더 들어 깊이 연구함. ¶진리를 탐구하다. /자연의 법칙을 탐구하다.

탐구(貪求)[명][하타] (뇌물 따위를) 탐욕스럽게 구함.

탐구-심(探究心)[명] (진리나 법칙 따위를) 깊이 찾아 연구하려는 마음. ¶탐구심이 강한 학생.

탐구-욕(探究慾)[명] (진리나 법칙 따위를) 깊이 찾아 연구하려는 욕망.

탐구-자(探究者)[명] (진리나 법칙 따위를) 깊이 찾아 연구하는 사람. ¶진리의 탐구자.

탐권-낙세(貪權樂勢)[−꿘−쎄][명][하자] 권세를 탐내고 세도 부리기를 즐김.

탐기(貪嗜)[명][하타] 탐내어 즐김.

탐-나다(貪−)[자] (어떤 대상이) 마음에 들어서 그것을 제 것으로 만들었으면 하는 욕심이 나다. ¶볼수록 탐나는 도자기.

탐낭-취물(探囊取物)[명][하자] ☞낭중취물(囊中取物).

탐-내다(貪−)[타] (어떤 대상이) 마음에 들어 그것을 제 것으로 만들었으면 하는 욕심을 내다. ¶남의 재산을 탐내다. /남의 물건을 탐내지 마라.

탐닉(耽溺)[명][하자] 어떤 일을 지나치게 즐겨 거기에 빠짐. ¶열락(悅樂)에 탐닉하다. /주색잡기(酒色雜技)에 탐닉하다.

탐다-무득(貪多務得)[명][하타] 많은 것을 탐내어 얻으려 애씀.

탐도(貪饕)[명][하타] ①음식이나 재물을 탐냄. 탐람(貪婪). ②가톨릭에서 이르는, 칠죄종(七罪宗)의 하나. 너무 지나치게 먹고 마시며, 재물을 탐내는 일.

탐독(耽讀)[명][하타] ①(다른 일을 잊어버릴 정도로) 글 읽기에 빠짐. ②(어떤 글이나 책을) 유달리 즐겨 읽음. ¶추리 소설을 탐독하다.

탐라(耽羅)[−나][명] '제주도'의 옛 어군.

탐락(耽樂)[−낙][명][하자] (주색이나 오락 따위에) 빠져 마음껏 즐김.

탐람(貪婪)[−남][명][하타] ☞탐도(貪饕).

탐랑-성(貪狼星)[−낭−][명] 구성(九星) 가운데 첫째 별.

탐련(耽戀)[−년][명][하타] ①깊이 그리워함. ②연애에 온 정신이 팔리어 몹시 생각하거나 그리워함.

탐렴(貪廉)[−념][명] 탐욕과 청렴.

탐리(貪吏)[−니][명] (백성의 재물을) 탐(貪)하는 이속(吏屬). ⑪탐관(貪官).

탐리(貪利)[−니][명][하자] 지나치게 이익을 탐냄.

탐리(探吏)[−니][명] 지난날, 봉명 사신(奉命使臣)의 가는 길을 탐문하던 아전.

탐린(貪吝)[−닌][명] '탐린하다'의 어근.

탐린-하다(貪吝−)[−닌−][형][여] 욕심이 많고 인색하다.

탐망(探望)[명][하타] ①살펴 바라봄. ②(그리 되기를) 넌지시 바람.

탐매(探梅)[명][하자] 매화(梅花)가 핀 경치를 찾아가 구경함.

탐묵(貪墨)[명][하타] 욕심이 많고 마음이 검음.

탐문(探問)[명][하타] (아직 알려지지 않은 사실이나 소식을) 더듬어 찾아가 물음. ¶탐문 수사. /범인의 행방을 탐문하다.

탐문(探聞)[명][하타] (아직 알려지지 않은 사실이나 소식을) 수소문하여 들음.

탐미(耽味)[명][하타] 깊이 맛보거나 음미함.

탐미(耽美)[명][하타] 아름다움에 깊이 빠져 즐김.

탐미-적(耽美的)[관][명] 아름다움에 깊이 빠져서 도취되는 경향이 있는 (것). ¶탐미적 표현. /탐미적인 경향.

탐미-주의(耽美主義)[−의/−이][명] 19세기 후반 유럽에서 일어났던 문예 사조의 한 가지. 미(美)를 최고의 가치로서 추구하는 주의. 유미주의(唯美主義).

탐미-파(耽美派)[명] 탐미주의를 신봉하는 예술상의 한 파. 유미파.

탐방(探訪)[부][하자타] 좀 목직한 물건이 깊은 물에 떨어질 때 나는 소리. ⑤텀벙. ⑭담방. **탐방-탐방**[부][하자타].

탐방(探訪)[명][하타] (어떤 사건의 진상을 알아보거나 자료를 얻기 위하여) 어떤 사람이나 장소를 탐문하여 찾아봄. ¶탐방 기사. /명소 탐방. /불국사를 탐방하다.

탐방-거리다[자][타] 자꾸 탐방탐방하다. 탐방대다. ⑤텀벙거리다.

탐방-기(探訪記)[명] 탐방한 내용을 적은 기사.

탐방-대다[자][타] 탐방거리다.

탐보(探報)[명][하타] (진상을) 더듬어 찾아서 알아내어 알림, 또는 그 보도나 보고.

탐부(貪夫)[명] 욕심이 많은 사나이.

탐사(探査)[명][하타][되자] 더듬어 살펴 조사함. ¶석유 탐사를 위한 시추선.

탐상(探賞)[명][하타] 경치 좋은 곳을 찾아 구경하고 즐김.

탐색(貪色·耽色)[명][하자] 여색을 탐하거나 즐김. 탐음. 호색(好色).

탐색(探索)[명][하타] ①(감추어진 사물을) 이리저리 더듬어 찾음. ②(범죄 사건이나 관계된 사람이나 물건 따위를) 더듬어 샅샅이 찾음.

탐색-전(探索戰)[−쩐][명] 상대의 기밀 따위를 탐색하려는 싸움. ¶탐색전을 벌이다.

탐석(探石)[명][하자] 수석(壽石)을 더듬어 찾음.

탐-스럽다(貪−)[−따][−스러우니·−스러워][형] 마음이 몹시 끌리도록 보기에 아주 좋다. ¶가을 햇살에 온갖 과일이 탐스럽게 익어 간다. 탐스레[부].

탐승(探勝)[명][하자] 경치 좋은 곳을 찾아다님. ¶죽장망혜(竹杖芒鞋)로 탐승에 나서다.

탐승-객(探勝客)[명] 경치 좋은 곳을 찾아 구경다니는 사람.

탐식(貪食)[명][하타] 음식을 탐냄, 또는 탐내어 먹음. ¶게걸스럽게 탐식하다.

탐식-증(貪食症)[−쯩][명] ☞다식증(多食症).

탐심(貪心)[명] ①탐내는 마음. ②부당한 욕심.

탐악(貪惡)[명][형] 욕심이 많고 마음이 악함.

탐애(貪愛)[명][하타] 남의 물건을 탐내고 제 것은 몹시 아낌. ②[하자] 불교에서, 색(色)·성(聲)·향(香)·미(味)·촉(觸)의 오진(五塵)을 탐하여 집착함.

탐오(貪汚)[명][형] 욕심이 많고 하는 짓이 더러움. ¶구욕질이 나도록 탐오한 짓.

탐욕(貪慾)[명] ①탐내는 욕심. ¶탐욕을 채우다. ⑤탐(貪). ②불교에서 이르는 삼독(三毒)의 하나. 자기 뜻에 맞는 사물에 애착하여 만족할 줄 모르는 일.

탐욕-스럽다(貪慾−)[−쓰−따][−스러우니·−스러워][형] 탐욕이 있어 보이다. ¶탐욕스러운 눈으로 쳐다보다. 탐욕스레[부].

탐욕-적(貪慾的)[−쩍][관][명] 탐하는 욕심이 있는 (것). ¶탐욕적 마음. /탐욕적인 눈길.

탐음(貪淫)[명][하자] 지나치게 여색을 탐함. ⑭호색(好色).

탐장(貪贓)**명**(하자) 관리가 부정한 방법으로 재물을 탐함, 또는 그렇게 하여 얻은 재물. 범장(犯贓).

탐장-질(貪贓-)**명**(하자) 관리가 탐장하는 짓.

탐재(貪財)**명**(하자) 재물을 탐냄.

탐정(貪政)**명**(하자) 탐욕을 부리는 포악한 정치를 함, 또는 그런 정치.

탐정(探偵)**명**(하자) 남의 비밀한 일을 은밀히 알아내거나, 범죄 사건을 추적하여 알아내는 일, 또는 그 일에 종사하는 사람. 정탐.

탐정(探情)**명**(하자) 남의 의향을 넌지시 살핌.

탐정^소:설(探偵小說)**명** 주로 범죄 사건을 제재로 하여 그 사건의 전말을 흥미 있게 추리하여 풀어 나가는 데 중점을 둔 소설. **참**추리 소설.

탐조(探照)**명**(하타) (무엇을 더듬어 찾기 위하여) 광선을 멀리 비춤.

탐조-등(探照燈)**명** 밤에 무엇을 찾거나 비추기 위하여 멀리까지 비추게 된 조명 장치. 아크등을 광원(光源)으로 하여 반사경을 이용함. [조공등(照空燈)·탐해등 따위.] 서치라이트.

탐지(探知)**명**(하타)(되자) (드러나지 않은 물건이나 사실을) 더듬어 찾아내거나 알아냄. ¶ 지뢰 탐지. /미아(迷兒)의 행방을 탐지하다.

탐지-기(探知機)**명** 어떤 사물의 소재나 진부(眞否)를 탐지하는 데 쓰이는 기계를 통틀어 이르는 말. [지뢰 탐지기·전파 탐지기 따위.]

탐지-꾼(探知-)**명** 탐지하는 사람.

탐착(貪着)**명** 불교에서, 만족할 줄 모르고 더욱 사물에 집착함을 이르는 말.

탐찰(探察)**명**(하타) 샅샅이 두루 살핌.

탐춘(探春)**명**(하타) 봄의 경치를 찾아 구경함.

탐춘-객(探春客)**명** 봄의 경치를 찾아 구경 다니는 사람.

탐측(探測)**명**(하타) 적정(敵情)이나 기상 따위를 탐색하여 헤아림.

탐탁-스럽다[--쓰--따] (--스러우니·--스러워)**형**[ㅂ]] 탐탁하게 보이다. 탐탁스레**부**.

탐탁-하다[-타카-]**형여** 마음에 들게 흐뭇하다. ¶ 그는 값비싼 선물을 받으면서도 별로 탐탁하지 않았다. 탐탁-히**부**.

탐탐(tam-tam)**명** 관현악에 쓰이는 징의 한 가지로, 대형으로 만든 공(gong). 유럽에서 중국의 동라(銅鑼)를 본떠 만든 것임.

탐탐(眈眈)**어릿형** 눈을 부릅뜨고 노려보는 모양.

탐탐(耽耽) '탐탐하다'의 어근.

탐탐-하다(耽耽)**형여** 마음에 들어 매우 즐겁다. 탐탐-히**부** ¶ 낚시에 탐탐히 빠지다.

탐폰(Tampon 독)**명** 소독한 솜이나 거즈 따위에 약을 묻힌 것. 국소(局所)에 끼워 넣어 피를 멈추게 하거나 분비액을 흡수하는 데 쓰임.

탐-하다(貪-)**타여** 지나치게 욕심을 부려 제 것으로 만들고 싶어 하다.

탐학(貪虐)**명**(하형) 탐욕이 많고 포학함. ¶ 탐학한 관리.

탐해-등(探海燈)**명** (군함이나 요새 따위에서) 해상의 경계(警戒)에 쓰이는 탐조등.

탐험(探險)**명**(하자) 위험을 무릅쓰고 미지의 세계를 찾아다니며 살핌. ¶ 남극 탐험.

탐험-가(探險家)**명** 전문적으로 탐험에 종사하는 사람.

탐험-대(探險隊)**명** 탐험을 목적으로 여러 사람으로 조직된 무리.

탐험^소:설(探險小說)**명** 탐험을 내용으로 하는 소설.

탐호(貪好)**명**(하타) 몹시 탐하고 좋아함.

탐혹(耽惑)**명**(하자)(되자) (어떤 사물에) 마음이 쏠려 미혹(迷惑)됨.

탐화(探花)**명** ①☞탐화랑(探花郎). ②(하자)꽃을 찾아다님.

탐화-랑(探花郎)**명** 조선 시대에, 갑과(甲科)에 셋째로 급제한 사람을 이르던 말. 정칠품의 품계를 주었음.

탐화-봉접(探花蜂蝶)**명** [꽃을 찾아다니는 벌과 나비라는 뜻으로] '여색을 좋아하며 노니는 사람'을 비유하여 이르는 말.

탐횡(貪橫)[-횡/-휑]**명**(하형) 탐욕이 많고 행동이 횡포(橫暴)함.

탐후(探候)**명**(하자) 남의 안부를 물음. ¶ 탐후한 지 오래되어 궁금하오이다.

탑(塔)**명** ①부처의 유골이나 유품 등을 안치하고 공양·기념하기 위하여 좁고 높게 세운 사찰의 부속 건축물. **준**탑파(塔婆). ②여러 층으로, 높고 뾰족하게 세운 건축물을 통틀어 이르는 말.

탑(榻)**명** ①좁고 기다란 평상. 상탑(牀榻). ②임금이 앉는 의자. ②어탑(御榻).

탑골-치(塔-)[-꼴-] [지난날, 동대문 밖 탑골에서 삼은 미투리라는 뜻으로] 튼튼하게 잘 삼은 미투리.

탑교(榻敎)[-꾜] 지난날, 임금이 의정(議政)을 불러 친히 내리던 명.

탑-기단(塔基壇)[-끼-] 탑신(塔身)을 받치는 기단.

탑-돌이(塔-)[-똘이] 민간에서, 초파일에 절에 모여 밤새도록 탑을 돌며 부처의 공덕을 기리고 저마다의 소원을 비는 행사.

탑^망원경(塔望遠鏡)[탑-]**명** 태양을 관측하는 데에 쓰이는 탑 모양의 망원경.

탑문(搭文)[탑-]**명** 탑본해 낸 글, 또는 그 글자. ¶ 광개토 대왕의 비문(碑文)을 탑문으로 검토하다.

탑본(搨本)[-뽄]**명**(하타)(되자) 금석에 새긴 글씨나 그림 따위를 그대로 박아 냄, 또는 박아 낸 그 종이. 탁본(拓本). ¶ 탑본을 뜨다.

탑비(塔碑)[-삐]**명** 탑과 비석.

탑삭[-싹]**부** 갑자기 덮쳐 쥐거나 잡는 모양. ¶ 살쾡이가 병아리를 탑삭 채 가다. **큰**텁석. 탑삭-탑삭**부**(하타).

탑삭-거리다[-싹꺼-]**타** 자꾸 탑삭탑삭하다. 탑삭-대다[-싹때-].

탑삭-나룻[-쌍-룻]**명** 짧고 다보록하게 많이 난 수염. **큰**텁석나룻. *탑삭나룻이[-쌍-루시]·탑삭나룻만[-쌍-룬-].

탑삭-대다[-싹때-]**타** 탑삭거리다.

탑삭-부리[-싹뿌-]**명** 탑삭나룻이 난 사람. ¶ 살부리 총각. **큰**텁석부리.

탑삭-이다[-싸기-]**타** 갑자기 덮쳐 쥐거나 잡다. **큰**텁석이다.

탑상(榻牀)[-쌍]**명** 교의(交椅)나 와상(臥牀) 따위를 통틀어 이르는 말.

탑상-운(塔狀雲)[-쌍-]**명** 탑 모양으로 머리 부분이 아주 높이 올라간 적운. 뇌우가 일어나기 쉬움.

탑새기-주다[-쎄-]**자타** (남의 일을) 방해하여 망쳐 놓다. ¶ 나를 안 끼워 주면 탑새기줄 테다.

탑선(搭船)[-썬]**명**(하자) 배를 탐. 승선(乘船).

탑소록-하다[-쏘로카-]**형여** (많이 난 수염이나 머리털 따위가) 다보록하게 뒤덮여 있다. **큰**텁수룩하다. 탑소록-이**부**.

탑-손[-쏜]**명** 보습을 쥐는 손잡이.

탑승(搭乘)[-씅]뗑哂짜 (항공기·선박·기차 따위의 탈것에) 올라탐.

탑승-객(搭乘客)[-씅-]뗑 탑승한 손님.

탑승-구(搭乘口)[-씅-]뗑 탑승할 수 있도록 만들어 놓은 출입문.

탑승-원(搭乘員)[-씅-]뗑 탑승하여 일정한 일에 종사하는 사람. ⑪승무원.

탑시-종(塔顋腫)[-씨-]뗑 ㄷ불거리2.

탑신(塔身)[-씬]뗑 탑기단(塔基壇)과 상륜(相輪) 사이의 탑의 몸체.

탑신-석(塔身石)[-씬-]뗑 석탑의 탑신을 이루는 돌.

탑연(塔然)閉하엶 (아무 생각 없이) 멍하니 있는 모양. **탑연-히**閉.

탑영(塔影)뗑 탑의 그림자.

탑영(撮影)뗑하타 (본디의 형상을) 본떠서 그림, 또는 그 그림.

탑인(搨印)뗑하타 본떠서 박음.

탑재(搭載)[-째]뗑하타되자 (배나 항공기 따위에) 물건을 실음. ¶핵무기를 탑재한 잠수함.

탑재-량(搭載量)[-째-]뗑 (배·항공기·자동차 따위에) 실을 수 있는 짐의 분량.

탑전(榻前)[-쩐]뗑 임금의 자리 앞. ¶탑전에 부복(俯伏)하여 아뢰다.

탑전-정탈(榻前定奪)[-쩐-]뗑하타 (신하가 아뢴 일을) 임금이 즉석에서 결정함.

탑전-하교(榻前下敎)[-쩐-]뗑하자 임금이 즉석에서 명령을 내림.

탑첨(塔尖)뗑 탑의 맨 꼭대기의 뾰족한 부분.

탑파(塔婆←stupa.thupa 범)뗑 〈탑〉의 본딧말.

탓[탇]뗑 ①일이 그릇된 원인. 잘못된 까닭. ¶이번 일의 실패는 모두 내 탓이다. ②하타 잘못된 것을 원망하거나, 핑계나 구실로 삼음. ¶제 잘못은 생각지 않고 남을 탓한다. /탓한다고 될 일이냐? *탓이[타시]·탓만[탄-]

탕¹(을) 일을 하는 횟수를 나타내는 단위. ¶형은 아르바이트를 하루에 두 탕이나 뛴다.

탕²[탕] 속이 비어서 아무것도 없는 모양. 큰텅¹.

탕³[탕] ①단단한 물건이 좀 세게 부딪칠 때 울려 나는 소리. ¶방문을 탕 닫다. /주먹으로 책상을 탕 치다. ②폭약 같은 것이 터지면서 울리어 나는 소리. ¶공기총을 탕 쏘다. /폭죽이 탕 터지다. 큰텅². ⑳땅². **탕-탕**하자타.

탕:(湯)¹뗑 ①'국'을 달리 이르는 말. 탕국. ②제사에 쓰는 찬(饌)의 한 가지. 건더기가 많고 국물이 적은 국. 〔소탕(素湯)·어탕(魚湯)·육탕(肉湯) 따위가 있음.〕

탕(湯)²뗑 (목욕간이나 온천 따위에서) 목욕하는 곳. ¶탕에 들어가다.

-탕(湯)匹미 《일부 명사 뒤에 붙어》 ①'탕약(湯藥)'을 뜻함. ¶쌍화탕. /육미탕. ②'국'을 뜻함. ¶갈비탕. /설렁탕.

탕:갈(蕩竭)뗑하자타 재물(財物)이 모두 없어짐, 또는 다 없앰. ⑪탕진(蕩盡).

탕:감(蕩減)뗑하타되자 (사사로이 쓴 나랏돈이나 빚 따위를) 모두 삭제 줌. ¶조세 탕감. /부채를 탕감해 주다. /소작료를 탕감하다.

탕개 물건의 동인 줄을 죄는 제구. 동인 줄의 중간에 비녀장을 질러 비비 틀면 줄이 죄어들게 됨.

탕개(를) 틀다판용 탕갯줄을 틀어 동인 물건을 죄다. ¶단단히 탕개를 틀어 둥불의 짐바리.

탕개-목(-木)뗑 탕갯줄이 풀리지 않도록 질러 놓는 나무.

탕개-불임[-부침]뗑 탕갯줄을 틀어서 나뭇조각을 붙이는 일.

탕:객(蕩客)뗑 방탕한 사람.

탕개-줄[-개쭐/-갠쭐]뗑 탕개목을 지른 줄.

탕:-거리(湯-)[-꺼-]뗑 탕을 끓일 재료.

탕:건(宕巾)뗑 지난날, 관원이 갓 아래에 받쳐 쓰던 관(冠)의 한 가지. 말총으로 뜨는데, 앞이 낮고 뒤가 높아 턱이 졌음.

탕:건-집(宕巾-)[-찝]뗑 탕건을 넣어 두는 상자.

탕:관(湯灌)뗑 불교 장례에서, 납관(納棺)하기 전에 시체를 목욕시키는 일.

탕:관(湯罐)뗑 국을 끓이거나 약을 달이는 그릇. 보통 오지로 되었으며, 손잡이가 있음.

탕:-국(湯-)[-꾹]뗑 ㄷ탕(湯)¹.

탕:-국물(湯-)[-꿍-]뗑 탕의 국물.

탕:기(湯器)[-끼]뗑 ①국이나 찌개 따위를 떠 놓는 자그마한 그릇. ②『의존 명사적 용법』국이나 찌개를 떠 놓는 그릇을 세는 단위. ¶국 한 탕기. /미음 한 탕기를 비우다.

탕:론(蕩論)[-논]뗑 〈탕평론〉의 준말.

탕:-메(湯-)뗑 제사에 쓰는 국과 밥.

탕:면(湯麵)뗑 국에 만 국수.

탕:반(湯飯)뗑 장국밥.

탕:-방(-房)뗑 장대석으로 방고래를 이루고, 넓고 큰 구들장을 놓아 만든 방.

탕:부(蕩婦)뗑 방탕한 여자.

탕:산(蕩散)뗑하자 〈탕진가산〉의 준말.

탕:산(蕩散)뗑하자 망하여 뿔뿔이 흩어짐. 탕석.

탕:상(湯傷)뗑 끓는 물에 덴 상처.

탕:석(蕩析)뗑하자 ㄷ탕산(蕩散).

탕:-솥(湯-)[-솥]뗑 탕을 끓이는 솥. *탕:솥이[-소치]·탕:솥을[-소틀]·탕:솥만[-손-]

탕:수(湯水)뗑 끓는 물.

탕:수-색(湯水色)뗑 조선 시대에, 대궐 안의 각 전(殿)에 있던 액정서(掖庭署)의 사역(使役).

탕수-육(*糖水肉)뗑 중화요리의 한 가지. 쇠고기나 돼지고기에 녹말가루를 묻혀 튀긴 뒤에, 초·간장·설탕·야채 따위를 넣어 새콤달콤하게 끓인 녹말 국물을 끼얹어 만듦.

탕:심(蕩心)뗑 방탕한 마음. ¶탕심이 나다.

탕:아(蕩兒)뗑 ㄷ탕자(蕩子).

탕:액(湯液)뗑 한약을 달이어 짠 물.

탕:약(湯藥)뗑 달여서 먹는 한약. 탕제. ⑳산약(散藥)·환약.

탕약에 감초(甘草) 빠질까쇽담 어떤 일에나 빠짐없이 끼어드는 사람을 두고 빗대는 말.

탕양(蕩漾) '탕양하다'의 어근.

탕:-양(蕩漾)─형미 큰 물결이 일렁거리다. **탕양-히**.

탕:요(蕩搖)뗑하자타 흔듦, 또는 흔들림.

탕:-원미(湯元味)뗑 지난날, 초상집에 쑤어 보내던 죽. 물에 씻어 반쯤 찧은 멥쌀에 잘게 다진 쇠고기를 양념하여 넣고 묽게 끓임.

탕일(蕩逸) '탕일하다'의 어근.

탕:-일-하다(蕩逸-)형미 방탕하여 절제함이 없다.

탕:자(蕩子)뗑 방탕한 사나이. 탕아(蕩兒). ¶뉘우치고 돌아온 탕자를 아버지가 기뻐하며 맞았다.

탕:장(帑藏)뗑 내탕고(內帑庫)에 보관되어 있던 재물.

탕:전(帑錢)뗑 ㄷ내탕금(內帑金).

탕:정(湯井)뗑 더운물이 솟는 우물. 온천(溫泉). 탕천(湯泉).

탕:정(蕩情)뗑 방탕한 마음.

탕:제(湯劑)뗑 ㄷ탕약.

탕:지(蕩志)圏 ①호탕한 웅지(雄志). 크고 넓은 뜻. ②방탕한 마음.

탕:-지기(湯-)圏 대궐 안에서 국을 맡아 끓이던 종.

탕:진(蕩盡)圏하다되자 (재물 따위를) 다 써서 없앰. 판탕(板蕩). ¶노름으로 가산을 탕진하다. 働탕갈(蕩竭).

탕:진-가산(蕩盡家産)圏하자 집안의 재산을 다 써서 없앰. 탕패가산. ¶노름으로 탕진가산하다. 働탕산(蕩産).

탕:창(宕氅)圏 '탕건(宕巾)'과 '창의(氅衣)'를 아울러 이르는 말.

탕:창-짜리(宕氅-)圏 '탕건을 쓰고 창의를 입은 사람'을 홀하게 이르는 말.

탕:창-하다(宕氅-)자예 당하(堂下)의 벼슬을 하다.

탕:척(蕩滌)圏하다 죄명(罪名)이나 전과(前過) 따위를 깨끗이 씻어 줌.

탕:척-서용(蕩滌敍用)[-써-]圏 죄명을 씻어 주고 다시 등용함.

탕:천(湯泉)圏 ☞탕정(湯井).

탕:치(湯治)圏하타 ①온천에서 목욕하여 병을 고침. ②약탕(藥湯)에 몸을 담가 치료함, 또는 그 일.

탕:-치다(蕩-)타 ①(재산을) 다 없애다. ②(빚을) 탕감하다.

탕탕閉하자타 실속 없이 헛된 장담으로 큰소리만 치는 모양. ¶아무것도 없으면서 늘 훤소리만 탕탕 친다. 働텅텅. 働떵떵.

탕탕(蕩蕩)'탕탕하다'의 어근.

탕탕-거리다자타 자꾸 탕탕하다. 탕탕대다. 働텅텅거리다.

탕탕-대다타 탕탕거리다.

탕:-탕평(蕩蕩平平)圏하예 (싸움이나 시비·논쟁 따위에서) 어느 쪽에도 치우침이 없이 공평함. 働탕평(蕩平).

탕:-하다(蕩-)예 ①썩 넓고 크다. ¶탕탕한 바다. ②다가을 일 따위가 순조롭다. ③마음이 유연하고 사사로움이 없다. ④수세(水勢)가 힘차다. 탕탕-히閉.

탕:파(湯婆)圏 (잠자리를 따뜻하게 하기 위하여) 더운물을 채워 자리 밑에 넣어 두는, 사기나 쇠로 만든 그릇. 주로, 노인이나 환자·젖먹이를 위해 사용함. 각파(脚婆).

탕:패(蕩敗)圏하타 재물을 다 없애어 결딴냄.

탕:패-가산(蕩敗家産)圏하자 ☞탕진가산(蕩盡家産).

탕:평(蕩平)圏 ①하타 소탕하여 평정(平定)함. ¶탕평 천하(天下). ②하예〈탕탕평평〉의 준말. ③〈탕평책〉의 준말. ②탕평-히閉.

탕:평-론(蕩平論)[-논]圏 조선 영조 때의 탕평책(蕩平策)의 정론(政論). 働탕론(蕩論).

탕:평-채(蕩平菜)圏 초나물에 녹두묵을 썰어 넣고 무친 음식. 〔조선 영조 때, 탕평책(蕩平策)을 논하는 자리의 음식상에 처음 올랐다는 데서 유래함.〕 묵청포.

탕:평-책(蕩平策)圏 조선 시대에, 영조(英祖)가 당쟁의 시정책을 내리고 인재를 노론(老論)과 소론(少論)에서 같이 등용함으로써 당쟁을 없애려던 정책. 働①탕평.

탕:폐(湯斃)[-폐/-폐]圏 중국 송나라 때, 어전(御前)에서 차를 달일 때에 쓰던 찻잔.

탕:포(蕩逋)圏 지난날, 범포(犯逋)한 사람의 변상을(辨償)을 탕감하던 일.

탕:-화(湯火)圏 끓는 물과 뜨거운 불.

탕:-화(湯花)圏 온천 밑바닥에 가라앉아 생긴, 황의 김이 식어서 엉긴 가루.

탕:화-창(湯火瘡)圏 한방에서, 끓는 물이나 불에 데어서 생긴 상처를 이르는 말.

태[1]圏 농작물에 해를 끼치는 새를 쫓는 기구. 짚이나 삼·실 따위로 머리는 굵고 꼬리는 가늘게 꼬아, 머리를 잡고, 꼬리를 휘휘 두르다가 거꾸로 잡아채면 '딱' 소리가 나서 새를 쫓게 됨.

태[2]圏 질그릇이나 놋그릇의 깨진 금.

태(를) 먹다판용 그릇이 깨져 금이 생기다.

태(兌)圏 ①〈태패(兌卦)〉의 준말. ②〈태방(兌方)〉의 준말.

태(胎)圏 ①모체(母體) 안에서 새 생명체를 싸고 있는 난막(卵膜)·태반(胎盤)·탯줄을 통틀어 이르는 말. 삼. ②〈태지(胎紙)〉의 준말.

태를 길렀다[길렀다]속담 '사람이 어리석고 못났음'을 이를 때 하는 말.

태(泰)圏 〈태괘(泰卦)〉의 준말.

태:(態)圏 ①겉에 나타난 생김새. ¶말없는 청산이요, 태 없는 유수(流水)로다(古時調). ②맵시. ¶태 고운 아미(蛾眉).

태가(駄價)[-까]圏 짐을 날라 주거나 쳐다 준 삯. 働태를 치르다.

태-가다다자 질그릇이나 놋그릇에 깨진 금이 생기다.

태갈(苔碣)圏 이끼가 긴 작은 빗돌.

태감(台監)圏 지난날, 편지 글 등에서 '대감(大監)'이라는 말 대신 쓰던 말.

태감(台鑑)圏 (종이품 이상의 벼슬아치에게 내는 편지나 보고서 따위의 겉봉에) '살펴보소서'라는 뜻으로 쓰던 말. 태람(台覽)

태강(太康)圏 〈태괘(太卦)〉의 준말.

태강즉절(太剛則折)[-쩔]圏하예 너무 세거나 빳빳하면 꺾어지기 쉽다는 말.

태거(汰去)圏하타 지난날, 죄과(罪過)가 있는 하급 벼슬아치나 구실아치를 파면하던 일.

태경(苔徑)圏 이끼가 긴 좁은 길.

태경-간풍(胎驚癎風)圏 한방에서, 임신 중에 받은 심한 충격 때문에, 낳은 아이에게 일어나는 경간(驚癎)을 이르는 말.

태계(苔階)[-게/-계]圏 이끼가 긴 섬돌.

태고(太古)圏 아주 오랜 옛날. 반고(盤古). 수고(邃古). 숭석(崇昔). ¶태고의 신비.

태고(太高)圏하예 매우 높음.

태고-사(太古史)圏 태곳적의 역사.

태고-순민(太古順民)圏 아주 오랜 옛날의 순하고 선량한 백성.

태고연(太古然)'태고연하다'의 어근.

태고연-하다(太古然-)圏예 아주 오랜 옛적의 모습 그대로이다. 태고연-히閉.

태고지민(太古之民)圏 아주 오랜 옛날의 어질고 순박한 백성.

태고-적(太古-)[-고쩍/-곧쩍]圏 아득히 먼 옛날.

태공(太公)圏 〈국태공(國太公)〉의 준말.

태공(太空)圏 아득히 높고 먼 하늘.

태공-망(太公望)圏 '낚시질을 좋아하는 사람'을 이르는 말. 〔중국 주나라의 재상인 태공망이 낚시질을 즐겼다는 데서 유래함.〕

태과(太過)圏하예 매우 지나침. 아주 심함. 태과-히閉.

태관(苔管)圏 ☞색대.

태괘(兌卦)圏 ①팔괘(八卦)의 하나. 상형은 '☱'로 못을 상징함. ②육십사괘의 하나. 괘형의 태괘(兌卦:☱)를 위아래로 놓은 패. 못 아래 못이 거듭됨을 상징함. ㉾태(兌).

태괘(泰卦)명 육십사괘의 하나. 팔괘의 곤괘(坤卦:☷)와 건괘(乾卦:☰)를 위아래로 놓은 패. 하늘과 땅이 사귐을 상징함. ㉾태(泰).

태교(胎敎)명 임신 중에 태아에게 좋은 감화를 주기 위하여 임부(姙婦)가 마음을 바르게 하고 언행을 삼가는 일, 또는 그 가르침.

태국(泰國)명 '타이'의 한자음 표기.

태권(跆拳)명 [-꿘]명 우리나라 고유 무술의 한 가지. 맨손과 맨주먹으로 찌르기·치기, 발로 차기 따위로 공격·방어함. ㉾태견.

태권-도(跆拳道)명 [-꿘-]명 무도(武道)로서의 태권을 이르는 말. 우리나라의 국기(國技)로서 겨루기·품세·단련 등으로 기술을 닦으며, 손기술과 발기술 등으로 상대편과 겨름.

태그(tag)명 ①야구에서, 야수가 손이나 글러브로 공을 잡은 다음 몸을 누(壘)에 대는 일, 또는 공이나 글러브를 주자에게 대는 일. ②프로 레슬링에서, 두 사람이 한 조가 된 선수를 이름.

태그^매치(tag match)명 프로 레슬링에서, 두 사람 또는 세 사람이 한 조가 되어 벌이는 경기.

태극(太極)명 ①동양 철학에서, 온 세상의 만물이 생겨나는 근원을 이름. ②역학(易學)에서, 음양(陰陽)의 두 원기(元氣)가 나누어지기 전의 근본을 이름. ③만물의 근원을 그림으로 나타낸 상징. 우주를 뜻하는 하나의 원(圓)을 양과 음으로 2등분하여 양은 붉은빛으로, 음은 납빛으로 된 고리 모양의 무늬가 머리 부분을 서로 엇물고 돌아가듯이 그린 것. ¶태극 무늬.

태극-기(太極旗)명 [-끼]명 우리나라의 국기. 흰 바탕의 한가운데에 태극(太極)을, 네 귀에 태극을 향하여 검은색으로 건(乾)·곤(坤)·감(坎)·이(離)의 패를 그렸음.

태극-나방(太極-)명 [-긍-]명 밤나방과의 곤충. 편 날개 길이 7 cm가량. 몸과 날개가 모두 갯빛의 암갈색인데, 앞날개에 뚜렷한 태극 무늬가 있음. 5~8월에 두 번 출현하는데, 우리나라와 동아시아 각지에 분포함.

태극-선(太極扇)명 [-썬]명 태극 모양을 그린 둥근 부채. 까치선.

태금(汰金)명하자 감흙에 섞여 있는 황금을 물에 일는 일, 또는 일어 내는 일.

태급(太急)명하형 매우 급함. 태급-히튀.

태기(胎氣)명 아이를 밴 기미. ¶태기를 느끼다. /태기가 보이다.

태:-깔(態-)명 ①맵시와 빛깔. ¶태깔이 곱다. ②교만한 태도.

태깔(이) 나다관용 맵시 있는 태도가 있다.

태:깔-스럽다(態-)[-따][~스러우니·~스러워]형ㅂ 교만한 태도가 있다. 태깔스레튀.

태껸명 우리나라 전통 무술의 한 가지. 섬세하고 부드럽게 움직이다 튀기듯이 순간적으로 손질·발질을 하여 상대편을 물리치는 무술.〔중요 무형문화재 제76호임.〕 ㉾태권(跆拳).

태:-나다자 <태어나다>의 준말.

태납(怠納)명하타 (세금이나 회비 따위를) 정해진 기간이 지나도록 내지 않음.

태낭(胎囊)명 포유동물의 태아를 싸고 있는 주머니 모양의 것. 또는, 조류나 파충류의 알껍데기 안에 있는 배(胚)의 거죽.

태내(胎內)명 태(胎)의 안.

태농(怠農)명하자 농사일을 게을리 함, 또는 그런 농민. ㉯나농(懶農).

태-다타 '태우다1~3'의 잘못.

태다-수(太多數)명하형 썩 많음.

태다-수(太多數)명 썩 많은 수효.

태단(胎丹)명 한방에서, 태아에게 생긴 단독(丹毒)으로 나타나는 병.

태-대각간(太大角干)[-깐]명 신라 때의 관계(官階) 가운데 최고의 위계(位階). 대각간(大角干)의 위.〔나라에 큰 공로가 있는 사람을 예우(禮遇)하기 위한 것인데, 일찍이 김유신(金庾信)에게 준 일이 있음.〕

태-대사자(太大使者)명 고구려 때의 관직. 국가의 기밀, 법의 개정, 정발, 관작의 수여 등 중요한 일을 맡아보던 벼슬.

태-대형(太大兄)명 고구려 후기 직제의 한 가지. 대대로(大對盧)의 다음으로, 국가의 기밀, 개법(改法), 징발, 관작 수여 따위를 맡아보던 벼슬.

태:도(態度)명 ①몸을 가지는 모양이나 맵시. ②어떤 사물에 대한 감정이나 생각 따위가 겉으로 나타난 모습. ③어떤 상황이나 사물에 대한 준비 태세로서의 마음가짐. ¶꼭 하고야 말겠다는 백절불굴의 태도.

태독(胎毒)명 젖먹이의 머리나 얼굴에 생기는 여러 가지 피부병.

태동(胎動)명하자 ①모태 안에서 태아가 움직임. ②어떤 일이 일어날 기운이 싹틈. ¶개혁(改革) 세력이 태동하다. ③㉯동태.

태두(太豆)명 '소의 콩팥'을 식용(食用)으로 이르는 군두목.

태두(泰斗)명 ①<태산북두(泰山北斗)>의 준말. ②(어떤 전문 분야에서) '첫손을 꼽을 만큼 권위가 있는 사람'을 비유하여 이르는 말. ¶퇴계 선생은 조선 성리학(性理學)의 태두이시다.

태란(胎卵)명 '태생(胎生)'과 '난생(卵生)'을 아울러 이르는 말.

태람(太濫)명하형 너무 한도가 지나침.

태람(台覽)명 지난날, 종이품 이상의 관원이나 그에 준하는 높은 사람에게 글이나 그림 따위를 보낼 때, '살펴보소서' 하는 뜻으로 겉봉에 쓰던 말. 태감(台鑑).

태령(太嶺·泰嶺)명 험하고 높은 고개.

태뢰(太牢)[-뢰/-뤠]명 ㄷ대뢰(大牢).

태루(胎漏)명 한방에서, 유산의 징후로 보이는 임신 중의 자궁 출혈을 이르는 말.

태류(苔類)명 선태식물의 한 가지. 뜰이나 우물 근처의 축축한 곳에 나는데, 우산이끼가 이에 딸림.

태림(台臨)명하자 지체가 높은 어른의 '출타(出他)'를 높이어 이르는 말.

태-마노(苔瑪瑙)명 이끼와 같은 무늬가 있는 마노.

태막(胎膜)명 태아를 싸서 보호하고 호흡·영양 작용을 맡은 태반을 이루는, 양막(羊膜)·장막(漿膜)·요막(尿膜) 따위를 통틀어 이르는 말. 태아 기관.

태만(怠慢)명하형 게으르고 느림. 과태(過怠). ¶직무 태만. /업무 자세가 태만하다. 태만-히튀.

태맥(胎脈)명 아이를 밴 여자의 맥.

태명(台命)명 삼정승이나 지체가 높은 사람의 명령.

태모(胎母)명 ㄷ잉부(孕婦).

태몽(胎夢)명 아기를 밸 징조로 꾸는 꿈.

태묘(太廟)명 ㄷ종묘(宗廟).

태무(殆無)圐휑 거의 없음.

태-무심(殆無心)圐휑 거의 마음을 쓰지 않음.

태문(苔紋)圐 이끼 모양으로 된 무늬.

태반(太半)圐〔절반은 훨씬, 넘긴 수량이란 뜻으로〕거의 3분의 2를 넘음을 이르는 말. 대반(大半). ¶버스 사고로 승객의 태반이 크게 다쳤다.

태반(殆半)圐 거의 절반. ¶그 넓은 밭을 어느 결에 태반이나 갈았다.

태반(胎盤)圐 포유동물에서 볼 수 있는 배(胚)의 양육 기관. 임신하면 자궁 내벽과 태아의 사이에서 영양 공급·호흡·배출 따위의 기능을 맡은, 혈관이 풍부한 해면상(海綿狀)의 조직.

태발(胎髮)圐 ▷배냇머리. 산모(產毛).

태방(兌方)圐 팔방(八方)의 하나. 정서(正西)를 중심으로 45도 범위 이내의 방위. 密태(兌). ↔진방(震方).

태배(鮐背)圐〔늙은이의 살가죽이 복어의 무늬와 같다는 뜻으로〕'늙은이'를 비유하여 이르는 말.

태백-성(太白星)[-썽]圐 저녁때 서쪽 하늘에 빛나는 '금성(金星)'을 이르는 말. 장경성.

태벌(笞罰)하타 지난날, 태장(笞杖)으로 볼기를 치던 형벌.

태변(胎便)圐 ▷배내똥.

태병(苔餠)圐 떠서 말린 파래.

태보(太保·大保)圐 고려 시대에, 정일품의 명예직인 삼사(三師)의 하나. 태사(太師)·태부(太傅)의 다음임.

태보(胎褓)圐 ▷삼.

태복-감(太卜監·大卜監)[-깜]圐 고려 시대에, 천문을 맡아보던 관아. 현종 14(1023)년에 사천대(司天臺)로 고쳤음.

태복-사(太僕司)[-씨]圐 조선 시대에, 임금의 거마(車馬)와 조마(調馬) 따위를 맡아보던 관아로, 고종(高宗) 때에 사복시(司僕寺)를 폐하고 설치하였음.

태복-시(太僕寺·大僕寺)[-씨]圐 고려·조선 시대에, 궁중의 승여(乘輿)·마필(馬匹)·목장(牧場)을 맡아보던 관아.

태봉(胎封)하자 왕실의 태(胎)를 묻던 일, 또는 그 묻은 곳.

태봉(泰封)圐 후삼국의 하나. 통일 신라 효공왕(孝恭王) 때 신라의 왕족 궁예(弓裔)가 송악(松嶽)에 세운 나라로, 뒤에 송악의 토호 왕건(王建)에게 패망함.〔901~918〕

태부(太傅·大傅)圐 ①고려 시대에, 정일품의 명예직인 삼사(三師)의 하나. 태사(太師)의 아래, 태보(太保)의 위. ②고려 시대에, 동궁에 속하여 왕세자의 교육을 맡아보던 종일품 벼슬.

태-부족(太不足)圐휑 아주 많이 모자람. ¶그양으로 이 많은 사람을 감당하기에는 태부족일세.

태비(苔碑)圐 이끼가 낀 비석.

태사(太社·大社)圐 지난날, 나라에서 토지의 신과 오곡(五穀)의 신에게 제사 지내던 곳.

태사(太師·大師)圐 고려 시대에, 정일품의 명예직인 삼사(三師)의 으뜸 벼슬.

태사(汰沙)하타되자 물에 일어서 좋고 나쁜 것을 갈라 놓음.

태사-국(太史局)圐 고려 시대에, 천문·역수(曆數)·측후(測候)·각루(刻漏) 따위의 일을 맡아보던 관아. 나중에 사천감(司天監)을 합하여 서운관(書雲觀)으로 고침.

태사-령(太史令)圐 고려 시대에, 태사국(太史局)의 종오품 벼슬.

태사-신(太史-)圐 남자의 마른신의 한 가지. 울을 비단이나 가죽으로 하고 코와 뒤축 부분에 흰 줄무늬를 넣었음. 태사혜(太史鞋).

태사-혜(太史鞋)[-혜/-헤]圐 ▷태사신.

태산(泰山)圐 ①썩 높고 큰 산. ¶태산이 높다하되 하늘 아래 뫼이로다(古時調). ②'크고 많음'을 비유하여 이르는 말. ¶걱정이 태산 같다. /어버이 은혜는 태산보다 높다.

태산 명동(鳴動)에 서일필(鼠一匹)이라[속담]〔태산을 울리고 요동하며 하더니 겨우 쥐 한 마리를 잡았다는 뜻으로〕크게 떠벌리기만 하고 결과는 보잘것없음을 이르는 말.

태산을 넘으면 평지를 본다[속담] 고생 끝에 낙이 온다는 말.

태산-교악(泰山喬嶽)圐〔'높고 큰 산'이라는 뜻으로〕'지조가 곧고 꿋꿋한 성격'을 이르는 말.

태산-북두(泰山北斗)[-뚜]圐 ①태산과 북두칠성을 아울러 이르는 말. ②'세상 사람들로부터 가장 존경을 받는 사람'을 비유하여 이르는 말. ②密산두·태두.

태산-압란(泰山壓卵)[-사남난]圐〔큰 산이 알을 누른다는 뜻으로〕'큰 위엄으로 여지없이 누름'을 비유하여 이르는 말.

태산-준령(泰山峻嶺)[-줄-]圐 큰 산과 험한 고개.

태상(太上)圐 ①가장 뛰어난 것. 극상(極上). ②▷천자(天子).

태상(胎上)圐 ▷태중(胎中).

태상-경(太常卿)圐 고려 시대에, 태상부(太常府)의 으뜸 벼슬을 이르던 말.

태상-부(太常府·大常府)圐 고려 시대에, 제사·증시(贈諡)를 맡아보던 관아. 25대 충렬왕 때 봉상시(奉常寺)로 고침.

태-상왕(太上王)圐 왕의 자리를 물려준, 생존하는 전 임금을 높이어 이르던 말. 태왕. ②密상왕(上王).

태-상절(兌上絕)圐 팔괘 중, 태괘(兌卦)는 위의 막대가 끊어졌다는 뜻으로, '☱'의 모양을 이르는 말. ↔간상련(艮上連).

태-상황(太上皇)圐 황제의 자리를 물려준, 생존하는 전 황제를 높이어 이르던 말. 태황제. ②密상황.

태생(胎生)圐 ①어미의 배 속에서 개체로서의 생활이 가능할 때까지 발육한 다음 태어나는 일. 대부분의 포유동물과 물고기의 일부가 이에 딸림. ↔난생. ②(사람이 어떤 곳에) 태어나는 일. ¶서울 태생. /그는 가난한 집 태생이다.

태생^과^실(胎生果實)圐 배(胚)가 발육하여 뿌리를 드리운 후에 모체에서 떨어지는 열매.

태생^동^물(胎生動物)圐 알이 수정된 뒤 모체 안에서 자라 성체(成體)로서 태어나는 동물의 종류를 통틀어 이르는 말. ¶고래는 태생 동물이다. ↔난생 동물.

태생-지(胎生地)圐 태어난 곳. ¶실례지만 태생지가 어딥니까?/우리 집안의 고향은 진주라지만 나의 태생지는 부산이다.

태생-학(胎生學)圐 '발생학(發生學)'을 의학에서 이르는 말.

태서(泰西)圐 '서양(西洋)'을 예스럽게 이르는 말.

태서문예-신보(泰西文藝新報)圐 우리나라 최초의 문예 주간지. 1918년 9월 장두철(張斗徹)의 주재로 일본 도쿄에서 창간되었음. 현재 16호까지가 전해짐. 처음에는 종합지의 성격을 띠고 출발하였으나 뒤에 문예지로서의 성격을 굳힘.

태석(苔石)**명** 이끼가 낀 돌.

태선(苔蘚)**명** ☞이끼1.

태선(苔蘚)**명** 좁쌀만 한 크기에서부터 삼씨만 한 크기의 구진(丘疹)이 생기는 만성 피부병. 물이 괴거나 곯지는 않음.

태성명 이마가 흰 말.

태세(太歲)**명** ①그해의 간지(干支). ②'목성(木星)'의 딴 이름.

태세(胎勢)**명** 자궁 안에서의 태아의 자세. 정상 태세와 반굴(反屈) 태세가 있음.

태:세(態勢)**명** (어떤 일을 앞두고) 정신적·육체적으로 갖추어진 태도와 자세. ¶ 물샐틈없는 경계(警戒) 태세. /방위 태세.

태속(苔贖)**명** 지난날, 볼기를 맞는 형벌 대신으로 관아에 바치던 돈.

태손(太孫)**명** <황태손>의 준말.

태수(太守)**명** ①신라 때, 군(郡)의 으뜸 벼슬. 위계(位階)는 중아찬(重阿湌)에서 사지(舍知)까지임. ②☞지방관(地方官).

태시(太始)**명** ①천지가 비롯된 때. 태초. ②만물의 최초. 근본.

태시(胎屎)**명** ☞배내똥.

태식(太息)**명** 한숨.

태식(胎息)**명** <태식법>의 준말.

태식-법(胎息法) [-뻡] **명하자** 도가(道家)에서 행하는 호흡법의 한 가지. 잡념을 없애고 가만가만 한동안 숨을 쉬어, 기운이 배꼽 아래에 미치게 하는 호흡법. ⏿태식(胎息).

태실(胎室)**명** 왕실에서 태를 묻던 석실.

태심(太甚)**어기** 아주 심함. ⏿극심하다.

태아(胎兒)**명** 태(胎) 안에서 자라고 있는 아기.

태아(胎芽)**명** ①식물에서, 양분을 저장하였다가 저절로 떨어져 나가 하나의 개체가 되는 싹. 〔마·백합 등의 육아(肉芽) 따위.〕 ②척추동물의 임신 후 2개월까지의 수정란.

태아-기관(胎兒器官)**명** ☞태막(胎膜).

태안(泰安)**명하형** 태평하고 안녕함. ¶ 댁내 두루 태안하시기를 기원합니다. 태안-히**부**.

태안-젓(太眼-) [-젇] **명** 명태의 눈으로만 담근 젓. * 태안젓이 [-저시] ·태안젓만 [-전-]

태양(太陽)**명** ①태양계의 중심을 이루는 항성. 거대한 고온의 가스 덩어리임. 염정(炎精). 염제(炎帝). 해1. ②'길이 자랑스럽고 희망을 주는 존재'를 상징하여 이르는 말. ¶ 민족의 태양. ③사상(四象)의 하나. 양기만 있고 음기는 조금도 없는 상태. ③↔태음.

태:양(態樣)**명** 모양. 상태.

태양-경(太陽鏡)**명** 태양을 관측할 때, 망원경에 부착시켜 눈에 들어가는 태양 광선을 조절하는 접안렌즈.

태양-계(太陽系) [-계/-게] **명** 태양을 인력의 중심으로 하여 운행하고 있는 천체의 집단. 수성·금성·지구·화성·목성·토성·천왕성·해왕성의 여덟 행성과 이에 딸린 50개 이상의 위성 및 소행성·혜성·유성을 통틀어 이르는 말.

태양-년(太陽年)**명** 태양이 황도(黃道) 위의 춘분점을 지나 다시 춘분점으로 돌아올 때까지의 시간. 〔평균 태양일로 365.242195일임.〕회귀년(回歸年).

태양-등(太陽燈)**명** 태양 광선과 비슷한 자외선을 비교적 많이 포함한, 빛을 내는 전등. 의료용이나 살균용으로 쓰임.

태양-력(太陽曆)**명** 지구가 태양의 둘레를 한 바퀴 도는 데 걸리는 시간을 1년으로 삼는 달력. ⏿양력. ⏿태음력.

태양^상수(太陽常數)**명** 대기(大氣)의 흡수가 없다고 가정하고, 태양 광선에 수직인 지표면(地表面) 1 cm²가 1분 동안에 받는 태양 에너지. 약 1.946 cal.

태양^숭배(太陽崇拜)**명** 자연 숭배의 한 가지. 미개 사회나 고대 사회의 종교에서, 태양을 최고의 신으로 받드는 신앙.

태양-시(太陽時)**명** 태양의 일주 운동(日週運動)을 기본으로 하여 정한 시법(時法). 1태양일을 24시간으로 하고, 자오선으로부터 태양의 중심까지의 각도에 의하여 시각을 나타냄. 〔진태양시, 평균 태양시 따위가 있음.〕

태양-신(太陽神)**명** (바빌로니아·이집트 등의) 고대 민족들이 신앙의 대상으로 신격화한 태양.

태양-열(太陽熱) [-녈] **명** 지구가 태양으로부터 받는 열에너지.

태양열^발전(太陽熱發電) [-녈-쩐] **명** 태양열(太陽熱)을 전력으로 변경시키거나, 태양열을 이용하여 하는 발전.

태양열^주:택(太陽熱住宅) [-녈-] **명** 태양열(太陽熱)을 이용하여 난방을 하거나 온수를 공급하도록 되어 있는 주택.

태양-인(太陽人)**명** 사상 의학에서 넷으로 나눈 사람의 체질 가운데 하나. 폐가 크고 간이 작으며, 활달하고 적극적인 반면 조급하고 독선적이며 노여움을 잘 타는 체질임. 상체가 튼튼하고 하체가 약함. ⏿소음인·소양인·태음인.

태양-일(太陽日)**명** 태양이 하늘 자오선을 지나서 다시 그 자오선을 지날 때까지의 시간. 〔진태양일(眞太陽日), 평균 태양일 따위가 있음.〕

태양^전:지(太陽電池)**명** 태양 에너지를 직접 전기 에너지로 바꾸는 광전지의 한 가지. 반도체를 이용하며 인공위성 따위에 쓰임.

태양^전:파(太陽電波)**명** 태양으로부터 나오는 전파. 코로나에서는 장파(長波), 채층(彩層)에서는 단파(短波)가 나옴. 무선 전신에 장애가 됨.

태양-증(太陽症·太陽證) [-쯩] **명** ☞상한양증(傷寒陽症).

태양-초(太陽草)**명** 햇볕에 말린 고추.

태양-충(太陽蟲)**명** 원생동물 태양충류를 통틀어 이르는 말. 몸길이는 0.05 mm가량. 몸은 둥글고, 핵을 중심으로 많은 위족(僞足)이 햇살 모양으로 뻗쳐 나왔으므로 이 이름이 붙음. 못이나 호소(湖沼)에 떠다니며, 세균이나 편모충을 잡아먹음.

태양-풍(太陽風)**명** 태양으로부터 방출되는, 자기장이 딸린 플라스마의 흐름.

태양^향:점(太陽向點) [-쩜] **명** 태양계가 항성 사이를 향하여 운동하고 있는 방향. 매초 19.5 km의 속도로 운행함.

태양-혈(太陽穴)**명** 한방에서, 침을 놓는 자리의 한 가지. 귀의 위, 눈의 옆쪽으로, 음식을 씹으면 움직이는 곳.

태양^흑점(太陽黑點) [-쩜] **명** 태양면에 보이는 검은 반점. 광구면(光球面)보다 약간 온도가 낮기 때문에 검게 보이는데, 지구 상의 기온과 천기(天氣)에도 갖가지 영향을 미침. ⏿흑점.

태어-나다자 (사람이나 동물이) 어미의 태(胎)로부터 세상에 나오다. ¶ 가난한 농부의 아들로 태어나다. ⏿태나다.

태업(怠業)**명하자** ①맡은 일을 게을리 함. ②노동 쟁의 수단의 한 가지. 노동조합의 통제하에 일을 하면서도 집단으로 노동 능률을 떨어뜨려 사용자에게 손해를 주는 방법. ②☞사보타주.

태:-없다(態-)[-업따]國 ①뽐낼 만한 지위에 있으면서도 조금도 뽐내는 빛이 없다. ②볼 만한 태가 없다. 맵시가 없다. ¶태없는 옷차림. **태없-이**튀.

태연(泰然)[혱허혱스혱 (태도나 기색이) 아무렇지 않고 예사로움. ¶보통 사람이라면 몹시 화를 낼 터인데도 그는 태연하기 짝이 없다. 태연-히튀. 태연스레혱 ¶아주 태연스레 거짓말을 한다.

태연-자약(泰然自若)國헝혱 (마음에 무슨 충동을 받을 만한 일이 있어도) 태연하고 천연스러움. ¶심한 타격에도 태연자약하다.

태열(胎熱)國 한방에서, 태중(胎中)의 열로 말미암아 갓난아이에게 나타나는 병증을 이르는 말. 얼굴이 붉어지고 눈을 감으며, 변비가 따르고 젖을 잘 먹지 않음.

태엽(胎葉)國 시계나 장난감 따위의 기계에서, 탄력을 이용하여 동력으로 쓰는 부속품. 얇고 긴 강철 띠를 돌돌 말아 넣었음. ¶태엽을 감다. 태엽이 풀리다[관용]'긴장 따위가 풀려 몸과 마음이 느슨해지다'를 속되게 이르는 말.

태오(怠傲)國 '태오하다'의 어근.
태오-하다(怠傲)[형이] 거만하고 버릇이 없다.
태완(太緩)國 '태완하다'의 어근.
태완-하다(太緩)[형이] 몹시 느리거나 느슨하다.
태왕(太王)國 □태상왕(太上王).
태우다[타] [『타다¹』의 사동] ①불을 붙여 타게 하다. ¶쥐불을 놓아 논둑을 태우다. ②(탈 만큼 타서) 몹시 눋게 하다. ¶밥을 태우다. ③살갗이 햇볕에 그을게 하다. ¶일광욕으로 피부를 태우다. ④몹시 애달게 하거나 걱정이 되게 하다. ¶부모(父母)의 애간장을 태우다. ⑤바싹 마르게 하다. ¶논밭을 태우다.

태우다²[타] [『타다²』의 사동] (수레나 배 따위) 탈것에 몸을 싣게 하다. ¶동생을 차에 태우다. /아기를 그네에 태우다.

태우다³[타] [①[『타다⁵』의 사동] 몫으로 주는 돈이나 물건을 받게 하다. ¶곗돈을 태우다. ②노름이나 내기 따위에서, 돈이나 물건을 걸다. ¶한 판에 가진 돈을 몽땅 태웠다.

태우다⁴[타] [『타다³』의 사동] 간질럼을 타게 하다.
태운(泰運)國 걱정이 없고 평안한 운수.
태위(太尉·大尉)國 고려 시대의 삼공(三公)의 하나.
태위(台位)國 삼공(三公)의 자리, 곧 재상(宰相)을 이르던 말. 태좌(台座).
태위(胎位)國 태아의 위치.
태유(太油)國 콩기름.
태을(太乙)國 ①□태일(太一). ②〈태을성(太乙星)〉의 준말.
태을-성(太乙星)[-썽]國 ①음양가가 이르는 신령한 별의 이름. 하늘 북쪽에 있어 병란(兵亂)·재화(災禍)·생사를 맡아 다스린다고 함. ②도교에서, 천제(天帝)가 살고 있다는 별. 태일성(太一星).
태을-점(太乙占)[-쩜]國 태을성의 이동하는 위치에 따라 길흉을 점치는 일, 또는 그 점. 태일점(太一占).
태음(太陰)國 ①(태양에 대하여) '달'을 이르는 말. ②사상(四象)의 하나. 음기(陰氣)만 있고 양기(陽氣)가 조금도 없는 상태. ②→태양.
태음-년(太陰年)國 태음력에 따른 1년. 태음월을 평년에는 열두 번, 윤달이 있을 때는 열세 번 거듭하는 시간으로, 354일 또는 355일에 해당함.

태음-력(太陰曆)[-녁]國 달의 만월에서 만월까지의 29.53059일을 기초로 하여 만든 역법(曆法). 1년을 12월로 하고 작은 달을 29일, 큰 달을 30일로 함. 주로 고대 이슬람권에서 사용되었음. ②음력.
태음-월(太陰月)國 달이 신월(新月)에서 다음 신월이 될 때까지의 동안. 삭망월(朔望月).
태음-인(太陰人)國 사상 의학에서 넷으로 나눈 사람의 체질 가운데 하나. 폐가 작고 간이 크며, 꾸준하고 끈질긴 성질이 있는 반면 욕심이 많은 체질임. 상체가 약하고 하체가 튼튼하며 체격이 큰 편임. ②소음인·소양인·태양인.
태음-일(太陰日)國 달이 자오선(子午線)을 지나다시 그 자오선에 돌아오는 때까지의 동안. 약 24시간 50분 28초.
태음-증(太陰症·太陰證)[-쯩]國 □상한음증.
태음^태양력(太陰太陽曆)[-녁]國 태음력과 태양력을 절충한 역법. 곧, 달의 운행에 기준을 두면서 계절에도 맞춘 책력으로 19년에 일곱 번 윤달을 두었음. 우리나라의 음력이나 중국력·그리스력(曆) 등이 이에 딸림. ②음력(陰曆).
태의(胎衣)[-의/-이]國 태(胎)의 껍질.
태의-감(太醫監)[-의-/-이-]國 고려 시대에, 의약·치료에 관한 일을 맡아보던 관아. 충렬왕 34(1308)년에 사의서(司醫署)로 고쳤음.
태일(太一·泰一)國 ①중국 철학에서, 천지 만물의 출현과 성립의 근원을 이르는 말. 우주의 본체. 태을(太乙). ②〈태일성〉의 준말.
태일-성(太一星)[-썽]國 □태을성. ②태일.
태일-점(太一占)[-쩜]國 □태을점(太乙占).
태임(胎孕)國혱자탐] □잉태(孕胎).
태자(太子)國 〈황태자(皇太子)〉의 준말. ¶태자 자리에 오르다.
태자-궁(太子宮)國 ①〈황태자〉의 높임말. ②춘궁(春宮). ②황태자가 거처하는 궁궐. 동궁(東宮).
태자-비(太子妃)國 황태자의 아내. 비(妃).
태작(駄作)國 보잘것없는 작품. 졸렬한 작품.
태장(笞杖)國 '태형(笞刑)'과 '장형(杖刑)'을 아울러 이르는 말.
태장-계(胎藏界)[-계/-게]國 밀교(密敎)의 이대 법문(二大法門)의 하나. 대일여래(大日如來)를 자비(慈悲) 면에서 나타낸 이름. 부처의 보리심(菩提心)을 어머니의 태내(胎內)에 비유한 뜻. ②금강계(金剛界).
태장계^만다라(胎藏界曼陀羅)[-계/-게-]國 대일경(大日經)에 바탕을 둔 태장계의 모습을 나타낸 그림. 부처의 보리심이 어머니의 태내(胎內)에 비유되는 자비(慈悲)에 의하여 일체 중생을 구제하는 것을 상징한 그림.
태전(笞田)國 '김의 양식장(養殖場)'을 논밭에 비유하여 이르는 말.
태점(胎占)國 배 속의 아이가 아들인지 딸인지를 알려고 치는 점.
태정(台鼎)國 지난날, '삼정승'을 달리 이르던 말.
태정(笞井)國 이끼가 긴 우물.
태조(太祖)國 (중국이나 우리나라에서) 개국(開國)한 임금에게 올린 묘호(廟號).
태종(太宗)國 태조(太祖)에 이어 업적이나 덕행이 뛰어났던 임금에게 올린 묘호(廟號).
태좌(台座)國 □태위(台位).
태좌(胎座)國 암술꽃의 한 부분. 씨방 안에 밑씨가 붙는 자리.
태죄(笞罪)[-죄/-줴]國 태형(笞刑)에 해당하는 죄.

태주[명] 마마를 앓다가 죽은 어린 계집아이의 귀신. 명도(明圖).

태주(太蔟·太簇)[명] ①동양 음악에서 십이율(十二律)의 셋째 음. ②'음력 정월(正月)'을 달리 이르는 말.

태주-할미[명] 태주를 부리는 여자.

태중(胎中)[명] 아이를 배고 있는 동안. 태상(胎上). ¶태중에는 몸조심해야 한다.

태지(胎紙)[명] ①족자나 병풍 따위를 만들 때, 서화의 가장자리에 덧대는 종이. ⊜태(胎). ②편지 속에 따로 적어 끼워 넣는 종이. ②협지(夾紙).

태직(太稷)[명] 임금이 백성을 위하여 후직(后稷)에게 제사 지내던 곳.

태-질[명] ①[하타]세차게 메어치거나 내던지는 짓. ②[하타]개상에다 곡식단을 메어쳐 곡식 알을 떠는 일.

태질-치다[타] 세게 메어치거나 내던지다. ¶가방을 길바닥에 태질치다. ㉤태치다.

태-짐(駄-)[명] 먼 곳으로 지거나 실어서 나르는 짐.

태짐-꾼(駄-)[명] 먼 곳으로 태짐을 져 나르는 일꾼.

태차(胎借)[명][하자] 임신한 여자가 약을 먹어 배속의 아이에게 차력(借力)이 되게 하는 일.

태천(苔泉)[명] 이끼가 덮인 샘.

태초(太初)[명] 천지가 처음 열린 때. 천지가 창조된 때. 창초(創初). 태시(太始).

태촉(太促)[명][하타] 몹시 급하게 재촉함.

태촉-하다(太促-)[-초카-][형여] 매우 촉박하다.

태-치다[타]☞태질치다의 준말.

태코미터(tachometer)[명] ▷회전 속도계.

태클(tackle)[명][하타] ①레슬링의 공격 기술의 한 가지. 양팔로 상대편의 아랫도리나 허리를 잡아 밀어서 넘기는 기술. 〔한다리 태클·허리 태클 따위.〕 ②럭비에서, 공을 쥐고 뛰는 상대편의 아랫도리를 잡아 못 가게 하거나 넘어 뜨리거나 공을 빼앗는 일. ③축구에서, 공을 몰고 나아가는 상대편 선수에 대하여 그 발 앞의 공을 몸을 날리거나 하여 기습적으로 빼앗는 일.

태타(怠惰)[명][하여] 게으름. 해태(懈怠).

태탕(駘蕩)[명]'태탕하다'의 어근.

태탕-하다(駘蕩-)[형여] ①넓고 크다. ②봄날의 날씨 따위가 매우 화창하다.

태토(胎土)[명] 질그릇의 밑감으로 쓰는 흙.

태평(太平·泰平)[명][하여][스럽] ①세상이 안정되고 풍년이 들어 아무 걱정이 없고 평안함. ¶태평을 누리다. /나라의 태평을 기원하다. /태평한 세월. ②성격이 느긋하여 근심 걱정 없이 태연함. ¶끼닛거리가 없어도 태평이다. ③몸이나 마음이나 집안이 평안함. 태강(太康). **태평-히**[부]. **태평스레**[부].

태평-가(太平歌)[명] ①세상의 태평함을 기뻐하여 부르는 노래. ②국악의 가곡인 '만년장환지곡(萬年長歡之曲)'의 맨 끝 곡.

태평-과(太平科)[명] 조선 시대에, 시절이 태평하거나 나라에 경사가 있을 때 임시로 보이던 과거의 한 가지. ¶국가에 경사 있어 태평과를 보이실새(烈女春香守節歌).

태평-관(太平館)[명] 조선 시대에, 명나라 사신이 머무르던 객사(客舍).

태평-꾼(太平-)[명] (세상일에 관심이 없거나 물정에 어두워) '아무 걱정이 없이 마음이 항상 평안한 사람'을 이르는 말.

태평-사(太平詞)[명] 조선 선조 때, 박인로(朴仁老)가 지은 가사. 임진왜란 때 다시 돌아오게 될 태평성대를 마음속에 그리며 읊은 사사조(四四調) 가사체의 장가(長歌).

태평-성대(太平聖代)[명] 어진 임금이 다스리는 태평한 세상, 또는 그 시대. ¶태평성대를 누리다.

태평-성사(太平盛事)[명] 태평한 시대의 크고 훌륭한 일.

태평-세계(太平世界)[-계/-게][명] 평화스러운 세상(世上).

태평-세월(太平歲月)[명] 근심이나 걱정이 없는 평안한 시절.

태평-소(太平簫)[명] 단단한 나무의 속을 파서 만든 국악기의 한 가지. 갈대로 된 서가 있고 아래쪽에 지름 13cm가량의 동팔랑(銅八郞)이 달렸음. 관에는 앞쪽에 일곱 구멍, 뒤쪽에 한 개의 구멍이 있음. 처음에는 군악에 쓰였으나 뒤에 종묘 제향악, 농악 등에도 두루 쓰이게 됨. 대평소. 쇄납. 철적(鐵笛).

태평-송(太平頌)[명] 신라 28대 진덕 여왕(眞德女王)이 당나라 고종에게 보낸 송시(頌詩). 당나라의 홍업(洪業)을 크게 칭송한 내용임.

태평양^전:쟁(太平洋戰爭)[명] 제2차 세계 대전의 일부로, 1941년 12월 8일부터 1945년 8월 15일까지 일본과 미국·영국·네덜란드 등의 연합국 사이에 벌어진 전쟁.

태평-연월(太平烟月)[-녀럴][명] 태평하고 안락한 세월. ¶어즈버, 태평연월이 꿈이런가 하노라.

태평-천하(太平天下)[명] 태평스럽고 편안한 세상.

태풍(颱風)[명] 남서부 북태평양 남서부에서 발생하여 동북아시아 내륙으로 불어 닥치는 폭풍우. 열대성 저기압 중, 최대 풍속 매초 17m 이상 되는 것을 이름. ②◌쌀쌀바람.

태풍의 눈(颱風-)[-의-/-에-][관] ①태풍의 중심 부근에 생기는, 바람이 약하고 구름이 적은 둥근 구역. 보통, 직경 수십 킬로미터에 달함. ②'예상되는 위기나 대단한 변화의 핵심적인 빌미'를 비유하여 이르는 말. ¶김 군의 등판은 이 경기에서 태풍의 눈으로 평가되었다.

태피스트리(tapestry)[명] 명주실·무명실·털실 따위의 색실로 무늬나 그림 따위를 나타낸 직물. 가리개나 벽걸이 등의 장식용으로 쓰임.

태학(太學)[명] ①조선 시대에, 성균관(成均館)을 달리 이르던 말. ②고려 시대의 국자감(國子監)의 한 분과. ③고구려 때의 국립 교육 기관.

태학-사(太學士)[-싸][명] ①조선 시대에, 홍문관 대제학(弘文館大提學)을 달리 이르던 말. ②갑오개혁 이후의 홍문관의 으뜸 벼슬.

태학-생(太學生)[-쌩][명] 조선 시대에, 성균관에서 기거하며 공부하던 유생, 곧 생원(生員)·진사(進士) 등을 통틀어 이르던 말.

태항(胎紅)[명] 왕실에서 태를 담아서 묻는 데 쓰던 항아리.

태허(太虛)[명] ①하늘. ②동양 철학에서, 기(氣)의 본체를 이르는 말.

태형(笞刑)[명] 오형(五刑)의 하나. 매로 볼기를 치던 형벌.

태형-하다(笞刑-)[타여] 태형으로 다스리다.

태홀(怠忽)[명][하여] 게으르고 느림. **태홀-히**[부].

태화(胎化)[명][하자] 생물이 모태(母胎) 안에서 자라나는 일.

태화-탕(太和湯)[명] ①끓는 물. ②'언제나 마음이 태평하고 매사에 매조지가 없는 사람'을 얕잡아 이르는 말. ¶그런 태환탕을 대표로 뽑다니!

태환(兌換)阋하타 ①바꿈. ②지폐를 금화(金貨) 따위의 정화(正貨)와 서로 바꿈.

태환-권(兌換券)[-꿘]阋 ⇨태환 지폐.

태환^은행(兌換銀行)阋 태환권을 발행하는 권한이 있는 은행.

태환^제:도(兌換制度)阋 태환 지폐를 발행하여 그 지폐와 정화(正貨)를 교환할 수 있도록 한 제도.

태환^지폐(兌換紙幣)[-폐/-페]阋 정화(正貨)와의 교환이 보증되어 있는 지폐. 태환권. ↔불환 지폐(不換紙幣).

태황(太皇)阋〈태황제〉의 준말.

태-황제(太皇帝)阋 ㉠태상황(太上皇). ㉡태황.

태-황태후(太皇太后)阋 황제의 생존해 있는 할머니, 곧 전전 황제의 부인.

태후(太后)阋〈황태후(皇太后)〉의 준말.

택거(宅居)[-꺼]阋하타 집에 거처함.

택견[-껸]阋 ⇨태견.

택곽(澤廓)[-꽉]阋 아래 눈꺼풀의 코에 가까운 곳.

택교(擇交)[-꾜]阋하타 벗을 가리어서 사귐. 또는, 사귈 벗을 고름.

택급-만세(澤及萬世)[-끔-]阋하자 혜택(惠澤)이 영원히 미침.

택길(擇吉)[-낄]阋하타 ⇨택일(擇日).

택내(宅內)阋 '댁내(宅內)'의 잘못.

택란(澤蘭)[탱난]阋 ①⇨쉽싸리. ②한방에서, '쉽싸리의 잎'을 약재로 이르는 말. 성질이 조금 온(溫)하여, 외과와 산부인과에서 피를 다스리는 약으로 쓰임.

택량(擇良)[탱냥]阋하타 보다 좋은 것을 선택함.

택량(澤梁)[탱냥]阋 어량(魚梁)을 쳐 놓은 못.

택료(宅療)[탱뇨]阋 (환자가) 자기 집에서 요양함, 또는 그 요양.

택반(澤畔)[-빤]阋 못가.

택발(擇拔)[-빨]阋하타 여럿 가운데서 뽑아냄.

택배(宅配)[-빼]阋 개인이나 기업으로부터 짐·서류 따위의 운송을 의뢰받아 지정된 장소까지 직접 배달하는 일.

택벌(擇伐)[-뻘]阋하타 나무를 가려서 벌채함.

택사(宅舍)[-싸]阋 사람이 사는 집.

택사(澤瀉)[-싸]阋 택사과의 다년초. 높이 40∼130cm. 무논·못·습지에 절로 나는데, 잎은 뿌리에서 무더기로 나고 7월경에 흰 꽃이 핌. 우리나라 각지에 분포함. ②한방에서, '택사의 뿌리'를 약재로 이르는 말. 성질이 찬데, 임질(淋疾)·습증(濕症)·부종(浮腫) 등에 쓰임.

택상(宅相)[-쌍]阋 장래에 훌륭하게 될 외손(外孫)을 이르는 말.

택서(擇壻)[-써]阋하타 사윗감을 고름.

택선(擇善)[-썬]阋하자 선(善)을 고름.

택시(taxi)阋 손님을 태워 주고 거리와 시간에 따라 요금을 받는 영업용 자동차. ¶택시 요금.

택시미:터(taximeter)阋 택시에 장치하여, 주행 거리와 시간에 따라 요금이 자동적으로 계산되어 표시되는 계기(計器). 미터기.

택심(宅心)[-씸]阋하타 마음에 새겨 두고 잊지 않음. 존심(存心).

택언(擇言)阋하자 (도리에 맞는) 말을 가려 씀, 또는 그 말.

택용(擇用)阋하타 (마음에 드는 것으로) 골라서 씀.

택우(澤雨)阋 만물(萬物)을 적셔 주는 좋은 비. 자우(滋雨).

택우(擇偶)阋하자 배우자를 고름. ㉰택혼(擇婚).

택인(擇人)阋하자 쓸 만한 인재를 고름.

택일(擇一)阋하자 여럿 중에서 하나만 고름. ¶둘 중에서 택일하다.

택일(擇日)阋하타 (혼인이나 이사, 길을 떠날 때 등에) 좋은 날을 가려 정함, 또는 그 일. 연길(涓吉). 택길.

택정(擇定)[-쩡]阋하타되자 (여럿 중에서) 골라 정함. 선정(選定).

택조(宅兆)[-쪼]阋 ①무덤의 광중(壙中). ②⇨묘저.

택지(宅地)[-찌]阋 주택을 짓기 위한 땅. 집터. ¶못을 매립하여 택지로 조성하다.

택지(擇地)[-찌]阋하타 좋은 땅을 고름.

택진(宅診)[-찐]阋하타 의사가 자기 집에서 환자를 진찰함. ↔왕진(往診).

택차(擇差)阋하타 쓸 만한 인재를 골라서 벼슬을 시킴.

택처(擇處)阋하타 살 곳이나 살 곳을 고름.

택출(擇出)阋하타되자 골라냄. 뽑음.

택품(擇品)阋하타 좋은 물품을 고름.

택피창생(澤被蒼生)阋하자 은택이 모든 백성에게 미침.

택-하다(擇-)[태카-]타여 고르다. 선택하다. ¶이 중에서 하나만 택하세요. /여러 집 가운데 기와집을 택하다.

택현(擇賢)[태켠]阋하자 어진 사람을 고름.

택호(宅號)[태쾨]阋 주인의 벼슬 이름이나 주부의 친정 고장의 이름 따위를 붙여서 그 사람의 집을 부르는 이름. 〔판서댁·진사댁·부산댁·안성댁 따위.〕

택혼(擇婚)[태콘]阋하타 혼인할 상대자를 고름.

탠덤(tandem)阋 ①(좌석이 앞뒤로 된) 2인용 자전거. ②두 필의 말이 앞뒤로 늘어서서 끄는 마차. ③직렬식(直列式) 기관차.

탤런트(talent)阋 〔재능, 특히 예술적인 재능의 뜻으로〕 연예인이나 텔레비전 드라마에 출연하는 연기자.

탤컴(talcum)阋 활석(滑石).

탤컴-파우더(talcum powder)阋 활석의 가루에 붕산·향료 등을 섞은 가루. 여름에 땀을 멎게 하는 작용이 있어서 땀띠약 등으로 쓰임.

탤크(talc)阋 활석(滑石).

탬버린(tambourine)阋 금속 또는 나무로 만든 둥근 테의 한쪽에 가죽을 입히고 둘레에 작은 방울을 단 타악기. 손에 들고 흔들거나 가죽을 치거나 하여 방울을 울림.

탭^댄스(tap dance)阋 댄스의 한 가지. 밑바닥에 쇠붙이를 댄 구두를 신고 앞 끝과 뒤축으로 마룻바닥을 치며 추는 춤. 〔본래, 미국 남부의 흑인 춤이었다고 함.〕

탯:-거리(態-)[태꺼-/탣꺼-]阋〈태(態)〉·〈맵시〉의 속된 말.

탯-덩이(胎-)[태떵-/탣떵-]阋 '아주 못생긴 사람'을 얕잡아 이르는 말.

탯-돌[태똘/탣똘]阋 타작할 때, 태질에 쓰는 돌.

탯-자리개[태짜-/탣짜-]阋 태질할 때, 볏단이나 보릿단 따위를 묶는 자리개.

탯-줄(胎-)[태쭐/탣쭐]阋 태아의 배꼽과 태반(胎盤)을 잇고 있는 줄. 동맥과 정맥이 있으며 태아에게 영양을 공급함. 제대(臍帶). 제서(臍緒).

탯줄 잡듯 한다관용 무엇을 잔뜩 붙잡는다는 말.

탱(←幀)阋〈탱화(幀畫)〉의 준말.

탱고(tango)명 아르헨티나에서 일어나 세계 각지로 퍼진 4분의2 박자의 춤곡, 또는 그에 맞추어서 추는 춤. 감미로운 율동감과 정열적인 느낌의 멜로디가 특징임.

탱글-탱글부〔하〕 탱탱하고 둥글둥글한 모양. ¶포도가 탱글탱글 익어 간다. /탱글탱글한 얼굴.

탱알명 국화과의 다년초. 줄기의 높이는 1.5~2m이고 잎은 긴 타원형임. 7~10월쯤 둘레는 자줏빛, 가운데는 노란빛의 두상화(頭狀花)가 핌. 산에 나는데 우리나라 및 일본에 분포함. 관상용(觀賞用)이나, 뿌리는 약용이고 어린잎은 식용함. 자완(紫菀).

탱자명 탱자나무의 열매. 향기가 좋으며, 약으로도 쓰임.

탱자-나무명 운향과의 낙엽 활엽 교목. 중국 원산으로 높이는 3m가량. 껍질은 녹색이며 가시가 많음. 5월경에 잎보다 먼저 꽃이 피고, 가을에 열매인 탱자가 노랗게 익음. 열매는 향기가 있으며 한약재로 쓰임.

탱주(撑柱)명 넘어지지 않게 버티는 기둥.

탱중(撑中) '탱중하다'의 어근.

탱중-하다(撑中-)형여 화나 욕심 따위가 가슴속에 가득 차 있다.

탱천(撑天)명하자 ☞충천(衝天).

탱커(tanker)명 석유나 액화 석유 가스 등 액체로 된 화물을 대량으로 수송하기 위하여, 선체 자체가 커다란 유조(油槽)로 되어 있는 화물선. 유조선(油槽船).

탱크(tank)명 ①물이나 가스·기름 따위를 넣어 두는 큰 통. ②전차(戰車).

탱크-로:리(tank lorry)명 석유나 액화 석유 가스·화학 약품 따위 액체나 기체를 운반하는, 탱크를 갖춘 화물 자동차.

탱크-차(tank車)명 석유나 황산·암모니아 따위 액체나 기체를 실어 나르는, 탱크를 갖춘 화차(貨車).

탱탱-하다형여 속이 옹골차게 차서 매우 볼록한 모양. ¶공기가 탱탱하게 차 있는 축구공. (큰)팅팅. (센)땡땡1.

탱화(←幀畫)명 불교에서, 부처나 보살의 초상 또는 경전의 내용을 그려서 벽에 거는 그림. (준)탱.

탱화-불사(←幀畫佛事) [-싸]명 불상(佛像)을 그리는 일.

터¹명 ①집이나 건물이 있었던 자리, 또는 집이나 건물을 지을 자리. ¶옛 학교 터에 빌딩이 들어섰다. /집 지을 터를 잡다. ②(집이나 건물 따위가 없는) 빈 땅. ¶터가 넓다. ③일이 이루어지는 밑바탕. 활동의 토대. ¶정치 발전의 터를 닦다. ④(일부 명사 뒤에 붙어) '자리'·'장소'의 뜻을 나타냄. ¶놀이터. /일터.

   터를 닦아야 집을 짓는다[짓`찾]〔속담〕 무슨 일이고 기초 작업부터 해 놓아야 한다는 말.

   터(가) 세다〔관용〕 (집터가 좋지 않기 때문에) 그 터나 집에서 좋지 않은 일이 잇달아서 일어나다.

터²의 ①(어미 '-ㄹ'·'-을'이나 조사 '-일' 뒤에 쓰이어) '예정'·'추측' 등의 뜻을 나타냄. ¶기어이 해낼 터이다. /성공해야 할 터인데(텐데). ②(어미 '-은(는)'·'-던' 뒤에 쓰이어) '처지'·'형편' 등의 뜻을 나타냄. 터수. ¶자기 앞도 못 가리는 터에 남의 일에 참견은 잘한다.

터거리명 〈턱¹〉의 속된 말.

터-과녁명 국궁에서, 120보(步)의 거리를 두고 활을 쏠 때 쓰는 소포(小布)나 과녁.

터널(tunnel)명 ①산(山)·바다 밑·강 밑·땅속 따위를 뚫어 만든 통로. 철도·도로·수로(水路) 따위로 쓰임. 수도(隧道). ②야구에서, 수비하던 야수(野手)가 공을 잡지 못하고 두 다리 사이로 공을 놓치는 일.

터-놓다[-노타]타 ①막은 물건을 치워 놓다. ¶방의 칸막이를 터놓다. ②금지의 명령을 풀다. ¶금수령(禁輸令)을 터놓다. ③(빗장 따위 자리에) 말을 트고 무간(無間)하게 지내다. ¶그와는 터놓고 지내는 사이야. ④마음에 숨기는 것이 없이 드러내다. ¶흉금을 터놓다. /서로 속을 터놓고 이야기하다.

터:닝-슛:(turning shoot) 구기에서, 몸을 돌려서 공을 던져 넣거나 차 넣는 일.

터-다지다자 무거운 물건으로 쳐서 터를 단단하게 하다.

터덕-거리다[-꺼-]자타 잇달아 터덕터덕하다. 터덕대다. (센)타닥거리다.

터덕-대다[-때-]자타 ☞터덕거리다.

터덕-터덕부①하자 몹시 지쳐서 겨우 몸을 가누며 맥없이 발을 떼어 놓는 모양, 또는 그 소리. ¶혼자 일행에서 낙오되어 터덕터덕 걸어오다. ②하자 가볍게 두드리는 모양, 또는 그 소리. (센)타닥타닥.

터덜-거리다자타 자꾸 터덜터덜하다. 터덜대다. (센)타탈거리다.

터덜-대다자타 ☞터덜거리다.

터덜-터덜부①하자 몹시 지친 몸을 이끌고 늘쩡거리며 걷는 모양, 또는 그 소리. ②하자 빈 수레 따위가 울퉁불퉁한 길 위를 요란스레 지나가는 모양, 또는 그 소리. ¶자갈길을 터덜터덜 지나가고 있는 낡은 화물 자동차. ③하자타 깨어진 질그릇 따위를 끌어당기거나 두드릴 때 나는 흐린 소리. (센)타탈타탈.

터드렁부하자 쇠붙이나 사기로 된 묵직한 그릇 따위가 바닥에 떨어질 때 나는 소리. (센)타드랑.

터드렁-거리다자타 자꾸 터드렁터드렁하다. 터드렁대다. (센)타드랑거리다.

터드렁-대다자타 ☞터드렁거리다.

터:-득(攄得)명하타 (연구하거나 생각하여) 사물의 이치를 깨달아 앎. ¶몇 차례의 실패 끝에 비로소 요령을 터득하였다.

터:-뜨리다타 터지게 하다. 터트리다. ¶폭소를 터뜨리다. /폭탄을 터뜨리다.

터럭-모(-毛) [-령-]명 한자 부수의 한 가지. '毳'·'毫' 등에서의 '毛'의 이름.

터럭-발(-髮) [-빨]명 한자 부수의 한 가지. '髮'·'鬚' 등에서의 '髟'의 이름.

터럭-삼(-彡) [-쌈]명 ☞터친석삼.

터럭-손(-飡)명 터럭이 난 손.

터럭-줄(-줄)〈타락줄〉의 본딧말.

터렁부하자 깨어진 쇠 그릇 따위가 무엇에 부딪힐 때 무겁게 울리어 나는 소리. (센)타랑. 터렁-터렁부하자.

터렁-거리다자타 자꾸 터렁터렁하다. 터렁대다. (센)타랑거리다.

터렁-대다자타 ☞터렁거리다.

터리명〈옛〉털. ¶귀 미틧 터리는 본더 절로 세오(杜初10:10).

터릿^선반(turret旋盤)명 많은 공구(工具)를 부착시킨 공구대(工具臺)를 갖추고, 이 공구들을 차례로 사용함으로써 능률적인 가공을 할 수 있게 되어 있는 선반.

터무니 ①근거(根據). ②터를 잡은 자취.

터무니-없다[-업따]〔형〕〔근거가 없다는 뜻으로〕 이치나 도리에 맞지 않다. ¶터무니없는 거짓말. ¶터무니없이 값을 부리다. **터무니없-이**〔부〕터무니없이 비싼 값.

터:미널 (terminal)〔명〕①기차나 버스 등 많은 교통 노선이 집중되어 있는 종착점이나 시발점. ②단자(端子). ③단말기(端末機).

터벅-거리다[-꺼-]〔자〕 자꾸 터벅터벅하다. 터벅대다. @타박거리다.

터벅-대다[-때-]〔자〕 터벅거리다.

터벅-터벅〔부〕〔하다〕 지친 다리로 무거운 발걸음을 천천히 떼어 놓는 모양. ¶고갯길을 터벅터벅 걸어 넘어가다. @타박타박.

터벅터벅-하다[-버카-]〔형여〕 (가루음식 따위가) 진기나 물기가 없어 뻑뻑하다. ¶터벅터벅한 과자. @타박타박하다.

터:번 (turban)〔명〕 인도인이나 이슬람교도의 남자가 머리에 둘둘 감는 천.

터보건 (toboggan)〔명〕 나무로 만든, 바닥이 평평하고 양옆에 손잡이가 달린 썰매. 눈 위나 얼음 위에서 운반용·경기용 등으로 씀.

터:보제트 (turbojet)〔명〕 항공기용 제트 엔진의 한 가지. 앞쪽으로부터 빨아들여 압축한 공기에 연료를 뿜어 넣고 고온·고압의 가스를 만들는 에너지로 압축기에 직결된 터빈을 돌리는 한편, 뒤로 배기를 분출하여 추진력을 얻음.

터:보프롭 (turboprop)〔명〕 터보제트의 터빈으로 프로펠러를 돌려, 프로펠러의 추진력과 제트의 추진력을 함께 이용하는 항공기용 엔진. 터보제트에 비하여 속도는 느리지만, 저속(低速) 때의 효율이 좋음.

터부: (taboo)〔명〕①폴리네시아의 미개 사회에서, 신성한 것으로 여겨 함부로 손대거나 사용하는 것이 금지된 사물이나 행위·언어 따위, 또는 그것에 대한 종교적 금기(禁忌). ②(일반적으로) 금기.

터부룩-하다[-루카-]〔형여〕 머리털이나 풀·나무 따위가 우거져서 매우 수북하다. ¶터부룩한 머리. @더부룩하다. **터부룩-이**〔부〕

터분-하다〔형여〕 음식이 상하여 냄새나 맛이 산뜻하지 아니하고 텁텁하다. ¶터분한 맛. @타분하다.

터:빈 (turbine)〔명〕 수력이나 증기의 힘으로, 물레방아처럼 둘레에 많은 것이 달린 바퀴를 돌리는 원동기(原動機). 〔증기 터빈·수력 터빈·가스 터빈 따위.〕

터수〔Ⅰ〕〔명〕①집안 살림의 형편이나 정도. 가력(家力). 가세(家勢). ¶허세 부리지 말고 터수에 맞게 살자. ②서로 사귀는 사이나 분수. ¶피차 터놓고 지내는 터수에 못할 말이 무엇 있나? 〔Ⅱ〕〔의〕 ☞터².

터-알[-앝]〔명〕 집의 울안에 있는, 꽃이나 채소 따위를 심을 만한 작은 밭. •터알이[-아치]·터알을[-아틀]·터알만[-안-]

터울〔명〕 한 어머니가 낳은 자녀의 나이의 간격. ¶터울이 지다. /우리 집 세 남매는 모두 네 살 터울이다.

터울-거리다〔자〕 자꾸 터울터울하다. 터울대다. @타울거리다.

터울-대다〔자〕 터울거리다.

터울-터울〔부〕〔하다〕 목적한 바를 이루려고 부득부득 애쓰는 모양. ¶그렇게 터울터울 애쓰더니 결국 성공했군. @타울타울.

터전〔명〕①집터가 되는 땅. ¶학교를 세우기 위하여 널찍한 터전을 마련하다. ②생활의 근거지가 되는 곳. ¶생활의 터전. /터전을 마련하다. ③일의 토대. ¶민주주의의 터전을 다지다.

터-주 (-主)〔명〕 민속에서, 집터를 지킨다는 지신 (地神), 또는 그 자리. 오쟁이 안에 베 석 자와 짚신 따위를 넣어서 달아 두고 위함. 기주(基主). ¶터주를 모시다.

터주에 놓고 조왕에 놓고 나면 아무것도 없다 〔속담〕 넉넉지 못한 것을 여기저기 주고 나면 남는 것이 없다는 말.

터주에 붙이고 조왕에 붙인다〔속담〕 여기저기에 갈라 붙임을 이르는 말.

터주-항아리 (-主缸-)〔명〕 민속에서, 터주에게 바치는 곡식을 담은 항아리를 이르는 말.

터줏-고기 (-主-)〔명〕〔-주꼬-/-줃꼬-〕〔명〕 일정한 곳에서만 깃들어 사는 물고기.

터줏-대감 (-主大監)〔명〕〔-주때-/-줃때-〕 한 동네나 한 지역의 구성원 중에서 가장 오래되어 대표 격이 된 사람을 '터주' 같은 사람이라 하여 농조로 이르는 말.

터줏-상 (-主床)〔명〕〔-주쌍-/-줃쌍〕〔명〕 굿을 할 때 터주에게 차려 놓는 상을 이르는 말.

터줏-자리 (-主-)〔명〕〔-주짜-/-줃짜-〕〔명〕 터주를 모신 신당(神堂)을 이르는 말.

터:지다¹〔자〕①(전쟁이나 사건 따위가) 갑자기 일어나거나 벌어지다. ¶대형 사고가 터지다. ②(거죽이나 피부 따위가) 갈라지다. ¶추위에 손발이 터지다. ③(둘러싸거나 막고 있던 것 따위가) 갈라져서 무너지거나 뚫어지거나 찢어지다. ¶둑이 터지다. /쌀자루가 터지다. /풍선이 터지다. ④(쌓였던 감정이) 갑자기 쏟아져 나오다. ¶분통이 터지다. /한번 터진 울음이 그칠 줄을 모른다. ⑤(코피·봇물 따위가) 갑자기 쏟아져 나오다. ¶코피가 터지다. ⑥(노래나 소리 따위가) 갑자기 울려 나오다. ¶합성이 터져 나오다. ⑦(옷 따위의 꿰맨 자리가) 뜯어져 갈라지다. ¶바짓가랑이가 터지다. @타지다. ⑧(감추었던 사실이) 갑자기 드러나다. ¶비밀은 터지고 마련이다. ⑨(화약이나 폭탄 따위가) 불붙어 세차게 튀다. ¶폭죽이 터지다. ⑩(운수·복 따위가) 한꺼번에 생기다. ¶자손 복이 터지다. /일복이 터지다. ⑪'얻어맞거나 매를 맞다'를 속되게 이르는 말. ¶까불더니 결국 터지고 말았군.

터진 꽈리 보듯 한다〔속담〕 쓰던 물건이나 사람을 쓸데없이 된 것처럼 취급하여 안중에 두지 않음을 이르는 말.

터진 방앗공이에 보리알 끼듯 하였다〔속담〕① '버리자니 아깝고 파내자니 품이 들어 할 수 없이 내버려 둘 수밖에 없음'을 비유하여 이르는 말. ②공교롭게도 방해물이 끼어들었음을 이르는 말.

터:지다²〔조동〕 일부 형용사의 어미 '-아'·'-어' 뒤에 쓰이어, 그 정도가 심하거나 못 쓰게 됨을 나타냄. ¶게을러 터지다. /불어 터진 국수.

터:진-에운담〔명〕 ☞감출혜몸.

터:짐-소리〔명〕 ☞파열음.

터치 (touch)〔명〕〔하다자타〕①(무엇에) 손을 대거나 건드림, 또는 그 촉감이나 촉각. ②(피아노나 타자기 따위의) 건반이나 글쇠를 누르거나 두드림. ③관여하거나 언급함. ¶그 문제에 대해선 더 이상 터치하고 싶지 않다. ④(그림이나 문장 따위의) 필치, 또는 그 느낌. ¶박진감 있는 터치. /시원스러운 터치. ⑤그림이나 사진 따위의 가벼운 수정(修整), 또는 가필(加筆). ⑥당구에서, 공과 공이 맞닿는 일. ⑦럭비에서, 골라인에 닿거나 골라인을 가로질러 골 안에 공을 대는 일. ⑧배구에서, 전위(前衛)가 상대편 코트를 향하여 공을 재빨리 쳐 넣는 공격법. ⑨야구에서, 공을 주자에게 갖다 대는 일.

터치다운 (touchdown)명 ①럭비에서, 수비 측의 선수가 자기편의 인골 안에서 지면에 있는 공에 손을 대는 일. ②미식 축구에서, 공을 가진 선수가 적의 골라인을 넘어서는 일. 이 경우 6점을 얻음.

터치라인 (touchline)명 축구나 럭비 등에서, 양쪽 골라인에 대하여 직각인 코트의 경계선. 측선.

터치아웃 (touch+out)명 ①배구에서, 공격한 공이 수비 측의 손이나 신체의 일부를 맞고 코트 밖으로 나가는 일. ②야구에서, 수비 측의 선수가 주자의 몸에 공을 대어 아웃시키는 일.

터-키-탕 (Turkey湯)명 '증기탕'으로 순화.

터:-트리다타 터뜨리다.

터:-넥 (turtle neck)명 목 부분이 자라목처럼 된 셔츠나 스웨터.

터:파 (攄破)명하타 자기의 속마음을 털어놓고 이야기함으로써 내심의 의혹을 풀어 줌.

터-편사 (便射)명하자 국궁에서, 한 사정(射亭)에서 15명씩 뽑아 다른 사정과 실력을 겨루던 일. 사정편사(射亭便射).

터:포 (攄抱)명하자 ⇨터회(攄懷).

터프-가이 (tough+guy)명 억세고 지칠 줄 모르는 사나이.

터:회 (攄懷) [-회/-훼]명하자 마음속에 품은 생각을 터놓고 이야기함, 또는 그 생각. 터포.

턱¹명 ①(사람이나 동물의) 입의 위아래에 있어서, 발성(發聲)이나 씹는 일을 하는 기관. 아래턱과 위턱이 있음. ¶턱이 빠지다. ②아래턱의 바깥 부분. ¶턱을 괴고 앉아 사색에 잠기다.

턱을 까불다관용 (사람이 죽을 때 숨을 모으느라고) 턱을 떨다.

턱(을) 대다관용 어떤 사람을 믿고 의지로 삼다.

턱²명 평평한 곳에서 갑자기 조금 높아진 자리. ¶길에 턱이 져서 차 몰기가 불편하다.

턱³명 좋은 일이 있을 때 남에게 베푸는 음식 대접. ¶승진 턱을 내다.

턱⁴의 ①((주로, 어미 '-ㄹ'·'-을' 뒤에서 '없다'·'있다'와 함께 쓰이어)) 그렇게 되어야 할 까닭. ¶그 사람이 간섭할 턱이 없다. /그런 것을 할 턱이 없다. ②그만한 정도나 처지. ¶아무리 깨우쳐 주어도 언제나 그 턱이다. ☞ㅁ텍.

턱⁵부 ①갑자기 맥없이 쓰러지는 모양. ¶길바닥에 턱 쓰러지다. ②갑자기 꼭 붙잡거나 짚거나 하는 모양. ¶손을 턱 잡다. /어깨를 턱 짚다. ③긴장했던 마음이 아주 풀리는 모양. ¶마음을 턱 놓다. ④숨 따위가 몹시 막히는 모양. ¶숨이 턱 막히다. ⑤움직이고 있던 것이 갑자기 멎거나 무엇에 걸리거나 하는 모양. ¶발동기가 턱 멎었다. ⑥의젓하거나 자연스러운 태도를 드러내는 모양. ¶문 앞에 턱 버티고 서다. ☞탁².

턱 (tuck)명 여성복이나 아동복에서, 옷감을 박아서 접은 주름. 쓰는 곳에 따라 다트와 같은 구실을 하기도 함.

턱-거리 [-꺼-]명 ①〈언턱거리〉의 준말. ②풍열(風熱)로 턱 아래에 나는 종기.

턱-걸이 [-꺼리]명 ①철봉 따위를 잡고 몸을 달아 올려 턱이 철봉 위까지 올라가게 하는 운동. ¶턱걸이를 하다. ②하자 '남에게 의지하여 지내는 일'을 비유하여 이르는 말. ¶세진이는 남의 집에서 턱걸이하며 지낸 탓에 눈치가 빠르다. ③하자 (시험 따위에) 겨우 합격함을 속되게 이르는 말. ¶졸업 고사에 간신히 턱걸이하다.

턱-밀이 [텅-]명하자 씨름에서, 배지기로 들리었을 때나 안걸이가 걸렸을 때에 이를 막아 내기 위해 상대편의 턱을 손으로 밂, 또는 그 기술.

턱-밑 [텅민]명 '아주 가까운 곳'을 비유하여 이르는 말. ¶천생연분이 턱밑에 있을 줄이야! * 턱밑이[텅미치]·턱밑을[텅미틀]·턱밑만[텅민-]

턱-받기명 '턱받이'의 잘못.

턱-받이 [-빠지]명 어린아이의 턱 아래에 대어 음식물이나 침 따위가 옷에 묻지 않게 하는, 헝겊으로 된 물건.

턱-받침 [-빤-]명 손으로 턱을 괴는 행동.

턱-뼈명 동물의 턱을 이루는 뼈. 사람의 턱뼈는, 한 쌍의 상악골과 한 개의 하악골로 되어 있음. 악골(顎骨).

턱-살 [-쌀]명 ①아래턱에 붙은 살. ②〈턱¹〉의 속된 말.

턱살-밑 [-쌀믿]명 〈턱밑〉의 속된 말. * 턱살밑이[-쌀미치]·턱살밑을[-쌀미틀]·턱살밑만[-쌀민-]

턱-솔 [-쏠]명 두 개의 석재나 목재를 이을 때, 이을 자리를 각각 두께의 반씩 깎아 내고 맞붙인 자리.

턱-수염 (-鬚髯) [-쑤-]명 아래턱에 난 수염.

턱시:도 (tuxedo)명 남자의 야회용(夜會用) 약식 예복. 검은 나비넥타이를 매며, 연미복의 대용으로 약식의 파티 등에서 입음.

턱-없다 [터겁따]형 ①이치에 닿지 아니하다. ¶턱없는 거짓말을 하다. ②수준이나 분수에 맞지 아니하다. ¶턱없는 생활. /우승을 하기에는 턱없는 실력이다. **턱없-이**부 ¶물건 값이 턱없이 비싸다.

턱인-블라우스 (tuck-in blouse)명 자락을 스커트 속으로 집어넣어 입는 블라우스. 참언더블라우스.

턱-잎 [텅닙]명 잎자루의 밑동에 나는 한 쌍의 작은 잎. 완두 따위 쌍떡잎식물에서 흔히 볼 수 있음. 엽탁(葉托). 탁엽(托葉). * 턱잎이[텅니피]·턱잎만[텅닙-]

턱-장부촉 (-鏃) [-짱-]명 장부촉의 턱이 이단(二段)으로 된 것.

턱-주가리 [-쭈-]명 〈턱¹〉의 속된 말.

턱-지다¹ [-찌-]자 평평한 곳에 약간 두두룩한 자리가 생기다. 언덕이 생기다.

턱-지다² [-찌-]자 한턱 내야 할 부담이 있다.

턱-짓 [-찓]명하자 턱을 움직여 자기의 의사를 나타냄, 또는 그러한 행동. ¶턱짓으로 시키다. * 턱짓이[-찌시]·턱짓만[-찐-]

턱-찌끼명 먹다 남은 음식.

턱-촌목명 재목(材木)의 한 변에 평행한 선을 긋는 연장.

턱-턱부 ①일을 결단성 있게 척척 처리하는 모양. ¶일을 턱턱 해치우다. ②숨 따위가 자꾸 막히는 모양. ¶숨이 턱턱 막히는 무더위. ③무엇이 잇달아 쓰러지는 모양. ¶콜레라가 창궐하여 아까운 목숨들이 잇달아 턱턱 쓰러졌다.

④침을 잇달아 세게 뱉는 모양. ¶아무 데서나 가래침을 턱턱 뱉는다. ⑤[하][자][타]무엇을 잇달아 치거나 무엇이 잇달아 부딪치는 모양, 또는 그 소리. ¶이부자리를 턱턱 털다. ☞탁탁.

턱턱-거리다[-꺼-][자][타] 자꾸 턱턱 소리가 나다, 또는 그런 소리를 내다. 턱턱대다. ☞탁탁거리다.

턱턱-대다[-때-][자][타] 턱턱거리다.

턱-하다[터카-][자][어] 일턱을 내다.

턴(turn)[하][자] ('회전(回轉)'·'선회(旋回)'의 뜻으로] ①방향 전환. ②수영에서, 풀(pool) 끝에서 되돌아오기 위하여 방향을 바꿈.

턴클(turnbuckle)[명] 줄을 당겨 죄는 기구. 양편에 서로 반대 방향의 수나사가 있어서, 회전 방향에 따라 줄을 죄었다 늦추었다 할 수 있음.

턴:키ᄀ방식(turnkey方式)[명] 〔열쇠만 돌리면 모든 설비가 가동되는 상태라는 뜻으로〕건설 공사·플랜트 수출 등에서, 조사·설계에서부터 시설을 완성하여 점검을 끝낸 상태로 인도하는 계약 방식. ¶턴키 방식으로 수출하다.

턴(turntable)[명] ①레코드플레이어에서 레코드를 올려놓아 회전하는 부분. ②주차장 따위에서, 차를 싣고 방향을 바꾸기 위하여 회전시키는 장치.

털 [명] ①동물의 피부나 식물의 표면에 나는 실 모양의 것, 또는 그와 비슷한 것. ¶털을 깎다. /털이 나다. ②새의 깃털. ③물건의 거죽 같은 데에 부풀어서 가늘게 일어난 섬유. ⑥〈털실〉의 준말.

　털도 아니 난 것이 날기부터 하려 한다[족담] 어리석은 사람이 제 분수에 맞지 않는 짓을 하려 한다는 말.

　털도 안 뜯고 먹겠다 한다[속담] ①너무 성급히 행동함을 이르는 말. ②남의 것을 통으로 먹으려 함을 이르는 말.

털-가죽[명] 털이 붙은 채 벗긴 짐승의 가죽. 모피(毛皮).

털-갈이[명][하][자] (날짐승이나 길짐승이) 털을 갊, 또는 그 일.

털-격판담치(-淡-)[명] 홍합과의 바닷조개. 홍합과 비슷한데 껍데기 길이 10 cm가량, 몸에서 실 같은 것을 내어 딴 물건에 달라붙음. 동·서 해안에 흔한데, 식용으로 양식함. 담채(淡菜). 섭조개.

털-곰팡이[명] ☞자낭균류(子囊菌類).

털-구름[명] ☞권운(卷雲).

털-구멍[-꾸-][명] 피부 표면에 있는, 털이 나는 작은 구멍. 모공(毛孔).

털-끝[-끝][명] ①털의 뾰족한 끝. ②'아주 작거나 적은 것'을 비유하여 이르는 말. ¶그런 생각은 털끝만큼도 없다. /내게는 털끝만 한 잘못도 없다. • 털끝이[-끄치]·털끝을[-끄틀]·털끝만[-끈-]

　털끝도 못 건드리게 한다[관용] 조금도 손을 대지 못하게 한다.

털-내의(-內衣)[-래의/-래이][명] 털실로 짠 내의.

털-너널[-러-][명] 털가죽 따위로 크게 만든 버선. 추울 때에나 먼 길 갈 때 덧신음. 털버선.

털-누에[-루-][명] ☞개미누에.

털:다[터니·털어][타] ①치거나 흔들어 붙은 물건이 떨어지게 하다. ¶먼지를 털다. ②(속에 든 것을) 있는 대로 다 내어 놓거나 내어 쓰다. ¶전 재산을 털어 학교를 세우다. ③남의 재물

을 모조리 가져가거나 훔쳐 내다. ¶빈 집을 털다. ④(일이나 감정·병 따위를) 말끔히 정리하거나 완전히 극복하다. ¶자리를 털고 일어나다. /지난 일을 홀홀 털어 버리다.

털럭-거리다[-꺼-][자] 자꾸 털럭털럭하다. 털럭대다. ☞탈락거리다.

털럭-대다[-때-][자] 털럭거리다.

털럭-털럭[부][하][자] 길게 매달리거나 드리워진 물건이 자꾸 흔들리며 무엇에 닿을 때마다 둔하게 나는 소리, 또는 그 모양. ☞탈락탈락.

털레-털레[부][하][자] 힘없이 건들거리며 걷거나 행동하는 모양. ¶장터까지 십 리 길을 털레털레 걸어오다. ☞탈래탈래. ⑲덜레덜레.

털-리다¹[자][타] 〔'털다'의 피동〕①털어지다. 떫을 당하다. ¶옷에 묻은 먼지가 다 털렸다. ②노름판에서 지녔던 돈을 모조리 잃다. ¶노름판에서 장사 밑천을 털리다. ③도둑이나 소매치기 등에게 가지고 있던 것을 빼앗기다. ¶봉급을 몽땅 털리다.

털-리다²[타] 〔'털다'의 사동〕털게 하다. ¶동생에게 옷에 묻은 먼지를 털리다.

털-메기[명] 모숨을 굵게 하여 되는대로 아주 거칠게 삼은 짚신.

털-모자(-帽子)[명] 털가죽이나 털실로 만든 모자.

털-목(-木)[명] (질이 낮은 재료로) 굵고 거칠게 짠 무명.

털-목도리[-또-][명] 털가죽이나 털실로 만든 목도리.

털-바늘[명] 계류(溪流) 낚시 등에서 쓰이는, 작은 벌레 모양의 미끼를 달아 놓은 속임 바늘.

털-방석(-方席)[명] 거죽을 털로 만들었거나 속에 깃이나 털 따위를 넣어 만든 방석.

털-배자(-褙子)[명] 안에 털을 댄 배자.

털버덕[부][하][자][타] ①넓적한 물건으로 얕은 물을 거칠게 칠 때 나는 소리. ②아무렇게나 털썩 주저앉는 모양, 또는 그 소리. ¶털버덕 주저앉아 일어나지 않는다. ☞탈바닥. 털버덕-털버덕.

털버덕-거리다[-꺼-][자][타] 자꾸 털버덕털버덕하다. 털버덕대다. ☞탈바닥거리다.

털버덕-대다[-때-][자][타] 털버덕거리다.

털-버선 ☞털너널.

털벅[부][하][자][타] 넓적한 물건으로 얕은 물을 거칠게 칠 때 나는 소리. ☞탈박. 털벅-털벅[부][하][자][타].

털벅-거리다[-꺼-][자][타] 자꾸 털벅털벅하다. 털벅대다. ☞탈박거리다.

털벅-대다[-때-][자][타] 털벅거리다.

털벅-이다[자][타] 넓적한 물건으로 얕은 물을 거칠게 치는 소리가 나다, 또는 그런 소리를 내다. ☞탈박이다.

털벙[부][하][자][타] 묵직한 물건이 얕은 물에 떨어질 때 나는 소리. ☞탈방. 털벙-털벙[부][하][자][타].

털벙-거리다[자][타] 자꾸 털벙털벙하다. 털벙대다. ☞탈방거리다.

털벙-대다[자][타] 털벙거리다.

털벙-이다[자][타] 묵직한 물건이 얕은 물에 떨어져 울리는 소리가 나다, 또는 그런 소리를 내다. ☞탈방이다.

털-보[명] 수염이 매우 많이 났거나, 몸에 털이 유달리 많은 사람을 별명으로 이르는 말.

털-복사[-싸][명] 〈털복숭아〉의 준말.

털-복숭아[-쑹-][명] 〔껍질에 털이 많은 복숭아란 뜻으로〕'유월도(六月桃)'를 달리 이르는 말. ⑥털복사.

털-북숭이[-숭-]똉 몸에 털이 많이 난 사람, 또는 털이 많은 물건. 窗북숭이.

털-붓[-붇]똉 (연필이나 철필에 대하여) 털로 만들었다 하여 '붓'을 달리 이르는 말. 모영(毛穎). 모추(毛錐). 모필(毛筆). * 털붓이[-부시]·털붓만[-분-]

털-붙이[-부치]똉 ①털이 붙어 있는 짐승의 가죽. 모피(毛皮). ②짐승의 털로 만든 물건.

털-빛[-삗]똉 (짐승 따위의) 털의 빛깔. 모색(毛色). * 털빛이[-삐치]·털빛만[-삔-]

털-뿌리똉 털이 털구멍에 박혀 있는 부분. 모근(毛根).

털-수건 (-手巾)똉 '타월'을 흔히 이르는 말.

털-수세똉 (털이 많이 나서) 보기에 험상궂은 수염을 이르는 말.

털-신똉 털이나 모피 따위를 써서 만든 방한용 신.

털-실똉 짐승의 털로 만든 실. 모사(毛絲). 窗털.

털-쌘구름똉 ⇨권적운(卷積雲).

털썩튀하자 ①사람이 갑자기 주저앉는 소리, 또는 그 모양. ¶집에 돌아오자마자 소파에 털썩 주저앉았다. ②크고 두툼한 물건이 갑자기 바닥에 내려앉는 소리, 또는 그 모양. ¶장마로 토담 한 귀퉁이가 털썩 내려앉았다. 웬탈싹. 털썩-털썩튀하자.

털썩-거리다[-꺼-]자 자꾸 털썩털썩하다. 털썩대다. 웬탈싹거리다.

털썩-대다[-때-]자 털썩거리다.

털썩이-잡치[-따-]자 일을 망치다.

털어-놓다[-노타]타 ①속에 든 물건을 모두 내놓다. ¶지갑을 털어놓는다. ②(마음속에 품은 비밀이나 고민 따위의 생각을) 숨김없이 모두 이야기하다. ¶혼자 끙끙 앓지 말고 털어놓고 이야기해 봐요.

털어-먹다[-따]타 (재산이나 돈을) 다 써서 없애다. ¶가산(家産)을 털어먹다. / 장사 밑천을 털어먹다.

털-여뀌[-려-]똉 여뀟과의 일년초. 온몸에 긴 털이 덮이고 줄기는 굵고 세며 높이는 2m가량. 7~8월에 엷은 홍자색의 꽃이 피며 우리나라 각지에 분포함.

털-올실똉 짐승의 털로 만든 올실.

털-옷[토롣]똉 털이나 털가죽으로 만든 옷. * 털옷이[토로시]·털옷만[토론-]

털-옷감[터롣깜]똉 털옷감이 될 피륙.

털-요[-료]똉 털실로 짠 천으로 만든 요.

털-이슬[-리-]똉 바늘꽃과의 다년초. 줄기 높이는 40~60cm이고, 잎은 마주나고 넓은 버들잎 모양인데 끝이 뾰족함. 8월에 흰 꽃이 총상(總狀) 꽃차례로 줄기 끝과 가지 끝에 핌. 산이나 들의 음지에 나는데, 우리나라 각지에 분포함.

털-장갑 (-掌匣)똉 ①털실로 짠 장갑. ②털을 넣어 만든 장갑.

털-조장나무 (-釣樟-)똉 녹나뭇과의 낙엽 관목. 잎은 길둥근 모양인데, 잎 뒤에 털이 나 있음. 4월에 노란 꽃이 피고, 둥근 열매는 10월에 까맣게 익음. 우리나라의 전남 지방과 일본 등지에 분포함.

털-주머니똉 털뿌리의 끝에 달려서 영양을 저장하는 주머니 모양의 것. 모낭(毛囊).

털-중나리똉 백합과의 다년초(多年草). 산골짜기에 저절로 나는데, 높이는 1~1.5m이고 잎은 끝이 뾰족한 버들잎 모양이며 촘촘히 어긋맞게 남. 여름에 노란빛을 띤 붉은 꽃이 핌.

털-진드기똉 털진드깃과의 진드기. 몸길이 1mm가량. 몸통이 표주박 모양이며 온몸에 짧은 털이 많음. 들쥐에게 붙어살며 간혹 사람에게도 붙음. 모낭충(毛囊蟲).

털-질경이똉 질경잇과의 다년초. 개질경이와 비슷하나 약간 가늘고 길며 거센 털이 나 있고 꽃 부분이 작음. 들이나 길가에 나며 어린잎은 먹음.

털-찝똉 [털어먹을 수 있는 집이라는 뜻에서] '주책없이 돈을 함부로 쓰는 방탕한 사람'을, 그 돈을 우려먹는 쪽에서 이르는 변말.

털-총이(-驄-)똉 푸르고 검은 무늬가 장기판처럼 줄지어 있는 말.

털-층구름(-層-)똉 ⇨권층운(卷層雲).

털터리똉 〈빈털터리〉의 준말. 웬탈타리.

털털튀하자잇달아 멀리듯이 울리는 탁한 소리. ¶온종일 털털 소리 내며 돌아가는 경운기의 모터. ②하자지쳐서 느른한 발걸음을 옮겨 놓는 모양. ¶헛걸음으로 털털 맥없이 돌아오다. ③물건에 앉은 먼지 따위를 천천히 자꾸 터는 모양, 또는 그 소리. ¶주머니 속의 먼지를 털털 떨다. /누나는 옥상에서 담요를 털털 털어 넣었다. 웬탈탈.

털털-거리다자타 자꾸 털털 소리가 나다, 또는 그런 소리를 내다. 털털대다. ¶낡은 오토바이가 털털거리며 언덕길을 내려간다. 웬탈탈거리다.

털털-대다자타 털털거리다.

털털-이¹똉 '몹시 낡아서 구르는 대로 털털거리는 자동차나 수레' 따위를 이르는 말. 웬탈탈이.

털털-이²똉 (차림이나 행동 따위가) 깔끔하지 못하고 털털한 사람.

털털-하다혱여 ①(사람의 성질이) 까다롭지 않고 소탈하다. ¶건장한 몸매와 털털한 성격이 그의 매력이다. ②품질이 수수하다. 털털-히튀.

털-토시똉 털을 안에 대고 만든 토시.

텀벙튀하자잇 묵직하고 큰 물건이 깊은 물에 떨어질 때 나는 소리. ¶큼직한 돌이 낭떠러지를 굴러 강물에 텀벙 빠졌다. 웬탐방. 옌덤벙. 텀벙-텀벙튀하자잇.

텀벙-거리다자타 자꾸 텀벙텀벙하다. 텀벙대다. 웬탐방거리다.

텀벙-대다자 텀벙거리다.

텀블러(tumbler)똉 (밑이 판판한) 큰 잔.

텀블러-스위치(tumbler switch)똉 아래위로 젖히게 되어 있는 스위치.

텀블링(tumbling)똉 ①공중제비. ②하자 마루나 매트 위에서, 여러 사람이 손을 맞잡거나 혹은 어깨에 올라타 앉는 것과 같은 동작으로 여러 가지 모양을 만듦, 또는 그 체조.

텁석[-썩]튀 갑자기 왈칵 덮쳐 쥐거나 잡는 모양. ¶버선발로 뛰어나와 손목을 텁석 쥐었다. 웬탑삭. 텁석-텁석튀.

텁석-거리다[-썩꺼-]타 자꾸 텁석텁석하다. 텁석대다. 웬탑삭거리다.

텁석-나룻[-썽-룯]똉 짧고 더부룩하게 많이 난 수염. 웬탑삭나룻. * 텁석나룻이[-썽-루시]·텁석나룻만[-썽-룬-]

텁석-대다[-썩때-]타 텁석거리다.

텁석-부리[-썩뿌-]똉 텁석나룻이 난 사람. 웬탑삭부리.

텁석부리 사람 된 데 없다촉담 [텁석부리는 사람다운 데가 없다는 뜻으로] 수염이 많이 난 사람을 조롱하여 이르는 말.

텁석-이다[-써기-][태] 갑자기 왈칵 덮쳐 쥐거나
잡다. 劉탑삭이다.

텁수룩-하다[-쑤루카-][형어] (촘촘히 난 수염
이나 머리털 따위가) 더부룩하게 뒤덮여 있다.
劉탑소록하다. 텁수룩-이[부] ¶ 수염을 텁수룩히
기르다.

텁지근-하다[-찌-][형어] (입맛이나 음식 맛 따
위가) 텁텁하고 개운치 못하다. ¶ 텁지근한 국.

텁텁-이[명] '성격이 소탈하여 까다롭지 않은 사
람'을 별명으로 이르는 말.

텁텁-하다[-터파-][형어] ①(입맛이나 음식 맛
따위가) 신선하거나 깨끗하지 못하다. ¶ 입 안
이 텁텁하다. ②눈이 개운하지 못하다. ¶ 자다
깨어 눈이 텁텁하다. ③성미가 까다롭지 않고
소탈하다. ④(날씨 따위가) 몹시 후텁지근하다.
¶ 텁텁한 공기.

텃-고사(-告祀)[터꼬-/턷꼬-][명] 터주에게 지
내는 고사.

텃-구렁이[명] '업구렁이'의 잘못.

텃-구실[터꾸-/턷꾸-][명] 집터를 쓰는 사람이
내는 온갖 세금.

텃-논[턴-][명] 집터에 딸려 있는 논, 또는 마을
가까이 있는 논.

텃-도지(-賭地)[터또-/턷또-][명] 집터를 빌린
값으로 내는 도지.

텃-마당[턴-][명] (타작할 때) 공동으로 쓰기 위
해 닦아 놓은 마당.

텃-물[턴-][명] 집의 울안에서 흘러나오는 온갖
배수(排水).

텃-밭[터빧/턷빧][명] 집터에 딸리거나 집 가까이
있는 밭. 대전(垈田). * 텃밭이[터빠치/턷빠
치]·텃밭을[터빠틀/턷빠틀]·텃밭만[터빤-/턷
빤-]

텃-새[터쌔/턷쌔][명] 철을 따라 옮겨 다니지 않
고 한 지방에서만 사는 새. 〔참새·까마귀·까치·
꿩 따위.〕 유조(留鳥). ↔철새.

텃-세(-貰)[터�쎄/턷쎄][명] 터를 빌려 쓰고 내는
세(貰).

텃-세(-勢)[터쎄/턷쎄][명][하자] 먼저 자리를 잡
은 사람이 뒤에 들어오는 사람을 업신여기는
짓. ¶ 텃세를 부리다. /한 달 먼저 왔다고 텃세
가 심하다.

텃세-권(-勢圈)[터쎄꿘/턷쎄꿘][명] 어떤 동물의
개체나 무리가 일정한 생활 공간을 차지한 다
음, 다른 개체나 무리가 접근하거나 침입하지
못하도록 특이한 행동을 보이어 스스로를 지키
는 생활권. 세력권(勢力圈).

텅[부] 속이 비어서 아무것도 없는 모양. ¶ 텅 빈
집. 劉텅². 텅-텅[부] ¶ 마을이 텅텅 비었다.

텅²[부] ①쇠붙이로 된 속이 빈 큰 통을 세게 두
드릴 때 울리어 나는 소리. ②드럼통을 텅 하
고 두드리다. ②폭약 등이 터지면서 세게 울리
어 나는 소리. ¶ 텅 하고 총포를 쏘다. 劉탕³.
劉떵. 텅-텅[부][劉자타]

텅스텐(tungsten)[명] 굳고 질기며 단단한 금속
원소의 한 가지. 철망간중석·회중석(灰重石)
따위의 광석에 들어 있음. 텅스텐강·고속도강
따위의 합금 제조, 백열 전구나 엑스선관의 진
공관의 필라멘트 등 용도가 매우 많음. 볼프
람. 중석(重石). 〔W/74/183.85〕

텅스텐-강(tungsten鋼)[명] 텅스텐이 들어 있는
합금강. 칼이나 총신·자석 및 절삭 공구의 재
료로 쓰임.

텅스텐^전:구(tungsten電球)[명] 텅스텐을 필라
멘트로 사용하는 진공 백열전구.

텅텅[부][하자타] 실속 없이 헛된 장담으로 큰소리
만 치는 모양. ¶ 흰소리를 텅텅 치다. 劉탕탕.
劉떵떵.

텅텅-거리다[자타] 자꾸 텅텅 소리가 나다, 또는
그런 소리를 내다. 텅텅대다. 劉탕탕거리다.

텅텅-대다[자타] 텅텅거리다.

테¹[명] ①〈테두리〉의 준말. ②깨지거나 어그러지
지 못하게 그릇 따위의 몸을 둘러맨 줄. ¶ 철
사로 옹기의 테를 두르다. ③죽 둘린 언저리.
¶ 테가 둥근 모자. /테가 굵은 안경.

테²[명] 서려 놓은 실의 묶음을 세는 말. ¶ 털실의
한 테를 둘로 나누어 꾸리를 감다. 則타래.

테너(tenor)[명] ①노래를 부를 때 남자의 가장
높은 목소리, 또는 그 음역(音域)의 남자 가수.
②테너의 음역에 해당하는 악기. 〔테너 트롬본·
테너 색소폰 따위.〕 劉베이스.

테너^바리톤(tenor baritone)[명] 테너에 가까운
음색의 바리톤, 또는 그 가수.

테누토(tenuto 이)[명] 악보의 나타냄표. '음표가
나타내는 길이를 충분히 지속하여 연주하라'는
뜻. 〔기호는 'ten.'이며 악보 위에 짧은 가로줄
을 긋기도 함.〕

테니스(tennis)[명] 구기의 한 가지. 두 사람 또는
두 사람씩 팀을 이룬 네 사람의 경기자가 한가
운데 네트를 쳐 놓은 코트의 양쪽에 마주 서서
라켓으로 공을 쳐서 상대편 코트에 넣는 경기.

테니스-장(tennis場)[명] 테니스 연습을 하거나
경기를 할 수 있는 시설을 마련하여 놓은 운
동장.

테두리[명] ①둘레의 줄, 또는 죽 둘린 줄. 윤곽.
劉테1. ②둘레의 가장자리. ③일정한 한계나 범
위. ¶ 법의 테두리를 벗어난 행위는 응분의 제
재를 받는다.

테라마이신(Terramycin)[명] 항생 물질의 한 가
지. 방선균의 일종에서 산출되는, 냄새가 없고
쓴맛이 있는 황색 결정성 가루. 폐렴·백일해·
티푸스 따위의 세균 감염증에 유효함. 〔옥시테
트라사이클린의 상표명임.〕

테라스(terrace)[명] 서양식 건물에서, 건물의 바
닥과 같은 높이로 하여 정원이나 가로로 내
민 부분. 거실이나 식당 등에서 직접 나갈 수
도 있고, 의자 같은 것을 내다 놓고 실내 생
활을 옥외로 연장하는 단란한 처소로 이용되
기도 함.

테라^코타(terra cotta 이)[명] 〔본디는 '구운 점
토(粘土)'를 뜻하는 말로〕 미술적 조각 작품의
소재, 곧 양질의 점토로 구워 만든 상(像)이나
벽돌(土器).

테러(terror)[명] ①온갖 폭력을 써서 남을 위협하
거나 공포에 빠뜨리게 하는 행위. ¶ 테러를 당
하다. /테러를 가하다. ②〈테러리스트〉의 준말.
③〈테러리즘〉의 준말.

테러리스트(terrorist)[명] 테러리즘을 신봉하는
사람. 약어테러. 劉테러.

테러리즘(terrorism)[명] 어떤 정치적 목적을 달
성하기 위하여 암살이나 폭행·숙청 따위 직접
적인 공포 수단을 이용하는 주의나 정책. 특
히, 프랑스 혁명 당시의 과격파인 자코뱅당의
정책을 가리킴. 폭력주의. 약어테러.

테레비(←television)[명] '텔레비전'의 잘못.

테레빈-유(terebene油)[명] 송진을 수증기로 증류
하여 얻는 정유(精油). 특이한 향기를 내는 무
색, 또는 담황색의 끈끈한 액체. 여러 가지 용
제(溶劑) 및 바니시·페인트 제조에 쓰임. 송진
유(松脂油).

테르밋(thermit)⒨ 산화철과 알루미늄의 가루를 같은 양으로 섞은 혼합물. 불을 붙이면 알루미늄이 산화되어 높은 열을 냄. 철·강(鋼)의 용접제이며 소이탄에도 쓰임.

테르밋^용접(thermit鎔接)⒨ 테르밋 반응을 이용하는 용접법. 용접부가 비교적 큰 경우에 쓰임.

테르븀(terbium)⒨ 희토류(稀土類) 원소의 한 가지. 〔Tb/65/158.9254〕

테르펜(terpene)⒨ 정유(精油)에 들어 있는, '(C_5H_8)ₙ'의 식을 가진 한 무리의 탄화수소.

테르펜-류(terpene類)⒨ 탄화수소의 여러 가지 이성질체(異性質體)를 통틀어 이르는 말. 〔알코올·알데히드·케톤·장뇌 따위.〕

테르펜틴(Terpentin 독)⒨ 송백과(松柏科) 식물의 줄기에서 흘러나오는 끈끈한 수지(樹脂). 〔송진 따위.〕

테리어(terrier)⒨ 개의 한 품종. 영국 원산의 민첩하고 영리한 사냥개. 애완용으로도 기름.

테릴렌(Terylene)⒨ 폴리에스테르계 합성 섬유의 상품명.

테:마(Thema 독)⒨ 〔'제목'·'논제'의 뜻으로〕 ①예술 작품의 주제. ②논의 등의 주제나 중심 과제.

테:마^공원(Thema公園)⒨ 동화 나라·야생 동물·해양 생물 등의 주제를 정해 놓고 그에 걸맞은 여러 시설을 설치해 놓은 위락(慰樂) 단지. 〔디즈니랜드 따위.〕 테마 파크.

테:마^뮤:직(Thema+music)⒨ (영화나 방송 프로그램, 그 밖의 행사에서) 첫머리에 단시간 연주되는 상징 음악. 주제 음악.

테:마^소:설(Thema小說)⒨ ☞주제 소설.

테:마^파:크(Thema+park)⒨ 테마 공원.

테-메다⒨ '테메우다'의 준말.

테-메우다⒣ (깨진 질그릇·나무 그릇 따위의) 벌어진 둘레에, 짜갠 대오리나 쇳조각·철사 따위를 돌려 감거나 이루다.

테-밀이⒨⒣ 문살의 등을 둥글게 하거나 모서리에 조금 테가 있게 만드는 일, 또는 그런 문살.

테-받다[-따]⒣ 그 모양을 이루다.

테석-테석⒡⒢ (거죽이나 면이) 거칠게 일어나서 만지럽지 못한 모양. ¶비단은 보드랍고 무명은 테석테석하다.

테스터(tester)⒨ 하나의 지시침(指示針)으로 저항치(抵抗値)·직류 전류·직류 전압·교류 전압 등을 전환시켜 측정할 수 있도록 한 장치.

테스토스테론(testosterone)⒨ 남성 호르몬의 한 가지. 남성의 생식선(生殖腺)에 딸린 기관의 발육을 촉진하고 제2차 성징을 나타내는 작용을 함.

테스트(test)⒨⒣ ①시험. 고사. ②검사. ③심리학에서, 정신적 능력이나 성질의 검사를 이름.

테스트^케이스(test case)⒨ 선례(先例)로 남을 만한 판례(判例).

테-실⒨ 테를 지은 실.

테이블(table)⒨ 서양식의 탁자나 식탁을 두루 이르는 말.

테이블-센터(table center)⒨ 테이블의 한가운데에 놓는 장식용 헝겊이나 편물.

테이블스푼(table-spoon)⒨ 양식(洋食)에서, 수프를 떠먹는 데 쓰는 큰 숟가락.

테이프(tape)⒨ ①헝겊이나 종이 따위로 만든 가늘고 긴 오라기. ②전선에 감아서 절연하는 데 쓰는, 좁고 긴 종이나 헝겊. ③육상 경기의 결승점에 치는 끈. ④〈자기 테이프〉의 준말.

테이프^리코:더(tape recorder)⒨ 자기 테이프에 소리를 기록하는 장치.

테:제(These 독)⒨ ①정립(定立). ↔안티테제. ②정치적·사회적 운동에서 그 기본 방침을 규정한 강령(綱領).

테크네튬(technetium)⒨ 인공 방사능 금속 원소의 한 가지. 화학적 성질은 레늄과 비슷하며, 원자로에서 다량으로 추출됨. 〔Tc/43/97〕

테크노사운드(technosound)⒨ ☞전자음.

테크노사이드(technocracy)⒨ ('기술에 의한 지배'의 뜻으로) ①전문 기술자에게 한 나라의 산업·자원의 지배와 통제를 맡기자는 정치 사상. 1932년에 미국에서 제창됨. ②기술자가 관리하는 사회 경제 체제.

테크놀로지(technology)⒨ ①과학 기술. ②공예학(工藝學). 응용과학.

테크니컬러(technicolor)⒨ 천연색 영화의 한 방식. 피사체의 빛을 삼원색으로 분해하여 감광(感光)시킨 세 개의 네거 필름을 하나의 프린트로 만듦. 〔1932년에 미국의 테크니컬러사(社)가 완성.

테크니컬^파울(technical foul)⒨ 농구에서, 퍼스널 파울 이외의 파울. 고의로 경기를 지연하거나 심판의 허가 없이 선수를 바꾸거나 할 때 선언됨.

테크닉(technic)⒨ 수법. 기교(技巧). 전문 기술. ¶고도의 테크닉이 좋다.

테타니(tetany)⒨ 부갑상선의 기능 저하로 인한 팔다리 근육의 강직성(強直性) 경련증.

테트로도톡신(tetrodotoxin)⒨ 복어의 난소나 간장에 많이 들어 있는 맹독소(猛毒素). 말초 신경과 중추 신경(中樞神經)에 작용하며 생명에 위험함.

텍사스^히트(Texas hit)⒨ 야구에서, 타자가 친 공이 빗맞아 내야수와 외야수 사이에 떨어져 안타가 되는 타구(打球).

텍스(←texture)⒨ 섬유판(纖維板).

텍스트(text)⒨ ①(삽화나 도해 따위에 대한) 인쇄된 글귀. ②(주석이나 서문·부록에 대한) 본문 또는 원문. ③문장이 모여서 이루어진 한 덩어리의 글.

텍타이트(tektite)⒨ 오스트레일리아·인도네시아·체코 등에서 발견되는 흑요석(黑曜石) 비슷한 작은 돌. 오랜 옛날에 우주에서 날아온 것이라는 설이 있음.

텐더로인(tenderloin)⒨ (고급 스테이크용으로 쓰는) 소·돼지의 허리 부분의 연한 살코기.

텐스(tense)⒨ 구미어(歐美語)에서 현재·과거·미래 따위의 때를 나타내는 문법적 분류. 시제(時制).

텐트(tent)⒨ 천막.

텔레마:케팅(telemarketing)⒨ 전화를 이용하여 상품의 소개 및 판매, 시장 조사, 고객 관리 등을 행하는 마케팅 기법.

텔레미:터(telemeter)⒨ 멀리 떨어진 곳의 상태를 자동적으로 측정하여, 그 정보를 전기 신호로 바꾸어 송신하는 전기 계기(計器)나 송수신기를 통틀어 이르는 말.

텔레뱅킹(telebanking)⒨ ☞폰뱅킹.

텔레비(←television)⒨ '텔레비전'의 잘못.

텔레비전(television)⒨ 전송 사진의 방법을 방송 전파에 응용하여 실경(實景)을 전파로 보내어 수신 장치에 재현시키는 장치. ⑧티브이.

텔레타이프(teletype)⒨ ①〈텔레타이프라이터〉의 준말. ②텔레타이프라이터의 통신.

텔레타이프라이터 (teletypewriter)몡 통신문을 부호 전류로 송신하면 수신기에서 자동으로 문자·숫자·기호로 바꾸어 인쇄되는 장치. 텔레프린터. ⑥텔레타이프.

텔레텍스 (teletex)몡 워드 프로세서로 작성한 문서를 전화선 등을 통해 다른 곳으로 전송하는 장치. 가입 전신(텔렉스)의 특징과 워드 프로세서의 기능을 결합한 것.

텔레텍스트 (teletext)몡 문자 다중 방송.

텔레파시 (telepathy)몡 어느 한 사람의 마음이나 생각이 말과 몸짓 등을 통하지 않고 다른 사람에게 전달되는 것. 정신 감응. ¶텔레파시가 통하다.

텔레팩스 (telefax)몡 모사 전송(模寫電送).

텔레포:트 (teleport)몡 통신 위성을 이용하여 방대한 양의 정보를 수집·가공·전파하는, 고도의 정보 통신 처리 기지.

텔레프린터 (teleprinter)몡 ☞텔레타이프라이터.

텔렉스 (telex)몡 다이얼로써 상대편을 불러서 텔레타이프로 통신하는 장치. 신문사나 무역 회사에서 해외와의 통신에 이용함. 가입 전신.

텔롭 (telop)몡 텔레비전 방송에 사용되고 있는 자막 카드의 투사용 장치, 또는 그 자막.

텔루르 (Tellur 독)몡 〔라틴 어 'tellus(지구)'에서 온 말로〕 비금속 원소의 한 가지. 은백색의 금속광택이 나는, 아연과 비슷한 결정으로 반도체의 특성을 나타냄. 화학적 성질은 황·셀렌과 비슷함. 〔Te/52/127.60〕

템의 〔대개 수량을 나타내는 명사 뒤에서, 조사 '이나'와 함께 쓰이어〕생각보다 많은 정도를 나타내는 말. 턱4. ¶일주일이면 끝낼 줄 알았던 일이 한 달 템이나 걸렸다.

템페라 (tempera 이)몡 아교나 달걀의 노른자 따위로 안료를 녹인 불투명한 그림물감, 또는 그것으로 그린 그림. 고대 서양화의 대표적인 기법의 한 가지.

템포 (tempo 이)몡 ①사물의 진행 속도나 진도. ②음악에서, 악곡을 연주하는 빠르기(속도), 또는 박자. ③문학 작품의 줄거리나 내용의 진전 속도.

템포^루바토 (tempo rubato 이)몡 악보에서, 변화를 주도록 지시하는 말. '음의 길이를 조금 바꾸어 자유롭게 느리거나 빠르게, 그러나 전체 연주 시간은 같게'의 뜻.

템포슈붕 (Temposchwung 독)몡 스키에서, 제동을 가하지 않고 빠른 속도로 회전하는 기술.

템포^주스토 (tempo giusto 이)몡 악보에서, 변화를 주도록 지시하는 말. '정확한 템포로'의 뜻.

템포^코모도 (tempo comodo 이)몡 악보에서, 변화를 주도록 지시하는 말. '템포를 마음대로'또는 '적당한 박자로'의 뜻.

템포^프리모 (tempo primo 이)몡 악보에서, 변화를 주도록 지시하는 말. '처음의 빠르기로'의 뜻.

텡-쇠 [-쇠/-쉐]몡 '겉으로는 튼튼한 듯이 보이나 실상은 허약한 사람'을 이르는 말. ¶알고 보니 그 사람 아주 텡쇠더군.

텨로조 〈옛〉처럼. ¶알가 텨로 니ᄅ시고(新語4 : 12). ⑥톄로.

텰릭몡 〈옛〉철릭. ¶므쇠로 텰릭을 몰아(樂詞, 鄭石歌45).

톄로조 〈옛〉〔명사 '톄(體)'에 조사 '로'가 붙은 꼴〕처럼. ¶안즘을 키 톄로 말며(小解3 : 9).

톄ᄒ다(동) 〈옛〉체하다. ¶븟그림으란 모로ᄂ 톄ᄒ고(新語9 : 15).

토¹ 윷놀이에서, '도'를 다른 말 뒤에 붙여서 쓸 때에 이르는 말. ¶모 아니면 토가 나야 이길 수 있다.

토² 閉 ①간장을 졸일 때 윗면에 떠오르는 찌끼. ②간장을 담은 그릇의 밑바닥에 가라앉는 된장 부스러기.

토³ 閉 ①한문을 읽을 때 구절 끝에 붙여서 문법적 관계를 나타내는 우리말 부분. 〔예컨대, '天地之間萬物之中에 唯人이 最貴하니 所貴乎人者는 以其有五倫也라'라는 문장에 붙인 우리말 '에·이·하니·는·라' 따위.〕〈토씨〉의 준말. **토(吐)를 달다**관용 어떤 말 끝에 그 말에 대하여 덧붙이는 짤막한 말을 붙이다. ¶사사건건 토를 달고 나서다.

토(土)閉 ①〈토요일〉의 준말. ②오행(五行)의 하나. 방위로는 중앙, 계절로는 사계삭(四季朔)에 18일씩 나누어 있고, 빛깔은 누런빛에 해당됨.

토-(土)(접두) 《특정한 단어 앞에 붙어》'흙으로 된'의 뜻을 나타냄. ¶토담. /토마루. /토바닥. /토반닥.

토가 (土價) [-까] 땅값.

토:가 (討價) [-까] 閉하타 (물건의) 값을 부르거나 부름.

토가 (toga 라)閉 고대 로마 인이 입었던 겉옷. 긴 천을 왼쪽 어깨에서 오른쪽 겨드랑이 아래로 감아 두르게 되어 있음.

토각-귀모 (兔角龜毛) [-꾀-]閉 〔토끼의 뿔과 거북의 털이란 뜻으로〕'세상에 없는 것'을 비유하여 이르는 말. ¶그런 무리한 부탁을 하느니 차라리 토각귀모를 구해 오라시지요.

토감 (土坎)閉 ①흙구덩이. ②하자 묏자리를 정할 때까지 시체를 임시로 묻어 둠.

토건 (土建)閉 〈토목건축〉의 준말.

토고 (土鼓)閉 중국 주(周)나라 때의 타악기의 한 가지. 흙을 구워 만든 틀에 가죽을 메워, 풀을 묶어 만든 북체로 쳐서 소리를 냄. 〔부(缶)·훈(壎) 따위.〕

토:고-납신 (吐故納新) [-씬]閉하자 도가(道家)의 수련법의 한 가지. 몸 안의 낡은 공기를 토해 내고 신선한 공기를 받아들이는 수련법으로, 곧 심호흡을 이름. ⑤토납(吐納).

토공 (土工)閉 ①(흙을 쌓거나 파는 따위) 흙을 다루는 공사, 또는 그 일에 종사하는 사람. ②도기(陶器) 따위를 만드는 일을 직업으로 하는 사람.

토공 (土公)閉 〈토공신(土公神)〉의 준말.

토공-신 (土公神)閉 음양가(陰陽家)가 이르는 땅의 신. 봄에는 부엌에, 여름에는 문에, 가을에는 우물에, 겨울에는 마당에 있다고 하는데, 그 계절에 그 자리를 움직이면 재앙이 따른다고 함. 토신(土神). ⑥토공.

토관 (土官)閉 〈토관직(土官職)〉의 준말.

토관 (土管)閉 질흙으로 구워 만든 둥근 관. 굴뚝이나 배수관 따위로 쓰임.

토관-직 (土官職)閉 고려·조선 시대에, 평안도와 함경도의 변진(邊鎭)·읍(邑鎭)에 두었던 관직. 평안도·함경도의 부(府)·목(牧)·도호부(都護府)에 따로 둔 벼슬로서, 그 지방의 관찰사나 절도사가 그 지방의 토착민에게만 임명했음. ⑤토관.

토-광 (土-)閉 널빤지 따위를 깔지 않고 흙바닥 그대로 된 광.

토광 (土鑛)閉 흑광(黑鑛)의 산화대(酸化帶)의 흙 같은 엷은 빛의 광석으로 변하여 금분(金粉)과 은분이 풍부한 광석.

토광-묘(土壙墓)명 ☞널무덤.

토광-인회(土廣人稀)[-히]명[형]땅은 넓고 사람은 드묾. 지광인회(地廣人稀).

토괴(土塊)[-괴/-궤]명 ☞흙덩이.

토교(土橋)명 ☞흙다리.

토구(土寇)명 시골에서 일어난 도둑의 떼. 토비(土匪). 토적(土賊).

토:구(吐具)명 ☞토기(吐器).

토:구(討究)명[하타] 서로 의견을 말하면서 사물의 이치를 따지어 연구함.

토-굴(土-)명 ①흙땅에서 나는 굴조개를 통틀어 이르는 말. ②굴과의 조개. 껍데기는 길이 15cm가량으로, 둥글거나 네모꼴임. 암초 따위에 붙어삶.

토굴(土窟)명 ①흙을 파낸 큰 구덩이. ②땅속으로 뚫린 큰 굴. 땅굴.

토극수(土克水)[-쑤]명 오행설에서 이르는 상극(相剋)의 하나. '흙은 물을 이긴다'는 뜻.

토:근(吐根)명 ①꼭두서닛과의 상록 관목. 높이 30~40cm, 흰 꽃이 10~12개씩 덩어리로 피고 완두만 한 장과(漿果)가 열림. ②한방에서, '말린 토근 뿌리'를 약재로 이르는 말. 〔가래를 없애거나 토하게 하는 데에 씀.〕

토:근-정(吐根錠)명 토근의 뿌리에 젖당(乳糖)을 섞어서 만든 정제. 가래를 없애는 데 씀.

토금(土金)명 ①금빛이 나는 흙. ②흙이나 모래 속에 섞여 있는 금.

토-금속(土金屬)명 ☞토류 금속(土類金屬).

토기(土氣)명 ①지기(地氣). ②한방에서, 위(胃)의 작용을 이르는 말.

토기(土器)명 ①질흙으로 빚어서 700~800℃에서 구워 만든 그릇의 한 가지. 잿물을 쓰지 않으며, 다공질(多孔質)임. ②고대에 쓰이던, 흙으로 만든 그릇. ②와기(瓦器).

토:기(吐氣)명 위 속에서 든 것이 도로 입으로 나오려는 기운. 구기(嘔氣). 욕지기.

토:기(吐器)명 (음식을 먹을 때) 씹어 삼키지 못할 것을 뱉어 놓는 그릇. 토구(吐具).

토기-장(土器匠)명 ☞토기장이.

토기-장이(土器-)명 토기를 만드는 일을 직업으로 하는 사람. 토기장.

토기-점(土器店)명 ①토기를 구워 만드는 곳. ②옹기점.

토-끝[-끋]명 ①피륙의 끄트머리. ②피륙의 필(疋) 끝에 글씨나 그림이 박힌 부분. 화도끝. * 토끝이[-끄치]·토끝을[-끄틀]·토끝만[-끈-]

토끼명 토낏과의 짐승을 통틀어 이르는 말. 귀는 길고 크며 윗입술은 갈라져 있고 긴 수염이 있음. 뒷다리는 앞다리보다 훨씬 발달되어서 잘 뛰어다님. 번식력이 강하고 종류가 많음.

토끼가 제 방귀에 놀란다[속담] ☞노루가 제 방귀에 놀란다.

토끼 둘을 잡으려다가 하나도 못 잡는다[속담] 여러 가지를 욕심내다가는 한 가지도 이루지 못한다는 말.

토끼를 다 잡으면 사냥개 잡는다[속담] 필요할 때는 잘 부려먹다가도 쓸모가 없게 되면 쌓은 공도 무시하고 내치어 버린다는 말. 환토사구팽(兎死狗烹).

토끼 입에 콩가루 먹은 것 같다[속담] 무엇을 먹은 흔적을 입가에 남기고 있다는 말.

토끼-날명 ①☞묘일(卯日). ②음력 정월 첫 묘일(卯日). 이날은 여성이 남의 집에 출입하는 것을 꺼림.

토끼-뜀명[하자] 쪼그리고 앉은 자세로 양손으로 각각의 귀를 잡고 토끼처럼 뛰어가거나 제자리에서 뜀, 또는 그런 동작.

토끼-띠명 ☞묘생(卯生).

토끼-잠명 토끼처럼, 깊이 들지 못하고 아무 데서나 자주 자는 잠.

토끼-장(-欌)명 토끼를 가두어 기르는 우리. 토사(兎舍). 토끼집.

토끼-전(-傳)명 작자와 연대를 알 수 없는 판소리 계통의 고대 소설. 국문본도 있고 한문본도 있는데, '삼국사기'에 전하는 토끼와 거북의 우화를 소설화한 것임. 별주부전. 토생원전.

토끼-집명 토끼를 가두어 두고 기르는 우리. 토사(兎舍). 토끼장.

토끼^타령명 '수궁가(水宮歌)'의 딴 이름.

토끼-털명 토끼의 털. 토모(兎毛).

토끼-풀명 콩과의 다년초. 유럽 원산으로, 들에 절로 나거나 목초로 재배하기도 함. 잎은 긴 잎자루 끝에 세 잎씩 나며 심장 모양임. 여름에 흰 꽃이 피고, 시든 다음에도 떨어지지 않고 열매를 둘러쌈. 클로버(clover).

토끼-해명 ☞묘년(卯年).

토:납(吐納)명[하자] 〈토고납신〉의 준말.

토:너(toner)명 복사기나 레이저 프린터에서 잉크 대신 사용하는 검은색 탄소 가루.

토:너먼트(tournament)명 운동 경기 따위에서, 시합 때마다 패자는 떨어져 나가고 마지막에 남은 두 사람(팀)으로 하여금 우승을 겨루게 하는 방식. ¶토너먼트로 경기를 치르다.

토:네이도(tornado)명 미국 중남부 지역에서 일어나는 맹렬한 회오리바람. 봄·여름에 많으며, 집이나 나무를 쓰러뜨리기도 함.

토노미:터(tonometer)명 음의 진동수, 곧 높낮이를 정확히 재는 계기(計器).

토농(土農)명 ☞토농이.

토농-이(土農-)명 한곳에 붙박이로 살며 농사를 짓는 사람. 토농.

토닉(tonic)명 진(gin) 따위의 양주에 섞어 마시는 탄산음료.

토닥-거리다[-꺼-]타 자꾸 토닥토닥하다. 토닥대다. 환투덕거리다. 쌘또닥거리다.

토닥-대다[-때-]타 토닥거리다.

토닥-이다[-다기-]타 잘 울리지 않는 톡톡한 물건을 가볍게 두드리는 소리를 내다.

토닥-토닥[-다-]뷔 잘 울리지 않는 톡톡한 물건을 가볍게 두드리는 소리, 또는 그 모양. ¶아기 등을 토닥토닥 두드리다. 환투덕투덕1. 쌘또닥또닥.

토단(土壇)명 흙으로 쌓아 만든 단.

토-담(土-)명 흙으로 쌓아 친 담. 토원(土垣). 토장(土牆).

토담-장이(土-)명 토담을 쌓는 일을 직업으로 하는 사람. 환담장이.

토담-집(土-)[-찝]명 (재목은 거의 쓰지 않고) 토담을 쌓아서 그 위에 지붕을 덮어 지은 집. 담집. 토실(土室). 토옥(土屋).

토담-틀(土-)명 토담을 쌓는 데 쓰는, 널빤지로 만든 틀. 틀 안에 흙을 넣고 단단하게 다지어 흙이 완전히 굳은 다음에 틀을 뗌. 담틀.

토-당귀(土當歸)명 ①☞땅두릅나물. ②한방에서, '멧두릅 뿌리'를 약재로 이르는 말. ②독활(獨活).

토대(土臺)명 ①흙으로 쌓아 올린 높은 대. 흙바탕. ②목조 건축물에 있어서 맨 밑바닥에서 윗부분을 떠받치는 가로로 댄 나무. ③모든 건조물의 밑바탕. ④'사물이나 사업의 바탕이 되는 기초나 밑천'을 비유하여 이르는 말. ¶토대 없이 시작한 사업이라 어려움이 많다.

토:^댄스(toe dance)명 발레 등에서, 발끝으로 서서 추는 춤.

토도사(土桃蛇)명 ⇨굿뱀.

토둔(土屯)명 그리 높지 않은 자그마한 언덕.

토라(土螺)명 ⇨우렁이.

토라지다자 ①먹은 음식이 제대로 소화되지 않고 신트림이 나면서 제하다. ②사이나 감정이 좋지 않게 되다. ¶딸아이는 장난감을 안 사 준다고 단단히 토라져 있다.

토란(土卵)명 ①천남성과의 다년초. 높이 80~120 cm. 땅속에 감자 모양의 알줄기가 있는데 잎꼭지와 함께 요리에 쓰임. 열대 아시아 원산으로 4월에 심어 7~9월에 수확함. 우자(芋子). 토련(土蓮). ②토란의 구경.

토란-국(土卵-)[-꾹] 맑은장국이나 토장국에 토란을 넣고 끓인 국.

토란-대(土卵-)명 ⇨고운대.

토레아도:르(toreador 스)명 ①여성용 승마 바지. ②투우사의 바지.

토력(土力)명 ⇨지력(地力).

토련(土蓮)명 ⇨토란.

토:렴하타 건진 국수나 식은 밥 따위에 뜨거운 국물을 부었다 따랐다 하여 그 국수나 밥을 데우는 일. ¶더운 국물에 국수를 토렴하여 주다. 준퇴염(退染).

토:로(吐露)명하타 속마음을 다 드러내어 말함. 토파(吐破). ¶비밀을 토로하다. /아내에게 흉금을 토로하다. 비토정(吐情).

토록[1]명 광산에서, 광맥의 원줄기에서 떨어져 다른 잡석과 섞여 있는 광석을 이르는 말.

토록[2]조 《일부 체언에 붙어》'어느 정도나 얼마의 수량에 미치기까지'의 뜻을 나타내는 말. ¶그는 종일토록 일하였다. /어려움이 이토록 많을 줄은 몰랐다.

토:론(討論)명하타되자 어떤 문제를 두고, 여러 사람이 의견을 말하여 옳고 그름을 따져 논의함. ¶찬반 토론. /열띤 토론을 벌이다. 비토의.

토롱(土壟)명 임시로 흙을 쌓아서 만든 무덤. 토분(土墳).

토룡(土龍)명 지렁이.

토류(土壘)명 중국 당우(唐虞) 때에 흙으로 만들었다고 하는 밥그릇의 한 가지.

토류(土類)명 물과 불에 잘 녹지 않고 환원하기도 어려운 금속 산화물. 〔반토(礬土) 및 알루미늄 따위의 희유(稀有) 금속의 산화물.〕

토류^금속(土類金屬)명 원소 주기율표 가운데 제3족(第三族)에 딸리는 금속 원소. 〔알루미늄·칼륨·인듐·탈륨 따위.〕토류 금속 원소.

토류^금속^원소(土類金屬元素)명 ⇨토류 금속.

토륨(thorium)명 방사성 금속 원소의 한 가지. 잿빛의 무거운 결정이며, 우라늄에 버금가는 원자력 원료임. 〔Th/90/232.0381〕

토르소(torso 이)명 〔'몸통'을 뜻하는 조각 용어로〕팔·다리·머리 부분이 없이 몸통만으로 된 조상(彫像).

토리[1]명 ①실을 둥글게 감은 뭉치. ②《의존 명사적 용법》감아 놓은 실 뭉치를 세는 단위. ¶색실 두 토리.

토리[2]명 화살대의 끝에 씌운 쇠고리.

토리(土理)명 흙의 메마르고 기름진 성질, 또는 어떤 식물에 맞고 안 맞는 성질. 지미(地味). ¶토리가 좋아서 어떤 작물을 심어도 잘 된다.

토리-실명 테가 지게 감지 않고 둥글게 감은 실.

토-마루(土-)명 〔지난날, 시골집에서 볼 수 있었던 것으로〕흙을 편평하게 쌓아서 마루 대신으로 이용하던 곳. 비토방(土房).

토마스-주의(Thomas主義)[-의/-이]명 ⇨토미즘(Thomism).

토마토(tomato)명 가짓과의 일년초. 남아메리카 원산의 재배 식물로 줄기 높이는 1 m가량. 여름에 노란 꽃이 피고, 열매는 둥글넓적하며 붉게 익음. 열매에는 비타민 A와 C가 많음. 비일년감.

토마토-케첩(tomato ketchup)명 토마토를 갈아 으깨어 향료·식초 따위로 맛을 낸 소스의 한 가지.

토막명 ①크고 덩어리가 진 도막. ¶생선 토막. /토막을 내다. /토막을 치다. ②(말이나 글·노래 따위의) 짤막한 한 부분. ¶춘향전의 한 토막. /토막의 이야기. ③《의존 명사적 용법》토막 낸 물건 따위를 세는 단위. ¶나무 한 토막. /옛날이야기 한 토막.

토막(土幕)명 움막. 움집.

토막-고기[-꼬-]명 토막을 낸 고기.

토막-극(-劇)[-끅]명 ⇨촌극(寸劇).

토막-나무명 짤막하게 토막을 낸 나무.

토막나무 끈 자국과 같다[속] 토막나무를 끌고 간 자리와 같이 사물의 형상과 자취가 뚜렷하여 숨길 수 없다는 말.

토막-말[-말]명 아주 짤막한 말. 도막도막 끊어지게 하는 말. 한마디 한마디씩 동안을 두어가면서 하는 말.

토막-민(土幕民)[-망-]명 움집에서 사는 사람.

토막-반찬(-飯饌)[-빤-]명 (생선이나 자반 따위를) 토막 쳐서 조리한 반찬.

토막-토막 [Ⅰ]명 토막마다 모두. 또는, 여러 개의 토막. ¶생선 토막토막에 양념을 고루 얹다. [Ⅱ]부 여러 토막으로 잘린(자르는) 모양. ¶생선을 토막토막 자르다.

토매(土-)명 벼를 갈아서 현미(玄米)를 만드는 기구. 흙을 굳혀서 매통 비슷하게 아래위 두 짝으로 만든 것으로 위짝에는 자루가 달려 있음.

토매(土昧)'토매하다'의 어근.

토매-인(土昧人)명 미개하고 무지한 사람. 미개인. 야만인.

토매-우(土昧人遇)명 토매인에게 하는 대우. 야만인으로 취급하는 대우.

토매-하다(土昧-)형여 미개하고 무지하다.

토맥(土脈)명 ⇨지맥(地脈).

토-머름(土-)명 널조각 대신에 흙으로 막은 머름.

토멸(討滅)명하타되자 공격하여 멸망시킴.

토모(兔毛)명 토끼털.

토목(土木)명 〈토목 공사〉의 준말.

토목-건축(土木建築)[-껀-]명 토목과 건축을 아울러 이르는 말. 준토건.

토목^공사(土木工事)[-꽁-]명 목재나 철재·토석(土石) 따위를 사용하여 도로나 둑·교량·항만·철도·상하수도 따위를 건설하거나 그것을 유지하기 위한 공사 등을 통틀어 이르는 말. 준토목.

토목-공이(土木-)[-꽁-]명 '미련하고 무지한 사람'을 조롱조로 이르는 말.

토목^공학(土木工學)[-꽁-]명 〔도로·하천·도시 계획 따위〕토목 공사에 관한 이론과 실제를 연구하는 공학의 한 부문.

토:미즘(Thomism)圏 스콜라 철학을 대표하는 토마스 아퀴나스의 사상에 토대를 둔 철학·신학의 사상 체계는 그 사조(思潮). 가톨릭 교회의 공인 철학으로서, 중용(中庸)·조화·명석·지성(知性)의 우위를 주장하며 관념론이나 유물론에 반대함. 토마스주의.

토민(土民)圏 일정한 곳에서 여러 대(代)에 걸쳐 살아가는 사람. 토착민(土着民).

토-바닥(土-)圏 사금(沙金)을 캐내는 곳의, 흙과 모래로 된 밑바닥.

토박(土薄) '토박하다'의 어근.

토-박이(土-)圏〈본토박이〉의 준말. ¶ 서울 토박이.

토박이-말(土-)圏 고유어.

토박-하다(土薄-)[-바카-]톙똉 땅이 기름지지 못하고 메마르다. ❀토옥(土沃)하다.

토반(土班)圏 여러 대(代)를 두고 그 고장에서 살고 있는 양반.

토반-유(兔斑釉)圏 짚이나 겨를 태운 재를 장석(長石)·토회(土灰)와 섞어 만든, 빛깔이 부연 잿물.

토-반자(土-)圏 천장에 반자틀을 들인 뒤에 반자지를 바르지 않고 욋가지를 엮고 흙을 바른 반자.

토방(土房)圏 (마루를 놓을 수 있게 된) 처마 밑의 땅. ❀토마루.

토번(土蕃)圏 오랜 옛날부터 그 땅에 살고 있는 미개한 주민. 미개한 토착민.

토번(吐番)圏 중국 당송(唐宋) 시대에, '티베트 족'을 이르던 말.

토벌(討伐)圏하타퇴자 반란자 등 적이 되어 맞서는 무리를 병력으로 공격하여 없앰. ¶ 토벌 작전. / 공비(共匪)를 토벌하다.

토벽(土壁)圏 흙벽.

토병(土兵)圏 토민(土民) 중에서 뽑은 군사.

토봉(土蜂)圏 땅벌.

토분(土粉)圏 ① 쌀을 쓿을 때에 섞는, 희고 보드라운 흙가루. 분토(粉土). ② 진흙의 보드라운 앙금을 말린 흙가루. 재목에 칠을 할 때 틈을 메우는 애벌칠감으로 쓰임.

토분(土墳)圏 흙을 모아 임시로 간단하게 만든 무덤. 토룡(土壟).

토분(兔糞)圏 한방에서, '토끼 똥'을 약재로 이르는 말. 해열제로 씀.

토불(土佛)圏 흙으로 만든 불상. 흙부처.

토붕(土崩)圏하자〔흙이 무너진다는 뜻으로〕 '어떤 조직(組織)이나 모임이 점점 무너짐'을 이르는 말.

토붕-와해(土崩瓦解)圏하자〔흙이 무너지고 기와가 깨지듯이〕 '사물이 여지없이 무너져 수습할 수 없이 됨'을 이르는 말.

토브랄코(tobralco)圏 무늬를 찍은 무명. 어린이용·여성용 옷감으로 쓰임.

토비(土匪)圏〖토구(土寇).

토비(討匪)圏하자 비적(匪賊)의 무리를 침.

토빈(土殯)圏하타 정식으로 장사를 지내기 전에 임시로 관(棺)을 묻음.

토사(土沙)圏 흙과 모래. ¶ 토사 유출.

토:사(吐絲)圏하자〔누에가 고치를 만들기 위하여〕 입에서 실을 토해 냄.

토:사(吐瀉)圏하자〈상토하사〉의 준말.

토사(兔舍)圏 토끼장. 토끼집.

토:사(吐絲·菟絲)圏

토:사-곽란(吐瀉癨亂)[-꽉난]圏 한방에서, 위로는 토하고 아래로는 설사하면서 배가 뒤틀리듯이 몹시 아픈 병증을 이르는 말.

토사구팽(兔死狗烹)圏〔토끼를 다 잡으면 사냥개를 삶는다는 뜻으로〕 '요긴한 때는 소중히 여기다가도 쓸모가 없게 되면 천대하고 쉽게 버림'을 비유하여 이르는 말.〔'사기(史記)'의 '회음후전(淮陰侯傳)'에 나오는 말임.〕 ❀토끼.

토사-도(土沙道)圏 (포장재로 포장하지 아니하고) 흙과 모래로만 다진 길.

토사-문(兔絲紋)圏 ☞토호화(土毫花).

토사-자(兔絲子)圏 한방에서, '새삼의 씨'를 약재로 이르는 말. 강장제로 쓰임.

토사호비(兔死狐悲)圏 ☞호사토읍(狐死兔泣).

토산(土山)圏 (돌이나 바위가 별로 없이) 흙으로만 이루어진 산. 흙뫼. ↔암산(岩山).

토산(土産)圏〈토산물〉의 준말.

토산-마(土産馬)圏 그 지방에서만 나는 독특한 품종의 말.

토산-물(土産物)圏 그 지방에서 특유하게 나는 물건. ❀토산.

토산-불알(←㿗疝-)圏 한방에서, 산증(疝症)으로 말미암아 한쪽이 커진 불알을 이르는 말.

토산-불이(←㿗疝-)圏 '토산불알을 가진 사람'을 홀하게 이르는 말.

토산-종(土産種)圏 그 지방에서 특유하게 나는 종자, 또는 종류. 토종(土種).

토산-품(土産品)圏 그 지방에서 특유하게 나는 물품.

토색(土色)圏 흙빛.

토색(討索)圏하타 돈이나 물품 따위를 억지로 달라고 함.

토색-질(討索-)[-쩔]圏하타 토색하는 짓. ¶ 탐관오리(貪官汚吏)의 토색질.

토-생금(土生金)圏 오행설에서 이르는 상생(相生)의 하나. 흙[土]에서 쇠(金)가 생긴다는 뜻.

토생원-전(兔生員傳)圏 ☞토끼전.

토석(土石)圏 흙과 돌.

토석-류(土石流)[-성뉴]圏 산사태로 흙과 돌이 탁류(濁流)에 휩쓸려 흘러내리는 물, 또는 그런 흐름.

토선(土船)圏 흙을 실어 나르는 배.

토:설(吐說)圏하타 (숨겼던 사실을) 처음으로 밝히어 말함. 설토(說吐).

토성(土性)圏 흙의 성질. 토질(土質).

토성(土姓)圏 오행(五行)의 '토'에 딸린 성(姓).

토성(土星)圏 태양계의 안쪽에서 여섯 번째의 행성. 목성(木星) 다음으로 큰 별로서 주위에 여러 개의 고리가 둘러싸고 있으며, 10개 이상의 위성(衛星)을 가졌음. 오황(五黃). 진성(鎭星).

토성(土城)圏 ① 흙으로 쌓아 올린 성. ②〈사성(莎城)〉의 속된 말. ③개자리 뒤에 흙을 쌓아 화살을 막던 둑.

토-세공(土細工)圏 흙을 재료로 하는 세공.

토속(土俗)圏 그 지방 특유의 습관이나 풍속. ¶ 토속 신앙. / 토속 음식.

토속-적(土俗的)[-쩍]圏 그 지방에만 특유한 습관·풍속의 (것). ¶ 토속적 정취. / 토속적인 음식.

토속-주(土俗酒)[-쭈]圏 그 지방의 독특한 양조법으로 빚은 전통적인 술. ❀토주.

토속-학(土俗學)[-소칵]圏 여러 곳의 풍속·습관 따위를 대상으로 연구하는 학문.〔민속학과 민족학으로 분화되기 이전에 이르던 말.〕

토수(土手)圏 '토시'의 잘못.

토:수(吐首)圏 기와의 한 가지. 전각(殿閣)의 네 귀의 추녀 끝에 끼우는 것으로, 용두(龍頭) 모양이나 귀두(鬼頭) 모양으로 만듦.

토수-화(土鏽花)**명** 미술에서, 도자기가 흙 속에 오래 묻혀 있어 본디의 엷은 유약이 변화하여 생긴 얼룩무늬를 이르는 말.

토순(兎脣)**명** 윗입술이 토끼의 입술처럼 세로로 갈라져 있는 언청이의 입술.

토:슈-즈(toeshoes)**명** 발레에서, 토 댄스를 출 때 신는 신. 끝이 두껍고 단단하며 뒤축이 없음. 보통 분홍빛의 공단(貢緞)으로 만듦.

토스(toss)**명하타** ①(공 따위를) 가볍게 위로 던지는 일. ②배구에서, 자기편 선수가 내리치기 쉽도록 공을 높이 올려 주는 일. ③야구나 농구에서, 바로 옆의 자기편에게 공을 밑으로부터 가볍게 던지는 일. ④<토스 배팅>의 준말.

토스^배팅(toss batting)**명** 야구에서, 가까이에서 던져 올려 주는 공을 치는 가벼운 타격 연습. ⒁토스.

토:스터(toaster)**명** 토스트를 굽는 기계.

토:스트(toast)**명** 얇게 잘라 살짝 구운 식빵. 버터나 잼 따위를 바르기도 함.

토시명 ①한복을 입을 때 팔뚝에 끼워 추위나 더위를 막는 제구. 한 끝은 좁고 한 끝은 넓게 생겼는데, 겨울용은 비단·무명 따위로 만들고 여름용은 대나무·등나무 따위로 만듦. ②옷소매가 해지거나 더러워지지 않도록 소매 위에 덧끼는 물건. ⓑ투수(套袖).

토시-살명 소의 만화에 붙은 고기.

토식(討食)**명하타** 음식을 억지로 달라고 하여 먹음.

토신(土神)**명** ⇨토공신(土公神).

토실(土室)**명** 토담집. 토옥(土屋).

토:실(吐實)**명하타** 일의 실상을 토설함. ¶초달을 받고서야 아버지 일이 앞에 전말을 토실했다.

토실-토실무하형 살이 보기 좋을 정도로 통통하게 찐 모양. ¶토실토실 살이 오른 아기. ⓒ투실투실.

토심(土深)**명** 흙의 깊이.

토:심(吐心)**명** 남이 불쾌한 낯빛이나 말씨로 대할 때 느끼는 불쾌한 마음.

토:심-스럽다(吐心-)**[-따][~스러우니·~스러워]형ㅂ** 남이 불쾌한 낯빛이나 말씨로 대하여 불쾌하고 아니꼬운 느낌이 있다. ¶남들이 토심스러워할까 봐 불쾌한 감정을 감추려고 애를 썼다. **토심스레무**.

토-씨명 ⇨조사(助詞). ⓒ토3.

토:악-질(吐-)**[-찔]명하타** ①먹은 것을 게워 냄, 또는 그런 일. ②'남의 재물을 부당하게 빼앗거나 받았다가 도로 내어 놓음'을 비유하여 이르는 말.

토압(土壓)**명** 돌담이나 옹벽에 접촉한 흙이 접촉면에 미치는 압력. ¶옹벽이 토압을 견디지 못하여 무너졌다.

토양(土壤)**명** ①흙. ②식물, 특히 농작물을 자라게 하는 흙. ¶비옥한 토양.

토양^미생물(土壤微生物)**명** 토양 속에 살면서 유기물(有機物)을 분해하는 미생물. 〔세균·방선균·자낭균 따위〕.

토양^반:응(土壤反應)**명** 흙이 산성·중성·염기성 중 어느 것에 해당하는지를 나타내는 반응. 중성일 때가 식물의 생장에 가장 알맞음.

토양^침식(土壤浸蝕)**명** 논밭의 표토(表土)가 비바람에 의하여 유실(流失)되는 현상.

토양-학(土壤學)**명** 토양의 생긴 원인과 성질·변화·분류·분포 따위를 연구하는 학문.

토어(土語)**명** ①한 지방의 본토박이가 전통적으로 쓰는 말. ②어느 지방에 특유한 방언(方言). 사투리.

토-언제(土堰堤)**명** 흙을 쌓아 올려서 만든 둑.

토역(土役)**명하자** 흙일. ¶토역 인부.

토:역(吐逆)**명하자** ⇨구토(嘔吐).

토역(討逆)**명하자** 역적(逆賊)이나 반도(叛徒)를 공격하여 없앰.

토역-꾼(土役-)**명** 흙일을 하는 사람. 토역장이.

토역-일(土役-)**[-닐]명하자** 흙일.

토역-장이(土役-)**[-짱-]명** ⇨토역꾼.

토-역청(土瀝靑)**명** ⇨아스팔트.

토영삼굴(兎營三窟)**명** 〔토끼가 위급한 때를 면하기 위해 세 개의 굴을 파 놓는다는 뜻으로〕'자신의 안전을 위하여 미리 몇 가지 대책을 마련해 둠'을 이르는 말.

토옥(土沃) '토옥하다'의 어근.

토옥(土屋)**명** 토담집. 토실(土室).

토옥-하다(土沃-)**[-오카-]형여** 땅이 걸고 기름지다. ¶땅이 토옥하여 소출이 많다. ⓐ토박(土薄)하다·토척(土瘠)하다.

토왕(土旺)**명** 토기(土氣)가 왕성한 일. ②<토왕지절(土旺之節)>의 준말.

토왕-용사(土旺用事)**[-농-]명** 토왕지절(土旺之節)의 첫째 되는 날. 〔이날은 흙일을 금한다 함〕. ⓒ토용(土用).

토왕지절(土旺之節)**명** 오행(五行)에서 이르는, 토기(土氣)가 왕성한 절기. 춘·하·추·동 각 계절 끝에 해당하며, 1년에 네 번 있는데 18일 동안임. ⓒ토왕.

토요(土曜)**명** <토요일>의 준말. ¶토요 격주 휴무제.

토-요일(土曜日)**명** 칠요일(七曜日)의 하나로, 일요일의 전날. ⓒ토(土)·토요.

토욕(土浴)**명하자** ①닭이나 새가 흙을 파헤치고 들어앉아 버적거리는 일. ②말이나 소가 땅바닥에 뒹굴면서 몸을 비비는 일.

토욕-질(土浴-)**[-찔]명하자** 토욕을 하는 짓.

토용(土用)**명** <토왕용사(土旺用事)>의 준말.

토용(土俑)**명** 지난날, 찰흙으로 빚어서 구워 만든 허수아비의 한 가지. 순장(殉葬)해야 할 사람 대신으로 무덤에 묻었음.

토우(土芋)**명** ⇨새박뿌리.

토우(土雨)**명** 흙비.

토우(土偶)**명** 흙으로 빚어 만든 사람이나 짐승의 형상. 토우인(土偶人).

토우-인(土偶人)**명** ⇨토우(土偶).

토운-선(土運船)**명** 토목 공사장에서, 흙을 운반하는 배.

토운-차(土運車)**명** 토목 공사장에서, 흙을 운반하는 차량.

토원(土垣)**명** ⇨토담.

토원후불평(兎怨猴不平)**명** 원진살의 한 가지. 궁합(宮合)에서, 토끼띠는 원숭이띠를 꺼린다는 말.

토월-회(土月會)**[-회/-훼]명** 1922년 말에서 1923년 초 사이에 박승희(朴勝喜)를 비롯한 일곱 명의 동경 유학생들이 창립하여, 1923년 7월, 조선 극장에서 초연하였고, 얼마 후 광무대에서 직영하는 전문 극단으로 개편되었으며 1932년 '태양 극장'으로 개칭할 때까지 87회나 공연한 신극 단체.

토:유(吐乳)**명하자** 젖먹이가 먹은 젖을 토함.

토:유-병(吐乳病)**[-뼝]명** 한방에서, 젖먹이가 젖을 토하는 병을 이르는 말.

토육(兎肉)**명** 토끼 고기.

토음(土音)圓 ①그 지방의 발음, 또는 그 지방 사람의 음색(音色). ②오행에서 토(土)에 해당하는 음, 곧 궁(宮).

토의(土宜)[-의/-이]圓 ①토질이 사람 사는 데나 식물 가꾸기에 알맞음. ②그 땅에 알맞은 농작물, 또는 그 땅의 산물.

토:의(討議)[-의/-이]圓하자 되자 (어떤 문제에 대하여) 각자의 의견을 내놓고 검토하고 의논함. ¶오랜 시간 토의한 끝에 결론에 도달했다. ▣토론.

토이(討夷)圓하자 오랑캐를 토벌함.

토이기(土耳其)圓 '터키'의 한자음 표기.

토인(土引)圓 ☞통인(通引).

토인(土人)圓 ①'미개한 지역에 정착하여 원시적인 생활을 하고 있는 종족'을 얕잡아 이르는 말. ②어떤 지방에 대대로 붙박이로 사는 사람.

토장(土葬)圓하타 송장을 땅속에 파묻는 일, 또는 그런 장사 방법. ❀수장(水葬)·풍장(風葬)·화장(火葬).

토장(土墻)圓 ☞토담.

토장(土醬)圓 된장.

토장-국(土醬-)[-꾹]圓 된장국.

토장-묘(土葬墓)圓 ☞구덩무덤.

토재-관(土在官)圓 지난날, 자기 소유의 토지가 있는 곳의 관아(官衙)를 이르던 말.

토적(土賊)圓 ☞토구(土寇).

토적(討賊)圓하자 도둑 또는 역적을 토벌함.

토점(土店)圓 사금(沙金)이나 토금(土金)이 나는 광산.

토정(土鼎)圓 ☞질솥.

토:정(吐情)圓하자 사정이나 심정을 솔직히 털어놓음. ▣토로(吐露).

토:정(吐精)圓하자 정액을 쏟아 냄. 사정(射精).

토정-비결(土亭祕訣)圓 조선 명종(明宗) 때, 토정(土亭) 이지함(李之菡)이 지었다는 책. 태세(太歲)·월건(月建)·일진(日辰)을 숫자로 풀어 셈하여 그해의 신수(身數)를 보는 데 씀.

토제(土製)圓하타 흙으로 만듦, 또는 그런 물건.

토:제(吐劑)圓 (먹은 것을) 토하여 내게 하는 약.

토족(土族)圓 토반(土班)의 겨레.

토종(土種)圓 본디 그 땅에서 나는 종자. 본토종(本土種). 재래종. 토산종(土産種).

토종-벌(土種-)圓 서양종 꿀벌에 대하여, '재래종 꿀벌'을 이르는 말.

토죄(討罪)[-죄/-줴]圓하타 지은 죄를 낱낱이 들추어 다부지게 나무람.

토주(土主)圓 ①땅 주인. 지주(地主). ②<토주관(土主官)>의 준말.

토주(土朱)圓 ①☞석간주(石間硃). ②☞대자석(代赭石).

토주(土柱)圓 빗물의 침식이 오랫동안 계속되어 생긴 흙 기둥. 흔히, 꼭대기에 바윗돌을 이고 있음.

토주(土酒)圓 ①<토속주(土俗酒)>의 준말. ②☞촌주(村酒).

토:주(吐紬)圓 바탕이 두껍고 빛깔이 누르스름한 명주.

토주(討酒)圓하자 술을 억지로 달라고 하여 마심.

토-주석(吐酒石)圓 산성 주석산칼륨과 산화안티몬의 화합물. 무색투명한 가루, 또는 자디잔 결정인데, 토제(吐劑)나 살충제·매염제(媒染劑) 따위로 쓰임.

토-주자(土鑄字)圓 흙으로 만든 활자.

토지(土地)圓 ①땅. 흙. ②(사람이 논밭이나 집터 따위로 이용할 수 있는) 지면(地面). ③토양. 토질. ¶비옥한 토지. ④☞영토.

토지^개:량(土地改良)圓 토지의 불합리한 자연 조건을 극복하고 그 이용 가치를 향상시키는 일. 개간(開墾)·배수(排水)·관개(灌漑)·농지 정리 등이 이에 딸림.

토지^개:혁(土地改革)圓 토지의 소유 형태에 관한 개혁.

토지^공개념(土地公概念)圓 토지는 확대 재생산이 불가능한 한정된 자산이므로 소유와 처분은 공공의 이익을 위하여 적절히 제한할 수 있다는 개념.

토지^공영제(土地公營制)圓 새 개발 지역의 지가 상승과 토지의 투기(投機)를 막기 위하여 정부나 그 대행 기관이 개발 대상 지역을 사들여 개발한 다음 일정한 값으로 실수요자에게 파는 제도.

토지^구획^정:리^사:업(土地區劃整理事業)[-획쩡니-/-휙쩡니-]圓 도시 계획을 시행할 때, 공공시설의 정비 개선이나 택지(宅地)의 이용률을 높이기 위한 토지의 구획이나 형질(形質)의 변경, 공공시설의 신설이나 변경 등에 관한 사업.

토지^대장(土地臺帳)圓 토지의 상황을 명확하게 하기 위한 지적 공부(地籍公簿)의 하나. 토지의 소재지·지번(地番)·지목(地目)·지적(地積) 및 소유자의 주소·성명 따위를 적어 시·군 등에 비치해 두는 장부. 지적 대장(地籍臺帳).

토지-법(土地法)[-뻡]圓 토지의 소유·이용·개량 등에 관해 규정한 법률을 통틀어 이르는 말. 일반적으로 헌법·민법에서 규정함.

토지^사:용권(土地使用權)[-꿘]圓 토지 수용법에 따라 공공사업의 기업자가 그 사업에 필요한 남의 토지 사용을 인정받는 공법상의 권리.

토지^소:유권(土地所有權)[-꿘]圓 토지를 자유로이 사용하고 처분할 수 있는 권리. 자본의 가장 기본적인 법적 형태임.

토지^수용(土地收用)圓 국가가 특정한 공공사업을 위하여 법률이 정하는 바에 따라 토지의 소유권 및 사용권을 소유자로부터 강제적으로 취득하는 일. 본디의 소유자에게는 그에 상당하는 보상이 지급됨.

토지^수용법(土地收用法)[-뻡]圓 토지 수용에 관한 사항을 규정한 법률.

토지^조사(土地調査)圓 근대적인 토지 소유권을 확립하기 위하여 토지에 대한 필요한 사항을 조사하는 일.

토-직성(土直星)[-썽]圓 아홉 직성(直星)의 하나. 길하기도 흉하기도 않은 직성으로 아홉 해에 한 번씩 돌아오는데, 남자는 열한 살, 여자는 열두 살에 처음 든다고 함.

토:진-간담(吐盡肝膽)『간담을 다 토해 낸다는 뜻으로』 실정(實情)을 숨김없이 다 털어놓음을 이르는 말.

토질(土疾)圓 어떤 지방의 수질(水質)이나 토질(土質)에 맞지 않아 생기는 병을 통틀어 이르는 말. 〔디스토마가 대표적임.〕 풍토병(風土病).

토질(土質)圓 토지의 성질. 흙바탕. 토성(土性). ¶토질이 기름지다.

토-찌끼圓 간장 속에 가라앉은 된장 찌끼.

토착(土着)圓하자 ①대(代)를 이어 그 땅에서 삶. ②생물(生物)이 어떤 곳에 침입하여 거기에 눌러 사는 일.

토착-민 (土着民) [−창−] 圀 대대로 그 지방에서 살고 있는 백성. 토민(土民). ⑧본토박이.

토착-어 (土着語) 圀 ▷고유어.

토착-화 (土着化) [−화] 圀[하자타][되자] (어떤 제도나 풍습 따위가) 완전히 뿌리를 내려 그곳에 맞게 동화됨, 또는 동화되게 함. ¶민주주의의 토착화.

토척 (土瘠) '토척하다'의 어근.

토척-하다 (土瘠) [−처카−] 혱 토질이 거칠고 메마르다. ⑪토옥(土沃)하다.

토청 (土青) 圀 청화 자기에 바르는, 우리나라에서 나는 푸른 물감. 산화 코발트광(鑛)의 한 가지임.

토체 (土體) 圀 골상학(骨相學)에서, 사람의 체격을 오행(五行)으로 나눌 때 토(土)에 해당하는 체격을 이르는 말.

토초 (土炒) 圀[하타] 한방에서, 약재를 황토물에 적시어 불에 볶는 일을 이르는 말.

토총 (土塚·土冢) 圀 봉토(封土) 속에 석실이 있는 무덤.

토:-하다 (吐−) 圀[타타] ①게우다. ¶먹은 음식물을 모두 토하다. ②(구멍을 통하여) 밖으로 내쏘거나 내뿜다. ¶불을 토하는 기관총. /공장 굴뚝은 검은 연기를 토해 냈다. ③(느낌이나 생각 따위를) 힘 있게 말하거나 드러내다. ¶열변(熱辯)을 토하다. /한숨을 토해 내다.

토:출 (吐出) 圀[하타] ①먹은 것을 토해 냄. ②속에 품은 뜻을 털어놓음.

토충 (土蟲) 圀 ▷지네.

토:치카 (tochka 러) 圀 ①진지의 중요한 부분을 방어하기 위해 콘크리트 따위로 견고히 구축하고 강력한 화기(火器) 등을 갖춘 방어 진지. ②'사납고 좋은 사람'을 비유하여 이르는 말.

토카타 (toccata 이) 圀 피아노·오르간 등의 건반 악기를 위하여 씌어진, 화려하고 빠른 연주를 주조(主調)로 하는 전주곡.

토코페롤 (tocopherol) 圀 ▷비타민 이.

토크 (toque) 圀 테 없는 여성용 모자.

토:크^쇼: (talk show) 圀 라디오나 텔레비전 등에서, 연예인이나 유명인을 초대하여 대화를 나누는 프로그램.

토:큰 (token) 圀 (버스나 자동판매기 따위에서 쓰이는) 동전 모양으로 주조한 차표나 돈표.

토:키 (talkie) 圀 발성 영화.

토:킥 (toe kick) 圀 축구에서, 발끝으로 공을 차는 일.

토탄 (土炭) 圀 땅속에 매몰된 기간이 오래지 않아 탄화 작용이 제대로 이루어지지 않은 석탄. 발열량(發熱量)이 적으며, 비료나 연탄의 원료로 쓰임. 이탄(泥炭).

토테미즘 (totemism) 圀 토템 신앙에 의해 형성되는 사회 체제 및 종교 형태.

토:템 (totem) 圀 미개 사회에서, 씨족·부족 또는 씨족적 집단의 성원(成員)과 특별한 혈연관계를 가진다고 생각하여 신성시하는 특정의 동식물 또는 자연물.

토:템-폴: (totem pole) 圀 토템의 모습을 그리거나 새긴 푯대.

토:파 (吐破) 圀[하타][되자] ▷토로(吐露).

토파 (討破) 圀[하타][되자] (남의 말이나 글을) 논박하여 깨뜨림.

토파즈 (topaz) 圀 황옥(黃玉).

토판 (土版) 圀 흙으로 만든 책판(冊版).

토-판장 (土板墻) 圀 나무로 짜서 집에 붙여 세운 담.

토퍼 (topper) 圀 헐렁한 여자용 반코트.

토평 (討平) 圀[하타][되자] (무력으로) 쳐서 평정함.

토포 (討捕) 圀[하타][되자] 토벌하여 잡음.

토포-사 (討捕使) 圀 지난날, 각 진영(鎭營)의 도둑을 잡는 일을 맡아보던 벼슬. 진영장(鎭營將)이 겸직했음.

토포-영 (討捕營) 圀 ▷진영(鎭營).

토폴로지^수:학 (topology 數學) 圀 위상 수학.

토폴로지^심리학 (topology 心理學) [−니−] 圀 위상 심리학(位相心理學).

토표 (土豹) 圀 ▷스라소니.

토품 (土品) 圀 논밭의 토질.

토풍 (土風) 圀 그 지방의 풍속이나 습관.

토피 (土皮) 圀 (나무나 풀 따위로 덮인) 땅의 겉.

토피 (兎皮) 圀 토끼 가죽.

토피카 (topica 라) 圀 〔장소를 뜻하는 'topos'에서 온 말로〕 논점(論點). 관점(觀點).

토픽 (topic) 圀 사람들의 흥미를 끄는 새로운 화제(話題), 또는 그것을 다룬 신문이나 방송의 기사. ¶해외(海外) 토픽.

토필 (土筆) 圀 뱀밥.

토하 (土蝦) 圀 ▷생이.

토하-젓 (土蝦−) [−저] 圀 민물 새우를 소금으로 간하여 삭힌 것. ＊토하젓이[−저시]·토하젓만 [−전−].

토-현삼 (土玄參) 圀 현삼과의 다년초. 줄기 높이 1∼2 m. 7월에 병 모양의 남자색 꽃이 핌. 산지에 나는데, 뿌리는 약재로 쓰임.

토:혈 (吐血) 圀[하타] 위(胃)·식도(食道) 등의 질환으로 피를 토하는 일. 상혈(上血). 타혈(唾血).

토형 (土型) 圀 흙으로 만든 주형(鑄型).

토호 (土豪) 圀 그 지방의 토착민으로서 양반을 떠세할 세력과 재산을 가진 사람. ②▷호족.

토호-질 (土豪−) 圀[하타] 지난날, 시골에서 양반이 세력을 믿고 죄 없는 백성의 재물을 강제로 빼앗거나 가혹한 행동을 자행하던 짓.

토호-화 (兎毫花) 圀 도자기 잿물의 토끼털 같은 무늬. 토사문(兎絲紋).

토화 (土花) 圀 ①습기로 말미암아 생기는 곰팡이. ②▷미네굴. ③▷가리맛.

토화-색 (土花色) 圀 토화(土花)의 빛깔, 곧 누르무레한 흙빛.

토황소-격문 (討黃巢檄文) [−겅−] 圀 신라 사람 최치원(崔致遠)이 당(唐)나라에서 벼슬을 할 때, 난을 일으킨 황소(黃巢)를 치기 위하여 지은 격문. 〔계원필경(桂苑筆耕)에 실려 전함.〕

토후 (土侯) 圀 지난날, 영국의 보호 아래 토후국을 지배하던 세습제(世襲制)의 전제 군주.

토후-국 (土侯國) 圀 ①지난날, 영국의 보호 아래 인도 국제를 형성하던, 인도 내의 작은 전제 왕국. ②아시아, 특히 아랍 여러 나라에서 중앙 집권적 국가 행정으로부터 독립하여 부족의 수장(首長)이나 실력자가 다스리는 봉건적 국가.

톡¹ 圀 호패(胡牌).

톡² 뮌 ①작은 물건이 바닥에 떨어질 때 나는 소리, 또는 그 모양. ¶볼펜이 마룻바닥에 톡 떨어졌다. ②단단하지 않은 긴 물건이 끊어지거나 부러지는 소리, 또는 그 모양. ¶실이 톡 끊어지다. ③단단하지 않은 물체를 한 번 가볍게 두드리는 소리, 또는 그 모양. ¶등을 톡 치다. ④작은 것이 갑자기 가볍게 터지는 소리, 또는 그 모양. ¶비눗방울이 톡 하고 터지다. ⑤작고 탄력성 있는 것이 튀어 오르는 소리, 또는 그 모양. ¶고무공이 톡 튀어 오르다. ㈜툭.
①~③働똑². 톡-톡團.

톡³團 ①물건의 어느 한쪽이 불가져 나온 모양.
¶눈이 톡 불가져 나온 잠자리. ②(말을) 다부
지게 쏘아붙이는 모양. ¶한마디 톡 쏘아 주다.
㈜툭. 톡-톡團.

톡-배다[-빼-]재 (피륙 따위의 짜임새가) 톡톡
하고 배다.

톡탁團㈎자타 ①작고 탄탄한 물건이 가볍게 맞
부딪칠 때 나는 소리. ②서로 가볍게 치는
소리, 또는 그 모양. ㈜툭탁. 働똑딱. 톡탁-톡
탁團㈎자타.

톡탁-거리다[-꺼-]재타 자꾸 톡탁톡탁하다. 톡
탁대다. ¶아이들이 톡탁거리며 다툰다. ㈜툭탁
거리다.

톡탁-대다[-때-]재타 톡탁거리다.

톡탁-이다재 ①작고 단단한 물건이 가볍게
맞부딪치는 소리가 나다, 또는 그런 소리를 내
다. ②서로 가볍게 치다. ㈜툭탁이다.

톡탁-치다재 옳고 그름을 가릴 것 없이 다 없애
버리다. ㈜툭탁치다.

톡토기團 톡토기목(目)에 딸린 원시적인 하등
곤충을 통틀어 이르는 말. 해안이나 습지에 사
는데, 몸은 납작하고 원통형이고 몸빛은 황갈색
임. 날개가 없는 대신 잘 뜀.

톡톡-하다[-토카-]휑에 ①(피륙이) 고르고 단단
한 올로 촘촘하여 짜여 바탕이 도톰하다. ¶톡
톡한 천을 끊어 옷을 짓다. ②국물이 바특하여
묽지 않다. ¶톡톡하게 끓인 찌개. ③(살림살이
나 재산이) 실속 있고 넉넉하다. ④(비판·꾸중·
망신 따위의 정도가) 매우 심하다. ①②働툭톡
하다. ③④톡톡-히團 ¶이익을 톡톡히 보다. /꾸
지람을 톡톡히 듣다.

톤(tone)團 ①소리. 음조(音調). 음색(音色).
②일정한 높이의 악음(樂音). ③색조(色調).
④어조(語調). 억양(抑揚).

톤(ton)의 ①무게의 단위. 〔미터법에서 1톤은
1000 kg, 기호는 t〕 ¶8톤 트럭. ②용적의 단
위. 〔배의 1톤은 100입방 피트, 화물의 1톤은
40입방 피트.〕 돈(噸).

톤-세(ton稅)團 외국 무역선이 입항했을 때 그
톤수를 표준으로 하여 매기는 국세(國稅).

톤-수(ton數)團 배의 용량. 〔군함은 배수량(排
水量), 상선(商船)은 적재량으로 잼.〕

톨團 밤·도토리 같은 것의 열매를 세는 단위.
¶밤 한 톨.

톨:게이트(tollgate)團 고속도로나 유료 도로에
서, 통행료를 받는 곳.

톨로이데(Tholoide 독)團 ⇨종상 화산.

톨루엔(toluene)團 방향족 화합물의 한 가지. 벤
젠의 수소 원소 하나를 메틸기와 바꾼 무색의
휘발성 액체. 향료·염료 및 폭약 제조에 쓰임.

톨루이딘(toluidine)團 벤젠의 수소를 각각 하
나씩 메틸기(基) 및 아미노기(基)로 바꾼 화합
물. 아조(azo) 물감의 제조와 분석 시약 따위
에 쓰임.

톰방團㈎자타 작고 갭직한 물건이 물에 떨어
져 잠길 때 나는 소리, 또는 그 모양. ¶돌
맹이가 연못에 톰방 떨어졌다. ㈜툼벙. 톰방-
톰방團㈎자타.

톰방-거리다재타 자꾸 톰방톰방하다. 톰방대다.
㈜툼벙거리다.

톰방-대다재타 톰방거리다.

톰백(tombac)團 구리와 아연의 합금(合金). 금
의 모조품이나 금박 대용품을 만드는 데 쓰임.

톱¹團 나무나 쇠붙이 따위를 자르거나 켜는 데
쓰는 연장. 강철로 된 얇은 톱양에 날카로운
이가 여럿 있음.

톱²團 모시나 삼을 삼을 때에 그 끝을 긁어 훑는
데 쓰는 도구.

톱³〈옛〉손톱. 발톱. ¶토비 赤銅葉 ㄱ둧시며
(月釋2:57).

톱(top)團 ①꼭대기. 우두머리. 첫째. 맨 앞. ②수
위(首位). 수석(首席). ③신문이나 잡지 지면에
서 가장 눈에 잘 띄는 자리.

톱-기사(top記事)團 신문 지면의 첫머리, 또는
잡지의 권두에 실리는 가장 중요한 기사. 머
리기사.

톱-날[톱-]團 ①이가 줄지어 서 있는 톱양의
부분. ②톱니의 날.

톱-뉴:스(top+news)團 신문 지면의 맨 윗부분
에 실리는 가장 중요한 보도(報道), 또는 뉴스
방송에서 가장 중요하게 다루는 보도.

톱-니[톱-]團 ①톱의 날을 이룬 뾰족뾰족한 이.
거치(鋸齒). ②잎의 가장자리가 톱날처럼 들쭉
날쭉한 부분.

톱니-바퀴[톱-]團 둘레에 톱니를 낸 바퀴. 기
계 장치의 한 가지로, 이와 이가 맞물려 돌아
감으로써 한쪽에서 다른 축으로 동력을 전달
함. 아륜(牙輪).

톱^라이트(top light)團 ①기함(旗艦)의 돛대 뒤
에 달린 신호등. ②무대 천장에서 내리비치는
조명.

톱^매니지먼트(top management)團 ①기업체
의 최고 경영진. 〔사장·중역 등.〕 ②기업의 최
고 경영진에 의한 경영 관리.

톱-밥[-빱]團 톱질할 때 쓸려 나오는 가루.

톱-상어[-쌍-]團 톱상엇과의 바닷물고기. 몸길
이 1.5 m가량으로 가늘고 깊. 길쭉하게 내민
주둥이 양쪽에 뾰족한 이를 한 줄씩 갖추어
톱 모양을 이룸. 바다 밑을 헤엄쳐 다니며 개
펄 속에 사는 작은 동물을 주둥이로 파내어
잡아먹음.

톱-손[-쏜]團 틀톱의 양쪽 가에 있는 손잡이.

톱-스타(top+star)團 가장 인기 있는 연예인.

톱-양[톱냥]團 톱의 이가 서 있는 얇고 긴 쇳
조각.

톱-자루[-짜-]團 톱의 손잡이.

톱-장이[-짱-]團 톱질하는 일을 직업으로 하는
사람.

톱-질[-찔]團㈎하다 톱으로 나무나 쇠붙이 따위
를 켜거나 자르거나 오리는 일.

톱-칼⇨거도(鋸刀).

톱코:트(topcoat)團 봄·가을에 입는 얇은 외투.

톱톱-하다[-토파-]휑에 국물이 묽지 않고 바
특하다. ㈜툽툽하다. 톱톱-히團.

톳[톧]의 김의 묶음을 세는 단위. 한 톳은 김
100장을 이름. ¶김 두 톳. *톳이[토시]·톳만
[톤-]

톳기團〈옛〉토끼. ¶긴 살로 간곡호 톳기롤 뽀ㅊ
니(杜初10:26).

톳-나무[톧-]團 큰 나무.

톳날-구기(兔-拘忌)[톧-]團 음력 정월 첫째
토끼날에 남의 여자가 자기 집에 와서 오줌을
누면 언짢다 하여, 여자가 드나드는 것을 꺼
리는 일.

톳-실(兔-)[토씰/톧씰]團 지난날, 토끼날에 만
든 실. 이 실을 주머니 끈 같은 것에 차면 그해
의 재액(災厄)이 물러나고 경사가 난다고 함.

통[1][명] ①(소매나 바짓가랑이 따위의) 속의 넓이. ¶통이 좁은 바지. ②(허리나 다리 등의) 굵기나 둘레. ¶통이 굵은 다리. ③광맥(鑛脈)의 넓이. ④'도량'을 비유하여 이르는 말. ¶몸집은 작아도 통은 크다.

통[2][명] 노름할 때에 패장(牌張) 석 장의 끗수가 열 또는 스물이 되는 수효.

통[3][명] ①(속이 차서 자란) 배추·수박·호박 같은 것의 몸피. ¶통이 실하다. ②[의존 명사적 용법] ㉠속이 찬 배추·수박·호박 따위를 세는 단위. ¶수박 열두 통. ㉡일정한 자수로 끊어 놓은 광목·옥양목 따위를 헤아리는 단위. 〔필(疋)과 같은 뜻으로 쓰임.〕 ¶당목(唐木) 두 통.

통[4][명] (여럿이) 한속이 되어 이룬 무리의 모임. ⑳통속.

통[5][의] 《명사나 어미 '-은(-는)' 뒤에서 주로 '통에'의 꼴로 쓰이어》 ①어떤 일로 복잡한 주변, 또는 그 안이나 사이. ¶여럿이 먹는 통에 아주 맛있게 먹었다. ②무슨 일로 정신을 차릴 수 없을 정도의 기세. 〔주로, 원인이나 근거의 뜻을 나타냄.〕 ¶하도 떠드는 통에 한잠도 못 잤다.

통[6][부] ①〈온통〉의 준말. ②《주로, '않다'·'없다'·'못하다' 따위 부정적인 말과 어울려 쓰이어》 전혀. 도무지. ¶그놈의 꿍꿍이속을 통 알 수가 없다.

통[7][부] 속이 텅 빈 나무통이나 작은 북 따위를 칠 때 나는 소리. ⑧통3. ④동6. **통-통**[부][하][자][타] ¶물통을 통통 두드리다.

통(桶)[명] ①나무나 쇠붙이 따위로 만들어 물 같은 것을 담는 데 쓰는 그릇을 통틀어 이르는 말. ②[의존 명사적 용법] 통(桶)에 담긴 것을 세는 단위. ¶물 한 통을 마시다.

통(通)[명] 지난날, 강경과(講經科)의 성적을 매기던 네 등급 가운데의 첫째. ⑪약(略)·조(粗)·불(不).

통(筒)[명] 둥글고 긴 동강으로 속이 빈 물건을 통틀어 이르는 말.

통(統)[명] ①조선 시대에, 민호 편제(民戶編制)의 단위. 〔다섯 집을 한 통, 다섯 통을 한 리(里)로 하였음.〕 ②시(市) 행정 구역의 한 가지. 동(洞)의 아래, 반(班)의 위.

통(通)[명] 편지·문서·중서 따위를 셀 때 쓰는 단위. ¶엽서 한 통. /주민 등록 등본 두 통.

통-(-筒)[접두] 《일부 명사 앞에 붙어》 '통째'의 뜻을 나타냄. ¶통가죽. /통마늘. /통닭. ②《일부 명사나 동사 앞에 붙어》 '온통'·'평균'의 뜻을 나타냄. ¶통밀다.

-통(通)[접미] ①일부 명사 뒤에 붙어, 그 방면에 대하여 아주 자세히 안다는 뜻을 나타냄. ¶소식통. /경제통. /미국통. ②《일부 명사 뒤에 붙어》 '거리'의 뜻을 나타냄. ¶종로통.

통가(通家)[명] 통내외(通內外)하는 집. 대로서로 친하게 사귀어 오는 집.

통가리[명] 광석을 캐내는 도중에 갑자기 광맥이 끊어진 모양(母岩).

통-가리(-桶)[명] 쑥대나 싸리·뜸 따위를 새끼로 엮어 땅 위에 둥글게 둘러 치고 그 안에 곡식을 채워 쌓은 더미.

통-가죽[명] (조각내지 않고) 통짜로 벗겨 낸 짐승의 가죽.

통가지의(通家之誼)[-의/-이][명] 친구 사이에 통내외(通內外)하고 지내는 정의(情誼).

통-각(洞角)[명] (소·물소 등의 뿔처럼) 가지가 없고 속이 빈 뿔.

통-각(痛覺)[명] ①피부 및 몸 안에 아픔을 느끼는 감각. ②생리적으로 생기는 아픔을 느끼는 감각.

통-각(統覺)[명] ①새로 생긴 표상(表象)을 이미 존재하는 표상에 유화(類化)·융합하는 작용. ②어떤 사물에 대해 알고자 할 때 의식의 중심부에 그 대상을 뚜렷이 포착하는 의지 작용. ③온갖 경험의 인식·사유하는 통일 과정을 통틀어 이르는 말.

통-감(通鑑)[명] ㄷ간통(鑑通).

통-간(痛諫)[명][하][다] 통렬히 간(諫)함, 또는 매섭게 충고함.

통-감(痛感)[명][하][다] 마음에 사무치게 느낌. 절실히 느낌. ¶책임을 통감하다. ⑪절감(切感).

통-감(統監)[명][하][다] 정치나 군사를 통할하여 감독함, 또는 그 사람.

통-감-부(統監府)[명] 조선 고종 광무(光武) 9(1905)년 을사조약이 체결된 다음 달부터 순종 융희(隆熙) 4(1910)년 일제(日帝) 강점 때까지, 일제가 한국 침략을 목적으로 서울에 두었던 기관.

통-감자[명] 쪼개지 않은 통째 그대로의 감자.

통-개(洞開)[명][하][다] (문짝 따위를) 활짝 열어젖뜨림.

통-개-옥문(洞開獄門)[-옹-][명][하][자] 죄의 경중(輕重)을 묻지 않고 옥문을 활짝 열어 죄인을 모두 놓아줌.

통-개-중문(洞開重門)[명][하][자] 〔겹겹이 닫힌 문을 활짝 연다는 뜻으로〕 '출입이 금지된 곳을 개방함'을 이르는 말.

통-거리[명] (어떤 사물을 가르지 않고) 모두. 전부. ¶통거리로 다 사다. ⑧도거리.

통-것[-걷][명] 통으로 된 것. 통째 그대로의 것. * 통것이[-꺼시] · 통것만[-껀-]

통겨-주다[자][타] (남이 모르는 것이나 비밀을) 가만히 알려 주다.

통겨-지다[자] ①숨었던 일이나 물건이 뜻하지 않게 쑥 비어져 나오다. ②짜인 물건이 어긋나서 틀어지다. ③노리던 기회가 뜻밖에 어긋러지다. ⑧통기다.

통-격(痛擊)[명][하][다] (상대편을) 맹렬히 공격함. 세차게 공격하여 심한 타격을 입힘.

통-견(洞見)[명][하][다] 앞일을 환히 내다봄. 속까지 꿰뚫어 봄.

통견(通絹)[명] 썩 설피고 얇은 비단.

통경(通經)[명][하][자] ①처음으로 월경이 시작됨. ②막힌 월경을 통하게 함.

통경-제(通經劑)[명] 월경이 나오게 하는 약제.

통계(通計)[-계/-게][명][하][다] ㄷ통산(通算).

통계(筒契)[-계/-게][명] 〈산통계〉의 준말.

통-계(統計)[-계/-게][명] ①한데 몰아서 셈함. ②일정한 집단에서의 개개의 요소가 갖는 수치의 분포나 그 분포의 특징을 나타내는 수치의 총체. ¶통계 자료. /통계를 내다.

통계^도표(統計圖表)[-계/-게][명] 통계 숫자의 내용을 이해하기 쉽도록 그림으로 나타낸 표.

통계^역학(統計力學)[-계역학/-계여칵][명] 물질을 구성하는 원자나 분자 따위의 미립자의 운동 법칙을 기초로 하여 물질의 거시적 성질이나 현상을 통계적·확률적으로 설명하는 물리학의 한 분야.

통계-연감(統計年鑑)[-계-/-게-][명] 해마다 나라의 정치·경제·문화 등 제반(諸般) 통계 중에서 중요한 것을 뽑아 실어 그 나라의 국세(國勢)를 숫자상으로 자세히 밝힌 통계서.

통:계-적(統計的) [-계-/-게-] 관명 ①통계에 따른 (것). ②통계를 내어야 비로소 알 수 있는 (것).

통계-전사(通計前仕) [-계-/-게-] 명하자 지난날, 벼슬아치의 근무한 햇수를 셈할 때 전직(前職)의 햇수도 더하여 셈하던 일.

통:계^집단(統計集團) [-계-딴/-게-딴] 명 통계학상 일정한 성질을 공통으로 가지고 있는 같은 종류의 개체의 집단.

통:계-청(統計廳) [-계-/-게-] 명 기획 재정부에 딸린 중앙 행정 기관의 하나. 통계의 기준 설정과 인구 조사 및 각종 통계에 관한 사무 등을 맡아봄.

통:계-표(統計表) [-계-/-게-] 명 여러 가지 사물의 종별(種別)·대소(大小)·다과(多寡)를 비교하거나 한 가지 사물의 시간적으로 일어나는 숫자적 변동을 비교해 볼 수 있도록 나타낸 표.

통:계-학(統計學) [-계-/-게-] 명 수량적 비교를 통하여 많은, 사실을 통계적으로 관찰하고 처리하는 방법을 연구하는 학문.

통고(通告) 명하자타 (서면이나 말로) 통지하며 알림. ¶법원으로부터 출두 통고를 받다. /결정 사항을 통고하다.

통:고(痛苦) 명 ☞고통(苦痛).

통-고금(通古今) 명하자 ①예나 이제나 모두 통함. ②과거와 현재를 통하여 환히 앎.

통고^처:분(通告處分) 명 조세(租稅)·관세(關稅)·전매(專賣) 등에 관한 범법자에 대하여 세무 관청이 벌금·과료(科料) 등을 부과하고, 납부할 것을 통고하는 행정 처분.

통-고추 썰지 않은 통째 그대로의 고추.

통:곡(痛哭·慟哭) 명하자 목놓아 큰 소리로 욺.

통-골(-골) 명 여러 갈래의 물이 한 골으로 모이는 곳. *통곬이 [-골씨]·통곬만 [-골-]

통공(通功) 명하자 힘드는 일을 서로 거들어서 함. 분업으로 어떤 일을 이룸.

통과(通過) 명하자 ①(일정한 때나 장소를) 통하여 지나감. ¶국경을 통과하다. ②하자타퇴자관청에 낸 신청서나 원서 따위가 접수되거나 허가됨. ③하타퇴자의회(議會) 등에 제출한 의안(議案)이 가결됨. ¶총리 인준안이 국회를 통과했다. ④하자타퇴자검사(檢査)나 시험 따위를 무사히 치르고 합격됨. ¶검열을 통과하다.

통과^무:역(通過貿易) 명 ☞중계 무역.

통과-보(通過報) 명 선박 통보의 한 가지. 특별히 지정된 등대에서 그 연안을 지나가는 배의 이름과 통과 시간을 적어서 청구자에게 알리는 전보.

통과-세(通過稅) [-세] 명 통과 화물에 대하여 매기던 조세.

통과^의례(通過儀禮) 명 인간의 일생 동안 탄생·성장·사망의 중요한 고비에 겪어야 하는 관습적(慣習的) 의식.

통과^화:물(通過貨物) 명 수입되는 것이 아니고, 다만 그 나라의 관세 지역(關稅地域)을 거쳐 다른 나라로 나가는 화물.

통:관(洞觀) 명하타 ①꿰뚫어 봄. ②추리(推理)나 사고(思考)에 의하지 않고 곧바로 진리를 깨닫는 일.

통관(通貫) 명하타퇴자 꿰뚫음. 관통(貫通).

통관(通款) 명하타 자기편의 형편을 적거나 상대편에게 몰래 알려 줌. 솔내통(內通).

통관(通關) 명하타 세관을 통과하는 일. 관세법의 규정에 따라 화물 수출입의 허가를 받아야 함. ¶통관 절차를 밟다.

통관(通觀) 명하타 전체를 통하여 전반적으로 내다봄. 전체에 걸쳐서 한 번 쭉 훑어봄.

통:관(統管) 명하타 여러 부문을 하나로 싸잡아서 관할함.

통관-업(通關業) 명 물품의 세관(稅關) 통과 업무를 보조·중개하거나 대행하는 영업.

통:괄(統括) 명하타 낱낱의 일을 한데 뭉뚱그려서 잡음. ¶사무를 통괄하다.

통교(通交) 명하자 국가 또는 개인 상호 간에 우호적인 관계를 맺음.

통교^조약(通交條約) 명 국가 또는 국적을 달리하는 국민 사이에 우호적인 관계를 목적으로 맺는 조약. 〔경제·통상 조약 따위.〕

통구(通衢) 명 ①통행하는 길. ②사람의 왕래가 잦은 도로. 사방으로 통하여 교통이 편리한 거리.

통-구이 명 돼지나 닭 등을 통째로 불에 굽는 일, 또는 그렇게 구운 것.

통권(通卷) 명 잡지 따위의 발간 첫 호부터 차례로 매겨 나가는 일련 번호. ¶통권 제23호.

통규(通規) 명 일반에게 공통적으로 적용되는 규칙. 통칙(通則).

통-그물(桶-) 명 한쪽만 터놓고 다 막은 통 모양의 그물.

통극(痛劇) '통극하다'의 어근.

통:극-하다(痛劇-) [-그카-] 형여 몹시 극렬하다. 매우 지독하다. 통극-히뷔.

통근(通勤) 명하자 집에서 직장에 일하러 다님. ¶통근 시간이 한 시간이나 걸린다.

통근-차(通勤車) 명 통근하는 사람의 편의를 위하여 운행하는 자동차나 기차 따위.

통-금(-금) 명 ①이것저것 한데 몰아친 값. ②물건을 통거리로 넘겨 파는 값.

통금(通禁) 명 〈통행금지〉의 준말. ¶통금 시간. /통금이 해제되다.

통기(通氣) 명하자 ☞통풍(通風).

통기(通奇·通寄) 명하자타 ☞통지(通知).

통기다 타 ①잘 짜인 물건이나 버티어 놓은 물건을 틀어지거나 쏙 빠지게 건드리다. ②일의 기회를 어그러지게 하다. ☞튕기다.

통-기둥 명 이음매 없이 한 재목으로 된 기둥.

통기-성(通氣性) [-썽] 명 공기가 통할 수 있는 성질이나 정도. ¶통기성이 좋은 옷감.

통-기타(筒guitar) 명 공명통(共鳴筒)이 있는 보통의 기타를 흔히 이르는 말.

통-김치 명 통째로 담근 배추김치.

통-깨 명 볶아서 빻지 아니한 통째로의 깨.

통-꼭지(桶-) [-찌] 명 ☞통젖.

통-꽃(-꽃) 명 꽃잎이 서로 붙어서 통꽃부리를 이룬 꽃. 〔진달래·도라지꽃 따위.〕 합판화(合瓣花). ↔갈래꽃. *통꽃이 [-꼬치]·통꽃만 [-꼰-]

통-꽃받침 [-꼳-] 명 서로 붙어 있는 꽃받침. 〔진달래나 나팔꽃 따위의 꽃받침이 이에 딸림.〕 합판화악(合瓣花萼). ↔갈래꽃받침.

통-꽃부리 [-꼳뿌-] 명 꽃잎의 일부나 전부가 서로 붙어 있는 꽃부리. 〔나팔꽃 따위가 이에 딸림.〕 합판화관(合瓣花冠). ↔갈래꽃부리.

통-끼움(筒-) 명 목재의 옆면에 다른 목재의 머리가 통하도록 구멍을 파서 끼우는 일.

통-나무 명 켜거나 짜개지 않은 통째의 나무.

통-내외(通內外) [-외/-웨] 명하자 두 집 사이에 남녀가 내외하지 않고 지냄.

통념(通念) 명 ①일반에 널리 통하는 개념. 일반적인 생각. ¶사회적 통념을 깨다. ②하타 늘 생각함.

통뇨(通尿)**명**하자 소변이 잘 통하여 나오게 함.
통-단(通-) 크게 묶은 곡식의 단.
통달(通達)**명**하자타 ①(어떤 일이나 지식 따위에) 막힘이 없이 환히 앎. 창달(暢達). ¶사서삼경에 통달하다. ②도(道)에 깊이 통함. ③고하여 알림. ❸통지(通知).
통-닭[-닥]**명** ①잡아서 토막을 치거나 하지 않은) 통째로의 닭. ②통째로 익힌 닭. *통닭이 [-달기]·통닭만[-당-]
통닭-구이[-닥꾸-]**명** 통닭을 굽는 일, 또는 구운 통닭.
통닭-집[-닥찝]**명** 통닭을 전문으로 파는 가게.
통-대구(-大口)**명** 내장을 빼고 통째로 말린 대구.
통-대자(通帶子)**명** 전대 모양으로 속이 비게 겹으로 짠 띠.
통도(通道)**명** ①⇒통로(通路). ②사람이 마땅히 이행해야 할 도의.
통도(痛悼)**명** '통도하다'의 어근.
통:도-하다(痛悼-)자 마음이 몹시 아프도록 슬퍼하다. ❸상도(傷悼).
통독(通讀)**명**하타 ①(책이나 문장 따위를) 처음부터 끝까지 내리읽음. ②조선 시대에, 성균관의 대사성(大司成)이 해마다 서울과 지방의 유생(儒生)에게 제술(製述)과 강서(講書)를 시험하던 일.
통-독(統督)**명**하타 통할(統轄)하여 감독함.
통-돌다[~도니·~돌아]자 여러 사람의 뜻이 맞아 그렇게 하는 것으로 알려지다.
통동(通洞)**명** 광산에서의 중요한 갱도(坑道).
통동(通同)**부** 사물 전체의 수효나 양을 모두 한목 쳐서. ❸온통.
통람(通覽)[-남]**명**하타 (책이나 글을) 처음부터 끝까지 죄다 훑어봄.
통랑(通朗)**명** '통랑하다'의 어근.
통랑-하다(通朗-)[-낭-]**형여** 속까지 비치어 환하다.
통래(通來)[-내]**명**하자타 ⇒왕래(往來).
통:량(統涼)[-냥]**명** 경상남도 통영(統營)에서 만든 갓양태.
통력(通力)[-녁]**명** 불교에서, 온갖 일에 다 통하여 마음대로 작용할 수 있는 신묘한 힘. 신통력.
통렬(痛烈)[-녈]**명** '통렬하다'의 어근.
통:렬-하다(痛烈-)[-녈-]**형여** (비판·공박 따위가) 몹시 매섭고 가차 없다. 맹렬하다. **통렬-히**부 ¶이번 사태에 대하여 언론마다 통렬히 비판하였다.
통령(通靈)[-녕]**명**하자 정신이 신령(神靈)과 서로 통함. 통신(通神).
통:령(統領)[-녕]**명**하타 일체를 통할하여 거느림, 또는 그런 사람. 통리(統理). 통수(統帥).
통례(通例)[-네]**명** 일반에게 공통적으로 쓰이는 전례. 상례(常例). ¶아직은 장남이 부모를 모시는 것이 통례로 되어 있다.
통례(通禮)[-네]**명** 조선 시대에, 통례원(通禮院)의 정삼품 벼슬.
통례-원(通禮院)[-네-]**명** 조선 시대에, 조하(朝賀)·제사 등에 관한 의식을 맡아보던 관아.
통로(通路)[-노]**명** 통해서 다닐 수 있게 트인 길. 통도(通道). ¶통로가 좁다(넓다).
통론(通論)[-논]**명** ①사리에 통달한 이론. ②(어떤 학과 내용의) 전반에 걸친 일반적이고 공통된 이론. ¶법학 통론. ③세상에 널리 통하는 이론.
통:론(痛論)[-논]**명**하타 (비판적인 처지에서) 통렬히 의견을 말함, 또는 그 의견.

통리(通理)[-니]**명**하형 ①사리에 밝음. ②하자 사물의 이치에 통달함. ③일반에 공통되는 도리. 투리(透理).
통:리(統理)[-니]**명**하타 ①⇒통령(統領). ②통치(統治).
통:리교섭통상사무-아문(統理交涉通商事務衙門)[-니-]**명** 조선 고종 19(1882)년에 '통리아문'을 고친 이름.
통:리군국사무-아문(統理軍國事務衙門)[-니-싸-]**명** 조선 고종 19(1882)년에 '통리내무아문'을 고친 이름.
통리-군자(通理君子)[-니-]**명** 사리(事理)에 밝은 사람.
통:리기무-아문(統理機務衙門)[-니-]**명** 조선 고종 17(1880)년에 청나라 제도를 본떠 베풀어서 군국 기무(軍國機務)를 총괄하던 관아.
통:리내무-아문(統理內務衙門)[-니-]**명** 조선 고종 19(1882)년에 '통리기무아문'을 폐하고 베푼 관아. 내무에 관한 일을 맡아보았음.
통:리-아문(統理衙門)[-니-]**명** 조선 고종 19(1882)년에 '통리기무아문'을 폐하고 베푼 관아. 외교 사무를 맡아보았음.
통리-제(通利劑)[-니-]**명** 막힌 대소변을 잘 통하게 하는 약제.
통-마늘(通-)**명** ①쪼개지 않은 통째로의 마늘. ②(여러 쪽이 아닌) 한 쪽으로 된 큰 마늘.
통-마루(通-)**명** 툇마루를 제외한, 안방과 건넌방 사이에 놓인 큰 마루.
통-말(桶-)**명** 둥근 통 모양으로 만든 말[斗]. 소두(小斗)와 대두(大斗)의 구별이 있음.
통:-매(痛罵)**명**하타 통렬히 꾸짖음, 또는 그런 꾸지람.
통-머름(通-)**명** 여러 조각으로 짜지 않고 두꺼운 널 을 통째로 댄 머름. 합중방(合中枋).
통-메다(桶-)자 '통메우다'의 잘못.
통-메우다(桶-)타 ①통조각을 맞추어 테를 끼우다. ②좁은 자리에 많은 사람이 빽빽하게 들어참을 이르는 말.
통메-장이(桶-)**명** 통(桶)을 메우거나 고치는 일을 직업으로 하는 사람.
통명(通名)**명** (널리 알려져) 일반(一般)에 통하는 이름.
통명(通明)**명** '통명하다'의 어근.
통명-하다(通明-)**형여** 모든 것에 통달하여 막히는 데 없이 환히 밝다.
통모(通謀)**명**하자 ①남몰래 서로 통하여 공모(共謀)함. ②민법상 상대편과 짜고 허위의 의사 표시를 하는 일.
통-모자(-帽子)**명** 운두와 위 뚜껑을 따로 만들어 붙인 것이 아니라, 애초에 같은 살로 만든 갓모자의 한 가지.
통문(通文)**명** 여러 사람의 이름을 적어 차례로 돌려 보는 통지문. ¶통문을 돌리다.
통문-관(通文館)**명** 고려 시대에, 통역·번역의 교육과 사무를 맡아보던 관아.
통-밀다[~미니·~밀어]타 이것저것 가릴 것 없이 모두 평균하여 치다.
통-밀어부 이것저것 가릴 것 없이 모두 평균으로 쳐서. ¶통밀어 얼마씩에 파시겠소?
통-바지명 통이 넓은 바지.
통:박(痛駁)**명**하타 되자 통렬하게 공박(攻駁)함.
통-반석(-盤石)**명** 한 덩어리로 된, 넓고 평평한 바위.
통:-반장(統班長)**명** 통장과 반장을 아울러 이르는 말.

통발-류(通跋流)[명] 통발과의 다년초. 연못이나 무논 같은 곳에 떠서 사는데, 줄기가 가늘고 길며 가로 뻗음. 8∼9월에 노란 꽃이 꽃줄기 끝에서 피고, 잎의 일부가 포충낭으로 변하여 벌레를 잡아먹음.

통-발(筒-)[명] 물고기를 잡는 데 쓰는 도구의 한 가지. 가는 댓조각이나 싸리 따위로 엮어서 통처럼 만듦.

통발-류(通發流)[명] 식물의 뿌리로 빨아올리는 물이 끊임없이 줄기와 가지를 지나 잎에 이르는 현상.

통방(通房)¹[명][하자] (교도소나 유치장 같은 곳에서) 이웃 감방의 수감자끼리 암호로 의사를 통하는 일.

통방(通房)²[명] 지난날, 지방 관아의 통인(通引)이 있던 방.

통방이[명] 쥐덫의 한 가지.

통-배추[명] 자르거나 썰지 않은 통째 그대로의 배추.

통법(通法)¹[-뻡][명] 일반에 공통되는 법칙. 통칙(通則).

통법(通法)²[-뻡][명] 여러 가지로 나타낸 단위(單位)를 고쳐서 한 단위로 만드는 일.〔몇 리(里), 몇 정(町) 등의 단위로 된 거리를 척(尺)으로 고치는 따위〕.

통변(通辯)[명][하자] ⇨통역(通譯).

통보(通報)[명][하타] (어떤 자료나 소식 따위를) 통지하여 보고함, 또는 그 보고. ¶대입 합격 통보. /건물 붕괴 사고가 발생했다는 통보.

통보(通寶)[명] 지난날, 엽전 등 화폐에 새겨 '통화(通貨)'라는 뜻을 나타내던 말.

통-보리[명] 누르거나 타지 않은 통째 그대로의 보리쌀.

통-봉(痛棒)[명] 좌선(坐禪)할 때 마음의 안정을 잡지 못하는 사람을 징벌하는 데 쓰는 방망이.

통부(通訃)[명][하자타] 사람의 죽음을 알림. 고부(告訃). 부고(訃告).

통부(通符)[명] 의금부·병조·형조·한성부의 입직관(入直官)이나 포도청의 종사관(從事官)과 군관(軍官)이 범인을 잡는 증표로 차던 부찰(符札).

통분(通分)[명][하자][되자] 분모가 다른 둘 이상의 분수를, 값을 바꾸지 않고 분모가 같은 분수로 만드는 일.

통:-분(痛忿)[명][하형] 원통하고 분함. ¶이 어찌 통분할 일이 아니겠는가? 통분-히[부].

통:-비(痛痹)[명] 한방에서, 사지의 뼈마디가 저리고 쑤시는 병을 이르는 말.

통비-음(通鼻音)[명] ⇨비음(鼻音).

통-뼈[명] ①두 가닥으로 이루어져 있지 않고, 붙어서 한 가닥처럼 되어 있는 아래팔뼈를 이르는 말. ②흔히, '힘이나 대가 센 사람'을 속되게 이르는 말.

통사(通士)[명] 사리에 정통한 사람. 통인(通人).

통사(通史)[명] 역사 기술의 한 양식. 한 시대나 지역에 관한 역사가 아니라 전 시대나 지역에 걸쳐 개괄적으로 서술한 역사.

통사(通事)[명] 지난날, 외국어의 번역을 맡았던 벼슬아치를 이르던 말.

통-사정(通事情)[명][하자] ①자기의 딱한 사정을 남에게 털어놓고 말함. 통인정(通人情). ¶도와 달라고 통사정을 하다. ②남의 사정을 잘 알아보거나 알아줌. ¶통사정하고 보니 참 딱하더라. ㉜통정(通情).

통산(通算)[명][하타] 전부를 통틀어서 셈함. 통계(通計). ¶통산 전적(戰績).

통상(通常)[Ⅰ][명] 특별하지 않고 보통임. 늘 있는 일. ¶통상의 업무.
[Ⅱ][부] 보통으로. 예사로. ¶통상 겪는 일. /우리 식구는 통상 저녁 열 시에 잠자리에 든다.

통상(通商)[명][하자] 나라 사이에 서로 교통(交通)하며 상업을 함.

통:상(痛傷)[명][하타] 몹시 슬퍼함.

통상^대:표부(通商代表部)[명] 재외 공관(在外公館)의 한 가지. 국교(國交)를 맺지 않은 나라에 상주(常駐)하여 통상에 관한 외교 업무를 맡아봄.

통상-복(通常服)[명] 보통 때 입는 옷. 평복(平服). 평상복.

통상^엽서(通常葉書)[-녑써][명] (봉함엽서·그림엽서·왕복 엽서 따위와 같이) 특수한 형식이나 규격을 갖지 않는 일반 우편엽서.

통상-예복(通常禮服)[-녜-][명] 보통으로 입는 예복, 곧 '연미복(燕尾服)'을 이르는 말.

통상^우편(通常郵便)[명] 소포(小包) 따위 특수 우편에 대하여 보통의 우편을 이르는 말.

통상^의회(通常議會)[-회/-훼][명] ⇨정기 국회.

통상^전:보(通常電報)[명] 특수하게 취급하지 않는 보통의 전보.

통상^조약(通商條約)[명] 두 나라 사이에 통상에 관한 권리와 의무를 규정한 조약.

통상-주(通常株)[명] 우선주(優先株)에 대하여 특별한 권리 내용이 없는 보통의 주식을 이르는 말. 보통주(普通株).

통상^주주(通常株主)[명] 통상주(通常株)를 가진 일반적인 주주.

통상^협정(通商協定)[-쩡][명] 통상 조약 가운데서 특정 사항이 특수하거나 잠정적인 것.

통상-화(筒狀花)[명] 꽃잎 전체 또는 그 밑 부분이 붙어서 대롱 모양으로 되어 끝만 겨우 째진 꽃부리. 〔백일홍이나 쑥갓 따위의 꽃.〕 관상화(管狀花).

통상-환(通常換)[명] 환증서(換證書)를 우편으로 보내어 지정된 지급 우체국에서 환금(換金)하게 하는 보통의 우편환.

통상-회(通常會)[-회/-훼][명] ⇨정기회.

통색(通塞)[명] ①통함과 막힘. ②운수가 잘 풀려 틔임과 트이지 않음.

통:-서(統緖)[명] 한 갈래로 이어 온 계통.

통석(痛惜) '통석하다'의 어근.

통:석-하다(痛惜-)[-서카-][형여] 몹시 애석하고 아깝다.

통선(通船)[명] 강이나 바다를 오가는 배.

통:설(洞泄)[명][하자] 물똥을 죽죽 쌈, 또는 그런 설사.

통설(通說)[명] ①(어떤 사물이나 도리에) 능통한 논설. ②일반에 널리 알려지거나 인정되어 있는 해설. ③[하타]전반에 걸쳐 해설함, 또는 그런 해설.

통섭(通涉)[명][하자] ①사물에 널리 통함. ②사귀어 서로 오감.

통성(通性)[명] 〈통유성(通有性)〉의 준말. ¶인류의 보편적 통성에 기초를 둔 작품.

통성(通姓)[명] 〈통성명(通姓名)〉의 준말.

통:-성(痛聲)[명] ①병으로 앓는 소리. ②아픔을 참지 못해 지르는 소리.

통-성명(通姓名)[명] 처음 인사할 때 서로 성과 이름을 일러 줌. ¶서로 통성명이나 하고 지냅시다. ㉜통성(通姓).

통:세(痛勢)몡 (병이나 상처의) 아픈 형세.
통-세계(通世界)[-계/-게]몡 ①온 세계. ②하자세계에 널리 통함.
통-소(洞簫)몡 〈퉁소〉의 본딧말.
통-소(通宵)몡하자 밤을 새움. 철야(徹夜).
통-소로(通小櫨)몡 재래식 한옥에서, 첨차(檐遮)와 첨차 사이에 끼우는 접시받침.
통-속[-쏙]몡 ①비밀리에 서로 통하는 사람들의 무리. 참通4. ②비밀리에 서로 통하는 뜻이나 속내. ¶무슨 통속인지 알 수가 없다.
통속(通俗)몡 ①세상에 널리 통하는 일반적인 풍속. ②전문적이 아니고 일반 대중이 쉽게 알 수 있는 일.
통속-극(通俗劇)[-끅]몡 통속적인 내용의 연극.
통속^문학(通俗文學)[-씅-]몡 ☞대중 문학.
통속^소:설(通俗小說)[-쏘-]몡 ☞대중 소설.
통속-적(通俗的)[-쩍]관 대중의 세속적이고 천박한 취향에 붙좇아 고상한 예술성이 부족한 (것). ¶통속적 의미. /통속적 소설.
통-솔 바느질 방법의 한 가지. 두 겹을 접쳐 먼저 겉쪽에서 얕게 박은 다음 뒤집어 안쪽에서 다시 박음.
통:솔(統率)몡하타되자 (어떤 조직체를) 온통 몰아서 거느림.
통:솔-력(統率力)몡 통솔하는 힘.
통-송곳[-곧]몡 반달 모양의 날이 있고 긴 자루가 박혀 있어 송곳과 칼의 두 가지 구실을 하는 송곳. 참도래송곳. *통송곳만[-곧-]·통송곳만[-곧-]
통수(通水)몡하자되자 (수도관이나 수로 따위에) 물이 통하여 흐름, 또는 그리 되게 함.
통:수(統首)몡 조선 시대의 민호(民戶) 편제(編制)에서 통의 우두머리.
통:수(統帥)몡하타 ☞통령(統領).
통:수-권(統帥權)[-꿘]몡 한 나라의 군대를 지휘·통솔하는 권력. 병마지권.
통-수수몡 쓿지 않고 통으로의 수수.
통-술(桶-)몡 통에 넣어 빚은 술, 또는 한 통이 되는 술.
통:시(洞視)몡하타 꿰뚫어 봄. 통찰(洞察).
통시^언어학(通時言語學)몡 시간적으로 하나의 상태에서 다음 상태로 옮겨 가는 언어의 양상을 연구하는 언어학. ↔공시 언어학.
통식(通式)몡 일반에 널리 통하는 방식.
통신(通信)몡하자 ①소식을 전함. ②(우편이나 전신·전화 따위로) 서로 소식이나 정보를 교환·연락하는 일.
통신(通神)몡하자 ☞통령(通靈).
통신^교:육(通信敎育)몡 통학하면서 교육을 받을 수 없는 사람에게 우편·방송 등을 이용하여 일정한 교육 과정을 이수시키는 교육 활동.
통신-기(通信機)몡 ☞통신 기기.
통신^기기(通信機器)몡 통신에 관한 일을 처리하는 기계.〔전화기·무선 전화기 따위〕. 통신기.
통신-대(通信隊)몡 군대에서, 통신에 관한 임무를 수행하는 특수 부대.
통신-망(通信網)몡 언론사 등에서, 내외 각지에 통신원을 파견하여 쳐 놓은 연락 조직.
통신-병(通信兵)몡 통신에 관한 임무를 맡아보는 병사.
통신-부(通信簿)몡 '생활 통지표(生活通知表)'를 이전에 이르던 말.
통신-사(通信士)몡 통신 기관이나 선박·항공기 따위에서 통신에 관한 일을 맡아보는 기술 요원.

통신-사(通信社)몡 신문사·잡지사·방송사 등에 뉴스를 제공하는 보도 기관의 한 가지.
통신-사(通信使)몡 조선 시대에, 일본으로 보내던 사신. 참수신사(修信使).
통신^사:업(通信事業)몡 ①신문사·잡지사·방송사 등에 뉴스를 공급해 주는 사업. ②신문사·잡지사·방송사 등이 지면 또는 전파로 온갖 일을 널리 보도하는 사업. ③의사 전달의 매체를 목적으로 하는 사업. 곧, 전신·전화·우편 등에 관한 사업.
통신-소(通信所)몡 통신기 등 시설을 갖추고 통신을 하는 곳.
통신-원(通信員)몡 보도 기관 등에 딸려, 지방 또는 외국에 파견되거나 현지에 있는 사람으로서 그곳의 뉴스를 취재하여 본사에 통신하는 사람.
통신^위성(通信衛星)몡 원거리 사이의 전파 통신의 중계에 이용되는 인공위성.
통신의 자유(通信-自由)[-씨뉴/-씨네-]몡 통신의 비밀을 보장받는 자유. 헌법에 의하여 보장됨.
통신^판매(通信販賣)몡 소비자의 통신 주문에 따라 상품을 소포 따위로 보내는 판매 방법. 참통판.
통:심(痛心)몡하자 몹시 마음이 상함.
통-심정(通心情)몡하자 서로 정의(情誼)를 주고받음. 참통정.
통약(通約)몡하타되자 ☞약분(約分).
통:양(痛癢)몡 ①아프고 가려움. 양통. ②'자신에게 직접 미치는 영향이나 이해관계'를 비유하여 이르는 말.
통:양-상관(痛癢相關)몡 (서로 이해가 일치하는) 썩 가까운 사이.
통어(通語)몡 ①하자타 ☞통역(通譯). ②하자 외국 사람과 말이 서로 통함. ③일반에서 널리 사용되고 있는 말.
통:어(統御)몡하타 거느려서 제어(制御)함.
통:어-사(統禦使)몡 ①〈삼도 통어사〉의 준말. ②〈삼도 육군통어사〉의 준말.
통:언(痛言)몡 ①몹시 심하게 말함. ②호되게 직언(直言)함.
통:업(統業)몡 나라를 통치하는 사업.
통역(通譯)몡하자타 (서로 통하지 않는 양쪽의 말을) 번역하여 그 뜻을 전함, 또는 그 사람. 통변(通辯). 통어(通語). ¶통역을 맡다./통역으로 근무함.
통역-관(通譯官)[-관]몡 통역하는 일을 맡은 관리.
통연(洞然) '통연하다'의 어근.
통:연-하다(洞然-)협[여] (막히지 않고 트이어) 밝고 환하다. 통연-히뷔.
통:영(統營)몡 ①하타 통제하고 경영함. ②〈통제영(統制營)〉의 준말.
통용(通用)몡하자되자 ①세상에 두루 쓰임. 유통(流通). ¶통용 화폐. ②서로 넘나들어 두루 쓰임.
통용-문(通用門)몡 대문 이외에 따로 언제나 자유롭게 드나들도록 만들어 놓은 문.
통용-어(通用語)몡 일반에게 널리 쓰이는 말.
통운(通運)몡하타 물건을 실어서 나름.
통운(通運)[2]하자 운수가 트임, 또는 그 운수.
통운(通韻)몡 ①하자 운(韻)이 서로 통함. ②한시(漢詩)에서, 발음이 비슷한 여러 운을 서로 통하여서 쓸 수 있는 일.〔동(東)·동(冬)·강(江)이 서로 통하는 따위.〕

통운^회:사(通運會社)[-회-/-훼-]명 화물을 실어 나르고 수수료를 받는 회사.

통원(通院)명하자 (입원하지 않고) 병원에 치료를 받으러 다님. ¶통원 환자. /통원 치료.

통:위-사(統衛使)명 조선 고종 때, 통위영의 으뜸 장수.

통:위-영(統衛營)명 조선 고종 25(1888)년에 후영(後營)·우영(右營)·해방영(海防營)을 합쳐 설치하였던 군영(軍營).

통유(通有)명하형 일반적으로 다 같이 갖추고 있음. ↔특유(特有).

통유(通儒)명 세상일에 두루 통하고, 실행력이 있는 유학자.

통-유리(-琉璃)[-뉴-]명 (잇거나 자르지 않은) 통째로 된 유리.

통유-성(通有性)[-썽]명 일반적으로 다 같이 지니고 있는 성질. 여럿에 공통되는 성질. ㊀통성(通性). ↔특유성(特有性).

통융(通融)명하타되자 ㄷ융통(融通).

통-으로부 있는 것을 통째로. ¶물뱀이 청개구리 한 마리를 통으로 삼켜 버렸다.

통:음(痛飮)명하타 (술을) 매우 많이 마심.

통:읍(慟泣)명하자 슬피 욺.

통의(通義)[-의/-이]명 널리 일반에 지켜야 할 도의.

통의(通儀)[-의/-이]명 널리 통하는 의식.

통:이계지(統而計之)[-계-/-게-]명하타 모두 한데 합쳐서 셈함.

통-이불(筒-)[-니-]명 자루처럼 만든 이불.

통인(通人)명 사물에 통달한 사람. 통사(通士).

통인(通引)명 ①고려 시대에, 중추원(中樞院)에 딸렸던 이속(吏屬). ②조선 시대에, 지방의 관장(官長) 밑에서 잔심부름을 하던 사람. ㊀토인(土人).

통-인정(通人情)명하자 ㄷ통사정(通事情).

통:일(統一)명하타되자 ①나누어진 것들을 합쳐서 하나의 완전한 것으로 만듦. ¶조국 통일. /신라의 삼국(三國) 통일. ②서로 다른 것들을 똑같이 되게 함. ¶행동 통일. /의견 통일. /복장을 통일하다. ③다양한 여러 요소를 서로 관련지어 떨어질 수 없게 함. ¶말과 실행의 통일을 강조한다.

통:일-미(統一美)명 건축물 등에서, 전체의 구성이 잘 통일되어 이루어진 예술적인 미.

통:일-벼(統一--)명 벼의 품종의 한 가지. 1971년에 우리나라에서 개량한 것으로서, 단위당 수확량이 많음.

통:일-부(統一部)명 중앙 행정 기관의 하나. 통일 및 남북 대화·교류·협력에 관한 정책의 수립, 통일 교육 등에 관한 사무를 맡아봄.

통:일-안(統一案)명 여럿을 하나로 만든 안(案)이나 의안(議案). ¶맞춤법 통일안.

통:일^전:선(統一戰線)[-선] 어떤 공동 목표에 대하여 여러 당파·단체가 협동하여 공동 행동을 취하는 투쟁 형태.

통:일-체(統一體)명 통일된 단체나 형체(形體).

통-일-자(-一字)[-짜]명 글자가 한 덩이에 다 새겨진 완전한 활자. ↔쪽자.

통-잣[-잗]명 (송이에서 낟알을 빼지 않은) 통짜 그대로의 잣. * 통잣이[-자시]·통잣만[-잔-].

통장(通帳)명 ①금융 기관에서, 예금·융자금 따위의 출납 상태를 기록하여 주는 장부. ②거래에 필요한 사항을 기록하는 장부.

통:장(統長)명 통(統)에 관한 사무를 맡아보는 책임자.

통-장수(桶-)명 ①통을 파는 사람. ②젓갈을 통에 넣어 가지고 다니며 파는 사람.

통-장이(桶-)명 통을 메우는 장인(匠人).

통-장작(-長斫)명 패지 아니한 통째의 장작.

통장-질(通帳-)명하자 통장으로 하는 거래나 외상질.

통재(通才)명 온갖 사물에 능통한 재주, 또는 그런 재주를 가진 사람.

통전(通典)명 일반적으로 적용되는 규칙. 어떤 경우에도 통하는 법전.

통전(通電)명 ①하자 전류(電流)를 통함. ②각지에 널리 알리는 전보.

통절(痛切) '통절하다'의 어근.

통:절-하다(痛切-)형여 ①몹시 절실하다. ②몹시 고통스럽다. 통절-히부.

통:점(痛點)[-쩜]명 피부에 분포하여 자극을 받으면 아픔을 느끼게 하는 감각점.

통정(通情)명 ①사회 전반의 공통적 사정이나 인정. ②하자 남녀가 정을 통함. ③하자 ⟨통사정⟩의 준말. ④하자 ⟨통심정⟩의 준말.

통정(通睛)명 한방에서, 어린아이가 경풍(驚風) 따위로 경련을 일으켜 눈을 치뜨는 병을 이르는 말.

통정-대부(通政大夫)명 조선 시대에 둔, 문관의 정삼품 당상관(堂上官)의 품계.

통-젖(桶-)[-전]명 통 바깥쪽에 달린 손잡이. 통꼭지. * 통젖이[-저지]·통젖만[-전-].

통:제(統制)명하타되자 일정한 방침에 따라 제한하거나 제약함. ¶교통 통제. /출입을 통제하다.

통:제^가격(統制價格)[-까-]명 국가 또는 지방 공공 단체가 특정 상품의 가격을 규제하여 결정한 최고 가격, 또는 최저 가격.

통:제^경제(統制經濟)명 국가가 어떤 목적을 수행하기 위하여, 경제 활동의 자유를 제한하여 계획화하는 경제 형태. ↔자유 경제. 참계획 경제.

통:제-사(統制使)명 ⟨삼도 수군통제사(三道水軍統制使)⟩의 준말.

통:제-영(統制營)명 삼도 수군통제사의 군영(軍營). ㊀통영(統營).

통:제-품(統制品)명 생산·배급·소비 등에서 국가의 통제를 받는 물품.

통:제^회:사(統制會社)[-회-/-훼-]명 ㄷ지주회사.

통-조각명 (여러 조각을 한데 잇지 않고) 하나로 이루어진 조각.

통-조림(桶-)명 고기·과일 따위를 가열 또는 살균하여 양철통에 넣은 저장용 식품.

통조림-통(桶-桶)명 통조림한 식품이 든 양철통(洋鐵桶).

통-줄(桶-)명 연을 날릴 때, 얼레 머리를 연 쪽으로 내밀어 갑자기 많이 풀려 나가게 한 줄.
통줄(을) 주다(관용) 얼레 머리를 내밀어 통줄이 나가게 하다.

통-줄(筒-)명 둥글게 생긴 줄. 둥근 구멍의 안쪽을 쓸어 내는 데 쓰임.

통:증(痛症)[-쯩]명 아픈 증세. ¶통증이 가시다. /통증을 느끼다.

통지(通知)명하타되자 기별하여 알림. 통기(通寄). 통달(通達). ¶선생의 위독한 사실을 사방에 통지하다.

통-지기명 서방질을 잘하는 계집종.

통지기-년명 ①⟨통지기⟩의 속된 말. ②'음탕한 여자'를 욕으로 이르는 말.

통지-서(通知書)圐 어떤 일을 알리는 문서. ¶합격 통지서.

통지^예:금(通知預金)圐 거치(据置) 기간이 지나 예금을 인출할 때, 일정 기간 전에 미리 은행에 통지를 해야 하는 은행 예금.

통지-표(通知表)〈생활 통지표(生活通知表)〉의 준말.

통:징(痛懲)圐倵퇴 ⇨엄징(嚴懲).

통짜圐 (잇대거나 이어 붙이지 않고) 하나의 덩어리로 된 물건. 《주로, '통짜로'의 꼴로 쓰임.》 ¶나무를 통짜로 깎아 만든 바릿대. /불국사 석교의 석재(石材)는 통짜다.

통-짜다 [I]짜 여럿이 한동아리가 되기를 서로 약속하다.
[II]퇴 어떤 물건의 각 부분을 모아 하나가 되도록 맞추다.

통-째圐 나누지 않은 덩어리 전부.《주로, '통째로'의 꼴로 쓰임.》 ¶통째로 삼키다. /닭을 통째로 굽다.

통-차지(通-)圐倵 통째로 다 차지함.

통:찰(洞察)圐倵퇴 (사물을) 환히 내다봄. 꿰뚫어 봄. 통시(洞視).

통:찰-력(洞察力)圐 (사물을) 환히 꿰뚫어 보는 능력. ¶예리한 통찰력.

통창(通暢)'통창하다'의 어근.

통창-하다(通暢-)倞 조리가 밝아 환하하다.

통-채圐 '통째'의 잘못.

통:책(痛責)圐倵퇴 ⇨엄책(嚴責).

통:처(痛處)圐 (상처나 병으로) 아픈 곳.

통천-건(通天巾)圐 성복(成服)하기 전에 상제가 쓰는, 위가 터진 건.

통천-관(通天冠)圐 황제가 조칙(詔勅)을 내릴 때나 정사를 볼 때 쓰던 관.

통천지수(通天之數)〔하늘에 통하는 운수라는 뜻으로〕'매우 좋은 운수'를 이르는 말.

통-천하(通天下)圐倵짜 천하에 두루 통함.

통:철(洞徹)圐倵퇴 깊이 살펴서 환하게 깨달음.

통철(通徹)圐倵짜 막힘이 없이 통함.

통첩(通牒)圐 ①倵퇴 서면으로 통지함, 또는 그 문서. ¶최후 통첩. ②국제법상 국가의 일방적 의사 표시를 내용으로 하는 문서.

통청(通淸)圐倵짜 조선 시대에, 청환(淸宦)이 될 자격을 얻던 일.

통초(痛楚)'통초하다'의 어근.

통초-하다(痛楚-)倞 몹시 아프고 괴롭다.

통:촉(洞燭)圐倵퇴 (웃어른의 행동에 관하여 쓰는 말로) (사정이나 형편을) 헤아려 살핌.

통치(通治)圐倵퇴 한 가지 약으로 여러 가지 병을 다 고침.

통:치(痛治)圐倵퇴 ⇨엄치(嚴治).

통:치(統治)圐倵퇴倵짜 ①도맡아 다스림. ②원수(元首) 또는 지배자가 주권을 행사하여 국토 및 국민을 다스림. 통리(統理).

통:치-권(統治權) [-꿘]圐 국토·국민을 지배하는 국가의 절대적 권리.

통-치다(通-) '한동치다'의 잘못.

통-치마圐 양쪽 선단이 없이 통으로 지은 치마. 윌남치마. ↔풀치마.

통칙(通則)圐 ⇨통규(通規). 통법(通法)¹.

통칭(通稱)圐倵퇴 ①공통으로 널리 쓰임, 또는 그런 이름. ②널리 일컬음, 또는 그 말이나 명칭.

통:칭(統稱)圐倵퇴 통틀어 가리킴, 또는 그런 이름. ¶전라북도와 전라남도를 전라도라고 통칭한다.

통:쾌(痛快)圐倵倞 ①썩 유쾌함. ②마음이 매우 시원함. ¶통쾌한 승리. **통쾌-히**倖.

통:타(痛打)圐倵퇴 맹렬히 공격함.

통:탄(痛歎)圐倵퇴 몹시 탄식함, 또는 그런 탄식. 탄통(歎痛). ¶통탄해 마지않다. /자신의 억울한 누명을 통탄한다.

통-탕倖 (마룻바닥과 같이) 공간 위에 놓인 널빤지를 세게 두드리거나 구를 때 나는 소리. 큰둥탕. **통탕-통탕**倖.

통탕-거리다짜타 자꾸 통탕통탕하다. 통탕대다. ¶막내가 계단을 통탕거리며 이 층 서재로 뛰어 올라왔다. 큰둥탕거리다.

통탕-대다짜타 통탕거리다.

통-터지다짜 여럿이 한꺼번에 쏟아져 나오다.

통-통¹倖 ①하짜 작은 발동기 따위가 울리는 소리. ②하짜타 발로 탄탄한 곳을 자꾸 구르는 소리. 큰둥둥¹.

통통²[倖]倞 작은 몸피가 볼록하게 붓거나 살진 모양. ¶발목이 통통 부었다. 큰둥둥². **통-히**倖.

통통-거리다[I]짜 작은 발동기 따위가 울리는 소리가 자꾸 나다. 통통대다. 큰둥둥거리다.
[II]짜타 발로 탄탄한 곳을 구르는 소리가 자꾸 나다, 또는 그런 소리를 내다. 통통대다. 큰둥둥거리다.

통통-걸음圐 발을 통통 구르며 빨리 걷는 걸음. 큰둥둥걸음.

통통-대다짜타 통통거리다.

통통-배圐 발동기를 돌려 통통거리며 가는 작은 배. 똑딱선.

통투(通透)圐倵倞 뚫어지게 깨달아 환함. **통투-히**倖.

통-틀다[~트니·~틀어]퇴 있는 대로 모두 한데 묶다. ¶가진 돈을 통틀면 백만 원쯤 된다.

통판(通判)圐 ①倵퇴 온갖 일을 관정함. ②고려 시대, 대도호부(大都護府)의 판관(判官).

통판(通販)圐 '통신 판매'의 준말.

통-팔도(通八道)圐 [-또]圐倵짜 〔조선 시대에, 전국의 행정 구역이 팔도(八道)였던 데서〕우리나라 곳곳에 널리 통함. 통팔로(通八路).

통-팔로(通八路)圐倵짜 ⇨통팔도(通八道).

통-팥[-팓]圐 메뚜기 갈지 않은 통째의 팥. 준간팥. *통팥이[-파치]·통팥을[-파틀]·통팥만[-판-]

통폐(通弊)[-폐/-페]圐 일반에 두루 있는 폐단.

통:-폐합(統廢合)[-폐-/-페-]圐倵퇴倵짜 (여러 기관·단체나 기구 따위를) 합치거나 폐하여 버림. ¶언론을 통폐합하다.

통표(通票)圐 통과를 허락하는 표.

통풍(通風)圐倵짜倵짜 바람을 잘 통하게 함. 통기(通氣). ¶통풍 장치.

통:풍(痛風)圐 한방에서, 요산 대사(尿酸代謝)의 이상으로 생기는 관절염을 이르는 말.

통풍-구(通風口)圐 바람이나 공기가 통하도록 낸 구멍. 공기 구멍.

통풍-기(通風機)圐 바람이 잘 통하도록 하기 위하여 장치한 기계.

통풍-창(通風窓)圐 환기가 잘되도록 하기 위하여 낸 작은 창.

통-하다(通-)짜타짜 ①막힘이 없이 들고 나다. 피가 통하다. /바람이 잘 통하다. ②막힘이 없이 트이다. ¶길이 사방으로 통하다. ③(특정한 교통수단을 이용하는) 길이 열리다. ¶길이 통하다. ④(어느 곳으로 가는 길이) 열리거나 이어지다. ¶로마로 통하는 길. ⑤(서로 사귀어 말이나 의사 교환이) 순조롭다. ¶저 친구와는 잘 통하는 사이다. /아무리 사정해도 통하지 않는다. ⑥(말이나 문장 따위가) 막힘이 없다. ¶문제가 잘 통하다. ⑦(어느 분야에) 환히 알다. ¶금석학(金石學)에 통하다. ⑧비밀히 연락하거나 관계를 맺다. ⑨전체에 걸치다. ¶사해(四海)를 통하여···. ⑩(사람·조직·기구 따위를) 거치다. ¶텔레비전을 통하여 실황을 알리다. ⑪(대변·소변 따위가) 몸 밖으로 배설되다.

통-하정(通下情)명하자 아랫사람의 사정을 잘 알아줌.

통학(通學)명자 기숙사가 아닌 자기 집이나 유숙하는 집에서 학교까지 다님. ¶통학 거리가 멀다. /자전거로 통학하다.

통학^구역(通學區域) [-꾸-]명 (멀리서 통학하는 것을 막고 취학 학생 수의 균형을 위하여 구역을 제한할 때의) 통학을 허용하여 주는 구역. 출학구(學區).

통학-생(通學生) [-쌩]명 (기숙생에 대하여) 자기 집이나 유숙하는 집에서 학교에 다니는 학생. ¶열차 통학생. 출기숙생.

통:한(痛恨)명하자 가슴 아프게 몹시 한탄함. ¶남북 이산가족들이 보낸 통한의 오십 년 세월.

통:한-사(痛恨事)명 몹시 원통한 일.

통:할(統轄)명하타 모두 거느려서 관할함.

통:합(統合)명하타 모두 합쳐 하나로 만듦. ¶야당 통합. /여러 기관에서 각각 운영하고 있는 환경 관계 조직을 하나로 통합하다.

통:합-군(統合軍) [-꾼]명 여러 나라의 군대를 하나의 사령부 아래 통합한 군대. 출연합군.

통항(通航)명하타 배가 다님.

통항-권(通航權) [-꿘]명 외국의 영해나 운하 따위를 통항하는 권리.

통해(通解)명하타 (책이나 문장 따위의) 전체를 통하여 해석함, 또는 그 해석.

통행(通行)명 ①하자타(일정한 공간을) 지나서 다님. ¶좌측 통행. ②하자(물건이나 화폐 따위가) 사회 일반에 유통함.

통행-금지(通行禁止)명 (특정 지역이나 시간에) 사람 및 차량의 통행을 금함. 출통금(通禁).

통행-료(通行料) [-뇨]명 차량이 유료 도로(有料道路)를 통행할 때 내는 요금.

통행-세(通行稅) [-쎄]명 ①교통 기관의 승객에게 부과하던 세금. 〔1977년에 폐지됨.〕②특정 지역을 통행하는 사람으로부터 받는 세금.

통행-인(通行人)명 통행하는 사람.

통-행전(筒行纏)명 아래에 귀가 없고 통이 넓은 보통 행전.

통행-증(通行證) [-쯩]명 (어떤 지역이나 특정 시간에) 통행을 허가하는 증서.

통헌-대부(通憲大夫)명 조선 시대에, 정이품 의빈(儀賓)의 품계.

통현(通玄)명하자 사물의 깊고 미묘한 이치를 깨달음.

통혈(通穴)명 ①(공기가 통하도록) 구멍을 뚫음, 또는 뚫은 그 구멍. ②갱도(坑道)와 갱도가 서로 통하도록 구멍을 뚫음, 또는 뚫은 그 구멍.

통호(通好)명하자 (서로 사귀어) 교의(交誼)를 맺음. 우정을 통함.

통호(統戶)명 통(統)과 호(戶).

통혼(通婚)명하자 ①혼인할 뜻을 표시하거나 전함. ¶통혼을 넣다. ②두 집안 사이에 서로 혼인 관계를 맺음.

통화(通化)명하타 부처의 가르침을 널리 펴서 중생을 교화하는 일.

통화(通貨)명 한 나라 안에서 통용되고 있는 화폐를 통틀어 이르는 말.

통화(通話)명 ①하자타 전화로 말을 주고받음. ②『의존 명사적 용법』 전화 통화에서 통화한 횟수를 세는 단위. ¶한 통화.

통화^개:혁(通貨改革)명 ➡화폐 개혁.

통화-고(通貨高)명 〈통화 발행고〉의 준말.

통화-관리(通貨管理) [-괄-]명 지폐 발행을 금 준비(金準備)의 제약으로부터 해방하여 그 발행액을 인위적으로 관리·조절하는 일.

통화-량(通貨量)명 한 나라 안에서 실제로 유통되고 있는 통화의 양. ¶통화량을 조절하다.

통화^발행고(通貨發行高)명 통화의 발행 액수. 출통화고(通貨高).

통화^수축(通貨收縮)명 통화 발행고가 줄어서 화폐 가치가 오르고 물가가 폭락하는 현상. 디플레이션. ↔통화 팽창.

통화^정책(通貨政策)명 통화의 양을 적당히 늘리거나 줄임으로써 한 나라의 금융·경기(景氣)·물가·생산 따위를 적절히 통제·조절하는 정책.

통화^조절(通貨調節)명 통화의 양을 적절히 증감하여 물가를 적당한 선에 머무르게 하는 일.

통화-주의(通貨主義) [-의/-이]명 중앙은행의 태환권(兌換券) 발행액을 그 정화(正貨) 준비에 일치시키면 물가 수준이 안정된다는 설.

통화^통:제(通貨統制)명 통화의 가치를 유지·안정시키기 위해 국가가 통화를 관리·통제하는 일.

통화^팽창(通貨膨脹)명 통화 발행고가 늘어서 화폐 가치가 떨어지고 물가가 폭등하는 현상. 인플레이션. ↔통화 수축.

통환(通患)명 여러 사람이 두루 가지고 있는 근심이나 병통.

통:회(痛悔) [-회/-훼]명하타 ①깊이 뉘우침. ②가톨릭에서 이르는, 고백 성사의 하나. 지은 죄를 진심으로 뉘우치는 일.

통효(通曉)명하자타 환히 깨달아서 앎. 효달(曉達). 효통.

통-후추명 빻지 않은, 알 그대로의 후추.

통훈-대부(通訓大夫)명 조선 시대에, 문관의 정삼품 당하관(堂下官)의 품계.

툳다[^1][툳따]타 ①(주로 가파른 곳을) 올라가거나 내려가려고 조심스럽게 발자국을 떼며 힘들여 더듬다. ②샅샅이 뒤지면서 찾다. ¶며칠을 두고 툳아도 오리무중이다. *툳아·툳는[툳-]

툳다[^2][툳따]타 삼을 삼을 때, 껜 삼의 끝을 톱으로 눌러 훑다. *툳아·툳는[툳-]

툳아-보다타 샅샅이 툳아 나가면서 살피다.

퇴:(退)[^1] [퇴/퉤]명 ①퇴짜. ②싫증이 나거나 물리는 느낌.

퇴:(退) 놓다관용 ➡퇴짜를 놓다.

퇴:(退)[^2] [퇴/퉤]명 ①➡물림2. ②〈툇간(退間)〉의 준말. ③〈툇마루〉의 준말.

퇴(堆) [퇴/퉤]명 대륙붕 중에서 특히 얕은 부분. 고기 떼가 많이 서식함.

퇴:각(退却) [퇴-/퉤-]명 ①하자(주로 전투 따위에 져서) 뒤로 물러감. ¶퇴각 명령. /적들은 허둥지둥 계곡으로 퇴각하였다. ②하타(물품 따위를) 받지 않고 물리침.

퇴:간(退間)명 '툇간'의 잘못.

퇴:거(退去) [퇴-/퉤-]명하자 ①물러감. ②거주를 옮김. ¶퇴거 신고.

퇴:거^불응죄(退去不應罪) [퇴-죄/퉤-쿼] 圖 남의 집에 들어간 사람이 퇴거의 요구에 응하지 않음으로써 성립하는 죄. 불퇴거죄(不退去罪).

퇴격(槌擊) [퇴-/퉤-] 圖하타 방망이·쇠뭉치 따위로 침.

퇴:경(退京) [퇴-/퉤-] 圖하자 서울에서 머물다 가 시골로 내려감. ↔입경(入京).

퇴:경(退耕) [퇴-/퉤-] 圖하자 벼슬을 그만두고 시골에 가서 농사를 지음.

퇴:경(退境) [퇴-/퉤-] 圖하자 경계 밖으로 물러남.

퇴고(推敲) [퇴-/퉤-] 圖하타 시문을 지을 때, 자구(字句)를 여러 번 생각하여 고침, 또는 그런 일. [당나라의 시인 가도(賈島)가 시구를 지을 때 '僧推月下門'의 '推'를 '敲'로 바꿀까 말까 망설이다가 대문장가 한유(韓愈)의 조언으로 '敲'로 결정하였다는 데서 유래함.]

퇴:골(腿骨) [퇴-/퉤-] 圖 다리뼈.

퇴:공(退供) [퇴-/퉤-] 圖하자 부처 앞에 공양 드렸던 물건을 물림.

퇴:관(退官) [퇴-/퉤-] 圖하자 벼슬을 그만두고 물러남.

퇴:관(退棺) [퇴-/퉤-] 圖하자 나장(裸葬)하기 위하여 하관(下棺)할 때 관을 벗겨 ��고 넴.

퇴:교(退校) [퇴-/퉤-] 圖하타 ☞퇴학(退學).

퇴:군(退軍) [퇴-/퉤-] 圖하자 싸움터에서, 군사를 뒤로 물림. ↔진군(進軍).

퇴:궐(退闕) [퇴-/퉤-] 圖하자 대궐에서 물러 나옴. ↔입궐.

퇴:근(退勤) [퇴-/퉤-] 圖하자 직장에서 근무를 마치고 나옴. ↔출근(出勤).

퇴:근-길(退勤-) [퇴-낄/퉤-낄] 圖 퇴근하여 집으로 가는 길, 또는 도중. ↔출근길.

퇴:기(退妓) [퇴-/퉤-] 圖 기안(妓案)에서 물러난 기생. 기생퇴물. ¶ 춘향(春香)은 퇴기 월매(月梅)의 딸이다.

퇴:기(退期) [퇴-/퉤-] 圖하자 ☞연기(延期).

퇴기다 [퇴-/퉤-] 타 ①힘을 모았다가 갑자기 탁 놓아 튀거나 내뻗치게 하다. ②건드려서 갑자기 튀어 달아나게 하다. ¶ 퇴기는 산토끼를 향해 재빨리 총을 겨냥하다. 튄튀기다.

퇴김 [퇴-/퉤-] 圖하타 연을 날릴 때, 통줄을 주어서 연의 머리를 그루박는 짓. 튄튀김².
　퇴김(을) 주다관용 연을 날릴 때, 퇴김하는 재간을 부리다.

퇴:-내다(退-) [퇴-/퉤-] 타 ①실컷 먹거나 가지거나 누리거나 하여 물리게 되다. ②일을 지나치게 하여 싫증이 나게 되다.

퇴:단(退團) [퇴-/퉤-] 圖하자 소속 단체에서 물러남. ↔입단.

퇴:대(退待) [퇴-/퉤-] 圖하자 물러가서 기다림.

퇴:-도지(-賭地) [퇴-/퉤-] 圖 조선 말기에, 10년 기한부로 소작권을 팔아넘기던 도지.

퇴락(頹落) [퇴-/퉤-] 圖하자되자 ①(건물 따위가) 낡아서 무너지고 떨어짐. ②(지위나 수준 따위가) 뒤떨어짐.

퇴:량(退樑) [퇴-/퉤-] 圖 ☞툇보.

퇴령(頹齡) [퇴-/퉤-] 圖 노쇠한 연령(年齡). 고령(高齡).

퇴:로(退老) [퇴-/퉤-] 圖 늙어서 벼슬에서 물러남, 또는 그 사람.

퇴:로(退路) [퇴-/퉤-] 圖 물러날 길. 후퇴할 길. ¶ 그의 퇴로를 차단하다. ↔진로(進路).

퇴:리(退吏) [퇴-/퉤-] 圖 관직에서 물러난 관리.

퇴-마냥 [퇴-/퉤-] 圖 아주 늦게 심은 모.

퇴:마-사(退魔師) [퇴-/퉤-] 圖 마귀나 악령 따위를 퇴치하는 일을 전문으로 하는 사람.

퇴:-맞다(退-) [퇴-/퉤-] 자 '퇴박맞다'의 잘못.

퇴:-머리(退-) [퇴-/퉤-] 圖 우리나라의 민속 무용에서 기본 동작인 팔 동작의 한 가지. 한 손 또는 양손을 머리 위에서 털어 내리듯이 돌려 내리거나 위로 돌려 뿌리는 사위.

퇴:물(退物) [퇴-/퉤-] 圖 ①윗사람이 쓰던 것을 물려받은 물건. ②퇴박맞은 물건. 퇴물림. ③'어떤 직업에 종사하다가 물러앉은 사람'을 얕잡아 이르는 말. ③지친것.
　②☞퇴물.

퇴:-물림(退-) [퇴-/퉤-] 圖 ①☞큰상물림. ②☞퇴물.

퇴:박(退-) [퇴-/퉤-] 圖하타 (어떤 일이나 물건이) 마음에 들지 않아 물리침.

퇴:박-맞다(退-) [퇴박맏따/퉤방맏따] 자 마음에 들지 않아 물리침을 당하다. 퇴짜(를) 맞다.

퇴:보(退步) [퇴-/퉤-] 圖하자 ①뒤로 물러섬. 뒷걸음. ②(지략·기능 따위가) 이제까지의 상태보다 뒤떨어지거나 못하게 됨. 각보(却步). ↔진보.

퇴:분(退盆) [퇴-/퉤-] 圖하타 (화초 따위를) 분(盆)에서 뽑음. ↔등분(登盆).

퇴비(堆肥) [퇴-/퉤-] 圖 짚·풀 따위를 썩혀서 만든 거름. 두엄. ¶ 밭에 퇴비를 주다. 豳금비(金肥).

퇴비(頹圮) [퇴-/퉤-] 圖하자 ☞퇴패(頹敗).

퇴:사(退仕) [퇴-/퉤-] 圖하자 ①벼슬이나 구실을 내놓고 물러남. ②☞사퇴(仕退).

퇴:사(退社) [퇴-/퉤-] 圖 ①하자타 회사를 그만두고 물러남. ↔입사(入社). ②하자 (사원이) 회사에서 퇴근함.

퇴:사(退思) [퇴-/퉤-] 圖하타 물러나서 생각함.

퇴:산(退散) [퇴-/퉤-] 圖하자 ①(모였던 것이) 흩어져 감. ②흩어져 도망감.

퇴산(㿉疝·癩疝) [퇴-/퉤-] 圖 한방에서, 불알이 붓는 병을 통틀어 이르는 말.

퇴:상(退床) [퇴-/퉤-] 圖 ①하자 음식상을 물림. ②☞큰상물림.

퇴:상(退霜) [퇴-/퉤-] 圖하자 첫서리가 제철이 지나 늦게 내림, 또는 그 첫서리. 상강(霜降)이 지나 내린 첫서리를 이름.

퇴:색(退色·褪色) [퇴-/퉤-] 圖하자되자 ①빛이 바램. 투색(渝色). ¶ 퇴색한 옛 사진. ②'무엇이 희미해지거나 볼품없이 됨'을 비유하여 이르는 말. ¶ 퇴색한 이념.

퇴:서(退暑) [퇴-/퉤-] 圖 〔물러가는 더위라는 뜻으로〕'점점 누그러지는 더위'를 비유하여 이르는 말.

퇴:석(退席) [퇴-/퉤-] 圖하자 ①앉았던 자리에서 물러남. 퇴좌(退座). ②모임 따위가 끝나기 전에 먼저 자리를 떠 물러남.

퇴석(堆石) [퇴-/퉤-] 圖 ①☞빙퇴석(氷堆石). ②하자 돌을 높이 쌓음, 또는 그 쌓인 돌.

퇴석-층(堆石層) [퇴-/퉤-] 圖 빙퇴석(氷堆石)이 모여 이루어진 지층(地層).

퇴:선(退膳) [퇴-/퉤-] 圖 ①〈제퇴선(祭退膳)〉의 준말. ②임금의 수라상에서 물린 음식.

퇴:섭(退慴) [퇴-/퉤-] 圖하자 두려워서 뒤로 물러남.

퇴세(頹勢) [퇴-/퉤-] 圖 기울어져 가는 형세.

퇴:속(退俗) [퇴-/퉤-] 圖하자 중이 다시 속인(俗人)이 됨. 환속(還俗).

퇴속(頹俗) [퇴-/퉤-] 圖 문란해진 풍속. 퇴풍(頹風).

퇴:송(退送)[퇴-/퉤-][명][하타][되자] (물품을) 물리쳐 도로 보냄.

퇴:송(退訟)[퇴-/퉤-][명][하타][되자] 소송을 받지 않고 물리침.

퇴:수(退守)[퇴-/퉤-][명][하타] 후퇴하여 지킴. ↔진격.

퇴:식(退食)[퇴-/퉤-][명][하자] ①관청에서 퇴청하여 집에서 식사함. ②'공직(公職)'에서 물러남'을 비유하여 이르는 말.

퇴:식(退息)[퇴-/퉤-][명][하자] (일에서) 물러서 쉼.

퇴:식-밥(退食-)[퇴-빱/퉤-빱][명] 부처 앞에 바쳤다가 물린 밥. 불공밥.

퇴:신(退身)[퇴-/퉤-][명][하자] 관여하던 일에서 물러남.

퇴:실(退室)[퇴-/퉤-][명][하자] 방에서 나감. ¶ 퇴실 시간.

퇴:암(退闇)[퇴-/퉤-][명][하타] 사리에 어두운 사람을 물리침.

퇴:양(退讓)[퇴-/퉤-][명][하타] 사양하고 물러남.

퇴:역(退役)[퇴-/퉤-][명][하자] 현역에서 물러남. ¶ 퇴역 장군.

퇴:열(退熱)[퇴-/퉤-][명][하자] (신병의) 열(熱)이 내림.

퇴:염(退染)[퇴-/퉤-][명][하타] ①염색된 물건의 빛깔을 빼어 냄. ②<토렴>의 본딧말.

퇴:영(退嬰)[퇴-/퉤-][명] ①뒤로 물러가 들어박힘. ②기상이 퇴보적임. ↔진취.

퇴옥(頹屋)[퇴-/퉤-][명] 낡아서 허물어진 가옥.

퇴운(頹運)[퇴-/퉤-][명] 쇠퇴한 기운.

퇴:원(退院)[퇴-/퉤-][명][하자타] (입원했던 환자가) 병원에서 나옴. ¶ 퇴원 수속을 밟다. ↔입원(入院).

퇴:위(退位)[퇴-/퉤-][명][하자] (군주의) 자리에서 물러남. ↔즉위(卽位).

퇴:은(退隱)[퇴-/퉤-][명][하자] ☞은퇴(隱退).

퇴:-일보(退一步)[퇴-/퉤-][명][하자] 한 걸음 물러남.

퇴:임(退任)[퇴-/퉤-][명][하자] 임무에서 물러남. ¶ 정년 퇴임.

퇴:잠(退潛)[퇴-/퉤-][명][하자] 물러나 잠잠하게 있음.

퇴:장(退場)[퇴-/퉤-][명][하자] ①장내(場內)·무대 따위에서 물러남. ②회의장 같은 데서 회의를 다 마치기 전에 물러남. ③경기 도중 반칙 따위로 경기장에서 물러남. ¶ 비신사적인 행동을 한 선수에게 퇴장 명령을 내리다. ↔입장.

퇴:장(退藏)[퇴-/퉤-][명][하타] ①물러나서 자취를 감춤. ②[하타](물건·화폐 따위를 쓰지 않고) 남몰래 감추어 놓고 지님.

퇴적(堆積)[퇴-/퉤-][명][하자타][되자] 많이 덮쳐 쌓임, 또는 많이 덮쳐 쌓음.

퇴적-도(堆積島)[퇴-또/퉤-또][명] 화산의 분출물이나 생물의 유해 따위가 퇴적하여 이루어진 섬.

퇴적-물(堆積物)[퇴정-/퉤정-][명] ①많이 겹쳐 쌓인 물건. ②물·빙하·바람 따위의 작용으로 지표에 쌓인 물건.

퇴적-암(堆積岩)[퇴-/퉤-][명] 부스러진 암석의 작은 덩이나 생물의 유해 따위가 물속이나 육상에 침전·퇴적하여 만들어진 암석. 〔사암(沙岩)·이판암(泥板岩) 따위〕 수성암.

퇴적-열(堆積熱)[퇴정녈/퉤정녈][명] 쌓인 물건 사이에서 생기는 열. 〔말똥이나 퇴비 더미 속에서 생기는 열 따위.〕

퇴적^작용(堆積作用)[퇴-짜굥/퉤-짜굥][명] 암석의 부스러기나 생물의 유해 따위가 물·빙하·바람의 작용으로 운반되어 어떤 곳에 쌓이는 일. [참]침적(沈積).

퇴적-층(堆積層)[퇴-/퉤-][명] 퇴적 작용에 의하여 이루어진 지층.

퇴적^평야(堆積平野)[퇴-/퉤-][명] 퇴적 작용에 의하여 이루어진 평야. [참]충적 평야.

퇴:전(退轉)[퇴-/퉤-][명][하자] ①불교에서, 수행하고 있는 도중에 좌절하여 마음을 딴 데로 옮기는 일. ②파산(破産)하여 거처를 옮김. 재산이 딴 사람에게 넘어가 망함.

퇴:절(腿節)[퇴-/퉤-][명] 곤충의 허벅다리 부분의 마디.

퇴:정(退廷)[퇴-/퉤-][명][하자] 법정(法廷)에서 나옴. ↔입정(入廷)·출정(出廷).

퇴:정(退定)[퇴-/퉤-][명][하자] (기한을) 뒤로 미루어서 정함.

퇴:조(退朝)[퇴-/퉤-][명][하자] 조정(朝廷)이나 조회에서 물러남. ↔입조(入朝).

퇴:조(退潮)[퇴-/퉤-][명] ①썰물. ②[하자][되자] 쇠퇴하여짐.

퇴:좌(退座)[퇴-/퉤-][명][하자] ☞퇴석(退席).

퇴:주(退柱)[퇴-/퉤-][명] ☞툇기둥.

퇴:주(退酒)[퇴-/퉤-][명] 제사 때, 올린 술을 물림, 또는 물린 그 술.

퇴주(堆朱)[퇴-/퉤-][명] 겉에 붉은 옻칠을 두껍게 칠하고 그 위에 산수(山水)·화조(花鳥) 따위를 새긴 공예품.

퇴:주-잔(退酒盞)[퇴-잔/퉤-잔][명] ①제사 때, 올린 술을 물릴 술잔. ②권하거나 드리다가 퇴박맞은 술잔.

퇴:줏-그릇(退酒-)[퇴주끄릇/퉤줃끄릇][명] 퇴주를 붓는 그릇. *퇴:줏그릇이[퇴주끄릇시/퉤준끄릇시]·퇴:줏그릇만[퇴주끄른/퉤준끄른]

퇴:직(退職)[퇴-/퉤-][명][하자타] 현직(現職)에서 물러남. 직장을 그만둠. ¶ 선생님은 학교를 퇴직하신 후에도 창작 활동을 하셨다.

퇴:직-금(退職金)[퇴-끔/퉤-끔][명] 퇴직하는 사람에게 근무처 등에서 일시불로 주는 돈.

퇴:직^수당(退職手當)[퇴-쑤-/퉤-쑤-][명] 퇴직하는 사람에게 그 근무 연수에 비례하여 지급하는 수당.

퇴:진(退陣)[퇴-/퉤-][명][하자] ①군대의 진지를 뒤로 물림. ②관여하던 직장이나 직무에서 물러남.

퇴:짜(←退字)[퇴-/퉤-][명] ①지난날, 상납하는 포목의 품질이 낮아 '退'라는 도장을 찍어 도로 물리던 일, 또는 그 물건. ②(바치는 물품 따위를) 받아들이지 않고 물리치는 일, 또는 그 물품. ②퇴(退).

퇴:짜(를) 놓다[관용] (바치는 물품 따위를) 물리치다. 거부(거절)하다. 퇴(를) 놓다.

퇴:짜(를) 맞다[관용] (바치는 물품 따위가) 물리침을 당하다. 퇴박맞다. 거절당하다.

퇴창(推窓)[퇴-/퉤-][명][하자] 창문을 밀어서 엶, 또는 그렇게 여는 창문.

퇴:척(退斥)[퇴-/퉤-][명][하타][되자] (주는 것이나 요구를) 물리침.

퇴:첩(退疊)[퇴-/퉤-][명][하타][되자] 우뚝하게 겹쳐 쌓음.

퇴:청(退廳)[퇴-/퉤-][명][하자] 관청에서 일을 마치고 나옴. ↔등청(登廳).

퇴:촉(退鏃)[퇴-/퉤-][명] 화살이 과녁에 닿았다가 튀어서 뒤로 물러남, 또는 그 화살.

퇴:촌(退村) [퇴-/퉤-]**명자** 지난날, 시골 아전이 읍내에서 촌으로 물러가 살던 일.

퇴:축(退逐) [퇴-/퉤-]**명하타되자** (보낸 물건이나 사람 따위를) 받지 않고 쫓거나 돌려보냄.

퇴:축(退縮) [퇴-/퉤-]**명하자되자** 움츠리고 물러남.

퇴:출(退出) [퇴-/퉤-]**명하자되자** ①물러나서 나감. ②특히, 기업이 경쟁력을 잃고 시장에서 물러남을 이르는 말. ¶ 부실 은행이 퇴출되다.

퇴:치(退治) [퇴-/퉤-]**명하타** 물리쳐서 없애 버림. ¶ 문맹(文盲) 퇴치. /해충을 퇴치하다.

퇴:침(退枕) [퇴-/퉤-]**명** 서랍이 있는 목침.

퇴토(堆土) [퇴-/퉤-]**명** 쌓거나 쌓인 흙.

퇴:-판(退-) [퇴-/퉤-]**명** 물리도록 흡족하여 음식상을 물리는 판.

퇴:패(退敗) [퇴-/퉤-]**명하자** 싸움에서 패하여 물러남. 패퇴(敗退). ¶ 외구를 퇴패시키다.

퇴패(頹敗) [퇴-/퉤-]**명하자** (풍속·도덕·문화 따위가) 쇠퇴하여 문란함. 퇴비(頹圮). **준**퇴폐(頹廢).

퇴폐(頹廢) [퇴폐/퉤페]**명하자** ①(세력 따위가) 쇠약해짐. ②(도덕이나 건전한 기풍 따위가) 문란해짐. **본**퇴패(頹敗).

퇴폐^문학(頹廢文學) [퇴폐-/퉤페-]**명** 19세기 말 유럽을 휩쓴 회의의 사상에서 비롯된 문학. 예술의 목적은 일시적이며 육체적인 향락을 추구하는 데 있다고 본 타락한 사조의 산물. 데카당 문학.

퇴폐-적(頹廢的) [퇴폐-/퉤페-]**관명** 도덕·기풍 등이 썩거나 어지러워져 건전하지 못한 (것). ¶ 퇴폐적 사상. /퇴폐적인 분위기.

퇴폐-주의(頹廢主義) [퇴폐-의/퉤페-이]**명** ①사회나 문화의 말기적 현상으로 일어나는 병적인 경향. ②19세기 말의 서리말적 문예 사조. ③1919년 삼일 운동의 실패 이후 우리나라 문단에 대두된 비관주의적 문학 경향.

퇴폐-파(頹廢派) [퇴폐-/퉤페-]**명** ☞데카당스.

퇴풍(頹風) [퇴-/퉤-]**명** 퇴폐한 풍속(風俗). 퇴속(頹俗).

퇴:피(退避) [퇴-/퉤-]**명하타** ①(벼슬이나 직책 따위에서) 물러남. ②(위험을 피하기 위하여) 그 자리에서 물러남.

퇴:필(退筆) [퇴-/퉤-]**명** (끝이 닳아서) 못 쓰게 된 붓.

퇴:학(退學) [퇴-/퉤-]**명하자되자** ①(졸업 전에) 학생이 다니던 학교를 그만둠. 퇴교(退校). ¶ 가정 형편상 퇴학할 수밖에 없었다. ②(교칙을 어긴 학생에게) 다니던 학교를 그만두게 함. 출학(黜學). ¶ 성행이 불량하여 퇴학을 당하다.

퇴:한(退限) [퇴-/퉤-]**명하타** ☞연기(延期).

퇴:행(退行) [퇴-/퉤-]**명** ①(어떤 자리에서) 뒤로 물러감. ②퇴화(退化). ③**하자** 정신적인 장애로 말미암아 현재의 발달 단계보다 이전의 미숙한 행동을 보이는 일. ④**하자** 혹성이 천구(天球) 위를 서쪽으로 운행함. ⑤**하타**(일을) 다른 날로 미루어 행함.

퇴:행-기(退行期) [퇴-/퉤-]**명** 병세가 차츰 회복되어 가는 시기. ¶ 투병(鬪病)은 퇴행기에 더욱 조심해야 한다.

퇴호(推戶) [퇴-/퉤-]**명하자** 지게문이나 사립문을 밀어서 엶.

퇴:혼(退婚) [퇴-/퉤-]**명하자** 정한 혼인(婚姻)을 어느 한쪽에서 물림.

퇴:화(退化) [퇴-/퉤-]**명하자되자** ①(진보하던 것이) 진보 이전의 상태로 되돌아감. 퇴행. ②생

물체의 어떤 기관이, 오래 쓰이지 않음으로써 점차 작아지거나 기능을 잃게 되어 쇠퇴해 감. ↔진화(進化).

퇴:화^기관(退化器官) [퇴-/퉤-]**명** ☞흔적 기관(痕跡器官).

퇴:환(退換) [퇴-/퉤-]**명하타** 환표(換標) 지급을 거부하는 일.

퇴:회(退會) [퇴회/퉤훼]**명하자** (회원이) 그 회에서 탈퇴함. ↔입회(入會).

퇴:휴(退休) [퇴-/퉤-]**명하자** 관직을 내놓고 물러나서 쉼. 퇴직하고 쉼.

퇫:-간(退間) [퇴간/퉫간]**명** 집채의 원칸살 밖에 딴 기둥을 세워 만든 칸살. **준**퇴(退)².

퇫:-기둥(退-) [퇴끼-/퉫끼-]**명** 툇간에 딸린 기둥. 퇴주(退柱).

퇫:-돌(退-) [퇴똘/퉷돌]**명** ☞댓돌.

퇫:-마루(退-) [퇴-/퉷-]**명** 본디 칸살 밖에 좁게 달아낸 마루. **준**퇴(退)².

퇫:-보(退-) [퇴뽀/퉷뽀]**명** 툇기둥과 안기둥에 얹힌 짧은 보. 퇴량(退樑).

투(套)의 ①(관례처럼 된) 일정한 틀. ¶ 편지 쓰는 투로 쓰다. ②무엇을 말하는 본새. ¶ 비꼬는 투로 말하다. /말하는 투가 건방지다. ③무슨 일을 하는 품이나 솜씨. ¶ 그런 투로 일을 해서는 될 일도 안 된다.

투각(透刻)명하타 조각의 한 가지. 나무 따위의 재료를, 앞면에서 뒷면까지 완전히 파서 모양을 나타냄.

투겁명 ⟨두겁⟩의 변한말.

투견(鬪犬)명 ①개끼리 싸움을 붙임. 또는 그 일. 개싸움. ¶ 투견 대회. ②싸움을 붙이기 위해 기르는 개. 투구(鬪狗).

투계(鬪鷄) [-게/-게]**명** ①**하자** 닭싸움을 붙이는 일. ②싸움닭.

투고(投稿)명하타되자 (신문사·잡지사 따위에) 원고를 보냄. ¶ 문예지에 시를 투고하다.

투고-란(投稿欄)명 (신문이나 잡지에서) 투고한 글을 싣는 난. ¶ 독자 투고란.

투과(透過)명하자 ①(빛이나 방사선·액체 따위가) 물체를 꿰뚫고 지나감. ¶ 빛이 유리를 투과하다. ②투명하게 비쳐 보임.

투과-성(透過性) [-썽]**명** 막(膜)이 기체나 액체·용질·이온 따위를 투과시키는 성질.

투관(套管)명 고전압(高電壓)의 도체가 건축물이나 전기 기기(器機)의 벽을 뚫고 지나가는 곳에, 절연을 위해 사용하는 유리 또는 사기로 만든 관.

투관-침(套管針)명 복막염이나 늑막염 따위의 병질(病質)에서, 복막강·늑막강에 괸 액체를 뽑아내는 데 쓰는 의료기.

투광(投光)명하자 (반사경이나 렌즈로) 빛을 모아 비춤. ¶ 투광 조명.

투광-기(投光器)명 (렌즈나 반사경으로) 빛을 모아 비추는 장치. 〔헤드라이트나 스포트라이트 따위.〕

투구명 예전에, 군인이 전투할 때에 머리를 보호하기 위하여 쓰던 쇠 모자.

투구(投球)명하자 야구에서, 투수가 공을 던짐. 또는 던진 그 공. ¶ 투구 자세.

투구(鬪狗)명 싸움개. ☞투견(鬪犬).

투구(鬪毆)명하타 서로 다투거나 싸우며 때림.

투구-벌레명 ☞장수풍뎅이.

투구-풍뎅이명 ☞장수풍뎅이.

투그리다자 (짐승끼리) 싸우려고 서로 으르대며 잔뜩 노리다.

투기(投寄)**명**하타 (물건·편지 따위를) 남에게 부침.

투기(投棄)**명**하타 (불필요한 것이라 하여) 내던져 버림.

투기(投機)**명**하자 ①확신도 없이 큰 이익을 노리고 무슨 짓을 함, 또는 그러한 행위. ②시가(時價) 변동에 따른 차익(差益)을 노려서 하는 매매 거래. ¶ 부동산 투기.

투기(妬忌)**명**하자 강샘, 또는 강샘을 함. ¶ 아낙의 투기는 칠거지악(七去之惡)의 하나였다.

투기(鬪技)**명** ①(우열을 가리기 위하여) 재주나 힘을 다투는 일. ②운동 경기 분류의 한 가지. 특별한 용구를 사용하지 않고 넘어뜨리기·들기·당기기·치기 등의 기술을 겨루는 일대일(一對一)의 경기. 〔씨름·태권도·유도·레슬링·복싱 따위의 격투 경기를 이름.〕②체기(體技).

투기^구매(投機購買)**명** (동산·유가 증권 따위를) 뒷날에 비싸게 팔기 위하여 미리 싼값으로 사 두는 행위.

투기-꾼(投機-)**명** 투기를 일삼는 사람.

투기^매매(投機賣買)**명** 투기를 목적으로 사고 파는 행위.

투기-사업(投機事業)**명** 투기의 성격을 띤 사업. 불확실한 이익을 꿈꾸는 모험적인 사업.

투기-상(投機商)**명** ☞들보기장사.

투기-성(投機性)[-썽] **명** 투기의 성질이 있는 것. ¶투기성 자금.

투기^시:장(投機市場)**명** 투기 거래가 이루어지는 시장.

투기-심(投機心)**명** 투기를 하려는 마음. ¶투기심을 조장하다.

투기-심(妬忌心)**명** 강샘하는 마음.

투기업-자(投機業者)[-짜] **명** 투기사업을 하는 사람.

투깔-스럽다[-따][-스러우니·-스러워] **형ㅂ** (일이나 물건 따위의) 모양새가 투박스럽고 거칠다. ¶투깔스러운 도자기. **투깔스레** **부**.

투덕-거리다[-꺼-] **자** 자꾸 투덕투덕 두드리다. 투덕대다. ¶재우려고 아기를 업고 엉덩이를 투덕거리다. **작** 토닥거리다. **참** 뚜덕거리다.

투덕-대다[-때-] **타** 투덕거리다.

투덕-투덕[1**부** 잘 울리지 않는 툭툭한 물건을 힘주어 두드리는 소리, 또는 그 모양. ¶이불을 넣어 방망이로 투덕투덕 두드려 먼지를 털다. **작** 토닥토닥. **참** 뚜덕뚜덕.

투덕-투덕[2**부**형 (얼굴이) 두툼하고 복스러운 모양. ¶투덕투덕 살진 얼굴.

투덜-거리다 **자** 자꾸 투덜투덜하다. 투덜대다. ¶못마땅한 듯 자꾸 투덜거린다. **여** 두덜거리다.

투덜-대다 **자** 투덜거리다.

투덜-투덜 **부** 혼자서 자꾸 중얼거리며 불평하는 모양. **여** 두덜두덜.

투도(偸盜)**명**하타 (남의 물건을) 몰래 훔침, 또는 그 사람. 투절(偸竊).

투득(透得)**명**하타 막힘이 없이 환하게 깨달음.

투레-질 **명**하자 젖먹이가 두 입술을 떨며 '투루루' 소리를 내는 짓.

투료(投了)**명**하자되자 바둑이나 장기 따위에서, 한쪽이 진 것을 인정하고 쥐었던 돌이나 말을 내려놓음으로써 대국을 끝내는 일.

투루루 **부** 젖먹이가 투레질하는 소리.

투리(透理)**명**하자 통리(通理).

투망(投網)**명** ①하자 (물고기를 잡기 위해) 그물을 던지는 일. ②☞쟁이.

투망-질(投網-)**명**하자 ☞쟁이질.

투매(投賣)**명**하타되자 (상품을) 손해를 무릅쓰고 마구 싸게 팔아 버림.

투매(偸賣)**명**하타 ☞도매(盜賣).

투명(投命)**명**하자 목숨을 버림.

투명(透明)**명**하형 ①조금도 흐린 데가 없이 속까지 환히 트여 맑음. ¶투명한 가을 하늘. /투명한 눈동자. ②빛이 잘 통하여 속까지 환히 비쳐 보임. ¶투명 유리. ③(태도나 일 처리 따위가) 깨끗하고 분명함. ¶투명한 수사를 촉구하다.

투명-도(透明度)**명** ①호수나 바닷물 따위의 투명한 정도. ②(광물의) 빛이 통하는 정도를 비율로 나타낸 값.

투명^수지(透明樹脂)**명** '요소 수지'의 딴 이름.

투명-체(透明體)**명** 빛이 잘 통하는 물체. 〔유리·공기·물 따위.〕

투묘(投錨)**명**하자 〔닻을 내린다는 뜻으로〕 배를 정박시킴. ↔발묘(拔錨).

투문(透紋)**명** 비치어 보이도록 종이에 가공한 그림이나 무늬. ¶만 원권의 투문.

투미-하다 **형** 어리석고 둔하다. 둔패하다. ¶투미한 짓만 하다. /투미하게 생겼다.

투밀-이 **명**하타 (창살의 등을) 둥글게 만드는 일.

투박-스럽다[-쓰-따][-스러우니·-스러워] **형ㅂ** 보기에 투박한 데가 있다. ¶투박스럽게 생긴 질그릇. /말씨가 투박스럽다. **투박스레** **부**.

투박-하다[-빠카-] **형**어 ①(생김생김이) 맵시가 없이 선이 굵고 거칠다. ¶투박한 외투. ②(말이나 행동 따위가) 다소곳하지 못하고 거칠다. ¶투박한 말씨.

투:베로:즈(tuberose)**명** 수선화과의 다년초. 멕시코 원산의 관상용 식물로 줄기 높이 1 m가량. 덩이줄기가 있으며 잎은 가늘고 긺. 여름밤에 대롱 모양의 하얀 꽃이 피는데 향기가 짙음.

투베르쿨린(tuberculin)**명** 결핵균을 배양하여 가열 살균한 갈색 투명의 주사액. 초기 결핵의 진단에 쓰임.

투베르쿨린^반:응(tuberculin反應)**명** 투베르쿨린 주사로 결핵균 감염 여부를 알아보는 검사법. 줄임투 반응.

투병(鬪病)**명**하자 병을 고치려는 의지를 가지고 꾸준히 요양에 힘씀.

투병-식과(投兵息戈)[-꽈]**명**하자 〔병기를 던지고 창을 멈춘다는 뜻으로〕 전쟁이 그침을 이르는 말.

투부(妬婦)**명** 강샘이 심한 여자.

투비(投畀)**명**하타 왕명(王命)으로, 죄인을 지정한 곳으로 귀양 보내던 일.

투사(投射)**명**하타되자 ①장이나 포탄 따위를 던지거나 쏨. ②빛이나 그림자를 스크린 따위에 비추어 나타냄. ③빛이나 파동 따위가 어떤 매질(媒質)을 지나 다른 매질과의 경계면에 이름. 입사(入射). ④심리학에서, 자기의 의식이나 생각을 객관화하여 자기가 바라볼 수 있는 대상으로 삼는 일.

투사(投梭)**명**하자 음탕한 마음을 내는 남자를 여자가 거절함. 〔옛날 진(晉)나라 사곤(謝鯤)이라는 사람이 이웃의 미인 고 씨(高氏)에게 음심(淫心)을 품고 덤볐다가, 여자가 베 짜는 북을 내던져 앞니 두 개가 부러졌다는 고사에서 유래함.〕

투사(透寫)**명**하타 (글씨나 그림 따위를) 다른 얇은 종이 밑에 받쳐 놓고 그대로 베낌.

투사(鬪士)**명** ①싸움터에 나가 싸우는 사람. ¶용감한 투사. ②주의·주장을 위해 투쟁하거나 활동하는 사람. ¶노동계의 투사. ③투지에 불타는 사람.

투사-각(投射角)**명** ☞입사각(入射角).

투사^광선(投射光線)**명** ☞입사 광선.

투사-선(投射線)**명** ☞입사 광선.

투사-율(投射率)**명** 농구에서, 슈팅한 횟수와 성공한 횟수와의 비율.

투사-점(投射點)**명** [-쩜] ☞입사점(入射點).

투사-지(透寫紙)**명** (도면 따위를) 투사하는 데 쓰는 얇은 반투명의 종이. 복도지(複圖紙). 트레이싱 페이퍼.

투사-형(鬪士型)**명** ①기골이 장대하고 체격이 건장하며 투쟁적인 사람. ②투지가 강하고 사회 운동 따위에 적극성을 띤 사람.

투상-스럽다[-따][~스러우니·~스러워]**형ㅂ** 〈툽상스럽다〉의 준말. ¶말본새 한번 투상스럽게. **투상스레부**.

투색(褪色)**명하자** ☞퇴색(褪色).

투생(偸生)**명하자** (마땅히 죽어야 할 때 죽지 못하고) 욕되게 살기를 탐냄.

투서명 도장(圖章). 한자를 빌려 '套署'·'套書'로 적기도 함.

투서(投書)**명하타** 어떤 사실의 내막이나 남의 비행 따위를 적어서 몰래 관계자나 관계 기관 같은 데에 보냄, 또는 그 글.

투서-함(投書凾)**명하자** 투서를 넣는 함.

투석(投石)**명하타** 돌을 던짐, 또는 그 돌.

투석(透析)**명하타** 반투막(半透膜)을 사용하여 콜로이드나 고분자(高分子) 용액을 정제(精製)하는 일, 또는 그 방법.

-투성이(접미) 《좋지 못한 것을 나타내는 일부 명사 뒤에 붙어》①몹시 더러워진 상태임을 나타냄. ¶진흙투성이. /녹서투성이. ②그것이 썩 많은 상태임을 나타냄. ¶오자투성이. /실수투성이.

투수(投手)**명** 야구에서, 내야의 중앙에 위치하여 포수를 향해 공을 던지는 선수. ↔포수(捕手).

투수(套袖)**명** 〈토시〉의 본딧말.

투수(透水)**명하자** 물이 스며듦.

투수-층(透水層)**명** 모래나 자갈 따위로 이루어져 물이 잘 스며드는 지층.

투수-판(投手板)**명** ☞마운드.

투숙(投宿)**명하자** (여관 따위에) 들어서 유숙함. 투지(投止). ¶여관에 투숙하다.

투:스텝(two-step)**명** 오른발과 왼발을 교대해서 반박과 한 박 반의 전진 스텝을 되풀이하는 두 박자의 사교춤. 그 춤곡.

투습(套褶)**명하타** 본을 떠서 함.

투시(妬猜)**명하타** 질시(嫉視).

투시(透視)**명** ①**하타되자** 속의 것을 환히 꿰뚫어 봄. ②**하타되자** 심령 현상의 한 가지. 감각적·지각적으로는 알 수 없는 먼 거리의 사물을 초감각적으로 파악하는 일. ③엑스선으로 형광판 위에 투영된 인체 내부를 검사하는 방법. ¶투시 촬영.

투시-도(透視圖)**명** 어떤 시점(視點)에서 본 물체의 형태를 눈에 비치는 그대로 평면 위에 나타낸 그림. 투시화(透視畫).

투시^도법(透視圖法)**명** [-뻡] ①미술에서, 물체를 원근법에 따라 눈에 비친 그대로 그리는 방법. 배경 화법. 원경법(遠景法). 투시법. 투시화법. ↔투영 도법. ②지도 투영법의 한 가지. 무한대의 거리나 지구상의 한 점, 또는 지구

중심에 시점(視點)을 두고 시선과 수직을 이룬 평면 위에 지표를 투영한 것으로 가상하여 그리는 방법.

투시-법(透視法)**명** [-뻡] ☞투시 도법.

투시-화(透視畫)**명** ☞투시도. 디오라마.

투시^화법(透視畫法)**명** [-뻡] ☞투시 도법.

투식(套式)**명** 틀에 박힌 법식이나 양식.

투식(偸食)**명하타** (공금이나 공물 따위를) 도둑질하여 먹음.

투신(投身)**명하자** ①(어떤 일에) 몸을 던짐. 전력을 다함. ¶평생 동안 자선 사업에 투신한다. ⑪투족(投足). ②(목숨을 끊기 위해) 높은 곳에서 아래로 몸을 던짐. ¶왜장과 함께 남강에 투신한 의기(義妓) 논개.

투신(投信)**명** 〈투자 신탁〉의 준말.

투신-자살(投身自殺)**명하자** 높은 곳에서 아래로 또는 물속으로 몸을 던져 스스로 죽음.

투실-투실부 보기 좋을 정도로 통통하게 살진 모양. ¶투실투실한 얼굴. 작토실토실.

투심(妬心)**명** 미워하고 강샘하는 마음. 질투심. ¶투심이 심한 아내.

투심(偸心)**명** 도둑질하려는 마음.

투아(偸兒)**명** 도둑. 좀도둑.

투안(偸安)**명하자** 눈앞의 안일(安逸)을 탐함. 한때의 안락을 즐김.

투약(投藥)**명하타되자** (의사가) 병에 알맞은 약을 지어 주거나 사용함. ¶환자에게 약간의 항생제를 투약하다.

투약-구(投藥口)**명** [-꾸] 병원 따위에서, 약을 조제하여 내어 주는 작은 창구.

투어(套語)**명** (신통하거나 생동감이 없는) 틀에 박힌 말. 상투적인 말. 상투어.

투여(投與)**명하타** (의사가 환자에게 약을) 줌. ¶환자에게 진통제를 투여하다.

투영(投影)**명하타되자** ①(지면이나 수면 따위에) 어떤 물체의 그림자를 비춤, 또는 그 비친 그림자. ②어떤 물체에 평행 광선을 비추어 그 그림자를 평면 위에 비치게 함, 또는 그 그림자의 그림. ③'어떤 요소나 내용을 다른 대상에 반영하여 나타냄'을 비유하여 이르는 말. ¶작가의 역사 의식이 투영된 작품.

투영(透映)**명하타** 속까지 환히 비치어 보임.

투영-도(投影圖)**명** 투영 도법에 의해 평면 위에 그린 그림. 투영화(投影畫).

투영^도법(投影圖法)**명** [-뻡] 공간에 있는 물체의 위치와 형상을 일정한 시점(視點)에서 보아 한 평면 위에 나타내는 도법. 투영법. 투영화법(投影畫法). ↔투시 도법.

투영^렌즈(投影lens)**명** 확대한 영상(影像)을 으렷하게 하기 위하여 사용하는 렌즈.

투영-면(投影面)**명** 물체를 한 평면 위에 투영할 때의 그 면.

투영-법(投影法)**명** [-뻡] ☞투영 도법.

투영-선(投影線)**명** 투영 도법에서, 직선을 투영했을 때에 생기는 직선.

투영-화(投影畫)**명** ☞투영도(投影圖).

투영^화법(投影畫法)**명** [-뻡] ☞투영 도법.

투옥(投獄)**명하타되자** 감옥에 가둠. 하옥(下獄). ¶절도 혐의로 투옥되다.

투우(鬪牛)**명** ①소싸움을 붙이는 경기, 또는 그 경기에 나오는 소. ②투우사가 사나운 소와 겨루는 결사적인 투기, 또는 그 투기에 나오는 소. ☞소싸움.

투우-사(鬪牛士)**명** 투우 경기에 출전하여 소와 싸우는 사람.

투우-장(鬪牛場)명 투우를 하는 경기장.

투-원반(投圓盤)명 ☞원반던지기.

투-융자(投融資)명 투자와 융자.

투입(投入)명하타되자 ①던져 넣음. 집어넣음. ¶자동판매기에 동전을 투입하다. ②(자본이나 인력 따위를) 들여 넣음. ¶자본 투입. /지원 병력을 투입하다.

투입-구(投入口)[-꾸]명 물건 따위를 넣는 구멍.

투자(投資)명하타되자 ①(이익을 얻을 목적으로) 사업 등에 자금을 댐. 출자. ¶설비 투자. /부동산에 투자하다. ②(이윤을 생각하여) 주식이나 채권 따위의 구입에 돈을 돌림.

투자(骰子)명 ☞주사위.

투자^경기(投資景氣)명 공장 확장·설비 확장 따위의 투자로 인하여 이루어지는 경기.

투자-골(骰子骨)명 ☞주사위뼈.

투자^승수(投資乘數)[-쑤]명 투자의 증가분(增加分)에 대한 소득의 증가 비율.

투자^시:장(投資市場)명 (투자자 쪽에서) 자본 시장을 이르는 말. 투자가 이루어지고 있는 범위.

투자^신:탁(投資信託)명 증권 회사가 일반 투자가로부터 자금을 모아 광범위한 증권 투자를 하고, 이에 따른 이자·배당금·매매 차익 등을 투자가에게 나누어 주는 제도. ⦗투신(投信).

투자-율(透磁率)명 자기장 안의 물질이 자화(磁化)하는 정도를 나타내는 상수(常數).

투자^은행(投資銀行)명 증권 투자를 전문으로 하는 은행.

투자^자산(投資資産)명 투자의 목적으로 보유하는 자산과 주식·사채(社債) 따위를 통틀어 이르는 말. 장기간 보유하여야 현금화할 수 있는 자산임.

투자^회:사(投資會社)[-회-/-훼-]명 투자를 목적으로, 다른 회사의 주식을 취득하고 보유하기 위한 회사. 지주 회사(持株會社).

투작(偸斫)명하타 ☞도벌(盜伐).

투장(偸葬)명하타 ☞암장(暗葬).

투쟁(鬪爭)명하자 ①상대편을 이기려고 다툼(싸움). ¶법정 투쟁으로 잘잘못을 가리다. ②(사회 운동이나 노동 운동 등에서) 목적을 이루기 위해서 다투는 일. ¶업체마다 임금 인상 투쟁이 치열하다.

투쟁^문학(鬪爭文學)명 사회주의적 계급 투쟁을 다룬 문학.

투전(投錢)명하자 ☞돈치기.

투전(鬪牋)명하자 두꺼운 종이로 폭은 손가락 넓이만 하고 길이는 다섯 치쯤 되게 만들어, 그 위에 여러 가지 그림·문자·시구(詩句) 등을 넣어 끗수를 표시한 노름 도구의 한 가지, 또는 그것을 가지고 하는 노름. ¶투전을 벌이다.

투전-꾼(鬪牋-)명 투전을 일삼는 사람.

투전-판(鬪牋-)명 투전을 하는 자리. ¶투전판을 벌이다.

투절(偸竊)명하타 ☞투도(偸盜).

투정명자타타 (특히 어린아이가) 무엇이 마땅치 않거나 불만이 있을 때에 떼를 쓰며 조르는 일. ¶반찬 투정. /투정을 부리다. /밥이 적다고 투정하다.

투조(透彫)명하타 조각법의 한 가지. 판금(板金)이나 목재·석재 등을 앞면에서 뒷면까지 도려내어 모양을 나타냄. 누공(漏空).

투족(投足)명하자 (어느 사회나 직장에) 발을 들여놓음. ⓗ투신(投身).

투-중추(投重錘)명 ☞해머던지기.

투지(投止)명하자 ①걸음을 멈춤. ②(여관 같은 데) 묵음. ②투숙(投宿).

투지(鬪志)명 싸우고자 하는 굳센 의지. ¶투지가 넘치다. /투지를 불태우다.

투찰(透察)명하타 (사물의 속까지를) 꿰뚫어 봄.

투창(投槍)명하자 ①창을 던짐. ②☞창던지기.

투채(鬪彩)명 도자기 위에 그린 무늬의 흐드러진 색채.

투처(妬妻)명 강샘이 심한 아내.

투척(投擲)명하타 던짐. ¶수류탄 투척 훈련.

투척^경:기(投擲競技)[-경-]명 ☞던지기 경기.

투철(透徹)어근 '투철하다'의 어근.

투-철퇴(投鐵槌)[-퇴/-퉤]명 ☞해머던지기.

투철-하다(透徹-)형여 ①속까지 환히 비쳐 볼 수 있게 투명하다. ②사리가 분명하고 뚜렷하거나 사리에 어긋남이 없이 완전하다. ¶논지가 투철하다. /투철한 군인 정신. 투철-히 부.

투초(鬪草)명하자 ☞풀싸움.

투취(偸取)명하타 ☞절취(竊取).

투타(投打)명 야구에서, 투구력과 타격력을 아울러 이르는 말.

투탁(投託)명하타 ①(남의 세력에) 의지함. ②조상이 분명하지 않은 사람이 이름 있는 남의 조상을 자기 조상이라 일컬음.

투탄(投炭)명하자 기관(汽罐) 속 같은 데에 석탄을 넣음.

투탄(投彈)명하타되자 수류탄·폭탄 따위를 던지거나 투하함.

투-포환(投砲丸)명 ☞포환던지기.

투표(投票)명하타되자 선거 또는 어떤 일을 의결할 때, 투표용지에 자기가 뽑고 싶은 사람의 이름이나 찬반의 의견 따위를 기입하여 지정된 함 따위에 넣는 일, 또는 그 일.

투표-구(投票區)명 투표를 위하여 편의상 나눈, 단위가 되는 구역. 한 선거구에 여러 투표구를 둠.

투표-권(投票權)[-꿘]명 투표를 할 수 있는 권리. ¶투표권을 행사하다.

투표-소(投票所)명 투표를 하는 일정한 장소.

투표-용지(投票用紙)명 투표에 사용하는 일정한 양식의 종이. ②투표지.

투표-율(投票率)명 유권자 전체에 대한 실제로 투표를 한 사람 수의 비율.

투표-자(投票者)명 투표하는 사람.

투표-지(投票紙)명 <투표용지>의 준말.

투표^참관인(投票參觀人)명 투표하는 데에 입회하여 감시하는 사람.

투표-함(投票函)명 (투표자가) 기입한 투표용지를 넣는 상자.

투:피:스(two-piece)명 윗도리와 스커트의 둘로 한 벌이 되는 여성복.

투:피크(tupik)명 에스키모의 여름 집. 바다표범의 가죽으로 지은 천막임.

투필(投筆)명하자 ①붓을 놓음. 붓을 던짐. ②문필 생활을 그만두고 다른 일에 종사함. ⦗절필(絶筆).

투필-성자(投筆成字)명하자 글씨에 능한 사람은 정성을 들이지 않고 붓을 아무렇게나 던져도 글씨가 잘됨을 이르는 말.

투하(投下)명하타 ①높은 곳에서 아래로 떨어뜨림. ¶폭탄을 투하하다. ②(물자나 자금 따위를) 들임. ¶막대한 자본을 투하하다.

투하(投荷)명하타 배가 조난했을 때, 선체·인명 등을 구하려고 짐을 바다에 버림, 또는 그 짐. 제하(除荷).

투하-탄(投下彈)명 (발사하지 아니하고) 비행기에서 지상 목표물에 떨어뜨리는 폭탄.

투한(妬悍) '투한하다'의 어근.

투한(偸閑·偸閒)명하자 바쁜 가운데서 겨를을 찾음.

투한-하다(妬悍)형여 질투가 심하고 사납다.

투함(投函)명하타 (편지·투서·투표지 따위를 우체통·투서함·투표함 따위의) 함에 넣음.

투합(投合)명하자되자 (뜻이나 성격 등이) 서로 잘 맞음. 서로 일치함. ¶의기가 투합하다.

투항(投降)명하자 적에게 항복함. ¶투항을 권고하다.

투-해머(投hammer)명 ☞해머던지기.

투향(投鄕)명하자 시골 선비가 고을 향청의 좌수나 별감 따위의 관원이 되는 일.

투헌(投獻)명하타 물건 따위를 바침.

투현-질능(妬賢嫉能)[-릉]명하자 어질고 능력 있는 사람을 시기하여 미워함.

투호(投壺)명 지난날, 화살같이 만든 청·홍의 긴 막대기를 일정한 거리의 저편에 놓은 병 속에 던져 넣어 그 수효의 많고 적음에 따라 승부를 겨루던 놀이.

투호-살(投壺-)명 투호에 쓰는 화살.

투혼(鬪魂)명 끝까지 투쟁하려는 기백. ¶투혼을 불태우다.

투화(透化)명하타 결정성(結晶性)의 물질을 녹여, 결정이 석출(析出)되지 않도록 과냉각(過冷却) 상태로 만드는 일. 유리·에나멜 제조에 이용됨.

투휘(投揮)명하타 (물건을) 휘두름.

툭[1]부 ①단단하지 않은 물건이 바닥에 떨어질 때 나는 소리, 또는 그 모양. ¶보따리를 바닥에 툭 떨어뜨리다. ②그리 단단하지 않은 물건이 끊어지거나 부러지는 소리, 또는 그 모양. ¶끈이 툭 끊어지다. ③단단하지 않은 물체를 한 번 두드림, 또는 그 소리. ¶어깨를 툭 치다. ④물건이 가볍게 터지는 소리, 또는 그 모양. ¶고무풍선이 툭 터지다. ⑤탄력성 있는 것이 튀어 오르거나, 또는 그 모양. ¶공이 툭 튀어 오르다. 卷톡². 센뚝¹. **툭-툭**부.

툭[2]부 ①물건의 어느 한쪽이 불거져 나온 모양. ¶이마가 툭 불거지다. ②(말을) 퉁명스레 내뱉는 모양. ¶한마디 툭 던지고 나가다. 卷톡³. **툭-툭**부 ¶어른들끼리 말씀 나누시는데 버릇없이 왜 툭툭 끼어드느냐?

툭박-지다[-빡찌-]형 툭툭하고 질박하다. ¶툭박진 질그릇.

툭-탁부 탄탄한 물건이 세게 맞부딪칠 때에 나는 소리. ¶작대기로 나무 의자를 툭탁치다. 卷톡탁. 郺뚝딱¹. **툭탁-툭탁**부하자타.

툭탁-거리다[-꺼-]자타 자꾸 툭탁툭탁하다. 툭탁대다.

툭탁-대다[-때-]자타 툭탁거리다.

툭탁-이다자타 탄탄한 물건이 가볍게 맞부딪치는 소리가 나다, 또는 그런 소리를 내다. 卷톡탁이다.

툭탁-치다타 옳고 그름을 가릴 것 없이 다 없애 버리다. 卷톡탁치다.

툭툭-하다[-투카-]형여 ①(피륙이) 고르고 단단한 올로 촘촘하게 짜여 바탕이 두툼하다. ¶툭툭한 천. ②국물이 바특하여 묽지 않다. ¶툭툭하게 끓인 된장찌개. 卷톡톡하다. **툭툭-히**부.

툭-하다[-투카-]형여 ①(말이) 끝이 좀 뭉툭하다. ¶툭한 펜 끝. ②좀 거칠고 투박하다. ¶툭한 겨울옷. ③말소리 따위가 좀 굵다. ¶툭한 목소리.

④성질이 상냥하지 못하고 꽤 무뚝뚝하다. ¶툭한 성미.

툭-하면[투카-]부 무슨 일이 있을라치면 버릇처럼 곧. 걸핏하면. ¶툭하면 오라 가라 한다. /툭하면 화를 낸다.

툰드라(tundra)명 사철 거의 얼음으로 뒤덮인 북극해 연안의 벌판. 여름철에 겨우 지표의 일부만이 녹아 지의류나 선태류가 자랄 뿐임. 동 야(凍野). 동원 (凍原). 동토대.

툰드라^기후(tundra氣候)명 한대 기후형의 한 가지. 냉량한 여름에 비나 진눈깨비가 내리고, 겨울에는 때때로 눈보라가 치기도 하지만 적설량은 적음. 여름에는 동토층의 표면이 녹아 지의류나 선태류가 자람. 유라시아·아메리카·그린란드의 북극해 연안과 남극 일부에 분포함.

툴륨(thulium)명 희토류 원소의 한 가지. 가돌린석이나 모자나이트 등에 들어 있는데, 희토류(稀土類) 중에서 가장 적게 산출되는 원소임. 〔Tm/69/168.9342〕

툴툴부 ①마음에 못마땅하여 투덜거리는 모양. ¶툴툴 불평을 하다. ②무엇을 힘 있게 터는 모양. ¶담요를 툴툴 털다. ③마음에 품은 생각 따위를 떨쳐 버리는 모양. ¶불행했던 기억을 툴툴 털어 버리다.

툴툴-거리다자 마음에 못마땅하여 투덜거리다. 툴툴대다. ¶동생은 무엇이 못마땅한지 계속 툴툴거린다.

툴툴-대다자 툴툴거리다.

툼벙부 좀 크고 묵직한 물건이 물에 떨어질 때 나는 소리, 또는 그 모양. 卷톰방. **툼벙-툼벙**부하자타.

툼벙-거리다자타 자꾸 툼벙툼벙하다. 툼벙대다. 卷톰방거리다.

툼벙-대다자타 툼벙거리다.

툽-스럽다[-쌉-]형[~스러우니·~스러워] 투박하고 상스럽다. 튼튼하기만 하고 멋이 없다. ¶툽상스러운 말씨. /툽상스럽게 생긴 뚝배기. 卷투상스럽다. **툽상스레**부.

툽툽-하다[-투파-]형여 국물이 묽지 않고 진하다. ¶곰국을 툽툽하게 끓이다. 卷툼툽하다. **툽툽-히**부.

퉁[1]명 퉁명스러운 핀잔. 퉁바리. ¶퉁을 놓다.

퉁[2]명 ①((주로 합성어로 쓰이어)) 품질이 낮은 놋쇠. ②품질이 낮은 놋쇠로 만든 엽전. ③'돈'의 딴 이름.

퉁[3]명 속이 텅 빈 나무통이나 큰 북 따위를 칠 때 나는 소리. 卷통⁷. 여등³. **퉁-퉁**명하자타.

퉁가리명 퉁가릿과의 민물고기. 몸길이 5~13 cm. 자가사리 비슷하나 머리가 메기처럼 납작하고, 입가에 네 쌍의 수염이 있음. 몸빛은 황적갈색이며 맑은 시냇물의 자갈 밑에 여러 마리가 모여 삶. 우리나라 특산종이며 중부 지방에 분포함.

퉁겨-지다자 ①숨겼던 일이나 물건이 뜻하지 않게 쑥 비어져 나오다. ②짜인 물건이 어긋나서 튀어나다. ③노리던 기회가 뜻밖에 어그러지다. ④뼈의 관절이 어긋나다. 卷퉁겨지다.

퉁구스^족(Tungus族)명 동부 시베리아·중국 동지에 분포하는 몽골계의 한 종족. 광대뼈가 나오고 코가 솟고 눈이 검으며, 모발은 흑색임. 언어는 알타이 어족이며 황색 인종에 속함.

퉁기다타 ①잘 짜인 물건이나 버티어 놓은 물건을 틀어지거나 쑥 빠지게 건드리다. ②일의 기회를 어그러지게 하다. ③뼈의 관절을 어긋나게 하다. ④기타·가야금 따위의 현을 당겨 놓아 소리가 나게 하다. ④튕기다. 짭퉁기다. 팽튕기다.

퉁-노구명 퉁으로 만든 작은 솥. 바닥이 평평하고 위아래가 엇비슷함.

퉁-딴명 '절도죄로 복역하고 출옥한 뒤 포도청의 딴꾼이 된 사람'을 이르던 말.

퉁-때명 엽전에 묻은 때.

퉁-딴[-따]타〈퉁바리맞다〉의 준말.

퉁명명하타스럽 (말씨나 행동 따위가) 공손하지 못하고 불쾌해하는 빛이 있음. ¶퉁명을 떨다. /퉁명스럽게 쏘아붙이다. 퉁명스레무.

퉁-바리명 ☞퉁.

퉁바리-맞다[-맏따]자 (무슨 말을 하다가) 심한 무안을 당하다. ¶그렇게 퉁바리맞고도 부끄러워할 줄을 모른다. 彡퉁맞다.

퉁-방울명 퉁으로 만든 방울.

퉁방울-눈[-룬]명 퉁방울처럼 불거진 눈.

퉁방울-이명 눈이 퉁방울처럼 불거진 사람.

퉁-부처명 퉁으로 만든 부처.

퉁소(←洞簫)명 부는 악기의 한 가지. 굵고 오래 묵은 대나무로 만들며, 입김을 불어 넣는 아귀가 있어 세로로 내리 붊. 앞에 구멍이 다섯 개, 뒤에 하나가 있음.

퉁어리-적다[-따]혱 옳은지 그른지도 모르고 아무 생각 없이 행동하는 데가 있다. ¶너의 그 퉁어리적은 습성 때문에 당최 맘 놓고 일을 맡길 수가 없다.

-퉁이접미 ①《사람의 신체 부위를 나타내는 일부 명사 뒤에 붙어》. ¶눈퉁이. /젖퉁이. ②사람의 태도·성질 따위를 나타내는 일부 명사 뒤에 붙어, '그런 태도나 성질을 가진 사람'의 뜻을 나타냄. ¶미련퉁이. /심술퉁이.

퉁-주발(-周鉢)명 퉁으로 만든 주발.

퉁-탕튀 (마룻바닥과 같이) 공간 위에 놓인 두꺼운 널빤지 따위를 세게 두드리거나 구를 때 나는 소리. 짭통탕. 퉁탕-퉁탕튀하자타.

퉁탕-거리다자타 퉁탕퉁탕하다. 퉁탕대다. ¶아이들이 복도 위를 퉁탕거리며 뛰어다닌다. 짭퉁탕거리다.

퉁탕-대다자타 퉁탕거리다.

퉁-퉁[¹]튀하자 큰 발동기 따위가 울리는 소리. ②하자타발로 탄탄한 곳을 세게 자꾸 구르는 소리. 짭통통¹.

퉁퉁²튀하혱 큰 몸피가 불룩하게 붓거나 살진 모양. ¶울어서 눈이 퉁퉁 부었다. /손발이 퉁퉁하게 부어오른다. 짭통통². 퉁퉁-히튀.

퉁퉁-거리다[Ⅰ]자 큰 발동기 따위가 울리는 소리가 자꾸 나다. 퉁퉁대다. 짭통통거리다. [Ⅱ]자타 발로 탄탄한 곳을 세게 구르는 소리가 자꾸 나다, 또는 그런 소리를 내다. 퉁퉁대다. 짭통통거리다.

퉁퉁-걸음명 발을 퉁퉁 구르며 걷는 걸음. ¶다 큰 처녀가 얌전하게 걷지 못하고 마냥 퉁퉁걸음이냐? 짭통통걸음.

퉁퉁-대다자타 퉁퉁거리다.

퉁퉁-증(-症)[-쯩]명 ①일이 뜻대로 되지 않을 때에 답답해하며 골을 내는 증세. ②분하고 원통한 생각을 속으로만 되씹고 겉으로는 나타내지 않는 증세.

튀튀하타 입 안에 든 것을 함부로 내뱉는 소리, 또는 그 모양. ¶아니꼽다는 듯이 그쪽을 돌아보며 침을 튀 내뱉었다. 튀-튀튀하타 ¶식사 중에 돌이 씹혀서 휴지에 튀튀 뱉어 놓았다.

튀명하타 (새·짐승 따위를) 털을 뽑기 위해 끓는 물에 잠깐 넣었다가 꺼내는 일. ¶닭을 튀하다.

튀각명 다시마 따위를 잘게 잘라 기름에 튀긴 반찬의 한 가지.

튀각-산자(子)[-싼-]명 다시마를 넓게 잘라 편 뒤, 한쪽에 찹쌀가루를 얇게 발라 말린 후 기름에 튀긴 반찬. 다시마산자.

튀기명 ①인종이 다른 두 사람 사이에서 태어난 아이. 혼혈아. ②종(種)이 다른 두 동물 사이에서 난 새끼. 잡종. ③수탕나귀와 암소 사이에서 난 새끼. 탁맥(駝騾).

튀기-다¹타 ①힘을 모았다가 갑자기 탁 놓아 튀거나 내뻗치게 하다. ¶고무줄을 탁 튀기다. ②건드리거나 소리를 질러 뛰어 달아나게 하다. ¶도둑을 튀기다. /토끼를 튀기다. ③〔'튀다'의 사동〕 튀게 하다. ¶흙탕물을 튀기다. /침을 튀기며 열변을 토하다. /공을 튀기며 달려가다. ④주판알을 손가락 끝으로 올렸다 내렸다 하다. 튕기다. ¶주판을 튀기다. ①②짭퇴기다.

튀기-다²타 ①끓는 기름에 넣어서 부풀어 오르게 하다. ¶통닭을 튀기다. ②〔마른 낟알 따위를〕 열을 가해서 부풀어 터지게 하다. ¶옥수수를 튀기다.

튀김¹명 (고기·생선 따위에) 물에 푼 밀가루 따위를 묻히어 기름에 튀긴 음식.

튀김²명하타 연을 날릴 때, 통줄을 주어서 연머리를 그루박는 일. 짭띄김.

튀김을 주다관용 연을 날릴 때에 튀김하는 기술을 부리다.

튀김-옷[-곧]명 튀김거리의 거죽에 입히거나 묻히는 것. 〔밀가루나 녹말의 반죽, 밀가루·빵가루 따위〕. * 튀김옷이[-기모시] ·튀김옷만[-기몬-]

튀다자 ①갑자기 터져서 흩어져 퍼지다. ¶화로에서 군밤이 튀다. /불똥이 튀다. ②(공 따위가) 부딪혀서 세게 튀다. ¶배구공이 튀다. ③(물방울 따위가) 어떤 힘을 받아 흩어져 퍼지다. ¶흙탕물이 튀다. ④물체의 일부가 갈라지거나 터지다. ¶활을 만들려고 휜던 대나무가 튀다. ⑤〈달아나다〉의 속된 말. ¶도둑이 튀다. ⑥(차림새나 행동 따위가) 남과 달리 특별하여) 남의 눈에 잘 뜨이다. ¶빨간 옷은 너무 튄다.

튀-밥명 ①참쌀을 볶아 튀긴 것. 주로, 유과와 붙임. ②쌀을 튀긴 것.

튀어-나오다[-어-/-여-]자 ①(어디로부터) 튀어서 나오다. ¶아이가 골목길에서 튀어나오다. ②불거지다. ¶튀어나온 광대뼈. /앞이 불쑥 나오다. ¶욕이 튀어나오려는 것을 꾹 참았다.

튀닉(tutu 프)명 흰 천에 주름을 많이 잡아 펄렁펄렁 나부끼게 만든 발레용 스커트.

튕기다자 ①무엇에 부딪혀 튀어 오르거나 튀어 나오다. ¶튕긴 공을 잡다. ②튀기다. ¶수판알을 튕기며 계산하다. ③퉁기다. ¶가야금 줄을 튕기다. ④엄지손가락의 안쪽에 다른 손가락의 끝을 굽혀 대었다가 힘주어 세게 퉁기다. ¶손가락으로 구슬을 튕기다. ⑤(다른 사람의 요구나 부탁을) 거절하다. ¶배짱을 튕기다.

튜:너(tuner)명 텔레비전 수상기나 라디오 수신기 따위에서, 특정한 주파수의 전파를 선택하기 위한 장치. 동조기(同調器). 채널.

튜:니클(tunicle)명 가톨릭교에서, 부제(副祭)나 차부제(次副祭)가 입는 제복. 주교의 제복 밑에 받쳐 입는 가벼운 명주옷을 이르기도 함.

튜:닉(tunic)圀 오버블라우스나 재킷의 도련이 엉덩이, 또는 그보다 아래까지 내려오는 상의.

튜:닝(tuning)圀 ①라디오·텔레비전 방송 따위에서 수신기나 수상기의 다이얼을 돌려 주파수를 조정하여 특정한 방송국을 선택하는 일. ②조율(調律). ③(성능을 높이거나 겉모양을 꾸미기 위해) 자동차 따위의 일부분을 개조하는 일.

튜:바(tuba)圀 ①로마 시대에 쓰이던, 크고 소리가 낮은 나팔의 한 가지. ②금관 악기의 한 가지. 장중한 저음을 내는 대형의 나팔로서 관현악·취주악에 쓰임.

튜:브(tube)圀 ①관(管). 통(筒). ②연고나 치약·물감 따위를 넣고 짜내어 쓰도록 된 용기. ③자동차나 자전거 따위의 타이어 속에 있는, 공기를 넣는 고무관.

튜:턴^인(Teuton人)圀 게르만 민족의 한 갈래. 엘베 강 북쪽에 살던 민족. 지금은 독일인·네덜란드 인·스칸디나비아 인 등 북유럽에 사는 사람을 이름.

튤:립(tulip)圀 백합과의 다년초. 관상용 화초의 한 가지로, 줄기 높이는 40 cm가량. 비늘줄기는 달걀 모양이며, 잎은 청록색 바탕에 흰빛이 돎. 4～5월에 노랑·빨강·하양 등의 꽃이 종 모양으로 핌. 울금향.

트기圀 '튀기'의 잘못.

트다¹(트니·터)짜 ①(풀·나무 따위의 싹이나 눈·꽃봉오리 따위가) 돋아나거나 벌어지다. ¶새싹이 트다. ②(날이 새려고) 동녘이 환해지다. ¶먼동이 트다. ③틈이 나서 사이가 갈라지다. ¶가뭄이 심하여 논바닥이 트다. ④(추위 따위로) 피부가 갈라지다. ¶찬 바람에 얼굴이 트다. ⑤더 기대할 것이 없는 상태가 되다. ¶저 녀석 하는 꼴을 보니 일이 잘되기는 튼 것 같다.

트다²(트니·터)타 ①(막혔던 것을) 통하게 하다. ¶산을 깎아 길을 트다. ②서로 스스럼없는 관계를 맺다. ¶김 교수와는 마음을 트고 지내는 사이다. ③서로 거래하는 관계를 맺다. ¶대기업과 거래를 트다.

트라이(try)圀하자 럭비에서, 공격 측이 상대편의 인골 안에 공을 찍는 일. 4점 득점과 동시에 플레이스킥을 얻게 됨.

트라이아스-기(Trias紀)圀 지질 시대의 중생대(中生代) 중 맨 앞의 시대. 파충류·암모나이트·겉씨식물이 번성하고 포유동물이 나타났음. 삼첩기(三疊紀).

트라이앵글(triangle)圀 타악기의 한 가지. 강철 막대를 정삼각형으로 구부려 한쪽 끝을 줄로 매달고, 같은 재질의 막대로 두드려서 소리를 냄. 삼각철.

트라코마(trachoma)圀 눈병의 한 가지. 전염성이 있는 만성 결막염. 준개씨바리.

트란퀼로(tranquillo 이)圀 악보에서, 셈여림을 나타내는 말. '조용히, 침착하게'의 뜻.

트랄리움(Tralium 독)圀 (독일의) 전기 악기의 한 가지. 피아노와 비슷한데, 음계가 자유로이 연주되고 음색은 통소와 비슷함.

트래버스(traverse)圀 등산 따위에서, 암벽이나 빙벽 또는 눈에 덮인 비탈을 'Z' 자 모양으로 오르는 일.

트래버스^측량(traverse測量)[-층냥]圀 다각측량(多角測量).

트래킹(tracking)圀 ①인공위성 따위의 비행체를 추적하거나 그 궤도나 위치를 정하는 일. ②촬영할 때, 줌 렌즈를 조정하지 않고 카메라 자체가 레일(트랙) 위를 이동하면서 피사체(被寫體)를 찍는 것.

트래핑(trapping)圀 축구에서, 패스되어 온 볼을 효과적으로 멈추는 일.

트랙(track)圀 육상 경기장·경마장의 경주로.

트랙^경:기(track競技)圀 육상 경기의 한 종목. 육상 경기장의 경주로에서 하는 달리기 경기 종목을 통틀어 이르는 말.

트랙^백(track back)圀 카메라를 대상물로부터 점점 멀리하면서 찍는 이동 촬영법. ↔트랙 업.

트랙^업(track up)圀 카메라를 대상물에 점점 접근시키면서 찍는 이동 촬영법. ↔트랙 백.

트랙터(tractor)圀 강력한 원동기를 갖춘 작업용 자동차. 화물을 실은 트레일러를 끌며, 기계화 농업이나 토목 공사에도 사용됨.

트랜스(←transformer)圀 〈트랜스포머〉의 준말.

트랜스미션(transmission)圀 ①동력 전도 장치(動力傳導裝置). ②자동차의 톱니바퀴식 변속 장치.

트랜스미터(transmitter)圀 (송신기·송화기 따위) 전파나 음파를 방출하는 기기를 통틀어 이르는 말.

트랜스시:버(transceiver)圀 송수신 장치를 한데 갖춘 휴대용의 무선 통신기.

트랜스젠더(transgender)圀 성(性)을 전환한 사람.

트랜스포:머(transformer)圀 변압기. 준트랜스.

트랜싯(transit)圀 토목·광산 측량 따위에서, 수평각과 높이를 재는 데 쓰이는 측량 기계. 전경의(轉經儀).

트랜지스터(transistor)圀 ①게르마늄이나 실리콘 따위 반도체의 특성을 이용하여 3극 진공관과 같은 작용을 하게 하는 소형 증폭기. 라디오·전자계산기 따위에 쓰임. 결정 삼극관. ②〈트랜지스터라디오〉의 준말.

트랜지스터-라디오(transistor radio)圀 진공관 대신에 트랜지스터를 사용한 라디오 수신기. 준트랜지스터.

트램펄린(trampoline)圀 기계 체조의 한 가지, 또는 그 운동에 쓰이는 기구. 탄력이 있는 매트를 네모난 틀에 고정시키고 그 위에서 뛰어오르거나 회전 운동 등을 할 수 있게 되어 있음.

트랩(trap)¹圀 선박이나 비행기를 오르내리는 데 쓰는 사닥다리. ¶트랩을 오르다(내려오다).

트랩(trap)²圀 ①일정량의 물을 괴게 해서, 하수구 따위에서 부패 가스가 역류하는 것을 방지하는 장치. ②증기의 배출을 막았다가 압력이 높아지면 물을 뿜게 만든 장치.

트러블(trouble)圀 '말썽'·'충돌'·'고장'·'문제점'·'불화'로 순화. ¶상사와 트러블을 빚다.

트러스(truss)圀 부재(部材)에 휨이 생기지 않게 접합점을 핀으로 삼각형·오각형 모양으로 연결한 골조 구조. 철골로 된 교량 따위에 많이 이용됨.

트러스트(trust)圀 같은 종류의 생산에 종사하는 기업이 자유 경쟁을 피하고, 시장 및 이윤의 독점을 목적으로 합동하는 일. 카르텔보다 강력한 결합이며 가입 기업체의 독립성은 거의 없음. 기업 합동(企業合同). 준카르텔.

트럭(truck)圀 ①화물 자동차. ②토목 공사장이나 광산 같은 곳에서 쓰는 짐수레의 한 가지. 궤도 위를 달리게 되어 자갈·석탄 따위를 운반함.

트럭-믹서(truck mixer)圀 운반용 트럭에 장치된 콘크리트 혼합기. 콘크리트를 굳지 않게 하면서 필요한 곳으로 날라다 줌. 레미콘.

트럼펫 (trumpet)명 금관 악기의 한 가지. 나팔의 일종으로, 음색은 높고 날카로우면서도 화려함. 재즈 음악에 많이 쓰임.

트럼프 (trump)명 그림 딱지로 된 서양식 놀이 제구의 한 가지. 각각 13장씩으로 된 네 종류의 카드와 조커 한 장을 모두 53장임.

트렁크 (trunk)명 ①여행용의 큰 가방. ②자동차 뒤쪽의 짐 넣는 곳.

트렁크스 (trunks)명 남자용 운동 팬츠. 권투 경기 등을 할 때 착용함.

트레-머리명하자 가르마를 타지 않고 뒤통수의 한복판에다 틀어 붙인 여자의 머리.

트레몰로 (tremolo 이)명 음악에서, 같은 음이 빠르게 반복되어 떨리듯이 들리는 음, 또는 그러한 소리를 내는 연주법.

트레-바리명 까닭 없이 남의 말에 반대하기를 좋아하는 성미, 또는 그러한 성미를 가진 사람.

트레-방석 (-方席)명 나선(螺旋) 모양으로 틀어서 만든 방석. 주로, 볏짚으로 만들며 김칫독 따위를 덮는 데 씀.

트레이너 (trainer)명 ①각종 운동에서, 선수의 체력을 조정하는 사람. ②말·개 따위의 조련사.

트레이닝 (training)명 (주로 체력을 높이기 위한) 훈련. 연습. 단련.

트레이드 (trade)명하자 프로 스포츠에서, 팀 사이의 선수 교환(交換)이나 이적(移籍).

트레이싱^페이퍼 (tracing paper)명 투사지(透寫紙). 복도지(複圖紙).

트레일러 (trailer)명 견인차가 끄는 차량. 원동기가 없으며, 화물용과 여객용 등이 있음.

트레일러-트럭 (trailer truck)명 트레일러를 끄는 자동차.

트레-트레부하형 빙빙 틀어진 모양. ¶ 트레트레 꼬아서 만든 엿가래. 향태래타래.

트렌치-코:트 (trench coat)명 길이가 짧고 방수가 되는 외투의 한 가지. 옷깃을 젖힌 곳에 단춧구멍을 내어 앞을 가릴 수 있게 되어 있음.

트로이카 (troika 러)명 ①세 필의 말이 끄는 러시아 특유의 썰매. 눈이 없을 때는 바퀴를 달아 마차로도 씀. ②삼두제(三頭制). 한 기관에 세 사람의 우두머리를 두어 서로 견제하게 하려는 제도.

트로피 (trophy)명 입상을 기념하기 위하여 수여하는 상배(賞盃) 따위.

트로피컬 (tropical)명 얇은 바탕의 여름 양복지. 화학 섬유와 모사(毛絲)를 섞어 짠 것이 많음.

트롤 (trawl)명 〈트롤망의 준말.

트롤리 (trolley)명 ①전차의 트롤리폴 꼭대기에 달린 작은 쇠 바퀴. 가공선(架空線)에 닿아 전기를 통하게 함. 촉륜(觸輪). ②〈트롤리버스의 준말.

트롤리-버스 (trolley bus)명 무궤도 전차. 준트롤리.

트롤리-선 (trolley線)명 전차나 전기 기관차의 전동기(電動機)에 전력을 공급하는 전선. 카드뮴 선·규동선이 쓰임.

트롤리-폴: (trolley pole)명 전차 따위의 지붕 위에 장치하여 전기를 통하게 하는 쇠막대기.

트롤-망 (trawl網)명 저인망(底引網)의 한 가지. 원양 어업에서, 심해(深海)의 고기를 잡는 데 쓰임. 준트롤.

트롤-선 (trawl船)명 바다 밑으로 트롤망을 끌며 고기를 잡는 원양 어선. 저인망 어선.

트롤^어업 (trawl漁業)명 트롤망으로 고기를 잡는 원양 어업의 한 가지.

트롬본 (trombone)명 금관 악기의 한 가지. 'U' 자 모양의 슬라이드 부분이 있어 그것을 다루어 관을 신축시키면서 음정을 조정함. 음정은 트럼펫보다 한 옥타브 낮고, 음색은 날카로우면서도 무거움. 관현악이나 취주악에 쓰임. 포자우셀.

트롬빈 (thrombin)명 혈액이 엉기는 데 관계하는 단백질 분해 효소.

트롯 (trot)명 ①마술(馬術)에서, 말의 '속보(速步)'를 이르는 말. 향갤럽. ②〈폭스트롯(fox trot)〉의 준말.

트리니트로톨루엔 (trinitrotoluene)명 ①톨루엔의 수소 3개를 니트로기로 치환한 화합물을 통틀어 이르는 말. ②☞티엔티(TNT).

-트리다집미 ☞-뜨리다.

트리밍 (trimming)명 사진의 원판을 인화지에 밀착·확대할 때 구도(構圖)를 조정하기 위하여 불필요한 부분을 잘라 내는 일.

트리비얼리즘 (trivialism)명 문학 창작에서, 사물이나 현상의 본질은 탐구하지 않고 사소한 문제를 상세하게 설명하려는 태도. 일반적으로 자연주의적 예술에서 필요 이상의 묘사가 많은 경우에 이를 경멸하여 이르는 말.

트리엔날레 (triennale 이)명 3년마다 열리는 국제적 미술 전람회. 특히, 밀라노에서 3년마다 열리는 미술 공예전을 이름. 향비엔날레.

트리오 (trio)명 ①삼중주. ¶ 피아노 트리오. ②삼중창. ③(무곡·행진곡 따위의) 중간 악절. ④삼인조(三人組). ¶ 트리오로 활약하다.

트리오^소나타 (trio sonata)명 삼중주(三重奏)에 의한 소나타.

트리코 (tricot 프)명 털실이나 레이온으로 손뜨개질한 편물, 또는 그것을 본뜬 기계 편물.

트리코마이신 (trichomycin)명 흙 속의 방사상균에서 발견된 항생 물질. 곰팡이 등에 대한 억제력이 강하여 무좀·백선(白癬)을 치료하는 데 쓰임. 〔본디는 상품명임〕.

트리톤 (triton)명 트리튬의 원자핵. 양성자 한 개, 중성자 두 개로 되어 있음.

트리튬 (tritium)명 수소의 동위 원소로 중수소의 한 가지. 질량수가 셋인 인공 방사성 원소로 수소 폭탄 등에 이용됨. 삼중 수소(三重水素).

트리파노소마 (trypanosoma)명 트리파노소마과의 편모충류를 통틀어 이르는 말. 몸은 방추형이고 한 개의 편모가 있음. 척추동물의 혈액 속에 기생하며 아프리카의 수면병, 기타 악성 질환의 병원(病原)이 되는 것이 많음.

트리플-더블 (triple double)명 농구에서, 한 선수가 한 경기에서 득점·리바운드·블록슛·어시스트 가운데 세 가지의 분야에서 두 자릿수 기록을 올리는 일.

트리플렛 (triplet)명 ☞셋잇단음표.

트리플^플레이 (triple play)명 야구에서, 한꺼번에 세 명의 타자·주자를 아웃시키는 일. 삼중살.

트리핑 (tripping)명 축구·농구·아이스하키 따위에서, 상대편의 다리를 걸어 넘어뜨리거나 넘어뜨리려는 반칙.

트릴 (trill)명 악곡 연주에서의 꾸밈음의 한 가지. 지정된 음과 그 위 2도음을 떨듯이 빠르게 교체 반복하며 연주하는 일. 떤음. 전음(顫音).

트림명하자 음식을 잘 소화되지 않고 괴어서 생긴 기체가 입으로 복받쳐 오르는 일, 또는 그 기체. ¶ 트림이 나다.

트립신 (trypsin)〔명〕 췌장에서 분비되는 소화 효소의 한 가지. 장내에서 단백질을 가수 분해하여 아미노산을 만듦.

트릿-하다[-리타-]〔형〕 ①먹은 음식이 잘 삭지 않아서 가슴이 거북하다. ②맺고 끊는 데가 없이 희미하다. ¶ 하는 짓이 트릿한 사람.

트위스트 (twist)〔명〕 허리를 중심으로 상체와 하체를 좌우로 비틀면서 추는 춤, 또는 그 리듬. 4분의4 박자의 리듬이 뚜렷하고 빠른 음악에 맞추어 춤.

트-이다〔자〕 ①('트다²'의 피동) 막혔던 것이 뚫리거나 통하다. ¶ 고속도로가 트이다. ②(어둠·구름·안개 따위가) 걷히어 환해지다. ¶ 짙은 안개가 걷히니 시계(視界)가 탁 트였다. ③잘 안 되는 일이 잘되어 가다. ¶ 만사가 트이다. ④생각이 환히 열리다. ¶ 선생님의 설명에 생각이 트이다. 〔준〕틔다.

트적지근-하다[-찌-]〔형〕 속이 조금 트릿하여 불쾌하다. ¶ 구미가 당기지 않는 음식을 먹었더니 속이 트적지근하다.

트집〔명〕 ①마땅히 붙어서 한 덩이가 되어야 할 물건이나 일의 벌어진 틈. ¶ 피리에 트집이 생기다. ②(하자) 괜히 남의 조그만 흠절을 들추어서 괴롭게 굶. ¶ 트집을 부리다.
트집(을) 잡다〔관용〕 남의 조그만 흠절을 꼬집어 공연히 귀찮게 굴다.
트집-쟁이[-쨍-]〔명〕 트집 잡기를 좋아하는 사람.

특가 (特價)[-까]〔명〕 특별히 싸게 매긴 값. ¶ 연말연시 보급 특가로 대량 판매를 기획하다.
특감 (特減)[-깜]〔명〕〔하타〕 특별히 감함.
특강 (特講)[-깡]〔명〕〔하타〕 (학교나 학원 등에서) 특별히 베푸는 강의. ¶ 컴퓨터 특강.
특경 (特磬)[-꼉]〔명〕 국악에서 쓰이는 타악기의 한 가지. 경석(磬石)으로 만드는데, 편경(編磬)보다 큼. 한 가자(架子)에 하나만 달며 풍류를 그칠 때에 침.
특경-대 (特警隊)[-꼉-]〔명〕 특별한 경비·경호 따위의 임무를 맡은 경비 부대.
특공 (特功)[-꽁]〔명〕 특별히 뛰어난 공로.
특공-대 (特攻隊)[-꽁-]〔명〕 특수 임무나 기습 공격을 하기 위하여 특별히 훈련된 부대. 〔비〕별동대(別動隊).
특과 (特科)[-꽈]〔명〕 군대에서, 전투 병과 이외의 병과를 흔히 이르는 말. 부관·경리·병기·의무·법무 등의 병과. 〔참〕전투 병과.
특교 (特敎)[-꾜]〔명〕⟹특지(特旨).
특권 (特權)[-꿘]〔명〕 특정한 개인이나 집단에 대하여 인정하는 특별한 권리나 이익, 또는 의무의 면제. ¶ 특권 의식. / 특권을 누리다.
특권^계급 (特權階級)[-꿘게-/-꿘게-]〔명〕 (일반 또는 특정 사회에서) 우월권이나 지배권을 가지는 사람들, 또는 그 신분이나 계급. 〔중세 유럽의 귀족이나 승려 등.〕 특권층.
특권-층 (特權層)[-꿘-]〔명〕⟹특권 계급.
특근 (特勤)[-끈]〔명〕〔하타〕 근무 시간 외에 특별히 더 하는 근무.
특근^수당 (特勤手當)[-끈-]〔명〕 특근에 대한 보수로 주는 수당.
특급 (特急)[-끕]〔명〕〈특별 급행열차〉의 준말.
특급 (特級)[-끕]〔명〕 특별한 등급이나 계급. 〔흔히, 1급보다도 한 등급 위를 이름.〕 ¶ 특급호텔.
특급 (特給)[-끕]〔명〕〔하타〕 특별히 줌.
특급^열차 (特急列車)[-끕녈-]〔명〕〈특별 급행열차〉의 준말.

특기 (特技)[-끼]〔명〕 특별한 기능이나 기술. 장기. ¶ 특기를 살리다.
특기 (特記)[-끼]〔명〕〔하타·되자〕 특별히 기록함, 또는 그 기록. ¶ 특기할 만한 업적을 남기다.
특기-병 (特技兵)[-끼-]〔명〕 ①특기가 있는 사병. ②(민간인으로 있을 때 습득한) 특별한 기능을 가지고 군에 입대한 사병.
특념 (特念)[-等]〔명〕〔하타〕 특별히 염려하거나 생각함.
특단 (特段)[-딴]〔명〕⟹특별(特別). (《'특단의'의 꼴로 쓰임.》) ¶ 특단의 조처를 취하다.
특달 (特達)〔명〕'특달하다'의 어근.
특달-하다 (特達-)[-딸-]〔형여〕 (여럿 가운데서) 특별히 재주가 뛰어나다.
특대 (特大)[-때]〔명〕 특별히 큼, 또는 그 물건.
특대 (特待)[-때]〔명〕〔하타〕 특별히 대우함, 또는 그 대우. 특우(特遇).
특대-생 (特待生)[-때-]〔명〕 학교에서, 학업 성적이 뛰어나고 품행이 단정하여 수업료 면제 등의 특전을 받는 학생.
특동-대 (特動隊)[-동-]〔명〕 특별한 경우에 동원하기 위하여 편성된 부대.
특등 (特等)[-등]〔명〕 (보통의 등급을 뛰어넘은) 특별히 뛰어난 등급. ¶ 특등 사수.
특등-실 (特等室)[-등-]〔명〕 (병원이나 기차·여객선·호텔 따위에서) 특별히 마련된 가장 좋은 방. 특실(特室).
특례 (特例)[-녜]〔명〕 ①특수한 예. ②특별한 예규(例規).
특례-법 (特例法)[-녜뻡]〔명〕⟹특별법(特別法). ↔일반법.
특립 (特立)[-립]〔명〕〔하타〕 ①남에게 의지하지 않고 자립하는 일. ②특별히 뛰어남.
특립-독행 (特立獨行)[-립또캥]〔명〕〔하자〕 남에게 굽히거나 세속(世俗)을 따르지 않고 소신대로 행동함.
특매 (特賣)[-등-]〔명〕〔하타·되자〕 ①특가(特價)로 싸게 팖. 바겐세일. ¶ 특매 가격. ②수의 계약에 의하여 일정한 사람에게 지정하여 팖. ③평소에는 팔지 않는 물건을 특별히 팖.
특매-장 (特賣場)[-등-]〔명〕 상점을 따로 정하거나 매장을 지정하여 특가로 물건을 파는 곳.
특면 (特免)[-등-]〔명〕〔하타·되자〕 (저지른 죄나 어떤 부담 따위를) 특별히 용서하거나 면하여 줌.
특명 (特命)[-등-]〔명〕 ①특별한 명령. ¶ 왕의 특명을 받다. ②〔하타〕특별히 임명함, 또는 그 임명. ③⟹특지(特旨). ④〈특별 명령〉의 준말. ¶ 제대 특명. / 전출 특명을 받다.
특명^전권^공사 (特命全權公使)[-등-꿘-]〔명〕 제2급 외교 사절. 특명 전권 대사와 같은 직무를 수행함. 국내법으로는 공사관 또는 대표부의 장(長)임. 〔준〕전권 공사. 〔참〕공사(公使).
특명^전권^대：사 (特命全權大使)[-등-꿘-]〔명〕 주재국에서 국가를 대표하여 외교 교섭을 하며, 자국민에 대한 보호 감독의 임무를 수행하는 제1급의 외교 사절. 국가 원수로부터 상대국의 국가 원수에게 파견됨. 국내법으로는 대사관 또는 대표부의 장(長)임. 〔준〕전권 대사. 〔참〕대사(大使).
특무 (特務)[-등-]〔명〕 특별한 임무.
특무^기관 (特務機關)[-등-]〔명〕 군인의 신원이나 첩보(諜報)의 일을 맡아보던 군의 특수 기관.
특무-대 (特務隊)[-등-]〔명〕 군의 정보와 방첩(防諜)에 관한 일 및 그에 따른 범죄 수사를 맡아보던 군의 특수 부대.

특무-정교(特務正校)[등-][명] 대한 제국 때의 무관(武官) 계급의 하나. 하사관(下士官)의 제일 높은 자리로, 참위(參尉)의 아래, 정교(正校)의 위임.

특무-함(特務艦)[등-][명] 군함의 활동을 도와 특수 임무를 수행하는 함선.〔공작함(工作艦)·수송함·쇄빙함(碎氷艦)·표적함(標的艦)·급유함(給油艦)·급탄함(給炭艦) 따위.〕

특발(特發)[-빨][명][하자] 남으로부터 전염을 받지 아니하고 제 스스로 전염병을 발생함.

특발-성(特發性)[-빨썽][명] 병리론적(病理論的)으로 명확한 원인이 없이 병이 발생하는 성질. 혈뇨(血尿)·고혈압 따위에 많음.

특배(特配)[-빼][명][하타] ①특별히 배급함. ②〈특별 배당〉의 준말.

특별(特別)[-뻘][명][하형] 보통과 아주 다름. 특수(特殊). ¶특별 대우. ↔보통·일반(一般). **특-히**[甲]

특별^가중(特別加重)[-뻘-][명] 형법에서, 형벌(刑罰) 가중의 한 가지. 재범(再犯) 가중 이외에 여러 사람이 함께 꾀한 범죄나 부모에게 폭행·협박을 행한 범죄 따위에 대한 가중.

특별^감:경(特別減輕)[-뻘-][명] 형법에서, 형벌의 경우에 형벌을 덜어서 가볍게 하는 일.〔자수 감경·작량 감경(酌量減輕)·미수범 감경·종범(從犯) 감경 이외의 감경.〕

특별^검:사제(特別檢事制)[-뻘-][명] 정치적으로 중립이 요구되는 사건의 수사에서, 독립적인 권한을 갖는 특별 검사를 임명하여 수사 및 공소 유지를 담당하게 하는 제도.

특별^교:서(特別敎書)[-뻘-][명] 미국에서, 대통령이 필요에 따라 수시로 의회에 보내는 교서.⊗연차(年次) 교서·일반 교서.

특별^규정(特別規定)[-뻘-][명] 어떤 특정한 사항에만 적용하는 법규.

특별^급행(特別急行)[-뻘그팽][명] ⇨특별 급행 열차.

특별^급행열차(特別急行列車)[-뻘그팽녈-][명] 특정의 정거장에서만 정거하고 보통의 급행 열차보다 더 빠른 속도로 달리는 열차. 특별 급행.⊗특급·특급 열차.

특별^담보(特別擔保)[-뻘-][명] 특정 채권(特定債權)을 위하여 제공되는 담보.⊗공동 담보.

특별^대:리인(特別代理人)[-뻘-][명] ①민사 소송법의 규정에 따라, 소송 무능력자에 대하여 법원에서 선임하는 법률상의 대리인. ②민법상의 대리인과 본인 사이에 이익이 상반되는 경우에 특히 선임되는 다른 대리인.

특별^명:령(特別命令)[-뻘-넝][명] 군대에서, 한 부대의 개인 또는 소집단에 대하여 내리는 명령 형식의 지시. 일반적으로 보직·전속·진급 따위의 인사 사항을 망라함.⊗특명(特命).

특별^배:당(特別配當)[-뻘-][명] ①영리 회사가 일정 기간에 예상한 것 이상으로 이익을 냈을 때, 잉여 이익금을 일정한 비율로 주주에게 배당하는 일. ②보험 회사가 계약에 따라, 보험금이 일정 기간에 일정 금액이 되었을 때 그 지급 금액의 일부를 되돌려 주는 것.⊗특배.

특별^배:임죄(特別背任罪)[-뻘-쬐/-뻘-쮀][명] 상법·보험업법 등의 규정에 의한 배임죄. 형법상의 배임죄보다 형이 무거운데, 발기인(發起人)·이사(理事)·대표자 등이 임무에 배반하여 회사에 재산상의 손해를 끼친 경우가 이에 해당함.

특별-법(特別法)[-뻘뻡][명] 특정한 지역이나 사람·사항에 한해서 적용되는 법.〔민법(일반법)에 대한 차가법(借家法)·차지법(借地法)·노동법(勞動法) 따위.〕특례법(特例法). ↔보통법·일반법.

특별^법원(特別法院)[-뻘-][명] 일반 법원의 계통에 속하지 않고 특수한 신분, 또는 특수한 사건에 관해서만 다루는 법원.〔군사 법원·헌법 재판소 따위.〕

특별^변:호인(特別辯護人)[-뻘-][명] 변호사의 자격은 없으나, 대법원 이외의 법원에 의하여 특별히 변호인으로 선임된 사람.

특별^보:좌관(特別補佐官)[-뻘-][명] 전문적인 문제 또는 중요한 사안에 대하여 조언하거나 답변하는 대통령 직속 자문 기관, 또는 그 지위에 있는 사람.⊗특보(特補).

특별-비(特別費)[-뻘-][명] 특별한 곳에 쓰기 위해 별도로 계상된 비용.

특별^사:면(特別赦免)[-뻘-][명] 형(刑)의 선고를 받은 특정인에 대하여 형의 집행이 면제되거나 유죄 선고의 효력이 상실되게 하는 사면의 한 가지.⊗특사.⊕일반 사면.

특별-상(特別賞)[-뻘-][명] 정식으로 지정된 상 외에 특별히 주는 상.

특별-석(特別席)[-뻘-][명] 특별히 따로 마련한 좌석. 특석(特席). ↔일반석.

특별-세(特別稅)[-뻘쎄][명] 특별한 목적을 위하여 매기는 세금.⊕일반세.

특별-시(特別市)[-뻘-][명] 지방 자치 단체의 한 가지. 도(道)와 동일한 격(格)을 가진 시로서, 직접 중앙의 감독을 받음.〔현재, 서울특별시뿐임.〕

특별^예:금(特別預金)[-뻘레-][명] 정기 예금 및 당좌 예금 이외의 특별 계약에 의한 예금.

특별^위원(特別委員)[-뻐뤼-][명] 국회 등에서, 상임 위원회의 소관에 딸리지 않거나 또는 특히 필요하다고 인정되는 안건을 심사하기 위하여 선임된 위원.

특별^은행(特別銀行)[-뻐른-][명] ⇨특수 은행.

특별^형법(特別刑法)[-뻘-뻡][명] 형법(刑法) 이외의 형벌 법규.〔경제죄 처벌법 따위.〕

특별^활동(特別活動)[-뻘-][명] 학교 교육의 정식 교과목 이외의 특별 학습 활동.⊗특활.

특별^회:계(特別會計)[-뻘회계/-뻘훼게][명] 국가의 특별한 사정이나 필요에 따라 일반 회계와는 별도로 세입·세출을 경리하는 회계. ↔일반 회계.

특보(特報)[-뽀][명][하타] 특별히 알림, 또는 그 보도. ¶뉴스 특보.

특보(特補)[-뽀]〈특별 보좌관〉의 준말.

특사(特使)[-싸][명] ①특별히 따로 보낸 사자(使者). ②특별한 임무를 띠고 파견되는 외교 사절을 두루 일컫는 말. 전사(專使). ¶대통령 특사. ⊗특파 전권 대사의 준말.

특사(特赦)[-싸][명][하타] 〈특별 사면〉의 준말. ¶광복절 특사.

특사(特賜)[-싸][명][하타] (임금이 신하에게) 특별히 무엇을 내림.

특산(特産)[-싼][명] 어떤 지방의 특별한 산출(産出), 또는 그 산물. ¶특산 작물.

특산-물(特産物)[-싼-][명] 어떤 지방의 특별한 산물.

특상(特上)[-쌍][명] 상등(上等)에서도 특별히 뛰어난 것.

특상(特賞)[-쌍][명] 특별한 상.

특색(特色)[-쌕]똉 (다른 것과 견주어) 특히 다른 점, 또는 뛰어난 점. ¶특색 있는 문장. /네가 그린 그림은 특색이 없어. 凹특징.

특석(特席)[-썩]똉 특별석(特別席).

특선(特選)[-썬]똉(하타)(되자)특별히 골라 뽑음, 또는 그런 것. ¶설날 특선 영화. /겨울 상품 특선. ②(미술 전람회 등에서) 입선된 것 중 특히 우수한 작품.

특설(特設)[-썰]똉(하타) 특별히 설비하거나 설치함. ¶특설 무대.

특설^함:선(特設艦船)[-썰-]똉 전시 또는 사변 때 상선이나 어선을 징발하여 군용으로 쓰는 배.

특성(特性)[-썽]똉 (일정한 사물에만 있는) 특수한 성질. 특질(特質). 특이성(特異性). ¶특성을 살리다.

특세(特勢)[-쎄]똉 썩 다른 형세.

특수(特秀)똉 '특수하다'의 어근.

특수(特殊)[-쑤]똉(하여) 보통과 아주 다름. 특별. ¶특수 촬영. 凹특이. ↔보편(普遍).

특수(特需)[-쑤]똉 특별한 상황에서 발생하는 수요. ¶연말 특수. /월드컵 특수를 누리다.

특수-강(特殊鋼)[-쑤-]똉 합금강(合金鋼).

특수^강:도죄(特殊強盜罪)[-쑤-쬐/-쒜]똉 밤중에 남의 주거나 건조물·선박 등에 침입하여 강도 행위를 하거나, 흉기를 휴대하고 강도 행위를 하거나, 두 사람 이상이 합동하여 강도 행위를 함으로써 성립하는 죄.

특수^경력직^공무원(特殊經歷職公務員)[-쑤-넉찍-]똉 국가 공무원의 구분의 한 가지. 경력직 공무원 이외의 공무원.

특수^교:육(特殊敎育)[-쑤-]똉 ①신체 장애인 및 정신상의 이상(異常)이 있는 자나 뛰어난 경향이 있는 사람에게 특별히 베푸는 교육. ②특수한 학과나 교과만을 중심으로 하는 교육.

특수^법인(特殊法人)[-쑤-]똉 특별법에 의하여 설립된 법인. 〔한국은행·대한 석탄 공사 따위.〕

특수^상대성^이:론(特殊相對性理論)[-쑤-썽-]똉 1905년 아인슈타인이 시간·공간의 절대성을 부정하고 등속도로 운동하는 좌표계의 상대성을 수립한 이론. 참상대성 이론.

특수-성(特殊性)[-쑤썽]똉 (사물의) 특별히 다른 성질. 특이성(特異性).

특수-아(特殊兒)[-쑤-]똉 심신(心身)의 발달과 행동이 일반 어린이와 다른 특수한 어린이. 특수 교육의 대상이 됨. 참특이 아동.

특수^우편(特殊郵便)[-쑤-]똉 ☞특수 취급 우편(特殊取扱郵便).

특수^유전(特殊遺傳)[-쑤-]똉 양친 가운데 한쪽이 가진 특히 뛰어난 성질의 유전.

특수^은행(特殊銀行)[-쑤-]똉 은행법 이외의 특별 법령에 따라 설립된 은행. 〔한국은행·한국 산업 은행 따위.〕특별 은행. ↔일반 은행.

특수^조:사(特殊助詞)[-쑤-]똉 ☞보조사.

특수^조약(特殊條約)[-쑤-]똉 일반 조약에 대하여, 특정 국가 간에 체결되어 제삼국의 가입을 금지하는 조약. ↔일반 조약.

특수^창:조설(特殊創造說)[-쑤-]똉 우주의 만물을 신이 처음으로 낱낱이 다르게 만들었다는 설. 〔구약의 창세기 등에 나타나 있는 사상.〕

특수^채:권(特殊債權)[-쑤-펀]똉 특수한 법령에 의하여 설립된 법인(法人)이 발행하는 채권. 〔넓은 뜻으로는 은행 채권과 특수 사채(社債), 좁은 뜻으로는 산업 채권 따위를 이름.〕

특수^취:급^우편(特殊取扱郵便)[-쑤-]똉 특별히 취급하는 우편. 〔등기 및 배달 증명·내용 증명·특별 송달 따위.〕특수 우편.

특수^특장차(特殊特裝車)[-쑤-짱-]똉 특수한 용도로 특수한 장비를 갖춘 자동차. 〔소방차·제설차(除雪車)·탱크로리 따위.〕참특장차.

특수-하다(特秀-)[-쑤-]똉여 특별히 빼어나다. 우수하다.

특수-학교(特殊學校)[-쑤-꾜]똉 ①일반 학교와는 다른 교육을 담당하는 학교. 〔맹아(盲啞) 학교 따위.〕②특수한 학과나 교과만을 가르치는 학교.

특수-화(特殊化)[-쑤-]똉(하자타)(되자) 보편적인 것을 특수한 것으로 되게 함.

특수^회:사(特殊會社)[-쑤회-/-쑤훼-]똉 특정한 목적을 위하여 특별법에 따라 설립된 회사. 〔한국 전력 공사·한국 도로 공사 따위.〕

특실(特室)[-씰]똉 ☞특등실(特等室).

특악(慝惡)똉 '특악하다'의 어근.

특악-하다(慝惡-)[-트까-]똉여 간사하고 악하다. 참특악(邪惡).

특애(特愛)똉(하타) 특별히 사랑함, 또는 그런 사랑.

특약(特約)똉(하타) ①특별한 조건을 붙인 약속. ②특별한 편의나 이익이 있는 계약.

특약-점(特約店)[-쩜]똉 본점이나 제조 회사 또는 판매 회사와 특별한 편의 계약을 맺고 물건을 거래하는 상점.

특용(特用)똉(하타) 특별히 씀, 또는 그 용도.

특용-림(特用林)[-님]똉 수액(樹液)이나 과실·수피(樹皮) 따위를 채취하기 위하여 옻나무·밤나무·잣나무 따위의 특수한 나무 종류를 심어 놓은 삼림(森林).

특용^작물(特用作物)[-장-]똉 (담배나 차·목화 따위와 같이) 식용 이외의 특수 용도에 쓰이는 농작물. ↔보통 작물.

특우(特遇)똉(하타) ☞특대(特待).

특위(特委)똉 '특별 위원회'를 줄여 이르는 말.

특유(特有)똉(하타) 특별히 있거나 특별히 가지고 있음, 또는 그 모양. 《주로, '특유의'의 꼴로 쓰임.》 ¶그 고장 특유의 민속놀이. ↔통유(通有).

특유-성(特有性)[-썽]똉 (일정한 사물만이) 특별히 가지고 있는 성질. ↔통유성(通有性).

특유^재산(特有財産)똉 민법에서, 부부의 한편이 혼인하기 이전부터 가진 고유 재산과 혼인 중에 자기 명의로 취득한 재산을 이르는 말.

특융(特融)똉(하타) (금전 따위를) 특별히 융통하여 줌. 은자함. ¶중소기업에 대한 특융 시책.

특은(特恩)똉 특별한 은혜. ¶특은을 베풀다.

특이(特異)똉(하여) ①(보통 것에 비하여) 두드러지게 다름. ¶그는 체질이 특이하여 섭생(攝生)에 남달리 신경을 쓴다. 凹특수(特殊). ②보통보다 훨씬 뛰어남. ¶그는 특이한 재주가 있다.

특이-성(特異性)[-썽]똉 ①사물에 갖추어져 있는 특별한 성질. 특수성. ②☞특성(特性).

특이^아동(特異兒童)똉 심리학에서, 정신적·신체적으로 장애가 있는 어린이를 이름. 보통 아동과는 다른 특수한 아동. 심신 장애아, 학업 부진아, 영재아 등이 있음.

특이-점(特異點)[-쩜]똉 특별히 다른 점.

특이-질(特異質)똉 (어떤 물질이 피부에 접촉하거나 소화기·호흡기 따위에 들어갔을 때) 특이한 반응을 일으키는 체질.

특임(特任)똉(하타)(되자) 특별한 관직에 임명함, 또는 그 임무.

특임^공관장(特任公館長)[명] 외무 공무원의 한 가지. 외교 수행상 필요한 경우에 외교관으로서의 자질과 능력을 갖춘 사람으로서 특별히 임명하는 재외 공관장.

특자(慝者)[-짜][명] 간사하고 악한 사람.

특작(特作)[-짝][명] 특별히 뛰어난 작품.

특장(特長)[-짱][명] 특별히 뛰어난 장점.

특장-차(特裝車)[-짱-][명] 〈특수 특장차〉의 준말.

특저¹(特著)[-쩌][명] 특별한 저술, 또는 그 책.

특저²(特著) '특저하다'의 어근.

특저-하다(特著-)[-쩌-][형여] 특별히 두드러지다.

특전(特典)[-쩐][명] ①특별한 은전(恩典). ¶특전을 입다. ②특별한 규칙. ③특별한 의식.

특전(特電)[-쩐][명] (주로 해외 특파원의 보도에 의한) 신문·통신 따위의 특별한 전보 통신.

특점(特點)[-쩜][명] (다른 것과) 특별히 다른 점.

특정(特定)[-쩡][명][타자] 특별히 지정함, 또는 그 지정. ¶특정 상품. / 특정 지역.

특정-물(特定物)[-쩡-][명] (물품 등의 거래에서) 당사자가 구체적으로 지정한 물건. ↔불특정물.

특정^승계(特定承繼)[-쩡-계/-쩡-게][명] 다른 사람의 낱낱의 권리·의무를 취득하는 일. 매매 등에 의한 가장 일반적인 승계. ↔포괄 승계.

특정^유증(特定遺贈)[-쩡-][명] (포괄 유증 이외의) 특정한 물건이나 권리, 혹은 일정액의 금전을 주는 유증. ↔포괄 유증.

특정-인(特定人)[-쩡-][명] 특별히 지정한 사람. ↔일반인.

특정-직(特定職)[-쩡-][명] 경력직 공무원의 한 갈래. 법관·검사·군인·경찰·교육 공무원 등이 이에 딸림.

특정-하다(特定-)[-쩡-][형여] 특별히 정하여져 있다. 《주로, '특정한'의 꼴로 쓰임.》 ¶특정한 경향.

특정^횡선^수표(特定橫線手票)[-쩡횡/-쩡 휑-][명] 횡선 안에 은행명을 기재한 횡선 수표.

특제(特除)[-쩨][명][하다][되자] 임금의 특지로 벼슬을 시킴.

특제(特製)[-쩨][명][하타] 특별하거나 특수하게 만듦, 또는 그 제품. 별제(別製). ↔병제(竝製).

특종(特種)[-쫑][명] ①특별한 종류. ②〈특종 기사(特種記事)〉의 준말. ¶특종을 잡다.

특종(特鐘)[-쫑][명] 국악기의 한 가지. 아악(雅樂)을 시작할 때에 치는 종. 한 가자(架子)에 종 한 개를 닮. ☞특경.

특종^기사(特種記事)[-쫑-][명] 신문사나 잡지사 따위에서, 그 사(社)에서만 특별히 취재하여 보도한 중대한 기사. ⊛특종.

특주(特酒)[-쭈][명] 특별한 방법으로 빚은 좋은 술.

특중(特重) '특중하다'의 어근.

특중-하다(特重-)[-쭝-][형여] 특별히 중요하거나 중대하다. ¶특중한 사안.

특지(特旨)[-찌][명] ①특별히 내리는 임금의 명령. 특교(特敎). 특명. ②임금이 삼품 이상의 문무관을 특별 임명하는 제도. ②자내 특지.

특지(特志)[-찌][명] ①좋은 일을 위한 특별한 뜻. ②〈특지가(特志家)〉의 준말.

특지-가(特志家)[-찌-][명] 좋은 일을 하려는 뜻이 있는 사람. ⊛특지.

특진(特進)[-찐][명] ①뛰어난 공로에 따라 일반 규례를 벗어나 특별히 진급함, 또는 그 진급. ¶1계급 특진. ②고려 시대, 정이품 문관의 품계(品階).

특진(特診)[-찐][명][하자] 종합 병원에서, 환자의 요청에 따라 특정 의사가 진찰·진료를 맡는 일. ¶특진을 받다.

특진-관(特進官)[-찐-][명] ①조선 시대에, 경연에 참여하던 이품 이상의 문관·무관·음관을 두루 이르던 말. ②대한 제국 때, 궁내부의 칙임(勅任) 벼슬. 왕실에 관한 일을 자순(諮詢)함.

특질(特質)[-찔][명][하다] 특별한 성질이나 기질. 특성(特性). ¶동양 문화의 특질.

특집(特輯)[-찝][명] (신문이나 잡지·방송 따위에서) 특정 문제를 집중적으로 다루어 편집함, 또는 그 편집물. ¶특집 기사. / 특집 방송.

특징(特徵)[-찡][명] ①(다른 것과 비교하여) 특별히 눈에 띄는 점. ¶지프의 특징은 험한 길을 거침없이 다닐 수 있다는 점이다. ⑪특색. ②[하타](임금이 신하에게 벼슬을 내리려고) 특별히 부름.

특징-적(特徵的)[-찡-][관][명] 특징이 되는 (것). ¶한민족의 정서를 특징적으로 보여 주는 시.

특징-짓다(特徵-)[-찡짇따][~지으니·~지어어][타A] 특징을 규정짓다.

특차(特次)[명] (정상적인 차례를 무시하고) 맨 먼저 시행하는 특별한 차례. ¶특차 시험.

특차(特差)[하타] 임금이 특별히 사신을 보냄.

특채(特採)[하타][되자] 특별히 채용함.

특천(特薦)[하타] 특별히 추천함.

특청(特請)[하타] 특별히 청함, 또는 그런 청.

특출(特出) '특출하다'의 어근.

특출-나다(特出-)[-라-][형여] 여럿 가운데서 특별히 뛰어나다. ¶노래 실력이 특출나다.

특출-하다(特出-)[형여] 특별히 뛰어나다. ¶특출한 인물. / 음악적 재능이 특출하다.

특칭(特稱)[명] ①(전체 중에서) 특히 그것만을 가리켜서 이름, 또는 그 일컬음. ②논리학에서, 주사(主辭)가 나타내는 사물의 한 가지에 대하여 한정을 하는 일. 〔'어떤·그·이·한' 따위의 말이 쓰임.〕 ⑧전칭(全稱).

특칭^긍:정^판단(特稱肯定判斷)[명] 정언적(定言的) 판단에서, '어떤 A는 B다'라는 형식으로 표시되는 특칭 판단의 한 가지. ↔특칭 부정 판단. ⑧정언적 판단.

특칭^명:제(特稱命題)[명] 논리학에서, 주사(主辭)의 일부분에 관한 판단을 표시하는 명제. 특칭 긍정과 특칭 부정의 두 가지로 나뉨.

특칭^부:정^판단(特稱否定判斷)[명] 정언적(定言的) 판단에서, '어떤 A는 B가 아니다'라는 형식으로 표시되는 특칭 판단의 한 가지. ↔특칭 긍정 판단. ⑧정언적 판단.

특칭^판단(特稱判斷)[명] 정언적 판단의 한 가지. 주개념이 가리키는 일부의 것이 주장 내용에 대해서 긍정적·부정적인 관계를 갖는 경우의 판단. ⑧단칭 판단·전칭 판단.

특툭-하다[-트카-][형여] (피륙 따위의 바탕이) 촘촘하고 조금 두껍다. ¶특툭한 무명 고의적삼. ⑧탁탁하다.

특특ㅎ다[옛] 칙칙하다. 빽빽하다. ¶특특ㅎ 구루미 ㄱ드기 펴(法華3:10).

특파(特派)[명][하타][되자] (어떠한 사명을 지워) 특별히 파견함. ¶기자를 분쟁 지역에 특파하다.

특파-원(特派員)[명] ①특별히 파견된 사람. ②(신문사·잡지사·방송국 등에서) 외국에 특별히 파견되어 보도(報道)에 종사하는 사람.

특파^전권^대:사(特派全權大使)[-꿘-][명] 어떤 특정 문제를 교섭하거나 해결하기 위하여 일시적으로 특파되는 대사급의 사절. 전권 위임장(全權委任狀)을 지님. ㉑특사(特使).

특판(特販)명 상품의 홍보나 보급 등을 위하여 특별히 판매하는 일.

특품(特品)명 특별히 좋은 물품.

특필(特筆)명하타 (두드러진 일을) 특별히 크게 적음, 또는 그 글.

특필-대서(特筆大書)명하타 ☞대서특필.

특허(特許) [트커]명하타특별히 허가함. ②특정한 사람에게 특정한 권리를 설정하는 행정 행위. ③특허법에서, 어떤 사람의 공업적 발명품에 대하여 그 사람 또는 승계자에게 독점할 권리를 주는 행정 행위.

특허-권(特許權) [트커꿘]명 공업 발명품에 대하여 그 권리를 전용(專用)·독점할 수 있는 권리.

특허^기업(特許企業) [트커-]명 특허를 내어 설립하고 운영하는 공기업(公企業). [전기 사업·가스 사업 따위]

특허-법(特許法) [트커뻡]명 발명을 장려·보호·육성함으로써 기술의 진보와 발전을 꾀하고 국가 사업의 발전에 이바지함을 목적으로 제정된 법률.

특허^변:리사(特許辨理士) [트커별-]명 '변리사'를 흔히 이르는 말.

특허^심:판(特許審判) [트커-]명 특허권에 관한 쟁송(爭訟)에 대하여 특허청에서 행하는 법의 적 성격의 선언. 심판과 그 불복(不服)에 대한 항고(抗告)의 심판, 재심(再審)이 있음.

특허-증(特許證) [트커쯩]명 특허권 설정의 등록을 마친 특허권자에게 발부해 주는 증명서.

특허-청(特許廳) [트커-]명 지식 경제부에 딸린 중앙 행정 기관의 하나. 특허·실용신안(實用新案)·의장(意匠) 및 상표에 관한 사무와 이에 대한 심사·심판 및 변리사에 관한 사무를 맡아봄.

특허^출원(特許出願) [트커-]명 공업적 발명을 한 사람이 국가에 대하여 그 특허를 요구하는 행위.

특허-품(特許品) [트커-]명 특허를 받은 제품.

특혜(特惠) [트케-]명 특별히 베푸는 혜택. ¶특혜를 주다.

특혜^관세(特惠關稅) [트케-/트케-]명 특별 관계에 있는 상대국에 대하여, 특히 낮은 세율로 부과하는 일종의 할인 관세.

특혜^무:역(特惠貿易) [트케-/트케-]명 특혜 관세를 적용시key서 하는 무역.

특화(特化) [트콰]명하타 되자 ①(국제 분업의 결과로서) 한 나라의 어떤 산업 또는 수출 상품이 상대적으로 큰 비중을 차지하는 상태, 또는 그 부분에서 전문화하는 것. ¶특화 산업. ②(어떤 대상을) 기능·내용 따위를 특별하거나 특수하게 하는 것.

특활(特活) [트콸]명 〈특별 활동〉의 준말.

특효(特效) [트쿄]명 특별한 효험이나 효과.

특효-약(特效藥) [트쿄-]명 특정의 병이나 증세에 특별히 효험이 있는 약.

특-히(特-) [트키]부 특별히. 유달리. ¶환절기에는 특히 감기에 조심해야 한다.

튼-가로왈(-曰)명 한자 부수의 한 가지. '彗'·'彙' 등에서의 '크(ㅋ·ㅢ)'의 이름.

튼실-하다(-實-)형여 튼튼하고 실하다. ¶몸집이 튼실하고 믿음직스럽다.

튼-에운담명 ☞튼입구몸.

튼입구-몸(-口-)[-닙꾸-]명 한자 부수의 한 가지. '匡'·'匣' 등에서의 'ㄷ'의 이름. 튼에운담.

튼튼-하다형여 ①(생김새나 물품의 만듦새가) 매우 단단하고 실하다. ¶책상이 튼튼하다. ②몸이 건강하다. ¶새 나라의 어린이는 몸이 튼튼합니다. ③구조나 기반 따위가 잘 짜여 있어 쉽게 무너지거나 흔들리지 않는 상태에 있다. ¶국가 재정이 튼튼하다. ㉑탄탄하다. 튼튼-히부.

틀명 ①(물건을 만드는 데 쓰는) 골이나 판이 되는 것. ¶메주콩을 쑤어 틀에 넣어 네모지게 만들다. ②(물건을 끼우거나 받치거나 팽팽히 켕기게 하는 데 쓰는) 테두리만으로 된 물건. ¶장지문 틀. /사진을 틀에 끼워 벽에 걸다. ③간단한 '기계·기구'를 이르는 말. ④〈재봉틀〉의 준말. ¶틀로 누빈 누비이불. ⑤(관례로 된) 본보기. 모범. ¶편지의 틀. ⑥틀거지. ¶틀이 잡혔다. ⑦일정한 격식이나 형식. ¶틀에 박힌 말.

틀에 맞추다관용 (융통성이나 여유가 없이) 기계적·형식적으로 꼭 맞추다.

틀(이) 잡히다관용 (하는 짓이나 태도가) 기본적인 격식이나 태도에 맞아 가다. ¶사장(社長)으로서의 틀이 잡히다.

틀-가락[-까-]명 무거운 물건을 목도하는 데 쓰는 긴 나무.

틀-거지명 튼실하고 위엄이 있는 겉모양. 틀.

틀-국수[-쑤]명 틀에 넣어 눌러서 뺀 국수. 칼국수.

틀-누비[-루-]명 재봉틀로 누빈 누비.

틀-니[-리]명 잇몸에 끼웠다 떼었다 할 수 있도록 해 박은 이. ⓑ의치(義齒).

틀다[트니·틀어]타 ①(무엇을) 방향이 꼬이게 돌리다. 또는, 물건의 양 끝을 잡아 서로 반대 쪽으로 돌리다. ¶탕개를 틀다. /허리를 비비 틀다. ②(무엇을) 한 방향으로 돌리다. ¶수도 꼭지를 틀다. /나사를 틀다. ③기계나 장치에 손을 대어 그것이 움직이거나 작동하게 하다. ¶전축을 틀다. ④일이 어그러지도록 방해하거나 반대하다. ¶저쪽에서 트는 바람에 결국 협상이 결렬되었다. ⑤(솜을) 타다. ¶솜틀로 솜은 솜을 틀다. ⑥머리털을 일정한 모양으로 뭉쳐 올려붙이다. ¶상투를 틀다. ⑦(엮거나 짜서) 둥지나 멱서 따위를 만들다. ¶새가 보금자리를 틀다. /암탉이 알 품을 자리를 틀다. /가마니를 틀다. ⑧(움직이는 물체가) 방향을 바꾸다. ¶커브를 틀다. /사거리에서 자동차를 오른쪽으로 틀어라. ⑨(뱀 따위가) 제 몸을 똬리 모양으로 둥글게 만들다.

틀리다[I]자타 (계산이나 일 따위가) 어긋나거나 맞지 않다. ¶결산이 틀리다. /눌러 가기는 다 틀렸다.
[II]타 '다르다'의 잘못.

틀리다[자] ([틀다'의 피동) 틈을 당하다. ¶오래 앉아 있었더니 허리가 비비 틀린다. ②사이가 벌어지다. ¶사소한 일로 친구와 틀리게 되다. ③감정이나 심리 상태가 나빠지다. ¶심사가 틀리다. /배알이 틀리다.

틀림-없다[-림따]형 ①다름이 없다. 꼭 같다. ¶자세히 보니 틀림없는 그 사람이었다. ②어긋남이 없다. 확실하다. ¶김 과장은 틀림없는 사람이니 믿어도 된다. 틀림없-이부.

틀-바느질명 재봉틀로 하는 바느질.

틀수-하다형여 성질이 너그럽고 깊다.

틀-스럽다[-따][스러우·-스러워]형 틀거지가 있어 보이다. 틀스레부.

틀어-넣다[-너타]타 비좁은 자리에 억지로 돌리면서 밀어 넣다.

틀어-막다[-따]国 ①억지로 틀어넣어 못 통하게 하다. ¶쥐구멍을 시멘트로 틀어막다. ②말이나 행동 따위를 제멋대로 못하도록 제지하다. ¶뇌물로 입을 틀어막다. ③(빛 따위를) 억지로 메우다. ¶빚을 내어 빚을 틀어막다.

틀어-박다[-따]国 ①좁은 곳에 억지로 돌리면서 틀어가게 하다. ②무엇을 어떤 곳에 함부로 넣어 두다.

틀어박-히다[-바키-]国 〔-바키-〕①〔'틀어박다'의 피동〕틀어박음을 당하다. ¶벽에 틀어박힌 대못을 가까스로 빼다. /다락에 틀어박혀 있던 선풍기를 꺼내어 깨끗이 닦았다. ②밖으로 나가지 않고 한곳에만 있다. 죽치고 있다. ¶밤낮 집에만 틀어박혀 있다.

틀어-잡다[-따]国 ①단단히 움켜잡다. ¶멱살을 틀어잡다. ②자기 뜻대로 움직이도록 손안에 완전히 들게 하다. ¶사람들의 마음을 틀어잡다.

틀어-쥐다国 ①(무엇을 놓치지 않으려고) 단단히 죄어 잡아 쥐다. ¶소의 고삐를 잔뜩 틀어쥐고 있다. ②통틀어 손아귀에 쥐다. 완전히 자기의 세력권 안에 넣다. ¶부사장은 임원들을 틀어쥐고 회사를 좌지우지하다.

틀어-지다国 ①(올바로 나가지 않고) 옆으로 굽어 나가다. ¶굴을 잘못 뚫어 한쪽으로 틀어지다. ②(비비 꼬여서) 틀리다. ¶가뭄으로 나뭇잎들이 다 틀어지다. ③사귀는 사이가 서로 벌어지다. ¶사소한 다툼으로 사이가 틀어진대서야···. ④계획했던 일이 어그러지다. ¶반대 의견이 많아 일이 틀어지다. ⑤마음이 언짢아 토라지다. ¶심사가 틀어지다.

틀-지다혱 틀거지가 있다. ¶틀진 걸음걸이.

틀-톱圀 톱에 틀이 붙어 있어 두 사람이 양쪽에서 밀고 당기며 켜는 톱.

틈圀 ①벌어져 사이가 난 자리. 간격. ¶창문 틈. ②겨를. 기회. ¶책을 읽을 틈이 없다. /식사 시간에 틈을 얻어 소포를 붙였다. ③서로 벌어진 사람의 거리. 불화(不和). ¶친구 사이에 틈이 생기다록 조심하여라.

틈-나다国 겨를이 생기다. ¶틈나는 대로 한번 오너라.

틈-내다国 (어떤 목적을 위해) 겨를을 내다. ¶모처럼 틈내어 은사를 찾아뵙다.

틈-바구니圀 〈틈〉의 속된 말. ¶바위 틈바구니. 준틈바귀.

틈-바귀圀 〈틈바구니〉의 준말.

틈발(闖發)圀하자 기회를 타서 일어남.

틈사(闖肆)圀하타 기회를 타서 마음대로 함.

틈-새圀 틈의 사이. ¶창문 틈새로 봄바람이 빠끔히 얼굴을 내민다.

틈새기圀 틈의 극히 좁은 부분.

틈새-시장(-市場)圀 유사한 기존 상품은 많지만 소비자가 원하는 바로 그 상품이 없어 수요가 틈새처럼 비어 있는 시장.

틈-서리圀 틈의 가장자리.

틈입(闖入)圀하자타 기회를 타서 함부로 들어옴. ¶야간에 틈입하다.

틈-타다国 겨를이나 기회를 얻다. ¶야음을 틈타 기습을 감행하다.

틈틈-이튀 ①틈이 난 구멍마다. ¶가장집물(家藏什物) 틈틈이 낀 먼지를 털다. ②겨를(기회)이 있을 때마다. 짬짬이. ¶일을 하는 틈틈이 책을 읽다.

틕圀 〈옛〉티. ¶귓구무 닷가 틕 업게 흐라(翻朴上46).

티:다[티-]国 〈트이다〉의 준말. ¶운수가 틔다.

틔-우다[티-]国 트이게 하다.

뒷글씨〈옛〉티끌. ¶뒷글이 석 자히나 무텻고(朴解中43). 준듯틀.

티圀 ①(온갖 물건의) 잔 부스러기나 찌꺼기. ¶눈에 티가 들어가다. ②조그마한 흠집. ¶옥에도 티가 있다.
티(를) 뜯다관용 공연히 결점을 찾아내어 시비를 걸다.
티(를) 보다관용 흠 잡을 곳을 찾다. ¶다른 사람의 티를 보기 전에 먼저 자신을 살펴라.

티²圀 ①어떠한 기색이나 태도. 버릇. ¶잘난 티를 보이다. /구색한 티를 내다. ②〔일부 명사 뒤에 붙어〕'어떠한 기색이나 태도'의 뜻을 나타내는 말. ¶소녀티. /막내티.

티:(tea)圀 차(茶). 특히 홍차.

티격-나다[-껸-]国 서로 뜻이 맞지 아니하여 사이가 벌어져 말썽이 생기다.

티격-태격튀하자 서로 뜻이 맞지 아니하여 시비를 벌이는 모양. ¶저 두 사람은 만나기만 하면 티격태격한다.

티:^그라운드(←teeing ground)圀 골프에서, 각 홀의 공을 치기 시작하는 구역.

티끌圀 ①(공기 속에 섞여 날리거나 물체 위에 쌓이는) 매우 잘고 가벼운 물질. 〔먼지나 티 따위.〕 분진(粉塵). 진애(塵埃). ②('만큼'·'만하다'와 함께 쓰이어) '아주 작거나 적음'을 비유하여 이르는 말. ¶그렇게 할 생각은 티끌만큼도 없다.
티끌 모아 태산(泰山)속담 아무리 작은 것이라도 쌓이고 쌓이면 큰 덩어리가 된다는 말.

티끌-세상(-世上)圀 영계(靈界)에서 볼 때의 '이 세상'을 가정하여 이르는 말. 곧 정신에 고통을 주는 복잡하고 어수선한 세상. 진경(塵境). 진계(塵界). 진세(塵世).

티눈圀 손이나 발가락 사이에 병적으로 생기는 굳은살. 육자(肉刺). ¶손바닥에 티눈이 박히다. 한계안창(鷄眼瘡).

티다国 〈옛〉치다(擊). ¶재 녀려 티샤(龍歌36章). /틸 타:打(訓蒙下30).

티라노사우루스(tyrannosaurus)圀 백악기 후기에 생존하였던 육식 공룡. 지상에 존재하였던 공룡 가운데 가장 강하며, 몸의 길이는 15 m, 체중은 7톤 정도로 추정됨. 굵은 두 개의 뒷다리로 걸었으며 앞다리는 매우 짧고 발가락이 두 개임. 북아메리카에서 화석이 발견되었음.

티록신(thyroxin)圀 갑상선에서 분비되는 호르몬의 한 가지. 요오드를 함유하며 신진대사를 왕성하게 함.

티몰(thymol)圀 산들깨의 성분으로 특이한 향기가 있는 흰빛의 결정. 십이지장충·회충·요충의 구충제 및 방부제로 쓰임.

티-밀이圀 겉창이나 분합의 창살을 겉쪽이 반원형으로 되도록 밀어 만든 것.

티:-백(tea bag)圀 1회분의 차(茶)를 싸서 넣은 주머니. 뜨거운 물에 넣으면 차가 우러남.

티:브이(TV)圀 〈텔레비전〉의 준말.

티쁘다国 〈옛〉치뜨다. ¶누늘 티쁘고(救簡1:7).

티셔쓰(T-shirts)圀 ☞티셔츠.

티:^샷(tee shot)圀 골프에서, 티 그라운드에서 시작하는 제1타.

티석-티석튀하혱 (거죽이나 바닥 따위가) 환히 트이지 못하거나 반지랍지 못한 모양. ¶영양 결핍으로 얼굴이 티석티석하다.

티:셔:츠 (T-shirts)圈 (목 자리가 둥글게 파인) 'T' 자 모양의 반소매 셔츠. 티샤쓰.

티슈: (tissue)圈 주로 화장용으로 쓰이는, 얇고 부드러운 질 좋은 종이.

티:스푼: (teaspoon)圈 찻숟가락.

티쓰다圈 찻솟아 뜨다. ¶天中의 티쓰니(鄭澈.關東別曲)

티아민 (thiamine)圈 '비타민 B₁'의 학명.

티:에스에스 (TSS)圈 '시분할(時分割) 시스템'을 줄여서 이르는 말. [time-sharing system]

티:엔티: (TNT)圈 엷은 황색의 결정으로, 톨루엔을 초산과 황산의 혼산(混酸)으로 니트로화(化)시켜 만든 가장 대표적인 폭약. 트리니트로톨루엔.

티:오 (TO)圈 (편제상의) 정원. ¶티오가 없다. /티오를 늘리다. [table of organization]

티오-황산나트륨(Thio黃酸Natrium)圈 아황산나트륨의 용액에 분말 황을 타고 끓여서 얻은 무색의 결정체. 분석 시약 매염제(媒染劑), 사진 정착제 따위로 쓰임. 차아황산나트륨. 🔵티오죠.

티읕[-읕]圈 한글 자모의 자음(子音) 'ㅌ'의 이름. *티읕이[-으시]·티읕을[-으슬]·티읕만[-은-]

티:-자 (T-)圈 'T' 자 모양으로 된 제도용 자. 정자(丁字)자. 정자 정규(丁字定規).

티적-거리다[-꺼-]圈 자꾸 티적티적하다. 티적대다. ¶티적거리며 싸움을 걸어오다.

티적-대다 [-때-]圓 티적거리다.

티적-티적圓하圈 남의 흠이나 트집을 잡아 약겨운 말로 자꾸 비위를 거스르는 모양.

티:칭^머신: (teaching machine)圈 프로그램 학습 기계. 교사의 힘을 빌리지 않고 일정한 과목의 학습을 지도하고 시험·채점까지도 자동으로 할 수 있게 고안된 기계.

티커 (ticker)圈 증권 거래소에서 수시로 변동하는 시세를 알리는 유선 인자식 전신기. 한 사람의 발신으로 모든 가입자가 동시에 알 수 있음.

티케 (Tyche)圈 그리스 신화에 나오는, 운명(運命)의 여신(女神).

티:케이오: (TKO)圈 프로 권투의 경기 판정의 한 가지. 선수 간의 실력 차가 크거나 부상이 심할 때, 또는 어느 세컨드가 기권을 신청했을 때, 주심이 경기를 중단시키고 승패를 결정하는 일. 🔵아르에스시(RSC). [technical knockout]

티켓 (ticket)圈 ①(차표나 승차권·회수권·입장권 따위) 표찰. ¶영화관 티켓을 예약하다. ②(면장(免狀)이나 자격증의 뜻으로) 무엇을 할 수 있는 자격 또는 자격증. ¶올림픽 출전 티켓.

티:큐:시: (TQC)圈 (제품 생산 과정에서) 종합적 품질 관리, 또는 그 방식. [total quality control]

티:크 (teak)圈 마편초과의 낙엽 교목. 높이는 30 m가량이고 수피(樹皮)는 회백색임. 재목은 가볍고 팽창·수축이 적으며, 오래도록 썩지 않아 배나 차량을 만드는 데 쓰임. 미얀마·타이·인도네시아 등지에 분포한.

티타늄 (titanium)圈 ➡티탄(Titan).

티:타임 (teatime)圈 차를 마시는 시간. 〔특히 영국에서는, 오후에 홍차와 간단한 식사를 즐기는 시간을 이름.〕

티탄 (Titan 독)圈 은백색의 굳은 금속 원소. 주요 광석은 금홍석(金紅石)·티탄 철광 따위인데, 거의 모든 암석과 흙 속에 들어 있으며, 가열하면 강한 빛을 내면서 탐. 내식성이 커서 제트기나 로켓의 엔진과 기체(機體)의 재료로 쓰임. 티타늄. [Ti/22/47.90]

티티-새圈 ①➡지빠귀. ②➡개똥지빠귀.

티:티:시: (TTC)圈 열차 운행 종합 제어 장치. [Total Traffic Control]

티푸스 (typhus)圈 티푸스균의 감염으로 발생하는 병을 통틀어 이르는 말.〔특히, 장티푸스를 이르는 경우가 많음.〕

티푸스-균 (typhus菌)圈 티푸스의 병원균. 살모넬라속(屬)의 균으로서 간상(桿狀)이며, 편모(鞭毛)가 있고 운동성임.

티:형^강 (T型鋼)圈 단면이 'T' 자 모양으로 된 형강의 한 가지. 무게가 가볍고 구부러지지 않아 여러 가지 구조물에 씀.

틸트다운 (tilt-down)圈 영화 촬영 기법에서, 카메라를 아래로 향하여 수직으로 움직이면서 하는 촬영. ↔틸트업.

틸트업 (tilt-up)圈 영화 촬영 기법에서, 카메라를 위로 향하여 수직으로 움직이면서 하는 촬영. ↔틸트다운.

팀: (team)圈 ①같은 일을 하는 한동아리 사람. ②운동 경기 등에서, 둘 또는 그 이상의 몇 동아리로 나누어 승부를 겨룰 때의 한패. ¶팀을 이루다. /같은 팀에 속하다.

팀:워:크 (teamwork)圈 동아리나 단위 조직체의 구성원 사이에 협동하는 능력이나 성향, 또는 그들의 연대(連帶).

팀파눔 (tympanum)圈 그리스식 건축에서, 합각머리와 돌림띠 사이, 또는 박공(牔栱) 등의 삼각면.

팀파니 (timpani 이)圈 타악기의 한 가지. 구리로 만든 반구형의 몸체 위에 쇠가죽을 댄 북으로 오케스트라의 중요 악기임.

팀:^파울 (team foul)圈 농구에서, 한편의 팀이 전후반 각 경기에서 범한 파울이 각각 7회가 되는 경우를 이름. 8회째부터 상대 팀에게 자유투를 주게 됨.

팁 (tip)圈 ①(호텔이나 레스토랑·택시 등에서) 손님이 시중든 사람에게 감사의 뜻으로 요금 외에 따로 주는 돈. 圓행하(行下). 🔵손셋이. ②➡파울 팁.

팃-검불 [티껌-/틷껌-]圈 짚이나 풀 따위의 부스러기. ¶잔디밭에 앉았더니 옷에 팃검불이 잔뜩 붙었다.

팅크 (←tincture)圈 (캠퍼팅크나 요오드팅크 따위와 같이) 어떤 생약이나 약품을 알코올이나 에테르에 담가 녹이거나 우린 액체. 정기(丁幾).

팅팅圓하圈 속에서 불어나 겉으로 보기에 매우 불룩한 모양. 🔵탱탱. 🔵땅띵1.

타다1째 〈옛〉타다1. ¶焦는 블 톨 씨라(圓覺上一之180).

타다2圓 〈옛〉타다2. ¶乘은 톨 씨라(月釋序18).

타다3圓 〈옛〉타다5. 타고나다. ¶하늘 짯 靈혼 긔운을 틱며(訓內序2).

톡圈 〈옛〉턱. ¶톡: 頤(訓解).

터오다圓 〈옛〉태우다. ¶시혹 地獄이 이쇼디쇄 노 새물 터오느니(月釋21:81).

틱圈 〈옛〉턱. ¶쯈의나 님을 보려 틱 밧고 비겨 시니(鄭澈.思美人曲). 🔵톡.

팅즈圈 〈옛〉탱자. ¶팅즈 기:枳(訓蒙上10).

ㅍ[피읖]**[자모]** 피읖. ①한글 자모의 열셋째. ②자음의 하나. 목젖으로 콧길을 막고 입술을 다물어 숨길을 막았다가 떼면서 거세게 내는 안울림소리. 받침의 경우에는 입술을 떼지 아니하여 'ㅂ'과 같게 됨. * ㅍ[피으비]·ㅍ만[피음―]

파[명] 백합과의 다년초. 중국 서부 원산의 재배 식물로, 높이는 60 cm가량. 잎은 속이 빈 대롱 모양이며, 초여름에 원추형의 꽃줄기 끝에 흰 꽃이 핌. 잎에는 독특한 냄새와 맛이 있어 음식의 맛을 더하는 데 쓰임.

파(派)[명] ①취미·사조·지역·주장·생활 배경 등을 같이하는 사람들의 인간관계, 또는 그 갈래. ¶파가 갈리다. /정치적 처지를 같이하는 사람끼리는 자연히 한 파를 이루게 마련이다. ②한 스승이나 한 조상 또는 한 뿌리에서 갈려 나온 갈래. 파계(派系). ¶8대조 때에 와서 파가 갈리게 되다.

파:(破)[명] ①깨어지거나 상한 물건. ¶제본 과정에서 파가 난 책. ②사람의 병통 또는 결점. ③풍수설(風水說)에서, 혈(穴) 안의 물이 흘러간 곳을 이르는 말.

파(把)[의] ⇨줌².

파(fa 이)[명] 장음계의 넷째 음, 또는 단음계의 여섯째 음의 계이름.

파(par)[명] 골프에서, 홀(hole)마다 정하여 놓은 기본 타수. ⍟이글(eagle)·버디(birdie)·보기(bogey).

-파(波)[접미] 《일부 명사 뒤에 붙어》 '물결같이 전달되는 파동이나 세력'을 뜻함. ¶지진파. /전자파. /충격파.

파:가(破家)[하자] ⇨파호(破戶).

파:가(破家)[명] 살림살이를 집어치움.

파:가-저택(破家瀦宅)[명] 지난날, 인륜에 벗어난 큰 죄를 지은 죄인의 집을 헐어 없애고 그 터에 물을 대어 못을 만들던 형벌.

파:각(破却)[명][하타] 파괴함.

파:갑-탄(破甲彈)[명] ⇨철갑탄(徹甲彈).

파개[명] 배에서 쓰는 손 두레박.

파:겁(破怯)[명][하자] 익숙해져서 수줍거나 두려움이 없어짐.

파:격(破格)[명] 관례(慣例)나 격식에서 벗어난 일, 또는 그 관례나 격식. ¶입사 3년 만에 과장 발탁이라니 대단한 파격이군.

파:격-적(破格的)[―쩍]**[관][명]** 관례나 격식에서 벗어난 (것). ¶파격적 조건. /파격적인 대우. /가격을 파격적으로 내리다.

파견(派遣)[명][하타][되자] 어떤 일이나 임무를 맡겨, 어느 곳에 보냄. 차견(差遣). 파송(派送). ¶외교 사절을 파견하다.

파견-군(派遣軍)[명] 어떤 특수 사명을 띠고 파견된 군대.

파견^부대(派遣部隊)[명] 전략상 또는 경비상의 필요에 따라 파견된 부대.

파:경(破鏡)[명] 부부의 금실이 좋지 않아 이별하게 되는 일. ('태평광기'에 나오는 말로, 옛날 어떤 부부가 조각낸 거울 한 쪽씩을 정표로 삼아 잠시 헤어져 있었는데, 여자가 변심을 하자 여자의 거울 조각이 까치가 되어 전 남편에게로 날아갔다는 이야기에서 유래함.] ¶파경을 맞다. /파경을 당하다.

파계(派系)[―계/―게] ⇨파(派).

파:계(破戒)[―계/―게][명][하자] 계(戒)를 받은 사람이 계율을 깨뜨리어 지키지 않음. ¶중이 파계하여 환속하다.

파:계(破契)[―계/―게][명][하자] 계(契)를 깨뜨림. ↔설계(設契).

파:계(罷繼)[―계/―게][명][하타] ⇨파양(罷養).

파:계-승(破戒僧)[―계/―게―][명] 계율을 깨뜨린 중.

파고(波高)[명] ①물결의 높이. ②'정세의 긴박함'을 비유하여 이르는 말. ¶팔레스타인 지역에 다시 긴장의 파고가 높아지고 있다.

파고-계(波高計)[―계/―게][명] '파도의 높이를 재는 계기'를 통틀어 이르는 말.

파고다(pagoda)[명] 불탑(佛塔). 탑(塔).

파고-들다[~드니·~들어][자타] ①안으로 헤집고 들어가다. ¶군중 속으로 파고들다. ②속으로 깊이 스며들다. ¶새벽의 찬 기운이 등골로 파고들었다. /비료 기운이 땅속으로 파고들다. ③(속사정이나 비밀을 알아내기 위하여) 조직이나 사건의 내부로 비집고 들어가다. ¶적의 소굴로 파고들다. ④(궁리·연구 따위를) 골똘히 하다. ¶수학만 파고들다.

파:고-지(破古紙)[명] 콩과의 일년초. 높이는 1 m가량. 잎은 심장 모양이며 가장자리에는 톱니가 있고 어긋맞게 남. 여름과 가을에 작은 나비 모양의 자줏빛 꽃이 핌. 씨는 한방에서 요통(腰痛) 치료에 약으로 씀.

파곡(波谷)[명] 물결과 물결 사이의 골. ↔파구(波丘).

파:골(破骨)[명][하자] 뼈를 으스러뜨리거나 부러뜨림, 또는 그렇게 된 뼈.

파곳(fagott)[명] ⇨바순(basson).

파:공(罷工)[명][하자] 가톨릭에서, 주일과 지정된 큰 축제일에 육체노동을 금함, 또는 그 일.

파:과(破瓜)[명] 〈파과지년(破瓜之年)〉의 준말.

파:과-기(破瓜期)[명] 여자가 월경을 처음 시작하게 되는 시기.

파:과지년(破瓜之年)[명] ('瓜' 자를 파자(破字)하면 '八八'이 되는 데서] 여자의 나이 '열여섯 살', 남자의 나이 '예순네 살'을 이르는 말. ㉰파과.

파광(波光)[명] 물결이 번쩍이는 빛.

파:광(破壙)[명] ①무덤을 파 헤친 그 전 자리. ②[하자]무덤을 옮기려고 광중을 파헤침.

파:괴(破壞)[―괴/―궤][명][하타][되자] 건물이나 기물·조직 따위를 부수거나 무너뜨림. ¶자연을 파괴하다. /도시를 파괴하다. /질서가 파괴되다. ↔건설(建設).

파:괴^강도(破壞強度)[―괴―/―궤―][명] 물체가 외부로부터 힘을 받았을 때, 파괴되지 않고 견딜 수 있는 강도.

파:괴-력(破壞力)[―괴/―궤―][명] 파괴하는 힘. ¶핵무기의 가공할 파괴력.

파:괴-적(破壞的)[―괴/―궤―][관][명] 파괴하려고 하는 (것), 또는 파괴하는 듯한 성질을 띤 (것). ¶파괴적 행동. /원자력은 결코 파괴적으로 사용되어서는 안 된다. ↔건설적.

파-괴-주의(破壞主義)[-괴-의/-궤-이]圓 ①남의 입론(立論)·계획·조직 등을 반대하거나 부인하기를 좋아하는 생각이나 주장. ②진리나 선악의 절대성을 인정하지 않으려는 철학상의 처지.

파구(波丘)圓 물결의 마루. 파두(波頭). ↔파곡.

파:-구분(破舊墳)圓하자 개장(改葬)하기 위하여 무덤을 파냄. 파묘(破墓).

파:국(破局)圓하자 일이나 사태가 잘못되어 결딴이 남. 또는 그 판국. ¶파국을 맞다. /경제적 파국에 직면하다.

파:국-적(破局的)[-쩍]圓 일이나 사태가 잘못되어 결딴이 나는 성격을 띤 (것). ¶파국적 상황. /사태를 파국적으로 몰아가다.

파:군(罷君)圓하자 지난날, 왕가(王家)에서 5대 이후의 종친(宗親)에게 군(君)의 칭호를 내리지 않던 일.

파:군(罷軍)圓하자 진지를 거두고 군사를 풀어 헤침. 파진(罷陣).

파:군-성(破軍星)圓 북두칠성의 일곱째 별.〔요광성(搖光星)을 달리 이르는 말로, 칼 모양을 하고 있으며, 이 별이 가리키는 방향에서 일을 하면 이롭지 못하다고 함.〕요광(搖光).

파:귀(罷歸)圓하자 하던 일을 마치고 돌아가거나 돌아옴.

파곡-천(巴戟天)圓 한방에서, '부조초의 뿌리'를 약재로 이르는 말. 〔정혈(精血)·강장제로 쓰임.〕

파근파근-하다[형어] ①음식이 팍팍하고 메지어 타박타박한 느낌이 있다. ¶삶은 달걀을 물도 없이 먹으려니 파근파근하다. ②다리의 근육이 지치어 내딛는 것이 무겁다. ¶오금이 파근파근하여 이제 더는 못 걷겠다.

파근-하다[형어] 다리의 근육이 지치어 노작지근하고 무겁다. ¶오십 리 길을 쉬지 않고 걸었더니 다리가 파근하다. 파근-히閉.

파급(波及)圓하자 어떤 일의 영향이나 여파가 차차 전하여 먼 데까지 미침. ¶파급 효과. /무궁화 심기 운동이 전국적으로 파급되다.

파기(疤記)圓 병정이나 죄인의 몸을 검사하여 그 특징을 기록한 것.

파:기(破棄)圓하타 되자 ①깨뜨리거나 찢어서 없애 버림. ¶문서를 파기하다. ②(계약·조약·약속 따위를) 취소하여 무효로 함. ¶조약 파기. ③소송법상, 사후심(事後審) 법원이 상소(上訴) 이유가 있다고 인정하여 원심 판결을 취소하는 일. ¶원심 파기. 대③파기 이송(破棄移送).

파:기(破器)圓 깨어진 그릇.

파:-기록(破記錄)圓 (더 나은 기록을 냄으로써) 종전 기록을 깨어 버림.

파:기-상접(破器相接)圓〔깨어진 그릇 조각을 서로 다시 맞춘다는 뜻으로〕'이미 그릇된 일을 바로잡으려고 쓸데없이 애씀'을 이르는 말. ¶그 짓은 이미 파기상접이다.

파:기^이송(破棄移送)圓 사후심(事後審) 법원이 상소(上訴) 이유가 있다고 인정하여 원심 판결을 파기하고 원심 법원과 동등한 다른 법원에 사건을 이송하는 일.

파:기^자판(破棄自判)圓 사후심(事後審) 법원이 상소(上訴) 이유가 있다고 인정하여 원심 판결을 파기하고 그 사건에 대하여 다시 직접 판결하는 일.

파:기^환송(破棄還送)圓 사후심(事後審) 법원이 종국 판결(終局判決)에서 원심 판결을 파기한 경우에, 다시 심판하게 하기 위하여 원심 법원으로 사건을 환송하는 일.

파-김치圓 파로 담근 김치.
    파김치(가) 되다(관용) '기운이 몹시 지쳐서 매우 노작지근하게 된 상태'를 비유하여 이르는 말. ¶연일 계속되는 고된 일로 파김치가 되었다.

파나마(panama)圓 〈파나마풀〉의 준말.

파나마-모자(panama帽子)圓 파나마풀의 잎을 얇게 쪼개어 만든 여름 모자.

파나마-풀(panama-)圓 파나마풀과의 다년초. 중앙아메리카와 남아메리카 원산. 잎은 뿌리에서 모여 나고 손바닥 모양으로 갈라짐. 잎은 파나마모자를 만드는 데 쓰임. 준파나마.

파-나물圓 파를 데쳐서 갖은 양념을 넣고 무친 나물.

파-내다타 박히거나 묻힌 것을 파서 꺼내다. ¶귀지를 파내다. /석탄을 파내다.

파노라마(panorama)圓 ①전체의 경치, 또는 연속적인 광경. ②실지로 사방을 전망하는 것과 같은 느낌을 주도록 만든 사생적(寫生的) 그림 장치. ③영화·소설 따위에서, 변화와 굴곡이 많고 규모가 큰 이야기를 비유하여 이르는 말.

파노라마-대(panorama臺)圓 사방의 경치를 멀리까지 잘 볼 수 있는 높은 자리. 전망대.

파노라마^촬영(panorama撮影)圓 촬영기를 수평으로 회전시켜 전경(全景)을 차례로 죽 찍는 방법.

파:니閉 하는 일 없이 빈둥거리며 노는 모양. ¶농번기에 파니 놀고만 지낸다. /파니 시간만 보내지 말고 공부 좀 해라. 큰퍼니.

파니에(panier 프)圓 드레스나 스커트가 크게 부풀어 보이도록 속옷에 받치는 테.

파다타 ①구멍이나 구덩이를 만들다. ¶땅을 깊이 파다. /기둥에 구멍을 파다. ②(돌·쇠붙이나 나무 따위에) 그림이나 글씨를 새기다. ¶도장을 파다. ③옷을 마름질할 때, 일정한 부분을 더욱 깊게 베어 내다. ¶목둘레선을 깊이 파다. ④(드러나게 하려고) 헤집거나 뒤집거나 긁어 내다. ¶금줄을 파다. ⑤알려지지 않은 것을 찾아 드러내다. ¶예술의 신비를 파 보려는 노력. ⑥(궁리·연구·독서 따위를) 골몰히 하다. ¶책만 파다. ⑦호적 따위의 문서에서 어느 한 부분을 삭제하다. ¶호적에서 이름을 파다.

파다(頻多) '파다(頻多)하다'의 어근.

파다(播多) '파다(播多)하다'의 어근.

파다-하다(頻多-)형어 자못 많다. 매우 많다. ¶그런 정도의 물품은 남쪽으로 내려가면 파다하다네. 파다-히閉.

파다-하다(播多-)형어 (소문이) 널리 퍼져 있다. ¶온 동네에 소문이 파다하다. 파다-히閉.

파닥閉 ①하타 작은 날짐승이 날개를 가볍고 빠르게 쳐서 내는 소리. ②하타 작은 물고기가 꼬리로 물을 치거나 뒤척이면서 내는 소리. ③하자 빨간 깃발 따위가 센 바람에 날리어 내는 소리. 큰퍼덕·푸덕. 쎈파딱. 파닥-파닥閉하자타.

파닥-거리다[-꺼-]자타 자꾸 파다파닥하다. 파닥대다. ¶날개를 파닥거리며 날아오르는 새. 큰퍼덕거리다·푸덕거리다. 쎈파딱거리다.

파닥-대다[-때-]자타 파닥거리다.

파닥-이다Ⅰ자타 깃발 따위가 센바람에 날리다. 큰퍼덕이다·푸덕이다. 쎈파딱이다.
    Ⅱ타 ①작은 날짐승이 날개를 가볍고 빠르게 치다. ②작은 물고기가 가볍고 빠르게 꼬리를 치다. 큰퍼덕이다·푸덕이다. 쎈파딱이다.

파:-담(破談)圓하자 되자 ①의논이나 약속 따위가 깨짐. ②진행되던 혼담이 깨짐.

파-당(派黨)[명] ①(어떤 단체의 내부에서) 이해를 같이하는 사람끼리 어울려서 갈린 여러 파벌(派閥). ¶파당을 이루다. /세 개의 파당으로 세력이 분열된 노조. ②☞당파(黨派).

파-대가리[명] 사초과의 다년초. 자줏빛 뿌리줄기가 가로 뻗으며, 높이 30cm가량. 햇볕이 쬐는 습지에 나며, 여름에 갈색·녹색 꽃이 줄기 끝에 공 모양으로 핌.

파도(波濤)[명] 바다에 이는 물결. ¶파도가 밀려오다. /파도가 일다.

파도-치다(波濤-)[자] ①바다에 물결이 일어나다. ¶파도치는 바다. ②'사회적 운동이나 현상이 일어나다'를 비유하여 이르는 말.

파도-타기(波濤-)[명] 타원형의 널빤지를 타고 몸의 균형을 잡아 가면서 밀려오는 파도를 타는 놀이, 또는 그 경기. 서핑.

파:독(破毒)[명][하자][되자] 독기를 없앰. 해독.

파동(波動)[명] ①공간적으로 전하여 퍼져 가는 진동. 종파(縱波)와 횡파(橫波)가 있음. 〔물결·음파·전자파 따위.〕 ¶빛의 파동. ②'사회적으로 새로운 변화를 가져올 만한 변동'을 비유하여 이르는 말. ¶정치 파동. /석유 파동.

파동-설(波動說)[명] ①빛의 본질은 어떤 매질(媒質)에서의 파동이라고 하는 학설. ②언어학에서, 언어의 지리적 변천은 파동적으로 생긴다고 주장하는 학설.

파두(巴豆)[명] 대극과(大戟科)의 상록 관목. 동부 아시아 열대 지방에서 남. 꽃은 단성화(單性花)로 수꽃은 위에, 암꽃은 아래에 달려 핌. 씨는 독성이 있으며 한약재로 쓰임.

파두(波頭)[명] ①☞파구(波丘). ②바다의 위.

파두-상(巴豆霜)[명] 껍질을 벗기고 기름을 빼낸 파두 씨의 가루. 한방에서 하제(下劑)로 쓰임.

파두-유(巴豆油)[명] 파두의 씨로 짠 기름. 한방에서 하제(下劑)나 피부 자극제로 쓰임.

파드닥[부][하자] 작은 새나 물고기 따위가 날개나 꼬리를 세차게 치는 소리. ②퍼드덕. **파드닥-파드닥**[부][하자] ¶낚시 끝에 매달린 붕어가 꼬리를 파드닥파드닥한다.

파드닥-거리다[-꺼-][타] 자꾸 파드닥파드닥하다. 파드닥대다. ②퍼드덕거리다.

파드닥-대다[-때-][타] 파드닥거리다.

파드득[부][하자] ①단단하고 질기거나 반드러운 물건을 세게 맞비빌 때 나는 소리. ②좀 묽은 유동물(流動物)이 간힌 상태로 있다가 갑자기 좁은 구멍으로 터져 나올 때 나는 소리. ②포드득. **파드득-파드득**[부][하자].

파드득-거리다[-꺼-][자타] 자꾸 파드득파드득하다. 파드득대다.

파드득-나물[-들-][명] 산형과의 다년초. 줄기 높이 60cm가량. 여름에 흰 꽃이 피고, 길둥근 열매를 맺음. 향기가 있고, 어린잎은 먹을 수 있음.

파드득-대다[-때-][자타] 파드득거리다.

파들-거리다[자타] 자꾸 파들파들하다. 파들대다. ②푸들거리다.

파들-대다[자타] 파들거리다.

파들-파들[부][하자] 탄력 있게 바들바들 떠는 모양. ¶입술이 파들파들 떨린다. ②푸들푸들.

파딱[부][하자][자] 〈파닥〉의 센말.

파딱-거리다[-꺼-][자타] 〈파닥거리다〉의 센말. 파딱대다. ②퍼떡거리다·푸떡거리다.

파딱-대다[-때-][자타] 파딱거리다.

파딱-이다[I][자] 〈파닥이다〉의 센말. ②퍼떡이다·푸떡이다. [II][타] 〈파닥이다〉의 센말. ②퍼떡이다·푸떡이다.

파뜩[부][하자] 얼른. 곧. ¶파뜩 떠오른 생각. ②퍼뜩. **파뜩-파뜩**[부][하자] ¶머리가 파뜩파뜩 돌아간다.

파라고무-나무(Pará-)[명] 대극과(大戟科)의 고무나무의 한 가지. 브라질 원산으로 높이 30m가량. 잎은 세 개로 된 복엽이고 여름에 흰 단성화가 핌. 줄기에 진집을 내면 젖 같은 액체가 흐르는데, 이것으로 탄성 고무를 만듦.

파라나-국(波羅奈國←Vārānasi 범)[명] 고대 인도의 왕국(王國). 갠지스 강 중류의 바라나시(Varanasi)를 중심으로 한 지역. 교외에 녹야원(鹿野苑)이 있었음.

파라다이스(paradise)[명] 천상 또는 지상의 낙원.

파라디클로로벤젠(paradichlorobenzene)[명] 철을 촉매로 하여 벤젠을 염소화하여 만드는 판 모양의 무색 결정. 특유의 향기가 있으며, 주로 의류·양모·표본 따위의 방충제로 쓰임.

파라메트론(parametron)[명] 기억 또는 논리 연산(論理演算)의 기능을 하는 회로 소자(回路素子) 장치. 컴퓨터나 전화 교환기 및 공업용 제어기에 쓰임.

파라볼라^안테나(parabola antenna)[명] 극초단파 중계용의 안테나. 금속판이나 망으로 된 회전 포물면경의 초점에 주안테나가 있으며, 전파를 포물면경에 반사시켜서 송수신함. 텔레비전 중계나 위성 방송 수신 따위에 쓰임.

파라솔(parasol 프)[명] ①해변이나 강변 따위에서, 햇빛을 가릴 수 있도록 쳐 놓는 커다란 양산. ②여자가 햇빛을 가리는 데에 쓰는 양산.

파라-척결(爬羅剔抉)[-껼][명][하타] 〔손톱으로 긁거나 후비어 파낸다는 뜻으로〕 ①남의 비밀이나 결점을 샅샅이 들추어냄. ②널리 숨어 있는 인재를 찾아냄.

파라티온(Parathion 독)[명] 유기인(有機燐) 제제(製劑)의 살충용 농약. 독성이 강해 사용이 금지됨.

파라티푸스(Paratyphus 독)[명] 파라티푸스균으로 말미암아 생기는 급성 소화기 전염병.

파라티푸스-균(Paratyphus菌)[명] 파라티푸스의 병원균으로, 간상균(桿狀菌)의 한 가지. 티푸스균과 비슷한 A형과 대장균과 비슷한 B형이 있음.

파라핀(paraffin)[명] 원유를 정제할 때 생기는, 희고 냄새가 없는 반투명의 결정체. 유동 파라핀은 윤활제, 고체 파라핀은 양초·성냥 따위를 만드는 데 쓰임. 석랍(石蠟).

파라핀-유(paraffin油)[명] 파라핀을 채취하는 재료. 중유를 증류하여 만듦.

파라핀-지(paraffin紙)[명] 파라핀을 먹인 종이. 방습(防濕) 포장용으로 쓰임. ⑩납지(蠟紙).

파라호르몬(parahormone)[명] 〔특정한 내분비샘에서 분비되지는 않으나〕 혈관 운동 중추나 호흡 중추 따위에 영향을 미치며, 전신의 기능 조절을 하게 하는, 탄산가스나 젖산과 같은 대사물(代謝物)을 이르는 말.

파라흐 다힐 〈옛〉파랗다. ¶믈 マ싀 내왇는 됴우미 파라흐도다(杜初6:51).

파:락-호(破落戶)[-라코][명] 지난날, '행세하는 집의 자손으로서 허랑방탕한 사람'을 이르던 말. 팔난봉.

파:란[명] ☞법랑(琺瑯).

파란(波瀾)[명] ①☞파랑(波浪). ②'어수선한 사건이나 사고', '심한 변화나 기복'을 비유하여 이르는 말. ¶파란을 겪다. /파란이 일다.

파란(波蘭)[명] '폴란드'의 한자음 표기.

파란-곡절(波瀾曲折)[-쩔]명 생활이나 일의 진행에서 일어나는 많은 곤란과 변화. ¶파란곡절을 겪다. /파란곡절 많은 인생.

파란-만장(波瀾萬丈)명〔물결이 만 길 높이로 인다는 뜻으로〕'인생을 살아가는 데 있어서 기복과 변화가 심함'을 이르는 말. ¶혁명가의 파란만장한 생애. 비파란중첩.

파란-빛[-빋] 파란 빛깔. 비파란색. *파란빛이[-비치]·파란빛만[-빈-]

파란-색(-色)명 파란 색깔. 비파란빛.

파란-중첩(波瀾重疊)[하형]〔물결이 거듭 닥치다는 뜻으로〕'사람의 생활이나 일의 진행에 여러 가지 곤란이나 시련이 많음'을 이르는 말. 비파란만장.

파랄림픽(Paralympics)명 국제 신체 장애인 경기 대회. 〔Paraplegic+Olympic의 합성 조어.〕

파랑명 삼원색의 하나. 갠 날의 하늘 빛깔과 같은 빛깔, 또는 그런 빛깔의 물감. 준퍼렁.

파랑(波浪)명 큰 물결과 작은 물결. 파란(波瀾).

파랑-강충이명 '몸빛이 푸른 강충이'를 통틀어 이르는 말.

파랑-돔명 자리돔과의 바닷물고기. 몸빛은 하늘빛인데, 꼬리와 배 쪽은 노란빛이며 가슴지느러미 밑에 검은 띠가 있음. 제주도·일본 중부 근해에 분포함.

파랑-무지기명 끝에 파랑 물을 들인 무지기.

파랑-비늘돔명 파랑비늘돔과의 바닷물고기. 몸길이 90cm가량. 몸 옆은 청색을 띤 진한 갈색이며 비늘의 가장자리는 폭이 넓고 연한 녹색으로 둘러싸여 있음. 우리나라 남해 및 일본 남부 근해에 분포함.

파랑-새명 ①파랑샛과의 새. 날개 길이 20cm, 꽁지 10cm, 부리 2cm가량. 몸빛은 어두운 녹색에 머리는 녹색을 띤 흑갈색임. ②털빛이 파란 빛깔을 띤 새. 〔흔히, 길조(吉兆)를 상징한다고 여김.〕②청조(靑鳥).

파랑-쐐기나방명 쐐기나방과의 곤충. 편 날개길이 4cm가량이며, 몸과 날개는 녹색임. 애벌레는 누런 녹색으로 등줄기에 푸른 줄이 있으며, 감나무·사과나무·버드나무 등의 잎을 갉아 먹는 해충임. 우리나라·중국·일본 등지에 분포함.

파랑-이명 파란 빛깔의 물건. 준퍼렁이.

파랑줄-돔명 자리돔과의 바닷물고기. 몸빛은 진한 갈색이며 꼬리지느러미는 황색임. 주둥이에서 눈 위쪽으로 몇 줄의 하늘색 줄이 세로로 그어져 있는 것도 있음. 우리나라 남해 및 일본 중부 이남 연해에 분포함.

파랑-쥐치명 쥐치복과의 바닷물고기. 몸길이 30cm가량. 몸빛은 흑갈색이며 작은 주둥이는 끝이 노랗고 몸 옆 중앙부에 둥근 백색 반점이 서너 줄 있음. 우리나라 남해, 일본 연해, 인도양 등에 분포함.

파:랗다[-라타][파라니·파래]형여 ①밝고 선명하게 푸르다. ¶파란 하늘. ②겁에 질리거나 춥거나 하여 얼굴이나 입술이 푸르께하다. ¶얼굴이 파랗게 질리다. 준퍼렇다.

파래명 파랫과의 바닷말. 민물이 흘러드는 바다에 많이 나고 푸른빛임. 영양가가 높아 국·튀각 따위를 만들어 먹음.

파래-박명 배 안에 들어온 물을 퍼내는 데 쓰는 바가지.

파:래-지다재 파랗게 되다. ¶비가 그치고 하늘이 파래졌다. /겁을 먹고 얼굴이 파래지다. 준퍼레지다.

파려(玻瓈)명 ☞파리(玻璃).

파려-괴(玻瓈塊)[-괴/-궤]명 ☞파리모(玻璃母).

파력^발전(波力發電)[-쩐]명 파도의 운동 에너지를 이용한 발전 방식.

파:렴-치(破廉恥)명 염치없이 뻔뻔스러움. ¶파렴치한 행위. 비몰염치(沒廉恥).

파:렴치-범(破廉恥犯)명 (강도·사기·공갈·횡령·강간·마약 거래 등과 같은) 비도덕적인 범죄, 또는 그 범인(犯人).

파:렴치-한(破廉恥漢)명 염치를 모르는 뻔뻔스러운 사람. 비철면피(鐵面皮).

파로틴(parotin)명 침샘 호르몬의 본체. 뼈나 치아의 칼슘 침착을 촉진시키는 작용을 함.

파롤(parole 프)명 특정한 개인에 의하여 특정한 장소에서 실제로 발음되는 언어의 측면. 스위스의 언어학자 소쉬르가 사용한 용어임. 쌍랑그.

파:롱(簸弄)명 □조롱(調弄).

파:뢰(破牢)[-뢰/-뤠]명재 (죄수가) 갇혀 있던 감옥을 부수고 달아남. 파옥(破獄).

파:루(罷漏)명 조선 시대에, 오경삼점(五更三點)에 큰 쇠북을 서른세 번 치던 일. 〔서울에서 인정(人定)으로 야간의 통행을 금했다가 새벽에 북을 쳐서 해제했음.〕변바라.

파:륜(破倫)명하자 ☞패륜(悖倫).

파르께-하다형여 짙지도 옅지도 않게 조금 파란 빛이 나다. 준푸르께하다.

파르나시앵(parnassien 프)명 고답파(高踏派).

파르대대-하다형여 천해 보이게 파르스름하다. 준푸르데데하다.

파르댕댕-하다형여 산뜻하지 못하고 칙칙하게 파르스름하다. 준푸르뎅뎅하다.

파르르부자 ①얇고 가벼운 것의 일부가 작고 탄력 있게 떠는 모양, 또는 그 소리. ¶문풍지가 파르르 떤다. ②적은 액체가 조금 끓어오르는 모양, 또는 그 소리. ¶된장찌개가 넘칠 듯이 파르르 끓어오르다. ③경망스레 발끈 성을 내는 모양. ¶갑자기 목에 핏대를 세우며 파르르 성을 낸다. ④경련을 일으키듯 몸을 떠는 모양. ¶참새가 몸을 파르르 떤다. ⑤얇고 가벼운 것이 대번에 타오르는 모양. ¶가랑잎에 불이 붙자 금세 파르르 타올랐다. 준퍼르르. 여바르르.

파르무레-하다형여 엷게 파르스름하다. 준푸르무레하다.

파르스레-하다형여 파르스름하다. 준푸르스레하다.

파르스름-하다형여 약간 파랗다. 파르스레하다. 준푸르스름하다.

파르족족-하다[-쪽-]형여 빛깔이 고르지 못하고 칙칙하게 파랗다. ¶추워서 입술이 파르족족하다. 준푸르죽죽하다.

파르티잔(←partisan 프)명 정규군이 아닌, 민간인으로 조직된 유격대. 빨치산.

파릇-파릇[-를-름]부하형 군데군데 새뜻하게 파란 모양. ¶파릇파릇한 새싹. 준푸릇푸릇.

파릇-하다[-르타-]형여 빛깔이 조금 파란 듯하다. 파릇-이부.

파릉-채(菠薐菜)명 ☞시금치.

파:리명 파리목(目)의 곤충. 한 쌍의 앞날개와 관상(管狀)의 주둥이가 있음. 발육은 완전 변태. 더러운 곳에서 많이 생기며 전염병을 옮겨 해를 끼침.

파리 경주인(京主人)[속담]〔지난날, 시골 아전이 서울에 오면 그 고을의 경주인의 집으로 모여들었듯이〕'짓꿋은 눈에 파리가 꾀는 것'을 비유하여 이르는 말.

파리(를) 날리다[관용] 〔한가로이 파리나 쫓고 있다는 뜻으로〕영업이나 사무가 바쁘지 않고 한가롭다. 장사가 잘되지 아니하다. ¶매일 파리 날리는 장사라면 차라리 그만두어라.

파리 목숨[관용] '하잘것없이 남에게 쉽사리 죽음을 당하는 목숨'을 비유하여 이르는 말.

파리 발 드리다[관용] (파리가 발을 비비듯이) 손을 싹싹 비비면서 애걸하다.

파리(玻璃)명 ①☞유리(琉璃). ②☞수정(水晶). ③불교에서 이르는, 칠보(七寶)의 하나. 수정(水晶)을 이름. ③파려(玻瓈).

파리(笆籬)명 ①울타리. ②〈파리변물(笆籬邊物)〉의 준말.

파:리똥-새명 광석 속에 파리똥같이 새카맣게 자잘한 금분(金粉)이 끼어 있는 알갱이. 참구새1·새2.

파:리-매명 파리맷과의 곤충. 몸길이 2.5 cm가량. 몸빛은 검고 가슴과 배의 중앙에 갈색 세로 줄이 두 줄 있음. 다른 벌레를 잘 발달된 발로 움켜 잡아먹음.

파:리-머리[명]〈평정건(平頂巾)〉의 속된 말.

파리-모(玻璃母)명 유리가 녹아서 엉긴 덩어리. 파려괴(玻瓈塊).

파:리-동곳[-똥곧]명 꼭지가 둥글고 목이 잘록하게 생긴 동곳. *파:리목동곳이[-똥고시]·파:리목동곳만[-똥곤-]

파리-변물(笆籬邊物)명〔울타리 가에 있는 물건이라는 뜻으로〕쓸모없는 물건을 이르는 말. 준파리.

파:리지옥-풀(-地獄-)명 끈끈이귀이개과에 딸린 다년초. 북아메리카 원산. 잎자루에 넓은 날개가 있고 잎에는 가시 모양의 긴 털과 감각모가 있음. 개미·파리 따위가 일의 감각모에 닿으면 급히 이를 닫아 잡아먹는 식충 식물(食蟲植物)임.

파:리-채명 파리를 때려잡는 데 쓰는 채.

파:리-통(-筒)명 지난날, 파리를 잡는 데 쓰던 둥근 유리통.

파:리-풀명 파리풀과의 다년초. 길둥근 잎은 마주 달리고, 줄기는 50~70 cm. 숲의 그늘진 곳에 나며 여름에 담자색 꽃이 핌. 독이 있는 풀로서, 뿌리의 즙액을 짜서 파리를 잡는 데 씀.

파리-하다[형]여 몸이 마르고 핏기가 없어 해쓱하다. ¶파리한 얼굴.

파:립(破笠)명 찢어진 헌 갓. 폐립(敝笠). ¶파립을 쓴 촌로.

파:마(←permanent)명하타 전열기나 화학 약품으로 머리털을 곱슬곱슬하게 만드는 일, 또는 그 머리털.

파:망(破網)명 찢어진 헌 망건. 폐망(敝網).

파-먹다[-따]타 ①흙이나 땅 따위를 파서 얻는 것으로 먹고살다. ¶땅 파먹는 재주밖에 가진 게 없다. ②겉에서부터 속으로 움푹하게 먹어 들어가다. ¶벌레가 과일을 파먹는다. ③벌지 않고 가지고 있는 것만을 써 없애다.

파면(波面)명 ①물결의 겉면. ②파동이 전파될 때, 같은 시각에 같은 위상(位相)을 나타내는 점의 연결로 이루어지는 면.

파:면(罷免)명하타되자 ①직무나 직업을 그만두게 하는 일. ¶주주들은 부실 경영의 책임을 물어 임원들의 파면을 요구했다. ②공무원의 징계 처분의 한 가지. 공무원의 신분을 박탈하는 일. ¶그는 뇌물 수뢰 건으로 파면되었다.

파:-면자(破綿子)명 헌솜.

파:-면-종(破眠鐘)명 ☞경시종(警時鐘).

파:-멸(破滅)명하자되자 (사람의 인격이나 집안·나라 등이) 그 존재의 의미가 없을 정도로 망해 버림, 또는 그러한 상태. ¶투기를 일삼다 파멸의 길로 떨어지다.

파:-명당(破明堂)명하자 명당의 무덤을 딴 곳으로 옮김.

파:묘(破墓)명하자 개장(改葬)하기 위하여 무덤을 파냄. 파구분(破舊墳).

파:-묘-축(破墓祝)명 파묘할 때 읽는 축문(祝文).

파문(波紋)명 ①수면에 이는 물결의 무늬. ¶잔잔한 물결이 파문을 그려 나간다. ②물결 모양의 무늬. 파상문(波狀紋). ③어떤 일이나 주위를 동요할 만한 영향. ¶파문이 확산되다. /어제 일어난 사건은 사회에 큰 파문을 일으켰다.

파:-문(破門)명하타되자 ①(스승이 어떤 제자에 대하여) 사제(師弟)의 의리를 끊고 그 문하(門下)에서 내쫓음. ②신도(信徒)의 자격을 빼앗고 종문(宗門)에서 내쫓음.

파:문(破門)[2]명 묏자리에서 파수(破水)의 끝으로 바라보이는 지점.

파-묻다[1][-따]타 ①땅을 파고 그 속에 묻다. ¶덩이뿌리를 파묻다. ②남이 모르게 깊이 감추어 버리다. ¶부정한 사실을 파묻어 버리다. ③(얼굴이나 몸을 어디에) 깊숙이 대거나 기대다. ¶소파에 몸을 파묻다. /어머니 가슴에 얼굴을 파묻고 흐느낀다.

파-묻다[2][-따][~물으니·~물어]타드 (모르는 것을 밝히거나 알아내려고) 자세하게 따지면서 묻다. ¶그의 정체를 파묻는다.

파묻-히다[-무치-]자 『'파묻다1'의 피동』 파묻음을 당하다. ¶사건은 미궁(迷宮) 속에 파묻히고 말았다.

파:-물(破物)명 깨어지거나 흠이 나서 못 쓰게 된 물건.

파:민(罷民)명 ①일정한 거처나 직업이 없이 떠도는 사람. ②하자 민중을 피폐하게 함.

파반(把盤)명 손잡이가 붙은 목판.

파발(擺撥)명 ①조선 말기에, 공문을 급히 보내기 위하여 설치했던 역참(驛站). ②☞파발꾼. ¶파발을 띄우다.

파발-꾼(擺撥-)명 조선 말기에, 공문(公文)을 각 역참(驛站)으로 나르던 사람. 파발(擺撥).

파발-마(擺撥馬)명 ①조선 말기에, 공무로 급히 다른 지방으로 가는 사람이 타던 말. ②'급히 달아나는 사람'을 조롱조로 이르는 말.

파:방(派房)명 조선 시대에, 해마다 한 번씩 각 지방 군(郡)에서 육방(六房)의 하급 관리들을 교체하던 일. 환방(換房).

파:방(罷榜)명 지난날, 과거에 급제한 사람의 발표를 취소하던 일.

파방(罷榜)에 치다[관용] 이제까지 살아오던 살림을 그만 집어치우다.

파:방-판(罷榜-)명 일이 다 끝난 판.

파-밭[-받]명 파를 심은 밭. *파밭이[-바치]·파밭을[-바틀]·파밭만[-반-]

파밭 밟듯 하다[관용] (파밭 속을 걸어가듯이) 조심스럽게 발걸음을 옮겨 걸어가다.

파배(把杯)명 손잡이가 붙은 술잔.

파벌(派閥)명 ①이해관계에 따라 따로따로 갈라진 사람들의 집단. ¶파벌 싸움. /정치적 파벌을 형성하다. ②한 파(派)에서 갈린 가벌(家閥)이나 지벌(地閥).

파:벽(破僻)명하자 벽성(僻姓)이나 무반향(無班鄉)에서 인재가 나와 본디의 미천한 처지에서 벗어나는 일.

파:벽(破壁)[명] 무너진 벽.

파:벽(破甓)[명] 깨어지거나 헌 벽돌. 파벽돌.

파:-벽돌(破甓-)[-똘][명] ⇒파벽(破甓).

파:벽-토(破甓土)[명] 무너진 벽의 흙.

파별(派別)[명][하타] 갈래를 나누어 가름, 또는 그 갈래의 구별.

파병(派兵)[명][하자][되자] 군대를 파견함.

파:병(欛柄)[명][하자] 사람의 목숨을 좌우할 수 있는 권력을 잡음.

파보(派譜)[명] 같은 종문(宗門)에 딸린 한 파의 보첩(譜牒). ☞ 족보(族譜).

파복(波腹)[명] 정상파(定常波)에서, 진폭이 최대가 되는 점. ↔파절(波節).

파:복(罷伏)[명] 조선 시대에, 파루(罷漏)를 친 뒤 순라(巡邏)들이 집으로 돌아가던 일.

파:본(破本)[명] 인쇄·제책이 잘못되거나 파손되거나 하여 온전하지 못한 책.

파부-초(婆婦草)[명] 백부과의 다년초. 줄기 높이 60cm 이상이고 여름에 잎겨드랑이에서 담녹색의 꽃이 한두 송이 핌. 덩어리 모양의 뿌리는 백부근(百部根)이라 하여 한방에서 약재로 쓰임. 아천문동(野天門冬).

파:부침선(破釜沈船)[명] 〔출전(出戰)에 즈음하여 병사들이 솥을 깨뜨리고 병선(兵船)을 가라앉힌다는 뜻으로〕'죽기를 각오하고 싸움에 임함'을 이르는 말.

파:빈(破殯)[명][하자] ⇒계빈(啓殯).

파-뿌리[명]〔파의 뿌리가 희다는 데서〕'백발(白髮)'을 비유하여 이르는 말. ¶검은 머리가 파뿌리가 되도록 부부가 해로(偕老)하다.

파사(波斯)[명] '페르시아'의 한자음 표기.

파:사(破寺)[명] 허물어진 절.

파:사(破事)[명] 깨어진 일. 실패한 일.

파사(婆娑)[어] '파사하다'의 어근.

파:사(罷仕)[명][하자] ①그날의 일을 끝냄. ②지난날, 관원이 그날의 공무(公務)를 마치고 관아에서 퇴근하던 일. 사퇴(仕退).

파:사(罷祀)[명][하자]〈파제사(罷祭祀)〉의 준말.

파사-하다(婆娑-)[형어] ①춤추는 소매의 나부낌이 가볍다. ②몸이나 형세가 쇠하고 가냘프다. ③초목의 잎사귀가 많이 떨어져 잎이 매우 성기다. ④거문고 따위의 소리가 가냘프고 꺾임이 많다.

파:사-현정(破邪顯正)[명][하자] ①부처의 가르침에 어그러지는 사악한 생각을 깨뜨리고 올바른 도리를 뚜렷이 드러냄. ②그릇된 생각을 깨뜨리고 바른 도리를 드러냄.

파삭[부][하자어] ①갓 마른 가랑잎이나 마른 검불 따위를 가볍게 밟을 때 나는 소리, 또는 그 모양. ②보송보송한 물건이 바스러지거나 깨질 때 나는 소리, 또는 그 모양. ③단단하고 부서지기 쉬운 물건을 깨물 때 나는 소리, 또는 그 모양. 콘퍼석. 파삭-파삭[부][하자어].

파삭-거리다[-꺼-][자타] 자꾸 파삭파삭하다. 파삭대다. 콘퍼석거리다.

파삭-대다[-때-][자타] 파삭거리다.

파삭-파삭[부][하자] 매우 파삭한 모양. ¶오랜 비바람에 삭은 흙벽이라 손을 대는 대로 파삭파삭 무너진다. /파삭파삭한 구름. 콘퍼석퍼석.

파삭-하다[-사카-][형어] 연한 물건이 메말라 보송보송하고 부서지기 쉽다. ¶입술이 파삭하게 말라 있다.

파:산(破産)[명][하자][되자] ①가산을 모두 날려 버림. 도산(倒産)¹. ¶파산을 당하다. /화재(火災)

로 파산하다. ②채무자가 그 채무를 완전히 갚을 수 없는 상태에 놓였을 때 채무자의 모든 재산을 채권자에게 공평하게 나누어 줄 것을 목적으로 하는 재판상의 절차.

파:산(破算)[명][하자] 주판에 계산된 셈을 헝클어 버림.

파산(罷散) '파산하다'의 어근.

파:산^법원(破産法院)[명] 파산 사건을 관할하여 여러 파산 절차의 정당한 진행에 책임을 지는 법원.

파:산^선고(破産宣告)[명] 법원이 파산 신고를 인정하여 파산 절차를 실행으로 옮긴다는 뜻을 선고하는 결정. ¶파산 선고를 받다.

파:산-자(破産者)[명] 파산 선고를 받은 사람.

파:산^재단(破産財團)[명] 파산 절차에 의하여 채권자에게 배당(配當)되어야 할 파산자의 총재산.

파-산적(-散炙)[명] 파와 쇠고기를 섞어 꼬챙이에 꿰어 구운 음식.

파:산^절차(破産節次)[명] 파산 재단을 모든 채권자에게 공평하게 배당 변제하는 것을 목적으로 하는 민사 소송상의 절차.

파:산-하다(罷散-)[형어] 벼슬을 그만두어 한산하다.

파상(波狀)[명] ①물결과 같은 형상. ②일정한 간격을 두고 차례로 되풀이되는 모양.

파:상(破傷)[명][하자][타] 다쳐서 상함, 또는 그 상처. 부상(負傷).

파상^공격(波狀攻擊)[명]〔물결이 밀려왔다가 밀려가듯이〕한 공격 대상에 대하여 단속적(斷續的)으로 하는 공격. ¶폭격기의 파상 공격.

파상-문(波狀紋)[명] 물결무늬. 파문(波紋).

파상-운(波狀雲)[명] 물결 모양의 구름. 특히, 권적운(卷積雲)·고적운(高積雲)·층적운(層積雲) 등에 잘 나타남.

파상-적(波狀的)[관명] 물결 모양으로 일정한 간격을 두고 차례로 되풀이되는 (것). ¶파상적 공세. /파상적으로 지속되는 폭격.

파상^파(波狀罷業)[명] 동맹(同盟) 파업 형태의 한 가지. 동일 산업의 여러 조합이나 동일 기업의 지역별 조합 조직이 차례차례 연속적으로 벌이는 파업.

파상^평원(波狀平原)[명] ⇒준평원(準平原).

파:상-풍(破傷風)[명] 파상풍균의 감염으로 일어나는 급성 전염병. 상처를 통하여 감염되며, 파상풍균의 독소가 말초 신경이나 척수 세포를 침범하여 전신의 근육에 강직성 경련을 일으킴.

파:상-균(破傷風菌)[명] 파상풍을 일으키는 병원균. 혐기성(嫌氣性)의 간균(桿菌)으로 흙 속에 삶.

파:상풍^혈청(破傷風血淸)[명] 파상풍 환자를 치료하거나, 잠복성 환자의 발병을 예방하기 위하여 쓰이는 혈청의 제제(製劑).

파:색(破色)[명] ⇒탁색(濁色).

파생(派生)[명][하자][되자] 하나의 본체에서 다른 사물이 갈려 나와 생김. ¶파생 상품. /한 사건에서 몇 가지 일이 파생되다.

파생-법(派生法)[-뻡][명] 실질 형태소에 접사를 붙여 파생어를 만드는 단어 형성법. ('덧-+버선→덧버선', '슬기+-롭다→슬기롭다'로 되는 따위.) 합성법.

파생^사회(派生社會)[-회/-훼][명] 사회의 분화 과정에서, 유사(類似) 또는 이익의 공통이라는 문화적 유대를 통해 기초 사회로부터 파생된 사회. ↔기초 사회(基礎社會).

파생^수요(派生需要)圏 어떤 물건을 생산함으로써 생기는 간접적인 수요.

파생-어(派生語)圏 복합어의 한 갈래. 실질 형태소와 접사가 어울려 이루어진 단어. [부채질·지붕·치밀다 따위.] 閻단일어(單一語)·복합어(複合語)·합성어(合成語).

파생적 소:득(派生的所得)[-쏘-] 생산에 종사하지 않고 얻은 소득. 곧, 본원적 소득에서 갈라져 나오는 소득. 〔연금·공채·이자 따위.〕

파:석(破石)**하자** 돌이나 광석(鑛石) 따위를 잘게 깨뜨림.

파선(波線)圏 ①물결 모양의 곡선. ②드러냄표의 한 가지. 주의를 끌거나 중요한 부분을 드러내기 위하여, 가로쓰기의 글귀 아래에 긋는 물결 모양의 줄.

파:선(破船)**하자되자** 배가 풍파나 암초로 말미암아 부서짐, 또는 부서진 그 배. ¶부두에 정박하고 있던 어선들이 태풍으로 파선되었다.

파:선(破線)圏 짧은 선을 일정한 간격을 두고 벌려 놓은 선. 제도(製圖)에서, 보이지 않는 부분의 형태를 나타낼 때 사용함. 〔---, -·-·- 따위.〕

파설(播說)圏**하타되자** 말을 퍼뜨림.

파:성-기(破城器)圏 파쇠로 만든 그릇.

파:섹(parsec)의 천문학상의 거리의 단위. 연주시차(年周時差) 1초에 상당하는 거리. 1파섹은 약 30조 8400억 km, 또는 3.259광년. 〔기호는 pc〕 [parallax+second]

파속(把束)圏 지난날, 논밭에 매기던 조세의 단위인 '줌'과 '뭇'을 아울러 이르던 말.

파:손(破損)圏**하자타** 깨어져 못 쓰게 됨, 또는 깨뜨려 못 쓰게 함. ¶기물(器物) 파손./폭우로 많은 교량과 도로가 파손되었다.

파송(派送)圏**하타되자** ☞파견(派遣).

파:쇄(破碎)圏**하타되자** 깨뜨려 부스러뜨림.

파:-쇠(破-)[-쇠/-쉐]圏 깨어져서 못 쓰게 된 쇠그릇 조각이나 쇠붙이. 파철(破鐵).

파쇼(fascio 이)圏 파시즘적인 경향·운동·단체·지배 체제, 또는 그러한 인물 따위를 가리켜 이르는 말.

파쇼나토(passionato 이)圏 악보의 나타냄말. '열정으로'의 뜻.

파수(把守)圏**하타** 경계하여 지킴, 또는 지키는 그 사람. ¶파수를 보다.

파수(派收)圏 ①닷새마다 팔고 산 물건 값을 치르는 일. ②장날에서 다음 장날까지의 사이.

파:수(破水)圏 ①분만 때, 양막이 터지며 양수가 흘러나오는 일, 또는 그 양수. ②풍수설에서, 묏자리나 마을터에서 산 뒤로 보이는 물줄기의 파문(破門)으로 빠져나가는 물.

파수-꾼(把守-)圏 파수 보는 사람.

파수-막(把守幕)圏 파수를 보려고 마련한 막.

파수-병(把守兵)圏 파수 보는 병사. 보초(步哨).

파순(波旬)☞Pāpīyas 범圏 석가모니와 그의 제자들의 수행(修行)을 방해한 마왕(魔王)의 이름. 천마.

파스(farce)圏 프랑스 중세의 짧은 희극(喜劇). 소극(笑劇).

파스(PAS)圏 결핵 치료제. 백색의 결정 또는 분말로 되어 있으며 약간 쓴맛이 돎. [para-amino salicylic acid]

파스(←Pasta 독)圏 분말 약품을 다량으로 함유한 연고의 한 가지. 피부에 잘 달라붙으며, 피부 또는 점막으로부터 분비물을 잘 흡수하여 상한 피부를 건조시킴. ¶파스를 붙이다.

파스너(fastener)圏 ①분리되어 있는 것을 잠그는 데 쓰는 기구. ②☞지퍼.

파스칼(PASCAL)¹圏 컴퓨터 프로그래밍 언어의 한 가지. 데이터 처리와 알고리즘을 자연스럽고도 체계적인 구조로 표현하는 데 알맞은 고급 언어임.

파스칼(pascal)²의 압력의 단위. 1파스칼은 제곱미터당 1뉴턴(newton)에 해당하는 압력임. 〔기호는 Pa〕

파스텔(pastel)圏 안료 가루를 점착제 따위로 굳혀 막대 모양으로 만든 화구(畵具)의 한 가지.

파스텔-화(pastel畵)圏 파스텔로 그린 그림.

파스토랄(pastoral 프)圏 ①목가(牧歌). 전원시. ②목가적인 기악곡 또는 성악곡.

파스투렐(pastourelle 프)圏 프랑스 중세기의 전원시(田園詩).

파스파^문자('Phags-pa文字)[-짜]圏 원(元)나라 때, 쿠빌라이 칸이 티베트의 중(僧) 파스파에게 명하여 만든 몽골의 문자.

파스피에(passe-pied 프)圏 중세 프랑스에서 발생한 8분의3 박자, 또는 8분의6 박자의 경쾌한 춤곡.

파:슬리(parsley)圏 산형과의 이년초. 서양 채소의 한 가지. 줄기에는 골이 있으며 높이는 50 cm가량. 잎은 당근 잎과 비슷하며 여러 갈래로 갈라져 있고 향기가 있음.

파슬-파슬圏**하여** 덩어리진 가루 따위가 말라서 쉽게 바스라지는 모양. ¶오래된 흙벽이 삭아서 파슬파슬 허물어져 내린다. 團퍼슬퍼슬. ⑩바슬바슬.

파시(波市)圏 고기가 많이 잡히는 철에, 바다 위에서 열리는 생선 시장.

파시스트(fascist)圏 파시즘을 신봉하고 주장하는 사람.

파시즘(fascism)圏 독재적인 전체주의. 〔제1차 세계 대전 후 이탈리아의 무솔리니 정권에서 비롯됨.〕

파식(波蝕)圏**하타** 파도가 육지를 침식함.

파식(播植)圏**하타되자** 씨앗을 뿌리어 심음. ⑪파종(播種).

파식^대지(波蝕臺地)[-때-]圏 파식으로 깎인 암석의 파편이 퇴적하여 해안에 가까운 해저에 형성된 넓은 대지 모양의 지형.

파악(把握)圏**하타되자** 〔손에 쥔다는 뜻으로〕 어떤 대상의 내용이나 본질을 잘 이해하여 확실하게 앎. ¶인원 파악./사건의 진상을 파악하다./재고 도서를 파악하다.

파:안(破顔)圏**하자** 얼굴에 즐거운 표정을 지어 웃음. 얼굴에 웃음을 띰.

파:안-대소(破顔大笑)圏**하자** 즐거운 표정으로 한바탕 크게 웃음.

파압(波壓)圏 (밀려와 부딪치는) 파도의 압력.

파:약(破約)圏**하타** 약속을 깨뜨림. 약속이나 계약을 취소함. 해약(解約).

파:양(罷養)圏**하자** 양친(養親)과 양자의 관계를 끊음. 파계(罷繼).

파:업(罷業)圏**하자** ①〈동맹 파업〉의 준말. ¶파업 농성. ②하던 일을 중지함.

파:업-권(罷業權)[-꿘]圏 쟁의권의 한 가지. 노동자가 단결하여 동맹 파업을 할 수 있는 권리.

파:업^기금(罷業基金)[-끼-]圏 동맹 파업 때에 쓰기 위하여 근로자가 평소에 미리 준비하여 두는 기금.

파에톤 (Phaëthon 그)圈 그리스 신화에 나오는, 태양신 헬리오스의 아들.

파:연 (罷宴)圈하타 연회나 잔치를 마침.

파:연-곡 (罷宴曲)圈 연회나 잔치를 마칠 때 부르는 노래.

파:열 (破裂)圈하자되자 (내부의 압력으로 말미암아) 짜개지거나 갈라져 터짐. 열파(裂破). ¶지진으로 수도관이 파열되다.

파:열-시 (破裂矢)圈 고래를 잡을 때 쓰는 작살. 명중되는 순간 끝이 여러 가닥으로 쪼개지게 되어 있음.

파:열-음 (破裂音)圈 자음의 한 갈래. 허파에서 나오는 날숨을 일단 막았다가 그 막았던 자리를 터뜨리면서 내는 소리. 〔ㅂ·ㅃ·ㅍ·ㄷ·ㄸ·ㅌ·ㄱ·ㄲ·ㅋ〕이 이에 딸림.〕터짐소리. 폐쇄음. 참파찰음.

파오 (包 중)圈 몽골 유목민의 천막식 가옥. 뜯어서 이동하기 쉽게 되어 있음.

파:옥 (破屋)圈 허물어진 집.

파:옥 (破獄)圈하 (죄수가 달아나기 위해) 감옥을 부숨. 파뢰(破牢).

파:와 (破瓦)圈 깨어진 기와.

파우더 (powder)圈 ①가루. ②화장용 분(粉).

파운데이션 (foundation)圈 〔'기초'·'토대'의 뜻에서〕①기초 화장에 쓰는 화장품의 한 가지. ②몸의 선을 고르게 하기 위해 입는 여성용 속옷. 〔브래지어·코르셋·올인원 따위.〕

파운드 (pound)의 ①야드파운드법에서, 질량(質量)의 단위. 1파운드는 16온스. 0.4536 kg. 〔기호는 lb〕②영국의 화폐 단위. 1파운드는 20실링. 〔기호는 £·L〕③이스라엘·이집트·아일랜드의 화폐 단위.

파운드^지역 (pound地域)圈 파운드 화폐를 중심으로 금융적·경제적으로 결속되어 있는 지역. 스털링 지역.

파울 (foul)圈 ①규칙 위반. 반칙. ¶파울을 범하다. ②'파울 볼'의 준말.

파울^그라운드 (foul ground)圈 야구장에서, 파울 라인 바깥 부분의 운동장.

파울^라인 (foul line)圈 야구장에서, 본루와 일루, 본루와 삼루를 잇는 선과 그 연장선.

파울^볼: (foul ball)圈 야구에서, 타구(打球)가 파울 라인 밖으로 나가는 일, 또는 그 공. 준파울.

파울^팁 (foul tip)圈 야구에서, 투수가 던진 공이 타자의 배트를 스쳐 직접 포수의 미트 속에 들어가는 일, 또는 그 공. 팁.

파울^플라이 (foul fly)圈 야구에서, 파울 라인 밖으로 높이 쳐올린 공.

파워 (power)圈 〔'할 수 있다'는 뜻에서〕'힘'·'능력'·'권력'을 뜻하는 말. ¶파워가 세다.

파원 (派員)圈 파견된 사람.

파월 (播越)圈 ⇨파천(播遷).

파:의 (罷意)〔-의/-이〕圈하타 하려고 마음먹었던 뜻을 버림.

파:의 (罷議)〔-의/-이〕圈하자되자 의논하던 것을 그만두거나 합의하였던 것을 도로 물리거나 깨뜨리는 일. ¶이번 안건은 파의되었다.

파이 (pi 그)圈 그리스 자모의 열여섯째 글자. 〔수학에서 Π는 총승 기호(總乘記號)로, π는 원주율(圓周率)을 나타내는 기호로 쓰임.〕

파이 (pie)圈 서양 과자의 한 가지. 밀가루와 버터를 섞은 반죽을 밀어 그 속에 과일·고기 따위를 넣고 구워서 만듦.

파이널^세트 (final set)圈 배구·테니스·탁구 등 세트 구분이 있는 경기에서, 승패를 가름하는 마지막 세트. ¶경기가 파이널 세트까지 가다.

파-이다자 〔'파다'의 피동〕팜을 당하다. ¶폭우로 웅덩이가 파이다. 준패다4.

파이버 (fiber)圈 ①섬유. 섬유질. ②군인이 철모 밑에 받쳐 쓰는 모자. ③'스테이플 파이버'의 준말. ④'벌커나이즈드 파이버'의 준말.

파이버보:드 (fiberboard)圈 섬유판(纖維板).

파이트-머니 (fight money)圈 프로 권투나 프로 레슬링 등의 경기에서, 선수가 받는 보수. 대전료(對戰料).

파이팅 (fighting)갑 〔'힘내라'·'힘내자' 따위의 뜻으로〕경기하는 선수를 격려하는 외침, 또는 경기하는 선수들끼리 외치는 구호.

파이프 (pipe)圈 ①주로, 액체나 기체 따위를 보내는 데 쓰는 관(管). 도관(導管). ②수도 파이프. ②살담배를 피우는 데 쓰는 서양식 곰방대. 또는, 권련을 피우는 데 쓰는 서양식 물부리. ¶그분은 늘 파이프를 물고 계신다.

파이프라인 (pipeline)圈 석유나 천연가스 등의 유체를 멀리까지 보내기 위하여 설치한 원거리 수송관. 송유관(送油管).

파이프^렌치 (pipe wrench)圈 관(管)을 부설할 때 관의 나사를 죄는 공구의 한 가지.

파이프^오르간 (pipe organ)圈 건반 악기의 한 가지. 음관에 따라 배열된, 크고 작은 여러 관에 동력으로 공기를 보내어 소리를 내게 한 오르간.

파인 (巴人)圈 〔중국의 파(巴) 지방 사람이란 뜻으로〕'촌뜨기' 또는 '시골의 교양 없는 사람'을 빗대어 이르는 말.

파인더 (finder)圈 ①카메라에 달려, 사진을 찍을 때에 구도를 정하거나 핀트를 맞추거나 하기 위해 피사체를 들여다보는 부분. ②큰 망원경에 달려, 찾고자 하는 천체를 찾기 위하여 사용하는 작은 망원경.

파인애플 (pineapple)圈 파인애플과의 상록 다년초. 중앙아메리카 및 남아메리카가 북부 원산으로, 높이는 50～120 cm. 잎은 짧은 줄기 위에 뭉쳐나고, 엷은 자홍색 꽃이 핌. 길둥근 모양의 열매는 등황색으로 황록색으로 익는데, 향기와 맛이 좋음. 봉리(鳳梨).

파인트 (pint)의 야드파운드법에 따른 액체의 분량 단위. 1파인트는 8분의 1갤런. 〔기호는 pt〕

파인^플레이 (fine play)圈 ①운동 경기에서, 선수가 보여 주는 멋지고 뛰어난 기술. 미기(美技). ②어떤 경쟁 따위에서, 정정당당한 싸움.

파:일 (←八日)圈 석가 탄생일인, 음력 사월 초여드렛날. 초파일.

파:일 (破日)圈 (민속에서, 일을 하면 불길한 날로 치는〕음력 매달 초닷샛날·열나흗날·스무사흗날을 통틀어 이르는 말.

파일 (file)圈 ①서류철(書類綴). ¶파일을 정리하다. ②컴퓨터의 기억 장치에 분류하여 저장된 정보의 묶음. ③데이터베이스에서의, 데이터의 단위인 레코드의 집합.

파일 (pile)圈 ①첨모직(添毛織). ②토목이나 건축 따위의 기초 공사를 할 때 박는 말뚝.

파:일-등 (←八日燈)圈 석가 탄생일인 사월 초파일에 다는 등. 참관등(觀燈).

파일럿 (pilot)圈 ①항공기의 조종사. ②항만이나 강에서, 뱃길을 안내하는 사람. ②도선사(導船士).

파일럿-램프 (pilot lamp)圈 기계나 기구·회로 따위의 상태를 나타내는 램프. 표시등.

파일럿^플랜트 (pilot plant)圈 새로운 생산 공장을 건설하기에 앞서, 생산에 따른 여러 가지 자료를 얻기 위하여 세우는 시험 공장.

파일-북(file book)몡 종이나 간단한 서류 따위를 자유로이 끼우고 뺄 수 있게 만든 공책, 또는 그러한 공책의 표지.

파:임몡 한자의 자형의 한 가지. '永'자 등에서의 '丶'의 이름.

파:임-내다目 논의하여 결정된 일을, 뒤에 가서 딴소리하여 그르치게 하다. ¶끝에 가서 파임 내는 사람은 따로 있다.

파자(笆子·把子)몡 ☞바자.

파:자(破字)몡하자 ①한자의 자획을 나누거나 합치거나 하여 맞추는 놀이.〔'是'자를 풀어서 '日下人'하는 따위.〕해자(解字). ②☞파자점(破字占).

파자마(pajamas)몡 ①약간 낙낙하게 지은, 위아래가 따로 된 잠옷. ②인도·페르시아 사람들이 입는 통 넓은 바지.

파:자-쟁이(破字-)몡 ☞해자쟁이.

파:자-점(破字占)몡 점의 한 가지. 임의로 한자(漢字) 하나를 짚게 하고 그 글자를 파자하여 길흉을 점침. 파자(破字).

파:-잡다[-따]目 결점을 잡다. 결점을 들추어 내다.

파장(把掌)몡하다 조선 시대에, 결세액(結稅額)과 납세자를 양안(量案)에서 뽑아 부책(簿册)에 초록(抄錄)하던 일.

파장(波長)몡 ①파동에서, 같은 위상(位相)을 가진 서로 이웃한 두 점 사이의 거리. 곧, 전파나 음파 따위의 마루에서 다음 마루까지의, 또는 골에서 다음 골까지의 거리. ②'어떤 일이 끼치는 영향, 또는 그 영향이 미치는 정도나 동안'을 비유하여 이르는 말. ¶파장을 몰고 오다. /파장을 불러일으키다.

파:장(罷場)몡하자目 ①섰던 장이 파함, 또는 그런 때. ¶파장 무렵에는 물건 값이 싸다. ②지난날, 과장(科場)이 파한 일을 이르던 말. ③〔여럿이 함께 하는 일이 끝날 판이나 그 무렵. ¶파장에야 어슬렁거리며 나타난다.

파장에 수수엿 장수(족담) 때를 놓치고 볼꼴 사납게 된 사람이나 경우를 이르는 말.

파장-계(波長計)[-게/-게]몡 전자파·교류 전류 따위의 파장(波長)이나 주파수를 측정하는 장치.

파장-기(把掌記)[-끼]몡 지난날, 결세액과 납세자를 양안(量案)에서 초록하던 부책(簿册).

파:장-머리(罷場-)몡 일이 끝날 때. 파장이 될 무렵. ¶파장머리에 잠시 거들고는 생색낸다.

파:재(罷齋)몡하자 불교에서, '법회나 재회(齋會)를 마침'을 이르는 말.

파:-재목(破材木)몡 헐어서 못 쓰게 된 재목.

파쟁(派爭)몡하자 파벌 싸움. ¶파쟁을 일으키다.

파:적(破寂)몡하자〔적막을 깨뜨린다는 뜻으로〕심심풀이. 소한(消閑).

파:적(破積)몡하자〔적병(積病)을 깨뜨린다는 뜻으로〕오래 묵은 체증(滯症)을 고침.

파-전(-煎)몡 반죽한 밀가루에 길쭉길쭉하게 썬 파를 넣어 부친 전. 고기·조갯살·굴 따위를 얹기도 함. ¶파전을 부치다.

파전(播傳)몡하자되자 ☞전파(傳播).

파:전(罷戰)몡하자 싸움을 그침.

파절(波節)몡 정상파(定常波)에서 진동하지 아니하는 부분. ↔파복(波腹).

파:절(破節)몡하자 절개를 깨뜨림.

파:접(破接)몡하타 ①지난날, 시를 짓고 글을 읽는 모임을 마치고 헤어지던 일. ②모임이 끝나 헤어짐.

파:접-례(罷接禮)[-쩜녜]몡하자 파접(罷接)할 때 베푸는 잔치.

파:정(破精)몡하자 ☞사정(射精).

파:제(破堤)몡 홍수 따위로 제방이 무너짐.

파:제(破題)몡〔제의(題意)를 설파(說破)한다는 뜻으로〕①하자 과거(科擧)에서, 작시(作詩)의 첫머리에 글제의 뜻을 쓰던 일. ②'시부(詩賦)의 첫머리'를 이르는 말.

파:제(罷祭)몡하자 ☞파제사의 준말.

파:제-만사(破除萬事)몡 어떤 일을 이루기 위하여 모든 일을 다 제쳐 놓음. 제백사(除百事). ¶파제만사하고 참석해 주십시오.

파:-제사(罷祭祀)몡하자 제사를 마침. 춘파사(罷祀)·파제(罷祭).

파:젯-날(罷祭-)[-젠-]몡 제사를 마친 날.

파족(派族)몡 본파에서 갈라져 나온 종족.

파:종(破腫)몡하자 종기를 터뜨리는 일.

파종(播種)몡하타 논밭에 곡식의 씨앗을 뿌림. 낙종(落種). 부종(付種). 종파. 메파식(播種).

파-죽음몡 몹시 맞거나 지쳐서 녹초가 된 상태를 이르는 말. ¶파죽음이 되어 돌아오다.

파:죽지세(破竹之勢)[-찌-]몡〔대가 결 따라 쪼개질 때와 같은 형세라는 뜻으로〕감히 대적할 수 없을 정도로 막힘없이 무찔러 나아가는 맹렬한 기세를 이르는 말. ¶파죽지세로 적을 무찔러 나가다.

파:지(把持)몡하자 (어떤 물건이나 권력 따위를) 꼭 움켜쥠.

파:지(破紙)몡 ①찢어진 종이. ②인쇄나 제본 과정 등에서, 구겨지거나 찢어지거나 하여 못 쓰게 된 종이.

파:직(罷職)몡하타자하자 관직에서 물러나게 함. ¶탐관오리를 파직하다.

파:진(破陣)몡하타 적진을 쳐부숨.

파:진(罷陣)몡하자 ☞파군(罷軍).

파진-찬(破珍飡)몡 신라 때의 17관등의 넷째 등급을 이르던 말. ☞대아찬.

파착(把捉)몡하타 ①마음을 단단히 다잡음. ②일의 요점이나 요령을 잘 깨침. ②포착(捕捉).

파:찰-음(破擦音)몡 자음의 한 갈래. 입 안의 날숨을 완전히 막았다가 터뜨릴 때 마찰하는 소리가 뒤따르게 되는 소리.〔'ㅈ·ㅉ·ㅊ'이 이에 딸림.〕

파천(播遷)몡하자 임금이 도성을 떠나 난을 피함. 파월(播越).

파:-천황(破天荒)몡〔천지개벽 이전의 혼돈한 상태를 깨뜨린다는 뜻으로〕'지금껏 아무도 생각하지 못했던 놀랄 만한 일을 하는 경우'를 이르는 말.

파:철(破鐵)몡 ☞파쇠.

파:체(破砌)몡 ①깨진 섬돌. ②파손된 문지방.

파초(芭椒)몡 ☞천초(川椒).

파초(芭蕉)몡 파초과의 다년초. 중국 원산의 관엽 식물. 뿌리는 굵은 덩어리 모양이며 줄기 높이는 4～5m. 잎은 길둥글며 길이는 2m가량으로 자라고, 여름에 황백색 꽃이 이삭 모양으로 핌. 민간에서 잎·잎자루·뿌리 등을 해열·진통제로 씀. 감초(甘蕉).

파초-선(芭蕉扇)몡 지난날, 정승이 길을 갈 때 머리 위를 가리던 파초의 잎 모양으로 만든 큰 부채.

파총(把總)몡 조선 선조 27(1594)년에 각 군영(軍營)에 둔 종사품 무관 벼슬.

파출(派出)몡하자 어떤 일을 위하여 사람을 보냄. ¶간호사를 파출하다.

파:출(罷黜)團團團團團 (직무를) 그만두고 물러나게 함.

파출-부(派出婦)團 일반 가정으로부터 요청을 받고 임시로 나가 가사(家事) 따위를 돌보아 주는 여성.

파출-소(派出所)[-쏘]團 ①파견된 사람이 나가서 사무를 보는 곳. ②〈경찰 파출소〉의 준말.

파충-류(爬蟲類)[-뉴]團 척추동물문의 한 강. 주로, 땅 위에서 살며 피부는 각질의 비늘로 덮여 있음. 폐로 호흡을 하며 대부분이 난생(卵生) 또는 난태생(卵胎生)임. 〔거북·악어·뱀 따위가 이에 딸림.〕

파:-치(破-)團 깨어지거나 흠이 생겨 못 쓰게 된 물건. ¶파치가 많이 나다.

파:카(parka)團 후드가 달린 방한용 재킷.

파:커라이징(parkerizing)團 망간이나 철 따위의 인산염 용액으로, 도장(塗裝) 전의 금속 바탕에 녹이 슬지 않도록 처리하는 일.

파:킨슨-병(Parkinson病)團 뇌질환의 한 가지. 주로, 중추 신경계의 이상으로 발생하며, 손발과 몸이 굳어지고 떨리는 증상이 나타남.

파:킹-미터(parking meter)團 주차 시간과 주차 요금을 자동적으로 표시하는 기기.

파:탄(破綻)團團團團 〔찢어져서 터진다는 뜻으로〕 일이 잘 이루어지지 못하고 그릇됨. 일이 돌이킬 수 없는 지경에 이름. ¶경제적인 파탄. /가정생활이 파탄에 이르다. /국가 경제가 파탄에 직면했다.

파:탈(擺脫)團團團 예절(禮節)이나 구속(拘束) 따위로부터 벗어남.

파토[하자타] '파투(破鬪)'의 잘못.

파:토(破土)團團團 〈참파토(斬破土)〉의 준말.

파토스(pathos 그)團 욕정(欲情)·기쁨·슬픔·노여움 등 일시적인 정념의 작용. ↔에토스.

파:투(破鬪)團團團團 화투놀이에서, 장수(張數)가 모자라거나 차례가 어긋나거나 하여 그 판이 무효로 되는 일. ¶패를 잘못 돌려 파투가 나다.

파:트(part)團 ①전체를 이루는 한 부분. ¶두 파트로 이루어지다. ②어떠한 일에서, 맡은 역할. 직분. ¶구매 파트. /중요한 파트를 맡게 되다. ③합창이나 합주 따위에서, 각 성역이나 악기가 맡고 있는 부분. ¶알토 파트.

파:트너(partner)團 ①(춤이나 경기 따위에서) 두 사람이 한 조가 될 경우의 상대. ¶아이스 댄싱의 파트너. ②사업 따위를 같이 하는 사람. ¶마땅한 파트너가 없다.

파트로:네(Patrone 독)團 밝은 곳에서도 카메라에 넣을 수 있도록 만든, 롤 필름의 금속 케이스.

파:트-타임(part time)團 일반 근무 시간보다 짧은, 어떤 일정한 시간만을 근무하는 제도. ¶파트타임으로 일하다.

파:티(party)團 사교나 친목 등을 목적으로 한 모임. ¶댄스 파티. /생일 파티에 친구들을 초대하다.

파파(派派)團 동종(同宗)에서 갈려 나온 여러 갈래. 여러 파. 파파-이로.

파파-노인(皤皤老人)團 머리가 허옇게 센 늙은이. 백발노인.

파:파라치(paparazzi 이)團 유명인을 뒤쫓아 다니는 프리랜서 사진사들을 이르는 말.

파파야(papaya)團 파파야과의 열대 상록 교목. 열대 아메리카 원산. 높이 6m가량. 줄기는 연하고 가지가 벌지 않음. 노란 타원형의 과실에

는 많은 씨가 들어 있는데, 향기가 좋으며 먹거나 약으로 씀.

파파인(papain)團 파파야의 과즙에 들어 있는 단백질 분해 효소. 소화제에 쓰임.

파:편(破片)團 깨어져 부서진 조각. ¶유리 파편. /포탄의 파편이 몸에 박히다.

파피루스(papyrus)團 ①사초과의 다년초. 줄기는 2m가량. 짙은 녹색에 마디가 없음. 10세기경까지 제지용(製紙用)으로 많이 재배되었음. ②고대 이집트에서, 나일 강 유역에 무성하게 자라던 파피루스의 줄기를 재료로 하여 만들어 쓰던 종이의 대용품. ③파피루스로 만든 종이에 적은 옛 문서.

파-피리團 파의 잎으로 장난감 삼아 만들어 부는 피리. 총적(蔥笛).

파필(把筆)團團 (글씨를 쓰기 위하여) 붓대를 잡음. 붓을 잡음.

파:하(破夏)團團 비구승(比丘僧)이 하안거(夏安居) 동안의 규칙을 지키지 못하고 중도에 하산(下山)하는 일.

파:-하다(罷-)目目 ①어떤 모임이나 하던 일 따위가 끝나거나 다 헤어지다. ¶학교가 파하다. ②어떤 일을 마치거나 그만두다. ¶하루의 일과를 파하고 돌아가는 길.

파:-하다(破-)目目 적을 쳐부수다. ¶수양제의 대군을 파하다.

파:한(破閑)團 심심풀이.

파:한-집(破閑集)團 고려 명종 때의 문인 이인로(李仁老)의 시문집. 시화(詩話)·문담(文談)·기사(記事)·시 등을 수록. 3권 1책.

파행(爬行)團團 벌레나 뱀 따위가 땅 위를 기어다님.

파행(跛行)團團 ①절뚝거리며 걸음. ②'일이나 계획 따위가 균형이 잘 잡히지 않은 상태로 나아감'을 비유하여 이르는 말. ¶파행 국회. /경기의 파행 상태가 계속되다.

파행-적(跛行的)團團 일이나 계획 따위가 순조롭지 못하고 균형이 잘 잡히지 않은 상태로 나아가는 (것). ¶국회가 파행적으로 운영되다.

파:-헤치다目目 ①속에 묻혀 있는 것이 드러나도록 파서 젖히다. ¶무덤 속을 파헤치다. ②남의 비밀이나 비행 따위를 들추어 세상에 드러내다. ¶숨겨진 비밀을 파헤치다.

파:혈(破穴)團團 좋지 아니한 자리에 썼던 무덤을 파서 없애 버림.

파:혈(破血)團團 한방에서, 어혈 따위 나쁜 피를 약을 써서 없어지게 하는 일.

파:혈-제(破血劑)[-쩨]團 파혈하는 약제.

파형(波形)團 ①물결의 모양. 물결과 같은 모양. ②전파(電波)나 음파(音波)의 모양.

파:호(破戶)團團 바둑에서, 말을 상대편의 집 급소에 놓아 두 집이 나지 못하게 하는 일. 파가(破家).

파:혹(破惑)團團 의심쩍은 일을 풀어 버림. 해혹(解惑). ¶피차 파혹하고 나니 홀가분하다.

파:혼(破婚)團團團團 약혼을 파기함. ¶파혼을 당하다.

파:회(罷會)[-회/-훼]團團 불교에서, 법회를 마침.

파:훼(破毀)團團團團 ①깨뜨려 헐어 버림. ②소송법상, '파기(破棄)'의 구용어.

파:흥(破興)團團 흥이 깨어짐, 또는 흥을 깨뜨림. 패흥(敗興). ¶불청객의 등장으로 파흥이 되다.

팍[튀] ①야무지게 냅다 내지르는 모양, 또는 그 소리. ¶주먹으로 팍 내지르다. ②힘없이 고꾸라지는 모양, 또는 그 소리. ¶한 대 맞고 맥없이 팍 고꾸라지다. 《큰펵². 팍-팍튀.

팍삭[-싹][튀하지] ①맥없이 주저앉는 모양, 또는 그 소리. ¶너무 놀란 나머지 그대로 팍삭 주저앉고 말았다. ②부피가 앙상하고 메마른 물건이 보드랍게 가라앉거나 쉽게 부서지는 모양, 또 그 소리. ¶오래된 초가지붕이 팍삭 내려앉다. 《큰펵석. 팍삭-팍삭튀.

팍삭-하다[-싸카-][형어] 쉽게 가라앉거나 부서질 듯이 엉성하다. 《큰펵석하다.

팍신-팍신[-씬-씬][튀하형] 매우 팍신한 모양. ¶시루떡이 팍신팍신하게 쪄졌다. 《큰펵신펵신.

팍신-하다[-씬-][형어] 엉긴 가루 따위가 보드랍고 팍삭한 느낌이 있다. ¶팍신하게 익은 감자. 《큰펵신하다.

팍팍-하다[-파카-][형어] 가루 따위가 물기가 없이 몹시 메마르고 보슬보슬하다. ¶삶은 달걀을 물 없이 먹자니 너무 팍팍하다. 《큰펵펵하다. 팍팍-이튀.

판[Ⅰ][명] 일이 벌어진 자리나 장면. ¶판을 깨다. /판이 벌어지다.
[Ⅱ][의] '처지'·'형편'·'판국'의 뜻을 나타내는 말. ¶목구멍에 풀칠하기도 어려운 판에 여행이 다 뭐냐. ②승부를 겨루는 일의 수효를 세는 말. ¶바둑 한 판. /다섯 판을 내리 이긴다.

판(板)[명] ①널빤지, 또는 널빤지 모양으로 얇고 반반하게 만든 물건. ¶강철로 된 얇은 판. ②~판(版). ③음반. ¶판을 내다. ④[의존 명사적 용법] 달걀 서른 개를 오목오목하게 파인 종이나 플라스틱 판에 세워 담은 것을 세는 말. ¶달걀 세 판을 실어 놓냈다.

판(版)[명] ①인쇄를 위한 글씨·그림 따위를 새긴 나뭇조각이나 쇳조각. 판(板). ②활판이나 인쇄판을 두루 이르는 말. 판을 짜다. ③인쇄하여 책을 만드는 일, 또는 같은 판에 의한 인쇄 횟수. ¶4판 5쇄. /판을 거듭하다.

판에 박은 듯하다[관용] 사물의 모양이 같거나, 똑같은 일이 되풀이되다. ¶저 아이는 그의 아버지를 판에 박은 듯하게 닮았다.

판(瓣)[명] ①꽃잎. 화판(花瓣). ②~밸브. ③〈판막〉의 준말.

-판(判·版)[접미] 《인쇄·제본 관계의 일부 명사 뒤에 붙어》 '책의 크기', '인쇄의 종류나 바탕' 등의 뜻을 나타냄. ¶사륙판. /색도판. /인쇄판.

판가(販價)[-까][명] 〈판매가〉의 준말.

판-가름[명하지] 시비나 우열 따위를 판단하여 가름. ¶누가 옳은지 시비를 판가름하자.

판각(板刻)[명하타] 글씨나 그림 등을 판에 새김, 또는 그 새긴 것. 각판(刻板). 등재(登梓). ¶고려 시대의 판각으로 전하는 팔만대장경.

판각(板閣·版閣)[명] 〈경판각(經板閣)〉의 준말. 《판전(板殿閣).

판각-본(板刻本)[-뽄][명] ☞목판본. 판본(版本).

판-검사(判檢事)[명] 판사와 검사.

판결(判決)[명하자타] ①옳고 그름을 판단하여 결정함. ②어떤 소송 사건에 대하여, 법원이 법률에 따라 판단을 내림, 또는 그 판단. ¶법원의 판결을 기다리다. /유죄 판결을 내리다.

판결-례(判決例)[명] 법원에서, 같거나 비슷한 소송 사건을 판결한 전례. 《준판례(判例).

판결-문(判決文)[명] 판결 내용과 그 근거 따위를 적은 문서.

판결-사(判決事)[-싸][명] ①시비나 선악을 판결하는 일. ②조선 시대에, 장례원(掌隷院)의 으뜸 벼슬을 이르던 말. 품계는 정삼품.

판결^주문(判決主文)[명] 판결의 결론 부분. 《준주문(主文).

판겸(判歉)[명하타] 흉년(凶年)이 들 것으로 미리 판단함.

판공(辦公)[명하자] 공무(公務)를 처리함.

판-공론(-公論)[-꽁논][명] 여러 사람 사이에 공동으로 떠도는 의논.

판공-비(辦公費)[명] 공무(公務)를 처리하는 데 드는 비용.

판관(判官)[명] ①심판관. 재판관. ②조선 시대에, 종오품 벼슬을 이르던 말. ③조선 시대, 감영(監營)과 유수영(留守營)이 있던 곳의 원. ④구나(驅儺)때, 초록색 옷을 입고 활과 갓을 쓴 나자(儺者).

판관-사령(判官使令)[명] 〔감영이나 우수영의 판관에 딸린 사령이라는 뜻으로〕 '아내가 시키는 대로 잘 따르는 사람'을 놀으로 이르는 말. 《준처시하(妻侍下).

판교(判校)[명] 조선 시대에, 교서관(校書館)과 승문원(承文院)의 정삼품 당하관 벼슬을 이르던 말.

판교(板橋)[명] ☞널다리.

판국(-局)[명] 일이 벌어져 있는 사태의 형편. ¶집안이 망해 가는 판국. /도대체 일이 어떻게 되어 가는 판국인지 알 수가 없다. ②풍수지리에서, 집터나 묏자리 따위의 위치와 형국.

판권(版權)[-꿘][명] ①저작권을 가진 사람과 계약하여, 그 저작물의 복제나 판매 등에 따른 이익을 독점하는 권리. 출판권. ¶단, 당선된 원고의 판권은 본사가 가짐. 《준판권장.

판권-장(版權張)[-꿘쨩][명] 책 따위의 출판물에서, 그 출판물의 인쇄 및 발행 일자, 저자나 발행자의 주소 및 성명 같은 것이 박혀 있는 책장. 판권(版權).

판금(板金)[명] 얄팍하고 넓게 조각낸 쇠붙이.

판금(販禁)[명하자] 어떤 상품의 판매를 법으로 금지하는 일. ¶그 책은 너무 선정적이라는 이유로 판금이 되었다.

판-꽂이[명] 나뭇가지를 묘포(苗圃)에 꽂아 모를 길렀다가 다른 곳으로 옮겨 심는 식목법의 한 가지.

판-나다[자] ①결판이 나다. ¶씨름이 판나다. ②지닌 돈이나 재산 따위가 모조리 없어지다. ¶장사 밑천이 판나다.

판납(辦納)[명하타] 돈이나 물품을 이리저리 변통해서 바침.

판다(panda)[명] '자이언트 판다'와 '아메리카너구리과의 레서판다'를 통틀어 이르는 말. 자이언트 판다는 몸길이 1.6m가량. 털빛은 눈 가장자리·귀·가슴둘레·네 발이 검고, 그 밖의 부분은 흰 빛깔임. 높은 산의 숲 속에 살면서 죽순과 댓잎 등을 먹고 사는데, 중국 북서부, 티베트 등지에 분포함. 레서판다는 몸길이 1m가량. 털빛은 몸 아랫면과 네 발이 희고, 몸 윗면은 붉은 갈색임. 나뭇잎·과실·쥐 따위를 먹고 사는데, 히말라야에서 중국 북서부에 이르는 높은 산에 분포함.

판-다르다[~다르니·~달라][형르] 판판이 다른 것처럼 아주 다르다. 판이하다. ¶생각했던 바와는 판다르게 가파른 산길.

판단(判斷)[명하자타][되자] 전후 사정을 종합하여 사물에 대한 자기의 생각을 마음속으로 정함, 또는 그렇게 정한 내용. ¶판단의 기준. /정확한 판단을 내리다.

판단-력(判斷力)[-녁]圓 사물을 정확히 판단하는 힘. ¶냉철한 판단력.

판단⌒중지(判斷中止)圓 ⇨에포케.

판당고(fandango 스)圓 스페인 민속 무곡(舞曲)의 한 가지. 템포가 빠른 3박자나 6박자로 되어 있으며, 두 사람이 한 쌍이 되어 캐스터네츠를 치면서 춤을 춤.

판도(版圖)圓 ①한 나라의 영토. ¶요하까지가 친 고구려의 판도. ②어떤 세력이 미치는 영역이나 범위. ¶재계의 판도가 크게 달라지다.

판도라(Pandora)圓 그리스 신화에서, 제우스가 인간을 벌하기 위하여 만들었다는 인류 최초의 여성.

판도라의 상자(Pandora-箱子)[-의-/-에-] 제우스가 인간의 모든 죄악과 재앙을 넣어 판도라에게 주었다는 상자. 판도라가 호기심으로 상자를 열자 모든 재앙이 쏟아져 나왔으나 희망만은 그 속에 남아 있었다고 함.

판도-방(判道房)圓 ①[경상도 일부 지역에서] 큰스님이 혼자 거처하는 딴 방을 이름. ②[경기도·강원도 지역에서] 부목이나 속객들이 함께 쓰는 방을 이름. ③중들이 모여 공부하는 넓고 큰 방.

판독(判讀)圓하타되자 (어려운 글귀나 마멸된 비문·약호·암호 따위를) 판단해 가며 읽음. ¶암호 판독. /판독하기 어려운 옛 비문.

판-돈[-똔]圓 노름판에 태워 놓은 돈, 또는 노름판에 내어 놓은 모두의 돈. ¶판돈을 걸다.

판돈(을) 떼다관용 노름판을 벌여 놓고 돈을 딴 사람에게서 얼마씩 떼어 가지다.

판둥-거리다재 자꾸 판둥판둥하다. 판둥대다. 倒펀둥거리다. 예반둥거리다. 옌빤둥거리다.

판둥-대다재 판둥거리다.

판둥-판둥用하자 보기에 일없도록 게으르게 마냥 놀기만 하는 모양. ¶날마다 판둥판둥 놀기만 하고 일에는 도무지 뜻이 없다. 倒펀둥펀둥. 예반둥반둥. 옌빤둥빤둥.

판득(辦得)圓하타되자 이리저리 변통하여 얻음.

판들-거리다재 자꾸 판들거리다. 판들대다. ¶그렇게 판들거리다가 언제 일을 마치겠느냐? 倒펀들거리다. 예반들거리다. 옌빤들거리다.

판-들다[~드니~~들어]타 가진 재산을 함부로 써서 죄다 없애 버리다.

판들-대다재 판들거리다.

판들-판들用하자 보기에 얄밉도록 빤빤하게 게으름만 부리는 모양. ¶판들이 부리다. 倒펀들펀들. 예반들반들. 옌빤들빤들.

판-때기(板-)圓〈널빤지〉의 속된 말.

판-때리다타 판단이나 판결을 내리다.

판례(判例)[팔-]圓〈판결례(判決例)〉의 준말.

판례-법(判例法)[팔-]圓 판례의 누적에 의해 법적인 효력을 가지게 된, 성문화(成文化)되지 않은 법규범(法規範).

판로(販路)[팔-]圓 상품이 팔려 나가는 길이나 방면. ¶판로를 개척하다. /판로를 개척하다.

판로⌒협정(販路協定)[팔-쩡]圓 (경쟁을 피하기 위하여) 상품 판매자들끼리 판로를 협의하여 결정하는 일.

판리(辦理)[팔-]圓하타 일 따위를 판별하여 처리함.

판막(瓣膜)圓 심장이나 정맥·림프관 따위의 속에 있어, 혈액이나 림프액의 역류를 막는 막. 날름막. 倒판(瓣).

판-막다[-따]타 마지막 승리를 얻어 그 판의 끝장을 내다. 판막음하다.

판-막음圓하타 그 판에서의 마지막 승리. 또는, 마지막 승부를 가르는 일. ¶배기기로 판막음하다.

판매(販賣)圓하타되자 상품을 팖. ¶신제품 판매 전략. ↔구매(購買).

판매-가(販賣價)[-까]圓 상품을 파는 값. 준판가(販價).

판매-고(販賣高)圓 일정한 기간 동안에 상품을 판매한 금액. ¶판매고가 오르다.

판매-량(販賣量)圓 일정한 기간 동안에 판매한 수량.

판매-망(販賣網)圓 (곳곳에 그물처럼 치밀하게 짜 놓은) 판매를 위한 조직 체계. ¶판매망을 확장하다.

판매-소(販賣所)圓 ①입장권·승차권 따위를 판매하는 곳. ②상품을 판매하는 곳. 매장(賣場).

판매-액(販賣額)圓 일정한 기간 동안에 판매한 금액, 또는 그 총액.

판매-원(販賣元)圓 상품을 파는 근원이 되는 곳.

판매-원(販賣員)圓 상품의 판매를 맡은 직원.

판매-자(販賣者)圓 물건을 파는 사람 또는 업체. ↔구매자(購買者).

판매-점(販賣店)圓 상품을 판매하는 가게.

판매⌒조합(販賣組合)圓 조합원의 생산품을 서로 협동하여 유리하게 파는 것을 목적으로 조직한 산업 조합.

판매⌒카르텔(販賣Kartell)圓 동업자 간의 경쟁에 의한 가격 하락을 막고, 이윤을 높이기 위해 기업가끼리 연합하여 만든 판매상의 협정(協定).

판매⌒회:사(販賣會社)[-회-/-훼-]圓 상품 판매의 일을 회사 설립의 주목적으로 하는 회사.

판면(版面)圓 인쇄판의 글자나 그림이 있는 면.

판명(判明)圓하타되자 사실이나 진실 따위를 명백히 밝힘. ¶진상을 판명하다. /사건의 전모가 판명되다.

판목(板木)圓 두께가 6 cm 이상, 폭이 두께의 3배 이상 되는 재목.

판목(版木)圓 인쇄하기 위하여 글자나 그림을 새긴 나무.

판-몰이圓하자 노름판의 돈을 한 사람이 전부 나서 몰아 가짐. ¶판몰이하고는 슬며시 사라졌다.

판무(判無)圓 '판무하다'의 어근.

판무(辦務)圓하타 맡은 사무를 처리함.

판무-관(辦務官)圓 식민지나 보호국 따위에 파견되어, 정치·외교 등에 관한 사무를 맡아보는 관리.

판-무식(判無識)圓하형 아주 무식함. 일자무식. 전무식(全無識).

판무-하다(判無-)형어 아주 없다. 전혀 없다. ¶부정에 개입한 사실이 판무하다.

판문(板門)圓 널빤지로 만든 문. 널문.

판-박이(版-)圓 ①판으로 박아 낸 책. ②'조금도 새로운 데가 없이 그저 판에 박은 듯한 것'을 이르는 말. ③'아주 비슷하게 닮은 사람'을 이르는 말. ④물에 잘 풀리는 풀을 물들(臺紙)에 칠하여, 그 위에 무늬나 그림을 뒤집어 인쇄한 것. 물에 적시어 판자나 유리에 붙였다가 벗기면 인쇄된 부분만 남게 됨. 금속·유리·도자기 등의 인쇄에 이용되고, 아이들의 장난감으로도 쓰임.

판-밖[-박]圓 일이 벌어진 테두리의 바깥. *판밖이[-바끼]·판밖만[-방-]

판법(判法)[-뻡]圓 판단하는 방법.

판벽(板壁)명 널빤지로 만든 벽.

판별(判別)명하타되자 명확히 구별함. 분명히 분별함. ¶판별이 서지 않다. /시비(是非)를 판별하다.

판본(版本·板本)명 목판으로 박은 책. 간본(刊本). 판각본(板刻本).

판부(判付)명하타 지난날, 신하가 주청한 안건을 임금이 허가하던 일.

판불(板佛)명 널빤지나 동판에 새긴 불상.

판비(辦備)명하타되자 마련하여 준비함.

판사(判事)¹명 법관 관명(官名)의 한 가지. 대법원을 제외한 고등 법원·지방 법원 같은 데서 재판에 관한 일을 맡아봄.

판사(判事)²명 ①고려 시대에, 삼품 이상의 벼슬로서 각 관청의 우두머리. ②조선 시대에, 돈령부(敦寧府)·의금부(義禁府) 등의 종일품 벼슬.

판-상(-上)명 그 판에 있는 것 가운데에서 가장 나은 것.

판상(板狀)명 널 모양. 널빤지같이 생긴 모양.

판상(辦償)명하타 ①빚을 갚음. 판제(辦濟). ②남에게 입힌 손해를 돈이나 물건 따위로 물어 줌. 변상(辨償). ③지은 죄과를 재물로써 갚음.

판-상놈(-常-)명 판에 박은 상놈이란 뜻으로, 남을 욕하는 말.

판상^절리(板狀節理)명 화성암(火成岩)의 표면에 생긴, 널빤지 모양으로 갈라진 틈.

판서(判書)명 ①고려 말기에, 육사(六司)의 으뜸 벼슬을 이르던 말. 품계는 정삼품. ②조선 시대에, 육조(六曹)의 으뜸 벼슬을 이르던 말. 품계는 정이품.

판서(板書)명하타 (학습 내용의 이해를 돕기 위하여) 칠판에 분필로 글 내용의 요점을 씀.

판-설다[~서니·~설어]형 전체의 사정에 익숙하지 못하고 서투르다. ¶처음 해 보는 일이라서 그런지 아무래도 판설다. ↔판수익다.

판-세(-勢)[-쎄]명 어떠한 판의 형세. ¶판세가 형편없이 기울다.

판-셈[-쎔]하타 빚진 사람이 빚 준 사람들 앞에 자기의 재산을 내놓고 자기들끼리 셈하여 나누도록 함.

판-소리[-쏘-]명하자 광대 한 사람이 고수(鼓手)의 북장단에 맞추어 서사적인 사설(辭說)을 노래와 말과 몸짓을 섞어 창극조(唱劇調)로 부르는 민속 예술의 한 갈래. 조선 말기 이후 남도를 중심으로 발달함.

판-쇠[-쐬/-쒜]명 어느 한쪽에만 몰려 있지 않고 전면에 걸쳐 널리 분포되어 있는 사금층(沙金層).

판수명 ①점치는 일을 업으로 삼는 소경. ②'소경'을 달리 이르는 말.

판수-익다[-쑤-따]형 전체의 사정에 아주 익숙하다. ↔판설다.

판시(判示)명하자 재판에서, 판결하여 보임.

판-시세(-時勢)[-씨-]명 어떠한 판의 시세나 형세.

판심(版心·板心)명 구식 제본(製本)에서, 책장이 한가운데서 접힌 곳.

판-쓸이[-씨-]명하타 노름판에서, 한 사람이 판돈을 몽땅 다 차지하는 일. ②하자 고스톱에서, 한 사람이 바닥에 깔린 패를 다 가져오는 일.

판야(panja 포)명 ☞케이폭.

판연(判然)부하형 아주 명백하게 드러나 있는 모양. ¶판연하게 우열을 가릴 수 없는 경기. **판연-히**부.

판열(瓣裂)명하자되자 (꽃가루를 날리기 위해) 꽃밥이 들창문을 여는 것처럼 터짐, 또는 그러한 일.

판옥-선(板屋船)[-썬]명 널빤지로 지붕을 꾸민 배. 〔조선 시대의 군선(軍船)이었음.〕

판-유리(板琉璃)[-뉴-]명 널빤지 모양의, 넓적하고 반듯한 유리. 판초자(板硝子).

판윤(判尹)명 조선 시대에, 한성부(漢城府)의 으뜸 벼슬을 이르던 말. 품계는 정이품.

판이(判異) '판이하다'의 어근.

판이-하다(判異-)형여 아주 다르다. ¶판이한 성격. /듣던 바와는 판이하다.

판자(板子)명 넓게 만든 밭이랑.

판자(板子)명 ①널빤지. ②☞송판(松板).

판자-때기(板子-)명 〈판자(板子)〉의 속된 말.

판자-촌(板子村)명 판잣집이 모여 있는 동네.

판잣-집(板子-)[-자찝/-잗찝]명 널빤지로 허술하게 지은 집. ¶무허가 판잣집.

판장(板墻)명 ☞널판장의 준말.

판-장원(-壯元)[-짱-]명 그 판에서 재주가 가장 뛰어난 사람. ↔판조사.

판재(板材)명 ①널빤지로 된 재목. ②관(棺)으로 쓸 재목. ②관재(棺材).

판적(版籍)명 ①☞서책(書冊). ②일제 강점기에, 호구(戶口)를 기록하던 책.

판-전각(版閣殿)명 ☞판각(板閣).

판정(判定)명하자되자 ①어떤 일을 판별하여 결정함, 또는 그 결정. ¶신체검사에서 현역 판정을 받았다. /양성으로 판정하다. ②권투나 레슬링 따위의 경기에서, 심판이 승패를 결정함, 또는 그 결정. ¶판정을 내리다. /심판의 판정에 불복하다.

판정-승(判定勝)명하자 판정으로 이김. 〔권투나 레슬링 따위에서, 규정된 시간 내에 승부를 결정짓지 못할 경우 반칙의 유무, 또는 유효 점수의 많고 적음에 따라 결정된 승리.〕

판정-패(判定敗)명하자 권투나 레슬링 따위에서, 판정으로 짐. ¶판정패를 당하다.

판제(辦濟)명하타 ☞판상(辦償).

판-조사(-曹司)명 그 판에서 재주가 가장 뒤지는 사람. ↔판장원.

판-주다타 그 판에서 가장 뛰어난 사람으로 인정하여 내세우다.

판-중(-中)명 판을 이루고 있는 여러 사람 가운데. ¶판중에서 제일 낫다.

판지(板紙)명 널빤지처럼 단단하고 두껍게 만든 종이. 마분지(馬糞紙). 보드지.

판-짜기(版-)명하타 ☞판건(組版).

판책(版册)명 판으로 박아 낸 책.

판초(poncho)명 ①천 중앙에 구멍을 뚫고 그곳으로 머리를 내어 입는 옷을 통틀어 이르는 말. ②짐을 진 채 머리서부터 쓸 수 있는 우비.

판-초자(板硝子)명 ☞판유리.

판촉(販促)명하타 여러 가지 방법으로 소비자에게 자극을 주어, 흥미와 관심을 불러일으킴으로써 효과적으로 수요를 늘려 가는 판매 활동. ¶판촉 사원. /판촉 활동을 벌이다.

판출(辦出)명하타되자 (돈이나 물건 따위를) 변통하여 마련해 냄. ¶사업 자금을 판출하다. /군량미를 판출하다.

판-치다자 ①어떤 일을 그 판에서 제일 잘하다. ¶씨름판에서 판치다. ②어떤 분야에서 거리낌없이 세력을 부리다. ¶부정과 부패가 판치는 세상은 지났다. ③경향·풍조 따위가 널리 퍼져 있다. ¶돈이 판치는 세상.

판타지 (fantasy)[명] 환상곡(幻想曲).
판타지아 (fantasia 이)[명] 환상곡(幻想曲).
판탈롱 (pantalon 프)[명] 가랑이의 아래가 나팔 모양으로 벌어진 여성용 바지.
판탕 (板蕩)[하다] ①나라의 정사가 어지러워짐. ②~탕진(蕩盡).
판판-뚜[부] 아주. 전혀. ¶ 전과는 판판 다르다.
판판-이[부] ①판마다. ¶ 내기에 판판이 지다. ②언제나 항상. ¶ 판판이 놀고먹다.
판판-하다[형여] 물건의 겉면이 높낮이가 없이 고르고 넓다. ¶ 바닥이 판판한 곳을 골라 자리를 깔다. ⑫편편하다. **판판-히**[부].
판-하다[형여] 어떤 공간이 끝없이 판판하고 너르다. ¶ 판한 들판. ⑫편하다. **판-히**[부].
판행 (版行)[명][하다][되자] 출판하여 발행함.
판형 (判型·版型)[명] 인쇄물의 크기. [A5판·B6판 따위.]
판화 (版畫)[명] 목판·동판·석판 따위에 그림을 새기고 잉크나 물감을 칠하여 찍어 낸 그림.
팔[명] 사람의 손목과 어깨 사이의 부분.
　팔이 들이굽지〔안으로 굽지〕내굽나〔밖으로 굽나〕[속담] 가까운 사람에게 인정(人情)이 더 쏠리는 것은 사람의 상정(常情)이라는 말.
　팔을 걷고 나서다[관용] (어떤 일에) 적극적으로 나서다. 팔을 걷어붙이다. ¶ 시민들은 수해 지역 복구 작업에 팔을 걷고 나섰다.
　팔을 걷어붙이다[관용] ~팔을 걷고 나서다.
팔 (八)[주] 여덟.
　[Ⅱ][관] (일부 단위를 나타내는 명사 앞에 쓰이어) ①그 수량이 여덟임을 나타내는 말. ¶ 팔미터. ②그 순서가 여덟 번째임을 나타내는 말. ¶ 팔 권. /팔 호.
팔-가락지[-찌][명] 여자의 팔목에 끼는 고리 모양의 장식품. 팔찌.
팔각 (八角)[명] ⇨팔모.
팔각-기둥 (八角-)[-끼-][명] 밑면이 팔각형인 각기둥.
팔각-당 (八角堂)[-땅][명] 팔각형으로 지은 불당.
팔각-도 (八角燾)[-또][명] '팔각기둥'의 구용어.
팔각-뿔 (八角-)[명] 밑면이 팔각형인 각뿔.
팔각-시 (八角詩)[-씨][명] 시회(詩會) 같은 곳에서, 여덟 개의 한자를 골라 그중에서 한 자씩을 머리글자로 하여 사자구(四字句)와 삼자구(三字句)를 지은 뒤에, 각기 지은 것을 맞추어 칠언 절구(七言絶句)를 만드는 놀이. [오언 절구(五言絶句)로 할 때는 삼자구(三字句)와 이자구(二字句)를 지음.]
팔각-정 (八角亭)[-쩡][명] ⇨팔모정.
팔각-주 (八角柱)[-쭈][명] '팔각기둥'의 구용어.
팔각-추 (八角錐)[-쭈][명] '팔각뿔'의 구용어.
팔각-형 (八角形)[-까-][명] 여덟 개의 연결된 직선으로 둘러싸인 평면 도형.
팔-걸이[명] ①의자의, 양팔을 걸치게 된 부분. ②씨름에서, 한 손으로 상대편의 다리를 걸어 고개와 몸으로 밀어 넘어뜨리는 기술. ③수영에서, 발을 놀려 몸을 뜨게 하고 두 팔을 섞바꾸어 가며 물을 헤쳐서 나가는 기법.
팔걸이-의자 (-椅子)[-의-/-이-][명] 팔걸이가 달린 의자. ¶ 팔걸이의자에 앉아 있는 여인.
팔결[명] 팔팔결.
팔경 (八景)[명] (어떤 지역의) 여덟 가지의 아름다운 경치.
팔계 (八戒)[-게/-계][명] 우바새(優婆塞)와 우바이(優婆夷)가 육재일(六齋日)에 지키는 여덟 가지 계행(戒行).

팔고 (八苦)[명] 불교에서 이르는, 인생의 여덟 가지 괴로움. 곧, 생로병사(生老病死)의 사고(四苦)에 애별리고(愛別離苦)·원증회고(怨憎會苦)·구부득고(求不得苦)·오음성고(五陰盛苦)를 더한 것.
팔고조-도 (八高祖圖)[명] 사대(四代)까지의 할아버지와 할머니 및 외할아버지와 외할머니의 계열을 그린 도표.
팔곡 (八穀)[명] 여덟 가지 곡식. 곧, 벼·보리·조·밀·콩·팥·기장·깨, 또는 벼·보리·조·피·콩·수수·기장·깨를 이르는 말.
팔관-보 (八關寶)[명] 고려 시대에, 전곡(錢穀)을 빌려 주고 받는 이자를 모아 팔관회의 비용을 마련하던 기관.
팔관-회 (八關會)[-회/-훼][명] 고려 시대에, 해마다 중경(中京)과 서경(西京)에서 토속신에게 제사 지내던 국가적인 의식.
팔괘 (八卦)[명] 중국 상고 시대에 복희씨(伏羲氏)가 지었다는 여덟 가지의 괘. 곧, ☰(건(乾))·☱(태(兌))·☲(이(離))·☳(진(震))·☴(손(巽))·☵(감(坎))·☶(간(艮))·☷(곤(坤)).
팔괘-장 (八卦章)[명] 갑오개혁 이후의 정한 훈장의 한 가지. 일등에서 팔등까지 있었음.
팔굉 (八紘)[-굉/-궹][명] 팔방(八方)의 멀고 너른 범위. 곧, 온 세상. 팔극(八極). 팔황(八荒).
팔구 (八區)[명] 팔방의 구역. 곧, 온 천하.
팔구-분 (八九分)[명] ①열로 나눈 것 중에서 여덟이나 아홉가량. ②거의.
팔^굽혀^펴기[-구펴-][명] 엎드려뻗친 자세로 팔을 굽혔다 폈다 하는 운동.
팔극 (八極)[명] ⇨팔굉(八紘).
팔기 (八旗)[명] 중국 청나라 태조가 제정한 병제(兵制). 전군을 기의 빛깔에 따라 여덟 기로 나누고, 각 기마다 7500명의 군사를 배속하였음.
팔-꾸머리[명] '팔꿈치'의 방언.
팔-꿈치[명] 팔의 위아래 관절이 이어진 곳의 바깥쪽.
팔난 (八難)[-란][명] ①여덟 가지의 재난. 곧, 배고픔·목마름·추위·더위·물·불·병란·칼. ②불교에서 이르는, 부처를 보지 못하고 불법(佛法)을 들을 수 없는 여덟 가지의 곤란.
팔-난봉[-란-][명] 난봉을 많이 부리는 사람. 파락호(破落戶).
팔년-병화 (八年兵火)[-련-][명] 〔중국 초한(楚漢) 시대에 항우(項羽)와 유방(劉邦)의 싸움이 8년이나 계속된 데서〕'싸움이 오래 계속되고 승부가 속히 결정되지 않음'을 이르는 말.
팔년-풍진 (八年風塵)[-련-][명] 〔중국 한(漢)나라의 유방(劉邦)이 8년이나 걸려 초(楚)나라의 항우(項羽)를 멸한 데서〕'여러 해 동안 고생을 겪음'을 이르는 말.
팔다[마니·팔아][타] ①돈을 받고 물건이나 권리를 남에게 주거나 노력 따위를 제공하다. ¶ 품을 팔다. /사과를 아주 싸게 팔다. ↔사다. ②눈이나 정신을 다른 곳으로 돌리다. ¶ 한눈 팔지 마라. ③돈을 주고 곡식을 사다. ¶ 양식 팔러 가다. ④(이름 따위를) 빙자하다. ¶ 친구의 이름을 팔고 돈을 얻어 쓰다. ⑤(부당한 이득을 위해) 속이거나 배반하다. ¶ 양심을 팔다. /나라를 팔다. ⑥(명성을 얻으려고) 이름을 세상에 퍼뜨리다. ¶ 큰 공을 세웠노라고 자기 이름을 팔고 다닌다. ⑦돈을 받고 몸을 허락하다. ¶ 거리에서 몸을 팔다.
팔-다리[명] 팔과 다리.
팔달 (八達)[-딸][명] ①[하다] 길이 팔방으로 통하여 있음. ¶ 사통(四通)팔달. ②[하자] 모든 일에 정통함.

팔-대가(八大家)[-때-]圈 ①〈당송 팔대가(唐宋八大家)〉의 준말. ②☞수두전(數鬪牋).

팔대^명왕(八大明王)[-때-]圈 불교에서 이르는, 악마를 굴복시키는 여덟 명왕.

팔대-문(八大門)[-때-]圈 서울의 여덟 성문. 곧, 동에 흥인지문(興仁之門), 서에 돈의문(敦義門), 남에 숭례문(崇禮門), 북에 숙정문(肅靖門)의 4대문과, 동북에 혜화문(惠化門), 동남에 광희문(光熙門), 서남에 소의문(昭義門), 서북에 창의문(彰義門)의 4소문(小門)을 이름.

팔대^야:차(八大夜叉)[-때-]圈 불교에서 이르는, 불법을 수호하는 여덟 야차 신장(夜叉神將).

팔대^용왕(八大龍王)[-때-]圈 불교에서 이르는, 불법을 수호하며 물을 다스리는 여덟 용왕.

팔대^지옥(八大地獄)[-때-]圈 불교에서 이르는, 여덟 가지 큰 지옥. 팔열 지옥.

팔대^행성(八大行星)[-때-]圈 태양의 둘레를 주기적으로 돌고 있는 여덟 행성. 곧, 수성·금성·지구·화성·목성·토성·천왕성·해왕성.

팔덕(八德)[-떡]圈 인(仁)·의(義)·예(禮)·지(智)·충(忠)·신(信)·효(孝)·제(悌)의 여덟 가지 덕(德).

팔도(八道)[-또]圈 ①조선 시대에, 국토를 여덟 개의 도로 나눈 행정 구역. 곧, 경기도·충청도·경상도·전라도·강원도·황해도·평안도·함경도. 팔로(八路). ②우리나라의 '전국(全國)'을 달리 이르는 말.

팔도를 무른 메주 밟듯[속] 전국 방방곡곡을 두루 다녔다는 말.

팔도-강산(八道江山)[-또-]圈 우리나라 전국의 산수(山水).

팔도신(八頭身)[-뚜-]圈 ☞팔등신(八等身).

팔두-작미(八斗作米)[-뚜장-]圈 벼 한 섬을 찧어 쌀 여덟 말을 받고 그 나머지는 방앗삯으로 주는 일.

팔-등신(八等身)[-뜽-]圈 신장(身長)과 머리 길이의 비가 8대 1로 되는 몸, 또는 그런 몸을 가진 사람.〔흔히, 미인의 표준으로 삼음.〕 팔두신(八頭身). ¶ 팔등신의 미녀.

팔딱[위 ①[하자타]힘을 모아 작고 탄력 있게 뛰는 모양. ¶개구리가 -뛰다. ②[하자타]심장이나 맥이 작게 뛰는 모양. 옙펄떡. 팔딱-팔딱[위[하자타].

팔딱-거리다[-꺼-]자타 자꾸 팔딱팔딱하다. 팔딱대다. 옙펄떡거리다.

팔딱-대다[-때-]자타 팔딱거리다.

팔딱-이다자타 작고 탄력 있게 자꾸 뛰다. 옙펄떡이다.

팔-때기圈〈팔〉의 속된 말.

팔뚝圈 팔꿈치로부터 손목까지의 부분. 하박(下膊). ¶ 팔뚝이 굵다.

팔뚝-시계(-時計)圈 '손목시계'의 잘못.

팔라듐(palladium)圈 백금족 원소의 한 가지. 백금류·금광·은광에 합금으로 들어 있고, 은백색으로 질산과 진한 황산에 녹음. 백금보다 값이 싸고 가벼우며 단단하기 때문에 전기 접점(接點), 치과 재료, 장식품 따위로 사용됨. 〔Pd/46/106.4〕

팔락[위[하자타] (종잇장이나 작은 깃발 따위가) 바람에 가볍게 나부끼는 모양, 또는 그 소리. 옙펄럭. 팔락-팔락[위[하자타].

팔락-거리다[-꺼-]자타 자꾸 팔락팔락하다. 팔락대다. ¶ 벽에 걸린 달력이 바람에 팔락거린다. 옙펄럭거리다.

팔락-대다[-때-]자타 팔락거리다.

팔락-이다자타 바람에 날리어 가볍고 빠르게 나부끼다. ¶ 머물러가 바람에 팔락이다. / 깃발을 팔락이며 배가 들어왔다. 옙펄럭이다.

팔랑[위[하자타] (종잇장이나 천 같은 것이) 바람에 날리어 가볍고 가볍게 나부끼는 모양. 옙펄렁. 팔랑-팔랑[위[하자타].

팔랑-개비圈 ①어린이 장난감의 한 가지. 종이 따위로 바람을 받아 잘 돌게 만든 것. 바람개비. 풍차(風車). ②한자리에 가만히 있지 못하고 경망하게 자꾸 돌아다니는 사람을 조롱조로 이르는 말.

팔랑-거리다자타 자꾸 팔랑팔랑하다. 팔랑대다. ¶ 벽에 걸린 달력이 창문을 통해 불어온 바람에 팔랑거렸다. 옙펄렁거리다.

팔랑-대다자타 팔랑거리다.

팔레오-세(←Paleocene世)圈 신생대 제3기를 다섯으로 나눈 최초의 지질 시대. 6500만 년 전부터 5600만 년 전까지를 이름.

팔레트(palette 프)圈 그림물감을 짜내어 섞기 위한 판. 조색판(調色板).

팔레트^나이프(palette knife)圈 팔레트의 그림물감을 섞거나 찌꺼기를 긁어내는 데 쓰는 칼.

팔로(八路)圈 ☞팔도(八道).

팔-리다자타 ①['팔다'의 피동]㉠물건이나 권리 따위를 다른 사람이 사가게 되다. ¶ 집이 팔리다. ㉡생각이 한쪽으로 쏠리다. ¶ 이야기에 정신이 온통 팔리다. ②얼굴이나 이름이 널리 알려지다. ¶ 연예인이 된 후로는 얼굴이 너무 팔려서 거리에 잘 나가지도 못한다.

팔림-새[-쌔]圈 (상품이) 팔리는 형편.

팔만-나락(八萬奈落)圈 팔만지옥.

팔만-대장경(八萬大藏經)圈〈팔만사천대장경〉의 준말.

팔만사천-대장경(八萬四千大藏經)圈〔8만 4천 법문이 수록되어 있는 데서〕'고려 대장경'을 이르는 말. 옙팔만대장경.

팔만-지옥(八萬地獄)圈 불교에서, 중생이 번뇌 때문에 당하는 수많은 괴로움을 지옥에 비유하여 이르는 말. 팔만나락(八萬奈落).

팔매圈[하타] 돌 따위 작고 단단한 물건을 힘껏 던짐, 또는 그 물건. ¶ 팔매를 치다.

팔매-질圈[하타] 돌 따위 작고 단단한 물건을 손에 쥐고 힘껏 멀리 던지는 짓.

팔매-치기圈[하자타] 팔매질로 겨루는 장난.

팔맷-돌[-매똘/-맫똘]圈 ①팔매질할 때 쓰는 돌. ②사냥에 쓰는 돌. 2~5개의 주먹만 한 돌을 끈 따위로 묶어서 씀.

팔면(八面)圈 ①'모든 방면이나 측면'을 이르는 말. ¶팔면으로 수소문하다. ②여덟 개의 평면.

팔면-고(八面鼓)圈 국악(國樂)에서 쓰는, 여덟 면을 가진 북.

팔면부지(八面不知)圈 어느 모로나 전혀 알지 못함, 또는 그런 사람.

팔면-육비(八面六臂)[-뉵삐]圈〔여덟 개의 얼굴과 여섯 개의 팔이라는 뜻으로〕'어떤 일을 당해도 능히 처리하는 수완(手腕)과 능력이 있음'을 이르는 말.

팔면-체(八面體)圈 여덟 개의 평면(平面)으로 둘러싸인 입체(立體).

팔-모(八-)圈 여덟 모. 팔각(八角).

팔모(八母)圈 지난날, 실모(實母) 이외에 복제(服制)의 구별이 있었던 여덟 어머니. 곧, 적모(嫡母)·계모(繼母)·양모(養母)·자모(慈母)·가모(嫁母)·출모(黜母)·서모(庶母)·유모(乳母).

팔-모가지圈〈팔목〉의 속된 말.

팔모-귀 (八一)**명** 네모진 것을 여덟모로 만들고 남은, 네 쪽의 삼각형.

팔모-살 (八一)**명** 여덟모가 지게 댄 문살.

팔모-정 (八一亭)**명** 여덟모가 지게 지은 정자. 팔각정(八角亭).

팔-목 손이 잇닿은 팔의 끝 부분. 손목.

팔목 (八目)**명** ☞수투전(數鬪牋)

팔문 (八門)**명** 음양가가 구궁(九宮)에 맞추어서 길흉을 점치는 여덟 문. 곧, 휴(休)·생(生)·상(傷)·두(杜)·경(景)·사(死)·경(驚)·개(開).

팔문-둔갑 (八門遁甲)**명** 음양가가 귀신을 부리는 술법(術法).

팔물-탕 (八物湯)**명** 사물탕(四物湯)과 사군자탕(四君子湯)을 합한 탕약. 기혈을 보하는 보약임.

팔-밀이명하타 (一)①재래식 혼례에서, 혼인날 신랑이 신부 집에 이르렀을 때, 신부 집 사람이 읍(揖)하며 맞아 행례청(行禮廳)까지 팔을 밀어 인도하는 예(禮). ②마땅히 자기가 해야 할 일을 남에게 미룸. ¶이번 일은 팔밀이하지 말고 네가 직접 해라.

팔방 (八方)**명** ①사방(四方)과 사우(四隅). 곧, 동·서·남·북과 북동·북서·남동·남서의 여덟 방위. ②건(乾)·감(坎)·간(艮)·진(震)·손(巽)·이(離)·곤(坤)·태(兌)의 여덟 방위. ③이곳저곳. 모든 방면. ¶팔방으로 수소문하다.

팔-방망이 (八一)**명** 앞뒤로 방망이가 여덟을 대고 열여섯 사람이 메도록 된 상여(喪輿).

팔방-미인 (八方美人)**명** ①어느 모로 보나 아름다운 미인. ②주관이 없이 누구에게나 잘 보이도록 처세하는 사람을 얕잡아 이르는 말. ③'여러 방면에 능통한 사람'을 비유하여 이르는 말. ④'깊이는 없이 여러 방면에 조금씩 손대는 사람'을 조롱하여 이르는 말.

팔방-천 (八方天)**명** 불교에서, 하늘을 여덟 방위로 나누어 이르는 말.

팔-배태명 저고리 소매 밑의 솔기를 따라서 겨드랑이 끝까지 두 편으로 좁게 댄 헝겊.

팔백 (八白)**명** 음양설에서 이르는 구성(九星)의 하나. 곧, 토성(土星)을 이름.

팔-베개명하자 팔을 베개 삼아 베는 일.

팔보-채 (八寶菜)**명** 중화요리의 한 가지. 마른해삼·새우·닭고기·죽순·목이버섯·느타리버섯·양파·완두콩 등 여덟 가지 재료를 볶아서 육수와 양념을 넣고 끓이다가, 녹말을 푼 물을 부어 걸쭉하게 익힌 먹음.

팔-복전 (八福田)[-쩐]**명** 〔불교에서〕①공경·공양하거나 자비를 베풀어 복을 심는 여덟 가지 밭. 곧, 부처·성인(聖人)·스님·화상(和尙)·아사리(阿闍梨)·아버지·어머니·병든 사람. ②복 받을 원인이 되는 여덟 가지 좋은 일. 곧, 길가에 우물을 파는 일, 물가에 다리를 놓는 일, 험한 길을 닦는 일, 부모에게 효도하는 일, 삼보(三寶)를 공경하는 일, 병자를 구완하는 일, 가난한 사람에게 밥을 주는 일, 누구에게나 공양하고 보시하는 큰 법회를 베푸는 일.

팔부-중 (八部衆)**명** 불법(佛法)을 수호하는 여덟 신장(神將). 곧, 천(天)·용(龍)·야차(夜叉)·건달바(乾闥婆)·아수라(阿修羅)·가루라(迦樓羅)·긴나라(緊那羅)·마후라가(摩睺羅迦).

팔분 (八分)**명** 한자의 여섯 가지 서체의 하나. 예서(隸書)에 장식적인 요소를 더하여 전자(篆字) 팔분(八分)과 예서 이분(二分)의 비율로 섞어 만들었다 함.

팔분-쉼표 (八分-標)**명** 온쉼표의 8분의 1의 길이에 해당하는 쉼표.〔기호는 ７〕

팔분-음표 (八分音標)**명** 온음표의 8분의 1의 길이에 해당하는 음표.〔기호는 ♪〕

팔분-의 (八分儀)[-부늬/-부니]**명** ☞옥탄트(octant).

팔-불용 (八不用)**명** ☞팔불출(八不出).

팔-불출 (八不出)**명** 몹시 어리석은 사람을 이르는 말. 팔불용(八不用). 팔불취(八不取).

팔-불취 (八不取)**명** ☞팔불출(八不出).

팔사 (八絲)[-싸]**명** 여덟 가닥으로 꼰 노끈.

팔삭 [-싹]**명** 음력 팔월 초하룻날.〔농가에서 이날 처음으로 햇곡식을 벰.〕

팔삭-동이 (八朔-)[-싹똥-]**명** ①제 달을 다 채우지 못하고 밴 지 여덟 달 만에 낳은 아이. ¶팔삭동이를 낳다. ②'똑똑하지 못한 사람'을 조롱하여 이르는 말.

팔상 (八相)[-쌍]**명** ①사람 얼굴의 여덟 가지 상(相). 곧, 위(威)·후(厚)·청(淸)·고(古)·고(孤)·박(薄)·자(慈)·속(俗). ②불교에서, 석가여래가 중생을 제도하고자 이 세상에 나타낸 변상(變相) 여덟 가지를 이르는 말. 곧, 하천(下天)·탁태(託胎)·강탄(降誕)·출가(出家)·항마(降魔)·성도(成道)·전법륜(轉法輪)·입열반(入涅槃).

팔상-성도 (八相成道)[-쌍-]**명** 석가여래가 중생을 제도하기 위하여 이 세상에 나타나 여덟 가지의 상으로 이룬 도. 팔상작불(八相作佛).

팔상-작불 (八相作佛)[-쌍-]**명** -뿔]**명** ☞팔상성도.

팔색-조 (八色鳥)[-쌕쪼]**명** 팔색조과의 새. 몸길이 18 cm가량이며, 여러 빛깔의 깃털로 덮여 있음. 중국 남부에서 여름에 제주도와 일본 등지로 날아옴.

팔서 (八書)[-써]**명** 〈팔체서(八體書)〉의 준말.

팔선-교자 (八仙交子)[-썬-]**명** ☞팔선상.

팔선-상 (八仙床)[-썬-]**명** 여덟 사람이 둘러앉을 만하게 만든 네모반듯하고 큰 상. 팔선교자(八仙交子).

팔성 (八成)[-썽]**명** 황금의 품질을 10등분할 때의 셋째 등급. 참구성(九成).

팔-성도 (八聖道)[-썽-]**명** ☞팔정도(八正道).

팔세-보 (八世譜)[-쎄-]**명** 왕조 때, 문무관과 음관(蔭官)의 문벌을 알기 위해 팔대조(八代祖)를 기록한 보첩(譜牒).

팔-소매 [-쏘-]**명** ☞소매.

팔손이-나무 (八一)[-쏘니-]**명** 두릅나뭇과의 상록 관목. 높이 2~3 m이며 바닷가 숲에서 잘 자람. 짙은 녹색의 잎은 손바닥 모양으로 일곱 내지 아홉 갈래로 갈라지고, 늦가을에 흰 꽃이 피며 관상용으로도 가꿈. 잎은 거담제로 쓰임.

팔순 (八旬)[-쑨]**명** 여든 살. 팔질(八耋). ¶팔순의 노인.

팔^시간^노동제 (八時間勞動制)[-씨-]**명** 노동 시간을 하루 8시간(1주일에 48시간)으로 규정한, 국제 표준 노동 시간제.〔우리나라는 1989년에 1주일 노동 시간을 44시간으로 개정함.〕

팔식 (八識)[-씩]**명** 불교에서, 오관(五官)과 몸을 통하여 외부의 사물을 인식할 수 있는 여덟 가지 심적 작용을 이르는 말.

팔-심 [-씸]**명** 팔뚝의 힘. ¶팔심이 세다.

팔십 [-씹]①**주** 여든.
Ⅱ관〔일부 단위를 나타내는 명사 앞에 쓰이어〕그 수량이 여든임을 나타내는 말. ¶팔십 명.

팔싹 **부**(하타) ①연기나 먼지 따위가 뭉치어 일어나는 모양. ¶뿌연 흙먼지가 팔싹 일어나다. ②갑자기 맥없이 주저앉는 모양. **큰**펄썩. 팔싹-팔싹**부**(하타).

팔싹-거리다[-꺼-] 재 자꾸 팔싹팔싹하다. 팔싹 대다. 閨팔썩거리다.

팔싹-대다[-때-] 재 팔싹거리다.

팔-씨름[-씨-]명하자 두 사람이 손을 마주 잡고 팔심을 겨루는 내기. ¶팔씨름을 벌이다.

팔아-넘기다타 ①값을 받고 어떤 물건의 소유권을 다른 사람에게 넘겨주다. ¶시골 농민이 도시 사람에게 전답을 팔아넘겼다. ②주로 여성을 대상으로 하여, 돈을 받고 물건처럼 거래하다. ¶그들은 소녀들을 인신매매 조직에 팔아넘겼다. ③어떤 이득을 얻기 위하여 지조·양심 따위를 버리다.

팔아-먹다[-따] 타 '팔다'의 속된 말.

팔양-경(八陽經)명 여덟 가지 양(陽)을 말하여, 혼인(婚姻)·해산(解産)·장사(葬事) 등에 관한 미신적 행동을 타파한 내용의 불경.

팔열^지옥(八熱地獄)명 불교에서 이르는, 극열(極熱)의 형벌을 받는 여덟 지옥. 곧, 등활(等活)·흑승(黑繩)·중합(衆合)·규환(叫喚)·대규환(大叫喚)·초열(焦熱)·대초열(大焦熱)·무간(無間)의 지옥. 팔대 지옥(八大地獄).

팔-오금명 팔꿈치를 오그린 안쪽. 옹오금.

팔월(八月)명 한 해의 여덟째 달. 월계월(桂月)·유월(酉月)·중추(仲秋)[2].

팔월-선(八月仙)[-썬]명 팔월에 농사일을 끝낸 농부를 신선 같다는 뜻으로 이르는 말.

팔음(八音)명 아악(雅樂)에 쓰이는 금(金)·석(石)·사(絲)·죽(竹)·포(匏)·토(土)·혁(革)·목(木)의 여덟 악기, 또는 그 소리.

팔인-교(八人轎)명 여덟 사람이 메는 교자.

팔일-무(八佾舞)명 지난날, 나라의 큰 제사 때에, 가로세로 여덟 명씩 모두 64명을 정렬시켜 추게 하던 춤.

팔자(八字)[-짜]명 〔태어난 해·달·날·시의 간지(干支)인 '여덟 글자'라는 뜻으로〕 사람의 평생 운수. ¶팔자가 기구하다. /팔자가 좋다. / 모두가 팔자 탓이다. 참사주(四柱).
　팔자 도망은 못한다[속담] 제가 타고난 운명에 따라야지, 억지로 되는 것이 아니라는 말.
　팔자(가) 늘어지다[관용] ①팔자가 매우 좋다는 뜻. ②하는 일 없이 편히 지낼 수 있게 되었다는 뜻.
　팔자(를) 고치다[관용] ①개가(改嫁)하다. ②별안간 부자가 되거나 지체가 높아져 딴 사람처럼 되다.
　팔자에 없다[관용] 분수나 격에 넘치는 뜻밖의 복록(福祿)이 겹다.

팔자-걸음(八字-)[-짜-]명 발끝을 바깥쪽으로 벌려 걷는 걸음. 여덟팔자걸음.

팔자-땜(八字-)[-짜-]명하자 사나운 팔자를 어떤 어려운 일로 대신 때움. 〔몹시 어려운 일을 겪었을 때 하는 말.〕

팔자-소관(八字所關)[-짜-]명 타고난 운수로 인하여 어쩔 수 없이 당하는 일. ¶아무리 살기가 힘들어도 팔자소관이려니 하고 살아라.

팔자-수염(八字鬚髥)[-짜-]명 코 밑에 '八' 자 모양으로 난 수염.

팔자-춘산(八字春山)[-짜-]명 미인의 '고운 눈썹'을 비유하여 이르는 말.

팔자-타령(八字-)[-짜-]명 자신의 기박한 신세를 한탄하는 일.

팔작-집(八作-)[-짝찝]명 네 귀에 모두 추녀를 달아 지은 한식(韓式) 집.

팔-장신(八將神)[-짱-]명 음양가(陰陽家)가 이르는, 길흉의 방위를 맡은 여덟 신.

팔재(八災)[-제]명 불교에서, 참선(參禪) 수행에 방해가 되는 여덟 재환(災患). 곧, 희(喜)·우(憂)·고(苦)·낙(樂)·심(尋)·사(伺)·출식(出息)·입식(入息).

팔-재간(-才幹)[-째-]명 씨름에서, 팔을 쓰는 재간. ¶팔재간이 좋은 선수.

팔전(八專)[-쩐]명 임자(壬子)에서 계해(癸亥)까지의 열이틀 가운데서 축(丑)·진(辰)·오(午)·술(戌)의 나흘을 뺀 나머지 여드레 동안을 이르는 말. 〔한 해에 여섯 차례가 있는데 이 동안에 비가 많이 온다고 함.〕

팔절(八節)[-쩔]명 입춘(立春)·춘분(春分)·입하(立夏)·하지(夏至)·입추(立秋)·추분(秋分)·입동(立冬)·동지(冬至)의 여덟 절기.

팔절-일(八節日)[-쩌릴]명 팔절(八節)에 해당하는 날.

팔-정도(八正道)[-쩡-]명 불교에서 이르는, 실천 수행하는 여덟 가지 참된 덕목. 곧, 정견(正見)·정사(正思)·정업(正業)·정명(正命)·정념(正念)·정정(正定)·정사유(正思惟)·정정진(正精進). 팔성도(八聖道).

팔조지교(八條之敎)[-쪼-]명 고조선 때에 시행된 여덟 조항으로 된 법금(法禁). 팔조지금법(八條之禁法).

팔조지금법(八條之禁法)[-쪼-뻡]명 ⇨팔조지교(八條之敎).

팔족-시(八足詩)[-쪽씨]명 팔각시(八角詩)에서 머리글자로 쓰는 글을 끝 글자로 하여 시를 짓는 놀이.

팔종성-가족용법(八終聲可足用法)[-쫑-종농뻡]명 〔훈민정음(訓民正音)〕해례(解例)의 종성해(終聲解)에 있는 받침 규정으로〕 'ㄱ·ㄴ·ㄷ·ㄹ·ㅁ·ㅂ·ㅅ·ㆁ'의 여덟 글자만 받침으로 써도 된다는 말. 〔가령, '곶[花]→곳', '갗[毛皮]→갓', '붇다→붇다', '높다→놉다'로 써도 된다는 말.〕

팔-주비전(八注比廛)[-쭈-]명 조선 말기에, 백각전(百各廛) 중 선전(縇廛)·면포전(綿布廛)·면주전(綿紬廛)·지전(紙廛)·저포전(苧布廛)·포전(布廛)·내어물전(內魚物廛)·외어물전(外魚物廛)의 여덟 시전(市廛)을 이르던 말.

팔-죽지[-쭉-]명 팔꿈치에서 어깻죽지 사이의 부분. ¶팔죽지를 붙잡고 매달다.

팔-준마(八駿馬)[-쭌-]명 역사상 이름 있는 여덟 준마. 곧, 적기(赤驥)·도려(盜驪)·백의(白義)·유륜(踰輪)·산자(山子)·거황(渠黃)·화류(驊騮)·녹이(綠耳).

팔중-주(八重奏)[-쭝-]명 여덟 가지의 독주 악기로 구성된 실내악 중주(重奏). 옥텟(octet).

팔진(八鎭)[-찐]명 사방(四方)과 사우(四隅).

팔진-도(八陣圖)[-찐-]명 중군을 가운데 두고 전후좌우, 사우(四隅)에 여덟 진을 치는 진법(陣法)의 그림.

팔질(八秩)[-찔]명 여든 살. 팔순(八旬).

팔-짓[-찓]명하자 팔을 이리저리 놀리는 짓.
* [팔짓시] [팔짓만]→[-찐-]

팔짝튀 ①하자 갑자기 가볍게 날거나 뛰어오르는 모양. ¶놀란 개구리가 팔짝 뛰어올랐다. ②하자 문 따위를 갑자기 열어젖히는 모양. ¶창문을 팔짝 열고 밖을 내다보았다. 閨펄쩍.

팔짝-팔짝튀하자타.

팔짝-거리다[-꺼-] 재타 자꾸 팔짝팔짝하다. 팔짝대다. 閨펄쩍거리다.

팔짝-대다[-때-] 재타 팔짝거리다.

팔짱[명] ①두 팔을 엇걸쳐 손을 겨드랑이 밑에 넣어 끼거나 양쪽 소매 속에 마주 넣는 일. ②나란히 있는 두 사람이 서로 상대편의 팔에 자기의 팔을 엇걸쳐 끼는 일.

팔짱(을) 끼고 보다[관용] 수수방관하다.

팔짱(을) 지르다[꽂다][관용] 두 팔을 엇걸쳐 손을 겨드랑이 밑에 넣어 끼거나 양쪽 소매 속에 마주 꽂다.

팔찌[명] ①팔가락지. ¶팔찌를 끼다. ②활을 쏠 때, 활을 쥐는 쪽의 팔소매를 걷어 매는 띠.

팔찌-동[명] 활을 쏠 때, 사대(射臺)에서의 위치와 순(巡), 화살 대수 따위에 관한 예법.

팔척-장신(八尺長身)[-짱-][명] 키가 매우 큰 사람의 몸을 과장하여 이르는 말.

팔천(八賤)[명] 조선 시대에, 사천(私賤)에 속하던 사노비(私奴婢)·중·백정·무당·광대·상여꾼·기생·공장(工匠)의 여덟 천민.

팔체(八體)[명] <팔체서(八體書)>의 준말.

팔체-서(八體書)[명] 중국 진(秦)나라 때 쓰인 대전(大篆)·소전(小篆)·각부(刻符)·충서(蟲書)·모인(摹印)·서서(署書)·수서(殳書)·예서(隸書)의 여덟 서체. ☞전서·팔체.

팔초-하다[형여] 얼굴이 좁고 아래턱이 뾰족하다.

팔촌(八寸)[명] 삼종(三從) 간의 촌수(寸數). ¶그와 나는 팔촌 관계다.

팔팔[부] ①적은 물이 몹시 끓는 모양. ¶주전자의 물이 팔팔 끓다. ②작은 날짐승이나 물고기 따위가 힘차게 날거나 뛰는 모양. ¶팔팔 뛰는 붕어. ③높은 열로 매우 뜨거운 모양. ¶감기로 머리가 팔팔 끓다. ④눈이나 먼지 따위가 바람에 세차게 날리는 모양. ¶바람에 흙먼지가 팔팔 날린다. ☞펄펄.

팔팔-결[명] 다른 정도가 엄청남. 팔결. ¶그 사람 언행이 전과는 팔팔결이라네.

팔팔-하다[형여] ①(성질이) 누긋하지 않고 괄괄하다. ¶성격이 몹시 팔팔하다. ②날쌜 기운이 넘치고 활발하다. ¶팔팔한 이십대 청년들. ☞펄펄하다.

팔포-대상(八包大商)[명] ①조선 말기에, 중국으로 가는 사신을 따라가 홍삼(紅蔘)을 파는 허가를 얻었던 의주(義州)의 상인. ②'살림살이에 걱정이 없는 사람'을 비유하여 이르는 말.

팔표(八表)[명] ①팔방의 끝. ②먼 곳.

팔푼-이(八-)[명] '좀 모자라는 사람'을 얕잡아 이르는 말.

팔풍(八風)[명] 팔방(八方)의 바람. 곧, 동북 염풍(炎風), 동방 조풍(條風), 동남 혜풍(惠風), 남방 거풍(巨風), 서남 양풍(涼風), 서방 유풍(飂風), 서북 여풍(麗風), 북방 한풍(寒風).

팔풍-받이(八風-)[-바지][명] 팔방에서 불어오는 바람을 다 받는 곳.

팔한^지옥(八寒地獄)[명] 불교에서 이르는, 극한(極寒)의 형벌을 받는 여덟 지옥.

팔황(八荒)[명] 팔방(八方).

팔-회목[-회-/-훼-][명] 손과 팔이 잇닿은 팔목의 잘록한 부분.

팜:-유(palm油)[명] 기름야자의 과육에서 짠 기름. 마가린·비누 등의 원료로 쓰임.

팜플렛(pamphlet)[명] '팸플릿'의 잘못.

팝^뮤:직(pop music)[명] (재즈·상송·영화 음악 따위의) 대중적이며 오락적인 성격을 띤 음악.

팝송(pop song)[명] 통속적인 가요곡. 영미(英美)의 대중가요를 특별히 이르는 말.

팝콘:(popcorn)[명] 옥수수에 소금으로 간을 하여 튀긴 식품.

팟-종[파쫑/팓쫑][명] 다 자란 파의 윗머리에 달리는 망울.

팡[부] ①갑자기 무엇이 세게 터지거나 튀는 소리. ②작은 구멍이 환히 뚫리는 모양, 또는 그 소리. ¶하수구가 팡 뚫리다. ③공 따위를 세게 차는 모양, 또는 그 소리. ☞핑1. 빵빵. 팡팡[하자타].

팡개[명] 네 갈래로 짜개진 한끝으로 흙덩이나 돌멩이를 찍어서 멀리 던져 새를 쫓는 대나무 토막.

팡개-질[하자] 팡개로 흙덩이나 돌멩이 따위를 찍어 던지는 일.

팡개-치다[타] '팽개치다'의 잘못.

팡당[부] 작고 무거운 물건이 얕은 물에 떨어질 때 나는 소리. ☞펑덩. 팡당-팡당[하자타].

팡당-거리다[자타] 자꾸 팡당팡당하다. 팡당대다. ☞펑덩거리다.

팡당-대다[자타] 팡당거리다.

팡이[명] 민꽃식물의 한 가지. 엽록소가 없고 기생함. [버섯이나 곰팡이 따위]

팡파:르(fanfare 프)[명] ①북과 금관 악기를 사용한 화려하고 짧은 악곡. ②집회의 개회나 축하 의식에, 삼화음을 쓰는 트럼펫의 신호. ¶팡파르가 울려 퍼지는 가운데 주빈이 입장하였다.

팡파지다[형] 옆으로 퍼진 모양이 판판하다. ¶팡파진 논밭. ☞펑퍼지다.

팡파짐-하다[형여] 동그스름하고 판판하게 옆으로 퍼져 있다. ¶팡파짐한 얼굴. ☞펑퍼짐하다.

팡파짐-히[부].

팡-팡[부] ①[하자] 액체가 좁은 구멍으로 세차게 솟거나 쏟아지는 소리, 또는 그 모양. ¶바위틈에서 샘물이 팡팡 솟고 있다. ②눈이 매우 많이 내리는 모양. ¶밤사이에 함박눈이 팡팡 내렸다. ③눈이나 물건 따위를 함부로 쓰는 모양. ¶물을 팡팡 쓰다. ☞펑펑.

팡팡-거리다[자] 액체가 좁은 구멍으로 세차게 자꾸 솟거나 쏟아져 나오다. 팡팡대다. ¶팡팡거리며 쏟아지는 물.

팡팡-대다[자] 팡팡거리다.

팥[팓][명] ①콩과의 일년초. 인도 원산으로 높이는 50~90 cm. 여름에 노란 나비 모양의 꽃이 피고, 가늘고 긴 원통형 꼬투리가 열려, 그 속에 5~10개의 적갈색·흑색·담황색·회백색 등의 씨가 들어 있음. 씨는 유용한 잡곡임. ②팥의 씨. 소두(小豆). ☞적두(赤豆). ＊팥이[파치]·팥을[파틀]·팥만[판-].

팥으로 메주를 쑨대도 곧이듣는다[속담] 지나치게 남의 말을 잘 믿음을 이르는 말.

팥이 풀어져도 솥 안에 있다[속담] 얼른 보아서는 손해를 본 것 같으나, 사실은 그리 손해는 아니라는 말.

팥-고물[판꼬-][명] 팥을 삶아서 약간 으깨어 만든 고물. 떡에 묻힘.

팥-꼬투리[판-][명] 알맹이가 들어 있는 팥의 열매.

팥-노긋[판-굳][명] 팥의 꽃. ＊팥노굿이[판-구시]·팥노굿만[판-군-]

팥노굿 일다[관용] 팥의 꽃이 피다.

팥-눈[판-][명] 팥알에 하얗게 박힌 점. 팥의 배아(胚芽).

팥-떡[판-][명] 팥고물을 묻힌 떡.

팥-매[판-][명] 팥을 타는 커다란 맷돌.

팥-물[판-][명] 삶은 팥을 짜서 거른 물. 팥죽 쑤는 데 쓰임.

팥물-밥[판-][명] 팥을 삶아 건져 낸 물에 쌀을 안쳐 지은 밥.

팥-밥[팓빱][명] 팥을 두어 지은 밥.

팥-배[팥빼]圓 팥배나무의 열매. 당리(棠梨).

팥배-나무[팥빼-]圓 장미과의 낙엽 활엽 교목. 높이 15 m가량이며, 우리나라와 일본 등지의 산에 분포한다. 봄에 흰 꽃이 피고 가을에 팥알 모양의 열매가 익음.

팥-비누[팥삐-]圓 팥의 껍질을 벗겨 곱게 갈아 비누로 쓰는 가루.

팥-빵[팓-]圓 팥소를 넣어 만든 빵.

팥-소[팓쏘]圓 팥으로 만들어 떡이나 빵 따위의 속에 넣는 소.

팥-수라(← --水剌)[팓쑤-]圓 지난날, 수라상에 차리던 팥밥을 이르던 말.

팥-장(-醬)[팓짱]圓 팥과 밀가루로 메주를 쑤어 만든 장.

팥-죽(-粥)[팓쭉]圓 팥을 삶아 으깨어 거른 물에 쌀을 넣고 쑨 죽.

팥죽-동옷(-粥-)[팓쭉똥옫]圓 어린아이들의 동지 밤으로 입는 자줏빛 또는 보랏빛의 동옷. *팥죽동옷이[팓쭉똥오시]·팥죽동옷만[팓쭉똥온-]

팥-편[팓-]圓 팥물을 가라앉혀 웃물을 따르고 앙금에 밀가루를 섞고 꿀을 쳐서 익힌 음식.

패(敗) **Ⅰ**圓[하자타] 어떤 일을 실패함. 또는, 싸움이나 경기 등에서 짐. ¶ 결승전에서 상대 팀에게 3대 1로 패하였다. **Ⅱ**의 운동 경기에서, 진 횟수를 세는 단위. ¶ 2승 1패. ↔승(勝).

패(牌)[1]圓 ①(이름·신분·특징 따위를 알리기 위해) 그림이나 글씨를 그리거나 쓰거나 새긴, 작은 종이나 나무의 조각. ②화투나 투전의 각 장, 또는 그것이 나타내는 끗수 따위의 내용. ¶ 패를 돌리다. /패가 좋다.

패(를) 떼다[관용] 화투 따위를 가지고 패를 맞추어서 나누다.

패를 잡다[관용] 노름판에서 물주가 되다.

패(牌)[2]圓 몇 사람이 어울린 동아리. ¶ 패를 짜다.

패(霸)圓 ①남을 교묘하게 속이는 피. ②바둑에서, 서로 한 수씩 걸러 가면서 잡고자 하는 점.

패-가(敗家)圓[하자] 가산을 탕진하여 없앰.

패-가-망신(敗家亡身)圓[하자] 가산(家産)을 다 써서 없애고 몸을 망침.

패:-각(貝殼)圓 ☞조가비.

패-각-충(貝殼蟲)圓 ☞깍지벌레.

패:-갑(貝甲)圓 조개의 껍데기.

패-거리(牌-)圓 '패(牌)[2]'를 낮추어 이르는 말.

패:-검(佩劍)[1]圓 ☞찰쇠.

패:-검(佩劍)[2]圓[하자] 칼을 참, 또는 그 칼. 대검(帶劍). 착검(着劍). 패도(佩刀).

패관(稗官)圓 지난날, 임금이 민간의 풍속이나 정사를 살피기 위하여 가설항담(街說巷談)을 모아 기록하게 하던 벼슬아치.

패-관^기서(稗官奇書)圓 ☞패관 문학.

패-관^문학(稗官文學)圓 패관이 그가 채집한 가설항담에 자기 나름의 창의와 윤색을 더하여 새로운 형태로 변화 발달시킨 일종의 설화 문학. 고려 중·후기(中後期)에 성행하였음. 〔이규보의 '백운소설', 이인로의 '파한집', 최자의 '보한집', 이제현의 '역옹패설' 따위.〕패관 기서.

패:-관^소:설(稗官小說)圓 민간의 가설항담을 내용으로 하는 소설. 고려 중·후기(中後期)에 성행하였음. ㉣패설(稗說).

패-관-잡기(稗官雜記)[-끼]圓 조선 명종(明宗) 때, 어숙권(魚叔權)이 지은 책. 정사·인물·풍속·일화 등 잡다한 내용을 자유롭게 서술한 것으로, '대동야승(大東野乘)'에 수록되어 있음.

패:-국(敗局)圓 쇠하여 약해진 정국(政局)이나 국면.

패:-군(敗軍)圓 싸움에 진 군대.

패:-군지장(敗軍之將)圓 싸움에 진 장수. ㉣패장.

패:-권(霸權)[-꿘]圓 패자(霸者)의 권력. 곧, 우두머리나 승자(勝者)의 권력. ¶ 패권을 쥐다.

패:-권-주의(霸權主義)[-꿘-의/-꿘-이]圓 강대한 군사력을 배경으로 세계를 지배하려는 제국주의적 정책을 이르는 말. ㉣제국주의.

패:-기(霸氣)圓 적극적으로 일을 해내려는 기백. ¶ 패기가 넘치다.

패기만만(霸氣滿滿)圓 '패기만만하다'의 어근.

패:-기만만-하다(霸氣滿滿-)형여 패기가 가득하다. ¶ 패기만만한 젊은이.

패:-나다(霸-)재 바둑에서, 패가 생기다.

패널(panel)圓 ①판벽(板壁) 따위의 널빤지. ②콘크리트를 부어 굳히는 형틀 널빤지. ③화포(畫布) 따위의 화판(畫板), 또는 화판에 그린 그림. ④배심원. 배심원의 평결.

패널리스트(panelist)圓 공개 토론에 참석한 토론자.

패널^토:론(panel討論)圓 토론 방법의 한 가지. 특정한 문제를 해결하거나 해명하기 위해 이에 대해 관심이나 정보·경험 등을 가진 몇 사람을 선출하여, 청중 앞에서 의견을 발표하고 함께 논의하는 방식.

패다[1]재 곡식의 이삭이 생겨 나오다. ¶ 보리가 패다.

패다[2]타 사정없이 마구 때리다.

패:다[3]타 도끼로 장작 따위를 찍어 쪼개다. ¶ 장작을 패는 데 이골나다.

패:다[4] **Ⅰ**재〈파이다〉의 준말. ¶ 폭우로 움푹 팬 웅덩이. /빗물에 땅이 조금씩 패다. **Ⅱ**타〔'파다'의 사동〕패게 하다. ¶ 일꾼에게 땅을 패다.

패:-담(悖談)圓[하자] 사리에 어그러진 말. 패설(悖說).

패대기-치다타 거칠고 빠른 동작으로 메어치다. ¶ 순이는 보따리를 패대기치고서 울기 시작했다.

패:-덕(悖德)圓 ①도덕과 의리에 어긋남. ②정도(正道)에서 벗어난 행위.

패:-덕(敗德)圓[하자] 도덕과 의리를 그르침.

패:-도(佩刀)圓[하자] ☞패검(佩劍)[2].

패:-도(悖道)圓 정도(正道)에서 벗어남. 도리에 어긋남.

패:-도(霸道)圓〔유가(儒家)에서 이르는〕인의(仁義)를 무시하고 무력이나 권모술수(權謀術數)로써 다스리는 길. ¶ 패도 정치. ↔왕도.

패:-독-산(敗毒散)[-싼]圓 감기와 몸살을 다스리는 한약의 한 가지.

패:-동(敗-)[하자]圓 동개를 허리에 참.

패두(牌頭)圓 ①인부 열 사람의 우두머리. ②조선 시대에, 죄인의 볼기를 치던 형조(刑曹)의 사령(使令).

패드(pad)圓 ①양복의 모양을 조정하기 위하여 어깨 따위에 넣는 심. ②주로 여성용 옷에서, 몸의 곡선미를 돋보이게 하기 위하여 옷에 넣어 신체 일부에 대는 물건. ③흡수성이 강한, 생리 용구. ④침대보 위에 까는 천.

패랭이圓 ①댓개비로 엮어 만든 갓의 한 가지. 조선 시대에는 역졸이나 천인(賤人)·상제(喪制) 등이 썼음. 평량립(平凉笠). 평량자. ②☞패랭이꽃.

패랭이에 숟가락 꽃고 산다[속담] '떠돌아다니며 얻어먹을 정도로 가난한 살림'을 비유하여 이르는 말.

패랭이-꽃[-꼳]명 석죽과의 다년초. 중국 원산으로 산이나 들에 절로 나는데, 높이는 30 cm가량. 잎은 마주나고, 여름에 희거나 붉은 꽃이 핌. 꽃은 한방에서 '구맥(瞿麥)'이라 하여 약재로 쓰임. 석죽(石竹). 패랭이. 핑크. *패랭이꽃이[-꼬치]·패랭이꽃만[-꼰-]

패러글라이딩 (paragliding)명 낙하산 강하와 행글라이딩의 비행 원리를 적용, 편리한 점만을 따서 만든 항공 스포츠.

패러다임 (paradigm)명 어떤 한 시대 사람들의 견해나 사고를 지배하고 있는 이론적 틀이나 개념의 집합체. [미국의 쿤(Thomas Kuhn)이 그의 저서 '과학 혁명의 구조'에서 제시한 개념.]

패러독스 (paradox)명 ①역설(逆說). ②기론(奇論). ③자가당착(自家撞着)의 말.

패러디 (parody)명하타 문학 작품의 한 형식. 어떤 저명 작가의 시구나 문체를 모방하여 풍자적으로 꾸민 익살스러운 시문(詩文).

패럴렐리즘 (parallelism)명 희곡 작품에서, 둘이상의 줄거리나 인물 등이 서로 조응(照應)·병행하여 전개되어 나가는 수법.

패럴렐=액션 (parallel action)명 영화 몽타주의 한 가지. 같은 시각에 다른 곳에서 서로 관련되어 일어난 사건을 번갈아 연결하여 보이는 기법.

패럿 (farad)명 전기(電氣) 용량의 실용 단위. 1 쿨롱의 전기량으로 대극(對極) 간에 1볼트의 전위차를 내는 양. [기호는 F]

패려 (悖戾)명 '패려하다'의 어근.

패려-궂다 (悖戾-)[-굳따]형 매우 패려하다. ¶자식의 패려궂은 행동에 노모는 망연자실하고 말았다.

패:려-하다 (悖戾-)형여 말이나 행동이 도리에 어긋나고 사납다.

패:례 (悖禮)명하다 예의에 어긋남, 또는 그런 예절.

패:류 (貝類)명 연체동물 중 패각(貝殻)을 갖춘 동물을 통틀어 이르는 말.

패:류 (悖類)명 패려(悖戾)한 무리.

패:륜 (悖倫)명 사람으로서 마땅히 지켜야 할 도리에 어긋남. 파륜(破倫).

패:륜-아 (悖倫兒)명 사람으로서 마땅히 지켜야 할 도리에 어긋난 짓을 하는(한) 사람.

패:리 (悖理)명 도리나 이치에 어긋남.

패리티=가격 (parity價格)명 정부가 관련 물가 변동에 비례하여 산출해 내는 농산물 가격. 패리티 계산으로 결정함.

패리티=계:산 (parity計算)[-계-/-게-]명 농산물의 공정 가격을 결정하는 방법. 기준 연도에 대한 비교 연도의 물가 지수를 구하여 이를 기준 농산물 가격에 곱하여 산정(算定)함. 농산물 가격을 안정시키고 일반 물가와의 균형을 유지하려는 목적을 가짐.

패:만 (悖慢)명하형 말이나 행동이 도리에 어긋나고 오만함.

패:망 (敗亡)명하자 전쟁에 져서 망함. 패상(敗喪). 비패멸(敗滅).

패:멸 (敗滅)명하자 전쟁에 져서 멸망함. 비패망(敗亡).

패:모 (貝母)명 ①백합과의 다년초. 산에 절로 나는데, 관상용으로 심기도 함. 높이는 30~60 cm이고 잎은 좁고 길며 두세 잎씩 돌려남. 5월경에 자줏빛 꽃이 핌. ②한방에서, '패모의 비늘줄기'를 약재로 이르는 말. 기침과 담을 다스리는 데 쓰임.

패목 (牌木)명 팻말.

패:물 (貝物)명 산호나 호박(琥珀)·수정·대모(玳瑁) 따위로 만든 물건.

패:물 (佩物)명 ①사람의 몸에 달거나 차거나 끼는 장식물. [가락지·팔찌·귀고리·목걸이 따위.] ②노리개.

패:물-삼건 (佩物三件)[-껀]명 산호·호박·밀화 따위로 만든 장식물. 패물삼작.

패:물-삼작 (佩物三作)명 ☞패물삼건.

패:배 (敗北)명하자 ①싸움(전쟁)이나 겨루기에서 짐. ¶패배를 설욕하다. ↔승리. ②전쟁에 져서 달아남. ②패주(敗走).

패:배-감 (敗北感)명 경쟁이나 싸움에서 이길 자신이 없이 무력해지는 느낌. 또는, 경쟁이나 싸움에서 진 뒤에 느끼는 절망감이나 치욕감. ¶패배감을 맛보다.

패:배-주:의 (敗北主義)[-의/-이]명 자신감이 없이, 아예 승리나 성공을 스스로 포기하는 사고(思考)나 태도. ¶패배주의에 빠지다.

패:병 (敗兵)명 전쟁에 진 병정.

패병 (欛柄)명하형 '파병(欛柄)'의 잘못.

패:보 (敗報)명 싸움에서 졌다는 소식. ↔승보.

패:부 (佩符)명하자 [병부(兵符)를 찬다는 뜻으로] 고을 원(員)의 지위에 있음을 이르던 말.

패-부진 (牌不進)명하자 임금의 부름을 받고도 병이나 다른 사고로 나아가지 못하던 일.

패:분 (貝粉)명 조가비를 빻은 가루. 자개의 가루.

패:사 (敗死)명하자 싸움에 져서 죽음.

패:사 (稗史)명 ①패관(稗官) 또는 사관(史官)이 아닌 사람이 소설과 같은 형식으로 꾸며 쓴 역사 기록. ②민간에서 일어난 대수롭지 않은 일들을 기록한 것.

패:산 (敗散)명하자 전쟁에서 지고 뿔뿔이 흩어짐.

패:상 (敗喪)명하자 ☞패망(敗亡).

패:색 (敗色)명 패배할 것 같은 기미. 패배할 것 같은 조짐. ¶패색이 짙다.

패:석 (貝石)명 ①조개의 화석. ②조가비가 달라붙은 돌.

패:-석회 (貝石灰)[-서회/-서훼]명 조가비를 불에 태워서 만든 가루.

패:설 (悖說)명하자 패담(悖談).

패:설 (稗說)명 ①〈패관 소설〉의 준말. ②민간에 이리저리 전해지는 이야기. [가설항담(街說巷談)이나 기담 이문(奇談異聞) 따위.]

패:세 (敗勢)명 싸움(전쟁)이나 겨루기에 질 것 같은 형세. ↔승세(勝勢).

패션 (fashion)명 주로 옷차림 따위에서, 특정한 시기에 유행하는 양식.

패션-모델 (fashion model)명 패션쇼 따위에서, 새로 만든 옷을 입고 관객에게 선보이는 것을 업으로 하는 사람. ②모델.

패션-쇼: (fashion show)명 〈의상 디자이너가〉 새로 유행할 의복을 모델들에게 입히어 여러 관객에게 선보이는 발표회.

패:소 (敗訴)명하자 소송(訴訟)에서 짐. 낙과(落科). ¶패소 판결. ↔승소(勝訴).

패:속 (敗俗)명 쇠퇴하여 사라진 풍속.

패:쇠 (敗衰)[-쇠/-쉐]명하자 패하여 쇠잔해짐.

패:수 (敗數)명 ☞패운(敗運).

패:수-살 (敗數煞)[-쌀]명 ☞패운살(敗運煞).

패스 (pass)명 ①전기 승차권. ¶지하철 패스. ②하형자 합격함. ¶입학 시험에 패스하다. ③하자타 ⑦통과함. ¶세관을 패스하다. ⑥축구·농구·핸드볼 따위에서, 같은 편끼리 공을 주고받는 일. ¶정확한 패스. ④트럼프에서, 자기 차례를 거르고 다음 사람에게 넘기는 일.

패스워:드(password)몡 컴퓨터에서, 특정한 시스템에 로그인을 할 때에 사용자의 신원을 확인하기 위하여 입력하는 문자열. 암호.

패스트^볼:(passed ball)몡 야구에서, 투수가 던진 공을 포수가 잡지 못하고 빠뜨리는 일.

패스트-푸:드(fast food)몡 〔햄버거·도넛·닭튀김 따위와 같이〕'주문하는 대로 곧장 제공되는 음식'을 두루 이르는 말. 劃인스턴트식품.

패스포:트(passport)몡 ①여권(旅券). ②통행증.

패:습(悖習)몡 좋지 못한 풍습이나 버릇.

패시미터(passimeter)몡 기계 공작에서, 구멍의 안지름을 정밀하게 재는 데 쓰는 기구.

패시지(passage)몡 독주 기악곡에서, 곡의 중요부 사이에 일종의 중계 구실을 하는 악구(樂句). 선율적 본음의 장식으로, 위아래로 진행하는 같은 꼴의 가락이 되풀이되는 경과적인 부분.

패-싸움(牌-)몡하재 패끼리 무리를 지어 싸우는 일. 준패쌈.

패:-싸움(霸-)몡 바둑에서, 패가 났을 경우 서로 양보하지 않고 끝까지 패를 씀을 이르는 말.

패:-쌈(牌-)몡하재 〈패싸움〉의 준말.

패:-쓰다(霸-)〔-쓰니·-써〕재 ①바둑에서, 패를 만들어 이용하다. ②교묘한 꾀를 써서 위기를 벗어나다.

패:악(悖惡)몡하형 도리에 어긋나고 흉악함.

패암몡 곡식의 이삭이 패어 나옴, 또는 그 이삭. ¶벼의 패암이 잘되다.

패:업(敗業)몡하재 사업에 실패함.

패:업(霸業)몡 남을 정복하여 무력으로 천하를 다스리는 일.

패:역(悖逆)몡하형 인륜에 어긋나고 불순함.

패:역-무도(悖逆無道)〔-영-〕몡하형 패악하고 불순하여 사람다운 데가 없음. ¶패역무도한 죄인.

패연(沛然)'패연하다'의 어근.

패연-하다(沛然-)형여 비가 내리는 기세가 매우 세차다. 패연-히튀.

패:영(貝纓)몡 밀화(蜜花)·산호(珊瑚)·호박(琥珀)·수정 따위로 만든 갓끈.

패:옥(佩玉)몡 조선 시대에, 왕과 왕비의 법복이나 관원들의 금관 조복(金冠朝服)의 좌우에 늘이어 차던 옥.

패:옥(敗屋)몡 허물어진 집.

패:왕(霸王)몡 ①패자(霸者)와 왕자(王者). 또는, 패도(霸道)와 왕도(王道). ②중국 춘추 전국 시대에, 제후를 거느리고 천하를 다스리던 사람. 곧, 제후들의 우두머리. 〔오패(五霸)가 대표적임.〕패자(霸者).

패:왕-수(霸王樹)몡 ▷선인장(仙人掌).

패:용(佩用)몡하재 명패나 훈장 또는 리본 따위를 몸에 달거나 참.

패:운(敗運)몡 기울어져 가는 운수. 패수(敗數).

패:-운살(敗運煞)〔-쌀〕몡 일신의 운수나 집안의 운이 기울어질 살. 패수살(敗數煞).

패:은(佩恩)몡하재 은혜를 입음.

패:인(敗因)몡 싸움이나 경기에 진 원인. ¶패인을 분석하다. ↔승인(勝因).

패:자(悖子)몡 인륜(人倫)을 어긴 자식.

패:자(敗者)몡 싸움이나 경기에서 진 사람. ¶승자도 패자도 없는 싸움. ↔승자(勝者).

패자(牌子)몡 ▷패지(牌旨). 먄배자.

패:자(霸者)몡 ①제후(諸侯)들의 우두머리. 패왕(霸王). ②패도(霸道)로 천하를 다스리는 사람. ③어느 부문에서 제일인자가 된 사람. 주로, 운동 경기의 우승자를 이름.

패:자-역손(悖子逆孫)〔-쏜〕몡 인륜을 어기고 순리를 거역하는 자손.

패:자-전(敗者戰)몡 〔운동 경기나 바둑 따위에서〕패자끼리 겨루는 시합.

패:잔(敗殘)몡하재 전쟁에서 지고 몸만이 살아남음.

패:잔-병(敗殘兵)몡 전쟁에 지고 살아남은 군사. 잔병(殘兵).

패:장(敗將)몡 〈패군지장(敗軍之將)〉의 준말. ¶패장은 말이 없다.

패:장(敗醬)몡 ▷마타리.

패장(牌將)몡 ①지난날, 관아나 일터의 일꾼을 거느리던 사람. ②지난날, 나라 잔치 때에 여령(女伶)을 거느리던 사람.

패장(牌張)〔-짱〕몡 화투패나 투전패 따위의 낱장.

패:적(敗敵)몡 전쟁에 진 적.

패:적(敗績)몡 〔공적을 잃는다는 뜻으로〕'자기 나라의 패전(敗戰)'을 이르는 말.

패:전(敗戰)몡하재 전쟁에 짐. 전패(戰敗). ¶패전으로 인한 국고 손실이 엄청나다. ↔승전.

패:전-국(敗戰國)몡 전쟁에 진 나라.

패전트(pageant)몡 ①중세 영국에서 유행하였던 연극 공연. 마차·수레 위나 길거리에서 성극(聖劇)을 공연하였음. ②〔역사적인 장면을 무대에 나타낸〕야외극. ③〔시대 의상을 입고 하는〕호화로운 행렬.

패:정(悖政)몡 〔도리에 어긋난〕사납고 혹독한 정치. ¶계속된 패정에 민심이 이반하다.

패:조(敗兆)몡 싸움이나 전쟁에 질 조짐.

패:주(貝柱)몡 ▷조개관자.

패:주(敗走)몡하재 전쟁에 져서 달아남. 패배(敗北). ¶패주하는 적군.

패지(牌旨)몡 조선 시대에, 신분이 높은 사람이 비천한 사람에게 권한을 위임하던 공식 문서. 특히, 양반이 노비에게 금전 거래를 대신하게 하던 위임장을 이름. 패자(牌子). 먄배지.

패:-차다(牌-)재 좋지 못한 일로 별명을 얻게 되다. ¶주정뱅이라고 패차다.

패:착(敗着)몡 바둑에서, 그곳에 돌을 놓음으로 말미암아 결국 지게 된 악수(惡手), 또는 그러한 수를 두는 일. ¶패착을 두다.

패찰(牌札)몡 ①〔일반에게 자기 소속을 알리려고〕소속 부서·성명 등을 써서, 가슴에 달거나 목에 거는 조그만 딱지. ②단선 철도 운행에서, 진행을 허가하는 표로 주고받는 증표.

패채우다(牌-)타 『'패차다'의 사동』좋지 못한 일로 남에게 별명을 붙이다. ¶그를 두고 능구렁이라 패채우다.

패:철(佩鐵)몡 ①▷찰쇠. ②하재 지관(地官)이 지남철을 몸에 지님, 또는 그 지남철.

패초(牌招)몡하타되재 조선 시대에, 승지를 시켜 왕명으로 신하를 부르던 일. 승지가 '명(命)'자를 쓴 나무패에 그 신하의 성명을 써서 하례(下隸)를 시켜 보냈음.

패:총(貝塚)몡 ▷조개더미.

패치워:크(patchwork)몡 천을 이어 붙이는 수예의 한 가지. 우리나라의 조각보처럼 조각 천을 이어 붙여 한 장의 천을 만듦.

패키지(package)몡 ①포장 용기. ②묶음으로만 파는 물건. ¶낱개로는 팔지 않고 패키지로만 판다. ③▷패키지여행. ④▷패키지 프로그램.

패키지-여행(package旅行)몡 여행사에서 여정(旅程)이나 교통편·숙식·비용 등을 미리 정해 놓고 관광객을 모집하여 행하는 단체 여행. 패키지.

패키지^프로그램 (package program)圈 컴퓨터에서, 여러 분야의 특정한 업무 수행에 도움을 주기 위해 만들어진 프로그램, 또는 그런 프로그램의 묶음. 패키지.

패킹 (packing)圈하타 ①짐을 꾸림. 포장(包裝). ②화물이 상하지 않도록 포장 속에 채워 넣는 물건. ③파이프의 이음매나 용기의 접합면 따위에 내용물이 새지 않도록 끼우는 재료.

패:택 (沛澤)圈 ①☞우택(雨澤). ②'죄수를 대사(大赦)하는 은전'을 비유하여 이르는 말.

패턴 (pattern)圈 ['모범'·'견본'·'모형' 등의 뜻으로] 사고·행동·글 따위의 일정한 유형이나 양식. ¶소비 패턴.

패:퇴 (敗退)[-퇴-][-퇴→-퉤]圈하자 전쟁에 지고 물러남. 퇴패(退敗). ¶패퇴하여 달아나는 적들.

패:퇴 (敗頹)[-퇴-][-퇴→-퉤]圈하자 퇴자 (세력이나 풍속 따위가) 점점 쇠퇴하여 힘을 잃거나 몰락함.

패패 (牌牌)圈 여러 패. 여러 무리. ¶패패로 몰려오다. 패패-이 여러 패가 각각.

패:향 (佩香)圈 몸에 지니고 다니는 향.

패:향 (悖郷)圈 인륜에 어긋나는 일이 많이 일어나는, 풍기가 문란한 고장.

패:혈-증 (敗血症)[-쯩]圈 화농균이 혈액이나 림프액 속으로 들어가 심한 중독 현상이나 급성 염증을 일으키는 병.

패호 (牌號)圈 남들이 좋지 않게 지어 부르는 별명이나 별호.

패:화 (貝貨)圈 원시인들이 사용하던, 조개껍데기로 만든 화폐.

패:흥 (敗興)圈하자타 퇴자 ☞파흥(破興).

팩圈 ①몸집이 작은 것이 힘없이 쓰러지는 모양. ②삭은 새끼나 끈 따위가 힘없이 끊어지는 모양. 퇴픽. 팩-팩圈.

팩²圈하자 ①갑자기 토라지며 성을 내는 모양. ②갑자기 방향을 팩 돌리는 모양. ¶팩 돌아눕다. 팩-팩圈하자.

팩 (pack)圈 ①피부 미용법의 한 가지. 달걀의 노른자나 밀가루·빛깔 등에 여러 가지 약제나 영양제를 반죽해서 얼굴에 바르는 미용법. ②<디스크 팩>의 준말. ③종이나 비닐로 만든 작은 그릇이나 용기(容器). ¶우유 팩. /비닐 팩.

팩스 (fax)圈 <팩시밀리>의 준말. ¶팩스를 보내다.

팩시밀리 (facsimile)圈 사진·문자·도면 등을 전기 신호로 바꾸어 전송하면 수신 신호를 본래의 상태로 나타내고 기록하는 통신 방식, 또는 그런 기계 장치. 준팩스.

팩터링 (factoring)圈 기업의 외상 매출 채권을 사서 자기의 위험 부담으로 그 채권의 관리와 대금 회수를 집행하는 일무, 또는 그러한 업무를 하는 기업. ¶팩터링 금융.

팩-팩圈하자 자그마한 몸으로 지지 않으려고 자꾸 대드는 모양.

팬 (fan)¹圈 송풍기(送風機).

팬 (fan)²圈 운동 경기·영화·음악 따위에 대한 열렬한 애호가. 또는, 특정 인물에 대한 열렬한 지지자. ¶야구 팬. /팝송 팬.

팬 (pan)圈 ①손잡이가 달린, 운두가 낮은 냄비. ②촬영기를 좌우로 돌려 전경(全景)을 찍는 촬영 기법. 이동 촬영.

팬더 (panda)圈 '판다'의 잘못.

팬둥-거리다자 계속 팬둥팬둥하다. 팬둥대다. 퇴펀둥거리다. 예밴둥거리다. 쳅뺀둥거리다.

팬둥-대다자 팬둥거리다.

팬둥-팬둥圈하자 보기에 얄밉도록 게으르게 마냥 놀기만 하는 모양. ¶하라는 공부는 안 하고 팬둥팬둥 놀기만 한다. 퇴펀둥펀둥. 예밴둥밴둥. 쳅뺀둥뺀둥.

팬들-거리다자 자꾸 팬들팬들하다. 팬들대다. 퇴펀들거리다. 예밴들거리다. 쳅뺀들거리다.

팬들-대다자 팬들거리다. ¶개학이 얼마 남지 않았는데 여전히 팬들댄다.

팬들-팬들圈하자 보기에 얄밉도록 빤빤하게 게으름만 부리는 모양. 퇴펀들펀들. 예밴들밴들. 쳅뺀들뺀들.

팬-레터 (fan letter)圈 (배우·가수·운동선수 등) 인기인에게 그를 열렬하게 좋아하는 사람이 보내는 편지.

팬시-상품 (fancy商品)圈 실용성보다 장식적인 기능을 중시하는 상품. 잡화·문구·장신구 따위에 흔함.

팬시-점 (fancy店)圈 팬시상품을 전문적으로 취급하는 가게.

팬잔-례 (-禮)[-네]圈하자 첫딸을 낳은 사람이 친구들에게 졸리어 한턱내는 일. ☞생남례.

팬지 (pansy)圈 제비꽃과의 일년초 또는 이년초. 줄기 높이 12~25cm. 유럽 원산으로 추위에 잘 견디는 편임. 잎은 길둥글고 둔한 톱니가 있음. 봄에 자주색·백색·황색의 둥글고 옆으로 퍼진 모양의 꽃이 핌. 관상용으로 화단·화분에 많이 심으며 개량 품종이 많음.

팬츠 (pants)圈 ①아랫도리에 입는 짧은 속옷. ②운동, 특히 육상 경기용의 짧은 바지.

팬케이크 (pancake)圈 밀가루에 우유·달걀·설탕을 넣고 반죽하여 프라이팬이나 번철에 녹실녹실하게 구운 과자.

팬크로매틱^건판 (panchromatic乾板)圈 브롬화은 건판보다 색채가 잘 감광하도록 만든 사진 건판, 또는 그 필름. 범색건판(汎色乾板).

팬-클럽 (fan club)圈 좋아하는 사람, 특히 특정 연예인이나 운동선수를 열렬히 지지하고 후원하기 위하여 결성된 모임.

팬터그래프 (pantagraph)圈 ①전차·전기 기관차 등의 지붕에 달아, 가선(架線)으로부터 전기를 끄는 장치. ②도형을 임의의 크기로 확대하거나 축소하여 그릴 수 있도록 만든 기계. ③축도기(縮圖器).

팬터마임 (pantomime)圈 무언극(無言劇). 마임.

팬티 (←panties)圈 속옷의 한 가지. 다리 부분은 거의 없고 엉덩이에 꼭 붙는 짧은 속바지.

팬티-스타킹 (panty+stocking)圈 여성용 속내의의 한 가지. 팬티와 스타킹이 한데 붙어 있음.

팬-히:터 (fan heater)圈 송풍 장치가 달린 난방기.

팸플릿 (pamphlet)圈 ①설명이나 광고 따위를 위해 간략하게 엮은 작은 책자. 소책자. ②시사 문제에 대한 소논문.

팻:-감 (霸-)[패짬/팯깜]圈 바둑에서, 패를 쓸 만한 자리.

팻-돈 (牌-)[팯똔]圈 노름판에서, 걸어 놓는 돈. ¶그 먼두기에는 팻돈이 너무 크다.

팻-말 (牌-)[팬-]圈 패를 붙였거나 그 자체에 글을 써 놓은 나뭇조각, 또는 나무. 패목(牌木). ¶출입 금지 팻말/팻말을 세우다.

팻-술 (牌-)[패쑬/팯쑬]圈 조선 시대에, 벼슬아치가 호패(號牌)를 차던 술 달린 긴 끈. 당상관은 자줏빛, 당하관은 남빛을 썼음.

팽¹圈 팽나무의 열매. 굵은 팥알만 하며 빨갛게 익으면 맛이 달콤함.

팽²閉 ①(작은 것이) 매우 빠르게 한 바퀴 도는 모양. ②갑자기 정신이 아찔해지는 모양. ¶ 머리가 팽 돌며 어지럽다. ③갑자기 눈에 눈물이 어리는 모양. 큰핑. 여뼁. 클빵팽-하짜.

팽³閉 코를 힘 있게 푸는 소리, 또는 그 모양.

팽개-치다囘 ①집어 던지다. ¶ 보통이를 땅에 팽개친다. ②(싫증이 나거나 관심이 없어) 내버려 두다. ¶ 살림은 팽개쳐 두고 나돌기만 한다.

팽그르르閉하짜 ①(작은 것이) 빠르고 매끄럽게 한 바퀴 도는 모양. ②갑자기 정신이 아찔해지는 모양. ③갑자기 눈에 눈물이 어리는 모양. 큰핑그르르. 여뼁그르르. 클빵그르르.

팽글-팽글閉 (작은 것이) 빠르고 매끄럽게 잇달아 도는 모양. ¶ 팽이가 팽글팽글 돈다. 큰핑글핑글.

팽-나무囘 느릅나뭇과의 낙엽 활엽 교목. 산기슭에 나는데 높이는 20 m가량. 껍질은 회색임. 꽃은 5월경에 피고, 둥근 열매는 10월경에 등황색으로 익음. 나무는 단단하여 건축, 기구 재료로 쓰임.

팽다(烹茶)囘하짜 차를 달임. 전다(煎茶).

팽대(膨大)囘하짜 세력이나 기운 따위가 부풀어 올라 커짐.

팽두이숙(烹頭耳熟)囘 〔머리를 삶으면 귀까지 익는다는 뜻으로〕 '중요한 부분만 처리하면 남은 것은 따라서 저절로 해결됨'을 비유하여 이르는 말.

팽란(烹卵) [-난]囘 삶은 달걀. 돌알².

팽만(膨滿) '팽만하다'의 어근.

팽만-하다(膨滿-)囘여 ①음식을 많이 먹어 배가 매우 부르다. ②기운·감정 따위가 점점 부풀어 터질 듯하다. ¶ 사무실에 긴장감이 팽만하다.

팽배(澎湃·彭湃)囘하짜 ①물결이 서로 부딪쳐서 솟구침. ②〔어떤 사조(思潮)나 기운 따위가〕 맹렬한 기세로 일어남. ¶ 만민 평등의 사상이 팽배하다.

팽압(膨壓)囘 식물 세포를 그 세포액보다 삼투압이 낮은 용액에 넣었을 때, 세포의 내용인 원형질이 물을 흡수하여 팽창하고 세포벽을 넓히려 하는 힘.

팽윤(膨潤)囘하짜되짜 용매(溶媒) 속에 담근 고분자 화합물이 용매를 흡수하여 차차 부피가 늘어나는 현상.

팽이囘 둥근 나무토막의 한쪽 끝을 뾰족하게 깎아, 채로 치거나 끈을 몸체에 감았다가 풀면서 돌리는 어린아이들의 장난감.

팽이-채囘 팽이를 쳐서 돌게 하는 채.

팽이-치기囘하짜 팽이를 채로 쳐서 돌리는 놀이.

팽주(烹主)囘 다도(茶道)에서, 모임과 의식(儀式)을 주재하는 사람.

팽창(膨脹)囘하짜되짜 ①질량이 일정하게 유지되면서 물체의 부피가 늘어남. 큰열팽창(熱膨脹). ②규모가 커지거나 수량이 늘어남. ¶ 도시의 규모가 점점 팽창하고 있다. /인구가 날로 팽창하고 있다. 큰수축.

팽창^계^수(膨脹係數) [-계/-게]囘 온도가 섭씨 1도 올라갈 때마다 증가하는 물체의 길이 또는 부피와, 원래의 길이 또는 부피와의 비(比). 팽창률.

팽창-률(膨脹率) [-늘]囘 ☞팽창 계수.

팽-총(-銃)囘 팽나무 열매를 탄알로 삼아 쏘는 장난감 총.

팽패-롭다 [-따] [~로우니·~로워]囘ㅂ 성격이 까다롭고 괴상하다. 팽패로이閉.

팽패리囘 팽패로운 사람을 놀림조로 이르는 말.

팽-팽閉 〈핑핑〉의 작은말.

팽팽(膨膨) '팽팽하다'의 어근.

팽팽-이閉 열목어의 어린 새끼.

팽팽-하다(膨膨-)囘 한껏 부풀어 땡땡하다. ¶ 주름살 하나 없이 팽팽한 얼굴. 팽팽-히閉.

팽팽-하다囘 ①잔뜩 켕기어 튕기는 힘이 있다. ¶ 빨랫줄을 팽팽하게 달아매다. ②양쪽의 힘이 서로 비슷비슷하다. ¶ 실력이 팽팽해서 금방 승부가 나지 않는다. ③성질이 너그럽지 못하고 까다롭다. ¶ 팽팽한 성미. 큰핑핑하다. 팽팽-히閉.

팽-하다閉 지나치거나 모자람이 없이 꼭 알맞다. ¶ 손님 수에 팽하게 음식을 마련하다.

팽-하다(烹-)囘여 지난날, 죄인을 끓는 물에 삶아 죽이는 형벌에 처하다.

팽화(膨化)囘하짜되짜 젤(Gel) 상태의 물질이 액체를 흡수하여 용적이 늘어나는 현상.

팍閉 가냘픈 몸이 지쳐서 힘없이 쓰러지는 모양.

팍성(愎性) [-썽]囘 팍한 성질.

팍-팍閉 ①가냘픈 몸이 여럿이 잇달아 힘없이 쓰러지는 모양. ②가냘픈 몸집으로 자꾸 지치지 않으려고 자꾸 대드는 모양. ¶ 조그만 것이 어디 어른한테 팍팍 대들어?

팍-하다(愎-)囘 [파카-] 성질이 까다로워 걸핏하면 성을 내고 뾰로통하다. ¶ 팍한 성깔.

퍼걸러(pergola)囘 마당이나 편평한 지붕 위에 나 나무를 가로와 세로로 얽어 넝쿨풀이나 나무 따위의 덩굴성 식물을 올리도록 만든 장치.

퍼기다囘(옛)지치다. ¶ 다시 밑 퍼기다 도라 가디 몯ᄒ느니라(杜初6:53).

퍼-내다囘 깊숙한 데에 담긴 것을 길어 내거나 떠내다. ¶ 독에서 물을 퍼내다.

퍼:니閉 하는 일 없이 빈둥거리며 노는 모양. ¶ 그저 퍼니 놀며 지낸다. 작파니.

퍼더-버리다囘 아무렇게나 앉아 다리를 편하게 뻗어 버리다. 퍼지르다. ¶ 너무 지쳐서 땅바닥에 퍼더버렸다.

퍼덕閉 ①큰 새가 날개를 쳐서 내는 소리. ②하짜큰 물고기가 꼬리로 물을 쳐서 내는 소리. ③하짜얇고 큰 천이 세찬 바람에 날리어 내는 소리. 작파닥. 센퍼떡. 클푸덕. 퍼덕-퍼덕閉하짜.

퍼덕-거리다 [-꺼-]짜囘 자꾸 퍼덕퍼덕하다. 퍼덕대다. 작파닥거리다. 센퍼떡거리다. 클푸덕거리다.

퍼덕-대다 [-때-]짜囘 퍼덕거리다.

퍼덕-이다 [Ⅰ]짜 얇고 큰 천이 세찬 바람에 날리어 소리를 내다. 작파닥이다. 센퍼떡이다. 클푸덕이다.
[Ⅱ]囘 ①큰 새가 잇따라 날개를 쳐서 소리를 내다. ¶ 두루미가 날개를 퍼덕이며 날아간다. ②큰 물고기가 잇따라 꼬리로 물을 쳐서 소리를 내다. ¶ 그물 속의 물고기가 퍼덕이던다. 작파닥이다. 센퍼떡이다. 클푸덕이다.

퍼드덕閉하짜 큰 날짐승이나 물고기 따위가 날개나 꼬리를 요란스럽게 치는 소리. 작파드닥. 퍼드덕-퍼드덕閉하짜.

퍼드덕-거리다 [-꺼-]짜囘 자꾸 퍼드덕퍼드덕하다. 퍼드덕대다. 작파드닥거리다.

퍼드덕-대다 [-때-]짜囘 퍼드덕거리다.

퍼떡閉하짜囘 〈퍼덕〉의 센말. 작파딱. 클푸떡.

퍼떡-거리다 [-꺼-]짜囘 〈퍼덕거리다〉의 센말. 퍼떡대다. 작파딱거리다. 클푸떡거리다.

퍼떡-대다 [-때-]짜囘 퍼떡거리다.

퍼떡-이다 Ⅰ짜 〈퍼덕이다〉의 센말. 짝파딱이
다. 짬푸떡이다.
　　Ⅱ타 〈퍼덕이다〉의 센말. 짝파딱이다. 짬푸떡
이다.
퍼:-뜨리다타 널리 알게 하다. 널리 미치게 하
다. 퍼트리다. ¶ 소문을 퍼뜨리다.
퍼뜩뷔형 얼른 곧. ¶ 퍼뜩 정신이 들다. 짝파
뜩. 퍼뜩-퍼뜩뷔형짜.
퍼러흥다형 〈옛〉 퍼렇다. ¶ 브렛 荐草ㅣ 퍼러흥
도다(杜初8:31).
퍼렁명 ①퍼런 빛깔. ②퍼런 물감. 짝파랑.
퍼렁-이명 퍼런 빛깔의 물건. 짝파랑이.
퍼:렇다[-러타][퍼러니·퍼레]형 ①짙고 어둡
게 푸르다. 매우 푸르다. ¶ 하늘이 푸르다 못
해 퍼렇다. ②겁에 질리거나 춥거나 하여 얼굴
이나 입술이 아주 푸르께하다. 짝파랗다.
퍼레이드(parade)명 〈축제나 경축 행사 따위로〉
화려하게 무리를 지어 거리를 행진하는 일. 또
는 그 행렬.
퍼:레-지다짜 퍼렇게 되다. 짝파래지다.
퍼르르뷔형짜 ①얇고 가벼운 것의 일부가 좀 둔
하게 떠는 모양. ¶ 벽에 붙은 광고지가 퍼르르
하고 바람에 날리다. ②제법 많은 액체가 갑자
기 끓어오르는 모양. 또는 그 소리. ¶ 밥솥의
물이 퍼르르 끓어 넘치다. ③경망스레 뻗친 성
을 내는 모양. ¶ 형은 말을 다 듣지도 않고 퍼
르르 성부터 냈다. ④경련을 일으키듯 몸을 떠
는 모양. ¶ 분에 못 이기어 몸을 퍼르르 떨다.
⑤얇고 가벼운 것이 대번에 타오르는 모양. ¶ 낙
엽 더미에 불이 붙어 금세 퍼르르 타오른다.
짝파르르. ①②④⑤에버르르.
퍼리명〈옛〉 뿔. 벌. ¶ 즌퍼리 져:沮. 즌퍼리 셔:
洳. 즌퍼리 와:窪(訓蒙上5).
퍼-마시다타 욕심 사납게 마구 마시다. ¶ 술을
진탕 퍼마시다.
퍼머넌트^프레스^가공(permanent press加工)
명 의복 따위의 봉제품에 대한 가공의 한 가
지. 천에 수지(樹脂)를 침투시켜 봉제한 후 고
온으로 다림질하여 주름이나 형태를 고정시킴.
준피피 가공.
퍼-먹다[-따]타 함부로 많이 먹다. ¶ 그렇게
막 퍼먹으면 체한다.
퍼-멀로이(permalloy)명 니켈과 철의 합금의
상품명. 투자율(透磁率)이 크고 잘 마멸(磨滅)
되지 않아 전기·통신 재료로 이용됨.
퍼:밀(permill)의 1000분의 몇에 해당하는가를
나타내는 말. 1000분의 1이 1퍼밀임. [기호는
‰] 짝천분율.
퍼벌-하다짜여 외양을 꾸미지 않다.
퍼-붓다[-붇따][~부으니·~부어] Ⅰ짜ㅅ (비
나 눈이) 한꺼번에 억세게 쏟아지다. ¶ 비가
한나절 내내 억수같이 퍼부었다.
　　Ⅱ타ㅅ ①(비난이나 질문을) 마구 해 대다.
¶ 욕을 마구 퍼붓다. /잇달아 질문을 퍼붓다.
②(찬사·애정·열정 따위를) 아김없이 보내거나
바치다. ¶ 아들에게 애정을 퍼붓다. ③(총·포
따위를) 한곳에 집중적으로 맹렬히 쏘다.
¶ 적진에 포탄을 퍼붓다.
퍼석뷔형짜타 ①잘 마른 가랑잎이나 마른 검불
따위를 밟을 때 나는 소리, 또는 그 모양. ②부
숭부숭한 물건이 바스러지거나 깨질 때 나는 소
리, 또는 그 모양. 짝파삭. 퍼석-퍼석뷔형짜타.
퍼석-거리다[-꺼-]짜타 자꾸 퍼석퍼석하다. 퍼
석대다. ¶ 낙엽이 퍼석거리며 바스러졌다. 짝파
삭거리다.

퍼석-대다[-때-]짜타 퍼석거리다.
퍼석-퍼석뷔형짜 매우 퍼석한 모양. ¶ 흙덩이가
퍼석퍼석하다. 짝파삭파삭.
퍼석-하다[-서카-]형짜 연한 물건이 메말라
부숭부숭하고 부스러지기 쉽다. ¶ 퍼석한 메떡.
짝파삭하다.
퍼:센트(percent)의 100분의 몇에 해당하는가를
나타내는 말. 100분의 1이 1퍼센트임. [기호는
%] 프로. 짬백분율.
퍼:센티지(percentage)명 ‘퍼센트’로 나타낸
비율. 백분비. 백분율.
퍼:스널^컴퓨:터(personal computer)명 개인용
컴퓨터. 피시(PC).
퍼:스널^파울(personal foul)명 농구에서, 상대
편 선수의 몸에 일부러 부딪치거나 또는 밀거
나 하는 반칙. 짬테크니컬 파울.
퍼:스컴(←personal computer)명 ‘개인용 컴퓨
터’로 순화.
퍼:스트-레이디(first lady)명 사회 각계의 최
상급의 여성. 일반적으로 대통령이나 수상의
부인을 일컫는 말.
퍼슬-퍼슬뷔형 덩어리진 가루 따위가 말라서
쉽게 부스러지는 모양. ¶ 흙덩이들이 퍼슬퍼슬
부스러지다. 짝파슬파슬. 에버슬버슬.
퍼즐(puzzle)명 어려운 문제, 또는 생각하게 하
는 문제. [넓은 의미로는 학문적인 것보다 놀
이로 풀어 보는 ‘수수께끼’ 전반을 가리킴.]
퍼:지다짜 ①끝 부분이 넓거나 굵게 벌어지다.
¶ 나팔 모양으로 밑이 퍼진 바지. ②널리 미치
다. ¶ 소문이 삼시간에 퍼졌다. /전염병이 온
동네에 퍼지다. ③많이 생겨나서 번성하다. ¶ 자
손이 퍼지다. /가지가 퍼지다. ④끓거나 삶은
날살 따위가 물에 불어서 커지거나 잘 익다.
¶ 국수가 퍼지다. /밥이 잘 퍼지다. ⑤빨래의
구김살이 잘 펴지다. ⑥고루 미치다. ¶ 술기운
이 몸으로 퍼졌다. ⑦팔이나 몸의 어떤 부분
이 살이 쪄서 가로로 벌어지다. ¶ 엉덩이가 퍼
지다. ⑧지치거나 힘이 없거나 하여 늘어지다.
퍼-지르다[~지르니·~질러] Ⅰ짜르 퍼더버리
다.
　　Ⅱ타르 ①욕이나 말 따위를 함부로 마구 하다.
②마구 먹어 대다. ¶ 젊은 애가 빈둥거리며
술만 퍼지르던 되겠니? ③(아이나 배설물 따
위를) ‘마구 많이 낳거나 싸다’를 속되게 이
르는 말.
퍼지^이:론(fuzzy理論)명 사물을 흑이나 백, 또
는 참과 거짓으로 나누는 것이 아니라 그 중간
존재를 수학적으로 파악하려고 하는 집합 이
론. 시스템 제어나 컴퓨터 등 여러 분야에 응
용됨.
퍼터(putter)명 골프에서, 그린(green)에 있는
공을 홀(hole)에 넣을 때 사용하는 채.
퍼트(putt)명하타 골프에서, 그린 위에서 홀
(hole)을 향하여 공을 침, 또는 그런 동작. 퍼팅.
퍼-트리다타 퍼뜨리다.
퍼티(putty)명 탄산칼슘 분말이나 아연화 따
마인유 따위를 건성유로 이긴 연한 물질. 창유
리의 정착, 판자의 도장(塗裝), 철관(鐵管)의
이음매 고정 따위에 사용함.
퍼팅(putting)명하타 ☞퍼트.
퍼:펙트-게임(perfect game)명 ①야구에서, 한
투수가 상대편에게 하나의 진루(進壘)도 허
용하지 않고 이긴 시합. ②볼링에서, 전 프레
임을 스트라이크로 끝내어 300점을 얻은 경기.
완전 시합.

퍼포:먼스(performance)**몡** 예술 행위로서, 육체의 행위를 공연(公演)하거나 영상·사진 따위로 표현하는 일.

퍽¹튀 아주. 매우. 몹시. ¶ 퍽 덥다.

퍽²튀 ①힘있게 넘다 내지르는 모양, 또는 그 소리. ②힘없이 거꾸러지는 모양, 또는 그 소리. ③총에 맞은 병사가 퍽 거꾸러졌다. ③진흙 같은 데를 밟았을 때 깊숙이 빠지는 모양, 또는 그 소리. ①②③큰 퍽. 퍽-퍽튀.

퍽(puck)**몡** 아이스하키에서 공으로 쓰는, 쇠에 고무를 입힌 납작한 원반.

퍽석[-썩]**튀뎨**⑤①맥없이 주저앉는 모양, 또는 그 소리. ¶ 그 자리에 퍽석 주저앉다. ②부피가 엉성하고 메마른 물건이 부드럽게 가라앉거나 쉽게 부서지는 모양, 또는 그 소리. ¶ 장마로 인하여 토담이 퍽석 내려앉았다. 짷팍삭. 퍽석-퍽석튀뎨.

퍽석-하다[-써카-]**뎨** 쉽게 가라앉거나 부서질 듯이 엉성하다. 짷팍삭하다.

퍽신-퍽신[-신-신]**튀혱** 매우 퍽신한 모양. ¶ 퍽신퍽신하게 이겨 놓은 빵 반죽. 짷팍신파신.

퍽신-하다[-신-]**혱** 엉긴 가루 따위가 부드럽고 퍽석한 느낌이 있다. 짷팍신하다.

퍽퍽-하다[-퍼카-]**혱** 가루 따위가 물기가 없이 몹시 메마르고 부슬부슬하다. ¶ 맨입에 백설기를 먹으니 매우 퍽퍽하다. 짷팍팍하다. 퍽퍽-이튀.

편더기몡 넓따란 들.

편둥-거리다뎨 자꾸 편둥편둥하다. 편둥대다. 짷판둥거리다. 옌뻔둥거리다. 쎔뻔둥거리다.

편둥-대다뎨 편둥거리다.

편둥-편둥튀뎨 게으름을 부리며 매우 뻔뻔스럽게 놀기만 하는 모양. 짷판둥판둥. 옌뻔둥뻔둥. 쎔뻔둥뻔둥.

편드(fund)**몡** 투자 신탁의 신탁 재산. 또는, 기관 투자가가 관리하는 운용 재산.

편드^매니저(fund manager)**몡** 투자 고문 회사·투자 신탁 회사·신탁 은행 따위에서 자산을 전문적으로 운용하는 사람.

편들-거리다뎨 자꾸 편들편들하다. 편들대다. 짷판들거리다. 옌뻔들거리다. 쎔뻔들거리다.

편들-대다뎨 편들거리다.

편들-편들튀뎨 보기에 미련스럽도록 뻔뻔하게 게으름만 부리는 모양. 짷판들판들. 옌뻔들번들. 쎔뻔들뻔들.

편뜻튀 '언뜻'의 잘못.

편치(punch)**몡** ①권투에서, 상대를 주먹으로 치는 일, 또는 그 주먹. ②럭비에서, 발끝으로 공을 튕겨 차는 일. ③차표 따위에 구멍을 뚫는 공구. ④과실즙에 설탕·양주 따위를 섞은 음료.

편치^카:드(punch card)**몡** 자료의 자동 처리를 위해 구멍을 뚫어 쓰는, 컴퓨터의 입출력(入出力) 매체가 되는 카드. 천공 카드.

편칭(punching)**몡뎨** 축구에서, 골키퍼가 페널티 에어리어에서 공을 주먹으로 쳐 내는 일.

편칭^백(punching bag)**몡** 모래 따위를 넣어, 주먹으로 치는 힘을 기르는 데 쓰는 긴 자루.

편칭^볼:(punching ball)**몡** 권투에서, 주먹으로 정확하고 빠르게 치는 훈련을 하는 데 쓰는 둥근 가죽 공.

펀트-킥(punt kick)**몡** 럭비에서, 손으로 떨어뜨린 공이 땅에 닿기 전에 차는 일.

펀펀-하다혱 물건의 겉면이 높낮이가 없이 고르고 너르다. 펀펀한 들판. 짷판판하다. 편편-히튀.

편:-하다혱 어떤 평면 공간이 아득하게 너르다. ¶ 가없이 편한 벌판. 짷판하다. 편-히튀.

펄몡 ①〈개펄〉의 준말. ②〈벌〉의 거센말.

펄-꾼몡 외양을 꾸미지 않는, 주제 사나운 사람.

펄떡튀뎨 ①힘을 모아 크고 탄력 있게 뛰는 모양. ②심장이나 맥이 아주 크게 뛰는 모양. 짷팔딱. 펄떡-펄떡튀뎨.

펄떡-거리다[-꺼-]**뎨** 자꾸 펄떡펄떡하다. 펄떡대다. 짷팔딱거리다.

펄떡-대다[-때-]**뎨** 펄떡거리다.

펄떡-이다뎨 크고 탄력 있게 자꾸 뛰다. 짷팔딱이다.

펄럭튀뎨 (큰 깃발 따위가) 바람에 힘차게 한 번 나부끼는 모양, 또는 그 소리. 짷팔락. 펄럭-펄럭튀뎨.

펄럭-거리다[-꺼-]**뎨** 자꾸 펄럭펄럭하다. 펄럭대다. ¶ 옷자락이 펄럭거리다. 짷팔락거리다.

펄럭-대다[-때-]**뎨** 펄럭거리다.

펄럭-이다뎨 바람에 날리어 세차고 빠르게 나부끼다. ¶ 태극기가 펄럭이다. 짷팔락이다.

펄렁튀뎨 (큰 깃발 따위가) 바람에 날리어 느리고 부드럽게 나부끼는 모양. 짷팔랑. 펄렁-펄렁튀뎨.

펄렁-거리다뎨 자꾸 펄렁펄렁하다. 펄렁대다. 짷팔랑거리다.

펄렁-대다뎨 펄렁거리다.

펄스(pulse)**몡** 순간적으로 흐르는, 지속 시간(持續時間)이 극히 짧은 전파의 되풀이. 무선 통신·전화 교환기·컴퓨터 따위에 이용됨.

펄썩튀뎨 ①연기나 먼지 따위가 뭉치어 갑자기 일어나는 모양. ¶ 보통이를 내려놓을 때마다 펄썩 흙먼지가 일었다. ②갑자기 맥없이 주저앉는 모양. ¶ 갑작스러운 아버지의 사고 소식에 어머니는 바닥에 펄썩 주저앉으셨다. 짷팔싹. 펄썩-펄썩튀뎨.

펄썩-거리다[-꺼-]**뎨** 자꾸 펄썩펄썩하다. 펄썩대다. 짷팔싹거리다.

펄썩-대다[-때-]**뎨** 펄썩거리다.

펄쩍튀 ①혱뎨 갑자기 힘차게 날거나 뛰어오르는 모양. ②혱뎨문을 힘차게 갑자기 열어젖히는 모양. ¶ 대문을 펄쩍 열다. 짷팔짝. 펄쩍-펄쩍튀뎨.

펄쩍-거리다[-꺼-]**뎨** 자꾸 펄쩍펄쩍하다. 펄쩍대다. 짷팔짝거리다.

펄쩍-대다[-때-]**뎨** 펄쩍거리다.

펄펄튀뎨 ①많은 물이 용솟음치듯 끓는 모양. ¶ 가마솥의 물이 펄펄 끓다. ②날짐승이나 물고기 따위가 크고 힘차게 날거나 뛰는 모양. ¶ 펄펄 뛰는 잉어. /새가 펄펄 날다. ③높은 열로 매우 뜨거운 모양. ¶ 온몸이 불덩이처럼 펄펄 끓다. ④눈이나 깃발 따위가 바람에 세차게 날리거나 나부끼는 모양. ¶ 흰눈이 펄펄 날린다. /줄지어 게양된 만국기가 펄펄 휘날리다. ①~③짷팔팔.

펄펄-하다혱 ①(성질이) 누긋하지 않고 괄괄하다. ②날 듯이 생기가 넘치고 활발하다. 짷팔팔하다.

펄프(pulp)**몡** 목재 따위의 식물체를 기계적·화학적으로 처리하여 그 섬유소를 뽑아낸 것. 종이나 인견 등을 만드는 데 쓰임.

펌블(fumble)**몡뎨** 야구 따위에서, 잡았던 공을 놓치는 일.

펌프(pump)**몡** ①〈급수 펌프나 진공 펌프 따위에서〉 압력 작용으로 액체나 기체를 관을 통하여 자아올리거나 이동시키는 기계를 통틀어 이르는 말. ②양수기(揚水機).

평[부] ①갑자기 무엇이 세게 터지거나 튀는 소리. ¶자동차 바퀴가 펑 하고 터졌다. ②큰 구멍이 훤히 뚫리는 모양, 또는 그 소리. ¶담장에 구멍이 펑 뚫렸다. 缘팡. ᠍뻥². **펑-펑**[하자타]

평²[감] 마작을 할 때, 패가 맞았다는 뜻으로 쓰는 말.

평덩[부] 크고 무거운 물건이 깊은 물에 떨어질 때 나는 소리. 펑덩-펑덩. 缘팡당. [하자타]

펑덩-거리다[자타] 자꾸 펑덩펑덩하다. 펑덩대다. 缘팡당거리다.

펑덩-대다[자타] 펑덩거리다.

펑크(←puncture)[명] ①고무 튜브나 공 따위에 구멍이 나는 일. ¶펑크를 때우다. ②계획한 일이 도중에 틀어져 잘못되는 일. ¶펑크를 내다. ③비밀이 드러나는 일.

펑퍼지다[형] 옆으로 퍼진 모양이 둥그스름하고 펀펀하다. ¶저기 보이는 펑퍼진 일대가 제일 기름진 땅이다. 缘팡파지다.

펑퍼짐-하다[형여] 둥그스름하고 펀펀하게 옆으로 퍼져 있다. ¶소의 엉덩이가 펑퍼짐하게 살이 올랐다. 缘팡파짐하다. **펑퍼짐-히**[부].

평-평[부] ①[하자] 많은 양의 액체가 세차게 솟거나 쏟아져 나오는 소리, 또는 그 모양. ②함박눈이 매우 많이 내리는 모양. ¶함박눈이 펑펑 쏟아지는 겨울밤. ③돈이나 물건 따위를 함부로 막 쓰는 모양. ¶돈을 펑펑 쓰다. 缘팡팡.

평평-거리다[자] 액체가 약간 넓은 구멍으로 세차게 자꾸 솟거나 쏟아져 나오다. 펑펑대다.

평평-대다[자] 펑펑거리다.

페가수스(Pegasus 그)[명] 그리스 신화에 나오는, 날개 돋친 천마(天馬).

페가수스-자리(Pegasus-)[명] 가을철 북쪽 하늘에 보이는 큰 별자리. 안드로메다자리의 남서쪽, 백조자리의 남동쪽에 있음. 10월 하순에 남중(南中)하며, 가을 별자리를 찾는 지표임.

페그마타이트(pegmatite)[명] 마그마(magma)의 분화(分化) 생성물로서 석영·장석·운모 따위의 구성 입자가 거대한 결정을 이루고 있는 광석.

페그마타이트^광:상(pegmatite鑛床)[명] 마그마가 굳은 뒤, 그 잔액(殘液)이 주위의 암석 틈새로 스며들어서 여러 가지 유용한 광물을 지니게 된 광상. [우라늄·토륨·탄탈 광상이나 여러 가지 보석 광상 따위.]

페넌트(pennant)[명] ①좁고 긴 삼각기(三角旗). ②배의 활대 끝이나 아래 돛대 머리에서 밑으로 늘어뜨린 짧은 밧줄.

페넌트^레이스(pennant race)[명] 야구 리그전 따위에서, 장기간에 걸쳐 우승을 겨루는 일, 또는 그 공식 경기.

페널티(penalty)[명] [‘형벌’·‘벌금’ 등의 뜻으로] 운동 경기 중에 선수가 규칙을 어겼을 때 주는 벌.

페널티^골:(penalty goal)[명] 페널티 킥으로 얻은 득점.

페널티^에어리어(penalty area)[명] 축구에서, 페널티 킥이 허용되는 벌칙 구역.

페널티^킥(penalty kick)[명] ①축구에서, 페널티 에어리어 안에서 수비 측이 반칙하였을 때 공격 측에게 주어지는 킥. ②럭비에서, 경기자가 반칙하였을 때 상대편이 그 자리에 공을 놓고 차게 하는 킥.

페노바르비탈(phenobarbital)[명] 냄새가 없는 흰 가루로 된 약제. 최면제·진정제로 쓰임.

페놀(phenol)[명] ①방향족 알코올의 하나. 특이한 냄새가 나는 무색이나 흰색의 결정으로, 벤젠을 원료로 하는 화학 합성으로 얻음. 방부제·소독

살균제·합성수지·염료 따위를 만드는 데 쓰임. 석탄산. ②=페놀류.

페놀-류(phenol類)[명] [페놀·크레졸·나프톨 따위) 벤젠핵(核)의 수소 원자를 수산기(水酸基)로 치환한 화합물을 통틀어 이르는 말. 페놀.

페놀프탈레인(phenolphthalein)[명] 페놀과 무수 프탈산을 가열·축합(縮合)하여 만드는 하얀 가루. 지시약의 일종으로 산성과 중성에는 무색, 염기성에는 붉은색을 나타냄.

페니(penny)[명] 영국 화폐 단위의 한 가지. 펜스의 단수임. [파운드의 100분의 1.]

페니실린(penicillin)[명] 자낭균류(子囊菌類)인 푸른곰팡이류를 배양하거나 합성하여 얻은 항생 물질의 한 가지. 폐렴·단독(丹毒)·패혈증·매독 등의 치료에 쓰임.

페니실린^쇼크(penicillin shock)[명] 페니실린 주사 때 더러 일어나는 격심한 이상(異常) 반응. 발열·발진(發疹)·호흡 곤란 등의 증상이 계속되어 의식을 잃으며 죽기도 함.

페니웨이트(pennyweight)[명] 영국의 무게 단위. [온스의 20분의 1.]

페니히(Pfennig 독)[명] 독일 화폐 단위의 한 가지. [마르크의 100분의 1.]

페닐알라닌(phenylalanine)[명] 필수 아미노산의 한 가지. 물에 잘 녹지 않고 약간 쓴맛이 있음. 각종 단백질 속에 2~5% 들어 있고, 콩과 식물의 종자나 어린눈 속에 흔히 유리(遊離) 상태로 있음.

페달(pedal)[명] 발로 밟아 기계 장치를 작동시키는 부품. [자전거의 발걸이나 재봉틀·풍금 등의 발판 따위.]

페더-급(feather級)[명] 권투·태권도 따위에서, 중량별 체급의 한 가지. 아마추어 권투는 54 kg 이상 57 kg 미만, 태권도 남자 일반부는 58 kg 초과 64 kg 이하임. 缘밴텀급·라이트급.

페디오나이트(Pedionite 독)[명] 유동성이 큰 용암이 여러 분화구나 지각의 틈에서 비교적 조용히 분출하여, 광대한 면적을 덮어 대지(臺地) 모양을 이룬 화산. [인도의 데칸 고원, 우리나라의 개마고원 따위가 그 예임.]

페디큐어(pedicure)[명] 발과 발톱을 곱게 다듬는 화장법. 缘매니큐어(manicure).

페레스트로이카(perestroika 러)[명] [‘개혁’·‘재건’의 뜻으로] 1986년에 선언된 소련의 사회주의 개혁 이데올로기.

페로몬(pheromone)[명] 동물, 특히 곤충이 동류(同類)에게 서로 어떤 행위를 일으키게 하거나 의사를 전달하는 매체로 보이는 ‘체외 분비성 물질’을 이르는 말. [개미나 벌의 사회 행동의 조절이나 먹이가 있는 것과 위험을 전달하는 따위에서 그 존재를 알 수 있음.]

페로타이프(ferrotype)[명] 사진에서, 주로 크롬을 도금한 철판(鐵板)에 콜로디온(collodion) 막(膜)을 발라 광택 있는 양화(陽畫)를 만드는 법.

페르뮴(fermium)[명] 악티늄 계열의 인공 방사성 원소의 한 가지. 플루토늄을 장시간 중성자 조사(照射)하여 만듦. [Fm/100/257]

페르미-상(Fermi賞)[명] 이탈리아의 물리학자 페르미를 기념하여, 원자 과학에 공이 큰 사람에게 주는 상.

페르소나(persona 라)[명] ①[‘사람’·‘인체’의 뜻으로] 미술에서, ‘인체상(人體像)’을 뜻하는 말. ②철학에서 이르는, 이성적인 본성을 지닌 개별적인 존재자. ③신학에서 이르는, 의지와 이성을 갖추고 있는 독립된 실체. 곧, 삼위일체의 신.

페름-기(←Permian紀)圓 고생대(古生代) 최후의 지질 시대. 약 2억 9천만 년 전으로부터 2억 4500만 년 전으로, 큰 산맥들이 형성된 시기임. 이첩기(二疊紀).

페리보:트(ferryboat)圓 (해협이나 섬 사이 등) 비교적 가까운 거리의 수로(水路)를 오가는 연락선.

페미나-상(Fémina賞)圓 그해에 발표된 우수 작품에 수여하는 프랑스의 문학상.〔심사 위원이 모두 여성인 것이 특징임.〕

페미니니티^테스트(femininity test)圓 (올림픽이나 세계 선수권 대회 따위에서 하는) 여자 선수에 대한 성(性) 검사.

페미니스트(feminist)圓 ①여권 신장, 또는 남녀평등을 주장하는 사람. ②여성 숭배자, 또는 여성에게 친절한 남자.

페미니즘(feminism)圓 여성의 사회적·정치적·법률적인 모든 권리의 확장을 주장하는 주의. 여권주의(女權主義).

페미컨(pemmican)圓 쇠고기를 말린 후 과실·지방을 섞어 빵처럼 굳게 한 휴대용 식량.

페서리(pessary)圓 여성의 임신 조절이나 자궁의 위치 이상을 바로잡는 고무나 플라스틱제의 기구.

페소(peso 스)의 Ⅰ圓 Ⅱ圓 ①필리핀·아르헨티나·쿠바·멕시코 등지의 화폐 단위의 한 가지. ②스페인의 옛 화폐 단위.

페스트(pest)圓 페스트균에 의한 급성 전염병. 고열·두통·구토 따위의 증세가 있고 피부가 흑자색으로 변함. 순환기가 강하게 침범받아 치사율이 높음. 흑사병(黑死病).

페스티벌(festival)圓 ①축제. ②축전(祝典).

페시미즘(pessimism)圓 비관론. 염세주의. ↔옵티미즘(optimism).

페어^스케이팅(pair skating)圓 남녀가 짝을 지어 하는 피겨 스케이팅.

페어웨이(fairway)圓 골프에서, 티 그라운드에서 그린 사이의 잘 다듬어진 잔디 구역.

페어-플레이(fair play)圓 경기를 정정당당하게 하는 일. 정정당당한 승부.

페이드아웃(fade-out)圓 ①연극이나 영화·텔레비전 따위에서, 무대나 화면이 점차 어두워지는 일, 또는 그 기법. 용암(溶暗). ②방송 따위에서, 음악이나 효과음이 점차 작아지는 일, 또는 그 기법. 에프오(FO). →페이드인.

페이드인(fade-in)圓 ①연극이나 영화·텔레비전 따위에서, 무대나 화면이 점차 밝아지는 일, 또는 그 기법. 용명(溶明). ②방송 따위에서, 음악이나 효과음이 점차 커지는 일, 또는 그 기법. 에프아이(FI). ↔페이드아웃.

페이스(pace)圓 ①야구에서, 투수가 던진 공의 속도. ②운동 경기나 경주 따위에서의 힘의 배분. ¶제 페이스대로 나가다. /상대편의 페이스에 말려들다. ③'일의 진행되는 상태나 일상생활의 리듬'을 비유하여 이르는 말. ¶이런 페이스로는 목표를 달성하기 어렵다.

페이지(page)圓 ①책이나 장부 따위의 한 면. 쪽3. ¶페이지를 넘기다. ②〔의존 명사적 용법〕책이나 장부 따위의 면을 세는 단위. ¶두 페이지. /300페이지에 이르는 책.

페이퍼백(paperback)圓 종이 표지로 장정한, 보급판인 작은 판형의 책.〔문고판(文庫版)이나 신서판(新書版) 따위.〕

페인텍스(paintex)圓 유성 안료의 한 가지, 또는 그 안료를 사용하여 천이나 가죽 따위에 무늬를 그리는 수예(手藝).

페인트(feint)圓 운동 경기에서, 상대편을 속이기 위하여 쓰는 동작이나 작전. ¶페인트 모션에 속아 한 점을 허용하였다.

페인트(paint)圓 안료를 유제(油劑)로 풀어서 만든 도료를 통틀어 이르는 말.

페인트-칠(paint漆)圓(하자타) 페인트를 바르는 일. ¶낡은 건물에 페인트칠을 하다.

페인팅^나이프(painting knife)圓 유화(油畫)를 그릴 때 쓰는 쇠칼. 잘못된 곳을 긁어 내기도 하고 붓 대신 그림을 그리기도 한다.

페치카(pechka 러)圓 난방 장치의 한 가지. 돌이나 벽돌·진흙 따위로 벽에 붙여 만든 것으로 러시아를 비롯한 추운 지방에 많음. 벽난로.

페트-병(PET瓶)圓 음료를 담는 일회용 병. 폴리에틸렌을 원료로 하여 만든 것으로, 가볍고 깨지지 않는 특성이 있음. [polyethylene terephthalate]

페티시즘(fetishism)圓 ①물신 숭배(物神崇拜). ②성도착증의 한 가지. 이성(異性)의 신체 일부 또는 몸에 입거나 지닌 것 등에 비정상적인 집착을 나타내며, 그것으로 말미암아 성적(性的) 만족을 얻는 일.

페티코:트(petticoat)圓 여자 속옷의 한 가지. 스커트의 모양을 다듬기 위해 허리 아래에 받쳐 입는 속치마.

페팅(petting)圓 성교가 따르지 않는 관능적인 애무.

페퍼민트(peppermint)圓 ①박하(薄荷). 박하유. ②박하유를 주원료로 하여 소량의 향료를 가미한 리큐어.

페:하:(pH 독)圓 ☞피에이치.

펙틴(pectin)圓 채소나 과실 따위에 포함된 탄수화물의 한 가지. 고등 식물의 세포 사이의 결합 물질로, 특히 겔(Gel)을 만드는 성질이 있음. 잼·젤리 따위의 식품이나 화장품·약품 제조에 쓰임.

펜(pen)圓 ①잉크 따위를 찍어서 글씨를 쓰거나 그림을 그리거나 하는 필기구의 한 가지. 펜촉과 펜대로 이루어짐. 철필. ②글을 쓰는 일. 문필 활동. ¶펜을 들다. /펜을 꺾다.

펜-글씨(pen-)圓 펜으로 쓰는 글씨.

펜-네임(pen name)圓 작가 등이 문필 활동을 할 때 쓰는 본명 이외의 이름. 필명(筆名).

펜-대(pen-)圓 펜촉을 끼워서 쓰는 자루. 철필대.

펜더(fender)圓 자동차나 자전거 바퀴에서 흙탕물이 튀는 것을 막는 흙받이.

펜던트(pendant)圓 ①장신구의 한 가지. 줄에 달아 목걸이 등으로 늘어뜨리게 된 것. 보석이나 금속·유리 따위로 만듦. ②조명 기구의 한 가지. 천장 같은 데에 매달아 늘어뜨리는 장식용 전등.

펜션(pension)圓 전원주택·별장 형태로 만든, 유럽풍의 고급 민박 시설.

펜스(fence)圓 야구 경기장의 필드를 둘러싼 울타리. ¶우측 펜스를 맞추는 3루타성 타구.

펜스(pence)의 영국 화폐 단위의 한 가지. '페니'의 복수(複數).

펜싱(fencing)圓 올림픽 경기 종목의 하나. 가늘고 긴 검으로 상대편을 찌르거나 베거나 하여 승부를 겨룸. 에페·사브르·플뢰레의 세 종목이 있음.

펜-촉(pen鏃)圓 펜의 뾰족한 끝. 철필촉.

펜치(←pincers)圓 철사 따위를 끊거나 잡아 비틀거나 구부리는 데 쓰는 연장.

펜-컴퓨:터(pen computer)圓 (키보드 대신) 펜으로 입력할 수 있는 컴퓨터.

펜-클럽(PEN Club)명 문필 활동을 하는 사람들의 국제적 문화 단체. 국제 펜클럽. [International Association of Poets, Playwrights, Editors, Essayists and Novelists]

펜탄(pentane)명 메탄계 탄화수소의 한 가지. 향기가 나는 무색의 휘발성 액체. 마취제나 저온 온도계 따위에 쓰임.

펜탄^온도계(pentane溫度計) [-계/-게]명 펜탄을 이용한 저온 온도계. -200℃까지 측정할 수 있음.

펜팔(pen pal)명 서신 교환으로 맺어진 교우 관계. 또는, 그로 인해서 생긴 벗. 편지 친구. ¶펜팔로 알게 되어 결혼에 이르다.

펜홀더^그립(penholder grip)명 탁구에서, 펜대를 잡듯이 라켓을 쥐는 방식. ↔셰이크핸드 그립.

펜-화(pen畫)명 펜으로 그린 그림.

펠리컨(pelican)명 사다새.

펠턴^수차(Pelton水車)명 수력 터빈의 한 가지. 관(管) 끝에서 고속으로 물을 내뿜게 하여 그 힘으로 수차를 회전시켜서 전력을 얻음. 〔1870년 미국의 펠턴이 발명함.〕

펠트(felt)명 양털이나 그 밖의 짐승 털에 습기와 열을 가하여 눌러 만든 두꺼운 천 모양의 물건. 모자나 양탄자 따위를 만드는 데 쓰임.

펠트-펜(felt pen) ☞매직펜.

펠티에^효과(Peltier效果)명 다른 종류의 금속 두 개를 접촉시켜 놓고 그 사이에 전류를 흘려보내면, 접촉면에서 열이 발생하거나 흡수되는 현상.

펩신(pepsin)명 척추동물의 위액 속에 들어 있는 단백질의 분해 효소.

펩톤(peptone)명 단백질을 효소·산·알칼리 따위로 부분적으로 가수 분해(加水分解)한 물질. 물에 녹기 쉽고 가열하여도 굳어지지 않음.

펩티다아제(Peptidase 독)명 단백질의 펩티드 결합을 가수 분해 하는 효소를 통틀어 이르는 말. 〔펩신·트립신 따위.〕

펭귄(penguin)명 펭귄과의 바닷새. 곧게 선 키는 90 cm가량. 날개는 짧고 지느러미 모양인데 전혀 날지 못하고 곧추서서 걸음. 발에는 물갈퀴가 있어 헤엄을 잘 치고 고기·낙지·새우 따위를 잡아먹음. 남극 지방에서 떼 지어 삶.

펴-내다태 ①(서적 따위를) 발행하다. ¶고희(古稀) 기념 논문집을 펴내다. ②개킨 것을 넓게 하여 내놓다.

펴낸-이명 발행인.

펴널명 상투를 짤 때 맺는, 맨 아래 돌림.

펴-놓다[-노타]태 속마음을 숨김없이 드러내다. ¶흉금을 펴놓고 이야기하다.

펴다태 ①개킨 것을 젖히거나 벌려 놓다. 깔다. ¶방에 이불을 펴다. ②굽은 것을 곧게 하다. ¶허리를 펴다. /구부러진 철사를 펴다. ③덮었거나 접힌 것을 벌리다. ¶책을 펴다. /우산을 펴 들다. ④오므리거나 오므라든 것을 벌리다. ¶손가락을 펴다. /어깨를 펴고 걷다. ⑤구김살이나 주름살을 반반하게 하다. ¶다리미로 다려서 구김살을 펴다. /이마의 주름살을 펴다. ⑥꾸리거나 싼 것을 풀다. 헤치다. ¶선물 꾸러미를 펴 보다. ⑦마음이나 감정 따위를 얽매임 없이 자유롭게 가지거나 드러내다. ¶기를 펴다. /뜻을 펴다. ⑧힘이나 세력(勢力) 따위가 미치는 범위를 넓히다. ¶세력을 북방으로 펴다. ⑨세상에 널리 알리거나 두루 베풀다. ¶법령을 펴다. /선정을 펴다. ⑩어떤 일이나 조직 따위를 벌이거나 늘이다. ¶수사망을 펴다.

펴디다자 〈옛〉퍼지다. ¶法이 펴디여 가미 믈 흘러 너미 ㄱ톨쎄(釋譜9:21). /슬ㅋ장 펴뎌시니(鄭澈.關東別曲).

펴락-쥐락튀하 '쥐락펴락'의 잘못.

펴아나다자 〈옛〉피어나다〔發〕. ¶처섬 펴아나는 소리(훈解).

펴-이다자 ①('펴다'의 피동) 구김살이나 주름살이 펴지게 되다. ¶구김살이 펴이다. ②옭혔던 일이 제대로 잘 풀려 가다. 풀리다. ¶일이 펴이다. ③옹색하던 것이 넉넉해지다. ¶살림이 펴이다. 준폐다.

펴-지다자 ①펴이게 되다. ¶주름살이 펴지다. /우산이 잘 펴진다. ②순조롭지 못한 일이 나아지다. ¶형편이 펴지다.

편명 '떡'을 점잖게 이르는 말. ¶편보다 떡이 낫다[속] 같은 종류의 물건이지만 이것보다 저것이 낫게 보인다는 말.

편(片)명 ①작은 조각의 물건, 또는 저울에 달아 파는 인삼의 낱개. ¶편이 크다. ②〔의존 명사적 용법〕저울에 달아 파는 인삼의 낱개를 세는 단위. ¶인삼 스무 편을 사다.

편(便)Ⅰ명 ①여럿을 패로 갈랐을 때의 그 하나하나의 쪽. ¶편을 갈라서 승부를 겨루다. /지지하는 쪽과 반대하는 쪽으로 편이 갈라졌다. Ⅱ의 ①사물을 여러 경우로 나누어 생각할 때의 한쪽. ¶그 일은 미리 처리하는 편이 좋다. ②어디를 오고 가는 데 이용하는 수단. ¶기차 편으로 가는 것이 좋겠다.

편(編)명 ①국악(國樂)의 노래 곡조의 한 가지. ②사람이나 단체 이름 뒤에 쓰이어, 그 책을 '엮었음'을 나타내는 말. ¶교육 인적 자원부 편.

편(篇)의 ①시문(詩文)의 수효를 세는 단위. ¶시 한 편. ②형식이나 내용 따위가 다른 글을 구별하여 이르는 말. ¶입문 편. /문법 편. ③책의 내용을 일정한 단락으로 크게 가른 부분. ¶제1편.

편(便·偏)의 〈편짝〉의 준말. ¶우리 편 선수.

편각(片刻)명 짧은 시간. 삽시간(霎時間). ¶편각도 지체할 수 없다.

편각(偏角)명 ①자침(磁針)이 가리키는 방향과 지리학적 자오선(子午線) 사이의 각. 편차(偏差). ②일정한 기준에 대하여 기울기나 경사를 나타내는 각. 경사(傾角). ③프리즘 따위에서, 광선이 굴절할 때의 입사 광선과 투과 광선이 이루는 각.

편간(編刊)명하 책을 편찬하여 발간함.

편갑(片甲)명〔갑옷 조각이라는 뜻으로〕전쟁에 패한 군사를 이르는 말.

편강(片薑)명 얇게 저민 새앙을 설탕에 조리어 말린 것.

편-거리(片-)의 인삼을 한 근씩 골라 맞출 때, 그 편 수를 세는 말.

편견(偏見)명 공정하지 못하고 한쪽으로 치우친 생각. ¶편견을 버리다. /편견이 심하다. /편견에 사로잡히다.

편경(編磬)명 아악기의 한 가지. 두 층으로 된 걸이에 각 여덟 개씩의 경쇠가 매달려 있어 각퇴(角槌)로 쳐서 소리를 냄. 참경쇠.

편-계피(片桂皮) [-계/-게-]명 얇은 조각의 계피.

편고(偏孤)명 어버이의 한쪽을 여의고 의지할 데 없는 아이.

편고지역(偏苦之役)명 남보다 괴로움을 더 받으면서 하는 일.

편곡(偏曲) '편곡하다'의 어근.

편곡(編曲)**명**(하타)(되자) 어떤 악곡을 다른 악기로 또는 달리 연주할 수 있도록 써 고침, 또는 그 곡. ¶ 피아노곡으로 편곡하다. /민요를 합창곡으로 편곡하다.

편곡-하다(偏曲-) [-고카-]**형여** 성격이 편벽되고 곧지 못하다.

편곤(鞭棍)**명** ①쇠도리깨와 곤(棍). ②십팔기(十八技) 또는 무예 이십사반의 하나. 보졸(步卒)이 쇠도리깨와 곤(棍)으로 하는 무예.

편관(扁罐)**명** 배가 불룩한 주전자.

편광(偏光)**명** 어떤 특정의 방향으로만 진동하는 빛의 파동. ¶ 편광렌즈.

편광-경(偏光鏡)**명** 니콜 프리즘을 쓰지 않고 두 개의 평면 유리 거울을 써서 편광(偏光)을 검출하는 장치.

편광-계(偏光計) [-계/-게]**명** 선광성(旋光性) 물질의 선광도(旋光度)를 니콜 프리즘을 써서 측정하는 기계. [검당계(檢糖計) 따위.]

편광-자(偏光子)**명** 자연광을 편광으로 바꾸는 장치. [전기석(電氣石)이나 니콜 프리즘 따위.]

편광^프리즘(偏光prism)**명** 편광을 발생시키거나 검출하는 프리즘.

편광^현:미경(偏光顯微鏡)**명** 편광을 이용한 특수 현미경. 주로, 광물의 구조를 연구하는 데 쓰임.

편굴(偏屈) '편굴하다'의 어근.

편굴-하다(偏屈-)**형여** 성격이 비뚤어지고 비꼬하다.

편근(便近) '편근하다'의 어근.

편근-하다(便近-)**형여** 가깝고 편리하다. 편근-히**무**.

편급(褊急) '편급하다'의 어근.

편급-하다(褊急-) [-그파-]**형여** 소견이 좁고 성질이 급하다. 편급-히**무**.

편기(偏嗜)**명**(하타) 치우치게 즐김, 또는 편벽된 기호(嗜好).

편기(偏忌)**명**(하타) 소견이 좁아 남을 시기함. ¶ 그의 단점은 남을 편기하는 것이다.

편년(編年)**명**(하자) [역사의 기술(記述)에서] 연대순으로 엮는 일.

편년-사(編年史)**명** 편년체로 엮은 역사.

편년-체(編年體)**명** 역사를 연대순으로 기술하는 체제. (참)기전체(紀傳體).

편녕(便佞) '편녕하다'의 어근.

편녕-하다(便佞-)**형여** 말만 그럴싸할 뿐 성의가 없다.

편-놈(偏-)**명** '산대놀음을 하는 사람'을 얕잡아 이르는 말.

편:뇌(片腦)**명** [-뇌/-눼]**명** ☞용뇌향(龍腦香).

편단(偏斷)**명**(하타)(되자) 공정하지 못하고 편벽(偏僻)되게 결정함.

편달(鞭撻)**명**(하타) [채찍으로 때린다는 뜻으로] 일깨워 주고 격려하여 줌. 채찍질. 편복(鞭扑). ¶ 애정 어린 지도 편달을 부탁드립니다.

편답(遍踏)**명**(하타) ☞편력(遍歷).

편당(偏黨)**명**(하자) 한 당파에 치우침, 또는 편파적인 당파. ¶ 편당을 짓다.

편대(編隊)**명**(하자타) ①대오(隊伍)를 갖추는 일, 또는 그 대오. ②비행기 따위가 대형을 갖추는 일, 또는 그 대형.

편대^비행(編隊飛行)**명** 비행기가 대형을 지어 비행하는 일.

편도(片道)**명** 오고 가는 길 가운데 어느 한쪽, 또는 그 길. ¶ 편도 승차권. /편도 2차선.

편도(扁桃)**명** 장미과의 낙엽 교목. 소아시아 원산으로 건조한 곳에서 잘 자람. 높이 6 m가량. 열매는 복숭아 비슷한데 익으면 터져서 속에 든 씨를 먹음. 단맛과 쓴맛이 나는 두 종류가 있으며 각각 식용 또는 약용함. 지중해 연안과 미국 캘리포니아 등지에서 많이 재배함. 아몬드.

편도(便道)**명** 다니기에 편리한 길. 지름길. 편로.

편도-선(扁桃腺)**명** 사람의 목구멍 안 양쪽에 발달한 림프 조직의 집합체.

편도선-염(扁桃腺炎) [-념]**명** 편도선에 생기는 염증. 편도선이 벌겋게 부어 음식을 넘기기 어렵게 되고 고열과 통증이 따름.

편도-유(扁桃油)**명** 편도의 씨에서 짜낸 담황색의 지방유(脂肪油). 약제나 향유·비누 따위를 만드는 데 쓰임.

편독(偏讀)**명**(하타) 한 방면에만 치우쳐 독서함.

편동-풍(偏東風)**명** 적도를 사이에 둔 남북 저위도(低緯度) 지대를 동쪽에서 서쪽으로 약간 쏠려 부는 바람. (참)무역풍.

편두-통(偏頭痛)**명** 갑자기 일어나는 발작성의 두통. 주로, 한쪽 머리만 심하게 아프며 주기성을 나타냄. 변두통.

편-들다(便-) [~드니·~들어]**타** 어느 한쪽을 돕거나 두둔하다. ¶ 어머니를 편들다.

편람(便覽) [펼-]**명** 보기에 편리하도록 간명하게 만든 책. ¶ 학습 편람.

편력(遍歷) [펄-]**명**(하타) ①널리 각지를 돌아다님. 편답(遍踏). ¶ 여러 고장을 편력하다. ②여러 가지 경험을 함. ¶ 여성 편력.

편로(便路) [펄-]**명** ☞편도(便道).

편론(偏論) [펄-]**명**(하타) 남에게 다른 당파를 논란(論難)함.

편류(偏流) [펄-]**명**(하자) 항공기 따위가 기류 때문에 수평으로 밀리어 항로에서 벗어나는 일.

편리(便利) [펄-]**명**(하형) 어떤 일을 하는 데 편하고 이용하기 쉬움. ¶ 편리를 보아주다. /교통이 편리하다. ↔불편.

편리^공:생(片利共生) [펄-]**명** 한편만 이익을 받고, 다른 편은 이익도 해도 없는 공생.

편린(片鱗) [펄-]**명** [한 조각의 비늘이라는 뜻으로] 사물의 극히 작은 일부분을 이르는 말. ¶ 고매한 인격의 편린을 엿볼 수 있다.

편마-암(片麻岩)**명** 석영·장석·운모·각섬석 따위로 이루어진 변성암(變成岩). 석영·장석 등이 많은 백색층과, 운모·각섬석 등이 많은 암색층(暗色層)이 줄무늬를 이루고 있음.

편만(遍滿) '편만하다'의 어근.

편만-하다(遍滿-)**형여** 널리 가득 차다. 구석구석까지 꽉 차다. ¶ 대지에 편만한 봄 기운.

편-먹다(便-) [-따]**자** '편을 짜서 한편이 되다'를 속되게 이르는 말.

편면(片面)**명** 사물의 한쪽 면.

편모(片貌)**명** 어느 한 면만의 모습.

편모(偏母)**명** 아버지가 죽고 혼자 있는 어머니. 홀어머니.

편모(鞭毛)**명** 원생동물이나 동식물의 정자 등에 나 있는 긴 털 모양의 기관. 이것으로 영양을 섭취하고 운동을 함.

편모-슬하(偏母膝下)**명** ☞편모시하(偏母侍下).

편모-시:하(偏母侍下)**명** 편모를 모시고 있는 처지. 자시하(慈侍下). 편모슬하(偏母膝下).

편모^운:동(鞭毛運動)**명** 편모류나 정자 같은 것의 이동, 먹이 섭취, 소화, 배설 따위를 위한 운동.

편모-충(鞭毛蟲)[명] 편모충류에 속하는 원생동물을 통틀어 이르는 말. 주로, 해수(海水)나 담수에서 편모 운동을 하며 삶.

편모충-류(鞭毛蟲類)[-뉴][명] 원생동물의 한 강(綱). 계통적으로는 동물과 식물의 중간에 속하며 편모를 사용하여 움직임. 수중 생활을 하는 것과 다른 동물의 소화기 같은 데 기생하는 것 등이 있음. [연두벌레·야광충 따위.]

편무(片務)[명] 계약한 당사자 가운데서, 한쪽에서만 지는 의무.

편무^계:약(片務契約)[-계-/-게-][명] 당사자의 한쪽만이 채무(債務)를 부담하는 계약. [증여(贈與) 따위.] ↔쌍무 계약(雙務契約).

편-무역(片貿易)[명] 외국과의 상거래에서, 수출 또는 수입의 어느 한쪽에 치우친 무역.

편물(編物)[명] 뜨개질, 또는 뜨개질로 만든 물건. 뜨갯것. ¶편물 기계.

편발(編髮·辮髮)[명] ①지난날, 관례(冠禮)를 하기 전에 머리를 길게 땋아 늘이던 일, 또는 그 머리. ②☞변발.

편배(編配)[명][하타] 지난날, 귀양 보낼 사람의 이름을 도류안(徒流案)에 적어 넣던 일.

편백(扁柏)[명] ☞노송나무.

편법(便法)[-뻡][명] 간편하고 손쉬운 방법. ¶편법 운영. /편법을 쓰다. /편법을 강구하다.

편법(篇法)[명][하] 시문(詩文) 따위를 편을 지어 짓는 방법.

편벽(便辟)[명] 남에게 알랑거리며 그 비위를 잘 맞추는 일, 또는 그런 사람.

편벽(偏僻)[명] '편벽하다'의 어근.

편벽-되다(偏僻-)[-뙤-/-뚸-][형] 공정하지 못하고 한쪽으로 치우쳐 있다. 편벽되-이[부].

편벽-하다(偏僻-)[-벼카-][형여] (마음이) 한쪽으로 치우쳐 있다. ¶자네, 젊은 사람답지 않게 마음이 왜 그리도 편벽한가?

편복(便服)[명] 평상시에 입는 옷. 편의(便衣).

편복(蝙蝠)[명] ☞박쥐.

편복(鞭扑)[명] ①지난날, 장형(杖刑)에 쓰던 곤장(棍杖)의 한 가지. ②[하타] ☞편달(鞭撻).

편비내[명] 방죽이 무너지지 않도록, 대나무나 갈대를 둘러치는 일.

편사(便私)[명][하자] 자기 개인의 편함만을 꾀함.

편사(便射)[명][하자] 지난날, 사원(射員)끼리 편을 갈라 활을 쏘는 재주를 겨루던 일.

편사(編絲)[명] 수(繡)를 놓거나 여러 가지 무늬를 넣는 실.

편사-국(編史局)[명] 갑오개혁 이후, 역사의 편수(編修)를 맡아보던 의정부(議政府)의 한 국(局).

편산(偏産)[명][하자] 어린아이가 태어날 때 이마부터 나오는 일.

편산(遍散)[명] ①[하자][되자] 곳곳에 널리 흩어짐. ②[하] 곳곳에 널리 흩어져 있음.

편서(便書)[명] 인편에 부치는 편지.

편서-풍(偏西風)[명] 중위도 지방의 상공을 서쪽에서 동쪽으로 약간 쏠려 부는 바람. 魯편동풍.

편성(偏性)[명] 원만(圓滿)하지 못하고 한쪽으로 치우친 성질.

편성(編成)[명][하타][되자] 흩어져 있는 것을 모아서 하나의 체계를 갖춘 것으로 만듦. ¶학급을 편성하다. /새로 편성된 예산.

편소(褊小)[명] '편소하다'의 어근.

편소-하다(褊小-)[형여] 땅이나 장소 따위가 좁고 작다.

편수[명] 공장(工匠)의 우두머리. 한자를 빌려 '編首·邊首'로 적기도 함.

편수²[명] 전래의 여름 음식의 한 가지. 밀가루 반죽을 얇게 밀어서 네모지게 자르고 쇠고기·표고·숙주 따위로 만든 소를 넣어 귀가 지게 빚은 다음, 쪄서 먹거나 삶아서 차게 식힌 장국에 넣어 먹음. 변씨만두.

편수(篇首)[명] 한 편의 시문(詩文)이나 책의 첫머리.

편수(編修)[명][하타][되자] 여러 가지 자료를 모아 책을 지어냄. ¶편수 자료.

편수(鞭穗)[명] ☞챗열.

편수-관(編修官)[명] ①조선 시대에, 역사를 기록하던 춘추관의 정삼품에서 종사품까지의 벼슬. ②교육 과학 기술부에서 교재 편수를 맡아보는 공무원.

편술(編述)[명][하타][되자] 책 따위를 엮어서 지어냄.

편승(便乘)[명][하자] ①남이 타고 가는 차 따위의 한 자리를 얻어 탐. ¶친구의 차에 편승하다. ②'자기에게 유리한 기회를 포착하여 잘 이용함'을 비유하여 이르는 말. ¶시대의 흐름에 편승하다.

편시(片時)[Ⅰ][명] ☞잠시(暫時).
   [Ⅱ][부] ☞잠시(暫時).

편식(偏食)[명][하타] 음식을 가리며 제 식성에 맞는 음식만을 골라 먹음.

편신(偏信)[명][하타] 한편만을 편벽되게 믿음, 또는 그런 믿음.

편신(遍身)[명] 온몸. 전신(全身).

편심(片心)[명] 좁은 마음.

편심(偏心)[명] 한쪽으로 치우친 마음. 편벽된 마음. 편의(偏意).

편-싸움(便-)[명][하자] ①편을 갈라 하는 싸움. ¶편싸움. ②지난날, 음력 정월에 편을 갈라 돌과 방망이로 싸우던 일.

편-쌈(便-)[명][하자] 〈편싸움〉의 준말.

편안(便安)[명][하여] ①몸이나 마음이 편하고 좋음. ¶편안한 노후 생활. ②아무 일 없이 무사함. 편안-히[부] ¶편안히 지내다.

편암(片岩)[명] 석영·운모 따위가 얇은 층을 이루고 있는 엽편상(葉片狀)의 변성암의 한 가지. 흔히, 연한 회색이나 연한 갈색을 띰.

편애(偏愛)[명][하타] 어느 한 사람이나 한쪽만을 유달리 사랑함. ¶편애가 심하다. /막내둥이를 편애하다.

편애(偏隘·褊隘)[명] '편애하다'의 어근.

편애-하다(偏隘-·褊隘-)[형여] 성질이 편벽하고 좁다. ¶편애한 성격 때문에 대인 관계에 어려움이 많다.

편액(扁額)[명] 방 안이나 문 따위의 위에 거는, 가로로 된 긴 액자. 편제(扁題). 魯액(額).

편언(片言)[명] ①한마디 말. 간단한 말. ②한쪽 사람의 말.

편언-절옥(片言折獄)[명][하자] 한마디 말로 송사(訟事)의 판결을 내림.

편언-척자(片言隻字)[-짜][명] 〔한마디 말과 몇 자의 글이란 뜻으로〕 짧은 말과 글. 魯일언반구(一言半句).

편역-들다(便-)[타] '역성들다'의 잘못.

편-연지(片臙脂)[명] 지난날, 중국에서 들여오던 물감의 한 가지. 솜에 붉은 물을 먹여 말린 것으로, 끓는 물에 담갔다가 그 물을 짜서 썼음.

편영(片影)[명] ①어떤 모습의 아주 작은 한 부분. ②사람의 성격 따위의 일면(一面).

편운(片雲)[명] 조각구름.

편월(片月)[명] 조각달.

편육(片肉)[명] 얇게 저민 수육.

편의(便衣)[명] ☞편복(便服).

편의(便宜)[펴늬/펴니]**명** 사용하거나 이용하는 데 편리함. 또는, 형편이나 조건 따위가 편하고 좋음. ¶편의 시설. /편의를 봐주다.

편의(偏倚)[펴늬/펴니]**명** ①☞편차(偏差). ②**하형** 한쪽으로 기울어져 있음.

편의(偏意)[펴늬/펴니]**명** ☞편심(偏心).

편의-성(便宜性)[펴늬성/펴니셍]**명** 사용하거나 이용하는 데 편리한 특성.

편의^재량(便宜裁量)[펴늬-/펴니-]**명** 법이 충분히 규정할 수 없는 법규에 대해, 가장 적합하다고 판단되는 것을 행할 수 있는 행정 관청의 재량.

편의-적(便宜的)[펴늬-/펴니-]**관명** (그때그때의 사정에 따라) 편의상 임시적으로 채택된 (것). ¶편의적인 발상.

편의-점(便宜店)[펴늬-/펴니-]**명** 식료품이나 잡화 따위를 사고자 하는 고객의 편의를 위하여 밤낮으로 영업을 하는 가게.

편의-종사(便宜從事)[펴늬-/펴니-]**명** 임금이 사신을 보낼 때, 어떤 결정적인 지시를 내리지 않고 가서 형편에 따라 하도록 맡기던 일.

편의-주의(便宜主義)[펴늬-의/펴니-이]**명** 어떠한 일을 하는 데, 근본적인 처리를 하지 않고 그때만을 적당히 넘기려고 하는 주의.

편이(便易) '편이하다'의 어근.

편이-하다(便易-)**형여** 편리하고 쉽다. ¶다루기에 편이한 기계 장치.

편익(便益)**명하형** 편리하고 유익함. ¶시민들의 편익을 도모하다.

편일(片日)**명** ①육십갑자(六十甲子)의 십간(十干) 중에서 갑(甲)·병(丙)·무(戊)·경(庚)·임(壬)의 날. ②홀수의 날. 기수(奇數)의 날. ↔쌍일(雙日).

편입(編入)**명하자되자** 다른 부류나 단체 같은 데에 끼어듦. ¶편입 시험. /3학년에 편입하다.

편입-생(編入生)[-쌩] **명** 첫 학년으로 입학하지 않고 어떤 학년에 끼어 들어가는 학생.

편자[펴-]**명** ①말굽에 붙이는 'U'자 모양의 쇳조각. 말편자. 제철(蹄鐵). 철제. ②〈망건편자〉의 준말.

편자(編者)**명** 책을 엮는 사람. 엮은이.

편자-고래[펴-]**명** 편자 모양으로 만든 방고래.

편장(偏長)**명** 당파의 어른. 각 편의 우두머리.

편재(偏在)**명하자되자** 어떤 곳에 치우쳐 있음. 한곳에만 치우쳐 있음. ¶부(富)의 편재. ↔편재(遍在).

편재(遍在)**명하자** 널리 존재함. 두루 퍼져 있음. ↔편재(偏在).

편재(騙財)**명하타** 남을 속이어 재물을 빼앗음.

편저(編著)**명하타** 책 따위를 엮어 지음, 또는 그 책. ¶편저한 책을 모교에 증정하다.

편-적운(片積雲)**명** 조각 모양의 작은 뭉게구름.

편전(片箭)**명** ①'아기살. ②총통(銃筒)에 넣어서 쏘는, 하나로 된 화전(火箭).

편전(便殿)**명** 임금이 평소에 거처하던 궁전.

편제(編題)**명** ☞편액(扁額).

편제(編制)**명하타** 낱낱의 구성원을 일정한 체계에 맞게 짜서 조직을 이룸, 또는 그러한 체재나 기구. ¶조직의 편제. /편제를 개편하다.

편제-표(編制表)**명** 군 부대나 어떤 기구 따위의 편제를 나타내는 도표.

편조(扁爪)**명** 포유류의 손톱·발톱의 한 형태. 바닥만이 발달하고 편평함.

편조-식(偏條植)**명** 가로나 세로의 어느 한쪽으로만 줄이 서도록 심는 모. **참**정조식(正條植).

편종(編鐘)**명** 아악기의 한 가지. 두 층으로 된 걸이에 12율의 순서로 조율된 구리종을 한 단에 여덟 개씩 두 단으로 매달아 각퇴(角槌)로 두드려서 소리를 냄.

편주(片舟·扁舟)**명** 작은 배. 조각배. ¶일엽(一葉)편주.

편죽(扁竹)**명** ☞마디풀.

편중(偏重)**명하자타되자** 한쪽으로 치우침. 어느 한쪽만을 중히 여김. ¶부의 편중. /경제 성장에 편중된 정책.

편증(偏憎)**명하타** 편벽되게 미워함.

편:지(便紙·片紙)**명** 상대편에게 전하고 싶은 일 등을 적어 보내는 글. 서간. 서신. 서찰. 서척. 서한. 서함. 찰한(札翰). ¶안부 편지. /편지를 쓰다.

편:지-지(便紙紙)**명** 편지를 쓰는 종이. 서한지.

편:지-질(便紙-)**명하자** ①편지를 주고받는 일. ②자꾸 편지를 써서 보내는 짓. ¶얼굴은 비치지 않고 편지질만 하다.

편:지-투(便紙套)**명** ①편지에서 쓰는 글투. ¶편지투의 글. ②편지틀.

편:지-틀(便紙-)**명** 편지의 격식·본보기 따위를 적어 놓은 책. 간독(簡牘). 편지투.

편:지-하다(便紙-)**자여** 편지를 보내다.

편직(編織)**명** ①실로 뜨개질한 것처럼 짜는 일. ②☞편직물.

편직-물(編織物)[-징-]**명** 실로 뜨개질한 것처럼 짠 직물. 편직.

편질(篇帙)**명** 책의 편(篇)과 질(帙).

편집(偏執)**명하타** 끝까지 어떤 일에 집착함. 편견을 고집하여 남의 의견을 받아들이지 않음. ¶편집에 사로잡히다. /편집을 버리다.

편집(編輯)**명하타되자** 책이나 신문, 영화 필름이나 녹음 테이프 따위를 펴내거나 만들기 위하여 일정한 기획 아래 정보를 수집·정리하고 구성함, 또는 그 작업이나 기술. ¶교지(校誌)를 편집하다.

편집-광(偏執狂)[-꽝] **명** 어떤 일에 집착하여 상식 밖의 짓을 태연히 하는 정신병자.

편집-병(偏執病)[-뼝] **명** 정신적인 장애는 없으나, 늘 어떠한 망상에 사로잡혀 있는 정신병의 한 가지. 편집증.

편집-인(編輯人)**명** ①편집의 책임자. ②편집을 하는 사람.

편집-증(偏執症)[-쯩] **명** ☞편집병.

편집^후:기(編輯後記)[-지푸-]**명** 편집을 마치고 나서 편집의 과정·감상·계획·비평 따위를 단편적으로 적은 간단한 글.

편-짓다(片-)[-짇따][~지으니·~지어]**타ㅅ** ①(인삼을 한 근씩 달아 묶을 때) 편(片)을 일정한 수효로 골라 넣다. ②(목재를 그 용도에 따라) 여러 종류로 나누어 두다.

편-짜다(便-)**자** (승부를 겨루기 위하여) 편을 갈라 조직하다.

편-짝(便-)**의** 상대하는 두 편 가운데 어느 한 편을 가리키는 말. ¶이 편짝에 붙다. **준**편(便).

편차(便車)**명** 짐을 운반하는 손수레.

편차(偏差)**명** ①표준이 되는 수치나 위치·방향 따위에서 벗어난 정도나 크기. 편의(偏倚). ¶편차가 생기다. /편차가 심하다. ②☞편각(偏角). ③정확하게 조준하여 발사한 탄환이 바람 따위의 원인으로 표적에 맞지 않았을 때에 생기는, 목표와 탄착점과의 차이. ¶편차 수정.

편차(編次)**명하타** 차례를 따라 편찬하는 일, 또는 그 차례.

편찬(編纂)〖명〗〖하타〗〖되자〗 여러 자료를 수집하고 정리하여 책을 만들어 냄. ¶사전을 편찬하다.

편찮다(便-)〔-찬타〕〖형〗〔‘편하지 아니하다’가 줄어서 된 말로〕①〈아프다〉의 높임말. ¶어디가 편찮으십니까? ②편하지 아니하다. ¶속이 편찮다. /앉은 자리가 편찮다.

편책(鞭策)〖명〗 말채찍.

편철(片鐵)〖명〗 ①쇳조각. ②가락지.

편-청(-淸)〖명〗 떡을 찍어 먹는 꿀.

편충(鞭蟲)〖명〗 선충류 편충과의 선형동물의 한 가지. 몸의 앞쪽은 실같이 가늘고 뒤쪽은 급히 넓어져서 그 속에 생식기가 있음. 구강(口腔)을 통하여 감염되며 사람의 장, 특히 맹장에 기생하여 빈혈·신경증·설사 따위를 일으킴.

편취(騙取)〖명〗〖하타〗 (남의 물건 따위를) 속여서 빼앗음. ¶금품을 편취하다.

편-층운(片層雲)〖명〗 층운이 조각조각으로 떨어져 나와 떠 있는 구름.

편친(偏親)〖명〗 홀어버이.

편친-시하(偏親侍下)〖명〗 편친을 모시고 있는 처지. 엄시하(嚴侍下).

편토(片土)〖명〗 한 조각의 땅. 작은 토지.

편-틀〖명〗 떡을 괴는, 굽이 높은 나무 그릇.

편파(偏頗)〖명〗〖하타〗 (생각이나 처사 따위가) 한편으로 치우쳐 공평하지 못함. ¶편파 보도.

편파-성(偏頗性)〔-썽〕〖명〗 한편으로 치우쳐 공평하지 못한 성질이나 특성. ¶보도의 편파성.

편파-적(偏頗的)〖관〗〖명〗 공평하지 못하고 편파성을 띤 (것). ¶편파적 수사. /편파적인 처사.

편편(便便)〖부〗 ‘편편(便便)하다’의 어근.

편편(翩翩)〖부〗 ‘편편(翩翩)하다’의 어근.

편-편-금(片片金)〖명〗 〔조각조각이 다 금이라는 뜻으로〕 모든 물건이 다 보배로움을 이르는 말.

편편찮다(便便-)〔-찬타〕〖형〗 편하지 아니하다. 불편하다. 거북살스럽다. ¶남의 집이라 그런지 잠자리가 어쩐 편편찮다.

편편-하다(便便-)〖형어〗 아무 일 없이 편안하다. ¶편편하게 지내다. **편편-히**〖부〗.

편편-하다(翩翩-)〖형어〗①나는 모양이 가볍고 날쌔다. ②풍채가 멋스럽고 좋다. **편편-히**〖부〗.

편평-족(扁平足)〖명〗 발바닥이 오목하게 들어간 데 없이 밋밋한 발. 평발.

편평-체(扁平體)〖명〗 ☞전엽체(前葉體).

편평-하다(扁平-)〖형어〗 넓고 평평하다. ¶가슴이 편평하다. **편평-히**〖부〗.

편폐(偏嬖)〖명〗 〔-폐/-폐〕〖하타〗〖되자〗 편벽(偏僻)되게 특별히 사랑함.

편포(片脯)〖명〗 난도질하여 반대기를 지어서 말린 고기. ¶편포는 술안주 감으로 좋다.

편풍(옛)병풍. ¶편풍 병:屛. 편풍 의:扆(訓蒙中13).

편-하다(便-)〖형어〗①마음이나 몸이 괴롭거나 거북하지 않고 편안하다. ¶마음이 편하다. /편하게 앉아 쉬다. ②무슨 일을 하는 데 힘이 들거나 거추장스럽지 않고 쉽고 편리하다. ¶사용하기 편하게 만든 제품. **편-히**〖부〗 ¶편히 잠들다.

편향(偏向)〖명〗〖되자〗 ①〖하자〗 어떤 사물이나 생각 따위가 한쪽으로 기울거나 치우침, 또는 그러한 경향. ¶편향된 교육. ②〖하타〗진공 속을 주행하는 전자 따위가 전장(電場)이나 자장(磁場)에 의해서 방향을 바꾸는 일.

편협(偏狹·褊狹)〖명〗〖하어〗 생각이나 도량이 좁고 편벽됨. ¶편협한 사고방식.

편형(扁形)〖명〗 평평한 모양.

편형-동물(扁形動物)〖명〗 동물 분류상의 한 문(門). 몸은 등과 배가 편평하고 환절(環節)이 없음. 소화관의 발달이 불량하고, 대체로 항문이 없음. 일반적으로 암수한몸이며 독립생활을 하거나 기생함. 〔디스토마·촌충 따위.〕

편호(編戶)〖명〗〖하자자〗 지난날, 호적에서 누락된 백성을 호적에 편입시키던 일, 또는 그 백성.

편혹(偏惑)〖명〗〖하자〗〖되자〗 편벽되어 마음을 쏟아 정신없이 흘림. 고혹(蠱惑).

펼치다〖타〗①넓게 펴다. 활짝 펴서 드러나게 하다. ¶지도를 펼치다. /책을 펼쳐 보이다. ②어떠한 행위를 하다. ¶수사를 펼치다. /육상 경기를 펼치다. ③생각이나 꿈·계획 따위를 실현하다. ¶꿈을 펼치다.

폄(貶)〖명〗〖하타〗 남을 헐뜯어 말함. 남을 헐뜯고 깎아내림.

폄:강(貶降)〖명〗〖하타〗〖되자〗 벼슬의 등급(等級)을 깎아 내림.

폄:론(貶論)〔-논〕〖명〗〖하타〗〖되자〗 남을 헐뜯어 말함.

폄:박(貶薄)〖명〗〖하타〗〖되자〗 남을 헐뜯고 낮잡음.

폄:사(貶辭)〖명〗 남을 헐뜯는 말.

폄:적(貶謫)〖명〗〖하타〗〖되자〗 벼슬을 깎아 내리고 멀리 귀양 보냄.

폄:직(貶職)〖명〗〖하타〗〖되자〗 벼슬이 떨어짐. 면직을 당함.

폄:척(貶斥)〖명〗〖하타〗〖되자〗 ①벼슬을 깎아 내리고 물리침. 폄출(貶黜). ②남의 인망을 깎아내리고 배척함.

폄:천(貶遷)〖명〗〖하타〗〖되자〗 벼슬을 깎아 내리고 좌천(左遷)시킴.

폄:출(貶黜)〖명〗〖하타〗〖되자〗 ☞폄척(貶斥).

폄:하(貶下)〖명〗〖하타〗〖되자〗 ①가치를 깎아내림. ②치적(治績)이 좋지 못한 원(員)을 하등으로 깎아내림.

폄:훼(貶毀)〖명〗〖하타〗〖되자〗 남을 헐뜯고 깎아내림.

평(評)〖명〗〖하자자〗 사물의 옳고 그름, 좋고 나쁨, 잘되고 못됨 등을 들어 평가함, 또는 그 평가. ¶심사 위원의 평이 좋다.

평(坪)〖명〗①토지 면적의 단위. 곧, 여섯 자 제곱. 〔약 3.306 m²〕②입체의 단위. 곧, 여섯 자 세제곱. 〔약 6.013 m³〕③조각(彫刻)·동판 따위의 한 자 제곱.

평가(平家)〖명〗 ☞평집.

평가(平價)〔-까〕〖명〗①싸지도 비싸지도 않은 보통의 값. 표준 가격. ②두 나라 간의 통화 단위를 두 나라의 본위 화폐에 들어 있는 금의 양에 의하여 비교 표시한 비교 가격. ③유가 증권의 가격이 액면 금액과 같은 것.

평:가(評價)〔-까〕〖명〗〖하타〗〖되자〗 ①물건의 화폐 가치를 결정함. ¶회사의 재산을 평가하다. ②사람·사물의 가치나 수준을 판단함, 또는 그 가치나 수준. ¶좋은 평가를 받다.

평-가락지(平-)〔-찌〕〖명〗 밋밋하게 곧은 소반(小盤)의 가락지.

평가^발행(平價發行)〔-까-〕〖명〗 채권이나 주식 따위를 그 액면 금액과 같은 가격으로 하는 발행.

평가^절상(平價切上)〔-까-쌍〕〖명〗 한 나라의 통화의 대외 가치를 올리는 일.

평가^절하(平價切下)〔-까-〕〖명〗 한 나라의 통화의 대외 가치를 내리는 일.

평각(平角)〖명〗 한 점에서 나온 두 반직선이 일직선이 될 때, 그 두 반직선이 이루는 각. 2직각, 곧 180°와 같음.

평강(平康)〖명〗〖하어〗 ☞평안.

평견(平絹)〖명〗 평직(平織)의 견직물.

평:결 (評決)[명][하자타][되자] 여럿이 평의하여 결정함, 또는 그 내용. ¶법원은 피의자에게 무죄를 평결하였다.

평경 (平鏡)[명] ☞맞보기.

평:고 (評估)[명][하타] 재판할 때에 장물(贓物)의 값을 평가하여 정함.

평고-대 (平高臺)[명] 재래식 건축에서, 처마 끝에 가로놓은 오리목.

평-골 (平-)[명] 가죽신 신골의 한 가지. 앞이 많이 들리지 않고 창이 평평하게 되었음.

평과 (苹果)[명] ☞사과(沙果).

평관 (平關)[명] 지난날, 동등한 관아 사이에 조회(照會) 따위로 교환되던 공문(公文).

평교 (平交)[명] 나이가 서로 비슷한 벗.

평교 (平郊)[명] 들 밖. 교외의 널찍한 들판.

평교-간 (平交間)[명] 나이가 서로 비슷한 벗 사이. 같은 연배의 벗 사이.

평교-배 (平交輩)[명] 나이가 서로 비슷한 벗들. 같은 또래의 벗들.

평-교사 (平敎師)[명] 특수한 직무나 직책을 맡고 있지 않은 보통의 교사.

평-교자 (平轎子)[명] 조선 시대에, 종일품 이상의 벼슬아치나 기로소(耆老所)의 당상관이 타던 남여(籃輿). ㈜교자(轎子).

평균 (平均)[명] ①(수나 양의) 크고 작음이나 많고 적음의 차이가 나지 않게 한 것, 또는 그러한 차이가 없이 고르게 한 것. 연등(連等). ¶평균 성적. /평균을 내다. ②(크고 작은 차이가 난 몇 개의 수의) 중간의 값. ②평균치.

평균-값 (平均-)[-깝][명] 평균하여 얻어지는 값. 고른값. 평균수(平均數). * 평균값이[-깝씨]・평균값만[-깜-]

평균-곤 (平均棍)[명] 파리나 모기 따위 쌍시류(雙翅類)에서, 날 때 몸의 평형을 유지하는 역할을 하는, 끝이 주머니 모양으로 불룩하게 변화한 뒷날개.

평균^기온 (平均氣溫)[명] 일정 기간 동안의 기온의 평균값.

평균-대 (平均臺)[명] 체조할 때 쓰는 기구의 한 가지, 또는 그 위에서 하는 운동. 여자 체조 경기의 한 종목임. 평형대.

평균^속력 (平均速力)[-녁][명] 이동하는 물체의 이동 거리를, 경과한 시간으로 나눈 값.

평균-수 (平均數)[명] 평균한 수치. 평균값. 중수(中數).

평균^수면 (平均水面)[명] ☞평균 해면.

평균^수명 (平均壽命)[명] 사람이 태어나서 몇 년을 살 수 있는가를 평균적으로 나타내는 연수. 〔보통 한 지역의 주민이나 한 나라의 국민의 평균적인 수명을 이름.〕

평균-시 (平均時)[명] <평균 태양시>의 준말.

평균^연령 (平均年齡)[-녈-][명] 그 사회를 구성하고 있는 사람들의 나이의 평균값.

평균-율 (平均率)[-뉼][명] 평균적 비율.

평균-인 (平均人)[명] 사회의 여러 요소들을 통계학적으로 처리하여, '평균적 능력을 가진 사람'으로 설정한 가상적 인물.

평균^자유^행로 (平均自由行路)[-노][명] 중성자나 기체 분자 따위가 하나의 충돌로부터 다음 충돌까지 움직이는 거리의 평균값.

평균-적 (平均的)[관][명] (수량이나 정도 따위가) 중간이 되는 (것). ¶평균적 신장. /평균적인 성격.

평균-점 (平均點)[-쩜][명] 각 과목의 점수 총계를 과목 수로 나눈 수치.

평균^정오 (平均正午)[명] 평균 태양시의 낮 12시.

평균-치 (平均値)[명] ☞평균.

평균^태양 (平均太陽)[명] 천구의 적도를 서에서 동으로 1년을 주기로 하여 같은 속도로 돈다고 가상한 태양. 〔지구가 태양의 둘레에 원형 궤도를 그리는 것으로 가상한 것임.〕 ↔진태양(眞太陽).

평균^태양시 (平均太陽時)[명] 평균 태양의 남중(南中) 시각을 기초로 한 시간이나 시법(時法). ㈜평균시. ⋐진태양시.

평균^태양일 (平均太陽日)[명] 평균 태양의 남중(南中)에서 다음 남중까지의 시간.

평균^풍속 (平均風速)[명] 10분 동안에 관측한 풍속을 평균으로 나타낸 풍속.

평균-하다 (平均-)[타여] 평균을 내다. ¶학급 전체의 성적을 평균하다.

평균^해:면 (平均海面)[명] 해면의 높이를 어느 일정 기간에 계속 측정하여, 그것을 평균한 해면 높이. 평균 수면.

평길-하다 (平吉-) '평길하다'의 어근.

평길-하다 (平吉-)[형여] 별다른 화복(禍福)이 없이 평안하다. ¶말년이 평길한 운세.

평-나막신 (平-)[-씬][명] 울이 없고 뒤의 들메로 동여매게 되어 있는, 평바닥의 나막신.

평년 (平年)[명] ①윤년(閏年)이 아닌 해. ↔윤년. ②농사가 보통 정도로 된 해. ③㉾예년(例年).

평년-작 (平年作)[명] 풍작도 흉작도 아닌 보통 수확의 농사. ㈜평작(平作).

평다리-치다[자] 꿇어앉지 않고 편하게 앉아 다리를 마음대로 쭉 뻗다.

평:단 (評壇)[명] 평론가의 사회. 평론계. ¶평단의 주목을 받고 있는 참신한 신인 작가.

평담 (平淡・平澹) '평담하다'의 어근.

평담-하다 (平淡-・平澹-)[형여] 마음이 고요하고 편안하며 욕심이 없다.

평-대문 (平大門)[명] 행랑채와 높이가 같은 대문. ㈜솟을대문.

평-두량 (平斗量)[명] ☞평말.

평등 (平等)[명][하형] 치우침이 없이 모두가 한결같음. 차별이 없이 동등함. ¶모든 국민은 법 앞에 평등하다.

평등-관 (平等觀)[명] ①불교에서, 모든 법(法)의 진상(眞相)은 평등하기가 한결같다는 견해. ②일체의 것에 구별이나 차별을 두지 아니하는 견해.

평등-권 (平等權)[-꿘][명] ①국제법상, 모든 국가가 차별 없이 평등한 권리・의무를 가지는 일. ②헌법상, 모든 국민이 법 앞에서 평등한 권리. ㈜동등권.

평등^선:거제 (平等選擧制)[명] 선거권의 효과가 평등한 1인 1표의 선거 제도. ↔불평등 선거제.

평등-심 (平等心)[명] 일체의 중생을 차별 없이 사랑하는 부처의 자비심.

평란 (平亂)[-난][명][하자][되자] 난리를 평정함.

평량-립 (平涼笠)[-냥닙][명] ☞패랭이.

평량-자 (平涼子)[-냥-][명] ☞패랭이.

평로 (平爐)[-노][명] 제강(製鋼)에 쓰이는 반사로(反射爐)의 한 가지. 내화 벽돌로 만들며 주로 가스 연료로 가열함.

평:론 (評論)[-논][명][하타][되자] 사물의 질이나 가치 따위를 비평(批評)하여 논함, 또는 그러한 글. ¶음악 평론. /문학 평론.

평:론-가 (評論家)[-논-][명] 평론을 전문으로 하는 사람. 비평가(批評家). ¶영화 평론가.

평:론-계 (評論界)[-논계/-논게][명] 평론가의 사회. 평단(評壇).

평리-원(平理院)[-니-]圈 대한 제국 때, 재판을 맡아보던 중앙 관청.〔광무 3(1899)년에 '고등 재판소'를 고친 이름.〕

평-말(平-)圈 곡식을 될 때 평미레로 밀어 던 말. 평두량(平斗量).

평맥(平脈)圈 건강할 때의 정상적인 맥박.〔성인은 1분간에 60∼75번이 정상임.〕

평면(平面)圈 ①평평한 표면. ②면 위의 어떤 두 점을 잡아도 이를 잇는 직선이 그 면 위에 놓이게 되는 면. ②↔곡면.

평면-각(平面角)圈 한 평면 위에 있는 각. 참입체각(立體角).

평면-경(平面鏡)圈 ①반사면이 평면을 이룬 거울. ②↔맞보기.

평면^곡선(平面曲線)[-썬]圈 한 평면 안에 포함되는 곡선.〔원(圓)이나 이차 곡선 따위.〕

평면^기하학(平面幾何學)圈 평면 위의 도형의 성질을 연구하는 기하학.

평면^대:칭(平面對稱)圈 ↔면대칭.

평면-도(平面圖)圈 투영법에 의하여 입체를 수평면 상에 투영하여 그린 도형. 참입면도.

평면-도형(平面圖形)圈 한 평면 위에 그려진 도형. ②평면형. 참입체 도형.

평면^묘:사(平面描寫)圈 글 쓰는 이의 주관을 배제하고, 외면적 사상(事象)의 표면만을 눈에 비친 그대로 묘사하는 일.

평면-미(平面美)圈 그림의 외형에 나타난 미.

평면^삼각법(平面三角法)[-뻡]圈 삼각 함수로 평면 위의 삼각형을 기하학적으로 연구하는, 삼각법의 한 분야. 참구면 삼각법(球面三角法).

평면-적(平面的)관圈 ①평면으로 되어 있는 (것). ¶평면적 공간. ②겉으로 드러난 표면적이고 일반적인 것만을 논의하거나 표현하는 (것). ¶평면적인 묘사.

평면-형(平面形)圈 ①평면과 같이 넓고 평평한 형(形). ②〈평면 도형〉의 준말.

평명(平明)¹圈 아침에 해가 돋아 밝아 올 무렵.

평명(平明)² '평명하다'의 어근.

평명-하다(平明-)휑여 알기 쉽고 분명하다.

평목(平木)圈 ↔평미레.

평문(平問)圈하 조선 시대에, 형구(刑具)를 쓰지 않고 그냥 죄인을 심문하던 일.

평-미레(平-)圈 곡식을 말이나 되로 될 때, 그 위를 밀어서 고르게 하는 원기둥 모양의 나무 방망이. 평목(平木).

평미레-질(平-)圈하 곡식을 될 때 평미레를 쓰는 일.

평미리-치다(平-)타 고르게 하다. 평등하게 하다.

평민(平民)圈 ①벼슬이 없는 보통 사람. 백민(白民). 평인(平人). ②상사람. ¶지난날, 평민과 귀족의 혼인은 용납되지 않았다. ↔귀족.

평민-어(平民語)圈 주로, 평민 계층에서 쓰이는 말. ↔귀족어.

평민-적(平民的)관圈 신분이나 지위에 구애됨이 없이 격식을 차리지 않는 (것). ¶평민적 사고. /평민적인 태도. ↔귀족적.

평민-주의(平民主義)[-의/-이]圈 모든 사람을 다 평등하게 보고 모든 일을 다 평등하게 처리하며 평민의 권리와 지위를 주장하는 주의.

평-바닥(平-)圈하 광산에서, 갱을 수평으로 파 들어감, 또는 그 바닥.

평반(平盤)圈 다리가 달리지 않은 둥근 예반. 평반에 물 담은 듯판용말 '무사하고 안온한 상태'를 비유하여 이르는 말.

평-반자(平-)圈 가는 오리목을 드문드문 건너 지르고 종이로 평평하게 바른 반자.

평-발(平-)圈 ↔편평족.

평방(平方)圈 ①길이의 단위 뒤에 쓰이어, 그 길이를 한 변으로 하는 정사각형의 넓이를 나타내는 말. ¶10㎝ 평방. ②하'제곱'의 구용어.

평방(平枋)圈 기둥 위에 초방(初枋)을 짜고 그 위에 수평으로 올려놓는 나무.

평방-근(平方根)圈 '제곱근'의 구용어.

평방근-표(平方根表)圈 '제곱근표'의 구용어.

평방-수(平方數)圈 '제곱수'의 구용어.

평방-형(平方形)圈 정사각형.

평범(平凡) '평범하다'의 어근.

평범-하다(平凡-)휑여 뛰어나거나 색다른 점이 없이 보통이다. ¶평범한 사람. ↔비범(非凡)하다. 평범-히튀 평범히 차려입다.

평보(平步)圈 보통 걸음. ¶평보로 10분쯤 걸리는 거리.

평복(平服)圈 ①평상시에 입는 옷. 상복(常服). 평상복(平常服). 통상복(通常服). ②제복이나 관복이 아닌 보통의 옷.

평복(平復)圈하자되자 병이 나아 몸이 회복됨. 평유(平癒).

평분(平分)圈하 평균적으로 분배함.

평분-시(平分時)圈 진태양(眞太陽)의 남중(南中)을 기준 시각으로 하여 진태양일을 24등분하는 시법(時法).

평사(平沙)圈 모래펄.

평사(平射)圈하 ①평면에 투영함. ②포(砲)의 앙각(仰角)을 작게 하여 거의 수평으로 날아가도록 발사함, 또는 그러한 사격.

평사-낙안(平沙落雁)〔모래펄에 내려앉는 기러기라는 뜻으로〕'글씨를 예쁘게 잘 쓰는 것'을 비유하여 이르는 말. ¶평사낙안 기러기 격으로 그저 툭툭 찍은 것이 모두 다 '애고'로다(烈女春香守節歌).

평사^도법(平射圖法)[-뻡]圈 지도 투영법의 한 가지. 지구를 투명체로 가정하여 지구 지름의 한 점에 시점(視點)을 두고 그 반대쪽의 반구(半球)를 평면 상에 나타내어 경위선(經緯線)을 투사하는 방법.

평-사량(平四樑)圈 보 네 개를 써서 용마루가 그리 높지 않게 지은 집.

평-사원(平社員)圈 특별한 직책을 맡지 않은 보통의 사원.

평사-포(平射砲)圈 포신이 긴, 평사용(平射用)의 포를 통틀어 이르는 말.

평상(平牀·平床)圈 나무로 만든 침상(寢牀)의 한 가지.〔살평상과 널평상이 있음.〕¶여름이면 마당에 평상을 내다 놓고 앉는다.

평상(平常)圈 〈평상시(平常時)〉의 준말.

평상-복(平常服)圈 ↔평복(平服).

평상-시(平常時)圈 보통 때. 거상(居常). 평소(平素). ¶모두 당황하나 그는 평상시처럼 행동하기를 바람. ②상시·평상시·평시. ↔비상시.

평상-심(平常心)圈 보통 때와 같은 차분한 마음. ¶평상심을 잃다. /흥분을 가라앉히고 평상심을 찾다.

평생(平生)圈 일생. ¶평생의 소원.

평생^교:육(平生教育)圈 인간의 교육은 가정 교육·학교 교육·사회 교육의 통합으로서, 한평생에 걸친 교육으로 조직되어야 한다는 교육 이론. 생애 교육.

평생-도(平生圖)圈 사람이 한평생 겪는 여러 가지 생활 광경을 죽 이어서 그린 그림.

평생-소원(平生所願)圈 일생의 소원.

평생지계(平生之計) [-게/-게]명 일생의 계획.
평생토록(平生-)튀 일평생이 다하도록. 일생토록. 종신토록. ¶평생토록 자식들 뒷바라지만 하다.
평서(平書)명 ⇨평신(平信).
평서-문(平敍文)명 서술어에 따른 문장 갈래의 한 가지. 말하는 이가 어떠한 사실을 평범하게 서술하는 문장. 용언의 평서형 종결 어미로 문장을 끝맺는 형식임. ['더워서 못 견디겠다.', '어린이가 잠을 잔다.' 따위.] 참감탄문·명령문·의문문·청유문.
평서-형(平敍形)명 종결 어미의 한 갈래. 말하는 이가 어떤 사실을 평범하게 서술하는 형식. ['-다·-라·-네·-오·-ㅂ니다·-ㄴ다·-느니라·-렷다·-리라·-마·-ㄹ새' 따위.]
평:석(評釋)명하타되자 시문(詩文)을 비평하고 주석(註釋)을 닮.
평:설(評說)명 ①하타 비평을 하면서 설명함, 또는 그 설명. 평론함. ②세상의 평판.
평성(平聲)명 ①사성(四聲)의 하나. 낮고 순평(順平)한 소리. ②15세기 국어의 사성(四聲)의 하나. 훈민정음에서 글자 왼쪽에 점이 없는 것이 평성임. 참방점.
평소(平素)명 ⇨평상시.
평수(坪數) [-쑤]명 평(坪)으로 따진 넓이. ¶이 건물 평수가 어떻게 되지?
평-수위(平水位)명 평상시의 강물의 높이.
평순(平順)'평순하다'의 어근.
평순^모:음(平脣母音)명 국어의 단모음 중 원순 모음(ㅗ·ㅜ·ㅛ·ㅠ)이 아닌 모든 단모음을 이름. [ㅡ·ㅣ·ㅏ·ㅓ·ㅐ·ㅔ 따위.]
평순-하다(平順-)형여 ①성질이 온순하다. ②몸에 병이 없다. 평순-히튀.
평시(平時)명 〈평상시〉의 준말. ↔전시.
평시^공법(平時公法)명 ⇨평시 국제법.
평시^국제^공법(平時國際公法)[-쩨-쩨]명 ⇨평시 국제법.
평시^국제법(平時國際法) [-쩨뻡]명 평화 시에 행하여지는 국제법. 전쟁 중이라도 중립국 상호 간, 또는 중립국과 교전국 사이에서는 행하여짐. 평시 공법. 평시 국제 공법. ↔전시 국제법.
평시^봉쇄(平時封鎖)명 평상시에 어느 나라가 보복 등의 수단으로 그 해군력을 이용하여 다른 나라의 해안을 봉쇄하는 일.
평시-서(平市署)명 조선 시대에, 시전(市廛)에서 쓰는 자·말·저울 따위와 물건 값을 검사하던 곳.
평-시조(平時調)명 ①시조 형식의 한 가지. 3장 6구, 총 자수 45자 내외로 된 가장 기본적이고 대표적인 형식의 시조. 단시조(短時調). 참엇시조·사설시조. ②시조 창법의 한 가지. 시조 전체를 대체로 순평(順平)하게 부름.
평시^징발(平時徵發)명 평상시의 훈련 따위에서 실시하는 징발.
평시^편제(平時編制)명 평상시의 군대 편제. ↔전시 편제.
평신(平身)명하자 (엎드려 절한 뒤에) 몸을 본디대로 폄. ¶저두(低頭)평신.
평신(平信)명 (특별한 용무나 사고를 알리는 것이 아닌) 보통의 편지. 평서(平書).
평-신도(平信徒)명 교직(敎職)을 가지지 않은 일반 신자.
평심(平心)명하자 〈평심서기〉의 준말.
평심-서기(平心舒氣)명하자 마음을 평온하고 순화롭게 함, 또는 그런 마음. 준평심.

평안(平安)명하형 무사하여 마음에 걱정이 없음. 평강(平康). ¶댁내 두루 평안하십까? 평안-히튀. ¶평안히 주무십시오.
평야(平野)명 넓게 펼쳐진 들. ¶드넓게 펼쳐진 평야 지대.
평:어(評語)명 ①비평하는 말. 평언(評言). ②학과 따위의 성적을 평하여 매기는 말. [수(秀)·우(優)·미(美)·양(良)·가(可) 따위.]
평:언(評言)명 ⇨평어(評語).
평연(平椽)명 ⇨들연.
평영(平泳)명 수영법의 한 가지. 엎드린 자세로 두 팔을 수평으로 원을 그리듯이 움직이고, 다리는 개구리처럼 오므렸다 폈다 하며 헤엄침. 개구리헤엄.
평-오량(平五樑)명 도리 다섯 개를 얹어서 지은 집.
평온(平溫)명 ①평상시의 온도. ②평균 온도.
평온(平穩)명하형 고요하고 안온함. ¶평온을 되찾은 마을. /마음이 평온하다. 비안온. 평온-히튀.
평요-렌즈(平凹lens)명 한쪽 면은 평평하고 다른 한쪽 면은 오목한 렌즈.
평요-판(平凹版)명 평판을 개량하여 획선(劃線) 부분을 약간 오목하게 한 인쇄판. 정밀도와 내구력이 뛰어남.
평운(平韻)명 한자의 사성(四聲) 중 평성(平聲)에 속하는 상평(上平) 15운(韻), 하평(下平) 15운의 30개의 운(韻). 참측운(仄韻).
평원(平原)명 평평한 넓은 들판.
평원(平遠)'평원하다'의 어근.
평원-하다(平遠-)형여 땅이 멀리까지 평평하여 아득하다.
평유(平癒)명하자되자 병이 다 나음. 평복(平復).
평음(平音)명 ⇨예사소리.
평:의(評議)[-의/-이]명하타되자 (서로 의견을 교환하여) 평가하거나 심의함.
평:의-원(評議員)[-의-/-이-]명 어떤 일을 평의하는 데 참여하는 사람.
평:의-회(評議會)[-의회/-이훼]명 어떤 일을 평의하는 모임.
평이(平易)'평이하다'의 어근.
평이-하다(平易-)형여 쉽다. ¶평이한 문장. /문제가 대체로 평이하다.
평인(平人)명 ①평민. ②죄나 탈이 없는 보통 사람. ③상제(喪制)에 대하여 '상제 아닌 사람'을 이르는 말.
평일(平日)명 ①평상시. 평소. ②보통 날. 휴일이나 기념일이 아닌 날. 상일(常日). ¶휴일은 복잡하니 평일에 가자.
평자(平字)[-짜]명 사성(四聲) 중의 평성에 딸린 글자. 한시(漢詩)의 염(簾)을 보는 데 쓰임. 참측자(仄字).
평:자(評者)명 비평하는 사람.
평작(平-)명 길지도 짧지도 않은 보통의 화살.
평작(平作)명 ①〈평년작〉의 준말. ②고랑을 치지 않고 작물을 재배하는 법.
평장(平葬)명하타 ⇨평토장(平土葬)의 준말.
평장-사(平章事)명 고려 시대에, 중서문하성(中書門下省)의 정이품 벼슬.
평저(平底)명 평평한 밑바닥.
평전(平田)명 ①평평하고 넓은 밭. ②높은 곳에 있는 평평한 땅.
평:전(評傳)명 평론을 곁들인 전기(傳記).
평:점(評點)[-쩜]명 ①학력(學力)을 평가하여 매기는 점수. ②물건의 가치를 평하여 매긴 점수. ③시문(詩文)의 중요한 곳에 찍는 점.

평정 (平正)명하형 공평하고 올바름. **평정-히**부.

평정 (平定)명하타되자 〔난리를〕 평온하게 진정시킴. ¶반란을 평정하다.

평정 (平靜)명하형 평안하고 고요함. ¶마음의 평정을 되찾다.

평:정 (評定)명하타되자 평의하여 결정함. ¶판매 효과를 평정하다.

평정-건 (平頂巾)명 조선 시대에, 각 사(司)의 서리(書吏)가 쓰던 건.

평:^기준 (評定基準)명 학습 결과·행동·성격 따위를 평가할 때 사용하는 기준.

평:정-법 (評定法)[-뻡]명 여러 가지 사항을 평정 기준에 따라 평정하는 방법. 평어(評語)·도시적(圖示的) 방법·품등법(品等法) 따위를 씀.

평조 (平調)명 국악 음계의 한 가지. 5음으로 되어 있으며 중국의 치조(徵調)나 양악의 장조와 비슷함. 임종 평조(林鐘平調)와 황종 평조(黃鐘平調)의 두 가지가 쓰임. 함계면조(界面調).

평좌 (平坐)하자 〔격식을 차리지 않고〕 편히 앉음.

평준 (平準)명하타되자 ①수준기(水準器)를 써서 수평이 되게 함. ②사물을 균일하도록 조정함.

평준-법 (平準法)[-뻡]명 ①수준기(水準器)를 써서 수평으로 만드는 방법. ②한나라 무제(武帝)가 쓴 물가 조정책. 풍년에 물자를 사들여 저장하여 두었다가 흉년에 내어 물가를 조정하고 그 이윤을 세입으로 삼던 일.

평준-화 (平準化)명하자타되자 평준되게 함. ¶고등학교 교육의 평준화 정책.

평지 겨자과의 이년초. 재배 식물의 한 가지로 줄기 높이는 1 m가량. 봄에 원줄기 끝에 노란 꽃이 피고, 꼬투리는 길이 8 cm가량의 원통형이며 익으면 벌어져서 검은 갈색 씨가 나옴. 주요한 밀원 식물(蜜源植物)이며, 씨로는 기름을 짬. 유채(油菜).

평지 (平地)명 바닥이 편편한 땅.

평지-낙상 (平地落傷)[-쌍]명하자 〔평지에서 넘어져 다친다는 뜻으로〕'뜻밖에 불행한 일을 당함'을 비유하여 이르는 말.

평지-돌출 (平地突出)명하자 〔평지에 난데없는 산이 우뚝 솟는다는 뜻으로〕'변변하지 못한 집안에서 뛰어난 인물이 나옴'을 비유하여 이르는 말.

평지-림 (平地林)명 평지의 수풀. ↔산악림.

평지-목 (平地木)명 육십갑자의 무술(戊戌)과 기해(己亥)에 붙이는 납음(納音). 함벽상토(壁上土).

평-지붕 (平-)명 물매가 매우 떠서 거의 평평한 지붕.

평지-풍파 (平地風波)명 〔평지에 풍파가 인다는 뜻으로〕'뜻밖에 분쟁이 일어남'을 비유하여 이르는 말. ¶평온한 집안에 공연히 평지풍파 일으키지 말게.

평직 (平織)명 직물을 날실과 씨실을 한 가닥씩 서로 섞어 짜는 방법, 또는 그렇게 짠 천. 함능직(綾織)·수자직(繻子織).

평-집 (平-)[-찝]명 도리를 셋이나 넷을 얹어서 지은 집. 평가(平家).

평찌 (平-)명 평평하게 나지막하게 날아가는 화살.

평천-관 (平天冠)명 임금이 쓰던 관(冠)의 한 가지. 위가 판판함.

평-천하 (平天下)명하자 천하를 평정함, 또는 온 천하를 편안하게 함. ¶수신제가 치국(修身齊家治國) 평천하.

평철-렌즈 (平凸lens)명 한쪽 면은 평평하고 다른 한쪽 면은 볼록한 렌즈.

평측 (平仄)명 평(平)과 측(仄). 곧, 한시(漢詩)에서 음운의 높낮이.

평측-식 (平仄式)[-씩]명 한시(漢詩)의 음운의 높낮이에 관한 법식.

평측-자 (平仄字)[-짜]명 한자에서 평성(平聲)에 딸린 글자와 측성(仄聲)에 딸린 글자. 고저자(高低字). 고하자(高下字).

평치 (平治)명하타 〔나라를〕 태평하게 다스림.

평탄 (平坦)명하형 ①땅바닥이 평평함. ¶평탄한 길. ②마음이 고요하고 편안함. ¶마음이 평탄하다. ③일이 거침새가 없이 순조로움. ¶우리의 앞날이 평탄하리라고는 생각지 않는다. ②②함탄평하다. **평탄-히**부.

평토 (平土)명 관(棺)을 묻은 뒤에 흙을 쳐서 평지같이 평평하게 함.

평토-깍두기 (平土-)[-두-]명 짜게 담가 땅에 묻었다가 이듬해 여름에 꺼내 먹는 깍두기.

평토-장 (平土葬)명하타 봉분(封墳)을 만들지 않고 평평하게 매장함, 또는 그러한 매장. 종평장(平葬).

평토-제 (平土祭)명 ☞봉분제(封墳祭).

평판 (平板)명 ①편편한 널빤지. ②☞측판(測板). ③써를 뿌릴 때 땅을 고르는 농구. ④시문(詩文)에 변화가 없고 아취(雅趣)가 적음을 이르는 말.

평판 (平版)명 인쇄판의 한 양식. 판면에 거의 요철(凹凸)이 없고 잉크(기름)와 물과의 반발성(反撥性)을 이용하여 인쇄되는 인쇄판.

평:판 (評判)명 ①하타 세상 사람이 비평함, 또는 그 비평. ¶평판이 나쁘다. ②세상에 널리 퍼진 소문, 또는 명성. ¶평판이 나다. /평판이 높다. /효녀로 평판이 자자하다.

평판^인쇄 (平版印刷)명 '평판을 써서 하는 인쇄'를 통틀어 이르는 말. 〔오프셋 인쇄·석판 인쇄 따위.〕

평판^측량 (平板測量)[-층냥]명 평판에 붙인 제도지(製圖紙)에 적당한 기준점으로부터의 측량 기준을 축척하여 기입하고, 지형도를 그려 가는 측량법.

평편 (平便)명 '평편하다'의 어근.

평편-하다 (平便-)형여 바닥이 고르고 편편하다.

평평 (平平)명 '평평하다'의 어근.

평평-하다 (平平-)형여 ①높낮이가 없이 널찍하고 판판하다. ¶땅을 평평하게 다지다. ②특별한 것이 없이 예사롭고 평범하다. **평평-히**부.

평포 (平鋪)명하타 편평하게 펴 놓음.

평행 (平行)명되자 ①하자 두 직선이나 평면이 무한히 연장하여도 만나지 않고 나란히 나감. ¶끝없이 평행하는 선로. /두 사람이 평행하게 누워 있다. ②글씨를 쓰는 데, 각 줄의 머리글자를 꼭 같은 높이로 씀.

평행-력 (平行力)[-녁]명 힘의 방향이 어떤 선과 평행인 힘.

평행-맥 (平行脈)명 ☞나란히맥.

평행-면 (平行面)명 같은 공간에 있는, 둘 또는 그 이상의 서로 평행인 평면. 평행 평면.

평행-봉 (平行棒)명 기계 체조 용구의 한 가지. 두 개의 평행 가로대를 적당한 높이로 어깨 넓이만큼 벌려서 버티어 놓은 것. 수평봉.

평행^사:변형 (平行四邊形)명 서로 마주 대하는 두 쌍의 변이 각각 평행인 사변형. 나란히꼴.

평행-선 (平行線)명 같은 평면 상에 있는, 둘 또는 그 이상의 서로 평행하는 직선. 평행 직선.

평행^육면체(平行六面體)[-늉-]명 세 쌍의 맞보는 면이 서로 평행인 육면체.

평행^이동(平行移動)명 물체 또는 도형의 각 점이 일정한 방향으로 같은 거리만큼 나란히 옮겨지는 일.

평행-자(平行-)명 평행선을 긋는 데 쓰는 자. 두 개의 자가 평행으로 움직이어 많은 평행선을 그을 수 있게 되어 있음.

평행^직선(平行直線)[-썬]명 ⇨평행선.

평행^평면(平行平面)명 ⇨평행면.

평허(平虛) '평허하다'의 어근.

평허-하다(平虛-)형여 아무런 걱정 없이 편안하다.

평형(平衡)명하형 ①(물건을 다는 데) 저울대가 똑바름. ②사물이 한쪽으로 기울지 않고 안정됨. ¶평형을 유지하다. ③어떤 물체에 상대 변화를 일으킬 두 힘이 동시에 작용하여, 그 효과가 서로 상쇄되어 있는 상태. ¶역학적 평형.

평형-감각(平衡感覺)명 중력(重力)의 방향에 대하여 몸의 평형을 유지하는 평형 기관의 감각.

평형^교부금(平衡交付金)명 지방 자치 단체의 재정 불균형을 조정하기 위하여 국가가 내어 주는 보조금.

평형^기관(平衡器官)명 중력(重力) 및 동물체의 운동의 방향을 감수(感受)하는 기관.

평형-대(平衡臺)명 ⇨평균대(平均臺).

평형^하천(平衡河川)명 침식 작용과 퇴적 작용이 평형을 유지하고 있는 하천.

평화(平和)명하형스럽 ①평온하고 화목(和睦)함. ¶가정의 평화를 깨뜨리다. ②전쟁이나 분쟁 등이 없이 세상이 평온함, 또는 그런 상태. ¶세계의 평화. /인류의 평화를 위하여 애쓰다. 평화스레부.

평화^공-세(平和攻勢)명 냉전 상태에서, 한쪽 진영이 '갑작스러운 평화 정책'을 전술적인 수단이라고 생각하는 관점에서 이르는 말.

평화^공-존(平和共存)명 사회 체제를 달리하는 국가 사이에서, 무력을 쓰지 않고 평화적으로 공존하는 상태, 또는 그러한 정책.

평화-롭다(平和-)[-따][~로우나·~로워]형ㅂ 평화스러운 느낌이 있다. ¶평화로운 마을. 평화로이부.

평화-리(平和裏)명 평화로운 가운데. 《주로, '평화리에'의 꼴로 쓰임.》

평-화면(平畫面)명 정투영(正投影)에서, 직각으로 교차하는 두 화면 중 수평의 위치에 있는 화면. 참입화면·측화면.

평화^산-업(平和産業)명 전쟁과 직접 관계없는, 민간에 필요한 상품을 생산하는 산업. 참군수 산업.

평화^조약(平和條約)명 서로 싸우던 나라끼리 전쟁을 중지하고 평화를 회복하기 위하여 맺는 조약. 강화 조약. 준화약.

평화^통-일(平和統一)명 전쟁에 의하지 않고 평화적인 방법으로 이루는 통일.

평-활(平-)명 연습할 때 쓰는 활.

평활(平滑) '평활(平滑)하다'의 어근.

평활(平闊) '평활(平闊)하다'의 어근.

평활-근(平滑筋)명 ⇨민무늬근.

평활-하다(平滑-)형여 평평하고 미끄럽다.

평활-하다(平闊-)형여 평평하고 넓다.

폐(肺)[폐/페]명 ⇨허파(肺臟)의 준말.

폐(弊)[폐/페]명 ①⇨폐단(弊端)의 준말. ②남에게 끼치는 신세나 괴로움. ¶폐를 끼치다. /그동안 여러 가지로 폐가 많았습니다.

폐:가(廢家)[폐-/페-]명 ①버려두어 낡은 집. 폐옥(廢屋). ②하자 호주(戶主)가 죽고 상속인이 없어서 뒤가 끊김, 또는 그러한 집. ③하자 호주가 타가(他家)에 입적하기 위하여 스스로 그 일가를 폐하여 소멸시킴, 또는 그러한 법률 행위.

폐:가-제(閉架制)[폐-/페-]명 도서관에서, 서고(書庫)를 공개하지 않고 일정한 절차에 따라 도서를 출납하는 제도. ↔개가제(開架制).

폐:각(閉殼)[폐-/페-]명 '파울리(Pauli)의 원리'에 따라서 허용되는 최대한의 개수(個數)의 전자(電子)를 수용했을 때의 원자 내의 전자 배치.

폐:각-근(閉殼筋)[폐-끈/페-끈]명 ⇨조개관자.

폐:간(肺肝)[폐-/페-]명 허파와 간장.

폐:간(廢刊)[폐-/페-]명하타 되자 신문·잡지 따위의 정기 간행물의 간행을 폐지함. ¶재정난으로 신문을 폐간하다.

폐:감(肺疳)[폐-/페-]명 어린아이의 폐경(肺經)에 일어나는 감병(疳病). 기침이 나고 숨이 막히며, 입과 코가 꿉.

폐:강(閉講)[폐-/페-]명하자 하던 강의나 강좌 따위를 없앰. ↔개강(開講).

폐:객(弊客)[폐-/페-]명 남에게 폐를 끼치는 사람. 폐꾼. ¶공연한 폐객이 될까 봐 방문을 삼가다.

폐:갱(廢坑)[폐-/페-]명하타 되자 광산이나 탄광을 폐쇄함, 또는 폐쇄한 갱.

폐:거(閉居)[폐-/페-]명하자 집 안에 틀어박혀 밖에 나가지 않음.

폐:건(敝件)[폐건/페건]명 낡고 더러워져 못 쓰게 된 옷이나 그릇 따위의 물건.

폐:-결핵(肺結核)[폐-/페-]명 결핵균이 폐에 침입하여 생기는 질병. 폐환(肺患).

폐:경(肺經)[폐-/페-]명 폐에 딸린 경락(經絡).

폐:경(閉經)[폐-/페-]명 주로 갱년기에 여성의 월경이 없어지는 것.

폐:경-기(閉經期)[폐-/페-]명 여성의 월경이 없게 되는 시기. 단경기(斷經期). 월경 폐쇄기.

폐:곡선(閉曲線)[폐-썬/페-썬]명 한 곡선 상에서, 한 점이 한 방향으로만 사뭇 움직일 때 출발점으로 돌아오게 되는 곡선. 자폐선(自閉線).

폐:공(幣貢)[폐-/페-]명 ⇨공물(貢物).

폐:공(廢工)[폐-/페-]명하타 하던 공부나 일을 도중에 그만둠.

폐:공(蔽空)[폐-/페-]명하자 하늘을 뒤덮음.

폐:-공동(肺空洞)[폐-/페-]명 폐에 생긴 결핵성의 결절(結節)이 고름이 되어 배출되고 그 자리에 생긴 구멍.

폐:과(閉果)[폐-/페-]명 건조과의 한 가지. 익어도 껍질이 터지지 않는 열매. 〔밤·벼 따위〕. 건조폐과(乾燥閉果). ↔열과(裂果)·개과(蓋果).

폐:과(廢科)[폐-/페-]명하자 과거를 보러 다니던 일을 그만둠.

폐:관(閉管)[폐-/페-]명 한쪽 끝이 닫힌 관.

폐:관(閉館)[폐-/페-]명하타 되자 (시간이 되어) 도서관·박물관 따위의 문을 닫음. ¶폐관 시간. ↔개관.

폐:관(廢館)[폐-/페-]명하타 되자 (도서관·박물관·영화관 따위) 관(館)을 폐쇄함. ¶재정난으로 시립 도서관이 폐관되었다.

폐:관(閉關·廢關)[폐-/페-]명하타 외국과의 조약을 폐함.

폐:광(廢鑛)[폐-/페-]명하타 되자 광산이나 탄광의 채굴을 폐지함, 또는 그러한 광산이나 탄광.

폐:교(廢校)[폐-/페-]명하타 되자 학교의 운영을 폐지함, 또는 그 학교. ↔개교(開校).

폐:국(弊局)[폐-/페-]圀 폐해(弊害)가 많아 일이 결딴나게 된 판국.

폐:국(弊國·敝國)[폐-/페-]圀 말하는 이가 '자기 나라'를 겸손하게 이르는 말. 폐방(弊邦). ↔귀국(貴國).

폐:군(廢君)[폐-/페-]圀하타 임금을 몰아냄, 또는 그 임금. 폐주(廢主).

폐:군(廢郡)[폐-/페-]圀하타되자 군(郡)이나 고을을 폐함, 또는 폐지된 군이나 고을.

폐:기(廢棄)[폐-/페-]圀하타되자 ①못 쓰게 된 것을 내버림. ¶오래된 서류를 폐기 처분하다. ②조약·법령·약속 따위를 무효로 함.

폐:기-량(肺氣量)[폐-/페-]圀 ☞폐활량.

폐:기-물(廢棄物)[폐-/페-]圀 못 쓰게 되어 버리는 물건. ¶산업 폐기물.

폐:기-종(肺氣腫)[폐-/페-]圀 폐포(肺胞)가 현저하게 커지고 폐가 지속적으로 확장되는 병. 호흡 곤란·기침 따위의 증세를 보임.

폐:기-판(廢棄判)[폐-/페-]圀 ☞배기판.

폐:-꾼(弊-)[폐-/페-]圀 ☞폐객(弊客).

폐:농(廢農)[폐-/페-]圀하자 농사를 그만둠.

폐:다[폐-/페-]〈폐이다〉의 준말.

폐:단(弊端)[폐-/페-]圀 (어떤 일이나 행동에서 나타나는) 옳지 못한 경향이나 해로운 현상. ¶종래의 폐단을 없애다. 준폐(弊).

폐:답(廢畓)[폐-/페-]圀하자되자 농사를 짓지 않고 논을 버려둠, 또는 그 논.

폐:동(廢洞)[폐-/페-]圀하타 동네를 결딴내어 없앰, 또는 그러한 동네.

폐:-동맥(肺動脈)[폐-/페-]圀 심장에서 폐로 정맥혈(靜脈血)을 보내는 혈관. ↔폐정맥.

폐:등(廢燈)[폐-/페-]圀하자되자 전등을 떼어 없애 버림, 또는 그 전등.

폐:디스토마(肺distoma)[폐-/페-]圀 폐흡충과(肺吸蟲科)의 디스토마. 몸길이 1 cm, 너비 8 mm가량. 몸은 길둥글고 몸빛은 붉은빛을 띠는 살색임. 두 개의 빨판을 가지고 소기관지 벽에 기도(氣道)와 통하는 구멍을 만들어 기생함. 폐장디스토마.

폐:려(弊廬·敝廬)[폐-/페-]圀 '자기의 집'을 겸손하게 이르는 말. 비제(鄙第). 폐사(弊舍).

폐:렴(←肺炎)[폐-/페-]圀 폐렴균의 침입으로 일어나는 폐의 염증. 가슴 통증과 오한·고열·기침·호흡 곤란 등이 나타남.

폐:렴-균(←肺炎菌)[폐-/페-]圀 폐렴을 일으키는 병원균을 통틀어 이르는 말.

폐:로(肺癆)[폐-/페-]圀 ☞노점(癆漸).

폐:론(廢論)[폐-/페-]圀하자 논의를 그만둠.

폐:-롭다(弊-)[폐-/따-폐-따][~로우니·~로워]톙비 귀찮고 성가시다. ¶폐로운 짓을 삼가다. 폐로이튀 ¶늦은 시간에 폐로이 전화를 드리게 되어 죄송합니다.

폐:륜(廢倫)[폐-/페-]圀하자 혼인을 하지 않거나 혼인을 못함.

폐:리(敝履)[폐-/페-]圀 헌 신발. ¶폐리같이 내버리다.

폐:립(敝笠)[폐-/페-]圀 ☞파립(破笠).

폐:립(廢立)[폐-/페-]圀하타 임금을 폐위시키고 다른 임금을 세움.

폐:막(閉幕)[폐-/페-]圀하자타되자 ①연극을 다 끝내고 막을 내림. ¶연극을 폐막하다. ②어떤 행사가 끝남. ¶체전의 폐막. /국제 영화제가 폐막되다. ↔개막(開幕).

폐:막(弊瘼)[폐-/페-]圀 ①없애기 어려운 폐단. ②못된 병통.

폐:막-식(閉幕式)[폐-씩/페-씩]圀 일정 기간 동안 행사를 치르고 난 뒤 그 행사를 끝맺기 위해 베푸는 의식. ¶영화제 폐막식. ↔개막식.

폐:망(敝網)[폐-/페-]圀 ☞파망(破網).

폐:맹(廢盲)[폐-/페-]圀하자되자 눈이 멀어 소경이 됨.

폐:멸(廢滅)[폐-/페-]圀하자되자 폐(廢)하여 없어짐.

폐:-모음(閉母音)[폐-/페-]圀 ☞고모음.

폐:목(廢目)[폐-/페-]圀 시력이 불완전한 눈. 폐안(廢眼).

폐:무(廢務)[폐-/페-]圀하자 사무(事務)를 보지 않음.

폐:문(肺門)[폐-/페-]圀 폐의 내부 중앙에 있는 폐의 출입구. 혈관·기관지·신경·림프관 따위가 연결되어 있음.

폐:문(閉門)[폐-/페-]圀하자되자 ①문을 닫음. 엄문(掩門). 폐호(閉戶). ②정문은 오후 여섯 시 정각에 폐문된다. ↔개문(開門)². ②'일을 보지 않음'을 비유하여 이르는 말.

폐:물(幣物)[폐-/페-]圀 선사하는 물건. 선물.

폐:물(廢物)[폐-/페-]圀 못 쓰게 된 물건.

폐:방(閉房)[폐-/페-]圀하자 방사(房事)를 아주 그만둠.

폐:방(弊邦·敝邦)[폐-/페-]圀 ☞폐국(弊國).

폐:방(廢房)[폐-/페-]圀하타 방을 쓰지 않고 버려둠, 또는 그 방.

폐:백(幣帛)[폐-/페-]圀 ①신부가 처음으로 시부모를 뵐 때 큰절을 하고 올리는 대추나 포 따위. ¶폐백을 드리다. ②혼인 때, 신랑이 신부에게 보내는 채단(采緞). ③예를 갖추어서 보내거나 가지고 가는 예물.

폐:병(肺病)[폐-/페-]圀 ①폐의 질병을 통틀어 이르는 말. ②'폐결핵'을 흔히 이르는 말. 허손(虛損)².

폐:병(廢兵)[폐-/페-]圀 전쟁에서 다쳐 불구가 된 병사.

폐:부(肺腑)[폐-/페-]圀 ①☞폐장(肺臟). ②마음의 깊은 속. ¶폐부에서 우러나오는 말. **폐부를 찌르다**판용 ①깊은 감명을 주다. ②급소를 찌르다. ¶폐부를 찌르는 말. **폐부에 새기다**판용 마음속 깊이 새겨 잊지 않다.

폐:부지친(肺腑之親)[폐-/페-]圀 왕실(王室)의 가까운 친족.

폐:비(廢妃)[폐-/페-]圀하타되자 왕비의 자리를 물러나게 함, 또는 그 왕비.

폐:빙(幣聘)[폐-/페-]圀하타되자 예물을 갖추어 초빙(招聘)함.

폐:사(吠舍←Vaiśya 범)[폐-/페-]圀 ☞바이샤.

폐:사(弊社·敝社)[폐-/페-]圀 남 앞에서, '자기 회사'를 겸손하게 이르는 말.

폐:사(弊舍·敝舍)[폐-/페-]圀 ☞폐려(弊廬).

폐:사(廢寺)[폐-/페-]圀 폐지(廢止)되어 중이 없는 절.

폐:사(斃死)[폐-/페-]圀하자되자 쓰러져 죽음. ¶전염병으로 닭들이 폐사하다.

폐:색(閉塞)[폐-/페-]圀하자타 ①닫아 막음, 또는 닫히어 막힘. ②운수가 �꼭 막힘. ③(겨울에 천지가 얼어붙어) 생기가 막힘.

폐:색-기(閉塞器)[폐-끼/페-끼]圀 철도에서, 일정한 구간에 하나의 열차가 있을 때에는 다른 열차가 그 구간에 들어가지 못하도록 하는 장치.

폐:색-선(閉塞船)[폐-선/페-선]圀 (적의 항구를 봉쇄하거나 적의 함대의 침입을 막기 위해) 적이나 아군의 항구 입구에 가라앉히는 배.

폐ː색^전선(閉塞前線)[폐—전—/폐—전—]圀 온 대 저기압이 발달하여 한랭 전선이 온난 전선을 뒤따라 따뜻한 기운을 지표로부터 밀어 올렸을 때 이루어지는 전선.

폐ː색-호(閉塞湖)[폐새코/폐새코]圀 ☞언색호 (堰塞湖).

폐ː석(廢石)[폐—/폐—]圀 ①광산에서, 유용 광석을 고르고 남은 불필요한 돌. ②바둑에서, 활용할 가치가 없어진 돌.

폐ː선(廢船)[폐—/폐—]圀 낡아서 못 쓰게 된 배. 선적(船籍)에서 없애 버린 배.

폐ː성심(肺性心)[폐—/폐—]圀 폐질환으로 폐동맥의 혈관 저항이 커져 우심실에 부담이 와서 기능 부전이 된 상태.

폐ː쇄(閉鎖)[폐—/폐—]圀ᄒᄃ②①출입을 못 하도록 입구를 막음. ¶출입구를 폐쇄하다. ②학교나 공장 따위의 일정한 기능을 지닌 조직체의 기능을 정지시킴. ¶통신망을 폐쇄하다. /공장이 폐쇄되다. ③외부와의 교류를 끊음. ¶폐쇄된 사회. ↔개방(開放).

폐ː쇄-기(閉鎖機)[폐—/폐—]圀 탄약을 장전하기 위하여, 포신의 약실 뒤쪽을 여닫는 장치.

폐ː쇄-성(閉鎖性)[폐—성/폐—성]圀 외부와의 교류를 끊고 통하려 하는 성질.

폐ː쇄성^결핵(閉鎖性結核)[폐—썽—/폐—썽—]圀 전염될 위험이 없는 결핵. 환자의 가래에 결핵 균이 섞여 나오지 않음. ↔개방성 결핵.

폐ː쇄-음(閉鎖音)[폐—/폐—]圀 ☞파열음.

폐ː쇄-적(閉鎖的)[폐—/폐—]괜圀 외부와의 교류를 끊고 통하려 하지 않는 (것). ¶폐쇄적 사회. /폐쇄적인 성격.

폐ː쇄^혈관계(閉鎖血管系)[폐—계/폐—게]圀 혈관 순환로가 조직으로 열려 있지 않고 심장·동맥·모세 혈관·정맥의 닫혀진 계(系) 속에 순환하는 혈관계. 환형동물·척추동물 따위에서 발달되어 있음. ↔개방 혈관계.

폐ː수(廢水)[폐—/폐—]圀 (공장이나 사육장 등에서) 사용하고 내버린 물. ¶공장 폐수로 말미암은 수질 오염이 심각하다.

폐ː-수종(肺水腫)[폐—/폐—]圀 폐포(肺胞) 속에 물이 고여 붓는 병.

폐ː수^처ː리(廢水處理)[폐—/폐—]圀 공장이나 가정에서 내버린 물을 한곳에 모아 약품 따위로 중화시켜 독성을 제거하는 일.

폐ː-순환(肺循環)[폐—/폐—]圀 심장에 모인 피가 우심방(右心房)에서 우심실(右心室)로 가, 폐동맥에 의하여 모세 혈관으로 흘러 폐정맥을 통하여 좌심방(左心房)으로 들어가는 혈액 순환. 소순환(小循環).

폐ː-스럽다(弊—)[폐—따/폐—따][~스러우니·~스러워]휑圄 괴로움이나 수고로움을 끼치는 듯하다. **폐스레**ᄆ.

폐ː슬(蔽膝)[폐—/폐—]圀 조복(朝服)이나 제복(祭服)에 딸려 무릎 앞을 가리던 헝겊.

폐ː습(弊習)[폐—/폐—]圀 나쁜 풍습. 폐해가 되는 풍습. 폐풍(弊風). ¶폐습을 타파하다.

폐ː시(閉市)[폐—/폐—]圀ᄒᄌ 시장의 가게를 닫아, 거래를 끝냄. ↔개시(開市).

폐ː식(閉式)[폐—/폐—]圀ᄒᄌ 의식(儀式)이 끝남. ↔개식.

폐ː식(廢食)[폐—/폐—]圀ᄒᄌ 음식을 먹지 않음.

폐ː식-사(閉式辭)[폐—싸/폐—싸]圀 의식이 끝날 때에 하는 인사말. ↔개식사.

폐ː신(嬖臣)[폐—/폐—]圀 아첨하여 임금의 신임을 받는 신하.

폐ː안(廢案)[폐—/폐—]圀 토의하지 않고 버려둔 의안(議案)이나 안건.

폐ː안(廢眼)[폐—/폐—]圀 ☞폐목(廢目).

폐ː암(肺癌)[폐—/폐—]圀 〈폐장암〉의 준말.

폐애(嬖愛)[폐—/폐—]圀 ☞폐행(嬖幸).

폐ː어(廢語)[폐—/폐—]圀 쓰지 않는 말. ᆲ사어 (死語).

폐ː업(閉業)[폐—/폐—]圀ᄒᄌ ①문을 닫고 영업을 쉼. ↔개업(開業). ②☞폐점(閉店).

폐ː업(廢業)[폐—/폐—]圀ᄒᄌ 직업 또는 영업을 그만둠. ¶폐업 신고. ↔개업(開業).

폐ː열(肺熱)[폐—/폐—]圀 한방에서 이르는 폐의 열기.

폐ː열(廢熱)[폐—/폐—]圀 이용되지 못하고 헛되이 버려지는 열. ¶발전소의 폐열을 난방에 이용한다.

폐염(肺炎)[폐—/폐—]圀 '폐렴'의 잘못.

폐ː엽(肺葉)[폐—/폐—]圀 포유류의 폐를 이루고 있는 각 부분. 〔우폐는 3엽, 좌폐는 2엽으로 나뉨.〕

폐ː옥(弊屋·敝屋)[폐—/폐—]圀 ☞비제(鄙第).

폐ː옥(廢屋)[폐—/폐—]圀 버려두어 낡은 집. 폐가(廢家).

폐ː왕(廢王)[폐—/폐—]圀 폐위(廢位)된 왕.

폐ː원(閉院)[폐—/폐—]圀ᄒᄌ ①병원·학원 따위의 문을 닫음. ②국회의 회기가 끝나 문을 닫음. ↔개원(開院).

폐ː위(廢位)[폐—/폐—]圀ᄒᄃ② 왕이나 왕비 등의 자리를 폐함.

폐ː유(廢油)[폐—/폐—]圀 못 쓰게 된 기름. ¶폐유를 재생하다.

폐ː-음절(閉音節)[폐—/폐—]圀 자음으로 끝나는 음절. 〔목·젖·책 따위.〕↔개음절(開音節).

폐ː읍(弊邑·敝邑)[폐—/폐—]圀 ①폐습이 많은 고을. ②다른 고을 사람 앞에서, '자기가 사는 고을'을 겸손하게 이르는 말.

폐ː의-파관(弊衣破冠)[폐—/폐—이—]圀〔해진 옷과 부서진 갓이라는 뜻으로〕'너절하고 구차한 차림새'를 이르는 말. 폐포파립(弊袍破笠).

폐ː인(廢人)[폐—/폐—]圀 ①병으로 못된 버릇 따위로 몸을 망친 사람. ②쓸모없이 된 사람. ᆲ기인(棄人).

폐ː인(嬖人)[폐—/폐—]圀 비위를 잘 맞추어 남에게 귀염을 받는 사람.

폐-일언(蔽一言)[폐일—]圀 '폐일언하다'의 어근.

폐-일언-하다(蔽一言—)[폐일—]囿ᄌ回 이러니 저러니 할 것 없이 한마디로 말하다. 《주로, '폐일언하고'의 꼴로 쓰임.》 ¶폐일언하고 당장 실행하기로 하자. ᄘ일언이폐지(一言以蔽之).

폐ː장(肺臟)[폐—/폐—]圀 육상 동물의 호흡기의 주요 부분. 폐포를 통해 혈액 중의 이산화탄소와 들이마신 산소를 교환함. 사람에게는 흉강의 양쪽, 횡격막 윗부분에 좌우 한 개씩 있음. 부아. 폐부. 허파. ᄌ폐.

폐ː장(閉場)[폐—/폐—]圀ᄒᄌ回② ①집회나 행사 따위의 회장(會場)을 닫음. ②거래소 따위의 업무를 마감함. ↔개장(開場).

폐ː장(閉藏)[폐—/폐—]圀ᄒᄃ② ①닫아 감춤. ②(물건 따위를) 드러나지 않게 감추어 둠.

폐ː장(肺庄)[폐—/폐—]圀 버려둔 논밭.

폐ː장-디스토마(肺臟distoma)[폐—/폐—]圀 ☞폐디스토마.

폐ː장-디스토마병(肺臟distoma病)[폐—/폐—]圀 폐에 폐디스토마가 기생하여 생기는 병. 혈담(血痰)·객혈·기침 따위의 증상이 나타남.

폐:장-암(肺臟癌)[폐-/페-]圐 폐장에 생기는 암종(癌腫). 가슴이 찌르듯이 아프고 혈담(血痰)·기침·호흡 곤란이 일어남. ㉜폐암.

폐:적(廢嫡)[폐-/페-]圐㉑㉣㉠ 적자(嫡子)로서의 신분·권리 따위를 폐함.

폐:전(廢典)[폐-/페-]圐 ①의식(儀式)을 없앰, 또는 그 의식. ②폐지된 법.

폐:절(廢絶)[폐-/페-]圐㉑㉣㉠ 폐하여 없앰. 폐멸(廢滅).

폐:절-가(廢絶家)[폐-/페-]圐 상속인이 없어 대(代)가 끊어진 집.

폐:점(閉店)[폐-/페-]圐㉑㉤㉣㉠ ①장사를 그만둠, 또는 장사를 마치고 가게 문을 닫음. 폐 업. ¶폐점 시간. ↔개점.

폐:점(弊店·敝店)[폐-/페-]圐 남 앞에서, '자기 상점'을 겸손하게 이르는 말.

폐:정(閉廷)[폐-/페-]圐㉑㉣㉠ 〔법정을 닫는다는 뜻으로〕심리(審理)나 재판 따위를 마침. ↔개정(開廷).

폐:정(廢井)[폐-/페-]圐㉑㉤㉣㉠ 우물을 쓰지 않고 버려둠, 또는 그 우물. ¶오염된 마을 우물은 폐정이 되고 말았다.

폐:정(弊政)[폐-/페-]圐 폐단이 많은 정치.

폐:-정맥(肺靜脈)[폐-/페-]圐 폐에서 산소를 받아들이고 이산화탄소를 방출한 동맥혈을 심장으로 보내는 좌우의 두 혈관. ↔폐동맥.

폐:제(幣制)[폐-/페-]圐 화폐에 관한 제도.

폐:제(廢帝)[폐-/페-]圐 폐위된 황제.

폐:제(廢除)[폐-/페-]圐 ①㉣㉠폐하여 없애 버림. ②일정한 법정(法定) 원인이나 피상속인의 청구로, 상속 순위에 있는 추정 호주 상속인 또는 유산 상속인의 자격을 법원의 판결에 의하여 폐지하는 제도.

폐:조(幣棗)[폐-/페-]圐 폐백에 쓰이는 대추.

폐:조(廢朝)[폐-/페-]圐 ①㉣㉠임금이 조회(朝會)를 폐함. 철조(輟朝). ②폐군(廢君)의 시대.

폐:족(廢族)[폐-/페-]圐 왕조 때, 조상이 형(刑)을 받고 죽어서 그 자손이 벼슬을 할 수 없게 된 족속.

폐:주(廢主)[폐-/페-]圐 ☞폐군(廢君).

폐:지(廢止)[폐-/페-]圐㉑㉤㉣㉠ 실시하던 일 이나 풍습·제도 따위를 그만두거나 없앰. ¶통 금 제도를 폐지하다.

폐:지(廢地)[폐-/페-]圐 쓸모없는 토지.

폐:지(廢址)[폐-/페-]圐 집이 헐린 채 버려둔 빈 터.

폐:지(廢紙)[폐-/페-]圐 ①못 쓰게 된 종이. ¶폐지를 재활용하다. ②허드레 종이. 휴지(休紙).

폐:지-안(廢止案)[폐-/페-]圐 실시하여 오던 일 이나 법규·제도 따위를 그만두거나 없애자는 의안.

폐:질(廢疾)[폐-/페-]圐 고칠 수 없는 병. ㉤고질(痼疾).

폐:차(廢車)[폐-/페-]圐 ①낡아서 못 쓰게 된 차, 또는 차량 등록이 취소된 차. ②㉣㉠㉣㉠(차체를 분해하거나 차량 등록을 취소하거나 하여) 못 쓰는 차로 처리함. ¶그 차는 폐차 직전이다.

폐:차(蔽遮)[폐-/페-]圐㉑㉣㉠ 보이지 않도록 가려서 막음.

폐:창(肺脹)[폐-/페-]圐 ☞천식(喘息).

폐:창(廢娼)[폐-/페-]圐 창녀(娼女)를 없앰. 공창 제도(公娼制度)를 철폐함.

폐:첨(肺尖)[폐-/페-]圐 폐의 위쪽에 둥그스름 하게 솟아 있는 부분.

폐:첩(嬖妾)[폐-/페-]圐 아양을 부리어 귀염을 받는 첩.

폐:출(廢黜)[폐-/페-]圐㉑㉤㉣㉠ 작위나 관직 을 떼고 내쫓음. ¶간신을 폐출하다.

폐:출-수(廢出水)[폐-쑤/페-쑤]圐 폐기물에서 나오는 더러운 물.

폐:-출혈(肺出血)[폐-/페-]圐 ①폐 조직의 손 상이나 폐충혈(肺充血) 따위의 원인으로 폐혈 관에서 출혈하는 증상. ②☞객혈(喀血).

폐:치(廢置)[폐-/페-]圐 ①㉣㉠㉣㉠폐지한 채 내버려 둠. ②폐지와 설치.

폐:치^분합(廢置分合)[폐-/페-]圐 지방 자치 단체의 폐지 또는 신설에 따르는 구역의 변경. 분할·분립·통합·편입의 네 가지가 있음.

폐:침-망찬(廢寢忘餐)[폐-/페-]圐 침식(寢食)을 잊고 일에 몰두함.

폐:칩(閉蟄)[폐-/페-]圐㉑㉣㉠ 벌레 따위가 땅속으로 들어가 겨울잠을 잠, 또는 그런 때.

폐:칩(廢蟄)[폐-/페-]圐㉑㉣㉠ 외출하지 않고 집 안에만 들어박혀 있음.

폐:퇴(廢頹)[폐-/페-]圐㉑㉤㉣㉠ (기강이나 도덕 따위가) 황폐하여 무너짐. ¶도의의 폐퇴.

폐:포(肺胞)[폐-/페-]圐 폐로 들어가 잘게 갈라진 기관지의 맨 끝에 붙은 포도송이 모양의 주머니. 공기와 혈액 사이의 기체 교환이 일어나는 곳임. 기포(氣胞). 허파 꽈리.

폐:포-파립(弊袍破笠)[폐-/페-]圐 ☞폐의파관.

폐:품(廢品)[폐-/페-]圐 쓸 수 없게 된 물품. ¶폐품 수집. /폐품을 재활용하다. /폐품 이용 을 생활화하다.

폐:풍(弊風)[폐-/페-]圐 ☞폐습(弊習).

폐:하(陛下)[폐-/페-]圐 '황제'나 '황후'를 높여 일컫던 말.

폐:-하다(廢-)[폐-/페-]㉣㉠ ①있던 제도나 기관·풍습 따위를 버리거나 없애다. ¶구습을 폐하다. /남녀 차별법을 폐하다. ②하던 일을 중 도에서 그만두다. ¶학업을 폐하다. ③쓰지 않고 버려두다. ¶방을 폐하다. ④어떤 지위에서 물러나 내다. ¶왕을 폐하다. ⑤(습관적으로 하던 일 따위를) 멈추거나 끊다. ¶식음(食飮)을 폐하다.

폐:학지경(廢學之境)[폐-찌-/페-찌-]圐 학업을 중도에서 그만두어야 할 형편.

폐:함(廢艦)[폐-/페-]圐㉑㉤㉣㉠ 낡아서 못 쓰게 된 군함을 없앰, 또는 그 군함.

폐:합(廢合)[폐-/페-]圐 ①㉑㉤㉣㉠폐지하여 다른 것에다 합침. ②폐지와 합병(合併).

폐:해(弊害)[폐-/페-]圐 폐단(弊端)과 손해. 병폐(病弊). ¶미신의 폐해.

폐:행(嬖幸)[폐-/페-]圐 남에게 아첨하여 사랑을 받음. 폐애(嬖愛).

폐:허(廢墟)¹[폐-/페-]圐 파괴당하여 황폐하게 된 터. ¶전후의 폐허에서 오늘날과 같은 눈부신 발전을 이루었다.

폐:허(廢墟)²[폐-/페-]圐 1920년에 김억(金億)·염상섭(廉想涉)·황석우(黃錫禹)·나혜석(羅蕙錫)·오상순(吳相淳) 등이 창간한 퇴폐적 낭만주의 경향의 순문예 동인지. 통권 2호까지 발행됨.

폐:현(陛見)[폐-/페-]圐㉑㉣㉠ 황제나 황후를 알현(謁見)함.

폐:호(閉戶)[폐-/페-]圐㉑㉣㉠ ☞폐문(閉門).

폐:-호흡(肺呼吸)[폐-/페-]圐 고등 척추동물이 폐로써 하는 외호흡(外呼吸).

폐:환(肺患)[폐-/페-]圐 ☞폐결핵.

폐:활량(肺活量)[폐-/페-]圐 숨을 한 번 들이쉬고 내쉼에 따라 폐에 출입하는 최대의 공기량. 폐기량(肺氣量). ¶폐활량이 크다.

폐:활량-계(肺活量計) [폐-계/페-게]圓 폐활량을 재는 기계.

폐:회(閉會) [폐회/폐훼]圓困困困困 집회 또는 회의를 마침. ¶ 폐회를 선언하다. ↔개회(開會).

폐:회로^텔레비전(閉回路television) [폐회-/페훼-]圓 방송 텔레비전 이외의 분야에서 사용되는 유선 텔레비전. 교육·교통·공장, 그 밖의 각종 산업 분야에 사용됨. 시시티브이(CCTV).

폐:회-사(閉會辭) [폐회-/폐훼-]圓 폐회를 선언하는 인사말. ↔개회사(開會辭).

폐:회-식(閉會式) [폐회-/폐훼-]圓 폐회하는 의식. ↔개회식(開會式).

폐:후(廢后) [폐-/페-]圓 폐위된 왕후나 황후.

폐:-흡충(肺吸蟲) [폐-/페-]圓圓 폐흡충과의 생물을 통틀어 이르는 말. 폐디스토마라고도 함.

포(包)¹圓 장기에서, '包' 자가 새겨진 장기짝의 하나. 한편에 둘씩 모두 네 개가 있음. 포(包) 이외의 다른 장기짝 하나를 넘어 움직임.

포(包)²圓 ☞촛가지.

포(包)³圓 ☞접(接).

포(包)⁴圓 ☞포대(包袋).

포(苞)圓 ☞꽃턱잎. 화포(花苞).

포(炮)圓困 한방에서, 부자(附子) 따위의 독한 약재를 끓는 물에 담가 독기를 빼는 일.

포(砲)圓 ①〈대포〉의 준말. ②돌멩이를 튀겨 내쏘는 옛 무기의 한 가지.

포(脯)圓 〈포육(脯肉)〉의 준말. ¶ 포를 뜨다.

포가(砲架)圓 포신(砲身)을 얹는 받침.

포간(飽看)圓困 싫증이 나도록 실컷 봄.

포강(砲腔)圓 포신 속의 빈 부분.

포개다困 놓인 것 위에다 겹치어 놓다. ¶ 그릇을 포개어 놓다. /발을 포개고 앉다.

포갤-점(-點) [-쩜]圓 [-쩜]圓 ☞쌍점(雙點).

포갬-포갬圖 여러 번 거듭 포개거나 포개져 있는 모양. ¶ 이불을 포갬포갬 개켜 넣다.

포건(布巾)圓 베로 만든 건.

포격(砲擊)圓困 대포로 사격함, 또는 대포에 의한 공격. ¶ 적의 진지를 포격하다.

포경(包莖)圓 귀두(龜頭)가 표피(表皮)에 덮여 있는 자지, 또는 그러한 상태. 우멍거지.

포경(砲徑)圓 포 구경(口徑).

포:경(捕鯨)圓困 고래를 잡음. ¶ 포경을 법으로 금지시키다.

포:경-선(捕鯨船)圓 고래를 잡기 위해 특별한 설비를 갖춘 배. 경선(鯨船).

포:경^수술(包莖手術)圓 포피(包皮)를 잘라 음경의 귀두부를 드러내는 외과 수술.

포:계(捕繫) [-계/-게]圓困困 잡아 묶어 둠, 또는 묶어서 옥에 가두어 둠.

포계(襃啓) [-계/-게/-개]圓 왕조 때, 각 도의 관찰사 또는 어사가 고을 원의 선정(善政)을 치하하여 임금에게 아뢰던 일.

포고(布告·佈告)圓困困困 ①일반에게 널리 알림. ②국가의 결정 의사를 공식적으로 일반에게 발표하는 일.

포:고-령(布告令)圓 어떤 내용을 포고하는 명령이나 법령.

포:곡-조(布穀鳥) [-쪼]圓 ☞뻐꾸기.

포공-영(蒲公英)圓 ①☞민들레. ②한방에서, '민들레 뿌리'를 약재로 이르는 말. 유종·결핵 따위의 치료나 발한·강장에 쓰임.

포과(包裹)圓困 물건을 꾸리어 쌈.

포과(胞果)圓 삭과(蒴果)의 한 가지. 얇고 마른 껍질 속에 씨가 들어 있는 과실.

포관(布棺)圓 베를 여러 겹 겹쳐 발라 만든 관.

포:괄(包括)圓困困困 (일정한 사물이나 현상 따위를) 어떤 범위나 한계 안에 모두 끌어 넣음.

포:괄^수유자(包括受遺者)圓 포괄 유증(包括遺贈)을 받아 상속인(相續人)과 같은 권리·의무를 가지는 사람.

포:괄^승계(包括承繼) [-계/-게]圓 상속이나 회사의 합병 따위에 의한 권리·의무의 일괄적 승계. ↔특정 승계.

포:괄^유증(包括遺贈) [-류-]圓 유산의 전체 또는 그 몇 분의 얼마라는 분수적 부분을 주는 유증. ↔특정 유증.

포:괄-적(包括的) [-쩍]冠圓 어떤 범위나 한계 안에 모두 끌어 넣는 (것), 또는 그러한 방식인 (것). ¶ 포괄적 접근 방식. /국민 의사(意思)의 포괄적인 수용.

포:교(布教)圓困 종교를 널리 폄. ¶ 포교 활동. 비선교(宣敎).

포:교(捕校)圓 조선 시대에, 포도청의 한 벼슬인 '포도부장(捕盜部將)'을 달리 이르던 말.

포:교-사(布教師)圓 불교의 교리(敎理)를 널리 펴는 승려나 신도.

포구(捕球)圓困 공을 잡음. ¶ 포수의 포구 동작.

포구(浦口)圓 배가 드나드는 개의 어귀.

포구(砲口)圓 포문(砲門).

포군(砲軍)圓 포를 장비한 군사.

포궁(胞宮)圓 ☞자궁(子宮).

포-권척(布卷尺)圓 너비 2 cm 가량의 헝겊을 길이 50 m 이하로 하여 둥근 가죽 갑 속에 넣어 풀었다 감았다 하며 쓰는 줄자의 한 가지.

포근-포근冠困 매우 탄력성이 있고 보드라워서 따스하고 편안한 느낌. ¶ 포근포근한 아기 이불. 포근포근-히圖.

포근-하다冠困 ①(온도가) 기분이 좋을 정도로 따듯하다. ¶ 포근한 봄 날씨. /포근한 실내 온도. ②(옷이나 이불 따위가) 보드랍고 폭신하여 기분이 좋게 따듯하다. ¶ 포근한 이부자리. ③분위기 따위가 아늑하고 편안하다. ¶ 가정의 포근한 분위기. 참푸근하다. 포근-히圖.

포기圓 ①뿌리를 단위로 하는 초목의 낱개. ¶ 배추 포기가 크다. ②[의존 명사적 용법] 초목을 세는 단위. ¶ 봉숭아 두 포기. /풀 한 포기. 참떨기.

포:기(泡起)圓困困 거품과 같이 부풀어 오름.

포:기(抛棄)圓困困 ①하던 일을 중도에 그만두어 버림. ¶ 어렵더라도 포기하지 마라. ②자기의 권리나 자격을 내버려 쓰지 않음. ¶ 상속권을 포기하다.

포:기(暴棄)圓困困 〈자포자기〉의 준말.

포기-가름圓困 ☞포기 나누기.

포기^나누기圓 한 포기의 식물에서, 포기의 일부를 뿌리와 함께 갈라 내어 따로 옮겨 심는 일. 분주(分株). 포기가름.

포:끽(飽喫)圓困 ☞포식(飽食).

포:난(飽暖·飽煖)圓困 〈포식난의(飽食暖衣)〉의 준말.

포:노스코-프(phonoscope)圓 소리의 진동을 전기적 진동으로 바꾸어 브라운관에 영상으로 나타나게 하는 기계.

포단(蒲團)圓 ①부들로 둥글게 틀어 만든 방석. ②이불.

포달圓 암상이 나서 함부로 악을 쓰고 욕을 하며 대드는 일. ¶ 포달을 부리다.

포:달(布達)圓困困 조선 시대에, 일반에게 널리 펴 알리던 관아(官衙)의 통지.

포달-스럽다[-따][~스러우니·~스러워]〔형ㅂ〕 야멸치고 암상스럽다. **포달스레**뷔.

포달-지다혱 악을 쓰고 함부로 욕을 하며 대드는 품이 몹시 사납고 다라지다.

포대(布袋)몡 무명이나 삼베 따위로 만든 자루.

포대(布帶)몡 베로 만든 띠.

포대(包袋)몡 피륙·가죽·종이 따위로 만든 자루. 부대(負袋). 포(包). ¶밀가루 포대.

포대(袍帶)몡 도포와 띠.

포대(砲隊)몡 포병으로 이루어진 부대.

포대(砲壘)몡 적탄을 막고 아군의 사격을 편리하게 하기 위해 견고하게 쌓아 만든 화포(火砲) 진지. 포루(砲樓).

포대-경(砲壘鏡)몡 적정(敵情)을 정찰하고 감시하는 데 쓰는 군용 광학 기계.

포대기몡 어린아이를 업거나 덮어 줄 때 쓰는 작은 이불. 강보(襁褓). ¶갓 태어난 아기를 포대기에 싸서 안다.

포:덕(布德)몡 천도교에서, 한울님의 덕을 세상에 펴는 일, 곧 '전도(傳道)'를 이르는 말.

포:도(捕盜)몡하자 도둑을 잡음.

포:도(逋逃)몡하자 죄를 저지르고 달아남.

포도(葡萄)몡 포도과의 낙엽 활엽 만목. 과실 나무의 한 가지. 덩굴은 길게 벋고 덩굴손으로 다른 물건에 감김. 초여름에 담녹색 꽃이 피고, 늦여름에 잘고 동글동글한 열매가 조롱조롱 송이를 이루어 익음.

포도(鋪道)몡〈포장도로(鋪裝道路)〉의 준말.

포:도-군사(捕盜軍士)몡 조선 시대의, 포도청의 군졸. 포졸(捕卒).

포도-당(葡萄糖)몡 단당류의 한 가지. 단맛 있는 과실이나 꿀 등 널리 생물계에 분포하며 생명 에너지의 원료가 됨. 알코올 발효·의약품 따위에도 이용됨. 글루코오스.

포:도-대장(捕盜大將)몡 조선 시대, 포도청의 우두머리. 품계는 종이품. 준대장(捕將).

포도동뷔하자 작은 날짐승이 별안간 날 때에 나는 소리. 준푸두둥. **포도동-포도동**뷔하자.

포도동-거리다재 자꾸 포도동포도동하다. 포도동대다. 준푸두둥거리다.

포도동-대다재 포도동거리다.

포:도-부장(捕盜部將)몡 조선 시대, 포도청의 벼슬 이름. 포교(捕校).

포도상 구균(葡萄狀球菌) 대표적인 화농균의 한 가지. 구형 세포가 다소 불규칙하게 모여 포도송이 모양의 배열을 나타냄.

포도-색(葡萄色)몡 포도처럼 붉은빛이 나는 자홍색(紫紅色).

포도-석(葡萄石)몡 사방 정계(斜方晶系)에 속하는 광물. 판상(板狀) 또는 주상(柱狀)의 결정이 모여 구상·포도상을 이룸. 백색·회색·담녹색 등으로, 반투명함.

포도-송이(葡萄-)몡 한 꼭지에 달린, 포도 알의 덩어리.

포도-원(葡萄園)몡 포도를 재배하는 과수원.

포도-주(葡萄酒)몡 포도의 즙을 짜내어 발효시켜 만든 술.

포도-즙(葡萄汁)몡 포도를 짜서 만든 즙액.

포:도-청(捕盜廳)몡 조선 시대에, 도둑이나 그 밖의 범죄자를 잡기 위하여 설치한 관청. 준포청.

포동-포동뷔하자 살이 통통하게 찌고 매우 보드라운 모양. ¶젖살이 올라 포동포동한 아기. 준푸둥푸둥. 예보동보동.

포두(鋪頭)몡 ①과시(科詩)의 넷째 구(句). ②과거(科擧)의 부(賦)의 다섯째 구(句).

포:두서찬(抱頭鼠竄)몡하자 〔머리를 싸매고 쥐처럼 숨는다는 뜻으로〕 무서워서 몰골 사납게 얼른 숨음을 이름.

포드닥뷔 ①작은 날짐승이 날개를 가볍게 치는 소리. ②작은 물고기가 꼬리를 가볍게 치는 소리. 큰푸드덕. **포드닥-포드닥**뷔하타.

포드닥-거리다[-꺼-]재타 자꾸 포드닥포드닥하다. 포드닥대다. ¶참새들이 날개를 포드닥거리다. 큰푸드덕거리다.

포드닥-대다[-때-]재타 포드닥거리다.

포드득뷔하자타 ①단단하고 질기거나 매끄러운 물건을 세게 맞비빌 때 나는 소리. ②묽은 유동물이 갇힌 상태로 있다가 갑자기 좁은 구멍으로 터져 나올 때 나는 소리. 참파드득. **포드득-포드득**뷔하자타.

포드득-거리다[-꺼-]재타 자꾸 포드득포드득하다. 포드득대다.

포드득-대다[-때-]재타 포드득거리다.

포라(←poral)몡 '포럴'의 잘못.

포락(炮烙)몡하타 불에 달구어 지짐. ②〈포락지형(炮烙之刑)〉의 준말.

포락(浦落)몡 논밭이 강물이나 냇물에 침식되어 무너져 떨어짐.

포락지형(炮烙之刑)[-찌-]몡 ①〔은나라 주왕(紂王)이 쓰던 형벌로〕 불에 달군 쇠기둥을 맨발로 건너게 하던 형벌. ②단근질하는 극형을 흔히 이르는 말. 준포락.

포:란(抱卵)몡하자 알을 품음.

포:럴(poral)몡 바탕에 기공(氣孔)이 많은 소모(梳毛) 직물의 한 가지. 여름 옷감으로 쓰임.

포:럼(forum 라)몡 ①로마 시대의 도시에 있던 광장(廣場). 〔이곳에서의 연설·토론 방식에서 '포럼디스커션'이 유래함.〕②〈포럼디스커션〉의 준말.

포:럼-디스커션(forum discussion)몡 토의 방법의 한 가지. 사회자의 지도 아래 한 사람 또는 여러 사람이 간략한 발표를 한 다음, 청중이 그에 대하여 질문하면서 토론하는 방식. 준포럼.

포렴(布簾)몡 〔복덕방이나 술집 따위의〕 문살에 늘인 베 조각.

포:로(捕虜)몡 ①전투에서 적에게 사로잡힌 군인. 부로(俘虜). 부수(俘囚). ¶포로를 석방하다. ②'어떤 사물이나 사람에게 정신이 팔리거나 매여서 꼼짝 못하는 상태'를 비유하여 이르는 말. ¶사랑의 포로.

포:로(靤露)몡 ☞빡.

포:로-감(哺露疳)몡 두개(頭蓋)의 여러 뼈가 서로 잘 아물어 붙지 못하는 어린아이의 병.

포:로-병(捕虜兵)몡 포로로 잡힌 적병.

포:로-수용소(捕虜收容所)몡 포로를 유치하여 거주시키는 시설.

포:룡-환(抱龍丸)몡 한방에서, 열로 말미암은 경풍(驚風)에 쓰는 환약.

포루(砲樓)몡 ☞포대(砲壘).

포류지질(蒲柳之質)몡 〔갯버들 같은 세질이라는 뜻으로〕 몸이 잔약하여 병에 잘 걸리는 체질을 이르는 말. '세설신어'의 '언어편(言語篇)'에 나오는 말임.

포르노(←pornography)몡 〈포르노그래피〉의 준말. ¶포르노 영화.

포르노그래피(pornography)몡 인간의 성적(性的) 행위의 묘사를 주로 한 도색적인 영화·회화·사진·소설 따위를 통틀어 이르는 말. 준포르노.

포르르뷔하자 ①춥거나 무섭거나 충격을 받거나 하여 몸 또는 몸의 일부를 작고 가볍게 떠는 모양. ¶주먹을 포르르 떨다. ②적은 물이 좁은 그릇에서 갑자기 끓어오르는 모양, 또는 그 소리. ③한데 모은 나뭇잎이나 종이 따위에 불이 붙어 쉽게 타오르는 모양. ¶낙엽에 포르르 불이 붙었다. ④작은 새 따위가 갑자기 날아오르는 소리. ㉬푸르르. ①~③㉮보르르.

포르말린(Formalin 독) 몡 포름알데히드를 35~38%로 물에 녹인 액체. 사진·화학용 약품 및 살균제·소독제·방부제로 쓰임.〔상품명〕

포르타멘토(portamento 이) 몡 악곡 연주나 성악에서, 한 음으로부터 다른 음으로 옮겨 갈 때 매우 매끄럽게 연주하거나 부르는 일.

포르테(forte 이)몡 악보에서, 셈여림을 나타내는 말. '강하게'의 뜻.〔나타냄표는 f〕

포르테나^음악(porteña音樂)몡 아르헨티나의 수도 부에노스아이레스를 중심으로 발달한 음악을 통틀어 이르는 말.〔탱고·밀롱가 따위.〕

포르테-피아노(forte piano 이)몡 악보에서, 셈여림을 나타내는 말. '세게 곧 여리게'의 뜻.〔나타냄표는 fp〕

포르티시모(fortissimo 이)몡 악보에서, 셈여림을 나타내는 말. '아주 세게'의 뜻.〔나타냄표는 ff〕

포르티시시모(fortississimo 이)몡 악보에서, 셈여림을 나타내는 말. '가장 세게'의 뜻.〔나타냄표는 fff〕

포름-산(←formic酸)몡 개미나 벌 따위의 체내에 있는 지방산의 한 가지. 자극적인 냄새가 있는 무색의 액체로 피부에 닿으면 몹시 아프고 물집이 생김. 개미산. 의산(蟻酸).

포름알데히드(formaldehyde)몡 메틸알코올을 산화하여 만드는, 자극적인 냄새가 강한 무색의 기체. 수용액은 포르말린이라 하여 방부제·소독제로 쓰임.

포:리(捕吏)몡 조선 시대에, 포도청이나 지방 관아에 딸려 죄인을 잡던 이속(吏屬).

포:리(逋吏)몡 관아의 물품을 사사로이 써 버린 이속(吏屬).

포립(布笠)몡 베나 모시 따위로 싸개를 한 갓.

포마:드(pomade)몡 머리털에 바르는 반고체의 기름. 주로 남자용임.

포마이카(Formica)몡 내약품성(耐藥品性)과 내열성(耐熱性)이 있는 합성수지 도료(塗料). 가구나 벽의 널빤지 따위에 칠함.〔상표명〕

포마토(pomato)몡 감자와 토마토의 세포를 융합시켜 얻은 채소. [potato+tomato]

포막(鋪幕)몡 조선 시대에, 병정이나 순검(巡檢)이 파수를 보던 막(幕).

포:만(飽滿)몡_하_여 일정한 용량에 넘치도록 가득 참.

포:만(暴慢)몡_하여_ 사납고 거만함. 포횡.

포:만-감(飽滿感)몡 (음식을 충분히 먹어) 배가 부른 느낌.

포말(布襪)몡 광중(壙中)을 다듬을 때, 사토장이가 신는 베 버선.

포말(泡沫)몡 물거품. ¶파도의 포말.

포말^현:상(泡沫現象)몡 비눌 현상.

포망(布網)몡 상제가 쓰는 베 망건.

포:망(捕亡)몡_하타_ 도망한 사람을 잡음.

포:맷(format)몡〔'체재'·'형식'의 뜻으로〕①컴퓨터에서, 새 디스크를 자료 기록이 가능하도록 그 형식을 지정해 주는 일. ②컴퓨터로 문서를 작성할 때, 용도에 맞게 용지 크기·글자 모양·줄 간격 등을 지정하는 일.

포면(布面)몡 피륙의 표면.

포:명(佈明)몡_하타_ (어떤 사실을) 널리 펴서 밝힘.

포목(布木)몡 베와 무명. 목포(木布).

포목-상(布木商)[-쌍]몡 베나 무명 따위를 파는 장사, 또는 그 장수.

포목-점(布木店)[-쩜]몡 베나 무명 따위를 파는 가게.

포문(胞門)몡 ☞산문(産門).

포문(砲門)몡 대포의 탄알이 나가는 구멍. 포구. 포문을 열다(관용) ①대포를 쏘다. ②상대편을 공격하는 발언을 시작하다.

포:문(飽聞)몡_하타_ 싫증이 나도록 많이 들음.

포:물면-경(抛物面鏡)몡 오목 거울의 한 가지. 회전 포물선면의 내면을 반사면으로 하는 반사경. 탐조등·헤드라이트 따위에 쓰임.

포:물-선(抛物線)[-썬]몡 이차 곡선의 한 가지. 평면 위에 하나의 정점(定點)과 하나의 정직선(定直線)이 주어진 경우, 각각으로부터의 거리가 같은 점의 자취.

포:물선^운:동(抛物線運動)[-썬눈-]몡 포물선의 궤도 위를 움직이는 운동.

포:물-체(抛物體)몡 지상의 대기 중으로 던져진 물체.

포민(浦民)몡 갯가에 사는 백성.

포:박(捕縛)몡_하타_하되 잡아서 묶음, 또는 그런 줄. 1포박을 풀다. /죄인을 포박하다.

포-배기몡_하자_ 자꾸 거듭함.

포배-장(包背裝)몡 책의 장정(裝幀)의 한 가지. 판면이 겉으로 되게 접은 책장을 겹겹이 포개어 등 쪽을 꿰맨 다음, 한 장의 표지로 책의 앞면, 등, 뒷면을 싸는 방법.

포백(布帛)몡 베와 비단.

포백(曝白)몡_하타_ 베나 무명 따위를 볕에 바램. 마전.

포백-척(布帛尺)몡 ☞바느질자.

포범(布帆)몡 베로 만든 돛.

포변(浦邊)몡 갯가.

포:병(抱病)몡_하자_ 몸에 병을 지님, 또는 그 병.

포병(砲兵)몡 육군 병과의 한 가지. 대포 종류로 장비된 군대, 또는 그에 딸린 군인.

포:병-객(抱病客)몡 몸에 늘 병을 지니고 있는 사람. 병객(病客).

포병-대(砲兵隊)몡 ①대한 제국 때, 산포(山砲)·야포(野砲)로 조직되었던 시위대의 군대. ②포병으로 조직된 부대.

포복(怖伏)몡_하타_ 무서워서 엎드림.

포복(匍匐)몡_하자_ 배를 땅에 대고 김.

포복-경(匍匐莖)[-껑]몡 ☞기는줄기.

포:복-절도(抱腹絕倒)[-쩔또]몡 _하자_〔배를 안고 넘어진다는 뜻으로〕'몹시 웃음'을 형용하는 말. 봉복절도(捧腹絕倒). ㉺절도.

포:-볼(four+balls)몡 야구에서, 투수가 타자에게 스트라이크 아닌 볼을 네 번 던지는 일.〔타자는 일루로 진루하게 됨.〕볼넷. 사구(四球).

포:부(抱負)몡 마음속에 지닌, 앞날에 대한 생각이나 계획 또는 희망. ¶원대한 포부. /포부가 크다.

포비(脬痺)몡 방광(膀胱)에 생기는 급성 또는 만성의 염증.

포비슴(fauvisme 프)몡 ☞야수파(野獸派).

포사(布絲)몡 ☞베실.

포사(庖肆)몡 ☞푸주.

포삭-포삭[-싹-싹]튀매우 포삭한 모양. ㉬푸석푸석.

포삭-하다[-싸카-]혱여 거칠고 부피만 커서 옹골차지 못하고 바스러지기 쉽다. ㉬푸석하다.

포살(砲殺)[명]하타]되자] 총포로 쏘아 죽임.

포-살미(包-)[명]하타] 촛가지를 꾸밈.

포삼(包蔘)[명] 포장한 홍삼. 〔조선 시대에, 사신(使臣)·역관(譯官) 등에게 여비로 지급하였음.〕

포삼(圃蔘)[명] 삼포(蔘圃)에서 기른 인삼.

포상(襃賞)[명]하타]되자] 칭찬하고 권장하여 상을 줌. ¶포상 휴가.

포상-금(襃賞金)[명] 칭찬하고 장려하여 상으로 주는 돈.

포색(蒲色)[명] 부들 이삭과 같은, 붉은색에 누른 빛을 띤 빛깔.

포:석(布石)[명]하자] ①바둑에서, 처음에 돌을 벌여 놓는 일. ②일의 장래를 위하여 미리 손을 씀. ¶국회의원 출마를 위한 포석.

포석(蒲席)[명] ☞부들자리.

포석(鋪石)[명] 도로 포장에 쓰이는 돌.

포선(布扇)[명] 지난날, 상제가 외출할 때 얼굴을 가리기 위해 지니고 다니던 물건. 네모난 베 조각에 두 개의 자루가 붙었음.

포설(鉋屑)[명] 대팻밥.

포설(鋪設)[명]하타] 펴서 베풂.

포:섭(包攝)[명]하타] ①상대를 자기편으로 끌어넣음. ¶간첩에게 포섭을 당하다. /대중을 포섭하는 능력. ②어떤 개념이 보다 일반적인 개념에 포괄되는 종속 관계를 이름. ¶사람은 척추동물에 포섭된다.

포성(布城)[명] 포장(布帳)을 둘러친 곳.

포성(砲聲)[명] 대포를 쏠 때 나는 소리.

포:세(逋稅)[명]하자] 세금을 내지 않고 불법적으로 면함.

포세이돈(Poseidon 그)[명] 그리스 신화에 나오는 해신(海神). 크로노스와 레아의 아들이며 제우스의 동생임. 로마 신화의 넵튠에 해당함.

포속(布屬)[명] ☞베붙이.

포:손(抱孫)[명]하자] 손자를 봄. 손자가 생김.

포:손-례(抱孫禮)[-녜][명]하자] 손자를 보았을 때, 한턱내는 일.

포쇄(曝曬)[명]하타]되자] (젖거나 축축한 것을) 바람을 쐬고 볕에 바램.

포수(泡水)[명]하타] 종이나 헝겊에 어떤 액체를 바르는 일. ¶아교 포수.

포:수(捕手)[명] 야구에서, 본루(本壘)를 지키며 투수가 던지는 공을 받는 선수. 캐처. ↔투수.

포:수(砲手)[명] ①총으로 짐승을 잡는 사냥꾼. ②군대에서, 직접 대포를 다루거나 쏘는 사병.

포:수-막(砲手幕)[명] 사냥하는 사람들이 휴식하기 위하여 지은 산막(山幕).

포:스^아웃(force out)[명] 야구에서, 후속 타자가 주자가 되었기 때문에 다음 베이스로 가야 할 주자가, 미처 베이스에 닿기 전에 수비 측이 그 베이스에 공을 던져 아웃되는 일. 태그할 필요가 없음. 봉살(封殺).

포스터(poster)[명] 광고나 선전 따위의 대중 전달을 위한 간략한 그림이나 도표.

포스터-컬러(poster color)[명] 포스터용의 그림물감.

포스트모더니즘(postmodernism)[명] 모더니즘에 대한 거부 및 반작용으로 생겨난 문학·예술상의 한 경향. 모더니즘이 비교적 단순한 요소로 이루어진 데 비하여 포스트모더니즘은 이질적인 요소를 결합시키거나 이전 작품을 새롭게 인용하는 등의 모습을 보임. 후기 모더니즘.

포스트잇(Postit)[명] 한쪽 끝에 특수 접착제가 칠해져 있어 물체에 쉽게 붙였다 떼다 할 수 있는 쪽지. 간단한 메모를 남기거나 서류 등에

어떤 표시를 하거나 할 때 사용함. 〔상표명에서 온 말임.〕

포슬-포슬[부]하] 덩이진 가루 따위가 메말라 잘 엉기지 않고 쉽게 바스러지는 모양. ¶팥고물이 말라서 포슬포슬하다. 큰푸슬푸슬. 예보슬보슬.

포:승(捕繩)[명] 죄인을 묶는 노끈. 박승(縛繩). 포승줄. 준오라.

포:승-줄(捕繩-)[-쭐][명] ☞포승(捕繩).

포:시(布施)[명]하타] 〈보시〉의 본딧말.

포:식(捕食)[명]하타] 생물이 다른 생물을 잡아먹는 일.

포:식(飽食)[명]하타] 배부르게 먹음. 포끽(飽喫).

포:식-난의(飽食暖衣)[-싱나늬/-싱나니][명]하자] ☞난의포식. 준포난(飽暖).

포:식-자(捕食者)[-짜][명] 먹이 연쇄에서, 잡아먹는 쪽의 동물을 이름.

포신(砲身)[명] 화포에서, 포탄을 재어 쏘는 원통상의 부분.

포실-하다[형] 살림이 넉넉하고 오붓하다. 포실-히[부].

포아-풀(poa-)[명] 볏과의 풀을 통틀어 이르는 말. 속이 빈 줄기는 마디가 있으며, 잎은 마디마다 하나씩 어긋맞게 남.

포:악(暴惡)[명]하자]하형] 사납고 악함. ¶포악한 행동. 포악스레[부].

포:악-무도(暴惡無道)[-앙-][명]하형] 말할 수 없이 사납고 악함.

포안(砲眼)[명] 성벽·함선·보루 따위에서, 포를 쏘기 위해 낸 구멍.

포-알(砲-)[명] ☞대포알.

포양(襃揚)[명]하타] ☞포장(襃獎).

포에지(poésie 프)[명] 시(詩).

포연(砲煙)[명] 총포를 쏠 때 나는 연기. ¶포연이 자욱하다.

포연-탄우(砲煙彈雨)[명] 〔자욱한 총포의 연기와 빗발치는 탄환이라는 뜻으로〕 '격렬한 전투'를 이르는 말.

포열(砲列)[명]하타] 포병 진지에서 화포를 사격 대형으로 정렬하는 일.

포엽(苞葉)[명] 봉오리를 싸서 보호하는, 변태된 작은 잎.

포영(泡影)[명] 〔물거품과 그림자란 뜻으로〕 '사물의 무상함'을 이르는 말.

포:옹(抱擁)[명]하자타] (사람을 또는 사람끼리) 품에 껴안음. ¶감격의 포옹.

포외(怖畏)[-외/-웨][명]하형] 무섭고 두려움.

포:용(包容)[명]하타] ①휩싸서 넣음. ②남을 아량 있고 너그럽게 감싸 받아들임.

포:용-력(包容力)[-녁][명] 남을 아량 있고 너그럽게 감싸 받아들이는 힘.

포:워드(forward)[명] 농구·축구 등에서의 전위(前衛).

포:원(抱寃)[명]하자] 원한을 품음.

포월(蒲月)[명] '음력 오월'을 달리 이르는 말. 미음(微陰).

포:위(包圍)[명]하타]되자] 둘레를 에워쌈. ¶경찰 강도를 겹겹으로 포위하였다.

포:위-망(包圍網)[명] '치밀하고 조직적인 포위'를 비유하여 이르는 말. ¶적의 포위망을 뚫고 탈출하다.

포:유(包有)[명]하타] 싸서 가지고 있음.

포:유(布諭)[명]하타] (나라에서 할 일을 백성에게) 널리 펴서 알림.

포:유(哺乳)[명]하타] 어미가 제 젖으로 새끼를 먹여 기름.

포:유-기(哺乳期)圓 젖을 주식(主食)으로 하는 유아기(乳兒期).

포:유-동물(哺乳動物)圓 포유류에 속하는 동물.

포:유-류(哺乳類)圓 척추동물의 한 강(綱). 가장 고등한 동물군으로 새끼를 낳아서 젖을 먹여 기름.

포:육(哺育)圓하타되자 동물이 자기 새끼를 먹여 기름.

포육(脯肉)圓 얇게 저며 양념해 말린 고기 조각. ⑧포.

포의(布衣) [-의/-이]圓 ①베로 지은 옷. ②벼슬이 없는 선비를 이르는 말. ②백의(白衣).

포의(胞衣) [-의/-이]圓 태아를 싸고 있는 막과 태반. 혼돈피(混沌皮).

포의-불하증(胞衣不下症) [-의-쯩/-이-쯩]圓 한방에서, 해산 뒤에 태가 나오지 않는 상태를 이르는 말.

포의-수(胞衣水) [-의-/-이-]圓 ☞양수(羊水).

포의지교(布衣之交) [-의-/-이-]圓 〔베옷을 입을 때의 사귐이라는 뜻으로〕벼슬을 하기 전 구차하고 보잘것없는 선비였을 때의 사귐, 또는 그 벗을 이르는 말.

포의-한사(布衣寒士) [-의-/-이-]圓 〔베옷을 입는 선비라는 뜻으로〕벼슬이 없는 가난한 선비를 이르는 말.

포인세티아(poinsettia)圓 대극과의 상록 관목. 멕시코 원산의 관엽 식물. 가지와 원줄기 끝의 잎은 돌려난 것처럼 보이고 주홍색이며 크리스마스 장식에 쓰임. 12월경에 황록색 꽃이 핌.

포인터(pointer)圓 개의 한 품종. 털이 짧고, 흰 바탕에 검거나 누른 반점이 있음. 온순·용감·활발하고 후각이 예민하여 사냥개로 쓰임.

포인트(point) Ⅰ圓 ①운동 경기 따위에서, 득점. ②중요한 사항이나 핵심. ③철도의 전철기(轉轍機). Ⅱ의 포인트 활자의 크기의 단위. 〔1포인트는 약 72분의 1인치.〕

포인트^활자(point活字) [-짜]圓 1포인트를 단위로 하여 그 정수배(整數倍)의 길이를 한 변으로 하는 활자의 계열. ⑧호수 활자(號數活字).

포자(胞子)圓 ①포자식물의 무성적인 생식 세포. 대개 하나의 세포로 되어 있으며 단독으로 발아하여 새 개체가 됨. 홀씨. ②포자충류에서 모체를 떠나 포자를 형성하는 개개의 세포.

포자(炮煮)圓하타 굽고 끓임.

포자-낭(胞子囊)圓 내부에 포자를 형성하는 주머니 모양의 기관. 자낭. 홀씨주머니.

포자^생식(胞子生殖)圓 포자로 이루어지는 무성 생식의 한 가지. 균류·선태류·양치류·원생동물의 포자충 따위에서 볼 수 있음.

포자-식물(胞子植物) [-싱-]圓 꽃이 피지 않고 포자로 번식하는 식물. 〔균류(菌類)·조류(藻類)·양치식물 등이 이에 딸림.〕민꽃식물. 은화식물. →종자식물.

포자-엽(胞子葉)圓 양치식물의 포자가 생기는 잎. 실엽(實葉). →영양엽·나엽(裸葉).

포자우네(Posaune 독)圓 ☞트롬본.

포자-체(胞子體)圓 포자를 만들어 내는 무성(無性) 세대의 식물체.

포자-충(胞子蟲)圓 포자충류의 원생동물을 통틀어 이르는 말. 유성 생식과 무성 생식을 되풀이하며 포자를 형성하는 것이 많고, 다른 동물에 기생하여 삶.

포장(布帳)圓 베를 여러 폭으로 이어, 무엇을 둘러치는 막.

포장(包裝)圓하타되자 ①물건을 싸서 꾸림. ¶상품을 포장하다. ②겉으로만 그럴듯하게 꾸밈.

포장(包藏)圓하타되자 물건을 겉으로 드러나지 않게 싸서 간직함.

포:장(捕將)圓〈포도대장(捕盜大將)〉의 준말.

포장(褒章)圓 국가·사회에 공이 있는 사람에게 주는 휘장(徽章). 상훈법상 훈장의 다음가는 훈위로, 법적 효력 면에서는 훈장과 차이가 없음..

포장(鋪裝)圓하타되자 길바닥에 돌·콘크리트·아스팔트 따위를 깔아 단단히 다져 꾸미는 일.

포장(褒奬)圓하타되자 칭찬하여 장려함. 포양(褒揚).

포장-도로(鋪裝道路)圓 길바닥에 돌·콘크리트·아스팔트 따위를 깔아 단단히 다져 사람이나 자동차 따위가 다닐 수 있도록 꾸민 비교적 넓은 길. ⑧포도. →비포장도로.

포장-마차(布帳馬車)圓 ①햇빛을 가리거나 비바람 등을 막을 수 있게 베로 된 덮개를 씌운 마차. ②손수레 따위에 포장을 씌워 만든 이동식 간이주점. 주로, 밤에 길거리에 설치하여 간단한 음식이나 술을 팖.

포장^수력(包藏水力)圓 하천이 지닌 잠재적 발전(發電) 능력. 곧, 발전 용수로 이용 가능한 강물이나 냇물의 양.

포장-지(包裝紙)圓 포장용으로 쓰는 종이. ⑧포지(包紙).

포장-화심(包藏禍心)圓하자 남을 해칠 마음을 품음.

포:재(抱才)圓 드러내지 않고 품고 있는 재주.

포저(苞苴)圓 〔물건을 싸는 것과 물건 밑에 까는 것이란 뜻으로〕'뇌물로 보내는 물건'을 이르던 말.

포전(布廛)圓 조선 시대, 육주비전(六注比廛)의 하나. 베를 팔던 시전으로, 후에 저포전(苧布廛)과 합침. 베전.

포전(圃田)圓 남새밭. 채마밭.

포전(浦田)圓 갯가에 있는 밭.

포정(庖丁)圓 ☞백장.

포:정-사(布政司)圓 조선 시대에, 감사(監司)가 집무를 보던 관아.

포족(飽足) '포족하다'의 어근.

포:족-하다(飽足-) [-조카-]톼어 ①배부르고 만족하다. ②풍족하다.

포:졸(捕卒)圓 조선 시대, 포도청의 군사. 포도군사.

포좌(砲座)圓 대포를 올려놓는 대좌(臺座).

포주(包主)圓 조선 시대의, 동학(東學)의 교구(敎區) 및 집회소의 책임자.

포:주(抱主)圓 창녀를 두고 영업을 하는 사람.

포:주(庖廚)圓〈푸주〉의 본딧말.

포:즈(pose)圓 ①회화나 조각 따위에 표현된 인물의 자태, 또는 배우·모델 등이 표현하는 자세나 몸짓. ¶포즈를 잡다. ②의식적으로 그럴듯하게 가지는 태도나 몸의 자세. ¶우호적인 포즈를 취하다.

포지(包紙)圓〈포장지〉의 준말.

포지션(position)圓 ①위치. 지위. 부서. ②화음(和音)의 위치. ③현악기의 운지법(運指法)에서, 손가락의 위치.

포지트론(positron)圓 양전자(陽電子).

포지티브(positive)圓 ①사진의 양화(陽畫), 또는 양화용 필름. ②긍정적인 것. 적극적인 것. ③전기의 양극(陽極). →네거티브.

포ː진(布陣)〔─하자〕(전쟁이나 경기를 하기 위하여) 진을 침. ¶국경 지대에 아군의 포진 병력을 늘리다.

포ː진(鋪陳)몡 (품평회에서 상점 따위의 진열대 안에) 물건을 늘어놓음.

포ː진(暴殄)몡 물건을 거칠게 다루어 없앰.

포진(鋪陳)몡 ①까는 자리. 곧, 방석·요·돗자리 따위를 통틀어 이르는 말. ②〔하타〕예식이나 잔치 때에 앉을 자리를 마련하여 깖.

포진-장병(鋪陳障屛)몡 (방석·요·병풍 따위) 깔고 치는 물건을 통틀어 이르는 말.

포ː진지(砲陣地)몡 대포를 설치한 진지.

포ː진-천물(暴殄天物)몡 물건을 아까운 줄 모르고 마구 써 버리거나 아껴 쓰지 않고 함부로 버리는 일.

포-집다[─따]目 ①겨듭 집다. ②그릇을 포개어 놓다.

포ː차(抛車)몡 지난날, 성(城)을 공격할 때 투석용(投石用)으로 쓰던 차.

포차(砲車)몡 ①화포(火砲)를 쉽게 옮길 수 있도록 바퀴를 단 포가(砲架). ②화포를 끄는 견인자동차.

포ː착(捕捉)몡〔하타·되자〕①꼭 붙잡음. ②일의 요점이나 요령을 깨침. 파착(把捉). ③어떤 기회나 정세를 알아차림. ¶기회를 포착하다. /증거가 포착되다.

포채(匏菜)몡 박나물.

포척(布尺)몡 측량에 쓰는, 베로 만든 띠 모양의 자.

포ː척(抛擲)몡〔하타〕①(물건을) 내던짐. ②내버려 둠.

포척(鮑尺)몡 전복 따는 일을 업으로 하는 사람.

포ː철(抛撤)몡〔하타〕(물건을) 내던져 여러 군데로 헤뜨러지게 함.

포ː청(捕廳)몡〈포도청〉의 준말.

포촉(脯蜀)몡 ①제사에 쓰는 포육과 초. ②지난날, 지방 관리가 세말(歲末)에 중앙의 관리나 친지에게 세찬으로 보내던 포육과 초.

포촌(浦村)몡 갯마을.

포총(砲銃)몡 포와 총. 총포.

포ː충-망(捕蟲網)몡 곤충을 잡는 데 쓰는, 긴 막대 끝에 그물 주머니를 단 것. 벌레그물. 魯잠자리채.

포ː충˘식물(捕蟲植物)[─싱─]몡 벌레를 잡아먹고 사는 식물. 〔끈끈이주걱·파리지옥풀 따위.〕

포ː충-엽(捕蟲葉)몡 날아 붙는 벌레를 잡아먹는 식충(食蟲) 식물의 잎.

포ː치(布置·鋪置)몡〔하타·되자〕☞배치(排置).

포ː치(抛置)몡〔하타·되자〕던져 내버려 둠.

포ː치(捕治)몡〔하타〕죄인을 잡아다 다스림.

포ː치(porch)몡 차 대는 곳. 건물의 입구에 지붕을 갖추어 만든 구조물.

포ː커(poker)몡 트럼프 놀이의 한 가지. 각자 나누어 받은 다섯 장의 패를 가지고 득점이 되는 일정한 패를 짝 맞추어 승부를 겨룸.

포켓(pocket)몡 '호주머니'로 순화.

포켓볼(pocketball)몡 당구 경기의 한 가지. 흰 공을 큐로 쳐서 번호가 붙은 15개(또는 9개)의 공을 당구대에 설치된 여섯 개의 구멍에 넣어 승부를 가림.

포켓-북(pocket+book)몡 ①수첩. ②호주머니에 들어갈 만한 크기의 책.

포켓-형(pocket型)몡 가지고 다니기 쉽고 호주머니에 들어갈 만한 크기나 모양의 것. ¶포켓형 사전.

포코(poco 이)몡 악보에서 다른 나타냄말에 덧붙여 쓰는 말. '조금'의 뜻. 〔poco presto(좀 빠르게) 따위.〕

포ː크(fork)몡 양식(洋食)에서, 고기·생선·과일 등을 찍어 먹는 식탁 용구.

포ː크˘댄스(folk dance)몡 ①전통적인 민속 무용. 향토 무용. ②레크리에이션으로서 즐기는 경쾌한 춤.

포ː크리프트(forklift)몡 ☞지게차.

포ː크˘볼(fork ball)몡 야구에서, 집게손가락과 가운뎃손가락 사이에 끼어 던지는 투구로서, 타자 가까이에서 갑자기 떨어지는 공.

포ː크˘송(folk song)몡 미국에서 발생한 민요풍의 대중가요.

포ː크-커틀릿(pork cutlet)몡 빵가루를 묻힌 돼지고기를 기름에 튀긴 서양 요리. 돈가스.

포클레인(Poclain)몡 ☞삽차. ¶포클레인을 조작하다. /포클레인으로 흙을 파헤치다.

포타슘(potassium)몡 ☞칼륨.

포탄(砲彈)몡 대포알. ¶포탄이 터지다. /포탄을 발사하다.

포ː탈(逋脫)몡〔되자〕①〔하자〕도망하여 면함. ②〔하타〕바쳐야 할 세금을 모면하여 내지 않음. ¶세금을 포탈하다.

포탑(砲塔)몡 (군함이나 요새·전차 등에서) 적의 화기나 공중 폭격으로부터 포와 사수(射手)·포실(砲室) 등을 지키기 위하여 강철로 만든 장갑 구조물.

포탕(匏湯)몡 박국.

포태(胞胎)몡 아이를 뱀.

포ː터(porter)몡 호텔이나 역 등에서 손님의 짐을 날라 주는 사람.

포ː털˘사이트(portal site)몡 인터넷에서, 분야별·주제별 사이트 목록이나 정보를 구분하여 나열해 놓거나 검색 기능을 두거나 하여 사용자가 원하는 정보나 사이트를 쉽게 찾을 수 있도록 도와주는 사이트.

포테이토-칩(potato chip)몡 얇게 썬 감자를 바삭바삭하게 튀긴 음식.

포트란(FORTRAN)몡 컴퓨터의 프로그래밍용 언어의 한 가지. 수학적 수식을 명령문으로 표현하여 사무용·과학용으로 쓰이는 고급 언어임. [formula translator]

포ː트와인(port wine)몡 포도주의 일종. 특히, 포르투갈 원산의 암홍색·암자색의 포도주를 이름.

포ː트폴ː리오(portfolio)몡 ①개개의 금융 기관이나 개인이 보유하는 각종 금융 자산의 명세표. ②다양한 투자 대상에 분산하여 자금을 투입하여 운용하는 일.

포판(砲板)몡 사격 후 충격을 흡수하기 위하여 포신(砲身) 밑에 받치는 넓적한 판.

포폄(褒貶)몡 칭찬함과 나무람. 시비선악을 평정(評定)함.

포ː풍착영(捕風捉影)몡〔하자〕〔바람을 잡고 그림자를 붙든다는 뜻으로〕'허망한 언행'을 이르는 말.

포퓔리슴(populisme 프)몡 1930년대에 프랑스에서 일어난 문학 운동. 정치성·경향성을 배제하고, 민중의 생활 감정을 묘사하여 민중이 즐겨 읽을 수 있도록 하는 것을 목적으로 함.

포플러(poplar)몡 ①버드나뭇과의 낙엽 교목. 분류학상으로는 사시나무속(屬)에 딸린 교목을 통틀어 이르는 말. 〔양버들·미루나무·캐나다포플러·이태리포플러 따위.〕②'미루나무'를 흔히 이르는 말.

포플린(poplin)囘 직물의 한 가지. 가는 날실과 굵은 씨실을 평직으로 짜서 가로로 이랑이 지게 한 직물. 옷감으로 널리 쓰임.

포피(包皮)囘 ①표면을 싼 가죽. ②자지의 귀두부를 싼 살가죽.

포피-염(包皮炎)囘 포피에 생기는 염증.

포:학(暴虐)[-학]囘형 횡포하고 잔인함. ¶포학한 군주.

포:학-무도(暴虐無道)[-항-]囘형 성질이 포학하고 도리에 어긋남.

포한(疱漢)囘 ☞백장.

포:한(抱恨)囘 원한을 품음.

포함(砲艦)囘자 무당이 귀신의 말을 받아서 한다는 신의 명령.

포함(包含)囘타되자 속에 들어 있거나 함께 넣음. ¶회원은 나를 포함하여 모두 다섯 명이다. /세금까지 포함된 금액.

포함(砲艦)囘 해안이나 강안(江岸)을 경비하는, 경포(輕砲)를 갖춘 소형 군함.

포:합(抱合)囘타되자 ①서로 끌어안음. ②해독(解毒) 작용의 한 가지. 체내에 들어간 약물이나 이물질 등이 아미노산·황산 따위와 결합하는 일.

포:합-어(抱合語)囘 형태상으로 나눈 세계 언어의 한 가지. 동사를 중심으로 그 앞뒤에 언칭이나 목적을 나타내는 말이 결합 또는 삽입되어, 한 단어로서 한 문장과 같은 형태를 가지는 말. 〔아메리카 인디언의 말이나 아이누어·에스키모 어·바스크 어가 이에 딸림.〕 참고 립어·교착어·굴절어.

포항(浦港)囘 포구와 항구.

포핸드(forehand)囘 테니스나 탁구 등에서, 날아온 공을 라켓을 쥔 쪽에서 밀어 치는 일. 참백핸드.

포향(砲響)囘 대포를 쏠 때 울리는 소리.

포:흥(抱享)囘타 흡족하게 누림.

포혈(砲穴)囘 대포를 쏠 수 있게 만든 참호. 또는 성벽에 뚫어 놓은 구멍.

포혜(脯醢)[-혜/-예]囘 포육과 식혜.

포호함포(咆虎陷浦)囘 〔으르렁대기만 하는 범이 개펄에 빠진다는 뜻으로〕 '큰소리만 치고 일은 이루지 못함'을 이르는 말.

포화(布靴)囘 헝겊신.

포화(泡花)囘 물거품.

포화(砲火)囘 ①총포를 쏠 때 일어나는 불. ②총포를 씀. ¶포화가 멎다.

포:화(飽和)囘자 ①(일정한 조건 아래에서) 작용이나 변화가 더 이상 진행되지 못하는, 극도에 이른 상태. ②무엇에 의해 최대한도까지 가득 차 있는 상태. ¶도로마다 차량의 포화로 교통 체증이 심하다.

포:화^용액(飽和溶液)囘 일정한 온도에서 일정량의 용매에 녹을 수 있는 용질의 양이 최고한도에 이르렀을 때의 용액.

포:화^인구(飽和人口)囘 어느 지역에서 수용력(收容力)의 극한에 이른 인구.

포:화^증기(飽和蒸氣)囘 일정한 온도의 공간에서 액체와 평형 상태에 있는 증기. 곧, 증발을 계속하던 액체가 어느 한도에 이르러 그치게 된 때의 증기. ↔불포화 증기.

포:화^증기압(飽和蒸氣壓)囘 포화 증기 상태에서의 압력. 최대 압력.

포:화^지방산(飽和脂肪酸)囘 이중 결합이 없는 지방산. 버터나 돼지기름 등의 동물성 지방에 들어 있으며 상온에서는 고체임.

포:화^화:합물(飽和化合物)[-합-]囘 각 원자의 원자가가 모두 채워져 포화 상태의 구조식을 갖는 유기 화합물을 통틀어 이르는 말. 〔포화 탄화수소 따위.〕

포환(砲丸)囘 ①대포의 탄알. ②포환던지기에 쓰이는, 쇠로 만든 공.

포환-던지기(砲丸-)囘 던지기 운동의 한 가지. 지름이 2.135 m인 원 안에서 일정한 무게의 포환을 한 손으로 던지어 그 거리를 겨루는 경기. 투포환(投砲丸). 참필드 경기.

포황(蒲黃)囘 한방에서, '부들의 꽃가루'를 약재로 이르는 말. 지혈제(止血劑)로 씀.

포:획(捕獲)[-획/-훽]囘타되자 ①적병을 사로잡음. ②짐승이나 물고기를 잡음. ③국제법상, 전시에 적의 선박이나 범법한 중립국의 선박을 정지·임검·수색하고 나포하는 일. ¶어업 전관 수역의 침범한 일본 어선을 포획하다.

포:횡(暴橫)[-횡/-휑]囘형 ☞포만.

포효(咆哮)囘자 ①(사나운 짐승이) 크게 울부짖음. ②(사람이) 크게 외침.

포:흠(逋欠)囘타 관청의 물품을 사사로이 써 버림. 흠포(欠逋).

포:흠-질(逋欠-)囘타 관청의 물건을 사사로이 써 버리는 짓.

폭[1]의 ①《(어미 '-은'·'-는' 뒤에 쓰이어)》 가정(假定)이나 형편을 나타내는 '셈'의 뜻으로 쓰이는 말. ¶안 먹어도 먹은 폭으로 치자. /소득 없이 창피만 당한 폭이다. ②《(일부 명사 뒤에 쓰이어)》 분량이나 비교를 나타내는 '정도'의 뜻으로 쓰이는 말. ¶이번 것은 저번 것의 절반 폭도 안 된다.

폭[2]튀 ①드러나지 않도록 잘 싸거나 덮는 모양. ¶아기를 포대기에 폭 싸다. ②아주 깊고 포근한 상태. ¶단잠이 폭 들었다. ③함씬 익을 정도로 끓이거나 삶는 모양. ¶닭을 폭 고다. ④속속들이 삭거나 썩은 모양. ¶새우젓이 폭 삭았다. ⑤작은 물건으로 힘 있게 찌르는 모양. ¶송곳으로 폭 찌르다. ⑥수렁 따위에 갑자기 빠지는 모양. ¶진흙탕에 폭 빠지다. ⑦얄고 또렷하게 팬 모양. ¶보조개가 폭 패다. ⑧힘없이 단번에 주저앉거나 쓰러지는 모양. ¶폭 꼬꾸라지다. ⑨소복하게 떠 담거나 한거번에 쏟아지는 모양. ¶밥을 한 숟갈 폭 뜨다. ⑩남김없이 몽땅 주는 모양. ¶애정을 폭 쏟아 붓다. ⑪고개를 깊이 숙이는 모양. 큰푹. 폭-폭튀.

폭(幅)囘 ①가로의 길이. 가로나비. 너비. ¶강의 폭. ②하나로 이어 붙이기 위해 같은 길이로 잘라 놓은 천·종이 따위의 조각. ¶치마의 폭을 마르다. ③동량이나 포용성·지식 등의 많고 적음. ¶폭이 넓은 사람. ④사회적 세력이나 영향력의 범위·영망 등의 정도. ¶교제의 폭이 넓다. ⑤〔의존 명사적 용법〕천·종이 따위의 접혀진 조각이나, 하나로 이어 붙이기 위해 같은 길이로 잘라 놓은 조각, 또는 그림·족자를 셀 때 쓰는 말. ¶열두 폭 치마. /한 폭의 그림.

폭객(暴客)[-깩]囘 ☞폭한(暴漢).

폭거(暴擧)[-꺼]囘 난폭한 행동거지. ¶폭거를 자행하다.

폭격(爆擊)[-격]囘타 군용 비행기가 폭탄·소이탄 따위를 떨어뜨려 적의 군대나 시설 또는 국토를 파괴하는 일.

폭격-기(爆擊機)[-격끼]囘 적의 진지나 시설을 폭격하는 것을 임무로 하는 군용 비행기.

폭광(幅廣)[-꽝]囘 한 폭의 너비.

폭군(暴君)[-꾼]囘 포악한 임금. 비난군(亂君).

폭-넓다(幅-) [퐁널따] [혱] ①일의 범위나 영역이 크고 넓다. ¶폭넓은 활동. ②문제를 고찰하는 것이 다각적이고 다면적이다. ¶폭넓은 지식. ③아량을 베푸는 마음이 크다.

폭도(暴徒) [-또] [명] 폭동을 일으키는 무리. 흉도.

폭동(暴動) [-똥] [명] 어떤 집단이 폭력으로 소동을 일으켜서 사회의 안녕을 어지럽히는 일. ¶폭동을 진압하다.

폭등(暴騰) [-뜽] [명] [하자] (물건의 값이나 주가 따위가) 갑자기 크게 오름. ¶유가 폭등. /배추 값이 폭등하다. ↔폭락.

폭락(暴落) [퐁낙] [명] [하자] (물건의 값이나 주가 따위가) 갑자기 크게 떨어짐. 붕락(崩落). ¶부동산 시세가 폭락하다. 비참락(慘落). ↔폭등.

폭려(暴戾) '폭려하다'의 어근.

폭려-하다(暴戾-) [폭녀-] [혱여] 사람의 도리에 어긋나게 모질고 사납다.

폭력(暴力) [퐁녁] [명] ①난폭한 힘. ②육체적 손상을 가져오고, 정신적·심리적 압박을 주는 물리적 강제력. ¶폭력을 휘두르다.

폭력-단(暴力團) [퐁녁딴] [명] 폭력을 써서 어떤 목적을 이루려는 무리, 또는 불법 단체.

폭력-배(暴力輩) [퐁녁빼] [명] 걸핏하면 폭력을 휘두르는 불량배.

폭력 주의(暴力主義) [퐁녁쭈의/퐁녁쭈이] [명] ⌐테러리즘.

폭력^혁명(暴力革命) [퐁녀켱-] [명] 무력을 수단으로 하여 기존의 지배 계급과 국가 권력을 넘어뜨리려는 혁명.

폭렬(爆裂) [퐁녈] [명] [하자] 폭발하여 파열함.

폭로(暴露) [퐁노] [명] [하타] [되자] ①물건이 드러나 비바람에 바램. ②부정이나 음모·비밀 따위를 들추어냄. ¶고위 공직자의 비리를 언론에 폭로하다.

폭로^문학(暴露文學) [퐁노-] [명] 사실의 진상(眞相)을 폭로하는 데에 중점을 두는 문학.

폭로^소:설(暴露小說) [퐁노-] [명] 사회 현실의 어두운 면을 폭로하는 데에 중점을 두는 사회 소설.

폭로^전:술(暴露戰術) [퐁노-] [명] 반대파나 반대자가 숨기고 있는 부정이나 결함 따위를 폭로하여 상대를 궁지에 빠뜨리는 전술.

폭론(暴論) [퐁논] [명] 거칠고 사나운 언론.

폭뢰(爆雷) [퐁뇌/퐁눼] [명] 잠수함 공격을 위한 수중 폭탄의 한 가지. 일정한 깊이에 이르면 기계적 발화 장치에 의해 자동 폭발함.

폭리(暴吏) [퐁니] [명] ①백성에게 포악한 짓을 하는 관리. ②도리에 어긋나는 짓을 하는 관리.

폭리(暴利) [퐁니] [명] ①부당한 방법으로 얻는 이익. ¶매점매석으로 폭리를 얻다. ②(어떤 한도를 넘는) 많은 이익. ②→박리(薄利).

폭리^행위(暴利行爲) [퐁니-] [명] 상대편의 궁박(窮迫)·경솔·무경험 등의 약점을 노려 부당한 이익을 꾀하는 행위.

폭명(爆鳴) [퐁-] [명] [하자] 폭발할 때 소리가 남, 또는 그 소리.

폭명^가스(爆鳴gas) [퐁-] [명] 한 개의 산소 원자와 두 개의 수소 원자가 결합한 혼합 기체. 불을 붙이면 요란한 소리를 내면서 폭발하며 물이 생김. 폭명기(爆鳴氣).

폭명-기(爆鳴氣) [퐁-] [명] ⌐폭명 가스.

폭민(暴民) [퐁-] [명] 폭동을 일으킨 민중.

폭발(暴發) [-빨] [명] [하자] [되자] ①(쌓였던 감정 따위가) 갑자기 터짐. ¶감정이 폭발하다. ②(어떤 일이) 별안간 벌어지거나 일어남. ¶인기 폭발.

폭발(爆發) [-빨] [명] [하자] [되자] ①불이 일어나며 갑자스럽게 터짐. ¶여객기 폭발 사고. ②(급속히 일어나는 화학 반응으로) 많은 가스와 열량이 생기고 급격히 부피가 커지며 폭명·화염 및 파열 작용을 일으키는 현상. ¶수류탄의 폭발하다.

폭발^가스(爆發gas) [-빨-] [명] 광산의 갱내에서 발생하는 가스가 공기와 섞이어 어느 일정한 비율에 이르면 폭발하게 되는 가연성 가스. [메탄가스 따위.]

폭발-물(爆發物) [-빨-] [명] 폭발하는 성질이 있는 물질을 통틀어 이르는 말.

폭발-약(爆發藥) [-빨략] [명] 폭발을 일으키는 화약류를 통틀어 이르는 말. ⑥폭약.

폭발-적(爆發的) [-빨쩍] [관][명] 무엇이 갑자기 평장한 기세로 일어나거나 퍼지는 (것). ¶폭발적 반응. /청소년들의 폭발적인 인기를 얻다.

폭발-탄(爆發彈) [-빨-] [명] 금속 용기에 폭약을 채워 던지거나 쏘거나 투하하여 인명을 살상하거나 구조물을 파괴하는 병기(兵器). ⑥폭탄.

폭배(暴杯·暴盃) [-빼] [명] [하타] (술잔을 돌리지 않고) 한 사람에게만 거듭 따라 줌, 또는 그렇게 따르는 술잔. ¶독한 술을 폭배로 들이켜다.

폭백(暴白) [-빽] [명] [하자] ①화를 내며 분개하여 변명함. ②⌐발명(發明)².

폭부(暴富) [-뿌] [명] ⌐벼락부자.

폭사(暴死) [-싸] [명] [하자] 갑자기 참혹하게 죽음. 폭졸.

폭사(爆死) [-싸] [명] [하자] 폭발로 말미암아 죽음. ¶적의 공습으로 폭사하다.

폭삭 [-싹] [부] ①온통 곯아서 썩은 모양. ¶호박이 폭삭 썩었다. ②[하자]몸피가 작은 것이 맥없이 주저앉는 모양. ¶땅바닥에 폭삭 주저앉다. ③[하자]부피가 앙상하고 단단하지 못한 물건이 쉽게 바스라지거나 가라앉는 모양, 또는 그 소리. ¶쌓은 초가 지붕이 폭삭 내려앉다. ④기력이 쇠하고 몹시 늙어 버린 모양. ¶얼굴이 폭삭 늙다. ①~③큰폭석. 폭삭-폭삭[부][하자]

폭살(爆殺) [-쌀] [명] [하자] 폭발물을 터뜨려 죽임.

폭서(暴暑) [-써] [명] 매우 심한 더위. 폭염(炎). 비혹서(酷暑).

폭서(曝書) [-써] [명] [하자] (좀먹는 것을 막기 위해) 책을 햇볕에 쬐고 바람을 쐼, 또는 그 일. 쇄서(曬書).

폭설(暴泄) [-썰] [명] [하자] 한방에서, 갑자기 나는 심한 설사를 이르는 말. 폭주(注).

폭설(暴雪) [-썰] [명] 갑자기 많이 내리는 눈. ¶간밤의 폭설로 교통이 두절되었다.

폭설(暴說) [-썰] [명] 난폭한 언설(言說).

폭소(爆笑) [-쏘] [명] [하자] 갑자기 터져 나오는 웃음. ¶폭소 연발. /폭소를 터뜨리다.

폭쇠(暴衰) [-쇠/-쉐] [명] [하자] (정력이나 세력이) 갑작스럽게 줄어듦.

폭스-테리어(fox terrier) [명] 테리어종(terrier種)의 개. 영국 원산으로, 본디는 여우 사냥개였으나 현재는 애완용으로 많이 기름.

폭스트롯(foxtrot) [명] 〔여우 걸음과 같은 춤이란 뜻으로〕 미국에서 생겨난 사교 댄스의 한 가지, 또는 그런 스텝이나 리듬. 2분의2 또는 4분의4 박자의 음악에 맞추는 춤. ⑥트롯.

폭식(暴食) [-씩] [명] [하타] ①음식을 한꺼번에 많이 먹음. ¶폭식은 건강을 해친다. ②가리지 않고 아무것이나 마구 먹음.

폭신-폭신 [-씬-씬] [부] [하형] 매우 폭신한 모양. ¶폭신폭신한 이불. ⑨폭신폭신.

폭신-하다[-씬-][혱여] 매우 보드랍고 탄력성이 있어 두껍게 쌓은 솜 위에 앉을 때와 같은 편안한 느낌이 있다. ¶폭신한 솜이불. ㉳폭신하다. **폭신-히**[뷔].

폭심(爆心)[-씸][명] 폭발의 중심점.

폭암(暴暗)[명] 한방에서, 혈기 부족으로 갑자기 정신이 아득하여지거나 눈이 잘 보이지 않게 되는 병을 두루 이르는 말.

폭압(暴壓)[명][하자] 폭력으로 억압함, 또는 그 억압. ¶폭압 정치.

폭약(爆藥)[명] 〈폭발약〉의 준말.

폭양(曝陽)[명] ①뜨겁게 내리쬐는 햇볕. 뙤약볕. ②[하자]뜨거운 햇볕에 쬠.

폭언(暴言)[명][하자] 거칠고 사납게 하는 말. ¶폭언을 퍼붓다.

폭염(暴炎)[명] ㄷ폭서(暴暑). ¶폭염이 기승을 부리다.

폭우(暴雨)[명] 갑자기 많이 쏟아지는 비.

폭원(幅員·幅圓)[명] 도로 따위의 너비. ¶고속 도로의 폭원.

폭위(暴威)[명] 거칠고 사나운 위세. ¶폭위를 부리다.

폭음(暴淫)[명][하자] 방사(房事)를 지나치게 함.

폭음(暴飮)[명][하타] ①술을 한꺼번에 지나치게 많이 마심. ②가리지 않고 아무것이나 함부로 많이 마심.

폭음(暴瘖)[명] 한방에서, 갑자기 혀가 굳어 말을 하지 못하는 병을 이르는 말.

폭음(爆音)[명] 폭발물이 터지는 소리.

폭정(暴政)[명] 포악한 정치.

폭졸(暴卒)[-쫄][명][하자] ㄷ폭사(暴死).

폭주(暴走)[-쭈][명][하자] (규칙을 무시하고) 함부로 난폭하게 달림. ¶오토바이가 폭주하다.

폭주(暴注)[-쭈][명][하자] ①비가 갑자기 몹시 쏟아짐. ②어떤 일이 처리하기 힘들 정도로 한꺼번에 몰림. ¶업무량의 폭주. /주문이 폭주하다. ㄷ폭설(暴泄).

폭주(暴酒)[-쭈][명] 한꺼번에 많이 마시는 술.

폭주(輻輳·輻湊)[명] ①〈폭주병진〉의 준말. ②두 눈의 주시선(注視線)이 눈앞의 한 점으로 집중하는 일.

폭주-병진(輻輳幷臻)[-쭈-][명][하자] 〔수레바퀴의 살이 바퀴통에 모이듯 한다는 뜻으로〕'한 곳으로 많이 몰려듦'을 이르는 말. ㉳복주병진. ㉲폭주.

폭죽(爆竹)[-쭉][명] 가느다란 대통이나 종이통 속에 화약을 다져 넣고 불을 붙여 터뜨려 소리나 불꽃이 나게 하는 물건.

폭증(暴增)[-쯩][명][하자] 갑자기 큰 폭으로 증가함. ¶매출액이 폭증하다.

폭질(暴疾)[-찔][명] 갑작스럽게 앓는 급한 병.

폭취(暴醉)[명][하자] 술에 갑작스레 몹시 취함.

폭침(暴沈)[명][하타][되자] (배 따위를) 폭발시켜 가라앉힘.

폭탄(爆彈)[명] 〈폭발탄〉의 준말.

폭탄-선언(爆彈宣言)[명] 〔어떤 상황이나 국면에서〕 큰 반향(反響)이나 작용을 불러일으키는, 예상하지 않았던 중대 선언.

폭투(暴投)[명][하자타] 〔야구에서〕 ①포수가 받을 수 없을 정도로 나쁘게 던진, 투수의 투구(投球). ②자기 편의 야수(野手)가 받을 수 없을 정도의 나쁜 송구(送球). ②악송구.

폭파(爆破)[명][하타][되자] 폭발시켜 부수어 버림. ¶다리를 폭파하다.

폭포(瀑布)[명] 〈폭포수〉의 준말.

폭포-선(瀑布線)[명] 산지의 사면(斜面)을 따라 나란히 흘러내리는 하천들이 형성하는 폭포 각각의 위치를 연결한 가상의 선.

폭포선^도시(瀑布線都市)[명] 폭포선을 따라 발달된 도시. 수력 발전 공사 및 그 전력을 이용하여 발달된 공업 도시.

폭포-수(瀑布水)[명] 낭떠러지에서 곧장 쏟아져 내리는 물. 비류(飛流). 비천(飛泉). ②폭포. ㉴현천(懸泉).

폭풍(暴風)[명] ①몹시 세차게 부는 바람. ②ㄷ왕바람.

폭풍 전의 고요[관용] '무슨 변고(變故)가 일어나기 전의 잠깐 동안의 불안스러운 정적'을 비유하여 이르는 말.

폭풍(爆風)[명] 폭발물이 터질 때 일어나는 강한 바람.

폭풍^경:보(暴風警報)[명] 기상 경보의 한 가지. 폭풍·폭풍우·폭풍설 등의 우려가 있음을 미리 알리는 경보로서, 평균 최대 풍속 초당 20 m(해상에서는 25 m) 이상일 때에 냄.

폭풍-설(暴風雪)[명] 폭풍과 폭설. 사나운 눈보라.

폭풍설^경:보(暴風雪警報)[명] 기상 경보의 한 가지. 평균 풍속 초당 20 m 이상의 강풍이 강설(降雪)을 동반할 때 내는 예보.

폭풍-우(暴風雨)[명] 폭풍과 폭우. 사나운 비바람.

폭풍우^경:보(暴風雨警報)[명] 기상 경보의 한 가지. 평균 풍속 초당 20 m 이상의 강풍이 강우(降雨)를 동반할 때 내는 예보.

폭풍우^주:의보(暴風雨注意報)[-의-/-이-][명] 기상 주의보의 한 가지. 폭풍 주의보를 낼 만한 폭풍에다, 시간당 강우량이 20 mm 이상일 때 내는 예보.

폭풍^주:의보(暴風注意報)[-의-/-이-][명] 기상 주의보의 한 가지. 평균 최대 풍속 초당 14~20 m의 바람이 세 시간 이상 불 것이 예상될 때 풍향과 함께 발표되는 예보.

폭-하다(曝-)[포카-][타여] ①햇볕에 쬐다. ②한 곳에 두어 비바람을 맞게 하다. ③포목을 희게 하려고 햇볕에 바래다.

폭한(暴寒)[포칸][명] 갑자기 닥치는 심한 추위.

폭한(暴漢)[포칸][명] 함부로 난폭한 짓을 하는 사람. 폭객.

폭행(暴行)[포캥][명][하타] ①난폭한 행동. ②남에게 불법으로 폭력을 행사하는 일. 형법에서는 심리적으로 영향을 미치는 협박도 이에 포함함. ¶폭행을 저지르다. /폭행을 휘두르다. ③'강간(强姦)'을 에둘러서 이르는 말.

폭행-죄(暴行罪)[포캥죄/포캥줴][명] 남의 신체에 폭력을 가함으로써 성립되는 죄.

폰:(phon)[의] 소리의 크기를 나타내는 단위. 소음의 표시에 쓰임.

폰:-뱅킹(phone banking)[명] 전화를 이용하여 각종 조회, 예금 및 대출 상담, 자금 이체 등의 금융 거래를 할 수 있는 시스템. 텔레뱅킹.

폰트(font)[명] 구문 활자(歐文活字)에서 크기와 서체가 같은 한 벌. 대문자·소문자·구두점·숫자 따위의 것.

폴:(fall)[명] 레슬링에서, 상대편의 양 어깨를 동시에 매트에 1초 동안 닿게 하는 일.

폴:(pole)[명] 장대높이뛰기에 쓰이는 장대.

폴:-더(folder)[명] 윈도에서, 서로 관련 있는 소프트웨어를 묶어서 하나의 아이콘으로 나타낸 것.

폴:-더(polder 네)[명] 네덜란드의 연안 지방에 발달한, 해면보다 낮은 간척지.

폴딱[부][하][자] 작은 것이 힘을 모아 가볍고 탄력 있게 뛰는 모양. ⓔ펄떡. **폴딱-폴딱**[부][하][자]

폴딱-거리다[-꺼-][자] 자꾸 폴딱폴딱하다. 폴딱 대다. ⓔ펄떡거리다.

폴딱-대다[-때-][자] 폴딱거리다.

폴라로그래피 (polarography)[명] 전해 분석(電解分析)의 한 가지. 수은 적하(滴下) 전극을 써서 전해 반응을 분석 측정하는 전기 화학적 장치.

폴라로이드 (Polaroid)[명] 인조 편광판(偏光板)의 하나. 〔미국 폴라로이드(Polaroid)사의 상표명에서 유래함.〕

폴라로이드^랜드^카메라 (Polaroid Land camera)[명] 카메라 안에서 현상과 정착이 이루어져 촬영 후 1분 이내에 사진이 나오게 된 카메라. ⓔ폴라로이드 카메라.

폴라로이드^카메라 (Polaroid camera)[명] 〈폴라로이드 랜드 카메라〉의 준말.

폴라리스-성 (Polaris星)[명] 작은곰자리의 알파성, 곧 북극성(北極星).

폴락[부][하][자][타] 작고 얇은 것이 바람에 날리어 가볍게 나부끼는 모양. ¶커튼이 폴락이다. ⓔ펄럭. **폴락-폴락**[부][하][자][타]

폴락-거리다[-꺼-][자][타] 자꾸 폴락폴락하다. 폴락대다. ⓔ펄럭거리다.

폴락-대다[-때-][자][타] 폴락거리다.

폴랑[부][하][자][타] 작고 얇은 것이 바람에 날리어 부드럽게 나부끼는 모양. ¶바람에 깃발이 폴랑 움직인다. ⓔ펄렁. **폴랑-폴랑**[부][하][자][타]

폴랑-거리다[자][타] 자꾸 폴랑폴랑하다. 폴랑대다. ¶깃발이 가을바람에 이리저리 폴랑거린다. ⓔ펄렁거리다.

폴랑-대다[자][타] 폴랑거리다.

폴로[로(polo)[명] 마상(馬上) 경기의 한 가지. 각각 네 사람으로 된 두 편이 말을 타고 막대로 공을 쳐서 상대편의 골에 넣어 승부를 겨루는 경기.

폴로네ː즈 (polonaise 프)[명] 폴란드의 대표적인 민속 무용 및 기악곡. 4분의3 박자로, 2부 또는 3부 형식이며 느린 템포임.

폴로늄 (polonium)[명] 방사성 원소의 한 가지. 우라늄 광석에 포함된 회백색의 금속으로, 물리 측정의 재료로 쓰임. 〔Po/84/210〕

폴로ː^신 (follow scene)[명] 영화에서, 이동 촬영으로 제작된 장면.

폴리돌 (Folidol)[명] 〈살충 농약으로 쓰이는〉 파라티온계 유기 인산제의 상품명.

폴리머 (polymer)[명] 중합체(重合體).

폴리스 (polis)[명] 고대 그리스의 도시 국가.

폴리스티렌 (polystyrene)[명] 스티렌의 중합체, 곧 스티렌 수지(樹脂)를 달리 이르는 말. 폴리스티롤.

폴리스티롤 (Polystyrol 독)[명] ⇨폴리스티렌.

폴리에스테르 (polyester)[명] 다가(多價) 알코올과 다염기산의 축합으로 이루어지는 고분자 화합물을 통틀어 이르는 말. 내약품성·내열성이 뛰어나 가구·건재·합성 섬유 따위에 이용됨.

폴리에틸렌 (polyethylene)[명] 에틸렌에서 만들어지는 합성수지. 내수성과 내약품성이 뛰어나 그릇·포장 재료·전기 절연체·공업용 부품 따위에 널리 쓰임.

폴리엔 (polyene)[명] 이중 결합을 여러 개 가지고 있는 유기 화합물을 통틀어 이르는 말. 탄성 고무 따위에 널리 쓰임.

폴리포니 (polyphony)[명] 다성부 음악(多聲部音樂).

폴립 (polyp)[명] ①자포동물의 생활사(生活史)의 한 시기에 나타나는 체형. 몸은 원통형이며 입 주위에 많은 촉수가 있고 아래쪽에는 족반(足盤)이 있어 다른 물건에 부착함. ②피부 또는 점막 등의 겉면에 줄기를 가지고 돋아 나온 원형·타원형·계란형의 종류(腫瘤)를 통틀어 이르는 말.

폴싹[부][하][자] ①먼지나 연기 따위가 갑자기 몽키어 일어나는 모양. ②작은 것이 맥없이 주저앉거나 내려앉는 모양. ⓔ펄썩. **폴싹-폴싹**[부][하][자]

폴싹-거리다[-꺼-][자] 자꾸 폴싹폴싹하다. 폴싹 대다. ⓔ펄썩거리다.

폴싹-대다[-때-][자] 폴싹거리다.

폴짝[부][하][자] ①몸피가 작은 것이 가볍고 힘있게 뛰는 모양. ②[하][자] 여닫이 따위를 갑작스레 열거나 닫는 모양. ⓔ펄쩍. **폴짝-폴짝**[부][하][자][타]

폴짝-거리다[-꺼-][자] 자꾸 폴짝폴짝하다. 폴 짝대다. ⓔ펄쩍거리다.

폴짝-대다[-때-][자] 폴짝거리다.

폴카 (polka)[명] 19세기 초에 보헤미아에서 일어난, 4분의2 박자의 경쾌한 무곡.

폴ː트 (fault)[명] 테니스·탁구·배구 등에서, '서브의 실패'를 이르는 말.

폴폴[부] ①적은 물이 자꾸 끓어오르는 모양. ②힘차고 재빠르게 날거나 뛰는 모양. ③눈이나 먼지 따위가 흩날리는 모양. ¶흙먼지가 폴폴 날리다. ④냄새 따위가 자꾸 나는 모양. ⓔ풀풀.

폼ː(form)[명] ①사람이 취하는 몸의 형태나 자세. ¶투구 폼이 좋은 투수. ②겉으로 드러내는 멋이나 모양이나 형태. ¶옷을 폼 나게 차려 입다. /선글라스를 폼으로 쓰고 다니다. ③형식. 양식.

폼(을) 잡다[관용] ①무엇을 시작하려는 자세를 취하다. ②으쓱거리고 뽐내는 티를 짐짓 겉으로 드러내다. 폼(을) 재다.

폼(을) 재다[관용] ⇨폼(을) 잡다. ¶요즘 돈푼이나 생겼는지 폼 재고 다닌다.

폼포소 (pomposo 이)[명] 악보의 나타냄말. '장려하게·호탕하게'의 뜻.

폿-집(包-)[포찝][포찜][명][전각][전기이나 궁궐과 같이) 포살미하여 지은 집.

퐁[부] ①갇혀 있던 공기 따위가 좁은 통로로 빠져나오면서 나는 소리. ②작은 구멍이 갑자기 뚫리는 소리, 또는 뚫린 모양. ¶퐁 뚫린 문구멍으로 방 안을 들여다보다. ③깊은 물에 무겁고 동그란 덩어리가 떨어지는 소리. ¶연못에 작은 돌멩이가 퐁 떨어졌다. ⓔ풍. **퐁-퐁**[부][하][자][타]

퐁당[부] 작고 단단한 물건이 물에 떨어질 때 나는 소리. ⓔ풍덩. **퐁당-퐁당**[부][하][자][타]

퐁당-거리다[자][타] 자꾸 퐁당퐁당하다. 퐁당대다. ⓔ풍덩거리다.

퐁당-대다[자][타] 퐁당거리다.

퐁-퐁[부][하][자] (액체 따위가) 좁은 구멍으로 쏟아지거나 솟아나는 소리. ⓔ풍풍.

퐁퐁-거리다[자][타] 자꾸 퐁퐁 소리가 나다. 퐁퐁대다. ⓔ풍풍거리다.

퐁퐁-대다[자][타] 퐁퐁거리다.

푄 (Föhn 독)[명] 산을 넘어서 불어 내리는, 돌풍적이고 건조한 열풍. 풍염(風炎).

표 (表)[명] ①위. 겉. 겉쪽. 바깥쪽. ②〈표적(表迹)〉의 준말. ¶일한 표가 나다. ③소회(所懷)를 적어 임금에게 올리는 글. ¶출사표. ④왕조 때, 과문 육체(科文六體)의 하나. ⑤요긴한 사항을 일정한 순서에 좇아 죽 벌여 적은 것. ⑥전체를 한눈에 쉽게 볼 수 있도록 일정한 형식에 따라 나타낸 것. ¶표를 그리다.

표(票)명 ①증거가 될 만한 쪽지, 또는 그것을 이용함을 허락하는 쪽지임을 나타냄. ¶ 표를 끊다. /표를 예매하다. ②〈선거 또는 의결에서〉 자기 의사를 표시한 쪽지. ¶ 표를 모으다. ③『의존 명사적 용법』투표한 쪽지를 세는 단위. ¶ 오백 표 차이로 국회의원에 당선되다.

표(標)명 ①증거가 될 만한 필적이나 형적(形迹). ¶ 읽던 곳에 표를 해 두다. /짜깁기한 표가 전혀 없다. ②두드러지게 나타나 보이는 특징. ¶ 그가 쓴 작품은 표가 난다. ③특징이 되게 하는 어떠한 지점(指點). ④〈표지(標紙)〉의 준말. ⑤〈표지(標識)〉의 준말.

표가(表價) [-까]명 화폐의 표면에 기록되어 있는 가격.

표가라(驪-)명 몸은 검고 갈기가 흰 말.

표견^대리(表見代理)명 ⇨표현 대리.

표결(表決)명하타되자 합의체(合議體)의 구성원이 의안에 대하여 가부의 의사를 표시하여 결정하는 일. 〔표결의 결과가 의결임.〕 ¶ 충분한 토의를 거쳐 표결에 들어가다.

표결(票決)명하타 투표로써 결정함. ¶ 안건을 표결에 부치다.

표결-권(表決權) [-꿘]명 회의에 참석하여 표결할 수 있는 권리.

표고명 느타리버섯과의 버섯. 삿갓의 길이는 6~10cm로, 육질이며 표면은 다갈색, 속은 흰 살임. 봄부터 가을까지 밤나무·떡갈나무 따위의 고목에 나는데, 우리나라·중국·일본에 분포함. 영양이 풍부하여 요리에 널리 쓰이며 인공 재배도 함. 표고버섯.

표고(標高)명 바다의 수준면(水準面)에서 지표의 어느 지점에 이르는 수직 거리. 해발 고도.

표고-버섯 [-섣]명 ⇨표고. ＊표고버섯이 [-서시]·표고버섯만 [-선-]

표고-점(標高點) [-쩜]명 지도에서, 표고(標高)를 숫자로 나타낸 지점.

표구(表具)명하타 족자(簇子)나 병풍 따위를 꾸며 만드는 일. ¶ 그림을 표구하다.

표구-사(表具師)명 표구를 업으로 하는 사람.

표기(表記)명되자 ①하자타책·문서·봉투 등의 거죽에 기록함, 또는 그 기록. ②하타문자나 부호를 써서 말을 기록하는 것. ¶ 한글 표기.

표기(標記)명하타 어떤 표로 기록함, 또는 그 기록이나 부호.

표기(標旗)명 ①목표물로 세운 기. ②조선 시대에, 병조의 푯대가 되던 깃발.

표기-법(表記法) [-뻡]명 언어를, 문자나 부호를 사용하여 나타내는 규칙을 통틀어 이르는 말. ¶ 외래어 표기법.

표녀(漂女)명 빨래하는 여자. ⑧표모.

표대(表對) [-때]명 시문(詩文)을 짓는 데 썩 잘 맞게 된 대구(對句).

표독(慓毒)명하타형 성질이 사납고 독살스러움. ¶ 표독한 눈초리. /표독을 부리다. **표독-히**튀 **표독스레**튀

표등(標燈)명 신호를 보내거나 목표로 삼기 위해 켜 놓은 등불.

표랑(漂浪)명하자타 ①물 위에 떠돌아다님. ②정처 없이 떠돌아다님.

표략(剽掠)명하타 (남을) 을러메거나 협박하여 빼앗음. 표탈(剽奪).

표령(飄零)명 ①하자 나뭇잎이 바람에 흩날려 떨어짐. ②하자타 신세가 기박하여 이리저리 떠돌아다님.

표로(表露)명하자타되자 표면에 나타남, 또는 표면에 나타냄.

표류(漂流)명 ①하자타 물에 떠서 흘러감. ¶ 난파선이 표류하다. ②하자타 정처 없이 떠돌아다님. ③하자타 어떤 방향이나 목적을 잃고 헤맴. 또는, 일정한 원칙이나 주관이 없이 이리저리 혼들림. ¶ 정책의 표류.

표리(表裏)명 ①겉과 속. 안과 밖. ②왕조 때, 임금이 신하에게 내리거나 신하가 임금에게 바치던, 옷의 겉감과 안감.

표리부동(表裏不同)명하 마음이 음충맞아서 겉과 속이 다름. 속 다르고 겉 다름.

표리-상응(表裏相應)명하자 안팎에서 서로 손이 맞음.

표리-일체(表裏一體)명하자 〔안팎이 한 덩어리가 된다는 뜻으로〕두 사물의 관계가 밀접하게 됨을 이르는 말.

표마(驃馬)명 ⇨표절따.

표막(表膜)명 표면을 싸고 있는 막. 겉막.

표면(表面)명 ①사물의 겉으로 드러난 면. 곧, 사물의 가장 바깥쪽 또는 윗부분. 겉. 겉면. ¶ 표면이 매끄럽다. ②어떤 일이나 현상의 겉으로 나타나거나 눈에 띄는 부분. ↔이면(裏面).

표면^장력(表面張力) [-녁]명 액체가 스스로 수축하여 표면적을 가장 작게 가지려고 하는 힘. 계면 장력(界面張力).

표-면적(表面積)명 겉넓이.

표면-적(表面的)관명 겉으로 나타나거나 눈에 띄는 (것). ¶ 표면적 구호. /그것은 표면적인 이유에 불과하다.

표면-파(表面波)명 ①해면에 있어서의 물결의 파장과 수심의 비가 2분의 1 이하인 중력파(重力波). 〔풍랑·파도·너울 따위.〕 ②지표면에 따라 전달되는 지진파. ↔실체파(實體波).

표면-화(表面化)명하자타되자 표면에 드러나거나 실체가 드러남, 또는 그렇게 함. ¶ 쌓였던 불만이 표면화되다.

표명(表明)명하타되자 (의사나 생각 따위를) 드러내어 명백히 함. ¶ 출마 의사를 표명하다.

표모(漂母)명 빨래하는 늙은 여자. ⑧표녀.

표목(標木)명 ⇨푯말.

표몰(漂沒)명하자 물에 떠돌다 가라앉음.

표묘(縹緲·縹渺) '표묘하다'의 어근.

표묘-하다(縹緲-·縹渺-)형 ①멀리 있어 보이는 것이 희미하다. ②아득히 멀다. 표묘-히튀.

표문(表文)명 임금에게 표(表)로 올리던 글.

표문(豹紋)명 표범의 털가죽에 있는 얼룩무늬, 또는 그와 같이 생긴 얼룩무늬의 무늬.

표박(漂泊)명하자 ①흘러 떠돎. ②정처 없이 떠돌아다니며 지냄. ②표우(漂寓).

표방(標榜)명하 ①〔주의나 주장·견지(見地) 따위를〕어떠한 명목을 붙여 내세움. ¶ 만민 평등을 표방하다. ②남의 선행을 내세워 여러 사람에게서 칭찬함, 또는 그 칭찬함.

표-발(票-) [-빨]명 선거 투표에서, 어떤 입후보자에 대한 지지도가 특히 높아 집중적으로 득표할 수 있는 구역을 흔히 이르는 말. ＊표발이 [-바치]·표발을 [-바틀]·표발만 [-반-]

표백(表白)명하타 (태도나 생각 따위를) 드러내어 밝히거나 말함.

표백(漂白)명하타되자 바래지게 하거나 표백제를 쓰거나 하여 희게 하는 일. 마전.

표백-분(漂白粉) [-뿐]명 소석회에 염소를 흡수시켜 만든 흰 가루. 무명 따위를 표백하며 소독제로도 쓰임. 클로르칼크.

표백-제(漂白劑)[-쩨]圓 섬유·식품 또는 염색 재료 속의 색소를 표백하는 약제. 〔표백분·과 산화수소 따위.〕

표-범(豹-)圓 고양잇과의 동물. 몸길이 1.4~ 1.6m. 몸빛은 엷은 황갈색 바탕에 검은 얼룩점 이 온몸에 빽빽함. 네 다리는 짧고 몸통과 꼬리가 긺. 날쌔고 사나우며 나무에 잘 오름. 삼림이나 바위가 많은 곳에 살며 사슴·영양 등을 잡아먹음.

표변(豹變)하자타되자 ①('주역'의 '혁패(革卦)'에 나오는 말로, 표범의 털이 철에 따라 털갈이함으로써 그 무늬가 달라지듯이) '언행이나 태도·의견 등이 이전과 뚜렷이 달라짐'을 이르는 말. ②'마음이나 행동이 갑자기 변함'을 이르는 말.

표본(標本)圓 ①본보기가 되거나 표준으로 삼을 만한 물건. 표품(標品). ②(생물학·의학·광물학 등에서) 연구·교재용으로 보존할 수 있게 처리한 실물 견본. 〔박제 표본·곤충 표본 따위.〕 ③(통계학에서, 전체 모집단의 축도나 단면이 되게 하려고) 모집단에서 선택한 모집단 구성 단위의 일부.

표본-실(標本室)圓 표본을 간수하거나 진열하여 놓은 방.

표본^조사(標本調査)圓 통계에서, 대상이 되는 집단에서 몇몇 표본을 추출 조사하여 그 결과로써 모집단(母集團)의 성질을 헤아리는 방법. ↔전수 조사(全數調査).

표본-지(標本紙)圓 식물의 표본을 붙이는 종이.

표본^추출(標本抽出)圓 통계학의 목적으로, 모집단(母集團)에서 표본을 골라내는 일.

표사유피(豹死留皮)圓 〔'신오대사(新五代史)'의 '사절전(死節傳)'에 나오는 말로, 표범은 죽어서 모피를 남긴다는 뜻으로〕 '사람은 죽어서 명예를 남겨야 함'을 이르는 말. 호사유피.

표상(表象)圓 ①대표적인 상징. ¶국기는 그 나라의 얼굴이다, 표상이다. ②철학에서의 이데아(idea). ③심리학에서, 감각을 요소로 하는 심적 형상을 이르는 말. 의식 중 과거의 인상이 재현된 것, 또는 어떤 대상을 지향하는 의식 내용을 가리킴. ③심상(心象).

표상-주의(表象主義)[-의/-이]圓 ⇨상징주의.

표상-형(表象型)圓 심리학에서, 표상의 성질에 따라 나눈 인간의 유형. 시각형·청각형·운동형·혼합형의 네 가지로 나눔.

표서(表書)圓하자 겉면에 글씨를 씀, 또는 그 글씨.

표석(表石)圓 ⇨묘표(墓表).

표석(漂石)圓 빙하를 따라 이동하다가 빙하가 녹은 뒤에 그대로 남아 있는 바윗돌.

표석(漂石)圓 ⇨표돌.

표선(漂船)圓 바람 부는 대로 정처 없이 떠돌아 다니는 배.

표설(漂說)圓 ⇨부설(浮說). 부언(浮言).

표송(漂松)圓 나뭇갓에 베지 않고 몇 그루만 표 나게 남겨 둔 소나무.

표숙(表叔)圓 ⇨외숙(外叔).

표시(表示)圓하타되자 ①겉으로 드러내어 보임. ¶우정의 표시. ②남에게 알리려고 드러내어 발표함. ¶반대 의사를 표시하다.

표시(標示)圓하타되자 표를 하여 나타내어 보임. ¶원산지 표시. /상품에 가격을 표시하다.

표시-기(標示器)圓 (도로 안내나 교통정리 따위를 위하여) 글자나 그림·색깔 따위로 어떻게 하라는 뜻을 가리켜 보이는 푯대.

표시-등(表示燈)圓 ①(수동식 전화 교환기나 기계 설비의 점검을 위한 콘솔 따위에서) 기계의 상태·위치·방향 따위를 점멸로써 표시해 주는 작은 등. ②수로(水路)를 안내하는 선박에 두는 등.

표시-주의(表示主義)[-의/-이]圓 의사 표시의 효력에 있어서 외부에 나타난 행위의 표시에 중요성을 두는 주의. ⓐ의사주의.

표식(標識)圓 '표지(標識)'의 잘못.

표신(標信)圓 조선 시대에, 궁중에 급변(急變)을 전하거나 궁궐 문을 드나들 때 지니고 다니던 문표(門標).

표실(漂失)圓하타되자 물에 떠내려 보내어 잃어버림.

표어(標語)圓 (사회나 집단에 대하여) 어떤 의견이나 주장을 호소하거나 알리기 위하여 주요 내용을 간결하게 표현한 짧은 말귀. 슬로건.

표연(飄然)圓 '표연하다'의 어근.

표연-하다(飄然-)혛여 ①바람에 나부껴 팔랑거리는 모양이 가볍다. ②(훌쩍 떠나는 모습이) 홀가분하고 거침없다. 표연-히튀 ¶표연히 사라져 종적을 찾을 수 없다.

표요(飄颻·飄搖)圓 '표요하다'의 어근.

표요-하다(飄颻·飄搖-)혛여 ⇨표표하다.

표우(漂寓)圓하자 ⇨표박(漂泊).

표웜圓 (옛) 표범. ¶표웜 표:豹(訓蒙上18).

표음(表音)圓 말의 소리를 글자로 표시함. 사음(寫音).

표음^기호(表音記號)圓 ⇨발음 기호.

표음^문자(表音文字)[-짜]圓 사람의 말소리를 기호로 나타내는 문자. 〔한글이나 로마 문자와 같은 단음 문자(單音文字)와 가나와 같은 음절 문자(音節文字)로 나뉨.〕 소리글자. 기음 문자(記音文字). 사음 문자(寫音文字). 성음 문자(聲音文字). 음표 문자. ⓑ음자(音字). ⓐ표음 문자(表音文字).

표음-주의(表音主義)[-의/-이]圓 〔맞춤법의 원칙을〕 소리 나는 대로 적기로 하자는 주장.

표의(表衣)[-의/-이]圓 겉옷.

표의(表意)[-의/-이]圓하자 말의 뜻을 글자로 나타냄.

표의^문자(表意文字)[-의-짜/-이-짜]圓 그림에 의하거나 사물의 형상을 그대로 베끼거나 하여서, 시각(視覺)에 의하여 의미를 전달하는 문자. 〔한자, 이집트 문자 따위.〕 뜻글자. 단어 문자. ⓐ음표 문자(表音文字).

표일(飄逸)圓 '표일하다'의 어근.

표일-하다(飄逸-)혛여 마음이 내키는 대로 하여 세속에 얽매이지 않음.

표자(瓢子)圓 ⇨표주박.

표장(標―)圓 '서표(書標)'의 잘못.

표장(表裝)圓하자 ⇨장황(裝潢).

표장(標章)圓 어떤 표지(標識)로 나타내 보이는 부호나 그림. 〔휘장(徽章)이나 문장(紋章) 따위.〕

표재(俵災)圓하자 흉년이 든 때에 조세를 감함.

표재-사(表才士)圓 ①한시(漢詩)의 사륙문(四六文)을 재빨리 잘 짓는 사람. ②한시의 대구(對句)를 잘 지어 맞추는 재주가 있는 사람.

표저(表著)圓 '표저하다'의 어근.

표저-하다(表著-)혛여 ⇨현저(顯著)하다.

표적(表迹)圓 겉으로 나타난 형적. ¶열심히 일한 표적이 없다. ⓐ표.

표적(標的)圓 목표로 삼는 물건. 표점(標點). ¶표적에 명중하다.

표전(表箋)圓 표문(表文)과 전문(箋文).

표전(飄轉)圓하자 정처 없이 떠돌아다님.

표절(剽竊)**명하타** (남의 작품이나 학설 따위의 일부를) 허락 없이 몰래 따다 씀. 초습(剽襲). ¶표절 시비가 일다. ⓑ도록(盜錄)·도작(盜作).

표-절따(驃-)**명** 갈기와 꼬리는 희고 몸은 누른 바탕에 흰 털이 섞인 말. 표마(驃馬).

표점(標點)**명** ☞적점(的).

표정(表情)**명하자** 마음속의 감정이나 정서 따위의 심리 상태가 얼굴에 나타남, 또는 그 모습. ¶반가운 표정. /표정이 부드럽다.

표정(表旌)**명하타** 왕조 때, 충신·효자·열녀를 표창하여 정문(旌門)을 세우던 일.

표정-근(表情筋)**명** 표정을 나타내는 작용을 하는 얼굴의 근육.

표정-술(表情術)**명** 마음속의 감정을 겉으로 표현하는 기술. 연기의 중요한 요소가 됨.

표정^예:술(表情藝術)[-네-]**명** 사람의 표정을 통하여 표현(表現)하는 예술. 〔연극·영화·무용 따위.〕

표제(表題)[-제]**명** 신하가 임금에게 올리는 글의 제목.

표제(標題·表題)**명** ①책자의 겉에 쓰는 그 책의 이름. ¶표제를 붙이다. ②연설·강연 따위의 제목. ③(음악·미술 따위) 예술 작품의 제목. ④신문·잡지의 기사의 제목. ⑤서적·장부 중의 항목을 찾기 쉽도록 설정한 제목.

표제-어(標題語)**명** ①제목(題目)이나 제명(題名)의 말. ②사전 등에서, 하나하나 따로 내세워 그 말뜻이나 어법상의 구실을 밝히는 표제가 되는 말. ②올림말.

표제^음악(標題音樂)**명** 일정한 관념이나 사물을 묘사·서술하기 위하여 곡명(曲名)으로 표제를 붙이는 음악. ↔절대 음악(絶對音樂).

표조(漂鳥)**명** 철새.

표종(表從)**명** ☞외사촌.

표주(標主)**명** 남에게서 빚을 쓰고 수표(手標)를 써 낸 사람, 곧 채무자(債務者).

표주(標柱)**명** ☞푯대.

표주(標註·標注)**명하타** 서책의 난외(欄外)에 기록하는 주석(註解).

표주-박(瓢-)**명** 조롱박이나 둥근 박을 반으로 쪼개어 만든 작은 바가지. 표자(瓢子).

표주박면-대패(瓢-面-)[-방-]**명** 표주박과 같이 오목하게 팬 면을 미는 대패.

표준(標準)**명** ①사물의 정도를 정하는 기준이나 목표. ¶표준 치수. ②다른 것의 규범이 되는 준칙이나 규격.

표준^기압(標準氣壓)**명** 기압의 표준값으로 취하는 수치. 기온 0°C, 표준 중력에서 760 mm 의 수은주가 밑면에 미치는 압력을 1기압으로 함. 곧, 1013.250 mb.

표준-말(標準-)**명** ☞표준어.

표준^상태(標準狀態)**명** (어떤 물질의) 온도(溫度) 0°C, 1기압의 조건을 가진 상태.

표준-시(標準時)**명** 한 나라나 한 지방의 일정한 범위에서 공통으로 사용하는 표준 시각.

표준-액(標準液)**명** ☞규정액(規定液).

표준-어(標準語)**명** 교육적·문화적인 편의를 위하여 한 나라의 표준이 되게 정한 말. 우리나라에서는, 교양 있는 사람들이 두루 쓰는 현대 서울말로 정함을 원칙으로 하고 있음. 대중말. 표준말. ↔사투리.

표준^임:금(標準賃金)**명** 현실적으로 지급되고 있는 임금을 통계적으로 조사하여 산출한 평균 임금. 〔산업별·학력별·남녀별·연령별 따위로 나뉨.〕

표준^체온(標準體溫)**명** 소화 기관이나 근육 따위의 활동이 정지되고 동물이 가만히 휴식하고 있을 때의 체온.

표준^편차(標準偏差)**명** 많은 수치를 산술 평균했을 경우, 낱낱의 수치는 당연히 평균값에서 벗어나 있는데, 평균값에서 이 정도로 벗어나도 된다는 한계를 보이는 것. 편차(통계 값과 평균값의 차이)를 제곱하여 이것을 산술 평균한 후에 제곱근풀이를 하면 표준 편차를 얻을 수 있음. 〔기상(氣象)·평가(評價)·통계 따위에 변동이 많은 현상의 변동률을 알아보는 데 씀.〕

표준^항성(標準恒星)**명** 천체를 관측하는 데 표준이 되는 항성.

표준-화(標準化)**명하타되자** ①표준에 맞도록 함. ②관리의 능률 증진을 꾀하기 위하여 자재 따위의 종류나 규격을 제한·통일하는 일. ¶공산품의 표준화.

표준^화:석(標準化石)**명** 지질 시대의 어느 일정한 시기에만 생존했거나, 어떤 일정한 지층에서만 발견되어 그 지층의 형성 시대를 나타내는 화석. 시준 화석(示準化石).

표증(表症)**명** 한방에서, 겉으로 드러나는 병의 증세를 이름.

표증(表證)**명** ①드러난 표적. ②☞증명.

표지(表紙)**명** ①책의 겉장. 책의(冊衣). ②☞서표(書標).

표지(標紙)**명** 증거의 표로 글을 적은 종이. ⓒ표(標).

표지(標識)**명하타** 다른 것과 구별하여 알게 하는 데 필요한 표시나 특징. 표지(標幟). ¶통행 금지 표지. ⓒ표(標).

표지-등(標識燈)**명** ①밤에 항행하거나 머물러 있는 선박, 또는 비행 중인 항공기 등이 그 위치를 나타내기 위해 켜 놓는 등불. ②등대에서, 밤에 항행하는 선박에게 뱃길을 알리는 표지로 켜 놓는 등불.

표지-판(標識板)**명** 어떤 사실이나 정보를 알리기 위하여 일정한 표시를 해 놓은 판. ¶안내 표지판. /도로 표지판.

표직(豹直)**명** 지난날, 여러 날 계속하여 서던 숙직.

표징(表徵)**명** ①겉으로 드러나는 특징. ②☞상징.

표징(標徵)**명** 어떤 것과 다른 것을 드러내 보이는 두드러진 점. 징표(徵表).

표차-롭다(表-)[-따][~로우니·~로워]**형ㅂ** 드러내 놓기에 겉보기(허울)가 번듯하다. **표차로이뷔**.

표착(漂着)**명하자되자** 물에 떠서 흘러다니다가 어떤 곳에 닿음. ¶무인도에 표착하다.

표찰(標札)**명** (이름이나 번호와 같은 짤막한 글을 쓴) 종이나 얇은 나뭇조각 따위로 만든 표(標). ¶표찰을 달다.

표창(表彰)**명하타되자** (남의 공적이나 선행 등을) 세상에 드러내어 밝힘. ¶표창을 받다. /선행을 표창하다.

표창(鏢槍)**명** 조선 말기에 무기로 쓰던 창의 한 가지. 쇠로 만든 창끝의 가운데가 호리병 모양으로 잘록하여 잡이 무거워 던져 맞히기에 편함.

표창-장(表彰狀)[-짱]**명** 표창하는 내용을 적은 종이. ¶표창장을 받다. /표창장을 수여하다.

표출(表出)**명하타되자** ①겉으로 나타냄. ¶세대 간의 갈등이 표출되다. ②☞표현.

표층(表層)**명** 여러 층으로 된 것의, 겉을 이루는 층. 겉켜.

표치(標致)**명하자** 취지를 드러내 보임.

표치(標致)² '표치하다'의 어근.

표치(標幟)圓[하타] ⇨표지(標識).

표치-하다(標致)—[형여] 얼굴이 매우 아름답다.

표탈(剽奪)圓[하타][되자] ⇨표략(剽掠).

표탑(標塔)圓 표지(標識)로 삼으려고 세운 탑.

표탕(飄蕩)圓[하자] ①정처 없이 떠돌아다님. ②혼들려 움직임.

표토(表土)圓 땅의 맨 위층의 흙. 겉흙.

표폭(表幅)圓[하자] ⇨변폭(邊幅).

표표(表表) ‘표표(表表)하다’의 어근.

표표(飄飄) ‘표표(飄飄)하다’의 어근.

표표-하다(表表—)[형여] ①두드러지게 눈에 띄다. ②훨씬 뛰어나다. **표표-히**團.

표표-하다(飄飄—)[형여] ①날아오르거나 나부낌이 가볍다. 표요(飄飄)하다. ②떠돌아다니는 것이 정처 없다. **표표-히**團.

표품(標品)圓 표본(標本).

표풍(漂風)圓[하자] 바람결에 떠서 흘러감.

표풍(飄風)圓 ⇨회오리바람.

표피(表皮)圓 ①식물체 각부의 표면을 덮은 세포층. 겉껍질. ②상피 조직의 한 가지. 동물체의 피부 표면을 이루는 조직. 營진피.

표피(豹皮)圓 표범의 가죽.

표-하다(表—)[타여] (감정이나 의견 따위를) 나타내다. 드러내다. ¶감사의 뜻.

표-하다(標—)[타여] 표지(標識)로 삼다. 안표(眼標)하다. ¶읽던 곳을 표해 두다.

표한(剽悍·慓悍) ‘표한하다’의 어근.

표한-하다(剽悍—·慓悍—)[형여] 날쌔고 사납다.

표현(表現)圓[하다][되자](의견이나 감정 따위를) 드러내어 나타냄. ②정신적·주체적인 대상을 예술로써 형상화함, 또는 그 형상화된 것. 표출.

표현-대리(表見代理)圓 무권 대리(無權代理)의 한 가지. 특히, 본인과의 특별한 관계에 의하여 대리권이 있는 것처럼 보이는 행위에 대하여 본인의 책임을 인정하고 거래의 안전을 꾀하는 제도. 표현대리.

표현-주의(表現主義)[—의/—이]圓 20세기 초, 독일을 중심으로 전개된 문예 사조의 한 갈래. 강력한 주관을 통해 작가 개인의 내적 생명의 표현을 추구하는 것이 특징임.

표현-파(表現派)圓 예술에 있어서, 표현주의를 주장하는 파.

표현-형(表現型)圓 유전학상 외형으로 나타나는 형질(形質). 현형(顯型). 營유전자형.

표홀(飄忽) ‘표홀하다’의 어근.

표홀-하다(飄忽—)[형여] 홀연히 나타났다 사라지는 모양이 매우 빠르다. **표홀-히**團 ¶느닷없이 나타났다가 표홀히 사라지다.

표훈-원(表勳院)圓 대한 제국 때, 훈장·기장(紀章)·상여(賞與) 따위의 상전(賞典)에 관한 일을 맡아보던 관아.

푯-대(標—)[표때/푠때]圓 목표나 표지로 세우는 대. 표주(標柱).

푯-돌(標—)[표똘/푠똘]圓 목표나 표지로 세우는 돌. 표석(標石).

푯-말(標—)[푠—]圓 목표나 표지로 박아 세우는 말뚝. 표목(標木).

푸:團 다물었던 입술을 조금 벌려 내밀며 입김을 내뿜을 때 나는 것과 같은 소리. ¶담배 연기를 푸 내뿜다. **푸-푸**團.

푸가(fuga 이)圓 악곡 형식의 한 가지. 하나의 성부(聲部)가 주제를 나타내면 다른 성부들이 차례로 이 주제를 모방하며 전개되는 대위법적(對位法的) 악곡. 둔주곡(遁走曲).

푸근-하다[형여] ①(겨울 날씨가) 꽤 따뜻하다. ¶눈이 내릴 듯한 푸근한 겨울 날씨. ②분위기 따위가 부드럽고 편안하다. 마음이 느긋하고 편안하다. ¶푸근한 마음. /푸근한 분위기 속에서 흐뭇하게 즐기다. ③(살림살이가 따위가) 실속 있고 넉넉하다. ¶추수 뒤의 푸근한 농촌 살림. 營포근하다. **푸근-히**團.

푸-나무圓 ①풀과 나무. ②‘풋나무’의 잘못.

푸네기圓 ‘푸네기’의 잘못.

푸네기圓 ‘가까운 제살붙이’를 홀하게 이르는 말. ¶자기 푸네기만 안다.

푸념圓 ①[하다] 무속(巫俗)에서, 무당이 귀신의 뜻을 받아, 정성을 들이는 사람을 꾸짖는 일. ②[하자타] 마음속에 품은 불만을 드러내어 말하는 일. 넋두리. ¶푸념을 늘어놓다.

푸다[푸니·퍼]團 ①물 따위의 액체를 자아올리거나 떠내다. ¶우물에서 물을 푸다. ②그릇 속에 든 곡식이나 밥 따위를 떠내다. ¶밥을 푸다.

푸닥-거리[—꺼—]圓[하자] 무당이 간단하게 음식을 차려 놓고 잡귀를 풀어 먹이는 굿.

푸닥-지다[—찌—]團 푸지다. 〔흔히, 적은 것을 비꼬아 반어적으로 이르는 말.〕

푸-대접(—待接)圓[하타] 아무렇게나 하는 대접. 냉대(冷待). 냉우(冷遇). 박대(薄待). 소대(疏待). ¶푸대접을 받다.

푸덕團 ①[하타] 큰 새가 날개를 치는 소리. ②큰 물고기가 꼬리로 물을 치는 소리. ③[하자]얇고 큰 천 따위가 세찬 바람에 날리어 나는 소리. 營파닥. 營푸떡. 營퍼덕. **푸덕-푸덕**團[하타].

푸덕-거리다[—꺼—]자타 자꾸 푸덕푸덕하다. 푸덕대다. ¶두루마기 푸덕거리며 날아올랐다. 營파닥거리다. 營푸떡거리다. 營퍼덕거리다.

푸덕-대다[—때—][자타] 푸덕거리다.

푸덕-이다[—](자) 얇고 큰 천 따위가 세찬 바람에 날리다. 푸덕이다. 營푸떡이다. 營퍼덕이다. [II][타] ①큰 새가 세차게 날개를 치다. ②큰 물고기가 세차게 꼬리를 치다. 營파닥이다. 營푸떡이다. 營퍼덕이다.

푸두둥團[하자] 큰 날짐승이 별안간 날 때에 나는 소리. 營포도동. **푸두둥-푸두둥**團[하자].

푸두둥-거리다[자타 자꾸 푸두둥푸두둥하다. 푸두둥대다. 營포도동대다.

푸두둥-대다[자타] 푸두둥거리다.

푸둥-푸둥團[하여] 살이 통통하게 찌고 매우 부드러운 모양. 營포동포동. 團부둥부둥.

푸드덕團 ①큰 날짐승이 날개를 힘차게 치는 소리. ②큰 물고기가 꼬리를 힘차고 어지럽게 치는 소리. 營포드닥. **푸드덕-푸드덕**團[하타].

푸드덕-거리다[—꺼—][자타] 자꾸 푸드덕푸드덕하다. 푸드덕대다. 營포드닥거리다.

푸드덕-대다[—때—][타] 푸드덕거리다.

푸드득[團[자자타] 묽은 유동물(流動物)이 갇힌 상태로 있다가 갑자기 터져 나올 때 거세고 야단스럽게 나는 소리. ¶쥐고 있던 비닐봉지에서 고추장이 푸드득 쏟아졌다. **푸드득-푸드득**[하자타].

푸드득-거리다[—꺼—][자타] 자꾸 푸드득푸드득하다. 푸드득대다.

푸드득-대다[—때—][자타] 푸드득거리다.

푸:들(poodle)圓 개의 한 품종. 털이 길고 양털 모양이며, 애완용으로 기름.

푸들-거리다[자타] 자꾸 푸들푸들하다. 푸들대다. 營파들거리다. 團부들거리다.

푸들-대다[자타] 푸들거리다.

푸들-푸들目하자타 탄력 있게 부들부들 떠는 모양. ¶분노로 온몸이 푸들푸들 떨린다. 셴파들파들. 예부들부들.

푸딩(pudding)명 후식으로 쓰이는 서양식 생과자. 곡분(穀粉)에 달걀·우유·크림·설탕 따위를 넣고 과실·채소를 더해 구운 것.

푸떡目하자타 〈푸덕〉의 센말. 셴파딱. 예퍼떡.

푸떡-거리다[-꺼-]자타 〈푸덕거리다〉의 센말. 푸떡대다. 셴파딱거리다. 예퍼떡거리다.

푸떡-대다[-때-]자타 푸떡거리다. 셴파딱대다. 예퍼떡대다.

푸떡-이다 Ⅰ자 〈푸덕이다〉의 센말. 셴파딱이다. 예퍼떡이다.
Ⅱ타 〈푸덕이다〉의 센말. 셴파딱이다. 예퍼떡이다.

푸렁명 푸른 빛깔. 푸른 물감.

푸렁-이명 푸른 빛깔의 물건.

푸르께-하다형어 짙지도 옅지도 않게 조금 푸른 빛이 나다. 셴파르께하다.

푸르다[푸르니·푸르러]형ㄹ ①맑은 하늘이나 깊은 바다의 빛깔과 같다. ¶푸른 가을 하늘. ②풀의 빛깔과 같다. ¶나무가 푸르다. ③(서슬이) 엄하고 당당하다. ¶서슬이 푸르다.

푸르대-콩명 콩의 한 가지. 열매의 껍질과 속이 푸르름. 청태(靑太).

푸르데데-하다형어 천해 보이게 푸르스름하다. 셴파르대대하다.

푸르뎅뎅-하다형어 산뜻하지 못하게 칙칙하게 푸르스름하다. 셴파르댕댕하다.

푸르디-푸르다[~푸르니·~푸르러]형ㄹ 더할 수 없이 푸르다. ¶푸르디푸른 가을 하늘.

푸르락-누르락[-랑-]目 몹시 화가 나거나 흥분하여 얼굴빛이 푸르렀다 누레졌다 하는 모양.

푸르락-붉으락目하자 '붉으락푸르락'의 잘못.

푸르르目하자 ①춥거나 무섭거나 충격을 받거나 하여 몸 또는 몸의 일부를 크고 가볍게 떠는 모양. ¶입술이 푸르르 떨린다. ②많은 물이 좁은 그릇에서 갑자기 끓어오르는 모양, 또는 그 소리. ③한데 모은 나뭇개비 따위에 불이 붙어 거침없이 타오르는 모양. ¶장작더미에 불이 푸르르 붙었다. ④새 따위가 갑자기 날아오르는 소리. ¶참새가 총소리에 놀라 푸르르 날아갔다. 셴파르르. ①~③예부르르.

푸르르다[푸르르니·푸르러]형ㄹ '푸르다'를 강조함을 때 이르는 말.

푸르무레-하다형어 엷게 푸르스름하다. 푸르스름한 기운이 있다. 셴파르무레하다.

푸르스레-하다형어 푸르스름하다. 셴파르스레하다.

푸르스름-하다형어 약간 푸르다. 푸르스레하다. ¶푸르스름한 불빛. 셴파르스름하다.

푸르죽죽-하다[-쭈카-]형어 빛깔이 고르지 못하고 칙칙하게 푸르다. ¶추워서 얼굴이 푸르죽죽하다. 셴파르족족하다.

푸르퉁퉁-하다형어 칙칙하게 푸르다.

푸른-거북명 ☞바다거북.

푸른-곰팡이명 자낭균류 진정자낭균목 페니실륨속 곰팡이를 통틀어 이르는 말. 녹색·청록색·황록색을 띠며 빵이나 떡 같은 유기물이 많은 곳에 잘 생김. 부패 작용 등에 독의 한 유해균이 많으나, 페니실린 같은 항생 물질을 생성해 유익한 것도 있음.

푸른-똥명 녹변(綠便).

푸른-콩명 '청대콩'의 잘못.

푸를-청(-靑)명 한자 부수의 한 가지. '靖'·

'靜' 등에서의 '靑'의 이름.

푸릇-푸릇[-른-른]目하 군데군데 푸른빛이 나는 모양. ¶푸릇푸릇 싹이 돋아난 보리밭. 셴파릇파릇. 예푸릇푸릇-이目.

푸만'푸만하다'의 어근.

푸만-하다형어 배 속이 정도 이상으로 그들먹하여 거북스러운 느낌이 있다. ¶물을 많이 마셨더니 속이 푸만하다.

푸새¹명 산과 들에 저절로 나서 자라는 풀을 통틀어 이르는 말.

푸새²명하타 옷 따위에 풀을 먹이는 일.

푸서명 피륙의 벤 자리에서 풀어지는 올.

푸서기명 '푸석이'의 잘못.

푸서리명 잡초가 무성한 거친 땅.

푸석-돌[-똘]명 화강암 따위가 오랜 풍화 작용으로 푸석하게 된 돌. 셴서돌.

푸석-이명 ①푸석푸석하고 부스러지기 쉬운 물건. ②'옹골차지 못하고 무르게 생긴 사람'을 조롱조로 이르는 말.

푸석-푸석目하 매우 푸석한 모양. 셴포삭포삭.

푸석-하다[-서카-]형어 ①살이 핏기가 없이 거칠고 조금 부은 듯하다. ¶병중(病中)이라서 그런지 얼굴이 푸석하게 보인다. ②거칠고 부피만 커서 옹골차지 못하고 부스러지기 쉽다. ②셴포삭하다.

푸성귀명 가꾸어 기르거나 저절로 나는 온갖 채소나 나물을 통틀어 이르는 말.

푸성귀는 떡잎부터 알고 사람은 어렸을 때부터 안다속담 크게 될 사람은 어려서부터 남다른 데가 있어 알아볼 수 있다는 말.

푸-솜명 타지 않은 날솜.

푸슬-푸슬目하 덩이진 가루 따위가 메말라 잘 엉기지 않고 쉽게 부스러지는 모양. 셴포슬포슬. 예부슬부슬.

푸시시目 ①불기가 있는 재 따위에 물을 부을 때 나는 소리. ②☞부스스.

푸싱(pushing)명 축구나 농구 따위의 경기에서, 상대편을 미는 반칙 행동.

푸쟁명하타 모시나 베 따위로 지은 옷을, 풀을 먹여 발로 밟고 다듬이질한 뒤에 다리미로 다리는 일.

푸접명 (('있다'·'없다'·'좋다' 따위와 함께 쓰이어)) 인정이나 붙임성, 또는 엉너리 따위를 가지고 대하는 일. ¶푸접이 좋다. /푸접 없는 이 한마디 들려려고 불원천리하고 달려왔던가….

푸접-스럽다[-쓰-따][-스러우·~스러워]형ㅂ 보기에 붙임성이 없이 쌀쌀한 데가 있다. 푸접스레目.

푸-조기명 조기의 한 가지. 보통 조기보다 머리가 작고 빛이 희며 살이 단단함.

푸주(←庖廚)명 소나 돼지 따위 짐승을 잡아서 그 고기를 파는 가게. 고깃간. 정육점. 찬포(饌庖). 포사(庖肆). 푸줏간. 본포주.

푸주에 들어가는 소 걸음속담 '하는 수 없이 가야 할 때의 내키지 않는 걸음'을 비유하여 이르는 말.

푸주-한(←庖廚漢)명 소나 돼지 따위를 잡아서 파는 것을 업으로 하는 사람.

푸줏-간(←庖廚間)[-주깐/-줃깐]명 ☞푸주. 고깃간.

푸지다형 매우 많고 넉넉하다. 푸닥지다. ¶쌀 한 되로 떡을 했는데도 참말 푸지구나.

푸-지위(←知委)명 지난날, 명령했던 일을 뒤에 취소하거나 중지시키던 일.

푸짐-하다형어 푸지고 소담하다. 푸짐-히目.

푼집개[-깨]똉 병장기를 덮는 물건.
푼짓-잇[-진닏]똉 '이불잇'의 궁궁말. *푸짓
잇이[-진니시]·푸짓잇만[-진넌-]
푸주(옛)졈포. 가게. ¶이제 푸주에 사라 가
쟈(朴解下43).
푸코^전:류(Foucault電流)[-절-]똉 ☞맴돌이
전류.
푸코^진:자(Foucault振子)똉 지구의 자전 관측
에 쓰이는 단진자(單振子). 오래 진동시키는
동안 지구 자전의 영향으로 진동면이 회전함.
푸푸뿐 ①입김을 연달아 내뿜는 소리. ②입 안
에 품었던 물 따위를 연달아 내뿜는 소리.
푸:-하다휑어 속이 옹골차지 못하고 들떠 있어
불룩하다. ¶푸하게 부피만 크니 꼭꼭 쟁여 넣
어라.
푹뿐 ①드러나지 않도록 잘 싸거나 덮는 모양.
¶이불을 푹 뒤집어쓰다. ②아주 깊이 푸근한
상태. ¶잠을 푹 자다. ③흠씬 익을 정도로 끓
이거나 삶는 모양. ¶푹 고아 낸 곰국. ④속속
들이 삭거나 썩은 모양. ¶두엄이 푹 썩었다.
⑤힘 있게 깊이 찌르는 모양. ¶젓가락으로 전
고구마를 푹 찌르다. ⑥수렁 따위에 갑자기 빠
지는 모양. ¶개펄에 발이 푹 빠지다. ⑦깊고
뚜렷하게 팬 모양. ¶마당이 푹 패다. ⑧힘없
이 단번에 주저앉거나 쓰러지는 모양. ¶땅바
닥에 푹 주저앉다. ⑨수북하게 떠 담거나 한꺼
번에 쏟아지는 모양. ¶모래를 한 삽 푹 뜨다.
⑩고개를 아주 깊이 숙이는 모양. ㉪폭2. **푹-**
푹뿐 ¶빨래를 푹푹 삶다. /날씨가 푹푹 찌
다. /여기저기 폭폭 쑤시다.
푹석[-썩]뿐하자 ①온통 곯아서 썩은 모양. ¶쌓
아 놓은 배추가 푹석 썩었다. ②몸피가 큰 것
이 맥없이 주저앉는 모양. ¶그 자리에 푹석
주저앉다. ③부피가 엉성하고 단단하지 못한
물건이 쉽게 부스러지거나 꺼지거나 하는 모
양, 또는 그 소리. ¶오래된 헛간이 푹석 내려
앉다. ㉪폭삭. **푹석-푹석**뿐하자
푹신-푹신[-씬-씬]뿐휑어 매우 푹신한 모양.
¶푹신푹신한 침대. ㉪폭신폭신.
푹신-하다[-씬-]휑어 매우 부드럽고 탄력성이
있어 두꺼운 솜 위에 앉을 때와 같은 편안한
느낌이 있다. ¶푹신한 이불. ㉪폭신하다. **푹**
신-히뿐
푹푹-하다[-푸카-]휑어 종이나 피륙 따위가
두툼하고 혜슬하서 단단하지 못하다.
푹-하다[푸카-]휑어 (겨울 날씨가) 춥지 아니
하고 따뜻하다.
푼(←分)똉 ①옛날 엽전의 단위. 한 돈의 10분
의 1. ¶한 냥 서 푼. ②적은 액수의 금액. ¶몇
푼 안 되는 돈. ③무게의 단위. 한 돈의 10분
의 1. ¶두 돈 닷 푼. ④길이의 단위. 한 치의
10분의 1. ¶세 치 두 푼. ⑤백분율의 단위. 1
할의 10분의 1. ¶이 할 삼 푼.
푼:-거리똉 땔나무 또는 다른 물건을 몇 푼어치
씩 팔고 사는 일. 푼내기.
푼:거리-나무똉 푼거리로 팔고 사는 땔나무.
㉪푼거리.
푼:거리-질똉하자 푼거리로 땔나무나 물건을
감질나게 사 쓰는 일. 대푼거리질.
푼:-끌똉 날의 너비가 한 푼 또는 두 푼쯤 되는
작은 끌.
푼:-나무똉 〈푼거리나무〉의 준말.
푼:-내기똉 ①(노름에) 몇 푼의 돈으로 하는 조
그만 내기. ②☞푼거리.
푼:내기-흥정똉하자 푼돈을 가지고 하는 잔흥정.

푼더분-하다휑어 ①얼굴이 투실투실하여 복성
스럽다. ②여유가 있고 넉넉하다. ¶살림이 푼
더분한 집안. **푼더분-히**뿐
푼:-돈[-똔]똉 많지 않은 몇 푼의 돈. ↔모갯돈.
푼:-리(-厘)[푼-]똉 '분리(分厘)'의 변한말.
푼:-물똉 지난날, (물장수에게 대어 놓고 사지
않고) 이따금 사던 한두 지게의 물.
푼:-빵똉 한 짐에 얼마씩으로 정하여, 흙 파는
일 따위를 맡기는 날품.
푼사(-絲)똉 수(繡)를 놓는 데 쓰는, 꼬지 않은
명주실. 푼사실.
푼:-사(←分-)똉 돈을 몇 돈이라고 셀 때, 한 돈
이 못 되는 나머지 몇 푼. ¶서 돈 푼사.
푼사-실(-絲-)똉 ☞푼사.
푼:-수(←分數)똉 ①얼마에 상당한 정도 또는 능
력. ¶혼자서 두 사람 푼수는 해낸다. /자신의
푼수를 알아야지. ②됨됨이. 자격. ¶그 일을 해
낼 만한 푼수가 못 된다. ③상대나 형편. ¶세
간 푼수가 초라하다. ④생각이 모자라거나 어
리석은 사람을 조롱조로 이르는 말.
푼:-전(-錢)똉 '푼돈'의 잘못.
푼:-전-입미(←分錢粒米)[-저님-]똉〈분전입미
(分錢粒米)〉의 변한말.
푼주똉 아가리가 넓고 밑이 좁은 사기그릇.
푼:-치[길이의 '푼'과 '치' 사이를 이르는 말
로]'얼마 되지 않는 차이'를 이르는 말. ¶푼
치를 다투다.
푼:침(-針)똉 '분침(分針)'의 잘못.
푼:침(-秤)똉 '분칭(分秤)'의 잘못.
푼:푼-이뿐 한 푼씩 한 푼씩. ¶푼푼이 모은 돈.
푼:푼-하다휑어 ①여유가 있고 넉넉하다. ¶여비
가 푼푼하다. ②옹졸하지 않고 너그러우며 시
원스럽다. ¶푼푼한 성격. ①푼푼-히뿐
푼:-소[-쏘]똉 여름에 생풀만 먹고 사는 소. 힘
도 잘 쓰지 못하고 고기도 맛이 없음.
풀똉 주로, 전분질로 만드는 접착제의 한 가지.
물건을 붙이거나 피륙에 먹여 빳빳하게 하는
데 쓰임.
풀 방구리에 쥐 드나들듯쪽담 '자주 들락날락
하는 모양'을 비유하여 이르는 말.
풀(을) 먹이다관용 옷이나 천 따위를 묽게 갠
풀물에 넣고 주물러 풀이 배어들게 하다.
풀(이) 서다관용 풀을 먹이어 피륙이 빳빳해지
다. ¶빳빳하게 풀이 선 와이셔츠 칼라.
풀²똉〈풀기〉의 준말. ¶풀이 꺾이다.
풀이 죽다관용 활기나 기세가 꺾이어 맥이 없다.
풀³똉 ①줄기가 자라도 물기가 많아 목질(木質)
을 이루지 않는 식물을 통틀어 이르는 말.
[일년초·이년초·다년초로 나뉨.] ¶풀을 베다.
②〈갈풀〉의 준말.
풀 끝에 앉은 새 몸이라쪽담 '안심이 안 되고
불안한 처지에 있음'을 비유하여 이르는 말.
풀 베기 싫어하는 놈이 단 수만 센다쪽담 '하던
일이 싫증 나서 해 놓은 성과만 헤아리고 있
음'을 비꼬아 이르는 말.
풀:(pool)똉 ①수영장. ②몇 이상의 기업체가
상호 경쟁을 막고 이해를 조정하는 공동 계산.
풀-가동(full稼動)똉하타 (인력이나 기계·설비
등을) 있는 대로 다 가동함, 또는 하루 종일
가동함. ¶공장을 풀가동하다.
풀-가사리[-까-]똉 풀가사릿과의 한 가지. 주
로, 겨울철에 밀물과 썰물이 드나드는 바윗돌
에 붙어 번식하는 끈끈하고 누르스름한 바닷
말. 길이 6cm가량. 삶은 물은 명주나 비단 따
위의 좋은 풀로 쓰임. 풀가시. ㉪가사리.

풀-가시[-까-]뗑 ☞풀가사리.

풀-갓[-갇]뗑 풀이나 갈풀 따위를 가꾸는 땅이나 산. /풀갓의[-까시]·풀갓만[-간-]

풀-기(-氣)[-끼]뗑 ①풀을 먹여 빳빳해진 기운. ②사람의 씩씩하고 활발한 기운. ¶풀기 없는 목소리. ②⑤풀2.

풀-꺾다[-꺽따]짜 (모낼 논에 거름할) 갈풀을 베다.

풀-꺾이[-꺼기]뗑하짜 (모낼 논에 거름할) 갈풀을 베는 일.

풀-꽃[-꼳]뗑 ①초본(草本) 식물의 꽃. ②산이나 들에 저절로 나는 풀의 꽃. *풀꽃이[-꼬치]·풀꽃만[-꼰-]

풀다[푸니·풀어]타 ①(매이거나 얽히거나 묶인 것을) 끄르거나 흐트러뜨리다. ¶매듭을 풀다. /보따리를 풀다. ↔맺다. ②(무엇을 찾으려고) 모여 있는 것을 헤쳐 흩어지게 하다. ¶사람을 풀어 찾게 하다. /개를 풀어 도둑을 쫓다. ③제한하거나 금지했던 것을 본디대로 자유롭게 하다. ¶통금을 풀다. ④(가루 따위를) 액체에 타서 고루 섞다. ¶물에 가루비누를 풀다. ⑤마음에 맺히거나 품은 것을 삭이거나 이루어지게 하다. ¶분을 풀다. /소원을 풀다. ⑥(피로나 술기운 따위를) 가시게 하다. 사라지게 하다. ¶피로를 풀다. /해장국으로 술기운을 풀다. ⑦어떤 이치나 문제를 밝혀 내거나 답을 얻다. ¶수수께끼를 풀다. /수학 문제를 풀다. ⑧생땅을 일구거나, 밭을 논으로 만들다. ¶물을 걸어 논을 풀다. ⑨코 안에 고인 진액을 세게 밖으로 밀어내다. ¶코를 풀다. ⑩점이나 꿈의 길흉을 밝혀 말하다. ¶점괘를 풀다. ⑪(돈이나 자금을) 방출하다. ¶자금을 풀다.

풀-대님[-때-]뗑하짜 한복 바지를 입고 대님을 매지 않은 채 그대로 터놓는 일.

풀-독(-毒)[-똑]뗑 풀의 독기. ¶발목에 풀독이 오르다.

풀-등뗑 강물 속에 모래가 쌓이고 그 위에 풀이 우북하게 난 곳.

풀떡뗑하짜 힘을 모아 크고 탄력 있게 뛰는 모양. ¶개구리가 풀떡 뛰어 달아나다. 困폴딱.

풀떡-풀떡뛰하짜

풀떡-거리다[-꺼-]짜 자꾸 풀떡풀떡하다. 풀떡대다. 困폴딱거리다.

풀떡-대다[-때-]짜 풀떡거리다.

풀-떨이뗑 풀이 우거져 이룬 떨기.

풀떼기뗑 잡곡의 가루로 풀처럼 쑨 죽.

풀럭뛰하짜타 크고 두꺼운 천 따위가 바람에 날리어 세게 나부끼는 모양. ¶바람에 깃발이 풀럭 움직이다. 困폴락. **풀럭-풀럭**뛰하짜타

풀럭-거리다[-꺼-]짜타 자꾸 풀럭풀럭하다. 풀럭대다. 困폴락거리다.

풀럭-대다[-때-]짜타 풀럭거리다.

풀렁뛰하짜타 크고 두꺼운 천 같은 것이 바람에 날리어 좀 천천히 나부끼는 모양. 困폴랑. **풀렁-풀렁**뛰하짜타

풀렁-거리다짜타 자꾸 풀렁풀렁하다. 풀렁대다. 困폴랑거리다.

풀렁-대다짜타 풀렁거리다.

풀려-나다짜 (갇히거나 구속받던 상태에서 벗어나) 자유로운 상태가 되다. 풀려나오다. ¶인질이 무사히 풀려나다.

풀려-나오다짜

풀-리다짜①『풀다'의 피동』㉠(얽혔거나 매였거나 묶인 것이) 풀어지다. ¶헝클어진 실타래가 잘 풀리다. /어지럽게 얽혔던 사건이 잘 풀

리다. ㉡기운이나 기강이 느슨해지다. ¶맥이 탁 풀리다. ㉢(건강 상태의) 맺힌 것이 삭아서 원상태로 되다. ¶멍이 풀리다. /피로가 다 풀렸다. ㉣한이 해소되다. 의심이 사라지다. ¶원한이 풀리다. ㉤어려운 이치나 문제가 밝혀지다. ¶수수께끼가 풀리다. ㉥액체에 넣은 가루 따위가 잘 섞이어지다. ¶가루가 물에 잘 풀리다. ㉦금지 사항이 없어져 원상대로 되다. ¶통금이 풀리다. ㉧(갇히거나 구속받던 상태에서 벗어나) 자유의 몸이 되다. ¶갇혔던 몸이 풀리다. ㉨(돈이나 자금이) 방출되다. ¶시중에 돈이 풀리다. ②얼었던 것이 녹다. 추위가 누그러지다. ¶우수가 지나야 한강 물이 풀린다. /추위가 한결 풀리다. ③(눈동자 따위가) 또렷하지 못하고 흐려지다. ¶눈이 풀리다.

풀-막(-幕)[-막]뗑 물가나 산기슭에 뜸집처럼 임시로 지은 막.

풀매뗑 풀쌀을 가는 데에 쓰이는 작은 맷돌.

풀-매기뗑하짜 잡초를 뽑아 없애는 일.

풀-매듭뗑 풀기 쉽거나 저절로 풀릴 수 있게 매어진 매듭. ↔옭매듭.

풀-머리뗑 머리털을 땋거나 걸어 올리지 않고 풂. 또는 그런 머리털.

풀-멸구뗑 멸굿과의 곤충. 작은 매미 비슷한데 몸길이 6 mm가량. 몸빛은 누른빛을 띤 녹색이며, 몸은 가늘고 긺. 벼에 황위병(黃萎病)이나 위축병을 옮기는 해충임.

풀-모뗑 모풀로 거름한 못자리.

풀무뗑 불을 피울 때 바람을 일으키는 기구. 야로(冶爐). 풍구. 풍상(風箱).

풀무-질뗑하짜 풀무로 바람을 일으키는 일. 풍구질.

풀-무치뗑 메뚜깃과의 곤충. 몸길이 6 cm가량. 몸빛은 황갈색 또는 녹색이며 앞날개에 불규칙한 흑갈색 무늬가 있음. 전 세계에 분포함.

풀-밭[-받]뗑 잡풀이 많이 난 땅. *풀밭이[-바치]·풀밭을[-바틀]·풀밭만[-반-]

풀백(fullback)뗑 축구에서, 골키퍼 앞에서 수비를 담당하는 선수, 또는 그 수비 위치.

풀-벌뗑 풀이 많이 난 벌판. 困초원(草原).

풀-벌레뗑 풀숲에서 사는 벌레.

풀^베이스(full+base)뗑 야구의 '만루(滿壘)'.

풀-보기뗑하짜 혼인한 며칠 뒤에 새색시가 간단한 예장(禮裝)으로 시부모를 뵙는 예식, 또는 그 일.

풀-비[-삐]뗑 볏짚의 이삭으로 맨 작은 비. 귀얄 대신 씀.

풀-빛[-삗]뗑 녹색에 노란빛이 연하게 섞인 빛깔. 풀색. *풀빛이[-삐치]·풀빛만[-삔-]

풀-뿌리뗑 풀의 뿌리. 초근(草根). ¶풀뿌리를 캐다. /하루하루 풀뿌리로 연명하다.

풀-색(-色)[-쌕]뗑 풀빛.

풀^세트(full set)뗑 테니스·탁구·배구·배드민턴 등에서, 승부가 마지막 세트까지 가는 일.

풀-솜[-쏨]뗑 허드레 고치를 삶아 늘여 만든 솜. 설면자(雪綿子).

풀솜-할머니[-쏨-]뗑 '외할머니'의 곁말.

풀-숲[-숩]뗑 풀이 우거진 수풀. *풀숲이[-수피]·풀숲만[-숨-]

풀-스위치(pull switch)뗑 스위치의 한 가지. 전등 따위에서 늘어뜨린 끈을 당겨서 끄고 켜는 장치.

풀^스윙(full swing)뗑 야구·골프 등에서, 공을 멀리 보내기 위하여 배트나 골프채를 길게 잡고 있는 힘을 다하여 힘껏 휘두르는 일.

풀-싸움[하자] ①풀을 많이 뜯는 것으로 내기를 하는 아이들 놀이의 한 가지. 투초(鬪草). ②거름감으로 풀을 베다가 다른 동리의 영역을 침범한 까닭으로 일어나는 싸움.

풀-쌀 ①무리풀을 갈기 위해 물에 불린 쌀. ②풀을 쑤기 위한 쌀.

풀썩[튀] ①먼지나 연기 따위가 갑자기 뭉키어 일어나는 모양. ②맥없이 주저앉거나 내려앉는 모양. ⑳폴싹. **풀썩-풀썩**[튀][하자].

풀썩-거리다[-꺼-]자 자꾸 풀썩풀썩하다. 풀썩대다. ⑳폴싹거리다.

풀썩-대다[-때-]자 풀썩거리다.

풀-쐐기[명] 불나방의 유충. 누에와 비슷한데, 온몸에 거친 털이 빽빽함. 몸빛은 검푸름. 쐐기².

풀쑥[튀] 〈불쑥〉의 거센말.

풀-씨[명] 풀의 씨.

풀어-내다[타] ①얽힌 것들을 끌러 내다. ¶매듭을 풀어내다. ②어떤 이치나 문제를 깊이 연구하여 밝혀내다. ¶암호문을 풀어내다. ⑳→풀어먹이다.

풀어-놓다[-노타][타] 여러 곳에 비밀히 사람을 배치하여 두다. ¶온 시내에 형사를 풀어놓다.

풀어-먹다[-따][타] 써먹다.

풀어-먹이다 무속에서, 귀책(鬼責)이 있는 병에 죽을 쑤어 버리거나 무당이나 판수를 시켜 푸닥거리를 하여 풀다. 풀어내다.

풀어쓰-기[명] 한글의 자형(字形)을 풀어헤쳐 첫소리·가운뎃소리·끝소리를 그 차례대로 쓰는 방식. 〔'한글'을 'ㅎㅏㄴㄱㅡㄹ'로 쓰는 따위.〕

풀어-쓰다[~쓰니·~써][타] 한글의 자형을 풀어헤쳐 첫소리·가운뎃소리·끝소리를 그 차례대로 쓰다.

풀어-지다[자] ①(매였거나 묶였거나 얽힌 것이) 풀리게 되다. 풀리다. ¶옷고름이 풀어지다. /매듭이 풀어지다. ②질기거나 단단한 것이 흐늘흐늘해지다. ¶국수를 오래 두었더니 다 풀어져 버렸다. ③원한이나 의심 따위가 해소되다. 마음이 가라앉은 상태가 되다. ¶서로의 감정이 풀어지다. ④복잡하거나 어려운 일이 밝혀지거나 해결되다. ¶오해가 풀리다. ⑤액체에 다른 것을 넣었을 때 잘 섞이어지다. ¶물에 물감이 잘 풀어지다. /설탕물에 탄 미숫가루가 잘 풀어진다. ⑥추위가 누그러지다. ¶날씨가 풀어지다. ⑦(눈동자가) 초점이 없이 거슴츠레해지다.

풀어-헤치다[타] 속마음 따위를 거침없이 털어놓거나 드러내어 밝히다. ¶가슴을 풀어헤치고 이야기해 보자.

풀오-버(pullover)[명] 머리로부터 입는, 소매가 달린 스웨터.

풀이[하타][되자] ①알기 쉽게 쉬운 말로 밝혀 말함. ¶낱말 풀이. ②어떤 문제가 요구하는 답을 얻어 냄, 또는 그 답. ¶다음 문제를 풀이하라.

풀이-마디[명] ⇨서술절(敍述節).

풀이-말[명] ⇨서술어(敍述語).

풀이-씨[명] ⇨용언(用言).

풀-잎[-립][명] 풀의 잎. 초엽(草葉). *풀잎이[-리피]·풀잎만[-림-].

풀잎-피리[-립-][명] 입술 사이에 대거나 물고 불어서 피리처럼 소리가 나게 하는 풀잎. 풀피리. 호가(胡笳).

풀잠자리-목(-目)[명] 곤충강의 한 목(目). 연하고 약한 몸을 가진 원시적인 곤충으로, 앞뒤날개가 투명하고 얇으며, 그물 모양의 시맥(翅脈)이 많음. 〔뿔잠자릿과·명주잠자릿과·풀잠자릿과 등.〕

풀-장(pool場)[명] 수영장.

풀-젓개[-전개][명] 풀을 쑬 때에 휘젓는 막대.

풀-질[하자] 무엇을 붙이거나 바를 때, 풀을 바르는 일.

풀-집[-찝][명] 지난날, 쌀풀을 쑤어 덩이로 팔던 집.

풀쩍[튀] 몸피가 큰 것이 가볍고 힘 있게 뛰는 모양. ¶축대 위에서 풀쩍 뛰어내리다. ②여닫이 따위를 갑작스레 열거나 닫는 모양. ⑳폴짝. **풀쩍-풀쩍**[튀][하자].

풀쩍-거리다[-꺼-][자타] 자꾸 풀쩍풀쩍하다. 풀쩍대다. ⑳폴짝거리다.

풀쩍-대다[-때-][자타] 풀쩍거리다.

풀-초(-草)[명] 한자 부수의 한 가지. '芻'·'艸' 등에서의 '艸'의 이름. '花'·'茶' 등에서 쓰일 때는 자형이 '++'로, 명칭은 '초두머리'로 바뀜.

풀치기 갈치의 새끼.

풀-치다[타] 맺혔던 마음을 돌려 너그럽게 용서하다.

풀-치마[명] 좌우로 선단이 있어 둘러 입게 된 치마.

풀-칠(-漆)[하자] ①종이 따위를 붙이기 위해 풀을 바르는 일. ¶우표에 풀칠을 하다. ②'근근이 먹고삶'을 이르는 말. ¶입에 풀칠하기도 힘들다.

풀-칼[명] 된 풀질을 할 때 쓰는, 칼 모양의 물건. 대오리나 얇은 나무오리로 만듦.

풀-코:스(full course)[명] ①주로 서양 요리에서, 일정한 순서로 짜인 식단. ②마라톤에서, 전체의 구간. 곧, 42.195 km의 거리.

풀-판(-板)[명] 풀을 개어 놓는 널조각.

풀-포수(-泡水)[명][하자] 갈모·쌈지·유삼(油衫) 따위를 만들 때, 기름으로 겯기 전에 묽은 풀을 먼저 바르는 일.

풀풀[튀] ①많은 물이 자꾸 끓어오르는 모양. ¶찻물이 풀풀 끓어오르다. ②기운차게 날거나 뛰는 모양. ¶힘찬 동작으로 풀풀 날고 뛰다. ③눈이나 먼지 따위가 흩날리는 모양. ¶이른 봄에 눈이 풀풀 날린다. ④냄새 따위가 자꾸 나는 모양. ⑳폴폴.

풀풀-하다[형여] 참을성이 적고 괄괄하다.

풀-피리[명] ⇨풀잎피리.

풀-하다[자여] ①옷이나 피륙에 풀 먹이는 일을 하다. ②〈갈풀하다〉의 준말.

풀-해마(-海馬)[명] 실고깃과의 바닷물고기. 몸길이 130 cm가량. 몸은 가늘고 긴데, 가느다란 촉수가 있고, 몸빛은 어두운 녹갈색임. 만(灣) 안의 해조(海藻) 사이에 삶. 우리나라와 일본에 분포함.

풀-협죽도(-夾竹桃)[-쭉또][명] 꽃고빗과의 다년초. 북아메리카 원산의 관상용 식물. 줄기 높이는 1 m가량이며, 잎은 마주나거나 세 잎씩 돌려남. 여름에 홍자색이나 백색 꽃이 핌.

품¹[명] 어떤 일을 하는 데 드는 노력이나 수고. ¶품이 많이 드는 일.
  품(을) 갚다[관용] 자기가 받은 품의 갚음을 상대편에게 품을 제공하다.
  품(을) 앗다[관용] 자기가 제공한 품에 대한 갚음으로 상대편의 품을 받다.
  품(을) 팔다[관용] 품삯을 받고 일을 해 주다.

품²[명] ①윗옷의 왼쪽 겨드랑이 밑에서 오른쪽 겨드랑이 밑까지의 넓이. ¶품이 맞다. /품의 줄이다. ②윗옷을 입었을 때, 가슴과 옷과의 틈. ¶품에 감추다. ③두 팔을 벌려 안아 주는 가슴. ¶엄마 품에 안기다. ④'따뜻이 감싸 주거나 위안을 받을 수 있는 환경'을 비유하여 이르는 말. ¶조국의 품에 안기다. /고향의 품으로 돌아가다.

품³의 《용언의 관형사형 어미 '-ㄴ(은)·-는' 뒤에 쓰이어》 동작이나 됨됨이·꼴 따위의 뜻을 나타내는 말. 품새. ¶말하는 품이 신사답다. /새침하게 흐린 품이 눈이 올 듯했다.

품:(品) Ⅰ명 ①〈품질(品質)〉의 준말. ②〈품격〉·〈품위¹〉의 준말. ③〈직품(職品)〉의 준말. **Ⅱ의** 품계(品階)의 순위를 나타내던 말.

-품(品)접미 《일부 명사 뒤에 붙어》 '물품(物品)'의 뜻을 나타냄. ¶생산품. /생활필수품. /토산품. /특산품.

품-값[-깝]명 품에 대한 대가(代價). ¶품값이 비싸다. *품값이[-깝씨]·품값만[-깜-].

품-갚음[-깜-]하자 남에게 도움 받은 것을 그대로 갚음.

품:건(品件)[-껀]명 품질이 좋은 물건.

품:격(品格)[-껵]명 사람이나 물건에서 느껴지는 품격. ¶품격이 높은 산수화. 준품(品).

품:결(稟決)[-껼]명 품고(稟告)하여 처결함.

품:계(品階)[-계/-게]명 왕조 때의 벼슬의 등급. 고려·조선 시대에는 문·무관 다 같이 일품(一品)에서 구품(九品)까지 아홉 등급으로 가르고, 각 등급을 정(正)·종(從)의 두 가지로 갈라서, 모두 열여덟 등급으로 구분하였음.

품:고(稟告)명 웃어른이나 상사(上司)에게 여쭘. 품달(稟達).

품:관(品官)명 품계(品階)를 가진 관리를 통틀어 이르는 말.

품:관(品冠)명 왕조 때, 벼슬의 품계에 따라 쓰던 관(冠).

품:귀(品貴)명하형 물건이 귀함. ¶수요 과잉으로 에어컨이 품귀 현상을 빚다.

품:급(品級)명 벼슬의 등급.

품-꾼명 〈품팔이꾼〉의 준말.

품:다¹[-따]타 ①〈무엇을〉 품속에 넣거나 가슴에 안다. ¶암탉이 알을 품다. ②함유하다. 포함하다. ¶물기를 많이 품고 있다. ③〈어떤 생각이나 감정을〉 마음속에 가지다. ¶큰 뜻을 품다. /원한을 품다.

품다²[-따]타 모시풀의 껍질을 품칼로 벗기다.

품다³[-따]타 괴어 있는 물을 계속해서 많이 푸다. ¶양수기로 물을 품어 내다.

품:달(稟達)명하타 품고(稟告).

품:대(品帶)명 왕조 때, 벼슬아치의 품계 및 웃에 따라 갖추어 두르던 띠.

품-돈[-똔]명 품삯으로 받는 돈.

품:등(品等)명 품질과 등급.

품:등(品燈)명 왕조 때, 벼슬아치가 그 품계에 따라 들고 다니던 사롱(紗籠).

품렬(品劣) '품렬하다'의 어근.

품:-하다(品劣-)[-녈-]형여 품성이나 품질이 낮다.

품:령(稟令)[-녕]명 왕세자가 섭정(攝政)할 때에 내리던 영지(令旨).

품:류(品類)[-뉴]명 물품의 여러 가지 종류. ¶다양한 품류.

품:명(品名)명 물품의 이름.

품:목(品目)명 품종의 명목(항목). ¶다양한 품목.

품:목(稟目)명 상관에게 여쭙는 글.

품:반(品班)명 대궐 안 정전(正殿)의 앞뜰에 백관(百官)이 정렬하던 차례.

품:별(品別)명하타되자 품질이나 품종에 따라 구별함, 또는 그러한 구별.

품:부(稟賦)명하타 선천적으로 타고남. 품수(稟受).

품:사(品詞)명 단어를 문법상의 의미·기능·형태에 따라 분류한 갈래. 곧, 성질이 공통된 단어끼리 모아 놓은 단어의 갈래. 씨3.

품:사-론(品詞論)명 문장에 쓰인 단어의 성질에 따라 그 의미·기능·형태 따위를 연구하는 문법의 한 분야. 씨갈.

품:사^전:성(品詞轉成)명 한 단어가 본디와는 다른 품사의 성질을 가져 만든 단어로 쓰이는 일. 〔'밤과 낮'이라는 뜻의 명사 '밤낮'이 '늘·항상'이란 뜻의 부사로 쓰이는 경우나, '높다'라는 형용사가 '높이다'라는 동사로 되는 따위.〕전성.

품-삯[-싹]명 품팔이에 대한 대가. 삯. 고가(雇價). 노비(勞費). 노임(勞賃). ¶품삯이 후하다. /밀린 품삯을 받다. *품삯이[-싹씨]·품삯만[-쌍].

품새¹명 ⇨품세.

품-새²의 ⇨품³. ¶옷 입은 품새가 단정하다.

품:석(品石)명 조선 시대에, 대궐의 정전(正殿) 앞뜰에 품계를 새겨서 세웠던, 돌로 만든 표(標).

품:석(品席)명 왕조 때, 벼슬아치가 품계에 따라 깔던 방석.

품:성(品性)명 사람된 바탕과 성질. 성격. ¶도덕적 품성을 도야하다. 비인격(人格)·인품(人品).

품:성(稟性)명 타고난 성품(性品). 부성(賦性). ¶품성이 온화하고 겸손한 청년.

품세명 태권도에서, 겨루는 상대가 없이 공격과 방어 기술을 익힐 수 있도록 구성해 놓은 연속 동작 형식. 품새1.

품-셈명 어떤 물체를 인력이나 기계로 만드는 데 드는, 단위당 노력과 능률 및 재료를 수량으로 나타낸 것.

품-속[-쏙]명 품의 속, 또는 품고 있는 속내. ¶품속의 깊은 뜻. /밀서를 품속에 감추다.

품:수(品數)[-쑤]명 품계의 차례.

품:수(稟受)명하타 ⇨품부(稟賦).

품:신(稟申)명하타 윗사람(에게) 여쭘. 아룀.

품:안(品案)명 왕조 때, 벼슬아치의 성명을 그 직품의 차례대로 기록한 문서.

품-앗이[-아시]명하자 힘드는 일을 서로 거들어 주면서 품을 지고 갚고 하는 일. ¶품앗이로 이웃집의 논일을 하다.

품:위(品位)¹명 ①사람이 갖추어야 할 기품이나 위엄. ¶품위를 지키다. /품위를 잃지 않는 행동. ②사람이나 사물이 지닌 격이 높고 고상한 인상. ¶세련되고 품위 있는 장롱. ③직품(職品)과 직위(職位). 준품(品).

품:위(品位)²명 ①금은화(金銀貨)에 포함되어 있는 금 또는 은의 비율. ¶품위 증명. ②광석에 함유된 유용 광물의 정도에 따라 매겨지는 광석의 등급. 〔특히, 다이아몬드의 품질을 나타냄.〕

품:의(稟議)[푸믜/푸미]명하타 웃어른이나 상사(上司)에게 여쭈어 의논함. 비상신(上申).

품:의-서(稟議書)[푸믜-/푸미-]명 품의 사항을 적은 문서. 비상신서(上申書).

품:재(品才)명 성품과 재질.

품:재(稟才)명 타고난 재주.

품:절(品切)명하자되자 ⇨절품(切品).

품:정(品定)명하타 물건의 품질(品質)의 좋고 나쁨을 정함.

품:정(稟定)명하타 웃어른이나 상사(上司)에게 여쭈어 의논하여 결정함.

품:제(品題)명 ⇨제품(題品).

품:종(品種)圓 ①물품의 종류. ②분류학상 같은 종(種)의 생물을 그 특성으로 다시 세분한 최소의 단위를 이르는 말. ¶품종 개량. ③유전적 개량에 의한 식물의 새로운 개체군(個體群)을 이르는 말.

품:지(稟旨)圓 상주(上奏)하여 그 답으로 받는 임금의 말씀.

품:질(品質)圓 물품의 성질과 바탕. ¶품질 개선. 준품(品).

품:질^관리(品質管理)[-괄-]圓 기업에서, 수요자의 요구에 맞는 제품을 경제적으로 생산하기 위하여 통계적인 수단을 활용하여 제품의 품질 분석·기술 검토 등을 하는 과학적인 관리 체계, 또는 그러한 활동.

품:질^표시(品質表示)圓 (소비자에게 상품의 품질을 알리기 위하여) 상품의 내용과 특징을 상품에 표시하여 보인 것.

품:처(稟處)圓 웃어른께 아뢰고 처리함.

품-칼圓 모시풀의 껍질을 벗기는 데 쓰이는 조그만 칼.

품-팔이(하자)圓 품삯을 받고 남의 일을 해 주는 일. 고공(雇工). 삯팔이.

품팔이-꾼圓 품팔이를 하여 살아가는 사람. 삯팔이꾼.

품:평(品評)(하타)圓 품질에 대해 평가하는 일. ¶신제품에 대한 소비자들의 품평이 좋다.

품:평-회(品評會)[-회/-훼]圓 일정한 종류의 산물(産物)이나 제품을 모아 그 품질을 평가하는 모임. ¶품평회를 열다.

품:-하다(稟-)타예 웃어른이나 상사에게 그 의견을 듣기 위해 말씀을 여쭈다.

품:행(品行)圓 성품과 행실. 행장(行狀)¹. ¶품행이 단정하다.

풋-[풋]접두 (일부 명사 앞에 붙어) '덜 익은 것', '미숙한 것' 등의 뜻을 나타냄. ¶풋사과. /풋장기.

풋-감[풋깜]圓 푸르고 덜 익은 감.

풋-거름[풋꺼-]圓 ①☞녹비(綠肥). ②충분히 썩지 않은 거름.

풋-것[풋껀]圓 ①그해 들어 처음으로 익은 곡식·과실·나물 따위를 통틀어 이르는 말. ②아직 덜 익은 곡식·과실·나물 따위를 이르는 말. * 풋것이[풋꺼시]·풋것만[풋껀-]

풋-게[풋께]圓 아직 장이 들지 않은 게.

풋-고추[풋꼬-]圓 빛이 푸르고 아직 익지 않은 고추. 청고초(靑苦椒).
　풋고추 절이김치(속담) [절이김치에는 풋고추가 가장 적당하다는 데서] '사이가 매우 좋아 언제나 어울려 다니는 사람'을 이르는 말.

풋-곡(-穀)[풋꼭]圓 <풋곡식>의 준말.

풋-곡식(-穀食)[풋꼭씩]圓 덜 익은 곡식. 준풋곡.

풋-과실(-果實)[풋꽈-]圓 풋과일.

풋-과일[풋꽈-]圓 익지 않은 과일. 풋과실.

풋-굿[풋꾿]圓 '호미씻이'의 잘못.

풋-김치[풋낌-]圓 새로 나온 어린 배추나 무로 담근 김치.

풋-나기圓 '풋내기'의 잘못.

풋-나무[풋-]圓 새나무·갈잎나무·풋장 따위를 통틀어 이르는 말.

풋-나물[풋-]圓 봄철에 새로 나온 나물, 또는 그것을 무친 반찬. 청채(靑菜).

풋-내[풋-]圓 ①풋나물이나 푸성귀 따위에서 나는 풀 냄새. ②'미숙하거나 어린 느낌'을 비유하여 이르는 말. ¶아직 풋내 나는 애송이.

풋-내기[푼-]圓 경험이 없어서 일에 서투른 사람을 얕잡아 이르는 말. ¶풋내기 선생. 비하룻강아지. 활햇병아리.

풋-담배[풋땀-]圓 ①퍼런 잎을 썰어 당장에 말린 담배. 청초(靑草). ②아직 맛도 제대로 모르고 담배를 피우는 것.

풋-대추[풋때-]圓 ①붉게 익지 않은 대추. ②말리지 않은 대추.

풋-되다[풋되-/-뒈-]휑 어리고 경험이나 분별이 적다. ¶나이만 먹었을 뿐 아직도 풋되기만 하다.

풋-마늘[푼-]圓 아직 덜 여문 마늘.

풋-머리[푼-]圓 곡식·과실 따위의 제철이 되기 이전의, 만물 정도가 나돌 무렵. ¶풋머리 수박. /풋머리 감자라 맛이 아직 아리다.

풋-머슴圓 '선머슴'의 잘못.

풋-바둑[풋빠-]圓 (배운 지 얼마 안 되어) 서투른 바둑 솜씨.

풋-바심[풋빠-]圓(하타) 익기 전의 곡식을 지레 베어 떨거나 훑는 일. 바심².

풋-밤[풋빰]圓 덜 익은 밤.

풋-밭[푿빧]圓 윷판의 도방에서 윷밭까지의 밭. * 풋밭이[푿빠치]·풋밭을[푿빠틀]·풋밭만[푿빤-]

풋-벼[풋뼈]圓 아직 여물지 않은 벼.

풋벼-바심[풋뼈-]圓(하자) 채 익지 않은 벼를 조금 베어서 타작하는 일.

풋-보리[풋뽀-]圓 아직 여물지 않은 보리.

풋볼(football)圓 ①☞미식축구. ②☞럭비풋볼.

풋-사과(-沙果)[풋싸-]圓 덜 익은 사과.

풋-사랑[풋싸-]圓 ①철없는 나이에 느끼는 이성(異性)에 대한 사랑(애정). ②남녀 간에 정이 덜 든 들뜬 사랑.

풋-사위[풋싸-]圓 윷놀이에서, 풋윷으로 나오는 산가위. ¶풋사위가 판세를 뒤엎다.

풋-솜씨[풋쏨-]圓 서투른 솜씨.

풋-술[풋쑬]圓 아직 술맛을 제대로 모르면서 마시는 술.

풋워:크(footwork)圓 축구·권투 등에서, 발을 놀리는 재간.

풋-윷[푿뉻]圓 서투른 윷 솜씨. * 풋윷이[푼뉴치]·풋윷만[푼뉸-]

풋-잠[풋짬]圓 잠이 든 지 얼마 안 된 얕은 잠. ¶풋잠이 들다.

풋-장[풋짱]圓 가을에 잡풀이나 잡목의 가지를 베어 말린 땔나무.

풋-장기(-將棋)[-짱-]圓 (배운 지 얼마 안 되어) 서투른 장기 솜씨.

풋-촉(foot燭)圓 1촉광의 광원에서 1피트 떨어진 곳의 밝기.

풋-콩[풋콩]圓 덜 여문 콩.

풋풋-하다[풋푸타-]휑예 ①풋내와 같이 싱그럽다. 싱싱하고 상큼하다. ¶풋풋한 국화 향기. ②생기가 있다. ¶풋풋한 사랑.

풍甼 ①갇혀 있던 공기가 좁은 통로로 빠져나오면서 나는 소리. ②구멍이 갑자기 뚫리는 소리, 또는 그 모양. ③깊은 물에 무거운 돌이나 흙덩이 따위가 떨어지는 소리. 껀풍. 풍-甼.

풍(風)¹圓 <허풍(虛風)>의 준말. ¶풍을 치다.

풍(風)²圓 [한방에서] ①중풍·경풍 따위와 같이, 정신이나 근육·감각에 탈이 생기는 병. ②두풍(頭風)·피풍(皮風) 따위와 같이, 원인이 분명하지 않은 살갗의 질환. ③<풍병(風病)>의 준말.

풍(豊)圓 <풍괘(豊卦)>의 준말.

-**풍**(風)(젭미) 일부 명사 뒤에 붙어, 그러한 풍속이나 양식·풍채 등의 뜻을 나타냄. ¶서구풍. /학자풍.

풍각(風角)**명** 팔방(八方)의 바람을 궁(宮)·상(商)·각(角)·치(徵)·우(羽)의 오음(五音)으로 구별하여 길흉을 점치는 방법과 기술.

풍각-쟁이(風角-)[-쟁-]**명** 장거리나 집집으로 돌아다니면서 해금을 켜거나 노래를 부르며 돈을 구걸하는 사람.

풍간(諷諫)**명하타** 넌지시 둘러서 말하여 잘못을 고치도록 깨우침.

풍감(風鑑)**명** 용모와 풍채로써 그 사람의 성질을 감정함.

풍객(風客)**명** ①바람둥이. ②☞풍류객.

풍건(風乾)**명하타** 바람에 쐬어 말림.

풍걸(豊乞)**명** ☞풍년거지.

풍격(風格)[-껵]**명** 풍채와 품격.

풍겸(風歉)**명** ☞풍흉(風凶).

풍경(風磬)**명** ①경치(景致). ¶호숫가의 풍경. /풍경이 아름답다. ②어떤 정경이나 상황의 모습. ③시골의 장날 풍경. ③<풍경화(風景畫)>의 준말.

풍경(風磬)**명** 처마 끝에 달아 바람에 흔들려 소리가 나게 하는 것. ¶그윽한 풍경 소리.

풍경-치다(風磬-)**자** (풍경이 울리듯이) 자꾸 들락날락하다.

풍경-화(風景畫)**명** 자연의 경치를 그린 그림. 준풍경.

풍계(風系)[-꼐/-게]**명** 어떤 넓은 지역에 걸쳐서 거의 규칙적으로 부는 일단(一團)의 바람. 〔무역풍·편서풍 따위.〕

풍계-묻이[-꼐무지/-게무지]**명하자** 어떤 물건을 감추어 두고 서로 찾아내는 내기를 하는 아이들의 놀이.

풍고풍하(風高風下)〔봄·여름은 바람이 낮고, 가을·겨울은 바람이 높다고 하여〕한 해 동안의 기후를 이르는 말.

풍골(風骨)**명** 풍채와 골격. ¶신선의 풍골.

풍공(豊功)**명** 매우 큰 공.

풍광(風光)**명** ☞경치(景致).

풍광-명미(風光明媚)**명하형** 자연의 경치가 매우 맑고 아름다움.

풍괘(豊卦)**명** 육십사괘의 하나. 진괘(震卦)와 이괘(離卦)를 위아래로 놓은 괘. 우레와 번개가 다 이름[至]을 상징함. 준풍(豊).

풍교(風教)**명** ☞풍화(風化)².

풍구(風-)**명** ①바람을 일으켜 곡물에 섞인 겨·먼지·쭉정이 따위를 날려 보내는 농구. ②☞풀무.

풍구-질(風-)**명하자** ①풍구로 곡물에 섞인 겨·먼지·쭉정이 따위를 날려 보내는 일. ②☞풀무질.

풍금(風琴)**명** ☞오르간.

풍기(風紀)**명** 풍속이나 사회도덕에 대한 기강. ¶풍기가 문란하다.

풍기(風氣)**명** ①☞풍속(風俗). ②풍도(風度)와 기상(氣像). ③☞풍병(風病).

풍기다(자타) ①냄새나 기미 따위가 퍼지다, 또는 퍼지게 하다. ¶멋을 풍기다. /꽃 향기가 풍기다. ②날짐승 따위가 놀라 사방으로 흩어지다, 또는 흩어지게 하다. ¶새 떼를 풍기다. ③곡식에 섞인 겨·먼지·검불 따위를 날리다.

풍년(豊年)**명** 농사가 잘된 해. 유년(有年). ¶풍년을 기원하다. /풍년이 들다. ↔흉년(凶年).

풍년-거지(豊年-)「뭇사람이 모두 이익을 보는데 자기 혼자만 빠진 것」을 비유하여 이르는 말. 풍걸(豊乞).

풍년거지 더 섧다(속담) 남은 다 잘사는데 자기만 어렵게 지냄이 더 서럽다는 뜻으로, 남들이 다 잘되는 것을 보고는 한층 제 처지가 서럽다는 말.

풍년-기근(豊年飢饉)**명** 풍년이 들었으나 곡가가 폭락하여 농민에게 타격이 심한 현상.

풍년-제(豊年祭)**명** 농촌에서 베푸는 제천 의식의 한 가지. 그해의 농사가 순조롭고 풍년이 들기를 기원하는 뜻에서 음력 정월 초순이나 대보름에 지냄.

풍단(風丹)**명** ☞단독(丹毒).

풍담(風痰)**명** 한방에서, 풍증(風症)을 일으키는 담(痰), 또는 풍증으로 생기는 담을 이르는 말.

풍담(風談)**명** 풍류에 관한 이야기.

풍덩(뭐) 크고 무거운 물건이 깊은 물에 떨어질 때 나는 소리. 작퐁당. 풍덩-풍덩(뭐)(하자타).

풍덩-거리다(자타) 자꾸 풍덩풍덩하다. 풍덩대다. 작퐁당거리다.

풍덩-대다(자타) 풍덩거리다.

풍뎅-이(風-)**명** 머리에 쓰는 방한구의 한 가지. 모양이 남바위와 비슷하나 가에 모피를 좁게 댐.

풍뎅-이(風-)**명** 풍뎅잇과의 곤충. 몸길이 2 cm가량. 몸빛은 녹색인데 금속광택이 강함. 6~7월에 나타나며 각종 활엽수의 잎을 해침. 우리나라와 중국·일본·시베리아 등지에 분포함.

풍도(風度)**명** 풍채와 태도.

풍도(酆都)**명** 도가에서, '지옥'을 이르는 말.

풍독(風毒)**명** ☞중풍(中風).

풍독(諷讀)**명하타** 글을 외어 읽음.

풍동(風洞)**명** 빠르고 센 기류를 일으키는 장치. 항공기 따위의 공기 역학적인 성질을 실험하는 데 쓰임.

풍동(風動)**명하자** (바람에 불려 움직이듯) 이끌려 붙좇음. 감화됨.

풍등(豊登)**명** 농사지은 것이 썩 잘됨.

풍락-목(風落木)[-낭-]**명** 바람에 꺾이거나 저절로 죽은 나무. 풍절목(風折木).

풍란(風蘭)[-난]**명** 난초과의 상록 다년초. 바위나 고목에 붙어사는데, 관상용으로 심기도 함. 뿌리는 끈 모양이고, 잎은 넓은 선형(線形)이며 뿌리께에서 두 줄로 남. 여름에 향기가 있는 흰 꽃이 핌.

풍랑(風浪)[-낭]**명** ①바람과 물결. ②바람결에 따라 일어나는 물결. ¶풍랑이 일다.

풍랭-통(風冷痛)[-냉-]**명** 한방에서 이르는 잇병의 한 가지. 벌레가 먹거나 잇몸이 붓거나 하지도 않고, 이가 흔들리면서 아픈 병.

풍려(風厲)[-녀]**명**(하자) 바람이 세참. ②(하타) 부지런히 힘쓰고 게을리 하지 않음.

풍력(風力)[-녁]**명** ①바람의 세기, 곧 바람의 강약의 도수(度數). 풍세(風勢). ②(동력으로서의) 바람의 힘. ¶풍력 발전(發電). ③사람을 감화시키는 힘.

풍력-계(風力計)[-녁꼐/-녁게]**명** 풍속을 측정하는 기계. 풍속계(風速計).

풍력^계급(風力階級)[-녁꼐-/-녁게-]**명** 바람의 세기를 눈어림으로 알 수 있도록 구별하여 정한 등급. 〔0~12의 13계급으로 나눔.〕

풍로(風爐)[-노]**명** ①바람이 통하도록 아래에 구멍을 낸, 작은 화로의 한 가지. ②(등유·가스 등의 연료를 사용하는) 조리를 하기 위한 주방용 가열 기구를 두루 이르는 말.

풍뢰(風籟)[-뇌/-눼]**명** 바람이 숲을 지날 때 나는 소리.

풍루(風淚)[-누]**명** ①바람을 눈에 받을 때 나는 눈물. ②촛농.

풍류(風流)[-뉴-]명 ①㉠속되지 않고 운치가 있는 일. ¶풍류를 찾아 몸을 선계(仙界)에 두다. ㉡풍치를 찾아 즐기며 멋스럽게 노니는 일. 화조풍월. 풍류를 즐기다. ②'음악'을 예스럽게 이르는 말.

풍류-객(風流客)[-뉴-]명 풍류를 즐기는 사람. 풍객(風客).

풍류-랑(風流郞)[-뉴-]명 풍류를 즐기는 멋스러운 젊은 남자.

풍류밧지명 (옛) 악공(樂工). ¶내 풍류밧지 드리고(釋譜24:28).

풍류-장(風流場)[-뉴-]명 남녀가 모여 풍류를 즐기는 판(곳).

풍륜(風輪)¹[-뉸-]명 ①바람의 신(神). ②불교에서 이르는, 삼륜(三輪)의 하나. 수륜(水輪)의 아래에서 이 세상을 떠받치는 원륜(圓輪).

풍륜(風輪)²[-뉸-]명 눈알의 각막과 수정체 사이에 있는 검은 고리 모양의 빈 곳. 시력을 조절함.

풍릉(風稜)[-능]명 바람의 위력.

풍림(風林)[-님]명 ①바람받이 숲. ②풍치 있는 숲.

풍림(風霖)[-님]명 바람과 비. 풍우(風雨).

풍림(楓林)[-님]명 단풍이 든 숲.

풍마(風磨)명[하자] 바람에 닳고 갈림.

풍마-우세(風磨雨洗)명[하자] 바람에 갈리고 비에 씻김.

풍만(豊滿)'풍만하다'의 어근.

풍만-하다(豊滿-)[형여] ①넉넉하고 그득하다. ②몸이 부실부실하게 살지다. ¶풍만한 가슴.

풍매-화(風媒花)명 바람에 의하여 화분(受粉)이 되는 꽃. [벼·은행나무 따위의 꽃.] [참]수매화·충매화.

풍모(風貌)명 풍채와 용모. 풍재(風裁).

풍문(風聞)명 바람처럼 떠도는 소문. ¶풍문이 나돌다. 비풍설(風說).

풍물(風物)¹명 ①경치(景致). ②한 지방의 독특한 구경거리나 산물. ¶풍물 기행.

풍물(風物)²명 ①농악(農樂)에 쓰는 꽹과리·소고·태평소·북·징·장구 따위의 악기를 통틀어 이르는 말. ②남사당패의 여섯 가지 놀음의 하나. 첫째 놀음으로 꽹과리·징·장구·태평소 따위를 치거나 불며 노는 일.

풍물(을) 치다[관용] 농악을 연주하다.

풍물-놀이(風物-)[-로리]명 ☞농악(農樂).

풍물-장이(風物-)명 풍물을 만드는 공인(工人).

풍물-재비(風物-)명 풍물을 연주하는 사람.

풍물-패(風物-)명 농악에서, 풍물을 치거나 불거나 하는 사람들의 무리.

풍미(風味)명 ①음식의 좋은 맛. ¶고유의 풍미를 살린 음식. ②사람 됨됨이의 고상한 멋.

풍미(風靡)명[하다] 초목이 바람에 쓸리듯, 어떤 위세가 널리 사회를 휩쓸거나, 또는 휩쓸게 함. ¶일세(一世)를 풍미하다.

풍미(豊味)명 진하고 좋은 맛.

풍미(豊美)'풍미하다'의 어근.

풍미-하다(豊美-)[형여] 풍만하고 아름답다.

풍박(豊薄)명 후박(厚薄).

풍배(風杯)명 회전 풍속계에서, 높이 세운 축(軸)의 가지에 달린 세 개 또는 네 개의 반구형(半球形)으로 된 물체.

풍백(風伯)명 바람을 맡아 다스리는 신(神). 비렴(飛廉). 풍사(風師). 풍신(風神).

풍범-선(風帆船)명 돛을 달고 바람을 받아서 가는 선배.

풍병(風病)[-뼝]명 한방에서, 신경의 탈로 생기

는 병을 통틀어 이르는 말. 풍기(風氣). 풍증(風症). 풍질(風疾). ㉠풍(風)².

풍부(豊富)'풍부하다'의 어근.

풍부-하다(豊富-)[형여] 넉넉하고 많다. ¶풍부한 경험. /자원이 풍부하다. /소질이 풍부하다.

풍부-히[부] 양분을 풍부히 섭취하다.

풍비(風痹)[명] 한방에서, 몸의 반쪽을 잘 쓰지 못하는 병을 이르는 말.

풍비(風痺)명 한방에서, 뇌척수(腦脊髓)의 탈로 몸과 팔다리가 마비되고 감각과 동작에 장애를 일으키는 병을 이르는 말.

풍비(豊備)명[하다] 풍부하게 갖춤. 충비(充備).

풍비-박산(風飛雹散)[-싼]명[하자] 사방으로 날아 흩어짐. ㉠풍산(風散).

풍사(風邪)명 한방에서, 바람이 병의 원인으로 작용한 것을 이르는 말.

풍사(風師)명 ☞풍백(風伯).

풍산(風散)명[하다] <풍비박산(風飛雹散)>의 준말.

풍산(豊産)명[하자] 풍부하게 남, 또는 그 산물.

풍산-개(豊山-)명 개의 품종의 하나. 함경남도 풍산의 특산. 몸빛은 흰색이지만 잿빛 털이 고루 섞인 것도 있음. 귀는 삼각형으로 곧추서 있고, 목은 짧고 굵으며, 꼬리는 엉덩이 위쪽으로 둥글게 말려 있음. 영리하고 용맹하여 사냥용으로 기름.

풍상(風尙)명 ①거룩한 모습. ②여러 사람의 존경을 받는 일.

풍상(風箱)명 ☞풀무.

풍상(風霜)명 ①바람과 서리. ②'세상의 모진 고난이나 고통'을 비유하여 이르는 말. ¶온갖 풍상을 다 겪다.

풍상우로(風霜雨露)명 바람과 서리와 비와 이슬을 아울러 이르는 말.

풍상지임(風霜之任)명 사정을 두지 않고 냉엄하게 일을 처리해야 하는 임무. [어사나 사법관의 임무 따위.]

풍생-암(風成岩)명 바람에 불려 쌓인 흙과 모래가 굳어서 된 바위. 풍성암(風成岩).

풍생-층(風生層)명 ☞풍성층(風成層).

풍-서란(風-欄)명 문지방의 아래위나 문의 좌우 선단에 바람을 막기 위하여 대는 좁은 나무오리.

풍석(風席)명 ①돛을 만드는 돗자리. ②☞부뚜. ③무엇을 펴 놓고 말리는 데 쓰는 거적·멍석·맷방석 따위를 통틀어 이르는 말.

풍석-질(風席-)[-찔]명[하자] ☞부뚜질.

풍선(風扇)명 ①부치거나 날개를 돌려 바람을 일으키는 제구. [선풍기 따위.] ②농구(農具)의 한 가지. 곡식을 드릴 때 바람을 내어 검불이나 티끌을 날리는 기구.

풍선(風船)명 ①종이·고무·비닐 따위로 만든 얇은 주머니 속에 가벼운 기체를 넣어 부풀려 공중으로 떠오르게 만든 물건이나 장난감. ¶풍선을 불다. ②☞기구(氣球).

풍선(風癬)명 ☞마른버짐.

풍설(風泄)[-씰]명 한방에서, 감기로 말미암아 급하게 나는 설사병을 이르는 말.

풍설(風屑)[-씰]명 ☞비듬.

풍설(風雪)[-씰]명 바람과 눈. ☞눈보라.

풍설(風說)[-씰]명 항간에 떠돌아다니는 말. 비풍문.

풍성(風聲)명 ①바람 소리. ②풍격(風格)과 성망(聲望).

풍성(豊盛)'풍성하다'의 어근.

풍성-암(風成岩)명 ☞풍생암(風生岩).

풍성-층(風成層)명 바람에 밀려서 모인 모래나 흙이 쌓여서 이룬 지층. 주로, 사막 주변과 그 부근 지방에 생김. 풍생층(風生層).

풍성-토(風成土)**명** 바위의 부스러기가 바람에 불려 가 쌓여서 된 땅. 풍적토(風積土).

풍성-풍성(豊盛豊盛)**부**(하형) 매우 풍족하고 흥성한 모양. 풍년이 들어 온갖 곡식이 풍성풍성하다. 풍성풍성-히**부**.

풍성-하다(豊盛-)**형여** 넉넉하고 많다. 성풍하다. ¶ 오곡이 풍성하다. 풍성-히**부**.

풍성-학려(風聲鶴唳)〔-향녀〕〔바람 소리와 학의 울음소리란 뜻으로〕'겁에 질린 사람이 하찮은 소리에도 놀람'을 비유하여 이르는 말.

풍세(風勢)**명** 바람의 기세. 곧, 바람의 강약. 풍력.

풍세대작(風勢大作)**명하자** 바람이 세차게 붊. ¶ 풍수대작하더니 바람결에 풍겨 온다.

풍속(風俗)**명** 예로부터 지켜 내려오는, 생활에 관한 사회적 습관. 풍기(風氣). ¶ 결혼 풍속.

풍속(風速)**명** 바람의 속도.

풍속-계(風速計)〔-꼐/-게〕**명** ☞풍력계.

풍속-도(風俗圖)〔-또〕**명** 일정한 시대의 세정(世情)과 풍속을 그린 그림. 풍속화(風俗畫).

풍속-범(風俗犯)〔-뻠〕**명** 미풍양속이나 성도덕에 위배되는 일을 저지른 범죄, 또는 그 범인. 풍속 사범.

풍속^사:범(風俗事犯)〔-싸-〕**명** ☞풍속범.

풍속-소:설(風俗小說)〔-쏘-〕**명** 세태·풍속·인정의 묘사를 주로 하는 소설.

풍속-화(風俗畫)〔-소롸〕**명** ☞풍속도(風俗圖).

풍손(風損)**명** 풍재(風災)로 입은 손해.

풍송(諷誦)**명하타** 글을 읽고 시를 읊음.

풍수(風水)**명** ①음양오행설에 기초하여 민속으로 지켜 내려오는 지술(地術). ②☞지관(地官).

풍수-기(豊水期)〔비가 내리어〕하천의 물 따위가 풍부한 시기. ↔갈수기(渴水期).

풍수-설(風水說)**명** 풍수에 관한 학설.

풍수-쟁이(風水-)**명** 〈지관(地官)〉의 속된 말.

풍수-증(風水症)〔-쯩〕**명** 한방에서, 심장병·신장병 따위로 팔다리에 부증(浮症)이 생기는 병을 이르는 말.

풍수-지리(風水地理)**명** 땅의 형세나 방위를 인간의 길흉화복에 관련시켜 설명하는 학설. 준〈풍수〉.

풍수지탄(風樹之歎)**명** '어버이가 돌아가시어 효도하고 싶어도 할 수 없는 슬픔'을 이르는 말. 〔'수욕정이풍부지(樹欲靜而風不止), 자욕양이친부대(子欲養而親不待)'라는 옛 글귀에서 유래함.〕

풍수-학(風水學)**명** 풍수에 관한 학문.

풍수-해(風水害)**명** 강풍과 홍수 때문에 입은 피해.

풍습(風習)**명** 풍속과 습관.

풍습(風濕)**명** 한방에서, 습한 땅의 기운으로 뼈마디가 저리고 아픈 병을 이르는 말.

풍식(風蝕)**명** 바람에 의하여 암석이나 지대가 침식되는 일.

풍신(風神)**명** ①☞풍백(風伯). ②☞풍채(風采).

풍신-기(風信旗)**명** 바람의 방향과 세기를 나타내 보이는 여러 빛깔의 기상 신호기.

풍아(風雅)[1]**명** ①시전(詩傳)의 풍(風)과 아(雅), 곧 시(詩). ②풍류와 문채(文彩).

풍아(風雅)[2] '풍아하다'의 어근

풍아-롭다(風雅-)〔-따〕〔~로우니·~로워〕**형ㅂ** 풍치가 있고 조촐한 멋이 있다. 풍아로이**부**.

풍아-스럽다(風雅-)〔-따〕〔~스러우니·~스러워〕**형ㅂ** 풍치가 있고 조촐한 데가 있다. 풍아스레**부**.

풍아-하다(風雅-)**형여** 풍치가 있고 조촐하다.

풍악(風樂)**명** 우리나라 고유의 옛 음악.

풍악(을) 잡히다(관용) 풍악을 아뢰거나 연주하게 하다.

풍악(楓嶽)**명** ☞풍악산(楓嶽山).

풍악-산(楓嶽山)〔-싼〕**명** 〔단풍이 든 산이란 뜻으로〕가을철의 '금강산'을 이르는 이름. 풍악(楓嶽). 참봉래산·개골산.

풍안(風眼)**명** ①바람이나 티끌을 막기 위해 쓰는 안경. ②☞농루안(膿漏眼).

풍압(風壓)**명** 바람이 물체에 미치는 압력.

풍압-계(風壓計)〔-꼐/-게〕**명** 풍압을 재는 기계.

풍약(楓約)**명** 화투 놀이에서, 단풍 넉 장을 갖추어 이룬 약.

풍양(風陽)〔바람과 볕이라는 뜻으로〕'날씨'를 이르는 말. 풍일(風日).

풍어(豊漁)**명** 물고기가 많이 잡힘. 대어(大漁). ↔흉어(凶漁).

풍어-제(豊漁祭)**명** 어촌에서, 그해의 어업의 무사함과 풍어를 기원하며 사해용왕을 위안하는 뜻으로 베푸는 의식(儀式). 〔음력 정월 초하루에서 보름 사이에 지냄.〕

풍연(風煙)**명** 멀리 보이는 공중(空中)에 서린 흐릿한 기운.

풍연(風鳶)**명** ☞연(鳶).

풍열(風熱)**명** 한방에서, 잇몸이 붓고 고름이 나며 몹시 아픈 증세를 이르는 말.

풍염(風炎)**명** ☞푄(Föhn).

풍염(豊艶) '풍염하다'의 어근.

풍염-하다(豊艶-)**형여** 탐스럽게 살쪄 아름답다. ¶ 풍염한 육체.

풍영(諷詠)**명하타** 시가(詩歌) 따위를 읊조림.

풍요(風謠)**명** 사구체(四句體)로 된 신라 향가. 선덕 여왕 때, 영묘사(靈廟寺)에 장륙존상(丈六像像)이라는 불상을 주조할 때, 성중(城中) 사람들이 그 역사(役事)에 쓰는 진흙을 나르면서 불렀다는, 일종의 노동요(勞動謠). 〔'삼국유사'에 실려 전함.〕

풍요(豊饒)**명하형** 매우 넉넉함. 풍유(豊裕). ¶ 풍요한 생활을 누리다. 풍요-히**부**.

풍요-롭다(豊饒-)〔-따〕〔~로우니·~로워〕**형ㅂ** 매우 넉넉함이 있다. 풍요로운 생활. **형ㅂ**

풍우(風雨)**명** ①바람과 비. 풍림(風霖). ②비바람. ¶ 풍우가 몰아치다.

풍우-계(風雨計)〔-꼐/-게〕**명** ☞청우계.

풍우-대작(風雨大作)**명하자** 바람이 몹시 불고 비가 많이 내림.

풍우-장중(風雨場中)**명** ①한창 바쁜 판. ②지난날, 풍우 중에 치르던 과장(科場)의 안.

풍운(風雲)**명** ①바람과 구름. ②영웅호걸들이 세상에 두각을 나타내는 좋은 기운(機運). ¶ 풍운을 타고나다. ③세상에 큰 변이 일어날 듯한 어지러운 형세나 기운. ¶ 풍운이 감돌다.

풍운(風韻)**명** 풍류와 운치.

풍운-아(風雲兒)**명** 좋은 기운(機運)을 타서 세상에 두각을 나타내는 사람. ¶ 시대의 풍운아.

풍운-조화(風雲造化)**명** 바람이나 구름의 예측하기 어려운 변화.

풍운지회(風雲之會)〔-회/-훼〕**명** ①명군(明君)과 현신(賢臣)이 서로 만나는 일. ②영웅호걸이 때를 만나 뜻을 이룰 좋은 기회.

풍월(風月)**명** ①청풍(淸風)과 명월(明月), 곧 '자연의 아름다움'을 이르는 말. ②하자〈음풍농월(吟風弄月)〉의 준말.

풍월-객(風月客)**명** 음풍농월을 일삼는 사람.

풍월-주인(風月主人)〔풍월의 주인이란 뜻으로〕자연을 즐기는 풍치 있는 사람을 이름.

¶송죽(松竹) 울울리(鬱鬱裏)에 풍월주인 되여 셔라(丁克仁. 賞春曲)

풍위(風位)[명] 바람이 불어오는 방위.

풍유(豐裕)[어휘] 풍요(豐饒).

풍유(諷喩·諷諭)[하어] 슬며시 돌려서 나무라거나 깨우쳐 타이름, 또는 그러한 비유.

풍유-법(諷喩法)[-뻡][명] 수사법상 비유법의 한 가지. 본뜻은 뒤에 숨기고 비유하는 말만 드러내어 그 숨은 뜻을 넌지시 나타내는 표현 방법. 속담 등은 대개 이에 딸림.('빈 수레가 더 요란하다.' 따위.) 우화법(寓話法).

풍의(風儀)[-의/-이][명] ☞풍채(風采).

풍의(風懿)[-의/-이][명] 한방에서, 뇌의 탈로 혀와 목구멍이 마비되고 말을 잘하지 못하는 병증을 이르는 말.

풍이(風異)[명] 나무가 꺾이고 집이 무너질 정도의 바람의 상태.

풍인(風人)[명] ①문둥이. ②시부(詩賦)에 능한 사람.

풍일(風日)[명] ☞풍양(風陽).

풍자(風姿)[명] ☞풍채(風采).

풍자(諷刺)[하어] (사회나 인간의 부정적인 면 따위를) 다른 것에 빗대어 비웃으면서 폭로하고 비판함. ¶세태를 풍자한 만화.

풍자-극(諷刺劇)[명] 사회나 인간의 비리, 또는 결점을 풍자하는 내용의 연극, 또는 그런 희곡.

풍자^문학(諷刺文學)[명] 사회나 인물, 시대의 결함, 과오, 모순 따위를 풍자하는 내용의 문학.

풍자^소:설(諷刺小說)[명] 시대·사회·인물의 결함이나 악덕 등을 풍자하는 소설.

풍자-시(諷刺詩)[명] 사회의 죄악상이나 불미스러운 점을 풍자하는 내용의 시.

풍자-적(諷刺的)[관][명] 풍자의 성질이나 특성을 띤 (것). ¶풍자적 묘사. /풍자적인 작품.

풍작(豐作)[명] 풍년이 들어 잘된 농사. ¶풍작을 이룬 가을 들판. ↔흉작(凶作).

풍잠(風簪)[명] 갓모자가 뒤쪽으로 넘어가지 않도록 망건당 앞쪽에 꾸미는 반달 모양의 물건. 원산(遠山).

풍정(風情)[명] '풍물놀이'를 달리 이르는 말.

풍장(風葬)[명] 시체를 한데 내버려 두어 비바람에 자연히 소멸되게 하는 원시적인 장사법(葬事法). ☞토장(土葬).

풍재(風災)[명] 심한 바람으로 생기는 재해. 풍해(風害).

풍채(風裁)[명] ①☞풍모(風貌). ②☞풍치(風致).

풍쟁(風箏)[명] ☞연(鳶).

풍적-토(風積土)[명] ☞풍성토.

풍전(風前)[명] 바람이 불어오는 앞. 바람받이.

풍전(瘋癲)[명] 한방에서, 후천적 병증으로 미친 사람을 이르는 말.

풍전-등촉(風前燈燭)[명] ☞풍전등화. ⓒ풍촉.

풍전-등화(風前燈火)[명] 〔바람 앞의 등불이라는 뜻으로〕'존망이 달린 매우 위급한 처지'를 비유하여 이르는 말. 풍전등촉(風前燈燭). ¶나라의 운명이 풍전등화의 지경에 놓이다.

풍전-세류(風前細柳)[명] 〔바람 앞에 나부끼는 세버들이라는 뜻으로〕'부드럽고 영리한 성격'을 비유하여 이르는 말.

풍전진지진(風前之塵)[명] 〔바람 앞의 먼지라는 뜻으로〕'사물의 무상함'을 비유하여 이르는 말.

풍절-목(風折木)[명] ☞풍락목(風落木).

풍정(風情)[명] 풍치 있는 정회(情懷)나 취향. 풍회(風懷). ¶이국(異國) 풍정.

풍정낭식(風定浪息)[명][하자] 〔바람이 자고 파도가

잔잔해진다는 뜻으로〕'들떠서 어수선하거나 어지럽던 것이 가라앉음'을 비유하여 이르는 말.

풍조(風鳥)[명] ☞극락조(極樂鳥).

풍조(風潮)[명] ①바람과 조수. ②바람 따라 흐르는 조수. ③세상이 되어 가는 추세. ¶사치 풍조.

풍족(豐足)[명] '풍족하다'의 어근.

풍족-하다(豐足-)[형어] 매우 넉넉하여 모자람이 없다. ¶풍족한 물자. /자금이 풍족하다. **풍족-히**[부]

풍증(風症)[-쯩][명] ☞풍병(風病).

풍지(風紙)[명] 〈문풍지〉의 준말.

풍지-박산(風-雹散)[명] '풍비박산'의 잘못.

풍진(風疹)[명] 어린이에게 많은 급성 전염병의 한 가지. 좁쌀만 한 뾰루지가 얼굴과 사지에 낫다가 3~4일 만에 나음.

풍진(風塵)[명] ①바람과 티끌. ②세상의 속된 일, 또는 속세(俗世). ③☞전진(戰塵).

풍진-세계(風塵世界)[-게/-게][명] 편안하지 못하고 어지러운 세상.

풍질(風疾)[명] ☞풍병(風病).

풍차(風車)[명] ①바람의 힘을 이용하여 동력을 얻는 기계 장치. 여러 개의 날개를 장치한 바퀴를 높은 곳에 달아서 바람의 힘으로 회전하도록 함. ②☞팔랑개비. ③'풍구'의 잘못.

풍차(風遮)[명] ①머리에 쓰는 방한구의 한 가지. 주로 모피로 짓고 볼끼가 달려 있음. ②뒤를 트는 어린아이의 바지나 여자 속곳에서, 마루폭의 뒤쪽에 좌우로 길게 대는 헝겊 조각.

풍차-바지(風遮-)[명] 마루폭의 뒤쪽에 풍차를 단, 뒤가 트인 어린아이의 바지.

풍찬-노숙(風餐露宿)[명] 〔바람과 이슬을 맞으며 한데에서 먹고 잔다는 뜻으로〕'모진 고생'을 이르는 말.

풍창(風窓)[명] ①통풍을 위하여 뚫어 놓은 창. ②뚫어진 창.

풍창-파벽(風窓破壁)[명] 〔뚫어진 창과 헐어진 담벼락이란 뜻으로〕'거두지 않은 집의 허술한 상태'를 이르는 말.

풍채(風采)[명] 사람의, 드러나 보이는 의젓한 겉모양. 풍신(風神). 풍의(風儀). 풍자(風姿). 풍표(風標). ¶풍채가 좋다.

풍촉(風燭)[명] 〈풍전등촉〉의 준말.

풍취(風趣)[명] ①풍경의 아취. ②☞풍치(風致).

풍치(風致)[명] ①훌륭하고 멋스러운 경치. ②격에 어울리는 멋. 운치. 풍채. 풍취(風趣).

풍치(風齒)[명] 한방에서, 풍증으로 일어나는 치통을 이르는 말.

풍치-림(風致林)[명] 산수의 정취를 더하기 위해 기르는 나무숲.

풍치^지구(風致地區)[명] 특히 도시 계획 구역 내에서, 도시 안팎의 풍치 유지를 목적으로 지정한 구역.

풍침(風枕)[명] 공기를 불어 넣어서 베는 베개.

풍타낭타(風打浪打)[명] 〔바람이 치고 물결이 친다는 뜻으로〕'일정한 주의(主義)나 주장이 없이 그저 대세에 따라 행동함'을 이르는 말.

풍토(風土)[명] ①기후와 토지의 상태. ②사회생활의 상태. ¶의식 생활의 건전한 풍토를 조성하다.

풍토-기(風土記)[명] 그 지역의 풍토의 특색을 적은 기록.

풍토-병(風土病)[-뼝][명] 어떤 지역의 독특한 자연환경으로 인하여 생기는 특이한 병. 지방병(地方疾).

풍토-색(風土色)[명] 풍토의 차이에 따라 생기는 각각의 특색. ¶풍토색이 짙다.

풍파(風波)명 ①바람과 물결. ¶풍파가 일다. ②어지럽고 험한 분란. ¶갖은 풍파를 다 겪다. /깁안에 풍파를 일으키다.

풍판(風板)명 (풍우를 막기 위하여) 박공 아래에 길이로 연이어 대는 널빤지.

풍편(風便)명 (소문 따위가 전해지는) 바람결. ¶풍편에 듣자 하니….

풍표(風標)명 ⇨풍채(風采).

풍-풍부하자 구멍으로 물이 힘차게 쏟아지거나 솟아나는 소리. ⨁퐁퐁.

풍풍-거리다자 자꾸 풍풍 소리가 나다. 풍풍대다. ⨁퐁퐁거리다.

풍풍-대다자 풍풍거리다.

풍한서습(風寒暑濕)명 바람과 추위와 더위와 습기.

풍한-천(風寒喘)명 한방에서, 감기로 숨이 차고 호흡이 곤란한 증세를 이르는 말.

풍해(風害)명 ⇨풍화(風化)1.

풍향(風向)명 바람이 불어오는 방향.

풍향-계(風向計)[-계/-게]명 바람의 방향을 관측하는 기계. 바람개비.

풍헌(風憲)명 ①〖풍교(風教)와 헌장(憲章)이라는 뜻으로〗 풍습과 도덕에 대한 규범을 이르는 말. ②조선 시대에, 면(面)이나 이(里)의 일을 맡아보던 향소(鄕所)의 한 소임(所任).

풍혈(風穴)명 ①높은 산등성이나 산기슭에 있어 늘 시원한 바람이 불어 나오는 구멍이나 바위 틈. ②나무 그릇 같은 데 가로 돌아가며 잘게 새긴 꾸밈새.

풍협(豊頰)명 살이 두둑한 탐스러운 뺨.

풍화(風化)¹명 ①〖하자되자〗지표의 암석이 공기·물·온도 따위의 작용으로 차츰 부서지는 현상. ②결정수(結晶水)가 있는 결정 따위가 공기 중에서 차츰 수분을 잃고 부서져 가루로 변하는 현상. 풍해(風解).

풍화(風化)²명 (교육이나 정치의 힘으로) 풍습을 잘 교화시킴. 풍교(風教).

풍화(風火)명 한방에서, 병의 원인이 되는 풍기(風氣)와 화기(火氣)를 이르는 말.

풍화-석회(風化石灰)[-서괴/-서훼]명 공기 중에 오랫동안 노출된 생석회가 수분을 흡수하여 부스러진 흰 가루, 곧 소석회.

풍화^작용(風化作用)명 풍화를 일으키는 공기·물·온도 따위의 작용.

풍회(風懷)[-회/-훼]명 ⇨풍정(風情).

풍후(豊厚)명 '풍후하다'의 어근.

풍후-하다(豊厚-)형여 ①(얼굴이) 살져 덕성스럽다. ②매우 넉넉하게 많다.

풍흉(豊凶)명 풍년과 흉년. 또는, 풍작과 흉작. 풍겸(豊歉).

퓌다자 〖옛〗피다. ¶그 고지 三同이 퓌거시아(樂詞.鄭石歌). ⨁퓌다.

퓌레(purée 프)명 서양 요리에서, 육류나 채소 등을 삶거나 데쳐서 으깨어 체로 거른 것. 요리에 맛을 내는 재료로 쓰임.

퓌우다타 〖옛〗피우다〔燃〕. ¶ 香 퓌우고 겨르ㄹ이 이셔(楞解7:6).

퓨리터니즘(Puritanism)명 16세기 후반, 영국 교회에 반항하여 일어난 신교도 일파의 운동, 또는 그 사상. ⨁청교도.

퓨:마(puma)명 고양이과의 동물. 표범과 비슷한 몸빛이 갈색이고 얼룩무늬가 없음. 나무에 잘 오르고, 평원이나 사막·열대 우림 등에 살면서 사슴·토끼 따위 작은 짐승을 잡아먹음. 캐나다 서부로부터 남아메리카의 파타고니아에 이르기까지 분포함.

퓨:전(fusion)명 여러 이질적인 것을 혼합하거나 융합하는 일을 나타내는 일. ¶퓨전 요리./퓨전 문화.

퓨:젤-유(fusel油)명 알코올이 발효할 때에 생기는 아밀알코올을 주성분으로 하는, 비점이 높은 여러 가지 고급 알코올의 혼합물. 술 마신 뒤의 두통이나 현기증의 원인이 됨. 용매·향료·의약 따위로 쓰임.

퓨:즈(fuse)명 안전기 속에서 전로(電路)를 잇는 납과 주석의 합금선. 과다 전류가 흐르면 녹아 떨어져 위험을 미리 막음.

프다〖옛〗피다. ¶ 하늜 樹王이 고지 픈 돗ㅎ니(釋譜13:25). ⨁뜨다.

프라세오디뮴(praseodymium)명 희토류 원소의 한 가지. 은백색의 금속으로 전성(展性)·연성(延性)이 있고 아연보다 단단하며, 무기산에 잘 녹음. 〔Pr/59/140.9077〕

프라운호:퍼-선(Fraunhofer線)명 태양 광선의 연속 스펙트럼 속에 나타나는 수많은 암선(暗線). 〔독일의 물리학자 프라운호퍼가 발견함.〕

프라이(fry)명하타 고기·생선·야채 따위에 밀가루를 묻혀 기름에 튀기거나 지지는 일, 또는 그러한 음식.

프라이드(pride)명 자랑. 긍지. 자존심. ¶프라이드가 강하다.

프라이드-치킨(fried chicken)명 기름에 튀긴 닭고기. 닭튀김. ⨁치킨.

프라이버시(privacy)명 개인의 사생활이나 집안의 사적인 일, 또는 그것이 공개되지 않고 남에게 간섭받지 않을 권리. ¶프라이버시를 존중하다.

프라이팬(frypan)명 프라이하는 데 쓰는, 자루가 달리고 운두가 낮은 냄비.

프락치(←fraktsiya 러)명 특수한 임무를 띠고 어떤 단체나 분야에 들어가서 몰래 활동하는 사람.

프랑(franc 프)명 프랑스·벨기에·스위스의 화폐 단위. 〔기호는 Fr〕

프랑슘(francium)명 알칼리 금속의 한 가지. 수명이 짧은 방사성 원소. 〔Fr/87/223〕

프랑스^대:혁명(France大革命)[-형-]명 1789년에 일어난 프랑스의 대혁명. 왕정(王政)이 폐지되고 공화제(共和制)가 성립되었으며, 그 뒤의 신운동·신사상의 원천이 됨.

프래그머티즘(pragmatism)명 실용주의.

프랜차이즈(franchise)명 체인 본부가, 일정한 지역에서 자기 상품을 독점 판매할 수 있는 권리를 가맹점에 주고, 각종 경영 지도 등을 통하여 판매 시장을 개척해 나가는 방식.

프러포:즈(propose)명하자타 ①'제안'으로 순화. ②'청혼(請婚)'으로 순화. ¶프러포즈를 받다.

프런트(front)명 호텔 현관의 계산대. ¶프런트에 방 열쇠를 맡기다.

프런트^코:트(front court)명 농구에서, 경기장 중앙선을 중심으로 하여 '상대편 코트'를 이르는 말.

프레스(press)명 재료에 힘을 가하여 소성(塑性) 변형시켜 가공하는 기계, 또는 그러한 가공.

프레스^센터(press center)명 ①신문사가 많이 모여 있는 지역. ②현장 기획이나 사건의 취재·보도에 편리하도록 각종 시설이나 기기가 설치된 기자 전용의 건물이나 방.

프레스코(fresco 이)명 벽화를 그릴 때 쓰는 화법의 하나. 새로 석회를 바른 벽에, 그것이 채 마르기 전에 색칠을 하여 그림.

프레스토(presto 이)명 악보에서, 빠르기를 지시하는 말. '아주 빠르게'의 뜻.

프레스티시모 (prestissimo 이)몡 악보에서, 빠르기를 지시하는 말. '가능한 한 가장 빠른 속도로'의 뜻.

프레싱 (pressing)몡하자 옷이나 피륙 위에 젖은 헝겊을 대고 다림질하여 주름살을 펴는 일.

프레온 (Freon)몡 뒤풍사가 만든 플루오르화 탄화수소의 상품명. 무색의 기체 또는 끓는점이 낮은 액체로, 냉장고나 에어컨의 냉매(冷媒), 에어로졸 분무제, 소화제(消火劑) 따위에 쓰임. 오존층을 파괴하는 원인이 되는 물질임.

프레온^가스 (Freon gas)몡 기체 상태의 프레온을 이르는 말.

프레-올림픽 (Pre-Olympic)몡 올림픽 개최 전해에 그 개최 예정지에서 열리는 국제 경기 대회를 흔히 이르는 말.

프레임 (frame) Ⅰ몡 (차량이나 건조물 따위의) 중심이 되는 얼개. 뼈대.
Ⅱ의 볼링에서, 경기를 십 회로 나누었을 때의 한 구분을 세는 단위.

프레젠테이션 (presentation)몡 광고 대리업자가 예상 광고주를 대상으로 광고 계획서 따위를 제출하는 활동.

프레파라-트 (Präparat 독)몡 현미경용의 생물 및 광물의 표본.

프렌치-드레싱 (French dressing)몡 샐러드유·식초·후추·소금 등을 섞어 만든 샐러드용 소스.

프렌치-토:스트 (French toast)몡 얇은 식빵 조각을 달걀과 우유를 섞은 것에 담갔다가 살짝 구워 낸 서양 음식.

프렐류:드 (prelude)몡 전주곡(前奏曲).

프로 (←procent 네)몡 ☞퍼센트. ¶임금이 3.8 프로 올랐다.

프로 (←professional)몡 〈프로페셔널〉의 준말. ¶프로 권투. /프로 야구. ↔아마.

프로 (←program)몡 〈프로그램〉의 준말.

프로 (←prolétariat 프)몡 〈프롤레타리아〉의 준말. ¶프로 문학.

프로그래머 (programmer)몡 ①프로그램을 만드는 사람. 기획하는 사람. ②컴퓨터의 프로그래밍을 하는 사람.

프로그래밍 (programming)몡하자타 컴퓨터에 주어진 과제를 분석하여 그 처리 절차를 자세히 지시하는 명령을 체계적으로 구성하는 작업.

프로그램 (program)몡 ①진행 계획이나 순서, 또는 그 목록(표). ¶프로그램을 짜다. ②(방송이나 연예의) 종목. ¶보도 프로그램. /연극 프로그램. 준프로. ③컴퓨터에 자료 처리 작업을 지시하기 위하여, 작업의 차례로 기계어, 또는 그것과 대응하는 언어로 정밀하게 짠 것.

프로그램^매매 (program賣買)몡 증권 시장에서, 시세의 변동에 따라 자동적으로 주문을 하도록 되어 있는 주식 매매 방법. 컴퓨터 프로그램을 통하여 이루어짐.

프로덕션 (production)몡 ①영화나 방송 프로그램의 제작, 또는 제작소. ②예능인 또는 그 밖의 인재를 모아 흥행이나 사업을 하는 조직.

프로듀:서 (producer)몡 ①연극·영화·방송 관계의 기획·제작자. ②무대 감독. 연출자.

프로메튬 (promethium)몡 희토류 원소의 한 가지. 우라늄의 핵분열이나 기타의 핵반응에 의해 인공적으로 발견됨. [Pm/61/145]

프로모:터 (promoter)몡 ①지지자. 후원자. 장려자. ②흥행주(興行主).

프로^문학 (←prolétariat文學)몡 〈프롤레타리아 문학〉의 준말.

프로미넌스 (prominence)몡 태양의 가장자리에서 소용돌이쳐서 일어나는 붉은 불꽃 모양의 가스. 홍염(紅焰).

프로세서 (processor)몡 〔컴퓨터에서〕 ①시스템 안에서 데이터를 산술적·논리적으로 연산하는 중추적 처리 장치를 통틀어 이르는 말. ②소프트웨어의 번역 루틴을 이르는 말. 〔컴파일러·어셈블러 따위.〕

프로세스 (process)몡 일의 공정이나 과정.

프로세스^평판 (process平版)몡 사진 제판에 의한 다색 평판(多色平版). 오프셋 인쇄기로 인쇄하며, 잡지의 표지나 책머리에 넣는 그림 따위의 인쇄에 이용됨.

프로슈:머 (prosumer)몡 생산하는 소비자라는 뜻으로, 제품 개발 및 유통 과정에 직접 또는 간접적으로 참여하는 소비자를 이르는 말. 〔생산자와 소비자의 합성어로 미래학자 앨빈 토플러가 그의 저서 '제3의 물결'에서 쓴 용어임.〕

프로젝트 (project)몡 ①(연구나 사업 따위의) 계획 또는 설계. ②연구 과제.

프로테스탄트 (Protestant)몡 ①16세기 종교 개혁의 결과로 성립된 기독교의 여러 파와 그 후의 분파를 통틀어 이르는 말. 신교(新敎). 개신교. ②신교도(新敎徒).

프로테스탄티즘 (Protestantism)몡 16세기의 종교 개혁가 루터나 칼뱅 등의 설교에 기초를 두는 종교상의 주의.

프로텍터 (protector)몡 야구의 포수나 심판, 또는 아이스하키 선수 등이 어깨·가슴·머리 등을 보호하기 위해 갖추어 입는 용구.

프로:토콜: (protocol)몡 컴퓨터끼리 또는 중앙 컴퓨터와 단말기 사이에 데이터를 원활히 주고받기 위하여 약속한 여러 가지 통신 규약, 또는 통신 절차.

프로톤 (proton)몡 양자(陽子).

프로트악티늄 (protactinium)몡 악티늄 원소의 한 가지. 천연 방사성 원소로 우라늄광 속에 극소량이 존재함. [Pa/91/231.0359]

프로파간다 (propaganda)몡 ①선전. 선전 운동. ②전도(傳道).

프로판 (propane)몡 메탄계 탄화수소의 한 가지. 약한 자극성 냄새가 있는 무색의 기체로 천연 가스 속에 들어 있음. 프로판 가스.

프로판^가스 (propane gas)몡 ①☞프로판. ②'엘피지(LPG)'를 흔히 이르는 말.

프로페셔널 (professional)몡 ①숙련된 사람. 직업적 전문가. ②직업 선수. 준프로. ↔아마추어.

프로펠러 (propeller)몡 항공기나 선박에서, 발동기에 의한 날개의 회전력을 추진력으로 바꾸는 장치. 추진기.

프로포즈 (propose)몡하자타 '프러포즈'의 잘못.

프로필 (profile)몡 ①측면에서 본 얼굴 모습이나 윤곽. ②인물 약평(略評). ¶신임 각료의 프로필.

프록-코:트 (frock coat)몡 서양식 신사용 예복의 한 가지. 무릎까지 오는 긴 윗옷과 줄무늬가 있는 바지가 한 벌임.

프롤레타리아 (prolétariat 프)몡 자본주의 사회에서, 생산 수단을 가지지 못하고 자신의 노동력을 자본가에게 팔아서 생활하는 노동자. 임금 노동자. 무산자. 준프로. ↔부르주아.

프롤레타리아^문학 (prolétariat文學)몡 프롤레타리아트의 계급적 의식을 바탕으로 하여 사회주의적 리얼리즘의 처지에서 그의 감정·이데올로기 및 생활을 내용으로 하는 문학. 사회주의 문학. 준프로 문학.

프롤레타리아^예:술(prolétariat藝術)圐 프롤레타리아트의 사상을 표방하는 예술.

프롤레타리아트(Proletariat 독)圐 계급으로서의 프롤레타리아를 이르는 말. 노동자 계급. 무산(無產) 계급. ↔부르주아지.

프롤로그(prologue)圐 ①서시(序詩). 서언(序言). 서곡(序曲). ②연극에서의 서막(序幕). 개막 전의 해설. ↔에필로그.

프롬프터(prompter)圐 연극에서, 무대 밖에서 무대 위의 배우에게 대사를 읽어 주거나 동작을 지시해 알려 주는 사람.

프루:트-펀치(fruit punch)圐 여러 가지 과일을 잘게 썰어 과즙·빙수를 섞은 음료.

프르다휑〔옛〕푸르다. ¶프른 ᄀ르미 힌 말와 몰 씌찻ᄂ니(杜初21:3).

프리깃(frigate)圐 ①19세기 전반까지 유럽에서 활약한, 상하의 갑판에 28~60문의 대포를 갖춘 목조 쾌속 범선. ②주로, 공격용 항공모함의 호위를 맡는 경순양함(輕巡洋艦).

프리:랜서(freelancer)圐 ①전속이 아닌 자유 계약 근로자. ②전속되지 않은 자유 기고가(寄稿家), 또는 전속되지 않은 가수나 배우.

프리리코딩(prerecording)圐 영화나 텔레비전에서, 화면 촬영 전에 음악이나 대사를 먼저 녹음하는 일. 프리스코어링. ↔애프터 리코딩.

프리마^돈나(prima donna 이)圐 오페라에서, 주역을 맡은 여가수.

프리마^발레리나(prima ballerina 이)圐 발레에서, 주역을 맡은 여자 무용수.

프리미엄(premium)圐 ①주식·채권 따위의 실제 매매 가격이 액면 가격을 초과했을 때의 그 초과액. ②외국환에서, 현물환에 대한 선물환의 초과액. ③구하기 힘든 물건이나 권리의 취득에 붙는 할증금·웃돈·권리금. ④수수료. 보수.

프리:배팅(free+batting)圐 야구에서, 자유롭게 타격을 연습하는 일.

프리뷰:(preview)圐 영화를 개봉하기 전에 관계자만이 시사(試寫)하는 일.

프리:-섹스(free sex)圐 자유 성애(性愛).

프리:^스로:(free throw)圐 자유투(自由投).

프리스코어링(prescoring)圐 ☞프리리코딩.

프리즘(prism)圐 빛의 분산이나 굴절 따위를 일으키는 데 쓰는, 유리 또는 수정으로 된 다면체의 광학 부품. 삼릉경(三稜鏡).

프리즘^스펙트럼(prism spectrum)圐 프리즘을 쓴 분광기로 관측한 스펙트럼.

프리즘^쌍안경(prism雙眼鏡)圐 대물렌즈와 접안렌즈 사이에 두 개의 직각 프리즘을 끼워 넣어 네 번 전반사시킨 쌍안경.

프리:지어(freesia)圐 붓꽃과의 다년초. 남아프리카 원산의 관상용 식물. 줄기는 달걀꼴이나 원추형이고, 알뿌리는 길둥금. 잎이 돋을 때 30~45 cm의 꽃줄기 끝에 하양·노랑 등의 꽃이 깔때기 모양으로 됨.

프리:^킥(free kick)圐 축구나 럭비에서 상대편이 반칙을 범했을 때 그 지점에서 자유롭게 공을 차는 일.

프린터(printer)圐 ①인쇄 기계. ②컴퓨터의 인자기(印字機), 또는 인자 장치.

프린트(print)圐하타되자 ①인쇄, 특히 등사판 인쇄, 또는 그런 인쇄물. ②사진에서, 인화 또는 인화한 것. ③판화에서, 종이나 헝겊에 찍어 완성한 그림.

프릴(frill)圐 물결 모양으로 주름을 잡은 가장자리 장식. 아동복·여성복의 소매나 깃에 붙임.

프서리圐〔옛〕푸서리. ¶거츤 프서리에 녀름지서 또 秋成호미 잇도다(杜初23:15).

프시케(Psyche)圐 그리스 신화에 나오는 사랑의 신 에로스(Eros)의 연인. 〔생명의 원리로 보는 마음·영혼을 신격화한 것임.〕

프서리圐〔옛〕푸서리. ¶나리 져므러 히 디거늘 서리 프서리예셔 자시고(月釋8:93).

프성귀圐〔옛〕푸성귀. ¶뫼콰 프성귀와 사룸과 즁싱괘(楞解2:34).

프탈-산(←phthalic酸)圐 나프탈렌을 산화하여 얻는, 기둥 모양의 무색 결정. 가열하면 녹아 무수(無水) 프탈산이 됨. 약품·염료의 합성 원료로 쓰임.

프토마인(Ptomain 독)圐 동물성 단백질의 부패로 생기는 유독성 분해물.

프티^부르주아(petit bourgeois 프)圐 소시민(小市民). 중산 계급.

프티알린(ptyalin)圐 고등 동물의 침 속에 들어 있는 아밀라아제의 한 가지. 녹말을 분해하여 덱스트린·맥아당을 만듦.

플1圐〔옛〕풀[糊]. ¶뿔플 강:糨. 밀풀 호:糊(訓蒙中12).

플2圐〔옛〕풀[草]. ¶잣 앏 보미 플와 나모샌 기펫도다(杜初10:6).

플다타〔옛〕풀다. ¶種種 즁싱 주겨 神靈의 플며(釋譜9:36).

플라나리아(planaria)圐 플라나리아과의 하나. 몸은 평평하고 길쭉하며 몸 표면은 섬모로 덮여 있고, 머리는 삼각형이며, 대개 잿빛을 띤 백색임. 항문이 없고 암수한몸으로 무성 생식 또는 유성 생식을 하는데 재생력이 강하여 여러 가지 실험에 쓰임. 강이나 호수 바닥, 돌 또는 나무 밑에서 삶.

플라네타륨(planetarium)圐 천구(天球)에서의 천체의 위치와 운행을 설명하기 위한 장치.

플라멩코(flamenco 스)圐 스페인 남부 안달루시아 지방에서 발달한 집시의 노래와 춤. 격렬한 리듬과 동작이 특징임.

플라밍고(flamingo)圐 홍학(紅鶴).

플라스마(plasma)圐 ①혈장(血漿). 원형질. ②건강한 사람에게서 뽑아 건조시킨 의료용 혈장. ③고도로 전리(電離)되어 있는 기체 상태로서 전기적 중성을 띤 입자 집단. 태양 코로나나 방전 중인 방전관 따위에서 볼 수 있음.

플라스크(flask)圐 이화학 실험용 기구의 한 가지. 가는 대롱 모양의 목 부분과 여러 가지 모양의 몸통 부분으로 된 용기(容器).

플라스틱(plastic)圐 ①외력을 열에 의하여 변형된 채 원형으로 돌아가지 않는 성질의 물질. ②천연 또는 인공으로 된 고분자 물질. 보통 합성수지를 이름.

플라이(fly)圐 ☞플라이 볼.

플라이-급(fly級)圐 권투·태권도 따위에서, 중량별 체급의 한 가지. 아마추어 권투는 48 kg 이상 51 kg 미만, 태권도 남자 일반부는 50 kg 초과 54 kg 이하임. 출핀급·라이트 플라이급·밴텀급.

플라이^볼:(fly ball)圐 야구나 소프트볼 경기에서, 타자(打者)가 공중으로 높이 쳐 올린 볼. 뜬공. 비구(飛球). 플라이.

플라이오세-(←Pliocene世)圐 신생대 제3기를 다섯으로 나눈 때의 맨 나중의 지질 시대. 선신세.

플라이트(flight)圐하자 ①비행(飛行). ②스키에서 비약대에서 뛰어내리는 일. ③육상 경기의 장애물 경주에서, 장애물을 뛰어넘는 일.

플라이휠: (flywheel)圀 크랭크축의 회전 속도를 고르게 하기 위해 장치한 바퀴.

플라잉^스타ː트 (flying+start)圀 경주나 경영(競泳)에서, 출발 신호가 나기 전에 출발하는 일. [반칙이 됨.]

플라잉^폴: (flying fall)圀 레슬링의 폴의 한 가지. 메어쳐서 동시에 양어깨를 바닥에 닿게 하는 일.

플라지올레토 (flagioletto 이)圀 관악기의 한 가지. 여섯 개의 구멍과 부리 모양의 주둥이가 있는, 고음을 내는 은피리.

플라크 (plaque 프)圀 ⇨치태(齒苔).

플라타너스 (platanus 라)圀 버즘나뭇과의 낙엽 활엽 교목을 통틀어 이르는 말. 유럽 원산으로 높이 20∼30 m. 잎은 손바닥 모양이며 나무의 껍질이 큰 조각으로 터서 떨어짐. 봄에 엷은 연두색의 꽃이 피고 가을에 동그란 열매가 3∼4개씩 긴 꼭지에 달려 익음. 세계 각지에서 가로수나 관상용으로 널리 심음.

플라토닉^러브 (platonic love)圀 〔플라톤적인 사랑이라는 뜻으로〕순수한 정신적인 사랑.

플란넬 (flannel)圀 평직으로 짠, 털이 보풀보풀한 모직물.

플랑크톤 (plankton)圀 물속이나 물 위에 떠돌며 사는 미생물을 통틀어 이르는 말. 〔물고기의 먹이로서 수산업상 중요함.〕부유 생물.

플래빈 (flavin)圀 동식물체에 존재하는 황색의 결정성 색소. 물에 잘 녹으며 빛이나 알칼리에 불안정함. 비타민 B_2의 작용을 함.

플래시 (flash)圀 ①손전등. ¶플래시를 비추다. ②사진용 섬광 전구. ¶플래시를 터뜨리다. ③'주목'·'주시'로 순화. ¶플래시를 받다.

플래시백 (flashback)圀 영화·텔레비전에서, 장면의 순간적인 전환을 반복하는 기법.

플래카ː드 (placard)圀 길다란 천에 슬로건 따위를 써서 양쪽 끝을 축이나 장대에 맨 광고 도구. ¶플래카드를 들고 시위 행진을 벌이다.

플랜 (plan)圀 '계획'으로 순화. ¶플랜을 짜다.

플랜테이션 (plantation)圀 열대나 아열대 지방에서 이루어지는 재식 농업(栽植農業). 〔외국인의 자본·기술과 현지의 노동력으로 경영하는 전근대적인 대규모 농업.〕

플랜트 (plant)圀 공장 설비나 기계 장치 및 전기·통신 따위의 종합체로서의 생산 시설이나 공장. 제조 공장 설비.

플랜트^수출 (plant輸出)圀 공장 시설이나 기술 따위의 생산 공정을 이루는 생산재 일체를 수출하는 방식.

플랫 (flat)圀 음악에서 반음 내리라는 기호 'ㅏ'의 이름. 내림표. ↔샤프.

플랫폼: (platform)圀 정거장의 승강장.

플러그 (plug)圀 ①전기 회로를 잇거나 끊을 수 있게 도선의 끝에 다는 전기 기구. 콘센트에 꽂게 되어 있음. ¶라디오 코드의 끝에 달린 플러그를 벽의 콘센트에 꽂다. ②⇨점화 플러그.

플러스 (plus)圀 ①하재더하기. ¶3 플러스 2. /3에 2를 플러스하다. ②양수 또는 덧셈의 기호 '＋'의 이름. 덧셈 부호. 덧셈표. ③양성(陽性)이나 양전극 따위를 나타내는 기호 '＋'의 이름. ¶전기는 플러스에서 마이너스로 흐른다. ④되재'이익이나 잉여·부가(附加)' 따위를 이르는 말. ¶회사에 플러스가 되다. ↔마이너스.

플러스-알파 (plus+alpha)圀 얼마를 더하는 일, 또는 그 더한 것. ¶월급 외에 플러스알파가 있다.

플런저 (plunger)圀 유체(流體)를 압축시키거나 뿜아내기 위하여 왕복 운동을 하는 기계 부분을 통틀어 이르는 말. 〔피스톤은 이것의 한 가지임.〕

플레어圀 태양 채층(彩層)의 물질이 급격히 분출하면서 수 초에서 수 시간에 걸쳐 섬광을 발하다가 소멸하는 현상. 태양 대기의 전자기가 급격히 변화하여 일어나며, 강한 태양풍을 일으켜 지구 대기의 상층(上層)이나 지구 자기에 영향을 미치기도 함.

플레어-스커트 (←flared skirt)圀 밑이 확 퍼져 자연스으로 주름이 잡히게 된 스커트.

플레이 (play)圀 ①운동 경기에서, 선수들이 펼치는 내용이나 기량. ②〈플레이 볼〉의 준말.

플레이보이 (playboy)圀 놀기 좋아하고 바람기가 있는 남자.

플레이^볼: (play ball)圀 야구·테니스 따위의 구기(球技)에서, 심판이 경기의 시작을 알리는 말. ⊕플레이.

플레이스킥 (placekick)圀하자 축구나 럭비에서, 공을 땅에 놓고 차는 일.

플레이어 (player)圀 ①경기자. 선수. ②연주자. 연기자. ③〈레코드플레이어〉의 준말.

플레이오프 (play-off)圀 ①동점 또는 무승부일 때의 결승 경기, 또는 연장전. ②야구·농구 따위에서, 정규 리그를 끝낸 다음 우승 팀을 가리기 위하여 별도로 가지는 경기.

플레이트 (plate)圀 ①금속판. ②진공관의 양극(陽極). ③사진의 감광판(感光板). ④야구에서, 루나 투수판. ⊕홈 플레이트. /피처 플레이트.

플로ː^시ː트 (flow sheet)圀 ⇨플로 차트.

플로어 (floor)圀 클럽·무도장 등에서, 쇼를 하거나 춤을 추거나 할 수 있도록 되어 있는 마루.

플로어링 (flooring)圀 마루를 까는 널빤지.

플로ː^차ː트 (flow chart)圀 제조 과정이나 작업 진도 등을 도식화한 생산 공정 일람표. 플로 시트.

플로피^디스크 (floppy disk)圀 컴퓨터의 외부 기억 장치의 하나. 자성(磁性) 물질을 칠한 플라스틱제 원반으로, 규모가 작아 마이크로컴퓨터나 퍼스널 컴퓨터에 널리 쓰임. 디스켓.

플롯 (plot)圀 소설·희곡·설화 따위의 이야기를 형성하는 줄거리, 또는 줄거리에 나오는 여러 가지 사건을 얽어 짜는 일과 그 수법. 결구(結構). 구성(構成).

플뢰레 (fleuret 프)圀 펜싱에 사용하는 검(劍)의 한 가지, 또는 그 검으로 하는 경기 종목. 몸통을 찌르는 것만이 유효하며, 남녀 종목이 있음.

플루오르 (Fluor 독)圀 할로겐 원소의 한 가지. 상온(常溫)에서는 특유한 냄새를 가진 황록색의 기체이며, 화합력이 강함. 충치의 예방을 위하여 수돗물이나 치약에 넣음. 불소(弗素). 〔F/9/18.99〕

플루오르-화 (Fluor化)圀 플루오르 원자를 화합물 중에 포함하고 있음을 나타내는 말. 〔플루오르화석회·플루오르화수은·플루오르화칼슘 따위.〕불화(弗化).

플루오르화-물 (Fluor化物)圀 플루오르와 화합한 물질. 불화물(弗化物).

플루오르화-수소 (Fluor化水素)圀 플루오르의 수소 화합물. 발연성(發煙性)의 무색 액체로 독이 있음. 수용액은 유리를 부식하므로 무늬나 눈금 따위를 넣는 데 이용됨. 불화수소.

플루오르화-칼슘(Fluor化calcium)**명** 칼슘의 화합물. 천연으로는 형석(螢石)으로 산출되며, 순수한 것은 무색투명의 결정임. 자외선·적외선이 잘 통하기 때문에 광학 렌즈에 합성 형석이 이용됨. 불화칼슘(弗化calcium).

플루토(Pluto)**명** ①로마 신화에 나오는, 저승의 왕. ②명왕성(冥王星).

플루토늄(plutonium)**명** 인공 방사성 원소의 한 가지. 은백색의 금속으로, 중성자에 의해서 핵분열을 일으키므로 원자 폭탄이나 수소 폭탄에 이용됨. 〔Pu/94/244〕

플루-트(flute)**명** 목관 악기의 한 가지. 피리를 닮아 가로로 쥐고서 불며 맑고 깨끗한 음색을 지녔음. 독주·관현악에 많이 쓰임. 최근에는 주로 금속으로 만듦.

플리머스-록(Plymouth Rock)**명** 닭의 한 품종. 미국 원산으로 몸이 뚱뚱하고 체질이 강함. 회백색 바탕에 검은 가로줄 무늬가 있는 것이 특징임. 난용 겸용종(卵肉兼用種)임.

플린트^유리(flint琉璃)**명** 납유리.

플티다타〔옛〕풀치다. ¶실ㄱ티 플터 이셔(鄭澈.關東別曲).

풋줌명〔옛〕풋잠. 잣 든 얕은 잠. ¶松根을 베여 누어 풋줌을 얼픗 드니(鄭澈.關東別曲).

피¹명 ①동물체의 몸 안을 돌며 영양분과 산소를 공급하는 역할을 하는 붉은빛의 액체. 혈액. ¶코에서 피가 나다. /머리에 피가 몰리다. /찔러도 피 한 방울 안 날 사람. ②'혈연·혈통'의 뜻을 비유하여 이르는 말. ③'혈기'의 뜻을 비유하여 이르는 말. ¶청춘의 피가 끓어오르다. ④'희생'의 뜻을 비유하여 이르는 말. ¶피의 대가. /영령들의 고귀한 피로 지킨 조국 강산.

피가 거꾸로 솟다〔관용〕〔피가 머리로 모인다는 뜻으로〕몹시 화가 나거나 흥분한 상태를 비유하여 이르는 말.

피(가) 끓다〔관용〕혈기나 감정 따위가 북받치다. ¶청춘의 피가 끓다.

피가 마르다〔관용〕〔애타는 정도가〕매우 심하다. ¶애가 타서 피가 마를 지경이다.

피가 켕기다〔관용〕혈연의 사이에는 남다르게 당기는 힘이 있다.

피가 통하다〔관용〕①살아 있다. ②특별한 인간적인 감정이나 인정 따위로 연결되다.

피도 눈물도 없다〔관용〕매우 비정하고 냉혹하다. ¶피도 눈물도 없는 사나이.

피로 피를 씻다〔관용〕①혈족끼리 서로 죽이고 다투다. ②악을 없애기 위해 악으로 대처하다. ¶피로 피를 씻는 복수극을 벌이다.

피를 나누다〔관용〕혈연관계가 있다. ¶피를 나눈 형제끼리 이 무슨 짓이냐?

피를 말리다〔관용〕몹시 애를 태우다.

피를 보다〔관용〕①크게 다치거나 죽게 되는 지경까지 이르도록 싸우다. ②큰 손해를 보다. ¶이 러쿵저러쿵해도 피를 보는 쪽은 내 쪽이다.

피에 주리다〔관용〕남을 죽이거나 크게 다치게 하려는 야만의 마음이 가득하다.

피²명 볏과의 일년초. 논밭이나 습한 곳에 자라는 잡초로, 높이는 1 m가량. 잎은 좁고 길며, 꽃은 여름에 이삭 모양으로 핌. 열매는 애완용 새의 먹이로 쓰임.

피:³ 界 ①비웃는 태도로 입술을 비죽 내밀며 내는 소리. ¶피, 그런 말이 어딨어? ②속에 차 있던 공기가 힘없이 새어 나오는 소리.

피(皮)**명** ⇨껍데기.

피-(被)**첨두**〔〈서술성을 가지는 일부 명사 앞에 붙어〉'동작을 받거나 입음'의 뜻을 나타냄. ¶피압박. /피지배.

피:-가수(被加數)〔-쑤〕**명** 덧셈의 식에서, 더하여지는 수. 〔3+7=10에서 '3'〕↔가수.

피각(皮角)**명** 피부에 생기는 각질(角質)이 늘어나 뿔 모양의 돌기물로 된 것.

피:-감수(被減數)〔-쑤〕**명** 뺄셈의 식에서, 덜리는 수. 〔10-7=3에서 '10' 따위.〕↔감수.

피갑(皮甲)**명** 돼지의 가죽으로 미늘을 만들어 사슴 가죽으로 얽어맨 갑옷.

피-검(被檢)**명·하자·되자** ①검거됨. ¶마약범이 피검에 걸리었다. ②검사를 받음. ¶피검 대상자.

피겨(figure)**명** 〈피겨 스케이팅〉의 준말.

피겨^스케이팅(figure skating)**명** 빙상 경기의 한 가지. 스케이트를 타고 얼음판 위에서 여러 가지 동작을 하여 기술의 정확성, 율동의 예술성, 안정된 자세 따위로 승부를 겨룸. 준피겨.

피:-격(被擊)**명·하자** 습격 또는 사격을 받음. ¶식장에서 복면 괴한의 피격을 받다.

피견(披見)**명·하타** 〈책 따위를〉헤쳐 봄. 열어 봄. 피람(披覽).

피:-고(被告)**명** ①민사 소송에서, 소송을 당한 쪽의 당사자. ↔원고. ②〈피고인〉의 준말.

피-고름(皮-)**명** 피가 섞인 고름. 농혈(膿血). 혈농(血膿). ¶상처가 덧나서 피고름이 흐른다.

피:고-인(被告人)**명** 형사 소송에서, 검사로부터 공소 제기를 당한 사람. 준피고.

피곡(皮穀)**명** ⇨겉곡식.

피곤(疲困)**명·하형** 〈몸이나 마음이〉지쳐서 고단함. ¶그는 피곤에 지쳐 이내 곯아떨어졌다. / 피곤이 몰려오다.

피골(皮骨)**명** 살갗과 뼈. ¶피골이 상접하다.

피골-상련(皮骨相連)〔-년〕**명** ⇨피골상접.

피골-상접(皮骨相接)**명·하자** 살갗과 뼈가 맞붙을 정도로 몹시 마름. 피골상련.

피공(皮工)**명** ⇨피색장(皮色匠).

피공(皮孔)**명** ⇨피목(皮目).

피:-교육자(被敎育者)〔-짜〕**명** 교육을 받는 사람.

피:-구(避球)**명** 여러 사람이 두 편으로 나뉘어, 각각 일정한 구획 안에 들어가 한 개의 공을 서로 던지고 받고 하면서 상대편을 많이 맞히기를 겨루는 놀이.

피그(pig)**명** 방사성 물질을 운반하거나 저장하는 데 쓰이는, 납으로 만든 용기.

피그미(Pygmy)**명** 주로 적도 아프리카나 아시아에 사는, 평균 신장 150cm 이하의 종족을 이르는 말. 피부는 황갈색이며 원시림에서 원시적인 수렵과 채집 생활을 함.

피근-피근(-根)**부·하형** 밉살스럽게 고집을 부리고 남의 말을 잘 듣지 않는 모양.

피기(皮-)〔옛〕딸국질. ¶피기 얼.噫(訓蒙上29).

피-나다자 '피가 날 정도로 몹시 고생하거나 힘들임'을 비유하여 이르는 말. 《주로, '피나게·피나는'의 꼴로 쓰임.》¶피나게 번 돈. / 피나는 노력.

피-나무(皮-)**명** 피나뭇과의 낙엽 활엽 교목. 산지(山地)에서 자라는데 높이는 20 m가량. 잎은 넓은 달걀 모양이며 어긋맞게 남. 6월경에 담황색 꽃이 피고, 9~10월에 둥근 열매가 익음. 나무는 가구재로, 나무껍질은 섬유 자원으로 쓰임. 단목(椴木).

피:난(避難)**명·하자** 재난을 피함. 재난을 피하여 있는 곳을 옮김. 피재(避災). ¶피난을 떠나다. 참피란(避亂).

피:난-길(避難-)[-낄]圀 재난을 피하여 딴 곳으로 가는 길, 또는 그런 도중. 魯피란길.

피:난-민(避難民)圀 재난을 피하여 딴 곳으로 가는 사람. 난민(難民). 魯피란민(避亂民).

피:난-살이(避難-)圀[한재] 피난하여 사는 살림살이. 魯피란살이.

피:난-지(避難地)圀 ☞피난처.

피:난-처(避難處)圀 ①재난을 피해 옮긴 거처. ②재해가 있을 때 피난할 수 있는 곳. 피난지. 魯피란처(避亂處).

피날레(finale 이)圀 ①교향곡·소나타 따위의 종결 악장. 종곡(終曲). ②연극에서, 최후의 막. 대단원(大團圓).

피내^주:사(皮內注射)圀 아주 얕게 찔러서 피부 안에 약을 주사하는 일. 〔백신·혈청의 반응 주사 따위.〕

피네(fine 이)圀 악곡의 끝을 나타내는 말. 도돌이표나 달 세뇨 기호 때문에 반복하여 연주하다가 곡을 끝내는 위치를 표시할 때 씀.

피넨(Pinene 독)圀 테르펜류 탄화수소의 한 가지. 테레빈유(油)의 주성분을 이루는 방향(芳香)이 있는 무색의 액체. 합성 장뇌나 인공 향료 따위에 쓰임.

피-눈물圀 '몹시 슬프거나 원통할 때 흘리는 눈물'을 비유하여 이르는 말. 혈루. 홍루. ¶피눈물을 흘리다.

피다¹[재] ①(꽃봉오리나 잎 따위가) 벌어지다. ¶무궁화꽃이 피다. ②불이 일어 붙다. ¶화로에 불이 피다. ③(사람이) 살이 오르고 화색이 돌다. ¶한창 필 나이. ④(반드럽지 직물이나 종이 따위의 겉에) 잔털이 일어나다. ⑤곰팡이나 버짐·검버섯 따위가 생기다. ¶곰팡이가 핀 식빵. ⑥웃음이나 미소가 겉으로 드러나다. ¶웃음꽃이 피다. ⑦사정이나 형편이 나아지다. ¶살림이 피다.

피다²[타] '피우다'의 잘못.

피대(皮俗)圀 짐승의 가죽으로 만든 손가방.

피대(皮帶)圀 두 개의 기계 바퀴에 걸어 동력을 전달하는 띠 모양의 물건. 조대(調帶). 피댓줄.

피댓-줄(皮帶-)[-대쭐-]圀 ☞피대(皮帶).

피:-동(被動)圀 ①자립성이 없이 남의 힘으로 움직임. ②주체가 다른 것의 움직임에 의해 동작을 하게 되는 동사의 성질. ↔능동(能動).

피:-동-문(被動文)圀 문장의 서술어가 피동사로 된 문장. 〔'도둑이 순경에게 잡히었다.', '새로운 사실이 김 박사의 연구진에 의해 밝혀졌다.' 따위.〕↔능동문(能動文).

피:동-사(被動詞)圀 문장의 주체가 남으로부터 움직임의 작용을 받는 동사. 동사 어근에 접사 '-이-·-히-·-리-·-기-' 등이 붙거나 동사에 '-아(어)지다'가 붙어서 이루어짐. 〔'보이다·놓이다·써지다' 따위.〕 수동사(受動詞). ↔능동사(能動詞).

피:-동-적(被動的)꾸圀 남의 힘에 의하여 움직이는 (것). ¶피동적인 태도.

피둥-피둥튀 ①불성실납도록 퉁퉁하게 살진 모양이나 그 살갗이 탄력 있는 모양. ¶환갑이 넘은 노인이지만 피둥피둥 살이 졌다. ②남의 말을 듣지 않고 밉살스럽게 엇나가는 모양. ¶일은 하지 않고 피둥피둥 놀기만 한다.

피:드백(feedback)圀 ①제어기나 증폭기에서 출력을 입력 쪽으로 되보내는 일. ②어떠한 행위를 마친 뒤, 그 결과의 반응을 보아 행동을 변화시키는 일.

피:디:(PD)圀 ①방송에서 프로듀서. ②방송 프로그램의 연출 담당자. [program director]

피:디:에이(PDA)圀 휴대 정보 단말기(携帶情報端末機). [personal digital assistant]

피-딱지[-찌]圀 상처 따위에 피가 말라붙어 된 딱지. ¶피딱지가 앉다.

피-딱지(皮-)[-찌]圀 닥나무 껍질의 찌끼로 뜬, 품질이 낮은 종이. 피지(皮紙).

피-땀圀 ①피와 땀. ②'온갖 힘을 다 들이는 노력과 수고'를 비유하여 이르는 말. ¶피땀 흘려 가꾼 땅.

피-똥圀 피가 섞인 똥. 혈변(血便).

피뜩튀 어떤 생각이나 물체가 얼른 떠오르거나, 나타났다가 곧 사라지는 모양. ¶그녀의 모습이 피뜩 떠올랐다. 피뚝-피뚝튀한재.

피라미圀 ①잉엇과의 민물고기. 몸길이 10~14 cm로 몸은 옆으로 납작함. 몸빛은 등이 청색을 띤 갈색이고, 배와 옆구리는 은백색임. 산란기가 되면 수컷은 혼인색(婚姻色)을 띰. 우리나라·중국·일본 등지에 분포함. ②'하찮은 존재'를 비유하여 이르는 말.

피라미드(pyramid)圀 고대 이집트에서 국왕·왕족 등의 무덤으로 만들어진, 큰 돌을 사각뿔 모양으로 쌓아 올린 거대한 건조물.

피라칸타(pyracantha)圀 장미과의 상록 관목. 중국 서남부 원산으로 높이는 1~2 m. 봄에 흰 꽃이 피고 둥근 열매는 가을에 등황색으로 익음.

피:란(避亂)圀[한재] 난리를 피함. 난리를 피하여 다른 데로 옮김. 魯피난(避難).

피:란-길(避亂-)[-낄]圀 난리를 피하여 딴 곳으로 가는 길, 또는 그런 도중. 魯피난길.

피:란-민(避亂民)圀 난리를 피하여 딴 곳으로 가는 사람. 魯피난민(避難民).

피:란-살이(避亂-)圀[한재] 피란하여 살아가는 살림살이. 魯피난살이.

피:란-지(避亂地)圀 ☞피란처.

피:란-처(避亂處)圀 ①난리를 피해 거처를 옮긴 곳. ②난리를 피할 수 있는 곳. 피란지. 魯피난처(避難處).

피람(披覽)圀[한타] (책이나 편지 따위를) 펴서 봄. 피견(披見).

피:랍(被拉)圀[되재] 납치를 당함. ¶피랍 어선.

피력(披瀝)圀[한타] 마음속의 생각을 숨김없이 말함(털어놓음). ¶자신의 견해를 피력하다.

피로(披露)圀[한타] ①문서 따위를 펴 보임. ②일반에게 널리 알림.

피로(疲勞)圀[한형] 몸이나 정신이 지쳐 고단함, 또는 그런 상태. ¶피로가 쌓이다.

피로-곤비(疲勞困憊)圀[한형] 몹시 지쳐 괴롭고 나른함.

피로-연(披露宴)圀 결혼이나 출생 따위를 널리 알리는 뜻으로 베푸는 잔치. ¶결혼 피로연.

피로-회(披露會)[-회/-훼]圀 결혼이나 출생 따위를 널리 알리는 뜻의 모임.

피롱(皮籠)圀 짐승의 가죽으로 만든 큰 함.

피:뢰(避雷)[-뢰/-뤠]圀[한재] 낙뢰(落雷)를 피함.

피:뢰-기(避雷器)[-뢰-/-뤠-]圀 선로나 전기 기기에서, 회로의 이상 고전압을 안전하게 저하시켜 기계를 보호하는 장치.

피:뢰-주(避雷柱)[-뢰-/-뤠-]圀 ☞피뢰침.

피:뢰-침(避雷針)[-뢰-/-뤠-]圀 낙뢰(落雷)의 피해를 막기 위하여 가옥이나 굴뚝 따위의 건조물에 세우는, 끝이 뾰족한 금속제의 막대기. 피뢰주.

피록圀 ①실로 짠 새 베. ②아직 끊지 아니한 필로 된 천을 통틀어 이르는 말.

피륭(疲癃)圀 한방에서, 기력이 쇠하여 생기는 노인의 병을 이르는 말.

피리圀 ①국악의 목관 악기의 한 가지. 음조를 이루는 8개의 구멍이 있으며 서를 꽂아서 붊. 필률. ②속이 빈 대롱에 구멍을 뚫고 붙어서 소리를 내는 것을 통틀어 이르는 말.

피리독신(pyridoxine)圀 비타민 B₆의 기능을 가진 물질. 쌀겨·효모 등에 함유되어 있음.

피리딘(pyridine)圀 콜타르에서 채취하는 자극성의 냄새가 나는 무색의 휘발성 액체. 고무·도료의 용해제나 염료의 합성 원료 따위로 쓰임.

피리-약(—俞)圀 한자 부수의 한 가지. '歈'·'龢' 등에서의 '俞'의 이름.

피리어드(period) Ⅰ圀 문장이 끝남을 나타내는 부호 '.'의 이름. 온점. Ⅱ의 아이스하키 따위에서, 경기 시간을 가르는 한 구분.

피리춘추(皮裏春秋)圀〔'皮裏'는 살갗 속, 곧 심중(心中), '春秋'는 역사, 곧 옳고 그름에 대한 분별력으로〕모든 사람이 말은 하지 않아도 '저마다 마음속에 셈속과 분별력이 있음'을 이르는 말.

피린계 약제(pyrene系藥劑)[—계—제/—게—제] 해열제·진통제로 쓰이는 여러 가지 의약품. 〔아미노피린·설피린 따위.〕

피:립(跛立)[—하자] 한 다리를 들고 한 다리로 만 섬.

피마(—馬)圀 다 자란 암말. ↔상마·복마.

피마자(茈麻子)圀 ①☞아주까리. ②아주까리씨. 비마자.

피마자-유(茈麻油)圀 아주까리기름.

피막(皮膜)圀 ①피부와 점막(粘膜). ②껍질과 같은 막(膜).

피:막(被膜)圀 (거죽을) 덮어 싸고 있는 막.

피:막(避幕)圀 지난날, 사람이 죽기 직전에 잠시 두던, 마을에서 떨어진 외딴집.

피막이-풀圀 산형과의 다년초. 들이나 길가에 나는데, 줄기는 땅 위를 기며 마디에서 수염뿌리가 남. 둥근 잎은 5~9갈래로 갈라지고, 여름에 연두색 꽃이 둥globe게 모여 핌. 잎은 한방에서 피를 멈추게 하는 데 쓰임. 아불식초.

피말(皮襪)圀 ☞다로기.

피망(piment 프)圀 가짓과의 일년초. 높이 60cm가량. 열매가 크고 매운맛이 별로 없으며 뭉툭한 모양에 세로로 골이 져 있음. 푸른 것은 조리하여 먹고, 완전히 익어 붉은 것은 향신료로 사용함.

피맥(皮麥)圀 ☞겉보리.

피-맺히다[—매치—]囚〔가슴에 피가 맺힐 정도로〕슬픔이나 원한이 깊다. 《주로, '피맺힌'의 꼴로 쓰임.》¶피맺힌 원한.

피-멍圀 ①(무엇에 부딪치거나 맞아서) 피부에 붉게 맺힌 피. ②'마음의 깊은 상처'를 비유하여 이르는 말. ¶억울한 옥살이로 가슴에 피멍이 들었다.

피:명(被命)[—하자] 명령을 받음.

피:모(被毛)圀 몸을 덮은 털.

피목(皮目)圀 나무껍질에 있는 작은 구멍. 줄기의 내부와 외계 사이의 가스 교환의 출입구가 됨. 껍질눈. 피공(皮孔).

피물(皮物)圀 짐승의 가죽.

피:미(被靡)[—하자] ①무성한 나무나 풀이 바람에 쓰러지거나 쏠림. ②남의 권세나 위력에 눌려 여러 사람이 굴복함.

피-바다 '피가 사방에 흘러 낭자하게 되어 있는 곳'을 과장하여 이르는 말.

피-바람 '많은 사람을 죽이는 참극'을 비유하여 이르는 말.

피:-발(被髮·披髮)圀[—하자] ①머리를 풀어 헤침. ②부모상을 당하여 머리를 풀어 헤침.

피:발-도선(被髮徒跣)圀 지난날, 부모가 운명했을 때, 딸이나 며느리가 머리를 풀고 버선을 벗던 일.

피:발-좌임(被髮左衽)圀〔머리를 풀어 헤치고 옷깃을 왼쪽으로 여민다는 뜻으로〕'미개한 종족(種族)의 풍속'을 이르는 말.

피-밥圀 피로 지은 밥. ☞피².

피-범벅圀 여러 군데에 피가 묻어 뒤범벅이 됨.

피벗(pivot)圀 농구나 핸드볼 따위에서, 공을 가진 선수가 한쪽 발을 마루에 붙이고 다른 발을 움직여서 몸을 돌리는 동작.

피:-변(彼邊)圀 저편. 저쪽.

피:병(避病)圀[—하자] 전염병을 피하여 거처를 옮김.

피:-병원(避病院)圀 법정 전염병(法定傳染病) 환자를 격리하여 수용하는 병원.

피:보험-물(被保險物)圀 손해 보험 계약의 대상물.

피:보험-자(被保險者)圀 보험 사고가 발생했을 경우에 보험금의 지급을 받을 권리를 가진 사람. ↔보험자.

피복(被服)圀 (공장 생산품·지급품·상품 등으로서의) 옷. 의복. ¶피복 공장. /피복 지급.

피:-복(被覆)圀[—하자되자] 거죽을 덮어 쌈, 또는 덮어 싼 물건.

피:-복선(被覆線)[—썬]圀 절연물로 거죽을 덮어 싼 도선. 절연선(絶緣線).

피복-창(被服廠)圀 공공 기관이나 단체의 제복을 만드는 공장. ¶군수(軍需) 피복창.

피봉(皮封)圀 ☞겉봉.

피부(皮膚)圀 동물의 몸 표면을 싸고 있는 외피(外皮). 살가죽. 살갗.

피부^감:각(皮膚感覺)圀 피부 또는 그 아래의 층에 수용기(受容器)를 가진 감각을 통틀어 이르는 말. 〔촉각·온각·냉각·통각 따위.〕

피부-과(皮膚科)[—꽈]圀 의학의 한 분과. 피부에 관한 모든 질병을 다스림.

피부-병(皮膚病)[—뼝]圀 피부에 생기는 모든 병을 통틀어 이르는 말.

피부-암(皮膚癌)圀 피부에 생기는 암을 통틀어 이르는 말. 햇볕을 많이 받는 부위에 생기기 쉬움.

피부-염(皮膚炎)圀 피부에 생기는 염증을 통틀어 이르는 말.

피부^호흡(皮膚呼吸)圀 피부를 통하여 하는 호흡.

피:-붙이[—부치]圀 ①겨레붙이. 혈족. ②자신이 직접 낳은 자식이나 직계 자손.

피브로인(fibroin)圀 누에고치의 섬유를 구성하는 경단백질(硬蛋白質)의 한 가지.

피브리노겐(fibrinogen)圀 척추동물의 혈장 및 림프액 속에 있는 글로불린의 한 가지. 섬유소원(原)으로 혈액 응고의 중심 구실을 함.

피브린(fibrin)圀 혈액 속의 피브리노겐이 출혈 때에 변하여서 되는 불용성 단백질. 섬유상을 이루어 혈구를 싸서 피를 응고시킴.

피:브이시:(PVC)圀 폴리염화 비닐. 비닐론의 중합체(重合體)로, 용기(容器)나 파이프 따위를 만듦. [poly vinyl chloride]

피비(皮痺)圀 피부의 감각이 마비되는 증세.

피비린-내명 ①선지피에서 풍기는 비린 냄새. ②살상으로 생기는 잔혹하고 살벌한 기운. ¶ 피비린내 나는 싸움.

피-사리명하자 벼에 섞여 자란 피를 뽑아냄. 또는 그 일.

피:사-체(被寫體)명 사진을 찍는 대상(對象)이 되는 물체.

피:살(被殺)명되자 살해(殺害)를 당함. 죽임을 당함. ¶ 자객에게 피살되다.

피:살-자(被殺者)[-짜]명 살해당한 사람.

피상(皮相)명 (사물이나 현상 따위의) 겉으로 드러나 보이는 형상.

피상(皮箱)명 (짐승의) 가죽으로 만든 상자.

피:-상속인(被相續人)명 상속되는 재산이나 권리의 전(前) 소유자. 곧, 재산이나 권리를 물려준 사람. ↔상속인.

피상-적(皮相的)관형 겉으로 드러나 보이는 현상에만 관계하는 (것). 실상을 파악하지 못하거나 드러내지 못한 (것). ¶ 피상적 판단. /피상적인 견해.

피새명 조급하고 날카로워 걸핏하면 화를 내는 성질. ¶ 낙선한 뒤부터 피새가 부쩍 늘었다.

피새(가) 여물다관용 피새를 잘 내는 성질이 있다.

피새-나다자 은밀한 일이 발각되다.

피새-놓다[-노타]자 중요하고 긴한 체하면서 훼방을 놓다.

피색-장(皮色匠)[-짱]명 짐승의 가죽을 다루어 물건을 만드는 사람. 피공(皮工). ⓔ피장(皮匠).

피:서(避暑)명하자 시원한 곳으로 옮겨 더위를 피함. ¶ 피서 인파. /동해안으로 피서를 가다. ↔피한(避寒).

피:서-객(避暑客)명 피서를 즐기는 사람.

피:서-지(避暑地)명 피서하는 곳. 더위를 피하기에 알맞은 곳.

피:석(避席)명하자 ①자리를 피하여 물러남. ②(웃어른에 대한 공경의 뜻으로) 앉았던 자리에서 일어나 비켜섬. ②피좌(避座).

피:선(被選)명되자 선거에서 뽑힘. ¶ 위원장에 피선되다.

피:선거-권(被選擧權)[-꿘]명 선거에 입후보하여 당선인이 될 수 있는 권리. ⓔ선거권.

피:소(被訴)명하자되자 제소(提訴)를 당함.

피:수(被囚)명하자되자 옥에 갇힘. 또는 그 죄수(罪囚).

피:-수식어(被修飾語)명 수식어의 수식을 받는 말. ¶'조그마한 학교'에서 '학교' 따위.

피스톤(piston)명 ①원통기나 압축기 따위에서, 유체의 압력을 받아 실린더 속을 왕복 운동하는 원판형이나 원통형의 부품. 활색(活塞). ②☞ 밸브(valve).

피:습(被襲)명하타되자 습격을 당함.

피:승-수(被乘數)[-쑤]명 곱셈에서, 곱함을 당하는 수. [5×2=10에서의 '5'.] ↔승수(乘數).

피:시(被弑)명하자되자 임금이 신하에게 죽임을 당함.

피:시(PC)명 (사무실이나 가정 등에서 개인이 이용하기에 편리하게 만든) 개인용 컴퓨터. ¶ 피시 통신. [personal computer]

피:시:에스(PCS)명 ☞개인 휴대 통신 서비스. [Personal Communications Service]

피식튀 입술을 힘없이 얼른 터트리며 싱겁게 한 번 웃는 모양, 또는 그때에 나는 소리. ¶ 하도 어이없어 피식 웃고 말았다.

피식-거리다[-꺼-]자 자꾸 피식피식하다. 피식대다.

피식-대다[-때-]자 피식거리다.

피:신(避身)명하자 (위험 따위로부터) 몸을 숨겨 피함. ¶ 안전한 곳으로 피신하다. ⓑ은신(隱身).

피:신-처(避身處)명 (위험 따위로부터) 몸을 숨겨 피하는 곳. ¶ 피신처를 마련하다.

피싱(phishing)명 주로 금융 기관이나 전자 상거래 업체를 사칭하여, 개인의 금융 정보를 빼내는 일.

피:아(彼我)명 그와 나. 저편과 이편.

피:아-간(彼我間)명 그와 나의 사이. 저편과 이편의 사이. ¶ 피아간에 부상자가 속출하다.

피아노(piano)[1]명 건반 악기의 한 가지. 큰 공명(共鳴) 상자 안에 85줄 이상의 강철줄을 치고 타현(打弦) 장치를 하여 건반을 누르면 소리가 남. ⓗ양금(洋琴).

피아노(piano)[2]명 악보에서, 셈여림을 나타내는 말. '약하게·여리게'의 뜻. [나타냄표는 p]

피아놀라(Pianola 이)명 자동 피아노. [상표명]

피아니스트(pianist)명 피아노 연주자.

피아니시모(pianissimo 이)명 악보에서, 셈여림을 나타내는 말. '아주 여리게'의 뜻. [나타냄표는 pp]

피아니시시모(pianississimo 이)명 악보에서, 셈여림을 나타내는 말. '가장 여리게'의 뜻. [나타냄표는 ppp]

피:아:르(PR)명하타 관청·단체·기업 따위가, 시책이나 사업 내용·주의 주장·제품 따위에 대해 일반의 이해와 협조를 얻기 위하여 널리 알림, 또는 그와 같은 선전 활동. [public relations]

피:안(彼岸)명 [불교에서] ①이승의 번뇌를 해탈하여 열반의 세계에 도달하는 일, 또는 그 경지. ②사바세계 저쪽에 있는 깨달음의 세계. ↔차안(此岸). ⓑ바라밀다(波羅蜜多).

피안다미-조개명 돌조갯과에 딸린 조개. 모양은 길둥근데 조가비 길이는 12 cm, 나비 7 cm 가량. 조가비 겉면에는 부챗살처럼 줄이 있으며, 살은 붉은 빛깔임. 우리나라의 동남해에 분포함. ⓔ피조개.

피앙세(fiancé 프)명 약혼자. 남성 약혼자. [여성 약혼자는 'fiancée'로 적음.]

피어-나다[-어-/-여-]자 ①꽃이나 구름 따위가 피거나 부풀어 오르다. ¶ 장미꽃이 피어나다. /뭉게구름이 피어나다. ②꺼져 가던 불이 다시 일어나다. ¶ 숯불이 피어나다. ③파리하던 얼굴에 화색이 돌다. ¶ 얼굴이 활짝 피어나다. ④곤란하던 형편이 좋아지다. ¶ 옹색하던 살림이 피어나다.

피-어리다형 피를 흘리거나 피가 맺힌 자취가 깃들어 있다. 《주로, '피어린'의 꼴로 쓰임.》 ¶ 피어린 투쟁.

피어싱(piercing)명 코·입술·혀·배꼽 따위에 장신구를 끼거나 달기 위하여 구멍을 뚫는 일.

피어-오르다[-어-/-여-][~오르니·~올라]자토 ①꽃봉오리 따위가 맺혀서 막 벌어지려고 하다. ②불길 따위가 밑에서부터 솟아오르다. ¶ 장작불이 피어오르다. ③김이나 연기·구름 따위가 계속 위로 올라가다. ¶ 아지랑이가 피어오르다. ④마음속에서 감정이나 염원·욕망 따위가 일어나다.

피에로(pierrot 프)명 [무언극·서커스·희극(喜劇) 등에 나오는] 어릿광대.

피:에스(PS)명 추신(追伸). 추서(追書). [postscript]

피:에이치(pH)명 '수소 지수(水素指數)'의 기호. 페하.

피에타(Pietà 이)**명** 기독교 미술에서, 십자가에서 내린 그리스도의 시체를 무릎 위에 놓고 애도하는 마리아를 표현한 주제. 중세 말부터 르네상스 시대의 조각·회화에서 많이 볼 수 있으며, 바티칸 베드로 대성당의 미켈란젤로의 조각이 유명함.

피-엑스(PX)**명** 군대 내의 매점. [Post Exchange]

피:엘오:(PLO)**명** 팔레스타인 해방 기구. [Palestine Liberation Organization]

피:엠(PM·pm)**명** 하오(下午). [post meridiem] ↔에이엠(AM).

피연(疲軟)'피연하다'의 어근.

피연-하다(疲軟)**형여** 기운이 없고 느른한.

피:오:더블유(POW)**명** 전쟁 포로. [Prisoner of War]

피오르(fjord 노)**명** 빙식곡(氷蝕谷)에 바닷물이 들어가서 생긴, 폭이 좁고 깊은 후미. 협만.

피우(più 이)**부** 악보에서, 다른 말과 함께 쓰이어 '좀 더'·'더욱'의 뜻을 나타내는 말. ¶피우 알레그로.

피-우다타 ①['피다¹'의 사동] 피게 하다. ¶꽃을 피우다. /불을 피우다. /웃음꽃을 피우다. ②담배를 물고 연기를 빨아들였다가 코나 입으로 내보낸다. ③재주·게으름·난봉·소란 따위를 행동으로 나타낸다. ¶재롱을 피우다. /난봉을 피우다. ④먼지나 냄새 따위를 일으키거나 퍼뜨린다. ¶먼지를 피우지 마라.

피육(皮肉)**명** 가죽과 살.

피율(皮率)**명** ☞겉밤.

피읖-**유**]**명** 한글 자모(子母)의 자음 'ㅍ'의 이름. * 피읖이[-으피]·피읖만[-음-]

피:의(被疑)[-의/-이]**명** 의심이나 혐의를 받는 일.

피:의(跛倚)[-의/-이]**명하자** 한쪽 다리로만 서서 몸을 다른 것에 기댐.

피:의-자(被疑者)[-의/-이-]**명** 범죄의 혐의를 받고 있으나 아직 기소되지 않은 사람. 용의자.

피:인(彼人)**명** 저 사람.

피:일시차일시(彼一時此一時)[-씨-씨]**명** 그때는 그때, 이때는 이때. 그때마다 임기응변함을 이르는 말.

피:임(避妊)**명하자되자** 어떠한 자리에 임명됨. ¶회장에 피임되다.

피:임(避姙)**명하자** 인위적으로 임신을 피함.

피:임-법(避姙法)[-뻡]**명** 인위적으로 수태 조절을 하는 방법. ⑪불임법(不姙法).

피:임-약(避姙藥)[-냑]**명** 피임하기 위하여 사용되는 약제. 〔살정제(殺精劑) 따위.〕

피자(pizza 이)**명** 서양 음식의 한 가지. 둥글납적한 밀가루 반죽 위에 치즈·고기·토마토 따위를 얹어 구운 파이.

피:자-식물(被子植物)[-싱-]**명** ☞속씨식물.

피장(皮匠)**명** ☞피색장(皮色匠)의 준말.

피:장부-아장부(彼丈夫我丈夫)**명** 〔저 사람이 장부라면 나도 장부라는 뜻으로〕'별 차이 없이 서로 맞설 수 있음'을 이르는 말.

피장-파장'상대편과 같은 처지라, 서로 낫고 못함이 없음'을 이르는 말. ¶무식하기야 서로 피장파장이다.

피:재(避災)**명하자** ☞피난(避難).

피:접(避接)**명하자** 〈비접〉의 본딧말.

피:-제수(被除數)[-쑤]**명** 나누기에서, 어떤 수를 다른 수로 나눌 때, 그 나뉘는 수. 〔8÷2=4에서의 '8'.〕 나뉨수. ↔제수.

피-조개명 〈피안다미조개〉의 준말.

피:-조물(被造物)**명** 〔조물주에 의하여 만들어진 존재라는 관점에서〕'우주의 삼라만상'을 이르는 말.

피죳다타人 〈옛〉자자(刺字)하다. ¶安樂國의 ㄴ촐 피죳고 뿟 돐 므를 ㅂᄅ니라(月釋8:98). /피조술 경: 黥(訓蒙下29).

피:좌(避座)**명하자** 피석(避席).

피:죄(被罪)[-죄/-쮀]**명하자되자** 죄를 입음.

피-죽명 '죽데기'의 잘못.

피-죽(-粥)**명** 피로 쑨 죽. ¶사흘에 피죽 한 그릇도 못 얻어 먹었는가, 왜 이래, 이 사람?

피죽(皮竹)**명** 대나무의 겉껍질.

피죽-바람(-粥-)[-빠-]**명** 〔피죽도 먹기 어렵게 흉년이 들 바람이라는 뜻으로〕'모낼 무렵에 오랫동안 부는 아침 동풍과 저녁 북서풍'을 이르는 말.

피지(皮脂)**명** 피지선(皮脂線)에서 나오는, 지방 따위의 액상(液狀) 분비물.

피지(皮紙)**명** ☞피딱지.

피지-루(皮脂漏)**명** 피지선의 분비 과다 증상. 지루.

피:-지배(被支配)**명** 지배를 당함. ¶피지배 계층. ↔지배(支配).

피지-선(皮脂腺)**명** 진피(眞皮) 속에 있는 작은 분비샘. 피지를 분비하며, 손바닥과 발바닥 이외의 전신에 분포되어 있음. 지방선(脂肪腺).

피질(皮質)**명** 생체의 기관에서, 그 겉층과 안쪽층의 구조나 기능이 서로 다를 경우에 일컫는 겉층. 〔대뇌·부신(副腎)·신장(腎臟) 따위가 해당함.〕↔수질(髓質).

피:집불굴(被執不屈)[-뿔-]**명하자** 자기의 주장을 고집하고 굽히지 아니함.

피:차(彼此)**명** ①이것과 저것. ②이편과 저편의 양편. ¶피차의 의견을 말하는.

피:차-간(彼此間)**명** 양편 서로의 사이. 또는, 양편 모두. ¶피차간에 반목이 깊어지다. /피차간에 잘된 일이다.

피:차-없:다(彼此-)[-업따]**형** 서로 낫고 못함을 따질 형편이 못 되다. **피차없-이부** ¶피차없이 바쁘다 보니 도리를 다하지 못하다.

피:차-일반(彼此一般)**명** 서로가 마찬가지임. ¶힘들기는 자네나 나나 피차일반이다.

피:착(被捉)**명하자되자** ☞피체(被逮).

피:처(彼處)**명** 저기. 저곳.

피처(pitcher)**명** 야구의 투수. ↔캐처.

피:척(被隻)**명** 소송(訴訟) 당사자가 서로 상대편을 이르는 말.

피천명 아주 적은 돈. 노린동전.

피천 샐 닢 없:다속담 ☞피천 한 닢 없다.

피천 한 닢 없:다속담 수중에 돈이 한 푼도 없다. 피천 샐 닢 없다. ¶피천 한 닢 없이 길을 나서다니.

피:천(被薦)**명하자되자** 추천을 받음.

피:체(被逮)**명하자되자** 남에게 잡힘. 피착.

피층(皮層)**명** 식물의 조직계의 한 가지. 표피와 중심주(中心柱) 사이의 세포층.

피치(pitch)**명** [Ⅰ]**명** ①조정 경기에서, 1분간에 젓는 노의 횟수. ②작업 능률. ¶피치를 올리다. ③음의 높이. 음률. ④아스팔트. 역청. ⑤톱니바퀴의 톱니와 톱니 사이의 길이. ⑥나사가 1회전 하여 나아가는 거리. [Ⅱ]**의** 인쇄된 행에서 문자의 밀도를 나타내는 단위.

피치^게이지(pitch gauge)**명** 나사의 피치를 재는 계기.

피치블렌드 (pitchblende)圈 섬(閃)우라늄석의 한 가지. 결정도가 낮고 덩어리 모양임. 라듐과 우라늄의 중요 광석. 역청 우라늄석.

피치카토 (pizzicato 이)圈 활을 사용하는 현악기의 현(絃)을 손끝으로 뚱겨 연주하는 주법.

피치-코ː크스 (pitch cokes) 圈 콜타르 피치를 고온 건류(乾溜)하여 얻는 코크스. 흑색의 다공질 물질로서 탄소 제품의 원료로 쓰임.

피침 (鈹鍼·披針)圈 ⇨바소.

피ː침 (被侵)圈[하자] 침범을 당함.

피칭 (pitching)圈[하자] ①야구에서, 투수가 공을 던지는 일. ②선박 따위의 앞뒤가 위아래로 흔들리는 일. ②→롤링.

피카레스크^소ː설 (picaresque小說)圈 ①16~17세기에 스페인에서 성행한, 악한들의 모험을 내용으로 한 소설, 또는 그러한 경향의 소설. ②독립된 몇 개의 이야기를 모아 어떤 계통을 세운 소설.

피컬 (picul)의 중국과 동남아시아의 해운계(海運界)에서 쓰이는 중량의 단위. 〔보통 1피컬은 60 kg〕

피케팅 (picketing)圈[하자] 쟁의 행위의 한 가지. 노동 쟁의 때, 근로자들이 공장 근처나 입구에서 동맹 파업의 방해자를 막고, 동료 중에서 변절자가 나오지 못하도록 감시하는 행위.

피켈 (pickel)圈 등산 용구의 한 가지. 나무 자루에 곡괭이 모양의 금속제 날이 달려 있음. 빙설(水雪)로 된 경사를 오를 때 발판 등을 만드는 데에 쓰임.

피켓 (picket)圈 어떤 주장을 알리기 위하여 그 내용을 적은, 자루가 달린 널빤지. 보통, 손에 들고 다님.

피코 (pico)圈《미터법의 단위 앞에 쓰여》'10⁻¹²배', 곧 1조분의 1을 나타내는 말. 〔기호는 P〕 ¶피코 그램.

피콜로 (piccolo)圈 목관 악기의 한 가지. 플루트의 작은 것으로서, 음정이 플루트보다 한 옥타브 높고 음색은 맑으며 날카로움. 금속으로도 만듦.

피ː크 (peak)圈 절정. 절정기. ¶단풍이 피크를 이루다.

피크르-산 (←picric酸)圈 유기산의 한 가지. 황색의 결정. 가열이나 충격에 의해 폭발하며 독이 있음. 폭약·분석 시약·의약품 따위에 쓰임.

피클 (pickle)圈 오이·양배추 따위의 채소나 과일 따위를 식초·설탕·소금·향신료를 섞어 만든 액체에 담가 절여서 만든 음식.

피ː타 (被打)圈[하자][되자] 매를 맞음.

피ː탈 (被奪)圈[하자] 빼앗김.

피ː탈 (避脫)圈[하자] 피해 벗어남.

피-투성이圈 피가 온 군데에 묻은 모양. ¶얼굴이 피투성이가 되다.

피튜니아 (petunia)圈 가짓과의 일년초. 관상용 화초의 한 가지. 줄기와 잎에 잔털이 있고, 잎은 달걀 모양이며 마주남. 꽃은 크기와 빛깔이 다양하며 나팔 모양으로 핌.

피ː트 (feet)의 길이의 단위. 1피트는 12인치, 30.48 cm임.

피ː파 (FIFA)圈 국제 축구 연맹. 〔Fédération Internationale de Football Association〕

피펫 (pipette)圈 화학 실험 기구의 한 가지. 일정한 용적의 액체를 재는 데 쓰는 가는 유리관.

피편圈〔옛〕적(敵)의 편. 상대편. ¶能히 피편을 制御하리오(杜初25:39). ②비편.

피폐 (疲弊)圈[-페/-폐]圈[하자] 지치고 쇠약해짐. ¶전쟁으로 국력이 피폐하다.

피폐 (疲斃)圈[-페/-폐]圈[하자] 기운이 지쳐 죽음.

피ː폭 (被爆)圈[하자] 폭격을 받음.

피ː폭 (被曝·被暴)圈[하자] (핵폭발이나 방사선 물질의 이용 등으로) 인체가 방사능에 노출됨. 방사능을 쐼.

피풍 (皮風)圈 한방에서, 피부에 일어나는 풍병을 이르는 말. 피부에 볼록한 것이 돋으며 몹시 가려움.

피ː피:^가공 (PP加工)圈〈퍼머넌트 프레스 가공〉의 준말.

피ː피:엠 (PPM·ppm)圈 성분비나 농도 등에서, 백만분(百萬分)의 비율을 나타내는 단위. 1 ppm＝10⁻⁶. [parts per million]

피ː하 (皮下)圈 살가죽 밑.

피하^기종 (皮下氣腫)圈 피하에 기체가 들어가서 종기같이 붓는 상태.

피ː-하다 (避一)타[하] ①(다른 시간·장소·방법 따위를 택하여) 어떤 사물이나 상태를 만나거나 일어나지 않도록 하다. ¶몸을 피하다. /충돌을 피하다. /바쁜 시간을 피하다. /피할 수 없는 문제. ②(비나 눈 따위를 맞지 않도록) 어떤 곳에 들다. ¶나무 밑에서 소나기를 피하다.

피하^일혈 (皮下溢血)圈 심한 타박 따위로 혈관이 터져 살가죽 밑에서 피가 나오는 일.

피하^조직 (皮下組織)圈 피부의 진피 아래에 있는, 주로 지방으로 된 조직.

피하^주ː사 (皮下注射)圈 약물을 피하의 결체(結體) 조직 안에 놓는 주사. ⓐ근육 주사·혈관 주사.

피하^지방 (皮下脂肪)圈 포유류의 피하 조직에 발달한 지방층. 영양을 축적하고 체온을 유지하는 작용을 함.

피하^출혈 (皮下出血)圈 ⇨내출혈(內出血).

피ː학대^성ː욕ː도 (被虐待性慾倒錯症)[-때-또-쯩]圈 ⇨마조히즘(masochism).

피ː한 (避寒)圈[하자] 따뜻한 곳으로 옮겨 추위를 피함. ↔피서(避暑).

피ː해 (被害)圈[하자][되자] 신체·재물·정신상의 해를 입는 일, 또는 그 손해. ¶재산 피해. /이번 홍수로 농작물 피해가 컸다. ↔가해(加害).

피ː해 (避害)圈[하자] 재해(災害)를 피함.

피ː해-망상 (被害妄想)圈 남이 자기에게 해를 입힌다고 생각하는 병적인 망상. 정신 분열증이나 편집병 같은 정신병에서 흔히 나타남. ¶피해망상에 사로잡히다.

피ː해-자 (被害者)圈 ①피해를 당한 사람. ②남의 불법 행위나 범죄에 의하여, 침해를 당하거나 손해를 보는 사람. ↔가해자.

피ː핵 (被劾)圈[하자][되자] 탄핵을 받음.

피혁 (皮革)圈 제품의 원료가 되는 가죽을 통틀어 이르는 말. 가죽. ¶피혁 공예.

피ː-혈 (-血)圈 한자 부수의 한 가지. '衄'·'衆' 등에서의 '血'의 이름.

피ː혐 (避嫌)圈[하자] 혐의를 피함.

피ː화 (被禍)圈[하자] 재화(災禍)를 당함.

피ː화 (避禍)圈[하자] 재화(災禍)를 피함.

피황희 (皮黃戱)[-히]圈 ⇨경극(京劇).

피ː회 (避廻)圈[-회/-웨]圈[하자] 피하여 돌아다님.

피ː흉취길 (避凶趨吉)圈[하자] 흉한 일을 피하고 길한 일에 나아감.

피ː꾹 ①힘없이 쓰러지는 모양. ¶몇 걸음 떼어 놓지도 못하고 픽 쓰러지다. ②삭은 새끼나 근 따위가 힘없이 끊어지는 모양. ¶힘을 주어 당기자 새끼줄이 픽 끊어졌다. **③**막혔던 기체 따위가 새어 나오는 소리. ¶타이어에서 공기가 픽 새어 나왔다. **④**다물었던 입술을 움직이며 싱겁게 한 번 웃는 모양, 또는 그 소리. ¶어이가 없어 픽 웃고 말았다. ⑫❀팩¹. 픽-픽[하]자.

픽(pick)圀 기타나 만돌린 따위를 연주할 때 쓰는 물건. 손가락 대신에 이것으로 줄을 타는데, 셀룰로이드 따위로 만듦.

픽션(fiction)圀 **①**허구(虛構). **②**실제의 이야기가 아닌, 작자가 상상력으로써 창조한 가공적인 이야기. 〔소설 따위.〕 ↔논픽션.

픽업(pick up)¹圀하타 어떤 일에 필요한 사람(을) 가려서 뽑음. 가려냄. ¶그녀는 춘향 역으로 픽업될 가능성이 높다.

픽업(pick up)²圀 **①**건축에서, 바늘의 진동을 전류의 진동으로 변화시키는 장치. **②**짐을 싣는 부분이 트인 작은 트럭.

핀(pin)圀 **①**쇠붙이 따위로 가늘고 짧게 못이나 바늘처럼 만든 물건을 통틀어 이르는 말. 〔바늘·옷핀·머리핀 따위.〕 **②**볼링에서, 공으로 쓰러뜨리는 병 모양의 표적물. **③**골프에서, 홀에 세우는 표지 막대.

핀-급(fin級)圀 태권도에서, 중량별 체급의 한 가지. 가장 가벼운 체급으로 남자 일반부는 체중 50kg 이하임. ⑪플라이급.

핀둥-거리다자 자꾸 핀둥핀둥하다. 핀둥대다. ❀팬둥거리다. 곁삔둥거리다.

핀둥-대다자 핀둥거리다.

핀둥-핀둥튀하자 보기에 얄밉도록 게으르게 마냥 놀기만 하는 모양. ❀팬둥팬둥. 곁삔둥삔둥.

핀들-거리다자 자꾸 핀들핀들하다. 핀들대다. 곁삔들거리다. 곁삔들거리다.

핀들-대다자 핀들거리다.

핀들-핀들튀하자 보기에 얄밉도록 뻔뻔하게 게으름만 부리는 모양. ❀팬들팬들. 곁삔들삔들. 곁삔들삔들.

핀셋(pincette)圀 손으로 집기 어려운 물건을 집는, 족집게와 비슷한 모양의 쇠붙이 기구.

핀잔圀하타 맞대 놓고 언짢게 꾸짖거나 비웃으며 꾸짖음, 또는 그 말. ¶괜한 말을 해서 핀잔만 들었다.

핀잔-맞다[-맏따]자 핀잔먹다.

핀잔-먹다[-따]자 핀잔을 당하다. 핀잔맞다.

핀잔-주다타 핀잔을 하다.

핀치(pinch)圀 절박한 상태. 궁지(窮地). 위기. ¶핀치에 몰리다.

핀트(←ピント.일)圀 **①**사진기 따위의 렌즈의 초점. ¶카메라의 핀트를 맞추다. **②**어떤 말이나 행동의, 초점 또는 노리거나 겨누는 요점. ¶핀트가 어긋난 답변.

필(弼)圀 〈필성(弼星)〉의 준말.

필(匹)圀 마소를 세는 단위. 두(頭). ¶소 한 필. /말 두 필.

필(疋)의 일정한 길이로 짠 피륙을 세는 단위. 끝. ¶비단 열 필. 참3.

필(筆)의 논·밭·대지·임야 따위의 구획된 전부를 하나치로 셀 때 쓰는 단위. 필지(筆地). ¶논 한 필.

-필(畢)웁미 일부 명사 뒤에 붙어, 그 일을 '이미 끝냄'을 뜻함. ¶납세필. /병역필.

필가(筆架)圀 붓을 걸어 놓는 기구.

필가(筆家)圀 **①**글씨를 잘 쓰는 사람. **②**글씨 쓰는 일을 업으로 하는 사람.

필간(筆諫)圀하타 글로써 간함.

필갑(筆匣)圀 붓이나 연필 따위를 넣어 가지고 다니는 기구. 필통.

필경(筆耕)圀하자 **①**직업으로 글씨를 쓰는 일. **②**원지(原紙)에 철필로 글씨를 쓰는 일.

필경(畢竟)튀 마침내. 결국에는. ¶필경 그리 되고 말았다. /필경 잡히고 말 것이다.

필공(筆工)圀 붓을 만드는 사람. 붓을 만드는 일을 업으로 삼는 사람.

필관(筆管)圀 붓대.

필광(弼匡)圀하타되자 도와서 바로잡음.

필기(筆記)圀하타 **①**글씨를 씀. **②**강의나 연설 따위의 내용을 받아 씀.

필기-구(筆記具)圀 〈필기도구〉의 준말.

필기-도구(筆記道具)圀 필기하는 데 쓰는 여러 물건. 〔종이·먹·붓·연필 따위.〕 ㉥필기구.

필기-시험(筆記試驗)圀 답안을 글로 써서 치르는 시험. 필답시험. ↔구술시험.

필기-장(筆記帳)[-짱]圀 필기하는 데 쓰는 공책(空册).

필기-체(筆記體)圀 **①**(활자가 아닌) 손으로 쓴 글씨체. ↔인쇄체. **②**서양 문자에서, 필기할 때 흘려서 잇달아 쓸 수 있도록 된 글자의 체.

필납(必納)[-랍]圀하타 반드시 납부함, 또는 반드시 납부해야 함.

필납(畢納)[-랍]圀하타되자 납세나 납품 따위를 끝냄.

필낭(筆囊)[-랑]圀 붓을 넣어서 차는 주머니.

필단(疋緞)[-딴]圀 필(疋)로 된 비단.

필단(筆端)[-딴]圀 붓끝.

필담(筆談)[-땀]圀하자 (말이 서로 통하지 않는 경우에) 글로 써서 의사를 통함. ¶필담을 나누다.

필답(筆答)[-땁]圀하자 글로 써서 대답함. ¶필답 고사.

필답-시험(筆答試驗)[-땁씨-]圀 ☞필기시험(筆記試驗).

필대(匹對)[-때]圀하자 ☞필적(匹敵).

필도(弼導)[-또]圀하타 도와서 인도함.

필독(必讀)[-똑]圀하타 반드시 읽음, 또는 읽어야 함. ¶필독 도서.

필독-서(必讀書)[-똑써]圀 반드시 읽어야 할 책. ¶청소년 필독서.

필두(筆頭)[-뚜]圀 **①**붓끝. **②**(주로 '-을 필두로'의 꼴로 쓰이어) ㉠여럿을 들어 말할 때나 이름을 순서대로 적을 때, 맨 처음 차례. ㉡(단체나 동아리의) 주장되는 사람. ¶부장을 필두로 하여 부서원 전체가 한마음으로 열심히 일하고 있다.

필:드(field)圀 **①**육상 경기장의 트랙 안쪽의 넓은 구역. **②**야구에서, 내야와 외야를 통틀어 이르는 말. **③**전기장이나 자기장을 이르는 말. **④**컴퓨터에서, 레코드 안에서 동일 종류의 데이터를 위하여 사용되는 지정된 영역.

필:드^경기(field競技)圀 육상 경기장의 필드에서 하는 경기. 멀리뛰기·높이뛰기 따위 도약 경기와, 창던지기·해머던지기 따위 투척 경기가 있음.

필:드-하키(field hockey)圀 구기의 한 가지. 11명으로 이루어진 양편이, 일정한 크기의 직사각형 경기장에서 스틱으로 공을 쳐서, 상대편 골에 넣어 그 득점으로 승부를 겨루는 경기. 하키.

필득(必得)[-뜩]圀하타 꼭 얻음. 반드시 자기의 것으로 함. ¶이 행동 지침은 각자 필득 명심 사항으로 삼기 바람.

필라멘트 (filament)冕 백열전구나 진공관 속에서 전류를 통하게 하고 열전자를 방출하는 가는 선. 텅스텐이나 니켈로 만듦. 선조(線條). 섬조(纖條).

필력 (筆力)冕 ①글씨의 획에 드러난 힘. 필세(筆勢). ②문장의 힘.

필로 (筆路)冕 ①붓의 놀림새. ②문장의 조리.

필로 (蹕路)冕 임금이 거둥할 때, 일반인의 통행을 막고 왕가(王駕)가 지나가던 길.

필로폰 (Philopon)冕 히로뽕.

필률 (觱篥·篳篥)冕 ⇨피리.

필름 (film)冕 ①사진 감광막의 한 가지. 셀룰로이드 따위의 투명한 판에 감광 재료를 칠한 것, 또는 그것을 현상한 음화. ②영화, 또는 영화용의 음화(陰畫)나 양화(陽畫)를 두루 이르는 말. ③농사용 비닐하우스 제작이나 식품 저장에 쓰이는, 합성수지로 만든 투명하고 얇은 막. 〔비닐 필름·플라스틱 필름 따위가 있음.〕

필마 (匹馬)冕 한 필의 말.

필마-단기 (匹馬單騎)冕 홀로 한 필의 말을 탄 차림, 또는 그 사람.

필마-단창 (匹馬單槍)冕 홀로 한 필의 말을 타고 창 하나를 비껴든 차림.

필멸 (必滅)冕하자 반드시 멸망함. ¶생자(生者) 필멸의 이치.

필명 (筆名)冕 ①글이나 글씨로 떨친 명성. ②작가가 작품을 발표할 때 쓰는, 본명 이외의 이름.

필목 (疋木)冕 필로 된 무명·당목·광목 따위.

필묵 (筆墨)冕 붓과 먹. 묵필.

필묵지연 (筆墨紙硯) [-찌-]冕 붓·먹·종이 그리고 벼루. 釁문방사우.

필문 (筆文)冕하자 지난날, 서당이나 향교 등에서 교재로 삼아 배우던 책이나 글을 다 익혀 떼던 것. 釁책씻이.

필-반자 (匹-)冕 〈필반자지〉의 준말.

필-반자지 (匹-紙)冕 필로 된 반자지. 줄필반자.

필발-머리 (-發-)冕 한자 부수의 한 가지. '登'·'發' 등에서의 '𤼦'의 이름. 필발밑.

필발-밑 (-發-) [-믿]冕 ⇨필발머리. *필발밑이 [-미치]·필발밑을 [-미틀]·필발밑만 [-민-]

필방 (筆房)冕 붓을 만들어 파는 가게.

필배 (畢杯)冕 ⇨종배(終杯).

필백 (疋帛)冕 필단 피륙.

필법 (筆法) [-뻡]冕 글씨나 문장을 쓰는 법. ¶초서(草書)의 필법.

필봉 (筆鋒)冕 ①붓끝. ②붓의 위세. 문장 따위의 힘. ¶필봉을 휘두르다.

필부 (匹夫)冕 ①한 사람의 남자. ②대수롭지 않은, 그저 평범한 남자.

필부 (匹婦)冕 ①한 사람의 여자. ②대수롭지 않은, 그저 평범한 여자.

필부지용 (匹夫之勇)冕 혈기만 믿고 함부로 덤비는 소인(小人)의 용기.

필부-필부 (匹夫匹婦)冕 대수롭지 않은 그저 평범한 남녀. 釁갑남을녀·장삼이사.

필사 (必死) [-싸]冕하자 ①반드시 죽음. ②죽을 힘을 다 씀. 죽음을 각오함. ¶필사의 노력.

필사 (筆寫) [-싸]冕하타되자 (붓으로) 베껴 씀.

필사-본 (筆寫本) [-싸-]冕 베껴 쓴 책. 수사본. ↔간본(刊本).

필사-적 (必死的) [-싸-]관冕 죽을 힘을 다하는 (것). 죽음을 각오하는 (것). ¶필사적 탈출. / 필사적으로 저항하다.

필삭 (筆削) [-싹]冕하타 더 쓸 것은 쓰고 지울 것은 지워 버림. ¶원고를 필삭하다.

필산 (筆算) [-싼]冕하타 숫자를 적어서 계산함, 또는 그렇게 하는 계산. 붓셈.

필살 (必殺) [-쌀]冕하타 반드시 죽임.

필상 (筆商) [-쌍]冕 붓 장수.

필생 (畢生) [-쌩]冕 일생을 마칠 때까지의 기간. 한평생 동안. 《주로, '필생의'의 꼴로 쓰임.》 ¶필생의 사업.

필설 (筆舌) [-썰]冕 〔붓과 혀라는 뜻으로〕 글과 말을 이르는 말. ¶필설로는 다할 수 없는 고초.

필성 (畢星) [-썽]冕 이십팔수의 하나. 서쪽의 다섯째 별자리. 줄필(畢).

필성 (弼成) [-썽]冕하타 도와서 이루게 함.

필세 (筆洗) [-쎄]冕 붓을 씻는 그릇.

필세 (筆勢) [-쎄]冕 글씨의 획에 드러난 기세. 필력(筆力).

필수 (必修) [-쑤]冕 반드시 배우거나 이수하여야 하는 일. ¶필수 학점.

필수 (必須) [-쑤]冕 반드시 있어야 하는 것. 꼭 필요한 것. ¶필수 조건.

필수 (必需) [-쑤]冕 (그 물건이) 꼭 필요함. 없어서는 아니 됨. ¶생활 필수 용품.

필수^과목 (必須科目) [-쑤-]冕 반드시 이수하여야 하는 과목. ↔선택 과목.

필수^아미노산 (必須amino酸) [-쑤-]冕 동물의 체내에서 합성되지 않거나 합성하기 곤란하여, 음식물로 섭취해야 하는 불가결의 아미노산. 〔사람에게는 10종류가 있음.〕

필수-품 (必需品) [-쑤-]冕 꼭 소용되는 물품. ¶생활 필수품.

필순 (筆順) [-쑨]冕 글씨를 쓸 때 붓을 놀리는 차례.

필승 (必勝) [-씅]冕하자 반드시 이김. ¶필승의 신념. /필승을 다짐하다.

필시 (必是) [-씨]冔 (짐작하기에) 틀림없이. ¶필시 그가 올 것이다. /저 아이는 필시 큰 인물이 될 것이다.

필야 (必也)冔 ⇨필연(必然).

필업 (畢業)冕하타 일정한 학업 따위를 마침.

필역 (畢役)冕하타 역사(役事)를 끝마침. 요역(了役).

필연 (必然) Ⅰ冕하형 반드시 그렇게 됨. 반드시 그렇게 되는 수밖에 다른 도리가 없음. ¶필연의 결과. ↔우연. Ⅱ冔 틀림없이 꼭. 반드시. 필야(必也). ¶남달리 노력하는 그는 필연 성공할 것이다.

필연 (筆硯)冕 붓과 벼루.

필연-론 (必然論) [-논]冕 ⇨결정론.

필연-성 (必然性) [-썽]冕 어떤 사물의 그렇게 될 수밖에 없는 성질. ↔우연성.

필연-적 (必然的)관冕 반드시 그렇게 되는 (것). 반드시 그렇게 되는 수밖에 없는 (것). ¶필연적 결과. /필연적인 귀납(歸納).

필연적 판단 (必然的判斷) 논리학에서, 판단의 주어(主語)와 술어(述語)와의 관계가 필연적인 것임을 나타내는 판단. 〔'A는 반드시 B이어야 한다.'는 형식을 취함.〕 釁개연적 판단·실연적 판단.

필연-코 (必然-)冔 '필연(必然)'의 힘줌말. ¶이번에는 필연코 합격해야지.

필요 (必要)冕하형 꼭 소용이 있음. ¶필요 물품. /적극적인 노력이 필요하다.

필요-비 (必要費)冕 물건 또는 권리를 보존하거나 관리하는 데 필요한 비용. 〔가옥 수선비·가축 사료비·조세 따위.〕

필요-악(必要惡)圆 없는 것이 바람직하나 조직 따위의 운영이나 사회생활상 부득이 필요한 것으로 여겨지는 악.

필요적 변호(必要的辯護) [-뺀-]ㄸ강제 변호.

필요-조건(必要條件) [-껀]圆 'p이면 q이다.' 라는 가언(假言) 명제에서, p와 q가 모두 참일 때, p에 대한 q를 이르는 말. ('김 군이 사람 이라면, 김 군은 동물이다.'에서, '김 군은 동물이다'가 '김 군은 사람이다'의 필요조건임.)⑪충분조건(充分條件)・필요충분조건.

필요충분-조건(必要充分條件) [-껀]圆 'p이면 q이다.'라는 가언(假言) 명제에서, p와 q가 모두 참이고, p와 q가 서로 동치(同値) 관계일 때 서로를 이르는 말. 곧, 서로 필요조건과 충분조건을 동시에 만족할 때임. ('김 군이 사람 이라면, 김 군은 인간이다.'에서 사람과 인간이 동치(同値)이므로 서로 필요충분조건임.)⑪충분조건・필요조건.

필욕감심(必欲甘心) [-깜-]圆하자 품은 원한(怨恨)을 반드시 풀고자 함.

필용(必用) '필용하다'의 어근.

필용-하다(必用-)혱여 반드시 소용되는 바가 있다.

필원(筆苑)圆 ①문필가(文筆家)들의 사회. ②옛 날 명필들의 이름을 모아 적은 책.

필유곡절(必有曲折) [-쩔]圆 반드시 무슨 곡절 이 있음. ¶야반(夜半)에 폐가에서 울음소리 들리니 필유곡절임이 분명하다.

필자(筆者) [-짜]圆 글이나 글씨를 쓴 사람. ¶필자 소개.

필재(筆才) [-째]圆 글이나 글씨 쓰는 재주. ¶필재가 뛰어나다.

필적(匹敵) [-쩍]圆하자 재주나 힘 따위가 엇비슷하여 서로 견줄 만함. 필대(匹對). ¶그에 필적할 만한 사람이 없다.

필적(筆跡) [-쩍]圆 손수 쓴 글씨나 그림의 형적. 수적(手迹). ¶필적 감정(鑑定).

필전(筆戰) [-쩐]圆하자 글로써 서로 다투는 일. 글에 의한 논쟁. 設설전(舌戰).

필점(筆占) [-쩜]圆하자 필력이나 필세로 운수의 길흉을 점침, 또는 그 점.

필정(筆誅) [-쩡]圆 (상황으로 미루어) 꼭 그리될 수밖에 없는 일.

필주(筆誅) [-쭈]圆타자 (죄악・과실 따위를) 글로 써서 책망함.

필지(必至) [-찌]圆하자 앞으로 반드시 그에 이름. 일이 필연적으로 그렇게 됨.

필지(必知) [-찌]圆타자 반드시 알아야 함. ¶필지 사항.

필지(筆紙) [-찌]圆 붓과 종이.

필지(筆地) [-찌]回 ㄸ필(筆).

필지어서(筆之於書) [-찌-]圆하자 다짐을 하거나 잊지 않기 위하여 글로 써 두는 일.

필진(筆陣) [-찐]圆 ①필전(筆戰)에 대응하는 진용. 글로써 논전(論戰)할 채비. ¶필진을 치다. ②정기 간행물 따위에 기고하는 집필자의 진용. ¶막강한 필진을 자랑하는 잡지.

필집(筆執) [-찝]圆 증인으로서 증서를 쓴 사람.

필착(必着)圆하자 (우편물 따위가) 정해진 기일까지 반드시 도착함.

필채 지난날, 긴 종이로 만든 노를 네 오리 이상 꼬아서, 한끝에 매듭을 지어 돈을 꿰던 꿰미.

필채(筆債)圆 지난날, 이속(夷屬)이 백성들로부터 필사(筆寫)한 삯으로 받던 돈.

필첩(筆帖)圆 ①옛 사람의 필적을 모아서 엮은 서첩. ②ㄸ수첩(手帖).

필체(筆體)圆 글씨의 모양. 글씨체.

필치(筆致)圆 ①글이나 글씨 쓰는 솜씨. ¶간결한 필치. ②글의 운치.

필터(filter)圆 ①액체나 기체 속의 이물(異物)을 걸러 내는 얇은 막. ¶정수기 필터. ②카메라 렌즈 앞에 붙여 빛을 선별하여 투과시키거나 색채 효과를 더하는 유리막. 여광판(濾光板). ③특정 주파수의 진동 전류를 통과시키는 전기 통신 장치. ④담배 끝에 달린, 담배의 진을 거르는 부분.

필통(筆筒)圆 ①붓이나 연필 따위 필기도구를 넣어 가지고 다니는 기구. 필갑. ②붓 등을 꽂아 두는 통.

필필-이(疋疋-)뿐 ①필마다. ¶필필이 표시를 해 두다. ②여러 필로 연이어서. ¶필필이 짜 놓은 비단.

필-하다(畢-)타여 끝내다. 일을 마치다. ¶병역을 필하다. /검사를 필하다.

필하모니(Philharmonie 독)圆 〔음악 애호가라는 뜻으로〕 교향악단의 명칭에 쓰는 말.

필화(筆花)圆 〔붓끝에 피는 꽃이라는 뜻으로〕 아주 잘 지은 글을 이르는 말.

필화(筆華)圆 시가나 문장의 문채(文彩).

필화(筆禍)圆 발표한 글이 말썽이 되어 받는 화. ¶필화를 입다.

필획(筆畫) [-획/-훽]圆 ㄸ자획(字畫).

필휴(必携)圆타자 꼭 지녀야 하는 것. ¶학생 필휴의 사서(辭書).

필흔(筆痕)圆 글씨의 흔적.

필흥(筆興)圆 글씨를 쓰거나 그림을 그릴 때에 일어나는 흥취.

필-히(必-)뿐 꼭. 반드시. ¶이번 모임에는 필히 참석하겠다.

핍근(逼近) [-끈]圆하자 썩 가까이 닥침.

핍박(逼迫) [-빡]圆 ①하타 바싹 죄어서 괴롭게 함. ¶핍박을 당하다. /어떠한 핍박에도 굴하지 않는다. ②하형 사태가 매우 절박함. ¶매우 핍박한 재정 상태.

핍색(逼塞) [-쌕]圆하자 (형세가) 꽉 막힘. 꽉 막혀 몹시 군색함.

핍-쌀(-쌀)圆 찧어서 겉겨를 벗겨 낸 쌀.

핍월(乏月)圆 〔양식이 떨어져 궁핍한 달이라는 뜻으로〕'음력 사월'을 달리 이르는 말. 設보릿고개・칠궁(七窮).

핍인(乏人)圆 ㄸ핍재(乏材).

핍재(乏材) [-째]圆하자 인재가 모자라고 달림. 핍인.

핍재(乏財) [-째]圆하자 재산이 모자라고 달림.

핍전(乏錢) [-쩐]圆하자 돈이 모자라고 달림.

핍절(乏絶) [-쩔]圆하자 ㄸ절핍(絶乏).

핍진(乏盡) [-찐]圆하자 죄다 없어짐.

핍축(逼逐)圆타자 ①핍박하여 쫓음. ②바싹 가까이 좇음.

핍-하다(乏-) [피파-]혱여 ①(수량 따위가) 모자라다. ②없다.

핏국-집 [피꾿찝/핀꾿찝]圆 돼지의 창자 속에 피를 섞어서 삶아 만든 음식. 혈장탕(血臟湯).

핏-기(-氣) [피끼/핃끼]圆 사람의 피부에 드러난 불그레한 피의 빛깔. 혈색. ¶핏기가 가시다. /얼굴에 핏기가 돌다.

핏-대¹ [피때/핃때]圆 피의 줄기. 設피².

핏-대²[피때/핃때]**명** 큰 혈관.

핏대(가) 서다〔관용〕 몹시 성을 내거나 흥분하여 목의 핏대에 피가 몰리고 얼굴이 붉어지다.

핏대(를) 세우다[올리다]〔관용〕 목의 핏대에 피가 몰려 얼굴이 붉어지도록 몹시 성을 내거나 흥분하다. ¶ 그는 하찮은 일에도 곧잘 핏대를 세우곤 한다.

핏-덩어리[피떵/핃떵]**명** ①피의 덩어리. ②'갓난아이'를 비유하여 이르는 말. ¶ 저 핏덩어리가 언제 커서 인간 구실을 할꼬? ③엣핏덩이.

핏-덩이[피떵/핃떵]**명** 〈핏덩어리〉의 준말.

핏-물[핀-]**명** '피1'를 액체로 강조하여 이르는 말.

핏-발[피빨/]**명** 몸의 어느 부분에 피가 몰려 병적으 게 된 결. ¶ 눈에 핏발이 서다.

핏-방울[,]**명** 물방울처럼 피가 방울져 ... 것. ¶ 칼에 벤 손가락에서 핏방울이 뚝뚝 떨어졌다.

핏-빛[피삗/핃삗]**명** ①피의 빛깔. ②피처럼 붉은 빛. ¶ 핏빛으로 물들다. * 핏빛이[피삐치/핃삐치]·핏빛만[피삔-/핃삔-]

핏-자국[피짜/핃짜-]**명** 피가 묻어서 생긴 흔적.

핏-줄[피쭐/핃쭐]**명** ①혈관(血管). ②한 조상의 피를 이은 겨레붙이의 계통. 핏줄기. 혈통. ¶ 왕가의 핏줄.

핏줄(이) 쓰이다〔관용〕 혈연적인 친밀감을 느끼다. ¶ 생모인 줄도 모르고 만난 사이임에도 그 아이에게는 역시 핏줄이 쓰이는 모양이었다.

핏-줄기[피쭐-/핃쭐-]**명** ①피가 흐르거나 내뻗치면서 이루는 줄기. ②몸에 가느다란 핏줄기가 흘러내렸다. ②☞혈통(血統).

핑튀 ①매우 빠르게 한 바퀴 도는 모양. ¶ 한 바퀴 핑 돌다. ②갑자기 정신이 어질해지는 모양. ¶ 머리가 핑 돌며 어지럽다. ③갑자기 눈에 눈물이 어리는 모양. ¶ 콧등이 시큰하며 눈물이 핑 돌다. ⑳팽². ⑥빙. ⑫①②핑-핑튀.

핑계[-게/-게]**명** 어떤 일을 정당화하기 위해 내세우는 방패막이. ¶ 친구는 아프다는 핑계로 학교에 나오지 않는다. /물가를 핑계로 갑자기 하숙비를 올렸다. ②잘못된 일에 대해 다른 것의 탓으로 둘러대는 변명. ¶ 잦은 지각에 늘 버스 핑계만 댄다. /핑계를 늘어놓다.

핑계가 좋아서 사돈네 집에 간다〔속담〕 '속으로는 어떤 일을 좋아하면서 겉으로는 다른 일이 좋은 듯이 둘러댐'을 비유하여 이르는 말.

핑계 없는 무덤이 없다〔속담〕 무슨 일이나 핑곗거리를 찾으면 다 있다는 말.

핑구명 위에 꼭지가 달린 팽이.

핑그르르튀형자 ①빠르고 미끄럽게 한 바퀴 도는 모양. ⑥빙그르르. ⑳뼁그르르. ②갑자기

정신이 어찔해지는 모양. ③갑자기 눈에 눈물이 어리는 모양. ⑳팽그르르.

핑글-핑글튀 빠르고 미끄럽게 잇달아 도는 모양. ¶ 눈이 핑글핑글 돈다. ⑳팽글팽글.

핑크(pink)**명** ①☞패랭이꽃. ②분홍빛. 석죽색. ③'색정적(色情的)'의 뜻으로 쓰이는 말. ¶ 핑크 영화. /핑크 무드.

핑크-빛(pink-)[-삗]**명** 분홍빛. * 핑크빛이[-삐치]·핑크빛만[-삔-]

핑크-색(pink色)**명** 분홍색.

핑킹(pinking)**명** 지그재그 모양으로 자르는 일.

핑킹-가위(pinking-)**명** 지그재그 모양으로 자를 수 있는 날을 가진 가위. 피륙 따위의 올이 풀리지 않게 자를 수 있음.

핑퐁(ping-pong)**명** 탁구(卓球).

핑-핑튀 총알 따위가 빠르게 지나가는 소리, 또는 그 모양. ¶ 총알이 핑핑 머리 위로 날아가다. ⑳팽팽.

핑핑-하다형 ①잔뜩 켕기어 튕기는 힘이 있다. ②양쪽의 힘이 어슷비슷하다. ③몸이 살져 피둥피둥하다. ¶ 핑핑하게 살이 오른 얼굴. ①②⑳팽팽하다. 핑핑-히튀.

푸개명 〔옛〕 파개. ¶ 푸개 호:扈(訓蒙中25).

푸다¹태 〔옛〕 굳 프고 블 쉬우니(月曲60章).

푸다²자 〔옛〕 거듭하다. ¶ 그리 나간 디 날이 프니(仁宜王后.諺簡).

푸람명 〔옛〕 휘파람. ¶ 흐믈며 무덤 우히 진나비 푸람 불제 뉘우츤돌 엇더리(鄭澈.將進酒辭).

푸리명 〔옛〕 파리. ¶ 푸리 승:蠅(訓蒙上21).

풀¹명 〔옛〕 팔[臂]. ¶ 풀 굉:肱(訓蒙上26).

풀²명 〔옛〕 파리. ¶ 풀爲蠅(訓解). ⑳푸리.

풀다태 〔옛〕 팔다. ¶ 이 東山올 ᄑᆞ로리라(釋譜6:24). /됴흔 고즈론 ᄑᆞ디 몰오(月釋1:9).

풀독명 〔옛〕 팔독. ¶ 왼녁 풀독에 살마쟈 샹ᄒᆞ고(老解上27). ⑳불독.

풀완명 〔옛〕 화전(火田). ¶ 풀완 버후메 당당이 나룰 虛費ᄒᆞ리로소니(杜初7:17).

풀지명 〔옛〕 팔찌. ¶ 풀지 한:鞲. 풀지 구:韝(訓蒙中30).

풋명 〔옛〕 팥. ¶ 풋:小豆(訓解). ⑳풏·풏.

풋비리튀 〔옛〕 흔히. 많이. ¶ 鮮有는 풋비리 잇다 아니타 ᄒᆞ논 뜨디라(月釋序2).

풏명 〔옛〕 팥. ¶ 풏콜 ᄂᆞ로니 시버(救解下21). ⑳풋·풏.

풏명 〔옛〕 팥. ¶ 블근 ᄑᆞᄎᆞᆯ 초애 ᄆᆞ라(救簡6:22). ⑳풋·풏.

ퟹ자모 〔옛〕 순경음 피읖. 옛 자음의 하나. 'ㅍ'의 순경음(脣輕音). 두 입술을 닿을락 말락 하게 대어 그 사이로 숨길을 세게 불어 낼 때 나는 소리.

ㅎ[히읗]자모 히읗. ①한글 자모의 열넷째. ②자음의 하나. 목청을 좁히어 숨을 내쉴 때, 그 가장자리를 마찰하면서 나오는 마찰음. 받침의 경우에는 입천장을 막고 떼지 아니하므로 'ㅅ' 받침의 경우와 같게 되며, 'ㄱ·ㄷ·ㅂ·ㅈ'과 만나면 'ㅋ·ㅌ·ㅍ·ㅊ'의 소리로 바뀜.

ㅎ^변:칙^활용(−變則活用) [히은뺀칙과룡] 명 불규칙 활용.

ㅎ^불규칙^용:언(−不規則用言) [히은빨−칭농−]명 ㅎ 불규칙 활용을 하는 용언. 〔까맣다·노랗다 따위.〕

ㅎ^불규칙^활용(−不規則活用) [히은빨−치과룡] 명 형용사 어간의 끝 음절 받침 'ㅎ'이 'ㄴ'이나 'ㅁ'으로 시작되는 어미 앞에서 탈락하거나 어간의 모양이 함께 바뀌는 불규칙 활용. 〔'파랗다'→'파란'·'파래서', '하얗다'→'하야니'·'하얘'로 활용하는 따위.〕 ☞변칙 활용.

하¹튀 많이. 크게. 매우. 대단히. ¶하 반가워서 맨발로 달려 나갔다. ⓟ하도.

하²옛 무엇을 녹이거나 축일 때 또는 매울 때, 입김을 내어 부는 소리. ¶하 하고 입김을 불어 언 손을 녹여 주었다. ⓟ히. ⓣ호.

하³감 기쁨·놀라움·노여움·안타까움·염려스러움 따위의 느낌을 나타내는 말. ¶하, 마침내 우승을 했구나. /하, 이럴 수가…. ⓟ감².

하⁴의 옛 해. 것. ¶내 하는 다 細絲金銀이라(老解下13)./세 돈에 하나씩 네 하를 사리라(翻朴上32).

하⁵위 옛 많이. 크게. ¶ㅁ숳이 멀면 乞食ᄒᆞ디 어렵고 쟈 갓가ᄫᆞ면 조티 몯ᄒᆞ리니(釋譜6:23).

하³조 옛 이여. 이시여. ¶님금하 아ᄅᆞ쇼셔(龍歌125章)./世尊하 날 爲ᄒᆞ야 니ᄅᆞ쇼셔(月釋1:17).

하:(下)명 ①아래 또는 아래쪽이나 밑. ②차례나 등급을 '상·하'나 '상·중·하'로 구별했을 때의 맨 아래 또는 맨 끝. ¶하에서 맴돌던 성적이 상으로 뛰어오르다.

하:(夏)명 고대 중국 왕조의 하나. 시조는 우왕(禹王). 걸왕(桀王)에 이르러 은(殷)나라 탕왕(湯王)에게 멸망당하였음.

하:(齒)명 중이 된 뒤부터의 나이를 세는 말. ¶법랍 40하에 입적하다.

-하(下)접미 《한자어로 된 일부 명사 뒤에 붙어》'어떤 처리나 상태 아래', '어떤 영향을 받는 범위' 또는 '무엇에 딸림' 등의 뜻을 나타냄. 《주로, '하에'·'하에서'·'하의'의 꼴로 쓰임.》 ¶선생님의 지도하에 합창 연습을 하다./침략군의 지배하에 놓이다.

하:가(下嫁)명하자 지난날, 공주나 옹주가 신하의 집안으로 시집감을 이르던 말. 하강(下降).

하가(何暇)명 어느 겨를. 해가(奚暇). 《주로, '하가에'의 꼴로 쓰임.》 ¶이 많은 일을 어느 하가에 다 한담.

하간(何間)명 어느 때. 어느 겨를. 어느 틈. 《주로, '하간에'·'하간을'의 꼴로 쓰임.》 ¶하간에 천자문을 다 떼겠느냐?/하간을 막론하고 마음을 놓지 못하다.

하:간(夏間)명 여름 동안.

하:갈동구(夏葛冬裘)〔여름의 베옷과 겨울의 가죽 옷이라는 뜻으로〕'격이나 철에 맞음'을 이르는 말.

하:감(下疳)명 음식창(陰蝕瘡).

하:감(下瞰)명하타 높은 곳에서 아래를 내려다봄. 굽어봄. 부감(俯瞰). 조감(鳥瞰).

하:감(下鑑)명하타 〔문어 투의 편지 글에 쓰이어〕'자기가 올린 글을 윗사람이 읽어 봄'을 높이어 이르는 말.

하:강(下降)명하자 ①높은 데서 낮은 데로 내려옴. 강하. 『비행기가 하강하다. /기온이 하강하다. ↔상승. ②하가(下嫁). ③신선이 속계에 내려옴.

하:강^기류(下降氣流)명 상공에서 지표면으로 내리 흐르는 공기의 흐름. ↔상승 기류.

하:강-선(下降線)명 (아래로) 내려가거나 내려오는 선. ↔상승선.

하:객(賀客)명 축하하는 손님. 축객(祝客). ¶예식장에 하객으로 붐비다.

하:거(下去)명하자 ①(위에서 아래로) 내려감. ②(중앙에서) 시골로 감.

하:거(下車)명하자 지난날, '고을 원이 부임함'을 이르던 말.

하거(河渠)명 강과 수로(水路).

하:게(下揭)명하타 아래(다음)에 실거나 들어 보임, 또는 그 내용. 『하게 주(註)를 참조하시기 바람. ↔상게(上揭).

하게-체(−體)명 상대편을 예사 낮추는 뜻을 나타내는 높임법의 한 체. 〔하네·먹게·가는가 따위.〕 예사 낮춤.

하게-하다자여 〔서로 대등한 관계이거나, 또는 손윗사람과 장성한 손아랫사람 사이에서〕'하게체'의 말씨를 쓰다. 『우리는 서로 하게하는 사이라네.

하:견(夏繭)명 여름누에의 고치.

하:경(下京)명하자 (서울에서) 시골로 내려감. ↔상경(上京).

하:경(夏耕)명하자 여름에 논밭을 갊.

하:경(夏景)명 여름의 경치. ¶설악의 하경을 화폭에 담다.

하:계(下計)[−계/−게]명 ☞하책(下策).

하:계(下界)[−계/−게]명 ①(천상계에서 본) 인간이 살고 있는 이 세상. 인간계. ↔상계(上界)·천상계. ②높은 곳에서 '땅 위'를 이르는 말. 하토(下土). ¶고공(高空)에서 하계를 내려다보다.

하계(河系)[−계/−게]명 하천의 계통(系統). 〔하천의 본류와 지류를 아울러 이르는 말.〕 ☞수계(水系).

하:계(夏季)[−계/−게]명 ☞하기(夏期).

하고조 ('와'·'과'의 뜻으로) ①둘 이상의 체언을 대등하게 이어 주는 접속 조사. ¶복남이하고 수남이하는 오랜 단짝이다. ②비교하거나 기준으로 삼는 대상임을 나타내는 격 조사. ¶동생은 형하고 '땅 위'를 이르는 말. ③함께 함을 나타내는 격 조사. ¶너는 누구하고 같이 갈 테냐?

하고(何故)명 무슨 까닭이(이유). ¶하고로 회신이 없는가. /묵묵부답으로 있음은 하고인지 알 길이 없다.

하고(河鼓)명 '견우성'의 딴 이름.

하고-많다[-만타]혱 일일이 헤아리기 어려울 만큼 많고 많다. 매우 많다. 《주로, '하고많은'의 꼴로 쓰임.》 ¶하고많은 날을 책과 더불어 지내다. /하고많은 사람 중에 하필 그와 짝이 되다니.

하고-성(河鼓星)몡 '견우성'의 딴 이름.

하고-초(夏枯草)몡 한방에서, '제비꿀의 꽃대와 줄기·잎'을 약재로 이르는 말. 피부병·부인병·황달 따위에 쓰임.

하곡(夏穀)몡 여름에 거두는 곡식. 《보리나 밀 따위.》 맥곡(麥穀). 춤추곡(秋穀).

하공(河工)몡 하천에 딸린 공사.

하공-학(河工學)몡 수리학(水理學)의 한 분야. 하천에 딸린 구조물을 연구하는 학문.

하:관(下官)몡 ①직위가 낮은 관리. ↔상관(上官). ②직위가 낮은 관리가 상관에 대하여 자기를 낮추어 일컫는 말.

하:관(下棺)몡하자 (시체를 묻을 때) 관을 무덤의 구덩이 안에 내려놓음.

하:관(下顴)몡 얼굴의 아래쪽. ¶하관이 빨다.

하관(何關)몡 무슨 관계.

하관-없다(何關-)혱 깊은 관계가 없음.

하:관-포(下棺布)몡 관을 들어 무덤의 구덩이 안에 내려놓을 때, 관에 거는 베.

하:괘(下卦)몡 ①주역의 육효 가운데서 아래의 세 괘. ②길하지 아니한 점괘. 흉괘. ↔상괘.

하괴-성(河魁星)몡 ―괴―/―궤―몡 음양가(陰陽家)들이 북두칠성의 둘째 별을 이르는 말. 천선(天璇). 장성(將星)².

하:교(下校)몡하자 (아동이나 학생이) 학교에서 공부를 마치고 돌아옴. ↔등교(登校).

하:교(下敎)몡하타 ①ㄷ전교(傳敎)¹. ②(윗사람이 아랫사람에게) 가르침을 줌.

하:곳-길(下校-)[-교낄/-꾿낄]몡 학교에서 공부를 마치고 돌아오는 길. ↔등굣길.

하구(河口)몡 강물이 바다나 호수, 또는 다른 강으로 흘러 들어가는 어귀. 강구(江口). ↔하원(河源).

하구-언(河口堰)몡 바닷물이 거슬러 옴을 막기 위하여 강어귀에 쌓은 둑. 용수(用水) 공급과 홍수 조절 등의 구실을 함. 하굿둑.

하:국(夏菊)몡 국화과의 다년초. 각지의 들과 밭에 나는데, 여름에 줄기 끝에 누런 꽃이 핌. 어린순은 나물로 먹을 수 있고, 꽃은 민간에서 이뇨 및 구토 진정제로 쓰임. 금불초(金佛草).

하굿-둑(河口-)[-구뚝/-굳뚝]몡 ㄷ하구언.

하:권(下卷)몡 '상·하' 두 권, 또는 '상·중·하'세 권이 한 벌로 된 책의 아래의 권. 함상권·중권.

하:극상(下剋上)[-쌍]몡하자 (조직체에서) 계급이나 신분이 아래인 사람이 예의나 규율을 무시하고 윗사람을 누르거나, 윗사람보다 높은 자리에 있게 되는 것.

하:근(下根)몡 불교에서, 불도를 수행할 자질과 능력이 미약한 사람을 이르는 말. ↔상근(上根).

하근(瑕瑾)몡 흠. 결점. 단점.

하:급(下級)몡 등급이나 계급 따위를 '상·하' 또는 '상·중·하'로 나눌 때의 아래의 급. 하층. ¶하급 관청. /하급 학년. ↔상급.

하:급-반(下級班)[-빤]몡 ㄷ아랫반.

하:급^법원(下級法院)[-뻐뤈] 상하 관계에 있는 법원 사이에서, 등급이 아래인 법원. 하급심을 맡는 법원. ↔상급 법원.

하:급-생(下級生)[-쌩]몡 학년이 낮은 학생. ↔상급생.

하:급-심(下級審)[-씸]몡 하급 법원의 심리(審理). ↔상급심.

하:기(下技)몡 서투른 기술.

하:기(下記)몡 어떠한 글의 아래나 다음에 적음, 또는 적은 그 기록. ¶하기 사항을 준수할 것. ↔상기(上記).

하:기(下氣)몡하자 〔한방에서〕 ①기운을 내리게 함. ②흥분을 가라앉힘.

하:기(下旗)몡하타되자 기를 내림.

하:기(夏期)몡 여름의 시기. 여름철. 하계(夏季). ¶하기 강습회. ↔동기(冬期).

하기-는몜 사실을 말하자면. 〔이미 말이 있었던 사실을 긍정하기 위한 접속의 말.〕 ¶하기는 그의 말에도 일리는 있어. 함하긴.

하:기-대:학(夏期大學)몡 여름철의 휴가 시기를 이용하여 임시로 특수한 학술 강의를 베푸는 모임.

하:기^방학(夏期放學)몡 ㄷ여름 방학.

하:기^시간(夏期時間)몡 ㄷ서머 타임.

하:기-식(下旗式)몡 (공공 기관이나 단체에서) 국기를 내릴 때에 하는 의식.

하기-야몜 사실을 말하자면야. 〔이미 말이 있었던 사실을 긍정하면서, 다음에 무슨 조건을 붙이기 위한 접속의 말.〕 ¶하기야 이론대로라면 안 될 리가 없지.

하:기^학교(夏期學校)[-꾜]몡 여름 방학을 이용하여, 특별한 교육 계획 아래 임시로 여는 학교.

하:기-휴가(夏期休暇)몡 여름철의 정기 휴가.

하:기-휴업(夏期休業)몡 여름철에 학업이나 영업을 쉬는 일.

하긴몜 〈하기는〉의 준말.

하나¹㉤ㄣ (사물의 수를 세는) 수의 처음. 일(一). ¶배 하나 사과 두 개.
ㄲ몡 ①한가지. 일체(一體). ¶모두가 마음을 하나로 하여 어려움을 헤쳐 나간다. ②오직 그것뿐. 《주로, '하나만'의 꼴로 쓰임.》 ¶한평생 자식 하나만 믿고 살아간다. ③도무지. 조금도. 《주로, '하나도'의 꼴로 쓰임.》 ¶아쉬울 것 하나도 없이 산다. ④일종의. 《주로, '하나의'의 꼴로 쓰임.》 ¶담배는 하나의 마약이다. ⑤여럿으로 구분한 것 가운데 어떤 것. ¶인간도 동물의 하나다.
하나를 보고 열을 안다今 한 부분만 보아도 전체를 미루어 헤아릴 수 있음을 뜻하는 말.
하나만 알고 둘은 모른다今 사물을 두루 보지 못하고 융통성 없이 어느 한 면만 봄을 이르는 말.
하나 가득관용 (분량이나 수량이) 한도에 가득히 차도록. ¶가방에 하나 가득 책을 넣다.
하나부터 열까지관용 '온통·전부'를 강조하여 이르는 말. 어느 것이나 다. ¶하나부터 열까지 돈 드는 일뿐이다.

하나²몡 '그러하나'의 뜻으로 쓰이는 접속의 말. ¶하나, 꼭 그렇게 생각할 수만은 없다.

하나-같다[-간따]혱 (서로 다름이 없이) 다 똑같다. 하나같-이몜 ¶그 집 딸들은 하나같이 예쁘다.

하나-님몡 개신교에서, '하느님'을 이르는 말.

하나비몡 〔옛〕 할아비. ¶센 하나비롤 하늘히 브리시니(龍歌19章). 함한아비.

하나-하나ㄣ 어떠한 것을 이루는 낱낱의 대상.
ㄲ몜 ①(차례대로) 하나씩. ¶정답을 하나하나 맞춰 나간다. ②빠짐없이 모두. 일일이. ¶하나하나 보기를 들어 가며 설명한다.

하나하다[휑]〈옛〉많고 많다. ¶ 군무에 하나한 천만 가짓 이를(翻小10:8).

하:납(下納)[명][하타] 조선 시대에, 나라에 바치지 않고, 지방 관아에 바치던 것.

하냥-다짐[명][하자] 일이 잘 안 될 경우에는 목을 베는 형벌이라도 받겠다는 다짐.

하:녀(下女)[명] 여자 하인.

하련(何年)[명] 어느 해.

하:념(下念)[명]〔편지 글에 쓰이는 한문 투의 말로〕'윗사람이 아랫사람을 사랑하여 염려함, 또는 그 염려'를 높이어 이르는 말. 하려(下慮).

하늘-타리[명] 박과의 다년생 만초. 산이나 들에 절로 나는데, 뿌리는 고구마처럼 굵고, 잎은 손바닥처럼 갈라진 모양임. 여름에 노란 꽃이 피고 둥근 열매가 주황색으로 익음. 한방에서 씨와 뿌리를 약재로 씀. 과루(瓜蔞).

하느-님[명] ① 종교적인 숭배 대상, 또는 신앙의 대상. 인간을 초월한 능력을 가지어 인류에게서 화나 복을 내린다고 믿음. 상제(上帝). 상천(上天). 천공(天公). 천제(天帝). 하늘. ② 가톨릭에서 신봉하는 유일신. 성부(聖父). [참]천주(天主).

하느작-거리다[-꺼-][자] 자꾸 하느작하느작하다. 하느작대다. ¶ 산들바람에 나뭇가지가 하느작거린다. [준]흐느적거리다.

하느작-대다[-때-][자] 하느작거리다.

하느작-하느작[-자카-][부][하자] 〔가늘고 긴 나뭇가지나 얇고 가벼운 물건이〕자꾸 가볍게 흔들리거나 나부끼는 모양. ¶ 스카프가 바람에 하느작하느작 날린다. [준]흐느적흐느적.

하늑-거리다[-꺼-][자] 자꾸 하늑하늑하다. 하늑대다. [준]흐늑거리다.

하늑-대다[-때-][자] 하늑거리다.

하늑-하늑[-느카-][부] ① 부드럽게 하늘하늘 흔들리는 모양. ② 물건이 나슨하게 느즈러지는 모양. [준]흐늑흐늑.

하늘[명] ① 땅 위에 높이 펼쳐져 있는 공간. 대공(大空). 중천(中天). 천(天). 천공(天空). 태허(太虛). 허공. ② 만물을 지배하는 절대자. 하느님. ¶ 하늘은 스스로 돕는 자를 돕는다. /하늘이 노하다. ③ 만물을 지배하는 절대자나 영혼 등이 살고 있다고 믿는 곳. 천국. 천당. 하늘나라. ④ 날씨. ¶ 가을 하늘의 변덕.

하늘 보고 손가락질한다[주먹질한다][속담] 당치도 않은 행동을 함을 이르는 말.

하늘을 도리질 치다[관용] 기세가 등등하여 두려운 것이 없다는 듯이 행세함을 이르는 말.

하늘을 보아야 별을 따지[속담] 무슨 일이 이루어질 기회나 조건이 전혀 없음을 이르는 말.

하늘의 별 따기[관용] 이루기가 매우 어려운 일을 이르는 말.

하늘이 무너져도 솟아날 구멍이 있다[속담] 아무리 어려운 경우를 당하더라도 해결할 수 있는 방법은 있다는 말.

하늘과 땅[관용] 두 사물의 정도에 큰 차이가 있음을 이르는 말.

하늘 높은 줄 모르다[관용] 기세가 등등하여 세상에 무서운 것이 없는 듯이 굴다.

하늘을 지붕 삼다[관용] ① 한데서 자다. 노숙하다. ② 정처 없이 떠도는 몸이 되다.

하늘을 찌르다[관용] ① 하늘에 닿을 듯이 높다. ② 기세가 매우 드높다.

하늘이 노랗다[관용] 지나치게 피로하여 기진맥진하다, 또는 사태가 절망적이다.

하늘이 두 쪽(이) 나도[관용] 아무리 큰 어려움이 있더라도.

하늘 천 따 지[관용] 천자문의 처음 두 글자 '天·地'의 훈과 음, 곧 '천자문'을 이르는 말.

하늘 천 따 지 하다[관용] '다리를 저는 것'을 빗대어서 이르는 말.

하늘-가[-까][명] 하늘의 끝.

하늘-가재[명] ☞사슴벌레.

하늘-거리다[자] 자꾸 하늘하늘하다. 하늘대다. [준]흐늘거리다.

하늘^궁전(-宮殿)[명] 불교에서, 하늘에 있다는 궁전.

하늘-나라[-라-][명] 천당(天堂). 천국(天國).

하늘-나리[-라-][명] 백합과의 다년초. 산지에 흔히 나는데 줄기는 30~80 cm. 흰 비늘줄기가 있음. 잎은 어긋맞게 나고, 초여름에 적색 또는 황적색 꽃이 핌. 비늘줄기는 먹을 수 있고 한방에서 약재로 쓰임.

하늘-눈[-룬][명] 육안으로 볼 수 없는 것을 환히 볼 수 있는, 도통한 마음의 눈.

하늘-다람쥐[명] 다람쥣과의 짐승. 몸길이 16 cm, 꼬리 길이 13 cm가량으로 다람쥐와 비슷하나 더 큼. 몸빛은 보통 엷은 황갈색이며, 앞발과 뒷발 사이에 피부가 늘어져서 생긴 막이 있음. 깊은 산의 숲 속에서 열매·싹·새알 등을 먹고 삶.

하늘-대다[자] 하늘거리다.

하늘-땅[명] 하늘과 땅.

하늘-마음[명] 불교에서, '하늘처럼 맑고 밝고 넓고 고요한 마음'을 이르는 말.

하늘-밥도둑[명] '땅강아지'의 잘못.

하늘-빛[-삗][명] ① 하늘의 빛깔. 엷은 남색. 하늘색. * 하늘빛이[-삐치]·하늘빛만[-삔-]

하늘-색(-色)[-쌕][명] 하늘빛.

하늘-소[-쏘][명] 하늘솟과의 갑충을 통틀어 이르는 말. 몸이 가늘고 촉각이 길며 날개가 딱딱함. 꽃이나 나무진, 썩은 나무 따위를 먹고 삶. 천우.

하늘-지기[명] 사초과의 일년초. 들에 절로 나는데 줄기 높이는 30 cm가량. 잎은 줍고 길며 밑동에 털이 있음. 세모진 줄기 끝에 꽃이 이삭 모양으로 핌.

하늘-하늘[부][하자] ① 어디에 매인 데 없이 편하게 놀고 지내는 모양. ② 힘없이 늘어져 자꾸 가볍게 흔들리는 모양. ¶ 옷고름이 하늘하늘 나부끼다. ③ 몸놀림이 재빠르지 못하고 느릿한 모양. ④ 단단하지 못하여 건드리면 이리저리 흔들거리는 모양. [준]흐늘흐늘.

하늘하늘-하다[형] 지나치게 무르거나 보드라워 뭉크러질 듯하다. [준]흐늘흐늘하다.

하늬[-니][명]〈하늬바람〉의 준말.

하늬-바람[-니-][명] '서풍(西風)'의 뱃사람 말. [준]하늬.

하늬-쪽[-니-][명] '서쪽'의 뱃사람 말.

하늬-바람[명] '하늬바람'의 잘못.

하님[명]〔왕조 때〕① 여자 종을 대접하여 이르던 말. ② 여자 종끼리 서로 존대하여 부르던 말. 하전(下典).

하님-여령(-女伶)[-녀-][명] 조선 시대에, 정재(呈才)의 의장(儀仗)을 들던 여자 종.

하놇[명]〈옛〉하늘. ¶ 太子를 흐놇히 골히샤(龍歌8章). /天 논 하놇히라(釋譜詳1).

하놋드래[명]〈옛〉하늘타리. ¶ 하놋드래 괄:蒗(訓蒙上9).

하다[타][하]〔① 생각하거나 추측하다. ¶ 아직도 거기에 있나 해서 물어보았다. ② 일을 다스리다. ¶ 앞으로는 어떻게 할 작정인가? ③ 가리어 말하다. ¶ 너나 나나 할 것 없이 모두 잘못한 거야. ④《값을 나타내는 말 뒤에 쓰이어》'그 액수에 다다름'을 뜻함. ¶한 개에 천 원 하는 사과. ⑤《'해서'·'하여'의 꼴로, 때를 나타내는 말과 쓰이어》'어느 때쯤에 다다름'을 뜻함. ¶여름 휴가 때쯤 해서 만나자. ⑥《인용하는 조사 '고'·'라고'·'하고' 뒤에 쓰이어》'그리 말함'을 뜻함. ¶자기가 책임을 지겠다고 하다. ⑦말하려는 대상을 특히 드러내어 지적함을 뜻함.(《'하면', '-라 하면'의 꼴로 쓰임.》¶화문석 하면 강화산이 으뜸이지. ⑧《흔히 의성·의태어 뒤에 쓰이어》그러한 상태나 동작이 일어남을 뜻함. ¶'풍덩' 하고 빠지다. /'기우뚱' 하고 넘어지다. ⑨까닭을 나타냄. (《'-고 하여', '-고 해서'의 꼴로 쓰임.》¶일이 재미도 있고 해서 고된 줄 모르겠다. ⑩《'로'·'으로' 뒤에서 '하여'의 꼴로 쓰이어》이유나 원인의 뜻을 나타냄. ¶벅찬 감격으로 하여 말을 잇지 못하다.

하다²(타)《어떠한 상태나 결과가 나타나도록》몸을 움직이다. ¶힘든 일을 했더니 온몸이 아프다. ②일부 명사에 으레 딸려 쓰이는 용언들을 대신하여 쓰임. ¶사람들 앞에서 노래를 하다(부르다). /담배는 안 하네(피우네). / 점심을 해야지(먹어야지). /밥을 하다(짓다). ③(어떠한 일에) 주로 마음을 쓰다. ¶여러모로 생각을 하다. 짓다. ④(표정이나 태도를) 나타내다. 짓다. ¶밝은 얼굴을 하고 돌아오다. ⑤(무엇으로) 만들다. 삼다. ¶강인한 체력을 밑천으로 하다. ⑥다루다. 처리하다. ¶쓰고 남은 재료를 어떻게 할까. ⑦일컫다. ¶이런 경우를 두고 살신성인이라 한다. ⑧가지다. ¶그런 것은 해서 무얼 하나.

하던 지랄도 멍석 펴 놓으면 안 한다[속] 평소에는 시키지 않아도 곧잘 하던 일을 정작 남이 하라고 권하면 아니 한다는 말.

하다³ [I](조동)(어)①《동사 어미 '-려'·'-려고'·'-고자' 뒤에 쓰이어》앞으로 하고자 하는 뜻을 나타냄. ¶많은 일을 하려 하다. /그러려고 하는 풍경. ②《용언 어미 '-면'·'-으면' 뒤에 쓰이어》그리되기를 바라는 마음을 나타냄. ¶한 번만이라도 보았으면 한다. ③《동사 어미 '-도록'·'-게' 뒤에 쓰이어》무엇을 시키는 뜻을 나타냄. ¶책임을 지게 하다. ④《용언 어미 '-아야(-어야)'·'-여야' 뒤에 쓰이어》마땅히 그리해야(그러해야) 함을 나타냄. ¶예정 시간 안에 도착해야 한다. /마음이 고와야 한다. ⑤《용언 어미 '-기'에 조사 '까지·도·조차' 등이 어울린 말 뒤에 쓰이어》말뜻을 강조하는 구실을 함. ¶많이 먹기도 한다. [II](조형)(어)《형용사 어미 '-기'에 조사 '까지·도·만' 등이 어울린 말 뒤에 쓰이어》말뜻을 강조하는 구실을 함. ¶밉기까지 하다. /곱기도 하다. /예쁘기만 하다.

하다⁴ (옛)①많다. ¶곶 됴코 여름 하느니(龍歌2章). ②크다. ¶한 브레 스라(救簡1:112).

-하다(접미)①일부 명사 뒤에 붙어, 그 말을 동사로 만듦. ¶사랑하다. /고백하다. /노래하다. ②일부 의존 형태소에 붙어 형용사를 만듦. ¶착하다. /훌륭하다. ③부사에 붙어 동사나 형용사를 만듦. ¶산들산들하다. /달랑달랑하다. ④형용사의 보조적 연결 어미 '-아'·'-어' 따위에 붙어 동사를 만듦. ¶슬퍼하다. /기뻐하다. /아파하다. ⑤의존 명사 '체'·'듯'·'양' 따위에 붙어 보조 형용사나 보조 동사를 만듦. ¶모른 체하다. /아는 양하다.

하다-못해[-모태](부)《조사 '도'·'라도'·'이라도'를 뒤따르게 하여》'비록 가장 좋지 않은 상태에 놓였다 하더라도' 또는 '비록 어찌할 길이 없는 처지에 놓였다 하더라도'의 뜻을 나타냄. ¶잉어는 고사하고 하다못해 피라미라도 낚아 와야지.

하:-단(下段)(명)(여러 단으로 이루어져 있는 것의) 맨 아래 단, 또는 아래쪽 단. ¶진열대의 하단./신문 지면의 하단. (참)상단·중단.

하:-단(下端)(명)아래쪽의 끝. ¶비가 내려서 바지 하단이 다 젖었다. ↔상단(上端).

하:-단(下壇)(명)(하자)단에서 내림. 강단(降壇). ↔등단(登壇).

하:-단전(下丹田)(명)도가(道家)에서 이르는 삼단전(三丹田)의 하나. 배꼽 아래 약 3cm 되는 자리. 심신의 정기가 모이는 곳이라 함. 기해(氣海). 단전(丹田). (참)상단전·중단전.

하:-달(下達)(명)(하자)(되자)윗사람이 뜻이나 명령 따위가 아랫사람에게 미침, 또는 미치도록 알림. ¶명령을 하달하다. ↔상달(上達).

하:-달-지리(下達地理)(명)(하자)풍수지리에 밝음. 《흔히, '상통천문(上通天文)'의 대구로 쓰임.》

하담(荷擔)(명)(하자)어깨에 짐을 짐.

하:-답(下畓)(명)토질 따위가 좋지 않아, 벼가 잘 되지 않는 질이 낮은 논. ↔상답(上畓).

하:-답(下答)(명)(하자)윗사람이 아랫사람에게 대답이나 회답을 함, 또는 그 대답이나 회답'을 아랫사람이 높여 이르는 말. 하회(下回). ↔상답.

하:-당-영지(下堂迎之)[-녕-](명)(어)(반갑거나 공경하는 뜻에서) 마당으로 내려와서 맞음.

하:-당지우(下堂之憂)(명)낙상(落傷)하여 앓음.

하:-대(下待)(명)(하타)(엄신여기거나) 소홀히 대우함. ¶못 배웠다고 사람을 하대하면 안 된다. ②(하자)(상대편에게) 낮춤말을 씀. ¶초면(初面)에 하대하면 쓰나. ↔공대·존대.

하:-대(下隊)(명)(하다)하회.

하대-명년(何待明年)(명)기다리기가 매우 지루함을 이르는 말.

하:-대석(下臺石)(명)(탑이나 석등 따위의) 아래쪽 받침돌.

하도(부)'하¹'의 힘줌말. ¶시설 규모가 하도 어마어마해서 기가 질린다.

하:-도(下道)(명)지난날, '충청·경상·전라'의 세 도를 아울러 이르던 말.

하도(河道)(명)하천이 흐르는 길.

하도(河圖)(명)옛날 중국 복희씨(伏羲氏) 때 황허에서 나온 용마(龍馬)의 등에 나타나 있었다는 55개의 점. 〔주역(周易)의 팔괘(八卦)의 근본이 되었다 함.〕(관)낙서(洛書).

하:-도(夏道)(명)눈 쌓이는 시기가 아닐 때의 등산길.

하:-도급(下都給)(명)어떤 사람이 도급 맡은 일의 전부나 일부를 다시 다른 사람이 도급 맡는 일. 하청부.

하:-도급-자(下都給者)[-짜](명)하도급을 맡아 하는 사람.

하도롱-지(←hatoron紙)(명)화학 펄프로 만든 다갈색의 질긴 종이. 포장지나 봉투 등에 쓰임.

하도활활(형)(옛)많기도 많구나. ¶白鷗도 하도 활활(鄭澈.關東別曲).

하돈(河豚)(명)(하자)복.

하:-동(夏冬)(명)여름과 겨울. (참)춘추(春秋)¹.

하동-거리다(자)자꾸 하동하동하다. 하동대다. (큰)허둥거리다.

하동-대다(자)하동거리다.

하동-지동(副)(하자) 미처 정신을 차릴 겨를도 없이 다급하게 서두르는 모양. (준)허둥지둥.

하동-하동(副)(하자) 갈팡질팡하며 몹시 서두르는 모양. (준)허둥허둥.

하:드^디스크(hard disk)(명) 자성체로 코팅된 알루미늄 등의 딱딱한 원판을 기록 매체로 사용하는 자기(磁氣) 디스크 장치.

하:드보:드(hardboard)(명) 인공 목재의 한 가지. 펄프에 접착제를 섞어 높은 온도로 압축하여 만듦.

하:드보일드(hard-boiled)(명) 문학이나 영화 따위의 창작에서, 감상(感傷)에 빠지지 않고 객관적인 태도나 문체로 사실을 묘사하는 수법.

하:드웨어(hardware)(명) 컴퓨터를 구성하는 유형의 장치나 기기(機器). 크게 본체와 주변 장치로 나눔. ↔소프트웨어.

하:드커버(hard-cover)(명) 표지의 심에 두껍고 딱딱한 판지를 사용한 책.

하:드^트레이닝(hard training)(명) 맹연습. 맹훈련. ¶시합을 앞두고 하드 트레이닝을 하다.

하:등(下等)(명) ①낮은 등급. 아래의 등급. (참)상등·중등. ②같은 무리 가운데서 정도나 등급이 낮은 것. ↔고등(高等).

하:등(夏等)(명) 〔지난날〕 ①사물의 등급을 '춘(春)'·'하(夏)'·'추(秋)'·'동(冬)'의 넷으로 나눈 것의 '둘째 등급'. ②봄·여름·가을·겨울의 네 번에 나누어 내게 된 세금에서 '여름에 내는 세금'을 이르던 말.

하등(何等)《흔히 '하등의'의 꼴로 부정하는 용언과 함께 쓰이어》 '아무'·'아무런'·'얼마 만큼'의 뜻을 나타내는 말. ¶하등의 관심도 없는 일.

하:등-감:각(下等感覺)(명) 고도화되지 못한 감각. 〔후각·미각·촉각 따위.〕 ↔고등 감각.

하:등^동:물(下等動物)(명) 진화(進化) 정도가 낮아 몸의 구조나 기능이 간단한 동물. 척추동물의 경우 파충류·양서류·어류 따위가 이에 딸림. ↔고등 동물.

하:등-맞다(下等-)[-맏따](자) 조선 시대에, 벼슬아치가 도목정사(都目政事)에 하등의 성적을 맞다.

하:등^식물(下等植物)[-싱-](명) 진화 정도가 낮아 구조가 간단한 식물. 〔균류(菌類)나 조류(藻類) 따위.〕 ↔고등 식물.

하:-띠(下-)(명) ①연전(揀箭)띠내기에서, 화살을 가장 적게 맞히거나 나중 던지어 짠 띠. 하대(下隊). ↔상띠. ②화투 놀이에서, 가장 끗수가 적은 띠.

하띠 맞다(관용) 연전띠내기에서, 활을 쏘아 화살을 가장 적게 맞히다.

하:락(下落)(명)(하자) ①아래로 떨어짐. ②물건 값이 떨어짐. ¶주가가 하락하다. ↔등귀(騰貴)·상등(上騰). ③등급이나 가치가 떨어짐. ↔상승(上昇).

하:락-세(下落勢)[-쎄](명) 물가나 시세 따위가 떨어지는 기세. ¶증권 시세가 하락세를 보이다. ↔상승세.

하:란(下欄)(명) 아래의 난. ↔상란(上欄).

하:란(夏卵)(명) (물벼룩 따위가) 여름철 전후에 낳는 알.

하란(蝦卵)(명) 새우의 알.

하:래(下來)(명)(하자) ①(높은 곳에서 낮은 곳으로) 내려옴. ②(서울에서) 시골로 옴.

하:략(下略)(명)(하타)(되자) (아래에 이어지는 글이나 말을 줄임. 후략(後略). ↔상략.

하:량(下諒)(명)(하타) 〔편지 글에 쓰이는 한문 투의 말로〕 '윗사람이 아랫사람의 마음을 헤아려 알아줌'을 높이어 이르는 말.

하량(河梁)(명) 하천에 놓인 다리.

하량(荷量)(명) 짐의 분량.

하렘(harem)(명) 〔'출입을 금하는 처소'라는 뜻의 아랍 어로〕 ①이슬람 사회에서 부인이 거처하는 방. ②메카 등 이슬람교의 성지.

하:-려(下慮)(명)(하타) ☞하념(下念).

하:려(下輦)(명)(하자) (임금이) 연에서 내림.

하:렴(下簾)(명)(하자) 발을 내림.

하:령(下令)(명)(하타) ①명령을 내림. 하명(下命). ②왕조 때, 왕세자가 영지(令旨)를 내리던 일.

하령(遐齡)(명)(하자) ☞하수(遐壽).

하:례(下隷)(명) ☞하인(下人).

하:례(賀禮)(명)(하자타) 축하의 예식. 하의(賀儀).

하:로-교(下路橋)(명) 다리의 들보 아래에 통로를 만들어 놓은 다리. (참)상로교.

하:로-동선(夏爐冬扇)(명) 〔여름의 화로와 겨울의 부채라는 뜻으로〕 '철에 맞지 않는 물건, 또는 격에 어울리지 않는 물건'을 비유하여 이르는 말.

하룽-거리다(자) 자꾸 하룽하룽하다. 하룽대다. (큰)허룽거리다.

하룽-대다(자) 하룽거리다.

하룽-하룽(副)(하자) (말이나 하는 짓이) 차분하지 않고 달떠서 가볍게 행동하는 모양. (큰)허룽허룽.

하:료(下僚)(명) ①아래 직위에 있는 동료. ②지위가 낮은 관리.

하루(명) ①상오 0시로부터 하오 12시까지의 24시간 동안. ②아침에 날이 새어서부터 저녁에 어두워질 때까지의 동안. 종일(終日). ¶아침 운동으로 하루를 시작하다. ③〈하룻날〉·〈초하룻날〉의 준말. 〈하루는' '어느 날', '어느 한 날'의 뜻을 나타냄. (《주로, '하루는'의 꼴로 쓰임.》) ¶하루는 바닷가에 나갔더니….

하루 물림이 열흘 간다(속담) 무슨 일이나 미루게 되면 계속 미루게 마련이라는 뜻으로, 그날 일은 그날 해야 함을 이르는 말.

하루가 멀다고[멀다 하고](관용) 때를 가리지 않고 거의 날마다. ¶하루가 멀다고 돈을 꾸어 가다.

하루-갈이(명) 일소가 하루 낮 동안에 갈 수 있는 논밭의 넓이.

하루-거리(명) 한방에서, '하루 걸러 앓는 말라리아'를 이르는 말. 간일학(間日瘧). (참)학질(瘧疾).

하루-건너(副) 하루걸러.

하루-걸러(副) 하루씩 건너서. 하루건너. ¶아내는 하루걸러 장을 보러 다닌다.

하루-바삐(副) 하루라도 바삐.

하루-빨리(副) 하루라도 빨리. 하루속히. ¶하루 빨리 통일이 되어야 할 텐데.

하루-살이(명) ①하루살이의 곤충. 생김새는 잠자리와 비슷하나 날개와 몸이 매우 작음. 유충은 물속에서 여러 해를 지내다가 성충으로 탈바꿈해서는 여름철 저녁에 떼 지어 날아다님. 알을 낳은 지 몇 시간 만에 죽음. 부유(蜉蝣). ②앞일을 헤아리지 않고 '그날그날 닥치는 대로 살아가는 사람'을 비유하여 이르는 말. ¶하루살이 인생. ③'생명의 짧음', '덧없음' 등을 비유하여 이르는 말. ¶하루살이 같은 삶을 살다.

하루-속히(-速-)[-쏘키](副) 하루빨리.

하루-아침(명) 매우 짧은 동안. (《주로, '하루아침에'의 꼴로 쓰임.》) ¶바빌론의 영화(榮華)도 하루아침에 사라지고 말았다.

하루-치〖명〗 하루의 몫. 하루의 분량. ¶하루치 약./하루치 식량.

하루-하루〖Ⅰ〗〖명〗 그날그날. ¶하루하루를 수도하듯이 보낸다.
〖Ⅱ〗〖부〗①하루가 지날 때마다. ¶하루하루 몰라보게 자라나다. ②매일마다. ¶하루하루 입에 풀칠하기도 힘들다.

하루-해〖명〗 하루 중 해가 떠서 질 때까지의 동안. ¶한 일도 없이 하루해가 다 갔다.

하룻-강아지[-룻깡-/-룯깡-]〖명〗①('하룹이라는 뜻으로) 태어난 지 오래지 않은 강아지. ②뛰어 돌아다니는 강아지. ③'경험이 적어 일에 서투른 사람'을 얕잡아 이르는 말. ③비빗날개.
하룻강아지 범 무서운 줄 모른다〖속담〗 '멋모르고 겁 없이 덤빔'을 비유하여 이르는 말.

하룻-길[-룯낄/-룯낄]〖명〗 하루 동안 걸어서 갈 수 있는 길의 거리. ¶실히 하룻길은 된다.

하룻-날[-룬-]〖명〗 (초하룻날)의 준말.

하룻-망아지[-룯-]〖명〗①태어난 지 얼마 안 되는 망아지. ②세상 물정을 모르는 신출내기.
하룻망아지 서울 다녀오듯〖속담〗 '보기는 보았으나 무엇을 보았는지 어떻게 된 내용인지 모름'을 이르는 말.

하룻-밤[-룯빰/-룯빰]〖명〗①한 밤. ¶하룻밤을 함께 보낸다. ②어느 날 밤. ¶하룻밤에는 그가 예고도 없이 찾아왔었지. ③'잠깐', '아주 짧은 동안'을 이르는 말. ¶하룻밤 풋사랑.
하룻밤을 자도 만리장성을 쌓는다〖속담〗 짧은 동안의 사귐일지라도 그 인연이 매우 소중함을 이르는 말.

하:류(下流)〖명〗①강물 따위가 흘러내리는 아래쪽, 또는 그 지역. ¶금강 하류. ②사회적 지위나 생활 수준·교양 등이 낮은 계층. ↔상류.

하류(河流)〖명〗 강의 흐름. 강류(江流).

하:류^사회(下流社會)[-회/-훼]〖명〗 사회에서 신분·직위·생활·생활 정도가 낮은 사람들의 사회. 하층 사회. ↔상류 사회.

하:류지배(下流之輩)〖명〗'하류 사회의 사람'을 낮추어 일컫는 말.

하:륙(下陸)〖명〗①〖하자〗(배에서) 육지에 내림. ②〖하타〗(배나 비행기 등에서) 짐을 땅에 내려놓음.

하르르〖부·하·형〗(종이나 옷감 따위가) 얇고 매우 보드라운 모양. ¶잠자리 날개같이 하르르한 실크 치마. 흰하르르-하르르부.

하릅〖명〗(개·말·소 따위) 가축의 한 살 됨을 이르는 말. ¶하릅 송아지.

하리-놀다〖남〗 남을 헐뜯어 일러바침.

하:리(下吏)〖명〗 ⇨아전(衙前).

하:리(下里)〖명〗(위아래로 나뉘어 있는 마을의) 아랫마을. ⇨상리(上里).

하:리(下痢)〖명〗 ⇨이질(痢疾).

하리-놀다[~노니·~놀아]〖타〗(윗사람에게) 남을 헐뜯어 일러바치다.

하리다1〖자〗 마음껏 사치를 하다.

하리다2〖형〗①(기억력이나 사리 판단, 또는 하는 일 등이) 분명하지 않다. 흰흐리다. ②(일의 되어 가는 형편이나 마무리 따위가) 뚜렷하지 아니하다.

하리-들다[~드니·~들어]〖자〗(일이 되어 가는 도중에) 방해가 들다. ¶다 된 일이 하리들어 들어지고 말았다.

하리망당-하다〖형여〗①기억이 또렷하지 않다. ②일의 되어 가는 형편이나 결과가 분명하지 않다. 흰흐리멍덩하다. **하리망당-히**〖부〗.

하리아드랫-날[-랜-]〖명〗 지난날, 농가에서 '음력 이월 초하룻날'을 이르던 말. 〔이날 한 해 농사를 처음 준비하기 위해 머슴들을 위로하며 먹고 즐기게 했음.〕

하리-쟁이〖명〗(윗사람에게) 남을 헐뜯어 일러바치기를 일삼는 사람.

하리타분-하다〖형여〗①(하는 짓이) 분명하지 아니하고 답답하다. ②(성미가) 깔끔하지 아니하고 흐릿하다. 흰흐리터분하다. **하리타분-히**〖부〗.

하:릴-없다[-립따]〖형〗①어떻게 할 도리가 없다. 어찌할 수가 없다. ¶도자기를 깨뜨렸으니 꾸중을 들어도 하릴없는 일이다. ②조금도 틀림이 없다. ¶비를 쫄딱 맞은 그의 모습은 하릴없는 거지였다. **하릴없-이**〖부〗¶하릴없이 먼 산만 바라보고 있다.

하:림(下臨)〖명〗〖하자〗①(한문 투의 편지 글에 쓰이어) '윗사람이 아랫사람에게 옴'을 이르는 말. ②⇨강림(降臨).

하:마(下馬)〖명〗〖하자〗 말에서 내림. ↔상마(上馬).

하마(河馬)〖명〗 하마과의 포유동물. 육지에 사는 짐승 가운데서 코끼리 다음으로 큼. 몸길이 4~5 m, 키는 1.5 m가량. 넓죽한 입이 매우 크고 몸통이 둥글며 다리가 짧음. 아프리카 원산의 초식 동물로, 호수나 늪 같은 곳에 무리지어 삶.

하:마-비(下馬碑)〖명〗 왕조 때, 말을 탄 사람이 그 앞을 지나갈 때에는 누구나 말에서 내리라는 글을 새겨 세운 비석. 〔대궐이나 종묘 앞 같은 데 세웠는데, 한자로 '대소인원 개하마(大小人員皆下馬)'라 새겼음.〕

하:마-석(下馬石)〖명〗 ⇨노둣돌.

하마터면〖부〗 자칫 잘못하였더라면. 〔어떤 위험 따위를 가까스로 모면하였을 때 쓰이는 말.〕 ¶하마터면 큰일 날 뻔하였다.

하:마-평(下馬評)〖명〗 관리의 이동·임면 등에 관한 세간의 풍설이나 물망. 〔지난날, 상전들이 하마비 앞에서 내려 관아에 들어가 일을 보는 동안 마부들이 상전을 서로 평하였다는 데서 유래함.〕

하마-하마〖부〗①어떤 기회가 계속 닥쳐오는 모양. ②어떤 기회를 마음 조이며 기다리는 모양. ¶시험의 결과를 하마하마 기다린다. 흰제나제나.

하:면(下面)〖명〗 아래쪽의 면. ↔상면(上面).

하:면(夏眠)〖명〗〖하자〗 생물이 심한 더위나 건조한 시기에 활동을 멈추고 잠을 자며 지내는 일. 여름잠. ↔동면(冬眠).

하-면목(何面目)〖명〗〔'무슨 면목'의 뜻으로) '볼 낯이 없음'을 뜻하는 말. 《주로, '하면목으로'의 꼴로 쓰임.》 ¶하면목으로 또 자네를 대하겠는가.

하:명(下命)〖명〗①〖하자타〗명령을 내림. 하령(下令). ②윗사람이 내리는 '명령'을 높이어 이르는 말. ¶하명을 기다리다. /하명을 내리다. /하명을 받다.

하:모(夏毛)〖명〗(짐승의) 여름털. ↔동모(冬毛).

하모(何某)〖대〗 ⇨아무.

하:모늄(harmonium)〖명〗 오르간과 같은 형식의 건반 악기. 오르간과는 반대로 공기를 내뿜으면서 경쾌한 음색의 소리를 냄.

하:모니(harmony)〖명〗①화성(和聲). ②(여러 사람이나 사물 사이의) 조화나 일치.

하:모니카(harmonica)〖명〗 작은 취주 악기의 한 가지. 입에 물고 숨을 내쉬거나 들이쉬면서 소리를 냄.

하:모닉스(harmonics)명 ①물리학에서의 배음(倍音). ②현악기의 현에 특수한 기교를 써서 내는, 피리와 같은 음색의 배음.

하:묘(下錨)명하자 (배가) 닻을 내림, 또는 닻을 내리고 머무름. 비정박.

하무뭇 지난날, 군졸이 떠들지 못하도록 입에 물리던 나무 막대기. 비함매(銜枚).

하무뭇-하다[-무타-]형여 매우 하뭇하다. 흐무뭇하다.

하:문(下文)명 (어떠한 글을 쓰고 나서) 다음에 쓰는 글. 아래의 문장.

하:문(下門)명 보지. 음문(陰門). 음호(陰戶).

하:문(下問)명하자타 ①윗사람이 아랫사람에게 물음. ②윗사람이 묻는 '물음'을 높이어 이르는 말.

하물(何物)명 무슨 물건. 어떤 물건. 어떤 것. ¶하물도 그의 굳은 의지를 꺾지 못한다.

하:물(荷物)명 ☞짐1.

하물며 '더군다나'의 뜻으로 쓰이는 접속 부사. (주로, '-거든(또는, -ㄴ-은-는데) 하물며 ……랴'의 꼴로 호응하여 쓰임.) 하황(何況). 황차(況且). ¶짐승도 은혜를 알거든 하물며 사람에 있어서랴.

하물-하물 부 형여 폭 익어서 무른 모양. 흐물흐물.

하뭇-하다[-무타-]형여 마음에 넉넉하여 푼근하다. 흐뭇하다. 하뭇-이 부.

하:미(下米)명 품질이 나쁜 쌀. 중미. 상미.

하:민(下民)명 서민(庶民).

하바네라(habanera)명 쿠바의 아바나를 중심으로 시작되어 유럽에 전해진 민속 무곡의 한 가지, 또는 그 무용.

하:박(下膊)명 팔꿈치에서 손목에 이르는 부분. 팔뚝. 전박(前膊). 전완(前腕). 상박(上膊).

하:박(下薄)명하여 아랫사람에게 박함. ¶상후(上厚)하박.

하:박-골(下膊骨)[-꼴]명 팔뚝을 이루는 긴뼈. 팔뚝뼈. 전박골. 전완골. 상박골.

하박국-서(←Habakkuk書)명 구약 성서 중의 한 편. 예언자 하박국의 저작으로, 하나님의 정의가 구원을 가져다준다는 내용을 기록함.

하:박-근(下膊筋)[-끈]명 하박골을 싸고 있는 근육. 전완근(前腕筋). 상박근.

하:박석(下薄石)[-썩]명 비(碑)나 탑 따위의 맨 아래에 까는 돌.

하박하박-하다[-바카바카-]형여 (과일 따위가) 너무 익었거나 딴 지 오래되어 물기가 적고 파삭파삭하다. 허벅허벅하다.

하:반(下半)명 하나를 위아래 절반으로 나눈 것의 아래쪽. 상반.

하:반(下盤)명 광맥이나 광층(鑛層)의 아래쪽에 있는 바위. 상반(上盤).

하반(河畔)명 강가. 강변(江邊).

하:반(夏半)명 '음력 칠월'을 달리 이르는 말.

하:-반기(下半期)명 1년을 절반으로 나눈 때의 나중의 기간. ¶하반기 매출 목표. 상반기(上半期).

하:-반부(下半部)명 절반으로 나눈 것의 아래쪽 부분. 상반부.

하:-반신(下半身)명 몸의 허리부터 아래의 부분. 하체(下體). 아랫도리. 아랫몸. 상반신.

하:방(下方)명 아래쪽, 아래의 방향. 상방.

하:방(下枋)명 '하인방(下引枋)'의 준말.

하방(遐方)명 서울에서 멀리 떨어진 곳. 하토(遐土). 하향(遐鄕).

하:방^침:식(下方浸蝕)명 (절벽이나 급류의 밑바닥에서) 하천이 강바닥을 내리 침식하는 현상.

하:배(下輩)명 〈하인배〉의 준말.

하백(河伯)명 강(江)의 신. 수신(水神).

하:번(下番)명 ①아래의 순번, 또는 그 사람. ②난번. ③왕조 때, 군졸이 돌림 차례를 마치고 나오던 번. 상번(上番).

하:변(下腹)명 아랫배.

하:복(夏服)명 여름철에 옷. 여름옷. 하의(夏衣). 동복(冬服).

하:복-부(下腹部)[-뿌]명 사람이나 척추동물의 아랫배 부분. 불두덩과 샅으로 이루어짐.

하:부(下付)명하타 ①지난날, 관아에서 먼저·인가·증명·허가 따위를 백성에게 내려 주던 일. ②하송(下送).

하:부(下府)명 하사(下司).

하:부(下部)명 ①아래쪽 부분. ¶하부 조직. ②하급의 기관, 또는 그 사람. ¶지시를 하부에 전달하다. 상부.

하:부^구조(下部構造)명 ①하부의 조직. ②(상부 구조로서의 이데올로기 따위에 대하여) '경제적 구조'를 이르는 말.

하분-하분명하여 물기가 조금 있고 헤무른 모양. 허분허분.

하:불실(下不失)[-씰]명 아무리 적어도 적은 대로의 희망은 있음.

하:불하(下不下)부 적어도. 소불하(少不下).

하:비(下婢)명 하녀(下女).

하비다타 ①손톱이나 날카로운 물건으로) 긁어 파다. ②(남의 결점을) 들추어내거나 들어내어 헐뜯다. 허비다.

하비작-거리다타[-꺼-]타 자꾸 하비작하비작하다. 하비적거리다.

하비작-대다[-때-]타 하비작거리다.

하비작-하비작[-자카-]부 하타 손톱이나 날카로운 물건으로 자꾸 긁어 파는 모양. 허비적허비적.

하뿔싸감 (깜짝 잊고 있었거나 실수로 일이 잘못되었을 때) 놀라서 내는 소리. 허뿔싸. 아뿔싸.

하:사(下士)명 ①국군의 부사관 계급의 하나. 병장의 위, 중사의 아래. ②대한 제국 때, 특무정교(特務正校)·정교·부교(副校)·참교(參校)를 두루 이르던 말.

하:사(下司)명 하급 관청. 하부(下府). 상사(上司).

하:사(下賜)명하타 왕이나 윗사람이 아랫사람에게 금품을 줌. ¶왕이 중신들에게 부채를 하사하다.

하사(何事)명 무슨 일. 어떠한 일.

하:사(賀詞)명하자 축하의 말. 축사(祝辭).

하:사-관(下士官)명 '부사관(副士官)'의 구용어.

하:사-금(下賜金)명 왕이나 윗사람이 아랫사람에게 주는 돈.

하:사-품(下賜品)명 왕이나 윗사람이 아랫사람에게 주는 물품.

하:산(下山)명 하자 ①산에서 내려옴. 등산·입산. ②하타 (나무나 물건 따위를) 산에서 내림. ¶벌목한 목재를 하산하다.

하:-삼삭(夏三朔)명 여름의 석 달, 곧 음력 사·오·유월의 석 달 동안.

하:-상(下殤)명하자 삼상(三殤)의 하나. 8~11세의 어린 나이로 죽는 일, 또는 그 사람. 상상·중상.

하:상(下霜)[하자] 첫서리가 내림.

하상(河床)圆 하천의 바닥. 강바닥.

하상(何嘗)튀 《의문형이나 부정하는 말의 앞에 쓰이어》 따지고 보면. 도대체. ¶그대가 하상 무엇이기에 남의 일에 왈가왈부하는가.

하:-상갑(夏上甲)圆 입하(立夏) 뒤에 처음으로 드는 갑자일(甲子日). 이날에 비가 오면 그해에 큰 장마가 진다고 함.

하:생(下生)때 ①지난날, 정일품 벼슬아치끼리 서로 자기를 일컫던 말. ②어른 앞에서 자기를 낮추어 일컫는 말.

하:서(下書)圆 웃어른이 주신 편지. ↔상서.

하:석상대(下石上臺)[-쌍-]圆 〔아랫돌을 빼서 윗돌을 괸다는 뜻으로〕'임시변통으로 이리저리 둘러맞춤'을 이르는 말.

하:선(下船)圆[하자] (선원이나 타고 있던 승객들이) 배에서 내림. ↔상선·승선.

하:선(荷船)圆 짐 싣는 배. 짐배.

하선동력(夏扇冬曆)[-녁]圆 〔여름의 부채와 겨울의 책력이라는 뜻으로〕'철에 맞는 선물'을 이르는 말.

하:성(下誠)圆 〔편지 글에 흔히 쓰는 문어 투의 말로〕웃어른에 대하여 '자기의 정성'을 겸손하게 이르는 말.

하:세(下世)圆[하자] (웃사람이) 죽음. 별세(別世). 기세(棄世).

하소圆[하타] 〈하소연〉의 준말.

하소(煆燒)圆[하타] 어떤 물질을 고온으로 가열하여 그 물질 속에 들어 있는 수분이나 황·비소 따위의 휘발 성분을 없앰.

하소서-체(-體)圆[하] ☞합쇼체.

하소연圆[하타] 억울하고 딱한 사정을 털어놓고 말하거나 간곡히 호소함. ¶오죽하면 그런 하소연을 할까. ㉣하소.

하:속(下屬)圆 ☞하인배(下人輩).

하:속-음(下屬音)圆 ☞버금딸림음.

하:솔(下率)圆 ☞하인배(下人輩).

하솟그리다(圆 〈옛〉 참소하다. ¶하솟그릴 참:讒. 하솟그릴 참:讒(訓蒙下29). ㉣하솟그리다.

하:송(下送)圆[하타] (편지나 물품 따위를) '웃사람이 아랫사람에게 보냄'을, 아랫사람이 높이어 이르는 말. 하부(下付).

하송-인(荷送人)圆 짐을 부치는 사람.

하:수(下水)圆 (가정이나 공장 같은 데서) 쓰고 버리는 더러운 물. ↔상수(上水).

하:수(下手·下數)圆¹ ①(바둑이나 장기 따위에서) 수가 아래임, 또는 그 사람. ¶하수를 상대로 바둑을 두다. ↔상수(上手). ②(민속 무용의 기본 팔 동작에서) 손을 어깨 아래로 드는 동작.

하:수(下手)圆²[하자타] ①☞착수(着手). ②손을 대어 직접 사람을 죽임.

하:수(下壽)圆 장수한 것을 상·중·하로 나눌 때 가장 적은 나이. 곧, 60세 또는 80세를 이름. ㉣상수(上壽)·중수(中壽).

하수(河水)圆 하천의 물. 강물.

하:수(賀壽)圆[하자] 장수(長壽)를 축하함.

하:수(遐壽)圆 나이가 많도록 오래 삶. 하령(遐齡). 장수(長壽).

하:수-관(下水管)圆 하수를 흘려 보내기 위하여 설치한 관. 수채통. 수도통.

하:수-구(下水溝)圆 하수가 흘러 내려가도록 만든 도랑. ¶하수구가 막히다.

하:수-도(下水道)圆 하수가 흘러 내려가도록 만든 도랑이나 시설. ↔상수도.

하수오(何首烏)圆 ☞새박뿌리.

하:수-인(下手人)圆 ①손을 대어 직접 사람을 죽인 사람. 하수자. ②남의 밑에서 졸개 노릇하는 사람.

하:수-자(下手者)圆 ☞하수인.

하:수^처:리장(下水處理場)圆 하수를 모아 인공적으로 정화(淨化)하는 곳.

하:수-통(下水桶)圆 ☞하수관. 수채통.

하:숙(下宿)圆[하자] 일정한 돈을 내고 비교적 오랜 기간 남의 집에 머물면서 먹고 잠, 또는 그 집. ¶하숙을 치다. /학교 근처에서 하숙을 하다. ②주로 도시에 있는 '값싼 여인숙'을 속되게 이르는 말.

하:숙-방(下宿房)[-빵]圆 하숙하는 방.

하:숙-비(下宿費)[-삐]圆 하숙하는 대가로 내는 돈.

하:숙-생(下宿生)[-쌩]圆 하숙하는 학생.

하:숙-인(下宿人)圆 하숙하는 사람.

하:숙-집(下宿-)[-찝]圆 ①하숙하는 집. ②하숙업을 하는 집.

하:순(下旬)圆 한 달 중에서 스무하룻날부터 그믐날까지의 동안. 하완(下浣). 하한(下澣). ¶지난달 하순께 있었던 일. ㉣상순·중순.

하:순(下脣)圆 아랫입술. ↔상순(上脣).

하:순(下詢)圆 임금이 신하나 백성에게 물음. 순문(詢問). 자순(諮詢).

하숫그리다(圆 〈옛〉 참소하다. 하소연하다. ¶님 금 겨러 하숫그릴 사르미 잇ᄂᆞ니라(杜初17:18). ㉣하숫그리다.

하스-돔(has-)圆 하스돔과의 바닷물고기. 몸길이 45 cm가량. 입이 아래를 향하고, 몸에 검은 무늬가 있음. 우리나라 중남부와 일본 남부, 서남 태평양 연안 및 아프리카 동해안, 홍해 등지에 분포함.

하:습(下習)圆 하인들이나 신분이 낮은 사람들의 풍습.

하습(下濕) '하습하다'의 어근.

하습-하다(下濕-)[-스파-]㉺圆 땅이 낮고 습하다.

하:시(下視)圆[하타] ①아래를 내려다봄. ②남을 얕잡아 봄. 업신여기는 눈으로 봄. ¶가진 것이 없다고 사람을 하시하다.

하시(何時)圆 언제. 어느 때. ¶하시라도 찾아오너라. /하시라도 너의 도전에 응할 용의가 있다.

하시-경(何時頃)圆 언제쯤. 어느 때쯤.

하식(河蝕)圆 강물이 땅을 침식하는 현상.

하식-애(河蝕崖)圆 하식 작용으로 된 언덕.

하신(河身)圆 강의 본줄기가 흐르는 중심 부분.

하:심(下心)圆 ☞강심(江心).

하:십(下十)圆(옛) ['할다'의 활용형] 참소하와. ¶天倫을 姦臣이 하숫바(龍歌74章).

하:아(夏芽)圆 ☞여름눈.

하:악(下顎)圆 아래턱. ↔상악(上顎).

하:악-골(下顎骨)[-꼴]圆 아래턱을 이루는 말굽 모양의 뼈. 아래턱뼈. ↔상악골.

하안(河岸)圆 강 양쪽의 강물과 잇닿아 있는 땅. 강기슭. 강안(江岸).

하:-안거(夏安居)圆[하자] 중이 장마철인 음력 4월 15일부터 석 달 동안, 한곳에 모여 수행하는 일. ㉣안거·동안거.

하안-단구(河岸段丘)圆 물줄기를 따라 강기슭에 생긴 계단 모양의 언덕. 물의 침식 작용이나 지반 운동 따위로 이루어짐.

하:야(下野)圆 〔시골로 내려간다는 뜻으로〕관직에서 물러나 야인이 됨. ¶하야 성명을 내고 대통령직에서 물러나다.

하야로비명 〈옛〉해오라기. ¶하야로비 로:鷺. 하야로비 스:鷺(訓蒙上17).

하야-말갛다[-가타][~말가니·~말개]형동 ①(살갗 따위가) 매우 희고 맑다. ¶하야말간 얼굴에 홍조를 띠다. ②하얀 빛을 띠며 말갛다. ¶하야말간 죽. 큰허여멀겋다.

하야-말쑥하다[-쑤카-](살갗 따위가) 매우 희고 깨끗하다. 큰허여멀쑥하다. **하야말쑥-히**무.

하야ᄒ다형 〈옛〉하얗다. ¶梅花가 가지 져기 하야호매(金三3:11).

하얀-빛[-빋]명 하얀 빛깔. *하얀빛이[-비치]·하얀빛만[-빈-]

하얀-색(-色)명 하얀 색깔. 비하얀빛.

하양명 하얀 빛, 또는 하얀 물감. ↔검정.

하:얄다[-야타][하야니·하얘]형동 ①매우 희다. ¶머리가 하얗다. /눈이 하얗게 내리다. 큰허옇다. ②뜬눈으로 지내다. 《주로, '하얗게'의 꼴로 쓰임.》 ¶밤을 하얗게 새우다. ③춥거나 놀라거나 하여 얼굴이 핏기가 없이 희다. ¶겁에 질려 얼굴이 하얗게 변했다.

하:얘-지다자 하얗게 되다. 큰허예지다.

하여-가(何如歌)명 고려 말기에, 이방원(李芳遠)이 정몽주(鄭夢周)를 떠보기 위해 지었다는 시조. 큰단심가(丹心歌).

하여-간(何如間)무 어쨌든. 좌우간(左右間). 하여튼. ¶만날지 못 만날지 모르나 하여간 가 보기나 하세. /하여간 이 말은 꼭 전해 주게.

하여-금무 〔체언에 조사 '로·으로'가 붙은 말에 이어 쓰이어〕'시키어', '하게 하여'의 뜻을 나타내는 말. ¶그로 하여금 숙직 근무를 대신하게 하다.

하여-튼(何如-)무 어쨌든. 여하튼. 좌우간. 하여간. 하여튼지. ¶하여튼 가 보기나 하자.

하여튼지(何如-)무 하여튼. 여하튼지.

하역(荷役)명하타 배의 짐을 싣고 부리는 일. ¶하역 작업.

하역-부(荷役夫)[-뿌]명 하역에 종사하는 인부.

하:연(下椽)명 ☞하연

하:연(賀宴)명 축하하는 잔치. 하연(賀筵).

하:연(賀筵)명 축하하는 잔치, 또는 그 자리.

하열(下劣)'하열하다'의 어근.

하:열-하다(下劣-)형여 (인품이나 행동이) 천하고 비열하다.

하염-없다[-여벋따]형 ①이렇다 할 만한 아무 생각도 없이 그저 멍하다. ¶하염없는 시선으로 먼 산만 바라보다. ②공허하여 끝맺을 데가 없이 아득하다. ¶하염없는 시름에 잠기다. **하염없-이**무 ¶하염없이 흐르는 눈물.

하염직-하다[-지카-]형여 할 만하다. 할 가치가 있다. ¶그런 이웃 돕기 운동이라면 마땅히 범국민적 사업으로 하염직하다.

하엽(荷葉)명연잎.

하:오(下午)명 낮 열두 시부터 밤 열두 시까지의 사이. 오후(午後). ↔상오(上午).

하오-체(-體)명 상대편에 대하여 예사 높이는 뜻을 나타내는 높임법의 한 체. 〔가오·하오·읽오 따위.〕예사 높임.

하오-하다자예 '하오'의 말씨를 쓰다. ¶서로 하오하는 사이.

하:옥(下獄)명하타되자 (죄인을) 옥에 가둠. 투옥(投獄).

하와(Hawwāh)명 구약 성서에 나오는 인류 최초의 여자. 아담의 아내. 이브(Eve).

하와이안^기타:(Hawaiian guitar)명 스틸 기타의 한 종류. 하와이 음악의 중심 악기로 경음악에 많이 쓰임.

하:완(下浣)명 ☞하순(下旬).

하외욤하자 〈옛〉하품. ¶하외욤ᄒ며 기지게ᄒ며 기춤호로(金三2:11).

하:우(下愚)명 매우 어리석고 못난 사람.

하:우(夏雨)명 여름철의 비.

하:운(夏雲)명 여름철의 구름.

하:원(下元)명 삼원(三元)의 하나. 음력 시월 보름날. ☞상원·중원.

하:원(下院)명 양원제(兩院制) 의회의 하나. 민선으로但만으로 구성되며, 상원에 앞서 법률안·예산안 등을 심의하는 권한을 가짐.

하원(河源)명 하천의 수원(水源). ↔하구.

하위(和議)명 '화해(和解)'를 속되게 이르는 말.

하:위(下位)명 낮은 지위. 낮은 순위. ¶하위 타선. /팀 성적이 하위에 머물다. ↔상위(上位)·고위(高位).

하:위^개:념(下位概念)명 다른 개념에 대하여 적고 좁은 외연(外延)을 가진 개념. 〔생물이라는 개념에 대한, 동물이나 식물의 개념 따위.〕저급 개념. ↔상위 개념.

하:위-권(下位圈)[-꿘]명 낮은 지위나 순위에 속하는 범위. ¶성적이 하위권에 머물다. ↔상위권.

하윗-술[-쑬/-윋쑬]명 화해하는 뜻으로 나누어 마시는 술.

하:유(下諭)명 지난날, 지방의 벼슬아치에게 상경(上京)하라던 왕명(王命).

하:육-처자(下育妻子)명 아래로 처자를 먹여 살림. ¶남은 곡식 장만하여 앙사부모(仰事父母) 아니 하며 하육처자 아니 할까(烈女春香守節歌).

하:의(下衣)[-의/-이]명 몸의 아랫도리에 입는 옷. 〔바지나 치마 따위.〕↔상의(上衣).

하:의(下意)[-의/-이]명 ①아랫사람의 뜻. ¶하의를 반영하다. ②국민의 의사. ↔상의(上意).

하:의(夏衣)[-의/-이]명 ☞하복(夏服).

하:의(賀意)[-의/-이]명 축하하는 뜻. 축의.

하:의(賀儀)[-의/-이]명하자 축하하는 의례(儀禮). 하례(賀禮).

하:의-상달(下意上達)[-의-/-이-]명 아랫사람의 뜻이 윗사람에게 전달되는 일. ↔상의하달.

하이넥(←high necked collar)명 목까지 높이 올라온 옷깃. 또는 그런 옷.

하이^다이빙(high diving)명 다이빙 경기의 한 가지. 높이 5 m 또는 10 m의 다이빙 보드에서 수면으로 떨어질 때의 자세와 입수 모양 따위로 우열을 겨룸.

하이델베르크-인(Heidelberg人)명 1907년 독일 하이델베르크 근처에서 발견된, 원인(原人) 단계의 화석 인류. 유럽에서 가장 오래된 화석 인류로, 학명은 '호모 하이델베르겐시스'.

하이드로미:터(hydrometer)명 ☞부액계(比重計).

하이라이스(←hashed rice)명 서양 요리의 한 가지. 양파와 쇠고기 따위를 기름에 볶은 다음, 밀가루를 풀어 함께 끓여서 밥에 끼얹은 요리.

하이라이트(highlight)명 ①(그림이나 사진 따위에서 광선을 가장 많이 받아) 희게 보이는 부분. ②(방송이나 연극·스포츠 따위에서 중심이 되는) 가장 흥미 있는 부분이나 장면. ¶스포츠 하이라이트. /개막식의 하이라이트는 고공 낙하 시범이었다.

하이볼: (highball)圀 위스키 따위를 소다수나 물로 묽게 하여 얼음을 띄워 마시는 음료.
하이얗다⑧ '하얗다'의 잘못.
하이에나 (hyena)圀 하이에나과의 포유동물을 통틀어 이르는 말. 몸통은 개와 비슷하나 전체적으로는 사향고양이에 가까움. 몸길이 70 cm 가량. 앞다리가 뒷다리보다 길고, 어깨에 갈기털이 있음. 아프리카산(産)은 반점이 있고, 인도산은 줄무늬가 있음. 성질이 강포(強暴)하고, 썩은 고기를 즐겨 먹음.
하이-칼라 (high+collar)圀 〔보통보다 운두가 높은 칼라라는 뜻에서〕①취향이 새롭거나 서양식 유행을 따르는 일, 또는 그 사람. ②전통적 머리 모양에 대하여) 머리털의 밑만 깎고, 윗부분은 남겨서 기르는 서양식 남자의 머리 모양.
하이킹 (hiking)圀하자 〔심신의 단련이나 수양을 목적으로) 산이나 들, 바닷가 같은 곳을 걸어서 여행함.
하이테크 (hightech)圀 고도의 과학 기술.
하이-틴: (high+teen)圀 십대의 후반(後半), 곧 17〜19세의 나이, 또는 그 세대의 사람. ¶하이틴이 좋아하는 가수.
하이파이 (hi-fi)圀 (방송이나 레코드 따위의) 재생한 음이 원음(原音)과 매우 가까운 일, 또는 그 장치. [high fidelity]
하이-패션 (high fashion)圀 (의복의) 최첨단 유행.
하이포 (hypo)圀 '티오황산나트륨(Thio黃酸Natrium)'을 흔히 이르는 말. 사진의 정착제(定着劑)나 표백제 따위에 쓰임.
하이픈 (hyphen)圀 붙임표.
하이^허:들 (←high hurdles)圀 고장애물 경주.
하이-힐: (←highheeled shoes)圀 굽이 높은 여자 구두. 뾰족구두. ⑤힐. ↔로힐.
하:인 (下人)圀 ①사내종. ⑳하녀(下女). ②'사내종'과 '계집종'을 통틀어 이르는 말. 여대(輿儓). 하례(下隷).
하인 (何人)圀 누구. 어떠한 사람. ¶하인을 막론하고 출입을 금한다.
하:-인방(下引枋)圀 벽의 아래쪽 기둥 사이에 가로지른 인방. 아랫중방. 지방(地枋). ⑳하방(下枋).⑳상인방·중인방.
하:인-배(下人輩)圀 하인의 무리. 하속(下屬). 하솔(下率).⑳하배(下輩).
하:인-청(下人廳)圀 지난날, 양반의 집에서 사내종들이 거처하던 행랑방.
하일(何日)圀 어느 날. 무슨 날.
하:일(夏日)圀 여름날.
하임-움직씨圀 사동사(使動詞).
하자(何者)圀 어떤 사람. 어느 것.
하자(瑕疵)圀 ①흠. 결점. ¶아무런 하자도 없는 물건. ②법률 또는 당사자가 예상한 상태나 조건 따위가 결여되어 있는 상태. ¶하자 있는 의사 표시.
하자^담보 (瑕疵擔保)圀 매매(賣買) 계약에서, 파는 것에 숨은 흠이 있을 때 파는 사람이 지는 담보 책임.
하작-거리다[-꺼-][-따] 자꾸 하작하작하다. 하작대다.⑳허적거리다.
하작-대다[-때-][-따] 하작거리다.
하작-이다[-따] 마구 들추어 헤치다.⑳허적이다.
하작-하작[-자카-]㈜하다 ①(쌓아 놓은 물건의) 속을 들추어 헤치는 모양.⑳허적허적. ②(일을 하기 싫어서) 자꾸 헤치기만 하는 모양.
하잘것-없다[-껃엄따] 〔하자고 할 것이 없다

는 뜻에서〕상대할 거리가 못 되다. 시시하다. 대수롭지 않다. ¶하잘것없는 일에 신경을 쓰다.⑳보잘것없다. 하잘것-이圀.
하:잠(夏蠶)圀 여름에 치는 누에.⑳추잠·춘잠.
하:장(下裝)圀 가마나 상여 따위의 아랫부분.
하:장(賀狀)圀 경사를 축하하는 편지.
하:장(賀章)圀 경사를 축하하는 시문(詩文).
하:저(下箸)圀하자 〔가락을 댄다는 뜻에서〕음식을 먹음.
하저(河底)圀 하천의 밑바닥. 강바닥.
하적-호(河跡湖)[-저코]圀 구부러져 흐르던 강의 일부가 본디의 물줄기에서 떨어져 생긴 호수. 대개 길쭉하고 구부러져 있음.
하:전(下田)圀 토질이 좋지 않은 전답(田畓).↔상전(上田).
하:전(下典)圀 ①하님. ②아전(衙前).
하:전(荷電)圀 ①=대전(帶電). ②=전하(電荷).
하:전(廢氈)圀 지난날, 임금이 거처하던 곳.
하전-하다㈐①(주위에 아무것도 없거나, 무엇을 잃은 듯하여) 서운한 느낌이 있다. ②느긋하게 못 안정감이 없다.⑳허전하다.
하전하전-하다㈐①자꾸 하전한 느낌이 들다. ②다리에 힘이 없어 쓰러질 것만 같다.⑳허전허전하다.
하:절(夏節)圀 여름철.
하:정(下丁)圀 음력의 매달 하순에 드는 정일(丁日). 흔히, 이날에 연제(練祭)나 담제(禪祭) 따위의 제사를 지냄.⑳상정·중정.
하:정(下情)圀 ①윗사람 앞에서 '자기의 심정'을 낮추어 이르는 말. 하회(下懷). ②아랫사람의 사정.
하:정(賀正)圀〔흔히 연하장에서 쓰는 말로) 새해를 축하함.
하:정-배(下庭拜)圀하자 지난날, 신분이 낮은 사람이 양반(兩班)을 뵐 때 뜰 아래에서 절하던 일, 또는 그 절.
하:정-사(賀正使)圀 =정조사.
하:제(下第)圀하자 과거(科擧)에 떨어짐.↔급제(及第).
하:제(下劑)圀 설사를 하게 하는 약. 사제(瀉劑). ¶용해성(溶解性) 하제.
하제(河堤)圀 하천에 쌓은 둑.
하:종(下從)圀하자 아내가 죽은 남편의 뒤를 따라 자결함.
하:-종가(下終價)[-까]圀 증권 시장에서, 하루에 내릴 수 있는 최저 한도까지 내려간 주가. 하한가.↔상종가.
하:좌(下座)圀 낮은 자리. 아랫자리. 말석(末席).↔상좌(上座).
하:주(荷主)圀 =화주(貨主).
하:중(荷重)圀 ①짐의 무게. ②구조물 따위에 작용하는 외력(外力), 또는 구조물 따위가 받고 견딜 수 있는 무게. ¶교량의 하중. /하중을 견디다. /하중을 받다.
하:지(下肢)圀 사람의 다리, 또는 네발 가진 동물의 뒷다리.↔상지(上肢).
하:지(夏至)圀 이십사절기의 하나. 망종(芒種)과 소서(小暑) 사이로, 6월 21일경. 북반구에서는 낮이 가장 긴 날.↔동지(冬至).
하:지-근(下肢筋)圀 다리를 이루는 근육을 통틀어 이르는 말. 관부근·대퇴근·하퇴근·족근으로 구분됨.
하:지-대(下肢帶)圀 넓적다리뼈와 몸통뼈를 잇는 뼈. 좌우 한 쌍의 치골(恥骨)과 좌골(坐骨)·장골(腸骨)로 되어 있음.

하지만🔟 그러나. 그렇지만. 〔일단 시인한 뒤에, 부정·반대의 뜻으로 이어 주는 접속어.〕 ¶초 대해 주어서 고맙네. 하지만 갈 형편이 못 되어 미안하네.

하:지-목(下地木)🔟 품질이 가장 낮은 무명.

하:지-상(下之上)🔟 '상·중·하'의 세 층 중에서 하의 상. ⚫하지중·하지하.

하:지-선(夏至線)🔟 〔하지에 태양이 거기에 이른다고 하여〕 '북회귀선'을 이르는 말.

하:지-점(夏至點)[-쩜]🔟 황도(黃道) 위의 춘분점에서 90° 떨어져 있는, 가장 북쪽의 점. 태양이 이 점에 이를 때가 하지임. ⚫동지점 (冬至點).

하:지-중(下之中)🔟 '상·중·하'의 세 층 중에서 하의 중. ⚫하지상·하지하.

하:지-하(下之下)🔟 '상·중·하'의 세 층 중에서 하의 하. ⚫하지상·하지중.

하:직(下直)🔟 ①하자(먼 길을 떠날 때) 웃어른에게 작별을 고하고 떠나다. ¶아버님께 하직을 고하고 떠나다. ②하자왕조 때, 서울을 떠나는 관원이 임금에게 작별 인사를 올리던 일. 숙배(肅拜). ③하타'어떤 일이 마지막이 됨'을 이르는 말. ¶고향을 하직하다. /세상을 하직하다.

하:질(下秩)🔟 (여럿 중에서) 가장 질이 낮음, 또는 그것. 핫길. ⚫상질(上秩).

하:질(下質)🔟 질이 썩 나쁨. ⚫상질(上質).

하:짓-날(夏至-)[-진-]🔟 하지가 되는 날.

하:차(下車)🔟 ①하자(승객이) 기차나 자동차 따위에서 내림. ¶도중에서 하차하다. ⚫승차(乘車). ②하타짐을 차에서 부림. ②↔상차 (上車).

하차묵지-않다[-찌안타]🔟 ①품질이 다소 좋다. ②성질이 좀 착하다.

하찮다[-찬타]🔟 ①그다지 훌륭하지 않다. ¶하찮은 것을 가지고 뽐내다. ②대수롭지 않다. ¶하찮은 일로 고민하다. ⚫하치않다. *하찮아[-차나]·하찮소[-찬쏘]

하:책(下策)🔟 가장 못한 계책. 아주 서툰 책략. 하계(下計). ↔상책(上策).

하:처(下處)🔟 '사처'의 잘못.

하처(何處)🖍 어디. 어느 곳.

하:천(下賤)🔟 ①(하천인)의 준말. ②하형신분이 낮고 천함. ↔하천한 계집.

하천(河川)🔟 시내. 강.

하천^부지(河川敷地)🔟 하천이 차지하는 땅.

하:천-인(下賤人)🔟 신분이 낮은 사람. 천한 사람. ⚫하천.

하:첨(下籤)🔟 신묘(神廟) 등에서 산가지로 길흉을 점칠 때 뽑혀 나온 가장 낮은 점대.

하:첩(下帖)🔟🔟하자 ➡하체(下帖).

하:청(下請)🔟🔟하타 수급인이 맡은 일의 전부나 일부를 다시 제삼자가 하수급인으로서 맡는 일. ¶하청을 내다. /하청을 맡다.

하청(河淸)🔟 〔항상 흐려 있는 황허 강의 물이 맑아진다는 뜻으로〕 '기대할 수 없는 일'을 비유하여 이르는 말. ⚫백년(百年)하청.

하:청부(下請負)🔟🔟하타 ➡하도급.

하:청-인(下請人)🔟 ➡하수급자.

하청-치다🔟 절에서, 재(齋)가 끝난 뒤에 여흥(餘興)을 벌이다.

하:첩(下帖)🔟🔟하자 조선 시대에, 고을 수령이 향교의 유생에게 체문(帖文)을 내리던 일. 하첩(下帖).

하:체(下體)🔟 ①몸의 아랫도리. 하반신. ↔상체(上體). ②남녀의 음부(陰部).

하:초(下焦)🔟 한방에서 이르는 삼초(三焦)의 하나. 배꼽 아래, 방광의 위. 노폐물의 배설을 맡은 부위로 대장·방광·소장·신장 따위가 딸림. ⚫상초·중초.

하:측(下側)🔟 아래쪽. ↔상측(上側).

하:층(下層)🔟 ①(겹치거나 쌓인 것들 중에서) 아랫부분. 아래층. ¶아파트의 하층에 살다. ②등급이 아래인 계층. 하급. ¶하층 신분. /생활수준이 하층인 가정. ↔상층.

하:층^계급(下層階級)[-계-/-게-]🔟 사회적 신분과 생활 수준이 낮아 하류에 속하는 계층, 또는 그런 계층의 사람들. ↔상층 계급.

하:층^사회(下層社會)[-회/-훼]🔟 ➡하류 사회(下流社會).

하:층-운(下層雲)🔟 높이에 따른 구름 분류의 한 가지. 중위도 지방의 경우 2 km 이하의 높이에 나타나는 구름으로, 층적운·층운의 두 가지를 이름. ⚫상층운·중층운.

하:-치(下-)🔟 (같은 종류의 물품 중에서) 품질이 낮은 것. 하품(下品). ⚫상치.

하치-않다[-안타]🔟 〈하찮다의 본딧말.

하:-치은(下齒齦)🔟 아래쪽 잇몸. ↔상치은.

하:치-장(荷置場)🔟 ①쓰레기 따위를 거두어 두는 곳. ¶쓰레기 하치장. ②짐을 부리는 곳. 짐을 보관하여 두는 곳.

하:침(下沈)🔟 밑으로 가라앉음.

하:침(下鍼)🔟🔟하자 침을 놓음.

하:켄(Haken 독)🔟 등산할 때, 바위틈 같은 곳에 박아 카라비너(Karabiner)를 거는 쇠못. 마우어하켄.

하키(hockey)🔟 ①➡필드하키. ②➡아이스하키.

하:탁(下託)🔟🔟하타 '윗사람이 아랫사람에게 하는 부탁'을 아랫사람이 높여 이르는 말. 〔편지 글 따위에서 흔히 씀.〕 ¶하탁하신 물품은 구하는 대로 곧 보내 드리겠습니다.

하:탑(下榻)🔟🔟하타 손을 맞아 극진하게 대접함.

하:탕(下湯)🔟 (온천 같은 데서) 가장 온도가 낮은 탕. ⚫상탕·중탕.

하:토(下土)🔟 ①토질(土質)이 박하여 소출이 적은 땅. ⚫상토. ②(상천에 대하여) 땅. ②하계(下界). ②↔상천(上天).

하토(遐土)🔟 ➡하방(遐方).

하:퇴(下腿)[-퇴/-퉤]🔟 무릎에서 발목까지의 부분. 정강이와 종아리. ⚫상퇴(上腿).

하:퇴-골(下腿骨)[-퇴-/-퉤-]🔟 정강이뼈와 종아리뼈를 통틀어 이르는 말.

하:트(heart)🔟 〔'심장'의 뜻으로〕 트럼프 패의 한 가지. 붉은 빛깔로 심장 모양이 그려져 있음.

하특(何特)🖍 〔반어적 의문형이 뒤따르는 문어투의 말로〕 어찌 특히. 해특(奚特). ¶하특 그 문제뿐이랴.

하:판(下-)¹🔟 마지막 판. 끝판. ↔상판1.

하:판(下-)²🔟 절의 큰방의 아랫목. ↔상판2.

하:판(下版)🔟🔟하자 (편집·인쇄 과정에서) 교료(校了)된 조판을, 인쇄 또는 지형을 뜨기 위하여 다음 공정으로 넘기는 일.

하:편(下篇)🔟 (책이나 글에서) 상·하나, 상·중·하로 나눈 맨 끝의 편. ⚫상편·중편.

하:평(下平)🔟 〈하평성〉의 준말.

하:-평성(下平聲)🔟 한자 사성(四聲) 중에서, 평성 서른 운(韻)을 상하로 나눈 아래의 열다섯 운. 처음이 낮다가 약간 높아져서 지속되며, 음의 길이가 상평성보다 김. ⚫하평. ↔상평성.

하폭(河幅)🔟 하천의 너비.

하:표(賀表)똉 지난날, 나라나 조정(朝廷)에 경사가 있을 때, 신하가 임금에게 바치던 축하의 글.

하품똉[하자] 졸리거나 싫증이 나거나 또는 따분하거나 할 때에, 저절로 입이 크게 벌어지면서 쉬게 되는 깊은 호흡. ¶하품이 나오다.

하:품(下品)똉 ①품격이 낮음. ②⇒하치. ③불교에서, 극락정토의 아홉 계층 중 밑자리의 세 품을 이르는 말. 翰상품·중품.

하품-흠(欠-欠)똉 한자 부수의 한 가지. '次'· '欣' 등에서의 '欠'의 이름.

하:풍(下風)똉 (사람이나 사물의 지위 또는 격이 떨어져) 아래 축에 딸리는 것.

하:프(half)똉 〈하프백〉의 준말.

하:프(harp)똉 현악기의 한 가지. 위쪽이 굽은 삼각형 틀에 마흔일곱 개의 현을 세로로 걸었는데, 그것을 두 손으로 퉁기어 연주함. 수금(竪琴).

하프늄(hafnium)똉 금속 원소의 한 가지. 지르코늄과 비슷한데, 원자로의 제어용으로 쓰임. 〔Hf/72/178.49〕

하:프라인(half line)똉 구기(球技)에서, 경기장의 중앙에 그어 놓은 선. 중앙선.

하:프백(halfback)똉 축구 따위에서, 포워드와 풀백 사이의 자리, 또는 그 자리를 지키는 선수. 囹하프.

하:프센터(half center)똉 축구나 배구 따위에서, 중위(中衛)의 가운데 자리, 또는 그 자리를 지키는 선수. 센터 하프.

하:프타임(half time)똉 ①축구나 핸드볼 따위에서, 경기 시간의 전반과 후반 사이의 쉬는 시간. ②제한된 시간의 절반의 시간.

하:필(下筆)똉[하자] 〔붓을 대어 쓴다는 뜻으로〕 시문(詩文)을 지음.

하필(何必)쀼 어찌하여 반드시. 어째서 꼭. 다른 방도도 있는데 왜. 하고많은 중에 어찌하여. 해필(奚必). ¶왜 하필 나를 지목했을까?/하필 장가가는 날 비가 오다니.

하하¹쀼[하자] 기뻐서 입을 벌리고 웃는 소리, 또는 그 모양. ¶하하 웃다. 囹허허¹.

하하²껌 ①기가 막혀 탄식하여 하는 말. ¶하하, 일이 참 고약하게 되었구나. ②무엇을 비로소 깨달았을 때 하는 말. ¶하하, 역시 그랬었군. 囹허허².

하하-거리다[자] 자꾸 하하 소리를 내며 웃다. 하하대다. 囹허허거리다.

하하-대다[자] 하하거리다.

하:학(下學)똉[하자] 학교에서 그날의 공부를 마침. ↔상학(上學).

하:학상달(下學上達)[-쌍-]똉[하자] 〔아래의 것부터 배워서 위에 이른다는 뜻으로〕 '쉬운 것부터 깊은 이치를 깨달음' 또는 '인사(人事)를 깨달아 천리(天理)에 통합'을 이르는 말.

하:학-종(下學鐘)[-쫑]똉 하학 시간이 되었음을 알리는 종. ¶하학종이 울리다. ↔상학종.

하:한(下限)똉 (일정한 범위가 있을 때의) 아래쪽의 한계. ↔상한(上限).

하:한(下澣)똉 ⇒하순(下旬).

하한(河漢)똉 ⇒은하수.

하:한-가(下限價)[-까]똉 ⇒하종가. ↔상한가.

하:한-선(下限線)똉 하한이 되는 선. ¶시세가 하한선까지 내려가다. ↔상한선.

하:합(下合)똉 ⇒내합(內合).

하항(河港)똉 하구(河口)나 하안(河岸)에 있는 항구. 翰해항(海港).

하해(河海)똉 큰 강과 바다. 강해(江海). ¶어버이의 은덕이 하해와 같다.

하해지택(河海之澤)똉 큰 강과 바다와 같이 넓고 큰 은혜.

하:행(下行)똉[하자] ①아래쪽으로 내려감. ②중앙에서 지방으로 내려감. ↔상행.

하:행-선(下行線)똉 ①서울에서 지방으로 내려가는 도로나 선로. ②중앙에서 지방으로 내려가는 교통수단. ↔상행선.

하:향(下向)똉[하자] ①(위에서) 아래쪽으로 향함. ¶하향 지원(志願). ②(기세 따위가) 쇠퇴하여 감. ¶생산성의 하향 추세. ③물가가 떨어짐. ¶정부미 출고가의 하향 조정. ↔상향.

하:향(下鄕)똉[하자] ①(도시에서) 시골로 내려감. ②고향으로 내려감.

하향(遐鄕)똉 ⇒하방(遐方).

하인(何人)똉 어떠한 사람. 그 누구.

하:현(下弦)똉 음력 22, 23일경에 나타나는 달의 상태. 보름달과 그믐달의 중간쯤 되며 활시위 모양이 아래로 향하고 있음. 하현달. ↔상현(上弦).

하:현-달(下弦-)[-딸]똉 ⇒하현. ↔상현달.

하:혈(下血)똉[하자] 항문이나 하문(下門)에서 피가 나옴, 또는 그 피.

하협(河峽)똉 강의 양쪽이 높은 벼랑을 이루고 폭이 좁은 곳.

하:호(下戶)똉 가난한 백성.

하:화-중생(下化衆生)똉 불교에서, 보살이 중생을 교화(敎化)하여 제도(濟度)하는 일. ↔상구보리.

하:-활(下-)똉 돛의 맨 밑에 대는 활죽.

하황(何況)쀼 하물며. 황차.

하:회(下回)[-회/-훼]똉 ①다음 차례. 차회(次回). ②윗사람이 아랫사람에게 주는 회답. 하답(下答). ¶선생님의 하회를 기다린다. ③어떤 일의 결과로서 빚어진 상황이나 결정. ¶임금 인상에 관한 노사 협의의 하회가 궁금하다.

하:회(下廻)[-회/-훼]똉[하자] (어떤 수량이나 기준보다) 밑돎. ¶작황이 평년작을 하회하다. ↔상회.

하:정(下情)[-회/-훼]똉 ⇒하정(下情).

하회별신굿탈놀이(河回別神-)[-회-/-훼-]〔-씬꾿-로리/-훼-씬꾿-로리〕 경북 안동시 풍천면 하회동에 전승되는 가면극. 10년에 한 번씩 열리는 특별 부락제인 별신굿의 일부로 공연됨. 무형 문화재 제69호.

하회옴똉 (옛) ¶난장의 하회옴은 기운이 기디 아니타 ㅎㄴ니라(朴解中51).

하회-탈(河回-)[-회-/-훼-]똉 하회 별신굿 탈놀이에서 쓰는, 나무로 만든 탈. 한국 최고(最古)의 탈놀이가 가면곡. 국보 제121호.

하:후상박(下厚上薄)똉[하협] 아랫사람에게 후하고 윗사람에게 박함. ¶하후상박의 원칙에 따라 봉급을 조정하다. ↔상후하박.

하후하박(何厚何薄)똉[하자] 〔어느 쪽은 후하게 하고 어느 쪽은 박하게 한다는 뜻으로〕 '사람에 따라 차별하여 대우함'을 이르는 말.

하:휼(下恤)똉[하자] 아랫사람을 가엾게 여기어 도와줌. ¶상(上)께서 만백성을 위한 하휼의 정이 남다르시어….

학쀼[하자] 토하는 소리.

학(學)똉 〈학문〉의 준말. ¶실사구시(實事求是)의 학에 나아가….

학(鶴)똉 ⇒두루미².

-학(學)졉미 《일부 명사 뒤에 붙어》 학문의 한 갈래임을 나타냄. ¶생물학. /역사학. /언어학.

학가(鶴駕)[-까]똉 왕세자가 대궐 밖에 나가던 일, 또는 그때 타던 수레.

학감(學監)[-깜]똉 지난날, 학교에서 학무(學務) 및 학생을 감독하던 직원.

학개-서(←Haggai書)똉 구약 성서 중의 한 편. 예언자 학개의 신전(神殿) 건축을 통해 이스라엘의 승리를 예언한 내용이 기록되어 있음.

학계(學界)[-계/-께]똉 학문의 세계. 학자들의 사회. ¶학계의 비상한 관심을 끌다.

학계(學契)[-계/-께]똉 교육을 목적으로 하여 모은 계.

학계(學階)[-계/-께]똉 불교에서, 그 학식 정도에 따라 중에게 주어지는 칭호. 〔강사(講師)·학사(學師)·법사(法師) 따위.〕

학과(學科)[-꽈]똉 ①학문을, 전문 분야별로 나누었 때의 과목. ②학교 교육에서, 교과의 과목.

학과(學課)[-꽈]똉 (학습 과정에 따라 학습해야 할) 학업의 과정. 교육상의 수학(修學) 과정. ¶일정한 학과를 이수하다.

학과^과정(學科課程)[-꽈-]똉 ⇨교육 과정.

학과-목(學科目)[-꽈-]똉 학교에서 학습하는 개개의 학문의 과목.

학과^배:당표(學科配當表)[-꽈-]똉 학과목과 시간 수를 배정하여 짠 표. 과정표.

학관(學館)[-꽌]똉 '학교'의 명칭을 붙일 수 없는 조건을 갖추지 못한 사사로운 교육 기관. 학원(學院). ¶영수(英數) 학관.

학교(學校)[-꾜]똉 교육·학습에 필요한 설비를 갖추고 학생을 모아 일정한 교육 목적 아래 교사가 지속적으로 교육을 하는 기관. 〔초등학교, 중학교, 고등학교 따위.〕 ¶상급 학교에 진학하다.

학교^관:리(學校管理)[-꾜괄-]똉 학교의 교육 활동을 효과적으로 하기 위하여, 시설을 베풀고 운영하는 일.

학교^교:육(學校敎育)[-꾜-]똉 (가정교육·사회 교육 등에 대하여) 학교에서 받는 교육.

학교군^제:도(學校群制度)[-꾜-]똉 중등학교의 통학 구역을 지정, 그 통학 구역 내의 학생을 그 구역 안의 학교에 진학하도록 정한 제도.

학교^급식(學校給食)[-꾜-씩]똉 학교에서, 학생에게 식사의 전부 또는 일부를 집단적으로 제공하는 일, 또는 그 식사.

학교-림(學校林)[-꾜-]똉 학교에서, 시험이나 실습·연구용으로 관리하고 있는 임야, 또는 학교 법인의 이름으로 등기되어 있는 임야.

학교^문법(學校文法)[-꾜-뻡]똉 ⇨규범 문법(規範文法).

학교^법인(學校法人)[-꾜-]똉 비영리 법인의 한 가지. 사립학교의 설치와 경영을 목적으로 설립한 법인.

학교-병(學校病)[-꾜뼝]똉 학생들 사이에 많이 발생하거나 전염되는 병. 〔근시안·유행성 감기·트라코마·폐결핵 따위.〕

학교-생활(學校生活)[-꾜-]똉 학생이 학교에 적을 두고 지내는 생활.

학-교수(學敎授)[-꾜-]똉 조선 시대에, 사학(四學)에 딸려 있던 교수.

학교^신문(學校新聞)[-꾜-]똉 학생들이 교내에서 교사의 지도 아래 편집·발행·배포하는 신문.

학교-원(學校園)[-꾜-]똉 학교 안에 만들어 놓은 정원이나 논밭. 환경 미화나 정서 교육·근로 체험 따위를 목적으로 만듦.

학교-의(學校醫)[-꾜의/-꾜이]똉 위탁을 받고 학생의 신체검사나 교내의 위생 업무 따위를 맡아보는 의사. ⑥교의(校醫).

학교-장(學校長)[-꾜-]똉 학교의 교육 및 사무를 관리 감독하고, 대외적으로는 학교를 대표하는 사람. ⑥교장(校長).

학구(學究)[-꾸]똉 ①학문을 깊이 연구하는 일. 오로지 학문에만 몰두하는 일. ¶학구에 여념이 없다. ②'학문에만 몰두한 나머지 세상 물정에 어두운 고리타분한 사람'을 빗대어 이르는 말. 학궁(學窮). ③지난날, '글방의 훈장'을 달리 이르던 말.

학구(學區)[-꾸]똉 교육 행정상의 필요로, 아동이 취학할 학교를 지정하여 갈라 놓은 구역.

학구-열(學究熱)[-꾸-]똉 학문을 닦는 데 골똘하는 열의. ¶환갑이 지났는데도 학구열이 대단하다.

학구-적(學究的)[-꾸-]관똉 학문 연구에 몰두하는 (것). ¶학구적인 분위기.

학구-제(學區制)[-꾸-]똉 학구를 정하여 그 학구 안의 아동을 정해진 학교에 취학시키는 제도.

학군(學群)[-꾼]똉 지역별로 나누어 놓은 중학교나 고등학교의 무리.

학군-단(學軍團)[-꾼-]똉 〈학생 군사 교육단〉의 준말.

학궁(學宮)[-꿍]똉 '성균관'의 딴 이름.

학궁(學窮)[-꿍]똉 ①쓸모없는 학자. ②⇨학구(學究). ③가난한 학자, 또는 학자의 곤궁(困窮). ④학자가 스스로를 겸손하게 일컫는 말.

학규(學規)[-뀨]똉 ①⇨교규(校規). 교칙. ②학과(學課)의 규칙.

학금(鶴禁)[-끔]똉 왕세자가 거처하던 궁전.

학급(學級)[-끕]똉 한 교실에서 교육을 받도록 편성된 학생의 집단. 학반(學班). ¶학급을 편성하다.

학급^담임(學級擔任)[-끕따밈]똉 학급의 관리와 그 학급에 딸린 학생의 생활 지도를 맡는 직책, 또는 그 교사.

학급^문고(學級文庫)[-끔-]똉 학급에 갖추어 둔 도서, 또는 그 도서를 넣어 두는 곳.

학기(學期)[-끼]똉 한 학년의 수업 기간을 나눈 구분. 보통, 두 학기로 나눔.

학-꽁치(鶴-)똉 학꽁칫과의 바닷물고기. 몸길이 40 cm가량으로 가늘고 긺. 눈이 크고, 긴 아래턱이 바늘처럼 뾰족하게 나왔음. 등은 청록색이며, 배는 은백색임. 떼를 지어 수면을 헤엄쳐 다니며, 이따금 수면 위로 뛰어오르기도 함. 우리나라 남부 해안과 사할린·일본 열도·대만 등지의 해안이나 하구(河口)에 서식함. 공미리.

학내(學內)[항-]똉 학교의 내부. ¶학내 문제는 학내에서 해결하는 것이 바람직하다.

학년(學年)[항-]똉 ①한 해를 단위로 한 학습 기간의 구분. ②한 해의 학습을 단위로 하여 진급하는 학교 교육의 단계. ¶일 학년. /대의 아이는 초등학교 몇 학년입니까?

학년-도(學年度)[항-]똉 한 학년의 과정을 배우는 기간. 우리나라의 경우, 보통 3월 초부터 이듬해 2월 말까지를 한 학년도로 함.

학당(學堂)[-땅]똉 ①글방. ②지난날, 지금의 '학교'와 같은 교육 기관을 이르던 말. ¶배재학당. /이화 학당(學堂).

학대(虐待)[-때]똉하여 심하게 괴롭힘. 혹독하게 대우함. ¶동물을 학대하다. 빈구박.

학대(虐待)[-때]몡 조선 시대에, 문관이 관복 위에 띠던, 학을 수놓은 품대. ¶몸에는 앵 삼(鶯衫)이요, 허리에는 학대로다(烈女春香守節歌).

학덕(學德)[-떡]몡 학문과 덕행. ¶학덕이 출중하다.

학도(學徒)[-또]몡 ①학생. ②'학자'나 '연구가'가 스스로를 겸손하게 일컫는 말.

학도-대(學徒隊)[-또-]몡 ①학도로 조직한 대(隊). ②대한 제국 때, 무관 학교와 연성 학교(硏成學校)의 학도로 조직하였던 군대.

학도-병(學徒兵)[-또-]몡 학생 신분으로 군대에 들어간 병사, 또는 그 군대. ②학병.

학-도요(鶴-)[-또-]몡 도욧과의 나그네새. 날개 길이 16 cm가량. 털갈이를 하며, 스칸디나비아와 시베리아의 툰드라 지대에서 알을 낳음. 겨울에는 아프리카나 동남아시아로 이동하는데, 우리나라와 일본에서도 월동을 함.

학도-의용병(學徒義勇兵)[-또의-/-또이-]몡 학도의 신분으로 지원하여 군대에 복무하는 병사.

학도^호:국단(學徒護國團)[-또-딴]몡 고등학교나 대학교에 설치되어 있던 학생 단체. 사상 통일과 단체 훈련을 통하여 학원의 애국심을 함양하고 국가에 헌신·봉사하게 할 목적으로 조직하였음.

학동(學童)[-똥]몡 ①글방에서 글을 배우는 아이. 서동(書童). ②초등학교의 아동.

학려(學侶)[-녀]몡 ①학문에만 전념하는 중. ②☞학우(學友).

학력(學力)[-녁]몡 ①학문상의 실력. ②학습으로 쌓은 능력의 정도. ¶학력이 향상되다.

학력(學歷)[-녁]몡 수학(修學)한 이력. ¶최종 학력.

학력-고사(學力考査)[-녁꼬-]몡 ①〈초·중등 학교에서〉 일정한 범위의 학습으로 익힌 지적(知的) 능력을 측정하여 평가해 보기 위한 시험. ②대학 입학에 필요한 학력의 정도를 측정하기 위하여, 고등학교 졸업자나 그에 준하는 사람을 대상으로, 교육부에서 해마다 실시하던 국가 시험. 〔'대학 입학 학력고사'의 준말임.〕

학령(學齡)[-녕]몡 ①초등학교에 들어갈 의무가 발생하는 나이. 곧, 만 6세. 취학 연령. ②초등학교에서 의무 교육을 받아야 할 나이의 시기. 곧, 만 6세부터 만 12세까지를 이름. ②학령기.

학령-기(學齡期)[-녕-]몡 ☞학령(學齡).

학령-부(學齡簿)[-녕-]몡 학령 아동에 관한 장부. 〔시·읍·면장이 작성함.〕

학령^아동(學齡兒童)[-녕-]몡 학령에 해당하는 아이.

학록(學錄)[-녹]몡 ①조선 시대에, 성균관의 정구품 벼슬. ②고려 시대에, 국자감(國子監)의 정구품 벼슬.

학료(學寮)[-뇨]몡 학교의 기숙사.

학류(學流)[-뉴]몡 ☞학파(學派).

학리(學理)[-니]몡 학문상의 원리 또는 이론.

학림(鶴林)[-님]몡 '사라쌍수(沙羅雙樹)의 숲'을 달리 이르는 말. 〔석가가 입멸(入滅)할 때에 사라쌍수의 잎이 학과 같이 희게 되었다고 함.〕

학망(鶴望)[-항]몡하다 되다 ①〔학처럼 목을 빼고 바라본다는 뜻으로〕 목을 빼고 발돋움하여 바라봄. ②'간절한 바람'을 비유하여 이르는 말.

학맥(學脈)[-항]몡 ①학문상의 관계로 얽힌 인간관계. ②☞학연(學緣).

학명(學名)[-항-]몡 ①학술상의 편의를 위하여 동식물에 붙이는, 세계 공통의 라틴어 이름. ②학자로서의 명성. ¶일세에 학명을 떨치다.

학모(瘧母)[-항-]몡 한방에서, '학질에 걸린 아이의 비장(脾臟)이 커지고 배 속에 덩어리가 생기는 병'을 이르는 말.

학모(學帽)[-항-]몡 학교의 제모(制帽). 교모(校帽). 학생모.

학무(學務)[-항-]몡 학사(學事)와 교육에 관한 사무.

학무(鶴舞)[-항-]몡 ☞학춤.

학무-아문(學務衙門)[-항-]몡 조선 말기에, 교육에 관한 사무를 맡아보던 관청. '학부(學部)'의 이전 이름.

학문(學問)[-항-]몡 ①하자 지식을 배워서 익힘, 또는 그 일. 학예(學藝)를 수업함. ¶학문에 정진하다. /학문을 닦다. ②일정한 이론에 따라 체계화된 지식. 〔인문 과학·사회 과학·자연 과학을 통틀어 이르는 말〕 ②학(學). ③☞학식(學識). ¶학문이 높은 분.

학문-적(學問的)[-항-]관몡 학문으로서의 방법이나 체계가 서 있는 (것). ¶학문적 업적. /학문적으로 검증된 연구.

학민(虐民)[-항-]몡하자 백성을 가혹하게 다룸.

학반(學班)[-빤]몡 ☞학급(學級).

학반(學班)[-빤]몡 조선 시대에, '동반(東班)'을 달리 이르던 말. ↔호반(虎班).

학발(鶴髮)[-빨]몡 〔두루미의 깃털처럼 희다는 뜻으로〕 '하얗게 센 머리, 또는 그런 사람'을 비유하여 이르는 말. ¶학발의 노인. 비백발.

학방(學房)[-빵]몡 글방.

학배기[-빼-]몡 잠자리의 유충.

학-버섯[-뻐섣]몡 ☞삿갓버섯. * 학버섯이[-뻐서시]·학버섯만[-뻐선-]

학번(學番)[-빤]몡 ①대학교나 대학원에서, 입학 연도와 학과에 따라 학생들에게 부여하는 고유 번호. ②같은 해에 입학한 학생들에게 입학 연도를 고유 번호 삼아서 붙인 번호. ¶87 학번.

학벌(學閥)[-뻘]몡 ①학문을 닦아서 얻게 된 사회적 지위나 신분, 또는 출신 학교의 사회적 지위나 등급. ¶학벌이 좋다. /학벌을 따지다. ②같은 학교의 출신자나 같은 학파의 학자로 이루어진 파벌. ②비학력.

학병(學兵)[-뼝]몡 〈학도병〉의 준말.

학보(學報)[-뽀]몡 학술 연구 또는 대학의 운영에 관한 보고나 홍보, 또는 그것을 싣는 신문이나 잡지. ¶대학 학보.

학부(學府)[-뿌]몡 ①〔학문의 중심이 되는 곳이라는 뜻으로〕 흔히 '대학'을 가리키는 말. ¶최고 학부. ②'학문에 통달해 있음'을 비유하여 이르는 말.

학부(學部)[-뿌]몡 ①대학에서, 전공 영역에 따라 한 개 또는 몇 개의 학과를 묶어 나눈 부(部). ¶인문 학부. ②대학원에 대하여, '대학'을 이르는 말. ¶학부 과정을 이수하다. ③지난날의 대학 제도에서, 예과(豫科)에 대하여 '본과(本科)'를 달리 이르던 말. ④대한 제국 때, '학부아문(學部衙門)'을 고쳐 이르던 말.

학부간-본(學部刊本)[-뿌-]몡 갑오개혁 이후 내각 관제의 개혁과 함께 새로운 지식의 보급을 위한 국민 교육용 교과서가 필요하여 학부에서 간행한 책.

학부-대신(學部大臣)[-뿌-]몡 대한 제국 때, 학부의 으뜸 벼슬, 또는 그 사람.

학부득 (學不得) [-뿌-] **명** 하타 배워도 따라 미치지 못함. ¶ 소생 같은 둔재에게 철학은 학부득이다.

학-부모 (學父母) [-뿌-] **명** 취학 중의 아동이나 학생의 부모.

학부모-회 (學父母會) [-뿌-회/-뿌-훼] **명** 지난날, 학교와 가정의 교육적인 관계를 강화하기 위하여 학부형들로 조직하였던 회, 또는 그 회의.

학-부형 (學父兄) [-뿌-] **명** 취학 중의 아동이나 학생의 부형.

학부형-회 (學父兄會) [-뿌-회/-뿌-훼] **명** '학부모회'의 구용어.

학비 (學費) [-삐] **명** 학업을 닦는 데에 드는 비용. 학자(學資). ¶ 아르바이트로 학비를 벌다.

학비-금 (學費金) [-삐-] **명** 학비로 드는 돈. 학자금.

학사 (學士)¹ [-싸] **명** ①4년제 대학의 학부와 사관학교의 졸업자에게 주는 학위. ¶ 자격 부여는 학사 학위 소지자에 한함. ②학술 연구에 전념하는 사람.

학사 (學士)² [-싸] **명** ①고려 시대에, 문신 가운데 뽑힌 뛰어난 학자로서 한림원·수문전 등의 종삼품·정사품 벼슬. ②조선 초기, 중추원의 종이품 벼슬. ③갑오개혁 이후, 경연청·규장각·홍문관의 칙임 벼슬.

학사 (學舍) [-싸] **명** 학문을 닦는 곳, 또는 그 건물. 학당.

학사 (學事) [-싸] **명** ①학교의 교육과 경영에 관한 모든 일. ②학문에 관계되는 일.

학사^보:고 (學事報告) [-싸-] **명** 학교의 교육과 경영에 관한 모든 일을 보고하는 일.

학사-승지 (學士承旨) [-싸-] **명** 고려 시대에, 한림원·사림원 등에 딸린 종이품·정삼품 벼슬.

학사^시:찰 (學事視察) [-싸-] **명** 감독 기관에서 각급 학교의 교육과 경영의 상황을 살펴보는 일.

학살 (虐殺) [-쌀] **명** 하타 되자 참혹하게 죽임. ¶ 양민 학살.

학생 (學生) [-쌩] **명** ①학교에 다니면서 공부하는 사람. 학도(學徒). ②학예(學藝)를 배우는 사람. ③생전에 벼슬하지 못하고 죽은 사람을 높여 일컫는 말. 명정(銘旌)·지방(紙榜)·신주(神主) 등에 쓰임. ¶ 학생 부군(府君) 신위(神位).

학생^군사^교:육단 (學生軍事敎育團) [-쌩-딴] **명** ☞아르오티시(ROTC). ②학군단.

학생-모 (學生帽) [-쌩-] **명** 학생이 쓰는 모자. 학모(校帽). 학모(學帽).

학생-복 (學生服) [-쌩-] **명** 학생이 입는 옷. 비교 교복(校服).

학생-부 (學生簿) [-쌩-] **명** '학생 생활 기록부'를 줄여 이르는 말.

학생^신문 (學生新聞) [-쌩-] **명** 학생의 손으로 편집되고 발행되는 특수 신문의 한 가지. [대학 신문·학급 신문 따위.]

학생^운:동 (學生運動) [-쌩-] **명** 학생이 교내 문제 또는 정치·사회·문화·민족 문제 따위에 관하여 조직적으로 일으키는 운동.

학생-증 (學生證) [-쌩쯩] **명** 학생의 신분임을 밝히는 증명서.

학설 (學說) [-썰] **명** 학문상으로 주장하는 이론. ¶ 학자마다 학설이 구구하다.

학세 (學稅) [-쎄] **명** ☞강미(講米).

학수 (鶴壽) [-쑤] **명** 〔학이 오래 사는 데서〕 '장수(長壽)'를 기리어 이르는 말.

학수-고대 (鶴首苦待) [-쑤-] **명** 하타 〔학처럼 목을 빼고 기다린다는 뜻으로〕 '몹시 기다림'을 뜻하는 말. ¶ 학수고대하던 편지는 아니 오고.

학술 (學術) [-쑬] **명** ①(응용 방면까지 포함한) 학문의 방법. ②학문과 기술 또는 예술. ¶ 학술 강연회.

학술-어 (學術語) [-쑤러] **명** 학술 연구상 특히 한정된 뜻으로 쓰이는 전문적인 용어. 갈말. ⑪술어(術語). ⑫전문어.

학술^영화 (學術映畫) [-쑬령-] **명** 학술적인 지식을 소개하는 따위 학술적 가치가 큰 영화.

학술-원 (學術院) [-쑤뤈] **명** ①학문의 연구와 발전을 촉진하고, 과학자를 우대하기 위하여 권위 있는 학자로 구성된 우리나라 최고의 학술 기관. ⑧예술원. ②☞아카데미.

학술-적 (學術的) [-쑬쩍] **명** 학술에 관한 (것).

학술^조사 (學術調査) [-쑬-] **명** 학술상의 연구나 확인 따위를 목적으로 실지로 하는 조사.

학술-지 (學術誌) [-쑬-] **명** 학문·예술·기술 등에 관한 전문적인 글을 싣는 잡지.

학술-회의 (學術會議) [-쑬회의/-쑬훼이] **명** 학술에 관한 일을 토의하는 일.

학슬 (鶴膝) [-쓸] **명** ①한시(漢詩)의 평측법(平仄法)의 한 가지. 오언에서는 셋째 글자, 칠언에서는 다섯째 글자에 측성(仄聲)을 씀. ②한 시를 지을 때의 팔병(八病)의 하나. 오언에서 제1구와 제3구의 다섯째 글자를 같은 성음의 평성(平聲) 글자로 씀. ③가운데를 꺾어 접을 수 있는 안경다리.

학슬-안경 (鶴膝眼鏡) [-쓰란-] **명** 안경다리 가운데를 접었다 폈다 할 수 있는 안경.

학습 (學習) [-씁] **명** 하타 되자 배워서 익힘. ¶ 자율 학습. ②학습 능력.

학습^곡선 (學習曲線) [-씁꼭-] **명** 학습의 진행 과정과 행동의 발달 상황을 나타낸 곡선 그래프.

학습^단원 (學習單元) [-씁따눤] **명** ☞단원(單元).

학습-란 (學習欄) [-씁난] **명** 신문·잡지·교지(校誌) 따위에서 학습에 도움을 주려고 특별히 마련한 난(欄).

학습^발표회 (學習發表會) [-씁빨-회/-씁빨-훼] **명** 학생들의 특별 교육 활동의 한 가지. 주로 교육 발표와 학예품 전시를 함. ⑧학예회.

학습-서 (學習書) [-씁써] **명** 학습 활동에 참고(參考)가 되도록 만든 책.

학습-장 (學習帳) [-씁짱] **명** ①학습에 도움이 되도록 만들어, 교과서와 함께 또는 그 대신으로 쓸 수 있게 한 책. [방학 책이나 수련장 따위.] ②학습에 필요한 것을 적는 공책.

학습-지 (學習紙) [-씁찌] **명** 가정에 정기적으로 배달되는 학습 문제지.

학습^지도 (學習指導) [-씁찌-] **명** (생활 지도에 대하여) 교과의 학습을 지도하는 일. ⑫지도.

학습^지도안 (學習指導案) [-씁찌-] **명** ☞교안(敎案).

학습^지도^요령 (學習指導要領) [-씁찌-] **명** 교육 과정과 교과 내용 및 그 다루는 기준 또는 학습 활동 전개의 기준 따위에 관하여 자세하게 지시한 것. 교과안.

학승 (學僧) [-씅] **명** ①학식이 높은 중. ②공부를 하는 과정에 있는 중.

학식 (學識) [-씩] **명** ①학문으로 얻은 식견. 학문상의 식견. 학문. ¶ 학식이 경험만 못할 때도 많다. ②학문과 식견. ¶ 학식이 풍부하다.

학업 (學業) [-업] **명** (학교의) 공부. 학문을 닦는 일. ¶ 학업 성적. / 학업에 열중하다.

학연(學緣)圀 같은 학교를 나온 관계로 하여 생기는 인간관계. 학맥(學脈). (참)지연·혈연.

학예(學藝)圀 학문과 예술 또는 기예(技藝).

학예-란(學藝欄)圀 신문이나 잡지 따위에서, 학예에 관한 기사나 작품을 싣는 난.

학예-품(學藝品)圀 아동이나 학생의 문예·미술·실습 공작 따위의 작품을 통틀어 이르는 말.

학예-회(學藝會)[-회/-훼]圀 학생들의 학예에 대한 재능이나 작품을 공개하여 보이는 모임. (준)학습 발표회.

학용-품(學用品)圀 학습에 필요한 물품. 〔연필이나 필기장 따위.〕

학우(學友)圀①학교에서 같이 공부하는 벗. 글동무. ②학문상의 벗, 또는 같은 학생 신분의 벗. 학려(學侶).

학우-회(學友會)[-회/-훼]圀 같은 학교나 같은 고장의 학우들로 조직한 단체, 또는 그 모임.

학원(學院)圀 '학교'의 명칭을 붙일 수 있는 조건을 갖추지 못한 사립 교육 기관. 학관(學館). ¶자동차 기술 학원.

학원(學園)圀 학교와 기타의 교육 기관을 통틀어 이르는 말. 배움터.

학위(學位)圀 일정한 학업 과정을 마치거나 어떤 부문의 학술을 전문적으로 연구하여 일정한 자격 기준에 이른 사람에게 주는 칭호. 〔박사·석사·학사 따위.〕

학위^논문(學位論文)圀 학위를 얻기 위하여 내는 학술 논문.

학이지지(學而知之)圀 ⇨학지(學知).

학익-진(鶴翼陣)[-찐]圀 양 날개를 펴듯이 치는 진형(陣形). (참)어린진(魚鱗陣).

학인(學人)圀①[배우는 사람이라는 뜻으로] 문필가의 아호(雅號)에 흔히 쓰이는 말. ②불가에서, '학습 중인 중'을 이르는 말.

학자(學者)[-짜]圀 학문을 연구하는 사람. 학문이 뛰어난 사람.

학자(學資)[-짜]圀 ⇨학비(學費).

학자-금(學資金)[-짜-]圀 ⇨학비금(學費金).

학장(學長)[-짱]圀 단과 대학의 책임자.

학재(學才)[-째]圀 학문에 대한 재능.

학적(學籍)[-쩍]圀①교육 관리상 필요한, 학생에 관한 기록. 〔성명·생년월일·주소·보호자·성적 따위.〕②학생으로서의 적(籍).

학-적(學的)[-쩍]판 학문으로서의 요건을 갖춘 (것). 학문에 관한 (것). ¶학적 근거. /학적인 양심.

학적-부(學籍簿)[-쩍뿌]圀 학적을 기록한 장부. 생활 기록부.

학점(學點)[-쩜]圀〔대학이나 대학원에서〕①학생이 학과 과정을 규정대로 마침을 계산하는 단위. ¶학점을 취득하다. ②학과의 성적을 평가한 등급의 단위. ¶전 과목이 에이(A) 학점이다.

학점-제(學點制)[-쩜-]圀 학점을 단위로 계산하여 졸업하게 되는 제도.

학정(虐政)[-쩡]圀 (국민을) 괴롭히는 정치. 포악한 정치. 가정(苛政). ¶학정에 시달리던 백성들이 마침내 봉기하기에 이르렀다.

학정(學正)[-쩡]圀①고려 시대에, 국자감에 두었던 정구품 벼슬. ②조선 시대에, 성균관에 두었던 정팔품 벼슬.

학정(鶴頂)[-쩡]圀 당건(宕巾)의 이마 윗부분.

학제(學制)[-쩨]圀 학교 또는 교육에 관한 제도. ¶학제를 개편하다.

학제(學製)[-쩨]圀 조선 시대에, 서울의 사학(四學)에서 유생에게 시부(詩賦)로 보이던 시험.

학지(學知)[-찌]圀 삼지(三知)의 하나. 도(道)를 배워서 앎. 학이지지(學而知之).

학질(瘧疾)[-찔]圀 ⇨말라리아.

학질(을) 떼다판 '괴로운 일이나 처지를 간신히 모면하거나 몹시 혼남'을 비유하는 말. ¶어찌나 졸라 대는지 아주 학질을 뗐다.

학질-모기(瘧疾-)[-찔-]圀 모깃과의 곤충. 학질의 병원충으로 암컷의 몸길이 5.8㎜가량. 날개에 흑백의 얼룩무늬가 있으며, 앉을 때문의 뒤를 쳐드는 습성이 있음. 동양 각지에 분포함. 말라리아모기. 아노펠레스.

학창(學窓)圀 〔'학교의 창문'이라는 뜻으로〕 '학교'를 달리 이르는 말. ¶그리운 학창 시절.

학-창의(鶴氅衣)[-의/-이]圀 지난날, 지체 높은 사람이 입던 웃옷의 한 가지. 흰 창의의 가를 돌아가며 검은 헝겊으로 넓게 꾸몄음.

학채(學債)圀 ⇨강미(講米).

학철-부어(涸轍鮒魚)〔마른땅의 수레바퀴 자국에 괸 물에 있는 붕어라는 뜻으로〕'몹시 어려운 처지에 있는 사람'을 비유하여 이르는 말. 확철부어.

학-춤(鶴-)圀①조선 시대에, 정재(呈才) 때나 구나(驅儺)한 뒤에 추던 궁중 무용의 한 가지. 청학과 백학의 탈을 쓴 두 무동(舞童)이 향악에 맞추어 춤. ②학의 가면을 쓰고 학의 동작으로 추는 춤. 학무(鶴舞).

학치(-齒)圀〔정강이〕의 속된 말. (준)〈학치뼈〉의 준말.

학치-뼈〔정강이뼈〕의 속된 말. (준)학치.

학칙(學則)圀 학교의 기구와 교육 과정 및 그 운영과 관리 따위를 정한 규칙. ¶학칙을 개정하다. /학칙을 위반하다.

학통(學統)圀 학문의 계통이나 계보. ¶김종직(金宗直)은 야은(冶隱)의 학통을 이은 거유(巨儒)였다.

학파(學派)圀 학문상의 유파. 학류(學流). ¶새로운 학파를 형성하다. (비)학벌.

학풍(學風)圀①학문상의 경향. ¶다산(茶山)의 학풍을 이어받다. ②학교의 기풍.

학항-초(鶴項草)[하캉-]圀 ⇨명아주.

학해(學海)[하캐]圀〔냇물이 쉬지 않고 흘러 바다로 들어간다는 뜻으로〕'학문에 꾸준히 힘써 성취함'을 비유하는 말. ②'학문의 길이나 세계가 바다와 같이 넓고 끝이 없음'을 비유하는 말.

학행(學行)[하캥]圀①학문과 덕행 또는 실행(實行). ¶학행이 뛰어난 사람. ②학문과 불도의 수행. ¶학행이 높은 스님.

학형(學兄)[하켱]圀 학우(學友)나 학문상의 선후배끼리 서로 높여 일컫는 말.

학회(學會)[하쾨/하퀘]圀①같은 학문을 연구하는 사람들로 조직된 단체. ¶역사 학회. /한글 학회. ②불학(佛學)을 공부하는 이들의 모인 곳.

학-흉배(鶴胸背)[하쿵-]圀 조선 시대에, 문관 관복에 띠던 흉배의 한 가지. 당상관은 한 쌍의 학을, 당하관은 한 마리의 학을 수놓았음. ↔호흉배(虎胸背).

한판①〔일 단위를 나타내는 명사 앞에 쓰이어〕'하나'의 뜻으로 쓰이는 말. ¶한 사람. /한 자루. /한 덩이. ②《수량을 나타내는 말 앞에서》'대략'의 뜻으로 쓰이는 말. ¶글쎄, 한 열흘 걸릴까?/한 백만 원이면 살 거야. ③《주로 군지 모르거나 초들어 말할 필요가 없을 경우에》'어떤'·'어느'의 뜻으로 쓰는 말. ¶옛날에 한 가난한 선비가 살았다.

한 가랑이에 두 다리 넣는다[속담] '몹시 서둘러 댐'을 비유하는 말.

한 귀로 듣고 한 귀로 흘린다[속담] 듣고도 별로 관심을 두지 않다.

한 다리가 천 리[속담] 조금이라도 핏줄이 가까운 사람에게 정이 더 간다는 뜻.

한 다리 걸치다[관용] 관계를 가지다. 또는, 한몫 끼다.

한 다리 끼다[관용] 관여하다.

한 손 놓다[관용] 일이 일단 끝나다. 일단락되다.

한 손 접다[관용] (나은 편이) 실력을 낮추어 평등하게 하다.

한 치 앞을 못 보다[관용] '시력이 몹시 나쁘거나 식견이 얕음'을 비유하는 말.

한¹[명][옛] ☞환1. ¶ 한: 木�└(同文下16).

한²[형][옛] ('하다'의 관형사형) ①많은. ¶ 한 사람 中에 미샹 흔 번 보매(杜初8:19). ②큰. ¶ 한비 사ᄋ리로디(龍歌67해). ③하다.

한:[汗·翰·韓][명] 고조선 때의 군장의 칭호.

한:[汗][명] 지난날, 돌궐·몽고·회흘(回紇) 따위의 민족에서 족장·군주를 이르던 말. (참)칸(Khan).

한:[限][명] ①범위, 수량, 정도의 끝. 한도(限度). 《주로, '한이 없다(있다)'의 꼴로 쓰임.》 ¶사람 욕심은 한이 없다더니…. ②[하자]범위·수량·정도·기간 따위를 정함. ¶보름 한을 하고 여행길에 오르다. /입장객은 성인에 한한다. ③《('관형사형 어미 '-ㄴ'·'-ㄹ'·'-ᄂ'·'-ᆯ' 뒤에 쓰이어) ㉠'~ 한(에는)'의 꼴로 쓰이어, 앞말이 나타내는 동작이나 상태가 죽 이어짐을 조건으로 하는 상황을. ¶힘이 닿는 한 당신의 은혜는 꼭 갚겠소. ㉡'~ 한이 있더라도(있어도)'의 꼴로 쓰이어》 앞말이 뜻하는 것과 같은 막다른 상황임을 나타냄. ¶죽는 한이 있어도 여기서 주저앉을 수는 없다. ④《주로 '-기(가) 한이 없다'의 꼴로 쓰이어》 앞에 쓰인 형용사의 정도가 매우 심함을 나타내는 말. ¶적막하기가 한이 없는 마을.

한:[恨][명] ①(지난 일이) 못내 분하고 억울하게 여겨져 마음에 맺힌 것, 또는 맺힌 그 마음. 원한. ¶ 한 많은 이 세상, 야속한 님아. /이제 죽어도 한이 없다. /그리 서러워 마라, 한 없는 삶이 어디 있느냐. ②[하자](어떤 일이) 몹시 뉘우쳐지거나 원망스러워 속절없이 한숨을 쉼. 한탄. ¶가는 세월 탓하지 말고, 오는 백발(白髮)을 한하지 마라.

한:[漢][명] 장기에서, '漢' 자로 나타낸 장(將)의 짝. 《주로, 붉은 빛깔로 나타냄.》 ↔초(楚).

한:[漢]²[명] 중국의 옛 왕조. 모두 여섯 한(漢), 곧 전한(前漢)·후한·북한(北漢)·남한·촉한(蜀漢)·성한(成漢)이 있었으나, 보통 전한과 후한을 이름.

한:[韓][명] ①〈대한민국〉의 준말. ②〈한국〉의 준말. ③〈대한 제국〉의 준말.

한-[접두] 《(일부 명사 앞에 붙어) ①'큰'의 뜻을 나타냄. ¶ 한길. /한사리. ②공간적으로는 '바로', 시간적으로는 '한창'의 뜻을 나타냄. ¶한밤중. /한복판. ③'바깥'의 뜻을 나타냄. ¶한데. ④'같음'의 뜻을 나타냄. ¶한패. /한마을. ⑤'끼니때 밖'의 뜻을 나타냄. ¶한점심.

한:-가(恨-)[명][하다] 원통히 생각함, 또는 그런 생각. ¶이제 와서 한가한들 무슨 소용이랴.

한가(閑暇·閒暇)[명] '한가하다'의 어근.

한-가득[부][하다][형] 꽉 차도록 가득. ¶ 주전자에 술이 한가득 담겼다. 한가득-히[부].

한-가락[명] ①(노래나 소리 따위의) 한 곡조. ②(어떤 방면의) 녹녹하지 않은 솜씨나 재주.

한가락 뽑다[관용] (노래나 소리 따위를) 한바탕 멋지게 해내다.

한가락 하다[관용] '어떤 방면에서 뛰어난 활동을 하거나 이름을 날리는 것'을 속되게 이르는 말. ¶ 왕년에는 한가락 하던 위인이다.

한가-롭다(閑暇-·閒暇-)[-따][~로우니·~로위][형ㅂ] 한가하게 보이다. 한가한 느낌이 있다. ¶ 한가로운 오후 한때. 한가로이[부] ¶ 한가로이 떠 있는 돛단배.

한가-스럽다(閑暇-·閒暇-)[-따][~스러우니·~스러워][형ㅂ] 보기에 한가한 데가 있다. 한가스레[부].

한-가운데[명] 가장 중심인 가운데. 중간. 한중간. 한복판. (준)당중.

한-가위[명] 음력 팔월 보름날. 〔'가위'를 큰 명절로 이르는 말임.〕 가배절. 가위3. 중추(仲秋)¹. 중추절. 추석. 한가윗날.

한-가윗날[-윈-][명] 한가위.

한-가을[명] ①가을이 한창인 때. ②가을일이 한창 바쁜 때.

한-가지[명] (사물의 모양이나 성질·동작 따위가) 서로 같음. ¶ 마음에서 비롯된다는 점에서 병(病)은 다 한가지다.

한가-하다(閑暇-·閒暇-)[형여] 하는 일이 적거나 바빠지지 않아 겨를이 많다. ¶ 모처럼 한가한 틈이 생겨 여행을 떠나다. 한가-히[부] ¶ 강 가운데 한가히 떠 있는 낚싯배.

한각(閑却)[명][하다][타자] 무심히 내버려 둠.

한감(寒感)[명] 추위를 무릅써서 든 감기.

한갓[-갇][부] 다른 것 없이 오로지. 다만. 단지. ¶ 이번 일은 한갓 금전만을 위한 것은 아니었다.

한갓-되다[-갇뙤-/-갇뛔-][형] 겨우 하찮은 것밖에 안 되다. 한갓되이[부].

한갓-지다[-갇-][형] 한가하고 조용하다. ¶ 한 갓진 구석방을 얻어 들다.

한:강(漢江)[명] ①우리나라의 중부에 있는 강. (참)한수(漢水). ②'어떤 곳에 물이 많이 괸 것'을 과장하는 말. ¶ 수도관이 터져 한강이 되다.

한강에 돌 던지기[속담] '아무리 애를 쓰거나 투자를 하여도 미미하여 효과가 없음'을 이르는 말.

한:강-투석(漢江投石)[명] 〔한강에 돌을 던진다는 뜻으로〕 '아무리 해도 헛될 일을 하는 어리석은 행동'을 이르는 말.

한객(閑客·閒客)[명] 할 일이 없거나 심심해서 놀러 오는 한가한 손.

한거(閑居·閒居)[명][하자] 한가히 지냄. 연거(燕居).

한거-십팔곡(閑居十八曲)[명] 조선 선조 때의 학자 권호문(權好文)이 지은 18수의 연시조. 자연 속에 한가히 사는 즐거움과 결백한 심성 등을 읊은 내용.

한-걱정[-껑][명][하다] 큰 걱정. ¶ 편지가 안 온다고 한걱정하고 있더라.

한건(旱乾·熯乾) '한건하다'의 어근.

한:건-하다(旱乾-·熯乾-)[형여] ①논밭이 가뭄을 잘 타는 성질로. ②땅이 물기가 없이 바싹 마르다. (준)건(乾)하다. 한건-히[부].

한-걸음[명] 한숨에 내쳐 걷는 걸음. 《주로, '한걸음에'의 꼴로 쓰임.》 ¶ 소식을 듣고 한걸음에 달려왔다.

한것기[-껀기][명] (조수의 간만의 차를 볼 때) 음력 닷새와 스무날을 이르는 말.

한-겨레圐〔큰 겨레라는 뜻으로〕'우리 겨레'를 이르는 말.

한-겨울圐 추위가 한창인 겨울. 성동(盛冬). ¶한 겨울에 웬 냉수 타령이냐. ↔한여름.

한:격(限隔)圐하재 경계가 막힘.

한결閉 전에 비하여 한층 더. ¶해가 지자 한결 선선해졌다.

한결-같다〔-같따〕휑 처음부터 끝까지 똑같다. ¶그의 나라 사랑하는 마음은 한결같다. **한결 같-이**閉.

한-겻〔-겯〕圐 하루 낮의 4분의 1쯤 되는 동안. 반나절. ¶걸어서 한겻이면 간다. *한겻이〔-겨시〕·한겻만〔-견-〕

한:계(限界)〔-계/-게〕圐 ①땅의 경계. ②사물의 정하여진 범위. 한계(界限). ¶책임 한계를 분명히 하다. /인간의 능력엔 한계가 있다.

한:계-각(限界角)〔-계/-게-〕圐 ☞임계각(臨界角).

한:계-량(限界量)〔-계/-게-〕圐 한계가 되는 분량.

한:계^비:용(限界費用)〔-계/-게-〕圐 ☞한계 생산비.

한:계^상황(限界狀況)〔-계/-게-〕圐 (죽음 따위와 같이 사람의 힘으로는 어찌할 수 없는) 절대적 상황. 막다른 상황. 극한 상황.

한:계^생산비(限界生產費)〔-계/-게-〕圐 생산량을 한 단위 늘리는 데에 드는 생산비의 늘어나는 몫. 한계 비용.

한:계-선(限界線)〔-계/-게-〕圐 한계가 되는 선. ¶북방 한계선.

한:계^소비^성:향(限界消費性向)〔-계/-게-〕圐 새로 늘어난 소득에 대한 늘어난 소비의 비율.

한:계^속도(限界速度)〔-계/-게-〕圐 (어떤 구조물을 회전시킬 때, 그 회전 속도를 넘으면 재료가 파괴되는 것과 같은) 극한의 속도.

한:계^저:축^성:향(限界貯蓄性向)〔-계-셍/-게-셍-〕圐 새로 늘어난 소득에 대한 늘어난 저축의 비율.

한:계^효:용(限界效用)〔-계/-게-〕圐 경제학에서, 재화를 한 단위 더 소비함으로써 얻게 되는 효용의 증가분을 이르는 말. 최종 효용(最終效用).

한고(罕古)'한고하다'의 어근.

한고(寒苦)圐 추위로 말미암아 겪는 괴로움. ↔서고(暑苦).

한-고비圐 (어떤 사물·현상의 진행 과정에서) 가장 중요하거나 한창인 때, 또는 가장 어려운 때. ¶올여름 더위도 이제 한고비 지났다. /중환자가 한고비를 넘겼다.

한고-조(寒苦鳥)圐〔인도의 설산(雪山)에 산다는 상상의 새로, 몹시 게을러 집을 짓지 않는데서〕불경에서 '중생이 게을러 성도(成道)를 구하지 않음'을 비유하여 이르는 말.

한:고-하다(罕古-)휑 예부터 드물다.

한-골(-骨)圐 지난날, '썩 좋은 문벌'을 이르던 말. 〔신라 때 임금과 같은 성의 귀족을 이르던 유속(遺俗)에서 나옴.〕

　한골 나가다관용 썩 좋은 지체로 드러나다.

한-곳〔-곧〕圐 한군데. 일정한 장소. 같은 장소. ¶흩어지지 말고 한곳에 모여 있어라. *한곳이〔-고시〕·한곳만〔-곤-〕

한공(寒空)圐 겨울 하늘. 겨울의 추운 하늘.

한-공중(-空中)圐 하늘의 한가운데.

한-과(漢菓·漢果)圐 유밀과의 한 가지. 꿀이나 설탕에 반죽한 밀가루를 네모지고 납작하게 만들어 기름에 튀긴 다음에 물을 들임.

한관(閑官·閒官)圐 한가한 벼슬, 또는 그 자리에 있는 사람. 비한직(閑職).

한:교(韓僑)圐 해외에 살고 있는 한국 교포.

한-구석圐 한쪽에 치우친 곳. 한쪽의 구석. ¶한구석에 처박아 둘 바에야 왜 사들이는지 모르겠다.

한구-자(韓構字)圐 지난날의 활자체의 한 가지. 한구(韓構)의 필체를 본보기로 주조한 구리 활자.

한국(汗國)圐 가한(可汗)이나 한(汗)이 통치하는 나라. ¶오고타이한국.

한국(寒國)圐 추운 나라.

한국(寒菊)圐 국화과의 다년초. 감국(甘菊)에서 개발된 것으로, 서리와 추위에 강하여 정원에 심는 재배 식물임.

한:국(韓國)圐 ①〈대한민국〉의 준말. ②〈대한제국〉의 준말. 준한(韓).

한:국-말(韓國-)〔-궁-〕圐 ☞한국어.

한:국^산:업^규격(韓國產業規格)〔-싸넙규-〕圐 우리나라의 산업 제품의 품질 개선이나 판매·사용 등에 관한 기술적인 사항을 통일하고 단순화하기 위해 정해진 규격.〔공업 표준 심의회에서 심사하며 합격된 제품에는 KS 표시를 함.〕

한:국-어(韓國語)圐 한국의 국어로, 예부터 한족(韓族)이 써 온 언어. 형태학상 교착어이며, 계통상 알타이 어족에 딸림. 한국말. 준한어(韓語).

한:국-적(韓國的)〔-쩍〕관圐 한국 고유의 특징이나 색채가 있는 (것). ¶한국적 정서. /한국적인 음식.

한:국-화(韓國畫)〔-구콰〕圐 우리나라 고유의 독특한 화풍과 화법의 그림. 준동양화.

한-군데圐 일정한 곳. 같은 곳. 한곳. 한데. ¶진득하니 한군데에 붙어 있지 못하는 성미다.

한:귀(旱鬼)圐 가뭄의 신. ⇒한발(旱魃).

한-그루圐 한 해에 한 번 경작하는 일. 일모작.

한극(寒極)圐 지구 상에서 가장 추운 곳.

한-근심하다 큰 근심. 큰 걱정. ¶막내딸까지 치우고 나서야 한근심을 덜었다.

한-글圐 우리나라의 고유 문자의 이름. 자음 글자 14자, 모음 글자 10자로써 음절 단위로 모아 쓰게 된 표음 문자. ¶한글 소설. /한글을 깨치다. 준훈민정음.

한:글-날〔-랄〕圐 세종 대왕이 훈민정음(訓民正音)을 지어 반포한 날을 기리기 위하여 정한 날.〔10월 9일임.〕

한글^문학(-文學)圐 (한문에 대하여) 한글로 씌어진 문학.

한금(寒禽)圐 ☞겨울새.

한:-금정(-金井)圐 무덤 구덩이에 관(棺)을 내리고 금정틀까지 흙을 덮는 일.

한금-줍다(-金-)〔-따〕〔~주우니·~주워〕재閉 큰 금덩이를 캐내다.

한:기(旱氣)圐 가뭄.

한기(寒氣)圐 ①추운 기운. 추위. ↔서기(暑氣). ②병적으로 몸에 느껴지는 으스스한 기운. 오한(惡寒). ¶한기가 들다.

한-길¹圐 사람이 많이 다니는 넓은 길. 행로(行路).

한-길²圐 목표로 삼은 하나의 길. 같은 길. ¶평생을 오직 한길로 매진하다.

한꺼번-에厘 몰아서 한 번에. 죄다. 동시에. 단숨에. ¶찔끔찔끔 주지 말고 한꺼번에 주시오. ㉣한껍에.

한껍-에厘〈한꺼번에〉의 준말.

한ː-껏(限-)[-껏]厘 한도에 이르는 데까지. 힘이 자라는 데까지. 힘껏 부리다.

한-꽃[-꼳]圀 불교에서, '한 송이의 꽃'을 이르는 말. *한꽃이[-꼬치]·한꽃만[-꼰-]

한-끝[-끋]圀 한쪽의 끝. 맨 끝. *한끝이[-ㄲ치]·한끝을[-ㄲ틀]·한끝만[-끈-]

한-나라圀〔큰 나라라는 뜻으로〕'우리나라'를 달리 이르는 말.

한-나절圀 하루 낮의 반(半). 반날. 반일(半日).

한난(寒暖)圀〈한란〉의 본딧말.

한-날圀 같은 날. ¶그 친구와 나는 생일이 한날이다.

한날-한시(-時)圀 같은 날 같은 시. ¶한날한시에 난 손가락도 길고 짧은 건 있다.

한ː남(漢南)圀 한강 남쪽 유역의 땅. ↔한북.

한-낮[-낟]圀 낮의 한가운데. 낮 열두 시를 전후한 때. 오천(午天). 정양(正陽). ㉣낮. *한낮이[-나치]·한낮만[-난-]

한낱[-낟]厘 ①오직. 단지 하나의. ②하잘것없는. ¶한낱 구실에 지나지 않는 변명.

한ː-내(限內)圀 기한 안. 한정된 범위의 안.

한-눈圀《주로, '한눈에'의 꼴로 쓰임.》①한번 봄. 잠깐 봄. 대번에 알아볼 수 있는 낯익은 모습. ②한 번에 바라보는 범위. 시계(視界). ¶정상에 올라서자마자 한눈에 가득히 바다가 펼쳐진다.

한눈² 圀 잠을 자려고 잠간 붙일 때의 눈.

한ː눈³ 圀 정작 보아야 할 데는 보지 않고 엉뚱한 데를 보는 눈.

한ː눈-팔다[~파니·~팔아]闅 보아야 할 데는 보지 않고 엉뚱한 데를 보다. 먼눈팔다. ¶운전할 때 한눈팔다가 큰 사고가 날지도 모른다.

한-뉘圀 한세상. 한평생.

한다-는퀀〈한다하는〉의 준말.

한다-하는퀀〔'한다고 하는'이 줄어서 된 말로〕훌륭하여 남이 우러러볼 만한. 지체 범절이 의젓한. 남이 알아줄 만한. ¶국내의 한다하는 선수들이 다 모였다.

한닥-거리다[-꺼-]闅闅 자꾸 한닥한닥하다. 한닥대다. ㉣흔덕거리다.

한닥-대다[-때-]闅闅 한닥거리다.

한닥-이다闅闅 박혀 있거나 끼인 물건이 이리저리 가볍게 흔들리다, 또는 그렇게 되게 하다. ¶음식을 씹을 때마다 어금니가 한닥인다. ㉣흔덕이다.

한닥-한닥[-다칸-]厘闅闅 (박혀 있거나 끼인 물건이) 이리저리 자꾸 가볍게 흔들리거나 흔들리게 하는 모양. ㉣흔덕흔덕.

한ː-대(漢緞)圀 ⇨대단(大緞).

한단몽(邯鄲夢)圀 '인생의 부귀영화가 덧없음'을 비유하는 말. 〔중국 당나라 때의 문인인 심기제(沈既濟)의 소설 '침중기'에 나오는 말로, 노생(盧生)이 한단에서 여옹(呂翁)의 베개를 베고 자다 꿈을 꾼 고사에서 유래함.〕일취지몽(一炊之夢). 황량몽(黃粱夢).

한단지몽(邯鄲之夢)圀 ⇨한단몽.

한단지보(邯鄲之步)圀 '자기 본분을 잊고 함부로 남의 흉내를 내면 두 가지를 다 잃음'을 비유하는 말. 〔'장자'의 '추수(秋水)'에 나오는 말로, 연(燕)나라의 청년이 한단에 가서 그곳의 걸음걸이를 배우려다 배우지 못하고, 본래의 걸음걸이도 잊어버려 기어서 돌아왔다는 고사에서 유래함.〕

한-달음圀 중도에 쉬지 아니하고 달음질함. 《주로, '한달음에'·'한달음으로'의 꼴로 쓰임.》¶얼마나 급했던지 한달음에 달려왔더니.

한담(閑談·閒談)圀闅 ①심심풀이로 이야기를 주고받음, 또는 그 이야기. ¶한담을 나누다. ②그다지 긴요하지 않은 이야기. 한화(閑話).

한담-설화(閑談屑話)圀 심심풀이로 하는 실없는 말.

한당(汗黨)圀〈불한당〉의 준말.

한대圀 팔작집 네 귀퉁이의 촛가지에 모로 나온 나무토막.

한대(寒帶)圀 위도상 남북으로 각각 66.33°에서 양 극점까지의 지대. 기온이 가장 높은 달의 평균 기온이 10℃ 미만임. ㉢열대·온대·냉대.

한대^기후(寒帶氣候)圀 기후형(氣候型)의 한 가지. 한대에서 볼 수 있는 기후로, 일년의 평균 기온이 빙점 이하이며, 추운 계절이 긺. ㉢냉대기후.

한대-림(寒帶林)圀 한대의 삼림. 침엽수 위주로, 아한대와 아고산대 이상에 형성됨. ㉢냉대림.

한대^식물(寒帶植物)[-싱-]圀 한대 지방에 자라는 식물. 지의(地衣) 식물이 위주인데, 선태 식물과 초본 및 관목도 있음.

한-대중圀 전과 다름이 없는 같은 정도.

한댕-거리다[-꺼-]闅闅 자꾸 한댕한댕하다. 한댕대다. ㉣흔뎅거리다.

한댕-대다[-때-]闅闅 한댕거리다.

한댕-이다闅闅 (매달린 물건이) 이리저리 자꾸 가볍게 흔들리다, 또는 그렇게 되게 하다. ㉣흔뎅이다.

한댕-한댕[-다캔-]厘闅闅 (매달린 물건이) 이리저리 자꾸 가볍게 흔들리거나 흔들리게 하는 모양. ㉣흔뎅흔뎅.

한-더위圀 한창 심한 더위. 성서(盛暑). 성열(盛熱). 성염(盛炎). ↔한추위.

한-데¹ 圀 한곳. 한군데. ¶한데에 모여 산다.

한ː-데² 圀 사방과 하늘을 가리지 않은 곳. 집채의 바깥. 노천(露天). ¶한데서 잠을 자다.

한데³ 圀 '그러한데'의 뜻으로 쓰이는 접속 부사. ¶한데, 어디로 갈까?

한ː데-아궁이圀 한뎃솥의 아궁이.

한ː데-우물圀 집의 울 밖에 있는 우물.

한ː뎃-금점(-金店)[-데꿈-/-덷뀸-]圀 지표의 모래흙에 섞인 사금(沙金)을 캐는 금광.

한ː뎃-뒷간(-間)[-데뛰깐/-덷뮏깐]圀 집의 울 밖에 있는 뒷간.

한ː뎃-부엌[-데뿌억/-덷뿌억]圀 방고래와 상관없이 한데에 솥을 걸고 쓰는 부엌. *한ː뎃부엌이[-데뿌어키/-덷뿌어키]·한ː뎃부엌만[-데뿌엉-/-덷뿌엉-]

한ː뎃-솥[-데쏟/-덷쏟]圀 한뎃부엌에 걸어 놓은 솥. *한ː뎃솥이[-데쏘치/-덷쏘치]·한ː뎃솥을[-데쏘틀/-덷쏘틀]·한ː뎃솥만[-데쏜-/-덷쏜-]

한ː뎃-잠[-데짬/-덷짬]圀 한데에서 자는 잠. 노숙(露宿). ¶젊어 떠돌 때는 무던히도 한뎃잠을 잤지.

한ː도(旱稻)圀 밭벼.

한ː도(限度)圀 일정하게 정한 정도. 한(限). ¶만원 한도 내에서 써라. /참는 것도 한도가 있다.

한ː독(旱毒)圀 가물로 생기는 병독.

한ː독(悍毒·狠毒)圀闅 (성질이) 매우 사납고 독살스러움.

한-돌림〖명〗①(차례로 돌아가는) 한 바퀴. ¶술잔이 한돌림 돌고 나자 그는 입을 열었다. ②(둥근 물건의) 한 바퀴.

한-동갑(─同甲)〖명〗‘동갑’을 강조하여 이르는 말.

한-동기(─同氣)〖명〗같은 부모에게서 태어난 형제자매.

한동기-간(─同氣間)〖명〗한동기의 사이.

한동-넘기다〖자〗끊어진 광맥을 파 들어가서 다시 광맥을 찾아내다.

한-동네(─洞─)〖명〗같은 동네. ¶한동네 살다.

한동-먹다[─따]〖자〗광맥이 끊어져 광물을 캘 수가 없다.

한-동아리〖명〗같은 동아리. 한패거리.

한-동안〖명〗꽤 오랫동안. ¶그들은 한동안 서로 말없이 바라보기만 했다.

한-동자〖명〗식사가 끝난 뒤에 다시 밥을 짓는 일.

한-두〖관〗일부 단위를 나타내는 명사 앞에 쓰이어, 그 수량이 하나나 둘임을 나타내는 말. ¶한 두 사람. /한두 마리.

한두-째〖수〗관 첫째나 둘째(의).

한-둑중개[─쭝─]〖명〗둑중개과의 민물고기. 몸길이 15 cm가량으로, 가슴지느러미의 연조(軟條)가 갈라져 있지 않은 것이 큰 특징임. 비늘이 없고, 옆구리에 다섯 줄의 넓고 검은 가로띠가 있음. 우리나라 두만강과 일본의 홋카이도 등지에 분포함.

한:둔〖하자〗 한데서 밤을 지냄. 노숙(露宿). 야숙(野宿).

한-둘〖수〗하나나 둘쯤 되는 수. ¶그까짓 한둘쯤 없어도 괜찮다.

한드랑-거리다〖타〗자꾸 한드랑한드랑하다. 한드랑대다. 흔흔드렁거리다.

한드랑-대다〖자타〗한드랑거리다.

한드랑-한드랑〖부〗하자타〗(힘없이 매달린 물건이) 좁은 폭으로 자꾸 가볍게 흔들리거나 흔들리게 하는 모양. 흔흔드렁흔드렁.

한드작-거리다[─꺼─]〖자타〗자꾸 한드작한드작하다. 한드작대다. 흔흔드적거리다.

한드작-대다[─때─]〖자타〗한드작거리다.

한드작-한드작[─자칸─]〖부〗하자타〗(매달린 물건이) 천천히 자꾸 흔들리거나 흔들리게 하는 모양. 흔흔드적흔드적.

한들-거리다〖자타〗자꾸 한들한들하다. 한들대다. 흔흔들거리다.

한들-대다〖자타〗한들거리다.

한들-한들〖부〗하자타〗가볍게 자꾸 흔들리거나 흔들리게 하는 모양. ¶가을바람에 나뭇가지가 한들한들 흔들린다. 흔흔들흔들.

한등(寒燈)〖명〗①겨울밤의 등불. ②쓸쓸하게 비치는 등불.

한등-누르다[~누르니·~눌러]〖자타〗지난날, 벼슬의 임기가 끝난 뒤에도 갈리지 않고 그 자리에 다시 눌러 있게 되다.

한-때〖명〗①한동안. 얼마 동안의 시기. ¶가족끼리 즐거운 휴일 한때를 보낸다. ②과거의 어느 한 시기. ¶나도 한때는 천재란 소리를 들었다. ③같은 때. ¶형과 누나가 한때 집에 들어왔다.

한때-심기[─끼]〖명〗하타〗 ☞가식(假植).

한-뜻[─뜯]〖명〗같은 뜻. • 한뜻이[─뜨시]·한뜻만[─뜬─]

한란(*寒暖)〖명〗추움과 따뜻함. 흔한난.

한란(寒蘭)〖할─〗〖명〗난초과의 상록 다년초. 높이 30~70 cm로, 초겨울에 잎 사이로 긴 꽃줄기가 자라 지름 5~6 cm의 녹색이나 홍자색의 꽃이 핌. 우리나라 제주도 남부의 상록수림과 일본

의 남부 지방에 분포하는데, 관상용으로 재배하기도 함.

한란-계(*寒暖計)〖할─계/할─게〗〖명〗기온의 높고 낮음을 재는 온도계. 수은 온도계와 알코올 온도계가 많이 쓰이고, 단위는 섭씨와 화씨가 많이 쓰임. 온도계.

한랭(寒冷)〖할─〗〖명〗하혈〗 (기온이 낮고) 매우 추움. ¶한랭 기후. 한랭-히〖부〗.

한랭^고기압(寒冷高氣壓)〖할─〗〖명〗중심부의 공기가 주위보다 찬 고기압. ↔온난 고기압.

한랭-대(寒冷帶)〖할─〗〖명〗①한랭한 지대, 또는 그 언저리. ②한랭 전선의 언저리.

한랭^전선(寒冷前線)〖할─〗〖명〗따뜻한 기단(氣團)을 밀어 올리듯 하면서 나아가는 찬 기단의 전선. ↔온난 전선.

한랭지^농업(寒冷地農業)〖할─〗〖명〗한랭 지대에서 하는 농업. 참고랭지 농업.

한:량(限量)〖명〗한도를 정한 분량.

한량(寒涼)〖할─〗〖명〗하혈〗 기운이 없고 얼굴이 파리함. ¶한랭 기후. 한량-히〖부〗.

한량(閑良·閒良)〖할─〗〖명〗①‘돈 잘 쓰고 잘 노는 사람’을 흔히 이르는 말. ②지난날, 일정한 근무처가 없이 놀고먹던 양반 계급의 사람. ③조선 시대에, 아직 무과에 급제하지 못한 호반(虎班)의 사람. ③궁척(弓尺). 흔활량.

한:량-없다(限量─)〖할─업따〗〖형〗그지없다. ¶정말 기쁘기 한량없다. 한량없-이〖부〗.

한량-음식(閑良飮食)〖할─〗〖명〗‘매우 시장하여 음식을 마구 먹어 대는 짓’을 비유하여 이르는 말.

한:련(旱蓮)〖할─〗〖명〗한련과의 일년생 만초. 관상용 화초의 한 가지. 길이는 1.5 m가량. 잎은 자루가 길고 둥근 방패 모양임. 6월경에 노랑이나 빨강 꽃이 핌. 어린잎과 씨는 향미료로 쓰임.

한:련-초(旱蓮草)〖할─〗〖명〗국화과의 일년초. 줄기의 높이 10~60 cm로, 가지가 갈라지고 털이 거칠며, 잎이 고춧잎과 비슷함. 8~9월에 줄기와 가지 끝에 흰 꽃이 핌. 우리나라 남부와 전세계의 따뜻한 곳에 분포하는데, 밭둑이나 습지에 남. 민간에서 지혈제나 이질의 약재로 쓰임.

한:례(罕例)〖할─〗〖명〗드문 전례(前例).

한:로(旱路)〖할─〗〖명〗 ☞육로(陸路).

한로(寒露)〖할─〗〖명〗이십사절기의 하나. 추분(秋分)과 상강(霜降) 사이로, 10월 9일경. 이 무렵부터 찬 이슬이 내리기 시작한다고 함.

한:뢰(旱雷)〖할뢰/할뤠〗〖명〗갠 날에 치는 천둥.

한뢰(寒雷)〖할뢰/할뤠〗〖명〗겨울에 한랭 전선이 지나갈 때에 발생하는 우레.

한료(閑寥·閒寥)〖명〗‘한료하다’의 어근.

한료-하다(閑寥─·閒寥─)〖할─〗〖형〗어〗한가하고 고요하다. 한료-히〖부〗.

한류(寒流)〖할─〗〖명〗해류(海流)의 한 가지. 대개, 양극(兩極)의 바다에서 나와 대륙을 따라 적도 쪽으로 흐르는 찬 해류. 찬무대. ↔난류.

한류(韓流)〖할─〗〖명〗한국 문화의 분위기를 이르는 말.

한림(寒林)〖할─〗〖명〗잎이 떨어져 앙상한, 겨울의 숲.

한:림(翰林)〖할─〗〖명〗조선 시대에, 예문관의 ‘검열(檢閱)’을 달리 이르던 말.

한:림-두에(翰林─)〖할─〗〖명〗가마뚜껑의 한 가지. 모양이 지붕과 비슷한데, 가운데는 기와를 엎어 놓은 듯함.

한:림-별곡(翰林別曲)[할-]圄 경기체가(景幾
體歌)의 한 가지. 고려 고종(高宗) 때 한림의
선비들이 지은 노래. 현실 도피적이고 향락적
인 풍류 생활을 읊은 내용.

한:림-원(翰林院)[할-]圄 ①고려 시대에, 임금
의 명령을 받아 문서 꾸미는 일을 맡아보던 관
아. ②⇨아카데미.

한:림-탕건(翰林宕巾)[할-]圄 탕건의 한 가지.
위는 그물 모양이고 아래는 빗살 모양임.

한:마(悍馬)圄 사나운 말.

한-마디圄 간단한 말. 짧은 이야기나 의견. ¶옆
에서 한마디 거들다.

한-마루圄 쟁기의 성에와 술을 꿰뚫어 곧게 선
긴 나무.

한마루-공사(-公事)圄 일의 처리를 전과 같이
해 나가는 일.

한-마음圄 같은 마음. ¶한마을에 살다.

한-마음圄 ①하나로 합친 마음. ¶한마음으로
뭉치다. 준한맘. ②변함없는 마음. ③불교에서,
'모든 사물은 마음이 모인 덩어리'라는 뜻으로
쓰이는 말.
   한마음 한뜻관용 '모든 사람의 생각이 꼭 같음',
   또는 '마음을 하나로 합침'의 뜻으로 쓰이는 말.

한:마지로(汗馬之勞)[-] 〔싸움터에서 말을 달려
싸운 공로라는 뜻으로〕싸움에 이긴 공로를 이
르는 말.

한만(汗漫) '한만(汗漫)하다'의 어근.

한:만(限滿)하다 기한이 참. 기한이 다 됨.

한만(閑漫·間漫) '한만(閑漫)하다'의 어근.

한만-스럽다(閑漫-·間漫-)[-따][~스러우니·
~스러워]혬ㅂ 매우 한가하고 여유 있는 데가
있다. 한만스레혬

한:만-하다(汗漫-)형어 ⇨등한(等閑)하다.

한만-하다(閑漫-·間漫-)형어 매우 한가하고
여유 있다. 한만-히튀

한-맘圄 〈한마음〉의 준말.

한-맛[-맏]圄 부처의 설법은 가르침을 받는 이
의 자질에 따라 다르지만, 그 근본의 뜻은 같
다는 말. ◆한맛이[-마시]·한맛뿐[-만-]

한맛-비[-맏삐]圄 '부처의 설법이 모든 중생에
게 고루 끼침'을, 만물을 고루 적시는 비에 비
유하여 이르는 말.

한망(閑忙·間忙)圄 한가함과 바쁨.

한:명(限命)圄 〔하늘이 정한〕한정된 목숨.

한:모(汗毛)圄 붓의 털.

한-목튀 한 번에 다. 한꺼번에 다. 한목에. ¶외
상값을 한목에 갚다.

한-목소리[-쏘-]圄 ①여럿이 함께 내는 하나의
목소리. ¶둘은 한목소리로 노래를 한다. ②'같
은 견해나 사상의 표현'을 비유하여 이르는
말. ¶신문은 한목소리로 정부를 몰아세웠다.

한-목숨[-쑴]圄 〔하나밖에 없는 목숨이라는 뜻
으로〕'귀중한 생명'을 이르는 말. ¶한목숨
다해 나라에 충성하다.

한-몫[-목]圄 한 사람 앞에 돌아가는 분량이나
역할. ¶한몫 떼어 주다. /한몫 거들다. ◆한몫
이[-목씨]·한몫만[-몽-]
   한몫 끼다관용 마땅한 자격을 가지고 함께 참
   가하다.
   한몫 보다관용 큰 이득을 보다. 횡재하다. 재미
   보다. 한몫 잡다.
   한몫 잡다관용 ⇨한몫 보다.

한몫-하다[-모카-]자어 한 사람으로서 맡은
역할을 충분히 하다. ¶안 선수도 우리 팀이
승리하는 데에 한몫했다.

한-무날圄 조수의 간만의 차가 같은, 음력 열흘
과 스무닷새를 아울러 이르는 말. 캅무날·무
수기.

한무릎-공부(-工夫)[-릅꽁-]圄 한동안 착실히
하는 공부.

한:-묵(翰墨)圄 〔문한(文翰)과 필묵(筆墨)이라는
뜻으로〕'문필(文筆)'을 이르는 말.

한:묵-장(翰墨場)[-짱]圄 〔한묵으로 노는 자리
라는 뜻으로〕지난날, '문단(文壇)'을 이르던 말.

한문(寒門)圄 가난하고 지체가 낮은 집안. 한족
(寒族).

한-문(漢文)圄 ①〔중국 고래(古來)의 어법에 따
라〕한자로 쓰여진 글. ②한자로만 쓰여진 글.

한-문자(閑文字·間文字)[-짜]圄 필요 없는 문자.

한:문-체(漢文體)圄 한문의 문체.

한:문-학(漢文學)圄 ①중국 고래(古來)의 문학.
〔경서·사서·시문 따위.〕②한문을 연구하는 학
문. 준한학. ③중국 고전의 형식에 따른 한문
문학.

한물[1]圄 ①(과일이나 채소·어물 따위가) 한창
수확이 많이 되는 때. ¶수박도 한물 지났다.
②사람이나 사물의 '한창인 때'를 속되게 이르
는 말.

한-물[2]圄 큰물. ¶한물 피해. /한물이 나다.
   한물(이) 지다관용 비가 많이 와서 강이나 개
   울에 갑자기 물이 많이 불다.

한물-가다[-까-]자 ①(채소·과일·어물 따위의) 한창
나오는 때가 지나다. ②한창인 때가 지나다,
또는 한창인 때가 지나 기세가 꺾이다. ¶한물
간 씨름 선수. /무더위도 이제 한물갔다.

한물-지다[-찌-]자 (채소·과일·어물 따위의) 한창 나
오는 때가 되다.

한믈뿔[옛] 큰물. 홍수. ¶半旬을 한믈 어더 이
쇼물 아도다(杜重1:58).

한미(寒微)圄하혬 가난하고 문벌이 변변하지 못
함. 한미-히튀

한:-민족(民民族)圄 ⇨한족(漢族).

한:-민족(韓民族)圄 한반도를 중심으로 남만주
등지에 걸쳐 사는 종족. 퉁구스 계통의 몽골
종족으로, 중국 북부를 거쳐 이동해 온 것으로
추정됨. 배달민족. 한족(韓族).

한-밑천[-믿-]圄 〔일을 하는 데 큰 힘이 될 만
한〕많은 돈이나 물건. ¶이번 일로 한밑천 잡
았다.

한-바다圄 ①매우 깊고 넓은 바다. ②'매우 넓
고 방대한 것'을 비유하여 이르는 말.

한-바닥圄 번화한 곳의 중심이 되는 땅.

한-바탕圄 ①한 번 일이 크게 벌어진 판.
Ⅱ튀 크게 한 판. ¶입씨름을 한바탕 벌이다.

한바탕-하다Ⅰ자어 크게 한 번 싸우다. ¶친
구와 한바탕하다.
Ⅱ타어 어떤 일을 크게 한 번 벌이다. ¶굿을
한바탕하다.

한:-반도(韓半島)圄 한국 국토의 전체를 포괄
하고 있는 반도.

한-발튀 〔한 번 내디디는 발걸음이라는 데서〕
'조금'의 뜻을 나타내는 말. ¶남보다 한발 앞서
다. /기차역으로 달려갔지만 한발 늦고 말았다.

한:발(早魃)圄 ①가물. ②가물을 맡은 귀신. 한
귀(早鬼).

한-밤圄 깊은 밤. 한밤중.

한-밤중(-中)[-쭝]圄 밤 열두 시를 전후한 때.
깊은 밤중. 야밤중. 오밤중. 중야(中夜). 한밤.

한-밥圄 ①누에의 마지막 잠든 밥. ②한껏 배
부르게 먹는 밥이나 음식.

한:-밥²웽 끼니때가 지나서 차리는 밥. ¶한밥 차리지 않게 일찍 좀 다녀라.

한-방 (-房)웽 ①같은 방. ¶한방을 쓰다. ②온 방. ¶한방 가득한 담배 연기.

한:방 (韓方)웽 ①중국에서 전해져 우리나라에서 발달한 의술. ②한의 (韓醫)의 처방.

한:방-약 (韓方藥)[-냑]웽 한방 (韓方)에서 쓰는 약. 한약.

한:방-의 (韓方醫)[-의/-이]웽 ①☞한의사. ②한방 (韓方)의 의술. 준한의.

한-배¹웽 ①한 태 (胎)에서 태어나거나 동시에 여러 알에서 깬 새끼. ②〈동복 (同腹)〉의 속된 말. ¶한배에서 난 형제. →각태.

한:-배²웽 ①국악의 곡조의 장단. ②손 화살이 미치어 가는 한도.

한배-검웽 대종교에서, '단군 (檀君)'을 높이어 이르는 말. 대황신 (大皇神).

한-번 (-番)[I]웽 ①('한 차례'의 뜻으로) 《주로 '-어 보다'와 함께 쓰이어》 어떤 일을 시험 삼아 시도함을 나타내는 말. ¶일단 가격이나 한번 물어보자. /한번 해 보겠나? ②과거의 어느 때. /한번 봤읍니까? 《과거의 어느 때. 《주로, '한번은'의 꼴로 쓰임.》 ¶한번은 길에서 큰돈을 주은 적이 있었다. ③기회 있는 어떤 때. ¶낚시나 한번 갑시다. [II]톤 《일부 명사 뒤에 쓰이어》 '아주 참'·'대단히'의 뜻으로 쓰이는 말. ¶인심 한번 박하네. 한번 쥐면 펼 줄 모른다 (속) 무엇이든 수중에 들어오면 놓지 아니한다는 말.

한벽-처 (閑僻處·閒僻處)웽 조용하고 외진 곳.

한보 (閑步·閒步)웽하타 한가로이 거니는 일, 또는 그렇게 걷는 걸음.

한-보름웽 '정월 대보름'을 명절로 이르는 말.

한:복 (韓服)웽 우리나라 고유의 의복.

한-복판웽 복판의 바로 중심. 한가운데. 한중간. ¶서울의 한복판.

한-봄웽 봄이 한창인 때.

한:-부 (悍婦)웽 거칠고 사나운 여자.

한-북 (漢北)웽 한강 북쪽 유역의 땅. ↔한남.

한붓-그리기 [-붇그-]웽 주어진 도형을 그릴 때, 선을 한 번도 떼지 아니하면서 같은 선 위를 두 번 반복해서 지나지 않도록 그리는 일. [18세기 스위스의 수학자 오일러가 '오일러의 정리'로 체계화하였음.]

한비웽 (옛) 큰비. 장마. ¶한비 사 아리로더 (龍歌 67章). /光音天이 한비를 느리와 (月釋1:39).

한비 (寒肥)웽 겨울에 주는 거름.

한빈 (寒貧)웽 '한빈하다'의 어근.

한빈-하다 (寒貧-)톙에 매우 가난하다. ¶살림 이 한빈하다.

한:사 (限死)웽하자 목숨을 걸고 일함. 죽음을 각오함.

한:사 (恨死)웽하자 원통하게 죽음. 억울하게 죽음. 한 많은 죽음.

한:사 (恨事)웽 원통한 일. 한스러운 일.

한사 (寒士)웽 가난한 선비. 세력 없는 선비.

한:-사군 (漢四郡)웽 한무제 (漢武帝)가 기원전 108년에 위만 조선 (衛滿朝鮮)을 없애고 설치한 낙랑군 (樂浪郡)·진번군 (眞番郡)·임둔군 (臨屯郡)·현도군 (玄菟郡)의 네 군.

한-사람웽 같은 사람.

한-사리웽 음력 매달 보름날과 그믐날에 조수가 가장 높이 들어오는 때. 여섯무날. 대기 (大起). 대조 (大潮). 준사리¹. ↔조금.

한사-만직 (閑司漫職)웽 일이 많지 아니한 한가 한 벼슬자리.

한:사-코 (限死-)톤 기어코. 몹시 고집을 세워. ¶한사코 말리다. /한사코 거절하다.

한산 (寒疝)웽 산증 (疝症)의 한 가지. 불알이 차 고 부어 몹시 아픔.

한산 (寒酸)웽하톙 몹시 가난하여 고통스러움.

한산 (閑散·閒散)웽 '한산하다'의 어근.

한산^모시 (韓山-)웽 충청남도 서천군 (舒川郡)의 한산에서 나는 모시. 품질이 썩 좋음. 한산저.

한산^세:모시 (韓山細-)웽 올이 가늘고 바닥이 고운 한산 모시. 한산 세저.

한산^세:저 (韓山細苧)웽 ☞한산 세모시.

한산-저 (韓山苧)웽 ☞한산 모시.

한:산-정 (漢山停)웽 신라의 육정 (六停) 가운데 세 번째 군영 (軍營).

한산-하다 (閑散-·閒散-)톙에 ①한가하고 쓸쓸 하다. ¶휴가철이라 거리가 한산하다. ②일이 없어 한가하다. ¶장마가 들어 농사일도 한산 하다. 한산-히톤.

한:-살이웽 ①일생. ②(곤충 따위가) 알에서 유 충·번데기·성충으로 바뀌면서 자라는 변태 과 정의 한 차례.

한:삼 (汗衫)웽 〔지난날〕 ①손을 감추기 위하여 두루마기나 여자의 저고리 소맷부리에 덧대던 소매. ②'속적삼'을 궁중에서 이르던 말.

한-삼매 (-三昧)웽 불교에서, '한마음으로 한 가지 일을 수행하거나 어떤 일에 열중함'을 이 르는 말.

한새웽 (옛) 황새. ¶한새 관:鸛 (訓蒙上15).

한색 (寒色)웽 찬 느낌을 주는 색. 파랑과 감청, 또는 그에 가까운 색. ↔난색 (暖色).

한:-생전 (限生前)웽 ☞한평생.

한서 (寒暑)웽 ①추위와 더위. ②겨울과 여름. 서한.

한서 (漢書)웽 ①한문으로 씌어진 책. 한적 (漢 籍). ②이십사사 (二十四史)의 하나. 전한 (前漢) 의 역사를 기전체 (紀傳體)로 쓴 책.

한:-선 (汗腺)웽 ☞땀샘.

한선 (寒蟬)웽 ①쓰르라미. ②울지 않는 매미.

한설 (寒雪)웽 차가운 눈. ¶북풍한설.

한:성 (漢城)웽 ①'서울'의 옛 이름. ②〈한성 부〉의 준말.

한:성-부 (漢城府)웽 조선 시대에, 서울의 행정 일반을 맡아보던 관아. 준한성.

한:성부^판윤 (漢城府判尹)웽 조선 시대에, 서 울을 지키며 다스리던 한성부의 으뜸가는 정이 품 벼슬. 준경조윤 (京兆尹).

한성^유전 (限性遺傳)웽 어떤 형질이 암수의 어 느 한쪽 성에 한하여 나타내는 유전.

한-세상 (-世上)웽 ①한평생 사는 세상. ¶학문 과 더불어 한세상을 보내다. ②한창 잘사는 한 때. ¶언제든 한세상 보고 죽어야지.

한-세월 (閑歲月·閒歲月)웽 한가하게 보내는 세 월. 한가한 세월. 한일월 (閑日月).

한센-병 (Hansen病)웽 ☞문둥병.

한소 (寒素)웽 '한소하다'의 어근.

한-소끔톤 한 번 끓어오르는 모양.

한-소리톤 ☞동음 (同音).

한소-하다 (寒素-)톙에 생활이 가난하고 검소하 다. 한소-히톤.

한-속명 ①같은 뜻이나 마음. ②같은 셈속.

한속(寒粟)명 추울 때 몸에 돋는 소름.

한손-잡이명 외손잡이.

한솥-밥[-솥빱]명 같은 솥에서 푼 밥. (주로, '먹다'와 함께 쓰임.)☞한솥엣밥. ¶한솥밥을 먹고 자라다.

　한솥밥 먹고 송사한다속담 '가까운 사람끼리 다투는 것'을 비유하여 이르는 말.

한솥엣-밥[-소테빱/-소텟빱]명 한솥밥.

한쇼명 (옛) 큰 소. 황소. ¶싸호는 한쇼물(龍歌 87章). /한쇼:牸(訓蒙上19).

한수(寒羞)명 ①찬밥. ②'간소하게 차린 음식' 또는 '자기 집 음식'을 겸손하게 이르는 말.

한:수(漢水)명 ①큰 강. ②'한강'을 달리 이르는 말. ¶한수 이북.

한수-석(寒水石)명 ①대리석의 한 가지. 단단한 결정질 석회암으로 빛깔은 흰색 또는 검푸른색인데, 건재·장식 따위에 쓰임. ②한방에서, '소금의 간수를 굳힌 것'을 약재로 이르는 말. 갈증과 눈병 따위에 쓰임.

한-순간(-瞬間)명 아주 짧은 동안. 삽시간. ¶십년 적공(積功)이 한순간에 물거품이 되었다.

한-술명 (한 숟가락이라는 뜻으로) 적은 음식을 이르는 말.

　한술 더 뜨다관용 ①말리니까 더 심한 짓을 하여 비뚜로 나간다는 뜻. ②누구보다 또는 전보다 더 심하게 함.

한-숨명 ①한 번의 호흡, 또는 그 동안. ②잠깐 동안의 휴식이나 잠. ¶한숨 자고 나니 머리가 개운하다. ③(근심이나 설움이 있을 때) 길게 몰아서 내쉬는 숨. 태식(太息). ¶땅이 꺼져라 한숨을 쉬다. ④(걱정이나 근심을 벗고 나서) 마음을 놓아 쉬는 숨. ¶안도의 한숨을 내쉬다.

한숨-에[숨 한 번 쉴 만큼처럼] 짧은 시간에 내쳐서. 한번에. 단숨에. ¶한숨에 달려가다.

한숨-짓다[-짇따][~지으니·~지어]자Δ 한숨을 내뿜다.

한:-스럽다(恨-)[-따][~스러우니·~스러워]형ㅂ 한이 되는 느낌이 있다.

한-습명 마소의 한 살.

한습(寒濕)명 ☞습랭(濕冷).

한-시(一時)명 ①같은 시각. 동시. ②짧은 시간. 잠깐 동안. ¶그 일은 한시도 잊을 수가 없다.

한-시(漢詩)명 ①한문으로 지은 시. ②중국의 한대(漢代)의 시.

한-시름명 큰 시름. 큰 걱정. ¶한시름 놓다.

한시-바삐(-時-)부 조금이라도 빨리. ¶한시바삐 만나 보아야지.

한:시-적(限時的)관명 일정한 기간에 한정되어 있는 (것). ¶한시적으로 운행되는 노선.

한식(寒食)명 동지로부터 105일째 되는 날. 이 날 종묘(宗廟)와 능원(陵園)에는 제향을 올리고, 민간에서는 성묘를 함. ☞냉절(冷節).

　한식에 죽으나 청명(淸明)**에 죽으나**속담 (한식과 청명은 하루 사이이므로) 하루 먼저 죽으나 늦게 죽으나 같다는 말.

한:-식(韓式)명 한국식. 한국 고유의 양식이나 격식. ¶한식 가옥.

한:식(韓食)명 한국식의 음식이나 식사.

한식-사리(寒食-)[-싸-]명 한식 무렵에 잡는 조기.

한심(寒心)'한심하다'의 어근.

한심-스럽다(寒心-)[-따][~스러우니·~스러워]형ㅂ 한심하게 보이거나 여겨지다. ¶너무 한심스러워 말이 안 나온다. 한심스레부.

한심-하다(寒心-)형여 (어떤 기준에 너무 지나치거나 모자라서) 가엾고 딱하다. 안타깝고 기막히다. ¶사는 꼴이 보기에도 한심하다.

한숭명 (옛) 한숨. 탄식(歎息). ¶愁歎은 시름흐야 한숭 디흘 씨라(法華6:33).

한아(寒鴉)명 겨울의 까마귀.

한아(閑雅·閒雅)'한아하다'의 어근.

한아비(옛) 할아비. 할아버지. ¶한아비 조:祖(類合上20). ☞하나비.

한아-스럽다(閑雅-·閒雅-)[-따][~스러우니·~스러워]형ㅂ 보기에 한아하다. 한아한 데가 있다. 한아스레부.

한아-하다(閑雅-·閒雅-)형여 ①한가롭고 아취가 있다. ②고요하고 멋이 있다. 한아-히부.

한악(悍惡)'한악하다'의 어근.

한악-스럽다(悍惡-)[-쓰-따][~스러우니·~스러워]형ㅂ 한악한 데가 있다. 한악스레부.

한:악-하다(悍惡-)[하나카-]형여 (성질이) 사납고 악하다. 한악-히부.

한야(寒夜)명 추운 밤. 추운 겨울 밤.

한:약(韓藥)명 동물·식물 또는 광물에서 채취한 것으로, 말리거나 썰거나 정제한 생약. 한방약. ↔양약(洋藥).

한:약-국(韓藥局)[-꾹]명 ☞한약방.

한:약-방(韓藥房)[-빵]명 한약업사가 경영하는 가게를 흔히 이르는 말. 한약국.

한:약업-사(韓藥業士)[-싸]명 환자의 요구에 따라 한의사의 처방전이나 한의서의 처방대로 한약을 지어 파는 사람.

한:-약재(韓藥材)[-째]명 한약의 재료.

한:약종-상(韓藥種商)[-종-]명 '한약업사'의 이전 일컬음.

한양(閑養·閒養)명하자 한가로이 몸을 다스림.

한:양(漢陽)명 조선 시대, '서울'의 이름.

한:양-가(漢陽歌)명 조선 시대의 장편 가사의 한 가지. 한양의 지세·대궐·관아·관직 따위를 칭송한 내용.

한:어(漢語)명 ①한자(漢字)로 된 말. 한자어. ②한족(漢族)의 언어. 중국어.

한:어(韓語)명 (한국어의 준말.

한언(罕言)'한언하다'의 어근.

한:언-하다(罕言-)형여 말이 드물다.

한-얼(漢陽)명 대종교에서, '우주'를 이르는 말.

한얼-님[-림]명 대종교에서, '단군(檀君)'을 높이어 이르는 말.

한:-없다(限-)[하넙따]형 끝이 없다. (주로, '한없는'의 꼴로 쓰임.) ¶한없는 그리움. /한없는 어머니 사랑. **한없-이**부 ¶추모 행렬이 한없이 이어지고 있다. ☞한(限).

한-여름[-녀-]명 ①더위가 한창인 여름. 성하(盛夏). ↔한겨울. ②여름 한철.

한:역(漢譯)명하자되자 한문(漢文)으로 번역함.

한:역(韓譯)명하자되자 외국어의 문장이나 어구를 한국말로 고침.

한:열(旱熱)명 가물 때의 심한 더위. ⑪한염.

한열(寒熱)명 한방에서, '오한과 신열'을 이르는 말.

한열-상박(寒熱相搏)명 (한기와 열기가 마주친다는 뜻으로) 한방에서, '오한과 신열이 함께 일어나는 증세'를 이르는 말.

한:염(旱炎)명 가물 때의 불꽃 같은 더위. ⑪한열(旱熱).

한-옆[-녑]명 한쪽 구석. 한갓진 곳. ＊한옆이[-녀피]·한옆만[-념-].

한-오금명 활의 먼오금과 받은오금 사이. ☞오금.

한:옥(韓屋)圐 (서양식 건물에 대하여) 우리나라 고유의 건축 양식으로 지은 집. 조선집. ↔양옥.

한온(寒溫)圐 〔날씨의 차고 따뜻함이라는 뜻에서〕 주인과 손이 날씨를 말하는 안부 인사. 한훤(寒暄).

한:외(限外) [하뇌/하눼]圐 한계의 밖. 한도의 이상.

한:외^마약(限外麻藥) [하뇌-/하눼-]圐 마약이 섞여 있으나 그 약에서 추출하여 마약을 다시 만들 수 없고, 습관성도 없는 약.

한용(悍勇) '한용하다'의 어근.

한:용-스럽다(悍勇-) [-따] 〔~스러우니·~스러워〕圀 한용한 데가 있다. 한용스레圁.

한:용-하다(悍勇-)圀ⓞ 사납고 용맹스럽다.

한우(寒雨)圐 ①찬비. ②겨울에 내리는 비.

한:우(韓牛)圐 한국 소. 한국 재래종의 소.

한:우충동(汗牛充棟)圐 〔짐으로 실으면 소가 땀을 흘리고, 쌓으면 들보까지 가득 찬다는 뜻으로〕 '장서(藏書)가 매우 많음'을 이르는 말.

한운(閑雲·閒雲)圐 한가히 떠다니는 구름.

한운-야학(閑雲野鶴)圐 〔한가한 구름과 들의 학이라는 뜻으로〕 '속박을 받지 않고 유유자적(悠悠自適)하는 처지'를 비유하여 이르는 말.

한-울圐 천도교에서, '우주의 본체(本體)'를 가리키는 말.

한울-님[-림]圐 천도교의 신앙의 대상. '우주의 대정신을 인격화한 신'으로, 우주를 주재하고 섭리한다고 함.

한월(寒月)圐 겨울의 달. 차가워 보이는 달.

한위(寒威)圐 대단한 추위. ↔서위(暑威).

한유(閑遊)圐ⓗ짜 한가하게 노닒.

한유(閑裕·閒裕) '한유하다'의 어근.

한유-하다(閑裕·閒裕-)圀ⓞ 한가하고 여유가 있다. ¶한유한 전원 생활. 한유-히圁.

한음(閑吟·閒吟)圐ⓗ짜 〔시가를〕 한가로이 읊음.

한:음(漢音)圐 한자의 중국 음. 화음(華音).

한:-음식(-飮食)圐 끼니때 외에 차린 음식.

한의(汗衣) [하늬/하늬]圐 ①땀이 밴 옷. ②☞땀받이.

한:의(韓醫) [하늬/하늬]圐 ①〈한방의〉의 준말. ②〈한의사〉의 준말. ↔양의(洋醫).

한:-의사(韓醫師) [하늬-/하늬-]圐 한방의 의술을 전문으로 하는 사람. 한방의(韓方醫). ⑪한의.

한:-의서(韓醫書) [하늬-/하늬-]圐 한방(韓方)의 의서.

한:-의술(韓醫術) [하늬-/하늬-]圐 한방(韓方)의 의술.

한:-의약(韓醫藥) [하늬-/하늬-]圐 한방(韓方)에서 쓰는 한약.

한:-의원(韓醫院) [하늬-/하늬-]圐 한의사가 병자를 치료하는 곳.

한:-의학(韓醫學) [하늬-/하늬-]圐 중국에서 전래되어 우리나라에서 독자적으로 발달한 전통 의학.

한:의학-과(韓醫學科) [하늬-꽈/하늬-꽈]圐 대학에서, 한의학을 연구하는 학과.

한-이레圐 '첫이레'를 달리 이르는 말.

한인(閑人·閒人)圐 ①한가한 사람. ②할 일이 없는 사람. ③고려·조선 시대에 있던, 토호 출신의 무인.

한:인(漢人)圐 중국 한족(漢族)에 속한 사람.

한:인(韓人)圐 한국 사람. 한국인.

한인-물입(閑人勿入)圐 〔어떤 곳에 써 붙여〕 '볼일이 없는 사람은 들어오지 말라'는 뜻을 알리는 말.

한-일(一一)圐 한자 부수의 한 가지. '不'·'世' 등에서의 '一'의 이름.

한:-일(限日)圐 기한이 되는 날. 기일(期日).

한일(閑日·閒日)圐 한가한 날.

한:-일모(限日暮) Ⅰ圐ⓗ짜 ☞한종일(限終日). Ⅱ圁 ☞한종일(限終日).

한:일^병:합(韓日倂合)圐 ☞국권 피탈.

한:일^신협약(韓日新協約)圐 1907년 순종(純宗)이 즉위할 때에 통감(統監) 이토 히로부미(伊藤博文)에서 일본과 맺은 조약. 전문 7조로 되어 있는데, 법령의 제정 및 중요한 행정상의 처분을 비롯하여 모든 사법·행정 사무를 통감의 감독·승인 아래 행할 것을 규정한 것임. 칠조약(七條約).

한-일월(閑日月·閒日月)圐 한가한 세월. 한세월.

한일-자(一一字) [-짜]圐 '한 일(一)'자와 같이 가로로 뻗은 모양. ¶입을 한일자로 굳게 다물고 있다.

한:일^합방(韓日合邦) [-빵]圐 '한일 병합'의 구용어.

한-입[-닙]圐 한 번 벌린 입. 입에 한 번 물 만한 분량. ¶자, 한입만 먹어. /상추쌈을 한입 가득 넣고 우물거리다. /뱀이 개구리를 한입에 삼켜 버렸다.

한:입-골수(恨入骨髓) [-꼴쑤]圐ⓗ짜 원한이 뼈에 사무침.

한:자(漢字) [-짜]圐 중국어를 표기하는 중국 고유의 문자. 표의적(表意的) 음절 문자로 우리나라, 일본 등지에서도 널리 쓰이고 있음.

한자리圐 ①같은 자리. ¶모처럼 온 가족이 한자리에 모였다. ②한몫. 한 벼슬.

한자리-하다因짜 중요하거나 책임 있는 직위에 오르다. 벼슬길에 나아가다. ¶관상을 보니 한자리할 상(相)이다.

한자릿-수(-數) [-리쑤/-릳쑤]圐 자릿수가 하나인 수. 〔1에서 9까지.〕 ¶올해의 물가 상승률은 한자릿수에 그쳤다.

한:자-어(漢字語) [-짜-]圐 '한자에서 비롯된 말'을 고유어에 상대하여 이르는 말. 한어(漢語).

한-잔(-盞)圐ⓗ짜타 〔하나의 잔에 따른 분량이라는 데서〕 '얼마 되지 않는 술', 또는 '간단히 한 차례 술을 마심'을 이르는 말. ¶딱 한잔만 하자.

한잔 걸치다판용 간단하게 술을 마시다.

한-잠圐 ①깊이 든 잠. ¶한잠이 들었는지 세상 모르고 잔다. ②잠시 자는 잠. ¶밤새 한잠도 못 잤다.

한장-치圐 누에알을 받아 붙인 종이 한 장분. 〔여기서 고치가 10~13말 나옴.〕

한:-재(旱災)圐 가물 때문에 생기는 재앙. ¶한재로 농사를 망치다.

한:-저녁圐 끼니때가 지난 다음에 간단히 차리는 저녁.

한적(閑寂·閒寂) '한적(閑寂·閒寂)하다'의 어근.

한적(閑適) '한적(閑適)하다'의 어근.

한:적(漢籍)圐 ☞한서(漢書).

한적-하다(閑寂·閒寂-) [-저카-]圀ⓞ 한가하고 고요하다. ¶한적한 시골길. 한적-히圁.

한적-하다(閑適-) [-저카-]圀ⓞ 한가하여 마음 편하다. 한적-히圁.

한:전(旱田)圐 '밭'을 수전(水田)에 상대하여 이르는 말.

한:전(限前)**명** 기한(期限)이 되기 이전.

한전(寒戰·寒顫)**명하자** 한방에서, 오한이 심하여 몸이 떨림, 또는 그런 증상. ¶ 한전이 생기다.

한절(寒節)**명** 추운 겨울철. 한천(寒天)².

한:-점심(-點心)**명** 끼니때가 지난 뒤의 점심.

한:정(限定)**명하자되자** ①제한하여 정함. ¶ 한정 판매. ②논리학에서, 개념에 속성을 부가하여 내포(內包)를 넓히고 외연(外延)을 좁히는 일. ↔개괄.

한정(閑靜·閒靜) '한정하다'의 어근.

한:정^능력(限定能力)[-녁]**명** 일정한 법률 행위를 할 수 있도록 법률에 의하여 제한된 사람의 행위 능력. [미성년자의 행위 능력 따위.]

한:정^승인(限定承認)**명** 상속인이 상속에 의해 취득한 재산의 한도 안에서만 피상속인의 채무·증여를 변제할 책임을 지는 경우의 상속 승인. ↔단순 승인.

한:정-전:쟁(限定戰爭)**명** 전쟁의 목적이나 수단·목표를 일정한 범위로 한정한 전쟁. 제한 전쟁.

한:정^치산(限定治産)**명** (심신 박약 따위로 재산을 관리할 능력이 없는 사람을 보호하기 위하여) 재산 관리 행위의 능력을 제한하는 일. **출**금치산.

한:정-판(限定版)**명** 발행 부수를 제한하여 박아 내는 출판물.

한정-하다(閑靜-·閒靜-)**형어** 한가하고 조용하다. 한정-히**부**.

한제(寒劑)**명** 차게 하는 데 쓰이는 혼합물. [얼음과 소금을 섞은 혼합물 따위.] 기한제(起寒劑).

한조(寒鳥)**명** 겨울철의 새.

한족(寒族)**명** ☞한문(寒門).

한:족(漢族)**명** 중국 본토 재래(在來)의 종족. 중국인의 약 90%를 차지하는 황색 인종으로, 약 5000년 전부터 황허 문명을 꽃피우고, 독자의 문화를 이룩함. 한민족(漢民族).

한:족(韓族)**명** ☞한민족(韓民族).

한:-종신(限終身)**[Ⅰ]명하자** 죽을 때까지로 한정함. ¶ 자네 빚은 한종신하고 갚겠네. **[Ⅱ]부** 죽을 때까지. ¶ 한용운은 한종신 임을 기다린 시인이었다.

한:-종일(限終日)**[Ⅰ]명하자** 날이 저물기를 한정함. 한일모(限日暮). ¶ 어머니의 편지를 한종일하고 기다렸다. **[Ⅱ]부** 해가 질 때까지. ¶ 한종일 내리는 비에 발이 묶이다. 한일모(限日暮).

한:주국종-체(漢主國從體)[-쫑-]**명** 국한문 혼용체의 한 가지. 한문(漢文)이 주(主)가 되고 국문(國文)이 보조적으로 쓰여진 문체. **출**국주한종체.

한-주먹[-쭈-]**명** 한 번 때리는 주먹. ¶ 한주먹이면 나가떨어질 녀석이 까불고 있어.

한죽(寒竹)**명** ☞자죽(紫竹).

한준(寒俊·寒畯)**명** 가난하나 문벌은 좋은 선비.

한-줄기[-쭐-]**명** ①같은 계통. ¶ 한줄기로 이어져 내려온 우리 겨레. ②한 가닥. ¶ 한줄기 희망의 빛이 보인다. ③한 차례 세차게 쏟아지는 소나기의 빗줄기. ¶ 소나기라도 한줄기 오려나.

한중(閑中·閒中)**명** 한가한 동안. 한가한 사이.

한중(寒中)**명** ①소한(小寒)부터 대한(大寒)까지의 사이. ②가장 추운 계절. ③한방에서, '속에 한기가 서리어 설사를 하는 병'을 이르는 말.

한-중간(-中間)**명** 한가운데, 한복.

한중-록(閑中錄)[-녹]**명** 혜경궁 홍 씨(惠慶宮洪氏)가 지은 책. 영조가 사도 세자를 죽게 한

참사를 중심으로, 홍 씨가 만년에 자기 일생을 회고한 내간체 회고록.

한중-망(閑中忙)**명** 한가한 가운데 바쁨. ↔망중한(忙中閑).

한즉부 그렇게 하니까.

한:증(汗蒸·汗烝)**명하자** 물리 요법의 한 가지. 높은 온도로 몸을 덥게 하여 땀을 내어서 병을 다스리는 일.

한:증-막(汗蒸幕)**명** 한증하기 위하여 만든 시설. 흙이나 돌로, 담을 둘러치고 움처럼 만들어 밑에서 불을 땜.

한:증-탕(汗蒸湯)**명** 밀폐된 방에 더운 김을 보내어 그 속에서 땀을 흘리게 만든 목욕탕.

한:지(限地)**명하자** 지역을 한정함, 또는 그 지역.

한지(寒地)**명** 추운 고장. ↔난지(暖地).

한:지(韓紙)**명** 닥나무 껍질 따위의 섬유를 써서 한국 고래(古來)의 제조법으로 뜬 종이. [창호지 따위.] 조선종이.

한:지^의:사(限地醫師)**명** 일정한 지역 안에서만 개업이 허가된 의사.

한직(閑職·閒職)**명** 늘 한가한 벼슬자리. 중요하지 않은 관직. ¶ 한직으로 밀려나다. **비**한관(閑官).

한:진(汗疹)**명** 땀띠.

한-집[-찝]**명** 한집안.

한-집안[-찌반]**명** ①같은 집에서 함께 사는 가족. ②일가 친척. 한집.

한집안에 김 별감(金別監) **성을 모른다**(속담) '자세히 살펴보지 아니하고 대강 보아 넘김'을 비유하여 이르는 말.

한:징(旱徵)**명** 가뭄의 조짐.

한-쪽[-쪽]**명** 여럿으로 나뉘었을 때의 어느 하나의 편이나 쪽. ¶ 한쪽으로 치우친 생각.

한-차(-車)**명** 같은 차. ¶ 한차로 이동하다.

한-차례**명** '어떤 일이 한바탕 일어남'을 나타내는 말. ¶ 폭소가 한차례 터지다.

한-참[-참]**명** ①지난날, '두 역참(驛站) 사이의 거리'를 이르던 말. ②시간이 꽤 지나는 동안의 한차례. ¶ 한참 만에 그는 입을 열었다.

한창[-창]**[Ⅰ]명** 가장 성한 때. ¶ 공사가 한창인 아파트. **[Ⅱ]부** 어떤 일이 가장 왕성하게 일어나는 모양. 또는 어떤 상태가 가장 무르익은 상태. ¶ 초여름은 농촌에서 한창 바쁜 철이다.

한창(寒窓)**명** ☞객지(客地).

한창(寒脹)**명** 한방에서, '배가 붓고 토사가 나며 팔다리가 식는 병'을 이르는 말.

한창-나이[-창-]**명** (기운이 한창 성할 때의) 젊은 나이. ¶ 한창나이에 그까짓 일을 겁내다니.

한창-때[-창-]**명** (기운이나 의욕이) 가장 왕성한 시기. ¶ 나도 한창때는 역도를 했었지.

한:천(旱天)**명** 가문 날씨. 가문 여름의 하늘. ¶ 한천의 감우(甘雨).

한천(寒天)¹**명** 추운 겨울의 하늘. 겨울철. 한절(寒節).

한천(寒天)²**명** ☞우무.

한천(寒泉)**명** 찬물이 솟는 샘.

한:-천명(限天明)**[Ⅰ]명하자** 날이 밝기를 한정함. **[Ⅱ]부** 날이 밝을 때까지.

한-철[-철]**명** 한창 성한 때. ¶ 메뚜기도 유월이 한철이다. **출**성수기.

한:초(旱草)**명** 가뭄을 잘 견디는 풀.

한촌(寒村)**명** 가난한 마을. 외진 마을.

한-추위[-추-]**명** 한창 심한 추위. ↔한더위.

한-축[-축]**명** 한차례.

한축(寒縮)**명**〔하〕자〕 추위서 기운을 펴지 못하고 오그라듦.

한:출첨배(汗出沾背)**명**〔하〕자〕 (부끄럽거나 무서워서) 땀이 흘러 등을 적심.

한:충-향(漢沖香)**명** 지난날, 여자들이 차던 노리개의 한 가지. 온갖 향과 약가루를 반죽하여 만들었으며, 구급약으로도 썼음.

한-층(一層)**부** 일정한 정도에서 한 단계 더. 한결. 더욱. ¶한층 윤택해진 생활.

한칩(寒蟄)**명**〔하〕자〕 추위를 타서 집 안에만 머물러 있음.

한-카라**명**〈한카라꾼〉의 준말.

한카래-꾼명 가래질을 할 때, 한 가래에 붙는 세 사람의 한 패. ②한카래.

한-칼①한 번 휘둘러 베는 칼질. ¶한칼에 베어 버리다. ②(쇠고기 따위를) 한 번에 벤 덩이. ¶고기나 한칼 사다가 대접해야지.

한:탄(恨歎·恨嘆)**명**〔하〕자〕 (뉘우쳐지거나 원통하여) 한숨을 지음, 또는 그 한숨. ¶신세 한탄.

한:탄-스럽다(恨歎-)[-따][~스러우니·~스러워]**형**ㅂ 한탄할 만하다. **한탄스레**부.

한-탕〔'한바탕'이라는 뜻으로〕 한 번의 일거리를 속되게 이르는 말. ¶한탕을 잡다.

한탕-주의(-主義)[-의/-이]**명** '한 번의 시도로 큰 재물을 얻거나 크게 성공하려는 태도'를 속되게 이르는 말.

한:태명 쟁기 따위의 봇줄을 잡아매는 줄.

한-턱명〔하〕자〕 한바탕 음식을 대접하는 일. ¶승진을 해서 친구들에게 한턱을 썼다.

한턱-내다[-따]**타** 한바탕 음식 대접을 하다.

한턱-먹다[-따]**자** 한바탕 음식 대접을 받다.

한테조《사람이나 동물 따위를 나타내는 체언에 붙어》①주는 자리를 나타냄. ¶이 책을 너한테 줄게. ②받는 자리를 나타냄. ¶친구한테 돈을 꾸어 쓰다. ③있는 처소를 나타냄. ¶모든 책임은 나한테 있다. ④동작을 걸거나 당하는 쪽의 상대를 나타냄. ¶개한테 물리다. ⑤행동의 방향을 나타냄. ¶엄마한테 갈래.

한테-로조《사람이나 동물 따위를 나타내는 체언에 붙어》〔'에게로'의 뜻으로〕 용언의 동작이 작용하는 방향을 나타냄. ¶우승의 영광은 철수한테로 돌아갔다.

한테-서조《사람이나 동물 따위를 나타내는 체언에 붙어》〔'에게서'의 뜻으로〕 용언의 동작이 그 체언에서 비롯됨을 나타냄. ¶책을 친구한테서 빌렸다.

한토(寒土)**명** 추운 곳. 쓸쓸하고 외진 곳.

한:토하(汗吐下)**명**〔되〕자〕 한방에서, 병을 고치기 위하여 땀이 나게 하고, 토하게 하고, 설사를 하게 하는 일.

한통①활의 한가운데 부분.

한-통②명〈한통속〉의 준말.

한-통속(-속) (서로 마음이 맞아) 같이 어울리는 한 동아리. ¶모두 다 한통속이다. ②한통②.

한통-치다타 나누지 않고 한곳에 합치다. ¶한 통쳐서 계산한다.

한퇴(寒退)[-퇴/-퉤]**명**〔하〕자〕 오한이 멈춤. 한기가 물러감.

한파(寒波)**명** 겨울철에 한랭 전선이 몰아닥쳐 기온이 급격하게 떨어지는 현상. ¶한파가 몰아닥치다. ↔난파·열파.

한-판명①한 번 벌이는 판. ¶한판 승부를 겨루다. ②유도에서, 상대를 메쳐서 등이 완전히 바닥에 닿게 하거나 30초 이상 누르기를 성공하였을 때 심판이 선언하는 판정 용어.

한팔-접이(-접-)〔씨름에서 한 팔은 쓰지 않아도 이길 수 있다는 뜻으로〕 '힘과 기술이 모자라는 사람'을 이르는 말.

한-패(-牌)**명** 같은 동아리. 같은 패. ¶한패가 되다.

한-편(-便)I**명**①한쪽. ¶거실 한편에 앉다. ②같은 편. 같은 동아리. ③어떤 일의 한 측면. 《주로, '한편으로'의 꼴로 쓰임.》 ¶한편으로는 고맙지만 한편으로는 부담스럽다.
II**부** 한쪽으로는. ¶한편 반갑고 한편 슬프기도 했다.

한-평생(-平生)**명** 살아 있는 동안. 일생(一生). 일평생. 한뉘. ¶그는 한평생을 나라 사랑에 바쳤다.

한:-평생(限平生)**부** 살아 있는 동안까지. 한생전(限生前). ¶선생님 은혜는 한평생 잊지 않겠습니다.

한포(-布)**명** 파초(芭蕉)의 섬유로 짠 굵은 베.

한:포국-하다[-구카-]**타어** 흐뭇하리만큼 가지다. 넉넉히 가지다.

한-풀'어느 정도의 끈기나 기세 또는 패기'를 뜻하는 말.
한풀 꺾이다(죽다)**관용** (한창 드세던) 기세가 수그러지다. ¶무더위도 이제 한풀 꺾였다.

한:-풀이(恨-)**명** 원한을 푸는 일.

한:품(限品)**명**〔하〕타〕 지난날, 신분이 낮은 사람의 벼슬을 일정한 기준 이상으로 올라가지 못하게 제한하던 일.

한풍(寒風)**명**①팔풍(八風)의 하나. 북풍(北風). ②찬 바람.

한-풍류(-風流)[-뉴]**명** 대종교에서, 단군의 공덕을 기리는 노래의 이름. 천악(天樂).

한필(閑筆·閒筆)**명**〔하〕**동**〔하〕**명** 한가한 마음으로 여유 있게 쓴 글이나 글씨.

한:-하다(限-)I**자여** 사물을 어떤 범위로 제한하다. ¶성인에 한하여 입장할 수 있음.
II**타여** 어떤 일을 작정하다. ¶죽기를 한하고 싸우다.

한:-하다(恨-)**타어**①원통히 여기다. ¶사람 구실 못함을 한하다. ②불평을 품다.

한:학(漢學)**명**①한(漢)·당(唐)의 훈고학을 이르는 말. ②〈한문학〉의 준말. ¶한학의 대가.

한:해(旱害)**명** 가뭄으로 말미암아 입은 재해. 비재(旱災).

한해(寒害)**명** 추위로 말미암아 입은 농작물의 피해.

한해-살이명〈일년생〉. ②여러해살이.

한해살이-풀명〈일년생 초본. 일년생 식물. ②여러해살이풀.

한행(寒行)**명** 불교에서, 대한(大寒)의 초입부터 30일간 추위 속에서 수도하고 고행하는 일.

한-허리명 길이의 한중간. ¶冬至ㅅ달 기나긴 밤을 한허리를 버혀내여(古時調).

한:혈(汗血)**명**①피와 땀. ②[피와 같은 땀이란 뜻으로] '크게 노력함'을 이르는 말.

한호-충(寒號蟲)**명**〈산박쥐.

한화(寒花)**명**①늦가을이나 겨울에 피는 꽃. ②'나뭇가지에 쌓인 눈'을 꽃에 비유하여 이르는 말.

한화(閑話·閒話)**명**〔하〕자〕 ☞한담(閑談).

한:화(韓貨)**명** 한국의 돈. 한국의 화폐.

한화휴제(閑話休題)**명** 〔쓸데없는 이야기는 그만둔다는 뜻으로〕 글을 쓸 때, 한동안 본론에서 벗어난 이야기를 써 내려가다가 다시 본론으로 돌아갈 때 쓰는 말.

한훤(寒喧)**명** ①날씨의 춥고 더움에 대하여 말하는 인사. 한온(寒溫). ②편지 글의 허두에 쓰는 '절후의 인사'를 이르는 말. ②한훤문.

한훤-문(寒喧問)**명** 한훤문.

할(喝)**명** ①선승(禪僧)들이 말로는 나타낼 수 없는 도리를 나타내 보일 때 내는 소리. ②수행자의 망상이나 사견(邪見)을 꾸짖어 반성하게 할 때 내는 소리.

할(割)**명** (사물이나 수량을) 10으로 등분한 것의 비율을 나타내는 단위. 푼의 10배. ¶3할. /5할.

할갑다[-따][할가우니·할가워]**형** 끼울 자리가 끼울 물건보다 좀 너르다. ②헐겁다. 할가이**부**.

할거(割去)**명하타** 베어 버림. 찢어 없앰.

할거(割據)**명하자** 국토를 나누어 차지하여 세력권을 이룩함. ¶군웅이 할거하던 춘추 전국 시대.

할경(割耕)**명** ①하타 말로 업신여기는 뜻을 나타냄. ②남의 떳떳하지 못한 근본을 폭로하는 말.

할경(割耕)**명하타** (이웃한 남의 논밭을) 침범하여 경작함.

할구(割球)**명** 수정란의 세포 분열로 생기는 미분화 상태의 세포.

할근-거리다자 자꾸 할근할근하다. 할근대다. ②헐근거리다.

할근-대다자 할근거리다.

할근-할근부자 (숨이 차서) 할딱이며 갈그랑거리는 모양. ②헐근헐근.

할금부하타 남의 눈을 피해 한 번 곁눈질을 하는 모양. ¶할금 쳐다보고는 고개를 숙였다. ②흘금. ④할끔. 할금-할금부하타.

할금-거리다자 자꾸 할금할금한다. 할금대다. ②흘금거리다.

할금-대다타 할금거리다.

할긋[-귿]**부** ①하자 눈에 얼핏 보이는 모양. ¶그림자가 할긋 보이는가 싶더니 이내 자취를 감추었다. ②하타 눈동자를 살그머니 옆으로 돌려 한 번 보는 모양. ¶동생이 내 얼굴을 할긋 쳐다보았다. ②흘긋. ④할끗. 할긋-할긋부하자타.

할긋-거리다[-귿꺼-]**타** 자꾸 할긋할긋하다. 할긋대다. ②흘긋거리다.

할긋-대다[-귿때-]**타** 할긋거리다.

할기다타 눈동자를 옆으로 굴려 노려보다. ¶눈을 할기다. ②흘기다.

할기시부 눈을 바로 뜨고 노려보는 모양.

할기-족족[-쪽]부하형 할겨 보는 눈에 못마땅하거나 성난 빛이 드러나는 모양. ②흘기죽죽.

할깃[-긷]부하타 눈을 한 번 할기는 모양. ②흘깃. ④할낏. 할깃-할깃부하타.

할깃-거리다[-긷꺼-]**타** 자꾸 할깃할깃하다. 할깃대다. ②흘깃거리다. ④할낏거리다.

할깃-대다[-긷때-]**타** 할깃거리다.

할끔부하타 〈할금〉의 센말. ②흘끔.

할끔-하다형여 (몸이 고단하거나 불편하여) 눈이 깔따하다. ②할딱하다.

할끗[-끝]부하타 〈할긋〉의 센말. ②흘끗.

할낏[-낃]부하타 〈할깃〉의 센말. ②흘낏.

할낏-거리다[-낃꺼-]**타** 〈할깃거리다〉의 센말. 할낏대다. ②흘낏거리다.

할낏-대다[-낃때-]**타** 할낏거리다.

할날[-랄]**명** 하루의 날.

할다(옛) ①참소하다. 헐뜯다. ¶開國臣을 할어늘(龍歌104章). /左右ㅣ 하수바 아바님 怒호시니(龍歌91章). ②헐다. 비방하다. ¶우호로 하늘긔 할오져 ㅎ는도도다(杜初17:6).

할단(割斷)[-딴]**명하타** 베어서 끊음.

할당(割當)[-땅]**명하타** 되자 몫을 갈라 나눔, 또는 그 나눈 몫. 부별(賦別). ¶이익을 고루 할당하다.

할당-량(割當量)[-땅냥]**명** 몫을 갈라 나눈 양. ¶할당량을 정하다.

할당-제(割當制)[-땅-]**명** 몫을 갈라 나누어 주거나 책임을 지우는 제도. ¶지역 할당제를 도입하다.

할딱-거리다[-꺼-]**자타** 자꾸 할딱할딱하다. 할딱대다. ②헐떡거리다.

할딱-대다[-때-]**자타** 할딱거리다.

할딱-이다[Ⅰ]자 (신 따위가) 할가워서 벗겨지다. ②헐떡이다.
[Ⅱ]타 숨을 가쁘게 몰아쉬는 소리를 내다.

할딱-하다[-따카-]**형여** ①(심한 고생이나 병으로) 얼굴이 야위고 핏기가 없다. ②(몹시 지쳐서) 눈이 깔따하다. 할끔하다. ②헐떡하다.

할딱-할딱[-따칼-]**부** ①하타숨을 가쁘게 쉬는 모양. ②하자 (신 따위가) 할가워서 벗겨졌다 신기었다 하는 모양. ②헐떡헐떡.

할랑-거리다자 자꾸 할랑할랑하다. 할랑대다. ②헐렁거리다.

할랑-대다자 할랑거리다.

할랑-하다형여 ①(들어간 물건보다 자리가 널러) 조금 할갑다. ②(하는 짓이) 실답지 아니하다. ②헐렁하다. 할랑-히부.

할랑-할랑부하자 ①매우 할랑한 모양. ②(하는 짓이) 실답지 않은 모양. ②헐렁헐렁.

할랑할랑-하다형여 ①(들어간 물건보다 자리가 널러) 매우 할갑다. ②행동이 조심스럽지 아니하고 매우 경박하다. ②헐렁헐렁하다.

할래-발딱부하자 숨이 차고 가슴이 발딱거리는 모양. ¶지각하지 않으려고 할래발딱 뛰어왔다. ②헐레벌떡. 할래발딱-할래발딱부하자.

할래발딱-거리다[-꺼-]**자** 자꾸 할래발딱할래발딱하다. 할래발딱대다. ②헐레벌떡거리다.

할래발딱-대다[-때-]**자** 할래발딱거리다.

할렐루야(Hallelujah 히)**명** 기독교에서 '신을 찬양하라'의 뜻으로, 기쁨이나 감사를 나타내는 말. 알렐루야.

할려-금(割戾金)**명** (받은 돈 중에서) 얼마를 낸 사람에게 돌려주는 돈.

할례(割禮)**명** 아이의 성기 끝 포피나 음핵·소음순을 조금 베어 내는 풍습. 고래(古來)로 여러 종족 사이에 널리 행해졌으며, 지금도 유대교에서는 종교적 의식으로 엄격히 지켜짐.

할로겐(Halogen 독)**명** ☞할로겐족 원소.

할로겐^원소(Halogen族元素)**명** 불소·염소·브롬·요오드·아스타틴을 통틀어 이르는 말. 〔모두 주기율표 제17족에 딸림.〕 염소족 원소. 할로겐.

할로겐화-물(Halogen化物)**명** 할로겐족 원소와 다른 원소와의 화합물. 〔불화물·염화물·브롬화물·요오드화물·아스타틴화물 따위.〕

할률-석(割栗石)[-썩]**명** 밤톨만 하게 쪼갠 돌. 콘크리트의 재료로 쓰임. 밤자갈.

할망구명 '늙은 여자'를 조롱하거나 얕잡아 이르는 말.

할맥(割麥)**명** 보리를 세로로 2등분하여 쓿은 보리쌀.

할머니명 ①아버지의 어머니. 조모(祖母). ②'부모의 어머니와 같은 항렬의 여자'를 두루 일컫는 말. ③'늙은 여자'를 친근하게 일컫는 말. ②할미.

할머-님명 〈할머니〉의 높임말.

할멈冏 ①지난날, '신분이 낮은 늙은 여자나 신분이 낮은 할머니'를 일컫던 말. ②'늙은 아내'를 친근하게 부르거나 일컫는 말.

할명(割名)冏하타되자 명부에서 이름을 뺌. 제명(除名). ¶문중에서는 그를 족보에서 할명했다.

할미冏 ①늙은 여자가 손자·손녀에게 자기 자신을 이르는 말. 애야, 할미 안경 좀 찾아봐라. ②'할머니'를 낮추어 일컫는 말. 노고(老姑). ⑧할아비.

할미-꽃[─꼳]冏 미나리아재비과의 다년초. 온몸에 짧은 털이 나고, 높이는 30~40 cm. 4월에 자줏빛 꽃 하나가 꽃줄기 끝에서 밑을 향하여 핌. 각지의 들이나 산에 나는데, 뿌리는 이질이나 학질·신경통의 민간약으로 쓰임. 노고초(老姑草)·백두옹(白頭翁). * 할미꽃이[─꼬치]·할미꽃만[─꼰─].

할미-새冏 할미샛과의 새를 통틀어 이르는 말. 대개가 긴 꼬리를 아래위로 쉴 새 없이 흔드는 습성이 있음. 물가에 삶.

할박(割剝)冏하타 ①가죽을 벗기고 살을 뱀. ②(탐관오리가) 백성의 재물을 강제로 빼앗는 짓. 박할(剝割).

할반(割半)冏하타 반을 베어 냄. 절반으로 나누어 뱀.

할반지통(割半之痛)冏 [몸의 절반을 베어 내는 아픔이란 뜻으로] '형제자매가 죽은 슬픔'을 이르는 말.

할보(割譜)冏하타되자 족보에서 이름을 지워 친족 관계를 끊음.

할복(割腹)冏하자 (죽으려고 칼로) 배를 가름. ¶할복하여 자결하다.

할복-자살(割腹自殺)[─짜─]冏하자 칼로 자기 배를 갈라 스스로 목숨을 끊음.

할부(割賦)冏하타 여러 번으로 나누어 냄. 〔연부(年賦)나 월부 따위.〕

할부-금(割賦金)冏 할부로 내는 돈.

할부^상환(割賦償還)冏 빚의 원금과 이자를 할부로 갚는 상환.

할부^판매(割賦販賣)冏 물건 값을 여러 번에 나누어 내도록 하는 판매 방식.

할선(割線)[─썬]冏 원이나 곡선과 두 점에서 만나는 직선. ⑧접선(接線).

할손-례(割損禮)[─쏜녜]冏 (유대 민족 사이에서) 남자가 태어나면 신체의 일부를 도려 내는 예식. ⑧할례.

할쑥-하다[─쑤카─]휑어 (얼굴이) 핏기가 없고 야위다. ㉧헐쑥하다. ㉱할쑥하다.

할아다타 〈옛〉 헐뜯다. ¶할아디 아니하며 毀ᄒ디 아니ᄒ며(金剛36).

할아버-님冏 〈할아버지〉의 높임말.

할아버지冏 ①아버지의 아버지. 조부(祖父). ⑧왕부(王父). ②'부모의 아버지와 같은 항렬의 남자'를 두루 일컫는 말. ③'늙은 남자'를 친근하게 일컫는 말. ⑧할아버님.

할아범冏 지난날, '신분이 낮은 늙은 남자나 신분이 낮은 사람의 할아버지'를 일컫던 말.

할아비冏 ①늙은 남자가 손자·손녀에게 자기 자신을 이르는 말. ②'할아버지'를 낮추어 일컫는 말. ⑧할미.

할암冏 〈옛〉 헐뜯음. ¶붓그러움과 할아몰 브릃가 저호미니(內訓1:2).

할애(割愛)冏하타되자 (아깝게 여기는 것을) 선뜻 내어 놓거나 버림. ¶바쁜 중에도 시간을 할애해 주셔서 감사합니다.

할양(割讓)冏하타 ①(물건의 한 부분을) 떼어 남에게 줌. ②(국토의 한 부분을) 떼어 다른 나라에 줌. ¶영토 할양의 치욕을 당하다.

할여(割輿)冏하타되자 베어 줌. 떼어 줌.

할육-충복(割肉充腹)冏하자 〔제 살을 베어 배를 채운다는 뜻으로〕 '친족의 재물을 빼앗음'을 이르는 말.

할은-단정(割恩斷情)冏하자 애틋한 사랑과 정을 끊음.

할인(割引)冏하타되자 ①(일정한 값에서) 얼마를 싸게 함. ¶할인 대매출. ↔할증. ②〈어음할인〉의 준말.

할인(割印)冏하타 두 쪽의 서류 따위가 서로 관련된 것임을 증명하기 위하여 양쪽에 걸치도록 하나의 도장을 찍음, 또는 그 도장. ⑧계인(契印).

할인-권(割引券)[─꿘]冏 할인을 나타내는 표.

할인-료(割引料)[─뇨]冏 ①어음의 액면과 할인하는 값의 차이. ②어음을 할인한 날부터 만기까지의 날수에 따라 떼어 내는 이자.

할인^모집법(割引募集法)[─뻡]冏 (공채나 주식 따위의 모집에서) 액면 금액보다 싼 할인 가격으로 모집하는 방법.

할인^발행(割引發行)冏 (공채나 주식 따위 증권을) 액면보다 싼값으로 발행하는 일. ↔할증발행.

할인^시:장(割引市場)冏 어음의 할인으로 단기 융자가 실시되는 금융 시장.

할인^어음(割引─)冏 할인하여 사들인 어음.

할인-율(割引率)[─뉼]冏 할인하는 비율.

할인-은행(割引銀行)冏 어음 할인 업무를 취급하는 은행. 〔보통의 은행은 모두 이 성격을 지니고 있음.〕

할인-점(割引店)冏 할인된 상품만을 전문적으로 판매하는 점포.

할일-없다휑 '하릴없다'의 잘못.

할접(割椄)[─쩝]冏 ⇨쪼개접.

할주(割註)[─쭈]冏 (본문 사이에) 두 줄로 잘게 단 주석.

할증(割增)[─쯩]冏하타되자 일정한 금액에 얼마를 더 얹음. ¶심야 할증 요금. ↔할인.

할증-금(割增金)[─쯩─]冏 ①일정한 금액에 얼마를 더 얹어 주는 돈. ②(채권 따위의 상환에서 추첨 등의 방법에 의하여) 여분으로 얹어 주는 돈.

할증-료(割增料)[─쯩뇨]冏 일정한 요금에 얼마를 더 받는 웃돈.

할증^발행(割增發行)[─쯩─]冏 (공채나 주식 따위 증권을) 액면보다 높은 값으로 발행하는 일. ↔할인 발행.

할짝-거리다[─꺼─]타 자꾸 할짝할짝하다. 할짝대다. ㉱할쭉거리다.

할짝-대다[─때─]타 할짝거리다.

할짝-할짝[─짜칵]튄하타 혀끝으로 자꾸 가볍게 핥는 모양. ㉱할쭉할쭉.

할쭉-거리다[─꺼─]타 자꾸 할쭉할쭉하다. 할쭉대다. ㉧할짝거리다.

할쭉-대다[─때─]타 할쭉거리다.

할쭉-하다[─쭈카─]휑어 살이 빠져서 좀 야위다. ㉧헐쭉하다. ㉱할쑥하다.

할쭉-할쭉[─쭈칵]튄하타 혀끝으로 자꾸 부드럽고 가볍게 핥는 모양. ㉧할짝할짝.

할창(割創)冏 법의학에서, '도끼 따위 둔기로 내리쳐서 생긴 창상(創傷)'을 이르는 말.

할취(割取)冏하타 (남의 것에서) 일부를 빼앗아 가짐.

할퀴다[타] ①(손톱 따위로) 긁어서 생채기를 내다. ¶고양이가 손등을 할퀴었다. ②휩쓸거나 스쳐 지나다. ¶수마(水魔)가 할퀴고 간 들판. ③'훔치다'의 변말.

할팽(割烹)[명][하타] 〔고기를 썰어서 삶는다는 뜻으로〕음식을 요리함, 또는 그 음식.

할할[부][하자] 숨이 차서 숨을 고르게 쉬지 못하는 모양. ⓑ헐떡.

핥다[할따][타] ①혀를 물건에 대고 빨아 맛보거나 물건 겉을 쓸어 들이다. ¶강아지가 빈 그릇을 핥고 있다. ②(물이나 불 따위가) 물체의 바닥이나 겉을 스치듯 지나다. ¶불길이 지붕을 핥으며 높이 치솟다. * 핥아·핥고[할꼬]·핥는[할른]

핥아-먹다[-따][타] 옳지 못한 수단으로 남의 것을 야금야금 빼앗다.

핥아-세다[타] 옳지 못한 수단으로 남의 물건을 단번에 빼앗아 가지다.

핥-이다[할치-][자] 〔'핥다'의 피동〕핥음을 당하다.
　　[Ⅱ타] 〔'핥다'의 사동〕핥게 하다. ¶강아지에게 죽사발을 핥이다.

핧다[타] (옛) 핥다. ¶쑹 무딕 우희 겨를 구버 할커늘[月釋9:35). /할홀 데:舐. 할홀 텀:舚(訓蒙下14].

함(咸)[명] 〈함괘(咸卦)〉의 준말.

함(函)[명] ①혼인 때, 혼서지와 채단 따위를 넣어 신랑 집에서 신부 집으로 보내는 상자. ②옷이나 물건을 넣어 두는 상자.

함(銜)[명] 자기의 이름자를 변형시켜서 만든 수결. **함을 두다**[관용] (글발의 이름 뒤에) 수결(手決)을 쓰다.

함(緘)[명] '봉함한다'는 뜻으로, 겉의 봉한 자리에 쓰거나 찍는 글자.

함(艦)[명] 〈군함(軍艦)〉의 준말.

함-(含)[접두] 화학에서, 어떠한 물질을 '함유하고 있음'을 나타내는 말. ¶함수 탄소.

함감(含憾)[명][하자] 원망의 뜻을 품음. 협감(挾憾). ¶함감의 글발.

함-거(檻車·艦車)[명] 지난날, 죄인을 호송할 때 쓰던 수레.

함고(咸告)[명][하타] 죄다 일러바침.

함괘(咸卦)[명] 육십사괘의 하나. 태괘(兌卦)와 간괘(艮卦)를 위아래로 놓은 괘. 산 위에 못이 있음을 상징함. ⓑ함(咸).

함:교(艦橋)[명] 군함의 양쪽 뱃전에 걸쳐 높게 설치한 갑판. 〔전투나 항해의 지휘대임.〕

함구(含垢)[명][하타] 욕됨을 참고 견딤.

함구(緘口)[명][하자] 입을 다물고 말을 하지 않음. 겸구(箝口). 함묵(緘默). →개구(開口).

함구-령(緘口令)[명] (어떤 일에 관하여) 말하는 것을 금지하는 명령. ¶그 일에 대하여는 함구령이 내렸다.

함구-무언(緘口無言)[명][하자] 입을 다물고 말이 없음. ¶끝내 함구무언이니, 내막을 알 수가 있나.

함구-물설(緘口勿說)[-썰][명][하타] ☞겸구물설.

함구불언(緘口不言)[명][하자] 입을 다물고 말을 하지 아니함. ¶협상의 결과에 대해 함구불언으로 일관하다.

함께[부] 같이. 더불어. 동시에. 《주로, '…과 함께'의 꼴로 쓰임.》 ¶평생 함께 살자꾸나. /친구와 함께 밤새 공부했다.

함께-하다[타][여] 같이하다. ¶고락(苦樂)을 함께하다. /생사를 함께할 동지(同志).

함:-닉(陷溺)[명][하자] ①(물속에) 빠져 들어감. ②(주색 따위) 못된 일에 빠짐.

함:-담(菡萏)[명] 〔연꽃이나 연꽃 봉오리란 뜻으로〕'미인의 아름다운 얼굴'을 비유하여 이르는 말.

함당-률(含糖率)[-뉼][명] 함유된 당분의 비율.

함:-대(艦隊)[명] 군함 두 척 이상으로 편성한 해군 부대.

함:대-공(艦對空)[명] 〔주로, 유도탄의 기능을 나타내는 말로서〕군함에 설치하여 공중에 있는 것을 상대함. ¶함대공 미사일.

함도(鹹度)[명] 바닷물에 들어 있는 소금의 양(量). 〔1000g에 대한 몇 g으로 나타냄.〕

함독(含毒)[명][하자] 독기나 독한 마음을 품음.

함:-락(陷落)[-낙][명][되자] ①[하자](땅이) 꺼져서 내려앉음. ②[하타]성(城)이나 요소(要所) 따위를 무너뜨림. ¶적의 요새를 함락하다.

함:락^지진(陷落地震)[-낙찌-][명] ☞함몰 지진.

함:락-호(陷落湖)[-나코][명] ☞함몰호.

함량(含量)[-냥][명] 어떤 물질 속에 성분으로 포함되어 있는 분량. 함유량. ¶함량 부족.

함련(頷聯)[-년][명] 한시의 율시(律詩)에서, 제3,4구. 곧, 제2연. 전련(前聯). ⓑ수련·경련.

함:령(艦齡)[-녕][명] 군함을 만든 후의 햇수. 군함의 나이. ⓑ선령(船齡).

함:-롱(函籠)[-농][명] ①함(函)과 농(籠). ②(옷을 넣는) 함처럼 생긴 농.

함루(含淚)[-누][명][하자] 눈물을 머금음.

함:-루(陷壘)[-누][명][하타][되자] ①진루(陣壘)가 함락됨. ②진루를 함락함.

함매(銜枚)[명] 지난날, 군졸들이 떠들지 못하도록 입에 하무를 물리던 일.

함:몰(陷沒)[명][하자][되자] ①(땅속이나 물속으로) 한번에 쏙 빠짐. ②(재난을 당하여) 멸망함. ③(두개골이나 유두 따위 신체 부위가) 푹 꺼짐. ¶유두가 함몰되어 수유를 못하다.

함:몰-만(陷沒灣)[명] 지층의 함몰로 생긴 만. ↔계단만.

함:몰^지진(陷沒地震)[명] 지층이 함몰할 때에 일어나는 지반의 진동. 함락 지진.

함:몰-호(陷沒湖)[명] 지층이 함몰하거나 침하한 자리에 이루어진 호수. 함락호.

함묵(含默)[명][하자] 입을 다물고 가만히 있음.

함묵(緘默)[명][하자] 입을 다물고 말을 하지 아니함. 함구(緘口). ¶억년 비정의 함묵.

함미(鹹味)[명] 짠맛.

함:미(艦尾)[명] 군함의 고물. ↔함수(艦首).

함:미-포(艦尾砲)[명] 군함의 뒤쪽 끝에 장치한 포. ↔함수포.

함바기[명] 새모래덩굴과의 활엽 만목(蔓木). 넓은 달걀 모양의 잎이 어긋나며 잎자루가 긺. 7~8월에 연한 녹색의 꽃이 피며, 둥근 핵과가 주홍색으로 익음. 제주도를 비롯하여 일본·중국·필리핀·인도 등지의 바닷가 산기슭에 남. 뿌리는 한방에서 복통·감기·설사에 약재로 쓰고, 줄기로는 광주리 따위를 만듦.

함-박(含▽)[명] 〈함지박〉의 준말.

함박-꽃[-꼳][명] ①함박꽃나무의 꽃. ②작약(芍藥) 또는 작약의 꽃. * 함박꽃이[-꼬치]·함박꽃만[-꼰만]

함박꽃-나무[-꼰-][명] 목련과의 낙엽 소교목. 깊은 산골짜기에 나는데, 관상용으로 심기도 함. 높이는 7m가량. 잎은 길둥글며 뒷면에 털이 있음. 5~6월에 향기 있는 흰 꽃이 아래 또는 옆을 향해 핌.

함박-눈[-방-]圀 함박꽃 송이처럼 굵고 탐스럽게 내리는 눈.

함박-삭모(-槊毛)[-쌍-]圀 말 머리를 꾸미는 붉은 털.〔함박꽃처럼 탐스럽게 만듦.〕❸삭모·상모(象毛).

함박-송이[-쏭-]圀 ①함박꽃의 송이. ②더부룩하게 만든 삭모(槊毛).

함박-웃음圀 크고 환하게 웃는 웃음.

함박-조개[-쪼-]圀 개량조갯과의 바닷조개. 길이 9.5 cm, 너비 5.3 cm가량으로 함지박 모양임. 강어귀의 수심 10 m 정도의 모래땅에 삶. 우리나라 동해안과 남해안 및 일본의 홋카이도 등지에 분포함.

함:보(函褓)[-뽀]圀 함을 싸는 보자기.

함봉(緘封)圀㉠㉣ 겉봉을 봉함. ↔개봉.

함부로圀 마음대로 마구. 생각 없이 마구. ¶길거리에 담배꽁초를 함부로 버리다. ②버릇없이. ¶좀 친해졌다고 함부로 굴다.

함부로-덤부로圀 '함부로'의 힘줌말. ¶작은 일도 함부로덤부로 처리하지 마라.

함분(含憤)圀㉯ 분한 마음을 품음.

함분-축원(含憤蓄怨)圀㉯ 분함을 품고, 원한을 쌓음.

함빡圀 ①(분량 따위가) 모자람이 없이 넉넉한 모양. ¶맑은 공기를 함빡 들이마시다. ②(물 따위가) 내배도록 젖은 모양. ¶땀에 함빡 젖다. ⑪함씬. ⓒ흠뻑.

함:상(艦上)圀 군함의 위.

함:상-기(艦上機)圀 ☞함재기.

함석圀 아연을 입힌 얇은 철판. 백철. 아연철. 함석철. ❸양철.

함석-꽃[-꼳]圀 (놋쇠 따위를 녹일 때에) 도가니에서 연기 같은 기운이 나가서 굴뚝 따위에서려 붙은 물건. 긁어모은 가루를 약으로 씀. 연화분(鉛華粉). * 함석꽃이[-꼬치]·함석꽃만[-꼰-]

함석-지붕[-찌-]圀 함석으로 이은 지붕.

함석-집[-찝]圀 함석으로 지붕을 이은 집.

함석-철(-鐵)圀 함석으로 된 철판.

함석-판(-板)圀 함석으로 된 평판(平板).

함:선(艦船)圀 '군함과 선박'을 아울러 이르는 말.

함:성(陷城)圀㉠㉣ 성이 함락됨. 성을 쳐서 함락시킴.

함:성(喊聲)圀 여럿이 함께 지르는 고함 소리. ¶승리의 함성이 천지를 뒤덮다.

함셈^어:족(Ham-Sem語族)圀 세계 언어 분류의 한 가지. 함 어족과 셈 어족을 아울러 이르는 말.

함소(含笑)㉰ ①웃음을 머금음. ②꽃이 피기 시작함.

함수(含水)㉰ (화합물 따위가) 수분을 포함하고 있음.《주로, 관형어적으로 쓰임.》¶함수 규산.

함수(含羞)㉰ 수줍은 빛을 띰.

함수(含漱)㉰ 양치질을 함.

함:수(函數)[-쑤]圀 두 변수 x와 y 사이에, x의 값이 정해짐에 따라 y의 값이 정해지는 관계에서 x에 대하여 y를 이르는 말. 따름수.

함수(鹹水)圀 짠물. ↔담수(淡水).

함:수(艦首)圀 군함의 이물. ↔함미(艦尾).

함수^결정(含水結晶)[-쩡]圀 수분을 함유하고 있는 결정.

함:수-론(函數論)[-쑤-]圀 수학의 한 분야. 변수(變數)나 함숫값이 복소수인 함수에 대하여 연구하는 학문.

함:수^방정식(函數方程式)[-쑤-]圀 미지 함수를 포함하는 방정식.〔미분 방정식 따위.〕

함수-어(鹹水魚)圀 ☞짠물고기.

함수-제(含漱劑)圀 (입 안이나 목구멍에 병이 났을 때) 입에 머금어서 씻어 내는 물약.

함수-초(含羞草)圀 ☞미모사.

함수^탄:소(含水炭素)圀 ☞탄수화물.

함:수-포(艦首砲)圀 군함의 뱃머리에 장치한 포. ↔함미포(艦尾砲).

함:수-표(函數表)[-쑤-]圀 한 가지 또는 몇 가지의 함수에 관하여 그 독립 변수의 여러 값에 대한 함수의 값을 적어 보여, 실지의 계산에 쓰도록 한 표.〔대수표(對數表)나 삼각표 따위.〕

함:수-호(鹹水湖)圀 짠물이 괴어 있는 호수. 염호(鹽湖). ㉣함호. ↔담수호.

함수^화(含水化合物)[-함-]圀 ☞수화물(水化物).

함:-값(函數-)[-쑤갑~쏟갑]圀 독립 변수의 값에 대응하는 종속 변수의 값. * 함:숫값이[-쑤갑씨~쏟갑씨]·함:숫값만[-쑤깜~쏟깜-]

함:실圀 부넘기가 없이 불길이 그냥 고래로 들어가도록 된 아궁이의 구조.

함:실-구들圀 함실로 된 구들.

함:실-방(-房)[-빵-]圀 함실구들을 놓은 방.

함:실-아궁이圀 함실구들의 아궁이.

함:실-코圀 푹 빠져서 입천장과 맞뚫린 코, 또는 그러한 코를 가진 사람.

함:실-함실圀㉯ (지나치게 삶기어) 물크러질 정도로 된 모양. ㉣흠실흠실.

함씨(咸氏)圀 남을 높이어 그의 '조카'를 이르는 말.

함씬圀 ①(정도가 차고도 남을 만큼) 넉넉하게. ②물에 폭 젖은 모양. ¶갑자기 비가 내려 함씬 젖었다. ⑪함빡. ⓒ흠씬.

함양(涵養)㉰㉣ ①(자연스럽게 터득하도록) 차차 길러 냄. ②(학식을 넓혀서) 심성(心性)을 닦음. 함육(涵育). ¶도덕심의 함양.

함양-훈도(涵養薰陶)㉰㉣ (사람을) 가르치고 이끌어 재덕(才德)을 이루도록 감화함.

함^어:족(Ham語族)圀 북아프리카에서 쓰이는 이집트 어, 리비아·베르베르 어, 쿠시 어, 콥트 어 등을 통틀어 이르는 어족.

함영(涵泳)㉰㉯ ☞무자맥질.

함:영(艦影)圀 군함의 모습.

함:원(含怨)㉰㉯ 원한을 품음.

함유(含有)㉰㉣㉯ (어떤 물질이 어떤 성분을) 포함하고 있음. ¶비타민이 함유된 음료수.

함유(含油)㉰㉯ 석유가 들어 있음.

함유-량(含有量)圀 함유하고 있는 분량. 함량. ¶철분 함유량.

함유-층(含油層)圀 석유를 함유하고 있는 지층.

함유^혈암(含油頁岩)圀 ☞석유 혈암.

함육(涵育)㉰㉣ ☞함양(涵養).

함의(含意)[하미/하믜]㉰㉯ 말이나 글 속에 어떠한 뜻이 포함되어 있음, 또는 그 뜻. ¶함의를 파악하다. /함의된 의미를 찾아내다.

함인(含忍)㉰㉯ 참고 견딤.

함:-입(陷入)圀㉣㉯ 빠짐. 빠져 들어감.

함자(銜字)[-짜-]圀 남을 높이어 그의 '이름'을 이르는 말. ¶부친의 함자가 어떻게 되십니까? ⑪성함.

함:장(函丈)圀 ①스승. ②편지 글에서, 받는 사람의 이름 아래에 써서 경의를 나타내는 말.〔스승과의 관계에서 존경을 표하거나 가까이 모신다는 뜻으로 한 장(丈)의 여지를 둔 데서 유래함.〕

함:장(艦長)명 군함 및 승무원을 지휘·통솔하는 직위, 또는 그 직위에 있는 사람.

함:재(艦載)명하타되자 군함에 실음.

함:재-기(艦載機)명 항공모함 등 군함에 실린 항공기. 함상기.

함:적(艦籍)명 군함이 소속하는 적(籍).

함:정(陷穽·檻穽)명 ①(짐승을 잡으려고) 파 놓은 구덩이. 허방다리. ¶ 멧돼지가 함정에 걸려들다. ②벗어날 수 없는 곤경이나 계략. ¶ 적의 함정에 빠지다.

함:정(艦艇)명 크고 작은 군함을 통틀어 이르는 말.

함:정^수사(陷穽搜査)명 수사 기관이 미리 함정을 만들어 놓고 범죄를 유도하여 범인을 체포하는 수사 방법. 마약 단속법에서는 이를 허용함.

함종-률(咸從栗)[-뉼]명 평안남도 함종 지방에서 나는 밤. 맛이 달고 껍데기와 보늬가 얇음.

함:중(陷中)명 신주(神主) 뒤쪽에 네모꼴로 파낸 부분. 〔여기에 죽은 이의 관직(官職)·별호(別號)·성명 따위를 적음.〕

함지명 ①나무로 네모지게 짜서 만든 그릇. 운두가 좀 깊고 밑은 좁으며 위가 넓음. ②〈함지박〉의 준말. ③광산에서, 복대기나 감흙을 물에 일어서 금을 잡는 그릇.

함지(咸池)명 옛날, 해가 지는 곳이라고 믿었던 서쪽의 큰 못. ↔양곡(暘谷).

함:지(陷地)명 옴쑥 꺼진 땅.

함지-박명 통나무를 파서 큰 바가지같이 만든 전이 없는 그릇. ㈜함박·함지.

함지-방(-房)명 한번 들어가면 나올 수 없게 되어 있는 방.

함:지사지(陷之死地)명하자 목숨이 위태로운 지경에 빠짐.

함지-질(陷地-)명하자 광산에서, 복대기나 감흙을 함지로 일어서 금을 잡는 일.

함지-탕명 함지질을 하고 난 복대기.

함:진-아비(函-)명 혼인 때, 신부 집으로 함을 지고 가는 사람.

함채(鹹菜)명 소금에 절인 채소.

함:척(函尺)명 높낮이를 잴 때, 시준선(視準線)을 받는 자.

함철(含鐵)명하자 쇠가 들어 있음.

함초롬-하다형 (어떤 기운이 서리어 있거나 물기를 머금고 있어) 차분하고 곱다. **함초롬-히**튀 ¶ 꽃은 함초롬히 아침 이슬을 머금고….

함축(含蓄)명하타되자 ①속에 간직하여 드러나지 아니함. ②풍부한 내용이나 깊은 뜻이 들어 있음. ¶ 인생의 참뜻을 함축한 시편.

함축-미(含蓄美)[-축-]명 (겉으로 드러내지 않고) 속에 간직하고 있는 아름다움.

함축-성(含蓄性)[-썽]명 (말이나 글 중에) 어떤 뜻을 함축되어 있는 성질.

함축-적(含蓄的)[-쩍]관명 (겉으로 드러내지 않고) 속에 간직하는 것(것). ¶ 함축적인 의미. /함축적인 표현.

함치르르튀하형 깨끗하고 윤이 반들반들 나는 모양. ¶ 함치르르한 검은 머리. 흰홈치르르.

함탄(含炭)명하자 석탄이 들어 있음.

함:포(艦砲)명 군함에 장치한 포. ¶ 함포 사격.

함포-고복(含哺鼓腹)명하자 〔실컷 먹고 배를 두드린다는 뜻에서〕 '배불리 먹고 삶을 즐기는 평화로운 모습'을 이르는 말.

함:-하다(陷-)자여 ①(바닥이) 우묵하다. ②(기운이) 까라져 있다.

함하-물(頷下物)명 남이 먹다 남은 찌꺼기. 턱찌끼.

함함(頷頷)'함함(頷頷)하다'의 어근.

함함-하다(頷頷-)형여 (털 따위가) 보드랍고 윤기가 있다. ¶ 털이 함함한 고양이. **함함-히**튀.

함함-하다(頷頷-)형여 몹시 굶주려 부황이 나서 누르퉁퉁하다. **함함-히**튀.

함:해(陷害)명하타 (남을) 재해에 빠지게 함.

함혐(含嫌)명하타 ①언짢은 마음을 품음. ②혐의를 품음.

함:형(艦型)명 군함의 형태, 또는 종류.

함호(含糊)명하자 ①(말을) 우물거리며 모호하게 함. ②뚜렷한 태도가 없이 우물쭈물하며 결단을 못 내림.

함호(鹹湖)명 '함수호(鹹水湖)'의 준말.

함흥-차사(咸興差使)명 〔한번 가기만 하면 감감소식이라는 뜻으로〕 심부름을 가서 아주 소식이 없거나 더디 올 때에 쓰는 말. 〔조선의 태조 이성계가 함흥에 가 있으므로 아들 태종이 보낸 차사들을 모두 돌려보내지 않았던 고사에서 유래함.〕

합(合)Ⅰ명 ①여럿을 한데 모은 수. ¶ 합이 얼마냐?/1과 2의 합은 3이다. ②헤겔의 변증법에서, 논리 전개의 세 단계의 하나. 종합의 뜻. ㈜정반합(正反合). ③천문학에서, 행성과 태양이 황경(黃經)을 같이할 때를 이르는 말. Ⅱ의 칼이나 창으로 싸울 때, 칼이나 창이 서로 마주치는 횟수를 세는 단위.

합(盒)명 음식을 담는 그릇의 한 가지. 운두가 그리 높지 않고 둥글넓적한데, 뚜껑이 있음.

합가(闔家)[-까]명 온 집안 식구. 합가족.

합각(合刻)[-깍]명하타 둘 이상의 책을 한데 합쳐서 한 책으로 간행함, 또는 그 책.

합각(合閣)[-깍]명 지붕의 위쪽 양옆에 박공(博栱)으로 'ㅅ'자 모양을 이룬 구조.

합각(蛤殼)[-깍]명 조가비. 조개껍데기.

합각-마루(合閣-)[-깍-]명 박공(博栱)의 위에 있는 마루.

합각-머리(合閣-)[-깍-]명 합각이 있는 측면.

합격(合格)[-껵]명하자되자 ①(정하여진) 격식이나 조건에 맞음. ¶ 그만한 성품이라면 며느릿감으로는 합격이다. ②(채용이나 자격 시험 따위에) 붙음. ¶ 사법 고시에 합격하다. ②↔낙방·불합격.

합경(合慶)[-경]명 경사스러운 일이 겹침.

합계(合計)[-계/-께]명하타되자 (수나 양을) 합하여 셈함, 또는 그 수나 양. 합산. ¶ 합계를 내다. ㈜총계. ㈜소계.

합계(合啓)[-계/-께]명하타 조선 시대에, 사간원이나 사헌부·홍문관 중의 두세 군데서 연명(連名)으로 올리던 계사(啓辭).

합곡(合谷)[-꼭]명 한방에서, 침을 놓는 자리의 하나. 엄지손가락과 집게손가락과의 사이.

합국(合局)[-꾹]명 풍수지리에서, 혈(穴)과 사(砂)가 합하여 이루어진 '썩 좋은 묏자리나 집터'를 이르는 말.

합군(合郡)[-꾼]명하타 군(郡)을 합침.

합궁(合宮)[-꿍]명하자 부부간의 성교.

합근(合卺)[-끈]명하자 ①전통 혼인식에서, 신랑 신부가 잔을 주고받음, 또는 그런 절차. ②'혼례식을 거행함'을 이르는 말.

합금(合金)[-끔]명하자타 하나의 금속에 성질이 다른 금속이나 비금속을 첨가하여 새로운 성질의 금속을 만듦, 또는 그렇게 만든 금속. 〔강철·놋쇠 따위.〕 합성금(合成金).

합금 (合衾) [-끔] 圏하자 (남녀가) 한 이불 속에서 잠. [흔히, 남녀의 정사를 이름.]

합금-강 (合金鋼) [-끔-] 圏 강철이나 탄소 이외의 합금 원소를 섞어 만든 강(鋼). 특수강.

합기-도 (合氣道) [-끼-] 圏 무술의 한 가지. 관절 지르기와 급소 지르기가 특기인 호신술로, 맨손으로도 하고 검이나 단검·몽둥이·창 따위를 쓰기도 함.

합내 (閤內) [합-] 圏 편지 글에서, 상대편을 높이어 그의 '가족'을 이르는 말.

합다리-나무 [-따-] 圏 나도밤나뭇과의 낙엽 교목. 높이 10 m가량으로 자라고 가지가 굵으며 어릴 때는 황갈색의 털이 있음. 9〜15개의 달걀꼴이나 타원형의 작은 잎이 어긋맞게 나며, 6월에 흰 꽃이 원추 화서로 핌. 산기슭의 양지에 나는데, 우리나라의 중부 이남과 일본 남부, 대만 등지에 분포함.

합당 (合當) '합당하다'의 어근.

합당 (合黨) [-땅] 圏하자되자 당(黨)을 합침.

합당-하다 (合當-) [-땅-] 圏여 꼭 알맞다. ¶ 부모님의 뜻에 합당한 결혼을 하다.

합독 (合櫝) [-똑] 圏하타 부부의 신주(神主)를 한 주독(主櫝) 안에 모심, 또는 그 주독. ↔비合독.

합동 (合同) [-똥] 圏 ①하자되자 (둘 이상이) 모여 하나가 되거나, 모아서 하나로 함. ¶ 합동 연설회. ②수학에서, 어떤 두 도형의 모양이나 크기를 바꾸지 않고 그 위치만을 변화시켰을 때 겹치게 할 수 있는 두 도형의 관계를 이르는 말. [기호는 ≡]

합동 (合洞) [-똥] 圏하타되자 동네를 합침.

합동-결혼식 (合同結婚式) [-똥-] 圏 한 사람의 주례로, 한자리에서 여러 쌍의 신랑·신부가 함께 치르는 결혼식.

합동^법률^사:무소 (合同法律事務所) [-똥별눌-] 圏 (대개 3〜5인, 또는 그 이상의 변호사가) 합동하여 설립한 법률 사무소.

합동^작전 (合同作戰) [-똥-쩐] 圏 육·해·공군부대 중 둘 이상의 군부대가 참가하는 작전.

합동^참모^본부 (合同參謀本部) [-똥-] 圏 군령(軍令)에 관한 일에 대하여 국방부 장관을 보좌하는 국방부의 한 기관.

합동^참모^회:의장 (合同參謀會議長) [-똥-회의-/-똥-훼이-] 圏 합동 참모 회의의 장. 국방부 장관을 보좌하며 합동 참모 본부의 사무를 통할함. ② 합참 의장.

합-뜨리다 (合-) 圉 아주 합치다. 합트리다.

합력 (合力) [합녁] 圏 ①하자 (흩어진) 힘을 한데 모음, 또는 그 힘. ②물리에서, 동시에 작용하는 둘 이상의 힘이 하나로 모아져 나타나는 힘. 합성력. ②↔분력(分力).

합례 (合禮) [함녜] 圏하자 신랑 신부가 한 이불 속에 자며 처음 첫날밤을 치름. 정례(正禮). ②예절에 맞음.

합로 (合路) [함노] 圏하자 (둘 이상의) 길이 한데 합함, 또는 그렇게 합한 길.

합류 (合流) [함뉴] 圏하자되자 ①(둘 이상의 흐름이) 한데 합하여 흐름. 회류(會流). ¶ 작은 물줄기가 큰 강과 합류하는 지점. ②(나뉘어 있다가, 또는 일정한 목적을 위하여) 합하여서 행동을 같이함. ¶ 선발대와 합류하다.

합류식 하:수도 (合流式下水道) [함뉴시카-] 빗물이나 하수를 함께 흘려 보내는 하수도.

합류-점 (合流點) [함뉴쩜] 圏 ①합류하는 지점. ②합류하는 계기.

합리 (合理) [함니] 圏하형 이치에 맞음.

합리-론 (合理論) [함니-] 圏 ☞합리주의(合理主義).

합리-성 (合理性) [함니썽] 圏 ①도리에 맞는 성질. ②논리의 법칙이나 과학적 인식에 들어맞는 성질. ③행위가 능률적으로 행하여지거나 사태가 목적에 적합한 성질. ↔비합리성.

합리-적 (合理的) [함니-] 관圏 ①도리에 맞아 정당한 (것). ②논리적으로 필연성에 들어맞는 (것). ¶ 합리적 사고방식. ↔비합리적.

합리적 자애 (合理的自愛) [함니-짜-] 이성을 세계관이나 인생관의 중추로 하여, 전제로서의 자아를 영속적인 만족의 추구 속에 두는 일.

합리-주의 (合理主義) [함니-의/함니-이] 圏 (도리나 이성·논리가 일체를 지배한다는 관점에서) 사물을 합리적으로 분별하려는 주의나 태도. 합리론. 유리론(唯理論).

합리-화 (合理化) [함니-] 圏하타되자 ①불합리를 없애고 능률적으로 되게 함. ¶ 경영 합리화. ②(변명이나 정당화를 위하여) 그럴듯한 이유를 붙여 둘러맞춤. ¶ 자기 합리화에만 급급하다.

합명 (合名) [합-] 圏하타 ①이름을 모아서 죽씀. ②(공동으로 책임을 지기 위하여) 이름을 같이 씀.

합명^회:사 (合名會社) [합-회-/합-훼-] 圏 모든 사원이 업무를 집행하고 대표하며 무한 책임을 지는 회사.

합목 (合木) [합-] 圏하자 (나무로 물건을 만들 때) 나뭇조각을 마주 붙이는 일.

합-목적 (合目的) [합-쩍] 圏 목적에 맞음.

합목적-성 (合目的性) [합-쩍썽] 圏 어떤 사물이 일정한 목적에 알맞은 방법으로 존재하는 것.

합문 (閤門) [합-] 圏 ①편전(便殿)의 앞문. ②밖으로 드러나지 않는 출입문. 각문(閣門).

합문 (闔門) [합-] 圏 ①(문을 닫는다는 뜻으로) 온 집안(의 식구). 거가(擧家). ②제사 때 유식(侑食) 차례에서, 병풍으로 가리거나 문을 닫는 일.

합반 (合班) [-빤] 圏하자되자 둘 이상의 학급을 합침, 또는 그 합친 반. ¶ 합반 수업.

합방 (合邦) [-빵] 圏하자타되자 둘 이상의 나라를 하나로 합침, 또는 그 합친 나라.

합방 (合房) [-빵] 圏하자 성인 남녀가 함께 잠을 자거나 방사(房事)를 하기 위하여 한방에 듦, 또는 그 일.

합-배뚜리 (盒-) [-빼-] 圏 덮개가 딸린 바탱이.

합번 (合番) [-뻔] 圏하자 지난날, 나라에 큰일이 있을 때 관원 여럿이 모여 숙직하던 일. 합직(合直).

합법 (合法) [-뻡] 圏 법령이나 규칙에 맞음. 적법. ↔불법·비합법·위법.

합법-성 (合法性) [-뻡썽] 圏 ①(행위 따위가) 법의 규범에 어긋나지 않은 성질. ②(어떤 현상이) 일정한 법칙에 따라 일어나는 성질.

합법^운:동 (合法運動) [-뻡분-] 圏 합법적으로 하는 사회 운동.

합법-적 (合法的) [-뻡쩍] 관圏 법률·법규 따위에 맞는 (것). ¶ 합법적 단체. / 문제를 합법적으로 해결하다. ↔비합법적.

합법-화 (合法化) [-뻡콰] 圏하타되자 법령이나 법규 따위에 맞도록 함.

합병 (合兵) [-뼝] 圏하타 둘 이상의 부대를 한 부대로 합침, 또는 그 합친 부대.

합병 (合倂) [-뼝] 圏하자타되자 (둘 이상의 사물이나 조직을) 하나로 합침, 또는 합쳐. 병합. ¶ 두 은행을 합병하다.

합병-증(合倂症)[-뼝쯩]圀 어떠한 병에 곁들여 일어나는 다른 병. 객증(客症). 여병(餘病). ¶당뇨병에 합병증이 생기다.

합보(合褓)[-뽀]圀 밥상을 덮는 겹보자기의 한 가지. 한쪽 면에 기름종이를 대고 다른 쪽 면에 천을 대어 박아 만듦.

합-보시기(盒-)[-뽀-]圀 뚜껑이 있는 보시기.

합본(合本)[-뽄]圀 ①하타(여러 권의 책을) 합쳐서 한 권으로 맴, 또는 그 책. ②하자 ☞합자(合資).

합부(合祔)[-뿌]圀하타되자 ☞합장(合葬).

합-부인(閤夫人)[-뿌-]圀 상대편을 높이어 그 '아내'를 이르는 말. 웬현함(賢閤).

합빙(合氷)[-삥]圀하자되자 강물이 양쪽 끝까지 얼어붙음, 또는 그 얼음.

합사(合沙)[-싸]圀하자 (어린 인삼을 기르는) 흙을 황토와 섞는 일.

합사(合祀)[-싸]圀하타되자 (둘 이상의 죽은 사람의 넋을) 한곳에 모아 제사함.

합사(合絲)[-싸]圀하타 실을 여러 가닥 겹쳐서 드림, 또는 그 드린 실.

합사-묘(合祀廟)[-싸-]圀 ①합사하는 묘당(廟堂). ②'문묘(文廟)'를 달리 이르는 말.

합-사발(盒沙鉢)[-싸-]圀 뚜껑이 있는 사발.

합-사주(合四柱)[-싸-]圀 (혼인하기 전에) 신랑 신부가 될 사람의 사주를 맞추어 봄.

합삭(合朔)[-싹]圀 달이 지구와 해 사이에 들어가 일직선이 되는 때. 준삭(朔).

합산(合算)[-싼]圀하타되자 합하여 셈함. 합계(合計). ¶한 달 교통비를 합산하다.

합-산적(合散炙)[-싼-]圀 닭·꿩·쇠고기 등을 잘게 다져서 반대기를 지어 구운 산적.

합살-머리[-쌀-]圀 소의 양(胖)의 벌집위에 붙은 고기. 횟감으로 쓰임.

합생-웅예(合生雄蕊)[-쎙-]圀 (여럿이 한데 엉키어) 한 덩어리가 된 수꽃술.

합석(合席)[-썩]圀하자 한자리에 같이 앉음.

합선(合線)[-썬]圀하자되자 음·양의 두 전기의 선이 한데 붙음. ¶전기 합선으로 불이 나다.

합설(合設)[-썰]圀하타 ①한곳에 합치어 설치함. ②제례에서, 배위(配位)를 함께 모심. 웬단설(單設).

합섬(合纖)[-썸]圀 〈합성 섬유〉의 준말.

합성(合成)[-쎙]圀하타되자 ①둘 이상이 합하여 하나가 되거나 하나를 만듦. ¶사진 합성. ②화학 원소로 화합물을 만들거나, 간단한 화합물에서 복잡한 화합물을 만드는 일. ③벡터나 힘 따위와 같이 방향성(方向性)이 있는 양(量)을 둘 이상 합치는 일. ④(생물이) 탄산가스에서 유기 화합물을 만드는 일. ②↔분석(分析)·분해.

합성^고무(合成-)[-쎙-]圀 (여러 가지 화학 물질을) 합성하여 만든 고무. 〔실리콘·우레탄·폴리클로로프렌 고무 따위.〕 인조 고무.

합성^국가(合成國家)[-쎙-까]圀 둘 이상의 국가 또는 자치 정부를 가진 주(州) 따위가 합쳐서 성립된 국가. 〔연방이나 합중국 따위.〕

합성-금(合成金)[-쎙-]圀 ☞합금(合金).

합성^답:배(合成-)[-쎙-]圀 셀룰로오스 유도체와 칼슘·마그네슘염·진흙 따위를 담뱃잎에 섞어서 만든 대용 담배.

합성-력(合成力)[-썽녁]圀 ①둘 이상의 힘이 합하여진 힘. ②합력(合力).

합성-물감(合成-)[-쎙-깜]圀 인공적으로 합성하여 만든 물감. 합성염료.

합성-법(合成法)[-쎙뻡]圀 실질 형태소끼리 결합시켜 합성어를 만드는 단어 형성법.〔작은형·날짐승·굶주림·손쉽다 따위.〕 웬파생법.

합성^사진(合成寫眞)[-쎙-]圀 ☞몽타주 사진.

합성^석유(合成石油)[-쎙-]圀 석유 원유 이외의 원료를 가공하여 얻는 액체 연료. 천연가스나 석탄·혈암 따위에서 얻어짐.

합성^섬유(合成纖維)[-쎙-]圀 (석탄이나 석유·카바이드 따위를 원료로 하여) 화학적으로 합성하여 만든 섬유.〔나일론·비닐론·폴리에스테르 따위.〕 준합섬. 웬화학 섬유.

합성^세:제(合成洗劑)[-쎙-]圀 (석유계 탄화수소 따위를) 화학적으로 합성하여 만든 세제.

합성-수(合成數)[-쎙-]圀 1 이외의 소수(素數)가 아닌 정수.〔소수의 곱으로 분해할 수 있는 4·6·8·9·30 따위.〕 복합수. 비소수(非素數).

합성-수지(合成樹脂)[-쎙-]圀 화학적으로 합성하여 만든 수지 모양의 고분자 화합물을 통틀어 이르는 말.〔염화비닐 수지·요소 수지·폴리에틸렌 따위.〕 ↔천연수지.

합성-어(合成語)[-쎙-]圀 복합어의 한 갈래. 둘 이상의 실질 형태소가 어울려 이루어진 단어.〔집안·높푸르다 따위.〕 웬단일어·복합어·파생어.

합성-염료(合成染料)[-쎙념뇨]圀 ☞합성물감.

합성-음(合成音)[-쎙-]圀 ①두 낱자가 어울려 된 소리. ②여러 가지 진동수의 음파를 전기적으로 합성하여 음향으로 바꾼 음.〔전자 음악의 바탕이 됨.〕

합성-주(合成酒)[-쎙-]圀 (양조 과정을 거치지 않고) 알코올에 여러 가지 성분을 섞어 만든 술.

합성-지(合成紙)[-쎙-]圀 합성수지를 필름 상태로 가공하여 표면을 종이처럼 인쇄할 수 있게 처리한 것.

합성^진:자(合成振子)[-쎙-]圀 ☞복진자.

합성^품:종(合成品種)[-쎙-]圀 ☞복성종.

합성^향료(合成香料)[-쎙-뇨]圀 (석유나 콜타르 제품 따위를) 화학적으로 합성하여 만든 향료. ↔천연 향료.

합세(合勢)[-쎄]圀하자 흩어져 있는 세력을 한데 모음. ¶육군과 공군이 합세하여 적진을 공격했다.

합솔(合率)[-쏠]圀하자 (따로 살던 집안 식구나 친족이) 한집에서 같이 삶.

합쇼-체(-體)[-쏘-]圀 상대 높임법 중 격식체의 하나. 상대편을 가장 높이는 뜻을 나타냄.〔가나이다·오소서·합니다·큽니까 따위.〕 아주높임. 하소서체.

합쇼-하다[-쏘-]자여 합쇼체의 말씨를 써서 말하다. 준합시오하다.

합수(合水)[-쑤]圀하자되자 (두 갈래 이상의) 물이 한데 모여 흐름, 또는 그 물.

합수-머리(合水-)[-쑤-]圀 합수가 되는 지점.

합수-치다(合水-)[-쑤-]자 몇 갈래의 물이 한데 합치다.

합숙(合宿)[-쑥]圀하자 (여러 사람이) 한곳에서 묵음. ¶합숙 훈련.

합숙-소(合宿所)[-쑥쏘]圀 (여러 사람이) 한데 묵을 수 있는 곳. ¶국가 대표 선수 합숙소.

합승(合乘)[-씅]圀하자되자 ①(차를) 여러 사람이 함께 탐, 또는 그 차. 승합. ②다른 승객이 있는 택시를 함께 탐.

합시오-하다[-씨-]자여 〈합쇼하다〉의 본딧말.

합심(合心)[-씸]圀하자 (두 사람 이상이) 마음을 한데 합함. ¶합심 노력. 웬협심.

합안(闔眼)**몡**<u>하타</u> (남의 잘못을 보고) 눈감아 모른 체함.

합연(合演)**몡**<u>하타</u> 합동하여 연출하거나 연주함. ¶창작곡을 합연하다.

합연(合緣)**몡** 인연이 잘 맞음, 또는 그 인연.

합용^**병:서**(合用竝書)**몡** 서로 다른 자음을 둘이나 셋씩 나란히 쓰는 병서의 한 가지.〔'ᄭ·ᄡ·ᄧ'이나 'ㅃ·ㅉ' 따위.〕→각자 병서(各自竝書).

합위(合圍)**몡** 삥 둘러 에워쌈.

합유(合有)**몡** 공동 소유의 한 형태. 공동 소유자는 각각 소유의 권리는 가지나 공동 목적을 위한 통제를 받아야 하며, 단독으로 자유로이 처분할 수 없음.

합의(合意)[하븨/하비]**몡**<u>하자</u><u>되자</u> 서로의 의지나 의견이 일치하는 일, 또는 일치된 의견. ¶합의에 의한 이혼. /이견이 합의에 이르다.

합의(合議)[하븨/하비]**몡**<u>하자</u><u>되자</u> ①(두 사람 이상이) 모여서 협의함. ¶합의하여 결정하다. ②(합의 기관이나 합의제 법원에서) 어떤 일을 토의하여 의견을 종합하는 일. 🔘협의(協議).

합의^**관:할**(合意管轄)[하븨-/하비-]**몡** 민사 소송법에서, 당사자 간의 합의로 설정된 법원의 관할.

합의^**기관**(合議機關)[하븨-/하비-]**몡** (둘 이상의) 구성원의 합의에 따라 기관의 의사가 결정되는 기관.〔국회나 국회 안의 위원회 따위.〕↔단독 기관.

합의^**재판**(合議裁判)[하븨-/하비-]**몡** (세 사람 이상의 법관으로) 합의하여 판결하는 재판. 합의제의 재판. ↔단독 재판.

합의-제(合議制)[하븨-/하비-]**몡** ①합의에 따라 결정하는 제도. ②합의 기관에서, 합의에 따라 의사를 결정하는 제도. ③법원에서, 합의 재판을 하는 제도. ↔단독제.

합의제^**관청**(合議制官廳)[하븨-/하비-]**몡** 합의체를 구성하여 따르는 관청.〔감사원이나 각종 행정 위원회 따위.〕

합의제^**법원**(合議制法院)[하븨-/하비-]**몡** 합의체를 구성하여 재판을 하는 법원. ↔단독 법원.

합의-체(合議體)[하븨-/하비-]**몡** 복수(複數)의 법관으로 구성되는 재판 기관.

합일(合一)**몡**<u>하자타</u><u>되자</u> 합하여 하나가 됨. 하나로 합침.

합일^**문자**(合一文字)[-짜]**몡** ⇨모노그램.

합자(合字)[-짜]**몡**<u>하타</u> (둘 이상의) 글자를 합하여 한 글자를 만듦, 또는 그 글자.

합자(合資)[-짜]**몡**<u>하타</u> (두 사람 이상이) 자본을 같이 내어 합침. 합본(合本). ¶외국 회사와 합자한 기업. /형제가 합자하여 식당을 운영할 계획이다.

합자(蛤子)[-짜]**몡** 섭조개나 홍합을 말린 어물.

합자-산(合資算)[-짜-]**몡** 합자하여 경영한 사업에서 생기는 이익의 배당과 손실의 분담 액수를 계산하는 일.

합자-해(合字解)[-짜-]**몡** 훈민정음에서, 첫소리·가운뎃소리·끝소리가 합치어 음절 단위의 글자가 되게 하는 것에 관한 규정.〔'·ㅡㅗㅜㅛㅠ'는 첫소리의 아래에 쓰고, 'ㅣㅏㅑㅓㅕ'는 첫소리의 오른쪽에 쓴다는 규정이나 자음을 병서(竝書)할 때의 규정 따위.〕

합자^**회:사**(合資會社)[-짜회/-짜훼-]**몡** 무한 책임 사원이 사업을 경영하고 유한 책임 사원이 자본을 제공하는 형식으로 조직된 회사.

합작(合作)[-짝]**몡**<u>하자</u><u>되자</u> ①(두 사람 이상이) 힘을 합하여 만듦, 또는 만든 그것. ②(공동 목표를 위하여) 서로 손잡고 힘을 합함. ¶남북 합작으로 금강산을 개발하다.

합작^영화(合作映畫)[-짱녕-]**몡** (둘 이상의 제작자나 제작 회사가) 힘을 합쳐 찍은 영화.

합작-품(合作品)[-짝-]**몡** ①(두 사람 이상이) 힘을 합하여 만든 작품. ¶이 벽화는 우리 반 학생들의 합작품이다. ②'공동으로 협력하여 이룬 일'을 비유하여 이르는 말. ¶월드컵 4강 진출은 감독, 선수, 국민의 합작품이다.

합장(合掌)[-짱]**몡**<u>하타</u> ①두 손바닥을 마주 합침. ②부처에게 절할 때, 공경하는 마음으로 두 손바닥을 합침. ¶합장을 올리다.

합장(合葬)[-짱]**몡**<u>하자</u><u>되자</u> 둘 이상의 시체를 한 무덤에 묻음.〔흔히, 부부의 경우를 이름.〕합부(合祔). ↔각장(各葬).

합장-매듭(合掌-)[-짱-]**몡** 매듭의 기본형의 한 가지. 두 개의 가닥이 아래위로 엇물림.

합장^배:례(合掌拜禮)[-짱-]**몡** 불교에서, 두 손바닥을 마주 대고 절하는 일.

합장-심(合掌心)[-짱-]**몡** 불교에서, '공경하는 마음이나 자비로운 마음'을 이르는 말.

합-재떨이(合-)[-째-]**몡** 합처럼 만든 재떨이. 뚜껑이 합 속으로 들어가게 되어 있음.

합저(合著)[-쩌]**몡**<u>하타</u> (두 사람 이상이) 힘을 합하여 책을 지음, 또는 그 책. 공저(共著).

합점(合點)[-쩜]**몡** ①접수를 합침, 또는 합친 점수. ②씨방의 밑씨가 배병(胚柄)에 붙는 자리.

합제(合劑)[-쩨]**몡** 두 가지 이상의 약을 조합한 약제.

합조(合調)[-쪼]**몡**<u>하자</u> 라디오 수신기를 조정하여 방송국의 파장과 맞춤.

합졸(合卒)[-쫄]**몡** 장기에서, 둘 이상의 졸(卒)을 가로로 쓸어 한데 모음. ↔산졸(散卒).

합종(合從·合縱)[-쫑]**몡** ①<u>하자</u> 굳게 맹세하여 응함. ②⇨합종설.

합종-설(合從說)[-쫑-]**몡** 중국 전국 시대에 소진(蘇秦)이 주장한, 남북의 여섯 나라가 동맹하여 서쪽의 진(秦)나라에 대항해야 한다는 일종의 공수 동맹. 합종. 🔘연횡설.

합종-연횡(合從連橫)[-쫑년횡/-쫑년휑]**몡** 합종설과 연횡설을 아울러 이르는 말.

합주(合奏)[-쭈]**몡**<u>하타</u><u>되자</u> 두 가지 이상의 악기로 동시에 연주함, 또는 그 연주. ¶관현악 합주. 🔘독주·연주(連奏)·중주·협주.

합주(合酒)[-쭈]**몡** 막걸리의 한 가지. 찹쌀로 빚어서 여름철에 먹음.

합주-곡(合奏曲)[-쭈-]**몡** 합주를 할 수 있도록 작곡한 곡.

합주-단(合奏團)[-쭈-]**몡** (두 사람 이상으로 조직된) 합주의 단체.

합죽(合竹)[-쭉]**몡**<u>하자</u> (얇은) 댓조각을 맞붙임.

합죽-거리다[-쭉꺼-]**타** 자꾸 합죽합죽하다. 합죽대다.

합죽-대다[-쭉때-]**타** 합죽거리다.

합죽-선(合竹扇)[-쭉썬]**몡** 얇게 깎은 겉대를 맞붙여서 살을 만든 쥘부채.

합죽-이[-쭈기]**몡** (이가 빠져서) 입과 볼이 우므러진 사람.

합죽-하다[-쭈카-]**혱여** (이가 빠져서) 볼과 입이 우므러져 있다. ¶입이 늙은이처럼 합죽하다.

합죽-할미[-쭈칼-]**몡** (이가 빠져서) 입과 볼이 우므러진 할미.

합죽-합죽[-주캅쭉] **분**(하타) (이가 빠져서) 합죽한 입을 자꾸 움직이는 모양.

합준(合罇)[-쭌]**명** (두 개 이상의) 준시(蹲柿)를 모아서 붙인 마른 감.

합중-국(合衆國)[-쭝-]**명** ①합성 국가의 한 가지. 둘 이상의 국가나 자치 정부를 가진 주(州)가 결합하여 대내적으로 독자성을 유지하면서 단일 국가를 이룩한 나라. ②'아메리카 합중국'을 달리 이르는 말.

합중-력(合衆力)[-쭝녁]**명**(하자) 여러 사람의 힘을 한데 합침, 또는 그 힘.

합-중방(合中枋)[-쭝-]**명** ⇨통미름.

합중^왕국(合衆王國)[-쭝-]**명** 합성 국가의 한 가지. 영국과 같이 여러 나라가 합중국의 형태를 가지되, 명목상의 통치권이 왕에게 있는 나라.

합지-증(合指症)[-찌쯩]**명** 손가락이나 발가락의 일부나 전부가 붙어 있는 기형.

합직(合直)[-찍]**명**(하자) ⇨합번(合番).

합집(合集)[-찝]**명**(하자타) 합쳐서 모임, 또는 그 모음.

합-집합(合集合)[-찌팝]**명** 집합 A와 B가 있을 때, 집합 A의 원소와 집합 B의 원소를 모두 갖는 집합. ['A∪B'로 나타냄.]

합착(合着)**명**(하자타) 한데 합하여 붙음.

합참(合參)**명** '합동 참모 본부'를 줄여 이르는 말.

합참^의장(合參議長)**명** 〈합동 참모 회의 의장의 준말.

합창(合唱)**명**(하타)(되자) ①여러 사람이 이부·삼부·사부 따위로 나뉘어 서로 화성을 이루면서 각각 다른 선율로 노래함, 또는 그 노래. ②여러 사람이 소리를 맞추어 노래함. ¶ 애국가 합창. **짝**독창(獨唱).

합창(合瘡)**명**(하자) 종기나 상처가 아물음.

합창-곡(合唱曲)**명** 합창을 할 수 있도록 작곡한 곡.

합창-단(合唱團)**명** 합창을 하기 위하여 만들어진 단체.

합창-대(合唱隊)**명** (학교나 종교 단체 따위에서) 합창을 하기 위하여 조직된 모임이나 부서.

합체(合體)**명**(되자) ①(하자타)(둘 이상이) 합쳐서 하나가 됨, 또는 그렇게 만듦. ②(하자)(두 사람 이상이) 마음을 합쳐서 한 덩어리가 됨.

합취(合聚)**명** 합쳐서 모음.

합치(合致)**명**(하자)(되자) (의견이나 경향 따위가) 꼭 들어맞음. 일치함. ¶ 새 경향에 합치하는 의견이다. /서로의 의견이 합치된다.

합-치다(合-)**자타** '합하다'의 힘줌말. ¶ 힘을 합치다.

합치-점(合致點)[-쩜]**명** (둘 이상의 것이) 서로 합치하는 점이나 계기. 일치점. ¶ 합치점을 찾다.

합-트리다(合-)**타** 합뜨리다.

합판(合板)**명** (얇은 나무 판을) 여러 장 붙여서 만든 널빤지. 베니어합판.

합판(合版)**명**(하타) (두 사람 이상이) 합동하여 책을 출판함.

합판(合辦)**명**(하타) ①(두 사람 이상이) 힘을 모아 사업을 경영함. ②'합작'의 구용어.

합판^유리(合板琉璃)[-뉴-]**명** 두 장의 판유리 사이에 셀룰로이드를 끼워서 만든 유리.

합판-화(合瓣花)**명** ⇨통꽃. ↔이판화(離瓣花).

합판화-관(合瓣花冠)**명** ⇨통꽃부리. ↔이판화관(離瓣花冠).

합판화-악(合瓣花萼)**명** ⇨통꽃받침. ↔이판화악(離瓣花萼).

합편(合編)**명**(하타) 두 편 이상의 글이나 책을 합쳐서 엮음, 또는 그 책.

합평(合評)**명**(하타) (어떤 문제나 작품에 대하여) 여럿이 모여 비평함, 또는 그 평.

합평-회(合評會)[-회/-훼]**명** 어떤 작품을 대상으로 여럿이 함께 의견을 나누고 평가하는 모임.

합필(合筆)**명**(하타) 두 필 이상의 땅을 합쳐서 한 필로 함. ↔분필(分筆).

합하(閤下)[하파]**명** 지난날, '정일품 벼슬아치'를 높이어 일컫던 말.

합-하다(合-)[-하롸-] **Ⅰ**(자여) (둘 이상이) 하나가 되다. ¶ 여러 물줄기가 합하여 강을 이룬다. **Ⅱ**(타여) ①(둘 이상을) 모아 하나로 만들다. 한데 모으다. ¶ 마음과 힘을 합하다. ↔나누다. ②섞하다. ¶ 여러 가지를 합하여 만든 약.

합헌(合憲)[하펀]**명** 헌법에 위반되지 않는 일. ↔위헌.

합헌-성(合憲性)[하편썽]**명** (어떤 법률 행위가) 헌법의 조문이나 정신에 일치함. ↔위헌성.

합혈(合血)[하펼]**명**(하자타) 피가 서로 합함. 〔지난날, 아버지와 아들의 피는 물에 떨어뜨리면 반드시 서로 합한다고 하여, 재판에서 부자간임을 확인하는 방법으로 썼음.〕

합화(合和)[하롸]**명**(하자타) 합하여 잘 어울림.

합환(合歡)[하퐌]**명** ①기쁨을 함께함. ②남녀가 잠자리를 같이하여 즐김.

합하(閤下)[하퐌]**명** 상대편을 높이어 그의 '아내의 병'을 이르는 말.

합환-목(合歡木)[하퐌-]**명** ⇨자귀나무.

합환-주(合歡酒)[하퐌-]**명** 전통 혼례식에서, 신랑 신부가 서로 잔을 바꾸어 마시는 술.

핫-[한]**접두** (일부 명사 앞에 붙어) ①옷 따위에 '솜을 두었음'을 뜻함. ¶ 핫옷. /핫퉁이. ②'배우자를 갖춘 상태'임을 뜻함. ¶ 핫아비. / 핫어미.

핫-것[한껏]**명** '솜을 두어 지은 이불이나 옷' 따위를 통틀어 이르는 말. * 핫것이[한가시]·핫것만[한껀-]

핫-길[한-](下-)[하낄/한낄]**명** 아랫길. 하질(下秩). ↔상길.

핫-뉴스(hot news)**명** (사건 현장 등에서 지금 막 보내온) 새로운 소식. 특히, 물의를 일으킬 만한 소식을 이름.

핫도그(hot dog)**명** ①길쭉한 빵에 겨자 소스나 버터를 바르고 그 속에 뜨거운 소시지를 끼운 음식. ②기다란 소시지에 막대기를 꽂고 밀가루 반죽을 둘러서 기름에 튀긴 음식.

핫-두루마기[한뚜-]**명** 솜을 두껍게 두어 지은 두루마기.

핫라인(hot line)**명** ①불의의 충돌을 막기 위한 국가 간의 비상용 직통 통신선. 〔워싱턴 백악관과 모스크바 크렘린 간의 직통 텔레타이프 회선 따위.〕 ②'긴급 비상용 직통 전화'를 흔히 이르는 말.

핫^머니(hot money)**명** (국제 금융 시장에 나도는) 투기적인 단기 자금.

핫-바지[한-]**명** ①솜을 두어 지은 바지. **짝**겹바지. ②'시골 사람이나 무식하고 어리석은 사람'을 얕잡아 이르는 말. ¶ 담배 심부름을 시키다니, 누굴 핫바지로 아나.

핫-반[한빤]**명** 두 겹으로 된 솜반.

핫-아비[하다-]**명** 아내가 있는 남자. ↔홀아비.

햇-어머니[하더-]圀 '햇어미'를 높이어 이르는 말.

햇-어미[하더-]圀 남편이 있는 여자. ↔홀어미.

햇-옷[하돈]圀 솜을 두어 지은 옷. 솜옷. 圀겹옷. *햇옷이[하도시]·햇웃만[하돈-]

햇-이불[한니-]圀 솜을 두껍게 두어 지은 이불. 솜이불.

햇-저고리[핟쩌-]圀 솜을 두어 지은 저고리.

햇-처네[핟-]圀 '안팎이 모두 명주나 비단으로 된 두꺼운 이불'의 궁중말.

핫-케이크(hotcake)圀 밀가루에 달걀·버터·설탕 따위를 반죽하여 구운 둥근 서양 과자.

핫-통이[한-]圀 ①솜을 많이 두어 통통한 옷, 또는 그런 옷을 입은 사람. ②철이 지난 후에 입은 솜옷.

핫-팬츠(hot pants)圀 가랑이가 아주 짧은 반바지.

항:(亢)圀〈항성(亢星)〉의 준말.

항(恒)圀〈항괘(恒卦)〉의 준말.

항:(項)圀 ①(문서나 문장 따위에서) 내용을 구분하는 단위의 한 가지. ¶내용을 장(章)·절(節)·항으로 나누다. /법 제3항. ②예산 편성상의 구분의 하나. 관(款)의 아래, 목(目)의 위임. ③다항식에서, 각각의 단항식. ④분수에서, 분모나 분자. ⑤두 양(量)의 비에서, 각각의 양. ⑥급수(級數)를 이루는 각각의 수.

항-(抗)圙闾 (일부 명사 앞에 붙어) '저항'의 뜻을 나타냄. ¶항독소. /항효소. /항히스타민제.

-항(港)圙闿 (일부 명사 뒤에 붙어) '항구'의 뜻을 나타냄. ¶무역항. /수출 자유항.

항:가(巷歌)圀 거리에서 노래함, 또는 그 노래.

항:간(巷間)圀 일반 민중들 사이. 방간(坊間). 여항간. ¶항간에 구구한 억측이 나돌고 있다.

항:강(項強)圀〈항강증〉의 준말.

항:강-증(項強症)[-쯩]圀 한방에서, 목 뒤의 힘줄이 뻣뻣해지고 아파서 목을 움직일 수 없는 병증을 이르는 말. 흔히, 경련성이나 뇌막염 따위로 일어남. 圀항강.

항:거(抗拒)圀闿囻 순종하지 않고 맞서 버팀. 대항함. ¶불법적인 탄압에 항거하다.

항:계(港界)圀 [-계/-게]圀 항만의 경계.

항고(行高)圀 항렬의 높이.

항:고(抗告)圀闿囻 상소의 한 가지. 하급 법원의 결정·명령에 불복하여 당사자나 제삼자가 상급 법원에 상소하는 일. 圀상소·항소.

항:고-심(抗告審)圀 항고에 대하여 상급 법원이 행하는 심리(審理).

항:공(航空)圀闿囻 (항공기 따위로) 공중을 날아서 다님. ¶항공 산업.

항:공^계:기(航空計器)[-계-/-게-]圀 항공기의 조종이나 기타에 쓰이는 여러 가지 계기.

항:공-관제(航空管制)圀〈항공 교통관제〉의 준말.

항:공관제-탑(航空管制塔)圀 ▷관제탑.

항:공^교통관제(航空交通管制)圀 (항공기의 운항을 안전하고 능률적으로 하기 위하여) 항공 교통을 관리·규제하는 일. 圀항공관제.

항:공-권(航空券)[-꿘]圀 항공기에 탑승할 수 있는 증표.

항:공-기(航空機)圀 '공중을 비행하는 기계'를 통틀어 이르는 말. 〔기구(氣球)·글라이더·비행기·비행선·헬리콥터 따위.〕

항:공^기상학(航空氣象學)圀 항공기의 안전한 비행과 경제적인 운항에 관계되는 기상 상태를 관측하고 연구하는 학문.

항:공-대(航空隊)圀 ①(공군 이외의 군에 속하는) 항공기 부대. ¶육군 항공대. /해군 항공대. ②항공기를 주력으로 조직된 부대.

항:공-도(航空圖)圀 ▷항공 지도.

항:공^등대(航空燈臺)圀 (항공기의 안전 비행을 돕기 위하여) 비행장이나 항공로의 중요 지점에 설치하는 등대.

항:공-력(航空力)[-녁]圀 ①항공의 능력이나 역량. ②공군의 능력.

항:공-로(航空路)[-노]圀 (공중에 지정되어 있는) 항공기가 정기적으로 운행하는 길. 항로. 圀공로.

항:공-모함(航空母艦)圀 군함의 한 가지. 비행기를 싣고 발착시키며, 해상에서 이동 비행 기지 역할을 함. 圀항모·모함.

항:공^무선(航空無線)圀 항공기의 운항과 관련된 무선 통신과 설비를 통틀어 이르는 말.

항:공-법(航空法)[-뻡]圀 국제 민간 항공 조약에 따라 제정된 법률. 항공기의 등록, 항공 종사자의 자격, 항공로, 비행장, 항공 운송 사업, 항공 보안 시설 등에 대하여 규정한 내용. 공법(空法).

항:공-병(航空兵)圀 항공대에 속하는 병사.

항:공-병(航空病)圀 항공기에 탑승함으로써 일어나는 여러 가지 병적 증상. 〔시력 감퇴, 호흡 곤란, 정신 기능 저하 따위.〕 圀고병병·산악병.

항:공^보:험(航空保險)圀 항공 사고로 생기는 손해를 보충하기 위한 손해 보험의 한 가지.

항:공-사(航空士)圀 '조종사'와 '항법사'를 두루 이르는 말.

항:공-사진(航空寫眞)圀 공중에서 고성능 카메라로 지상을 찍은 사진. 공중사진.

항:공-선(航空船)圀 ▷비행선.

항:공^세:관(航空稅關)圀 공항에 설치된 세관.

항:공-수송(航空輸送)圀 항공기로 여객이나 우편물·화물 따위를 수송하는 일. 圀공수.

항:공-술(航空術)圀 항공에 관한 기술.

항:공^역학(航空力學)[-녀칵]圀 유체 역학(流體力學)의 한 분야. 항공 중의 항공기가 공기로부터 받는 힘, 기체 각부의 기류 상황 따위를 연구함.

항:공^연료(航空燃料)[-녈-]圀 항공기에 쓰는 연료.

항:공^우편(航空郵便)圀 항공기로 수송되는 특수 취급 우편, 또는 그 우편물. 圀항공편(航空便).

항:공^장애등(航空障礙燈)圀 항공기의 야간 항행에 장애가 될 염려가 있는 높은 건조물 꼭대기에 설치하여, 그 높이와 위치 따위를 알려 주는 등화 시설.

항:공-전(航空戰)圀 ▷공중전.

항:공^정찰(航空偵察)圀 공중 정찰.

항:공^지도(航空地圖)圀 항공기나 비행하는 데 쓰이는 지도. 항공도.

항:공-편(航空便)圀 ①항공기가 다니는 그 편. ¶항공편을 이용하여 입국하다. ②〈항공 우편〉의 준말.

항:공^표지(航空標識)圀 ①항공기의 운항과 이착륙을 안전하게 하기 위하여 설치한 표지. 〔이착륙 표지, 항공 등대 따위.〕 ②항공기의 날개와 동체에 표시하는 국적 기호와 등록 기호.

항:공-학(航空學)圀 항공에 관한 모든 사항을 연구하는 학문.

항:공-항(航空港)圀 ▷공항(空港).

항괘(恒卦)**명** 육십사괘의 하나. 진괘(震卦)와 손괘(巽卦)를 위아래로 놓은 괘. 우레와 바람을 상징함. ⓐ항(恒).

항구(港口)**명** 염전에 댈 바닷물을 받는 웅덩이.

항구(恒久)'항구하다'의 어근.

항:구(港口)**명** 바닷가에 배를 댈 수 있도록 시설해 놓은 곳.

항:구^도시(港口都市)**명** 항구로서 발달한 도시. ⓐ항도·항시.

항구여일(恒久如一)**명** 오래도록 변함이 없음.

항구-적(恒久的)**관** 변함없이 오래가는 (것). ¶항구적 평화. /항구적인 대책.

항구-하다(恒久─)**형여** 변함없이 오래가다. 항구-히**부**.

항:균(抗菌)**명** 균에 저항함. ¶항균 작용.

항:균^물질(抗菌物質)[─찔]**명** ☞항생 물질.

항:균-성(抗菌性)[─썽]**명** (항생 물질 따위가) 세균의 발육을 저지하는 성질.

항기(降旗)**명** 항복하는 뜻을 나타내는 흰 기. 항복기. 백기(白旗).

항:내(港內)**명** 항구의 안.

항-다반(恒茶飯)**명** 〔항상 있는 차와 밥이라는 뜻으로〕늘 있어 이상할 것이 없는 예사로운 일. ⓐ다반.

항다반-사(恒茶飯事)**명** 늘 있는 일. 예사로운 일. 항사(恒事). ⓐ다반사.

항:담(巷談)**명** ☞항설(巷說).

항덕(恒德)**명** 변함없고 한결같은 덕.

항도(恒道)**명** 영구히 변치 않는 올바른 도의.

항:도(港都)**명** 〈항구 도시〉의 준말. ¶항도 부산.

항:도(港圖)**명** (배가 드나들거나 정박하는 데에 쓰도록 만든) 항구 안팎의 해도(海圖).

항-독(缸─)**명** 항아리와 독.

항:독-소(抗毒素)[─쏘]**명** (몸에 들어온) 독소를 중화하여 독을 없애는 작용을 하는 항체.

항:등(港燈)**명** (배의 출입을 돕기 위하여) 항구에 설치하는 등.

항등-식(恒等式)**명** 식 가운데 문자에 어떤 수치를 넣어도 성립하는 식. ↔방정식.

항:라(亢羅)[─나]**명** 명주실·모시실·무명실 따위로 짜는 피륙의 한 가지. 씨를 세 올이나 다섯 올씩 걸러서 한 올씩 비고 짜는데, 구멍이 뚫려서 여름 옷감으로 알맞음.

항:려(伉儷)[─녀]**명** 남편과 아내로 이루어진 '짝'. ⓐ배필(配匹).

항:력(抗力)[─녁]**명** ①저항하는 힘. ②물체가 유체(流體) 안에서 운동할 때 받는 저항력과, 두 물체가 접촉하면서 움직일 때 접촉면에 작용하는 힘.

항렬(行列)[─녈]**명** 혈족의 방계에 대한 '대수(代數)' 관계'를 나타내는 말. 돌림. ¶사촌 형제는 같은 항렬이다.

항렬-자(行列字)[─녈짜]**명** 항렬을 나타내기 위하여 이름자 속에 넣는 글자. 돌림자. ¶항렬자를 넣어 아기의 이름을 짓다.

항:례(抗禮)[─녜]**명** ①대좌(기울지 않고) 대등한 예로 대함, 또는 그 예. ②동등한 교제.

항례(恒例)[─녜]**명** ☞상례(常例).

항:로(航路)[─노]**명** '해로(海路)'와 '항공로'를 두루 이르는 말. ¶북극 항로의 개척.

항:로^신:호(航路信號)[─노─]**명** 항해 중인 배가 다른 배와의 충돌을 피하기 위하여 침로(針路)를 바꾸는 방향을 알리는 음향 신호.

항:로^표지(航路標識)[─노─]**명** 연안을 항행하는 배의 지표가 되는 시설. 〔등대나 부표·음향 표지·무선 표지 따위.〕

항:론(抗論)[─논]**명하타** (어떤 이론에) 대항하여 논함, 또는 그 논의.

항:룡(亢龍)[─농]**명** 〔하늘에 오른 용이라는 뜻으로〕'썩 높은 지위'를 이르는 말.

항마(降魔)**명** 〔석가모니가 악마를 항복시킨 일에서〕도를 깨치는 데에 방해가 되는 것을 물리침을 뜻하는 말.

항마-검(降魔劍)**명** 부동명왕(不動明王)의 손에 쥐어져 있는, 악마를 물리쳐 항복시킨다는 칼.

항:만(港灣)**명** 배가 정박하고, 승객이나 화물 따위를 싣거나 부릴 수 있도록 시설을 한 수역.

항:명(抗命)**명하자** 명령이나 제지에 따르지 아니하고 항거함. 명령을 어김.

항:명-죄(抗命罪)[─쬐/─쒸]**명** 군법에서, 상관의 정당한 명령에 반항하거나 복종하지 아니함으로써 성립하는 죄.

항:모(航母)**명** 〈항공모함〉의 준말.

항:목(項目)**명** (어떤 기준에 따라 나눈) 일의 가닥. 조목(條目).

항:무(港務)**명** 항구에 딸린 여러 가지 사무. 〔검역·관세 감시·선박 사무·해상 보안 따위.〕

항문(行文)**명** 글을 적어 나가는 방법. 글을 짓는 방식.

항문(肛門)**명** 고등 포유동물의 직장(直腸)의 끝에 있는 배설물의 구멍. 똥구멍. 분문(糞門).

항문^괄약근(肛門括約筋)[─끈]**명** 항문을 폈다 오므렸다 하는 항문 주위의 근육.

항:배-상망(項背相望)**명하자** ①〔목과 등이 마주 바라본다는 뜻으로〕왕래가 빈번함을 이르는 말. ②'뒤를 이을 인재가 많음'을 비유하여 이르는 말.

항:법(航法)[─뻡]**명** (배나 항공기의) 운항하는 데에 필요한 기술.

항:법-사(航法士)[─뻡싸]**명** (항공기에 탑승하여) 위치와 침로(針路)를 측정하고 항공상의 자료를 산출하는 사람.

항:변(抗卞)**명하자타** ☞항의(抗議).

항:변(抗辯)**명하자** ①(상대편의 주장에 대하여) 항거하여 변론함. ②민사 소송에서, 상대편의 신청 또는 주장의 배척을 구하기 위하여, 딴 사항을 주장하는 일.

항병(降兵)**명** 항복한 병사. 항졸.

항복(降服·降伏)**명하자** (전쟁 등에서) 자신이 진 것을 인정하고 상대편에게 굴복(屈伏)함. ¶적의 항복을 받다. ②하타 ☞조복(調伏).

항복-기(降伏旗)[─끼]**명** ☞항기.

항:비(亢鼻)**명** 높은 코.

항사(恒沙·恒砂)**명** 〈만항하사〉의 준말.

항사(恒事)**명** 늘 있는 일. 흔한 일. 항다반사(恒茶飯事).

항산(恒産)**명** (살아갈 수 있는) 일정한 재산, 또는 생업. ¶항산 없이는 항심(恒心)도 없다.

항:산-성균(抗酸性菌)**명** 산성 색소로 염색되는 산에 강한 균. 〔결핵균·나병균 따위.〕

항-삼세(降三世)**명** 불교에서, 오대 명왕(五大明王)의 하나. 동쪽을 지키며, 과거·현재·미래의 삼세의 삼독(三毒)을 항복시킨다는 명왕.

항상(恒常)**명** 늘. 매상(每常). 항용. ¶항상 있는 일. /그는 항상 바쁘다.

항:생^물질(抗生物質)[─찔]**명** 세균 따위의 미생물로 만들어져, 다른 미생물이나 생물 세포의 기능을 저해하는 물질. 〔스트렙토마이신이나 페니실린 따위.〕 ☞항균 물질.

항:생-제(抗生劑)**명** 항생 물질로 된 약제.

항서(降書)**명** 항복의 뜻을 적은 글.

항:설 (巷說)몡 항간에서 뭇사람 사이에 떠도는 말. 가담(街談). 가설. 항담. 항어.

항설-선 (恒雪線)몡 ☞설선.

항:성 (亢星)몡 이십팔수의 하나. 동쪽의 둘째 별자리. 준말(亢).

항성 (恒性)몡 ①언제나 변하지 않는 성질. ②(누구에게나 있는) 공통의 성품.

항성 (恒星)몡 천구 상에서 서로의 위치를 거의 바꾸지 않고, 자체의 에너지로 빛을 내는 별. 성좌를 이루는 별이나 태양·북극성 따위. 붙박이별. 정성(定星). ↔행성.

항성^광도 (恒星光度)몡 지구의 표면에 수직으로 비치는 항성의 빛의 강도.

항성-년 (恒星年)몡 태양이 어느 항성을 통과하고부터 다시 그 위치로 되돌아올 때까지 걸리는 시간. 지구의 공전 주기와 같은 365일 6시간 9분 9.5초로, 태양년보다 20분이 긺.

항성-도 (恒星圖)몡 천구 상의 항성의 위치를 표시하고, 광도(光度)의 강약에 따라서 그린 그림. 성도(星圖).

항성-시 (恒星時)몡 한 항성일을 24로 나눈 시간. 1항성시는 태양시의 0.99726957시, 곧 59분 50초 17일.

항성-월 (恒星月)몡 달이 지구의 항성에 대하여, 지구 주위를 한 바퀴 도는 데에 소요되는 시간. 1항성월은 태양시의 27.32166일, 곧 27일 7시간 43분 11.5초임.

항성-일 (恒星日)몡 지구가 어떤 항성에 대하여, 한 번 자전하는 데에 소요되는 시간. 23시간 56분 4.091초임.

항성^주기 (恒星週期)몡 위성이나 행성이 중심되는 천체를 한 바퀴 도는 주기. ☞성표.

항성-표 (恒星表)몡 ☞성표.

항:소 (抗訴)몡 상소의 한 가지. 하급 법원에서 받은 제일심의 판결에 불복할 때, 그 파기 또는 변경을 직접 상급 법원인 고등 법원·지방 법원 합의부에 신청하는 일. ¶항소를 기각하다. (참고/고·항고.

항:소-권 (抗訴權)[-꿘]몡 상소권의 한 가지. 항소를 할 수 있는 권리.

항:소-극론 (抗訴極論)[-금논]몡몡 (임금에게) 상소문을 올리고 극력(力力)으로 논함.

항:소^기각 (抗訴棄却)몡 (제일심 판결이 정당하다고 인정하여) 법원이 부당한 항소를 물리칠 때에 하는 재판.

항:소^법원 (抗訴法院)몡 항소 사건을 심리하는 상급 법원.

항:소-심 (抗訴審)몡 항소 사건에 대한 항소 법원의 심리.

항:소-인 (抗訴人)몡 항소한 사람.

항:소-장 (抗訴狀)[-짱]몡 항소를 할 때에 원심 법원에 내는 서류.

항속 (恒速)몡 일정한 속도.

항:속 (航速)몡 배나 항공기의 속도.

항:속 (航續)몡몡 항공이나 항해를 계속함. ¶항속 거리. /항속 시간.

항:속-력 (航續力)[-녁]몡 배나 항공기가 한 번 실은 연료만으로 계속 운항할 수 있는 힘.

항:송 (航送)몡몡되자 배나 항공기로 수송함.

항:색 (項索)몡 지난날, 죄인의 목에 씌우던 형틀인 '칼'을 이르는 말.

항수 (恒數)[-쑤]몡 ☞상수(常數). ↔변수.

항습 (恒習)몡 늘 하는 버릇.

항시 (恒時)몡 ☞상시(常時).
Ⅱ뿐 늘. ¶그는 항시 즐거운 표정을 짓고 있다.

항:시 (港市)몡 〈항구 도시〉의 준말.

항시-권 (恒視圈)[-꿘]몡 ☞항현권.

항신-풍 (恒信風)몡 ☞무역풍.

항:심 (抗心)몡 반항하는 마음.

항심 (恒心)몡 늘 지니고 있어 변함이 없는 올바른 마음. 흔들리지 아니하는 마음.

항아 (姮娥)몡 ①달에서 산다고 하는 선녀. 상아(嫦娥). ②'나인(內人)'의 궁중말.

항아-님 (姮娥-)몡 지난날, 아랫사람이 '나인(內人)'을 높여 일컫던 말.

항아리 (缸-)몡 아래위가 좁고 배가 약간 부른 질그릇.

항아리-손님 (缸-)몡 민간에서, '유행성 이하선염(耳下腺炎)'을 이르는 말.

항:암 (抗癌)몡 암세포의 증식을 억제하거나 암세포를 죽임. ¶항암 물질. /항암 치료.

항:암-제 (抗癌劑)몡 '암을 치료하기 위한 화학 요법에 쓰이는 약제'를 통틀어 이르는 말.

항:양 (航洋)몡몡하자 해양을 항해함.

항:어 (巷語)몡 ☞항설(巷說).

항:언 (抗言)몡몡하타 대항하여 말함, 또는 맞서 버티는 말.

항언 (恒言)몡하타 늘 말함, 또는 늘 하는 말.

항업 (恒業)몡 (늘 하고 있는) 일정한 생업.

항:역 (抗逆)몡몡하자타 맞서어 거역함.

항:연 (項軟)몡 한방에서, 어린아이가 오랜 병에 시달려 '목을 가누지 못하는 증세'를 이르는 말.

항오 (行伍)몡 군대를 편성한 행렬.

항오-발천 (行伍發薦)몡몡하자되자 ①병졸로부터 장관의 자리로 올라감. ②낮은 자리에서 높은 자리로 오름.

항오-출신 (行伍出身)[-씬]몡몡하자 병졸로부터 출세하여 벼슬자리에 오름.

항온 (恒溫)몡 ☞상온(常溫).

항온-기 (恒溫器)몡 ☞정온기(定溫器).

항온-대 (恒溫帶)몡 ☞상온층(常溫層).

항온^동:물 (恒溫動物)몡 ☞정온 동물(定溫動物).

항온^장치 (恒溫裝置)몡 (생산 공정이나 실험 장치, 주거 따위의 특정한 곳에 설치하여) 온도를 될 수 있는 대로 일정하게 유지하도록 하는 장치.

항온-조 (恒溫槽)몡 바깥 온도의 영향을 받지 아니하고 항상 일정한 온도를 유지하도록 만든 용기. 〔생체의 여러 가지 반응을 연구하는 데 이용됨〕.

항온-층 (恒溫層)몡 ☞상온층(常溫層).

항:요 (巷謠)몡 항간에서 부르는 세속적인 노래.

항용 (恒用)뿐 늘. 항상. ¶그런 일은 항용 있을 수 있다.

항:우-장사 (項羽壯士)〔항우와 같이 힘이 센 사람이라는 뜻으로〕 '힘이 몹시 센 사람' 또는 '의지가 매우 꿋꿋한 사람'을 비유하여 이르는 말. 항장사(項壯士).

항:운 (航運)몡 배로 짐을 실어 나름.

항:원 (抗原·抗元)몡 생체의 조직 속에 들어가 항체를 형성하게 하는 단백성(蛋白性) 물질. 즉 세균과 독소가 이에 해당됨. 면역원(免疫原).

항은-권 (恒隱圈)[-꿘]몡 (지구 상의 일정한 지점에서) 눈으로 볼 수 없는 하늘의 부분. ↔항현권.

항:의 (抗議)[-의/-이]몡몡하자타 ①어떤 일을 부당하다고 여겨 따지거나 반대하는 뜻을 주장하거나, 또는 그 주장. 항변. ¶심판의 판정에 항의하다. ②(어떤 나라가 다른 나라의 처사에 대하여) 반대하는 뜻을 정식으로 통지함. ¶항의 각서.

항:의(巷議) [-의/-이]圀 항간에 떠도는 평판이나 소문.

항의(恒儀) [-의/-이]圀 상례로 행하는 의식.

항의(恒醫) [-의/-이]圀 보통의 의원.

항의(降意) [-의/-이]圀 항복할 뜻.

항:일(抗日)圀[하자] 일본 제국주의에 항거함. ¶항일 투사. /항일 투쟁.

항자(降者)圀 항복한 사람.

항자불살(降者不殺) [-쌀]圀[하자] 항복하는 사람은 죽이지 아니함.

항장(降將)圀 항복한 장수(將帥).

항:-장력(抗張力) [-녁]圀 (물체가) 잡아당기는 힘에 대하여 견디어 낼 수 있는 최대한의 장력.

항:-장사(項壯士)圀 ➡항우장사.

항:장^응:력(抗張應力) [-녁] 圀 재료가 외력에 의하여 신장될 때, 이에 대항하여 재료 내에 생기는 응력.

항:쟁(抗爭)圀[하자] 맞서 다투는 일, 또는 그 다툼. ¶항쟁을 벌이다.

항:적(抗敵)圀[하자] 적에게 대항함.

항:적(航跡)圀 배나 항공기가 지나간 뒤에 남은 자취.

항:적-운(航跡雲)圀 ➡비행기운.

항:적-필사(抗敵必死) [-싸]圀 목숨을 걸고 적에게 대항하는 일.

항:전(抗戰)圀[하자] (적에) 대항하여 싸움. ¶죽기를 각오하고 항전하다.

항정(項-)圀①개나 돼지의 목덜미. ②양지머리에 붙은 쇠고기. 편육으로 많이 쓰임.

항:정(航程)圀 배나 항공기로 가는 이정(里程).

항:정-선(航程線)圀 ①(항공이나 항해에서) 항로가 각 자오선과 동일한 각도로 교차하는 선. ②지구 표면의 구면(球面)으로 나타내었을 때, 각각의 자오선과 일정한 각으로 교차하는 곡선.

항조(亢燥) '항조하다'의 어근.

항:조-하다(亢燥-)톀얽 지대가 높아서 땅이 메마르다.

항졸(降卒)圀 ➡항병(降兵).

항:종(項腫)圀 한방에서, '목에 나는 큰 종기'를 이르는 말.

항:주-력(航走力)圀 항행(航行)하여 달리는 힘.

항직(亢直) '항직하다'의 어근.

항:직-하다(亢直-) [-지카-]얽 (성품 따위가) 곧고 굳세다. 강직하다.

항:진(亢進)圀톀㘚 ①위세 좋게 나아감. ②(기세나 병세 따위가) 높아지거나 심하여짐.

항:진(航進)圀[하자] 배나 항공기를 타고 앞으로 나아감. ¶태평양으로 항진하다.

항:차(←況且)톀 '황차'의 변한말.

항:차(航差)圀①(풍랑의 영향 따위로) 예정된 침로(針路)와 배의 방향에 생기는 차. ②배 고유의 속력과 실지 항속과의 차.

항:철-목(項鐵木)圀 물방아의 굴대를 떠받치는 나무.

항:체(抗體)圀 항원의 침입으로 혈청 안에 형성되는 물질. 그 항원에 대한 면역성을 생체에 줌. 면역체. 저항체.

항:타-기(杭打機)圀 무거운 쇠달구로 말뚝을 땅속에 때려 박는 기계.

항:타-기초(杭打基礎)圀 땅에 박은 말뚝 위에 다른 물건을 올릴 수 있도록 하는 기초.

항태(缸胎)圀①오지그릇의 한 가지. ②잿물을 올리기 전의 도자기의 덩치. ②몸.

항:통(缿筒·缿筩)圀①지난날, 관아에 비치하여 두고 백성의 투서를 받던 통. ②벙어리저금통.

항풍(恒風)圀 항상 일정한 방향으로 부는 바람. 〔무역풍 따위〕. 탁월풍(卓越風).

항하(恒河)圀 '갠지스 강'의 한자 이름.

항하-사(恒河沙·恒河砂) Ⅰ圀〔갠지스 강의 모래라는 뜻으로〕 '헤아릴 수 없을 만큼 많은 수량'을 비유하여 이르는 말. 만할하사(萬恒河沙). Ⅱ㖘판 극(極)의 1만 배, 아승기(阿僧祇)의 1만분의 1이 되는 수(의). 곧, 10^{52}.

항:한(亢旱)圀 극심한 가뭄.

항:해(航海)圀톀㘚 배를 타고 바다를 다님. ¶항해를 떠나다.

항:해-도(航海圖)圀 ①항해용의 해도. ②주로, 연안 항해에 사용하는 해도.

항:해-등(航海燈)圀 (밤에 진행 방향 따위를 나타내기 위하여) 항해 중의 배가 켜는 등불. 〔현등(舷燈)·선미등(船尾燈) 따위.〕

항:해-력(航海曆)圀 항해에 필요한 천문 사항을 기재한 책력. 해·달·별 따위의 날마다의 위치를 적어 놓음.

항:해^보:험(航海保險)圀 일정한 항해 기간을 보험 기간으로 하는 해상 보험.

항:해-사(航海士)圀 해기사(海技士) 면허장을 가지고 배의 방위 측정, 승무원의 지휘, 하역의 감독 따위를 맡아 하는 선박의 직원.

항:해-술(航海術)圀 항해 중에 배의 위치를 확인하고, 침로(針路)나 항정(航程)을 헤아리는 따위 항해에 필요한 기술.

항:해^일지(航海日誌) [-찌]圀 선장이 배의 운항(運航) 상황과 항해 중에 일어난 일 따위를 적는 일지. 〔법규에 따라 배에 비치해야 하는 중요 서류임.〕

항:해-장(航海長)圀 함장의 명령에 따라, 항로나 기상에 관한 일과 물품의 간수 따위를 담당·감독하는 사람.

항:해^조례(航海條例)圀 영국이 1651년에 자국의 해운업을 돕고, 네덜란드의 중개 무역을 견제하기 위하여 제정했던 조례. 〔영국과 그 속령(屬領)에 드나드는 화물은 반드시 영국이나 그 속령의 선박에 적재할 것을 규정한 것임. 1849년에 폐지됨.〕

항:해^증:서(航海證書)圀 배의 항해를 허가하는 증명서.

항:해^천문학(航海天文學)圀 천문학의 한 분야. 바다에서 배의 위치를 알기 위하여 별의 위치를 측정하는 따위의 연구를 함.

항:해-표(航海表)圀 천체의 관측, 선박의 위치, 나침반의 오차 측정 따위를 하기 위하여 쓰이는 표.

항:행(航行)圀톀㘚 (배나 항공기가) 항로를 따라 나아감.

항:행^구역(航行區域)圀 배의 크기나 구조·설비 따위 등급에 따라 항행할 수 있도록 정하여진 수역(水域).

항:행-도(航行圖)圀 배나 항공기를 조종할 때 쓰는 지도.

항:행^서:열(航行序列)圀 (몇 개의 함대로 된) 대함대가 항행할 때 각 함대가 나아가는 차례.

항:행^차:단(航行遮斷)圀 해군력으로 적대국의 항만이나 연안의 선박 항행을 막는 일.

항현-권(恒顯圈) [-찐]圀 (지구 상의 일정한 지점에서) 항상 보이는 하늘의 부분. 항시권. ↔항은권.

항:-혈청(抗血淸)圀 항원체를 동물에 주입하여 얻은, 항체를 함유한 혈청.

항:형(抗衡)圀톀㘚 서로 버티어 지지 아니함.

항:-효소(抗酵素)명 효소 작용을 선택적으로 저해하는 물질.

항:히스타민-제(抗histamine劑)명 《기관지 천식·두드러기 따위의 알레르기성 질환에서》 히스타민의 작용을 없애는 약제.

항것명 (옛) 상전(上典). ¶네 엇뎨 항것 背叛ᄒᆞ야 가ᄂᆞᆫ다 호고(月釋8:98).

항괴명 (옛) 자귀. ¶항괴 분:錛(訓蒙中16).

해[명] ①☞태양. ②햇빛. ③햇볕.

해가 서쪽에서 뜨다[관용] '절대로 있을 수 없는 일' 또는 '일의 결과가 뒤바뀜'을 비유하여 이르는 말. ¶네가 이렇게 일찍 일어나다니 내일은 해가 서쪽에서 뜨겠다.

해² [Ⅰ][명] ①지구가 태양을 한 바퀴 도는 동안. 연(年). ¶달이 가고 해가 바뀌다. ②낮 동안. [Ⅱ]《(주로 고유어 수 뒤에 쓰이어)》열두 달을 한 단위로 세는 말. ¶두 해.

해가 길다[관용] 하루의 낮 시간이 길다. ¶요즘은 제법 해가 길어졌다.

해가 짧다[관용] 하루의 낮 시간이 짧다. ¶동지섣달은 해가 가장 짧다.

해³[명] 《(주로 '내'·'네'·'뉘(누구)'·'우리' 다음에 쓰이어)》소유물임을 나타냄. 것. ¶저것은 뉘 해냐?/큰 것이 내 해다.

해:⁴[명] '하다'의 해체 명령형. ¶남에게 기댈 생각 말고 네 힘으로 해.

해⁵[부] ①입을 힘없이 조금 벌린 모양. ②입을 조금 벌리면서 경망하게 웃는 모양, 또는 그 소리. 큰헤.

해:⁶[준] '하여'가 줄어든 말. ¶그렇게 해도 되오?

해¹[부] (옛) 많이. ¶ᄒᆞ마 이스리 해 욋도다(杜初9:14). /方國이 해 모ᄃᆞ나(龍歌11章).

해²[조] (옛) 명사의 일을 'ᅙ'과 조사 '애'의 결합. ¶白帝호 갈해 주그니(龍歌22章).

해:(亥)[명] ①십이지(十二支)의 끝. ②☞해방(亥方)〉의 준말. ③☞해시(亥時)〉의 준말.

해:(害)[명][하다][되자] 사람이나 사물에 끼치는 나쁜 영향. ¶해를 끼치다. /해를 입히다. /해될 것이 없는 일 ↔이(利).

해:(解)¹[명] 방정식이나 부등식에서의 미지수의 값.

해:(解)²[명] 《해괘(解卦)》의 준말.

해:(垓)[주][관] 경(京)의 1만 배, 자(秭)의 1만분의 1이 되는 수(의). 곧, 10²⁰.

해-[접두] 일부 명사 앞에 붙어, '그해에 새로 나온 것'임을 나타냄. 햇-. ¶해콩. /해쑥.

-해(海)[접미] 《일부 명사 뒤에 붙어》'바다'를 나타냄. ¶다도해. /지중해. /발트 해.

해:가(海歌)[명] 작자·연대 미상의 신라 시대 노래. 내용과 주제가 '구지가(龜旨歌)'와 비슷함. 신라 성덕왕 때, 순정공(純貞公)의 아내 수로(水路) 부인이 해룡(海龍)에게 납치되어 가자 군중들이 이 노래를 불러 부인을 구했다 함. 〔'삼국유사'에 실려 전함.〕 해가사.

해가(奚暇)[명] 어느 겨를. 《주로, '해가에'의 꼴로 쓰임.》 하가(何暇).

해:-가-사(海歌詞)[명] ☞해가(海歌).

해:각(海角)[명] ①육지가 바다 쪽으로 뿔처럼 돌출한 부분. ②썩 멀리 떨어져 있는 곳.

해:각(解角)[명][하자][되자] (노루나 사슴 따위의 새 뿔이 나려고) 묵은 뿔이 빠지는 일.

해:갈(解渴)[명][하자][되자] ①목마름을 풂. ②(비가 내리거나 하여) 가뭄을 면함. ③(기업체 따위에서) '어려웠던 자금 사정이 좋아짐'을 비유하여 이르는 말.

해:감(海-)[명] (흙과 유기 물질이 섞여) 물속에 생기는 냄새나는 찌끼. ¶조개의 해감을 빼다.

해:감-내(海-)[명] 해감의 냄새.

해:갑(蟹甲)[명] 게의 껍데기.

해거(駭擧)[명] 해괴한 짓.

해-거름[명] 해가 질 무렵. ㉜해름.

해-거리[명] ①한 해를 거름. 격년(隔年). ②(과실나무의) 열매가 한 해를 걸러서 많이 열리는 일. 격년결과(隔年結果).

해:결(解決)[명][하다][되자] (사건이나 문제 따위를) 잘 처리함. ¶해결을 보다. /해결이 나다.

해:결-사(解決士)[─싸][명] ①해결하기 어려운 일을 전문적으로 맡아 해결해 주고 돈을 받는 폭력배를 이르는 말. ¶빚쟁이에게 해결사를 보내다. ②(사건이나 문제 따위를 능숙하게 처리하는 사람을 이르는 말. ¶법률 해결사. /민원 해결사.

해:결-책(解決策)[명] (사건이나 문제 따위를) 해결하기 위한 방책. ¶환경오염의 근본적인 해결책을 모색하다.

해:경(海警)[명] ①바다의 경비. ②〈해양 경찰〉의 준말.

해:고(解雇)[명][하다][되자] 고용주가 고용된 사람을 내보냄. 해고를 당하다.

해:고^수당(解雇手當)[명] 고용주가 피고용자를 해고할 때 주는 위로금.

해:골(骸骨)[명] ①몸을 이루고 있는 뼈. ②살이 썩고 남은 뼈, 또는 그 머리뼈. 촉루(髑髏).

해골-바가지(骸骨-)[─빠─]명 〈해골〉의 속된 말. ㉜해골박.

해골-박(骸骨-)[─빡]명 〈해골바가지〉의 준말.

해골-산(骸骨山)[─싼]명 골고다의 언덕. 예수가 죽은 곳으로, 바위로 된 산인 데서 붙여진 이름.

해골-지킴(骸骨-)[명] 〈묘지기〉의 속된 말.

해:공(害工)[명][하자] 공부를 방해함. 힘써서 일을 하는 데 방해함.

해:공(海工)[명] '항만이나 해안에서 베푸는 공사'를 통틀어 이르는 말.

해:공(海空)[명] ①바다와 하늘. ②해군과 공군.

해:관(海關)[명] ①항구에 설치한 관문. ②지난날, '개항장에 설치한 세관'을 달리 이르던 말.

해:관(解官)[명][하자][되자] 벼슬자리에서 물러남, 또는 물러나게 함.

해:괘(解卦)[명] 육십사괘의 하나. 진괘(震卦)와 감괘(坎卦)를 위아래로 놓은 괘. 우레와 비를 상징함. ㉜해(解)².

해괴(駭怪)[어근] '해괴하다'의 어근.

해괴-망측(駭怪罔測)[─괴─/─꿰─]명[하형] 말할 수 없이 괴상하고 야릇함. ¶해괴망측한 사건. 해괴망측-히[부].

해괴-하다(駭怪-)[─괴─/─꿰─]명[여] 매우 괴상하다. ¶별 해괴한 소리를 다 듣겠구나. 해괴-히[부].

해:교(解膠)[명][하자][되자] 응결된 콜로이드 침전, 또는 고체에 약품을 섞어 콜로이드 용액으로 되돌아가게 하는 일.

해:구(海口)[명] 바다의 후미진 곳, 또는 항만으로 들어가는 어귀.

해:구(海丘)[명] 바다 밑에 독립적으로 솟아 있는 높이 1000 m 이하의 언덕. ㉠해산(海山).

해:구(海狗)[명] ☞물개. ☞해달.

해:구(海區)[명] 바다에 설정한 구역.

해:구(海寇)[명] 바다로 쳐들어오는 외적. 비해적(海賊).

해:구(海溝)[명] 바다의 밑바닥에 도랑처럼 좁고 길게 팬 곳. 보통, 깊이 6000 m 이상임.

해:구(海鷗)[명] 바다의 갈매기.

해:구-신(海狗腎)[명] 한방에서, '물개 수컷의 생식기'를 이르는 말. 강정제로 쓰임.

해:국(海國)[명] 섬나라. 해양국.

해:국(海菊)[명] 국화과의 다년초. 줄기는 목질(木質)로 높이 30∼60cm임. 주걱 모양의 두꺼운 잎이 어긋맞게 나는데, 털이 촘촘하여 희게 보임. 7∼9월에 연한 자줏빛의 꽃이 두상 화서로 핌. 중부 이남의 바닷가에 자라며 일본 등지에도 분포함.

해:군(海軍)[명] 해상의 국방을 위한 군대. 주로, 함정과 함재기 및 해병대 등으로 구성됨. [참]공군·육군.

해:군(解軍)[명][하자] 군대를 해산함.

해:군^공창(海軍工廠)[명] 해군의 함선이나 병기 따위의 제조와 수리를 관장하는 기관.

해:군-기(海軍機)[명] 해군에 딸린 항공기.

해:군^기장(海軍旗章)[명] 해군 함정의 돛대 끝이나 깃대에 다는 표장(表章)의 기.

해:군^기지(海軍基地)[명] ①'군항(軍港)과 작전 지역'을 아울러 이르는 말. ②해군의 출동·귀항과 함선의 수리 및 보급 따위의 중심이 되는 곳.

해:군^대학(海軍大學)[명] 해군의 고급 장교에게 고등 군사학을 교수하고 전술을 연구하도록 하는 해군의 최고 교육 기관.

해:군-력(海軍力)[-녁][명] 해군의 군사력.

해:군^본부(海軍本部)[명] 국방부에 딸린 해군의 최고 통수 기관. [준]해본.

해:군^사:관학교(海軍士官學校)[-꾜][명] 해군의 초급 장교가 될 사람에게 필요한 정규 교육을 베푸는 군사 학교. [준]해사.

해:군^신:호(海軍信號)[명] 해군에서 쓰는 여러 가지 신호. [기적(汽笛)·무선 전신·수기 신호·신호등·호포(號砲) 따위.]

해:군^함:선(海軍艦船)[명] '해군에 딸린 군함과 선박'을 통틀어 이르는 말.

해급-성(-性)[-썽][명] [☞]굴광성.

해권(海權)[-꿘][명] 〈해상권〉의 준말.

해:권-국(海權國)[-꿘-][명] 제해권(制海權)을 쥐고 있는 나라.

해:귀-당신 '얼굴이 어울리지 않게 넓으며 복스럽지 않게 생긴 사람'을 얕잡아 이르는 말.

해:근(解斤)[명][하타][되자] [☞]근돌이.

해금(奚琴)[명] 민속 악기의 한 가지. 둥근 나무 통에 긴 나무를 박고 두 가닥의 명주실을 매어 활로 비벼서 켬. 깡깡이.

해:금(海禁)[명][하자][되자] 해안에 외국의 배가 들어오거나 외국인이 들어와서 고기잡이하는 것 따위를 금하는 일.

해:금(解禁)[명][하타][되자] 금하였던 것을 풂. ¶해금된 가요.

해:-금사(海金沙)[명] ①[☞]실고사리. ②한방에서, 임질·습열의 약재로 쓰이는 '실고사리의 포자'를 이르는 말.

해금-수(奚琴手)[명] 지난날, 해금을 켜던 세악수(細樂手).

해기(咳氣)[명] 기침 기운.

해:기(海技)[명] 해원(海員)이 지녀야 할 기술.

해:기(海氣)[명] 바다 위에 어린 기운.

해:기-사(海技士)[명] 국가에서 시행하는 해기사 면허 시험에 합격한 사람. [선장·항해사·기관사 등이 이에 해당함.] 해기원.

해:기-욕(海氣浴)[명] 바닷가에서 맑은 공기를 마시고 해기를 쐬는 요양법.

해:기-원(海技員)[명] [☞]해기사.

해-껏[-껃][부] 해가 넘어갈 때까지. ¶해껏 기다렸으나 친구는 끝내 나오지 않았다.

해꼬지-하다[하자] '해코지'의 잘못.

해끄무레-하다[형어] 빛깔이 산뜻하게 흰 듯하다. ¶무엇인가 해끄무레한 것이 어둠 속에 떠올랐다. 희끄무레하다.

해끔-하다[형어] 빛깔이 조금 희고 깨끗하다. [큰]희끔하다. 해끔-히[부].

해끔-해끔[부][형] 여기저기가 조금 희고 깨끗한 모양. [큰]희끔희끔.

해끗-해끗[-끋끋][부][형] 흰 빛깔이 여러 군데에 나타나 있는 모양. [큰]희끗희끗². 해끗해끗-이[부].

해낙낙-하다[-낭나카-][형어] 마음이 흐뭇하여 기쁜 기색이 있다.

해:난(海難)[명] 항해 중에 만나는 재난. [배가 제힘으로 벗어날 수 없을 정도의 위험을 이름.] ¶해난 사고.

해:난-구:조(海難救助)[명] 항해 도중에 사고를 당한 배나 사람·짐 따위를 구조하는 일.

해:난-심:판원(海難審判院)[명] 해난 사고의 원인을 규명하는 등 행정적인 재결을 하는 기관.

해:난-증명서(海難證明書)[명] 해난 사실을 증명하는 문서.

해납작-하다[-짜카-][형어] (얼굴이) 하얗고 납작하다. [큰]희넓적하다.

해:낭(海囊)[명] 지난날, 여행할 때 가지고 다니면서 시초(詩草)를 써넣던 주머니.

해:내(海內)[명] ①바다의 안, 곧 국내. ↔해외. ②[사해(四海)의 안이라는 뜻으로] '천하'를 뜻하는 말.

해:-내다[타] ①(어려운 일 따위를) 능히 처리하다. ¶혼자 해낼 수 있겠니? ②(상대편을) 거뜬히 이기다.

해-넘이[명] 해가 짐, 또는 해가 질 때. 일몰(日沒). ↔해돋이.

해:녀(海女)[명] 바다 속의 해산물 채취를 업으로 하는 여자. 잠녀(潛女). 해인(海人). [참]보자기.

해:년(亥年)[명] 태세(太歲)의 지지(地支)가 해(亥)로 된 해. [정해년·기해년 따위.] 돼지해.

해-님[명] '해'를 의인화하여 이르는 말. [참]달님.

해:단(解團)[명][하타][되자] '단(團)'의 이름이 붙은 단체를 해산함. ¶대표 선수단을 해단하다. ↔결단(結團).

해:-달(海獺)[명] 족제빗과의 바다짐승. 수달과 비슷한데 몸길이 1 m가량. 꼬리가 아래위로 납작하고 뒷다리가 길며 발가락이 물갈퀴로 이어져 있음. 다른 바다짐승과는 달리 두꺼운 지방층이 없어 촘촘한 털로 보온을 함. 전복·게·성게 따위를 잡아먹으며, 알래스카에 분포함.

해담(咳痰)[명] 기침할 때 나오는 가래.

해:답(解答)[명][하자] (어려운 일이나 문제를) 풀어서 밝히거나 답함, 또는 그 답. ¶해답을 구하다. [준]답.

해:답-란(解答欄)[-땀난][명] 해답을 보인 난, 또는 해답을 써넣을 수 있도록 비워 둔 난.

해:답-지(解答紙)[-찌][명] 해답을 적은 종이. [준]답지.

해:답-집(解答集)[-찝][명] 해답을 모아서 엮은 책. ¶시험 문제의 답을 해답집과 맞추어 보다.

해:당(害黨)[명][하자] 당을 해롭게 함. ¶해당 행위자.

해당(該當)[명] ①[하자][되자]어떤 범위나 조건 따위에 바로 들어맞음. ¶해당 사항 없음. ②어떤 일에 관계되는 바로 그것. ¶해당 부서.

해:당(解黨)[명][하자] 당을 해산함, 또는 당이 해산함.

해:당-분자(害黨分子)[명] (당원이면서) 당을 해롭게 하는 사람.

해:당^작용(解糖作用)[명] 동물의 조직 속에서 탄수화물이 효소에 의하여 분해되어 젖산과 탄산가스가 되는 작용.

해:당-화(海棠花)[명] 장미과의 낙엽 활엽 관목. 높이 1~1.5m로 갈색의 가시가 밀생(密生)함. 가장자리에 톱니가 난 달걀꼴의 두꺼운 잎이 어긋맞게 남. 5~8월에 크고 향기 있는 붉은 꽃이 피고, 둥근 열매가 8월에 익음. 바닷가의 모래땅이나 산기슭에 나는데, 우리나라 각지와 중국 둥베이 지방, 사할린·일본·캄차카 반도 등지에 분포함. 열매는 약용과 식용으로, 꽃은 향수 원료로, 뿌리는 물감 원료로 쓰임. 때찔레. 매괴(玫瑰).

해:대(海臺)[명] 위가 평평하고 측면이 급경사인 바다 밑의 대지(臺地). ֎해팽(海膨).

해:대(解隊)[명][하자] '대(隊)'의 이름이 붙은 단체를 해산함.

해:도(海島)[명] 바다 가운데 떨어져 있는 섬.

해:도(海圖)[명] 항해용의 지도.

해:도(海濤)[명] 바다의 큰 물결.

해:독(害毒)[명] 나쁜 영향을 끼치는 요소. 해와 독. ¶해독을 끼치다. ֎독(毒).

해:독(解毒)[명][하자] 독기를 풀어서 없앰. 파독(破毒). ¶해독 작용.

해:독(解讀)[명][하타][되자] ①(알기 쉽도록) 풀어서 읽음. ②고전을 해독하여 들려주다. ②암호 따위의 예사로 읽어서는 알 수 없는 것을) 읽어서 알아냄. ¶암호를 해독하다.

해:독-제(解毒劑)[-쩨][명] 독기를 풀어 없애는 데 쓰는 약제.

해-돋이[-도지][명] 해가 돋음, 또는 해가 돋는 때. 일출. 해뜨기. →해넘이.

해동(孩童)[명] 어린아이.

해:동(海東)[명] (중국에서, 발해(渤海)의 동쪽에 있는 나라라는 뜻으로) '우리나라'를 달리 이르던 말.

해:동(海桐)[명] ☞엄나무.

해:동(解凍)[명][하자][되자] 얼었던 것이 녹아서 풀림. ¶강물이 해동하여 뱃길이 열렸다.

해:동-가요(海東歌謠)[명] 조선 영조 39(1763)년에 김수장(金壽長)이 엮은 시조집. 883수(首)의 시조를 작가별로 실었음.

해-동갑(一同甲)[명][하자] 어떤 일을 '해가 질 때까지 계속함'을 이르는 말. ¶두 사람이 해동갑을 해도 벅찬 일이다.

해:동-고승전(海東高僧傳)[명] 고려 고종 때 각훈(覺訓)이 왕명으로 지은, 고승의 전기를 모아 엮은 책. 2권 1책.

해:동-공자(海東孔子)[명] 고려 성종(成宗) 때의 학자 최충(崔沖)을 높여 일컫는 이름.

해:동-연(海東硯)[명] '우리나라의 돌이나 흙으로 만든 벼루'를 중국 벼루에 대하여 이르는 말.

해:동-청(海東靑)[명] ☞법성종(法性宗).

해:동-중보(海東重寶)[명] 고려 성종(成宗) 이후에 통용되었던 주화의 이름.

해:동-청(海東靑)[명] ☞매6.

해:동-통보(海東通寶)[명] 고려 숙종(肅宗) 때 통용되었던 주화의 이름.

해:동-피(海桐皮)[명] 한방에서, '엄나무 껍질'을 약재로 이르는 말. 맛은 쓰며, 허리나 다리가 저리고 바람이 이는 데 씀.

해:득(解得)[명][하타][되자] 깨우쳐 앎. ¶국문 해득.

해-뜨기[명] 해돋이.

해:-뜨리다[-떠] [해어뜨리다]의 준말.

해뜨름-발긋[-빨긋][부][하] (빛깔이) 조금 하얗고 발가스름한 모양.

해뜩-해뜩[-뜨깨-][부][하] 흰 빛깔이 군데군데 뒤섞여 보이는 모양. ֎희뜩희뜩². **해뜩해뜩-이**[부].

해:라-체(-體)[명] 상대 높임법의 한 갈래. 말을 듣는 손아랫사람에게 아주 낮추어 말하는 종결 어미의 한 유형. 〔'읽어라·가거라·자느냐' 따위.〕 아주낮춤.

해락(偕樂)[명][하자] 여럿이 함께 즐김.

해:란(蟹卵)[명] 게의 알.

해:람(解纜)[명][하자] 〔뱃줄을 푼다는 뜻으로〕 '출범(出帆)'을 뜻하는 말.

해래(偕來)[명][하자] 여러 사람이 함께 옴.

해:량(海量)[명] 〔바다처럼 넓은 도량이라는 뜻으로〕 상대편에게 용서를 빌 때에 쓰는 말.

해:량(海諒)[명][하타] 〔바다처럼 넓은 마음으로 양해하라는 뜻으로〕 편지 글에서 윗사람의 용서를 빌 때에 쓰는 말. ֎해서(海恕).

해:려(海驢)[명] ☞강치.

해:령(海嶺)[명] ☞해저 산맥.

해:례(解例)[명][하타] 보기를 보이어 풂.

해:로(海路)[명] (배가 다니는) 바닷길. 뱃길.

해로(偕老)[명][하자] 부부가 한평생 같이 지내고 함께 늙음. ¶백년해로.

해:로(解顱)[명] 한방에서, 어린아이의 머리뼈가 굳지 못하고 벌어지는 병을 이르는 말.

해로(harrow)[명] 흙덩이를 쳐서 잘게 깨는 서양 농구(農具)의 한 가지.

해로-가(薤露歌)[명] 〔사람의 목숨이 부추 위의 이슬처럼 덧없다는 뜻의 노래로〕 '상엿소리'를 달리 이르는 말. 만가(輓歌).

해로-동혈(偕老同穴)[명][하자] 〔살아서는 함께 늙으며 죽어서는 한무덤에 묻힌다는 뜻으로〕 '생사를 같이하는 부부의 사랑의 맹세'를 이르는 말. '시경'에 나오는 말임. ②바다수세미의 해면동물인 '오왜니바다수세미'를 아름답게 이르는 말. 〔자포 안에 새우 한 쌍이 들어 있는 데서 유래된 이름임.〕

해:록(海鹿)[명] 바다의 섬에 사는 사슴.

해:록-석(海綠石)[-썩][명] 철·칼륨 따위의 함수 규산염으로, 운모와 비슷한 구조를 가진 광물의 한 가지.

해:-롭다(害-)[-따] [~로우니·~로워][형][ㅂ] 해가 있다. 해가 있을 만하다. ¶담배는 몸에 해롭다. 해로이[부].

해롱-거리다[자] 자꾸 해롱해롱하다. 해롱대다. ¶술에 취해 해롱거리다. ֎희롱거리다.

해롱-대다[자] 해롱거리다.

해롱-해롱[부][하] ①자꾸 실없이 까부는 모양. ¶어른들 사이에서 해롱해롱 웃다. ֎희롱희롱. ②(술·약 따위에) 취하여 정신이 몽롱한 상태에서 자꾸 실없는 행동을 하는 모양.

해:룡(海龍)[명] ☞강치.

해:룡-피(海龍皮)[명] 강치의 가죽.

해:류(海柳)[명] 버들조름과의 자포동물. 몸길이는 보통 30~40cm인데, 큰 것은 70cm가 넘는 것도 있음. 석회화한 각질의 몸줄기 부분은 황갈색이며, 그 위로 좌우에 자갈색의 개충(個

蟲)이 200여 개 줄지어 있음. 깊이 10 m가량 의 바다 밑에 삶.

해-류(海流)[명] (항상 일정한 방향으로 움직이 는) 바닷물의 흐름. 무대.

해:류-도(海流圖)[명] 해류의 종류나 방향·속도 따위를 나타낸 그림.

해:류-병(海流瓶)[명] 해류의 방향과 속도를 알 기 위하여, 날짜와 장소 따위를 적어 넣어서 바다에 띄우는 병.

해:륙(海陸)[명] 바다와 육지.

해:륙-군(海陸軍)[-꾼][명] 해군과 육군.

해:륙-풍(海陸風)[명] 해안 지방에서, 낮과 밤의 기온 차로 낮에는 바다에서 육지로, 밤에는 육 지에서 바다로 방향이 바뀌어 부는 바람.

해:름[명] <해거름>의 준말.

해:리(海狸)[명] ☞비버(beaver).

해리(該吏)[명] 그 벼슬아치.

해:리(解離)[명]〖하자타〗①풀려서 떨어짐. 또 는 떨어지게 함. ②〖하자〗분자나 결정이 보다 작 은 분자나 원자단(原子團)·이온 따위로 분해되 고, 상황에 따라서는 반대로 진행하기도 하는 현상.〔열해리·전기 해리 따위〕.

해:리(海里)[의] 해상의 거리를 나타내는 단위. 위도 1°의 60분의 1로 약 1852 m임. ¶ 200해 리 전관 수역.

해:리-도(解離度)[명] 해리된 분자의 수와 해리 이전의 분자 총수와의 비(比).

해:리-열(解離熱)[명] 해리를 일으키는 데에 필 요한 열량.

해:마(海馬)[명] ①실고기과의 바닷물고기. 몸길 이는 8 cm가량으로 온몸이 골판(骨板)으로 뒤 덮이고 머리가 말 머리와 비슷함. 등지느러미 로 헤엄치는데 부드럽고 긴 꼬리로 해초를 감 음. 수컷의 아랫배에 육아낭이 있어 알을 부화 시킴. 우리나라 연해와 일본 각지에 분포하는 데, 한방에서 소화제의 원료로 씀. ②☞바다코 끼리.

해-마다[명] 그해 그해. 매년. 세세(歲歲). ¶해마 다 이맘때면 찾아오는 철새들.

해:마-아(海馬牙)[명] 바다코끼리의 엄니. 상아 대용으로 쓰임.

해:만(海灣)[명] ①바다가 육지 깊숙이 들어간 곳. 만. ②바다와 만.

해:만(解娩)[명]〖하타〗☞해산(解產).

해만(懈慢)[명] '해만하다'의 준말.

해:만-하다(懈慢−)[형여] 게으르고 거만하다.

해:말(亥末)[명] 십이시의 해시(亥時)의 끝. 하오 11시에 가까운 무렵.

해:말갛다[−가타][∼말가니·∼말게][형ㅎ] (살갗 따위가) 매우 희고 말갛다. ¶해말갛간 미소. /얼 굴이 해말갛다. 휀희멀겋다.

해말끔-하다[형여] (살갗 따위가) 매우 희고 말끔 하다. 휀희멀끔하다. **해말끔-히**[부].

해말쑥-하다[−쑤카−][형여] (살갗 따위가) 매우 희고 말쑥하다. ¶정장 차림의 해말쑥한 청년. 휀희멀쑥하다. **해말쑥-이**[부].

해:맑다[−막따][형] (살갗 따위가) 매우 희고 맑다. ¶해맑은 얼굴. 휀희맑다. ②밝고 환하 다. ¶해맑은 미소. /해맑은 아침 햇살.

해망(駭妄)[명]〖하어〗행동이 해괴하고 요망스러움. **해망-히**[부].

해:망-구실(蟹網俱失)[명]〖게도 그물도 다 잃었 다는 뜻으로〕'이익을 보려다가 밑천까지 잃 음'을 비유하여 이르는 말.

해망-쩍다[−따][형] 영리하지 못하고 아둔하다.

해-맞이[해−][명]〖하〗①(산꼭대기나 바닷가에서) 돋아 오르는 해의 아름다움을 관상(觀賞)하는 일. ②☞영년(迎年).

해매암[명] 요사스럽고 간악한 기운.

해:매(海霾)[명] ☞해미.

해머(hammer)[명] ①망치. ②피아노 따위의 현 (弦)이나 기타 악기의 발성(發聲) 부분을 쳐서 음을 내는 작은 망치. ③해머던지기에 쓰이는 둥근 기구.

해머-던지기(hammer−)[명] 투척 경기의 한 가 지. 지름이 2.13 m인 원 안에서 해머를 던져 그 거리를 겨루는 경기. 투중추(投重錘). 투철 퇴. 투해머. 휀필드 경기.

해먹(hammock)[명] 기둥이나 나무 사이에 매달 아 침상(寢床)으로 쓰는 그물 모양의 물건.

해먼드^오르간(Hammond organ)[명] 전기 진동 으로 파이프 오르간과 비슷한 음을 내는 전기 오르간. 〔상표명임.〕휀전자 오르간.

해:면(海面)[명] 바다의 표면. 해수면.

해:면(海綿)[명] ①정제한 해면동물의 뼈. 스펀 지. 갯솜. ②<해면동물>의 준말.

해:면(解免)[명]〖하타〗되자〗①관직이나 직책 따위 에서 물러나게 함. ②책임을 벗어서 면함. 해 제(解除).

해:면-동물(海綿動物)[명] 후생동물 중 하등 동 물 문(門)의 한 가지. 가장 원시적인 다세포 동물로, 기본型은 항아리 모양인데 바다의 돌 이나 해초에 붙어 있음.

해:면-상(海綿狀)[명] 잔구멍이 송송 배게 뚫리 어 해면처럼 된 모양.

해:면^조직(海綿組織)[명] 잎살을 이루는 조직의 한 가지. 세포의 성긴 조직으로 가스 교환 따 위를 함. 갯솜 조직.

해:면-질(海綿質)[명] 해면과 같은 섬유 모양의 골격을 이루는 유기 물질.

해:면-체(海綿體)[명] (포유동물의 음경이나 음 핵에서처럼) 혈액의 충만으로 부피가 커지는 조직.

해:면-치레(海綿−)[명] 해면치렛과의 게. 갑각의 길이 53 mm, 나비 61 mm가량임. 갑각의 겉은 불룩하고 털이 촘촘이 나 있음. 원시적인 게 로, 제주도와 일본의 근해, 서태평양·인도양 등지에 분포함.

해:명(海鳴)[명] (폭풍우의 전조로) 바다에서 들 려오는 우레와 같은 소리.

해:명(解明)[명]〖하자타〗되자〗(까닭이나 내용 따위 를) 풀어서 밝힘. ¶사고의 원인을 해명하다.

해:명-서(解明書)[명] 해명하는 글.

해:명^신화(解明神話)[명] 자연이나 문화적 사상 (事象)의 기원과 유래 또는 성립 과정 따위를 설명하는 신화.

해:몽(解蒙)[명]〖하타〗사리에 어둡고 어리석음을 깨우침. 몽매함을 일깨워 줌.

해:몽(解夢)[명]〖하타〗꿈의 내용을 풀어서 길흉(吉 凶)을 판단함. ¶꿈보다 해몽이 좋다.

해:무(海霧)[명] 바다에 끼는 안개.

해-무늬[−니][명] 해가 비치어 얼룩얼룩하게 된 무늬.

해:묵(海墨)[명] 황해도 해주(海州)에서 나는 질 이 썩 좋은 먹.

해-묵다[−따][자] ①(물건 따위가 만들어진 뒤) 한 해가 지나다. ¶해묵은 감자. ②(하던 일이 나 하려던 일이 제대로 되지 않은 상태에서) 여러 해를 넘기거나 많은 시간이 지나다. ¶해 묵은 과제. /해묵은 감정.

해묵-히다[-무키-]탄 〖'해묵다'의 사동〗 해묵게 하다.

해:-물(海物)명 〈해산물〉의 준말.

해:-미(海-)명 바다 위에 낀 매우 짙은 안개. 해매.

해:-미(海味)명 해산물로 만든 맛이 좋은 반찬.

해-바라기[1]형좌 추울 때 양지바른 곳에서 햇볕을 쬐는 일.

해-바라기²명 국화과의 일년초. 중앙아메리카 원산으로 줄기 높이는 2 m가량. 잎은 자루가 길고 넓은 달걀 모양이며, 여름에 노란빛의 큰 꽃이 핌. 씨는 먹을 수 있고, 식용유를 짜기도 함. 규화(葵花).

해-바라지다[1]자 모양새 없이 넓게 바라지다. 준헤벌어지다.
[2]형 모양새 없게 조금 넓다. ¶주둥이가 해바라진 물병. 준헤벌어지다.

해-바르다 '양지바르다'의 잘못.

해박(該博) '해박하다'의 어근.

해박-하다(該博-)[-바카-]형여 학식이 넓다. 사물에 대하여 아는 것이 많다. ¶해박한 지식. /상식에 해박하다. **해박-히**문.

해:-반구(海半球)명 ☞수반구(水半球).

해반닥-거리다[-꺼-]자타 자꾸 해반닥해반닥하다. 해반닥대다. 큰희번덕거리다.

해반닥-대다[-때-]자타 해반닥거리다.

해반닥-해반닥[-다깨-]문 ①(자타)눈을 크게 뜨고 흰자위를 자꾸 자꾸 반득이는 모양. ②(자)(물고기 따위가) 몸을 젖히며 반득이는 모양. 큰희번덕희번덕.

해반드르르-하다형여 ①(모양이) 해말쑥하고 반드르르하다. ②이치에 맞게 잘 꾸며 대어 그 럴싸하다. ¶말은 해반드르르하게 잘한다. 준헤 반들하다. 큰희번드르르하다.

해반들-하다형여 〈해반드르르하다〉의 준말. 큰희번들하다.

해반주그레-하다형여 (얼굴이) 해말갛고 반주 그레하다. 큰희번주그레하다.

해반지르르-하다형여 (얼굴이) 해말갛고 반지 르르하다. 큰희번지르르하다.

해:-발(海拔)명 바다의 평균 수면을 기준으로 하여 잰 어느 지점의 높이. ¶백두산은 해발 2744미터이다.

해발쪽문(형)되 (구멍이나 아가리 따위가) 넓게 바라진 모양. ¶입을 해발쪽 벌리고 잠을 잔다. 큰헤벌쭉. 해발쪽-이문. 해발쪽-하다형여.

해발쪽-거리다[-꺼-]타 자꾸 해발쪽해발쪽하 다. 해발쪽대다. 큰헤벌쭉거리다.

해발쪽-대다[-때-]타 해발쪽거리다.

해:-방(亥方)명 이십사방위의 하나. 북북서에서 서쪽으로 15도까지의 방위. 건방(乾方)과 임방 (壬方)의 사이. 준해(亥). ↔사방(巳方).

해:-방(海防)명하자 바다를 방비함.

해:-방(解放)명하자되 ①(몸과 마음의 속박이나 제한 따위를) 풀어서 자유롭게 함. ¶노예 해방. ②1945년 8월 15일, 우리나라가 일제의 강점에서 벗어난 일. ¶일본의 항복으로 우리는 해방을 맞았다.

해:-방-감(解放感)명 몸과 마음이 속박이나 제한에서 벗어난 느낌.

해:-방-구(解放區)명 혁명 세력이 중앙 권력의 지배를 물리치고 혁명의 근거지로 삼은 한 나라 안의 일정 지역.

해:-방-둥이(解放-)명 우리나라가 일본으로부터 해방된 '1945년에 태어난 사람'을 흔히 이르는 말.

해:-방^문학(解放文學)명 압박을 받는 계급이나 민족이 해방과 자유를 얻기 위한 수단으로 창작된 문학.

해:-사(海防使)명 해방영(海防營)을 맡아 지휘하던 장수.

해:-방^신학(解放神學)명 가난하고 억압받는 자들의 해방을 위하여 교회는 혁명 운동에 적극 참여해야 한다는 가톨릭 신학. 중남미의 가톨릭교계에서 비롯됨.

해:-방-영(海防營)명 조선 고종 때, 경기·충청·황해 3도의 수군(水軍)을 통괄하기 위하여 설치하였던 군영(軍營).

해:-방^운-동(解放運動)명 압박 또는 속박 상태에서 벗어나려는 운동.

해:-배(解配)명하타 귀양을 풀어 줌.

해백(楷白) '해백하다'의 어근.

해백-하다(楷白-)[-배카-]형여 정확하고 명백하다.

해:-벌(解罰)명하자되 형벌을 풀어 줌.

해:-법(海法)[-뻡]명 〈해상법(海上法)〉의 준말.

해:-법(解法)[-뻡]명 ①수학에서, 문제를 푸는 방법. ②해내기 어렵거나 곤란한 일을 푸는 방법. ¶해법을 찾다. /해법을 제시하다.

해:-변(海邊)명 바닷가. 해빈(海濱).

해:-변^식물(海邊植物)[-싱-]명 해변의 모래밭에 나는 식물. 대개, 잎이 두껍고 햇볕과 바람에 잘 견딤.

해:-변^학교(海邊學校)[-꾜]명 바닷가에 세워진 하기 학교(夏期學校)의 한 가지.

해:-병(海兵)명 해병대의 병사.

해:-병-대(海兵隊)명 해륙 양면에서 전투할 수 있도록 특별히 편성되고 훈련된 해군의 육상 전투 부대.

해:-보(海堡)명 바닷가에 설치한 보루나 포대.

해:-보다타 대들어 맞겨루다. ¶자, 해볼 테면 해보자.

해:-복(解腹)명하타 ☞해산(解産).

해:-본(海本)명 〈해군 본부〉의 준말.

해:-부(解剖)명하타되자 ①생물체의 일부 또는 전부를 절개하여 내부를 조사하는 일. ¶개구리를 해부하다. 해체(解體). ②사물의 조리(條理)를 자세히 분석하여 연구함. ¶오늘 이 시간에는 과소비 심리를 해부해 보겠습니다.

해:-부-도(解剖刀)명 수술이나 해부할 때 쓰는 작고 날카로운 칼. 메스(mes).

해:-부-도(解剖圖)명 생물체의 내부 구조를 나타낸 그림. ¶인체 해부도.

해:-부-제(解剖祭)명 해부에 쓰는 시체의 영혼을 위로하기 위하여 지내는 제사.

해:-부^표본(解剖標本)명 생물체의 내부 및 그 상호 관계를 보기 쉽게 만든 표본.

해:-부-학(解剖學)명 생물체를 해부하여 그 구조를 연구하는 학문.

해:-분(海盆)명 해심(海深) 3000~6000 m의 바닥에 분포되어 있는 분지 모양의 지형.

해:-분(海粉)명 〈해합분(海蛤粉)〉의 준말.

해:-분(解紛)명하타 다투던 일을 해결함.

해비(賅備·該備) '해비하다'의 어근.

해비-하다(賅備-·該備-)형여 갖추어진 것이 넉넉하다. 해비-히문.

해:-빈(海濱)명 ☞해변(海邊).

해:-빙(海氷)명 바닷물이 얼어서 된 얼음.

해:-빙(解氷)명하자되 ①얼음이 풀림. ↔결빙(結氷). ②'국제간의 긴장이 완화됨'을 비유하여 이르는 말. ¶동서 양대 진영의 해빙 무드.

해:빙-기(解氷期)圀 얼음이 녹아 풀리는 때.

해:사(海士)〈해군 사관학교〉의 준말.

해:사(海沙)圀 바닷모래.

해:사(海事)圀 해상(海上)에 관한 일.

해:사(解事)圀하자 사리(事理)를 자세히 앎.

해:사^공법(海事公法)[-꽁-]圀 '해사에 관한 공법'을 통틀어 이르는 말.

해:사^금융(海事金融)[-금늉/-그뮹]圀 배를 저당으로 하는 장기 금융.

해사-하다[혱어] 얼굴이 희고 말쑥하다.

해:산(海山)圀 깊은 해저로부터 1000 m 이상의 높이로 우뚝 솟아 있는 지형. 참해구(海丘).

해:산(海産)〈해산물〉의 준말.

해:산(解産)圀하타 아이를 낳음. 분만(分娩). 해만(解娩). 해복(解腹).

해:산(解散)圀하자타 ①(모인 사람이) 흩어짐, 또는 흩어지게 함. ②(단체·조직 따위가) 해체하여 없어짐, 또는 없어지게 함.

해:산-구완(←解産救援)圀하자 해산하는 데에 시중을 듦. 해산바라지. 본해산구원(解産救援).

해:산-구원(解産救援)〈해산구완〉의 본딧말.

해:산-달(解産-)[-딸]圀 아이를 낳을 달. 산달. 산월(産月). 산삭(産朔).

해:산-등(解散燈)圀 문이 없이 밑으로 초를 넣고 빼도록 만든 작은 등.

해:산^명:령(解散命令)[-녕-]圀 ①(모인 군중에게) 돌아가라고 내리는 명령. ②(법인(法人)이 명령을 어기거나 하여 그 존속(存續)을 허용할 수 없다고 인정할 때, 국가가 해산하라고 내리는 명령.

해:산-물(海産物)圀 바다에서 나는 산물. 〔어패류나 해초 따위.〕 준해물·해산.

해:산-미역(解産-)圀 산어미가 먹을 미역. ②'허리가 굽은 사람'을 조롱조로 이르는 말.

해:산-바라지(解産-)[-빠-]圀하자 해산을 돕는 일. 해산구완.

해:산^비:료(海産肥料)圀 해산물을 원료로 한 비료. 〔어비(魚肥)나 해초 따위.〕

해:산-쌀(解産-)圀 해산어미가 먹을 밥을 짓는 쌀. 산미(産米).

해:산-어미(解産-)圀 해산한 지 얼마 되지 않은 여자. 산모(産母).

해:삼(海蔘)圀 해삼강의 극피동물을 통틀어 이르는 말. 몸길이 40 cm가량으로 온몸에 밤색과 갈색의 반문이 있음. 입 둘레에 많은 촉수가 있고 배에 세로로 세 줄의 관족(管足)이 있음. 바다 깊이 10~30 m인 곳에 사는데, 수온이 16 ℃ 이상 되면 하면(夏眠)을 함. 전 세계의 바다에 널리 분포함. 사손(沙噀).

해:삼-초(海蔘炒)圀 마른 해삼을 물에 불려서 갖은 양념을 넣고 볶은 음식.

해:삼-탕(海蔘湯)圀 ①물에 불린 마른 해삼과 쇠고기를 넣어서 끓인 음식. ②중화요리의 한 가지. 물에 불린 마른 해삼을 삶아 죽순·송이버섯·풋고추 따위를 썰어 넣고 볶은 다음에 녹말을 끼얹어서 만듦.

해:삼-회(海蔘膾)[-회/-훼]圀 날해삼의 내장을 빼고 썰어서 초고추장이나 초간장에 찍어 먹는 회.

해:상(海上)圀 바다 위. ¶해상 공격.

해:상(海床)圀 바다의 깊은 바닥.

해:상(海商)圀 배에 물건을 싣고 다니면서 하는 장사, 또는 그런 장수.

해:상(海象)圀바다코끼리.

해:상(解喪)圀하자 어버이의 삼년상을 마침. 종상(終喪). 종제(終制). 탈상(脫喪).

해:상^경:찰(海上警察)圀 ▷수상 경찰(水上警察).

해:상-권(海上權)[-꿘]圀 ▷제해권. 준해권.

해:상^급유(海上給油)圀 항해 중인 선박에 상에서 급유선(給油船)으로 연료를 보급하는 일. 양상 급유(洋上給油).

해:상-도(解像度)圀 텔레비전 화면이나 컴퓨터의 디스플레이 따위에 나타나는 물체의 선명도. 보통, 주사선의 밀도로 표시함.

해:상-력(解像力)[-녁]圀 ①사진 촬영에서, 감광막에 피사체의 선명하고 미세한 상(像)을 재현시킬 수 있는 렌즈의 능력. ②현미경의 렌즈 따위가, 상의 미세한 부분을 식별할 수 있는 능력.

해:상^무:역(海上貿易)圀 거래 물품을 선박으로 운송하는 무역.

해:상-법(海上法)[-뻡]圀 '항해에 관한 법률'을 통틀어 이르는 말. 준해법(海法).

해:상-법(海商法)[-뻡]圀 상법 가운데 '해상 기업에 관한 법규'를 통틀어 이르는 말.

해:상^보:험(海上保險)圀 손해 보험의 한 가지. 항해의 사고로 입는 선박이나 화물 따위의 손해를 메우기 위한 보험.

해:상^봉쇄(海上封鎖)圀 해군력으로 딴 나라의 항만을 막아 기능을 잃게 하거나, 연안에 배가 드나드는 것을 막는 일.

해:상^예:식(海上禮式)[-녜-]圀 해군 함정이 해상에서 다른 나라의 군함을 만나거나, 연안의 포대에 이르렀을 때에 예포(禮砲)를 쏘거나 기장(旗章)을 올려서 하는 예식.

해:상-용왕(海上龍王)[-농-]圀 관세음보살의 오른쪽에 있는 보처(補處) 보살.

해:상^운:송(海上運送)圀 해상에서 배로 하는 운송. 해운(海運).

해:상^트럭(海上truck)圀 선원 한 사람이 몰고 다니는 소형 화물선.

해:상^포:획(海上捕獲)[-획/-훽]圀 공해(公海)나 영해(領海)에서, 적국의 함선이나 화물, 또는 중립을 위반한 혐의가 있는 제삼국의 함선이나 화물을 잡는 일. 준나포.

해:색(海色)圀 바다의 경치.

해:생(亥生)圀 해년(亥年)에 태어난 사람. 〔을해생·정해생 따위.〕 돼지띠.

해:-생물(海生物)圀 바다에 사는 동식물.

해:서(海西)圀 '황해도'의 딴 이름.

해:서(海恕)圀 넓은 마음으로 용서함, 또는 그 용서. 〔흔히, 편지 글에 쓰이는 말〕해용(海容). 참해량(海諒).

해:서(海棲)圀하자 바다 속에서 삶.

해서(楷書)圀 한자 서체(書體)의 한 가지. 예서(隸書)에서 발달하였는데 글자 모양이 가장 반듯함. 정서(正書).

해:서산맹(海誓山盟)〔산과 바다처럼 변치 않을 맹세한다는 뜻으로〕 '굳은 맹세'를 이르는 말.

해:석(海石)圀 ▷속돌.

해:석(解析)圀 ①하타 사물을 자세히 풀어서 이론적으로 연구함. ②〈해석학(解析學)〉의 준말.

해:석(解釋)圀하타되자 (사물의 뜻이나 내용 따위를 자신의 논리에 따라) 풀어서 이해함, 또는 그것을 설명함. ¶영어 원문을 해석하다. /비문을 해석하다.

해:석^기하학(解析幾何學)[-끼-]圀 기하학적 도형을 좌표에 따라 보이고, 그 도형의 관계를 대수 방정식으로 밝히는 수학의 한 부문. 좌표 기하학.

해:석^법규(解釋法規)[-뻡꾸] 명 당사자의 의사 표시가 있는 경우에, 불분명한 부분을 해석하여 적용하는 임의 법규.

해:석^법학(解釋法學)[-뻐콱] 명 민법이나 형법 따위 실정법의 의미와 내용을 체계적·합리적으로 해석하는 법학의 한 분야.

해:석-학(解析學)[-서칵] 명 ①대수학이나 기하학에 대하여) 극한의 개념을 기초로 하여 연구하는 수학의 여러 부문. 〔미분학·적분학 따위.〕 ②'기하학 이외의 수학'을 통틀어 이르는 말. 준해석(解析).

해:석-학(解釋學)[-서칵] 명 〔문헌이나 예술 따위 인간 정신의 소산을 이해하기 위하여〕해석의 방법과 규칙·이론을 다루는 학문적 방법.

해:선(海扇) 명 ☞가리비.

해:설(解雪) 명 눈이 녹음.

해:설(解說) 명하자타 되자 알기 쉽게 풀어서 설명함, 또는 그 설명. ¶ 시사 해설. /축구 해설. /정답 해설. 廢설명.

해:성(海星) 명 ☞불가사리².

해성(諧聲) 명 ☞형성(形聲).

해:성-층(海成層) 명 바다 밑의 퇴적(堆積)으로 이루어진 지층.

해:성-토(海成土) 명 풍화(風化)한 암석이 바닷물에 운반되어 도태(淘汰)되고 퇴적(堆積)하여 이루어진 바다흙.

해소(←咳嗽) 명 〈해수(咳嗽)〉의 변한말.

해:소(海嘯) 명 ①얕은 해안이나 좁은 강 어귀 같은 곳에서) 밀물 때 일어나는 거센 파도. ②썰물 때 빠지는 조류(潮流)가 해면과 충돌할 때 일어나는 파도 소리.

해:소(解消) 명하타 되자 ①(관계 또는 사물을) 지워 없앰. ②(어려운 일이나 문제 따위를) 해결하여 없애 버림. ¶ 고민을 해소하다. /갈등이 해소되다.

해:소(解訴) 명하타 되자 (원고가) 소송을 취소함. 해송(解訟).

해-소수 명 한 해가 좀 지나는 동안.

해-소일(-消日) 명하자 쓸데없는 일로 날만 보냄. 날소일.

해속(駭俗) 명하영 (세상이 놀랄 만큼) 풍속에 어긋나지 괴이함.

해:손(海損) 명 해난(海難)으로 입는 손해.

해:손^계(海損契)[-계-써/-게-써] 명 하주(荷主)가 공동 해손이 생겼을 때, 분담액을 지급하기로 하는 계약.

해:송(海松) 명 ①바닷가에 나는 소나무를 통틀어 이르는 말. ②☞곰솔. ③☞잣나무.

해:송(解訟) 명하타 되자 ☞해소(解訴).

해:송-자(海松子) 명 ①☞잣. ② 한방에서, '잣'을 약재로 이르는 말. 영양을 돕고 변을 부드럽게 함.

해:송자-유(海松子油) 명 잣기름.

해:송-판(海松板) 명 잣나무를 켜서 만든 널빤지.

해수(咳嗽) 명 기침. 수해(嗽咳). 변해소.

해:수(海水) 명 바닷물.

해:수(海獸) 명 바다에 사는 포유동물을 통틀어 이르는 말. 〔고래·물개 따위.〕

해:수-면(海水面) 명 ☞해면(海面).

해수-병(咳嗽病)[-뻥] 명 한방에서, '연거푸 기침을 하는 증세'를 이르는 말.

해:수-욕(海水浴) 명하자 바다에서 헤엄치거나 노는 일. 조욕(潮浴). ¶ 해수욕을 즐기다.

해:수욕-장(海水浴場)[-짱] 명 해수욕을 할 수 있도록 환경과 시설이 되어 있는 곳.

해:시(亥時) 명 ①십이시의 열두째 시. 하오 9시부터 11시까지의 동안. ②이십사시의 스물셋째 시. 하오 9시 30분부터 10시 30분까지의 동안. 준해(亥).

해시(駭視) 명하타 놀라서 봄.

해:시계(-時計)[-계/-게] 명 눈금을 표시한 문자반 위에 세운 막대나 평판이, 태양의 일주(日周) 운동으로 그림자를 지울 때, 그 그림자의 위치로 시각을 어림하여 알도록 한 장치. 〔앙부일영 따위.〕

해:식(海蝕) 명 파도나 조류(潮流) 따위로 인한 침식 작용.

해:식(解式) 명 운산(運算)의 순서를 일정한 기호와 방법으로 기록하는 식.

해:식-단구(海蝕段丘)[-뚜-] 명 해식으로 이루어진 해안 단구의 한 가지.

해:식-대(海蝕臺)[-때] 명 해안의 바위가 해식으로 밀려나고, 그 앞면의 수면 아래에 이루어진 평탄한 지형. 썰물 때는 드러나고 밀물 때는 물 밑으로 들어감.

해:식-동(海蝕洞)[-똥] 명 해식으로 생긴 동굴.

해:식-애(海蝕崖) 명 해식 작용으로 이루어진 해안의 절벽.

해:신(海神) 명 바다를 다스리는 신.

해:신(解信) 명하타 불교에서, 경전이나 불보살의 가르침을 그대로 믿지 아니하고 논리로 이해한 다음의 믿음.

해심(垓心) 명 ①경계(境界)의 한가운데. ②벗어나기 어려운 처지.

해:심(害心) 명 해치려는 마음. 해의(害意).

해:심(海心) 명 바다의 한복판.

해:심(海深) 명 바다의 깊이.

해쓱-하다[-쓰카-] 형여 얼굴에 핏기가 없고 파리하다. 창백하다. ¶ 해쓱한 얼굴.

해씨(該氏) 명 그분. 그 사람.

해아(孩兒) 명 어린아이.

해:아(海牙) 명 '헤이그(Hague)'의 한자음 표기.

해:악(害惡) 명 해가 되는 나쁜 영향. 해(害). ¶ 남에게 해악을 끼치다.

해:악(海岳·海嶽) 명 바다와 산.

해악(駭愕) 명하자 몹시 놀람.

해:안(海岸) 명 육지와 바다가 닿은 곳. 바다의 기슭. 바닷가. 연해안.

해:안(解顏) 명하자 부드러운 표정을 지음.

해:안-가(海岸-)[-까] 명 바닷가.

해:안^기후(海岸氣候) 명 바닷가나 호숫가의 온화하고 습기 찬 기후.

해:안^단구(海岸段丘) 명 해안선을 따라서 계단 모양으로 되어 있는 좁고 긴 지형.

해:안-도(海岸島) 명 육지의 한 부분이 떨어져 나가서 된 섬.

해:안^도서족(海岸島嶼族) 명 태평양이나 인도양 등지의 섬들에 사는 종족.

해:안^방풍림(海岸防風林)[-님] 명 (바닷바람과 염분의 피해를 막기 위하여) 해안에 조성해 놓은 숲.

해:안^사구(海岸沙丘) 명 해안에 발달한 모래 둔덕.

해:안-선(海岸線) 명 ①바다와 육지의 경계를 길게 연결한 선. ¶ 해안선이 단조롭다. ②해안을 따라 부설한 철도의 선로.

해:안^요새(海岸要塞) 명 해안의 중요한 곳에 설치한 요새.

해:안^지형(海岸地形) 명 (직접 또는 간접적인) 바다의 작용 때문에 이루어진 지형.

해:안-태 (海岸太)[명] (동해안 등지의) 연안에서 잡히는 명태.

해:안^평야 (海岸平野)[명] ①바다 밑의 퇴적층이 융기하여 해안에 이룩된 평야. ②삼각주나 간석지와 같이 해안에 발달한 평야.

해:애 (海艾)[명] 섬에 나는 쑥.

해:약 (解約)[명][하타][되자] ①⇨해지(解止). ②약속을 취소함. ②파약(破約).

해:양 (海洋)[명] 넓은 바다.

해:양^개발 (海洋開發)[명] 해양과 해저(海底)에 있는 생물·광물·에너지 따위 자원을 개발하는 일.

해:양^경:찰대 (海洋警察隊)[−때][명] 해상에서 경찰 임무를 수행하는 기관. ②해경(海警).

해:양^경:찰청 (海洋警察廳)[명] 국토 해양부에 딸린 중앙 행정 기관의 하나. 해양에서의 경찰 및 오염 방제에 관한 사무를 맡아봄.

해:양-국 (海洋國)[명] 사면이 바다로 에워싸인 나라. 섬나라.

해:양^기단 (海洋氣團)[명] 해양에서 생긴 다습한 기단.

해:양^기상대 (海洋氣象臺)[명] 해양 기상의 관측과 예보 따위의 일을 맡아 하는 기상대.

해:양^봉쇄 (海洋封鎖)[명] 국가가 일정한 해양을 영유하되, 필요에 따라 이를 봉쇄하는 일. ←해양 자유.

해:양-성 (海洋性)[−썽][명] 해양에 넓게 접한 지역이나 섬에서 볼 수 있는 기후·풍토·산물 따위의 특성. ←대륙성.

해:양^기후 (海洋性氣候)[−썽−][명] 해양의 영향을 크게 받는 기후형의 한 가지. 연중 또는 하루의 기온차가 적은 해양이나 도서(島嶼)의 기후로, 날씨가 흐리고 비가 잦음. ←대륙성 기후.

해:양^자유 (海洋自由)[명] 전시와 평화시를 막론하고 특정한 국가의 해양 영유(領有)를 인정하지 않고 개방하는 일. ←해양 봉쇄.

해:양-학 (海洋學)[명] 해양에 관한 여러 가지 현상을 연구하는 학문. 〔해양 물리학·해양 생물학·해양 지질학 따위.〕

해:양^회유성 (海洋回游性)[−회−썽/−훼−썽][명] 어류가 바닷물의 흐름을 따라 이동하는 성질.

해:어 (海魚)[명] 바닷물고기. 짠물고기.

해:어 (解語)[명][하자] 말의 뜻을 이해함.

해어-뜨리다[−어−/−여−][타] 해어지게 하다. 해어트리다. ②해뜨리다.

해어-지다[−어−/−여−][자] (옷이나 신 따위가) 닳아서 구멍이 나거나 찢어지다. 떨어지다. ¶신발이 해어지다. ②해지다.

해어-트리다[−어−/−여−][타] 해어뜨리다. ②해트리다.

해:어-화 (解語花)[명] 〔말을 알아듣는 꽃이란 뜻으로〕'미인(美人)'을 달리 이르는 말.

해:엄 (解嚴)[명][하자] 경계나 단속을 품.

해역 (咳逆)[명] 한방에서, 횡격막이 갑자기 줄어들면서 목구멍이 막히어 숨을 들이쉴 때 소리가 나는 병. 위병이나 히스테리 따위로 일어남.

해:역 (海域)[명] 바다 위의 일정한 구역.

해:연 (海淵)[명] 해구(海溝) 가운데 특히 깊게 움푹 파인 곳.

해:연 (海燕)[명] ①왜형류(歪形類)의 동물. 몸은 지름 11 cm가량의 둥그스름하고 긴 오각형으로 생겼으며, 입이 오목함. 우리나라와 일본의 얕은 바다에 삶. ②⇨바다제비.

해연 (駭然)'해연하다'의 어근.

해:-연풍 (海軟風)[명] ⇨해풍(海風).

해연-하다 (駭然−)[형여] 매우 이상스럽고 놀랍고 끔찍하다.

해:열 (解熱)[명][하자][되자] 몸의 열이(을) 내림.

해:열-제 (解熱劑)[−제][명] (비정상적으로 높아진) 몸의 열을 내리게 하는 약제.

해:오 (解悟)[명][하타] 진리를 깨달음. 개오(開悟). ②오입(悟入).

해오라기[명] 왜가릿과의 새. 몸길이 56∼61 cm. 몸은 뚱뚱하고 다리는 짧음. 몸빛은 등 쪽이 흑색, 날개는 회색이고, 다리는 겨울에는 황색, 여름에는 적색임. 주로 야행성으로, 삼나무와 소나무 숲에서 물고기·새우·개구리·뱀·곤충·쥐 등을 잡아먹음. 우리나라에는 경기도 이남에 도래하는 여름새임. 벽로(碧鷺). ②해오리.

해오리[명] 〈해오라기〉의 준말.

해:옥 (解玉)[명][하자] 증권 거래에서, 거래 당사자끼리의 합의로 매매 약정을 없던 일로 돌리는 일.

해왕 (偕往)[명][하자] 함께 감.

해:왕-성 (海王星)[명] 태양계의 안쪽으로부터 여덟 번째의 행성. 공전 주기 164.8년으로, 태양에서 평균 거리는 약 45억km임. 광도(光度)는 7.7등(等), 부피는 지구의 약 42배로 두 개의 위성이 있음. 넵튠.

해:외 (海外)[−외/−웨][명] 바다의 밖, 곧 외국. ¶해외 유학. /해외 동포. ←해내(海內).

해:외^기지 (海外基地)[−외/−웨−][명] (방위와 공격을 목적으로) 해외에 설치한 군사 기지.

해:외^무:역 (海外貿易)[−외/−웨−][명] ⇨외국 무역.

해:외^문학 (海外文學)[−외/−웨−][명] '해외 문학 연구회'의 기관지로, 우리나라 최초의 본격적인 해외 문학 소개지. 1927년 1월에 창간되어 2호만에 나옴. 김진섭, 정인섭, 이하윤 등을 중심으로, 외국 문학 사조와 작품의 번역·소개 및 해외 문학 연구를 표방하였음.

해:외^방:송 (海外放送)[−외/−웨−][명] 해외에 대하여 자국(自國)을 홍보하거나, 해외 동포에게 고국의 소식을 전하기 위하여 하는 방송.

해:외^시:황 (海外市況)[−외/−웨−][명] 주식이나 물가(公價)·환(換) 따위에 관한 외국의 주요 시장의 상황.

해:외^여행 (海外旅行)[−외/−웨−][명] 다른 나라로 여행하는 일.

해:외^저:금 (海外貯金)[−외/−웨−][명] 외국에 사는 사람의 금전 출납의 편의를 베푼 우편 저금.

해:외^전:환^사채 (海外轉換社債)[−외/−웨−][명] 해외 증권 시장을 통하여 초기에 사채(社債)로 발행되나 일정 기간 뒤에 일정한 조건에 따라 발행 회사의 주식으로 바꿀 수 있는 사채.

해:외^투자 (海外投資)[−외/−웨−][명] 자기 나라의 자본을 외국에 투자하는 일. 국제 투자.

해:요-체 (−體)[명] 상대 높임법에서의 종결 어미의 한 체. 하오체와 합쇼체에 두루 쓰이는데, 해체에 존대 표시의 보조사 '요'를 붙인 부드러운 말씨임. 〔하셔요·계셔요·드셔요 따위.〕②해체.

해:용 (海容)[명][하타] ⇨해서(海恕).

해:우 (海牛)[명] 해우류(海牛類)의 바다 짐승. 몸길이 3∼6 m에 몸무게가 300∼400 kg에 이름. 살이 많고 모양은 고래 비슷한데, 살갗에 붉은 털이 드물게 나 있음. 몸빛은 황색 또는 청회색인데, 인도양·남태평양 등지에서 해초 같은 것을 먹고 삶.

해:우(海隅)圓 바다의 한쪽 구석.
해:우(解憂)圓하자 근심을 풂. 근심이 풀림.
해:우-소(解憂所)圓 〔근심을 푸는 곳이라는 뜻으로〕절에서, '변소'를 완곡하게 이르는 말.
해우-차圓 '해웃값'의 잘못.
해-운(-運)圓 그해의 운수. 연운(年運).
해:운(海運)圓 해상에서 배로 하는 운송. 해상 운송. 圖육운·공운.
해:운^동맹(海運同盟)圓 해운업자끼리 경쟁을 피하기 위하여, 영업상의 여러 사항을 협정하는 동맹.
해:운-업(海運業)圓 배로 여객이나 짐을 운송하는 영업.
해:운^협정(海運協定)[-쩡]圓 해운에 관한 국가 간의 협정.
해웃-값[-우깝/-운깝]圓 기생이나 창녀 등과 상관하고 주는 돈. 해웃돈. 화대(花代). 화채(花債). * 해웃값이[-우깝씨/-운깝씨]·해웃값만[-우깝-/-운깝-]
해웃-돈[-우똔/-운똔]圓 해웃값.
해:원(海員)圓 (선장 이외의) 배에서 일하는 사람. 圖선원·수부(水夫).
해:원(解冤)圓하자 분풀이.
해:월(亥月)圓 〔월건에 십이지의 해(亥)가 드는 달로〕'음력 시월'을 달리 이름. 圖맹동(孟冬).
해:위(解圍)圓하자 에워싼 것을 풂.
해:유(解由)圓하자 왕조 때, 벼슬아치가 갈리면서 후임자에게 사무를 인계하고 호조(戶曹)에 보고하여 책임을 벗던 일.
해:읍(海邑)圓 바닷가에 있는 고을.
해읍스레-하다[-쓰-]圓어 해읍스름하다. 圇희읍스레하다.
해읍스름-하다[-쓰-]圓어 썩 깨끗하지는 않고 조금 희다. 해읍스레하다. 圇희읍스름하다. 해읍스름-히圓
해:의(海衣)[-의/-이]圓 ☞김³.
해:의(害意)[-의/-이]圓 해하려는 뜻. 해심(害心). ¶해의를 품다.
해:의(解義)[-의/-이]圓하타 (글이나 글자의) 뜻을 풀어서 밝힘.
해:이(解弛)圓어 (마음이나 규율이) 풀리어 느즈러짐. ¶기강이 해이하다.
해:이(解頤)圓하자 〔턱이 풀린다는 뜻으로〕'입을 크게 벌리고 웃음'을 이르는 말.
해:인(海人)圓 ①해녀(海女). ②남자 보자기.
해:인(海印)圓 〔바다가 만상(萬象)을 비춘다는 뜻으로〕일체를 깨달아서 아는 '부처의 지혜'를 이르는 말.
해:인^삼매(海印三昧)圓 석가모니가 '화엄경'을 설하기 위하여 들어간 삼매.
해인-이목(駭人耳目)圓하자 해괴한 짓을 하여 남을 놀라게 함.
해:일(亥日)圓 일진(日辰)의 지지(地支)가 해(亥)로 된 날. 〔을해일·정해일 따위.〕돼지날.
해:일(海溢)圓 바다 위에 붙은 해.
해:일(海溢)圓하자 (지진이나 화산의 폭발, 폭풍우 따위로 인하여) 갑자기 큰 물결이 일어 해안을 덮치는 일.
해:임(解任)圓하타되자 공무원의 징계 처분의 한 가지. 공무원의 신분은 박탈하되 연금(年金)은 지급하는 일. ¶그는 이번 뇌물 수수 사건으로 해임을 당하였다.
해:임-장(解任狀)[-짱]圓 ①해임하는 내용을 적은 서면(書面). ②외교관을 해임하여 소환할 때 상대국에 제출하는 해임의 서장(書狀).

해:자(←解座)圓하자 ①공으로 한턱 잘 먹는 일. ②지난날, 서울의 각 관아의 이서(吏胥)나 하례(下隷)가 새로 임명되면 전부터 있던 사람들에게 한턱내던 일.
해자(垓字)圓 ①능원이나 묘의 경계. ②성(城) 밖으로 둘러서 판 못. ②성호(城壕)·외호(外濠).
해자(楷字)圓 해서(楷書)로 쓴 글자.
해:자(解字)圓하자 ☞파자(破字).
해자圓 〔옛〕비용. ¶이그티 施호린 分文ㅅ 해자도 업수더(永嘉上38).
해:자-쟁이(解字-)圓 해자(解字)로 점을 치는 점쟁이. 파자쟁이.
해작-거리다[-꺼-]圓타 자꾸 해작해작하다. 해작대다. ¶해작거리지만 말고 폭폭 퍼서 먹어라. 圇헤적거리다².
해작-대다[-때-]圓타 해작거리다.
해작-이다[-기-]圓타 깨지락거리며 자꾸 들추거나 헤치다. ¶반찬을 해작이다. 圇헤적이다.
해작-질[-찔]圓하자 해작이는 짓. 圇헤적질.
해작-해작[-자캐-]圓하타 깨지락거리며 자꾸 들추거나 헤치는 모양. 圇헤적헤적².
해:장(海葬)圓하자되자 시체를 바다에 던져 장사함. 圇수장(水葬).
해:장(海瘴)圓 바다의 열기와 습기 때문에 생기는 독기. 圇장기(瘴氣).
해:장(←解酲)圓하자 술기운을 풂, 또는 그렇게 하기 위하여 해장국 따위와 함께 술을 조금 마시는 일. ¶해장에는 콩나물국이 최고지. 圇해정(解酲).
해:장-국(←解酲-)[-꾹]圓 ①쇠뼈를 곤 국물에 된장을 풀어 넣고, 콩나물·무·파 등을 넣어 끓인 토장국. ②몸에 남은 술기운을 풀기 위해 먹는 국. 해장탕.
해:장-술(←解酲-)[-쑬]圓 해장으로 마시는 술.
해:장-탕(←解酲湯)圓 ☞해장국.
해장-판(醢醬品)圓 고기나 조개 따위의 살이나 알·내장 따위를 소금에 절여 발효시킨 식품.
해:저(海底)圓 바다의 밑바닥. ¶해저 탐사.
해:저-곡(海底谷)圓 바다 밑에 생긴 골짜기.
해:저^목장(海底牧場)[-짱]圓 성게나 전복 따위의 해저 생물을 양식하는 곳.
해:저-산맥(海底山脈)圓 바다 밑에 산맥 모양으로 솟은 지형. 해령(海嶺).
해:저^유전(海底油田)圓 대륙붕에 개발된 유전.
해:저-전:선(海底電線)圓 바다 밑에 까는 통신용 전선. 해저 케이블.
해:저-침:식(海底浸蝕)圓 파도나 해일, 바다 밑의 흐름 따위로 해저가 침식되는 현상.
해:저^케이블(海底cable)圓 ☞해저 전선.
해:저^풍화(海底風化)圓 바다 밑에서 일어나는 풍화 작용.
해:저^화:산(海底火山)圓 바다 밑에 생긴 화산. 해중 화산.
해:적(海賊)圓 (배를 타고 다니면서) 항해하는 배나 해안 지방을 습격하여 약탈하는 도둑. 비해구(海寇).
해:적(害敵)圓하자 적을 해침.
해:적-선(海賊船)[-썬]圓 해적이 타고 다니는 배. 적선.
해:적-판(海賊版)圓 저작권자의 승낙 없이 불법으로 복제한 서적·음반·소프트웨어 따위의 저작물을 이르는 말.
해:적-호(海跡湖)[-저코]圓 〔퇴적 작용이나 지반의 융기로〕바다의 일부가 외해(外海)에서 분리되어 생긴 호수. 〔아랄 해·카스피 해 따위.〕

해-전(-前)**명** 해가 넘어가기 전. ¶해전에 일을 끝내야지.

해:전(海戰)**명하자** 해상에서 하는 전투. **비**수전(水戰). **참**공중전·육전(陸戰).

해절(該切) '해절하다'의 어근.

해절-하다(該切-)**형여** 가장 적절하다.

해:정(亥正)**명** 십이시의 해시(亥時)의 한가운데. 〔하오 10시.〕

해:정(海程)**명** 바다의 뱃길.

해:정(解停)**명하타** (신문이나 잡지 따위의) 발행 정지를 해제함.

해:정(解醒)**명** '해장'의 본딧말.

해정(楷正) '해정하다'의 어근.

해정-하다(楷正-)**형여** 글씨가 바르고 똑똑하다.

해:제(解制)**명하자** 불교에서, '안거(安居)를 끝내는 일'을 이르는 말. ↔결제(結制).

해:제(解除)**명하타되자** ①설치하였거나 장비한 것 따위를 풀어 없앰. ¶무장을 해제하다. ②(특정의 상태나 제약을) 없애거나 취소함. ¶경보 해제. ③☞해면(解免). ¶직위 해제. ④어떤 법률관계를 없앰. ¶계약 해제. **참**해지(解止).

해:제(解題)**명하타** 책이나 작품의 저자·내용·체재 따위에 관하여 풀이함, 또는 그 글. ¶영인본에 해제를 붙이다.

해:제-권(解除權)[-꿘]**명** 당사자 한쪽이 계약을 해제할 수 있는 권리.

해:제^조건(解除條件)[-껀]**명** 법률 행위의 효력을 소멸시키는 조건.

해:조(害鳥)**명** 사람의 생활에 해를 끼치는 새. ↔익조(益鳥).

해:조(海鳥)**명** 바다에서 사는 새.

해:조(海潮)**명** ☞조수(潮水).

해:조(海藻)**명** '바다에서 나는 조류(藻類)'를 통틀어 이르는 말. 마풀. 바닷말. **참**해초(海草).

해조(諧調)**명** ①잘 조화됨. ②즐거운 가락.

해:조-문(蟹爪紋)**명** 잿물을 입힌 도자기의 겉면에 게의 발처럼 잘게 갈라진 금.

해:조-분(海鳥糞)**명** ☞구아노(guano).

해:조-음(海潮音)**명** 조수가 흐르는 소리. 파도 소리. 조음(潮音).

해:좌(亥坐)**명** (집터나 묏자리 따위가) 해방(亥方)을 등진 좌향, 또는 그런 자리.

해:좌-사향(亥坐巳向)**명** (집터나 묏자리 따위가) 해방(亥方)을 등지고 사방(巳方)을 향한 좌향.

해:죄(解罪)[-쬐/-쮀]**명하자** 〔가톨릭에서〕 '사죄(赦罪)'의 구용어.

해죽[**부**하자] 흡족한 듯이 귀엽게 웃는 모양. **큰**히죽. **센**해쭉. **해죽-이부**. **해죽-해죽부하자** ¶엄마가 젖을 주었더니 금세 아기가 해죽해죽 웃었다.

해죽-거리다[-꺼-]**자** 귀엽게 계속 웃다. 해죽대다.

해죽-거리다²[-꺼-]**자** 가볍게 팔을 내저으며 걷다. 해죽대다². **큰**해죽거리다.

해죽-대다[-때-]**자** ☞해죽거리다.

해죽-대다²[-때-]**자** ☞해죽거리다².

해죽-해죽[-주케-]**부**하자 가볍게 팔을 내저으며 걷는 모양. **큰**해죽해죽.

해:중(海中)**명** 바다의 속. 바다 가운데.

해:중-고혼(海中孤魂)**명** 바다에서 죽은 외로운 넋.

해:중-금(海中金)**명** 육십갑자의 갑자(甲子)와 을축(乙丑)에 붙는 납음(納音). **참**노중화(爐中火).

해:중-대원(海中臺原)**명** 해안에서 바다 속으로 비스듬히 내려가다가 급경사를 이루어 계단이 진 생긴 곳.

해:중-전(海中戰)**명** 양쪽 잠수함끼리 벌이는 바다 속의 전투.

해:중합(解重合)**명** 중합체가 분해되어 단량체(單量體)로 나누어지는 중합의 역반응.

해:중^화:산(海中火山)**명** ☞해저 화산.

해:지(解止)**명하타** 계약 당사자 중 한쪽의 의사 표시에 의하여 계약상의 법률관계를 소멸시키는 일. 해약(解約). **참**해제(解除).

해:-지다자 〈해어지다〉의 준말. ¶해진 양말.

해:직(解職)**명하타되자** ①(공무원에게) 직무의 담당을 면제하는 일. ②☞면직(免職).

해:진(海進)**명** (육지의 침강 작용으로) 바다가 육지를 덮어 바다가 넓어지는 일. 해침(海浸). ↔해퇴.

해:진(海震)**명** 바다 밑에서 일어나는 지진.

해쭉부 〈해죽〉의 센말. **큰**히쭉.

해:착(海錯)**명** 여러 가지 풍부한 해산물.

해:찰명하자 ①물건을 부질없이 집적이어 해치는 짓. ②일에는 정신을 두지 않고 쓸데없는 짓만 함. ¶아이들은 한눈팔고 해찰하기 일쑤라서 가끔 주의를 줄 필요가 있다.

해:찰-궂다[-굳따]**형** 해찰을 부리는 버릇이 있다.

해:찰-스럽다[-따]〔-스러우니·-스러워〕**형**비 해찰궂게 보이다. **해찰스레부**.

해:채(海菜)**명** ☞미역².

해:척(海尺)**명** 바닷가에서 고기잡이를 업으로 하는 사람.

해:척(解尺)**명하타** 자물쇠.

해천(咳喘)**명** 기침과 천식.

해천-증(咳喘症)[-쯩]**명** 한방에서, '기침과 천식의 병증'을 이르는 말.

해청(駭聽)**명하자** 매우 이상하고 놀랍게 들림.

해:-체(-體)**명** 상대 높임법에서의 종결 어미의 한 체. 비격식체의 반말로, 해라체와 하게체에 두루 쓰이는 부드러운 말씨임. 〔가자·앉아·먹어 따위.〕 **참**해요체.

해체(楷體)**명** 수묵화의 삼체(三體)의 하나. 대상을 가장 충실하게 묘사함. **참**초체(草體)·행체(行體).

해:체(解體)**명하타되자** ①흩어지거나 없어짐, 또는 흩뜨리거나 없앰. ¶창당 준비 위원회를 해체하다. ②해부(解剖). ③기계 따위의 부속을 헤치어 뜯어 내는 일. ¶자동차를 해체하다.

해:초(亥初)**명** 십이시의 해시(亥時)의 처음. 〔하오 9시가 막 지난 무렵.〕

해:초(海草)**명** ①바다에서 자라는 현화식물을 통틀어 이르는 말. **참**해조(海藻). ②충청남도 바닷가에서 나는 담배.

해:-초월(海初月)**명** '섣달'을 달리 이르는 말. 가평(嘉平).

해:춘(解春)**명하자** 눈이나 얼음이 풀리는 봄, 또는 봄이 되어 눈과 얼음이 녹고 풀림.

해:충(害蟲)**명** 사람이나 농작물에 해가 되는 벌레를 통틀어 이르는 말. 악충(惡蟲). ¶해충을 박멸하다. ↔익충(益蟲).

해치(hatch)**명** 배의 갑판의 승강구, 또는 그 뚜껑. 창구(艙口).

해:-치다(害-)**타** ①해롭게 하다. ¶도시 미관을 해치다. /그렇게 무리하다가는 건강을 해치기 쉽다. ②(남을) 다치게 하거나 죽이다. ¶강도가 사람을 해치다.

해:-치우다템 ①(어떤 일을) 시원스럽게 끝내다. ¶이 일만 금방 해치우고 나갈게. ②(방해가 되는 대상을) 없애 버리다. ¶적의 보초를 해치우고 잠입하다.

해:침(海浸)명 ⇨해진(海進).

해커(hacker)명 남의 컴퓨터에 무단 침입하여 정보를 빼내거나 프로그램을 파괴하는 일을 하는 사람.

해:-코지(害-)명[하자타] 남을 해롭게 하는 짓.

해킹(hacking)명 남의 컴퓨터에 무단 침입하여 정보를 빼내거나 프로그램을 파괴하는 일.

해:타(解惰)명[하영] ⇨해태(懈怠).

해탄(骸炭)명 ⇨코크스(cokes).

해탄(駭歎)명[하타] 놀라서 탄식함.

해탄-로(骸炭爐)[-노]명 석탄을 넣어서 가열하여 코크스를 만드는 가마.

해:탈(解脫)명[하자] ①굴레에서 벗어남. ②불교에서, 속세의 번뇌와 속박을 벗어나 편안한 경지에 이르는 일. ¶해탈의 경지에 이르다.

해:탈-덕(解脫德)명 열반을 얻은 이의 삼덕(三德)의 하나. 지혜에 의하여 참다운 자유를 얻은 것을 이름.

해:탈-문(解脫門)명 ⇨산문(山門).

해:탈-영산(解脫靈산)[-영-]명 '아이를 낳은 빌미로 죽은 여자의 귀신'이라는 뜻으로, 무당이 쓰는 말.

해:태(←獬豸)명 옳고 그름을 판단하여 안다고 하는 상상의 동물. 사자와 비슷하나 머리 가운데에 뿔이 하나 있음. 화재나 재앙을 물리친다 하여 궁전 좌우에 석상(石像)으로 새겨서 세웠음.

해:태(海苔)명 '김³'으로 순화.

해:태(懈怠)명 ①[하타]몹시 게으름. 태타(怠惰). 해타(懈惰). 비나태. ②기한 이내에 법률 행위를 하지 않음.

해:토(解土)명[하자되자] 얼었던 땅이 풀림.

해:토-머리(解土-)명 얼었던 땅이 풀릴 무렵. 따지기.

해:퇴(海退)[-퇴/-퉤]명 (육지의 융기 따위로) 바다가 후퇴하여 넓어지는 일. ↔해진.

해:-트리다〈해어트리다〉의 준말.

해트^트릭(hat trick)명 축구나 아이스하키에서, 한 선수가 한 게임에서 3득점 이상을 올리는 일.

해특(奚特)부 ⇨하특(何特).

해:파(海波)명 바다의 물결.

해:파리명 히드로충류와 해파리류의 자포동물을 통틀어 이르는 말. 몸은 우산 또는 종 모양으로 온몸이 흐물흐물함. 물 위에 떠서 살며 몸의 아랫면에 여러 개의 촉수가 있음. 대부분이 바다에 삶.

해:판(解版)명[하타] (조판한) 활판을 풀어서 해침. ¶지형을 뜨고 나서 해판한다.

해패(駭悖)명 '해패하다'의 어근.

해패-하다(駭悖-)형여 몹시 막되고 흉악하다.

해:팽(海膨)명 바다 밑의 도도록하게 융기한 넓은 지형. 측면의 경사는 밋밋함.

해-포명 한 해가 넘는 동안. ¶해포가 지났는데도 일은 제자리걸음이다. 참달포.

해:포-석(海泡石)명 진흙 모양의 구멍이 많은 회백색의 돌. 가볍고 불투명한데 마르면 물에 뜸.

해:표(海表)명 바다의 밖. 바다의 저쪽.

해:표(海豹)명 ⇨바다표범.

해:표-초(海螵蛸)명 한약에서, '오징어의 뼈'를 약재로 이르는 말. 부인병과 외과의 지혈제 및 눈병의 약으로 쓰임.

해:풍(海風)명 ①해상에서 부는 바람. ②(낮동안) 바다에서 뭍으로 부는 바람. 바닷바람. 해연풍(海軟風). ②↔육풍.

해프닝(happening)명 ①예상하지 않았던 갑작스러운 일. ¶해프닝을 벌이다. /해프닝이 일어나다. ②(전위적이고 실험적인) 예술 행동이나 행사, 또는 그 모임.

해피^엔드(happy end)명 (소설·연극 따위에서) 결말이 행복하게 되는 일.

해필(奚必)부 ⇨하필(何必). ¶해필 그와 짝이 될 게 뭐람.

해:하(解夏)명 불교에서, 음력 7월 15일에 하안거(夏安居)를 마치는 일.

해:-하다자여 해라체의 말씨를 쓰다.

해:학(海壑)명〔바다와 골짜기라는 뜻으로〕'넓고 깊은 은혜'를 비유하여 이르는 말.

해학(痎瘧)명 이틀거리.

해학(諧謔)명 익살스러우면서 풍자적인 말이나 짓. 유머. 비익살.

해학-가(諧謔家)[-까]명 해학을 잘하는 사람.

해학-곡(諧謔曲)[-곡]명 경쾌하고 빠른 3박자의 악곡. 흔히, 소나타나 심포니 따위의 한 악장을 이룬 스케르초.

해학-극(諧謔劇)[-끅]명 해학적인 내용의 연극.

해학^문학(諧謔文學)[-항-]명 해학적인 제재로 쓴 문학.

해학^소:설(諧謔小說)[-쏘-]명 해학적인 제재로 쓴 소설. 유머 소설.

해학-적(諧謔的)[-쩍]관명 (말이나 행동에) 익살스러우면서도 풍자가 섞인 (것). ¶해학적인 표현.

해:합(解合)명[하타] (증권 거래에서, 불시에 일어나는 시세의 급변으로 인한 혼란을 막기 위하여) 매매의 쌍방이 일정한 값을 정하고 매매 계약을 해제하는 일.

해:합-분(海蛤粉)[-뿐]명 한방에서, '바닷조개의 가루'를 약재로 이르는 말. 담과 대하증의 약으로 쓰임. ⑥해분(海粉).

해:항(海港)명 바다로 항해하는 배가 드나드는 항구. 참하항(河港).

해-해부 입을 조금 벌리고 경망스럽게 웃는 소리, 또는 그 모양. ②헤헤·히히.

해해-거리다자 입을 조금 벌리고 경망스럽게 자꾸 웃다. 해해대다. ¶뒤끝이 없어서 실쭉했다가도 금방 해해거리며 웃는다. ②헤헤거리다·히히거리다.

해해-대:다자 해해거리다.

해행(偕行)명[하자] ①같이 감. ②(여럿이) 잇따라 서서 감.

해:혈(咳血)명 가래에 피가 섞여 나오는 병증. 흔히, 폐결핵 따위에 생김.

해:협(海峽)명 (육지와 육지 사이에 있는) 좁고 긴 바다. ¶대한 해협.

해:혹(解惑)명[하자] ⇨파혹(破惑).

해화(諧和)명[하영] ①조화(調和). ②음악의 곡조가 잘 어울려서 아름다움.

해:화-석(海花石)명 ⇨아관석(鵝管石).

해:황(海況)명 바다의 형편.〔바닷물의 흐름과 물결·온도·비중·염분 따위.〕

해:황(蟹黃)명 게의 알로 젓을 담근 간장.

해:후(邂逅)명[하자]〈해후상봉〉의 준말. ¶극적인 해후.

해:후-상봉(邂逅相逢)명[하자] 오랫동안 헤어졌다가 우연히 다시 만남. ②해후.

핵(核)명 ①(사물이나 활동의) 중심이 되는 것. ⓐ핵심. ②생물 세포의 중심에 있는 둥근 물체. 보통, 세포 하나에 하나씩 있어 세포의 증식과 유전에 큰 구실을 함. 세포핵. ③핵과(核果)의 씨를 보호하고 있는 딱딱한 껍데기. ④⇨핵무기. ¶핵 개발. /핵 공격. /핵 확산 금지 조약. ⑤⇨원자핵. ⑥지구의 중심핵. 지표(地表)에서부터 깊이가 약 2900 km 이상인 부분. 〔외핵과 내핵으로 나뉨.〕

핵-가족(核家族)[-까-]명 한 쌍의 부부와 그들의 미혼 자녀로 이루어진 소가족. ¶핵가족 시대.

핵강(核腔)[-깡]명 핵막으로 둘러싸여 있는, 핵이 가득 차 있는 부분.

핵-겨울(核-)[-껴-]명 핵전쟁이 일어날 경우 지구에 몰아닥친다는 한파(寒波) 현상.

핵과(核果)[-꽈]명 액과(液果)의 한 가지. 다육질의 중과피와 핵인 내과피 속에 하나의 씨가 든 과실.

핵-단백질(核蛋白質)[-딴-찔]명 핵산과 단백질이 결합한 물질. 염색체와 바이러스 따위의 구성 물질임.

핵득(覈得)[-득]명하타 실상을 조사하여 사실을 알아냄.

핵력(核力)[행녁]명 원자핵 안에서, 근접된 양자와 중성자를 결합시켜 원자핵을 이루고 있는 힘.

핵론(劾論)[행논]명하타 허물을 들어 논박함.

핵막(核膜)[행-]명 세포의 핵을 싸고 있는 막.

핵-무기(核武器)[행-]명 원자핵의 분열 반응이나 융합 반응으로 말미암아 일어나는 핵에너지를 응용한 무기를 통틀어 이르는 말. 〔원자 폭탄·수소 폭탄·원자포 따위.〕 원자 무기. 핵. 핵병기.

핵^무장(核武裝)[행-]명 핵무기를 장비하거나 배치하는 일.

핵물리-학(核物理學)[행-]명 원자핵과 그에 관련하는 입자의 구조와 성질을 연구하는 물리학의 한 분야.

핵-반응(核反應)[-빠능]명 원자핵이 다른 입자와 충돌하여 다른 원자핵으로 바뀌는 현상. 이때, 화학 반응의 100만 배 정도의 에너지를 냄. 〔핵분열·핵융합 따위.〕 원자핵 반응.

핵변(覈辨)[-뺸]명하타 실상을 조사하여 밝힘.

핵-변환(核變換)[-뺜-]명 가속된 고(高)에너지 입자로 표적을 조사(照射)함으로써 일어나는 원자핵 반응.

핵-병기(核兵器)[-뺑-]명 ⇨핵무기.

핵-분열(核分裂)[-뿐녈]명 ①생물의 세포 분열에서, 세포질의 분열에 앞서 핵이 둘로 쪼개지는 일. ②원자핵이 많은 에너지를 방출하면서 거의 같은 크기의 두 개 이상의 핵으로 분열하는 일. ②원자핵 분열. ②↔핵융합.

핵-붕괴(核崩壞)[-붕-]명 원자핵이 자연적으로 입자나 전자기파를 방출하여 다른 원자핵으로 변하는 일. 원자핵 붕괴.

핵사(核絲)[-싸]명 생물의 핵 속에 들어 있는 실 모양의 물질. 핵분열에 따라 염색체 됨.

핵산(核酸)[-싼]명 유기산의 한 무리. 단순 단백질과 결합하여 핵단백질의 형성에 관여하는데, 인산(燐酸)·염기·당(糖)으로 이루어지며 생명 현상에 중요한 구실을 함. 〔DNA·RNA 따위.〕

핵-산란(核散亂)[-쌀-]명 입자(粒子)가 핵과 충돌하여 방향을 바꾸는 일.

핵상^교번(核相交番)[-쌍-]명 유성 생식을 하는 생물에서, 단상 세포(單相細胞)와 복상 세포(複相細胞)가 규칙적으로 교체하여 나타나는 일.

핵실(覈實)[-씰]명하타 실상을 조사함.

핵^실험(核實驗)[-썸-]명 핵분열이나 핵융합에 관한 폭발 실험. ¶핵 실험 금지 협정.

핵심(核心)[-씸]명 ①(사물의) 중심이 되는 가장 요긴한 부분. 알맹이. 알속. ¶핵심 인물. /핵심 ⓑ고갱이.

핵심-적(核心的)[-씸-]관명 핵심이 되는 (것). ¶핵심적 내용. /핵심적인 인물.

핵심-체(核心體)[-씸-]명 핵심이 되는 부분. ②(원자핵 따위가 분열하여 에너지를 방출하는) 원자로의 중심부.

핵-에너지(核energy)명 핵분열이나 핵융합 따위로 방출되는 에너지.

핵-연료(核燃料)[행녈-]명 핵반응(核反應)을 연쇄적으로 일으켜서 얻을 수 있는 에너지를 얻을 수 있는 물질. 〔우라늄 235, 우라늄 233, 플루토늄 239 따위.〕 원자핵 연료.

핵외^전:자(核外電子)[해괴-/-췌-]명 원자 속에서, 원자핵 주위를 돌고 있는 전자.

핵-우산(核雨傘)명 핵무기를 가진 대국(大國)이 가상 적국의 핵 공격 따위로부터 동맹국을 보호할 수 있다고 가정하는 범위, 또는 그 전력.

핵-융합(核融合)[행늉-]명 수소나 중수소 따위 가벼운 원자핵끼리 하나로 결합하여 무거운 원자핵을 만드는 핵반응의 한 가지. 이때, 엄청난 에너지가 방출됨. 열핵 반응. 원자핵 융합. ↔핵분열.

핵-이성체(核異性體)[-씽-]명 질량수와 원자 번호가 같고 그 밖의 성질이 다른 원자핵.

핵자(核子)[-짜]명 ①알맹이. ②원자핵을 구성하는 '양자와 중성자'를 통틀어 이르는 말.

핵장(核腸)[-짱]명 핵을 이루는 글.

핵-전쟁(核戰爭)[-쩐-]명 교전(交戰) 중인 양쪽, 또는 어느 한쪽이 핵무기를 사용하는 전쟁.

핵정(劾情)[-쩡]명하타 정상(情狀)을 조사하여 따짐.

핵주(劾奏)[-쭈]명하타 지난날, 관원의 죄과를 임금에게 탄핵하여 아뢰던 일.

핵질(核質)[-찔]명 세포의 핵을 구성하는 원형질. 핵단백질이 주성분임.

핵-탄두(核彈頭)명 미사일 따위에 결합시켜 놓은, 핵이 장치된 탄두. 원자 탄두.

핵-폐기물(核廢棄物)[-페-/-폐-]명 원자력을 생성하고 난 후에 버리는 찌꺼기 물질.

핵-폭발(核爆發)[-빨]명 핵반응으로 일어나는 폭발.

핵-폭탄(核爆彈)명 핵반응이 일어날 때 생기는 엄청난 에너지를 이용하여 만든 폭탄. 〔원자 폭탄·수소 폭탄 따위.〕

핵학(核學)[해칵]명 핵의 핵분열과 염색체 따위를 주로 연구하는 학문.

핸드백(handbag)명 여성용의 손가방.

핸드볼(handball)명 구기의 한 가지. 7명(또는 11명)으로 이루어진 두 팀이 일정한 코트 안에서 공을 손으로 패스하거나 드리블하여 상대편의 골에 넣어 그 득점으로 승부를 겨루는 경기. 송구(送球).

핸드북(handbook)명 간단한 안내나 참고 사항 따위를 수록한 작은 책. 편람(便覽).

핸드^브레이크(hand brake)명 손으로 조작하는 자동차의 제동 장치.

핸드^오르간 (hand organ)圀 ⇨아코디언.

핸드-폰^(hand+phone)圀 ⇨휴대 전화.

핸들 (handle)圀 (기계 따위를) 움직이거나 방향을 잡는 손잡이. ¶핸들을 꺾다. /핸들을 돌리다.

핸들링 (handling)圀 ①핸드볼 따위에서, 공을 다루는 솜씨. ②축구에서, 골키퍼 이외의 선수가 공에 고의로 손을 대는 반칙. 상대편은 프리킥 또는 페널티 킥을 얻게 됨.

핸디 (←handicap)圀 〈핸디캡〉의 준말.

핸디캡 (handicap)圀 ①경기 따위에서, 우열(優劣)을 고르게 하기 위하여 실력이 나은 사람에게 지우는 부담. ②불리한 조건. ¶핸디캡을 극복하다. 㑎핸디.

핸섬-하다 (handsome-)톈옝 풍채가 좋거나 잘생기다. [남자의 용모를 이를 때 씀.]

핸즈프리 (hands free)圀 전화기를 손으로 잡지 않고서도 통화가 가능하도록 한 장치. [이어폰처럼 전화기에 꽂아 쓰는 것, 차량 내부에 부착하는 것 따위가 있음.]

핼금튄튄 경망스럽게 살짝 곁눈질하여 쳐다보는 모양. 㑎힐금. 쎈핼끔. 핼금-핼금튄튄.

핼금-거리다톋 자꾸 핼금핼금하다. 핼금대다. 㑎힐금거리다.

핼금-대다톋 핼금거리다.

핼긋[-귿]튄튄 살짝 한 번 흘겨보거나 훔쳐보는 모양. 쎈핼끗. 핼긋-핼긋튄튄.

핼긋-거리다[-귿-]톋 자꾸 핼긋핼긋하다. 핼긋대다. 㑎힐긋거리다.

핼긋-대다[-귿-]톋 핼긋거리다.

핼끔튄튄 〈핼금〉의 센말. 㑎힐끔.

핼끗[-끋]튄튄 〈핼긋〉의 센말. 㑎힐끗.

핼리^혜성 (Halley彗星)[-혜-/-헤-] 태양의 주위를 76.2년의 주기로 도는 해왕성속(海王星屬)의 혜성.

핼쑥-하다[-쑤카-]톈옝 얼굴에 핏기가 없고 몹시 파리하다. ¶며칠 밤을 새웠더니 얼굴이 핼쑥해졌다. 캠할쑥하다.

햄 (ham)圀 소금에 절인 돼지고기를 훈제(燻製)한 가공 식품. 훈퇴(燻腿).

햄 (ham)²圀 아마추어 무선사(無線士).

햄릿-형 (Hamlet型)圀 사색적이며 회의적인 경향이 강하고 결단과 실행력이 약한 성격의 인물형. ↔돈키호테형.

햄버거 (hamburger)圀 ①햄버그스테이크. ②둥근 빵에 햄버그스테이크를 끼운 음식.

햄버그-스테이크 (hamburg steak)圀 서양 요리의 한 가지. 잘게 다진 쇠고기나 돼지고기에 빵가루와 양파 따위를 섞어 둥글넓적하게 뭉쳐 기름에 구운 음식. 햄버거.

햄-샐러드 (ham+salad)圀 햄을 넣어 만든 샐러드.

햄스터 (hamster)圀 비단털쥣과의 한 종. 땅딸막한 몸매에 꼬리는 짧고 볼에는 저장용의 큰 주머니가 있음. 몸의 위쪽은 구릿빛이고 아래쪽과 볼은 흰색임. 애완용·실험용으로 기름.

햄-에그(←ham and egg)圀 얇게 썬 햄에 달걀을 씌워서 구운 음식.

햄프셔-종 (Hampshire種)圀 돼지의 한 품종. 미국 원산. 귀가 선 검은 돼지로 어깨와 앞다리 부분에 걸쳐 흰 띠가 둘려 있음. 고기의 질이 좋아 두루 기르며 주로 베이컨을 만듦.

햅쌀圀 그해에 새로 난 쌀. 신미(新米). ¶추석에는 햅쌀로 송편을 빚어 먹는다. ↔묵은쌀.

햇-[핻]톞 일부 명사 앞에 붙어, 그해에 처음 난 산물임을 뜻함. ¶햇감자. /햇담배. /햇배추.

햇-것[핻껃]圀 (해마다 새로 나는 것으로서) 그해에 처음 난 것. *햇것이[핻꺼시]·햇것만[핻껀-]

햇-곡 (-穀)[핻꼭]圀 〈햇곡식〉의 준말.

햇-곡식 (-穀食)[핻꼭씩]圀 그해에 새로 난 곡식. 신곡(新穀). 㑎햇곡.

햇-과일 [핻꽈-]圀 그해에 처음 난 과일. 햇실과.

햇-귀 [핻뀌/핻뀌]圀 ①해가 처음 솟을 때의 빛. ②햇발.

햇-김치 [핻낌-]圀 봄철에 햇배추로 담근 김치.

햇-나물 [핻-]圀 그해에 새로 난 나물.

햇-누룩 [핻-]圀 그해에 새로 거둔 밀로 만든 누룩. 신국(新麴).

햇-님 '해님'의 잘못.

햇-닭 [핻딹]圀 그해에 까서 키운 닭. ↔묵은닭.
* 햇닭이[핻딸기]·햇닭만[핻땅-]

햇-무리 [핻-]圀 해의 둘레에 나타나는 흰빛의 테. 권중층의 얼음 조각에 빛이 반사하여 생김. 일훈(日暈)·일훈(日暈). 㑎햇물·㑎달무리.

햇-물 [핻-]圀 ①〈햇무리〉의 준말. ②장마 뒤에 한동안 괴다가 없어지는 샘물.

햇-발 [핻빨/핻빨]圀 사방으로 뻗친 햇살. 햇귀.

햇-밥 [핻빱]圀 ①그해에 새로 난 쌀로 지은 밥. ②새로 지은 밥.

햇-병아리 [핻뼝-]圀 ①그해에 깐 병아리. ②'풋내기'를 비유하는 말. ¶그는 아직 햇병아리 사원이다.

햇-별 [핻뼐/핻뼐]圀 해에서 내쏘는 뜨거운 기운. 해. ¶햇볕은 밝고, 햇볕은 따뜻하다. 㑎볕.
* 햇볕이[핻뼈치]·햇볕을[해뼈틀/핻뼈틀]·햇볕만[핻뼌-/핻뼌-]

햇-보리 [핻뽀-]圀 그해에 처음 난 보리.

햇-빛 [핻삗]圀 해의 빛. 일광(日光). 해¹. ¶햇빛은 생명의 근원이다. *햇빛이[핻삐치/핻삐치]·햇빛만[핻삗-/핻삔-]

햇-살 [핻쌀]圀 (부챗살처럼 퍼져서 내쏘는) 햇빛. ¶찬란한 아침 햇살.

햇-수 (-數)[핻쑤/핻쑤]圀 해의 수. 연수(年數). ¶근무 햇수. /그가 떠난 지도 햇수로는 벌써 10년이다.

햇-순 (-筍)[핻쑨]圀 그해에 나서 자란 여린 순.

햇-실과 (-實果)[핻썰-]圀 ⇨햇과일.

햇-잎 [핻닙]圀 그해에 새로 돋아 나온 잎. * 햇잎이[핻니피]·햇잎만[핻님-]

행 (行)¹圀 ①(가로나 세로로의) 글의 줄. ¶행을 바꾸어 쓰다. ②한시(漢詩)의 체(體)의 한 가지. 악부(樂府)에서 나온 형식으로 거침없는 표현이 특징임.

행 (行)²圀 ①스스로 수행하여 부처의 가르침을 실천하는 것. ②부처가 되는 수행.

행- (幸)《'다행(多幸)》의 준말.

행 (行)관 조선 시대에, 관직보다 관계(官階)가 높은 사람의 벼슬 이름 앞에 붙여 이르던 말.

-행 (行)톞뎝 《처소를 나타내는 일부 명사 뒤에 붙어》 '그리로 간다'는 뜻을 나타냄. ¶피서행. /목포행. /서울행.

행각 (行脚)圀囹 ①불교에서, 여기저기 돌아다니며 도를 닦는 일. ¶운수(雲水)행각. ②(주로 부정적인 의미로 쓰이어) 어떤 목적으로 여기저기 돌아다님. ¶애정 행각. /도피 행각을 벌이다.

행각 (行閣)圀 ⇨회랑(回廊).

행각-승 (行脚僧)[-쌍]圀 여기저기 돌아다니며 도를 닦는 중.

행간 (行姦)圀囹 간통을 함. 행음(行淫).

행간(行間)[명] ①글과 글줄의 사이. 행과 행의 사이. ¶행간을 넓히다. ②'글을 통하여 나타내려고 하는 숨은 뜻'을 비유하여 이르는 말. ¶행간을 읽다.

행객(行客)[명] 길 가는 사람. 나그네.

행거(hanger)[명] '행어'의 잘못.

행건(行巾)[명] 복인(服人)이나 상제가 쓰는 건.

행고(行苦)[명] 불교에서, 삼고(三苦)의 하나. 무상한 유전(流轉) 때문에 받는 고통.

행고(行賈)[명] 도붓장수.

행고(行鼓)[명] 행군할 때 치는 북.

행공(行公)[명][하자] 공무를 집행함.

행괴(行怪)[-괴-[-께][명][하자] 괴상한 짓을 함.

행구(行具)[명] ☞행장(行裝).

행군(行軍)[명][하자] (군대 또는 많은 인원이) 줄을 지어 걸어감.

행군-악(行軍樂)[명] 조선 시대의 12가사 중의 하나. 작자·연대 미상. ('청구영언'에 실려 전함.) 길군악.

행궁(行宮)[명] 임금이 거동할 때에 묵던 별궁(別宮). 이궁(離宮).

행근(行瑾)[명] 길에서 굶어 죽은 송장.

행글라이더(hang-glider)[명] 알루미늄 등의 금속제의 틀에 천을 발라서 만든 활공기의 하나가지. 비탈을 이용하여 사람이 매달린 채 공중으로 떠올라서 날게 됨.

행기(行氣)[명][하자] ①몸을 움직임. ②호기(豪氣)를 부림.

행:기(幸冀)[명][하타] 요행을 바람. 행여 바람.

행낭(行囊)[명] 우편물이나 외교 문서 따위를 넣어 보내는 주머니. ¶우편 행낭. /외교 행낭.

행-내기(行-)[명] '보통내기'의 잘못.

행년(行年)[명] (그해까지) 먹은 나이.

행년-신수(行年身數)[명] 그해의 좋고 나쁜 신수.

행년-점(行年占)[-쩜][명] 그해 신수의 좋고 나쁨을 알기 위하여 치는 점.

행:단(杏壇)[명] 학문을 닦는 곳. 〔공자(孔子)가 학문을 가르쳤다는 은행나무 단에서 유래함.〕

행담(行擔)[명] 길을 갈 때에 가지고 다니는 작은 상자. 흔히, 싸리나 버들로 걸어 만듦.

행덕(行德)[명] 불법(佛法)을 닦은 공덕.

행도(行道)[명][하자] ①돌아다님. 도(道)를 행함. 경행(經行). ③중이 경문을 외면서 걸음.

행동(行動)[명][하자] ①몸을 움직임, 또는 그 동작. 행작(行作). ¶민첩한 행동. /행동을 개시하다. ②☞행위(行爲).

행동-거지(行動擧止)[명] 몸을 움직여서 하는 모든 짓. 거조(擧措). 거동. 동지. ¶행동거지가 수상하다. ㉥거지·행지.

행동^과학(行動科學) 컴퓨터에 의한 과학적 수법을 구사하여 인간의 심리·행동 및 사회 현상을 분석·해명하고, 그 예측·제어를 하고자 하는 사회 과학과 인문 과학의 새로운 연구 방법.

행동-대(行動隊)[명] (목적을 이루기 위하여) 직접 행동을 하는 무리.

행동-반경(行動半徑)[명] ①(군함이나 군용기 따위가) 기지를 떠나 연료의 보급 없이 기지로 돌아올 수 있는 최대의 거리. ②(사람이나 동물이) 행동 또는 활동할 수 있는 범위. ¶호랑이의 행동반경이 넓다.

행동-주의(行動主義)[-의/-이][명] 객관적으로 관찰할 수 있는 행동을 대상으로 하여 연구하거나, 행동을 중시하는 학문 또는 예술상의 방법.

행동-파(行動派)[명] 말이나 이론보다 실지 행동을 앞세우는 사람.

행동^환경(行動環境)[명] 물리적 환경에 대하여, 행동을 규정하고 있는 심리적 환경. 〔심리학자 코프카가 제창한 개념.〕 심리 환경.

행락(行樂)[-낙][명][하자] 잘 놀고 즐겁게 지냄.

행락-객(行樂客)[-낙깩][명] 놀거나 즐기러 온 사람. ¶행락객으로 붐비는 유원지.

행랑(行廊)[-낭][명] ①대문 양쪽으로 있는 방. 낭하(廊下). ②지난날, 서울 장거리에 줄 대어 있던 이 층의 전방(廛房).

　행랑 빌리면 안방까지 든다[속담] ①'남의 권리를 차츰차츰 침범함'을 비유하여 이르는 말. ②'처음에는 조심스럽게 하던 일도 재미를 붙이면 정도와 분수에 넘는 짓도 하게 됨'을 비유하여 이르는 말.

행랑-것(行廊-)[-낭껃][명] 지난날, '행랑살이를 하는 하인'을 낮추어 이르던 말. ＊행랑것이[-낭껏이]·행랑것만[-낭껀-]

행랑-뒷골(行廊-)[-낭뒫꼴/-낭뒫꼴][명] 지난날, 서울 종로의 전방들 뒤에 있던 좁은 골목.

행랑-방(行廊房)[-낭빵][명] 대문의 양쪽 또는 문간에 있는 방. 행랑것들이 거처하는 방.

행랑-살이(行廊-)[-낭-][명] 남의 행랑을 빌려 들고 그 대가(代價)로 그 집 일을 도와주며 사는 생활.

행랑-아범(行廊-)[-낭-][명] 행랑살이하는 남자.

행랑-어멈(行廊-)[-낭-][명] 행랑살이하는 여자.

행랑-채(行廊-)[-낭-][명] 행랑으로 된 집채. 문간채.

행려(行旅)[-녀][명][하자] 나그네가 되어 다님, 또는 그 나그네.

행려-병사(行旅病死)[-녀-][명][하자] 나그네로 떠돌아다니다가 병이 들어 죽음.

행려-병자(行旅病者)[-녀-][명] 나그네로 떠돌아다니다가 병이 든 사람.

행려-시(行旅屍)[-녀-][명] 행려병사한 사람의 송장.

행력(行力)[-녁][명] 불도(佛道)를 닦는 힘.

행력(行歷)[-녁][명] ①지내 온 경력. ¶행력을 기술하다. ②[하자][되자](어떤 곳을) 지나감, 또는 그 여정(旅程).

행렬(行列)[-녈][명] ①[하자] 여럿이 줄을 지어 감, 또는 그 줄. ¶시위 행렬. ②수학에서, 숫자나 문자를 정해진 몇 개의 행과 열로 배열한 표를 이르는 말.

행령(行令)[-녕][명][하자] 명령을 시행함.

행례(行禮)[-녜][명][하자] 예식을 올림, 또는 그 일.

행로(行路)[-노][명] ①다니는 길. 한길. ②[하자] 길을 감, 또는 그 길. ¶답사 행로. ③살아가는 과정. 세로(世路). ¶인생 행로.

행로-난(行路難)[-노-][명] 세상살이의 어려움.

행로-병자(行路病者)[-노-][명] 한길가에 쓰러져서 앓는 병자.

행로지인(行路之人)[-노-][명] 〔길에서 만난 사람이라는 뜻으로〕 '아무 상관이 없는 사람'을 이르는 말.

행록(行錄)[-녹][명] 사람의 언행을 적은 글.

행뢰(行賂)[-뇌/-눼][명][하자] 뇌물을 보냄.

행리(行李)[-니][명] ☞행장(行裝).

행:림(杏林)[-님][명] ①살구나무 수풀. ②(한방의) '의원(醫員)'을 달리 이르는 말. 〔오(吳)나라의 동봉(董奉)이라는 의원이 치료비 대신 살구나무를 심게 했다는 고사에서 유래.〕

행마(行馬)[명][하자] (쌍륙이나 장기·바둑 따위에서) 말을 씀.

행:망(倖望)[명][하자] 요행을 바람.

행:망-쩍다[-따]혱 정신 차려서 제대로 해야
할 일을 그르칠 정도로 아둔하다.

행매(行媒)몡하타 중매를 함.

행매(行賣)몡하타 ①팔기 시작함. ②(물건을)
들고 다니면서 팖.

행:면(倖免)몡하타 〈행이득면〉의 준말.

행모(行暮)몡하타 길을 가다가 날이 저묾.

행문(行文)몡하타 ①글을 지음. 비작문(作文).
②(관공서의) 문서가 오고 감.

행문-이첩(行文移牒)[-니-]몡 공문서로 조회
(照會)함. 준첩문.

행방(行方)몡 간 곳. 간 방향. 종적(蹤迹). ¶그
의 행방이 묘연하다. 비거처.

행방(行房)몡 남녀가 잠자리함. 방사.

행방-불명(行方不明)몡되형 간 곳이 분명하지
않음. 간 곳을 모름. ②행불(行不).

행배(行杯)몡하타 ▷행주(行酒).

행법(行法)몡 행자(行者)가 수행해야 하는 교
법(教法). ②불도를 닦는 방법.

행보(行步)몡 ①걸음을 걸음, 또는 그 걸
음. ¶행보가 느리다(빠르다). ②(어떤 곳으로)
장사하러 다님. ③어떤 목표를 향하여 나아감.
¶정치적 행보를 달리하다.

행보-석(行步席)몡 마당에 까는 긴 돗자리. 흔
히, 큰일이 있거나 신랑 신부를 맞을 때에 씀.
장보석(長步席).

행:복(幸福)몡 ①복된 운수. ¶당신의 행복을
빕니다. ②하형스형 마음에 차지 않거나 모자
라는 것이 없어 기쁘고 넉넉하고 푸근함, 또는
그런 상태. ¶행복한 나날을 보내다. ↔불행.
②행복스레用.

행:복-감(幸福感)[-깜]몡 행복한 느낌.

행:복-설(幸福說)[-썰]몡 행복의 획득과 증진
을 인생의 궁극 목적으로 하는 도덕설.

행:복^추구권(幸福追求權)[-꿘]몡 생존권적
기본권의 한 가지. 국민이 인간으로서의 행복
을 추구할 수 있는 권리.

행불(行不)몡되형 〈행방불명〉의 준말.

행-불성(行佛性)[-썽]몡 수행(修行)으로 얻은
불성(佛性).

행:-불행(幸不幸)몡 행복과 불행.

행비(行比)몡 불교에서, 수행의 공력(功力)
을 견주어 보는 일.

행비(行費)몡 ▷노자(路資).

행사(行使)몡하타 부려서 씀. 사용함. 〔특
히, 권리나 권력·힘 따위를 실지로 사용하는
일.〕 ¶실력 행사. /국민의 권리를 행사하다.

행사(行事)몡하타 일을 거행함, 또는 그 일.
¶기념 행사. /행사 계획.

행사(行祀)몡하타 제사를 지냄.

행사(行詐)몡하타 거짓을 행함.

행상(行商)몡 ①하타 돌아다니며 물건을 팖. 도
부(到付)2. 여상(旅商). ②〈행상인(行商人)〉의
준말.

행상(行喪)몡 ①▷상여(喪輿). ②하타 상여가 나
감, 또는 그 행렬.

행상(行賞)몡하타 상을 줌.

행상-인(行商人)몡 도붓장수. 준행상.

행색(行色)몡 겉으로 드러난 사람의 차림새 또
는 모습. ¶행색이 남루한 나그네. /행색이 장
사꾼으로 보인다.

행서(行書)몡 한자의 여섯 서체(書體)의 하나.
해서(楷書)를 약간 흘려 써서, 해서와 초서(草
書)의 중간쯤 되는 서체.

행선(行先)몡 ▷행선지.

행선(行船)몡하자 배가 감, 또는 그 배.

행선(行禪)몡하자 불교에서, 여러 곳을 돌아다
니면서 선(禪)을 닦는 일.

행선-지(行先地)몡 가는 곳. 행선(行先).

행선^축원(行禪祝願)몡 나라와 백성을 위하여
아침저녁으로 부처에게 비는 일.

행성(行星)몡 '태양의 둘레를 공전하는 별'을
통틀어 이르는 말. 태양에 가까운 것부터 수성·
금성·지구·화성·목성·토성·천왕성·해왕성의
여덟 별. 떠돌이별. 유성. 혹성. ↔항성(恒星).

행세(行世)몡하자 ①처세하여 행동함, 또는 그
태도. ¶행세가 사람답지 못하다. ②거짓 처신
하여 행동함, 또는 그 태도. ¶짐짓 도덕군자
행세를 한다.

행세(行勢)몡하자 권세를 부림, 또는 그 태도.
¶행세깨나 하는 집안이지.

행세-꾼(行世-)몡 행세를 하느라고 주의를 많
이 하는 사람.

행세-본(行世本)[-뽄]몡 행세하는 본새.

행셋-경(行世-)[-세경/-셋껭]몡 행세를 잘못
하여 남에게 당하는 일.

행소(行訴)몡 〈행정 소송〉의 준말.

행수(行首)몡 ①한 무리의 우두머리. ②지난날,
'한량의 우두머리'를 이르던 말.

행수(行數)[-쑤]몡 글줄의 수, 또는 그 차례.

행수^기:생(行首妓生)몡 조선 시대에, 관아의
'기생 우두머리'를 이르던 말. 도기(都妓). 참코
머리.

행수-목(行需木)몡 지난날, 사신(使臣)의 행차
(行次)에 소용되던 무명.

행순(行巡)몡하자 살피며 돌아다님.

행술(行術)몡하자 의술이나 복술(卜術)·지술(地
術) 따위를 씀.

행습(行習)몡하타 버릇이 되도록 행동함, 또는
그 버릇.

행시(行時)몡하자 때를 맞추어 옴.

행시주육(行尸走肉)몡 〔걸어다니는 송장이요,
달리는 고깃덩어리라는 뜻으로〕'배운 것이 없
어서 쓸모가 없는 사람'을 비유하여 이르는 말.

행신(行身)몡하자 ▷처신(處身).

행신(行神)몡 ①길을 지키는 신령. ②길에서 죽
은 사람의 귀신.

행:신(幸臣)몡 ▷총신(寵臣).

행:실(行實)몡 일상의 행동. ¶행실이 바르다. /
참품행실.
　행실을 배우라 하니까 포도청 문고리를 뺀다
　속담 품행을 단정히 하라고 훈계했더니 도리어
　위험하고 못된 짓을 한다는 말.

행심(幸甚)'행심하다'의 어근.

행:심-하다(幸甚-)형여 매우 다행하다.

행악(行惡)몡하자 못된 짓을 함.

행어(行魚)몡 ▷멸치.

행어(hanger)몡 옷 따위를 걸어 둘 수 있게 만
든 물건.

행업(行業)몡하자 불도(佛道)를 닦음.

행:여(幸-)用 어쩌다가라도. 운 좋게. 혹시.
¶행여 임이 오시려나, 기다리는 마음.

행:여-나(幸-)用 '행여'의 힘줌말. ¶행여나 하
고 주위를 샅샅이 살펴보았으나 허사였다.

행역(行役)몡 여행의 괴로움.

행용(行用)몡하타되자 널리 씀. 두루 씀.

행운(行雲)몡 떠가는 구름. 열구름.

행:운(幸運)몡 좋은 운수. 행복한 운수.

행:운-아(幸運兒)몡 좋은 운수를 만나 일이 뜻
대로 잘되어 가는 사람.

행운-유수(行雲流水) [-뉴-] 〔떠가는 구름과 흐르는 물이란 뜻으로〕 '일의 처리에 막힘이 없거나 마음씨가 시원시원함'을 비유하여 이르는 말.

행원(行員)명 〈은행원〉의 준말.

행위(行爲)명 (사람이) 행하는 짓. 〔특히, 자유 의사에 따라서 하는 행동.〕 행동. ¶효객 행위. /범죄 행위. /그런 나쁜 행위는 처벌 대상 이다.

행유여력(行有餘力)명 일을 다 하고도 오히려 힘이 남음.

행음(行吟)명하타 ①거닐면서 글을 읊음. ②지 난날, 귀양살이에서 글을 읊던 일.

행음(行淫)명하자 ➩행간(行姦).

행의(行衣) [-의/-이]명 조선 시대에, 유생(儒 生)들이 입던 두루마기. 소매가 넓고, 깃·도련· 소매 끝에 검은 천으로 가선을 둘렀음.

행의(行誼) [-의/-이]명하자 의로운 일을 함.

행의(行誼) [-의/-이]명 ①하타 행실이 올바름, 또는 그 행실. ②하자 바른길을 취하여 행함.

행의(行醫) [-의/-이]명하자 의술로 세상을 살 아감.

행이(行李)명 〈행문이첩〉의 준말.

행:이득면(倖而得免) [-등-]명하타 요행히 벗 어남. ㉦행면(倖免).

행인(行人)명 ①길을 가는 사람. ②불도(佛道) 를 닦는 사람.

행:인(杏仁)명 한방에서, '살구 씨의 속'을 약 재로 이르는 말. 〔변비나 기침 따위에 쓰임.〕

행자(行者)명 ①속인(俗人)으로서 절에 들어가 불도를 닦는 사람. 상좌(上佐). ②장례 때, 상 제의 시중을 드는 사내 하인.

행자(行資)명 ➩노자(路資).

행-자(杏子)명 〈행자목〉의 준말.

행:자-목(杏子木)명 은행나무의 목재. ㉦행자.

행:자-반(杏子盤)명 은행나무로 만든 소반.

행작(行作)명하자 ➩행동(行動).

행장(行狀)¹명 ①☞품행(品行). ②☞행장기. ③교도소에서 수감자의 언행으로 매긴 성적.

행장(行狀)²명 조선 초기에, 우리나라에 드나들 던 왜인(倭人)에게 대마도주(對馬島主)가 발행 하던 여행 증명서. ㉰호근(護照).

행장(行長)명 〈은행장〉의 준말.

행장(行裝)명 여행할 때에 쓰이는 물건. 행구 (行具). 행리(行李). ¶행장을 꾸리다. /행장을 차리다.

행장(行障)명 왕비의 장례 때 여럿이 장대에 매 어 들고 가던 휘장.

행장-기(行狀記)명 사람이 죽은 다음에, 그의 일생의 행적을 적은 글. 행장(行狀)¹.

행재-소(行在所)명 임금이 거동할 때 일시 머 물던 곳.

행적(行跡·行績·行蹟)명 ①평생에 한 일이나 업적. ¶행적을 남기다. ②행위의 실적이나 자 취. ¶행적을 감추다.

행전(行錢)명하자 (노름판에서) 진 사람이 돈을 냄. 돈질을 함.

행전(行纏)명 한복 바지를 입었을 때, 발목에서 장딴지 위까지 바짓가랑이를 가든하게 둘러싸 는 물건. 위에 달린 끈으로 무릎 아래를 졸라 맴. ¶행전을 치다. ㉵각반(脚件).

행정(行政)명 ①국가 기관에서 법에 따라 행하 는 정무(政務). ¶행정 사무. ②전술·전략을 포 합하지 않는 모든 군사 사항을 관리·운용하는 일. 〔주로, 군수(軍需) 및 인사 분야를 이름.〕

행정(行程)명 ①멀리 가는 길, 또는 그 길의 거 리. ②실린더 속에서 피스톤이 왕복 운동을 하 는 거리.

행정-관(行政官)명 국가의 행정에 관한 사무를 맡아보는 관리.

행정^관청(行政官廳)명 행정에 관한 국가의 의 사를 결정하고 그 의사를 표시·집행하는 권한 을 가진 행정 기관.

행정^구역(行政區域)명 행정 기관의 권한이 미 치는 일정한 범위로 정해진 구역. 〔특별시·광 역시·도·시·군·읍·면·동(리) 따위.〕

행정-권(行政權) [-꿘]명 삼권(三權)의 하나로, 국가가 통치권을 바탕으로 하여 일반 행정을 펴는 권능(權能). 대통령과 그에 딸린 정부에 있음.

행정^기관(行政機關)명 행정 사무를 담당하는 국가 기관을 통틀어 이르는 말.

행정^명:령(行政命令) [-녕]명 행정 기관이 행 정 목적을 위하여 직권으로 내리는, 법규를 내 용으로 하지 않는 명령.

행정-벌(行政罰)명 행정법상의 의무를 위반한 사람에 대하여, 그 제재(制裁)로 가해지는 벌. 질서벌.

행정-범(行政犯)명 ➩법정범(法定犯). ↔자연범· 형사범.

행정-부(行政府)명 삼권 분립에 따라 행정을 맡아보는 '정부'를 이르는 말. ㉵입법부(立法 府)·사법부(司法府).

행정-사(行政士)명 행정 관청에 내는 서류 또 는 주민의 권리·의무나 사실 증명에 관한 서류 따위를 작성해 주는 것을 업으로 하는 사람.

행정^사:무(行政事務)명 행정에 관한 사무.

행정^서사(行政書士)명 '행정사(行政士)'의 이 전 일컬음.

행정^소송(行政訴訟)명 행정 관청의 위법 처분 에 대하여 권리를 침해당한 사람이 그 처분의 취 소나 변경을 요구하는 소송. ㉵행소(行訴).

행정^안전부(行政安全部)명 중앙 행정 기관의 하나. 법령의 공포, 행정 기관의 조직 및 정원 관리, 다른 중앙 행정 기관의 소관에 속하지 않는 행정 사무 등을 맡아봄.

행정^지도(行政指導)명 행정 기관이 그 직무 범위 안에서 행정의 대상이 되는 개인·법인·단 체 등에 대하여 의도하는 행정 목적이 이루어 지도록 비권력적인 수단으로 지도하는 일.

행정-직(行政職)명 일반직 공무원의 직군에 의 한 분류의 한 가지. 행정·세무·관세·운수·교육 행정·노동·문화 등이 이에 포함됨.

행정^처:분(行政處分)명 행정 기관이 법규에 따라서, 특정 사건에 관하여 권리를 설정하기 도 하고 의무를 명하기도 하는 행정 행위.

행정-학(行政學)명 행정을 연구 대상으로 하는 사회 과학의 한 분야.

행정^협정(行政協定) [-쩡]명 행정부에 의하여 체결되는 국가 간의 협정.

행주명 그릇 따위를 깨끗하게 씻거나 훔치는 데 쓰는 헝겊.

행주(行酒)명하자 술을 잔에 부어 돌림. 행배 (行杯).

행주(行廚)명 ①하자 음식을 다른 곳으로 옮김. ②임금이 거동할 때에 음식을 마련하던 임시 부엌.

행주좌와(行住坐臥)명 불교에서 이르는, 일상 의 기거 동작인 네 가지 동작. 즉, 가고, 머무 르고, 앉고, 자는 일.

행주-질명하다 행주로 그릇이나 상 따위의 더러운 것을 훔치는 일.

행주-치마명 (부엌일을 할 때) 치마를 더럽히지 않기 위해 그 위에 덧입는 앞쪽만 가리는 짧은 치마. 앞치마. 참에이프런.

행중(行中)명 길을 함께 가는 모든 사람.

행지(行止)명 ☞행동거지〉의 준말.

행지(行持)명 불도(佛道)를 닦아 언제까지나 게을리 하지 않는 일.

행지-증(行遲症)명 [―종] ☞각연증(脚軟症).

행직(行直) '행직하다'의 어근.

행직-하다(行直―) [―지카―] 형여 (성질이) 강하고 곧다.

행진(行進)명하다 (여럿이) 줄을 지어서 앞으로 나아감. ¶가두 행진. /행진을 벌이다.

행진-곡(行進曲)명 행진할 때 연주하는 악곡.

행-짜명 심술을 부려 남을 해치는 짓. ¶행짜를 부리다.

행차(行次)명하다 '웃어른이 길을 감'을 높이어 이르는 말. ¶어디로 행차하시는 길이온지.

행차 뒤에 나팔속담 '일이 끝난 다음의 소용없는 짓'을 비유하여 이르는 말.

행차-명정(行次銘旌)명 행상(行喪) 때, 상여 앞에 들고 가는 명정.

행차-소(行次所)명 '웃어른이 여행할 때에 머무르는 곳'을 높이어 이르는 말.

행차-칼(行次―)명 지난날, 죄인을 다른 곳으로 옮길 때 씌우던 형구(刑具). 참도리칼.

행찬(行饌)명 여행할 때 가지고 가는 반찬.

행창(行娼)명하다 공공연하게 창기(娼妓) 노릇을 함.

행체(行體)명 수묵화의 삼체(三體)의 하나. 대상을 초체(草體)와 해체(楷體)의 중간 정도로 묘사함. 참초체·해체.

행초(行草)¹명 길을 떠날 때 가지고 가는 담배.

행초(行草)²명 행서와 초서. 행초(行草)².

행초-서(行草書)명 행서와 초서. 행초(行草)².

행탁(行橐)명 지난날, 길을 떠날 때 노자를 넣던 주머니, 또는 여행용 주머니.

행탕이명 광산의 구덩이 속 물 밑에 가라앉은 철분과 흙·모래 따위의 앙금.

행태(行態)명 하는 짓과 몰가짐. 행동하는 모양. 주로 부정적인 의미로 씀. ¶사기 행태. /음주 행태.

행:티명 행짜를 부리는 버릇.

행패(行悖)명하다 체면에 벗어나는 거친 짓을 함, 또는 그러한 언행. ¶행패를 부리다.

행포(行暴)명하다 난폭한 짓을 함.

행하(行下)〔지난말〕명①품삯 이외에 더 주거나, 경사가 있을 때 주인이 하인에게 주던 돈이나 물건. ②놀이가 끝난 뒤에 기생이나 광대에게 주던 보수.

행하-건(行下件) [―껀] 명 등급이 낮은 물건.

행-하다(行―)타여 (작정한 대로) 하여 나가다. ¶인술(仁術)을 행하다.

행하-조(行下調) [―쪼] 명 말막음으로 하는 일.

행행(行幸)명하다 임금이 궁궐 밖으로 거둥하던 일. ¶임금이 선왕의 능에 행행하다.

행행연(悻悻然) '행행연하다'의 어근.

행:행연-하다(悻悻然―)형여 성이 발끈 나서 자리를 박차고 떠나는 태도가 쌀쌀하다. 행행연-히부.

행혈(行血)명하다 한방에서, 약을 써서 피를 잘 돌게 하는 일.

행형(行刑)명하다 형벌을 집행함.

행-호령(行號令)명하다 호령을 내림. 행호호령.

행호-시령(行號施令)명하다 ☞행호령.

행:화(杏花)명 살구나무의 꽃.

행흉(行凶·行兇)명하다 사람을 죽임.

행:희(幸姬)명 [―히] 편애를 받는 여자.

하암명〔옛〕향암(鄕闇). 시골 백성. ¶어리고 하암의 뜻의는 내 分인가 한노라(古時調).

햐쳐명〔옛〕사처. 숙소(宿所). ¶우리 몰 모라가 햐쳐의 가셔(老解上52).

학다형〔옛〕작다. ¶하고 조볼 ᄀᆞ눈니(救解下77). 참혁다.

향:(向)명 묏자리나 집터 따위가 자리 잡은 위치에서 바라보게 되는 앞면. ↔좌(坐).

향(香)명①향기. ¶커피의 향이 은은하다. ②제전(祭奠) 따위에 피우는 향냄새 나는 물건.

향가(鄕歌)명 신라 중엽에서 고려 초엽에 걸쳐 민간에 널리 퍼졌던 우리 고유의 시가. 〔'삼국유사'에 14수, '균여전(均如傳)'에 11수, 모두 25수가 향찰(鄕札)로 적혀 전해 옴.〕

향갑(香匣)명 향을 담는 작은 상자.

향객(鄕客)명 시골에서 온 손.

향경(香境)명 육경(六境)의 하나. '코로 냄새를 맡을 수 있는 대상'을 이르는 말.

향:고(饗告)명하다 조상의 영전(靈前)에 공양물을 바쳐 제사함.

향-고양(←香供養)명하다 '향공양'의 방언.

향곡(鄕曲)명 시골 구석.

향:곡(餉穀)명 지난날, 군량으로 쓰던 곡식.

향-공양(香供養)명하다 부처 앞에 향을 피우는 일.

향:관(享官)명 ☞제관(祭官).

향관(鄕貫)명 ☞관향(貫鄕).

향관(鄕關)명 고향의 관문, 곧 고향.

향:광-성(向光性)명 [―썽] 식물의 줄기·가지·잎 등이 빛이 비치는 쪽으로 굽는 성질. ↔배광성. 참굴광성·향일성.

향교(鄕校)명 고려·조선 시대에, 시골에 두었던 문묘(文廟)와 그에 딸린 관립(官立) 학교.

향국(鄕國)명 ☞고국(故國). 고향.

향군(鄕軍)명①〈재향 군인〉의 준말. ②〈향토 예비군〉의 준말.

향궤(香櫃)명 [―께] 향을 넣어 두는 궤.

향:궤(餉饋)명 군사가 먹을 음식.

향금(鄕禁)명 그 지방에서 금하는 일.

향긋-하다 [―그다―]형여 향기로운 느낌이 조금 있다. ¶향긋한 꽃 냄새. 향긋-이부.

향기(香氣)명 (꽃이나 향 따위에서 나는) 기분 좋은 냄새. 향(香). 향내. ¶은은한 커피 향기.

향기-롭다(香氣―) [―따] [~로우나·~로워]형ㅂ 향기가 있다. ¶솔잎 향이 향기롭다. /향기로운 냄새. 향기로이부.

향기-향(香氣香)명 한자 부수의 한 가지. '馥'·'馦' 등에서의 '香'의 이름.

향-꽂이(香―)명 향을 피워 꽂는 기구.

향-나무(香―)명 측백나뭇과의 상록 침엽 교목. 산기슭이나 평지에 나는데, 정원수로 심기도 함. 높이는 20m가량. 껍질은 적갈색이며, 늙은 가지의 잎은 비늘 모양이고 어린 가지의 잎은 바늘 모양임. 나무는 향내가 나는데, 태우면 더욱 짙게 남. 조각재·가구재·연필·향료 등으로 쓰임. 향목.

향:남(向南)명하다 남쪽을 향함. 남쪽을 봄.

향낭(香囊)명①〈사향낭〉의 준말. ②향을 넣어서 차고 다니는 주머니.

향-내(香―)명 〈향냄새〉의 준말.

향-냄새(香-)[명] ①향기. 향취(香臭). ②향을 피울 때 나는 냄새. 㜺향내.

향:년(享年)[명] '죽은 이의 한평생 살아서 누린 나이'를 높이어 이르는 말. ¶향년 90세로 돌아가시다.

향:념(向念)[명][하자] ☞향의(向意).

향다(香茶)[명] 향기가 좋은 차.

향:당(享堂)[명] 불교에서, 조사(祖師)의 화상(畵像)이나 위패를 모시고 제사 지내는 당집.

향당(鄕黨)[명] 자기가 태어났거나 살고 있는 시골 마을, 또는 그곳의 사람들.

향당에 막여치(莫如齒)[속담] 향당에서는 나이 차례를 중히 여긴다는 뜻.

향도(香徒)[명] ①'화랑도(花郞徒)'의 딴 이름. ②㜺상여꾼.

향:도(嚮導)[명][하다] 길을 인도함, 또는 그 사람.

향도-가(香徒歌)[명] 행상(行喪)할 때, 선소리꾼이 상여 앞에서 엮는 사설조의 노래. 㜺상엿소리.

향:도-관(嚮導官)[명] 왕조 때, 군사들이 나아가는 길을 인도하던 벼슬, 또는 그 벼슬아치.

향도-꾼(香徒-)[명] '상두꾼'의 잘못.

향:동(響胴)[명] (기타 또는 바이올린 따위의) 공기를 진동시켜 소리를 크게 하는 부분.

향:락(享樂)[명][-낙][하다] 즐거움을 누림. ¶향락 산업. /향락에 빠지다.

향:락-주의(享樂主義)[명][-낙쭈의/-낙쭈이][명] 인생의 궁극적인 목적이 향락을 추구하는 데 있다고 하는 주의. 관능주의.

향랑-각시(香娘-)[-낭-씨][명] ☞노래기.

향랑각시 속거천리(速去千里)[속담] [노래기는 빨리 먼 데로 사라지라는 뜻으로] 음력 2월 1일에 백지에 먹으로 써서, 기둥·벽·서까래 같은 곳에 거꾸로 붙이는 부적의 말.

향랑-자(香娘子)[-낭-][명] ☞바퀴2.

향:래(向來)[-내][명] 접때. 지난번.

향:례(饗禮)[-녜][명] 손을 초대하여 향응을 베푸는 의식 또는 예의.

향:로(向路)[-노][명] 향하여 가는 길. 갈 길.

향로(香爐)[-노][명] 향을 피우는 자그마한 화로.

향로-석(香爐石)[-노-][명] 무덤 앞에 있는, 향로를 올려놓는 돌. 향안석.

향론(鄕論)[-논][명] 시골의 여론.

향료(香料)[-뇨][명] ①향기를 내는 물질. 향을 만드는 감. [사향·육계(肉桂)·재스민 따위]. ②☞부의.

향:류(向流)[-뉴][명] 유체(流體)가 서로 반대 방향으로 흐르는 일. ㄴ향류(逆流).

향리(鄕吏)[-니][명] 고려·조선 시대에, 한 고을에서 대를 이어 내려오던 아전(衙前).

향리(鄕里)[-니][명] 고향. 시골 마을. 전리(田里).

향망(鄕望)[명] 고향에서의 덕망.

향맹(鄕氓)[명] ☞촌맹(村氓).

향:모(向慕)[명][하다] 마음으로 그리워함.

향목(香木)[명] ☞향나무.

향몽(香夢)[명] [향기로운 꿈이라는 뜻으로] '봄철에 꽃이 필 때에 꾸는 꿈'을 이르는 말.

향몽(鄕夢)[명] (타향에서 꾸는) 고향의 꿈.

향미(香味)[명] (음식물의) 향기로운 맛.

향미-료(香味料)[명] (약품이나 음식물 따위에 넣어) 향기로운 맛을 내게 하는 물질.

향민(鄕民)[명] ☞촌맹(村氓).

향반(鄕班)[명] 지난날, 시골에 살면서 여러 대에 걸쳐 벼슬길에 오르지 못한 양반.

향:발(向發)[명][하자] (목적지를) 향해 출발함.

향:방(向方)[명] 향하는 곳. 가는 곳. ¶향방이 불투명하다.

향:방부지(向方不知)[명][하자] 어디가 어디인지 방향을 분간하지 못함.

향:배(向背)[명] 좋음과 등짐. 복종과 배반. ¶이해에 얽혀 향배를 달리하다.

향:배(向拜)[명][하자] 향하여 절함.

향배(香陪)[명] 제향(祭享) 때, 헌관(獻官)이 향축을 가지고 나갈 적에 향궤를 받들고 앞서 가는 사람.

향병(鄕兵)[명] 그 지방 사람을 모집하여 조직한 병정.

향:복(享福)[명][하자] 복을 누림.

향:복-무강(享福無疆)[-봉-][명][하자] 끝없이 많은 복을 누림.

향부-악(鄕部樂)[명] 예부터 발달해 온 우리나라 고유의 음악. 〔중국의 음률로 만든 '당악(唐樂)'에 상대하여 이르던 말.〕 향악.

향-부자(香附子)[명] 사초과의 다년초. 바닷가나 냇가의 따뜻한 곳에 나는데, 높이는 70 cm가량. 뿌리 끝에 둥근 덩이줄기가 있음. 여름에 다갈색 꽃이 핌. 덩이줄기는 한방에서 부인병의 통경(通經)이나 진경(鎭痙) 따위에, 민간에서는 진해제로 쓰임. 사초(莎草)1. 작두향.

향-불(香-)[명] 향을 태우는 불. 향화.

향불(을) 피우다[관용] '절간에서 담배를 피우다'의 뜻으로 쓰이는 변말.

향-비파(鄕琵琶)[명] 향악기의 한 가지. 신라 때 창제한 비파의 한 종류로, 다섯 줄과 열 개의 기둥으로 되어 있음.

향:사(向斜)[명] 습곡(褶曲)의 지층이 골짜기 모양으로 되어 있는 부분. ㄴ배사(背斜).

향:사(享祀)[명] ☞제사(祭祀).

향사(鄕士)[명] 시골 선비. 향유(鄕儒).

향사(鄕思)[명] 고향 생각.

향사(鄕射)[명] 지난날, 시골 한량들이 편을 갈라 활쏘기를 겨루고 술자리를 벌이던 일.

향사(鄕絲)[명] 지난날, '우리나라에서 나는 명주실'을 이르던 말.

향:사-곡(向斜谷)[명] 습곡(褶曲)의 향사 부분을 따라서 발달한 골짜기.

향:상(向上)[명][하자][되자] (기능이나 정도 따위가) 위로 향하여 나아감. 높아짐. 좋아짐. ¶기술 향상. /생활 향상. /실력을 향상. 힌진보. ㄴ저하.

향상(香床)[-쌍][명] 향로나 향합 따위를 올려놓는 상. 향안(香案).

향서(鄕書)[명] 고향에서 온 편지.

향-선생(鄕先生)[명] ①그 지방에서 명망이 높은 선비. ②'시골 선비'를 농조로 이르는 말.

향설(香雪)[명] 〔향기 있는 눈이라는 뜻으로〕 '흰 꽃'을 눈에 비유하여 이르는 말.

향:설(饗設)[명][하자] 잔치를 베풂.

향설-고(香雪膏)[명] 별미로 먹는 음식의 한 가지. 껍질을 벗겨 추후를 드문드문 박은 배와 얇게 저민 생강을 꿀물에 넣고 끓여서 계핏가루와 실백을 넣어 만듦.

향:성(向性)[명][-썽][명] ①굴성(屈性). 〔특히, 양(陽)의 굴성을 이름.〕 ②(사람의) 성격의 경향. 〔내향성과 외향성.〕

향:성^검:사(向性檢査)[-썽-][명] 사람의 성격의 경향이 내향성인가 외향성인가를 측정하는 검사. 〔흔히, 질문지를 써서 향성의 지수를 측정함.〕

향소(香蔬)[명] ☞참취.

향소(鄕所)[명] ⇨유향소(留鄕所).

향속(鄕俗)[명] 시골의 풍속. 향풍(鄕風).

향:수(享受)[명](하타)(되자) ①(복이나 혜택 따위를) 받아서 누림. ¶자유를 향수하다. ②(예술상의 아름다운 따위를) 음미(吟味)하고 즐김.

향:수(享壽)[명](하자) 오래 사는 복을 누림.

향수(香水)[명] ①(향료를 알코올 따위에 풀어서 만든 액체 화장품의 한 가지. ②불교에서, 향 또는 꽃을 넣어 부처에게 공양하는 향기 있는 물.

향수(鄕愁)[명] 고향을 그리워하는 마음이나 시름.

향수-병(鄕愁病)[--뼝] '고향 생각에 젖어 시름겨워 하는 것'을 병에 빗대어 이르는 말.

향:수-성(向水性)[-성][명] 식물의 뿌리 등이 수분이 있는 쪽으로 벋어 가는 성질. 향습성. (참)굴수성.

향숙(鄕塾)[명] 시골의 서당.

향:습-성(向濕性)[-성][명] ⇨향수성.

향:시(向時)[명] 접때. 지난번.

향시(鄕試)[명] 조선 시대에, 각 도에서 관내의 선비들에게 보이던 초시(初試).

향:식(饗食)[명](하자) 태뢰(太牢)를 마치고 음식을 나누어 먹는 일.

향신(鄕信)[명] 고향 소식.

향신-료(香辛料)[-뇨][명] 음식물에 매운맛이나 향기를 더하는 조미료. 〔겨자·깨·고추·마늘·파·후추 따위.〕

향:심-력(向心力)[-녁][명] ⇨구심력(求心力).

향악(鄕樂)[명] ⇨향부악.

향악-기(鄕樂器)[-끼][명] 향악을 연주하는 악기. 〔가야금·거문고·대금 따위.〕

향악-보(鄕樂譜)[-뽀][명] 옛 향악의 정간보(井間譜). 16정간(井間)으로 갈라 각각 그 음계이름을 적었음. (참)정간보.

향안(香案)[명] ⇨향상(香床).

향안-석(香案石)[명] ⇨향로상.

향암(鄕闇)[명](하형) 시골구석에서 살아 온갖 사리에 어둡고 어리석음, 또는 그런 사람.

향암-되다(鄕闇-)[명] 〔옛〕 촌스럽다. ¶향암된 사름:村俗人(譯語19).

향약(香藥)[명] 향기로운 약. 좋은 약.

향약(鄕約)[명] 조선 시대에, 권선징악과 상부상조를 목적으로 마련하였던 시골 마을의 자치 규약.

향약(鄕藥)[명] 지난날, 중국에서 나던 약재에 대하여 '우리나라에서 나던 약이나 약재'를 이르던 말.

향약-본초(鄕藥本草)[-뽀][명] 지난날, 우리나라에서 약용(藥用)의 식물이나 동물·광물을 통틀어 이르던 말.

향:양(向陽)[명](하자) 햇볕을 마주 받음.

향:양지지(向陽之地)[명] 남향(南向)을 하고 있어 볕이 잘 드는 땅.

향:양-화목(向陽花木)[명] 〔볕을 받은 꽃나무라는 뜻으로〕 '출세하기에 좋은 여건을 갖춘 사람'을 비유하여 이르는 말.

향어(鄕語)[명] 제 고장의 말.

향연(香煙)[명] ①향을 피우는 연기. ②향기로운 냄새가 나는 담배.

향:연(饗宴)[명] 융숭하게 대접하는 잔치.

향:왕(嚮往·向往)[명](하자) 마음이 늘 어느 사람이나 지역으로 향하여 감.

향우(鄕友)[명] 고향 친구. 고향 사람.

향:우지탄(向隅之歎·向隅之嘆)[명] 좋은 기회를 만나지 못한 한탄.

향운(香雲)[명] ①〔향기로운 구름이라는 뜻으로〕 '흰 꽃이 한창 피어 있음'을 비유하여 이르는 말. ②(가득 피어오르는) 향불의 연기.

향원(鄕員)[명] 향소(鄕所)의 직원. 〔좌수(座首)나 별감(別監) 따위.〕 향임(鄕任).

향원(鄕園)[명] 고향의 전원(田園).

향:유(享有)[명](하자) 누려서 가짐. ¶만인이 자유와 풍요를 향유하는 사회.

향유(香油)[명] ①향기가 나는 화장용 물기름. 〔몸에 바르는 것과 머리에 바르는 것이 있음.〕 ②참기름.

향유(香薷)[명] 꿀풀과의 일년초. 산이나 들에 흔히 나는데, 줄기 높이는 30~60 cm. 줄기는 네모지고 잔털이 있음. 8~9월에 이삭 모양의 연한 자줏빛 꽃이 핌. 한방에서, 온 포기를 말리어 약재로 씀. 노야기.

향유(鄕儒)[명] 시골 선비. 시골 유생. 향사(鄕士).

향유-고래(香油-)[명] ⇨말향고래.

향:유사(鄕有司)[명] 지난날, 서울과 시골의 서로 관계가 있는 관아나 단체에서, 시골에 있던 유사.

향음주-례(鄕飮酒禮)[명] 왕조 때, 온 고을의 유생들이 해마다 모여, 예의와 절차를 지키며 술을 마시던 잔치.

향:응(響應)[명](하자) ①소리 나는 데 따라 그 소리와 마주쳐 같이 울림. ②남의 주창(主唱)에 따라 그와 같은 행동을 마주 취함.

향:응(饗應)[명](하타) 특별히 융숭하게 대접함, 또는 그 대접. ¶향응을 제공하다.

향:의(向意)[-의/-이][명] 마음을 기울이거나 생각을 가짐, 또는 그 마음이나 생각. 향념(向念).

향이(香餌)[명] 〔향기로운 미끼라는 뜻으로〕 '사람의 마음을 유혹하는 재물 따위'를 비유하여 이르는 말.

향:일(向日)[명] ①접때. 지난번. 저번 날. 향자(向者). ②(하자) 햇볕을 마주 향함.

향:일-성(向日性)[-성][명] 식물의 줄기·가지·잎 등이 햇빛이 비치는 쪽으로 굽는 성질. ↔배일성. (참)향광성.

향임(鄕任)[명] ⇨향원(鄕員).

향:자(向者)[명] ⇨향일(向日).

향:전(向前)[명] 지난번.

향전(香奠)[명] ⇨부의(賻儀).

향:점(向點)[-쩜][명] 천체의 운동 방향이 천구(天球)와 교차되는 점. ↔배점(背點).

향:정신성^의약품(向精神性醫藥品)[-성-][명] 중추 신경에 작용하여 정신 상태에 영향을 주는 의약품을 통틀어 이르는 말. 〔각성제·수면제·안정제·진정제 따위.〕

향제(鄕第)[명] 고향에 있는 집.

향족(鄕族)[명] 지난날, 향원(鄕員)이 될 자격이 있던 집안.

향중(鄕中)[명] 향원(鄕員)의 동아리. 향원 일동.

향지(香脂)[명] 향기가 있는 고형(固形)의 화장용 기름. 흔히, 머릿기름으로 쓰임.

향:지-성(向地性)[-성][명] 식물의 뿌리 등이 중력(重力)이 작용하는 방향, 곧 땅속으로 벋어 가는 성질. ↔배지성. (참)굴지성.

향:진(向進)[명](하자) 향하여 나아감.

향찰(鄕札)[명] 신라 때, 한자의 음과 훈(訓)을 빌려 우리말을 표음식(表音式)으로 적던 표기법. 특히, 향가의 표기에 쓴 것을 이름. (참)이두.

향천(鄕薦)[명](하타) 지난날, 고을 안의 인재를 추천하던 일.

향:첩(享帖)[명] 지난날, 제관(祭官)을 임명하던 글발.

향청 (鄕廳)명 ☞유향소(留鄕所).

향초 (香草)명 향기로운 풀, 또는 담배.

향촉 (香燭)명 [제사에 쓰는] 향과 초.

향ː촉-성 (向觸性)[-썽]명 ☞굴촉성.

향촌 (鄕村)명 시골. ¶향촌 주민.

향축 (香祝)명 향과 축문.

향ː춘-객 (享春客)명 봄을 즐기는 사람. 쬰상춘
객 (賞春客).

향취 (香臭)명 향냄새. ¶향취를 풍기다.

향탁 (香卓)명 향로를 올려놓는 탁자.

향탕 (香湯)명 향을 넣어서 달인 물. 주로, 염습
(殮襲)을 하기 전에 송장을 씻는 데 쓰임.

향토 (鄕土)명 시골. 고향. ¶향토 문화. /향토
음식.

향토-색 (鄕土色)명 그 지방 특유의 정취나 풍
속. 지방색. ¶향토색 짙은 서정시.

향토ː예ː비군 (鄕土豫備軍)명 향토방위를 위해
예비역으로 편성한 민군. 준향군.

향토-지 (鄕土誌)명 그 지방의 지리·역사·풍토·
산업·민속·문화 등을 기술한 책.

향폐 (鄕弊)[-폐/-폐]명 시골의 나쁜 풍습.

향포 (香蒲)명 ☞부들2.

향풍 (鄕風)명 ☞향속(鄕俗).

향-피리 (鄕-)명 국악 관악기의 한 가지. 당피
리보다 가늘며 여덟 구멍 중 하나가 아래로 나
있음.

향ː하다 (向-)자타여 ①바라보다. ¶동쪽을 향
하여 서다. ②마주 서다. ¶서로를 향하다. ③마
음을 기울이다. ¶조국을 향한 일념. /임 향한
일편단심이야 가실 줄이 있으랴. ④지향(指向)
하여 가다. ⑤고향으로 향하다.

향ː학 (向學)하자 배움에 뜻을 두고 그 길로
나아감.

향학 (鄕學)명 고려 시대에, 유학을 가르치던 지
방 교육 기관. 쬰국자감.

향ː학-열 (向學熱)[-녈]명 학문을 하려는 열
의. ¶향학열이 높은 학생.

향함 (香函)명 ☞향합(香盒).

향합 (香盒)명 제사 때 피우는 향을 담는 합. 향
함(香函).

향혼 (香魂)명 ①꽃의 향기, 또는 정기. ②[향기
로운 넋이라는 뜻으로] '여자의 넋'을 이르
는 말.

향ː화 (向化)명하자 귀화(歸化)함.

향화 (香火)명 ①향불. ②[향을 피운다는 뜻으
로] '제사(祭祀)'를 이르는 말. ¶슬하에 혈육
하나 없으니 향화 영영 끊어질까 걱정이다.

향화 (香花)명 ①☞향기로운 꽃. ②향기로운 꽃.

향화 (香華)명 부처 앞에 바치는 향과 꽃. 향화
(香花).

향ː화-성 (向化性)[-썽]명 식물체의 일부가 자
극을 미치는 화학 물질의 농도가 높은 쪽으로
굽는 성질. 쬰굴화성.

향회 (鄕會)[-회/-훼]명 고을의 일을 의논하는
모임.

향ː후 (向後)명 이다음. 이 뒤. 차후. ¶향후 10
년이 가장 어려운 시기이다.

향훈 (香薰)명 향기로운 냄새.

허ː甼 [무엇을 녹이거나 축일 때 또는 몹시 매
울 때] 혀를 그대로 두고 입을 벌린 채 입김을
많이 내부는 소리. 쫀하오2.

허2甼 기쁨·놀라움·노여움·안타까움·염려스러움
따위의 느낌을 나타내는 말. ¶허, 참 놀라운
성과를 거두었구나!/허, 이것 정말 야단났군.
쫀하3.

허 (虛)¹명 [대비가 되어 있지 않은] 약점.
　허를 찌르다판용 약하거나 허술한 곳을 치다.
¶기습으로 상대편의 허를 찌르다.

허 (虛)²명 <허성(虛星)>의 준말.

-허 (許)접미 거리나 시간을 나타내는 명사 뒤에
붙어, '그쯤 되는 곳'임을 뜻함. ¶십 리허. /
백 리허.

허가 (許可)명하타퇴자 ①[청원 따위를] 들어줌.
허락. ②법령으로 금지 또는 제한되어 있는 일
을 특정의 경우 특정의 사람에게 할 수 있도록
처리하는 일. ¶영업 허가. /건축 허가. ☞불허.

허가-제 (許可制)명 법령으로 제한·금지되어 있
는 일에 대해서, 특정한 경우에 법에 따
라 그 일(행위)을 할 수 있도록, 행정상으로
허락해 주는 제도.

허가-증 (許可證)[-쯩]명 허가하는 사실을 기재
하거나 표시한 증서.

허갈 (虛喝)명하타 거짓으로 꾸미어 공갈함.

허겁 (虛怯)명하자 마음이 실하지 못하여 겁이
아주 많음. ¶허겁을 떨다.

허겁-증 (虛怯症)[-쯩]명 한방에서, 몸이 허약
해져 까닭 없이 무서움을 타는 증세를 이르
는 말.

허겁-지겁 (虛-)[-찝-]甼하자 조급한 마음으로 몹시
허둥거리는 모양. ¶밥을 허겁지겁 달아내다.

허경 (虛驚)명하자 괜히 놀람. 헛것을 보고 놀람.

허공 (虛空)[Ⅰ]명 텅 빈 공중. 거지중천(居之中
天). [Ⅱ]명하니 허공만 바라보다.
　[Ⅱ]수관 육덕(六德)의 10분의 1, 청정(淸淨)의
10배가 되는 수(의). 곧, 10-20.

허과 (虛誇)명하타 헛되게 자랑함.

허교 (許交)명하자 ①서로 벗하기를 허락하고
사귐. ②허물없이 서로 '해라'의 말씨를 씀.
¶허교하고 지내는 사이.

허구 (許久) '허구하다'의 어근.

허구 (虛構)명하타 ①사실이 아닌 것을 사실처
럼 얽어 만듦. ②가공(架空). ②소설이나 희곡
따위에서, 실제로는 없는 이야기를 상력으로
창작해 냄, 또는 그 이야기. 픽션.

허-구렁 (虛-)명 텅 빈 구렁.

허구리명 허리의 갈비뼈 아래 좌우 양쪽의 잘쏙
한 부분.

허구-성 (虛構性)[-썽]명 사실과 다르게 꾸며
만든 성질이나 요소. ¶허구성이 짙은 보고서.

허구-하다 (許久-)형여 날이나 세월 따위가 매
우 오래이다. (주로, '허구한'의 꼴로 쓰임.)
¶허구한 날 놀고만 있다.

허국 (虛國)명하자 나라를 위하여 몸을 돌보지
아니하고 힘을 다함.

허근 (虛根)명 방정식의 근 중에서 허수(虛數)인
것. ↔실근(實根).

허급 (許給)명하타퇴자 허락하여서 줌. 허시.

허기 (虛氣)명 ①기운을 가라앉힘, 또는 그 기
운. ②속이 비어 허전한 기운.

허기 (虛飢)명 [굶어서] 배가 몹시 고픔. ¶허기
를 채우다. /죽 한 사발로 허기를 면하다.

허기 (虛器)명 [쓸모없는 그릇이라는 뜻으로]
'유명무실한 것' 또는 '실권이 없는 벼슬자
리'를 이르는 말.

허기-증 (虛飢症)[-쯩]명 몹시 주려서 배가 고
파 기운이 빠진 증세.

허기-지다 (虛飢-)자 ①배가 몹시 고파 기운이
빠지다. ¶허기진 배를 채우다. ②몹시 바라거
나 탐내는 마음이 크게 일어나다. ¶지식에 목
마르고 배움에 허기져 있다.

허기-평심 (虛氣平心)圈 기(氣)를 가라앉히고 마음의 평정(平靜)을 가지는 일.

허깨비圈 ①마음이 허(虛)하여 착각이 일어나, 어떤 물건이 다른 물건으로 보이거나 없는 것이 있는 것처럼 보이는 따위의 현상. 헛것. ¶허깨비가 보이다. ②생각한 것보다 무게가 아주 가벼운 물건.

허니문: (honeymoon)圈 ①밀월(蜜月). ②신혼 여행.

허다 (許多) '허다하다'의 어근.

허다-하다 (許多一)휑어 매우 많다. 수두룩하다. ¶그런 일은 허다하게 볼 수 있다. 허다-히튄.

허:닥-하다 [-다카-]타어 (모아 둔 물건이나 돈 같은 것을) 덜어서 쓰기 시작하다.

허덕-거리다 [-꺼-]巫 자꾸 허덕허덕하다. 허덕대다. ¶자금난에 허덕거리다.

허덕-대다 [-때-]巫 허덕거리다.

허덕-이다巫 ①힘에 벅차 괴로워하거나 숨이 차도록 애쓰다. ¶숨이 차서 허덕이다. /가난에 허덕이다. ②어린아이가 손발을 놀리다.

허덕-지덕 [-찌-]튄휑 몹시 허덕거리는 모양.

허덕-허덕 [-더커-]튄휑 ①힘에 벅차 괴로워하거나 숨이 차도록 애쓰는 모양. ②어린아이가 손발을 자꾸 놀리는 모양. ③(여유가 없어서) 쩔쩔매는 모양. ¶생활 수단이 없어 허덕허덕 살아간다.

허도 (虛度)圈하타 ☞허송(虛送).

허두 (虛頭)圈 (글이나 말의) 첫머리. ¶허두에서 막히다.
　　허두를 떼다꽌 글이나 말의 첫머리를 시작하다.

허두-가 (虛頭歌)圈 ☞단가(短歌).

허둥-거리다巫 자꾸 허둥허둥하다. 허둥대다. ¶어찌 할 바를 몰라 허둥거리고만 있다. 쵄하동거리다.

허둥-대다巫 허둥거리다.

허둥-지둥튄휑자 미처 정신을 차릴 겨를도 없이 몹시 다급하여 서두르는 모양. ¶허둥지둥 달아나다. 쵄하동지동.

허둥-허둥튄휑자 갈팡질팡하며 정신없이 서두르는 모양. 쵄하동하동.

허드래圈 '허드레'의 잘못.

허드레圈 (그다지 중요하지 않아) 함부로 쓸 수 있는 허름한 것.

허드레-꾼圈 아무 일이나 닥치는 대로 하는 사람. 잡역부.

허드렛-물 [-렌-]圈 (무엇을 헹구고 난, 비교적 맑은 물 따위를) 허드레로 쓰려고 모아 둔 물, 또는 그렇게 쓰이는 물.

허드렛-일 [-렌닐]圈 중요하지 않은 일. 잡역.

허드재비圈 허드레로 쓰이는 사물.

허든-거리다巫 자꾸 허든허든하다. 허든대다.

허든-대다巫 허든거리다.

허든-허든튄휑 (다리에 힘이 없어) 중심을 잃고 자꾸 발을 헛디디다는 모양.

허:들 (hurdle)圈 ①허들 레이스의 장애물. ②〈허들 레이스〉의 준말.

허:들^레이스 (hurdle race)圈 트랙 경기의 한 가지. 허들을 뛰어넘으며 달리기를 겨룸. 장애물 달리기. 쥰허들.

허락 (*許諾)圈하자타되자 청하고 바라는 바를 들어줌. 승낙. 허가. ¶허락을 구하다. /허락을 맡다. /부모님의 허락을 받고 여행을 떠났다. ↔불허.

허랑 (虛浪) '허랑하다'의 어근.

허랑방탕 (虛浪放蕩) '허랑방탕하다'의 어근.

허랑방탕-스럽다 (虛浪放蕩一) [-따] [~스러우니·~스러워]휑비 보기에 허랑하고 방탕한 데가 있다. 허랑방탕스레튄.

허랑방탕-하다 (虛浪放蕩一)휑어 허랑하고 방탕하다. ¶허랑방탕한 생활. 허랑방탕-히튄.

허랑-하다 (虛浪一)휑어 말이나 행동에 거짓이 많고 착실하지 못하다. ¶허랑한 말. 허랑-히튄.

허랭 (虛冷)圈하휑 양기가 부족하고 몸이 참, 또는 그 증상.

허령 (虛靈) '허령하다'의 어근.

허령불매 (虛靈不昧)圈하휑 [마음에 잡념이 없고 영묘(靈妙)하여 어둡거나 않다는 뜻으로] '천성(天性)의 덕(德)이 밝음'을 이르는 말.

허령-하다 (虛靈一)휑어 잡념(雜念)이 없이 마음이 영묘(靈妙)하다.

허레 (虛禮)圈 정성이 없이 겉으로만 꾸밈, 또는 그런 예절.

허레-허식 (虛禮虛飾)圈하자 (예절이나 법식 따위를) 겉으로만 꾸며 실속이나 정성이 없음.

허로 (虛老)圈하자 (이루어 놓은 일 없이) 헛되이 늙음.

허로 (虛勞)圈 ①심신이 피로하고 쇠약함. ②☞노점(癆漸).

허록 (虛錄)圈하타되자 거짓으로 꾸며 기록함, 또는 그 기록.

허론 (虛論)圈하자 헛된 논의. ¶실속도 진전도 없는 허론을 거듭하고 있다. 쵐공론(空論).

허룩-하다 [-루카-]휑어 없어지거나 줄다. 줄어들어서 적다. ¶용돈이 허룩하다.

허룸巫어 〈옛〉 헐음. 해짐. ¶거믄 갓오슨 엇디 허루믈 免ᄒᆞ리오(杜重2:41).

허룽-거리다巫 자꾸 허룽허룽하다. 허룽대다. 쵄하룽거리다.

허룽-대다巫 허룽거리다.

허룽-허룽튄휑 (말이나 하는 짓이) 차분하지 않고 들떠서 가볍게 행동하는 모양. 쵄하룽하룽.

허름-하다휑어 ①값이 좀 싸다. ¶허름한 값으로 사다. ②좀 모자라거나 헌 듯하다. ¶허름한 옷차림. 허름-히튄.

허릅-숭이 [-쑹-]圈 실답지 못한 사람.

허리圈 ①동물의 갈빗대 아래에서 골반까지의 잘록한 부분. ②위아래가 있는 물건의 가운데 부분. ¶국토의 허리를 가로지르는 대역사(大役事).
　　허리가 끊어지다꽌 ☞허리를 잡다.
　　허리가 부러지다꽌 ①어떤 일에 대한 부담이 감당하기 어려운 상태가 되다. 허리가 휘다. ¶일이 많아 허리가 부러질 지경이다. ②당당한 기세가 꺾이다. ③매우 우습다. ¶얼마나 우스운지 허리가 부러질 지경이다.
　　허리가 휘다꽌 ☞허리가 부러지다.
　　허리를 굽히다꽌 ①남에게 겸손한 태도를 취하다. ②정중히 인사하다. ③남에게 굴복하다.
　　허리를 못 펴다꽌 남에게 굽죄어 지내다.
　　허리를 잡다꽌 웃음을 참을 수 없어 자지러지게 웃다. 허리가 끊어지다. ¶그가 한 말에 모두 허리를 잡고 웃어 댔다.
　　허리를 펴다꽌 어려운 고비를 넘겨 형편이 좋아지다. ¶이제 허리를 펴고 살 만하게 되었다.

허리 (虛痢)圈 한방에서, '허설(虛泄)이 아주 심한 증세'를 이르는 말.

허리^기술 (-技術)圈 유도(柔道)의 메치기 기술의 한 가지.

허리^꺾기[-걱끼]圀 씨름 재간의 한 가지. 상대편의 허리를 껴안고 일시에 힘을 모아 넘어뜨림.

허리-끈圀 허리띠로 쓰는 끈.

허리-나무圀 골풀무 드릴 널의 아래쪽에 놓은 나무.

허리다目 〈옛〉헐게 하다. 상하게 하다. ¶제 모몰 허리느니(釋譜11:35). ⓐ헐이다.

허리-동이圀 허리의 좌우쪽에 너비 한 치 서 푼 정도의 검은 띠를 띤 연(鳶).

허리-돛[-돋]圀 〈돛이 둘 있는 돛배에서〉배의 허리 부분에 있는 돛. *허리돛이[-도치]·허리돛만[-돈-].

허리-등뼈圀 척추 가운데 가슴등뼈와 엉치등뼈 사이의 부분. 요추(腰椎).

허리-띠圀 허리에 둘러매는 띠. 요대(腰帶). 벨트. ⓐ띠.

허리띠를 늦추다[관용] ①생활에 여유가 생기다. ②긴장을 풀고 편한 마음을 가지다.

허리띠를 졸라매다[관용] ①검소한 생활을 하다. ¶허리띠를 졸라매고 고생을 해서 모은 돈. ②단단한 각오로 일을 시작하다. ③배고픔을 참다.

허리띠-쇠[-쇠/-쉐]圀 허리띠의 끝에 붙어, 맬 때 걸도록 된 쇠붙이 조각.

허리-맥(虛里脈)圀 한방에서, '왼쪽 젖가슴 밑에서 뛰는 맥'을 이르는 말.

허리-뼈圀 허리 부분에 있는 뼈. 요골(腰骨).

허리-샅바[-삳빠]圀 씨름에서, 허리에 걸어서 손잡이로 쓰는 샅바.

허리-세장圀 지게의 밑 세장 위에 가로 댄 나무.

허리-씨름圀図 허리에 맨 띠를 잡고 하는 씨름.

허리-앓이[-아리]圀 허리가 아픈 병증. 요통.

허리^죄:기[-죄-/-줴-]圀 씨름 재간의 한 가지. 상대편의 허리를 껴안고 죄어서 넘어뜨림.

허리-질러[관용] '반쯤 되는 곳에'·'절반을 타서'의 뜻으로 쓰이는 말. ¶외갓집 가는 길에는 큰 느티나무가 허리질러서 있다.

허리-춤圀 〈바지나 치마 따위 허리가 있는 옷에서〉허리의 안쪽 부분. 요하(腰下). ¶허리춤에 질러 넣은 권총을 뺐다. ⓐ'춤'.

허리춤에서 뱀 집어 던지듯[속담] '다시는 돌아보지 않을 듯이 내버림'을 비유하는 말.

허리케인(hurricane)圀 북대서양 서부에서 발생하는 강한 열대성 저기압. 태풍과 비슷한 위력으로 북아메리카 방면을 휩쏨. ⓐ사이클론·윌리윌리.

허리-통圀 허리의 둘레. 요위(腰圍).

허릿-달[-리딸/-릳딸]圀 연(鳶)의 허리에 붙이는 대.

허릿-매[-린-]圀 허리의 맵시. 〔흔히, 여자의 잘쏙하고 날씬한 허리를 말함.〕

허릿-심[-리씸/-릳씸]圀 ①허리의 힘. ②'화살의 중간이 단단함'을 이르는 말.

허망(虛妄)圀图图 ①거짓이 많아 미덥지 않음. 거짓되고 망령됨. 허탄하다. ¶쓸데없이 허망한 소리를 하고 다닌다. ②어이없고 허무함. ¶한창 일할 나이에 허망하게 죽고 말았다. ⓐ허탄하다. **허망스레**图.

허맥(虛脈)圀 한방에서, 혈액 부족 등의 원인으로 맥이 느리게 뛰는 일을 이름.

허명(虛名)圀 실속이 없거나 사실 이상으로 알려진 명성. 공명(空名). 부명(浮名). 허문(虛聞). 허성(虛聲).

허명-무실(虛名無實)圀图图 헛된 이름뿐 실상이 없음. 유명무실.

허무(虛無)圀图图 ①아무것도 없이 텅 빔. ②마음속이 비어 아무 생각이 없음. ③덧없음. 무

상함. ¶허무한 인생. ④어이없음. ¶허무하게 패배하고 말았다. 허무-히图.

허무-감(虛無感)圀 허무한 느낌. 덧없는 느낌. ¶허무감이 들다. ⓐ공허감.

허무맹랑(虛無孟浪)'허무맹랑하다'의 어근.

허무맹랑-하다(虛無孟浪-)[-낭-]图여 거짓되고 실답지 아니하다. ¶허무맹랑한 이야기.

허무-주의(虛無主義)[-의/-이]圀 실재(實在)나 진리 따위 기존의 모든 제도나 가치를 부정하는 주장이나 경향. 니힐리즘.

허무주의-자(虛無主義者)[-의/-이-]圀 허무주의를 신봉하거나 그 사상을 가진 사람. 니힐리스트.

허문(許文)圀 허락하는 글발.

허문(虛文)圀 겉만 꾸민 글이나 법제(法制).

허문(虛聞)圀 ①헛소문. ②☞허명(虛名).

허물¹圀 ①살갗의 꺼풀. ②〈매미나 뱀 따위가 벗는〉껍질.

허물이 커야 고름이 많다[속담] 물건이 커야 속에 든 것이 많다는 뜻.

허물(을) 벗다[관용] ①살갗의 꺼풀이 벗어지다. ②매미나 뱀 따위가 껍질을 벗다.

허물²圀 ①☞잘못. 건과(愆過). 과실(過失). 소실(所失). ¶그에게는 허물이 없다. ②☞흉.

허물(을) 벗다[관용] 죄명이나 누명 등을 벗다.

허물다¹[허무니·허물어]目 헌데가 생기다. ¶살갗이 허물다.

허물다²[허무니·허물어]目 〈짜이거나 쌓인 물건을〉헐어서 무너지게 하다. ¶헌 집을 허물다.

허물어-뜨리다目 힘주어 허물어지게 하다. 허물어트리다. ¶담장을 허물어뜨리다.

허물어-지다目 〈짜이거나 쌓인 물건이〉흩어져 무너지다. ¶벽이 허물어지다.

허물어-트리다目 허물어뜨리다.

허물-없다[-업따]图 서로 친하여 체면 따위를 돌보지 아니하다. **허물없-이**图 ¶그들은 허물없이 지내는 사이다.

허물-하다目여 허물을 들어 나무라다. ¶이미 그릇된 일을 허물한들 무슨 소용이랴.

허믈¹圀 〈옛〉흠(欠). 헌데. 허물 반:瘢. 허물 흔:痕. 허물 파:疤. 허물 자:疵(訓蒙中35).

허믈²圀 〈옛〉허물(過). 잘못. ¶허물 죄:罪(訓蒙下29). 허물 말고(老解上37).

허믈ᄒ다目 〈옛〉허물하다. 꾸짖다. ¶허물홀 견:譴(訓蒙下29).

허밍(humming)圀 입을 다물고 코로 노래하는 창법. ¶허밍 코러스.

허박(虛薄)'허박하다'의 어근.

허박-하다(虛薄-)[-바카-]图여 몸이나 세력 따위가 약하다. ⓐ허약.

허발圀图 몹시 주리거나 궁하여 함부로 먹거나 덤비는 일.

허발(虛發)圀图 ①총이나 활을 쏘아서 맞히지 못함. ②목적을 이루지 못하는 공연한 짓을 함. ¶허발을 치다.

허방圀 움푹 팬 땅.

허방(을) 짚다[관용] 그릇 알거나 잘못 예산하여 실패하다. 잘못 짚다.

허방(을) 치다[관용] 바라던 일이 실패로 돌아가다.

허방-다리圀圀 ☞함정(陷穽).

허배(虛拜)圀图图 신위(神位)에 절을 함. 또는 그 절.

허벅-다리[-따-]圀 넓적다리의 위쪽 부분.

허벅-살[-쌀]圀 허벅지의 살.

허벅지[-찌]圀 허벅다리의 안쪽.

허벅허벅-하다[-버커버카-]**형여** (과일 따위가) 너무 익었거나 딴 지 오래되어 물기가 적고 퍼석퍼석하다. **찬**하박하박하다.

허번(虛煩)**명** 한방에서, 기력이 쇠약해져 양기가 줄고 신경이 날카로와이 가슴이 뛰는 병증을 이르는 말.

허법(虛法)[-뻡]**명** 실속 없이 이름뿐인 법.

허병(虛屏)**명** 넓게 터진 길목 어귀의 길가.

허병(虛病)**명** 꾀병.

허보(虛報)**명** 허위의 보도. 잘못 알림.

허복(許卜)**명하타되자** 왕조 때, 추천된 후보자 가운데서 정승을 임명하던 일.

허복(虛卜)**명** 지난날, 땅도 없는 사람이 공연히 물던 세금.

허부(許否)**명** 허락함과 허락하지 아니함.

허분-허분[-허분]**부형** 물기가 조금 있는 것이 연하고 무른 모양. **찬**하분하분.

허브(herb)**명** 예로부터 약이나 향료로 써 온 식물. 〔라벤더·박하·로즈머리 따위.〕

허브(hub)**명** (바퀴살이 모인 부분을 뜻하는 데서) 활동의 '중심'·'중추'·'중핵(中核)'의 뜻을 나타냄. ¶ 동북아시아의 허브 공항.

허비(虛費)**명하타되자** ①헛되이 씀, 또는 그 비용. ¶ 돈을 허비하다. ②헛되이 보냄. ¶ 시간을 허비하다. **비**낭비.

허비(虛憊)**명** '허비하다'의 어근.

허비다타 (손톱이나 날카로운 물건으로) 긁어 파다. **찬**하비다.

허비적-거리다[-꺼-]**타** 자꾸 허비적허비적하다. 허비적대다. **찬**하비작거리다.

허비적-대다[-때-]**타** 허비적거리다. **찬**하비작대다.

허비적-허비적[-저커-]**부하타** 손톱이나 날카로운 물건으로 자꾸 긁어 파는 모양. **찬**하비작하비작.

허비-하다(虛憊-)**형여** 기운이 허하여 고달프다. **비**곤비(困憊)하다.

허뿔싸감 (깜빡 잊고 있었거나 실수로 일이 잘못되었을 때) 몹시 놀라서 하는 말. **찬**하뿔싸. **여**어뿔싸.

허사(虛事)**명** 헛일. ¶ 그동안의 노력이 모두 허사로 돌아갔다.

허사(虛辭)**명** ①**하자**☞허언(虛言). ②홀로는 뜻을 나타내지 못하는 말. 〔어미나 조사 따위.〕 ②→실사(實辭).

허사비명 '허수아비'의 방언.

허상(虛上)**명** (지위가 높은 사람에게) 무엇을 바치는 일.

허상(虛想)**명** 쓸데없는 생각. 헛된 생각.

허상(虛像)**명** ①렌즈나 반사경 따위로 발산된 광선을 반대 방향으로 연장하였을 때 이루어지는 상(像). ②실제 없는 것이 있는 것처럼 나타나 보이거나 실제와는 다르게 보이는 모습. ↔실상(實像).

허생-전(許生傳)**명** 조선 정조 때 박지원(朴趾源)이 지은 한문 소설. 허생이라는 선비가 가난에 못 이겨 하던 공부를 그만두고 장사를 하여 거금을 벌었다는 이야기로, 박지원의 실학 사상이 드러난 내용. 〔'열하일기'의 '옥갑야화(玉匣夜話)'에 실려 전함.〕

허설(虛泄)**명** 한방에서, 기력이 쇠약하여 음식을 먹으면 복통(腹痛)이 설사를 하는 병증을 이르는 말.

허설(虛說)**명** 거짓말. 헛된 소리.

허섭스레기[-쓰-]**명** 좋은 것을 고르고 난 뒤에 남은 허름한 물건.

허성(虛星)**명** 이십팔수의 하나. 북쪽의 넷째 별자리. **준**허(虛)[2].

허성(虛聲)**명** ①헛소리. ②☞허명(虛名).

허세(虛勢)**명** 실상이 없는 기세. 허위(虛威). ¶ 허세를 부리다.

허소(虛疎)'허소하다'의 어근.

허소-하다(虛疎-)**형여** 비어서 허술하다. 허전하다. 허소-히**부**.

허손(虛損)**명하자** 주기를 기다리지 못하고 가지려고 덤빔.

허손(虛損)[2]**명** ☞폐병(肺病).

허송(虛送)**명하타** (세월 따위를) 헛되이 보냄. 허도(虛度).

허송-세월(虛送歲月)**명하자** (하는 일 없이) 세월을 헛되이 보냄.

허수(虛數)**명** 실수(實數)가 아닌 복소수. 〔모든 음수의 제곱근은 허수로 나타낼 수 있음.〕

허수-아비명 ①(참새 따위를 오지 못하게 하기 위하여) 막대기와 짚 따위로 사람 모양을 만들어 논밭에 세운 것. ②'쓸모가 없거나 실권(實權)이 없는 사람'을 비유하여 이르는 말. ②괴뢰(傀儡). **준**허아비.

허수-하다(형여) (모르는 사이에 빈자리가 난 것을 깨닫고) 허전하고 서운하다. 허수-히**부**.

허술-하다형여 ①헐어서 짜임새가 없어 보인다. ¶ 허술한 초가집. ②낡아서 너절하거나 허름하다. ¶ 옷차림이 허술하여 눈여겨보지도 않다. ③(매거나 꾸린 것이) 느슨하다. ¶ 이삿짐을 허술하게 꾸려서야 되겠나. ④(어떤 일이) 엉성하여 빈틈이 있다. ¶ 경비가 허술한 틈을 타다. 허술-히**부**.

허스키(husky)**명하형** 목소리가 쉬고 탁함, 또는 그런 목소리나 그런 목소리의 사람. ¶ 허스키한 그의 목소리에 반했다.

허시(許施)**명하타** 달라는 대로 줌. 요구하는 대로 베풀어 줌. 허급(許給).

허식(虛飾)**명** 실속 없이 겉만 꾸밈. 겉치레. 헛치레. ¶ 허식 없이 사람들을 대하다.

허신(許身)**명하자** (여자가 남자에게) 몸을 허락함. 몸을 내맡김.

허실(虛實)**명** ①거짓과 참. ¶ 허실을 가리다. ②허(虛)함과 실(實)함. ¶ 경기에 이기려면 먼저 상대의 허실을 읽어야 한다.

허실-상몽(虛實相蒙)**명하형** 허(虛)와 실(實)이 분명하지 않음.

허심(許心)**명하자** 마음을 허락함.

허심(虛心)**명** ①**하형**마음속에 다른 생각이나 거리낌이 없음. ¶ 과거를 허심하게 이야기하다. ②**하자**남의 말을 잘 받아들임. ¶ 남의 말을 허심하게 들어주다.

허심-탄회(虛心坦懷)[-회/-훼]**명하형** 마음에 거리낌이 없이 솔직함. ¶ 허심탄회하게 이야기를 주고받다.

허아비명 〈허수아비〉의 준말.

허약(許約)**명하타** 허락하여 약속함.

허약(虛弱)**명하형** 몸이나 세력 따위가 약함. ¶ 몸이 허약하다. **반**건장하다.

허언(虛言)**명하자** 실속이 없는 빈말, 또는 빈말을 함. 거짓말. 허사(虛辭).

허여(許與)**명하타** (권한 따위를) 허락함. ¶ 특정인에게 이권을 허여하여 말썽이 일고 있다. ②마음속으로 허락함.

허여-멀걸다[～멀커-][～멀거니·～멀게]**형** ①(살갗 따위가) 매우 희고 맑다. **찬**하야말갛다. ②흰빛을 띠며 멀겋다. ¶ 허여멀건 설렁탕.

허여-멀쑥하다[-쑤카-]**형여** (살갗 따위가) 매우 희고 깨끗하다. **짝**하야말쑥하다. **허여멀쑥-히뿐.**

허여흐다(형)(옛) 허옇다. ¶서르 본 딛 머리 허여흐니(杜初22:47).

허열(虛熱)**명** 한방에서, 열과 땀이 나고 입맛이 떨어지면서 쇠약해지는 병증을 이르는 말. 허화(虛火).

허영(虛榮)**명** ①분수에 넘치는 외관상의 영화(榮華). ②허영에 들뜨다. **②**(필요 이상의) 겉치레.

허영-거리다(자) 자꾸 허영허영하다. 허영대다. ¶눈앞이 아물거리고 온몸이 허영거리다.

허영-대다(자) 허영거리다.

허영-심(虛榮心)**명** 허영에 들뜬 마음.

허영-주머니(虛榮-)[-쭈-](명) '허영심이 많은 사람'을 빗대어 이르는 말.

허영-청(虛影廳)**명** '실재의 소재(所在)가 흐리멍덩함'을 이르는 말. **준**허청(虛廳).

허영청에 단자 걸기(관용) '뚜렷한 계획이나 목적이 없이 덮어놓고 일을 하는 따위의 어리석음'을 이르는 말.

허영-허영(虛榮虛榮)(앓고 난 다음의 걸음걸이가) 기운이 없어 쓰러질 듯이 비슬거리는 모양. ¶수척한 몸으로 허영허영 걸어가다.

허:옇다[-여타][허여니·허예] 상당히 희다. ¶어느새 내 머리도 허옇게 셌구나. **짝**하얗다.

허예(虛譽)**명** 실속이 없는 명예.

허:예-지다(자) 허예지다. **짝**하얘지다.

허욕(虛慾)**명** 헛된 욕심. ¶허욕으로 패가(敗家)를 자초하다.

허용(許容)**명하타** ①**되자** 허락하고 용납함. 용허. ¶소음의 허용 한도를 넘다. ②(막았어야 할 것을) 막지 못하고 받아들임. ¶막판에 가서 골을 허용하고 말았다.

허용-량(許容量)[-냥] (방사선이나 그 밖의 유해 물질이 인체에 미치는 영향에 대하여) 이 정도까지는 허용된다고 규정한 양(量).

허용^법규(許容法規)[-뀨](명) 명령이나 확정을 내용으로 하지 않고, '…할 수 있다.' 따위의 허용을 내용으로 하는 법규.

허용-치(許容値)**명** 허용하는 분량을 나타내는 수치. ¶허용치를 초과하다.

허우대명 겉모양이 보기 좋은 큰 체격. ¶허우대는 멀쩡한 녀석이 제 밥벌이도 못한다.

허우룩-하다[-루카-]**형여** (매우 가까이 지내던 사람과 이별하여서) 허전하고 서운하다.

허우적-거리다[-꺼-]**타** 자꾸 허우적허우적하다. 허우적대다. ¶물에 빠져 허우적거리다.

허우적-대다[-때-]**타** 허우적거리다.

허우적-허우적[-저커-]**부하타** (위험한 지경에서 빠져나오려고) 손과 발을 내두르는 모양.

허울명 겉모양. ¶허울은 멀쩡한데 머릿속은 텅 비었다.

허울 좋은 하눌타리(수박)(속담) '겉모양만 번드르르하고 속은 보잘것없는 사람이나 물건'을 비유하여 이르는 말.

허울 좋다(관용) 실속이 없이 겉으로 보기에만 번지르르하다.

허위(虛位)**명** ①실권이 없는 지위. ②빈자리. 공위(空位).

허위(虛勢)**명** **→**허세(虛勢).

허위(虛僞)**명** 거짓. ¶허위 보도. /허위 신고.

허위-넘다[-따]**타** 허위단심으로 넘어가다.

허위-단심(虛僞丹心)**명하타** 허우적거리며 무척 애를 씀. 《주로, '허위단심하고'의 꼴로 쓰임.》 ¶허위단심하고 먼 길을 찾아오다.

허위대명 '허우대'의 잘못.

허위-배설(虛位排設)**명하타** 신위(神位) 없이 제례(祭禮)를 베푸는 일.

허위적-허위적명하타 '허우적허우적'의 잘못.

허위-허위뿐 ①손과 발을 내두르는 모양. ¶잠꼬대를 하며 두 팔을 허위허위 내젓는다. ②힘에 겨워 힘들어하는 모양. ¶허위허위 산에 오르다.

허유(許由)**명하타** 말미를 허락함, 또는 그 말미.

허일(虛日)**명** 일이 없는 날.

허입(許入)**명하타** 들어옴을 허락함.

허장(虛葬)**명하타** ①(앓는 사람의 병을 낫게 한다 하여) 민간에서, 앓는 사람을 죽은 사람과 같이 꾸미어 거짓 장사 지내는 일. ②(죽은 이의 시체를 찾지 못한 경우) 유물을 거두어 대신 장사함, 또는 그렇게 지내는 장사. ③(땅 임자의 거동을 살피기 위하여) 남의 땅에 거짓으로 장사함, 또는 그렇게 지내는 장사.

허장-성세(虛張聲勢)**명** 실속은 없으면서 허세(虛勢)로 떠벌림. ¶허장성세를 부리다.

허적-거리다[-꺼-]**타** 자꾸 허적허적하다. 허적대다. **짝**하작거리다.

허적-대다[-때-]**타** 허적거리다.

허적-이다(타) 마구 들추어 헤치다. ¶쓰레기 더미를 허적이다.

허적-허적[-저커-]**부하타** (쌓아 놓은 물건의) 속을 들추어 헤치는 모양. **짝**하작하작.

허전(虛傳)**명하타** 거짓말로 전함, 또는 그러한 말.

허전-거리다(자) 다리에 힘이 빠져 곧 쓰러질 듯 걷다. 허전대다.

허전-관령(虛傳官令)[-꽐-]**명하자** ①관청의 명령을 거짓으로 꾸며서 전함. ②상사의 명령을 거짓으로 전함.

허전-대다(자) **→**허전거리다.

허전-하다(형여) ①(주위에 아무것도 없거나, 무엇을 잃은 듯하여) 서운하고 텅 빈 듯한 느낌이 있다. *곱게 기른 딸을 시집보내고 나니 마음 한구석이 허전하다. ②느즈러져 안정감이 없다. 허전-히뿐. ①허전-히뿐.

허전허전-하다(형여) ①자꾸 허전하다. ②다리에 힘이 빠져 곧 쓰러질 것만 같다. **짝**하전하전하다.

허점(虛點)[-쩜]**명** 허술한 구석. 완전하지 아니한 점. ¶허점을 드러내다. **비**약점.

허접-쓰레기명 **→**허섭스레기.

허정명 겉으로는 알뜰하게 보이지만 실상은 충실하지 못함.

허정-거리다(자타) 자꾸 허정허정하다. 허정대다. **쥔**허청거리다.

허정-대다(자타) 허정거리다.

허정-허정뿐자타 힘이 없어 걸음을 제대로 걷지 못하고 비틀거리는 모양. ¶불쭉하게 여원 몸으로 허정허정 걸어가다. **쥔**허청허청.

허족(虛足)**명 →**위족(僞足).

허주(虛舟)**명** 빈 배. 짐을 싣지 않은 배.

허출-하다(형여) 배가 조금 고프다. 조금 출출하다. 허출하다.

허춧-굿[-꾿/-꿑]**명하자** 민속에서, 무당이 되려고 할 때 처음으로 신을 맞아들이기 위한 굿. *허춧굿이[-꾸시/-꿑시]·허춧굿만[-꾿만/-꿑만].

허즉실(虛則實)[-씰]**명** 보기에 허하나 속은 충실함.

허증(虛症)[-쯩]**명** 한방에서, 몸이 쇠약하여 병에 대한 저항력이 약한 상태를 이르는 말.

허참-례(許參禮) [-녜]명하자 왕조 때, 새로 부임하는 관원이 전부터 있는 관원에게 음식을 대접하던 일. 참면신례(免新禮).

허채(許採)명하타 광주(鑛主)가 덕대에게 채광을 허락함.

허청(虛廳)명 ①헛청. ②〈허영청〉의 준말.

허청-거리다자타 자꾸 허청허청하다. 허청대다. ⑥허청거리다.

허청-대다자타 허청거리다.

허청-허청부하자타 힘이 없어 걸음을 제대로 걷지 못하고 몹시 비틀거리는 모양. ⑥허정허정.

허-초점(虛焦點) [-쩜]명 평행 광선이 볼록 거울이나 오목 렌즈 따위에 의하여 발산되었을 때, 그 광선의 연장선이 거울이나 렌즈의 뒷면에서 모이는 가상적인 초점.

허출-하다형어 허기가 져서 출출하다. ⑥허줄하다.

허탄(虛誕) '허탄하다'의 어근.

허탄-하다(虛誕-)형어 거짓되고 미덥지 않다. 참허망(虛妄).

허탈(虛脫)명형 (예상 밖의 결과로) 멍하여 힘이 빠지고 일이 손에 안 잡히는 상태. ¶허탈한 기분.

허탈-감(虛脫感)명 몸에 힘이 빠지고 정신이 멍하여 몽롱한 느낌. ¶허탈감에 사로잡히다.

허탕명하자 아무 소득이 없이 일을 끝냄, 또는 그렇게 끝낸 일.

허탕(을) 짚다관용 아무런 소득이 없는 일을 잘못 알고 하게 되다.

허탕(을) 치다관용 아무런 소득이 없게 되다.

허투(虛套)명 (남을 농락하기 위하여 꾸미는) 겉치레.

허투루부 ①대수롭지 않게. ¶허투루 볼 사람이 아니다. ②아무렇게나. 헐후하게. ¶허투루 다룰 물건이 아니다.

허튀명 옛 다리. 장딴지. 종아리. ¶허튀 비:腓 허튀 긱:蹺(訓蒙上26).

허튼관 쓸데없다. 되지 못하다. ¶허튼 생각 하지 말고 하던 일을 마무리해라.

허튼-계집 [-계/-게-]명 여러 남자와 난잡하게 놀아나는 여자.

허튼-고래명 불길이 이리저리 통하여 들어가도록 굄돌만으로 놓은 방고래.

허튼-구들명 골을 켜지 않고 잔돌로 괴어 놓은 구들. ↔연좌구들.

허튼-모명 못줄을 대지 않고 손짐작으로 심는 모. 벌모. 산식(散植). ↔줄모.

허튼-뱅이명 '허랑하고 실속이 없는 사람'을 낮잡아 이르는 말.

허튼-사람명 허랑하고 실속이 없는 사람. 낭객.

허튼-소리명 헤프게 함부로 하는 말.

허튼-수작(-酬酌)명 쓸데없이 함부로 하는 말이나 행동. ¶허튼수작으로 환심을 사려고 하다.

허튼-짓 [-짇]명하자 쓸데없이 아무렇게나 되는대로 하는 짓. ¶허튼짓을 할 생각은 꿈에도 하지 마라. * 허튼짓이[-지시]·허튼짓만[-진-]

허튼-톱명 톱니가 동가리톱과 내릴톱의 중간이어서 나무를 켜기도 하고 자르기도 하는 톱.

허파명 ⇨폐장(肺臟).

허파에 바람 들다관용 '실없이 웃어 대거나 마음이 달떠 있어 실답지 못한 사람'을 두고 비유하여 이르는 말.

허파^꽈리명 ⇨폐포(肺胞).

허풍(虛風)명 지나치게 과장하는, 믿음성이 적은 말이나 행동. ¶허풍을 떨다. 준풍(風)1.

허풍(을) 치다관용 지나치게 과장하여 말하다. ¶허풍 치지 말고 사실대로 말해.

허풍이 세다관용 허풍이 심하다.

허풍-선(虛風扇)명 ①숯불을 피우는 손풀무의 한 가지. 풍구. ②허풍선이.

허풍선-이(虛風扇-)명 허풍을 마구 치는 사람. 허풍선.

허핍(虛乏) '허핍하다'의 어근.

허핍-하다(虛乏-) [-피파-]형어 굶주려서 기운이 없다.

허-하다(許-)타어 ①허가하다. ②허락하다.

허-하다(虛-)형어 ①옹골차지 못하다. ¶몸이 허하여 잘 달리지 못한다. ②속이 비다. ¶배 속이 허하다. ③한방에서, 원기가 없음을 이르는 말. ¶기가 허한 데 효험이 있는 약재.

허한(虛汗)명 한방에서, 원기가 부실하여 흘리는 땀을 이르는 말.

허행(虛行)명하자 헛걸음.

허허감하자 입을 둥글게 벌리고 크게 웃는 소리, 또는 그 모양. 참하하.

허허²감 ①너무 기가 막혀 탄식하여 하는 말. ¶허허, 이런 변이 있나. ②일이 들어졌을 때 하는 말. ¶허허, 이거 안 되겠는걸. 참하하.

허허-거리다자 자꾸 허허하며 웃다. 허허대다. 참하하거리다.

허허-대다자 허허거리다.

허허-바다명 끝없이 넓은 바다.

허허-벌판명 끝없이 넓은 벌판. ¶허허벌판에 나무 한 그루가 덩그러니 서 있다.

허허실실(虛虛實實)명 적의 허(虛)를 찌르고 실(實)을 꾀하는 계책.

허허실실-로(虛虛實實-)부 그때그때의 상황에 알맞게 대처하여. 되어 가는 대로.

허호(虛戶)명 실제로는 없는 호수(戶數).

허혼(許婚)명하자 혼인을 허락함.

허화(虛火)명 ⇨허열(虛熱).

허화(虛華) '허화하다'의 어근.

허화-하다(虛華-)형어 실속 없이 겉으로만 화려하다.

허황(虛荒) '허황하다'의 어근.

허황-되다(虛荒-) [-되/-뒈-]형 허황하다.

허황-하다(虛荒-)형어 거짓되고 근거가 없다. 들떠서 황당하다. 허황되다. ¶허황한 사람. / 그렇게 허황한 일은 생각도 마라. 허황-히부.

허훈(虛暈)명 한방에서, 원기가 몹시 부실하여 일어나는 어지러운 증세를 이르는 말.

허희-탄식(歔欷歎息) [-히-]명하자 한숨 지으며 한탄함.

헉부하자 몹시 지치거나 겁에 질려 호흡을 멈추는 소리, 또는 그 모양. ¶놀라서 헉 소리를 지르다. 헉-부하자타.

헉헉-거리다 [허컥꺼-]자타 자꾸 헉헉하다. 헉헉대다.

헉헉-대다 [-때-]자타 헉헉거리다.

헌관 오래된. 낡은. ¶헌 모자. /헌 옷. ↔새6.

헌 갓 쓰고 똥 누기속담 이미 체면은 잃었으니 염치없는 짓을 해도 상관없다는 뜻.

헌 체로 술 거르듯관용 '막힘없이 말을 술술 하는 모양'을 비유하여 이르는 말.

헌가(軒架)명하타 ①(북이나 종 따위를) 틀에 거는 일, 또는 그 틀. ②(시렁과 같은) 높은 데에 걸.

헌거(軒擧) '헌거하다'의 어근.

헌거-롭다(軒擧-)[-따][~로우니·~로워]〖형〗풍채가 좋고 아주 의젓해 보이다. ¶ 헌거로운 풍채. 헌거로이〖부〗.

헌거-하다(軒擧-)〖형〗풍채가 좋고 의기가 당당하다. 헌앙(軒昂)하다.

헌걸-스럽다[-따][-스러우니·~스러워]〖형〗보기에 헌걸롭다. ¶ 헌걸스러운 체격에 기백도 당당하다. 헌걸스레〖부〗.

헌걸-차다〖형〗①매우 헌거하다. ②기운이 매우 장하다. ③키가 썩 크다.

헌:-것[-건]〖명〗①낡은 물건. ②오래되어서 허술한 물건. ↔새것. ¶ 헌것이[-거시]·헌:것만[-건-]

헌:-계집[-계/-게-]〖명〗①'한번 시집갔다가 홀로 된 여자'를 속되게 이르는 말. ②'이성과의 관계가 부정한 여자'를 속되게 이르는 말.

헌:-관(獻官)〖명〗왕조 때, 나라에서 지내는 제사에 임시로 임명하던 제관(祭官).

헌:근(獻芹之心)〖명〗하다〖자〗(변변치 못한 미나리를 바친다는 뜻으로) '윗사람에게 물건을 보내거나 자기의 의견을 적어 보냄'을 겸손히 이르는 말.

헌:근지성(獻芹之誠)〖명〗(옛날에 햇미나리를 먼저 임금에게 바쳤다는 데서) '정성을 다하여 올리는 마음'을 이르는 말.

헌:금(獻金)〖명〗하다〖자〗돈을 바침, 또는 그 돈.

헌:납(獻納)¹〖명〗하다〖되자〗금품을 바침. ¶ 전 재산을 국가에 헌납하다.

헌:납(獻納)²〖명〗①고려 시대, 문하부(門下府)의 정오품 벼슬. ②조선 시대, 사간원(司諫院)의 정오품 벼슬.

헌:다(獻茶)〖명〗하다〖자〗(신불에게) 차를 올림.

헌:답(獻畓)〖명〗하다〖자〗절에 제사를 맡기고 그 비용조로 논을 절에 바침, 또는 그 논.

헌:당(獻堂)〖명〗하다〖자〗기독교에서, 교회당을 새로 지어 하나님에게 바침.

헌:-데〖명〗부스럼. 부스럼이 난 곳.

헌:동-일세(掀動一世)[-쎄]〖명〗〈혼동일세〉의 본딧말.

헌등(軒燈)〖명〗처마에 다는 등.

헌:등(獻燈)〖명〗(신불에게) 바치는 등.

헌:미(獻米)〖명〗①(신불에게) 바치는 쌀. ②기독교에서, 신자들이 매일 쌀을 모아 두었다가 주일(날)에 교회에 바치는 쌀.

헌:민수(獻民數)[-쑤]〖명〗조선 시대에, 한성부(漢城府)에서 3년마다 전국의 호구(戶口)를 조사하여 임금에게 알리던 일.

헌:배(獻杯·獻盃)〖명〗하다〖자〗술잔을 올림.

헌:법(憲法)[-뻡]〖명〗국가의 통치 체제에 관한 근본 원칙을 정한 기본법.

헌:법^기관(憲法機關)[-뻡끼-]〖명〗헌법의 규정에 따라 설치된 국가의 기관. 〔대통령·국무 위원·국회·법원 따위를 통틀어 이르는 말.〕

헌:법^소원(憲法訴願)[-뻡쏘-]〖명〗법을 어긴 공권력의 발동으로 헌법에 보장된 기본권을 침해당한 국민이 그 권리를 구제받기 위하여 헌법 재판소에 내는 소원(訴願).

헌:법^위원회(憲法委員會)[-뻐뷔-회/-뻐뷔-훼]〖명〗'헌법 재판소'의 이전 일컬음.

헌:법^재판(憲法裁判)[-뻡째-]〖명〗헌법 재판소에서, 위헌 법률 심판 및 탄핵 소송·정당 해산 소송·헌법 소원 등 헌법에 관한 쟁의를 사법적 절차에 따라 해결하는 법률 행위.

헌:법^재판소(憲法裁判所)[-뻡째-]〖명〗사법적 절차에 따라 법률의 위헌 여부 심판 및 정치적 사건을 해결하고 헌법 소원에 관한 심판을 통하여 국민의 기본권을 구제하는 헌법 기관. 법

관의 자격을 가진 아홉 명의 재판관으로 구성됨.

헌:병(憲兵)〖명〗군의 병과(兵科)의 한 가지. 군의 경찰 업무를 맡아봄. 엠피(MP).

헌:부(憲府)〖명〗〈사헌부〉의 준말.

헌:사(獻辭·獻詞)〖명〗무엇을 누구에게 바치는 내용을 적은 글. 〔흔히, 저자나 발행자가 책을 바칠 때 씀.〕

헌:상(獻上)〖명〗하다〖되자〗(임금이나 웃어른에게) 바쳐 올림.

헌:생(獻牲)〖명〗하다〖자〗(신에게) 희생을 바침.

헌:선도-무(獻仙桃舞)〖명〗정재(呈才) 때에 추는 춤의 한 가지. 선도를 올리면서 춤을 추는데, 장면이 바뀔 때마다 부르는 사(詞)가 있음.

헌:-솜〖명〗핫옷이나 핫이불 따위에 두었던 묵은 솜. 파면자(破綿子).

헌:-쇠[-쐬/-쒜]〖명〗못 쓰게 된 쇠붙이. 고철. 설철(屑鐵).

헌:수(獻壽)〖명〗하다〖자〗(환갑 잔치 따위에서) 장수를 비는 뜻으로 술잔을 올림. 상수(上壽). 칭상.

헌:시(獻詩)〖명〗하다〖자〗(축하의 뜻이나 업적 등을 기리는) 시를 바침, 또는 그 시.

헌:식(獻食)〖명〗하다〖자〗불교에서, 식식돌에 음식을 차려 잡귀(雜鬼)에게 베푸는 일.

헌:식-돌(獻食-)[-똘]〖명〗☞식식돌.

헌:신(獻身)〖명〗하다〖자〗어떤 일이나 남을 위해서 자기의 이해관계를 돌보지 아니하고 몸과 마음을 다하여 힘씀. ¶ 일생을 결핵 퇴치에 헌신하다.

헌:신-적(獻身的)〖관〗어떤 일이나 남을 위해 몸과 마음을 바쳐 있는 힘을 다하는 (것). ¶ 헌신적 봉사. /헌신적인 사랑.

헌:-신짝〖명〗낡은 신짝. 못 신게 된 신짝.

헌신짝 버리듯〖관용〗요긴하게 쓰고 나서는 조금도 거리낌 없이 버린다는 말.

헌수-롭다〖옛〗수다스럽다. 야단스럽다. ¶ 物物마다 헌수롭다(丁克仁.賞春曲).

헌수-하다〖자〗〖옛〗소문을 내려고 수다를 부리다. 시끄럽게 하다. ¶ 헌수토 헌수홀샤(鄭澈.關東別曲). /헌수ᄒᆞ는 사룸(譯語上28).

헌앙(軒昂)〖명〗'헌앙하다'의 어근.

헌앙-하다(軒昂-)〖형〗☞헌거(軒擧)하다.

헌연(軒然)〖명〗'헌연하다'의 어근.

헌연-하다(軒然-)〖형〗의기(意氣)가 당당하다.
  헌연-히〖부〗.

헌:의(獻議)[허늬/허니]〖명〗하다〖타〗(윗사람이나 상급 기관에) 의견을 드림.

헌:작(獻爵·獻酌)〖명〗하다〖자〗제사 때, 술잔을 올림. 진작(進爵).

헌장(憲章)〖명〗①헌법의 전장(典章). ②이상(理想)으로서 규정된 원칙적인 규범. ¶어린이 헌장.

헌:정(獻政)〖명〗〈입헌 정치〉의 준말.

헌:정(獻呈)〖명〗하다〖타〗(물품을) 바침.

헌:-책(-冊)〖명〗이미 사용한 책.

헌:책(獻策)〖명〗하다〖자〗계책을 올림.

헌:춘(獻春)〖명〗첫봄. 맹춘(孟春).

헌철민듯-하다[-트타-]〖형〗키와 몸집이 보기 좋게 크고 반듯하다.

헌철-하다〖형〗키와 몸집이 크고 미끈하다. ¶ 헌철한 키에 잘생긴 청년. 헌철-히〖부〗.

헌:-털-뱅이〖명〗〈헌것〉의 속된 말.

헌함(軒檻)〖명〗건넌방이나 누각 따위의 대청 기둥 밖으로 돌아가며 놓은 좁은 마루.

헌헌-장부(軒軒丈夫)〖명〗이목구비가 반듯하고 헌거로운 남자.

헌:혈(獻血)〖명〗하다〖자〗(수혈하는 데 쓰도록) 자기의 피를 바치는 일. 공혈(供血).

헌호(軒號)똉 불교에서, 남의 당호(幢號)를 높이어 이르는 말.

헌:화(獻花)똉-하다재 (신불이나 죽은 이의 영전에) 꽃을 바침. 또는 그 꽃.

헌:화-가(獻花歌)똉 신라 성덕왕(聖德王) 때의 4구체 향가. 소를 몰고 가던 노옹(老翁)이 수로 부인(水路夫人)을 위해 철쭉꽃을 꺾어 바치며 불렀다는 노래. ['삼국유사'에 실려 전함.]

헌활(軒豁) '헌활하다'의 어근.

헌활-하다(軒豁-)혱여 드넓다. 썩 넓다.

헐가(歇價)[-까]똉 헐값. ¶ 헐가에 팔렸다.

헐가-방매(歇價放賣)[-까-]똉-하다타 싼값으로 팔아 버림. ¶ 소 값이 폭락하여 소를 헐가방매하다.

헐간(歇看)똉-하다타 탐탁하지 않게 보아 넘김.

헐-값(歇-)[-깝]똉 시세보다 지나치게 싼 값. 싼값. 헐가(歇價). ¶ 집을 헐값에 판다.
  * 헐값이[-깝씨] · 헐값만[-깜-]

헐객(歇客)똉 '허랑방탕한 사람'을 농으로 이르는 말.

헐겁다[-따][헐거우니 · 헐거워]혱ㅂ 끼울 자리가 끼울 물건보다 꽤 너르다. ¶ 신발이 헐거워서 자꾸 벗겨진다. 翻할갑다. 헐거이뮈.

헐겁지똉(옛) (활을 쏠 때 손가락에 끼는) 깍지. ¶ 헐겁지 결:抉. 헐겁지 섭:韘(訓蒙中28). 웝헐겁지피.

헐근-거리다재 자꾸 헐근헐근하다. 헐근대다. 翻할근거리다.

헐근-대다재 헐근거리다.

헐근-헐근뮈-하다 (숨이 차서) 헐떡이며 글그렁거리는 모양. ¶ 숨을 헐근헐근할근.

헐:다¹[허니 · 헐어]재 ①(부스럼이나 상처 따위가) 덧나서 짓무르다. ¶ 상처가 헐다. ②(물건 따위가) 오래되어 낡아지다. ¶ 집이 많이 헐었다.

헐:다²[허니 · 헐어]타 ①(집 따위나 구조물이나 쌓아 놓은 것을) 무너뜨리다. ②(모아 놓은 것을) 축나게 하다. ¶ 예금까지 헐어 쓴다. ③일정한 액수의 돈을 쓰게 되어 그 액수의 상태를 유지하지 못하게 되다. ¶ 100만 원짜리 수표를 헐다.

헐:다³[허니 · 헐어]타 남의 나쁜 점을 들추어 말하다. 험담하다.

헐떡-거리다[-꺼-]재타 자꾸 헐떡헐떡하다. 헐떡대다. 翻할딱거리다.

헐떡-대다[-때-]재타 헐떡거리다.

헐떡-이다 (Ⅰ)재 (신 따위가) 헐거워서 벗겨지다. 翻할딱이다.
  (Ⅱ)타 숨을 가쁘고 거칠게 쉬는 소리를 내다. 翻할딱이다.

헐떡-하다[-떠카-]혱여 ①(심한 고생이나 병으로) 얼굴이 매우 여위고 핏기가 없다. ②(몹시 지쳐서) 눈이 껄떡하다. 翻할딱하다.

헐떡-헐떡[-떠꺽-]뮈 ①-하다숨을 매우 가쁘게 쉬는 모양. ②-하다재(신 따위가) 매우 헐거워서 벗어졌다 신겨졌다 하는 모양. 翻할딱할딱.

헐:-뜯다[-따]타 남의 흠을 잡아내어 말하다. ¶ 자리에 없는 사람을 헐뜯어 봐야 자기 욕하는 것과 진배없다.

헐렁-거리다재 자꾸 헐렁헐렁하다. 헐렁대다. 翻할랑거리다.

헐렁-대다재 헐렁거리다.

헐렁-이똉 '실답지 않게 행동하는 사람'을 빗대어 이르는 말.

헐렁-하다혱여 ①(들어간 물건보다 자리가 널러) 너무 헐겁다. ¶ 바지가 헐렁하다. ②(하는 짓이) 실답지 아니하다. 翻할랑하다.

헐렁-헐렁뮈-하다 ①매우 헐렁한 모양. ②(하는 짓이) 실답지 않은 모양. 翻할랑할랑.

헐렁헐렁-하다혱여 ①(들어간 물건보다 자리가 널러) 지나치게 헐겁다. ②행동이 조심스럽지 아니하고 매우 경박하다. 翻할랑할랑하다.

헐레-벌떡뮈타 숨이 차고 가슴이 크게 헐떡거리는 모양. 전화를 받자마자 헐레벌떡 달려왔다. 翻할래발딱. 헐레벌떡-헐레벌떡뮈타.

헐레벌떡-거리다[-꺼-]재타 자꾸 헐레벌떡헐레벌떡하다. 헐레벌떡대다. 翻할래발딱거리다.

헐레벌떡-대다[-때-]재타 헐레벌떡거리다.

헐-리다[헐대² '헐다²'의 피동]재 헒을 당하다. ¶ 낡은 건물이 헐리다.

헐믓다재ㅅ(옛) 헐다(瘡). ¶ 헐믓디 아니ᄒᆞ며(法華6:13). / 헐므슬 창:瘡(訓蒙中34).

헐박(歇泊)똉-하다자 쉬고 묵음. 지숙(止宿). 헐숙.

헐-벗다[-벋따]재 ①(몹시 가난하여) 옷이 해져 벗다시피 하다. ¶ 헐벗고 굶주린 아이들을 돕기 위해 성금을 모았다. ②(산에 나무가 없어) 맨바닥이 드러나다. ¶ 헐벗은 산에 푸른 옷을 입히다.

헐변(歇邊)똉 싼 이자. 저리(低利). 저변(低邊).

헐복(歇福) '헐복하다'의 어근.

헐복-하다(歇福-)[-보카-]혱여 몹시 복이 없다.

헐수할수-없다[-쑤-쑤업따]혱여 ①어떻게 해 볼 도리가 없다. ②(너무 가난하여) 살길이 막막하다. 헐수할수없이뮈.

헐숙(歇宿)똉[-쑥]똉-하다자재 ☞헐박(歇泊).

헐쓰리다타(옛) 홀뿌리다. 헐뜯다. ¶ 헐쓰릴 산:訕. 헐쓰릴 방:謗(訓蒙下28).

헐쑥-하다[-쑤카-]혱여 (얼굴이) 핏기가 없고 몹시 여위다. 翻할쑥하다. 웝헐쭉하다.

헐우다타(옛) 헐게 하다. ¶ 敢히 헐위 샹히오디 아니호이(小解2:28).

헐이다타(옛) 헐게 하다. 상하게 하다. ¶ 곧이 瘡 읻슬녀 헐일 쓰르미니라(圓覺下二之46). 웝허리다.

헐장(歇杖)똉-짱]똉-하다타 지난날, 장형(杖刑)에 처하던 매질을 시늉만 하던 매질.

헐쭉-하다[-쭈카-]혱여 살이 빠져서 매우 여위다. 翻할쭉하다. 웝헐쑥하다.

헐치(歇治)똉-하다타 ①(병을 대단하지 않게 보고) 치료를 소홀히 함. ②가볍게 벌함.

헐치(歇齒)똉 닳아서 잘 맞지 않는 톱니바퀴의 이.

헐-치다타 ①가볍게 하다. ②허름하게 만들다.

헐-하다(歇-)혱여 ①(값이 시세보다) 싸다. ②엄하지 않다. ③(힘이 덜 들어 일하기가) 쉽다. ¶ 일하기가 한결 헐하다.

헐헐뮈-하다재 숨이 몹시 차서 고르게 쉬지 못하는 모양. 翻할할.

헐후(歇后) '헐후하다'의 어근.

헐후-하다(歇后-)혱여 대수롭지 않다. 예사롭다. ¶ 헐후히 여길 일이 아니다.

험똉 '흠(欠)'의 변한말.

험:객(險客)똉 ①성질이 험악한 사람. ②험구(險口)로 남을 잘 헐뜯는 사람.

험:구(險口)똉-하다재 남의 흠을 들추어 헐뜯음, 또는 그러한 말. 악구(惡口).

험난(險難) '험난하다'의 어근.

험:난-하다(險難-)혱여 ①위험하고 어렵다. ¶ 험난한 산길. ②위태롭고 고생스럽다. ¶ 세상살이가 험난하다.

험:담(險談)똉-하다타 남을 헐뜯어서 말함, 또는 그 말. 험언(險言). 흠구덕. ¶ 험담을 늘어놓다.

험:랑(嶮浪)[-낭]圓 사납고 험한 파도.

험:로(險路)[-노]圓 험한 길.

험:산(險山)圓 험악한 산.

험:산(驗算)圓하타 (계산의 맞고 틀림을 알기 위하여) 다시 하여 보는 계산. 검산(檢算).

험:상(險狀)圓하圈ㅅ圈 험악한 모양, 또는 그 상태. 험상스레圓.

험:상(險相)圓 험악한 인상(人相).

험:상-궂다(險狀-)[-굳따]圈 (생김새가) 매우 험악하다. ¶ 험상궂은 얼굴의 사내.

험악(險惡) '험악하다'의 어근.

험:악-스럽다(險惡-)[-쓰-따][~스러우니·~스러워]圈비 험악한 데가 있다. 험악스레圓.

험:악-하다(險惡-)[허마카-]圈여 ①(길이나 산·날씨 따위가) 험하고 사납다. ¶ 날씨가 험악하다. ②(형세 따위가) 무시무시하다. ¶ 험악한 분위기. ③(생김새나 태도, 성질이나 인심 따위가) 흉악하다. ¶ 험악한 표정. /민심이 험악하다.

험애(險隘) '험애하다'의 어근.

험:애-하다(險隘-)圈여 (지세가) 험하고 좁다. 험애하다. 비협조라다.

험액(險阨) '험액하다'의 어근.

험:액-하다(險阨-)[-매거-]圈여 ☞험애하다.

험:어(險語)圓 어려워서 알아듣기 힘든 말.

험:언(險言)圓하타 험담(險談).

험:요(險要)圓 지세가 험하여 방어하기에 좋음, 또는 그러한 요충지.

험원(險遠) '험원하다'의 어근.

험:원-하다(險遠-)圈여 (길이나 일의 앞날 따위가) 험하고 멀다.

험:이(險夷·險易)圓 험난함과 평탄함.

험:전-기(驗電器)圓여 ☞검전기(檢電器).

험조(險阻) '험조하다'의 어근.

험:조-하다(險阻-)圈여 (산길이나 지세가) 가파르고 험하다. 비험애하다.

험준(險峻) '험준하다'의 어근.

험:준-하다(險峻-)圈여 (산세가) 험하고 높고 가파르다. ¶ 험준한 산맥.

험:지(險地)圓 험난한 땅.

험집圓 '흉집'의 잘못.

험:탄(險灘)圓 험한 여울.

험피(險詖) '험피하다'의 어근.

험:피-하다(險詖-)圈여 사람됨이 음험하고 바르지 못하다.

험:-하다(險-)圈여 ①지세가 평탄하지 않아 발붙이기 어렵다. ¶ 산길이 험하다. ②(생김새나 태도가) 험상궂고 거칠다. ¶ 말씨가 험하다. /눈빛이 험하다. ③(상태나 형세 따위가) 사납고 위태롭다. ¶ 분위기가 험하다. ④(먹는 것이나 입는 것 따위가) 거칠거나 너절하다. ¶ 먹는 것도 험하고 옷차림도 험하다. ⑤(일이나 생활이) 거칠고 힘에 겹다. ¶ 평생 험한 일만 했다. ⑥(꼴이) 참혹하다. ¶ 험한 꼴을 당하다. 험-히圓.

협수룩-하다[-쑤루카-]圈여 ①(머리털이나 수염 따위가) 텁수룩하다. ②(옷차림이) 허름하다. 협수룩-히圓.

협신-협신[-씬-씬]圓하圈 물기가 조금 있으면서 물렁물렁하여 만지는 대로 쭈그러지는 모양.

헙헙-하다[허퍼파-]圈여 ①대범하고 활발하다. ②가진 것을 함부로 써 버리는 버릇이 있다. ¶ 돈을 너무 헙헙하게 쓴다. 헙헙-히圓.

헛-[헏-]圎투 《일부 명사나 용언 앞에 붙어서》 '속이 빈'·'소용이 없는'·'보람이 없이' 등의 뜻을 나타냄. ¶ 헛수고. /헛돌다.

헛-가게[헏까-]圓 때에 따라 벌였다 걷었다 하는 가게.

헛-가지[헏까-]圓 오랫동안 자던 눈이 갑자기 터서 쓸모없이 뻗는 가지.

헛-간(-間)[헏깐]圓 문짝이 없는 광. 공청(空廳). ¶ 볏짚을 헛간에 쌓아 두다.

헛-갈리다[헏깔-]圎 마구 뒤섞여 분간할 수가 없다. ¶ 전화번호가 비슷해서 자꾸 헛갈린다. 魯헷갈리다.

헛-걱정[헏꺽쩡]圓하圈되圎 쓸데없이 걱정함, 또는 그 걱정.

헛-걸음[헏꺼름]圓하圈 헛수고만 하고 돌아가거나 돌아옴. 공행(空行). 허행(虛行).

헛걸음-질[헏꺼름-]圓하圈 ①아무 보람 없이 오거나 가는 일. ②발을 잘못 디디는 일.

헛걸음-치다[헏꺼름-]圎 헛수고만 하고 가거나 오다.

헛-것[헏껃]圓 ①헛일. ¶ 말짱 헛것이다. ②☞허깨비. * 헛것이[헏꺼시]·헛것만[헏껀-]

헛-고생(-苦生)[헏꼬-]圓하圈 아무 보람 없는 고생.

헛-공론(-公論)[헏꽁논]圓하圈 쓸데없는 공론.

헛-구역(-嘔逆)[헏꾸-]圓 게우는 것도 없이 나는 욕지기. 건구역(乾嘔逆).

헛구역-질(-嘔逆-)[헏꾸-질]圓하圈 게우는 것도 없이 하는 욕지기.

헛-구호(-口號)[헏꾸-]圓 말로만 외치고 행동이 따르지 아니하는 다짐.

헛-글[헏끌]圓 배워도 뜻있게 쓰지 못하는 지식.

헛-기르다[헏끼-][~기르니·~길러]타여 아무 보람도 없이 기르다. ¶ 좀 컸다고 대드는 것을 보니 자식을 헛길렀다는 생각이 든다.

헛-기운[헏끼-]圓 ①쓸데없이 내는 기운. ¶ 헛기운을 쓰다. ②없는 것을 있는 것처럼 보이는 것. 환상(幻像). 환영(幻影). ¶ 보는 사람의 안력이 황홀하여 도무지 헛기운인 듯싶은지라(意幽堂.東溟日記).

헛-기침[헏끼-]圓하圈 (인기척을 내기 위하여) 일부러 하는 기침. ¶ 헛기침 소리.

헛-길[헏낄]圓 목적하는 바를 이루지 못하고 걷는 길. ¶ 헛길을 걷다.

헛-김[헏낌]圓 딴 데로 새는 김.

헛-나다[헏낌-]圎 ①기운이 딴 데로 새어 나오다. ②일에 실패하거나 하여 기운이 꺾이다.

헛-꿈[헏-]圓 실현할 수 없는 것을 이루어 보려고 희망하거나 희망을 거는 생각. ¶ 헛꿈을 꾸다.

헛-끌[헏-]圓 맞뚫는 구멍의 끝밥을 밀어내는 연장.

헛-나가다[헏-]圎 아무렇게나 되는대로 나가다. ¶ 발이 헛나가다. /말이 헛나가다.

헛-나이[헏-]圓 나잇값을 못하고 나이만 든 것, 또는 그런 나이.

헛나이를 먹다관용 ①나이에 비하여 유치하다. ②해 놓은 일은 별로 없이 나이만 먹다.

헛-노릇[헏-릇]圓하圈 아무 보람이 없는 헛된 일. 헛일. * 헛노릇이[헏-르시]·헛노릇만[헏-른-]

헛-다리[헏따-]圓 《주로 '짚다'와 함께 쓰이어》 ①간 목적을 이루지 못하고 헛걸음을 치는 일. ②잘못되어 기대에 어긋나는 일. ③대상을 잘못 파악하여 일을 그르치는 일. ¶ 헛다리를 짚다.

헛-돈[헏똔]圓 보람 없이 헛되이 쓰는 돈.

헛-돌다[헏똘-][~도니·~돌아]圎 보람 없이 그저 돌다. ¶ 바퀴가 헛돌다.

헛-동자(-童子)[헏똥-]團 (장롱이나 찬장 따위 가구에서) 서랍과 서랍 사이에 앞만 동자목처럼 세운 얇은 나무.

헛-되다[헏뙤-/헏뛔-]圈 ①보람이나 실속이 없다. ¶세월만 헛되게 보내다. ②허황하다. ¶헛된 이야기. **헛되-이**團.

헛-듣다[헏뜯따][~들으니·~들어]厄巨 ①잘못 듣다. ②예사로 들어 넘기다.

헛들리다[헏뜰-]厏 (['헛듣다'의 피동] (청각에 이상이 생겨) 실제와 다르게 들리다.

헛-디디다[헏띠-]厄 (발을) 잘못 디디다. ¶발을 헛디뎌 발목을 삐었다.

헛-맞다[헌맏따]厏 겨눈 곳에 맞지 아니하고 딴 곳에 맞다.

헛-먹다[헌-따]厄 나이 따위를 보람 없이 먹다. ¶나이를 헛먹다.

헛-물[헌-]團 ①(목이 말라서) 물을 아무리 마셔도 목마름이 가시지 않는 경우의 그 물. ②애쓴 보람이 없이 헛일로 돌아간 것.

헛-물관(-管)[헌-]團 겉씨식물이나 양치식물 또는 쌍떡잎식물의 관다발 속의 목질부에서 뿌리로 빨아올린 즙액을 잎이나 줄기로 보내는 관. 가도관(假導管).

헛물-켜다[헌-]厏 이루어지지 않을 일을 두고, 꼭 되리라 하고 헛되이 애를 쓰다.

헛-바람[헏빠-]團 ①쓸데없이 부는 바람. ②'허황된 일에 들뜬 마음'을 비유하여 이르는 말. ¶헛바람이 들어 밖으로만 나돈다.

헛-바퀴[헏빠-]團 《주로 '돌다'와 함께 쓰이어》 헛도는 바퀴.

헛-발[헏빨]團 ①잘못 디디거나 내찬 발. ②☞위족(僞足).

헛발-질[헏빨-]團厏 겨냥이 맞지 않아 빗나간 발길질.

헛-방(-房)[헏빵]團 허드레 세간을 넣어 두는 방.

헛-방(-放)[헏빵]團 ①쏘아서 맞히지 못한 총질. 웹헛불. ②실탄을 재지 않고 쏘는 총질. 총. ③목적을 이루지 못한 일, 또는 미덥지 않은 말.

헛-방귀[헏빵-]團 소리도 냄새도 거의 없이 나오는 방귀.

헛방-놓다(-放-)[헏빵노타]厏 ①☞헛불놓다. ②공포(空砲)를 쏘다. ③쓸데없거나 미덥지 아니한 말이나 행동을 하다.

헛-배[헏빼]團 (소화 불량 따위로) 음식을 먹지 않았는데도 부른 배. ¶헛배가 부르다.

헛-배우다[헏빼-]厄 실속 있게 배우지 아니하여 써먹지 못하다.

헛-보다[헏뽀-]厄 무엇을 잘못 보다. 실상과 어긋나게 보다.

헛보-이다[헏뽀-]厏 (['헛보다'의 피동] (시각에 이상이 생겨) 실제와 다르게 보이다.

헛-부엌[헏뿌억]團 (설비는 제대로 되어 있으나) 평소에는 쓰지 않는 부엌. *헛부엌이[헏뿌어키]·헛부엌만[헏뿌엉-].

헛-불[헏뿔]團 사냥할 때 짐승을 맞히지 못한 총질. 웹헛방.

헛불-놓다[헏뿔노타]厏 맞히지 못하는 총을 쏘다. 헛방놓다.

헛-뿌리團 뿌리는 아니지만, 가는 뿌리처럼 생겨 수분을 섭취하고 식물을 고착시키는 구실을 하는 기관. 이끼류 따위에서 볼 수 있음. 가근(假根).

헛-살다[헏쌀-][~사니·~살아]厏 ①사람으로서 해야 할 도리를 다하지 못하고 지내다. ¶나

이 40에 아직도 백수건달인 걸 보면 인생 헛살았다. ②누릴 수 있는 것을 누리지 못하거나, 누리면서도 그것을 느끼지 못하고 살다.

헛-삶이[헏쌀미]團 당장 모내기를 할 목적이 아니고 그저 논을 갈아 써레질하여 두는 일.

헛-생각[헏쌩-]團厄巨 헛되이 생각함, 또는 그런 생각. ¶하라는 공부는 안 하고 헛생각뿐이다.

헛-소리[헏쏘-]團厏 ①앓는 사람이 정신을 잃고 중얼거리는 소리. 섬어(譫語). 허성(虛聲). ②미덥지 않은 말. ¶헛소리하지 말게.

헛-소문(-所聞)[헏쏘-]團 근거 없이 떠도는 소문. 허문(虛聞). ¶헛소문이 돌다. /헛소문을 퍼뜨리다.

헛-손질[헏쏜-]團 ①厏정신없이 손을 휘젓는 짓. ②厄(겨냥이 빗나가) 잘못 잡거나 때리는 짓. ③厏쓸데없이 손을 대어 매만짐.

헛-수(-手)[헏쑤]團 바둑이나 장기에서, 헛되이 두는 수.

헛-수고[헏쑤-]團厏 아무 보람이 없는 수고. ¶괜히 헛수고하실 필요 없습니다.

헛-수술[헏쑤-]團 ☞가웅예(假雄蘂).

헛-숨[헏쑴]團 공연히 내쉬는 숨. ¶허억 헛숨을 쉬다.

헛-심[헏씸]團 보람 없이 쓰는 힘. 공력(空力). ¶괜한 헛심을 쓰다. 옙헛힘.

헛-애[허대]團 보람 없이 쓴 애.

헛-열매[헏녈-]團 꽃턱·꽃줄기·꽃받침 등이 씨방과 결합하여 자란 과일. 〔배·사과·무화과 따위.〕부과(副果). ☞위과(僞果). 가과(假果).

헛-웃음[허두슴]團 마음에 없는 거짓 웃음.

헛-일[헌닐]團 쓸모없는 일. 실상이 없는 일. 공사(空事). 헛것. 헛노릇. 허사(虛事). ¶공연히 헛일하지 말게.

헛-잎[헌닙]團 ☞가엽(假葉). *헛잎이[헌니피]·헛잎만[헌님-].

헛-잠[헏짬]團 ①거짓으로 자는 체하는 잠. ②잔 둥 만 둥 한 잠. ☞선잠.

헛-잡다[헏짭따]厄 잘못 잡다.

헛잡-히다[헏짜피-]厏 (['헛잡다'의 피동] 헛잡음을 당하다.

헛-장[헏짱]團 풍을 치며 떠벌리는 소리. 실상이 없는 큰소리. ¶허구한 날 헛장만 치고 다니다.

헛-장사[헏짱-]團厏 장사에서 이익을 남기지 못하는 일.

헛-짓[헏찓]團厏 헛되거나 쓸모없는 짓. ¶성과도 없이 헛짓만 했다. *헛짓이[-찌시]·헛짓만[-찐-].

헛-짚다[헏찝따]厄 ①팔이나 다리를 바닥에 바로 짚지 못하다. ¶발을 헛짚다. ②일이나 대상을 잘못 짐작하다. ¶나는 그가 범인이라고 헛짚었다.

헛-청(-廳)[헏-]團 헛간으로 된 집채. 허청(虛廳).

헛-총(-銃)[헏-]團 탄알을 재지 않고 놓는 총. 공포(空砲). 헛방.

헛총을 놓다[관용] 탄알을 재지 않고 소리만 나게 총을 놓다.

헛총-질(-銃-)[헏-]團厏 헛총을 놓는 짓.

헛-치레[헏-]團厏 허식.

헛-코[헏-]團 잠을 자는 체하느라고 일부러 고는 코.

헛코-골다[헏-][~고니·~골아]厏 잠을 자는 체하느라고 일부러 코를 골다.

헛헛-증(-症) [허텉쯩] 圀 배고픈 느낌. 헛헛한
느낌. 복공증(腹空症).

헛헛-하다 [허터타-] 혱엉 배고픈 느낌이 있다.
출출하여 무엇을 먹고 싶다. ¶ 점심을 부실하
게 먹었더니 속이 헛헛하다.

헛-힘 [허팀] 圀 〈헛심〉의 본딧말.

헝겁-지겁 [--찌-] 凰혱옝 좋아서 정신을 못 차
리고 허둥거리는 모양.

헝:겊 [-겁] 圀 피륙의 조각. * 헝:겊이 [-거
피] ·헝:겊만 [-검-]

헝:겊-신 [-겁씬] 圀 헝겊으로 울을 돌린 신. 포
화(布靴).

헝클다 [헝크니·헝클어] 匣 ①실이나 줄 따위의
가늘고 긴 물건을 몹시 얽히게 하다. ②물건을
한데 마구 뒤섞어 어지럽게 하다. ¶ 장난감을
헝클어 놓다. ③어떤 일을 마구 뒤얽어 갈피를
잡을 수 없게 하다. 옝엉클다.

헝클-리다 困 〔'헝클다'의 피동〕헝큶을 당하다.
옝엉클리다.

헝클어-뜨리다 匣 헝클어지게 하다. 헝클어트리
다. 옝엉클어뜨리다.

헝클어-지다 실이나 물건, 또는 무슨 일이 서
로 마구 얽히어 풀기 어렵게 되다. ¶ 바람에
머리카락이 헝클어지다. 옝엉클어지다.

헝클어-트리다 匣 헝클어뜨리다. 옝엉클어트리다.

헝겊 圀 〈옛〉헝겊. ¶ 헝겊 완: 帴(訓蒙中17).

헝울 圀 〈옛〉허물. 죄 ¶ 헝울 바솔 씨라(楞解
4:28). /헝울 예: 蚋(訓蒙下9).

헤 凰 ①입을 힘없이 조금 벌린 모양. ②입을 조
금 벌리면서 경박하게 웃는 모양, 또는 그 소
리. 옝해5.

헤 囨 〈옛〉체언의 말음 'ㅎ'과 조사 '에'의 결합.
¶ 아바짒 뒤헤 셔샤(龍歌28章).

헤-가르다 [~가르니·~갈라] 匣囨 헤쳐 가르다.
¶ 구름을 헤가르고 태양이 나타났다.

헤게모니 (Hegemonie 독) 圀 어떠한 일을 주도
하거나 주동하는 지위 또는 권리. 주도권. 패
권(覇權). ¶ 헤게모니 쟁탈전이 벌어지다. /헤
게모니를 장악하다.

헤근-거리다 困 자꾸 헤근헤근하다. 헤근대다.

헤근-대다 困 헤근거리다.

헤근-헤근 凰혱엉 꼭 끼이지 않은 물건이 사이
가 벌어져 흔들거리는 모양.

헤:-나다 困困 〈헤어나다〉의 준말.

헤:다1 困困 ①팔다리를 놀려 물을 헤치어 나아가
다. 헤엄치다. ②〈주로 '나가다·나오다' 따위
와 어울려 쓰이어〉어려운 고비를 벗어나려고
애쓰다. ¶ 암흑가를 헤어 나오다.

헤:다2 困 〈여럿 가운데에서〉가장 잘난 체하고
칩쓸다.

헤:다3 困 〈헹구다〉의 준말.

헤다 匣 〈옛〉헤치다. ¶ 옷 가스몰 헤여셔(杜初
20:45). 옝헤뼈다.

헤-대다 困 공연히 바쁘게 왔다 갔다 하다.

헤-덤비다 困 ①헤매며 덤비다. ②공연히 바쁘게
서둘다. ¶ 헤덤비지 말고 차분히 해라.

헤드 (head) 圀 〈녹음기의 테이프나 컴퓨터 드라
이버의 디스켓에 닿아서〉전류(電流)를 자기
(磁氣)로, 자기를 전류로 바꾸어 녹음·기록·재
생이 가능하게 하는 장치를 두루 이르는 말.

헤드기어 (headgear) 圀 권투나 레슬링 따위에서,
머리를 보호하기 위하여 쓰는 보호대나 헬멧.

헤드라이트 (headlight) 圀 ①기차나 자동차 따위
의 앞에 단 등. 전등(前燈). 전조등. ¶ 헤드라
이트를 켜고 차를 몰다. ②☞장등(檣燈).

헤드라인 (headline) 圀 신문 기사나 광고의 표제
(標題).

헤드^슬라이딩 (head sliding) 圀 야구에서, 주자
(走者)가 베이스에 손부터 먼저 미끄러져 들어
가는 슬라이딩.

헤드^코:치 (head coach) 圀 수석(首席) 코치.

헤드폰: (headphone) 圀 ①두 귀에 고정시키어
전화 수신기. ②라디오 따위를 들을 때, 또는
녹음이나 방송을 할 때 모니터로 쓰는, 두 귀
에 쓸 수 있는 작은 스피커.

헤딩 (heading) 圀 축구에서, 공중으로 날아오는
공을 머리로 받는 일.

헤딩-숏 (heading shoot) 圀 축구에서, 공을 머리
로 받아 상대편의 골에 넣는 일.

헤돋다다ㄷ 〈옛〉헤매어 다니다. ¶ 귓거시 헤돋라
(杜初16:55).

헤뜨다 [헤뜨니·헤떠] 困 자다가 놀라다.

헤뜨러-지다困 〈모이거나 쌓인 물건이〉제자리
에서 흩어지다.

헤-뜨리다 匣 ①헤뜨러지게 하다. ②어수선하게
늘어놓다. 헤트리다.

헤라 (Hera 그) 圀 그리스 신화에 나오는 여신.
제우스의 아내. 〔아내와 어머니의 전형(典型)
이며, 정조의 감시자임. 여성의 가정생활을 보
호함.〕

헤라클레스 (Heracles 그) 圀 그리스 신화에 나
오는 최대의 영웅. 제우스와 알크메네와의 사
이에서 태어난 아들.

헤로인 (heroin) 圀 모르핀을 아세틸화하여 만든
흰색의 결정성 가루. 진통·마취 작용은 모르핀
보다 몇 배 강하나 습관성·중독성이 크기 때문
에 사용이 금지된 마약임.

헤르니아 (hernia) 圀 ☞탈장(脫腸).

헤르츠 (Hertz) 囨 〈사이클의 실용적 용어로서,
특히 음파나 전자파 따위의〉주파수의 단위. 1
초 동안의 n회의 파동을 n헤르츠로 나타냄.
〔기호는 Hz〕 ☞주파수.

헤매다 困困困 〈갈 바를 몰라〉이리저리 돌아다
니다. ¶ 숲 속에서 길을 잃고 헤매다.
困困 마음이 가라앉지 않아 갈피를 잡지 못
하다. ¶ 제 갈 길을 찾지 못하는 헤매는 청소
년들.

헤-먹다 [-따] 혱 들어 있는 것보다 구멍이 헐거
워서 어울리지 않다.

헤모글로빈 (hemoglobin) 圀 철분이 들어 있는
색소와 단백질의 화합물. 적혈구 따위에 들
어 있는데, 산소와 쉽게 결합하며 산소를 조
직으로 나르는 구실을 함. 혈구소. 혈색소. 혈
홍소.

헤-무르다 [~무르니·~물러] 혱ㄹ 맺고 끊음이
분명하지 못하고 무르다. ¶ 워낙 헤물러서 늘
당하기만 한다.

헤-묽다 [-묵따] 혱 맺고 끊음이 분명하지 못하
여 싱겁고 묽다.

헤-벌리다 匣 어울리지 아니하게 넓게 벌리다.
¶ 입을 헤벌리다.

헤-벌어지다 困困 모양새 넓게 벌어지다.
¶ 입이 헤벌어지다. 옝해바라지다.
困困 모양새 없이 넓다. 옝해바라지다.

헤벌쭉 凰혱엉 〈구멍이나 아가리 따위가〉넓게
벌어진 모양. 옝해발쭉. **헤벌쭉-이** 凰. **헤벌쭉-**
헤벌쭉 凰혱엉.

헤벌쭉-거리다 [-끄-] 困 자꾸 헤벌쭉헤벌쭉하
다. 헤벌쭉대다. 옝해발쭉거리다.

헤벌쭉-대다 [-때-] 困 헤벌쭉거리다.

헤브라이즘 (Hebraism)圓 고대의 유대 인에서 비롯되어 기독교가 계승하여 순화시킨 문화·사상·종교 따위를 문화사적 관점에서 이르는 말.〔헬레니즘과 함께 유럽 문화의 2대 근간을 이룸.〕

헤비-급 (heavy級)圓 권투나 태권도 따위에서, 중량별 체급의 한 가지. 권투에서는 아마추어가 82 kg 이상 91 kg 미만, 프로는 86.1 kg 이상이며, 태권도에서는 남자 일반부가 83 kg 이상임. 웹라이트 헤비급·슈퍼 헤비급.

헤비-메탈 (heavy metal)圓 1960년대 말에 일어난 대중음악의 한 가지. 묵직한 비트와 전자 장치에 의한 강렬함이 특징임.

헤쁘다잔〔옛〕허둥거리다. 허둥거리며 날뛰다. ¶皇皇(헤쁘는 양이라)히 求홈이 이쇼더(小解 4:23). 웹헤쓰다.

헤:살圓하타 짓궂게 훼방함, 또는 그 짓. ¶마구 헤살을 놓다. /헤살을 부리다.

헤:살-꾼圓 헤살을 놓는 사람.

헤:살-질圓하타 헤살을 놓거나 부리는 짓.

헤:-식다〔─따〕휑 ①단단하지 못하여 헤지기 쉽다. ¶헤식은 꽁보리밥. ②탐탁하지 못하고 싱겁다. ¶사람됨이 헤식어서 미덥지 않다.

헤실-바실튀 ①모르는 사이에 없어지거나 사라지는 모양. ¶제대로 간수를 못해 헤실바실 다 없어지고 말았다. ②시원찮게 일하는 모양.

헤싱헤싱-하다휑어 짜임새가 없어 허전한 느낌이 있다.

헤쓰다잔〔옛〕허둥거리다. 허둥거리며 날뛰다. ¶오른마 느리며 헤쓰며 바자니니(鄭澈.續美人曲). 웹헤쁘다.

헤:아리다타 ①(수량을) 세다. 셈하다. ¶초대할 사람 수를 헤아리다. ②짐작으로 가늠하여 살피다. 미루어 짐작하다. ¶그의 심정은 헤아리고도 남는다.

헤어-나다타 헤쳐 벗어나다. ¶극심한 식량난에서 헤어나다. 준헤나다.

헤어네트 (hairnet)圓 여성이, 머리카락이 흐트러지지 않게 머리에 쓰는 그물.

헤어-드라이어 (hair drier)圓 머리털에 묻은 물기를 말리거나 머리 모양을 다듬을 때 쓰이는 전열 기구.

헤어스타일 (hairstyle)圓 머리를 매만져서 꾸민 형. 머리의 꾸밈새. ¶헤어스타일을 바꾸다.

헤어-지다잔 ①(사람이나 사물이) 흩어지다. ¶흙덩이가 푸슬푸슬 헤어지다. /뿔뿔이 헤어지다. ②이별하다. ¶동생과 헤어지다. ③(살갗이) 갈라지다. ¶입술이 트고 헤어지다. 준헤지다.

헤어^토닉 (hair tonic)圓 머리에 바르는 양모제(養毛劑).

헤어-핀 (hairpin)圓 머리핀.

헤엄圓하잔 물에서 팔다리를 놀려 떠다니는 짓. 물에서 헤는 짓. 수영(水泳).
　헤엄 잘 치는 놈 물에 빠져 죽고, 나무에 잘 오르는 놈 나무에서 떨어져 죽는다속담 아무리 기술이나 재주가 좋아도 한 번 실수는 있다는 뜻.

헤엄-다리圓 (물개나 거북과 같은 바다짐승의 앞다리와 같이) 헤엄쳐 다닐 수 있게 생긴 다리.

헤엄-치다잔 사람이나 물고기 따위가 물속에서 나아가기 위하여 팔다리나 지느러미를 움직이다. 헤치다.

헤여디다잔〔옛〕헤어지다. ¶피와 솔쾌 헤여디여(永嘉上34).

헤윰圓〔옛〕헤엄(泳). ¶헤욤 츄:汎. 헤욤 유:游(訓蒙中2).

헤적-거리다¹〔─꺼─〕잔 자꾸 헤적헤적 걷다. 헤적대다.

헤적-거리다²〔─꺼─〕타 자꾸 헤적헤적 헤치다. 헤적대다². ¶밥을 그렇게 헤적거려 놓으면 누가 먹겠나? 웹해작거리다.

헤적-대다¹〔─때─〕잔 ☞헤적거리다.

헤적-대다²〔─때─〕타 ☞헤적거리다.

헤적-이다타 께지락거리며 자꾸 들추거나 헤치다. 웹해작이다.

헤적-질圓하잔 헤적이는 짓. 웹해작질.

헤적-헤적¹〔─저케─〕튀하잔 활개를 벌려 가볍게 저으면서 걷는 모양. 웹헤죽해죽.

헤적-헤적²〔─저케─〕튀하잔 께지락거리며 자꾸 들추거나 헤치는 모양. 웹해작해작.

헤-젓다〔─젇따〕〔─저으니·─저어〕타ㅅ 헤치며 젓다. ¶물살을 헤저으며 배가 출항한다.

헤죽-거리다〔─꺼─〕잔 자꾸 헤죽헤죽하다. 헤죽대다. 웹해죽거리다².

헤죽-대다〔─때─〕잔 ☞헤죽거리다.

헤죽-헤죽〔─주케─〕튀하잔 팔을 내저으며 이리저리 걷는 모양. 웹해죽해죽. 웹헤적헤적¹.

헤:-지다잔〔옛〕헤어지다. ☞헤어지다'의 준말.

헤지^펀드 (hedge fund)圓 국제 증권 및 외환 시장에 투자해 단기 이익을 올리는 민간 투자 기금.

헤집다〔─따〕타 긁어 파서 뒤집어 흩다. ¶닭이 땅을 헤집어 놓다.

헤치다타 ①(속의 것이 드러나도록) 거죽을 파거나 잡아 젖히다. ¶무덤을 파서 헤치다. /앞가슴을 헤치다. ②흩어져 가게 하다. ¶모인 사람들을 헤쳐서 보내다. ③앞의 것을 좌우로 물리치다. ¶눈길을 헤치고 나아가다. ④어려움이나 방해를 물리치고 극복하다. ¶온갖 고난을 헤치고 꿋꿋이 살아가다.

헤-트리다타 헤뜨리다.

헤티다타〔옛〕헤치다. 깨뜨리다. ¶딥플 다가다 헤터 브리느니라(老解上22).

헤:프다〔옛〕헤퍼지다. ¶蕩은 헤퍼딜 씨라(楞解1:62).

헤-프다〔헤프니·헤퍼〕휑 ①물건이 닳거나 없어지는 동안이 짧다. ¶식구가 많아 쌀이 헤프다. ↔마디다. ②몸이나 물건을 함부로 써 버리는 버릇이 있다. ¶쉽게 번 돈은 헤프게 쓰게 된다. ③입이나 행동을 함부로 하는 데가 있다. ¶말이 헤프다. /웃음이 헤프다.

헤:피튀 헤프게. ¶입을 헤피 놀리다.

헤-벌리다튀하잔 입을 조금 벌리고 경망스레 웃는 소리. 웹해해.

헤헤-거리다잔 입을 조금 벌리고 경망스레 자꾸 웃는. 웹해해거리다.

헤헤-대다잔 헤헤거리다.

헤혀다타〔옛〕헤치다. ¶너르바회 우히 松竹을 헤혀고(宋純.俛仰亭歌). 웹해혀다.

헤혀다타〔옛〕헤치다. ¶生滅 根元이 이롤브터 헤혀 나타(楞解10:2).

헥타:르 (hectare)圓 땅 면적의 단위로 100아르. 1만 m². 〔기호는 ha〕

헥토-그램 (hectogram)圓 100 g. 〔기호는 hg〕

헥토-리터 (hectoliter)圓 100 l. 〔기호는 hl〕

헥토-미:터 (hectometer)圓 100 m. 〔기호는 hm〕

헥토파스칼 (hectopascal)圓 기압을 나타내는 국제 단위. 세계 기상 기구(WMO)와 기상청에서 '밀리바'를 고쳐 이르는 일컬음. 〔기호는 hPa〕

헬-기(←helicopter機)圓 ☞헬리콥터.

헬드◇볼:(held ball)圓 농구에서, 양편의 두 선수가 동시에 공을 잡고 놓지 않는 일. 점프 볼을 하여 경기를 계속함.

헬레네(Helenē 그)圓 그리스 신화에 나오는 미인. 제우스와 레다의 딸이며, 스파르타의 왕 메넬라오스의 비(妃). 트로이의 왕자 파리스가 그 미모에 홀려 유괴한 것이 트로이 전쟁의 원인이 됨.

헬레니즘(Hellenism)圓 고대 그리스 고유의 문화와 오리엔트 문화가 융합하여 이루어진 세계성을 띤 그리스 문화·사상·정신 따위를 문화사적 관점에서 이르는 말. [헤브라이즘과 함께 유럽 문화의 2대 근간을 이룸.]

헬레레图하자 (술이 몹시 취하거나 매우 지쳐서) 몸을 가누지 못하는 모양.

헬륨(helium)圓 희가스 원소의 한 가지. 화학적으로 안정되어 다른 원소와 화합하지 않고 불에도 타지 않음. 수소 다음으로 가볍고 끓는점이 낮아 기구용(氣球用) 가스나 극저온 냉각제 따위로 쓰임. 〔He/2/4.00260〕

헬리오스(Helios 그)圓 그리스 신화의 태양신. 아침마다 사두 마차를 타고 동쪽 하늘에서 서쪽 하늘로 달렸다 함. 참아폴론.

헬리오스탯(heliostat)圓 태양 광선을 일정한 방향으로 반사시키는 장치. 광학 실험에 사용됨. 일광 반사경.

헬리콥터(helicopter)圓 항공기의 한 가지. 주익(主翼) 대신 위쪽에 회전 날개를 달아 곧게 뜨고 내리며 뒤와 옆으로도 나아갈 수 있고, 뜬 채로 멈출 수도 있는 것이 큰 특징임. 헬기. 참잠자리비행기.

헬멧(helmet)圓 쇠나 플라스틱으로 만들어 충격으로부터 머리를 보호하기 위하여 쓰는 투구 모양의 모자. 오토바이를 탈 때 쓰거나 공사장의 노동자들이 씀. 안전모.

헬스(health)圓 건강이나 미용을 증진하기 위한 각종 운동.

헬스-클럽(health club)圓 건강이나 미용을 증진하기 위한 각종 운동·휴식 시설을 갖춘 체육관.

헴김 점잔을 빼거나 습관적으로 내는 작은 기침 소리.

헷-갈리다[헨깔-]圈 ①정신을 차리지 못하다. ¶정신이 헷갈린다. ②(여러 가지가 뒤섞여) 갈피를 못 잡다. ¶내용이 복잡하여 헷갈리기 쉽다. /눈이 와서 길이 헷갈린다. 참헛갈리다.

헹-가래圓 (좋은 일을 당한 사람을 치하하거나 잘못을 저지른 사람을 벌주는 뜻으로) 여럿이 그 사람의 네 활개를 번쩍 들어 내밀었다 당겼다 하거나 위로 던져 올렸다 받았다 하는 짓. ¶헹가래를 치다.

헹구다囘 (애벌 씻은 빨래나 머리, 채소 따위를) 다시 깨끗한 물에 빨거나 씻다. ¶그릇을 헹구다. 密헤다3.

헹글-헹글图하형 (옷 따위가 커서) 몸에 맞지 않는 모양.

혀圓 ①동물의 입 안 아래쪽에 붙어 있는 육질(肉質)의 기관. 사람의 것은 긴 타원형으로 운동이 자유롭고, 맛을 느끼는 세포가 분포되어 있음. 음식을 씹고 넘기는 일 외에 소리를 고르는 따위의 일을 함. ②`서2`의 잘못.

혀 아래 도끼 들었다속담 제가 한 말 때문에 죽을 수도 있으니, 말을 항상 조심하라는 뜻.

혀(가) 꼬부라지다관용 (병이 나거나 술에 취

하여) 혀가 굳어 발음이 분명하지 않다. ¶혀 꼬부라진 소리로 주정을 부리다.

혀가 짧다관용 ①혀가 잘 돌지 않아 말하는 것을 알아듣기 어렵다. ②말을 더듬다.

혀를 굴리다관용 ①☞혀를 놀리다. ②`ㄹ` 소리를 내다.

혀를 내두르다[두르다]관용 `매우 놀라거나 감탄하여 미처 말을 하지 못하는 모양`을 이르는 말.

혀를 내밀다관용 ①`남을 비웃거나 비방하는 짓`을 이르는 말. ②`자기의 잘못을 부끄럽게 여기는 동작`을 이르는 말.

혀를 놀리다관용 무심코 말을 하다. 혀를 굴리다. ¶함부로 혀를 놀리지 마라.

혀를 차다관용 무슨 일이 못마땅하거나 유감스러울 때, 혀끝을 입천장에 대었다 떼면서 소리를 내다.

혀¹圓〈옛〉서캐. ¶혀 긔: 蟣(訓蒙上23).

혀²图〈옛〉서까래. ¶혀: 椽(類合上23).

혀-꼬부랑이圓 `서양 사람이나 반벙어리처럼 말하는 사람`을 놀림조로 이르는 말.

혀-끝[-끝]圓 혀의 끝. 설단(舌端). 설두(舌頭). ¶혀끝으로 맛을 보다. *혀끝이[-끄치]·혀끝을[-끄틀]·혀끝만[-끈-]

혀끝에 오르내리다관용 남들의 이야깃거리가 되다.

혀끝-소리[-끋쏘-]圓 자음의 한 갈래. 혀끝과 윗잇몸 사이에서 나는 소리. `ㄷ·ㄸ·ㅌ·ㅅ·ㅆ·ㄴ·ㄹ`이 이에 딸림. 설단음. 치조음.

혀다¹囘〈옛〉켜다[引]. 당기다. ¶蛟龍은 삿기를 혀 다나가고(杜初7:8). 참혀다2.

혀다²囘〈옛〉켜다[點火]. ¶燃은 불 혈 씨라(月釋1:8). /房 안희 혓논 쵸블(古時調). 참혀다2.

혀다³囘〈옛〉켜다[鋸]. ¶톱으로 혀 죽이니(五倫2:35). 참혀다3.

혀다⁴囘〈옛〉켜다[紡]. ¶겨지븐 실 혀고 드녀서 또 놀애 브르려뇨(杜重4:29). 참혀다3.

혀다⁵囘〈옛〉켜다. 타다[彈]. ¶사스미 짒대예 올아셔 笒琴을 혀거늘 드로라(樂詞.青山別曲).

혀다기圓〈옛〉지라. 비장(脾臟). ¶혀다기 비: 脾(訓蒙上27).

헏덜다困〈옛〉말을 더듬다. ¶혀더들 걸: 吃(訓蒙下28).

혀밑-샘[-믿쌤]圓 혀 아래에 있는, 침을 분비하는 기관.

혀-뿌리圓 혀의 뿌리. 설근(舌根).

혀-설(-舌)圓 한자 부수의 한 가지. `舐`·`舒` 등에서의 `舌`의 이름.

혀옆-소리[-엽쏘-]圓 ☞설측음.

혀-짜래기圓〈혀짤배기〉의 변한말.

혀짜래기-소리圓〈혀짤배기소리〉의 변한말.

혀-짤배기圓 혀가 짧아 `ㄹ` 받침 소리를 잘 내지 못하여 말이 똑똑하지 못한 사람을 놀림조로 이르는 말. 변혀짜래기.

혀짤배기-소리圓하자 혀가 짧아 `ㄹ` 받침 소리를 잘 내지 못하는 말소리. 변혀짜래기소리.

혁圓〈옛〉고삐. ¶티위 물 혁을 노하 브린디(五倫1:2).

혁(革)¹圓 ①〈말혁〉의 준말. ②〈혁괘(革卦)〉의 준말.

혁(革)²圓하자 ☞변혁(變革).

혁갑(革甲)[-깝]圓 갑옷.

혁고(革故)[-꼬]圓하자[하자]되자 (법령이나 제도 따위에서) 낡은 것을 고침.

혁공(奕功)[-꽁]圓 큰 공(功). 대공(大功)1.

혁-괘(革卦)[-꽤]**명** 육십사괘의 하나. 태괘(兌卦)와 이괘(離卦)를 위아래로 놓은 괘. 못 가운데 불이 붙어 있음을 상징함. ⓗ혁.

혁기(奕棋·奕碁)[-끼]**명** 바둑.

혁낭(革囊)[형-]**명** 가죽으로 만든 주머니.

혁노(赫怒)[형-]**명하자** 버럭 성을 냄.

혁다(革) [옛] 적다. 작다. ¶혁근 선비롤 보시고(龍歌82章)/굴그면 六塵엣 業이오 혀그면 二乘法이라(釋譜13∶38). ⓗ학다.

혁대(革代)[-때]**명하자되자** ⇨혁세(革世).

혁대(革帶)[-때]**명** 가죽 띠.

혁대(奕代)[-때]**명** 여러 대. 누대(累代).

혁명(革命)[형-]**명하자** ①이전의 왕조를 뒤집고 다른 왕조가 들어서는 일. ②하자비합법적 수단으로 정치 권력을 잡는 일. 또는, 국가나 사회의 조직·형태 따위를 폭력으로 급격하게 바꾸는 일. ¶혁명을 일으키다. ③하타(사물의 상태나 사회 활동 따위에) 급격한 변혁이 일어나는 일. ¶기술적 혁명. /산업 혁명.

혁명-가(革命家)[형-]**명** 사회 혁명의 실현을 뜻하거나, 혁명 운동에 종사하는 사람.

혁명-적(革命的)[-쩍]**관명** 혁명을 실현하거나 지향하는 (것). ¶혁명적 개혁. /혁명적인 변화.

혁세(革世)[-쎄]**명하자되자** 나라의 왕조가 바뀜. 역성(易姓). 혁대(革代).

혁-세공(革細工)[-쎄-]**명** 가죽으로 섬세한 물건을 만드는 세공.

혁세-공경(赫世公卿)[-쎄-]**명** 대대로 지내 내려오는 높은 벼슬아치.

혁신(革新)[-씬]**명하타되자** 제도나 방법, 조직이나 풍습 따위를 완전히 바꾸어서 새롭게 함. ¶혁신 세력. ↔보수(保守).

혁신-적(革新的)[-씬-]**관명** ①혁신하는 성질이나 경향을 띤 (것). ②혁신적 사상. /혁신적인 정책을 수립하다. ↔보수적.

혁신-주의(革新主義)[-씬-의/-씬-이]**명** 지금까지의 조직이나 관습·방법 따위를 바꾸어 새로운 방향으로 나아가려고 하는 주의. ↔보수주의.

혁연(赫然)[형]**하타** ①벌컥 화를 내는 모양. ②빛나서 왕성한 모양. ¶위세가 혁연하다. ③사람으로 하여금 놀라서 움직이게 하는 모양. 혁연-히**하타**.

혁엽(奕葉)[형]**하자** 여러 대에 걸쳐 영화를 누림.

혁작(赫灼)[-짝]**명** '혁작하다'의 어근.

혁작-하다(赫灼-)[-짜카-]**형여** 빛나고 반짝이다.

혁장(閱墻)[-짱]**명** 〔한 담장 안의 사람끼리 다툰다는 뜻으로〕'형제끼리의 다툼질'을 이르는 말.

혁정(革正)[-쩡]**명하타** 바르게 고침.

혁지(革砥)[-찌]**명** ⇨가죽숫돌.

혁진(革進)[-찐]**명하자** (묵은 습관이나 제도 따위를) 고치어 새로운 방향으로 나아감.

혁질(革質)[-찔]**명** 가죽의 본바탕. 가죽처럼 질긴 성질.

혁파(革罷)[형]**하타되자** (기구나 법령·제도 따위에서) 낡아서 못 쓰게 된 것을 없앰. ¶낡은 관습을 혁파하다.

혁편(革鞭)[형]**명** 가죽으로 만든 채찍. 〔지난날, 형구(刑具)로도 썼음.〕

혁폐(革弊)[-페/-폐]**명하타되자** 폐단을 고쳐 없앰.

혁-하다(革-)**자여** '극(革)하다'의 잘못.

혁혁(奕奕)'혁혁(奕奕)하다'의 어근.

혁혁(赫赫)'혁혁(赫赫)하다'의 어근.

혁혁-하다(奕奕-)[혀겨카-]**형여** 썩 아름답고 성(盛)하다. 혁혁-히**부**.

혁혁-하다(赫赫-)[혀겨카-]**형여** 밝고 뚜렷하다. ¶혁혁한 업적. /혁혁한 공을 세우다. 혁혁-히**부**.

현(絃)[옛] 몇. ¶현번 뛰운돌 느미 오르리잇가(龍歌48章).

현(弦)**명** ①활시위. ②수학에서, 원이나 곡선의 호(弧)의 두 끝을 잇는 선분. ③직삼각형의 빗변. ⓗ고(股)·구(勾). ④음력 7, 8일께와 22, 23일께의 반달. 상현(上弦)과 하현(下弦)의 달. ⑤반 되들이 됫박 위에 쇠로 돌린 테두리.

현(絃)**명** ①현악기에 매어 소리를 내는 줄. ②〈악기〉의 준말.

현(眩)**명** ⇨뱃전.

현(縣)**명** 신라 때부터 조선 말기까지 지방에 두었던 행정 구역의 한 가지.

현(現)**관** 지금의. 현재의. ¶현 시세. /현 주소. /현 단계.

현가(絃歌)**명** 거문고 따위와 맞추어서 부르는 노래.

현-가(現價)[-까]**명** 지금의 값. 현재의 가격.

현-감(縣監)**명** 조선 시대에, 작은 현(縣)의 원(員). 종육품 외직(外職). ⓗ현령.

현-거(現居)**명하자** 현재 거주함. 또는 그곳.

현격(懸隔)**명** 동떨어지게 거리가 멀거나 차이가 큼. ¶두 사람의 견해에 현격한 차이가 있다. 현격-히**부**.

현경(懸磬)**명** 〔그릇 속이 비어 있는 모양이란 뜻으로〕'집이 가난하여 아무것도 없음'을 비유하여 이르는 말.

현:계(現界)[-계/-게]**명** ⇨현세(現世). ↔유계(幽界).

현:-고(顯考)**명** 신주나 축문에서 '돌아가신 아버지'를 이르는 말. ⓗ선고(先考).

현:-고조고(顯高祖考)**명** 신주나 축문에서 '돌아가신 고조할아버지'를 이르는 말.

현-곡(縣谷)**명** 하천의 합류점에서, 지류(支流)의 흐름이 급하거나 폭포를 이루고 있는 골짜기.

현:과(現果)**명** 불교에서, 과거의 업인(業因)에 따라 현세에서 받는 과보(果報).

현관(玄關)**명** ①양식 건물의 주된 출입구에 있는 문간. ②〔불교에서, 현묘(玄妙)한 도(道)로 들어가는 어귀라는 뜻으로〕'선학(禪學)의 관문(關門)'을 이르는 말.

현:관(現官)**명** 현직에 있는 관리.

현:관(顯官)**명** ①높은 관직. 또는 관리. ②지난날, 문무(文武) 양반만이 하던 벼슬.

현교(祆敎)**명** 조로아스터교를 중국에서 이르던 말. ⓗ배화교(拜火敎).

현:교(顯敎)**명** 불교에서, 분명하고 알기 쉽도록 설법한 가르침을 따르는 종파. 〔밀교(密敎)에 대비하여 밀교 이외의 모든 불교를 이름.〕

현-구고(見舅姑)**명하자** 신부가 폐백을 가지고 처음으로 시부모를 뵈는 일.

현군(賢君)**명** 어진 임금.

현:군(懸軍)**명하자** 본대(本隊)를 떠나 적지(敵地) 깊숙이 들어간 군대. 또는 그 군대.

현:군-고투(懸軍孤鬪)**명하자** 적지(敵地) 깊숙이 들어가 후방의 우군(友軍)과의 연락도 끊긴 채 외로이 싸움.

현궁(玄宮)**명** 왕의 관을 묻은 광중(壙中).

현:귀(顯貴)**명하형** (지위가) 드러나게 높고 귀함.

현금(玄琴)圓 '거문고'의 잘못.
현:금(現今)圓 지금. 오늘날. 목하(目下). 당금(當今).
현:금(現金)圓 ①현재 가지고 있는 돈. ②〔맞돈. ③〔어음·증서·채권 따위에 대하여〕통용되는 화폐와 은행이 발행한 수표 및 우편환 증서 따위를 통틀어 이르는 말. ④〔어음·증서·채권 따위에 대하여〕실지로 통용되는 화폐. ①②④현찰(現札).
현:금(懸金)圓函 지난날, 종이품 이상의 품계를 표시하기 위하여 망건에 금관자(金貫子)를 붙이던 일.
현:금-가(現金價)[-까]圓 현금으로 거래할 때의 값.
현:금-주의(現金主義)[-의/-이]圓 ①현금으로만 장사하는 주의. ②눈앞의 이익만 생각하고 일을 처리하는 일, 또는 그러한 사고방식.
현:금^통화(現金通貨)圓 현행권 및 보조 화폐를 통틀어 이르는 말. ↔예금 통화.
현기(玄機)圓 현묘한 이치.
현:기(眩氣)圓 어지러운 기운. 어지럼. 凪현훈(眩暈).
현:기-증(眩氣症)[-쯩]圓 어지러운 증세. 어지럼증. 어질증. 凪철수는 고층 빌딩만 보아도 현기증을 일으키는 시골뜨기다.
현녀(賢女)圓 어진 여자.
현:념(懸念)圓何 늘 마음에 두고 생각함.
현:능(衒能)圓何 자기의 재주를 드러내어 자랑함.
현능(賢能)圓何 현명하고 재간이 있음, 또는 그러한 사람. 현능-히凪.
현달(賢達)圓何 현명하고 사물의 이치에 통함, 또는 그런 사람.
현담(玄談)圓 ①아득하고 깊은 이치를 말하는 이야기. ②불교에서, 불전(佛典)을 강(講)하기에 앞서 그 유래와 대의(大意) 따위를 설명하는 일.
현답(賢答)圓 현명한 대답.
현:대(現代)圓 ①오늘날의 시대. 현시대. ②역사의 시대 구분의 한 가지. 근대(近代) 이후의 시대. 국사(國史)에서는 1945년 광복 이후 현재까지가 이에 해당함.
현:대^무:용(現代舞踊)圓 새로운 예술 무용. 전통 발레에 대항하여 독자성과 개성적 표현을 추구함. 모던 댄스.
현:대-문(現代文)圓 현대어로써 현대식 문체로 쓴 문장. ↔고문(古文).
현:대^문학(現代文學)圓 근대 문학의 계승으로서 현대에 형성된 문학.
현:대^시조(現代時調)圓 현대의 시조. 대개 갑오개혁 이전의 시조를 고시조라 하는 데 대하여, 그 이후의 시조를 이르는 말. 〔형식적 구속(자수율 따위)의 완화, 현대적 정서의 도입, 국어의 새로운 발견 등을 그 특징으로 들 수 있음.〕
현:대-식(現代式)圓 현대에 새롭게 만들어 낸 형식. 현대의 유행이나 풍조를 띤 형식. 지금의 시대에 걸맞은 형식.
현:대-어(現代語)圓 현대에 쓰이고 있는 말. ↔고어(古語).
현:대-인(現代人)圓 ①현대에 살고 있는 사람. ②현대적인 교양을 쌓아 현대식 생활을 하는 사람.

현:대-적(現代的)관圓 현대에 어울리거나 걸맞는 (것). 현대의 유행이나 풍조와 관계가 있는 (것). 凪현대적 감각. /현대적인 생활양식.
현:대-전(現代戰)圓 최첨단 무기와 과학 기술을 이용하는 현대의 전쟁.
현:대-판(現代版)圓 옛이야기나 고전 따위에서 익히 알려진 인물이나 사건이 그대로 현대에 재현(再現)되었다고 해도 될 만한 것. 凪그 소녀 가장의 이야기는 현대판 심청전이다.
현:대-화(現代化)圓何 되何 현대에 알맞게 됨, 또는 되게 함. 凪장비(裝備)의 현대화를 꾀함.
현덕(賢德)圓 어진 덕행.
현뎌ᄒ다何 〈옛〉 젼져하다. 凪父母를 현뎌케 홈이(小解2:29).
현등(舷燈)圓 〔밤에 항해 중인 배가 그 진로를 딴 배에 알리기 위하여〕양쪽 뱃전에 다는 등.
현:등(懸燈)圓函 ①등불을 높이 매닮. ②지난날, 밤에 행군할 때 깃대에 등을 매달던 일, 또는 그 등.
현:란(眩亂)[혈-]圓何 정신이 어수선함.
현:란(絢爛)[혈-]圓何 눈부시게 빛나고 아름다움. 凪현란한 문장. /현란한 장식. 현란-히凪.
현:란(喧鬧)[혈-]圓何 ☞소란 반자.
현량(賢良)[혈-]圓何 어질고 착함, 또는 어진 사람과 착한 사람. 凪장안의 현량이 다 모였다. 현량-히凪.
현량-과(賢良科)[혈-꽈]圓 조선 중종 때, 경학(經學)에 밝고 덕행이 높은 사람을 뽑아 쓰기 위해 보인 과거.
현려(賢慮)[혈-]圓 ①현명한 생각. ②상대편을 높이어 그의 '생각'을 이르는 말.
현:령(縣令)[혈-]圓 ①왕조 때, 큰 현의 원(員). 종육품 외직(外職) 문관이었음. 函현감(縣監). ②신라 때, 현의 으뜸 벼슬을 이르던 말.
현:령(懸鈴)[혈-]圓 ①방울을 닮, 또는 그 방울. ②〈설렁〉의 본딧말. ③지난날, 지금 통신(至急通信)의 한 가지.
현:령(顯靈)[혈-]圓函 신령이 형상을 나타냄.
현로(賢勞)[혈-]圓何 여럿 가운데서 특별히 홀로 수고를 많이 함, 또는 그 사람.
현:로(顯露)[혈-]圓何 ☞노현(露見).
현:록(懸錄)[혈-]圓何何 치부책에 적음. 장부에 올림.
현:리(現利)[혈-]圓 현재의 이익. 눈앞의 이익. 凪현리에 급급하다.
현마[혈-]〈옛〉 얼마. 凪如來스고 현맛 衆生이 머리 좃ᄉ바뇨(月釋2:48).
현마[혈-]〈옛〉 설마. 凪엇던 님이 현마 그 덧에 니젯시랴(月釋2:48).
현마[혈-]〈옛〉 아무리. 차마. 凪金剛은 쇠에서 난 뭇 구든 거시니 현마 스라도 ᄉ리디 아니ᄒ고(月釋2:28).
현명(賢明)圓何 윗사람을 높이어 그의 '명령'을 이르는 말. 凪저희들은 장군님의 현명만을 따르겠습니다.
현:명(懸命)圓函 (어떤 일을 위해) 목숨을 내걺. 죽기를 결단함.
현명(賢明)圓何 어질고 사리에 밝음. 凪슬기롭고 현명한 사람. 현명-히凪.
현:명(顯名)圓何 이름이 세상에 드러남.
현모(賢母)圓 어진 어머니. 현명한 어머니.
현모-양처(賢母良妻)圓 자식에게는 어진 어머니이고, 남편에게는 착한 아내. 양처현모.

현목(玄木)[명] 바래지 아니하여 누르고 거무스름한 무명.

현:목(眩目)[명] 눈이 부심. 눈이 빙빙 돎.

현:몽(現夢)[명][하자] (죽은 사람이나 신령 따위가) 꿈에 나타남.

현묘(玄妙)[명][하형] (기예나 도리 따위가) 깊고 미묘함. ¶현묘한 이치. 현묘-히[부].

현무(玄武)[명] ①이십팔수 중에서 북쪽에 있는, 두(斗)·우(牛)·여(女)·허(虛)·위(危)·실(室)·벽(壁)의 일곱 별을 통틀어 이르는 말. ②사신(四神)의 하나. 북쪽 방위의 수(水) 기운을 맡은 태음신(太陰神)을 상징한 짐승. 거북과 뱀이 뭉친 형상임.

현무-암(玄武岩)[명] 화산암의 한 가지. 염기성 사장석과 휘석·감람석이 주성분인데, 빛깔은 흑색이나 짙은 회색이며 질이 매우 단단함.

현문(玄門)[명] ①(현묘(玄妙)한 법문(法門)이라는 뜻으로) '불법'을 이르는 말. ②☞도교(道敎).

현문(舷門)[명] 뱃전에 나 있는 문.

현문(賢問)[명] 현명한 물음. ↔우문(愚問).

현:물(現物)[명] ①현재 있는 물품. ②현금에 대하여 '물품'을 이르는 말. ¶현물 급여. ③주식이나 채권 따위 현물 거래의 대상이 되는 물품. 실물(實物). ⑤<현물 거래>의 준말.

현:물^거:래(現物去來)[명] 현재 있는 물품을 사고팔기 위해 하는 거래. ⓒ현물. ⓐ선물 거래.

현:물^매매(現物賣買)[명] 상품의 실물을 그 자리에서 사고파는 일.

현:물^시:장(現物市場)[—써—][명] 거래가 성립되는 시점과 대금 결제 시점이 동일한 시장.

현:물-환(現物換)[명] 외국과의 무역에서, 상품의 매매 계약과 동시에 자국(自國)의 화폐와 외국 화폐를 교환하여 환결제(換決濟)를 하는 일.

현미(玄米)[명] 왕겨만 벗기고 쓿지 않은 쌀. 매조미쌀.

현:미-경(顯微鏡)[명] 매우 작은 물체를 확대하여 보는 장치. 렌즈를 쓰는 광학(光學) 현미경과 전자선을 쓰는 전자 현미경이 있음.

현:밀(顯密)[명] ①뚜렷함과 은밀함. ②불교에서, 현교와 밀교를 아울러 이르는 말.

현:반(懸盤)[명] <선반>의 본딧말.

현:벌(懸罰)[명] 대궐 안에서 허물이 있는 사람을 징계하기 위하여, 두 손을 묶어 나무에 달던 형벌.

현보(賢輔)[명][하타] 현명하게 보좌함, 또는 그 사람.

현:보(顯保)[명][하타] 보증을 함.

현부(賢婦)[명] ①현명한 부인. ②어진 며느리.

현-부인(賢夫人)[명] ①어진 부인. ②'남의 부인'을 높이어 이르는 말.

현-부인(縣夫人)[명] 조선 시대에, 외명부의 한 품계. 정·종일품인 종친(宗親)의 아내에게 주던 봉작.

현-부형(賢父兄)[명] 어진 아버지와 형.

현:비(顯妣)[명] 신주나 축문에서 '돌아가신 어머니'를 이르는 말.

현사(賢士)[명] 어진 선비.

현:-사당(見祠堂)[명][하자] 신부가 처음으로 시댁의 사당에 절하고 뵙는 일.

현삼(玄蔘)[명] 현삼과의 다년초. 산지에 절로 나는데, 줄기는 네모지고 키는 80~150 cm. 잎은 끝이 뾰족한 달걀 모양이며 톱니가 있음. 늦여름에 황록색 꽃이 핌. 원삼(元蔘). ②한방에서, '현삼의 뿌리'를 약재로 이르는 말. 해열제·소염제 따위로 쓰임.

현:상(現狀)[명] 현재의 상태. 지금의 형편. 현태(現態). 현황. ¶현상 유지. /현상 타파.

현:상(現象)[명] ①지각(知覺)할 수 있는 사물의 모양이나 상태. ②(본질과의 상관 개념으로서) 시간과 공간 속에 나타나는 대상.

현:상(現像)[명][하타][① 형상(形象)을 나타냄, 또는 그 형상. ②사진술에서, 촬영한 필름이나 인화지 따위를 약품으로 처리하여 영상(映像)이 드러나게 하는 일.

현:상(賢相)[명] 현명한 재상. 양상(良相).

현:상(懸賞)[명][하타][되자] (어떤 목적으로 조건을 붙여) 상금이나 상품을 내거는 일. ¶현상 퀴즈. /현상 공모.

현:상-계(現象界)[—계/—게][명] 감각으로 느낄 수 있거나 경험할 수 있는 세계. 형이하(形而下)의 세계. 객체계(客體界). ↔본체계.

현:상-금(懸賞金)[명] 현상으로 내건 돈, 또는 그 금액. ¶현상금을 걸다.

현:상-론(現象論)[—논][명] 사람이 인식할 수 있는 것은 현상뿐이므로 본체는 인식할 수 없고 현상만이 실재(實在)라고 하는 철학적 관점.

현:상-액(現像液)[명] 사진을 현상할 때에 쓰는 약물.

현상-량좌(賢相良佐)[—냥—][명] 어질고 유능하여 보필(輔弼)을 잘하는 신하.

현:상-학(現象學)[명] 철학에서, 현상을 중시하는 학설. 의식의 본질을 지향적 작용으로 파악하여, 그 본질적 구조를 분석·기술함.

현:생(現生)[명] 불교에서 이르는, 삼생(三生)의 하나. ⓐ내생·전생.

현:생^인류(現生人類)[—일—][명] 약 200만 년 전의 홍적세(洪積世)로부터 현대에 이르기까지 지구 상에 살고 있는 인류.

현선(絃線)[명] ☞장선(腸線).

현성(玄聖)[명] 가장 뛰어난 성인. 〔흔히, 공자(孔子)나 노자(老子)를 이름.〕

현:성(現成)[명][하자] 불교에서, 인위적 조작이 아니고, 자연 그대로 이루어짐을 이르는 말. 견성(見成).

현성(賢聖)[명] ①현인과 성인. 지덕(知德)을 갖춘 사람. ②불교에서, '현인과 성자'를 아울러 이르는 말.

현:성(顯聖)[명][하자] 거룩한 사람의 신령이 형상을 나타냄.

현성지군(賢聖之君)[명] 어질고 거룩한 임금.

현:세(現世)[명] ①이 세상. 현계(顯界). 현재(現在). ②불교에서 이르는, 삼세(三世)의 하나. 지금 살고 있는 세상. ⓐ내세·전세.

현:세(現勢)[명] 현재의 세력이나 정세.

현:세-주의(現世主義)[—의/—이][명] ①현세만을 긍정하고 내세나 전세의 존재를 부정하는 사고 방식. ②현세의 명예나 이익만을 추구하는 생활 태도.

현손(玄孫)[명] 손자의 손자. 고손.

현-손녀(玄孫女)[명] 손자의 손녀.

현-손부(玄孫婦)[명] 현손의 아내.

현-손서(玄孫婿)[명] 현손의 남편.

현송(絃誦)[명][하타] ①거문고를 타며 시를 읊음. ②'교양이나 학문을 쌓음'을 이르는 말.

현:송(現送)[명][하자] ①거래 대상인 물품을 보냄. ②현금이나 정화(正貨)를 보냄.

현수(絃首)[명] ☞코머리.

현:수(懸垂)[명][하자] 아래로 곧게 드리워짐.

현:수(懸殊)[명][하타] 판이하게 다름. 현수-히[부].

현:수-교(懸垂橋)[명] ☞조교(弔橋).

현:수-막(懸垂幕)명 ①방이나 극장의 내부 따위에 드리운 막. ②선전문이나 광고문 따위를 적어 드리운 막.

현:수-선(懸垂線)명 ⇨수곡선(垂曲線).

현숙(賢淑) '현숙하다'의 어근.

현숙-하다(賢淑-)[-수카-]형예 (여자의 마음이나 몸가짐이) 어질고 정숙하다.

현:순(懸鶉)[너덜너덜한 것이 메추라기의 모지라진 꽁지깃과 같다는 뜻으로] '해진 옷'을 이르는 말.

현:순-백결(懸鶉百結)[-껼]명 [해진 옷을 백 매듭으로 옭아 매어 걸쳤다는 뜻으로] '남루한 옷차림'을 이르는 말.

현:시(現時)명 지금. 이때. 현재의 때.

현:시(顯示)명하타 나타내어 보임.

현:-시점(現時點)[-쩜]명 지금의 시점.

현:신(現身)명 ①현세(現世)에 살아 있는 몸. ②하타되자 지난날, 처지 낮은 이가 지체 높은 이를 '처음 뵘'을 이르던 말. ③하자되자 ⇨응신(應身).

현신(賢臣)명 어진 신하. 현명한 신하.

현:신-불(現身佛)명 중생을 제도하기 위하여 육신(肉身)을 가지고 이 세상에 나타난 부처. [석가모니는 그 하나의 보기임.] 응신불(應身佛).

현실(玄室)명 ①왕세자의 관(棺)을 묻은 광중(壙中). ②⇨널방.

현:실(現實)명 ①바로 눈앞에 사실로서 나타나 있는 사물이나 상태. ¶현실을 똑바로 인식하다. ②가능적 존재에 대한 현재적(顯在的) 존재, 즉 생각의 대상이 되는 객관적이고도 구체적 존재. ¶현실에 적응하다.

현:실^도피(現實逃避)명 ①현실과 맞서기를 기피하는 일. ②소극적이고 퇴폐적으로 처세하는 태도.

현:실-성(現實性)[-썽]명 실제로 일어날 수 있거나 현실에 있을 수 있는 가능성.

현:실-적(現實的)[-쩍]관명 ①현실에 있는 (것). 현실성을 띤 (것). ¶현실적 문제. /현실적인 해결 방안을 제시하다. ↔관념적. ②실제의 이해에 밝은 (것). ¶현실적인 사람.

현:실-주의(現實主義)[-의/-이]명 현실을 가장 중요시하는 태도. 이상에 구애되지 않고 현실에 적용하여 일을 처리하는 태도. 리얼리즘. ↔이상주의.

현:실-화(現實化)명하자타되자 ①실제의 사실이나 상태가 됨, 또는 되게 함. ②비현실적인 제도나 규칙을 현실에 맞게 조정함.

현악(絃樂)명 현악기로 타는 음악.

현악-기(絃樂器)[-끼]명 현을 타거나 켜서 소리를 내는 악기. [가야금이나 거문고·바이올린 따위.] 탄주 악기(彈奏樂器). 준현금(絃).

현악^사:중주(絃樂四重奏)[-쌰-]명 바이올린 둘과 비올라 하나, 첼로 하나로 연주하는 실내악 사중주.

현악^삼중주(絃樂三重奏)[-쌈-]명 주로, 바이올린과 비올라, 첼로로 연주하는 실내악 삼중주. 현악 트리오.

현악^오:중주(絃樂五重奏)[-쌰-]명 주로, 바이올린 둘, 비올라 둘, 첼로 하나 또는 바이올린 둘, 비올라 하나, 첼로 둘로 연주하는 실내악 오중주.

현악^트리오(絃樂trio)명 ⇨현악 삼중주.

현:안(懸案)명 이전부터 논의되어 왔으나 결론이 나 있지 않은 문제나 의안. ¶국정 현안.

현:애(懸崖)명 낭떠러지.

현:양(顯揚)명하타되자 (이름이나 지위 따위를) 드러내어 들날림. ¶국위 현양.

현어(玄魚)명 ⇨올챙이.

현:업(現業)명 현재 하고 있는 업무.

현:역(現役)명 ①상비 병력의 한 가지. 부대에 편입되어 실지의 군무(軍務)에 종사하는 병역, 또는 그 군인. ↔예비역. ②실지로 어떤 직위에 있거나 직무를 수행하고 있는 일, 또는 그 사람. ¶현역 화가.

현연(泫然)명하형 (울어서 눈물이) 줄줄 흐르는 모양. ¶현연한 눈물로 얼룩진 얼굴. 현연-히무.

현연(眩然) '현연(眩然)하다'의 어근.

현연(現然) '현연(現然)하다'의 어근.

현연(顯然) '현연(顯然)하다'의 어근.

현연-하다(眩然-)형예 ①(현기증 따위로) 눈앞이 캄캄하다. ②눈이 부시다. ¶너무 현연하여 앞이 안 보인다. 현연-히무.

현연-하다(現然-)형예 눈앞에 드러나 훤하다. 드러나서 뚜렷하다. ¶증거가 현연하여 변명의 여지가 없다. 현연-히무.

현연-하다(顯然-)형예 두드러지게 뚜렷하다. 분명하다. ¶돌아가신 아버님께서 꿈에 현연한 모습으로 나타나셨다. 현연-히무.

현:영(現形)명하타되자 ⇨현형(現形).

현영(顯榮) '현영하다'의 어근.

현:영-하다(顯榮-)형예 이름이 높고 영화롭다.

현:예(顯裔)명 ⇨화주(華胄).

현오(玄奧) '현오하다'의 어근.

현오-하다(玄奧-)형예 (학문이나 기예 등이) 헤아릴 수 없이 깊다.

현:옹(懸癰)명 목젖.

현:옹(懸癰)명 한방에서, 항문과 음부 사이에 나는 종기를 이르는 말.

현:옹-수(懸癰垂)명 ⇨목젖.

현:완-직필(懸腕直筆)명 팔을 바닥에 대지 않고 붓을 곧게 세워 운필(運筆)하는 자세.

현왕(賢王)명 어진 임금. 현명한 임금.

현요(眩耀) '현요하다'의 어근.

현:요(顯要)명 ①현관(顯官)과 요직, 또는 그 자리에 있는 사람. ②하형 지위가 귀하고 중요함.

현:요-하다(眩耀-)형예 눈부시게 빛나고 찬란하다. 현요-히무.

현우(賢友)명 어진 벗.

현우(賢愚)명 현명함과 어리석음. 현명한 사람과 어리석은 사람.

현:운(眩暈)명 ⇨현훈(眩暈).

현:원(現員)명 현재의 인원수.

현:월(玄月)명 '음력 구월'을 달리 이르는 말. 모추(暮秋).

현월(弦月)명 ⇨초승달.

현:위(顯位)명 높은 지위. 현달한 지위.

현이(賢異) '현이하다'의 어근.

현이-하다(賢異-)형예 어질고 뛰어나다.

현인(賢人)명 ①어진 사람. 덕행의 뛰어남이 성인(聖人) 다음가는 사람. 현자(賢者). ②불교에서, 견도에 이르지는 않았으나 악에서 벗어난 사람을 일컫는 말.

현인-군자(賢人君子)명 ①현인과 군자. ②어진 사람을 두루 이르는 말.

현:인-안목(眩人眼目)명하자 남의 눈을 어지럽히고 정신을 아득하게 함.

현:임(現任)명 현재의 직임. 시임(時任).

현자(賢者)명 ⇨현인(賢人).

현:자(顯者)명 세상에 이름을 들날리는 사람.

현:장(現場)[명] ①사물이 현재 있는 곳. ¶물품을 현장에서 내주다. ②사건이 일어난 곳, 또는 그 장면. ¶사건 현장./사고 현장 목격자. ③▷공사장. 현지. ¶건설 현장./배운 이론을 현장에 적용하다.

현:장(舷墻)[명] 파도가 덮쳐 오는 것을 막기 위해 뱃전에 설치한 장벽.

현:장(懸章)[명] 한쪽 어깨에서 반대쪽 겨드랑이에 걸쳐서 매는 띠. 〔흔히, 군의 주번 사관 등이 매어 임무 수행 중임을 나타냄.〕

현:장-감(現場感)[명] 마치 현장에 있는 것 같은 느낌. ¶현장감 있는 보도./현장감 넘치는 중계방송.

현:장^감독(現場監督)[명] 토목이나 건축 공사의 현장에서 감독하는 일, 또는 그 사람.

현:장-검증(現場檢證)[명] 사건의 현장이나 법원 밖의 일정한 곳에서 직접 실시하는 검증. (참)검증.

현:장-도(現場渡)[명] 매매 계약이 성립한 장소, 혹은 거래 상품의 소재지에서 상품을 인도하는 일.

현:장^부재^증명(現場不在證明)[명] ▷알리바이.

현:재(現在) [Ⅰ][명] ①이제. 지금. ¶현재와 미래. ②〈불교〉'이 세상'을 이르는 말. 이승. 현세(現世). ③과거와 미래를 잇는 시간의 한 경계. ④용언의 시제(時制)의 한 가지. 눈앞의 동작이나 상태를 나타내고, 보편적인 진리나 되풀이되는 습관 따위도 나타냄. ④이적. ↔과거·미래.
[Ⅱ][부] ①지금 이 시점에. ¶그는 현재 군의관으로 복무 중이다. ②《때를 나타내는 말 다음에 쓰이어》기준으로 삼은 그 시점. ¶회원 수는 4월 현재 1500명이다.

현재(賢才)[명] 뛰어난 재능, 또는 그 사람.

현:재(顯在)[명][하자] 나타나 있음. ↔잠재.

현:재-법(現在法)[명] 〔뻗〕수사법상 변화법의 한 가지. 과거나 미래의 사실, 또는 눈앞에 없는 것을 마치 현재 눈앞에 있는 것처럼 서술하는 표현 방법.〔'공주는 고즈넉이 아미(蛾眉)를 숙인다. 그리고 긴 한숨을 내쉰다.' 하는 따위.〕

현-재불(現在佛)[명] 현세에 나타나 있는 부처.

현-재상(賢宰相)[명] 어진 재상. 현명한 재상.

현:재^시제(現在時制)[명] 활용어의 시제의 한 갈래. 사건이나 동작이 일어난 시간이 말하는 이가 말한 시간과 일치하는 시제. 동사의 종결형 선어말 어미와 활용어의 관형사형 어미로 나타냄.〔'학생들이 지금 운동장에서 체조를 한다.', '예쁜 꽃으로 장식한다.' 따위. 형용사와 서술격 조사에는 현재 시제를 나타내는 종결형 선어말 어미가 없음.〕

현:재^완료(現在完了)[−왈−][명] 완료상(完了相) 시제의 한 가지. 현재까지 동작이 완료되었음을 나타내는 시제. 〔'−아어 있다'·'−았(었)다' 등으로 표현됨.〕

현:재-원(現在員)[명] 현재의 인원. 현원(現員).

현:재^진행(現在進行)[명] 진행상(進行相) 시제의 한 가지. 현재 동작이 진행 중임을 나타내는 시제. 〔'−고 있다'·'−고 있는 중이다' 등으로 표현됨.〕

현:재^진^행^완료(現在進行完了)[−왈−][명] 시제에서의 완료상(完了相)의 한 가지. 진행되던 동작이 현재의 어느 때에 이미 끝나 있음을 보이는 시제. 〔'−고 있었다'의 꼴로 나타냄.〕

현저(顯著)'현저하다'의 어근.

현:저-하다(顯著−)[형여] 뚜렷하다. 드러나게 분명하다. 표저하다. ¶영아(嬰兒) 사망률이 현저하게 줄어들었다. **현저-히**[부].

현:전(現前)[명] 눈앞. 지금.

현절(懸絕)'현절하다'의 어근.

현:절-하다(懸絕−)[형여] 두드러지게 다르다.

현정-석(玄精石)[명] 간수(滷水)가 땅속에 스며들어 이루어진 돌. 흰빛에 푸른 기가 도는데, 한방에서 풍(風)이나 냉(冷)을 다스리는 약재로 쓰임.

현제(賢弟)[명] 아우뻘 되는 사람이나 남의 아우를 높이어 이르는 말.

현:제(懸蹄)[명] ▷밤눈[1].

현:제(懸題)[명][하자] 왕조 때, 과거 보는 곳에 글제를 내걸던 일.

현:조(顯祖)[명] 이름이 높이 드러난 조상.

현:-조고(顯祖考)[명] 신주나 축문에서 '돌아가신 할아버지'를 이르는 말.

현:-조비(顯祖妣)[명] 신주나 축문에서 '돌아가신 할머니'를 이르는 말.

현:존(現存)[명] 현재에 있음. 지금 살아 있음. ¶현존 인물.

현주(玄酒)[명] ▷무술.

현:주(現住)[명][하자] ①현재 머물러 삶. ②〈현주소〉의 준말.

현주(賢主)[명] 현명한 군주.

현주(縣主)[명] 조선 시대, 외명부의 한 품계. 정삼품인, 왕세자의 부실(副室)에게서 태어난 딸의 칭호. (참)공주·옹주.

현:주(懸肘)[명] 팔꿈치를 책상에 대지 않고 운필(運筆)하는 일.

현:주(懸註·懸注)[명][하타] 주석(註釋)을 닮.

현:-주소(現住所)[명] ①현재 살고 있는 곳의 주소. (준)현주. ②'현재의 상황이나 실태 따위'를 비유하여 이르는 말. ¶남북 관계의 현주소.

현준(賢俊)[명][하여] 어질고 뛰어남, 또는 그러한 사람.

현:증(現症)[명] 드러나 보이는 병의 증세.

현:-증조고(顯曾祖考)[명] 신주나 축문에서 '돌아가신 증조할아버지'를 이르는 말.

현:-증조비(顯曾祖妣)[명] 신주나 축문에서 '돌아가신 증조할머니'를 이르는 말.

현:지(現地)[명] ▷현장(現場).

현지(賢智)'현지하다'의 어근.

현:지^금융(現地金融)[−금늉/−그뮹][명] 해외에 진출한 기업이, 그곳의 금융 기관에서 융자를 받아 자금을 조달하는 일.

현:지-답사(現地踏査)[−싸][명][하타] 현지에 직접 가서 하는 조사.

현:지^로케(←現地location)[명] 〈현지 로케이션〉의 준말.

현:지^로케이션(現地location)[명] 현지에 가서 하는 야외 촬영. (준)현지 로케.

현:지^법인(現地法人)[명] 자국의 자본만으로 외국법에 따라 외국에 세운 외국 국적의 영리 법인.

현:지^입대(現地入隊)[−때][명] (군무원이나 민간인 등이) 근무하고 있는 곳에서 바로 현역(現役)으로 편입되는 일.

현:지−처(現地妻)[명] 외지(外地)에 가 있는 남자가 그곳에서 지내는 동안만 아내처럼 데리고 사는 여자.

현지-하다(賢智−)[형여] 어질고 지혜롭다.

현:직(現職)[명] 현재 종사하는 직업이나 직임. ¶현직 공무원. ↔전직(前職).

현:직(顯職)ਿ명 높고 중요한 벼슬. ¶현직에 오랫동안 재직하다.

현:질(顯秩)ਿ명 높은 벼슬.

현:찰(現札)ਿ명 ☞현금(現金).

현찰(賢察)ਿ명하타되자 상대편을 높이어 그가 '미루어 살핌'을 이르는 말. ¶부디 시생(侍生)의 처지를 현찰하여 주시옵소서.

현창(舷窓)ਿ명 뱃전에 낸 창문.

현창(顯彰)ਿ명하자타되자 (공적 따위를) 뚜렷이 나타냄, 또는 그렇게 드러냄.

현처(賢妻)ਿ명 어진 아내. 현명한 아내. 빠양처(良妻).

현:척(現尺)ਿ명 있는 그대로의 치수. ↔축척.

현천(玄天)ਿ명 구천(九天)의 하나. 북북 하늘.

현:천(玄泉)ਿ명 '폭포수'를 달리 이르는 말.

현철(賢哲)ਿ명하타 어질고 사리에 밝음, 또는 그런 사람. 현철-히ਿ부.

현:출(現出)ਿ명하타 (밖으로) 나타나 드러남.

현:출(顯出)ਿ명하자타 두드러지게 드러남, 또는 그렇게 드러냄.

현:충(顯忠)ਿ명하자 충렬을 드러내어 기림, 또는 기리는 그 충렬.

현:충-사(顯忠祠)ਿ명 충절을 추모·기념하기 위하여 세운 사당.

현:충-일(顯忠日)ਿ명 목숨을 바쳐 나라를 지킨 이의 충성을 기념하는 날. 6월 6일.

현:충-탑(顯忠塔)ਿ명 목숨을 바쳐 나라를 지킨 이의 충성을 기리기 위하여 세운 탑.

현측(舷側)ਿ명 뱃전.

현:치(見齒)ਿ명 〔웃으면 이가 드러나게 되는 데서〕'웃음'을 이르는 말.

현:탁(懸濁液)ਿ명 고체의 미립자가 고루 퍼져 섞인 흐린 액체. (도료(塗料)나 먹물 따위.)

현:탈(現頉)ਿ명하자 (일에) 탈이 남.

현:탈(懸頉)ਿ명하자되자 사고 때문에 불참하였을 때 그 사유를 적음.

현:태(現態)ਿ명 현재의 상태 또는 형편. 현상(現狀).

현:토(懸-)ਿ명하자 한문에 단 토, 또는 토를 다는 일. 〔'토'를 취음자 '吐'로 표기하여 흔히 '懸吐'라고도 씀.〕

현:판(現版)ਿ명 활판 인쇄에서, 연관을 뜨지 않고 활판을 직접 기계에 올려 박아 내는 인쇄판. 직판 인쇄.

현:판(懸板)ਿ명 글씨나 그림을 새기거나 써서 문 위의 벽 같은 곳에 다는 널조각.

현:판-식(懸板式)ਿ명 (관청·회사·단체·모임 등의) 간판을 처음으로 거는 것을 기념하는 식.

현:폭(懸瀑)ਿ명 아주 높은 데서 떨어지는 폭포.

현:품(現品)ਿ명 현재 있는 물품. 실제의 물품.

현:하(現下)ਿ명 지금. 현재의 형편(形便) 아래. ¶현하 정세의 추이가 아주 미묘하다.

현:하(懸河)ਿ명 ①경사가 급하여 물의 흐름이 빠른 하천. ②'구변(口辯)이 거침없음'을 비유하여 이르는 말. ¶현하의 변(辯).

현:하-구변(懸河口辯)ਿ명 물이 세차게 흐르듯 거침없이 쏟아 놓는 구변. 현하지변.

현:하지변(懸河之辯)ਿ명 ☞현하구변.

현학(玄學)ਿ명 ①현묘(玄妙)한 학문. ②노장(老莊)의 학문.

현학(玄鶴)ਿ명 〔학이 오래 살면 검어진다는 데서〕 늙은 학. 검은 학.

현:학(衒學)ਿ명하자 학식이 있음을 자랑하여 뽐냄.

현학-금(玄鶴琴)ਿ명 [-끔]ਿ명 ☞거문고.

현:학-적(衒學的)ਿ명 [-쩍]ਿ관명 학문이나 지식을 뽐내는 (것). ¶현학적 태도. /현학적인 취미.

현합(賢閤)ਿ명 상대편을 높이어 그의 '아내'를 일컫는 말. ⓐ합부인.

현:행(現行)ਿ명하자되자 현재 행함, 또는 행하여 짐. ¶현행 법규.

현:행-범(現行犯)ਿ명 범행하는 현장에서 발각된 범죄, 또는 그 사람. ¶현행범을 체포하다.

현:행-법(現行法)ਿ명 [-뻡] 현재 시행되고 있는 효력이 있는 법률. ¶현행법에 저촉되다.

현혁(顯赫)ਿ명 '현혁하다'의 어근.

현:혁-하다(顯赫-)ਿ명 [-혀카-]ਿ형어 (이름이) 드러나고 빛나다. 현혁-히ਿ부.

현:현(顯現)ਿ명하자타되자 명백하게 드러남, 또는 드러냄.

현:형(現形)ਿ명 ①하자타 형체를 드러냄, 또는 그 형체. 현영(現影). ②현재의 모양.

현형(賢兄)ਿ명 〔어진 형이란 뜻으로, 편지 글 등에서〕 '벗'을 높이어 일컫는 말.

현:형(顯型)ਿ명 ☞표현형(表現型).

현호(弦壺)ਿ명 활동 모양으로 굽은 손잡이가 달린 항아리.

현:호(懸弧)ਿ명 사내아이의 출생. 〔지난날, 사내아이가 태어나면 활을 문 왼편에 걸어서 축하하던 관습에서 유래함.〕

현:혹(眩惑)ਿ명하타되자 제정신을 못 차리고 홀림, 또는 홀리게 함. ¶사람의 눈을 현혹하다.

현:화(現化)ਿ명하자 ①현실에 나타남. ②(부처나 신령이) 형상을 바꾸어 세상에 나타남.

현:화-식물(顯花植物)ਿ명 [-싱-] ☞종자식물. ↔은화식물(隱花植物).

현:황(現況)ਿ명 현재의 상황. 지금의 형편. 현상(現狀). ¶공사 진척 현황.

현:황(眩慌·炫煌)ਿ명하형 (정신이) 어지럽고 황홀함.

현:효(現效)ਿ명하자 효험이 나타남.

현:효(顯效)ਿ명 두드러진 효험.

현훈(玄纁)ਿ명 장사 지낼 때, 산신(山神)에게 드리는 폐백(幣帛). 검은 헝겊과 붉은 헝겊으로, 광중(壙中)에 묻음.

현:훈(眩暈)ਿ명하형 (정신이) 어찔어찔 어지러움. 현운(眩暈). 현기(眩氣).

현:훈-증(眩暈症)ਿ명 [-쯩] ☞어질증.

혈(穴)ਿ명 ①풍수지리에서, 땅의 정기가 모여 묏자리로서 좋은 자리를 이르는 말. ②〈경혈(經穴)〉의 준말.

혈가(血瘕)ਿ명 한방에서, 아랫배에 피가 몰려 덩어리가 생긴 병. 혈괴.

혈거(穴居)ਿ명하자 굴에서 삶. 혈처(穴處).

혈거-야처(穴居野處)ਿ명하자 굴에서 살거나 한데서 삶.

혈거피ਿ명 〈옛〉(활을 쏠 때의) 깍지. ¶샬로 밍근 혈거피 ㄷ톤 것(朴解上49). ⓐ힐겁지.

혈고(血枯)ਿ명 ☞혈폐(血閉).

혈관(血管)ਿ명 혈액이 통하여 흐르는 관. 동맥·정맥·모세 혈관으로 나뉨. 맥관. 핏줄. 혈맥.

혈관-계(血管系)ਿ명 [-계/-게]ਿ명 혈액의 통로가 되는 기관의 계통.

혈관^주:사(血管注射)ਿ명 혈관에 놓는 주사. ⓐ정맥 주사·피하 주사.

혈괴(血塊)ਿ명 [-괴/-게]ਿ명 ①☞혈가. ②몸 안에서 피가 혈관 밖으로 나와서 응고된 덩어리.

혈구(血球)ਿ명 혈액의 고체 성분으로 혈장 속에 부유(浮遊)하는 세포. 적혈구와 백혈구 및 혈소판이 있음.

혈구-소(血球素)[명] ☞헤모글로빈.
혈기(血氣)[명] ①(목숨을 유지하는) 피와 기운. ②격동하기 쉽거나 왕성한 의기(意氣).
혈기지용(血氣之勇)[명] 혈기 때문에 일어나는 한때의 용맹.
혈농(穴農)[-롱][명] ☞구메농사.
혈농(血膿)[-롱][명] 피고름.
혈뇨(血尿)[-료][명] ①요혈(尿血). ②피가 섞인 오줌.
혈담(血痰)[-땀][명] 피가 섞인 가래.
혈당(血糖)[-땅][명] 혈액 속에 포함되어 있는 포도당.
혈당(血黨)[-땅][명] 생사를 같이 하는 무리.
혈로(血路)[명] ①적의 포위망을 뚫어 헤치고 벗어나는 길. ②어려운 경지를 극복하는 방도. ¶ 혈로를 뚫다.
혈루(血淚)[명] 피눈물.
혈루(血漏)[명] 한방에서, 여자의 음부에서 때때로 피가 나오는 병을 이르는 말.
혈류(血流)[명] 피의 흐름.
혈류(血瘤)[명] ☞혈혹.
혈륜(血輪)[명] 양쪽 눈시울의 끝.
혈림(血淋·血痳)[명] 오줌에 피가 섞여 나오는 임질(淋疾).
혈맥(血脈)[명] ①혈액이 통하는 맥관(脈管). 혈관. ㉺맥(脈). ②혈통(血統). ③불교에서, '종지(宗旨)'가 스승에서 제자로 계속 이어짐'을 비유하여 이르는 말. ¶ 조사(祖師)의 혈맥을 잇다.
혈맥-상통(血脈相通)[-쌍-][명] 〔혈맥이 서로 통한다는 뜻으로〕①'혈육의 관계가 있음'을 이르는 말. ②'혈통이 서로 같은 겨레붙이'임을 이르는 말.
혈맹(血盟)[명][하자] 혈판(血判)을 찍어서 굳게 맹세함, 또는 그런 관계. ¶ 혈맹을 맺다.
혈반(血斑)[명] 피하(皮下)의 출혈로 피부나 점막에 생기는 검붉은 반점.
혈반-병(血斑病)[-뼝][명] 말〔馬〕의 전염병의 한 가지. 피부 점막에 혈반이 생겨 열이 나고 붓게 됨.
혈변(血便)[명] 피똥.
혈병(血餠)[명] 응고된 피. 피가 엉길 때 섬유소가 혈구를 싸고 가라앉아 검붉은 덩이가 됨.
혈분(血分)[명] (영양적 관점에서) 피의 분량.
혈분(血粉)[명] 가축의 피를 말려서 굳힌 가루. 비료나 사료(飼料) 따위로 쓰임.
혈붕(血崩)[명] 한방에서, 월경이 아닌데도 출혈이 심하여 멎지 않는 병을 이르는 말.
혈사(血師)[-싸][명] ☞대자석(代赭石).
혈사(血嗣)[-싸][명] ☞혈손(血孫).
혈산(血疝)[-싼][명] ☞변옹(便癰).
혈상(血相)[-쌍][명] 관상에서, 얼굴에 나타나는 혈색의 상격(相格).
혈색(血色)[-쌕][명] 살갗에 나타난 핏기. ¶ 중년답지 않게 혈색이 좋다.
혈색-소(血色素)[-쌕쏘][명] ☞헤모글로빈.
혈서(血書)[-써][명] 제 손가락의 피로 글씨를 쓰는 일, 또는 그 글자나 글.
혈성(血性)[-썽][명] 혈기와 의협심이 있는 성질.
혈성(血誠)[-썽][명] 진심에서 우러나오는 정성. 혈심(血心).
혈성-남자(血性男子)[-썽-][명] 용감하고 의협심이 강하여 죽음을 두려워하지 않는 사나이.
혈세(血稅)[-쎄][명] ①가혹한 조세. ②소중한 세금. ¶ 혈세를 낭비하다.

혈소판(血小板)[-쏘-][명] 혈액을 이루는 혈구의 한 가지. 부정형(不定形)으로 핵이 없고 지름이 2~3μm이며, 출혈 때 지혈 작용에 중요한 구실을 함.
혈속(血速)[-쏙][명] 혈액이 순환하는 속도.
혈속(血屬)[-쏙][명] 혈통을 잇는 살붙이.
혈손(血孫)[-쏜][명] 혈통을 이어 가는 자손. 혈사(血嗣).
혈수(血讐)[-쑤][명] 죽기를 각오하고 갚으려는 원수.
혈수(血髓)[-쑤][명] 혈액과 골수.〔몸의 중요한 부분이라는 뜻으로 쓰임.〕
혈식(血食)[-씩][명][하자] ①(희생을 바쳐) 종묘에 제사를 지냄. ②나라를 보존함.
혈심(穴深)[-씸][명] 무덤 구덩이의 깊이.
혈심(血心)[-씸][명] 혈성(血誠).
혈심-고독(血心苦篤)[-씸-][명][하자] 정성을 다하여 일을 함.
혈안(血眼)[명] ①기를 쓰고 덤벼서 핏발이 선 눈. ②열중하여 바쁘게 몰아치는 일. ¶ 기업 확장에 혈안이 되다.
혈암(頁岩)[명] ☞이판암(泥板岩). 셰일.
혈압(血壓)[명] 혈액이 혈관 속을 흐를 때 생기는 압력. 심장의 수축력과 혈관 벽의 탄성 따위로 정하여짐.
혈액(血液)[명] 동물의 혈관 속을 순환하는 체액. 갖가지 혈구와 혈장으로 되어 있는데, 생체 조직에 산소와 영양분을 공급하고 노폐물을 날라다 제거함. 피.
혈액-검사(血液檢査)[-껌-][명] 피를 뽑아서 하는 검사법을 통틀어 이르는 말.
혈액^순환(血液循環)[-쑨-][명] 심장의 활동에 따라, 혈액이 동물의 몸속을 일정한 방향으로 흘러서 도는 일.
혈액-원(血液院)[명] 갖가지 혈액형을 모아 저장해 두었다가 필요에 따라 혈액을 공급하는 기관. 혈액은행.
혈액-은행(血液銀行)[명] ☞혈액원(血液院).
혈액-형(血液型)[혀래켱][명] 혈구와 혈청의 응집 반응으로 혈액을 분류한 형. 일반적으로 O·A·B·AB형 및 Rh 인자(因子)의 유무에 따른 Rh(-)·Rh(+)형으로 분류되고 있음.
혈연(血緣)[명] 같은 핏줄로 이어진 인연. 같은 핏줄의 관계. ㉺지연·학연.
혈연-관계(血緣關係)[-계/-게][명] 부모와 자식·형제를 기본으로 하는 관계 및 양자 따위를 포함한 관계. ¶ 끈끈한 혈연관계.
혈연^단체(血緣團體)[명] 혈연관계를 바탕으로 이루어진 단체. 혈연 집단.
혈연^사회(血緣社會)[-회/-훼][명] 같은 혈연이라는 의식을 바탕으로 하여 자연적으로 성립된 공동 사회. 가족이나 씨족, 나아가서는 민족까지도 포함됨.
혈연^집단(血緣集團)[-딴][명] ☞혈연 단체(血緣團體).
혈영(血癭)[명] ☞혈혹.
혈온(血溫)[명] 혈액의 온도.
혈우(血雨)[명] '살상(殺傷)으로 말미암은 심한 유혈'을 이르는 말.
혈우-병(血友病)[-뼝][명] 출혈하기 쉬운데다 지혈(止血)이 잘 안 되는 병적인 체질. 여자에 의하여 그 유전자가 자녀에게 전해지는데 남자에게만 나타남.
혈원-골수(血怨骨髓)[-쑤][명] 뼈에 사무치는 깊은 원수.

혈유(子遺)[명] ①외톨이로 남아 있는 것, 또는 그런 신세. ②약간의 나머지.

혈육(血肉)[명] ①피와 살. ②(자기가 낳은) 자식. ⑪소생. ③☞골육(骨肉). ¶이 세상에 내 혈육이라고는 자네 하나뿐이 않은가.

혈육-애(血肉愛)[명] 혈육에 대한 사랑.

혈의 누(血一淚)[-릐/-에-] 1906년 이인직 (李人稙)이 지은 신소설. '만세보(萬歲報)'에 연재되었음.

혈장(血漿)[-짱][명] 혈액에서 혈구를 제외한 액상(液狀) 성분. 수분과 단백질 외에 지방·염류·당류 따위로 이루어짐.

혈장-탕(血臟湯)[-짱-][명] ⇒짱☞[명] 핏골집.

혈쟁(血爭)[-쨍][명][하자] (생사를 가리지 않고) 격렬히 다툼, 또는 그 싸움. ⑪혈전·혈투.

혈적(血積)[-쩍][명] 한방에서, 피가 엉기고 뭉쳐서 생기는 적병(積病)을 이르는 말. 얼굴이 누렇게 되고 검은 똥을 눔.

혈전(血栓)[-쩐][명] 혈관 안에서 피가 엉기어 굳은 덩어리.

혈전(血戰)[-쩐][명][하자] (생사를 가리지 않고) 매우 격렬하게 싸움, 또는 그 전투. ¶3일간의 혈전 끝에 적의 요새를 점령했다. ⑪혈쟁·혈투.

혈족(血族)[-쪽][명] ①혈통이 이어져 있는 겨레붙이. ②자연 혈족과 법정 혈족을 통틀어 이르는 말.

혈족^결혼(血族結婚)[-쪽결-][명] 같은 혈족 사이의 결혼.

혈족-친(血族親)[-쪽-][명] 육촌 이내의 혈족.

혈종(血腫)[-쫑][명] 출혈(出血)로 피가 한곳에 모여 혹처럼 된 것.

혈증(血症)[-쫑][명] ①피로 말미암은 병을 통틀어 이르는 말. ②⇒실혈증(失血症).

혈징(血癥)[-찡][명] 한방에서, '배 속의 피가 한곳에 모인 병'을 이르는 말.

혈처(穴處)[명][하자] ⇒혈거(穴居).

혈청(血淸)[명] 혈액이 엉겨 굳을 때 혈병(血餅)에서 분리되는 담황색의 투명 액체. 혈청 요법 따위에 쓰임.

혈청-검:사(血淸檢査)[명] 사람의 건강 상태를 검사하기 위하여 혈청을 검사하는 일.

혈청-병(血淸病)[-뼝][명] 사람의 몸에 이종(異種)의 혈청을 주사하였을 때 일어나는 알레르기성 질환.

혈청^요:법(血淸療法)[-뇨뼙][명] 전염병 환자의 몸에 면역체를 포함하는 동물의 혈청을 주사하여 병독을 중화시키는 일. ㉚면역 혈청.

혈청^진:단(血淸診斷)[명] 환자의 혈청을 검사하여 그 병의 상태를 진단하는 일.

혈충(血忠)[명] 정성을 다하는 충성.

혈치(血痔)[명] ⇒우치(疣痔).

혈침(血沈)[명] '적혈구 침강 반응(속도)'을 줄여 이르는 말. 〔질병의 감별이나 예후의 판정을 위한 임상 검사임.〕

혈통(血統)[명] 같은 핏줄을 타고난 겨레붙이의 계통. 조상과의 혈연관계. 가계(家系). 핏줄. 핏줄기. 혈맥.

혈통-주의(血統主義)[-의/-이][명] ⇒속인주의.

혈투(血鬪)[명][하자] 죽음을 무릅쓰고 싸움. ¶혈투를 벌이다. ⑪혈쟁(血爭)·혈전.

혈-판(穴一)[명] 묏자리에 혈(穴)이 잡혀 광중(壙中)을 파기에 적당한 곳.

혈판(血判)[명][하자] 손가락을 베어 그 피로 손도장을 찍음, 또는 그 손도장.

혈판-장(血判狀)[-짱][명] 혈판을 찍은 종이.

혈폐(血閉)[-폐/-페][명] 한방에서, 월경이 있을 나이의 여자가 월경이 맺는 병을 이름. 혈고.

혈풍-혈우(血風血雨)〔피의 바람과 피의 비라는 뜻으로〕'격렬한 전투'를 비유하여 이르는 말.

혈한(血汗)[명] 피와 땀.

혈한-하(血汗下)[명] 한방에서, 열병 중에 열이 풀리려고 코피가 나거나 땀을 흘리거나 똥을 싸거나 하는 일을 이르는 말.

혈행(血行)[명] 피가 도는 일. 혈액의 순환.

혈허(血虛)[명][하자] 한방에서, '빈혈증'을 혈분(血分)이 허한 증세라고 하여 이르는 말.

혈혈(孑孑)'혈혈하다'의 어근.

혈혈-고종(孑孑孤蹤)[명] 외로운 나그네가 낯선 객지를 헤매는 자취.

혈혈-단신(孑孑單身)[명] 의지할 곳 없는 홀몸.

혈혈-무의(孑孑無依)[-의/-이][명][하연] 홀몸으로 의지할 곳이 없음.

혈혈-하다(孑孑一)[형여] (의지할 데 하나 없이) 외롭다. ¶혈혈한 단신. 혈혈-히[부].

혈-혹(血一)[명] 한방에서, 피가 엉겨 뭉쳐서 된 혹. 혈류(血瘤). 혈영(血瘿).

혈홍-색(血紅色)[명] 피같이 붉은색.

혈홍-소(血紅素)[명] ⇒헤모글로빈.

혈훈(血暈)[명] 한방에서, 해산 또는 다른 일로 피를 많이 흘려 정신이 흐리고 어지러운 병증을 이르는 말.

혈흔(血痕)[명] 피를 묻히거나 흘린 흔적.

혐가(嫌家)[명] 서로 원한을 품은 집안.

혐극(嫌隙)[명] 서로 꺼려 벌어진 틈.

혐기(嫌忌)[명][하타] 싫어하여 꺼림.

혐기(嫌棄)[명][하타] 싫어하여 버림.

혐기-성(嫌氣性)[-씽][명] 산소를 싫어하여 공기 속에서 잘 자라지 못하는 성질. ↔호기성.

혐노(嫌怒)[명][하자] 싫어서 화를 냄.

혐문(嫌文)[명] 〔존비(尊卑) 또는 남녀 사이에 통용할 수 없는 글이기 때문에〕 꺼리고 피해야 할 글.

혐시(嫌猜)[명][하타] 꺼리고 샘을 냄.

혐연-권(嫌煙權)[-꿘][명] 공공장소에서 담배 연기를 거부할 수 있는 권리.

혐염(嫌厭)[명][하타] 미워하여 꺼림. 혐질(嫌嫉).

혐오(嫌惡)[명][하타] 싫어하고 미워함. 염오. ¶혐오를 느끼다.

혐오-감(嫌惡感)[명] 싫어하고 미워하는 감정. 혐오증. ¶혐오감을 주다.

혐오-스럽다(嫌惡一)[-따][~스러우니·~스러워][형타] 싫어하고 미워할 만한 데가 있다. 혐오스레[부].

혐오-증(嫌惡症)[-쯩][명] ⇒혐오감.

혐원(嫌怨)[명][하타] 싫어하고 원망함.

혐의(嫌疑)[혀믜/혀미][명] ①[하자] 꺼리고 싫어함. ②범죄를 저질렀으리라는 의심. ¶절도 혐의를 받고 있다.

혐의-스럽다(嫌疑一)[혀믜-따/혀미-따][~스러우니·~스러워][형타] ⇒혐의쩍다. 혐의스레[부].

혐의-자(嫌疑者)[혀믜-/혀미-][명] 혐의를 받는 사람.

혐의-쩍다(嫌疑一)[혀믜-따/혀미-따][형] ①의심을 살 만한 점이 있다. ②꺼림하고 싫어할 만한 데가 있다. 혐의스럽다.

혐점(嫌點)[-쩜][명] 혐의를 받을 만한 점.

혐질(嫌嫉)[명][하타] ⇒혐염(嫌厭).

혐피(嫌避)[명][하타] 꺼리고 싫어하여 서로 피함.

혐핍(嫌逼)[명][하타] 매우 혐의가 짙음.

협각(夾角) [-깍] 🖲 '끼인각'의 구용어.
협감(挾感) [-깜] 🖲🗗🕽 감기에 걸림.
협감(挾憾) [-깜] 🖲🗗🕽 ⇨합감(含憾).
협객(俠客) [-깩] 🖲 협기(俠氣)가 있는 사람. 유협(遊俠). 협사(俠士).
협격(挾擊) [-격] 🖲 ⇨협공(挾攻).
협견-첨소(脅肩諂笑) [-견-] 🖲🗗🕽 어깨를 웅송그리고 아첨하며 웃음.
협곡(峽谷) [-꼭] 🖲 좁고 험한 골짜기.
협골(頰骨) [-꼴] 🖲 호협(豪俠)한 기골(氣骨).
협골(頰骨) [-꼴] 🖲 광대뼈.
협공(挾攻) [-꽁] 🖲🗗🕽 (사이에 끼워 놓고) 양쪽에서 들이침. 협격(挾擊).
협과(莢果) [-꽈] 🖲 꼬투리로 맺히는 열매.
협괴(俠魁) [-꾀/-꿰] 🖲 협객(俠客)의 두목.
협궤(狹軌) [-꿰] 🖲 철도의 레일 사이의 너비가 표준인 1.435m보다 좁은 철도의 선로. ↔광궤(廣軌).
협궤^철도(狹軌鐵道) [-꿰-또] 🖲 협궤로 된 철도. ↔광궤 철도.
협근(頰筋) [-끈] 🖲 아래위 두 턱뼈의 뒤쪽에서 두 입술에 이르는 볼을 형성하는 근육.
협기(俠氣) [-끼] 🖲 (대장부다운) 호탕한 기상. 호협한 기상. 기협(氣俠).
협기(頰鰭) [-끼] 🖲 가슴지느러미.
협낭(夾囊) 🖲 '염낭'의 잘못.
협낭(頰囊) [-낭] 🖲 일부의 다람쥐나 원숭이 따위의 볼 안에 있는 주머니. 먹이를 한동안 저장해 두는 구실을 함.
협녀(俠女) [-녀] 🖲 협기(俠氣)가 있는 여자.
협농(峽農) [-농] 🖲 산골에서 짓는 농사.
협대(夾袋) [-때] 🖲 귀중한 물품을 간직하여 두는 조그마한 전대.
협도(夾刀/挾刀) [-또] 🖲 ①무기의 한 가지. 눈썹 모양이고, 칼등에 상모를 달았으며 둥근 콧등이 있음. ②십팔기(十八技) 또는 무예 이십사반의 하나. 보졸(步卒)이 하는 검술의 한 가지.
협도(俠盜) [-또] 🖲 협기(俠氣)가 있는 도둑.
협도(鍘刀) [-또] 🖲 한약재를 써는 작두와 비슷한 연장. ②⇨가위1.
협동(協同) [-똥] 🖲🗗🕽 (어떠한 일을 함에) 마음과 힘을 합함. ▌관민(官民)이 협동하다.
협동^작전(協同作戰) [-똥-쩐] 🖲 보병·포병·기갑 따위의 전투 병과에서 둘 이상의 군부대가 협동하여 펼치는 작전.
협동-조합(協同組合) [-똥-] 🖲 (농어민이나 소비자, 또는 중소기업자 등이) 경제적 편의와 상호 협력을 위하여 조직하는 단체. 〔농업 협동조합이나 중소기업 협동조합 따위.〕
협량(狹量) [협냥] 🖲🗗🕽 도량이 좁음.
협력(協力) [협녁] 🖲🗗🕽 서로 돕는 마음으로 힘을 모음. ▌협력 관계. /협력을 요청하다.
협로(夾路) [협노] 🖲 큰길에서 갈라진 좁은 길.
협로(峽路) [협노] 🖲 산속의 길.
협로(狹路) [협노] 🖲 ⇨소로(小路).
협록(夾錄) [협녹] 🖲 협지(夾紙)에 적은 글.
협륵(脅勒) [협늑] 🖲🗗🕽 협박하여 우겨 댐.
협만(峽灣) [-만] 🖲 내륙(內陸)으로 깊이 쑥 들어간 좁고 긴 만. 피오르.
협맹(峽氓) [-맹] 🖲 산골에서 농사짓는 어리석은 백성.
협무(挾舞) [-무] 🖲🗗🕽 춤을 출 때, 주연자(主演者) 옆에서 함께 춤을 추는 일, 또는 그런 사람.

협문(夾門) [협-] 🖲 ①정문(正門) 옆에 있는 작은 문. ②삼문(三門) 좌우의 작은 문.
협박(狹薄) '협박하다'의 어근.
협박(脅迫) [-빡] 🖲🗗🕽 ①남에게 어떤 일을 하도록 위협함. 협박을 당하다. /협박을 받다. ②형법에서, 해악(害惡)을 끼치겠다는 말을 하거나 태도를 지어 남에게 겁을 주는 일. ▌돈을 가져오지 않으면 아들을 해치겠다고 협박하였다.
협박-장(脅迫狀) [-빡짱] 🖲 협박하는 뜻을 적은 글.
협박-하다(狹薄-) [-빠카-] 🗗🕾 (땅이) 좁고 메마르다.
협방(夾房) [-빵] 🖲 ⇨곁방.
협보(挾輔) [-뽀] 🖲🗗🕽 ①(좌우에서) 붙들어 도와줌. ②(신하가 임금을) 보필(輔弼)함.
협부(挾扶) [-뿌] 🖲🗗🕽 곁에서 부축하여 도와줌.
협사(夾士·脇士) [-싸] 🖲 불상에서, 본존의 좌우에서 본존을 모시고 있는 보살. 〔아미타불의 협사는 관세음보살과 대세지보살, 석가모니불의 협사는 문수보살과 보현보살임.〕 협시(夾侍)1.
협사(俠士) [-싸] 🖲 ⇨협객(俠客).
협사(挾私) [-싸] 🖲🗗🕽 사정(私情)을 둠.
협사(挾詐) [-싸] 🖲🗗🕽 간사한 마음을 품음.
협살(挾殺) [-쌀] 🖲🗗🕽🗗🕽 야구에서, 주자(走者)를 협공하여 아웃시키는 일.
협상(協商) [-쌍] 🖲🗗🕽🗗🕽 ①어떤 목적에 부합되는 결정을 하기 위하여 이해 당사자가 서로 의논함. ▌임금 협상. /협상을 벌이다. ②두 나라 이상이 어떤 일을 조정하고 우호 관계를 수립하기 위한 외교적 방법이나 회담(會談). ▌한미 양국 간의 협상.
협상^가격차(鋏狀價格差) [-쌍-] 🖲 독점 가격과 비독점 가격과의 차가 가위를 벌린 것처럼 증대되는 현상. 특히, 농산물 가격과 공산품 가격 간의 격차를 이름.
협서(夾書·脇書) [-써] 🖲🗗🕽 글줄과 글줄 사이에 글을 적음, 또는 그 글.
협서(挾書) [-써] 🖲🗗🕽 조선 시대에, 과장(科場) 안으로 몰래 책을 가지고 가던 일.
협성(協成) [-썽] 🖲🗗🕽 힘을 모아서 일을 이룸.
협세(挾勢) [-쎄] 🖲🗗🕽 남의 힘을 믿고 의지함.
협소(狹小) '협소하다'의 어근.
협소-하다(狹小-) [-쏘-] 🗗🕾 좁고 작다. 착소하다. ▌교실이 몹시 협소해서 모두 들어갈 수 없다.
협수(夾袖) [-쑤] 🖲 ⇨동달이.
협순(浹旬·浹旬) [-쑨] 🖲 열흘 동안.
협시(夾侍·脇侍)1 [-씨] 🖲 ①🗗🕽 가까이에서 모심, 또는 그런 사람. ②⇨협사(脇士).
협시(夾侍)2 [-씨] 🖲 임금을 가까이서 모시던 내시(內侍).
협식(挾食) [-씩] 🖲🗗🕽 ⇨협체(挾滯).
협실(夾室) [-씰] 🖲 ⇨곁방.
협심(協心) [-씸] 🖲🗗🕽 여러 사람의 마음을 한군데로 모음. ▌우리 모두 협심하여 경제 위기를 극복합시다. 🕒합심(合心).
협심-증(狹心症) [-씸쯩] 🖲 심장부에 갑자기 심한 아픔과 발작이 일어나는 증상. 관상(冠狀) 동맥의 경화나 경련 따위로 일어나는데, 급성 심장 마비의 원인이 되기도 함.
협애(狹隘) '협애하다'의 어근.
협애-하다(狹隘-) 🗗🕾 ①(지세나 처소가) 매우 비좁다. ②(마음이) 좁다. 너그럽지 못하다.

협약(協約)**명**하타 협의하여 약속함, 또는 그 약속.〔특히, 국가와 국가, 국가와 단체, 국가와 개인, 단체와 개인 사이의 일에 대하여 이름.〕

협약(脅約)**명** 위협으로써 이루어진 약속이나 조약.

협약^헌:법(協約憲法)〔혀뱌컨뻡〕**명** ⇨협정 헌법(協定憲法).

협업(協業)**명**하자 많은 사람이 일정한 계획 아래 노동을 분담하여 협동적·조직적으로 일함, 또는 그 일.

협연(協演)**명**하자 ①협력하여 출연함. ②음악에서, 동일한 곡을 한 독주자(獨奏者)가 다른 독주자나 악단과 함께 연주함, 또는 그러한 연주. ¶ 관현악단과의 협연.

협위(脅威)**명**하타 ⇨위협(威脅).

협의(協議)〔혀븨/혀비〕**명**하타되자 여럿이 모여 의논함. 서로 논의함. ¶ 대책을 협의하다. /협의 사항을 알리다. 비합의(合議).

협의(狹義)〔혀븨/혀비〕**명** 어떤 말의 뜻을 좁은 범위로 한정해서 해석할 때의 뜻. 좁은 뜻. ¶ 협의의 민주주의. ↔광의(廣義).

협잡(挾雜)〔—잡〕**명**하자 옳지 않은 짓으로 남을 속임, 또는 그 짓.

협잡-꾼(挾雜—)〔—잡—〕**명** 협잡질을 잘하는 사람.

협잡-물(挾雜物)〔—잡—〕**명** ①협잡으로 얻은 물건. ②어떠한 물질에 섞여 그 물질을 불순하게 만드는 물질.

협잡-배(挾雜輩)〔—잡빼—〕**명** 협잡을 일삼는 무리.

협잡-질(挾雜—)〔—잡찔〕**명**하자 협잡을 하는 짓.

협장(脇杖)〔—짱〕**명** 다리 불구자가 겨드랑이에 대고 짚는 지팡이. 목다리. 목발.

협장(狹長)'협장하다'의 어근.

협장-하다(狹長—)〔—짱—〕**형여** 좁고 길다.

협접(蛺蝶)〔—접〕**명** ⇨나비1.

협정(協定)〔—쩡〕**명**하타 협의하여 결정함, 또는 그 내용.〔특히, 국가와 국가, 업자와 업자 사이의 일을 이름.〕¶ 양국 간에 협정을 맺다.

협정^가격(協定價格)〔—쩡까—〕**명** ①동업자끼리 협정한 상품의 가격. ②국제간의 협정으로 정해진 무역품의 가격.

협정^세:율(協定稅率)〔—쩡—〕**명** 조약에 따라 특별히 협정된 관세율.〔이 세율이 적용되는 화물에는 별도의 국정 세율이 적용되지 않음.〕 참국정 세율.

협정^헌:법(協定憲法)〔—쩡—뻡〕**명** 군주와 국민 또는 국민의 대표자가 사이에 협의에 따라 제정된 헌법. 의정 헌법. 협약 헌법. ↔흠정 헌법(欽定憲法).

협제(脅制)**명**하타 으르대고 억누름.

협조(協助)〔—쪼〕**명**하자타 남이 하는 일을 거들어 줌. 도와줌. ¶ 환경 정화 사업에 협조하다.

협조(協調)〔—쪼〕**명**하자 여러 가지 이해관계 등이 다른 처지에서 서로 양보하고 조화하는 일. ¶ 노사 간의 협조로 난국을 극복하다.

협조^융자(協調融資)〔—쪼—〕**명** 둘 이상의 금융 기관이 협의 분담으로 한 기업체에 융자하는 일.

협조-적(協調的)〔—쩌—〕**관명** 힘을 합하여 서로 양보하고 조화를 이루는 (것). ¶ 협조적 자세. /협조적인 태도.

협종(脅從)〔—쫑〕**명**하자 위협에 눌려 복종함.

협주(協奏)〔—쭈〕**명**하자 독주 악기와 오케스트라가 함께 연주함, 또는 그 연주. 참합주(合奏).

협주-곡(協奏曲)〔—쭈—〕**명** 피아노나 바이올린 따위 독주 악기가 중심이 되어 관현악과 합주하는 형식의 악곡. 콘체르토. ¶ 피아노 협주곡.

협죽-도(夾竹桃)〔—쭉또〕**명** 협죽도과의 상록 관목. 인도 원산의 관상용 식물인데, 높이는 2~5 m. 잎은 두껍고 세 개씩 돌려남. 여름에 빨강·노랑·하양 등의 꽃이 핌. 나무껍질과 뿌리는 한방에서 강심제 따위로 쓰임.

협지(夾紙)〔—찌〕**명** 편지 속에 따로 적어 끼우는 쪽지. 태지(胎紙).

협착(狹窄) '협착하다'의 어근.

협착-증(狹窄症)〔—쯩〕**명** 심장 또는 혈관의 판막(瓣膜)이나 관이 좁아지는 증상.

협착-하다(狹窄—)〔—차카—〕**형여** (자리 따위가) 몹시 좁다.

협찬(協贊)**명**하타되자 어떤 일에 재정적인 도움을 줌. ¶ 여러 업체의 협찬으로 행사를 성대히 치르다.

협창(挾娼)**명**하자 창녀를 데리고 놂.

협채(夾彩)**명**하타 ①색채 바탕에 채화(彩畫)를 그림. ②경채(硬彩)와 연채(軟彩)를 아울러 쏨.

협체(挾滯)**명**하자 한방에서, 체증이 생긴 다음에 딴 병이 겹침. 협식(挾食).

협촌(峽村)**명** 산골 마을.

협탈(脅奪)**명**하타되자 협박하여 빼앗음.

협통(脇痛)**명** 한방에서, 갈빗대 부위가 결리고 아픈 병을 이르는 말.

협판(協辦)**명** ①대한 제국 때, 각 부(部)와 궁내부(宮內府)의 둘째 벼슬. ②조선 말기에, 외교 관계를 맡아보던 관아의 한 벼슬.

협포(狹布)**명** 나비가 좁은 베.

협포(脅鉋)**명** ⇨변탕(邊鐋).

협-하다(狹—)〔혀파—〕**형여** ①(지역이) 좁다. ②마음이 너그럽지 못하고 좁다.

협호(夾戶)〔혀포〕**명** (딴살림을 할 수 있도록) 원채와 떨어져 있는 집채.

협호-살림(夾戶—)〔혀포—〕**명**하자 남의 집 협호에서 하는 살림.

협화(協和)〔혀롸〕**명**하자 ①협력하여 화합함. ②음악에서, 동시에 여러 소리가 잘 조화되는 일.

협화-음(協和音)〔혀롸—〕**명** ⇨어울림음. ↔불협화음.

협화^음정(協和音程)〔혀롸—〕**명** ⇨어울림 음정. ↔불협화 음정.

협회(協會)〔혀푀/혀풰〕**명** 어떤 목적을 위하여 회원들이 협력하여 설립하고 유지하는 회. ¶ 체육 협회. /출판 문화 협회.

혓-밑(혀민)〔—선밑〕**명** ⇨혀밑의 본딧말. * 혀밑이〔현미치〕·혓밑을〔현미틀〕·혓밑만〔현민—〕

혓-바늘(혀바늘/혈바늘)**명** 혓바닥에 좁쌀 모양으로 붉은 것이 돋는 증상, 또는 그 돋은 것. ¶ 혓바늘이 돋다. /혓바늘이 서다.

혓-바닥(혀빠닥/혈빠닥)**명** ①혀의 윗면. ②〈혀〉의 속된 말.

혓-소리(혀쏘—/혈쏘—)**명** ⇨설음(舌音).

혓-줄기(혀쭐—/혈쭐—)**명** 혀의 밑동.

혓-줄때기(혀쭐—/혈쭐—)**명** 〈혓줄기〉의 속된 말.

형(兄)**명** ①동기간 또는 한 항렬 사이에서 나이가 위인 사람을 일컫는 말. 준형님. ↔아우. ②성이나 이름 아래에 써서, 친구나 나이가 비슷한 남자끼리 상대를 높여 이르는 말.〔김 형·일남 형처럼 씀.〕③㉠나이가 비슷한 친구 사이에서 서로 높여 이르는 말. ㉡서먹서먹한 사이나 나이가 아래인 사람을 대접하여 이르는 말.

형만 한 아우 없다〔속담〕 경험을 많이 쌓은 형이 아무래도 아우보다는 낫다는 말.

형 (刑)**명**〔하타〕 〈형벌〉의 준말.

형 (形)**명** ①〈형상(形狀)〉의 준말. ②〈활용형〉의 준말.

형 (型)**명** ①어떠한 특징을 나타내고 있는 형태. ¶ 새로운 형의 자동차. ②〈모형(模型)〉의 준말.

형 (桁)**명** (건축이나 토목 공사 따위에서) 기둥 위에 가로질러 위의 것을 받치는 나무.

-형 (形)**접미** 일부 명사 뒤에 붙어, '그런 모양'의 뜻을 나타냄. ¶ 달걀형. /피라미드형.

-형 (型)**접미** 일부 명사 뒤에 붙어, '그러한 유형', '그러한 형식' 등의 뜻을 나타냄. ¶ 유선형. /천자형.

형각 (形殼)**명** 드러나 보이는 모양과 형체.

형강 (形鋼·型鋼)**명** 끊은 자리가 일정한 모양의 압연 강재. 〔아이 빔이나 티형 강(T形鋼) 따위.〕

형개 (荊芥)**명** ①↪정가². ②한방에서, '정가의 잎과 줄기'를 약재로 이르는 말. 열을 다스리고 피를 맑게 함. 산후(産後) 조리에 쓰임.

형개-수 (荊芥穗)**명** 한방에서, '정가의 꽃이 달린 이삭'을 약재로 이르는 말. 풍병이나 산후(産後) 조리에 쓰임.

형관 (荊冠)**명** ➩가시 면류관.

형광 (螢光)**명** ①반딧불. ②어떤 물질이 빛이나 방사선 따위를 받았을 때 그 빛과는 다른 고유의 빛을 내는 현상.

형광^도료 (螢光塗料)**명** 형광 물질이 들어 있는 도료.

형광-등 (螢光燈)**명** 진공 유리관 안쪽에 형광 물질을 칠하여 수은의 방전으로 생긴 자외선을 눈으로 볼 수 있는 광선으로 바꾼 조명 장치.

형광^물질 (螢光物質) [-찔]**명** 형광을 발하는 물질을 통틀어 이르는 말. 〔아연이나 카드뮴의 산화물과 아닐린 따위.〕 형광체.

형광-체 (螢光體)**명** ➩형광 물질.

형광-판 (螢光板)**명** 형광 물질을 칠한 판. 자외선이나 방사선이 닿으면 눈에 보이게 빛을 냄. 의료용 따위로 많이 쓰임.

형교 (桁橋)**명** 다리의 몸체가 형(桁)으로 되어 있는 다리.

형구 (刑具)**명** 죄인의 처형이나 고문 등에 쓰이는 도구.

형국 (形局)**명** ①(어떤 일이 벌어진 때의) 형편이나 판국. 형세가 불리하다. ②관상이나 풍수지리에서, 얼굴 생김이나 묏자리·집터 따위의 겉모양과 그 생김새. ②➩체국(體局).

형극 (荊棘)**명** ①나무의 가시. ②'고난'이나 '장애' 따위를 비유하여 이르는 말. ¶ 형극을 헤쳐 나가다.

형기 (刑期)**명** 형벌의 집행 기간. ¶ 형기를 마치다. /형기를 채우다.

형기 (形氣)**명** 형상과 기운.

형기 (衡器)**명** 무게를 다는 기구.

형노 (刑奴)**명** 지난날, 궁가(宮家) 같은 곳에서 하속(下屬)들에게 형벌을 주는 일을 맡아 하던 하인.

형-님 (兄-)**명** ①〈형(兄)〉의 높임말. ②'손위 시누이나 손위 동서'를 이르는 말.

형단영척 (形單影隻)**명** 〔형체가 하나이므로 그림자도 외짝이라는 뜻으로〕 '의지할 곳 없는 외로운 처지'를 이르는 말.

형도 (刑徒)**명** 형벌(刑罰)을 받은 자, 또는 그런 무리.

형랍 (型蠟)[-납]**명** 조각 따위에서, 형상의 본을 뜰 때에 쓰는 송진이나 밀랍 따위의 재료.

형량 (刑量)[-냥]**명** 형벌의 양. ¶ 재판부는 범인에게 6년의 형량을 선고했다.

형례 (刑例)[-녜]**명** 형벌에 관한 규정이나 전례.

형륙 (刑戮)[-뉵]**명**〔하타〕〔되자〕 (죄인에게) 형벌을 가하여 죽임.

형률 (刑律)[-뉼]**명** 형법(刑法).

형리 (刑吏)[-니]**명** 조선 때, 지방 관아의 형방(刑房)에 딸렸던 아전.

형림 (形臨)[-님]**명** 글씨본으로 삼은 글씨의 운필(運筆)이나 구성법 등을 보고 그 기법을 익히는 일.

형망제급 (兄亡弟及)**명** 형이 아들 없이 세상을 떠났을 때 아우가 혈통을 잇는 일.

형명 (刑名)**명** (법이 규정하는) 형벌의 이름. 〔사형·징역·금고(禁錮)·구류(拘留)·과료(科料)·벌금 따위.〕

형명 (形名)**명** 지난날, 기(旗)와 북으로 군대를 지휘하던 신호법.

형모 (形貌)**명** ①생긴 모양. ②➩용모(容貌).

형무 (刑務)**명** 행형(行刑)에 관한 사무나 업무.

형무-소 (刑務所)**명** '교도소'의 구용어.

형문 (刑問)**명** 〔지난날〕 ①죄인을 형장(刑杖)으로 때리던 일. 형추(刑推). ②〔하타〕죄인을 고문하여 자백시키던 일. ➩형신(刑訊).

형방 (刑房)**명** 〔조선 시대〕 ①승정원(承政院)과 지방 관아의 육방(六房)의 하나. 형전(刑典)에 관한 일을 맡아보았음. ②지방 관아의 형방의 아전.

형배 (刑配)**명**〔하타〕〔되자〕 지난날, 죄인을 벌하여 귀양 보내던 일.

형벌 (刑罰)**명**〔하타〕 국가가 죄를 범한 자에게 제재를 가함, 또는 그 제재. 형옥(刑獄). ¶ 형벌을 과(科)하다.

형법 (刑法)[-뻡]**명** 범죄와 형벌의 내용을 규정한 법률. 형률(刑律).

형부 (兄夫)**명** 언니의 남편. ↔제부(弟夫).

형부 (刑部)**명** 고려 시대의 육부(六部)의 하나. 법률·소송·재판에 관한 일을 맡아보았음.

형사 (刑死)**명** 형을 받아 죽음. 주로, 사형에 처해져 죽는 것을 이름.

형사 (刑事)**명** ①형법의 적용을 받는 일. ↔민사(民事). ②(주로 사복 차림으로) 범죄를 수사하고 범인을 체포하는 따위의 일을 맡은 경찰관. ¶ 형사 기동대.

형사 (形似)**명** 모양을 본떠서 베낌.

형사^미:성년자 (刑事未成年者)**명** 아직 14세가 되지 아니하여 형법상 책임 능력이 없는 것으로 간주되는 사람.

형사-범 (刑事犯)**명** (법률에 규정이 없더라도) 그 행위 자체가 이미 반도덕적이고 반사회적인 행위로 인정되는 범죄. 〔살인·방화(放火) 따위.〕 자연범. ↔법정범·행정범.

형사-법 (刑事法)[-뻡]**명** '형사에 관한 법률'을 통틀어 이르는 말. 〔형법·형사 소송법·행형법(行刑法) 따위.〕

형사^보:상 (刑事補償)**명** 무고한 사람이 범죄 수사나 형사 재판 따위로 피해를 입었음이 판명되었을 때 이를 국가가 보상하는 일.

형사^사:건 (刑事事件)[-껀]**명** 형법의 적용을 받게 되는 사건.

형사^소송 (刑事訴訟)**명** 형벌의 법규를 위반한 사람에게 형벌을 과(科)하기 위하여 행하는 소송 절차. ➩형소.

형사^소추 (刑事訴追)**명** 검사가 피고인을 기소하여 그 형사 책임을 추궁하는 일.

형사^시효(刑事時效)〔명〕형사에 관한 시효. 일정 기간의 경과에 따라 공소권이 소멸되는 '공소 시효'와 형의 집행권이 소멸되는 '형(刑)의 시효'로 나누어짐.

형사^재판(刑事裁判)〔명〕형사 사건에 관한 재판. ↔민사 재판.

형사지(兄事之)〔명〕〔하타〕나이가 자기보다 조금 많은 사람을 형의 예로써 섬김.

형사^책임(刑事責任)〔명〕불법 행위로 말미암아 형벌을 받아야 할 법률상의 책임. ↔민사 책임.

형사^처:분(刑事處分)〔명〕범죄를 이유로 형벌을 가하는 처분.

형사^피:고인(刑事被告人)〔명〕형사 사건의 피의자. 범죄의 혐의를 받아, 검사로부터 기소되었으나 아직 형(刑)의 확정을 받지 않은 사람.

형살(刑殺)〔명〕〔하타〕사형을 집행함.

형상(形狀)〔명〕(물건이나 사람의) 생긴 모양. 형상(形相). 형상(形象). ㉤형상(形像).

형상(形相)〔명〕①=형상(形狀). ②실체의 본질. ②=에이도스.

형상(形象·形像)〔명〕①=형상(形狀). ②〔하타〕〔되자〕마음속에 떠오른 관념 따위를 어떤 표현 수단으로 구상화함, 또는 그 구상화한 모습.

형상^예:술(形象藝術)〔명〕시각적인 형태를 갖춘 예술.〔조각·회화 따위.〕

형상-화(形象化)〔명〕〔하타〕〔되자〕(추상적인 본질 따위를 구상화하여) 뚜렷한 형상으로 나타냄. ¶작가의 내면 세계를 그림으로 형상화하다.

형색(形色)〔명〕①생긴 모양과 빛깔. ¶형색이 초라하다. ②얼굴 모양과 표정. ¶불안한 형색.

형석(螢石)〔명〕플루오르화칼슘으로 이루어진 광물. 유리 광택이 나는 약한 결정(結晶)으로, 가열하면 형광을 발함. 광학 기계나 플루오르화수소 따위의 제조에 쓰임.

형석-채(螢石彩)〔명〕도자기에 입히는, 홍채(紅彩)가 나는 잿물.

형설(螢雪)〔명〕'고생하면서도 꾸준히 학문을 닦음'을 이르는 말.〔반딧불과 눈이 반사하는 빛으로 공부했다는 차윤(車胤)과 손강(孫康)의 고사에서 유래함.〕¶형설의 공을 쌓다.

형설지공(螢雪之功)〔-찌-〕〔명〕고생하면서도 꾸준히 학문을 닦은 보람. ☞설안형창(雪案螢窓).

형성(形成)〔명〕〔하타〕〔되자〕어떤 모양을 이룸. ¶고대 국가의 형성. /공감대가 형성되다.

형성(形聲)〔명〕한자의 육서(六書)의 하나. 뜻을 나타내는 글자와 음을 나타내는 글자를 합하여 새 한자를 만드는 방법.〔'물'을 뜻하는 'ㅟ'와 음을 나타내는 '木'을 합한 '沐' 따위.〕해성(諧聲).

형성^가격(形成價格)〔-까-〕〔명〕가격을 구성하는 요소에 이윤을 더하여 국가가 인위적으로 정한 가격.

형성-권(形成權)〔-꿘〕〔명〕권리자의 일방적 의사 표시에 따라 일정한 법률 효과를 발생시키거나 소멸시키거나 하는 권리.〔인지권·추인권·취소권·해제권 따위.〕

형성-층(形成層)〔명〕식물의 줄기나 뿌리에서, 겉껍질과 목질부 사이에 있는 조직. 세포 분열로 줄기와 뿌리가 굵어짐. 부름켜.

형세(形勢)〔명〕①살림살이의 형편. ¶형세가 말이 아니다. ②(어떠한 일의) 형편이나 상태. 세(勢). ¶형세가 위급하다. ③풍수지리에서, 산형(山形)과 지세(地勢)를 이르는 말.

형소(刑訴)〔명〕〈형사 소송〉의 준말.

형수(兄嫂)〔명〕형의 아내.

형승(形勝)〔명〕〔하멸〕지세나 경치가 뛰어남.

형승지지(形勝之地)〔명〕경치가 매우 뛰어나게 아름다운 곳(땅).

형식(形式)〔명〕①겉모양. 외형. ¶새로운 형식. ②격식이나 절차. ¶형식을 갖추다. ③고정된 관념이나 상태. ¶형식에 얽매이다.

형식^논리학(形式論理學)〔-싱놀-〕〔명〕개념이나 판단·추론 따위 사유의 형식적인 면을 연구하는 논리학.

형식-론(形式論)〔-싱논〕〔명〕형식에 관한 이론.

형식^명사(形式名詞)〔-싱-〕〔명〕☞의존 명사.

형식-미(形式美)〔-싱-〕〔명〕예술 작품 따위에서, 조화나 균형·율동 따위의 형식이 감각에 호소하는 아름다움. ↔내용미.

형식-범(形式犯)〔-뺌〕〔명〕☞거동범(擧動犯).

형식-법(形式法)〔-뺍〕〔명〕☞절차법.

형식-적(形式的)〔-쩍〕〔관〕〔명〕형식을 주로 하는 (것).〔내용이나 실질이 하지 않음을 강조하는 경우에 많이 씀.〕¶형식적 절차. /형식적인 인사. ↔실질적.

형식-주의(形式主義)〔-쭈의/-쭈이〕〔명〕①사물의 형식을 특히 중요시하여 내용을 경시하거나 무시하는 태도나 생각. ↔실질주의. ②미학에서, 예술 작품의 내용을 관념적으로 파악하기보다는 감각적인 측면을 중시하는 일.

형식^형태소(形式形態素)〔-싱켱-〕〔명〕실질 형태소에 붙어서 말과 말 사이의 관계를 형식적으로 나타내는 가장 작은 단위의 말. 조사·어미·접사 등이 이에 딸림.〔'철수가 이야기책을 읽었다.'에서의 '가·를·었·다' 따위.〕㉤실질 형태소.

형식-화(形式化)〔-시콰〕〔명〕〔하타〕〔되자〕형식이 되거나 형식으로 되게 함. 일정한 형식에 맞게 함.

형신(刑訊)〔명〕〔하타〕☞형문(刑問).

형씨(兄氏)〔대〕잘 알지 못하는 사이에서, 상대를 조금 높여 이르는 말.

형안(炯眼)〔명〕①날카로운 눈매. ②사물의 본질을 꿰뚫어 보는 뛰어난 관찰력.

형안(螢案)〔명〕①[반딧불로 밝힌 책상이라는 뜻으로] '공부하는 책상'을 이르는 말. ②'어려운 형편에서 힘들게 한 공부'를 비유하여 이르는 말.

형언(形言)〔명〕〔하타〕(('어렵다'·'없다'·'못하다' 따위의 부정어와 함께 쓰이어)) 형용하여 말함. ¶이 기쁜 마음을 형언할 길이 없다. /형언하기 어려운 고통을 당하다.

형역(形役)〔명〕〔육체가 마음을 부린다는 뜻으로〕'정신이 물질의 지배를 받음'을 이르는 말.

형영(形影)〔명〕〔형체와 그림자라는 뜻으로〕'항상 서로 떨어지지 않음'을 이르는 말.

형영-상동(形影相同)〔명〕〔형체의 곧고 굽음에 따라 그림자도 곧고 굽는다는 뜻으로〕'마음의 선악이 그대로 행동으로 드러남'을 이르는 말.

형영-상조(形影相弔)〔명〕〔하자〕〔자신의 형체와 그 림자가 서로 불쌍히 여긴다는 뜻으로〕'의지할 곳이 없어 매우 외로워함'을 이르는 말.

형옥(刑獄)〔명〕①=형벌. ②=감옥.

형용(形容)〔명〕①생긴 모양. ②〔하타〕사물의 어떠함을 어떠한 표현 수단을 써서 나타냄. ¶무어라고 형용할 길이 없다.

형용-사(形容詞)〔명〕사람이나 사물의 성질이나 상태, 또는 존재를 나타내는 말. 용언의 한 가지로서, 문장의 주체가 되는 말의 서술어가 됨.〔형태에 따라 본형용사·보조 형용사, 형태에 따라 규칙 형용사·불규칙 형용사로 나뉨.〕그림씨. ㉤용언.

형용사-구(形容詞句)**명** 문장에서, 형용사처럼 서술어 구실을 하는 구. 〔'그 꽃이 매우 아름답다.'에서의 '매우 아름답다' 따위.〕

형우제공(兄友弟恭)**하자** 〔형은 아우를 사랑하고, 아우는 형을 공경한다는 뜻으로〕 형제간에 우애가 깊게 지냄을 이르는 말.

형이상(形而上)**명** 형체가 없어, 감각으로는 그 존재를 파악할 수 없는 것. 시간이나 공간을 초월한 관념적인 것. ↔형이하.

형이상-학(形而上學)**명** 사물의 본질이나 존재의 근본 원리 따위를 사유(思惟)나 직관에 의해 연구하는 학문. ↔형이하학.

형이하(形而下)**명** 형체를 갖추어, 감각으로 알 수 있는 것. 시간이나 공간 속에 형체를 가지고 나타나는 자연현상이나 사회 현상 따위. ↔형이상.

형이하-학(形而下學)**명** 형체가 있는 사물에 관한 학문. 물리학·식물학 따위의 자연 과학. ↔형이상학.

형장(刑杖)**명** ⇨곤장(棍杖).

형장(刑場)**명** 사형을 집행하는 곳. 사형장. ¶형장의 이슬로 사라지다.

형장(兄丈)**대** 나이가 엇비슷한 친구 사이에서 '상대편'을 높이어 부르는 말.

형적(形迹·形跡)**명** 사물의 뒤에 남은 흔적. ¶형적도 없이 사라지다.

형전(刑典)**명** 왕조 때, 육전(六典)의 하나. 형조(刑曹)의 소관 사항을 규정한 법전.

형정(刑政)**명** 형사(刑事)에 관한 행정.

형제(兄弟)**명** ①형과 아우. 곤제(昆弟). ②⇨동기(同氣).

형제-자매(兄弟姉妹)**명** 형제와 자매. 동기(同氣).

형제지국(兄弟之國)**명** 국교가 매우 두터운 나라, 또는 혼인 관계가 있는 나라.

형제지의(兄弟之誼)[-의/-이]**명** 〔형제간처럼 지내는〕 벗 사이의 매우 깊은 우의.

형조(刑曹)**명** 고려·조선 시대의 육조(六曹)의 하나. 법률·소송·노예 등에 관한 일을 맡았음.

형조^판서(刑曹判書)**명** 조선 시대, 형조의 정이품 으뜸 벼슬. ㈜형판(刑判).

형죄(刑罪)[-죄/-줴]**명** 형벌과 죄.

형지(形止)**명** ①사실의 전말. ②일이 되어 가는 형편.

형지(形紙)**명** ⇨본(本)¹.

형질(形質)**명** ①생긴 모양과 성질. ②생물을 분류할 때 지표가 되는 형태나 성질 따위의 특징, 또는 밖으로 드러난 유전적 성질.

형질^세:포(形質細胞)**명** 장벽(腸壁)의 점막이나 림프샘·소혈관(小血管) 따위의 주변에 밀집되어 있는 림프구의 한 가지.

형징(刑懲)**명하타** 형벌을 과하여 징계함.

형:찰(調察)**명하타** 남모르게 살핌, 또는 넌지시 엿보며 살핌.

형창(螢窓)**명** ①〔반딧불이 비치는 창가라는 뜻으로〕 공부하는 방의 창. ②학문을 닦는 곳.

형처(荊妻)**명** 편지 글 등에서, 남에게 대하여 자기 '아내'를 낮추어 이르는 말. 〔중국 후한 때에 양홍(梁鴻)의 아내 맹광(孟光)이 가시나무 비녀를 꽂고 무명으로 만든 치마를 입었다는 데서 유래함.〕 우처(愚妻).

형체(形體)**명** 사물의 모양과 바탕. 물건의 외형. ¶형체가 없다. /형체를 알아보다.

형추(刑推)**명하타** ⇨형문(刑問).

형:탐(詗探)**명하타** 엿보아서 샅샅이 찾음. 염탐하여 수색함.

형태(形態)**명** ①사물의 생긴 모양. 생김새. ¶동물의 형태. ②어떠한 구조나 전체를 이루고 있는 구성체가 일정하게 갖추고 있는 모양. ¶가족의 형태. /시조의 형태. ③심리학에서, 부분의 집합체로서가 아닌, 그 전체를 하나의 통합된 유기체로 본 것.

형태-론(形態論)**명** 형태소에서 단어까지를 다루는 문법의 한 분야. 어형론.

형태-소(形態素)**명** 일정한 음성과 뜻이나 기능을 지닌 가장 작은 말의 단위. 〔'철수가 이야기책을 읽었다.'에서의 '철수·이야기·책·읽·가·을·았·다' 따위.〕 □의존 형태소·자립 형태소·실질 형태소·형식 형태소.

형태-학(形態學)**명** 생물학의 한 부문. 생물의 구조나 형태 따위를 연구하는 학문. 〔대상이나 목적에 따라 조직학·세포학·발생학 따위로 나뉨.〕

형통(亨通)**하자** 모든 일이 뜻대로 잘되어 감. ¶만사가 형통하시기를 기원합니다.

형-틀(刑-)**명** 지난날, 죄인을 신문할 때 앉히던 형구(刑具).

형-틀(型-)**명** 물건을 만들 때 그 형태의 바탕으로 삼는 것. 골³. 틀.

형판(刑判)**명** 〈형조 판서〉의 준말.

형편(形便)**명** ①일이 되어 가는 모양이나 결과. ¶되어 가는 형편을 지켜보다. /형편에 따르다. ②살림살이의 정도. 형세. ¶형편이 어렵다.

형편-없다(形便-)[-퍼넙따]**형** ①일의 경과·결과 따위가 매우 좋지 못하다. ¶시험 성적이 형편없다. ②모양이나 내용이 전혀 취할 바가 없다. ¶사람 됨됨이가 형편없다. **형편없-이**∠∠부 ¶자재가 형편없이 부족하다.

형평(衡平)**명** 균형이 잡혀 있는 일. 수평(水平). ¶형평에 어긋나는 처사.

형평-사(衡平社)**명** 천민 계급, 특히 백장들의 사회적 지위를 향상시키기 위하여, 1923년 경상남도 진주에서 결성되었던 정치적 결사(結社). ¶형평에 어긋나다.

형평-성(衡平性)[-썽]**명** 형평을 이루는 성질. ¶형평에 어긋나다.

형평^운:동(衡平運動)**명** 일제 강점기에, 형평사를 중심으로 평등한 인권을 쟁취하려고 천민들이 일으킨 혁신적 사회 운동.

형해(形骸)**명** ①(사람이나 동물의) 몸과 뼈. 육체. ②(어떤 구조물 따위의) 뼈대. ③(질병이나 재화로 인하여 사람의 몸이나 건축물 따위가) '앙상한 모습'을 비유한 말. ¶불타고 형해만 남은 건물.

형향(馨香)**명** ①향내. 꽃다운 향기. ②제상에 피우는 향. ¶우리 선열께 바칠 형향이 광복의 완성, 즉 독립의 고유(告由)에 있을 뿐이어늘….

형형(炯炯)'형형(炯炯)하다'의 어근.

형형(熒熒)'형형(熒熒)하다'의 어근.

형형색색(形形色色)[-쌕]**명** 모양과 종류가 다 다른 가지각색. ¶형형색색의 깃발.

형형-하다(炯炯-)**형여** (눈빛 따위가) 반짝반짝 빛나다. ¶사람을 압도하는 형형한 눈빛. **형형-히**∠∠부.

형형-하다(熒熒-)**형여** (빛이) 자꾸 반짝반짝 빛나면서 밝다. ¶불빛이 형형하다. **형형-히**∠∠부.

형화(螢火)**명** 반딧불.

혜:(慧)[혜/헤]**명** 불교에서, 사리를 밝게 분별하는 '지혜'를 이르는 말.

혜:감(惠鑑)[혜-/헤-]**명** 자기의 저서나 작품을 남에게 드릴 때, '보아 주십시오'라는 뜻으로 받는 이의 이름 끝이나 옆에 쓰는 말. ㈜혜존.

혜:검(慧劍)[혜-/혜-] 명 불교에서, '일체의 번뇌를 끊어 버리는 지혜'를 날카로운 칼에 비유하여 이르는 말.

혜:고(惠顧)[혜-/혜-] 명자 ①상대편을 높이어 그가 '자기를 찾아 줌'을 이르는 말. 왕림. 혜래. 혜림. ②하타 잘 보살펴 줌.

혜:교(慧巧)[혜-/혜-] 명 밝은 지혜와 교묘한 재주.

혜:근(慧根)[혜-/혜-] 명 불교에서 이르는 오근(五根)의 하나. 선정(禪定)으로 사리를 헤아리는 지혜를 닦아 사제(四諦)의 이치를 깨닫게 되는 일을 이름.

혜:념(惠念)[혜-/혜-] 명하자 〔주로 편지 글에서〕 상대편이 자기를 돌보아 주는 생각이라는 뜻으로 쓰는 말.

헤다타 〔옛〕 ①세다. ¶三世옴 혜온 數ㅣ라(釋譜19:11). /헬 계:計(類合下20). ②헤아리다. 생각하다. ¶社稷功올 혜샤(龍歌104章).

혜:당(惠堂)[혜-/혜-] 명 〈선혜당상〉의 준말.

혜:란(蕙蘭)[혜-/혜-] 명 난초의 하나. 잎이 길고 뻣뻣하며, 늦은 봄에 빛깔이 부연 꽃이 한 줄기에 여러 개가 핌.

혜:래(惠來)[혜-/혜-] 명하타 ☞혜고(惠顧).

혜:량(惠諒)[혜-/혜-] 명 편지 글 따위에서, '널리 살펴서 헤아림'의 뜻으로 쓰는 말.

혜:력(慧力)[혜-/혜-] 명 불교에서 이르는 오력(五力)의 하나. 선정(禪定)으로 사리를 헤아리는 지혜를 닦아 사제(四諦)의 이치를 깨닫게 되는 일.

혜:림(惠臨)[혜-/혜-] 명하자 ☞혜고(惠顧).

혜:명(慧命)[혜-/혜-] 명 ①'지혜'를 생명에 비유하여 이르는 말. ②〔불법의 명맥이라는 뜻으로〕'비구(比丘)'를 높여 이르는 말.

혜:무(惠撫)[혜-/혜-] 명하타 은혜를 베풀어 달램.

혜민 '혜민하다'의 어근.

혜:민-국(惠民局)[혜-/혜-] 명 고려·조선 시대에, 가난한 백성의 병을 고쳐 주던 관아.

혜:민-서(惠民署)[혜-/혜-] 명 조선 시대에, 혜민국의 후신으로, 가난한 백성의 질병을 치료해 주던 관아.

혜:민-원(惠民院)[혜-/혜-] 명 조선 말기에, 가난한 백성을 구호하고 의술을 베풀어 주던 관아.

혜:민-하다(惠敏-)[혜-/혜-] 형여 슬기롭고 민첩하다. 혜오(慧悟)하다.

혜:분난비(蕙焚蘭悲)[혜-/혜-] 명 〔혜란(蕙蘭)이 불에 타니 난초가 슬퍼한다는 뜻으로〕'벗의 불행을 슬퍼함'을 비유하여 이르는 말. 참송무백열(松茂柏悅).

혜:사(惠賜)[혜-/혜-] 명하타 은혜로 무엇을 줌. 혜여(惠與).

혜:서(惠書)[혜-/혜-] 명 상대편을 높이어 그의 '편지'를 이르는 말. 혜음. 혜찰. 혜한. 혜함.

혜:성(彗星)[혜-/혜-] 명 ①태양을 초점으로, 긴 꼬리를 끌고 타원이나 포물선 또는 쌍곡선의 궤도를 그리며 운동하는 천체. 꼬리별. 살별. 미성(尾星). ②'어떤 분야에서 갑자기 나타나 뛰어나게 뚜렷함'을 비유하는 말. ¶혜성같이 나타난 신예 작가.

혜:성(慧性)[혜-/혜-] 명 민첩하고 총명한 성품.

혜:성-가(彗星歌)[혜-/혜-] 명 신라 진평왕 때 융천사(融天師)가 지은 10구체 향가. 심대성(心大星)을 범한 혜성을 물리치고자 부른 노래. '삼국유사'에 실려 전함.

혜:송(惠送)[혜-/혜-] 명하타 보내어 주심.

혜:시(惠示)[혜-/혜-] 명하타 〔은혜롭게 알리거나 보인다는 뜻으로〕 주로 편지에서, 상대편 무엇을 알려 달라는 뜻으로 쓰는 말.

혜:시(惠施)[혜-/혜-] 명하타 은혜를 베풀어 줌.

혜:심(慧心)[혜-/혜-] 명 슬기로운 마음.

헤아림타〔옛〕('헤아리다'의 명사형〕헤아림. 생각. 근심. ¶ㅁ소매 온 헤아림과 또 즈믄 헤아료믈 머겟도다(杜初11:4).

헤아리다타〔옛〕헤아리다. 세다. ¶아니 왯단 이를 헤아리디 말며(內訓1:9).

혜:안(慧眼)[혜-/혜-] 명 ①날카로운 눈. 사물의 본질이나 이면을 꿰뚫어 보는 눈. ¶앞을 내다보는 혜안을 지니다. ②불교에서 이르는 오안(五眼)의 하나. 차별이나 망집(妄執)을 버리고 진리를 통찰하는 눈.

혜:애(惠愛)[혜-/혜-] 명하타 은혜롭게 사랑함.

헤어호다타〔옛〕생각하다. 헤아리다. ¶누어 성각호고 니러 안자 헤어호니(鄭澈.續美人曲).

혜:여(惠與)[혜-/혜-] 명하타 ☞혜사(惠賜).

헤여호다타〔옛〕세다. 헤아리다. ¶萬二千峯을 歷歷히 헤여호니(鄭澈.關東別曲).

혜오(慧悟)〔혜오하다〕의 어근.

혜:오-하다(慧悟-)[혜-/혜-] 형여 ☞혜민하다.

혜욤타〔옛〕〔'혜다'의 명사형〕생각. ¶綠量호야 혜욤은 닐오디 八識이 다 能히 제 分ㅅ境을 綠호야 혜논 전치오(圓覺上二之一27). 참혜욤.

혜:육(惠育)[혜-/혜-] 명하타 은혜로써 기름.

혜욤타〔옛〕〔'혜다'의 명사형〕생각. 셈. 계산. ¶네 게을어 도라올 헤유미 업도(杜初8:36). 참혜욤.

혜:음(惠音)[혜-/혜-] 명 ☞혜서(惠書).

혜:인(惠人)[혜-/혜-] 명 조선 시대, 외명부의 한 품계. 정·종사품인 종친의 아내의 칭호.

혜:전(惠展)[혜-/혜-] 명 〔주로 편지 겉봉 따위에서〕'삼가 펴 보십시오.'의 뜻으로 쓰는 말.

혜:존(惠存)[혜-/혜-] 명 〔자기의 저서나 작품을 증정할 때〕'받아 간직하여 주십시오.'의 뜻으로 쓰는 말. 참혜감.

혜:지(慧智)[혜-/혜-] 명 총명한 슬기.

혜:찰(惠札)[혜-/혜-] 명 ☞혜서(惠書).

혜:택(惠澤)[혜-/혜-] 명 은혜와 덕택. ¶선생님의 크나큰 혜택을 입다.

혜:투(惠投)[혜-/혜-] 명하타 상대편을 높이어, 그가 '보내어 줌'을 이르는 말.

혜:풍(惠風)[혜-/혜-] 명 ①팔풍의 하나. 동남풍. ②화창한 봄바람. ③'음력 삼월'을 달리 이르는 말. ③희월(喜月).

혜:한(惠翰)[혜-/혜-] 명 ☞혜서(惠書).

혜:함(惠函)[혜-/혜-] 명 ☞혜서(惠書).

혜:화(惠化)[혜-/혜-] 명하타 은혜를 베풀어 교화함.

혜:휼(惠恤)[혜-/혜-] 명하타 자비심을 가지고 어루만져 돌보아 줌.

헴명〔옛〕셈. ¶말씀호며 헴 혜논 안해 겨사뎌(月釋9:13).

헴가림명〔옛〕헤아림. 분별. 사려(思慮). ¶日暮脩竹애 헴가림도 하도할샤(鄭澈.思美人曲).

호부 입을 오므리고 입김을 많이 불어 내는 소리. 호-호부(센말).

호:(戶)①I명 호적상의 가족으로 구성된 '집'을 이르는 말.
II의 ①집의 수효를 나타내는 말. ¶몇 호나 될까?/약 50호 되는 마을. ②바둑의 '집'. 오(五) 호 반 공제.

호(弧)명 원주(圓周), 또는 곡선 상의 두 점 사이의 부분.

호(胡)명 지난날, 중국에서 북방의 이민족을 이르던 말.

호(毫)명 붓의 털끝.

호(湖)명 《주로 호수 이름 뒤에 쓰이어》 '호수(湖水)'를 이르는 말. ¶ 영랑호. /경포호. /바이칼 호.

호:(號)명 ①〈아호(雅號)〉의 준말. 별호(別號). ②세상에 널리 드러난 이름. (주로, '호가 나다'의 꼴로 쓰임.) ¶ 애처가로 호가 나다.

호(壕)명 〈참호〉의 준말.

호(濠)명 성벽 바깥에 도랑을 파서 물을 괴게 한 곳.

호(毫)의 무게나 길이의 단위의 한 가지. 이(釐)의 10분의 1, 곧 자(尺)의 만분의 1.

호:(號)의 ①어떠한 사물의 차례를 나타내는 말. ¶ 일 호. /삼월 호. ②같은 번지 안의 집이나 구역을 나눌 때 붙여 쓰는 말. ¶ 산 5번지의 9호. ③그림 화포(畫布)의 크기를 나타낼 때 숫자 뒤에 붙여 쓰는 말. 1호가 우편엽서 크기임. ¶ 100호나 되는 그림.

호-(好)접두 (일부 명사 앞에 붙어) '좋다'는 뜻을 나타냄. ¶ 호경기. /호남자. /호시절.

-호(號)접미 기차나 배·비행기 따위의 이름 뒤에 붙어, 그러한 이름임을 나타냄. ¶ 남해호. /통일호.

호:가(好價)[-까]명 좋은 값.

호가(呼價)[-까]명하타 (정가가 매겨지지 않은 물건을 파는 이나 사는 이가) 값을 부름. ¶ 100만 원을 호가하는 물건.

호가(胡笳)명 ☞ 풀잎피리.

호가(胡歌)명 호인(胡人)의 노래.

호:가(扈駕)명하자 왕조 때, 임금이 탄 수레를 모시고 따라가던 일.

호가호위(狐假虎威)정구 [여우가 범의 위세를 빌려 호기를 부린다는 뜻으로] '남의 권세에 의지하여 위세를 부림'을 이르는 말. '전국책'의 초월(楚越)에 나오는 말.

호:각(互角)명 양쪽의 역량이 엇비슷한 일. 서로 우열을 가릴 수 없는 일. [쇠뿔의 양쪽이 서로 길이나 크기가 같다는 데서 유래함.] ¶ 세력이 호각을 이루다.

호:각(號角)명 불어서 소리를 내어 신호용 따위로 쓰는 작은 물건. ¶ 호각 소리. /호각을 불다. 참 호루라기.

호:각지세(互角之勢)[-찌-]명 서로 엇비슷한 세력. ¶ 호각지세를 이루다.

호:감(好感)명 〈호감정〉의 준말. ¶ 호감이 가는 사람. ↔악감.

호:감정(好感情)명 좋게 여기는 감정. 준호감. ↔악감정.

호강명하자 호화롭고 편안한 삶을 누림. ¶ 딸 덕에 호강하며 산다.

호강(豪强)명 '호강하다'의 어근.

호강-스럽다[-따][~스러우니·~스러워]형ㅂ 호화롭고 편안한 삶을 누리는 듯하다. ¶ 호강스럽게 지내다. 호강스레 부.

호강-작첩(-作妾)명하자 호강으로 첩을 얻음, 또는 그 첩.

호강-첩(-妾)명 부잣집에 들어가 호강스럽게 지내는 첩.

호강-하다(豪强-)형여 뛰어나게 강하다.

호객(呼客)명하자 (사창가나 음식점 따위에서) 말이나 짓 등으로 손님을 끎. ¶ 호객 행위.

호객(豪客)명 ①호기(豪氣)가 있는 사람. ②힘을 뽐내는 사람.

호:건(好件)[-껀]명 좋은 물건이나 좋은 일.

호건(豪健)명 '호건하다'의 어근.

호건-하다(豪健-)형여 (기상이나 기력 따위가) 뛰어나고 굳세다.

호걸(豪傑)명 지용(智勇)이 뛰어나고 도량과 기개를 갖춘 사람. ¶ 영웅과 호걸.

호걸-스럽다(豪傑-)[-따][~스러우니·~스러워]형ㅂ 호걸다운 데가 있어 보이다. ¶ 호걸스럽게 굴다. 호걸스레부.

호걸-풍(豪傑風)명 호걸의 기풍이나 풍모.

호격(呼格)[-껵]명 문장에서, 체언이 부름의 자리에 놓이어 하여 독립어가 되게 하는 격. ↔불격지.

호격^조:사(呼格助詞)[-껵쪼-]명 문장에서 사람이나 사물의 이름 뒤에 붙어, 그 말이 부르는 말이 되게 하는 조사. 〔'야·여·아·이여·이시여' 따위.〕 부름자리토씨.

호:경(好景)명 좋은 경치. 비 가경(佳景).

호:경기(好景氣)명 좋은 경기. ¶ 호경기를 구가(謳歌)하다. ↔불경기.

호:고(好古)명하자 옛것을 좋아함.

호:고-가(好古家)명 옛 풍류와 아치(雅致)를 좋아하는 사람.

호-고추(胡-)명 중국 베이둥 지방 원산의 고추.

호:곡(號哭)명하자 소리 내어 슬피 욺, 또는 그 울음. ¶ 구천(九天)에 호곡하다.

호:곡-성(號哭聲)[-썽]명 목놓아 슬피 우는 울음소리.

호:골(虎骨)명 호랑이의 뼈. 한방에서 근골(筋骨)을 튼튼하게 하는 약재로 쓰임.

호:공(虎公)명 '범'을 의인화하여 이르는 말.

호:과(好果)명 좋은 결과.

호과(胡瓜)명 '오이'로 순화.

호과(瓠果)명 박과에 딸린 식물의 열매. 장과(漿果) 비슷하나 껍질이 단단함. 〔오이나 참외 따위.〕

호광(弧光)명 두 전극(電極)을 일단 접촉시켰다가 떼면, 두 전극 사이에 일어나는 호상(弧狀)의 빛. 참 전호(電弧).

호광-등(弧光燈)명 ☞ 아크등(arc燈).

호광-로(弧光爐)[-노]명 호광이 발생할 때의 열을 이용한 전기로의 한 가지.

호구명 '괴통'의 잘못.

호:구(戶口)명 호수(戶數)와 식구.

호:구(虎口)명 ①[범의 아가리라는 뜻으로] '매우 위태한 경우나 지경'을 이르는 말. ¶ 호구를 벗어나다. ②(바둑에서) '석 점의 같은 색 돌로 둘러싸이고 한쪽만 트인 한 눈의 자리'를 이르는 말. ¶ 호구를 치다. ③'어수룩하여 이용하기 좋은 사람'을 얕잡아 이르는 말.

호구(糊口·餬口)명하자 〔입에 풀칠을 한다는 뜻으로〕 '간신히 끼니만 이으며 사는 일'을 비유하여 이르는 말. ¶ 호구를 마련하다.

호:구(護具)명 태권도·검도 따위에서, 충격으로부터 몸을 보호하기 위하여 머리에 쓰거나 몸의 일부를 가리는 용구.

호:구-만명(戶口萬明)명 민속에서, 천연두로 죽은 이의 귀신을 이름.

호:구-별성(戶口別星)[-썽]명 민속에서, 천연두를 집집마다 가져다 주어 앓게 한다는 여신. 두신(痘神). 역신(疫神). 준별성. 참 마마.

호:구^조사(戶口調査)명 호수(戶數)와 각 호(戶)의 인구를 알아보기 위한 조사. 또는 가족 동태 따위에 관한 조사.

호구지계(糊口之計)[-계/-게]**명** ☞호구지책.
호구지책(糊口之策)**명** 겨우 먹고 살아가는 방
책. 호구지계. 호구책. ¶호구지책을 마련하다.
⑳호구(糊口).
호구-책(糊口策)**명** ☞호구지책.
호국(胡國)**명** ①미개한 야만인의 나라. ②(지난
날, 중국의 북방 민족이 세웠던) 오랑캐 나라.
호:국(護國)**명하자** (외적으로부터) 나라를 지
킴. ¶호국 영령. /호국 정신.
호군(犒軍)**명하타** ☞호궤(犒軍).
호:군(護軍)**명** ①조선 시대, 오위(五衛)의 정사
품 무관 벼슬. ②고려 말기에, 장군(將軍)을 고
쳐 이르던 이름.
호:굴(虎窟)**명** ①호랑이의 굴. ②'매우 위험한
곳'을 비유하여 이르는 말. 범굴. 호혈(虎穴).
호궁(胡弓)**명** 동양에 널리 보급되어 있는 현
악기의 한 가지. 바이올린 비슷한데, 둘 또는
네 개의 줄을 얹어 활로 비벼 연주함. 중국의
호금(胡琴)이나 우리나라의 해금(奚琴) 따위가
이에 딸림.
호궤(犒饋)**명하타** 군사들을 위로하여 음식물을
베풂. 호군(犒軍).
호:기(好奇)**명하자** 신기한 것에 흥미를 가짐.
신기한 것을 좋아함.
호:기(好期)**명** 꼭 좋은 시기. 알맞은 시기.
호:기(好機)**명** (무슨 일을 하는 데) 좋은 기회.
호기회. ¶호기 도래(到來). /호기를 놓치다.
호기(呼氣)**명** ①내쉬는 숨. 날숨. ②**하자**기운을
내뿜음. ↔흡기(吸氣).
호:기(浩氣)**명** 호연(浩然)한 기운. 정대(正大)
한 기운. ☞호연지기.
호:기(號旗)**명** 신호를 하는 데 쓰는 기.
호기(豪氣)**명** ①씩씩한 기상. 호방한 기상. ②거
드럭거리는 기운. 기운을 부리는 법.
호기-롭다(豪氣-)[-따][-로우니·-로워]**형ㅂ**
①의기가 양양하다. ¶호기로운 청년의 기상.
②거드럭거리며 뽐내는 티가 있다. ¶호기롭게
마구 돈을 뿌리다. **호기로이뮤.**
호기-만발(豪氣滿發)**명하자** 거드럭거리며 뽐내
는 기운이 온몸에 겉으로 드러남.
호기-상(呼氣像)**명** 찬 유리 따위에 입김을 쐴
때, 입김이 어리어 나타나는 상.
호:기-성(好氣性)[-썽]**명** (미생물이) 산소를
좋아하여 공기 속에서 잘 자라는 성질. ¶호기
성 세균. ↔혐기성.
호기-스럽다(豪氣-)[-따][-스러우니·-스러
워]**형ㅂ** 호기로워 보이다. **호기스레뮤.**
호:기-심(好奇心)**명** 새롭거나 신기한 것에 끌
리는 마음. ¶호기심이 많은 아이. /호기심이
가득 찬 눈빛.
호:기-회(好機會)[-회/-훼]**명** 좋은 기회. 호기
(好機).
호-나복(胡蘿蔔)**명** ☞당근.
호:남(好男)**명** ☞호남아.
호남(湖南)**명** '전라남도와 전라북도'를 두루 이
르는 말. ¶호남의 곡창 지대.
호:-남아(好男兒)**명** ①쾌활하고 씩씩한 남자.
호남. ②☞미남자(美男子).
호녀(胡女)**명** ①만주족의 여자. ②지난날, '중
국 여자'를 낮추어 이르던 말.
호-년(呼年-)**명** '이년·저년' 하고, 여자를 대하여
'년' 자를 붙여 부름.
호:념(護念)**명** 부처나 보살이 선행을 닦는 중생
을 늘 잊지 않고 보살펴 주는 일.
호노-자식(胡奴子息)**명** ☞호래아들.

호노한복(豪奴悍僕)**명** (고분고분하지 않고) 몹
시 드센 하인.
호농(豪農)**명** 지방에서 세력이 있고 많은 땅과
재산을 가지고 있는 농가.
호:다타 바느질할 때, 헝겊을 여러 겹 겹쳐서
바늘땀을 성기게 꿰매다. ¶구멍 난 바지를
호다.
호단(毫端)**명** 붓끝.
호:담(虎膽)**명** 범의 쓸개. 한방에서, 식욕 부진
이나 이뇨, 또는 어린이의 경풍 따위에 약재
로 씀.
호담(豪膽) '호담하다'의 어근.
호:-담자(虎毯子)**명** 범의 가죽 무늬를 그려 넣
은 담요.
호:담-하다(豪膽-)**형여** 매우 담대하다.
호:당(戶當)**명** 집마다 배당된 몫. 한 집 몫.
호당(湖堂)**명** ☞독서당(讀書堂).
호:대(戶大)**명** 술을 많이 마시는 사람. 술고래.
호대(浩大) '호대하다'의 어근.
호:-대(浩大-)**형여** ((주로 '기세'·'세
력'·'은혜' 따위의 뜻을 가진 명사와 함께 쓰
이어)) 매우 넓고 크다. ¶호대한 은덕을 입다.
호도(胡桃)**명** '호두'의 잘못.
호도(弧度)**명** ☞라디안.
호도(糊塗)**명하타** 〔풀을 바른다는 뜻으로〕 근본
적인 조처를 하지 않고 일시적으로 얼버무려
넘김. 어물쩍하게 넘겨 버림. ¶사건의 진상을
호도하다.
호도깝-스럽다[-쓰-따][-스러우니·-스러워]
형ㅂ (말이나 행동이) 경망하고 조급하다. ¶대
수롭지 않은 일을 호도깝스럽게 떠벌리다. **호도
깝스레뮤.**
호도-법(弧度法)[-뻡]**명** 라디안을 단위로 하여
중심각을 재는 법.
호되다[-되-/-뒈-]**형** 매우 심하다. ¶호되게
몰아세우다.
호두(←胡桃)**명** 호두나무의 열매. 당추자(唐
楸子).
호:두-각(虎頭閣)**명** 지난날, 의금부에서 죄인을
심문하던 곳.
호:두각-집(虎頭閣-)[-찝]**명** (의금부의 호두
각 모양을 본떠) 대문 지붕이 가로로 되지 않
고 용마루 머리께기 밑에 문을 낸 집.
호두-나무(←胡桃-)**명** 가래나뭇과의 낙엽 활엽
교목. 중국 원산으로 우리나라 중부 이남에 심
는데, 높이는 20 m가량. 껍질은 회백색이고 가
지를 많이 침. 가을에 열매인 호두가 익으며,
그 속의 씨는 연한 갈색임. 씨는 먹고, 나무는
가구재 따위로 쓰임.
호두-잠(←胡桃簪)**명** 옥비녀의 한 가지. 대가리
를 호두 모양으로 깎아 만듦.
호둣-속(←胡桃-)[-두쏙/-둔쏙]**명** ①호두 껍
데기의 안쪽 부분. ②'사물이 복잡하게 뒤섞여
있음'을 비유하여 이르는 말. ¶호둣속 같은
미로.
호드기명 물오른 버들가지의 통껍질이나 밀짚
토막 따위로 만든 피리.
호드득뮤 ①깨나 콩 따위를 볶을 때 튀는
소리. ②총이나 딱총 따위가 잇달아 터지는 소
리. ③잔 나뭇가지나 검불 따위가 불똥을 튀기
며 타 들어가는 소리. ④작은 빗방울이 지나치
며 한차례 뿌리는 소리. ¶호드득 빗방울이 떨
어지다. ⑳후드득. **호드득-호드득뮤하자.**
호드득-거리다[-꺼-]**자** 자꾸 호드득호드득하
다. 호드득대다. ⑳후드득거리다.

호드득-거리다²[-꺼-]困 경망스럽게 자꾸 방정을 떨다. 호드득대다². ☞후드득거리다².

호드득-대다¹[-때-]困 ☞호드득거리다¹.

호드득-대다²[-때-]困 ☞호드득거리다².

호들갑명 경망스럽게 야단을 피우는 말이나 몸짓. ¶호들갑을 떨다. /많은 사람 앞에서 호들갑을 부리다. 麁호들갑.

호들갑-스럽다[-쓰-따][~스러우니·~스러워]혱ㅂ 경망스럽고 야단스러운 데가 있다. ¶호들갑스럽게 떠들어 대다. 麁흐들갑스럽다. **호들갑스레**튀.

호등(弧燈)명 ☞아크등(arc燈).

-호되어미 〈옛〉-하되. ¶對答호되 ㅎ♂ 二十里롤 녀싀누니(釋譜6:23).

호-떡(胡-)명 밀가루 반죽에 설탕으로 소를 넣고 둥글넓적하게 만들어 구운 중국식 떡의 한 가지.

호떡-집(胡-)[-찝]명 호떡을 구워 파는 가게나 집.

　호떡집에 불난 것 같다관용 '질서 없이 마구 떠들어 대는 모양'을 이르는 말.

-호라어미 〈옛〉-하노라. -노라. ¶믈어러 지어서 조오라 씨디 몯호라(杜重1:50).

호-락(虎落)명 ①쪼갠 대나무로 만든 울짱, 또는 범을 막는 울짱. ②옛 중국 외번(外蕃)의 한 종족.

호락-질[-찔]명하자 남의 힘을 빌리지 않고 가족끼리 농사를 짓는 일.

호락-호락[-라코-]튀 ①쉽사리. ¶내가 그렇게 호락호락 넘어갈 것 같으냐? ②혱하 성격이 만만하고 다루기 쉬움. ¶호락호락하지 않은 상대를 만나다.

호란(胡亂)¹명 ①호인(胡人)들로 말미암아 일어난 난리(兵亂). ②〈병자호란〉의 준말.

호란(胡亂)²「호란하다」의 어근.

호란-하다(胡亂-)혱여 ①뒤섞여 어수선하다. 혼잡하다. ②불확실하다.

호:랑(虎狼)명 ①범과 이리. ②'욕심 많고 잔인한 사람'을 비유하여 이르는 말.

호:랑-가시나무(虎狼-)명 감탕나뭇과의 상록 활엽 교목. 산기슭이나 개울가에 나는데 높이는 2~3 m. 길둥근 잎은 두껍고 윤기가 있으며, 가장자리에 가시 모양의 톱니가 다섯 개씩 있음. 크리스마스 때 장식용으로 쓰임. 묘아자나무라고도 함.

호:랑-나비(虎狼-)명 호랑나빗과의 곤충. 편 날개 길이 8~12 cm. 날개는 검거나 암갈색 빛의 점이 있음. 범나비. 봉접(鳳蝶).

호:랑나비-벌레(虎狼-)명 호랑나비의 유충. 귤나무·좀피나무·산초나무·황경피나무 따위에 해를 끼침.

호:랑-연(虎狼鳶)[-년]명 '虎' 자 모양으로 만든 종이 연.

호:랑-이(虎狼-)명 ①고양잇과의 포유동물. 몸길이 1.8~2.5 m, 몸무게 200~300 kg. 몸빛은 갈색 또는 황갈색 바탕에 검은 줄무늬가 둘림. 깊은 산속에서 살며 인도·시베리아 등에 분포함. 범. ②'성질이 사납고 무서운 사람'을 비유하여 이르는 말. ¶호랑이 선생님.

　호랑이 담배 먹을[피울] 적속담 지금과는 형편이 다른 까마득한 옛날이라는 말.

　호랑이도 제 말 하면 온다속담 다른 사람에 관한 이야기를 하는데 공교롭게 그 사람이 나타났을 때에 이르는 말.

호랑이 보고 창구멍 막기속담 막상 위험한 일을 당하고서야 거기에 대한 미봉책을 쏨을 이르는 말.

호:랑지심(虎狼之心)명 [범과 이리와 같이] 사납고 무자비하고 잔인한 마음.

호래-아들명 '본데없이 막되게 자라서 버릇이 없는 사람'을 욕으로 이르는 말. 호노자식. 麁후레아들.

호래-자식(-子息)명 ☞호래아들. 麁후레자식.

호래-척거(呼來斥去)[-꺼]명하타 사람을 오라고 불러 놓고 다시 내쫓음.

호:렴(戶斂)명 왕조 때, 집집마다 물리던 온갖 세금.

호렴(胡塩)명 ①중국에서 나는, 굵고 거친 소금. 청염(淸塩). ②'알이 굵은 천일염'을 이르는 말. 麁호염.

호:령(號令)명하타 ①(지배자 등이 사람을 움직이기 위하여) 명령함, 또는 그 명령. ②큰 소리로 꾸짖음. ¶추상 같은 호령. ③'구령(口令)'의 구용어.

호:령-바람(號令-)[-빠-]명 큰 소리로 꾸짖는 서슬. ¶호령바람에 놀라 변변 한마디 못했다.

호:령-질(號令-)명하자 큰 소리로 꾸짖는 짓.

호:령-호령(號令號令)명하자타 (정신을 차릴 틈도 주지 않고) 큰 소리로 잇달아 꾸짖음, 또는 그 호령.

호:례(好例)명 좋은 예. 알맞은 예.

호로명 분합문 아래에 박는 쇠 장식.

호로(胡虜)명 [지난날] ①중국 북방의 이민족을 이르던 말. ②'외국인'을 얕잡아 이르던 말.

호로로튀 호루라기나 호각 따위를 불 때 나는 소리. 麁후루루.

호로록튀 ①하자 작은 날짐승이 갑자기 날개를 치며 가볍게 날아오르는 소리. ②하타 물이나 죽 따위를 빨아 들이마시는 소리. ¶호로록 미음을 들이마시다. 麁후루룩. **호로록-호로록**튀하자타.

호로록-거리다[-꺼-]자타 자꾸 호로록호로록하다. 호로록대다. 麁후루룩거리다.

호로록-대다[-때-]자타 호로록거리다.

호로-병(葫蘆瓶)명 〈호리병〉의 본딧말.

호록튀 ①하자 작은 날짐승이 날개를 재게 치며 가볍게 날아오르는 소리. ②하타 묽은 액체를 가볍게 빨아 들이마시는 소리. 麁후룩. **호록-호록**튀하자타 ¶우동 국물을 호록호록 마시다.

호록-거리다[-꺼-]자타 자꾸 호록호록하다. 호록대다. 麁후룩거리다.

호록-대다[-때-]자타 호록거리다.

호롱명 석유등의 석유를 담는 그릇.

호롱-불[-뿔]명 호롱에 켠 불.

호료(糊料)명 가공 식품에 점성(粘性)을 주기 위하여 사용하는 식품 첨가물의 한 가지. 〔카세인·알긴산나트륨 따위〕

호루라기명 ①살구 씨나 복숭아씨 양쪽에 구멍을 뚫어 속을 파내고 호각처럼 부는 것. ②호각이나 우레 따위를 통틀어 이르는 말. 휘슬. 麁우레².

호루루튀하자 '호로로'의 잘못.

호루루기명 '호루라기'의 잘못.

호:류(互流)명하자 서로 어긋맞게 흐름. 서로 교류(交流)함.

호르르튀 ①작은 새가 날개를 치며 가볍게 나는 소리. ¶종달새가 호르르 날아가다. ②얇은 종이 따위가 가볍게 타오르는 모양. ¶종이는 호르르하고 삽시간에 타 버렸다. 麁후르르.

호르몬(hormone)명 ☞내분비물.

호르몬-샘(hormone-)圀 ⇨내분비샘.

호른(Horn 독)圀 금관 악기의 한 가지. 주둥이는 나팔꽃 같고 관이 말려 있으며, 풍부한 음량과 부드러운 음색이 특징임. 관현악과 취주악에 쓰임.

호리圀 한 마리의 소가 끄는 작은 쟁기. 쉠겨리.

호:리(戶裏)圀 집 뒤. 뒤란.

호리(狐狸)圀 ①여우와 살쾡이. ②'몰래 숨어서 나쁜 짓을 하는 사람'을 비유하여 이르는 말.

호리(毫釐)圀 ①자와 저울의 단위인 호와 이(釐). ②'매우 적은 분량'을 비유하여 이르는 말.

호리건곤(壺裏乾坤)圀 〔술 항아리 속의 세상이라는 뜻으로〕 '늘 술에 취하여 있음'을 이르는 말.

호리다타 ①매력으로 남의 정신을 어지럽게 하여 꾀다. ¶남자를 호리다. ②그럴듯한 말로 속이다. ¶친구를 호려서 돈을 내놓게하다.

호리-병(←葫蘆甁)圀 호리병박같이 생긴 병. 술이나 약 따위를 휴대하는 데 쓰임. 圂호로병.

호리병-박(←葫蘆甁-)圀 박과의 일년생 만초. 재배 식물로, 7월경에 흰 다섯잎꽃이 핌. 열매는 길둥글고 가운데가 잘록함. 껍질은 말려서 그릇으로 쏨. 조롱박.

호리불차(毫釐不差)圀 털끝만큼도 틀림이 없음.

호리지차(毫釐之差)圀 아주 근소한 차이.

호리-질하타 호리로 논밭을 가는 일.

호리-천리(毫釐千里)[-쳘-]圀 〔티끌 하나의 차이가 천 리의 차이라는 뜻으로〕 '처음의 근소한 차이가 나중에 큰 차이가 됨'을 이르는 말.

호리촌트(Horizont 독)圀 (극장에서 하늘이나 원경 따위를 조명 효과로 나타내기 위하여) 무대 안쪽에 활처럼 휜 모양으로 설치한 벽이나 막 같은 장치.

호리-호리타하형 몸이 가늘고 키가 커서 날씬한 모양. ¶호리호리한 몸매. 웬후리후리.

호림圀 남을 호리는 일. 호리는 솜씨. 웬후림.

호마(胡麻)圀 참깨와 검은깨를 통틀어 이르는 말. 지마(芝麻).

호마-유(胡麻油)圀 참깨로 짠 참기름.

호마-인(胡麻仁)圀 한방에서, '참깨나 검은깨'를 약재로 이르는 말. 종창을 다스리는 데나, 폐병의 보재(補材)로 쓰임.

호마테(Homate 독)圀 유오 화산.

호말(毫末)圀 '털끝, 또는 털끝만큼 작은 것'이나 '극히 적은 것'을 비유하여 이르는 말.

호:망(虎網)圀 범의 침입을 막기 위하여 집 근처에 치던 굵은 올의 그물.

호망(狐網)圀 여우 잡는 그물.

호매(豪邁)圀 '호매하다'의 어근.

호매-하다(豪邁-)형 성질이 호탕하고 인품이 뛰어나다.

호맥(胡麥)圀 '호밀'로 순화.

호면(胡綿)圀 품질이 썩 좋은 풀솜.

호면(胡麵)圀 ⇨당면(唐麵).

호면(湖面)圀 호수의 수면(水面).

호:명(好名)圀하타 이름 내기를 좋아함.

호명(呼名)圀하타되자 이름을 부름. ¶호명을 하면 손을 들어 주세요.

호명(糊名)圀하자 왕조 때, 과거 응시자의 이름을 풀칠하여 봉하던 일.

호모(呼母)圀하타 어머니라고 부름.

호모(毫毛)圀 ①가는 털. ②'아주 작은 것'을 비유하여 이르는 말. 凷호발(毫髮).

호모(homo)圀 '게이'를 경멸하여 이르는 말.

호모^로퀜스(Homo loquens 라)圀 〔'언어적(言語的) 인간'이라는 뜻으로〕 언어를 사용하는 인간의 특질을 이르는 말.

호모^사피엔스(Homo sapiens 라)圀 〔'지혜 있는 사람'이라는 뜻으로〕 동물 분류학상 '현생 인류'를 가리키는 말. 지성인.

호모^에렉투스(Homo erectus 라)圀 〔'직립인(直立人)'이라는 뜻으로〕 화석 인류 가운데서 '원인(原人)'을 이르는 말.

호모^에코노미쿠스(Homo economicus 라)圀 〔'경제적 인간'이라는 뜻으로〕 '타산적이고 공리적인 인간'을 이르는 말.

호모^파:베르(Homo faber 라)圀 〔'공작인(工作人)'이라는 뜻으로〕 도구를 만들어 사용하는 인간의 특질을 이르는 말.

호모포니(homophony)圀 어떤 한 성부(聲部)가 주선율을 맡고, 다른 성부는 그것을 화성적으로 받쳐주는 음악 형식.

호모^폴리티쿠스(Homo politicus 라)圀 〔'정치적 인간'이라는 뜻으로〕 정치를 통하여 사회생활을 이루어 가는 인간의 특질을 이르는 말.

호무(毫無)圀 '호무하다'의 어근.

호무-하다(毫無-)형예 조금도 없다. 전혀 없다.

호:물(好物)圀 ①좋은 물건. ②즐기는 물건.

호미圀 김을 매는 데 쓰는 농구(農具)의 한 가지. 쇠 날이 세모꼴이고 꼬부라진 슴베에 나무자루를 맞춤.

호미로 막을 것을 가래로 막는다[속] 적은 힘으로 될 일을 기회를 놓쳐 큰 힘을 들이게 된다는 뜻.

호미(狐媚)圀 〔여우의 눈썹이라는 뜻으로〕 여우가 사람을 호리듯이 아양을 떨어 사람을 매혹시키는 일.

호:미-난방(虎尾難放)圀 〔범의 꼬리를 놓기도 어렵고 안 놓으려니 난감하다는 뜻으로〕 위험한 경지에서 '이러지도 저러지도 못할 처지에 놓임'을 이르는 말.

호미-모圀 (물기가 적은 논 같은 데서) 호미로 파서 심는 모. 홶겨울모.

호미-씻이圀하자 농가에서, 김매기를 끝낸 음력 칠월경에 날을 받아 하루를 쉬며 즐겁게 노는 일.

호미-자락圀 호미의 끝 부분, 또는 그 길이. 〔빗물이 땅속에 스며든 깊이가 호미의 날 정도일 때 쓰는 말.〕

호민(豪民)圀 부자로 세력이 있는 백성.

호:민-관(護民官)圀 고대 로마에서, 평민의 권익을 지키기 위하여 기원전 493년경에 두었던 관직. 원로원의 의결에 대하여 거부권을 가지며 평민회를 소집하는 등 권한이 막강하였음.

호-밀(胡-)圀 볏과의 일년생 또는 이년초. 유럽 남부와 아시아 서남부 원산으로 높이는 2 m가량. 보리와 비슷하나 잎이 더 가늘고 길며 끝이 뾰족함. 내한성이 강하고 토박한 모래땅에서도 잘 자람. 열매는 먹기도 하고 사료로도 쓰임.

호미圀(옛) 호미. ¶호미도 놀히언마르는 날マ티 들리도 업스니이다(樂詞.思母曲). /호미 서: 鋤(訓蒙中16. 類合上28).

호:박圀 박과의 일년생 만초. 열대 아메리카 원산의 재배 식물. 잎은 넓은 심장 모양을 하고 어긋맞게 나며 여름에 누런 꽃이 핌. 열매와 잎·순은 먹을 수 있음. 남과(南瓜).

호박에 말뚝 박기[속담] ①심술궂고 못된 짓을 함을 이르는 말. ②아무리 말해도 도무지 반응이 없음을 이르는 말.

호박에 침 주기[속담] ①아무 반응이 없음을 이르는 말. ②일이 아주 하기 쉬움을 이르는 말.

호박이 굴렀다[떨어졌다][속담] ▷호박이 넝쿨째로 굴러 떨어졌다.

호박이 넝쿨째로 굴러 떨어졌다[속담] 뜻밖에 좋은 물건을 얻거나 행운을 만났을 때 하는 말. 호박이 굴렀다[떨어졌다].

호:박(琥珀)[명] 지질 시대의 수지(樹脂) 따위가 땅속에 파묻혀서 수소·산소·탄소 등과 화합하여 돌처럼 굳어진 광물. 황색으로 광택이 나고 투명하여 장식용 따위로 쓰임.

호:박-고지[-꼬-][명] 애호박을 얄팍하게 썰어서 말린 것.

호:박-김치[-낌-][명] 애호박과 호박순을 썰어서 양념을 넣고 버무려 담근 김치.

호:박-꽃[-꼳][명] ①호박의 꽃. ②여자의 '예쁘지 않은 얼굴'을 비유하여 이르는 말. ＊호:박꽃이[-꼬치]·호:박꽃만[-꼰-]

호:박-단(琥珀緞)[-딴][명] 평직(平織)으로 짠 비단의 한 가지.

호:박-떡[명] 오가리나 청둥호박을 얇게 썰어 넣고서 찐 시루떡.

호:박-무름[-방-][명] 애호박을 길이로 째서 고기소를 넣고 갖은 양념을 넣어 찐 음식.

호:박-벌[-뻘][명] 꿀벌과의 곤충. 몸길이 1.8cm 가량이며, 몸은 검은 털로 덮여 있고 가슴과 배 부분은 누런 털로 덮여 있음. 벌집과 애벌레는 유충함. 북미·아시아·유럽 등지에 분포함. ⓒ박별벌.

호:박-범벅[-뻠-][명] 청둥호박·팥·콩 등을 섞어 쑨 범벅. 익은 호박을 삶아 으깨고, 삶은 팥과 콩을 함께 넣어 끓이다가 찹쌀가루를 넣어 쑴.

호:박-산(琥珀酸)[-싼][명] 호박을 건류하거나 또는 주석산(酒石酸)을 발효시켜서 만든 유기산. 조미료 따위에 쓰임.

호:박-색(琥珀色)[-쌕][명] 호박의 빛깔. 호박과 같은 짙은 황색.

호:박-씨[명] 호박의 씨.

호박씨 까서 한입에 털어 넣는다[속담] 애써 모은 것을 한꺼번에 털어 넣는다는 뜻.

호:박-엿[-방녇][명] 청둥호박을 고아서 만든 엿. ＊호:박엿이[-방녀시]·호:박엿만[-방년-]

호:박-유(琥珀油)[-방뉴][명] 호박을 건류하여 만든 기름. 셀락 제조에 쓰임.

호:박-전(-煎)[-쩐][명] 애호박을 얇게 썰어서 밀가루와 달걀을 씌워 부친 전.

호:박^주추(-柱-)[-쭈-][명] (두리기둥을 받치기 위하여) 원기둥 모양으로 다듬어 만든 주춧돌.

호:박-죽(-粥)[-쭉][명] ①된장국에 쌀과 쇠고기 따위를 넣고 끓이다가 애호박을 썰어 넣고 쑨 죽. ②삶은 호박을 짓이겨 팥을 넣고 쌀가루를 풀어 쑨 죽.

호:박-지짐이[-찌-][명] 얇게 저민 애호박과 파를 썰어 넣고 된장이나 고추장을 풀어서 만든 지짐이.

호:박-풍잠(琥珀風簪)[명] 호박으로 만든 풍잠.

호:반(虎班)[명] 왕조 때, '서반(西班)'을 달리 이르던 말. ↔학반(鶴班).

호반(湖畔)[명] 호숫가. ¶호반에 지은 별장. /호반의 도시 춘천.

호반-새(湖畔-)[명] 호반새과의 새. 몸길이 23cm가량. 등은 적색에 자줏빛을 띠고, 부리는 붉고 굵으며 다리도 붉음. 산간 계곡·호숫

가·숲 속 등의 나무 구멍 속에 살면서 물고기나 가재 따위를 잡아먹음. 적비취(赤翡翠).

호:반-석(虎斑石)[명] 검은 바탕에 흰 점이 아롱진 돌. 벼루를 만드는 데 쓰임.

호:반-유(虎斑釉)[명] 도자기에 호피(虎皮) 무늬를 내는 데 쓰이는 잿물.

호발(毫髮)[명] ①아주 잔 털. ②'아주 잔 물건'을 이르는 말. ¶턴둥의 팁쓰니 호발을 헤리로다(鄭澈.關東別曲). ⑪호모(毫毛).

호발부동(毫髮不動)[명][하다] 조금도 움직이지 아니함.

호:방(戶房)[명] 〔조선 시대〕 ①승정원과 지방 관아의 육방(六房)의 하나. 호전(戶典)에 관한 일을 맡아보았음. ②지방 관아의 호방의 아전.

호방(豪放)[명] '호방하다'의 어근.

호방-하다(豪放─)[형여] 도량이 크며 작은 일에 거리낌이 없다. 호종(豪縱)하다. ¶호방한 성격. 호방-히[부].

호-배추(胡-)[명] 중국 종(種)의 배추.

호백구(狐白裘)[-꾸][명] 여우 겨드랑이의 흰 털 가죽으로 만든 갖옷.

호버크라프트(Hovercraft)[명] 지면(地面)이나 수면에 압축 공기를 뿜어내어 표면과 선체 사이에 에어쿠션을 만들어 달리는 선박. 〔상표명임〕.

호:법(護法)[명][하다] ①불법(佛法)을 지킴. ②불공이나 기도로 요괴나 질병을 물리침, 또는 그 법력(法力). ③법을 수호함.

호:변(好辯)[명] ①말솜씨가 좋음. 좋은 말솜씨. ②변설(辯說)을 좋아함. 변설로써 남에게 이기기를 좋아함.

호:별(戶別)[명] 집집마다. ¶호별 방문하다.

호:별-세(戶別稅)[-쎄][명] 지난날, 살림살이를 하는 집을 표준으로 하여 집집마다 징수하던 지방세의 하나.

호:병(虎兵)[명] 매우 용맹스러운 병사.

호복(胡服)[명] 호인(胡人)의 옷. 야만인의 복제.

호봉(號俸)[명] ①직계나 연공 따위를 기초로 하여 정해진 급여 체계에서의 등급. ¶호봉 책정. /호봉이 높다. ②〔'호봉(號俸)' 앞에 수를 나타내는 말이 붙어〕 급여의 등급을 나타내는 단위. ¶2급 3호봉.

호:부(戶部)[명] 고려 시대의 육부(六部)의 하나. 호구(戶口)·공부(貢賦)·전량(錢糧)에 관한 일을 맡아보았음.

호:부(好否)[명] 좋은 것과 좋지 않은 것. 호불호(好不好).

호부(呼父)[명][하다] 아버지라고 부름. 곧, 아버지로 모심.

호부(豪富)[명] 세력이 있는 부자.

호:부(護符)[명] 재액(災厄)에서 지켜 준다고 하여 몸에 지니는 부적.

호:부견자(虎父犬子)[명] 〔호랑이 아비에 개 새끼라는 뜻으로〕 '훌륭한 아버지에 못난 자식'을 이르는 말.

호부-호모(呼父呼母)[명][하다] 아버지라고 부르고 어머니라고 부름. 부모라고 부르며 모심.

호부-호형(呼父呼兄)[명][하다] 아버지라고 부르고 형이라고 부름.

호분(胡粉)[명] 조가비를 태워서 만든 흰 가루. 안료·도료 따위로 쓰임. 백분(白粉).

호:불호(好不好)[명] ▷호부(好否).

호비다[타] ①구멍이나 틈 따위의 속을 넓고 깊게 갈아 도려내다. ¶박 속을 호비다. ②속에 붙은 것을 구멍을 통해 기구로 긁어내다. ¶귀를 개로 귀비다. ③일의 비밀이나 내막을 자세히 캐다. ⓑ후비다. ①②ⓒ오비다.

호비작-거리다[-꺼-]配 자꾸 호비작호비작하다. 호비작대다. ¶나뭇가지로 흙벽을 호비작거리다. 윤후비적거리다. 옌오비작거리다.

호비작-대다[-때-]配 ⇨호비작거리다.

호비작-호비작[-자코-]團配 자꾸 호비어 파내는 모양. 윤후비적후비적. 옌오비작오비작.

호비-칼團 나막신의 속을 호벼서 깎아내는 칼.

호:사(好事)團 ①좋은 일. 기쁜 일. ↔악사(惡事). ②配일을 벌이기를 좋아함.

호사(豪士)團 호방한 사람.

호사(豪奢)團配 매우 호화롭고 사치스럽게 지냄, 또는 그런 상태. ¶호사를 부리다. /호사를 누리다. /호사하며 자라다. 참호강.

호:사-가(好事家)團 ①일을 벌이기를 좋아하는 사람. ②남의 일에 특별히 흥미를 가지고 말하기 좋아하는 사람.

호사-난상(胡思亂想)團配 이것저것 쓸데없는 생각을 함. 복잡하게 엉클려 어수선하게 생각함, 또는 그 생각.

호:사-다마(好事多魔)團配 좋은 일에는 흔히 탈이 끼어들기 쉬움, 또는 그런 일이 많이 생김.

호사-바치(豪奢-)團 몸치장을 호사스레 하는 사람을 이르는 말.

호사-수구(狐死首丘)團 〔여우는 죽을 때 제가 살던 언덕으로 고개를 돌리고 죽는다는 뜻으로〕'근본을 잊지 않음' 또는 '고향을 그리워함'을 비유하여 이르는 말. 원수구초심(首丘初心).

호사-스럽다(豪奢-)[-따][~스러우니·~스러워]혱配 호화롭고 사치스러운 데가 있다. ¶호사스러운 생활. 호사스레團.

호:사유피(虎死留皮)團 ⇨표사유피.

호사토읍(狐死兔泣)團 〔여우의 죽음에 토끼가 운다는 뜻으로〕'동료의 불행을 슬퍼함'을 이르는 말. 토사호비.

호산(胡算)團 수효를 기록할 때 쓰는 중국 특유의 부호. 〔'ㅣ·ㅣ·�// ·ㅣ/ ·⊥·ㅗ·+'따위.〕

호산(葫蒜)團 '마늘.

호산나(hosanna)團 〔'구(救)하여 주옵소서'라는 뜻으로〕신약 성서에서, 예수가 예루살렘에 입성(入城)했을 때 민중이 외친 말. 신(神)을 찬양하는 말로도 쓰임.

호:상(好喪)團 오래 살고 복록을 많이 누리다가 죽은 사람의 상사(喪事). ¶여든까지 사시고도 잠결에 편히 돌아가셨으니 호상이고 말고. ↔참상(慘喪).

호상(弧狀)團 활의 등처럼 굽은 모양.

호상(胡床)團 중국식 걸상의 한 가지.

호상(湖上)團 호수 위.

호상(壺狀)團 (항아리처럼) 배가 불룩하고 아가리가 벌어진 모양.

호상(豪商)團 자본이 많고 큰 규모로 장사하는 상인.

호:상(好爽)'호상하다'의 어근.

호:상(護喪)團配 ①초상에 관한 모든 일을 맡아 보살핌. ②〈호상차지〉의 준말.

호:상-감응(互相感應)團 ⇨상호유도.

호:상-소(護喪所)團 초상 치르는 데 관한 모든 일을 맡아보는 곳.

호:상-차지(護喪次知)團 초상에 관한 모든 일을 주관하는 이. 원호상.

호:상-하다(豪爽-)혱여 (성격이나 행동 따위가) 호방하고 시원시원하다.

호상⌒화관(壺狀花冠)團 꽃부리가 호상으로 생긴 통꽃부리의 한 가지.

호:색(好色)團配 여색을 좋아함. 탐색(貪色). 비탐음(貪淫).

호:색-가(好色家)[-까]團 여색을 좋아하는 사람.

호:색-꾼(好色-)團 ⇨색골. 호색한.

호:색-한(好色漢)[-새칸]團 '여색을 특히 좋아하는 사람'을 경멸하여 이르는 말. 색한. 호색꾼.

호:생(互生)團配 '어긋나기'로 순화.

호:생-오사(好生惡死)團配 (생물이) 살기를 좋아하고 죽기를 싫어함.

호:생지물(好生之物)團 아무렇게나 다루어도 죽지 않고 잘 사는 식물.

호서(湖西)團 충청남도와 충청북도를 두루 이르는 말. 호중(湖中).

호서(瓠犀)團 ①박의 속과 씨. ②여자의 '희고 고운 이[齒]'를 비유하여 이르는 말.

호서-배(狐鼠輩)團 〔여우와 쥐의 무리라는 뜻으로〕간사하고 못된 무리를 이르는 말.

호:석(虎石)團 ⇨석호(石虎).

호:석(護石)團 능묘의 봉토 주위를 둘러서 쌓은 돌. 둘레돌.

호:선(互先)團 ⇨맞바둑. ↔정선(定先).

호:선(互選)團配 특정한 사람들이 자기네 가운데서 서로 선출함, 또는 그 선거. ¶위원회의 호선으로 위원장을 뽑다.

호선(弧線)團 호상(弧狀)의 선. 반원의 선.

호선(胡船)團 중국 배. 중국 사람의 배.

호설(胡說)團 이치에 맞지 않는 말. 함부로 지껄이는 말.

호성(豪姓)團 (어느 지방에서) 세력을 잡고 있는 성씨(姓氏).

호성-토(湖成土)團 없어진 호수의 퇴적물로 이루어진 토양.

호세(豪勢)團 큰 세력. 매우 강대한 세력.

호세아-서(Hosea書)團 구약 성서 중의 한 편. 예언자 호세아의 예언서로, 그의 가정적 비극과 회개한 사람에 대한 속죄의 약속 등을 기록함.

호소(呼訴)團配자配 (억울하거나 원통한 사정을) 남에게 하소연함. ¶관계 기관에 호소하다. /통증을 호소하다.

호:소(虎嘯)團 ①범의 으르렁거림. ②'영웅의 활약'을 비유하여 이르는 말.

호소(湖沼)團 호수와 늪. 소호.

호소-력(呼訴力)團 깊고 강한 느낌을 주어 마음을 사로잡는 힘. ¶호소력 있는 목소리.

호소-문(呼訴文)團 (억울하거나 원통한 사정을) 하소연하는 글.

호:송(互送)團配되자 서로 보냄.

호:송(護送)團配 ①보호하여 보냄. ¶금괴를 호송하다. ②죄인 따위를 감시하면서 데려감. 압송. ¶범인을 차량으로 호송하다.

호:송-원(護送員)團 호송의 임무를 맡은 사람.

호:수(戶首)團 왕조 때, 땅 여덟 결을 한 단위로 하여 공부(貢賦)의 책임을 지게 하던 사람.

호:수(戶數)[-쑤]團 집의 수효. 세대의 수효.

호:수(好手)團 ①(기예 등에서) 뛰어난 기술, 또는 기술이 뛰어난 사람. ②바둑이나 장기 따위에서, 잘 둔 수.

호:수(好守)團配 야구나 축구 따위에서, 수비를 잘함, 또는 훌륭한 수비.

호:수(虎鬚)團 ①범의 수염. ②거칠고 꼿꼿한 수염. ③지난날, 주립(朱笠)의 네 귀에 장식으로 꽂던 흰 깃.

호수(湖水)圓 육지의 내부에 위치하여, 못이나 늪보다도 넓고 깊게 물이 괴어 있는 곳. 호해(湖海).

호:수(號數) [-쑤]圓 ①(신문·잡지 따위의) 간행의 차례를 나타내는 번호 수. ¶월간지의 발행 호수. ②(활자·그림·옷 따위의) 크기를 나타내는 수. [5호 활자, 100호짜리 그림 따위.]

호:수^활자(號數活字) [-쑤-짜]圓 크기를 호수에 따라 정한 활자. [초호 및 1호에서 8호까지 아홉 가지임.] 配포인트 활자.

호숫-가(湖水-) [-수까/-숟까]圓 호수의 언저리.

호:스(hose)圓 (기체나 액체 따위를 보내기 위하여) 고무·비닐 따위로 만든 관(管). 사관(蛇管).

호스텔(hostel)圓 ①간이 숙박소. ②⇒유스 호스텔.

호스트-바(host+bar)圓 남자 접대부를 두고 영업을 하는 술집.

호스티스(hostess)圓 카페나 바 따위의 술집에서 술 시중을 드는 여자.

호스피스(hospice)圓 죽음을 앞둔 환자에게 평안한 임종을 맞도록 위안과 안락을 베푸는 봉사 활동. 또는 그 일을 하는 사람.

호승(好勝)圓 '호승하다'의 어근.

호승(胡僧)圓 ①인도나 서역의 중. ②외국의 중.

호:승지벽(好勝之癖)圓 겨루어 이기기를 좋아하는 성벽(性癖). 配승벽.

호:승-하다(好勝-)瀏여 겨루어 이기고자 하는 마음이 강하다. 승벽이 매우 강하다.

호:시(互市)圓 국가 간의 교역. 配무역.

호시(弧矢)圓 나무로 만든 활과 화살.

호:시(怙恃)圓 [믿고 의지한다는 뜻으로] '부모'를 이르는 말.

호:시(虎視)圓配여 [범처럼 날카로운 눈으로 노려본다는 뜻으로] '기회를 노림'을 비유하여 이르는 말.

호시-성(弧矢星)圓 남극 노인성의 북쪽 성좌의 아홉 별. 시위에 걸린 꼴로 벌려 있음.

호:시절(好時節)圓 좋은 시절.

호:시-탐탐(虎視眈眈)圓配여 [범이 날카로운 눈초리로 먹이를 노린다는 뜻으로] 틈만 있으면 덮치려고 '기회를 노리며 형세를 살핌'을 비유하여 이르는 말. ¶호시탐탐 왕위를 노리다.

호:식(好食)圓配여 ①좋은 음식을 먹음, 또는 좋은 음식. ↔악식(惡食). ②음식을 좋아함. 잘 먹음.

호:신(虎臣)圓 용맹한 신하.

호:신(護身)圓配여 외부의 위험으로부터 자기의 몸을 지키는 일.

호:신-법(護身法) [-뻡]圓 ①위험으로부터 자기의 몸을 보호하는 방법. ②불교에서, 진언종(眞言宗)의 행자가 수법(修法)을 할 때, 모든 장애가 되는 것을 없애고 자신의 심신을 지키기 위하여 결인(結印)을 하고 다라니를 외는 일.

호:신-부(護身符)圓 재액으로부터 자기의 몸을 보호하기 위해 지니고 다니는 부적.

호:신-불(護身佛)圓 재액으로부터 몸을 보호하기 위하여 모시는 부처.

호:신-술(護身術)圓 위험으로부터 자기의 몸을 보호하기 위하여 익히는 무술. 보신술(保身術).

호:신-용(護身用) [-뇽]圓 몸을 보호하는 데 쓰임, 또는 쓰이는 것.

호심(湖心)圓 호수의 한가운데.

호:심-경(護心鏡)圓 지난날, 갑옷의 가슴 부분에 몸을 보호하기 위해 붙이던 구리 조각.

호아-곡(呼兒曲)圓 조선 선조 때의 문신 조존성(趙存性)이 지은 네 수의 시조. [초장 첫 구가 모두 '아희야'로 시작되어 붙여진 이름.]

호:안(好顔)圓 기쁜 빛을 띤 얼굴. 기뻐하는 안색(顔色).

호:안(護岸)圓 강이나 바다·호수 따위의 기슭이나 제방을 보호하는 일. ¶호안 공사.

호:안-석(虎眼石)圓 푸른 석면이 풍화 변질하여 된 돌. 장식용으로 쓰임.

호:양(互讓)圓配여 서로 양보함. 피차 사양함. ¶호양의 미덕.

호:언(好言)圓 친절하고 좋은 말.

호언(豪言)圓配자 의기양양하게 하는 말. 호기로운 말. 큰소리.

호언-장담(豪言壯談)圓配여 호기롭고 자신 있게 말함, 또는 그 말. 대언장담.

호:역(戶役)圓 지난날, 집집이 다 나와서 하던 부역(賦役).

호:역(戶疫)圓 ⇒천연두.

호역(虎疫)圓 ⇒콜레라.

호:연(好演)圓 매우 훌륭한 연기나 연주.

호연(弧宴)圓 생일잔치.

호연(浩然)圓 '호연(浩然)하다'의 어근.

호연(皓然)圓 '호연(皓然)하다'의 어근.

호:연-장귀(浩然長歸)圓 아무 거리낌 없이 떳떳한 마음으로 아주 돌아감. ¶성은(聖恩)을 다 갚고 후는 호연장귀하리라(古時調).

호:연지기(浩然之氣)圓 ①하늘과 땅 사이에 가득 찬 넓고 큰 정기. [『맹자』의 '공손추 상편'에 나오는 말임.] ②공명정대하여 조금도 부끄러울 바 없는 도덕적 용기. ③(잡다한 일에서 벗어난) 자유롭고 느긋한 마음. 配호기(浩氣).

호:연-하다(浩然-)瀏여 ①마음이 넓고 태연하다. ¶호연한 기상. ②물의 흐름이 그침 없다. 호연-히團.

호연-하다(皓然-)瀏여 ①하얗다. 하얗게 빛나다. ②아주 명백하다. 호연-히團.

호:열자(虎列剌)圓 '콜레라'의 한자음 표기.

호:염(虎髥)圓 [범의 수염이란 뜻으로] '무인(武人)들의 무섭게 생긴 수염'을 비유하여 이르는 말.

호염(胡塩)圓 <호렴(胡塩)>의 본딧말.

호:오(好惡)圓 좋아하는 일과 싫어하는 일.

호온자圓 [옛] 혼자. ¶호온자 岐路애 셔셔 갈 딜 몰라 호노라(古時調). 配호봇사.

호올로團 [옛] 홀로. ¶菊花ㅣ 호올로 가지예 ㄱ 독호얏도다(杜händ11:28). 配호올로.

호왁圓 [옛] 확[臼]. ¶호왁 구:(訓蒙中11).

호:왈-백만(號曰百萬) [-맹-]圓 (실상은 얼마 되지 않는데) '과장하여 많다고 떠들어 말함'을 이르는 말.

호왕(胡王)圓 ①야만인 나라의 왕. ②북방 오랑캐 나라의 왕. ¶네 호왕의 공주 기룡대(奇龍大)가 아닌가?(朴氏夫人傳).

호:외(戶外) [-외/-웨]圓 집의 바깥.

호:외(號外) [-외/-웨]圓 ①(돌발적인 사건 따위를 급히 알리기 위하여) 정기적으로 발간하는 것 외에 임시로 발간하는 신문 따위의 인쇄물. ②정하여진 수 이외의 것.

호:용(互用)圓配여하되자 서로 넘나들며 씀. 이쪽저쪽을 교대로 씀.

호:우(好友)圓 좋은 벗.

호:우(好雨)圓 때맞추어 알맞게 내리는 비. 영우(靈雨). 配감우(甘雨).

호우(豪雨)**명** (짧은 시간에) 줄기차게 내리 쏟아지는 비. ⑪대우(大雨). ↔소우(小雨).

호우^경:보(豪雨警報)**명** 기상 특보(氣象特報)의 하나. 12시간 강우량이 150 mm 이상 예상될 때 발표함.

호우^주:의보(豪雨注意報) [-의-/-이-]**명** 기상 특보의 하나. 12시간 강우량이 80 mm 이상 예상될 때 발표함.

호:운(好運)**명** 좋은 운수. ↔악운(惡運).

호웅(豪雄)**명** 매우 뛰어나고 강한 사람, 또는 호걸과 영웅.

호원(呼冤)**명하자** 억울하고 원통함을 하소연함. ⑪칭원(稱冤).

호:원(虎願)**명** 고려 시대에, 박인량(朴寅亮)이 지은 한문 설화집인 '수이전(殊異傳)'에 있었다는 범에 관한 이야기.

호:원(護援)**명하타** 일이 잘 이루어지도록 보호하고 도움을 줌. ¶인류 통성(人類通性)과 시대 양심이 정의(正義)의 군(軍)과 인도(人道)의 간과(干戈)로써 호원하는 금일.

호월(胡越)〔옛 중국 북쪽의 호(胡)와 남쪽의 월(越)이라는 뜻에서〕 '서로 멀리 떨어져 있거나 소원(疎遠)함'을 비유하여 이르는 말.

호월(皓月)**명** 아주 맑고 밝게 비치는 달.

호월-일가(胡越一家)〔옛 중국 북쪽의 호(胡)나라와 남쪽의 월(越)나라가 한집안이라는 뜻으로〕 '천하가 한집안 같음'을 이르는 말.

호:위(虎威)**명** 〔'범의 위세'라는 뜻으로〕 '권세 있는 자의 위세'를 비유하여 이르는 말.

호:위(扈衛)**명하타** 지난날, 궁궐을 경호하던 일. ¶호위 대장(大將).

호:위(護衛)**명하타** 따라다니면서 신변을 경호함, 또는 그 사람. ¶호위 병사.

호:위-청(扈衛廳)**명** 조선 인조 원년(1623)에, 궁중을 경호하기 위하여 두었던 군영(軍營).

호:유(互有)**명하타** 서로 가짐. 공동으로 소유함.

호유(豪遊)**명하자** (주로 화류계 같은 데서) 호화롭게 놂, 또는 그 짓.

호을아비(명)(옛) 홀아비. ¶호을아비 환: 鰥(訓蒙上33).

호을어미(명)(옛) 홀어미. 과부. ¶호을어미 과:寡(訓蒙上33). ⓐ홀을어미.

호:음(好音)**명** ①좋은 소식. ②좋은 소리.

호음(豪飮)**명하자** 술을 많이 마심.

호:읍(號泣)**명하자** 소리 높이 욺.

호응(呼應)**명하자** ①(부르고 답한다는 뜻에서) 어떤 요구나 호소 같은 것에 응하여 따름. ¶호응을 받다. /호응을 얻다. ②한 문장에서, 어떤 특정한 말 뒤에는 반드시 다른 특정한 말만이 오게 되는 제약적 쓰임을 이름. ('모름지기 ~ -ㄹ 지어다, 여간 ~ -지 않다, 결코 ~ -ㄹ (을・를) 수 없다, -거늘 ~ -랴, -로 하여금 ~ -게 하다, 바야흐로 ~ -려 한다' 따위.)

호:의(好衣) [-의/-이]**명** 좋은 옷. ↔악의(惡衣).

호:의(好意) [-의/-이]**명** (남에게 보이는) 친절한 마음씨. 선의. ¶호의를 베풀다. ↔악의(惡意).

호:의(好誼) [-의/-이]**명** 좋은 정의(情誼). 가까운 정분.

호의(狐疑) [-의/-이]**명하자** 〔여우는 의심이 많다는 데서〕 남을 깊이 의심하는 것.

호:의(縞衣) [-의/-이]**명** ⇨더그레.

호:의-적(好意的) [-의/-이-]**관명** 호의를 나타내 보이는 (것). ¶호의적 태도. /호의적으로 대하다.

호의-현상(縞衣玄裳) [-의-/-이-]**명** ①흰 저고리와 검은 치마. ②(소동파의 '적벽부'에 나오는 말로, 학의 외모가 흰 저고리와 검은 치마를 입은 것 같다 하여) '학'을 비유하여 이르는 말.

호:의-호:식(好衣好食) [-의-/-이-]**명하자** 잘 입고 잘 먹음, 또는 그런 생활. ¶부족한 것 없이 호의호식하며 지낸다. ↔악의악식.

호윗옷(옛) 홑옷. ¶호윗옷 단: 禪(訓蒙中24).

호:이(好餌)**명** ①좋은 먹이. ②손쉽게 희생이 되는 것. ③남을 유혹하는 수단.

호이스트(hoist)**명** 기중기의 하나. 비교적 가벼운 물건을 옮기는 데 쓰임.

호:인(好人)**명** 성품이 좋은 사람.

호:인(胡人)**명** ①만주 사람. ②⇨야만인.

호:일(好日)**명** 좋은 날.

호자(투)(옛) 혼자. ¶시냇▽의 호자 안자(丁克仁. 賞春曲). 훈ㅂ봉사.

호:자(虎子)**명** 범의 새끼.

호:장(戶長)**명** 왕조 때, 고을 아전의 맨 윗자리, 또는 그 사람.

호:장(虎杖)**명** 여뀟과의 다년초. 산지에 나는데, 줄기 높이는 1 m가량. 잎은 넓은 달걀 모양이며 어긋맞게 남. 6~8월에 흰 꽃이 핌. 감제풀. 고장(苦杖).

호:장(虎將)**명** (범같이) 용맹스러운 장수.

호장(豪壯) '호장하다'의 어근.

호:장(護葬)**명하자** 행상(行喪)을 호위함.

호장-하다(豪壯-)**형여** ①세력이 강하고 왕성하다. ②호화롭고 웅장하다.

호:재(好材)**명** 〈호재료〉의 준말. ↔악재(惡材).

호:-재료(好材料)**명** ①좋은 재료. ②증권 거래 따위에서, 시세 상승의 원인이 되는 조건. ②②호재. ↔악재료(惡材料).

호:저(好著)**명** 좋은 저서(著書).

호:적(戶籍)**명** 한 집안의 호주를 중심으로 그 가족들의 본적지・성명・생년월일 등 신분에 관한 것을 적은 공문서. 2008년 호적법 폐지에 따라 폐지되고, '가족 관계 등록부'가 이를 대체함. 장적(帳籍). ¶호적에 올리다. /호적을 옮기다.

호:적-하다(護籍-)의 어근.

호적(胡笛)**명** '태평소'를 달리 이르는 말.

호:적(號笛)**명** ①⇨나발. ②신호로 부는 피리.

호:적^등본(戶籍謄本) [-똥-]**명** 호적의 원본 전부를 복사한 공인 문서.

호:적-색(戶籍色) [-쌕]**명** 지난날, 고을의 군아(郡衙)에서 호적 일을 맡았던 부서.

호:적수(好敵手) [-쑤]**명** 알맞은 상대. ¶호적수를 만나다. 훈맞적수.

호:적^초본(戶籍抄本)**명** 호적의 원본 중에서 청구하는 사람이 원하는 부분만 복사한 공인 문서.

호:적-하다(好適-) [-저카-]**형여** 꼭 알맞다.

호:전(好戰)**명하자** 싸우기를 좋아함.

호:전(好轉)**명하자되자** (일이나 병 따위가) 잘 되거나 낫기 시작함. ¶사태가 호전되다. /병세가 호전되어 곧 퇴원할 것 같다. ↔악화.

호:전(護全)**명하타되자** 온전하게 보호함.

호:전-적(好戰的)**관명** 싸우기를 즐기는 (것). ¶호전적 태도. /호전적인 민족.

호접(胡蝶・蝴蝶)**명** ⇨나비1.

호접-장(蝴蝶裝) [-짱]**명** 책의 장정의 한 형식. 책장의 안쪽 안짝으로 오도록 판판에서 반대로 접어 중첩하고, 그 접은 판심(版心)의 바깥쪽에 풀칠하여, 한 장의 표지를 복판에서 둘로 접은 듯이 안쪽에 붙인 장정. 〔한 장씩 펼치면 마치 나비가 나는 모양 같다고 하여 붙인 이름.〕

호접지몽(胡蝶之夢)[-찌-]圀 ☞장주지몽.
호젓-하다[-저다-]톙에 ①무서운 느낌이 들 만
큼 고요하고 쓸쓸하다. ¶호젓한 산길. ②(남과
떨어져 있어) 방해되는 것이 없이 조용하다, 또
는 여유롭거나 홀가분하다. ¶둘만의 호젓한 시
간을 가지다. ③쓸쓸하고 외롭다. **호젓-이**튀.
호:정(戶庭)圀 집 안의 뜰.
호정(糊精)圀 ☞덱스트린(dextrin).
호:정-출입(戶庭出入)圀하자 (앓는 이나 늙은
이가) 겨우 마당까지만 드나듦.
호제(呼弟)圀하타 아우라고 부름.
호:조(互助)圀하자 서로 도움.
호:조(戶曹)圀 고려와 조선 시대에, 호구(戶
口)·공부(貢賦)·전량(錢糧)·식화(食貨) 등의
일을 맡았던 육조(六曹)의 하나.
호:조(好調)圀 상태가 좋음, 또는 좋은 상태.
¶경기(景氣)가 호조를 보이고 있다. 참패조.
호:조(護照)圀 조선 말기에, 우리나라의 내지
(內地)를 다니던 외국인에게 발행하여 주던 여
행 증명서. 참행상(行狀)².
호:-조건(好條件)[-껀]圀 조건이 좋음, 또는
좋은 조건. ↔악조건.
호:조^판서(戶曹判書)圀 조선 시대에, 호조의
정이품 으뜸 벼슬. 준호판.
호족(豪族)圀 (어떤 지방에서) 재산이 많고 세
력이 큰 일족. 토호(土豪).
호:족-반(虎足盤)[-빤]圀 다리 모양이 범의 다
리처럼 휘우듬하게 굽은 소반. [지난날, 왕의
수라상이나 궁중·상류 가정의 제례에 쓰였으며
전라도 나주에서 생산되었음.]
호졸근-하다(톙에 ①종이나 피륙 따위가 약간
젖어서 빳빳한 느낌이 없다. ②몸이 고단하여
힘이 없다. 큰후줄근하다. **호졸근-히**튀.
호종(胡種)圀 만주 인종, 또는 만주에서 나는
여러 가지 물종(物種).
호종(扈從)圀하타 지난날, 왕가(王駕)를 모시
고 따르던 일, 또는 모시고 따르던 사람.
호종(豪縱) '호종하다'의 어근.
호종-하다(豪縱-)톙에 ☞호방하다.
호:주(戶主)圀 ①한 집안의 주장이 되는 사람.
가장(家長). 집주인. ②한 집안의 호주권을 가
지고 가족을 거느리는 사람.
호:주(好酒)圀하자 술을 좋아함.
호:주(豪酒)圀하자 술을 많이 마심, 또는 그런
사람. 대주(大酒).
호주(濠洲)圀 '오스트레일리아'의 한자음 표기.
호:주-권(戶主權)[-꿘]圀 가족을 통솔함에 있
어서 호주에게 주어진 권리.
호-주머니(胡-)圀 옷에 단 주머니. 의낭(衣囊).
호죽(胡竹)圀 담배통이 투박하고 너부죽한 담뱃
대의 한 가지.
호중(湖中)圀 ☞호서(湖西).
호중-천지(壺中天地)圀 '별천지' 또는 '선경(仙
境)'을 뜻하는 말. [옛날 호공(壺公)이라는 사
람이 항아리 안에서 살았는데, 비장방(費長房)
이 그 속에 들어가 보니, 옥당(玉堂)이 화려하
고 술과 안주가 가득하였다는 데에서 유래함.]
호증계취단(虎憎鷄嘴短)[-계-/-게-]圀 원진
살의 한 가지. 범띠는 닭띠를 꺼린다는 말.
호지(胡地)圀 오랑캐의 땅.
호:지(護持)圀하타 보호하여 부지(扶持)함.
호:질(虎叱)圀 조선 정조 때, 박지원(朴趾源)이
지은 한문 소설. 호랑이를 통해 유생(儒生)의
부패와 위선을 비웃고 폭로한 내용. ['열하일
기'에 실려 전함.]

호:차(戶車)圀 (여닫음을 미끄럽게 하기 위하
여) 미닫이 밑에 대는 작은 쇠바퀴. 문바퀴.
호창(呼唱)圀하타되자 높은 목소리로 부름.
호척(呼戚)圀하타 척분(戚分)을 대서 항렬을 찾
아 부름.
호:천(互薦)圀하자 서로 천거함.
호:천(昊天)圀 ①넓은 하늘. ②구천(九天)의 하
나. 서쪽 하늘. ③사천(四天)의 하나. 여름 하늘.
호천-고지(呼天叩地)圀하자 (너무나 애통하여)
하늘을 부르며 땅을 침.
호:천-망극(昊天罔極)圀하형 [하늘이 넓고 끝
이 없다는 뜻으로] '부모의 은혜가 크고 끝이
없음'을 이르는 말.
호천-통곡(呼天痛哭)圀하자 (너무나 애통하여)
하늘을 부르며 소리쳐 욺.
호:-천후(好天候)圀 좋은 날씨. ↔악천후.
호청圀 '홑청'의 잘못.
호:청(好晴)圀 날씨가 활짝 갬. 참쾌청하다.
호초(胡椒)圀 ①후추. ②한방에서, '후추나무
열매의 껍질'을 약재로 이르는 말.
호:총(戶總)圀 민가(民家)의 총 수효.
호출(呼出)圀하타되자 ①불러냄. ②☞소환.
호출-기(呼出機)圀 〈무선 호출기(無線呼出機)〉
의 준말.
호출^부호(呼出符號)圀 ☞콜 사인(call sign).
호출-장(呼出狀)[-짱]圀 '소환장'의 구용어.
호치(皓齒)圀 희고 깨끗한 이. 백치(白齒).
호치(豪侈)圀하자 ☞호화(豪華).
호치-단순(皓齒丹脣)圀 ☞단순호치.
호치키스(Hotchkiss)圀 손잡이를 누르면
'ㄷ'자 모양의 쇠바늘이 튀어나와 종이를 철
하는 기구. [상표명임.]
호:칭(互稱)圀하자 서로 부름, 또는 그 이름.
호칭(呼稱)圀하타되자 이름지어 부름, 또는 그
이름. 명칭(名稱).
호칭-어(呼稱語)圀 사람이나 사물을 부를 때
쓰는 말. [아버지·어머니·여보 따위.]
호-콩(胡-)圀 ☞땅콩.
호쾌(豪快) '호쾌하다'의 어근.
호쾌-하다(豪快-)톙에 매우 시원시원하다. 호
탕하고 쾌활하다. ¶큰 소리로 호쾌하게 웃
다. /호쾌한 장타(長打).
호크(←haak 네)圀 단추처럼 옷의 벌어진 곳을
걸어 잠그게 되어 있는, 갈고리 모양의 물건.
호:탄(浩歎·浩嘆)圀하타 크게 탄식함.
호-탄자(胡-)圀 호피 무늬의 담요.
호탕(浩蕩) '호탕(浩蕩)하다'의 어근.
호탕(豪宕) '호탕(豪宕)하다'의 어근.
호탕불기(豪宕不羈)圀 기개가 당당하고 호
걸스러워 사소한 일에 얽매이지 않음.
호:탕-하다(浩蕩-)톙에 〈호호탕탕하다〉의 준말.
호탕-하다(豪宕-)톙에 호기롭고 걸걸하다. ¶호
탕하게 웃다.
호텔(hotel)圀 (규모가 큰) 서양식 고급 여관.
호통圀하자타 (화가 몹시 나서) 큰 소리를 지르
거나 꾸짖음, 또는 그 소리.
　호통(을) 치다관용 큰 소리로 꾸짖거나 몹시
나무라다.
호통-바람[-빠-]圀 호통을 치는 서슬. 《주로,
'호통바람에'의 꼴로 쓰임.》 ¶호통바람에 할
말도 못하였다.
호:투(好投)圀하자 야구에서, 투수가 좋은 투구
(投球)를 함.
호:판(戶判)圀 〈호조 판서〉의 준말.
호:-팔자(好八字)[-짜]圀 좋은 팔자.

호패(胡牌)〔명〕〔하자〕 골패로 하는 노름의 한 가지. 톡.

호:패(號牌)〔명〕 조선 시대에, 열여섯 살 이상의 남자가 차던 길쭉한 패. 한 면에 성명과 난 해의 간지를 쓰고 그 뒷면에 관아의 낙인을 찍었음.

호:평(好評)〔명〕〔하타〕 좋게 평판함, 또는 그 평판. ↔악평.

호포(戶布)〔명〕 고려·조선 시대에, 봄과 가을에 집집마다 물리던 세(稅). 〔무명이나 모시 따위로 냄〕.

호:포(號砲)〔명〕 지난날, 군호(軍號)로 쏘던 대포.

호:품(好品)〔명〕 좋은 품질, 또는 그 물건.

호풍(胡風)〔명〕 ①호인(胡人)의 풍속. ②ㄷ북풍(北風).

호풍-환우(呼風喚雨)〔명〕〔하자〕 (술법을 써서) 바람과 비를 불러일으킴.

호프(Hof 독)〔명〕 한 잔씩 잔에 담아 파는 생맥주, 또는 그 생맥주를 파는 맥줏집.

호:피(虎皮)〔명〕 범의 털가죽.

호:학(好學)〔명〕 학문을 좋아함.

호:학-불권(好學不倦)〔-꿘-〕〔명〕 학문을 좋아하여 책 읽기에 게으름이 없음.

호:한(好漢)〔명〕 의협심 강한) 훌륭한 사나이.

호한(沍寒)〔명〕 (만물이 얼어붙을 정도의) 심한 추위. 혹한(酷寒).

호한(浩瀚)〔명〕 '호한(浩瀚)하다'의 어근.

호한(豪悍)〔명〕 '호한(豪悍)하다'의 어근.

호:-하다(浩瀚-)〔형여〕 ①넓고 커서 질펀하다. ②책 따위가 매우 많다. 호한-히〔부〕.

호한-하다(豪悍-)〔형여〕 매우 사납다. 호한-히〔부〕.

호:합(好合)〔명〕〔자〕 서로 좋게 만남.

호항(湖港)〔명〕 큰 호숫가에 발달한 항구.

호해(湖海)〔명〕 ①호수와 바다. ②ㄷ호수. ③ㄷ강호(江湖).

호:행(護行)〔명〕〔하타〕 보호하여 따라감.

호행-난주(胡行亂走)〔명〕〔하자〕 함부로 날뛰며 돌아다님. 어지러이 행동함.

호:헌(護憲)〔명〕〔하자〕 헌법을 옹호함.

호:혈(虎穴)〔명〕 ㄷ호굴.

호협-하다(豪俠-)〔형여〕 '호협하다'의 어근.

호:협-하다(豪俠-)〔-혀파-〕〔형여〕 호방하고 의협심이 강하다.

호형(呼兄)〔명〕〔하타〕 형이라고 부름.

호형(弧形)〔명〕 ①활의 모양. ②'부채꼴'의 구용어.

호형-호제(呼兄呼弟)〔명〕〔하자〕 〔형이라고 부르고 아우라고 부른다는 뜻으로〕 '친형제처럼 가깝게 지냄'을 이르는 말. 왈형왈제.

호:혜(互惠)〔-혜/-헤〕 서로 특별한 편익을 주고받는 일. ¶호혜 무역. /호혜 평등의 원칙.

호:혜^조약(互惠條約)〔-혜/-헤-〕 두 나라가 서로 제삼국보다 유리한 통상상의 혜택을 주기로 하는 조약. 상호 조약.

호-호[1]〔부〕〔자〕 (주로 여자가) 입을 작게 벌리고 예쁘게 웃는 소리, 또는 그 모양. ¶그녀는 수줍은 듯이 호호 웃었다.

호-호[2]〔부〕〔하타〕 입을 오므려 내밀고 입김을 내뿜는 소리, 또는 그 모양. ¶입김을 호호 불어 언 손을 녹이다. ③호호거리다.

호:호(戶戶)〔Ⅰ〕〔명〕 집집.
〔Ⅱ〕〔부〕 모든 집집마다.

호:호(號號)〔명〕〔하자〕 ①큰 소리로 부르짖음. ②큰 소리로 주장하거나 선전함.

호호(浩浩)〔명〕 '호호(浩浩)하다'의 어근.

호호(皓皓)〔명〕 '호호(皓皓)하다'의 어근.

호호-거리다[1]〔자〕 자꾸 호호 소리를 내다. 호호대다.

호호-거리다[2]〔타〕 자꾸 호호하며 입김을 불다. 호호대다. ③호호거리다.

호호-대다[1]〔자〕 ㄷ호호거리다.

호호-대다[2]〔타〕 ㄷ호호거리다2.

호호막막(浩浩漠漠)〔명〕 '호호막막하다'의 어근.

호:-호막막-하다(浩浩漠漠-)〔-망마카-〕〔형여〕 끝없이 넓고 아득하다.

호호-백발(皓皓白髮·皜皜白髮)〔-빨〕〔명〕 하얗게 센 머리, 또는 그러한 늙은이.

호:호-야(好好爺)〔명〕 인품이 좋은 늙은이.

호:호-인(好好人)〔명〕 인품이 좋은 사람.

호호탕탕(浩浩蕩蕩)〔명〕 '호호탕탕하다'의 어근.

호:호탕탕-하다(浩浩蕩蕩-)〔형여〕 아주 넓어서 끝이 없다. ③호호탕하다. 호호탕탕-히〔부〕.

호:호-하다(浩浩-)〔형여〕 한없이 넓고 크다.

호호-하다(皓皓-)〔형여〕 ①빛나고 밝다. ②깨끗하고 희다. 호호-히〔부〕.

호홀지간(毫忽之間)〔-찌-〕〔명〕 ①아주 짧은 동안. ②지극히 작은 차이.

호화(豪華)〔명〕〔하여〕〔스형〕 사치스럽고 화려함. 호치(豪侈). ¶호화 생활. /호화 별장. 호화스레〔부〕.

호화-롭다(豪華-)〔-따〕〔-로우니·~로워]〔형비〕 사치스럽고 화려한 데가 있다. ¶집을 아주 호화롭게 꾸몄더군. 호화로이〔부〕.

호화찬란(豪華燦爛)〔명〕 '호화찬란하다'의 어근.

호화찬란-하다(豪華燦爛-)〔-찰-〕〔형여〕 눈이 부시도록 빛나고 호화롭다. ¶호화찬란한 상들리에.

호화-판(豪華-)〔명〕 썩 화려하고 사치스러운 판국. ¶호화판 별장. /결혼식을 호화판으로 치르다.

호화-판(豪華版)〔명〕 호화롭게 꾸민 출판물.

호:환(互換)〔명〕〔하타〕〔되자〕 서로 교환함. ¶호환 기능이 있는 제품. /프로그램을 호환하다.

호:환(虎患)〔명〕 범이 사람이나 가축에 끼치는 해(害). ¶호환을 당하다.

호:환-성(互換性)〔-썽〕〔명〕 ①장치나 부품 따위를 다른 기계의 것과 서로 바꾸어 쓸 수 있는 성질. ②하드웨어나 소프트웨어를 다른 종류의 컴퓨터나 장치에서도 바꾸지 않고 그대로 쓸 수 있는 성질.

호:황(好況)〔명〕 경기가 좋음, 또는 좋은 경기. ¶부동산 경기가 호황을 누리다. ↔불황(不況).

호:-흉배(胡胸背)〔명〕 조선 시대에, 무관 관복에 띠던 흉배의 한 가지. 당상관은 쌍호(雙虎), 당하관은 단호(單虎)였음. ↔학흉배.

호흡(呼吸)〔명〕〔하타〕 숨을 내쉬고 들이마심, 또는 그 숨. ¶호흡을 가다듬다. ②생물체가 몸 밖에서 산소를 들이마시고 신진대사로 생긴 이산화탄소를 밖으로 내보내는 작용. ③〔하자〕 (두 사람 이상이 함께 일할 때) 서로 조화를 이룸, 또는 그 조화. ¶둘은 호흡이 잘 맞는다.

호흡-근(呼吸根)〔-끈〕〔명〕 산소가 부족한 진흙이나 물속에서 자라는 식물에 흔히 발달하는 뿌리의 한 가지. 통기성(通氣性)을 갖추고 공중으로 곧게 뻗어 나와 신선한 공기를 각 부분으로 공급함. 〔홍수(紅樹)의 뿌리 따위.〕

호흡-기(呼吸器)〔-끼〕〔명〕 생물의 호흡 작용을 하는 기관. 〔고등 동물의 폐, 어류의 아가미, 곤충류의 기관 따위.〕

호흡^운-동(呼吸運動)〔명〕 ①폐장이 호흡을 하기 위해 쉬지 않고 신축하는 일. ②산소를 섭취하고 이산화탄소를 배출하기 위해 숨을 깊이 들이쉬고 내쉬는 운동.

혹**¹**명 ①살가죽에 내민 기형의 군더더기 살덩이. 영류(癭瘤). ②타박상 따위로 근육이 부어오른 것. ¶넘어져서 이마에 혹이 생겼다. ③식물의 조직에 비정상적으로 생기는 덩어리. ④물건의 거죽에 볼록하게 도드라진 부분. ⑤'방해물이나 짐스러운 사물'을 비유하여 이르는 말.

혹 떼러 갔다 혹 붙여 온다(속담) 좋은 일을 바라고 갔다가 불리한 일을 당하게 말.

혹**²**부 ①적은 양의 액체를 단숨에 들이마실 때 나는 소리. ②입을 오므리고 입김을 한 번 세게 내부는 소리. 큰혹. 혹-혹(부타).

혹(或)부 ①〈혹시(或時)〉의 준말. ②〈혹시(或是)〉의 준말. ¶혹 그를 만나더라도 크게 꾸짖지는 마시오. ③〈간혹〉의 준말. ¶작년까지만 해도 그는 혹 장터에 나타나기도 했다.

혹간(或間)[-깐]부 ☞간혹.

혹닉(惑溺)[흑-]명하자 홀딱 반하여 빠짐.

혹-대패[-때-]명 ☞뒤대패.

혹독(酷毒)'혹독하다'의 어근.

혹독-하다(酷毒-)[-또카-]형 ①(정도가) 지나치게 심하다. ¶혹독한 추위로 고생했다. ②(마음씨나 하는 짓 따위가) 모질고 독하다. ¶혹독한 고문을 당하다. 혹독-히부.

혹란(酷亂)[흑난]명하형 미혹되어 어지러움.

혹렬(酷烈)'혹렬하다'의 어근.

혹렬-하다(酷烈-)[흑녈-]형 퍽 심하고 지독하다. 혹렬-히부.

혹령(酷令)[흑녕]명 가혹한 명령.

혹리(酷吏)[흑니]명 가혹한 관리. 가리(苛吏).

혹박(酷薄)'혹박하다'의 어근.

혹박-하다(酷薄-)[-빠카-]형 잔혹하고 박정하다.

혹법(酷法)[-뻡]명하형 법의 시행이 너무 가혹함, 또는 그런 법.

혹-부리[-뿌-]명 '얼굴에 혹이 달린 사람'의 별명. ¶혹부리 영감.

혹사(酷似)'혹사하다'의 어근.

혹사(酷使)[-싸]명하타되자 혹독하게 부림.

혹사-하다(酷似-)[-싸-]형 (서로 같다고 할 만큼) 아주 많이 닮다. 田혹초하다. 혹사-히부.

혹-살[-쌀]명 소의 볼기 한복판에 붙은 기름기가 많은 살. 국거리로 많이 씀.

혹서(酷暑)[-써]명 몹시 심한 더위. 혹열. 혹염. 田폭서(暴暑). ↔혹한(酷寒).

혹설(或說)[-썰]명 어떤 사람의 주장이나 학설. 《주로, '혹설에·혹설에는'의 꼴로 쓰임.》 ¶혹설에 따르면, 인류는 미생물에서부터 진화되었다고 한다.

혹설(惑說)[-썰]명 (여러 사람을) 미혹시키는 말.

혹성(惑星)[-썽]명 ☞행성.

혹세(惑世)[-쎄]명하자 세상을 어지럽게 함, 또는 어지러운 세상.

혹세(酷稅)[-쎄]명 가혹한 세금.

혹세-무민(惑世誣民)[-쎄-]명하자 세상 사람을 속여 미혹하게 하고 세상을 어지럽힘.

혹속-혹지(或速或遲)[-쏘쿡찌]명하형 혹 빠르기도 하고 혹 더디기도 함.

혹술(惑術)[-쑬]명 사람을 미혹시키는 술책.

혹시(或是)[-씨]부 ①만일에. 혹야. 혹여. 혹자. ¶혹시 실패하더라도 낙심하지 마라. ②☞혹시(或時). 준혹시(或).

혹시(或時)[-씨]부 어떠한 때에. 어쩌다가. 혹시(或時). 준혹(或).

혹시-나(或是-)[-씨-]부 〈혹시(或是)〉의 힘줌말. ¶혹시나 하고 들여다보았다.

혹시혹비(或是或非)[-씨-삐]명 혹은 옳기도 하고 혹은 그르기도 하여, 시비를 가릴 수 없음.

혹신(惑信)[-씬]명하타 미혹되어 믿음.

혹심(酷甚)'혹심하다'의 어근.

혹심-하다(酷甚-)[-씸-]형어 매우 지나치다. 가혹하고 심하다. ¶혹심한 가뭄. 혹심-히부.

혹애(惑愛)명하타 몹시 사랑함. 田익애(溺愛).

혹야(或也)부 ☞혹시(或是).

혹여(或如)부 ☞혹시(或是).

혹열(酷熱)[흥널]명 ☞혹서(酷暑).

혹염(酷炎)[-념]명 ☞혹서(酷暑).

혹왈(或曰)[-왈]부 어떤 사람이 말하는 바.

혹-은(或-)부 '그렇지 않으면', '또는'의 뜻으로 쓰이는 접속 부사.

혹자(或者)[-짜] Ⅰ명 어떤 사람. ¶혹자는 말하기를. Ⅱ부 혹시(或是). ¶혹자 그런 일이 있더라도 눈감아 줘라.

혹장(酷杖)[-짱]명 혹독한 장형(杖刑).

혹정(酷政)[-쩡]명 가혹한 정치.

혹초(酷肖)'혹초하다'의 어근.

혹초-하다(酷肖-)형어 (거의 같은 정도로) 몹시 닮다. 田혹사(酷似)하다.

혹취(酷臭)[흑-]명 몹시 나쁜 냄새.

혹평(酷評)명하타 가혹하게 비평함, 또는 그 비평. 가평(苛評). ¶혹평을 받다.

혹-하다(惑-)[호카-]형어 (제정신을 못 차릴 정도로) 반하거나 빠지다. ¶감언이설에 혹하다. /노름에 혹해서 전 재산을 날리다.

혹한(酷寒)[-한]명 몹시 심한 추위. 극한(極寒). 田엄한(嚴寒). ↔혹서(酷暑).

혹해(酷害)[호캐]명 몹시 심한 재해(災害).

혹형(酷刑)[호켱]명하타 가혹한 형벌, 또는 형벌을 가혹하게 함.

혹화(酷禍)[호콰]명 혹심한 재화(災禍).

혼(魂)명 넋. 얼. ¶혼이 나가다.

혼(이) 뜨다(관용) (몹시 놀라거나 무서워서) 혼이 저만큼 나갈 지경이 되다.

혼가(婚家)명 ☞혼인집.

혼-가(渾家)명 한집안의 온 식구. 혼권(渾眷).

혼간(婚簡)명 혼인 때, 사주나 택일 단자를 쓰는 간지(簡紙).

혼거(混居)명하자 ☞잡거(雜居). ↔독거(獨居).

혼겁(昏怯)명하자 (몹시 놀라거나 무서워서) 혼이 빠지도록 겁을 냄.

혼계(昏季)'혼계하다'의 어근.

혼:-계영(混繼泳)[-계-/-게-]명 경영(競泳) 종목의 한 가지. 200m 또는 400m를 네 명의 선수가 배영·평영·접영·자유형의 차례로 50m 또는 100m씩 헤엄침. 메들리 릴레이.

혼계-하다(昏季-)[-계-/-게-]형어 젊고 물정에 어둡다.

혼곤(昏困)명 절에서, 저녁 예불 때에 치는 북.

혼곤(昏困)'혼곤하다'의 어근.

혼곤-하다(昏困-)형어 정신이 흐릿하고 맥이 빠진 듯이 고달프다. 혼곤-히부 ¶아이들은 혼곤히 잠들어 있고 사방은 고요하다.

혼:공(渾恐)명하타 모두 두려워함. 모두 꺼림.

혼교(魂輴)명 장사(葬事) 때, 고인이 생전에 입던 옷가지를 담고 가는 가마.

혼구(婚具)명 혼인 때 쓰는 제구(諸具).

혼군(昏君)[-꾼]명 사리에 어둡고 어리석은 임금. 군(暗君). 암주(暗主).

혼:권(渾眷)명 ☞혼가(渾家).

혼금(閽禁)명하타 지난날, 관아에서 잡인(雜人)의 출입을 금하던 일.

혼기(婚期)명 혼인하기에 적당한 나이, 또는 그 시기. 혼령. ¶ 혼기가 차다. /혼기를 놓치다. **비**가기(嫁期).

혼기(魂氣)명 영혼의 기운. 정신.

혼-나다(魂-)자 ①[몹시 놀라거나 무서워서] 정신이 빠지다. ②시련을 겪다. 매우 힘이 들다. ¶ 기침을 참느라 혼났다. ③호된 꾸지람을 듣다. ¶ 떠들었다고 선생님께 혼났다.

혼-내다(魂-)타 혼나게 하다. ¶ 엄마가 떼쓰는 아이를 혼내다.

혼담(婚談)명 혼인을 하기 위한 의논. 혼인에 대하여 오가는 말. 연담(緣談). ¶ 혼담이 들어오다. /혼담이 깨어지다.

혼담(昏膽)명 혼백과 간담, 곧 넋.

혼도(昏倒)명하자되자 정신이 아득하여 넘어짐.

혼-돈(混沌·渾沌)명 ①[태초의] 하늘과 땅이 아직 나뉘지 않은 상태. ②되자사물의 구별이 확연하지 않게 됨. ¶ 가치관의 혼돈. ③하형사물의 구별이 확연하지 않음, 또는 그 상태.

혼:돈-피(混沌皮)명 ▷포의(胞衣).

혼-동(混-)명 윷놀이에서, '말이 하나만 감'을 이르는 말. 준혼. 비단동.

혼동명하타 (옛) ①큰 소리로 꾸짖음. ¶ 사군(使君)이 소래하여 혼동 왈…(意幽堂.東溟日記). ②소란스럽게 재촉함. ¶ 기생과 비복(婢僕)을 혼동하여 나서 일어나라 하니…(意幽堂.東溟日記).

혼-동(混同)명하타되자 ①뒤섞음. ②뒤섞어 보거나 잘못 판단함. ¶ 공과 사를 혼동하다.

혼란(昏亂) '혼란하다'의 어근.

혼:란(混亂)[홀-]명하형하자스형 뒤죽박죽이 되어 어지럽고 질서가 없음. 혼잡. 효효(混乱). 효란(淆乱). ¶ 사회 혼란. /가치관의 혼란을 겪다. 혼란스럽다.

혼:란-상(混乱相)[홀-]명 어지럽고 질서가 없는 모양. ¶ 혼란상을 드러내다.

혼란-하다(昏亂-)형여 ①정신이 흐리고 어지럽다. ②정신이 혼란하여 아무 일도 할 수가 없다.

혼령(婚齡)[홀-]명 혼인할 나이. 혼기.

혼령(魂靈)[홀-]명 죽은 사람의 넋. 영혼.

혼례(婚禮)[홀-]명 ①혼인의 의례. 빙례(聘禮). 가취지례(嫁娶之禮). ②〈혼례식〉의 준말. ¶ 혼례를 치르다.

혼례-식(婚禮式)[홀-]명 ▷결혼식. 화촉지전(華燭之典). 준혼례.

혼마(魂馬)명 장례 때 쓰는 제구의 한 가지. 상여 앞에서 안장을 갖추고 가는 말로, 반혼(返魂) 의식 가운데의 한 차림임.

혼망(昏忘)명 ①하자정신이 흐려서 잊기를 잘 함. ②하형정신이 흐릿함.

혼매(昏昧) '혼매하다'의 어근.

혼매-하다(昏昧-)형여 어리석어서 사리에 어둡다.

혼명(昏明)명 어두움과 밝음.

혼모(昏耗) '혼모하다'의 어근.

혼모-하다(昏耗-)형여 (늙어서) 정신이 흐리고 기력이 쇠약하다.

혼몽(昏懜)명하형 정신이 흐리고 가물가물함.

혼:문(混文)명 ▷혼성문(混成文).

혼미(昏迷)명하형 정신이 헷갈리고 흐리멍덩함. ¶ 환자는 정신이 혼미해지는 듯 하더니 곧 의식을 잃었다.

혼반(婚班)명 지난날, 서로 '혼인할 만한 양반의 지체'를 이르던 말.

혼:방(混紡)명하타되자 성질이 다른 섬유를 섞어서 잠.

혼:방-사(混紡絲)명 성질이 다른 섬유를 혼합하여 잔 실.

혼배^성:사(婚配聖事)명 '혼인 성사(婚姻聖事)'의 구용어.

혼백(魂帛)명 신주(神主)를 만들기 전에, 초상 때에만 쓰기 위하여 생명주(生明紬)를 접어서 만드는 임시의 신위.

혼백(魂魄)명 넋. ¶ 혼백을 위로하기 위해 굿을 벌이다.

혼백-상자(魂帛箱子)[-짱-]명 혼백을 담는 상자.

혼비(婚費)명 혼인에 드는 비용.

혼비백산(魂飛魄散)[-싼]명하자 〔혼백이 날아 흩어진다는 뜻으로〕 '몹시 놀라 어찌할 바를 모름'을 이르는 말. ¶ 혼비백산하여 도망치다.

혼사(婚事)명 혼인에 관한 일. ¶ 혼사가 깨지다. /혼사가 성사되다.

> **혼사 말하는 데 장사(葬事)[상사] 말한다**속담 화제와는 관련이 없는 엉뚱한 말을 한다는 말.

혼삿-길(婚事-)[-사낄/-삳낄]명 혼인할 기회나 자리. ¶ 혼삿길이 막히다.

혼상(婚喪)명 혼사(婚事)와 상사(喪事).

혼:색(混色)명하타 색을 뒤섞음, 또는 그 색.

혼서(婚書)명 혼인 때, 신랑 집에서 예단에 붙여 신부 집으로 보내는 편지. 예서(禮書). 예장(禮狀).

혼서-지(婚書紙)명 혼서를 쓰는 종이.

혼서지-보(婚書紙褓)[-뽀]명 혼서를 싸는 보자기.

혼:선(混線)명되자 ①[전신이나 전화 따위에서] 신호나 통화가 뒤섞이어 엉클어짐. ②전화가 혼선되다. ②'여러 말이 뒤섞여 실마리를 잡지 못하게 됨'을 비유하여 이르는 말. ¶ 혼선을 빚다. /혼선이 일어나다.

혼:성(混成)명하타되자 섞여서 이루어짐, 또는 섞어서 만듦. ¶ 남녀 혼성 경기.

혼:성(混聲)명 ①뒤섞인 소리. ②남녀의 목소리를 혼합하여 노래하는 일. ¶ 혼성 4부 합창.

혼:성-림(混成林)[-님]명 ▷혼효림(混淆林).

혼:성-문(混成文)명 중문(重文)과 복문(複文)이 이어진 복잡한 구성의 문장. 혼문.

혼:성^복자음(混成複子音)[-짜-]명 서로 다른 두 자음(單子音)이 섞이어서 어느 것이 먼저 인지가 아무 다름이 없이 한 가지로 소리 나는 복자음. ('ㅊ·ㅋ·ㅌ·ㅍ' 따위.) ¶ 섞인겹닿소리. 참차성중자음.

혼:성^부대(混成部隊)명 ①보병을 주축으로 하고, 필요한 다른 병과(兵科)를 더하여 편성한 독립 부대. ②두 나라 이상의 병사로 구성한 단일 부대.

혼:성-암(混成岩)명 기존의 암석과 새 마그마가 뒤섞여 이루어진 암석.

혼:성-주(混成酒)명 ①여러 가지의 술에 향료나 조미료 따위를 섞어서 만든 술. ②두 가지 이상의 술을 섞어서 만든 술. 혼합주. 참칵테일.

혼:-팀(混成team)명 남자와 여자, 또는 두 개 이상의 팀에서 뽑힌 선수로 이루어진 팀.

혼:성^합창(混聲合唱)명 남녀의 각 성부를 혼합한 합창.

혼소(魂銷)명하자 〔넋이 스러진다는 뜻으로〕 ①혼이 나감. 얼이 빠짐. ②몹시 놀람.

혼:-솔圀 홈질한 옷의 솔기.

혼-수(昏睡)圀 ①정신없이 혼혼히 잠듦. ②의식이 없어짐.

혼-수(婚需)圀 혼인에 드는 물품, 또는 비용. ¶혼수를 장만하다.

혼수-상태(昏睡狀態)圀 의식이 없이 깊은 잠에 빠져 있는 상태. ¶혼수상태에 빠지다.

혼:-숙(混宿)圀하자 남녀가 여럿이 한데 뒤섞여 잠.

혼:순환^소:수(混循環小數)圀 소수점 아래에 하나 또는 몇 개의 숫자가 있고, 그 다음 숫자부터는 같은 숫자가 순환하는 소수. 〔3.52141414…따위.〕圈순순환 소수.

혼숫-감(婚需—)[—수깜/—숟깜]圀 혼수로 쓸 물품. ¶혼숫감을 마련하다.

혼승백강(魂昇魄降)[—깡]圀 (죽은 이의) 영혼은 하늘로 올라가고 몸은 땅속으로 들어간다는 말.

혼:-식(混食)圀하자 ①(여러 가지 음식을) 섞어서 먹음. ②하타쌀에 잡곡을 섞어서 밥을 지어 먹음, 또는 그 식사.

혼:-신(渾身)圀 온몸. 전신. ¶혼신의 힘을 쏟다.

혼:-아(混芽)圀 ☞혼합눈.

혼암(昏暗)‘혼암하다’의 어근.

혼암-하다(昏闇—)혱여 (어리석어) 사리에 어둡다.

혼야(昏夜)圀 어두운 밤.

혼야(婚夜)圀 혼인한 날의 밤. 첫날밤.

혼야-애걸(昏夜哀乞)圀하자 어두운 밤에 사람 없는 틈을 타서 권세 있는 사람에게 애걸하는 일.

혼약(婚約)圀하자되자 ☞약혼. 가약(佳約).

혼:-연(渾然)튀혱 ①조금도 딴 것이 섞이지 않고 고른 모양. ②(별개의 것들이) 구별이나 차별이 없는 모양. ③(성질이) 원만한 모양. 혼연-히튀.

혼:연-일체(渾然一體)圀 (사상이나 의지·행동 따위가) 조금의 어긋남도 없이 한덩어리가 되는 일. ¶관민(官民)이 혼연일체가 되어 수해 복구를 하다.

혼:연-일치(渾然一致)圀하자 의견이나 주장 따위가 완전히 하나로 일치함.

혼:연-천성(渾然天成)圀하자 아주 쉽게 저절로 이루어짐.

혼:영(混泳)圀 경영(競泳)의 한 가지. 200 m 또는 400 m 개인 혼영이 있는데, 접영·배영·평영·자유형의 차례로 각각 50 m 또는 100 m씩 헤엄침.

혼:-욕(混浴)圀하자 같은 목욕탕에서 남녀가 함께 목욕함.

혼:-용(混用)圀하타되자 ①섞어서 씀. ¶국한문 혼용. ②잘못 혼동하여 씀.

혼우(昏愚)‘혼우하다’의 어근.

혼우-하다(昏愚—)혱여 매우 어리석다.

혼:-원(混元)圀 ‘우주’ 또는 ‘천지’를 이르는 말.

혼유-석(魂遊石)圀 ①상석(床石)과 봉분 사이에 놓는 직사각형의 돌. ②능원(陵園)의 봉분 앞에 놓여 있는 직사각형의 돌. 석상. 석안.

혼:-융(渾融)圀하자되자 섞여 융합함.

혼:-음(混淫)圀하자 (몇 쌍의 남녀가) 뒤섞여서 간음(姦淫)함.

혼:-음(混飮)圀하타 (종류가 다른 여러 가지 술을) 섞어서 마심.

혼의(魂衣)[호늬/호니]圀 혼교(魂轎)에 담는, 고인이 생전에 입던 옷.

혼인(婚姻)圀하자 장가들고 시집가는 일, 곧 남녀가 부부가 되는 일. 결혼. 혼취(婚娶). ¶혼인 서약.

혼인-계(婚姻屆)圀 ‘혼인 신고’의 잘못.

혼인^비행(婚姻飛行)圀 (교미를 하기 위하여) 암수의 곤충이 한데 어울려 하늘을 나는 일.

혼인-색(婚姻色)圀 (양서류·조류·어류 따위) 동물의 번식기에 나타나는 피부나 털의 빛깔. 주로, 수컷에 나타남.

혼인^성:사(婚姻聖事)圀 가톨릭에서 이르는 칠성사(七聖事)의 하나. 교회법이 허용하는 일남일녀가 혼인을 하는 행사를 이르는 말.

혼인^신고(婚姻申告)圀 결혼한 사실 등을 관할 관청에 신고하는 일.

혼인-집(婚姻—)[—찝]圀 혼례를 지내는 집. 혼인 잔치를 치르는 집. 혼가(婚家).

혼:-일(混—)圀하타 섞어서 하나로 함.

혼일(婚日)圀 혼인을 하는 날.

혼:-입(混入)圀하타되자 한데 섞여 들어감, 또는 한데 섞어 넣음.

혼자圀 ①자기 한 몸. ¶혼자의 힘으로. ②〔부사적 용법〕 단독으로. ¶혼자 남다.

혼자-되다[—되—/—뒈—]자 ☞홀로되다.

혼:작(混作)圀하자 같은 땅에 두 가지 이상의 작물을 동시에 재배하는 일.

혼:-잡(混雜)圀혱스럽 ①뒤섞여서 분잡함. 붐빔. ¶교통 혼잡. /혼잡한 도로. ②☞혼란(混亂). 혼잡스레튀.

혼잣-말[—잔—]圀하자 혼자서 중얼거리는 소리. 혼잣소리. 독어(獨語)[1]. 독언(獨言). ¶혼잣말로 중얼거리다.

혼잣-소리[—쏘—/—잗쏘—]圀하자 ☞혼잣말.

혼잣-손[—쏜/—잗쏜]圀 혼자 일을 하는 처지. 단손.

혼재(婚材)圀 혼인하기 알맞은 남자와 여자.

혼:-재(混在)圀하자되자 (서로 다른 것이) 함께 존재함.

혼전(婚前)圀 결혼하기 전.

혼:-전(混戰)圀하자 ①두 편이 뒤섞여서 싸움. ②승패나 순위를 가름할 수 없는 치열한 싸움. 난전(亂戰). ¶혼전을 벌이다.

혼절(昏絶)圀하자 정신이 아찔하여 까무러침. ¶갑자기 친구가 혼절하는 바람에 몹시 놀랐다. 圈기절.

혼정-신성(昏定晨省)圀하자 〔저녁에 이부자리를 보고 아침에 자리를 돌아본다는 뜻으로〕 자식이 아침저녁으로 부모의 안부를 물어서 살핌을 이름. 圈정성(定省).

혼질(昏窒)圀하자되자 정신이 혼미해질 정도로 숨이 막힘.

혼쭐(魂—)圀 ‘혼’을 강조하여 이르는 말.

혼쭐-나다(魂—)[—라—]자 ①몹시 혼나다. ¶혼쭐나고 싶지 않으면 얌전히 있어. ②(몹시 황홀하여) 정신이 흐릴 지경이 되다.

혼쭐-내다(魂—)[—래—]타 몹시 꾸짖거나 벌을 주다. ¶나쁜 놈을 혼쭐내다.

혼처(婚處)圀 혼인하기에 알맞은 자리. ¶마땅한 혼처를 알아보다.

혼척(婚戚)圀 ☞인척(姻戚).

혼:-천(渾天儀)[—처늬/—처니]圀 지난날, 천체의 운행과 위치를 관측하던 기계.

혼취(昏醉)圀하자되자 정신을 못 차릴 정도로 술에 취함. ¶혼취 상태에서 어떻게 집에 왔는지 모르겠다.

혼취(婚娶)圀하자 ☞혼인(婚姻).

혼침(昏沈) '혼침하다'의 어근.

혼침-하다(昏沈-)[형] 정신이 혼미하다.

혼:탁(混濁·渾濁·溷濁)[명][하형] ①(불순한 것들이 섞여) 깨끗하지 않고 흐림. ¶혼탁한 공기. /강물이 혼탁하다. ②(정치나 사회 현상 따위가) 어지럽고 흐림. ¶혼탁한 정치 풍토.

혼:탕(混湯)[명] 남녀 구별 없이 들어가 함께 목욕하는 목욕탕.

혼택(婚擇)[명][하자] 혼인할 날을 가림.

혼:합(混合)[명][하타][되자] 뒤섞어서 한데 합함. ¶혼합 물질. /밀가루 반죽에 쑥 가루를 혼합하다.

혼:합^농업(混合農業)[-나-][명] 가축의 사육과 농작물의 재배를 아울러 하는 농업.

혼:합-눈(混合-)[-합-][명] (꽃눈이나 잎눈에 대하여) 꽃이 될 눈과 잎이 될 눈을 함께 지닌 싹눈. 혼아(混芽). 혼합아.

혼:합-물(混合物)[-합-][명] ①여러 가지가 뒤섞여서 된 물건. ②둘 이상의 물질이 화학적으로 결합하지 않고 각각의 성질을 지니면서 뒤섞이어 있는 것.

혼:합-비(混合比)[-삐][명] ①이질(異質)의 물질을 혼합하는 비율. ②내연 기관에서, 연료와 공기가 혼합하여 혼합 기체를 이루는 비율.

혼:합-아(混合芽)[명] ☞혼합눈.

혼:합-주(混合酒)[-쭈][명] ☞혼성주.

혼행(婚行)[명][하자] 혼인 때, 신랑이 신부 집으로 가거나 신부가 신랑 집으로 가는 일. 신행(新行).

혼:혈(混血)[명] ①(서로 다른 종족이 결혼하여) 두 계통의 특징이 섞임, 또는 그 혈통. ↔순혈. ②'혼혈아'의 준말.

혼:혈-아(混血兒)[명] 서로 다른 종족 사이에서 태어난 아이. ☞혼혈.

혼혐(婚嫌)[명] 파혼이 되거나 혼인이 성립될 수 없는 까닭의 혐의.

혼흑(昏黑)[부][하형] ①어두운 모양. ②정신이 흐리고 가물가물한 모양. 혼흑-히[부].

혼:화(混化)[명][하자][되자] 뒤섞이어 딴 물건이 됨.

혼:화(混和)[명][하자][되자] 한데 섞이어 융화됨.

혼-화(渾和)[명][하자] 혼연하게 화합함.

혼-화제(混和劑)[명] 두 가지 이상의 재료를 혼화시켜 만든 약제.

혼:효(混淆)[명] ①[하자타][되자] 서로 뒤섞임, 또는 뒤섞음. ②[하형] ☞혼란(混亂).

혼:효-림(混淆林)[명] 두 가지 이상의 나무가 뒤섞여 있는 숲. 혼성림. ↔단순림.

혼후(渾厚)[명] '혼후하다'의 어근.

혼:후-하다(渾厚-)[형] 화기(和氣)가 있고 인정이 두텁다. 혼후-히[부].

혼흑(昏黑)[명] '혼흑하다'의 어근.

혼흑-하다(昏黑-)[-흐카-][형] 어둡고 몹시 캄캄하다.

홀(笏)[명] ①조선 시대에, 벼슬아치가 조현(朝見)할 때 조복(朝服)에 갖추어 손에 쥐던 패. ②<홀기(笏記)>의 준말.

홀(忽)[주][관] 조선 사(絲)의 10분의 1, 미(微)의 10배가 되는 수(의). 곧, 10⁻⁵.

홀:(hall)[명] ①(건물 안의 여럿이 모일 수 있는) 넓은 방. ②회관이나 강당. ③<댄스홀>의 준말.

홀:(hole)[명] 골프공을 쳐 넣는 구멍. 지름 4.25 인치(약 10.8 cm)로, 보통 금속제의 원통이 박혀 있어 컵(cup)이라고도 함.

홀-[접두] 《일부 명사 앞에 붙어》'짝이 없음'·'하나뿐'임을 나타냄. ¶홀몸. /홀아비. /홀어미. /홀시어머니.

홀가분-하다[형] ①가뿐하고 산뜻하다. ¶마음이 홀가분하다. ②너더분하지 않다. ③(짐스러운 것이 없어) 가든하다. ¶손가방 하나뿐인 홀가분한 차림. ④대수로운 상대가 아니다. 홀가분-히[부].

홀기(笏記)[명] 혼례나 제례 때, 의식의 순서를 적은 글. ☞홀.

홀대(忽待)[-때-][명][하타] 소홀히 대접함. 탐탁하지 않은 대접. ¶홀대를 받다. 비괄대.

홀:-더(holder)[명] 서류 따위의 보관철.

홀:-딩(holding)[명] ①축구나 농구 따위에서, 손이나 몸으로 상대편의 행동을 방해하는 반칙. ②배구에서, 손이나 몸에 잠깐이라도 공이 머물러 있게 하거나 손바닥으로 공을 치는 반칙. ③권투에서, 상대편의 몸을 껴안는 일.

홀딱[부] ①벗겨져 환하게 드러나는 모양. ¶이마가 홀딱 벗어졌다. ②(옷 따위 가린 것을) 죄다 벗거나 벗은 모양. ¶아이들이 옷을 홀딱 벗고 물속으로 뛰어들었다. ③몽땅. 죄다. ¶돈을 홀딱 다 써 버린다. ④뒤집거나 뒤집히는 모양. ¶손바닥을 홀딱 뒤집다. ⑤[하타]작은 동작으로 뛰어넘는 모양. ⑥[하자]맞아 반하거나나 속는 모양. ¶①②④⑤⑥홀떡. 홀딱-홀딱[부][하타].

홀딱-거리다¹[-꺼-][자] 신이 헐거워서 자꾸 벗어지다. ¶고무신이 커서 홀딱거린다. ☞홀떡거리다.

홀딱-거리다²[-꺼-][타] ①자꾸 조금 힘차게 뛰거나 뛰어넘다. ②자꾸 적은 양을 남김없이 날쌔게 먹어 치우다. 홀딱대다². ☞홀떡거리다².

홀딱-대다¹[-때-][자] ☞홀딱거리다¹.

홀딱-대다²[-때-][타] ☞홀딱거리다².

홀딱-홀딱[-따콜-][부][하자] ①신이 할가워서 자꾸 벗어지려고 하는 모양. ②할가워서 가만히 붙어 있지 않고 자꾸 움직이는 모양. ☞홀떡홀떡.

홀라당[부] <홀랑>의 본딧말.

홀라-들이다[타] 함부로 자꾸 쑤시거나 훑다. ☞홀라들이다.

홀랑[부] ①(가린 것을 벗어) 속의 것을 모두 드러내는 모양. ¶홀랑 벗은 알몸. ②벗어지거나 벗겨진 모양. ¶머리털이 홀랑 벗어진 이마. ③[하자]들어가는 물건이 구멍보다 작아서, 할갑게 들어가거나 빠지는 모양. ④미끄럽게 뒤집히는 모양. ⑤조금 가지고 있던 것을 다 날려 버리는 모양. ¶도박으로 전 재산을 홀랑 날리다. 홀라당. 홀렁. 홀랑-홀랑[부][하자].

홀랑-거리다[자] 자꾸 홀랑홀랑하다. 홀랑대다. ☞홀렁거리다.

홀랑-대다[자] ☞홀랑거리다.

홀랑이-질[명][하자] 자꾸 함부로 쑤시거나 훑는 짓. ☞홀렁이질.

홀랑이-치다[타] 홀랑이질을 잇달아 하다. ☞홀렁이치다.

홀랑-하다[형] 들어가는 물체가 구멍보다 작아서, 할가운 느낌이 있다. ☞홀렁하다.

홀랑-홀랑[부] ①[하형]매우 홀랑한 모양. ②[하자]들어간 물건이 구멍보다 작아서 할갑게 자꾸 드나드는 모양. ☞홀렁홀렁.

홀략(忽略)[명] '홀략하다'의 어근.

홀략-하다(忽略-)[-랴카-][형] 소홀하고 간략하다. 홀략-히[부].

홀로[부] 외롭게. 혼자서만. ¶홀로 걷다.

홀로그래피(holography)[명] 위상(位相)이 갖추어진 레이저 광선을 이용하여 렌즈 없이 한 장의 사진으로 입체상(立體像)을 촬영 재생하는 방법, 또는 그것을 응용한 광학 기술.

홀로그램 (hologram)圓 홀로그래피에서, 입체상(立體像)을 재생하는 간섭 줄무늬를 기록한 매체.

홀로-되다[-되-/-뒈-]困 ①배우자가 없이 홀로 지내는 몸이 되다. ②(함께 있던 이들이 떠나고) 혼자만 남게 되다. 혼자되다.

홀리다 囗困 ①유혹에 빠져 정신을 못 차리다. ¶여자한테 홀리다. Ⅱ타 유혹하여 정신을 차리지 못하게 하다. ¶여자를 홀리다.

홀-맺다[-맫따]타 (풀리지 않게) 옭아 단단히 맺다.

홀-몸圓 (배우자나 형제 따위가 없는) 혼자의 몸. 독신. 척신(隻身). ¶교통사고로 남편을 잃고 홀몸이 되었다. 준홀몸.

홀뮴 (holmium)圓 희토류 원소의 한 가지. 상자성(常磁性) 금속으로, 아주 적게 존재하기 때문에 순수한 것을 얻기는 어려움. 〔Ho/67/164.9304〕

홀보드르르-하다휑어 피륙 따위가 매우 가볍고 보들보들하다. 준홀보들하다. 큰홀부드르르하다.

홀보들-하다휑어 〈홀보드르르하다〉의 준말. 큰홀부들하다.

홀-소리[-쏘-]圓 ➪모음(母音). ↔닿소리.

홀소리-어울림[-쏘-]圓 ➪모음조화.

홀-수 (-數)[-쑤]圓 2로 완전히 나누어지지 않는 정수(整數). (1·3·5·7·9 따위.) ↔짝수.

홀스타인 (Holstein)圓 네덜란드 원산의 젖소의 한 품종. 몸은 크고 털빛은 흑백의 얼룩이며 성질은 온순함.

홀시 (忽視)[-씨]圓하타 되자 ①눈여겨보지 않고 건성으로 보아 넘김. ②깔봄.

홀-씨[-씨]圓 ➪포자(胞子).

홀씨-주머니圓 ➪포자낭.

홀-아버니圓 〈홀아비〉의 높임말.

홀-아버지圓 혼자된 아버지.

홀-아비圓 (여의거나 헤어져서) 아내 없이 혼자 사는 남자. 광부(曠夫). 환부(鰥夫). 높홀아버니. ↔핫아비.

   홀아비 굿 날 물려 가듯[속담] 훗날로 자꾸 미룸을 이르는 말.

   홀아비는 이가 서 말이고 홀어미는 은(銀)이 서 말이라[속담] 여자는 혼자 살아나갈 수 있어도 남자는 혼자 살기 어렵다는 뜻.

홀아비-김치圓 무나 배추 한 가지로만 담근 김치.

홀아비-좆[-졷]圓 쟁기의 한마루 위의 멍에 줄 닿는 곳에 가로 꿴 작은 나무. 아래 덧방을 누름. * 홀아비좆이[-조지]·홀아비좆만[-존-]

홀-알圓 ➪무정란(無精卵).

홀-앗이圓 (거들어 줄 사람이 없어) 살림살이를 혼자 꾸리는 처지.

홀앗이-살림圓 식구가 많지 않아 단출한 살림.

홀-어머니圓 ①〈홀어미〉의 높임말. ②혼자된 어머니. 높편모(偏母).

홀-어미圓 남편을 잃고 혼자 사는 여자. 높홀어머니. ↔핫어미.

홀-어버이圓 아버지나 어머니 중 어느 한쪽이 없는 어버이. 편친(偏親).

홀연 (忽然)뭐 뜻밖에. 갑자기. ¶온다 간다 말없이 홀연 자취를 감추다.

홀연-하다 (忽然-)휑어 뜻밖에 불쑥 나타나거나 갑자기 사라지다. 홀연-히뭐.

홀왕홀래 (忽往忽來)圓하자 홀연히 가고 홀연히 나타남.

홀의-아들[호릐-/호레-]圓 〈호래아들〉의 본딧말.

홀:-인 (hole in)圓 골프에서, 그린 위에 얹어 놓은 공을 퍼터로 구멍 안에 넣는 일.

홀:-인원 (hole in one)圓 골프에서, 파가 3인 홀에서 티 샷한 공이 그대로 홀에 들어간 경우.

홀지 (忽地)[-찌]圓 갑자기 변하는 판. (주로, '홀지에'의 꼴로 쓰임.) ¶홀지에 풍설이 많아지다.

홀지-풍파 (忽地風波)[-찌-]圓 갑작스레 일어나는 풍파.

홀짝뭐 ①분량이 적은 액체를 단숨에 들이마시는 모양. ¶잔에 남은 술을 홀짝 비우다. ②단번에 가볍게 뛰거나 날아오르는 모양. ¶도랑을 홀짝 뛰어 건너다. ③콧물을 조금씩 들이마시며 우는 모양, 또는 그 소리. 큰홀쩍1. 홀짝-홀짝뭐 (하자타).

홀짝-거리다[-꺼-]困 자꾸 홀짝홀짝하다. 홀짝대다. 큰홀쩍거리다.

홀짝-대다[-때-]困타 홀짝거리다.

홀짝-이다 囗困 콧물을 조금씩 들이마시며 흐느껴 울다. 큰홀쩍이다. Ⅱ타 적은 양의 액체를 단숨에 들이마시다. ¶소주를 홀짝이다. 큰홀쩍이다.

홀쭉-이圓 몸이 가냘픈 사람. 볼에 살이 빠져 여윈 사람. 높뚱뚱이.

홀쭉-하다[-주카-]휑어 ①몸이 가늘고 길다. ②끝이 뾰족하고 길다. ③(앓거나 지쳐서) 살이 빠지고 몸이 야위다. ④(속이 비어) 안으로 오므라져 있다. ¶배가 홀쭉하다. 큰홀쭉하다. 홀쭉-히뭐.

홀쳐-매다[-처-]타 풀리지 않도록 단단히 잡아매다.

홀치다타 풀리지 않도록 동이거나 벗어나지 못하도록 조처하다. 큰훌치다2.

홀태-바지圓 통이 좁은 바지.

홀태-버선圓 볼이 좁은 버선.

홀태-부리圓 홀쭉하게 생긴 물건의 앞부리.

홀-하다 (忽-)휑어 조심성이 적어 거칠고 가볍다.

홀현홀몰 (忽顯忽沒)圓하자 홀연히 나타났다가 홀연히 사라짐.

홀:-홀뭐 ①작은 날짐승 따위가 가볍게 나는 모양. ②불이 조금씩 타오르는 모양. ③더운물 따위나 묽은 죽 따위를 조금씩 들이마시는 모양. 큰훌훌.

홀홀-하다휑어 (미음이나 죽 따위가 알맞게 퍼져서) 부드럽고 묽다. 큰훌훌하다.

훑다[훌따]타 ①붙어 있는 알갱이 따위를 떼어 내기 위하여 다른 것 틈에 끼워 잡아당기다. ¶벼 이삭을 훑다. ②속에 붙은 것을 부시어 내다. ¶솥 속의 찌꺼기를 훑다. ③일정한 범위를 샅샅이 더듬거나 살펴보다. * 훑다·훑아·훑고[훌꼬]·훑는[훌른].

훑-이다1[훌치-]困 ①좀 부풋하고 많던 것이 다 빠져서 적어지다. ②옭음을 당하여 헝클어지다. 큰훌이다1.

훑-이다2[훌치-]困 『'훑다'의 피동』 훑음을 당하다. 큰훌이다2.

홈 (home)圓 (고랑처럼) 오목하고 길게 팬 자리.

홈: (home)圓 〈홈 베이스〉의 준말.

홈:-^게임 (home game)圓 프로 야구 등에서, 자기편의 본거지 구장에서 하는 경기. 홈경기. ↔로드 게임.

홈:-경기(home競技)圓 ⇨홈 게임.

홈:-구장(home球場)圓 ⇨홈그라운드.

홈:-그라운드(home grounds)圓 운동 경기에서, 선수나 팀의 본거지나 본국의 경기장. 홈구장.

홈-끌圓 속에 홈이 패어진 조각용 끌.

홈:-드라마(home+drama)圓 가정의 일상생활을 제재로 한 극이나 영화. 가정극(家庭劇).

홈:-드레스(home+dress)圓 (주로 주부가) 가정에서 평소에 입는 실용적인 양장(洋裝).

홈:런(home run)圓 야구에서, 타자가 본루까지 살아서 돌아올 수 있도록 친 안타. 본루타.

홈:런디:비(home run+Derby) 야구에서, 한 시즌 중의 홈런 수를 경쟁하는 일.

홈:룸(homeroom)圓 초·중·고등학교에서, 학생의 생활 지도상 베풀어지는 특별한 교육 계획. 교사의 지도 아래 가정적 분위기를 살려 자치 활동을 함.

홈:-뱅킹(home banking)圓 가정의 개인용 컴퓨터와 은행의 컴퓨터를 전화 회선으로 연결하여, 은행에 나가지 않고도 금융 거래를 할 수 있는 시스템.

홈:베이스(home base)圓 본루(本壘). ⓒ홈.

홈:쇼핑(home shopping)圓 통신 판매의 한 가지로, 가정에서 방송 또는 안내 책자 등의 상품 정보를 보고 물건을 사는 일.

홈:스트레치(homestretch)圓 육상이나 경마 따위에서, 결승점이라는 직선 주로(走路).

홈:스틸:(home+steal)圓 야구에서, 본루로의 도루(盜壘)를 이르는 말.

홈:스펀(homespun)圓 손으로 자은 굵은 털실로 짠 거친 양복감, 또는 이를 본뜬 옷감.

홈:인(home+in)圓하자 야구에서, 주자가 본루(本壘)에 살아서 들어오는 일.

홈-자귀圓 머리 부분에 홈이 있는 자귀 모양의 돌연장. 이 홈에 직각으로 된 나무 자루를 대어 묶어서 썼음.

홈:-질圓하자 손바느질에서 가장 기본적인 바느질법. 바늘땀을 위아래로 고르게 드문드문 호는 바느질.

홈착-거리다[-꺼-]타 자꾸 홈착홈착하다. 홈착대다. ⓒ홈척거리다.

홈착-대다[-때-]타 홈착거리다.

홈착-홈착[-차콤-]무하자 ①보이지 않는 데 있는 것을 찾으려고 자꾸 더듬는 모양. ②눈물을 이리저리 씻는 모양. ⓒ홈척홈척.

홈쳐-때리다[-쳐-]타 덤벼들어 단단히 때리다. 홈치다. ⓒ홈쳐때리다.

홈치다타 ①물기 따위를 말끔하게 닦아 내다. ¶걸레로 방을 홈치다. /행주로 식탁을 홈치다. ②남의 것을 살그머니 휘몰아서 가지다. ③보이지 않는 데 있는 것을 찾으려고 더듬어 만지다. ④⇨홈쳐때리다. ⓒ홈치다.

홈치작-거리다[-꺼-]타 자꾸 홈치작홈치작하다. 홈치작대다. ⓒ홈치적거리다.

홈치작-대다[-때-]타 홈치작거리다.

홈치작-홈치작[-자콤-]무하자 느릿느릿하게 홈치작거리는 모양. ⓒ홈치적홈치적.

홈켜-잡다[-따]타 세게 움켜잡다. ⓒ홈켜잡다. ⓥ움켜잡다.

홈켜-쥐다타 세게 움켜쥐다. ⓒ홈켜쥐다. ⓥ움켜쥐다.

홈-타기圓 물건이 갈라진 살.

홈:터미널(home terminal)圓 (여러 가지 정보를 얻기 위하여) 가정에 설치한 컴퓨터의 단말기.

홈:-통(-桶)圓 물을 끄는 데 쓰기 위하여 나무나 쇠붙이 따위에 골을 짓거나 구멍을 낸 줄기.

홈:^팀:(home team)圓 운동 경기에서, 자기 팀의 근거지에서 다른 팀을 맞아들여 대전(對戰)하는 팀.

홈-파다타 속을 오목하게 호비어 파다. ⓒ홈파다.

홈-패다자 ['홈파다'의 피동] 홈팜을 당하다. ⓒ홈패다. ⓥ호패다.

홈:^페이지(home page)圓 인터넷의 월드 와이드 웹 서비스에 접속했을 때에 처음으로 나타나는 화면. 흔히, 책의 표지 또는 차례에 해당하는 내용으로 꾸며져 있음.

홈홈-하다형여 얼굴에 흐뭇한 표정이 나타나 있다. ⓒ훔훔하다.

홉(hop)圓 뽕나뭇과의 다년생 만초. 유럽과 아시아의 온대 지방 원산. 줄기 길이는 6~12 m. 줄기와 잎자루에 가시가 있으며, 여름에 황록색의 꽃이 암수 따로 핌. 열매는 향과 쓴맛이 있어 맥주의 원료로 쓰임.

홉圓 용량의 단위의 한 가지. 한 되의 10분의 1. 약 180ml임. ¶두 홉들이 소주.

-홉다어미 〈옛〉-스럽다. -스럽구나. ¶수랑홉다. 可愛(漢淸6: 20).

홉-되[-뙤-]圓 홉의 양을 되는 그릇.

홉-뜨다[~뜨나·~떠]타 눈알을 굴려 눈시울을 위로 치뜨다.

홉사[-싸]圓 ①한 홉과 한 사(勺). ②되나 저울로 단위를 삼아 셀 때의 남는 분량.

홋홋-하다[호토타-]형여 (딸린 사람이 적어서) 아주 홀가분하다. 홋홋-이무.

홍(紅)圓 〈홍색〉의 준말.

홍-가시나무(紅-)圓 장미과의 상록 소교목(小喬木). 일본 원산의 관상용 식물. 잎은 길둥글며 잔 톱니가 있고 어긋맞게 남. 5~6월에 흰 꽃이 핌. 잎은 돋아날 때와 단풍이 들 때 붉은빛이 돎.

홍각(紅殼)圓 붉은 채색의 한 가지. 건축 재료의 물감으로 쓰임.

홍건-적(紅巾賊)圓 중국 원나라 말기에 강회(江淮)의 한산동(韓山童)을 우두머리로 하여 일어났던 도둑의 무리. 붉은 두건을 둘렀음.

홍경(弘經)圓하자 불경(佛經)을 널리 퍼뜨림.

홍경-대사(弘經大師)圓 홍경(弘經)하는 일에 종사하는 법사(法師).

홍국(紅麴)圓 중국에서 나는, 붉은빛으로 법제한 쌀. 백소주에 담가 우려서 홍소주를 만드는 데 쓰임.

홍곡(鴻鵠)圓 ①큰 기러기와 고니. 큰 새. ②'큰 인물'을 비유하여 이르는 말.

홍곡지지(鴻鵠之志)[-찌-]圓 원대한 포부. [사기'의 '진섭세가(陳涉世家)'에 나오는 말임.]

홍국(紅麴)圓 누룩의 한 가지. 약술을 담그는 데에 쓰임.

홍군(紅軍)圓 운동 경기에서, 여러 편으로 갈라 겨룰 때 붉은빛의 상징물을 사용하는 편.

홍군(紅裙)圓 〔'붉은 치마'라는 뜻으로〕 '미인'이나 '예기(藝妓)'를 이르는 말.

홍규(紅閨)圓 여인이 거처하는 방.

홍귤-나무(紅橘-)[-라-]圓 ⇨감자나무.

홍기(紅基 ·弘基)圓 큰 사업의 기초.

홍길동-전(洪吉童傳)[-똥-]圓 조선 광해군 때 허균이 지은 국문 소설. 계급 타파를 부르짖은 사회 소설로서, 국문 소설의 선구임.

홍-꼭지(紅-)[-찌-]圓 붉은 종이로 둥글게 꼭지를 만들어 붙인 연(鳶).

홍단(紅短)圓 화투 놀이에서, 솔·매화·빗꽃의 붉은 띠 석 장을 갖추어 이룬 단. ⑪청단(靑短)·초단(草短).

홍당-무(紅唐-)圓 ①당근. ②무의 한 가지. 꽃과 겉껍질이 붉음. ③(수줍거나 술에 취해) '몹시 붉어진 얼굴'을 비유하여 이르는 말.

홍대(弘大)圓 '홍대하다'의 어근.

홍대(洪大·鴻大)圓하웡 ①(규모 따위가) 매우 큼. ②한방에서, 맥박의 뛰는 정도가 매우 큼.

홍대-하다(弘大-)形예 (범위가) 넓고 크다.

홍덕(鴻德)圓 큰 덕.

홍도(紅桃)圓 ①〈홍도화〉의 준말. ②〈홍도나무〉의 준말.

홍도(鴻圖)圓 ①넓고 큰 계획. ②지난날, '임금의 계획'을 이르던 말. ③매우 넓은 판도(版圖).

홍도-나무(紅桃-)圓 관상용 복숭아나무의 한 가지. 열매는 없고 진홍색 꽃이 핌.

홍도-화(紅桃花)圓 홍도나무의 꽃. ⑥홍도.

홍동(哄動)圓 여럿이 지껄이며 떠듦.

홍동백서(紅東白西) [-써] 圓 제사 지낼 때 제물(祭物)을 차리는 격식. '붉은 과실은 동쪽, 흰 과실은 서쪽에 차림'을 이르는 말. ⑪어동육서(魚東肉西).

홍두깨圓 ①옷감을 감아 다듬이질하는 굵고 둥근 몽둥이. ②소의 볼기살에 붙은 고기의 한 가지. 장조림이나 국거리로 쓰임. 홍두깨살. ③(쟁기질이 서툴러) 갈리지 않고 남은 고랑 사이의 생땅.

홍두깨-다듬이圓 홍두깨에 감아서 하는 다듬이. ⑪넓다듬이.

홍두깨-떡圓 홍두깨같이 굵은 가래떡.

홍두깨-살圓 홍두깨.

홍두깨-생갈이(-)圓하타 (쟁기질이 서투른 사람이) 갈리지 않고 남은 거웃 사이를 억지로 가는 일. ⑥생갈이.

홍두깨-틀圓 다듬이할 때 홍두깨를 버텨 놓는 기구.

홍두깨-흙 [-흑] 圓 기와를 이을 때, 수키와가 붙어 있도록 밑에 괴는 진흙. •홍두깨흙이 [-흘기]·홍두깨흙만 [-흥-]

홍등(紅燈)圓 붉은 등불.

홍등-가(紅燈街)圓 술집이나 유곽 따위가 늘어선 거리. ⑪환락가.

홍-등롱(紅燈籠) [-농] 〈홍사등롱(紅紗燈籠)〉의 준말.

홍로-점설(紅爐點雪) [-노-] ['벌겋게 단 화로에 떨어지는 한 점 눈'이라는 뜻에서] ①'풀리지 않던 이치가 눈 녹듯이 쉽게 깨쳐짐'을 이르는 말. ②'큰 힘 앞에 맥을 못 추는 매우 작은 힘'을 이르는 말.

홍료(紅蓼)圓 [노]圓 단풍이 들어 빨갛게 된 여귀.

홍루(紅淚)圓 [-누] 圓 ①여자의 눈물. 미녀의 눈물. ②피눈물.

홍루(紅樓)圓 [-누] 圓 ①(부유한 집의) 여자가 거처하는 방. ↔녹창(綠窓). ②지난날, '기생의 집'을 달리 이르던 말.

홍마(紅馬)圓 장기나 쌍륙에서 쓰는, 붉은색을 칠한 말. ↔청마(靑馬).

홍머리-동이(紅-)圓 머리에 붉은 종이를 오려 붙인 지연(紙鳶).

홍모(鴻毛)圓 [큰 기러기의 털이라는 뜻으로] '매우 가벼운 사물'을 비유하여 이르는 말.

홍목-당혜(紅目唐鞋) [-땅헤/-땅혜]圓 지난날, 아이들이나 여자가 신던, 푸른 바탕에 붉은 눈을 수놓은 가죽신.

홍몽(鴻濛·澒濛)圓 ①하늘과 땅이 아직 갈리지 아니한 모양, 또는 그러한 혼란의 세계. ②천지 자연의 원기.

홍문(肛門)圓 '항문(肛門)'의 잘못.

홍문(紅門)圓 ①〈홍살문〉의 준말. ②⇨정문(旌門).

홍문-관(弘文館)圓 조선 시대의 삼사(三司)의 하나. 경서(經書)와 사적(史籍)의 관리, 문한(文翰)의 처리 및 왕의 자문에 응하는 일을 맡아보던 관아. ⑥옥당(玉堂).

홍-반달(紅半-)圓 머리에 붉은 종이를 반달처럼 오려 붙인 지연(紙鳶).

홍범(弘範)圓 대종교(大倧敎)에서 시행하고 있는 규범의 총칙.

홍범-구주(洪範九疇)圓 '서경(書經)'의 홍범에 기록되어 있는 것으로, 우(禹)가 요순(堯舜) 이래의 정치 대법을 집대성한 아홉 가지의 법칙. ⑥구주.

홍법(弘法)圓하자 불도(佛道)를 널리 폄.

홍-벽도(紅碧桃) [-또]圓 홍도와 벽도를 접붙인 복숭아나무의 변종. 관상용으로, 열매는 없으나 분홍빛 꽃이 소담하게 핌.

홍보(弘報)圓하타 (일반에게) 널리 알림, 또는 그 보도나 소식. ¶신제품 홍보. /홍보 활동을 하다.

홍보(紅褓)圓 붉은 보자기.

홍-보석(紅寶石)圓 ⇨루비(ruby).

홍복(洪福)圓 큰 행복. 매우 큰 복력.

홍분(汞粉)圓 ⇨경분(輕粉).

홍사(紅絲)圓 [-싸] 圓 ①오라. ③붉은발.

홍사-등롱(紅紗燈籠) [-농]圓 ①붉은 운문사(雲紋紗)로 둘러치고 위아래에 푸른 운문사로 동을 단 등. ②조선 시대에, 정일품이나 종일품 벼슬아치가 밤나들이에 들리고 다니던 품등(品燈)의 한 가지. ⑥홍등롱.

홍살-문(紅-門) [-門]圓 지난날, 궁전이나 관아 또는 능원(陵園) 따위의 앞에 세우던 붉은 칠을 한 문. ⑥홍문.

홍삼(紅衫)圓 지난날의 조복(朝服)의 웃옷. 붉은 바탕에 검은 선을 둘렀음.

홍삼(紅蔘)圓 수삼을 쪄서 말린 불그레한 빛깔의 인삼. ⑪백삼(白蔘).

홍상(紅裳)圓 ①지난날의 조복(朝服)의 아래옷. 붉은 바탕에 검은 선을 둘렀음. ②붉은 치마. ③다홍치마.

홍색(紅色)圓 붉은 빛깔. ⑥홍.

홍색^인종(紅色人種)圓 ⇨홍인종.

홍색-짜리(紅色-)圓 '큰 낭자를 하고 다홍치마를 입은 갓 결혼한 색시'를 이르는 말. ⑪남색짜리.

홍서(弘誓)圓 중생을 제도하여 불과(佛果)를 얻게 하려는 부처나 보살의 서원(誓願).

홍-석영(紅石英)圓 ⇨붉은차돌.

홍소(哄笑)圓하자 입을 크게 벌리고 떠들썩하게 웃음.

홍-소주(紅燒酒)圓 홍곡(紅穀)을 우려서 붉은빛을 낸 소주. ↔백소주.

홍송(紅松)圓 소나무의 한 가지. 재질이 무르고 결이 고와 재목으로 쓰임.

홍수(洪水)圓 ①큰물. 시위1. 대수(大水). ¶홍수로 큰 피해를 본 남부 지방. ⑪창수(漲水). ②'사람이나 물건이 엄청나게 쏟아져 나옴'을 비유하여 이르는 말. ¶외제 자동차의 홍수.

홍수(紅袖)圓 [지난날] ①(군인이 입던 군복의) 붉은 소매. ②'나인(內人)'을 달리 이르던 말.

홍수(紅樹)**명** 홍수과의 상록 교목. 줄기 높이 4 m가량. 꽃은 희고 열매는 붉으며, 나무에 달린 채 씨에서 싹과 뿌리가 나서 떨어짐. 열대 지방의 해변에 나서 숲을 이루는데, 호안(護岸)을 위해 심기도 함.

홍수^경ː보(洪水警報)**명** 장마나 폭우로 어느 지역에 홍수가 남을 경계시키는 기상 경보.

홍수-막이(洪水-)**명** 홍수를 막기 위하여 여러 가지 시설을 하는 일.

홍수-피(紅樹皮)**명** 홍수의 껍질. 붉은 물감의 재료나 가죽 정제용, 설사약 등에 쓰임. 단각(丹殼).

홍순(紅脣)**명** ①(여자의) 붉은 입술. ②'반쯤 핀 꽃송이'를 비유하여 이르는 말.

홍시(紅柿)**명** 붉고 말랑말랑하게 무르익은 감. 연감. 연시.

홍-실(紅-)**명** 붉은 실. 홍사(紅絲). **발**청실.

홍-싸리(紅-)**명** 화투짝의 한 가지. 붉은 싸리를 그린, 7월을 상징하는 딱지.

홍아리(洪牙利)**명** '헝가리'의 한자음 표기.

홍안(紅顔)**명** (젊어서) 혈색이 좋은 얼굴. ¶홍안의 소년.

홍안(鴻雁)**명** 큰 기러기와 작은 기러기.

홍안-박명(紅顔薄命)[-뱅-]**명** ☞미인박명.

홍어(洪魚)**명** 가오릿과의 바닷물고기. 몸길이 1.5 m가량. 몸은 마름모꼴로 넓적하며 몸빛은 등이 갈색, 배는 흰색임. 우리나라와 일본·동중국해 등지에 분포함.

홍업(洪業·鴻業)**명** 나라를 세우는 대업.

홍-여새(紅-)**명** 여샛과의 새. 몸길이 18 cm가량. 몸빛은 등이 포도색을 띤 갈색, 꼬리깃의 끝은 홍색임. 도가머리는 다소 짧고 부드러움. 우리나라에서는 드문 겨울새임.

홍역(紅疫)**명** 여과성 병원체에 의하여 발병하는 급성의 발진 전염병. 봄철에 유아에 전염되며 평생 면역이 됨. 마진(痲疹).

홍역(을) 치르다[관용] 몹시 애를 먹거나 어려운 일을 겪다.

홍연(紅鉛)**명** 첫 월경(月經).

홍연(紅鳶)**명** 붉은 빛깔의 연.

홍연-대소(哄然大笑)[하자] 껄껄 크게 웃음.

홍염(紅焰)**명** ①붉은 불꽃. ②☞프로미넌스.

홍염(紅艶)**명** '홍염하다'의 어근.

홍염-하다(紅艶-)**형여** 화색이 돌고 탐스럽다.
홍염-히부.

홍엽(紅葉)**명** ①(단풍나무의) 붉은 잎. ②단풍이 든 나뭇잎.

홍예(虹霓·虹蜺)**명** ①☞무지개. ②〈홍예문〉의 준말.

홍예(를) 틀다[관용] 문 따위를 무지개 모양으로 만들다.

홍예-다리(虹霓-)**명** 두 끝이 처지고 가운데가 무지개처럼 굽은 다리.

홍예-문(虹霓門)**명** 문의 윗부분이 무지개처럼 굽은 문. **준**홍예.

홍예-석(虹霓石)**명** 홍예다리나 홍예문을 만드는 데 쓰이는 돌.

홍옥(紅玉)**명** ①☞루비(ruby). ②사과 품종의 한 가지. 신맛이 나며, 겉껍질은 짙은 붉은빛임.

홍우(紅雨)**명** 많이 떨어지는 '붉은 꽃잎'을 비에 비유하여 이르는 말.

홍원(弘願)**명** 불교에서, 아미타의 본원(本願) 가운데 근본이 되는 서원(誓願).

홍유(鴻儒)**명** 큰 유학자(巨儒).

홍윤(紅潤) '홍윤하다'의 어근.

홍윤-하다(紅潤-)**형여** (얼굴에) 화색이 돌고 윤기가 있다. **홍윤-히**부.

홍은(鴻恩)**명** 넓고 큰 은덕. 고은(高恩). 대은.

홍의(弘毅) '홍의하다'의 어근.

홍의(紅衣)[-의/-이]**명** ①붉은 옷. ②지난날, 각 궁전의 별감 및 묘사(廟社)와 능원(陵園)의 수복(守僕)이 입던 붉은 웃옷.

홍의^주교(紅衣主敎)[-의/-이-/-이-]**명** 가톨릭에서, '추기경'을 달리 이르는 말.

홍의-하다(弘毅-)[-의/-이-/-이-]**형여** 뜻이 넓고 굳세다.

홍익(弘益)**명** ①큰 이익. ②하자 널리 이롭게 함. ¶홍익 이념. 광익(廣益).

홍익-인간(弘益人間)**명** 널리 인간 세계를 이롭게 함. 〔'삼국유사'에 나오는 말로, 단군의 건국이념.〕

홍-인종(紅人種)**명** 아메리칸 인디언. 홍색 인종.

홍일(紅日)**명** 붉은 해.

홍-일점(紅一點)**명** 〔한 송이의 붉은 꽃이라는 뜻으로〕①많은 남자 속에 '하나뿐인 여자'를 이르는 말. ↔청일점. ②여럿 중에서 '오직 하나의 이채로운 것'을 이르는 말. 〔왕안석의 '영석류시(詠石榴詩)'에 나오는 말임.〕일점홍.

홍장(紅帳)**명** ①붉은 휘장. ②지난날, 과거를 보일 때 어제(御題)를 붙인 판을 매달던 뒤쪽의 장막.

홍장(紅粧)**명** ①연지 따위로 붉게 하는 화장. ②'미인의 화장'을 이르는 말. ¶홍장 미인. ③'꽃이 붉게 피어 있음'을 이르는 말.

홍장(紅椒)**명** 주칠(朱漆)을 한 붉은 장(欌).

홍쟁(訌爭)**명** ☞내분(內紛).

홍적-기(洪積期)[-끼]**명** ☞홍적세.

홍적-세(洪積世)[-쎄]**명** 지질 시대의 시대 구분의 한 가지. 신생대 제4기의 전반으로, 약 200만 년 전에서 1만 년 전까지를 이름. 빙하가 지구를 뒤덮고 매머드 따위 포유류가 번성하였으며, 인류가 처음으로 나타남. 홍적기.

홍적-층(洪積層)**명** 홍적세에 퇴적하여 이루어진 지층.

홍전(紅箭)**명** 투호(投壺)에 쓰던 붉은 화살.

홍전(紅氈)**명** 붉은 빛깔의 전.

홍조(紅潮)**명** ①(아침 햇살에) 붉게 보이는 바다 물결. ②퇴자(부끄럽거나 취하여) 얼굴이 붉어짐, 또는 그런 빛. ¶얼굴에 홍조를 띠다. ③'월경'을 점잖게 이르는 말.

홍조(紅藻)**명** ☞홍조류.

홍조(鴻爪)**명** ①(눈이나 진흙 위에 남긴) 기러기의 발자국. ②'행적이 묘연하거나 자취를 찾기 어려움'을 비유하여 이르는 말.

홍조-류(紅藻類)**명** ☞홍조식물.

홍조-소(紅藻素)**명** 홍조식물의 색소체 안에 엽록소와 같이 들어 있는 붉은 색소.

홍조-식물(紅藻植物)[-씽-]**명** 조류 식물의 한 문(門). 엽록소 외에 홍조소를 포함하여 붉거나 자줏빛을 띰. 〔김·우뭇가사리 따위.〕홍조류.

홍-주석(紅柱石)**명** 알루미늄의 규산염 광물. 기름한 사각형 결정으로 단단하고 광택이 있음. 내화물로 쓰임.

홍지(鴻志)**명** ☞대지(大志).

홍진(紅塵)**명** ①붉게 일어나는 먼지. ②'번거로운 세상'을 비유하여 이르는 말.

홍진-만장(紅塵萬丈)**명** 먼지가 하늘 높이 솟아오름.

홍차(紅茶)〖명〗차나무의 어린잎을 발효시켜서 만든 차. 달인 물이 붉음. **⑧**녹차(綠茶).

홍채(虹彩)〖명〗눈알의 각막과 수정체 사이에서 동공(瞳孔)을 둘러싸고 있는 둥근 막. 눈의 조리개 역할을 함.

홍-초(紅-)¹〖명〗붉은 물감을 들인 밀초. 홍촉.

홍초(紅-)²〖명〗연머리 외에는 모두 붉은 연.

홍초(紅草)〖명〗▷불겅이.

홍촉(紅燭)〖명〗▷홍초¹.

홍-치마(紅-)〖명〗〈다홍치마〉의 준말.

홍칠(紅漆)〖명〗붉은 칠.

홍탕(*紅糖)〖명〗붉은 사탕.

홍토(紅土)〖명〗철이나 알루미늄을 많이 함유하고 있는 붉은 흙. 열대나 아열대 지방에 널리 분포함.

홍패(紅牌)〖명〗왕조 때, 문과의 회시(會試)에 급제한 사람에게, 성적과 등급·이름 따위를 붉은 종이에 적어 내어 주던 증서.

홍포(紅袍)〖명〗①▷강사포. ②조선 시대에, 정삼품 이상의 당상관이 공복으로 입던 홍색의 겉옷.

홍피(紅皮)〖명〗▷귤홍(橘紅).

홍하(紅霞)〖명〗태양 주위에 보이는 붉은 노을.

홍학(紅鶴)〖명〗홍학과의 새를 통틀어 이르는 말. 키 1.2 m가량. 다리와 목이 매우 길고 날개는 크지만 꽁지는 짧음. 부리는 갈고리처럼 굽었으며, 깃털은 백색에서 진한 분홍색까지 변화가 있는데 날개 끝은 검음. 얕은 물의 진흙밭이나 호소(湖沼)의 섬에 무리를 지어 삶. 큰플라밍고·쇠플라밍고·안데스플라밍고·제임스플라밍고 등 네 종류가 있음. 플라밍고.

홍함-지(洪涵地)〖명〗▷범람원.

홍합(紅蛤)〖명〗홍합과의 바닷조개. 껍데기는 삼각형에 가까우나 길둥글고 두꺼움. 겉은 광택이 나는 흑색, 안은 진줏빛, 살은 갈색을 띤 붉은빛이며 식용함. 암초에 붙어서 삶. 담채(淡菜).

홍합-죽(紅蛤粥)[-쭉]〖명〗마른 홍합 가루와 쇠고기를 다져 양념하여 끓인 장국에, 불린 쌀을 넣어 쑨 죽.

홍합-초(紅蛤炒)〖명〗볶음 요리의 한 가지. 마른 홍합에 간장을 붓고 바싹 조린 음식.

홍협(紅頰)〖명〗①붉은 뺨. ②연지를 바른 뺨.

홍홍〖부〗코찡찡이가 말을 할 때 헛김이 섞여 나오는 소리.

홍화(洪化)〖명〗크나큰 덕화.

홍화(紅花)〖명〗①붉은 꽃. ②▷잇꽃. ③한방에서, 잇꽃의 꽃과 씨를 어혈(瘀血)과 통경(通經)의 약재로 이르는 말.

홑[홑]〖명〗짝을 못 이루거나 겹이 아닌 것. ↔겹. * 홑이[호치]·홑을[홑틀]·홑만[혼-]

홀-(접두)《일부 명사 앞에 붙어》'한 겹'이나 '외톨'을 뜻함. ¶ 홑이불. /홑치마. /홑바지. /홑몸.

홀-겹[혼껍]〖명〗한 겹.

홑겹-실[-씰] '외올실'의 잘못.

홀-그루[혼끄-]〖명〗홑으로 한 가지 작물만 심는 일.

홀-껍데기[혼-떼-]〖명〗①한 겹으로 된 껍데기. ②(겹으로 만들 옷감의) 안감을 안 갖춘 겉감.

홀-꽃[혼꼳]〖명〗한 겹으로 된 꽃. 단판화(單瓣花). ↔겹꽃. * 홑꽃이[혼꼬치]·홑꽃만[혼꼰-]

홀-꽃잎[혼꼰닢]〖명〗한 겹으로 된 꽃잎. 단엽(單葉). * 홑꽃잎이[혼꼰니피]·홑꽃잎만[혼꼰님-]

홀-눈[혼-]〖명〗①혼합눈에 대하여, 꽃눈이나 잎눈 따위를 이르는 말. 단아(單芽). ②갑각류나 곤충류 따위의, 겹눈 앞쪽에 있는 홍색이나 감색의 작은 점. 빛을 감지하는 구실을 함. ②단안(單眼). ②↔겹눈.

홀-단치마[혼딴-]〖명〗옷단을 한 겹으로 지은 치마.

홀-담[혼땀]〖명〗한 겹으로 쌓은 담. ↔맞담.

홀-닿소리[혼따쏘-]〖명〗▷단자음(單子音).

홀-대패[혼때-]〖명〗덧날을 끼우지 않은 대패. ↔덧대패.

홀-몸[혼-]〖명〗①혼자의 몸. 단신(單身). ②아이를 배지 않은 몸. ¶ 홑몸도 아닌데 살림에 밭일까지 한다.

홀-문장(-文章)[혼-]〖명〗주어와 서술어가 각각 하나씩으로 이루어진 문장. 단문. ↔겹문장.

홀-바지[혼빠-]〖명〗한 겹으로 된 바지. ↔겹바지.

홀-반[혼빤]〖명〗한 겹으로 넓게 지은 솜반.

홀반-뿌리[혼빤-]〖명〗홑반을 두어 지은 옷.

홀-버선[혼뻐-]〖명〗한 겹으로 된 버선. ↔겹버선.

홀-벌[혼뻘]〖명〗①한 겹으로 된 물건. ②'단벌'의 잘못.

홑벌-사:람[혼뻘-]〖명〗속이 얕은 사람. ⑧홑사람.

홀-벽(-壁)[혼뼉]〖명〗한쪽만 흙을 바른 벽.

홀-사람[혼-]〖명〗〈홑벌사람〉의 준말.

홀-셈[혼셈]〖명〗▷단수(單數).

홀-소리[혼쏘-]〖명〗▷단음(單音).

홀-수(-數)[혼쑤]〖명〗▷단수(單數).

홀-실[혼씰]〖명〗▷외올실.

홀-씨방(-房)[혼-]〖명〗씨방에 칸막이가 없이 하나로 된 씨방. 콩 따위의 씨방. 단자방. 단실자방. ↔겹씨방.

홀-옷[호돋]〖명〗한 겹으로 지은 옷. 단의(單衣). ↔겹옷. * 홑옷이[호도시]·홑옷만[호돈-]

홑원소^물질(-元素物質)[호뒌-찔]〖명〗①한 종류의 원자만으로 된 순물질. 〔금강석·수소·산소·금·은 따위.〕단체(單體). ↔화합물. ②▷원소(元素).

홀-으로[혼-]〖부〗헤아리기 쉬운 적은 수효로. **홀으로 보다**(관용) 대수롭지 않게 보다. 《주로, 부정하는 말과 함께 쓰임.》¶ 홑으로 볼 사람이 아니다.

홀-이불[혼니-]〖명〗①한 겹의 이불. ↔겹이불. ②▷이불잇.

홀-잎[혼닢]〖명〗한 장의 잎사귀로 된 잎. 〔배나무·벚나무의 잎 따위.〕단엽(單葉). ↔겹잎. * 홑잎이[혼니피]·홑잎만[혼님-]

홀-자락[혼짜-]〖명〗양복의 섶을 조금만 겹치게 하여 단추를 외줄로 단 상의, 또는 외투. 싱글 브레스트. ↔겹자락.

홀-지다[혼찌-]〖형〗복잡하지 않고 단순하다.

홀-집[혼찝]〖명〗한 채만으로 된, 구조가 간단한 집. ↔겹집.

홀-창(-窓)[혼-]〖명〗갑창(甲窓)이 없는 미닫이. ↔겹창.

홀-처마[혼-]〖명〗처마 끝의 서까래가 한 단(段)만인 처마. ↔겹처마.

홀-청[혼-]〖명〗이불·베개·요 따위의 겉에 씌우는, 홑겹으로 된 피륙.

홀-체[혼-]〖명〗한 올씩으로 짠 쳇불로 메운 체. ↔겹체.

홀-치마[혼-]〖명〗①한 겹으로 된 치마. ②속치마를 안 입고 입은 치마. ↔겹치마.

홀-홀소리[호똘쏘-]〖명〗▷단모음(單母音). ↔겹홀소리.

화:(火)[명] ①〈화기(火氣)〉의 준말. ②〈화요일〉의 준말. ③오행의 하나. 방위로는 남쪽, 계절로는 여름, 빛깔은 붉은빛에 해당됨. ④몹시 언짢거나 못마땅하여 나는 성. ¶화를 내다.
화가 머리끝까지 나다[치밀다][관용] 화가 몹시 나다.

화(和)¹[하타] '합(合)'의 구용어.

화(和)²[명] 국악에 쓰이는 관악기의 한 가지. 모양이 생(笙)과 같이 생기고 열세 개의 관(管)으로 되어 있음.

화:(禍)[명] 재앙이나 위해(危害). ¶화를 당하다. /화를 면하다.

-화(化)[접미] 일부 명사 뒤에 붙어, 그 명사가 뜻하는 대로 됨을 나타냄. ¶대중화. /생활화. /의식화.

-화(畫)[접미] 일부 명사 뒤에 붙어, 그러한 그림임을 나타냄. ¶한국화. /수채화.

화:가(畫架)[명] 그림을 그릴 때 화판을 받치는 삼각의 틀. 이젤.

화:가(畫家)[명] 그림 그리는 일을 업으로 하는 사람.

화:가-여생(禍家餘生)[명] 죄화(罪禍)를 입은 집안의 자손.

화:각(火角)[명] (세공을 하기 위하여) 불에 구워서 무르게 만든 짐승의 뿔.

화:각(火脚)[명] 위에서 내리 덮치는 불길.

화:각(畫角)[명] ①뿔에 그림을 그려 넣은 악기의 한 가지. ②목기(木器) 세공의 한 가지. 채화(彩畫)를 그리고 위에다가 쇠뿔을 얇게 오려 붙임. ¶화각 경대.

화:각(畫閣)[명] 단청(丹青)을 한 누각. 화루.

화간(和姦)[명][하자] 부부가 아닌 남녀가 서로 눈이 맞아 간음함.

화간(花間)[명] 꽃과 꽃의 사이.

화간(華簡)[명] ▷화한(華翰).

화-감청(花紺青)[명] 인공으로 만든 감청색의 물감. ↔석감청.

화갑(華甲)[명] ['華' 자를 풀어 쓰면 '十' 자 여섯과 '一' 자 하나가 되는 데서] '환갑(還甲)'을 이르는 말.

화-갑자(花甲子)[-짜][명] '육십갑자'를 달리 이르는 말.

화강-석(花崗石)[명] ▷화강암(花崗岩).

화강-암(花崗岩)[명] 석영과 운모·장석 따위를 주성분으로 하는 화성암의 한 가지. 단단하고 결이 고와 석재로 많이 쓰임. 화강석(花崗石).

화개(花蓋)[명] ▷꽃뚜껑.

화:객(化客)[명] 시주를 구하러 다니는 객승(客僧).

화객(華客)[명] ▷고객(顧客).

화:거(化去)[하자] [다른 것으로 변하여 간다는 뜻으로] '죽음'을 달리 이르는 말.

화:격(畫格)[명] ①▷화법(畫法). ②▷화품(畫品).

화:경(火耕)[명] 화전(火田)을 경작하는 일.

화:경(火鏡)[명] [불을 일으키는 거울이라는 뜻으로] '볼록 렌즈'를 이르는 말.

화경(花莖)[명] ▷꽃줄기.

화경(花梗)[명] ▷꽃자루.

화경(華景)[명] '음력 이월'을 달리 이르는 말. ☞화월(花月).

화:경(畫境)[명] 그림처럼 경치가 좋은 곳.

화계(花階)[-계/-게][명] ▷화단(花壇).

화:고(畫稿)[명] 그림을 그릴 때, 초벌로 그려 보는 그림.

화곡(禾穀)[명] 벼에 딸린 곡식을 통틀어 이르는 말.

화:곤(火棍)[명] ▷부지깽이.

화:골(化骨)[명][하자타][되자] 뼈 또는 그와 비슷한 물질로 변함, 또는 그렇게 되게 함. 골화.

화공(化工)[명] ①▷천공(天工). ②〈화학 공업〉의 준말. ¶화공 약품. ③〈화학 공학〉의 준말.

화:공(火攻)[명][하타] 불을 질러 공격함.

화:공(畫工)[명] 지난날, 직업적으로 그림을 그리던 사람. 화사(畫師).

화공(靴工)[명] 구두를 만드는 직공.

화관(花冠)[명] ①▷꽃부리. ②지난날, 예장의 한 가지로 여자들이 썼던 칠보로 꾸민 관. 화관족두리. ③지난날, 정재(呈才) 때 기녀(妓女)나 여령(女伶) 따위가 썼던 관.

화관-족두리(花冠-)[-두-][명] ▷화관.

화:광(火光)[명] 불빛.

화광-동진(和光同塵)[명] ①[빛을 감추고 티끌 속에 섞여 있다는 뜻으로] 자기의 재능을 감추고 세속을 좇는 일. 노자(老子)의 '도덕경(道德經)'에 나오는 말임. ②부처나 보살이 중생을 제도하기 위하여 본색을 감추고 속계에 나타나는 일.

화:광-충천(火光衝天)[명][하자] 불길이 맹렬하여 하늘 높이 솟음.

화교(華僑)[명] 해외에 정주(定住)하는 중국인.

화:구(火口)[명] ①불을 땔 때는 아궁이의 아가리. ②불을 내뿜는 아가리. ③화산이 터진 구멍. ③분화구.

화:구(火具)[명] ①불을 켜는 도구. ②폭발에 사용하는 제구. [뇌관이나 도화선 따위.]

화:구(畫具)[명] 그림을 그리는 데 쓰는 제구.

화:구-구(火口丘)[명] 분화구 안에 다시 터져 나온 화산.

화:구-벽(-壁)[명] 화산 분화구의 안쪽 면. 절벽을 이루는 일이 많고, 화산 분출물이 층을 이루어 퇴적한 흔적을 보이기도 함.

화:구-상(畫具商)[명] 화구를 파는 장사, 또는 그런 장수.

화:구-원(火口原)[명] 화구구와 외륜산(外輪山) 사이의 평원.

화:구-호(火口湖)[명] 화산의 분화구에 물이 괴어 생성된 호수.

화극(話劇)[명] 중국의, 대화를 중심으로 하는 신극(新劇).

화:-극금(火克金)[-끔][명] 음양오행설에서 이르는 상극(相剋)의 하나. 불[火]은 쇠[金]를 이긴다는 뜻.

화:근(禍根)[명] 재화의 근원. 화원(禍源). 화태(禍胎). ¶화근을 없애다.

화:금(火金)[명] 광석을 빻아 수은(水銀)으로 금을 잡은 다음, 수은을 분리·증발시키기 위하여 불에 달군 금.

화금(靴金)[명] 대문짝 아래의 돌쩌귀에 덧씌우는 쇠.

화:급(火急)[명][하형] 매우 급함. ¶화급을 다투는 일. 화급-히[부] ¶신고를 받은 소방관들이 화급히 화재 현장으로 달려갔다.

화:기(火氣)[명] ①불기운. ⊙화(火). ②가슴이 답답하여지는 기운. ③몹시 노한 기운.

화:기(火器)[명] ①'화약의 힘으로 탄알을 쏘는 병기'를 통틀어 이르는 말. [소총이나 대포 따위.] ②불로 따위의 불을 담는 그릇.

화기(和氣)[명] ①화창한 날씨. ②온화한 기색, 또는 화목한 분위기.

화기(花期)[명] 꽃 피는 시기.

화기(花器)[명] 꽃꽂이로 쓰는 그릇. [꽃병·수반·꽃바구니 따위.]

화:기(禍機)**명** 화변(禍變)이 숨어 있는 기틀. 화난(禍難)의 낌새.

화기애애(和氣靄靄) '화기애애하다'의 어근.

화기애애-하다(和氣靄靄-)**형여** (여럿이 모인 자리에) 온화하고 화목한 분위기가 가득하다. ¶시종 화기애애한 분위기 속에서 면담이 이루어졌다.

화길(和吉) '화길하다'의 어근.

화길-하다(和吉-)**형여** 화목하고 길(吉)하다.

화끈(甲) ①갑자기 뜨거운 느낌이 일어나는 모양. ②얼굴이나 몸이 갑자기 달아오르는 모양. ③흥분이나 긴장 따위가 갑자기 고조되는 모양. ⑫큰화끈-화끈.

화끈-거리다자 자꾸 화끈화끈하다. 화끈대다. ¶고추를 먹었더니 입 안이 화끈거린다. 큰후끈거리다.

화끈-대다자 화끈거리다.

화끈-하다형여 ①뜨거운 느낌이 있다. ¶방 안이 너무 화끈해서 앉아 있을 수가 없다. 큰후끈하다. ②(행동이나 성격이) 적극적이고 시원시원하다. ¶째째하지 않고 화끈해서 좋다.

화:-나다(火-)자 성이 나서 화기(火氣)가 생기다. ¶화난 얼굴.

화난(火難)**명** ⇨화재(火災).

화난(和暖) '화난하다'의 어근.

화:난(禍難)**명** 재앙과 환난. 화환(禍患).

화난-하다(和暖-)**형여** 날씨가 화창하고 따뜻하다.

화:-내다(火-)자 성이 나서 화증(火症)을 내다. ¶화내지 말고 내 말 좀 들어 보시오.

화낭냥 서방질을 하는 여자.

화낭-기(-氣) [-끼]**명** 제 남편 이외의 남자와 정을 통하는 바람기.

화냥-년(-年)**명** '서방질을 하는 여자'를 욕하여 이르는 말.

화냥년 시집 다니듯관용 '절개 없이 이리저리 붙음'을 비유하여 이르는 말.

화냥-질하자 ⇨서방질.

화년(華年)**명** ①'예순한 살'을 달리 이르는 말. ⑪환갑. ②(젊은 시절의) 꽃다운 나이. ⑪방년.

화:농(化膿)**명**하자되자 외상을 입은 피부나 종기가 곪아 고름이 생김.

화:농-균(化膿菌)**명** 화농을 일으키는 세균.〔연쇄상 구균이나 포도상 구균 따위〕.

화닥닥[-딱]**부**하자 ①급하게 서두르는 모양. ¶일을 화닥닥 해치우다. ②갑자기 움직이거나 뛰어나가는 모양. 큰후닥닥. 화닥닥-화닥닥**부**하자.

화닥닥-거리다[-딱꺼-]자 자꾸 화닥닥화닥닥하다. 화닥닥대다. 큰후닥닥거리다.

화닥닥-대다[-딱때-]자 화닥닥거리다.

화단(花壇)**명** 화초를 심기 위하여 뜰 한쪽에 흙을 한층 높게 쌓은 곳. 꽃밭. 화계(花階). ¶화단을 가꾸다.

화:단(畫壇)**명** 화가(畫家)의 사회.

화:단(禍端)**명** 화(禍)를 불러일으키는 실마리.

화담(和談)**명**하자 ①화해하는 말. ②정답게 주고받는 말.

화담-집(花潭集)**명** 조선 초기의 학자 서경덕(徐敬德)의 문집. 1권 1책.

화답(和答)**명**하자타 ①(시나 노래로) 맞받아 답함. ②(상대편의 환영이나 호의적인 태도 등에 대하여) 답례하는 행동을 보임. ¶손을 흔들어 관중들의 환호에 화답했다.

화대(花代)**명** ①⇨놀음차. ②해웃값.

화대(花臺)**명** 화분을 올려놓는 받침.

화:덕(火-)**명** ①(솥을 걸 수 있도록) 쇠나 흙으로 아궁이처럼 만든 물건. ②숯불을 피워서 쓰도록 만든 큰 화로.

화:덕-진군(火德眞君) [-찐-]**명** 민간 신앙에서, 불을 맡고 있다는 신령.

화:도(火刀)**명** ⇨부시.

화:도(化導)**명**하타 덕으로 교화하여 이끄는 일.

화:도(畫圖)**명** 여러 종류의 '그림'을 통틀어 이르는 말.

화도-끝(華-) [-끝]**명** 상표를 넣어서 짠 피륙의 양쪽 끝 부분. 화두(華頭). 토끝. *화도끝이 [-끄치]·화도끝을[-끄틀]·화도끝만[-끈-].

화:독(火毒)**명** 불의 독한 기운. ¶화독을 입다.

화:독-내(火毒-) [-동-]**명** 음식이 타게 되었을 때에 나는 냄새.

화동(和同)**명**하자되자 (서로 사이가 벌어졌다가) 다시 화합함.

화:두(火斗)**명** ⇨다리미.

화:두(火頭)**명** 절에서 불을 때어 밥을 짓는 일, 또는 그 일을 맡은 사람.

화두(華頭)**명** ⇨화도끝.

화두(話頭)**명** ①(이야기의) 말머리. ¶화두를 꺼내다. ②불교에서, 참선하는 이에게 도를 깨치게 하기 위하여 내는 문제. ②공안(公案).

화드득부하자 ①갑자기 물똥이 세게 나오는 소리. ②나뭇가지나 숯불 따위가 불똥을 튀기며 타거나, 총포 따위가 터지며 나는 소리. ③경망하게 방정을 떠는 모양. 화드득-화드득부하자.

화드득-거리다[-꺼-]자 자꾸 화드득화드득하다. 화드득대다. ¶까치가 화드득거리며 똥을 눈다.

화드득-대다[-때-]자 화드득거리다.

화들짝부하자 별안간 호들갑스럽게 펄쩍 뛸 듯이 놀라는 모양.

화:-등잔(火燈盞)**명** ①⇨등잔. ②몹시 놀라거나 앓아서 '뀅한 눈'을 형용하여 이르는 말. ¶눈이 화등잔만 해지다.

화:-따지(火-) [-찌]**명** 〈화(火)〉의 속된 말. 화따지가 나서 못 견디겠다.

화라지명 '옆으로 길게 뻗은 나뭇가지'를 뗄나무로 이르는 말.

화락(和樂) '화락하다'의 어근.

화:락-천(化樂天)**명** 불교에서, 욕계 육천(欲界六天) 가운데 다섯째 하늘. 도솔천의 위에 있는데, 자기가 원하는 바가 이루어져 즐거움으로 변하며, 인간 세계의 8백 년을 하루로 삼아 8천 년을 산다고 함.

화락-하다(和樂-) [-라카-]**[Ⅰ]자여** 화평하게 즐기다. ¶평생 화락하자고 언약하다. **[Ⅱ]형여** 화평하고 즐겁다. ¶화락한 분위기.

화란(和蘭)**명** '네덜란드'의 한자음 표기.

화:란(禍亂)**명** 재화와 세상의 어지러움.

화랑(花郎)**명** 신라 때에, 민간 수양 단체로 조직되었던 청소년의 집단, 또는 그 중심 인물. 심신의 단련과 유사 봉공(有事奉公)의 정신을 함양하여, 나라의 기둥을 양성하는 데 이바지하였음. ⑪국선(國仙).

화:랑(畫廊)**명** ①그림 등 미술품을 전시하는 시설. ②화상(畫商)이 경영하는 전시장.

화랑-도(花郎徒)**명** 화랑의 무리. 낭도. 국선도(國仙徒). ⑪향도.

화랑-도(花郎道)**명** 화랑이 신조로 삼았던 도덕. 유·불·선의 정신을 받들고 세속 오계(世俗五戒)와 삼덕(三德)을 실천하였음. 낭도.

화랑-이(花郞-)[명] 조선 시대에, 옷을 잘 차려 입고 가무(歌舞)를 전문으로 하던 놀이꾼을 이르던 말.

화랑이[옛] 사내 무당. 박수. ¶ 화랑이 혁:觋(訓蒙中3).

화려(華麗)[명] '화려하다'의 어근.

화려-체(華麗體)[명] 문장의 수식 정도에 따라 나눈 문체의 한 가지. 글을 아름답게 표현하기 위하여 여러 가지 수사법을 동원하는 감정적인 문체. ↔건조체.

화려-하다(華麗-)[형여] 빛나고 아름답다. 화미(華美)하다. 화-하다. 화려-히[부].

화:력(火力)[명] ①불의 힘. ②총포의 위력. ¶ 막강한 화력으로 적을 물리치다.

화:력=발전(火力發電)[-쩐][명] 석탄이나 석유 따위를 때어서 만든 증기의 힘으로 발전기를 돌려 전력을 얻는 발전. (준)수력 발전.

화:렴(火廉)[명] 매장(埋葬)한 시체가 까맣게 변하는 일.

화렴(이) 들다[관용] 매장한 시체의 빛깔이 검어지다.

화:로(火爐)[명] 숯불을 담아 놓는 그릇.

화로-수(花露水)[명] 꽃의 액을 짜서 만든 향수.

화:롯-가(火爐-)[-로까/-롣까][명] ①화로의 옆. ¶ 화롯가에 둘러앉다. ②화로의 변두리. ¶ 화롯가에 밤을 올려놓다. 노변(爐邊). 로변(爐邊).

화:롯-불(火爐-)[-로뿔/-롣뿔][명] 화로에 담아 놓은 불.

화뢰(花蕾)[-뢰/-뤠][명] ☞꽃봉오리.

화:룡(畫龍)[명] 용을 그림. 또는 그린 용.

화:룡-점정(畫龍點睛)[명] 〔용을 그릴 때 마지막에 눈을 그려 완성시킨다는 뜻으로〕 '가장 요긴한 부분을 마치어 일을 끝냄'을 이르는 말. (준)점정.

화:룡-초(畫龍-)[명] 용틀임을 그린 초.

화:루(畫樓)[명] ☞화각(畫閣).

화류(花柳)[명] ①꽃과 버들. ②'유곽(遊廓)'을 비유하여 이르는 말.

화류(樺榴)[명] 자단(紫檀)의 목재. 붉고 결이 고운데다 단단하다.

화류-계(花柳界)[-계/-게][명] 기생 따위의 노는계집의 사회. ¶ 화류계를 전전하다. (참)청등홍가(靑燈紅街).

화류-병(花柳病)[-뼝][명] ☞성병(性病).

화류-장(樺榴欌)[명] 화류로 만든 장롱.

화류-항(花柳巷)[명] 갈보나 기생이 모여 사는 거리.

화륜(花輪)[명] ☞화환(花環).

화:륜-거(火輪車)[명] ☞화륜차.

화:륜-선(火輪船)[명] '기선(汽船)'을 이전에 이르던 말. (준)윤선.

화:륜-차(←火輪車)[명] 지난날, '기차(汽車)'를 이르던 말. 화륜거.

화릉(花綾)[명] 꽃무늬를 놓아서 짠 능직의 천.

화리(禾利·花利)[명] ①(조선 말기에, 전라북도의 일부 지방에서) '논의 경작권'을 매매의 대상으로 이르던 말. ②'수확이 예상되는 벼'를 매매의 대상으로 이르는 말.

화리(를) 끼다[관용] (토지, 특히 논을 매매할 때) 화리까지 포함시키다.

화림(花林)[명] 꽃나무로 이루어진 숲.

화:립(畫笠)[명] 지난날, 구나(驅儺)할 때에 관판 등이 쓰던 갓.

화:마(火魔)[명] '화재'를 마귀에 비유하여 이르는 말. ¶ 화마가 휩쓸고 간 거리.

화마(花馬)[명] ☞얼룩말.

화만(花鬘)[명] 불전(佛前)을 장엄하게 꾸미기 위하여 생화나 조화로 꾸미는 장식.

화:망(火網)[명] 화기(火器)로 그물처럼 짜 놓은 사격의 범위.

화매(和賣)[명][하타] 팔 사람과 살 사람이 아무런 이의(異意) 없이 팔고 삼.

화:면(火綿)[명] ☞솜화약.

화:면(畫面)[명] ①그림의 표면. ②영사막·브라운관 따위에 비치는 사진의 겉면. ¶ 텔레비전의 화면이 밝다. ③필름이나 인화지에 찍힌 영상이나 사상(寫像).

화명(花名)[명] 꽃의 이름.

화:명(畫名)[명] ①그림이나 영화의 이름. ②화가로서의 명성. ¶ 화명을 드날리다.

화:목(火木)[명] 땔나무.

화목(和睦)[명][하형] 뜻이 맞고 정다움. ¶ 화목한 가정.

화목-제(和睦祭)[-쩨][명] 구약 시대에, 하나님에게 동물을 희생으로 바침으로써 진노(震怒)를 벗어나, 하나님과 사람 사이에 화목을 얻으려고 행하던 제사.

화무십일홍(花無十日紅)[열흘 붉은 꽃이 없다는 뜻으로] '한 번 성하면 반드시 쇠퇴할 날이 있음'을 이르는 말.

화:문(火門)[명] 총포 따위 화기(火器)의 아가리.

화문(花紋)[명] 꽃무늬.

화:문-석(花紋席)[명] ☞꽃자리.

화:물(貨物)[명] (기차나 배·자동차 따위) 수송 수단으로 운송할 때의 '짐'을 이르는 말.

화:물^상환증(貨物相換證)[-쯩][명] 운송 계약에 있어서 운송인이 운송품을 맡음을 증명하고, 또 이것을 권리자에게 인도함을 약속한 유가 증권. 화물 환증.

화:물-선(貨物船)[-썬][명] 화물을 운반하는 선박. 짐배. 화선(貨船).

화:물^열차(貨物列車)[-렬-][명] 화물을 운반하도록 화차(貨車)만으로 편성된 열차. ↔여객열차.

화:물^자동차(貨物自動車)[명] 화물을 실어 나르는 자동차. 트럭. (준)화물차.

화:물-차(貨物車)[명] 〈화물 자동차〉의 준말.

화:물^환:증(貨物換證)[-쯩][명] ☞화물 상환증.

화미(華美)[명] '화미하다'의 어근.

화:미(畫眉)[명] 눈썹을 그림, 또는 그 눈썹.

화미-하다(華美-)[형여] ☞화려하다.

화:민(化民)Ⅰ[명][하자] 백성을 교화함.
Ⅱ[대] 왕조 때, 백성이 조상의 산소가 있는 고장의 수령(守令)에 대하여 '자신'을 낮추어 일컫던 말.

화:민-성속(化民成俗)[명][하자] 백성을 교화하여 아름다운 풍속을 이룸.

화:밀(火蜜)[명] ☞화청(火淸).

화밀(花蜜)[명] 꽃의 꿀샘에서 분비하는 꿀.

화밀-화(花蜜花)[명] 충매화(蟲媒花)의 한 가지. 꽃 속의 꿀을 먹으려 오는 나비나 벌을 통해 수분(受粉)하는 꽃.

화반(花盤)[명] ①자기로 만든 화병의 한 가지. ②건축에서, 초방 위에 장여를 받치기 위하여 끼우는 널조각. 사자나 연꽃·화분 따위를 새김.

화반-석(花斑石)[명] 붉고 흰 무늬가 있는 돌. 바탕이 물러 도장 따위를 파는 데 쓰임.

화발허통(-虛通)[명] '화발허통하다'의 어근.

화발허통-하다(-虛通-)[형여] 막힌 것 없이 사방이 탁 트여 있다.

화:방(火防)圏 흙에 돌을 섞어 중방 밑까지 쌓
아 올린 벽.
화방(花房)圏 꽃집.
화:방(畫房)圏 ⇨화실(畫室).
화:방(畫舫)圏 그림을 그려 꾸민 놀잇배. 그
림배.
화방-수(-水)圏 소용돌이치며 흐르는 물.
화:배-공(畫坏工)圏 도자기의 몸에 그림을 그
리는 장인(匠人).
화백(和白)圏 신라 때의 회의 제도. 처음에는
육촌(六村)의 사람들이 모여 나랏일을 의논했
으나, 뒤에는 귀족이나 벼슬아치들의 군신(君
臣) 회의로 바뀜.
화:백(畫伯)圏 '화가'를 높이어 일컫는 말.
화벌(華閥)圏 세상에 드러난 높은 문벌.
화:법(畫法)[-뻡]圏 그림을 그리는 방법. 화격
(畫格).
화법(話法)[-뻡]圏 ①말하는 방법. ②문장이나
담화에서, 남의 말을 인용하여 표현하는 방법.
화:변(火變)圏 ⇨화재(火災).
화변(花邊)圏 인쇄물의 가장자리 따위를 꾸미는
무늬나 괘선, 또는 그 활자.
화:변(禍變)圏 재화(災禍)와 변고.
화:병(火兵)圏 지난날, 군중(軍中)에서 밥 짓는
일을 맡았던 군사.
화:병(火病)[-뼝]圏 ⟨울화병⟩·⟨심화병⟩의 준
말. ¶화병이 들다.
화병(花柄)圏 꽃자루.
화병(花瓶)圏 꽃을 꽂는 병. 꽃병.
화:병(畫屛)圏 그림을 그려 놓은 병풍.
화:병(畫瓶)圏 그림을 그려 놓은 병.
화:병(畫餠)圏 ⟨화중지병(畫中之餠)⟩의 준말.
화보-녀圏 '얼굴이 넓고 살이 두툼한 여자'를 이르
는 말.
화보(花譜)圏 꽃의 이름과 특징 및 피는 시기
따위를 적어 놓은 책.
화:보(畫報)圏 그림이나 사진을 위주로 하여 편
집한 지면(紙面)이나 인쇄물, 또는 그 그림이
나 사진.
화:보(畫譜)圏 ①화가의 계통이나 전통 따위를
적은 책. ②그림을 종류별로 분류 정리하여 놓
은 책, 또는 화법(畫法)을 논한 책.
화복(華服)圏 ①⇨무색옷. ②하지무색옷을 입음.
화:복(禍福)圏 재화(災禍)와 복록.
화:복-무문(禍福無門)[-봉-]圏 [화복이 오는
문은 정하여져 있지 않다는 뜻으로] 각자가 행
한 선악(善惡)에 따라 화와 복을 받는다는 말.
화:본(畫本)圏 그림을 그리는 데 바탕이 되는
종이나 감.
화본(話本)圏 중국의 송·원대(宋元代)에 성행하
던 설화의 대본. [명(明)나라 이후에 문인들이
재래의 이야기에 창작성을 가미하여 손질한 것
은 의화본(擬話本)이라 하여 구분함.]
화봉(花峯)圏 ⇨꽃봉오리.
화봉-초(花峯草)圏 꽃봉오리처럼 한쪽 끝을 뾰
족하게 말아서 만든 잎담배.
화:부(火夫)圏 ①기관(汽罐) 따위에 불을 때는
사람. ②절에서, 불 때는 일을 맡은 사람.
화분(花盆)圏 화초를 심어 가꾸는 그릇. 꽃분.
¶화분에 물을 주다.
화분(花粉)圏 꽃가루.
화분-화(花粉花)圏 꽃에 꽃가루가 많이 생겨
벌레나 바람의 매개로 수분을 하는 꽃.
화:불단행(禍不單行)圏 '재앙은 항상 겹쳐서
오게 됨'을 이르는 말.

화사(花史)圏 조선 선조 때, 임제(林悌)가 지은
한문 소설. 꽃의 성쇠를 통해서 국가의 흥망을
풍자한 내용임.
화사(花蛇)圏 한방에서, '산무애뱀'을 이르는 말.
화사(花詞)圏 ⇨꽃말.
화사(花絲)圏 ⇨꽃실.
화사(華奢)'화사하다'의 어근.
화:사(畫師)圏 ⇨화공(畫工).
화:사-석(火舍石)圏 석등(石燈)의 중대석 위에
있는, 불을 켜는 돌.
화사-주(花蛇酒)圏 산무애뱀을 넣어 담근 지
삼칠일 만에 뜨는 술. 풍증이나 악창(惡瘡) 따
위에 약으로 쓰임.
화:사첨족(畫蛇添足)圏 ⟨뱀을 그리는 데 발까
지 그려 넣는다는 뜻으로⟩ '안 해도 될 쓸데없
는 일을 덧붙여 하다가 도리어 일을 그르침'을
이르는 말. 준사족.
화사-하다(華奢-)혬여 화려하게 곱다. ¶화사
한 옷차림. /얼굴이 화사하다.
화:산(火山)圏 땅속의 마그마가 밖으로 터져 나
와 퇴적하여 이루어진 산. 활동의 유무에 따라
사화산·활화산·휴화산으로 나뉨.
화:산-대(火山帶)圏 화산이 집중적으로 분포되
어 있는 띠 모양의 긴 지대.
화:산-도(火山島)圏 ⇨화산섬.
화:산-력(火山礫)[-녁]圏 화산 분출물의 한 가
지. 화산 폭발로 파괴된 바위의 파편으로, 화
산탄(火山彈)보다는 작음.
화산-별곡(華山別曲)圏 조선 세종 때, 변계량
이 지은 경기체가. 조선의 창업을 칭송한 내
용임.
화:산-섬(火山-)圏 바다 밑의 화산의 분출로
생긴 섬. 화산도.
화:산-암(火山岩)圏 화성암의 한 가지. 마그마
가 지표 또는 지표 가까이에서 급히 식어서 된
바위. [안산암이나 현무암 따위.] 분출암.
화:산-작용(火山作用)圏 ⇨화산 활동.
화:산-재(火山-)圏 ⇨화산회.
화:산-진(火山塵)圏 화산재 가운데서, 특히 미
세한 부스러기.
화:산-탄(火山彈)圏 화산 분출물의 한 가지. 공
중으로 솟아오른 용암이 공중에서 흩어져 주먹
만한 크기로 굳어진 것.
화:산-호(火山湖)圏 화산 작용으로 이루어진
호수. [화구호·칼데라 호 따위.]
화:산-활동(火山活動)[-똥]圏 지구 내부에서
부터 용암이나 가스 따위가 분출하는 활동. 화
산 작용.
화:산-회(火山灰)[-회/-훼]圏 화산 분출물의
한 가지. 용암의 부스러기가 재처럼 된 것. 화
산재.
화살圏 활시위에 오늬를 메워 당겼다가 놓으면
멀리 날아가는 물건. 막대 한쪽 끝에는 촉을
꽂고 다른 쪽 끝에는 세 줄로 새의 깃을 달았
음. 준살2.
화살을 돌리다관용 공격이나 나무람의 방향을
(다른 쪽으로) 바꾸다.
화살-나무[-라-]圏 노박덩굴과의 낙엽 활엽 관
목. 산이나 들에 나는데, 높이는 3m가량. 잔
가지에 코르크질로 된 날개 모양의 껍질이 있
음. 5월경에 연두색 꽃이 피고, 열매는 10월경
에 붉게 익음. 줄기는 지팡이나 화살 재료로
쓰이며, 어린잎은 나물로 먹음.
화살-대[-때]圏 화살의 몸체가 되는 대. 전죽
(箭竹). 준살대.

화살-시(-矢)명 한자 부수의 한 가지. '知'·'短'등에서의 '矢'의 이름.

화살-촉(-鏃)명 화살 끝에 박은 쇠. 살밑. 살촉. 전촉(箭鏃). �ੀ활촉.

화살-표(-標)명 화살 모양의 표지나 부호인 '→'나 '⇒'의 이름.

화:-삽(火-)명 ㄷ부삽.

화:-상(火床)명 보일러의 불을 때는 곳.

화:-상(火傷)명 (뜨거운 열에) 데어서 상함, 또는 그렇게 입은 상처. ¶그는 이번 화재로 온몸에 3도 화상을 입었다.

화상(花床)명 꽃받침.

화상(和尙)명 ①수행(修行)을 많이 한 중. ②〈중〉의 높임말.

화상(華商)명 (외국에 살고 있는) 중국인 장수.

화:상(畫商)명 그림을 사고파는 장사, 또는 그 장수.

화:상(畫像)명 ①그림으로 그린 초상. ②〈얼굴〉의 속된 말. ③어떠한 '사람'을 못마땅하게 이르는 말. ¶이 화상을 어디에다 써먹을꼬. ④텔레비전 수상기의 화면에 나타나는 상(像). ¶화상이 선명하다.

화:상-찬(畫像讚·畫像贊)명 화상에 쓴 찬사.

화:상^회:의(畫像會議)[-회의/-훼이]명 서로 다른 곳에 있는 사람들이 한곳에 모이지 않고 모니터의 영상이나 음성을 통해 여는 회의. 영상 회의.

화색(和色)명 ①온화한 얼굴빛. ②얼굴에 드러나는 환한 빛. ¶얼굴에 화색이 돌다.

화:-색(貨色)명 ㄷ재색(財色).

화:-색(禍色)명 재앙이 벌어질 조짐.

화:생(化生)[-하자] ①생물의 조직이나 기관이 질적으로 다른 분화를 하는 일. 〔곤충의 변태 따위.〕 ②불교에서, '자취도 없고 의탁할 곳도 없이 홀연히 생겨남' 또는 그렇게 생겨난 '귀신이나 요괴'를 이르는 말.

화:생방-전(化生放-)명 화학전·생물학전·방사능전을 아울러 이르는 말. 에이비시 전쟁.

화:생-토(火生土)명 음양오행설에서 이르는 상생(相生)의 하나. 불〔火〕에서 흙〔土〕이 생긴다는 뜻.

화서(禾黍)명 벼와 기장.

화서(花序)명 꽃대에 꽃이 달리는 모양, 또는 그 배열. 꽃차례.

화서지몽(華胥之夢)명 '낮잠' 또는 '좋은 꿈'을 이르는 말. 〔'열자'의 '황제편'에 나오는 말로, 중국의 황제(黃帝)가 낮잠을 자다가 꿈에 화서라는 나라의 선정(善政)을 보았다는 고사에서 유래됨.〕

화:석(火石)명 ㄷ부싯돌.

화:석(化石)명 지질 시대에 살던 동식물의 유해 및 유물이 퇴적암 따위 암석 속에 남아 있는 것.

화:석^연료(化石燃料)[-년뇨]명 지질 시대에 살던 동식물의 유해가 땅속에 파묻혀 생성된 것으로, 연료로 사용할 수 있는 물질. 〔석유·석탄·천연가스 따위.〕

화:석^인류(化石人類)[-서길-]명 지질 시대의 제4기 홍적세에 살았다가 현재 화석으로 발견되는 인류.

화:선(火扇)명 ①ㄷ불부채. ②초꽂이 옆에 꽂아 이리저리 돌려서 촛불의 밝기를 조절하는 첫 조각.

화:선(火船)명 ①지난날의 수전(水戰)에서, 적선을 화공(火攻)할 때 쓰던 배. ②고기잡이에서, 주로 지휘자가 타고 불을 밝히는 배.

화:선(火線)명 ①전투의 최전선에서, 적군과 직접 포화를 주고받는 계선. ②볼록 렌즈로 햇빛을 모아 비칠 때, 초점에 모이는 빛줄기.

화선(花仙)명 〈화중신선(花中神仙)〉의 준말.

화:선(貨船)명 〈화물선〉의 준말.

화:선(畫仙)명 '뛰어난 화가'를 신선의 경지에 이르렀다는 뜻으로 이르는 말.

화:선(畫船)명 ㄷ채선(彩船).

화:-선지(畫宣紙)명 선지(宣紙)의 한 가지. 옥판선지(玉板宣紙)보다 질이 좀 낮은 선지.

화설(話說)명 (옛 소설에서) 이야기의 첫머리, 또는 말머리를 돌릴 때 쓰던 말. 각설(却說).

화:섬(化纖)명 〈화학 섬유〉의 준말.

화섬(華贍)'화섬하다'의 어근.

화:섬-사(化纖絲)명 화학 섬유로 만든 실.

화섬-하다(華贍-)형여 (문장이) 화려하고 내용이 아주 풍부하다.

화:성(化成)명[하타] 되자 ①길러서 자라게 함. ②덕화(德化)되어 선하여짐. ③화학에서, 다른 물질이나 원소가 화합하여 새 물질이 됨을 이르는 말.

화:성(火姓)명 오행의 화(火)에 딸린 성.

화:성(火星)명 태양계에서, 지구의 바로 바깥쪽에서 타원형의 궤도로 태양의 주위를 돌고 있는 넷째 행성. 공전 주기는 1.9년으로 두 개의 위성을 거느리고 있음.

화성(和聲)명 둘 이상의 음이 동시에 울려 협화(協和)의 느낌을 주는 음, 곧 화음이 연결되는 현상. 하모니.

화:성(畫聖)명 '뛰어난 화가'를 성인의 경지에 이르렀다는 뜻으로 이르는 말.

화성-법(和聲法)[-뻡]명 화음을 기초로 하여 악곡을 짜는 방법. ⓐ대위법(對位法).

화:성^비:료(化成肥料)명 무기질 비료를 화학적으로 처리하여, 질소·인산·칼륨 중 두 성분 이상을 함유하도록 제조한 화학 비료.

화:성-암(火成岩)명 땅속의 마그마가 분출하여 식어서 굳은 바위.

화:세(火洗)명 가톨릭에서, 영세 입교(領洗入敎)하지 아니한 사람이라도, 하느님에 대한 깊은 믿음과 소망을 가지고 세례 받기를 열망함으로써, 세례 받은 것과 같은 은총을 받게 해주는 성신(聖神)의 세례. 열세(熱洗). 불세례.

화:세(火勢)명 불이 타는 기세.

화세(火洗)명 화초에 물을 주는 기구.

화:소(火巢)명 〈능원이나 묘 따위의 산불을 막기 위하여〉 해자(垓字) 밖의 초목을 불살라 버린 곳.

화:소(畫素)명 텔레비전이나 사진 전송에서, 화면을 전기적으로 분해한 명암의 최소 단위.

화소(話素)명 (소설이나 설화에서) 사건의 가장 작은 단위.

화:소-청(畫燒靑)명 중국에서 나는 도자기용의 푸른 물감. 무명자(無名子).

화:속(火贖)명 지난날, 대장에 오르지 않은 토지에 부과하던 세.

화속(火速)'화속하다'의 어근.

화:속-하다(火速-)[-소카-]형여 (타는 불처럼) 썩 빠르다, 또는 몹시 급하다. **화속-히**문.

화-솥[-솓]명 솥의 한 가지. 갓 모양으로 배에 돌아가며 전이 달려 있음. *화솥이[-소치]·화솥을[-소틀]·화솥만[-손-].

화:수(火嗽)명 한방에서, 가래는 심하지 않으나 기침이 나고 얼굴이 붉어지며 갈증이 나는 병을 이르는 말.

화수(和酬)[명][하자] 남이 보낸 시나 노래에 화답하여 시나 노래로 갚음.

화수(花樹)[명] 꽃나무.

화수(花穗)[명] 이삭으로 된 꽃.

화수(花鬚)[명] ⇨꽃술.

화:수(禍水)[명] 재양의 빌미.

화수분[명] '안에다 온갖 물건을 넣어 두면 새끼를 쳐서 끝이 없이 나오는 보물단지라는 뜻으로) '재물이 자꾸 생겨서, 아무리 써도 줄지 않음'을 이르는 말.

화수-회(花樹會)[-회/-훼][명] (친목 따위를 위하여) 일가끼리 모이는 모임이나 잔치.

화-숙[명] '화전(火田)'의 방언.

화순(花脣)[명] ①⇨꽃잎. ②미인의 입술.

화순(和順) '화순하다'의 어근.

화순-하다(和順-)[형여] ①온화하고 양순하다. ②시키는 대로 잘 따르고 고분고분하다.

화-술[명] 휘우듬하게 생긴 쟁기의 술.

화술(話術)[명] 말재주. ¶화술이 뛰어나다. /화술에 넘어가다.

화:승(火繩)[명] (지난날, 화약을 터뜨리기 위하여) 불을 붙이는 데 쓰이던 노끈. 화약심지. [준]도화선.

화:승-작(火繩作)[명][하자] 지난날, 일정한 길이의 화승에 불을 붙여 놓고 다 타기 전에 글을 짓던 일.

화:승-총(火繩銃)[명] 화승의 불로 화약을 터뜨려 쏘던 구식의 총. [준]조총.

화시(花時)[명] 꽃이 피는 시절.

화:식(火食)[명][하자] 불에 익힌 음식을 먹음, 또는 그 음식. ↔생식.

화식(花式)[명] 꽃의 꽃받침이나 꽃잎·수술 따위의 수나 배열 상태를 기호(K·C·A·P)와 숫자로 나타내는 식.

화:식(和食)[명] 일본식 요리. 일식(日食).

화:식(貨殖)[명] 재산을 늘림.

화식-도(花式圖)[-또][명] 꽃의 가로 단면을 바탕으로 하여 화식(花式)을 동심원상에 그린 모형적인 그림.

화:신(化身)[명][하자] ①(부처가 중생을 구하기 위하여) 사람이나 악귀의 모습을 하고 나타나는 일. 변화신(變化身). ②추상적인 특질이 구체적인 것으로 바뀐 일. ¶미(美)의 화신. /분노의 화신.

화:신(火神)[명] 불을 맡은 신.

화신(花信)[명] 꽃이 피었다는 소식.

화신(花神)[명] ①꽃을 관장하는 신. ②꽃의 정기.

화신(花晨)[명] 꽃이 핀 아침.

화신-풍(花信風)[명] ①(꽃 소식을 전하는 바람이라는 뜻으로) '꽃이 필 무렵에 부는 바람'을 이르는 말. ②<이십사번화신풍(二十四番花信風)>의 준말.

화:실(火室)[명] 땔감을 때어 증기를 발생시키는 곳.

화:실(畫室)[명] 화가 또는 조각가가 작품을 만드는 방. 화방(畫房). 아틀리에.

화심(花心)[명] ①꽃의 수술. 꽃술이 있는 부분. ②'미인의 마음'을 형용하여 이르는 말.

화:심(禍心)[명] 남을 해치려는 마음.

화씨(華氏)[명] 화씨온도계의 눈금의 이름. [기호는 F.] [참]섭씨.

화씨-온도계(華氏溫度計)[-계/-게][명] 물의 어는점을 32°F, 끓는점을 212°F로 하고 그 사이를 180등분한 온도계의 한 가지. [참]섭씨온도계.

화아(花芽)[명] ⇨꽃눈.

화안(花顔)[명] 꽃같이 아름다운 여자의 얼굴.

화안(和顔)[명] 화기를 띤 얼굴.

화압(花押)[명] 수결(手決)과 함자(銜字). [준]압(押).

화:압(畫押)[명][하자] 수결(手決)을 씀.

화:액(禍厄)[명] 재양과 액운(厄運).

화:약(火藥)[명] 충격이나 열 따위를 가하면 격렬한 화학 반응을 일으켜, 가스와 열을 발생시키면서 폭발하는 물질. [다이너마이트·면화약·흑색 화약 따위.] [준]약.

　　화약을 지고 불로 들어간다[속담] 스스로 위험한 곳에 들어가거나 화를 자초한다는 뜻.

화약(和約)[명] ①⇨화해(和解)의 약속. ②<평화 조약>의 준말.

화:약-고(火藥庫)[-꼬][명] ①화약을 저장하는 창고. ②분쟁이나 전쟁 따위가 일어날 '위험성이 있는 지역'을 비유하여 이르는 말.

화:약-심지(火藥心-)[-씸-][명] ⇨화승(火繩).

화양-누르미(華陽-)[명] 충각이나 도라지를 잘막하게 썰어, 버섯·쇠고기와 함께 양념하여 볶아 꼬챙이에 꿴 산적 비슷한 음식. [삶은 도라지와 백숙한 소의 양·허파·볶은 꿩고기·닭고기, 생전복 따위를 쓰기도 함.] 화향적. [준]누르미.

화:언(禍言)[명] 불길한 말.

화엄(華嚴)[명] 불교에서, 여러 가지 수행을 하고 만덕을 쌓아 덕과(德果)를 장엄하게 하는 일.

화엄-경(華嚴經)[명] 석가가 도를 이룬 후 그 깨달음의 내용을 설법한 가르침을 담은 경전. 대승 불교의 경전 가운데 가장 중요한 것 중의 하나임. '대방광불화엄경'을 줄이어 이르는 말. [준]대교(大敎).

화엄-신장(華嚴神將)[명] 불교에서, 화엄경을 보호하는 신장, 곧 불법을 보호하는 신장을 이르는 말. [준]신장.

화엄-종(華嚴宗)[명] 불교 교종(敎宗)의 한 파. 화엄경을 근본 경전으로 하여 세운 종파인데, 우리나라에서는 신라 신문왕 때 의상 대사(義湘大師)가 개종(開宗)하였음. [참]부석종.

화엄-회(華嚴會)[-회/-훼][명] 불교에서, 화엄경을 설(說)하는 법회.

화연(花宴)[명] 환갑잔치.

화연(譁然) '화연하다'의 어근.

화연-하다(譁然-)[형여] (여럿이 지껄이는 소리가) 떠들썩하다. 화연-히[부].

화열(和悅) '화열하다'의 어근.

화열-하다(和悅-)[형여] (마음이) 화평하여 기쁘다.

화:염(火焰)[명] ⇨불꽃. ¶화염에 휩싸이다.

화:염-검(火焰劍)[명] 하나님이 아담과 하와를 에덴에서 내쫓고 생명나무를 지키도록 한 불 칼.

화:염^방:사기(火焰放射器)[명] 압축 공기로 분사(噴射)시키는 액체 연료의 불꽃으로 적을 죽이거나 구조물을 태워 버리는 병기.

화:염-병(火焰瓶)[-뼝][명] 휘발유나 시너를 채운 유리병. 불을 붙여 던지면 깨지면서 불이 붙음.

화엽(花葉)[명] ①⇨꽃잎. ②꽃과 잎.

화영(花影)[명] 꽃의 그림자. 꽃의 그늘.

화예(花翳)[명] 한방에서, 눈동자 위에 흰 점이 생기는 눈병을 이르는 말.

화예(花蕊)[명] ⇨꽃술.

화예-석(花蕊石)[명] ①⇨화유석(花乳石). ②한방에서, '화유석'을 약재로 이르는 말. 지혈제로 쓰임.

화옥(華屋)[명] 화려하게 지은 집.

화왕(花王)[명] <화중왕(花中王)>의 준말.

화왕-계(花王戒)[-계/-게]圏 신라 신문왕 때, 설총(薛聰)이 왕을 깨우치기 위해 지은 우언적(寓言的) 이야기. '삼국사기'에 전함.

화:왕지절(火旺之節)〔오행에서 화기(火氣)가 왕성한 절기라는 뜻으로〕'여름'을 이르는 말.

화:외(化外)[-외/-웨]圏 부처의 교화(教化)가 미치지 못하는 곳.

화:외지민(化外之氓)[-외-/-웨-]圏 교화가 미치지 못하는 지방의 백성.

화요(火曜)圏〈화요일〉의 준말.

화-요일(火曜日)圏 7요일의 하나. 일요일로부터 셋째 날. 준화·화요.

화용(花容)圏〔꽃같이 아름다운 얼굴이라는 뜻으로〕'아름다운 여자의 얼굴'을 형용하여 이르는 말.

화용-월태(花容月態)圏〔꽃다운 얼굴과 달 같은 자태라는 뜻으로〕'미인의 모습'을 형용하여 이르는 말.

화:운(火雲)圏 여름철의 구름.

화운(和韻)圏하타 남이 지은 한시의 운자(韻字)를 써서 화답하는 시를 지음.

화:원(火源)圏 불이 난 근원.

화원(花園)圏 꽃을 심은 동산. 꽃밭.

화:원(畫員)圏 조선 시대에, 도화서에 딸리어 그림 그리는 일을 하던 사람을 이르는 말.

화:원(禍源)圏 ☞화근(禍根).

화월(花月)圏 ①꽃과 달, 또는 꽃 위에 비치는 달. ②꽃 피고 달 밝은 그윽한 정취. ③음력 이월'을 달리 이르는 말. 참여월(如月).

화유(花遊)圏하짜 꽃놀이.

화유(和誘)圏하타 온화한 기색으로 꾐.

화유-석(花乳石)圏 노란 바탕에 흰 점이 아롱져 있는 돌. 도장의 재료로 쓰임. 화예석(花蕊石).

화:육(化育)圏하타 천지자연의 이치로 만물을 생성하여 기름.

화:육법(畫六法)[-뻡]圏 동양화에서, '그림을 그리는 여섯 가지 기법'을 이르는 말.

화:융(火絨)圏 ☞부싯깃.

화음(和音)圏 높낮이가 다른 둘 이상의 음이 동시에 울렸을 때의 합성된 음. 코드(chord).

화음(花陰)圏 꽃 핀 나무의 그늘. 꽃의 그늘.

화음(華音)圏 한자의 중국음. 한음(漢音).

화:응(和應)圏하짜 화답하여 응함, 또는 화합하여 같이 느낌.

화의(和議)[-의/-이]圏 ①화해하는 의논. ¶화의를 하다. ②하짜〈채무자의 파산을 예방하기 위하여〉채권자와 채무자 사이에 체결하는 강제 계약.

화:의(畫意)[-의/-이]圏 ①그림을 그리려는 마음. ②그림의 의장(意匠). ③그림에 나타나 있는 뜻.

화의 혈(花-血)[-의/-에-] 1911년에 이해조(李海朝)가 지은 신소설. 기생 선초의 효도와 정절을 주로 하여, 동학 농민 운동을 전후한 관료들의 부패상을 폭로한 내용임.〔'매일신보(每日申報)'에 연재되었음.〕

화이(華夷)圏 중화(中華)와 이적(夷狄).

화이부동(和而不同)圏 남과 사이좋게 지내기는 하나 무턱대고 어울리지는 않음.

화이-사상(華夷思想)圏 지난날 중국에서, 자기 나라를 '중화(中華)'라 하여 중시하고, 민족 족을 '이적(夷狄)'이라 하여 멸시하던 사상.

화이-역어(華夷譯語)圏 중국 명(明)나라에서 만든 어학 서적. 중국어와 우리나라·일본·여진·페르시아 등의 13개 나라 말과의 대역(對譯) 어휘집.

화이트^골:드(white gold)圏 금 75%, 니켈 15%, 아연 10%의 합금. 백금 대용으로 씀.

화이트-보:드(white board)圏 펠트펜 따위로 글자나 그림을 그리게 되어 있는 널빤지. 흑판에 상대하여 이르는 말임.

화이트칼라(white-collar)圏〔흰 옷깃이라는 뜻으로〕육체 노동자에 대하여 '사무직 근로자'를 이르는 말. 참그레이칼라·블루칼라.

화:인(火印)圏 ①☞낙인(烙印). ②지난날, '장되'를 이르던 말.

화:인(火因)圏 화재의 원인.

화:인(禍因)圏 재화(災禍)의 원인.

화:자(火者)圏 고자(鼓子).

화자(花瓷)圏 무늬가 있는 자기.

화자(話者)圏 말하는 사람. 이야기하는 사람. ↔청자(聽者).

화자(靴子)圏 ☞목화(木靴).

화잠(花簪)圏 새색시의 머리를 꾸미는 금·은·주옥으로 장식한 비녀.

화장(-長)圏 (한복 저고리의) 등솔에서 소매 끝까지의 길이.

화장(化粧)圏하타 화장품을 얼굴 따위에 바르고 매만져 곱게 꾸밈. ¶눈 화장. /화장을 고치다.

화:장(火匠)圏 ①배에서 밥 짓는 일을 맡은 사람. ②도자기 가마에 불을 때는 사람. 참부지깽이.

화:장(火杖)圏 ☞부지깽이.

화:장(火葬)圏하타되짜 시체를 불에 살라 장사하는 일. 참매장(埋葬)·토장(土葬).

화장-걸음(-長-)圏 팔을 벌리고 뚜벅뚜벅 걷는 걸음.

화장-기(化粧氣)[-끼]圏 화장을 한 흔적. ¶화장기 없는 얼굴.

화장-대(化粧臺)圏 화장하는 데 쓰는 가구의 한 가지. 거울이 달리고 서랍이 있어 화장품을 올려놓거나 넣어 두게 되어 있음.

화장-독(化粧毒)[-똑]圏 화장품이 피부에 맞지 않아 생기는 부작용. ¶화장독이 오르다.

화장-비누(化粧-)圏 세숫비누.

화장-수(化粧水)圏 피부를 부드럽게 하기 위하여 색조 화장에 앞서 바르는 '액체 화장품'을 통틀어 이르는 말.

화장-술(化粧術)圏 화장하는 기술.

화장-실(化粧室)圏 ①화장에 필요한 시설과 도구를 갖춘 방. ②'변소'를 달리 이르는 말. ②뒷간.

화장-지(化粧紙)圏 ①화장할 때 쓰는 종이. ②휴지(休紙).

화:장-터(火葬-)圏 (일정한 시설을 갖추고) 시체를 화장하는 곳.

화장-품(化粧品)圏 분이나 크림 따위 화장에 쓰이는 물품.

화:재(火災)圏 불이 나는 재앙. 불¹. 화난(火難). 화변(火變).

화:재(畫才)圏 그림 그리는 재능.

화:재(畫材)圏 그림으로 그릴 소재.

화:재-경보기(火災警報器)圏 불이 났을 때, 자동적으로 경보를 울리는 장치.

화:재^보:험(火災保險)圏 화재로 말미암은 손해를 보상을 목적으로 하는 보험.

화:저(火箸)圏 ☞부젓가락.

화:적(火賊)圏 ☞불한당(不汗黨).

화적(畫籍)圏 화주역(畫周易).

화:적-질(火賊-)[-찔]圏하짜 떼를 지어 다니며 재물을 강탈하는 짓.

화:전(火田)圏 산이나 들에 불을 지른 다음 파서 일구어 농사를 짓는 밭. ¶화전을 일구다.

화:전(火箭)图 지난날의 싸움에서, 불을 붙여 쏘던 화살.

화전(花煎)图 ①꽃전. ②진달래나 국화 따위 꽃잎을 붙이어 지진 부꾸미. ③차전병의 한 가지.

화전(花戰)혀자 꽃싸움.

화전(花甎)图 꽃무늬를 놓은 벽돌.

화전(和戰)혀자 ①화친과 전쟁. ②전쟁을 끝내고 화친함.

화전-놀이(花煎-)图 화전을 부쳐 먹으며 노는 부녀자들의 봄놀이.

화:전-민(火田民)图 화전을 일구어 농사를 짓는 사람.

화전-벽(花甎壁)图 대궐의 전각 등에 까는, 꽃을 새긴 푸른색의 장식 벽돌.

화전-별곡(花田別曲)图 조선 중종 때, 김구(金絿)가 지은 경기체가. 귀양지인 화전에서의 풍경과 생활을 노래한 내용. 모두 6장.

화전-지(花箋紙)图 ⇨시전지(詩箋紙).

화전-충화(花田衝火)图 〔꽃밭에 불을 지른다는 뜻으로〕 '젊은이의 앞을 막거나 그르침'을 이르는 말.

화:점(火點)[-쩜]图 ①〈발화점(發火點)〉의 준말. ②혀타 쇠붙이를 불에 달구어 시험해 보는 일. ③혀타 물금을 화금(火金)으로 만들기 위하여 가열함.

화점(花點)[-쩜]图 바둑판에 표시된 아홉 군데의 점. ¶화점 정석. ☆삼삼(三三).

화:접(畫楪)图 ①도자기에 그림을 그릴 때 물감을 푸는 접시. ②그림을 그린 접시.

화:정(火定)혀자 불도를 닦은 이가 열반할 때 스스로 불 속에 들어가는 일.

화:제(火帝)图 화덕(火德)의 왕. 신농씨(神農氏). 염제(炎帝).

화제(花製)图 ⇨삼일제(三日製).

화제(和劑)图 〈약화제(藥和劑)〉의 준말.

화제를 내다관용 약방문을 쓰다.

화:제(畫題)图 ①그림의 제명(題名). ②그림 위에 쓰는 시문.

화제(話題)图 이야깃거리. 이야기 제목. ¶화제를 바꾸다.

화젯-거리(話題-)[-께거-/-젣꺼-]图 이야깃거리가 될 만한 소재.

화조(花鳥)图 ①꽃과 새. ②꽃을 찾아다니는 새. ③꽃과 새를 그린 그림이나 조각.

화조(花朝)图 ①꽃이 핀 아침. ②'음력 이월 보름'을 달리 이르는 말.

화조-사(花鳥使)图 남녀 사이의 사랑의 심부름을 하는 사람.

화조-월석(花朝月夕)[-썩]图 〔꽃이 핀 아침과 달 뜨는 저녁이란 뜻으로〕 '경치가 좋은 시절'을 이르는 말.

화조-풍월(花鳥風月)图 ①〔꽃과 새와 바람과 달로〕 '자연의 아름다운 경치'를 이르는 말. ②⇨풍류(風流).

화조-화(花鳥畫)图 화조를 그리는 동양화의 한 가지. 〔흔히, 개나 고양이를 같이 그리기도 함.〕

화:종(火鐘)图 불종.

화좌(華座)图 부처나 보살이 앉는 꽃방석.

화:주(火主)图 화재를 일으킨 집.

화:주(火酒)图 소주나 위스키 따위 주정분(酒精分)이 강한 술.

화:주(化主)图 ①중생을 교화하는 교주(教主)로서 '부처'를 이르는 말. ②⇨화주승. ③⇨시주(施主).

화:주(貨主)图 화물의 주인. 하주.

화주(華胄)图 왕족이나 귀족의 자손. 현예(顯裔).

화:주-걸립(貨主乞粒)图 무당이 위하는 걸립. 〔대개, 자기 집 뒷문에 모시고 위함.〕

화주-계(華胄界)图 귀족들의 사회.

화:주-승(化主僧)图 인가에 다니면서 시주를 받아 절의 양식을 대는 중. 화주.

화:-주역(畫周易)图 주역의 괘사(卦辭)를 풀이하여 그림으로 나타낸 책. 화적(畫籍).

화:주역-쟁이(畫周易-)[-쩽-]图 화주역으로 길흉을 점치는 일을 업으로 하는 사람.

화:중(火中)图 불속.

화중(話中)图 말하고 있는 중간.

화중-군자(花中君子)图 〔꽃 중의 군자란 뜻으로〕 '연꽃'을 이르는 말.

화중-신선(花中神仙)图 〔꽃 중의 신선이란 뜻으로〕 '해당화'를 이르는 말. ☆화선(花仙).

화중-왕(花中王)图 〔꽃 중의 왕이란 뜻으로〕 '모란꽃'을 이르는 말. ☆화왕.

화:중지병(畫中之餠)图 그림의 떡. ☆화병(畫餠).☆그림.

화중-화(花中花)图 〔꽃 중의 꽃이란 뜻으로〕 ①가장 아름다운 꽃. ②'뛰어나게 어여쁜 여자'를 비유하여 이르는 말.

화:증(火症)[-쯩]图 화를 벌컥 내는 증(症). ¶화증이 나다. /화증을 내다.

화:지(火紙)图 얇게 종이를 길게 말아 담뱃불 따위를 붙이는 데 쓰는 종이 노끈.

화직(華職)图 높고 화려한 벼슬자리.

화:질(畫質)图 텔레비전 따위에서, 색조·밝기 등의 화상(畫像)의 질. ¶화질이 뛰어나다. /화질이 좋다.

화:집(畫集)图 ⇨화첩(畫帖).

화:차(火車)图 ①지난날 전쟁에서, 화공(火攻)에 쓰던 병거(兵車). ②임진왜란 때, 우리나라에서 만들어 썼던 전차(戰車)의 한 가지. ③⇨기차(汽車).

화:차(貨車)图 화물을 싣는 철도 차량. ↔객차.

화:찬(畫讚)图 그림의 여백에 써 넣는 찬사(讚辭)의 글.

화:창(火窓)图 석등의 화사석(火舍石)에 나 있는 창.

화창(和暢)图 '화창하다'의 어근.

화창(話唱)图 가극 따위에서, 담화하는 것처럼 노래하는 부분.

화창-하다(和暢-)혀여 (날씨 따위가) 온화하고 맑다. ¶화창한 봄날.

화채(花菜)图 얇게 저민 과일을 설탕이나 꿀에 쟁였다가 오미자 즙에 넣고 잣을 띄운 음료.

화채(禾尺)图 지난날, 고리 세공(細工)이나 도살을 업으로 하던 천민. 무자리.

화:천(禍泉)图 '술'의 딴 이름.

화천월지(花天月地)[-찌]图 '꽃 피고 달 밝은 봄밤의 경치'를 이르는 말.

화:첩(畫帖)图 ①그림을 모아서 엮은 책. 화집(畫集). ②그림을 그리기 위하여 여러 장의 종이를 엮은 책.

화:청(火淸)图 생청(生淸)을 떠나고 난 찌끼 꿀. 화밀(火蜜).

화-청소(花靑素)图 식물의 꽃이나 잎·열매 따위의 세포액 속에 있는 색소. 안토시안.

화:체(火體)图 사람의 상격(相格)을 오행(五行)으로 나눌 때, 화(火)에 딸린 상격.

화-초(華-)图 그림을 그릴 때 쓰는 밀초.

화초(花草)圀 ①꽃이 피는 풀과 나무, 또는 관상용의 식물. 초화. 화훼. ②일부 명사 앞에서 접두사처럼 쓰이어 그것이 '노리개나 장식품'이라는 뜻을 나타냄. ¶화초말. /화초첩.

화초-담(花草-)圀 여러 가지 무늬나 그림을 놓아 쌓은 담. 조장(彫墻).

화초-말(花草-)圀 부귀한 집에서 호사로 기르는 살진 말.

화초-방(花草房)圀 화초를 관상하기 위하여 차려 놓은 방.

화초-밭(花草-)[-받]圀 화초를 심어 놓은 밭. * 화초밭이[-바치]·화초밭을[-바틀]·화초밭만[-반-].

화초밭의 괴석판용 변변치 못한 것이라도 놓인 자리에 따라 진중하여 보인다는 말.

화초-분(花草盆)圀 화초를 심는 화분.

화초-장(花草欌)圀 (문짝 따위를) 화초 무늬로 장식한 옷장.

화초-집(花草-)圀 화초를 가꾸거나 파는 집.

화초-첩(花草妾)圀 노리개첩.

화촉(華燭)圀 ①물을 들인 밀초. ②〔혼례 의식 때 촛불을 밝히는 데서〕'혼례(婚禮)'를 달리 이르는 말.

화촉을 밝히다판용 혼례식을 올리다.

화촉-동방(華燭洞房)[-똥-]圀 신랑 신부가 첫날밤을 지내는 방.

화촉지전(華燭之典)[-찌-]圀 ☞결혼식. 혼례식.

화축(畫軸)圀 ☞꽃대.

화충(和沖·和衷)圀圀圀 마음 깊이 화목함.

화충-협의(和沖協議)[-혀븨/-혀비]圀圀타 (일을) 화목한 마음으로 협의함.

화치(華侈)圀 '화치하다'의 어근.

화치다(畫-)圀 (물결이) 배가 좌우로 흔들리다.

화치-하다(華侈-)圀圀 화려하고 사치스럽다.

화친(和親)圀圀圀 ①나라와 나라가 우호적으로 지냄, 또는 그러한 관계. ¶화친을 맺다. ②서로 의좋게 지냄, 또는 그 정분.

화:침(火鍼·火針)圀 (종기를 따는) 뜨겁게 달군 침.

화:침-질(火鍼-)圀圀圀 화침으로 종기를 따는 짓.

화:타(化他)圀圀 불교에서, '남을 교화함'을 이르는 말.

화탁(花托)圀 ☞꽃받침.

화:태(禍胎)圀 재앙의 근원. 화근(禍根).

화:택(火宅)圀 불교에서, 사바 세계인 '속세'를 이르는 말. 삼계화택(三界火宅).

화:택-승(火宅僧)[-씅]圀 ☞대처승(帶妻僧).

화톳-불[-토뿔-·톧뿔-]圀 장작 따위를 한군데에 수북하게 모아 질러 놓은 불.

화통圀 (목조 건축에서, 도리나 장여를 맞물리도록 박아 맞추기 위하여) 기둥머리를 '十' 자 모양으로 파낸 자리. 사개통.

화:통(火-)圀 ☞울화통. ¶화통이 터지다.

화:통(火筒)圀 ①기차나 기선 따위의 굴뚝. ②<화통간의 준말.

화:통-간(火筒間)[-깐]圀 〈증기 기관차〉의 속된 말. ②화통간.

화:퇴(火腿)[-퇴/-퉤]圀 돼지고기를 훈제한 식품.

화투(花鬪)圀圀圀 그림이 든 한 가지. 열두 가지의 그림으로 각각 4장씩 모두 48장이 한 벌을 이룸. 그림에 따라 스무 끗, 열 끗, 다섯 끗, 껍데기로 나뉨. ¶화투를 치다.

화투-판(花鬪-)圀 화투를 치는 자리.

화:파(畫派)圀 회화 예술의 유파.

화판(花瓣)圀 ☞꽃잎.

화:판(畫板)圀 ①그림을 그릴 때 받치는 판. ②유화(油畫)를 그리는 널빤지.

화:패(禍敗)圀 ①재화(災禍)와 실패. ②재화로 말미암은 실패.

화편(花片)圀 (하나하나의) 꽃잎.

화평(和平)圀圀圀 ①(마음이) 평안함. ¶화평을 누리다. ②나라 사이가 화목함. ¶화평 교섭. **화평-히**圀.

화:폐(貨幣)[-폐/-페]圀 상품 교환의 매개체로서, 지불의 수단이나 가치의 척도 또는 축적의 목적물로서 사회에 유통되는 금화·은화·동화·지폐 따위. 돈.

화:폐^가치(貨幣價値)[-폐-/-페-]圀 한 단위의 화폐가 경제재(經濟財) 따위를 얻을 수 있는 능력. [물가 지수의 역수로 표시됨.]

화:폐^개:혁(貨幣改革)[-폐-/-페-]圀 주로 인플레이션을 수습하기 위하여 단행하는, 화폐에 대한 정책. 평가 절하·예치(預置) 따위를 골자로 함. 통화 개혁.

화:폐^경제(貨幣經濟)[-폐-/-페-]圀 생산물의 교환이 화폐를 매개로 하여 이루어지는 경제. ↔자연 경제.

화:폐^공:황(貨幣恐慌)[-폐-/-페-]圀 화폐, 특히 지급 수단으로서의 현금을 구하기 어려운 데서 비롯되는 공황.

화:폐^단위(貨幣單位)[-폐-/-페-]圀 화폐로 셈을 할 때에 기초가 되는 단위. 보통, 금·은 등의 일정량을 가지고 정함.

화:폐^본위(貨幣本位)[-폐-/-페-]圀 화폐 제도의 기초, 곧 그 나라의 화폐 단위를 규정하는 근거.

화:폐^소:득(貨幣所得)[-폐-/-페-]圀 ☞명목 소득.

화:폐^시:장(貨幣市場)[-폐-/-페-]圀 〔장기 자금 거래의 '자본 시장'에 대하여〕'단기 자금의 거래 시장'을 이르는 말.

화:폐^임:금(貨幣賃金)[-폐-/-페-]圀 ①화폐로 지급되는 임금. ②☞명목 임금.

화:폐^제:도(貨幣制度)[-폐-/-페-]圀 국가가 화폐의 발행·종류·품위 등에 관하여 베푸는 제도.

화:포(火砲)圀 ①〔화약으로 쏘는 포라는 뜻으로〕총포 따위 '화기'를 이르는 말. ②지난날, '대포'를 이르던 말.

화포(花布)圀 반물 빛깔의 바탕에 흰 꽃무늬를 박은 무명.

화포(花苞)圀 ☞꽃턱잎. 포(苞).

화포(火砲)圀 화약이 터지면서 온갖 모양의 불꽃이 흩어지는 중국식 딱총. 연화(煙花).

화포(花圃)圀 꽃을 재배하는 밭.

화:포(畫布)圀 ☞캔버스.

화:폭(畫幅)圀 그림을 그리는 천이나 종이 따위를 두루 이르는 말. ¶가을산을 화폭에 담다.

화표-주(華表柱)圀 ☞망주석(望柱石).

화:-풀이(火-)圀圀圀 심화(心火)를 푸는 일. 〔특히, 엉뚱한 사람이나 딴 일에 화를 냄.〕¶애꿎은 개에게 화풀이하다.

화품(花品)圀 꽃의 품격.

화:품(畫品)圀 그림의 품격. 화격(畫格).

화:풍(和風)圀 ①부드럽고 산뜻한 바람. 화창한 바람. ②☞건들바람.

화:풍(畫風)圀 그림의 경향, 또는 특징. ¶초현실주의 화풍.

화풍-감우(和風甘雨)圀 솔솔 부는 화창한 바람과 알맞은 비.

화풍-난양(和風暖陽)圈〔화창한 바람과 따스한 햇볕이라는 뜻으로〕'따뜻한 봄 날씨'를 이르는 말. ¶화풍난양에 기맥(氣脈)을 진서(振舒)하다.

화풍-병(花風病)[-뼝]圈 ☞상사병(相思病).

화피(花被)圈 ☞꽃덮이.

화피(樺皮)圈 ①벚나무의 껍질. 활 만드는 데 쓰임. ②한방에서, '벚나무 껍질'을 약재로 이르는 말. 유종(乳腫)이나 두진(痘疹) 따위에 쓰임.

화피-단장(樺皮丹杖)圈 활의 몸을 벚나무 껍질로 꾸민 것.

화피-전(樺皮廛)圈 지난날, 채색과 물감을 팔던 가게.

화:필(畫筆)圈 그림을 그리는 붓.

화:-하다(형어 ①〔어떤 물질이〕 얼얼하면서도 시원하다. ¶박하사탕을 입에 넣었더니 화하다.

화:-하다(化-)재어 ①액체가 기체로 화하다. ②다른 상태가 되다. ¶슬픔이 기쁨으로 화하다.

화-하다(和-)타어〔무엇을〕 타거나 섞다.

화-하다(和-)형어〔날씨나 바람·마음 따위가〕 온화하다. ¶미소를 띤 화한 얼굴.

화:학(化學)圈 물질의 조성과 구조, 성질과 작용 및 변화, 제법(製法)과 응용 따위를 연구하는 자연 과학의 한 부문.

화:학(畫學)圈 회화(繪畫)에 관한 학문.

화:학^공업(化學工業)[-꽁-]圈 화학적인 반응을 응용하는 생산 공업. ¶석유 화학 공업. /합성 화학 공업.

화:학^공학(化學工學)[-꽁-]圈 화학 공업에 있어서의 여러 가지 공정이나 기계·기구·설비의 설계와 운용 따위를 연구하는 공학의 한 분과. ⓒ화공.

화:학^기호(化學記號)[-끼-]圈 ☞원자 기호.

화:학^당량(化學當量)[-땅냥]圈 화학 반응에 대한 성질에 따라서 정해진 원소 또는 화합물의 일정한 양(量). 당량.

화:학^무:기(化學武器)[-항-]圈 화학전에 쓰이는 무기를 통틀어 이르는 말. 화학 병기.

화:학^반:응(化學反應)[-빤능]圈 ☞화학적 반응(化學的反應).

화:학^방정식(化學方程式)[-빵-]圈 분자식으로써 화학 변화를 표시하는 식.

화:학^변:화(化學變化)[-뼌-]圈 물질이 그 자체 또는 다른 물질과의 상호 작용으로 원자의 결합에 변화를 일으켜 새로운 물질을 만드는 변화.

화:학^병기(化學兵器)[-뼝-]圈 화학을 응용하여 제조되고 화학 작용의 해독 따위를 이용하는 병기. 〔독가스나 소이탄 따위.〕 화학 무기.

화:학^분석(化學分析)[-뿐-]圈 화학 반응을 이용하여 물질을 감식하고 성분을 검출하며 화학적 조성을 조사하는 일. 정량 분석과 정성 분석으로 크게 나눔.

화:학^비:료(化學肥料)[-뻬-]圈 화학적 처리 공정을 거쳐 공업적으로 생산되는 비료. 〔질소 비료나 인산 비료 따위.〕ⓒ금비(金肥).

화:학^섬유(化學纖維)[-써뮤]圈 화학적 처리 공정을 거쳐 공업적으로 생산되는 섬유를 통틀어 이르는 말. 인조 섬유. ⓒ화섬(化纖). ⓒ합성 섬유.

화:학-식(化學式)[-씩]圈 원자 기호를 결합하여 물질의 조성(組成)이나 성질 따위를 나타낸 식. 분자식·구조식·실험식 따위가 있음.

화:학^요법(化學療法)[-항뇨뻡]圈 미생물로 말미암아 생기는 병이나 종양을 술파제(sulfa 劑)나 항생제 따위와 화학 약품으로 치료하는 일.

화:학-자(化學者)[-짜]圈 화학을 전문으로 연구하는 사람.

화:학적 반:응(化學的反應)[-쩍빤능]圈 두 가지 또는 그 이상의 물질 사이에 화학 변화가 일어나는 일. 화학 반응.

화:학적 변:화(化學的變化)[-쩍뼌-]圈 물질이 그 분자나 원자 또는 이온의 구조를 바꾸어서 다른 물질로 되는 변화. ↔물리적 변화(物理的變化).

화:학적 산:소^요구량(化學的酸素要求量)[-쩍싼-]圈 물의 오염도를 나타내는 지표의 한 가지. 물속의 유기 물질이 산화될 때 필요한 산소의 양. 〔단위는 ppm〕 시오디(COD). ⓒ생물학적 산소 요구량.

화:학^풍화(化學風化)[-쩍-]圈 암석이나 광물이 이산화탄소·산소 등으로 말미암아 산화·환원·가수 분해 등의 화학적 작용을 받아 차츰 부서지는 현상.

화:학-전(化學戰)[-쩐]圈 살상·연막·자극 등의 효과를 내는 화학 물질을 무기로 사용하는 전쟁.

화:학-조미료(化學調味料)[-쪼-]圈 화학적으로 합성하여 만든 조미료.

화:학^합성(化學合成)[-하쌍]圈 ①화학 반응에 의한 합성. ②〔질산균 따위 일부의 세균이〕 무기(無機) 물질을 산화시킬 때 얻는 에너지로 탄산 동화를 하는 현상.

화한(華翰)圈 편지 글에서, 상대를 높이어 그의 '편지'를 이르는 말. 화간(華簡).

화:합(化合)圈 둘 이상의 물질 또는 원소가 화학적으로 결합하여 다른 물질을 생성하는 일.

화합(和合)圈하자되자 화목하게 어울림. ¶인류 화합의 대제전.

화:합-물(化合物)[-합-]圈 순물질의 하나. 두 가지 이상의 원자가 일정한 비율로 독특한 화학적 결합을 하여 생성된 순물질. 〔물·소금 따위.〕↔홑원소 물질. ⓒ혼합물.

화:합-열(化合熱)[-합녈]圈 둘 이상의 물질이 화합할 때 발생하거나 흡수되는 열.

화:해(火海)圈 불바다.

화해(和解)圈 ①하자되자 다툼을 그치고 안 좋은 감정을 풀어 없앰. ¶화해를 이루다. /화해를 청하다. ②소송의 당사자들이 분쟁을 그치기로 약속하는 계약. ③한방에서, 위장을 편히 하고 땀이 나게 하여 외기(外氣)를 푸는 일.

화:해(禍害)圈 ☞재난(災難).

화:해^전:술(火海戰術)圈 압도적으로 우세한 화력으로 적을 무찌르는 전술. ⓒ인해 전술(人海戰術).

화:행(化行)圈하자 중이 집집마다 찾아다니면서 화주(化主) 노릇을 함.

화향(花香)圈 ①꽃의 향기. ②부처 앞에 올리는 꽃과 향.

화향-적(花香炙)圈 ☞화양누르미.

화혈(和血)圈하자 한방에서, 혈분(血分)을 고르게 하는 일.

화협(和協)圈하자 서로 툭 터놓고 협의함.

화:형(火刑)圈 지난날, 사람을 불태워 죽이던 형벌. 분형(焚刑).

화형-관(花形冠)圈 꽃 모양처럼 생긴 닭의 볏. ⓒ단관(單冠).

화:형-식(火刑式)**명** ①화형을 집행하는 의식. ②(성토 대회·타도 대회·궐기 대회 따위에서) 타도 대상이 되는 인물을 성토하며 모형을 불 사르는 행사.

화호(和好)**하형** 서로 사이가 좋고 친함.

화:호불성(畫虎不成)[-씽]〔범을 그리려다가 강아지를 그린다는 뜻으로〕'남을 흉내 내려다 힘에 겨운 일을 하려다 도리어 잘못됨'을 이르는 말. 화호유구.

화:호유구(畫虎類狗)**명** ☞화호불성.

화혼(華婚)**명** 남의 '결혼'을 아름답게 이르는 말. ¶화혼을 축하하다.

화환(花環)**명** 조화나 생화를 모아 고리 모양으로 만든 것.〔주로, 경조(慶弔)나 축하·환영의 뜻으로 보냄.〕화륜(花輪).

화:환어음(貨換-)**명** 먼 곳에 있는 사람과 매매 거래를 하였을 때, 판 사람이 운송 증권 따위를 첨부하여 발행하는 환어음.

화훼(花卉)**명** ①꽃이 피는 풀, 또는 관상용으로 재배하는 식물. 화초. ②화초를 주제로 하여 그린 그림.

화훼^원예(花卉園藝)**명** 감상 가치가 있는 초목을 재배하는 일.

화:희(火戲)[-히]**명하재** 불놀이.

확:¹명 ①☞방아확. ②절구의 아가리로부터 밑바닥까지 팬.

확²¹무 ①갑자기 세게 불거나 내뿜는 모양. ¶바람이 확 불어오다. ②불길이 갑자기 일어나는 모양. ¶불길이 확 타오르다. ③날래고 힘차게 행하는 모양. ¶확 떠밀다. /물을 확 뿌리다. ④(묶였던 것이나 긴장 따위가) 갑자기 풀리는 모양. ¶밧줄이 확 풀리다. /굳었던 마음이 확 풀리다. ⑤갑자기 뜨거운 기운이 이는 모양. ¶얼굴이 확 달아오르다.

확견(確見)[-껸]**명** 명확한 의견.

확고(確固)'확고하다'의 어근.

확고-부동(確固不動)[-꼬-]**하형** 확고하여 흔들리지 않음. 확고불발.

확고-불발(確固不拔)[-꼬-]**명하형** ☞확고부동.

확고-하다(確固-)[-꼬-]**형** 태도나 상황 따위가 확실하고 굳다. ¶확고한 결심. /의지가 확고하다. 확고-히**무**.

확단(確斷)[-딴]**명하재** 확실하게 결단함.

확답(確答)[-땁]**명하재타** 확실히 대답함, 또는 그런 대답. ¶확답을 받을 때까지 여기서 기다리겠다.

확대(廓大)[-때]**명하타되재** 넓혀서 크게 함. ¶영토를 확대하다.

확대(擴大)[-때]**명하타되재** 늘여서 크게 함. ¶확대 사진. /생산 설비를 확대하다. **반**축소. ↔축소.

확대^가족(擴大家族)[-때-]**명** 부부의 공동 생활체에 양친과 형제자매가 같이 사는 대가족.

확대-경(擴大鏡)[-때-]**명** 물체를 확대하여 보는 장치.〔보통은 한 개의 볼록 렌즈를 씀.〕돋보기.

확대-비(擴大比)[-때-]**명** 닮은꼴의 두 도형에서, 큰 쪽의 작은 쪽에 대한 닮음비. ↔축소비.

확대-율(擴大率)[-때-]**명** 확대한 비율.

확대^재:생산(擴大再生産)[-때-]**명** 이윤의 일부를 자본에 추가하여 먼젓번보다 확대된 규모로 재생산을 하는 일. **참**축소 재생산·단순 재생산.

확대:해:석(擴大解釋)[-때--]**명** 법규의 문자를 통상의 의미보다도 넓게 해석하는 논리 해석의

한 가지. 확장 해석(擴張解釋). ↔축소 해석.

확락(廓落)'확락하다'의 어근.

확락-하다(廓落-)[황나카-]**형** ①마음이 너그럽고 넓다. ②실의(失意)에 차 있다.

확론(確論)[황논]**명** 확실한 이론.

확률(確率)[황뉼]**명** 어떤 사상(事象)이 일어날 확실성의 정도, 또는 그것을 나타내는 수치. 개연량. 개연율. 공산(公算).

확률-론(確率論)[황뉼-]**명** 확률의 이론과 응용을 연구하는 수학의 한 부문.

확립(確立)[황닙]**명하재되재** (체계·견해·조직 따위가) 확고하게 섬, 또는 확고하게 세움. ¶기강 확립. /교통질서를 확립하다. /민주주의의 기틀이 확립되다.

확문(確聞)[황-]**명하타** 확실하게 들음.

확보(確保)[-뽀]**명하타** ①확실하게 보유함. ¶인원을 확보하다. ②확실하게 보증함.

확보(確報)[-뽀]**명하타** 확실하게 알림, 또는 그러한 보도나 소식.

확삭(矍鑠)[-싹]**명하형** (늙어도) 기력이 정정함.

확산(擴散)[-싼]**명하재되재** ①흩어져 번짐. ¶환경 보호 운동이 전국적으로 확산되고 있다. ②농도가 다른 물질이 혼합될 때, 시간의 흐름에 따라 서로 같은 농도가 되는 현상.

확설(確說)[-썰]**명** 확실한 근거가 있는 설.

확성-기(擴聲器)[-썽-]**명** 소리를 크게 하여 멀리 들리게 하는 전자 장치. 고성기. 스피커.

확:-쇠[-쐬/-쒜]**명** 대문 아래쪽 지도리가 들어가는 데 끼는 확처럼 생긴 쇠.

확수(確守)[-쑤]**명하타** 굳게 지킴.

확신(確信)[-씬]**명하타** 굳게 믿음. 확실히 믿음. ¶확신에 찬 목소리. /확신이 서다.

확신-범(確信犯)[-씬-]**명** 도덕적·종교적 또는 정치적 확신이 결정적 동기가 되어 행하여지는 범죄.〔사상범·정치범 따위.〕

확실(確實)'확실하다'의 어근.

확실-성(確實性)[-썰썽]**명** 틀림이 없어 의심의 여지가 없는 성질.

확실-시(確實視)[-썰씨]**명하타되재** 확실한 것으로 봄. ¶김 박사의 당선이 확실시되고 있다.

확실-하다(確實-)[-썰-]**형** 틀림이 없다. ¶확실한 증거. 확실-히**무**.

확약(確約)**명하재타** 확실하게 약속함, 또는 굳은 약속. ¶임금 인상을 확약하다.

확언(確言)**명하재타** 확실하게 말함, 또는 확실한 말. ¶약속 이행을 확언한다.

확연(廓然)'확연(廓然)하다'의 어근.

확연(確然)'확연(確然)하다'의 어근.

확연-하다(廓然-)**형** 넓고 텅 비어 있다. 확연-히**무**.

확연-하다(確然-)**형** 아주 확실하다. 확연-히**무** ¶죄상이 확연히 드러나다.

확이충지(擴而充之)**명** 넓혀 충실하게 함.

확인(確因)**명** 확실한 원인.

확인(確認)**명하타되재** ①확실히 알아봄. 확실히 인정함. ¶사실 여부를 확인하다. ②특정의 사실 또는 법률관계의 존부(存否)를 인정함.

확인^소송(確認訴訟)**명** 법률관계의 존부(存否)를 확인하는 소송.

확장(擴張)[-짱]**명하타되재** (범위나 세력 따위를) 늘려서 넓힘. ¶도로 확장 공사. /군비 확장. /사업을 확장하다. **반**축소.

확장-자(擴張字)[-짱-]**명** 컴퓨터에서, 파일의 종류를 구분하기 위하여 파일명의 마침표 뒤에 붙이는 문자.〔'don.hwp'에서 'hwp' 따위.〕

확장^해:석(擴張解釋)[-짱-]圓 ☞확대 해석.
확적(確的)圓 '확적하다'의 어근.
확적-하다(確的-)[-쩌카-]**혱여** 확실하여 틀림이 없다.
확정(廓正)[-쩡]圓**하타** 바로잡아 고침. ⑪광정(匡正).
확정(確定)[-쩡]圓**하타** (변동이 없도록) 확실하게 정함. ¶ 법률안을 확정하다.
확정^공채(確定公債)[-쩡-]圓 발행액이나 이자·상환 기한 따위가 법률로 정하여져 있는 장기 공채. ↔유동 공채.
확정^재판(確定裁判)[-쩡-]圓 확정 기간이 경과됨에 따라 보통의 방법으로는 불복 신청(不服申請)을 할 수 없는 재판.
확정-적(確定的)[-쩡-]판圓 확정할 만한 (것). ¶ 확정적 사실. / 합격은 거의 확정적이다.
확정^판결(確定判決)[-쩡-]圓 확정의 효력을 가진 판결. 〔상소 기간이 지난 판결, 또는 대법원의 관결 따위.〕
확증(確證)[-쯩]圓**하자타되자** 확실히 증명하거나, 또는 확실한 증거. ¶ 부정행위에 대한 확증을 잡다.
확지(確知)[-찌]圓**하타** 확실히 앎.
확집(確執)[-찝]圓**하타** 제 주장을 굳게 고집함.
확철-부어(涸轍鮒魚)圓 ☞학철부어.
확청(廓淸)圓**하타** (더러운 것을 없애 버리고) 깨끗하게 함.
확충(擴充)圓**하타되자** 넓혀서 충실하게 함. ¶ 시설 확충 공사. / 인력을 확충하다.
확취(攫取)圓**하타** 휙 갈기고 빼앗아 가짐.
확탈(攫奪)圓**하타** 갈기고 빼앗음.
확호(確乎)圓 '확호하다'의 어근.
확호불발(確乎不拔)[-코-]圓**하여** 든든하고 굳세어 흔들리지 아니함.
확호-하다(確乎-)[-코-]**혱여** 아주 든든하고 굳세다. 確乎-히圓.
확-확[화콱]圓 ①자꾸 세차게 불거나 내뿜는 모양. ¶ 더운 김을 확확 내뿜다. ②불길이 세차게 자꾸 일어나는 모양. ¶ 확확 타오르는 불길. ③뜨거운 기운이 몹시 또는 잇따라 이는 모양. ¶ 얼굴이 확확 달아오르다. ④(막히거나 묶였던 것이) 자꾸 힘차게 풀리는 모양. ¶ 일이 계획대로 확확 풀리다. / 밧줄이 확확 풀려 나갔다.
환¹圓 쇳조각 양쪽에 잘게 이를 새기거나 나뭇조각에 상어 껍질을 붙인 줄의 한 가지. 금속이 아닌 물건을 쓸어서 깎는 데 쓰임. 안 기려.
환:²圓 아무렇게나 마구 그리는 그림. ¶ 환을 그리다. / 환을 치다.
환(丸)圓 ①〈환약(丸藥)〉의 준말. ②〔의존 명사적 용법〕 환약의 개수를 세는 말.
환(換)圓 ①멀리 떨어진 곳에 현금을 보내는 경비나 불편·위험 따위를 덜기 위하여 어음이나 증서로 송금하는 방법. ②〈환전(換錢)〉의 준말. ③**하타** 환어음을 매매하거나 할인함.
환(渙)圓 〈환괘(渙卦)〉의 준말.
환(環)圓 고리 모양으로 된 화합물의 분자.
환(圜)回 ①1953년부터 1962년까지 통용되던 우리나라 화폐 단위. ②대한 제국 때 통용되던 화폐 단위.
환:가(患家)圓 병가(病家).
환:-가(換家)圓**하자** 집을 서로 바꿔 삶.
환:-가(換價)[-까]圓 ①집이나 땅을 바꿀 때 치르는 값. ②**하타** 값으로 환산함, 또는 그 값.

환:각(幻覺)圓**하자타되자** 실제로는 자극이나 대상이 없는데도 그것이 실재(實在)하는 듯이 감각적으로 느끼거나, 느꼈다고 생각하는 감각. ¶ 환각 작용. ⑪환시(幻視).
환각(還却)圓**하자되자** (주는 물건을) 도로 보냄.
환:각-범(幻覺犯)[-깸]圓 법률상 죄가 되지 않는 행위를 죄가 된다고 믿고 한 행위. 착각범(錯覺犯).
환:각-제(幻覺劑)[-께]圓 먹으면 환각을 일으키는 약제. 〔엘에스디(LSD)나 대마초 따위.〕
환:갑(還甲)圓 〔육십갑자의 '갑(甲)'으로 돌아온다는 뜻으로〕 '예순한 살'을 이르는 말. 회갑. ⑭화갑.
　환갑 진갑 다 지내다[관용] 어지간히 오래 살다. 장수하는 셈이다.
환:갑-날(還甲-)[-감-]圓 환갑이 되는 해의 생일. 갑일(甲日).
환:갑-노인(還甲老人)[-감-]圓 예순한 살 된 노인.
환:갑-잔치(還甲-)[-짠-]圓 환갑날에 베푸는 잔치. 화연(花宴). 회갑연.
환:갑-주(還甲主)[-쭈]圓 환갑을 맞는 사람.
환:거(還去)圓**하자** 돌아감.
환거(鰥居)圓**하자** 홀아비로 삶.
환:^거래(換去來)圓 환어음을 팔고 삼.
환경(環境)圓 ①생활체를 둘러싸고 직접 간접으로 영향을 주는 자연, 또는 사회의 조건이나 형편. 외계. 외위(外圍). ¶ 환경 보호. / 교육 환경. ②주위의 사물이나 사정. ¶ 환경 미화.
환경-권(環境權)[-꿘]圓 사회적(생존권적) 기본권의 한 가지. 쾌적한 환경 속에서 건강하고 인간답게 살 수 있는 권리.
환경-미화원(環境美化員)圓 (건물이나 도로 등을) 청소하는 일에 종사하는 사람. 춘미화원.
환경^변:이(環境變異)圓 생물의 개체가 환경의 차이에 따라 형질을 바꾸는 일. 춘개체변이.
환경-부(環境部)圓 중앙 행정 기관의 하나. 자연환경 및 생활환경의 보전과 환경오염 방지에 관한 사무를 맡아봄.
환경-오염(環境汚染)圓 대기·토양·물 등 인간이나 동식물이 살아가는 환경에 해로운 물질이 섞여 더러워진 상태.
환경^호르몬(環境hormone)圓 인체의 내분비 계통에 이상을 일으켜, 생식 기능 및 면역 기능의 저하, 성장 장애 등을 가져오는 화학 물질을 통틀어 이르는 말.
환:고(患苦)圓 ①근심으로 말미암은 고통. ②질병으로 말미암은 고통. ⑪병고(病苦).
환고일세(環顧一世)[-쎄]圓 〔온 세상을 빙 둘러본다는 뜻으로〕 '세상에 쓸 만한 인물이 없어 탄식함'을 이르는 말.
환-고향(還故鄉)圓**하자** 고향으로 돌아가거나 돌아옴. ¶ 전원생활을 위해 환고향하다.
환:-곡(換穀)圓**하타** 곡식을 서로 바꿈.
환곡(還穀)圓 조선 시대에, 사창(社倉)에 저장하였다가, 백성에게 꾸어 주고 가을에 이자를 붙여 받아들이던 곡식. 춘진대·의창.
환:골-탈태(換骨奪胎)圓**하자** 〔뼈를 바꾸고 태(胎)를 빼앗는다는 뜻에서〕①선인의 시(詩)나 문장을 살리되, 자기 나름의 새로움을 보태어 자기 작품으로 삼는 일. 〔중국 남송의 중 혜홍의 '냉재야화(冷齋夜話)'에 나오는 말.〕②'얼굴이나 모습이 이전에 비하여 몰라보게 좋아졌음'을 비유하여 이르는 말. 춘탈태.
환공(環攻)圓**하타** 포위하여 침.

환과고독(鰥寡孤獨)**명** ①'홀아비, 과부, 어리고 부모 없는 사람, 늙어서 자식 없는 사람'을 이르는 말. ②'외롭고 의지할 곳 없는 사람'을 이르는 말.

환:관(宦官)**명** ☞내시(內侍).

환관(還官)**명하자** 지난날, '지방관이 임소(任所)로 돌아가거나 돌아옴'을 이르던 말.

환:^관리(換管理)[-괄-]**명** 국제 수지의 균형을 유지하고 외국환의 시세를 안정시키기 위하여 정부가 외국환의 거래를 직접 관리·규제하는 일.

환(渙卦)**명** 육십사괘의 하나. 손괘(巽卦)와 감괘(坎卦)를 위아래로 놓은 괘. 바람이 물 위로 감을 상징함. ㉰환(渙).

환:국(換局)**명하자** 시국이나 판국이 바뀜.

환국(還國)**명하자** ☞귀국(歸國).

환군(還軍)**명하자타** ☞회군(回軍).

환궁(還宮)**명하자** 대궐로 돌아옴, 또는 돌아감. 환어(還御). 환행(還幸).

환:권(換券)**명하자** 지난날, 묵은 문권(文券)을 관아에 바치고 새 문권을 받던 일.

환귀-본종(還歸本宗)**명하자** ①양자로 갔던 사람이 생가(生家)에 손(孫)이 끊어져 도로 돌아오는 일. ②양자로 갔던 사람이 그 자손을 다시 생가로 입후(入後)시키는 일.

환귀-본주(還歸本主)**명** (물건을) 임자에게 도로 돌려보냄.

환:규(喚叫)**명하자** 소리쳐 부르짖음.

환:금(換金)**명하자** ①(물건을 팔아서) 돈으로 바꿈. ←환물(換物). ②☞환전(換錢).

환금(環金)**명** ☞도리금.

환:금-성(換金性)[-썽]**명** (물건을 팔아서) 돈으로 바꿀 수 있는 성질. ¶환금성이 있는 증권.

환:금^작물(換金作物)[-짱-]**명** 팔아서 돈을 벌기 위하여 재배하는 농작물.

환급(還給)**명하자타** (돈이나 물건 따위를) 도로 돌려줌. 환부(還付).

환급-금(還給金)[-끔]**명** 도로 돌려주는 돈. 환부금(還付金).

환:기(喚起)**명하타되자** (관심이나 기억 따위를) 불러일으킴. ¶여론을 환기하다.

환:기(換氣)**명하자** 탁한 공기를 빼고 새 공기로 바꿈. ¶환기가 잘되는 방.

환:기^장치(換氣裝置)**명** 실내의 탁한 공기를 빼고 맑은 공기로 바꾸는 장치.

환:기-창(換氣窓)**명** 환기를 위하여 벽이나 천장에 만들어 놓은 창.

환:기-탑(換氣塔)**명** 환기를 위하여 지붕 위에 만들어 놓은 탑 모양의 장치.

환낙(歡諾)**명** 기꺼이 승낙함.

환:난(患難)**명** 근심과 재난.

환:난-상구(患難相救)**명하자** 근심거리와 재난이 생겼을 때에 서로 구함.

환:난-상휼(患難相恤)**명하자** 향약(鄕約)의 네 덕목 중의 하나. 걱정거리나 어려운 일이 생겼을 때에 서로 도와줌.

환납(還納)**명하자타되자** 도로 바침. 되돌려 줌.

환내(寰內)**명** ①천자가 다스리는 땅 전체. ②온 세계. ②천하.

환:녀(宦女)**명** 〔왕조 때〕 ①궁중에서 일을 보던 여자. ②관가(官家)에 딸렸던 여자 종.

환담(歡談)**명하자** 정답고 즐겁게 이야기함, 또는 그 이야기. ¶환담을 나누다.

환대(歡待)**명하타** 기쁘게 맞아 정성껏 대접함. 간대(懇待). ¶환대를 받다. ㉰관대(款待).

환:덕(宦德)**명** 벼슬자리에서 생기는 소득.

환:도(宦途)**명** 벼슬길.

환도(環刀)**명** 지난날, 군복을 갖추어 입고서 차던 군도(軍刀).

환도(還都)**명하자** (국난 때문에 딴 데로 옮겼던 정부가) 다시 수도(首都)로 돌아옴.

환도-뼈(環刀-)**명** 허리의 뼈.

환도-상어(環刀-)**명** 환도상엇과의 바닷물고기. 몸길이 6m가량. 몸은 가늘고 긴 물렛가락 모양인데 꼬리가 몹시는 깊. 몸빛은 등이 청색을 띤 흑색이며 배는 흼. 우리나라 남부·일본 남부·대만·인도양·대서양 등지에 분포함.

환:득-환:실(患得患失)[-드콴-]**명** 무엇을 얻기 전에는 얻기 위해 근심하고, 얻은 후에는 잃을까 하여 근심함.

환:등(幻燈)**명** 〈환등기〉의 준말.

환:등-기(幻燈機)**명** 강한 불빛을 사진이나 그림 따위에 비추어 그 반사광을 렌즈로 확대 영사하는 장치. ㉰환등.

환락(歡樂)**명하자** 기뻐하고 즐거워함.

환락-가(歡樂街)[-까]**명** 유흥장이나 술집 따위가 늘어선 거리. ㉰흥등가.

환:란(患亂)**명** 근심과 재앙을 아울러 이르는 말. ¶환란이 닥쳐오다.

환래(還來)**명하자** 도로 돌아옴. 회환(回還).

환:로(宦路)**명** 벼슬길.

환:롱(幻弄)**명하타되자** 교묘한 꾀로 농락함.

환:롱-질(幻弄-)**명하타** 교묘한 꾀로 속여 물건을 바꺼치는 짓.

환:롱-치다(幻弄-)**타** 교묘한 꾀로 속여 물건을 바꿔치다.

환류(環流)**명하자** ①물이나 공기의 흐름이 방향을 바꾸어 되돌아 흐르는 일. ②일련의 해류로 이루어지는 해양의 대순환계. 〔멕시코 만류나 흑조(黑潮) 따위.〕

환:매(換買)**명하타** 물건과 물건을 서로 바꿈.

환매(還買)**명하타** (이미 팔았던 물건을) 다시 사들이는 일.

환매(還賣)**명하타** (샀던 물건을) 도로 파는 일.

환매-채(還買債)**명** 증권 회사가 일정한 기간에 지난 후에 일정한 가격으로 되사는 조건으로 판매하는 채권.

환면(逭免)**명하타** 전날의 허물을 숨김.

환:멸(幻滅)**명하자** 이상이나 희망의 환상이 사라지고 현실을 접하는 허무함. ¶환멸을 느끼다.

환멸(還滅)**명** 불교에서, 수행을 쌓아 번뇌를 그치고 열반으로 돌아감을 이르는 말. ↔유전(流轉).

환:멸-감(幻滅感)**명** 환멸의 느낌.

환:명(換名)**명하자** 남의 이름을 자기 이름인 체하여 거짓 행세함.

환모(還耗)**명** 왕조 때, 축난 곡식을 채우기 위하여 환곡을 타 간 사람으로부터 그 이자로 곡식을 더 거두어들이던 일.

환:몽(幻夢)**명** 터무니없는 꿈. 허황한 꿈. ¶환몽에 사로잡히다.

환:문(宦門)**명** 벼슬아치의 집안.

환:문(喚問)**명하타** 소환하여 신문(訊問)함.

환:물(換物)**명하자** 돈을 물건으로 바꿈. ¶물가 앙등은 환물 심리를 자극한다. ↔환금(換金).

환미(還米)**명** 왕조 때의 환곡의 쌀.

환:발(渙發)**명하자되자** 임금의 명령을 세상에 널리 알림.

환:방(換房)몡하타 ①물건을 바꿈질함. ②☞파방(派房).

환:방-치다(換房-)타 물건을 바꿈질하다. ¶콩을 쌀로 화방치다.

환:복(宦福)몡 벼슬길이 순조로운 복.

환본(還本)몡하자 근본으로 돌아감.

환봉(還奉)몡하타 ☞환안(還安).

환봉(還封)몡하타 옮기려고 파헤쳤던 무덤을 도로 흙을 쌓아 올려서 제대로 만듦.

환부(患部)몡 병이나 상처가 난 곳. 병소(病所). 병처(病處). ¶환부를 도려내다.

환부(還付)몡하타되자 ☞환급(還給).

환부(鰥夫)몡 홀아비.

환부-금(還付金)몡 ☞환급금.

환:부역조(換父易祖)[-쪼]몡하자 (지난날, 지체가 낮은 사람이 지체를 높이기 위하여) 부정한 방법으로 자손 없는 양반 가문을 이어 자기의 조상을 바꾸던 일.

환:부작신(換腐作新)[-씬]몡하타 썩은 것을 바꾸어 새것으로 만듦.

환:불(換拂)몡하타 환산하여 치름.

환불(還拂)몡하타 (요금 따위를) 되돌려 줌.

환:^브로커(換broker)몡 ☞환 중매인.

환:비(換費)몡 지난날, 환전(換錢)을 부칠 때, 환표(換標)를 받아 가는 사람에게서 받던 요금.

환:비봉(換祕封)몡하자 과거를 볼 때, 남의 답안을 몰래 봉해 둔 성명을 도려내고 제 성명을 써넣던 일.

환삭(還削)몡 되깎이.

환:산(渙散)몡하타 ①(백성 또는 단체 따위가) 흩어지거나 해산함. ②병열(病熱)이 내림.

환:산(換算)몡하타되자 단위가 다른 수량으로 고쳐 계산함. 또는 그 계산. ¶달러로 환산하다.

환산-별곡(還山別曲)몡 작자·연대 미상의 조선 시대 가사(歌辭). 고요한 산림 속에서의 생활을 동경한 노래.

환:산-표(換算表)몡 단위가 다른 수량을 환산하기에 편리하도록 계산하여 놓은 표.

환:상(幻相)몡 불교에서, '실체가 없는 무상한 형상'을 이르는 말.

환:상(幻想)몡 ①현실로는 있을 수 없는 일을 있는 것처럼 상상하는 일. ¶환상이 깨지다. ②종잡을 수 없는 생각. 衆공상·망상.

환:상(幻像)몡 현실로는 존재하지 않는 것이 존재하는 것처럼 보이는 형상. 환영(幻影). 헛기운. 衆환교두.

환:상(喚想)몡하타 ☞상기(想起).

환상(還上)몡 왕조 때, 봄에 받은 환곡을 가을에 바치던 일. 환자(還子).

환상(環狀)몡 고리처럼 둥근 모양. 환형(環形).

환:상-곡(幻想曲)몡 ①자유분방한 형식과 악상으로 작곡한 악곡. ②가극(歌劇)의 주요 부분만 발췌하여 편곡한 악곡. 판타지.

환상-문(環狀紋)몡 고리 모양의 무늬.

환상^연-골(環狀軟骨)[-년-]몡 후두(喉頭) 밑에서 위의 갑상 연골과 접하고 있는 고리 모양의 연골.

환:상-적(幻想的)관몡 환상에 가까운 (것). ¶환상적 이야기. /환상적인 무대 조명.

환:색(換色)몡 ☞환품(換品).

환:생(幻生)몡하자 (사람이 죽었다가) 형상을 바꾸어 다시 태어남. 환퇴(幻退). 衆환생(還生).

환생(還生)몡하자 ①(죽었다가) 되살아남. ②다시 태어남. ②衆환생(幻生).

환선(紈扇)몡 얇은 깁으로 만든 부채.

환:성(喚醒)몡하타 ①(잠자는 사람을) 깨움. ②(어리석은 사람을) 깨우쳐 줌.

환:성(喚聲)몡 고함치는 소리.

환성(歡聲)몡 기뻐서 크게 지르는 소리. ¶환성을 올리다.

환:세(幻世)몡 환영(幻影)처럼 무상한 세상.

환:세(換歲)몡하자 해가 바뀜. 설을 쇰. 개력(改曆). 개세(改歲).

환소(還巢)몡 '자기 집에 돌아옴'을 겸손하게 이르는 말.

환속(還俗)몡하자 (중으로 있다가) 다시 속인(俗人)으로 돌아옴. 퇴속(退俗). 衆중속환이.

환속(還屬)몡하타 이전의 소속으로 다시 돌려보냄.

환송(還送)몡하타되자 도로 돌려보냄. 반송(返送). 회송(回送).

환송(歡送)몡하타 (떠나는 사람을) 축복하고 기쁜 마음으로 보냄. ¶환송 행사. /환송을 받다. ↔환영(歡迎).

환송-연(歡送宴)몡 환송하는 뜻으로 베푸는 연회. ↔환영연.

환송-회(歡送會)[-회/-훼]몡 환송하는 뜻으로 베푸는 모임. ↔환영회.

환:수(宦數)몡 벼슬길의 운수.

환:수(換手)몡하타 손바꿈.

환수(還收)몡하타되자 도로 거두어들임. ¶대출금을 환수하다.

환:술(幻術)몡 남의 눈을 속이는 술법. 요술.

환:승(換乘)몡 다른 노선이나 교통수단으로 갈아탐. ¶지하철 환승 주차장.

환:승-역(換乘驛)[-녁]몡 다른 노선으로 갈아탈 수 있도록 마련된 역.

환:시(幻視)몡 실제로는 없는 것이 있는 것처럼 보이는 현상. 衆환각(幻覺).

환시(環視)몡 ①하타많은 사람이 둘러서서 봄. ②사방을 둘러봄.

환:-시세(換時勢)몡 한 나라의 화폐와 딴 나라의 화폐와의 교환 비율, 또는 외국 환어음의 값. 외환율. 환율.

환:-시장(換市場)몡 외국환의 거래가 이루어지는 시장.

환식^화:합물(環式化合物)[-시콰ㅡ함-]몡 분자 안의 원자가 고리 모양으로 결합되어 있는 화합물.

환심(歡心)몡 기뻐하고 즐거워하는 마음. 환정.

환심(을) 사다[관용] 남의 비위를 맞추어 자기에게 호감을 가지게 하다.

환:-심장(換心腸)몡 (전에 비하여) 마음이 막되게 달라짐. 준환장.

환안(還安)몡하타 (옮겨 놓았던 신주를) 도로 제자리에 모심. 환봉(還奉).

환안(環眼)몡 고리눈.

환:액(宦厄)몡 벼슬길의 재앙.

환약(丸藥)몡 약재를 빻아 반죽하여 작고 둥글게 만든 약. 알약. 환제(丸劑). 준환(丸). 衆탕약류.

환어(還御)몡하자 ☞환궁(還宮).

환:-어음(換-)몡 어음의 발행인이 어음상의 금액을 정해진 기일에 권리자인 수취인 또는 그의 지시인에게 지급할 것을 지급인에게 무조건으로 위탁하는 증서.

환:언(換言)몡하타자타 (먼저 한 말을 더 적절한 다른 말로) 바꾸어 말함.

환:언-표(換言標)몡 ☞줄표.

환연(渙然) '환연하다'의 어근.

환ː연-빙석(渙然氷釋)**명**[하자] 얼음 녹듯이 의혹이 풀려 없어짐.

환ː연-하다(渙然-)**형여** (의심 따위가) 풀려 가뭇없다. 환연-히**부**.

환열(歡悅)**명**[하자] ☞환희(歡喜).

환ː영(幻影)**명** ①☞환상(幻像). ②감각 따위의 착오로, 사실이 아닌 것을 사실로 보는 일. 곡두. 헛기운.

환영(歡迎)**명**[하타] 기쁘게 맞음. ↔환송.

환영-연(歡迎宴)**명** 환영하는 뜻으로 베푸는 연회. ☞환송연.

환영-회(歡迎會)[-회/-훼]**명** 환영하는 뜻으로 베푸는 모임. ¶신입생 환영회. ↔환송회(歡送會).

환옥(丸玉)**명** (수정·마노·유리 따위로 만들어, 장신구로 쓰는) 꼬부라진 모양의 옥.

환옥(環玉)**명** ☞도리옥.

환요(環繞)**명**[하타] (주위를) 에워쌈. 환위(環圍).

환ː욕(宦慾)**명** 벼슬에 대한 욕심. 환정(宦情).

환ː용(換用)**명**[하타][되자] 바꾸어 씀.

환ː우-기(換羽期)**명** 날짐승이 깃을 가는 시기.

환웅(桓雄)**명** 단군 신화에 나오는 천제자(天帝子). 단군의 아버지. 아버지인 천제(天帝) 환인(桓因)으로부터 천부인(天符印) 세 개를 받아 인세(人世)에 내려와 이를 다스렸으며, 곰이 변해서 된 웅녀(熊女)를 맞아 단군을 낳았다 함. 천왕(天王).

환원(還元)**명** ①[자타][되자] 본디의 상태로 되돌아감, 또는 되돌림. ¶이익을 사회에 환원하다. ②[하타][되자]어떤 물질이 산소의 일부, 또는 전부를 잃거나 수소와 화합함, 또는 그런 변화. ↔산화(酸化). ③천도교에서, 사람의 '죽음'을 이르는 말.

환원-염(還元焰)[-념]**명** ☞내염(內焰).

환원-제(還元劑)**명** 딴 물질을 환원시키는 힘을 가진 물질. 〔수소나 탄소 따위.〕↔산화제.

환원-지(還元地)**명** (개간되었던 땅이) 황무지로 되돌아감.

환원-철(還元鐵)**명** 산화제이철을 철관(鐵管) 속에서 새빨갛게 달구어, 수소 가스를 통하여 환원시킨 회흑색의 쇳가루. 빈혈 치료제의 원료로 쓰임.

환위(環圍)**명**[하타][되자] ☞환요(環繞).

환위(環衛)**명** 왕조 때, '대궐의 주위를 호위함'을 이르던 말.

환ː위-법(換位法)[-뻡]**명** 어떤 판단의 주어와 술어의 위치를 바꾸어, 같은 의미와 내용의 새 판단을 끌어내는 직접 추리. 〔'부산은 한국 최대의 항구이다.'에서 '한국 최대의 항구는 부산이다.'로 끌어내는 따위.〕☞환질 환위법.

환유(歡遊)**명**[하자] 즐겁게 놂.

환ː유-법(換喩法)[-뻡]**명** 수사법상 비유법의 한 가지. 표현하려는 대상과 관련되는 다른 사물이나 속성을 대신 들어 그 대상을 나타내는 표현 방법. '별[星]'이 '장군'을 나타내는 따위. ☞제유법(提喩法).

환ː율(換率)**명**[하자] ☞환시세.

환ː은(換銀)**명**[하타] 물건을 팔아서 돈을 마련함.

환ː의(換衣)[하늬/화늬]**명** 옷을 갈아입음.

환ː의(換意)[하늬/화늬]**명**[하자] 생각을 바꿈.

환인(桓因)**명** 단군 신화에 나오는 천제(天帝). 환웅의 아버지이며, 단군의 할아버지. 인세(人世)로 내려가기를 원하는 아들 환웅에게 천부인 세 개를 주어 세상에 내려보냈다 함.

환ː입(換入)**명**[하타] 바꾸어 넣음.

환입(還入)**명**[하타] 왕조 때, 임금의 교지(敎旨)를 다시 거두어들이던 일.

환ː자(宦者)**명** ☞내시(內侍).

환ː자(患者)**명** 병을 앓는 사람. 병자. ¶환자를 보살피다.

환자(還子)**명** ☞환상(還上).

환ː장(換腸)**명**[하자] 〈환심장〉의 준말. ¶그런 일을 당했으니 환장하면 될짜.

환ː-쟁이(幻-)**명** 화가(畫家)를 흘하게 이르는 말.

환ː전(換錢)**명** ①[하타](換標)로 보내는 돈. ⦿환(換). ⦿서로 종류가 다른 화폐와 화폐를 교환하는 일. ②환금(換金).

환ː절(患節)**명** 편지 글에서, 상대편을 높이어 그의 '병의 상태'를 이르는 말.

환ː절(換節)**명**[하자] ①계절이 바뀜. ②절조(節操)를 바꿈. 변절(變節).

환절(環節)**명** 환형동물이나 절지동물 따위의, 많은 고리 모양으로 된 몸의 마디. 고리마디.

환ː절-기(換節期)**명** 계절이 바뀌는 시기. 변절기. ¶환절기에 감기 조심하세요.

환절-기(環節器)**명** 환형동물의 배설 기관. 환절마다 한 쌍씩 있음. 신관(腎管).

환ː절-머리(換節-)**명** 계절이 바뀌는 무렵.

환ː정(宦情)**명** 벼슬에 대한 욕심. 환욕(宦慾).

환정(歡情)**명**[하자] ☞환심(歡心).

환제(丸劑)**명** ☞환약(丸藥).

환제(還第)**명**[하자] 웃어른을 높이어 그의 '귀가(歸家)'를 이르는 말.

환조(丸彫)**명** 물체의 형상을 완전히 입체적으로 새기는 조각법의 한 가지.

환ː족(宦族)**명** 대대로 벼슬을 하는 집안.

환좌(環坐)**명**[하자] 여럿이 둥글게 빙 둘러앉음.

환주(還住)**명**[하자] 다시 돌아와 삶.

환ː^중매인(換仲買人)**명** 외국환의 매매를 주선하는 업자. 환 브로커.

환ː-증서(換證書)**명** 우편환의 증서.

환ː지(換地)**명**[하타] 토지를 서로 바꿈, 또는 그 바꾼 땅. 대토(代土). 환토(換土).

환지(還紙)**명** 폐지(廢紙)로 재생한 종이. 갈모지.

환ː지^처ː분(換地處分)**명** 농지 개량이나 토지 구획 정리 따위의 결과, 종전의 토지에 상당하는 다른 토지나 금전으로 청산을 하는 행정 처분.

환질(環経)**명** 상제가 소렴(小殮) 때 사각건에 덧씌워 쓰는, 삼으로 꼰 테두리.

환ː질^환ː위법(換質換位法)[-뻡]**명** 모순 개념의 술어를 주어로 바꾸어 놓는 직접 추리의 한 가지. '모든 S는 P이다.'에서 '모든 S는 비(非)P는 아니다.'를 유도해 내고, 다시 '모든 비(非)P는 S는 아니다.'를 유도하여 내는 따위. ☞환위법.

환차(還次)**명**[하자] 어른을 높이어 그가 '행차(行次)에서 돌아옴'을 이르는 말.

환ː-차손(換差損)**명** 환율의 변동으로 발생하는 손해. 환율이 오르면 수입 회사가 손해를 보고, 환율이 내리면 수출 회사가 손해를 봄. ↔환차익.

환ː-차익(換差益)**명** 환율의 변동으로 발생하는 이익. 환율이 오르면 수출 회사가 이익을 보고, 환율이 내리면 수입 회사가 이익을 봄. ↔환차손.

환-차하(還差下)**명**[하타] 사직 또는 면직되었던 관리를 특지(特旨)로써 다시 벼슬을 시키던 일.

환천희지(歡天喜地)[-히-]**명**[하자] 〔하늘이 즐거워하고 땅이 기뻐한다는 뜻으로〕 매우 기뻐하고 즐거워함을 이르는 말.

환:청(幻聽)圐 현실로는 아무 소리도 안 나는데도 소리가 들리는 것같이 느껴지는 현상.

환초(環礁)圐 고리 모양으로 형성된 산호초.

환촌(環村)圐 고리 모양으로 이루어진 마을.

환충(還充)圐[하타][되자] 이전처럼 도로 채움.

환:치(換置)圐[하타][되자] 바꾸어 놓음.

환:치(換一)圐[하자] 외국에서 빌려 쓴 외화를 국내에서 한화로 갚음, 또는 그러한 일.

환:치다[자타] 아무렇게나 마구 그림을 그리다.

환택(還宅)圐[하자] 어른을 높이어 그의 '귀가(歸家)'를 이르는 말.

환:토(換土)圐[하타] ☞환지(換地).

환:퇴(-退)[-퇴/-퉤]圐[하자] ☞환생(幻生).

환:퇴(還退)[-퇴/-퉤]圐[하타] 산 땅이나 집 따위를 도로 무름.

환:평가(換評價)[-까]圐 국제 통화 기금 협정의 가맹국이 금이나 미국 달러를 기준으로 나타낸 자국 통화 가치의 기준.

환포(環抱)圐[하타][되자] 사방으로 둘러쌈.

환:표(換票)圐[하자] ①표를 바꿈. ②특정 후보자를 당선시키기 위하여 표를 바꿔치는 선거 부정의 한 가지.

환:표(換標)圐 지난날, 멀리 떨어진 사람들끼리 누구에게 돈을 주라고 증표로 쓰던 편지.

환:품(換品)圐[하자] (어떤 물품을) 딴 물품과 바꿈. 환색(換色).

환:풍-기(換風機)圐 건물 내부의 공기를 맑게 하는 데 쓰이는 환기 장치의 한 가지.

환피(貛皮)圐 오소리의 털가죽.

환:-하다[형어] ①매우 밝다. ¶거리가 환하다. ②앞이 탁 틔어서 막힌 데가 없다. ¶길이 환하게 뚫리다. ③일의 조리나 속내가 분명하다. ¶일의 막히나 환하게 들여다보인다. ④열굴이 잘생겨 보기에 시원스럽다. ¶환하게 생긴 얼굴. /이목구비가 환하다. ⑤성격이나 표정이 구김살이 없이 맑고 밝다. ¶환한 미소. ⑥맛이 약간 매운 듯하면서 상쾌하다. ¶박하사탕의 환한 맛으로 입 안이 개운해졌다. ⑦무엇에 대하여 잘 알고 있다. ¶서울 지리에 환하다. ①~⑦圐圐원하다. ①~⑤환-히[부].

환-하송(還下送)圐[하타][되자] (서울에 온 것을) 지방으로 도로 내려보냄.

환:해(宦海)圐 '관리들의 사회'를 바다에 비유하여 이르는 말. 관해(官海).

환화해(桓解) ('환(桓)'은 환인(桓因)·환웅(桓雄), '해(解)'는 해모수(解慕漱)·해부루(解夫婁)를 가리키는 말로) 건국 시조(始祖)들을 일컫는 말.

환:해(患害)圐 환난(患難)으로 말미암은 피해.

환해(環海)圐 사방을 둘러싼 바다.

환:해-풍파(宦海風波)圐 벼슬살이에서 겪는 온갖 풍파.

환향(還鄕)圐[하자] ☞환궁(還宮).

환향(還鄕)圐[하자] 고향으로 돌아감, 또는 돌아옴.

환:형(幻形)圐[하자] (병이 들거나 늙어서) 얼굴 모양이 달라짐.

환:형(換刑)圐[하타] 벌금이나 과태료 따위를 물지 못하는 사람을 노역장에 유치시키는 일.

환:형(換形)圐[하자][되자] 모양이 전과 달라짐.

환형(環形)圐 ☞환상(環狀).

환형(轘形)圐 지난날, 팔과 다리를 각각 다른 수레에 매고 수레를 끌어서 죄인을 찢어 죽이던 형벌.

환형-동물(環形動物)圐 동물 분류상의 한 문(門). 대체로 몸이 길쭉한데 원통형이거나 편평하며 여러 개의 마디로 되어 있음. (지렁이·거머리·갯지네·갯지렁이 따위.)

환:호(喚呼)圐[하타] 소리 높이 부름.

환호(歡呼)圐[하자] 기뻐서 부르짖음. ¶선수들의 묘기에 환호하는 관중.

환호-성(歡呼聲)圐 기뻐서 부르짖는 소리. ¶환호성을 지르다.

환호-작약(歡呼雀躍)圐[하자] 기뻐서 소리치며 날뜀.

환:혹(幻惑)圐[하타][되자] 사람의 눈을 어리게 하여 마음을 어지럽힘.

환:후(患候)圐 웃어른을 높이어 그의 '병(病)'을 이르는 말. 병환. ¶고르지 못한 날씨에 환후가 어떠하신지요?

환흡(歡洽) '환흡하다'의 어근.

환흡-하다(歡洽-)[-흐파-]圐[형어] 즐겁고 흡족하다.

환희(歡喜)[-히]圐[하자] ①즐거워 기뻐함, 또는 큰 기쁨. 환열(歡悅). 흔희(欣喜). ¶환희의 함성. /환희에 차다. ②(불교에서) 불법(佛法)을 듣고 신심(信心)을 얻음으로써 얻는 마음의 기쁨.

환희-천(歡喜天)[-히-]圐 (불교에서) 불교를 수호하는 신(神). 코끼리 머리에 사람 몸을 한 단신(單身) 또는 쌍신(雙身)의 신인데, 병고와 환난을 없게 하며, 특히 부부 화합과 오곡의 풍요를 관장한다 함.

활圐 ①화살을 메워서 쏘는 무기. ②목화솜이를 타서 솜을 만드는 기구. 무명활. ③찰현(擦絃) 악기의 현(絃)을 켜는 기구.

    활(을) 메우다[관용] 활의 시위를 얹다.

    활(을) 부리다[관용] 활의 시위를 끄르다.

활강(滑降)圐[하타] 비탈진 곳을 미끄러져 내려오거나 내려감.

활강^경주(滑降競走)圐 스키에서, 비탈진 곳을 활강하여 속도를 겨루는 알파인 경기의 한 가지.

활개圐 ①(벌렸을 때의) 두 팔이나 다리. ¶네 활개를 벌리고 자다. ②(새의) 두 날개.

    활개(를) 젓다[관용] 두 팔을 서로 어긋나게 번갈아 앞뒤로 흔들며 걷다.

    활개(를) 치다[관용] ①힘차게 활개를 젓다. ②의기양양하게 굴다. ¶폭력배가 활개 치는 세상. ③부정적인 것이 크게 성행하다. ¶폭력 영화가 활개 치다.

    활개(를) 펴다[관용] ①두 팔을 옆으로 넓게 펴다. ②당당한 태도를 취하다.

활개-똥圐 세차게 누는 물똥.

활개장-마루圐 ☞추녀마루.

활갯-짓[-개찓/-갣찓]圐 ①걸을 때 활개를 젓는 짓. ②새가 날개를 치는 짓. *활갯짓이[-개찌시/-갣찌시]·활갯짓만[-개찐-/-갣찐-]

활계(活計)圐[-게/-계]☞생계(生計).

활-고자(活-)圐 시위를 메는 활의 두 끝. ㉗고자.

활고자(活筈子)圐 ☞올가미.

활고재圐[옛] ☞활고자. 활의 두 끝. ¶활고재:弓弰(譯解上21).

활공(滑空)圐 ①항공기가 발동기를 끄고 타력(惰力)으로 비행하는 일. ②(기류 따위를 이용하여) 날짐승이 날갯짓을 하지 않고 나는 일.

활공-기(滑空機)圐 ☞글라이더.

활구(活句)圐 (살아 있는 글귀라는 뜻으로) 시문(詩文)에서 잘 쓰인 글귀. ↔사구(死句).

활구(活口)圐 지난날, 화폐의 한 가지로 쓰인 '은병'을 달리 이르던 말.

활-궁(-弓)圐 한자 부수의 한 가지. '引'·'弟' 등에서의 '弓'의 이름.

활극 (活劇)몡 ①영화나 연극 등에서의 난투 장면, 또는 난투 장면이 많은 영화나 연극. ¶ 서부 활극. ②(영화의 난투 장면과 같은) '격렬한 싸움'을 비유하여 이르는 말. ¶ 경기장에서 관중의 활극이 벌어졌다.

활기 (活氣)몡 활발한 기운이나 기개. ¶ 활기 넘치게 걷다. /경기가 활기를 띠다.

활기-차다 (活氣-)톙 힘이 넘치고 생기가 가득하다.

활-꼭지 [-찌]몡 무명활로 목화를 탈 때, 시위를 튀기는 나무 가락.

활-꼴몡 ①활의 모양. 궁형(弓形). ②수학에서, 원의 호(弧)와 그 두 끝을 잇는 현(弦)으로 이루어지는 도형을 이름. ③결원(缺圓).

활달 (豁達)몡 '활달하다'의 어근.

활달-대도 (豁達大度)[-떠-딸-] 너그럽고 커서 작은 일에 구애되지 않는 도량.

활달-하다 (豁達-)[-딸-]톙어 도량이 넓고 크다. ¶ 성품이 활달하다. 활달-히阜.

활-대 [-때]몡 ①돛 위에 가로 댄 나무. ②가로 퍼진 긴 나뭇가게.

활도고리 (옛)도지개. 활을 바로잡는 틀. ¶ 활도고리:弓戾子(譯解上21).

활동 (活動)[-똥]몡하자 ①몸을 움직이는 일. ¶ 활동하기 불편한 몸. ②어떤 일의 성과를 거두기 위하여 애씀, 또는 어떤 일을 이루려고 돌아다님. ¶ 정치 활동. ③(동물이나 식물이) 생명 현상을 유지하기 위하여 행동이나 작용을 활발히 함, 또는 그런 일. ¶ 내분비 활동. ④화산이 마그마 따위를 분출함, 또는 그런 작용. ¶ 휴화산이 활동을 시작함.

활동-가 (活動家)[-똥-]몡 목적을 달성하기 위하여 적극적으로 행동하는 사람. 특히, 정치 활동에 적극적인 사람을 이름.

활동-력 (活動力)[-똥녁]몡 활동하는 힘.

활동-사진 (活動寫眞)[-똥-]몡 '영화(映畵)'의 이전 일컬음.

활동-적 (活動的)[-똥-]관몡 활동력이 있는 (것), 또는 활발하게 움직이는 (것). ¶ 활동적인 인물. /활동적인 복장.

활동-주의 (活動主義)[-똥-의/-똥-이]몡 ①아동의 자발적인 작업, 또는 직관적이고 창조적인 사고를 낳게 하는 신체적·정신적 활동을 강조하는 교육 사상의 한 가지. ②의지(意志) 활동의 중요성을 강조하는 윤리 사상의 한 가지.

활-등 [-뜽]몡 활짱의 등.

활등-코 [-뜽-]몡 콧등이 활등처럼 휘우듬하게 굽은 코.

활딱阜하자 ①죄다 벗거나 벗어진 모양. ¶ 웃통을 아주 활딱 벗다. ②세게 뒤집거나 뒤집힌 모양. ¶ 바람에 모자가 활딱 뒤집혔다. ③물이 갑자기 끓어 한꺼번에 넘치는 모양. 흰휠떡.

활량몡 ①〈한량(閑良)〉의 변한말. ②활 쏘는 일을 즐기거나 활을 잘 쏘는 사람.

활력 (活力)몡 살아 움직이는 힘. 생명 또는 생활의 힘. ¶ 활력을 불어넣다.

활력-소 (活力素)[-쏘]몡 살아 움직이는 힘의 원천. 활력의 본바탕.

활로 (活路)몡 ①(목숨을 구하기 위하여) 빠져나갈 길. ②(어려움을 이기고) 살아 나갈 방도(방법). ¶ 활로를 모색하다.

활리 (猾吏)몡 교활한 아전(衙前).

활-머리 (活-)몡 조선 시대에, 여자가 어여머리를 할 때 맨 위에 얹던 치장(治粧) 제구.

활-무대 (活舞臺)몡 실제로 활동할 수 있는 곳.

활물 (活物)몡 살아 있는 동식물. ↔사물(死物).

활물-기생 (活物寄生)몡 (이나 빈대 따위의 경우처럼) 살아 있는 동식물에 기생하여 영양분을 섭취하며 사는 일. 휠사물 기생.

활발 (活潑)몡 '활발하다'의 어근.

활발-하다 (活潑-)톙어 생기가 있고 힘차다. ¶ 낙천적이고 활발한 성격. 활발-히阜.

활배-근 (闊背筋)몡 상박골(上膊骨)에서 허리에 걸쳐 편평하게 삼각형으로 퍼져 있는 근육. 팔을 뒤의 안쪽으로 당기는 일을 함.

활-벌이줄몡 연의 머리에 활시위 모양과 같이 벌여 매는 줄.

활법 (活法)[-뻡]몡 활용하는 방법. 효과 있게 운용하는 수단.

활변 (滑便)몡 한방에서, '물찌똥'을 이르는 말.

활보 (闊步)몡하자 ①큰 걸음으로 당당히 걷는 일, 또는 그 걸음. ¶ 대로(大路)를 활보하다. ②(남을 얕보고) 멋대로 행동함, 또는 그 행동.

활불 (活佛)몡 ①☞생불(生佛). ②'자비심이 많은 사람'을 일컫는 말. ③라마교(敎)의 수장(首長). 〔달라이 라마나 판첸 라마 등.〕

활브리우다자 (옛)활시위를 벗기다. ¶ 활브리울 툐:弨. 활브리질 이:弛(訓蒙下10).

활비비 (옛)활비비. ¶ 활비비:鑽鐵(訓蒙中14).

활-비비몡 시위로 자루를 돌려 구멍을 뚫는 송곳의 한 가지. 무추(舞錐).

활빈-당 (活貧黨)몡 지난날, 부자나 오리(汚吏)의 재물을 빼앗아 가난한 사람을 도와주던 의적(義賊)의 무리.

활빙 (滑氷)몡 얼음지치기.

활빙-장 (滑氷場)몡 ☞스케이트장.

활살 (活殺)[-쌀]몡하타 ☞생살(生殺).

활살-자재 (活殺自在)[-쌀-]몡하타 살리고 죽이는 일을 마음대로 할 수 있음.

활새-머리몡 아래를 돌려 깎은 더벅머리.

활색 (活塞)[-쌕]몡 ☞피스톤.

활석 (滑石)[-썩]몡 함수(含水) 규산마그네슘을 주성분으로 하는 단사 정계(單斜晶系)의 무르고 결이 반질반질한 광물. 윤활제·의약품 또는 화장품 따위의 원료로 쓰임. 탤컴. 탤크(talc).

활석^편암 (滑石片岩)[-썩-]몡 비늘 모양의 활석 조각으로 된 변성암의 한 가지.

활-선어 (活鮮魚)[-써너]몡 (갓 잡은) 살아 있는 물고기. 활어.

활성 (活性)[-썽]몡 ①(빛이나 기타 에너지의 작용에 따라) 물질의 반응 속도가 활발하고 빨라지는 일. ②화학 반응에서, 촉매가 반응을 촉진하는 능력을 이르는 말.

활성-탄 (活性炭)[-썽-]몡 기체나 액체를 포함하고 있는 물질을 흡착하는 능력이 큰, 탄소로 된 물질을 통틀어 이르는 말. 탈색이나 탈취, 공기 정화 따위에 쓰임.

활성-화 (活性化)[-썽-]몡하타되자 ①분자나 원자 따위가 빛이나 기타 에너지를 흡수하여 화학 반응을 일으키기 쉬운 상태가 되는 일. ②(사회나 조직 등의 기능을) 활발하게 함. ¶ 국어 순화 운동을 활성화하다.

활수 (活水)[-쑤]몡 흐르거나 솟아오르거나 움직이는 물. ↔사수(死水).

활수 (滑水)[-쑤]몡하자 수상 비행기나 비행정이 물 위를 미끄러져 달리는 일.

활수 (滑手)[-쑤]몡 ①금품을 아끼지 않고 시원스럽게 쓰는 솜씨. ②하톙금품을 쓰는 솜씨가 시원스러움.

활수(闊袖)[-쑤]뗑 ☞광수(廣袖).
활-시위[-씨-]뗑 활에 걸어서 켕기게 하는 줄. 활줄. 현(弦). 준시위².
　활시위(를) 얹다관용 활시위를 메우다.
활-신덕(活信德)[-씬-]뗑 가톨릭에서, '실행과 믿음이 갖추어진 덕(德)'을 이르는 말.
활싹閉 (생각한 것보다 더) 크고 넓게 벌어지거나 열린 모양. 준활씩.
활-쏘기 활을 쏘는 일, 또는 그 기술.
활씬閉 (정도 이상으로) 차이가 심한 모양. ¶활씬 낫다. /활씬 작다. 준휠씬.
활안(活眼)뗑 사리를 꿰뚫어 보는 안목.
활액(滑液)뗑 관절의 운동을 부드럽게 해 주는 미끄럽고 끈끈한 액체.
활액-막(滑液膜)[화행-]뗑 관절을 싸고 활액을 분비하는 막(膜).
활약(活躍)뗑하짜 ①힘차게 뛰어다님. ②눈부시게 활동함. ¶국가 대표 선수로 활약하다.
활어(活魚)뗑 ☞활선어.
활어(活語)뗑 ①현재 쓰이는 말. ↔사어(死語). ②☞용언(用言).
활어-조(活魚槽)뗑 살아 있는 물고기나 조개 따위를 넣어 기르는 물통.
활여(豁如)'활여하다'의 어근.
활여-하다(豁如-)圈예 도량이 넓고 시원스럽다.
활연(豁然)뗑하여 ①(앞이) 환하게 트여 시원스러운 모양. ②(의심 따위가) 갑자기 풀리거나 사리를 밝게 깨달아 환한 모양. **활연-히**閉 ¶활연히 펼쳐지는 끝없는 평원.
활연-관통(豁然貫通)뗑하짜 환하게 통하여 도(道)나 이치를 깨달음.
활엽(闊葉)뗑 넓고 큰 잎사귀.
활엽-수(闊葉樹)[-쑤]뗑 잎이 넓은 나무. 〔떡갈나무나 오동나무 따위.〕 ↔침엽수.
활오늬(-)[옛] 오늬. ¶활오늬:弓彄子(譯解上21).
활-옷[화론]뗑 공주나 옹주가 입던 대례복. 원삼(圓衫)과 비슷한데, 훗날에는 민간의 신부 혼례복으로도 착용되었음. ＊활옷이[화로시]·활옷만[화론-]
활용(活用)뗑하타되타 ①그것이 지닌 능력이나 기능을 잘 살려 씀. 잘 변통하여 씀. ¶여가 활용. ②용언의 어미가 서술격 조사가 활용에 따라 여러 가지로 바뀌어 각각 다른 문법적 관계를 나타내는 일.
활용-어(活用語)뗑 문장에서의 쓰임에 따라 그 어미를 여러 가지로 바꾸어 문법적 관계를 나타내는 말. 〔용언(동사·형용사)과 서술격 조사가 이에 딸림.〕
활용^어:미(活用語尾)뗑 활용이 어미의 교체로 행하여질 때 그 교체되는 부분. 〔'먹다·먹고·먹으니' 따위에서 '-다·-고·-으니' 따위.〕
활용-형(活用形)뗑 용언이 활용에 따라 여러 가지로 변한 어형. 〔활용될 때 어간과 어미의 모양이 일정하여는 것과 불규칙하게 변하는 것이 있음. 준형(形). ↔기본형.
활유-법(活喩法)[-뻡]뗑 수사법상 비유법의 한 가지. 생명이 없는 사물을 마치 살아 있는 것처럼 나타내는 표현 방법. 〔'활짝 웃는 진달래', '울부짖는 바람' 하는 따위.〕 흽의인법.
활-음조(滑音調)뗑 한 단어 안이나 또는 한 어가 이어질 때 인접한 음소(音素)들 사이에서 일어나는 특수한 음의 변화를 설명하기 위한 것으로, 발음하기가 어렵고 듣기 거슬리는 소리에 어떤 소리를 더하거나 하여, 발음하기가 쉽고 듣기 부드러운 소리로 되게 하는 음운 현

상. 〔국어에서, 넓은 뜻으로는 모음 조화·자음 동화·두음 법칙·유음화(流音化)·모음 충돌 회피 등이 이에 딸리나, 흔히 '곤난→곤란, 허나→허락, 희노→희로, 한 안음→한아름' 따위를 가리킴.〕 유포니.
활인(活人)뗑하타 사람의 목숨을 살림.
활인-검(活人劍)뗑 사람을 살상하기 위한 칼도 잘 쓰면 오히려 사람을 살리는 도구가 된다는 뜻.
활인-서(活人署)뗑 조선 시대에, 서울의 의료(醫療)에 관한 일을 맡아보던 관아.
활인-적덕(活人積德)뗑하짜 사람의 목숨을 살려 음덕(陰德)을 쌓음.
활인지방(活人之方)뗑 ①사람의 목숨을 살려 주는 방도(방법). ②(위험을 피하여) 살 수 있는 곳.
활인-화(活人畫)뗑 배경을 꾸미고 분장을 한 사람이 그림 속의 인물처럼 정지(靜止)해 있는 상태를 구경거리로 보여 주는 것.
활자(活字)[-짜]뗑 활판 인쇄에 쓰이는 일정한 규격의 글자. 기둥 모양의 납 따위 금속 끝에 글자나 기호가 볼록하게 새겨져 있음.
활자-금(活字金)[-짜-]뗑 활자를 주조하는 데 쓰이는 합금. 주자쇠.
활자-본(活字本)[-짜-]뗑 활판으로 인쇄한 책. 활版본.
활자-체(活字體)[-짜-]뗑 활자의 글자 모양. 〔명조체·청조체·고딕체 따위 여러 가지가 있음.〕
활자-판(活字版)[-짜-]뗑 ☞활판(活版).
활자-화(活字化)[-짜-]뗑하짜되타 원고가 인쇄되어 나옴, 또는 원고를 인쇄하여 냄.
활-잡이(活-)뗑 활을 잘 쏘는 사람. ☞궁수(弓師).
활좀(-)[옛] 줌통. ¶활좀:弓弝(譯解上21).
활주(-柱)[-쭈]뗑 〔무엇을 받치거나 버티는〕 굽은 기둥.
활주(滑走)[-쭈]뗑하타 ①미끄러져 내달음. ②(항공기 따위가) 뜨거나 앉을 때 땅이나 물위를 미끄러져 달리는 일.
활주(滑奏)[-쭈]뗑 ☞글리산도.
활주-로(滑走路)[-쭈-]뗑 비행기가 뜨거나 앉을 때 활주하는 도로 모양의 부분.
활-죽[-쭉]뗑 돛을 버티는 살.
활-줄[-쭐]뗑 ☞활시위.
활-춤[-쭘]뗑 ☞ 교술.
활지(猾智)[-찌]뗑 교활한 지혜.
활-집[-찝]뗑 활을 넣어 두는 자루. 궁대(弓袋). 궁의(弓衣).
활짝閉 ①문 따위를 한껏 시원스럽게 열거나 그렇게 열려 있는 모양. ¶문을 활짝 열어 환기를 시키다. ②넓고 시원스럽게 멀리 트인 모양. ¶활짝 트인 들판. ③날씨가 매우 맑게 갠 모양. ¶활짝 갠 가을 하늘. /안개가 활짝 걷히다. ④꽃 따위가 흐드러지게 피어 있는 모양. ¶꽃밭에 장미꽃이 활짝 피었다. ⑤환한 얼굴로 크게 웃는 모양. ¶활짝 웃고 있는 사진 속의 저 소녀는 누구나? ⑥날이 아주 샌 모양. ¶동네 어귀에 이르는 날이 활짝 밝았다. ⑦날개 따위를 시원스럽게 펼치는 모양. ¶날개를 활짝 펼치다. /어깨를 활짝 펴고 다녀라. ①②흽휠쩍.
활-짬[-쩜]뗑 활의 몸.
활짬-묶음뗑 ☞중괄호.
활찐閉 들판 따위가 시원스럽게 펼쳐진 모양. 흽휠찐.
활차(滑車)뗑 ☞도르래².

활착(活着)**명**〈하자〉 접을 붙였거나 옮겨 심은 식물이 서로 붙거나 뿌리를 내려 삶. **동**사름.

활착(滑着)**명**〈하자〉 활주하여 착륙함.

활-촉(─鏃)**명**〈화살촉〉의 준말.

활탈(滑脫)**명**〈하〉 자유자재로 변화함.

활택(滑澤)**명**〈하〉 반드럽고 윤이 있음.

활-터[명] 활을 쏘는 곳. 사장(射場).

활판(活版)**명** 활자로 짜 맞춘 인쇄판, 또는 그것으로 찍은 인쇄물. 식자판. 활자판.

활판(滑瓣)**명** 증기 기관의 기통(汽筒) 속에 장치하여 앞뒤로 움직이는 판(밸브).

활판-본(活版本)**명** ☞활본조.

활판^인쇄(活版印刷)**명** 활판으로 짜서 인쇄함, 또는 그 인쇄물.

활피(靴皮)**명** 소·말·돼지 등의 가죽을 식물 타닌으로 무두질한 것. 가방·벨트·가죽 수예품 따위를 만드는 데에 쓰임.

활-하다(滑─)**형여** ①반들반들하고 미끄럽다. ②[빡빡하지 않고] 헐겁다. ③[똥이 묽어서] 누기가 수월하다.

활협(闊俠)**명형여** ①남을 도와주는 데 인색하지 않고 시원스러움. ②일을 주선하는 능력과 활동력이 강함.

활화(活畫)**명**〔생동하는 그림이란 뜻으로〕'그림같이 아름다운 경치'를 이르는 말.

활-화산(活火山)**명** 현재 분화(噴火)가 진행되고 있는 화산. ↔사화산·휴화산.

활활[부] ①부채 따위로 바람을 시원스럽게 일으키는 모양. ¶활활 부채질을 하다. ②불길이 세차 타오르는 모양. ¶활활 타오르는 모닥불. ③날짐승이 높이 떠서 시원스럽게 날아가는 모양. ④옷을 거침없이 벗어젖히는 모양. **원**훨훨.

활황(活況)**명** 활기를 띤 상황.〔특히, 장사나 주식 시장 따위의 경우를 이름.〕

활훈(活訓)**명** 산 교훈.

홧:김(火─)[화김/홧낌]**명** ①가슴속에 타오르는 열의 운김. ②화가 나는 기회나 계기.《주로, '홧김에'의 꼴로 쓰임.》골김. ¶홧김에 한 말이다.
   홧김에 서방질한다〔화낭질한다〕**속담** 화가 나면 차마 못할 짓도 한다는 말.

홧홧[화활]**부형여** 불에 달듯이 화끈한 기운이 도는 모양. ¶얼굴이 홧홧 달아오른다.

황(隍)**명** ①짝이 맞지 않는 골패짝. ¶황을 잡다. ②[어떤 일을 이루는 데] 부합되지 않는 사물.
   황을 그리다[관용] 욕되리만큼 뜻밖의 큰 낭패를 보다.

황(黃)**명** ①〈황색(黃色)〉의 준말. ②비금속 원소의 한 가지. 냄새가 없고 파삭파삭한 수지(樹脂) 광택이 있는 황색의 결정. 화약이나 성냥 따위의 원료로 쓰임. 석류황(石硫黃). 유황(硫黃).〔S/16/32.06〕③한방에서, 우황(牛黃)이나 구보(狗寶) 따위가 들어 있는 한약을 이르는 말.

황각(黃角)**명** ☞황각채.

황각-나물(黃角─)[─강─]**명** 살짝 데친 황각채를 잘게 썰어 기름과 소금에 무친 나물. 황각채.

황각-채(黃角菜)**명** ①빛깔이 누런 청각(靑角)의 한 가지. 황각. ②☞황각나물.

황-갈색(黃褐色)[─쌕]**명** 검은빛을 띤 누른빛.

황-감(黃─)**명** 황화물(黃化物)이 산화하여 붉은빛을 띤 감돌.

황감(黃柑)**명** 잘 익어 빛이 누른 감자(柑子).

황감(惶感)**명형여** 황송하고 감격스러움. ¶고마운 분부에 황감하여 어찌할 바를 모르겠습니다. 황감-히**부**.

황-강홍(黃絳汞)**명** '황색 산화 제이수은'을 흔히 이르는 말.

황객(荒客)**명**〈황당객〉의 준말.

황건-적(黃巾賊)**명** 중국 후한(後漢) 때, 장각(張角)을 우두머리로 하여 일어났던, 머리에 누른 수건을 두른 유적(流賊).

황겁(惶怯)**명형여** 겁이 나고 두려움. ¶황겁한 기색을 보이다. 황겁-히**부**.

황견(黃繭)**명** 병적으로 누렇게 된 고치.

황경(皇京)**명** ☞황성(皇城).

황경(黃經)**명** 황도(黃道)의 극으로부터 어떤 천체를 지나는 대원(大圓)이 황도와 교차하는 점과 춘분점 사이의 각거리. ☞황위(黃緯).

황계-사(黃鷄詞)**명** [─계/─게─] 조선 시대의 12가사 중의 하나. 작자·연대 미상. '청구영언'에 실려 전함.

황고(皇考)**명**〈선고(先考)〉의 높임말.

황-고람(黃─)**명** 털빛이 누른 말.

황-고집(黃固執)**명** 몹시 센 고집, 또는 고집이 몹시 센 사람. ¶황고집을 부리다.

황곡(黃麯)**명** 종곡(種麯)의 한 가지. 주로, 간장이나 약주·청주 따위의 양조에 쓰임.

황곡(黃鵠)**명** ☞고니.

황공(惶恐)**명** '황공하다'의 어근.

황공-무지(惶恐無地)**명** 황공하여 몸둘 데가 없음. ¶황공무지로소이다.

황공-재배(惶恐再拜)**명** ①〈하자〉 황공하여 다시 절함. ②편지의 끝에 써서 상대편에게 경의를 나타내는 말.

황공-하다(惶恐─)**형여** 위엄이나 지위 따위에 눌리어 두렵다. 황송하다. 황공-히**부**.

황관(黃冠)**명** ①누른빛의 관. ②[풀로 만든 평민의 관으로] '벼슬하지 못한 사람, 곧 야인'을 이르는 말. ③도사(道士)의 관, 또는 도사.

황괴(惶愧)**명** '황괴하다'의 어근.

황괴-하다(惶愧─)[─괴/─궤─]**형여** 황공하고 부끄럽다.

황구(黃口)**명**〔부리가 누른 새 새끼라는 뜻으로〕'어린아이' 또는 '미숙한 사람'을 이르는 말.

황구(黃狗)**명** 털빛이 누런 개. 누렁개.

황구(黃耉)**명** 나이가 썩 많은 늙은이.

황-구렁이(黃─)**명** 빛이 누런 구렁이.

황-구새(黃─)**명** 구새의 한 가지. 광석 속에 포함된 황화물(黃化物)이 산화하여 붉은빛을 띤 누런빛의 구새.

황구-신(黃狗腎)**명** 한방에서, '누런 수캐의 생식기'를 양기를 돕는 약재로 이르는 말.

황구-유취(黃口乳臭)**명**〔어려서 아직 젖비린내가 난다는 뜻으로〕남을 '어리고 하잘것없다'고 욕하는 말. **동**구상유취(口尙乳臭).

황구-피(黃狗皮)**명** 누렁개의 털가죽.

황국(皇國)**명** 황제가 다스리는 나라.

황국(黃菊)**명** 빛이 누른 국화. 황화(黃花).

황국화-가(黃菊花歌)**명**〔─구화─〕조선 명종 때 송순(宋純)이, 왕이 내린 황국을 보고 지은 시조. 원제(原題)는, '자상특사황국옥당가(自上特賜黃菊玉堂歌)'.

황궁(皇宮)**명** 황제의 궁궐. 제궐(帝闕).

황권(黃卷)**명**〔옛날, 책에 좀먹는 것을 막으려고 황벽나무 잎으로 누르게 물들인 종이로 책의(冊衣)를 입힌 데서〕'책'을 이르는 말.

황권-적축(黃卷赤軸)圀〔누른 종이와 붉은 책 갑이란 뜻으로〕'불경(佛經)'을 이르는 말.

황그리다재 (욕될 정도로) 매우 큰 낭패를 당하다.

황금(黃金)圀 ①'금(金)'의 빛깔이 누른 데서 이르는 말. 圀별은(別銀). ②'돈' 또는 '재물'의 뜻으로 쓰이는 말. ¶황금을 긁어모으다. ③'귀중하고 가치가 있는 것'을 비유하여 이르는 말. ¶황금 여장./황금 같은 세월.

황금-률(黃金律)[-뉼]圀 ①'뜻이 심오하여 인생에 유익한 잠언(箴言)'을 이르는 말. ②(예수가〈산상 수훈〉중에 보인 기독교의 기본적 윤리관으로)'남에게 대접을 받고자 하는 대로 남을 대접하라'는 가르침을 이르는 말.

황금-만능(黃金萬能)圀'돈만 있으면 만사를 뜻대로 할 수 있음'을 이르는 말.

황금만능-주의(黃金萬能主義)[-의/-이]圀 돈만 있으면 만사를 뜻대로 할 수 있다는 사고방식이나 태도.

황금²보:관(黃金寶冠)圀 삼국 시대에, 왕공(王公)들이 쓰던, 금과 옥으로 장식한 관. 歯금관.

황금²분할(黃金分割)圀 선분을 외중비(外中比)로 나누어, 그 한쪽의 제곱을 나머지와 전체와의 곱과 같아지게 하는 일.

황금-불(黃金佛)圀 ⇨금불(金佛).

황금-비(黃金比)圀 한 선분을 큰 것과 작은 것의 둘로 나눌 때, 그 작은 것과 큰 것과의 비가 큰 것과 전체와의 비와 같을 경우의 큰 것과 작은 것과의 비. 대략 1.618:1임. 외중비. 중외비.

황금-빛(黃金-)[-삧]圀 ①황금의 빛깔. ②'사물의 빛깔이 황금의 빛깔과 같음'을 비유하여 이르는 말. ¶벼가 누렇게 익은 황금빛 들판. * 황금빛이[-삧이]·황금빛만[-삔-].

황금-새(黃金-)圀 딱샛과의 새. 몸길이 11 cm 가량. 몸빛은 등이 흑색, 허리와 멱 및 윗가슴은 황색임. 우리나라에는 봄과 가을에 지나가는 나그네새임.

황금-색(黃金色)圀 금빛.

황금-시대(黃金時代)圀 ①사회의 진보가 절정에 다다른 영화로운 시대. ②(개인의 일생에서) 가장 한창인 시절. ¶황금시대를 구가하다.

황금-연휴(黃金連休)[-년-]圀'명절이나 공휴일이 이어져 있는 연휴'를 비유하여 이르는 말.

황급(遑急)'황급하다'의 어근.

황급-하다(遑急-)[-그파-]혭어 황황하고 급박하다. 황급히閈 ¶황급히 달아나다.

황기(皇基)圀 황국(皇國)의 기초.

황기(荒饑)하자 흉년이 들어 배를 주림.

황기(惶氣)圀 겁을 내어 두려워하는 기색이나 마음.

황기(黃芪·黃耆)圀 ①콩과의 다년초. 산지에 나기도 하고 재배하기도 함. 뿌리는 길고 줄기는 1 m가량. 잎은 깃 모양의 겹잎이며 여름에 담황색 꽃이 핌. 단너삼. ②한방에서, '황기의 뿌리'를 약재로 이르는 말. 강장·지사제 따위로 쓰임.

황기(黃旗)圀 누른 빛깔의 기.

황기-끼다(惶氣-)재 겁을 내어 두려워하는 마음이 생기다.

황-끼다(黃-)재 (인삼에) 황이 생기다.

황나(黃糯)圀 ⇨차좁쌀.

황낭(黃囊)圀 민속에서, 혼인 때 신랑이 차는 누른 빛깔의 주머니.

황-내리다(黃-)재 ①(보리나 밀의 줄기에) 황이 생기다. ②소의 목덜미와 다리에 속으로 누런 물이 생기며 붓다.

황녀(皇女)圀 황제의 딸. ↔황자(皇子).

황단(荒壇)圀 거칠어진 뜰.

황달(黃疸)圀 담즙의 색소가 혈액 속으로 이행하여 살갗과 오줌이 누렇게 되는 병. 주로, 간장에 탈이 나서 생기는 부차적 병증임. 달병. 달증. 歯흑달.

황답(荒畓)圀 거칠어서 못 쓰게 된 논.

황당(荒唐)'황당하다'의 어근.

황당-객(荒唐客)圀 (언행이) 터무니없고 허황한 사람. 歯황객.

황당무계(荒唐無稽)'황당무계하다'의 어근.

황당무계-하다(荒唐無稽-)[-계/-게-]혭어 터무니없고 허황하다. 황탄무계하다. ¶황당무계한 이야기.

황당-선(荒唐船)圀 조선 중기 이후에, 우리나라 연해에 출몰하던 '소속 불명의 외국 배'를 이르던 말. 歯이양선.

황당지설(荒唐之說)圀 ⇨황설(荒說).

황당-하다(荒唐-)혭어 (말이나 행동 따위가) 터무니없고 허황하다. 황탄하다. ¶소문이 너무 황당하여 어이가 없다. 황당-히閈.

황-대구(黃大口)圀 배를 갈라서 말린 대구.

황도(皇都)圀 ⇨황성(皇城).

황도(黃桃)圀 과육(果肉)이 노랗고 치밀한 복숭아의 한 품종.

황도(黃道)圀 지구에서 보아, 태양이 지구를 중심으로 운행하는 것처럼 보이는 천구(天球) 상의 대원(大圓) 궤도. 적도에 대하여 23° 27′ 기울어지며, 태양이 남에서 북으로 적도를 가로지르는 점이 춘분점임.

황도-광(黃道光)圀 먼동이 트기 전의 동쪽 하늘이나 해가 진 뒤의 놀이 끝난 서쪽 하늘에, 지평선으로부터 하늘의 황도를 따라 원뿔 모양으로 퍼지는 희미한 빛의 띠.

황도-대(黃道帶)圀 황도의 남북으로 각각 약 8°씩의 너비를 가진 띠 모양의 구역. 달이나 달, 행성은 이 띠 안을 운행함. 수대(獸帶).

황도²십이궁(黃道十二宮)圀 황도대에 있는 별자리들. 춘분점을 기점으로 황도(黃道)의 둘레를 12등분하여 그 구분 안에 있는 별자리에 붙인 이름.〔양자리·황소자리·쌍둥이자리·게자리·사자자리·처녀자리·천칭자리·전갈자리·궁수자리·염소자리·물병자리·물고기자리를 이름.〕십이궁.

황동(黃銅)圀 ①'구리와 아연과의 합금'을 통틀어 이르는 말. ②놋쇠.

황동-광(黃銅鑛)圀 '황동석'의 구용어.

황동-석(黃銅石)圀 구리와 철의 황화 광물. 정방 정계에 속하며 금속광택이 남.

황두(黃豆)圀 누른빛이 나는 콩의 한 가지.

황-들다(黃-)[~드니·~들어]재 (소나 개 따위의 쓸개에) 황이 생기다.

황-등롱(黃燈籠)[-농]圀〈황사등롱〉의 준말.

황락(荒落)'황락하다'의 어근.

황락-하다(荒落-)[-나카-]혭어 덩거칠어 쓸쓸하다.

황랍(黃蠟)[-납]圀 ⇨밀².

황량(荒涼)'황량하다'의 어근.

황량(黃粱)[-냥]圀 ⇨메조.

황량-몽(黃粱夢)[-냥-]圀 ⇨한단몽(邯鄲夢).

황량-하다(荒涼-)[-냥-]혭어 황폐하여 쓸쓸하다. ¶황량한 풍경./폐허처럼 황량하고 적막하다.

황련(黃連)[-년]圀 한방에서, '깽깽이풀의 뿌리'를 약재로 이르는 말.

황로(荒路)[-노]圀 몹시 거친 길.

황로(黃老)[-노]圀 황제(黃帝)와 노자(老子)를

황로-학(黃老學) [-노-]명 〔황제(黃帝)와 노자(老子)의 학문이라는 뜻으로〕'도교(道教)'를 달리 이르는 말.

황록-색(黃綠色) [-녹쌕]명 황색을 띤 녹색.

황료(荒寥)'황료하다'의 어근.

황료-하다(荒寥) [-뇨-]형여 거칠어서 쓸쓸하다. 황폐하여 적적하다. **황료-히**부.

황룡(黃龍) [-뇽]명 누른 빛깔의 용.

황루(荒樓) [-누]명 황폐한 누각.

황률(黃栗) [-뉼]명 ☞황밤.

황릉(皇陵) [-능]명 황제의 능.

황리(黃梨) [-니]명 ☞황술배.

황린(黃燐) [-닌]명 인(燐)의 동소체(同素體)의 한 가지. 무색의 등축 정계(等軸晶系)의 결정인데, 습한 공기에 닿으면 산화하고 어두운 데서는 인광을 발함. 맹독성임. 백린(白燐).

황림(荒林) [-님]명 황폐한 수풀.

황마(黃麻)명 피나뭇과의 다년초. 인도 원산의 재배 식물로 키는 1 m가량. 잎은 끝이 뾰족하고 톱니가 있는 길둥근 모양. 여름부터 가을에 걸쳐 노란 꽃이 5, 6개씩 모여서 핌. 섬유는 황저포(黃紵布)의 원료가 됨.

황막(荒漠)'황막하다'의 어근.

황막-하다(荒漠) [-마카-]형여 거칠고 썩 넓다. ¶황막한 벌판.

황망(慌忙)하형 마음이 급하여 당황하고 허둥지둥하는 면이 있음. **황망-히**부 ¶황망히 길을 비키다.

황매(黃梅)명 ①누렇게 익은 매화나무 열매. ②☞황매화. ③한방에서, '새앙나무의 열매'를 배앓이나 산후 한열에 쓰는 약제로 이르는 말.

황매화(黃梅花)명 장미과의 낙엽 관목. 관상용 식물로 높이는 2 m가량. 가지는 녹색이고, 잎은 끝이 뾰족한 달걀 모양이며 톱니가 있음. 봄에 가지 끝에 노란 꽃이 한 송이씩 핌. 우리 나라 중부 이남과 일본·중국 등지에 분포함. 황매(黃梅).

황면(黃面)명 석가모니의 얼굴.

황명(皇命)명 황제의 명령.

황모(黃毛)명 족제비의 꼬리털. 빳빳한 세필(細筆)의 붓을 매는 데 씀.

황모(黃毛)명 황증(黃蒸)이 든 보리나 밀. **황모**(가) **들다**관용 보리나 밀이 누렇게 되는 병에 걸려 썩게 되다.

황모-필(黃毛筆)명 족제비 꼬리털로 맨 붓.

황무(荒蕪)'황무하다'의 어근.

황무-지(荒蕪地)명 손을 대지 않고 버려 두어 거칠어진 땅. ¶황무지를 개간한다. 황지(荒地).

황무-하다(荒蕪) [-]형여 (땅 같은 것을 거두지 아니하여) 매우 거칠다.

황문(荒文)명 거칠고 너절한 글.

황문(黃門)명 ☞내시(內侍).

황민(荒民)명 흉년을 만난 백성.

황-밤(黃-)명 말려서 껍질과 보늬를 벗긴 빛이 누른 밤. 황률(黃栗).

황백(黃白)명 〔황금과 백은(白銀)이라는 뜻으로〕'돈'을 이르는 말.

황백(黃柏)명 ①☞황벽나무. ②〈황백피(黃柏皮)〉의 준말.

황백-피(黃柏皮)명 한방에서, '황벽나무의 껍질'을 약재로 이르는 말. ☞황백.

황벽-나무(黃蘗-) [-병-]명 운향과의 낙엽 활엽 교목. 높이 20 m에 이르며 껍질에 코르크가 발달하여 깊은 홈이 짐. 잎은 깃 모양의 겹잎

으로 마주 달리고, 원추 꽃차례의 암수딴꽃이 5∼6월에 핌. 9∼10월에 핵과가 깔맣게 익음. 우리나라를 비롯하여 일본과 중국 북부 등지의 산속 기름진 땅에 남. 껍질은 한약재로 쓰임. 황백(黃柏).

황벽-색(黃蘗色) [-쌕]명 황벽나무의 껍질로 물들인 누른빛깔.

황변(黃變)명하자타 ①(건조실에 불을 때어) 담뱃잎을 노랗게 변색시킴, 또는 노랗게 변색함. ②(쌀 따위가 곰팡이나 박테리아 때문에) 누렇게 변색되는 일.

황-부루(黃-)명 흰빛이 섞인 누른 말.

황후(皇后)명 황제의 아내. 황후(皇后).

황비(荒肥)명 마소의 똥과 짚을 섞은 거름.

황비철-광(黃砒鐵鑛)명 ☞'황비철석'의 구용어.

황비철-석(黃砒鐵石) [-썩]명 단사 정계(單斜晶系)의 황백색 금속광택이 나는 기둥 모양의 결정. 아비산의 주요 원료임. 독사(毒砂).

황사(皇嗣)명 황위(皇位)를 이을 황자. 황태자.

황사(黃沙·黃砂)명 ①노란 빛깔의 모래. ②중국 북부나 몽골 등지의 황토가 바람에 날려 온 하늘에 누렇게 끼는 현상.

황사(黃絲)명 누런 빛깔의 실.

황사(黃紗)명 누런 빛깔의 사(紗).

황사-등롱(黃紗燈籠) [-농]명 〔조선 시대〕①누른 운문사(雲紋紗) 바탕에 붉은 운문사로 동을 단 등롱. ②당하관이 밤나들이에 들리고 다녔던, 누른 운문사를 씌운 품등(品燈)의 한 가지. ☞황등롱.

황산(黃酸)명 무기산의 한 가지. 무색무취의 끈끈한 액체로, 질산 다음으로 산성이 강함. 금과 백금을 제외한 거의 모든 금속을 녹이며, 공업용으로 용도가 넓음.

황산-구리(黃酸-)명 구리의 황산염. 청색의 안료와 구충제, 방부제 따위의 제조에 쓰임. 황산동.

황산-나트륨(黃酸Natrium)명 나트륨의 황산염. 유리나 군청(群靑) 따위의 제조에 쓰임. 망초(芒硝). 황산소다.

황산-니코틴(黃酸nicotine)명 니코틴의 황산염. 진딧물을 없애는 농약으로 쓰임.

황산-동(黃酸銅)명 ☞황산구리.

황산-마그네슘(黃酸magnesium)명 마그네슘의 황산염. 하제(下劑)나 염료 제조, 공업용으로 쓰임. 사리염(瀉利塩).

황산-바륨(黃酸barium)명 바륨의 황산염. 백색의 안료나, 내장의 엑스선 사진 촬영의 조영제(造影劑) 등에 쓰임. 중정석(重晶石).

황산-소ː다(黃酸soda)명 ☞황산나트륨.

황산-아연(黃酸亞鉛)명 아연의 황산염. 무색 결정체로 공기 속에서 풍화함. 극약(劇藥)으로 농약이나 방부제, 의약품 따위의 제조에 쓰임.

황산-알루미늄(黃酸aluminium)명 알루미늄의 황산염. 매염제(媒染劑)나 정수제(淨水劑), 의약품 따위의 제조에 쓰임.

황산-암모늄(黃酸ammonium)명 황산에 암모니아를 흡수시켜서 만든 화합물. 질소 비료로서 많이 쓰임. 유안(硫安).

황산-염(黃酸塩) [-념]명 황산 속에 포함된 수소 원자 한 개 또는 모두를 금속 원자로 바꾸어 놓은 화합물을 통틀어 이르는 말. 〔황산바륨이나 황산칼슘 따위.〕

황산^제ː이철(黃酸第二鐵)명 철의 황산염의 한 가지. 매염제(媒染劑)나 안료(顏料), 의약품 제조 따위에 쓰임.

황산^제:일철(黃酸第一鐵)**명** 철의 황산염의 한 가지. 잉크나 안료(顔料), 의약품 따위의 제조에 쓰임. **참**녹반(綠礬).

황산-지(黃酸紙)**명** 황산으로 처리한 반투명의 내수(耐水)성 및 내지성(耐脂性)의 종이. 버터나 치즈 따위의 포장 및 약품 따위의 포장에 쓰임. 유산지.

황산-칼륨(黃酸Kalium)**명** 칼리질 비료의 한 가지. 무색무취의 사방 정계(斜方晶系) 결정. 유리 제조나 의약에도 쓰임.

황산-칼슘(黃酸calcium)**명** 칼슘의 황산염. 천연적으로는 석고(石膏)로서 많이 산출됨. 모형이나 소상(塑像)의 제작, 또는 고착제로 널리 쓰임.

황상(皇上)**명** 현재 살아서 나라를 다스리고 있는 '황제'를 일컫는 말.

황:-새(黃-)**명** 황새과의 새. 백로와 비슷하나 더 크고 몸길이 1 m, 날개 길이 66 cm가량. 온몸이 백색이고 날개 끝의 깃털과 부리는 검은색임. 다리가 길고 물갈퀴가 있어 물속을 잘 걸음. 천연기념물 제199호이며 국제 보호조임. 관조(鸛鳥).

황:새-걸음[-] **명** 긴 다리로 성큼성큼 걷는 걸음.

황:새-목[-] **명** 등롱대 끝의, 황새 모가지처럼 생긴 등롱을 거는 쇠.

황색(黃色)**명** 누른빛. **준**황(黃).

황색^산화^제:이수은(黃色酸化第二水銀) [-산-]**명** 독이 있는 등황색의 산화 제이수은의 한 가지. 도포제(塗布劑)나 연고 따위 의약품 제조에 쓰임. **참**황강흥.

황색^신문(黃色新聞) [-씬-] **명** ⇨옐로 페이퍼.

황색^인종(黃色人種)**명** 살빛이 누르고, 머리털이 검고 곧은 인종. [주로, 아시아 대륙에 사는 한국인·중국인·일본인 따위.] **참**황인종.

황색^조합(黃色組合) [-쪼-] **명** '노동자의 입장을 대변하지 못하고 자본가에게 협조적인 노동조합'을 속되게 이르는 말.

황석(黃石)**명** 빛이 누른 방해석(方解石).

황-석어(黃石魚)**명** ⇨참조기.

황석어-젓(黃石魚-) [-쩟] **명** 참조기로 담근 젓. *황석어젓이 [-저시] · 황석어젓만 [-전-]

황설(荒說)**명** 허황한 설. 황당지설.

황성(皇城)**명** 황제 나라의 도성. 제도(帝都). 제성(帝城). 제황(帝皇). 황경(皇京). 황도(皇都).

황성(荒城)**명** 황폐한 성.

황세(荒歲)**명** ⇨흉년(凶年).

황-소(黃-)**명**①큰 수소. 황우(黃牛). ②'기운이 세거나, 많이 먹거나, 미련한 사람'을 비유하여 이르는 말.

황소 불알 떨어지면 구워 먹으려고 다리미 불 담아 다닌다[속담] 가당치도 않은 횡재를 기다린다는 뜻.

황소 제 이불 뜯어 먹기[속담] 우선 둘러대서 일을 해냈지만, 알고 보면 자기 손해였다는 말.

황소-개구리[명] 개구릿과의 동물. 몸길이 20 cm가량. 암컷의 등은 갈색에 검은 얼룩무늬가 있고, 수컷의 등은 암컷보다 더 검고 녹색을 띰. 5월에 나와 소와 비슷한 소리로 욺. 식용하기도 하는데, 넓적다리 고기의 맛이 닭고기와 비슷함. 물이 많은 웅덩이나 물가에서 삶.

황소-걸음[명]①황소처럼 느린 걸음. ②'느리지만 실수 없이 해 나가는 행동'을 비유하여 이르는 말.

황소-고집(-固執)**명** 몹시 센 고집. 쇠고집.

황소-바람[명] (좁은 틈이나 구멍으로 들어오는) 몹시 세고 찬 바람.

황소-자리[명] 황도 십이궁의 하나. 오리온자리와 양자리 사이에 있는 별자리. 겨울에 남쪽 하늘에 보이며, 1월 하순 초저녁에 자오선을 통과함. 금우궁.

황손(皇孫)**명** 황제의 손자 또는 후손.

황솔(荒率)**명** '황솔하다'의 어근.

황솔-하다(荒率-)**형여** 거칠고 경솔하다. 황솔-히**부**.

황송(黃松)**명** 나무를 벤 뒤 5, 6년이 지나 땅속의 뿌리에 복령(茯苓)이 생기는 소나무의 한 가지.

황송(惶悚)**명** '황송하다'의 어근.

황송-하다(惶悚-)**형여** 지난날, '잡화(雜貨)'를 이르던 말.

황수-증(黃水症) [-쯩]**명** 한방에서 이르는 수종(水腫)의 한 가지. 비장(脾臟)에 탈이 나서 허리 쪽에 누런 물이 몰리는 병.

황숙(黃熟)**명하자** (곡식이나 과실 따위가) 누렇게 익음.

황-술레(黃-)**명** 누르고 크며 맛이 좋은 배의 한 가지. 황리(黃梨).

황실(皇室)**명** 황제의 집안. 제실(帝室).

황아(荒-)**명** 지난날, 온갖 잡화를 이르던 말.

황아-장수(荒-)**명** 지난날, 온갖 잡화를 등에 지고 팔러 다니던 장수.

황아-전(荒-廛)**명** 지난날, 온갖 잡화를 차려 놓고 팔던 가게.

황앵(黃鶯)**명** ⇨꾀꼬리.

황야(荒野)**명** 풀이 멋대로 자란 거친 들판. 황원(荒原). ¶광막한 황야.

황양-목(黃楊木)**명** ⇨회양목.

황어(黃魚)**명** 잉엇과의 물고기. 몸길이 45 cm가량으로, 등은 흑색을 띤 청색이며 배는 흼. 몸은 길고 옆으로 납작함. 하천과 그 연해에 많음.

황-여새(黃-)**명** 여샛과의 새. 몸길이 18 cm가량. 몸빛은 분홍색을 띤 갈색이며 꽁지 끝은 황색임. 우리나라에서는 전국적으로 월동하는 겨울새임.

황연(晃然)**부(하)** ①환하게 밝은 모습. ②환히 깨닫는 모양. 황연-히**부**.

황연(荒宴)**명하자** 주연(酒宴)에 빠짐.

황연(黃鉛)**명** 크롬산납을 주성분으로 하는 누런 빛의 안료(顔料). 도료(塗料)나 인쇄 잉크 및 유화 물감 따위의 제조에 쓰임. 크롬산납.

황:연-대각(晃然大覺)**명하자** 환하게 모두 깨달음.

황열(黃熱)**명** 바이러스에 의하여 발생하는 열대성 전염병의 한 가지. 갑자기 열이 많이 오르고 황달과 토혈 따위가 일어나며 사망률이 높음.

황엽(黃葉)**명** (엽록소가 분해되어) 누렇게 된 잎.

황엽(簧葉)**명** 피리 따위의 부는 서.

황예(荒穢)**명** '황예하다'의 어근.

황예-하다(荒穢-)**형여** 거칠고 더럽다.

황-오리(黃-)**명** 오릿과의 새. 기러기와 비슷한데 몸길이 60 cm, 날개 길이 36 cm가량. 몸빛은 밤색 또는 담색으로 흰 날개깃을 가짐. 우리나라에서는 겨울에 중부 이남의 해안에 가까운 농경지에서 흔히 볼 수 있음.

황옥(黃玉)**명** 사방 정계(斜方晶系)의 광물로, 보석의 한 가지. 유리 모양의 광택이 있고 투명함. 토파즈(topaz).

황우(黃牛)**명**①누런빛을 띤 소. ②⇨황소.

황운(皇運)**명** 황실 또는 황제의 운.

황운(黃雲)**명**①누른빛의 구름. ②'벼가 누렇게 익은 넓은 벌판'을 비유하여 이르는 말.

황원(荒原)**몡** ⇨황야(荒野).

황원(荒遠)**몡** 변경(邊境)의 아주 먼 곳.

황위(皇位)**몡** 황제의 지위. ¶황위를 계승하다.

황위(皇威)**몡** 황제의 위엄.

황위(黃緯)**몡** 황도(黃道)에서 남북의 양극으로 향하여 측정한 천체의 각거리. ⚫황경(黃經).

황유(皇猷)**몡** (나라를 다스리는) 황제의 계책.

황유(荒遊)**몡하** 주색에 빠져 함부로 놂.

황육(黃肉)**몡** 쇠고기.

황은(皇恩)**몡** 황제의 은혜.

황음(荒淫)**몡하** 음탕한 짓을 함부로 함.

황음-무도(荒淫無道)**몡하** 주색(酒色)에 빠져 사람의 도리를 돌아보지 않음.

황의(黃衣)[-의/-이]**몡** ①빛깔이 누른 옷. ②보리를 띄워서 만든 누룩.

황-인종(黃人種)**몡** 〈황색 인종〉의 준말.

황자(皇子)**몡** 황제의 아들. ↔황녀.

황작(黃雀)**몡** ⇨참새.

황잡(荒雜)**몡** '황잡하다'의 어근.

황-잡다[-따]**자** ①(골패 따위에서) 황을 잡다. ②(일이) 엇나가다, 또는 뜻밖의 낭패를 당하다.

황잡-하다(荒雜-)[-자파-]**형어** 거칠고 잡되다. ¶황잡한 언행을 삼가다. **황잡-히뮈**.

황장(荒莊)**몡** 황폐한 농가.

황장(黃腸)**몡** 나무의 심에 가까운, 누르고 단단한 부분. ↔백피(白皮).

황장-갓(黃腸-)[-깐]**몡** ①왕조 때, 황장목을 금양(禁養)하던 산림. ②'국유림(國有林)'을 이전에 이르던 말. * 황장갓이[-까시]·황장갓만[-깐-].

황장-목(黃腸木)**몡** (관을 만드는 데 쓰이는) 질이 썩 좋은 소나무.

황장-판(黃腸板)**몡** 황장목으로 켠 널빤지.

황재(蝗災)**몡** (농작물이) 누리나 메뚜기 때문에 입는 피해.

황-저포(黃紵布)**몡** ⇨계추리.

황적(黃炙)**몡** ⇨누름적.

황-적색(黃赤色)**몡** 누른빛을 띤 붉은색.

황전(黃田)**몡** 황폐한 논밭.

황제(皇帝)**몡** 제국(帝國)의 군주. 〔중국에서는 진시황(秦始皇) 이후 청나라까지, 우리나라에서는 대한 제국 때 처음으로 이 칭호를 썼음.〕 ⚫대제(大帝). ⚫천자(天子).

황제(黃帝)**몡** 중국의 전설상의 제왕. 복희씨·신농씨와 더불어 삼황(三皇)이라 일컬어짐.

황조(皇祚)**몡** 황제의 지위.

황조(皇祖)**몡** ①황제의 조상. ②'세상을 떠난 자기 할아버지'를 높이어 이르는 말.

황조(皇朝)**몡** 황제의 조정(朝廷).

황조(黃鳥)**몡** ⇨꾀꼬리.

황조-가(黃鳥歌)**몡** 고구려 유리왕이 지었다는 고대 가요. 후실인 치희(雉姬)를 잃고 슬퍼하여 불렀다는 노래. 〔'삼국사기'에 한역(漢譯)되어 전함.〕

황-조롱이(黃-)**몡** 맷과의 새. 몸길이 35 cm가량. 수컷의 등은 밤색으로 갈색 반점이 있고 머리는 회색이고, 암컷의 등은 진한 회갈색에 암갈색 세로 반문이 있음. 먹이를 찾으면서 공중을 돌며 때때로 가만히 머무르기도 함.

황족(皇族)**몡** 황제의 친족.

황종(黃鍾)**몡** 십이율(十二律)의 하나인 양률(陽律).

황종-척(黃鍾尺)**몡** 조선 시대에, 율관(律管)의 길이를 재는 데 쓰던 자.

황증(黃蒸·黃烝)**몡** 보리나 밀에 황이 내려 누렇게 되는 병. ⚫맥황(麥黃).

황지(荒地)**몡** 황폐한 땅. 개간하지 않았거나 묵혀서 거칠어진 땅. ⚫황무지.

황지(黃紙)**몡** ①빛이 누른 종이. ⚫갱지(更紙). ②⇨고정지(藁精紙)

황지(潢池)**몡** 사수(死水)가 괴어 있는 못.

황진(黃塵)**몡** ①누른빛의 흙먼지. ¶황진이 일다. ②⇨속진(俗塵).

황진-만장(黃塵萬丈)**몡** ①누른빛의 흙먼지가 하늘 높이 치솟는 모양. ②'속세의 허접스러운 현상'을 비유하여 이르는 말.

황:-차(況且)**뮈** '하물며'의 뜻으로 쓰이는 접속의 말. 하황(何況). ¶하찮은 미물도 그럴 수가 없거늘 황차 사람이 어찌 그런 행동을 하라.

황척(荒瘠)**몡** '황척하다'의 어근.

황척-하다(荒瘠-)[-처카-]**형어** (땅이) 거칠고 메마르다.

황천(皇天)**몡** ①'큰 하늘'의 뜻으로 쓰이는 말. ②하느님.

황천(荒天)**몡** 비바람이 심한 날씨.

황천(黃泉)**몡** 저승. 명부(冥府).

황천-객(黃泉客)**몡** 〔황천으로 가는 길손이라는 뜻으로〕'죽은 사람'을 이르는 말.

황천-길(黃泉-)[-낄]**몡** 황천으로 가는 길. 죽음의 길. ¶황천길에 오르다.

황천-후토(皇天后土)**몡** 하늘의 신령과 땅의 신령.

황철-광(黃鐵鑛)**몡** '황철석'의 구용어.

황철-나무[-라-]**몡** ⇨백양(白楊).

황철-석(黃鐵石)[-썩]**몡** 철과 유황을 주성분으로 하는 엷은 황색의 광물. 황산이나 유황 따위의 제조에 쓰임.

황청(黃淸)**몡** 빛깔이 누르스름하고 품질이 좋은 꿀의 한 가지.

황체(黃體)**몡** 척추동물의 난소(卵巢)에서 배란(排卵)이 된 뒤에 난소의 여포(濾胞)가 변한 것. 황체 호르몬을 분비함.

황체^호르몬(黃體hormone)**몡** 황체에서 분비되는 호르몬. 발정(發情)을 억제하고 자궁(子宮)의 벽을 수태(受胎)가 가능하도록 조절하는 작용을 함.

황-초(黃-)**몡** ①꼭지만 빼고 전체가 누른 연(鳶). ②⇨밀초.

황초(荒草)**몡** ①함부로 자라 무성한 풀. ②거칠게 갈겨쓴 초서(草書).

황초-절(黃草節)**몡** 목장에서, 마른풀로 마소를 먹이는 시기를 이르는 말. 음력 시월에서 이듬해 사월까지의 일곱 달 동안을 이름. ↔청초절(靑草節).

황촉(黃燭)**몡** ⇨밀초.

황-촉규(黃蜀葵)[-뀨]**몡** ①⇨닥풀. ②한방에서, '닥풀의 뿌리'를 내장 염증 치료의 약재로 이르는 말.

황촌(荒村)**몡** 황폐한 마을.

황추(荒蟲)**몡** '황추하다'의 어근.

황추-하다(荒蟲-)**형어** 궁색하고 거칠다.

황축(惶蹙)**몡하** 황공하여 몸을 움츠림. ⚫공축(恐縮).

황취(黃醉)**몡하되** 술이 몹시 취함.

황-치마(黃-)**몡** 위쪽 절반은 희고 아래쪽은 누른 연(鳶).

황칙(皇勅)**몡** 황제의 조칙(詔勅).

황칠(黃漆)**몡** 황칠나무의 껍질에 상처를 내서 얻는 노란 액체. 가구의 칠감으로 쓰임.

황철-나무(黃漆-)[-라-니] 두릅나뭇과의 상록 교목. 산기슭의 숲 속에 나는데, 높이는 15 m 에 이름. 잎은 어긋맞게 나고, 꽃은 6월에 피며, 열매는 10월에 까맣게 익음. 남쪽 섬에서 자라는 우리나라 특산 식물임.

황탄(荒誕) '황탄하다'의 어근.

황탄무계(荒誕無稽) '황탄무계하다'의 어근.

황탄무계-하다(荒誕無稽-)[-계-/-게-]〔형여〕 ☞황당무계하다.

황탄-하다(荒誕-)〔형여〕 ☞황당하다.

황태(黃太)〔명〕 ☞더덕북어.

황태(黃苔)〔명〕 한방에서, 위(胃)의 열로 인하여 혓바닥에 이끼 같은 것이 누렇게 끼는 병증을 이름.

황-태손(皇太孫)〔명〕 황위를 이을 황손. ㉰태손.

황-태자(皇太子)〔명〕 황위를 이을 황자. 동궁. 저군. 황사. ㉰태자궁. 춘궁(春宮).

황태자-비(皇太子妃)〔명〕 황태자의 비(妃).

황-태제(皇太弟)〔명〕 황위를 이을, 황제의 동생.

황-태후(皇太后)〔명〕①황제의 살아 있는 모후(母后). ②선제(先帝)의 살아 있는 황후. ㉰태후.

황토(黃土)〔명〕 누르고 거무스름한 흙.

황토-수(黃土水)〔명〕①황토가 풀려 누르고 흐린 물. ②☞지장(地漿).

황토-층(黃土層)〔명〕 황토가 퇴적한 지층.

황톳-길(黃土-)[-토낄/-톧낄]〔명〕 누르고 거무스름한 흙으로 이루어진 길.

황톳-물(黃土-)[-톤-]〔명〕 황톳가 섞여 누렇고 흐린 물.

황통(皇統)〔명〕 황제의 계통. 대통(大統).

황파(荒波)〔명〕 거친 물결.

황평-양서(黃平兩西)[-냥-]〔명〕 '황해도'와 '평안도'를 아울러 이르는 말. 양서(兩西).

황폐(荒廢)[-폐/-페]〔명〕〔하자〕〔되자〕①(집이나 땅 따위를) 거두지 않고 그냥 버려 두어 거칠고 못 쓰게 됨. ¶황폐한 논밭. ②(정신이나 생활 따위가) 거칠어지고 메마름. ¶언어의 황폐.

황폐-화(荒廢化)[-폐-/-페-]〔명〕〔하자〕〔되자〕 황폐하게 됨. 황폐하게 만듦. ¶정서의 황폐화. / 무분별한 개발로 국토가 황폐화되다.

황포(黃布)〔명〕 누른빛의 포목.

황포(黃袍)〔명〕 임금이 입던 예복으로, 누른빛의 곤룡포를 이르는 말.

황-하다(荒-)〔형여〕 (성질이) 차근차근하지 못하고 거칠다.

황한(惶汗)〔명〕 두렵고 황공하여 흘리는 땀.

황혼(黃昏)〔명〕①해가 지고 어둑어둑할 때, 또는 그때의 어스름한 빛. ¶황혼이 깃들다. ②한창 때를 지나 쇠퇴하여 '종말에 가까운 상태나 때'를 비유하는 말.

황혼-기(黃昏期)〔명〕①해가 지고 어둑어둑해지는 무렵. ②한창때를 지나 쇠퇴하여 '종말에 가까운 때'를 비유하여 이르는 말. ¶인생의 황혼기에 접어들다.

황홀(恍惚·慌惚)〔명〕〔하자〕①빛이 어른어른하여 눈이 부심. ②(사물에 마음이 팔려) 멍한 모양. ¶황홀한 마음으로 바라보다. ③미묘하여 헤아려 알기 어려움. **황홀-히**〔부〕.

황홀-경(恍惚境)〔명〕 황홀한 경지나 지경. ¶황홀경에 빠지다.

황홀-난측(恍惚難測)[-란-]〔명〕〔하형〕 황홀하여 분별하기 어려움.

황화(皇化)〔명〕 황제의 덕화(德化).

황화(荒貨)〔명〕 '황아'의 잘못.

황화(黃化)〔명〕〔하자되자〕①일부 물질 명사 앞에 쓰이어, 그 물질이 '황(黃)과 화합하고 있음'을 나타

내는 말. 유화(硫化). ②(식물이) 햇빛을 보지 못하여 엽록소를 형성하지 못하고 누렇게 되는 일.

황화(黃花)〔명〕①누른빛의 꽃. ②☞황국(黃菊).

황화(黃禍)〔명〕 황색 인종이 번창하여 백인종에게 화를 입히는 일. ㉰백화(白禍).

황화-동(黃化銅)〔명〕 황과 동의 화합물. 황화 제일동은 천연적으로는 휘동석으로서 산출되고, 황화 제이동은 육방 정계의 검은 가루 또는 짙푸른 결정임. 둘 다 전기의 양도체(良導體)임.

황화-론(黃禍論)〔명〕 독일 황제 빌헬름 2세가 주창하였던 황색 인종에 대한 인종주의적 감정론. 황색 인종이 발흥(發興)하여 백색 인종에게 화해(禍害)를 입힌다고 하였음.

황화-물(黃化物)〔명〕 황과 양성(陽性)의 원자와의 화합물.

황화-수소(黃化水素)〔명〕 황과 수소와의 화합물. 악취가 나는 무색의 유독성 기체로 정성(定性) 분석 따위에 쓰임.

황화^식물(黃化植物)[-싱-]〔명〕 황화 현상으로 자라 생장은 빠르나 몸이 무르고 누런 식물. 〔콩나물이나 숙주나물 따위.〕

황화-아연(黃化亞鉛)〔명〕 황과 아연과의 화합물. 흰빛의 결정 또는 가루로 흰빛의 안료(顔料) 따위의 제조에 쓰임.

황화-은(黃化銀)〔명〕 황과 은의 화합물. 질산은의 용액에 암모늄을 가하면 가라앉는 흑갈색의 가루로, 도자기의 안료(顔料) 따위에 쓰임.

황화^제이수은(黃化第二水銀)〔명〕 황과 수은의 화합물. 검은빛과 붉은빛 두 가지가 있는데, 천연적으로는 붉은 결정인 진사(辰砂)로서 산출됨. 의약이나 안료(顔料) 따위에 쓰임.

황화-주석(黃化朱錫)〔명〕 황과 주석의 화합물. 황화 제일주석과 황화 제이주석이 있는데, 주로 금색(金色)을 착색하는 가루로 쓰임.

황화-철(黃化鐵)〔명〕 황과 철의 화합물. 황화 제일철과 황화 제이철이 있는데, 불에 녹지 않으나 산(酸)에 녹아 황화수소의 발생에 쓰임.

황화-카드뮴(黃化cadmium)〔명〕 황과 카드뮴의 화합물. 그림물감과 종이 및 유리·고무 따위의 착색에 쓰임.

황황(皇皇) '황황(皇皇)하다'의 어근.

황황(遑遑) '황황(遑遑)하다'의 어근.

황황(煌煌·晃晃) '황황(煌煌·晃晃)하다'의 어근.

황황-망조(遑遑罔措)〔명〕〔하자〕 (마음이 급하여) 어찌할 바를 모르며 허둥지둥함.

황황-하다(皇皇-)〔형여〕①아름답고 성하다. ②☞황황(遑遑)하다. **황황-히**〔부〕.

황황-하다(遑遑-)〔형여〕 (마음이 급하여) 허둥거리며 정신이 없다. 황황(皇皇)하다. **황황-히**〔부〕 ¶급한 일이 있다면서 황황히 안으로 들어가 버렸다.

황황-하다(煌煌-·晃晃-)〔형여〕 번쩍번쩍하고 환하다. **황황-히**〔부〕 ¶황황히 빛나는 네온사인.

황후(皇后)〔명〕 황제의 정실(正室). 황비.

홰¹〔Ⅰ〕〔명〕 (닭이나 새가 앉도록) 닭장이나 새장 속에 가로지른 나무 막대.〔Ⅱ〕〔의〕 새벽에 닭이 홰를 치면서 우는 번수를 세는 말. ¶닭이 세 홰 우니 날이 밝아 옵니다.

홰²〔명〕 갈대나 싸리 따위를 묶어, 밤길을 밝히거나 제사 때 화톳불을 놓는 데 쓰는 물건.

홰³〔명〕 '횃대'의 준말.

홰-꾼〔명〕①횃불을 든 사람. ②지난날, 벼슬아치가 밤길을 갈 때 횃불을 들고 길을 밝혀 인도하던 사람.

홰:-나무〔명〕〈회화나무〉의 준말.

홰-뿔[명] 두 뿔이 다 밖으로 벋어 일자(一字) 모양으로 자란 짐승의 뿔.

홰-치다[자] 닭이나 새가 날개를 펴서 홰를 치다.

홰홰[부] ①무엇을 자꾸 내두르는 모양. ¶싫다면서 고개를 홰홰 내젓는다. ②잇따라 감기는 모양. ¶바람결에 치마가 다리에 홰홰 감긴다.

홱[부] ①망설이지 않고 날쌔게 해내는 모양. ¶몸을 홱 돌리다. /형이 신문을 홱 뺏어 갔다. ②(문 따위를) 갑자기 여닫는 모양. ¶문을 홱 열고 달려 나온다. ③물건을 갑자기 던지거나 뿌리는 모양. ¶보따리를 홱 집어 던지다. ④힘을 주어 날쌔게 뿌리치는 모양. ¶팔을 홱 뿌리치다. ⑤(바람 따위가) 갑자기 세게 부는 모양. ¶강풍이 홱 몰아치다. ⑥재빠르게 지나는 모양. ¶자동차가 경적을 울리며 홱 지나가다. **홱-홱**[부].

횃-대[홰때/휀때][명] 옷을 걸도록 방 안 따위에 매달아 둔 막대. 의항(衣桁). 준패3.

횃댓-보(-褓)[홰때뽀/휀맨뽀][명] 횃대에 건 옷을 덮는 보자기.

횃-불[홰뿔/휀뿔][명] ①홰에 켠 불. ②선구적이거나 선도적인 '이념' 또는 '행동'을 비유하여 이르는 말. ¶독립 운동의 횃불을 높이 쳐들다.

횃불-잡이[홰뿔-/휀뿔-][명] ①횃불을 잡는 사람. ②'선구자' 또는 '선도자(先導者)'를 비유하여 이르는 말.

횃-줄[홰쭐/휀쭐][명] 옷을 걸치기 위하여 건너질러 맨 줄.

횅댕그렁-하다[형여] ①속이 비고 넓기만 하여 허전하다. ②넓은 곳에 물건이 얼마 없어서 빈 것 같다. 준횅하다. 횅뎅그렁하다.

횅-하다[형여] ①(사물의 이치나 학문 따위에) 막힘이 없이 잘 통하여 알다. ¶사서삼경에 횅하다. ②구멍 따위가 밝고 시원스럽게 뚫려 있다. ③<횅댕그렁하다>의 준말. 횅하다.

회[회/훼]<회두리>의 준말.

회:[회/훼][명] 머리초 끝에 한 모양으로 칠한 오색(五色)의 무늬.

회:[회/훼][부] ①센 바람이 가느다란 물건에 부딪쳐 나는 소리. ②한꺼번에 세게 내쉬는 숨소리. 준휘3. 회-회[부].

회(灰)[회/훼][명] ①<석회(石灰)>의 준말. ②<산화칼슘>의 속된 말.

회(蛔)[회/훼][명] <회충(蛔蟲)>의 준말.

회가 동(動)하다[관용] 회가 꿈틀거린다는 뜻으로, 구미가 당기거나 욕심이 나다.

회:(會)[회/훼][명][하자] (공동의 목적을 위하여) 여럿이 모이는 일, 또는 그 모임.

회:(膾)[회/훼][명] 고기나 물고기 또는 푸성귀를 날로 잘게 썬 음식. ¶회를 치다.

-회:(會)[회/훼][접미] 일부 명사 뒤에 붙어, 그러한 모임임을 나타냄. ¶기념회. /동창회.

회간(回看)[회-/훼-][명][하타][되자] ①<회람(回覽)>. ②돌이켜 봄.

회:간(晦間)[회-/훼-][명] 그믐께.

회-갈색(灰褐色)[회-쌕/훼-쌕][명] 회색을 띤 갈색.

회감(蛔疳)[회-/훼-][명] 한방에서, 아이들이 단 것을 많이 먹고 회(蛔)가 성하여 일어나는 배앓이를 이르는 말.

회:감(會減)[회-/훼-][명][하타] 주고받을 것을 맞비기고 남은 것을 셈함.

회갑(回甲)[회-/훼-][명] ▷환갑(還甲).

회갑-연(回甲宴)[회-/훼-][명] 환갑잔치. ¶성대하게 회갑연을 치르다. 준갑연.

회:강(會講)[회-/훼-][명][하자] 지난날, 한 달에 두 차례씩 사부(師傅) 이하 관원들 앞에서, 왕세자가 경사(經史)와 기타 진강(進講)에 대하여 회강하던 일.

회:개(悔改)[회-/훼-][명][하타] (이전의 잘못을) 뉘우치고 고침. 개회(改悔). ¶회개의 눈물. 비회한.

회격(灰隔)[회-/훼-][명][하타] 관(棺)과 광중(壙中) 사이에 석회를 채워 다짐, 또는 그 일. 회다짐.

회:견(會見)[회-/훼-][명][하자타] 일정한 절차를 거쳐 서로 만나 의견이나 견해를 밝힘, 또는 그런 모임. ¶긴급 회견.

회계(回啓)[회계/훼계][명][하타] 임금의 하문(下問)에 대하여 심의하여 상주(上奏)함.

회:계(會計)[회-/훼-][명] ①(나가고 들어온 돈을) 따져서 셈함, 또는 그 사무, 또는 사무를 보는 사람. 비장재. ②[하타]한데 몰아서 셈함. ③[하타]물건 값이나 월급 따위를 치러 줌. ④재산과 수입 및 지출의 관리와 운용에 관한 계산 제도.

회:계^감사(會計監査)[회계-/훼게-][명] 회계의 기록이 절차나 원칙에 어긋남이 있는가의 여부를 작성자 이외의 사람이 검토 조사하는 일.

회:계-기(會計機)[회-/훼-][명] 회계 장부와 통계표 따위 회계에 관한 기록을 자동적으로 기장(記帳)하는 기계 장치.

회:계^연도(會計年度)[회계-/훼게-][명] 회계의 편의에 따라 정해 놓은 한 해의 기간. 우리나라는 1월 1일부터 12월 31일까지임.

회:계지치(會稽之恥)[회계-/훼게-][명] '전쟁에 패한 치욕' 또는 '뼈에 사무치는 치욕'을 이르는 말. [중국 춘추 시대에, 월나라의 왕 구천(句踐)이 후이지 산(會稽山)에서 오나라의 왕 부차(夫差)에게 패하여 갖은 치욕을 받은 고사에서 유래함.]

회:계-학(會計學)[회계-/훼게-][명] 기업 회계의 처리에 관한 이론과 법칙, 방법과 기술 따위를 연구하는 학문.

회고(回顧)[회-/훼-][명][하타][되자] ①돌아다봄. ②지난 일을 돌이켜 생각함. ¶청년 시절을 회고하다.

회고(懷古)[회-/훼-][명][하자][되자] 옛일을 돌이켜 생각함. 회구(懷舊). ¶회고의 정(情).

회고-담(懷古談)[회-/훼-][명] 회고하여 하는 이야기?

회고-록(回顧錄)[회-/훼-][명] 지난 일을 돌이켜 생각하여 적은 기록.

회곡(回曲) '회곡하다'의 어근.

회곡-하다(回曲-)[회고카-/훼고카-][형여] 휘어지고 굽다.

회공[회-/훼-][명][하자][되자] (물건의 속이) 두려빠져서 빔.

회공(恢公)[회-/훼-][명][하타][되자] ①(일의 결정을) 중의(衆議)에 붙임. ②왕조 때, 과거(科擧)나 도목정사에서 매우 공정하여짐.

회:과(悔過)[회-/훼-][명][하타] 허물을 뉘우침.

회:과-자책(悔過自責)[회-/훼-][명][하자] 허물을 뉘우쳐 스스로 책망함.

회:관(會館)[회-/훼-][명] 집회 또는 회의를 위한 건물. 회당(會堂).

회교(回教)[회-/훼-][명] ▷이슬람교(Islam教).

회교-도(回教徒)[회-/훼-][명] 회교를 믿는 사람.

회교-력(回教曆)[회-/훼-][명] ▷이슬람력.

회구(懷舊)[회-/훼-][명][하자] ▷회고(懷古).

회군(回軍)[회−/훼−]**명**하자타 군사를 거두어 돌아옴, 또는 돌아감. 환군(還軍).

회귀(回歸)[회−/훼−]**명**하자되자 (한 바퀴 돌아) 다시 본디의 자리로 돌아옴.

회귀-년(回歸年)[회−/훼−]**명**□태양년.

회귀^무풍대(回歸無風帶)[회−/훼−]**명** 무역풍이 반대 무역풍을 만나 무풍(無風)이 되는 지방. 남북으로 각 30° 근처임. *무풍대.

회귀-선(回歸線)[회−/훼−]**명**¶ 적도의 남북 위도 23° 27′을 지나는 위선. ¶남회귀선./북회귀선.

회귀-성(回歸性)[회−/훼−]**명** 물고기가 태어난 하천에서 바다로 이동하여 자란 뒤 산란하기 위해 태어난 하천으로 다시 돌아오는 성질.

회귀-열(回歸熱)[회−/훼−]**명**□재귀열.

회:규(會規)[회−/훼−]**명** 회의 규칙. 회칙.

회기(回忌)[회−/훼−]**명** 해마다 돌아오는 기일.

회기(回期)[회−/훼−]**명** 돌아올 시기.

회:기(會期)[회−/훼−]**명** ①집회나 회의 따위가 열리는 시기. ②(국회나 지방 의회 따위의) 개회부터 폐회까지의 기간.

회:-깟(膾−)[회깐/훼깐]**명** 소의 간이나 양·처녑·콩팥 따위 회를 만들 감, 또는 그 감을 잘게 썰고 갖은 양념을 하여 버무린 회. *회:깟이[회:까시/훼까시]·회:깟만[회:깐만/훼깐만]

회-나무[회−/훼−]**명** 노박덩굴과의 낙엽 활엽 교목. 잎은 길둥글고 6∼7월에 흑자색 꽃이 피며 열매는 10월에 익음. 산 중턱 이상에서 나는데 정원수로 심으며, 나무껍질은 새끼 대용으로 쓰이기도 함.

회납(回納)[회−/훼−]**명** ①**하타** 되돌려 드림. ②담장의 편지 겉봉 수신인 이름 밑에 쓰는 말.

회-다짐(灰−)[회−/훼−]**명**하타 ①♡회격(灰隔). ②콘크리트나 회삼물(灰三物) 따위로 밑을 다짐.

회:담(會談)[회−/훼−]**명**하자 만나거나 모여서 의논함, 또는 그 의논. ¶적십자 회담.

회답(回答)[회−/훼−]**명**하자타 (물음에 대하여) 대답함, 또는 그 대답. ⚙답.

회:당(會堂)[회−/훼−]**명** ①♡회관(會館). ②기독교에서, '예배당'을 달리 이르는 말.

회:당(會黨)[회−/훼−]**명**하자 당류(黨類)가 한데 모임.

회도(回棹)[회−/훼−]**명**하자 〔배가 돛대를 돌린다는 뜻으로〕'병이 차차 나음'을 이르는 말.

회-도배(灰塗褙)[회도−/훼도−]**명**하타 (벽 따위를) 석회로 도배함.

회독(回讀)[회−/훼−]**명** (책 따위를 여럿이) 차례로 돌려 가며 읽음.

회:동(會同)[회−/훼−]**명**하자 (같은 목적으로) 여럿이 모임. ¶여야 대표가 회동을 가지다. / 각국 정상들이 회동하다.

회동그라-지다[회−/훼−]**자** 갑자기 휘둘리어 동그라지다. ⚙휘둥그러지다.

회-동그랗다[회−/훼−]**형ㅎ** 〔~동그라타/훼−라타〕〔∼동그라니·∼동그래〕(놀라거나 두려워서) 눈이 크게 동글다. ⚙휘둥그렇다. ②일이 다 끝나고 남은 일이 없다. ③몸에 거리낄 것이 없다.

회동그스름-하다[회−/훼−]**형ㅇ** 휘어져 동그스름하다. ⚙휘둥그스름하다. 회동그스름-히**부**.

회:동-좌기(會同坐起)[회−/훼−]**명** 조선 시대에, 해마다 섣달 스무닷새부터 이듬해 정월 보름 사이에, 형조와 한성부의 벼슬아치가 모여, 금령(禁令)을 풀어 죄가 가벼운 죄수들을 놓아주고 난전을 눈감아 주던 일.

회두(回頭)[회−/훼−]**명**하자 ①〔뒤쪽으로 머리를 돌린다는 뜻으로〕뱃머리를 돌려 진로를 바꿈. ②가톨릭에서, 배교(背敎)하였다가 다시 돌아옴.

회:-두리[회−/훼−]**명** (여럿 중에서) 맨 끝. 나중에 돌아오는 차례. ⚙리¹.

회:두리-판[회−/훼−]**명** 맨 나중의 판. ⚙회판.

회:득(會得)[회−/훼−]**명**하타되자 ♡요해(了解).

회똑-거리다[회−꺼−/훼−꺼−]**자** 자꾸 회똑회똑하다. 회똑대다. ⚙회뚝거리다.

회똑-대다[회−때−/훼−때−]**자** 회똑거리다.

회똑-회똑[회또꼬/훼또꼬]**부**형 ①넘어질 듯이 자꾸 흔들리는 모양. ②일이 위태로한 고비에 서 있는 모양. ⚙회뚝회뚝.

회똘-회똘[회−/훼−/훼−]**부**형 길 따위가 고불고불하게 고부라진 모양. ⚙휘뚤휘뚤.

회람(回覽)[회−/훼−]**명**하타되자 차례로 돌려가며 봄, 또는 그렇게 돌려 보는 그 글. 전조(轉照). 회간(回看). ¶공지 사항을 회람하다.

회람-판(回覽板)[회−/훼−]**명** ♡돌림판.

회랑(回廊)[회−/훼−]**명** ①정당(正堂)의 양옆에 있는 긴 집채. 행각(行閣). ②양옥의 어떤 방을 둘러싸고 나 있는 마루.

회랑-퇴(回廊退)[회−퇴/훼−퉤]**명** 건물 주위에 빙 둘러 나 있는 툇마루.

회래(回來)[회−/훼−]**명**하자 ♡회환(回還).

회랑(回廊)[회−/훼−]**명** 돌아오는 때 드는 노자.

회:렵(會獵)[회−/훼−]**명** 여럿이 모여 사냥함.

회례(回禮)[회−/훼−]**명**하자 사례로 하는 예. 반례(返禮).

회례(廻禮)[회−/훼−]**명**하자 차례로 돌아다니며 인사함.

회:례(會禮)[회−/훼−]**명** ①회합이나 회의의 예식. ②하자 서로 만나서 나누는 인사.

회로(回路)[회−/훼−]**명** ①돌아오는 길. 귀로. 반로(返路). ②〈전기 회로〉의 준말.

회로(懷爐)[회−/훼−]**명** (물리 요법이나 방한을 위하여) 회로회에 불을 붙여 품고 다니는 작은 기구.

회로-회(懷爐灰)[회−회/훼−훼]**명** 불을 붙여 회로에 담는 특수하게 만든 숯.

회:록(會錄)[회−/훼−]**명** ①조선 시대에, 국가 소유의 곡물 따위를 본창고에 두지 못할 경우, 딴 창고에 보관하던 일. ②어떤 '회(會)'의 기록. ③〈회의록〉의 준말.

회:뢰(賄賂)[회뢰/훼뤠]**명**하자 뇌물을 주거나 받음, 또는 주거나 받는 그 뇌물.

회:루(悔淚)[회−/훼−]**명** 잘못을 뉘우치는 눈물.

회류(回流)[회−/훼−]**명**하자타 (어떤 곳을) 돌아서 흐름.

회:류(會流)[회−/훼−]**명**하자 (물줄기가) 한데 모여서 흐름. 합류(合流).

회:리(懷裏)[회−/훼−]**명** ①주머니 속. 품속. ②마음속.

회:리-바람[회−/훼−]**명** 〈회오리바람〉의 준말.

회:리-밤[회−/훼−]**명** 〈회오리밤〉의 준말.

회:리-봉(−峯)[회−/훼−]**명** 〈회오리봉〉의 준말.

회마(回馬)[회−/훼−]**명**하자 말을 돌려보냄, 또는 놓아주는 편의 말.

회-마수(回馬首)[회−/훼−]**명**하자 〔왕조 때〕①말을 탄 사람이 마주쳤을 때 벼슬이 낮은 사람이 길을 비켜 주던 일. ②고을의 원이 부임한 지 얼마 안 되거나, 부임 도중에 면직되어 돌아가는 일을 이르던 말.

회마-편(回馬便)[회-/훼-]**명** 돌아가는 말의 편. ¶필요 없는 물건을 회마편에 집으로 돌려 보내다.

회매-하다[회-/훼-]**형여** (옷의 매무새나 무엇을 싸서 묶은 꼴 따위가) 경쾌하고 가든하다. 회매-히**부**.

회:-맹(會盟)[회-/훼-]**명** ①모여서 맹세함. ②왕조 때, 공훈이 있는 사람을 책에 올릴 때에 군신(君臣)이 모여 맹세하던 일.

회멸(灰滅)[회-/훼-]**명하자** 타서 없어짐.

회:명(晦明)[회-/훼-]**명하자** 어둠과 밝음.

회:명(晦冥)[회-/훼-]**명하형** 어두컴컴함.

회모(懷慕)[회-/훼-]**명하타** (마음속) 깊이 사모함.

회목[회-/훼-]**명** ①손목이나 발목의 잘록한 부분. ¶회목을 잡다. ②강이나 길 따위가 꺾이어 방향이 바뀌는 곳. ¶강의 회목.

회:-목(檜木)[회-/훼-]**명** ▷노송나무.

회:무(會務)[회-/훼-]**명** 회(會)의 사무.

회무(懷撫)[회-/훼-]**명하타** 달래어 안심시킴.

회문(回文)[회-/훼-]**명** ①여럿이 차례로 돌려 보도록 쓴 글. 회장(回章). ②▷회문시(回文詩).

회문-례(回門禮)[회-녜/훼-녜]**명** 조선 시대에, 새로 과거에 급제한 사람이 선배를 찾아다니며 지도를 청하던 행례(行禮).

회문-시(回文詩)[회-/훼-]**명** 내리읽으나 치읽으나 뜻이 통하고 격이 맞도록 지어진 한시체(漢詩體)의 한 가지. 회문.

회반(回斑)[회-/훼-]**명** 한방에서, 홍역 따위로 '몸에 돋았던 것이 없어짐'을 이르는 말.

회방(回榜)[회-/훼-]**명** 지난날, 과거에 '급제한 지 예순 돌이 되는 해'를 이르던 말.

회-백색(灰白色)[회-쌕/훼-쌕]**명** 잿빛을 띤 흰 빛깔.

회백-질(灰白質)[회-찔/훼-찔]**명** 뇌나 척수를 이루는 회백색의 물질. 신경 세포가 모여 있음.

회벽(灰壁)[회-/훼-]**명하자** 석회를 반죽하여 바름, 또는 그런 벽.

회보(回步)[회-/훼-]**명하자** 돌아옴, 또는 돌아오는 걸음. ¶회보에 꼭 들러 주십시오.

회보(回報)[회-/훼-]**명하자타** ①어떤 요구에 대하여 대답하여 보고함, 또는 그런 보고. 답보(答報). ②돌아와 여쭘.

회:보(會報)[회-/훼-]**명** 회(會)의 일을 회원에게 알리는 간행물.

회복(回復·恢復)[회-/훼-]**명하타되자** ①이전의 상태로 돌아옴, 또는 이전의 상태로 돌이킴. ¶신뢰를 회복하다. ②[쇠퇴한 국세나 경기(景氣)·병세 따위가] 이전의 상태로 되돌아옴, 또는 이전 상태로 되돌림. ¶경기 회복. /건강을 회복하다.

회복-기(回復期)[회-끼/훼-끼]**명** ①병이 회복되는 시기. ¶회복기에 접어든 환자. ②경기 따위가 다시 좋아지는 시기.

회복^등기(回復登記)[회-뚱/훼-뚱-]**명** 일단 소멸한 등기를 회복시키기 위하여 하는 등기.

회복-세(回復勢)[회-/훼-쎄]**명** [병세나 경기(景氣) 따위가] 점차 나아지거나 좋아지는 상태. ¶감기가 회복세를 보이다. /경제가 회복세로 돌아서다.

회부(回附)[회-/훼-]**명하타되자** (문제나 사건, 또는 그 서류 따위를 관계 기관이나 부서에) 돌려보내거나 넘김. ¶징계 위원회에 회부하다. /해당 부서에 회부하다.

회분(灰分)[회-/훼-]**명** 석회(石灰)의 성분.

회:-불사(繪佛師)[회-싸/훼-싸]**명** 불화(佛畫)를 그리는 사람.

회:비(悔非)[회-/훼-]**명하타** 그릇된 것을 뉘우침.

회:비(會費)[회-/훼-]**명** 회(會)의 유지에 드는 비용. ¶회비를 걷다. /회비를 내다.

회빈작주(回賓作主)[회-쭈/훼-쭈]**명하타** (남의 의견 또는 주장하는 사람을 제쳐 놓고) '제 마음대로 처리하거나 방자하게 행동하는 일'을 이르는 말.

회:사(回謝)[회-/훼-]**명하자** 사례의 뜻을 나타냄.

회:사(悔謝)[회-/훼-]**명하타** 잘못을 뉘우치고 사과함.

회:사(會社)[회-/훼-]**명** 상행위 또는 영리 행위를 목적으로 상법에 따라 설립된 사단 법인. ㈜사(社).

회사(壞死)[회-/훼-]**명하자** ▷괴사(壞死).

회사-벽(灰沙壁)[회-/훼-]**명하자** 석회와 백토·세사(細沙) 따위를 반죽하여 벽에 바름, 또는 그 벽.

회:사-원(會社員)[회-/훼-]**명** 회사에 근무하는 사람. 사원.

회:사-채(會社債)[회-/훼-]**명** ▷사채.

회:삭(晦朔)[회-/훼-]**명** 그믐과 초하루.

회-삼물(灰三物)[회-/훼-]**명** 석회와 세사(細沙)·황토를 반죽한 것. ㈜삼물.

회삽(晦澁)'회삽하다'의 어근.

회:삽-하다(晦澁-)[회사파-/훼사파-]**형여** 말이나 문장 따위가 어려워 뜻을 잘 알 수가 없다. ㈐난삽하다.

회상(回翔)[회-/훼-]**명하자** (새가) 빙빙 돌면서 날아다님, 또는 날아서 돌아옴.

회상(回想)[회-/훼-]**명하타되자** 지난 일을 돌이켜 생각함. 추상(追想).

회:상(會上)[회-/훼-]**명** 대중이 모인 불교의 법회.

회상-록(回想錄)[회-녹/훼-녹]**명** 지난 일을 회상하여 적은 기록.

회색(灰色)[회-/훼-]**명** 잿빛.

회:색(悔色)[회-/훼-]**명하자** 뉘우치는 기색.

회:색(晦塞)[회-/훼-]**명하자** 감감하게 꽉 막힘.

회색-분자(灰色分子)[회-뿐/훼-뿐]**명** 소속이나 주의·노선 따위가 뚜렷하지 못한 사람.

회생(回生)[회-/훼-]**명하자되자** ▷소생(蘇生).

회생-탕(回生湯)[회-/훼-]**명** 쇠꼬리와 양지머리, 사태와 콩팥을 고아서 기름기를 걷어 낸 국물. 흔히, 소복(蘇復)의 음식으로 먹음.

회서(回書)[회-/훼-]**명** ▷답장(答狀).

회:석(會席)[회-/훼-]**명** 여럿이 모인, 또는 그 자리. ¶회석을 마련하다.

회:석(會釋)[회-/훼-]**명하타** 불경(佛經)의 어려운 뜻이 잘 통하도록 쉽게 풀이함.

회선(回船)[회-/훼-]**명하자되자** 배를 돌림. 배를 돌려 돌아오거나 돌아감, 또는 그 배.

회선(回旋·廻旋)[회-/훼-]**명하자** ①빙빙 돌거나 돌림. ②(나팔꽃·강낭콩 따위의 식물의 줄기가) 지주(支柱)를 감으며 뻗음.

회선(回線)[회-/훼-]**명** 전화가 통하도록 시설한 선.

회선-곡(回旋曲)[회-/훼-]**명** ▷론도(rondo).

회선-교(回旋橋)[회-/훼-]**명** ▷선개교.

회선^운-동(回旋運動)[회-/훼-]**명** 식물이 다른 물건을 감고 올라가는 생장 운동의 한 가지. 나팔꽃의 줄기나 오이의 덩굴손 따위에서 볼 수 있음.

회-성석(灰成石)[회-/훼-]명 반죽한 석회가 돌처럼 굳어 단단하게 굳은 것.

회소(回蘇)[회-/훼-]명하자되자 다시 살아남. 소생(蘇生).

회:소(會所)[회-/훼-]명 여럿이 모이는 곳.

회:소-곡(會蘇曲)[회-/훼-]명 신라 유리왕 때의 가요. 팔월 보름의 가배(嘉俳) 때, 길쌈 내기에서 진 편의 한 여자가, '회소, 회소'라고 하였는데, 그 소리가 매우 구슬프고 아름다웠으므로 뒷사람들이 그 소리로 말미암아 노래를 지어 불렀으며, 그 노래를 '회소곡'이라 하였다고 함. [가사는 전하지 않고, 그 유래만 '삼국사기'에 전함.]

회송(回送)[회-/훼-]명하타되자 ☞환송(還送).

회수(回收)[회-/훼-]명하타되자 도로 거두어들임. ¶대금 회수.

회수(回數)[회-/훼-]명 '횟수(回數)'의 잘못.

회수-권(回數券)[회-권/훼-권]명 한 번에 한 장씩 쓰는, 여러 장을 묶음으로 하여 파는 표. ¶버스 회수권.

회:순(會順)[회-/훼-]명 회의를 진행하는 순서.

회-술레(回-)[회-/훼-]명하타 ①예전에, 죄인을 처형하기 전에 얼굴에 회칠을 한 후 사람들 앞에 내돌리던 일. ¶회술레를 돌다. ②남의 비밀을 들추어내어 널리 퍼뜨리는 일.

회시(回示)[회-/훼-]명하타 ①회답하여 보이거나 지시함, 또는 그 회답. ¶상부의 회시를 기다리다. ②남을 높여 그의 '회답'을 이르는 말. ③지난날, 죄인을 끌고 다니며 여러 사람에게 보이던 일.

회:시(會試)[회-/훼-]명 ☞복시(覆試).

회:식(會食)[회-/훼-]명하자 여럿이 모여 함께 음식을 먹음, 또는 그 모임.

회신(回信)[회-/훼-]명하타자 편지나 전신 따위의 회답. 반신(返信).

회신(灰身)[회-/훼-]명하타 ①(몸이 재가 된다는 뜻으로) '죽음'을 이르는 말. ②'몸을 바쳐 이바지함'을 비유하여 이르는 말.

회신(灰燼)[회-/훼-]명 ①재와 불탄 끄트러기. ②흔적 없이 아주 타 없어짐.

회신-료(回信料)[회-뇨/훼-뇨]명 편지나 전보 따위의 회답하는 통신에 드는 우편 요금이나 전신 요금. ¶회신료를 보내다.

회심(回心)[회-/훼-]명하자 ①마음을 돌려먹음. ②종교 생활에서, 사악한 마음을 뉘우치고 올바른 신앙의 마음으로 돌이킴.

회심(灰心)[회-/훼-]명 ①(욕심도 없고 유혹도 받지 않는) 재처럼 사그라진 고요한 마음. ⚌무심(無心)¹. ②실의에 차서 의기가 저상(沮喪)한 마음.

회심(悔心)[회-/훼-]명 잘못을 뉘우치는 마음.

회:심(會心)[회-/훼-]명 마음에 흐뭇하게 들어 맞음, 또는 그러한 마음. (주로, '회심의'의 꼴로 쓰임.) ¶회심의 미소를 짓다.

회:심(會審)[회-/훼-]명하타 법관이 모여서 사건을 심리(審理)함.

회:심-곡(回心曲)[회-/훼-]명 조선 시대에, 서산 대사(西山大師)가 착한 행실을 권하려고 지은 노래.

회:심-작(會心作)[회-/훼-]명 (자기 작품 중에서) 마음에 드는 잘된 작품. 쾌심작.

회:심-처(會心處)[회-/훼-]명 마음에 들어맞는 곳.

회심-향도(回心向道)[회-/훼-]명 불교에서, '마음을 돌려 바른길로 들어섬'을 이르는 말.

회안(回雁)[회-/훼-]명 답장의 편지.

회:안(悔顔)[회-/훼-]명 잘못을 뉘우치는 기색을 띤 얼굴.

회약(蛔藥)[회-/훼-]명 <회충약>의 준말.

회양(回陽)[회-/훼-]명하타 양기를 회복시킴.

회양-목(-楊木)[회-/훼-]명 회양목과의 상록 관목 또는 작은 교목. 석회암 지대에 절로 자람. 잎은 두껍고 길둥글며 마주남. 봄에 엷은 황색 꽃이 핌. 나무는 단단하여 조각·도장 등의 재료로 쓰임. 관상용으로 심기도 함. 황양목.

회:언(悔言)[회-/훼-]명 잘못을 뉘우치는 말.

회:언(誨言)[회-/훼-]명 훈계하여 가르치는 말.

회:연(會宴)[회-/훼-]명하자 여럿이 모여 잔치를 엶, 또는 그 잔치.

회:염^연-골(會厭軟骨)[회-년/훼-년-]명 ☞후두개 연골.

회:오(悔悟)[회-/훼-]명하타 잘못을 뉘우치고 깨달음. ¶회오하는 마음으로 사직하다. ⚌회개(悔改).

회:오(會悟)[회-/훼-]명하타 무엇을 알아내어 깨달음.

회오리(回-)[회-/훼-]명 바람 따위가 나선형으로 소용돌이치는 현상.

회오리-바람[회-/훼-]명 나선 모양으로 도는 바람. 지면 가까이의 대기가 불안정하여 일어나는데, 먼지나 모래알 따위가 딸려 올라가 기둥 모양으로 선회함. 돌개바람. 선풍. 양각(羊角). 양각풍. 용숫바람. 표풍. 회풍. ⚌회리바람.

회오리-밤[회-/훼-]명 ①밤송이 속에 외톨로 들어 있는 둥근 밤. ②아이들 장난감의 한 가지. 둥근 밤을 삶아 구멍을 내고 속을 파낸 다음 실에 매달아 휘두르면 휙휙 소리가 남. ⚌회리밤.

회오리-봉(-峯)[회-/훼-]명 작고 뾰족하며 둥글게 생긴 산봉우리. ⚌회리봉.

회오리-치다[회-/훼-]자 ①(바람 같은 것이) 나사 모양으로 세차게 움직이다. ②(감정이나 기세 따위가) 세차게 일어 설레다. ¶가슴속에서 걱정이 회오리치다.

회:우(會友)[회-/훼-]명 같은 회의 '회원'을 서로 친근하게 이르는 말.

회:우(會遇)[회-/훼-]명하자 ①한데 모여서 만남. ②하자타(어떤 일이나 어떤 사람과) 우연히 마주침.

회:원(會員)[회-/훼-]명 어떤 회를 구성하는 사람. ¶신입 회원. / 회원 모집.

회:원-국(會員國)[회-/훼-]명 국제적인 조직체에 가입되어 있는 국가. ¶유엔(UN) 회원국.

회위(懷危)[회-/훼-]명하타 위태하게 여김.

회유(回游·洄游)[회-/훼-]명하자 물고기가 알을 낳기 위하여, 또는 계절에 따라 정기적으로 떼를 지어 옮아 다니는 일.

회유(回遊)[회-/훼-]명하자 두루 돌아다니며 유람함.

회유(灰釉)[회-/훼-]명 나무의 재 또는 석회를 재료로 하여 만든 잿물. 질그릇을 만들 때 겉에 덧씌우고 다시 구워 냄.

회:유(誨諭)[회-/훼-]명하타되자 가르쳐 깨우침.

회유(懷柔)[회-/훼-]명하타 어루만져 달램. 잘 구슬려 따르게 함. ¶회유 정책.

회:음(會陰)[회-/훼-]명 사람의 음부와 항문과의 사이.

회:음(會飮)[회-/훼-]명하자 (여럿이) 모여서 술을 마심.

회의(回議)[회의/훼이]**명** 주관자가 기안한 의안을 차례로 관계자들에게 돌려 의견을 묻거나 동의를 구하는 일.

회:의(會意)[회의/훼이]**명** ①**하자**뜻을 깨달음. ②**하자**마음에 맞음. ③한자 육서(六書)의 하나. 둘 이상의 한자를 뜻으로 결합시켜 새 글자를 만든 방법. ['日'과 '月'을 합하여 '明', '人'과 '木'을 합하여 '休'를 만든 따위.]

회:의(會議)[회의/훼이]**명** ①**하자**(여럿이) 모여 의논함, 또는 그 모임. ②어떤 사항을 평의하는 기관. ¶법관 회의.

회의(懷疑)[회의/훼이]**명하타** ①의심을 품음, 또는 그 의심. ¶회의를 품다. ②인식이나 지식에 결정적인 근거가 없어 그 확실성을 의심하는 정신 상태.

회:의-록(會議錄)[회의-/훼이-]**명** 회의의 진행 과정이나 내용 따위를 적은 기록. **준**회록.

회의-론(懷疑論)[회의-/훼이-]**명** 객관적 진리의 인식 가능성을 믿지 않고 단정적인 판단을 원리적으로 제약하여, 인식의 주관성과 상대성을 중시하는 태도나 사상. ↔독단론.

회:의-소(會議所)[회의-/훼이-]**명** ①회의를 하는 곳. ②(어떤 사항에 관하여) 회의를 하는 단체나 기관. ¶청년 회의소.

회의-적(懷疑的)[회의-/훼이-]**관명** 의심을 품는 (것). ¶회의적 시각. /회의적으로 생각하다.

회인(懷人)[회-/훼-]**명하자** 마음에 있는 사람을 생각함.

회:일(晦日)[회-/훼-]**명** 그믐날.

회임(懷妊)[회-/훼-]**명하자타** ⇨임신(姙娠).

회잉(懷孕)[회-/훼-]**명하자타** ⇨임신(姙娠).

회:자(膾炙)[회-/훼-]**명하자되자** [회와 구운 고기라는 뜻으로] '널리 사람의 입에 오르내림'을 이르는 말. ¶인구(人口)에 회자되다.

회자-수(劊子手)[회-/훼-]**명** 지난날, 군문(軍門)에서 사형을 집행하던 천역(賤役).

회:자정리(會者定離)[회-니/훼-니]**명** [불교에서, 만난 사람은 반드시 헤어진다는 뜻으로] '인생의 무상(無常)함'을 이르는 말.

회장(回章)[회-/훼-]**명** ⇨회문(回文).

회장(回裝)[회-/훼-]**명하자되자** ①병풍이나 족자 따위의 가장자리에 다른 색깔로 덧대어 꾸밈. ②여자 저고리의 깃과 끝동, 겨드랑이와 고름 따위를 무색 헝겊으로 꾸미는 일, 또는 그 꾸밈새. 반회장과 삼회장이 있음.

회장(回腸)[회-/훼-]**명** 공장(空腸)에 이어지는 소장(小腸)의 마지막 부분. 맹장과 연결됨.

회:장(會長)[회-/훼-]**명** ①회의 일을 통괄하고 회를 대표하는 사람. ¶동창회 회장. ②(주식회사 따위에서) 이사회의 장을 맡고 있는 사람.

회:장(會場)[회-/훼-]**명** 모임 또는 회의가 열리는 곳.

회:장(會葬)[회-/훼-]**명하자** 장사 지내는 데 참례함.

회장-저고리(回裝-)[회-/훼-]**명** 회장을 댄 저고리. 반회장저고리와 삼회장저고리가 있음. **참**민저고리.

회:적(晦跡·晦迹)[회-/훼-]**명하자** (피하거나 도망을 가서) 종적을 감춤. **비**잠적.

회적(蛔積)[회-/훼-]**명** 한방에서, 회충이 배 속에서 뭉쳐 때때로 움직이는 병을 이르는 말.

회전(回傳)[회-/훼-]**명하타되자** 빌려 온 물건을 되돌려 보냄.

회전(回電)[회-/훼-]**명하자** ⇨답전(答電).

회전(回轉·廻轉)[회-/훼-]**명** ①**하자되자** 빙빙 돎. ¶바퀴가 회전하다. ②어떤 물체가 어떤 점이나 다른 물체의 둘레를 일정하게 움직임. 전회(轉回). ¶회전 운동을 하다. ③**하자** 방향을 바꾸어 반대로 됨. ④'두뇌의 기능'을 비유하여 이르는 말. ¶머리의 회전이 빠르다. ⑤**하자되자**투자에서, 자금 회수 또는 구입을 비유하여 이르는 말. ¶자금 회전이 빠르다.

회:전(悔悛)[회-/훼-]**명하자** 잘못을 뉘우침. ¶회전의 정(情). **비**개전(改悛).

회:전(會戰)[회-/훼-]**명** (쌍방의 군대가) 어울려서 싸움. [흔히, 대규모의 전투를 이름.] ¶위털루의 회전에서 패한 나폴레옹.

회전(回戰)[회-/훼-]**명** 운동 경기에서, 대전 횟수나 순서를 세는 단위. ¶1회전 경기가 시작되다. /3회전에서 탈락하다.

회전^날개(回轉-)[회-/훼-]**명** (헬리콥터 따위에) 회전에 의하여 양력(揚力) 또는 추진력을 얻는 프로펠러 모양의 날개. 회전익(回轉翼).

회전-로(回轉爐)[회-노/훼-노]**명** 큰 원통을 축으로 돌리도록 장치한 가마.

회전-마찰(回轉摩擦)[회-/훼-]**명** ⇨구름마찰. **준**전마찰.

회전-면(回轉面)[회-/훼-]**명** 어떤 평면 위의 곡선이 그 평면 위의 직선 둘레를 한 번 회전하여 생기는 곡면. [원기둥의 측면 따위.]

회전-목마(回轉木馬)[회-몽/훼-몽-]**명** 수직의 축(軸) 둘레에 목마를 연결하여 회전하면서 아래위로 움직이게 만든 놀이 기구.

회전^무:대(回轉舞臺)[회-/훼-]**명** 수평으로 회전할 수 있도록 만든 무대.

회전-문(回轉門)[회-/훼-]**명** 큰 건물의 출입이 잦은 출입구에 설치하는 회전식으로 된 문.

회전^속도(回轉速度)[회-또/훼-또]**명** ①돌아가는 속도. ②필름이나 테이프 따위를 돌리는 속도.

회전^속도계(回轉速度計)[회-또계/훼-또게]**명** 회전 운동의 속도를 나타내는 계기. 흔히, 1분간의 회전수(rpm)를 단위로 하여 나타냄. 태코미터.

회전^운:동(回轉運動)[회-/훼-]**명** ①몸의 근육과 골격을 발달시키기 위하여 빙빙 돌면서 하는 운동. ②물체가 회전축의 주위를 일정한 거리를 두고 도는 운동. ③덩굴손이 다른 물건에 감기는 작용.

회전-의(回轉儀)[회저늬/훼저니]**명** ⇨자이로스코프.

회전-의자(回轉椅子)[회저늬-/훼저니-]**명** 수평으로 회전할 수 있도록 만든 의자.

회전-익(回轉翼)[회-/훼-]**명** ⇨회전 날개.

회전^자금(回轉資金)[회-/훼-]**명** ⇨운전 자금(運轉資金).

회전-창(回轉窓)[회-/훼-]**명** 문틀 중앙에 가로나 세로로 굴대 따위를 장치하여 아래위나 좌우로 회전시켜서 여닫게 된 창.

회전-체(回轉體)[회-/훼-]**명** ①회전하는 물체. ②평면 도형이 같은 평면 안의 직선을 축으로 한 번 회전하여 생기는 입체. ②맴돌이.

회전-축(回轉軸)[회-/훼-]**명** ①회전하는 기계의 축(軸). 돌대. ②도형이나 회전 운동의 중심이 되는 일정 불변의 직선.

회절(回折)[회-/훼-]**명** 음파나 전파 또는 빛 따위의 파동이 장애물 뒤쪽으로까지 돌아 그늘진 부분에까지 전달되는 현상.

회절-격자 (回折格子) [회-짜/훼-짜] 뗑 빛의 회절을 이용하여 스펙트럼을 얻는 장치. 격자.

회정 (回程) [회-/훼-] 몡하재 돌아가거나 돌아오는 길에 오름, 또는 그 노정(路程). 귀로.

회정 (懷情) [회-/훼-] 몡 마음속에 품은 정.

회조 (回漕) [회-/훼-] 몡하타 배로 실어 나름.

회조 (詼嘲) [회-/훼-] 몡하타 희롱하여 비웃음.

회:좌 (會座) [회-/훼-] 몡하재 ①여러 사람이 한자리에 모임, 또는 그 자리. ②왕조 때, 벼슬아치가 공적인 일을 의논하기 위하여 한자리에 모임, 또는 그 자리. ③불교에서, 설법(說法)·법회(法會) 따위의 모임, 또는 그 자리.

회:죄 (悔罪) [회죄/훼줴] 몡하재 죄를 뉘우침.

회:주 (會主) [회-/훼-] 몡 ①회를 주장하는 사람. ②불교에서, 법회(法會)를 주장하는 사람이라는 뜻으로) '법사(法師)'를 이르는 말.

회:중 (會中) [회-/훼-] 몡 ①회(會)를 하는 도중. ②불교에서, 설법(說法)을 하는 동안.

회:중 (會衆) [회-/훼-] 몡 많이 모인 군중.

회중 (懷中) [회-/훼-] 몡 ①품속. ②마음속.

회중-시계 (懷中時計) [회-계/훼-게] 몡 ☞몸시계.

회중-전등 (懷中電燈) [회-/훼-] 몡 손전등.

회중-품 (懷中品) [회-/훼-] 몡 몸에 지니는 물건.

회증 (蛔症) [회쯩/훼쯩] 몡 〈회충증(蛔蟲症)〉의 준말.

회:지 (會誌) [회-/훼-] 몡 회에서 발행하는 잡지 형태의 기관지.

회-지석 (灰誌石) [회-/훼-] 몡 석회와 고운 모래, 백토 따위를 반죽하여 반듯한 조각을 만들어 조각마다 글자 하나씩을 새긴 지석.

회진 (回診) [회-/훼-] 몡하타 (의사가 병실 또는 환자가 있는 곳을) 돌아다니며 진찰하는 일. ¶회진을 돌다.

회진 (灰塵) [회-/훼-] 몡 ①재와 먼지. ②'하잘것없는 물건' 또는 '여지없이 멸망하거나 소멸함'을 비유하여 이르는 말.

회:집 (會集) [회-/훼-] 몡하재타 여럿이 한곳에 많이 모임, 또는 여럿을 한곳에 많이 모음.

회창-거리다 [회-/훼-] 재타 자꾸 회창회창하다. 회창청거리다.

회창-대다 [회-/훼-] 재타 회창거리다.

회창-회창 [회-회-/훼-훼-] 뛰 ①가늘고 긴 물건이 휘어지며 가볍게 자꾸 흔들리는 모양. ②하재타 (걸음을 걸을 때) 다리에 힘이 없어 몸을 똑바로 가누지 못하고 좌우로 자꾸 빗나가는 모양. 회청회청.

회천 (回天) [회-/훼-] 몡하재 ①임금의 뜻을 돌이키게 함. ②형세를 일변시킴. 쇠퇴한 세력을 회복함. ¶회천의 대사업.

회:첨 (會檐) [회-/훼-] 몡 처마가 'ㄱ'자 모양으로 꺾이어 굽은 곳. 회첨.

회첩 (回帖·回貼) [회-/훼-] 몡 회답의 글.

회-청색 (灰靑色) [회-/훼-] 몡 잿빛을 띤 푸른 빛깔.

회초-간 (晦初間) [회-/훼-] 몡 그믐초승.

회초리 [회-/훼-] 몡 (어린아이를 때리거나 마소를 부릴 때 쓰는) 가는 나뭇가지. 채1.

회총 (懷寵) [회-/훼-] 몡 임금의 총애를 잃을까 두려워서 애태움. 지위를 잃을까 애태움.

회춘 (回春) [회-/훼-] 몡하재 ①봄이 다시 돌아옴. ②대단하던 병이 나아서) 건강이 회복됨. ③노인이 도로 젊어짐.

회춘 (懷春) [회-/훼-] 몡하재 춘정(春情)을 느낌. 〔특히, 나이 찬 여자가 색정(色情)을 느낌을 이름.〕

회춤 (會-) [회-] 몡 ①'골목'의 방언. ②'회첨'의 잘못.

회충 (蛔蟲) [회-/훼-] 몡 회충과의 기생충. 암컷은 20~30 cm, 수컷은 15~25 cm로 지렁이와 비슷함. 채소나 먼지에 섞여 사람의 몸에 들어와 기생함. 거위². 준회충.

회충-약 (蛔蟲藥) [회-냑/훼-냑] 몡 회충을 없애는 약. 〔산토닌·해인초 따위.〕 준회약.

회충-증 (蛔蟲症) [회-쯩/훼-쯩] 몡 ①'회충의 기생으로 말미암아 생기는 병'을 통틀어 이르는 말. ②☞거위배. 준회충.

회:치 (悔恥) [회-/훼-] 몡하타 뉘우쳐 부끄럽게 여김.

회칙 (回勅) [회-/훼-] 몡 가톨릭에서, 로마 교황이 온 세계의 주교(主敎)에게 보내는 같은 내용의 회장(回章)을 이르는 말.

회:칙 (會則) [회-/훼-] 몡 ☞회규(會規).

회침 (會-) [회-/훼-] 몡 〈회첨(會檐)〉의 변한말.

회-칼 (膾-) [회-/훼-] 몡 고기나 생선 따위를 얇게 썰어 내는 데 쓰는 칼.

회태 (懷胎) [회-/훼-] 몡하자타되자 ☞잉태.

회토 (懷土) [회-/훼-] 몡하재 ①살고 있는 고장에 정이 들어 안주(安住)하는 일. ②고향을 그림.

회통 (回通) [회-/훼-] 몡하재 통문(通文)에 대한 회답.

회통 (蛔痛) [회-/훼-] 몡 ☞거위배.

회:-판 [회-/훼-] 몡 〈회두리판〉의 준말.

회포 (懷抱) [회-/훼-] 몡 마음속에 품은 생각. ¶회포를 풀다.

회풍 (回風·廻風) [회-/훼-] 몡 ☞회오리바람.

회피 (回避) [회-/훼-] 몡하타 ①몸을 피하여 만나지 아니함. ②책임을 지지 않고 꾀를 부림. ③일하기를 꺼리어 선뜻 나서지 아니함.

회:하 (會下) [회-/훼-] 몡 불교에서, 사승(師僧) 아래에서 참선과 수도를 하는 학인(學人), 또는 그들이 수도하는 곳.

회:-하다 (晦-) [회-/훼-] 혱여 (밝지 아니하고) 어둡다.

회한 (回翰) [회-/훼-] 몡 회답의 편지. 반한(返翰).

회:한 (悔恨) [회-/훼-] 몡하타 뉘우치고 한탄함. 오한(懊恨). ¶이제 와서 회한의 눈물을 흘린들 무엇하리.

회:합 (會合) [회-/훼-] 몡 ①하재 모임. 집회(集會). ②같은 종류의 분자가 화학 결합을 하지 않고 둘 이상이 모여 분자 사이의 힘에 의하여 한 개의 분자처럼 행동하는 현상.

회항 (回航) [회-/훼-] 몡 ①하타 (목적하는 곳으로) 여러 곳으로 배를 항행함. ②하재 곳곳으로 돌아다니며 항해함. ③하재 처음 떠났던 곳으로 돌아가기 위해 항해함, 또는 그러한 항해. ④비행기나 배가) 기상 악화나 기체(機體) 결함 따위로 목적하는 곳으로 가지 못하고 되돌아가거나 되돌아옴.

회향 (回向·廻向) [회-/훼-] 몡 ①하재 얼굴을 돌려 딴 데로 향함. ②불교에서, 스스로가 쌓은 공덕이나 수행을 사람들이나 살아 있는 생명에게 되돌리는 일.

회향 (茴香) [회-/훼-] 몡 ①☞회향풀. ②한방에서, '회향풀의 열매'를 속병 따위의 약재로 이르는 말.

회향 (懷鄕) [회-/훼-] 몡하재 고향을 그리워함.

회향^발원심 (回向發願心) [회-/훼-] 몡 불교에서, 자신이 닦은 선근(善根)과 공덕을 돌려 정토(淨土)에 왕생하고자 하는 발원.

회향-병(懷鄕病)[회-뼝/훼-뼝]명 '고향을 몹시 그리워하는 마음'을 병에 견주어 이르는 말.

회향-유(茴香油)[회-뉴/훼-뉴]명 회향풀의 열매에서 채취한 무색의 기름. 건위(健胃)·거담(祛痰)·구풍(驅風)으로 씀.

회향-풀(茴香-)[회-/훼-]명 산형과의 다년초. 남유럽 원산으로 키는 2m가량. 독특한 향기가 있으며 여름에 노란 꽃이 핌. 열매는 길둥글고 향기가 짙은데, 기름을 짜기도 하고, 한방에서 약재로도 씀. 회향.

회혼(回婚)[회-/훼-]명 '혼인한 지 예순 돌 되는 날, 또는 그해'를 이르는 말.

회혼-례(回婚禮)[회-녜/훼-녜]명 회혼을 축하하는 잔치. 참다이아몬드혼식.

회홍(恢弘) '회홍하다'의 어근.

회홍-하다(恢弘-)[회-/훼-]형여 넓고 크다. 써 그럴듯하다.

회:화(會話)[회-/훼-]명하자 ①서로 만나서 이야기함, 또는 그 이야기. ②외국어로 이야기함, 또는 그 이야기. ¶영어 회화.

회:화(繪畫)[회-/훼-]명 그림.

회:화-과(繪畫科)[회-꽈/훼-꽈]명 대학에서, 회화를 전문적으로 연구하는 학과.

회화-나무(繪畫-)[회-/훼-]명 콩과의 낙엽 교목. 목재는 건축이나 가구에, 꼬투리는 약재로 쓰임. 괴목(槐木). 참홰나무.

회:화^문자(繪畫文字)[회-짜/훼-짜]명 ☞그림문자.

회:화-체(會話體)[회-/훼-]명 묻고 대답하는 형식으로 쓰여진 문체. 회화대체.

회확(恢廓) '회확하다'의 어근.

회확-대도(恢廓大度)[회-때-/훼-때-]명하형 도량이 넓고 큼.

회확-하다(恢廓-)[회화카-/훼화카-] Ⅰ타여 하던 사업의 범위나 규모를 넓히다. Ⅱ형여 도량이 넓다.

회환(回還)[회-/훼-]명하자 (떠났다가) 도로 돌아옴. 회래(回來). 환래(還來).

회회[회회/훼훼]用 ①여러 번 작게 감거나 감기는 모양. ¶붕대로 상처 난 손가락을 회회 감다. ②이리저리 작게 휘두르는 모양. 큰휘휘.

회회(恢恢) '회회하다'의 어근.

회회-교(回回敎)[회회-/훼훼-]명 ☞이슬람교.

회회-찬찬[회회-/훼훼-]用 여러 번 단단히 감거나 감기는 모양. 큰휘휘친친.

회회-청(回回靑)[회회-/훼훼-]명 도자기에 쓰는 푸른 물감. [아라비아에서 수입한 데서 붙은 이름.]

회회-하다(恢恢-)[회회-/훼훼-]형여 넓고 크다. 평 강당이 회회하다.

회훈(回訓)[회-/훼-]명하자 해외 공관의 청훈(請訓)에 대한 본국 정부의 회답 훈령(訓令).

회흑-색(灰黑色)[회-쎅/훼-쎅]명 잿빛을 띤 검은 빛깔. ¶곧 비라도 뿌릴 듯한 회흑색 하늘.

획[획/훽]用 ①갑자기 돌거나 돌리는 모양. ¶얼굴을 획 돌리다. ②돌아설 때 날쌔거나 갑작스러운 모양. ¶잡는 손을 획 뿌리치다. ③바람이 갑자기 부는 모양. 큰휙. **획-획**用.

획(畫)[획/훽]명 ①글씨나 그림에서, 붓으로 그은 줄이나 점 같은 것을 통틀어 이르는 말. ②☞자획(字畫). ③[의존 명사적 용법] 글씨나 그림에서, 붓 따위를 한 번 그은 줄이나 점을 세는 단위. ¶한 획 두 획 차근차근 썼다.

획을 긋다(관용) (한 시대나 시기를) 마감하거나 시작하다. ¶한 시대에 획을 그은 사건.

획급(劃給)[획끕/훽끕]명하타 (주어야 할 것을) 갈라 줌. 나누어서 줌. 획하(劃下).

획기-적(劃期的)[획끼-/훽끼-]관명 (어떤 일에서) 새로운 시대가 열릴 만큼 뚜렷한 (것). ¶획기적 성과. /획기적인 사건.

획단(劃斷)[획딴/훽딴]명하타 둘로 절단함.

획득(獲得)[획뜩/훽뜩]명하타 얻어 내거나 얻어 가짐. 손에 넣음. ¶금메달을 획득하다.

획득^형질(獲得形質)[획뜨경-/훽뜨켱-]명 생물이 일생 동안에 환경의 영향 또는 훈련에 의하여 얻는 변화된 형질. 습득 형질.

획력(畫力)[횡녁/훽녁]명 (글씨나 그림의) 획에 나타난 힘. ¶필력과 획력.

획리(獲利)[횡니/훽니]명하자 ☞득리(得利).

획법(畫法)[획뻡/훽뻡]명 (글씨나 그림의) 획을 긋는 법.

획수(畫數)[획쑤/훽쑤]명 (글자의) 획의 수.

획순(畫順)[획쑨/훽쑨]명 (글자의) 획을 긋는 순서.

획-시대적(劃時代的)[획씨-/훽씨-]관명 시대와 시대를 구획 지을 만한 (것).

획연(劃然) '획연하다'의 어근.

획연-하다(劃然-)[획견-/훽견-]형여 구별이 매우 분명하다. **획연-히**用.

획인(畫引)[획긴/훽긴]명 획수에 따라 글자를 찾는 한자 색인(索引)의 한 가지.

획일(劃一) '획일하다'의 어근.

획일^교:육(劃一敎育)[회길-/훼길-]명 (개개인의 개성 따위는 무시하고) 획일적으로 하는 교육. ↔개성 교육.

획일-적(劃一的)[회길쩍/훼길쩍]관명 ①(저마다의 사정이나 개성을 고려함이 없이) 모두를 똑같이 통일한 (것). ¶획일적 사고. /획일적인 모양의 간판. ②한결같이 변함이 없는 (것).

획일-주의(劃一主義)[회길-의/훼길-이]명 개성을 무시하고 인위적으로 통일하여 규격화하는 경향.

획일-하다(劃一--)[회길-/훼길-]형여 ①모두가 한결같아서 변함이 없다. ②줄을 친 듯이 가지런하다.

획정(劃定)[획쩡/훽쩡]명하타되자 명확히 구별하여 정함.

획지(劃地)[획찌/훽찌]명 건축용으로 구획 정리를 하는 데 단위가 되는 땅.

획창(劃唱·劃唱)[획-/훽-]명 국궁(國弓)에서, 정순(正巡)에 때 과녁을 맞혔을 경우 '맞혔소'하고 외치는 사람.

획책(劃策)[획-/훽-]명하타 일을 꾸밈. 계책을 세움.

획출(劃出)[획-/훽-]명하타 꾀를 생각해 냄.

획하(劃下)[회카/훽카]명하타 ☞획급(劃給).

획화(劃花)[회콰/훽콰]명 도자기에 칼로 음각(陰刻)한 그림.

횟-가루(灰-)[회까-/훽까-]명 석회 가루. [생석회·소석회 따위를 두루 이르는 말.]

횟-감(膾-)[회깜/훽깜]명 회를 만드는 거리가 되는 고기나 생선.

횟-돌(灰-)[회똘/훽똘]명 ☞석회암.

횟돌다자 (옛)휘돌다. 빙빙 돌다. ¶灣은 믈 횟도는 싸히오 環은 횟돌 써라(楞解10:7).

횟-물(灰-)[횐-/훿-]명 ☞석회수.

횟-반(灰-)[회빤/훽빤]명 뭉치어 굳어진 석회의 조각.

횟-방아(灰-)[회빵-/훽빵-]명 석회에 고운 모래를 섞어 물을 치고 짓찧는 일.

횟-배(蛔-)[회빼/휃뻬]圏 ⇨거위배.

횟수(回數)[회쑤/휃쑤]圏 차례의 수효. ¶횟수가 잦다. /횟수를 거듭하다.

횟:-집(膾-)[회찝/휃찝]圏 생선회를 파는 음식점.

횡(橫)[횡/휑]閘 ①바람이 갑자기 빠르게 부는 소리. ②(작은 것이) 바람을 일으키며 빠르게 날아가거나 떠나가 버리는 소리, 또는 그 모양. ¶머리 위로 돌멩이가 휑 날아갔다. (훈)횡.

횡(橫)[횡/휑]圏 가로. ↔종(縱).

횡가(橫柯)[횡-/휑-]圏 가로 벋은 나뭇가지.

횡각(橫閣)[횡-/휑-]圏 불교에서, 절의 큰 방에 잇대어 만들어 놓은 '누각'을 이르는 말.

횡간(橫看)[횡-/휑-]圏 ①하타(글을) 가로 읽음. ②가로 그은 줄 안에 벌여 적은 표. ③조선 시대에, 각 궁이나 관아 또는 관리에게 1년 동안 지급할 현물을 벌여 적었던 기록.

횡강-목(橫杠木)[횡-/휑-]圏 입관(入棺) 때 관 위에 가로 걸쳐 놓은 세 개의 가는 막대기.

횡갱(橫坑)[횡-/휑-]圏 땅속으로 가로로 파 들어간 갱도. ↔수갱(垂坑).

횡격(橫擊)[횡-/휑-]圏하타 (적을) 측면에서 공격함.

횡격-막(橫膈膜·橫膈膜)[횡경-/휑경-]圏 흉강(胸腔)과 복강(腹腔)을 나누는 근육성의 막. 포유류에만 있음. 가로막. (준)격막.

횡견(橫見)[횡-/휑-]圏하타 빗겨 봄. 곁눈질함.

횡경(橫經)[횡-/휑-]圏하자 (경서를 끼고 다닌다는 말로) '열심히 학문을 함'을 이르는 말.

횡경-문난(橫經問難)[횡-/휑-]圏 경서(經書)를 끼고 다니면서 어려운 것을 물음.

횡관(橫貫)[횡-/휑-]圏하타 가로 꿰뚫음. 동서로 꿰뚫거나 지나감. ↔종관(縱貫).

횡구(橫句)[횡꾸/휑꾸]圏 거짓된 문구(文句).

횡단(橫斷)[횡-/휑-]圏하타 ①가로 끊음. ②가로 지나감. 동서로 지나감. ③(도로를) 가로질러 감. ↔종단.

횡단-로(橫斷路)[횡-노/휑-노]圏 ①(도로를) 가로질러 다닐 수 있게 된 길. ②(대륙이나 바다 따위를) 횡단하는 항로.

횡단-면(橫斷面)[횡-/휑-]圏 (물체를) 길이에 직각으로 자른 면. ↔종단면.

횡단-보도(橫斷步道)[횡-/휑-]圏 안전표지나 도로표지에 따라 사람이 횡단하도록 해 놓은 차도의 한 부분.

횡단^비행(橫斷飛行)[횡-/휑-]圏 (대륙이나 해양 따위를) 가로지르는 장거리 비행.

횡단-주의(橫斷主義)[횡-의/휑-이]圏 자본 계급들과 노동 계급들이 저마다 조합을 만들어서 대립하려는 주의. ↔종단주의.

횡담(橫談)[횡-/휑-]圏하타 함부로 지껄임.

횡대(橫帶)[횡-/휑-]圏 ①가로 맨 띠. 가로띠. ②가름대. ③관(棺)을 묻은 뒤 광중(壙中) 위를 덮는 널.

횡대(橫隊)[횡-/휑-]圏 가로줄을 지은 대오(隊伍). ¶4열 횡대로 행군하다. ↔종대.

횡도(橫道)[횡-/휑-]圏 ①가로 난 길. 횡로(橫路). ②옳지 못한 길. 정도에서 벗어난 길.

횡득(橫得)[횡-/휑-]圏하타 뜻밖에 이득을 봄.

횡-듣다(橫-)[횡-따/휑-따][~들으니·~들어]타드 (무슨 말을) 잘못 듣다.

횡래 지액(橫來之厄)[횡내-/휑내-]圏 뜻밖에 닥쳐오는 재액(災厄). (준)횡액.

횡렬(橫列)[횡녈/휑녈]圏하자 가로로 줄을 지음, 또는 그 줄. ↔종렬.

횡렬(橫裂)[횡녈/휑녈]圏 ①가로 찢어지거나 벌어짐. ②꽃밥이 가로 벌어져 꽃가루가 날리는 열개법(裂開法)의 한 가지. (무궁화 따위.)

횡렴(橫斂)[횡념/휑념]圏하타 무법하게 조세를 거둠.

횡령(橫領)[횡녕/휑녕]圏하타 되자 남의 재물을 불법으로 가로챔. ¶공금 횡령. (비)착복.

횡로(橫路)[횡노/휑노]圏 ⇨횡도(橫道).

횡류(橫流)[횡뉴/휑뉴]圏 ①하자 물이 제 곬으로 흐르지 아니하고 엉뚱한 데로 흐름. ②하타 물품을 부정하게 팔거나 빼돌림.

횡리(橫罹)[횡니/휑니]圏하자 뜻밖의 재앙을 당함.

횡면(橫面)[횡-/휑-]圏 옆면. 측면.

횡목(橫木)[횡-/휑-]圏 가로질러 놓은 나무.

횡문(橫文)[횡-/휑-]圏 가로쓰기로 쓴 글.

횡문(橫紋)[횡-/휑-]圏 가로무늬.

횡문(橫聞)[횡-/휑-]圏하타 잘못 들음.

횡문-근(橫紋筋)[횡-/휑-]圏 ⇨가로무늬근.

횡보(橫步)[횡-/휑-]圏하자 모로 걸음, 또는 그런 걸음. (참)게걸음.

횡-보다(橫-)[횡-/휑-]타 잘못 보다.

횡부-가(橫負歌)[횡-/휑-]圏 ⇨가루지기타령.

횡사(橫死)[횡-/휑-]圏하자 뜻밖의 재앙을 당해 죽음. 변사(變死). ¶비명에 횡사하다.

횡사(橫斜)[횡-/휑-]圏하자 가로 비낌.

횡사(橫肆)[횡-/휑-]圏 '횡사하다'의 어근.

횡사-하다(橫肆-)[횡-/휑-]휑여 ⇨횡자하다.

횡산(橫産)[횡-/휑-]圏하타 (아이를) 가로 낳음, 곧 아이의 팔부터 나옴.

횡서(橫書)[횡-/휑-]圏하타 가로쓰기. ↔종서(縱書).

횡선(橫線)[횡-/휑-]圏 가로 그은 줄. 가로금. 가로줄. ↔종선(縱線).

횡선^수표(橫線手票)[횡-/휑-]圏 표면의 위쪽에 두 줄의 평행선을 그은 수표. (오지인이 자기 거래 은행에 일단 예입(預入)한 후에야 현금 결제를 받을 수 있음.)

횡설수설(橫說竪說)[횡-/휑-]圏하자 조리가 없는 말을 함부로 지껄임, 또는 그 말. ¶술에 취하여 횡설수설하다. (비)선소리2.

횡수(橫-)[횡-/휑-]圏 장기·바둑 따위에서, 잘못 보고 둔 수.

횡수(橫竪)[횡-/휑-]圏 ①가로와 세로. ②공간과 시간. ③불교에서, 수행(修行)에 필요한 자력(自力)과 타력(他力)을 이르는 말. ③가로 길이.

횡수(橫數)[횡-/휑-]圏 뜻밖의 운수.

횡수-막이(橫數-)[횡-/휑-]圏하자 민속에서, 그해의 액운을 막으려고 정월에 하는 무당굿.

횡-십자(橫十字)[횡-짜/휑-짜]圏 ⇨가로십자.

횡-압력(橫壓力)[횡암녁/휑암녁]圏 지각(地殼)에 가로 방향으로 미는 압력.

횡액(橫厄)[횡-/휑-]圏 ⇨'횡래지액'의 준말.

횡역(橫逆)[횡-/휑-]圏 '횡역하다'의 어근.

횡역-하다(橫逆-)[횡여카-/휑여카-]휑여 떳떳한 이치에 어그러져 있다.

횡영(橫泳)[횡-/휑-]圏 ⇨모잽이헤엄.

횡와(橫臥)[횡-/휑-]圏하자 가로 누움. 모로 누움.

횡의(橫議)[횡의/휑이]圏 (도리에) 어긋나는 의논.

횡일(橫逸)[횡-/휑-]圏하자 제멋대로 놂.

횡일(橫溢)[횡-/휑-]圏하자 (물이) 가로 흘러 넘침.

횡일-성(橫日性)[횡-성/휑-썽]囘 식물체의 일부 기관이 빛의 자극 방향에 대하여 직각으로 굴곡하는 성질.

횡자(橫恣) ‘횡자하다’의 어근.

횡자-하다(橫恣-)[횡-/휑-]囹 막되고 방자하다. 횡사(橫肆)하다.

횡-장자(橫障子)[횡-/휑-]囘 (방 안의 외풍을 막기 위하여) 사방의 벽에 나무오리를 덧대어 종이로 써서 바른 장지. 횡장자.

횡-장지(橫障-)[횡-/휑-]囘 ☞횡장자.

횡재(橫災)[횡-/휑-]囘困丞 뜻하지 않은 재난을 당함, 또는 그 재난.

횡재(橫財)[횡-/휑-]囘困丞 뜻밖에 재물을 얻음, 또는 그렇게 얻은 재물.

횡-적(橫的)[횡적/휑적]囘판 어떤 사물에 횡(橫)으로 관계하는 (것). ¶횡적 구조. /횡적인 관계. ↔종적(縱的).

횡적(橫笛)[횡-/휑-]囘 ☞저1.

횡적 사회(橫的社會)[횡적싸회/휑적싸훼] (근대 자유 민주주의 사회와 같이) 사회 구성원 간의 자유로운 의사에 따른 계약으로 맺어진 평등 관계의 사회.

횡절(橫截)[횡-/휑-]囘困丞 가로 자름.

횡정(橫政)[횡-/휑-]囘 아주 못된 정치.

횡제(橫堤)[횡-/휑-]囘 (강 바닥을 일부 좁히기 위하여) 강의 흐름에 대하여 직각으로 쌓은 제방.

횡조(橫組)[횡-/휑-]囘 가로짜기.

횡-좌표(橫座標)[횡-/휑-]囘 ‘가로좌표’의 구용어.

횡주(橫走)[횡-/휑-]囘困丞 ①가로 달림. ②함부로 날뛰며 다님. ③옳지 못한 짓을 함. 횡치(橫馳).

횡죽(橫竹)[횡-/휑-]囘困丞 담뱃대를 뻗치어 묾, 또는 그 담뱃대.

횡지-성(橫地性)[횡-썽/휑-썽]囘 굴지성의 한 가지. 식물의 지하경(地下莖)이 중력의 방향에 대하여 거의 직각으로 굴곡하는 성질.

횡징(橫徵)[횡-/휑-]囘困丞 (세금이나 빚 따위를) 부당하게 물리어 받음.

횡창(橫窓)[횡-/휑-]囘 ☞교창(交窓).

횡철(橫綴)[횡-/휑-]囘 ①가로 꿰맴. ②자모(字母)를 가로 풀어서 쓰는 철자.

횡초지공(橫草之功)[횡-/휑-]囘 〚싸움터에서 풀을 눕힌 공이란 뜻으로〛 전장에 나가 산과 들을 누비며 싸운 공.

횡축(橫軸)[횡-/휑-]囘 ①가로로 꾸민 족자. ②‘가로축’의 구용어.

횡출(橫出)[횡-/휑-]囘困丞 올바르지 못한 행동을 함.

횡치(橫馳)[횡-/휑-]囘困丞 ☞횡주(橫走).

횡침(橫侵)[횡-/휑-]囘困丞 무법(無法)하게 침범함.

횡탈(橫奪)[횡-/휑-]囘困丞 무법하게 빼앗음.

횡파(橫波)[횡-/휑-]囘 ①(배 따위의 진행 방향에서 보아) 옆으로 밀려드는 물결. ②파동을 전파하는 매질(媒質)이 파동의 진행 방향에 수직으로 진동하는 파동. 고저파(高低波). ↔종파(縱波).

횡판(橫板)[횡-/휑-]囘 가로 놓은 널빤지.

횡포(橫暴)[횡-/휑-]囘困뛍 제멋대로 굴며 난폭함. ¶횡포가 심하다. /횡포를 부리다.

횡폭(橫幅)[횡-/휑-]囘 가로나비.

횡-해안(橫海岸)[횡-/휑-]囘 산맥의 축(軸)과 직각을 이루는 해안. ↔종해안(縱海岸).

횡행(橫行)[횡-/휑-]囘困丞 ①모로 감. ②거리낌 없이 멋대로 행동함. ¶도둑들이 횡행하는 거리.

횡향(橫向)[횡-/휑-]囘困丞 얼굴을 모로 돌려 향함.

횡혈-식(橫穴式)[횡-/휑-]囘 ☞굴식(窟式).

횡화(橫禍)[횡-/휑-]囘 뜻하지 않은 화난(禍難). ¶횡화를 입다. /횡화를 당하다.

효(爻)囘 주역(周易)의 괘(卦)를 나타내는 하나하나의 가로 그은 획. 〔‘一’을 양(陽), ‘一’을 음(陰)으로 하여 밑에서부터 초효(初爻), 이효(二爻)… 상효(上爻)라 함〕.

효(孝)囘 어버이를 잘 섬기는 일. ↔불효.

효:감(孝感)囘困丞 효성이 지극한 행동에 신인(神人)이 감동함.

효:건(孝巾)囘 ☞두건(頭巾).

효:경(孝經)囘 유교 경전의 한 가지. 공자와 그의 제자 증자가 효도에 대하여 논한 것을 제자들이 기록한 책. 연대 미상.

효:경-언해(孝經諺解)囘 조선 선조 때, 최세진(崔世珍)이 ‘효경’을 번역한 책. 1권 1책.

효:계(曉鷄)[-계/-게]囘 새벽을 알리는 닭.

효:과(效果)囘 ①보람 있는 결과. ¶복습한 효과가 나타난다. ②영화나 연극에서, 시각이나 청각을 통하여 장면의 실감을 자아내려고 곁들이는 의음(擬音)·음악·조명 따위. ¶이 연극은 음향 효과로 주제를 부각시켰다. ③유도에서, 메치기나 누르기가 ‘유효(有效)’에 미치지 못한 경우에 심판이 선언하는 판정 용어.

효:과-음(效果音)囘 연극이나 영화 또는 방송극 따위에서, 진행과 배경의 극적 효과를 위해 내는 음향. 의음(擬音).

효:과-적(效果的)囘판 효과가 있는 (것). ¶효과적인 사용. /효과적인 방법. /빈방을 효과적으로 활용한다.

효근(曉近)囹 작은. ¶노폰 묏 밧근 다 효근 뫼히로다(杜初25:11). 卽효근.

효:기(曉起)囘困丞 새벽에 일찍 일어남.

효기(驍騎·梟騎)囘 용맹하고 날랜 기병(騎兵).

효근(옛) 卽효근.

효:녀(孝女)囘 효성스러운 딸.

효:능(效能)囘 효험을 나타내는 성능.

효:달(曉達)囘困丞 (사물의 이치 따위를) 환히 깨달아서 앎. 통효(通曉). 卽통달.

효:대(絞帶)囘 상복(喪服)에 띠는 삼띠.

효:덕(孝德)囘 어버이를 잘 섬기는 마음.

효:도(孝道)囘困丞 어버이를 잘 섬김, 또는 그 도리.

효도(를) 보다판 아들딸이나 며느리로부터 효도로 섬김을 받는다.

효:두(曉頭)囘 이른 새벽. 먼동이 틀 무렵.

효:두-발인(曉頭發靷)囘困丞 새벽에 발인함, 또는 그 발인.

효:득(曉得)囘困丞 깨달아서 앎. 효해(曉解).

효란(淆亂)囘困뛍 ☞혼란(混亂).

효:려(孝廬)囘 상제(喪制)가 거처하는 곳.

효:력(效力)囘 ①(어떤 사물에 대한) 효과나 효험을 나타내는 힘. 보람. 효험. ¶약의 효력. ②법률이나 규칙 따위의 작용. ¶효력 정지 가처분 신청.

효:렴(孝廉)囘 효도하는 사람과 청렴한 사람.

효:로(效勞)囘 힘들인 보람.

효맹(梟猛)囘 ‘효맹하다’의 어근.

효맹-하다(梟猛-)囹 건장하고 날쌔다.

효:모(酵母)囘 ☞효모균.

효:모-균(酵母菌)<명> 자낭균(子囊菌)의 한 무리. 엽록소가 없고 원형 또는 타원형이며 대개는 출아(出芽)로 번식함. 당분을 알코올과 탄산가스로 분해하는 발효 작용을 하므로 술 따위의 양조와 빵 제조에 널리 쓰임. 효모. 뜸팡이. 발효균. 이스트.

효목(梟木)<명> 왕조 때, 죄인을 처형하여 목을 매달던 나무. 옥문대(獄門臺).

효:무(曉霧)<명> 새벽의 안개.

효박(淆薄)<명> '효박하다'의 어근.

효박-하다(淆薄-)[-바카-]<형여> (인정이나 풍속이) 어지럽고 경박하다. ¶효박한 인정. /풍속이 효박하다.

효:복(孝服)<명> '상복(喪服)'의 딴 이름.

효:부(孝婦)<명> 효성스러운 며느리.

효:빈(效顰)<명> ①옳게 배우지 않고, 거죽만 배우는 일. ②덩달아 남의 흉내를 내거나 남의 결점을 장점인 줄 잘못 알고 본뜨는 일. 〔고대 중국 월나라의 미인 서시(西施)는 속병이 있어 항상 얼굴을 찡그리고 있었는데, 어느 못생긴 여자가 얼굴만 찡그리면 예뻐지는 줄 알고 자기도 얼굴을 찡그리고 있었다는 고사에서 유래함〕

효사(爻辭)<명> 주역(周易)에서, 한 괘(卦)를 이루는 각 효(爻)의 뜻을 설명한 글.

효상(爻象)<명> ①좋지 못한 몰골이나 광경. 경광(景光). ②☞괘상(卦象).

효:상(曉霜)<명> 새벽에 내리는 서리.

효:색(曉色)<명> 새벽의 빛. 새벽 경치.

효:성(孝誠)<명> 마음을 다하여 어버이를 섬기는 정성. ¶효성이 지극하다.

효:성(曉星)<명> ①샛별. ②(드문드문 남아 있는) 새벽 하늘의 별.

효:성-스럽다(孝誠-)[-따][~스러우니·~스러워]<형ㅂ> 어버이를 섬기는 태도가 정성스럽다. 효성스레<부>

효:소(酵素)<명> 생체 안에서 만들어지는 단백질을 주성분으로 한 고분자 화합물. 생체의 거의 모든 화학 반응에 관여하므로 생명 활동과 밀접한 관계가 있음. 술이나 된장 따위의 양조에 쓰이고, 소화제 따위 의약품에도 쓰임. 뜸씨. 뜸팡이.

효수(梟首)<명><하자> 지난날, 죄인의 목을 베어 높이 매달던 일.

효순(孝順)<명> '효순하다'의 어근.

효:순-하다(孝順-)<형여> 효성스럽고 유순하다.

효:습(曉習)<명><하타> 깨달아 익숙하게 됨.

효시(梟示)<명><하타><되자> (뭇사람을 경계하기 위하여) 죄인의 목을 베어 매달아 대중에게 보임.

효시(嚆矢)<명> ①소리 나는 화살. 우는살. ②(지난날, 중국에서 개전(開戰)의 신호로 우는살을 먼저 쏘았다는 데서) 사물이 비롯된 '맨 처음'을 비유하여 이르는 말. ¶'상춘곡(賞春曲)'은 가사 문학의 효시이다.

효:심(孝心)<명> 효성스러운 마음. ¶엄하게 키운 자식일수록 부모에 대한 효심이 지극한 법이다.

효:양(孝養)<명><하타> 효도하며 봉양함.

효연(曉然)<명> '효연하다'의 어근.

효:연-하다(曉然-)<형여> ☞요연(瞭然)하다. 효연-히<부>

효:열(孝烈)<명> ①효행과 열행. ②효자와 열녀.

효:오(曉悟)<명><하타> 깨달음, 또는 깨닫는 것.

효:용(效用)<명> ①☞효험(效驗). ②(어떤 물건의) 쓸모. 용도. ¶여러 효용을 가진 쇠붙이. ③경제학에서, 소비자가 느끼는 재화나 용역을 소비함으로써 느끼는 만족의 크기를 이르는 말.

효:우(孝友)<명> 어버이에 대한 효도와 동기에 대한 우애. 효제(孝悌).

효웅(梟雄)<명> 사납고 용맹스러운 영웅.

효:유(曉諭·曉喩)<명><하타> 알아듣도록 타이름.

효:율(效率)<명> ①기계가 한 일의 양과 소비된 에너지와의 비율. ¶효율이 떨어지다. ②들인 노력에 대하여 얻어진 결과의 정도. ¶효율을 고려한 작업 체제. ↔비효율.

효:율-적(效率的)[-쩍]<관><명> 효율이 큰 (것). 노력에 대하여 얻은 결과가 큰 (것). ¶효율적 생산. /보다 효율적인 방법을 찾아보자. ↔비효율적.

효:자(孝子)Ⅰ<명> 효성스러운 아들. Ⅱ<대> 제사를 지낼 때, 제주(祭主)가 부모의 혼백에게 자기를 이르는 일인칭 대명사.

효:자(孝慈)<명> 어버이에 대한 효도와 자식에 대한 자애.

효:자-문(孝子門)<명> 효자를 표창하고 널리 본을 보이기 위하여 세운 정문(旌門).

효장(驍將·梟將)<명> 사납고 날쌘 장수.

효:정(效情)<명><하자> 정성을 다함. 정성을 나타냄.

효:제(孝悌)<명><하자> ☞효우(孝友).

효:제충신(孝悌忠信)<명> 효도·우애·충성·신의를 아울러 이르는 말.

효:조(孝鳥)<명> 〔어미에게 먹이를 물어다 주어 보은한다는 데서〕 '까마귀'를 달리 이르는 말.

효:종(曉鐘)<명> 새벽에 치는 종.

효:죽(孝竹)<명> ☞솟대.

효:중(孝中)<명> 남을 높이어 그의 '상중(喪中)'을 이르는 말.

효증(哮症)[-쯩]<명> ☞백일해(百日咳).

효:천(曉天)<명> 새벽 하늘. 새벽녘.

효:충(效忠)<명><하자> 충성을 다함.

효:칙(效則)<명><하타> 본받아 법으로 삼음.

효:칙(曉飭)<명><하타> 타일러 경계하여 줌.

효:친(孝親)<명><하자> 어버이에게 효도함.

효한(驍悍·梟悍)<명> '효한하다'의 어근.

효:한-하다(驍悍--·梟悍-)<형여> 날쌔고 사납다.

효:해(曉解)<명><하자> ☞효득(曉得).

효:행(孝行)<명> 어버이를 잘 섬기는 행실.

효:험(效驗)<명> 일의 좋은 보람. 효과. 효용. ¶효험을 보다. /효험이 있다.

혹다 <옛> 작다. 잘다. ¶籠는 혹곤 대롤 엿거 부논 거시라(釋譜13:53). @혁다.

혁덕다 <옛> 자잘하다. ¶혁더근 거슬 키야 中堂애 올오라(杜初18:1).

후[1]<부> 입을 우므리고 입김을 많이 불어 내는 소리. @호. 후-후[부]

후[2](후유)의 준말.

후(后)<명> 〈후비(后妃)〉의 준말.

후:(後)<명> ①뒤. 다음. ¶떠난 후. ↔전(前). ②〈추후(追後)〉의 준말.

후:(侯)<명> 〈후작(侯爵)〉의 준말.

후:가(後家)<명> 뒷집.

후:가(後嫁)<명><하자> ☞개가(改嫁). 후살이.

후:가(厚價)[-까]<명> 후한 값.

후:각(後脚)<명> 뒷다리. ↔전각(前脚).

후:각(後覺)<명><하타> (남보다) 뒤늦게 깨달음. ↔선각.

후각(嗅覺)<명> 오감(五感)의 하나. 냄새에 대한 감각. 〔척추동물은 코, 곤충류는 더듬이에 있음.〕 @후감(嗅感). ¶후각이 발달하다.

후각-기(嗅覺器)[-끼]<명> 냄새를 느끼는 감각 기관. 척추동물은 코, 곤충류는 더듬이임. 후관.

후:감(後勘)명 ①후일의 감당. ②[하자]뒷일을 미루어 헤아림.

후:감(後鑑)명 훗날의 귀감.

후감(嗅感)명 ⇨후각(嗅覺).

후:강(後腔)명 국악 형식에서 세 마디로 나눌 때, 맨 나중 가락의 마디. 참전강(前腔)·중강(中腔).

후-거리(後−)명 '후걸이'의 잘못.

후:-걸이(後−)명 안장에 걸어 말의 궁둥이를 꾸미는 제구.

후:견(後見)[하타] 친권자가 없는 미성년자, 또는 금치산자를 보호하며 그들의 법률 행위를 대리하는 일.

후:견-인(後見人)명 후견의 직무를 맡은 사람.

후:경(後頸)명 목의 뒤쪽. 목 뒤.

후:계(後繼)[−계/−게]명 뒤를 이음.

후:계-자(後繼者)[−계−/−게−]명 뒤를 받아 잇는 사람. ¶후계자로 삼다. /후계자를 양성하다.

후:고(後考)명 ①[하타]나중에 상고(詳考)함. ②훗날의 증거.

후:고(後顧)명 ①[하자]지난 일을 돌아보아 살핌. ②뒷날의 근심.

후골(喉骨)명 결후(結喉).

후관(嗅官)명 ⇨후각기(嗅覺器).

후:광(後光)명 ①불교에서, 부처의 몸에서 비치는 광명의 빛, 또는 그것을 형상화한 불상 뒤의 둥근 금빛의 테. 광배(光背). 배광(背光). 원광(圓光). ②기독교에서, 성화(聖畫) 중의 인물을 감싸는 금빛. ③어떤 인물 또는 사물을 더욱 빛나게 하는 배경. ¶아버지의 후광을 업고 정계에 진출하다.

후:군(後軍)명 ①뒤에 있는 군대. ↔전군(前軍). ②지난날, 임금이 거둥할 때 뒤를 호위하던 군대.

후:굴(後屈)명 뒤쪽으로 굽어 있음.

후:궁(後宮)명 비빈(妃嬪)이 사는 궁전에서, 제왕의 '첩'을 이르던 말. ↔정비(正妃).

후궁(弝弓)명 삼사미로부터 도고지까지 뽕나무를 댄 활.

후금(喉衿)명 [목구멍과 옷깃이라는 뜻으로] '중요한 곳'을 비유하여 이르는 말.

후:급(後給)명 (값이나 삯을) 나중에 치러 줌. ↔선급(先給).

후:기(後記)명 ①뒷날의 기록. ②[하타][되자](본문 뒤에) 덧붙여 기록함, 또는 그 글. ②발문. ②↔전기(前記).

후:기(後氣)명 버티어 나가는 힘.

후:기(後期)명 ①뒤의 기간, 또는 시기. ②〈후반기〉의 준말. ③뒤의 기약(期約). ①②↔전기(前期).

후기(候騎)명 척후(斥候)하는 기병.

후:기^인상파(後期印象派)명 19세기 말 프랑스에서, 인상주의에 대한 반동으로 인상파의 화풍(畫風)을 한층 더 개성적으로 발전시킨 세잔·고흐·고갱 따위의 회화상의 유파.

후끈[하자]무 ①갑자기 몹시 뜨거운 느낌이 일어나는 모양. ②얼굴이나 몸이 갑자기 몹시 달아오르는 모양. ¶얼굴이 후끈 달아오르다. ③흥분이나 긴장 따위가 갑자기 몹시 고조되는 모양. ¶부동산 경기가 후끈 달아오르다. 참화끈. ①②후끈<del>후끈</del>.

후끈-거리다[자] 자꾸 후끈후끈하다. 후끈대다. 참화끈거리다.

후끈-대다[자] 후끈거리다.

후끈-하다[형여] 몹시 뜨거운 느낌이 있다. ¶방 안 공기가 후끈하다. 참화끈하다.

후:난(後難)명 ①뒷날의 재난. ②뒷날 또는 후인(後人)의 비난.

후:년(後年)명 ①내년의 다음 해. 내명년(來明年). ¶후년까지는 꼭 장가를 가겠다. ②몇 해가 지난 뒤. ¶그 청년은 후년 성악가로 대성했다.

후:념(後念)명 ①후려(後慮). ②훗날의 근심.

후:뇌(後腦)[−뇌/−눼]명 대뇌 아래에 있는 뇌의 한 부분.

후늘다[타] [옛] 흔들다. ¶錫杖을 후느더시니(月釋8:77). /두 그를 구디 자바 후느러(救間6:67). 참흐늘다.

후다닥무 ①재빠르게 몸을 움직이는 모양. ¶떠나려는 버스에 후다닥 올라타다. ②일을 재빠르게 해치우는 모양. ¶설거지를 후다닥 해치우다. 후다닥-후다닥무[하자]

후닥닥[−딱]무 ①몸시 급하게 서두르는 모양. ¶숙제를 후닥닥 끝내다. ②갑자기 날쌔게 움직이거나 뛰어나가는 모양. ¶전화를 받고는 정신없이 후닥닥 달려 나가다. 참화닥닥. 후닥닥-후닥닥무[하자]

후닥닥-거리다[−따거−]자 자꾸 후닥닥후닥닥하다. 후닥닥대다. 참화닥닥거리다.

후닥닥-대다[−딱때−]자 후닥닥거리다.

후:단(後段)명 뒤의 단.

후:담(後談)명 그 뒤의 이야기.

후:당(後堂)명 정당(正堂) 뒤에 있는 별당.

후:대(後代)명 뒤의 세대. ⇨선대·전대.

후:대(後隊)명 ①뒤에 있는 대오(隊伍). ②후방의 부대.

후:대(厚待)명[하타] 후하게 대접함, 또는 그러한 대접. ¶후대를 받다. ↔박대(薄待).

후더분-하다[형여] 열기가 차서 조금 더운 느낌이 있다. ¶비가 오려는지 날이 후더분하다. 후더분-히무.

후:-더침(後−)명 아이를 낳은 뒤에 일어나는 잡병. 출후탈(後頃).

후:덕(厚德)명[하형] (언행이) 어질고 두터움, 또는 그러한 덕행. ¶후덕한 성품. ↔박덕(薄德).

후:덕-군자(厚德君子)명 [−꾼−] (언행이) 어질고 덕이 두터운 사람.

후덥지근-하다[−찌−]형여] 열기가 차서 답답할 정도로 더운 기운이 있다. ¶바람 한 점 없는 후덥지근한 날씨. 참후텁지근하다.

후:독(後毒)명 ⇨여독(餘毒).

후:두(後頭)명 뒤통수. ↔전두(前頭).

후두(喉頭)명 인두(咽頭)에 이어져 기관(氣管)을 잇는 호흡기의 한 부분. 공기가 통하고 소리를 내는 기관임.

후두개^연:골(喉頭蓋軟骨)명 후두의 입구에 있는, 탄력성이 풍부한 뚜껑 모양의 연골. 음식물을 넘길 때 자동적으로 후두를 막아 식도(食道)로 유도함. 회염 연골.

후두^결절(喉頭結節)[−쩔−]명 ⇨갑상 연골.

후:-두골(後頭骨)명 머리 뒤쪽의 두개골을 이루는 큰 뼈.

후두두무 빗방울 따위가 갑자기 떨어지는 소리. ¶우박이 후두두 떨어지다.

후두-암(喉頭癌)명 후두에 생기는 암종(癌腫).

후두-염(喉頭炎)명 후두에 생기는 염증. 목이 아프고 가래가 성함. 후두 카타르.

후두-음(喉頭音)명 ⇨후음(喉音).

후두^카타르(喉頭catarrh)명 ⇨후두염.

후-둥이(後-)圓 쌍둥이 중에서 나중에 태어난 아이. ↔선둥이.

후드(hood)圓 ①두건 모양의 머리쓰개. ②환기를 위하여 가스대 위나 화장실 등에 설치하는 공기 배출기.

후드득튀하자 ①깨나 콩 따위를 볶을 때 크게 튀는 소리. ②총이나 딱총 따위가 한 차례 크게 터지는 소리. ③큰 나뭇가지나 검불 따위가 한 차례 세게 타오르는 소리. ④굵은 빗방울이 한 차례 뿌리는 소리. ⑤파초 잎에 후드득 떨어지는 빗방울. ㉛호드득. 후드득-후드득튀하자.

후드득-거리다¹[-꺼-]자 자꾸 후드득후드득하다. 후드득대다. ㉛호드득거리다¹.

후드득-거리다²[-꺼-]자 경망스럽게 자꾸 방정을 떨다. 후드득대다². ㉛호드득거리다².

후드득-대다¹[-때-]자 ☞후드득거리다¹.

후드득-대다²[-때-]자 ☞후드득거리다².

후들-거리다자타 자꾸 후들후들하다. 후들대다. ¶다리가 후들거려서 더는 못 걷겠다.

후들-대다자타 후들거리다.

후들-후들튀하자타 ①(물기나 먼지를 뒤집어쓴 짐승이) 묻은 것을 자꾸 떠는 모양. ②(지치거나 분함을 참지 못하여) 다리나 몸을 자꾸 떠는 모양.

후딱튀 빨리 날쌔게 움직이는 모양. ¶후딱 해치우다. 후딱-후딱튀.

후락(朽落)圓하자 ①낡고 썩어서 못 쓰게 됨. ②오래되어 빛깔이 변함.

후:래(後來)圓하자 뒤에 옴. 늦게 옴.

후:래-삼배(後來三杯)圓 술자리에서, 늦게 온 사람에게 권하는 석 잔의 술.

후:래-선배(後來先杯)圓 술자리에서, 늦게 온 사람에게 먼저 술을 권함.

후:략(後略)圓하타 (말이나 문장 따위의) 뒷부분을 줄임. 하략(下略). ㉛전략·중략.

후량(餱糧)圓 먼 길을 떠나는 사람이 가지고 가는 양식.

후레-아들圓 '본데없이 막되게 자라서 버릇이 없는 사람'을 욕으로 이르는 말. 후레자식. ㉛호래아들.

후레-자식(-子息)圓 후레아들. ㉛호래자식.

후:려(後慮)圓 뒷날의 염려. 뒷일에 대한 근심 걱정.

후려-갈기다타 손이나 채찍 따위로 힘껏 후려치다. ¶손바닥으로 뺨을 후려갈기다.

후려-내다타 매력으로 남의 정신을 어지럽게 하여 꾀어내다.

후려-잡다[-따]타 ①후리어서 자기 손아귀에 넣다. ¶머리채를 후려잡다. ②'사람이나 사물에 대하여 강력한 지배력을 가지는 것'을 비유하여 이르는 말.

후려-치다타 손이나 채찍 따위로 힘껏 때리다. ¶채찍으로 말 잔등을 후려치다.

후련-하다혐 ①가슴에 더부룩하던 것이 내려 시원하다. ②마음에 맺혔던 일이 풀리어서 시원스럽다. ¶가슴이 후련하다. 후련-히튀.

후:염(←後染)圓하타 빛깔이 바랬거나 물이 잘 들지 못한 옷감 따위에 다시 물을 들임. 본후염(後染).

후:렴(後斂)圓 둘 이상의 절(節)로 이루어진 시나 가사에서, 반복되어 나타나는 각 절의 마지막 부분. 후념(後念).

후:렴(厚斂)圓 조세를 몹시 무겁게 거둠.

후로(朽老)圓 나이가 많아 기력이 쇠약해짐, 또는 그러한 사람.

후:록(後錄)圓 글이 끝난 뒤 그 끝에 덧붙여 쓰는 기록.

후:록(厚祿)圓 (벼슬아치에게 주는) 후한 봉급.

후:료(厚料)圓 후한 급료.

후:료-아문(厚料衙門)圓 조선 시대에, 호조·선혜청 등과 같이 돈과 곡식에 관한 일을 맡아보던 관아.

후:룡(後龍)圓 풍수설에서, 집터·도읍터·묏자리 등의 뒤쪽으로 내려뻗은 주산(主山)을 이르는 말.

후루루튀 ①하자 호루라기나 호각 따위를 세게 불 때 나는 소리. ㉛호르르. ②'후르르'의 잘못.

후루룩튀 ①하자 날짐승이 갑자기 날개를 치며 날아가는 소리. ¶비둘기 떼가 후루룩 날아오르다. ②하타 물이나 죽 따위를 세게 빨아 들이마시는 소리. ¶미음을 단숨에 후루룩 들이마시다. ㉛호로록. 후루룩-후루룩튀하자타.

후루룩-거리다[-꺼-]자타 자꾸 후루룩후루룩하다. 후루룩대다. ㉛호로록거리다.

후루룩-대다[-때-]자타 후루룩거리다.

후룩튀 ①하자 날짐승이 날개를 재게 치며 가볍게 날아오르는 소리. ¶새가 바위 위로 후룩 날아오르다. ②하타 묽은 액체를 세게 빨아 들이마시는 소리. ¶국물을 후룩 마시다. ㉛호록. 후룩-후룩튀하자타.

후룩-거리다[-꺼-]자타 자꾸 후룩후룩하다. 후룩대다. ㉛호록거리다.

후룩-대다[-때-]자타 후룩거리다.

후:륜(後輪)圓 자동차·자전거 따위의 뒷바퀴. 뒷바퀴 구동 자동차. ↔전륜(前輪).

후르르튀하자 ①새가 날개를 치며 가볍게 나는 소리. ¶까치가 후르르 날다. ②종이 따위가 삽시간에 타오르는 모양. ㉛호르르.

후리圓〈후릿그물〉의 준말.

후:리(厚利)圓 ①큰 이익. ②비싼 이자.

후리다타 ①휘둘러 몰다. ②모난 곳을 깎거나 베어 버리다. ¶모서리를 후려 내다. ③갑자기 잡아채서 빼앗다. ④그럴싸한 방법으로 남의 정신을 어지럽게 하여 꾀어내다. ¶사내를 후리다. ⑤휘둘러서 때리거나 치다. ¶따귀를 후리다. ㉛호리다.

후리쁘다[옛] 휩쓸다. ¶후리쁠 루:捲(訓蒙下23).

후리-질圓하자 ①후릿그물로 물고기를 잡는 일. ②모조리 후리어 들이는 짓.

후리-채圓 날벌레 따위를 후려 사로잡는 데 쓰는 물건. 코가 듬성듬성한 그물에 자루가 달려 있음.

후리-후리圓하혐 몸이 가늘고 키가 커서 늘씬한 모양. ¶후리후리한 키. ㉛호리호리.

후림圓 남을 후리는 일. 후리는 솜씨. ㉛호림.

후림대-수작(-酬酌)[-때-]圓 남을 꾀어 후리느라고 늘어놓는 말, 또는 그 짓.

후림-불[-뿔]圓 ①갑작스레 정신없이 휩쓸리는 서슬. ②남의 일에 아무 까닭 없이 걸려드는 일.

후림-비둘기[-삐-]圓 다른 비둘기를 꾀어 후리는 비둘기.

후릿-가래질[-리까-/-끼-]圓하자 논둑이나 밭둑을 후리어 깎는 가래질.

후릿-고삐[-리꼬-/-릳꼬-]圓 말이나 소를 후리어 몰기 위해 길게 단 고삐.

후릿-그물[-리끄-/-릳끄-]圓 자루의 양 끝에 긴 줄이 달린 그물을 강이나 바다에 둘러쳐 두었다가 두 끝을 당기어 고기를 잡는 그물. ㉛후리.

후:망(後望)圀 후보름. ↔선망(先望).

후망(嗅望)圀ᕮ타 높직한 곳에 올라서서 멀리 내려다보며 경계함.

후매(詬罵)圀ᕮ타 ⇨후욕(詬辱).

후:-머리(後-)圀 ①순서 있게 계속하여 가는 일의 끝. ②행렬의 뒷부분. ↔선머리.

후:면(後面)圀 ①뒤쪽의 면. 뒷면. ↔전면. ②절의 큰방의 뒤쪽. 어린 사미(沙彌)들이 앉는 곳임.

후:명(後命)圀 지난날, 귀양살이를 하는 죄인에게 사약(賜藥)을 내리던 일.

후:모(後母)圀 계모(繼母). ↔전모(前母).

후목-분장(朽木糞墻)[-뿐-]圀 〔조각할 수 없는 썩은 나무와 고쳐 칠할 수 없는 썩은 담이란 뜻으로〕'정신이 썩어 쓸모없는 사람'을 비유하여 이르는 말.

후무리다타 남의 물건을 슬그머니 휘몰아서 제 것으로 가지다.

후:문(後門)圀 뒷문. ↔정문(正門).

후:문(後聞)圀 뒷소문.

후:문(厚問)圀 남의 슬픈 일이나 기쁜 일에 정중한 인사의 뜻으로 부조를 두터이 함.

후문(喉門)圀 목구멍.

후물-거리다재 자꾸 후물후물하다. 후물대다.

후물-대다타 후물거리다.

후:-물림(後-)圀 남이 쓰다가 남은 물건을 물려받는 일, 또는 그 물건.

후물-후물閉ᕮ타 ①이가 빠진 입으로 음식을 우물거리며 자꾸 씹는 모양. ②(입 안에 든 음식을) 잘 씹지 않고 대강대강 씹는 모양.

후미圀 산길이나 물길 따위가 굽어 들어간 곳.

후:미(後尾)圀 ①뒤쪽의 끝. ②대열의 맨 끝.

후:미(後味)圀 뒷맛.

후:미(厚味)圀ᕮ톏 ①음식의 맛이 진함, 또는 그 맛. ②음식이 맛이 썩 좋고 먹음직스러움, 또는 그 음식.

후미-지다톏 ①산길이나 물길 따위가 매우 깊이 굽어 들어가 있다. ¶후미진 강기슭. ②자리가 매우 구석지고 으슥하다. ¶인적 없는 후미진 골목.

후:박(厚朴)[1]圀 한방에서, '후박나무의 껍질'을 약재로 이르는 말. 구토·곽란·복통·설사 등에 쓰임.

후박(厚朴)[2] '후박하다'의 어근.

후:박(厚薄)圀 ①두꺼움과 얇음. 얇음.②두텁게 대하는 일과 박하게 대하는 일. 풍박(豊薄).

후:박-나무(厚朴-)[-방-]圀 녹나뭇과의 상록 교목. 바닷가나 산기슭에 나는데 높이 20 m, 지름 1 m가량. 잎은 두껍고 긴 달걀 모양임. 늦봄에 황록색 꽃이 핌. 나무껍질은 한방에서 약재로, 목재는 가구재 따위로 쓰임.

후:박-하다(厚朴-)[-바카-]톏형 인정(人情)이 두텁고 거짓이 없다. ¶후박한 농촌 인심.

후:반(後半)圀 둘로 나눈 것의 뒷부분이 되는 절반. ¶경기는 후반에서 역전되었다. ↔전반.

후반(候班)圀 임금을 뵐 때의 품계의 차례.

후:반-기(後半期)圀 한 기간을 둘로 나누었을 때의 뒤의 기간. ⤷후기. ↔전반기.

후:반-부(後半部)圀 둘로 나눈 것의 뒤의 절반 부분. ↔전반부.

후:-반생(後半生)圀 사람의 한평생을 둘로 나누었을 경우 뒤의 반에 해당하는 인생. ↔전반생.

후:반-전(後半戰)圀 (전반과 후반으로 나누어 하는 경기에서) 후반에 하는 경기. ¶후반전에서 더욱 기세를 올리다. ↔전반전.

후:발(後發)ᕮ재 (남보다) 나중에 나서거나 떠남. ¶후발 업체. ↔선발(先發).

후:발-대(後發隊)[-때]圀 다른 부대보다 나중에 떠나는 부대. ↔선발대.

후:발적 불능(後發的不能)[-쩍뿔릉]圀 계약이 성립될 때에는 이행할 수 있었던 일이 나중에 이행할 수 없게 된 상태.

후:방(後方)圀 ①뒤쪽. 뒤쪽에 있는 곳. ②적과 직접 마주해 있는 지역의 뒤에 있는 모든 지역. ③'전쟁이 벌어지고 있지 않은 지역이나 국내'를 전쟁터에 상대하여 이르는 말. ¶부상자를 후방으로 이송하다. ↔전방.

후:방(後房)圀 뒷방.

후:배(後配)圀 죽은 후실. ↔전배.

후:배(後陪)圀 ⇨위요(圍繞)[1]. ②지난날, 벼슬 아치가 출입할 때에 거느리고 다니던 하인.

후:배(後輩)圀 ①(전문으로 하는 일이 같으면서) 나이나 지위·경력 따위가 아래인 사람. ②같은 학교나 직장 등에 나중에 들어온 사람. 후진. ¶대학교 후배. ᕮ후생. ↔선배·전배.

후:-백제(後百濟)[-제]圀 후삼국(後三國)의 하나. 신라 효공왕(孝恭王) 때 상주(尙州) 사람 견훤(甄萱)이 완산주(完山州)에 세운 나라로, 건국 45년 만에 고려에 패망함.〔892~936〕

후:번(後番)[-뻔]圀 다음 차례. 후번. ¶후번에 만나기로 약속하다.

후벼-내기圀 끌밥을 후비어 내는 연장.

후:보(後報)圀 뒤의 소식. 뒤에 전해진 보도.

후:보(厚報)圀 두터운 보수.

후보(候補)圀 ①앞으로 어떤 신분이나 지위에 오를 자격을 가지며 뽑힐 수 있는 범위에 들어 있는 처지, 또는 그러한 사람. ¶새 위원장의 후보로 부위원장이 물망에 오른다. ②선거에서, 선출되기를 바라서 스스로 나선 사람. ¶국회의원 후보. ③정원이 미달일 때 그 자리를 채울 자격을 가진 처지, 또는 그러한 사람. ¶국가 대표 후보 선수.

후:-보름(後-)圀 한 달을 둘로 나눈 뒤쪽의 보름 동안, 곧 열엿새부터 그믐날까지의 동안. ↔선보름.

후보-생(候補生)圀 일정한 과정을 마침으로써 어떤 직에 오를 수 있는 자격을 갖춘 생도.

후보-자(候補者)圀 후보가 되는 사람.

후:부(後夫)圀 후살이하는 여자의 남편. 계부(繼夫). ↔전남편.

후:부(後部)圀 ①뒤의 부분. ↔전부(前部). ②대오나 행렬의 뒤의 부분.

후:분(後分)圀 사람의 한평생을 초분·중분·후분의 셋으로 나눈 것의 마지막 부분. 늘그막의 운수.

후:불(後佛)圀 ①미래에 나타난다는 '미륵불(彌勒佛)'을 달리 이르는 말. ②불상 뒤쪽의, 천이나 종이에 그려 붙인 부처의 그림.

후:불(後拂)圀ᕮ되ᕮ재 물건을 먼저 받거나 일을 모두 마친 뒤에 돈을 치름. ↔선불(先拂).

후:비(后妃)圀 임금의 아내. ⤷후(后).

후비다타 ①구멍이나 틈 따위의 속을 긁고 깊게 긁어 도려내다. ②속에 붙은 것을 구멍을 통하여 어떤 기구로 끄집어내다. ¶귀를 후비다. ③일의 비밀이나 내막을 자세하 캐다. ᕮ호비다. ④우비다.

후비적-거리다[-꺼-]타 자꾸 후비적후비적하다. 후비적대다. ᕮ호비작거리다. ④우비적거리다.

후비적-대다[-때-]타 후비적거리다.

후비적-후비적[-저쿠-]**휘하타** 자꾸 후비어 파 내는 모양. ㉒호비작호비작. ㉔우비적우비적.

후:사(後事)**명** ①뒷일. ②죽은 뒤의 일.

후:사(後嗣)**명** 대를 잇는 아들. 후승(後承). ¶후사를 보다.

후:사(厚賜)**명하타** (윗사람이 아랫사람에게 물품 따위를) 후하게 내려 줌.

후:사(厚謝)**명하자** 후하게 사례함, 또는 그 사례. ¶지갑을 주워서 돌려준 사람에게 후사하다.

후:산(後山)**명** 풍수설에서, 도읍터·집터·묏자리 따위의 뒤쪽에 있는 산을 이르는 말.

후:산(後産)**명하자** 산모가 아이를 낳은 뒤에 태반이나 난막 따위가 나오는 일.

후:-살이(後-)**명하자** 여자가 개가하여 사는 일. 개가(改嫁). 후가(後嫁).

후:-삼국(後三國)**명** 신라 말의 '신라·후백제·태봉의 삼국'을 아울러 이르는 말.

후:상(厚賞)**명하타** 후하게 상을 줌, 또는 그런 상.

후:생(後生)**명** ①자기보다 뒤에 태어난(태어날) 사람. 후대의 사람. ②자기보다 뒤에 배우는 사람. ㉑후배·후진. ③☞내생(來生).

후:생(厚生)**명** 생활이 넉넉해지도록 돕는 일. ¶후생 복지.

후:생◦**광:상**(後生鑛床)**명** 광물을 지닌 바위가 생겨난 뒤에 생긴 광상.

후:생-동:물(後生動物)**명** 단세포인 원생동물을 뺀, 다른 모든 동물을 통틀어 이르는 말.

후:생-비(厚生費)**명** 후생을 위해 쓰이는 돈.

후:생^시:설(厚生施設)**명** 후생을 위해 베풀어 놓은 시설.

후:생◦주:택(厚生住宅)**명** 주택난을 덜기 위하여 입주자(入住者)가 큰 부담이 되지 아니하는 지불 방법으로 살 수 있도록 지은 주택.

후:-서방(後書房)[-써-]**명** ☞후부(後夫).

후설(喉舌)**명** ①목구멍과 혀. ②<후설지신>의 준말.

후:설^모:음(後舌母音)**명** 혀의 뒤쪽 바닥을 높이어 연구개에 가까이 하고 입술을 둥글게 하여 소리 내는 단모음. ['ㅗ'·'ㅜ'가 이에 딸림.] ㉑전설 모음·중설 모음.

후설-음(喉舌音)**명** ☞연구개음.

후설지신(喉舌之臣)[-찌-]**명** 후설지임을 맡은 신하. ㉣후설.

후설지임(喉舌之任)[-찌-]**명** 〔왕조 때, 임금의 명령과 조정의 언론을 맡았다는 뜻으로〕'승지의 직임(職任)'을 이르던 말.

후:성(後聖)**명** 후세에 나타난 성인.

후성(喉聲)**명** 목소리.

후:세(後世)**명** ①뒤의 세상. 뒷세상. ¶후세에 남기다. ②다음에 오는 세대의 사람들. ③☞내세(來世). 미래세. ↔전세(前世).

후:속(後續)**명하자되자** 뒤를 이음. ¶후속 드라마. /후속 조처를 취하다.

후:속(後屬)**명** ☞후손(後孫).

후손(朽損)**명하자되자** 나무 따위가 썩어서 헒.

후:손(後孫)**명** 여러 대가 지난 뒤의 자손. 성손(姓孫). 세사(世嗣). 여예(餘裔). 자손. 후손(後屬). 후예. ㉣손(孫).

후:송(後送)**명하타** ①후방으로 보냄. ¶후송 열차. ②나중에 보냄.

후:쇄-본(後刷本)**명** ☞후인본(後印本).

후:수(後手)**명** 바둑이나 장기 따위에서, 뒤에 두는 일. 또는, 상대편에게 선수를 빼앗기어 이끌려 따라 두는 일. ↔선수(先手).

후:수(後綬)**명** 지난날, 예복이나 제복을 입을 때 뒤에서 띠 아래로 늘어뜨리던 수놓은 천.

후:수(厚酬)**명** 두둑한 보수.

후:순위-채(後順位債)**명** ☞후순위 채권.

후:순위^채:권(後順位債券)[-꿘]**명** 채권을 발행한 기업이 도산했을 경우, 채권자들에게 진 빚을 모두 갚은 후에야 지급을 요구할 수 있는 채권. 채권 이자가 시중 금리보다 월등히 높음. 후순위채.

후:술(後述)**명하자타** 뒤에 기술함. ↔전술(前述).

후:승(後承)**명** ☞후사(後嗣).

후:식(後食)**명하타** (무엇을) 나중에 먹음. ②☞디저트.

후:신(後身)**명** ①다시 태어난 몸. ②(어떤 물체나 단체 따위가 변하였을 때) 변하기 전의 것에 대하여 '변한 후의 것'을 이르는 말. ¶미술 전문 학교의 후신인 예술 대학. ↔전신(前身).

후-신경(嗅神經)**명** 콧구멍 속의 점막에 분포되어 냄새를 맡는 감각 신경.

후:실(後室)**명** <후처>의 높임말. 계배(繼配). 계실(繼室). 후실댁.

후:실-댁(後室宅)[-땍]**명** ☞후실.

후:안(厚顏)**명하형** 〔낯가죽이 두껍다는 뜻으로〕 '뻔뻔스러움'을 이르는 말. 철면피.

후안(候雁)**명** 철에 따라 깃들이는 곳을 달리하는 기러기.

후:안-무치(厚顏無恥)**명하형** 뻔뻔스러워 부끄러움을 모름. ¶후안무치한 인물.

후:약(後約)**명** 뒷날의 약속. 뒤에 하기로 하는 기약.

후여감 ☞쉬.

후약(嗅藥)**명** 냄새를 맡아서 그 자극으로 진정시키거나 정신을 차리게 하는 약.

후:열(後列)**명** 뒤로 늘어선 줄. ↔전열(前列).

후:염(後染)**명** <후렴(後染)>의 본딧말.

후:예(後裔)**명** ☞후손(後孫).

후욕(詬辱)**명하타** 꾸짖고 욕함. 후매(詬罵).

후:원(後苑)**명** 왕비가 거처하는 곳에 풍치로 만들어 놓은 동산.

후:원(後援)**명하타** 뒤에서 도와줌. ¶후원 단체. /후원을 받다.

후:원(後園)**명** 집 뒤에 있는 작은 동산이나 정원.

후:원-군(後援軍)**명** 후원의 사명을 띤 군대.

후:원-금(後援金)**명** 개인이나 단체의 활동·사업 등을 돕기 위한 기부금. ¶독지가의 후원금으로 운영되는 고아원.

후:원-자(後援者)**명** 후원하여 주는 사람.

후:원-회(後援會)[-회/-훼]**명** 어떤 개인이나 단체를 도와주기 위하여 조직된 모임.

후:위(後衛)**명** ①(진지 따위의) 뒤쪽을 지키는 사람. ②<후위대>의 준말. ③(테니스·배구 따위에서) 자기편의 뒤쪽을 지키는 선수. ¶후위 공격. ↔전위(前衛).

후:위-대(後衛隊)**명** 본대(本隊)의 뒤쪽을 호위하는 부대. ㉣후위.

후유감 ①일이 몹시 고되고 힘에 부칠 때 내는 소리. ②잔뜩 긴장하였다가 겨우 마음을 놓게 될 때 숨을 크게 내쉬는 소리. ㉤후유2.

후:유-증(後遺症)[-쯩]**명** ①병을 앓다가 회복한 뒤에도 남아 있는 병적 증세. ②어떤 일을 치르고 난 뒤에 생긴 여러 가지 부작용.

후:은(厚恩)**명** 두터운 은혜.

후음(喉音)**명** 내쉬는 숨을 목젖을 마찰하여 내는 소리. 〔옛 자모인 'ㆆ'·'ㆅ'·'ㅎ' 따위.〕 목소리. 목구멍소리. 후두음.

후:의(厚意)[-의/-이]몡 남을 위해 베푸는 두터운 마음씨. 후정(厚情). ¶후의에 감사하다.

후:의(厚誼)[-의/-이]몡 서로 사귀어 두터워진 정의(情誼). ¶후의를 다지다.

후:인(後人)몡 뒷시대의 사람. 후세의 사람. 훗사람. ↔선인(先人)·전인(前人).

후:인-본(後印本)몡 (목판본에 있어서) 같은 판에서 뒤에 박아 낸 책. 후쇄본. ↔초인본.

후:일(後日)몡 뒷날. 훗날. ↔전일(前日).

후:일-담(後日談·後日譚)[-땀]몡 (어떤 일이 다 끝난 후에) 그 일 또는 그 일 이후에 벌어진 경과에 대하여 덧붙이는 세세하고 자질구레한 이야기.

후:임(後任)몡 (어떤 지위나 직책 따위를) 앞사람을 대신하여 그 일을 맡는 일, 또는 그 사람. ¶후임 장관. ↔선임(先任)·전임(前任).

후:임-자(後任者)몡 후임으로 들어선 사람. ↔임자·전임자.

후:자(後者)몡 둘을 들어 말한 가운데서 뒤의 것이나 사람. ¶후자의 견해가 옳다. ↔전자(前者).

후작(侯爵)몡 오등작(五等爵)의 둘째 작위. 공작의 아래, 백작의 위. ☞후(侯).

후:작(後作)몡 ①(지금의 작품이 아닌) 뒤의 작품. 윗글 그루. ↔전작(前作).

후:장(後場)[1]몡 거래소에서, 오후에 여는 거래. ↔전장(前場).

후:장(後場)[2]몡 다음 번에 서는 장.
　후장 떡이 클지 작을지 누가 아나(속담) 미래의 일은 짐작하기가 어렵다는 말.

후:장(後裝)몡하 총신이나 포신의 뒷부분에 있는 폐쇄기를 여닫아 탄약을 장전함, 또는 그러한 장치. ☞전장(前裝).

후:장(厚葬)몡하 후하게 장례를 치름, 또는 그 장례.

후:정(後庭)몡 뒤꼍. 뒤뜰.

후:정(厚情)☞후의(厚意).

후:-제(後-)몡 뒷날의 어느 때.

후조(候鳥)몡 철새.

후:주(後主)몡 뒤를 이은 임금. 특히, 사가(史家)가 말엽의 임금을 이르는 말. 촉나라의 유선(劉禪) 등. ↔선주(先主).

후:주(後酒)몡 술의 웃국을 떠내고 재강에 물을 부어 다시 거른 술.

후줄근-하다형여 ①옷이나 피륙 따위가 젖어서 풀기가 없어져 추레하다. ②몸이 지쳐 기운이 없다. ㉮호줄근하다. 후줄근-히틘

후:중(朽中)몡 품질이 좋은 소나무로 짠 널.

후:중(後重)몡하 대변을 눌 때에 뒤가 무지근한 느낌이 있음.

후:중-기(後重氣)[-끼]몡 뒤가 무지근한 기운이나 느낌.

후:증(後證)몡 뒷날의 증거.

후:증(喉症)[-쯩]몡 ☞인후병(咽喉病).

후:지(後肢)몡 뒷다리.

후:지(厚志)몡 두터운 정. 친절한 마음.

후:지(厚紙)몡 두껍고 무게가 있는 종이.

후직(后稷)몡 ①고대 중국의 순(舜)임금 때, 농사일을 관장하던 관직 이름. ②중국 주나라의 선조. 농사일을 잘 다스렸다 함.

후:진(後陣)몡 뒤쪽에 친 진. ↔전진(前陣).

후:진(後進)몡 ①사회나 관계(官界) 따위에 뒤늦게 나아감, 또는 그런 사람. ②몡하 ¶후진을 위해 물러나다. ㉯후생(後生). ③몡하자 문물의 발달이 뒤떨어짐. ↔선진. ④몡하자 차 따위가 뒤쪽으로 나아감. 후퇴. ↔전진(前進).

후:진-국(後進國)몡 산업·경제·문화 따위가 다른 나라보다 뒤떨어진 나라. ↔선진국.

후:진-성(後進性)[-썽]몡 (어떤 생각이나 상태 따위가) 일정한 수준에서 뒤지거나 뒤떨어진 모양, 또는 그러한 성질.

후:집(後集)몡 시집이나 문집 따위를 낸 뒤에 그것에 잇대어서 내거나, 또는 다시 추리어서 만든 책. ↔전집(前集).

후:처(後妻)몡 ①재취하여 맞은 아내. ②〈재취〉·〈후취〉·〈후실〉의 낮춤말. ㉰계실. ↔전처(前妻).

후:천(後天)몡 ①천운(天運)에 뒤짐. ②성질·체질·질병 따위를 태어난 뒤의 여러 가지 경험이나 지식을 통해 지니게 되는 일. ↔선천(先天). ③천도교에서, 천도교가 창건된 이후의 세상을 이르는 말. ¶후천 개벽.

후:천-론(後天論)[-논]몡 ①온갖 사상이나 사실은 모두 경험에 따라 이루어진 것이라는 학설. ②모든 도덕적 의식은 경험에서 나온다는 학설.

후:천-병(後天病)[-뼝]몡 유전 없이 후천적으로 생기는 병.

후:천-사(後天事)몡 현실과는 상관없는 먼 뒷날의 일.

후:-천성^면^역^결핍증(後天性免疫缺乏症)[-썽-결-쯩]몡 인간 면역 결핍 바이러스가 생체의 면역 기구를 파괴하는, 사망률이 높은 병. 에이즈.

후:천-적(後天的)관몡 ①태어난 뒤에 얻게 된 성질의 (것). ¶후천적 노력. ②교통사고로 인한 후천적인 장애. ㉰아 포스테리오리. ↔선천적(先天的).

후추(後-)몡 후추나무의 열매. 호초(胡椒).

후추-나무몡 후춧과의 상록 만목. 인도 남부 산의 재배 식물. 줄기는 지름 2 cm가량으로 원기둥 모양이며, 잎은 두껍고 넓은 달걀 모양임. 열매는 둥글고 붉게 익는데, 맵고 향기로워 조미료로 쓰임.

후추-하다형여 배 속이 비어 먹고 싶은 느낌이 있다.

후춧-가루[-추까-/-춧까-]몡 후추를 갈아서 만든 가루. 양념으로 쓰임.

후충(候蟲)몡 철을 따라 나오는 벌레.〔봄의 나비, 가을의 귀뚜라미 따위.〕

후:취(後娶)몡하 ☞재취(再娶). ㉯후처(後妻). ↔전취(前娶).

후:치-사(後置詞)몡 체언의 뒤에 놓여, 그 체언과 다른 단어와의 문법적 관계를 나타내는 말. ㉰전치사.

후킹(hooking)몡 럭비에서, 스크럼에 들어간 공을 발로 자기편으로 끌어내는 일.

후:탈(後頉)몡 ①병이 나은 뒤나 해산한 뒤에 생기는 몸의 병증. ②일을 치르고 난 뒤에 생기는 탈. ②뒤탈. ㉰후더럼.

후터분-하다형여 불쾌할 정도로 무더운 기운이 있다. ¶후터분한 공기. 후터분-히틘

후텁지근-하다형여 [-찌-]몡 매우 후터분하다. ¶장마철의 후텁지근한 날씨. ㉯후덥지근하다. 후텁지근-히틘

후토(后土)몡 토지의 신.

후:퇴(後退)[-퇴/-퉤]몡하자 ①뒤로 물러감. 후진(後進). ¶작전상의 후퇴. ↔전진(前進). ②(발전하지 못하고) 기운이 약해짐. ¶주택경기의 후퇴/개혁 의지가 후퇴하다. ③집채의 뒤쪽으로 이어 놓은 물림.

후투티[명] 후투팃과의 새. 몸길이 28 cm가량. 날개와 꽁지는 흑색과 백색의 줄무늬가 있고, 등은 분홍색을 띤 갈색, 배는 흰. 부리는 길고 갈고리처럼 굽었으며 파도 모양으로 천천히 낢. 농촌 또는 농경지 부근이나 야산에서 암수가 함께 삶. 우리나라에서는 중부 이북에서 볼 수 있는 드문 여름새임. 오디새.

후파문-하다[형어] 〔많고 푸지다는 뜻으로〕 '생각한 것보다 너무 적음'을 비꼬는 말.

후패(朽敗)[명][하자] 썩어서 쓸모가 없게 됨.

후:편(後便)[명] ①뒤쪽. ②나중에 가는 인편이나 차편. ③나중에 보내는 편지.

후:편(後篇)[명] 두 편으로 나누어진 책이나 영화 따위의 뒤편. ↔전편(前篇).

후:폐(後弊)[명] 뒷날의 폐단.

후:폐(厚幣)[명] 두터운 예물.

후:폭(後幅)[명] 뒤폭.

후:풍(厚風)[명] 순박하고 인정이 두터운 풍속.

후풍(候風)[명][하자] 배가 떠날 무렵에 순풍을 기다림.

후:필(後筆)[명] 문필가의 후진(後進)을 이르는 말.

후:-하다(厚-)[형어] ①인심이 두텁다. ②얇지 않고 두껍다. ③마음씀이나 태도 따위가 인색하지 않다. ¶후한 보수. ↔박하다. **후:-히**[부].

후:학(後學)[명] ①후진의 학자, 말학(末學). ¶후학을 양성하다. ↔선학. ②뒷날에 도움이 될 학문. ③학자가 '자기'를 겸손하게 이르는 말.

후:항(後項)[명] ①뒤에 적힌 조항. ②둘 이상의 항 가운데서 뒤의 항. ↔전항(前項).

후:행(後行)[명] ①혼인 때 신부나 신랑을 데리고 가는 사람. ⑨상객(上客)¹. ②뒤에 처져 감. ③어떤 현상보다 뒤에 일어나거나 진행됨.

후:형질(後形質)[명] 원형질의 생활 작용의 결과로 생긴 배설물이나 저장물.

후:환(後患)[명] 어떤 일로 말미암아 뒷날에 생기는 걱정이나 근심. ¶후환이 두렵다.

후:황(厚況)[명] 넉넉하게 받는 봉록(俸祿).

후:회(後悔)[명][하자타] 이전의 잘못을 뉘우침. ¶그때의 일이 두고두고 후회된다.

후:회-막급(後悔莫及)[명]—[하자] 〔—끔/—훼—끔]명] 일이 잘못된 뒤라 아무리 뉘우쳐도 어찌할 수 없음. 서제막급(噬臍莫及). 추회막급(追悔莫及).

후:회-막심(後悔莫甚)[—끔/—싐/—훼—싐]명] 매우 후회스러움. ¶내가 왜 그때 그 사람을 잡지 않았는지 후회막심하다.

후후[부] 입을 둥글게 오므려 내밀고 입김을 자꾸 세게 내뿜는 소리, 또는 그 모양. ¶뜨거운 물을 후후 불며 마시다. ④호호².

후후-거리다[타] 자꾸 후후하며 입김을 불다. 후후대다. ④호호거리다.

후-후년(後後年)[명] ☞내후년(來後年).

후후-대다[타] 후후거리다.

훅[부] ①액체를 단숨에 세게 들이마실 때 나는 소리. ¶소주 한 잔을 훅 들이켜다. ②입을 오므리고 입김을 한 번 세게 내부는 소리. ¶담배 연기를 훅 내뿜다. ③높은 데를 가볍게 뛰어넘는 모양. ¶장애물을 훅 뛰어넘다. ①②③ 혹. ④[하자타].

훅(hook)[명] 권투에서, 팔꿈치를 꾸부리고 옆으로 치는 일.

훅-하다[후카-][자어] 날쌔게 덤비다.

훅-훅[후쿡][부][하자] 더운 기운이 세차게 끼치는 모양.

훈(訓)[명] 한자의 새김.

훈(暈)[명] ①어떤 물체의 중심을 향해 색다른 빛으로 고리처럼 둘린 테. 〔햇무리·달무리 따위.〕 ②부스럼의 가로 둘리어 있는 독기. ③그림이나 글씨의 획에서 번지는 먹이나 물감의 흔적.

훈(勳)[명] ①〈훈공(勳功)〉의 준말. ②〈훈위(勳位)〉의 준말.

훈(壎·塤)[명] 질로 구워 만든 고대 중국 악기의 한 가지.

훈(熏)[명][하자] 약재를 태우거나 강한 열을 가하여 거기에서 발산되는 기운을 쐬어 병을 다스리는 일.

훈감-하다[형어] ①맛이 진하고 냄새가 좋다. ②푸짐하고 호화스럽다.

훈:계(訓戒)[—계/—게][명][하자타] 타일러 경계함. ¶훈계를 늘어놓다.

훈:계^방:면(訓戒放免)[—계/—/—게—][명] 경범자(輕犯者)를 훈계하여 놓아줌. ④훈방.

훈:고(訓告)[명][하자] 알아듣도록 깨우치고 타이름.

훈:고(訓詁)[명] 경서(經書)의 고증·해명·주석 등을 통틀어 이르는 말.

훈:고-학(訓詁學)[명] 경서의 어려운 낱말이나 어구를 연구하는 학문.

훈공(勳功)[명] 나라를 위하여 세운 공로. 공훈. 훈로(勳勞). ④훈(勳).

훈관(勳官)[명] 작호(爵號)만이 있고, 직분(職分)은 없는 벼슬.

훈구-파(勳舊派)[명] 조선 초기의 각종 정변(政變)에서 공을 세워 높은 관직을 지내던 관료층을 이르는 말. 관학파(官學派).

훈기(勳記)[명] 훈장과 더불어 내리는 증서.

훈기(薰氣)[명] ①훈훈한 기운. ¶방 안에 훈기가 돌다. ②인정으로 생기는 '훈훈한 분위기'를 비유하여 이르는 말. ◑훈김.

훈-김(薰-)[명] ①김 따위로 말미암아 생기는 훈훈한 기운. ②'권세 있는 사람의 세력'을 비유하여 이르는 말. ◑훈기(薰氣).

훈도(薰陶)[명][하자][되자] 학문이나 덕으로써 사람을 감화(感化)함.

훈:독(訓讀)[명][하자타] 한자의 뜻을 새기어 읽음. ↔음독(音讀).

훈등(勳等)[명] 훈공의 등급.

훈:련(訓練·訓鍊)[—년][명][하자][되자] 무예나 기능 등을 실지로 활용할 수 있도록 배워 익힘. ¶예비군 훈련.

훈:련-대장(訓鍊大將)[—년][명] 조선 시대, 훈련도감의 종1품의 주장(主將).

훈:련-도감(訓鍊都監)[—년][명] 조선 시대, 임진왜란 때에 오위(五衛)의 군제가 무너지고 생긴 오군영(五軍營)의 하나. 수도를 경비하고 삼수(三手)의 무예를 훈련하였음.

훈:련도감-본(訓鍊都監本)[—년][명] 조선 시대에, 훈련도감에서 간행한 책. 〔주로, 목활자본(木活字本)인 것이 특징임.〕

훈:련-병(訓鍊兵)[—년][명] 훈련 기관에서 훈련을 받고 있는 병사. ④훈병.

훈:련-소(訓鍊所)[—년][명] 훈련을 하기 위하여 마련한 처소, 또는 그 기관. ¶신병 훈련소. /훈련소에 입소하다.

훈:련-원(訓鍊院)[—년][명] 조선 시대에, 병사의 시재(試才), 무예의 연습, 병서의 강서(講書) 등에 관한 일을 맡아보던 관아.

훈:령(訓令)[명][하자] 상급 관청이 하급 관청에 내리는 훈시나 명령.

훈로(勳勞)[—][명] ☞훈공(勳功).

훈륜(暈輪)[명] ☞훈(暈).

훈명(勳名)[명] ☞훈호(勳號).

훈:몽(訓蒙)[명][하자] 어린아이나 초학자(初學者)에게 글을 가르침.

훈:몽-자회(訓蒙字會)[-회/-훼]圓 조선 중종 때, 최세진(崔世珍)이 지은 한자 학습서. 3360 자의 한자를 사물에 따라 갈라 한글로 음과 뜻을 달았음. 고어 연구에 귀중한 자료임.

훈문(薰門)圓 권세 있는 집안.

훈:민(訓民)圓하재 국민을 가르침.

훈:민-가(訓民歌)圓 조선 선조 때, 정철(鄭澈)이 지은 연시조. 강원도 관찰사로 가 있을 때 백성들을 가르치기 위해 지은 16수의 노래.

훈:민-정음(訓民正音)圓 ①조선 세종 25(1443)년에 세종 대왕이 집현전 학자들의 도움을 얻어 처음 만든 우리나라 글자. 모음 11자, 자음 17자로 되어 있음. 쥰정음(正音)². ②조선 세종 28(1446)년에 훈민정음 28자를 세상에 반포하기 위해서 펴낸 책. 국보.

훈:방(訓放)圓하타되재 〈훈계 방면〉의 준말.

훈벌(勳閥)圓 훈공이 있는 문벌.

훈:병(訓兵)圓 〈훈련병〉의 준말.

훈봉(勳封)圓 지난날, 봉작(封爵)과 증직(贈職)을 아울러 이르던 말.

훈:사(訓辭)圓 가르치어 타이르는 말.

훈상(勳賞)圓 나라를 위하여 세운 공로에 대한 상.

훈색(暈色)圓 무지개 따위처럼 선이 분명하지 않고 희미하게 보이는 빛갈. 운색(暈色).

훈:수(訓手)圓하자타 바둑이나 장기 따위를 둘 때에 구경하던 사람이 끼어들어 수를 가르쳐 줌, 또는 그 일. ¶훈수를 두다.

훈습(薰習)圓하타 〔향이 그 냄새를 옷에 배게 한다는 뜻으로〕 불교에서, 우리가 행하는 선악이 없어지지 아니하고 반드시 어떤 인상이나 힘을 마음속에 남김을 이르는 말.

훈:시(訓示)圓하자타 ①가르쳐 보임. ②상관이 집무상의 주의 사항을 부하 관리에게 일러 보임. ¶일장 훈시를 늘어놓다.

훈신(勳臣)圓 나라를 위하여 세운 공로가 있는 신하.

훈약(薰藥)圓 한방에서, 불에 태워서 그 기운을 쐬어 병을 다스리는 약.

훈업(勳業)圓 ☞공업(功業). 공렬(功烈).

훈연(燻煙)圓하타 연기를 피워서 그슬림, 또는 그 연기.

훈연(薰煙)圓 좋은 냄새가 나는 연기.

훈열(薰熱)圓 '훈열하다'의 어근.

훈열-하다(薰熱-)혱어 ☞훈증하다.

훈영(暈影)圓 반사 광선에 따라 생기는 사진 면의 테두리.

훈위(暈圍)圓 달무리나 햇무리 따위의 둥근 테두리. 훈륜(暈輪).

훈위(勳位)圓 ①공훈과 위계(位階). ②공훈에 따라 주어진 위계. 쥰훈(勳).

훈:유(訓諭·訓喩)圓하타 가르쳐 타이름.

훈유(薰蕕)圓 〔향내 나는 풀과 나쁜 냄새 나는 풀이라는 뜻으로〕 '착한 사람과 못된 사람'을 비유하여 이르는 말.

훈:육(訓育)圓 ①하타되재가르쳐 기름. ¶할아버지에게서는 손자를 엄하게 훈육하다. ②의지나 감정을 함양하여 바람직한 인격의 형성을 목적으로 하는 교육.

훈육(燻肉)圓 훈제한 짐승의 고기나 물고기.

훈작(勳爵)圓 훈등과 작위.

훈장(勳章)圓 글방의 선생. ☺학구(學究).

훈장 똥은 개도 안 먹는다[속담] 〔애탄 사람의 똥은 매우 쓰다는 뜻으로〕 '선생 노릇이 매우 힘듦'을 비유하여 이르는 말.

훈장(勳章)圓 훈공이 있는 사람에게 국가에서 표창하기 위하여 내리는 휘장(徽章). 훈패(勳牌).

훈:장-질(訓長-)圓하재 ①일방의 선생 노릇. ②'학생을 가르치는 일'을 속되게 이르는 말.

훈적(勳籍)圓 공훈(功勳)이 있는 신하의 업적을 적은 기록.

훈:전(訓電)圓 전보로 보내는 훈령.

훈제(燻製)圓하타 소금에 절인 고기 따위를 연기에 그슬려 말림, 또는 그런 것. ¶훈제 연어.

훈제-품(燻製品)圓 육류나 어패류를 훈제하여 만든 음식.

훈^족(Hun族)圓 4세기 말에 후한에게 쫓겨 서쪽으로 달아나, 유럽에 침입함으로써 게르만 민족의 대이동이 일어나게 한 동양 민족. 앵흉노.

훈증(燻蒸)圓하타 더운 연기에 쐬어서 찜.

훈증(薰蒸)圓 '훈증하다'의 어근.

훈증-제(燻蒸劑)圓 독이 있는 가스를 발생하여 병균이나 해충을 죽이는 약제.

훈증-하다(薰蒸-)혱어 찌는 듯이 무덥다. 훈열하다.

훈채(葷菜)圓 마늘이나 파처럼 특이한 냄새가 나는 채소.

훈척(勳戚)圓 나라에 훈공이 있는 임금의 친척.

훈:칙(訓飭)圓하타 훈령을 내려서 경계하여 단속함.

훈퇴(燻腿)[-퇴/-퉤]圓 ☞행(ham)¹.

훈패(勳牌)圓 ☞훈장(勳章).

훈풍(薰風)圓 초여름에 부는 훈훈한 바람.

훈:학(訓學)圓하재 글방에서 아이들에게 글을 가르치는 일.

훈호(勳號)圓 훈공이 있는 사람에게 주는 칭호. 훈명(勳名).

훈:화(訓話)圓하재 교훈의 말. 훈시하는 말.

훈화(薰化)圓하타 훈도(薰陶)하여 좋은 길로 인도함.

훈:회(訓誨)[-회/-훼]圓하타 가르치고 일깨움.

훈훈(薰薰)圓 '훈훈(薰薰)하다'의 어근.

훈훈(醺醺)圓 '훈훈(醺醺)하다'의 어근.

훈훈-하다(薰薰-)혱어 ①날씨나 온도가 견디기에 알맞을 정도로 덥다. ¶방 안이 훈훈하다. ②마음을 포근히 감싸 주는 따뜻함이 있다. ¶훈훈한 인정. 훈훈히튀 ¶훈훈이 불어오는 봄바람.

훈훈-하다(醺醺-)혱어 술이 얼근하게 취하다. 훈훈-히튀.

훈흑(曛黑)圓 '훈흑하다'의 어근.

훈흑-하다(曛黑-)[-흐카-]혱어 해가 지고 어둑어둑하다.

훌-닦다[-닥따]타 남의 잘못이나 약점을 들어 몹시 나무라다. 쥰닦다.

훌닦-이다재 〔'훌닦다'의 피동〕 훌닦음을 당하다. 쥰닦이다.

훌떡튀 ①속의 것이 드러나게 훌렁 벗어진 모양. ¶젊은 나이에 머리가 훌떡 벗어졌다. ②(옷 따위) 가린 것을 죄다 벗거나 벗은 모양. ¶웃통을 훌떡 벗어 던지고 대들다. ③죄다 뒤집거나 뒤집히는 모양. ¶보트가 훌떡 뒤집히다. ④테를 힘껏 뛰어넘거나 힘들이지 않고 뛰어넘는 모양. ¶장애물을 훌떡 뛰어넘다. 쥰딱. 훌떡-훌떡튀하타.

훌떡-거리다¹[-꺼-]재 신이 아주 헐거워서 자꾸 벗어지다. 훌떡대다. 쥰홀딱거리다¹.

훌떡-거리다²[-꺼-]타 ①자꾸 힘차게 뛰거나 뛰어넘다. ②자꾸 남김없이 날쌔게 먹어 치우다. 훌떡대다². 쥰홀딱거리다².

훌떡-대다¹[-때-]재 ☞훌떡거리다¹.

훌떡-대다²[-때-]囘 ⇒훌떡거리다².

훌떡-훌떡[-떠룩-]뤼헝짜 ①신이 헐거워서 자꾸 벗어지려고 하는 모양. ②헐거워서 가만히 붙어 있지 않고 자꾸 움직이는 모양. 흅훌딱훌떡.

훌:라깁 마작(麻雀)할 때에 장원(壯元)이 났다는 뜻으로 외치는 말.

훌라`댄스(hula dance)囘 하와이의 민속 무용. 잔걸음질을 하면서 손과 팔을 유연하게 움직이며 추는 춤. 허리 부분을 떠는 것이 특징임. 훌라춤.

훌라-들이다囘 함부로 힘차게 쑤시거나 훑다. 짜훌라들이다.

훌라-춤(hula-)囘 ⇒훌라 댄스.

훌라후:프(Hula-Hoop)囘 허리를 흔들어 둥근 테를 빙빙 돌리는 놀이, 또는 그 테.〔상표명에서 유래됨.〕

훌러덩뤼 '훌렁'의 본딧말.

훌렁뤼 ①(가린 것을 벗어) 속의 것을 모두 드러내는 모양. 흅모델이 스스럼없이 알몸을 훌렁 드러내다. ②벗어지거나 벗은 모양. 흅훌렁 벗겨진 이마. ③한짜들어갈 물건이 구멍보다 작아서 헐겁게 들어가는 모양. 흅마개가 헐겁게 훌렁 들어가다. ④미끄럽게 뒤집히는 모양. ⑤가지고 있던 것을 다 날려 버리는 모양. 흅노름으로 집 한 채를 훌렁 날리다. 흐훌러덩. 짜홀랑. 훌렁-훌렁뤼헝짜.

훌렁-거리다짜 자꾸 훌렁훌렁하다. 훌렁대다. 짜홀랑거리다.

훌렁-대다짜 훌렁거리다.

훌렁이-질헝짜 자꾸 훌라들이는 짓. 짜홀랑이질.

훌렁이-치다囘 훌렁이질을 계속하다. 짜홀랑이치다.

훌렁-하다헝 들어가는 물체가 구멍보다 작아서 헐거운 느낌이 있다. 짜홀랑하다.

훌렁-훌렁①헝뤼 매우 훌렁한 모양. ②한짜들어갈 물건이 구멍보다 작아서 헐겁게 자꾸 드나드는 모양. 짜홀랑홀랑.

훌륭-하다헝 매우 좋아서 나무랄 데가 없다. 흅훌륭한 사람./훌륭한 작품. 훌륭-히뤼.

훌:리건(hooligan)囘 경기장에서 난동을 일으키는 광적인 축구 팬.

훌부드르-하다헝 피륙 따위가 가볍고 부들부들하다. 흐훌부들하다. 짜홀보드르하다.

훌부들-하다헝 〈훌부드르하다〉의 준말. 짜홀보들하다.

훌-부시다囘 ①그릇 따위를 한꺼번에 몰아서 씻다. ②음식을 남기지 아니하고 죄다 먹다.

훌-뿌리다囘 ①눈·비 따위가 마구 날리면서 내리다. ②업신여겨 냉정하게 뿌리치다.

훌쩍¹뤼 ①헝짜액체를 단숨에 들이마시는 모양, 또는 그런 소리. 흅술을 훌쩍 마시다. ②단번에 가볍게 뛰거나 날아오르는 모양. 흅훌쩍 담장을 뛰어넘다. ③헝짜짜콧물을 들이마시며 우는 모양, 또는 그 소리. 흅훌쩍. 홀쩍뤼헝짜짜.

훌쩍²뤼 망설이지 않고 갑자기 떠나가는 모양. 흅배낭 하나 달랑 메고 훌쩍 여행을 떠나다.

훌쩍-거리다[-꺼-]짜囘 자꾸 훌쩍훌쩍하다. 훌쩍대다. 짜홀짝거리다.

훌쩍-대다[-때-]짜囘 훌쩍거리다.

훌쩍-이다[-찌-]짜 콧물을 들이마시며 울다. 흅슬픈 영화를 보며 훌쩍이다. 짜홀짝이다.
Ⅱ囘 액체를 단숨에 들이마시다. 짜홀짝이다.

훌쭉-하다[-쭈카-]헝 ①몸이 가늘고 길다. ②끝이 뾰족하고 길다. ③(앓거나 지쳐서) 몸이 야위어 보이다. ④(속이 비어) 안으로 우묵

러져 있다. 흅허기져 배가 훌쭉하다. 짜홀쭉하다. 훌쭉-히뤼.

훌치다¹짜 등잔불이나 촛불 따위의 불꽃이 바람에 쏠리다.

훌치다²囘 풀리지 않도록 단단히 동이거나 벗어나지 못하도록 조처하다. 짜홀치다.

훌훌(←欻忽·燖忽)'훌훌하다'의 어근.

훌:훌-하다(←欻忽-·燖忽-)헝 재빨라서 붙잡을 수가 없다, 또는 걷잡을 수 없이 갑작스럽다. 훌훌-히뤼.

훌훌뤼 ①날짐승 따위가 가볍게 나는 모양. ②가볍게 뛰어넘는 모양. ③물건을 가볍게 던지거나 뿌리는 모양. 흅씨앗을 훌훌 뿌리다. ④먼지 따위를 가볍게 떨어 버리는 모양. ⑤불이 세게 타오르는 모양. ⑥몸에 걸친 것을 거침없이 벗어 버리는 모양. 흅웃통을 훌훌 벗다. ⑦물이나 묽은 죽 따위를 시원스럽게 들이마시는 모양. ⑧(무엇을) 입김으로 자꾸 부는 모양. 흅뜨거운 물을 훌훌 불어 가면서 마시다. ①⑤⑦⑧훌훌.

훌훌-하다헝 (미음이나 죽 따위가 잘 퍼져서) 멀겋게 묽다. 짜홀홀하다.

훑다[훌따]囘 ①(붙어 있는 알갱이 따위를 떼어내기 위하여) 다른 것 틈에 끼워 잡아당기다. 흅벼 이삭을 훑다. ②속에 붙은 것을 다 끄집어내다. 흅오징어 속을 훑다. ③일정한 범위를 살살이 더듬거나 살펴보다. 흅신문의 내용을 살살이 훑다. *훑어·훑고[훌꼬]·훑는[훌른]

훑어-가다囘 ①차례로 살피어 가다. 흅맨 앞줄부터 훑어가다. ②닥치는 대로 뺏어 가다. 흅세간을 죄다 훑어가다.

훑어-보다囘 위아래 또는 처음부터 끝까지 자세히 눈여겨보다. 흅책을 훑어보다.

훑-이[훌치]囘 새끼 따위를 훑아들여 겉의 험한 것을 훑어 내는 집게 같은 제구.

훑-이다¹[훌치-]짜 ①부풋하고 많던 것이 다 빠져서 적어지다. ②움킴을 당하여 헝클어지다. 짜훑이다.

훑-이다²[훌치-]짜〔'훑다'의 피동〕훑음을 당하다. 짜홅이다².

훔척-거리다[-꺼-]짜 자꾸 훔척훔척하다. 훔척대다. 짜홈착거리다.

훔척-대다[-때-]囘 훔척거리다.

훔척-훔척[-처룩-]뤼헝 ①보이지 않는 데 있는 것을 찾으려고 자꾸 더듬는 모양. ②눈물을 마구 이리저리 씻는 모양. 짜홈착홈착.

훔쳐-때리다[-처-]囘 덤벼들어 힘껏 때리다. 훔치다. 짜홈쳐때리다.

훔쳐-보다[-처-]囘 ①엿보다. 흅형의 일기를 훔쳐보다. ②남모르게 흘깃흘깃 보다.

훔치개-질헝 ①남의 물건을 몰래 후무리어 가지는 짓. ②물기나 때가 묻은 것을 닦아 지우는 짓.

훔치다囘 ①물기 따위를 말끔하게 닦아 내다. 흅행주로 상을 훔치다. ②남의 것을 슬그머니 후무리어 가지다. 흅남의 돈을 훔치다. ③보이지 않는 데 있는 것을 찾으려고 더듬어 뒤지다. ④⇒훔쳐때리다. ⑤논이나 밭을 맨 뒤 얼마 있다가 풀을 뜯어내다. ①~④⑤훔치다.

훔치적-거리다[-꺼-]짜 자꾸 훔치적훔치적하다. 훔치적대다. 짜홈치작거리다.

훔치적-대다[-때-]囘 훔치적거리다.

훔치적-훔치적[-저룩-]뤼헝 느릿느릿하게 훔척거리는 모양. 짜홈치작홈치작.

훔켜-잡다[-따]囘 세게 움켜잡다. 흅미꾸라지를 훔켜잡다. 짜홈켜잡다. 에움켜잡다.

홈켜-쥐다[타] 세게 움켜쥐다. ¶ 멱살을 훔켜쥐다. 좡훔켜쥐다. 예움켜쥐다.

홈-파다[타] 속을 우묵하게 후비어 파다. 좡훔파다. 예움파다.

홈패다[자]['홈파다'의 피동] 홈팜을 당하다. 좡홈패다. 예움패다.

홈홈-하다[형여] 얼굴에 매우 흐뭇한 표정이 나타나 있다. 좡홈홈하다.

훗:-국(後-)[후꾹/훈꾹][명](진국을 우려낸 다음) 건더기로 다시 우려낸 국.

훗:-날(後-)[훈-][명] 이 뒤에 올 날. 다음날. 후일(後日). 뒷날. ¶ 훗날을 기약하다.

훗:-달(後-)[후딸/훈딸][명] 이 뒤에 돌아오는 달. 다음 달.

훗:-배-앓이(後-)[후빼아리/훈빼아리][명] 해산한 뒤에 생기는 배앓이.

훗:-사람(後-)[후싸-/훈싸-][명] ☞후인(後人).

훗:-일(後-)[훈닐][명] 뒷일. ¶ 훗일을 걱정하다.

훗훗-하다[후투타-][형여] 좀 갑갑할 정도로 무더운 기운이 있다. 훗훗-이[부].

흥거(薨去)[명][하자] ☞ 훙서(薨逝).

흥서(薨逝)[명][하자] '임금이나 귀인(貴人)의 죽음'을 높이어 이르는 말. 훙거. 훙어.

흥어(薨御)[명][하자] ☞ 훙서(薨逝).

휘(옛) 목화(木靴). ¶ 훠 화(靴)(訓蒙中22).

훠이[감] ☞쉬.

훤뇨(喧鬧)[명] 여러 사람이 왁자지껄하게 마구 떠듦.

훤당(萱堂)[명] 편지 글에서 '남의 어머니'를 높이어 일컫는 말. 자당(慈堂).

훤소(喧騷)[명][형] 왁자하게 떠들어 소란스러움.

훤요(喧擾)[명][하자] 시끄럽게 떠듦.

훤일(喧日)[명] 따뜻한 날씨.

훤자(喧藉)[명][하자] 뭇사람의 입에 오르내려 왁자하게 됨. 훤전(喧傳).

훤쟁(喧爭)[명][하자] 왁자하게 떠들면서 다툼.

훤전(喧傳)[명][하자] ☞훤자(喧藉).

훤조(喧噪)[명][하자] ☞훤화(喧譁).

훤천(暄天)[명] 따뜻한 천기(天氣).

훤츨히[부](옛) 훤츨히. 넓고 시원하게. ¶ 훤츨히 바라라 비타 가려뇨(杜初6:20).

훤츨ㅎ다[형](옛) 훤츨하다. 넓고 시원하다. ¶ 天地四方이 훤츨도 호져이고(古時調).

훤철-하다[형여] ①길이가 길고 미끈하다. ¶ 키도 훤칠하고 얼굴도 아주 잘생겼다. ②탁 트이어 깨끗하고도 시원하다. 훤철-히[부].

훤풍(暄風)[명] 따뜻하게 부는 바람.

훤:-하다[형여] ①좀 흐릿하게 밝다. ¶ 동이 훤하게 틀 무렵. ②앞이 탁 틔어서 막힌 데가 없다. ¶ 훤하게 트인 벌판. ③일의 조리나 속내가 매우 분명하다. ¶ 결과가 어떻게 나올지는 보지 않아도 훤하다. ④얼굴이 잘생겨 보기에 시원스럽다. ¶ 얼굴이 훤하게 생겼다. ⑤무엇에 대하여 잘 알고 있다. ¶ 컴퓨터에 훤하다. 좡환하다. 훤-히[부].

훤호(喧呼)[명][하자] 떠들며 부름.

훤화(喧譁)[명][하자] 시끄럽게 지껄이어서 떠듦. 훤조(喧噪).

훨떡[부][하자] ①죄다 벗거나 벗어진 모양. ②죄다 뒤집히거나 뒤집힌 모양. ③물이 갑자기 끓어 한꺼번에 넘치는 모양. 좡활딱.

훨썩[부](생각한 것보다 더) 매우 크고 넓게 벌어지거나 열린 모양. 좡활싹.

훨씬[부] 정도 이상으로 차이가 심한 모양. 한결. ¶ 이것이 훨씬 좋다. 좡활씬.

훨쩍[부] ①문 따위를 한껏 시원스럽게 열어젖뜨리거나 그렇게 열려 있는 모양. ②넓고 멀리 시원스럽게 트인 모양. 좡활짝.

훨찐[부] 들판 따위가 매우 시원스럽게 펼쳐진 모양. 좡활찐.

훨훨[부] ①부채 따위로 바람을 매우 시원스럽게 일으키는 모양. ②불길이 세차게 타오르는 모양. ③날짐승이 높이 떠서 시원스럽게 날아가는 모양. ¶ 독수리가 훨훨 날아가다. ④옷을 거침없이 벗어젖히는 모양. 좡활활.

훼:가-출송(毁家黜送)[-쏭][명] 지난날, 한 고을이나 한 동네에서 풍속을 어지럽힌 사람의 집을 헐어 없애고 동네 밖으로 내쫓던 일을 이르던 말.

훼:괴(毁壞)[-괴/-궤][명][하자] ☞훼파(毁破).

훼:기(毁棄)[명][하자] 헐거나 깨뜨려 버림.

훼:단(毁短)[명][하자] 남의 단점을 헐뜯어 말함.

훼:멸(毁滅)[명][하자] ①상(喪)을 당하여 몹시 상심하여, 몸이 쇠약해지고 마음이 약해짐. ②몹시 슬퍼함. ③헐고 깨뜨려 없앰. ¶ 숲을 훼멸하다.

훼:모(毁慕)[명][하자] 몸이 상하도록 간곡하게 죽은 어버이를 사모함.

훼:방(毁謗)[명][하자] ①남을 헐뜯어 비방함. ②남의 일을 방해함.

훼방(을) 놓다[관용] 남의 일을 헐뜯어 방해가 되게 하다. 훼방(을) 치다.

훼방(을) 치다[관용] ☞훼방(을) 놓다.

훼:방-꾼(毁謗-)[명] 훼방을 놓는 사람.

훼:사(毁事)[명][하자] 남의 일을 훼방하는 일. ¶ 훼사를 놓다.

훼살[하자] '훼사(毁事)'의 잘못.

훼:상(毁傷)[명][하자][되자] 몸에 상처를 냄.

훼:손(毁損)[명][하자][되자] ①체면이나 명예를 손상함. ¶ 명예를 훼손하다. ②헐거나 깨뜨려 못 쓰게 함. ¶ 문화재를 훼손하다. 괴손(壞損).

훼:쇄(毁碎)[명][하자] 깨뜨려 부숨.

훼:언(毁言)[명][하자] 남을 비방함, 또는 그 말.

훼:예(毁譽)[명][하자] 훼방함과 칭찬함.

훼:와-화만(毁瓦畫墁)[-화-횅-][명][하자] (기와를 헐고 흙손질한 벽에 금을 긋는다는 뜻으로)'남의 집에 해를 끼침'을 이르는 말.

훼:욕(毁辱)[명][하자] 헐뜯고 욕함.

훼:자(毁訾)[명][하자] 꾸짖는 말로 남을 헐뜯음.

훼장삼척(喙長三尺)[명] {주둥이가 석 자라도 변명할 수가 없다는 뜻으로) '허물이 드러나서 숨길 수가 없음'을 이르는 말.

훼:절(毁折)[명][하자] 부딪쳐서 꺾임.

훼:절(毁節)[명][하자] 절조(節操)를 깨뜨림.

훼:척(毁瘠)[명][하자] 너무 슬퍼하여 몸이 쇠하고 마름.

훼:척-골립(毁瘠骨立)[-꼴-][명][하자] (너무 슬퍼하여) 몸이 바짝 말라 뼈가 앙상하게 드러남. 훼척.

훼:철(毁撤)[명][하자] 헐어 부수어서 걷어 버림.

훼:치(毁齒)[명][하자] 어린아이가 젖니를 갊.

훼:파(毁破)[명][하자][되자] 헐어 깨뜨림. 훼괴(毁壞).

휑뎅그렁-하다[형여] ①속이 비고 넓기만 하여 매우 허전하다. 좡횅댕그렁하다. ②넓은 곳에 물건이 얼마 없어 거의 빈 것 같다. 좡횅댕그렁하다.

휑-하다[형여] ①(사물의 이치나 학문 따위에) 막힘이 없이 두루 통하여 알고 있다. ¶ 한국 문학에 휑하다. ②속이 넓고 텅 비어 있다. ¶ 굴 속이 휑하고 어둑하다. ③구멍 따위가 시원스럽게 뚫려 있다. ④(휑뎅그렁하다)의 준말. 좡①③④횅하다.

휘[1]명 곡식을 되는 그릇의 한 가지. 스무 말이나 열닷 말이 듦. 괵(斛).

휘[2]명 건물의 단청에서 비늘이나 물결, 또는 그 물의 모양으로 그리는 부분.

휘[3]부 ①센 바람이 길고 가느다란 물건에 부딪혀 나는 소리. ②한거번에 세게 내쉬는 숨소리. ③한번 대충 살피거나 둘러보는 모양. ①②짤회3. **휘-휘**분.

휘(麾)명 ①아악을 연주할 때, 지휘봉처럼 쓰던 기(旗). ②지난날, 병졸을 지휘할 때 쓰던 기를 통틀어 이르던 말. 대장기나 교룡기 따위.

휘(諱)명 죽은 어른의 '생전의 이름'을 이르는 말.

휘(徽)명 금(琴)의 줄을 고르는 자리를 보이기 위하여, 거문고의 앞판에 박은 크고 작은 열세 개의 자개 조각.

휘-(揮)《일부 용언 앞에 붙어》 ①정도나 규모 따위가 매우 큼을 나타냄. ¶휘둥그렇다. ②두 르거나 감거나 휘거나 함을 나타냄. ¶휘감다. /휘둘다. ③'급히' 또는 '세게'의 뜻을 나타냄. ¶휘몰다. ④'마구'의 뜻을 나타냄. ¶휘날리다.

휘각(揮却)하타 물리쳐 버리고 돌아보지 않음.

휘갈(揮喝)하타 큰 소리로 지휘함.

휘-갈기다타 휘둘러 갈기다. ¶글씨를 휘갈겨 쓰다.

휘감-기다재 ①['휘감다'의 피동] 휘둘러 감기다. ¶실이 휘감기다. ②정신이 휘둘리다.

휘-감다[-따]타 휘둘러 감다. 친친 둘러 감다.

휘갑명하타 너더분한 일을 알맞게 마무름.

휘갑-쇠[-쐬-쒜]명 물건의 가장자리나 끝 부분을 보강하기 위하여 휘갑쳐 싼 쇠.

휘갑-치다재타 ①너더분한 일을 잘 마무르다. ②피 륙·명석·돗자리 따위의 가장자리가 풀리지 않게 얽어서 꾸미다. ③뒷일이 없도록 마감하다. ④다시는 더 말 못하도록 말막음하다. ⑤어려운 일을 임시변통으로 꾸며 피하다.

휘건(揮巾)명 새색시가 음식을 먹을 때나 세수할 때에 앞에 두르는 행주치마.

휘검(揮劍)명하자 칼을 휘두름.

휘금(徽琴)명 '금(琴)'의 딴 이름. 앞판의 한쪽에 자개로 된 휘(徽)를 박은 데서 일컫는 이름.

휘기(諱忌)명하타 숨겨 두고 드러내기를 꺼림.

휘-날리다丨재타 ①(깃발 따위가) 바람에 나부끼다, 또는 그렇게 나부끼게 하다. ¶깃발이 바람에 휘날리다. ②마구 흩어져 펄펄 날리거나 날게 하다. ¶눈보라가 휘날리는 겨울밤. 丨丨타 이름 따위를 매우 널리 떨치다. ¶세계에 명성을 휘날리다.

휘-늘어지다재 풀기가 없이 아래로 축 처지다. ¶냇가에 휘늘어진 버들가지.

휘다丨재타 꼿꼿하던 물체가 구부러지다, 또는 물체를 구부리다. ¶상다리가 휘도록 푸짐하게 차린 음식. 丨丨타 남의 의지를 꺾어 뜻을 굽히게 하다.

휘-달리다재 ①시달리다. ②급한 걸음으로 빨리 달아나다.

휘담(諱談)명 꺼리어 세상에 드러내 놓기 어려운 말. 휘언(諱言).

휘-덮다[-덥따]타 휘몰아 덮다.

휘-돌다[-도니·-도리]재타 ①마구 돌다. ②강이나 내 등이 후미진 곳을 휘감고 흐르다. ③굽이를 휘돌아 가다. ④여러 곳을 순서대로 한 차례 돌다. ⑤어떤 공기가 휘몰아치다.

휘돌-리다재 ['휘돌다'의 사동] 휘돌게 하다.

휘-돌아보다타 일정한 범위를 돌아다니며 보다.

휘동(麾動)명하타 거느려 움직임.

휘-동광(輝銅鑛)명 '휘동석'의 구용어.

휘-동석(輝銅石)명 구리가 들어 있는 광석의 한 가지. 황화 제일동으로 이루어져 있음.

휘-두들기다타 휘둘러서 마구 때리다.

휘-두르다[-두르니·-둘러]타르 ①무엇을 잡고 둥글게 휘휘 돌리다. ¶창검을 휘두르다. ②정신을 차릴 수 없도록 얼을 빼놓다. ③남의 의사를 무시하고 제 뜻대로만 하다. ¶권세를 휘두르다.

휘둘리다재 ['휘두르다'의 피동] 휘두름을 당하다.

휘둥그러-지다재 갑자기 휘둘리어 둥그러지다. ⓐ회둥그라지다.

휘-둥그렇다[-러타][~둥그러니·~둥그레]형ㅎ 매우 놀라거나 몹시 두려워서 크게 뜬 눈이 둥글다. ⓐ회둥그렇다.

휘둥그레-지다재 눈이 휘둥그렇게 되다.

휘둥그름-하다형여 휘어져 둥그름하다. ⓐ회둥그스름하다. **휘둥그스름-히**부.

휘뚜루부 닥치는 대로 맞게 쓰일 만하게.

휘뚜루-마뚜루부 이것저것 가리지 않고 닥치는 대로 마구 해치우는 모양.

휘뚝-거리다[-꺼-]재 자꾸 휘뚝휘뚝하다. 휘뚝대다. ⓐ회뚝거리다.

휘뚝-대다[-때-]재 휘뚝거리다.

휘뚝-휘뚝[-뚜퀴-]부하자 ①넘어질 듯이 자꾸 흔들리는 모양. ②일이 위태하여 마음을 놓을 수 없는 모양. ⓐ회뚝휘뚝.

휘뜰-휘뜰부하자 길 따위가 구불구불하게 구부러진 모양. ⓐ회뜰회뜰.

휘루(揮淚)명하자 눈물을 뿌림.

휘류(彙類)명 같은 내용이나 갈래에 따라 모은 종류.

휘-말다[~마니·~말아]타 ①마구 휘휘 감아 말다. ②옷 따위를 적시어 더럽히다.

휘말-리다재 ①['휘말다'의 피동] 마구 휘휘 감아 말리다. ¶달력이 마구 휘말리다. ②(물살 따위에) 휩쓸리다. ¶급류에 휘말리다. ③(어떤 사건이나 감정에) 휩쓸려 들다. ¶정치적인 사건에 휘말리다.

휘모리-장단(장단)명 판소리 및 산조(散調) 장단의 한 가지. 가장 빠른 속도로 처음부터 급히 휘몰아 가는 장단.

휘-몰다[~모니·~몰아]타 ①절차나 격식에 따르지 아니하고 급히 서둘러 하다. ②급히 내몰다. ③휩쓸어서 한 방향으로 내몰다.

휘몰아-치다(비바람 따위가) 한 곳으로 세차게 몰아치다. ¶눈보라가 휘몰아치다.

휘몰이-판명 휘모는 판국, 또는 그 형세.

휘묵(徽纆)명 죄인을 묶는 데 쓰이던, 세 가닥으로 꼰 노와 두 가닥으로 꼰 노.

휘-묻이[-무지]명 나무의 가지를 휘어서 가운데 부분을 땅속에 묻은 다음, 그 부분에서 뿌리가 내리면 본디의 가지 쪽을 잘라 새 그루를 만드는 인공 번식법. 취목(取木).

휘발(揮發)명하자되자 보통 온도에서 액체가 기체로 변하여 날아 흩어짐, 또는 그 작용.

휘발-성(揮發性)[-썽]명 보통 온도에서 액체가 기체로 변하여 날아 흩어지는 성질. ¶휘발성 물질.

휘발-유(揮發油)[-류]명 자동차·항공기 등의 내연 기관의 연료로 쓰이는, 석유의 휘발 성분인 무색 액체. 가솔린.

휘병(諱病)명하자 ☞휘질(諱疾).

휘보(彙報)명 ①여러 가지를 종류에 따라 모아서 알리는 기록. ②잡지.

휘비(諱祕)명하타 〈휘지비지〉의 준말.

휘석(輝石)명 조암(造岩) 광물의 한 가지. 철·칼슘·마그네슘 등의 규산 염류로 이루어진 사방 정계 또는 단사 정계의 광물로, 안산암이나 현무암의 주성분을 이룸.

휘석^안산암(輝石安山岩)명 휘석이나 사장석(斜長石)을 주성분으로 하는 안산암.

휘선(輝線)명 휘선 스펙트럼에서 밝게 빛나는 선. 물질에 따라 일정한 파장을 가지며 원소를 감정하는 데 쓰임.

휘선^스펙트럼(輝線spectrum)명 ☞원자 스펙트럼.

휘쇄(揮灑)명하타 ①물에 흔들어 깨끗이 빪. ②☞휘호(揮毫).

휘수(揮手)명 ①손짓하여 거절하는 뜻을 보임. ②손짓하여 어떤 낌새를 채게 함.

휘슬(whistle)명 호루라기.

휘안^광(輝安鑛)명 '휘안석'의 구용어.

휘안-석(輝安石)명 안티몬이 들어 있는 광물의 한 가지. 황화안티몬으로 이루어져 있음.

휘암(輝岩)명 화강암의 한 가지. 주성분은 휘석이며, 장석과 석영이 조금 들어 있는 암녹색의 암석.

휘양(←揮項)명 추울 때 머리에 쓰는 방한구의 한 가지. 모양은 남바위와 비슷하나, 뒤가 훨씬 길고 목덜미와 뺨까지 쌈. 본휘항(揮項).

휘어-가다[-어-/-여-]재 굽이져 흘러가다.

휘어-넘어가다[-어-/-여-]재 남이 꾀는 속임수에 속다.

휘어-대다[-어-/-여-]타 범위 안으로 우겨넣다.

휘어-들다[-어-/-여-][~드니·~들어]재 범위 안으로 끌려 들어오다.

휘어-박다[-어-따/-여-따]타 ①높은 곳에서 마구 넘어지게 하다. ②함부로 다루어 굴복하게 하다.

휘어박-히다[-어바키-/-여바키-]재 ['휘어박다'의 피동] 휘어박음을 당하다.

휘어-잡다[-어-/-여-]타 ①어떤 물건을 꾸부리어 거머잡다. ¶머리채를 휘어잡다. ②손아귀에 넣고 마음대로 부리다. ¶청중을 휘어잡는 연설.

휘어-지다[-어-/-여-]재 곧은 물건이 어떤 힘을 받아 구부러지다. ¶철근이 휘어지다.

휘언(諱言)명 ☞휘담(諱談).

휘여감 ☞쉬.

휘영청부 ①확 틔어서 시원스러운 모양. ②(달빛 따위가) 매우 밝은 모양. ¶휘영청 달 밝은 밤.

휘우듬-하다형여 조금 휘어서 뒤로 자빠질 듯하다. 휘우듬-히부.

휘우뚱부 사람이나 물체가 중심을 잃고 한쪽으로 크게 기울거나 쓰러질 듯한 모양. ¶배가 휘우뚱한다. **휘우뚱-휘우뚱**부하자타.

휘우뚱-거리다재타 자꾸 휘우뚱휘우뚱하다. 휘우뚱대다.

휘우뚱-대다재타 휘우뚱거리다.

휘움-하다형여 조금 휘어져 있다. 휘움-히부.

휘-은광(輝銀鑛)명 '휘은석'의 구용어.

휘-은석(輝銀石)명 은이 들어 있는 광석의 한 가지. 황화은으로 이루어졌으며, 강한 광택이 있는 검은 회색임.

휘음(諱音)명 ☞부음(訃音).

휘음(徽音)명 왕비의 아름다운 언어와 덕행.

휘일(諱日)명 조상의 제삿날.

휘자(諱字)[-짜]명 돌아가신 높은 어른의 생전의 이름 글자.

휘장(揮帳)명 여러 폭의 피륙을 이어서 만든, 둘러치는 막. 준장(帳)¹.

휘장(揮場)명 지난날, 과거에 합격하였다고 금방(金榜)을 들고 과장(科場) 가운데를 돌아다니며 외치던 일.

휘장(徽章)명 직무나 신분·명예를 나타내기 위하여 옷이나 모자 따위에 붙이는 표. 배지(badge).

휘장-걸음(揮帳-)명 ①말을 곧게 몰지 않고 둥그렇게 돌아서 달리게 하는 걸음. ②두 사람이 양쪽에서 한 사람의 허리와 팔죽지를 움켜잡고 함부로 몰아 걸리는 걸음.

휘적-거리다[-쩌-]타 자꾸 휘적휘적하다. 휘적대다.

휘적-대다[-때-]타 휘적거리다.

휘-적시다[-씨-]타 마구 적시다.

휘적-휘적[-쩌퀴-]부하타 걸음을 걸을 때 팔을 몹시 휘젓는 모양.

휘-젓다[-젇따][~저으니·~저어]타ㅅ ①골고루 섞이도록 마구 젓다. ¶밀가루에 계란을 넣고 휘저었다. ②팔을 이리저리 마구 휘둘러 젓다. ③뒤흔들어서 어지럽게 만들다. ④사람이 어느 곳을 마구 다니며 질서나 분위기를 어지럽게 하다. ¶불량배들이 온 동네를 휘젓고 다닌다.

휘정-거리다타 자꾸 휘정휘정하다. 휘정대다.

휘정-대다타 휘정거리다.

휘정-휘정부하타 물 따위를 자꾸 휘저어서 흐리게 하는 모양.

휘주근-하다형여 ①옷 따위가 풀기가 빠져서 축 늘어지다. ②몹시 지쳐서 도무지 힘이 없다. 휘주근-히부.

휘-주무르다[-주무르니·~주물러]타르 아무데나 마구 주무르다.

휘지(徽旨)명 [지난날] ①'왕세자가 내리는 문표(門標)'를 이르던 말. ②'왕세자가 임금을 대신하여 내린 명령'을 이르던 말.

휘지다재 무엇에 시달리어 기운이 빠지다.

휘-지르다[-지르니·~질러]타르 옷을 몹시 구기거나 더럽히다. ¶장난이 어찌나 심한지 하루에도 몇 벌을 휘질러 놓는다.

휘지비지(諱之祕之)명하타 말하기를 삼가 비밀로 함. 준휘비.

휘질(諱疾)명하자 병을 숨기고 드러내지 않음. 휘병(諱病).

휘집(彙集)명하타 되자 ☞유취(類聚).

휘철-광(輝鐵鑛)명 '휘철석'의 구용어.

휘철-석(輝鐵石)[-썩]명 적철석의 한 가지. 연한 회색의 결정으로 금속 광택이 강함. 경철석.

휘청-거리다재타 자꾸 휘청휘청하다. 휘청대다. 좌회창거리다.

휘청-대다재타 휘청거리다.

휘청-휘청①하자 가늘고 긴 물건이 휘어지며 느리게 자꾸 흔들리는 모양. ¶가지 끝에 감이 휘청휘청 매달려 있다. ②하자타(걸음을 걸을 때) 다리에 힘이 없어 몸을 똑바로 가누지 못하고 좌우로 자꾸 빗나가는 모양. ¶술에 취해 휘청휘청 걷다. 좌회창회창.

휘추리명 곧게 벋은 가느고 긴 나뭇가지.

휘테(Hütte 독)명 스키나 등산하는 사람을 위해 지은, 산에 있는 작은 막사.

휘파람명 입술을 동그랗게 오므리고 그 사이로 입김을 불어서 소리를 내는 일.

휘파람-새명 휘파람샛과의 새. 몸길이 13 cm가량. 등은 갈색, 배는 회색을 띤 백색임. 우거진 숲 속에 사는 여름새임.

휘필(揮筆)명하타 ⇨휘호(揮毫).

휘하(麾下)명 주장(主將)의 지휘 아래, 또는 그 아래 딸린 사졸. ¶휘하에 많은 장병을 거느리다.

휘-하다형어 〈휘휘하다〉의 준말.

휘-하다(諱-)타어 어떤 말을 입 밖에 내기를 꺼리다.

휘한(揮汗)명하타 흐르는 땀을 쥐어 뿌림.

휘항(揮項)명 〈휘양〉의 본딧말.

휘호(揮毫)명하타 붓을 휘둘러 글씨를 쓰거나 그림을 그림. 휘필. 휘쇄(揮灑). ¶신춘(新春) 휘호.

휘호(徽號)명 지난날, 왕비가 죽은 뒤에 시호(諡號)와 함께 내리던 존호를 이르던 말.

휘황(輝煌)'휘황하다'의 어근.

휘황-찬란(輝煌燦爛)'휘황찬란하다'의 어근.

휘황찬란-하다(輝煌燦爛-)[-찰-]형어 ①광채가 눈부시게 빛나다. ¶휘황찬란한 조명. ②행동이 야단스럽고 못된 꾀가 많아 믿을 수 없다. 준휘황하다.

휘황-하다(輝煌-)형어 〈휘황찬란하다〉의 준말. ¶휘황한 불빛. 휘황-히부.

휘-휘부 ①여러 번 감거나 감기는 모양. ¶목도리를 휘휘 두르다. ②이리저리 휘두르는 모양. ¶술 권하는 것을 사양하며 두 팔을 휘휘 내저었다. 관회회.

휘휘-친친부 여러 번 단단히 둘러 감거나 감기는 모양. 관회회친친.

휘휘-하다형어 무서우리만큼 쓸쓸하고 적막하다. 준휘하다.

획부 ①갑자기 세게 돌거나 돌리는 모양. ¶손잡이를 획 돌리다. ②동작이 매우 날쌔거나 갑작스러운 모양. ¶공을 획 던지다. ③바람이 갑자기 세게 부는 모양. ④별안간 빠르게 날아가거나 떠오르는 모양. ¶족제비란 놈이 획 지나가다. ⑤일을 재빠르게 해치우는 모양. ¶청소를 휙 해치우다. ①~③관획. 획-획부.

휠ː체어(wheelchair)명 다리가 자유롭지 못한 사람이 앉은 채로 이동할 수 있도록 바퀴를 단 의자.

휩싸다타 ①휘휘 둘러 감아서 싸다. ¶치맛자락을 휩싸 쥐다. /찬 바람이 온몸을 휩싸다. ②어떤 감정이 가득하여 마음을 뒤덮다. ¶불안한 생각이 마음을 휩싸다. ③어떤 것이 다른 것을 온통 뒤덮다. ¶어둠이 온 도시를 휩싸다.

휩싸-이다자 『'휩싸다'의 피동』 휩쌈을 당하다. ¶오두막이 불길에 휩싸이다. 준휩쌔다.

휩쌔다자 〈휩싸이다〉의 준말.

휩쓸다[휩쓰니 · 휩쓸어]타 ①(물 · 불 · 바람 따위가) 모조리 휩몰아 쓸다. ¶바람이 낙엽을 휩쓸고 지나간다. ②행동을 제멋대로 하다. ¶부랑배가 거리를 휩쓸고 다니다. ③운동 경기나 경연 대회 같은 데서, 상이나 메달 따위를 거의 다 차지하다. ¶유도에서 금메달을 휩쓸다. ④(질병 · 풍조 따위가) 전체에 퍼지다. ¶전염병이 마을을 휩쓸다.

휩쓸-리다자 『'휩쓸다'의 피동』 휩쓺을 당하다. ¶급류에 휩쓸리다. /인파에 휩쓸리다.

휫-손[휜쏜]명 ①남을 휘어잡아 잘 부리는 솜씨. ②일을 잘 처리하는 솜씨.

휭부 ①바람이 갑자기 빠르고 세게 부는 소리. ¶찬 바람이 휭 불다. ②(사물이나 사람이) 바람을 일으키며 빠르게 날아가거나 떠나가 버리는 소리, 또는 그 모양. ¶돌이 휭 날아가다. 관휭.

휭-하니부 중도에서 지체하지 아니하고 곧장 빠르게 가는 모양. ¶휭하니 밖으로 나가다.

휴가(休暇)명 ①(학교나 직장 따위에서) 일정한 기간 동안 쉬는 일, 또는 그 겨를. 방가. ②말미.

휴가-철(休暇-)명 많은 사람이 휴가를 즐기는 기간.

휴간(休刊)명하타되자 (신문이나 잡지 따위) 정기 간행물에 있어서, 그 간행을 한동안 쉼.

휴강(休講)명하타 계속되는 강의를 한때 쉼.

휴거(携擧)명 개신교에서, 그리스도가 세상을 심판하기 위하여 재림할 때 구원받을 사람들을 공중으로 들어 올리는 것.

휴게(休憩)명하타 (일을 하거나 길을 가다가) 잠깐 쉬는 일. 휴식. 게휴.

휴게-소(休憩所)명 길을 가는 사람이 잠깐 머물러 쉴 수 있게 마련한 곳.

휴게-실(休憩室)명 잠깐 쉬게 마련한 방.

휴경(休耕)명하타 농사짓던 땅을 갈지 않고 얼마 동안 묵힘.

휴경-지(休耕地)명 (농사를 짓다가) 갈지 않고 묵힌 땅. 묵정밭.

휴관(休館)명하자타 (도서관이나 영화관 따위) '관(館)'자가 붙은 기관이나 시설에서, 하던 일을 하루나 한동안 쉼.

휴교(休校)명하자타 학교에서 수업과 업무를 한동안 쉼, 또는 그 일.

휴대(携帶)명하타 어떤 물건을 몸에 지님. 휴지(携持). ¶휴대 물품.

휴대-전ː류(携帶電流)[-절-]명 ⇨대류 전류.

휴대^전ː화(携帶電話)명 몸에 지니고 다니면서 사용할 수 있는 소형 무선 전화기. 휴대폰.

휴대^정보^단말기(携帶情報端末機)명 정보 처리 기능과 무선 통신 기능이 결합된, 휴대용 통신 정보 기기. 휴대 전화와 같이 한 손으로 들 수 있는 크기임. 피디에이(PDA).

휴대-증(携帶證)[-쯩]명 무기를 휴대하도록 허가한 증명서.

휴대-폰(携帶phone)명 ⇨휴대 전화.

휴대-품(携帶品)명 손에 들거나 몸에 지니고 다니는 물건.

휴등(休燈)명하타되자 전등을 한동안 커지 아니함.

휴ː머니스트(humanist)명 인도주의자. 인문주의자. ¶그는 이 시대를 대표하는 휴머니스트이다.

휴ː머니즘(humanism)명 ①인도주의. ②인문주의. ③인본주의.

휴면(休眠)명하자 ①쉬고 활동을 하지 않음. ②환경이나 조건이 생활에 부적당할 때 생물이 그 발육이나 활동을 일시적으로 거의 정지하는 상태로 되는 일.

휴면^계ː좌(休眠計座)[-계-/-게-]명 일정 기간 동안 입출금 따위 거래가 없는 은행 계좌.

휴무(休務)명하자 늘 하던 일을 하루나 한동안 쉼.

휴무-일(休務日)명 늘 하던 일을 하지 않고 쉬는 날. ¶정기 휴무일.

휴문(休門)명 술가(術家)의 팔문(八門) 가운데 길한 문의 하나.

휴반(畦畔)명 밭두둑 또는 논두렁.

휴병(休兵)명 군인에게 적당한 휴식이나 휴가를 주어 기운을 돋움.

휴서(休書)명 〈수세〉의 본딧말.

휴수(携手)명하자 함께 감. 데리고 감.
휴식(休息)명하자 ⇨휴게(休憩). ¶휴식 시간.
휴식-부(休息符)[-뿌]명 ⇨쉼표.
휴식^자본(休息資本)[-짜-]명 현재 직접적으로 생산 과정에 쓰이지 않으나 앞으로 쓰려고 모아 두는 자본.
휴양(休養)명하자 ①편히 쉬면서 마음과 몸을 건강하게 함. 비보양. ②조세를 가볍게 하여 민력(民力)을 기름.
휴양-지(休養地)명 휴양하기에 알맞은 곳, 또는 휴양 시설이 마련되어 있는 곳. 휴양처(休養處).
휴양^지대(休養地帶)명 온천이나 해수욕장 따위의 피한지나 피서지로서 여러 사람이 휴양하기에 알맞은 지대.
휴양-처(休養處)명 ⇨휴양지.
휴업(休業)명하자 학업이나 영업을 얼마 동안 쉼. ¶금일 휴업.
휴영(虧盈)명 이지러짐과 꽉참. 모자람과 가득함.
휴월(虧月)명 이지러진 달. ↔만월(滿月).
휴이(携貳)명하자 딴마음을 가짐.
휴일(休日)명 일을 하지 않고 쉬는 날.
휴재(休載)명하되 연재하던 글을 한동안 싣지 않음.
휴전(休電)명하자 전류를 한때 보내지 않음.
휴전(休戰)명하자되 하던 전쟁을 얼마 동안 쉼. 비정전(停戰).
휴전-기(休戰旗)명 휴전할 때에 제일선에 세우는 흰빛의 기.
휴전-선(休戰線)명 휴전 협정으로 말미암아 결정되는 쌍방의 군사 경계선.
휴정(休廷)명하자 법정(法廷)에서, 재판 도중에 쉬는 일. 참개정(開廷).
휴조(休兆)명 좋은 징조. 휴징(休徵). 비길조.
휴주(携酒)명하자 술병을 몸에 지님.
휴지(休止)명하자 하던 것을 그침.
휴지(休紙)명 ①못 쓰게 된 종이. 폐지(廢紙). ②허드레로 쓰는 종이. 화장지.
휴지(携持)명하타 ⇨휴대(携帶).
휴지-부(休止符)명 ⇨쉼표.
휴지-시행(休紙施行)명 이미 결정된 안건을 폐지함.
휴지-통(休紙桶)명 못 쓰게 된 종이나 쓰레기 따위를 담는 그릇.
휴지-화(休紙化)명하되 〔휴지가 된다는 뜻으로〕 어떤 계획이나 법령·약속 따위가 이행되지 않아서 쓸모없이 되어 버림, 또는 그렇게 되게 함. ¶계획을 휴지화하다.
휴직(休職)명 공무원이나 일반 회사원이 그 신분을 유지하면서 일정한 기간 직무를 쉬는 일.
휴직-급(休職給)[-끕]명 휴직 중인 직원에게 주는 봉급.
휴진(休診)명하자 병원에서 진료를 쉼.
휴징(休徵)명 ⇨휴조(休兆).
휴처(休妻)명하자 아내와 갈라섬. 이혼함.
휴척(休戚)명 평안과 근심 걱정.
휴퇴(休退)[-퇴/-퉤]명 벼슬에서 물러나 쉼.
휴학(休學)명하자 학생이 병이나 사고 따위로 말미암아 일정한 기간 학업을 쉼.
휴한(休閑)명 땅심을 높이려고 한동안 경작을 않고 묵히는 일.
휴한-지(休閑地)명 한동안 경작을 않고 묵히는 땅. 참검은그루.
휴항(休航)명하자 배나 비행기 따위가 그 운항을 쉼.
휴행(携行)명하타 무엇을 늘 가지고 다님.

휴-화산(休火山)명 한때 분화한 일이 있으나 지금은 활동을 하지 않는 화산. ↔활화산. 참사화산.
휴회(休會)[-회/-훼]명하자되 ①회나 회의를 쉼. ②국회나 지방 의회가 일정 기간 동안 쉼. ③거래소에서의 입회(立會)를 쉼.
휴흠(虧欠)명하자 ⇨흠축(欠縮).
휼계(譎計)[-계/-게]명 간사하고 능청스러운 꾀. ¶휼계를 쓰다.
휼궤(譎詭)명 ①속임. ②괴이한 물체.
휼금(恤金)명 정부에서 이재민에게 주는 돈.
휼미(恤米)명 정부에서 이재민에게 주는 쌀.
휼민(恤民)명 이재민을 구제함.
휼병(恤兵)명 물품이나 돈을 보내어 싸움터의 병사를 위로함.
휼병-금(恤兵金)명 휼병하는 데 쓰이는 돈.
휼사(譎詐)[-싸]명하자 남을 속이려고 간사한 꾀를 부림.
휼양-전(恤養田)명 고려 말기에, 과전법(科田法)에서 어버이가 모두 죽었을 때 어린 자녀가 어버이의 과전(科田)을 물려받게 하던 땅.
휼전(恤典)[-전]명 정부에서 이재민을 구제하는 은전(恩典).
흄:-관(Hume管)명 철근을 넣어 만든 콘크리트 관. 배수관 따위로 쓰임.
흠(欠)명 ①헌데나 다친 곳의 아문 자리. ¶얼굴에 흠이 지다. ②비난을 받을 만한 점. 허물². 흠. ¶흠을 보다.
흠 각각 정 각각[속담] 〔잘못한 점은 나무라고 좋은 점은 칭찬한다는 뜻으로〕 '상벌이 분명함'을 이르는 말.
흠 없는 사람 없다[속담] 결함이 없는 사람은 없으니 어떤 결함을 너무 과장하지 말라는 말.
흉가(凶家)명 들어 사는 사람마다 궂은 일을 당하는 불길한 집.
흉간(胸間)명 가슴의 사이.
흉강(胸腔)명 흉곽의 내부. 폐장이나 심장 따위가 있음. 가슴 속.
흉격(胸膈)명 심장과 비장 사이의 가슴 부분.
흉계(凶計·兇計)[-계/-게]명 흉악한 꾀. 비흉모. ¶흉계를 꾸미다.
흉곡(胸曲)명 ⇨흉중(胸中).
흉골(胸骨)명 앞가슴의 한가운데에 있어 좌우 늑골을 연결하는 뼈.
흉곽(胸廓)명 가슴을 둘러싸고 있는 골격. 흉추·흉골·늑골·늑연골로 이루어짐.
흉곽^성형술(胸廓成形術)[-썽-]명 〔폐결핵의 치료를 위하여〕 늑골의 일부를 끊어 내고 흉곽을 축소하여 폐를 압축하는 수술.
흉괘(凶卦)명 언짢은 점괘. 하괘(下卦). ↔길괘.
흉구(凶具)명 ⇨흉기(凶器).
흉근(胸筋)명 가슴 부분에 있는 근육.
흉금(胸襟)명 가슴속에 품은 생각. 흉차(胸次).
흉금을 털어놓다[관용] 마음에 품은 생각이나 감정을 스스럼없이 다 이야기하다.
흉기(凶器·兇器)명 ①사람을 살상하는 데 쓰는 기구. 흉구(凶具). ¶흉기를 휘두르다. ②상사(喪事)에 쓰는 제구.
흉내(胸內)명 남이 하는 말이나 행동을 그대로 옮겨 하는 짓. ¶흉내를 내다.
흉내-말명 어떤 소리나 모양·동작 등을 흉내내어 나타낸 말. 〔의성어와 의태어가 있음.〕 시늉말.
흉내-쟁이명 남의 흉내를 잘 내는 사람.
흉년(凶年)명 농작물이 잘되지 않은 해. 겸년. 기년. 기세. 재년. 황년. 황세. 흉세. ¶흉년이 들다. ↔풍년(豊年).

흉년에 밥 빌어먹겠다[속담] 일을 하는 데 몹시 굼뜨고 수완이 없는 사람이나 그런 처사를 비난조로 이르는 말.

흉년-거지(凶年-)圏 '얻어먹기조차 어렵게 된 환경에 처함'을 이르는 말.

흉녕(凶獰·兇獰) '흉녕하다'의 어근.

흉녕-하다(凶獰--兇獰-)혱에 성질이 흉악하고 모질다.

흉노(匈奴)圏 기원전 3~1세기경에 몽골 지방에서 활약하던 유목 민족. ⑪훈 족(Hun族).

흉당(凶黨·兇黨)圏 흉악한 역적의 무리.

흉당(胸腔)圏 ⇨복강.

흉덕(凶德·兇德)圏 흉악한 성질.

흉도(凶徒·兇徒)圏 ①흉악하고 사나운 무리. 악당. ②⇨폭도(暴徒).

흉례(凶禮)[-례]圏 ⇨상례(喪禮).

흉리(胸裏)[-니]圏 ⇨흉중(胸中).

흉막(胸膜)圏 ⇨늑막(肋膜).

흉막-염(胸膜炎)[-망념]圏 ⇨늑막염.

흉모(凶謀·兇謀)圏 음흉한 꾀. 흉악한 모략. ⑪역모·흉계.

흉몽(凶夢)圏 불길한 꿈. ↔길몽(吉夢).

흉문(凶聞)圏 ①사람이 죽었다는 소식. ②좋지 못한 소식.

흉물(凶物·兇物)圏 ①성질이 음흉한 사람. ②모양이 흉하게 생긴 사람이나 동물.

흉물(을) 떨다[관용] 음흉한 속셈으로 짐짓 의뭉스러운 짓을 하다.

흉물-스럽다(凶物-)[-따][~스러우니·~스러워]혱비 ①성질이 음흉한 데가 있다. ②모양이 흉하고 괴상한 데가 있다. 흉물스레튀.

흉배(胸背)圏 ①가슴과 등. ②지난날, 관복의 가슴과 등에 붙이던 수놓은 헝겊 조각.

흉범(凶犯·兇犯)圏 흉악한 범인. [살인범 따위.]

흉벽(胸壁)圏 ①⇨흉장(胸墙). ②흉곽의 외벽.

흉변(凶變)圏 사람이 죽는 일 따위의 좋지 못한 사고. ¶흉변을 당하다.

흉보(凶報)圏 ①불길한 기별. ¶흉보를 알리다. ⑪악보(惡報). ↔길보(吉報). ②사람이 죽었다는 통보. ②⑪흉음.

흉-보다圏 남의 결점을 들어 말하다.

흉복(凶服)圏 ⇨상복(喪服).

흉복(胸腹)圏 가슴과 배.

흉부(胸部)圏 가슴 부분.

흉비(胸痞)圏 한방에서, 가슴이 갑갑한 병을 이르는 말.

흉사(凶邪·兇邪)圏혱 악하고 간사함.

흉사(凶事·兇事)圏 ①불길한 일. ↔길사(吉事). ②사람이 죽은 일.

흉산(胸算)圏 속셈.

흉살(凶煞)圏 불길한 운수나 흉한 귀신.

흉상(凶狀·兇狀)圏 ①음흉한 태도. ②모양이 흉한 상태.

흉상(凶相·兇相)圏 ①좋지 못한 상격(相格). ↔길상(吉相). ②보기 흉한 외모.

흉상(胸像)圏 인체의 머리에서 가슴 부분까지를 나타낸 조각상이나 초상화.

흉선(胸腺)圏 ⇨가슴샘.

흉설(凶說·兇說)圏 음흉하고 괴악한 말.

흉성(凶星)圏 불길한 조짐이 든 별. ↔길성.

흉세(凶歲)圏 ⇨흉년(凶年).

흉쇄-관절(胸鎖關節)圏 흉골과 쇄골을 연결하는 관절.

흉수(凶手·兇手)圏 악인이 한 짓, 또는 악인.

흉수(胸水)圏 흉막강에 괴는 액체.

흉식^호흡(胸式呼吸)[-시코-]圏 주로 늑골의 운동에 의하여 행하여지는 호흡. 흉호흡. ⑪복식 호흡.

흉신(凶神·兇神)圏 좋지 못한 귀신.

흉악(凶惡·兇惡)圏혱 ①성질이 몹시 악함, 또는 그러한 사람. ¶흉악한 범인. ②겉모양이 험상궂고 무섭게 생김. ¶흉악한 몰골. 흉악-히튀.

흉악-망측(凶惡罔測)[-앙-]圏혱 스켕 몹시 흉악함. ㉘흉측. 흉악망측스레튀.

흉악-무도(凶惡無道)[-앙-]圏혱 성질이 사납고 악하며 도리에 어그러짐.

흉악-범(凶惡犯)[-뻠]圏 흉악한 범죄를 저지른 사람.

흉액(胸液)圏 흉막강 속에 생기는 장액(漿液).

흉어(凶漁)圏 물고기가 여느 때보다 아주 적게 잡히는 일. ↔풍어(豊漁).

흉억(胸臆)圏 가슴속, 또는 속생각.

흉-업다(凶-)[-따][~어우니·~어워]혱비 (언행이) 불쾌할 정도로 흉하다.

흉역(凶逆·兇逆)圏혱 임금이나 부모를 해치려는 음흉한 짓, 또는 그러한 신하나 자식.

흉역(胸疫)圏 말의 폐장과 늑막에 생기는 일종의 전염병.

흉오(胸奧)圏 ⇨흉중(胸中).

흉완(凶頑·兇頑) '흉완하다'의 어근.

흉완-하다(凶頑--兇頑-)혱 흉악하고 고집이 세다.

흉용(洶湧)圏하자 물결이 크고 세차게 일어남.

흉위(胸圍)圏 젖가슴 자리에서 잰 가슴둘레의 길이. 가슴둘레.

흉음(凶音)圏 ①사람의 죽음을 알리는 소식. ⑪흉보(凶報). ②좋지 않은 일을 알리는 말.

흉일(凶日)圏 불길한 날. 흉날(惡日). ↔길일.

흉작(凶作)圏 농작물이 잘되지 않음. ↔풍작.

흉잡(凶雜·兇雜) '흉잡하다'의 어근.

흉-잡다[-따]圏 남의 결점을 꼬집어서 들추어내다. ¶시어머니를 흉잡는 며느리.

흉잡-하다(凶雜--兇雜-)[-자파-]혱에 흉악하고 난잡하다.

흉잡-히다[-자피-]짜 『'흉잡다'의 피동』 흉잡음을 당하다. ¶남에게 흉잡힐 짓은 삼가라.

흉장(胸章)圏 가슴에 다는 표장(標章).

흉장(胸墙)圏 성곽이나 포대 따위에 사람의 가슴 높이만 하게 쌓은 담. 흉벽(胸壁).

흉적(凶賊·兇賊)圏 흉악한 도둑.

흉조(凶兆)圏 불길한 조짐. 흉증(凶證). ↔가조(佳兆)·길조(吉兆).

흉조(凶鳥·兇鳥)圏 흉한 조짐을 보이는 새. ¶사람들은 까마귀를 흉조라 한다. ↔길조(吉鳥).

흉종(凶終)圏짜 수화재(水火災)·도둑·형륙(刑戮) 따위로 비참하게 죽음.

흉중(胸中)圏 마음에 두고 있는 생각. 흉곡(胸曲). 흉리(胸裏). 흉오(胸奧). ¶흉중을 살피다. /흉중을 헤아리다.

흉즉대길(凶則大吉)[-때-]圏 점괘나 토정비결 따위에서, 신수가 나쁠 때 오히려 정반대로 매우 길하다는 말.

흉증(凶證·兇證)圏 ①⇨흉조(凶兆). ②음흉한 성벽(性癖). ¶흉증을 부리다.

흉증-스럽다(凶證-)[-따][~스러우니·~스러워]혱비 음흉한 태도가 있다. 흉증스레튀.

흉차(胸次)[胸襟]圏 ⇨흉금(胸襟).

흉참(凶慘·兇慘) '흉참하다'의 어근.

흉참-하다(凶慘--兇慘-)혱에 흉악하고 참혹하다. 흉참-히튀.

흉추(胸椎)**명** 척추의 한 부분. 경추와 요추의 사이에 있어 몸의 기둥을 이루고 있음. 가슴등뼈.

흉측(凶測·兇測)**명**(하)(스)〈흉악망측〉의 준말. ¶흉측한 꿈. /흉측한 짓. **흉측-히**(부). **흉측스레**(부).

흉칙(凶測·兇測)**명** '흉측'의 잘못.

흉탄(凶彈·兇彈)**명** 흉한(凶漢)이 쏜 총탄. ¶흉탄에 쓰러지다.

흉-터(명) 상처가 아문 자리. 부스럼 자리. 흠자국. 자흔(疵痕). ¶흉터가 남다.

흉통(胸痛)**명** 한방에서, 여러 가지 병으로 가슴이 아픈 증세를 이르는 말.

흉특(凶慝·兇慝) '흉특하다'의 어근.

흉특-하다(凶慝-·兇慝-)[-트카-]**형여** 성질이 간사하고 음흉하다.

흉패(凶悖·兇悖) '흉패하다'의 어근.

흉패(胸牌)**명** 가톨릭에서, 대제사장의 가슴에 차는 수놓은 헝겊 표장을 이르는 말.

흉패-하다(凶悖-·兇悖-)**형여** 성질이 흉악하고 도리에 어그러지다.

흉포(凶暴·兇暴) '흉포하다'의 어근.

흉포-하다(凶暴-·兇暴-)**형여** 매우 흉악하고 난폭하다.

흉풍(凶風)**명** ①몹시 사나운 바람. ②음흉스러운 기풍이나 풍조.

흉풍(凶豐)**명** 흉년과 풍년.

흉-하다(凶-)**형여** ①어떤 일의 결과가 좋지 않다. ②어떤 일의 예감이 불길하다. ③얼굴이나 태도 따위가 보기에 나쁘다. ¶겉모양이 흉하다. ④마음씨가 나쁘고 거칠다. 흉-히(부).

흉하적(명)(하)(타) 남의 결점을 들어 말하는 짓.

흉학(凶虐·兇虐) '흉학하다'의 어근.

흉학-하다(凶虐-·兇虐-)[-하카-]**형여** 몹시 모질고 사납다. ¶성질이 흉학하다. **흉학-히**(부).

흉한(凶漢·兇漢)**명** ①남을 해치는 흉악한 짓을 하는 사람. ②ㄱ악한(惡漢).

흉해(凶害·兇害)**명**(하)(타) 모질고 끔찍한 짓으로 사람을 죽임.

흉행(凶行·兇行)**명**(하)(자) 사람을 해치는 흉악한 행동을 함, 또는 그런 행동.

흉-허물(명) 흉이나 허물이 될 만한 일.

흉허물(이) 없다(관용) 서로 흉허물을 가리지 않을 만큼 스스럼없이 친하다. ¶흉허물 없이 지내는 사이.

흉험(凶險·兇險) '흉험하다'의 어근.

흉험-하다(凶險-·兇險-)**형여** 마음이 흉악하고 음흉하다.

흉-헙다(凶-)**형비** '흉업다'의 잘못.

흉-호흡(胸呼吸)**명** ㄱ흉식 호흡.

흉화(凶禍·兇禍)**명** 흉악한 재화(災禍).

흉황(凶荒)**명** 농사가 재앙으로 말미암아 결딴남.

흉흉(洶洶) '흉흉하다'의 어근.

흉흉-하다(洶洶-)**형여** ①물결이 몹시 세차게 일어나다. ②인심이 몹시 어수선하다. ¶기근으로 민심이 흉흉하다. **흉흉-히**(부).

흐너-뜨리다(타) 흐너지게 하다. 흐너트리다.

흐너-지다(자) 포개져 있던 작은 물건들이 흘리다. ¶벽돌 더미가 흐너지다.

흐너-트리다(타) 흐너뜨리다.

흐놀다[흐노니·흐놀아](타) 무엇을 몹시 그리어 동경하다.

흐-느끼다(자) 몹시 서러워 흑흑 소리를 내며 울다.

흐느낌(명) 몹시 서러워 흑흑 느끼며 욺.

흐느적-거리다[-꺼-](자) 자꾸 흐느적흐느적하다. 흐느적대다. ¶수양버들이 봄바람에 흐느적거리다. (좌)하느작거리다.

흐느적-대다[-때-](자) 흐느적거리다.

흐느적-흐느적[-저크-](부)(하)(자) ①(가늘고 긴 나뭇가지나 얇고 가벼운 물건이) 자꾸 가볍게 흔들리거나 너붓거리는 모양. ②팔다리 따위가 힘없이 느리게 자꾸 움직이는 모양. (좌)하느작하느작.

흐늑-거리다[-꺼-](자) 자꾸 흐늑흐늑하다. 흐늑대다. (좌)하늑거리다.

흐늑-대다[-때-](자) 흐늑거리다.

흐늑-흐늑[-느크-](부)(하)(자) ①부드럽게 흐늘흐늘 흔들리는 모양. ②물건이 느슨하게 느즈러지는 모양. (좌)하늑하늑.

흐늘-거리다(자) 자꾸 흐늘흐늘하다. 흐늘대다. (좌)하늘거리다.

흐늘다(옛) 흔들다. ¶막댈 흐느르시며(永嘉下131). (좌)하늘다.

흐늘-대다(자) 흐늘거리다.

흐늘-흐늘(부)(하)(자) ①어디에 매인 데 없이 편하게 놀고 지내는 모양. ②힘없이 늘어져 자꾸 흔들리는 모양. ¶능수버들이 하늬바람에 흐늘흐늘 춤을 춘다. ③몸놀림이 재빠르지 못하고 느릿한 모양. ④단단하지 못하여 건드리면 이리저리 흐늘거리는 모양. (좌)하늘하늘.

흐늘흐늘-하다(형여) 지나치게 무르거나 부드러워 뭉크러질 듯하다. ¶묵이 너무 흐늘흐늘하다. (좌)하늘하늘하다.

흐드러-지다(형) ①썩 탐스럽다. ¶모란꽃이 흐드러지게 피었다. ②매우 흐뭇하거나 푸지다. ¶흐드러지게 먹고 마시다.

흐들갑(명) 경망스럽게 떠벌이는 말이나 몸짓. (좌)호들갑.

흐들갑-스럽다[-쓰-따][~스러우니·~스러워](형비) 경망스럽게 떠벌이는 태도가 있다. (좌)호들갑스럽다. **흐들갑스레**(부).

흐들이다(형)(옛) 흐놀아 브러며 조오로믈 흐들이 흐리오(杜初6:36).

흐들ᄒ다(형)(옛) 흐드러지다. ¶氣運이 흐들ᄒ야 ᄒ는 이믈 通達히 흐리로다(杜初22:43).

흐락(명) 농조로 하는 짓.

흐르다¹[흐르니·흘러](자르) ①물 따위가 낮은 곳으로 내려가다. ¶시냇물이 강으로 흐르다. ②눈물이 눈에서 나오다. ¶눈물이 흐르다. ③(공중이나 물 위에) 떠서 미끄러지듯 움직여 가다. ¶하늘에 흐르는 흰구름. /여울 따라 흐르는 종이배. ④시간이나 세월이 지나가다. ¶그와 헤어진 지 십 년이 흐르다. ⑤어느 방향으로 쏠리다. ¶인정에 흐르다. ⑥새어서 빠지거나 떨어지다. ¶꽃병 아래로 물이 흐르다. ⑦가득 차서 넘쳐 쏟아지다. ¶욕탕에 물이 넘쳐 흐르다. ⑧미끄러져 처지다. ¶어떤 범위 안에 번져서 점점 퍼지다. ¶방 안 가득히 흐르는 노랫소리. ⑩어떤 상태나 현상·기운 따위가 겉으로 드러나다. ¶촌티가 흐르다. /얼굴에 열정이 흐르다. ⑪전기나 가스 따위가 선이나 관을 통하여 지나가다. ¶고압 전류가 흐르다.
[Ⅱ](자르타) 물 따위 액체가 어떤 곳을 통과하여 지나가다. ¶계곡에 흐르는 물. /이 지역을 흐르는 물은 심하게 오염되었다.

흐르다²[흐르니·흘러](자르) 짐승이 홀레를 하다.

흐르르(부)(하)(여) 종이나 옷감 따위가 얇고 매우 부드러운 모양. (좌)하르르. 흐르르-흐르르(부).

흐름(명) ①흐르는 것. ¶물의 흐름. ②'한 줄기로 잇따라 진행되는 현상'을 비유하여 이르는 말. ¶시대적 흐름.

흐름-소리(명) ㄱ유음(流音).

흐리다 Ⅰ[타] ①무슨 흔적을 잘 알지 못하게 지워 버리다. ¶말끝을 흐리다. ②맑은 물 따위에 잡것을 섞어서 혼탁하게 하다. ¶냇물을 흐리다. ③집안이나 단체의 명예를 더럽히다. ¶가문의 이름을 흐리게 한 자식.
Ⅱ[형] ①기억력이나 사리 판단, 또는 하는 일이 분명하지 않다. ¶판단이 흐리다. /기억이 흐리다. ㉵하리다². ②다른 것이 섞이어 맑지 못하다. ¶물이 흐리다. ③구름이나 안개가 끼어 날씨가 맑지 않다. ④시력이나 청력이 약하거나 똑똑히 보이거나 들리지 않다. ⑤등불이나 빛 따위가 희미하다.
흐리디-흐리다[형] 매우 흐리다.
흐리-마리[부하형] 생각이나 기억이 분명하지 아니한 모양.
흐리멍덩-하다[형어] ①기억이 뚜렷하지 않다. ②일의 되어 가는 형편이나 결과가 분명하지 않다. ¶일 처리가 흐리멍덩하다. ③귀에 들리는 것이 희미하다. ④정신이 뭉뚱하다. ¶약기운으로 말미암아 의식이 흐리멍덩하다. ①②하리망당하다. 흐리멍덩-히[부]
흐리멍텅-하다[형어] '흐리멍덩하다'의 잘못.
흐리터분-하다[형어] ①(하는 짓이) 분명하지 아니하고 매우 답답하다. ②성미가 분명하거나 깔끔하지 못하다. ¶흐리터분한 성격. ㉵하리타분하다. 흐리터분-히[부]
흐린-소리[명] ☞울림소리.
흐릿-하다[―리타―] 조금 흐리다. ¶칠판에 써 놓은 글씨가 흐릿하다.
흐ㄹ다[자] 〈옛〉흐르다. ¶流ᄂ 흐를 시오(金三3:17).
흐무러-지다[자] ①아주 잘 익어서 무르녹다. ¶오곡백과가 흐무러지다. ②물에 불어서 아주 무르다. ③엉길 힘이 없어 뭉그러지다. ¶순두부가 흐무러지다. 준흐무지다.
흐무룻-하다[―무타―][형어] 매우 흐뭇하다. ㉵하무룻하다. 흐무룻-이[부]
흐무-지다[자] 〈흐무러지다〉의 준말.
흐물-흐물[부하형] 푹 익어서 아주 무르게 된 모양. ¶고기를 흐물흐물해지도록 푹 삶다. 흐물흐물.
흐뭇-하다[―무타―][형어] 마음에 넉넉하여 푸근하다. ¶흐뭇한 미소. /흐뭇한 표정을 짓다. ㉵하뭇하다. 흐뭇-이[부]
흐벅-지다[―찌―][형] 탐스럽게 두껍고 부드럽다. ¶손이 희고 흐벅지다.
흐슬-부슬[부하형] 차진 기가 없어 헤질 듯한 모양. ¶밥이 흐슬부슬하다.
흐슴츠러ᇰ흐다[형] 〈옛〉희미하다. ¶河漢 ᄃ리 흐슴츠러ᇰ흐도다(杜初24:57).
흐워기[부] 〈옛〉흡족하게. 무르녹게. ¶工夫ㅣ 흐다가 흐워기 흐디윟고 서의히 흐디위ᄒᆞ야(蒙法38).
흐워ᇰ흐워ᇰ흐다[형] 〈옛〉무르녹다. 윤택하다. ¶潤澤은 흐워ᇰ흐워ᇰ할 씨라(楞解2:5).
흐워ᇰ흐다[형] 〈옛〉흡족하다. 윤택하다. 무르녹다. ¶大川이 너비 흐워ᇰ흐모(法華3:10).
흐지-부지[부하][되자] 끝을 분명히 맺지 못하고 흐리멍덩하게 넘겨 버리는 모양. ¶말을 흐지부지 얼버무리다.
흐트러-뜨리다[타] 흐트러지게 하다. 흐트러트리다. ¶머리를 흐트러뜨리다.
흐트러-지다[자] 여러 가닥으로 흩어져 이리저리 엉키다. ¶흐트러진 머리칼. /정신이 흐트러지다.
흐트러-트리다[타] 흐트러뜨리다.

흐흐[부하자] ①털털하고 걸걸하게 웃는 소리나 모양. ②흐뭇함을 참지 못하여 입을 조금 벌리고 은근히 웃는 소리나 모양.
흑[부] ①한 번 흐느끼는 소리. ②갑자기 몹시 찬 기운을 받아 내는 소리.
흑(黑)[명] ①〈흑색(黑色)〉의 준말. ②〈흑지〉의 준말. ↔백(白).
흑각(黑角)[―깍] 물소의 검은 뿔.
흑-각띠(黑角―)[―깍―][명] 조선 시대에, 벼슬아치의 예복에 두르던 검은빛의 각띠.
흑-갈색(黑褐色)[―깔쌕][명] 검은빛이 도는 짙은 갈색. 칙칙한 갈색.
흑건(黑鍵)[―껀][명] 피아노·풍금 등의 검은 건반. ㉵백건.
흑-고래(黑―)[―꼬―][명] 긴수염고랫과의 고래. 몸길이 12~17 m. 몸빛은 검은데 흰 얼룩점이 있고 등에 낙타처럼 혹이 있음. 가슴지느러미와 꼬리가 매우 발달하여 물을 치며 물 밖으로 뛰어오르곤 함.
흑곡(黑麴)[―꼭] 종곡(種麴)의 한 가지. 주로, 소주 따위를 만드는 데 쓰임.
흑-귀자(黑鬼子)[―뀌―][명] '살빛이 검은 사람'을 조롱하여 이르는 말.
흑기(黑氣)[―끼][명] ①검은 기운. ②불길하고 음산한 기운.
흑기(黑旗)[―끼][명] 검은 기폭을 단 기.
흑-기러기(黑―)[―끼―][명] 오릿과의 새. 몸길이 60 cm가량의 작은 기러기. 머리와 목·가슴은 흑색이고 나머지는 회색 또는 백색임. 습한 이끼로 덮인 툰드라 지대의 호수나 갯벌에서 삶. 우리나라에서는 남해안 연안에서 월동하는 겨울새임.
흑-내장(黑內障)[―흥―][명] 망막이나 시신경 따위의 장애로 말미암아 일어나는 눈병을 통틀어 이르는 말.
흑노(黑奴)[―흥―][명] 흑인 노예, 또는 흑색 인종을 낮잡아 이르는 말.
흑단(黑檀)[―딴][명] 감나뭇과의 상록 교목. 잎은 두껍고 길둥근 모양임. 담황색 꽃이 피고, 동글동글한 열매는 황색으로 익음. 심재는 '오목(烏木)'이라 하여 가구·지팡이·악기 따위를 만드는 데 쓰임.
흑-단령(黑團領)[―딸―][명] 지난날, 벼슬아치가 입던 검은 빛깔의 단령.
흑달(黑疸)[―딸][명] ☞여로달(女勞疸).
흑당(黑糖)[―땅][명] ☞흑설탕의 준말.
흑-대두(黑大豆)[―때―][명] ☞검은콩.
흑도(黑道)[―또][명] 태음(太陰)의 궤도.
흑도(黑圖)[―또][명] ☞흑색간토기.
흑두(黑豆)[―뚜][명] ☞검은팥.
흑두-병(黑痘病)[―뚜뼁][명] 한방에서, 피부에 검은 반점이 생기고 목이 잠기는 전염병을 이르는 말.
흑두-재상(黑頭宰相)[―뚜―][〔머리가 검은 재상이란 뜻으로〕'젊은 재상'을 이르는 말.
흑룡(黑龍)[흥뇽][명] 몸빛이 검은 용. 이룡(黧龍). ¶북해 흑룡이 여의주를 물고 넘노는 듯….
흑린(黑燐)[흥닌][명] 황린을 1만 2000기압에 200 ℃로 가열해서 만드는 물질. 열이나 전기의 도체로 쓰임.
흑마(黑馬)[흥―][명] 몸빛이 검은 말. 검정말.
흑막(黑幕)[흥―][명] ①검은 장막. ②겉으로 드러나지 않은 음흉한 내막.
흑-맥주(黑麥酒)[흥―쭈][명] 까맣게 볶은 맥아를 섞어 만든 짙은 갈색의 맥주.
흑반(黑斑)[―빤][명] 검은 반점.

흑반-병(黑斑病)[-빤뼝]閉 과수(果樹)나 오이·고구마·목화 따위의 잎이나 열매 등에 검은 반점이 생기는 병.

흑발(黑髮)[-빨]閉 검은 머리털.

흑백(黑白)[-빽]閉 ①검은빛과 흰빛. ②잘잘못. 옳고 그름. ¶흑백을 가리다. ③바둑의 흑지와 백지.

흑백^논리(黑白論理)[-뼁놀-]閉 어떤 사상(事象)을 극단적으로 양분하여, 어느 한쪽만을 판단의 절대적인 기준으로 삼아 전개하는 논리. ¶협상할 때 가장 경계해야 할 요소는 흑백 논리다.

흑백불분(黑白不分)[-뻑뿔-]閉 ①검은 것과 흰 것을 구별하지 못함. ②잘잘못이 분명하지 아니함.

흑백^사진(黑白寫眞)[-뻑싸-]閉 사진의 화면(畫面)이 흰색과 검은색으로 나타난 사진. ↔천연색 사진.

흑백^영화(黑白映畫)[-뻑녕-]閉 영사막에 흰색과 검은색으로 영상(映像)이 나타나는 영화. ↔천연색 영화.

흑-보기(黑-)[-뽀-]閉 '눈동자가 한쪽으로 몰려서 늘 흘겨보는 사람'을 조롱조로 이르는 말.

흑-빛(黑-)閉 검은 빛깔. 흑색(黑色).

흑사(黑沙)[-싸]閉 자철석·석류·휘석·각섬석 따위의 검은빛 광물이 많이 들어 있는 모래.

흑사-병(黑死病)[-싸뼝]閉 ☞페스트(pest).

흑-사탕(*黑砂糖)[-싸-]閉 ☞흑설탕.

흑삼(黑衫)[-쌈]閉 지난날, 제향 때 제관이 입던 소매가 검은 예복.

흑-삼릉(黑三稜)[-쌈능]閉 흑삼릉과의 다년초. 연못가나 도랑에 나는데 줄기 높이는 1m가량. 잎은 뿌리에서 무더기로 나며 가늘고 긺. 여름에 꽃줄기의 밑 부분에는 암꽃, 윗부분에 수꽃이 핌.

흑색(黑色)[-쌕]閉 ①검은빛. ②무정부주의를 상징하는 빛깔. 흑(黑).

흑색^산화동(黑色酸化銅)[-쌕싼-]閉 ☞산화 제이구리.

흑색-선전(黑色宣傳)[-쌕썬-]閉 근거 없는 사실을 조작하여, 상대편을 중상모략하거나 그 내부를 교란시키기 위하여 하는 선전.

흑색^인종(黑色人種)[-쌕긴-]閉 살빛이 검은 인종을 통틀어 이르는 말. 흑인종.

흑색^조합(黑色組合)[-쌕쪼-]閉 무정부주의 계통의 노동조합.

흑색^화:약(黑色火藥)[-쌔콰-]閉 초석·유황·숯가루를 일정한 비율로 섞어서 만든 화약. 불꽃놀이나 엽총 따위에 쓰임.

흑석(黑石)[-썩]閉 ①검은 빛깔의 돌. ②☞흑요암. ③검은 바둑돌.

흑-석영(黑石英)[-써경]閉 검은 빛깔의 석영.

흑선(黑線)[-썬]閉 ①검은 빛깔의 선. ②물질의 흡수 스펙트럼에 나타나는 암흑선. 빛이 물질에 흡수됨에 따라 생김. 암선(暗線).

흑-설탕(*黑雪糖)[-썰-]閉 정제하지 아니한 흑갈색의 원당(原糖). 흑사탕. 흑당.

흑손(黑損)[-쏜]閉 인쇄가 너무 검게 되어 쓰지 못하게 된 신문 용지. ↔백손(白損).

흑송(黑松)[-쏭]閉 곰솔. 해송(海松).

흑수(黑手)[-쑤]閉 ①검은 손. ②나쁜 짓을 하는 수단.

흑수(黑穗)[-쑤]閉 ☞깜부기.

흑수-병(黑穗病)[-쑤뼝]閉 ☞깜부깃병.

흑-수정(黑水晶)[-쑤-]閉 빛깔이 검은 수정.

흑수-증(黑水症)[-쑤쯩]閉 한방에서, 신장염 따위로 외음부가 붓는 증상을 이르는 말.

흑승-지옥(黑繩地獄)[-씅-]閉 불교에서 이르는, 팔열(八熱) 지옥의 하나. 살생이나 절도의 죄를 지은 자가 가게 된다는 지옥으로, 온몸을 벌겋게 달군 쇠사슬로 묶어 놓고 톱이나 도끼 따위로 베거나 자르는 고통을 받는다고 함.

흑시(黑柿)[-씨]閉 ☞먹감나무.

흑심(黑心)[-씸]閉 음흉하고 부정한 마음. ¶흑심을 품다.

흑-싸리(黑-)閉 ①화투짝의 한 가지. 검은 싸리를 그린, 4월을 상징하는 딱지. ②남의 일에 훼방을 놓는 사람을 얕잡아 이르는 말.

흑암(黑岩)閉 검은 빛깔의 바위.

흑암(黑暗)[-암]餅 몹시 어두움.

흑야(黑夜)[-야]閉 ☞칠야(漆夜).

흑양-피(黑羊皮)閉 털빛이 검은 양의 가죽.

흑연(黑煙)閉 ①시꺼먼 연기. ②화공이 쓰는 먹줄. 먹물 대신 숯가루를 봉지에 넣어 줄을 침.

흑연(黑鉛)閉 순수한 탄소로만 이루어진 광물의 한 가지. 금속광택이 있고 검은빛임. 연필심·도가니·전극·윤활제 따위로 쓰임. 석묵(石墨).

흑연-광(黑鉛鑛)閉 흑연을 파내는 광산, 또는 흑연이 들어 있는 광물.

흑연-색(黑鳶色)閉 검은 다갈색.

흑영(黑影)閉 검은 그림자.

흑예(黑瞖)閉 각막이 팥알만 하게 도드라지는 눈병의 한 가지.

흑요-석(黑曜石)閉 ☞흑요암.

흑요-암(黑曜岩)閉 규산이 많이 들어 있는 유리질의 화산암. 흑·회·적·갈색을 띠며, 유리 광택이 있음. 장식품이나 공업용 원료로 쓰임. 오석(烏石). 흑석(黑石). 흑요석.

흑우(黑牛)閉 털빛이 검은 소.

흑운(黑雲)閉 검은 구름. ↔백운(白雲).

흑-운모(黑雲母)閉 운모의 한 가지. 철·칼리·반토·수분 따위가 결합한 규산염으로, 흑색·청회색·갈색 등의 빛깔을 띰. 검은돌비늘.

흑월(黑月)閉 불교에서, 계율(戒律)을 설교하는 기간인 '후보름'을 이르는 말. ↔백월(白月)[2].

흑유(黑釉)閉 검은빛의 도자기 잿물.

흑의(黑衣)[흐긔/흐기]閉 ①검은 빛깔의 옷. ②'승복(僧服)'을 달리 이르는 말. ③지난날, 관아에서 부리던 인부들이 입던 검은 옷옷. 두루마기와 비슷하나 겨드랑이에 무가 없음.

흑의-재상(黑衣宰相)[흐긔-/흐기-]閉 지난날, 정치에 참여하여 대권(大權)을 좌우하던 중을 이르는 말.

흑인(黑人)閉 흑색 인종의 사람.

흑인^영가(黑人靈歌)[-녕-]閉 노예로 끌려온 미국의 흑인들이 구약 성서에서 제재를 얻어 노래한 종교적인 민요. 영가.

흑-인종(黑人種)閉 ☞흑색 인종)의 준말.

흑-임자(黑荏子)閉 ☞검은깨.

흑임자-죽(黑荏子粥)閉 검은깨와 쌀무리로 쑨 죽.

흑자(黑子)[-짜]閉 ①☞흑지. ②검정 사마귀. 사마귀[1].

흑자(黑字)[-짜]閉 ①먹 따위로 쓴 검은 글자. ②수입이 지출보다 많아서 생기는 잉여나 이익. ¶무역 수지가 흑자로 돌아섰다. ↔적자.

흑-자색(黑紫色)[-짜-]閉 검은빛이 도는, 짙은 자주. 자흑색.

흑자-석(黑赭石)[-짜-]閉 푸른 물감의 한 가지. 화소청(畫燒靑)과 비슷한 것으로 도자기에 쓰임. 무명자(無名子).

흑자^예:산(黑字豫算) [-짜-] 명 수입이 지출보다 많은 예산.

흑자체 활자(黑字體活字) [-짜-짜] ☞고딕.

흑-적색(黑赤色) [-쩍쌕] 명 검붉은 색.

흑점(黑點) [-쩜] 명 ①검은 점. ②〈태양 흑점〉의 준말.

흑정(黑睛) [-쩡] 명 ☞검은자위.

흑제(黑帝) [-쩨] 명 오행설에서, 겨울을 맡은 북쪽의 신.

흑죽-학죽[-쭈カ쭉] 부 어떤 일을 정성껏 맺지 않고 어름어름 넘기는 모양.

흑-쥐(黑-) [-쮜] 명 쥣과의 동물. 우리나라 특산으로 귀와 꼬리가 짧고 털도 매우 짧으며 등은 검고 배는 흼. 논밭이나 야산에 살면서 전염병을 옮김.

흑지(←黑子) [-찌] 명 바둑돌의 검은 알. 흑자(黑子). ☞흑(黑). ↔백지.

흑-채문(黑彩紋) 명 흑선으로 된 채문. ↔백채문(白彩紋).

흑책-질[-찔] 명 하다 남의 일을 교활한 꾀로 방해하는 짓.

흑청(黑淸) 명 빛깔이 검은 꿀.

흑체(黑體) 명 모든 복사(輻射) 광선을 완전히 흡수하는 물체.

흑축(黑丑) 명 한방에서, '푸르거나 붉은 나팔꽃의 씨'를 약재로 이르는 말. 약효가 백축(白丑)보다 빠름.

흑칠(黑漆) 명 검은 빛깔의 옻.

흑탄(黑炭) 명 ☞역청탄.

흑태(黑太) 명 '검은콩'으로 순화.

흑태(黑苔) 명 한방에서, 열이 심한 병자의 혓바닥에 생기는 검은 버캐를 이르는 말.

흑토(黑土) 명 다량의 부식질이 들어 있는 검고 기름진 흙.

흑토-대(黑土帶) 명 흑토의 분포 지대. 농업 지대로 적합함.

흑판(黑板) 명 ☞칠판(漆板).

흑-포도(黑葡萄) 명 알의 빛깔이 검은 포도.

흑풍(黑風)[1] 명 모래나 먼지 따위를 일으켜 햇빛을 가리며 맹렬히 부는 회오리바람.

흑풍(黑風)[2] 명 한방에서 이르는 눈병의 한 가지. 시력이 흐리고 눈동자나 콧마루가 아프며, 두통이 나고 때때로 섬화(閃火)가 보이는 병.

흑풍-백우(黑風白雨) 명 흑풍이 몰아치는 속에 내리는 소나기.

흑피(黑皮) 명 검은 가죽. 검게 염색한 가죽.

흑피-화(黑皮靴) 명 지난날, 악생이나 악공들이 음악을 연주할 때 신던 목이 긴 신. 검은 가죽으로 목화와 비슷하게 만들었음.

흑핵(黑核) [흑째] 명 중뇌(中腦)에 있는 흑갈색의 큰 회백질. 골격근의 운동을 맡아보는 중심의 한 가지.

흑-호마(黑胡麻) [흑코-] 명 ☞검은깨.

흑사(黑花蛇) [흑콰-] 명 ☞먹구렁이.

흑-화예(黑花瞖) [흑콰-] 명 한방에서 이르는 눈병의 한 가지. 몹시 아프고 푸른 예막이 생김.

흑훈(黑暈) [흑훈] 명 검은빛의 햇무리.

흑-흑[흐극] 부 자 설움이 북받쳐 흐느껴 우는 소리. ¶흑흑 소리 내어 울다.

흔(欣) [옛] 체언의 말음 'ㅎ'과 조사 '은'의 결합. ¶四禪天으록 우흔 세 災 업수디(月釋1:50). ☞혼[2].

흔감(欣感) 명 하다 기쁘게 느껴 감동함.

흔구(欣求) 명 하다 불교에서, 흔쾌히 원하여 구하는 일을 이르는 말.

흔구^정토(欣求淨土) 명 불교에서, 극락정토에 왕생하기를 원하는 일.

흔나므라다 [옛] 헐뜯어 나무라다. 타박하다. ¶흔나므라는 이아 살 님재라(老解下28).

흔단(釁端) 명 ①틈이 생기는 실마리. ¶흔단을 내다. /흔단이 생기다. ②서로 달라지는 시초.

흔덕-거리다 [-꺼-] 자타 자꾸 흔덕흔덕하다. 흔덕대다. ㊟한덕거리다.

흔덕-대다 [-때-] 자타 흔덕거리다.

흔덕-이다 [-떠-] 자타 (박혀 있거나 끼인 물건이) 이리저리 흔들리거나 흔들리게 하다. ㊟한닥이다.

흔덕-흔덕 [-떠큰-] 부 하자타 (박혀 있거나 끼인 물건이) 이리저리 자꾸 흔들리거나 흔들리게 하는 모양. ㊟한닥한닥.

흔뎅-거리다 자타 자꾸 흔뎅흔뎅하다. 흔뎅대다. ¶절간 처마의 풍경(風磬)이 흔뎅거리다. ㊟한댕거리다.

흔뎅-대다 자타 흔뎅거리다.

흔뎅-이다 자타 (매달린 물건이) 이리저리 자꾸 흔들리다, 또는 그렇게 되게 하다. ㊟한댕이다.

흔뎅-흔뎅 부 하자타 (매달린 물건이) 이리저리 자꾸 흔들리거나 흔들리게 하는 모양. ㊟한댕한댕.

흔동-일세(掀動一世) [-쎄] 명 하자 위세가 세상을 뒤흔듦. ㊟헌동일세.

흔드렁-거리다 자타 자꾸 흔드렁흔드렁하다. 흔드렁대다. ㊟한드랑거리다.

흔드렁-대다 자타 흔드렁거리다.

흔드렁-흔드렁 부 하자타 (힘없이 매달린 물건이) 좁은 폭으로 천천히 자꾸 흔들리거나 흔들리게 하는 모양. ㊟한드랑한드랑.

흔드적-거리다 [-꺼-] 자타 자꾸 흔드적흔드적하다. 흔드적대다. ㊟한드작거리다.

흔드적-대다 [-때-] 자타 흔드적거리다.

흔드적-흔드적 [-저큰-] 부 하자타 (매달린 물건이) 천천히 이리저리 자꾸 흔들리거나 흔들리게 하는 모양. ㊟한드작한드작.

흔들-거리다 자타 자꾸 흔들흔들하다. 흔들대다. ㊟한들거리다.

흔들다 [흔드니·흔들어] 타 ①좌우나 앞뒤로 잇따라 움직이게 하다. ¶손을 흔들다. /몸을 흔들다. /깃발을 흔들다. ②어떤 안정된 상태를 동요시키다. ¶민심을 흔들다.

흔들-대다 자타 흔들거리다.

흔들-리다 자 ['흔들다'의 피동] 흔듦을 당하다. ¶폭풍우에 배가 심하게 흔들리다. /결심이 흔들리다.

흔들-바람 명 풍력 계급의 5등급에 해당하는 바람. 초속 8.0~10.7m. 잎이 있는 작은 나무가 흔들리기 시작하며, 작은 물결이 호수에 생김. 질풍.

흔들-이 [-찍-] 명 변덕이 심하고 걸핏하면 성을 잘 내는 사람.

흔들-의자(-椅子) [-드릐-/-드러-] 명 앉아서 앞뒤로 흔들면서 쉴 수 있도록 만든 의자.

흔들-이 명 ☞진자(振子).

흔들-흔들 부 하자타 이리저리 자꾸 흔들리거나 흔들리게 하는 모양. ㊟한들한들.

흔모(欣慕) 명 하다 ☞흠모(欽慕).

흔연(欣然) '흔연하다'의 어근.

흔연-대접(欣然待接) 명 하다 기쁜 마음으로 대접함.

흔연-스럽다(欣然-) [-따] [-스러우니·-스러워] 형 흔연한 태도가 있다. 흔연스레 부.

흔연-하다(欣然-) 형예 기쁘거나 반가워 기분이 좋다. 흔연-히 부 ¶선물을 흔연히 받다.

흔적(痕跡·痕迹)**명** (어떤 사물이나 현상이 없어 지거나 지나간 뒤에) 남은 자취나 자국. 형적 (形跡).

흔적^기관(痕跡器官)[-끼-]**명** 생물의 진화 과 정으로 보아 본디는 쓸모가 있는 것이었으나 현재는 퇴화하여 쓰이지 않는 기관. 퇴화 기관.

흔전-거리다[자] 자꾸 흔전흔전하다. 흔전대다.

흔전-대다[자] 흔전거리다.

흔전-만전[부][하형] ①아주 흔하고 넉넉한 모양. ¶큰 잔치라서 먹을 것이 흔전만전이다. ②돈 이나 물건 따위를 아끼지 아니하고 마구 쓰는 모양. ¶물을 흔전만전 낭비하다.

흔전-하다[형여] 아주 넉넉하다.

흔전-흔전[부][하자] 모자람이 없이 매우 넉넉하게 쓰며 지내는 모양.

흔천-동지(掀天動地)[명][하자] 〔소리가 커서 천지 를 뒤흔들 만하다는 뜻으로〕'세력을 크게 떨 침'을 이르는 말.

흔충(欨衝)**명** 피부나 근육이 화끈거리며 아픈 증상.

흔쾌(欣快)**명** '흔쾌하다'의 어근.

흔쾌-하다(欣快-)[형여] 기쁘고도 상쾌하다. 흔 쾌-히[부] ¶충고를 흔쾌히 받아들이다.

흔-하다[형여] ①흔하지 않고 매우 많이 있다. ¶ 도시에는 자동차가 흔하다. ②얻기 쉽다. ¶아주 흔한 약이다. ㈜흖다. ↔귀하다·드물다. 흔-히[부].

흔흔(欣欣)**명** '흔흔하다'의 어근.

흔흔-하다(欣欣-)[형여] 매우 기쁘고 흡족하다. 흔흔-히[부] ¶흔흔히 결혼을 승낙하다.

흔희(欣喜)[명][하자] ↔환희(歡喜).

흔희-작약(欣喜雀躍)[-히-][명][하자] 너무 좋아 서 뛰며 기뻐함.

흖다[흔타][형] 〈흔하다〉의 준말. *흖소[흔쏘].

흘다(흐러)[자타ㄷ] 〈옛〉흩어지다. 흩다. ¶조조 시름 흐루믈 許ㅎ노라(杜初7:20).

흘근(옛)체언의 말음'ㅎ'과 조사'을'의 결합. ¶化佛ㅅ 뒤를 미좃즈바(月釋8:71). ㈜호.

흘가휴의(迄可休矣)[-의/-이][명]〔알맞은 정도 에서 그만두라는 뜻으로〕정도에 지나침을 경계 하는 말. ¶흘가휴의라지 않는가, 그쯤 해두시게.

흘게[명] 매듭·사개·고동·사북 따위의 죈 정도나, 무엇을 맞추어서 짠 자리.

흘게(가) 늦다[관용] ①흘게가 느슨하다. ②하는 짓이 야무지지 못하다.

흘겨-보다[타] 흘기는 눈으로 보다.

흘근-거리다[자] 자꾸 흘근흘근하다. 흘근대다.

흘근-대다[타] 흘근거리다.

흘근번쩍-거리다[-께-][타] 눈을 자꾸 흘근번쩍 흘근번쩍하다. 흘근번쩍대다.

흘근번쩍-대다[-때-][타] 흘근번쩍거리다.

흘근번쩍-흘근번쩍[-쩌ㄱ-][부][하형] 여럿이 자 꾸 눈을 흘기며 번쩍이는 모양.

흘근-흘근[부][하자] 느릿느릿하게 천천히 행동하 는 모양.

흘금[부][하자] 남의 눈을 피해 한 번 곁눈질을 하 는 모양. ¶흘금 눈치를 살피다. ㈜할금. ㈜흘 끔. 흘금-흘금[부][하자].

흘금-거리다[타] 자꾸 흘금흘금하다. 흘금대다. ㈜할금거리다.

흘금-대다[타] 흘금거리다.

흘긋[-근][부] ①눈에 얼핏 보이는 모양. ¶뒷모습이 흘긋 보이다. ②[하자]눈동자를 옆으 로 돌려 한 번 보는 모양. ¶흘긋 눈을 흘기 다. /흘긋 쳐다보고는 미소를 지었다. ㈜할긋. ㈜흘끗. 흘긋-흘긋[부][하자타].

흘긋-거리다[-귿꺼-][타] 자꾸 흘긋흘긋하다. 흘 긋대다. ㈜할긋거리다.

흘긋-대다[-귿때-][타] 흘긋거리다.

흘기-죽죽[-쭉][부][하형] 흘겨보는 눈에 불만스러 운 마음이 드러나는 모양. ㈜할기족족.

흘깃[-긴][부][하자] 눈을 한 번 흘기는 모양. ㈜할 깃. ㈜흘낏. 흘깃-흘깃[부][하자].

흘깃-거리다[-긴꺼-][타] 자꾸 흘깃흘깃하다. 흘 깃대다. ㈜할깃거리다. ㈜흘낏거리다.

흘깃-대다[-긴때-][타] 흘깃거리다.

흘낏[-낃][부][하자타] 〈흘깃〉의 센말. ㈜할낏.

흘낏-거리다[-낃꺼-][타] 〈흘깃거리다〉의 센말. 흘낏대다. ㈜할낏거리다.

흘낏-대다[-낃때-][타] 흘낏거리다.

흘떼기[명] 심줄이나 근육 사이에 있는 얇은 껍질 이 많이 섞인 질긴 고기.

흘떼기-장기(-將棋)[명] 으레 질 것을 알면서도 안 지려고 개를 써 가며 끈질기게 두는 장기.

흘러-가다[자] ①흘러서 앞으로 나아가다. ¶냇물 이 흘러가다. ②시간이나 세월이 지나가다. ¶시 간이 흘러가다.

흘러-나오다[자] ①물·빛 따위가 새거나 빠져서 밖으로 나오다. ¶방 안에서 희미한 불빛이 흘 러나오다. ②말소리나 음악 소리 따위가 밖으 로 퍼져 나오다. ¶탄식이 흘러나오다. ③소문 이나 예측 따위가 전하여 들리다. ¶낙관적이 라는 전망이 흘러나오다.

흘러-내리다[Ⅰ][자] (매었거나 걸어 놓은 것이) 느슨해져서 밑으로 처지다. ¶허리끈이 흘러내 리다.
[Ⅱ][자타] 위에서 아래로 흐르면서 내려오다. ¶땀 이 흘러내리다. /흘러내리는 눈물.

흘러-넘치다[Ⅰ][자타] 넘쳐흐르다.
[Ⅱ][자] 넘쳐흐르다.

흘러-들다[~드니·~들어][자] ①액체 따위가 흘 러서 들어가거나 들어오다. ¶이 시냇물은 한 강으로 흘러든다. ②어떤 사물이나 사람이 슬 그머니 들어오다. ¶정체 모를 사람이 마을로 흘러들었다.

흘러-보다[타] 남의 속을 슬그머니 떠보다.

흘러-오다[타] ①물 따위가 흐르면서 내려오다. ②말소리나 음악·냄새 따위가 퍼져 오다. ¶종 소리가 은은하게 흘러오다. ③정처 없이 떠돌 아다니다가 들어오다. ¶타향에서 흘러온 장 사꾼.

흘레[명][하자] (짐승의 암컷과 수컷이) 교접(交接) 함, 또는 그 짓. 교미(交尾).

흘레-붙다[-붇따][자] 〈흘레하다〉의 속된 말.

흘레붙-이다[-부치-][타] ['흘레붙다'의 사동] 흘레하게 하다. ¶돼지를 흘레붙이다.

흘려-듣다[-따][-들으니·~들어][타ㄷ] ①주의 깊게 듣지 아니하다. ¶내 말 흘려듣지 말고 명심해. ②다른 사람들이 주고받는 소리가 우 연히 귀에 들려 어떤 소식을 얻어듣다. ¶흘려 들은 소문.

흘려-버리다[타] 주의 깊게 듣지 아니하고 넘겨 버리다. ¶내 짝은 웬만한 이야기는 예사로이 흘려버린다.

흘려-보내다〔타〕 ①흘러가는 것을 그냥 내버려 두다. ¶세월을 흘려보내다. ②주의 깊게 듣지 아니하고 지나쳐 버리다.

흘려-주다〔타〕 여러 번에 조금씩 나누어 주다.

흘리놓다〔자〕〈옛〉흐르게 놓다. 흘러가는 대로 버려 두다. ¶張蹇의 八月槎를 銀河에 흘리노하(古時調).

흘리다〔타〕 ①(물 따위를) 쏟아지거나 흐르게 하다. ¶눈물을 흘리다. ②(작은 알갱이 따위를) 밖으로 새게 하거나 떨어지게 하다. ¶밥알을 흘리다. ③(물건을) 빠뜨리거나 떨어뜨려 잃다. ¶동전을 흘리다. ④(물 위에 띄워) 흐르게 하다. ⑤(갚아야 할 돈 따위를) 여러 번에 걸쳐 나누어서 주다. ¶외상값을 흘리어 갚다. ⑥글씨를 흘림으로 쓰다. ⑦(말을) 귀담아듣지 아니하다. ¶한쪽 귀로 듣고 한쪽 귀로 흘리다. ⑧그림에서 붓 자국이 잘 보이지 않도록, 붓질을 희미하게 하다. ⑨(비밀이나 정보 따위를) 넌지시 남이 알도록 하다. ¶기자에게 정보를 흘리다.

흘리마시다〔타〕〈옛〉흘려 가며 마시다. ¶밥을 크게 띠 말며 흘리마시디 말며(小解3:23).

흘림[명] 글자의 획을 또박또박 박아 쓰지 않고 흘리어 쓴 글씨. 초서(草書).

흘림[명] 건축에서, 기둥머리를 아래쪽보다 조금 가늘게 하는 일.

흘림-걸그물[명] 어망의 한 가지. 배와 함께 바람이나 물 흐름에 따라 이리저리 떠다니면서 물고기가 그물코에 걸리거나 감싸이게 하는 그물.

흘림-기둥[-끼-][명] 기둥의 몸이 기둥머리나 기둥뿌리보다 배가 조금 부른 기둥.

흘림-낚시[-낙씨][명] (흐르는 물에서 낚시질을 할 때) 견지나 릴을 이용하여 낚싯줄이 흘러 내려가게 하여 하는 낚시.

흘림-체(-體)[명] 흘림으로 쓴 글씨의 체.

흘림-흘림[부] 돈이나 물건을 조금씩 여러 번에 나누어 주거나 받는 모양.

흘립(屹立)[명] '흘립하다'의 어근.

흘립-하다(屹立-)[-리파-][형여] (산이) 깎아지른 듯이 높이 솟아 있다.

흘미죽죽[-쭉][부·형] 일을 여무지게 끝내지 못하고 흐리멍덩하게 끄는 모양. 흘미죽죽-이[부].

흘수(吃水)[-쑤][명] (물에 뜬 배의) 선체(船體)가 물에 잠기는 깊이.

흘수-선(吃水線)[-쑤-][명] (잔잔한 물에 떠 있는 배의) 선체가 물에 잠기는 한곗선.

흘연(屹然)[부·형] 우뚝 솟은 모양. 흘연-히[부].

흘연-독립(屹然獨立)[-동닙][명][하자] 홀로 우뚝하게 따로 섬.

흘쩍-거리다[-꺼-][타] 자꾸 흘쩍흘쩍하다. 흘쩍대다.

흘쩍-대다[-때-][타] 흘쩍거리다.

흘쩍-흘쩍[-쩌클-][부·형] 일을 빨리 진행시키지 않고 일부러 질질 끌어 나가는 모양.

흘쭉-거리다[-꺼-][타] 자꾸 흘쭉흘쭉하다. 흘쭉대다.

흘쭉-대다[-때-][타] 흘쭉거리다.

흘쭉-흘쭉[-쭈클-][부·형] 매우 검질기게 끌어 나가는 모양.

흘출(屹出)[명][하자] (산이) 우뚝 솟아 있음.

흙[흑][명] 바위가 분해되어 지구의 외각(外殼)을 이루는 가루. 토양. ¶한 줌의 흙. * 흙이[흘기]·흙만[흥만].

흙-감태기[흑-][명] 흙을 온몸에 뒤집어쓴 모양, 또는 그러한 사람이나 물건.

흙-격지[흑격찌][명] 지층과 지층의 사이.

흙-구덩이[흑꾸-][명] 흙을 파내 우묵한 자리.

흙-내[흥-][명] 흙냄새.

흙-내(를) 맡다[관용] 옮겨 심은 식물이 새 땅에 뿌리를 내리고 생기가 나다.

흙-냄새[흥-][명] 흙에서 나는 냄새. 땅내. 흙내.

흙-다리[흑따-][명] 긴 나무를 걸친 다음 그 위에 흙을 덮어 만든 다리. 토교(土橋).

흙-담[흑땀][명] ☞토담.

흙-더미[흑떠-][명] 흙을 한데 모아 쌓은 더미.

흙-더버기[흑떠-][명] 진흙이 튀어 올라 붙은 작은 덩이.

흙-덩어리[흑떵-][명] 크게 뭉쳐진 흙덩이.

흙-덩이[흑떵-][명] 흙이 엉기어서 된 덩이. 토괴(土塊).

흙-도배(-塗褙)[흑또-][명] (벽 같은 곳에) 흙으로 하는 도배.

흙-뒤[흑뛰][명] 발뒤축의 위쪽의 근육.

흙-들이다[흑뜨리-][자] (땅을 걸게 하기 위하여) 딴 곳의 좋은 흙을 섞어 넣다. 졸객토(客土).

흙-먼지[흥-][명] 흙가루가 날려 먼지처럼 일어나는 것. ¶흙먼지가 일다.

흙-메[흥-][명] ☞토산(土山).

흙-물[흥-][명] 흙이 풀려 흐려진 물.

흙-바람[흑빠-][명] 누런 흙먼지가 섞여 부는 바람.

흙-바탕[흑빠-][명] ①흙으로 된 밑바탕. 토대(土臺). ②흙의 질. 토질(土質).

흙-받기[흑빧끼][명] ①흙손질할 때, 이긴 흙을 받쳐 드는 제구. ②(자전거나 자동차 따위의 바퀴에서 튀는 흙을 막기 위하여) 바퀴 위나 뒤에 대는 장치.

흙-밥[흑빱][명] 괭이나 쟁기 따위로 한 번 떠서 올린 흙. ¶땅이 차져서 흙밥이 크다.

흙-방(-房)[흑빵][명] 방바닥과 벽에 장판이나 도배를 하지 않아 흙이 그대로 드러나 있는 방.

흙-벽(-壁)[흑뼉][명] 종이를 바르지 않아 흙이 드러나 있는 벽. 토벽(土壁).

흙-부처[흑뿌-][명] 흙으로 빚어 만든 불상. 토불(土佛).

흙-비[흑삐][명] 바람에 높이 날렸다가 비처럼 내리는 모래흙. 토우(土雨).

흙-빛[흑삣][명] ①흙의 빛깔. 흙색. 토색(土色). ¶논의 흙빛이 검다. ②(어둡고 경직된 얼굴의) 검푸른 빛. ¶얼굴이 흙빛으로 변하다. 토색(土色). * 흙빛이[흑삐치]·흙빛만[흑삔만].

흙-빨래[흑빨-][명] 흙탕물에 빨래한 것처럼 '옷에 온통 흙물이 묻음'을 비유하여 이르는 말.

흙-색(-色)[흑쌕][명] 흙빛.

흙-손[흑쏜][명] 방바닥이나 벽 따위에 흙 같은 것을 바르고 반반하게 하는 연장.

흙손-끌[흑쏜-][명] 홈통의 바닥 따위를 바르고 다듬는 데 쓰는 흙손 모양의 끌.

흙손-질[흑쏜-][명][하자] 흙손으로 흙 따위를 바르고 반반하게 하는 짓.

흙-일[흥닐][명][하자] 흙을 다루어 이기거나 바르는 일. 토역일. 토역(土役).

흙-장난[흑짱-][명] 흙을 가지고 노는 짓, 또는 그 장난. ¶흙장난을 치다.

흙-주접[흑쭈-][명] 한 가지 농작물만 연이어 지어서 땅이 메마르는 일. ¶흙주접이 들다.

흙-질[흑찔][명][하자] 흙을 이기거나 바르는 일.

흙-창(-窓)[흑창][명] 창살의 안쪽으로 종이를 발라 컴컴하게 만든 창.

흙-체[흑-][명] 흙을 곱게 치는 데 쓰는 체.

흙-칠(-漆)[흑-]圐函자 흙을 묻힘, 또는 그렇게 하는 일. ¶온몸에 흙칠을 하다.

흙-탕(-湯)[흑-]圐〈흙탕물〉의 준말.

흙탕-길(-湯-)[흑-낄]圐흙탕물이 질펀하게 깔려 몹시 질척한 길.

흙탕-물(-湯-)[흑-]圐흙이 풀려 흐린 물. ⑧흙탕.

흙-토(-土)[흑-]圐한자 부수의 한 가지. '地'·'基' 등에서의 '土'의 이름.

흙-투성이[흑-]圐진흙이 잔뜩 묻은 모양.

흙-풍로(-風爐)[흑-노]圐흙으로 빚어 구워서 만든 풍로.

흙-화덕(-火-)[흐과-]圐흙으로 만든 화덕.

흠갑 ①마음에 흡족하거나, 동의하면서 남의 말을 들을 때 내는 소리. ②아니꼽거나 언짢을 때 입을 다물고 콧숨을 내쉬며 내는 소리.

흠(欠)圐 ①흉. ¶남의 흠을 들추다. ②물건의 이지러진 곳, 또는 성하지 않거나 불충분한 부분. 하자. ¶흠이 있는 그릇. 卿험.

흠:-가다(欠-)재흠지다.

흠격(歆格)圐函자 신명(神明)이 감응(感應)함.

흠:-결(欠缺)圐흠축(欠縮).

흠:-구덕(欠-)圐函타 남의 허물을 험상궂게 퍼뜨림, 또는 그러한 말. 험담(險談).

흠:-나다(欠-)재흠지다.

흠:-내다(欠-)재타『'흠나다'의 사동』흠이 생기게 하다.

흠:-되다(欠-)[-되-/-뒈-]타흠이 생기게 하다. ¶그 정도는 흠될 일도 아니다.

흠:-뜯다(欠-)[-따]타남의 흠을 들추어 말하다.

흠명(欽命)圐황제의 명령.

흠모(欽慕)圐函타 기쁜 마음으로 사모함. 혼모.

흠복(欽服)圐函타 진심으로 존경하고 복종.

흠-빨다(~빠니·~빨아)타깊이 물고 빨다.

흠빨며 감빨다판용 입으로 검쳐 물고 탐스럽게 빨다.

흠뻑튀 ①(분량 따위가) 매우 넉넉한 모양. ¶행복감에 흠뻑 젖어 있다. ②(물 따위가) 폭 내배도록 젖은 모양. ¶소나기에 온몸이 흠뻑 젖다. 卿흠씬. ⑨함빡.

흠:사(欠事)圐흠이 되는 일.

흠선(欽羨)圐函타 공경하고 부러워함.

흠:-손(欠損)圐⇨결손(缺損).

흠숭(欽崇)圐함타 흠모하고 공경함.

흠숭지례(欽崇之禮)圐가톨릭에서, 천주에게만 드리는 흠모와 공경의 예.

흠:-신(欠伸)圐函자 하품과 기지개.

흠:-신(欠身)圐函자 (존경의 뜻을 나타내기 위하여) 몸을 굽힘.

흠:신-답례(欠身答禮)[-담녜-]圐함자 몸을 굽혀 답례함.

흠실-흠실튀函허 (너무 지나치게 삶아져서) 물크러질 정도가 된 모양. ⑨함실함실.

흠씬튀 ①(정도가 꽉 차도록 남을 만큼) 아주 넉넉하게. ②물에 푹 젖은 모양. ¶옷이 흠씬 젖다. ③매우 심하게 맞는 모양. ¶불량배한테 흠씬 두들겨 맞다. ②卿흠뻑. ②②⑨함씬.

흠앙(欽仰)圐함타 공경하여 우러러 사모함.

흠:-잡다(欠-)[-따]타흠이 되는 점을 들추어 내다. ¶흠잡을 데가 없다.

흠:절(欠節)圐잘못된 점. 모자라는 점. 흠점(欠點). 흠처(欠處).

흠:점(欠點)[-쩜]圐⇨흠절(欠節).

흠정(欽定)圐함타 황제가 친히 제정함, 또는 그 명령으로 제정된 것.

흠정^헌:법(欽定憲法)[-뻡]圐군주 단독의 의사로 제정한 헌법. ↔협정 헌법. 鋼민정 헌법.

흠준(欽遵)圐함타 황제의 명령을 받들어 지킴.

흠:-지다(欠-)재흠이 생기다.

흠:지리르圐살코기에 달린 잡살뱅이 주저리 고기.

흠:-집(欠-)[-찝]圐흠이 있는 곳, 또는 그 흔적. ¶가구의 흠집. /흠집이 생기다.

흠차(欽差)圐황제의 명령으로 사신으로 감, 또는 그 사람.

흠:처(欠處)圐흠절(欠節).

흠:축(欠縮)圐함타 (일정한 수효에서) 부족하게 생김. 휴흠(虧欠). 흠결(欠缺). ¶흠축을 내다. ⑨흠축(縮).

흠축-나다(欠縮-)[-충-]재흠축이 생기다.

흠치-교(吽哆教)圐조선 고종 때, 증산(甑山) 강일순(姜一淳)이 창도(唱導)한 교.

흠치르르튀函허 깨끗하고 윤이 번들번들 나는 모양. ⑨함치르르.

흠칫[-칟]튀函자 놀라거나 겁이 나서 목이나 몸을 움츠리는 모양. ¶흠칫 놀라 뒤돌아보다.

흠쾌(欽快)'흠쾌하다'의 어근.

흠쾌-하다(欽快-)형어 기쁘고 상쾌하다.

흠탄(欽歎)圐함타 아름다움을 탄상(歎賞)함.

흠:포(欠逋)圐함타 ⇨포흠(逋欠).

흠:핍(欠乏)'흠핍하다'의 어근.

흠:-핍하다(欠乏-)[-피파-]형어 이지러져서 모자라다.

흠향(歆饗)圐함타 신명(神明)이 제물을 받음.

흠휼지전(欽恤之典)[-찌-]圐죄수를 신중히 심의하라는 은전(恩典).

흡기(吸氣)[-끼]圐 ①숨을 들이마심, 또는 그 숨. ②기운을 빨아들임, 또는 그 기운. ↔호기(呼氣).

흡기(吸器)[-끼]圐기생 식물이 숙주(宿主)로부터 영양분을 빨아들이는 기관.

흡-뜨다'흡뜨다'의 잘못.

흡람(洽覽)[흠남]圐널리 견문하여 경험함.

흡력(吸力)[흠녁]圐빨아들이는 힘.

흡묵-지(吸墨紙)[흠-찌]圐⇨압지(押紙).

흡반(吸盤)[-빤]圐빨판.

흡사(恰似)[-싸]튀형 (주로 '처럼'·'같다'·'듯이'와 함께 쓰이어) 거의 같을 정도로 비슷한 모양. ¶쌍둥이처럼 모습이 흡사하다. /메밀꽃이 만발하여 흡사 눈이 내린 것 같다. **흡사-히**튀.

흡상(吸上)[-쌍]圐함타 빨아올림.

흡수(吸收)[-쑤]圐함타둾자 ①빨아들임. ¶스펀지가 물기를 흡수하다. ②(자신의 것으로) 받아들임. ¶지식을 흡수하다. ③(흩어진 사물을) 모아 들임. ¶군소 정당을 흡수하다. ④소화관의 벽을 통하여 영양소 및 물이 혈관이나 림프관으로 들어가는 일. ⑤복사선(輻射線)이 물체나 공기 속을 지날 때, 에너지의 일부가 다른 에너지로 바뀌는 일.

흡수-구(吸收口)[-쑤-]圐곤충 따위가 먹이를 빨아들이는 입.

흡수-선(吸收線)[-쑤-]圐발광체에서 나온 빛이 어떤 부분만 도중의 물질에 의해서 흡수되었을 경우에 스펙트럼 속에 나타나는 그 부분의 어두운 선.

흡수^스펙트럼(吸收spectrum)[-쑤-]圐연속 스펙트럼에 나타나는 어두운 부분. 물질 속을 지나는 빛이나 엑스선 따위가 물질 특유의 흡수를 받아 생김.

흡수-제(吸收劑)[-쑤-]圐기체나 액체를 빨아들이는 데 쓰이는 약제.

흡수^합병 (吸收合倂) [-쑤-뼝] **명** 회사(會社) 합병 방식의 한 가지. 한 회사는 존속하고 한 회사는 소멸하는데, 소멸 회사의 권리와 의무가 존속 회사에 포괄 승계됨. 병탄 합병.

흡습-성 (吸濕性) [-씁썽] **명** 물질이 공기 속의 습기를 흡수하는 성질.

흡습-제 (吸濕劑) [-씁쩨] **명** 섬유가 너무 건조되어 경화(硬化)함을 막으려고 사용하는 약제. 보통, 글리세린·포도당 등을 씀.

흡연 (吸煙) **명** **하자** 담배를 피움. 끽연(喫煙). ¶흡연 구역.

흡연 (洽然) '흡연(洽然)하다'의 어근.

흡연 (翕然) '흡연(翕然)하다'의 어근.

흡연-실 (吸煙室) [-년-] ☞끽연실.

흡연-하다 (洽然-) **형여** 흡족하고 넉넉한 듯하다. 흡연-히**부**.

흡연-하다 (翕然-) **형여** 인심이 한곳으로 쏠리는 정도가 대단하다. 흡연-히**부**.

흡열^반:응 (吸熱反應) [-년-] **명** 주위에서 열을 흡수하여 진행하는 화학 반응. 질소가 산소와 화합하여 산화 질소를 생성하는 따위의 반응. ↔발열 반응.

흡유-기 (吸乳期) **명** 가축 따위가 새끼에게 젖을 빨리는 기간.

흡음 (吸音) **명** **하자** (실내에서 생기는) 소리를 빨아들임.

흡음-재 (吸音材) **명** 소리를 빨아들이는 성질을 가진 건축 재료. 〔유리 섬유·섬유판·펠트 따위.〕

흡의 (洽意) '흡의하다'의 어근.

흡의-하다 (洽意-) [흐븨-/흐비-] **형여** 뜻에 흡족하다.

흡인 (吸引) **명** **하타** **되자** ①(기체나 액체 따위를) 빨아들임. ②(사람을) 끌어들임.

흡인-력 (吸引力) [-녁쩍] **명** ①(기체나 액체 따위를) 빨아들이는 힘. ¶흡인력이 좋은 진공청소기. ②(사람을) 끌어들이는 힘. ¶청중을 끌어모으는 흡인력.

흡인^요법 (吸引療法) [-뇨뻡] **명** 몸속의 이상 액체를 주사기 따위로 빼내는 치료법.

흡입 (吸入) **명** **하타** **되자** (기체나 액체 따위를) 빨아들임.

흡입-기 (吸入器) [-끼] **명** 가스나 수증기 또는 약품의 흡입에 쓰이는 기구. 〔산소 흡입기 따위.〕

흡입^요법 (吸入療法) [호빕뇨뻡] **명** 입이나 코로 약품을 흡입시키는 치료법.

흡장 (吸藏) **명** **하자** **되자** 기체 또는 액체가 고체에 흡수되어 고체의 내부에 스며드는 현상.

흡족 (洽足) [-쪽] **명** **하형** 모자람이 없이 아주 넉넉함. ¶마음이 흡족하다. /비가 흡족하게 내려 논에 물이 가득 찼다. 흡족-히**부**.

흡착 (吸着) **명** **하자** **되자** ①달라붙음. ②기체 또는 액체가 딴 액체나 고체의 표면에 달라붙는 현상. 〔암모니아가 숯에 달라붙는 일 따위.〕

흡착-수 (吸着水) [-쑤] **명** 지표(地表) 근처의 흙의 알갱이가 표면에 엷게 달라붙어 있는 수분(水分). **준**모관수·중력수.

흡착-제 (吸着劑) [-쩨] **명** 딴 물질을 흡착하는 힘이 센 물질. 규조토·산성 백토·활성탄 따위로, 탈색이나 탈습, 탈취나 촉매 따위로 쓰임.

흡착-질 (吸着質) [-찔] **명** 흡착제에 흡착하여 농도 변화를 일으키는 물질.

흡출 (吸出) **명** **하자** **되자** 빨아냄.

흡혈 (吸血) [호펼] **하자** 피를 빪.

흡혈-귀 (吸血鬼) [호펼-] **명** ①사람의 피를 빨아먹는다는 귀신. ②'남의 재물을 악독하게 빼앗는 사람'을 비유하여 이르는 말. 〔고리대금업자나 착취자 따위.〕

흡혈^동:물 (吸血動物) [호펼-] **명** 딴 동물의 피를 빨아 먹고 사는 동물. 모기·빈대·거머리 따위.

훗대 [흗때] **명** 질그릇의 모양을 이루는 데 쓰이는 나무쪽.

훗더디다 **타** **옛** 되는대로 옮겨 놓다. 흩어 던지다. ¶芒鞋를 뵈야신고 竹杖을 훗더디니(鄭澈. 星山別曲). **참**더디다.

훗미다 **타** **옛** 이곳저곳 김을 매다. ¶山田을 훗미다 綠陰에 누어시니(古時調).

훗부치다 **타** **옛** 흩어 부치다. 되는대로 부치다. ¶羽扇을 훗부치며(古時調).

훗부치다 **타** **옛** 흩어 부치다. 훗부치다. ¶三角鬉을 훗붓치며(古時調).

흥[1] **명** 코를 울려 내부는 소리.

흥[2]**감** ①(아니꼽거나 엄신여겨서) 코로 비웃는 소리. ②신이 남을 나타내는 소리.

흥: (興) **명** 즐겁고 좋아서 일어나는 정서. 흥취(興趣). ¶흥이 나다. /흥에 겨워 춤을 추다.
　흥에 띄다[관용] 흥에 겨워 마음이 들뜨다.

흥감 (興感) **명** **하자** 실지보다 지나치게 늘려 떠벌리는 짓.

흥감-스럽다 (興感-) [-따] [-스러우니·-스러워] **형비** 흥감 부리는 태도가 있다. **흥감스레**부.

흥건-하다 (興-) [-따] **형여** 물이 많이 괴어 있다. ¶마당에 빗물이 흥건하다. **준**건하다.
　흥건-히부. ¶옷이 땀에 흥건히 젖다.

흥:-겹다 (興-) [-따] [-겨우니·-겨워] **형비** 크게 흥이 나서 마음이 들뜨고 재미가 있다. ¶흥겨운 마당놀이. **흥겨워**부.

흥국 (興國) **명** **하자** 나라를 흥하게 함.

흥글방망이-놀다 [~노니·~놀아] **타** 남의 일을 잘되지 못하게 훼방하다.

흥기 (興起) **명** **하자** ①떨치고 일어남. ②의기(義氣)가 분발하여 일어남. ③세력이 왕성하여짐.

흥:-김 (興-) [-낌] **명** 흥이 일어나는 바람에. 〔주로, '흥김에'의 꼴로 쓰임.〕 ¶흥김에 한바탕 춤을 추다.

흥덩-흥덩 **부** **하형** ①(물 따위가) 넘칠 만큼 매우 많은 모양. ②국물이 많고 건더기가 적은 모양.

흥:도 (興到) **명** **하자** 흥이 남. 흥취가 생김.

흥뚱-항뚱 **부** **하형** 일에 정신을 온전히 쏟지 않고 꾀를 부리며 들떠 있는 모양.

흥륭 (興隆) [-늉] **명** **하자** **되자** 매우 융성하여짐.

흥망 (興亡) **명** (국가나 민족 따위가) 흥하는 일과 망하는 일. 흥폐(興廢). **비**흥패(興敗).

흥망성쇠 (興亡盛衰) [-쇠/-쉐] **명** 흥하고 망하고 성하고 쇠하는 일.

흥: (興味) **명** (흥을 느끼는) 재미. ¶낚시에 흥미를 붙이다. ②(대상에 이끌려) 관심을 가지는 감정.

흥:-미롭다 (興味-) [-따] [-로우니·-로워] **형비** 흥미를 느낄 만하다. 마음이 이끌리는 데가 있다. ¶흥미로운 이야기.
　흥:미로이부.

흥:미진진 (興味津津) '흥미진진하다'의 어근.

흥:미진진-하다 (興味津津-) **형여** 흥취가 넘칠 만큼 많다. ¶그의 이야기는 들을수록 흥미진진하다.

흥:-밋-거리 (興味-) [-미꺼-/-믿꺼-] **명** 흥미를 일으킬 만한 것.

흥복 (興復) **명** **하자타** ☞부흥(復興).

흥부-가 (興夫歌) **명** 판소리 열두 마당의 하나. '흥부전'을 판소리로 엮은 것.

흥부-전(興夫傳)圀 작자·연대 미상의 조선 말기 고대 소설. 형제간의 우애를 통해 권선징악을 강조한 내용. 일명 '놀부전'.

흥분(興奮)圀−[하재] (興奮−)(자극을 받아) 감정이 북받치거나 분기(奮起)함, 또는 그 감정. ¶흥분의 도가니. /흥분을 가라앉히다. ②(자극 때문에) 생물체의 활동 상태가 고조되는 변화.

흥분-제(興奮劑)圀 뇌나 심장을 자극하여 흥분시키는 약.

흥사(興師)圀[하재] ☞기병(起兵).

흥산(興産)圀[하재][되재] 산업을 일으킴.

흥성(興盛)圀[하재][되재] 매우 왕성하게 일어남.

흥성-흥성(興盛興盛)[부][하재] 매우 번성한 모양.

흥신-소(興信所)圀 인사(人事)나 상사(商事)의 재산 및 신용 따위를 비밀히 조사하여 회원이나 의뢰한 이에게 알려 주는 것을 업으로 하는 사설 기관.

흥쓩이다[재]〈옛〉흥청거리다. 노롯하며 흥쓩여 놀며 보피로온 男女로 ᄒᆞ여(老解下44).

흥야-함야[부][하재]〈흥이야항이야〉의 준말.

흥얼-거리다[자][타] 자꾸 흥얼흥얼하다. 흥얼대다.

흥얼-대다[자][타] 흥얼거리다.

흥얼-흥얼[부] ①[하][타]흥에 겨워 입속으로 노래를 부르는 모양. ②[하][재]입속말로 자꾸 지껄이는 모양.

흥업(興業)圀[하재] 새로이 사업을 일으킴.

흥와-조산(興訛造訕)圀[하재] 있는 말 없는 말을 지어내어 남을 비방함.

흥왕(興旺)圀 '흥왕하다'의 어근.

흥왕-하다(興旺−)[혱][어] (세력이) 매우 왕성하다. 흥하고 번창하다. 왕흥하다.

흥융(興戎)圀[하재] 전쟁을 일으킴.

흥이야-항이야[부][하재] 상관없는 일에 쓸데없이 참견하는 모양. ㉿흥야항야.

흥인-문(興仁門)圀〈흥인지문〉의 준말.

흥인지문(興仁之門)圀 서울의 동대문(東大門)의 본이름. ㉿흥인문.

흥정圀[하재][되재] ①물건을 사고파는 일. 매매(賣買). ②물건을 사고팔기 위하여 값 따위를 따지고 의논하는 일. ¶흥정을 붙이다. ③(교섭 따위에서) 자기에게 유리하도록 상대편과 수작을 하는 일. ¶외교상의 흥정이 붙다.

흥정은 붙이고 싸움은 말리랬다[속담] ☞싸움은 말리고 흥정은 붙이랬다. ㉿싸움.

흥정-거리[−꺼−]圀 흥정을 하는 물건이나 대상. ¶민주주의는 흥정거리가 될 수 없다.

흥정-꾼圀 흥정을 붙이는 사람.

흥정바지〈옛〉장사치. 상인(商人). ¶네 百姓은 그위실ᄒᆞ리와 녀름지스리와 셩냥바지와 흥정바지왜라(楞解3:88).

흥정ᄒᆞ다[타]〈옛〉장사하다. 흥정하다. ¶흥정홀 샹:商. 흥정홀 고:賈(訓蒙中3).

흥:진비래(興盡悲來)圀〔즐거운 일이 다하면 슬픈 일이 온다는 뜻〕'세상일이 돌고 돎'을 이르는 말. ㉿고진감래.

흥청-거리다[재] 자꾸 흥청흥청하다. 흥청대다.

흥청-대다[재] 흥청거리다.

흥청-망청[부][하재] (돈이나 물건 따위를) 함부로 마구 써 버리는 모양. ¶흥청망청 마음껏 놀고 마셔 재산을 날려 버렸다.

흥청-흥청[부][하재] ①흥에 겨워 마음껏 거드럭거리는 모양. ②(돈이나 물건 따위를) 아끼지 않고 함부로 쓰는 모양. ③(막대기나 줄 따위가) 탄력성 있게 흔들리는 모양.

흥체(興替)圀 ☞성쇠(盛衰).

흥:취(興趣)圀 즐거운 멋과 취미. 흥(興).

흥:치(興致)圀 흥과 운치.

흥-타령(興−)圀 속요의 한 가지. 사설(辭說)의 구절 끝마다 '흥' 소리를 흥겹게 부름.

흥패(興敗)圀 흥함과 패망함. ⑪흥망.

흥폐(興廢)[−폐/−페]圀 ☞흥망(興亡).

흥-하다(興−)[재] 잘되어 일어나다. 번성하게 되다. ¶나라가 흥하다. /집안이 흥하다. ↔망하다.

흥행(興行)圀[하재][되재] 돈을 받고 연극·영화 따위를 구경시키는 일. ¶흥행에 실패하다.

흥행-권(興行權)[−꿘]圀 흥행물을 흥행할 수 있는 권리.

흥행-물(興行物)圀 구경꾼에게 돈을 받고 흥행을 하는 연극이나 영화 따위.

흥행-사(興行師)圀 연극·영화·서커스 등 흥행물의 상연을 직업으로 하는 사람.

흥황(興況)圀 흥취 있는 상황.

흥-흥(興興)圀 ①코를 잇따라 세게 풀거나 콧김을 부는 소리. ②시들하게 웃거나 코웃음을 치는 소리.

흥흥-거리다ⅠԹ[재] 어린아이가 못마땅하거나 무엇을 달라고 어리광부리며 울다. Ⅱ[타] ①코를 잇따라 세게 풀거나 콧김을 불다. ②흥겨워서 잇따라 콧소리를 치다.

흥흥-대다[재][타] 흥흥거리다.

흩-날리다[흔−]圀[재][타] 흩어져 날리다, 또는 그렇게 하다. ¶낙엽이 흩날리다. /비눗방울을 흩날리다.

흩다[흗따][타] (모였던 것을) 헤쳐 떨어지게 하다. ¶곡식을 흩다. *흩어·흩는[흗−]

흩-뜨리다[흔−][타] ①흩어지게 하다. ¶어린아이가 책을 흩뜨려 놓았다. ②(태도나 마음·옷차림 따위를) 바르게 하지 못하다. ¶자세를 흩뜨리다. 흩트리다.

흩-뿌리다[흗−][재][타] ①(비나 눈 따위가) 흩어져 뿌리다. ¶하늘이 흐려지더니 눈발이 흩뿌렸다. ②여기저기 흩어지도록 뿌리다. ¶씨앗을 흩뿌리다.

흩어-뿌리기圀 여기저기 흩어지도록 씨를 뿌리는 일. 노가리2. 산파(散播).

흩어-지다[재] ①(모였던 것이) 여기저기 떨어져 헤어지게 되다. ¶전쟁 중에 가족이 뿔뿔이 흩어졌다. ②(사물이나 소문 따위가) 퍼지다. ¶온 세계에 흩어져 있는 겨레처.

흩-이다1[흐치−][재]〔'흩다'의 피동〕흩음을 당하다. ¶검부러기들이 바람에 날려 흩이다.

흩-이다2[흐치−][재] 흩어지게 되다. ¶마당에 널어 놓은 곡식을 닭들이 흩이다.

흩-트리다[흗−][타] 흩뜨리다.

희-가극(戱歌劇)[히−]圀 가곡과 가볍고 익살스러운 대사에 경쾌한 음악을 곁들인 가극. 뮤지컬 코미디. 코믹 오페라.

희-가스(稀gas)[히−]圀 아르곤·라돈·헬륨·네온·크립톤·크세논의 여섯 기체 원소를 통틀어 이르는 말. 〔공기 중에 썩 적은 양이 있으며, 어떤 원소와도 화합하지 않음.〕비활성 기체.

희견-천(喜見天)[히−]圀 불교에서, 제석천이 사는 궁전의 하늘. 삼십삼천을 이르는 말.

희경(喜慶)[히−]圀 기쁜 경사(慶事).

희곡(戱曲)[히−]圀 ①문학 형식의 한 가지. 등장 인물의 대화와 행동으로 표현되는 예술 작품. ②상연을 목적으로 쓰여진 연극의 대본. 드라마.

희괴(稀怪)[히−] '희괴하다'의 어근.

희괴-하다(稀怪-)[히괴-/히궤-]**휑예** 썩 드물고 괴이하다.

희구(希求)[히-]**명하타** 바라며 구함. 기구(冀求). ¶자유를 희구하다.

희구(戲具)[히-]**명** 유희에 쓰는 기구. 장난감.

희귀(稀貴)[히-] '희귀하다'의 어근.

희귀-하다(稀貴-)[히-]**휑예** 드물어서 매우 진귀하다. ¶희귀한 고서적. /희귀한 동물. 희귀-히**휑**.

희극(喜劇)[히-]**명** ①익살과 풍자로 관객을 웃기면서 인생의 진실을 명랑하고 경쾌한 측면에서 표현하는 연극. 코미디. ¶희극 배우. /희극 작가. ②사람을 웃길 만한 사건이나 일. ↔비극(悲劇).

희극(戲劇)[히-]**명** ①익살로 웃기는 장면이 많은 연극. ②실없이 하는 익살스러운 행동.

희-금속(稀金屬)[히-]**명** 산출량은 적으나 매우 유용한 금속을 통틀어 이르는 말.〔베릴륨이나 티탄 따위.〕희유금속.

희기(希冀)[히-]**명자타** 희망하고 바람.

희끄무레-하다[히-]**휑예** 빛깔이 상당히 흰 듯하다. **휑**해끄무레하다.

희끈-거리다[히-]**자** 어지럼증이 심하게 나서 자꾸 희끈희끈하다. 희끈대다.

희끈-대다[히-]**자** 희끈거리다.

희끈-희끈[히-히-]**휑하자** 어지럼증이 나서 어뜩어뜩하여지는 모양.

희끔-하다[히-]**휑예** 빛깔이 썩 희고 깨끗하다. **휑**해끔하다. 희끔-히**휑**.

희끔-희끔[히-히-]**휑** 여기저기가 썩 희고 깨끗한 모양. **휑**해끔해끔함.

희끗-거리다[히끋꺼-]**자** 어지럼증이 심하게 나서 자꾸 어뜩어뜩하여지다. 희끗대다.

희끗-대다[히끋때-]**자** 희끗거리다.

희끗-희끗[히끄티끋]**휑하자** 어지럼증이 심하게 나서 자꾸 어뜩어뜩하여지는 모양.

희끗-희끗[히끄티끋]**휑휑** 흰 빛깔이 여러 군데에 많이 나타나 있는 모양. ¶머리가 희끗희끗하다. **휑**해끗해끗. **희끗희끗-이**휑.

희나리[히-] 덜 마른 장작.

희넓적-하다[히넙쩌카-]**휑예** (얼굴이) 허옇고 넓적하다. **휑**해납작하다.

희년(稀年)[히-]**명**〔드문 나이라는 뜻으로〕일흔 살. 희수(稀壽).

희년(禧年)[히-]**명** 구약 시대의 유태 풍습에서, 50년마다 돌아오던 '해방의 해'.〔종을 풀어 주고 빚도 탕감하였는데, 후에 가톨릭의 성년(聖年)의 기원이 되었다 함〕.

희노애락(喜怒哀樂)**명** '희로애락'의 잘못.

희누르스레-하다[히-]**휑예** 희누르스름하다.

희누르스름-하다[히-]**휑예** 흰빛을 조금 띠면서 누르스름하다. 희누르스레하다.

희다[히-]**휑** ①눈(雪)의 빛과 같다. ¶흰 봉투. ↔검다. ②스펙트럼의 모든 빛이 혼합되어 눈에 반사된 빛과 같다. 〈><희떱다>의 준말.

　　희기가 까치 배 바닥 같다[속] 흰소리를 잘하다.

　　희고 곰팡 슨 소리[관용] '희떱고 고리타분한 소리'를 이르는 말.

　　희고도 곰팡 슨 놈[관용] '겉모양은 의젓하나 실속은 없는 사람'을 이르는 말.

희담(戲談)[히-]**명** ①실없이 웃는 말. ②익살로 하는 말. 희언(戲言).

희대(稀代)[히-]**명** ☞희세(稀世).

희대(戲臺)[히-]**명** 연극을 하는 곳.

희대-미문(稀代未聞)[히-]**명** 매우 드물어 좀처럼 듣지 못하는 일. ¶희대미문의 기록을 세우다. **참**전대미문(前代未聞).

희동-안색(喜動顏色)[히-]**명하자** 얼굴에 기쁜 빛이 나타남.

희디-희다[히-]**휑** 매우 희다.

희떱다[히-따]**휑**[우니·희떠워]**휑비** ①속은 비었어도 겉으로는 호화롭다. ②한푼 없어도 손이 크고 마음이 넓다. ③실지보다 과장이 많다. ¶저 사람은 만날 희떠운 소리만 해서 믿음이 안 간다. ③(준)희다.

희뜩-거리다[히-꺼-]**자** 어지럼증이 심하게 나서 매우 희뜩희뜩하다.

희뜩-대다[히-때-]**자** 희뜩거리다.

희뜩머룩-이[히뚱-] **휑** 실없이 희떠운 짓을 하며 온갖 일을 주책없이 써 버리는 사람. 희뜩머룩 탐하다.

희뜩머룩-하다[히뚱-루카-]**휑예** 싱겁고 희떠워서 탐탁하지 못하다.

희뜩-희뜩[히뜩끄]**휑하자** 어지럼증이 심하게 나서 몹시 어뜩어뜩한 모양.

희뜩-희뜩[히뜩끄]**휑휑** 흰 빛깔이 여기저기 뒤섞여 보이는 모양. ¶털빛이 희뜩희뜩한 얼룩말. /아버지의 머리카락이 어느새 희뜩희뜩하다. **휑**해뜩해뜩. **희뜩희뜩-이**휑.

희-라(噫-)[히-]**감**〔문어 투의 말로〕'아아 슬프다'의 뜻으로 쓰이는 말.

희락(喜樂)[히-]**명하자** 기쁨과 즐거움. 희열(喜悅).

희랍(希臘)[히-]**명** '그리스'의 한자음 표기.

희랍-어(希臘語)[히-]**명** ☞그리스 어.

희랍^정:교(希臘正敎)[히-쩡-]**명** ☞그리스 정교.

희랍^철학(希臘哲學)[히-]**명** 고대 그리스의 철학. 소크라테스 이전의 자연 철학, 소크라테스 중심의 실천 철학, 플라톤 및 아리스토텔레스의 조직적 철학의 시대로 나눔.

희로(喜怒)[히-]**명** 기쁨과 노여움.

희로애락(喜怒哀樂)[히-]**명** 기쁨과 노여움과 슬픔과 즐거움. 사람의 온갖 감정을 이름.

희:롱(戲弄)[히-]**명** ①하타장난하며 놂. ¶암수가 어울려 희롱하다. ②하타장난삼아 놀림. 기롱(譏弄). ¶사람을 희롱하다.

희롱-거리다[히-]**자** 자꾸 희롱희롱하다. 희롱대다. **휑**해롱거리다.

희롱-대다[히-]**자** 희롱거리다.

희롱-해롱[히-]**명하자** 실없이 희롱거리고 해롱거리는 모양.

희롱-희롱[히-히-]**휑하자** 자꾸 실없이 까부는 모양. **휑**해롱해롱.

희-맑다[히막따]**휑** (살갗 따위가) 희고 맑다. **휑**해맑다.

희망(希望)[히-]**명** ①하자타(어떤 일을) 이루거나 얻고자 기대하고 바람. 기망(冀望). 소망. 희원(希願). ¶희망을 걸다. /희망을 품다. ②좋은 결과를 기대하는 마음, 또는 밝은 전망. ¶아직도 희망은 있다. ↔절망(絕望).

희망^매매(希望賣買)[히-]**명** 장래에 이익을 얻을 수 있는 물건을 매매하는 일.

희망^이:익(希望利益)[히-]**명** 장래에 취득할 가망이 확실한 이익.

희망-적(希望的)[히-]**관명** 기대가 충족될 상태인 (것). 전망이 밝은 (것). ¶희망적 관측. /희망적인 기사. ↔절망적.

희망-차다(希望-)[히-]**휑** 희망으로 가득하다.《주로, '희망찬'의 꼴로 쓰임.》¶우리에게는 희망찬 내일이 있다.

희-멀걸다[히-거따][~멀거니·~멀게]〖동〗희고 멀겋다. ¶국물이 희멀걸다. /얼굴이 희멀걸다. 웹해말갛다.

희멀끔-하다[히-]〖형〗(살갗 따위가) 희고 멀끔하다. 웹해말끔하다. **희멀끔-히**〖부〗.

희멀쑥-하다[히-쑤카]〖형〗(살갗 따위가) 희고 멀쑥하다. 웹해말쑥하다.

희모(稀毛)[히-]〖명〗성기게 난 털.

희묵(戲墨)[히-]〖명〗자기의 '그림이나 글씨'를 겸손하여 이르는 말. 희필(戲筆).

희문(戲文)[히-]〖명〗①실없이 쓴 글. 장난삼아 쓴 글. ②중국 원(元)나라 때, 남방에서 일어난 가극 형식의 희곡의 한 체(體).

희-묽다[히묵따]〖형〗(살갗 따위가) 희고 보기에 단단하지 못하다.

희미(稀微) '희미하다'의 어근.

희미-하다(稀微-)[히-]〖형〗①또렷하지 못하고 어렴풋하다. 똑똑하지 못하고 아리송하다. ¶기억이 희미하다.

희박(稀薄) '희박하다'의 어근.

희박-하다(稀薄-)[히바카-]〖형〗①(기체나 액체 따위의 밀도가) 묽거나 엷다. ②(일의) 가망이 적다. ¶가능성이 희박하다. ③(정신 따위가) 약하다. ¶애국심이 희박하다.

희번덕-거리다[히-꺼-]〖자타〗자꾸 희번덕희번덕하다. 희번덕대다. 웹해반닥거리다.

희번덕-대다[히-때-]〖자타〗☞희번덕거리다.

희번덕-희번덕[히-더키-]〖부〗⟪하자타⟫눈을 크게 뜨고 흰자위를 자꾸 굴려 번득이는 모양. ②(물고기 따위가) 몸을 크게 젖히며 번득이는 모양. 웹해반닥해반닥.

희번드르르-하다[히-]〖형〗①(모양이) 희멀쑥하고 번드르르하다. ②이치에 맞게 잘 꾸며 대어 그럴싸하다. ㉰희번들하다. 웹해반드르르하다.

희번들-하다[히-]〖형〗〈희번드르르하다〉의 준말. 웹해반들하다.

희번주그레-하다[히-]〖형〗(얼굴이) 희멀겋고 번주그레하다. 웹해반주그레하다.

희번지르르-하다[히-]〖형〗(얼굴이) 희멀겋고 번지르르하다. 웹해반지르르하다.

희번-하다[히-]〖형〗동이 트면서 허연 기운이 비쳐 희미하게 밝다.

희보(喜報)[히-]〖명〗기쁜 소식. ↔비보(悲報).

희-부옇다[히-여타][~부여니·~부예]〖형〗희고 부옇다. ¶희부연 얼굴.

희불그레-하다[히-]〖형〗(빛이) 희고 불그레하다.

희불자승(喜不自勝)[히-]〖명하타〗어찌할 바를 모를 만큼 기쁨.

희붐-하다[히-]〖형〗(날이 새려고) 흰빛이 비쳐 조금 밝다. ¶날이 밝으려는지 창밖이 희붐하다. ㉰붐하다. **희붐-히**〖부〗.

희비(喜悲)[히-]〖명〗기쁨과 슬픔. 애환(哀歡).

희-비극(喜悲劇)[히-]〖명〗희극과 비극.

희비-쌍곡선(喜悲雙曲線)[히-썬]〖명〗'기쁨과 슬픔이 한꺼번에 일어나 얽히는 일'을 비유하여 이르는 말.

희-뿌옇다[히-여타][~뿌어니·~뿌예]〖형〗희 끄무레하게 뿌옇다. ¶희뿌옇게 안개가 끼다.

희사(喜捨)[히-]〖명〗기쁜 일. 기쁜 일.

희사(喜捨)[히-]〖명하타〗①(남을 위하여) 기꺼이 재물을 내놓음. ¶큰돈을 희사하다. ②신불(神佛)의 일로 기부를 함.

희사-함(喜捨函)[히-]〖명〗①희사하는 돈을 받는 궤. ②부처 앞에 놓아 두고 예불(禮佛)하는 이의 보시를 받는 궤짝.

희살(戲殺)[히-]〖명하타〗장난을 하다가 잘못하여 사람을 죽임.

희색(喜色)[히-]〖명〗기뻐하는 얼굴빛. ¶희색이 만면하다.

희색-만면(喜色滿面)[히생-]〖명하형〗기쁜 빛이 얼굴에 가득함.

희생(犧牲)[히-]〖명〗①신명(神明)에게 바치는 산 짐승. ②〖하타되자〗뜻밖의 재난이나 전쟁 따위로 희되어 목숨을 잃음. ¶폭력에 희생되다. ③〖하타되자〗(남이나 어떤 일을 위하여) 제 몸이나 재물 따위 귀중한 것을 바침. ¶친구를 위하여 자신을 희생하다.

희생-물(犧牲物)[히-]〖명〗희생이 된 물건, 또는 희생이 된 사람.

희생^번트(犧牲bunt)[히-]〖명〗☞보내기 번트.

희생-양(犧牲羊)[히-냥]〖명〗(남이나 어떤 일을 위하여) 자신의 몸이나 재물·이익 등을 억울하게 희생당하는 처지를 비유하여 이르는 말. ¶김 의원은 정치 보복의 희생양이 되었다.

희생-자(犧牲者)[히-]〖명〗①목숨을 빼앗긴 사람. ②(어떤 일로) 피해를 당한 사람.

희생-적(犧牲的)[히-]〖관명〗(남이나 어떤 일을 위하여) 제 몸이나 재물 따위 귀중한 것을 바치는 (것). ¶희생적 사랑. /희생적인 노력.

희생-정신(犧牲精神)[히-]〖명〗(남이나 어떤 일을 위하여) 자신을 희생하는 정신.

희생-타(犧牲打)[히-]〖명〗야구에서, 타자는 아웃되지만 주자는 다음 베이스로 진루하거나 득점할 수 있게 되는 타격.

희생^플라이(犧牲fly)[히-]〖명〗야구에서, 타자가 자신을 희생시키기 위하여 자신은 아웃되면서 치는 플라이.

희서(稀書)[히-]〖명〗아주 희귀한 책.

희석(稀釋)[히-]〖명하타되자〗용액에 물이나 용매 따위를 가하여 묽게 하는 일.

희석-열(稀釋熱)[히성녈]〖명〗용액에 새로 용매를 가하여 희석할 때 생기는 열량.

희석-제(稀釋劑)[히-쩨]〖명〗부피를 늘리거나 농도를 묽게 하기 위하여 물질이나 용액에 첨가시키는 불활성 물질.

희성(稀姓)[히-]〖명〗아주 드문 성(姓).

희세(稀世)[히-]〖명〗세상에 드문 일. ⟪주로, '희세의'의 꼴로 쓰임.⟫ 희대(稀代). ¶희세의 미녀.

희세지재(稀世之才)[히-]〖명〗세상에 드문 재지(才智).

희소(稀少)[히-]〖명하형〗⟪일부 명사 앞에 쓰이어⟫ 드물고 적음.

희소(稀疏) '희소하다'의 어근.

희소(喜笑)[히-]〖명하자〗기뻐서 웃음, 또는 기쁜 웃음.

희소(嬉笑)[히-]〖명하자〗①실없이 웃음, 또는 실없는 웃음. ②예쁘게 웃음, 또는 예쁜 웃음.

희소-가격(稀少價格)[히-까-]〖명〗(고미술품이나 골동품처럼) 공급 수량이 자연적으로 제한되거나 고정되었기 때문에 완전 경쟁이 이루어지지 못하고 형성되는 가격.

희소-가치(稀少價値)[히-]〖명〗드물고 적기 때문에 인정되는 가치. ¶희소가치가 있다.

희소-성(稀少性)[히-썽]〖명〗인간의 물질적 욕구에 비하여 그것을 충족시키는 물적 수단의 공급이 상대적으로 부족한 상태를 이르는 말.

희-소식(喜消息)[히-]〖명〗기쁜 소식.

희소-하다(稀疏-)[히-]〖형〗①(동안이나 사이·틈 따위가) 멀거나 뜨다. ②(소식이) 잦지 않다. 희활(稀闊)하다.

희수(稀壽)[히-]圈 일흔 살. 희년(稀年).

희수(喜壽)[히-]圈 일흔일곱 살. 〔'喜'자의 초서체 '㐂'가 '七十七'과 비슷한 데서 이르는 말.〕

희아리[히-]圈 조금 상하여 희끗희끗 얼룩이 진 마른 고추.

희언(戱言)[히-]圈 ⇨희담(戱談).

희열(喜悅)[히-]圈㉱㉿ 기쁨과 즐거움. 희락. ¶ 희열을 느끼다. /희열을 만끽하다.

희-염산(稀塩酸)[히-]圈 물을 타서 묽게 한 염산. 약품 제조와 화학 공업에 많이 쓰임.

희영-수(戱-)[히-]㉿㉱ 남과 더불어 실없이 말이나 짓을 함.

희우(喜雨)[히-]圈 (가뭄 끝에 오는) 반가운 비. 凹감우(甘雨).

희원(希願)[히-]圈㉿㉱ ⇨희망(希望).

희-원소(稀元素)[히-]圈 산출량이 적은 원소를 통틀어 이르는 말. 〔희가스나 희토류 원소 따위.〕 희유원소.

희월(晦月)[히-]圈 '음력 삼월'을 달리 이르는 말. 가월(嘉月). 혜풍(惠風).

희유(稀有)[히-] '희유하다'의 어근.

희유(嬉遊)[히-]圈㉱㉿ 즐겁게 놂.

희유(嬉遊)[히-]圈㉱㉿ 실없는 짓을 하고 놂.

희유-곡(嬉遊曲)[히-]圈 모음곡과 같이 많은 악장(樂章)으로 이루어진 기악곡.

희유-금속(稀有金屬)[히-]圈 ⇨희금속.

희유-원소(稀有元素)[히-]圈 ⇨희원소.

희유-하다(稀有-)[히-]㉿㉾ 혼하지 아니하고 드물다.

희읍스레-하다[히-쓰-]㉿㉾ 희읍스름하다. ㉻해읍스레하다.

희읍스름-하다[히-쓰-]㉿㉾ 깨끗하지는 않고 조금 희다. 희읍스레하다. ¶ 희읍스름하게 날이 밝아 오다. ㉻해읍스름하다. **희읍스름-히**㉾.

희작(喜鵲)[히-]圈 ⇨까치.

희작(戱作)[히-]圈 장난삼아 지음, 또는 그 글이나 작품.

희종(稀種)[히-]圈 드문 종류. 드문 물건.

희준(犧樽·犧樽·犧尊)[히-]圈 제례(祭禮) 때 쓰는 짐승 모양의 술 항아리.

희-질산(稀-窒酸)[히-쓴]圈 물을 타서 묽게 한 질산. 화학 약품의 시약(試藥) 등으로 쓰임.

희-짓다[히짇따][~지으니·~지어]㉾ⓢ (남의 일에) 방해가 되게 하다.

희짜-뽑다[히-따]㉱ 가진 것이 없으면서 분수에 넘치게 굴다.

희출-망외(喜出望外)[히-외/히-웨]圈㉿㉱ 바라지도 않았던 기쁜 일이 뜻밖에 생김.

희치-희치[히-히-]㉾㉿㉾ ⑴(피륙이나 종이 따위가) 군데군데 치이거나 미어진 모양. ⑵(물건의 거죽이) 드문드문 벗어진 모양.

희칭(戱稱)[히-]圈 희롱으로 일컫는 이름.

희토류^원소(稀土類元素)[히-]圈 원자 번호 57부터 71까지의 15원소와 스칸듐·이트륨을 더한 17원소를 통틀어 이르는 말.

희토류^자:석(稀土類磁石)[히-]圈 희토류 원소로 만든 여러 가지 자석. 보통의 자석보다 10배의 보자력(保磁力)을 가지며, 계산기나 통신 장치 등에 쓰임.

희필(戱筆)[히-]圈 ⇨희묵(戱墨).

희학(戱謔)[히-]圈㉱㉿ 실없이 지껄이는 농지거리.

희학-질(戱謔-)[히-질]圈㉱㉿ 희학으로 하는 짓.

희한(稀罕) '희한하다'의 어근.

희한-하다(稀罕)[히-]㉿㉾ 썩 드물다. 또는 썩 신기하거나 귀하다. ¶ 희한한 물건. /희한한 재주. **희한-히**㉾.

희행-하다(喜幸)[히-]㉿㉾ 기쁘고 다행하다. **희행-히**㉾.

희호(熙皞)[히-] '희호하다'의 어근.

희호-세:계(熙皞世界)[히-계/히-게]圈 백성이 화락하고 나라가 태평한 세상.

희호-하다(熙皞-)[히-]㉿㉾ 백성이 화락(和樂)하다.

희화(戱畫)[히-]圈 장난삼아 그린 그림, 또는 과장하여 그린 익살스러운 그림. ㉻캐리커처.

희화-화(戱畫化)[히-]圈㉱㉽㉮ (어떤 인물의 외모나 성격 따위를) 익살스럽게 묘사함. ¶ 양반의 위선을 희화화한 작품.

희활(稀闊) '희활하다'의 어근.

희활-하다(稀闊-)[히-]㉿㉾ ⇨희소(稀疎)하다.

희-황산(稀黃酸)[히-]圈 물을 타서 묽게 한 황산. 약품·도료·시약(試藥) 따위로 쓰임.

희황-상인(羲皇上人)[히-]圈 〔복희씨(伏羲氏) 이전의 사람이라는 뜻으로〕 '세상을 잊고 숨어 사는 사람'을 이르는 말.

희희(嬉嬉)[히-]圈 어리석게 웃는 소리, 또는 그 모양.

희희-낙락(喜喜樂樂)[히히낭낙]圈㉱㉿ 매우 기뻐하고 즐거워함. ¶ 희희낙락 놀고 있을 때가 아니다.

흰-개미[힌-]圈 흰개밋과의 곤충. 보통 개미와 비슷한데 머리는 흑갈색이고 날개는 암갈색임. 집은 땅속이나 나무속에 만들며 지상에 큰 탑을 쌓기도 함. 열대 지역에 많으며 우리나라와 중국·일본 등지에도 분포함.

흰곤무떡[흰-]옛 흰떡. 골무떡. ¶ 흰곤무 콩인절미 (古時調).

흰-골무떡[힌-]圈 고물을 묻히지 아니한 골무떡.

흰골-박[힌-]圈 주토(朱土) 따위의 칠을 하지 않은 함지박.

흰-곰[힌-]圈 곰과의 동물. 온몸에 흰 털이 빽빽함. 다른 곰보다 머리가 작고 목이 길며 귀는 작고 둥긂. 겨울잠을 자지 않고 헤엄을 잘 침. 북극 지방에 분포함. 북극곰.

흰-그루[힌-]圈 지난겨울에 곡식을 심었던 땅.

흰-나비[힌-]圈 흰나빗과의 곤충을 통틀어 이르는 말. 백호접. 백접.

흰-누룩[힌-]圈 밀가루와 찹쌀가루를 섞어서 만든 누룩.

흰-담비[힌-]圈 족제빗과의 산짐승. 검은담비와 비슷하나 몸빛은 회갈색이며, 가슴이 희고 꼬리가 매우 긺. 백초서(白貂鼠).

흰-돌비늘[힌-]圈 ⇨백운모(白雲母).

흰-둥이[힌-]圈 ⑴털빛이 흰 짐승. 센둥이. ⑵살빛이 흰 사람. ⑶〈백인〉의 속된 말. ㉻검둥이.

흰-떡[힌-]圈 고수레떡을 떡메로 치거나 기계로 뽑아낸 떡. 백병(白餠).

흰-말[힌-]圈 ⇨백마(白馬).

흰-매[힌-]圈 (두세 살이 되어) 털이 희어진 매, 또는 다 자란 매.

흰-머리[힌-]圈 하얗게 센 머리. 백발(白髮).

흰-무리[힌-]圈 멥쌀가루를 켜가 없게 시루에 안쳐서 찐 시루떡. ㉻백설기.

흰-물떼새[힌-]圈 물떼샛과의 새. 몸길이 17cm가량. 등은 연한 갈색인데 꽁지는 가운데의 두 깃털만 흑갈색이고 나머지는 흼. 강가에서 떼 지어 사는데, 우리나라에서는 흔한 나그네새임.

흰-밥[힌-]圀 흰쌀로만 지은 밥. 백반. 쌀밥. 이밥.

흰-백(-白)[힌-]圀 한자 부수의 한 가지 '百'·'皓' 등에서의 '白'의 이름.

흰-불나방[힌-라-]圀 ☞미국흰불나방.

흰-빛[힌빋]圀 눈[雪]과 같은 빛깔. 백색. ↔검은빛. *흰빛이[힌비치]·흰빛만[힌빈-]

흰-소리[힌-]圀閣조 터무니없이 자랑하거나 희떱게 지껄임, 또는 그 말. ¶흰소리를 치다.

흰-수라(←-水剌)[힌-]圀 지난날, 수라상에 차린 흰밥을 이르던 말.

흰-수작(-酬酌)[힌-]圀閣조 실속은 없이 자랑으로 떠벌림, 또는 그러한 말이나 짓. 뜯빈말.

흰-쌀[힌-]圀 ☞백미(白米).

흰-여뀌[힌녀-]圀 여뀟과의 일년초. 줄기 높이 30~60cm, 5~9월에 흰색이나 연분홍색 꽃이 가지 끝에 핌. 밭이나 밭 근처에서 자라는데, 우리나라 각지에 분포함.

흰-엿[힌녇]圀 검은엿을 켜서 희게 한 엿. *흰엿이[힌녀시]·흰엿만[힌녇-]

흰-옷[히녿]圀 (물감을 들이지 않은) 흰 빛깔의 옷. 백의. 소복. *흰옷이[히노시]·흰옷만[히논-]

흰-원미(-元味)[히붠-]圀 ☞원미(元味).

흰-자[힌-]圀 〈흰자위〉의 준말. ↔검은자. 뜯노른자.

흰-자위[힌-]圀 ①달걀이나 새알 따위의 노른자위를 싸고 있는 단백질 부분. 난백(卵白). 단백(蛋白). 뜯노른자위. ②눈알의 흰 부분. 죽흰자. ↔②→검은자위. 뜯백목(白目).

흰-자질(-質)[힌-]圀 ☞단백질(蛋白質).

흰-죽(-粥)[힌-]圀 흰쌀로만 쑨 죽.
흰죽 먹다 사발 깬다[쪽담] 한 가지 일에 재미를 붙이다가 다른 일에 손해를 보는 경우에 이르는 말.
흰죽에 고춧가루[쪽담] 격에 안 맞는다는 말.
흰죽에 코[쪽담] '옳고 그름을 분간하기 어려움'을 이르는 말.

흰-쥐[힌-]圀 쥣과의 동물. 유럽 시궁쥐를 축양(畜養)한 것으로, 집과 온몸이 흰색이고 눈은 진홍색임. 의학·생물학·심리학의 실험 동물로 쓰임. 백서(白鼠).

흰-참꽃나무[힌-꼰-]圀 철쭉과의 낙엽 관목. 산봉우리의 바위틈에 나는데 높이는 1m가량. 잎은 길둥글고 양면에 털이 있으며 가지 끝에 모여서 어긋맞게 남. 여름에 흰 꽃이 피는데, 관상용으로 가꿈.

흰-콩[힌-]圀 ①빛깔이 회읍스름한 콩. ②검은 콩에 대하여 '누런 콩'을 이름.

흰-팥[힌팓]圀 빛깔이 회읍스름한 팥. *흰팥이[힌파치]·흰팥을[힌파틀]·흰팥만[힌판-]

흰-피톨[힌-]圀 ☞백혈구(白血球).

횟-하다[힏-]혱回 (고단하거나 놀라서, 또는 머리가 아파서) 정신을 못 차리도록 띵하다.

횟-허케[힏-]閅 지체하지 않고 서둘러 빨리 가는 모양. ¶횟허케 가 버리다.

히[1] 만족감을 느끼고 싱겁게 한 번 웃는 소리 또는 모양. ¶빵을 주었더니 꼬마가 히 웃으며 좋아한다.

히[2] 비웃을 때에 내는 소리.

히긋〈옛〉체언의 말음 'ㅎ'과 조사 '이'의 결합. ¶나라ᄒ 오라갇마르(龍歌84章).

-히[죕미] 형용사의 어근 또는 '-하다'가 붙는 형용사의 어간에 붙어, 그 말을 부사로 만듦. ¶가만히. /마땅히.

-히-[죕미] 'ㄱ·ㄷ·ㅂ·ㄹ·ㄴ' 따위의 받침을 가진 용언의 어간에 붙어, 그 말을 사동사나 피동사로 만듦. ¶먹히다. /받히다. /잡히다.

히드라(hydra)圀 히드라과의 자포동물. 몸길이 1cm가량. 몸은 몸의 상태나 먹이에 따라 차이 핌. 몸은 원통형인데 몸의 끝 쪽에 있는 입 주위에 몸보다 긴 5~7개의 촉수가 있음. 민물의 풀잎이나 나뭇가지 따위에 붙어살면서 미생물을 잡아먹음. 온 세계에 널리 분포하는데, 동물 실험의 재료로 많이 쓰임.

히드로퀴논(hydroquinone)圀 페놀류의 하나. 무색의 침상 결정(針狀結晶)으로 환원력이 강하며, 사진 현상액 따위로 쓰임.

히든-카:드(hidden card)圀 〔숨겨진 카드라는 뜻으로〕 감추어 놓은 비장의 수.

히뜩閅 ①언뜻 돌아보는 모양. ¶히뜩 돌아보기만 하다. ②맥없이 넘어지거나 나동그라지는 모양. ¶히뜩 나가떨어지다. 히뜩-히뜩閅閣조.

히뜩-거리다[-꺼-]閣조 자꾸 히뜩히뜩하다. 히뜩대다.

히뜩-대다[-때-]閣조 히뜩거리다.

히로뽕(←ヒロポン·일 Philopon)圀 메탄 페타민 계열의 각성제의 일본 상품명. 무색 또는 백색의 결정성 가루로, 상용(常用)하면 환각·정신 분열 따위의 만성 중독을 일으키는 마약임. 필로폰.

히말라야-삼나무(Himalayan杉-)圀 소나뭇과의 상록 침엽 교목. 히말라야 산지 원산의 관상용 식물로 높이는 20~30m. 껍질은 회갈색임. 잎은 바늘 모양이며, 늦가을에 이삭 모양의 꽃이 핌.

히브리-서(←Hebrew書)圀 신약 성서 중의 한 편. 무명의 신도가 신앙을 권한 글로, 신앙 생활에 지친 신도들을 격려하는 내용임.

히비스커스(hibiscus)圀 원예용의 불상화(佛桑花)를 통틀어 이르는 말. 하와이를 위시한 남태평양 여러 섬의 대표적인 꽃으로, 흔히 '하와이 무궁화'라고도 함.

히스타민(histamine)圀 동식물 조직에 있는 아민(amine)의 한 가지. 알레르기 반응과 관계가 있으며, 혈압 강하·위액 분비 항진 따위의 작용을 함.

히스테리(Hysterie 독)圀 ①정신적·심리적 갈등 때문에 일어나는 정신병의 한 가지. 신체적 이상이 없는데도 감각 장애나 두통 따위가 생기며 경련과 경직·규환 따위를 수반함. ¶히스테리 증세를 보이다. ②'병적으로 흥분하여 감정을 억제하지 못하는 상태'를 비유하여 이르는 말. ¶히스테리를 부리다.

히스테릭-하다(hysteric-)혱回 히스테리의 성질을 띠고 있다.

히스토그램(histogram)圀 통계에서, 도수 분포를 나타내는 기둥 모양의 그래프.

히스티딘(histidine)圀 헤모글로빈 속에 대량으로 존재하는 결정성 염기성(鹽基性) 아미노산. 대부분의 단백질을 가수 분해 하면 생성됨.

히아신스(Hyacinth)圀 백합과의 다년초. 비늘줄기에서 가늘고 긴 잎이 무더기로 나며, 초봄에 잎 사이에서 꽃줄기가 자라 여러 가지 빛깔의 꽃이 핌. 지중해 연안이 원산인데, 관상용으로 재배함.

히읗[-읃]圀 한글 자모의 자음 'ㅎ'의 이름. *히읗이[-으시]·히읗만[-은-]

히죽閣조 흡족한 듯이 잠깐 웃는 모양. 뜯해죽. 셰히쭉. 히죽-이閅. 히죽-히죽閅閣조.

히죽-거리다[-꺼-]邓 자꾸 히죽히죽하다. 히죽대다. @해죽거리다.

히죽-대다[-때-]邓 히죽거리다.

히즈리다재태〈옛〉시저르다. 늦다. ¶ 프른 믌マ 싀 가 히즈려서 쇼리라(杜初15:4).

히쭉囹하邓〈히죽〉의 센말. @해쭉.

히치하이크(hitchhike)囹하邓 지나가는 자동차를 얻어 타는 일, 또는 그렇게 하면서 목적지까지 가는 무전여행.

히:터(heater)囹 ① 난방 장치. ¶ 히터를 틀다. ②가열기. 발열기.

히트(hit)囹 ① 안타(安打). ②하邓 '명중'이나 '대성공'을 이르는 말. ¶ 히트 상품. /히트를 치다.

히트-송(hit song)囹 크게 인기를 끈 노래.〔흔히, 대중가요에서 이르는 말.〕

히트^앤드^런(hit and run)囹 야구에서, 투수가 투구 동작을 하자마자 주자는 다음 누(壘)로 달리고 타자는 공을 치는 공격법.

히포콘드리아시스(hypochondriasis 독)囹 심기증(心氣症).

히프(hip)囹 ①엉덩이. ②엉덩이 둘레의 치수.

히피-족(hippie族)囹 기성의 제도나 가치관 따위를 부정하고 직접 인간과 자연과의 접촉을 추구하는 사람들. 1967년경에 미국의 젊은이들 사이에서 생겨났는데, 장발과 특이한 옷차림, 기발한 행동 따위가 특징임.

히히囹邓 남을 놀리듯이 짓궂게 까불며 웃는 소리. @해해.

히히-거리다邓 남을 놀리듯이 짓궂게 까불며 자꾸 웃다. 히히대다. @해해거리다.

히히-대다邓 히히거리다.

힌두-교(Hindu敎)囹 바라문교의 철학을 배경으로 하는, 전통적이고 민족적인 제도와 관습을 망라한 인도의 민족 종교. 인도인의 종교적·윤리적·사회적인 모든 행위의 규범이 됨. 인도교.

힌두^족(Hindu族)囹 인도인의 한 종족.

힌디^어:(Hindi語)囹 인구 어족(印歐語族)의 인도·이란 어파에 딸린 언어를 통틀어 이르는 말. 문자는 범자(梵字)를 사용함.

힌트(hint)囹 암시. ¶ 힌트를 주다.

힐:(heel)囹 '하이힐'의 준말.

힐거(詰拒)囹하邓 힐난하며 서로 버팀.

힐금囹邓 경망스럽게 슬쩍 곁눈질하며 쳐다보는 모양. @헬금. @빌금. 힐금-힐금囹하邓.

힐금-거리다태 자꾸 힐금힐금하다. 힐금대다. @헬금거리다.

힐금-대다태 힐금거리다.

힐긋[-귿]囹하邓 ① 슬쩍 한 번 흘겨보거나 훔쳐보는 모양. ¶ 옆 사람의 답안지를 힐긋 쳐다보다. @헬긋. ②눈에 언뜻 띄는 모양. ¶ 창밖으로 지나가는 그의 모습이 힐긋 보였다. @빌긋. 힐긋-힐긋囹하邓.

힐긋-거리다[-귿꺼-]태 자꾸 힐긋힐긋하다. 힐긋대다. @헬긋거리다.

힐긋-대다[-귿때-]태 힐긋거리다.

힐끔囹하邓〈힐금〉의 센말. @헬끔.

힐끗[-끋]囹하邓〈힐긋〉의 센말. @헬끗.

힐난(詰難)[-란]囹하邓 캐고 따져서 비난함.

힐문(詰問)囹하邓邓〔잘못을〕책망하며 따져서 물음. 책문(責問).

힐조(詰朝)[-쪼]囹 ① 이른 아침. ②이튿날의 이른 아침.

힐주(詰誅)[-쭈]囹하邓 죄를 따져 응징함.

힐책(詰責)囹하邓태〔잘못을〕따져서 꾸짖음. ¶ 힐책을 받다.

힐척(詰斥)囹하邓 꾸짖어 물리침.

힐항(詰抗)囹하邓 힐난하며 반항함.

힐후다邓태〈옛〉힐난하다. 말썽부리다. ¶ 難은 힐홀 씨라(法華1:32). /슬이여 힐후디 말라(老解上47).

힐힐후다囹〈옛〉후리후리하다. ¶ 킈 힐힐후고 젹이 노치 두렷훈 漢ㅅ사롬(朴解中52).

힘囹 ①사람이나 동물이 스스로 움직이고 또 다른 것을 움직일 수 있는 근육의 작용. ¶ 힘이 센 사람. ②서 있는 물체를 움직이게 하거나 움직이고 있는 물체의 속도를 바꾸거나 정지하게 하는 원인이 되는 작용. ¶ 엔진의 힘. ③어떤 일을 할 수 있는 능력이나 역량. ¶ 힘을 기르다. /힘을 합치다. ④도움이나 은덕. ¶ 힘이 되어 주다. /부모의 힘. ⑤효력이나 효능. ¶ 보약의 힘. ⑥개인이나 단체를 통제하고 강제적으로 따르게 할 수 있는 세력이나 권력. ¶ 힘으로 국회를 장악하다. ⑦(물건 따위가) 튼튼하거나 단단한 정도. ¶ 폭격을 맞은 건물은 철근의 힘으로 겨우 버티고 있었다.

힘 많은 소가 왕 노릇 하나족 큰일을 하기 위해서는 힘만으로는 안 되고 지략(智略)도 있어야 한다는 말.

힘을 기르다관용 어떤 일에 대처하여 감당할 수 있는 힘을 기르다.

힘을 빌리다관용 다른 사람의 도움을 얻다.

힘을 얻다관용 도움을 받아 자신감이나 용기·기운 따위를 얻다.

힘〈옛〉힘줄. 근육. ¶ 힘 근:筋(訓蒙下19).

힘-겨룸囹하邓 힘의 세고 여림을 겨루는 일.

힘-겹다[-따]〔-겨우니·-겨워〕囹태 이겨 내기에는 힘에 부치다. ¶ 내게는 힘겨운 일이다.

힘-껏[-껃]囹 있는 힘을 다하여. ¶ 힘껏 잡아당기다.

힘-꼴囹 '힘'을 얕잡아 이르는 말. ¶ 힘꼴이나 쓰다.

힘-내다邓 꾸준히 힘을 써서 일을 하다.

힘-닿다[-다타]邓 힘이나 권세·위력 등이 미치다. ¶ 나도 힘닿는 데까지 도와줄게.

힘-들다[-드니·-들어]邓 ①힘이 쓰이다. ¶ 운동을 오래 했더니 힘들다. ②마음이 쓰이거나 수고가 되다. ③하기에 어렵다. ¶ 제시간에 도착하기는 힘들겠다.

힘들-이다邓〔'힘들다'의 사동〕힘이나 마음을 기울여 쓰다.

힘-력(-力)[-녁]囹 한자 부수의 한 가지. '加'·'努'·'助' 등에서의 '力'의 이름.

힘-빼물다[~빼무니·~빼물어]邓 힘이 센 체하다.

힘-쁘다邓〈옛〉힘쁠 무:務(訓蒙下31). /졔여곰 힘쁠디니(杜初23:46).

힘-살[-쌀]囹 ⇒근육.

힘-세다囹 힘이 많다. ¶ 힘센 장사.

힘-쓰다[~쓰니·~써]태 ①힘을 다하다. 노력하다. 애쓰다. ¶ 학업에 힘쓰다. ②어떤 일에 공헌하다. ¶ 클래식 음악의 대중화에 힘쓰다. ③남의 어려운 형편을 도와주다. ¶ 선생님께서 힘써 주시면 일이 순조롭겠습니다.

힘-없다[힘업따]囹 ①기력이 없다. ¶ 힘없는 목소리. ②(어떤 일을 처리할) 능력이 모자라다. ¶ 힘없고 가난한 사람. 힘없-이囹.

힘-입다[-닙따]邓 (힘의) 도움을 받다. 혜택을 입다. ¶ 교포들의 성원에 힘입어 순회공연을 성공적으로 끝마쳤다.

힘-자라다[자] 힘이 미치다. ¶힘자라는 데까지 돕겠다.

힘-주다[자] 《주로 '힘주어'의 꼴로 쓰이어》①힘을 한곳에 몰아서 기울이다. ②어떠한 일이나 말을 강조하다. ¶힘주어 말하다.

힘-줄[-쭐][명] ①근육을 뼈에 들러붙어 있게 하는, 끈 모양의 흰 섬유질 조직. 건(腱). ②'혈관이나 혈관'을 두루 이르는 말. ③(모든 물질의 작은 요소로 된 가느다란 줄. 힘줄기. 웹심줄.

힘-줄기[-쭐-][명] ①⟹힘줄. ②힘이 뻗친 줄기.

힘줌-말[-말][명] 뜻을 강조하는 말. 〔'깨다'에 대한 '깨뜨리다', '뻗다'에 대한 '뻗치다' 따위.〕 강세어.

힘-지다[형] ①힘이 있다. ②힘이 들 만하다. ¶어린아이에게 힘진 일을 시키다.

힘-차다[형] ①힘이 세차다. ¶힘찬 박수 소리. ②힘에 겹다. ¶힘찬 일에 시달리다.

힘힘이[부] 〈옛〉한가히. 심심히. ¶우리 모든 권당을 청하야 힘힘이 안젓쟈(老解下30).

힘힘히[부] 〈옛〉한가히. 심심히. ¶ᄀᆞ애셔셔 힘힘히 보녀ᄂᆞᆫ 사ᄅᆞᆷ이 널오되(老解下12).

힘힘ᄒᆞ다[형] 〈옛〉한가하다. 심심하다. ¶힘힘ᄒᆞᆫ 사ᄅᆞᆷ들(朴解上32).

힙(hip)[명] '히프'의 잘못.

힙합(hiphop)[명] 1980년대, 미국의 흑인 음악에서 비롯된 동적이고 힘이 있는 음악이나 춤. 같은 곡조를 반복하여 연주하는 것이 특징임.

힝¹[부] 코를 푸는 소리. 힝-힝[부].

힝²[감]③ 아니꼬워서 코로 비웃는 소리.

힝그러울[명] 유엽전(柳葉箭)의 촉(鏃).

ᄒᆞ낳[명] 〈옛〉하나. ¶ᄒᆞ나ᄒᆞ로 세흘 니로고(永嘉下14). /ᄒᆞ나토 잇븐 ᄠᅳᆮ 내리 업더라(釋譜13:34).

ᄒᆞ녁[명] 〈옛〉한편. 한쪽. ¶ᄒᆞ녀고론 두리여 ᄒᆞ더시다(月釋2:43).

ᄒᆞ놀이다[자] 〈옛〉희롱하다. 괴롭히다. ¶구믐딘리의 세유믈 ᄒᆞ놀이ᄂᆞᆫ도다(杜初14:13).

-ᄒᆞ니[어미] 〈옛〉ᄒᆞ(爲)와 니(行)의 합성어로, 어떠한 행동의 계속을 뜻함. ¶世尊ㅅ 말 듣ᄌᆞ바 도라 보아ᄒᆞ니(月釋2:48).

ᄒᆞ니다[자] 〈옛〉다니다. 움직이다. 행동하다. ¶生은 世界예 나아 사라 ᄒᆞ니ᄂᆞᆫ 것ᄃᆞᆯ히라(釋譜序1).

-ᄒᆞ니로[절미] 〈옛〉-하므로. ¶處芮質成ᄒᆞᄂᆞ로 方國이 해 모ᄃᆞ나(龍歌11章).

ᄒᆞ다[자타] 〈옛〉①하다. ¶付囑ᄅᆞᆯ 말ᄊᆞᆷ 브텨 아ᄆᆞ례 ᄒᆞ고라 請ᄒᆞᆯ 써라(釋譜6:46). ②말하다. ¶이제 부톄 나아 겨시ᄂᆞ다 ᄒᆞ야ᄂᆞᆯ(釋譜6:12).

-ᄒᆞ다[절미] 〈옛〉-하다. ¶古聖이 同符ᄒᆞ시니(龍歌1章). /ᄒᆞ고자 욕:欲(類合下4).

-ᄒᆞ다가[절미] 〈옛〉만일. 만약. ¶ᄒᆞ다가 믈러가디 아니커든(蒙法3).

-ᄒᆞ두다[절미] 〈옛〉-하도다. ¶ 애와텨 앗겸직ᄒᆞ두다(楞解3:116).

ᄒᆞ리다[자] 〈옛〉(병이) 낫다. 덜하다. ¶굴머 브은 사ᄅᆞᆷ을 구완ᄒᆞ야 괴운이 ᄒᆞ리되(救荒3).

ᄒᆞᄅᆞ[흐리·흐리][명] 〈옛〉하루. ¶世尊이 ᄒᆞᄅᆞ 몃 里를 녀시ᄂᆞ닛고(釋譜6:23). /스믈 ᄒᆞᄅᆞ이어나 셜흔 다ᄉᆡ어나(釋譜9:31).

ᄒᆞᄅᆞ사리[명] 〈옛〉하루살이. ¶ᄒᆞᄅᆞ사리 부:蜉. ᄒᆞᄅᆞ사리 유:蝣(訓蒙上23).

ᄒᆞ마¹[부] 〈옛〉이미. 벌써. ¶西幸이 ᄒᆞ마 오라샤(龍歌42章).

ᄒᆞ마²[부] 〈옛〉장차. ¶城을 ᄒᆞ마 앗일 저긔(三綱忠23).

ᄒᆞ마면[부] 〈옛〉하마터면. 거의. 까딱하면. ¶三角山 第一峯이 ᄒᆞ마면 뵈리로다(鄭澈.關東別曲).

ᄒᆞ물며[부] 〈옛〉하물며. ¶ᄒᆞ물며 衰職 돕ᄉᆞ보려(龍歌121章).

ᄒᆞᄫᅡᅀᅡ[부] 〈옛〉혼자. 홀로. ¶ᄒᆞᄫᅡᅀᅡ 나ᅀᅡ가샤(龍歌35章). 웹ᄒᆞᄫᅩᅀᅡ·ᄒᆞ오ᅀᅡ·ᄒᆞ온ᅀᅡ.

-ᄒᆞ시ᄂᆞ로[절미][조동] 〈옛〉-하시므로. ¶威化振旅ᄒᆞ시ᄂᆞ로 興望이 다 몯ᄌᆞᆸ냐나(龍歌11章).

ᄒᆞ야곰[부] 〈옛〉하여금. ¶ᄒᆞ야곰 ᄉ:使(類合上17). 웹ᄒᆡ여곰.

ᄒᆞ야디다[자] 〈옛〉해어지다. ¶짓과 터리왜 ᄒᆞ야디놋다(杜初7:15).

ᄒᆞ야ᄇᆞ리다[타] 〈옛〉헐어 버리다. ¶지블 ᄒᆞ야ᄇᆞ리고(內訓2:14).

ᄒᆞ여곰[부] 〈옛〉하여금. ¶ᄃᆞᆫ 벗으로 ᄒᆞ여 오게 ᄒᆞ라(老解上52). 웹ᄒᆞ야곰.

ᄒᆞ오ᅀᅡ[부] 〈옛〉혼자. ¶ᄒᆞ오ᅀᅡ 안잣ᄂᆞᆫ 榮華ㅣ로다(杜初23:4). 웹ᄒᆞᄫᅡᅀᅡ.

ᄒᆞ오ᅀᅡ[부] 〈옛〉혼자. ¶오직 ᄒᆞ오ᅀᅡ 보ᄂᆞ니라(杜重12:4). 웹ᄒᆞᄫᅡᅀᅡ.

ᄒᆞ오ᅀᅡ[부] 〈옛〉혼자. ¶ᄒᆞ오ᅀᅡ 셔셔 ᄀᆞ로맷 ᄇᆡ를 보노라(杜重7:4). 웹ᄒᆞᄫᅡᅀᅡ.

ᄒᆞ올로[부] 〈옛〉홀로. ¶菊花ㅣ ᄒᆞ올로 가지예 ᄆᆞ독ᄒᆞ야도다(杜初11:28).

ᄒᆞ올어미[명] 〈옛〉홀어미. ¶나ᄂᆞᆫ ᄒᆞ올어미라(內訓序8).

ᄒᆞ옷[부] 〈옛〉홑[單]. 단신. ¶獨은 늘구디 子息업서 ᄒᆞ옷 모민 사ᄅᆞᆷ이라(釋譜6:13). 웹ᄒᆞ옷.

ᄒᆞ옺[부] 〈옛〉홑[單]. ¶單은 ᄒᆞ오지오 複은 겨비라(釋譜8:15).

ᄒᆞ이다[타] 〈옛〉①시키다. ¶효힝을 천거ᄒᆞ여 벼슬 ᄒᆞ이니라(五倫1:35). ②당하다. 입다. ¶그 傷힘인 사ᄅᆞᆷ이(無冤4:17).

흔¹[관] 〈옛〉하나의. 한. ¶雙鵰ㅣ 흔 사래 ᄢᅦ니(龍歌23章). /왼녀긔 흔 點을 더으면(訓解).

흔²[관] 〈옛〉처언의 말음 'ㆆ'과 조사 '은'의 결합. ¶ᄒᆞ나홀 바ᄅᆞ래 누보며(釋譜1:17). 웹흔.

흔갓[부] 〈옛〉한갓. 공연히. ¶흔갓 반뙤 뫼화셔 우름곳 나맛도다(杜初21:9).

흔ᄀᆞ티[부] 〈옛〉한결같이. ¶흔ᄀᆞ티 ᄌᆞ모 어리여(杜重2:32). 웹흔ᄀᆞ티.

흔ᄀᆞᆮ튼[부] 〈옛〉한결같다. ¶이 흔ᄀᆞᆮ튼 셰샹 마새(小解5:97).

흔ᄀᆞᆺ티[부] 〈옛〉한결같이. ¶머리 돌아 브라오니 흔ᄀᆞᆺ티 茫茫ᄒᆞ도다(杜初7:10).

-흔뎌이고[절미] 〈옛〉-하구나. ¶뎨 가ᄂᆞᆫ 뎌 각시 본 듯도 흔뎌이고(鄭澈.續美人曲).

흔듸위[부] 〈옛〉한 번. 한참. ¶흔듸위 기ᄃᆞ려 져기 여믈을 주어 먹이고(朴解上21).

-흔듸[절미] 〈옛〉-하건대. -컨대. ¶願흔듸 내 그 덧가시 ᄃᆞ외와지라(月釋1:11).

흔듸[부] 〈옛〉함께. 한데. ¶平生애 願ᄒᆞ요디 흔듸 녀쟈 ᄒᆞ얏더니(鄭澈.思美人曲).

흔ᄢᅴ[부] 〈옛〉함께. ¶宮殿과 諸天패 흔ᄢᅴ 냇다가 절로 흔ᄢᅴ 업ᄂᆞ니라(月釋1:50).

흔ᄢᅵ니[명] 〈옛〉한 끼니. ¶우리를 흔ᄢᅵ 밥 뿔과(老解上47).

흔ᄢᅵ²[부] 〈옛〉함께. ¶浚儀ㅅ과 陸雲과 흔ᄢᅵ로다(杜初11:27).

홀[조] 〈옛〉처언의 말음 'ㆆ'과 조사 '올'의 결합. ¶나라홀 맛ᄃᆞ시릴써(龍歌6章). /쏘ᄒᆡ 뫼홀 지스니(釋譜6:31).

홀다[타] 〈옛〉할 것인가. 할 것이로구나. 할 것이다. ¶比屋可封이 이제도 잇다 홀다(鄭澈.關東別曲).

흙圀(명) 〈옛〉흙. ¶흙 토:土(訓蒙上4).

흙무디(명) 〈옛〉흙무더기. ¶흙무디 돈:墩(訓蒙中9).

흙무적(명) 〈옛〉흙무더기. 흙덩이. ¶흙무적에 걸앉다 니르시고(法華2:119).

흙벽(명) 〈옛〉흙벽. 굽지 아니한 흙벽돌. ¶흙벽격:墼(訓蒙中18).

흙비(명) 〈옛〉흙비. ¶흙비 미:霾(訓蒙下2).

흙빛다(자) 〈옛〉흙 빛다. ¶흙빛즐 소:塑(訓蒙下20).

흙손(명) 〈옛〉흙손. 오:杇(訓蒙中16).

흠쁴(부) 〈옛〉함께. ¶보믹 그려기와 흠쁴 가면(杜初17:12). ㉠흐쁴.

흠쁴(조) 〈옛〉함께. ¶우리 흠쁴 가쟈(老解上7). ㉠흐쁴.

히¹(명) 〈옛〉해[日]. ¶도론 히 수이디여(鄭澈.思美人曲).

히²(명) 〈옛〉해[年]. ¶힛 세:歲. 히 년:年(訓蒙上2).

히(조) 〈옛〉체언의 말음 'ㅎ'과 조사 '이'의 결합. ¶나죄히 鬼神 爲ㅎ야(月釋2:26).

히다¹(타) 〈옛〉하게 하다. 시키다. ¶出家히여 聖人ㅅ 道理 비화사 ㅎ리니(釋譜6:3).

히다²(형) 〈옛〉희다. ¶힌 므지게 히예 쎼니이다(龍歌50章). /힌 빅:白. 힐 소:素(訓蒙中29).

히야디다(자) 〈옛〉해어지다. 닳아서 떨어지다. ¶히야딜 패:敗(訓蒙下22).

히여(부) 〈옛〉하여금. ¶사름므로 히여 몃 버놀 슬허케 ㅎ거뇨(杜初3:59). ㉠히예.

히여곰(부) 〈옛〉하여금. ¶能히 히여곰 녀름 나롤 서늘케 ㅎ놋다(杜初6:45).

히오다(타) 〈옛〉아우르다. 합하다. ¶히오니 셜혼 낫 돈이오(老解上20).

히오라비(명) 〈옛〉해오라기. ¶냇ㄱ에 히오라비 므스 일 셔 잇ㄴ뇨(古時調). ㉠하야로비.

히여(부) 〈옛〉하여금. ¶使ㄴ 히여 ㅎ논 마리라. /사름마다 히여 수비 니겨(訓諺).

히즈(명) 〈옛〉해자(垓字). 성 밑의 못. ¶히즈 호:壕. 히즈 황:隍(訓蒙中8).

힌흙(명) 〈옛〉흰 흙. ¶힌흙 악:堊(訓蒙中29).

힛귀(명) 〈옛〉해 그림자. 햇귀. ¶힛귀 구:晷(訓蒙上2).

힝즈쵸마(명) 〈옛〉행주치마. ¶힝즈쵸마:帬巾(四解上41).

ㆅ(자모) 쌍히읗. 〈옛〉'ㅎ'의 각자 병서(各自竝書). 'ㅎ'의 된소리.

혀다¹(타) 〈옛〉끌다[引]. 당기다. ¶引導ㄴ 혀아 길 알욀 씨라(釋譜9:8). ㉠혀다1.켜다.

혀다²(타) 〈옛〉켜다[點火]. ¶燈 혀 볼고몰 닛스오며(法華3:58). ㉠혀다2.

혀다³(타) 〈옛〉켜다[鋸]. ¶토브로 혀 주기니(三綱). ㉠혀다3.

혀다⁴(타) 〈옛〉켜다[紡]. ¶經綸은 실 혈 씨라(釋譜17:18). ㉠혀다4.

ㆆ(자모) 여린히읗. 〈옛〉옛 한글 자음의 하나. 'ㅎ'과 'ㅇ'의 중간음. 성문 폐쇄음. 15세기 중엽에 소멸. ¶挹흡/快ㆆ字홍제/節졇.

ㆆ(조) 중세 국어의 관형격 조사. 'ㄹ'·'ㅇ' 받침 뒤에 쓰임. ¶快쾡ㆆ字쭝(訓諺). /하놇 �뜨디시니(龍歌4章). ㉠ㅅ.

모음

ㅏ

ㅏ [아] **자모** 아. ①한글 자모의 열다섯째 글자. ②모음의 하나. 혀를 낮추고 입을 크게 벌려 숨을 내쉬면서 내는 단모음. 양성 모음에 딸림.

ㅑ

ㅑ [야] **자모** 야. ①한글 자모의 열여섯째 글자. ②모음의 하나. 혀를 'ㅣ' 소리를 낼 때같이 하고 있다가 잇달아 'ㅏ'로 옮겨 숨을 내쉬면서 내는 이중 모음. 양성 모음에 딸림.

ㅓ

ㅓ [어] **자모** 어. ①한글 자모의 열일곱째 글자. ②모음의 하나. 혀를 조금 올리고 입술을 보통으로 하고 입을 약간 크게 벌려 입 안의 안쪽을 넓게 하여 숨을 내쉬면서 내는 단모음. 음성 모음에 딸림.

ㅕ

ㅕ [여] **자모** 여. ①한글 자모의 열여덟째 글자. ②모음의 하나. 혀를 'ㅣ' 소리를 낼 때같이 하고 있다가 잇달아 'ㅓ'로 옮겨 숨을 내쉬면서 내는 이중 모음. 음성 모음에 딸림.

ㅗ

ㅗ [오] **자모** 오. ①한글 자모의 열아홉째 글자. ②모음의 하나. 혀를 보통 위치에서 조금 뒤로 다가들이고 두 입술을 둥글게 하여 숨을 내쉬면서 내는 단모음. 양성 모음에 딸림.

ㅘ [와] **자모** 와. ①한글 자모 'ㅗ'와 'ㅏ'를 합친 글자. ②모음의 하나. 입술을 'ㅗ' 소리를 낼 때같이 하고 있다가 잇달아 'ㅏ'로 옮겨 숨을 내쉬면서 내는 이중 모음. 양성 모음에 딸림.

ㅐ

ㅐ [애] **자모** 애. ①한글 자모 'ㅏ'와 'ㅣ'를 합친 글자. ②모음의 하나. 혀를 'ㅏ' 소리를 내는 위치보다 조금 높은 자리에서 약간 내밀고, 입을 반만 벌려 숨을 내쉬면서 내는 단모음. 양성 모음에 딸림.

ㅒ

ㅒ [애] **자모** 애. ①한글 자모 'ㅑ'와 'ㅣ'를 합친 글자. ②모음의 하나. 혀를 'ㅣ' 소리를 낼 때같이 하고 있다가 잇달아 'ㅐ'로 옮겨 숨을 내쉬면서 내는 이중 모음. 양성 모음에 딸림.

ㅔ

ㅔ [에] **자모** 에. ①한글 자모 'ㅓ'와 'ㅣ'를 합친 글자. ②모음의 하나. 혀를 'ㅓ' 소리를 내는 위치보다 조금 높은 자리에서 앞으로 약간 내밀고 보통으로 입을 열어 입귀가 붙지 않을 정도로 하여 숨을 내쉬면서 내는 단모음. 음성 모음에 딸림.

ㅖ

ㅖ [예] **자모** 예. ①한글 자모 'ㅕ'와 'ㅣ'를 합친 글자. ②모음의 하나. 혀를 'ㅣ' 소리를 낼 때같이 하고 있다가 잇달아 'ㅔ'로 옮겨 숨을 내쉬면서 내는 이중 모음. 음성 모음에 딸림.

ㅙ [왜] **자모** 왜. ①한글 자모 'ㅗ'와 'ㅏ'와 'ㅣ'를 합친 글자. ②모음의 하나. 입술을 'ㅗ' 소리를 낼 때같이 하고 있다가 잇달아 'ㅐ'로 옮겨 숨을 내쉬면서 내는 이중 모음. 양성 모음에 딸림.

ㅚ [외] **자모** 외. ①한글 자모 'ㅗ'와 'ㅣ'를 합친 글자. ②모음의 하나. 혀를 'ㅔ' 소리를 내는 위치에 두고, 두 입술을 좁혀 둥글리는 듯이 하여 앞으로 내민 상태에서 숨을 내쉬면서 내는 단모음. 이중 모음인 [ㅞ]로도 발음할 수 있음. 양성 모음에 딸림.

ㅛ

ㅛ[요]**자모** 요. ①한글 자모의 스무째 글자. ②모음의 하나. 혀를 'ㅣ'소리를 낼 때같이 하고 있다가 잇달아 'ㅗ'로 옮겨 숨을 내쉬면서 내는 이중 모음. 양성 모음에 딸림.

ㅜ

ㅜ[우]**자모** 우. ①한글 자모의 스물한째 글자. ②모음의 하나. 혀를 안으로 다가들이면서 혀뿌리를 가장 높여 연구개(軟口蓋)에 가깝게 하고 두 입술을 둥글게 하여 숨을 내쉬면서 내는 단모음. 음성 모음에 딸림.

ㅝ[워]**자모** 워. ①한글 자모 'ㅜ'와 'ㅓ'를 합친 글자. ②모음의 하나. 입술을 'ㅜ' 소리를 낼 때같이 하고 있다가 잇달아 'ㅓ'로 옮겨 숨을 내쉬면서 내는 이중 모음. 음성 모음에 딸림.

ㅞ[웨]**자모** 웨. ①한글 자모 'ㅜ'와 'ㅓ'와 'ㅣ'를 합친 글자. ②모음의 하나. 입술을 'ㅜ' 소리를 낼 때같이 하고 있다가 잇달아 'ㅔ'로 옮겨 숨을 내쉬면서 내는 이중 모음. 음성 모음에 딸림.

ㅟ[위]**자모** 위. ①한글 자모 'ㅜ'와 'ㅣ'를 합친 글자. ②모음의 하나. 혀를 'ㅣ' 소리를 내는 위치에 두고, 두 입술을 좁혀 둥글리는 듯이 하여 앞으로 내민 상태에서 숨을 내쉬면서 내는 단모음. 입술을 'ㅜ' 소리를 낼 때같이 하고 있다가 잇달아 'ㅣ'로 옮겨 숨을 내쉬면서 내는 이중 모음으로도 발음할 수 있음. 음성 모음에 딸림.

ㅠ

ㅠ[유]**자모** 유. ①한글 자모의 스물두째 글자. ②모음의 하나. 혀를 'ㅣ'소리를 낼 때같이 하고 있다가 잇달아 'ㅜ'로 옮겨 숨을 내쉬면서 내는 이중 모음. 음성 모음에 딸림.

ㅡ

ㅡ[으]**자모** 으. ①한글 자모의 스물셋째 글자. ②모음의 하나. 천(天)·지(地)·인(人) 삼재(三才) 중 땅을 본떠서 만든 글자. 혀를 예사로 편 채 가장 높이는 동시에 약간 뒤로 다가들이는 듯하면서 입술은 평평한 대로 얄게 열어 숨을 내쉬면서 내는 단모음. 음성 모음에 딸림.

ㅢ[의]**자모** 의. ①한글 자모 'ㅡ'와 'ㅣ'를 합친 글자. ②모음의 하나. 혀를 'ㅡ' 소리를 낼 때같이 하고 있다가 잇달아 'ㅣ'로 옮겨 숨을 내쉬면서 내는 이중 모음. 음성 모음에 딸림.

ㅣ

ㅣ[이]**자모** 이. ①한글 자모의 마지막 자인 스물넷째 글자. ②모음의 하나. 천(天)·지(地)·인(人)의 삼재(三才) 중 사람을 본떠서 만든 글자. 혀의 앞 바닥과 중앙 부분의 양 편 가장 자리를 아주 높여 경구개(硬口蓋)에 가장 가까이 접근시키고 입술을 평평한 대로 얄게 열고 입귀를 양편으로 당기는 듯이 하여 숨을 내쉬면서 내는 단모음. 중성 모음.

·

·자모 〈옛〉아래아. ①한글 옛 자모의 중성(中聲)의 첫째 글자. ②모음의 하나. 천(天)·지(地)·인(人)의 삼재(三才) 중 하늘을 본떠서 만든 글자. 혀를 보통 위치보다 낮추어 뒤쪽으로 약간 다가들이고 입술을 보통 정도로 벌려서 숨을 내쉬면서 내는 단모음.

·ㅣ자모 〈옛〉아래애. ①한글 옛 자모의 '·'와 'ㅣ'를 합친 글자. ②옛 모음의 하나. 혀를 '·' 소리를 낼 때같이 하고 있다가 잇달아 'ㅣ'로 옮겨 숨을 내쉬면서 내는 이중 모음.

부록

부록

부록

$$\boxed{\text{한 글 맞 춤 법}}$$

〈1988. 1. 19. 문교부 고시〉

일 러 두 기

1. 이 한글 맞춤법은 개정된 규정에 따라 표기하였다.
2. 이 한글 맞춤법은 본문 6장과 '부록'으로 되어 있다.

제 1 장	총칙
제 2 장	자모
제 3 장	소리에 관한 것
제 4 장	형태에 관한 것
제 5 장	띄어쓰기
제 6 장	그 밖의 것

3. 각 장은 절로 나누고, 각 절은 다시 항으로 나누어, 각기 원칙에 따르는 예시어들을 제시하였다.
4. 문법 체계와 용어는 '학교 문법 용어'(문교부 제정)에 따랐다.
5. 의미의 혼동을 줄 우려가 있는 경우에 한하여 한자를 병기하였다.
6. '다만'과 〔붙임〕은 다음과 같은 경우에 썼다.

   다만 : 규정의 본문에 해당되지 않는 예외 사항을 제시하는 경우
   〔붙임〕: 규정의 본문에 포함하여 설명하기 어려운 사항을 보충할 경우

제1장 총 칙

제1항 한글 맞춤법은 표준어를 소리대로 적되, 어법에 맞도록 함을 원칙으로 한다.
제2항 문장의 각 단어는 띄어 씀을 원칙으로 한다.
제3항 외래어는 '외래어 표기법'에 따라 적는다.

제2장 자 모

제4항 한글 자모의 수는 스물넉 자로 하고, 그 순서와 이름은 다음과 같이 정한다.

ㄱ(기역)	ㄴ(니은)	ㄷ(디귿)	ㄹ(리을)	ㅁ(미음)
ㅂ(비읍)	ㅅ(시옷)	ㅇ(이응)	ㅈ(지읒)	ㅊ(치읓)
ㅋ(키읔)	ㅌ(티읕)	ㅍ(피읖)	ㅎ(히읗)	
ㅏ(아)	ㅑ(야)	ㅓ(어)	ㅕ(여)	ㅗ(오)
ㅛ(요)	ㅜ(우)	ㅠ(유)	ㅡ(으)	ㅣ(이)

〔붙임1〕 위의 자모로써 적을 수 없는 소리는 두 개 이상의 자모를 어울러서 적되, 그 순서와 이름은 다음과 같이 정한다.

ㄲ(쌍기역)	ㄸ(쌍디귿)	ㅃ(쌍비읍)	ㅆ(쌍시옷)	ㅉ(쌍지읒)
ㅐ(애)	ㅒ(얘)	ㅔ(에)	ㅖ(예)	ㅘ(와)
ㅙ(왜)	ㅚ(외)	ㅝ(워)	ㅞ(웨)	ㅟ(위)
ㅢ(의)				

〔붙임2〕 사전에 올릴 적의 자모 순서는 다음과 같이 정한다.

자음 ㄱ ㄲ ㄴ ㄷ ㄸ ㄹ ㅁ ㅂ ㅃ ㅅ ㅆ ㅇ ㅈ ㅉ ㅊ ㅋ
　　　ㅌ ㅍ ㅎ

모음 ㅏ ㅐ ㅑ ㅒ ㅓ ㅔ ㅕ ㅖ ㅗ ㅘ ㅙ ㅚ ㅛ ㅜ ㅝ ㅞ
　　　ㅟ ㅠ ㅡ ㅢ ㅣ

제3장 소리에 관한 것

제1절 된소리

제5항 한 단어 안에서 뚜렷한 까닭 없이 나는 된소리는 다음 음절의 첫소리를 된소리로 적는다.

1. 두 모음 사이에서 나는 된소리

소쩍새　어깨　오빠　으뜸　아끼다　기쁘다　깨끗하다　어떠하다　해쓱하다
가끔　거꾸로　부썩　어찌　이따금

2. 'ㄴ, ㄹ, ㅁ, ㅇ' 받침 뒤에서 나는 된소리

산뜻하다　잔뜩　살짝　훨씬　담뿍　움찔　몽땅　엉뚱하다

다만, 'ㄱ, ㅂ' 받침 뒤에서 나는 된소리는, 같은 음절이나 비슷한 음절이 겹쳐 나는 경우가 아니면 된소리로 적지 아니한다.

국수　깍두기　딱지　색시　싹둑(~싹둑)　법석　갑자기　몹시

제2절 구개음화

제6항 'ㄷ, ㅌ' 받침 뒤에 종속적 관계를 가진 '-이(-)'나 '-히-'가 올 적에는 그 'ㄷ, ㅌ'이 'ㅈ, ㅊ'으로 소리 나더라도 'ㄷ, ㅌ'으로 적는다. (ㄱ을 취하고, ㄴ을 버림.)

ㄱ	ㄴ	ㄱ	ㄴ
맏이	마지	핥이다	할치다
해돋이	해도지	걷히다	거치다
굳이	구지	닫히다	다치다
같이	가치	묻히다	무치다
끝이	끄치		

제3절 'ㄷ' 소리 받침

제7항 'ㄷ' 소리로 나는 받침 중에서 'ㄷ'으로 적을 근거가 없는 것은 'ㅅ'으로 적는다.

덧저고리　돗자리　엇셈　웃어른　핫옷　무릇　사뭇　얼핏
자칫하면　뭇〔衆〕　옛　첫　헛

제4절 모　음

제8항 '계, 례, 몌, 폐, 혜'의 'ㅖ'는 'ㅔ'로 소리 나는 경우가 있더라도 'ㅖ'로 적는다. (ㄱ을 취하고, ㄴ을 버림.)

ㄱ	ㄴ		ㄱ	ㄴ
계수(桂樹)	게수		연몌(連袂)	연메
사례(謝禮)	사레		폐품(廢品)	페품
혜택(惠澤)	혜택		핑계	핑게
계집	게집		계시다	게시다

다만, 다음 말은 본음대로 적는다.

    게송(偈頌)   게시판(揭示板)   휴게실(休憩室)

제9항 '의'나, 자음을 첫소리로 가지고 있는 음절의 'ㅢ'는 'ㅣ'로 소리 나는 경우가 있더라도 'ㅢ'로 적는다. (ㄱ을 취하고, ㄴ을 버림.)

ㄱ	ㄴ		ㄱ	ㄴ
의의(意義)	의이		닁큼	닝큼
본의(本義)	본이		띄어쓰기	띠어쓰기
무늬〔紋〕	무니		씌어	씨어
보늬	보니		틔어	티어
오늬	오니		희망(希望)	히망
하늬바람	하니바람		희다	히다
늴리리	닐리리		유희(遊戲)	유히

제5절 두음 법칙

제10항 한자음 '녀, 뇨, 뉴, 니'가 단어 첫머리에 올 적에는 두음 법칙에 따라 '여, 요, 유, 이'로 적는다. (ㄱ을 취하고, ㄴ을 버림.)

ㄱ	ㄴ		ㄱ	ㄴ
여자(女子)	녀자		유대(紐帶)	뉴대
연세(年歲)	년세		이토(泥土)	니토
요소(尿素)	뇨소		익명(匿名)	닉명

다만, 다음과 같은 의존 명사에서는 '냐, 녀' 음을 인정한다.

    냥(兩)   냥쭝(兩-)   년(年)(몇 년)

〔붙임1〕 단어의 첫머리 이외의 경우에는 본음대로 적는다.

    남녀(男女)   당뇨(糖尿)   결뉴(結紐)   은닉(隱匿)

〔붙임2〕 접두사처럼 쓰이는 한자가 붙어서 된 말이나 합성어에서, 뒷말의 첫소리가 'ㄴ' 소리로 나더라도 두음 법칙에 따라 적는다.

    신여성(新女性)   공염불(空念佛)   남존여비(男尊女卑)

〔붙임3〕 둘 이상의 단어로 이루어진 고유 명사를 붙여 쓰는 경우에도 붙임 2에 준하여 적는다.

    한국여자대학   대한요소비료회사

제11항 한자음 '랴, 려, 례, 료, 류, 리'가 단어의 첫머리에 올 적에는 두음 법칙에 따라

'야, 여, 예, 요, 유, 이'로 적는다. (ㄱ을 취하고, ㄴ을 버림.)

ㄱ	ㄴ		ㄱ	ㄴ
양심(良心)	량심		용궁(龍宮)	룡궁
역사(歷史)	력사		유행(流行)	류행
예의(禮儀)	례의		이발(理髮)	리발

다만, 다음과 같은 의존 명사는 본음대로 적는다.

　　　리(里) : 몇 리냐?

　　　리(理) : 그럴 리가 없다.

〔붙임1〕 단어의 첫머리 이외의 경우에는 본음대로 적는다.

개량(改良)	선량(善良)	수력(水力)	협력(協力)
사례(謝禮)	혼례(婚禮)	와룡(臥龍)	쌍룡(雙龍)
하류(下流)	급류(急流)	도리(道理)	진리(眞理)

다만, 모음이나 'ㄴ' 받침 뒤에 이어지는 '렬, 률'은 '열, 율'로 적는다. (ㄱ을 취하고, ㄴ을 버림.)

ㄱ	ㄴ		ㄱ	ㄴ
나열(羅列)	나렬		진열(陳列)	진렬
치열(齒列)	치렬		선율(旋律)	선률
비열(卑劣)	비렬		비율(比率)	비률
규율(規律)	규률		실패율(失敗率)	실패률
분열(分裂)	분렬		전율(戰慄)	전률
선열(先烈)	선렬		백분율(百分率)	백분률

〔붙임2〕 외자로 된 이름을 성에 붙여 쓸 경우에도 본음대로 적을 수 있다.

　　　신립(申砬)　　　　최린(崔麟)　　　　채륜(蔡倫)　　　　하륜(河崙)

〔붙임3〕 준말에서 본음으로 소리 나는 것은 본음대로 적는다.

　　　국련(국제연합)　　　　　　대한교련(대한교육연합회)

〔붙임4〕 접두사처럼 쓰이는 한자가 붙어서 된 말이나 합성어에서 뒷말의 첫소리가 'ㄴ' 또는 'ㄹ' 소리로 나더라도 두음 법칙에 따라 적는다.

　　　역이용(逆利用)　　　연이율(年利率)　　　열역학(熱力學)　　　해외여행(海外旅行)

〔붙임5〕 둘 이상의 단어로 이루어진 고유 명사를 붙여 쓰는 경우나 십진법에 따라 쓰는 수 (數)도 붙임 4에 준하여 적는다.

　　　서울여관　　　　　　신흥이발관　　　　　　육천육백육십육(六千六百六十六)

제 12 항 한자음 '라, 래, 로, 뢰, 루, 르'가 단어의 첫머리에 올 적에는 두음 법칙에 따라 '나, 내, 노, 뇌, 누, 느'로 적는다. (ㄱ을 취하고, ㄴ을 버림.)

ㄱ	ㄴ		ㄱ	ㄴ
낙원(樂園)	락원		뇌성(雷聲)	뢰성
내일(來日)	래일		누각(樓閣)	루각
노인(老人)	로인		능묘(陵墓)	릉묘

〔붙임1〕 단어의 첫머리 이외의 경우에는 본음대로 적는다.

쾌락(快樂)	극락(極樂)	거래(去來)	왕래(往來)
부로(父老)	연로(年老)	지뢰(地雷)	낙뢰(落雷)
고루(高樓)	광한루(廣寒樓)	가정란(家庭欄)	동구릉(東九陵)

〔붙임2〕 접두사처럼 쓰이는 한자가 붙어서 된 단어는 뒷말을 두음 법칙에 따라 적는다.

| 내내월(來來月) | 상노인(上老人) | 중노동(重勞動) | 비논리적(非論理的) |

제6절 겹쳐 나는 소리

제13항 한 단어 안에서 같은 음절이나 비슷한 음절이 겹쳐 나는 부분은 같은 글자로 적는다. (ㄱ을 취하고, ㄴ을 버림.)

ㄱ	ㄴ	ㄱ	ㄴ
딱딱	딱닥	꼿꼿하다	꼿곳하다
쌕쌕	쌕색	놀놀하다	놀롤하다
씩씩	씩식	눅눅하다	눙눅하다
똑딱똑딱	똑닥똑닥	밋밋하다	민밋하다
쓱싹쓱싹	쓱삭쓱삭	싹싹하다	싹삭하다
연연불망(戀戀不忘)	연련불망	쌉쌀하다	쌉살하다
유유상종(類類相從)	유류상종	씁쓸하다	씁슬하다
누누이	누루이	짭짤하다	짭잘하다

제4장 형태에 관한 것

제1절 체언과 조사

제14항 체언은 조사와 구별하여 적는다.

떡이	떡을	떡에	떡도	떡만
손이	손을	손에	손도	손만
팔이	팔을	팔에	팔도	팔만
밤이	밤을	밤에	밤도	밤만
집이	집을	집에	집도	집만
옷이	옷을	옷에	옷도	옷만
콩이	콩을	콩에	콩도	콩만
낮이	낮을	낮에	낮도	낮만
꽃이	꽃을	꽃에	꽃도	꽃만
밭이	밭을	밭에	밭도	밭만
앞이	앞을	앞에	앞도	앞만
밖이	밖을	밖에	밖도	밖만
넋이	넋을	넋에	넋도	넋만
흙이	흙을	흙에	흙도	흙만
삶이	삶을	삶에	삶도	삶만
여덟이	여덟을	여덟에	여덟도	여덟만

| 곬이 | 곬을 | 곬에 | 곬도 | 곬만 |
| 값이 | 값을 | 값에 | 값도 | 값만 |

제2절 어간과 어미

제15항 용언의 어간과 어미는 구별하여 적는다.

먹다	먹고	먹어	먹으니
신다	신고	신어	신으니
믿다	믿고	믿어	믿으니
울다	울고	울어	(우니)
넘다	넘고	넘어	넘으니
입다	입고	입어	입으니
웃다	웃고	웃어	웃으니
찾다	찾고	찾아	찾으니
좇다	좇고	좇아	좇으니
같다	같고	같아	같으니
높다	높고	높아	높으니
좋다	좋고	좋아	좋으니
깎다	깎고	깎아	깎으니
앉다	앉고	앉아	앉으니
많다	많고	많아	많으니
늙다	늙고	늙어	늙으니
젊다	젊고	젊어	젊으니
넓다	넓고	넓어	넓으니
훑다	훑고	훑어	훑으니
읊다	읊고	읊어	읊으니
옳다	옳고	옳아	옳으니
없다	없고	없어	없으니
있다	있고	있어	있으니

〔붙임1〕 두 개의 용언이 어울려 한 개의 용언이 될 적에, 앞말의 본뜻이 유지되고 있는 것은 그 원형을 밝히어 적고, 그 본뜻에서 멀어진 것은 밝히어 적지 아니한다.

(1) 앞말의 본뜻이 유지되고 있는 것

넘어지다	늘어나다	늘어지다	돌아가다	되짚어가다
‸어가다	떨어지다	벌어지다	엎어지다	접어들다
‸다	흩어지다			

‸ 멀어진 것

               사라지다   쓰러지다

‸ 사용되는 어미 '-오'는 '요'로 소리 나는 경우가 있더라도 그 원형을
‸다. (ㄱ을 취하고, ㄴ을 버림.)

                          ㄴ

                     이것은 책이요.
                     이리로 오시요.

이것은 책이 아니오.   이것은 책이 아니요.

〔붙임3〕 연결형에서 사용되는 '이요'는 '이요'로 적는다. (ㄱ을 취하고, ㄴ을 버림.)

ㄱ	ㄴ
이것은 책이요, 저것은 붓이요, 또 저것은 먹이다.	이것은 책이오, 저것은 붓이오, 또 저것은 먹이다.

제16항 어간의 끝 음절 모음이 'ㅏ, ㅗ'일 때에는 어미를 '-아'로 적고, 그 밖의 모음일 때에는 '-어'로 적는다.

1. '-아'로 적는 경우

나아	나아도	나아서
막아	막아도	막아서
얇아	얇아도	얇아서
돌아	돌아도	돌아서
보아	보아도	보아서

2. '-어'로 적는 경우

개어	개어도	개어서
겪어	겪어도	겪어서
되어	되어도	되어서
베어	베어도	베어서
쉬어	쉬어도	쉬어서
저어	저어도	저어서
주어	주어도	주어서
피어	피어도	피어서
희어	희어도	희어서

제17항 어미 뒤에 덧붙는 조사 '-요'는 '-요'로 적는다.

읽어	읽어요
참으리	참으리요
좋지	좋지요

제18항 다음과 같은 용언들은 어미가 바뀔 경우, 그 어간이나 어미가 원칙에 벗어나면 벗어나는 대로 적는다.

1. 어간의 끝 'ㄹ'이 줄어질 적

갈다 :	가니	간	갑니다	가시다	가오
놀다 :	노니	논	놉니다	노시다	노오
불다 :	부니	분	붑니다	부시다	부오
둥글다 :	둥그니	둥근	둥급니다	둥그시다	둥그오
어질다 :	어지니	어진	어집니다	어지시다	어지오

〔붙임〕 다음과 같은 말에도 'ㄹ'이 준 대로 적는다.

마지못하다	마지않다
(하)다마다	(하)자마자
(하)지 마라	(하)지 마(아)

2. 어간의 끝 'ㅅ'이 줄어질 적

긋다:	그어	그으니	그었다
낫다:	나아	나으니	나았다
잇다:	이어	이으니	이었다
짓다:	지어	지으니	지었다

3. 어간의 끝 'ㅎ'이 줄어질 적

그렇다 :	그러니	그럴	그러면	그러오
까맣다 :	까마니	까말	까마면	까마오
동그랗다 :	동그라니	동그랄	동그라면	동그라오
퍼렇다 :	퍼러니	퍼럴	퍼러면	퍼러오
하얗다 :	하야니	하얄	하야면	하야오

4. 어간의 끝 'ㅜ, ㅡ'가 줄어질 적

푸다 :	퍼	펐다		뜨다 :	떠	떴다
끄다 :	꺼	껐다		크다 :	커	컸다
담그다 :	담가	담갔다		고프다 :	고파	고팠다
따르다 :	따라	따랐다		바쁘다 :	바빠	바빴다

5. 어간의 끝 'ㄷ'이 'ㄹ'로 바뀔 적

걷다〔步〕:	걸어	걸으니	걸었다
듣다〔聽〕:	들어	들으니	들었다
묻다〔問〕:	물어	물으니	물었다
싣다〔載〕:	실어	실으니	실었다

6. 어간의 끝 'ㅂ'이 'ㅜ'로 바뀔 적

깁다 :	기워	기우니	기웠다
굽다〔炙〕:	구워	구우니	구웠다
가깝다 :	가까워	가까우니	가까웠다
괴롭다 :	괴로워	괴로우니	괴로웠다
맵다 :	매워	매우니	매웠다
무겁다 :	무거워	무거우니	무거웠다
밉다 :	미워	미우니	미웠다
쉽다 :	쉬워	쉬우니	쉬웠다

다만, '돕-, 곱-'과 같은 단음절 어간에 어미 '-아'가 결합되어 '와'로 소리 나는 것은 '-와'로 적는다.

돕다〔助〕:	도와	도와서	도와도	도왔다
곱다〔麗〕:	고와	고와서	고와도	고왔다

7. '하다'의 활용에서 어미 '-아'가 '-여'로 바뀔 적

하다 :	하여	하여서	하여도	하여라	하였다

8. 어간의 끝 음절 '르' 뒤에 오는 어미 '-어'가 '-러'로 바뀔 적

이르다〔至〕:	이르러	이르렀다		누르다 :	누르러	누르렀다
노르다 :	노르러	노르렀다		푸르다 :	푸르러	푸르렀다

9. 어간의 끝 음절 '르'의 'ㅡ'가 줄고, 그 뒤에 오는 어미 '-아/-어'가 '-라/-러'로 바뀔 적

가르다 :	갈라	갈랐다		부르다 :	불러	불렀다
거르다 :	걸러	걸렀다		오르다 :	올라	올랐다

| 구르다 : | 굴러 | 굴렀다 | 이르다 : | 일러 | 일렀다 |
| 벼르다 : | 별러 | 별렀다 | 지르다 : | 질러 | 질렀다 |

제3절 접미사가 붙어서 된 말

제19항 어간에 '-이'나 '-음/-ㅁ'이 붙어서 명사로 된 것과 '-이'나 '-히'가 붙어서 부사로 된 것은 그 어간의 원형을 밝히어 적는다.

1. '-이'가 붙어서 명사로 된 것

| 길이 | 깊이 | 높이 | 다듬이 | 땀받이 | 달맞이 |
| 먹이 | 미닫이 | 벌이 | 벼훑이 | 살림살이 | 쇠붙이 |

2. '-음/-ㅁ'이 붙어서 명사로 된 것

| 걸음 | 묶음 | 믿음 | 얼음 | 엮음 | 울음 |
| 웃음 | 졸음 | 죽음 | 앎 | 만듦 | |

3. '-이'가 붙어서 부사로 된 것

| 같이 | 굳이 | 길이 | 높이 | 많이 | 실없이 |
| 좋이 | 짓궂이 | | | | |

4. '-히'가 붙어서 부사로 된 것

| 밝히 | 익히 | 작히 |

다만, 어간에 '-이'나 '-음'이 붙어서 명사로 바뀐 것이라도 그 어간의 뜻과 멀어진 것은 원형을 밝히어 적지 아니한다.

| 굽도리 | 다리[髢] | 목거리(목병) | 무녀리 |
| 코끼리 | 거름(비료) | 고름[膿] | 노름(도박) |

〔붙임〕 어간에 '-이'나 '-음' 이외의 모음으로 시작된 접미사가 붙어서 다른 품사로 바뀐 것은 그 어간의 원형을 밝히어 적지 아니한다.

(1) 명사로 바뀐 것

| 귀머거리 | 까마귀 | 너머 | 뜨더귀 | 마감 | 마개 |
| 마중 | 무덤 | 비렁뱅이 | 쓰레기 | 올가미 | 주검 |

(2) 부사로 바뀐 것

| 거뭇거뭇 | | 너무 | 도로 | 뜨덤뜨덤 | 바투 |
| 불긋불긋 | | 비로소 | 오긋오긋 | 자주 | 차마 |

(3) 조사로 바뀌어 뜻이 달라진 것

| 나마 | 부터 | 조차 |

제20항 명사 뒤에 '-이'가 붙어서 된 말은 그 명사의 원형을 밝히어 적는다.

1. 부사로 된 것

| 곳곳이 | 낱낱이 | 몫몫이 | 샅샅이 | 앞앞이 | 집집이 |

2. 명사로 된 것

| 곰배팔이 | 바둑이 | 삼발이 | 애꾸눈이 | 육손이 | 절뚝발이/절름발이 |

〔붙임〕 '-이' 이외의 모음으로 시작된 접미사가 붙어서 된 말은 그 명사의 원형을 밝히어 적지 아니한다.

| 꼬락서니 | 끄트머리 | 모가치 | 바가지 | 바깥 | 사타구니 |
| 싸라기 | 이파리 | 지붕 | 지푸라기 | 짜개 | |

제21항 명사나 혹은 용언의 어간 뒤에 자음으로 시작된 접미사가 붙어서 된 말은 그 명사나 어간의 원형을 밝히어 적는다.

1. 명사 뒤에 자음으로 시작된 접미사가 붙어서 된 것

값지다	홑지다	넋두리	빛깔	옆댕이	잎사귀

2. 어간 뒤에 자음으로 시작된 접미사가 붙어서 된 것

낚시	늙정이	덮개	뜯게질	갉작갉작하다
갉작거리다	뜯적거리다	뜯적뜯적하다	굵다랗다	굵직하다
깊숙하다	넓적하다	높다랗다	늙수그레하다	얽죽얽죽하다

다만, 다음과 같은 말은 소리대로 적는다.

(1) 겹받침의 끝소리가 드러나지 아니하는 것

할짝거리다	널따랗다	널찍하다	말끔하다	말쑥하다	말짱하다
실쭉하다	실큼하다	얄따랗다	얄팍하다	짤따랗다	짤막하다	실컷

(2) 어원이 분명하지 아니하거나 본뜻에서 멀어진 것

넙치	올무	골막하다	납작하다

제22항 용언의 어간에 다음과 같은 접미사들이 붙어서 이루어진 말들은 그 어간을 밝히어 적는다.

1. '-기-, -리-, -이-, -히-, -구-, -우-, -추-, -으키-, -이키-, -애-'가 붙는 것

맡기다	옮기다	웃기다	쫓기다	뚫리다	울리다
낚이다	쌓이다	핥이다	굳히다	굽히다	넓히다
앉히다	얽히다	잡히다	돋구다	솟구다	돋우다
갖추다	곧추다	맞추다	일으키다	돌이키다	없애다

다만, '-이-, -히-, -우-'가 붙어서 된 말이라도 본뜻에서 멀어진 것은 소리대로 적는다.

도리다(칼로 ~)	드리다(용돈을 ~)	고치다	바치다(세금을 ~)
부치다(편지를 ~)	거두다	미루다	이루다

2. '-치-, -뜨리-/-트리-'가 붙는 것

놓치다	덮치다	떠받치다	받치다
밭치다	부딪치다	뻗치다	엎치다
부딪뜨리다/부딪트리다	쏟뜨리다/쏟트리다	젖뜨리다/젖트리다
찢뜨리다/찢트리다	흩뜨리다/흩트리다

〔붙임〕 '-업-, -읍-, -브-'가 붙어서 된 말은 소리대로 적는다.

미덥다	우습다	미쁘다

제23항 '-하다'나 '-거리다'가 붙는 어근에 '-이'가 붙어서 명사가 된 것은 그 원형을 밝히어 적는다. (ㄱ을 취하고, ㄴ을 버림.)

ㄱ	ㄴ	ㄱ	ㄴ
깔쭉이	깔쭈기	살살이	살사리
꿀꿀이	꿀꾸리	쌕쌕이	쌕쌔기
눈깜짝이	눈깜짜기	오뚝이	오뚜기
더펄이	더퍼리	코납작이	코납자기
배불뚝이	배불뚜기	푸석이	푸서기
삐죽이	삐주기	홀쭉이	홀쭈기

〔붙임〕 '-하다'나 '-거리다'가 붙을 수 없는 어근에 '-이'나 또는 다른 모음으로 시작되는
접미사가 붙어서 명사가 된 것은 그 원형을 밝히어 적지 아니한다.

개구리	귀뚜라미	기러기	깍두기	꽹과리	날라리
누더기	동그라미	두드러기	딱따구리	매미	부스러기
뻐꾸기	얼루기	칼싹두기			

제24항 '-거리다'가 붙을 수 있는 시늉말 어근에 '-이다'가 붙어서 된 용언은 그 어근을 밝
히어 적는다. (ㄱ을 취하고, ㄴ을 버림.)

ㄱ	ㄴ	ㄱ	ㄴ
깜짝이다	깜짜기다	속삭이다	속사기다
꾸벅이다	꾸버기다	숙덕이다	숙더기다
끄덕이다	끄더기다	울먹이다	울머기다
뒤척이다	뒤처기다	움직이다	움지기다
들먹이다	들머기다	지껄이다	지꺼리다
망설이다	망서리다	퍼덕이다	퍼더기다
번득이다	번드기다	허덕이다	허더기다
번쩍이다	번쩌기다	헐떡이다	헐떠기다

제25항 '-하다'가 붙는 어근에 '-히'나 '-이'가 붙어서 부사가 되거나, 부사에 '-이'가 붙
어서 뜻을 더하는 경우에는, 그 어근이나 부사의 원형을 밝히어 적는다.

1. '-하다'가 붙는 어근에 '-히'나 '-이'가 붙는 경우

급히	꾸준히	도저히	딱히	어렴풋이	깨끗이

〔붙임〕 '-하다'가 붙지 않는 경우에는 소리대로 적는다.

갑자기	반드시(꼭)	슬며시

2. 부사에 '-이'가 붙어서 역시 부사가 되는 경우

곰곰이	더욱이	생긋이	오뚝이	일찍이	해죽이

제26항 '-하다'나 '-없다'가 붙어서 된 용언은 그 '-하다'나 '-없다'를 밝히어 적는다.

1. '-하다'가 붙어서 용언이 된 것

딱하다	숱하다	착하다	텁텁하다	푹하다

2. '-없다'가 붙어서 용언이 된 것

부질없다	상없다	시름없다	열없다	하염없다

제4절 합성어 및 접두사가 붙는 말

제27항 둘 이상의 단어가 어울리거나 접두사가 붙어서 이루어진 말은 각각 그 원형을 밝히
어 적는다.

국말이	꺾꽂이	꽃잎	끝장	물난리
밑천	부엌일	싫증	옷안	웃옷
젖몸살	첫아들	칼날	팥알	헛웃음
홀아비	홑몸	흙내		
값없다	겉늙다	굶주리다	낮잡다	맞먹다
받내다	벋놓다	빗나가다	빛나다	새파랗다
샛노랗다	시꺼멓다	싯누렇다	엇나가다	엎누르다

엿듣다　　　　옻오르다　　　　짓이기다　　　　헛되다

〔붙임1〕 어원은 분명하나 소리만 특이하게 변한 것은 변한 대로 적는다.

할아버지　　　　　　할아범

〔붙임2〕 어원이 분명하지 아니한 것은 원형을 밝히어 적지 아니한다.

골병　　　　골탕　　　　끌탕　　　　며칠　　　　아재비　　　　오라비

업신여기다　부리나케

〔붙임3〕 '이〔齒, 虱〕'가 합성어나 이에 준하는 말에서 '니' 또는 '리'로 소리 날 때에는 '니'로 적는다.

간니　　　　덧니　　　　사랑니　　　　송곳니　　　　앞니　　　　어금니

윗니　　　　젖니　　　　톱니　　　　틀니　　　　가랑니　　　　머릿니

제28항 끝소리가 'ㄹ'인 말과 딴 말이 어울릴 적에 'ㄹ' 소리가 나지 아니하는 것은 아니 나는 대로 적는다.

다달이(달-달-이)　　　　따님(딸-님)　　　　마되(말-되)

마소(말-소)　　　　무자위(물-자위)　　　　바느질(바늘-질)

부나비(불-나비)　　　　부삽(불-삽)　　　　부손(불-손)

소나무(솔-나무)　　　　싸전(쌀-전)　　　　여닫이(열-닫이)

우짖다(울-짖다)　　　　화살(활-살)

제29항 끝소리가 'ㄹ'인 말과 딴 말이 어울릴 적에 'ㄹ' 소리가 'ㄷ' 소리로 나는 것은 'ㄷ'으로 적는다.

반짇고리(바느질~)　　　　사흗날(사흘~)　　　　삼짇날(삼질~)

섣달(설~)　　　　숟가락(술~)　　　　이튿날(이틀~)

잗주름(잘~)　　　　푿소(풀~)

섣부르다(설~)　　　　잗다듬다(잘~)　　　　잗다랗다(잘~)

제30항 사이시옷은 다음과 같은 경우에 받치어 적는다.

1. 순 우리말로 된 합성어로서 앞말이 모음으로 끝난 경우

(1) 뒷말의 첫소리가 된소리로 나는 것

고랫재　　　귓밥　　　나룻배　　　나뭇가지　　　냇가　　　댓가지

뒷갈망　　　맷돌　　　머릿기름　　　모깃불　　　못자리　　　바닷가

뱃길　　　볏가리　　　부싯돌　　　선짓국　　　쇳조각　　　아랫집

우렁잇속　　　잇자국　　　잿더미　　　조갯살　　　찻집　　　쳇바퀴

킷값　　　핏대　　　햇볕　　　혓바늘

(2) 뒷말의 첫소리 'ㄴ, ㅁ' 앞에서 'ㄴ' 소리가 덧나는 것

멧나물　　　　아랫니　　　　텃마당　　　　아랫마을　　　　뒷머리

잇몸　　　　깻묵　　　　냇물　　　　빗물

(3) 뒷말의 첫소리 모음 앞에서 'ㄴㄴ' 소리가 덧나는 것

도리깻열　　　뒷윷　　　두렛일　　　뒷일　　　뒷입맛

베갯잇　　　욧잇　　　깻잎　　　나뭇잎　　　댓잎

2. 순 우리말과 한자어로 된 합성어로서 앞말이 모음으로 끝난 경우

(1) 뒷말의 첫소리가 된소리로 나는 것

귓병　　　　머릿방　　　　뱃병　　　　봇둑　　　　사잣밥

샛강	아랫방	자릿세	전셋집	찻잔
찻종	촛국	콧병	텃줄	텃세
핏기	햇수	횟가루	횟배	

(2) 뒷말의 첫소리 'ㄴ, ㅁ' 앞에서 'ㄴ' 소리가 덧나는 것

곗날	제삿날	훗날	툇마루	양칫물

(3) 뒷말의 첫소리 모음 앞에서 'ㄴㄴ' 소리가 덧나는 것

가욋일	사삿일	예삿일	훗일

3. 두 음절로 된 다음 한자어

곳간(庫間)	셋방(貰房)	숫자(數字)
찻간(車間)	툇간(退間)	횟수(回數)

제31항 두 말이 어울릴 적에 'ㅂ' 소리나 'ㅎ' 소리가 덧나는 것은 소리대로 적는다.

1. 'ㅂ' 소리가 덧나는 것

댑싸리(대ㅂ싸리)	멥쌀(메ㅂ쌀)	볍씨(벼ㅂ씨)
입때(이ㅂ때)	입쌀(이ㅂ쌀)	접때(저ㅂ때)
좁쌀(조ㅂ쌀)	햅쌀(해ㅂ쌀)	

2. 'ㅎ' 소리가 덧나는 것

머리카락(머리ㅎ가락)	살코기(살ㅎ고기)	수캐(수ㅎ개)
수컷(수ㅎ것)	수탉(수ㅎ닭)	안팎(안ㅎ밖)
암캐(암ㅎ개)	암컷(암ㅎ것)	암탉(암ㅎ닭)

제5절 준   말

제32항 단어의 끝 모음이 줄어지고 자음만 남은 것은 그 앞의 음절에 받침으로 적는다.

본 말	준 말	본 말	준 말
기러기야	기럭아	온가지	온갖
어제그저께	엊그저께	가지고, 가지지	갖고, 갖지
어제저녁	엊저녁	디디고, 디디지	딛고, 딛지

제33항 체언과 조사가 어울려 줄어지는 경우에는 준 대로 적는다.

본 말	준 말	본 말	준 말
그것은	그건	너는	넌
그것이	그게	너를	널
그것으로	그걸로	무엇을	뭣을/무얼 /뭘
나는	난	무엇이	뭣이/무에
나를	날		

제34항 모음 'ㅏ, ㅓ'로 끝난 어간에 '-아/-어, -았-/-었-'이 어울릴 적에는 준 대로 적는다.

본 말	준 말	본 말	준 말
가아	가	가았다	갔다

나아	나	나았다	났다
타아	타	타았다	탔다
서어	서	서었다	섰다
켜어	켜	켜었다	켰다
펴어	펴	펴었다	폈다

〔붙임1〕 'ㅐ, ㅔ' 뒤에 '-어, -었-'이 어울려 줄 적에는 준 대로 적는다.

본 말	준 말	본 말	준 말
개어	개	개었다	갰다
내어	내	내었다	냈다
베어	베	베었다	벴다
세어	세	세었다	셌다

〔붙임2〕 '하여'가 한 음절로 줄어서 '해'로 될 적에는 준 대로 적는다.

본 말	준 말	본 말	준 말
하여	해	하였다	했다
더하여	더해	더하였다	더했다
흔하여	흔해	흔하였다	흔했다

제35항 모음 'ㅗ, ㅜ'로 끝난 어간에 '-아/-어, -았-/-었-'이 어울려 'ㅘ/ㅝ, ㅘㅆ/ㅝㅆ'으로 될 적에는 준 대로 적는다.

본 말	준 말	본 말	준 말
꼬아	꽈	꼬았다	꽜다
보아	봐	보았다	봤다
쏘아	쏴	쏘았다	쐈다
두어	둬	두었다	뒀다
쑤어	쒀	쑤었다	쒔다
주어	줘	주었다	줬다

〔붙임1〕 '놓아'가 '놔'로 줄 적에는 준 대로 적는다.

〔붙임2〕 'ㅚ' 뒤에 '-어, -었-'이 어울려 'ㅙ, ㅙㅆ'으로 될 적에도 준 대로 적는다.

본 말	준 말	본 말	준 말
괴어	괘	괴었다	괬다
되어	돼	되었다	됐다
뵈어	봬	뵈었다	뵀다
쇠어	쇄	쇠었다	쇘다
쐬어	쐐	쐬었다	쐤다

제36항 'ㅣ' 뒤에 '-어'가 와서 'ㅕ'로 줄 적에는 준대로 적는다.

본 말	준 말	본 말	준 말
가지어	가져	가지었다	가졌다

견디어	견뎌	견디었다	견뎠다
다니어	다녀	다니었다	다녔다
막히어	막혀	막히었다	막혔다
버티어	버텨	버티었다	버텼다
치이어	치여	치이었다	치였다

제37항 'ㅏ, ㅕ, ㅗ, ㅜ, ㅡ'로 끝난 어간에 '-이-'가 와서 각각 'ㅐ, ㅖ, ㅚ, ㅟ, ㅢ'로 줄 적에는 준 대로 적는다.

본 말	준 말	본 말	준 말
싸이다	쌔다	누이다	뉘다
펴이다	폐다	뜨이다	띄다
보이다	뵈다	쓰이다	씌다

제38항 'ㅏ, ㅗ, ㅜ, ㅡ' 뒤에 '-이어'가 어울려 줄어질 적에는 준 대로 적는다.

본 말	준 말		본 말	준 말	
싸이어	쌔어	싸여	뜨이어	띄어	
보이어	뵈어	보여	쓰이어	씌어	쓰여
쏘이어	쐬어	쏘여	트이어	틔어	트여
누이어	뉘어	누여			

제39항 어미 '-지' 뒤에 '않-'이 어울려 '-잖-'이 될 적과 '-하지' 뒤에 어울려 '-찮-'이 될 적에는 준 대로 적는다.

본 말	준 말	본 말	준 말
그렇지 않은	그렇잖은	만만하지 않다	만만찮다
적지 않은	적잖은	변변하지 않다	변변찮다

제40항 어간의 끝 음절 '하'의 'ㅏ'가 줄고 'ㅎ'이 다음 음절의 첫소리와 어울려 거센소리로 될 적에는 거센소리로 적는다.

본 말	준 말	본 말	준 말
간편하게	간편케	다정하다	다정타
연구하도록	연구토록	정결하다	정결타
가하다	가타	흔하다	흔타

〔붙임1〕 'ㅎ'이 어간의 끝소리로 굳어진 것은 받침으로 적는다.

않다	않고	않지	않든지
그렇다	그렇고	그렇지	그렇든지
아무렇다	아무렇고	아무렇지	아무렇든지
어떻다	어떻고	어떻지	어떻든지
이렇다	이렇고	이렇지	이렇든지
저렇다	저렇고	저렇지	저렇든지

〔붙임2〕 어간의 끝 음절 '하'가 아주 줄 적에는 준 대로 적는다.

본 말	준 말	본 말	준 말
거북하지	거북지	생각하다 못하여	생각다 못해
생각하건대	생각건대	깨끗하지 않다	깨끗지 않다
넉넉하지 않다	넉넉지 않다	섭섭하지 않다	섭섭지 않다
못하지 않다	못지않다	익숙하지 않다	익숙지 않다

〔붙임3〕 다음과 같은 부사는 소리대로 적는다.

결단코	결코	기필코	무심코	아무튼	요컨대
정녕코	필연코	하마터면	하여튼	한사코	

제5장 띄어쓰기

제1절 조 사

제41항 조사는 그 앞말에 붙여 쓴다

꽃이	꽃마저	꽃밖에	꽃에서부터	꽃으로만
꽃이나마	꽃이다	꽃입니다	꽃처럼	어디까지나
거기도	멀리는	웃고만		

제2절 의존 명사, 단위를 나타내는 명사 및 열거하는 말 등

제42항 의존 명사는 띄어 쓴다.

아는 것이 힘이다.	나도 할 수 있다.
먹을 만큼 먹어라.	아는 이를 만났다.
네가 뜻한 바를 알겠다.	그가 떠난 지가 오래다.

제43항 단위를 나타내는 명사는 띄어 쓴다.

한 개	차 한 대	금 서 돈
소 한 마리	옷 한 벌	열 살
조기 한 손	연필 한 자루	버선 한 죽
집 한 채	신 두 켤레	북어 한 쾌

다만, 순서를 나타내는 경우나 숫자와 어울리어 쓰이는 경우에는 붙여 쓸 수 있다.

두시 삼십분 오초	제일과	삼학년	육층
1446년 10월 9일	2대대	16동 502호	제1어학실습실
80원	10개	7미터	

제44항 수를 적을 적에는 '만(萬)' 단위로 띄어 쓴다.

십이억 삼천사백오십육만 칠천팔백구십팔

12억 3456만 7898

제45항 두 말을 이어 주거나 열거할 적에 쓰이는 말들은 띄어 쓴다.

국장 겸 과장	열 내지 스물
청군 대 백군	책상, 걸상 등이 있다.
이사장 및 이사들	사과, 배, 귤 등등

사과, 배 등속   부산, 광주 등지

제46항 단음절로 된 단어가 연이어 나타날 적에는 붙여 쓸 수 있다.

그때 그곳   좀더 큰것   이말 저말   한잎 두잎

제3절 보조 용언

제47항 보조 용언은 띄어 씀을 원칙으로 하되, 경우에 따라 붙여 씀도 허용한다. (ㄱ을 원칙으로 하고, ㄴ을 허용함.)

ㄱ	ㄴ
불이 꺼져 간다.	불이 꺼져간다.
내 힘으로 막아 낸다.	내 힘으로 막아낸다.
어머니를 도와 드린다.	어머니를 도와드린다.
그릇을 깨뜨려 버렸다.	그릇을 깨뜨려버렸다.
비가 올 듯하다.	비가 올듯하다.
그 일은 할 만하다.	그 일은 할만하다.
일이 될 법하다.	일이 될법하다.
비가 올 성싶다.	비가 올성싶다.
잘 아는 척한다.	잘 아는척한다.

다만, 앞말에 조사가 붙거나 앞말이 합성 동사인 경우, 그리고 중간에 조사가 들어갈 적에는 그 뒤에 오는 보조 용언은 띄어 쓴다.

잘도 놀아만 나는구나!   책을 읽어도 보고…….

네가 덤벼들어 보아라.   강물에 떠내려가 버렸다.

그가 올 듯도 하다.   잘난 체를 한다.

제4절 고유 명사 및 전문 용어

제48항 성과 이름, 성과 호 등은 붙여 쓰고, 이에 덧붙는 호칭어, 관직명 등은 띄어 쓴다.

김양수(金良洙)   서화담(徐花潭)   채영신 씨

최치원 선생   박동식 박사   충무공 이순신 장군

다만, 성과 이름, 성과 호를 분명히 구분할 필요가 있을 경우에는 띄어 쓸 수 있다.

남궁억/남궁 억   독고준/독고 준   황보지봉(皇甫芝峰)/황보 지봉

제49항 성명 이외의 고유 명사는 단어별로 띄어 씀을 원칙으로 하되, 단위별로 띄어 쓸 수 있다. (ㄱ을 원칙으로 하고, ㄴ을 허용함.)

ㄱ	ㄴ
대한 중학교	대한중학교
한국 대학교 사범 대학	한국대학교 사범대학

제50항 전문 용어는 단어별로 띄어 씀을 원칙으로 하되, 붙여 쓸 수 있다. (ㄱ을 원칙으로 하고, ㄴ을 허용함.)

ㄱ	ㄴ
만성 골수성 백혈병	만성골수성백혈병
중거리 탄도 유도탄	중거리탄도유도탄

제6장 그 밖의 것

제51항 부사의 끝 음절이 분명히 '이'로만 나는 것은 '-이'로 적고, '히'로만 나거나 '이'
　　　　나 '히'로 나는 것은 '-히'로 적는다.

1. '이'로만 나는 것

가붓이	깨끗이	나붓이	느긋이	둥긋이
따뜻이	반듯이	버젓이	산뜻이	의젓이
가까이	고이	날카로이	대수로이	번거로이
많이	적이	헛되이		
겹겹이	번번이	일일이	집집이	틈틈이

2. '히'로만 나는 것

극히	급히	딱히	속히	작히	족히
특히	엄격히	정확히		

3. '이, 히'로만 나는 것

솔직히	가만히	간편히	나른히	무단히	각별히
소홀히	쓸쓸히	정결히	과감히	꼼꼼히	심히
열심히	급급히	답답히	섭섭히	공평히	능히
당당히	분명히	상당히	조용히	간소히	고요히
도저히					

제52항 한자어에서 본음으로도 나고 속음으로도 나는 것은 각각 그 소리에 따라 적는다.

본음으로 나는 것	속음으로 나는 것
승낙(承諾)	수락(受諾), 쾌락(快諾), 허락(許諾)
만난(萬難)	곤란(困難), 논란(論難)
안녕(安寧)	의령(宜寧), 회령(會寧)
분노(忿怒)	대로(大怒), 희로애락(喜怒哀樂)
토론(討論)	의논(議論)
오륙십(五六十)	오뉴월, 유월(六月)
목재(木材)	모과(木瓜)
십일(十日)	시방정토(十方淨土), 시왕(十王), 시월(十月)
팔일(八日)	초파일(初八日)

제53항 다음과 같은 어미는 예사소리로 적는다. (ㄱ을 취하고, ㄴ을 버림.)

ㄱ	ㄴ	ㄱ	ㄴ
-(으)ㄹ거나	-(으)ㄹ꺼나	-(으)ㄹ지니라	-(으)ㄹ찌니라
-(으)ㄹ걸	-(으)ㄹ껄	-(으)ㄹ지라도	-(으)ㄹ찌라도
-(으)ㄹ게	-(으)ㄹ께	-(으)ㄹ지어다	-(으)ㄹ찌어다
-(으)ㄹ세	-(으)ㄹ쎄	-(으)ㄹ지언정	-(으)ㄹ찌언정
-(으)ㄹ세라	-(으)ㄹ쎄라	-(으)ㄹ진대	-(으)ㄹ찐대
-(으)ㄹ수록	-(으)ㄹ쑤록	-(으)ㄹ진저	-(으)ㄹ찐저
-(으)ㄹ시	-(으)ㄹ씨	-올시다	-올씨다
-(으)ㄹ지	-(으)ㄹ찌		

다만, 의문을 나타내는 다음 어미들은 된소리로 적는다.

-(으)ㄹ까?   -(으)ㄹ꼬?   -(스)ㅂ니까?   -(으)리까?   -(으)ㄹ쏘냐?

제54항 다음과 같은 접미사는 된소리로 적는다. (ㄱ을 취하고, ㄴ을 버림.)

ㄱ	ㄴ	ㄱ	ㄴ
심부름꾼	심부름군	지게꾼	지겟군
익살꾼	익살군	때깔	땟갈
일꾼	일군	빛깔	빛갈
장꾼	장군	성깔	성갈
장난꾼	장난군	귀때기	귓대기
볼때기	볼대기	이마빼기	이맛배기
판자때기	판잣대기	코빼기	콧배기
뒤꿈치	뒤굼치	객쩍다	객적다
팔꿈치	팔굼치	겸연쩍다	겸연적다

제55항 두 가지로 구별하여 적던 다음 말들은 한 가지로 적는다. (ㄱ을 취하고, ㄴ을 버림.)

ㄱ	ㄴ
맞추다(입을 맞춘다. 양복을 맞춘다.)	마추다
뻗치다(다리를 뻗친다. 멀리 뻗친다.)	뻐치다

제56항 '-더라, -던'과 '-든지'는 다음과 같이 적는다.

1. 지난 일을 나타내는 어미는 '-더라, -던'으로 적는다. (ㄱ을 취하고, ㄴ을 버림.)

ㄱ	ㄴ
지난 겨울은 몹시 춥더라	지난 겨울은 몹시 춥드라
깊던 물이 얕아졌다.	깊든 물이 얕아졌다.
그렇게 좋던가?	그렇게 좋든가?
그 사람 말 잘하던데!	그 사람 말 잘하든데!
얼마나 놀랐던지 몰라.	얼마나 놀랐든지 몰라.

2. 물건이나 일의 내용을 가리지 아니하는 뜻을 나타내는 조사와 어미는 '(-)든지'로 적는다. (ㄱ을 취하고, ㄴ을 버림.)

ㄱ	ㄴ
배든지 사과든지 마음대로 먹어라.	배던지 사과던지 마음대로 먹어라.
가든지 오든지 마음대로 해라.	가던지 오던지 마음대로 해라.

제57항 다음 말들은 각각 구별하여 적는다.

가름	둘로 가름
갈음	새 책상으로 갈음하였다.

거름	풀을 썩인 거름
걸음	빠른 걸음

거치다	영월을 거쳐 왔다.
걷히다	외상값이 잘 걷힌다.

걷잡다	걷잡을 수 없는 상태
겉잡다	겉잡아서 이틀 걸릴 일

그러므로(그러니까)	그는 부지런하다. 그러므로 잘 산다.
그럼으로(써)(그렇게 하는 것으로)	그는 열심히 공부한다. 그럼으로(써) 은혜에 보답한다.

노름	노름판이 벌어졌다.
놀음(놀이)	즐거운 놀음

느리다	진도가 너무 느리다.
늘이다	고무줄을 늘인다.
늘리다	수출량을 더 늘린다.

다리다	옷을 다린다.
달이다	약을 달인다.

다치다	부주의로 손을 다쳤다.
닫히다	문이 저절로 닫혔다.
닫치다	문을 힘껏 닫쳤다.

마치다	벌써 일을 마쳤다.
맞히다	여러 문제를 더 맞혔다.

목거리	목거리가 덧났다.
목걸이	금 목걸이, 은 목걸이

바치다	나라를 위해 목숨을 바쳤다.
받치다	우산을 받치고 간다.
	책받침을 받친다.

받히다	쇠뿔에 받혔다.
밭치다	술을 체에 밭친다.

반드시	약속은 반드시 지켜라.
반듯이	고개를 반듯이 들어라.

부딪치다	차와 차가 마주 부딪쳤다.
부딪히다	마차가 화물차에 부딪혔다.

부치다	힘이 부치는 일이다.
	편지를 부친다.

논밭을 부친다.
빈대떡을 부친다.
식목일에 부치는 글
회의에 부치는 안건
인쇄에 부치는 원고
삼촌 집에 숙식을 부친다.

붙이다

우표를 붙인다.
책상을 벽에 붙였다.
흥정을 붙인다.
불을 붙인다.
감시원을 붙인다.
조건을 붙인다.
취미를 붙인다
별명을 붙인다.

시키다   일을 시킨다.
식히다   끓인 물을 식힌다.

아름   세 아름 되는 둘레
알음   전부터 알음이 있는 사이
앎   앎이 힘이다.

안치다   밥을 안친다.
앉히다   윗자리에 앉힌다.

어름   경계선 어름에서 일어난 현상
얼음   얼음이 얼었다.

이따가   이따가 오너라.
있다가   돈은 있다가도 없다.

저리다   다친 다리가 저린다.
절이다   김장 배추를 절인다.

조리다   생선을 조린다. 통조림, 병조림
졸이다   마음을 졸인다.

주리다   여러 날을 주렸다.
줄이다   비용을 줄인다.

하노라고 하노라고 한 것이 이 모양이다.

　　하느라고　　　　　　　　　　　공부하느라고 밤을 새웠다.

-느니보다(어미)　　　　　　　　　나를 찾아 오느니보다 집에 있거라.
-는 이보다(의존 명사)　　　　　　오는 이가 가는 이보다 많다.

-(으)리만큼(어미)　　　　　　　　그가 나를 미워하리만큼 내가 그에게 잘못한
　　　　　　　　　　　　　　　　일이 없다.
-(으)ㄹ 이만큼(의존 명사)　　　　찬성할 이도 반대할 이만큼이나 많을 것이다.

-(으)러 (목적)　　　　　　　　　공부하러 간다.
-(으)려 (의도)　　　　　　　　　서울 가려 한다.

-(으)로서 (자격)　　　　　　　　사람으로서 그럴 수는 없다.
-(으)로써 (수단)　　　　　　　　닭으로써 꿩을 대신했다.

-(으)므로(어미)　　　　　　　　　그가 나를 믿으므로 나도 그를 믿는다.
-(ㅁ, -음)으로(써)(조사)　　　　　그는 믿음으로(써) 산 보람을 느꼈다.

〈1988. 1. 19. 문교부 고시〉

제1장 총　칙

제1항 표준어는 교양 있는 사람들이 두루 쓰는 현대 서울말로 정함을 원칙으로 한다.

제2항 외래어는 따로 사정한다.

제2장 발음 변화에 따른 표준어 규정

제1절 자　음

제3항 다음 단어들은 거센소리를 가진 형태를 표준어로 삼는다. (ㄱ을 표준어로 삼고, ㄴ을 버림.)

ㄱ	ㄴ	비　　　　　고
끄나풀	끄나불	
나팔-꽃	나발-꽃	
녘	녁	동~, 들~, 새벽~, 동틀~
부엌	부억	
살-쾡이	삵-쾡이	
칸	간	1. ~막이, 빈 ~, 방 한 ~ 2. '초가삼간, 윗간'의 경우에는 '간'임.
털어-먹다	떨어-먹다	재물을 다 없애다.

제4항 다음 단어들은 거센소리로 나지 않는 형태를 표준어로 삼는다. (ㄱ을 표준어로 삼고, ㄴ을 버림.)

ㄱ	ㄴ	비　　　　　고
가을-갈이	가을-카리	
거시기	거시키	
분침	푼침	

제5항 어원에서 멀어진 형태로 굳어져서 널리 쓰이는 것은, 그것을 표준어로 삼는다. (ㄱ을 표준어로 삼고, ㄴ을 버림.)

ㄱ	ㄴ	비　　　　고
강낭-콩	강남-콩	
고샅	고살	겉~, 속~
사글-세	삭월-세	'월세'는 표준어임.
울력-성당	위력-성당	떼를 지어서 으르고 협박하는 일

다만, 어원적으로 원형에 더 가까운 형태가 아직 쓰이고 있는 경우에는, 그것을 표준어로 삼는다. (ㄱ을 표준어로 삼고, ㄴ을 버림.)

ㄱ	ㄴ	비　　　　고
갈비	가리	~구이, ~찜, 갈빗-대
갓모	갈모	1. 사기 만드는 물레 밑고리
		2. '갈모'는 갓 위에 쓰는, 유지로 만든 우비
굴-젓	구-젓	
말-곁	말-겻	
물-수란	물-수랄	
밀-뜨리다	미-뜨리다	
적-이	저으기	적이-나, 적이나-하면
휴지	수지	

제6항 다음 단어들은 의미를 구별함이 없이, 한 가지 형태만을 표준어로 삼는다. (ㄱ을 표준어로 삼고, ㄴ을 버림.)

ㄱ	ㄴ	비　　　　고
돌	돐	생일, 주기
둘-째	두-째	'제2, 두 개째'의 뜻
셋-째	세-째	'제3, 세 개째'의 뜻
넷-째	네-째	'제4, 네 개째'의 뜻
빌리다	빌다	1. 빌려 주다, 빌려 오다
		2. '용서를 빌다'는 '빌다'임.

다만, '둘째'는 십 단위 이상의 서수사에 쓰일 때에 '두째'로 한다.

ㄱ	ㄴ	비　　　　고
열두-째		열두 개째의 뜻은 '열둘째'로
스물두-째		스물두 개째의 뜻은 '스물둘째'로

제7항 수컷을 이르는 접두사는 '수-'로 통일한다. (ㄱ을 표준어로 삼고, ㄴ을 버림.)

ㄱ	ㄴ	비 고
수-꿩	수-퀑, 숫-꿩	'장끼'도 표준어임.
수-나사	숫-나사	
수-놈	숫-놈	
수-사돈	숫-사돈	
수-소	숫-소	'황소'도 표준어임.
수-은행나무	숫-은행나무	

다만 1. 다음 단어에서는 접두사 다음에서 나는 거센소리를 인정한다. 접두사 '암-'이 결합
되는 경우에도 이에 준한다. (ㄱ을 표준어로 삼고, ㄴ을 버림.)

ㄱ	ㄴ	비 고
수-캉아지	숫-강아지	
수-캐	숫-개	
수-컷	숫-것	
수-키와	숫-기와	
수-탉	숫-닭	
수-탕나귀	숫-당나귀	
수-톨쩌귀	숫-돌쩌귀	
수-퇘지	숫-돼지	
수-평아리	숫-병아리	

다만 2. 다음 단어의 접두사는 '숫-'으로 한다. (ㄱ을 표준어로 삼고, ㄴ을 버림.)

ㄱ	ㄴ	비 고
숫-양	수-양	
숫-염소	수-염소	
숫-쥐	수-쥐	

제2절 모   음

제8항 양성 모음이 음성 모음으로 바뀌어 굳어진 다음 단어는 음성 모음 형태를 표준어로
삼는다. (ㄱ을 표준어로 삼고, ㄴ을 버림.)

ㄱ	ㄴ	비 고
깡충-깡충	깡총-깡총	큰말은 '껑충껑충'임.
-둥이	-동이	←童-이. 귀-, 막-, 선-, 쌍-, 검-, 바람-, 흰-

발가-숭이	발가-송이	센말은 '빨가숭이', 큰말은 '벌거숭이, 뻘거숭이'임.
보퉁이	보통이	
봉죽	봉족	←奉足. ~꾼, ~들다
뻗정-다리	뻗장-다리	
아서, 아서라	앗아, 앗아라	하지 말라고 금지하는 말
오뚝-이	오똑-이	부사도 '오뚝-이'임.
주추	주초	←柱礎. 주춧-돌

다만, 어원 의식이 강하게 작용하는 다음 단어에서는 양성 모음 형태를 그대로 표준어로 삼는다. (ㄱ을 표준어로 삼고, ㄴ을 버림.)

ㄱ	ㄴ	비 고
부조(扶助)	부주	~금, 부좃-술
사돈(査頓)	사둔	밭~, 안~
삼촌(三寸)	삼춘	시~, 외~, 처~

제9항 'ㅣ' 역행 동화 현상에 의한 발음은 원칙적으로 표준 발음으로 인정하지 아니하되, 다만 다음 단어들은 그러한 동화가 적용된 형태를 표준어로 삼는다. (ㄱ을 표준어로 삼고, ㄴ을 버림.)

ㄱ	ㄴ	비 고
-내기	-나기	서울-, 시골-, 신출-, 풋-
냄비	남비	
동댕이-치다	동당이-치다	

〔붙임1〕 다음 단어는 'ㅣ' 역행 동화가 일어나지 아니한 형태를 표준어로 삼는다. (ㄱ을 표준어로 삼고, ㄴ을 버림.)

ㄱ	ㄴ	비 고
아지랑이	아지랭이	

〔붙임2〕 기술자에게는 '-장이', 그 외에는 '-쟁이'가 붙는 형태를 표준어로 삼는다. (ㄱ을 표준어로 삼고, ㄴ을 버림.)

ㄱ	ㄴ	비 고
미장이	미쟁이	
유기장이	유기쟁이	
멋쟁이	멋장이	

소금쟁이	소금장이	
담쟁이-덩굴	담장이-덩굴	
골목쟁이	골목장이	
발목쟁이	발목장이	

제10항 다음 단어는 모음이 단순화한 형태를 표준어로 삼는다. (ㄱ을 표준어로 삼고, ㄴ을 버림.)

ㄱ	ㄴ	비 고
괴팍-하다	괴팍-하다/괴팩-하다	
-구먼	-구면	
미루-나무	미류-나무	←美柳~
미륵	미력	←彌勒. ~보살, ~불, 돌~
여느	여늬	
온-달	왼-달	만 한 달
으레	으례	
케케-묵다	케켸-묵다	
허우대	허위대	
허우적-허우적	허위적-허위적	허우적-거리다

제11항 다음 단어에서는 모음의 발음 변화를 인정하여, 발음이 바뀌어 굳어진 형태를 표준어로 삼는다. (ㄱ을 표준어로 삼고, ㄴ을 버림.)

ㄱ	ㄴ	비 고
-구려	-구료	
깍쟁이	깍정이	1. 서울~, 알~, 찰~ 2. 도토리, 상수리 등의 받침은 '깍정이'임.
나무라다	나무래다	
미수	미시	미숫-가루
바라다	바래다	'바램[所望]'은 비표준어임.
상추	상치	~쌈
시러베-아들	실업의-아들	
주책	주착	←主着. ~망나니, ~없다
지루-하다	지리-하다	←支離
튀기	트기	
허드레	허드래	허드렛-물, 허드렛-일
호루라기	호루루기	

제 12 항 '웃-' 및 '윗'은 명사 '위'에 맞추어 '윗-'으로 통일한다. (ㄱ을 표준어로 삼고, ㄴ 을 버림.)

ㄱ	ㄴ	비 고
윗-넓이	웃-넓이	
윗-눈썹	웃-눈썹	
윗-니	웃-니	
윗-당줄	웃-당줄	
윗-덧줄	웃-덧줄	
윗-도리	웃-도리	
윗-동아리	웃-동아리	준말은 '윗동'임.
윗-막이	웃-막이	
윗-머리	웃-머리	
윗-목	웃-목	
윗-몸	웃-몸	~운동
윗-바람	웃-바람	
윗-배	웃-배	
윗-벌	웃-벌	
윗-변	웃-변	수학 용어
윗-사랑	웃-사랑	
윗-세장	웃-세장	
윗-수염	웃-수염	
윗-입술	웃-입술	
윗-잇몸	웃-잇몸	
윗-자리	웃-자리	
윗-중방	웃-중방	

다만 1. 된소리나 거센소리 앞에서는 '위-'로 한다. (ㄱ을 표준어로 삼고, ㄴ을 버림.)

ㄱ	ㄴ	비 고
위-짝	웃-짝	
위-쪽	웃-쪽	
위-채	웃-채	
위-층	웃-층	
위-치마	웃-치마	
위-턱	웃-턱	~구름〔上層雲〕
위-팔	웃-팔	

다만 2. '아래, 위'의 대립이 없는 단어는 '웃-'으로 발음되는 형태를 표준어로 삼는다. (ㄱ

을 표준어로 삼고, ㄴ을 버림.)

ㄱ	ㄴ	비 고
웃-국	윗-국	
웃-기	윗-기	
웃-돈	윗-돈	
웃-비	윗-비	~걷다
웃-어른	윗-어른	
웃-옷	윗-옷	

제13항 한자 '구(句)'가 붙어서 이루어진 단어는 '귀'로 읽는 것을 인정하지 아니하고, '구'로 통일한다. (ㄱ을 표준어로 삼고, ㄴ을 버림.)

ㄱ	ㄴ	비 고
구법(句法)	귀법	
구절(句節)	귀절	
구점(句點)	귀점	
결구(結句)	결귀	
경구(警句)	경귀	
경인구(驚人句)	경인귀	
난구(難句)	난귀	
단구(短句)	단귀	
단명구(短命句)	단명귀	
대구(對句)	대귀	~법(對句法)
문구(文句)	문귀	
성구(成句)	성귀	~어(成句語)
시구(詩句)	시귀	
어구(語句)	어귀	
연구(聯句)	연귀	
인용구(引用句)	인용귀	
절구(絕句)	절귀	

다만, 다음 단어는 '귀'로 발음되는 형태를 표준어로 삼는다. (ㄱ을 표준어로 삼고, ㄴ을 버림.)

ㄱ	ㄴ	비 고
귀-글	구-글	
글-귀	글-구	

제3절 준 말

제14항 준말이 널리 쓰이고 본말이 잘 쓰이지 않는 경우에는, 준말만을 표준어로 삼는다. (ㄱ을 표준어로 삼고, ㄴ을 버림.)

ㄱ	ㄴ	비 고
귀찮다	귀치 않다	
김	기음	~매다
똬리	또아리	
무	무우	~강즙, ~말랭이, ~생채, 가랑~, 갓~, 왜~, 총각~
미다	무이다	1. 털이 빠져 살이 드러나다. 2. 찢어지다
뱀	배암	
뱀-장어	배암-장어	
빔	비음	설~, 생일~
샘	새암	~바르다, ~바리
생-쥐	새앙-쥐	
솔개	소리개	
온-갖	온-가지	
장사-치	장사-아치	

제15항 준말이 쓰이고 있더라도, 본말이 널리 쓰이고 있으면 본말을 표준어로 삼는다. (ㄱ을 표준어로 삼고, ㄴ을 버림.)

ㄱ	ㄴ	비 고
경황-없다	경-없다	
궁상-떨다	궁-떨다	
귀이-개	귀-개	
낌새	낌	
낙인-찍다	낙-하다/ 낙-치다	
내왕-꾼	냉-꾼	
돗-자리	돗	
뒤웅-박	뒝-박	
뒷물-대야	뒷-대야	
마구-잡이	막-잡이	
맵자-하다	맵자다	모양이 제격에 어울리다.
모이	모	
벽-돌	벽	
부스럼	부럼	정월 보름에 쓰는 '부럼'은 표준어임.

ㄱ	ㄴ	
살얼음-판	살-판	
수두룩-하다	수둑-하다	
암-죽	암	
어음	엄	
일구다	일다	
죽-살이	죽-살	
퇴박-맞다	퇴-맞다	
한통-치다	통-치다	

다만, 다음과 같이 명사에 조사가 붙은 경우에도 이 원칙을 적용한다. (ㄱ을 표준어로 삼고, ㄴ을 버림.)

ㄱ	ㄴ	비 고
아래-로	알-로	

제 16항 준말과 본말이 다 같이 널리 쓰이면서 준말의 효용이 뚜렷이 인정되는 것은, 두 가지를 다 표준어로 삼는다. (ㄱ은 본말이며, ㄴ은 준말임.)

ㄱ	ㄴ	비 고
거짓-부리	거짓-불	작은말은 '가짓부리, 가짓불'임.
노을	놀	저녁~
막대기	막대	
망태기	망태	
머무르다	머물다	모음 어미가 연결될 때에는 준
서두르다	서둘다	말의 활용형을 인정하지 않음.
서투르다	서툴다	
석새-삼베	석새-베	
시-누이	시-뉘/시-누	
오-누이	오-뉘/오-누	
외우다	외다	외우며, 외워:외며, 외어
이기죽-거리다	이죽-거리다	
찌꺼기	찌끼	'찌꺽지'는 비표준어임.

제4절 단수 표준어

제 17항 비슷한 발음의 몇 형태가 쓰일 경우, 그 의미에 아무런 차이가 없고, 그 중 하나가 더 널리 쓰이면, 그 한 형태만을 표준어로 삼는다. (ㄱ을 표준어로 삼고, ㄴ을 버림.)

ㄱ	ㄴ	비　　　고
거든-그리다	거둥-그리다	1. 거든하게 거두어 싸다. 2. 작은말은 '가든-그리다'임.
구어-박다	구워-박다	사람이 한 군데에서만 지내다.
귀-고리	귀엣-고리	
귀-띔	귀-튐	
귀-지	귀에-지	
까딱-하면	까땍-하면	
꼭두-각시	꼭둑-각시	
내색	나색	감정이 나타나는 얼굴빛
내숭-스럽다	내흉-스럽다	
냠냠-거리다	얌냠-거리다	냠냠-하다
냠냠-이	얌냠-이	
너〔四〕	네	~ 돈, ~ 말, ~ 발, ~ 푼
녀〔四〕	너/네	~ 냥, ~ 되, ~ 섬, ~ 자
다다르다	다닫다	
댑-싸리	대-싸리	
더부룩-하다	더뿌룩-하다/듬뿌룩- 하다	
-던	-든	선택, 무관의 뜻을 나타내는 어미는 '-든'임. 가-든(지) 말-든(지), 보-든(가) 말-든(가)
-던가	-든가	
-던걸	-든걸	
-던고	-든고	
-던데	-든데	
-던지	-든지	
-(으)려고	-(으)ㄹ려고/-(으)ㄹ 라고	
-(으)려야	-(으)ㄹ려야/-(으)ㄹ 래야	
망가-뜨리다	망그-뜨리다	
멸치	며루치/메리치	
반빗-아치	반비-아치	'반빗' 노릇을 하는 사람. 찬비(饌婢). '반비'는 밥 짓는 일을 맡은 계집종

보습	보십/보섭	
본새	뽄새	
봉숭아	봉숭화	'봉선화'도 표준어임.
빰-따귀	뺌-따귀/뺌-따구니	'빰'의 비속어임.
뻐개다[斫]	뻐기다	두 조각으로 가르다.
뻐기다[誇]	뻐개다	뽐내다
사자-탈	사지-탈	
상-판때기	쌍-판대기	
서[三]	세/석	~ 돈, ~ 말, ~ 발, ~ 푼
석[三]	세	~ 냥, ~ 되, ~ 섬, ~ 자
설령(設令)	서령	
-습니다	-읍니다	먹습니다, 갔습니다, 없습니다,
		있습니다, 좋습니다
		모음 뒤에는 '-ㅂ니다'임.
시름-시름	시늠-시늠	
쏨벅-쏨벅	썸벅-썸벅	
아궁이	아궁지	
아내	안해	
어-중간	어지-중간	
오금-팽이	오금-탱이	
오래-오래	도래-도래	돼지 부르는 소리
-올시다	-올습니다	
옹골-차다	공골-차다	
우두커니	우두머니	작은말은 '오도카니'임.
잠-투정	잠-투세/잠-주정	
재봉-틀	자봉-틀	발~, 손~
짓-무르다	짓-물다	
짚-북데기	짚-북세기	'짚북더기'도 비표준어임.
쪽	짝	편(便).
		이~, 그~, 저~
		다만, '아무-짝'은 '짝'임.
천장(天障)	천정	'천정부지(天井不知)'는 '천정'임.
코-맹맹이	코-맹녕이	
흉-업다	흉-헙다	

제5절 복수 표준어

제18항 다음 단어는 ㄱ을 원칙으로 하고, ㄴ도 허용한다.

ㄱ	ㄴ	비　　　　　　　고
네	예	
쇠-	소-	-가죽, -고기, -기름, -머리, -뼈
괴다	고이다	물이 ~, 밑을 ~.
꾀다	꼬이다	어린애를 ~, 벌레가 ~.
쐬다	쏘이다	바람을 ~.
죄다	조이다	나사를 ~.
쬐다	쪼이다	볕을 ~.

제19항 어감의 차이를 나타내는 단어 또는 발음이 비슷한 단어들이 다 같이 널리 쓰이는 경우에는, 그 모두를 표준어로 삼는다. (ㄱ, ㄴ을 모두 표준어로 삼음.)

ㄱ	ㄴ	비　　　　　　　고
거슴츠레-하다	게슴츠레-하다	
고까	꼬까	~신, ~옷
고린-내	코린-내	
교기(驕氣)	갸기	교만한 태도
구린-내	쿠린-내	
꺼림-하다	께름-하다	
나부랭이	너부렁이	

제3장 어휘 선택의 변화에 따른 표준어 규정

제1절 고　어

제20항 사어(死語)가 되어 쓰이지 않게 된 단어는 고어로 처리하고, 현재 널리 사용되는 단어를 표준어로 삼는다. (ㄱ을 표준어로 삼고, ㄴ을 버림.)

ㄱ	ㄴ	비　　　　　　　고
난봉	봉	
낭떠러지	낭	
설거지-하다	설겆다	
애달프다	애닯다	
오동-나무	머귀-나무	
자두	오얏	

제2절 한자어

제21항 고유어 계열의 단어가 널리 쓰이고 그에 대응되는 한자어 계열의 단어가 용도를 잃

게 된 것은, 고유어 계열의 단어만을 표준어로 삼는다. (ㄱ을 표준어로 삼고, ㄴ을 버림.)

ㄱ	ㄴ	비 고
가루-약	말-약	
구들-장	방-돌	
길품-삯	보행-삯	
까막-눈	맹-눈	
꼭지-미역	총각-미역	
나뭇-갓	시장-갓	
늙-다리	노닥다리	
두껍-닫이	두껍-창	
떡-암죽	병-암죽	
마른-갈이	건-갈이	
마른-빨래	건-빨래	
메-찰떡	반-찰떡	
박달-나무	배달-나무	
밥-소라	식-소라	큰 놋그릇
사래-논	사래-답	묘지기나 마름이 부쳐 먹는 땅
사래-밭	사래-전	
삯-말	삯-마	
성냥	화곽	
솟을-무늬	솟을-문	
외-지다	벽-지다	
움-파	동-파	
잎-담배	잎-초	
잔-돈	잔-전	
조-당수	조-당죽	
죽데기	피-죽	'죽더기'도 비표준어임.
지겟-다리	목-발	지게 동발의 양쪽 다리
짐-꾼	부지-군(負持-)	
푼-돈	분전/푼전	
흰-말	백-말/부루-말	'백마'는 표준어임.
흰-죽	백-죽	

제22항 고유어 계열의 단어가 생명력을 잃고 그에 대응되는 한자어 계열의 단어가 널리 쓰이면, 한자어 계열의 단어를 표준어로 삼는다. (ㄱ을 표준어로 삼고, ㄴ을 버림.)

ㄱ	ㄴ	비 고
개다리-소반	개다리-밥상	
겸-상	맞-상	
고봉-밥	높은-밥	
단-벌	홑-벌	
마방-집	마바리-집	馬房-
민망-스럽다/면구-스럽다	민주-스럽다	
방-고래	구들-고래	
부항-단지	뜸-단지	
산-누에	멧-누에	
산-줄기	멧-줄기/멧-발	
수-삼	무-삼	
심-돋우개	불-돋우개	
양-파	둥근-파	
어질-병	어질-머리	
윤-달	군-달	
장력-세다	장성-세다	
제석	젯-돗	
총각-무	알-무/알타리-무	
칫-솔	잇-솔	
포수	총-댕이	

제3절 방 언

제23항 방언이던 단어가 표준어보다 더 널리 쓰이게 된 것은, 그것을 표준어로 삼는다. 이 경우, 원래의 표준어는 그대로 표준어로 남겨 두는 것을 원칙으로 한다. (ㄱ을 표준어로 삼고, ㄴ도 표준어로 남겨 둠.)

ㄱ	ㄴ	비 고
멍게	우렁쉥이	
물-방개	선두리	
애-순	어린-순	

제24항 방언이던 단어가 널리 쓰이게 됨에 따라 표준어이던 단어가 안 쓰이게 된 것은, 방언이던 단어를 표준어로 삼는다. (ㄱ을 표준어로 삼고, ㄴ을 버림.)

ㄱ	ㄴ	비 고
귀밑-머리	귓-머리	

까-뭉개다	까-무느다	
막상	마기	
빈대-떡	빈자-떡	
생인-손	생안-손	준말은 '생-손'임.
역-겹다	역-스럽다	
코-주부	코-보	

제4절 단수 표준어

제25항 의미가 똑같은 형태가 몇 가지 있을 경우, 그 중 어느 하나가 압도적으로 널리 쓰이면, 그 단어만을 표준어로 삼는다. (ㄱ을 표준어로 삼고, ㄴ을 버림.)

ㄱ	ㄴ	비 고
-게끔	-게시리	
겸사-겸사	겸지-겸지/겸두-겸두	
고구마	참-감자	
고치다	낫우다	병을 ~.
골목-쟁이	골목-자기	
광주리	광우리	
괴통	호구	자루를 박는 부분
국-물	멀-국/말-국	
군-표	군용-어음	
길-잡이	길-앞잡이	'길라잡이'도 표준어임.
까다룹다	까닭-스럽다/까탈-스럽다	
까치-발	까치-다리	선반 따위를 받치는 물건
꼬창-모	말뚝-모	꼬챙이로 구멍을 뚫으면서 심는 모
나룻-배	나루	'나루〔津〕'는 표준어임.
납-도리	민-도리	
농-지거리	기롱-지거리	다른 의미의 '기롱지거리'는 표준어임.
다사-스럽다	다사-하다	간섭을 잘하다.
다오	다구	이리 ~.
담배-꽁초	담배-꼬투리/담배-꽁치/담배-꽁추	
담배-설대	대-설대	
대장-일	성냥-일	
뒤져-내다	뒤어-내다	
뒤통수-치다	뒤꼭지-치다	
등-나무	등-칡	

등-때기	등-떠리	'등'의 낮은 말
등잔-걸이	등경-걸이	
떡-보	떡-충이	
똑딱-단추	딸꼭-단추	
매-만지다	우미다	
먼-발치	먼-발치기	
며느리-발톱	뒷-발톱	
명주-붙이	주-사니	
목-메다	목-맺히다	
밀짚-모자	보릿짚-모자	
바가지	열-바가지/열-박	
바람-꼭지	바람-고다리	튜브의 바람을 넣는 구멍에 붙은, 쇠로 만든 꼭지
반-나절	나절-가웃	
반두	독대	그물의 한 가지
버젓-이	뉘연-히	
본-받다	법-받다	
부각	다시마-자반	
부끄러워-하다	부끄리다	
부스러기	부스럭지	
부지깽이	부지팽이	
부항-단지	부항-항아리	부스럼에서 피고름을 빨아내기 위하여 부항을 붙이는 데 쓰는 자그마한 단지
붉으락-푸르락	푸르락-붉으락	
비켜-덩이	옆-사리미	김맬 때에 흙덩이를 옆으로 빼내는 일, 또는 그 흙덩이
빙충-이	빙충-맞이	작은말은 '뱅충이'
빠-뜨리다	빠-치다	'빠트리다'도 표준어임.
뻣뻣-하다	왜긋다	
뽐-내다	느물다	
사로-잠그다	사로-채우다	자물쇠나 빗장 따위를 반 정도만 걸어 놓다.
살-풀이	살-막이	
상투-쟁이	상투-꼬부랑이	상투 튼 이를 놀리는 말
새앙-손이	생강-손이	
샛-별	새벽-별	
선-머슴	풋-머슴	
섭섭-하다	애운-하다	
속-말	속-소리	국악 용어 '속소리'는 표준어임.

손목-시계	팔목-시계/팔뚝-시계	
손-수레	손-구루마	'구루마'는 일본어임.
쇠-고랑	고랑-쇠	
수도-꼭지	수도-고동	
숙성-하다	숙-지다	
순대	골집	
술-고래	술-꾸러기/술-부대/ 술-보/술-푸대	
식은-땀	찬-땀	
신기-롭다	신기-스럽다	'신기하다'도 표준어임.
쌍동-밤	쪽-밤	
쏜살-같이	쏜살-로	
아주	영판	
안-걸이	안-낚시	씨름 용어
안다미-씌우다	안다미-시키다	제가 담당할 책임을 남에게 넘기다.
안쓰럽다	안-슬프다	
안절부절-못하다	안절부절-하다	
앉은뱅이-저울	앉은-저울	
알-사탕	구슬-사탕	
암-내	곁땀-내	
앞-지르다	따라-먹다	
애-벌레	어린-벌레	
얕은-꾀	물탄-꾀	
언뜻	펀뜻	
언제나	노다지	
얼룩-말	워라-말	
-에는	-엘랑	
열심-히	열심-으로	
열어-제치다	열어-젖뜨리다	
입-담	말-담	
자배기	너벅지	
전봇-대	전선-대	
주책-없다	주책-이다	'주착→주책'은 제 11 항 참조
쥐락-펴락	펴락-쥐락	
-지만	-지만서도	←-지마는
짓고-땡	지어-땡/짓고-땡이	
짧은-작	짜른-작	
참-쌀	이-참쌀	
청대-콩	푸른-콩	
칡-범	갈-범	

제5절 복수 표준어

제25항 한 가지 의미를 나타내는 형태 몇 가지가 널리 쓰이며 표준어 규정에 맞으면, 그 모두를 표준어로 삼는다.

복수　표준어	비　고
가는-허리/잔-허리	
가락-엿/가래-엿	
가뭄/가물	
가엾다/가엽다	가엾어/가여워, 가엾은/가여운
감감-무소식/감감-소식	
개수-통/설거지-통	'설겆다'는 '설거지-하다'로
개숫-물/설거지-물	
갱-엿/검은-엿	
-거리다/-대다	가물-, 출렁-
거위-배/횟-배	
것/해	내 ~, 네 ~, 뉘 ~
게을러-빠지다/게을러-터지다	
고깃-간/푸줏-간	'고깃-관, 푸줏-관, 다림-방'은 비표준어임.
곰곰/곰곰-이	
관계-없다/상관-없다	
교정-보다/준-보다	
구들-재/구재	
귀퉁-머리/귀퉁-배기	'귀퉁이'의 비어임.
극성-떨다/극성-부리다	
기세-부리다/기세-피우다	
기승-떨다/기승-부리다	
깃-저고리/배내-옷/배냇-저고리	
까까-중/중-대가리	'까까중이'는 비표준어임.
꼬까/때때/고까	~신, ~옷
꼬리-별/살-별	
꽃-도미/붉-돔	
나귀/당-나귀	
날-걸/세-뿔	윷판의 쨀밭 다음의 셋째 밭
내리-글씨/세로-글씨	
넝쿨/덩굴	'덩쿨'은 비표준어임.
녘/쪽	동~, 서~
눈-대중/눈-어림/눈-짐작	
느리-광이/느림-보/늘-보	

늦-모/마냥-모	←만이앙-모
다기-지다/다기-차다	
다달-이/매-달	
-다마다/-고말고	
다박-나룻/다박-수염	
닭의-장/닭-장	
댓-돌/툇-돌	
덧-창/겉-창	
독장-치다/독판-치다	
동자-기둥/쪼구미	
돼지-감자/뚱딴지	
되우/된통/되게	
두동-무니/두동-사니	윷놀이에서, 두 동이 한데 어울려
	가는 말
뒷-갈망/뒷-감당	
뒷-말/뒷-소리	
들락-거리다/들랑-거리다	
들락-날락/들랑-날랑	
딴-전/딴-청	
땅-콩/호-콩	
땔-감/땔-거리	
-뜨리다/-트리다	깨-, 떨어-, 쏟-
뜬-것/뜬-귀신	
마룻-줄/용총-줄	돛대에 매어 놓은 줄. '이어줄'은
	비표준어임.
마-파람/앞-바람	
만장-판/만장-중(滿場中)	
만큼/만치	
말-동무/말-벗	
매-갈이/매-조미	
매-통/목-매	
먹-새/먹음-새	'먹음-먹이'는 비표준어임.
멀찌감치/멀찌가니/멀찌이	
먹통/산-멱/산-멱통	
면-치레/외면-치레	
모-내다/모-심다	모-내기/모-심기
모쪼록/아무쪼록	
목판-되/모-되	
목화-씨/면화-씨	
무심-결/무심-중	

물-봉숭아/물-봉선화	
물-부리/빨-부리	
물-심부름/물-시중	
물추리-나무/물추리-막대	
물-타작/진-타작	
민둥-산/벌거숭이-산	
밑-층/아래-층	
바깥-벽/밭-벽	
바른/오른〔右〕	~손, ~쪽, ~편
발-모가지/발-목쟁이	'발목'의 비속어임.
버들-강아지/버들-개지	
벌레/버러지	'벌거지, 벌러지'는 비표준어임.
변덕-스럽다/변덕-맞다	
보-조개/볼-우물	
보통-내기/여간-내기/예사-내기	'행-내기'는 비표준어임.
볼-따구니/볼-퉁이/볼-때기	'볼'의 비속어임.
부침개-질/부침-질/지짐-질	'부치개-질'은 비표준어임.
불똥-앉다/등화-치다/등화-앉다	
불-사르다/사르다	
비발/비용(費用)	
뾰두라지/뾰루지	
살-쾡이/삵	삵-피
삽살-개/삽사리	
상두-꾼/상여-꾼	'상도-꾼, 향도-꾼'은 비표준어임.
상-씨름/소-걸이	
생/새앙/생강	
생-뿔/새앙-뿔/생강-뿔	'쇠뿔'의 형용
생-철/양-철	1. '서양-철'은 비표준어임.
	2. '生鐵'은 '무쇠'임.
	'설다'는 비표준어임.
서럽다/섧다	
서방-질/화냥-질	
성글다/성기다	
-(으)세요/-(으)셔요	
송이/송이-버섯	
수수-깡/수숫-대	
술-안주/안주	
-스레하다/-스름하다	거무-, 발그-
시늉-말/흉내-말	
시새/세사(細沙)	
신/신발	

신주-보/독보(櫝褓)	
심술-꾸러기/심술-쟁이	
쑵쓰레-하다/쑵쓰름-하다	
아귀-세다/아귀-차다	
아래-위/위-아래	
아무튼/어떻든/어쨌든/하여튼/여하튼	
앉음-새/앉음-앉음	
알은-척/알은-체	
애-갈이/애벌-갈이	
애꾸눈-이/외눈-박이	'외대-박이, 외눈-퉁이'는 비표준어임.
양념-감/양념-거리	
어금버금-하다/어금지금-하다	
어기여차/어여차	
어림-잡다/어림-치다	
어이-없다/어처구니-없다	
어저께/어제	
언덕-바지/언덕-배기	
얼렁-뚱땅/엄벙-떵	
여왕-벌/장수-벌	
여쭈다/여쭙다	
여태/입때	'여직'은 비표준어임.
여태-껏/이제-껏/입때-껏	'여직-껏'은 비표준어임.
역성-들다/역성-하다	'편역-들다'는 비표준어임.
연-달다/잇-달다	
엿-가락/엿-가래	
엿-기름/엿-길금	
엿-반대기/엿-자박	
오사리-잡놈/오색-잡놈	'오합-잡놈'은 비표준어임.
옥수수/강냉이	~떡, ~묵, ~밥, ~튀김
왕골-기직/왕골-자리	
외겹-실/외올-실/홑-실	'홑겹-실, 올-실'은 비표준어임.
외손-잡이/한손-잡이	
욕심-꾸러기/욕심-쟁이	
우레/천둥	우렛-소리/천둥-소리
우지/울-보	
을러-대다/을러-메다	
의심-스럽다/의심-쩍다	
-이에요/-이어요	
이틀-거리/당-고금	학질의 일종임.
일일-이/하나-하나	

일찌감치/일찌거니	
입찬-말/입찬-소리	
자리-옷/잠-옷	
자물-쇠/자물-통	
장가-가다/강가-들다	'서방-가다'는 비표준어임.
재롱-떨다/재롱-부리다	
제-가끔/제-각기	
좀-처럼/좀-체	'좀-체로, 좀-해선, 좀-해'는 비표준어임.
줄-꾼/줄-잡이	
중신/중매	
짚-단/짚-뭇	
쪽/편	오른~, 왼~
차차/차츰	
책-씻이/책-거리	
척/체	모르는 ~, 잘난 ~
천연덕-스럽다/천연-스럽다	
철-따구니/철-딱서니/철-딱지	'철-때기'는 비표준어임.
추어-올리다/추어-주다	'추켜-올리다'는 비표준어임.
축-가다/축-나다	
침-놓다/침-주다	
통-꼭지/통-젖	통에 붙은 손잡이
파자-쟁이/해자-쟁이	점치는 이
편지-투/편지-틀	
한턱-내다/한턱-하다	
해웃-값/해웃-돈	'해우-차'는 비표준어임.
혼자-되다/홀로-되다	
흠-가다/흠-나다/흠-지다	

표준 발음법

〈1988. 1. 19. 문교부 고시〉

제1장 총 칙

제1항 표준 발음법은 표준어의 실제 발음을 따르되, 국어의 전통성과 합리성을 고려하여 정함을 원칙으로 한다.

제2장 자음과 모음

제2항 표준어의 자음은 다음 19개로 한다.

ㄱ ㄲ ㄴ ㄷ ㄸ ㄹ ㅁ ㅂ ㅃ ㅅ ㅆ ㅇ ㅈ ㅉ ㅊ ㅋ ㅌ ㅍ ㅎ

제3항 표준어의 모음은 다음 21개로 한다.

ㅏ ㅐ ㅑ ㅒ ㅓ ㅔ ㅕ ㅖ ㅗ ㅘ ㅙ ㅚ ㅛ ㅜ ㅝ ㅞ ㅟ ㅠ ㅡ
ㅢ ㅣ

제4항 'ㅏ ㅐ ㅓ ㅔ ㅗ ㅚ ㅜ ㅟ ㅡ ㅣ'는 단모음(單母音)으로 발음한다.

〔붙임〕 'ㅚ, ㅟ'는 이중 모음으로 발음할 수 있다.

제5항 'ㅑ ㅒ ㅕ ㅖ ㅘ ㅙ ㅛ ㅝ ㅞ ㅠ ㅢ'는 이중 모음으로 발음한다.

다만 1. 용언의 활용형에 나타나는 '져, 쪄, 쳐'는 [저, 쩌, 처]로 발음한다.

　　　가지어→가져[가저]　　　찌어어→쪄[쩌]　　　다치어→다쳐[다처]

다만 2. '예, 례' 이외의 'ㅖ'는 [ㅔ]로도 발음한다.

　　　계집[계ː집/게ː집]　　　　　　계시다[계ː시다/게ː시다]
　　　시계[시계/시게](時計)　　　　연계[연계/연게](連繫)
　　　메별[메별/메별](袂別)　　　　개폐[개폐/개페](開閉)
　　　혜택[혜ː택/헤ː택](惠澤)　　　지혜[지혜/지헤](智慧)

다만 3. 자음을 첫소리로 가지고 있는 음절의 'ㅢ'는 [ㅣ]로 발음한다.

　　　늴리리　　닁큼　　무늬　　띄어쓰기　　씌어　　틔어　　희어　　희떱다
　　　희망　　유희

다만 4. 단어의 첫음절 이외의 '의'는 [ㅣ]로, 조사 '의'는 [ㅔ]로 발음함도 허용한다.

　　　주의[주의/주이]　　협의[혀븨/혀비]　　우리의[우리의/우리에]
　　　강의의[강ː의의/강ː이에]

제3장 소리의 길이

제6항 모음의 장단을 구별하여 발음하되, 단어의 첫 음절에서만 긴소리가 나타나는 것을 원칙으로 한다.

(1) 눈보라[눈ː보라]　　말씨[말ː씨]　　　밤나무[밤ː나무]
　　많다[만ː타]　　　　멀리[멀ː리]　　　벌리다[벌ː리다]

(2) 첫눈[천눈]　　　　　참말[참말]　　　쌍동밤[쌍동밤]
　　수많이[수ː마니]　　눈멀다[눈멀다]　　떠벌리다[떠벌리다]

다만, 합성어의 경우에는 둘째 음절 이하에서도 분명한 긴소리를 인정한다.

반신반의[반ː신 바ː늬/반ː신 바ː니]　　재삼재사[재ː삼 재ː사]

〔붙임〕 용언의 단음절 어간에 어미 '-아/-어'가 결합되어 한 음절로 축약되는 경우에도 긴소리로 발음한다.

보아 → 봐[봐ː]　　　기어 → 겨[겨ː]　　　되어 → 돼[돼ː]
두어 → 둬[둬ː]　　　하여 → 해[해ː]

다만, '오아→와, 지어→져, 찌어→쪄, 치어→쳐' 등은 긴소리로 발음하지 않는다.

제7항 긴소리를 가진 음절이라도, 다음과 같은 경우에는 짧게 발음한다.

1. 단음절인 용언 어간에 모음으로 시작된 어미가 결합되는 경우

감다[감ː따]─감으니[가므니]　　　　밟다[밥ː따]─밟으면[발브면]
신다[신ː따]─신어[시너]　　　　　　알다[알ː다]─알아[아라]

다만, 다음과 같은 경우에는 예외적이다.

끌다[끌ː다]─끌어[끄ː러]　　　　　떫다[떨ː따]─떫은[떨ː븐]
벌다[벌ː다]─벌어[버ː러]　　　　　썰다[썰ː다]─썰어[써ː러]
없다[업ː따]─없으니[업ː쓰니]

2. 용언 어간에 피동, 사동의 접미사가 결합되는 경우

감다[감ː따]─감기다[감기다]　　　　꼬다[꼬ː다]─꼬이다[꼬이다]
밟다[밥ː따]─밟히다[발피다]

다만, 다음과 같은 경우에는 예외적이다.

끌리다[끌ː리다]　　　벌리다[벌ː리다]　　　없애다[업ː쌔다]

〔붙임〕 다음과 같은 합성어에서는 본디의 길이에 관계 없이 짧게 발음한다.

밀-물　　　썰-물　　　쏜-살-같이　　　작은-아버지

제4장 받침의 발음

제8항 받침소리로는 'ㄱ, ㄴ, ㄷ, ㄹ, ㅁ, ㅂ, ㅇ'의 7개 자음만 발음한다.

제9항 받침 'ㄲ, ㅋ', 'ㅅ, ㅆ, ㅈ, ㅊ, ㅌ', 'ㅍ'은 어말 또는 자음 앞에서 각각 대표음

[ㄱ, ㄷ, ㅂ]으로 발음한다.

닦다[닥따]	키읔[키윽]	키읔과[키윽꽈]	옷[옫]
웃다[욷:따]	있다[읻따]	젖[젇]	빚다[빋따]
꽃[꼳]	쫓다[쫀따]	솥[솓]	뱉다[밷:따]
앞[압]	덮다[덥따]		

제10항 겹받침 'ㄳ', 'ㄵ', 'ㄼ, ㄽ, ㄾ', 'ㅄ'은 어말 또는 자음 앞에서 각각 [ㄱ, ㄴ, ㄹ, ㅂ] 으로 발음한다.

넋[넉]	넋과[넉꽈]	앉다[안따]	여덟[여덜]
넓다[널따]	외곬[외골]	핥다[할따]	값[갑]
없다[업:따]			

다만, '밟-'은 자음 앞에서 [밥]으로 발음하고, '넓-'은 다음과 같은 경우에 [넙]으로 발음한다.

(1) 밟다[밥:따]   밟소[밥:쏘]   밟지[밥:찌]   밟는[밥:는→밤:는]
    밟게[밥:께]   밟고[밥:꼬]

(2) 넓-죽하다[넙쭈카다]   넓-둥글다[넙뚱글다]

제11항 겹받침 'ㄺ, ㄻ, ㄿ'은 어말 또는 자음 앞에서 각각 [ㄱ, ㅁ, ㅂ]으로 발음한다.

닭[닥]	흙과[흑꽈]	맑다[막따]	늙지[늑찌]
삶[삼:]	젊다[점:따]	읊고[읍꼬]	읊다[읍따]

다만, 용언의 어간 말음 'ㄺ'은 'ㄱ' 앞에서 [ㄹ]로 발음한다.

맑게[말께]   묽고[물꼬]   얽거나[얼꺼나]

제12항 받침 'ㅎ'의 발음은 다음과 같다.

1. 'ㅎ(ㄶ, ㅀ)' 뒤에 'ㄱ, ㄷ, ㅈ'이 결합되는 경우에는, 뒤 음절 첫소리와 합쳐서 [ㅋ, ㅌ, ㅊ] 으로 발음한다.

   놓고[노코]   좋던[조:턴]   쌓지[싸치]   많고[만:코]
   않던[안턴]   닳지[달치]

〔붙임1〕받침 'ㄱ(ㄺ), ㄷ, ㅂ(ㄼ), ㅈ(ㄵ)'이 뒤 음절 첫소리 'ㅎ'과 결합되는 경우에도, 역시 두 소리를 합쳐서 [ㅋ, ㅌ, ㅍ, ㅊ]으로 발음한다.

   각하[가카]   먹히다[머키다]
   맏형[마텽]   좁히다[조피다]   밝히다[발키다]
   꽂히다[꼬치다]   앉히다[안치다]   넓히다[널피다]

〔붙임2〕규정에 따라 'ㄷ'으로 발음되는 'ㅅ, ㅈ, ㅊ, ㅌ'의 경우에는 이에 준한다.

   옷 한 벌[오탄벌]   낮 한때[나탄때]   꽃 한 송이[꼬탄송이]
   숱하다[수타다]

2. 'ㅎ(ㄶ, ㅀ)' 뒤에 'ㅅ'이 결합되는 경우에는, 'ㅅ'을 [ㅆ]으로 발음한다.

   닿소[다쏘]   많소[만:쏘]   싫소[실쏘]

3. 'ㅎ' 뒤에 'ㄴ'이 결합되는 경우에는, [ㄴ]으로 발음한다.

놓는[논는]   쌓네[싼네]

〔붙임〕 'ㄶ, ㅀ' 뒤에 'ㄴ'이 결합되는 경우에는, 'ㅎ'을 발음하지 않는다.

않네[안네]   않는[안는]   뚫네[뚤네→뚤레]

뚫는[뚤는→뚤른]

* '뚫네[뚤네→뚤레], 뚫는[뚤는→뚤른]'에 대해서는 제20항 참조.

4. 'ㅎ(ㄶ, ㅀ)' 뒤에 모음으로 시작된 어미나 접미사가 결합되는 경우에는, 'ㅎ'을 발음하지 않는다.

낳은[나은]   놓아[노아]   쌓이다[싸이다]   많아[마:나]

않은[아는]   닳아[다라]   싫어도[시러도]

제13항 홑받침이나 쌍받침이 모음으로 시작된 조사나 어미, 접미사와 결합되는 경우에는, 제 음가대로 뒤 음절 첫소리로 옮겨 발음한다.

깎아[까까]   옷이[오시]   있어[이써]   낮이[나지]

꽂아[꼬자]   꽃을[꼬츨]   쫓아[쪼차]   밭에[바테]

앞으로[아프로]   덮이다[더피다]

제14항 겹받침이 모음으로 시작된 조사나 어미, 접미사와 결합되는 경우에는, 뒤엣것만을 뒤 음절 첫소리로 옮겨 발음한다. (이 경우, 'ㅅ'은 된소리로 발음함.)

넋이[넉씨]   앉아[안자]   닭을[달글]   젊어[절머]

곬이[골씨]   핥아[할타]   읊어[을퍼]   값을[갑쓸]

없어[업:써]

제15항 받침 뒤에 모음 'ㅏ, ㅓ, ㅗ, ㅜ, ㅟ'들로 시작되는 실질 형태소가 연결되는 경우에는, 대표음으로 바꾸어서 뒤 음절 첫소리로 옮겨 발음한다.

밭 아래[바다래]   늪 앞[느밥]   젖어미[저더미]   맛없다[마덥따]

겉옷[거돋]   헛웃음[허두슴]   꽃 위[꼬뒤]

다만, '맛있다, 멋있다'는 [마싣따], [머싣따]로도 발음할 수 있다.

〔붙임〕 겹받침의 경우에는 그 중 하나만을 옮겨 발음한다.

넋 없다[너겁따]   닭 앞에[다가페]   값어치[가버치]   값있는[가빈는]

제16항 한글 자모의 이름은 그 받침소리를 연음하되, 'ㄷ, ㅈ, ㅊ, ㅋ, ㅌ, ㅍ, ㅎ'의 경우에는 특별히 다음과 같이 발음한다.

디귿이[디그시]   디귿을[디그슬]   디귿에[디그세]

지읒이[지으시]   지읒을[지으슬]   지읒에[지으세]

치읓이[치으시]   치읓을[치으슬]   치읓에[치으세]

키읔이[키으기]   키읔을[키으글]   키읔에[키으게]

티읕이[티으시]   티읕을[티으슬]   티읕에[티으세]

피읖이[피으비]   피읖을[피으블]   피읖에[피으베]

히읗이[히으시]   히읗을[히으슬]   히읗에[히으세]

제5장 소리의 동화

제17항 받침 'ㄷ, ㅌ(ㄾ)'이 조사나 접미사의 모음 'ㅣ'와 결합되는 경우에는, [ㅈ, ㅊ]으로 바꾸어서 뒤 음절 첫소리로 옮겨 발음한다.

> 곧이듣는다[고지듣따]   굳이[구지]   미닫이[미다지]
> 땀받이[땀바지]   밭이[바치]   벼훑이[벼훌치]

〔붙임〕 'ㄷ' 뒤에 접미사 '히'가 결합되어 '티'를 이루는 것은 [치]로 발음한다.

> 굳히다[구치다]   닫히다[다치다]   묻히다[무치다]

제18항 받침 'ㄱ(ㄲ, ㅋ, ㄳ, ㄺ), ㄷ(ㅅ, ㅆ, ㅈ, ㅊ, ㅌ, ㅎ), ㅂ(ㅍ, ㄼ, ㄿ, ㅄ)'은 'ㄴ, ㅁ' 앞에서 [ㅇ, ㄴ, ㅁ]으로 발음한다.

> 먹는[멍는]   국물[궁물]   깎는[깡는]   키옷만[키옹만]
> 몫몫이[몽목씨]   긁는[긍는]   흙만[흥만]   닫는[단는]
> 짓는[진:는]   옷맵시[온맵씨]   있는[인는]   맞는[만는]
> 젖멍울[전멍울]   쫓는[쫀는]   꽃망울[꼰망울]   붙는[분는]
> 놓는[논는]   잡는[잠는]   밥물[밤물]   앞마당[암마당]
> 밟는[밤:는]   읊는[음는]   없는[엄:는]   값매다[감매다]

〔붙임〕 두 단어를 이어서 한 마디로 발음하는 경우에도 이와 같다.

> 책 넣는다[챙넌는다]   흙 말리다[흥말리다]   옷 맞추다[온마추다]
> 밥 먹는다[밤멍는다]   값 매기다[감매기다]

제19항 받침 'ㅁ, ㅇ' 뒤에 연결되는 'ㄹ'은 [ㄴ]으로 발음한다.

> 담력[담:녁]   침략[침:냑]   강릉[강능]   항로[항:노]
> 대통령[대:통녕]

〔붙임〕 받침 'ㄱ, ㅂ' 뒤에 연결되는 'ㄹ'도 [ㄴ]으로 발음한다.

> 막론[막논→망논]   백리[백니→뱅니]   협력[협녁→혐녁]
> 십리[십니→심니]

제20항 'ㄴ'은 'ㄹ'의 앞이나 뒤에서 [ㄹ]로 발음한다.

> (1) 난로[날:로]   신라[실라]   천리[철리]   광한루[광:할루]
>   대관령[대:괄령]
> (2) 칼날[칼랄]   물난리[물랄리]   줄넘기[줄럼끼]   할는지[할른지]

〔붙임〕 첫소리 'ㄴ'이 'ㅀ', 'ㄾ' 뒤에 연결되는 경우에도 이에 준한다.

> 닳는[달른]   뚫는[뚤른]   핥네[할레]

다만, 다음과 같은 단어들은 'ㄹ'을 [ㄴ]으로 발음한다.

> 의견란[의:견난]   임진란[임:진난]   생산량[생산냥]
> 결단력[결딴녁]   공권력[공꿘녁]   동원령[동:원녕]
> 상견례[상견녜]   횡단로[횡단노]   이원론[이:원논]

입원료[이붠뇨]   구근류[구근뉴]

제21항 위에서 지적한 이외의 자음 동화는 인정하지 않는다.

감기[감:기](×[강:기])   옷감[옫깜](×[옥깜])

있고[읻꼬](×[익꼬])   꽃길[꼳낄](×[꼭낄])

젖먹이[전머기](×[점머기])   문법[문뻡](×[뭄뻡])

꽃밭[꼳빧](×[꼽빧])

제22항 다음과 같은 용언의 어미는 [어]로 발음함을 원칙으로 하되, [여]로 발음함도 허용한다.

피어[피어/피여]   되어[되어/되여]

〔붙임〕 '이오, 아니오'도 이에 준하여 [이요, 아니요]로 발음함을 허용한다.

제6장 된소리되기

제23항 받침 'ㄱ(ㄲ, ㅋ, ㄳ, ㄺ), ㄷ(ㅅ, ㅆ, ㅈ, ㅊ, ㅌ), ㅂ(ㅍ, ㄼ, ㄿ, ㅄ)' 뒤에 연결되는 'ㄱ, ㄷ, ㅂ, ㅅ, ㅈ'은 된소리로 발음한다.

국밥[국빱]   깎다[깍따]   넋받이[넉빠지]   삯돈[삭똔]

닭장[닥짱]   칡범[칙뻠]   뻗대다[뻗때다]   옷고름[옫꼬름]

있던[읻떤]   꽂고[꼳꼬]   꽃다발[꼳따발]   낯설다[낟썰다]

밭갈이[받까리]   솥전[솓쩐]   곱돌[곱똘]   덮개[덥깨]

옆집[엽찝]   넓죽하다[넙쭈카다]   읊조리다[읍쪼리다]   값지다[갑찌다]

제24항 어간 받침 'ㄴ(ㄵ), ㅁ(ㄻ)' 뒤에 결합되는 어미의 첫소리 'ㄱ, ㄷ, ㅅ, ㅈ'은 된소리로 발음한다.

신고[신:꼬]   껴안다[껴안따]   앉고[안꼬]   얹다[언따]

삼고[삼:꼬]   더듬지[더듬찌]   닮고[담:꼬]   젊지[점:찌]

다만, 피동, 사동의 접미사 '-기-'는 된소리로 발음하지 않는다.

안기다   감기다   굶기다   옮기다

제25항 어간 받침 'ㄼ, ㄾ' 뒤에 결합되는 어미의 첫소리 'ㄱ, ㄷ, ㅅ, ㅈ'은 된소리로 발음한다.

넓게[널께]   핥다[할따]   훑소[훌쏘]   떫지[떨:찌]

제26항 한자어에서, 'ㄹ' 받침 뒤에 연결되는 'ㄷ, ㅅ, ㅈ'은 된소리로 발음한다.

갈등[갈뜽]   발동[발똥]   절도[절또]   말살[말쌀]

불소[불쏘](弗素)   일시[일씨]   갈증[갈쯩]   물질[물찔]

발전[발쩐]   몰상식[몰쌍식]   불세출[불쎄출]

다만, 같은 한자가 겹쳐진 단어의 경우에는 된소리로 발음하지 않는다.

허허실실[허허실실](虛虛實實)   절절-하다[절절하다](切切-)

제27항 관형사형 '-(으)ㄹ' 뒤에 연결되는 'ㄱ, ㄷ, ㅂ, ㅅ, ㅈ'은 된소리로 발음한다.

<table>
<tr><td>할 것을[할꺼슬]</td><td>갈 데가[갈떼가]</td><td>할 바를[할빠를]</td></tr>
<tr><td>할 수는[할쑤는]</td><td>할 적에[할쩌게]</td><td>갈 곳[갈꼳]</td></tr>
<tr><td>할 도리[할또리]</td><td>만날 사람[만날싸람]</td><td></td></tr>
</table>

다만, 끊어서 말할 적에는 예사소리로 발음한다.

〔붙임〕 '-(으)ㄹ'로 시작되는 어미의 경우에도 이에 준한다.

<table>
<tr><td>할걸[할껄]</td><td>할밖에[할빠께]</td><td>할세라[할쎄라]</td></tr>
<tr><td>할수록[할쑤록]</td><td>할지라도[할찌라도]</td><td>할지언정[할찌언정]</td></tr>
<tr><td>할진대[할찐대]</td><td></td><td></td></tr>
</table>

제28항 표기상으로는 사이시옷이 없더라도, 관형격 기능을 지니는 사이시옷이 있어야 할 (휴지가 성립되는) 합성어의 경우에는, 뒤 단어의 첫소리 'ㄱ, ㄷ, ㅂ, ㅅ, ㅈ'을 된소리로 발음한다.

<table>
<tr><td>문-고리[문꼬리]</td><td>눈-동자[눈똥자]</td><td>신-바람[신빠람]</td></tr>
<tr><td>산-새[산쌔]</td><td>손-재주[손째주]</td><td>길-가[길까]</td></tr>
<tr><td>물-동이[물똥이]</td><td>발-바닥[발빠닥]</td><td>굴-속[굴ː쏙]</td></tr>
<tr><td>술-잔[술짠]</td><td>바람-결[바람껼]</td><td>그믐-달[그믐딸]</td></tr>
<tr><td>아침-밥[아침빱]</td><td>잠-자리[잠짜리]</td><td>강-가[강까]</td></tr>
<tr><td>초승-달[초승딸]</td><td>등-불[등뿔]</td><td>창-살[창쌀]</td></tr>
<tr><td>강-줄기[강쭐기]</td><td></td><td></td></tr>
</table>

제7장 소리의 첨가

제29항 합성어 및 파생어에서, 앞 단어나 접두사의 끝이 자음이고 뒤 단어나 접미사의 첫 음절이 '이, 야, 여, 요, 유'인 경우에는, 'ㄴ' 소리를 첨가하여 [니, 냐, 녀, 뇨, 뉴]로 발음한다.

<table>
<tr><td>솜-이불[솜ː니불]</td><td>홑-이불[혼니불]</td><td>막-일[망닐]</td></tr>
<tr><td>삯-일[상닐]</td><td>맨-입[맨닙]</td><td>꽃-잎[꼰닙]</td></tr>
<tr><td>내복-약[내ː봉냑]</td><td>한-여름[한녀름]</td><td>남존-여비[남존녀비]</td></tr>
<tr><td>신-여성[신녀성]</td><td>색-연필[생년필]</td><td>직행-열차[지캥녈차]</td></tr>
<tr><td>늑막-염[능망념]</td><td>콩-엿[콩녇]</td><td>담-요[담ː뇨]</td></tr>
<tr><td>눈-요기[눈뇨기]</td><td>영업-용[영엄뇽]</td><td>식용-유[시굥뉴]</td></tr>
<tr><td>국민-윤리[궁민뉼리]</td><td>밤-윷[밤ː뉻]</td><td></td></tr>
</table>

다만, 다음과 같은 말들은 'ㄴ' 소리를 첨가하여 발음하되, 표기대로 발음할 수 있다.

<table>
<tr><td>이죽-이죽[이중니죽/이주기죽]</td><td>야금-야금[야금냐금/야그먀금]</td></tr>
<tr><td>검열[검ː녈/거ː멸]</td><td>욜랑-욜랑[욜랑뇰랑/욜랑욜랑]</td></tr>
<tr><td>금융[금늉/그뮹]</td><td></td></tr>
</table>

〔붙임 1〕 'ㄹ' 받침 뒤에 첨가되는 'ㄴ' 소리는 [ㄹ]로 발음한다.

들-일[들ː릴]   솔-잎[솔립]   설-익다[설릭따]
물-약[물략]   불-여우[불려우]   서울-역[서울력]
물-엿[물렫]   휘발-유[휘발류]   유들-유들[유들류들]

〔붙임 2〕 두 단어를 이어서 한 마디로 발음하는 경우에도 이에 준한다.

한 일[한닐]   옷 입다[온닙따]   서른 여섯[서른녀섣]
3연대[삼년대]   먹은 엿[머근녇]
할 일[할릴]   잘 입다[잘립따]   스물 여섯[스물려섣]
1연대[일련대]   먹을 엿[머글렫]

다만, 다음과 같은 단어에서는 'ㄴ(ㄹ)' 소리를 첨가하여 발음하지 않는다.

6·25[유기오]   3·1절[사밀쩔]   송별-연[송ː벼련]
등용-문[등용문]

제 30 항 사이시옷이 붙은 단어는 다음과 같이 발음한다.

1. 'ㄱ, ㄷ, ㅂ, ㅅ, ㅈ'으로 시작하는 단어 앞에 사이시옷이 올 때에는 이들 자음만을 된소리로 발음하는 것을 원칙으로 하되, 사이시옷을 [ㄷ]으로 발음하는 것도 허용한다.

    냇가[내ː까/낻ː까]   샛길[새ː낄/샏ː낄]   빨랫돌[빨래똘/빨랟똘]
    콧등[코뜽/콛뜽]   깃발[기빨/긷빨]   대팻밥[대ː패빱/대ː팯빱]
    햇살[해쌀/핻쌀]   뱃속[배쏙/밷쏙]   뱃전[배쩐/밷쩐]
    고갯짓[고개찓/고갣찓]

2. 사이시옷 뒤에 'ㄴ, ㅁ'이 결합되는 경우에는 [ㄴ]으로 발음한다.

    콧날[콛날→콘날]   아랫니[아랟니→아랜니]
    툇마루[퇻ː마루→퇸ː마루]   뱃머리[밷머리→밴머리]

3. 사이시옷 뒤에 '이' 소리가 결합되는 경우에는 [ㄴㄴ]으로 발음한다.

    베갯잇[베갣닏→베갠닏]   깻잎[깯닙→깬닙]
    나뭇잎[나묻닙→나문닙]   도리깻열[도리깯녈→도리깬녈]
    뒷윷[뒫ː뉻→뒨ː뉻]

$$\boxed{\text{표 준 어 모 음}}$$

〈1990. 9. 문화부 고시〉

$$\boxed{\text{일 러 두 기}}$$

1. '표준어 모음'의 표준어에 대한 심의 기준은 원칙적으로 '표준어 규정'(문교부 고시 제 88-2호)에 따랐다.

2. '어휘 선택' 부분에서 '표제어'란, '관련 단어'란, '비고'란, '관련 규정'란을 제시하고, 표제어는 '한글 맞춤법'(문교부 고시 제88-1호)의 한글 자모의 순서에 따라 배열하였다. 각 난(欄)의 성격은 다음과 같다.

* 표제어 선정의 기준으로 삼은 사전은, '새한글 사전'(한글 학회 간행, 1965/1986년)과 '국어 대사전'(민중 서림 간행, 1982년)이다.

어휘 선택

1) **표제어** : 두 사전에서 상충되는 단어, 즉 두 사전에서 서로 다른 형태를 표준어로 인정한 단어나 한 사전에서는 표준어로 인정하고 다른 한 사전에서는 비표준어로 처리한 단어들이다. 심의 결과, 비표준어로 인정된 단어는 그 앞에 ×표를 하였다.

표제어	관련 단어	비 고	관련 규정
발짓	발질	'발짓'은 '발을 움직이는 짓'의 뜻으로, '발질'은 '발길질'의 뜻으로 인정함.	26
소낙비	소나기		26
×으시대다	으스대다	으쓱거리며 뽐내다.	17, 11

2) **관련 단어**

ㄱ) 두 사전에서 서로 다른 형태를 표준어로 인정한 경우에 표제어에 한 형태를 제시하고 다른 한 형태를 관련 단어에 싣되, 표제어와 관련 단어를 바꾸어서도 실었다. 그리고 심의 결과, 사전상의 두 형태가 모두 비표준어로 처리되고 새로운 형태가 표준어로 인정된 경우에는, 바로 아래 칸의 '관련 단어'란에 표준어로 인정된 형태를 실었다.

표제어	관련 단어	비 고	관련 규정
×겉껍더기	겉껍데기		9
겉껍데기	×겉껍더기		9
×가리마꼬창이	×가리마꼬챙이		9
	가르마꼬챙이		9
×가리마꼬챙이	×가리마꼬창이		9
	가르마꼬챙이		9

ㄴ) 비표준어로 처리된 표제어의 경우에는 그 단어의 표준어의 형태를 제시하였다. 따라서, 여기에는 한자어도 일부 포함되어 있다.

표제어	관련 단어	비　　고	관련 규정
×맛대강이	맛		25
×배챗패기	배추속대		25
×잎전	엽전(葉錢)		22, 25

ㄷ) 표제어와 같은 단어로서 이번 심의에서 비표준어로 처리된 단어를 실었다. 이 경우에도 비표준어로 처리된 단어 앞에 ×표를 하였다.

표제어	관련 단어	비　　고	관련 규정
빨갱이	×빨강이	1. 공산주의자 2. '빨간빛의 물건'의 뜻으로는 '빨강이'를 인정함.	9, 17
턱받이	×턱받기	어린아이의 턱 아래에 대어 주는 헝겊	25

3) **비고** : 표제어의 의미, 관련 단어와의 관계, 예문, 고시된 표준어 등 표제어에 관계되는 정보를 제시하였다. 따라서, '비고'란에 제시하는 정보가 표제어에 대한 것인지 관련 단어에 대한 것인지를 언급하지 않는 경우에는 표제어에 대한 것이다.

4) **관련 규정** : 심의 과정에서 적용한 '표준어 규정 제1부 표준어 사정 원칙'의 항을 제시하였다.

어휘 선택

표 제 어	관련 단어	비　　고	관련 규정
×가귀뜨기	가귀대기	열다섯 끗 뽑기로 내기하는 투전 노름	17, 25
가동질		가동거리는 짓	8
가래질꾼	가래꾼		16
가려잡다	골라잡다		26
가력되다	개력하다		26
×가리마꼬창이	×가리마꼬챙이		9
	가르마꼬챙이		9
×가리마꼬챙이	×가리마꼬창이		9
	가르마꼬챙이		9
×가리워지다	가리어지다		25
×가스라기	가시랭이		25

×가스랑이	가시랭이		25
가시줄	가시철사(-鐵絲)		26
각시	새색시	'작게 만든 여자 인형'의 뜻으로도 인정함.	26
간단없다(間斷-)	끊임없다		26
간단없이(間斷-)	끊임없이		26
간밤	지난밤		26
×간장족박(-醬-)	간장쪽박(-醬-)		17
간장쪽박(-醬-)	×간장족박(-醬-)		17
×간해	지난해		25
×갈비	솔가리	불쏘시개로 쓰는 솔잎	25
갈잎나무	떡갈나무	'떡갈나무'는 갈잎나무의 일종임.	26
×갑화(-火)	도깨비불		21
값나다	금나다	1. 물건값이 정해져서 팔고 사고 할 수 있게 되다. 2. '값나가다'의 준말로는 인정하지 않음.	26
×값높다	값비싸다	'값비싸다'의 뜻으로 '금높다'도 인정함.	25
×강밥	눌은밥	'강다짐으로 먹는 밥'의 뜻으로는 인정함.	25
개소리괴소리	×개소리괴소문		17
×개소리괴소문	개소리괴소리		17
×개지	강아지	'버들치'(물고기 이름)로도 인정하지 않음.	25
갯버들	땅버들	전문 용어로는 '갯버들'을 인정함.	26
×갱조개	가막조개	재첩	25
갱충맞다	갱충쩍다		26
거령맞다	거령스럽다		26
거름발	거름기(-氣)		26
×거상	큰톱		25
거푼거푼		놓인 물체의 한 부분이 바람에 불리어 떠들리었다가 가라앉았다가 하는 모양	25
×거풀	꺼풀		17
건건이	반찬(飯饌)		26
걸어쥐다	걸어잡다		26

×검은깨	주근깨	'빛깔이 검은 참깨'의 뜻으로는 인정함.	25
검정콩	검은콩		26
×겉껍더기	겉껍데기		9
겉껍데기	×겉껍더기		9
겉잠	수잠		26
×게걸스럽다	게검스럽다	1. 욕심껏 마구 먹어대는 태도가 있다. 2. '게걸들린 태도가 있다'의 뜻으로는 인정함.	25
×게꼬리	게꽁지	지식이나 재주 등이 극히 적거나 짧음.	25
게꽁지	×게꼬리	지식이나 재주 등이 극히 적거나 짧음.	25
×계오다	지다	못 이기다.	20, 25
×고두밥	지에밥	1. 참쌀 혹은 멥쌀을 시루에 쪄서 만든 밥 2. '되게 지은 밥'의 뜻으로는 인정함.	25
고로(故-)	그러므로		26
×고물	고미	1. 반자의 한 종류 2. '우물마루를 놓는 데 귀틀 두 개 사이의 구역'의 뜻으로는 인정함.	25
×고부탕이	고비	1. 중요한 기회 2. '피륙을 필을 지을 때에 꺾여 겹쳐 넘어간 곳'의 뜻으로는 인정함.	25
고운대	곤대	토란 줄거리	16
골짝	골짜기		16
×곰살곱다	곰살갑다		17
×곰탕	곰팡이		25
×곱수머리	곱슬머리		25
공히(共-)	모두		26
과경에(過頃-)	아까		26
과목밭(果木-)	과수원(果樹園)		26
패꽝스럽다	망령스럽다		26
×괴임	굄	(고시) 괴다/고이다	18
	고임		18

×괴임새	굄새	1. 괴어 놓은 모양	18
		2. (고시) 괴다/고이다	
	고임새		18
×괸돌	고인돌		17
구기자나무 (枸杞子-)	×괴좆나무		22, 25
×구럭	망태기	'새끼로 그물 뜨듯 눈을 드물 게 떠서 만든 물건'의 뜻으로 는 인정함.	25
구역나다(嘔逆-)	욕지기나다		26
군기침	헛기침		26
굿복(-服)	굿옷		26
귓속말	귀엣말		26
그물눈	그물코		26
×근두박질	곤두박질		5
글동무	글동접(-同接)		26
글동접(-同接)	글동무		26
금몸(金-)	금색신(金色身)		26
금줄(禁-)	인줄(人-)		26
기겁하다	×기급하다(氣急-)		5, 17
기꼭지(旗-)	×기대강이(旗-)		25
기미채다(幾微-, 機微-)	낌새채다		26
기수채다(幾數-)			26
기어코(期於-)	기어이(期於-)		26
기장	길이	'옷 따위의 긴 정도'의 뜻으로 인정함.	26
×기지랑물	지지랑물		17
까까중			25
×까스라기	가시랭이		25
×깐보다	깔보다	'어떤 형편이나 기회에 대하여 마음속으로 가늠을 보다'의 뜻 으로는 인정함.	25
×깔딱	딸꾹	1. 딸꾹질하는 소리	25
		2. '액체를 조금씩 삼키는 소 리' 또는 '얇은 물체가 뒤집히 는 소리'의 뜻으로는 인정함.	
×깔딱거리다	딸꾹거리다		25
×깔딱깔딱	딸꾹딸꾹		25

깡총하다	×깡충하다	다리가 길다. 큰말은 '껑충하다'임.	8
×깡충하다	깡총하다	다리가 길다. 큰말은 '껑충하다'임.	8
×깨보숭이	깨소금	'들깨의 꽃송이와 찹쌀가루를 버무려 기름에 튀긴 반찬'의 뜻으로는 인정함.	25
×깨보숭이	깨고물		25
×깨이다	깨다	1. '(알을) 까다'의 피동 2. '(잠을) 깨다'의 피동의 뜻으로는 인정함.	25
×깨이다	깨다	'(알을) 까다'의 사동	25
껵껵푸드덕	×껵껵푸드득	장끼가 울며 홰치는 소리	17
×껵껵푸드득	껵껵푸드덕	장끼가 울며 홰치는 소리	17
껌벅거리다	끔벅거리다		19, 26
×꼬끼댁	꼬꼬댁		17
×꼬창이	꼬챙이		9
꼬챙이	×꼬창이		9
×꼬치	고추		17
×꼬치	고치		17
×꼭두머리	꼭대기	'시간적으로 일의 가장 처음'의 뜻으로는 인정함.	25
꼼짝달싹	×옴쭉달싹		17, 25
꼽추	곱사등이		26
꽃자루	꽃꼭지	전문 용어로는 '꽃자루'를 인정함.	26
×꽃턱	×꽃받기	꽃받침	25
×꾀장이	꾀보		26, 9
	꾀쟁이		26, 9
×꾸다	뀌다	1. 방귀를 -. 2. '빌려 오다'의 뜻으로는 인정함.	25
끝전(-錢)	끝돈	(고시) ×잔전→잔돈	26
×낄룩	끼룩	(내다보거나 삼키려 할 때) 목을 길게 빼어 내미는 모양	14, 25
나방이	나방		16
×나부라기	나부랭이	(고시) 나부랭이/ 너부렁이	25
난목(-木)	외올베		26
×난봉장이	난봉꾼		9

	난봉쟁이		9
×날물	썰물	'나가는 물'의 뜻으로는 인정함.	25
×날빛	햇빛	'햇빛을 받아서 나는 온 세상의 빛'의 뜻으로는 인정함.	25
남자답다(男子-)	사내답다		26
×내나	일껏	'결국은'의 뜻으로는 인정함.	25
내숭	×내흉(內凶)		5, 17
내숭스레	×내흉스레(內凶-)	(고시) ×내흉스럽다 → 내숭스럽다	5, 17
냉국(冷-)	찬국		26
너울지다	놀지다		16, 26
널판때기	×널판대기		26, 17
널판자(-板子)			26
×녜	네	(고시) 네/예	17, 18
×노란묵	노랑묵	치자 물을 타서 쑨 녹말묵	17
노랑묵	×노란묵	치자 물을 타서 쑨 녹말묵	17
녹슬다(綠-)	×녹쓸다(綠-)		17
×녹쓸다(綠-)	녹슬다(綠-)		17
×누룽지	눌은밥	1. 솥바닥에 눌어붙은 눌은밥에 물을 부어 긁어 푼 것 2. '솥바닥에 눌어붙은 밥'의 뜻으로는 인정함.	25
눈꼴시다	눈꼴틀리다		26
눈쌈	눈싸움	눈겨룸	16
×느루	늘	'대번에 몰아치지 않고 길게 늘여서'의 뜻으로는 인정함.	25
늦장	늑장	'느직하게 보러 가는 장'의 뜻으로도 인정함.	26
×-(으)니까니	-(으)니까		25
다각도로(多角度-)	여러모로		26
다릿골독	×대릿골독		9, 25
다슬기	대사리	전문 용어로는 '다슬기'를 인정함.	26
다홍(-紅)	진홍(眞紅)		26
단걸음에(單-)	단숨에(單-)		26
단김에	단결에		26
단연코(斷然-)	단연히(斷然-)		26
담쏙	×담쑥	손으로 탐스럽게 쥐거나 팔로	8

		탐스럽게 안는 모양	
×담쑥	담쏙	손으로 탐스럽게 쥐거나 팔로 탐스럽게 안는 모양	8
당달봉사(-奉事)	청맹과니(靑盲-)		26
대감굿(大監-)	대감놀이(大監-)		26
대변보다(大便-)	뒤보다		26
×대접문(-紋)	대접무늬		21
×댓가지	댓개비	1. 대를 쪼개 잘게 깎은 꽂이 2. '대의 가지'의 뜻으로는 인정함.	25
댓돌(臺-)	섬돌	'집채의 낙숫고랑 안쪽에 돌려가며 놓은 돌'의 뜻으로도 인정함.	26
×더껑이	더께	1. 덖어서 몹시 찌든 물건에 앉은 때 2. '걸쭉한 액체의 거죽에 엉겨 굳은 꺼풀'의 뜻으로는 인정함.	25
더미씌우다	다미씌우다	(고시) 안다미씌우다	19
×덧구두	덧신		25
덮개	뚜껑	'이불, 처네 등의 총칭' 또는 '착한 마음을 덮어서 가리는 탐욕이나 성내는 마음'의 뜻으로도 인정함.	26
도리깻장부	도리깨채		26
도토리나무	떡갈나무	'도토리나무'는 '상수리나무'의 별칭으로, '떡갈나무'와 별개임.	26
돈지갑(-紙匣)	지갑(紙匣)		16, 26
돈표(-票)	환(換)		26
돋보기안경(-眼鏡)	돋보기		16, 26
돌개바람	구풍(颶風)	'회오리바람'의 뜻으로도 인정함.	26
돌기와	너새		26
돌림자(-字)	항렬자(行列字)		26
동강이	동강		16
동동걸음	종종걸음		26
동자부처(瞳子-)	눈부처		26
동자부처(童子-)	동자보살(童子菩薩)	사람의 두 어깨에 있다는 신(神)	26
두견새(杜鵑-)	소쩍새		26

두견이(杜鵑-)			26
×두텁단자(-團子)	두텁떡		21
둘러쓰다	뒤집어쓰다		26
뒤뒤	드레드레	수봉기(受蜂器)를 대고 벌비로 몰아넣을 때에 벌을 부르는 소리	26
×뒷개	설거지	윷놀이 용어로는 인정함.	25
뒷결박(-結縛)	뒷짐결박(-結縛)		26
뒷골	뒤통수		26
뒷마당	뒤뜰		26
뒷전보다	뒷전놀다		26
들그럽다	시끄럽다		26
×들망(-網)	후릿그물		21
들쑥날쑥	들쭉날쭉		19, 26
들오리	물오리	'들오리'는 '집오리'에 대하여 야생의 오리를, '물오리'는 '청둥오리'를 말함.	26
×들치다	들추다	'물건의 한쪽 머리를 쳐들다'의 뜻으로는 인정하고, '들치이다'의 준말로는 인정하지 않음.	25
등헤엄	송장헤엄		26
×딸각발이	딸깍발이		17
땅강아지	×하늘밥도둑		25
×땅꾼	땀꾼	1. 포도청에 매이어 포교의 심부름으로 도둑잡는 데 거드는 사람 2. '뱀을 잡아 파는 사람'의 뜻으로는 인정하고, '몹시 인색하고 이기적인 사람'의 뜻으로는 인정하지 않음.	25
땅덩어리	땅덩이		26
×때까중	중대가리		25
×때깨중이	중대가리		25
떨기나무	×좀나무		25
×똑하다	꼭하다	정직하고 안상(安詳)하다.	25
뚱뚱이	뚱뚱보		26
뜨문뜨문	드문드문		19
×뜸질	찜질	1. 더운 날의 모래밭이나 온천, 또는 뜨거운 물 속에 몸을 묻어	25

		서 땀을 흘리어 병을 고치는 법	
		2. '뜸을 뜨는 일'의 뜻으로는 인정함.	
-(이)랑		-하고, -과, -와	26
×마련퉁이	매련퉁이	미련퉁이	8, 17
마상	마상이		16
×마술장이(魔術-)	×요술장이(妖術-)		9
마술쟁이(魔術-)	요술쟁이(妖術-)		9, 26
마짓밥(摩旨-)	마지(摩旨)		16 26
×마치	망치	'(망치보다 작은 것으로서) 못 박는 연장'의 뜻으로는 인정함.	25
막걸다	맞걸다	'막걸다'는 '노름판에서 가진 돈을 모두 걸고 단판하다'의 뜻으로, '맞걸다'는 '노름판에서 돈을 따려고 서로 돈을 걸다'의 뜻으로 인정함.	26
막걸리다	맞걸리다		26
×만양	늦모내기	1. 만이앙(晩移秧)	26
	마냥	2. (고시) ×만양모→ 마냥모	26
말개미	왕개미	'큰 개미'라는 뜻으로 모두 인정함. 전문 용어로는 '왕개미'임.	26
말거미	왕거미	'큰 거미'라는 뜻으로 모두 인정함. 전문 용어로는 '왕거미'임.	26
말그스름하다	맑스그레하다		26
×맛대강이	맛		25
망가지다	망그러지다		26
×매기	튀기	'수퇘지와 암소 사이에서 낳는다는 짐승'의 뜻으로는 인정함.	25
매양(每-)	번번이(番番-)		26
×매춧집(賣酒-)	술집		21
매해(每-)	매년(每年)		26
×맵쌀	멥쌀	'찐 메밀을 약간 말려 찧어 껍질을 벗긴 쌀'의 뜻으로는 인정함.	17
×먀련	매련		17
×먀욱하다	매욱하다	어리석고 둔하다.	17
×머드레콩	그루콩	1. 그루갈이로 심은 콩 2. '밭가로 둘러 심은 콩'의 뜻으로는 인정함.	25
×멍구럭	구럭	1. 새끼로 눈을 드물게 떠서	14, 25

		그물같이 만든 물건	
		2. '썩 성기게 떠서 만든 구럭'의 뜻으로는 인정함.	
멎다	멈추다		26
×메토끼	산토끼(山-)		22
멧돼지	산돼지(山-)		26
멸구	며루	'멸구'는 멸굿과에 속하는 곤충의 일종이고, '며루'는 모기의 유충임.	26
×명	목화(木花)	'무명'의 뜻으로는 인정함.	25
명자나무(榠樝-)	모과나무	'모과나무'는 명자나무의 별칭임.	26
모군꾼(募軍-)	모군(募軍)		16, 26
모래사장(-沙場)	모래톱		26
×모어리수에	무에리수에	거리로 다니며 점을 치라고 외치는 소리	17
×모지다	모질다	'성질, 일, 물건이나 모양이 모가 난 데가 있다'의 뜻으로는 인정함.	25
×목실(木-)	무명실		25
몰매	뭇매		26
몸서리나다	몸서리치다		26
×몽깃돌	낚싯봉	'밀물과 썰물에 뱃머리를 곧게 하기 위하여 고물에 다는 돌'의 뜻으로는 인정함.	25
무겁한량	×무겁활량		5, 17
×무겁활량	무겁한량		5, 17
무식꾼(無識-)	×무식장이(無識-)		26, 9
	무식쟁이(無識-)		26, 9
×물앵도(-櫻桃)	물앵두		5
물앵두	×물앵도(-櫻桃)		5
뭉그대다	뭉개다	1. 일을 어떻게 할 줄 모르고 짓이기다. 2. '제자리에서 몸을 그냥 비비다'의 뜻으로도 인정함.	26
×뮐하다	뭣하다	거북하다, 난처하다	17
미친놈	미치광이		26
밀삐세장	×밀삐쇠장	지게의 윗세장 아래에 가로 박은 나무	17

×밀삐쇠장	밀삐세장	지게의 윗세장 아래에 가로 박 은 나무	17
×밉둥스럽다	밉살스럽다		17
바깥양반(-兩班)	사랑양반 (舍廊兩班)		26
바늘방석(-方席)	바늘겨레		26
×바람꾼	바람둥이		25
바심	타작(打作)		26
박새	×깨새		25
박첨지놀음 (朴僉知-)	×꼭둑각시놀음	(고시) ×꼭둑각시 → 꼭두각시	26
	꼭두각시놀음		26
×반대기	반	1. 얇게 펴서 다듬어 만든 조각 2. '무슨 가루를 반죽한 것이 나 삶은 푸성귀를 편편하고 둥 글넓적하게 만든 조각'의 뜻으 로는 인정함.	14, 25
×반대기	소래기	굽 없는 접시와 같은 넓은 질 그릇	25
×반미콩(飯米-)	밥밑콩		21
×발구	걸채	1. 소의 길마 위에 덧얹고 곡 식 단을 싣는 제구 2. '산에서 쓰는 썰매'의 뜻으 로는 인정함.	25
발뒤꾸머리	발뒤꿈치		26
발새	발샅		26
발짓	발질	'발짓'은 '발을 움직이는 짓' 의 뜻으로, '발질'은 '발길질' 의 뜻으로 인정함.	26
배냇니	젖니		26
×배챗패기	배추속대		25
백곰(白-)	흰곰	전문 용어로는 '흰곰'만 인정함.	26
×백하젓(白蝦-)	새우젓		25
밴덕	반덕		19
번연히	번히		16
벌모	허튼모	'모판 구역 밖에 볍씨가 떨어 져 자라난 모'나 '일을 말막음 으로 했을 때 쓰는 말'의 뜻으 로도 인정함.	26

×벙태기	벙테기		17
벙테기	×벙태기		17
별간장(別-醬)	손님장(-醬)	작은 그릇에 따로 담그는 간장	26
별맛(別-)	별미(別味)		26
×별미적다(別味-)	별미쩍다(別味-)		17
별미쩍다(別味-)	×별미적다(別味-)		17
×보리풀꺾다	보리풀하다	보리 갈 땅에 거름하기 위하여 풀이나 나뭇잎을 베어 오다.	25
×보사리감투	보살감투(菩薩-)		17
×보쟁기	겨리	'보습을 긴 쟁기'의 뜻으로는 인정함.	25
복부르다(復-)	초혼하다(招魂-)		26
×복생선(-生鮮)	복		14
복어(-魚)	복		16, 26
×부레끓다	부레끓다		25
부레끓다	×부레끓다		25
×부시다	부수다	'그릇 같은 것을 깨끗이 씻다'의 뜻으로는 인정함.	25
×부얼부얼	북슬북슬	1. 짐승이 살이 찌고 털이 탐스럽게 많이 난 모양 2. '살찌고 탐스럽게 생긴 모양'의 뜻으로는 인정함.	25
부엌칼	식칼(食-)		26
×부절다말	부절따말		17
부절따말	×부절다말		17
×북두	부뚜	1. 타작마당에서 쓰는 돗자리 2. '마소에 짐을 싣고 그 짐과 배를 얼러서 매는 줄'의 뜻으로는 인정함.	25
분결(憤-)	분김(忿-, 憤-)		26
분지르다	부러뜨리다		26
불공드리다 (佛供-)	공양드리다 (供養-)		26
불공밥(佛供-)	퇴식밥(退食-)		26
불룩이	×불룩히		17
불친소	악대소		26
불호령(-號令)	볼호령(-號令)		26
×붙여잡다	붙잡다		14, 25
비단개구리	무당개구리	전문 용어로는 '무당개구리'를	26

(緋緞-)		인정함.	
×비사차기	비사치기		25
비사치기	×비사차기		25
×빚거간(-居間)	빚지시	1. 빚을 주고 쓰는 데에 중간에서 소개하는 일 2. '빚을 내고 주는 데에 중간에서 소개하는 것을 업으로 삼는 일'의 뜻으로는 인정함.	25
빨갱이	×빨강이	1. 공산주의자 2. '빨간빛의 물건'의 뜻으로는 '빨강이'를 인정함.	9, 17
×빼주	배갈		25
×사갓집(査家-)	사돈집(査頓-)		25
사거리(四-)	네거리		26
사마귀	버마재비	전문용어로는 '사마귀'를 인정함.	26
사향노루(麝香-)	궁노루		26
삯전(-錢)	삯돈	(고시) ×잔전 → 잔돈	26
산울림(山-)	메아리		26
×산코골다	헛코골다		25
살긋하다	샐긋하다	바르게 된 물건이 한쪽으로 일그러지다.	19
×상량대(上樑-)	마룻대		21, 25
×상량도리(上樑-)	마룻대		21, 25
×상재(上-)	상좌(上佐)		5
×상청(上-)	상창(上唱)	뛰어난 창(唱)	5
살바채우다	샅바지르다		26
×새소리	놀소리		25
×새치롬하다	새치름하다	시치미를 떼고 태연하거나 얌전한 기색을 꾸미다.	17
새치름하다	×새치롬하다	시치미를 떼고 태연하거나 얌전한 기색을 꾸미다.	17
색깔(色-)	빛깔		26
×샛까맣다	새까맣다		17
×샛빨갛다	새빨갛다		17
×샛파랗다	새파랗다		17
×생갈이(生-)	애벌갈이	1. 논이나 밭을 첫 번 가는 일 2. '홍두깨생갈이'의 준말로는 '생갈이'를 인정함.	21

×생급스럽다	새삼스럽다	'하는 짓이나 말이 갑작스럽고 뜻밖이다' 또는 '끄집어내는 말이 엉뚱하고 터무니없다'의 뜻으로는 인정함.	25
생김치(生-)	날김치		26
생목(-木)	당목(唐木)		26
생색나다(生色-)	낯나다		26
×생재기	생무지	1. 어떤 일에 익숙지 못한 사람 2. '종이나 피륙 따위의 성한 곳'의 뜻으로는 인정함.	25
×서분하다	서운하다	'좀 서부렁하다'의 뜻으로는 인정함.	25
석이버섯(石耳-/ 石栮-)	석이(石耳/石栮)		16
×설라믄	설랑은		5
섬마섬마	따로따로따따로	어린아이가 따로 서도록 잡은 손을 놓으며 하는 소리	26
세로쓰기	내리쓰기	(고시) 세로글씨/ 내리글씨	26
세탁비누(洗濯-)	빨랫비누		26
소갈딱지	소갈머리		26
×소금적	소금쩍		17
소금쩍	×소금적		17
소낙비	소나기		26
소변보다(小便-)	소마보다		26
소용없다(所用-)	쓸데없다		26
소피보다(所避-)	소피하다(所避-)		26
×속껍더기	속껍데기		9
속껍데기	×속껍더기		9
손때	손끝	1. 손을 대어 건드리거나 만짐으로써 생긴 독한 결과 2. '오랜 세월 만져서 묻은 때'의 뜻으로도 인정함.	26
손짐작	손어림	(고시) 눈짐작/ 눈어림 / 눈대중	26
×솔개미	솔개	(고시) ×소리개 → 솔개	25
×솔갱이	솔개	(고시) ×소리개 → 솔개	25
×쇠꼬창이	쇠꼬챙이		9
쇠꼬챙이	×쇠꼬창이		9
×쇠버즘	쇠버짐		17
쇠버짐	×쇠버즘		17

쇠족(-足)	쇠다리		26
쇠죽솥	쇠죽가마		26
×수무(手-)	수모(手母)	신부(新婦)의 보조인	5
×수이	쉬이		20
×수이보다	쉬이보다		20
×수이여기다	쉬이여기다		20
×숭이	송이		8
시골말	사투리		26
×시초잡다(始初-)	시작하다(始作-)		25
신바람	어깻바람		26
신접살림(新接-)	신접살이(新接-)		26
신쩬나무	신대		26
실로(實-)	참으로		26
심보(心-)	마음보		26
심술퉁이(心術-)	×심술통이(心術-)		8
심심파적(-破寂)	심심풀이		26
×싱겅싱겅하다	싱둥싱둥하다	'방이 서늘하고 차다'의 뜻으로는 인정함.	25
×싱둥싱둥하다	×싱겅싱겅하다	'기운이 줄어질 만한 일을 겪은 뒤에도 본래의 기운이 있다'의 뜻으로는 인정함.	25
싸느랗다	×싸느렇다		17
×싸느렇다	싸느랗다		17
×싸리문	사립문	'싸리로 만든 문'의 뜻으로는 인정함.	25
쌜긋하다	샐긋하다		19
쌍망이	×쌍맹이		9
×쌍맹이	쌍망이		9
쌍소리	상소리		19
쌍심지서다	쌍심지나다		26
쌍심지오르다			26
×써내다	켜내다	'글씨를 써서 내놓다'의 뜻으로는 인정함.	25
×써다	켜다	'조숫물이 줄거나, 켠 물이 새어서 줄다'의 뜻으로는 인정함.	25
×썩정이	삭정이	1. 산 나무에 붙은 채 말라 죽은 나뭇가지 2. '썩은 물건'의 뜻으로는 인정함.	25

썰다	써리다	1. 논밭을 고르게 하다.	15
		2. '물건을 토막토막 동강치다'의 뜻으로도 인정함.	
쓰레장판	쓰레받기	유지 장판으로 만든 쓰레받기	26
씨돼지	종돈(種豚)		26
아래알	×아랫알	수판의 가름대 아래의 알	17
아랫녘	앞대	1. 어떤 지방에서 그 남쪽의 지방을 일컫는 말	26
		2. '전라도, 경상도를 일컫는 말'로도 인정함.	
×아랫동강이	종아리		25
×아랫알	아래알	수판의 가름대 아래의 알	17
아랫중방(-中枋)	하인방(下引枋)		26
아련하다	오련하다		19
×아웃	가웃	'말아웃'은 인정함.	17, 20
아유	아이고		19
아지직	오지직		19
	아지작		19
안개비	가랑비		26
안집	안채	안쪽의 집채	26
	주인집(主人-)		26
안해		바로 전 해	25
알금삼삼	알금솜솜		19, 26
×알박이	알배기	알 밴 생선	9
알반대기	지단(鷄蛋 chitan)		26
×알심	고갱이	1. 초목의 줄기 가운데의 연한 심	25
		2. '은근한 동정심' 또는 '속에 있는 힘'의 뜻으로는 인정함.	
알약(-藥)	환약(丸藥)		26
암만해도	아무리해도		26
앙구다	곁들이다	1. 한 그릇에 두 가지 이상의 음식을 어울리게 담다.	26
		2. '음식 따위를 식지 않게 불에 놓거나 따뜻한 데에 묻어 두다' 또는 '사람을 안동하여 보내다'의 뜻으로는 인정하고, '암구다'(교미를 붙이다)의 뜻으로는 인정하지 않음.	

앞뒤갈이	두벌갈이		26
앞마당	앞뜰		26
×애기	아기		9
애끓다	애타다		26
×애비	아비		9
야	얘	1. 놀라거나 반가울 때 내는 소리 2. '예'(존대할 자리에 대답하거나 재쳐 묻는 말)의 뜻으로는 인정하지 않음.	26
야발단지	×야발장이		26, 9
	야발쟁이		26, 9
야밤중(夜-)	한밤중(-中)	'오밤중'도 인정함.	26
약수터(藥水-)	약물터(藥-)		26
약저울(藥-)	분칭(分秤)		26
×양골뼈(陽骨-)	양지머리뼈		21
양그루(兩-)	이모작(二毛作)		26
양편쪽(兩便-)	양편짝(兩便-)	(고시) ×짝 → 쪽	26
어글어글하다	서글서글하다	1. 마음이 너그럽고 성질이 부드럽다. 2. '얼굴의 각 구멍새가 널찍널찍하다'의 뜻으로도 인정함.	26
어깨동갑(-同甲)	자치동갑(-同甲)	한 살 정도 차이 나서 동갑이나 다름없음.	26
×어리장사	얼렁장사	1. 여러 사람이 밑천을 어울러서 하는 장사 2. '어리장수의 영업'의 뜻으로는 인정함.	25
×어버리크다	대담하다(大膽-)		22
어스러기		옷 따위의 솔이 어스러진 곳	25
×어스러기	어스럭송아지	큰 송아지	25
어유	어이구		19
어화둥둥	어허둥둥		19
어홍이	범		26
×언나	어린아이		25
얼간이	얼간망둥이		26
×얼러방망이	올러방망이		17
얼룩말	얼럭말		26
엄매	음매	소의 울음소리	26

×엄파	움파	(고시) ×동파 → 움파	5
엉키다	엉기다	'엉클어지다'의 뜻으로 인정함.	26
여린뼈	물렁뼈	전문 용어로는 '물렁뼈'를 인정함.	26
여종(女-)	계집종		26
염문꾼(廉問-)	염알이꾼(廉-)		26
×옝집	여염집(閭閻-)		5
오가피나무(五加皮-)	땅두릅나무	'오가피나무'와 '땅두릅나무'는 별개임.	26
오갈피나무			26
오감하다	과감하다(過感-)		26
×오그랑족박	오그랑쪽박		17
×오돌오돌	오들오들	1. 춥거나 무서워서 몸을 떠는 모양 2. '삶긴 물건이 무르지 아니하여 이리저리 따로 밀리는 모양'의 뜻으로는 인정함.	8
오들오들	×오돌오돌	1. 춥거나 무서워서 몸을 떠는 모양 2. '삶긴 물건이 무르지 아니하여 이리저리 따로 밀리는 모양'의 뜻으로는 '오돌오돌'을 인정함.	8
오라범댁(-宅)	올케		26
오목면경(-面鏡)	오목거울		26
오삭오삭	오슬오슬	'와삭와삭'(빳빳하게 마른 엷고 가벼운 물건이 서로 스치거나 부서질 때 나는 소리)의 뜻으로는 인정하지 않음.	19
×옴살	엄살	'한 몸같이 친밀한 터'의 뜻으로는 인정함.	17
옴짝달싹	×옴쭉달싹		17, 25
왕매미	말매미	'큰 매미'의 뜻으로는 모두 인정함. 전문 용어로는 '말매미'임.	26
왕벌	호박벌 말벌	'큰 벌'의 뜻으로 '왕벌, 말벌' 모두 인정함. 전문 용어로는 '호박벌'임.	26 26
왕새우	대하(大蝦)	전문 용어로는 '대하'를 인정함.	26
왕파리	쉬파리	'큰 파리'의 뜻으로 모두 인정	26

		함. 전문 용어로는 '쉬파리'를 인정함.	
왜난목	내공목(內供木)	옷의 안감으로 쓰는, 품질이 낮은 무명	26
왜먹(倭-)		(재래의 6모형에 대해) 네모난 먹	25
×외발제기	외알제기	1. 굽 하나를 질질 끌어서 디디어 걷는 걸음, 또는 그러한 말이나 소 2. '한 발만 가지고 차는 제기'의 뜻으로는 인정함.	17
외상관례(-冠禮)	외자관례(-冠禮)		26
×외통목	외길목	'장기 둘 때에 외통장군이 되는 길목'의 뜻으로는 인정함.	25
×왼	온	'왼쪽'의 뜻으로는 인정함.	10
요뒤	요의(褥衣)		26
용숫바람	회오리바람		26
×우그렁족박	우그렁쪽박		17
×우둘우둘	우들우들	1. 춥거나 무서워서 몸을 떠는 모양 2. '삶긴 물건이 무르지 아니하여 이리저리 따로 밀리는 모양'의 뜻으로는 인정함.	8
×우멍하다	의뭉하다	'물체의 면이 쑥 들어가다'의 뜻으로는 인정함.	17
×우집다	우접다	1. 뛰어나게 되다, 선배를 이기다. 2. '남을 업신여기다'의 뜻으로는 인정함.	17
우표딱지(郵票-)	우표(郵票)		16
움막집(-幕-)	움막(-幕)		16, 26
×움파리	움막	'우묵하게 들어가서 물이 괸 곳'의 뜻으로는 인정함.	25
×웃녘	윗녘		12
×웃알	×위알	수판 가름대 위의 알	12
	윗알		12
×위알	×웃알	수판 가름대 위의 알	12
	윗알		12
윗집	×웃집	위쪽으로 이웃해 있는 집, 또	12

		는 높은 지대에 있는 집	
으끄러지다	뭉그러지다	'굳은 물건이 눌려서 부스러지다'의 뜻으로도 인정함.	26
	으츠러지다		26
으밀아밀	×으밀으밀	남 모르게 이야기하는 모양	17
×으밀으밀	으밀아밀	남 모르게 이야기하는 모양	17
×으시대다	으스대다		17
×-을런고	-을런가		17
-을진댄	-을진대		26
음지쪽(陰地-)	×음지짝(陰地-)	1. (고시) ×짝 → 쪽 2. '응달쪽'도 인정함.	25
이맛전	이마		16, 26
이면치레	면치레		16, 26
×이몽가몽(-夢-夢)	비몽사몽(非夢似夢)		25
×이엉꼬창이	이엉꼬챙이		09
이엉꼬챙이	×이엉꼬창이		09
×이주걱부리다	×이기죽부리다	(고시) 이기죽거리다/이죽거리다	25
×잇살	잇몸	'잇몸의 틈'의 뜻으로는 인정함.	25
×잎전	엽전(葉錢)		22, 25
×자	쟤	저 아이	17
×자깝스럽다	잡상스럽다	1. 난잡하여 상되다. 2. '젊은 사람이 지나치게 늙은이의 흉내를 내어 깜찍하다'의 뜻으로는 인정함.	25
자두나무	×오얏나무	(고시) ×오얏 → 자두	20
자욱하다	자옥하다		19
작은집	×적은집	1. 첩 또는 첩의 집 2. '따로 사는 아들 또는 아우의 집'의 뜻으로도 인정함.	25
×잔생이	지지리	1. 아주 몹시, 지긋지긋하리만큼 2. '지긋지긋하게 말을 듣지 않거나 애걸복걸하는 모양'의 뜻으로는 인정함.	25
×잔털머리	잔판머리	일의 끝판	25
×잘량하다	알량하다		17, 25
×장족박	장쪽박		17
×재리	손짭손	1. 좀스럽고 얄망궂은 손장난 2. '나이 어린 땅꾼' 또는 '몹시 인색한 사람을 욕하는 말'	25

		의 뜻으로는 인정함.	
재미중(齋米-)	동냥중	동냥 다니는 중	26
×저	쉬	1. 닭, 참새 따위를 쫓을 때 내는 소리	25
		2. '미처 생각이 잘 나지 않을 때 내는 소리'의 뜻으로는 인정함.	
×저지난달	지지난달	'이삼 개월 전의 달'의 뜻으로는 인정함.	17
×저지난밤	지지난밤	'이삼일 전의 밤, 엊그제 밤'의 뜻으로는 인정함.	17
×저지난번(-番)	지지난번(-番)	'지난번의 전번'의 뜻으로는 인정함.	17
×저지난해	지지난해	'이삼 년 전의 해'의 뜻으로는 인정함.	17
저편(-便)	저쪽	(고시) 편/쪽	26
전나귀		다리를 저는 나귀	
×전마춤(廛-)	×전마침(廛-)		17
	전맞춤		17
×전마침(廛-)	×전마춤(廛-)		17
	전맞춤(廛-)		17
전전달(前前-)	지지난달		26
제비꽃	오랑캐꽃	전문 용어로는 '제비꽃'을 인정함.	26
×제비추리	제비초리	1. 뒤통수나 앞이마에 뾰족이 내민 머리털	17
		2. '소의 안심에 붙은 고기의 한 가지'의 뜻으로는 인정함.	
×조개볼	보조개	1. (고시) 볼우물/보조개	25
		2. '조가비 형상 비슷이 가운데가 도도록하게 생긴 두 볼'의 뜻으로는 인정함.	
조롱조롱	조랑조랑		19
×조르개	조리개	1. 사진기의 -	17
		2. '물건을 졸라매는 데 쓰는 가는 줄'의 뜻으로는 '조르개'를 인정함.	
조리개	×조르개	1. 사진기의 -	17
		2. '물건을 졸라매는 데 쓰는	

		가는 줄'의 뜻으로는 '조르개' 를 인정함.	
종부돋움	발돋움	'물건을 차곡차곡 쌓아올리는 일'의 뜻으로도 인정함.	26
종중논(宗中-)	종답(宗畓)		26
종중밭(宗中-)	종전(宗田)		26
주꾸미	꼴뚜기	'주꾸미'는 낙짓과에 속하는 연체동물의 일종으로, '꼴뚜기'와는 별개임.	26
×주두라지	주둥아리	'말씨'의 낮은말로는 인정함.	25
×주럽	주접	1. 여러 가지 탓으로 생물체가 쇠하여지는 상태 2. '피로하여 고단한 증세'의 뜻으로는 인정함.	25
주살나다	뻔찔나다		26
죽젓개(粥-)	죽젓광이(粥-)	죽 쑬 때 젓는 방망이	26
죽지뼈	어깨뼈		26
중바랑	바랑		16, 26
쥐좆같다	쥐뿔같다	아주 보잘것없다	26
×지딱총(紙-銃)	딱총(-銃)		14, 25
지렛대	지레		16, 26
×지어땡이	짓고땡	(고시) ×지어땡 → 짓고땡	25
지정다지다 (地釘-)	터다지다	건축물 등의 지반을 단단하게 하려고 지정을 박아 다지다.	26
×지지콜콜이	시시콜콜히		17
×지천	지청구	1. 까닭 없이 남을 원망하는 것 2. '꾸지람'의 뜻으로는 인정함.	25
×진대	뱀	'남에게 기대어 떼를 쓰다시피 하여 괴로움을 끼치는 짓'의 뜻으로는 인정함.	25
×진신발	진발	1. 진창에서 더러워진 발 2. '진창에 젖은 신'의 뜻으로는 인정함.	14, 25
진탁(眞-)	친탁(親-)		26
질근질근	질겅질경	1. 질긴 것을 씹는 모양 2. '새끼, 노 따위를 느릿느릿 꼬는 모양'의 뜻으로도 인정함.	19
×짐대	돛대	'당(幢)'을 달아 세우는 대'의 뜻으로는 인정함.	25

짓옷	깃옷	26
짤끔거리다	짜뜰름거리다	1. 한목에 주지 않고 조금씩 주다 말다 하다. 2. '연하여 짤끔하다'의 뜻으로도 인정함.	26
쪽빛	남빛(藍-)	26
찌그럭거리다	지그럭거리다	19
쩰레	쩰레나무	16, 26
차인꾼(差人-)	차인(差人)	16, 26
×창칼	찬칼	1. 반찬 만드는 칼 2. '여러 작은 칼의 총칭'의 뜻으로는 인정함.	17
×채변	주변	1. 일을 주선하거나 변통하는 재간 2. '남이 무엇을 줄 때 사양하는 일'의 뜻으로는 인정함.	25
채삼꾼(採蔘-)	심마니	26
채소밭(菜蔬-)	남새밭	26
×채승아	채송화(菜松花)	5
×책술(冊-)	책실	1. 책을 매는 데 쓰는 실 2. '책의 두꺼운 정도'의 뜻으로는 인정함.	17
천덕구니(賤-)	천더기(賤-)	26
천덕꾸러기(賤-)		26
×첨대(籤-)	점대	1. 점을 치는 데 쓰는 대오리 2. '포개 놓은 틈에 끼워서 무엇을 표하는 데 쓰는 얇은 댓조각'의 뜻으로는 인정함.	17
×첩더기(妾-)	×첩데기(妾-)	첩(妾)	25
×첩데기(妾-)	×첩더기(妾-)	첩(妾)	25
×첩어미	서모(庶母)	'첩장모(妾丈母)'의 뜻으로 인정함.	25
×첫물	맏물	1. 맨 처음 난 푸성귀 2. '옷을 새로 지어 입고 빨 때까지의 동안'의 뜻으로는 인정함.	25
초벌	애벌	26
촉촉이	×촉촉히	17
×촉촉히	촉촉이	17

촌맹이(村氓-)	촌맹(村氓)	시골에 사는 백성	16, 26
총걸다(銃-)	×총곁다(銃-)		25
×총곁다(銃-)	총걸다(銃-)		25
×추다	추리다	1. 가려 내다	25
		2. '숨은 물건을 찾아 내려고 뒤지다'의 뜻으로는 인정함.	
치리	은어(銀漁)	'치리'와 '은어'는 별개임.	26
	쏘가리	'치리'와 '쏘가리'는 별개임.	26
×콩기름	콩나물	'콩에서 짜낸 기름'의 뜻으로는 인정함.	25
쿵더쿵	×쿵덕쿵		17
×쿵덕쿵	쿵더쿵		17
크낙새	골락새	전문 용어로는 '크낙새'를 인정함.	26
×큰어미	큰계집	'윗사람이 아랫사람의 큰어머니를 부르는 말'로는 인정함.	25
×키장다리	키다리		25
탁방나다(坼榜-)	방나다(榜-)	시험에 급제한 사람의 성명이 발표되다.	16
턱받이	×턱받기	어린아이의 턱 아래에 대어 주는 헝겊	25
톱칼	거도(鋸刀)		26
판수	소경	'점치는 것을 업으로 삼는 소경'의 뜻으로도 인정함.	26
팔모(八-)	여덟모	팔각(八角)	26
×팩성(-性)	팍성(愎性)	(고시) ×괴팩하다, 괴팍하다 → 괴팍하다	5, 10
평화스럽다(平和-)	평화롭다(平和-)		26
폐꾼(弊-)	폐객(弊客)		26
×푸나무	풋나무	1. '새나무, 갈잎나무, 풋장'의 총칭	17, 25
		2. '풀과 나무'의 뜻으로는 인정함.	
푸시시	부스스		26
푼내기	푼거리	1. 땔나무를 작게 묶어서 몇 푼의 돈으로 매매하는 일	26
		2. '몇 푼의 돈으로 하는 조그만 내기(노름)'의 뜻으로도 인정함.	
풀소	×풀소		17, 25

푿소가죽	×풀소가죽		17, 25
푿소고기	×풀소고기		17, 25
×풀소	푿소		17, 25
×풀소가죽	푿소가죽		17, 25
×풀소고기	푿소고기		17, 25
풍구(風-)	풀무	1. 불을 피우는 데 바람을 일으키는 제구 2. '바람을 일으켜서 곡물로부터 쭉정이 따위를 제거하는 기구'의 뜻으로도 인정함.	26
풍석질(風席-)	부뚜질	돗자리로 바람을 일으켜 곡식에 섞인 티끌 따위를 날리는 일	26
×핀둥이쏘이다	핀잔먹다		25
×핀둥이주다	핀잔주다		25
×하마하마	하마터면	'무슨 기회가 자꾸 닥쳐오는 모양'의 뜻으로는 인정함.	25
×해망적다	해망쩍다	총명하지 못하고 아둔하다.	17
해망쩍다	×해망적다	총명하지 못하고 아둔하다.	17
해발쪽하다	×해발쭉하다		8
×해발쭉하다	해발쪽하다		8
헌식돌(獻食-)	시식돌(施食-)	잡귀에게 밥을 주며 경문을 읽는 곳	26
×혐집	흠집(欠-)	(고시) 흠가다 / 흠나다 / 흠지다	5, 17
헛불놓다	헛방놓다		26
혐의스럽다(嫌疑-)	혐의쩍다(嫌疑-)		26
×형제주인어멈 (兄弟主人-)	쌍동중매(雙童 仲媒)		25
호랑나비	범나비	전문 용어로는 '호랑나비'를 인정함.	26
×호래비좆	홀아비좆	쟁기의 한 마루에 가로 꿰어 아래 덧방을 누르는 작은 나무	9
호래자식(-子息)	호래아들		26
×호로로	호르르	1. 날짐승이 나는 소리, 종이가 타는 모양 2. '호루라기나 호각 따위를 부는 소리'의 뜻으로는 인정함.	8
×호루루	호로로	호루라기를 부는 소리	8
호색꾼(好色-)	색골(色骨)		26
혹대패	뒤대패		26

×홀치다	훑이다	'벗어나거나 풀리지 못하게 조처하거나 동이다'의 뜻으로는 '홀치다'를 인정함.	25
×홑껍더기	홑껍데기		9
홑껍데기	×홑껍더기		9
×화라지	활대	1. 돛 위에 가로 댄 나무 2. '옆으로 길게 뻗어나간 나뭇가지를 땔나무로 이르는 말'로는 인정함.	25
×화숙(火-)	화전(火田)		25
화약심지(火藥心-)	화승(火繩)	'도화선(導火線)'도 인정함.	26
활줌통	줌통	활의 한가운데로, 손으로 잡는 부분.	26
활찐	활짝	1. 다만 '활짝'의 뜻 가운데 '밥 따위가 무르녹게 퍼진 모양'의 뜻으로는 인정하지 않음. 2. '너른 들 등이 매우 시원하게 벌어진 모양'의 뜻으로도 인정함.	26
황철나무	백양(白楊)	전문 용어로는 '황철나무'를 인정함.	26
×회춤	골목	'회첨'(처마가 ㄱ 자형으로 꺾여 굽어진 곳)의 뜻으로도 인정하지 않음.	25
후레자식(-子息)	후레아들		26
훗날(後-)	뒷날		26
훗일(後-)	뒷일		26
훨찐	훨쩍	1. 다만 '훨쩍'의 뜻 가운데 '밥 따위가 무르녹도록 퍼진 모양'의 뜻으로는 인정하지 않음. 2. '들 따위가 아주 시원스럽게 벌어진 모양'의 뜻으로도 인정함.	26
흙메	토산(土山)		26
×희나리	희아리	1. 조금 상해 말라서 희끗희끗하게 얼룩이 진 고추 2. '덜 마른 장작'의 뜻으로는 인정함.	17

$$\boxed{\text{문 장 부 호}}$$

문장 부호의 이름과 그 사용법은 다음과 같이 정한다.

Ⅰ. 마침표〔終止符〕

1. 온점(.), 고리점(。)

가로쓰기에는 온점, 세로쓰기에는 고리점을 쓴다.

(1) 서술, 명령, 청유 등을 나타내는 문장의 끝에 쓴다.

젊은이는 나라의 기둥이다.

황금 보기를 돌같이 하라.

집으로 돌아가자.

다만, 표제어나 표어에는 쓰지 않는다.

압록강은 흐른다(표제어)

꺼진 불도 다시 보자(표어)

(2) 아라비아 숫자만으로 연월일을 표시할 적에 쓴다.

1919. 3. 1.(1919년 3월 1일)

(3) 표시 문자 다음에 쓴다.

1. 마침표   ㄱ. 물음표   가. 인명

(4) 준말을 나타내는 데 쓴다.

서. 1987. 3. 5.(서기)

2. 물음표(?)

의심이나 물음을 나타낸다.

(1) 직접 질문할 때에 쓴다.

이제 가면 언제 돌아오니?

이름이 뭐지?

(2) 반어나 수사 의문(修辭疑問)을 나타낼 때에 쓴다.

제가 감히 거역할 리가 있습니까?

이게 은혜에 대한 보답이냐?

남북 통일이 되면 얼마나 좋을까?

(3) 특정한 어구 또는 그 내용에 대하여 의심이나 빈정거림, 비웃음 등을 표시할 때, 또는 적절한 말을 쓰기 어려운 경우에 소괄호 안에 쓴다.

그것 참 훌륭한(?) 태도야.

우리 집 고양이가 가출(?)을 했어요.

〔붙임1〕 한 문장에서 몇 개의 선택적인 물음이 겹쳤을 때에는 맨 끝의 물음에만 쓰지만, 각각 독립된 물음인 경우에는 물음마다 쓴다.

너는 한국인이냐, 중국인이냐?

너는 언제 왔니? 어디서 왔니? 무엇하러?

〔붙임2〕 의문형 어미로 끝나는 문장이라도 의문의 정도가 약할 때에는 물음표 대신 온점(또는 고리점)을 쓸 수도 있다.

이 일을 도대체 어쩐단 말이냐.

아무도 그 일에 찬성하지 않을 거야. 혹 미친 사람이면 모를까.

3. 느낌표(!)

감탄이나 놀람, 부르짖음, 명령 등 강한 느낌을 나타낸다.

(1) 느낌을 힘차게 나타내기 위해 감탄사나 감탄형 종결 어미 다음에 쓴다.

앗!

아, 달이 밝구나!

(2) 강한 명령문 또는 청유문에 쓴다.

지금 즉시 대답해!

부디 몸조심하도록!

(3) 감정을 넣어 다른 사람을 부르거나 대답할 적에 쓴다.

춘향아!

예, 도련님!

(4) 물음의 말로써 놀람이나 항의의 뜻을 나타내는 경우에 쓴다.

이게 누구야!

내가 왜 나빠!

〔붙임〕 감탄형 어미로 끝나는 문장이라도 감탄의 정도가 약할 때에는 느낌표 대신 온점(또는 고리점)을 쓸 수도 있다.

개구리가 나온 것을 보니, 봄이 오긴 왔구나.

Ⅱ. 쉼표〔休止符〕

1. 반점(,), 모점(、)

가로쓰기에는 반점, 세로쓰기에는 모점을 쓴다.

문장 안에서 짧은 휴지를 나타낸다.

(1) 같은 자격의 어구가 열거될 때에 쓴다.

근면, 검소, 협동은 우리 겨레의 미덕이다.

충청도의 계룡산, 전라도의 내장산, 강원도의 설악산은 모두 국립공원이다.

다만, 조사로 연결될 적에는 쓰지 않는다.

매화와 난초와 국화와 대나무를 사군자라고 한다.

(2) 짝을 지어 구별할 필요가 있을 때에 쓴다.

닭과 지네, 개와 고양이는 상극이다.

(3) 바로 다음의 말을 꾸미지 않을 때에 쓴다.

슬픈 사연을 간직한, 경주 불국사의 무영탑

성질 급한, 철수의 누이동생이 화를 내었다.

(4) 대등하거나 종속적인 절이 이어질 때에 절 사이에 쓴다.

콩 심으면 콩 나고, 팥 심으면 팥 난다.

흰 눈이 내리니, 경치가 더욱 아름답다.

(5) 부르는 말이나 대답하는 말 뒤에 쓴다.

애야, 이리 오너라.

예, 지금 가겠습니다.

(6) 제시어 다음에 쓴다.

빵, 빵이 인생의 전부이더냐?

용기, 이것이야말로 무엇과도 바꿀 수 없는 젊은이의 자산이다.

(7) 도치된 문장에 쓴다.

이리 오세요, 어머님.

다시 보자, 한강수야.

(8) 가벼운 감탄을 나타내는 말 뒤에 쓴다.

아, 깜빡 잊었구나.

(9) 문장 첫머리의 접속이나 연결을 나타내는 말 다음에 쓴다.

첫째, 몸이 튼튼해야 된다.

아무튼, 나는 집에 돌아가겠다.

다만, 일반적으로 쓰이는 접속어(그러나, 그러므로, 그리고, 그런데 등) 뒤에는 쓰지 않음을 원칙으로 한다.

그러나 너는 실망할 필요가 없다.

(10) 문장 중간에 끼여든 구절 앞뒤에 쓴다.

나는, 솔직히 말하면, 그 말이 별로 탐탁하지 않소.

철수는 미소를 띠고, 속으로는 화가 치밀었지만, 그들을 맞았다.

(11) 되풀이를 피하기 위하여 한 부분을 줄일 때에 쓴다.

여름에는 바다에서, 겨울에는 산에서 휴가를 즐겼다.

(12) 문맥상 끊어 읽어야 할 곳에 쓴다.

갑돌이가 울면서, 떠나는 갑순이를 배웅했다.

갑돌이가, 울면서 떠나는 갑순이를 배웅했다.

철수가, 내가 제일 좋아하는 친구이다.

남을 괴롭히는 사람들은, 만약 그들이 다른 사람에게 괴롭힘을 당해 본다면,

남을 괴롭히는 일이 얼마나 나쁜 일인지 깨달을 것이다.

(13) 숫자를 나열할 때에 쓴다.

1, 2, 3, 4

(14) 수의 폭이나 개략의 수를 나타낼 때에 쓴다.

5, 6세기　　　　6, 7개

(15) 수의 자릿점을 나열할 때에 쓴다.

14,314

2. 가운뎃점(·)

열거된 여러 단위가 대등하거나 밀접한 관계임을 나타낸다.

(1) 쉼표로 열거된 어구가 다시 여러 단위로 나누어질 때에 쓴다.

철수·영이, 영수·순이가 서로 짝이 되어 윷놀이를 하였다.

공주·논산, 천안·아산·천원 등 각 지역구에서 2명씩 국회 의원을 뽑는다.

시장에 가서 사과·배·복숭아, 고추·마늘·파, 조기·명태·고등어를 샀다.

(2) 특정한 의미를 가지는 날을 나타내는 숫자에 쓴다.

3·1 운동　　　　8·15 광복

(3) 같은 계열의 단어 사이에 쓴다.

경북 방언의 조사·연구

충북·충남 두 도를 합하여 충청도라고 한다.

동사·형용사를 합하여 용언이라고 한다.

3. 쌍점(:)

(1) 내포되는 종류를 들 적에 쓴다.

문장 부호 : 마침표, 쉼표, 따옴표, 묶음표 등

문방사우 : 붓, 먹, 벼루, 종이

(2) 소표제 뒤에 간단한 설명이 붙을 때에 쓴다.

일시 : 1984년 10월 15일 10시

마침표 : 문장이 끝남을 나타낸다.

(3) 저자명 다음에 저서명을 적을 때에 쓴다.

정약용 : 목민심서, 경세유표

주시경 : 국어 문법, 서울 박문 서관, 1910.

(4) 시(時)와 분(分), 장(章)과 절(節) 따위를 구별할 때나, 둘 이상을 대비할 때에 쓴다.

오전 10:20(오전 10시 20분)

요한 3:16(요한복음 3장 16절)

대비 65:60(65대60)

4. 빗금 (/)

(1) 대응, 대립되거나 대등한 것을 함께 보이는 단어와 구, 절 사이에 쓴다.

남궁만/남궁 만   백이십오 원/125원

착한 사람/악한 사람   맞닥뜨리다/맞닥트리다

(2) 분수를 나타낼 때에 쓰기도 한다.

3/4 분기   3/20

Ⅲ. 따옴표〔引用符〕

1. 큰따옴표(" "), 겹낫표(『 』)

가로쓰기에는 큰따옴표, 세로쓰기에는 겹낫표를 쓴다.

대화, 인용, 특별 어구 따위를 나타낸다.

(1) 글 가운데서 직접 대화를 표시할 때에 쓴다.

"전기가 없었을 때는 어떻게 책을 보았을까?"

"그야 등잔불을 켜고 보았겠지."

(2) 남의 말을 인용할 경우에 쓴다.

예로부터 "민심은 천심이다."라고 하였다.

"사람은 사회적 동물이다."라고 말한 학자가 있다.

2. 작은따옴표(' '), 낫표(「 」)

가로쓰기에는 작은따옴표, 세로쓰기에는 낫표를 쓴다.

(1) 따온 말 가운데 다시 따온 말이 들어 있을 때에 쓴다.

"여러분! 침착해야 합니다. '하늘이 무너져도 솟아날 구멍이 있다.'고 합니다."

(2) 마음속으로 한 말을 적을 때에 쓴다.

'만약 내가 이런 모습으로 돌아간다면, 모두들 깜짝 놀라겠지.'

〔붙임〕 문장에서 중요한 부분을 두드러지게 하기 위해 드러냄표 대신에 쓰기도 한다.

지금 필요한 것은 '지식'이 아니라 '실천'입니다.

'배부른 돼지'보다는 '배고픈 소크라테스'가 되겠다.

Ⅳ. 묶음표〔括弧符〕

1. 소괄호 (( ))

(1) 원어, 연대, 주석, 설명 등을 넣을 적에 쓴다.

커피(coffee)는 기호 식품이다.

3·1 운동(1919) 당시 나는 중학생이었다.

‘무정(無情)’은 춘원(6·25 때 납북)의 작품이다.

니체(독일의 철학자)는 이렇게 말했다.

(2) 특히, 기호 또는 기호적인 구실을 하는 문자, 단어, 구에 쓴다.

(1) 주어　　　　　　(ㄱ) 명사　　　　(㈐) 소리에 관한 것

(3) 빈 자리임을 나타낼 적에 쓴다.

우리 나라의 수도는 (　　)이다.

2. 중괄호({ })

여러 단위를 동등하게 묶어서 보일 때에 쓴다.

주격 조사 $\begin{Bmatrix} 가 \\ 이 \end{Bmatrix}$　　　　　국가의 삼 요소 $\begin{Bmatrix} 국토 \\ 국민 \\ 주권 \end{Bmatrix}$

3. 대괄호 (〔 〕)

(1) 묶음표 안의 말이 바깥 말과 음이 다를 때에 쓴다.

나이〔年歲〕　　　　　낱말〔單語〕　　　　　손발〔手足〕

(2) 묶음표 안에 또 묶음표가 있을 때에 쓴다.

명령에 있어서의 불확실〔단호(斷乎)하지 못함.〕은 복종에 있어서의 불확실〔모호(模糊)함.〕을 낳는다.

V. 이음표〔連結符〕

1. 줄표(——)

이미 말한 내용을 다른 말로 부연하거나 보충함을 나타낸다.

(1) 문장 중간에 앞의 내용에 대해 부연하는 말이 끼어들 때에 쓴다.

그 신동은 네 살에 —— 보통 아이 같으면 천자문도 모를 나이에 —— 벌써 시를 지었다.

(2) 앞의 말을 정정 또는 변명하는 말이 이어질 때에 쓴다.

어머님께 말했다가 —— 아니, 말씀드렸다가 —— 꾸중만 들었다.

이건 내 것이니까 —— 아니, 내가 처음 발견한 것이니까 —— 절대로 양보할 수가 없다.

2. 붙임표(-)

(1) 사전, 논문 등에서 합성어를 나타낼 적에, 또는 접사나 어미임을 나타낼 적에 쓴다.

겨울-나그네　　　불-구경　　　손-발

휘-날리다　　　슬기-롭다　　　-(으)ㄹ걸

(2) 외래어와 고유어 또는 한자어가 결합되는 경우에 쓴다.

나일론-실　　　다-장조　　　빛-에너지　　　염화-칼륨

3. 물결표(~)

(1) ‘내지’라는 뜻에 쓴다.

9월 15일~9월 25일

(2) 어떤 말의 앞이나 뒤에 들어갈 말 대신 쓴다.

새마을 : ~ 운동　　　　　~ 노래

-가(家) : 음악~　　　　　미술~

Ⅵ. 드러냄표〔顯在符〕

1. 드러냄표(˙ , ˚)

˙이나 ˚을 가로쓰기에는 글자 위에, 세로쓰기에는 글자 오른쪽에 쓴다.

문장 내용 중에서 주의가 미쳐야 할 곳이나 중요한 부분을 특별히 드러내 보일
때에 쓴다.

한글의 본 이름은 훈민정음이다.

중요한 것은 왜 사느냐가 아니라 어떻게 사느냐 하는 문제이다.

〔붙임〕 가로쓰기에서는 밑줄(──── , ﹏﹏﹏)을 치기도 한다.

다음 보기에서 명사가 <u>아닌</u> 것은?

Ⅶ. 안드러냄표〔潛在符〕

1. 숨김표(××, ○○)

알면서도 고의로 드러내지 않음을 나타낸다.

(1) 금기어나 공공연히 쓰기 어려운 비속어의 경우, 그 글자의 수효만큼 쓴다.

배운 사람 입에서 어찌 ○○○란 말이 나올 수 있느냐?

그 말을 듣는 순간 ×××란 말이 목구멍까지 치밀었다.

(2) 비밀을 유지할 사항일 경우, 그 글자의 수효만큼 쓴다.

육군 ○○ 부대 ○○○명이 작전에 참가하였다.

그 모임의 참석자는 김×× 씨, 정×× 씨 등 5명이었다.

2. 빠짐표(□)

글자의 자리를 비워 둠을 나타낸다.

(1) 옛 비문이나 서적 등에서 글자가 분명하지 않을 때에 그 글자의 수효만큼 쓴다.

大師爲法主□□賴之大□薦 (옛 비문)

(2) 글자가 들어가야 할 자리를 나타낼 때에 쓴다.

훈민정음의 초성 중에서 아음(牙音)은 □□□의 석 자다.

3. 줄임표(……)

(1) 할 말을 줄였을 때에 쓴다.

"어디 나하고 한 번……."

하고 철수가 나섰다.

(2) 말이 없음을 나타낼 때에 쓴다.

"빨리 말해!"

"……."

로마자 표기법

제 1 장 표기의 기본 원칙

제 1 항 국어의 로마자 표기는 국어의 표준 발음법에 따라 적는 것을 원칙으로 한다.

제 2 항 로마자 이외의 부호는 되도록 사용하지 않는다.

제 2 장 표기 일람

제 1 항 모음은 다음 각 호와 같이 적는다.

1. 단모음

ㅏ	ㅓ	ㅗ	ㅜ	ㅡ	ㅣ	ㅐ	ㅔ	ㅚ	ㅟ
a	eo	o	u	eu	i	ae	e	oe	wi

2. 이중 모음

ㅑ	ㅕ	ㅛ	ㅠ	ㅒ	ㅖ	ㅘ	ㅙ	ㅝ	ㅞ	ㅢ
ya	yeo	yo	yu	yae	ye	wa	wae	wo	we	ui

〔붙임1〕 'ㅢ'는 'ㅣ'로 소리 나더라도 'ui'로 적는다.
　　　광희문 Gwanghuimun

〔붙임2〕 장모음의 표기는 따로 하지 않는다.

제 2 항 자음은 다음 각 호와 같이 적는다.

1. 파열음

ㄱ	ㄲ	ㅋ	ㄷ	ㄸ	ㅌ	ㅂ	ㅃ	ㅍ
g,k	kk	k	d,t	tt	t	b,p	pp	p

2. 파찰음

ㅈ	ㅉ	ㅊ
j	jj	ch

3. 마찰음

ㅅ	ㅆ	ㅎ
s	ss	h

4. 비음

ㄴ	ㅁ	ㅇ
n	m	ng

5. 유음

ㄹ
r,l

〔붙임1〕 'ㄱ, ㄷ, ㅂ'은 모음 앞에서는 'g, d, b'로, 자음 앞이나 어말에서는 'k, t, p'로 적는다. (〔 〕 안의 발음에 따라 표기함.)

〔붙임2〕 'ㄹ'은 모음 앞에서는 'r'로, 자음 앞이나 어말에서는 'l'로 적는다. 단, 'ㄹㄹ'은 'll'로 적는다.

구 리 Guri	설 악 Seorak	칠 곡 Chilgok
임 실 Imsil	울 릉 Ulleung	대관령〔대괄령〕 Daegwallyeong

제3장 표기상의 유의점

제1항 음운 변화가 일어날 때에는 변화의 결과에 따라 다음 각 호와 같이 적는다.

  1. 자음 사이에서 동화 작용이 일어나는 경우

      백마〔뱅마〕Baengma   신문로〔신문노〕Sinmunno

      종로〔종노〕Jongno   왕십리〔왕심니〕Wangsimni

      별내〔별래〕Byeollae   신라〔실라〕Silla

  2. 'ㄴ, ㄹ'이 덧나는 경우

      학여울〔항녀울〕Hangnyeoul   알약〔알략〕allyak

  3. 구개음화가 되는 경우

      해돋이〔해도지〕haedoji   같이〔가치〕gachi

      맞히다〔마치다〕machida

  4. 'ㄱ, ㄷ, ㅂ, ㅈ'이 'ㅎ'과 합하여 거센소리로 소리 나는 경우

      좋고〔조코〕joko   놓다〔노타〕nota

      잡혀〔자펴〕japyeo   낳지〔나치〕nachi

  다만, 체언에서 'ㄱ, ㄷ, ㅂ' 뒤에 'ㅎ'이 따를 때에는 'ㅎ'을 밝혀 적는다.

      묵호 Mukho   집현전 Jiphyeonjeon

 〔붙임〕된소리되기는 표기에 반영하지 않는다.

      압구정 Apgujeong   낙동강 Nakdonggang

      죽 변 Jukbyeon   낙성대 Nakseongdae

      합 정 Hapjeong   팔 당 Paldang

      샛 별 saetbyeol   울 산 Ulsan

제2항 발음상 혼동의 우려가 있을 때에는 음절 사이에 붙임표(-)를 쓸 수 있다.

      중 앙 Jung-ang   반구대 Ban-gudae

      세 운 Se-un   해운대 Hae-undae

제3항 고유 명사는 첫 글자를 대문자로 적는다.

      부 산 Busan   세 종 Sejong

제4항 인명은 성과 이름의 순서로 띄어 쓴다. 이름은 붙여 쓰는 것을 원칙으로 하되 음절 사이에 붙임표(-)를 쓰는 것을 허용한다. (( )안의 표기를 허용함.)

      민용하 Min Yongha (Min Yong-ha)

      송나리 Song Nari (Song Na-ri)

  1. 이름에서 일어나는 음운 변화는 표기에 반영하지 않는다.

      한복남 Han Boknam (Han Bok-nam)

      홍빛나 Hong Bitna (Hong Bit-na)

  2. 성의 표기는 따로 정한다.

제5항 '도, 시, 군, 구, 읍, 면, 리, 동'의 행정 구역 단위와 '가'는 각각 'do, si, gun, gu, eup, myeon, ri, dong, ga'로 적고, 그 앞에는 붙임표(-)를 넣는다. 붙임표(-) 앞뒤에서 일어나는 음운 변화는 표기에 반영하지 않는다.

충청북도 Chungcheongbuk-do	제주도 Jeju-do
의정부시 Uijeongbu-si	양주군 Yangju-gun
도봉구 Dobong-gu	신창읍 Sinchang-eup
삼죽면 Samjuk-myeon	인왕리 Inwang-ri
당산동 Dangsan-dong	봉천1동 Bongcheon 1(il)-dong
종로 2가 Jongno 2(i)-ga	퇴계로 3가 Toegyero 3(sam)-ga

〔붙임〕'시, 군, 읍'의 행정 구역 단위는 생략할 수 있다.

청주시 Cheongju　　　함평군 Hampyeong　　　순창읍 Sunchang

제6항 자연 지물명, 문화재명, 인공 축조물명은 붙임표(-) 없이 붙여 쓴다.

남 산 Namsan	속리산 Songnisan
금 강 Geumgang	독 도 Dokdo
경복궁 Gyeongbokgung	무량수전 Muryangsujeon
연화교 Yeonhwagyo	극락전 Geungnakjeon
안압지 Anapji	남한산성 Namhansanseong
화랑대 Hwarangdae	불국사 Bulguksa
현충사 Hyeonchungsa	독립문 Dongnimmun
오죽헌 Ojukheon	촉석루 Chokseongnu
종 묘 Jongmyo	다보탑 Dabotap

제7항 인명, 회사명, 단체명 등은 그동안 써 온 표기를 쓸 수 있다.

제8항 학술 연구 논문 등 특수 분야에서 한글 복원을 전제로 표기할 경우 에는 한글 표기를 대상으로 적는다. 이때 글자 대응은 제2장을 따르되 'ㄱ, ㄷ, ㅂ, ㄹ'은 'g, d, b, l'로만 적는다. 음가 없는 'ㅇ'은 붙임표(-)로 표기하되 어두에서는 생략하는 것을 원칙으로 한다. 기타 분절의 필요가 있을 때에도 붙임표(-)를 쓴다.

집 jib	짚 jip	밖 bakk
값 gabs	붓꽃 buskkoch	먹는 meogneun
독립 doglib	문리 munli	물엿 mul-yeos
굳이 gud-i	좋다 johda	가곡 gagog
조랑말 jolangmal	없었습니다 eobs-eoss-seubnida	

외래어(영어) 표기법

〈1986. 1. 7. 문교부 고시〉

국제 음성 기호와 한글 대조표

자 음			반 모 음		모 음	
국제 음성 기 호	한 글		국제 음성 기 호	한 글	국제 음성 기 호	한 글
	모 음 앞	자음 앞 또는 어 말				
p	ㅍ	ㅂ, 프	j	이	i	이
b	ㅂ	브	ɥ	위	y	위
t	ㅌ	ㅅ, 트	w	오, 우	e	에
d	ㄷ	드			ø	외
k	ㅋ	ㄱ, 크			ɛ	에
g	ㄱ	그			ɛ̃	앵
f	ㅍ	프			œ	외
v	ㅂ	브			œ̃	욍
θ	ㅅ	스			æ	애
ð	ㄷ	드			a	아
s	ㅅ	스			ɑ	아
z	ㅈ	즈			ɑ̃	앙
ʃ	시	슈, 시			ʌ	어
ʒ	ㅈ	지			ɔ	오
ts	ㅊ	츠			ɔ̃	옹
dz	ㅈ	즈			o	오
tʃ	ㅊ	치			u	우
dʒ	ㅈ	지			ə	어
m	ㅁ	ㅁ			ɚ	어
n	ㄴ	ㄴ				
ɲ	니	뉴				
ŋ	ㅇ	ㅇ				
l	ㄹ, ㄹㄹ	ㄹ				
r	ㄹ	르				
h	ㅎ	흐				
ç	ㅎ	히				
x	ㅎ	흐				

'국제 음성 기호와 한글 대조표'에 따라 적되, 다음 사항에 유의하여 적는다.

제 1 항 무성 파열음([p], [t], [k])

1) 짧은 모음 다음의 어말 무성 파열음([p], [t], [k])은 받침으로 적는다.
　보기　gap[gæp] 갭　　　　　　　cat[kæt] 캣
　　　　book[buk] 북

2) 짧은 모음과 유음·비음([l], [r], [m], [n]) 이외의 자음 사이에 오는 무성 파열음
([p], [t], [k])은 받침으로 적는다.
　보기　apt[æpt] 앱트　　　　　　setback[setbæk] 셋백
　　　　act[ækt] 액트

3) 위 경우 이외의 어말과 자음 앞의 [p], [t], [k]는 '으'를 붙여 적는다.
　보기　stamp[stæmp] 스탬프　　　cape[keip] 케이프
　　　　nest[nest] 네스트　　　　　part[pɑːt] 파트
　　　　desk[desk] 데스크　　　　　make[meik] 메이크
　　　　apple[æpl] 애플　　　　　　mattress[mætris] 매트리스
　　　　chipmunk[tʃipmʌŋk] 치프멍크　sickness[siknis] 시크니스

제 2 항 유성 파열음([b], [d], [g])

어말과 모든 자음 앞에 오는 유성 파열음은 '으'를 붙여 적는다.
　보기　bulb[bʌlb] 벌브　　　　　　land[lænd] 랜드
　　　　zigzag[zigzæg] 지그재그　　lobster[lɔbstə] 로브스터
　　　　kidnap[kidnæp] 키드냅　　　signal[signəl] 시그널

제 3 항 마찰음([s], [z], [f], [v], [θ], [ð], [ʃ], [ʒ])

1) 어말 또는 자음 앞의 [s], [z], [f], [v], [θ], [ð]는 '으'를 붙여 적는다.
　보기　mask[mɑːsk] 마스크　　　　jazz[dʒæz] 재즈
　　　　graph[græf] 그래프　　　　olive[ɔliv] 올리브
　　　　thrill[θril] 스릴　　　　　　bathe[beið] 베이드

2) 어말의 [ʃ]는 '시'로 적고, 자음 앞의 [ʃ]는 '슈'로, 모음 앞의 [ʃ]는 뒤따르는 모음에
따라 '샤', '섀', '셔', '셰', '쇼', '슈', '시'로 적는다.
　보기　flash[flæʃ] 플래시　　　　　shrub[ʃrʌb] 슈러브
　　　　shark[ʃɑːk] 샤크　　　　　　shank[ʃæŋk] 섕크
　　　　fashion[fæʃən] 패션　　　　　sheriff[ʃerif] 셰리프
　　　　shopping[ʃɔpiŋ] 쇼핑　　　　shoe[ʃuː] 슈
　　　　shim[ʃim] 심

3) 어말 또는 자음 앞의 [ʒ]는 '지'로 적고, 모음 앞의 [ʒ]는 'ㅈ'으로 적는다.
　보기　mirage[mirɑːʒ] 미라지　　　vision[viʒən] 비전

제 4 항 파찰음([ts], [dz], [tʃ], [dʒ])

1) 어말 또는 자음 앞의 [ts], [dz]는 '츠', '즈'로 적고, [tʃ], [dʒ]는 '치', '지'로 적는
다.
　보기　Keats[kiːts] 키츠　　　　　odds[ɔdz] 오즈

switch[switʃ] 스위치   bridge[bridʒ] 브리지
Pittsburgh[pitsbəːg] 피츠버그   hitchhike[hitʃhaik] 히치하이크

2) 모음 앞의 [tʃ], [dʒ]는 'ㅊ', 'ㅈ'으로 적는다.

　　보기 chart[tʃɑːt] 차트   virgin[vəːdʒin] 버진

제5항 비음([m], [n], [ŋ])

1) 어말 또는 자음 앞의 비음은 모두 받침으로 적는다.

　　보기 steam[stiːm] 스팀   corn[kɔːn] 콘
　　　　ring[riŋ] 링   lamp[læmp] 램프
　　　　hint[hint] 힌트   ink[iŋk] 잉크

2) 모음과 모음 사이의 [ŋ]은 앞 음절의 받침 'ㅇ'으로 적는다.

　　보기 hanging[hæŋiŋ] 행잉   longing[lɔŋiŋ] 롱잉

제6항 유음([l])

1) 어말 또는 자음 앞의 [l]은 받침으로 적는다.

　　보기 hotel[houtel] 호텔   pulp[pʌlp] 펄프

2) 어중의 [l]이 모음 앞에 오거나, 모음이 따르지 않는 비음([m], [n]) 앞에 올 때에는 'ㄹㄹ'로 적는다. 다만, 비음([m], [n]) 뒤의 [l]은 모음 앞에 오더라도 'ㄹ'로 적는다.

　　보기 slide[slaid] 슬라이드   film[film] 필름
　　　　helm[helm] 헬름   swoln[swouln] 스월른
　　　　Hamlet[hæmlit] 햄릿   Henley[henli] 헨리

제7항 장모음
　장모음의 장음은 따로 표기하지 않는다.

　　보기 team[tiːm] 팀   route[ruːt] 루트

제8항 중모음([ai], [au], [ei], [ɔi], [ou], [auə])
　중모음은 각 단모음의 음가를 살려서 적되, [ou]는 '오'로, [auə]는 '아워'로 적는다.

　　보기 time[taim] 타임   house[haus] 하우스
　　　　skate[skeit] 스케이트   oil[ɔil] 오일
　　　　boat[bout] 보트   tower[tauə] 타워

제9항 반모음([w], [j])

1) [w]는 뒤따르는 모음에 따라 [wə], [wɔ], [wou]는 '워', [wɑ]는 '와', [wæ]는 '왜', [we]는 '웨', [wi]는 '위', [wu]는 '우'로 적는다.

　　보기 word[wəːd] 워드   want[wɔnt] 원트
　　　　woe[wou] 워   wander[wɑndə] 완더
　　　　wag[wæg] 왜그   west[west] 웨스트
　　　　witch[witʃ] 위치   wool[wul] 울

2) 자음 뒤에 [w]가 올 때에는 두 음절로 갈라 적되, [gw], [hw], [kw]는 한 음절로 붙여 적는다.

　　보기 swing[swiŋ] 스윙   twist[twist] 트위스트

penguin[peŋgwin] 펭귄　　　whistle[hwisl] 휘슬

quarter[kwɔːtə] 쿼터

3) 반모음 [j]는 뒤따르는 모음과 합쳐 '야', '얘', '여', '예', '요', '유', '이'로 적는다.
다만, [d], [l], [n] 다음에 [jə]가 올 때에는 각각 '디어', '리어', '니어'로 적는다.

> **보기**　yard[jɑːd] 야드　　　　　　yank[jæŋk] 앵크
> yearn[jəːn] 연　　　　　　yellow[jelou] 옐로
> yawn[jɔːn] 욘　　　　　　you[juː] 유
> year[jiə] 이어
> Indian[indjən] 인디언　　battalion[bətæljən] 버탤리언
> union[juːnjən] 유니언

제 10 항　복합어

1) 따로 설 수 있는 말의 합성으로 이루어진 복합어는 그것을 구성하고 있는 말이 단독
으로 쓰일 때의 표기대로 적는다.

> **보기**　cuplike[kʌplaik] 컵라이크
> bookend[bukend] 북엔드
> headlight[hedlait] 헤드라이트
> touchwood[tʌtʃwud] 터치우드
> sit-in[sitin] 싯인
> bookmaker[bukmeikə] 북메이커
> flashgun[flæʃɡʌn] 플래시건
> topknot[tɔpnɔt] 톱놋

2) 원어에서 띄어 쓴 말은 띄어 쓴 대로 한글 표기를 하되, 붙여 쓸 수도 있다.

> **보기**　Los Alamos[lɔs æləmous] 로스 앨러모스/로스앨러모스
> top class[tɔpklæs] 톱 클래스/톱클래스

일 러 두 기

❖ **수록 범위**

- 교육부에서 펴낸 '편수 자료 Ⅱ-1 외래어 표기 용례(일반 외래어)'(1994년 1월 10일 발행)에서 선정한 3,000여 어를 수록하였다.
- 주로 일반 용어를 수록하되, 고유 명사(종족이나 언어의 이름 따위)도 실었다.
- 편수 자료에는 수록되어 있지 않으나 일상 언어생활에서 널리 쓰이는 '인터넷(internet)'이나 '엘니뇨(el Niño)' 따위 용어도 선별하여 수록하였다.

❖ **원어**

- 원어는 모두 로마자로 제시하고 이에 따라 알파벳순으로 배열하였다.
- 가능한 한 원어가 한글 표기에 일치하도록 하여 제시하였다.
  예) 볼펜 ⇨ ball pen(←ball-point pen)
- 원어의 일부에 대해서만 한글 표기를 했더라도 그 부분만 끊어 낼 수 없을 때는 전체를 제시하였다.
  예) 포름(산) ⇨ formic acid

❖ **한글 표기**

- 1986년 문교부에서 고시한 '외래어 표기법'에 따라, 자음의 표기에 된소리를 쓰지 않고(단, '삐라'·'껌' 따위와 같은 관용음은 된소리를 인정함), 장모음의 장음을 따로 표기하지 않았다.
- 편수 자료에서 띄어 쓴 말은 한글 표기에서도 띄어 썼으나 적절하지 않은 경우에는 붙였다.
  예) home run ⇨ 홈런.

---

acacia 아카시아
academic 아카데믹
academy 아카데미
acanthus 아칸서스
accelerator 액셀러레이터
accent 악센트
acceptor 억셉터
access 액세스
accessory 액세서리
accordion 아코디언
ace 에이스
acetate 아세테이트
acetaldehyde 아세트알데히드
acetic acid 아세트(산)

acetone 아세톤
acetyl 아세틸
acetylene 아세틸렌
Achilles tendon 아킬레스(건)
acre 에이커
acrylic acid 아크릴(산)
action 액션
active 액티브
acyl 아실
AD 에이디
adagio 아다지오
adapter 어댑터
ad+balloon 애드벌룬
address 어드레스
adenine 아데닌

adrenaline 아드레날린
advantage 어드밴티지
aerobic dance 에어로빅 댄스
aerofoil 에어로포일
aerosol 에어로졸
afghan 아프간 〔편물〕
after+service 애프터서비스
agapē 아가페
agrément 아그레망
Ainu 아이누
air conditioner 에어컨(디셔너)
airspray 에어스프레이
album 앨범
albumin 알부민

alcohol 알코올
aldehyde 알데히드
ALGOL 알골
algorism 알고리즘
alibi 알리바이
alkali 알칼리
alkaloid 알칼로이드
Allah 알라
allegory 알레고리
allegretto 알레그레토
allegro 알레그로
alleluia 알렐루야
Allergie 알레르기
alligator 앨리게이터
all-in-one 올인원
almond 아몬드
aloha 'oe 알로하 오에
alpaca 알파카
Alpenhorn 알펜호른
alpha 알파
alphabet 알파벳
alpine 알파인
Altai 알타이
alto 알토
aluminium 알루미늄
Alzheimer 알츠하이머
amalgam 아말감
amateur 아마추어
amateurism 아마추어리즘
amber 앰버
ambulance 앰뷸런스
amide 아미드
amine 아민
amino acid 아미노(산)
ammonia 암모니아
ammonite 암모나이트
ammonium 암모늄
amoeba 아메바
ampère 암페어 〔단위〕
amplifier 앰프(앰플리파이어)
ampoule 앰풀
Amylase 아밀라아제
analogue 아날로그
anchor 앵커
anchovy 안초비
ancien régime 앙시앵 레짐
andante 안단테
andantino 안단티노
androgen 안드로겐
Andromeda 안드로메다
anemone 아네모네
aneroid 아네로이드
angel 에인절
angle 앵글
Anglo-Saxon 앵글로·색슨

Angora 앙고라
aniline 아닐린
animation 애니메이션
animism 애니미즘
announcer 아나운서
anomie 아노미
antenna 안테나
antique 앤티크
Antithese 안티테제
Apache 아파치
APEC 에이펙
Apollo 아폴로
apparel 어패럴
appassionato 아파시오나토
appeal 어필
appetizer 애피타이저
application 애플리케이션
applicator 애플리케이터
appliqué 아플리케
approach 어프로치
apron 에이프런
Arab 아랍
arabesque 아라베스크
Arabian Nights 아라비안
　나이트
Arbeit 아르바이트
arc 아크
arcade 아케이드
arch 아치
archaic 아케익
are 아르
area 에어리어
argon 아르곤
armature 아마추어
aria 아리아
arpeggio 아르페지오
Arrow 애로(호) 〔배 이름〕
art nouveau 아르 누보
art paper 아트지
Aryan 아리안(족)
ASEAN 아세안
asparagine 아스파라긴
asparagus 아스파라거스
asphalt 아스팔트
Aspirin 아스피린
assemblage 어셈블리지
assembler 어셈블러
atelier 아틀리에
a tempo 아 템포
Atonie 아토니
audio 오디오
Aureomycin 오레오마이신
aurora 오로라
Australopithecus 오스트
　랄로피테쿠스

auto 오토
autobicycle 오토바이
automatic 오토매틱
automation 오토메이션
auxin 옥신
avant-garde 아방가르드
average 애버리지
Aztec 아스텍

Babel 바벨(탑)
baby boom 베이비 붐
background 백그라운드
backhand 백핸드
back mirror 백미러
back pass 백 패스
backup 백업
bacon 베이컨
bacteria 박테리아
badge 배지
badminton 배드민턴
bag 백
bag pipe 백파이프
baking powder 베이킹
　파우더
balance 밸런스
balcony 발코니
ball 볼
ballad 발라드
ballade 발라드
ballerina 발레리나
ballet 발레
balloon 벌룬
ball pen 볼펜
balsam 발삼
Balt 발트(해)
banana 바나나
band 밴드
banjo 밴조
bank 뱅크
banking 뱅킹
bantam 밴텀
bar 바
barbecue 바비큐
barbell 바벨
bargain-sale 바겐세일
barge 바지
baritone 바리톤
barium 바륨
barometer 바로미터
baroque 바로크
barrel 배럴
barricade 바리케이드
bartender 바텐더
base 베이스

baseball 베이스볼
BASIC 베이식
basilica 바실리카
basket 바스켓
Basque 바스크(족)
bass 배스 〔물고기, 섬유〕
bass 베이스 〔음악〕
bassoon 바순
bat 배트
baton 배턴 〔체육〕
battery 배터리
batting 배팅
bauxite 보크사이트
bazar 바자
bazooka 바주카
BC 비시
beach parasol 비치파라솔
beacon 비컨
beaker 비커
beam 빔
bearing 베어링
beauty 뷰티
beaver 비버
bed 베드
Bedouin 베두인(족)
beef-steak 비프스테이크
beer 비어
begonia 베고니아
beige 베이지
bell 벨
belt conveyor 벨트 컨베이어
belt line 벨트 라인
bench 벤치
bench-marking 벤치마킹
benzene 벤젠
béret 베레
beryllium 베릴륨
best 베스트
best seller 베스트셀러
beta 베타
bias 바이어스
bidet 비데
Big-Bang 빅뱅
bikini 비키니
bill 삐라
billboard 빌보드
bi-metal 바이메탈
bind 바인드
binder 바인더
biosensor 바이오센서
birdie 버디
biscuit 비스킷
bishop 비숍
bit 비트

bite 바이트
black box 블랙박스
black hole 블랙홀
blacklist 블랙리스트
blank 블랭크
blast 블라스트
blind 블라인드
bloc 블록
block 블록
blockbuster 블록버스터
blocking 블로킹
blouse 블라우스
blowing 블로잉
blue-collar 블루칼라
bluegill 블루길
blue jeans 블루진
blues 블루스
board 보드
boarding 보딩
boat 보트
bobsleigh 봅슬레이
body-building 보디빌딩
Body-line 보디라인
Bohemian 보헤미안
boiler 보일러
bolero 볼레로
Bol' sheviki 볼셰비키
Bolshevism 볼셰비즘
bolt 볼트
bond 본드
bonnet 보닛
bonus 보너스
boom 붐
boomerang 부메랑
booster 부스터
boots 부츠
Bordeaux 보르도
boring 보링
boss 보스
bound 바운드
bourgeois 부르주아
bourgeoisie 부르주아지
bowl 볼
bowling 볼링
box 박스
boxer 복서
boxing 복싱
boycott 보이콧
Boy Scout 보이 스카우트
Brahman 브라만
brain 브레인
brake 브레이크
brake lining 브레이크 라이닝
branch 브랜치

brand 브랜드
brandy 브랜디
brass band 브라스 밴드
brassiere 브래지어
bravo 브라보
break 브레이크
breakfast 브렉퍼스트
breastband 브레스트밴드
bridge 브리지
briefing 브리핑
briefs 브리프
brochure 브로슈어
broker 브로커
Brom 브롬
bromide 브로마이드
bromine 브롬
bronze 브론즈
brooch 브로치
brown 브라운
brush 브러시
bucket 버킷
buckle 버클
buff 버프
buffer 버퍼
buffet 뷔페
bug 버그
building 빌딩
bulldozer 불도저
bumper 범퍼
bungalow 방갈로
bunker 벙커
bunt 번트
Burberry 바바리
burette 뷰렛
burner 버너
bus 버스
Bushman 부시먼(족)
business 비즈니스
butane 부탄
butanol 부탄올
butter 버터
butterfly 버터플라이
button 버튼
buyer 바이어
buzz 버즈
buzzer 버저
Byzantine 비잔틴

Cabaret 카바레
cabbage 캐비지
cabinet 캐비닛
cable 케이블
cable car 케이블카
cacao 카카오

cadenza 카덴차
Cadillac 캐딜락
cadmium 카드뮴
café 카페
café au lait 카페 오레
cafeteria 카페테리아
caffeine 카페인
caisson 케이슨
cake 케이크
calcium 칼슘
caldera 칼데라
calendar 캘린더
calipers 캘리퍼스
caliph 칼리프
call taxi 콜택시
called game 콜드 게임
calorie 칼로리
Calypso 칼립소
cam 캠
camber 캠버
Cambrian Period 캄브리아(기)
camera 카메라
camisole 캐미솔
camp 캠프
campaign 캠페인
campfire 캠프파이어
camping 캠핑
campus 캠퍼스
can 캔
canapé 카나페
canaria 카나리아
cancan 캉캉
candela 칸델라
candy 캔디
canna 칸나
cannon 캐넌
canoe 카누
canon 카논
cantabile 칸타빌레
cantata 칸타타
canvas 캔버스
canzone 칸초네
cap 캡
capsule 캡슐
caramel 캐러멜
carat 캐럿
carbide 카바이드
carbine 카빈
carburetor 카뷰레터
card 카드
cardigan 카디건
card section 카드 섹션
career 커리어
car ferry 카페리

cargo 카고
caricature 캐리커처
carnation 카네이션
carnival 카니발
carol 캐럴
carotin 카로틴
carpet 카펫
carrier 캐리어
carrot 캐럿
cartel 카르텔
cartoon 카툰
cartridge 카트리지
case 케이스
casein 카세인
cashew 캐슈
cashmere 캐시미어
cashmilon 캐시밀론
casino 카지노
cassette 카세트
Cassiopeia 카시오페이아
castanets 캐스터네츠
caste 카스트
castella 카스텔라
casting vote 캐스팅 보트
casual 캐주얼
caster 캐스터
cat 캣
catacomb 카타콤
catarrh 카타르
catcher 캐처
catchphrase 캐치프레이즈
caterpillar 캐터필러
catharsis 카타르시스
Catholic 가톨릭
catsup 케첩
ceiling 실링
celery 셀러리
cell 셀
cello 첼로
cellophane 셀로판
celluloid 셀룰로이드
cellulose 셀룰로오스
Celt 켈트(족)
cembalo 쳄발로
cement 시멘트
census 센서스
cent 센트
center 센터
center forward 센터 포워드
centering 센터링
centimeter 센티미터
ceramics 세라믹
cereal 시리얼
cesium 세슘

chador 차도르
chain 체인
chain store 체인 스토어
chalk 초크
challenger 챌린저
chamber 체임버
chameleon 카멜레온
champagne 샴페인
champion 챔피언
chance 찬스
chandelier 샹들리에
chandler 챈들러
change 체인지
channel 채널
chanson 샹송
chaos 카오스
character 캐릭터
charging 차징
charisma 카리스마
chart 차트
Chartist 차티스트
chase 체이스
chassis 섀시
chauvinism 쇼비니즘
check 체크
check list 체크 리스트
cheese 치즈
cheetah 치타
chemical shoes 케미컬 슈즈
chemise 슈미즈
cherry 체리
chewing gum 추잉 검
chicken 치킨
chicle 치클
Chihuahua 치와와
chime 차임
chimera 키메라
chimpanzee 침팬지
china 차이나
Chinchilla 친칠라
Chinook 치누크
chip 칩
chitin 키틴
chlorella 클로렐라
chloroform 클로로포름
chocolate 초콜릿
choke 초크
cholera 콜레라
cholesterol 콜레스테롤
choline 콜린
chord 코드
chorus 코러스
chou creme 슈크림
christian 크리스천

Christmas 크리스마스
chroma 크로마
chromic acid 크롬(산)
cider 사이다
cigar 시가
Cinema Scope 시네마스코프
circle 서클
circuit 서킷
circus 서커스
claim 클레임
clarinet 클라리넷
class 클래스
classic 클래식
cleaner 클리너
cleaning 클리닝
clear 클리어
click 클릭
climax 클라이맥스
clinch 클린치
clip 클립
close-up 클로즈업
clover 클로버
club 클럽
clutch pedal 클러치 페달
coach 코치
coak 코크
coal-tar 콜타르
coast 코스트
coat 코트
coating 코팅
cobalt 코발트
COBOL 코볼
cobra 코브라
cocaine 코카인
cock 콕
cocking 코킹
cocktail 칵테일
cocoa 코코아
coconut 코코넛
code 코드
coding 코딩
coffee 커피
coffeepot 커피포트
coffee set 커피세트
coffee shop 커피숍
cognac 코냑
coil 코일
cola 콜라
colchicine 콜히친
cold cream 콜드크림
collage 콜라주
collagen 콜라겐
collar 칼라
collector 컬렉터

college 칼리지
collie 콜리
collins 콜린스
colloid 콜로이드
colon 콜론
colony 콜로니
color 컬러
color television 컬러텔레비전
Colosseum 콜로세움
column 칼럼
columnist 칼럼니스트
coma 코마
combination 콤비(네이션)
combine 콤바인
COMECON 코메콘
comedian 코미디언
comedy 코미디
comic 코믹
Cominform 코민포름
Comintern 코민테른
comma 콤마
comment 코멘트
commission 커미션
common 코먼
commune 코뮌
communication 커뮤니케이션
compact 콤팩트
compass 컴퍼스
compiler 컴파일러
complex 콤플렉스
component 컴포넌트
compressor 컴프레서
computer 컴퓨터
con brio 콘 브리오
concert 콘서트
concerto 콘체르토
concise 콘사이스
Concord 콩코드
concours 콩쿠르
concrete 콘크리트
condenser 콘덴서
condition 컨디션
conditioner 컨디셔너
condom 콘돔
condominium 콘도미니엄
conductor 컨덕터
cone 콘
conference 콘퍼런스
con moto 콘 모토
connecting rod 커넥팅 로드
consent 콘센트
console 콘솔
consommé 콩소메

contact lens 콘택트렌즈
container 컨테이너
conte 콩트
contest 콘테스트
contrabass 콘트라베이스
contrast 콘트라스트
control 컨트롤
converter 컨버터
conveyor 컨베이어
cookie 쿠키
cooking foil 쿠킹 포일
coordinator 코디네이터
copal 코펄
copra 코프라
copy 카피
copywriter 카피라이터
cord 코드
corded velveteen 코르덴
corduroy 코듀로이
cork 코르크
corn 콘
corn chip 콘 칩
corner 코너
corner work 코너워크
cornflake 콘플레이크
corona 코로나
correction 커렉션
corset 코르셋
cosine 코사인
cosmos 코스모스
cost 코스트
cotangent 코탄젠트
cottage 코티지
coulomb 쿨롬 〔단위〕
counseling 카운슬링
counselor 카운슬러
count 카운트
counter 카운터
coup d'état 쿠데타
couple 커플
coupon 쿠폰
course 코스
court 코트
cover glass 커버 글라스
covering 커버링
cowboy 카우보이
cracker 크래커
cracking 크래킹
crane 크레인
crank 크랭크
crawl 크롤
crayon 크레용
crayon+pastel 크레파스
cream 크림
credit card 크레디트 카드

creel 크릴
crescendo 크레셴도
cresol 크레졸
cricket 크리켓
Cro-Magnon 크로마뇽
croquette 크로켓
croquis 크로키
crossbar 크로스바
cross-country 크로스컨트리
crouching start 크라우칭
스타트
crown 크라운
cruise 크루즈
crutch 크러치
crystal 크리스털
cubicle 큐비클
cubism 큐비즘
cue 큐
cuffs 커프스
culottes 퀼로트
cup 컵
curator 큐레이터
curb 커브
curried rice 카레라이스
curry 카레
cursor 커서
curtain 커튼
curve 커브
cushion 쿠션
custard 커스터드
cut 컷
cut 커트 〔탁구〕
cuticle 커티클
cutin 큐틴
cutoff 컷오프
cutout 컷아웃
cyan 시안
cyberculture 사이버컬처
cyborg 사이보그
cycle 사이클
cycling 사이클링
cyclone 사이클론
cylinder 실린더
cymbals 심벌즈
cynical 시니컬
cytosine 시토신
czar 차르

d a capo 다 카포
dadaism 다다이즘
dadaist 다다이스트
dahlia 달리아
daisy 데이지
dal segno 달 세뇨

dam 댐
dancer 댄서
dart 다트
dash 대시
data 데이터
database 데이터베이스
date 데이트
dead+ball 데드 볼
death mask 데스마스크
début 데뷔
décadence 데카당스
décadent 데카당
décalcomanie 데칼코마니
Decameron 데카메론
deciare 데시아르
decibel 데시벨
decoder 디코더
decoration 데커레이션
decrescendo 데크레셴도
delay 딜레이
delta 델타
democracy 데모크라시
denier 데니어
denim 데님
design 디자인
designer 디자이너
desk 데스크
dessert 디저트
dessin 데생
detail 디테일
detector 디텍터
détente 데탕트
deuce 듀스
device 디바이스
dextrin 덱스트린
diagram 다이어그램
dial 다이얼
dial gauge 다이얼 게이지
dialogue 다이얼로그
diamine 디아민
diamond 다이아몬드
diastase 디아스타아제
dice 다이스
diesel 디젤
diet 다이어트
digital 디지털
dilemma 딜레마
dilettante 딜레탕트
dime 다임
diminuendo 디미누엔도
dinner 디너
diode 다이오드
diopter 디옵터
dioxane 디옥산
dioxyacetone 디옥시아세톤

diphtheria 디프테리아
directory 디렉터리
disco 디스코
discotheque 디스코텍
discussion 디스커션
dish 디시
disk 디스크
disk jockey 디스크자키
Disneyland 디즈니랜드
display 디스플레이
distoma 디스토마
diver 다이버
divider 디바이더
diving 다이빙
dock 독
docking 도킹
doctor 닥터
document 도큐먼트
documentary 다큐멘터리
dodge ball 도지 볼
doffing 도핑
dogma 도그마
Dolby 돌비
dolce 돌체
doline 돌리네
dollar 달러
doloroso 돌로로소
dolphin 돌핀
dome 돔
domino 도미노
doping 도핑
dot print 도트 프린트
double base 더블 베이스
double play 더블 플레이
doughnut 도넛
down 다운
dozen 다스
dozer 도저
draft 드래프트
drag 드래그
dragon 드래건
drama 드라마
drawing 드로잉
dress 드레스
dribble 드리블
drill 드릴
drive 드라이브
driver 드라이버
driving 드라이빙
drop 드롭
dropkick 드롭킥
drops 드롭스
drop shot 드롭 샷
drum 드럼
dry cleaning 드라이클리닝

dry ice 드라이아이스
dryer 드라이어
dubbing 더빙
duet 듀엣
dugout 더그아웃
dumping 덤핑
dump truck 덤프트럭
Duralumin 두랄루민
dynamic 다이내믹
dynamite 다이너마이트
dyne 다인

earphone 이어폰
earth 어스
easel 이젤
echo 에코
ecstasy 엑스터시
Edelweiss 에델바이스
Eden 에덴
edge 에지
EEZ 이이지
effect 이펙트
ego 에고
egoist 에고이스트
eight 에이트
ejector 이젝터
elbow 엘보
Electra complex 엘렉트라 콤플렉스
electron 일렉트론
element 엘리먼트
elevator 엘리베이터
élite 엘리트
el Niño 엘니뇨
embossing 엠보싱
emerald 에메랄드
empire 엠파이어
emulatidn 에뮬레이션
emulsion 에멀션
enamel 에나멜
enclosure 인클로저
encoder 인코더
encore 앙코르
end 엔드
endless 엔드리스
end line 엔드 라인
endorphin 엔도르핀
energy 에너지
engagement 앙가주망
engine 엔진
engineer 엔지니어
English 잉글리시
ENIAC 에니악
enquête 앙케트

ensemble 앙상블
ensilage 엔실리지
entropy 엔트로피
epilogue 에필로그
epinephrine 에피네프린
episode 에피소드
epoxy 에폭시
epsilon 엡실론
equalizer 이퀄라이저
erotic 에로틱
eroticism 에로티시즘
error 에러
escalator 에스컬레이터
escort 에스코트
Eskimo 에스키모
Esperanto 에스페란토
essay 에세이
essence 에센스
ester 에스테르
estrogen 에스트로겐
etching 에칭
ethanol 에탄올
ethene 에텐
ether 에테르
ethyl alcohol 에틸알코올
ethylene 에틸렌
étiquette 에티켓
étude 에튀드
Euglena 유글레나
euphony 유포니
Eustachian tube 유스타키오(관)
evening dress 이브닝드레스
excavator 엑스커베이터
expander 익스팬더
extra 엑스트라
eye shadow 아이섀도

fabric 패브릭
face 페이스
facsimile 팩시밀리
factorial 팩토리얼
factoring 팩터링
fade-in 페이드인
fade-out 페이드아웃
fagott 파곳
fair play 페어플레이
family 패밀리
fan 팬
fancy 팬시
fandango 판당고
fanfare 팡파르
fantasy 판타지

farad 패럿 〔단위〕
fascio 파쇼
fascism 파시즘
fascist 파시스트
fashion 패션
fastener 파스너
fat 패트
fault 폴트
feedback 피드백
feet 피트
feint 페인트
fellowship 펠로십
felt 펠트
feminism 페미니즘
fencing 펜싱
festival 페스티벌
fiber 파이버
fibrin 피브린
fibrinogen 피브리노겐
fibroin 피브로인
ficin 피신
fiction 픽션
field 필드
field hockey 필드하키
figure skating 피겨 스케이팅
filament 필라멘트
file 파일
filler 필러
filling 필링
film 필름
filter 필터
fin 핀
finale 피날레
finder 파인더
fine 파인
fine 피네
finger painting 핑거 페인팅
finish 피니시
Finlandia 핀란디아
first base 퍼스트 베이스
fjord 피오르드
flag 플래그
flake 플레이크
flamenco 플라멩코
flame spray 플레임 스프레이
flamingo 플라밍고
flannel 플란넬
flap 플랩
flared skirt 플레어스커트
flash 플래시
flask 플라스크
flat 플랫

flexible disk 플렉시블 디스크
float valve 플로트 밸브
flood 플러드
floor stand 플로어 스탠드
floppy disk 플로피 디스크
flow chart 플로 차트
flower 플라워
flush 플러시
flute 플루트
flux 플럭스
fly ball 플라이 볼
flywheel 플라이휠
focus 포커스
fog lamp 포그 램프
Föhn 푄
folder 폴더
folding 폴딩
folk dance 포크댄스
folk song 포크 송
follow throw 폴로 스로
font 폰트
football 풋볼
footwork 풋워크
force 포스
Fordism 포디즘
forehand 포어핸드
fork 포크
forklift 포크리프트
form 폼
formal 포멀
formal 포르말 〔화학〕
formaldehyde 포름알데히드
formalin 포르말린
format 포맷
formica 포마이카
formic acid 포름(산)
forte 포르테
FORTRAN 포트란
Fortune 포천
forum 포럼
forward 포워드
foul 파울
foul ball 파울 볼
foundation 파운데이션
foxtrot 폭스 트롯
fraktsiya 프락치
frame 프레임
franc 프랑
freehand 프리핸드
free kick 프리 킥
free-lancer 프리랜서
free throw 프리 스로
french fry 프렌치프라이
Freon 프레온

fresh 프레시
frill 프릴
frog 프로그
front 프런트
frontier 프런티어
fruit cocktail 프루트칵테일
frypan 프라이팬
fuga 푸가
gagman 개그맨
full course 풀코스
funky 펑키
furniture 퍼니처
fuse 퓨즈
fusel oil 퓨젤(유)

g
gaberdine 개버딘
gag 개그
gagman 개그맨
gain 게인
galactose 갈락토오스
gallery 갤러리
gallon 갤런
game 게임
gamma 감마
gang 갱
gap 갭
garden 가든
garter 가터
gas 가스
gas burner 가스버너
gasoline 가솔린
gas range 가스레인지
gate 게이트
gathered skirt 개더스커트
GATT 가트
gauge 게이지
gauss 가우스 〔단위〕
gauze 거즈
gavotte 가보트
Gaze 가제
gear 기어
Gel 겔
gelatin 젤라틴
Gemeinschaft 게마인샤프트
Gemini 제미니
gender 젠더
General Motors 제너럴 모터스
generator 제너레이터
Genom 게놈
genre 장르
gentleman 젠틀맨

geoid 지오이드
geranium 제라늄
germanium 게르마늄
Gesellschaft 게젤샤프트
Gestalt 게슈탈트
ghetto 게토
ghost 고스트
giant 자이언트
giga 기가
gin 진
ginger ale 진저 에일
Gips 깁스
Gipsy 집시
girdle 거들
Girl Scout 걸 스카우트
giro 지로
gladiolus 글라디올러스
glamour 글래머
glass 글라스
glaze 글레이즈
glider 글라이더
global 글로벌
globulin 글로불린
glove 글러브
gloxinia 글록시니아
glucagon 글루카곤
glucose 글루코오스
gluten 글루텐
glutenin 글루테닌
glycerin 글리세린
glycogen 글리코겐
goal 골
goal area 골 에어리어
goal in 골인
goal keeper 골키퍼
golf 골프
gondola 곤돌라
gorilla 고릴라
gossip 가십
Gothic 고딕
gouging 가우징
governor 거버너
gown 가운
grade 그레이드
grain 그레인
gram 그램
grand piano 그랜드 피아노
grand prix 그랑프리
grape juice 그레이프 주스
graph 그래프
graphic design 그래픽 디자인
grass 그래스
grate 그레이트
grazioso 그라치오소

grease 그리스
great wheel 그레이트 휠
Greco-Roman 그레코로만
greenbelt 그린벨트
grid 그리드
grill 그릴
grinder 그라인더
groggy 그로기
grotesque 그로테스크
ground 그라운드
group 그룹
guanine 구아닌
guano 구아노
guarantee 개런티
guard 가드
guardrail 가드레일
guerilla 게릴라
Guernica 게르니카
guest 게스트
guide 가이드
guidepost 가이드포스트
guild 길드
guillotine 기요틴
Guinea Pig 기니피그
Guinness Book 기네스북
guitar 기타
gulf 걸프
Gulliver 걸리버
gum 껌
gun 건
Gymnasium 김나지움
gymnastic 짐내스틱
Gypsy 집시
gyroscope 자이로스코프

hacker 해커
hacking 해킹
hair dryer 헤어드라이어
hair style 헤어스타일
Haken 하켄
half 하프
half line 하프라인
hall 홀
Hallelujah 할렐루야
Halogen 할로겐
ham 햄
hamburger 햄버거
hammer 해머
handbag 핸드백
handball 핸드볼
handicap 핸디캡
handle 핸들
handling 핸들링
handsome 핸섬

hanger 행어
hang-glider 행글라이더
Hansa 한자
happy end 해피 엔드
hardboard 하드보드
hardware 하드웨어
harem 하렘
harmonica 하모니카
harmony 하모니
harp 하프
harpsichord 하프시코드
Harvard 하버드
hatch 해치
hat trick 해트 트릭
hawser 호저
heading 헤딩
headlight 헤드라이트
headphone 헤드폰
heat 히트
heater 히터
heavy 헤비
Hebraism 헤브라이즘
hectare 헥타르
hecto 헥토
hectopascal 헥토파스칼
hegira 헤지라
helicopter 헬리콥터
helium 헬륨
Hellenes 헬레네스
Hellenism 헬레니즘
helmet 헬멧
hemocyanin 헤모시아닌
hemoglobin 헤모글로빈
hercules 허큘리스
heroin 헤로인
Hertz 헤르츠
hetero 헤테로
hexose 헥소오스
hexyl 헥실
hi-fi 하이파이
high heeled shoes 하이힐
highlight 하이라이트
hightech 하이테크
hiking 하이킹
Hindu 힌두
hint 힌트
hip 히프
hippie 히피
histogram 히스토그램
hit 히트
hock 혹
hockey 하키
holder 홀더
holding 홀딩
hole 홀

hole in one 홀인원
holography 홀로그래피
Holstein 홀스타인 〔젖소〕
homeroom 홈룸
home run 홈런
homespun 홈스펀
homo 호모
Homo sapiens 호모 사피엔스
hood 후드
hook 훅
hoop 후프
hop 홉
hope 호프
hormone 호르몬
Horn 호른 〔악기〕
hors-d' œuvre 오르되브르
hot cake 핫케이크
Hotchkiss 호치키스
hot dog 핫도그
hotel 호텔
hot line 핫라인
Huguenot 위그노
Hula-Hoop 훌라후프
humanism 휴머니즘
humming 허밍
humorous 유머러스
hurdle 허들
hurricane 허리케인
hyacinth 히아신스
hydra 히드라
hyperrealism 하이퍼리얼리즘
hyphen 하이픈
Hysterie 히스테리

Iberian 이베리안
ice 아이스
icebox 아이스박스
ice cream 아이스크림
ice dancing 아이스 댄싱
ice hockey 아이스하키
idea 아이디어
Idea 이데아
identification 아이덴티피케이션
Ideologie 이데올로기
idiom 이디엄
igloo 이글루
Iliad 일리아드
illustration 일러스트레이션
illustrator 일러스트레이터
image 이미지
imitation 이미테이션

impact 임팩트
imperial 임피리얼
impulse 임펄스
incentive 인센티브
inch 인치
incourse 인코스
incubator 인큐베이터
index 인덱스
Indian 인디언
indicator 인디케이터
indigo 인디고
inductance 인덕턴스
inertia 이너셔
inflation 인플레(이션)
influenza 인플루엔자
information 인포메이션
initial 이니셜
initiative 이니셔티브
injector 인젝터
ink 잉크
inosine 이노신
inosinic acid 이노신(산)
input 인풋
insert 인서트
instant 인스턴트
insulin 인슐린
integral 인티그럴
intelligentsia 인텔리겐치아
intentional foul 인텐셔널 파울
intercept 인터셉트
interchange 인터체인지
intercontinental 인터콘티넨털
interface 인터페이스
interferon 인터페론
interior 인테리어
intern 인턴
international 인터내셔널
internet 인터넷
interphone 인터폰
Interpol 인터폴
interrupt 인터럽트
interval 인터벌
interview 인터뷰
intonation 인토네이션
invention 인벤션
inverter 인버터
iodine 요오드
ion 이온
iridium 이리듐
iris 아이리스
iron 아이언
ironical 아이로니컬
irony 아이러니

Islam 이슬람
isotype 아이소타이프
issue 이슈
italic 이탤릭
ivory 아이보리
ivy 아이비

j

jab 잽
jackal 자칼
jacket 재킷
jackknife 잭나이프
jacquard 자카르
jam 잼
jamboree 잼버리
Janus 야누스
jasmine 재스민
jazz 재즈
jean 진
jeep 지프
Jehovah 여호와
jelly 젤리
jersey 저지
jet engine 제트 엔진
Jingle Bells 징글 벨
jinx 징크스
jitterbug 지터버그/지르박
Jod 요오드
jogging 조깅
joint 조인트
Joule 줄 〔단위〕
journal 저널
journalist 저널리스트
juice 주스
Julliard 줄리아드
jumbo 점보
jump 점프
jumper 점퍼/잠바
junction 정크션
jungle 정글
jungle gym 정글 짐
junior 주니어
Jura 쥐라

K

Kaiser 카이저
kalium 칼륨
kangaroo 캥거루
kapok 케이폭
Kappa 카파
Kar 카르
Karabiner 카라비너
Karst 카르스트
Kartell 카르텔
Kategorie 카테고리

kayak 카약
keeper 키퍼
keratin 케라틴
ketchup 케첩
key 키
keyboard 키보드
key word 키 워드
khaki 카키
Khmer Rouge 크메르 루주
Kibbutz 키부츠
kick 킥
kickoff 킥오프
kid 키드
kilo 킬로
kilogram 킬로그램
kilometer 킬로미터
kimono 기모노
king-size 킹사이즈
kiss 키스
kit 키트
kitchen 키친
kiwi 키위
klaxon 클랙슨
knickerbockers 니커보커스
knife 나이프
knit 니트
knob 노브
knock 노크
knockdown 녹다운
knockout 녹아웃
Knop's solution 크놉(액)
knot 노트
know-how 노하우
knuckle 너클
koala 코알라
Kocher 코펠
kolkhoz 콜호스
kombinat 콤비나트
Konzern 콘체른
Koran 코란
Kremlin 크렘린
Ksatriya 크샤트리아
Kurd 쿠르드

l

lab 랩
label 라벨/레이블
La Bohème 라 보엠
lace 레이스
lacquer 래커
lactase 락타아제
lactose 락토오스
La Cucaracha 라 쿠카라차
lager 라거
lama 라마

lamination 래미네이션
lamp 램프
landing 랜딩
lane 레인
langue 랑그
lanolin 라놀린
lantern 랜턴
lanthanium 란타늄
lap 랩
lapel 라펠
Lapp 라프(족)
lap time 랩 타임
lard 라드
large 라지
larghetto 라르게토
largo 라르고
laser 레이저
laser writer 레이저 라이터
last 라스트
last spurt 라스트 스퍼트
latifundium 라티푼디움
Latin 라틴
La Traviata 라 트라비아타
lauan 나왕
launch 론치
lavender 라벤더
lawn 론
lawrencium 로렌슘
layout 레이아웃
leader 리더
leadership 리더십
leaflet 리플릿
league 리그
leather 레더
lecithin 레시틴
left 레프트
leg 레그
leggiero 레지에로
leghorn 레그혼(종)
leisure 레저
Leitmotiv 라이트모티프
lemon 레몬
lemonade 레모네이드
lens 렌즈
lesbian 레즈비언
Lesedrama 레제드라마
Les Misérables 레미제라블
lesson 레슨
let 레트
lettering 레터링
leucine 류신
level 레벨
lever 레버
Leviathan, The 리바이
어던

libido 리비도
libitum 리비툼
library 라이브러리
license 라이선스
Lied 리트
lift 리프트
light 라이트
lighter 라이터
lilac 라일락
limousine 리무진
line 라인
linen 리넨
lingerie 란제리
link 링크
linoleum 리놀륨
linotype 라이노타이프
Lions Club 라이온스 클럽
Lipase 리파아제
lipstick 립스틱
lip sync 립싱크
liqueur 리큐어
list 리스트
liter 리터
lithium 리튬
litmus 리트머스
llama 야마
load 로드
loader 로더
loan 론
lobby 로비
lobbyist 로비스트
lobster 로브스터
location 로케이션
lock 로크
locker room 라커 룸
log 로그
logarithm 로가리듬
logic 로직
logos 로고스
long pass 롱 패스
long shoot 롱 슛
loop 루프
Lorelei 로렐라이
loss 로스
lotion 로션
lounge 라운지
love 러브
luciferase 루시페라아제
luciferin 루시페린
luge 루지
Lumpen 룸펜
lunch 런치
luncheon meat 런천 미트
lux 럭스
lymph 림프

lynch 린치

Maar 마르
macaroni 마카로니
Mach 마하
Machiavellism 마키아벨
리즘
machine 머신
macro 매크로
madonna 마돈나
madrigal 마드리갈
Mafia 마피아
magazine 매거진
magenta 마젠타
magic 매직
magma 마그마
Magna Carta 마그나 카
르타
magnesite 마그네사이트
magnesium 마그네슘
magnet 마그넷
Magyar 마자르
mahogany 마호가니
mail 메일
main 메인
major 메이저
maker 메이커
Malagasy 말라가시
malaria 말라리아
Malay 말레이
Maltase 말타아제
mambo 맘보
mammoth 매머드
manager 매니저
mandolin 만돌린
manganese 망간
mango 망고
manhole 맨홀
mania 마니아
manipulation 머니퓰레이션
manna 만나
mannequin 마네킹
manner 매너
mannerism 매너리즘
Manon Lescaut 마농 레
스코
mansion 맨션
manteau 망토
mantle 맨틀
manufacture 매뉴팩처
Maori 마오리
map 맵
marathon 마라톤
marbling 마블링

margarine 마가린
margin 마진
marguerite 마거리트
marihuana 마리화나
mark 마크
Mark 마르크
marketing 마케팅
marking 마킹
marmalade 마멀레이드
marronnier 마로니에
marshmallow 마시멜로
mascara 마스카라
mascot 마스코트
mashed potato 매시트포
　테이토
mask 마스크
masochism 마조히즘
massage 마사지
mass communication 매
　스컴(매스커뮤니케이션)
massé 마세
mass game 매스 게임
mass media 매스 미디어
mast 마스트
master 마스터
master plan 마스터플랜
mat 매트
match 매치
matching 매칭
matière 마티에르
matrix 매트릭스
matte 매트
mattress 매트리스
Maya 마야
May Day 메이데이
Mayflower 메이플라워
mayonnaise 마요네즈
mazurka 마주르카
McCarthyism 매카시즘
measuring cylinder 메스
　실린더
meat 미트
meatball 미트볼
mechanism 메커니즘
medal 메달
media 미디어
medias 메리야스
medium 미디엄
medley 메들리
Medusa 메두사
meeting 미팅
mega 메가
megabar 메가바
megahertz 메가헤르츠
megalopolis 메갈로폴리스

Meganthropus 메간트로
　푸스
megaphone 메가폰
megaton 메가톤
meias 메리야스
melamine 멜라민
melatonin 멜라토닌
melodion 멜로디언
melodrama 멜로드라마
melody 멜로디
melon 멜론
member 멤버
membership 멤버십
memorandum 메모
memory 메모리
Menhir 멘히르
Mensheviki 멘셰비키
Menshevism 멘셰비즘
Menthol 멘톨
menu 메뉴
mercurochrome 머큐로크롬
merino 메리노
merit 메리트
mes 메스
message 메시지
messenger 메신저
Messiah 메시아
mestizo 메스티소
meta 메타
metal 메탈
metaphor 메타포
meter 미터
meter gauge 미터 게이지
metering 미터링
methane 메탄
methane gas 메탄가스
methanol 메탄올
methyl 메틸
methyl alcohol 메틸 알코올
methylene 메틸렌
metronome 메트로놈
mezzo 메조
mezzo-soprano 메조소프
　라노
microcomputer 마이크로
　컴퓨터
microfilm 마이크로필름
micron 미크론
microphone 마이크로폰
Midas 미다스
middle 미들
midfield 미드필드
midfielder 미드필더
MIG 미그
mile 마일

military look 밀리터리 룩
milk shake 밀크셰이크
millibar 밀리바
milligram 밀리그램
millimeter 밀리미터/밀리
milling 밀링
milling machine 밀링 머신
mime 마임
mineral 미네랄
miniature 미니어처
mini-skirt 미니스커트
mink 밍크
minuet 미뉴에트
minus 마이너스
Miocene Epoch 마이오(세)
mirra 미라
miss 미스
missa 미사
missile 미사일
mission 미션
MIT 엠아이티
mitochondria 미토콘드리아
mix 믹스
mixer 믹서
mobile 모빌
mode 모드
model 모델
moderato 모데라토
modern 모던
modernism 모더니즘
modernist 모더니스트
module 모듈
mol 몰
mold 몰드
moment 모멘트
Mongolian 몽골리안
monitor 모니터
monitoring 모니터링
monkey spanner 멍키 스
　패너
monodrama 모노드라마
monogram 모노그램
monograph 모노그래프
monologue 모놀로그
monorail 모노레일
monotype 모노타이프
monsoon 몬순
montage 몽타주
monument 모뉴먼트
mook 무크
Mormon 모르몬
morphine 모르핀
mortar 모르타르
mosaic 모자이크
moshav 모샤브

Moslem 모슬렘
mosque 모스크
mote knife 모트 나이프
motetto 모테토
Motif 모티프
motion 모션
motive 모티브
motor 모터
motor-boat 모터보트
motorcycle 모터사이클
motto 모토
moulding 몰딩
mousse 무스
mouthpiece 마우스피스
movement 무브먼트
muffin 머핀
muffler 머플러
mug cup 머그 컵
mulato 물라토
multi 멀티
multiscreen 멀티스크린
Muse 뮤즈
mushroom 머시룸
musical 뮤지컬
mustard 머스터드
mystery 미스터리

nano- 나노
nanometer 나노미터
napalm 네이팜
naphtha 나프타
naphthalene 나프탈렌
napkin 냅킨
narcissism 나르시시즘
narration 내레이션
NASA 나사
nationalism 내셔널리즘
NATO 나토
Natrium 나트륨
navel 네이블
Nazi 나치
Nazis 나치스
Nazism 나치즘
Neanderthal 네안데르탈
neck 넥
neckline 네크라인
necktie 넥타이
nectar 넥타
negative 네거티브
négligé 네글리제
Negro 니그로
neon sign 네온사인
net 네트
network 네트워크

neuron 뉴런
Neurose 노이로제
neutral 뉴트럴
new ceramics 뉴 세라믹스
New Criticism 뉴 크리티
　시즘
New Deal 뉴딜
new media 뉴 미디어
news 뉴스
NG 엔지
Niagara 나이아가라
Nibelungen 니벨룽겐
nichrome 니크롬
nickel 니켈
nicotine 니코틴
nightclub 나이트클럽
nightingale 나이팅게일
nihilism 니힐리즘
nipper 니퍼
Nirvāṇa 니르바나
nitroglycerin 니트로글리
　세린
Nixon Doctrine 닉슨 독
　트린
no count 노 카운트
noctovision 녹토비전
nocturne 녹턴
node 노드
nonfiction 논픽션
nonsense 난센스
noodle 누들
no out 노 아웃
Noraism 노라이즘
nordic 노르딕
Normal 노르말 〔화학〕
normal 노멀
northwest 노스웨스트
nose 노즈
nostalgia 노스텔지어
note 노트
nougat 누가
nouveau roman 누보로망
nozzle 노즐
nuance 뉘앙스
nuclease 뉴클레아제
nude 누드
number 넘버
nut 너트
nylon 나일론
nymph 님프

Oak 오크
oasis 오아시스
oatmeal 오트밀

obelisk 오벨리스크
objet 오브제
oboe 오보에
observer 옵서버
octa 옥타
octane 옥탄
octave 옥타브
Odyssey 오디세이
Oedipus 오이디푸스
offer 오퍼
off-line 오프라인
offset 오프셋
Ohm 옴
oil 오일
Ökumene 외쿠메네
oleic acid 올레(산)
Oligocene Epoch 올리
　고(세)
olive 올리브
Olympia 올림피아
Olympic 올림픽
ombudsman 옴부즈맨
omega 오메가
omelet 오믈렛
omnibus 옴니버스
one 원
one-piece 원피스
one-room 원룸
on-line 온라인
opal 오팔
open 오픈
opener 오프너
opera 오페라
operating system 오퍼레
　이팅 시스템
operation 오퍼레이션
operator 오퍼레이터
operetta 오페레타
opinion leader 어피니언
　리더
option 옵션
orange 오렌지
orangutan 오랑우탄
oratorio 오라토리오
orbital 오비탈
orchestra 오케스트라
order 오더
Ordovice 오르도비스
organ 오르간
Orient 오리엔트
oriental 오리엔탈
orientation 오리엔테이션
original 오리지널
Orion 오리온
orthodox 오서독스

Othello 오셀로
ounce 온스
out 아웃
outline 아웃라인
outline stitch 아웃라인 스티치
output 아웃풋
outside 아웃사이드
outsider 아웃사이더
oval 오벌
oven 오븐
over 오버
overall 오버올
overcoat 오버코트
overlap 오버랩
over loan 오버론
overtime 오버타임
owner 오너
Oxford 옥스퍼드
oxidant 옥시던트
Oxytocin 옥시토신
ozone 오존

Pace 페이스
Pacific 퍼시픽
pack 팩
package 패키지
packing 패킹
pad 패드
padding 패딩
page 페이지
pagoda 파고다
paint 페인트
pair skating 페어 스케이팅
pajamas 파자마
Paleocene Epoch 팔레오(세)
palette 팔레트
palm 팜
Pampas 팜파스
pamphlet 팸플릿
pan 팬
pancake 팬케이크
pancho 판초
panchromatic film 팬크로매틱 필름
panda 판다
Pandora 판도라
panel 패널
panorama 파노라마
pansy 팬지
pantaloon 판탈롱
Pantheon 판테온
panties 팬티
pantograph 팬터그래프

pantomime 팬터마임
pants 팬츠
pão 빵
papaya 파파야
paper 페이퍼
papyrus 파피루스
parabola antenna 파라볼라 안테나
parade 퍼레이드
paradigm 패러다임
paradise 파라다이스
paradox 패러독스
paraffin 파라핀
paraformaldehyde 파라포름알데히드
paragliding 패러글라이딩
parasol 파라솔
Parathion 파라티온
parfait 파르페
Paris Commune 파리 코뮌
parity 패리티
parka 파카
parkerizing 파커라이징
parking 파킹
parody 패러디
parole 파롤
parsec 파섹
parsley 파슬리
part 파트
Parthenon 파르테논
partizan 빨치산
partner 파트너
party 파티
PASCAL 파스칼
pass 패스
passport 패스포트
pasta 파스타
paste 페이스트
pastel 파스텔
pastry 페이스트리
patchwork 패치워크
path 패스
pathos 파토스
pattern 패턴
pavement 페이브먼트
peacock 피콕
peak 피크
peak time 피크 타임
peanut butter 피넛 버터
pearl 펄
pechka 페치카
pectin 펙틴
pectose 펙토오스
pedal 페달
Peer Gynt 페르 귄트

Pegasus 페가수스
pelican 펠리컨
pellet 펠릿
pen 펜
penalty kick 패널티 킥
pence 펜스
PEN Club 펜클럽
pendant 펜던트
penguin 펭귄
penholder grip 펜홀더 그립
penicillin 페니실린
penicillin shock 페니실린 쇼크
pennant 페넌트
penny 페니
pen pal 펜팔
Pentagon 펜타곤
pepsin 펩신
Peptidase 펩티다아제
peptide 펩티드
peptone 펩톤
percent 퍼센트
percentage 퍼센티지
perfect game 퍼펙트게임
performance 퍼포먼스
period 피리어드
Permalloy 퍼멀로이
permanent waves 파마
Permian period 페름(기)
permill 퍼밀
personal 퍼스널
personal computer 퍼스널 컴퓨터
pest 페스트
petticoat 페티코트
petunia 피튜니아
Pharaoh 파라오
phenol 페놀
phenolphthalein 페놀프탈레인
pheromone 페로몬
phi 피
philharmonic 필하모닉
Philopon 필로폰/히로뽕
phoenix 피닉스
photo 포토
phrase 프레이즈
phytoncide 파이톤사이드
pi 파이
pianississimo 피아니시시모
pianist 피아니스트
piano 피아노
picaresque 피카레스크
piccolo 피콜로
pick 픽

pickel 피켈
picket 피켓
pickle 피클
pickup 픽업
picnic 피크닉
pie 파이
piece 피스
pierrot 피에로
Pietà 피에타
pilaf 필래프
pile 파일
pilgrim 필그림
pilot 파일럿
piment 피망
pin 핀
pinball 핀볼
pincette 핀셋
pincers 펜치
pineapple 파인애플
ping-pong 핑퐁
pink 핑크
pinking 핑킹
pint 파인트
pioneer 파이어니어
pipe 파이프
pipeline 파이프라인
pipe organ 파이프 오르간
pipette 피펫
pistol 피스톨
piston 피스톤
pitch 피치
pitcher 피처
pitching 피칭
Pithecanthropus 피테칸
  트로푸스
pivot 피벗
pizza 피자
pizzicato 피치카토
placard 플래카드
place 플레이스
plain 플레인
plan 플랜
planaria 플라나리아
plane 플레인
plankton 플랑크톤
plant 플랜트
plantation 플랜테이션
plask 플라스크
plasma 플라스마
plastic 플라스틱
platanus 플라타너스
plate 플레이트
platform 플랫폼
play 플레이
player 플레이어

plaza 플라자
Pliocene Epoch 플라이
  오(세)
plot 플롯
plug 플러그
plus 플러스
plush 플러시
plutonium 플루토늄
Plymouth Rock 플리머스록
pocker 포커
pocket 포켓
poco a poco 포코아포코
Poinsettia 포인세티아
point 포인트
pointer 포인터
Polaroid 폴라로이드
pole 폴
policeman 폴리스맨
polio 폴리오
polis 폴리스
polka 폴카
polka mazurka 폴카 마
  주르카
polonaise 폴로네즈
polyester 폴리에스테르
polyethylene 폴리에틸렌
polymer 폴리머
polyp 폴립
pomade 포마드
pony 포니
pool 풀
pop art 팝 아트
popcorn 팝콘
poplar 포플러
poplin 포플린
poppy 포피
pop song 팝송
porch 포치
pork cutlet 포크커틀릿
pornography 포르노그라피
port 포트
portable 포터블
porter 포터
pose 포즈
position 포지션
positive 포지티브
post 포스트
poster 포스터
poster color 포스터컬러
postman 포스트맨
pot 포트
potato chip 포테이토칩
potential 퍼텐셜
pound 파운드
powder 파우더

power 파워
PR 피아르
pragmatism 프래그머티즘
Prairie 프레리
Präparat 프레파라트
premium 프리미엄
Pre-Olympic 프레올림픽
press 프레스
pressure 프레셔
presto 프레스토
pride 프라이드
prima donna 프리마 돈나
princess 프린세스
prism 프리즘
privacy 프라이버시
process 프로세스
processing 프로세싱
processor 프로세서
producer 프로듀서
product 프로덕트
production 프로덕션
professional 프로(페셔널)
profile 프로필
program 프로그램
programmer 프로그래머
programming 프로그래밍
project 프로젝트
prolétariat 프롤레타리아
prologue 프롤로그
prominence 프로미넌스
promoter 프로모터
prompter 프롬프터
propane 프로판
propeller 프로펠러
propose 프러포즈
protector 프로텍터
protein 프로테인
protestant 프로테스탄트
Proteus 프로테우스
Psyche 사이키
ptyalin 프티알린
puck 퍽
pudding 푸딩
puff 퍼프
pug 퍼그
pull 풀
pulp 펄프
pulse 펄스
puma 퓨마
pump 펌프
punch 펀치
punch bowl 펀치 볼
puncture 펑크
punt 펀트
pure 퓨어

purée 퓌레
Puritan 퓨리턴
push 푸시
pushing 푸싱
PVC 피브이시
Pygmy 피그미
pyramid 피라미드
pyridoxine 피리독신

quark 쿼크
quart 쿼트
quarter 쿼터
queen 퀸
quick 퀵
quilting 퀼팅
quinine 퀴닌
quinoline 퀴놀린
quiz 퀴즈
Quo Vadis 쿠오바디스

rabbi 라비
race 레이스
racer 레이서
racing 레이싱
racket 라켓
radar 레이더
radial 레이디얼
radian 라디안
radiator 라디에이터
radical 라디칼
radio 라디오
radio beacon 라디오 비컨
Radiosonde 라디오존데
radium 라듐
radon 라돈
raglan 래글런
rail 레일
raincoat 레인코트
rallentando 랄렌탄도
rally 랠리
random sampling 랜덤
　샘플링
range 레인지
ranking 랭킹
rap 랩
rate 레이트
rayon 레이온
reactor 리액터
reader 리더
ready-made 레디메이드
real 리얼
realism 리얼리즘
reality 리얼리티

rear+car 리어카
rebate 리베이트
rebound 리바운드
receive 리시브
receiver 리시버
reception 리셉션
recess 리세스
recital 리사이틀
recitative 레시터티브
record 레코드
recorder 리코더
recording 리코딩
record player 레코드플레
　이어
recreation 레크리에이션
recruit 리크루트
red 레드
reed 리드
reel 릴
referee 레퍼리
reflation 리플레이션
régal 레갈
regency 리전시
register 레지스터
regular 레귤러
regulator 레귤레이터
rehearsal 리허설
reject 리젝트
relax 릴랙스
relay 릴레이
release 릴리스
relief 릴리프
remicon 레미콘
remote control 리모트 컨
　트롤
remover 리무버
Renaissance 르네상스
rendez-vous 랑데부
rent-a-car 렌터카
repertory 레퍼토리
report 리포트
reportage 르포(르타주)
reporter 리포터
requiem 레퀴엠
rescue 레스큐
research 리서치
reserve 리저브
resident 레지던트
résistance 레지스탕스
rest 레스트
restaurant 레스토랑
retinol 레티놀
retort 레토르트
return 리턴
Reuter 로이터

reverse 리버스
rhapsody 랩소디
rhetoric 레토릭
rheumatism 류머티즘
Rhodium 로듐
rhythm 리듬
rhythmical 리드미컬
rias 리아스(식)
rib 리브
ribbon 리본
riboflavin 리보플래빈
ribose 리보오스
ribosome 리보솜
rice 라이스
ricin 리신
Rickettsia 리케차
rifle 라이플
right 라이트
rigida 리기다
rigoletto 리골레토
Rig-Veda 리그베다
rim 림
ring 링
ringer 링어
Ringer 링거
rink 링크
rinse 린스
ritardando 리타르단도
rival 라이벌
rivet 리벳
road show 로드 쇼
roast 로스트/로스
robe 로브
robot 로봇
rock 록
rock-climbing 록클라이밍
rocket 로켓
rock'n'roll 로큰롤
rococo 로코코
Rolex 롤렉스
roll 롤
roller 롤러
roller-skate 롤러 스케이트
ROM 롬
roman 로망
romance 로맨스
Romanesque 로마네스크
romantic 로맨틱
rondo 론도
Röntgen 뢴트겐
roof 루프
root 루트
rope 로프
rosette 로제트
rotary 로터리

rotation 로테이션
rouge 루즈
rough 러프
roulette 룰렛
round 라운드
route 루트
routine 루틴
royal 로열
royal box 로열박스
royal jelly 로열 젤리
royalty 로열티
rubidium 루비듐
ruby 루비
rucksack 륙색
rug 러그
Rugby 럭비
rule 룰
rum 럼
rumba 룸바
runner 러너
running 러닝
running mate 러닝메이트
running shirt 러닝셔츠
rush hour 러시아워
ruthenium 루테늄
rutin 루틴

Sabotage 사보타주
sabre 사브르
saccharin 사카린
sack 색
saddle 새들
sadism 사디즘
sadist 사디스트
safari 사파리
safe 세이프
sailor 세일러
salad 샐러드
sale 세일
salesman 세일즈맨
salmonella 살모넬라
salon 살롱
salt 솔트
salvage 샐비지
salvia 샐비어
samba 삼바
samoyed 사모예드
sample 샘플
sampler 샘플러
sampling 샘플링
sandal 샌들
sandbag 샌드백
sandpaper 샌드페이퍼
sandwich 샌드위치

Sanskrit 산스크리트
Santa Claus 산타클로스
santonin 산토닌
saponin 사포닌
sapphire 사파이어
Saracen 사라센
sari 사리
sash 새시
Satan 사탄
satin 새틴
sauce 소스
sauna 사우나
sausage 소시지
savage 새비지
savanna 사바나
save 세이브
Saxon 색슨
saxophone 색소폰
scalar 스칼라
scale 스케일
scaling 스케일링
scandal 스캔들
scandium 스칸듐
scanner 스캐너
scanning 스캐닝
scaramouche 스카라무슈
scarf 스카프
scenario 시나리오
scene 신
Schale 샬레
schedule 스케줄
schema 스키마
scherzo 스케르초
schola 스콜라
scholarship 스칼라십
scoop 스쿠프
scooper 스쿠퍼
scooter 스쿠터
scope 스코프
score 스코어
Scotch 스코치
Scotch tape 스카치테이프
Scotch whisky 스카치위
  스키
scout 스카우트
scrambled eggs 스크램블
  드에그
scrap 스크랩
scrapbook 스크랩북
scraper 스크레이퍼
scratch 스크래치
screen 스크린
screw 스크루
screwdriver 스크루드라이버
script 스크립트

scroll 스크롤
scrum 스크럼
scuba 스쿠버
seal 실
search 서치
search-light 서치라이트
season 시즌
seat 시트
secant 시컨트
second 세컨드
section 섹션
sector 섹터
sedan 세단
seesaw 시소
segment 세그먼트
Seil 자일
select 실렉트
self-service 셀프서비스
Seljuk 셀주크
semantics 시맨틱스
semicolon 세미콜론
seminar 세미나
senior 시니어
sensation 센세이션
sense 센스
sensor 센서
seperator 세퍼레이터
sepia 세피아
Sepoy 세포이
sequence 시퀀스
sequoia 세쿼이아
serenade 세레나데
serenata 세레나타
serial 시리얼
series 시리즈
serif 세리프
serve 서브
server 서버
service 서비스
service area 서비스 에어
  리어
service center 서비스 센터
service line 서비스 라인
serving 서빙
set 세트
setback 세트백
set play 세트 플레이
setscrew 세트스크루
setter 세터
setting 세팅
setup 세트업
sex 섹스
sforzando 스포르찬도
shading 셰이딩
shadow 섀도

shadow mask 섀도 마스크
shaft 샤프트
shale 셰일
shamanism 샤머니즘
shampoo 샴푸
sharing 셰어링
sharp 샤프
sharp pencil 샤프펜슬
shawl 숄
sheet 시트
shell 셸
shepherd 셰퍼드
sherbet 셔벗
Shiah 시아
shield 실드
shift 시프트
ship 십
shirt 셔츠/샤쓰
shock 쇼크
shoe 슈
shoes 슈즈
shoot 슈트 〔야구〕
shoot 슛
shooter 슈터
shooting 슈팅
shopping 쇼핑
shopping center 쇼핑센터
short 쇼트
short cut 쇼트커트 〔탁구〕
shortening 쇼트닝
shoulder 숄더
show 쇼
showcase 쇼케이스
shower 샤워
showmanship 쇼맨십
show window 쇼윈도
shutter 셔터
shuttle 셔틀
shuttlecock 셔틀콕
side 사이드
sidecar 사이드카
side out 사이드 아웃
sigma 시그마
sign 사인
signal 시그널
Sikh 시크
silage 사일리지
silhouette 실루엣
silica 실리카
silica gel 실리카 겔
silicon 실리콘
Silicon Valley 실리콘 밸리
silk 실크
silk hat 실크해트
Silk Road 실크 로드

silk screen 실크 스크린
silo 사일로
Silurian Period 실루리아(기)
simulation 시뮬레이션
sine 사인
single 싱글
sink 싱크
siphon 사이펀
siren 사이렌
Sirius 시리우스
situation 시추에이션
Śiva 시바
size 사이즈
sizing 사이징
skate 스케이트
skateboard 스케이트보드
skating 스케이팅
sketch 스케치
sketchbook 스케치북
ski 스키
skill 스킬
skin 스킨
skip 스킵
skirt 스커트
skunk 스컹크
sky 스카이
skyway 스카이웨이
slacks 슬랙스
slash 슬래시
slat 슬랫
slate 슬레이트
Slav 슬라브
sleeping bag 슬리핑 백
slice 슬라이스
slide 슬라이드
sliding 슬라이딩
slip 슬립
slipper 슬리퍼
slogan 슬로건
slum 슬럼
slump 슬럼프
smart 스마트
smash 스매시
smashing 스매싱
smog 스모그
smoke 스모크
smoking 스모킹
snack 스낵
snail 스네일
snap 스냅
snap ring 스냅 링
snapshot 스냅숏
snow tire 스노타이어
soccer 사커

socket 소켓
soda 소다
sofa 소파
soft 소프트
softball 소프트볼
soft drink 소프트드링크
software 소프트웨어
Sol 솔
solanine 솔라닌
sole 솔
solid 솔리드
solo 솔로
solution 설루션
solvent 솔벤트
Somali 소말리
SONAR 소나
sonata 소나타
sonnet 소네트
Sony 소니
sophist 소피스트
soprano 소프라노
sort 소트
soufflé 수플레
sound 사운드
soup 수프
source 소스
sousaphone 수자폰
Soviet 소비에트
space 스페이스
spaghetti 스파게티
spandex 스판덱스
spangle 스팽글
Spanish 스패니시
spanner 스패너
spark 스파크
sparring 스파링
speaker 스피커
special 스페셜
spectacle 스펙터클
spectrum 스펙트럼
speed 스피드
speedy 스피디
spelling 스펠링
Sphinx 스핑크스
spider 스파이더
spike 스파이크
spin 스핀
spitz 스피츠
spoke 스포크
sponge 스펀지
sponsor 스폰서
spoon 스푼
sports 스포츠
sportsman 스포츠맨
sporty 스포티

spot 스폿
spotlight 스포트라이트
spray 스프레이
spread 스프레드
spring 스프링
springboard 스프링보드
sprinkler 스프링클러
sprint 스프린트
Spur 슈푸르
Sputnik 스푸트니크
spy 스파이
squall 스콜
square 스퀘어
squash 스쿼시
squeeze 스퀴즈
staccato 스타카토
stack 스택
stadium 스타디움
staff 스태프
stage 스테이지
stagflation 스태그플레이션
stained glass 스테인드글
  라스
stainless 스테인리스
stake 스테이크
stamina 스테미나
stamp 스탬프
stance 스탠스
stand 스탠드
standard 스탠더드
staple 스테이플
star 스타
stardom 스타덤
start 스타트
starting 스타팅
state 스테이트
statement 스테이트먼트
station 스테이션
stay 스테이
steady 스테디
steak 스테이크
steal 스틸
steam 스팀
steel 스틸
stem 스템
stencil 스텐실
step 스텝
steppe 스텝
stereo 스테레오
stew 스튜
stewardess 스튜어디스
stick 스틱
sticker 스티커
stipple 스티플
stitch 스티치

stoa 스토아
stock 스톡
stocking 스타킹
stone 스톤
Stonehenge 스톤헨지
stopwatch 스톱워치
store 스토어
story 스토리
stove 스토브
straight 스트레이트
straw 스트로
stream 스트림
stress 스트레스
stretch 스트레치
strike 스트라이크
striker 스트라이커
strike zone 스트라이크 존
strip 스트립
stripper 스트리퍼
strontium 스트론튬
studio 스튜디오
stunt 스턴트
style 스타일
styrene 스티렌
styrofoam 스티로폼
subtitle 서브타이틀
succession 석세션
sucrose 수크로오스
sudra 수드라
suede 스웨이드
suit 슈트
sulfa drug 설파/술파(제)
sultan 술탄
sundae 선디
sunglass 선글라스
sunlight 선라이트
Sunni 수니
superman 슈퍼맨
supermarket 슈퍼마켓
supervisor 슈퍼바이저
supply 서플라이
support 서포트
surface 서피스
surfing 서핑
surge 서지
surréalism 쉬르레알리슴
suspender 서스펜더
suspense 서스펜스
Swaraj 스와라지
sweater 스웨터
sweeper 스위퍼
swimming 스위밍
swing 스윙
switch 스위치
symbol 심벌

symmetry 시머트리
symphony 심포니
symposium 심포지엄
synchronized swimming
  싱크로나이즈드 스위밍
syndicate 신디케이트
syndrome 신드롬
synthesizer 신시사이저
syphon 사이펀
syrup 시럽
system 시스템

tab 태브
table 테이블
tablet 태블릿
tabloid 타블로이드
taboo 터부
tackle 태클
tag out 태그 아웃
taiga 타이가
Tāj Mahal 타지 마할
talc 탤크
talent 탤런트
talkie 토키
Talmud 탈무드
tambourine 탬버린
tangent 탄젠트
tango 탱고
tank 탱크
tannin 타닌
tap 탭
tape 테이프
tapestry 태피스트리
tar 타르
target 타깃
tartar sauce 타르타르
  소스
task 태스크
taurine 타우린
tax 택스
taxi 택시
team 팀
teamwork 팀워크
teaspoon 티스푼
technical foul 테크니컬
  파울
technique 테크닉
technocrat 테크노크라트
tee shot 티 샷
telecommunication 텔레
  커뮤니케이션
telegraph 텔레그래프
telepathy 텔레파시
teletype 텔레타이프

television 텔레비전
telex 텔렉스
tempera 템페라
template 템플릿
temple 템플
tempo 템포
temporary 템퍼러리
tennis 테니스
tenor 테너
tent 텐트
tenuto 테누토
terminal 터미널
terrace 테라스
terra cotta 테라 코타
Terramycin 테라마이신
terror 테러
terrorist 테러리스트
test 테스트
tex 텍스
text 텍스트
texture 텍스
thema 테마
theme 테마
These 테제
theta 세타
The Times 더 타임스
Tholoide 톨로이데
thrill 스릴
throat 스로트
thrombin 트롬빈
through 스루
throw-in 스로인
throwing 스로잉
thrust 스러스트
thymine 티민
ticket 티켓
tie 타이
tight 타이트
tights 타이츠
tigon 타이곤
tile 타일
time-out 타임아웃
timer 타이머
timing 타이밍
timpani 팀파니
tip 팁
tire 타이어
Titan 타이탄 〔별 이름〕
Titan 티탄 〔원소 이름〕
Titanic 타이태닉
titanium 티타늄
title 타이틀
TNT 티엔티
TO 티오
toast 토스트

toaster 토스터
toccata 토카타
tocopherol 토코페롤
toga 토가
token 토큰
tollgate 톨게이트
toluene 톨루엔
tomato 토마토
ton 톤
tone 톤
toner 토너
tongue 텅
top 톱
topping 토핑
torch 토치
tornado 토네이도
torso 토르소
toss 토스
total 토털
totem 토템
totemism 토테미즘
touch 터치
touchline 터치라인
tournament 토너먼트
towel 타월
tower 타워
trace 트레이스
trachoma 트라코마
tracing paper 트레이싱
　페이퍼
track 트랙
tracking 트래킹
tractor 트랙터
traffic 트래픽
trailer 트레일러
trainer 트레이너
training 트레이닝
transfer 트랜스퍼
transistor 트랜지스터
transit 트랜싯
translator 트랜슬레이터
transmission 트랜스미션
trap 트랩
trapping 트래핑
trawl 트롤
tree 트리
trench 트렌치
trend 트렌드
triangle 트라이앵글
trick 트릭
trill 트릴
trimming 트리밍
trio 트리오
trip 트립
triumph 트라이엄프

troika 트로이카
trolley 트롤리
trombone 트롬본
trophy 트로피
tropical 트로피컬
trot 트로트
truck 트럭
trump 트럼프
trumpet 트럼펫
trunk 트렁크
truss 트러스
trust 트러스트
try 트라이
trypsin 트립신
T-shirts 티셔츠/티샤쓰
tuba 튜바
tube 튜브
tuberculin 투베르쿨린
tulip 튤립
tumbling 텀블링
tundra 툰드라
tuner 튜너
tungsten 텅스텐
Tungus 퉁구스
tunic 튜닉
tunnel 터널
turban 터번
turbine 터빈
turbojet 터보제트
turn 턴
turnaround 턴어라운드
turning 터닝
turntable 턴테이블
turtle 터틀
tuxedo 턱시도
twist 트위스트
two-piece 투피스
type 타이프
type 타입
typewriter 타이프라이터
typhoon 타이푼
typhus 티푸스
typist 타이피스트
tzar 차르

U

Uighur 위구르
Umlaut 움라우트
UN 유엔
unbalance 언밸런스
underwear 언더웨어
UNESCO 유네스코
uniform 유니폼
union 유니언
unit 유닛

universal 유니버설
Universiade 유니버시아드
university 유니버시티
Upanishad 우파니샤드
uppercut 어퍼컷
upset 업셋
upsilon 입실론
Ural 우랄
uranium 우라늄
urethane 우레탄
utility 유틸리티
Utopia 유토피아

Vacance 바캉스
vaccine 백신
Vaishya 바이샤
vakzin 왁친
Valentine Day 밸런타인 데이
value 밸류
valve 밸브
vanadium 바나듐
vanilla 바닐라
vantage 밴티지
varnish 니스/바니시
vaseline 바셀린
vector 벡터
Vedda 베다
veil 베일
velodrome 벨로드롬
veludo 비로드
velvet 벨벳
velveteen 벨베틴
veneer 베니어
Venetian blind 베니션블 라인드
Venn diagram 벤 다이어 그램
Venus 비너스
veranda 베란다
vernier 버니어
vétéran 베테랑
vibrato 비브라토
vibrio 비브리오
vice 바이스
video 비디오
Vienna sausage 비엔나 소시지
Vietcong 베트콩
Viking 바이킹
vinyl 비닐

viola 비올라
violation 바이얼레이션
violet 바이올렛
violin 바이올린
violinist 바이올리니스트
virus 바이러스
visa 비자
viscose 비스코스
vision 비전
Vista Vision 비스타 비전
visual 비주얼
vitamin 비타민
vivace 비바체
Vnarod 브나로드
vodka 보드카
voice 보이스
volley 발리
volt 볼트
volume 볼륨

Wadi 와디
wafer 웨이퍼
waffle 와플
wagon 왜건
waist 웨이스트
waiter 웨이터
waitress 웨이트리스
walkie-talkie 워키토키
walking 워킹
waltz 왈츠
warming-up 워밍업
washer 와셔
waste 웨이스트
watch 워치
watt 와트〔단위〕
wave 웨이브
wax 왁스
web 웹
wedding dress 웨딩드레스
weight 웨이트
well-done 웰던
welter 웰터
western 웨스턴
wheelchair 휠체어
Whig 휘그
whiskey 위스키
whistle 휘슬
white-collar 화이트칼라
white shirt 와이셔츠/와 이샤쓰
Windows 윈도

windup 와인드업
wing 윙
wink 윙크
wiper 와이퍼
wire 와이어
Wismut 비스무트
wit 위트
wood 우드
wool 울
word 워드
workshop 워크숍
World Cup 월드컵
worm 웜
wrap 랩
wrench 렌치
wrestling 레슬링
writer 라이터

Xenon 크세논
Xerox 제록스
X-ray 엑스레이
xylophone 실로폰

Yacht 요트
yak 야크
Yankee 양키
yard 야드
yeast 이스트
yellow card 옐로카드
YMCA 와이엠시에이
yodel 요들
yoga 요가
yoghurt 요구르트
Yorkshire 요크셔
youth hostel 유스 호스텔

Zero 제로
Zeus 제우스
zigzag 지그재그
Zionism 시오니즘
zipper 지퍼
zircon 지르콘
zirconium 지르코늄
zone 존
zoom lens 줌 렌즈
Zoroaster 조로아스터(교)
Zulu 줄루(족)

용언 활용표

어미 용언	-고	-네	-ㅂ니다/-습니다	-아/어
가-다	가고	가네	갑니다	가
가냘프-다	가냘프고	가냘프네	가냘픕니다	가냘파
가누-다	가누고	가누네	가눕니다	가누어 (가눠)
가늘-다	가늘고	가느네	가늡니다	가늘어
가두-다	가두고	가두네	가둡니다	가두어 (가둬)
가르-다	가르고	가르네	가릅니다	갈라
가리-다	가리고	가리네	가립니다	가리어 (가려)
가물-다	가물고	가무네	가뭅니다	가물어
가지-다	가지고	가지네	가집니다	가지어 (가져)
가파르-다	가파르고	가파르네	가파릅니다	가팔라
갇히-다	갇히고	갇히네	갇힙니다	갇히어 (갇혀)
갈-다	갈고	가네	갑니다	갈아
감-다	감고	감네	감습니다	감아
감추-다	감추고	감추네	감춥니다	감추어 (감춰)
갖-다	갖고	갖네	갖습니다	갖아 *
갖추-다	갖추고	갖추네	갖춥니다	갖추어 (갖춰)
같-다	같고	같네	같습니다	같아
갚-다	갚고	갚네	갚습니다	갚아
개-다	개고	개네	갭니다	개어 (개)
거닐-다	거닐고	거니네	거닙니다	거닐어
거두-다	거두고	거두네	거둡니다	거두어 (거둬)
거들-다	거들고	거드네	거듭니다	거들어
거르-다	거르고	거르네	거릅니다	걸러
거세-다	거세고	거세네	거셉니다	거세어 (거세)
거스르-다	거스르고	거스르네	거스릅니다	거슬러
거칠-다	거칠고	거치네	거칩니다	거칠어
건너-다	건너고	건너네	건넙니다	건너
건네-다	건네고	건네네	건넵니다	건네어 (건네)
건들-다	건들고	건드네	건듭니다	건들어 *
걷-다¹	걷고	걷네	걷습니다	걷어
걷-다²	걷고	걷네	걷습니다	걸어
걸-다	걸고	거네	겁니다	걸어
검-다	검고	검네	검습니다	검어
게으르-다	게으르고	게으르네	게으릅니다	게을러
겨누-다	겨누고	겨누네	겨눕니다	겨누어 (겨눠)
겨루-다	겨루고	겨루네	겨룹니다	겨루어 (겨뤄)
겪-다	겪고	겪네	겪습니다	겪어
견디-다	견디고	견디네	견딥니다	견디어 (견뎌)
결리-다	결리고	결리네	결립니다	결리어 (결려)
고-다	고고	고네	곱니다	고아 (과)
고달프-다	고달프고	고달프네	고달픕니다	고달파
고르-다	고르고	고르네	고릅니다	골라
고맙-다	고맙고	고맙네	고맙습니다	고마워
고이-다	고이고	고이네	고입니다	고이어 (고여)
고프-다	고프고	고프네	고픕니다	고파
곧-다	곧고	곧네	곧습니다	곧아
곯-다	곯고	곯네	곯습니다	곯아
곪-다	곪고	곪네	곪습니다	곪아
곱-다⁴	곱고	곱네	곱습니다	고와
괜찮-다	괜찮고	괜찮네	괜찮습니다	괜찮아
괴-다	괴고	괴네	굅니다	괴어 (괘)
괴롭히-다	괴롭히고	괴롭히네	괴롭힙니다	괴롭히어 (괴롭혀)

❖ 줄어든 형태가 함께 쓰일 때는 '( )'에 제시한다. 예) 가리어(가려)
❖ 어문 규정에서 인정하지 않는 활용형은 '＊'로 제시한다. 예) 건드오＊
❖ 두 형태가 모두 인정될 때는 '·'으로 구분하여 제시한다. 예) 같니·같으니
❖ 참고 사항이 있으면 비고에 '☞'를 이용하여 제시한다. 예) ☞게르-다
❖ 표기가 동일하지만 활용이 다른 단어는 본문의 어깨번호를 제시하여 구분한다.
　예) 걷-다¹, 걷-다²

-면/-으면	-ㅁ/-음	-ㄴ/-은	-니¹/-으니¹	비　고
가면	감	간	가니	• '-니¹/-으니¹'는
가냘프면	가냘픔	가냘픈	가냘프니	의문형 종결 어미임.
가누면	가눔	가눈	가누니	예)어디 가니 ?
가늘면	가늚	가는	가느니	얼마나 높으니 ?
가두면	가둠	가둔	가두니	• 연결 어미 '-니²/
가르면	가름	가른	가르니	-으니²'는 '-ㄴ/-은'
가리면	가림	가린	가리니	에 딸림.
가물면	가묾	가문	가무니	
가지면	가짐	가진	가지니	☞ 갖-다
가파르면	가파름	가파른	가파르니	
갇히면	갇힘	갇힌	갇히니	
갈면	갎	간	가니	
감으면	감음	감은	감니	
감추면	감춤	감춘	감추니	
갖으면 ＊	갖음 ＊	갖은 ＊	갖니	☞ 가지-다
갖추면	갖춤	갖춘	갖추니	
같으면	같음	같은	같니 · 같으니	
갚으면	갚음	갚은	갚니	
개면	갬	갠	개니	
거닐면	거닒	거닌	거니니	
거두면	거둠	거둔	거두니	
거들면	거듦	거든	거드니	
거르면	거름	거른	거르니	
거세면	거셈	거센	거세니	
거스르면	거스름	거스른	거스르니	
거칠면	거칢	거친	거치니	
건너면	건넘	건넌	건너니	
건네면	건넴	건넨	건네니	
건들면	건듦	건든/건드오 ＊	건드니	☞ 건드리-다
걸으면	걸음	걸은	걷니	
걸으면	걸음	걸은	걷니	
걸면	걺	건	거니	
검으면	검음	검은	검니 · 검으니	
게으르면	게으름	게으른	게으르니	☞ 게르-다
겨누면	겨눔	겨눈	겨누니	
겨루면	겨룸	겨룬	겨루니	
겪으면	겪음	겪은	겪니	
견디면	견딤	견딘	견디니	
걸리면	걸림	걸린	걸리니	
고면	곰	곤	고니	
고달프면	고달픔	고달픈	고달프니	
고르면	고름	고른	고르니	
고마우면	고마움	고마운	고맙니 · 고마우니	
고이면	고임	고인	고이니	☞ 괴다
고프면	고픔	고픈	고프니	
곧으면	곧음	곧은	곧니 · 곧으니	
골면	곪	곤	고니	
곪으면	곪음	곪은	곪니	
고우면	고움	고운	곱니 · 고우니	
괜찮으면	괜찮음	괜찮은	괜찮니 · 괜찮으니	
괴면	굄	괸	괴니	☞ 고이다
괴롭히면	괴롭힘	괴롭힌	괴롭히니	

어미 용언	-고	-네	-ㅂ니다/-습니다	-아/어
구르-다	구르고	구르네	구릅니다	굴러
구슬리-다	구슬리고	구슬리네	구슬립니다	구슬리어(구슬려)
굳-다①	굳고	굳네	굳습니다	굳어
굳-다Ⅲ	굳고	굳네	굳습니다	굳어
굴-다²	굴고	구네	굽니다	굴어
굵-다	굵고	굵네	굵습니다	굵어
굶-다	굶고	굶네	굶습니다	굶어
굽-다¹	굽고	굽네	굽습니다	구워
굽-다³	굽고	굽네	굽습니다	굽어
귀엽-다	귀엽고	귀엽네	귀엽습니다	귀여워
그러-다	그러고	그러네	그럽니다	그래
그러하-다	그러하고	그러하네	그러합니다	그러하여(그러해/그래)
그렇-다	그렇고	그러네	그렇습니다	그래
그르-다	그르고	그르네	그릅니다	글러
그르치-다	그르치고	그르치네	그르칩니다	그르치어(그르쳐)
그리-다	그리고	그리네	그립니다	그리어(그려)
그리하-다	그리하고	그리하네	그리합니다	그리하여(그리해/그래)
그립-다	그립고	그립네	그립습니다	그리워
그치-다	그치고	그치네	그칩니다	그치어(그쳐)
긁-다	긁고	긁네	긁습니다	긁어
긁히-다	긁히고	긁히네	긁힙니다	긁히어(긁혀)
긋-다	긋고	긋네	긋습니다	그어
기다랗-다	기다랗고	기다라네	기다랗습니다	기다래
기르-다	기르고	기르네	기릅니다	길러
기리-다	기리고	기리네	기립니다	기리어(기려)
기쁘-다	기쁘고	기쁘네	기쁩니다	기뻐
기울-다	기울고	기우네	기웁니다	기울어
긷-다	긷고	긷네	긷습니다	길어
길-다	길고	기네	깁니다	길어
깁-다	깁고	깁네	깁습니다	기워
깊-다	깊고	깊네	깊습니다	깊어
까-다	까고	까네	깝니다	까
까부르-다	까부르고	까부르네	까부릅니다	까불러
까불-다¹	까불고	까불네	까붑니다	까불어
까불-다²	까불고	까부네	까붑니다	까불어 *
깎-다	깎고	깎네	깎습니다	깎아
깔-다	깔고	까네	깝니다	깔아
깨끗하-다	깨끗하고	깨끗하네	깨끗합니다	깨끗하여(깨끗해)
깨-다	깨고	깨네	깹니다	깨어(깨)
깨닫-다	깨닫고	깨닫네	깨닫습니다	깨달아
깨뜨리-다	깨뜨리고	깨뜨리네	깨뜨립니다	깨뜨리어(깨뜨려)
깨우-다	깨우고	깨우네	깨웁니다	깨우어(깨워)
꺾-다	꺾고	꺾네	꺾습니다	꺾어
꼬-다	꼬고	꼬네	꼽니다	꼬아(꽈)
꼬이-다	꼬이고	꼬이네	꼬입니다	꼬이어(꼬여)
꼽-다	꼽고	꼽네	꼽습니다	꼽아
꽂-다	꽂고	꽂네	꽂습니다	꽂아
꾀-다	꾀고	꾀네	뀁니다	꾀어(꽤)
꾸-다	꾸고	꾸네	꿉니다	꾸어(꿔)
꾸짖-다	꾸짖고	꾸짖네	꾸짖습니다	꾸짖어
끓-다	끓고	끓네	끓습니다	끓어
뀌-다	뀌고	뀌네	뀝니다	뀌어
끄-다	끄고	끄네	끕니다	꺼
끄르-다	끄르고	끄르네	끄릅니다	끌러
끊-다	끊고	끊네	끊습니다	끊어
끌-다	끌고	끄네	끕니다	끌어
끓-다	끓고	끓네	끓습니다	끓어
끓이-다	끓이고	끓이네	끓입니다	끓이어(끓여)
끼-다	끼고	끼네	낍니다	끼어(껴)

-면/-으면	-ㅁ/-음	-ㄴ/-은	-니¹/-으니¹	비 고
구르면	구름	구른	구르니	
구슬리면	구슬림	구슬린	구슬리니	
굳으면	굳음	굳은	굳니	☞ 자
굳으면	굳음	굳은	굳니 · 굳으니	☞ 형
굴면	굶	군	구니	
굵으면	굵음	굵은	굵니 · 굵으니	
굶으면	굶음	굶은	굶니	
구우면	구움	구운	굽니	
굽으면	굽음	굽은	굽니	
귀여우면	귀여움	귀여운	귀엽니 · 귀여우니	
그러면	그럼	그런	그러니	☞ 그리하-다
그러하면	그러함	그러한	그러하니	☞ 그렇-다
그러면	그럼	그런	그러니	☞ 그러하-다
그르면	그름	그른	그르니	
그르치면	그르침	그르친	그르치니	
그리면	그림	그린	그리니	
그리하면	그리함	그리한	그리하니	☞ 그러-다
그리우면	그리움	그리운	그립니 · 그리우니	
그치면	그침	그친	그치니	
긁으면	긁음	긁은	긁니	
긁히면	긁힘	긁힌	긁히니	
그으면	그음	그은	긋니	
기다라면	기다람	기다란	기다라니	
기르면	기름	기른	기르니	
기리면	기림	기린	기리니	
기쁘면	기쁨	기쁜	기쁘니	
기울면	기욺	기운	기우니	
길으면	길음	길은	긴니	
길면	긺	긴	기니	
기우면	기움	기운	깁니	
깊으면	깊음	깊은	깊니 · 깊으니	
까면	깜	깐	까니	
까부르면	까부름	까부른	까부르니	☞ 까불-다²
까불면	까붊	까분	까부니	
까불면	까붊	까분/까부오 *	까부니	☞ 까부르-다
깎으면	깎음	깎은	깎니	
깔면	깖	깐	까니	
깨끗하면	깨끗함	깨끗한	깨끗하니	
깨면	깸	깬	깨니	
깨달으면	깨달음	깨달은	깨닫니	
깨뜨리면	깨뜨림	깨뜨린	깨뜨리니	
깨우면	깨움	깨운	깨우니	
꺾으면	꺾음	꺾은	꺾니	
꼬면	꼼	꼰	꼬니	
꼬이면	꼬임	꼬인	꼬이니	
꼽으면	꼽음	꼽은	꼽니	
꽂으면	꽂음	꽂은	꽂니	
꾀면	꾐	꾄	꾀니	
꾸면	꿈	꾼	꾸니	
꾸짖으면	꾸짖음	꾸짖은	꾸짖니	
끓으면	끓음	끓은	끓니	
뀌면	뀜	뀐	뀌니	
끄면	끔	끈	끄니	
끄르면	끄름	끄른	끄르니	
끊으면	끊음	끊은	끊니	
끌면	끎	끈	끄니	
끓으면	끓음	끓은	끓니	
끓이면	끓임	끓인	끓이니	
끼면	낌	낀	끼니	

용언 \ 어미	-고	-네	-ㅂ니다/-습니다	-아/어
끼우-다	끼우고	끼우네	끼웁니다	끼우어 (끼워)
끼이-다	끼이고	끼이네	끼입니다	끼이어 (끼여)
나누-다	나누고	나누네	나눕니다	나누어 (나눠)
나뉘-다	나뉘고	나뉘네	나뉩니다	나뉘어
나-네	나고	나네	납니다	나
나르-다	나르고	나르네	나릅니다	날라
나쁘-다	나쁘고	나쁘네	나쁩니다	나빠
낚-다	낚고	낚네	낚습니다	낚아
날-다	날고	나네	납니다	날아
날래-다	날래고	날래네	날랩니다	날래어 (날래)
날리-다	날리고	날리네	날립니다	날리어 (날려)
날카롭-다	날카롭고	날카롭네	날카롭습니다	날카로워
낫-다[1]	낫고	낫네	낫습니다	나아
낫-다[2]	낫고	낫네	낫습니다	나아
낮-다	낮고	낮네	낮습니다	낮아
낮추-다	낮추고	낮추네	낮춥니다	낮추어 (낮춰)
낳-다	낳고	낳네	낳습니다	낳아
내닫-다	내닫고	내닫네	내닫습니다	내달아
내리-다	내리고	내리네	내립니다	내리어 (내려)
내키-다	내키고	내키네	내킵니다	내키어 (내켜)
너그럽-다	너그럽고	너그럽네	너그럽습니다	너그러워
너르-다	너르고	너르네	너릅니다	널러
널-다	널고	너네	넙니다	널어
널따랗-다	널따랗고	널따라네	널따랗습니다	널따래
넓-다	넓고	넓네	넓습니다	넓어
넓히-다	넓히고	넓히네	넓힙니다	넓히어 (넓혀)
넘-다	넘고	넘네	넘습니다	넘어
넣-다	넣고	넣네	넣습니다	넣어
노랗-다	노랗고	노라네	노랗습니다	노래
노리-다	노리고	노리네	노립니다	노리어 (노려)
녹슬-다	녹슬고	녹스네	녹습니다	녹슬어
놀-다	놀고	노네	놉니다	놀아
높-다	높고	높네	높습니다	높아
놓-다	놓고	놓네	놓습니다	놓아 (놔)
누-다	누고	누네	눕니다	누어 (눠)
누렇-다	누렇고	누러네	누렇습니다	누레
누르-다[1]	누르고	누르네	누릅니다	눌러
누르-다[2]	누르고	누르네	누릅니다	누르러
누리-다	누리고	누리네	누립니다	누리어 (누려)
누이-다	누이고	누이네	누입니다	누이어 (누여)
눅-다[I]	눅고	눅네	눅습니다	눅어
눅-다[II]	눅고	눅네	눅습니다	눅어
눋-다	눋고	눋네	눋습니다	눌어
눕-다	눕고	눕네	눕습니다	누워
뉘-다	뉘고	뉘네	뉩니다	뉘어
느끼-다	느끼고	느끼네	느낍니다	느끼어 (느껴)
느리-다	느리고	느리네	느립니다	느리어 (느려)
늘-다	늘고	느네	늡니다	늘어
늘리-다	늘리고	늘리네	늘립니다	늘리어 (늘려)
늘이-다	늘이고	늘이네	늘입니다	늘이어 (늘여)
늙-다	늙고	늙네	늙습니다	늙어
늦-다[I]	늦고	늦네	늦습니다	늦어
늦-다[II]	늦고	늦네	늦습니다	늦어
다다르-다	다다르고	다다르네	다다릅니다	다다라
다루-다	다루고	다루네	다룹니다	다루어 (다뤄)
다르-다	다르고	다르네	다릅니다	달라
다리-다	다리고	다리네	다립니다	다리어 (다려)
다물-다	다물고	다무네	다뭅니다	다물어
다스리-다	다스리고	다스리네	다스립니다	다스리어 (다스려)

-면/-으면	-ㅁ/-음	-ㄴ/-은	-니¹/-으니¹	비 고
끼우면	끼움	끼운	끼우니	
끼이면	끼임	끼인	끼이니	
나누면	나눔	나눈	나누니	
나뉘면	나뉨	나뉜	나뉘니	
나면	남	난	나니	
나르면	나름	나른	나르니	
나쁘면	나쁨	나쁜	나쁘니	
낚으면	낚음	낚은	낚니	
날면	낢	난	나니	
날래면	날램	날랜	날래니	
날리면	날림	날린	날리니	
날카로우면	날카로움	날카로운	날카릅니 · 날카로우니	
나으면	나음	나은	낫니	
나으면	나음	나은	낫니 · 나으니	
낮으면	낮음	낮은	낮니 · 낮으니	
낮추면	낮춤	낮춘	낮추니	
낳으면	낳음	낳은	낳니	
내달으면	내달음	내달은	내닫니	
내리면	내림	내린	내리니	
내키면	내킴	내킨	내키니	
너그러우면	너그러움	너그러운	너그럽니 · 너그러우니	
너르면	너름	너른	너르니	
널면	넒	넌	너니	
널따라면	널따람	널따란	널따라니	
넓으면	넓음	넓은	넓니 · 넓으니	
넓히면	넓힘	넓힌	넓히니	
넘으면	넘음	넘은	넘니	
넣으면	넣음	넣은	넣니	
노라면	노람	노란	노라니	
노리면	노림	노린	노리니	
녹슬면	녹슮	녹슨	녹스니	
놀면	놂	논	노니	
높으면	높음	높은	높니 · 높으니	
놓으면	놓음	놓은	놓니	
누면	눔	눈	누니	
누러면	누럼	누런	누러니	
누르면	누름	누른	누르니	
누르면	누름	누른	누르니	
누리면	누림	누린	누리니	
누이면	누임	누인	누이니	☞ 뉘-다
눅으면	눅음	눅은	눅니	☞ 자
눅으면	눅음	눅은	눅니 · 눅으니	☞ 형
눌으면	눌음	눌은	눋니	
누우면	누움	누운	눕니	
뉘면	뉨	뉜	뉘니	☞ 누이-다
느끼면	느낌	느낀	느끼니	
느리면	느림	느린	느리니	
늘면	늚	는	느니	
늘리면	늘림	늘린	늘리니	
늘이면	늘임	늘인	늘이니	
늙으면	늙음	늙은	늙니	
늦으면	늦음	늦은	늦니	☞ 자
늦으면	늦음	늦은	늦니 · 늦으니	☞ 형
다다르면	다다름	다다른	다다르니	
다루면	다룸	다룬	다루니	
다르면	다름	다른	다르니	
다리면	다림	다린	다리니	
다물면	다묾	다문	다무니	
다스리면	다스림	다스린	다스리니	

어미 용언	-고	-네	-ㅂ니다/-습니다	-아/어
다시-다	다시고	다시네	다십니다	다시어 (다셔)
다지-다	다지고	다지네	다집니다	다지어 (다져)
다투-다	다투고	다투네	다툽니다	다투어 (다퉈)
닦-다	닦고	닦네	닦습니다	닦아
닫-다	닫고	닫네	닫습니다	닫아
달-다	달고	다네	답니다	달아
닳-다	닳고	닳네	닳습니다	닳아
닲-다	닲고	닲네	닲습니다	닲아
담그-다	담그고	담그네	담급니다	담가
담-다	담고	담네	담습니다	담아
당기-다	당기고	당기네	당깁니다	당기어 (당겨)
닿-다	닿고	닿네	닿습니다	닿아
대-다	대고	대네	댑니다	대어 (대)
대들-다	대들고	대드네	대듭니다	대들어
더듬-다	더듬고	더듬네	더듭습니다	더듬어
더럽-다	더럽고	더럽네	더럽습니다	더러워
덜-다	덜고	더네	덥니다	덜어
덥-다	덥고	덥네	덥습니다	더워
덮-다	덮고	덮네	덮습니다	덮어
데-다	데고	데네	뎁니다	데어 (데)
데치-다	데치고	데치네	데칩니다	데치어 (데쳐)
도지-다	도지고	도지네	도집니다	도지어 (도져)
돋-다	돋고	돋네	돋습니다	돋아
돌-다	돌고	도네	돕니다	돌아
돕-다	돕고	돕네	돕습니다	도와
동그랗-다	동그랗고	동그라네	동그랗습니다	동그래
되-다	되고	되네	됩니다	되어 (돼)
두-다	두고	두네	둡니다	두어 (둬)
두르-다	두르고	두르네	두릅니다	둘러
둥그렇-다	둥그렇고	둥그러네	둥그렇습니다	둥그레
둥글-다	둥글고	둥그네	둥급니다	둥글어
뒤지-다	뒤지고	뒤지네	뒤집니다	뒤지어 (뒤져)
뒹굴-다	뒹굴고	뒹구네	뒹굽니다	뒹굴어
드물-다	드물고	드무네	드뭅니다	드물어
듣-다	듣고	듣네	듣습니다	들어
들-다	들고	드네	듭니다	들어
들뜨-다	들뜨고	들뜨네	들뜹니다	들떠
들르-다	들르고	들르네	들릅니다	들러
디디-다	디디고	디디네	디딥니다	디디어 (디뎌)
딛-다	딛고	딛네	딛습니다	딛어 *
따-다	따고	따네	땁니다	따
따르-다	따르고	따르네	따릅니다	따라
따지-다	따지고	따지네	따집니다	따지어 (따져)
딸리-다	딸리고	딸리네	딸립니다	딸리어 (딸려)
땋-다	땋고	땋네	땋습니다	땋아
때-다	때고	때네	땝니다	때어 (때)
떠나-다	떠나고	떠나네	떠납니다	떠나
떠들-다	떠들고	떠드네	떠듭니다	떠들어
떠올리-다	떠올리고	떠올리네	떠올립니다	떠올리어 (떠올려)
떨-다	떨고	떠네	떱니다	떨어
떨리-다	떨리고	떨리네	떨립니다	떨리어 (떨려)
떼-다	떼고	떼네	뗍니다	떼어 (떼)
떼이-다	떼이고	떼이네	떼입니다	떼이어 (떼여)
뚫-다	뚫고	뚫네	뚫습니다	뚫어
뛰-다	뛰고	뛰네	뜁니다	뛰어
뛰어나-다	뛰어나고	뛰어나네	뛰어납니다	뛰어나
뜨-다	뜨고	뜨네	뜹니다	떠
뜨겁-다	뜨겁고	뜨겁네	뜨겁습니다	뜨거워
뜨이-다	뜨이고	뜨이네	뜨입니다	뜨이어 (뜨여)

-면/-으면	-ㅁ/-음	-ㄴ/-은	-니¹/-으니¹	비　　고
다시면	다심	다신	다시니	
다지면	다짐	다진	다지니	
다투면	다툼	다툰	다투니	
닦으면	닦음	닦은	닦니	
닫으면	닫음	닫은	닫니	
달면	닮	단	다니	
닮으면	닮음	닮은	닮니	
닳으면	닳음	닳은	닳니	
담그면	담금	담근	담그니	
담으면	담음	담은	담니	
당기면	당김	당긴	당기니	
닿으면	닿음	닿은	닿니	
대면	댐	댄	대니	
대들면	대듦	대든	대드니	
더듬으면	더듬음	더듬은	더듬니	
더러우면	더러움	더러운	더럽니 · 더러우니	
덜면	덞	던	더니	
더우면	더움	더운	덥니 · 더우니	
덮으면	덮음	덮은	덮니	
데면	뎀	덴	데니	
데치면	데침	데친	데치니	
도지면	도짐	도진	도지니	
돋으면	돋음	돋은	돋니	
돌면	돎	돈	도니	
도우면	도움	도운	돕니	
동그라면	동그람	동그란	동그라니	
되면	됨	된	되니	
두면	둠	둔	두니	
두르면	두름	두른	두르니	
둥그러면	둥그럼	둥그런	둥그러니	
둥글면	둥긂	둥근	둥그니	
뒤지면	뒤짐	뒤진	뒤지니	
뒹굴면	뒹긂	뒹군	뒹구니	
드물면	드묾	드문	드무니	
들으면	들음	들은	듣니	
들면	듦	든	드니	
들뜨면	들뜸	들뜬	들뜨니	
들르면	들름	들른	들르니	
디디면	디딤	디딘	디디니	
딛으면 *	딛음 *	딛은 *	딛니	☞ 딛-다
				☞ 디디-다
따면	땀	딴	따니	
따르면	따름	따른	따르니	
따지면	따짐	따진	따지니	
딸리면	딸림	딸린	딸리니	
땋으면	땋음	땋은	땋니	
때면	땜	땐	때니	
떠나면	떠남	떠난	떠나니	
떠들면	떠듦	떠든	떠드니	
떠올리면	떠올림	떠올린	떠올리니	
떨면	떪	떤	떠니	
떨리면	떨림	떨린	떨리니	
떼면	뗌	뗀	떼니	
떼이면	떼임	떼인	떼이니	
뚫으면	뚫음	뚫은	뚫니	
뛰면	뜀	뛴	뛰니	
뛰어나면	뛰어남	뛰어난	뛰어나니	
뜨면	뜸	뜬	뜨니	
뜨거우면	뜨거움	뜨거운	뜨겁니 · 뜨거우니	
뜨이면	뜨임	뜨인	뜨이니	☞ 띄-다

용언 ＼ 어미	-고	-네	-ㅂ니다/-습니다	-아/어
뜯-다	뜯고	뜯네	뜯습니다	뜯어
띄-다	띄고	띄네	띕니다	띄어
띄우-다²	띄우고	띄우네	띄웁니다	띄우어 (띄워)
띠-다	띠고	띠네	띱니다	띠어 (며)
마르-다	마르고	마르네	마릅니다	말라
마시-다	마시고	마시네	마십니다	마시어 (마셔)
마치-다	마치고	마치네	마칩니다	마치어 (마쳐)
막-다	막고	막네	막습니다	막아
만들-다	만들고	만들네	만듭니다	만들어
많-다	많고	많네	많습니다	많아
말-다	말고	마네	맙니다	말아
말리-다	말리고	말리네	말립니다	말리어 (말려)
맞-다	맞고	맞네	맞습니다	맞아
맡-다	맡고	맡네	맡습니다	맡아
매-다	매고	매네	맵니다	매어 (매)
맴돌-다	맴돌고	맴도네	맴돕니다	맴돌아
맵-다	맵고	맵네	맵습니다	매워
맷-다	맷고	맷네	맷습니다	맷어
머금-다	머금고	머금네	머금습니다	머금어
머무르-다	머무르고	머무르네	머무릅니다	머물러
머물-다	머물고	머무네	머뭅니다	머물어 *
먹-다	먹고	먹네	먹습니다	먹어
멀-다	멀고	머네	멉니다	멀어
멋지-다	멋지고	멋지네	멋집니다	멋지어 (멋져)
멎-다	멎고	멎네	멎습니다	멎어
메-다	메고	메네	멥니다	메어 (메)
메마르-다	메마르고	메마르네	메마릅니다	메말라
메스껍-다	메스껍고	메스껍네	메스껍습니다	메스꺼워
모-다	모고	모네	몹니다	모아 (뫄)
모르-다	모르고	모르네	모릅니다	몰라
모으-다	모으고	모으네	모읍니다	모아 (뫄)
몰-다	몰고	모네	몹니다	몰아
무겁-다	무겁고	무겁네	무겁습니다	무거워
무디-다	무디고	무디네	무딥니다	무디어 (무뎌)
무르-다	무르고	무르네	무릅니다	물러
무릎쓰-다	무릎쓰고	무릎쓰네	무릎씁니다	무릎써
무섭-다	무섭고	무섭네	무섭습니다	무서워
무찌르-다	무찌르고	무찌르네	무찌릅니다	무찔러
무치-다	무치고	무치네	무칩니다	무치어 (무쳐)
묵-다	묵고	묵네	묵습니다	묵어
묶-다	묶고	묶네	묶습니다	묶어
문지르-다	문지르고	문지르네	문지릅니다	문질러
묻-다¹ ²	묻고	묻네	묻습니다	묻어
묻-다³	묻고	묻네	묻습니다	물어
물-다	물고	무네	뭅니다	물어
미루-다	미루고	미루네	미룹니다	미루어 (미뤄)
믿-다	믿고	믿네	믿습니다	믿어
밀-다	밀고	미네	밉니다	밀어
밉-다	밉고	밉네	밉습니다	미워
바꾸-다	바꾸고	바꾸네	바꿉니다	바꾸어 (바꿔)
바라-다	바라고	바라네	바랍니다	바라
바래-다	바래고	바래네	바랩니다	바래어 (바래)
바르-다	바르고	바르네	바릅니다	발라
박-다	박고	박네	박습니다	박아
반갑-다	반갑고	반갑네	반갑습니다	반가워
받-다	받고	받네	받습니다	받아
밝-다Ⅰ	밝고	밝네	밝습니다	밝아
밝-다Ⅲ	밝고	밝네	밝습니다	밝아
밟-다	밟고	밟네	밟습니다	밟아

-면/-으면	-ㅁ/-음	-ㄴ/-은	-니¹/-으니¹	비 고
뜯으면	뜯음	뜯은	뜯니	
띄면	띔	띈	띄니	
띄우면	띄움	띄운	띄우니	☞ 뜨이-다, 띄우-다²
띠면	띰	띤	띠니	☞ 띄-다
마르면	마름	마른	마르니	
마시면	마심	마신	마시니	
마치면	마침	마친	마치니	
막으면	막음	막은	막니	
만들면	만듦	만든	만드니	
많면	많음	많은	많니 · 많으니	
말면	맒	만	마니	
말리면	말림	말린	말리니	
맞으면	맞음	맞은	맞니	
맡으면	맡음	맡은	맡니	
매면	맴	맨	매니	
맴돌면	맴돎	맴돈	맴도니	
매우면	매움	매운	맵니 · 매우니	
맺으면	맺음	맺은	맺니	
머금으면	머금음	머금은	머금니	
머무르면	머무름	머무른	머무르니	
머물면	머묾	머문/머무오 *	머무니	☞ 머물-다 ☞ 머무르-다
먹으면	먹음	먹은	먹니	
멀면	멂	먼	머니	
멋지면	멋짐	멋진	멋지니	
멋으면	멋음	멋은	멋니	
메면	멤	멘	메니	
메마르면	메마름	메마른	메마르니	
메스꺼우면	메스꺼움	메스꺼운	메스껍니 · 메스꺼우니	
모면	모음	모온	모니	☞ 모으-다
모르면	모름	모른	모르니	
모으면	모음	모은	모으니	☞ 모-다
몰면	몲	몬	모니	
무거우면	무거움	무거운	무겁니 · 무거우니	
무디면	무딤	무딘	무디니	
무르면	무름	무른	무르니	
무릅쓰면	무릅씀	무릅쓴	무릅쓰니	
무서우면	무서움	무서운	무섭니 · 무서우니	
무찌르면	무찌름	무찌른	무찌르니	
무치면	무침	무친	무치니	
묵으면	묵음	묵은	묵니	
묶으면	묶음	묶은	묶니	
문지르면	문지름	문지른	문지르니	
묻으면	묻음	묻은	묻니	
물으면	물음	물은	묻니	
물면	묾	문	무니	
미루면	미룸	미룬	미루니	
믿으면	믿음	믿은	믿니	
밀면	밂	민	미니	
미우면	미움	미운	밉니 · 미우니	
바꾸면	바꿈	바꾼	바꾸니	
바라면	바람	바란	바라니	
바래면	바램	바랜	바래니	
바르면	바름	바른	바르니	
박으면	박음	박은	박니	
반가우면	반가움	반가운	반갑니 · 반가우니	
받으면	받음	받은	받니	
밝으면	밝음	밝은	밝니	☞ 자
밝으면	밝음	밝은	밝니 · 밝으니	☞ 형
밟으면	밟음	밟은	밟니	

어미 용언	-고	-네	-ㅂ니다/-습니다	-아/어
배-다	배고	배네	뱁니다	배어 (배)
뱉-다	뱉고	뱉네	뱉습니다	뱉어
벌-다	벌고	버네	법니다	벌어
벌리-다	벌리고	벌리네	벌립니다	벌리어 (벌려)
벌이-다	벌이고	벌이네	벌입니다	벌이어 (벌여)
벗-다	벗고	벗네	벗습니다	벗어
베-다	베고	베네	벱니다	베어 (베)
베풀-다	베풀고	베푸네	베풉니다	베풀어
벼르-다	벼르고	벼르네	벼릅니다	별러
보-다	보고	보네	봅니다	보아 (봐)
보드랍-다	보드랍고	보드랍네	보드랍습니다	보드라워
보이-다	보이고	보이네	보입니다	보이어 (보여)
볶-다	볶고	볶네	볶습니다	볶아
뵈-다	뵈고	뵈네	뵙니다	뵈어 (봬)
부드럽-다	부드럽고	부드럽네	부드럽습니다	부드러워
부르-다	부르고	부르네	부릅니다	불러
부리-다	부리고	부리네	부립니다	부리어 (부려)
부수-다	부수고	부수네	부숩니다	부수어 (부숴)
부시-다	부시고	부시네	부십니다	부시어 (부셔)
부치-다	부치고	부치네	부칩니다	부치어 (부쳐)
부풀-다	부풀고	부푸네	부풉니다	부풀어
북돋-다	북돋고	북돋네	북돋습니다	북돋아
북돋우-다	북돋우고	북돋우네	북돋웁니다	북돋우어 (북돋워)
붇-다	붇고	붇네	붇습니다	불어
불-다	불고	부네	붑니다	불어
불사르-다	불사르고	불사르네	불사릅니다	불살라
붉-다	붉고	붉네	붉습니다	붉어
붓-다 [3]	붓고	붓네	붓습니다	부어
붙-다	붙고	붙네	붙습니다	붙어
붙이-다	붙이고	붙이네	붙입니다	붙이어 (붙여)
비꼬-다	비꼬고	비꼬네	비꿉니다	비꼬아 (비꽈)
비-다	비고	비네	빕니다	비어 (벼)
비웃-다	비웃고	비웃네	비웃습니다	비웃어
비추-다	비추고	비추네	비춥니다	비추어 (비춰)
비치-다	비치고	비치네	비칩니다	비치어 (비쳐)
빌-다	빌고	비네	빕니다	빌어
빌리-다	빌리고	빌리네	빌립니다	빌리어 (빌려)
빌붙-다	빌붙고	빌붙네	빌붙습니다	빌붙어
빗-다	빗고	빗네	빗습니다	빗어
빚-다	빚고	빚네	빚습니다	빚어
빠르-다	빠르고	빠르네	빠릅니다	빨라
빨-다	빨고	빠네	빱니다	빨아
빨갛-다	빨갛고	빨가네	빨갛습니다	빨개
빻-다	빻고	빻네	빻습니다	빻아
빼-다	빼고	빼네	뺍니다	빼어 (빼)
빼앗-다	빼앗고	빼앗네	빼앗습니다	빼앗아
뺏-다	뺏고	뺏네	뺏습니다	뺏어
뻗-다	뻗고	뻗네	뻗습니다	뻗어
뻘겋-다	뻘겋고	뻘거네	뻘겋습니다	뻘게
뽀얗-다	뽀얗고	뽀야네	뽀얗습니다	뽀얘
뽐내-다	뽐내고	뽐내네	뽐냅니다	뽐내어 (뽐내)
뽑-다	뽑고	뽑네	뽑습니다	뽑아
뿌옇-다	뿌옇고	뿌여네	뿌옇습니다	뿌예
뿜-다	뿜고	뿜네	뿜습니다	뿜어
사-다	사고	사네	삽니다	사
사귀-다	사귀고	사귀네	사귑니다	사귀어
삭-다	삭고	삭네	삭습니다	삭아
살-다	살고	사네	삽니다	살아
살찌-다	살찌고	살찌네	살찝니다	살찌어 (살쪄)

-면/-으면	-ㅁ/-음	-ㄴ/-은	-니¹/-으니¹	비 고
배면	뱀	밴	배니	
뱉으면	뱉음	뱉은	뱉니	
벌면	벎	번	버니	
벌리면	벌림	벌린	벌리니	
벌이면	벌임	벌인	벌이니	
벗으면	벗음	벗은	벗니	
베면	벰	벤	베니	
베풀면	베풂	베푼	베푸니	
벼르면	벼름	벼른	벼르니	
보면	봄	본	보니	
보드라우면	보드라움	보드라운	보드랍니 · 보드라우니	
보이면	보임	보인	보이니	
볶으면	볶음	볶은	볶니	☞ 뵈다
뵈면	뵘	뵌	뵈니	
부드러우면	부드러움	부드러운	부드럽니 · 부드러우니	☞ 보이다
부르면	부름	부른	부르니	
부리면	부림	부린	부리니	
부수면	부숨	부순	부수니	
부시면	부심	부신	부시니	
부치면	부침	부친	부치니	
부풀면	부풂	부푼	부푸니	
북돋으면	북돋음	북돋은	북돋니	☞ 북돋우-다
북돋우면	북돋움	북돋운	북돋우니	☞ 북돋-다
불으면	불음	불은	분니	
불면	붊	분	부니	
불사르면	불사름	불사른	불사르니	
붉으면	붉음	붉은	붉니 · 붉으니	
부으면	부음	부은	붓니	
붙으면	붙음	붙은	붙니	
붙이면	붙임	붙인	붙이니	
비꼬면	비꼼	비꼰	비꼬니	
비면	빔	빈	비니	
비웃으면	비웃음	비웃은	비웃니	
비추면	비춤	비춘	비추니	
비치면	비침	비친	비치니	
빌면	빎	빈	비니	
빌리면	빌림	빌린	빌리니	
빌붙으면	빌붙음	빌붙은	빌붙니	
빗으면	빗음	빗은	빗니	
빚으면	빚음	빚은	빚니	
빠르면	빠름	빠른	빠르니	
빨면	빪	빤	빠니	
빨가면	빨감	빨간	빨가니	
빻으면	빻음	빻은	빻니	
뻬면	뺌	뺀	빼니	
빼앗으면	빼앗음	빼앗은	빼앗니	☞ 뺏-다
뺏으면	뺏음	뺏은	뺏니	☞ 빼앗-다
뻗으면	뻗음	뻗은	뻗니	
뻗거면	뻗검	뻗건	뻗거니	
뽀야면	뽀얌	뽀얀	뽀야니	
뽐내면	뽐냄	뽐낸	뽐내니	
뽑으면	뽑음	뽑은	뽑니	
뿌여면	뿌염	뿌연	뿌여니	
뿜으면	뿜음	뿜은	뿜니	
사면	삼	산	사니	
사귀면	사귐	사귄	사귀니	
삭으면	삭음	삭은	삭니	
살면	삶	산	사니	
살찌면	살찜	살찐	살찌니	

어미 용언	-고	-네	-ㅂ니다/-습니다	-아/어
삶-다	삶고	삶네	삶습니다	삶아
삼가-다	삼가고	삼가네	삼갑니다	삼가
삼-다	삼고	삼네	삼습니다	삼아
새-다	새고	새네	샙니다	새어 (새)
새롭-다	새롭고	새롭네	새롭습니다	새로워
생기-다	생기고	생기네	생깁니다	생기어 (생겨)
서-다	서고	서네	섭니다	서
서두르-다	서두르고	서두르네	서두릅니다	서둘러
서둘-다	서둘고	서두네	서둡니다	서둘어 *
서투르-다	서투르고	서투르네	서투릅니다	서툴러
서툴-다	서툴고	서투네	서툽니다	서툴어 *
섞-다	섞고	섞네	섞습니다	섞어
선부르-다	선부르고	선부르네	선부릅니다	선불러
설-다	설고	서네	섭니다	설어
설레-다	설레고	설레네	설렙니다	설레어 (설레)
섧-다	섧고	섧네	섧습니다	설워
세-다	세고	세네	셉니다	세어 (세)
속-다	속고	속네	속습니다	속아
솎-다	솎고	솎네	솎습니다	솎아
손꼽-다	손꼽고	손꼽네	손꼽습니다	손꼽아
솟-다	솟고	솟네	솟습니다	솟아
쇠-다	쇠고	쇠네	쇱니다	쇠어 (쇄)
수다스럽-다	수다스럽고	수다스럽네	수다스럽습니다	수다스러워
숨-다	숨고	숨네	숨습니다	숨어
쉬-다	쉬고	쉬네	쉽니다	쉬어
쉽-다	쉽고	쉽네	쉽습니다	쉬워
슬프-다	슬프고	슬프네	슬픕니다	슬퍼
시-다	시고	시네	십니다	시어 (셔)
시들-다	시들고	시드네	시듭니다	시들어
식-다	식고	식네	식습니다	식어
신-다	신고	신네	신습니다	신어
싣-다	싣고	싣네	싣습니다	실어
싫-다	싫고	싫네	싫습니다	싫어
심-다	심고	심네	심습니다	심어
싶-다	싶고	싶네	싶습니다	싶어
싸-다	싸고	싸네	쌉니다	싸
싸우-다	싸우고	싸우네	싸웁니다	싸우어 (싸워)
쌓-다	쌓고	쌓네	쌓습니다	쌓아
썰-다	썰고	써네	섭니다	썰어
쏘-다	쏘고	쏘네	쏩니다	쏘아 (쏴)
쏘이-다	쏘이고	쏘이네	쏘입니다	쏘이어 (쏘여)
쏟-다	쏟고	쏟네	쏟습니다	쏟아
쐬-다	쐬고	쐬네	��쐽니다	쐬어 (쐐)
쑤-다	쑤고	쑤네	쑵니다	쑤어 (쒀)
쓰-다	쓰고	쓰네	씁니다	써
쓰이-다	쓰이고	쓰이네	쓰입니다	쓰이어 (쓰여)
쓸-다	쓸고	쓰네	씁니다	쓸어
씌-다	씌고	씌네	씝니다	씌어
씌우-다	씌우고	씌우네	씌웁니다	씌우어 (씌워)
아끼-다	아끼고	아끼네	아낍니다	아끼어 (아껴)
아니꼽-다	아니꼽고	아니꼽네	아니꼽습니다	아니꼬워
아뢰-다	아뢰고	아뢰네	아룁니다	아뢰어 (아뢔)
아름답-다	아름답고	아름답네	아름답습니다	아름다워
아물-다	아물고	아무네	아뭅니다	아물어
아쉽-다	아쉽고	아쉽네	아쉽습니다	아쉬워
아프-다	아프고	아프네	아픕니다	아파
안쓰럽-다	안쓰럽고	안쓰럽네	안쓰럽습니다	안쓰러워
안치-다	안치고	안치네	안칩니다	안치어 (안쳐)
안타깝-다	안타깝고	안타깝네	안타깝습니다	안타까워

-면/-으면	-ㅁ/-음	-ㄴ/-은	-니¹/-으니¹	비 고
삶으면	삶음	삶은	삶니	
삼가면	삼감	삼간	삼가니	
삼으면	삼음	삼은	삼니	
새면	샘	샌	새니	
새로우면	새로움	새로운	새롭니 · 새로우니	
생기면	생김	생긴	생기니	
서면	섬	선	서니	
서두르면	서두름	서두른	서두르니	☞ 서둘-다
서둘면	서둚	서둔/서두오*	서두니	☞ 서두르-다
서투르면	서투름	서투른	서투르니	☞ 서툴-다
서툴면	서툶	서툰/서투오*	서투니	☞ 서투르-다
섞으면	섞음	섞은	섞니	
섣부르면	섣부름	섣부른	섣부르니	
설면	섦	선	서니	
설레면	설렘	설렌	설레니	
설우면	설움	설운	섧니 · 설우니	
세면	셈	센	세니	
속으면	속음	속은	속니	
솎으면	솎음	솎은	솎니	
손꼽으면	손꼽음	손꼽은	손꼽니	
솟으면	솟음	솟은	솟니	
쇠면	쇰	쇤	쇠니	
수다스러우면	수다스러움	수다스러운	수다스럽니 · 수다스러우니	
숨으면	숨음	숨은	숨니	
쉬면	쉼	쉰	쉬니	
쉬우면	쉬움	쉬운	쉽니 · 쉬우니	
슬프면	슬픔	슬픈	슬프니	
시면	심	신	시니	
시들면	시듦	시든	시드니	
식으면	식음	식은	식니	
신으면	신음	신은	신니	
실으면	실음	실은	싣니	
싫으면	싫음	싫은	싫니 · 싫으니	
심으면	심음	심은	심니	
싶으면	싶음	싶은	싶니 · 싶으니	
싸면	쌈	싼	싸니	
싸우면	싸움	싸운	싸우니	
쌓으면	쌓음	쌓은	쌓니	
썰면	썲	썬	써니	
쏘면	쏨	쏜	쏘니	
쏘이면	쏘임	쏘인	쏘이니	☞ 쐬-다
쏟으면	쏟음	쏟은	쏟니	
쐬면	쐼	쐰	쐬니	☞ 쏘이-다
쑤면	쑴	쑨	쑤니	
쓰면	씀	쓴	쓰니	
쓰이면	쓰임	쓰인	쓰이니	☞ 씌-다
쓸면	씖	쓴	쓰니	
씌면	씜	씐	씌니	☞ 쓰이-다, 씌우다
씌우면	씌움	씌운	씌우니	☞ 씌-다
아끼면	아낌	아낀	아끼니	
아니꼬우면	아니꼬움	아니꼬운	아니꼽니 · 아니꼬우니	
아뢰면	아룀	아뢴	아뢰니	
아름다우면	아름다움	아름다운	아름답니 · 아름다우니	
아물면	아묾	아문	아무니	
아쉬우면	아쉬움	아쉬운	아쉽니 · 아쉬우니	
아프면	아픔	아픈	아프니	
안쓰러우면	안쓰러움	안쓰러운	안쓰럽니 · 안쓰러우니	
안치면	안침	안친	안치니	
안타까우면	안타까움	안타까운	안타깝니	

어미 용언	-고	-네	-ㅂ니다/-습니다	-아/어
앉-다	앉고	앉네	앉습니다	앉아
앉히-다	앉히고	앉히네	앉힙니다	앉히어 (앉혀)
알-다	알고	아네	압니다	알아
알맞-다	알맞고	알맞네	알맞습니다	알맞아
앓-다	앓고	앓네	앓습니다	앓아
약-다	약고	약네	약습니다	약아
얇-다	얇고	얇네	얇습니다	얇아
얕-다	얕고	얕네	얕습니다	얕아
얕보-다	얕보고	얕보네	얕봅니다	얕보아 (얕봐)
어기-다	어기고	어기네	어깁니다	어기어 (어겨)
어둡-다	어둡고	어둡네	어둡습니다	어두워
어렵-다	어렵고	어렵네	어렵습니다	어려워
어우르-다	어우르고	어우르네	어우릅니다	어울러
언짢-다	언짢고	언짢네	언짢습니다	언짢아
얹-다	얹고	얹네	얹습니다	얹어
얹히-다	얹히고	얹히네	얹힙니다	얹히어 (얹혀)
얻-다	얻고	얻네	얻습니다	얻어
얼-다	얼고	어네	업니다	얼어
업-다	업고	업네	업습니다	업어
없-다	없고	없네	없습니다	없어
없애-다	없애고	없애네	없앱니다	없애어 (없애)
엎-다	엎고	엎네	엎습니다	엎어
여물-다	여물고	여무네	여뭅니다	여물어
여의-다	여의고	여의네	여윕니다	여의어
여쭈-다	여쭈고	여쭈네	여쭙니다	여쭈어 (여쭤)
여쭙-다	여쭙고	여쭙네	여쭙습니다	여쭈워
엮-다	엮고	엮네	엮습니다	엮어
열-다	열고	여네	엽니다	열어
예쁘-다	예쁘고	예쁘네	예쁩니다	예뻐
오-다	오고	오네	옵니다	와
오르-다	오르고	오르네	오릅니다	올라
오리-다	오리고	오리네	오립니다	오리어 (오려)
올바르-다	올바르고	올바르네	올바릅니다	올발라
옮-다	옮고	옮네	옮습니다	옮아
옳-다	옳고	옳네	옳습니다	옳아
외-다	외고	외네	욉니다	외어 (왜)
외롭-다	외롭고	외롭네	외롭습니다	외로워
외우-다	외우고	외우네	외웁니다	외우어 (외워)
우러르-다	우러르고	우러르네	우러릅니다	우러러
우습-다	우습고	우습네	우습습니다	우스워
울-다	울고	우네	웁니다	울어
웃-다	웃고	웃네	웃습니다	웃어
읊-다	읊고	읊네	읊습니다	읊어
이-다	이고	이네	입니다	이어 (여)
이루-다	이루고	이루네	이룹니다	이루어 (이뤄)
이르-다¹	이르고	이르네	이릅니다	이르러
이르-다² ³	이르고	이르네	이릅니다	일러
익-다	익고	익네	익습니다	익어
일-다	일고	이네	입니다	일어
일컫-다	일컫고	일컫네	일컫습니다	일컬어
읽-다	읽고	읽네	읽습니다	읽어
잃-다	잃고	잃네	잃습니다	잃어
잇-다	잇고	잇네	잇습니다	이어
잇달-다	잇달고	잇다네	잇답니다	잇달아
있-다	있고	있네	있습니다	있어
잊-다	잊고	잊네	잊습니다	잊어
자-다	자고	자네	잡니다	자
자르-다	자르고	자르네	자릅니다	잘라
작-다	작고	작네	작습니다	작아

-면/-으면	-ㅁ/-음	-ㄴ/-은	-니¹/-으니¹	비 고
앉으면	앉음	앉은	앉니	
앉히면	앉힘	앉힌	앉히니	
알면	앎	안	아니	
알맞으면	알맞음	알맞은	알맞니 · 알맞으니	
앓으면	앓음	앓은	앓니	
약으면	약음	약은	약니 · 약으니	
얇으면	얇음	얇은	얇니 · 얇으니	
얕으면	얕음	얕은	얕니 · 얕으니	
얕보면	얕봄	얕본	얕보니	
어기면	어김	어긴	어기니	
어두우면	어두움	어두운	어둡니 · 어두우니	
어려우면	어려움	어려운	어렵니 · 어려우니	
어우르면	어우름	어우른	어우르니	
언짢으면	언짢음	언짢은	언짢니 · 언짢으니	
얹으면	얹음	얹은	얹니	
얹히면	얹힘	얹힌	얹히니	
얻으면	얻음	얻은	얻니	
열면	엶	언	어니	
업으면	업음	업은	업니	
없으면	없음	없은	없니	
없애면	없앰	없앤	없애니	
엎으면	엎음	엎은	엎니	
여물면	여묾	여문	여무니	
여의면	여읨	여읜	여의니	
여쭈면	여쭘	여쭌	여쭈니	
여쭈우면	여쭈움	여쭈운	여쭙니	
엮으면	엮음	엮은	엮니	
열면	엶	연	여니	
예쁘면	예쁨	예쁜	예쁘니	
오면	옴	온	오니	
오르면	오름	오른	오르니	
오리면	오림	오린	오리니	
올바르면	올바름	올바른	올바르니	
옮으면	옮음	옮은	옮니	
옳으면	옳음	옳은	옳니 · 옳으니	
외면	욈	왼	외니	☞ 외우-다
외로우면	외로움	외로운	외롭니 · 외로우니	
외우면	외움	외운	외우니	☞ 외-다
우러르면	우러름	우러른	우러르니	
우스우면	우스움	우스운	우습니 · 우스우니	
울면	욺	운	우니	
웃으면	웃음	웃은	웃니	
옳으면	옳음	옳은	옳니	
이면	임	인	이니	
이루면	이룸	이룬	이루니	
이르면	이름	이른	이르니	
이르면	이름	이른	이르니	
익으면	익음	익은	익니	
일면	잃	인	이니	
일컬으면	일컬음	일컬은	일컫니	
읽으면	읽음	읽은	읽니	
잃으면	잃음	잃은	잃니	
이으면	이음	이은	잇니	
잇달면	잇닮	잇단	잇다니	
있으면	있음	있은	있니	
잊으면	잊음	잊은	잊니	
자면	잠	잔	자니	
자르면	자름	자른	자르니	
작으면	작음	작은	작니 · 작으니	

용언 \ 어미	-고	-네	-ㅂ니다/-습니다	-아/어
잠그-다	잠그고	잠그네	잠급니다	잠가
잠기-다	잠기고	잠기네	잠깁니다	잠기어 (잠겨)
잡-다	잡고	잡네	잡습니다	잡아
잡숫-다	잡숫고	잡숫네	잡숫습니다	잡수어 (잡숴)
재-다	재고	재네	잽니다	재어 (재)
저리-다	저리고	저리네	저립니다	저리어 (저려)
저물-다	저물고	저무네	저뭅니다	저물어
적-다¹	적고	적네	적습니다	적어
적-다²	적고	적네	적습니다	적어
절-다	절고	저네	접니다	절어
절이-다	절이고	절이네	절입니다	절이어 (절여)
젊-다	젊고	젊네	젊습니다	젊어
점잖-다	점잖고	점잖네	점잖습니다	점잖아
접-다	접고	접네	접습니다	접어
젓-다	젓고	젓네	젓습니다	저어
정들-다	정들고	정드네	정듭니다	정들어
젖-다	젖고	젖네	젖습니다	젖어
조르-다	조르고	조르네	조릅니다	졸라
조리-다	조리고	조리네	조립니다	조리어 (조려)
조이-다	조이고	조이네	조입니다	조이어 (조여)
졸-다	졸고	조네	좁니다	졸아
졸리-다	졸리고	졸리네	졸립니다	졸리어 (졸려)
좁-다	좁고	좁네	좁습니다	좁아
좋-다	좋고	좋네	좋습니다	좋아
죄-다	죄고	죄네	죕니다	죄어 (좨)
죄이-다	죄이고	죄이네	죄입니다	죄이어 (죄여)
주무르-다	주무르고	주무르네	주무릅니다	주물러
죽-다	죽고	죽네	죽습니다	죽어
줄-다	줄고	주네	줍니다	줄어
줍-다	줍고	줍네	줍습니다	주워
쥐-다	쥐고	쥐네	쥡니다	쥐어
즐겁-다	즐겁고	즐겁네	즐겁습니다	즐거워
즐기-다	즐기고	즐기네	즐깁니다	즐기어 (즐겨)
지나-다	지나고	지나네	지납니다	지나
지-다	지고	지네	집니다	지어 (져)
지르-다	지르고	지르네	지릅니다	질러
지치-다	지치고	지치네	지칩니다	지치어 (지쳐)
지키-다	지키고	지키네	지킵니다	지키어 (지켜)
질-다	질고	지네	집니다	질어
질리-다	질리고	질리네	질립니다	질리어 (질려)
집-다	집고	집네	집습니다	집어
짓궂-다	짓궂고	짓궂네	짓궂습니다	짓궂어
짓-다	짓고	짓네	짓습니다	지어
짓무르-다	짓무르고	짓무르네	짓무릅니다	짓물러
짖-다	짖고	짖네	짖습니다	짖어
짙-다	짙고	짙네	짙습니다	짙어
짚-다	짚고	짚네	짚습니다	짚어
짜-다	짜고	짜네	짭니다	짜
짧-다	짧고	짧네	짧습니다	짧아
째-다	째고	째네	잽니다	째어 (째)
쪼이-다	쪼이고	쪼이네	쪼입니다	쪼이어 (쪼여)
쫓-다	쫓고	쫓네	쫓습니다	쫓아
쬐-다	쬐고	쬐네	쬡니다	쬐어 (쫴)
찌-다	찌고	찌네	찝니다	찌어 (쪄)
찌들-다	찌들고	찌드네	찌듭니다	찌들어
찌르-다	찌르고	찌르네	찌릅니다	찔러
찍-다	찍고	찍네	찍습니다	찍어
찢-다	찢고	찢네	찢습니다	찢어
찧-다	찧고	찧네	찧습니다	찧어

-면/-으면	-ㅁ/-음	-ㄴ/-은	-니[1]/-으니[1]	비 고
잠그면	잠금	잠근	잠그니	
잠기면	잠김	잠긴	잠기니	
잡으면	잡음	잡은	잡니	
잡수면	잡숨	잡순	잡숫니	☞ 잡수시-다
재면	잼	잰	재니	
저리면	저림	저린	저리니	
저물면	저묾	저문	저무니	
적으면	적음	적은	적니	☞ 타
적으면	적음	적은	적니 · 적으니	☞ 형
절면	젊	전	저니	
절이면	절임	절인	절이니	
젊으면	젊음	젊은	젊니 · 젊으니	
점잖으면	점잖음	점잖은	점잖니 · 점잖으니	
접으면	접음	접은	접니	
저으면	저음	저은	젓니	
정들면	정듦	정든	정드니	
젖으면	젖음	젖은	젖니	
조르면	조름	조른	조르니	
조리면	조림	조린	조리니	
조이면	조임	조인	조이니	
졸면	졺	존	조니	
졸리면	졸림	졸린	졸리니	
좁으면	좁음	좁은	좁니 · 좁으니	
좋으면	좋음	좋은	좋니 · 좋으니	
죄면	죔	죈	죄니	
죄이면	죄임	죄인	죄이니	
주무르면	주무름	주무른	주무르니	
죽으면	죽음	죽은	죽니	
줄면	줆	준	주니	
주우면	주움	주운	줍니	
쥐면	쥠	쥔	쥐니	
즐거우면	즐거움	즐거운	즐겁니 · 즐거우니	
즐기면	즐김	즐긴	즐기니	
지나면	지남	지난	지나니	
지면	짐	진	지니	
지르면	지름	지른	지르니	
지치면	지침	지친	지치니	
지키면	지킴	지킨	지키니	
질면	짏	진	지니	
질리면	질림	질린	질리니	
집으면	집음	집은	집니	
짓궂으면	짓궂음	짓궂은	짓궂니 · 짓궂으니	
지으면	지음	지은	짓니	
짓무르면	짓무름	짓무른	짓무르니	
짓으면	짓음	짓은	짓니	
짙으면	짙음	짙은	짙니 · 짙으니	
짚으면	짚음	짚은	짚니	
짜면	짬	짠	짜니	
짧으면	짧음	짧은	짧니 · 짧으니	
쩨면	쩸	쩬	쩨니	
쪼이면	쪼임	쪼인	쪼이니	
쫓으면	쫓음	쫓은	쫓니	
쬐면	쬠	쬔	쬐니	
찌면	찜	찐	찌니	
찌들면	찌듦	찌든	찌드니	
찌르면	찌름	찌른	찌르니	
찍으면	찍음	찍은	찍니	
찢으면	찢음	찢은	찢니	
찧으면	찧음	찧은	찧니	

어미 용언	-고	-네	-ㅂ니다/-습니다	-아/어
차-다	차고	차네	찹니다	차
참-다	참고	참네	참습니다	참아
찾-다	찾고	찾네	찾습니다	찾아
채-다	채고	채네	챕니다	채어 (채)
추-다	추고	추네	춥니다	추어 (춰)
춥-다	춥고	춥네	춥습니다	추워
치-다	치고	치네	칩니다	치어 (쳐)
치닫-다	치닫고	치닫네	치닫습니다	치달아
치르-다	치르고	차르네	치릅니다	치러
캐-다	캐고	캐네	캡니다	캐어 (캐)
커다랗-다	커다랗고	커다라네	커다랗습니다	커다래
켜-다	켜고	켜네	켭니다	켜
크-다	크고	크네	큽니다	커
타-다	타고	타네	탑니다	타
탐스럽-다	탐스럽고	탐스럽네	탐스럽습니다	탐스러워
터지-다	터지고	터지네	터집니다	터지어 (터져)
털-다	털고	터네	텁니다	털어
튀-다	튀고	튀네	튑니다	튀어
트이-다	트이고	트이네	트입니다	트이어 (트여)
틀-다	틀고	트네	틉니다	틀어
틀리-다	틀리고	틀리네	틀립니다	틀리어 (틀려)
틔-다	틔고	틔네	틥니다	틔어
파-다	파고	파네	팝니다	파
파랗-다	파랗고	파라네	파랗습니다	파래
팔-다	팔고	파네	팝니다	팔아
패-다	패고	패네	팹니다	패어 (패)
펴-다	펴고	펴네	폅니다	펴
펀들-다	펀들고	펀드네	펀듭니다	펀들어
포개-다	포개고	포개네	포갭니다	포개어 (포개)
푸-다	푸고	푸네	품니다	퍼
푸르-다	푸르고	푸르네	푸릅니다	푸르러
풀-다	풀고	푸네	품니다	풀어
피-다	피고	피네	핍니다	피어 (펴)
하얗-다	하얗고	하야네	하얗습니다	하얘
할퀴-다	할퀴고	할퀴네	할큅니다	할퀴어
핥-다	핥고	핥네	핥습니다	핥아
허물-다	허물고	허무네	허뭅니다	허물어
헐-다	헐고	허네	헙니다	헐어
헐뜯-다	헐뜯고	헐뜯네	헐뜯습니다	헐뜯어
헤집-다	헤집고	헤집네	헤집습니다	헤집어
헹구-다	헹구고	헹구네	헹굽니다	헹구어 (헹궈)
후리-다	후리고	후리네	후립니다	후리어 (후려)
후비-다	후비고	후비네	후빕니다	후비어 (후벼)
훑-다	훑고	훑네	훑습니다	훑어
휘-다	휘고	휘네	흽니다	휘어
휩쓸-다	휩쓸고	휩쓰네	휩씁니다	휩쓸어
흐르-다	흐르고	흐르네	흐릅니다	흘러
흐리-다	흐리고	흐리네	흐립니다	흐리어 (흐려)
흔들-다	흔들고	흔드네	흔듭니다	흔들어
홀-다	홀고	홀네	홀습니다	홀어
희-다	희고	회네	흽니다	희어
힘겹-다	힘겹고	힘겹네	힘겹습니다	힘겨워
힘들-다	힘들고	힘드네	힘듭니다	힘들어
힘차-다	힘차고	힘차네	힘찹니다	힘차

-면/-으면	-ㅁ/-음	-ㄴ/-은	-니¹/-으니¹	비 고
차면	참	찬	차니	
참으면	참음	참은	참니	
찾으면	찾음	찾은	찾니	
채면	챔	챈	채니	
추면	춤	춘	추니	
추우면	추움	추운	춥니·추우니	
치면	침	친	치니	
치달으면	치달음	치달은	치닫니	
치르면	치름	치른	치르니	
캐면	캠	캔	캐니	
커다라면	커다람	커다란	커다라니	
켜면	켬	켠	켜니	
크면	큼	큰	크니	
타면	탐	탄	타니	
탐스러우면	탐스러움	탐스러운	탐스럽니·탐스러우니	
터지면	터짐	터진	터지니	
털면	팀	턴	터니	
뛰면	튐	뛴	뛰니	
트이면	트임	트인	트이니	☞ 틔-다
틀면	틂	튼	트니	
틀리면	틀림	틀린	틀리니	
틔면	틤	틘	틔니	☞ 트이-다
파면	팜	판	파니	
파라면	파람	파란	파라니	
팔면	팖	판	파니	
패면	팸	팬	패니	
펴면	폄	편	펴니	
편들면	편듦	편든	편드니	
포개면	포갬	포갠	포개니	
푸면	품	푼	푸니	
푸르면	푸름	푸른	푸르니	
풀면	풂	푼	푸니	
피면	핌	핀	피니	
하야면	하얌	하얀	하야니	
할퀴면	할큄	할퀸	할퀴니	
핥으면	핥음	핥은	핥니	
허물면	허묾	허문	허무니	
헐면	헒	헌	허니	
헐뜯으면	헐뜯음	헐뜯은	헐뜯니	
헤집으면	헤집음	헤집은	헤집니	
헹구면	헹굼	헹군	헹구니	
후리면	후림	후린	후리니	
후비면	후빔	후빈	후비니	
훑으면	훑음	훑은	훑니	
휘면	휨	휜	휘니	
휩쓸면	휩쓺	휩쓴	휩쓰니	
흐르면	흐름	흐른	흐르니	
흐리면	흐림	흐린	흐리니	
흔들면	흔듦	흔든	흔드니	
훑으면	훑음	훑은	훑니	
희면	힘	흰	희니	
힘겨우면	힘겨움	힘겨운	힘겹니·힘겨우니	
힘들면	힘듦	힘든	힘드니	
힘차면	힘참	힘찬	힘차니	

대법원 선정 인명용(人名用) 한자

㉠ ▶표 다음은 교육용 한자 1800자 이외에 추가 선정한 한자.
㉡ 〈 〉안의 한자는 인명용으로 허용한 동자·속자·약자.

ㄱ

가 家 佳 街 可 歌 加
價 假 架 暇 ▶ 嘉
嫁 稼 買 駕 伽 迦
柯 呵 哥 枷 珂 痂
苛 茄 袈 訶 跏 軻

각 各 角 脚 閣 却 覺
刻 ▶ 珏 恪 殼 慤

간 干 間 看 刊 肝 幹
簡 姦 懇 ▶ 艮 杆
諫 玕 侃 竿 揀 墾
栞 奸 東 桿 澗 癎

갈 渴 ▶ 葛 乫 喝 曷
碣 竭 褐 蝎 鞨

감 甘 減 感 鑑〈鑒〉敢
監 ▶ 勘 堪 瞰 坎
嵌 憾 栽 柑 橄 疳
紺 邯 龕

갑 甲 ▶ 鉀 匣 岬 胛
閘

강 江 降 講 强〈強〉康
剛 鋼 綱 ▶ 堈 岡
崗 姜 橿 杠 彊 慷
畺 疆 糠 絳 羌 腔
紅 薑 襁 鱇 嬲 跭

개 改 皆 個〈箇〉開 介
慨 概 蓋〈盖〉▶ 价
凱 愷 漑 塏 愾 忦
芥 豈 鎧 玠

객 客 ▶ 喀

갱 更 ▶ 坑 粳 羹

약 ▶ 醸

거 去 巨 居 車 擧 距
拒 據 ▶ 渠 遽 鉅
炬 倨 据 祛 踞 鋸

건 建 乾 件 健 ▶ 巾
虔 楗 鍵 愆 腱 寒
騫

걸 傑 乞 ▶ 杰 桀

검 儉 劍〈劒〉檢 ▶ 瞼
鈐 黔

겁 ▶ 劫 怯 法

게 ▶ 憩 揭 偈

격 格 擊 激 隔〈隔〉▶
檄 膈 覡

견 犬 見 堅 肩 絹 遣
牽 ▶ 鵑 甄 繭 譴

결 決 結 潔 缺 ▶ 訣
抉

겸 兼 謙 ▶ 鎌 慊 箝
鉗

경 京 景 輕 經 庚 耕
敬 慶 競 竟 境 鏡
頃 傾 硬 警 徑 卿
驚 ▶ 俓 倞 儆 勁
坰 擎 憬 暻 更 涇
炅 璟 瓊 耿 莖 鯨
梗 橄 逕 熲 問 勍
烱 璥 痙 磬 絅 脛
頸 鶊 囧 檠

계 癸 季 界 計 溪 鷄
系 係 戒 械 繼 契
桂 啓 階 繫 ▶ 誡
娃 堺 屆 悸 棨 磎
稽 谿

고 古 故 固 苦 考〈攷〉
高 告 枯 姑 庫 孤
鼓 稿 顧 ▶ 敲 叩
皐 暠 呱 尻 拷 槁
沽 痼 皋 羔 股 膏
苽 菰 藁 蠱 袴 詁
賈 辜 錮 雇 杲

곡 谷 曲 穀 哭 ▶ 斛
梏 鵠

곤 困 坤 ▶ 昆 崑 琨
錕 梱 棍 滾 袞 鯤

골 骨 ▶ 汨 滑

공 工 功 空 共 公 孔
供 恭 攻 恐 貢 ▶
拱 控 拱 蚣 鞏

곳 ▶ 串

과 果 課 科 過 誇 寡
▶ 戈 瓜 菓 跨 鍋
顆

곽 郭 ▶ 廓 槨 藿

관 官 觀 關 館〈舘〉管
貫 慣 冠 寬 ▶ 款
琯 灌 瓘 錧 梡 串
棺 罐 菅

괄 ▶ 括 刮 恝 适

광 光 廣〈広〉鑛 狂 ▶
侊 匡 曠 洸 珖 桄
眂 壙 筐 胱

괘 掛 ▶ 卦 罫

괴 塊 愧 怪 壞 ▶ 乖
傀 拐 槐 魁

굉 ▶ 宏 紘 肱 轟

교 交 校 橋 敎〈教〉郊
較 巧 矯 ▶ 僑 喬
嬌 膠 咬 嶠 攪 狡
皎 絞 翹 蕎 蛟 轎
餃 驕 鮫 姣

구 九 口 求 救 究 久
句 舊 具 俱 區 驅

苟	拘	狗	丘	懼	龜
構	球	▶	坵	玖	矩
邱	銶	鳩	溝	購	軀
耉	枸	仇	勾	咎	嘔
垢	寇	嶇	厖	樞	歐
歐	毬	灸	瞿	絿	臼
舅	衢	謳	逑	鉤	駒
鷗					

국 國〈国〉菊 局 ▶ 鞠 鞫 麴

군 君 郡 軍 群 ▶ 窘 裙

굴 屈 ▶ 窟 堀 掘

궁 弓 宮 窮 ▶ 躬 穹 芎

권 權 勸 卷 券 拳 ▶ 圈 眷 倦 捲 淃

궐 厥 ▶ 闕 獗 蕨 蹶

궤 軌 ▶ 机 櫃 潰 詭 饋

귀 貴 歸 鬼 ▶ 龜 句 晷 鮚

규 叫 規 糾 ▶ 圭 奎 揆 珪 逵 窺 葵 槻 硅 竅 赳 閨 乣

균 均 菌 ▶ 畇 鈞 勻 筠 龜

귤 ▶ 橘

극 極 克 劇 ▶ 剋 隙 戟 棘

근 斤 近 勤 根 僅 謹 ▶ 槿 瑾 嬈 墐 漌 筋 劤 懃 芹 菫 覲 饉

글 ▶ 契

금 金 錦 今 禁 琴 禽 ▶ 衾 襟 昑 妗 擒 檎 芩 衿

급 及 級 給 急 ▶ 汲 伋 扱

긍 肯 ▶ 亘〈亙〉兢 矜

기 其 基 期 旗 己 紀 記 起 奇 寄 騎 器

旣 技 企 氣 祈 幾
機 畿 豈 忌 飢 棄
欺 ▶ 淇 琪 琦 棋
祺 錤 騏 麒 玘 杞
崎 琦 綺 錡 箕 岐
汽 沂 圻 耆 機 磯
冀 驥 嗜 璣 埼 譏
伎 夔 妓 芰 畸 碁
祁 祇 羈 璣 肌 饑
祺

긴 緊

길 吉 ▶ 佶 桔 姞 拮

김 ▶ 金

끽 ▶ 喫

ㄴ

나 那 ▶ 娜 奈 柰 挐 儺 懦 拿 挪 胗 挐

낙 諾

난 暖 難 ▶ 煖

날 ▶ 捺 捏

남 南 男 ▶ 楠 湳 枏

납 納 ▶ 衲

낭 娘 ▶ 囊

내 乃 內 奈 耐 ▶ 柰

녀 女

년 年〈季〉▶ 撚

념 念 ▶ 恬 拈 捻

녕 寧 ▶ 甯 獰

노 怒 奴 努 ▶ 弩 瑙 駑

농 農 ▶ 濃 膿

뇌 腦 惱

뇨 ▶ 尿 鬧 撓

눈 ▶ 嫩

눌 ▶ 訥

뉴 ▶ 紐 鈕 杻

능 能

니 泥 ▶ 尼 柅

ㄷ

다 多 茶 爹

단 旦 但 丹 單 短 團

端 段 斷 壇 檀 ▶
鍛 緞 亶 彖 湍 簞
蛋 袒 鄲

달 達 ▶ 撻 澾 獺 疸

담 談 淡 擔 ▶ 譚 膽 澹 覃 啖 坍 憺 曇 湛 痰 聃 菼 錟 潭

답 答 畓 踏 ▶ 沓 遝

당 堂 當 唐 糖 黨 ▶ 塘 鏜 撞 幢 戇 棠 螳

대 大 代 待 隊 帶 對 貸 臺 ▶ 垈 玳 岱 戴 袋 擡 旲 坮 岱 黛

댁 ▶ 宅

덕 德〈悳〉

도 道 導 度 渡 島 都 桃 圖 途 到 徒 稻 跳 陶 刀 倒 盜 逃 燾 禱 鍍 蹈 屠 嶋 悼 掉 搗 櫂 淘 滔 睹 萄 覩 賭 韜

독 讀 獨 毒 督 篤 ▶ 瀆 牘 犢 禿 纛

돈 豚 敦 ▶ 墩 惇 暾 燉 頓 旽 沌 焞

돌 突 ▶ 乭

동 東 凍 同 洞 銅 動 童 冬 ▶ 桐 棟 董 潼 垌 蝀 仝 憧 疼 胴 朣 瞳 形 炯

두 斗 豆 頭 ▶ 杜 枓 兜 痘 竇 荳 讀 逗 阧

둔 鈍 屯 ▶ 遁 臀 芚 遯

득 得

등 登 燈 等 騰 ▶ 藤 謄 鄧 橙 嶝

ㄹ

라 羅 ▶ 螺 喇 懶 癩

蘿 裸 邏 剆

락　樂 落 絡 ▶ 洛 珞
　　酪 烙 駱

란　卵 亂 蘭 欄 ▶ 爛
　　瀾 瓓 丹 欒 鸞

랄　▶ 剌 辣

람　覽 濫 ▶ 藍 嵐 擥
　　攬 欖 籃 纜 襤 婪

랍　▶ 拉 臘 蠟

랑　郞 浪 廊 ▶ 朗 琅
　　瑯 狼 螂

래　來〈来〉▶ 峽 萊 徠

랭　冷

략　略 掠

량　良 凉〈涼〉兩 梁 量
　　糧 諒 ▶ 亮 倆 樑
　　粮 粱 輛

려　旅 麗 慮 勵 ▶ 呂
　　侶 黎 閭 儷 廬 戾
　　櫚 濾 礪 藜 蠣 驢
　　驪

력　力 歷 曆 ▶ 瀝 礫
　　櫟 靂

련　連 蓮 聯 練 鍊 戀
　　憐 ▶ 煉 璉 攣 漣
　　輦 孌

렬　列 烈 裂 劣 ▶ 冽
　　洌

렴　廉 ▶ 濂 簾 斂 殮

렵　獵

령　令 領 嶺 零 靈 ▶
　　伶 玲 鈴 齡 姈 昤
　　怜 囹 岺 答 羚 翎
　　聆 逞 冷

례　禮 例〈礼〉隷 ▶ 澧
　　醴

로　老 勞 路 露 爐 ▶
　　魯 盧 鷺 撈 擄 櫓
　　潞 瀘 蘆 虜 輅 鹵
　　纑

록　祿 綠 錄 鹿 ▶ 彔
　　碌 菉 麓

론　論

롱　弄 ▶ 瀧 瓏 籠 壟
　　朧 聾

뢰　雷 賴 ▶ 瀨 儡 牢
　　磊 賂 賚

료　料 了 僚 ▶ 遼 寮
　　廖 燎 療 瞭 聊 蓼

룡　龍〈竜〉

루　累 樓 屢 淚 漏 ▶
　　壘 婁 瘻 縷 蔞 褸
　　鏤 陋

류　柳 流 留 類 ▶ 琉
　　劉 瑠 硫 瘤 旒 榴
　　溜 瀏 謬

륙　六 陸 ▶ 戮

륜　倫 輪 ▶ 侖 崙 綸
　　淪 錀

률　律 栗 率 ▶ 慄

륭　隆

륵　▶ 勒 肋

름　▶ 凜 廩

릉　陵 ▶ 綾 菱 稜 凌
　　楞

리　利 梨 里 理 裏〈裡〉
　　離 吏 履 李 ▶ 璃
　　莉 离 俚 悧 俐 厘
　　唎 浬 犂 狸 痢 籬
　　罹 贏 鼇 鯉 浰 攲

린　隣 ▶ 潾 璘 麟 吝
　　燐 藺 躪 鱗 撛 麐
　　鄰

림　林 臨 ▶ 琳 霖 淋

립　立 ▶ 笠 粒 砬

ㅁ

마　馬 麻 磨 ▶ 瑪 摩
　　痲 碼 魔

막　莫 幕 漠 ▶ 寞 膜
　　邈

만　萬 滿 晚 慢 漫 ▶
　　蠻 曼 蔓 鏋 万 卍
　　娩 巒 彎 挽 灣 瞞
　　輓 饅 鰻

말　末 ▶ 茉 莯 抹 沫

襪 韈

망　亡 妄 忘 忙 望 罔
　　茫 ▶ 網 芒 莽 輞
　　邙

매　每 梅 妹 埋 賣 買
　　媒 ▶ 枚 寐 昧 煤
　　罵 邁 魅

맥　麥 脈 ▶ 貊 陌 驀

맹　孟 猛 盟 盲 ▶ 萌
　　氓

멱　冪 覓

면　面 免 勉 綿 眠 ▶
　　冕 棉 沔 眄 緬 麵

멸　滅 ▶ 蔑

명　明 名 銘 命 鳴 冥
　　▶ 溟 暝 椧 皿 瞑
　　茗 蓂 螟 酩 慏 洺

메　▶ 袂

모　模 謀 某 募 慕 母
　　毛 貌 暮 侮 冒 ▶
　　矛 牟 謨 摸 姆 帽
　　摹 牡 瑁 眸 耗 芼
　　茅

목　木 牧 目 睦 ▶ 沐
　　穆 鶩

몰　沒 ▶ 歿

몽　夢 蒙 ▶ 朦

묘　卯 妙 苗 墓 廟 ▶
　　描 錨 畝 昴 杳 渺
　　猫 玅

무　戊 茂 武 務 無〈无〉
　　霧 舞 貿 ▶ 拇 畝
　　撫 珷 懋 巫 憮 林
　　毋 繆 蕪 誣 鵡

묵　墨 默

문　文 門 問 聞 ▶ 汶
　　紋 炆 們 刎 吻 紊
　　蚊 雯

물　勿 物 ▶ 沕

미　美 未 味 米 尾 眉
　　微 迷 ▶ 渼 彌〈弥〉
　　薇 嵋 媄 媚 嵋 梶
　　楣 湄 謎 靡 黴 躾

민	嫩 民 敏 憫 ▶ 攻 旻 旼 閔 珉 岷 忞 慜 敗 泯 愍 潤 暋 砇 頤 悶 緡 顒 磻	
밀	密 蜜 ▶ 謐	

ㅂ

박	朴 博 泊 拍 迫 薄 ▶ 珀 撲 璞 鉑 舶 剝 樸 箔 粕 縛 膊 電 駁	
반	半 班 般 盤 反 返 叛 飯 伴 ▶ 潘 畔 磐 頒 拌 搬 攀 斑 槃 泮 瘢 盼 磻 礬 絆 蟠	
발	發 拔 髮 ▶ 鉢 渤 潑 勃 撥 跋 醱 魃	
방	方 傍 芳 放 倣 訪 防 妨 房 邦 ▶ 坊 彷 昉 龐 榜 厖 幇 旁 枋 滂 磅 紡 肪 膀 舫 蒡 蚌 謗	
배	倍 培 拜 配 杯〈盃〉 背 排 輩 湃 陪 裴〈裵〉俳 徘 焙 胚 褙 賠 北	
백	白 伯 百 ▶ 栢〈柏〉 佰 帛 魄	
번	番 飜〈翻〉繁 煩 ▶ 蕃 幡 樊 燔 磻 藩	
벌	伐 罰 ▶ 閥 筏	
범	凡 犯 範 ▶ 汎 帆 氾 范 机 梵 泛	
법	法 ▶ 琺	
벽	壁 碧 ▶ 璧 闢 僻 劈 擘 檗 癖 薜 霹	
변	變 辨 辯 邊 ▶ 卞 弁 便	
별	別 ▶ 瞥 繁 鼈 襒 馦	
병	丙 兵 竝〈並〉屛 病	

	▶ 幷〈并〉炳 柄 秉 昞〈昺〉棅 倂 輧 鉼 瓶 餠 騈	
보	保 報 步 普 補 譜 寶〈宝〉▶ 堡 甫 輔 菩 潽 洑 湺 珤 褓 福 復 腹 複 卜 伏	
복	服 覆 ▶ 馥 鍑 僕 匐 宓 茯 蔔 輹 輻 鰒	
본	本	
볼불	▶ 乶	
봉	鳳 封 奉 逢 峯〈峰〉 蜂 ▶ 俸 捧 琫 棒 烽 蓬 鋒 熢 縫	
부	富 副 付 府 符 部 附 夫 扶 浮 簿 婦 赴 賦 父 負 否 腐 ▶ 膚 孚 芙 溥 敷 傅 復 不 俯 剖 咐 埠 孵 斧 缶 腑 艀 莩 訃 賻 趺 釜 阜 駙 鳧	
북	北	
분	分 紛 粉 憤 墳 奔 奮 ▶ 汾 芬 盆 貢 吩 噴 忿 扮 盼 焚 糞 雰	
불	不 拂 佛 ▶ 弗 彿 朋 崩 ▶ 鵬 棚 硼	
붕	繃	
비	比 批 非 悲 妃 備 肥 祕 飛 費 鼻 卑 婢 碑 ▶ 枇 琵 扉 庇 譬 丕 匕 憊 斐 榧 毖 毗 毘 沸 泌 痺 砒 秕 粃 緋 翡 脾 臂 菲 蜚 裨 誹 鄙 棐	
빈	貧 賓 頻 ▶ 彬 斌 嬪 濱 檳 儐 璸 玭 顚 檳 殯 浜 瀕 牝 邠 繽	

빙	氷〈冰〉聘 ▶ 憑 騁	

ㅅ

사	四 士 仕 寺 社 思 事 史 使 私 司 詞 巳 祀 師 絲 沙 舍 査 射 謝 寫 辭 似 斯 斜 賜 詐 捨 死 蛇 邪 ▶ 泗 娑 糸 砂 紗 徙 奢 嗣 赦 仐 梭 渣 瀉 獅 祠 簁 肆 莎 蓑 裟 飼 駟 麝	
삭	朔 削 ▶ 數 索	
산	山 産 算 散 ▶ 珊 傘 酸 刪 汕 疝 蒜 霰	
살	殺 ▶ 薩 乷 撒 煞	
삼	三 ▶ 森 參 杉 蔘 衫 滲 芟	
삽	▶ 揷〈挿〉澁 鈒 颯	
상	上 相 想 霜 祥 詳 床 尙 常 裳 賞 償 象 像 狀 嘗 桑 商 傷 喪 ▶ 庠 湘 箱 翔 爽 塽 孀 孀 峠 廂 橡 觴 樣	
새	塞 ▶ 璽 賽	
색	色 索 ▶ 嗇 穡 塞	
생	生 ▶ 牲 甥 省 笙	
서	西 書 緖 序 叙〈敍〉 徐 庶 暑 署 恕 逝 誓 ▶ 抒 瑞 棲〈栖〉 惜 曙 婿〈壻〉舒 謂 墅 嶼 捿 犀 筮 絮 胥 薯 鋤 黍 鼠 與 黃	
석	石 夕 昔 惜 席 析 釋 ▶ 碩 奭 汐 淅 晳 錫 鉐 祏 潟 蓆	
선	仙 善 先 宣 鮮 選 船 線 旋 禪 ▶ 扇	

渲 瑄 琁 璿 璇 羨
嬋 銑 愃 墡 膳 繕
珗 嬿 偓 歚 煽 癬
腺 蘚 蟬 詵 跣 鐥
饍

설 雪 說 設 舌 ▶ 髙
薛 楔 屑 泄 洩 渫
褻 齧 卨 鼛 契

섬 ▶ 暹 蟾 纖 剡 殲
瞻 閃 陝

섭 涉 攝 ▶ 燮 葉

성 成 城 誠 盛 省 聖
聲 星 性 姓 ▶ 惺
晟〈晠〉娍 醒 娏 珵
宬 猩 箴 腥 聖 眐

세 世 洗 稅 細 勢 歲
▶ 貫 笹 說 忕

소 小 少 召 昭 所 素
笑 訴 掃 疎 蘇 蔬
消 燒 騷 ▶ 沼 紹
邵 韶 巢 疏 炤 遡
梳 泝 瀟 甦 瘙 篠
簫 蕭 逍 銷 愫 穌
玿 鮹

속 束 速 俗 續 屬 粟
▶ 涑 謖 贖

손 孫 損 ▶ 遜 巽 蓀
飧

솔 ▶ 率 帥

송 松 送 訟 頌 誦 ▶
宋 淞 悚

쇄 刷 鎖〈鏁〉▶ 殺 灑
碎

쇠 衰 ▶ 釗

수 水 殊 守 秀 壽 數
樹 修〈脩〉須 首 受
授 收 帥 手 隨 邃
需 輸 誰 愁 睡 雖
囚 獸 垂 搜 ▶ 洙
琇 銖 粹 繡 穗〈穗〉
隋 髓 袖 嗽 嫂 岫
峀 戍 漱 燧 狩 璲

瘦 豎 綏 綬 羞 茱
蒐 蓚 藪 讐 邃 酬
銹 陲 鬚 鸐 睟

숙 叔 淑 肅 宿 孰 熟
▶ 塾 琡 璹 橚 夙
潚 菽

순 順 純 旬 瞬 巡 循
脣 殉 ▶ 盾 淘 珣
荀 筍 舜 淳 諄 錞
醇 焞 徇 恂 栒 楯
橓 蕣 蓴 詢 馴

술 戌 述 術 ▶ 鉥

숭 崇 ▶ 嵩 崧

슬 ▶ 瑟 膝 瑟 蝨

습 習 拾 襲 濕 ▶ 褶

승 勝 承 昇 乘 僧 ▶
升 丞 陞 繩 蠅 塍
丞 塍

시 時 始 是 市 侍 詩
試 示 視 矢 施 ▶
柴 特 匙 嘶 媤 尸
屎 屍 弑 柿 猜 翅
蒔 蓍 諡 豕 豺 偲

식 式 植 識 息 食 飾
▶ 埴 殖 湜 軾 寔
栻 拭 熄 篒 蝕

신 信 新 臣 申 伸 神
辛 身 晨 愼 ▶ 紳
莘 薪 迅 訊 侁 呻
娠 宸 燼 腎 藎 蜃
辰 璶

실 實〈実〉室 失 ▶ 悉

심 心 深 審 尋 甚 ▶
沁 沈 瀋 芯 諶

십 十 ▶ 什 拾

쌍 雙

씨 氏

ㅇ

아 亞〈亜〉兒〈児〉牙 芽
雅 我 餓 ▶ 阿 娥
峨 衙 妸 俄 啞 莪
蛾 訝 鴉 鵝 婀

악 岳 惡 ▶ 樂 堊 嶽
輕 愕 握 渥 鄂 鍔
顎 鰐 齷

안 安 案 眼 岸 雁〈雁〉
顔 ▶ 晏 按 鞍 鮟

알 謁 ▶ 斡 軋 閼

암 巖〈岩〉暗 ▶ 庵 菴
唵 癌 闇

압 壓 押 ▶ 鴨 狎

앙 央 仰 殃 ▶ 昂 鴦
怏 秧

애 愛 涯 哀 ▶ 厓 崖
艾 埃 曖 磑 隘 靄

액 額 厄 ▶ 液 扼 掖
縊 腋

앵 ▶ 鶯 櫻 罌 鸚

야 野 夜 也 耶 ▶ 冶
倻 惹 揶 椰 爺 若

약 約 藥 若 弱 躍 ▶
葯 蒻

양 陽 楊 揚 羊 洋 養
樣 讓 壤 ▶ 襄 孃
漾 佯 恙 攘 敭 暘
瀁 煬 痒 瘍 禳 穰
釀 易

어 魚 漁 語 御 於 ▶
圄 瘀 禦 馭 齬 唹

억 億 憶 抑 ▶ 檍 臆

언 言 焉 ▶ 諺 彦 偃
堰 嫣

얼 ▶ 蘖 蘖

엄 嚴 ▶ 奄 俺 掩 儼
淹

업 業 ▶ 嶪

엔 ▶ 円

여 予 余 餘 與 輿 如
汝 歟 璵 礖 艅
茹 擧 妤

역 亦 易 役 域 譯 驛
疫 逆 ▶ 晹 繹

연 延 研 沿 鉛 演 然
燃 煙〈烟〉宴 燕 緣
軟 ▶ 硯 衍 淵 妍

열염	娟	涓	筵	沇	瑛	綖
	嚥	堧	捐	挻	椽	涎
	繎	薚	矊	燃	醸	堯
	悅	熱	閱	▶	說	咽
	染	炎	鹽	▶	艷	〈艷〉
	琰	厭	焰	苒	閻	輭
엽	葉	▶	燁	曄	爗	
영	永	泳	詠	英	營	榮
	〈榮〉	映	迎	影	▶	暎
	楹	渶	濚	煐	瑛	瑩
	盈	鍈	瓔	穎	瓔	咏
	瀅	嶸	穎	濚	瀯	纓
	霙					
예	豫	藝	譽	銳	▶	乂
	睿	〈叡〉	預	芮	倪	刈
	曳	汭	濊	猊	穢	蘂
	裔	詣	霓	堄	埶	橤
	珝					
오	五	吾	誤	悟	娛	午
	烏	嗚	傲	汚	▶	梧
	伍	吳	旿	晤	奧	語
	俉	塢	塕	寤	惡	懊
	敖	澳	熬	蔜	筽	螯
	鰲	鼇	浯			
옥	玉	屋	獄	▶	鈺	沃
온	溫	▶	瑥	穩	媪	瘟
	縕	蘊				
옹	翁	擁	▶	雍	壅	瓮
	甕	癰	邕	饔		
와	瓦	臥	▶	渦	窩	窪
	蛙	蝸	訛			
완	完	綏	▶	浣	婉	玩
	琓	琬	莞	垸	婠	宛
	梡	椀	碗	豌	脘	腕
	豌	阮	頑	妧	岏	
왈	曰					
왕	王	往	▶	旺	汪	枉
왜	▶	倭	娃	歪	矮	
외	外	畏	▶	嵬	巍	猥
요	要	搖	謠	遙	腰	▶
	堯	曜	耀	瑤	夭	樂
	饒	姚	僥	凹	妖	嶢
	拗	擾	橈	燿	窈	窯

	絲	繞	蟯	邀	曎	
욕	欲	浴	慾	辱	▶	縟
	褥					
용	用	容	勇	庸	▶	溶
	鎔	瑢	榕	蓉	湧	涌
	踊	埇	墉	鏞	茸	甬
	俑	傭	冗	慂	熔	聳
	俗					
우	于	宇	雨	羽	遇	愚
	偶	憂	優	郵	右	友
	牛	又	尤	▶	祐	佑
	寅	禹	瑀	玗	迂	堣
	隅	釪	霧	盱	盂	禑
	紆	芋	藕	虞	雩	扜
욱	▶	旭	昱	煜	郁	項
	彧	勖	栯	稶		
운	云	雲	運	韻	▶	沄
	澐	耘	耺	暈	暈	橒
	殞	熉	芸	蕓	隕	
울	▶	蔚	鬱	芛		
웅	雄	▶	熊			
원	元	院	原	源	願	員
	圓	援	遠	園	怨	▶
	袁	垣	瑗	媛	沅	洹
	苑	轅	願	嫄	婉	宛
	湲	爰	猿	阮	鴛	援
월	月	越	▶	鉞		
위	位	偉	緯	圍	衛	〈衛〉
	爲	委	謂	慰	威	胃
	危	僞	違	▶	尉	暐
	渭	瑋	韋	魏	萎	葦
	蔿	蝟	幃			
유	乳	有	由	油	儒	遺
	愈	維	惟	唯	酉	幼
	幽	悠	柔	誘	猶	遊
	裕	▶	侑	宥	庚	兪
	楡	洧	喩	瑜	猷	柚
	濡	愉	攸	釉	琟	釉
	孺	揄	楢	游	癒	臾
	萸	諛	諭	踰	蹂	逾
	鍮	曘	婑			
육윤	肉	育	▶	堉	毓	
	潤	閏	▶	尹	允	玧

	鋧	胤	阭	斎	贇	閏
	昀					
율	▶	聿	燏	汩		
융	▶	融	戎	瀜	絨	
은	恩	銀	隱	▶	垠	殷
	誾	溵	㒃	慇	濦	檼
	听	訢	圻	蘟	檼	�登
을	乙					
음	音	陰	吟	飮	淫	▶
	蔭					
읍	邑	泣	▶	揖		
응	應	凝	▶	膺	鷹	鹰
의	義	議	儀	衣	依	宜
	矣	意	醫	疑	▶	倚
	誼	毅	擬	懿	椅	饐
	薏	蟻				
이	二	以	夷	已	耳	異
	移	而	▶	貳	易	伊
	彛	〈彝〉	怡	爾	珥	弛
	頤	姨	痍	肄	苨	荑
	貽	邇	飴	嬰	杝	
익	益	翼	▶	翊	瀷	謚
	翌	熤				
인	人	仁	印	因	姻	寅
	引	忍	認	▶	刃	咽
	諲	絪	茵	蚓	靭	靷
	㼵	芢				
일	一	日	逸	▶	壹	溢
	鎰	馹	佾	佚		
임	壬	任	賃	▶	妊	姙
	稔	恁	荏	託		
입	入	▶	廿			
잉	▶	剩	仍	孕	芿	
			ㅈ			
자	子	字	者	資	姿	姉
	玆	慈	紫	自	恣	刺
	▶	雌	仔	磁	滋	藉
	瓷	咨	孜	炙	煮	疵
	茨	蔗	諮			
작	作	昨	爵	酌	▶	灼
	芍	雀	鵲	勺	嚼	斫

炸 綽
잔　殘 ▶ 孱 棧 潺 盞
잠　暫 潛〈潜〉▶ 蠶 箴
　　岑 簪
잡　雜
장　丈 場 長 張 章 障
　　壯 裝 莊〈庄〉墻〈牆〉
　　將 獎 帳 掌 粧 藏
　　臟 腸 葬 ▶ 匠 暲
　　杖 薔 璋 奘 漳 樟
　　蔣 仗 檣 欌 漿 狀
　　獐 臧 贓 醬
재　才 材 財 再 在 載
　　裁 栽 哉 災 宰 ▶
　　梓 縡 齋 溨 滓 齎
쟁　爭 ▶ 錚 箏 諍
저　著 低 貯 底 抵 ▶
　　苧 邸 楮 沮 佇 儲
　　咀 姐 杵 樗 渚 狙
　　猪 疽 箸 紵 菹 藷
　　詛 躇 這 雎 齟
적　的 寂 適 摘 滴 積
　　績 跡 赤 籍 敵 賊
　　▶ 蹟 笛 迪 勣 吊
　　嫡 狄 炙 翟 荻 謫
　　迹 鏑
전　全 錢 電 展 田 前
　　專 傳 轉 典 戰 殿
　　▶ 佺 栓 詮 銓 琠
　　甸 塡 荃 奠 嶹 顚
　　佃 剪 塼 廛 悛 氈
　　澱 煎 畑 癲 筌 箋
　　箭 篆 纏 輾 鈿 鐫
　　顫 餞
절　切 絕 節 折 竊 ▶
　　哲 截 浙 癤
점　占 店 漸 點 ▶ 点
　　岾 粘 霑 鮎
접　接 蝶 ▶ 摺
정　丁 停 亭 訂 頂 井
　　程 定 貞 廷 庭 正
　　政 淨 整 征 情 靜
　　〈静〉精 ▶ 汀 玎 町

呈 延 偵 湞 幀 楨
禎 珽 挺 綎 鼎 晶
聂 桯 鉦 淀 錠 鋌
鄭 靖 珵 理 靚 鋥
炡 渟 釘 涏 頙 婷
旌 裎 靚 睛 碇 崢
綎 誇 酊 霆 彭 埥
侹 姸
제　制 提 題 堤 帝 弟
　　齊 濟 第 製 際 諸
　　除 祭 ▶ 悌 梯 瑅
　　劑 啼 臍 薺 蹄 醍
　　薺
조　兆 助 祖 組 租 調
　　造 操 早 條 朝 潮
　　照 燥 鳥 弔 ▶ 彫
　　措 晁 窕 曹 祚 肇
　　詔 釣 趙 遭 眺 俎
　　凋 嘲 曺 棗 槽 漕
　　爪 璪 稠 粗 糟 繰
　　藻 蚤 躁 阻 雕
족　族 足 ▶ 簇 鏃
존　存 尊
졸　卒 拙 ▶ 猝
종　宗 種 鐘 從 縱 終
　　▶ 倧 琮 淙 鍾 悰
　　棕 綜 瑽 慫 腫 踪
　　踵 椶 柊
좌　左 佐 坐 座 ▶ 挫
죄　罪
주　主 住 柱 注 周 宙
　　州 洲 走 晝 朱 株
　　舟 酒 奏 珠 鑄 週
　　胄 湊 炷 註 疇 遇
　　駐 遒〈酒〉姙 澍 姝
　　侏 做 呪 嗾 廚 籌
　　紂 紬 綢 蛛 誅 躊
　　輳 酎 燽 鈺 拄 綢
죽　竹 ▶ 粥
준　俊 準 遵 ▶ 峻 浚
　　晙 埈 焌 竣 駿 准
　　濬 雋 儁 睃 埻 隼
　　寯 樽 蠢 逡 純 葰

嫶
줄　▶ 茁
중　中 仲 重 衆
즉　卽 ▶ 卮
즐　▶ 櫛
즙　▶ 汁 楫 葺
증　曾 增 贈 證 蒸 憎
　　症 ▶ 甑 烝 拯 繒
지　地 池 之 只 止 志
　　誌 持 指 知 智 至
　　紙 支 枝 遲 ▶ 旨
　　沚 址 祉 趾 祇 芝
　　摯 誌 脂 咫 枳 漬
　　砥 肢 芷 蜘 識 贄
　　泜 坻
직　直 織 職 ▶ 稙 稷
진　眞〈真〉鎭 辰 振 進
　　珍 盡 陳 陣 震 ▶
　　晉〈晋〉津 璡 秦 袗
　　塵 瑱 瑨〈瑨〉禛 縝
　　診 賑 塡 溱 抮 唇
　　嗔 搢 桭 榛 殄 畛
　　疹 瞋 縉 臻 蔯 袗
　　袗 眹 蓁 哂
질　質 秩 姪 疾 ▶ 瓆
　　侄 叱 嫉 帙 桎 窒
　　膣 蛭 跌 迭
짐　▶ 斟 朕
집　集 執 ▶ 潗〈潗〉楫
　　輯 什 鏶 緝
징　徵 懲 ▶ 澄

ㅊ

차　次 借 且 此 差 ▶
　　車 叉 瑳 侘 嗟 嵯
　　磋 箚 茶 蹉 遮 硨
　　艖 姹
착　着 錯 捉 ▶ 搾 窄
　　鑿 齪
찬　贊〈賛〉讚〈讃〉▶ 撰
　　燦 璨 粲 瓚 澯 纂
　　纘 鑽 竄 篡 餐 饌
　　贊 巑

찰	察 ▶ 札 刹 擦 紮	
참	參 慘 慚〈慙〉▶ 僭	
	塹 懺 斬 站 讒 識	
창	昌 唱 倉 創 蒼 暢	
	窓 ▶ 滄 廠 敞 彰	
	昶 菖 倡 娼 愴 槍	
	漲 猖 瘡 脹 艙	
채	採 彩 菜 債 ▶ 琗	
	蔡 采 寀 綵 寨 砦	
	釵 瑳 責 梫 婇	
책	策 責 冊〈册〉▶ 柵	
처	處 妻 ▶ 悽 凄	
척	尺 拓 戚 斥 ▶ 陟	
	坧 倜 刺 剔 憾 擲	
	滌 瘠 脊 蹠 隻	
천	川 天 千 踐 淺 泉	
	薦 遷 玔 ▶ 仟 阡	
	喘 擅 玔 穿 舛 釧	
	闡 韆 茜	
철	哲 鐵 徹 ▶ 喆 澈	
	撤 轍 綴 凸 輟	
첨	添 尖 ▶ 僉 瞻 沾	
	甛 簽 籤 詹 諂	
첩	妾 ▶ 帖 捷 堞 牒	
	疊 睫 諜 貼 輒	
청	靑〈青〉淸〈清〉請〈請〉	
	晴〈晴〉廳 聽 菁	
	鯖	
체	體 替 遞 滯 逮 ▶	
	締 諦 切 剃 涕	
초	草〈艸〉初 抄 招 超	
	礎 肖 秒 ▶ 樵 焦	
	蕉 楚 剿 哨 憔 梢	
	椒 炒 硝 礁 稍 苕	
	貂 酢 醋 醮 岧 鈔	
촉	促 燭 觸 ▶ 囑 矗	
	蜀	
촌	寸 村 忖 ▶ 邨	
총	總 聰〈聡〉銃 ▶ 寵	
	叢 塚 恩 憁 摠	
	総	
촬	▶ 撮	
최	最 催 ▶ 崔	

추	追 抽 推 秋 醜 ▶	
	楸 樞 鄒 錐 錘 墜	
	椎 湫 皺 芻 諏	
	趨 僦 鎚 雛 騶 鰍	
	丑 畜 祝 縮 築 蓄	
축	逐 ▶ 軸 竺 筑 蹙	
	蹴	
춘	春 ▶ 椿 瑃 賰	
출	出 ▶ 朮 黜	
충	忠 充 衝 蟲〈虫〉▶	
	沖〈冲〉衷 珫	
췌	▶ 萃 悴 膵 贅	
취	取 趣 就 吹 臭 醉	
	▶ 翠 聚 嘴 娶 炊	
	脆 驟 鷲	
측	側 測 ▶ 仄 厠 惻	
층	層	
치	治 置 值 致 齒 恥	
	▶ 稚 熾 峙 雉 馳	
	侈 嗤 幟 梔 淄 痔	
	痴 癡 稀 緇 緻 蚩	
	輜	
칙	則 ▶ 勅	
친	親	
칠	七 漆 ▶ 柒	
침	針 侵 浸 沈 枕 寢	
	▶ 琛 砧 鍼	
칩	▶ 蟄	
칭	稱 ▶ 秤	

ㅋ		
쾌	快 ▶ 夬	

ㅌ		
타	他 打 妥 墮 ▶ 咤	
	唾 惰 拖 朵 楕 舵	
	陀 馱 駝	
탁	濯 卓 托 濁 ▶ 琢	
	倬 琸 託 鐸 晫 度	
	擢 拓 啄 坼 柝	
탄	炭 彈 歎 誕 ▶ 呑	
	坦 灘 嘆 憚 綻	
탈	脫 奪	

탐	探 貪 ▶ 耽 眈	
탑	塔 ▶ 搭 榻	
탕	湯 ▶ 宕 帑 糖 蕩	
태	太 泰 態 怠 殆 ▶	
	兌 汰 台 胎 邰 答	
	苔 跆 颱	
택	宅 澤 擇 ▶ 垞	
탱	▶ 撑	
터	▶ 攄	
토	土 討 吐 ▶ 兎	
통	通 統 痛 ▶ 桶 慟	
	洞 筒	
퇴	退 ▶ 堆 槌 腿 褪	
	頹	
투	投 透 鬪 ▶ 偸 套	
	妬	
특	特 ▶ 慝	
틈	▶ 闖	

ㅍ		
파	波 派 頗 罷 播 破	
	把 ▶ 巴 琶 芭 坡	
	杷 婆 擺 爬 跛	
판	判 板 版 販 ▶ 阪	
	坂 瓣 辦 鈑	
팔	八 ▶ 叭 捌	
패	貝 敗 ▶ 霸 浿 佩	
	牌 唄 悖 沛 狽 稗	
팽	▶ 彭 澎 烹 膨	
퍅	▶ 愎	
편	便 編 篇 遍 片 偏	
	▶ 扁 翩 鞭 騙	
폄	▶ 貶	
평	平 評 ▶ 坪 枰 泙	
	萍	
폐	幣 廢 閉 肺 弊 蔽	
	▶ 陛 吠 斃 獘	
포	布 包 抱 胞 飽 浦	
	捕 ▶ 葡 褒 砲 鋪	
	佈 匍 匏 咆 哺 圃	
	怖 抛 暴 泡 疱 脯	
	苞 蒲 袍 逋 鮑	
폭	暴 爆 幅 ▶ 曝 瀑	

	輻
표	票 標 漂 表 ▶ 杓 彪 豹 驃 俵 剽 慓 瓢 飆 飄
품	品 ▶ 稟
풍	風 豊〈豐〉▶ 楓 諷 馮
피	皮 被 彼 避 疲 ▶ 披 陂
필	匹 必 筆 畢 ▶ 泌 弼 珌 苾 秘 佖 鉍
핍	▶ 乏 逼

ㅎ

하	下 河 荷 何 夏 賀 ▶ 廈〈厦〉昰 霞 瑕 蝦 遐 鰕 呀 嘏 碬
학	學〈学〉鶴 ▶ 壑 虐 謔 噱
한	寒 汗 漢 韓 限 閑 旱 恨 ▶ 澣 瀚 翰 閒 悍 罕 澗 嫺
할	割 ▶ 轄
함	咸 含 陷 ▶ 函 涵 艦 唅 喊 檻 緘 銜 鹹
합	合 ▶ 哈 盒 蛤 閤 閣 陜
항	抗 航 港 巷 恒〈恆〉 項 ▶ 亢 沆 姮 伉 嫦 杭 桁 缸 肛 行 降
해	亥 該 奚 海 解 害 ▶ 偕 楷 諧 咳 垓 孩 懈 澥 蟹 邂 駭 骸 咍
핵	核 ▶ 劾
행	行 幸 ▶ 杏 倖 荇
향	向 享 響 鄉 香 ▶ 珦 嚮 餉 饗
허	許 虛 ▶ 墟 噓
헌	憲 獻 軒 ▶ 櫶 幰

헐	▶ 歇
험	驗 險
혁	革 ▶ 赫 爀 奕 焱 血 烼
현	玄 絃 現 顯〈顕〉縣 懸 賢 ▶ 弦 峴 晛 泫 炫 玹 鉉 見 眩 眩 絢 昡 俔 睍 舷 衒 儇 譞 怰
혈	血 穴 ▶ 子 頁 嫌
협	協 脅 ▶ 俠 峽 浹 挾 夾 狹 脇 莢 鋏 頰
형	亨 兄 形 螢 刑〈刑〉 衡 ▶ 型 邢 珩 泂 炯 瀅 熒 馨 滎 澄 荊 逈 鎣 鎣
혜	惠〈惠〉慧 兮 ▶ 蕙 彗 譿 憓 憓 暳 蹊 醯 鞋
호	乎 呼 互 好 戶 毫 豪 浩 湖 胡 虎 號 護 ▶ 晧 皓 澔 昊 淏 濠 灝 扈 鎬 壺 祜 琥 頀 顥 壕 濩 瑚 滸 岵 弧 狐 瓠 糊 縞 芦 葫 蒿 蝴 峼
혹	或 惑 ▶ 酷
혼	昏 婚 混 魂 ▶ 渾 琿
홀	忽 ▶ 惚 笏
홍	弘 洪 紅 鴻 ▶ 泓 烘 虹 鉷 哄 汞 訌
화	化 花 貨 和 禾 華 火 畫〈畵〉話 禍 ▶ 嬅 樺 譁 靴
확	確〈碻〉穫 擴 ▶ 廓 攫
환	換 環 還 丸 患 歡 ▶ 喚 奐 渙 煥 晥 幻 桓 鐶 驩 宦 紈

	鰥
활	活 ▶ 闊〈濶〉滑 猾 豁
황	黃 皇 況 荒 ▶ 凰 晃 滉 榥 煌 璜 媓 堭 熿 幌 徨 恍 惶 愰 慌 晄 湟 潢 篁 簧 蝗 遑 隍
회	會 回 悔 懷 ▶ 灰 廻 恢 晦 檜 澮 繪 〈絵〉誨 匯 徊 淮 獪 膾 茴 蛔 賄
획	劃 獲
횡	橫 ▶ 鐄 宏
효	孝 效〈効〉曉 ▶ 涍 爻 驍 斅 哮 嚆 梟 淆 肴 酵 晶 歆
후	候 侯 厚 後 后 ▶ 喉 后 逅 屋 吼 嗅 帳 朽 煦 珝
훈	訓 ▶ 勳〈勛·勖〉焄 熏 薰 壎 塤 燻 鑂 暈
훙	▶ 薨
훤	▶ 喧 暄 萱 煊
훼	毀 ▶ 卉 喙 毁
휘	揮 輝 ▶ 彙 徽 暉 煇 諱 麾
휴	休 携 ▶ 烋 畦 虧
휼	▶ 恤 譎 鷸
흉	胸 凶 ▶ 兇 匈 洶
흑	黑
흔	▶ 欣 炘 昕 痕 忻
흘	▶ 屹 吃 紇 訖
흠	▶ 欽 欠 歆
흡	吸 ▶ 洽 恰 翕
흥	興
희	喜 希 稀 戲 ▶ 熙 噫 姬 僖 嬉 禧 憙 熹 熺 義 曦 晞 爔 爔 俙 囍 憘 犧 橲 橲 烯
힐	▶ 詰